記号・略語一覧

1 記号

【 】 現代語の標準的な書き表し方
［ ］ その他の書き表し方
［▲］ 常用漢字にない読み方
［×］ 常用漢字にない漢字
《 》 地名・人名・書名など
〈 〉 外来語
= 外来語の語形のゆれ、異同
（ ） 同じ発音の書きかえ
〔 〕 専門語・特殊語
— 見出し語の略
（追い込み見出しの場合）
源・語誌・用法などの説明
例。—はその中での見出し語の省略
義語
・を見よ
連する項目・参考欄を見よ
❷…のすべてにあてはまる
説明
出し語の理解を深める説明
使われた語
に改まった口語文に使われる語
[春][夏] 季語。ほかに、[秋][冬][新年]

2 品詞と活用

[造] 造語成分
[名] 名詞
[代] 代名詞
[自五] 自動詞五段活用
[他五] 他動詞五段活用
[自他五] 自動詞・他動詞五段活用
[自上一] 自動詞上一段活用
[他上一] 他動詞上一段活用
[自他上一] 自動詞・他動詞上一段活用
[自下一] 自動詞下一段活用
[他下一] 他動詞下一段活用
[自他下一] 自動詞・他動詞下一段活用
[自カ変] 自動詞カ行変格活用
[自サ] 自動詞サ行変格活用
[他サ] 他動詞サ行変格活用
[自他サ] 自動詞・他動詞サ行変格活用
[自四] 自動詞四段活用（文語）
[他四] 他動詞四段活用（文語）
[自ナ変] 自動詞ナ行変格活用（文語）
[自ラ変] 自動詞ラ行変格活用（文語）
[自上二] 自動詞上二段活用（文語）
[他上二] 他動詞上二段活用（文語）
[自下二] 自動詞下二段活用（文語）
[他下二] 他動詞下二段活用（文語）
[形] 形容詞
[形ク] 形容詞ク活用（文語）
[形シク] 形容詞シク活用（文語）
[形動] 形容動詞
[形動(の)] 連体形が「—の」の形をとることもある形容動詞
[なり形動] 「なり」がついて形容動詞（文語）
[副] 副詞
[と副] 「と」がついて副詞
[(と)副] 「と」がつき、あるいは、つかずに副詞
[に副] 「に」がついて副詞
[(に)副] 「に」がつき、あるいは、つかずに副詞
[連体] 連体詞
[たる連体] 「たる」がついて連体詞
[接続] 接続詞
[感] 感動詞
[助] 助詞
[助動] 助動詞
[接頭] 接頭語
[接尾] 接尾語
[枕] 枕ことば
[あいさつ] あいさつ語
［…できる］ 可能動詞

3 外国語

ア アメリカ語
イ イタリア語
フ フランス語
ド ドイツ語
ロ ロシア語
ギ ギリシャ語
ラ ラテン語
ポ ポルトガル語
ス スペイン語
オ オランダ語
ボン 梵語
中 中国語
朝 朝鮮語

4 専門語・特殊語

法律用語・哲学用語・論理学用語・数学用語・仏教語等を、必要に応じ、それぞれ〖法〗〖哲〗〖論〗〖数〗〖仏〗等の略語で示した。

5 用例の出典

特に略語で示したもの

〈伊勢〉 伊勢物語
〈伊曽保〉 伊曽保物語
〈雨月〉 雨月物語
〈宇津保〉 宇津保物語
〈栄華〉 栄華物語
〈落窪〉 落窪物語
〈蜻蛉〉 蜻蛉日記
〈源氏〉 源氏物語
〈古今〉 古今和歌集
〈後拾遺〉 後拾遺和歌集
〈後撰〉 後撰和歌集
〈今昔〉 今昔物語集
〈更級〉 更級日記
〈拾遺〉 拾遺和歌集
〈書紀〉 日本書紀
〈新古今〉 新古今和歌集
〈盛衰記〉 源平盛衰記
〈竹取〉 竹取物語
〈著聞集〉 古今著聞集
〈堤中納言〉 堤中納言物語
〈徒然〉 徒然草
〈土佐〉 土佐日記
〈平家〉 平家物語
〈平治〉 平治物語
〈保元〉 保元物語
〈枕〉 枕草子
〈万葉〉 万葉集

編者のことば

―第十版刊行にあたって―

「節目の〇〇」という言い方があります。数字の五で割り切れる年や継続している事業について言うことが多いようです。「創立二十五周年記念祝賀会」などという文字を見ることがあります。一九五九年に初版を刊行したこの辞典にとり、今回の改訂第十版は、それを世に出してきたわたくしたちの先人とそれを支えてきてくださった多数の皆さんとの六十年をこえる記念碑です。

しかし、第九版とこの第十版との間には、かなり時間が空いてしまいました。いろいろな理由はありますが、その最大のものは、二〇一九年の年末から吹きはじめた新型コロナウイルスによる感染症の嵐です。刊行間際まで漕ぎ着けていながら、着岸を遅らせる事態がつぎつぎと起こりました。それは、編集のみならず、印刷・刊行の日程に影響を及ぼしました。

このような小型国語辞典は、新語辞典や流行語辞典と異なり、新しいことばの全てを採り入れることはできません。「コロナウイルス」という語を一つ加えれば事はすみそうですが、それでは不十分です。「コロナ」「ウイルス」という構成要素は見出しにあります。しかし、その二つをつなぎ合わせても、この語の意味の把握はできません。しかも、一般にはこれをただ「コロナ」と略して、ウイルスや感染症を指す使い方も広まってきました。物の形状を表す名詞を前要素に含む動植物名は、「虹ます」「鉄砲ゆり」など、珍しくありません。ただし、それを略して「ニジ」「テッポウ」などというのは、業者仲間の隠語めきます。そのことの解説も必要です。

感染症に関わっては、「人流」「黙食」などいう語が生まれました。「同性婚」「(選択的)夫婦別姓」などは、ジェンダーに関わります。国連が採択した、持続的な開発目標である「エス・ディー・ジーズ(ＳＤＧｓ)」には「気候変動」に関わることも含まれています。

このような社会的な現象に伴う顕著な変化ばかりではありません。一日三度の食事を「朝食―昼食―夕食」というのに対し、丁寧な話しことばでは「朝御飯―昼御飯―晩御飯」というのが普通です。この「晩御飯」を「夕御飯」という傾向もあります。最近は、「夜御飯」という言い方も生まれています。「夜食」という語は以前からありますが、右の定時の食事という枠組みからは外れています。

ことばは、それ一つだけで変わるのではなく、その仲間のことばと一緒に変化していきます。刻々と変わることばの姿をある一瞬のスナップ写真のように切り取るだけではなく、なぜその変化が生まれたのか、それはさらにどのように変わっていく可能性があるのかという視点もまた、国語辞典には求められます。そのためには、現代語を中心とする辞典でも、ことばの変化や歴史にも、目を向ける必要があります。これまでは軽視されがちだった語源についても、できるだけ触れるようにしました。

そのようなことを含め、今回の改訂では、次の点に力を入れて作業を行いました。

一　アクセントの示し方を替え、長い複合語のアクセントも示せるようにした。
二　副詞を中心として基本語を増補し、意味記述を充実させた。
三　敬語や挨拶ことばの使い方など、話しことばの用法を見直した。
四　新しく生まれたことばを中心に、約四〇〇〇語を増補し、総収録語数は約九四〇〇〇語となった。

改訂作業には、全体の見直しに、山本真吾、前田直子の両氏の協力を得ました。山本氏には古語などの歴史的な項目、前田氏には文法的な項目についても重点を置いてお願いしました。アクセント情報の付加に柴田実、接辞・造語成分の解説に山下喜代、新規項目の執筆に石川創、岩下真紀子、大塚みさ、小出美河子、田村夏紀、中川秀太、山下洋子、文学・文化関係の用語の補訂に石出靖雄の諸氏の協力を得ました。また、小学館の国語辞典編集スタッフは、わたくしたちの抱負を辞典として著すことに多大の力を提供してくれました。それぞれに感謝の意を表します。

いわば第二世代に入った、この辞典がこれからも版を重ね、これまでに築いた基礎のもとに、一層の発展を遂げることを、心から願ってやみません。

二〇二二年一月

野村雅昭
木村義之

初版 編者のことば

今日の民主的な社会では、ことばによる通じあいということが、きわめてだいじなことになってきました。人々が日々話したり、聞いたり、書いたり、読んだりすることばの量はますます多くなり、それと同時に、ことばの混乱がはげしくなってきたといわれています。われわれの国語の将来を思い、われわれの文化の向上を願うとき、国語の学習はいよいよ重要なものとなり、ことばの正しい使い方は、いっそうたいせつなものとなってきます。こうした際に、その道しるべとなるような適切有力な国語辞典が要求されることはいうまでもありません。

ところが、「国語辞典もたくさんあるが、国語の勉強のためにはピッタリというのがない。」というような批判を、わたくしどもは、ときどき教育の現場におられる先生がたからお聞きします。ある辞典は語の数が少なくて、勉強のためにも日常の必要に対しても、役だたぬ場合が多かろうと思われます。また、当用漢字の使い方や送りがなのつけ方について、語の標準的な書き表し方をはっきり示した辞典といえば、これは今のところほとんど見当たりません。

そこで、わたくしどもは、こういう欠点をうずめて、辞典としてほんとうに利用価値の高い辞典を作り出したいと思いたちました。

○国語科だけでなく、高等学校・中学校のすべての学習に必要なことばを取り入れる。

○現代の社会生活に必要なことばを、最近の新しいものにいたるまで取り入れる。

○高校生の学習に必要な基本的な古語、中学生に必要な古語ももれなく取り入れる。

○単語だけでなく、ことわざや慣用句のおもなものも、もらさず取り入れる。

○語義の説明をわかりやすく、ていねいにし、さらに同意語・反対語を示したり、適切な例文をあげたりして、説明を補うようにする。

○文法に関する説明、語の用法についての説明などをなるべくくわえて、その理解や使用のうえに役だつようにする。

○「当用漢字表」『当用漢字音訓表』『現代かなづかい』「送りがなのつけ方」にしたがって、一つ一つの語の標準的な書き表し方を示す。

以上のようなことがらを基本の方針に立てて、高校生・中学生の学習国語辞典として、また一般社会生活上の必要に応ずる国語辞典として、ほんとうに役にたつものを作ろうと、わたくしどもは数年間にわたって、編集の仕事を続けてきました。この仕事はたいへんほねがおれましたが、今やっと最初の目標をほぼ達成できたという喜びを味わっています。もちろんふじゅうぶんな点がないとはいえません。今後、この辞典をお使いくださる皆さんのお力をお借りして、さらに完全なものに育てあげていきたいというのが、わたくしどもの念願です。

辞典の編集に深い経験をもたれる今井正視、現代語の研究に深く心を入れておられる大石初太郎の二氏に、本書の編集委員として、ご協力をいただきましたことは、わたくしどもの、深く力強く思うところであります。なお、そのほか、いちいちお名まえはあげませんが、この辞典のためにお力添えをいただいた大ぜいのかたがたに、ここにこころからお礼を申しあげます。

昭和三十四年八月一日

金田一京助
佐伯梅友

「新選国語辞典」の歩み

一九五九(昭和三十四)年一一月に「新選国語辞典」の初版が出てから、このたびの改訂第十版が出るまでに、六十二年の歳月がたった。度重なる改訂を経て今日の姿に至った経緯を以下に簡略に記す。

○初版

初版の編者は金田一京助・佐伯梅友両博士で、今井正視・大石初太郎の両名がこれを助けた。

内容上の眼目は、現代語辞典の性格を主としながら、中学生・高校生の国語学習に必要な古語をも収めること、当用漢字表・同音訓表・同字体表・現代かなづかい・送りがなのつけ方に従って各語の標準的な表記を示すことなどにあった。つまり、中学生・高校生の学習用辞典として、また、一般の言語生活上の必要に応ずる国語辞典としての性格を備えるものを目指した。

編集の作業を終えたとき、当時は類書が少なかったため、小型国語辞典の先駆に入る一冊が成ったという喜びを、編集関係者一同は味わった。

○第二版

「新選国語辞典」の初版は、予想以上に一般に迎えられた。そこで、不備を急いで補正しようとして、直ちに改訂作業に取り掛かった。そして成ったのが、一九六二年三月刊行の第二版(改訂版)だった。

ここでは今井・大石が編者に加わり、また、鈴木重幸・曾根脩・田中章夫・外山映次・松延市次・吉沢典男の諸氏の協力を得た。

内容的に最も力を注いだのは収容語の取捨で、新しく収録した語は、約六〇〇〇語に上った。なお、新しく、おもな作家名・作品名を取り入れ、中学生・高校生の学習の参考に資することにした。

○第三版

次いで、一九六六年一月に、第三版(改訂新版)を出した。

解説の手入れ、語の増補などを主としたものだった。

○第四版

さらに、一九七四年二月の第四版(新版)となる。

この改訂には、曾根脩・田澤恭二・外山映次・野村雅昭の諸氏に、作業の広範にわたって協力を仰ぎ、なお、川上弘見・高島文三・土屋信一・松延市次・渡辺倫太の諸氏にも、助力を得た。

この時は、

(1) 現代語約三五〇〇語を新しく加えた。

(2) 高校生の学習上必要とする範囲を目安として、古語約三〇〇語を加えた。これによって古語の収録数は約四五〇〇語となった。

(3) 改訂の当用漢字音訓表・送り仮名の付け方に基づいて、標準的表記を修訂した。

(4) 用法 表記 の記号のもとに、語の用法や表記上留意すべき事柄を、随所に示した。

(5) 巻末に新しく「漢字解説」のページを設け、当用漢字を中心とする二四七八字を選び、その個々について、音訓・意味・用例および難読の熟語等を示した。

○第五版

次が、一九八二年一月刊行の第五版(常用新版)である。

この時、野村雅昭が編者に加わった。

この版は、当用漢字表に代わって常用漢字表が制定されたことを主たる契機とする改訂によったもので、標準的表記に大きな修訂を施した。常用漢字表は、当用漢字表に比べて規範的性格を薄め、漢字使用の目安を示すものとなったが、本辞典はこれを尊重して、これにのっとった標準的表記を示した。

○**第六版**

続いて、一九八七年一月に第六版を出す。

この改訂に際しては、石井久雄・岡崎和夫・工藤浩・佐竹秀雄・田澤恭二の諸氏の協力を得た。

この改訂作業の眼目は、次のとおり。
(1) 収容語の全体について、解説の綿密な見直し、補訂を行なった。
(2) 現代語約四〇〇〇語を新しく収録した。要語・新語の類である。
この結果、全収録語数は八万一五〇〇語を上回ることになった。
(3) 古語を現代語と合わせて一見出しのもとに収めた。「あわれ」『あはれ』、「うるわしい」『うるはし』を、それぞれ「あわれ」『うるわしい』のもとにまとめたものである。それによって語の歴史的連続性を明らかにしようとした。
(4) 文法的側面の一層の充実をはかった。特に、助詞・助動詞項目を全面的に改稿した。
(5) 巻末の「漢字解説」を一層充実させた。第五版の収容二五〇八字を三〇七二字にふやした。
(6) 全収録語の内訳を、品詞別に示した。これは、類書にない初めての試みである。

○**第七版**

第七版は、一九九四年一月に刊行された。

この改訂では、石井久雄・今井秀孝・工藤浩・小林澄子・佐竹秀雄・田澤恭二・野村祐守・松原正義・吉村弓子の諸氏の協力を得た。

改訂の中心となったのは、以下の諸点である。
(1) 重要な新語を中心とする約一八〇〇語を増補した。この結果、全収録語数は、約八三〇〇〇語となった。
(2) 重要語の解説を全面的に書き直した。重要語とは、いわゆる基本語を含み、現代生活に必要な語彙の基礎をなす語を言う。
(3) 外来語の表記を手直しした。一九九一年六月の内閣告示「外来語の表記」を尊重し、これを全面的に取り入れた。
(4) 敬語関係の記述を全般に詳しくした。敬語の乱れがきびしく指摘される言語生活の実情に配慮したものである。

○**第八版**

第八版の刊行は、二十一世紀に入った二〇〇二年一月であった。

この改訂に際しては、大塚みさ・木村義之・笹原宏之・田澤恭二・山下喜代の諸氏の協力を得た。

この改訂では、次の点に力を注いだ。
(1) 新しく生まれたことばを中心に約三五〇〇語を増補した。この結果、総語数は約八六七〇〇語となった。
(2) ことばの成り立ちを明らかにするために、見出しで和語・漢語・外来語の語種の区別を示した。
(3) 収録した見出し語の内訳を、これまでの品詞別の分類に加え、語種別の分類結果によっても示した。
(4) 漢字解説の見出し字に三六五字を加え、全面的に記述を改めた。これにより総字数は、三四〇〇字を超えた。

○**第九版**

第九版は二〇一一年一月に刊行された。

この時、木村義之が編者に加わった。この改訂では、柴田実、山下喜代、大塚みさ、小出美河子、中川秀太、金子守、笹原宏之、田澤恭二の諸氏の協力を得た。改訂の中心となったのは、以下の諸点である。
(1) 基本的なことばのアクセントを示し、話しことばのための辞典としても、その充実を図った。
(2) 漢字の解説を、文字としての役割とことばをつくる要素としてのはたらきとの両面から充実させた。
(3) 常用漢字表の改定に伴い、見出し語の標準的な表記を全面的に見直した。
(4) 新しく生まれたことばのほか、造語成分約二〇〇〇語を含む約三六〇〇語を増補した。この結果、総語数は約九〇〇〇〇語となった。

以上の経過の後に、今回の改訂第十版に至ったものである。

二〇二二年一月

野村雅昭

この辞典を使う人のために

一　収めた語の範囲

この辞典は、一般社会生活用、および学習用の国語辞典として、必要な現代語を漏らさぬことを期したが、そのほか、特に次のような範囲の語を収めた(詳しくは、後ろ見返しを参照)。

・中学校・高等学校の国語科の学習に必要な基本的な古語。

・日本のおもな文学作品・作家名、歴史上の基本的な事柄、国名・地域名など、特定の事物をさす固有名。

・接頭語・接尾語・造語成分等の語の構成要素、また、おもな慣用句・ことわざを含む連語の類。さらに、派生語などの類。一部の方言。

二　言葉をさがすために

この辞典に収められている語は、大多数が、平仮名の太字で、少数が、片仮名、あるいは漢字仮名交じりの太字の見出しで示されている。このような仮名の区別、書体の区別はこの辞典の語種のとらえ方に関係している。語種とは、単語を出自によって分類する言い方で、およそ、次のように分かれる。

和語＝「うみ」「おくる」など、日本語固有の単語。やまとことば。

漢語＝「海岸(かいがん)」「送別(そうべつ)」など、古代中国語から借用して日本語化した単語。

外来語＝「パン」「ガラス」「レター」など、おもに欧米語から借用して日本語化した単語。また、「マージャン」「ラーメン」など、近代中国語から借用した単語も含まれる。

これらが組み合わさって一単語となる「重箱(じゅうばこ)」「食(しょく)パン」などは混種語と呼ばれる。また、古く日本語に取り入れられた単語には、語種が必ずしも明確になっていないものもある。

I　見出しの示し方

(1)　和語・漢語は平仮名で、外来語は片仮名で示した。そのうち、和語・漢語は現代仮名遣いによって示した。

[例]　**あつ・い** [ツ]【熱い】

いっ-しょう [0]【一生】

ウイーク [イ]〈week〉

さらに、和語はアンチック書体、漢語はゴシック書体、外来語はアンチック書体で区別した。

和語＝平仮名・アンチック書体

漢語＝平仮名・ゴシック書体

外来語＝片仮名・アンチック書体

なお、固有名については、右のような語種の区別は、人名・書名では行わず、すべてをアンチック書体で示した。また、見出しをハイフンで区切るときは、次のような原則にしたがった。

人名＝姓と名の間

地名＝地名と行政単位・区画等の間、および「時代」「街道」などの構成要素との間(一部の元号もこれに準じる)

書名＝区切りなし

[例]　**あくたがわ-りゅうのすけ**《芥川龍之介》

あいち-けん《愛知県》

きそ-かいどう《木曽街道》

つれづれぐさ《徒然草》

ただし、地名・元号などの固有名を構成要素として含む一般名詞については、固有名部分についても、一般名詞に準じて、語種を判断して示した。

[例]　**えど-むらさき** [ラ]【江戸紫】[名]

古語は現代仮名遣いで示し、その歴史的仮名遣いが見出しの仮名遣いと異なるものについては、表記欄の下に小さめの活字でその歴史的仮名遣いを示した。また必要に応じて歴史的仮名遣いによる見出しを別に立てた。ただし、漢語の字音仮名遣いは示さなかった。

にほん-がみ [0]【日本髪】[名]
べんけい-じま [0]【弁慶×縞】[名]

なお、現代語と古語とで意味・用法に違いがある語については、大きく■一■二のように分け、それぞれの中をさらに品詞・意味の違いによって小さく分けた。

[例] **あわれ**【哀れ】【×憐れ】(あはれ) ■一 [ア] ㊀ [名] ❶……。❷……。㊁ [形動] ……。■二 [古語] ㊀ [感] ……。㊁ [なり形動] ……。

(2) 複合語は、原則として二語の結合形を独立の見出しとして掲げた。その後部分にさらに別の語が結合した場合は、解説のあとに、もとの見出し語の部分を―で示して掲げた。

[例] **なづけ** [ケ]【名付(け)】[名] ……。**―親** [0] [名] ……。

ただし、外来語で、二字(二拍)の見出し語にさらに別の語が結合した場合、二語の結合形でも、独立の見出しとして掲げた。また、地名などの固有名と結合した場合も、独立の見出しとして掲げた。

[例] **ハム** [ハ]〈ham〉[名] ……。
ハム-エッグ [エ]〈ham and eggs〉[名] ……。
えど《江戸》……。
えど-おもて [オ]【江戸表】[名] ……。

三語以上の結合による複合語でも、前部分が一語から成るもの、および、前部分の結合形が独立の見出しとはならないものは、全体を見出しとして立てた。

[例] **え-そらごと** [0]【絵空事】[名]
なみうち-ぎわ [0]【波打(ち)際】(―ぎは) [名]

(3) 一つの見出しの解説のあとに、その見出しを成分とする慣用句・ことわざ、その他、単語が結びついてできた連語を掲げた。その場合は、もとの見出し語の部分を―で示した。

[例] **くるし・い** [シ]【苦しい】[形] ……。**―時の神頼み**……。

ただし、活用語などで始まるものは、独立して漢字仮名交じりで示した場合がある。

さい-ふ [0]【財布】[名] ……。**―の底をはたく**……。
て [0]【手】[名] ……。**―を×拱く**……。

[例] **捕らぬ×狸の皮算用**　**待てど暮らせど**

(4) 動詞・形容詞・形容動詞に属する語には、成立上それと関係の深い語(名詞形や派生語など)を添えて掲げたものが多い。ただし、別に独立の見出しとして出したものは省いた。

(a) 動詞の連用形から転じた名詞。

[例] **あらそ・う** [ソ]【争う】(あらそふ) [他五] ……。**争い** [名]
さまた・げる [ゲ]【妨げる】[他下一] ……。**妨げ** [名]

(b) 五段活用動詞に対する可能動詞。

[例] **よ・む** [ヨ]【読む】[他五] ……。**読める** [自下一] […できる]
あつか・う [0]【扱う】(あつかふ) [他五] ……。**扱える** [自下一] […できる]

(c) 形容詞・形容動詞の語幹に「がる」の付いてできた動詞、「げ」の付いてできた形容動詞、「さ」の付いてできた名詞など。

[例] **さむ・い** [ム]【寒い】[形] ……。**寒がる** [自五]　**寒げ** [形動]
しずか [シ]【静か】(しづか) [形動] ……。**静かさ** [名]

(5) 動詞・形容詞の文語形を、歴史的仮名遣いで添えた。

[例] **い・きる** [キ]【生きる】【×活きる】■一 [自上一] ……。**い・く** [文語上二]
おし・い [シ]【惜しい】(をしい) [形] ……。**を・し** [文語シク]

(6) 見出しの中の・は、活用する語の語幹と語尾との切れ目を示したものである。

[例] **うつ・る** [ツ]【移る】[自五]　**ゆめ・みる** [ミ]【夢見る】■一 [自上一]
たか・い [カ]【高い】[形]

(7) 見出しの中の-は、その語の成り立ち上の切れ目を示したものである。

[例] **しん-かん** [0]【新刊】[名]　**なつ-やすみ** [ヤ]【夏休み】[名]
あらそわれ-ない [レ]【争われない】(あらそはれ―) [連語]

ただし、これは連語を除いて第一次的な切れ目を示すのに用いた。たとえば、**ちょう-おんそく**【超音速】のように示し、**ちょう-おん-そ**

くのようには示さない。

II　言葉の並べ方

(1) 見出しのつづりによって、五十音順に並べた。清音と濁音、直音(ちょくおん)とそれ以外の音とに関しては、次の(a)～(d)の原則によった。

(a) 清音・濁音・半濁音の順とした。

例 **ヘッド** ヘ〈head〉→**べっ-と** ベ【別途】→**ベッド** ベ〈bed〉→**ペット** ペ〈pet〉

(b) 促音(そくおん)・拗音(ようおん)を、直音より前に置いた。

例 **やっ-か** 0【薬科】→**やっ-か**【八▲束】 **しゃく** シャ【×笏】→**しやく** 0【試薬】

(c) 外来語に用いる「ァ・ィ・ゥ・ェ・ォ」の小字は直音の前に置いた。

例 **ファン** ファ〈fan〉→**ふ-あん** 0【不安】

(d) 外来語の長音符号(ー)は、直前の母音により「ア・イ・ウ・エ・オ」に置き換え、「あ・い・う・え・お」の後に置いた。

例 **ふう-ど** フ【風土】→**フード** フ〈food〉

(2) 同音の語では、接頭語・接尾語・造語成分・名詞・代名詞・動詞・形容詞・形容動詞・副詞・連体詞・接続詞・感動詞・助動詞・助詞の順とした。複数の品詞があてられている語については、まず第一番目の品詞による。

(3) 同音・同品詞の語では、和語・漢語・外来語の順とした。

(4) 以上の原則でも順序が決定しない場合は、表記欄の漢字の字数の少ない順とした。漢字が同数の場合は、第一字目の漢字の画数順によった。同画数のばあいは「康熙(こうき)字典」の配列の順とした。

三　言葉の書き表し方を知るために

(1) 【 】の中に教科書体活字で示したものは、内閣告示の「常用漢字表」「現代仮名遣い」「送り仮名の付け方」などにもとづいた、現代の標準的な書き表し方である。

例 **お-しょく** 0【汚職】名
うで-ずく 0【腕ずく】【腕▲尽く】づく 名

こ-づつみ ツ【小包】名

「常用漢字表」の前書きに、「この表は、法令、公用文書、新聞、雑誌、放送など、一般の社会生活において、現代の国語を書き表す場合の漢字使用の目安を示すものである」とある。

この辞典で「現代の標準的な書き表し方」といっているのは、右の「常用漢字表」の主旨をふまえたもので、一般社会生活での目安となる書き表し方という考え方を中心として、標準的な書き表し方を示そうとしたものである。

なおまた、学校教育においても、これが大体、指導の範囲を示すものになると考える。

(2) 標準的な表記として二様を認めてよいと思われるようなものは、【 】の中に並記した。

例 **また-は** タ【または・又は】ワ 接続
げき-つう 0【激痛・劇痛】名

(3) 意味によって表記が変わるときは、次のように示した。

例 (a) **おく-れる** 0 自下一 レ・レ・レル・レル・レレ・レロ・レヨ ㊀【遅れる】❶距離・時間があとになる。「先頭から五〇〇メートル―」「予定より十分―」❷……。❸……。↕進む。㊁【後れる】❶進行からとりのこされる。「長期欠席で学業がだいぶ後れた」❷……。❸……。

(b) **あし** シ【足】名 ❶動物の胴をささえ、歩く働きをする部分。「―を曲げる」↕手。❷足のうち、足首から先の部分。「―が大きい」❸【脚】足のように、物の下部にあって、細くつき出てささえる働きをする部分。「机の―」

(a)は「おくれる」という語の意味を㊀と㊁に分け、それぞれに【遅れる】と【後れる】とが対応することを示す。(b)は「あし」という語が全体に通じて【足】と書かれ、❸のような場合には【脚】とも書かれることを示している。

このような使い分けは、日本語の漢字の訓(字訓)の性質と深い関係がある。いわゆる「異字同訓」に基づく漢字の用法がそれである。日本語と中国語では、語と意味の対応関係がまったく同じではない。古代の中国語では、「ソク(足)」と「キャク(脚)」は意味の重なる別語だった。日本語では、その両方に「あし」という読み方を与えたが、「足」のほうが広く普通の書き方となった。しかし、右の❸の意味で「脚」を使うこともあり、両方の書き方が行われている。

現代の日本語で、このような意味の似た漢字の使い分けの目安となるのが、「『異字同訓』の漢字の使い分け例」と称する文化審議会国語分科会の報告(二〇一四年)である。この報告には、多くの例があがっていて、各種の国語辞典・表記辞典で参考とされているが、その取り扱いは必ずしも一致しない。漢字が日本語に入ってから千数百年は経つが、異なる言語を表記する文字としての漢字に厳密な基準が成立していないからである。語の意味に関わる、この辞典の漢字の表記は、あくまでも無理のない使い方を目標としている。

(4) 用法によって表記が変わるときは、次のように示した。

[例] (a) **だん-だん【段段】** ㊀ [ダ1] [名] ❶段。階段。「—を下りる」 ❷ひとつひとつ。「お申し越しの—、うけたまわりました」。㊁ [0] **【だんだん】** [(と)副] [(に)副] 少しずつ変化が増すようす。しだいに。「—寒さがきびしくなる」 [参考] 「—と」「—に」の形で使うときは [ダ2]。

(b) **ご-らん** [0] **【御覧】** ㊀ [名] 「見ること」の尊敬語。「けさの新聞を—になりましたか」 ㊁〔かながき〕〔補助動詞として、「…てごらん…」の形で〕「…てみる」の尊敬語。「ちょっと来て—なさい」

その語の品詞性や文法的な機能により表記が変わる場合の示し方の例である。

(5) 【 】内には、表記についての種々の情報を示した。【 】の中に普通の活字(明朝体)で示したものは、標準的な書き表し方以外の慣用的な書き表し方や、昔からある書き表し方である。右肩に×を付けた漢字は「常用漢字表」外のもの、▲を付けた漢字は「常用漢字表」に掲げられた音訓以外の読み方に使われているものである。

[例] **たい-ふう** [フ] **【台風】**【×颱風】 [名]
らんじゅ-ほうしょう [ホ] 【藍×綬褒章】 [名]
う-かい [0] 【×迂回】 [名] [自サ]

の-れん [0] 【▲暖×簾】 [名]
ぬか [カ] 【×糠】 [名]

これらの慣用的な書き表し方は、「常用漢字表」を絶対的な基準と考えれば、「う回」のような交ぜ書きや「ぬか」のような仮名書きを標準的な書き表し方として示すことになる。しかし、同表が目安とされていることを考え合わせ、そのような示し方は採らなかった。

ただし、複合語で一方の要素が常用漢字で表記できる場合は、全体を標準的な書き表し方として示した。

[例] **ぬか-あめ** [ア]/[0] **【ぬか雨】**【×糠雨】 [名]
ぬか-よろこび [ヨ] **【ぬか喜び】**【×糠喜び】 [名]

(6) 常用漢字で書き表すことができても、副詞、接続詞などで、社会一般に仮名書きが行われているものは、それを標準的な書き表し方として示した。

[例] **なる-べく【なるべく】**【成る▲可く】 [副]
ただし [タ] **【ただし】**【但し】 [接続]

また、動植物名や俗語などで、漢字を用いた書き表し方がほとんど行われない語は、慣用的な書き表し方だけを示した。

[例] **あお-みどろ** [ミ] 【青味泥】—あを [名]
ね-あか [ア] 【根明】 [名] [形動] 〔俗語〕

(7) ふつう、仮名以外の書き表し方の行われない語は、見出しの仮名でそのまま標準的な書き表し方を示した。

[例] **あた-ふた** [ア] [(と)副] [自サ]　**さもし・い** [シ] [形]

(8) 古語の類の書き表し方はすべて、【 】に入れて明朝体で示した。

[例] **うえ-びと**【上人】—うへ [名] 〔古語〕　**かず・く**【▲被く】かづく 〔古語〕

(9) 人名・地名・書名などの固有名はすべて、《 》に入れて明朝体で示した。これには×や▲を付けなかった。

[例] **き-の-つらゆき**《紀貫之》　**こう-しゅう**《甲州》
まんようしゅう《万葉集》　**キリスト**《ポ Christo》

(10) 外来語は、内閣告示「外来語の表記」にもとづき、見出しの片仮名でそのまま標準的な書き表し方を示した。なお、〈 〉の中にもとの外国語を示した。

外国語の頭に付けた小文字のィ・フ・中などは、イタリア語・フランス語・中国語などの意味である。それらの小文字の付いていないものは英語である。(前見返しの「記号・略語一覧」参照)

例 **テーブル**⓪〈table〉名　**アルト**ア〈ィalto〉名
ネグリジェリ〈フnégligé〉名　**シューマイ**⓪【中▲焼▲売】名

ただし、標準的な書き表し方のほかに、慣用的な書き表し方も認められる場合は、＝、㊥)などの記号を用いて、それを示した。また、場合により、慣用的な書き表し方を見出しに立て、➡の記号を用いて、標準的な書き表し方を示した。

例 **フェルト**⓪〈felt〉＝**フエルト**名
バ㊥ヴァ)イオリン⓪〈violin〉名
ヴァイオリン⓪〈violin〉名 ➡バイオリン。

なお、長音符号などを省略してもよい場合は、次のように示した。

例 **コンピュータ(ー)**ピュ〈computer〉名
ワイヤ(ー)ワ〈wire〉名

(11) 「大当たり→大当り」「踏み込み→踏込み」「乗り換え→乗換え・乗換」のように、送り仮名を省いてもよい場合は、**【大当(た)り】【踏(み)込み】【乗(り)換(え)】**のように示した。
また、「表す→表わす」「断る→断わる」のように送り仮名を多くしてもよいものには、**【表す(表わす)】【断る(断わる)】**のように示した。

(12) 和語、漢語の見出しは、現代仮名遣いで示したが、歴史的仮名遣いによる表記が慣用的な書き表し方として認められる場合は、参考欄にそのことを注記した。

例 **き-ずな**⓪【×絆・×紲】づな 名 ❶物をつなぎとめる綱。❷たち切りがたい気持ち。「愛情の―」 参考「きづな」のように「づ」を用いて書いてもよい。

(13) 誤り形は、相当する漢字を［ ］に入れ、×▲をつけていない。

例 **えんこつ**［円滑］「えんかつ」のあやまり。
りゅうふ［流布］「るふ」のあやまり。

四 意味・用法を知るために

(1) 意味が二通り以上に分かれているものは、だいたい、もとの意味あるいは基本的な意味を❶とし、それから転じてうまれた意味を❷❸…とするようにした。しかし、転じてうまれた意味がおもに使われるような場合は、逆にした。品詞・活用のちがう場合は㊀㊁…と分け、必要に応じ、その中をさらに❶❷…と分けた。

例 **だい-いち**タ【第一】㊀名 ❶いちばんはじめ。最初。「―の巻」❷もっともたいせつなこと。「健康―」……。㊁副 いちばんに。まず。さしあたり。「―それがよくない」

(2) 活用語などで、現代語と古語で意味・用法の異なるものは、㊀㊁で区別をし、それぞれに解説を加えた。

例 **うつくし・い**シ【美しい】㊀形 カロ・カッ・クイ・イ・ケレ・〇 ❶色・形・音・声などがいい感じである。……。❷……。**うつく・し** 文語シク ㊁【▲愛し】形シク 古語 ❶いとしい。かわいい。「妻子めこ見ればめぐし(カワイク)うつくし」〈万葉〉❷……。

(3) ↕は対義語を中心として、見出し語と対ついになるものを示した。対義語は本文の見出し語にないものも示した。対義語は原則として、解説のあとに置いたが、❶❷……と分かれた意味の全部に対するものは、❶の前に置いた。

例 **しょう-にん**⓪【小人】名 子ども。幼児。↕中人ちゅうにん・大人だいにん。
のぼり-ざか⓪【上り坂】名 ↕下り坂。❶……。❷……。

(4) 用例の中では、その語を―で示した。ただし、活用語で見出しと異なる活用形となるもの、古語で出典のあるものは、用例に―を用いなかった。

例 **あい**【相】あひ 接頭 ……。「よい時候に―なりました」
せい-しん⓪【誠心】名 ……。「―誠意」

(5) ➡は「見よ」のしるしで、説明のある場所を示した。これは標準的な語形でないもの、ごく似た言葉でほかにいっそう一般的なものがある場合、古語で歴史的仮名遣いによる見出しなどに使った。

例 **ハンケチ**ケ名 ➡ハンカチ。

かん-にょ カ【官女】名 ⬇かんじょ。
ゑひ-ごと【▲酔ひ言】名 [古語] ⬇えいごと。

五　その他のいろいろな知識のために

(1)　アクセントの表示

見出し語のアクセントについては、その単語の、どの拍で下がるかを ト のような記号を用いて示した。⓪は平板アクセントを示す(詳しくは、付録「日本語アクセントとその示し方」を参照)。例には、三単位以上の複合語の場合、同音の拍が語中にある場合の位置の示し方、一語に複数の代表的なアクセント型が認められる場合、一語の中に後が下がる拍が二か所ある場合などを示した。

例 **やなぎ** ⓪【柳】名 ……。
ちゅう-がく チュ【中学】名 ……。
いち-ねん チ【一年】名 ……。**—忌**き ネ 名 ……。**—生**せい 名 ❶ ネ 第一学年の生徒・児童。❷ ネ その社会の一員となって、一年未満である人。❸ ⓪ 発芽したその年のうちに、生長・開花・結実を終えて枯れること。また、その植物。
ごろ-ごろ ゴ[1] (と)副 自サ ❶……。
でん-しゃ ⓪/デ【電車】名 ……。
せんぱ-ばんぱ セ/バ【千波万波】名 [文章語] ……。

なお、付属語(助詞・助動詞)・接辞(接頭語・接尾語)・造語成分・連語・慣用句・固有名・方言・古語などは、アクセントを示さなかった。

(2)　歴史的仮名遣い

和語で、歴史的仮名遣いが、見出しの現代仮名遣いと違うものは、歴史的仮名遣いを、平仮名の小文字で示した。

例 **う・える** エ【飢える】【▲餓える】うゑる 自下一 ……。
さそい-みず イ【誘い水】さそひみづ 名 ……。

(3)　品詞と活用

それぞれの語の品詞、活用の種類などを□で囲んで示し、また、活用語尾を掲げた(古語は省く)。(前見返しの「記号・略語一覧」参照)

例 **か・く** カ 他五 カ・コ キ・イ ク ク ケ ケ ➊【書く】……。
ひさし・い シ【久しい】形 カロ・カッ・ク イ イ ケレ ○ ……。(○は活用形のないことを示す。)

なお、動詞は下一段活用の可能動詞を除いて、活用形がすべてそろっているのが原則であるが、実際には、命令形のほとんど使われないものが少数ある。その場合、命令形を＊印で示した。

例 **こころ-ゆ・く** ⓪/コ【心行く】カ・コ キ・イ ク ク ケ ＊ ……。

また、人名・地名・書名などの固有名は、名の表示を省略した。

例 **あくたがわ-りゅうのすけ**《芥川龍之介》一八九二……。
カナダ《Canada》(「加奈陀」とも書いた)……。
さいゆうき《西遊記》中国、明みん代の長編小説。……。

(4)　品詞に準ずる扱いをしたものに、造語成分とあいさつ語がある。造語成分とは、意味の上では単語と同じ資格をもつが、それ自体では単語となることができず、ほかの単位と結合して単語を構成するものである。

あいさつ語の多くは、感動詞・名詞や連語に属するが、この辞典では、とりたてて一類としたものである。

例 **あま**【雨】造
エア(ー) ⓪〈air〉名 造
こんにち-は ハ【こんにちは・今日は】ワ あいさつ

(5)　古語・文章語・俗語・方言・幼児語・女性語の、語の種類を、[ ]に入れて示した。

例 **ここ-だ** 副 [古語]　**なん-ぼ** 副 [方言]
かん-たい ⓪【緩怠】名 [文章語]　**あんよ** ア 名 [幼児語]
ずらか・る カ 自五 ラ・ロ リ・ッ ル ル レ レ [俗語]　**お-こた** コ 名 [女性語]

「文語」は「文語法」の意味で、活用などについてだけ使い([文語八四] [文語シク]など)、語の種類には使わないことにした。

例 **かな** 助 [古語]
なり【▼也】助動 [古語]

(6)　各種の専門語や特殊語は、必要と思われる範囲で、それぞれ〔 〕の中にその種類を示した。(前見返しの「記号・略語一覧」参照)

例 **ぜん-かん** ⓪【善感】名 自サ 〔医〕種痘などが、十分に接種されること。

ご-だい⓪【五大】名『仏』すべての物をつくるもと。地・水・火・風・空の五つ。五輪。

(7) 同類の語の使い分けなどについて、参考の記号のもとに説明した。

例 **い-てん**⓪【移転】名自他サ……。「保健所が―する」参考 個人の居宅については用いない。「転居」というのが普通。

(8) 敬語の種類は、尊敬・謙譲・丁寧の三分類を基礎に行ったが、丁重・美化を加えた、いわゆる五分類にも配慮した(詳しくは付録「敬語の種類と使い方」を参照)。

例 **いらっしゃ・る** シャ 自五 ラ－リ・イ・ッ－ル－ル－レ－イ 〔「いらせられる」の変化〕❶「いる・ある・来る・行く」などの動作の主体を立てた言い方(尊敬語)。「先生はお宅にいらっしゃいます」「いつアメリカに―のですか」❷(命令形で)「来なさい」の意味の親愛の意味をこめた言い方。「こちらへいらっしゃい」……。

まい・る【参る】まゐる ■一 マ 自五 ラ・ロ－リ・ッ－ル－ル－レ－レ ❶「行く・来る」のあらたまった言い方(謙譲語)。「明日は父が―予定です」「父の代わりに私が参ります」「タクシーが参りました」参考 ふつう、助動詞の「ます」をともなって使われる。「先生はどちらへ参りましたか」のように、相手や第三者の行為について言うのは誤り。つまり、謙譲語というよりはかしこまりの意をあらわす丁重語としての性格が強い。……。❸(「…てまいります」の形で)「…てくる」の丁重語。「明るくなってまいりました」

(9) 語の書き表し方に関してとくに注意すべきことを、参考の記号のもとに、示したものがある。また、⇩印は、関連するその語の参考欄を見よ、を示す。

例 **ちゅう-こく**⓪【忠告】名自サ……。参考「注告」と書くのはあやまり。

あらわ・す ワ【現す】あらはす 他五……。参考「現す」「表す」「著す」は「現わす」「表わす」「著わす」のように、「わ」から送ることもできる。

あそ-こ⓪【あそこ】【▲彼▲処】……。⇩あれ参考。

(10) 季語として使われる語は、解説のあとにその季を赤字で示した。

例 **つき-み**③【月見】名❶……。秋……。―**草** そう 名……。夏

(11) 見出し表記による発音と、実際の発音が異なる語は、その読み方を片仮名の小文字で示した場合がある。

例 **こんばん-は**【こんばんは・今晩は】ワ―

ねがわく-は【願わくは】ねがはく ワ―

(12) 語源・語誌・用法などは、〔 〕に入れて説明した。

例 **あい-さつ** ア【挨拶】名自サ〔もとは「禅宗の問答」のこと…〕……。

(13) 一字漢語の見出しで、その漢字に別の音読みがある場合、おもな別音を項末に掲げた。

例 **あえ-ず**【▲敢えず】あへ― 連語〔接尾語的に使う〕……。

こう【工】……。〔別音く｜工〕

こう【行】……。〔別音ぎょう｜行〕

(14) 見出し語と異なる語形の同意語は、解説の末尾に示したが、複数の語義がある項目で、(❶❷…など)すべての語義区分にあてはまるものは、‖のしるしを用いて項末に掲げた。

例 **あれ-の**⓪【荒れ野】名 荒れはてている野原。荒野こう。あらの。

い-そん⓪【依存】名自サ 他のものによりかかって成り立ち、または、生きること。いぞん。

おく-ぶか・い カ【奥深い】形 カロ－カッ・ク－イ－イ－ケレ－○ ❶入り口から遠い。深くひきこもっている。「―森」❷意味が深い。「―内容」‖おくふかい。

編集協力　石岡さくよ　木下紀美子　佐藤敦子　伴想社
牧野昭仁　村山のぞみ　吉田暁子
図版　神谷一郎　とぐちえいこ
本文デザイン　周玉慧
装丁　藤田雅臣・三好亮子(tegusu)

あ ア

あ：「安」の草体。
ア：「阿」の偏の略体。

あ【亜】㊀造 ❶それに次ぐ。第二番目の。「亜種・亜流・亜熱帯」❷亜細亜(アジア)の略。「欧亜・東亜」㊁接頭 無機酸や酸化物で、酸化の程度が一段とひくいこと。「亜硫酸・亜硝酸・亜酸化銅」

あ【×阿】造 ❶おもねる。へつらう。「阿諛(あゆ)・曲学阿世」❷人を親しんで呼ぶ時に上につける語。「阿兄・阿母」❸「阿波(あわ)(旧国名)」のこと。「阿州」❹「阿弗利加(アフリカ)」のこと。「南阿」

あ【×唖】造 障害のため口のきけないこと。「唖者・盲唖・聾唖(ろうあ)」

あ【×蛙】造 かえる。「蛙鳴蟬噪(あめいせんそう)・井蛙(せいあ)」

あ【我・×吾】代〔古語〕自分。われ。

あ【▲彼】代〔古語〕あれ。かれ。か。↔そこ。

ああ ⓪ 副 あのように。あんなに。「―なったら手おくれだ」↔こう・そう。**―言(い)えばこう言(い)う** どう言っても言いかえしてさからう。

ああ ア1【×嗚▲呼・×嗟】感 ❶感動・驚き・喜び・嘆きなどを表すことば。「―、驚いた」❷応答や承知を表すことば。「―、ぼくだ」「―、いいよ」

アーカイブ カ/ア〈archive〉名 ❶コンピューターで、複数のデータを一つのファイルに圧縮したもの。❷まとめて保管されたデータや文書。アーカイブス。

アーキテクチャー テ〈architecture〉名 ❶建築学。建築様式。❷コンピューターシステムの設計思想や基本構成。

アーク-とう ⓪【アーク灯】〔「アーク arc」は円弧(えんこ)の意〕名 向かいあった二本の炭素棒に電流を通し、円弧状の放電光を出す電灯。

アーケード ア〈arcade〉名 ❶洋式建築で、丸屋根のある廊下。❷道路に屋根をかぶせた商店街。

アース ア〈earth〉名 電気器具の一点を大地につないで、電気を大地に流すしかけ。接地。

アーチ ア〈arch〉名 ❶上方を弓形・半円形につくり、その下を空間とした建造物。せりもち。❷木や竹の骨組みをすぎ・ひのきなどの葉でつつんだ門。緑門(りょくもん)。❸ホームラン。「―をかける」

アーチェリー ア〈archery〉名 西洋の弓。洋弓。また、それを使ってする競技。

アーチェリー

アーティスティック ティ〈artistic〉形動 ダロ・ダッ・デ・ニ/ダ・ナ・ナラ〇 芸術的。＝アーチスチック **―スイミング** イ〈artistic swimming〉名 音楽に合わせてプールでさまざまな泳ぎや動きを見せ、技術、芸術的表現力を競う水泳競技。参考 二〇一七年、「シンクロナイズドスイミング」から改称。

アーティスト ア〈artist〉＝**アーチスト** 名 芸術家。

アーティチョーク チョ〈artichoke〉名 キク科の多年草。夏、紫色の花をつける。開花直前のつぼみは食用になる。朝鮮あざみ。

アート ア〈art〉名 ❶芸術。美術。❷アート紙(し)。**―紙(し)** ト 名 表面に滑石の粉などを塗った、なめらかでつやのある印刷用紙。写真版・原色版などに用いられる。アートペーパー。**―ディレクター** レ〈art director〉名 演劇の美術的効果や広告のデザインなどの全体を指示・決定し、まとめる人。**―フラワー** ラ〈art flower〉名〔和製英語〕自然の草花に似せてつくった布地の造花。

アーバン ア〈urban〉造 都会や都市に関するようす。「―ライフ」

アーベント ア〈ド Abend〉名 夕方から開かれる演奏会・講演会などの集会。

アーミー ア〈army〉名 軍隊。特に、陸軍。↔ネービー。**―ナイフ** ナ〈army knife〉名 つめ切り・せん抜き・ドライバーなどを備えた折りたたみ式の多機能ナイフ。**―ルック** ル〈army look〉名 軍服の特徴を取り入れた服装。ミリタリールック。

アーム ア〈arm〉名 ❶うで。❷建築で、うで木。❸うで形の物・部分。レコードプレーヤーの針をつけて動かす部分など。**―チェア** チェ〈armchair〉名 ひじかけいす。**―ホール** ホ〈armhole〉名 洋服のそでをつけるために、身ごろを丸く、くり抜いた部分。そでぐり。

アーメン ⓪〈ヘブライ amen〉名〔「まことに」「たしかに」の意〕キリスト教で、祈りや賛美歌などの終わりにとなえる語。

アーモンド ア〈almond〉名 バラ科の落葉高木。実(み)は、洋菓子などに使う。はたんきょう。

アール ア〈フ are〉名 土地の面積の単位。一アールは、百平方メートル。記号は「a」。

アールアンドビー ビ〈R&B〉名 ➡リズムアンドブルース。

アール-エイチ〈Rh〉造〔rhesus monkeyの頭文字から〕あかげざるのこと。**―因子(いんし)** イ2 名 ひとと、あかげざるの赤血球にある抗原。**―式(しき)血液型(けつえきがた)** ⓪ 名 血液型の一つ。血液中にRh因子のあるものがRhプラス型、ないものはRhマイナス型。Rhプラス型とRhマイナス型の血液が輸血などでまざると、からだに危険な症状をおこす。

アール-エヌ-エー エ2〈RNA〉名〔ribonucleic acidから〕リボ核酸。

アール-してい シ【R指定】名〔Rはrestrictedから〕映画を鑑賞する者に年齢制限を設けること。またはそのように指定された映画作品。一五歳以上、一八歳以上など、複数の区分がある。

アール-デコ デ〈フ art déco〉名〔装飾美術の意〕一九一〇年代から三〇年代にフランスを中心に流行した芸術様式。幾何学模様を特徴とする。参考 アールヌーボーの衰退後に登場した。

アール-ヌーボー ヌ〈フ art nouveau〉名 一九世紀末から二十世紀初めにかけて、フランスを中心にヨーロッパで流行した芸術様式。大胆な曲線模様が特徴。

アール-ブイ ブ〈RV〉名〔recreational vehicleの略〕レジャー用の自動車。キャンピングカー、SUVなど。

あい【相】(あひ) 接頭〔動詞につく〕❶たがいに。いっしょに。「―はげむ」「―交わる二直線」❷かしこまった言い方にする。「よい時候に―なりました」「―すみません」

あい【哀】造 あわれ。かなしい。「哀願・哀愁・哀悼・悲哀・喜怒哀楽」

あい【×埃】造 ほこり。ちり。「塵埃(じんあい)」

あい【挨】造 おす。すすむ。「挨拶(あいさつ)」

あい【×隘】造 せまい。ほそい。「隘路・狭隘」

あい【曖】造 くらい。はっきりしない。「曖昧(あいまい)」

アイ ア〈eye〉造 目。目の形をしたものや目の働きをするもの。「―マスク」「カメラ―」

あい ア【愛】名造 ❶人間として、自分と他者を区別せずに、大切に思うこと。「仁愛・博愛・友愛・人類愛・隣人愛」 参考 キリスト教では、自己犠牲を前提として、すべての人間にそそがれる神のいつくしみが根底にあるものとする。❷自分に近かったり、自分の存在に深くかかわったりするものに対して、思いやること。「愛育・愛児・愛情・敬愛・慈愛・親愛・家族愛・郷土愛・師弟愛」❸ある一人の存在のすべてを自分のものとしたく思うこと。「―の言葉」「永遠の―を誓う」「愛人・愛撫(あいぶ)・愛欲・求愛・熱愛・恋愛」❹好んで大切にすること。「愛玩・愛蔵・愛読・遺愛」❺仏教で、ものに強くこだわる心。「愛執(あいしゅう)・愛染(あいぜん)」❻おしみ、残念に思うこと。「愛惜・割愛」 **―の結晶(けっしょう)** 愛情で結ばれた二人の間にできた子ども。 **―の巣(す)** 愛しあう二人のすまい。「―を営む」 **―の×鞭(むち)** 相手を思う気持ちから、あえて厳しい態度をとること。

あい ア【▲間】(あひ) 名 ❶ものとものとのあいだ。すきま。❷あいきょうげん。

あい ア【藍】(あゐ) 名 ❶タデ科の一年生植物。葉・茎から濃い青色の染料をとる。たであい。花は㊙ ❷あいの葉からつくった染料。❸濃い青色。

アイ-アール ア2〈ＩＲ〉名 ❶〔information retrieval から〕情報検索。❷〔investor relations から〕企業が投資家に向けて情報を提供する活動。❸〔integrated resort から〕カジノ・ホテル・劇場・展示場などが集まる複合施設。統合型リゾート。

あい-あい 0【×藹×藹】名 と副 たる連体 文章語 ❶なごやかなようす。「和気―」❷草木などがしげっているようす。

あいあい-がさ ガ【相合(相)傘】(あひあひ) 名 一本のかさを、ふたりでさすこと。おもに男女のばあいにいう。

アイアン ア〈iron〉名 ゴルフで用いる、頭部が金属製のクラブ。↔ウッド。

あい-いく 0【愛育】名 他サ かわいがってそだてること。

あい-いれ-ない 0【相いれない】【相▲容れない】(あひ) 連語 ❶たがいに一致しない。両立しない。「利害が―」❷たがいにうけいれない。「両者の思想は―」

あい-いん 0【合(い)印】(あひ) 名 二つ以上の書類を照合したしるしに押す印。合いじるし。合い判。

あい-いん 0【愛飲】名 他サ 好きでいつも飲むこと。「―する銘柄」

あい-うち 0【相打(撃・討)ち】(あひ) 名 ❶剣道などで、両方が同時に相手を打つこと。❷勝負がつかないこと。

アイ-エー-イー-エー エ2〈ＩＡＥＡ〉名〔International Atomic Energy Agency から〕国際原子力機関。核分裂性物質の監視と、原子力開発の推進を目的として、一九五七年に設立された国連の関連機関。

アイ-エス-オー オ〈ＩＳＯ〉名〔International Organization for Standardization から〕国際標準化機構。

アイ-エス-ディー-エヌ エ2〈ＩＳＤＮ〉名〔integrated services digital network から〕電話・ファクシミリ・データ通信などの総合的な高速通信サービス。総合デジタル通信網。

アイ-エス-ビー-エヌ エ2〈ＩＳＢＮ〉名〔International Standard Book Number から〕国際標準図書番号。

アイ-エッチ エ〈ＩＨ〉名〔induction heating から〕火を使わず、強い磁力線に金属が反応して出る熱を利用した加熱方式。「―調理器」

アイ-エヌ-エス エ2〈ＩＮＳ〉名〔information network system から〕電話・データ通信・画像などを統合したデジタル通信サービス。高度情報通信システム。

アイ-エム-エフ エ2〈ＩＭＦ〉名〔International Monetary Fund から〕国際通貨基金。

アイ-エル-オー オ〈ＩＬＯ〉名〔International Labor Organization から〕国際労働機関。

あいえん-か 0【愛煙家】名 たばこの好きな人。たばこのみ。

あいえん-きえん キ【合縁奇(機)縁】(あひえん) 名 人が親しく結ばれるのは、不思議な縁によるものだ、ということ。

あい-おい 0【相生(い)】(あひおひ) 名 ❶いっしょに生長すること。❷同じ根から二本の幹が出ること。また、二本の木が途中でいっしょになること。「―の松」❸夫婦がいっしょに長生きすること。

アイ-オー-シー シ〈ＩＯＣ〉名〔International Olympic Committee から〕国際オリンピック委員会。

あい-か ア【哀歌】名 かなしみの心をうたった歌。

あい-かぎ 0【合(い)鍵】(あひ) 名 一つのかぎのほかに、錠にあわせてつくった、別のかぎ。

あい-かた 0【合方】(あひ) 名 ❶歌舞伎(かぶき)で、せりふのあいだに入れて調子をあわせるなりもの。❷能のうたいで、はやしをうけもつ人。❸日本音楽で、歌い手に対して、三味線(しゃみせん)などをひく人。

あい-かた 0【相方】(あひ) 名 ❶仕事などをいっしょにやる相手。相棒。仲間。「漫才の―」❷【▲敵×娼】遊客の相手をする遊女。

あい-がも 0【▲間×鴨・合×鴨】(あひ) 名 カモ科の水鳥。まがもとあひるとの交配品種。食肉用。

あい-かわらず 0【相変(わ)らず】(あひかはらず) 副 いつもと同じように。「―忙しく暮らしている」「母は―小言が多い」 参考 変化のないことをしかたがないと思う場合に使う。

あい-かん 0【哀感】名 文章語 ものがなしい感じ。

あい-かん 0【哀歓】名 文章語 かなしみとよろこび。「―を共にする」

あい-がん 0【哀願】名 他サ 相手の同情心にうったえて、ねがいたのむこと。泣きつくこと。哀訴。

あい-がん 0【愛玩】名 他サ かわいがって楽しむこと。「―動物」

あい-き ア【愛器】名 たいせつにして、いつも使っている道具・楽器。「巨匠の―」

あい-き ア【愛機】名 愛用する飛行機・写真機など。「大統領の―」「使い慣れた―」

あい-ぎ 0【合着】【▲間着】(あひ) 名 ❶春と秋に着る衣服。合服。❷上着と下着の間に着る衣服。

あいき-どう キ【合気道】(あひき) 名 武道の一種。関節を利用しての投げわざとおさえわざに特色がある。護身を主とする。合気術。

あい-ぎゃう【愛▲敬】名 古語 ➡あいぎょう。

あい-きゃく 0【相客】(あひ) 名 ❶いっしょに居あわせた客。❷旅館などで同じへやにとまりあわせた客。

アイ-キュー キュ〈ＩＱ〉名〔intelligence quotient から〕知能指数。

あい-きょう【愛郷】造 故郷を愛すること。「―心」

あい-きょう キョ【愛▲敬・愛×嬌】名〔「あいぎょう・あいけい」と読めば別語〕❶かわいらしいこと。「―のある顔だち」❷相手を喜ばせるようにふるまうこと。「客に―をふりまく」❸〔商店などで〕おまけとしてそえる品。「ほんのご―です」 **―者(もの)** 0 名 あいきょうがあって、人にかわいがられる動物や人。「―の小猿」

あい-ぎょう【愛▲敬】名 古語〔「あいきょう・あいけい」と読めば別語〕❶かわいらしいこと。「―こぼるるやうにて」〈源氏〉❷思いやりの心や、やさしさのあるようす。

あい-きょうげん キョ【▲間狂言】(あひ) 名 能の中で狂言師が出て演ずる部分。あい。

あい-ぎん 0【愛吟】名 他サ すきな詩歌(しいか)。また、それをうたうこと。

あい-くち ⓪【合口】【×匕首】―名 つばのない短刀。匕首(ひしゅ)。九寸五分(くすんごぶ)。

あい-くち ⓪【合(い)口】―名 相手としての調子のぐあい。相手との調子のあいかた。「―のいい友だち」 **―が悪(わる)い** ❶相手としての調子が悪く、話が合わない。❷相撲など勝負事で、にが手である。

あい-くるし・い シ【愛くるしい】形 カロ・カッ・ク/イ・イ・ケレ・○ 〔「くるしい」は意味を強める接尾語〕子供の顔などが、いかにもかわいらしい。「―笑顔」 **愛くるしさ** 名

あい-けい ⓪【愛敬】名 他サ 〔「あいきょう・あいぎょう」と読めば別語〕愛しうやまうこと。敬愛。「―する友」

あい-けん【愛犬】❶⓪名 かわいがっている犬。㊁造 犬をかわいがること。「―家(か)」

あい-こ コ【相子】―名 〔「こ」は「事」から〕勝ち負けのつかないこと。ひきわけ。

あい-こ ア【愛顧】名 かわいがって目をかけ、引きたてること。ひいき。引きたてられるがわからいう語。「日ごろのご―にこたえて」

あい-ご ア【愛護】名 他サ 愛し保護すること。「動物―」

あい-こう ⓪【愛校】造 自分の学校を愛すること。「―心」

あい-こう ⓪【愛好】名 他サ 趣味や思想として、愛しこのむこと。「音楽を―する」「平和を―する」

あい-ごう ⓪【哀号】名 自サ ❶[文章語]人の死を悲しみ、泣きさけぶこと。❷中国・朝鮮半島の風習で、葬式のとき悲しみをあらわして泣きさけぶこと。また、その声。

あい-こく ⓪【愛国】造 自分の国を愛すること。「―心」

あい-ことば コ【合(い)言葉】―名 ❶前もってきめた、あいずのことば。「山」といったら「川」と答えるなど。❷ある主義をかかげたり、はげまし合ったりするためにいう標語。モットー。「ぼくらの―は『前進』だ」

アイコン ⓪〈icon〉名 コンピューターを操作するために画面上に表示された絵や図形。

アイ-コンタクト コ〈eye contact〉名 視線を合わせること。互いに目と目を合わせることによって思いを伝えること。

あい-さい ⓪【愛妻】❶⓪名 愛している妻。㊁造 妻を大事にすること。「―家(か)」

あい-さつ ア【挨拶】名 自サ 〔もとは禅宗の問答のこと。「挨」は「押す」、「拶」は「せまる」の意〕❶人に会ったときや別れるときにとりかわす、儀礼的な動作やことば。「朝の―」❷会合の席でのべる開会・閉会を告げることばや、祝い・感謝などのことば。「退任の―」❸わび・返礼などのことば。「人に迷惑をかけて一言の―もない」❹返事。対応。「そう言われても、―のしようがない」❺〔「ご」をつけて〕相手の失礼な態度に対し、皮肉をこめて応ずることば。「ご―だね」 **―語(ご)** ⓪名 あいさつのときにとりかわすことば。ありがとう・さようならなど。感動詞の一種。この辞典では あいさつ という記号で示す。

あい-し ア【哀史】名 かなしい歴史や物語。「女工―」

あい-し ア【哀詩】名 かなしいことをうたった詩。

あい-じ ア【愛児】名 かわいがって、たいせつにしている子。

アイ-シー シ〈IC〉名 ❶〈integrated circuit から〉集積回路。「―チップ」❷〈interchange から〉➡インターチェンジ。 **―カード** カ〈IC card〉名 集積回路を組み込み、情報の記録・演算などの処理を行う名刺大のカード。キャッシュカード、クレジットカード、鉄道の乗車パスなどに使われている。 **―タグ** タ〈IC tag〉名 無線通信の機能を持ち、商品の識別や管理に利用される、ごく小さなICチップ。 **―チップ** チ〈IC chip〉名 集積回路が組み込まれた半導体の小片。クレジットカードなどに搭載される。

アイ-シー-ティー ティ〈ICT〉名 〈information and communication technology から〉情報通信技術。IT。参考 ITとほぼ同義だが、国際的にはICTが一般的。

アイ-シー-ビー-エム エ〈ICBM〉名 〈intercontinental ballistic missile から〉射程六千四百キロメートル以上の弾道ミサイル。大陸間弾道弾。

アイ-シー-ユー コ〈ICU〉名 〈intensive care unit から〉集中治療室。

あい-しゃ ⓪【愛社】名 自分が勤めている会社を大切に思うこと。「―精神」

あい-しゃ ⓪【愛車】名 日ごろ愛用している自分の自動車や自転車。「―を磨く」

あい-じゃく ⓪【愛着】名 自サ ➡あいちゃく。

アイ-シャドー シャ〈eye shadow〉名 まぶたに青・灰色などの化粧品をぬり、顔に陰影をつけること。また、その化粧品。

あい-しゅう ⓪【哀愁】名 うらがなしい思い。哀感。

あい-しゅう ⓪【愛執】名 愛情にひかれたり、欲望にとらわれたりして、心がはなれがたいこと。

あい-しょ【愛書】❶⓪名 このんで読む本。愛読書。㊁造 本をだいじにすること。「―家(か)」

あい-しょう ショ【相性・合(い)性】―名 ❶陰陽五行(ごぎょう)説にもとづく、生まれ年による男女の組み合わせの一致・不一致。「―を占う」❷人間どうしの性格の組み合わせ。「あの課長とはどうも―が悪い」❸食べ物の組み合わせ。特に、酒とつまみのとりあわせ。「ビールと枝豆は―がいい」

あい-しょう ⓪【哀傷】名 人の死をかなしみなげくこと。哀悼。「―歌」

あい-しょう ⓪【愛称】名 正式の名まえとは別に、したしんで名づけた呼び名。「ミニレター」は郵便書簡の―だ」

あい-しょう ⓪【愛唱】【愛×誦】名 他サ すきな詩歌(しいか)・歌謡などを声を出してよみ、または、うたうこと。「―歌」

あい-じょう ⓪【哀情】名 [文章語] ものがなしい気持ち。「そぞろ―をさそわれる」

あい-じょう ⓪【愛情】名 親子・夫婦・恋人などの人間関係や、飼ったり育てたりしている動植物などに対して、大切に思う気持ち。「―を注ぐ」「―をいだく」

あい-じょう ⓪【愛嬢】名 かわいがり、たいせつにしているむすめ。まなむすめ。↕愛息。参考「ご愛嬢」の形で、他人のむすめについて言う。

あい-しら・う あひしらふ 他四 [古語] ❶応対する。「西の廊に呼びすゑて、この宿直(とのゐ)人あひしらふ」〈源氏〉❷ほどよくとり扱う。「義仲(よしなか)しばしあひしらふやうにもてなして」〈平家〉

あい-じるし ジ【合(い)印】―名 ❶敵とまちがえないように、味方どうしできめたしるし。❷二枚の布を正しくぬい合わせるためにつけたしるし。❸二枚以上のとじた書類の移り目ごとにおす印。❹書類を照合したしるしにおす印。合い印(いん)。

あい-じん ⓪【愛人】名 愛し合っている相手。既婚者の一方から、他方がほかに愛している存在を指していうことが多い。

アイシング ⓪/ア〈icing〉❶名 他サ 氷などで患部を冷やすこと。また、激しく動かした筋肉や体を冷やし疲労をとること。㊁名 粉砂糖に水や卵白などを加えて練り、ペースト状にしたもの。またそれを洋菓子の表面に塗って固まらせたもの。「―クッキー」

アイス ア〈ice〉名 ❶氷。「―スケート」❷「アイスクリー

ム」の略。❸「氷菓子」と「高利貸し」と音が同じなので）高利貸し。参考 明治時代に多く使われた。 **―キャンデー** キャ〈ice candy〉名（和製英語）棒のかたちをした氷菓子。夏 **―クリーム** リ〈ice cream〉名 牛乳・砂糖・卵の黄身を材料とする氷菓子。夏 **―クリーム-サンデー** サ〈ア ice cream sundae〉名 くだものやチョコレートなどを、アイスクリームにのせたもの。 **―コーヒー** ヒ〈iced coffee〉名 冷やした、または氷を入れたコーヒー。 **―ショー** ショ|ス〈ice show〉名 アイススケートのリンク上でおこなうショー。 **―スケート** ケ〈ice skating〉名 金具のついたくつをはいて、氷の上をすべるスポーツ。 **―ダンス** ダ〈ice dance〉名 男女が組になって踊る、フィギュアスケートの一種目。 **―ティー** ティ〈iced tea〉名 氷などで冷やした紅茶。 **―ペール** ペ〈ice pail〉名 氷を入れる卓上用の容器。 **―ボックス** ボ〈icebox〉名 氷を入れてひやす冷蔵庫。 **―ホッケー** ホ〈ice hockey〉名 氷上でスケートをはいてするホッケー。冬 **―リンク** リ〈ice rink〉名 スケートをする、氷を張った場所。スケートリンク。

あい・す ア【愛す】他五 サ・ソ|シ|ス|ス|セ|セ ⬇あいする。 **愛せる** 自下一［…できる］

あい-ず ア【合図】―名 前もって約束してある方法で物事を知らせること。また、その方法。サイン。「―を送る」

アイス-バーン 四〈ド Eisbahn〉名 雪山やスキー場で、積もった雪の表面が氷のように固まった場所。

アイスランド《Iceland》❶北大西洋上にある島。❷アイスランド島全域を占める共和国。首都はレイキャビク。

あい・する ス【愛する】他サ シ・セ・サ|シ|スル|スル|スレ|シロ・セヨ（「愛す」（五段活用）とも）❶人生を共にする相手としてかけがえのないものに思う。恋する。「愛し合う二人」❷血を分けた間柄やそれに類するものとして大切に思う。「孫を―」「ペットを―」「母校を―」「郷土を―」❸人間として生きていく上で大きな価値をみとめる。「自然を―」「真理を―」「孤独を―」❹好んで夢中になる。「釣りを―」「ジャズを―」「コーヒーを―」 **あい・す** 文語サ変

あい-せき 0【相席】―名 他人どうしがいっしょになって同座すること。同席。

あい-せき 0【哀惜】名 他サ 人の死などをかなしみ、おしむこと。「―の念にたえない」 参考「哀惜」は、人の死について、「愛惜」は物について使う。

あい-せき 0【愛惜】名 他サ たいせつにして、失ったり損じたりしたくないと思うこと。⇩哀惜 参考。

あい-せつ 0【哀切】名 形動 たいそうあわれなこと。「―きわまる物語」

あい-せん 0【相先】―名 ⬇たがいせん。

あい-ぜん 0【愛染】名〔仏〕❶愛に執着すること。愛欲のけがれに染まること。煩悩。❷愛染明王。 **―明王** オ 名 仏法を守る仏神で、愛への執着をきよめる。愛染王。

アイゼン ア 名〈ド Steigeisen から〉すべり止めに、登山靴の下につける、鉄のつめのついた道具。

アイゼン

あい-そ ソ【愛想】名 ❶にこにこと人あたりのよいこと。人好きのすること。「―のない人」❷もてなし。「なんのお―もなくて失礼」❸好意。愛情。「―がつきる」❹⬇おあいそ。‖あいそう。 **―尽かし** ヅ 名 相手を見かぎったことを示すことばや態度。 **―もこそも尽き果てる** あきれてすっかり見かぎる。 **―笑い** ワ 名 相手にこびへつらうためにつくる笑い。 **―を尽かす** 相手にいや気がさして、とりあわなくなる。

あい-そ ア【哀訴】名 他サ 同情を求めるように、うったえること。哀願。

あい-そう ソ【愛想】名 ⬇あいそ。

あい-ぞう 0【愛憎】名〔文章語〕愛することと、にくむこと。「―入り混じる思い」

あい-ぞう 0【愛蔵】名 他サ たいせつにして、しまっておくこと。秘蔵。「―の画集」

あい-そく 0【愛息】名 かわいがり、たいせつにしているむすこ。↕愛嬢。参考「ご愛息」の形で、他人のむすこについて言う。

アイソトープ ト〈isotope〉名 同位元素。原子番号がひとしく、原子量のちがう元素。

あい-ぞめ 0【藍染め】―名 植物のあいからとった染料で、糸や布を染めること。また染めたもの。

あい-そん 0【愛孫】名 かわいがり、たいせつにしているまご。参考「ご愛孫」の形で、他人のまごについて言う。

あいだ 0【間】名 ❶二つの物にはさまれた所。また、その長さ。あいま。あわい。「島と島との―の水路」❷物と物との切れ目。すきま。「―をあけずに詰める」❸ひとつづきの時間。「工事は五日の―に完了する」❹つづいている期間の途中。「子供が寝ている―に掃除をする」❺関係。あいだがら。「ふたりの―」❻〔古語〕（接続助詞のように使う）ので。から。「多忙に候―」

あい-たい 0【相対】―名 第三者を入れず両者だけで、ことをすること。 **―死に** 名〔古語〕心中。情死。 **―尽く** 0 名 他人を入れず、ふたりの話し合いですること。

あい-たい 0【×靉×靆】と副 たる連体〔文章語〕雲などがたなびいているようす。

あい-たい・する ア=ス【相対する】―自サ シ・セ・サ|シ|スル|スル|スレ|シロ・セヨ 両方が向かいあう。対立する。 **あひたい・す** 文語サ変

あいだ-がら 0【間柄】―名 人と人との関係。つきあい。つづきがら。「親子の―」「師弟の―」

あいだ-ぐい 0【間食い】―名 食事と食事との間に、菓子・くだものなどをたべること。かんしょく。

開いた口が塞がらない あきれ返って、ものが言えないようす。

あいた-しゅぎ シュ【愛他主義】名 他人の利益・幸福を第一として行動する主義。利他主義。

あいち-けん《愛知県》中部地方南西部の県。県庁所在地は名古屋市。

あい-ちゃく 0【愛着】名 自サ かわいくて心がひかれ、はなれられないこと。あいじゃく。「―をおぼえる」

あい-ちょう【愛鳥】造 野生の鳥をかわいがること。 **―週間** シュ 名 野鳥をかわいがる運動の行われる、五月十日からの一週間。バードウイーク。夏

あい-ちょう 0【哀調】名 ものがなしく、あわれな調子。「―をおびた旋律」

あい-ちょう 0【愛重】名 他サ〔文章語〕かわいく思い、たいせつにすること。

あい-ちょう 0【愛聴】名 他サ 好きで、よくきくこと。「―盤」

あ-いつ 0【あいつ】【▲彼▲奴】代（「あやつ」の変化）❶「あのひと」のぞんざいな言い方。あのやろう。「―がにくい」❷「あれ」のぞんざいな言い方。「―を取ってくれ」↕こいつ・そいつ。

あい-つ・ぐ ア【相次ぐ】―自五 ガ・ゴ|ギ・イ|グ|グ|ゲ|ゲ つぎつぎにつづく。「―勝利」

あい-つ・ぐ ア【相継ぐ】―他五 ガ・ゴ|ギ・イ|グ|グ|ゲ|＊「うけつぐ」のあらたまった言い方。「あとは私が―こととなりました」

あ

あい-づち [0]/[ツ]【相づち】【相×槌】─あひ [名] ❶鍛冶(かじ)でかわるがわるつちを打ちあうこと。むこうづち。❷他人の話に調子を合わせる、うけこたえのことば。「─を打つ」

あいづ-やいち《会津八一》〔一八八一～一九五六〕歌人・書家・美術史学者。本名は弥市(やいち)。歌集に「鹿鳴集(ろくめいしゅう)」など。

あい-て [テ]【相手】─あひ [名] ❶いっしょに物事をする片方の人。相方。相棒。「─と相談する」❷争う先方。対抗して物事をする人。「けんかを売られても─にしない」 **─方**(かた) [0] [名] 相手のほう。 **─取る**(どる) [ド] [他五] 交渉や争いの相手とする。「国を相手取って争う」

アイディア [アー]〈idea〉=**アイデア** [名] ❶〔哲〕理念。観念。イデー。❷理想。❸着想。思いつき。「奇抜な─がうかぶ」 **─マン** [ア²]〈idea man〉[名] アイディアを次々とうち出す人。創造的発想に富む人。

アイ-ティー [ティ]〈IT〉[名] 〔information technology から〕情報技術。特にインターネットに関係する情報交換技術。⇩アイシーティー。

アイ-ディー [ディ]〈ID〉[名] 〔identification から〕❶身分証明。❷識別のためのコード。「─番号」 **─カード** [カ]〈ID card〉[名] その人物であることを証明するためのカード。身分証明書・運転免許証など。

あい-でし [0]【相弟子】─あひ [名] 同じ師匠についてまなんでいる、でし。同門。

アイテム [ア]〈item〉[名] ❶一つの品目・種目・品物・商品。❷新聞記事などの項目・事項。❸コンピューターで記録された一項目のデータ。❹ブラウス・スカート・ジャケットなど、服の品目。

アイデンティティー [テ]〈identity〉[名] 自分は自分であって、ほかのだれでもないことの確認。自己同一性。

アイデンティファイ [テ]〈identify〉[名] [自他サ] 本人、または同一のものであると確認すること。同定。

あい-とう [0]【哀悼】[名] [他サ] 人の死をかなしみなげくこと。くやみ。哀傷。「─の辞をのべる」

あい-どく [0]【愛読】[名] [他サ] このんで読むこと。「─書」「推理小説を─する」

あいとにんしきとのしゅっぱつ《愛と認識との出発》倉田百三(くらたひゃくぞう)の評論集。一九二一年刊。愛をめぐって、いかに生きるべきかを探究したもの。

あい-ともな・う [ア]=[ナ]【相伴う】─あひともなふ [自五] 〔ワ・オ─イ・ッ─ウ─ウ─エ─エ〕❶連れだつ。「相伴って旅に出る」❷いっしょにあらわれる。「利害が─」「教育の発達と文化の向上は─」

アイドリング [0]〈idling〉[名] いつでも始動できるように、停車中も自動車のエンジンを低速で空転させること。 **─ストップ** [ト]〈idling stop〉[名] 〔和製英語〕駐停車のあいだ、車のエンジンをとめること。

アイドル [ア]〈idol〉[名] 大勢(おおぜい)から崇拝やあこがれの対象となるもの。人気者。「かれは全校の─だ」

あい-なかば・する [ア]=[バ]【相半ばする】─あひ [自サ] 〔シ・セ・サ─シ─スル─スル─スレ─シロ・セヨ〕半分ずつである。五分五分(ごぶごぶ)である。「利害が─」

あいなかば・す [文語サ変]

あい-な・し [形ク]〔古語〕❶おもしろくない。興ざめだ。「あまりに興あらんとする事は、かならずあいなきものなり」〈徒然〉❷不満足だ。不本意だ。「それ(アトデツモッタ雪)は─。かきすてよ」〈枕〉❸不調和だ。「(老人ガ)衆にまじはりたるも、あいなく見苦し」〈徒然〉❹〔連用形で〕ひどく。むやみに。「愛敬(あいぎやう)おくれたる人(優雅デ愛ラシイ魅力ニ乏シイ女房)などは、あいなくかたきにして」〈枕〉

あいなだのみ【あい無頼み】[名]〔古語〕あてにならない期待。そらだのみ。「─の心おごりを」〈更級〉

あい-なめ [0]【×鮎▲並】[名] アイナメ科の海水魚。浅海の海藻の間にすむ。体長約三〇センチメートル。食用。あぶらめ。[春]

あい-な・る [ア]=[ナ]【相成る】─あひ [自五] 〔ラ・ロ─リ・ッ─ル─ル─レ─*〕〔文章語〕「なる」のあらたまった言い方。「灯火親しむべき候と相成りました」

あい-なるべくは【相成るべくは】─あひ─ワ [連語] できることならば。なるべくは。「─そのように願いたい」

あい-にく [0]【あいにく】【▲生憎】[副] [形動の] なにかをしようとするとき、それに不都合な事態がおこるようす。ぐあいが悪いことに。「─もちあわせがない」「─の雨」⇩おあいにくさま。

アイヌ [ア] [名] 古くは、奥羽(おうう)地方にも住んでいた先住民族。いまは主に、北海道・サハリン(樺太(からふと))などに住む。[参考]アイヌ語で人の意。

あい-の-こ [0]【合いの子】【▲間の子】─あひ [名] ❶種類のちがう二つのものがとりあわされてできた、どちらともつかないもの。❷混血(児)。

あい-の-て [ノ]【合いの手】【▲間の手】─あひ [名] ❶日本音楽で、歌と歌とのあいだに入れる、三味線(しゃみせん)のみじかい演奏。間奏。❷歌やおどりの調子に合わせて入れる手びょうしやかけ声。❸相手の動作やことばを調子づけるためにあいだに入れることば。

あい-のり [0]【相乗り】─あひ [名] ❶一つの乗り物にいっしょに乗ること。「オートバイの─」❷選挙で、ひとりの候補者を複数の政党が支持すること。

あい-ば【愛馬】㊀ [ア] [名] かわいがっている馬。㊁ [造] 馬をかわいがること。

あい-は・む [ア]【相▲食む】─あひ [他五] 〔マ・モ─ミ・ン─ム─ム─メ─メ〕〔文章語〕たがいを食い合う。「骨肉─争い」

あい-はん [0]【合(い)判】─あひ [名] ❶合い印。❷ふたり以上が連帯でおす印判。

あい-ばん [0]【合(い)判・相判】【▲間判】─あひ [名] ❶紙の寸法の一種。たて約二一・二センチメートル、よこ約一五・一センチメートル。❷写真乾板の大きさの一種。たて約一三センチメートル、よこ約一〇センチメートル。

アイ-バンク [バ]〈eye bank〉[名] 角膜移植のために、眼球提供者の登録・斡旋(あっせん)などを行う機関。角膜銀行。眼球銀行。

あい-はん・する [ア]=[ス]【相反する】─あひ [自サ] 〔シ・セ・サ─シ─スル─スル─スレ─シロ・セヨ〕たがいに反対の関係にある。たがいに矛盾している。「─主張」

アイ-ピー [ピ]〈IP〉[名] 〔internet protocol から〕コンピューターどうしを通信回線でつなげるために定められたきまり。 **─アドレス** [ア²]〈IP address〉[名] インターネット上で、世界中の個々のコンピューターを識別するために割り当てられた番号列。 **─電話**(でんわ) [デ] [名] インターネットの技術を通話回線に応用した電話。

アイピーエス-さいぼう [サ]【・iPS細胞】[名] 〔induced pluripotent stem cell から〕万能細胞の一つ。体細胞に人工的な手を加え、さまざまな組織に分化できるようにした細胞。人工多能性幹細胞。

アイビー-ルック [ル]〈ivy look〉[名] 〔和製英語〕米国東部にある名門大学の男子学生の服装。日本では、それをまねたファッションが一九六〇年代に流行した。アイビースタイル。

あい-びき [0]【合×挽き】─あひ [名] 牛肉と豚肉をまぜ合わせてひいた肉。

あい-びき [0]【×逢引・×媾×曳】─あひ [名] 愛しあっているふたりがひそかにあうこと。密会。ランデブー。

あいびき《あひびき》二葉亭四迷(ふたばていしめい)の翻訳短編小説。一八八八年発表。原作はツルゲーネフの「猟人日記」中の一編。言文一致の文体による自然描写の新しさで、日本の近代文学に大きな影響をあたえた。

あい-びょう ⓪【愛猫】名 ❶かわいがっているねこ。❷ねこをかわいがること。「―家」

あい-ぶ ア【愛×撫】名 他サ なでたりさすったりして、かわいがること。また、なでさするようにして、かわいがること。「孫を―する」

あい-ふく ⓪【合服】【▲間服】―名（「あい」は冬と夏、夏と冬の間のこと）春と秋とに着る服。合着。↕夏服・冬服。

あい-ふだ ⓪/ダ【合（い）札】―名 ❶品物をあずかったときなどに証拠としてわたす札。❷のちの証拠に、一枚の札を二枚に切ってわたす一方の札。わりふ。

あい-べつ ⓪【哀別】名 文章語 かなしいわかれ。「―の情」

あいべつりく リ【愛別離苦】名『仏』八苦の一つ。親子・兄弟・夫婦など愛する人が心ならずもわかれるくるしみ。

あい-べや ⓪【相部屋】―名 ❶ホテル・旅館などで、他の客と一つのへやにいっしょに泊まること。❷会議室・控え室などをいっしょに使うこと。

あい-ぼ ア【愛慕】名 他サ 文章語 愛し、したうこと。

あい-ぼう ⓪【相棒】―名 ❶かご・もっこなどをかつぐときの相手。❷いっしょに仕事をする相手。パートナー。参考「合棒」と書くのはあやまり。

あい-ぼし ⓪【相星】―名 相撲で、相対する両者の勝ち数・負け数が同じである状態。「三勝三敗の―」

アイボリー ア〈ivory〉名 ❶ぞうげ。❷うすい黄、または赤のまじった白色。ぞうげ色。❸ぞうげ色の厚い紙。

あい-ま ⓪【合間】―名 物事のとぎれたあいだ。ひま。「仕事の―に一服する」

あい-まい ⓪【曖昧】名 形動 ❶ことばや態度が論理的でなかったり、どちらにでもとれたりするようす。「―な答弁」「賛成か反対か―だ」参考「あやふや」は伝える内容そのものが不明瞭なこと、「うやむや」は明確に伝えることが無理なようすをあらわす。❷表向きは旅館や料理屋をよそおうが、娼婦などを置いて営業したこと。「―茶屋」「―宿」

―模×糊 モ と 副 たる 連体 はっきりせず、とらえどころのないようす。ぼんやりかすんでいるようす。

アイ-マスク マ〈eye mask〉名（和製英語）眠るときに明かりをさえぎるための目かくし。安眠を助ける。

あい-まって【相まって】【相×俟って】―連語 たすけあって。いっしょになって。「才能と努力が―成功する」

あいみたがい ア【相身(見)互い】名 同じ境遇の人がたがいに同情し、たすけあうこと。

あい-みつもり ミ【相見積(も)り】―名 一件の発注に対して複数の業者に見積もりをさせること。あいみつ。「―をとる」

あい・みる ア=ミ【相見る】―自上一 たがいにあいてをみる。対面する。

アイ-メイク メ〈eye make〉名（和製英語）目もとにほどこす化粧。アイシャドー、マスカラなど。

相も変わらぬ 以前と変わらない。いつも同じで進歩がない。「―ぐち話」

あい-もち ⓪【相持ち】―名 ❶一つの物を、ふたり以上でいっしょに所有すること。共有。❷費用などを等分にひき受けること。わりかん。❸代わりあって持つこと。

あい-やく ⓪【相役】―名 同じ役職にある人。同役。同僚。

あい-やど ⓪【相宿】―名 同じ宿屋、または、同じへやにとまること。同宿。

あい-よう ⓪【愛用】名 他サ いつも、このんでつかうこと。「―のカメラ」

あい-よく ⓪【愛欲】【愛×慾】名 ❶『仏』欲望に心をうばわれること。❷肉体的な欲望。情欲。

あい-よつ ⓪【相四つ】―名 相撲で、たがいに得意の組み手が右四つ、または、左四つであること。↕けんか四つ。

アイ-ライン ラ〈eye line〉名 目を大きくはっきりと見せるために、まつげの生えぎわにかく線。

あい-らく ⓪【哀楽】名 かなしみとたのしみ。「喜怒―」

あい-らし・い シ【愛らしい】形 カロ・カッ・ク イ・イ・ケレ・○ かわいらしい。**愛らしげ** 形動 **愛らしさ** 名 **あいら・し** 文語シク

アイリス ア〈iris〉名 アヤメ科の植物の総称。あやめ・はなしょうぶなど。一般には外国種のダッチアイリス・イングリッシュアイリスなどをいう。㊐

アイリッシュ-パブ パ〈Irish pub〉名 アイルランド風の居酒屋。

アイルランド《Ireland》（「愛蘭」とも書いた）❶イギリス本国大ブリテン島の西方にある島。❷アイルランド島の大部分を占める共和国。一九四九年に独立。首都はダブリン。

あい-れん ⓪【哀×憐】名 文章語 あわれみ。「―の情」

あい-れん ⓪【愛×憐】名 文章語 かわいがり、あわれむこと。

あ-いろ ⓪【▲文色】名 文章語 ❶もよう。❷物の区別。

あい-ろ ア【×隘路】名 ❶せまくてけわしく、通行が困難な道。❷障害。困難。「―をうちやぶる」

アイロニー ア〈irony〉＝イロニー 名 ❶あてこすり。ひにく。❷反語。「ばかだね」というかわりに「ずいぶんおりこうだね」というたぐい。

アイロン ⓪〈iron〉名 ❶熱して衣類のしわをのばし、折り目をつけ、形をととのえるのに使う鉄製の道具。❷調髪用のこて。

あい-わ ⓪【哀話】名 あわれな話。悲話。

あい-わ・す ア【相和す】―自五 サ・ソ・シ・ス・ス・セ・セ 文章語 仲よくする。「兄弟―」

アインスタイニウム ニ〈einsteinium〉名（物理学者アインシュタインの名から）超ウラン元素の一つ。一九五三年発見。元素記号Es 原子番号99

あ・う ㊀ ア【会う】自五 ワ・オ・イ・ッ・ウ・ウ・エ・エ ❶［×逢う］一定の場所で面会する。対面する。「約束の時間に人と―」参考 相手を立てた言い方に「お目にかかる・お目通りする」がある。女性は「お目もじする」なども言った。❷【遭う】【▲遇う】偶然に人や物事に出あう。思いがけない体験をする。「散歩をしていて恩師に―」「にわか雨に―」「ひどい目に―」**あえる** 自下一（…できる）㊁ 自四 古語【会ふ・×逢ふ】❶（相手がこちらと）偶然に出会う。「宇津の山に至りて…修行者あひたり」〈伊勢〉❷結婚する。契る。「いかやうなる志（愛情）あらむ人にか、あはむとおぼす」〈竹取〉❸立ち向かう。争う。「香具山と耳成山とあひし時」〈万葉〉❹そちらに向く。顔を向ける。「傍（ソバニイル人）にあひて」〈徒然〉❺（「時にあう」の形で）よい時世に生まれ合わせる。「時にあひ、したり顔（得意顔）なるも」〈徒然〉

あ・う ㊀ ア【合う】自五 ❶二つ以上のものが一つになる。「空と海が―所が水平線だ」❷二つ以上のものが一致する。「時計が合っている」「気が―」「意見が―」❸基準に一致する。「計算が―」「靴が足に―」❹調和する。「映像と音楽が―」❺経費や労力と収入とのつりあいがとれる。損をしない。引き合う。「合わない仕事」㊁ 接尾（五段活用動詞をつくる）たがいに…する。「話し―」「助け―」

あ・う【▲敢ふ】自下二 古語 ❶こらえきれる。「夜は起きて昼は思ひにあへず消えぬべし」〈古今〉❷（他の動詞の下につ

いて〕しいて…する。あくまで…する。十分…する。「人の心は守りあへぬもの」〈万葉〉[参考]「せきあへず」「とどめあへず」というように、多く打ち消しの語を伴って用いられる。

アヴァン-ギャルド [ギャ]〈フ avant-garde〉[名] ⬇アバンギャルド。

アヴァン-ゲール [ゲ]〈フ avant-guerre〉[名] ⬇アバンゲール。

アヴァンチュール [チュ]〈フ aventure〉[名] ⬇アバンチュール。

アウエー [エ]〈away〉[名] サッカーなどのスポーツで、相手チームの本拠地。敵地。「—ゲーム」↕ホーム。

アウター [ア]/[0] [名]〔outerwear から〕上着。ジャケット・カーディガンなど、上にはおるもの。アウターウエア。↕インナー。

アウタルキー [タ]〈ド Autarkie〉[名] 自給自足。自給自足経済。

アウティング [0]〈outing〉[名] [他サ] 性的少数者の性的指向や自認している性を、その人の了解なしに口外すること。

アウト〈out〉[一] [ア] [名] ❶テニスや卓球などで、球が規定の線外に出ること。↕イン。❷野球で打者や走者が攻撃の資格や塁にいる権利をなくすこと。↕セーフ。❸ゴルフで一八ホールの前半九ホール。↕イン。❹[俗語] 失敗。だめ。「入社試験は—だった」[二] [造] 外の。外がわの。 **—オブ-デート** [デ]〈out-of-date〉[名] 時代おくれなようす。流行などの古くさいこと。↕アップツーデート。 **—コース** [コ]〈out course〉[名]〔和製英語〕↕インコース。❶野球で、ホームプレートの打者に遠いがわを通る球の道すじ。❷トラック競技・スピードスケートなどで外側のコース。 **—コーナー** [コ]〈out corner〉[名]〔和製英語〕野球で、ホームプレートの、打者に遠いほうのがわ。↕インコーナー。 **—サイダー** [サ]〈outsider〉[名] ❶仲間以外の人。局外者。❷常識的な社会のわくの外にいる人。アウトロー。❸ある社会体制に対して批判的な人。❹カルテル・トラストなどに加盟しない業者。❺労働組合に加入していない労働者。 **—サイド** [サ]〈outside〉[名] ↕インサイド。❶外がわ。❷野球で、アウトコーナー。 **—ソーシング** [ソ]〈outsourcing〉[名] 業務を外部に委託すること。 **—ドア** [ド]〈outdoor〉[名] 屋外。野外。↕インドア。 **—ドア-スポーツ** [ポ]〈outdoor sports〉[名] 屋外で行うスポーツ。↕インドアスポーツ。 **—バウンド** [バ]〈outbound〉[名] ↕インバウンド。❶〔中から外へ出る意から〕企業などで、営業や案内などで外にかける電話。❷〔「アウトバウンドツーリズム」の略〕国外旅行。また、国外旅行客。 **—プット** [プ]〈output〉[名] [他サ] ↕インプット。❶コンピューターがデータを処理して結果を取り出すこと。また、その結果。出力。❷⬇出力❶。 **—ブレーク** [レ]〈outbreak〉[名] 感染症などの突発的発生。短期間のうちに病気の感染が急増すること。集団発生。⇩パンデミック。 **—ライン** [ラ]〈outline〉[名] ❶外郭線。ふちや、へりの線。❷物事のだいたい。大要。 **—レット** [レ]〈outlet〉[名] 型が古くなったり、大量にかかえた在庫品を格安で売る店。アウトレットモール。 **—ロー** [ロ]〈outlaw〉[名] 法律を無視する人。無法者。

アウトバーン [バ]〈ド Autobahn〉[名] ドイツの自動車専用高速道路。

アウフヘーベン [ヘ]〈ド Aufheben〉[名] [他サ] 二つの相反する概念を一段と高い概念に統一すること。止揚(しよう)。

あ-うん [0]【×阿×吽・×阿×吽】[名] ❶〔仏〕口をひらいて出す音と、口をとじて出す音。❷[文章語] はく息と、すう息。息の出入り。❸一方は口を開き、一方は口を閉じた仁王(におう)やこま犬の相。 **—の呼吸(こきゅう)** 相撲の仕切りなど、二人で何かをするときの気持ちの合い方。

あえ-か [なり形動] [古語] 美しく、かよわいようす。「花やかならぬ姿、いとらうたげに(イカニモカワイラシク)あえかなる心地して」〈源氏〉

あえ・ぐ [エ]【×喘ぐ】(あへぐ) [自五] (ガ・ゴ|ギ・イ|グ|グ|ゲ|ゲ) ❶苦しそうに呼吸する。息をきらす。❷苦しむ。「生活難に—」

あえ-ず【▲敢えず】(あへ) [連語]〔接尾語的に使う〕十分に…しきれない。…できない。「涙せき—(ナミダヲコラエルコトガデキナイ)」「取る物も取り—」⇩あう(敢ふ)。

あえ-て [ア]【あえて】【▲敢えて】(あへ) [副] ❶すすんで。思いきって。わざわざ。「—主張する」❷〔下に打ち消しの語を伴って〕少しも。別に。「—おそれるにはあたらない」

あえ-な・い [ナ]/[エ]【▲敢え無い】(あへ) [形] (カロ|カッ・ク|イ|イ|ケレ|○) もろく、あっけない。「—最期(さいご)」[参考] 終止形は使われない。 **あへな・し** [文語ク]

あえなく-なる【▲敢え無くなる】(あへなく) [連語] 死ぬ。

あえば-こうそん《饗庭篁村》一八五五—一九二二。小説家・劇評家。代表作に「人の噂(うわさ)」など。

あえ-もの [エ]【あえ物】【▲和物】(あへ) [名] 野菜・魚・貝などをあえた料理。

あ・える [エ]【▲和える】(あへる) [他下一] (エ|エ|エル|エル|エレ|エロ・エヨ) 野菜・魚・貝などにみそ・ごま・すなどをまぜあわせる。 **あ・ふ** [文語八下二]

あ-えん [0]【亜鉛】[名] 元素記号 Zn 原子番号30 原子量65.39の元素。青白色の金属。 **—華(か)** [0] [名] 亜鉛を空気中で酸化させた白色の粉末。顔料・医薬などに利用。種々の合金の材料となる。

あお [ア]【青】(あを) [名] ❶よく晴れた空のような色。三原色の一つ。❷藍(あい)・水色・緑色などの総称。❸青みがかった黒いつやのある馬の毛なみ。また、その馬。❹青信号。↕赤。 **—は藍(あい)よりいでて藍(あい)より青(あお)し**〔中国の古典によることわざ。染料(せんりょう)の青が藍(あい)から作られることから〕先生より、弟子がすぐれること。出藍(しゅつらん)の誉(ほま)れ。

あお-あお [ア][2]【青青】(あをあを) [と副] [自サ] いかにも青く見えるようす。いちめんに青いようす。「—とした草原」

あお-あらし [ア][2]【青嵐】(あを) [名] 初夏、青葉のころに吹く風。青嵐(せいらん)。㊠夏

あおい [0]【×葵】(あふひ) [名] アオイ科の植物の総称。たちあおい・ふゆあおいなど。㊠夏 [参考] 徳川家の紋章「みつばあおい」のもとになったふたばあおいは、別科の植物。

あお・い [オ]【青い】(あをい) [形] (カロ|カッ・ク|イ|イ|ケレ|○) ❶青色である。❷【×蒼い】血のけがない。顔色が悪い。「—顔」❸未熟である。幼稚である。「まだまだ、芸が—」 **青さ** [名] **あを・し** [文語ク] **—鳥(とり)**〔ベルギーの作家メーテルリンクの戯曲「青い鳥」から〕身近にありながら気づかないでいる幸福。

あお-いき [0]【青息】(あを) [名] 苦しいときにだす、ため息。 **—吐息(といき)** 心配や悩みごとで苦しんでいるようす。

あおい-まつり [マ]【×葵祭】(あふひ) [名] 〔牛車(ぎっしゃ)・さじきなどをあおいの花で飾ったから〕京都の賀茂神社の祭り。昔は陰暦四月の中の酉(とり)の日に行ったが、今は五月十五日に行われる。賀茂の祭。㊠夏 [参考] 祇園(ぎおん)祭、時代(じだい)祭とともに京都の三大祭の一つ。

あおいろ-しんこく [シ]【青色申告】(あをいろ) [名]〔申告用紙が青色に印刷してあることから〕事業所得者などが行う法人税・所得税の申告。

あお-うなばら [ナ]【青海原】(あを) [名] 青々としたひろい海。大うなばら。

あお-うま【青馬・▲白馬】(あを) [名] [古語] ❶毛の黒く青みがかったうま。❷白またはあし毛のうま。❸白馬(あおうま)のせちえ。 **—の節会(せちえ)** [古語] 正月三節会の一つ。陰暦正月七日に天皇が紫宸殿(ししいでん)に出て、馬寮(めりょう)から庭にひきだされた

白馬を見た後、宴会が行われる儀式。新年

あお-うみがめ ミ|ウ【青海亀】あを 名 ウミガメ科のかめ。体長約一メートル。甲は暗緑色で、海草を主食にする。インド洋・太平洋の暖かい海にすむ。正覚坊。

あお-うめ オ【青梅】あを 名 熟していない青色の梅の実。夏 **—漬け** ⓪ 名 青梅を塩またはみりんで漬けたもの。

あお-うり オ【青×瓜】あを 名 白瓜の古称。夏

あお-えんどう エ【青えんどう】【青×豌豆】あを 名 まだ緑色の熟していない、えんどう。食用。グリンピース。

あお-がい オ【青貝】あをがひ 名 ❶おうむ貝・やこう貝・あわび貝などの、青みをおびた真珠色に光る貝。らでんの材料。❷「青貝細工」の略。青貝のからを切り取り、漆器の表面にはめこんだもの。

あお-かび ⓪【青かび】【青×黴】あを 名 もちやパンなどにできる、青・緑色のかび。ペニシリンや酵素・チーズの生産に利用される。夏

あお-がり ⓪【青刈(り)】あを 名 肥料や飼料のため、収穫を目的とせず、豆などを葉の青いうちに刈りとること。

あお-き ⓪【青木】あを 名 ❶青々とした木。なま木。❷ときわぎ。常緑樹。❸ミズキ科の常緑低木。冬、赤い実をつける。庭木にする。雌雄異株。花は春・実は冬

あおき-こんよう《青木昆陽》一六九八〜一七六九。江戸時代中期の蘭学者。甘藷栽培を広め、著書に「蕃薯考」など。

あおぎ-みる ミ【仰ぎ見る】あふぎ 他上一 ❶顔をあげて上のほうを見る。❷人にうやまいの気持ちをもつ。尊敬する。「恩師を—」

あお-ぎり ⓪【青×桐・×梧×桐】あを 名 アオギリ科の落葉高木。木の皮は緑色、花はうす黄色。庭木や街路樹にする。家具・下駄などを作る。夏

あお・ぐ オ【仰ぐ】あふぐ 他五 ❶上を向いて見る。「天を—」❷うやまう。「高徳を—」❸目上のものとしていただく。「団長に—」❹教え・命令などをもとめる。「さしずを—」❺上をむいて、ぐっと飲みこむ。「毒を—」 **仰げる** 自下一〔…できる〕

あお・ぐ オ【▲扇ぐ・×煽ぐ】あふぐ 他五 うちわなどで風をおこす。あおる。**あおげる** 自下一〔…できる〕

あお-くさ ⓪【青草】あを 名 青々とした草。「一面に—がおいしげる」夏

あお-くさ・い サ【青臭い】あを 形 ❶切った草の葉のようなにおいがする。❷未熟である。幼稚である。「—議論」 **青臭さ** 名 あをくさ・し 文語ク

あおく-なる【青くなる】あをく 連語 心配や恐ろしさのため、顔色が悪くなる。ひどく恐れる。「緊張のあまり—」「失敗をして—」

あお-ぐろ・い ロ【青黒い】あを 形 黒みをおびて青い。**青黒さ** 名 あをぐろ・し 文語ク

あお-こ ⓪【青粉】あを 名 湖・沼・池などに繁殖して、水を緑色にする藻類。藍藻の一種。

あお-コーナー コ【青コーナー】あを 名 ボクシング・プロレスなどの試合で、挑戦者がわのコーナー。↕赤コーナー。

あお-さ ⓪【▲石×蓴】あを 名 緑藻類の海藻。浅い海の岩などにはえる。うすい葉の形のもの。食用。ちさのり。春

アオザイ ⓪〈ベトナム aosai〉名 ベトナム女性の民族衣装。

あお-ざかな ザ【青魚】あを 名 背中の青黒いさかな。光り魚。かつお・さば・あじ・いわしなど。

あお-さぶらい【青▲侍】あをさぶらひ 名〔古語〕〈公家に仕えた六位の侍が、青色の服を着ていたことから〉身分・官位の低い侍。あおざむらい。

あお-ざむらい【青侍】あをざむらひ 名〔古語〕➡あおさぶらい。

あお-ざ・める メ【青ざめる】【青×褪める】あを 自下一 興奮・おそれ・病気などで、顔色が青白くなる。あをざ・む 文語下二

あお-じ ⓪【青地】あを 名 青色の下地。「—に白の模様」

あお-しお ⓪【青潮】あをしほ 名 海底にできた酸素の少ない水塊が海面に上がり、硫黄を含む化合物が酸化して青や白色に見える現象。

あお-じゃしん ジャ【青写真】あを 名 ❶青地に白であらわした一種の写真。設計図・書類などの複写に用いられた。❷大体の計画や設計。「財政再建の—」

あお-じる ⓪【青汁】あを 名 ❶青菜をしぼった汁。❷ほうれん草をゆでて裏ごしし、白みそで味付けした汁。

あお-じろ・い ロ【青白い】あを 形 ❶青みがかって白い。❷【×蒼白い】血のけがない。顔色が悪い。**青白さ** 名 あをじろ・し 文語ク

あお-しんごう シ【青信号】あを 名 交通上の安全や進行可能を示す緑色の信号。↕赤信号。

あお-すじ ⓪【青筋】あをすぢ 名 ❶青色の線。❷皮膚の表面にうき出て見える静脈。**—を立てる** おこって、こめかみに静脈をうき出させる。

あお-せん ⓪【青線】あを 名 ❶青い線。❷〔俗語〕赤線❷以外で、許可を得ずに営業をしていた地域。↕赤線。

あお-ぞら ゾ【青空】あを 名 ❶青く晴れた空。❷屋根のない場所。「—市場」

あお-た ⓪【青田】あを 名 ❶青々とした稲の田。夏 ❷稲のみのっていない田。**—売り** ⓪ 名 かねに困った農家などが稲のみのらないうちに収穫を見こして米を売る約束をし、先に代金を受けとること。夏 ↕青田買い。**—買い** ⓪ 名 ❶米問屋などが、稲のみのらないうちに収穫を見こして米を買う約束をし、先に代金を払うこと。夏 ↕青田売り。❷〔俗語〕企業などが、在学中の学生に早くから社員として採用の約束をすること。参考 一九七〇年代に「青田刈り」という誤った言い方が行われた。

あお-だいしょう ダ【青大将】あを 名 日本特産のナミヘビ科のへび。灰色または黄褐色で薄いたてじまがあり、二メートルに達する。小鳥やねずみなどをとって食う。無毒。夏

あお-だけ ⓪【青竹】あを 名 幹の青い竹。

あお-だたみ ダ【青畳】あを 名 ❶あたらしくて、青々とした畳。❷波のない、しずかな海面のたとえ。

あお-だち ⓪【青立ち】あを 名 稲などが、みのらないままで、はえていること。「—の稲田」

あお-てんじょう テ【青天井】あを 名 ❶〈空を天井に見たてて〉青空。❷上限がないこと。

あお-どうしん ド【青道心】あを 名 ❶出家したばかりで仏道をじゅうぶんおさめていない人。今道心。新発意。❷思いつきでおこした信仰心。にわか道心。

あお-な ⓪|オ【青菜】あを 名 青い色の菜。なっぱ。**—に塩** 〈青菜に塩をかけるとしおれるところから〉元気がなく、しおれているようす。「成績が下がって—だ」

あお-に【青▲丹・青▲土】あを 名〔古語〕❶顔料・塗料にする青い土。岩緑青。❷襲の色目の名で、濃い青に黄を加えた色。**—よし** 枕〈ふるく奈良坂あたりで美しい青土がとれたところから〉「奈良」にかかる。「あをによし奈良の都は咲く花の匂ふ(美シク照リ輝イテイル)がごとく今盛りなり」〈万葉〉

あお-にさい ニ【青二才】あを 名〈「にさい」は幼魚のこと〉経験にとぼしく、未熟な若者をばかにしていう語。

あお-にび【青▲鈍】あを 名〔古語〕青みのあるこん色。尼の服などの色。

あおねこ《青猫》あを 萩原朔太郎の詩集。一九二三年刊。独特のリズムのある口語体で、悲哀や倦怠を歌いあげた。

あお-の・ける [ケ]【仰のける】あふ [他下一] ケ・ケ・ケル・ケル・ケレ・ケロ・ケヨ あおむけにする。あおむける。「顔を—」 **あおのけ** [名] **あふの・く** [文語下二]

あお-のり [オ]【青海苔】あを [名] 海岸の岩などにはえる、緑藻類の細長い海藻。食用。(春)

あお-ば [ア]【青葉】あを [名] ❶緑色の木の葉。❷若葉。また、しげった若葉。新緑。(夏)「—のころ」

あお-ばえ [0]/[オ]【青蠅・蒼蠅】あをばへ [名] ❶イエバエ科の大形のはえ。腹はつやのある青黒色。くろばえ。(夏) ❷うるさくつきまとう人をののしることば。

あお-びかり [ビ]【青光り】あを [名] [自サ] 青く光ること。青みを帯びた光や光沢。「—する魚」

あお-ひげ [0]【青髭】あを [名] 役者の化粧の一つ。もみあげからあごにかけて青く塗り、ひげをそったようすを表す。歌舞伎ではかたき役などに用いられる。

あお-ひとぐさ【青人草】あを [名] [古語] 国民。たみぐさ。人のふえるのを草の生長にたとえたことば。

あお-ひょう [0]【青票】あを [名] ➡せいひょう。

あお-びょうたん [ビョ]【青瓢箪】あを [名] [俗語] やせて顔色の悪い人をあざけっていうことば。

あお-ぶくれ [0]【青膨れ・青脹れ】あを [名] 顔色が青くて、むくんだような不健康なふとりかたをしていること。

あお-ぶさ [0]【青房】あを [名] 相撲で、土俵の東北のすみに、屋根から垂らした青い房。↔赤房・白房・黒房。⇩土俵(図)。

あお-まめ [0]【青豆】あを [名] ❶緑色で大つぶのだいず。❷グリンピース。

あお-み [0]【青み】【青味】あを [名] ❶青い色あい。青さの程度。「—をおびた白」❷すいもの・さしみ・焼き魚などにそえる緑色の野菜。

あお-みずひき [ズ]【青水引】あをみづひき [名] 青と白の水引。凶事につかう。

あお-みどり [ミ]【青緑】あを [名] ❶青味がかった緑色。❷植物アオミドロの古名。

あお-みどろ [ミ]【青味泥】あを [名] 緑色の糸の形の水草。水田・池・沼などにはえる。あおみどり。(夏)

あお-む・く [ム]【仰向く】あふ [自五] カ・コ・キ・イ・ク・ク・ケ・ケ 上を向く。↔うつむく。 **あおむき** [名]

あお-むけ [0]【仰向け】あふ [名] 上を向けること。あおのけ。「—にひっくりかえる」↔うつむけ。

あお-む・ける [ケ]【仰向ける】あふ [他下一] ケ・ケ・ケル・ケル・ケレ・ケロ・ケヨ 上へ向ける。あおむけにする。あおのける。↔うつむける。 **あふむ・く** [文語下二]

あお-むし [オ]【青虫】あを [名] ちょうなどの幼虫で、毛がなく緑色のもの。野菜の害虫。

あお-もの [オ]【青物】あを [名] ❶野菜類。❷いわし・さばなど背の青い魚。 **—屋** [0]/[モ] [名] やおや。

あおもり-けん《青森県》あをもり 東北地方の北端の県。県庁所在地は青森市。

あお-やか【青やか】あを [なり形動] [古語] 青々としているようす。「雪間の若菜つみ青やかに」〈源氏〉

あお-やぎ [0]【青柳】あを [名] ❶若葉で青々としたやなぎ。(春) [参考] ❷は関東地方でのよび名。❷ばか貝のむきみ。(春) **—の** [枕]「いと」「ほそきまゆ」「かずらきやま(葛城山)」にかかる。

あおり [リ]【煽り】あふり [名] ❶強風によるはげしい衝撃。❷あまった勢いが、およんでくること。余勢。余波。「不景気の—を受けて倒産する」❸扇動。「—行為」 **—を食う** ❶強風の衝撃を体に受ける。❷状況の変化で、思わぬ災難や痛手を受ける。「親会社倒産の—」

あおり [リ]【障泥・泥障】あふり [名] あぶみと馬の横腹との間にさげて、馬の足から飛ぶ泥をさえぎるもの。

あおり

あお・る [オ]【呷る】あふる [他五] ラ・ロ・リ・ッ・ル・ル・レ・レ (酒などを)ぐっと一息に飲む。「ビールを—」

あお・る [オ]【煽る】あふる ラ・ロ・リ・ッ・ル・ル・レ・レ ㊀ [他五] ❶うちわなどで風をおこして、火の勢いを強める。❷風が吹きつけてはげしくゆり動かす。❸ひるがえすように動かす。扇動する。「平泳ぎの足を—」❹おだてそのかす。扇動する。「友だちの意気込みにあおられる」[参考] ❺勢いの影響をおよぼす。おもに受け身の形で使う。❻あぶみであおりを打って馬を急がせる。❼カメラを上向きにして、うつす。❽[俗語] 前を走る車との距離を極端につめて、心理的な圧迫を与える。㊁ [自五] 風に吹かれて動く。「木戸があおっている」

あか【赤】㊀ [ア] [名] ❶新しい血のような色。三原色の一つ。❷赤系統の色の総称。桃色・だいだい色・朱色・茶色などを含める。❸色の赤いもの。紅白の紅の方、あかがね(銅)など。❹赤信号。↔青。❺[俗語] (赤旗を使うことから)共産主義・社会主義、また、その主義の人。❻[俗語] (赤い色で記入することから)支出が収入より多いこと。赤字。↔黒。㊁ [造] まったくの。かくすところのない。「—恥」「—裸」 **—の他人** まったく関係のない他人。

あか [カ]【垢】[名] ❶皮膚のうわ皮があぶら・汗・ほこりとまじってできたよごれ。❷水にふくまれたまじりものが、うつわの底などにしみついたもの。みずあか。❸よごれ。けがれ。「うき世の—をおとす」

あか [0]【淦】[名] 船底にたまった水。船乗りが水というのをきらっていう語。

あか [ア]【銅】[名] あかがね。どう。

あか [カ]【閼伽】[名] (梵語で「水」の意) 仏にそなえる水。

あか-あか [ア]₂ [と副] ㊀【赤赤】いかにも赤く見えるようす。「—と燃える火」㊁【明明】いかにもあかるく見えるようす。「—と日が照る」

あか・い [0]【赤い】[形] カロ・カッ・ク・イ・イ・ケレ・○ ❶赤色をしている。「—夕日」「酒を飲んで顔が—」❷[俗語] 共産主義的である。 **赤さ** [名] **あか・し** [文語ク] **—糸** 結婚する運命にある男女を結びつけているといわれる糸。 **—羽根** 共同募金で、寄付した人にわたす赤い色の羽根。(秋)

あか-いわし [イ]【赤鰯】[名] ❶塩づけにしたいわし、また、その干したもの。❷[俗語] 刃が赤くさびた刀。

アカウンタビリティー [ビ]〈accountability〉[名] 公的組織や企業などが社会に対して負う説明責任。

アカウント [カ]〈account〉[名] インターネットの利用者に個別に与えられる番号や記号。「メールの—を取得する」

あか-えい [カ]【赤鱏】えひ [名] アカエイ科の海水魚。本州各地の浅海に産する。からだは偏平・ひし形で尾部に有毒のとげがある。卵胎生。食用。(夏)

あかえい

あか-がい [カ]【赤貝】がひ [名] フネガイ科の二枚貝。浅海にすむ。肉は赤みがかっていて美味。(春)

あか-がえる [ガ]【赤蛙】がへる [名] アカガエル科の両生類。

体長約五センチメートル。背が赤褐色で腹部は黄色。[春]

あか-がし [0]【赤×樫】[名] ブナ科の常緑高木。材は赤みをおびてかたく、用途がひろい。

あか-がね [0]【▲銅】[名] どう(銅)。あか。 **―色** [0][名] 赤黒くつやのある色。

あか-かぶ [0]【赤×蕪】[名] 根の赤いかぶ。[冬]

あか-がみ [0]【赤紙】[名] ❶赤色の紙。❷〔赤い紙を使ったので〕旧日本軍隊の召集令状の俗称。

あか-がり [0]【赤狩り】[名][俗語] 国家権力が共産主義者や社会主義者を弾圧したり検挙したりすること。レッドパージ。

あ-がき [キ]【▲足×掻】[名] ❶馬が前足で地面をかくようにして進むこと。❷もがき苦しむこと。じたばたすること。 **―が取れない** 動作が自由にならない。どうともできない。

あか-ぎれ [0]【×皹・×皸】[名] 寒さのため手足のひふが荒れてさけたもの。[冬]

あ-が・く [ガ]【▲足×掻く】[自五] ❶馬などが前足で地面をかく。❷自由になろうとして、もがき苦しむ。じたばたする。❸ぐあいの悪い状況から脱しようとして、むだな努力をする。

あか-く-なる【赤くなる】[連語] 恥ずかしさで顔の色が赤くなる。赤面する。

あか-ぐろ・い [ロ]【赤黒い】[形] 黒みがかって赤い。「―肌」 **赤黒さ** [名] **あかぐろ・し** [文語ク]

あか-げ [0]【赤毛】[名] ❶赤みをおびた髪。❷馬の毛色で赤茶色のもの。❸劇で、西洋人を表す赤い毛のかつら。「―物」

あか-ゲット [ゲ]【赤ゲット】【赤▲毛▲布】[名] 〔「ケット」はブランケット(blanket)の略〕❶赤色の毛布。❷[俗語] 都会にでてきた、いなかもの。おのぼりさん。[参考] 明治時代、赤い毛布をまとって都見物にくる人が多かったから、という。❸[俗語] なれない外国旅行者。

あか-ご [0]【赤子】[名] あかんぼう。 **―の手を▲捻る** ❶無力なものをたやすく負かすようす。❷たいそうたやすいようす。

あか-コーナー [コ]【赤コーナー】[名] ボクシング・プロレスなどの試合で、チャンピオンのがわのコーナー。↕青コーナー。

あか-ごめ [0]【赤米】[名] 精白しない、色が赤褐色の米。古代米の一種。あかまい。[参考] 民俗学では「あかごめ」、農学では「あかまい」という。

あかざ [0]【×藜】[名] アカザ科の一年生植物。野原に自生。若葉は赤紫色の粉におおわれ、食用。茎はつえにする。[夏] **―の×羹** 非常にそまつな食物のたとえ。

あかし [0]【▲灯】[名] ともしび。灯明。あかり。

あかし [0]【▲証】[名] しょうこ。潔白の証明。「身の―をたてる」

あかし [ア]【明▲石】[名] 〔兵庫県明石地方でつくり出したことから〕「あかしちぢみ」の略。女性が夏に着る、ちぢみのある絹織物。

あか・し【明かし】[形ク][古語] ❶あかるい。「桂川、月のあかきにぞ渡る」〈土佐〉 ❷きよらかである。「隠さはぬあかき心を」〈万葉〉

あか-じ [0]【赤地】[名] 赤色の下地。「―に白の横線」

あか-じ [0]【赤字】[名] ❶赤い色で書いたり印刷したりした字。❷〔赤い字で差引不足額を記入することから〕収入よりも支出が多いこと。欠損。支出超過。↕黒字。❸校正で記入される字。 **―国債** [コ][名] 国家が赤字のおぎないのために発行する国債。 **―線** [0][名] 支出が収入をこえて欠損つづきの、バスや鉄道の路線。

アカシア [0]〈acacia〉＝**アカシヤ** [名] ❶マメ科の常緑高木。材は建築・家具・薪炭用。熱帯産。❷街路樹として植える、にせアカシア(はりえんじゅ)の通称。花は[夏]

あか-しお [0]【赤潮】[名] 海水中に、プランクトンが異常増殖して、海が赤褐色になる現象。漁業に被害を与える。[夏]

あかし-くら・す [ラ]【明かし暮(ら)す】[自五] 〔夜を明かし、日を暮らす〕毎日生活していく。月日を過ごす。

あかし-ぶみ【▲証文】[名][古語] ❶神仏に祈誓する文章。❷証明書。

あか-じ・みる [ミ]【あか染みる】【×垢染みる】[自上一] あかでよごれる。 **あかじ・む** [文語上二]

アカシヤ [0]〈acacia〉[名] ⬇アカシア。

あか-しんごう [シ]【赤信号】[名] ❶交通信号で危険や停止命令を示す赤色のもの。↕青信号。❷危険をあらわす物事。「健康の―」

あか-しんぶん [シ]【赤新聞】[名] 社会の裏面や個人の私行を興味本位に書きたてる低級な新聞。[参考] もと赤みをおびた紙に印刷したことから。

あか・す [0]【明かす】[他五] ❶【▲証す】あきらかにする。はっきり示す。証明する。「理由を―」「身の潔白を―」❷うちあける。かくしごとをあかるみに出す。「秘密を―」❸夜をすごして朝をむかえる。「一夜を―」

あか・す [カ]【飽かす】[他五] ❶あきさせる。あかせる。「うまい話で人をあかさない」❷〔「…に飽かす」の形で〕じゅうぶんに使う。あかせる。「かねに―」「ひまに―」

あか-ず [0]/[カ]【飽かず】[副] ❶あきもしないで。「―ながめる」❷[文章語] あきたりなく。不満足に。「―思う」

あかず-の【開かずの】[連語] とじたままで、ひらかれないようす。「―間(部屋)」「―踏切」

あか・せる [セ]【飽かせる】[他下一] ⬇あかす。 **あか・す** [文語下二]

あか-せん [0]【赤線】[名] ❶赤い線。「本に―を引く」❷[俗語] 〔警察が赤線でその地域を囲んで地図に示したことから〕売春を目的とした特殊飲食店街の俗称。公娼制度が廃止され、私娼のみが特別に認められた一九四六年から、売春防止法が施行された一九五七年まで存在した。赤線地帯。赤線区域。↕青線。

あかぞめ-えもん《赤染衛門》生没年未詳。平安時代中期の女流歌人。大江匡衡の妻。家集に「赤染衛門集」

あがた [0]【▲県】[名] ❶古代、諸国にあった天皇の所有地。❷豪族の領地。❸地方官の任国。❹[古語] いなか。

あか-だし [0]【赤だし】【赤▲出▲汁】[名] 赤みそ仕立てのみそ汁。[参考] もと、大阪ふうの、魚の身を入れたみそ汁。

あか-だな [0]【×閼×伽棚】[名] 仏にそなえる水や花などをのせる棚。

あがた-ぬし [タ]【▲県主】[名] あがたをおさめた地方官。

あがた-めし [タ]【▲県召】[名] 平安時代、正月または二月に、地方官を任命した儀式。あがためしの除目。

あか-ちゃ・ける [ケ]【赤茶ける】[自下一] 赤みをおびた茶色になる。「カーテンが日焼けして―」

あか-ちゃん [ア]【赤ちゃん】[名] ❶赤ん坊を親しみをこめて言う語。❷動物の生まれてまもない子。「パンダの―」

あか-ちょうちん [チョ]【赤▲提▲灯】[名] 赤い提灯を店先につるした、安く酒を飲ませる店。居酒屋。あかぢょうちん。

あか-チン [0]【赤チン】[名] 〔「赤いヨードチンキ」の意〕マーキュロクローム(有機水銀化合物)の水溶液のこと。殺菌消毒薬として使われた。参考「赤いヨードチンキ」の意で生まれた名称だが、成分は別。

あか-つき 0【暁】名〔「あかとき(明時)」の変化〕❶夜明けがた。あけぼの。❷あることが実現した、そのとき。「成功の—には」「政権が交代した—には」 —**闇**やみ 名古語 陰暦一日から十三、四日ごろまでの、月のない夜明けがた。また、そのころの暗さ。

あがっ-たり 0/タ【上がったり】名 商売や仕事などがうまくいかず、どうにもならなくなること。「不況がつづき商売—だ」

あか-つち 0【赤土】名 鉄分をふくみ、赤茶色をした粘土質の土。赭土しゃど。

アカデミー カ〈academy〉名 ❶学問・芸術の研究について指導的な権威のある学会。学士院・翰林院かんりんいんなど。❷大学・研究所など。参考 ギリシャのプラトンが講義した場所の名、アカデメイアから。 —**賞**しょう 三 名 アメリカの映画芸術科学アカデミーから前年度に公開された映画について優れた作品・男女優・監督・撮影者などにおくられる賞。

アカデミズム 三〈academism〉名 学問・芸術で、伝統的、保守的な立場に立つ考え方。官学ふう。

アカデミック 三〈academic〉形動 ダロ―ダッ・デ・ニ―ダ―ナ―ナラ―○ ❶学問的。学術的。「—な講演」❷学問・芸術で、古い権威にたより、新しさをもたないこと。「—な生気のない絵だ」 —**ハラスメント** ラ〈academic harassment〉名 大学などで教員がその権威を利用して学生や教職員に不当な圧力をかけること。アカハラ。

あか-てん 0【赤点】名俗語 落第点。

あか-でんしゃ デ【赤電車】名〔東京の市電で、目じるしに赤い電灯をつけたことから〕一日の最終電車。終電車。

あか-とき【▲暁】名古語 あかつき。

あか-とんぼ ト【赤×蜻×蛉】名 あきあかね・なつあかねなど、腹部の赤いとんぼの総称。秋

あがな・う ナ【▲贖う】他五 ワ・オ―イ・ッ―ウ―ウ―エ―エ 一【▲購う】〔文章語〕買いもとめる。 二【×贖う】❶罪のつぐないをする。❷うめあわせをする。 **あがない** 名 **あがなえる** 自下一〔…できる〕

あか-な-く-に【飽かなくに】連語古語〔動詞「あく」の未然形＋打ち消しの助動詞「ず」の古い未然形「な」＋名詞相当のものをつくる接尾語「く」〕まだ満足しないのに。なごりおしいのに。「あかなくにまだきも(ハヤクモ)月のかくるるか」〈古今〉

あか-なす 0【赤×茄子】名 トマト。夏

あか-ぬけ 0【あか抜け】【×垢抜け】名 あかぬけていること。「—のした身なり」

あか-ぬ・ける ケ【あか抜ける】【×垢抜ける】自下一 ケ―ケ―ケル―ケル―ケレ―ケロ・ケヨ 容姿・動作・芸などが、しろうとくさくなく、洗練されている。粋いきでしゃれている。「あか抜けた和服姿」

あかね 0【×茜】名 ❶アカネ科の多年生つる草。山野にはえ、うす黄色の花をつける。根は染料。秋 ❷あかねの根からとった染料。❸あかねいろ。あかねの根でそめた暗赤色。 —**さす** 枕「日」「昼」「照る」「紫」「君」などにかかる。「あかねさす紫野行き標野しめの行き野守のもりは見ずや君が袖振る」〈万葉〉

あか-の-ごはん ゴ【赤の御飯】名 赤飯せきはん。

あか-はじ 0【赤恥】はぢ 名 人前でかく、ひどい恥。あかっぱじ。

あか-はた 0【赤旗】名 赤い旗。昔の平氏の旗、労働組合の旗、共産党の旗、危険信号の旗など。

あか-はだ 0【赤肌】【赤▲膚】名 ❶皮がすりむけたり、毛がぬけたりして赤くなったはだ。❷木も草もはえていない山はだ。「山くずれで—になった斜面」

あか-はだか ハ【赤裸】名 からだに何もつけない、はだかまるはだか。すっぱだか。夏

あか-はら 0【赤腹】名 ❶ヒタキ科の小鳥。背と、のどは緑褐色、胸と腹は茶色。本州では中部以北の低山帯で繁殖する。声は美しい。夏 ❷うぐい。参考 繁殖期に腹が赤くなるので。❸いもり。

あか-びかり ビ【あか光り】【×垢光】名 衣類などが、あかや手ずれでつやがでて光ること。

あか-ぶさ 0【赤房】名 相撲で、土俵の東南のすみに、屋根から垂らした赤い房。↕青房・白房・黒房。⇩土俵(図)。

あか-ふだ 0【赤札】名 ❶安売りの商品につける赤い札。❷買い手のきまった商品につける赤い札。

あか-ぶどうしゅ ド【赤ぶどう酒】【赤×葡×萄酒】名 ⬇あかワイン。↕白ぶどう酒。

アガペー ア〈ギ agapē〉名 キリスト教で、神が人間にあたえる自己犠牲の愛。アガペ。

ア-カペラ 0〈イ a cappella〉名 合唱曲を器楽の伴奏なしに演じる形式。

あか-ぼう 0【赤帽】名 ❶赤い帽子。❷駅で客の手荷物を運ぶ人。参考 赤い帽子をかぶっていたことから。

あか-ぼし【明星】名古語 夜明けがた、東の空にみえる金星。あけの明星みょうじょう。↕ゆうずつ。

あか-ほん 0【赤本】名 ❶江戸時代の草双紙くさぞうしの一種で、赤い表紙の絵入り読物。❷低級なやすい本。

あか-まい 0【赤米】名 ⬇あかごめ。

あかま-いし マ【赤間石】名 山口県宇部市周辺で産するあずき色の石。すずり石を作り、庭石にも使う。

あか-まつ 0【赤松】名 マツ科の常緑高木。樹皮が赤い。建築・製紙用。めまつ。↕黒松。

あか-み 0【赤み】【赤味】名 赤い色あい。赤い程度。「顔に—がさす」

あか-み 0【赤身】名 ❶魚や獣の肉の赤い部分。↕白身。❷材木の中心の赤みをおびた部分。心材。↕白太しらた。

あか-みそ 0【赤味×噌】名 赤みがかったみそ。白みそにくらべて塩からい。仙台みそ、江戸みそなど。

あか-むけ 0【赤むけ】【赤▲剝け】名 皮膚が赤くすりむけること。

あかめ-いも 0【赤芽芋】名 さといもの一種。芽とそのまわりが赤いいも。いもは大きくて味がよい。

あかめ-がしわ ガ【赤芽×柏】がしは 名 トウダイグサ科の落葉高木。若芽が美しいべに色。

あか・める メ【赤める】他下一 メ―メ―メル―メル―メレ―メロ・メヨ 赤くする。赤らめる。「顔を—」 **あか・む** 文語下二

あが・める メ【▲崇める】他下一 メ―メ―メル―メル―メレ―メロ・メヨ 尊敬する。うやまう。たっとぶ。「師と—」 **あが・む** 文語下二

あか-もん 0【赤門】名 ❶朱塗りの門。江戸時代に将軍の娘を奥方として迎えた高位の大名が建てた。❷東京大学のこと。参考 東京大学が大名屋敷の跡地にあり、現在も朱塗りの門が残っているところから。

あから-がお 0【赤ら顔】【×赭顔】がほ 名 赤みがかった顔。

あから-さま 一 0 形動 ダロ―ダッ・デ・ニ―ダ―ナ―ナラ―○ ❶ありのまま。「—にわけを話す」❷むきだし。ろこつ。「—に非難する」 二 なり形動古語 ❶一時的なようす。ほんのしばらく。「この所に住みはじめし時はあからさまと思ひしかども今既に五年を経たり」〈方丈記〉❷急なようす。にわか。「あからさまに斬るべし」〈書紀〉❸「あからさまにも」のかたちで、下に

打ち消しや禁止の表現を伴って〕かりそめにも。決して。「二条院にだに、あからさまにも渡りたまはず」〈源氏〉

あから・む [ラ]【赤らむ】自五（マ・モ ミ・ン ム ム メ メ）❶赤くなる。赤みをおびる。「顔が―」❷くだものが熟して赤みをおびる。

あから・む [ラ]【明らむ】自五（マ・モ ミ・ン ム ム メ メ）空が明るくなる。「東の空が―」

あから・める [メ]【赤らめる】他下一（メ ニ メル ニ メル ニ メレ メロ・メヨ）赤くする。赤める。「顔を―」 あから・む 文語下二

あかり ⓪【▲灯】名 ともしび。灯火。

あかり ⓪【明(か)り】名 ひかり。「―がさす」

あがり【上がり】㊀⓪名 ❶あがること。のぼること。⇕下がり。❷昇級。昇進。❸ねだんが高くなること。❹うでまえがよくなること。上達。❺収入。利益。「店の十日間の―」❻できあがり。できぐあい。「仕事の―がみごとだ」❼すごろくで、最終の場所に到着すること。⇕ふりだし。❽その日の勤務を終えること。「今日は五時で―だ」❾「上がり花」の略。㊁造 かつての職業や境遇などをあらわす語。「学生―の力士」

あがり-がまち [ガ2]【上がり×框】名 家のあがり口の所のかまち。あがりかまち。

あがり-くち ⓪【上がり口】名 ❶日本建築で、土間・たたきから座敷にあがる所。❷階段ののぼり口。

あがり-こ・む [コ]【上がり込む】自五（マ・モ ミ・ン ム ム メ メ）他人の家にあがってすわり込む。「人の家に―」

あかり-さき ⓪【明(か)り先】名 光のさしてくる方。「―に立つ」

あかり-しょうじ [ショ]【明(か)り障子】名 紙をはって、あかりをとり入れやすくした障子。ふつうの障子をいう。

あがり-だか ⓪【上がり高】名 収入・収穫の量。

あかり-とり [リ1]【明(か)り取り】名 外光を取り入れるための窓。

あがり-ばな ⓪【上がりばな】【上り▲端】名 土間や庭から板の間・座敷などへあがる所。あがりはな。

あがり-ばな ⓪【上がり花】名 せんじたばかりの茶。あがり。参考 料理屋などで使う語。

あがり-め ⓪【上がり目】名 ⇕下がり目。❶目じりのつりあがった目。❷物価・相場などのあがりはじめの時・状態。

あがり-もの ⓪【上がり物】名 ❶神仏へのおそなえ物。❷田畑からとれたもの。収穫物。❸地代・家賃などの収入。❹食べ物。召しあがり物。❺廃物(はいぶつ)。

あがり-や ⓪【揚(が)り屋】名 江戸時代、御目見(おめみえ)以下の御家人(ごけにん)、大名や旗本の家来・僧・医師などを刑の決まるまで入れた牢屋(ろうや)。

あがり-ゆ ⓪【上がり湯】名 ふろのあがりぎわにからだにかけるためのきれいな湯。おか湯。

あか・る 自四 古語 ㊀【明かる】あかるくなる。「やうやう(ダンダン)しろくなり行く山ぎはすこしあかりて」〈枕〉㊁【赤る】赤らむ。赤くなる。「豊明(とよのあかり)に、あかりまさむ」〈祝詞〉

あが・る ⓪ 自五（ラ・ロ リ・ッ ル ル レ レ）㊀【上がる】❶低いほうから高いほうへ移る。のぼる。「屋根に―」「気温が―」「位が―」⇕下がる・おりる。⇩のぼる 参考。❷勢い・程度などが、よくなる。「スピードが―」「腕まえが―」⇕下がる・落ちる。❸有名になる。「名が―」❹水から出る。陸上に移る。「ふろから―」「船から―」❺外から建物の中へはいる。地上から室内にはいる。「靴をぬいで―」❻【▲騰る】物価が高くなる。⇕下がる。❼学校にはいる。「小学校に―」❽物事ができあがる。完了する。「仕事が―」❾すごろくで、最終点に到着して終わりになる。❿供物(くもつ)などがそなえられる。「お灯明が―」⓫雨・雪がやむ。「長雨が―」⓬つづいていたものがなくなる。「月経が―」「脈が―」⓭習い終わる。「初級編が―」⓮予想より少ない額ですむ。「旅行は五万円であがった」⓯収入・成果などがえられる。「利益が―」⓰(魚・虫などが)死ぬ。⓱おちつきをうしなってぼうっとする。のぼせる。「みんなの前であがってしまった」⓲(水死体が)うかぶ。⓳見つかる。取りあげられる。「証拠が―」⓴(京都市で)北へ行く。「千本通丸太町―」⇕下がる。㉑ 古語 昔にさかのぼる。「上がりての世」㊁【揚(が)る】❶空中に高く出る。高くかかげられる。「花火が―」「旗が―」参考 高い所への移動に焦点を当てるときは「上がる」とも書く。❷(声・音などが)大きく発せられる。「どっと歓声が―」❸油のあげものができあがる。「てんぷらが―」㊂【挙(が)る】犯人がつかまる。検挙される。

あが・る ⓪【上がる】（ラ・ロ リ・ッ ル ル レ レ）㊀他五「たべる」「のむ」の尊敬語。めしあがる。「もう少し上がりませんか」㊁自五「行く」「たずねる」の相手を立てる言い方。「明日こちらからお宅に上がります」 上がれる 自下一〔…できる〕

あかる・い ⓪【明るい】形（カロ・カッ・ク イ イ ケレ ○）⇕暗い。❶光が十分あって、物がはっきり見えるようす。「照明が―」「―部屋」❷晴れ晴れして、暗いところがない。㋐ほがらかである。明朗である。「―顔」「―小説」㋑色がくすんでいないようす。「黄色・オレンジなどは―色だ」㋒かげがなく、公正である。「―政治」「―運営」㋓楽しい期待がもてる。「―将来」「―見通し」❸物事によく通じている。くわしく知っている。「地理に―」「町の歴史に―」 明るさ 名 あかる・し 文語ク

あかる-み ⓪【明るみ】名 ❶あかるい所。❷表だった所。おおやけ。「事件が―に出る」

あかる・む [ル]【明るむ】自五（マ・モ ミ・ン ム ム メ メ）あかるくなる。「東の空が―」

あか-ワイン [ワ]【赤ワイン】名 濃い赤色のワイン。皮の色の濃いぶどうを皮をつけたままつぶして作る。赤ぶどう酒。⇕白ワイン。

あがわ-ひろゆき《阿川弘之》一九二〇-二〇一五。小説家。自身の海軍予備学生の経験から、戦争や広島を描いた記録作品が多い。「春の城」「雲の墓標」「山本五十六(やまもといそろく)」など。

あかん 連語 方言（関西地方で）❶いけない。「見たら―」❷どうしようもない。「こうなったら、もう―」

あ-かんたい ⓪【亜寒帯】名 気候帯の一つ。温帯と寒帯の中間の地域。冷帯。

あかん-べえ [ア] 名 指先で下まぶたの裏の赤い所を出して、けいべつ・拒否の気持ちを表す、しぐさ。また、そのとき言うことば。あかんべい。あかんべ。

あかん-ぼう ⓪【赤ん坊】名 ❶〔生まれたては体が赤みがかっていることから〕生まれてまもない子ども。乳児。あかご。❷胎児にも言う。「おなかの―」＝あかんぼ。あかちゃん。

あ-かんぼく [カ]【亜×灌木】名 ➡あていぼく(亜低木)。

あき ⓪【空き・明き】名 ❶あいていること。あいている所。すきま。❷欠員。空席。「―がない」❸ひま。あき時間。「次の予定まで一時間の―がある」❹何もはいっていないこと。から。「―箱」❺はたらいていないこと。すき。「手の―があったらたのむ」

あき [ア]【秋】名 夏と冬の間の季節で、立秋から立冬の前日まで。ふつう九・十・十一月、陰暦では七・八・九月。秋 **―の空**(そら) ❶秋の天空。秋 ❷秋の空もよう。❸〔秋の天候のかわりやすいことから〕かわりやすい人の心のたとえ。「男心と―」 **―の七草**(ななくさ) 秋の代表的な草花の七種。は

ぎ・おばな・くず・なでしこ・おみなえし・ふじばかま・ききょう（または、あさがお）。㊙ ↕春の七草。**—の日は釣瓶落とし**（ひ・つるべ・お） 秋の日は、暮れはじめるとあっというまに暮れるたとえ。

秋の七草

あき キ【飽き】【×厭き】名 飽きること。いやけがさすこと。「流行に—がくる」

あき《安芸》 昔の山陽道の国の一つ。今の、広島県の西部。芸州。

あき-あき ア2【飽き飽き】【×厭き×厭き】名 自サ すっかり飽きて、いやになること。「かれの話には—した」

あき-あじ キ【秋味】（あぢ） 名〔方言〕秋にとれるさけ。

あき-うど キ【▲商▲人】名 ⬇あきんど。

あき-おち ○【秋落ち】名 ❶秋になって、米の収穫が予想より少なくなること。㊙ ❷豊作のために秋に米の値段がさがること。↕秋高。

あき-かぜ キ【秋風】名 ❶秋に吹く風。㊙ ❷〔「飽き」にかけて〕恋人どうしの間で、心がわりがして相手がいやになってくる気持ち。**—が立**（た）**つ** ❶秋風が吹きはじめる。❷恋人どうしの愛情がうすらぎはじめる。

あき-かん ○【空(き)缶】名 何も入っていない缶。からの缶。「ビールの—」

あき-くさ ○【秋草】名 秋に花の咲く草。㊙

あき-ぐち キ【秋口】名 秋のはじめ。初秋。㊙

あき-ご ○【秋▲蚕】名 七月下旬から晩秋にかけて飼うかいこ。しゅうさん。㊙ ↕春ご・夏ご。

あき-さく ○【秋作】名 ❶秋に栽培する作物。❷秋にみのる作物。↕春作。❸いね。

あき-ざくら ザ【秋桜】名 コスモスの別名。

あき-さめ ○【秋雨】名 秋に降る雨。㊙ ↕はるさめ。**—前線**（ぜんせん） ゼ 名 九月なかばから十月なかばにかけて、長雨・曇天をともなって日本上空に停滞する前線。

あき-しょう ショ【飽き性】【×厭性】名 あきっぽい性質。

あき-す ○【空(き)巣】名 ❶鳥のいない巣。❷るすにしている家。❸あき巣ねらい。**—狙**（ねら）**い** ネ 名 るすの家に侵入してかねや品物をぬすむこと。また、その人。

あき-ぞら ゾ【秋空】名 秋の、すみきった空。

あきた-いぬ タ【秋田犬】名 秋田県原産の大形犬。勇猛で忍耐強く、番犬・闘犬などに適する。天然記念物。参考「あきたけん」は俗称。

あきた-うじゃく《秋田雨雀》 一八八三—一九六二。劇作家・小説家。本名は徳三。戯曲「埋れた春」「国境の夜」など。

あき-だか キ【秋高】名 ❶秋になって収穫が予想より多くなること。❷不作のため、秋に米の値段が高くなること。↕秋落ち。

あきた-けん《秋田県》 東北地方北西部の県。県庁所在地は秋田市。

あき-たらな・い ○【飽き足らない】【×慊い】形（カロ—カッ・クイ—イ—ケレ—○） ⬇あきたりない。

あき-たりな・い ○【飽き足りない】【×慊い】形（カロ—カッ・クイ—イ—ケレ—○） 満足しない。ものたりない。あきたらない。**飽き足りなげ** 形動 **飽き足りなさ** 名

あき-た・りる ○【飽き足りる】自上一（リ—リ—リル—リル—リレ—リロ・リヨ） じゅうぶん満足する。みちたりる。あきたる。

あき-ち ○【空(き)地・明(き)地】名 何にも使用していない土地。建物の立っていない土地。

あき-つ【×蜻×蛉】名〔古語〕とんぼ。あきづ。㊙

あき-つ-かみ【明津神・▲現神】名〔古語〕この世に姿をあらわしている神。天皇を尊敬していう語。あきつみかみ。

あきつ-しま【秋津島】名〔古語〕日本の国。秋津島根。

あきっ-ぽ・い ポ【飽きっぽい】形（カロ—カッ・クイ—イ—ケレ—○） すぐにあきてしまうようすだ。あきやすい。

あぎ-と【▲顎】名〔古語〕❶あご。❷さかなのえら。

あきない キ【商い】（あきなひ） 名 ❶あきなうこと。商売。売買。❷売上高。「今日は—が少ない」

あきない-ぐち ナ【商い口】（あきなひ）— 名 ❶商売をうまくすすめる口じょうずな話。「うっかり—に乗る」❷得意さき。

あきな・う ナ【商う】（あきなふ） 他五（ワ・オ—イ・ッ—ウ—ウ—エ—エ） 商売する。商品を売り買いする。

秋×茄子（あきなす）**は嫁**（よめ）**に食**（く）**わすな** 秋にとれるなすはおいしいので憎い嫁に食わせるな、の意。また、体が冷えたり子供が生まれにくくなったりするので嫁に食わせるな、の意とも。

あき-の-みや ○【秋の宮】名〔古語〕皇后、また、皇后の御所。

あき-ばしょ ○【秋場所】名 九月に行われる大相撲の興行。九月場所。㊙ ⇩本場所（表）。

あき-ばれ ○【秋晴(れ)】名 秋空が青々と晴れわたった状態。㊙

あき-びえ ○【秋冷え】名 秋になり、冷え込むこと。

あき-びと【▲商人】名〔古語〕商売をする人。しょうにん。あきんど。あきゅうど。「言葉は巧みにてその様身におはず（歌ノ姿ガ内容ニフサワシクナイ）。いはばあき人のよき衣（きぬ）着たらむがごとし」〈古今・仮名序〉

あき-びより ビ【秋日和】名 秋の、晴れたよい天気。㊙

あき-びん ○【空(き)瓶】名 何も入っていないびん。からびん。「—の回収」

あき-ま ○【空き間】名 ❶物と物とのすきま。❷あいているへや。

あき-め・く メ【秋めく】自五（カ・コ—キ・イ—ク—ク—ケ—ケ） 秋らしい感じになる。㊙「野山が—」

あき-めくら メ【明き▲盲】名 ❶外見は異状ないが、視力のない目。❷文字が読めない人。

あき-や ○【空(き)家】名 人の住んでいない家。

あきゅうど キュ【▲商▲人】（あきうど） 名 ⬇あきんど。

あきら-か キ【明らか】形動（ダロ—ダッ・デ・ニ—ダ—ナ—ナラ—○） はっきりしている。疑いのないようす。「役に立つことは—だ」

あきらけ・し【明らけし】形ク〔古語〕❶あきらかである。はっきりしている。「あきらけくわが知ることを」〈万葉〉❷かしこい。「あきらけき君として」〈源氏〉

あきら・める メ【明らめる】他下一（メ—メ—メル—メル—メレ—メロ・メヨ）〔文章語〕❶あきらかにする。はっきりさせる。「理由を—」❷さとる。「真理を—」 **あきら・む** 文語下二

あきら・める メ【諦める】他下一（メ—メ—メル—メル—メレ—メロ・メヨ） だめだと思いきる。「進学を—」「友の事故死を運命と—」 **あきらめ** 名 **あきら・む** 文語下二

あ・きる キ【飽きる】【×厭きる】自上一（キ—キ—キル—キル—キレ—キロ・キヨ） ぞんぶんに食べたり、したりして、それ以上はいやになる。「遊びに—」参考 文語四段活用の「飽く」が一段活用化したもの。文章語では「飽くことを知らない」、方言では「勉強に飽いた」のように五段活用になることもある。 **あ・く** 文語四

あきれ-かえ・る カ【あきれ返る】【×呆れ返る】—かへる 自五 〔ラ・ロ・リ・ッ／ル・ル・レ・レ〕 ほんとうにあきれる。あきれはてる。

アキレス-けん ス【アキレス×腱】名 〔ギリシャ神話の英雄アキレス Achilles が、ここを射られて死んだことから〕❶足のふくらはぎの筋肉と、かかとの骨とを結ぶすじ。歩くときに使うすじ。❷強者のもっている弱点・欠点。

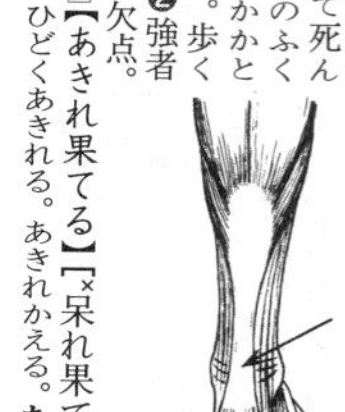

アキレスけん❶

あきれ-は・てる テ【あきれ果てる】【×呆れ果てる】自下一 〔テ・テ・テル・テル・テレ・テロ・テヨ〕 ひどくあきれる。あきれかえる。**あきれ-は・つ** 文語下二

あき・れる ０【×呆れる・×惘れる】自下一 〔レ・レ・レル・レル・レレ・レロ・レヨ〕 あまりにひどい状態であっけにとられる。また、あいそをつかす。「あのいくじなしにはあきれた」 **あき・る** 文語下二

あきんど 由【▲商▲人】名 〔「あきびと」の変化〕商売をしている人。あきゅうど。しょうにん。

あきんど-かたぎ カ【▲商▲人▲気▲質】名 商人特有の、損得に敏感な気質。商人根性。

あく【握】造 にぎる。つかむ。「握手・握力・掌握・把握」

あく【悪】㊀ ア 名造 ❶悪いこと。不正。「—に染まる」「悪事・悪徳・罪悪・邪悪」↕善。❷歌舞伎かぶきで、かたきやく。悪形あくがた。「色悪いろあく・実悪」 ㊁ 造 ❶不愉快。このましくない。たちが悪い。「悪質・悪臭・悪循環・悪趣味・険悪・醜悪・粗悪」❷ののしる。「悪口・悪態」❸はげしい。「悪戦苦闘」〔別音お｜悪〕

あく ０【▲灰▲汁】名 ❶わら・木などの灰を水にひたしてできるうわずみ。アルカリを含み、染め物や洗濯などに使う。❷植物類のもつ、いがらっぽい味。「わらびの—」❸しつこい個性。「あの人の書く文章は—が強い」「—のある人」❹肉などの煮汁の表面に浮く白く濁ったもの。「スープの—をとる」❺【▲灰】灰はい。

あ・く ０ 自五 〔カ・コ・キ・イ／ク・ク・ケ・ケ〕 ㊀【開く】↕とじる・しまる。❶とじていたものがひらく。「窓が—」「幕が—」「鍵が—」❷営業がはじまる。「来月十日に店が—」 参考「口をあく」は他動詞的。⇩ひらく 参考。㊁【明く】❶一定の期間が終わる。あける。「年季が—」❷ふさいでいたものがなくなる。「目が—」「らちが—」

あ・く ０【空く】自五 〔カ・コ・キ・イ／ク・ク・ケ・ケ〕 ↕ふさがる。❶空間ができる。からになる。「倉庫が—」❷ひまになる。すく。「手が—」❸必要でなくなる。用がすむ。「車が空いていたら貸してください」❹定員に余裕ができる。「課長のポストが—」

あ・く【飽く】㊀ ア【×厭く】自五 〔カ・コ・キ・イ／ク・ク・ケ・ケ〕 ⬇あきる。「—ことを知らない」 参考 関西方言に多い言い方。㊁ 自四 〔古語〕満足する。「見れどもあかず」〈万葉〉

あく-あらい ア2【あく洗い】【▲灰▲汁洗い】—あらひ 名「あく（灰汁）❶」で柱・天井・縁側などのよごれをおとすこと。

アクアラング ラ〈aqualung〉名〔商標名〕水にもぐるときに装着する呼吸用の器具。水中呼吸器。水中肺。スキューバ。

アクアリウム リ〈aquarium〉名 ❶水生生物を飼育する水槽すいそう。❷水族館。

あく-い ア【悪意】名 ❶悪い心。いじわるな気持ち。悪感情。「—に満ちた発言」↕好意。❷悪い意味。「—に解釈する」↕善意。❸法律関係の発生・消滅などに影響を与えるような、ある事実を知っていること。↕善意。

あく-いん ０【悪因】名 悪い結果をもたらす原因となる行い。—**悪果**あっか ア2 名〔仏〕悪いことをしたために受ける悪いむくい。悪行による悪い結果。↕善因善果。

あく-うん ０【悪運】名 ❶悪いめぐりあわせ。❷悪いことをしているのに意外によい結果をもたらす運。「—が強い」

あく-えき ０【悪疫】名 たちの悪い流行病。

あく-えん ０【悪縁】名 ❶悪いつながり。「—をたち切る」❷別れようとしても別れられない結びつき。くされえん。

あく-か ア【悪貨】名 ⬇あっか。

あく-がた ０【悪形】名 歌舞伎かぶきの、かたき役。悪人の役。悪あく。

あくが・る【▲憧る】自下二〔古語〕❶ふらふらとさまよい出る。「物思へば沢の蛍もわが身よりあくがれ出づる魂たまかとぞみる」〈後拾遺〉❷離れる。うとくなる。「御仲もあくがれてほど経へにけれど」〈源氏〉❸心がひかれ、そわそわする。「いつまでか野辺に心のあくがれむ花し散らずは千世ちよも経ぬべし」〈古今〉〔花サエ散ラナカッタラ〕‖あこがる。

あく-かんじょう カ【悪感情】名 ❶他人に対して持つ不愉快な気持ち。❷いじわるな気持ち。悪意。

あく-ぎゃく ０【悪逆】名 人の道にそむく悪い行い。「—無道」

あく-ぎょう ０【悪行】名 悪い行い。

あく-ごう ０【悪業】名 この世で悪いむくいを受ける、前世ぜんせの悪い行い。↕善業。

あく-さい ０【悪才】名 悪事をする才能。「—にたけた男」

あく-さい ０【悪妻】名 夫にとって、悪い妻。↕良妻。

あく-さく ア【×齷×齪】〔と〕副 自サ ⬇あくせく。

あく-じ ア【悪事】名 悪い行い。「—のむくい」↕善事。—**千里**せんり**を走**はし**る** 悪い事はすぐ世間に知れわたる。悪事千里を行く。

あく-じき ０【悪食】名 ふつうではたべないような、変わった物を平気でたべること。いかものぐい。

あく-しつ ０【悪疾】名 たちの悪い、なおりにくい病気。

あく-しつ ０【悪質】名 形動 ❶行為のたちがよくないこと。「—ないたずら」「—商法」❷品物の質がよくないこと。「—の生地」↕良質。

アクシデント ア〈accident〉名 思わぬできごと。事故。

あく-しゅ ０【悪手】名 碁や将棋などで、自分を不利にするまずい打ち方・指し方。あくて。

あく-しゅ ア【握手】名 自サ ❶あいさつや、親愛の情をあらわすために、手をにぎりあうこと。❷なかなおり。協力。

あく-しゅう ０【悪臭】名 いやなにおい。

あく-しゅう ０【悪習】名 悪いならわし。よくないくせ。

あく-しゅみ シュ【悪趣味】名 形動 下品な趣味。人のいやがることをして喜ぶくせ。「—なことはよせ」

あく-じゅんかん ジュ【悪循環】名 一つのよくないことが悪い結果をうみ、その結果がまた、もとのことに悪くひびいてますます悪くなってゆくこと。「—をくりかえす」

あく-しょ ア【悪所】名 ❶けわしく、あぶない道。難所。❷色ざと。遊里。—**金**がね ０ 名 遊里でつかう金。—**狂**ぐるい カ 名 遊里通いに夢中になって他をかえりみないこと。

あく-しょ ア【悪書】名 読む人のためにならない本。読者に有害な本。

あく-じょ ア【悪女】名 ❶気だてや心がらのよくない女。❷顔だちのよくない女。—**の深情**ふかなさ**け** きりょうのよくない女は愛情が深いということ。転じて、ありがためいわくのたとえ。

あく-しょう ０【悪性】名 形動 〔「あくせい」と読めば別語〕性質や行いが悪いこと。身持ちの悪いこと。「—者もの」

アクション ア〈action〉名 ❶行動。活動。❷役者のしぐさ。演技。とくに、立ちまわり・格闘などの演技。—**ドラ**

マ ド 名〈和製英語 action drama〉立ちまわり・格闘などの多い劇や映画。活劇。 ━プログラム ア〈action program〉名 ある企画を実現させるための方針や計画。アクションプラン。

あく-しん 0【悪心】名 よくないこころ。悪事をたくらむこころ。↔善心。

あく-せい 0【悪声】名 ❶悪いこえ。↔美声。❷〔文章語〕悪い評判。悪評。「―を放つ」

あく-せい 0【悪政】名 国民を苦しめる悪い政治。↔善政。

あく-せい 0【悪性】名 形動(の)〔「あくしょう」と読めば別語〕たちがよくないこと。「―のできもの」↔良性。

あく-ぜい 0【悪税】名 割り当ての不公平な、また、高すぎる、ひどい税金。

あく-せく ア【×齷×齪】(と)副 自サ〔「あくさく」の変化〕細かいことや仕事に気をとられ、落ち着きのないようす。「年じゅう―している」

アクセサリー ア〈accessory〉名 ❶服装をひきたたせるための装飾品。ブローチ・ネックレスなど。❷機器などの付属品。「カー―」

アクセス ア/セ〈access〉名 自サ〔「接近」の意〕❶情報やデータを手に入れること。❷コンピューターに接続し、情報を呼び出したり、それに書き込んだりすること。「ホームページに―する」❸ある場所へ行く足の便。「交通―」「―マップ」 ━**権** ス 名 マス・メディアに対して、意見を発表する場を提供することを、個人が求める権利。 ━**ポイント** ポ〈access point〉名 インターネットなどのネットワークに外部から接続するための基地局。また、そのための機器。

アクセル ア 名〔accelerator の略〕自動車の、足でふむと速度がはやくなる装置。加速装置。

あく-せん 0【悪銭】名 働かずに不正な手段で手に入れたかね。あぶくぜに。 ━**身に付かず** 不正な手段で得た金銭はむだに使われがちで、すぐになくなってしまうものだ。

あくせん-くとう 0【悪戦苦闘】名 自サ 死にものぐるいの苦しいたたかい。また、困難にうちかとうと苦しみながら努力をすること。

アクセント ア〈accent〉名 ❶単語などの発音で、ある部分を強く、あるいは高く発音すること。一つの単語の発音の中での高低または強弱の変化。参考 日本語は高低アクセント。❷デザインなどの強調部。「えりに―をおく」❸音楽で、拍子の強勢部。

あく-そう 0【悪相】名 ❶悪い人相。おそろしい顔つき。❷えんぎの悪い現象。

あく-そう 0【悪僧】名 ❶戒律を守らない、悪い僧。❷武芸にすぐれた、あらあらしい僧。

あく-た 0【×芥】名 ちり。くず。ごみ。

あく-たい 0【悪態】名 悪口。にくまれ口。「―をつく」

あくたがわ-しょう【芥川賞】― 芥川龍之介を記念して、昭和十年に設けられた文学賞。毎年二回、新人のすぐれた小説に与えられる。

あくたがわ-りゅうのすけ《芥川龍之介》一八九二―一九二七。大正期の小説家。論理的な文体、知的構成による短編小説を書いた。「鼻」「羅生門」「河童」「玄鶴山房」など。

あく-だま 0【悪玉】名 悪人。↔善玉。参考 江戸時代の絵草紙などで、「悪」の字をまるい形の中に書いて悪人の顔としたことから。

あく-たれ 0【悪たれ】名 ❶ひどいいたずら、乱暴。また、それをする者。❷あくたい。 ━**口** レ 名 あくたい。

あく-た・れる 0/レ【悪たれる】自下一 レレ・レレ・レル・レル・レレ・レロ・レヨ ひどいいたずらをしたり、あばれたりする。乱暴で、言うことをきかない。

あく-たろう タ【悪太郎】名 いたずらっこ。悪童。

アクチブ ア〈active〉名 形動 ⇩アクティブ。

アクティビティ ティ〈activity〉名 積極性。活動力。

アクティブ ア〈active〉= アクチブ ㊀ 形動 ダロ・ダッ・デ・ニ・ダ・ナ・ナラ・○ 積極的。活動的。能動的。「―な行動」↔パッシブ。㊁ 名 労働運動などの活動家。積極分子。

あく-てん 0【悪天】名 風雨などの強い、悪い天気。悪天候。「―をついて決行する」↔好天。

あくど・い ド 形 カロ・カッ・ク・イ・イ・ケレ・○〔「悪どい」は当て字〕❶どぎつい。くどい。しつこい。❷度をこしていてひどい。あくらつである。「―装飾」「―やり方」 **あくどさ** 名 **あくど・し** 文語ク

あく-とう 0【悪党】名 わるもの。悪人。

あく-とう 0【悪投】名 自サ 野球で、相手がとれないようなところへボールをなげること。

あく-どう 0【悪童】名 いたずらっこ。

あく-どう 0【悪道】名 ❶0 悪くて通行困難な道路。難路。❷ク この世で悪い行いをした者が、死後行かなければならないという苦しみの世界。❸ク 悪い行い。「―を重ねる」 ━**者** 0 名 わるもの。無法者。

あく-とく 0【悪徳】名 人の道にそむく心や行為。↔美徳。 ━**業者** ギョ 名 商業道徳にそむく行為をして金もうけをする商人。

あく-なき ク【飽くなき】連体 これで十分だと思うことのない。貪欲な。「―挑戦」

あく-にち 0【悪日】名 ⇩あくび(悪日)。↔吉日。

あく-にん 0【悪人】名 わるもの。無法者。悪漢。↔善人。

あく-ぬき 0/ヌ【あく抜き】【▲灰▲汁抜き】名 野菜などのしぶみや、えぐい味を取り去ること。

あく-ぬけ 0【あく抜け】【▲灰▲汁抜け】名 ❶いやみがなく、さっぱりしていること。あかぬけ。❷野菜などのあくがとれること。❸相場で、悪い状態になる原因がなくなって、よくなる条件が整うこと。

あぐ・ねる ネ 自下一 ネ・ネ・ネル・ネル・ネレ・ネロ・ネヨ〔動詞の連用形につけて〕…しつづけて、もてあます。また、いやになる。あぐむ。「さがし―」

あく-ねん 0【悪念】名 悪い心。悪心。「―を去る」

あく-ば ア【悪婆】名 歌舞伎の役柄の一つで、悪事をはたらく女の役。毒婦。

あく-ば ア【悪罵】名 他サ ひどくののしること。ひどい悪口。「―をあびせる」

あくび 0【▲欠・▲欠伸】名 ねむいときやつかれたとき、また、たいくつなとき、口が自然に大きく開いて出る息。

あく-び ア【悪日】名 悪いことの起こる日。運の悪い日。悪日。凶日。

あく-ひつ 0【悪筆】名 ❶へたな字。「―で書きなぐる」❷字がへたなこと。「生まれつきの―」↔達筆・能筆。

あく-ひょう 0【悪評】名 悪い評判。悪名。↔好評。

あく-びょうどう ビョ【悪平等】名 形式だけの平等で、ほんとうは不平等になっていること。

あく-ふう 0【悪風】名 悪い習慣・風習。悪習。↔良風。

あく-ぶん 0【悪文】名 ↔名文。❶意味のわかりにくい、誤解をまねきやすい文章。❷くせのある、へたな文章。駄文。

あく-へい 0【悪弊】名 悪い習慣。よくないならわし。悪習。「―を一掃する」

あく-へき⓪【悪癖】名 悪いくせ。悪い習性。

あく-へん⓪【悪変】名自サ 悪いほうにかわること。「天候が—する」

あく-ほう⓪【悪法】名 国民のためにならない、悪い法律。

あく-ほう⓪【悪報】名 ❶〔仏〕悪いことをした者が受ける報い。↕善報。❷悪いことのしらせ。凶報。↕吉報。

あく-まア【悪魔】名 ❶神仏の教えのじゃまをし、人を悪にさそいこもうとする悪い神。❷人にわざわいを与えたり、人を不正にみちびいたりするもの。—**主義**しゅぎ シュ名 人生の悪そのものに美を見いだし、表現しようとする文芸上の一傾向。ポー、ボードレールらがその代表。

あく-までクノア【あくまで】【飽く×迄】副 これで十分だというところまで、事を見とどけるようす。どこまでも。徹底的に。あくまでも。「—抵抗する」「海は—も静かだった」

あく-みょう⓪【悪名】名 ➡あくめい。

あく-むア【悪夢】名 ❶えんぎの悪いゆめ。恐ろしいゆめ。「—にうなされる」❷ゆめでしかおこりえないような、いやなことや恐ろしいこと。「まさに一場の—だった」

あぐ・むグ自五〔マ・モ－ミ・ン－ム－ム－メ－メ〕〔多く動詞の連用形につけて〕行きづまって、どうしようもなくなる。もてあます。あぐねる。「攻め—」

あく-めい⓪【悪名】名 悪いうわさ。悪評。あくみょう。

あく-やく⓪【悪役】名 しばいなどで悪人を演じる役。あくがた。かたき役。

あく-ゆう⓪【悪友】名 ❶悪いともだち。↕良友。❷いたずらや悪い遊びもいっしょにするような親しい友人。「高校以来の—」

あく-よう⓪【悪用】名他サ 悪い目的のために使うこと。↕善用。

あ-ぐら⓪【×胡▲座・×趺×坐】名 足を組んで楽にすわること。—**をかく** ❶足を組んですわる。❷なすべき努力をしないで、いい気になっている。「会長の地位に—」

あく-らつ⓪【悪辣】形動〔ダロ－ダッ・デ・ニ－ダ－ナ－ナラ－○〕たちが悪く、やり方がひどいようす。あくどいこと。「—なやり方」

あぐらなべ《安愚楽鍋》仮名垣魯文かながきろぶんの短編小説。一八七一年から七二年にかけて刊行。牛鍋ぎゅうなべ屋にあつまる客を通して当時の風俗をえがいたもの。原名は「牛店雑談うしやぞうだん安愚楽鍋」

あぐり-あみリ【▲揚繰網】名 巻き網の一つ。長方形におろして魚をかこみ、下方からたぐりあげてとらえる。いわし・かつお漁用。

アグリビジネスビ〈agribusiness〉名 農産物の生産だけでなく、加工や流通など、農業に関連する産業の総称。

あく-りょう⓪【悪霊】名 たたりをする、死人の、おそろしい魂。怨霊おんりょう。

あく-りょくクー【握力】名 物をにぎる手の力。—**計**けい⓪名 握力の強さをはかる器具。

スメドレー式

握力計

アクリル⓪〈acryl〉名「アクリル樹脂」「アクリル繊維」の略。—**樹脂**じゅし ジュ名 光や薬品に強い、すき通ったプラスチック。飛行機の窓や水槽などに使う。—**繊維**せんい セ名 アクリル樹脂で作った合成繊維。

あくる⓪【明くる】連体〔日・月・年などについて〕次の。「—あさ」「—年」

あくる-ひヒ【明くる日】名 次の日。翌日。

あく-れい⓪【悪例】名 よくない先例。「—を残す」

アグレッシブレ〈aggressive〉形動〔ダロ－ダッ・デ・ニ－ダ－ナ－ナラ－○〕前に出て行くようす。攻撃的。積極的。「—な試合運び」

アグレマンレ〈ᶠagrément〉名 大使・公使などを派遣するとき、前もって相手国に求める承諾。

あく-ろア【悪路】名 路面の状態が悪くて通行しにくい道。

アクロバットバ〈acrobat〉名 からだを自由自在にまげたりする、かるわざ。また、それをする人。かるわざ師。

あけ⓪【*朱】名 赤い色。しゅいろ。—**に染**そ**まる** 血にまみれる。血だらけになる。

あけ⓪【明け】名 ❶夜明け。「—の空」❷ある期間のおわること。また、その時期。「寒の—」↕入り。

あげ⓪【上げ】名 ❶上げること。↕下げ。❷子どもなどの着物のゆきたけが長すぎるとき、着物の肩や腰をひだ状に折ってぬい、ちょうどよい長さにすること。「—をおろす」

あげ⓪【揚げ】名 ❶あげること。あげたもの。「—玉」「さつま—」❷あぶらあげ。「なま—」

あげ-あし⓪【揚げ足】名 ❶宙に浮きあがった足。❷相手の言いそこない。—**を取**と**る** 相手の不注意な発言をとらえてせめたり、からかったりする。参考 相撲で、相手のあげた足を取ってたおすことから。

あげ-あぶらア2【揚(げ)油】名 揚げ物につかう油。

あげ-いた⓪【上(げ)板・揚(げ)板】名 台所などの板の間の一部分で、その下に物を入れるために、とりはずしのできるゆか板。あげぶた。

あげ-おとり【上げ劣り】名〔古語〕元服して髪をゆいあげたとき、かわいらしさがなくなり見劣りがすること。

あげ-おろし⓪【上げ下(降)ろし】名 ❶あげさげ。「箸はしの—にも文句をつける」❷荷物のつみおろし。

あげ-かじ⓪【上げかじ】【上げ×舵】—かじ名 飛行機を上昇させるためのかじのあやつり方。↕下げかじ。

あけ-がた⓪【明け方】名 夜が明けようとするころ。夜明け時分。↕暮れ方。

あけ-がらすガ【明けがらす】【明×烏】名 夜明けに鳴くからす。

あげ-く⓪【挙(げ)句・揚(げ)句】名 ❶連歌・連句の最後の七七の句。↕発句ほっく。❷あげくのはて。—**の果**は**て** 最後の最後には。とどのつまり。「苦労した—に失敗した」

あげ-くだし⓪【上げ下し】名 腹の中のものを、吐いたり、くだしたりすること。

あけ-くれケ【明け暮れ】㊀名 ❶夜明けと日暮れ。朝晩。「—に仏壇に手を合わす」❷毎日。日々。「平凡な—をおくる」㊁副 明けても暮れても。いつも。しょっちゅう。「—むすこの成功を祈っている」

あけ-ぐれ【明け▲暗れ】名〔古語〕夜が明けようとして、まだくらさの残っているころ。

あけ-く・れるレ【明け暮れる】自下一〔レ－レ－レル－レル－レレ－レロ・レヨ〕❶夜が明け、日が暮れる。月日がすぎてゆく。❷物事に熱中して暮らす。「ゲートボールに—」 **あけく・る** 文語下二

あげ-さげゲー【上げ下げ】名 ❶上げることと下げること。❷ほめることとけなすこと。「いいように人を—する」❸みち潮とひき潮。❹物価の騰貴と下落。

あげ-しお⓪【上げ潮】—しお名 ❶さしてくる潮。みちしお。さししお。↕下げ潮・引き潮。❷物事の勢いがさかんになるようす。

あげ-ず【上げず】連語 間をおかず。「三日に—催促する」

あけ-すけ⓪形動〔ダロ－ダッ・デ・ニ－ダ－ナ－ナラ－○〕つつみかくしのないようす。あらわなようす。「—に話す」

あげぜん-すえぜんゲ＝エ【上げ膳据え膳】—すえぜん名 自分は何もしないで、世話をしてもらうようす。

あげ-ぞこ⓪【上げ底】名 入れものの底が見かけより高く

なっていること。

あげ‐だい ⓪【揚(げ)代】名 芸者などを呼んであそぶ、代金。玉代ぎょくだい。

あげ‐だし ⓪【揚げ出し】名 とうふ・なすなどを、かたくり粉をうすくまぶして軽く油であげたもの。とくにあげだしどうふをいう。

あけ‐たて ゲ【開けたて】【開け▲閉て】名 戸・しょうじなどをあけることと、しめること。開閉。あけしめ。

あげ‐だま ⓪【揚げ玉】名 天ぷらを揚げるときにできる衣のかす。揚げかす。

あけっ‐ぱなし ⓪【開(明)けっ放し】形動(の) ❶戸やふたがあけたままであること。「窓を―にしておく」❷つつみかくしのないようす。あけすけ。あけっぴろげ。「―の性質」‖あけはなし。

あけっ‐ぴろげ ⓪【開(明)けっ広げ】形動(の) かくしへだてのないこと。あけっぱなし。あけひろげ。「―な人」

あげつら・う ラ【▲論う】―つらふ 他五 ワ・オ―イ・ッ―ウ―ウ―エ―エ よいか悪いかなどをいいたてる。あれこれと論じあう。「人の欠点を―」

あけ‐て ⓪【明けて】副 新年になって。ことしになって。「―昭和二十一年」「―九十歳の長寿」

あげ‐て【挙げて】㊀連語 すべて。ことごとく。こぞって。「国を―祝う」㊁副〔古語〕いちいち。「あげてかぞふべからず」〈方丈記〉

明あけても暮くれても 毎日。いつでも。「―研究に打ち込む」

あげ‐ど ゲ【揚(げ)戸】名 上下に動かして開閉する戸。

あげ‐なべ ⓪【揚(げ)鍋】名 あげものに使う、底のたいらななべ。てんぷらなべ。

あけ‐に ⓪【明(け)荷】名 十両以上の力士が使う、まわしや化粧まわしなどを入れる長方形の竹製の箱。

あけ‐のこ・る コ【明け残る】自五 ラ・ロ―リ・ッ―ル―ル―レ―* 夜がしらじらと明けてきたのに、月や星がまだ残っている。

あけ‐の‐みょうじょう ⓪【明けの明星】名 夜明けがたに東の空にみえる金星のこと。↕よいの明星。

あげは‐ちょう ⓪/八【揚羽×蝶】名 アゲハチョウ科のちょう。大形で黄色の羽に黒のまだらがあり、羽のうしろが突き出ている。あげは。(夏)

あけ‐はな・す ナ【開(明)け放す】他五 サ・ソ―シ―ス―ス―セ―セ すっかりあける。あけひろげる。あけはなつ。「窓を―」**あけ放し** 名

あけ‐はな・つ ナ【開(明)け放つ】他五 タ・ト―チ・ッ―ツ―ツ―テ―テ〔文章語〕➡あけはなす。

あけ‐はな・れる レ【明け放れる】自下一 レ―レ―レル―レル―レレ―レロ・レヨ 夜がすっかり明ける。**あけはな・る** 文語下二

あけ‐はら・う ラ【開(明)け払う】―はらふ 他五 ワ・オ―イ・ッ―ウ―ウ―エ―エ ❶すっかりあける。「戸を―」❷うちじゅうの人が出てしまう。「日曜日には開け払って遊びに出かける」❸中の物を出してしまって、家やへやを人に渡す。明け渡す。

あけ‐ばん ⓪【明け番】名 ❶宿直・夜警などの仕事を終え、職場から退出すること。❷宿直・夜警などの翌日の休み。❸半夜交替の勤務で、明け方の番。

あけび ⓪【▲通▲草・▲野▲木×瓜】名 アケビ科のつる性落葉低木。春、淡紫色の花が咲き、秋、長円形の甘味のある実みを結ぶ。(秋)・花は(春)

みつばあけび

あげ‐ひばり ヒ【揚げひばり】【揚▲雲×雀】名 ひばりが空高くまいあがること。また、そのひばり。(春)

あけ‐ひろ・げる ゲ【開(明)け広げる】他下一 ゲ―ゲ―ゲル―ゲル―ゲレ―ゲロ・ゲヨ ❶戸や窓を大きくひらく。あけはなす。❷心をひらいて接する。**あけ広げ** 名 **あけひろ・ぐ** 文語下二

あげ‐ぶた ⓪【上げ蓋・揚(げ)蓋】名 あげいた。

あけ‐ぼの ⓪【×曙】名 夜がほのぼのと明けるころ。あかつき。「朝ぼらけ」より時間的に少し前をさす。

あげ‐まき ゲ【揚巻】【▲総▲角】名 ❶昔のこどもの髪のゆい方。左右の耳の上で角のように髪を結び上げたもの。❷「揚巻❶」をゆったこども。❸ひもの結び方の一種。形が「揚巻❶」に似ている。❹ナタマメガイ科の横長の二枚貝。日本では有明海・児島湾の特産。食用。あげまきがい。おうぎがい。

揚巻❶

あげ‐まく ⓪【揚(げ)幕】名 能舞台の橋がかりや、歌舞伎かぶきの花道の出入り口にさげてある幕。切り幕。↕引き幕。⇩能舞台(図)

あげ‐まど ⓪【揚(げ)窓】名 下部を外に押してあけると、ひさしのようになる窓。つきあげ窓。

あけ‐むつ ⓪【明(け)六つ】名 夜明けの六つどき。午前六時ごろ。↕暮れ六つ。

あげ‐もの ⓪【揚(げ)物】名 熱した油で揚げた食べ物。てんぷら・からあげ・フライなど。

あげ‐や ⓪【揚(げ)屋】名 遊里で、遊女を呼んであそぶ家。

あけ‐やら・ぬ【明けやらぬ】連語 夜が明けきっていない。「まだ―空」

あ・ける ⓪【明ける】自下一 ケ―ケ―ケル―ケル―ケレ―ケロ・ケヨ ❶あたらしい年になる。↕暮れる。❷朝になる。↕暮れる。❸一定の期間が終わる。「梅雨つゆが―」「休暇が―」**あ・く** 文語下二

あ・ける ⓪ 他下一 ㊀【開ける】❶とじていたものをひらく。「ドアを―」「カーテンを―」「鍵を―」❷営業をはじめる。「連休が終わったら店を―」⇩ひらく 参考 ㊁【空ける】❶向こう側が見えるようにする。あいだを広げる。「壁に穴を―」「本棚にすきまを―」❷中のものを出して、からにする。「車のトランクを―」❸中のものをよそにうつす。「袋の米をボールに―」㊂【空ける・明ける】ある空間・時間に何もないようにする。「借り主が出た部屋をあけておく」「土曜日の午後はあけてある」「一週間も家を―」**あ・く** 文語下二

あ・げる ⓪ 他下一 ゲ―ゲ―ゲル―ゲル―ゲレ―ゲロ・ゲヨ ㊀【上げる】❶低いほうから高いほうへ移す。上へやる。「たなに物を―」「ズボンの裾を―」↕おろす・下げる。❷からだの一部を上のほうへ移す。上に向ける。「手を―」「顔を―」↕おろす。❸地位・役職などを上の段階に移す。「課長を部長に―」↕くだす・下げる。❹人に知られるようにする。「名を―」❺価値・程度などをよくする。「品質を―」「スピードを―」↕落とす。❻商品の値を高くする。「八百円から九百円に―」❼神仏にそなえる。「線香を―」❽予想より少ない経費ですます。「旅行を五万円で―」❾入学させる。「こどもを小学校に―」❿おだてる。おだてあげる。⓫完了する。しあげる。「予定の仕事を―」参考この意味では「書き上げる」「作り上げる」のように動詞に付く例が多い。⓬習い終える。「初級編を―」⓭潮が満ちる。⓮胃の中のものをはき出す。⓯座敷などに入れる。「客を―」⓰収入・成果などを得る。「利益を―」㊁【揚げる】❶空中にとばす。高くかかげる。「花火を―」「旗を―」↕おろす。参考高い所への移動に焦点が当たるときは「上げる」とも書く。❷陸上に移す。「船荷を―」❸声を高く、大きく発する。「歓声を―」❹熱した油で調理する。「てんぷらを―」❺芸者などを席に呼ぶ。㊂【挙げる】❶かぞえたてる。かかげる。「例を―」❷全部を一つにまとめる。「全

力を―」「全社を挙げて取り組む」❸とりおこなう。「式を―」❹得る。もうける。「男の子を―」❺犯人をつかまえる。あ・ぐ 文語下二

あ・げる 0【上げる】他下一 ❶「与える」「やる」を改まって言う語。「父の日にネクタイを―」❷〔かながき〕(補助動詞として、「…てあげる」の形で)「…てやる」を改まって言う語。「父の肩をもんで―」❸(補助動詞的に、特定の動詞の連用形について)自分の動作の向かう先である相手を立てて言う語。「願い―」「申し―」参考 ❶❷は、親しい人や目下に対していうときは、親愛を表すものになる。❶❷は、特に改まった場合は「さしあげる」を用いる。また、「うちの子どもにミルクを上げる」「小鳥にえさを上げる」のような使い方は美化語的な使い方として近年はかなり一般的になっているが、本来的ではない。

あけ-わた・す タ【明(け)渡す】他五 自分の家や城などをからにして、人にわたす。**明け渡し** 名 **明け渡せる** 自下一〔…できる〕

あけ-わた・る タ【明(け)渡る】自五 夜がすっかり明ける。

あ-こ【×吾子】〔古語〕㊀名 わが子。わたしのいとしい子。㊁代(目下の人や幼少の者をしたしんでよぶことば)おまえ。きみ。

あご ゴ【顎】【×頤】名 ❶口の上下の、歯の生えている堅い部分。「上(うわ)―」「下―」❷下あごの外面。おとがい。「―ひげ」 **―が落(お)ちる** 食べる物がこの上もなくうまい。 **―が干(ひ)上(あ)がる** 収入がなくなって、食べてゆけなくなる。生活ができなくなる。 **―で使(つか)う** いばった態度で人を使う。 **―を出(だ)す** くたびれて、元気がなくなる。へたばる。 **―を×撫(な)でる** 自慢したい気持ちになっているようす。ほこらしげなようす。 **―を外(はず)す** 大笑いをするようす。

あごあし-つき 0【顎足付き】名〔俗語〕食事代と交通費を先方が負担してくれること。「―のアルバイト」

あ-こうざんたい 0【亜高山帯】名 植物の分布区分の一つで、低山帯と高山帯との中間。主に針葉樹が生育する。

あこう-だい コ【▲赤▲魚×鯛】名 フサカサゴ科の海水魚。深海の岩の間にすむ。体色は赤。あこう。

アコースティック ティ〈acoustic〉形動 電気的な装置を使わない、楽器本来の自然な音であるようす。「―なジャズ演奏」「―ギター」

アコーデオン コ〈accordion〉=**アコーディオン** 名 両手で、じゃばらをのびちぢみさせて空気を出入りさせ、音を出す楽器。手風琴(てふうきん)。 **―ドア** ド〈accordion door〉名 アコーデオンのようにのびちぢみする、じゃばら式の間じきり。必要なときにのばしてへやをしきる。

あこが・る【憧る】自下二〔古語〕➡あくがる。

あこが・れる 0【憧れる】【▲憬れる】自下一 ❶心をうばわれてうきうきする。❷強く心をひきつけられる。思いをよせる。「英雄に―」❸そうなりたい、そこに行きたいなどと、しきりに思う。「船員に―」 **あこがれ** 名 **あこが・る** 文語下二

あこぎ ア【×阿×漕】形動 よくばりで、やり方がひどいようす。「―な商売」

あご-ひも ゴ【顎×紐】名 帽子についていて、あごにかけるひも。

あこめ 0【×衵】名 ❶昔、束帯・直衣(のうし)・狩衣(かりぎぬ)などの服装のとき、ひとえと、したがさねとの間に着た、男子用のこそで。❷昔の女性用の下着。

あこや-がい ヤ【×阿古屋貝】名 ウグイスガイ科の二枚貝。養殖真珠の母貝とする。真珠貝。

あさ サ【麻】名 ❶クワ科の一年生植物。その茎の皮のせんいから糸をつくる。大麻(たいま)・亜麻(あま)・マニラ麻など。(夏) ❷あさぬの。あさいと。

あさ ア【朝】名 ↕夕。❶夜明けのあと、しばらくの間。「―早く出発する」❷夜明けから昼までの間。「―のうち人に会う」

あざ ア【字】名 市・町・村内の一区画。大字(おおあざ)と小字(こあざ)。

あざ ザ【×痣】名 ❶ひふに色素が異常にたまってできた、赤・茶・黒などの部分。❷つよく打ったときなどに、充血してひふにできる、赤や青のまだら。

あさ-あけ 0【朝明け】名 夜が明けて、あかるくなること。また、その時分。明けがた。夜明け。「―の富士の姿」

あざ-あざ【鮮鮮】と副〔古語〕あざやかに。はっきりと。

あさ・い 0【浅い】形 ↕深い。❶距離が短い。㋐(垂直方向に)表面から底までが近い。「―川」「―ところを走る地下鉄」㋑(水平方向に)入り口から奥までが近い。「―竹やぶ」❷量・程度が少ない。㋐色がうすい。「―緑の着物」㋑程度が進んでいない。「知識が―」「傷は―」㋒まだ時間がたっていない。「春が―」「眠りが―」㋓関係がうすい。「―交わり」「日が―」 **浅げ** 形動 **浅さ** 名 **あさ・し** 文語ク

あさ-いち サ【朝市】名 朝ひらく、野菜・魚類などの市。

あさ-いち サ【朝一】名〔俗語〕その日の朝、一番最初に行うこと。「―で先方に電話を入れる」

あさい-りょうい《浅井了意》？―一六九一。江戸時代前期の仮名草子の作者。大衆的な作品で人気を得た。「御伽婢子(おとぎぼうこ)」「東海道名所記」など。

あさ-うら 0【麻裏】名 ❶麻の裏地。❷あさうらぞうり。 **―草履(ぞうり)** ゾ 名 ひらたく編んだ麻ひもを裏一面にぬいつけたぞうり。

あさ-おき サ【朝起き】名 ❶朝早く起きること。早起き。↕朝寝。❷朝起きたときのきげん。寝起き。「―のよい子」 **―は三文(さんもん)の徳(得)(とく)** 早起きをすればなにか利益がある。早起きは三文の徳。

あさ-がえり ガ【朝帰り】名 夜に家へ帰らず、朝になって帰ること。

あさ-がお サ【朝顔】名 ❶ヒルガオ科のつる草。夏の朝、じょうご形の花をひらく。観賞用。(秋) ❷〔俗語〕男の小便用のじょうご形の便器。

あさ-かげ 0【朝影】名〔文章語〕❶朝日の光。❷〔古語〕(朝日が人かげを細長くうつすことから)やせほそった人。

あさ-がけ 0【朝駆け】【朝×駈】名 ❶朝早く馬に乗って走ること。❷朝早く敵陣を攻めること。「夜討ち―」❸新聞記者などが朝早く人をたずねて取材すること。

あさか-しゃ《浅香社》明治二十六年、落合直文(おちあいなおぶみ)が、国文・和歌の改良を目的として起こした歌人の結社。与謝野鉄幹(よさのてっかん)・金子薫園(かねこくんえん)・大町桂月(おおまちけいげつ)・尾上柴舟(おのえさいしゅう)らが同人。

あさ-がた 0サ【朝方】名 朝のころ。↕夕方・晩方。

あさ-がた 0【朝型】名 朝、早起きして仕事や勉強に取りかかる生活習慣。また、夜よりも朝の方が仕事や勉強がはかどる人。↕夜型。

あさ-がれい 0【朝×餉】名〔古語〕(「あさげ」と読めば別語)❶天皇の日常の食事。❷あさがれいのま。 **―の間(ま)** 清涼殿(せいりょうでん)にある、天皇が食事をとる所。

あさ-ぎ 0【浅×葱・浅黄】名 緑がかったうすいあい色。水色。 **―裏(うら)** 0名 ❶あさぎ色の裏地。❷(羽織の裏に多くあさぎ色のもめんを使っていたことから)江戸時代、江戸詰めの、いなか武士をあざけって言った語。

あさ-ぎり サ【朝霧】名 朝方にたつ霧。(秋) ↕夕霧。

あさくさ《浅草》東京都台東区の地名。下町の代表的な盛り場。

あさくさがみ【浅草紙】名 使いふるした紙を再生した、そまつな紙。参考 江戸時代、浅草の山谷(さんや)で製造した。

あさくさのり【浅草▲海×苔】名 ❶紅藻(こうそう)類の海藻。食用にするため養殖される。あまのり。のり。参考 昔、江戸の浅草で養殖された。❷あまのりをほした食べ物。

あさぐもり【朝曇り】名 朝の間、空が曇っていること。

あさぐろ・い【浅黒い】形 顔色などが、少し黒い。参考「うす黒い」より、よい感じをあらわして使う。**浅黒さ** 名 **あさぐろ・し** 文語ク

あさげ【朝げ】【朝×餉】名〔文章語〕朝めし。↕昼げ・夕げ。

あざけ・る【嘲る】㊀他五 悪口を言う。ばかにしてわらう。**嘲り** 名 ㊁他四〔古語〕詩歌を吟ずる。「月にあざけり、風にあざむく」〈後拾遺〉

あさごはん【朝御飯】名 朝の食事。↕昼御飯・夕御飯・晩御飯。参考「朝御飯」は「朝飯(あさめし)」「朝飯(あさはん)」にくらべやや改まった普通の言い方。「朝飯(あさめし)」は、主に男性が会話で使う。「朝飯(あさはん)」は「夕飯(ゆうはん)」に対応する新しい表現。「朝食(ちょうしょく)」は書きことばにも使う標準的な表現。

あさざけ【朝酒】名 朝から酒を飲むこと。朝、飲む酒。

あさざむ【朝寒】名 秋の朝方の寒さ。秋

あさじ【浅×茅】名〔古語〕たけの低いちがや。**—▲生(う)** 名〔古語〕あさじのはえている所。**—が宿(やど)**〔古語〕庭にあさじのはえた、荒れた家。**—の(が)原(はら)**〔古語〕あさじのはえた原。

あさせ【浅瀬】名 海や川などで水の浅い所。

あさだち【朝立(ち)】名 朝早く出発すること。早立ち。↕夜立ち。

あさぢ【浅×茅】名〔古語〕➡あさじ。

あさぢえ【浅知恵】【浅×智×慧】名 あさはかな考え。底のみえすいている知恵。

あさつき【浅×葱】名 ユリ科の多年草。葉は筒状でねぎに似る。野菜として栽培。せんぼんわけぎ。せんぶき。春

あさづくよ【朝▲月夜】名〔古語〕❶月の光がさしている夜明けがた。❷明けがたの月。↕夕月夜。

あさづけ【浅漬(け)】名 ❶うす塩で短時間つけた、つけ物の総称。❷なまぼしのだいこんを、こうじ・塩などであっさりとつけたもの。べったらづけ。秋

あさって【▲明▲後日】名 あすの次の日。みょうごにち。参考 あらたまった場面では「みょうごにち」という。**—の方(ほう)を向く** とんでもない方角を向く。

あさっぱら【朝っぱら】名〔俗語〕〈朝食前の空腹の意から〉朝早いこと。早朝。

あさつゆ【朝露】名 朝おりている露。秋 **—の** 枕「け(消)」にかかる。「消(け)やすき命」〈万葉〉

あさで【浅手】名 かるいきず。軽傷。↕深手・重手。

あざと・い 形 ❶やり方が露骨で、どぎついようす。「—かけひき」❷すこし気がきいてはいるが、あまり考えが深くない。こざかしい。こりこうだ。**あざとさ** 名

あざな【▲字】名 ❶学者・文人・武士などが本名のほかにつけた別の名。通称。❷あだな。

あさなあさな【朝な朝な】副〔文章語〕朝ごとに。毎朝。↕夜(よ)な夜(よ)な。

あざな・う【▲糾う】他五〔文章語〕なわをなう。「禍福はあざなえる縄のごとし」

あさなぎ【朝なぎ】【朝×凪】名 海べで、朝しばらくの間、無風状態になり、波がたたず、おだやかになること。海風と陸風の交替するときに起こる。夏 ↕夕なぎ。

あさなゆうな【朝な夕な】副〔文章語〕朝夕。いつも。「—のわが思い」

あさね【朝寝】名 朝おそくまで眠っていること。朝起き。**—坊(ぼう)** 名 朝寝をすること。また、その人。春 ↕

あさのは【麻の葉】名 ❶麻の葉の形に似た幾何学的文様。❷麻の葉をかたどった紋所。

麻の葉❶

あさはか【浅はか】形動 〔「浅墓」は当て字〕考えの浅いようす。「—な了見をおこす」**浅はかさ** 名

あさはん【朝飯】名 朝の食事。↕夕飯(ゆうはん)。⇩朝御飯 参考。

あさばん【朝晩】㊀名 朝と晩。朝夕。「—のあいさつ」㊁副 朝も晩も。いつも。「—ご無事をのみ祈る」

あさひ【朝日】【×旭】名 朝の太陽。朝の太陽の光。「—がさす」↕夕日。**—影(かげ)** 名〔文章語〕朝日の光。↕夕日影。**—子(こ)** 名〔古語〕朝日。

あさぼらけ【朝ぼらけ】名〔文章語〕〔「あさおぼろあけ」の変化〕明けがた。夜明け。あけぼの。

あさまし・い【浅ましい】㊀形 ❶みじめだ。なさけない。「—姿」❷心がいやしい。「—了見だ」**浅ましさ** 名 **あさま・し** 文語シク ㊁形シク〔古語〕❶〈善悪にかかわりなく〉意外だ。思いもよらない。「かくても月日は経にけりとあさましうおぼしめさる」〈源氏〉❷あきれるほどひどい。「あさましき虚言(そらごと)」〈竹取〉❸興ざめだ。「あさましきもの…人のために恥づかしう悪しきことをつつみもなく言ひたる」〈枕〉❹身分が低い。「あさましき身」〈増鏡〉

あさまだき【朝まだき】名〔文章語〕夜が明けきらず、まだ、うす暗いころ。未明。

あさまつりごと【朝政】名〔古語〕❶天皇が政務をとること。❷朝廷の政治。

あざみ【×薊】名 キク科の多年生植物。葉にきれこみやとげがある。春から秋に紅紫色の花をつける。春

あさみどり【浅緑】名 うすい緑色。もえぎ色。

あざむ・く【欺く】他五 ❶だます。いつわる。❷思いちがいをさせる。「花をも—美しさ」**欺ける** 自下一〔…できる〕

あさめし【朝飯】名 朝の食事。↕昼飯・夕飯(ゆうめし)・晩飯。⇩朝御飯 参考。**—前(まえ)** 名 朝の食事の前の短い時間にできてしまうほど、たやすいこと。「それぐらいは—だ」

あさもや【朝もや】【朝×靄】名 朝、立ちこめるもや。↕夕もや。

あざやか【鮮やか】形動 ❶色や形などがはっきりしていて強く印象にのこるようす。鮮明。「目にも—な緑の芝生」「記憶が—によみがえる」❷やり方・態度などがすっきりとしていて、りっぱなようす。「—な処置」**鮮やかさ** 名

あざや・ぐ【鮮やぐ】自四〔古語〕❶あざやかだ。目に立つ。「白き単衣(ひとへ)の、情けなくあざやぎたる」〈源氏〉❷はきはきする。「雄々しうあざやぎたる御心」〈源氏〉

あさやけ【朝焼け】名 日の出のときに、東の空が、赤くなること。夏 ↕夕焼け。

あさゆ【朝湯】名 朝からわかしてあるふろ。また、朝、ふろにはいること。朝ぶろ。

あさゆう【朝夕】㊀名 朝と夕方。朝晩。「—の祈り」㊁副 朝も夕も。いつも。「—考えていたこと」

あざらし[ザ]【▲海×豹】[名] アザラシ科の哺乳(ほにゅう)類。四肢(しし)はひれ状で、後肢は後方にのびている。特に北洋に多く、淡水湖にも分布する。

あさり[0]【浅×蜊】[名] マルスダレガイ科の二枚貝。砂地の海岸にすむ。貝の模様はさまざま。食用。(春)

あさ・る[0]【▲漁る】[他五] (ラ・ロ/リ・ッ/ル・ル/レ・レ) 〔魚や貝類をとることから〕❶えさをさがし求める。「のら犬がごみ箱を―」❷ほしいものを求めて、さがしあるく。「古書を―」

あさ-れん[0]【朝練】[名] クラブ活動などで、朝の始業前に行う練習。

あざ-わら・う[ラ]【▲嘲笑う】[他五] (ワ・オ/イ・ッ/ウ・ウ/エ・エ) ばかにして笑う。せせら笑う。**あざ笑い**[名]

あし[シ]【足】[名] ❶動物の胴をささえ、歩く働きをする部分。「―を曲げる」↕手。❷足のうち、足首から先の部分。「―が大きい」❸【脚】足のように、物の下部にあって細くつき出てささえる働きをする部分。「机の―」❹【脚】足を使って歩くこと。また、それに似た動き。「―が弱い」「―が乱れる」❺おとずれること。「客の―が遠のく」❻交通機関。「通勤の―」❼歩きまわった道すじ。足どり。「犯人の―を追う」❽金銭。「お―」「―が出る」❾もちなどのねばり。こし。❿【脚】漢字の構成部分の一つ。上下に分割したときの下部に位置するもの。「熱」の「灬」や「兄」の「儿」など。

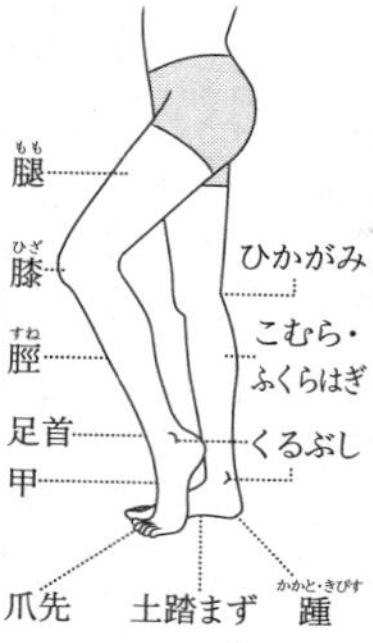

ひかがみ
こむら・ふくらはぎ
くるぶし
踵(かかと・きびす)
土踏まず
爪先
甲
足首
脛(すね)
膝(ひざ)
腿(もも)

足❶

―が地(ち)につかない ❶うれしいことなどで気持ちや動作がおちつかない。そわそわしている。❷考え方ややり方がうわついている。安定していない。着実でない。**―が付(つ)く** 逃げた足どりがわかる。**―が出(で)る** ❶出費が予算をこえる。❷ぼろが出る。かくしていたことがあらわれる。**―が早(はや)い** ❶食べ物がいたみやすい。「いわしは―」❷商品の売れ行きがよい。**―の踏(ふ)み場(ば)もない** 歩く場所がないほど散らかっているようす。**―を洗(あら)う** 悪事をやめて、まじめな生活にはいる。「やくざの世界から―」**―を奪(うば)われる** 事故・災害・天候などによって、交通機関を利用できなくなる。**―を出(だ)す** かねが不足する。赤字を出す。**―を×掬(すく)われる** すきを突かれておとしいれられる。**―を取(と)られる** 酔っていたり、道が悪かったりするために、うまく歩けない。「ぬかるみに―」**―を使(つか)う** 自分で取材や商いのために行動する。**―を抜(ぬ)く** 遊女や芸者が前借金を返し終わらずにその境遇から抜けようとする。**―を伸(の)ばす** ❶楽な姿勢でくつろぐ。❷ある場所からさらに遠くへ行く。**―を運(はこ)ぶ** わざわざ訪問する。**―を引(ひ)っ張(ぱ)る** ひとの活動のじゃまをする。**―を棒(ぼう)にする** 歩きまわってひどくつかれる。**―を向(む)ける** その方向に進む。「盛り場に―」[参考]「足を向けて寝られない」は、もったいなくて、そちらへ足を向けて寝るような失礼な寝かたができないという意味。

あし[ア]【×葦・×蘆・×葭】[名] イネ科の多年生植物。水辺にはえる。秋、うす紫色の小花のついた穂を出す。茎はすだれなどの材料。よし。(秋) **―が散(ち)る**[枕]「難波(なには)」にかかる。**―の根(ね)の**[枕]「ねもごろ」「わけて」「短き」にかかる。**―のまろ屋(や)**[古語] あしで屋根をふいた小屋。あしのや。

あ・し【▲悪し】[形シク][古語] ❶悪い。よくない。❷へただ。まずい。「(馬ヲ)あしくひきて」〈徒然〉❸そまつだ。みにくい。❹つごうが悪い。❺不愉快だ。おもしろくない。❻(性質が)荒荒しい。乱暴だ。「いたくあしくまします天皇(すめらみこと)なり」〈書紀〉❼(状態が)険悪だ。

あじ[0]【味】[名] ❶飲み物・食べ物が舌にあたえる感じ。「あまい―」❷おもむき。おもしろみ。興趣(きょうしゅ)。「―のある話」❸気がきいていること。「―があるもてなし」⇩あじな。❹体験によって知った感じ。「苦労の―」**―を占(し)める** 一度経験して楽しさや利益を知ったために、また同じことを期待する。**―もそっけもない** 何のおもむきもない。**―をやる** 気をきかして、うまく物事をする。

あじ[ア]【×鯵】[名] アジ科の海水魚の総称。背は黒く、腹は白色。側線にそって一列に堅いうろこが並ぶ。まあじ・むろあじ・しまあじなど。食用。(夏)

アジ[ア][名]「アジテーション」の略。

アジア〈Asia〉〔「亜細亜」とも書いた〕六大州の一つ。東半球の東北部を占め、世界の陸地の約三分の一にあたる。

あし-あと[ア2]【足跡】[名] ❶歩いたあとにのこされた足のあとかた。あしがた。❷歩きまわったみちすじ。あしどり。「―をくらます」❸なしとげた仕事。業績。「故人の―をしのぶ」

あし-いれ[レ]【足入れ】[名] 正式な結婚の前に、女性が婚家に入って暮らすこと。

アジェンダ[ジェ]〈agenda〉[名] ❶行動計画。❷議事日程。

あし-おと[オ]【足音】[名] 歩く時の足の音。「―を忍ばせる」

あしか[0]【▲海×驢】[名] アシカ科の哺乳(ほにゅう)類。おもに太平洋にすむ。おっとせいに似ているが、やや大形。

あしかが-がっこう《足利学校》今の栃木県足利市に建てられた、わが国最古の学問所。室町(むろまち)時代に上杉憲実(うえすぎのりざね)が中興し、明治初年まで存続した。史跡として現存。

あしかが-じだい《足利時代》足利(あしかが)氏が国の権力をにぎっていた時代。室町(むろまち)時代。

あし-がかり[ガ]【足掛(か)り】[名] ❶足場。高い所にあがるとき、足をかけてささえとする物や所。❷物事をするときの拠点。「組合を―に政界に出る」

あし-かけ[0]【足掛け】[名] ❶柔道・相撲などで足をかけて相手を倒そうとするわざ。❷始めと終わりの端数をそれぞれ一として計算する、年・月・日などの期間のかぞえ方。「―三年」↕満(まん)。

あし-かせ[0]【足かせ】【足×枷】[名] ❶昔、罪人が自由に歩けないように、足にはめたもの。↕手かせ。⇩かせ(図)。❷自由をしばるもの。足手まといになるもの。

あし-がた[0]【足形】[名] ❶歩いたあとにのこる足の形。あしあと。「犯人の―をとる」❷足の裏に墨や朱肉をつけて、紙などにおした形。

あし-がた[0]【足型】[名] くつ・たびなどをつくるときに使う、木でつくった足の型。

あし-がため[ガ]【足固め】[名] ❶歩きならして足をじょうぶにすること。足ならし。❷柱の下部を強くするため、柱と柱との間にとりつける横木。❸物事の準備・基礎をしっかりすること。地がため。❹レスリング・柔道で、相手の足の自由をうばうきめわざ。

あし-かび【×葦▲牙】[名][古語] あしのわかい芽。

あしから-ず[カ]【▲悪しからず】[副] 〔悪く思わないでほしいの意〕了解を求めるときのあいさつにいう語。よろしく。「―ご了承ください」

あしがらみ ガ【足がらみ】【足×搦み】名 柔道などで、相手の足に自分の足をからませてたおすわざ。

あしがる ⓪【足軽】名 ふだんは雑役にしたがい、戦争のときには歩兵となった最下級の武士。雑兵ぞうひょう。 **ー大将**

あしき ア【▲悪しき】〔文章語〕(文語形容詞「あし」の連体形から)㊀名 悪いもの。「ーを捨てる」㊁連体 悪い。「ー風習」

あじきな・い カロ―カッ―ク―イ―イ―ケレ―○【あじきない】【味気無い】ー あぢき ㊀ナ形 ➡あじけない。**あぢきな・し** 文語ク ㊁形ク〔古語〕❶道にはずれている。どうにもならない。「(義母ヲ恋イ慕ウナドトイウ)わが罪のほど恐ろしう、あぢきなきことに心をしめて」〈源氏〉❷努力するかいがない。無益だ。「さしも危ふき京中の家を作るとて、宝を費やし心を悩ますことはすぐれてあぢきなくぞ侍る」〈方丈記〉❸やるせない。つらい。参考 奈良時代以前にはアヅキナシといい、これが平安時代にアヂキナシに変わり、さらに現代のアジケナイという言い方も生まれた。「味気」と記すのは当て字。

あしきり ⓪【足切り】名 本試験の前に簡単な試験をして、ある水準に達しないものを、ふるい落とすこと。

あしくせ ⓪【足癖】名 ❶歩くときなどの、足の動かし方のくせ。❷相撲で、足わざ。

あしくび シ【足首】名 くるぶしの上の少しほそくなった部分。↕手首。⇩足(図)。

あしげ ゲ【足蹴】名 ❶足でけること。❷足でけるような、ひどいしうちをすること。「親友をーにする」

あしげ ⓪【×葦毛】名 馬の毛色の一種。白い毛に黒・茶・かば色などの毛がまじっているもの。

あしげい ⓪【足芸】名 あおむけになり、足でする曲芸。俵や樽たるなどを回す足わざ。

あじけな・い カロ―カッ―ク―イ―イ―ケレ―○ ナ【あじけない】【味気無い】ー あぢけ 形 おもしろみがなく、たいくつに感じるようす。「地方都市の単身赴任生活はー」 **あじけなさ** 名 **あぢけな・し** 文語ク

あしげり ⓪【足蹴り】名 格闘技で、足で相手の体をけり、打撃をあたえること。

あしこし シ【足腰】名 足と腰。「ーをきたえる」

あしごしらえ ゴ【足ごしらえ】【足×拵え】ー こしらへ 名 旅行に出るとき、歩きやすいように足につけるもののしたくをすること。「ーをきっちりとして出かけた」

あじさい ⓪【×紫▲陽▲花】あぢさゐ 名 ユキノシタ科の落葉低木。梅雨のころ球状の花をつけ、色が白・うす青・うす紫・うすい紅色などにかわる。観賞用。夏

あしさばき サ【足さばき】【足×捌き】名 足の動かし方。

あしざま ⓪【▲悪様】に副 悪意をもって、事実よりも悪く言うようす。「人をーに言う」

あししげく 【足▲繁く】連語 たびたび訪れるようす。「なじみの店にー通う」

アシスタント シ〈assistant〉名 手助けをする役。助手。

アシスト シ〈assist〉名 他サ ❶手助けをすること。「求職活動をーする」❷サッカーやホッケーで、味方の選手に球をパスして得点させる、補助的なプレー。

あしずもう ズ【足相撲】【足▲角▲力】ー ずまふ 名 たがいに腰をおろして片足を前に出し、すねとすねを合わせて相手をたおす遊戯。↕腕ずもう。

あしずり ⓪【足×摺】名 身をもがき、足をふみならすこと。じだんだをふむこと。

あした 名 ㊀ タ【▲明▲日】みょうにち。あす。翌日。⇩あす参考。㊁【▲朝】〔古語〕❶あさ。↕ゆうべ。「あしたに死に、夕べに生まるるならひ」〈方丈記〉❷(夜中に、何かできごとのあった)翌朝。「野分のあしたこそをかしけれ」〈徒然〉❸(一般的に)次の日の朝。明朝。「今宵は疾とく疾とく帰れ。…あしたは急ぎ参れ」〈平家〉参考 ふるくは朝の意味だけであったが、しだいに翌朝や明朝の意味もあらわすようになり、さらに翌日一般を指す現代の用法が生じた。 **ーはあしたの風かぜが吹ふく** あしたはどうなるかわからないが、それなりの結果になる。あすにはあすの風が吹く。くよくよ考えるのはよそうという意味。

あしだ ⓪【足駄】名 歯の高いげた。たかげた。

足駄

あしだい ⓪【足代】名 交通費。くるま代。

あしたずの【×葦田▲鶴の】ー あしたづ 枕 「音ね」「鳴く」「たづたづし」にかかる。

あしだまり ⓪【足だまり】【足×溜り】名 ❶ある行動のため、一時、根城ねじろとするところ。❷足をかけるささえ。足がかり。

あしつき ⓪【足つき】名 歩くときや、おどるときなどの、足の動かし方。足どり。

あしつき ⓪シ【足(脚)付(き)】名 道具・器物に足がついていること。また、その品。

あしつぎ ギ⓪【足継ぎ】名 ❶高さをおぎなうために脚部に継ぎ足すこと。また、そのもの。❷ふみだい。

あじつけ ⓪【味付け】ー あぢ 名 料理に味をつけること。また、味をつけた食料品。「ーのり」

あしで ⓪【×葦手】名 字の書き方の一つ。水辺にみだれはえる、あしのような形に、くずし字でちらして書くこと。あしでがき。 **ー書がき** ⓪名 あしで。

アジテーション テ〈agitation〉名 多数の人を、そそのかし、たきつけること。扇動。アジ。

あしてまとい マ【足手まとい】【足手×纏い】ー まとひ 名 形動(の) 行動のじゃまとなること。また、じゃまになるもの。あしでまとい。「子どもがーになる」

アジト ア名〈agitating point の略〉❶労働争議などの、かくれた指令部。❷非合法活動をする人のかくれが。

あしどめ ⓪【足止め】名 他サ 一時、外出や移動をさし止めること。禁足。「空港でーを食う」

あしとり ⓪【足取り】名 相撲で、相手の足をかかえて倒す技。

あしどり ⓪【足どり】【足取り】名 ❶足のはこび方。歩調。「ーが軽い」❷歩きまわったみちすじ。「犯人のーを追う」❸株式相場などの、変動のぐあい。

あじな ⓪【味な】ー あぢ 連体 気がきいていて、好感をもたせるようす。「ーことをやる」

あしなえ ⓪【×蹇・×跛】なへ 名 足が悪くて、自由に動かないこと。

あしながおじさん《あしながおじさん》ー をぢさん ❶アメリカの作家ウェブスターによる小説。孤児院で育った少女が資産家から匿名で奨学金を受け、大学進学を果たすまでを書簡体で描く。❷(❶から)交通遺児などを援助する篤志家の愛称。

あしながばち ガ【足長蜂】名 スズメバチ科のはち。からだは黒く、腹に黄色の横じまがある。長い足をたれてとぶ。春

あしなみ ⓪【足並(み)】名 ❶人々がそろって歩くときの、足のそろいぐあい。歩調。❷人々の考えや行動の一致のしかた。「闘争のーがみだれる」

あしならし ナ【足ならし】【足慣(ら)し】名 ❶競技・登山などの前に、足をならすこと。また、そのためにする予備運動。❷物

事をする前の予備行動。

あし-ぬけ [0]【足抜け】名自サ 悪い仲間や境遇から逃げ出すこと。あしぬき。

あし-ば [バ]【足場】名 ❶高所で作業をするときなどの、足をかけるところ。足をのせるところ。足がかり。「—を組む」❷議論や主張などのよりどころ。立脚地。「党としての—が揺らぐ」❸交通の便。「—のよい住居」

あし-ばや [0]【足早】形動 ダロ・ダッ・デ・ニ／ダ・ナ・ナラ・○ はやく歩くようす。「—に立ち去る」

あし-はら [0]【あし原】【×葦原】名 あしのはえている広い所。あしわら。秋 **—の中つ国** 古語 日本のこと。**—の×瑞穂の国** 古語 日本のこと。

あし-はらい [ハ]【足払い】名 柔道のわざの一つ。相手の足をけってたおすわざ。あしばらい。

あしび [0]【▲馬▲酔▲木】名 ⬇あせび。

あしひき-の【足引(き)の】枕「山」、またこれに関連ある「峰」「岩根」などにかかる。あしびきの。「さくら花咲きにけらしなあしひきの山のかひより見ゆる白雲」〈古今〉

あし-びょうし [ビョ]【足拍子】名 足ぶみをしてとる拍子。

アジ-びら [0]名 アジテーション(扇動)のびら。特に、政治的な宣伝びら。

あし-ぶえ [0]【あし笛】【×葦笛】名 あしの葉をまるめて作った笛。

あし-ぶみ [ブ]【足踏み】名自サ ❶たちどまったままで足をかわるがわる、あげさげすること。❷物事がはかどらないこと。停滞。「捜索は—状態だ」

あし-べ [0]【あし辺】【×葦辺】名 あしのしげっている水辺。

あし-へん [0]【足偏】名 漢字の部首の一つ。「跡」「路」などの「⻊」。

あし-まかせ [マ]【足任せ】名 行く先を定めず、気のむくままに歩くこと。「—の旅」

あし-まめ [0]【足まめ】形動 ダロ・ダッ・デ・ニ／ダ・ナ・ナラ・○ めんどうがらずに出かけていくようす。「—な人」

あじ-み [0]【味見】名 料理のかげんをみるために、少量を口にすること。

あし-もと [モ]【足下・足元】【足▲許】名 ❶立っている、また、歩く足のまわり。「—に気をつけろ」❷身近な所。身辺。「社長の—から犯人が出た」❸歩きぶり。足つき。「あぶない—」❹立脚地。足場。「—を固める」❺立場。状況。「—を見すかされる」 **—から鳥が立つ** ❶自分の近くに意外なできごとがもちあがる。❷急に思いたってあわただしく始める。 **—に付け込む** 足下を見る。 **—にも及ばない** 相手のほうがはるかにすぐれている。足もとへも寄りつけない。参考 へりくだって言うことが多い。 **—の明るいうち** ❶日暮れにならないうち。❷自分のほうが不利にならないうち。 **—を見る** 弱点につけいる。

あし-や [ヤ]【×葦屋】名古語 屋根をあしでふいたいえ。あしのまろや。

アジャスト [ジャ]〈adjust〉名他サ ❶調整すること。調節すること。❷争いなどを調停すること。

あじゃり [ア]【×阿×闍▲梨】名〘梵 ācārya「軌範・正行」の意〙❶天台宗・真言宗の僧の位。❷古語 験者(げんじゃ)。

あ-しゅ [ア]【亜種】名 生物分類学上の単位。種の下に置かれる。

あし-ゆ [0]【足湯】名 ひざから下を湯に浸すこと。脚湯(きゃくとう)。

あ-しゅう《阿州》⬇あわ(阿波)。

あしゅら《阿修羅》〘梵 asura の音訳〙帝釈天(たいしゃくてん)とたたかうインドの悪神。しゅら。あすら。

あしゅら-どう [ラ]【×阿修羅道】名〘仏〙六道の一つ。そねむ心の強い者や、怒りやすい者が死後生まれるという世界。修羅道。

あ-しょう [ア]【亜相】名 大納言の中国ふうのよびかた。

あし-よわ [0]【足弱】名形動(の) 歩く力の弱いこと。また、歩く力の弱い老人・こども・女性など。「—を連れる」

あしら・う [ラ]他五 ワ・オ・イ・ッ／ウ・ウ・エ・エ ❶もてなす。待遇する。❷いいかげんにあつかう。「鼻で—」❸配合する。とりあわせる。「前景にもみじの木を—」 **あしらい** 名

アジ・る [ジ]他五 ラ・ロ・リ・ッ／ル・ル・レ・レ 俗語〘「アジ」は「アジテーション」の略〙そそのかす。扇動する。

あじろ [0]【▲網代】名 ❶冬、川に竹や木を組み立てて網のかわりにし、魚をとらえる仕掛け。冬 ❷竹・ひのき・あしなどをうすくけずって、むしろのように編んだもの。 **—木** 名古語「あじろ❶」につかう木。網をかけておく木。冬 **—車** 名古語 車のやかたにひのき・青竹のあじろをはった牛車(ぎっしゃ)。昔の貴族が使った。 **—戸** [ロ]名「あじろ❷」でこしらえた戸。

あじろ❷

あし-わ [0]【足輪】【足(脚)▲環】名 鳥獣保護のために、識別コードなどを記して足につける輪。参考 鳥獣保護法では「脚環」と表記。

あじわい [0]【味わい】名 ❶食べ物の味覚。あじ。風味。❷物事のおもむき・おもしろみ。「—のある絵」

あじわ・う [ワ]【味わう】他五 ワ・オ・イ・ッ／ウ・ウ・エ・エ ❶味をみる。❷深い意味やおもむきをたのしむ。「古典を—」❸体験する。「苦しみを—」 **味わえる** 自下一〔…できる〕

あし-わざ [0]【足技】名 ❶柔道などで、足をつかって相手をたおすわざ。❷【足業】足芸。

あし-わら [0]【あし原】【×葦原】名 ⬇あしはら。

あす [ス]【あす・明日】名 きょうの次の日。あした。みょうにち。参考「あした」よりもあらたまった言い方。さらにあらたまった場面では、「みょうにち」という。 **—知らぬ身** あすはどうなるかわからない身の上。あす知れぬ身。 **—には明日の風が吹く** ⬇あしたはあしたの風が吹く。

あすか《飛鳥》奈良盆地の南東部、飛鳥川流域一帯の地名。推古天皇が在位(五九二—六二八)した前後、この地に都が置かれたころから平城京遷都(七一〇)までの時期を広く飛鳥時代と称するが、元来は、美術史上の時代区分。参考「明日香」とも書く。「飛鳥」の表記は「あすか」にかかる枕詞「とぶとりの」の「とぶとり」によるとされる。

▲与って力がある 大いに役立っている。「今度の成功には彼の協力が—」

あずかり [0][リ]【預(か)り】名 ❶まかされてあずかること。❷あずかったという証拠の書類。あずかり証文。❸優劣のつけにくいとき、勝負をきめないでおくこと。「行司—」

あずかり-しょうもん [ショ]【預(か)り証文】名 たしかにあずかったという、証拠の書きつけ。

あずかり-し・る [0]【あずかり知る】【▲与り知る】自五 ラ・ロ・リ・ッ／ル・ル・レ・レ かかわりがある。関与する。関知する。「この計画は私の—ところでない」参考 多く下に打ち消しの言い方がくる。

あずか・る [カ]【▲与る】自五 ラ・ロ・リ・ッ／ル・ル・レ・レ 関係する。「相談に—」「政治に—」参考「おほめにあずかる」のように「お…にあずかる」の形をとると、「…をしてもらう」の意味の相手を立てた言い方になる。

あ

あずか・る カ【預（か）る】（あづかる）他五（ラ・ロ・リッ・ル・ル・レ・レ）❶ひきうけて保管やせわをする。「貴重品を―」「こどもを―」❷まかされて、責任をもって取りしきる。「支店を―」❸なかにたってまかせてもらう。「けんかを―」❹きめたり、発表したりしないでおく。保留する。「辞表を―」 **預かれる** 自下一［…できる］

あずき キ【小豆】（あづき）名 マメ科の一年生植物。種子は赤黒色で、赤飯やあんなどに使う。秋

あずき-いろ 0【小豆色】（あづきいろ）― 名 黒みをおびた赤色。

あずき-がゆ ガ/キ【小豆×粥】（あづきがゆ）― 名 あずきをまぜた、かゆ。新年

あずけ ケ【預け】（あづけ）名 近世の刑で、罪人を人のところにあずけて、一定期間、謹慎させたこと。

あず・ける ケ【預ける】（あづける）他下一（ケ・ケ・ケル・ケル・ケレ・ケロ/ケヨ）❶保管やせわをたのむ。「金を銀行に―」「こどもを保育園に―」❷始末のつけにくいことの処置をまかせる。「争いのあとしまつを―」❸体やその一部を何かにもたせかける。「土俵ぎわで相手に体を―」 **あづ・く** 文語下二

あす-こ 0【あすこ】【▲彼▲処】代 ⇒あそこ。

アスコット-タイ タ〈ascot tie〉名〔イギリスのアスコット競馬場に集まる紳士の服装から〕スカーフに似た幅の広いネクタイ。

あずさ ア【×梓】（あづさ）名 きささげ・あかめがしわ・よぐそみねばりなどの古い名という。弓を作ったり、版木に使ったりした。 **―に上(のぼ)す** 印刷にかけ、本にする。

あずさ-ゆみ【×梓弓】（あづさゆみ）― ㊀ 名 古語 あずさの木で作った弓。㊁ 枕 弓を射ることから「い」「いる」に、また、弓弦(ゆづる)を張ったり引いたりするところから「はる」「ひく」に、さらに「音」「する」「もと」などにかかる。「あづさゆみ春の山辺を越えくれば道もさりあへず(避ケテ通レナイホド)花ぞ散りける」〈古今〉

アスター ア〈aster〉名 えぞぎく。夏

アステリスク リ〈asterisk〉名 注記・備考などの意味に用いる「＊」の記号。星印(ほしじるし)。アステリ。

アストラカン ラ〈astrakhan〉名 ロシアのカスピ海近くのアストラハン地方でとれる子羊の巻き毛の毛皮。また、それをまねて輪の飛び出したように作った毛糸や織物。

アストリンゼン リ〈astringent〉名 はだをひきしめるための化粧水。アストリンゼント。

あす-なろ 0【▲翌×檜】名〔「明日はひのきになろう」という意〕ヒノキ科の常緑高木。葉はひのきに似て、良質の材。

あすなろものがたり《あすなろ物語》井上靖(いのうえやすし)の長編小説。一九五三年発表。あすは檜(ひのき)になろうとしつづける「あすなろ」の木に託した人間成長の話。

アスパラガス ラ〈asparagus〉名 ユリ科の多年生植物。ヨーロッパ原産。観賞用・食用。まつばうど。春

アスピリン 0〈ド Aspirin〉名 解熱・鎮痛剤。アセチルサリチル酸の薬品名。もと商標名。

アスファルト ファ〈asphalt〉名 原油から重油をとったのこりかすで、種々の炭化水素化合物のまざったもの。黒いかたまりで、道路舗装・電気絶縁材料などに使う。

アスベスト ベ〈ド Asbest〉名 いしわた。

あずま【▲東・×吾妻】（あづま）名 古語 ❶ひがし。❷東国。箱根山から東の諸国。❸京都から鎌倉(かまくら)・江戸を指す言い方。

あずま-あそび ア2【▲東遊び】（あづまあそび）― 名 平安時代の、六人で演ずる歌舞。はじめは東国の民間舞踊だったが、のちに宮廷・神社などで演じられた。東舞(あずままい)。

あずま-うた マ【▲東歌】（あづまうた）― 名 ❶万葉集巻十四や古今集巻二十におさめられている、東国地方の民衆の歌。❷あずま遊びの歌曲。

あずま-えびす【▲東×夷】（あづまえびす）― 名 古語 ❶京都からみて、東国地方の人。えぞ。❷東国地方の人々をけいべつしてよんだことば。

あずま-おとこ オ【▲東男】（あづまおとこ）名 東国地方の男。 **―に京女(きょうおんな)** 男では東国地方の人が男らしくてよく、女では京都の人が女らしくてよいということ。

あずまかがみ《吾妻鏡・東鑑》（あづまかがみ）― 鎌倉(かまくら)時代の歴史書。鎌倉幕府編。幕府の記録を日記ふうに一種独特な和漢混交文でしるしたもの。

あずま-くだり【▲東下り】（あづまくだり）― 名 古語 京都から東国に行くこと。

あずま-げた マ【×吾妻下▲駄】（あづまげた）― 名 畳表を台につけた、歯のうすい婦人用のげた。

あずま-コート コ【×吾妻コート】（あづまコート）― 名 和装の女性外出用上着。冬

あずまコート

あずま-じ【▲東路】（あづまぢ）名 古語 ❶京都から東国へ通じていた道。東海道や東山道。❷東国のこと。

あずま-や マ【▲東屋・▲四×阿】（あづまや）― 名 のきを四方にふきおろした建物。多くは壁をつくらない。休息・展望用として庭園に建てる。

あずま屋

アスリート リ〈athlete〉名 スポーツ選手。特に、陸上競技選手。

アスレチック チ〈athletic〉名 造 体育。運動。 **―クラブ** ク2〈athletic club〉名 各種の運動器具を備え、健康や美容のための運動をする施設。多くは会員制で有料。

あせ ア【汗】名 ❶皮膚の汗腺(かんせん)から出るぶんぴつ物。大部分が水で、塩分・尿素などの固形分をわずかにふくむ。夏 ❷物の表面ににじみでたり、ついたりした水分。「グラスが―をかいている」 **―の結晶(けっしょう)** ほねおりの結果、手に入れたもの。

あぜ ゼ【▲畔・×畦】名 ❶水田のしきり。くろ。❷しきい・かもいの、みぞとみぞとの間の高くなっている所。

アセアン セ〈ASEAN〉名〔Association of Southeast Asian Nations から〕一九六七年に結成された、地域協力機構。加盟国は、タイ・インドネシア・マレーシア・フィリピン・シンガポール・ブルネイ・ベトナム・ラオス・ミャンマー・カンボジア。東南アジア諸国連合。

あ-せい ア【亜聖】名 ❶文章語 聖人につぐ賢人。❷〔聖人孔子に対して〕孟子(もうし)をほめていうよび名。

あぜ-おり 0【あぜ織り】【×畦織】名 太糸・細糸をまぜて高低をつけた織り方。また、その織物。うねおり。

あせ-くさ・い サ【汗臭い】形（カロ・カッ/ク・イ・イ・ケレ・○）汗のにおいがして気持ちがよくない。

あぜ-くら 0【▲校倉】名 柱を使わず、断面が三角形の材木を横にくみあげて壁にした倉。奈良の正倉(しょうそう)院など。

あぜくら

あせ-じ・みる ミ【汗染みる】自上一（ミ・ミ・ミル・ミル・ミレ・ミロ/ミヨ）汗ではだがぬれる。衣服に汗がしみる。夏 **あせじ・む** 文語上二

あせ-しらず シ【汗知らず】名 亜鉛華または、でんぷんで作り、はだにつけて汗をすいとらせるのに使う粉。ベビーパウダー。

天花粉てんか。夏

アセスメント セ〈assessment〉名 種々の条件をもとに総合的に評価・査定すること。「環境―」

あせ‐する ア【汗する】自サ 汗を出す。「ひたいに汗してはたらく」 **あせ・す** 文語サ変

あせ‐だく 0【汗だく】形動(の)（「汗がだくだく流れる」から）汗がひどく出るようす。夏

アセチレン 0〈acetylene〉名 炭化水素の一種で、無色・有毒の燃えやすいガス。カーバイドに水を加えると発生する。灯火、鉄の溶接などに使用。合成樹脂・合成繊維の原料となる。「―灯」

アセテート テ〈acetate〉名 セルロースから作られる半合成せんい。吸水性は少なく弾力性に富み、絹のような光沢がある。酢酸人絹糸。

あせ‐とり ト【汗取(り)】名 はだにじかに着て、汗をしみとらせるはだぎ。あせじゅばん。夏

アセトン セ〈acetone〉名 クロロフォルムなどの原料となる、無色で特有のにおいのある液体。溶剤として利用。

あせ‐ば・む バ【汗ばむ】自五 汗がにじみでる。夏「―陽気」

あせび 0【▲馬▲酔▲木】名 ツツジ科の常緑低木。早春に、白色でつぼ状の小さい花がふさのように咲く。葉は有毒。あしび。春

あせび

あせ‐まみれ マ【汗まみれ】名 形動 汗で顔や体がびっしょりぬれていること。汗みずく。「―になって遊ぶ」

あせ‐みず ア【汗水】名 ながれ出る汗。夏 **―を流す** 汗を出して、いっしょうけんめい働く。

あせ‐みずく ミ【汗みずく】形動(の) 汗にぐっしょりぬれたようす。汗みどろ。「―になって働く」参考「あせみづく」のように「づ」を用いて書いてもよい。

あぜ‐みち ゼ【あぜ道】【×畦道】名 道になっている田のあぜ。

あせ‐みどろ ミ|0【汗みどろ】形動(の) 汗みずく。「―で歩く」

あせ‐も モ【汗×疹・汗×疣】名 汗をかいたため、ひふにできる、小さいふきでもの。夏

あせ・る セ【焦る】自五 あることが実現するのに予想よりも時間がかかり、おちつきをうしなう。いらだつ。「レポートが書けなくて―」 **焦り** 名

あ・せる セ【×褪せる】自下一 ❶色がさめる。「色のあせた洋服」❷勢いがおとろえる。「思い出が―」 **あ・す** 文語下二

アゼルバイジャン《Azerbaijan》カスピ海に面した共和国。首都はバクー。一九九一年に解体した旧ソ連の構成国の一つ。

アセロラ 0〈acerola〉名 キントラノオ科の樹木。果実は赤色でビタミンCを多く含む。ジュースやジャムなどに加工される。

あ‐ぜん 0【×唖然】と副 たる連体 あきれてことばも出ないようす。あっけにとられるようす。「あまりの大きさに―とする」

アソート ソ 名〔assorted（各種取り合わせたの意）から〕詰め合わせ。「―クッキー」

あそこ 0【あそこ】【▲彼▲処】代 ↕ここ・そこ。❶自分・相手のどちらからも離れた場所を指す語。また、相手も共通に知っている例の場所。「―に見えるのが彼の家です」「きょうも―に行こうか」❷自分たちには、直接手がとどかない状態・局面。「事態が―まで進んでは、もう止められない」「―まで言われても黙っているのか」⇩あれ 参考。＝あすこ。

アソシエーション エ〈association〉名 共通の目的や関心を持った人たちがつくる組織。連盟。連合。協会。

あそば・す【遊ばす】■0 他五 ❶「する」の尊敬語。「いかがあそばしましたか」❷（補助動詞として、「お(ご)…あそばす」の形で）尊敬の意味をあらわす言い方。「雨があがるまで、お待ちあそばせ」参考 尊敬の言い方として、もっとも敬意が高いが、主として、女性が会話で用いる。■ 他四 古語（詩歌を）お詠みになる。（音楽を）演奏なさる。「これ（琴ヲ）、ただ御手ひとつあそばして」〈源氏〉

あそばせ‐ことば コ【遊ばせ言葉】名 女性が「あそばせ」などの敬語を多く使って、上品に話すことばづかい。

あそば・せる 0【遊ばせる】他下一 ❶年少者に自由な時間をすごさせる。「校庭で―」❷（多く「遊ばせておく」の形で）道具や機械を使用せずにおく。「ゴルフセットを遊ばせておく」❸あたえるべき仕事をあたえずにおく。「一週間も遊ばせてしまった」 **あそば・す** 文語下二

あそび 0【遊び】名 ❶あそぶこと。楽しむためにすること。❷酒色やばくちなどにふけること。❸仕事がないこと。「今日は―だ」❹よゆう。ゆとり。「ハンドルの―」❺古語 管弦・舞踏・詩歌、また猟などの楽しみ。

あそび‐ぎ ビ【遊び着】名 くつろいだり遊びに行ったりするときに着る衣服。

あそび‐ごころ 0【遊び心】名 しゃれや無駄を楽しむゆとりある心。「―のある建築デザイン」

あそび‐にん 0【遊び人】名 ❶定職をもたず、ぶらぶらしている人。❷ばくちうち。❸遊びごとのすきな人。道楽者。

あそび‐はんぶん ハ【遊び半分】名 真剣さのない、軽い気持ち。「―で始めたことが、本職になる」

あそび‐め【遊び女】名 古語 遊女ゆうじょ。うかれめ。

あそ・ぶ【遊ぶ】■0 自五 ❶すきなことをしてたのしむ。❷何もしないでぶらぶらしている。「病気で一年―」❸仕事がなくてひまでいる。❹場所や道具が役だてられていない。「遊んでいる土地」❺酒色にふける。❻文章語 旅行する。「北欧に―」❼文章語 遊学する。「パリに―」 **遊べる** 自下一〔…できる〕■ 自四 古語 音楽を奏で、舞い踊って楽しむ。また、詩歌を作って楽しむ。「物の音どもしらべ合はせてあそびたまふ」〈源氏〉

あそん ア【▲朝▲臣】名（「あそみ」の変化）天武天皇が制定した姓かばね制の第二位。後に四位以上の貴族の敬称。

あだ ダ【×仇・×寇】名 ❶うらみを持つ相手。かたき。「親の―を討つ」❷悪意による行為。「恩を―で返す」❸害。悪さ。「きつねが―をする」❹古語 害をなす者。敵。

あだ ダ【▲徒】名 形動 ❶無益なこと。むだ。「好意を―にする」❷いいかげんなこと。うわついていること。「―に思ってはならない」 **―や▲疎おろそかに** 他人からの恩恵やそのものの価値を軽んずるようす。いいかげん。なおざり。あだおろそか。あだやおろか。「―にできない」参考 ふつう、下に打ち消しの語がくる。

あだ 0【×婀×娜】形動 なまめかしく美しいようす。いろっぽいようす。

アダージョ ダ〈ｲ adagio〉名 音楽で、「アンダンテよりさらにゆるやかに演奏せよ」の意味。アンダンテより速度が遅い。アダジオ。

あだあだ・し【▲徒▲徒し】形シク 古語 誠実でない。うわき

だ。まことがない。

あたい◎【価】名 ねだん。代金。

あたい◎【値】名 ❶ねうち。価値。「人の―」❷〔数〕文字・式があらわす数量。「xの―を求める」**―千金** 非常に価値があること。

あたい◎代〔「あたし」の変化で、俗な言い方〕わたし。

あたい・する◎【値する】自サ それだけのねうちがある。「称賛に―」**あたひ・す** 文語サ変

あ-たいりく タ【亜大陸】名 大陸の一部であるが、それに準ずる広さと独立性をもった地域。特に、インド半島のことを指す。

あた・う【▲能ふ】自四〔古語〕できる。「車は輪をめぐらすことあたはず」〈平家〉参考 多くは「あたはず」のように打ち消しの語とともに使われる。**―限り** できるだけ。せいいっぱい。「―の努力」

あだ-うち◎【あだ討ち】【×仇討】名 ❶主君・肉親などを殺した者を、しかえしに殺してうらみをはらすこと。かたき討ち。復讐。「主君の―」❷負けた相手にしかえしをすること。「前回の敗戦の―をした」

あたえ◎【与え】名 あたえられること。また、そのもの。たまもの。「天の―」

あた・える◎【与える】他下一 ❶物や金などを人や動物にやる。授ける。㋐目下の人や動物にやる。「弟にお金を―」「犬に食べ物を―」㋑時間・機会などを利用できるようにしてやる。「時間を十分与えて考えさせる」「反論のチャンスを―」参考 動作の主体を立てる言い方に「くださる・たまわる」、動作の及ぶ対象を立てる言い方に「あげる」「さしあげる」「進呈する」「献上する」などがある。「やる」は目下の者や動植物などに使うのが原則。❷課する。あてがう。「部下に課題を―」❸何らかの影響を受けさせる。こうむらせる。「農作物に被害を―」「読者に感銘を―」「一同に不安を―」**あた・ふ** 文語ハ下二

あだ-がたき カ【あだ敵】【×仇敵】名 こちらに害を加えるもの。憎い相手。仇敵。

あたか-も ア【あたかも】【×恰も・▲宛も】副〔文章語〕❶よく似ているようす。まるで。ちょうど。「―雷のような音」参考 下に「…のようだ」という言い方がくることが多い。❷ちょうどそのとき。「時―二〇〇一年」**―よし** ちょうどおりよく。「―援軍が到着した」

あたくし◎代〔女性語〕〔「わたくし」の変化〕自分をさすことば。参考「あたし」よりはていねいだが、あらたまった場合は「わたくし」のほうがよい。

あだ-ごと◎【あだ事】【▲徒事】名〔文章語〕❶意味のない、つまらないこと。むだなこと。❷情事。

あだ-ざくら ザ【あだ桜】【▲徒桜】名〔文章語〕はかなく散りやすい桜。

あたし◎代〔「わたし」の変化〕自分をさすことば。参考 くだけた言い方。あらたまった場合は、「わたし」のほうがよい。おもに女性が使うが、東京では中年以上の男性も使う。

あだし【▲他し】造〔文章語〕他の。別の。ほかの。「―おとこ」

あだし【▲徒し】造〔文章語〕まごころがない。変わりやすい。はかない。あだ。「―なさけ」

アダジオ ダ〈ィadagio〉名 ➡アダージョ。

あたたか タ2【暖か・温か】形動 ダロ・ダッ・デ・ニ/ダ・ナ・ナラ・○ あたたかいようす。春「―な家庭」

あたたか・い カ 形 カロ・カッ・ク/イ・イ・ケレ・○ ㊀【暖かい】❶暑くない程度に気温が高くてここちよい。春「―へや」↕寒い。❷お金をじゅうぶんに持っている。「ふところが―」↕寒い。㊁【温かい】❶熱すぎない程度に温度が高くてここちよい。「―風呂」↕冷たい。❷思いやりがあって、情が深い。「―心づかい」↕冷たい。**あたたかげ** 形動 **あたたかさ** 名 **あたたかみ** 名 **あたたか・し** 文語ク

あたたま・る マ 自五 ラ・ロ・リ・ッ/ル・ル・レ・レ ㊀【暖まる】❶暖かくなる。「へやが―」❷持っているかねがゆたかになる。「ふところが―」㊁【温まる】❶温かくなる。「スープが―」❷〈心が〉なごやかになる。「心の―光景」

あたた・める メ 他下一 メ・メ・メル・メル・メレ・メロ・メヨ ㊀【暖める】❶暖かにする。「へやを―」❷登場する機会がなく控えている。「ベンチを―」㊁【温める】❶温かにする。「おつゆを―」❷関係がとぎれていた人とふたたびつきあうようにする。「旧交を―」❸長く手もとにおいて、外に出さないでおく。「長年温めた構想」❹〔俗語〕こっそり自分のものにしてしまう。「公金を―」**あたた・む** 文語下二

アタック タ〈attack〉名 自サ 攻撃。挑戦。「冬山に―する」

アタッシェ-ケース ケ〈attaché case〉名 角形の小さい書類カバン。アタッシュケース。

アタッチメント タ〈attachment〉名 器具や機械などの付属装置。

当たって砕けろ 結果のよしあしを考えないで、とにかく困難にぶつかれ。

あだっぽ・い ポ【×婀×娜っぽい】形 カロ・カッ・ク/イ・イ・ケレ・○ なまめかしい。いろっぽい。**あだっぽさ** 名

あだ-な◎【あだ名】【×仇名・徒名】名 情事についてのうわさ。艶聞。浮き名。

あだ-な◎【あだ名】【×渾名・×綽名・×仇名】名 したしみやけいべつの気持ちをこめて、その人の特徴をとらえたり、本名をもじったりして、つけた名。ニックネーム。

あだ-なさけ ナ【あだ情け】【▲徒情け】名〔文章語〕❶むだな情け。❷一時的な親切。❸はかない恋。

あだ-なみ◎【あだ波】【▲徒波】名〔文章語〕❶わけもなく、たちさわぐ波。❷かわりやすい、人の心のたとえ。

あだ-ばな◎【あだ花】【▲徒花】名 実をむすばない花。むだ花。

あた・ふ【▲能ふ】自四〔古語〕➡あたう。

あた-ふた ア〔と〕副 自サ ひどくあわてているようす。「―と出かけて行った」

アダプター ◎/タ〈adapter〉名 機械や器具に付属品を取りつけたり、別の装置を接続させたりするときに用いる部品や装置。

あたま マ【頭】名 ❶人間や動物の首から上の部分で、脳や耳・目・鼻などの感覚器官のある部分。また、顔と区別される毛髪のはえた部分。かしら。こうべ。「―をなでる」「―を刈る」❷あたまの内部の脳の働き。知能・思考力。「―がいい」「―をなやます」❸物事の上方に位置する部分や人。かしら。「くぎの―」「組織の―となる」❹物事の最初。「ドラマの―の部分」❺人数。「選手の―をそろえる」**―が上がらない** 力が足りなかったり、負い目を感じたりして、相手に対等に立ち向かえない。「先生には―」**―が痛い** ❶頭痛がする。❷苦労が多くてなやむ。「めんどうな仕事で―」**―が固い** 自分の考えにこだわり、ひとの言うことをきかないようす。また、まじめすぎて、ゆうずうがきかないようす。**―隠して尻隠さず** 悪事・欠点などの一部だけ隠して全部隠したつもりになっているおろかさをいう。**―が下がる** 感心させられる。敬服させられる。**―が柔らかい** 考えかたにこだわりがなく、ひとの言うことをよく理解するようす。**―から湯気を立てる** 非常に怒っているようす。**―に来る** ❶〔俗語〕しゃくにさわる。腹が立つ。❷精神がおかしくなる。**―の上**

の×蠅も追えない　だらしなくて自分ひとりのしまつさえもできない。―の黒い×鼠（ねずみが物をぬすむように）その家に住んで、その家の物をごまかしてとる、ゆだんのならない人間。―の中が真っ白になる　驚きや衝撃で何も考えられない状態になる。―を抱える　どうしたらよいかわからないで、困りはてる。苦慮する。―を下げる❶おじぎをする。❷相手に屈服する。あやまる。❸感心する。―を絞る　できるだけいろいろと考える。知恵をしぼる。「解決策に―」―を使う　よく考えてうまい方法を見つける。「子どもの教育に―」―を悩ます　あれこれ考えて、苦しむ。―を×撥ねる　うわまえをとる。他人の利益の一部をかすめとる。―を▲捻る　頭をかたむけて、わからなかったり、不思議がったりするようすを示す。―を冷やす　のぼせている頭を落ち着かせる。―を丸める❶ぼうずあたまになる。❷僧になる。

あたま-うち [0]【頭打ち】[名] ❶〔経〕相場などが一定の限界に達して、それ以上、上がらなくなること。❷物事が限界に達すること。「昇給が―になる」

あたま-かず [カ]【頭数】[名] 人数。「―をそろえる」

あたま-かぶ [マ]【頭株】[名] おもだった人。中心人物。かしらぶん。

あたま-から【頭から】[連語] わけも聞かずに、はじめから。てんから。「―けちをつける」

あたま-きん [0]【頭金】[名] 買い取り契約のとき、まず一定の額だけ支払うかね。手付け金。手金。

あたま-ごし [0]【頭越し】[名] ❶他人の頭の上を越して何かをすること。「人の―に物を手渡す」❷関係者をさしおいて、直接相手に働きかけること。「―に交渉を進める」

あたま-ごなし [ゴ]【頭ごなし】[名] 相手の言いわけも聞かず、はじめからおさえつけること。「―にしかりつける」

あたま-だし [0]【頭出し】[名][他サ]〔主に磁気テープで〕録音・録画したデータから必要な部分を再生するためにその箇所の冒頭を探しだすこと。「ビデオの―」

あたま-でっかち [デ]【頭でっかち】[名][形動(の)] ❶頭がふつうより大きいこと。❷上の部分がふつりあいに大きいこと。「―な機構」❸理屈ばかりで、行動が伴わないこと。

頭一つ抜ける　競争相手の中ではっきりわかるほどすぐれている。「出世レースで―」

あたま-わり [0]【頭割(り)】[名] 人数にしたがい、平均にわりあてること。均等割り。「費用を―にする」

アダム《Adam》旧約聖書に出てくる、神がつくった人類最初の男性。妻イブと禁断の木の実を食べ、楽園を追放された。

あだ-め・く [メ]【×婀×娜めく】[自五]〈カ・コ｜キ・イ｜ク｜ク｜ケ｜ケ〉 いろっぽくみえる。

あたら [0]【▲可▲惜】[副]〔文章語〕おしいことに。もったいなくも。あったら。「―青春を棒にふる」

あたら・し【▲惜し】[形シク]〔古語〕惜しい。「ただ人には（臣下ニスルノハ）いとあたらしけれど」〈源氏〉

あたらし・い [シ]【新しい】[形]〈カロ｜カッ・ク｜イ｜イ｜ケレ｜○〉 ❶初めてである。今までにない。「―実験」❷いきいきとしている。新鮮だ。「―くだもの」❸できたばかりである。「―建物」❹現代的である。「―考え方」[参考]「あらた(新)」からできた形容詞「あらたし」の変化。新しがる [自五] 新しさ [名] 新しみ [名] あたら・し [文語シク] ―酒を古い革袋に盛る　新しい内容を、古い形式にもりこむ。

あたらしがり-や [0]【新しがり屋】[名] 新しいものが好きで、流行を追いたがる性質。また、そういう人。

当たらず障らず　めんどうなことが起こらないように、適当に対処すること。「―の返事」

当たらずといえども遠からず　推定・予想が完全とはいえないけれども、だいたいあたっている。

あたら-ない【当たらない】[連語]〔「…にあたらない」の形で〕…するにおよばない。必要がない。「弁解するに―」

あたり【辺り】[一][ア][名] ❶近く。付近。周囲。「―を見回す」❷例をあげるのに使う語。「部長に反論する―なかなか元気がある」[二][接尾] ❶およその場所。付近。「そこら―」❷およその時刻。ころ。「五時―」 ―を払う　近寄りにくいくらい威勢がある。堂々としている。

あたり【当(た)り】[一][0][名] ❶当たること。↔はずれ。㋐的中。命中。「―矢」㋑催し物の成功。「思わぬ大―」❷触れたときの感じ。㋐人ざわり。応接のしかた。「―のやわらかな人」㋑口にふくんだときの感じ。「―のやわらかい酒」❸衝撃の及ぶこと。㋐相撲の体あたり。「すごい―で相手を土俵の外に突き出す」㋑野球の打撃。「会心の―」㋒釣りで、魚が糸を引くこと。❹見当。目あて。「―をつけて犯人をさがす」❺碁で、あと一手で相手の石を取ることのできる状態。[二][接尾] ❶わりあてること。「ひとり―百円」❷【▲中り】食物・暑気がからだにさわって害をすること。「食―」「暑気―」

あたり-きょうげん [キョ]【当(た)り狂言】[名] 客にうける評判のよい芝居。

あたり-げい [リ]【当(た)り芸】[名] その人がもっとも得意とする評判のよい芸。

あたり-さわり [0]【当(た)り障り】[名] ぐあいの悪いこと。さしさわり。「―のない話」

あたり-ちら・す [ラ]【当(た)り散(ら)す】[自五]〈サ・ソ｜シ｜ス｜ス｜セ｜セ〉（腹を立てたり、いらいらしたりして）物や関係のない人に、ひどいことをしたり、言ったりする。

あたり-どし [0]【当(た)り年】[名] 収穫の多い年。「かきの―」

あたり-ばこ [0]【当(た)り箱】[名]（商家で使う忌みことば。「する」が「使いはたす」に通じることから）すずり箱。

あたり-はずれ [0]【当たり外れ】[名] よいものもあれば悪いものもあること。また、物事がうまくいくこともあれば、そうでないこともあること。

あたり-ばち [リ]【当(た)り鉢】[名]（商家で使う忌みことば）すりばち。

あたり-まえ [0]【当(た)り前】[形動(の)]（「当然」の当て字「当前」を訓読みした語）❶ふしぎでない、しぜんな状態。言うまでもないこと。当然。「怒るのは―だ」❷ふつう。「ごく―の店」

あたり-め [0]【当(た)りめ】[名]〔俗語〕（酒場で「する」をきらって使う忌みことば）するめ。

あたり-や [0]【当(た)り屋】[名] ❶思ったとおり利益を得た人・店。うまく人気を得た人・店。❷野球で、調子に乗って安打を多く打つ人。❸〔俗語〕走っている自動車にわざと当たって、むちゃな見舞金などをまきあげる人。

あたり-やく [0]【当(た)り役】[名] その俳優によく合って評判のいい役。

あた・る [0]【当(た)る】〈ラ・ロ｜リ・ッ｜ル｜ル｜レ｜レ〉[一][自五] ❶物が他の物に強く触れる。㋐瞬間的に衝撃を受ける。ぶつかる。「頭にボールが―」「車の屋根に噴石が―」㋑光・熱・雨・風などにさらされる。「西日が―部屋」「夜風に―」「たき火に―」㋒はじめから強い相手と対戦する。「初日から横綱と―」㋓指名を受ける。「英語の授業で訳が―」㋔【▲中る】からだに害を受ける。中毒する。「暑さに―」「ふぐに―」❷目標とするものと一致する。㋐命中する。「弾が標的に―」↔はずれる。㋑思っていたとおりになる。「天気予報が―」「勘が―」↔はずれる。㋒思いどおりになり利益を得る。「宝くじに―」「アイディア商品が―」❸二つのものがほぼ同じになる。相当する。㋐正しくあてはまる。「世間の批判は当たらない」㋑その方向にある。一致する。「事故現場は駅の北に―」「義父に―人」㋒二つのものにすき間がなくなる。「つぎの当たった靴下」❹こちらから対象に近づき働きかける。㋐不満を述べたりいじめたりする。「周囲の人に―」㋑引き受ける。担当する。「遭難者の救助に―」㋒様子をさぐる。「融資の可能性を銀行に当たってみる」㋓突き合わせて調べる。「原典に―」㊁他五〔「する（擦る・磨る）」が「なくす」「失う」の意に通じるのを避けた忌みことば〕剃る。こする。「ひげを―」「墨を―」参考 東京の下町言葉では「ひげをする」と言った。**当たれる** 自下一［…できる］ **―も八×卦当たらぬも八×卦** 占いは当たることもあれば、はずれることもある。**―を幸い** 手あたりしだいに。「―投げとばす」

アダルト ダ〈adult〉名 おとな。成人。「―ファッション」 **―チルドレン** チ〈adult children〉名 幼少期に両親からじゅうぶんな愛情を注がれなかったことなどが原因で、精神的に未成熟なまま成長した大人。**―ビデオ** ビ〈adult video〉名 性描写を主とした成人向けのビデオソフト。AV。ポルノビデオ。

あ-たん ア【亜炭】名 炭化度の低い下等な石炭。

アチーブメント-テスト テ〈achievement test〉名 学習活動の成果を測定するための試験・検査。学力テストや進学適性検査。アチーブ。

あぢき-な・し【味気無し】形ク［古語］➡あじきない㊀。

あち-こち チ【あちこち】【▲彼▲方×此▲方】代 あちらこちら。あっちこっち。

あちゃらか ⓪名 ふざけた娯楽本位の芝居のこと。参考「あちゃら」は「あちら（西洋）」の変化したものという。

アチャラ-づけ ⓪【アチャラ漬（け）】【×阿茶羅漬】名〔アチャラはポルトガル語のacharから〕だいこん・かぶ・はすなどをうすく切り、酢・酒・塩・とうがらしなどをまぜた汁につけたつけもの。新年

あち-ら ⓪【あちら】【▲彼▲方】代 ↕こちら・そちら。❶話し手・聞き手のどちらからも遠い方向をさす語。❷あのかた。あの人。「―さま」❸あれ。あのもの。❹あそこ。❺外国。**―こちら** コ 名 ❶あちらやこちら。❷ほうぼう。「―にある品物」

あっ ア 感 おどろいたとき、感心したときや、思わず何かに気がついたときなどに出す声。**―と言う間** きわめて短い時間。「―に飛び去る」**―と言わせる** 意外なことをして、おどろかせる。また、感心させる。「世間を―」**―とばかりに** あっと声を出すほどにおどろくようす。また、感心するようす。

あつ【厚】接尾 …の厚さ。「三〇ミリ―の板」

あつ【圧】㊀造 おす。おさえる。おしつける。「圧縮・圧倒・弾圧・鎮圧」㊁ア 名造 おしつける力。圧力。「―を加える」「血圧・水圧・電圧」

あつ【×軋】造 きしむ。「軋轢」

あつ【×斡】造 めぐる。まわる。「斡旋」

あつ-あげ ⓪【厚揚（げ）】名 豆腐を厚く切って、油で揚げたもの。生揚げ。↕薄揚げ。関西で多く使う。参考「生揚げ」が東京を中心として使われるのに対し、「厚揚げ」は西日本で主に使われる。

あつ-あつ ⓪【熱熱】名 形動（の）❶食べ物や飲み物の、できたてであついこと。「―のみそしる」❷二人の熱愛のようす。

あつ・い ⓪【厚い】形 カロ・カッ・ク／イ・イ・ケレ・〇 ❶物の一つの面から反対側の面までのへだたりが大きい。「―紙」「―コートで防寒する」↕薄い。❷【▲篤い】真心・厚意・人情などがゆたかだ。「厚く御礼申し上げます」「―もてなし」 **厚さ** 名 **あつ・し** 文語ク

あつ・い ツ【暑い】形 カロ・カッ・ク／イ・イ・ケレ・〇 気温が高い。「この夏は―」↕寒い・涼しい。**暑がる** 自五 **あつ・し** 文語ク

あつ・い ツ【熱い】形 カロ・カッ・ク／イ・イ・ケレ・〇 ↕冷たい。❶温度が高い。「―みそ汁」❷体温が高いように感じる。「からだが―」❸熱烈だ。「―声援」❹深く愛しあっている。「二人は―仲だ」**熱がる** 自五 **熱さ** 名 **あつ・し** 文語ク

あつ・い ⓪【▲篤い】形 カロ・カッ・ク／イ・イ・ケレ・〇 ❶まごころがこもっている。「―志」❷病気が重い。「病が篤くなる」**あつ・し** 文語ク

あつ-えん ⓪【圧延】名 他サ 金属を、回転する二つのロールのあいだをくぐらせ、板・棒などの形におしのばすこと。

あっ-か ア【悪貨】〔「あくか」の変化〕名 品質の悪い貨幣。↕良貨。

あっ-か ⓪【悪化】名 自サ〔「あくか」の変化〕ようすが悪くなること。「病状が―する」

あつかい ⓪【扱い】あつかひ 名 ❶扱うこと。処理。「商品の―がていねいだ」❷せわ。とりなし。応対。❸調停。仲裁。❹待遇すること。「丁重な―を受ける」

あつか・う ⓪【扱う】あつかふ 他五 ワ・オ・イ・ッ／ウ・ウ・エ・エ ❶手や体を使って、機械・道具・品物などを動かす。操作する。「コンピューターを―」❷仕事や任務として、それをとりさばく。処理する。「その問題は市民課で―」❸商品を店において売る。「高級品を―店」❹人を待遇する。もてなす。「お客を大切に―」❺仲裁する。調停する。「けんかを―」**扱える** 自下一［…できる］

あつ-かまし・い シ【厚かましい】形 カロ・カッ・ク／イ・イ・ケレ・〇 ずうずうしい。恥知らずで、無遠慮である。**厚かましげ** 形動 **厚かましさ** 名 **あつかま・し** 文語シク

あつ-がみ ⓪【厚紙】名 厚く、かたい紙。ボール紙。

あっ-かん ⓪【悪漢】名〔「あくかん」の変化〕悪い男。悪人。ならず者。

あっ-かん ⓪【圧巻】名 形動（の）書物・催し物などの中で、もっともすぐれた部分。「―の演技」参考 昔、中国で、官吏登用試験の答案中、最優秀のもの（巻）をいちばん上にのせたことから。

あつ-かん ⓪【熱×燗】名 酒のかんを熱くすること。また、その酒。近年は、温度に関係なくただ燗をした酒のことにも言う。冬 ↕ぬるかん。

あっ-き ア【悪鬼】名〔「あくき」の変化〕いろいろのたたりをする、おそろしいおに。

あつ-ぎ ⓪【厚着】名 衣服を、たくさん重ねて着ること。冬 ↕うすぎ。

あつ-ぎり ⓪【厚切り】名 あつく切ること。あつく切ったもの。「―のトースト」↕薄切り。

あつ-くるし・い シ【暑苦しい】形 カロ・カッ・ク／イ・イ・ケレ・〇 暑さがこもっていて苦しい。苦しいほど暑い。**暑苦しげ** 形動 **暑苦しさ** 名 **あつくる・し** 文語シク

あっ-け ⓪【×呆気】名 思いがけないことに出会って驚き、ぼんやりすること。**―に取られる** 意外なことに出会って驚きあきれる。

あつ-げしょう ゲ【厚化粧】名 おしろい・べになどをこく塗った、けばけばしい化粧。↕うす化粧。

あっけ-な・い ナ【×呆気ない】形 カロ・カッ・ク／イ・イ・ケレ・〇 簡単ではりあいがない。ものたりない。「―幕切れ」「あっけなく負けた」**あっけなさ** 名 **あっけな・し** 文語ク

あっけらかん カ と副 俗語 ❶あきれてぼかんとしているようす。❷のびのびしてこだわりのないようす。❸けろりとし

て平気なようす。

あっ-こう ⓪【悪口】名〔「あくこう」の変化〕わるくち。あくたい。「―雑言(ぞうごん)」

あつ-さ ア【暑さ】名 ↕寒さ。❶暑いこと。暑い度合い。❷夏ごろの暑い季節。夏「―に向かう」 **―寒(さむ)さも彼岸(ひがん)まで** 暑いのも寒いのも彼岸ごろまでで、それから先は過ごしやすい気候になる。

あつさ-あたり ア2【暑さあたり】【暑さ▲中り】名 夏、暑さのために、からだをこわすこと。暑気あたり。夏

アッサイ ア〈イ assai〉名 音楽で、演奏速度を指定することばにつけて、きわめて、非常にの意。「アレグロ―」

あっ-さい ⓪【圧砕】名 他サ 圧力を加えてくだくこと。

あっ-さく ⓪【圧搾】名 他サ ❶圧力を加えて、しめつけること。❷圧力を加え、物質の密度を高めること。 **―空気(くうき)** ク2 名 高圧をかけておしちぢめた空気。圧縮空気。電車のブレーキやドアの自動開閉装置などに使う。

あつさ-しのぎ シ【暑さしのぎ】【暑さ×凌ぎ】名 暑さをまぎらすこと。また、その方法。夏

あっ-さつ ⓪【圧殺】名 他サ おしころすこと。

あづさ-ゆみ【×梓弓】名〔古語〕➡あずさゆみ。

あっさり サ〔と〕副 自サ ❶さっぱりしているようす。しつこくないようす。「―した味」❷簡単なようす。「―負けた」

あっ-し ⓪【圧死】名 自サ おしつぶされて死ぬこと。

あっし ⓪ 代〔俗語〕「あたし」のくずれた言い方。男性が使う。

アツシ ⓪【厚子・厚司】名〔アイヌ語から〕❶アイヌの人たちが使ったオヒョウ(ニレ科の木)の皮の繊維でつくった布。また、筒そでの衣服。❷あつい、じょうぶなひらおりの綿織物。また、その布でつくった仕事着など。冬

あつ-じ ⓪【厚地】名 布地などのあついこと。また、そのもの。↕薄地。

あっ-しゅく ⓪【圧縮】名 他サ ❶圧力を加えて体積を縮めること。「―空気」❷文章などを縮めて短くすること。

あっ-しょう ⓪【圧勝】名 自サ 段ちがいの強さで勝つこと。大差で勝つこと。大勝。↕辛勝。

あっ-する ⓪【圧する】他サ (シ・セ・サ／シ・スル・スレ・シロ・セヨ) ❶圧力を加えておさえつける。❷つよい勢いで圧倒する。圧迫する。「相手を―弁舌」 あっ・す 文語サ変

あっ-せい ⓪【圧制】名 権力で、むりにおさえつけること。

あっ-せい ⓪【圧政】名 権力でおさえつける政治。

あっ-せん ⓪【×斡旋】名 他サ 両方の間をとりもつこと。せわすること。周旋。「職業の―」

あつ-ぞこ ⓪【厚底】名 底が厚いこと。また、底が厚いもの。「―ブーツ」

あったか タ【▲暖か・▲温か】形動 (ダロ・ダッ・デ・ニ／ダ・ナ・ナラ・〇)「あたたか」のくだけた言い方。

あったか・い カ【▲暖かい・▲温かい】形 (カロ・カッ・ク／イ・イ・ケレ・〇)「あたたかい」のくだけた言い方。

あったま・る マ【▲暖まる・▲温まる】自五 (ラ・ロ・リ・ッ／ル・ル・レ・レ)「あたたまる」のくだけた言い方。

あっため・る メ【▲暖める・▲温める】他下一 (メ・メ・メル／メル・メレ・メロ・メヨ)「あたためる」のくだけた言い方。

あったら ⓪【あったら】【▲可▲惜】副〔文章語〕➡あたら。

あっ-ち チ【あっち】【▲彼▲方】代「あちら」のくだけた言い方。↕こっち・そっち。

あつ-で ⓪【厚手】名 布・紙・陶器などの地(じ)の厚いこと。また、そのもの。↕薄手(うすで)。

あっ-てん テ【圧点】名 動物の皮膚の表面にあって、外部からの圧力を感じる感覚点。

アット〈at〉造 その場所での意。 **―バット** バ〈at bat〉名 野球で、打者が打席につくこと。「二回目の―」 **―ホーム** ホ〈at home〉形動 家庭にいるときのように、くつろいだようす。「―なふんい気」 **―マーク** マ〈at mark〉名〔和製英語〕❶単価をあらわす記号。「一ダース@六〇〇円」❷電子メールで、ユーザー名とドメイン名を区切る@の符号。

あっ-とう ⓪【圧倒】名 他サ ❶力が一段とまさり、相手を負かすこと。「大軍で敵を―する」❷強い力で心を動かすこと。「迫真の画面に―される」 **―的(てき)** ⓪ 形動 力や勢いが、段ちがいに他より強いようす。「―な強さ」

アッパー〈upper〉㊀ ア 名「アッパーカット」の略。「―を打つ」㊁ 造 上の。上のほうの。「―クラス」 **―カット** カ〈uppercut〉名 ボクシングで、下から相手のあごをつきあげるように打つ攻撃法。 **―ミドル** ミ〈upper middle〉名 中産階級のうちで上位をしめる層。

あっ-ぱく ⓪【圧迫】名 他サ ❶力でおさえつけること。❷勢いでおさえつけること。「敵を―する」

あっぱっぱ パ2 名〔俗語〕女性が夏に着る簡単なワンピース。簡単服。夏 参考 昭和初期に関西地方から流行したとされる。

あっぱれ パ【あっぱれ】【▲天晴・×遖】形動 感〔「あはれ」の変化〕みごとだ。りっぱだ。「―な勝ちぶり」「―、よくやった」

アッピール ピ〈appeal〉名 自他サ ➡アピール。

アップ ア〈up〉㊀ 名 他サ ❶上へあげること。「賃金―」↕ダウン。❷大写し。クローズアップ。「―で撮る」❸アップロード。「写真をホームページに―する」㊁ 名 女性の髪形の一つ。うしろの髪をあげて上にまとめたもの。アップスタイル。 **―グレード** レ〈upgrade〉名 他サ 品質や性能を向上させること。多く、コンピューターやソフトウエアについていう。 **―ダウン** ダ〈up down〉名〔和製英語〕❶地面や道の上がり下がり。起伏。「―の激しいゴルフコース」❷物事の状態や調子の浮き沈み。 **―ツーデート** テ〈up-to-date〉形動 最新式。現代的。↕アウトオブデート。 **―デート** デ〈update〉名 他サ コンピューターで、ソフトウエアの内容を新しい型に更新すること。 **―テンポ** テ〈up-tempo〉名 形動 音楽で曲のテンポがはやいこと。 **―ロード** ロ〈upload〉名 自他サ 通信回線を使って、データやプログラムを上位のコンピューターへ送信すること。アップ。↕ダウンロード。

あっぷ-あっぷ ア2 副 ❶水中でおぼれそうになっているようす。❷困難な仕事でもがき苦しんでいるようす。「会社経営が―だ」

あっ-ぷく ⓪【圧服・圧伏】名 他サ 圧迫して服従させること。

アップライト-ピアノ ピ〈upright piano〉名 弦をたてに張った箱型のピアノ。↕グランドピアノ。

アップリケ リ〈フ appliqué〉名 布の上に、模様の形に切りぬいた別色の布を縫いつける手芸。アプリケ。

アップル ア〈apple〉名 造 りんご。「―ジュース」「―パイ」

あつ-ぼった・い タ【厚ぼったい】形 (カロ・カッ・ク／イ・イ・ケレ・〇) 紙や布などの厚みのあるようす。ぼってりと厚い。

あづま【▲東・×吾妻】名〔古語〕➡あずま。

あつまり マ【集(ま)り】名 ❶集まること。集まったもの。❷集会。よりあい。

あつま・る マ【集(ま)る】自五 (ラ・ロ・リ・ッ／ル・ル・レ・レ) ひと所にたくさん寄る。集中する。「人が―」「寄付金が―」↕散る。 **集まれる** 自下一〔…できる〕

あつ-み ⓪【厚み】名 厚いと感じられること。「―がある」

あつ・める メ【集める】他下一 (メ・メ・メル／メル・メレ・メロ・メヨ) ひと所にたくさ

ん寄せる。集中させる。「会員を—」「同情を—」 **あつ・む** [文語下二]

あつ-もの [0]【×羹】[名] 野菜・肉などを入れた、熱い吸い物。 **—に懲(こ)りて×膾(なます)を吹(ふ)く** 〔あつものの熱いのにこりて、つめたいなますまで吹いてさまそうとする〕失敗にこりて、必要以上に用心ぶかくなる。

あつ-やき [0]【厚焼(き)】[名] 厚めに焼きあげた食物。「—せんべい」 ↕薄焼き。

あつ-よう [0]【厚葉・厚様】[名] 鳥の子紙。↕うすよう。

アッラー《アラビア Allah》イスラム教で、唯一最高の神。アラー。

あつらえ [ラ]【×誂え】(あつらへ) [名] 注文すること。注文して作るもの。「—の洋服」↕できあい。

あつらえ-むき [0]【×誂え向き】(あつらへ—) [形動(の)] 〔ふつう「おあつらえむき」の形で〕まるで注文してつくったように、ちょうどよいようす。「新婚夫婦にお—の部屋」

あつら・える [エ]【×誂える】(あつらへる) [他下一] 注文する。つくることをたのむ。「スーツを—」 **あつら・ふ** [文語ハ下二]

あつ-りょく [ツ]【圧力】[名] ❶物体と他の物体とが接する面において、その面に垂直の方向に押しあう単位面積当たりの力。単位はパスカルなど。❷押しつける力。❸人を威圧する力。「相手に—をかける」 **—計(けい)** [0][名] 液体・気体の圧力の大きさをはかる器械。 **—団体(だんたい)** [ダ][名] 政府・政党などに圧力をかけて政治的な影響を与える団体。 **—鍋(なべ)** [ク][ナ][名] ふたで密閉して内部を高温・高圧にすることで、短時間で食材を柔らかく調理することができる鍋。圧力釜。

あつ-れき [0]【×軋×轢】[名] 〔車輪のきしる意から〕不和。なかたがい。「友人との間に—を生じる」

あて ㊀[0]【当て】[名] ❶からだや物などを保護したり補強したりするために、かぶせるもの。「肩—」「—布」 ❷めあて。目的。「—もなく歩く」 ❸みこみ。たのみ。期待。「—がはずれる」「援助を—にする」 ㊁[接尾] ❶【当て・宛て】わりあてること。あたり。「ひとり—五万円」 ❷【宛(て)】さしだし先。めあて。「先生—の手紙」

あて [0][代] 〔関西地方で〕わたし。主に女性が使う。

あて【▲貴】[なり形動][古語] ❶上品で美しい。優美だ。みやびやかだ。あてやか。「四十(よそぢ)あまりにて、いと白うあてに」〈源氏〉 ❷身分が高い。「あてなるも卑しきも」〈竹取〉

あで [0]【▲艶】[形動] 〔あて(貴)の音変化〕なまめかしいようす。あでやか。「—な和服姿」

アディショナル-タイム [タ]〈additional time〉[名] サッカーで、選手交代や負傷選手の手当てなどで試合が中断された分を延長する時間。追加時間。⇩ロスタイム。

あ-ていぼく [テ]【亜低木】[名] 低木と草との中間のもの。幹・枝の根元だけが木質で、枝先が草質の植物。こけもも・はぎなど。亜灌木(あかんぼく)。

あて-うま [0]【当て馬】[名] ❶雌馬の発情をしらべたり、うながしたりするために、近寄らせる雄馬。❷[俗語] 選挙で、相手の出方をさぐったり、じゃまをしたりする目的で仮に立てられる候補者。

あてがい-ぶち [0]【▲宛▲行扶▲持】(あてがひ—) [名] 〔江戸時代、主君が家臣に与えた扶持米(ふちまい)から〕受ける者の希望によらず、支払う者のほうでかってに計算して与えること。また、そのものや金銭。「—で働く」

あてが・う [0]【▲宛う】(あてがふ) [他五] ❶穴をふさぐようにあてる。「壁の穴に板を—」 ❷相手の希望をきかずに、適当に与える。「えさを—」 **あてが・える** [自下一]〔…できる〕

あて-こす・る [ス]【当てこする】【当て▲擦る】[自五] ほかのことを言っているふりをして、悪口やひにくを言う。あてつける。 **当てこすり** [名]

あて-ごと [0]【当て事】[名] あてにすること。たのみにすること。「—は外れやすい」

あて-こ・む [コ]【当て込む】[他五] 結果を期待してあてにする。あてにする。「大もうけを当て込んで店を開く」

あて-さき [0]【宛先】[名] 手紙などの、届け先の名や場所。「—不明」

あて-じ [0]【当て字】【宛字】[名] 本来の漢字の用法とかかわりなく、その音訓だけを借りて、語を書きあらわすのにつかうこと。また、その漢字。広義には、「目出度(めでたく)」「矢張(やはり)」「天麩羅(てんぷら)」など。「五月雨(さみだれ)」「浴衣(ゆかた)」のような熟字訓もふくむ。

あて-ずいりょう [ス]【当て推量】[名] 根拠のないかってな推量。あてずっぽう。臆測(おくそく)。

あで-すがた [ス]【あで姿】【▲艶姿】[名] 上品で、なまめかしい女の姿。あでやかな姿。

あて-ずっぽう [0]【当てずっぽう】[名][形動] あてずいりよう。あてずっぽ。「—で答える」

あてつけ-がまし・い [シ]【当て付けがましい】[形] あてこすりであることが露骨にあらわれているようすだ。「独身者の前で新婚生活ののろけを言うなんて—」

あて-つ・ける [ケ]【当て付ける】[他下一] ❶あてこする。❷仲のよいのを見せつける。 **当て付け** [名]

あて-ど [0]【当てど】【当▲所】[名] めあてとする所。あて。「—もなくうろつく」

あて-な [0]【宛名】[名] 郵便物・書類などに書く届け先の名や住所。アドレス。

あて-にげ [0]【当て逃げ】[名] 自動車・船などが衝突事故を起こして、そのまま逃げること。

あて-ぬの [0]【当て布】[名] ❶布地の補強などのためにあてがう布。❷アイロンをかけるときに衣類の上にのせる布。

アデノイド [ノ]〈adenoids〉[名] 咽頭扁桃(いんとうへんとう)がはれる病気。鼻づまり・睡眠障害・難聴などをおこす。子どもに多い。

アデノ-ウイルス [イ]〈adenovirus〉[名] かぜの病原体ウイルスの一つで、流行性結膜炎・肺炎などをひきおこす。

あて-はずれ [ハ]【当て外れ】(—はづれ) [名] 期待や見込みがはずれること。

あて-はま・る [マ]【当てはまる】【当×嵌まる】[自五] ぴったりとうまく合う。適合する。「うまく—解釈」

あて-は・める [メ]【当てはめる】【当×嵌める】[他下一] ❶うまく合わせる。❷適用する。「法令を当てはめて処分する」 **あては・む** [文語下二]

あて-びと【▲貴人】[名][古語] 身分の高い人。うまひと。

あて-ぶり [0]【当て振り】[名][他サ] 舞踊で、歌詞に即した身ぶりをすること。

あて-み [0]【当て身】[名] 柔道などで、人のからだの急所をついて、気絶させるわざ。

あて-もの [0]【当て物】[名] ❶なぞ・判じ物など。❷懸賞や福引きなど。

あて-やか【▲貴やか】[なり形動][古語] 上品で美しいようす。「乳母(めのと)・少将とて、あてやかなる人ばかり」〈源氏〉

あで-やか [デ]【▲艶やか】[形動] 上品で、はなやかなようす。なまめかしく美しいようす。「—な衣装」 **あでやかさ** [名]

アデュー [デュ]〈フ adieu〉[あいさつ] さようなら。

あて-られる【当てられる】[連語] 男女の仲のよいことを見せつけられたり、のろけを聞かされたりする。

あ・てる ⓪ 他下一 テ・テ・テル・テル・テレ・テロ・テヨ 一【当てる】❶物を他の物に強く触れさせる。ぶつける。㋐瞬間的に衝撃を受ける。「壁にボールを—」「馬にむちを—」㋑光・熱・雨・風などにさらす。「焦点を—」「しまっておいた衣類を風に—」㋒（受身形で）熱気・毒気の強い作用を受ける。「新婚の二人に当てられる」㋓指名する。「名簿の順に—」❷目標とするものと一致させる。㋐投げたり撃ったりしたものを目標に命中させる。「矢を的の真ん中に—」↔はずす。㋑正しく推量する。「外見から年齢と職業を—」「今何を考えているか当ててごらん」㋒企画を立ててもうける。「怪獣映画で—」㋓二つの物をぴたりと合わせる。「額を窓ガラスに—」「ズボンの穴につぎを—」「どうぞ座布団をお当てください」㋔音声や仮名を漢字で置き換える。「中国ではパリに巴黎と漢字を当てた」❸【充てる】物事を必要とするところにふりむける。充当する。「監督の後任にヘッドコーチを—」「予備費を災害復旧費に—」「体育館を避難所に—」「休日は体力づくりに—」二【宛てる】手紙などを特定のところに向けて送る。「ご回答は弊社総務部に宛ててご郵送ください」 **あ・つ** 文語下二

あて-レコ ⓪【当てレコ】名（アフレコをもじったもの）映画・動画で、声優が映像にあわせて、せりふを録音すること。声の吹き替え。

アテンダント テ〈attendant〉名 接客係。案内係。「キャビン—」「フロア—」

アテンド テ/⓪〈attend〉名 他サ 付き添って世話すること。接待すること。

ア-テンポ テ〈イ a tempo〉名 音楽で、もとの速度で演奏せよの意味。

あと ア【後】名 ❶背中のほう。背後。後方。うしろ。「—をふり返りながら走る」「幼子が母親の—を追う」↔まえ。❷（時間的に遅いほうの意を表す）㋐ある時以後。のち。「食事の—に歯を磨く」↔まえ・さき。㋑死後。のち。「母の—をとむらう」㋒前や先の物事を除いた残りのもの。「—はあした渡すよ」「卒業まで—半年だ」㋓物事の終わり。「映画の—のほうはつまらなかった」㋔子孫。「—が絶える」㋕後任。あとがま。「辞任した委員の—を決める」 参考「以前」の意味で「姉が結婚したのはそれから三年あとのことでした」のように使うのは古風な用法。 **—がない** ぎりぎりの状態に追い込まれていて、あとに退くことができない。「—から、やるしかない」 **—にする** その場をはなれて、別の場所へ行く。「首相が官邸を—」 **—にも先にも** 今までも、これからも。これ一回きりであるようす。 **—の×雁が先になる** あとからきた者が先の者をおいこす。 **—の祭り**（「祭りのすんだあとの山車」の意）時機をはずして役に立たないこと。手おくれ。「注意をしたが—だった」 **—は野となれ山となれ** あとのことはどうなろうとかまわない。 **—へ引く** 退く。 **—を追う** ❶おいかけてついて行く。❷死んだ人をしたって死ぬ。 **—を絶たない** あとからあとから起こって、なくならない。「凶悪犯罪が—」 **—を引く** ❶影響が残る。❷いつまでも名残りがつきない。「—おいしさ」

あと ア 名 一【跡】❶以前に行われたり存在したりしたことの残っているしるし。㋐何かがその上を移動したしるし。「タイヤの—」㋑終わったのちまでのこるしるし。㋒遺跡。「平城京の—」㋓遺業。「故人の—をしのぶ」❷ゆくえ。「—をくらます」❸家督。「—をつぐ」❹筆跡。「水ぐきの—」二【痕】傷などを受けた結果として残るしるし。「弾丸の—」「手術の—」 **—が絶える** ❶人のゆききがなくなる。❷相続する人がいなくなる。 **—を絶つ** それっきり行われなくなる。一掃される。「悪習が—」 **—をつける** ❶去ったあとに、足跡などの痕跡を残す。あとを残す。❷人や車の後ろを、相手に気づかれないようにしてついていく。尾行する。 **—を弔う** 供養などをして死者の霊をなぐさめる。 **—を濁す** たち去ったあとや、関係のなくなったあとを、みだれたままにしておく。

あど ア 名 ❶〔古語〕あいづち。うけこたえ。❷能狂言のわき役。↔シテ・ツレ・ワキ。 参考 ❷はふつう「アド」と書く。

あと-あし ト【後足】【後▲肢】名 動物のうしろがわにある一対の足。うしろあし。↔前足。 **—で砂を掛ける** 去りぎわに、人にめいわくをかける。

あと-あじ ⓪/ト【後味】名 ❶飲み食いのあと、口の中にのこる味。あとくち。❷事のおわったあとの感じ・気分。「—の悪い試合」

あと-あと ⓪【後後】名 ひきつづいたあと。ずっとあと。のちのち。「—のことが心配だ」

あと・う【▲能ふ】自四〔古語〕⬇あたう。

あと-おい ⓪【後追い】名 他サ ❶あとからおいかけること。「—自殺」❷人のしたことをあとからまねること。「—企画で新味に欠ける」

あと-おさえ オ【後押(さ)え】名 最後尾の軍隊。しんがり。

あと-おし ト【後押し】名 ❶うしろから押すこと。また、その人。「車の—」❷かげから助けること。また、その人。うしろおし。後援。

アド-オン オ〈add-on〉名 ソフトウエアに機能を追加するための拡張プログラム。アドオンソフト。アドイン。

あと-がき ⓪【後書(き)】名 手紙・文章・書物などの最後のそえがき。↔まえがき。

あと-かた ⓪【跡形】名 あとにのこったしるし。「—もない」

あと-かたづけ カ【後(跡)片付け】名 物事のすんだあとを、かたづけること。あとしまつ。

あと-がま ⓪【後釜】名 いなくなった人の代わり。後任。「—がきまる」「—にすわる」

あと-きん ⓪【後金】名 ❶一部を手付け金としてはらった残りの代金。残金。❷品物をうけとったあとで代金をはらうこと。また、その金。あとばらい。↔前金。

あと-くされ ⓪【後腐れ】名 事のすんだあとにのこる、めんどうな事がら。「—のないように気をつける」

あと-くち ⓪【後口】名 ❶飲み食いのあと、口にのこるあじ。あとあじ。❷あとからの分。あとの番の人。「—の申しこみ」「—がひかえている」

あと-げつ ト【後月】名 前の月。先月。

あどけな・い ナ 形 カロ・カッ・ク・イ・イ・ケレ・〇 むじゃきで愛らしい。「おさなごの—笑顔」 **あどけなげ** 形動 **あどけなさ** 名 **あどけなし** 文語ク

あと-こうしゃく コ【後講釈】名 結果がわかってから、理屈をつけて説明すること。

あと-さき ア/ト【後先】名 ❶場所の、あとと、さき。まわり。「—を見まわす」❷時間の、あとと、さき。前後の事がら・事情。「—かまわず飛び出す」❸順序。「—を誤る」❹順序がいれかわること。いれちがい。「話が—になってしまった」

あと-さく ⓪【後作】名 おもな作物をとりいれたあとにつくる作物。うらさく。「稲の—に麦をうえる」

あと-ざん ト【後産】名 出産後間もなく、胎盤などがでること。のちざん。

あと-じさり ジ【後じさり】【後▲退り】名 あとずさり。あとしざり。

あと-じて ⓪【後ジテ】名 ⬇のちジテ。

あと-じまい ジ【後じまい】【後仕舞】名 あとかたづ

け。

あと-しまつ シ【後(跡)始末】名 あとかたづけ。処理。

あと-しらなみ ラ【後(跡)白波】名〔「しらなみ」は「知らない」にかける〕どこへ行ったかわからないこと。「―と立ち去る」

あと-ずさり ズ【後ずさり】【後×退り】名 前を向いたまま、うしろへさがること。あとじさり。あとしざり。

あと-ぜめ 0【後攻め】名 野球などで、相手方が先に攻撃し、その後に攻撃をすること。後攻(こう)。

あと-だし 0【後出し】名 ❶じゃんけんで、わざと相手よりあとから手を出す不正。❷(❶から)相手の出方をみてから、自分に有利な言動をすること。

あと-ち ト【跡地】名 建物や施設などを取りはらった跡の土地。「―利用」

あと-ぢえ 0【後知恵】名 物事が終わってしまってから出てくる知恵。「下衆(げす)の―」

あと-つぎ ト【跡継(ぎ)】名 ❶家や師匠のあとをつぐこと。また、その人。世つぎ。あととり。「―が生まれる」❷【後継(ぎ)】役目などをつぐ人。後任。後継者。

あと-づけ 0【後付(け)】名 ❶書籍の本文の後につける後記・索引など。↔前付け。❷手紙の本文の後の日付・署名・あて名など。❸不足を補うためにあとから取りつけること。また、とりつくろうこと。「―可能な付属品」「―の理屈」

あと-づ・ける ケ 他下一 ケ・ケ・ケル・ケレ・ケロ・ケヨ ❶【跡付ける】あとをたどる。あとをたどってたしかめる。「先人の業績を―」❷【後付ける】あとから理屈を考える。「理由を―」

あと-と・う【跡×訪ふ】(とふ) 自四 古語 ❶物事のあとをたずねる。「跡とふものもなかりけり」〈平家〉❷死んだ人をとむらう。墓参りをする。「跡とふわざも絶えぬれば」〈徒然〉

あと-とり ト【跡取(り)】名 あとつぎ。世とり。

あと-のり 0【後乗り】名 ❶行列の最後尾を騎馬で進むこと。また、その馬に乗る人。↔先乗り。❷ワンマンバスなどで後方にある乗降口から客が乗ること。うしろのり。「―後払い」↔前乗り。

アドバイザー バ〈adviser〉名 助言者。顧問。

アドバイス ア〈advice〉名 自サ 相手によい結果をもたらすように個人的に教えること。助言。

あと-ばら 0【後腹】名 ❶出産後の腹痛。❷ことがすんだあとの、そのことに関する苦痛。❸後妻のうんだ子。

あと-ばらい バ【後払い】(ばらひ) 名 品物を先に受け取り、代金をあとで支払うこと。↔前払い・先払い。

アド-バルーン ル〈ad balloon〉名〔和製英語〕広告用の気球。

アドバンス ア〈advance〉名 ❶進むこと。前進すること。❷前払い。また、手付金。

アドバンテージ テ〈advantage〉名 ❶有利な立場。❷テニスや卓球で、ジュースのあとで一点先取すること。

アトピー ア ト〈atopy〉名 特定の物質に対して過敏に反応する症状。 **―性皮膚炎**(せいひふえん) フ 名 生まれつきの体質やアレルギーなどが原因でアトピー体質の人に起こる湿疹(しっしん)やかゆみ。

あと-ひき ト【後引き】名 満足することなく、次々と物を欲しがること。多くは酒についていう。「―上戸(じょうご)」

あと-ぶつ ト【×阿×堵物】名 文章語 金銭。参考「このもの」の意。昔、中国の王衍(おうえん)が金銭をこう呼んだことから。

アドベンチャー ベ〈adventure〉名 冒険。

あと-ぼう 0【後棒】名 かごなどの後方をかつぐ者。あと肩。↔先棒。

アド-ホック ホ〈ラ ad hoc〉名 形動〔「このために」の意から〕目的に合わせて臨時に行うこと。その場限り。

あと-まわし マ【後回し】【後×廻し】(まはし) 名 物事の処理を、あとにすること。

アトミズム ミ〈atomism〉名 原子論。あらゆる物は、それ以上分割できないごく小さな原子からできているという説。

アドミッション-オフィス-にゅうし ニュ【アドミッションオフィス入試】名〔admission office は大学の入学者選抜事務局〕大学入試で、事務局が高校の成績や学業以外の諸活動など、多様な判断基準によって選抜する試験。AO(エーオー)入試。

アトム ア〈atom〉名 物質を構成する原子。

あと-め メ【跡目】名 相続する家や役目。また、それを相続すること・人。あととり。あとつぎ。「―争い」

アトモスフィア フィ〈atmosphere〉名 雰囲気。

あと-もどり モ【後戻り】名 ❶進んできた方へひきかえすこと。後退。逆行。❷進歩発達してきた物事が、以前の状態にもどること。退歩。

あと-やく 0【後厄】名 厄年の次の年。↔前厄。

あと-やま 0【後山】名 鉱山で、採鉱を助け、掘った石炭・鉱石を運搬する労働者。↔先山。

アトラクション ラ〈attraction〉名〔「人をひきつける力・魅力」の意〕客を集めるための、特別な出しもの。余興。特に映画のそえものとしてみせる実演など。

アトラクティブ ラ〈attractive〉形動 ダロ・ダッ・デ・ニ・ダ・ナ・ナラ・〇 目につくようす。魅力のあるようす。魅力的。

アトラス ❶《Atlas》ギリシャ神話の巨人。神と戦った罰として天空を肩でささえている。❷ア 名〈atlas〉地図帳。

アト-ランダム ラ〈at random〉形動 任意に選び出すようす。手当たりしだい。

アトリエ 0〈フ atelier〉名 ❶美術家の仕事べや。画室・工房など。❷写真の撮影場。スタジオ。

アドリブ 0〈ad lib〉名 その場の思いつきで入れるせりふや演奏。

アドルム ド〈ド Adorm〉名〔商標名〕バルビツール酸の化合物からつくった催眠剤。

アドレス ア 0〈address〉名 ❶あて名。住所。所番地(ところばんち)。❷電子メールのあて先やインターネット上の情報の場所を示す文字列。⇨メールアドレス・URL。

アドレナリン 0〈ド Adrenalin〉名 副腎(ふくじん)から分泌(ぶんぴつ)されるホルモン。交感神経を刺激して心臓・血管の収縮力を高める。止血剤・強心剤に使う。

あな ナ【穴】【×孔】名 ❶くぼんだ所。くぼみ。「―を掘る」❷物の表面から裏面までつきぬけた空間。「壁に―をあける」❸トンネル状の空間。ほらあな。「もぐらの―」❹地中にほった動物の巣。「きつねの―」❺損失。欠損。「借金で―をうめる」❻不完全なこと。また、そのところ。欠点。弱点。「敵の―をつく」❼ほかに知られていない利益のある場所。穴場。❽番くるわせ。またそれによる大もうけ。「競馬で大―を当てる」 **―があったら入(はい)りたい** たいそうはずかしくて、人前にいられない気持ちだ。 **―の開(あ)くほど** つくづくと見つめるようす。 **―を開(あ)ける** 会計上の欠損をつくる。赤字を出す。「経理に―」

アナ ア 名 ❶アナウンサー。❷アナーキスト。❸アナーキズム。

あな 感 古語 おどろいたり、感動したりしたときの声。ああ。あら。「―うれし」「―おもしろ」

アナーキー ナ〈anarchy〉名 形動 政治的な秩序が失われた混乱状態。無政府状態。「過激で―な意見」

アナーキスト キ〈anarchist〉名 無政府主義者。アナ。

あ

アナーキズム キ〈anarchism〉名 無政府主義。アナ。

あな-うま 0【穴馬】名 競馬で、番くるわせを起こして勝ちそうな馬。あな。

あな-うめ 0【穴埋め】名 ❶穴を埋めること。❷損失を埋めあわせること。

アナウンサー ウ〈announcer〉名 テレビ・ラジオなどで、報道・実況放送などをする人。放送員。アナ。

アナウンス ウ〈announce〉名 他サ テレビ・ラジオ・拡声器などを使って、ニュース・解説・案内・呼び出しなどを多数の人に放送すること。 **―効果**(こうか) コ名 宣伝や通知が大きな影響を及ぼすこと。

あな-かがり カ【穴かがり】【穴×縢】名 ボタン・ひもなどを通す穴のまわりを、糸でぬいとること。

あな-かしこ 連語 古語 ❶ああ、おそれおおい。ああ、もったいない。「あなかしこ、とて箱に入れたまひて」〈竹取〉 ❷〔下に打ち消しの語を伴い、副詞のように用いて〕決して。ゆめゆめ。「あなかしこ、おびえ騒がせたまふな」〈更級〉 参考 手紙の結びのあいさつの語にも用いた。

あながち【あながち】【▲強ち】 ━ 0 副 文章語 〔下に打ち消しのことばを伴って〕必ずしも…ない。「―ぼくばかりではない」 ━ なり形動 古語 ❶むりやりであるようす。身勝手なようす。「思ひたちしことをあながちにもてはなれたまひしこと」〈源氏〉 ❷程度がはなはだしいようす。非常に。「あながちに丈高き心地ぞする」〈源氏〉

あな-かんむり カ【穴冠】名 漢字の部首の一つ。「空」「突」などの「穴」。

あな-ぐま 0【穴熊】名 ❶イタチ科の哺乳(ほにゅう)類。体毛は灰色であらく、体長約五〇センチメートル。山林に穴を掘ってすむ。雑食性。冬 ❷将棋で王将の囲い方の一つ。香車(きょうしゃ)を一ます進めたあとに王将が入り、金将・銀将で守りを固めること。

あな-ぐら 0【穴蔵・穴倉】名 地中に穴を掘って物をしまっておく所。また、地中に掘った穴。

アナグラム グ〈anagram〉名 文字の順番をかえて、別の語にすること。また、そのことば遊び。たとえば、英語では「cat(猫)」を「act(行動する)」にするなどの類。

アナクロニズム ロ〈anachronism〉名 時代の風潮に逆行していること。時代錯誤。アナクロ。

あな-ご 0【穴子】名 アナゴ科の海水魚。近海の砂地にすみ、うなぎと似た形をしている。食用。夏

あなじ 0【穴×痔】名 じろう(痔瘻)。

あなた ア【あなた】【▲彼▲方】代 文章語 ❶むこう。あちら。かなた。「山の―の空遠く」 ❷ずっと以前。「千年の―」

あなた ナ【あなた】【▲貴▲方・▲貴▲女】代 相手を立てて呼ぶ語。↔わたし・わたくし。参考 現代語として、もっとも標準的な言いかたであるが、ふつう目上には使えない。対等ないし目下に対して使う。昔は目上に対して使われた。また、妻が夫を呼ぶのに使うこともある。広告などでは不特定の人に対して使う。目上に対する呼び方としては、姓に「さま」「さん」「先生」などを付けたり、職名を呼んだりするのが一般的。「あなたさま」は、上位者に対しても使えるが、女性語的。

あなた-まかせ マ【あなた任せ】名 形動(の) ❶浄土真宗(じょうどしんしゅう)で、阿弥陀如来(あみだにょらい)の力にすべてをまかせること。❷他人まかせ。なりゆきしだい。

あな-づり 0【穴釣り】名 魚などがかくれている穴につり具をさし入れてつりあげる方法。うなぎつりなどに用いる。

あなど・る ド【侮る】他五 ラ・ロ・リ・ッ・ル・ル・レ・レ 相手を軽くみてばかにする。けいべつする。**侮り** 名 **侮れる** 自下一 …できる

あな-ば 0【穴場】名 ❶人々が気づいていない、よいつり場。❷人にあまり知られていない、よい場所・店など。❸競馬・競輪で、馬券・車券の売り場。

あな-ばち ナ【穴蜂】名 ジガバチ科のはちの総称。地中に掘った穴や樹木の穴などに、ばった・あぶらむしなどをたくわえて幼虫の食料とする。春

アナフィラキシー ラ〈anaphylaxis〉名 全身に症状が現れる、はげしいアレルギー反応。「―ショック」

あな-ぼこ 0【穴ぼこ】名 俗語 穴。穴があいていること。「―だらけ」

あなや 連語 文章語 ああ。あれ。「―という間に」

あ-なり 連語 古語 〔「あるなり」が撥音便化した「あんなり」の「ん」が表記されないもの〕あるそうだ。あるようだ。「駿河(するが)の国にあなる山の頂に」〈竹取〉

アナリスト リ〈analyst〉名 種々の現象を分析・解説する専門家。「証券―」

アナログ 0〈analog(ue)〉名 情報を符号化しないで連続量として扱うこと。例えば、長針と短針をもつ時計の表示法など。↔デジタル。

アナロジー ナ〈analogy〉名 類推。

あに ア【兄】名 ↔弟。❶年上の男のきょうだい。❷妻や夫の、年上の男のきょうだい。❸姉の夫。義兄。

あに ア【×豈】副 文章語 〔反語をつくる〕どうして。なぜ。「―われのみならんや」 **―図**(はか)**らんや** どうしてそのようなことが予期されようか。意外にも。

あに-い ニ 名 〔「あにき」の変化〕血の気の多い、いさみはだの若者。「魚河岸の―」

あに-うえ ニ【兄上】うへ 名 兄を尊敬していう語。

あに-き ア【兄貴】名 俗語 ❶兄をしたしんでいう言い方。❷したしい仲間や若者の間で、男性の年長者や先輩をよぶ語。

アニサキス サ〈ラ Anisakis〉名 さばやいかなど、魚介の体内にいる寄生虫。それらの魚介を生で食べると胃壁などに入り込み、激痛を起こすことがある。「―症」

あに-さん ニ【兄さん】名 落語家などの寄席(よせ)芸人が兄弟子を立てて言う呼び方。

あにじゃ-ひと【兄じゃ人】【兄ぢゃ人】あにぢゃ― 名 古語 兄を尊敬していう語。にいさん。

あに-でし 0【兄弟子】名 自分より先に、同じ師について いた人。先輩でし。↔弟でし。

アニバーサリー バ〈anniversary〉名 記念日。記念祭。

アニマル-セラピー セ〈animal therapy〉名 〔和製英語〕医学で、動物とのふれあいを通じて患者の精神状態を向上させようとする治療法。

アニミズム ミ〈animism〉名 自然界のあらゆる事物に霊魂や精神がやどっているという、原始的信仰。精霊説。

アニメ ア 名 「アニメーション」の略。

アニメーション メ〈animation〉名 絵や人形などを一こまずつずらしながら撮影し、映写すると動いているようにみせる技術。その方法でつくった漫画映画やテレビ漫画。動画。 **―ソング** ソ〈animation song〉名 〔和製英語〕アニメの主題歌や挿入歌。アニソン。

あに-よめ ニ【兄嫁】【×嫂】名 兄の妻。

アニリン ニ〈aniline〉名 ニトロベンゼンから作る無色・油状の異臭のある液体。人造染料の重要原料。「―染料」

あね 0【姉】名 ↔妹。❶年上の女のきょうだい。❷妻や夫の、年上の女のきょうだい。❸兄の妻。義姉。

あね-うえ ネ【姉上】うへ 名 姉を尊敬していう語。

あね-き 0【姉貴】名 俗語 ❶姉をしたしんでいう言い方。❷したしい仲間や若者の間で、年上の女性を敬ってよぶ

語。

あね‐ご ⓪【姉御】名 ❶〔古語〕姉を尊敬していう語。❷〔×姐御〕やくざ仲間の女親分。また、親分の妻。

あねざき‐まさはる《姉崎正治》〔一八七三－一九四九〕宗教学者。号は嘲風。宗教関係の著書のほか「高山樗牛と日蓮上人」「わが生涯」など。

あねさま‐にんぎょう 三【姉様人形】名 千代紙や布で花嫁の姿に作った人形。

姉様人形

あね‐さん ⓪【姉さん】名 ❶「ねえさん」の古風な呼び方。❷〔×姐さん〕仕事師・やくざなどが頭・親分の妻を立てて言う呼び方。―▲被り カ名 そうじなどのとき、女性が軽く頭をおおう、てぬぐいのかぶり方。てぬぐいの中央をひたいに当て、両はしを後ろに回し、そのはしを上へ折り返して左右にかどのたつようにかぶる。ねえさんかぶり。―女房 ニョ名 夫より年上の妻。あねにょうぼう。

あ‐ねったい ネ【亜熱帯】名 気候帯の一つ。温帯と熱帯の中間の地域。

アネモネ ⓪〈anemone〉名 キンポウゲ科の多年生植物。春、紅・紫の花が咲く。㊗春

アネモネ

あ‐の ⓪【あの】【▲彼の】㊀ 連体 ↔この・その。❶自分と相手のどちらからも離れたものをさす語。「―本を取ってくれ」❷自分と相手が共通に知っている物事をさす語。例の。「―問題はかたづいたかね」㊁ 感 人に呼びかけたり、ことばがうまく出て来ないときに言う語。あのう。「―、すみませんが」「―、なんて言ったらいいか」―手この手 いろいろなやりかた・手段。

×阿×耨多羅三×藐三×菩▲提 ほとけの最高の知恵。また、それをほめたたえてとなえることば。

あの‐ね ネ 感 したしい相手に話し掛けるときに使う呼びかけの語。また、話の始めやあいだで、話の間を作るのに使う語。あのえ。「―お母さん、話があるの」

アノミー ア〈フ anomie〉名〔ギリシャ語 anomia（無秩序）が語源〕社会的規範が崩れ、無統制になった状態。また、そのような状況から生まれる虚無感や疎外感。

あの‐よ ⓪【あの世】【▲彼の世】名 死後に行く世界。来世。↔この世。

アノラック ラ〈anorak〉名〔イヌイット語から〕スキー・登山をするときに着る、ずきんのついた防寒防水用のうわぎ。ウインドヤッケ。㊗冬

アノラック

アパート パ 名〔「アパートメントハウス(apartment house)」の略〕内部がいくつかの独立の住居に分かれた建物。共同集団住宅。

アバウト バ〈about〉形動〔俗語〕心くばりがたりないようす。おおざっぱ。「―なものの考え方」

あばき‐だ・す ダ【暴き出す】【▲発き出す】他五 他人の秘密や悪事を探り出して、あらわにする。「人の過去を―」

あば・く バ【暴く】【▲発く】他五 ❶土を掘って取り出す。「墓を―」❷他人の秘密や欠点をあらわにする。すっぱぬく。**暴ける** 自下一〔…できる〕

アパシー ア〈apathy〉名 何事にもかかわりを持とうとしない態度。無関心。

あは・す【合はす】他下二〔古語〕⬇あわせる㊁。

あば‐ずれ ⓪ 名 人ずれがしてずうずうしく、品の悪い女。すれっからし。

あばた ⓪【▲痘▲痕】名 天然痘がなおったあと、顔にぶつぶつとのこるくぼみ。―も×靨〔みにくいあばたも、愛する人の目には、えくぼのようにかわいく見えるものだ〕好意をもつものについては、その悪いところでもよく見えるものだ。

アバター ア〈avatar〉名 インターネットの仮想空間の中で、自分自身になりかわったキャラクターとして使用するイラスト。

アパッチ パ〈Apache〉名 アメリカ先住民の一部族。

あば‐よ ア〔あいさつ〕〔俗語〕さようなら。

あばら‐ぼね ⓪【あばら骨】【×肋骨】名 胸をかこむ骨。肋骨。あばら。

あばら‐や ラ【あばら家(屋)】【▲荒家・▲荒屋】名 あれはてた家。廃屋。また、自分の家のへりくだった言い方。

アパルトヘイト ヘ〈apartheid〉名〔アフリカーンス(南アフリカ共和国の公用語)の隔離の意から〕人種隔離政策。特に南アフリカ共和国がとっていた差別政策をいう。

あはれ 感〔古語〕⬇あわれ㊁。

あばれ‐がわ レ【暴れ川】名 しばしばはんらんする川。

あばれ‐まわ・る ワ【暴れ回る】自五 ❶至る所で乱暴な行いをする。激しく動き回る。「子どもが部屋で―」❷思う存分活躍する。

あば・れる ⓪【暴れる】自下一 ❶乱暴する。❷勇ましく大胆に行動する。「論壇で―」**あば・る** 文語下二

アパレル ア〈apparel〉名 衣服。特に、既製服。「―産業」

あばれん‐ぼう ⓪【暴れん坊】名 乱暴な行動をする男。

アバ(ヴァ)ンギャルド ギャ〈フ avant-garde〉名 革新的な芸術活動をしている人々のなかま。また、その運動。前衛派。とくに第一次世界大戦のころ、ヨーロッパで起こった抽象主義・超現実主義など。

アバ(ヴァ)ンゲール ゲ〈フ avant-guerre〉名〔「戦前」の意〕第二次世界大戦前に成長し、その思想・生活態度を身につけている人々。戦前派。↔アプレゲール。

アバ(ヴァ)ンチュール チュ〈フ aventure〉名 冒険。また、冒険的な恋愛。

アヒージョ ヒ〈ス ajillo〉名 魚介類や鶏肉などをオリーブオイルとにんにくとともに熱したスペイン料理。

アピール ピ〈appeal〉＝アッピール ㊀ 名 他サ ❶訴えること。❷何かを主張して、人々によびかけること。「核兵器禁止の―」㊁ 名 自サ 人々に強く受けること。魅力をもつこと。「大衆に―する映画」

あび‐きょうかん ア【×阿鼻叫喚】名〔「阿鼻」も「叫喚」も、ともに八大地獄の一つ〕苦しみのために泣きさけぶ非常にむごたらしい状態。「―のちまたと化す」

あ‐ひさん ⓪/ヒ【亜×砒酸】名 砒素の酸化物の一つ。毒薬。殺虫剤などに用いる。無水亜砒酸の通称。

あび‐じごく ジ【×阿鼻地獄】名〔仏〕八大地獄の一つで、最悪の罪を犯した者が死後たえず苦しみを受ける地獄。無間地獄。

あひ‐しら・ふ 他四〔古語〕⬇あいしらう。

あびせ‐か・ける ケ【浴びせ掛ける】他下一 上から水・大声などをかける。「罵声を―」**あびせか・く** 文語下二

あびせ‐たおし ⓪【浴びせ倒し】名 相撲で、自分のからだを相手にもたせかけるようにして、相手を倒すわざ。

あび・せる ⓪【浴びせる】他下一 ❶水などを上からそそぎかける。「湯を―」❷つづけざまにしかける。「質問を―」❸悪口などを人にぶつける。「非難を―」❹

刀などで切りつける。「ひとたち―」 あび・す 文語下二

アビタシオン シ〈ᶠhabitation〉名〔「住宅」の意〕アパート式の高級分譲住宅。

あひる ０【家鴨】名 まがもを原種としてつくりだした家禽。種類が多い。食用。**―の水掻き**〔あひるが水面下でたえず足を動かしていることから〕表面には現れないが、裏で物事がひそかに進んでいるようす。

あ・びる ０【浴びる】自上一 ❶湯や水をからだにかぶる。❷〔光・ほこりなどを〕からだに受ける。❸こうむる。受ける。「悪評を―」 あ・ぶ 文語上二

あ-ふ ア【阿附】名 自サ〔文章語〕〔「阿」はへつらう、「附」はつきしたがう〕ごきげんをとり、へつらうこと。迎合。

あ・ふ【会ふ・逢ふ】自四〔古語〕⇒あう㊀。

あ・ふ【敢ふ】自下二〔古語〕⇒あう。

あぶ ア【虻】名 アブ科の昆虫。はえに似ているが、複眼が大きく、めすは人畜の血を吸う。㊅春 **―蜂取らず**〔あぶもはちも取れない〕欲ばって二つのものを取ろうとして失敗し、両方とも得られないこと。

アフィリエイト エ|フィ〈affiliate〉名 インターネット上の広告形態の一つ。企業が利益に応じて広告媒体に報酬を支払うしくみ。

アフォリズム リ〈aphorism〉名 簡単なことばで、うまく人生・社会に関する真理を表現したもの。警句。箴言。

アフガニスタン《Afghanistan》西南アジアのイスラム教国。首都はカブール。正式国名は、アフガニスタン・イスラム共和国。

あぶく ク【泡】名 あわ。

あぶく-ぜに ゼ【あぶく銭】【泡銭】名 労せずに、または、正しくない方法で得たかね。悪銭。

アブサン ア〈ᶠabsinthe〉名 にがよもぎの汁をまぜたリキュール。濃緑色でアルコール分が強い。

アブストラクト ラ〈abstract〉㊀形動 抽象的。㊁名 ❶抽象絵画。❷要旨。抄録。「文献の―」

アフター〈after〉造 あるものの後であること。**―ケア** ケ〈aftercare〉名 ❶病気のなおった患者のからだの手当て。保護。❷刑を終えた人の社会復帰のために行う職業補導。**―サービス** サ〈after service〉名〔和製英語〕売り主が売った品の修理・保存などについて、のちのちまで世話をすること。**―ファイブ** ファ〈after five〉名 ❶午後五時以降、仕事が終わったあとの個人的な時間。「―を楽しむ」❷夕方からの集まりに着る改まった服装。

アフタヌーン ヌ〈afternoon〉名 ❶午後。❷「アフタヌーンドレス」の略。昼間のパーティーなどに着る婦人服。

あぶつ-に《阿仏尼》？―一二八三。鎌倉時代中期の歌人。藤原為家の妻で、冷泉為相の母。「十六夜日記」を著した。

アプト-しき ０【アプト式】名〔Abt systemの訳語〕急勾配の鉄道線路で、列車のすべるのをふせぐ、歯車式にかみあう仕掛け。

あぶな・い ０【危ない】形 ❶身体・生命が安全でない。危険だ。あやうい。「―ところを助かった」❷今にもほろびそうだ。くずれそうだ。あやうい。「あの会社は―」「―空模様」❸むずかしい。よい結果になりそうもない。「今のところ、優勝は―」❹不安定で、しっかりしていない。「―足どり」「―手つき」❺たしかでない。信用できない。「彼の話は―」参考「あぶない」と「あやうい」とはほぼ同義。ただし、普通は主として「あぶない」が使われ、「あやうい」は文語的に使われることが多い。**危ながる** 自五 **危なさ** 名 **あぶな・し** 文語ク **―橋を渡る** 危険をおかして物事をする。危険すれすれのことをする。冒険をする。

あぶなえ ０【危な絵】名 江戸時代の浮世絵で、女がはだをあらわに見せた扇情的なもの。

あぶなく ０【危なく】副 もうすこしで。やっとのことで。あやうく。「―転ぶところだった」「―間に合った」

あぶなげ ０【危なげ】名 形動 あぶないようす。「足もとが―だ」

あぶなげな・い ナ2【危なげない】形 あぶない感じがしない。安定している。「かれのやり方は―」 **あぶなげな・し** 文語ク

あぶなっかし・い シ【危なっかしい】形 いかにもあぶないようすだ。「―足どり」 **危なっかしがる** 自五 **危なっかしさ** 名

アブノーマル ノ〈abnormal〉形動 異常なようす。病的。変態的。↔ノーマル。

あぶみ ０【鐙】名〔「足踏み」の意〕馬のくらの両わきにたれていて、足をふみかけるもの。

あぶら ０【油】名 ❶植物・鉱物などからとった、燃えやすく水にとけない物質。灯火用・食用など。❷活動の原動力をたとえていったことば。「―が切れてうごけない」❸〔俗語〕石油。「―を買い占める」**―に水が混ざったよう** 性質がちがって、融和しないようす。**―を売る** むだ話などをして仕事をなまけ、時間をついやす。**―を絞る** あやまちや失敗をきびしくせめたてる。**―を注ぐ**〔燃えているものに油をかけて、さらに火勢を強める意から〕勢いをさらにさかんにする。「紛争に―」

あぶら ０【脂】【膏】名 ❶動物の体内にある脂肪。❷人の皮膚にしみ出てくる脂肪分。**―が乗る** ❶魚肉などに脂肪が増す。❷仕事がおもしろくて調子が出る。

あぶら-あげ ラ【油揚(げ)】名 うすく切ったとうふを油であげたもの。あげ。あぶらげ。うすあげ。

あぶら-あし ラ【脂足】名 脂肪分が多く出て、いつも汗ばんでいる足。

あぶら-あせ ラ【脂汗】名 精神的に苦しいときや体の衰弱しているときに出る、ねばねばした感じの汗。

あぶら-え ラ【油絵】名 油絵の具で板や画布にかいた絵。油彩。↔水彩画。

あぶら-えのぐ エ【油絵の具】名 顔料をあまに油・テレピン油などでねった絵の具。油絵をかくのに使う。

あぶら-かす カ【油かす】【油粕・油糟】名 菜種・だいずなどから、油をとったかす。窒素をふくみ、肥料になる。

あぶら-がみ ラ【油紙】名 桐油などをしみこませた防水用の紙。**―に火の付いたよう** ぺらぺらとよどみなくしゃべるようす。

あぶら-ぎ・る ギ【脂ぎる】自五 脂肪が浮き出てぎらぎらする。「脂ぎった顔」

あぶら-け ０【油気・脂気】名 あぶらを含んでいること。「―のない髪」

あぶら-げ ラ【油揚】名「あぶらあげ」のなまったもの。

あぶら-こし ラ【油漉し】名 揚げ物をしたあとの油をこしてかすをとる、金網のついた器具。

あぶら-さし ラ【油差し】名 機械などに油を差す、細長い口のついた道具。

あぶら-じ・みる ミ【油染みる】自上一 油がしみついて、よごれる。

あぶら-しょう ０【脂性】名 ひふに脂肪の分泌が多く、あぶらぎっている体質。↔あれ性。

あぶら-しょうじ ショ【油障子】名 油紙をはった障子。じょうぶで、特に水に強い。

あぶら-ぜみ ラ【油×蟬】名 大形のせみ。からだは黒かっ色。はねは不透明な暗赤かっ色。体長約四センチメートル。夏、やかましく鳴く。夏

あぶら-そば ソ【油そば】【油×蕎麦】名 中華そばにたれ・酢・ラー油などをからめて食べるもの。

あぶらっ-こ・い コ【脂っこい】形 カロ・カッ・クイ・イ・ケレ・○ ❶あぶらけが強く、味がしつこい。❷性質があっさりせず、しつこい。「あの人は—たちだ」 **脂っこさ** 名

あぶら-で 0【脂手】名 脂肪分を多く出し、いつも汗ばんでいる手。

あぶら-でり 0【油照り】名 夏、風がなく、じりじりとうす日が照ってむし暑いこと。夏

あぶらとり-がみ リ【脂取(り)紙】名 顔の表面に浮き出てくるあぶらをぬぐい取るための薄手の紙。

あぶら-な ラ【油菜】名 アブラナ科の二年生植物。春、黄色の花が咲く。種子から菜種油をとる。菜種。菜の花。春

あぶら-ぶとり ブ2【脂太り】名 からだに脂肪が多くついて太ること。脂肪ぶとり。

あぶら-み ラ【脂身】名 牛・ぶた・にわとりなどの肉の、脂肪の多い部分。

あぶら-むし ラ0【油虫】名 ❶ありまき。❷ごきぶり。夏

あぶら-め ラ/0 名 ➡あいなめ。

あぶら-や 0【油屋】名 ❶油を売る人。また、店。❷そでのない、こどものまえかけ。あぶらやさん。参考 昔、油を売り歩く人が、大きな前かけをしていたところから。

あぶら-よごれ ヨ【油汚れ】名 油でよごれること。油で汚くなったところ。

ア-プリ ア 名 ➡アプリケーション。

ア-プリオリ ア〈ラ a priori〉名 形動 〔哲〕経験的根拠を必要としない性質・概念。経験に先立って知識が与えられていること。先天的。先験的。↕アポステリオリ。

アフリカ《Africa》〔「阿弗利加」とも書いた〕六大州の一つ。ユーラシア大陸の西南にのびた大陸。

アプリケ ア〈フ appliqué〉名 ➡アップリケ。

アプリケーション ケ〈application〉名 コンピューター上で作業を行うときに、直接関係するソフトウエア。アプリ。

アプリコット コ〈apricot〉名 あんず。「—ジャム」

あぶり-だし 0【あぶり出し】【×焙(×炙)り出し】名 紙にみょうばん水などで字や絵をかき、かわくと見えないが火であぶると字や絵があらわれるようにしたもの。

あぶり-だ・す ダ【あぶり出す】【×焙り出す・×炙り出す】他五 サ・ソ・シ・ス・ス・セ・セ ❶薬品などで書いた文字や絵を火であぶり、見えるようにする。❷隠された真実を明らかにする。

あぶ・る ア【×焙る・×炙る】他五 ラ・ロ・リ・ッ・ル・ル・レ・レ ❶火にあてて暖める。「手を—」❷かるく焼く。「魚を—」 **あぶれる** 他下一〔…できる〕

アプレ-ゲール ゲ〈フ après-guerre〉名 〔「戦後」の意〕第二次世界大戦後、戦前の伝統・道徳・文化などを無視しようとした傾向の人々。戦後派。アプレ。↕アバンゲール。

アフ-レコ 0 名 〔「アフターレコーディング」の略〕無声でうつした映画に、あとでせりふや音を録音してあわせること。

あふれ-で・る デ【あふれ出る】【×溢れ出る】自下一 デ・デ・デ・デル・デレ・デロ・デヨ なかでいっぱいになったものが外にこぼれ出る。「風呂の湯が—」

あぶれ-もの 0【あぶれ者】名〔俗語〕❶無法な人間。よたもの。❷仕事にありつけない人。

あふ・れる レ【×溢れる】自下一 レ・レ・レ・レル・レレ・レロ・レヨ ❶物が中に入りきらないで外に出る。「大雨で池の水が—」「観衆が場外に—」❷物がいっぱいある。「商品が店に—」「若さに—選手たち」 **あふ・る** 文語下二

あぶ・れる レ 自下一 レ・レ・レ・レル・レレ・レロ・レヨ〔俗語〕❶仕事にありつけない。❷狩りや釣りで獲物がない。

アフロ ア〈Afro〉名 ❶〔「アフロヘア」の略〕パーマで細かくちぢらせて、丸くふくらませた髪形。❷アフリカふう。「—ビート」

アプローチ ロ〈approach〉一 名 自サ 研究の対象に近づくこと。接近。二 名 ❶陸上競技やスキーのジャンプで、スタートから踏切までの間。❷ゴルフで、グリーンのまわりからの寄せ打ち。

アフロディテ《Aphrodite》ギリシャ神話の女神。ゼウスの娘。愛と美の神。ローマ神話ではビーナス。

あべいちぞく《阿部一族》森鷗外の短編小説。一九一三年発表。主君への殉死をめぐっておこった悲劇的事件をえがいた作品。

あべかわ-もち ワ【×安×倍川餅】名 焼いたもちを湯にひたし、きなこと砂糖をまぶしたもの。あべかわ。参考 もと静岡県安倍川べりの名物。

あべ-こうぼう《安部公房》一九二四—九三。小説家・劇作家。本名は公房。現代文明のもたらす人間の疎外と自由を一貫して追究した。「砂の女」「燃えつきた地図」など。

あべ-こべ 0 名 形動(の) 順序・位置・関係などが逆であること。さかさま。反対。「話が—だ」

あ-べし 連語〔古語〕〔「あるべし」が撥音便化した「あんべし」の「ん」が表記されないもの〕あるに違いない。あるはずだ。「またあべしと思へば頼もしきを」〈枕〉

あべ-じろう《阿部次郎》一八八三—一九五九。哲学者・評論家。代表作は「三太郎の日記」など。

アベック ベ〈フ avec〉名 〔「…といっしょに」の意〕❶仲のよいふたりづれ。❷ふたり、またはふた組でいっしょにすること。「—ホームラン」

アベニュー ア〈avenue〉名 大通り。なみ木みち。

あべ-の-なかまろ《阿倍仲麻呂》六九八—七七〇。奈良時代の遣唐留学生。船が難破して帰国を果たせず、唐の長安で没した。

アベ-マリア マ〈ラ Ave Maria〉名 〔「幸あれ！ マリア」の意〕キリスト教で、聖母マリアをたたえる祈りのことば。

アペリティフ ペ〈フ apéritif〉名 洋食で、食前に軽く飲む酒。食前酒。

アベレージ ア〈average〉名 〔「平均」の意〕❶野球で、打撃率。安打の数を打数で割ってだす。打率。❷ボウリングで、平均スコア。

あへん ア【×阿片・×鴉片】名 未熟な、けしの実のしるをほして作る茶色の粉。主成分はモルヒネで、麻薬。

あへん-くつ ヘ【×阿片窟】名 あへんを吸わせる、秘密の場所。

アペンディックス ディ〈appendix〉名 付加物。付録。補遺。

アポ ア 名 「アポイントメント」の略。「—をとる」

アポイントメント ポ〈appointment〉名 面会の約束。アポイント。アポ。

あ-ほう ホ【×阿×房・×阿×呆】名 おろかなこと・ひと。まぬけ。ばか。参考 他者を上から見た言い方。関西方言で、「あほ」の形でも、話しことばでよく使われる。語源は不明。漢字表記の「阿房」は中国の秦の始皇帝の「阿房宮」の故事により、「阿呆」は「呆」の意味による当て

字とされる。ー鳥(どり) ホ 名 〔動作がにぶく、捕らえられやすいところから名づけられた〕アホウドリ科の大形の海洋鳥。からだは白く、頭のうしろは黄色、翼の一部は黒い。翼を広げると、二メートルにも達する。伊豆諸島の鳥島や尖閣(せんかく)諸島などに生息。特別天然記念物。国際保護鳥。参考「信天翁」とも書く。

あほうどり

ー払い(ばらい) バ 名 江戸時代の武士の刑罰の一つ。刀をとりあげて居住地から追放したもの。

アボカド 0 〈avocado〉名 クスノキ科の常緑高木。熱帯アメリカ原産。果実は緑色で球形。果肉は黄色で、熟すとバター状になる。わになし。

アボガドロの法則(ほうそく) 同温・同圧のときは、同体積の気体はどれも同数の分子をふくむという法則。イタリア人アボガドロがとなえだした。

ア-ポステリオリ リー 〈ラ a posteriori〉名 形動 〔哲〕経験を根拠にして成り立つ認識・概念。経験を通じて知識が与えられること。後天的。後験的。↕アプリオリ。

アポストロフィ ポ 〈apostrophe〉名 英語などで、省略・所有格などを示すための「'」の符号。

あほだら-きょう 0 【×阿×呆×陀羅経】名 経文に似せて作り、世相の風刺をおりまぜたこっけいな俗謡。江戸時代末期から明治にかけて流行した。

あほ-らし・い シ 【×阿×呆らしい】形 カロ-カッ・ク イ-イ-ケレ-○ 〔俗語〕ばかばかしい。ばからしい。あほくさい。**あほらしさ** 名

アポリア ポ 〈ギ aporia〉名 〔「道のないこと」の意〕❶〔哲〕一つの問題に対して、相反する二つの見解が成り立つこと。❷解決の糸口が見いだせない難問。

アボリジニ リ 〈Aborigine〉名 〔先住民の意〕オーストラリアの先住民。自然採集、狩猟生活を続けてきた民族で、その芸術性でも知られる。アボリジン。

アポロ 〈Apollo〉ギリシャ神話の神で、ゼウスの子。太陽・音楽・詩・健康などの守り神。アポロン。

あま【天】 造 空。天。「ーくだり」「ーがける」

あま【雨】 造 あめ。「ー宿り」「ー傘」

あま ア 【海女・海士】名 海中にもぐり、海藻・貝類などをとることを職業とする人。春 参考「海女」は女の場合、「海士」は男の場合に使う表記。

あま【▲海▲人・×蜑】 名〔古語〕❶漁師(りょうし)。❷海女(あま)。

あま ア 【尼】名 ❶出家して髪をそり、仏門にはいった女性。比丘尼(びくに)。❷キリスト教で、病者・貧者の救済につくしたりして、修行する女性。修道尼(しゅうどうに)。❸【×阿魔】〔俗語〕女性をののしっていう語。

あ-ま ア 【亜麻】名 アマ科の一年生植物。せんいから糸・織物をつくり、種子から亜麻仁油(あまにゆ)をとる。ー色(いろ) 0 名 黄色がかった薄茶色。亜麻でつくった糸の色。

アマ ア 名「アマチュア」の略。↕プロ。

アマ ア 【中×阿×媽】名 昔、中国などに住む外国人に雇われた中国人のお手伝い。

あま-あい 0 【雨あい】【雨▲間】(あい) 名 雨が一時やんでいる間。あめま。あまま。

あま-あし 0 【雨足・雨脚】名 ❶雨が線のように見えて降るようすを足にたとえたことば。「ーが白くみえる」❷雨が降り過ぎていくようす。「ーがはやい」‖あめあし。

あま・い 0 【甘い】形 カロ-カッ・ク イ-イ-ケレ-○ ❶砂糖のもっている味がする。↕からい。❷塩けがたりない。からみがすくない。「塩がきいていなくてー」↕からい。❸ことばがたくみである。うれしがらせるような言い方だ。「ーことばにのるな」❹にぶい。「刃がー」❺きびしくない。だらしなく、やさしい。「こどもにー母親」↕からい・きつい。❻不徹底だ。厳密でない。「ー見通し」「考えがー」❼かたくない。ゆるんでいる。「ねじがー」❽愛情がこまやかである。「ー新婚生活」**甘さ** 名 **あま・し** 文語ク **ー汁(しる)を吸(す)う** 苦労しないで利益を得る。他人を利用して利益を横どりする。うまいしるを吸う。

あまえ 0 【甘え】名 ❶甘えること。❷自分で責任をもたず、他人にたよろうとする気持ち。

あま-えび マ 【甘▲海▲老】名 タラバエビ科のえび。全体が赤色で体長一〇センチメートルくらい。主に富山県以北の日本海やオホーツク海などに産し、刺身やすし種にする。ホッコクアカエビの流通上の名称。

あま・える 0 【甘える】自下一 エ-エ-エル-エル-エレ-エロ・エヨ ❶なれなれしく人なつこくする。「子犬がー」❷いい気になって、つけあがる。「好意にー」**あま・ゆ** 文語ヤ下二

あまえん-ぼう 0 【甘えん坊】名 ❶すぐに甘えたがる子ども。❷人の好意をあてにして甘えること。

あま-おおい オー 【雨覆い】(おおひ) 名 ❶雨をふせぐためにかけるもの。❷太刀(たち)のさやのみねをおおう金具。

あま-おち 0 【雨落ち】名 ❶のき下の、あまだれの落ちる所。❷劇場の、舞台ぎわの所。かぶりつき。

あま-おと 0 【雨音】名 雨が屋根などに当たる音。「ーが強くなる」

あま-がえる ガ 【雨×蛙】(がへる) 名 アマガエル科の両生類。小形のかえる。背は緑色で、周囲の色によって体色を変える。雨が近づくと鳴くのでこの名がある。夏

あまが-け・る ケ 【天×翔ける】自五 ラ-ロ-リ-ッ-ル-ル-レ-レ 〔文章語〕鳥や神霊などが空中をとぶ。大空をとぶ。

あま-がさ ガ 0 【雨傘】名 雨を防ぐためにさすかさ。↕日がさ。

あま-ガッパ ガ 【雨合羽】名 〔「合羽」は当て字〕雨降りに着るカッパ。

あま-がみ 0 【甘がみ】【甘×嚙み】名 他サ 犬や猫など、ペットがじゃれて軽くかむこと。

あま-から 0 【甘辛】名 甘さと辛さがまじりあった味。特に、砂糖としょうゆとで味付けしたもの。「ーせんべい」

あま-から・い ラ 【甘辛い】形 カロ-カッ・ク イ-イ-ケレ-○ 甘さと辛さがいっしょに感じられる味をもっている。「甘辛く煮つける」**甘辛さ** 名

あま-かわ 0 【甘皮】(かは) 名 ❶木・果実の表皮の内がわのうすい皮。あまはだ。↕あら皮。❷つめのねもとのうすく、やわらかな皮。

あまぎ マ 【雨着】名 衣服の上に着て雨を防ぐもの。レーンコートなど。

あまぐ マ 【雨具】名 雨の日に身につけるもの。レーンコート・あまぐつ・かさなど。「ーの用意をして出かける」

あま-くだり 0 【天下り】【天▲降り】名 自サ 〔天上界から地上におりてくること〕❶官庁から民間への、また、上役からの強制的なおしつけ・命令。「ーの通達」❷退職した高級官僚が関連のある民間会社などの幹部になること。「ー人事」

あま-くち 0 【甘口】名 ❶味の甘いこと。また、そのもの。「ーの酒」↕からくち。❷甘みの強いものがすきなこと。また、その人。酒の飲めない人。↕からくち。❸うまいことば。甘言(かんげん)。「ーにのるな」

あま-ぐつ マ 【雨靴】名 雨の日にはく、底の深い、あるいは防水加工をした靴。レーンシューズ。

甘(あま)く見(み)る たいしたことはないとみくびる。ばかにする。

あま-くも 【天雲】名〔古語〕空に浮かんでいる雲。雲。あま

ぐも。―の 枕 空を行く雲の動きにたとえて、「別れ」「外(よそ)」「たゆたふ」「晴る」「奥」などにかかる。「あまくもの別れし行けば」〈万葉〉

あまぐも [0]【雨雲】名 雨を降らせる雲。雨になりそうな雲。

あまぐもり [0]【雨曇(り)】名 雨が降りそうに空がくもること。

あまぐり [マ]【甘ぐり】【甘×栗】名 熱い小石まじりの砂でむしやきにしたくり。

あまげ [0]【雨気】名 雨の降りそうなようす。雨もよう。

あまごい [0]【雨乞い】(ごひ) 名 ひでりつづきのとき、雨が降るようにと神仏にいのること。(夏)

あまごもり [ゴ]【雨籠もり】名 雨のため、家にひきこもっていること。

あまざかる【天離る】枕「ひな」「むかふ」にかかる。「あまざかるひなにはあれど」〈万葉〉

あまざけ [0]【甘酒】名 白米やもち米のかゆをこうじで発酵させてつくる、甘い飲み物。(夏)

あまざらし [ザ]【雨ざらし】【雨×曝し】名 雨にぬれるままにしておくこと。「―日ざらし」

あまじお [0]【甘塩】(じほ) 名 ❶料理に塩けのすくないこと。うすじお。❷魚肉などにうすく塩をつけること。

あまじたく [ジ]【雨支(仕)度】名 雨の日に出かけるときの身じたく。雨に降られても困らない身じたく。

あまじょく [0]【甘食】名 円錐(えんすい)形の、甘い菓子パン。

あま・す【余す】[一] [マ] 他五 (サ・ソ/シ/ス/ス/セ/セ) ❶余りをのこす。「こづかい銭を―」❷のこっている。「―ところ三日」[二] 他四 〔古語〕 除外する。「時を失ひ世にあまされて」〈方丈記〉

あまず [0]【甘酢】名 砂糖・みりんなどを加えて、甘味をつけた酢。

あまずっぱ・い [パ]【甘酸っぱい】形 (カロ/カッ・ク/イ/イ/ケレ/○) ❶甘さと酸っぱさがともに感じられる。「オレンジの―香り」❷こころよさと物悲しさとが入りまじったような気持ちである。「―思い出」

あまずら [0]【甘▲葛】(づら) 名 ❶つた。つたかずら。❷つる草の一種で、昔、その茎の煮じるを甘味料としたもの。あまちゃづる。

あまぞら [ソ]【雨空】名 ❶いまにも雨が降りそうな、くもった空。❷雨降りの空。

あまた [ア]【▲数多・▲許多】副 〔文章語〕 たくさん。**―度**(たび) 副 〔古語〕 何度も。たびたび。

あまだい [マ]【甘×鯛】(だひ) 名 アマダイ科の海水魚の総称。体色は黄味をおびた赤。体長約四五センチメートル。食用。(冬)

あまだれ [0]【雨垂れ】名 のきなどから落ちる雨のしずく。雨滴(うてき)。**―落ち** [0] 名 のき下の、あまだれの落ちる所。あまおち。

あまちゃ [0]【甘茶】名 ❶ユキノシタ科の落葉低木。六月ごろ、あじさいに似た花が咲く。❷「あまちゃ❶」の葉をほしてせんじた黄色の甘い飲み物。四月八日の花祭りに、釈迦(しゃか)の像に注ぐ。(春)

あまちゃん [0]【甘ちゃん】名 〔俗語〕 ❶考え方がいい加減な人。❷世の中を甘くみて、社会の厳しさを理解していない人。

アマチュア [0]〈amateur〉名 そのことを職業としていない人。しろうと。アマ。「―ボクシング」「―写真家」↔プロフェッショナル。

あまつおとめ【天つ▲少女】(をとめ) 名 〔古語〕 ❶天女。天人。❷「五節(ごせち)の舞」の舞姫。

あまつかぜ【天つ風】名 〔古語〕 空をふきわたる風。

あまつかみ【天つ神】名 〔古語〕 天にすんでいる神。天上からくだった神。天神。↔国つ神。

あまつくに【天つ国】名 〔古語〕 天上にある国。高天原(たかまがはら)。

あまっこ [マ]【×阿魔っ子】名 〔俗語〕 ❶女性をののしっていうことば。あまっちょ。❷女の子。

あまつさえ [マ][ツ]【あまつさえ】【▲剰え】(さへ) 副 〔文章語〕 〔「あまりさえ」の変化。本来は「あまっさえ」〕おまけに。その上。「たびたび遅刻をし、―無断欠勤をする」

あまった・るい [ル]【甘ったるい】形 (カロ/カッ・ク/イ/イ/ケレ/○) ❶たいそう甘い。「―煮物」❷声・言葉・態度などがひどく甘くてとろけそうなようすだ。「―言葉をささやく」❸通俗的で、しまりがない。「―文章」**甘ったるさ** 名

あまった・れる [0]【甘ったれる】自下一 (レ/レ/レル/レル/レレ/レロ・レヨ) ひどく甘える。「母親に―」**甘ったれ** 名

あまっちょろ・い [ロ]【甘っちょろい】形 (カロ/カッ・ク/イ/イ/ケレ/○) 考えなどが安易である。安っぽい。「―計画」**甘っちょろさ** 名

あまつひつぎ【天つ日▲嗣】名 〔古語〕 皇位。天皇の地位。

あまつぶ [ツ][0]【雨粒】名 雨の粒。あめつぶ。

あまでら [マ]【尼寺】名 ❶尼の住む寺。❷キリスト教の、女子修道院。

あまてらすおおみかみ《天照大神・天照大御神》(おほみかみ) 日本神話で、高天原(たかまがはら)をおさめたという女神。日の神。伊勢(いせ)の皇大神宮に祭られている。

あまど [マ]【雨戸】名 しょうじ・ガラス戸などの外がわに立てて、風雨をふせぎ、戸締まりを厳重にする戸。

あまどい [マ]【雨どい】【雨×樋】(どひ) 名 屋根の雨水をうけて地面に流すとい。

あまとう [0]【甘党】名 甘いものがすきな人。↔からとう。

あまとぶや【天飛ぶや】枕「雁(かり)」「軽(かる)」「領巾(ひれ)」などにかかる。

あまなつ [0]【甘夏】名 ふつうの夏みかんより酸味の少ない夏みかん。甘夏柑(かん)。

あまなっとう [ナ]【甘納豆】名 砂糖で煮つめた豆類に、白砂糖をまぶした菓子。

あまにゆ [ニ]【亜麻仁油】名 亜麻の熟した種子からしぼりとったあぶら。塗料・薬品の原料。

あまねく [ネ]【あまねく】【▲普く・▲遍く】副 ひろく。「―社会に知らせる」

あまね・し【▲普し・▲遍し】形ク 〔古語〕 広くいきわたっている。及ばない所がない。「世の中あまねく惜しみ聞こゆるを」〈源氏〉

あまのがわ [ノ]【天の川(河)】(がは) 名 夜空を横切って、川のようにみえる無数の星の群。銀河(ぎんが)。(秋)

あまのじゃく [ノ]【天の邪▲鬼】名 ❶仁王(におう)の足の下にふみつけられている小さい悪鬼。❷民話などで、主人公を苦しめるかたき役として出てくる鬼。あまんじゃく。❸わざと他人にさからう、ひねくれもの。また、そういう性質。つむじまがり。あまんじゃく。

天の邪鬼❶

あまのはら【天の原】名 〔古語〕 ❶ひろく大きな空。「あまのはらふりさけ見れば」〈古今〉❷天上。たかまがはら。

あまのり [マ]【甘のり】【甘▲海×苔】名 ❶ウシケノリ科の紅藻類。黒紫色または赤紫色。種類が多い。ほして食用。❷あさくさのり。(春)

あまびえ [0](あまびゑ) 名 江戸時代に肥後(ひご)の国の海中から現れ、豊作や疫病を予言したという妖怪。

あまぼし [0]【甘干(し)】名 ❶皮をむいて干した、しぶが

き。㊊ ❷魚のなま干し。

あま-ま ⓪【雨間】名 あまあい。あめま。

あま-み ⓪【甘み・甘味】名 ❶甘いあじ。❷菓子など、甘いあじのもの。❸甘い程度。甘さ。

あま-みず マ【雨水】(みづ) 名 ❶雨の水。「―がもる」❷雨が降って、たまった水。天水。

あま-みそ ⓪【甘みそ】【甘味×噌】名 塩けを薄くしてつくった、からみの少ないみそ。↕からみそ。

あま-もよい モ【雨もよい】【雨▲催い】(もよひ) 名 雨の降りそうな空のようす。雨もよう。あめもよい。

あま-もよう モ【雨模様】名 ⬇あめもよう。

あま-もり マ【雨漏り】名 屋根がこわれていたりして、雨がもること。

あまやか マ【甘やか】形動(ダロ・ダッ・デ・ニ／ダ・ナ・ナラ・〇) 文章語 甘いふんい気の感じられるようす。ロマンチック。「―な語らい」

あまやか・す カ【甘やかす】他五(サ・ソ・シ・ス・ス・セ・セ) 甘えさせる。わがままにさせる。「子を―」

あま-やどり ヤ【雨宿り】名 のき下・木陰(こかげ)などで雨のやむのを待つこと。

あま-やみ ⓪【雨やみ】【雨▲止み】㊀名 雨がやむこと。㊁名 自サ 雨がやむのを待つこと。雨宿り。「のき下で―する」

あま-よ マ【雨夜】名 雨の降っている夜。

あま-よけ ⓪/ケ【雨よけ】【雨▲避け】名 ❶雨でぬれるのをふせぐこと。また、そのためのおおい。あまおおい。❷雨宿り。

あまり【余り】㊀名 ❶⓪余ったもの。残り。「旅費の―」❷⓪引いたり割ったりして残った数。「十から八を引いた―」❸ア(「…のあまり」の形で)程度がはなはだしくて、普通では予想できない状況になる。「驚きの―、声も出なかった」「うれしさの―、泣き出した」参考「の」の前には動詞や形容詞が名詞化した形がくる。㊁⓪ 形動(の) [かながき] 度が過ぎて、感情的にがまんができないようす。あんまり。「―のいたずらに腹を立てる」「―に非常識だ」参考「あまりにも」は「あまりに」よりも感情が高ぶった言い方。㊂⓪ 副 [かながき] ❶程度がはなはだしいようす。あまりに。「―急ぐな」「―広いので迷った」❷(下に打ち消しの語を伴って)予想とそれほどはずれていないようす。大して。「―寒くない」㊃ 接尾 それよりすこし多いこと。「百円―」 **―ある** ❶まだ十分にゆとりがある。「罪をつぐなって―努力」❷それだけでは不足している。「遺族の悲しみは想像に―」

あまり-もの ⓪/モ【余り物】名 残ったもの。余分なもの。 **―に福(ふく)あり** 残り物には、意外な利益があるものだ。残り物に福あり。

アマリリス リ〈amaryllis〉名 ヒガンバナ科の球根多年生植物。六、七月ごろ、長い茎の先に、ゆりに似たにおいのよい、赤・オレンジ・白などの花をつける。㊊

アマリリス

あま・る マ【余る】自五(ラ・ロ・リ・ッ・ル・ル・レ・レ) ❶必要なものを除いても、まだあとに残る。「予算が―」「人手が―」❷ある数量をこえている。「十年に―歳月をかけた工事」「身長二メートルに―」❸能力の限度をこえている。「手に―仕事」「身に―光栄」「言動が目に―」❹割り算で、割り切れずに残りが出る。「五を二で割ると、一―」

アマルガム マ〈amalgam〉名 ❶水銀と他の金属との合金。❷虫歯につめる、水銀・すずなどの合金。

あまん・じる ジ【甘んじる】自上一(ジ・ジ・ジ・ジル・ジル・ジレ・ジロ・ジヨ) (「あまんずる」(サ変)とも)多くを望まず、満足する。これでよいとあきらめる。「清貧に―」「甘んじて家族の犠牲になる」

あまん・ずる ズ【甘んずる】自サ(ジ・ゼ・ジ・ズル・ズル・ズレ・ジロ・ゼヨ) ⬇あまんじる。 **あまん・ず** 文語サ変

あみ ミ【網】名 ❶糸・なわ・針金などで目をあらく編んでつくったもの。❷糸・ひもを編んでつくった、魚・鳥などをとる道具。❸制限または束縛するために、はりめぐらしたもの。「法の―をくぐる」 **―を張(は)る** ❶魚・鳥などをとるため網をしかける。❷犯人などをとらえる手配をして待ちぶせる。

あみ ミ【×醤×蝦】名 小えびに似た、海産の小動物。体長は一センチメートル前後。群れをなして生活する。漁業のえさ。つくだ煮・塩辛などの材料。

アミ ア〈ᶠami(e)〉名 ❶友人。❷愛人。

あみあげ-ぐつ ゲ【編(み)上(げ)靴】名 上面の二列のフックにひもを編むようにかけてしめる、深いくつ。

アミーゴ ミ〈ˢamigo〉名 (男の)友人。

アミーバ ミ〈amoeba; ameba〉名 ⬇アメーバ。

あみ-うち ⓪【網打(ち)】名 ❶投網(とあみ)で魚類をとること。また、その人。㊊ ❷相撲の技の一つ。相手の片腕をとって後ろに投げる。

あみ-がさ ガ【編みがさ】【編×笠】名 いぐさ・すげ・わらなどで編んだ、かぶりがさ。㊊

あみ-き ミ【編(み)機】名 編物をする機械。

編みがさ

あみ-こ ⓪【網子】名 網元(あみもと)の下で漁業に従事する人。↕網元。

あみ-すき ⓪【網すき】名 網をつくること。また、その人。

あみだ《阿弥陀》(ボン Amitāyus; Amitābha の音訳) ❶西方の極楽浄土で、すべての人を救うと信じられているほとけ。その名をとなえれば、死後かならず極楽へ行けるといわれる。浄土宗・浄土真宗の本尊。弥陀(みだ)。阿弥陀仏(ぶつ)。阿弥陀如来(にょらい)。❷あみだくじ。❸あみだかぶり。

あみだ-かぶり カ【×阿×弥×陀▲被り】名 (あみだ仏が光背(こうはい)を負っている形から)帽子などを後方にずらしてかぶること。

あみだ-くじ ダ/ク【×阿▲弥×陀×籤】名 人数分の平行線に横線を入れ、各自が当たりはずれを引き当てるくじ。参考もと、くじの図形は阿弥陀の光背のように放射状だったことから。

あみだ-さんぞん サ【×阿▲弥×陀三尊】名 阿弥陀と、その左右の観世音(かんぜおん)菩薩(ぼさつ)・勢至(せいし)菩薩との三体。弥陀三尊。

あみ-だ・す ダ/⓪【編(み)出す】他五(サ・ソ・シ・ス・ス・セ・セ) 方法などを考えてつくり出す。

あみ-だな ⓪【網棚】名 電車・長距離バスの窓にそって客席の上に長くはりわたした、荷物をのせるたな。

あみ-ど ミ【網戸】名 風を通し、虫がへやの中にはいらないように網をはった戸。㊊

あみ-ど ミ【編(み)戸】名 竹や木を編んで作った戸。

アミノ-さん ⓪【アミノ酸】〈amino acid〉名 たんぱく質を加水分解してできる有機化合物の総称。種類が多い。生物体の維持・成長に必要なもの。

あみ-の-め メ【網の目】名 網の糸と糸や、針金と針金のすきまの部分。網目。 **―を潜(くぐ)る** 法の規制や取り締まりなどを巧みに逃れる。

あみ-ばり ミ【編(み)針】名 編物に使う、竹や金属製のほそい棒。あみぼう。

あみ-はん ⓪【網版】名 写真版で、画面が網の目のようなこまかい点からできており、それが原画の濃い・薄いをあら

わすようになっているもの。あみめばん。

あみ-ぼう ミ【編(み)棒】名 あみばり。

あみ-め ✕【網目】名 ❶網の目。網のすき間。❷網版。網目版。 **―版** ⓪ 名 あみはん。

あみ-め ✕【編(み)目】名 糸などを編みあわせた、すきま。「―の粗いセーター」

あみ-もと ⓪【網元】名 漁船や魚をとる網などを所有し、漁師をやとって仕事をさせる人。↔網子。

あみ-もの ミ|モ【編(み)物】名 毛糸その他の糸を編んで衣類・装飾品などをつくること。また、つくったもの。

あみ-やき ⓪【網焼(き)】名 肉などを金網にのせて焼くこと。また、その料理。

アミューズメント ミュ〈amusement〉名 娯楽。「―パーク」

あ・む ア【編む】他五 ❶糸・竹・針金・髪などをたがいちがいに組みあわせる。❷いろいろの文章を集めて書物をつくる。編集する。「文集を―」❸計画を組みたてる。「旅行の日程を―」 **編める** 自下一[…できる]

アムール ム〈ᶠamour〉名 愛。恋愛。

アムネスティ(ー)-インターナショナル ネ|ナ〈Amnesty International〉名 〔amnesty は「大赦」の意〕政治犯をたすけることを目的とした国際的な民間組織。

あめ ア【雨】名 ❶水蒸気が空中でひえ、水滴となって落ちるもの。❷「雨❶」の降る天気。雨降り。雨天。「きょうは―だ」❸たえまなく落ちたり、降りそそいだりするもの。「弾丸の―」 **―が降ろうが✕槍が降ろうが** どんなことがあっても。強い決意を示すときのことば。 **―降って地固まる** ごたごたがおこったことで、かえってあとが安定するということ。

あめ ⓪【✕飴】名 ❶米・いもなどのでんぷんを糖分に変化させてつくった、ねばりのある甘い食べ物。水あめ。❷砂糖を煮てかためた、甘く固い菓子。キャンデー。 **―と✕鞭** ほめることとしかること。「―を使い分ける」 **―をしゃぶらせる** 利益を得るために、相手の好きな物を与えて、きげんをとる。わざと負けて、ゆだんさせる。

あめ【天】名古語 そら。天。天上界。

あめ-あがり ア2【雨上(が)り】名 雨がやんだ直後。

あめ-あし ⓪【雨足・雨脚】名 ⬇あまあし。

あめ-あられ ア1【雨あられ】【雨✕霰】名 ものがはげしく、連続的に落ちかかったり、降りそそいだりするようす。「弾丸が―とそそぐ」

あめい-せんそう ア【✕蛙鳴✕蟬✕噪】名 文章語 〔かえるや、せみが鳴きさわぐこと〕❶やかましくさわぐこと。❷議論するだけで、内容にとぼしいこと。

あめ-いろ ⓪ ⓪【あめ色】【✕飴色】名 茶がかった黄色。

あめ-うし ⓪【あめ牛】【✕黄牛】名 あめ色の牛。

アメーバ ✕〈amoeba; ameba〉= **アミーバ** 名 からだの形をたえず変えて移動する単細胞の原生動物。大きいものでも約二分の一ミリメートル。淡水・海水・土中など広く生息する。 **―赤痢** セ 名 赤痢アメーバに感染しておこる感染症。

あめ-おとこ オ【雨男】名 その人が出歩くと雨が降ると言われる男。女の場合は、雨女。参考 なかば冗談に言うことば。

あめ-が-した【天が下】名古語 天下。地上。あめのした。

あめ-かぜ ア【雨風】名 雨と風。風雨。

あめ-がち ⓪【雨がち】名 雨の日が多いこと。また、一日のうち雨の降る時間が多いこと。「近ごろは―だ」

あめ-かんむり カ【雨冠】名 漢字の部首の一つ。あまかんむり。「雲」「電」などの「⻗」。

あめ-ざいく ザ【あめ細工】【✕飴細工】名 飴❶でいろいろの物の形をつくったもの。

アメジスト ジ〈amethyst〉= **アメシスト** 名 紫水晶。二月の誕生石。

あめ-たいふう タ|フ【雨台風】名 雨の量や影響が大きい台風。↔風台風。

アメダス ア〈AMeDAS〉名 〔Automated Meteorological Data Acquisition System から〕気象庁の地域気象観測システム。全国約千三百か所に設置した、雨量・気温などの自動観測装置。

あめ-だま ⓪【✕飴玉】名 球状に固めたあめ。

あめ-つち【天地】名古語 ❶天と地。❷天地の神。

あめ-つゆ ア【雨露】名 雨と露。 **―を✕凌ぐ** 貧しい最低の生活をする。「―暮らし」

あめ-に ⓪【あめ煮】【✕飴煮】名 水あめや砂糖などで、甘く、こってりと煮ること。また、煮たもの。

アメニティ(ー) ✕〈amenity〉名 生活の快適さ。特に、都市の生活環境の快適さ。 **―グッズ** ク〈amenity goods〉名 〔和製英語〕⬇アメニティーセット。 **―セット** セ〈amenity set〉名 〔和製英語〕ホテルに備えてある歯ブラシ・シャンプーなどの一式。

あめ-の-した【天の下】名古語 ⬇あめがした。

アメ-フト ⓪ 名 「アメリカンフットボール」の略。

あめ-ふり ✕【雨降り】名 雨が降ること。また、雨が降っているようす。雨天。「―が続く」「―の夜」

あめ-ま ⓪【雨間】名 ⬇あまま。

あめ-もよい モ【雨もよい】【雨✕催い】名 ⬇あまもよい。

あめ-もよう モ【雨模様】名 〔「あめもよい」の変化〕❶いまにも雨の降りだしそうなようす。あまもよい。❷すでに雨が降っているようす。「関東地方は朝から―です」 ニ あまもよう。参考 ❷の意味は近年の使い方。

あ-めり 連語古語 〔「あるめり」が撥音便化した「あんめり」の「ん」が表記されないもの〕あるらしい。あるようだ。「心ざしおろかならぬ人々にこそあめれ」〈竹取〉

アメリカ〈America〉〔「亜米利加」とも書いた〕❶南北アメリカ大陸の総称。❷アメリカ合衆国。米国。

アメリカ-インディアン イ〈American Indian〉名 南北アメリカに住む先住民。ネイティブアメリカン。

アメリカ-えいご エ【アメリカ英語】名 アメリカで使っている英語。イギリス英語とはいろいろな点でちがいがある。

アメリカ-がっしゅうこく《アメリカ合衆国》〔United States of America〕北アメリカ大陸中部にある連邦共和国。首都はワシントン。米国。アメリカ。USA。

アメリカ-しろひとり ヒ【アメリカ白灯取り】名 蛾の一種。体色は白。幼虫は樹木・農作物の害虫。第二次世界大戦後、北アメリカから日本にはいってきた。

アメリカナイズ ナ〈Americanize〉名自他サ アメリカらしくなること。アメリカふうにすること。米国化。

アメリカニズム ニ〈Americanism〉名 米国の精神・習慣。

あめりかものがたり《あめりか物語》永井荷風の短編小説集。一九〇八年刊行。作者のアメリカ在住中の体験をえがいたもの。

アメリカン〈American〉❶ ✕名 〔「アメリカンコーヒー」から〕〔和製英語〕豆を浅く煎り、うすめに入れたコーヒー。❷造 アメリカの。アメリカ風の。アメリカ式の。 **―ドリーム** リ2〈American dream〉名 アメリカにおける社会的・経済的成功。アメリカ民主主義の理想を象徴するものとされる。 **ーフットボール** ボ 〈American football〉 名 十一人ずつの二組が、防具をつけ、紡錘形(ぼうすい)のボールを相手の陣地・ゴールに入れて得点を競う球技。米式蹴球(しゅうきゅう)。アメフト。

アメリシウム シ 〈americium〉 名 一九四四年に人工的につくられた超ウラン元素。記号Am 原子番号95

あめんぼ 0 【水黽】 名 アメンボ科の昆虫。体長約一五ミリメートルで長い足があり、池・沼・小流などに群居し、水面を速く走る。夏

アモルファス モ 〈amorphous〉 名 物質を構成する原子や分子の配列に規則性がない性質。変形しにくい、磁性が強いなどの特徴があり、合金やシリコンなどに応用される。

あや ヤ 【文・彩・×綾】 名 ❶物の表面のもよう・形・いろどり。❷すじみち。入りくんだしくみ。「物語の―」❸語句・文章のたくみな言いまわし。「ことばの―」

あや ヤ 【×綾・×絢】 名 ❶美しくもようを織りだした絹織物。あやぎぬ。❷糸をななめにまじえて織りだしたもよう。

あや 【漢】 名 古語 日本に渡来した中国人。あやひと。

あや‐いと 0 【あや糸】【×綾糸】 名 ❶美しいいろどりの糸。❷あやとりの糸。❸布を織るとき、機(はた)のたて糸をまとめる糸。

あやう・い 0 【危うい】 形 カロ・カッ・ク／イ・イ・ケレ・○ ❶いまにもほろびたり、くずれたりしそうだ。あぶない。「城の運命もいまや―」❷不安定だ。しっかりしていない。「―やり方」⇩あぶない 参考 **危うげ** 形動 **危うさ** 名 **あやふ・し** 文語ク

あやうく 0 【危うく】 副 やっとのことで。もうすこしで。あぶなく。「―助かった」「―落ちるところだった」

あや‐おり 0 【あや織り】【×綾織】 名 ❶綾。❷あやを織ること。また、その人。

あやかし 0 名 ❶難船しかかったときに、海上に出るという海の怪物。❷ふしぎ。❸亡霊をあらわす能面。

あやかり‐もの 0 【あやかり者】【肖り者】 名 そうなりたいと人からうらやまれるほど、しあわせな人。

あやか・る カ 【肖る】 自五 ラ・ロ・リ・ッ／ル・ル・レ・レ 幸福な人に似て、同じようなしあわせを得る。「あの人にあやかりたい」 **あやかれる** 自下一 […できる]

あやし・い 0 形 カロ・カッ・ク／イ・イ・ケレ・○ 一 【怪しい】❶異様な感じで、気味悪く、警戒を要する感じだ。「―人影」「―物音」❷疑わしい。犯罪に関係がありそうだ。「あの男が―」「あの寺の裏山が―」❸悪くなりそうなようすだ。望ましくない結果になりそうだ。「―空模様」「交渉の成り行きが―」❹真実かどうか信用できない。確実かどうか、当てにならない。「彼の言うことは―」「成功するかどうか―ものだ」❺正しくなく、変だ。信用できない。「彼のドイツ語は―」❻秘密の関係がありそうだ。「どうもあの二人は―」 二 【妖しい】❶宝石などに不思議な美しさがある。❷女に不思議な魅力があって、男がひきつけられる。「―美しさ」

あやしが・る 他五 **あやしげ** 形動 **あやしさ** 名 **あや・し** 文語シク 三 形シク 古語 ❶道理をふみはずしていてよくない。けしからぬ。「打橋・渡殿のここかしこの道にあやしきわざをしつつ」〈源氏〉❷粗末である。見苦しい。「あやしの竹の編み戸のうちより」〈徒然〉❸【×賤し】いやしい。身分が低い。「あやしのしづ山がつ(卑シイ木コリ)の仕業(しわざ)も」〈徒然〉

あやし・む シ 【怪しむ】 他五 マ・モ・ミ・ン／ム・ム・メ・メ 怪しく思う。怪しがる。

あや・す ヤ 他五 サ・ソ・シ・ス／ス・セ・セ あかんぼうや幼児のきげんをとる。

あやせる 自下一 […できる]

あ‐やつ 0/ア 【あやつ】【×彼×奴】 代 人をののしっていう語。あのやつ。あいつ。かやつ。

あやつり‐にんぎょう 三 【操り人形】 名 糸をあやつって人形の顔や手足を動かしながら、しばいなどをさせること。また、その人形。あやつり。

あやつ・る ツ 【操る】 他五 ラ・ロ・リ・ッ／ル・ル・レ・レ ❶糸をしかけ、かげから人形を動かす。❷うまく物をあつかう。上手に言葉を使う。「船を―」「たくみに英語を―」❸かげから、うまく人を使う。うまく人を利用する。「策略で人を―」 **操れる** 自下一 […できる]

あや‐とり ト 【あや取り】【×綾取】 名 輪にした糸を手首や指にかけて、いろいろな形をつくり、たがいに受けわたしたりする遊び。糸とり。冬

あや‐ど・る ド 【あや取る】【×綾取る】 他五 ラ・ロ・リ・ッ／ル・ル・レ・レ たすきなどを、十字にむすぶ。

あや‐な・し 形ク 古語 ❶わけがわからない。道理に合わない。「春の夜の闇はあやなし梅の花色こそ見えね香やは隠るる」〈古今〉❷つまらない。無意味だ。「あやなきすさびごと(ナグサミゴト)につけても」〈源氏〉

あや‐な・す 他四 古語 ❶美しいもようをつくる。「錦(にしき)―山の木々」❷たくみにあつかう。

あや‐に 【×奇に】 副 古語 むやみに。たとえようもなく。「あやに愛(かな)しも」〈万葉〉

あや‐にく なり形動 古語 ❶いじが悪いようす。「いとさがなく(性質モワルク)、あやにくに驕(おご)りて憎かりしかど」〈源氏〉❷都合が悪いようす。「あやにくなる短夜(みじかよ)にて」〈源氏〉

あや‐にしき 三 【×綾錦】 名 〔あやと、にしき〕着物や紅葉などが目もさめるように美しいことの形容。

あやぶ・む ブ 【危ぶむ】 他五 マ・モ・ミ・ン／ム・ム・メ・メ ❶あぶないと思う。あぶながる。「子どものひとり旅を―」❷できそうもないと思う。「成功を―」

あや‐ふや 0 形動 ダロ・ダッ・デ・ニ／ダ・ナ・ナラ・○ ふたしかで、はっきりしないようす。あいまい。「―な答え方」⇩あいまい 参考。

あやまち マ 【過ち】 名 ❶やりそこない。失敗。❷うっかりおかした罪。過失。❸男女関係での過失。不義。❹古語 けが。「あやまちすな。心して下りよ」〈徒然〉

あやま・つ マ 【過つ】 他五 タ・ト・チ・ッ／ツ・ツ・テ・テ ❶やりそこなう。まちがえる。❷うっかりして過失をおかす。

あやまり マ 【誤り】 名 正しくないこと。まちがい。誤算。

あやま・る マ 【誤る】【×謬る】 他五 ラ・ロ・リ・ッ／ル・ル・レ・レ ❶やりそこなう。失敗する。まちがえる。「運転を―」❷まちがったほうにみちびく。まちがいをおかさせる。「国を―」

あやま・る マ 【謝る】 他五 ラ・ロ・リ・ッ／ル・ル・レ・レ ❶自分のまちがいを認めて、ことばや態度であらわす。わびる。❷俗語 閉口する。「あいつのいたずらには謝ったよ」❸俗語 ことわる。ごめんこうむる。「その仕事なら―よ」 **謝れる** 自下一 […できる]

あや‐め 0/メ 【×文目】 名 文章語 ❶綾織物の織り目。また、もよう。いろどり。「―も見えぬやみ」❷けじめ。区別。❸すじみち。道理。 **ーも分(わ)かぬ** 物のもようもわからない。物の区別もわからない。

あやめ 0 【×菖×蒲】 名 アヤメ科の多年生植物。初夏、紫色・白色の花がさく。はなあやめ。「しょうぶ」とは別。夏

あやめ

あや・める メ 【危める・殺める】 他下一 メ・メ・メル・メル／メレ・メロ・メヨ 危害を加えたり、ころしたりする。 **あや・む** 文語下二

あゆ ア 【×鮎】 名 アユ科の淡水魚。川の中流に産卵。稚魚

は海にくだって越冬。春、川をさかのぼり、秋、成魚となる。かおりがよく、美味。夏

あゆ ア【×阿×諛】名 自サ〔文章語〕おべっかをつかうこと。おついしょう。

あゆかわ-のぶお《鮎川信夫》一九二〇～八六。詩人・評論家。本名は上村隆一（かみむらりゅういち）。雑誌「荒地」の仲間と戦後詩を形成、現代詩人として多方面に活躍した。「鮎川信夫詩集」がある。

あゆみ ③【歩み】名 ❶あるくこと。❷足なみ。歩調。❸物事の進行。経過。「研究の—」

あゆみ-あい ⓪【歩み合い】—あひ 名 たがいに一致するようにゆずりあうこと。あゆみより。

あゆみ-よ・る ⓪/③【歩み寄る】自五 ラ・ロ・リ・ッ・ル・ル・レ・レ ❶あるいて近よる。❷たがいにゆずりあって話がまとまるようにする。折れあう。**歩み寄り** 名 **歩み寄れる** 自下一〔…できる〕

あゆ・む ②【歩む】自五 マ・モ・ミ・ン・ム・ム・メ・メ ❶足を動かして進む。あるく。❷一歩ずつ前進する。「発展の一途を—」

あら【荒】造 ❶あれはてた。「—野」❷あらあらしい。勢いの強い。「—法師」「—波」

あら【新】造 あたらしい。あらたな。「—手」

あら【粗】㊀ ラ 名 ❶さかなを料理したあとの、肉の少しついた骨。❷欠点。「—をさがす」㊁ 造 ❶こまかでない。おおざっぱな。「—づくり」❷すきまが多い。「—織り」

あら ア 感 おもに女性が、感動・おどろき・喜び・なげきなどをあらわすことば。「—、どうしよう」

アラー《アラビア Allāh》⬇アッラー。

アラート ラ〈alert〉名（「用心」の意から）❶コンピュータシステムが自身のエラーやユーザーが関心を持つ情報を知らせること。❷自然災害などについて、公共機関が警報を出すこと。

アラーム ラ〈alarm〉名 ❶警報（器）。❷目覚し時計。また、時計などに組み込まれた注意信号を出す機能。

あら-あら ⓪【あらあら】【粗粗】副 おおよそ。あらまし。「—申しあげます」**—かしこ** カ【あいさつ】〔文章語〕女性が手紙の終わりに書くあいさつの語。行き届かず恐縮ですの意味。参考 現代ではあまり使われない。⇩かしこ 参考。

あらあらし・い シ【荒荒しい】形 カロ・カッ・ク・イ・イ・ケレ・〇 人や物の動きやようすがおだやかでなく、おそろしさを感じさせる。「—声」「—波」**荒荒しさ** 名 **あらあら・し** 文語シク

あらい ⓪【洗い】—ひ 名 ❶洗うこと。「—が不完全」❷魚の生肉をうすく切り、冷水でさらして身をちぢませた料理。夏「こいの—」

あら・い ⓪/② 形 カロ・カッ・ク・イ・イ・ケレ・〇 ㊀【荒い】❶強く、おだやかでない。「—呼吸」「波が—」「気が—」❷らんぼうだ。「—あつかい方」㊁【粗い】↔こまかい。❶おおざっぱだ。じゅうぶんにゆきとどいていない。「—研究」❷こまかでない。「—砂」「ざるの目が—」❸ざらざらしている。「肌が—」**あらさ** 名 **あら・し** 文語ク

あらい-がみ ⓪【洗（い）髪】あらひ— 名 洗ったままで、ゆっていない髪。夏

あらい-ぐま ラ/イ【洗（い）熊】【×浣熊】あらひ— 名 アライグマ科の哺乳（ほにゅう）類。たぬきに似て、食物を水中で洗うような動作をする。尾に黒の輪模様がある。

あらい-こ ⓪【洗（い）粉】あらひ— 名 肌や髪を洗うのに使うこな。

あらい-ざらい ザ【洗いざらい】【洗×浚い】あらひざらひ 副 ある限り、のこらず。全部。「—話す」

あらい-ざらし ⓪【洗いざらし】【洗×晒し】あらひ— 名 何度も洗ったため、色があせて白っぽくなること。また、そうなった衣類など。「—の着物」

あらい-すすぎ ⓪【洗いすすぎ】【洗▲濯ぎ】あらひ— 名 洗って、すすぐこと。せんたく。

あらい-そ ⓪【荒いそ】【荒×磯】名 荒波のうちよせる海岸。ありそ。

あらい-だし ⓪【洗（い）出し】あらひ— 名 ❶セメントを使った壁や、たたきをかわかないうちに水洗いして、中にまぜた小石を浮き出させたもの。❷杉板をこすり洗いし、木目を浮き出させたもの。❸「洗い出す❷」こと。「事故原因の—を急ぐ」

あらい-だ・す ダ【洗（い）出す】あらひ— 他五 サ・ソ・シ・ス・ス・セ・セ ❶洗って物の表面に何かを浮き出させる。❷隠れていたことを調べて明らかにする。「問題点を—」**洗い出せる** 他下一〔…できる〕

あらい-た・てる テ【洗（い）立てる】あらひ— 他下一 テ・テ・テル・テル・テレ・テロ・テヨ 人の悪事や欠点などをあばき出す。あばきたてる。「旧悪を—」**あらひた・つ** 文語下二

あらい-なお・す オ【洗（い）直す】あらひなほす 他五 サ・ソ・シ・ス・ス・セ・セ ❶もう一度洗う。❷もう一度はじめからよく調べる。再び検討する。「事実関係を丹念に—」「根本から—」

あらい-なが・す ガ【洗（い）流す】あらひ— 他五 サ・ソ・シ・ス・ス・セ・セ ❶水でよごれを洗いおとす。「雨がほこりを—」❷心の中の不快な気分やわだかまりをなくす。

あらい-はくせき《新井白石》一六五七～一七二五。江戸時代中期の学者・政治家。宝永・正徳年間、幕政を補佐した。歴史論書「読史（とくし）余論」、外国事情書「西洋紀聞（きぶん）」、国語学書「東雅（とうが）」、随筆的自叙伝「折（おり）たく柴（しば）の記」など。

あらい-はり ラ【洗（い）張り】あらひ— 名 他サ 布地を洗い、のりをつけて、板や伸子（しんし）などに張ること。

あらい-もの ⓪【洗（い）物】あらひ— 名 洗わなければならない衣類・食器など。また、それを洗うこと。「—がたまる」

あら・う ⓪【洗う】あらふ 他五 ワ・オ・イ・ッ・ウ・ウ・エ・エ ❶水や洗剤などでよごれを落とす。「ハンカチを—」「顔を—」❷（ひゆ的に）波が岸などに寄せたり返したりする。「岸辺を—波」❸隠れている事実をこまかく調べる。「事件の真相を—」**洗える** 自下一〔…できる〕

あら-うみ ⓪【荒海】名 波の荒れくるっている海。

あら-えびす エ【荒えびす】【荒×夷】名（「えびす」は、やばん人の意）荒っぽいやばん人。昔、都の人が荒っぽい東国の人を見くだして言った語。

あらが・う ガ【▲抗う】あらがふ 自五 ワ・オ・イ・ッ・ウ・ウ・エ・エ〔文章語〕あらそう。抵抗する。「運命に—」**あらがい** 名

あらかじめ ⓪【あらかじめ】【▲予め】副 前もって。かねて。前まえから。「—準備しておく」

あら-かせぎ カ【荒稼ぎ】名 ❶らんぼうな方法でかせぐこと。❷一時に大金をもうけること。

あら-かた ⓪【あらかた】【粗方】副 だいたい。おおかた。「—かたづいた」

あら-がね ⓪【粗金】名 掘りだしたままで、精錬していない金属。鉱石。**—の** 枕「土」にかかる。

あら-かべ ⓪【荒壁・粗壁】名 下ぬりをしただけの壁。

ア-ラ-カルト カ〈フ à la carte〉名 ❶メニューから選ぶ一品料理。おこのみ料理。❷あることにかかわる種々の事柄・情報。「山歩き—」

あら-かわ ⓪【粗皮】—かは 名 木や果実の表皮・外皮。↔あま皮。

あら-かん ラ【×阿羅漢】名 さとりを完全にひらいた仏教の聖者の位。小乗仏教の最高の位。らかん。

あら-き ⓪【荒木・粗木】名 切りだしたままで、皮をむいていない木材。

あらき-だ【新▲墾田】名〔古語〕あたらしく山野をきりひらいて作った田。新田(しんでん)。にいばり。

あらきだ-つち ダ【荒木田土】名 東京の荒川沿岸、荒木田原あたりで多くとれたねばり気のある赤土。壁土や、かわらぶきの下地などに用いた。現在は園芸用にも使う。

あらきだ-もりたけ《荒木田守武》〔一四七三—一五四九〕室町時代後期の連歌師・俳諧(はいかい)師。代表作「守武千句」は俳諧が文芸として独立するための力となった。

あらき-の-みや【×殯の宮】名〔古語〕天皇・皇族の埋葬まで、ひつぎをおさめておく仮の宮。殯宮(ひんきゅう)。

あら-ぎも ◎【荒肝】名 きもったま。強い心。—を▲拉(ひし)ぐ 強い相手をふるえあがらせる。

あら-ぎょう ◎【荒行】名 山伏などの行う、はげしく苦しい修行(しゅぎょう)。

あらくれ《あらくれ》徳田秋声(とくだしゅうせい)の長編小説。一九一五年発表。不幸な境遇にめげず、強く生きる女性の姿をえがく。

あら-くれ ◎【荒くれ】名 気質のあらあらしいこと。また、そういう人。「—男」

あら-く・れる レ【荒くれる】自下一 あらあらしくふるまう。乱暴する。

あら-けずり ケ◎【荒(粗)削り】—(けづり) 名 形動(の) ❶仕上げの前に荒くけずること。また、けずったもの。「—の板」❷洗練されていないようす。おおまかで、こまかいところにこだわらないようす。「—な文章」

あら・げる ゲ【荒げる】他下一 あらくする。あららげる。「声を—」⇩あららげる 参考

あら-ごと ◎【荒事】名 歌舞伎(かぶき)で、勇士・鬼神などの役がする、あらあらしいしぐさ。また、そうした人物を主人公とするしばい。↕和事(わごと)・実事(じつごと)

あら-ごなし ◎ゴ【荒(粗)ごなし】名 ❶こまかくくだく前に、ざっとくだくこと。❷精密な処理をする前に、ざっとしまつしておくこと。

あら-さがし サ【粗捜し】名 他人の欠点をさがしだすこと。

あらし ア【嵐】名 ❶はげしく吹く風。暴風。❷暴風雨。❸はげしい変動。「不景気の—」**—の前(まえ)の静(しず)けさ**〔台風などのくる前に、風が一時やむときがあることから〕事件などの起こる前のぶきみな静けさ。

あらし《嵐》島崎藤村(しまざきとうそん)の短編小説。一九二六年発表。妻の死後、四人の子を育てた作者の身辺をえがく。

あら-じお ◎【粗塩】—(じほ) 名 つぶのあらい塩。

あら-しごと シ【荒仕事】名 ❶力のいる仕事。重労働。力仕事。❷殺人・強盗など。

あら-しめる【在(有)らしめる】連語 存在させる。あるようにさせる。「今日の生活に意義—」

あら・す ◎【荒らす】他五 ❶あれさせる。「手入れをせず、庭を—」❷こわす。いためる。「よっぱらいが店を—」❸ぬすみをはたらく。「るす宅を—」**荒らせる** 自下一〔…できる〕

あら-ず【▲非ず】連語 そうではない。「さに—」参考 おもに「…にあらず」の形で使う。

アラスカ《Alaska》北アメリカ大陸北西部にある米国の州。一八六七年まではロシア領。

あら-すじ ◎【粗筋】—(すぢ) 名 おおよそのすじみち。概略。アウトライン。梗概(こうがい)。「小説の—」

あらず-もがな 連語 ないほうがいい。「—の手出し」

あらせいとう ◎ 名 アブラナ科の多年生植物。春、赤紫色の花を開く。観賞用。ストック。㊄春

あら-せ-られる 連語〔文章語〕❶「ある」「いる」の尊敬語。「御誕生—」「御機嫌うるわしく—」❷〔「…であらせられる」の形で〕「…である」の尊敬語。「殿下の御尊父で—方」参考「いらっしゃる」よりも古風で、敬意の高い言い方。

あらそ・う ソ【争う】(あらそふ) 他五 ❶たがいに相手にまさろうとして、はりあう。「先を—」「優勝を—」❷けんかをする。「二人はいつも争っている」❸おくれないように急ぐ。「一刻を—場合」**争い** 名 **争える** 自下一〔…できる〕

あらそえ-ない【争えない】—(あらそへ) 連語 あらそわれない。

あらそわれ-ない【争われない】—(あらそは) 連語 証拠がはっきりしていて、否定しようにも否定することができない。あらそえない。「年は—」

あらた ア【新た】形動 ❶あたらしい。「—な仕事」❷あらためてはじめるようす。「—に会をつくる」

あら-たえ【荒×栲・荒▲妙】—(たへ) 名〔古語〕❶織りかたのあらい織物。❷麻布。↕にぎたえ。

あらた-か ラ 形動 神仏の力や、薬のききめがはっきりしているようす。「霊験(れいげん)—」

あら-だ・てる テ【荒立てる】自下一 ❶荒くする。はげしくする。「声を—」❷ことをめんどうにする。争いをおこす。「ことを—」**あらだ・つ** 文語下二

あら-たま ◎【粗玉】【×璞】名 鉱山などから掘り出したままで、みがかれていない玉。

あらたま-の【新玉の】枕〔「あらたま」は、「あらたまる(改まる)」の意〕「年」「月」「春」「来経(きふ)」などに掛かる。「あらたまの年の終はりになるごとに雪もわが身もふりまさりつつ」〈古今〉

あらたま・る マ【改(ま)る】自五 ❶あたらしくなる。「年度が—」❷よくなる。改善される。「制度が—」❸他人行儀な態度になる。儀式ばる。「改まって話をきり出す」❹【▲革る】〔文章語〕病気がおもくなる。おもに、死に近い状態にいう。「やまいが—」

あらため【改め】名 ❶◎とりしらべ。調査。「宗門—」❷タ〔接続詞的に用いて〕役者などが名をかえること。「尾上菊之助(おのえきくのすけ)—菊五郎」

あらため-て タ【改めて】副 ❶もういちど、あたらしく。別にまた。「—調査する」❷正式に。「—提案する」❸今さらながら。「—妙技に感動する」

あらた・める メ【改める】他下一 ❶あたらしく変える。「従来のやり方を—」❷改善する。「悪習を—」❸【▲検める】しらべる。「持ち物を—」**あらた・む** 文語下二

あら-づくり ヅ【粗造り】名 てまをかけずに、ざっとつくること。また、そのつくったもの。

あらっ-ぽ・い ポ【荒(粗)っぽい】形 ❶あらあらしい。「—男」❷雑である。おおまかだ。「—作り」**あらっぽさ** 名

あら-て ◎【新手】名 ❶まだたたかっていない、あたらしい兵。また、選手。「—をくりだす」❷あたらしい手段・方法。「—の詐欺(さぎ)」

あら-と ◎【粗×砥・荒×砥】名 刃物(はもの)をざっととぐのに使う、面のあらいといし。

あら-なみ ◎【荒波】名 ❶あれくるう波。❷人生などのきびしさ・つらさをたとえていう語。「世の—にもまれる」

あら-なわ ◎【荒縄】—(なは) 名 わらなどでつくった、手ざわりのあらいふといなわ。

あら-に ◎【粗煮】名 魚のあらを、しょう油・砂糖・みりんで甘辛く煮たもの。

あら-ぬ ラ 連体〔動詞「ある」の文語形「あり」の未然形に打ち消しの助動詞「ぬ(ず)」が付いたもの〕❶見当ちがい

なようす。「―かたを見つめている」❷思いもよらない。とんでもない。「―うわさを立てられる」「―ことを口走る」

あら‐ぬか ⓪【粗ぬか】【粗×糠】名 もみがら。もみぬか。

あら‐ぬり ⓪【粗塗(り)】【粗(荒)塗(り)】名 ざっと塗っただけで、しあげてないこと。また、そのもの。「かべの―」

あら‐ねつ ⓪/ラ【粗熱】名 加熱調理した直後に料理がもっている熱。「―をとる」

あら‐の ⓪【荒野】名 ⇒あれの。

あら‐ば‐こそ 連語 〔おもに、「…もあらばこそ」の形で〕あるどころか、まったくない。「身をかわす間も―」

アラビア《Arabia》〔「亜剌比亜」とも書いた〕西南アジアの半島。サウジアラビア・イエメンなどの国がある。

アラビアータ ア²〈イ all'arrabbiata〉名 イタリア料理で、とうがらしを使って辛味をきかせたトマトソース。「ペンネ―」

アラビア‐ゴム ゴ 名 〔オ Arabische gom から〕アラビアゴムの木の樹皮からしみ出る液をかわかしたもの。のり・薬品・インキなどの原料。

アラビア‐すうじ ス【アラビア数字】名 アラビア人がインド人からうけついでヨーロッパにつたえた数字。今の算用数字。0・1・2・3…9など十個の数字。↕ローマ数字・漢数字。

あら‐びき ⓪【粗びき】【粗×挽き】名 穀物・肉などを大きめにひき砕くこと。また、そうしたもの。「―のコーヒー豆」

あらひと‐がみ ト【現人神】名 人の姿でこの世にあらわれた神。天皇の敬称。あきつかみ。あきつみかみ。

アラブ ア〈Arab〉名 ❶アラビア半島を中心にすむセム族。アラビア人。❷アラビア馬。

あら・ぶ【荒ぶ】自上二 古語 ❶あれる。❷あばれる。❸うとくなる。愛情がうすれる。「あらぶる妹」〈万葉〉参考 現代語では、「荒ぶる」の形で名詞について、気持ちがひどく高ぶったり、天候が激しくあれる、という意で用いることがある。「―神」「―魂」

アラブしゅちょうこく‐れんぽう《アラブ首長国連邦》〔United Arab Emirates〕アラビア半島のペルシャ湾に面した、七つの首長国で構成される連邦国家。一九七一年独立。首都はアブダビ。UAE。

アラベスク ベ〈arabesque〉名 ❶アラビアの工芸・建築装飾に使われる模様。からくさ模様のようなもの。❷アラビアふうの装飾の多い、はなやかな音楽。

あら‐ほうし ホ【荒法師】名 いさましく、あらっぽい僧。

あら‐ぼとけ ボ【新仏】名 死後、はじめてのうらぼんにまつられ、供養をうける死者の霊。しんぼとけ。にいぼとけ。

あら‐まき ⓪【荒巻(き)・新巻(き)】名 ❶あし・竹の皮や、わらでまいた魚。❷かるく塩づけにしたさけ。冬 参考 もと、荒なわで巻いたことから。

あらまし ㊀⓪名副 だいたい。おおよそ。概要。予測。㊁名 古語 ❶こうありたいと願っていること。心づもり。予測。「かねてのあらましみな違ひゆくかと思ふに」〈徒然〉❷一部始終。「無事のあらましをも聞かせ申すべし」〈好色一代男〉参考「有ら＋まし(仮想・意志をあらわす助動詞)」から生まれたことばで、㊁の❶がもともとの用法。ここから❷の用法も生まれ、現代語の意味につながった。

あらまし‐ごと【あらまし事】名 古語 将来の計画。予想。

あら‐まほし 連語 〔「あり」の未然形＋願望の助動詞「まほし」〕古語 そうあってほしい。理想的だ。「家居のつきづきしく(調和ガトレテイテ)あらまほしきこそ」〈徒然〉

あら‐みたま［荒御魂］名 古語 神のあらあらしく強いみたま。↕にぎみたま。

あら‐むしゃ ⓪【荒武者】名 勇ましく、あらっぽい武士。

あら‐むしろ ム【荒むしろ】［荒(粗)×筵］名 わらで編んだ、目のあらいむしろ。

あら‐め ⓪［荒布］名 コンブ科の海藻。黒茶色。食用のほか、肥料・ヨードの原料。春

ア‐ラ‐モード モ〈フ à la mode〉名 最新流行。また、その型。

あら‐もの ⓪/ラ【荒物】名 家庭用の雑貨類。ほうき・ちりとり・ざるなど。

あらゆる ユ 連体 ありうる限りの。すべての。全部の。「―動物」「―可能性」

あら‐らか ラ¹【荒らか】形動 ダロ・ダッ・デ・ニ/ダ・ナ・ナラ・〇 あらあらしいようす。「―に足音を立てて帰る」

アララギ《アララギ》伊藤左千夫を中心に一九〇八年に創刊した短歌雑誌。斎藤茂吉・古泉千樫・島木赤彦・土屋文明らが参加。万葉調の歌風で大正から昭和期にかけて歌壇の主流をなした。

あららぎ ⓪［×蘭］名 ❶植物の「いちい」の別名。❷植物の「のびる」の古名。

あららぎ［塔・高塔］名 古語「塔」の別名。斎宮の使った忌みことば。

あら‐ら・げる ゲ【荒らげる】他下一 ゲ・ゲ・ゲル・ゲル・ゲレ・ゲロ/ゲヨ あらくする。あらげる。「声を―」参考「あららげる」が本来の言い方で、「あらげる」は近年使われるようになった語形。**あら・ら・ぐ** 文語下二

あら‐りえき リ【粗利益】名 売上金から原価を差し引いた金額。粗利。

あら‐りょうじ リョ【荒療治】名 ❶思いきって手荒く治療すること。❷思いきった改革。「―をして組織を立てなおす」

あられ ⓪［×霰］名 ❶水蒸気が急にこおって、空から落ちる白い小さなかたまり。雪よりも固い。冬 ❷さいの目に切った食べ物。❸もちをさいの目に切り、いって味つけしたもの。あられもち。

あられ‐も‐ない 連語 〔「あり」＋「る」(可能の助動詞)＋「も」＋「なし」から〕行動・態度が、女性としてふさわしくない。とんでもない。行儀が悪い。「―かっこう」

あら‐れる 連語 ❶「ある」「いる」の尊敬語。「お子様が二人―」❷〔「…であられる」の形で〕「…である」の尊敬語。「この世界では第一人者で―」「御壮健で―」参考「いらっしゃる」よりも敬意は高くないが、やや古風であらたまった言い方。現代では「おられる」の形を使うことが多い。

あらわ ア［露・顕］形動 ダロ・ダッ・デ・ニ/ダ・ナ・ナラ・〇 ❶むきだしのようす。「はだも―」❷ろこつなようす。「―に非難する」❸おおっぴらなようす。「内情が―になる」

あら‐わざ ⓪名 ❶【荒技】柔道・レスリングなどの思いきった、強い技。「―をかける」❷【荒業】激しい労働。力仕事。

あらわ・す ワ 他五 サ・ソ・シ・ス・ス・セ・セ ㊀【現す(現わす)】隠れていたもの、見えなかったものをはっきり見えるようにする。「姿を―」「本性を―」「正体を―」↕かくす。㊁【表す(表わす)】❶感情や意志などを表面に出す。表現する。「敬意を―」「ことばで―」❷内容を具体的な形にして示す。「変化をグラフに―」「海を―メロディー」㊂［顕す］(善行などを)世間に知らせる。「記念碑を建ててその徳を―」㊃【著す(著わす)】文章を書いて出版する。著述する。「書物を―」参考「現す」「表す」「著す」は「現わす」

あ

「表わす」「著わす」のように、「わ」から送ることもできる。

あらわせる 自下一〔…できる〕

あらわ・れる 【現れる（現われる）】【▲顕れる】自下一 ㊀❶隠れていたもの、見えなかったものがはっきり見えてくる。「月が雲の間から―」「きざしが―」⇔かくれる。❷隠していたことが、知られるようになる。露見する。発覚する。「悪事が―」㊁【表れる（表われる）】感情や思想などが表面からわかる状態になる。「真心が顔に―」「彼の考えがよく表れた文章」参考「現れる」「表れる」は「現われる」「表われる」のように、「わ」から送ることもできる。**あらわれ** 名 **あらは・る** 文語下二

有らん限り あるかぎり。あるだけ。ありったけ。「―の力を出す」

あり ⓪【×蟻】名 アリ科の昆虫の総称。種類が多い。地中などに巣をつくる。女王あり・雄あり・働きありがあり、社会生活をする。夏 **―の一穴** 小さなことでもないがしろにすると、予想外の大きな被害を生むことのたとえ。

アリア ア〈イ aria〉＝**アリヤ** 名 ❶オペラやオラトリオ・カンタータの中の旋律的な独唱曲。詠唱。❷アリアふうの曲。叙情的・旋律的な器楽曲。

ありあい ⓪【有（り）合い】名 ⇒ありあわせ。

ありあけ ⓪【有（り）明（け）】名 ❶陰暦の十六日以後で、月が空にあるまま夜が明けること。また、その月。また、その夜明け。ありあけのつき。❷夜明け。**―行▲灯** 夜明けまでつけておく、小型のあんどん。**―の月** ア3 名 夜が明けてもまだ空に残っている月。陰暦十六日以後の月。有り明け月。秋

ありあけしゅう《有明集》蒲原有明の詩集。一九〇八年刊。明治象徴詩を代表する文語詩集。

ありあま・る マ【有（り）余る】自五 じゅうぶんすぎるほど、たくさんある。「―財産」

ありあり ア2（と）副 ❶まざまざと。現在目の前にあるように。「亡父の顔が―と目にうかぶ」❷ある状態がはっきりと外に現れるようす。明らかに。「困っている様子が―と見える」

ありあわせ ⓪【有（り）合（わ）せ】名 たまたまそこにあること。また、そのもの。有り合い。「―で間にあわせる」

ありあわ・せる セ 自下一 ㊀【有（り）合わせる】たまたまそこにある。㊁【在（り）合わせる】たまたまそこにいる。いあわせる。**ありあは・す** 文語下二

アリーナ リ〈arena〉名〔古代ローマの円形闘技場から〕観客席が舞台を円形に取り囲むホールや競技場。また、そこに特設された観客席。

ありうべからざる【有り得べからざる】連語 あるはずのない。あってはならない。「―怪事件だ」

ありうる ウ【有り得る】他下二 「ありえる」の文語的ないいかた。**あり・う** 文語下二

ありえない【有り得ない】連語 ❶あるはずがない。起こるはずがない。「人間のすることに絶対は―」❷驚くべきことが起こり、信じられないようす。「彼が死ぬとは―」

ありえる エ【有り得る】他下一 ある可能性がある。「―話」「誰にでも失敗は―」あるはずである。**あり・う** 文語下二

ありか ア【在りか】【在▲処】名 物のある場所。人の居場所。所在。「―をさがす」

ありかた カ【在り方】名 ❶どのようであるのがいいかということ。あるべきすがた。「会議の―を検討する」❷現在のありさま。「政治の―がおかしい」

ありがた・い カロ・カッ・ク・イ・イ・ケレ・○【有（り）難い】㊀ 夕 形 ❶めぐまれて、よろこばしく思う。感謝したい気持ちだ。❷とうとい。もったいない。「高僧の―お説教」**ありがた・し** 文語ク **有り難げ** 形動 **有り難さ** 名 **ありがたがる** 他五 ㊁ 形ク 古語 ❶めったにない。珍しい。まれだ。「御かたち心ばへ、ありがたく珍しきまで見えたまふを」〈源氏〉❷困難だ。むずかしい。「さるべきついでなくては、対面もありがたければ」〈源氏〉❸（平穏無事に）生きていくことがむずかしい。「世の中は、ありがたくむつかしげなる（ウットウシク不快ソウナ）ものかな」〈源氏〉参考「有り‐難し」（有ることが難しい）が原義で、ここから㊁の意味が生まれ、現代語の「ありがたい」につながった。

ありがたなみだ ナ【有（り）難涙】名 ありがたさのあまりこぼす涙。

ありがたみ ⓪【有（り）難味】名 ありがたく思う気持ち。ありがたさ。「親の―を知る」

ありがためいわく メ【有（り）難迷惑】名 形動 人の親切や好意をありがたく思いながらも、かえって困る気持ちが強いこと。

ありがち ⓪【有りがち】形動（の） よくあるようす。「だれにも―な失敗だ」

ありがとう リ【ありがとう・有（り）難う】あいさつ 感謝の気持ちをあらわすことば。

ありがね ⓪【有（り）金】名 手もとにある現金。所持金。「―をはたく」

ありき【有りき・在りき】連語 文章語 ❶あった。存在した。「はじめに言葉―」❷そのことを念頭においている。また、すでに決まっている。「結論―の議論」

ありきたり ⓪【在り来たり】名 形動（の） もとからあって珍しくないこと。ありふれていること。月並み。「―の方法」「―な話」

ありぎれ ⓪【有り切れ】【有▲布】名 ありあわせのきれ。「―でつくろう」

あり・く【▲歩く】自四 古語 ❶動きまわる。「こも積みたる舟のありくこそ」〈枕〉❷あるく。

ありくい ⓪リ【×蟻食】名 アリクイ科の哺乳類。中南米産。頭は円筒状で、歯がなく、長い舌で、ありを食う。

ありげ ⓪【有りげ】形動 ありそう。「意味―」「心配―な顔つき」参考 名詞に付けて使うことが多い。

アリゲーター ゲ〈alligator〉名 ワニ目の爬虫類。アメリカ大陸と中国に生息する。口先は幅が広く、前端は丸くなっている。

ありさま リ【有（り）様】名 外から見た、物事の状態。様子。「この―はなんだ」

ありし【在りし】連語 文章語 ❶前の。❷この世に生きていた。**―日** ❶すぎさった昔。以前。❷この世に生きていたとき。生前。「―の父」**―昔** ありし日。**―世** ありし日。

ありじごく ジ【×蟻地獄】名 うすばかげろうの幼虫。かわいた砂の地面にすりばち状の穴をつくり、落ちてくるありなどを食う。夏

ありじごく

ありしまたけお《有島武郎》〔一八七八〜一九二三〕小説家。白樺派の一人で、初めキリスト教の影響を受け、のち社会主義思想に傾いた。「或る女」「生れ出づる悩み」「星座」など。

アリストクラシー ク〈aristocracy〉名 ❶貴族。貴族社

会。❷貴族政治。

ありそ【▲荒×磯】名〔古語〕あらいそ。

ありだか [0]【有(り)高】名 現在高。いまある総量。

ありた-やき [0]【有田焼】名 佐賀県有田地方に産する磁器。伊万里(いまり)焼。

あり-づか [0]【あり塚】【×蟻×塚】名 ありやしろありが、土を柱状・円錐(えんすい)状に積みあげてつくった巣。ありのとう。㊊夏

あり-つ・く【有り付く】一 [ツ] 自五 (カ・コ-キ・イ-ク-ク-ケ-ケ) 求めていたものを得る。「ごちそうに—」「よい仕事に—」 二 自四〔古語〕❶住みつく。おちつく。「さる方にありつきたりしあなたの年ごろは(過去ノ何年カノ間ハ)」〈源氏〉❷似合う。「けさうだちたる(色メイタ)事はいとまばゆく(見テイラレナイホドニハナハダシク)ありつかず」〈源氏〉

ありっ-たけ [0]【有りったけ】名 あるだけ全部。「—の力を出す」

あり-つる 連語〔古語〕前に述べた。さきほどの。例の。「ありつる歌の返し」〈竹取〉

あり-てい [0]【有(り)体】名 形動 あるとおり。ありのまま。「—にのべる」

有(あ)りとあらゆる (「あらゆる」の強め)あるかぎりのすべての。ありとある。「—手段」

有(あ)りと有(あ)る あらゆる。ありとあらゆる。

あり-の-とう [ト]【ありの塔】【×蟻の塔】名 ⬇ありづか。㊊夏

あり-の-とわたり [ワ]【×蟻の▲門渡り】名 ❶両側が谷になっている細い山道。❷陰部と肛門(こうもん)との間。会陰(えいん)。

あり-の-まま [マ2]【有りのまま】【有の×儘】名 形動(の) (に)副 実際にあったとおり。うそやごまかしのない、ほんとうの状態。実状。あるがまま。「—を話す」

あり-の-み [0]【有の実】名 (「なし」は「無し」に通じることから)くだものの「なし」をいう忌(い)みことば。

アリバイ [0]〈alibi〉名 犯罪などの事件が発生した当時、その場にいなかったという証明。現場不在証明。「—をくずす」

あり-ふ・れる [0]【有り触れる】自下一 (レ-レ-レル-レル-レレ-＊) どこにでもある。ざらにある。「有り触れた話」参考 おもに「有り触れた・有り触れている」の形で使われる。

あり-まき [0]【×蟻巻】名 アブラムシ科の昆虫の総称。植物の新芽につく害虫。ありは、この虫を保護し、その体液をなめる。㊊夏

ありまき

あり-もの [リ/モ]【有(り)物】名 手元にあるあり合わせのもの。「—で弁当を作る」

アリヤ [ア]〈ィaria〉名 ⬇アリア。

あ-りゅう [0]【亜流】名 すぐれた人のまねをするだけで独創性がないこと。また、その人。エピゴーネン。「ピカソの—にすぎない」

ありゅうさん-ガス [ガ]【亜硫酸ガス】名 硫黄(いおう)が燃えるときできる、無色・刺激臭・有毒の気体。硫酸の製造・漂白剤に用いる。二酸化硫黄。

あり-よう [ヨ]【有(り)様】名 ❶ありのまま。「—をいえば」❷望ましいありかた。「会の—を考える」❸あるべきわけ。「そんなこと—がない」

ありよし-さわこ《有吉佐和子》一九三一-八四。小説家。第十五次「新思潮」に参加。「恍惚(こうこつ)の人」「複合汚染」などで社会問題を描く。ほかに「紀ノ川」「華岡青洲(はなおかせいしゅう)の妻」「和宮様御留(かずのみやさまおとめ)」など。

あり-わ・ぶ【在り×侘ぶ】自上二〔古語〕生きているのがつらくなる。「京にありわびて」〈伊勢〉

ありわら-の-なりひら《在原業平》八二五-八八〇。平安時代前期の歌人。「古今和歌集」の代表的歌人で六歌仙の一人。

あり-んす 連語 (昔、吉原(よしわら)の遊女が使ったことば)「あります」の変化。「そうで—」 **—言葉(ことば)** [コ] 名 吉原の遊女が話したことば。

あ・る [ア]【ある】自五 (ラ・ロ-リ・ッ-ル-ル-レ-レ) ↔ない。❶【在る】存在する。実在する。「川の上流に滝が—」「市のはずれに空港が—」「庭に大きなけやきが—」参考「ある」は一般に、無生物・植物についていう。人間・動物の場合は、「いる」を使う。❷【在る】いる。「一日じゅう書斎にあって仕事をする」❸【在る】地位をしめている。「会長の職に—」❹【有る】もっている。「かねが—」❺【有る】おこる。おこなわれる。「試験が—」❻【在る】生きる。暮らす。「世に—」❼【有る】(数量を表す語につづいて)距離・時間・重さ・人・物などがそれだけ存在することを表す。「駅まで一キロ—」❽時間が過ぎ去る。「ややあって口を開いた」❾【在る】書いてある。「彼の手紙にはこうあった」❿そのことによって決定される。「有罪か無罪かは裁判官の判断いかんに—」⓫(「…にあって」の形で)…において。「本校にあってはそのような行為は許されない」⓬(「…にしてある」の形で)実現していないが、実現がきまったこととみなされている。「その問題はすんだことにして—」⓭㋐(「…てある」の形で)動作・行為がすんでいること、また、その結果が存在することの意味。「その件は課長に報告して—」「窓があけて—」参考「…てある」という言い方は、「…が…てある」というように主格を受ける。「窓をあけてある」のような言い方は一般的ではない。㋑(「…である」の形で)断定・陳述の意味。「彼は学生で—」「彼の態度はりっぱで—」㋒(形容詞の連用形について)断定・陳述の意味。「美しくありたいと願う」参考 形容詞につづく場合は、「仕事はつらくはあるが、やりがいを感じる」のように、「は・も・こそ」などを伴って、逆接の言い方につづくことが多い。

あ・り 文語ラ変 **—か無(な)きか** あるのかないのか、わからないほど少ない。かすかな状態。ごくわずか。あるかなし。**—か無(な)し** ⬇あるかなきか。**—事(こと)無(な)い事(こと)** 実際にあることと、実際にはないこと。本当のことと、うそのこと。「—書き立てる」

あ・る【▲生る】自下二〔古語〕生まれる。「橿原(かしはら)の聖(ひじり)の御代(みよ)ゆあれまし し神のことごと」〈万葉〉

ある [ア]【ある】【×或】連体 ❶特定のものを示さないでいう語。「五人のうちの—人」❷はっきりしていないことや、ものをさしていう語。さる。「—所」 **—種(しゅ)の** ある種類のものをばくぜんとさす言い方。一種の。「—感慨をもよおす」

あるあほうのいっしょう《或阿呆の一生》芥川龍之介(あくたがわりゅうのすけ)の自伝的短編小説。一九二七年、作者の自殺後刊行。

あるい-は [ル]【あるいは】【×或は】[ワ] 一 接続 ❶または。そうでなければ。「英語—数学」⇩または 参考。❷同類の事がらを列挙し、それらが一様でないことを示す。「—草むらにかくれ、—水にもぐる」 二 副 もしかすると。ひょっとすると。「—そうなるかもしれない」

あるおんな《或る女(をんな)》有島武郎(たけお)の長編小説。一九一一年から一三年にかけて前編を発表、一九一九年に後編とともに刊行。新しい時代に目ざめた女をえがいた作者の代表作。

アルカイック [イ]〈archaic〉形動 (ダロ-ダッ・デ・ニ-ダ-ナ-ナラ-○) 芸術作品な

どがそぼくで古風なようす。

ある-かぎり [ア]【有る限り】[副] あるだけ。全部。あらんかぎり。ありったけ。

ある-が-まま [ア]【在るがまま】[在るが×儘] [名] 現在の状態のまま。存在するそのまま。「―の現実」

アルカリ [0]〈alkali〉[名] 塩基のうち、水に溶けると水酸化物イオンを生じ、強いアルカリ性反応を示す物質。水酸化カルシウム・水酸化ナトリウムなど。↕酸。**―性(せい)反応(はんのう)** [八][名] リトマス紙やリトマス溶液の色を赤から青にかえる化学反応。↕酸性反応。

アルカロイド [ロ]〈alkaloid〉[名] 植物体にある、窒素(ちっそ)をふくむアルカリ性の物質。はげしい毒性がある。医薬用。ニコチン・コカイン・モルヒネなど。

あるき【歩き】❶[キ][名] あるくこと。「駅まで―で二十分かかる」「そぞろ―」❷[造] あるきながら何かすること。「―スマホ」

あるき-づめ [0]【歩き詰め】[名] ずっと歩き続けること。

あるき-まわ・る [ワ]【歩き回る】[自五] (ラ・ロ・リ・ル・ル・レ・レ) ❶同じ場所を歩いて行ったり来たりする。「室内を―」❷あちらこちらへと出かけて歩く。「郊外を―」 **歩き回れる** [自下一][…できる]

アルギン-さん [0]【アルギン酸】〈ド Algin〉[名] 海藻からとれる、ねばりのある物質。接着剤・フィルムなどの原料。

ある・く [ル]【歩く】[自五] (カ・コ・キ・イ・ク・ク・ケ・ケ) ❶人や動物がいずれかの足は地につけたまま、体重を前へかけて他の足を踏み出し、前方に移動する。「人が道を―」「肩で風を切って―」❷(「…て」の形や動詞の連用形について)あちらこちらをまわる。「調査をして―」「たずね―」[参考] この場合には乗り物を使うことも含まれる。 **歩ける** [自下一][…できる]

アルコール [0]〈オ alcohol〉[名] ❶炭化水素の水素を水酸基でおきかえた化合物の総称。❷エチルアルコール。酒精。❸[俗語] 酒のこと。「―に強い人」 **―依存症(いぞんしょう)** [ソ][0][名] 酒を常用し、それが切れると、心身に異常が起こる症状。程度が進むと、精神や臓器の障害をまねく。慢性のアルコール中毒。[参考] もと「アル中」と言い、俗語化していた。 **―中毒(ちゅうどく)** [チュ][名] ❶酒を一時に多量に飲むことによって生じる心身の異常な状態。❷特に「アルコール依存症」のこと。

アルゴリズム [リ]〈algorithm〉[名] 数学で、問題を解くための規則の集まり。コンピューターで問題を解決するために必要な、一連の手続きの意味にも使う。

アルゴン [ア]〈argon〉[名] 元素記号 Ar 原子番号18 原子量39.948の希ガス元素。ガス入り電球につめる。

あるじ【▲主・▲主▲人】❶[ア][名] ❶一家の主人。❷所有者。もちぬし。「車の―」❷[名][自サ][古語] 主人となって客をもてなすこと。饗応(きょうおう)。

アルジェリア《Algeria》アフリカ北西部、地中海に面した民主人民共和国。一九六二年独立。首都はアルジェ。

アルゼンチン《Argentine》(「亜爾然丁」とも書いた)南アメリカ南部、大西洋沿岸にある共和国。首都はブエノスアイレス。

アルタイ-ごぞく [ゴ]【アルタイ語族】[名] (Altai) トルコ語族・モンゴル語族・ツングース語族の総称。

アルチザン [チ]〈フ artisan〉[名] ❶職人。❷ほんとうの芸術家でない、職人的芸術家。

アル-ちゅう [0]【アル中】[名][俗語] ➡アルコール依存症。

アルツハイマー-びょう [0]【アルツハイマー病】[名] (ドイツの医学者 Alzheimer によって報告されたことから) 初老期から始まる、脳の萎縮(いしゅく)にともなって記憶障害などが起こる病気。認知症(にんちしょう)の一つ。

アルデンテ [デ]〈イ al dente〉[名] パスタのゆで加減で、少し芯が残り、歯ごたえのあること。

アルト [ア]〈イ alto〉[名] ❶音楽で、女声の最低音域。また、その歌手。コントラルト。❷同じ種類の楽器で、ソプラノとテノールの中間のもの。「―リコーダー」「―サックス」

あるとき-ばらい [バ]【有る時払い】(ばらひ) [名] 期限はきめず、かねのある時に借金を払うこと。

ある-は【×或は】(ワ) [接続][古語] あるいは。または。

アルバイター [バ]〈ド Arbeiter〉[名] 正式の職員でなく、一時的にやとわれて仕事をする人。

アルバイト [バ]〈ド Arbeit〉[名] (「仕事・労働の意から) ❶学問上の研究。業績。❷学業や本務のかたわらにする、収入をえるための仕事。また、その仕事をする人。バイト。

アルパカ [0]〈alpaca〉[名] ラクダ科の哺乳(ほにゅう)類。南米のアンデス山中で飼われている。毛は織物にする。

アルバニア《Albania》バルカン半島にある共和国。首都はティラナ。

アルバム [0]〈album〉[名] ❶写真や切手などをはる帳面。❷記念のため写真などを編集して印刷したもの。「卒業―」❸いくつかの曲をまとめて収めたレコード・CD。

アルピニスト [ニ]〈alpinist〉[名] (近代的登山の発祥地、アルプスから) 登山家。

アルビノ [0]〈albino〉[名]〘医〙人や動物で、生まれつきメラニン色素が欠けているため、皮膚・体毛などに色素が生じない個体。

アルファ [ア]〈alpha〉[名] ❶ギリシャ文字の最初の「Α・α」。⇩ギリシャ文字(表)。❷最初。はじめ。↕オメガ。❸それ以上のある値。㋐野球で最終回裏の攻撃をまたずに勝敗がきまったとき、勝利チームの得点につける符号。「A」または「X」であらわす。「三―対一」㋑走り高跳び・棒高跳びなどで、なお高くとぶ資格をもつのに、中止したときの記録につかう符号。「A」であらわす。「1m90―」㋒きまった額・量以上に加わるもの。「プラス―」 **―線(せん)** [0][名] (α ray から) 放射性物質からでる放射線の一種。 **―波(は)** [ファ][名] 脳波の波形の一つ。リラックスした状態の時に多く現れるとされる。

アルファベット [ベ]〈alphabet〉[名] 一定の順序に並べられたローマ字や、ギリシャ文字などの全体。字母表。A・B・Cなど。

アルプス《Alps》❶ヨーロッパの西南部にある大山脈。アルプス山脈。❷日本アルプス。

アルプス-スタンド [タ]〈Alps stand〉[名] (和製英語) 阪神甲子園球場で内野席と外野席の間にある観客席。アルプス席。

アルヘイ-とう [0]【アルヘイ糖】[有平糖] [名] (ポ alfeloa のなまり) 白砂糖と水あめを煮つめて棒状に成形した菓子。

ある-べき [連語] そうでなければならない。そうあるはずの。「学生として―すがた」

アルペン [ア]〈ド Alpen〉[名] ❶アルプス山脈のドイツ名。❷アルペン種目。 **―シュトック** [ト]〈ド Alpenstock〉[名] とびぐち形の金具のついた、登山用のつえ。 **―種目(しゅもく)** [シュ][名] スキー競技で、滑降・回転・大回転・スーパー大回転とそれらの複合競技の総称。アルペン競技。↕ノルディック種目。

アルマイト [マ]〈alumite〉[名] (商標名) アルミニウムの表面を酸化加工したもの。アルミニウムより腐食につよい。食器や建材などをつくる。

ある-まじき [連語] あってはならない。あるべきでない。「学生として―おこない」

アルマジロ [マ]〈armadillo〉[名] アルマジロ科の哺乳(ほにゅう)類。

からだは甲らで包まれ、危険になるとからだを丸める。中南米に分布。よろいねずみ。

アルミ 0 名 ❶「アルミニウム」の略。❷「アルミ銅」の略。 **ー銅**(どう) 三 名 アルミニウム五～一二パーセントの、銅との合金。金色で空気中でも変色しない。アルミ金。 **ーホイル** ホ 名 アルミニウムでできた箔(はく)。料理などに用いる。

アルミナ 0 〈alumina〉名 ボーキサイトを強く熱して得られる、白色粉末。アルミニウムの原料。耐火材料その他とする。酸化アルミニウム。

アルミニウム 三 〈aluminium〉名 元素記号Al 原子番号13 原子量26.981538の金属元素。銀白色で軽く、酸化しにくい。食器・航空機・車両などに使う。アルミ。

アルメニア《Armenia》黒海とカスピ海のあいだに位置する共和国。首都はエレバン。一九九一年に解体した旧ソ連の構成国の一つ。

あれ 0【荒れ】名 ❶肌にあぶらけがなくかさかさすること。「肌の—」❷あらし。暴風雨。「海はかなりの—だ」

あれ 0【あれ】㊀【▲彼】代 ↕これ・それ。❶自分と相手のいる所から離れた所にある物を指す語。「—はいったい何だろう」「—とこれとは別だ」❷時間的・心理的に離れた物事で、自分と相手が共通に知っている物事を指して言う語。「前に言っていた(例の)—は、もう出来上がったかな」参考 思い出せないこと、ぼかしたいことなどを指して言うのにも使う。❸話題になっている時。あの時。「—から一度も会っていない」❹あそこ。「—に見えるは茶摘みじゃないか」❺身内または第三者を、やや軽く見て言う語。あいつ。「—もまんざら悪いやつじゃないよ」参考「あれ」「あの」「あそこ」などは、自分と話し相手のどちらにも属さない物事を指す場合に使う。㊁感 驚いたとき、不審に思ったときなどに出る語。あら。ありゃ。「—、変だぞ」 **ーや**

これや あれとか、これとか。さまざま。

あれ【×吾・▲我】代(古語) わたくし。われ。

あ-れい ア【亜鈴】[×啞鈴] 名 ダンベル。

あれえ 感 ❶思いがけないことが起こり、助けを求める語。「—、だれか来てください」参考 女性が使う。❷起こるはずがないことにであって、不審の気持ちを表す語。「—、たしかにここに置いたんだがなあ」

あれ-かし【有れかし】連語 あってほしい。「幸(さち)—」

あれ-くる・う ル【荒れ狂う】(くるふ) 自五 (ワ・オ-イ・ッ-ウ-ウ-エ-エ) ❶狂ったようにあばれる。❷波・風などがひどく荒れる。

アレグレット レ 〈イ allegretto〉名 音楽で、やや速く演奏せよの意味。アレグロよりおそい。

アレグロ レ 〈イ allegro〉名 音楽で、速いテンポで演奏せよの意味。

アレゴリー レ 〈allegory〉名 たとえ。寓意(ぐうい)。

あれ-これ レ【あれこれ】[▲彼▲是] ㊀代 あれとこれ。㊁副 いろいろ。「いまさら—言ってもむだだ」「—比べてみる」

あれ-しき 0【▲彼れ式】名 あの程度。あれぐらい。「—のことでは、へこたれない」

あれ-しょう 0/ショ【荒れ性】名 皮膚の脂肪が少なくて、冬など、すぐかさかさになる体質。↕脂性(あぶらしょう)。

あれ-ち 0【荒れ地】名 ❶たがやさないために荒れている土地。❷耕作に適さない土地。不毛地。

あれ-の 0【荒れ野】名 荒れはてている野原。荒野(こうや)。あらの。

あれ-はだ 0【荒れ肌】[荒▲膚] 名 脂肪が少なくて、かさかさしているはだ。

あれ-は・てる テ【荒れ果てる】自下一 (テ-テ-テル-テル-テレ-テロ・テヨ) すっかり荒れてしまう。「荒れ果てた田畑」 **あれは・つ** 文語下二

あれ-もよう モ【荒れ模様】名 ❶天気などが悪くなりそうなようす。「海は—だ」参考 近年はすでに荒れているようすの意味にも使う。❷きげんが悪くなりそうなようす。「社長は—だ」❸おだやかにはいきそうもないようす。「—の国会」

あれ-よ-あれ-よ 連語 〈「よ」は感動詞〉事の意外のなりゆきに驚き、あきれ、あわてるようす。「—というちに、飛び去った」

あ・れる 0【荒れる】自下一 (レ-レ-レル-レル-レレ-レロ・レヨ) ❶おだやかな状態、整った状態が失われる。「海が—」「会議が—」「生活が—」「芸が—」❷手入れが悪いために、きたなくなり、または、さびれる。「住居が—」「荒れた庭」❸なめらかな皮膚が、ざらざらになる。「肌が—」❹乱暴をする。あばれる。「酔って—」 **あ・る** 文語下二

アレルギー レ 〈ド Allergie〉名 ❶特定の物質やしげきに対して、生物体が過敏な反応を示すこと。じんましんなど。「—体質」❷ある物事に対する拒絶反応。「英語—」

アレルゲン レ/ル 〈ド Allergen〉名 アレルギーを引き起こす物質。

アレンジ レ 〈arrange〉名 他サ 〈ととのえるの意〉❶配置。組み合わせ。❷編曲。❸脚色。

あろう-ことか【有ろう事か】(あらう) 連語 〈あってよいことか、の意〉あってはならないことだが。けしからんことに。「—、我が子が容疑者になった」

アロエ 0 〈ラ Aloe〉名 ユリ科の多肉植物の総称。アフリカ原産。観賞用、薬用、食用に栽培される。参考 俗に「医者いらず」と呼ばれ、漢方では「蘆薈(ろかい)」という。

アロハ ア/ロ 〈ハワ aloha〉㊀感 ハワイ語で「こんにちは」「さようなら」を意味するあいさつのことば。㊁名「アロハシャツ」の略。 **ーシャツ** シャ 〈aloha shirt〉名 ハワイで作り始めた、すそを出して着る、はでな模様の開襟(かいきん)半そでシャツ。アロハ。夏

アロマ ア 〈aroma〉名 心地よい香り。芳香。「—オイル」 **ーセラピー** セ 〈aromatherapy〉名 花や薬草の芳香(ほうこう)成分をかいだり、肌につけたりして、ストレスの解消や神経の鎮静をはかること。芳香療法。アロマテラピー。

あわ ワ【泡】[×沫] 名 ❶液体が気体をふくんでできたたま。あぶく。水泡(すいほう)。また、努力がむだになることのたとえにも用いる。「—の多いビール」「水面に—が立つ」「これまでの苦労が水の—となる」❷口のはしに吹き出すつばの小さなたま。「口から—を吹く」 **ーを食(く)う** ひどくあわてる。「泡を食って逃げる」 **ーを吹(ふ)かせる** 人を驚かせたり、あわてさせたりする。ひとあわ吹かせる。

あわ ア【×粟】(あは) 名 イネ科の一年生植物。高さ約一メートル(メイトル)。秋、小花が大きな穂になって咲く。小粒で黄色の実(み)は食用。五穀の一つ。秋

あわ《安房》(あは) 昔の東海道の国の一つ。今の千葉県の南部。房州(ぼうしゅう)。

あわ《阿波》(あは) 昔の南海道の国の一つ。今の徳島県。阿州。

アワー 〈hour〉造 時間。時間帯。「ゴールデン—」

アワード ワ 〈award〉名 賞。賞品。

あわい 0【▲間】(あはひ) 名 あいだ。

あわ・い ワ【淡い】(あはい) 形 (カロ・カッ・ク-イ-イ-ケレ-○) ❶色・味などがうすい。❷かすかである。ほのかである。「—光」❸はかない。「—望み」 **淡さ** 名 **あは・し** 文語ク

あわさ・る ア【合(わ)さる】(あはさる) 自五 (ラ・ロ-リ・ッ-ル-ル-レ-レ) 二つの物事がぴったりとつく。あわせた状態になる。「二つの線が—」「両者の願いが—」

あわじ《淡路》(あはぢ) 昔の南海道の国の一つ。瀬戸内海に

ある島で、今の兵庫県の淡路島。淡州。

あわ・す ワ【会わす】他五 会わせる。会うようにさせる。

あわ・す ワ【×醂す】他五 かきのしぶみをぬく。さわす。

あわ・す ワ【合(わ)す】他五 ⬇合わせる。

あわせ セ【×袷】名 裏のついている着物。夏 ↕ひとえ。

あわせ-かがみ カ【合(わ)せ鏡】名 二枚の鏡を前後において、うしろ姿をみること。また、その鏡。

あわせ-ず セ【合(わ)せ酢】名 酒と塩を加えた酢。

あわせ-て セ 一 ワ【併せて】接続 いっしょに。それと同時に。「ご報告いたし、―お礼申しあげます」 二【合(わ)せて】連語 合計して。加えて。「三人分―二千円です」

あわせ-ど セ【合せ×砥】名 ❶仕上げ用のかたいといし。❷かみそり用のといしをたいらにしたり、あぶらをとったりするためにつかう粘板岩のかけら。

あわせ-ばおり バ【あわせ羽織】【×袷羽織】名 裏のついている羽織。

あわ・せる セ【合(わ)せる】他下一 〔「合わす」(五段活用)とも〕❶二つ以上のものを一つにする。「力を―」「両手を―」参考 組織などを一つにまとめる場合に、「併せる」と書くことがある。「A町とB村を併せて市にする」など。❷二つ以上のものを一致させる。「話を―」❸基準に一致させる。「ピントを―」「帳じりを―」❹調和させる。「ギターに合わせて歌う」❺合奏する。「ピアノとフルートを―」❻くらべて確かめる。「答えを―」「原文と―」❼戦う。「刀を―」❽競わせる。「行司が両力士を―」❾【併せる】二つのことを同時に行う。「A校とB校に併せて願書を出す」「清濁併せ飲む」 **あは・す** 文語下二 二 他下二 古語 ❶結婚させる。「姫君をなむ、あはせ奉りたまふべかなるを」〈源氏〉❷楽器の調子をととのえる。❸吉凶を判断する。「夢を見たまひて、あはする者を召して」〈源氏〉❹たかを放して鳥をとらせる。

あわせ-わざ ◎【合(わ)せ技】名 ❶柔道の試合で、「技あり」を二回とって、合わせて一本勝ちとなること。❷複数の技術や方法を組み合わせて効果をおさめること。「ジョギングとストレッチの―で減量に成功」

あわただし・い シ【慌ただしい】【×遽しい】形 せわしない。いそがしい。目まぐるしい。おちつきがない。 **慌ただしげ** 形動 **慌ただしさ** 名 **あわただ・し** 文語シク

あわ-だ・つ ダ【あわ立つ】【×粟立つ】自五 〔恐れや寒さで〕ひふの毛穴が、あわつぶのようにふくれる。鳥はだ立つ。

あわ-だ・つ ダ【泡立つ】自五 液体の表面に、あわがうかぶ。 **泡立ち** 名

あわて-ふため・く メ【慌てふためく】自五 ひどくあわてて立ちさわぐ。

あわて-もの ◎【慌て者】名 あわてて失敗することの多い人。そそっかしい人。

あわ・てる ◎【慌てる】自下一 ❶うろたえる。びっくりしてまごつく。❷びっくりして急ぐ。「慌てて出かける」 **あわ・つ** 文語下二

あわてん-ぼう ◎【慌てん坊】名 ⬇あわてもの。

あわ-ない【合わない】連語 損である。ひきあわない。「事故でも起こしたら―」

あわび ア【×鮑・×鰒】名 ミミガイ科の貝のうち、大形で食用にするものの総称。海底の岩にはりついている。美味。夏 **―の片思い** こちらを何とも思ってくれない相手を、一方的に恋いしたうことのたとえ。参考 あわびが、二枚貝の片われのように見えることから。

あわ-もり ワ【泡盛】名 沖縄原産の、米から作る、アルコール分の多いしょうちゅう。夏

あわ-や ア 副 もうすこしであやうく…しようとする、の意。いまにも。あぶなく。「―衝突かとみえた」

あわ-ゆき ワ【泡雪】【×沫雪】名 ❶とけやすい、泡のようなやわらかな雪。春 ❷あわゆきかん。 **―×羹** ◎ 名 卵の白身をあわだて、かんてんでかためた菓子。夏

あわ-ゆき ワ【淡雪】名 うすく降りつもった雪。「春の―」春

あわよく-ば ヨ 副 うまくいったら。「―入賞したいものだ」

あわれ【哀れ】【×憐れ】一 ア 一 名 ❶かわいそうに思うこと。ふびん。「―をもよおす」「―をさそう」❷深く、しみじみと心をうつ感動。情趣。「ものの―」 二 形動 かわいそうなようす。みじめだ。「―な姿」 **哀れがる** 自五 **哀れげ** 形動 **哀れさ** 名 三 古語 一 感 ああ。「あはれいと寒しや」〈源氏〉 二 なり形動 しみじみと心をうつ、趣深いようす。「鳥の寝どころへ行くとて、三つ四つ、二つ三つなど飛び急ぐさへあはれなり」〈枕〉参考 感動詞としての用法がもとで、心にわきあがった感動をそのまま声に出したことば。平安時代以降には形容動詞・名詞の用法が一般化し、中世には、みごとなさまをたたえる「あっぱれ」にも変化した。

あわれっ-ぽ・い ポ【哀れっぽい】【×憐れっぽい】形 ❶かわいそうに見える。みじめなようすだ。「―姿」❷悲しそうだ。「―声」 **哀れっぽさ** 名

あわれみ ◎【哀れみ】【×憐み】名 哀れに思う心。同情。

あわれ・む レ【哀れむ】他五 ❶【×憐れむ】かわいそうに思う。同情する。❷文章語 愛する。めでる。「月を―」

あを-うま【青馬・▲白馬】名 古語 ⬇あおうま。

あを-ざむらひ【青侍】名 古語 ⬇あおざむらい。

あを-にび【青▲鈍】名 古語 ⬇あおにび。

あを-に-よし【青▲丹よし】枕 ⬇あおによし。

あん【安】造 ❶おだやか。「安産・安定・安否・不安・平安」❷やすらぐ。やすめる。おちつける。「安心・安楽・慰安・霊安室」❸たやすい。てがる。「安易・安直」❹やすい。値が低い。「安価」

あん【行】造 ❶ゆく。いく。すすむ。うつる。「行脚・行宮」❷持ち歩く。「行火・行灯」〔別音ぎょう・こう｜行〕

あん【×杏】造 ❶あんず。「杏仁・杏子」❷木の実。「銀杏」

あん【×按】造 ❶おさえる。なでる。「按腹・按摩」❷ならべる。「按排・按分」 **按ずる** 他サ

あん【暗】造 ❶くらい。くろずんだ。「暗黒・暗室・暗緑色・暗中模索」❷ひそか。かくれている。「暗号・暗殺・暗躍・暗暗裏」❸おろか。「暗愚・暗君」❹そらでおぼえる。そらんじる。「暗記・暗算・暗唱」

あん【×鞍】造 くら。馬の背に置いて人がまたがるもの。「鞍馬・鞍部」

あん【▲闇】造 ❶やみ。くらい。「闇黒・闇然・闇夜・暁闇」❷おろか。「闇愚」

あん【案】一 ア 名 造 ❶意見。考え。「いい―だ」「案件・案出・考案・思案」❷計画。書類。下書き。「―を立てる」「草案・文案・法案・予算案」 二 造 ❶思っていたこと。予想。「案外・案の定」❷つくえ。「案下」 **案じる** 他上一 **案ずる** 他サ **―に▲違わず** 思っていたとおり。 **―に相違する** 予想がはずれる。はたして。 **―の▲如**

く考えていたとおり。思ったとおり。

あん【×庵】㊀ア名造 世間からのがれて暮らしている人や僧尼などのすむ、小さくてかんたんな家。いお。いおり。「庵室(あんしつ・あんじつ)・庵主(あんしゅ・あんじゅ)・草庵(そうあん)」㊁接尾 風流人の住まいや、その雅号につける語。「蝸牛(かぎゅう)―」参考 料理屋・そば屋などの屋号にも使う。

あん ア【×餡】名 ❶あずき・いんげん豆などを煮てつぶし、甘く味つけしたもの。和菓子の材料。あんこ。「白餡(しろあん)」❷くず粉などを加えて、どろりとさせた汁。「葛餡(くずあん)」

あん-あん ０【暗暗】名 ❶くらいこと。❷ひそかなこと。「―のうち」「―に事を運ぶ」 ―**裏**(り)（×裡）ア２名文章語 だれも知らないうち。

あん-い ア【安易】形動 ダロ・ダッ・デ・ニ ダ・ナ・ナラ・○ ❶たやすく、てがるなようす。「―に考えてはいけない」❷のんきなようす。いいかげん。「―な態度」

あん-いつ ０【安逸】【安×佚】名形動 何もせず、ぶらぶらあそんでいること。「―をむさぼる」

アンインストール ト〈uninstall〉名他サ いったんコンピューターに組み込んだソフトウエアを削除すること。

あん-うつ ０【暗鬱】形動 ダロ・ダッ・デ・ニ ダ・ナ・ナラ・○ くらくてゆううつなようす。「―な曇り空」

あん-うん ０【暗雲】名 ❶黒雲。「―がたれこめる」❷よくないことの起こりそうなようすのたとえ。

あん-えい ０【暗影】【暗×翳】名 くらいかげ。不安なふんいき。「政局に―を投じる」

あん-か ア【安価】名 ❶ねだんがやすいこと。廉価(れんか)。↕高価。❷やすっぽいこと。いいかげんなこと。「―な同情」

あん-か ０【行火】名 〔「あん」は唐音〕炭火を入れて手足をあたためる器具。冬

行火

あん-か ア【案下】名文章語 〔つくえのした〕手紙のわき付けのことば。玉案下。机下(きか)。⇩わき付け 参考

あん-が ア【安×臥】名自サ文章語 楽々と寝ること。横になり、からだを休めること。

アンカー ア〈anchor〉名 ❶船のいかり。❷リレーなどの最後の走者・泳者。❸土台などのコンクリートにうめこむボルト。アンカーボルト。❹ニュース番組のキャスター。アンカーマン。

あん-がい ア【案外】副形動 予想や期待とちがうようす。思いのほか。意外。「―元気そうだね」「―な結果だった」参考「意外」よりもくだけた会話で使われやすい。

あん-かけ ０【あん掛け】【×餡掛】名 くずあんをかけた料理。「―うどん」

あん-かん ０【安閑】と副たる連体 ❶やすらかでしずかなようす。楽でひまなようす。「―として暮らす」❷危急のときなどに、のんびりしているようす。「―としてはいられない」

あん-き ア【安危】名 安全であるか危機であるかということ。「一門の―にかかわる事件」

あん-き ０【暗記】【×諳記】名他サ そらでおぼえること。書いたものを見ないでも言えるようにすること。

あん-き ０【安気】形動 ダロ・ダッ・デ・ニ ダ・ナ・ナラ・○ 気楽なようす。のんびりしたようす。「―な暮らし」参考 やや古風な言い回し。

あん-きも ０【×鮟肝】名 あんこうの肝臓。ポン酢やみそで食べる。

あん-ぎゃ ア【行脚】名自サ 〔「あん」は唐音〕❶僧が修行のため諸国をまわり歩くこと。❷諸地方をめぐり歩くこと。「史跡―」

あん-きょ ア【暗×渠】名 地下につくった水路。「―排水」

あん-きょ ア【安居】名自サ 〔「あんご」と読めば別語〕のんびりと暮らすこと。

あん-ぐ ア【暗愚】名形動文章語 道理がわからない、おろかなこと。また、その人。

あん-ぐう ク【行宮】名 〔「あん」は唐音〕天皇が旅行するときの、かりの御所。行在所(あんざいしょ)。

アングラ ０名 〔「アンダーグラウンド(underground)」の略〕❶商業性を無視した、前衛的な映画・演劇など。❷活動の主体が誰だかわからないようにすること。「―経済」「―サイト」

あんぐり ア と副 口を大きく開けるようす。

アングル ア〈angle〉名 ❶かど。すみ。❷写すべき対象へ向けたカメラの角度。❸視点。観点。

アングロ-サクソン サ〈Anglo-Saxon〉名 ❶ゲルマン民族の一派で、大陸から英国に移住し、現在の英国民の中心となった北方系の民族。❷古代英語。

あん-くん ０【暗君】名文章語 おろかな君主。暗主。↕明君。

アンケート ア〈フ enquête〉名 〔「問い合わせ」の意〕多くの人に同じ質問をだし、回答や意見を求めて調査する方法。通信調査。

あん-けん ０【案件】名 ❶問題になっている案・事件。議案。❷訴訟中の事件。

あん-けん-さつ ク【暗剣殺】名 陰陽道(おんようどう)で、最悪とされている方位。これをおかすと、命を失うという。

あん-こ 名方言 〔「あねこ」の変化〕伊豆(いず)大島などで、むすめ。

あん-こ ア【×餡子】名 ❶あん(餡)。❷中身を大きく見せたり、衝撃を小さくしたりするためのつめもの。

あんこ ア名 〔「鮟鱇(あんこう)」の形からという〕相撲で肥満型の力士。↕ソップ。

あん-ご ア【安▲居】名 〔「あんきょ」と読めば別語〕仏教で、僧が陰暦四月十六日から七月十五日まで、一定の場所で、修行すること。夏安居(げあんご)。夏行(げぎょう)。夏籠(げごもり)。雨安居(うあんご)。夏

あん-こう ０【暗紅】名 黒みがかった、あかいろ。暗紅色。

あん-こう ア【×鮟×鱇】名 アンコウ科の海水魚。体長一メートル。頭が大きく、からだはひらたい。食用。冬

あんこう

あん-ごう ０【暗号】名 外部に内容がもれないようにするための秘密の記号。―**資産**(しさん) シ名 仮想通貨の法令上の名称。クリプトアセット。参考 国が保証する本来の通貨と仮想通貨を区別する必要があるとして、二〇一九年、改正資金決済法でこの呼称が定められた。

あん-ごう ０【暗合】名自サ 思いがけなく一致すること。偶然の一致。

アンコール コ〈encore〉名 〔もとはフランス語で「もう一度」の意〕❶音楽会などで、演奏の終わった出演者に、客が拍手で再演を求めること。また、その呼び声。❷再上演。再放送。再上映。

あん-こく ０【暗黒】【▲闇黒】名形動(の) ❶まっくら。くらやみ。❷文明がおくれていること。❸道義が行われていないこと。―**街**(がい) ク名 秩序や道徳が乱れ、しばしば犯罪の発生する市街地。―**時代**(じだい) ジ名 社会の秩序が乱れ、精神的・物質的に苦痛の多い時代。生活に希望のない時代。―**大陸**(たいりく) タ名 〔文明からとり残されたという意〕もと、アフリカ大陸の異称。―**面**(めん) ク名 みにくく、みじめでよくない面。ダークサイド。「社会の―をえぐる」

アンゴラ ０〈Angora〉名 〔トルコの首都アンカラの旧称〕

アンゴラうさぎの毛皮。また、その毛で織った織物。―×兎(うさぎ) [ウ][名] アンゴラ地方原産の飼いうさぎ。長い毛は毛織物用。―▲山羊(やぎ) [ヤ][名] アンゴラ地方原産のやぎ。長い毛は毛織物用。

アンゴラ《Angola》アフリカ南西部の大西洋に面した共和国。一九七五年独立。首都はルアンダ。

あんころ-もち [ロ]【×餡ころ餅】[名] あんを外がわにまぶしつけたもち。あんころ。

アンコンシャス-バイアス [バ]《unconscious bias》[名] 過去の経験や性別などに基づく無意識の偏見や思い込み。

あん-ざ [0]【安座】[名][自サ] ❶おちついてすわること。❷あぐら。

あんざい-しょ [0]【行在所】[名] ➡あんぐう(行宮)。

あん-さつ [0]【暗殺】[名][他サ] 政治上・思想上の対立などで、人の不意をおそい、殺すこと。

あん-ざん [ア]【安産】[名][他サ] らくに子をうむこと。↕難産。

あん-ざん [0]【暗算】[名][他サ] 書いたり、計算器具を使ったりせず、頭の中でする計算。↕筆算・珠算。

あんざん-がん [ザ]【安山岩】[名](「安山」はアンデス山中の石を意味するandesiteの音訳)火山岩の一つ。灰色で黒、または白のはん点がある。敷石・石がき・墓石用。

アンサンブル [サ]《フensemble》[名] ❶ドレスとコート、スカートと上着など同じ生地・デザインでつくった、調和のとれた婦人服。❷音楽で、合奏・合唱。❸小楽団。小合唱団。❹音楽・演劇で、調和のとれた演技。

あん-じ [0]【暗示】[名][他サ] ❶それとなく示すこと。「答えを―する」↕明示。❷人の考えをしらずしらずのうちにある方向にみちびいてしまうこと。「―にかかる」

あんし-しょく [シ]【暗紫色】[名] 黒みをおびた、むらさき色。

あん-しつ [0]【×庵室】[名] ❶僧のすまい。❷いおり。あん。‖あんじつ。

あん-しつ [0]【暗室】[名] 光が中にはいらないように、ぴったりとしめたへや。写真現像をするへやなど。

あんしゃ-ちず [チ]【暗射地図】[名] 地名を書きいれていない地図。白地図(はくちず)。

アンシャン-レジーム [ジ]《フancien régime》[名] フランス革命以前の古い政治体制。

あん-しゅ [ア]【暗主】[名][文章語] おろかな君主。暗君。↕明主。

あん-じゅ [ア]【×庵主】[名] ❶庵室(あんしつ)の主人。❷寺の主(あるじ)である尼僧。‖あんしゅ。

あん-しゅう [0]【暗愁】[名][文章語] くらい悲しい思い。「―にとざされる」

あん-じゅう [0]【安住】[名][自サ] ❶おちついて住んでいること。「―の地」❷ある境遇におちついて、満足していること。「現状に―する」

あん-しゅつ [0]【案出】[名][他サ] 考えだすこと。くふうして、つくりだすこと。

あん-じょ [ア]【×晏如】[と][副][たる][連体][文章語] やすらかに、おちついたようす。

あん-しょう [0]【暗礁】[名] ❶海の中にかくれていて、見えない岩。❷物事の進行のさまたげになる思いがけない、さしさわりや困難。「会談は―にのりあげた」

あん-しょう [0]【暗唱】【×諳×誦】[名][他サ] そらでおぼえたものを、口に出して言うこと。「名文を―する」

あん-じょう [0]【×鞍上】[名][文章語] 馬のくらのうえ。**―人(ひと)なく×鞍下(あんか)馬(うま)なし** たくみに馬をのりこなすたとえ。

あんじょう [副][方言](関西地方で)じょうずに。うまく。

あんしょう-ばんごう [バ]【暗証番号】[名] 本人であるか否かをコンピューターで照合するために、あらかじめ登録しておく数字や文字の組み合わせ。

あん-しょく [0]【暗色】[名] くらい感じのいろ。↕明色。

あん・じる [0]【案じる】[他上一] ジ|ジ|ジル|ジル|ジレ|ジロ・ジヨ ➡案ずる。

あん-しん [0]【安心】[名][形動][自サ] 気にかかることがなく、心やすらかなようす。心をやすらかにすること。**―立命(りつめい)** [0][名] ➡あんじんりゅうめい。

あんじん-りゅうめい [0]【安心立命】[名]『仏』天命を知って心をやすんじ、物事にこだわらないこと。あんしんりつめい。

あん-ず [0]【×杏・×杏子】[名] バラ科の落葉高木。春、うす紅色の花が咲く。果実は、うめに似て大きく、あまずっぱい。食用・薬用。(夏)

あん-すう [ス]【暗数】[名] 事件・事故の件数などで、申告や調査からもれて統計に表れない数。

あんずっこ《杏っ子》室生犀星(むろうさいせい)の長編小説。一九五六年に発表。作者自身を主人公として、複雑な人生模様をえがく。

あん・ずる [0]【×按ずる】[他サ] ジ・ゼ|ジ|ズル|ズル|ズレ|ジロ・ゼヨ [文章語] ❶手でおさえる。なでる。❷しらべる。「地図を按じて作戦を練る」**あん・ず** [文語サ変]

あん・ずる [0]/[ズ]【案ずる】[他サ] ジ・ゼ|ジ|ズル|ズル|ズレ|ジロ・ゼヨ (「案じる」(上一段)とも)❶考える。くふうする。「一計を―」❷気づかう。心配する。**あん・ず** [文語サ変] **―より産(う)むが▲易(やす)し** あれこれ心配するよりも、実際やってみると、意外にやすやすとできるものだ。

あん-せい [0]【安静】[名][形動](病人などが)からだを動かさず、しずかにしていること。「絶対―の病人」

あんせい-の-たいごく《安政の大獄》安政五～六年(一八五八～五九)、江戸幕府の大老井伊直弼(いいなおすけ)が外国との通商条約などに反対する公卿(くぎょう)・大名を罰し、吉田松陰・橋本左内らを処刑した事件。

アンゼルス [ア]《ラAngelus》[名] カトリック教会で、朝・正午・夜に行う聖母受胎告知の記念の祈り。また、その時に鳴らす鐘。アンジェラス。

あん-ぜん [0]【安全】[名][形動] ❶あぶなくないこと。「―な遊び場」❷きずついたり、こわれたりしないこと。「荷物が―にとどく」**―×剃刀(かみそり)** [カ][名] 皮膚をきずつけない仕掛けのかみそり。**―器(き)** [ゼ][名] 電気機械・器具で、一定以上の電流が流れるのをふせぐため、回路中にもうけた装置。とけやすい合金のヒューズを入れておく。**―色(しょく)** [ゼ][名] 交通事故から児童を守る目的で、帽子・雨がさなどに用いる色。黄色を用いる。**―装置(そうち)** [ソ][名] 不注意やまちがった操作による事故をふせぐため、とりつけた仕掛け。「自動車の―」**―地帯(ちたい)** [チ][名] 危険のない場所。特に、路面電車の乗降客の安全を守るために、停留場にもうけられた場所。**―灯(とう)** [0][名] 鉱山・炭坑で、坑内のガスに引火しないようにしたランプ。**―×牌(ぱい)** [ゼ][名] マージャンで、相手にあがられる心配のないパイ。転じて、くみしやすい相手の意にも用いる。**―ピン** [ゼ][名] 長円形にまげて先をおおうようにしてある、とめ針。**―弁(べん)** [ゼ][名] ❶ボイラーなどにそなえてある、一定の限度以上の圧力に達した気体や液体を自動的に外に出す装置。❷危険防止に役だつもの。「戦争防止の―」**―帽(ぼう)** [ゼ][名] 工事現場の人などが安全のためにかぶる鉄または硬質プラスチック製の帽子。ヘルメット。**―保障条約(ほしょうじょうやく)** [ジョ][名] 二つ以上の国がたがいに協力して安全を保障するために結ぶ条約。安保条約。[参考]日米安全保障条約は、一九五一年に結ばれ、アメリカ軍の日本駐留をきめた。**―保障理事会(ほしょうりじかい)** [ジ][名] 国際連合の機関の一つ。国際紛争の平和的な解決を助け、国際平和を守るための経済的・軍事的行動をとる権限をもっている。

あん-ぜん [0]【暗然】[と副][たる連体] 心がふさいでいるようす。気持ちがくらいようす。

あん-そく [0]【安息】[名][自サ] やすらかにやすむこと。 **—香**(こう) [0][名] 安息香樹からとれる、かおりのよい樹脂。薬用・香料。 **—日**(び) [ク][名] 仕事を休んで祈るための聖なる日で、ユダヤ教では金曜日の日没から土曜日の日没まで。キリスト教では日曜日。あんそくにち。

アンソロジー [ソ]〈anthology〉[名] 詩歌・文芸作品の選集。詩華(しか)集。詞華集。

あん-た [ア][代]「あなた」のくだけた言い方。[参考] 目下の者を、また、妻が夫を呼ぶのに使う。

あん-だ [ア]【安打】[名] 野球で、打者が失策によらず、塁に出られる打球。ヒット。

アンダー〈under〉[造] 下。 **—ウエア** [エ]〈underwear〉[名] 下着。 **—シャツ** [シャ]〈undershirt〉[名] すはだにじかに着るシャツ。 **—スロー** [ロ]〈underhand throw〉[名] 野球で、ボールを肩より低いところから投げる投げかた。下手投げ。↕オーバースロー・サイドスロー。 **—パス** [パ]〈underpass〉[名] 交差する道路や線路の下をくぐる構造になっている道。 **—ライン** [ラ]〈underline〉[名] 横書きの文章で、注意すべき字句などの下に引く線。

あん-たい [0]【安泰】[名][形動] (国家・社会や人の身の上が)安全で危険のないこと。安寧(あんねい)。

アンタッチャブル [タ]〈untouchable〉[名] (手をふれてはいけないの意から)社会的に差別されていた、インドの最下層の賤民。[参考] 買収に応じることのない、アメリカ連邦捜査局員のことにも使う。

あん-たん [0]【暗×澹】[と副][たる連体] ❶くらくて、ものすごいようす。「—たる夜の海」 ❷見通しが立たず、不安なようす。希望を失ってみじめなようす。「—とした気分」

アンダンテ [ダ]〈ｲandante〉[名] 音楽で、「歩くような速さで演奏せよ」の意味。

アンチ〈anti〉[接頭] 反対の。反。「—ミリタリズム」 **—エイジング** [エ]〈anti-aging〉=アンチエージング [名] 老化を防ぐための対策。

あん-ち [ア][0]【安置】[名][他サ] たいせつにすえておくこと。「本堂に仏像を—する」

アンチ(ティ)ック [チ]〈ﾌantique〉❶[名] 肉ぶとの活字書体。片仮名・平仮名などの太くて柔らかみのある書体。⇩書体(図)。❷[名][形動] アンティーク。

アンチテーゼ [テ]〈ﾄﾞAntithese〉[名] 一つの主張・命題に対立する主張・命題。反対命題。反立。反定立。↕テーゼ。

アンチピリン [ピ]〈antipyrin〉[名] 白色の結晶性粉末で、熱さまし・痛みどめ用の薬。

アンチモニー [チ]〈antimony〉[名] ⬇アンチモン。

アンチモン [チ]〈ﾄﾞAntimon〉[名] 元素記号Sb　原子番号51　原子量121.760の金属元素。銀白色でもろく、合金の材料に使う。アンチモニー。

あん-ちゃく [0]【安着】[名][自サ] 安全に到着すること。ぶじにつくこと。

あん-ちゃん [ア]【▲兄ちゃん】[名][俗語] ❶兄を呼ぶことば。❷若い男性を呼ぶことば。「町の—」

あん-ちゅう [0]/[ア]【暗中】【▲闇中】[名] まっくらやみ。やみの中。 **—飛躍**(ひやく) かげで、はかりごとをめぐらして動きまわること。暗躍。 **—模索**(もさく) ❶くらやみの中を手さぐりでさがすこと。❷手がかりのない物事をいろいろと探ってみること。「仕事はまだ—の段階だ」

あん-ちょく [0]【安直】[形動] ダロ・ダッ・デ・ニ／ダ・ナ・ナラ・○ 気軽で、費用もかからず、てがるなようす。「—にすます」

あん-ちょこ [0][名][俗語] (「安直(あんちょく)」の変化)教科書のてがるな参考書。とらのまき。

アンチョビー [チョ]〈anchovy〉[名] カタクチイワシ科の小魚。地中海・ヨーロッパ近海などでとれる。また、それを塩漬けにして発酵させ、オリーブ油につけたものをいう。

アン-ツー-カー [ツ]〈ﾌen-tout-cas〉[名] (「晴雨兼用の傘」の意)陶土などを焼いた赤色の人工土。水はけがよいので競技場・テニスコートなどにしく。

あん-てい [0]【安定】[名][自サ] ❶おちついていて変化のないこと。「物価が—する」↕変動。❷物体や物質が現在の状態を保とうとする性質をみせること。

アンティーク [ティ]〈ﾌantique〉[名][形動] (「古代の」の意) ❶古い物。骨董(こっとう)品・古美術品・年代物の家具など。❷古風なおもむきのあるようす。

アンティグア-バーブーダ《Antigua and Barbuda》カリブ海の、小アンティル諸島北部の国。一九八一年独立。首都はセントジョンズ。

アンティック [ティ]〈ﾌantique〉[名][形動] ⬇アンチック。

アンティパスト [パ]〈ｲantipasto〉[名] イタリア料理の前菜。

アンテナ [0]〈antenna〉[名] 電波を発信したり受信したりするために空中に張った金属線。 **—ショップ** [ショ]〈antenna shop〉[名] 製造・流通業者が、新商品を試験的に販売するために設けた直営小売店。 **—を張**(は)**る** 積極的に情報をとらえる態勢をととのえる。

アンデパンダン [パ]〈ﾌIndépendants〉[名] (「独立の」の意)美術家が自主的に出品する、無審査・無授賞の展覧会。十九世紀末フランスで、官設展覧会に対抗して興った。

あん-てん [0]【暗転】[名][自サ] ❶演劇で、幕をおろさず、舞台をくらくして場面をかえること。ダークチェンジ。❷状況などが急に悪い方に変わること。

あん-ど [ア]【安×堵】(「堵」はかきね。かきねのうちに安楽にすごすの意) ❶[名][自サ] 安心すること。「—の胸をなでおろす」 ❷[名][他サ] 鎌倉(かまくら)・室町時代に、領地の所有権を幕府・領主がみとめたこと。所領安堵。

あん-とう [0]【暗闘】[名][自サ] おもてはおだやかで、うらであらそうこと。陰険な争い。

あんどう-ひろしげ《安藤広重》⬇歌川(うたがわ)広重。

アンドラ《Andorra》フランスとスペインのさかいのピレネー山脈の中にある小さな立憲君主国。一九九三年独立。首都はアンドララベリャ。正式国名はアンドラ公国。

アントレ(ー) [ア]〈ﾌentrée〉[名] フランス料理で、さかな料理の次に出す、中心となる肉料理。

アンドロイド [ロ]〈android〉[名] 人に近い外見をもち、人と同じような動きができるロボット。また、SFなどに登場する、人造人間。

あん-どん [0]【行▲灯】[名] (「あん」「どん」はともに唐音)丸形や四角形の木のわくに紙をはり、中に油ざらをおいて火をともした照明器具。

行灯

あん-な [0][形動] ダロ・ダッ・デ・ニ／ダ・ナ・○・○ あのような。↕こんな・そんな。[参考] 連体形は、体言につづくときは「あんな泳ぎ方」のように、語幹が用いられる。このような用法を連体詞とみる説もある。助詞「のに・ので」につづくときは語尾のある形が使われる。

あん-ない [ナ]【案内】❶[名][他サ] ❶手びきをすること・も

の。みせたり紹介したりしてあるくこと。「名所―」「町を―する」❷とりつぎ。「受付で―をたのむ」❸しらせ。通知。「―状」❹招待。「ご―をいただきました」㊁名 事情を知っていること。「ご―のとおり」「この辺は不―だ」

―に立(た)つ 先に進んで案内する。「受付係が―」

あん‐なり 連語〔古語〕〔「あるなり」の変化〕⬇あなり。

あん‐に ア【暗に】副 それとなく。遠まわしに。ひそかに。「―知らせる」

アンニュイ ニュ〈ㇷennui〉名 形動 たいくつ。つれづれ。倦怠(けんたい)。「―な気分」

あんにん‐どうふ ド【×杏▲仁豆腐】名 中国料理の点心。杏仁またはアーモンド、寒天などを材料とし、シロップに入れて食べる。きょうにんどうふ。

あん‐ねい ０【安寧】名〔文章語〕おだやかで安定していること。安泰。

あん‐の‐じょう ノ【案の定】副 思ったとおり。はたして。「低気圧が近づき、―天気がくずれた」

あん‐のん ０【安穏】名 形動〔「あんおん」の変化〕変わりがなく、おだやかなこと。ぶじなこと。「―にくらす」

あん‐ば ０【×鞍馬】名 馬の背の形のものに、取っ手と足のついた体操用具。また、それを使う体操競技。

あん馬

あん‐ばい バ０【あんばい】【▲塩梅】名 ❶〔昔、塩と梅酢とで味をつけたことから〕料理の味かげん。❷物事の状態についてのよしあしの程度。調子。具合。加減。「体の―はいかがですか」「いい―に晴れた」

あん‐ばい バ０【案配】【×按排・×按配】名 他サ ほどよくならべること。適当に処理すること。

アンパイア バ〈umpire〉名 競技で勝負の判定をする人。審判員。

あん‐ばこ ０【暗箱】名 組立式写真機の主要部で、のびちぢみする、光のはいらない箱。

アンバサダー バ〈ambassador〉名 ❶大使。使節。❷地域、商品などの魅力を広報する人。参考「インフルエンサー」はインターネットなどで発信内容が強い影響力をもつ人を言うのに対して、「アンバサダー」は、業務または役目として、情報を伝える人を言う。

アンバランス バ〈unbalance〉名 形動 つりあいのとれていないようす。ふつりあい。不均衡(ふきんこう)。「収支の―」↕バランス。

あん‐パン パ【×餡パン】名 中にあんを入れたパン。

あん‐ぴ ア【安否】名 安全かどうか。ぶじかどうか。安危。「登山者の―を気づかう」

アンビシャス ビ〈ambitious〉形動 ダロ・ダッ・デ・ニ ダ・ナ・ナラ・〇 大きな望みをもったようす。野心的。「―な計画」

アンビション ビ〈ambition〉名 野心。大望。抱負。

アンビバレント ビ〈ambivalent〉形動 ダロ・ダッ・デ・ニ ダ・ナ・ナラ・〇 一つの物事に相反する感情や態度を持つようす。「―な感情を抱く」

あん‐ぶ ア【暗部】名 暗い部分。隠された部分。「歴史の―に光をあてる」

あん‐ぶ ア【×鞍部】名 山の峰と峰との間の低くなった所。コル。

アンプ ア 名「アンプリファイアー」の略。

あん‐ぷ ０【暗譜】【×諳譜】名 他サ 楽曲の音譜を暗記し、演奏のとき、譜を見ないこと。「―でピアノをひく」

アンフェア フェ〈unfair〉形動 ダロ・ダッ・デ・ニ ダ・ナ・ナラ・〇 不明朗。不公平。↕フェア。

あん‐ぷく ０【×按腹】名 自サ 〔「按」はもむの意〕腹部にするあんま。腹部のマッサージ。

アンプリファイアー ファ〈amplifier〉名 入ってくる電気信号の振幅を大きくする装置。増幅器。アンプ。

アンプル ア〈ㇷampoule〉名 薬液などを密封した小さなガラス容器。

あん‐ぶん ０【案文】名 下がきの文章。原案の文章。また、その文章を考えること。

あん‐ぶん ０【案分】【×按分】名 他サ 〔「案分比例」の略〕一定の比率によって分けること。比例配分。

アンペア ペ〈ampere〉名 国際単位系の七つの基本量の一つである電流の単位。記号は「A」。

アンペラ ０名〔ポampero の変化という〕❶カヤツリグサ科の多年生植物。❷「アンペラ❶」で編んだむしろ。

あん‐ぽ ア【安保】名「安全保障」または「安全保障条約」の略。「集団―体制」

あん‐ぽう ０【×罨法】名 他サ からだのはれたり、いたんだりするところに、薬・水・湯をひたした布をあてて炎症を除く療法。湿布。

あんぽ‐り ポ【安保理】名「安全保障理事会」の略。

あんぽんたん ポ 名〔俗語〕おろかな者をののしって言うことば。

あん‐ま ０【×按摩】名 他サ 〔「按」はもむ、「摩」はなでさする意〕からだを手でさすったり、もんだりして血行をよくし、筋肉のこりをほぐす療法。また、その療法をほどこす人。

あん‐まく ０【暗幕】名 へやの中をくらくするために、はりめぐらす幕。

あんまり ０副 形動 ⬇あまり㊁㊂。

あん‐まん ０【×餡×饅】名 あんを入れた中華風まんじゅう。

あん‐みつ ０【あん蜜】【×餡蜜】名 あんをかけた、みつまめ。㊇夏

あん‐みん ０【安眠】名 自サ やすらかによくねむること。「―妨害」

あん‐めり 連語〔古語〕〔「あるめり」の変化〕⬇あめり。

あん‐めん ０【暗面】名〔文章語〕かくれた、みにくい面。裏面。暗黒面。ダークサイド。

あん‐もく ０【暗黙】名 口をとざして、何も言わないこと。「―のうちに了解する」

アンモナイト ナ〈ammonite〉名 頭足類に属する化石軟体動物。平らに巻いた貝の中にからだを入れ、多くのあしと二対のえらを持っていた。古生代にあらわれ、中生代に繁栄した。現存のおうむ貝に似ている。アンモン貝。菊石(きくいし)。

アンモナイト

アンモニア ０〈ammonia〉名 刺激臭の強い、無色の気体。窒素(ちっそ)と水素との化合物。薬用・冷却用。

アンモニウム ニ〈ammonium〉名 水素四分子と窒素(ちっそ)一分子からできている原子団。

アンモン‐がい モ【アンモン貝】名 ⬇アンモナイト。

あん‐や ア【暗夜】【▲闇夜】名 くらいよる。やみよ。―に灯火(ともしび) ひどく困っているときに、たよりになるものや希望があたえられることのたとえ。

あん‐やく ０【暗躍】名 自サ かげで、はかりごとをめぐらして動きまわること。暗中飛躍。「政界の舞台裏で―する」

あんやこうろ《暗夜行路》志賀直哉(しがなおや)の長編小説。一九二一年から三七年にかけて発表。妻の過失で苦しむ主人公が、心の救いを得るまでの過程をえがいたもの。

あん-ゆ ⓪【暗喩】名 ⇨隠喩。

あんよ ア名〔幼児語〕❶あるくこと。「―がじょうず」❷足。「かわいい―」

あん-らく ⓪【安楽】名形動 心身に苦しみがなく、やすらかでたのしいこと。 **―椅子** ク名 やわらかい大形のひじかけいす。 **―死** クラ名 なおらない病気に苦しむ病人を本人・家族などの希望により、薬を与えて、苦痛のない方法で死なせること。 **―浄土** ジョ名 ⇨ごくらくじょうど。

アンラッキー ラ〈unlucky〉形動 ダロ/ダッ・デ・ニ/ダ/ナ/ナラ/○ 不運。↕ラッキー。

あん-りゅう ⓪【暗流】名 表面にあらわれない流れ・うごき。「政界の―」

あん-るい ⓪【暗涙】名〔文章語〕人知れずながすなみだ。

い イ

い：「以」の草体。
イ：「伊」の左。

い【×已】造 ❶すでに。「已往・已然形」❷それから。「已後・已降」

い【以】造 ❶それから。「以外・以上・以前」❷もって。それによって。「以心伝心」

い【×伊】造 ❶「伊太利」の略。「伊語・日独伊」❷「伊賀(旧国名)」の略。「伊州」

い【×夷】造 ❶えびす。未開の野蛮人。「夷狄・攘夷・東夷・征夷大将軍」❷ころす。ほろぼす。「焼夷弾」

い【位】㊀造 ❶ところ。場所。「位置・位相・水位・地位・方位」❷人をさす敬称。「各位」❸数のくらいどり。「千位・百位」㊁造接尾 ❶くらい。身分。「位階・学位・在位・退位・正六位」❷等級・順位をあらわす。「首位・順位・単位・本位・第三位」㊂接尾 死者の数をかぞえる尊敬の言い方。「英霊百二十位」

い【囲】造 かこむ。かこう。まわり。めぐり。「囲碁・胸囲・周囲・範囲・包囲」

い【依】造 ❶たよる。たのむ。「依存・依託・依頼・憑依」❷もとづく。よりどころとする。「依拠・依願退職」❸もとのまま。「依然」〔別音え｜依〕

い【委】造 ❶まかせる。ゆだねる。「委嘱・委託・委任」❷くわしい。「委曲・委細」❸すてる。そのままにする。「委棄」❹「委員会」の略。「教委・小委・予算委」

い【為】造 ❶なす。する。「為政者・行為・所為・有為」❷つくる。手を加える。「作為・人為」

い【畏】造 おそれる。かしこまる。うやまう。「畏敬・畏縮・畏怖・畏友」

い【唯】造 承知する。はい。「唯唯諾諾」〔別音ゆい｜唯〕

い【尉】造 軍隊で、将校のいちばん下の階級。「尉官・大尉・中尉・陸尉」

い【×惟】造 おもう。よく考える。「思惟」

い【×痍】造 きず。きずがつく。「傷痍・満身創痍」

い【移】造 ❶ところをかえる。「移住・移動」❷かわる。変化する。「推移・転移・変移」❸回す。「移牒」

い【偉】造 えらい。すぐれている。りっぱ。「偉業・偉人・偉大・魁偉・雄偉」

い【椅】造 いす。「椅子」

い【萎】造 元気がなくなる。「萎縮・萎靡・陰萎」

い【彙】造 集める。集まり。「彙報・語彙・字彙」

い【違】造 ❶ちがう。ことなる。「違和感・差違・相違」❷ちがえる。たがえる。「違反・違法・違約・背違」

い【維】造 ❶すじ。つな。「維管束・繊維」❷つなぐ。たもつ。「維持」❸発語の強めのことば。「維新」

い【慰】造 なぐさめる。いたわる。「慰安・慰謝・慰問・弔慰」 **慰する** 他サ

い【遺】造 ❶わすれる。おとす。ぬける。「遺賢・遺失・遺漏・拾遺・補遺」❷あとまでつたわる。「遺構・遺跡・遺物・後遺症」❸死んだあとにのこる・のこす。「遺稿・遺言・遺産・遺族」❹もらす。「遺精・遺尿」

い【×頤】造 あご。「頤使」

い【緯】造 ❶よこいと。織物の横の繊維。「経緯」❷よこ。東西の方向。「緯度・北緯」

い イ【衣】名造 きもの。ころも。「衣装・衣服・脱衣・着衣」↕食・住。〔別音え｜衣〕

い イ【医】名造 ❶病気をなおすこと。「―は仁術」「医院・医療・病院」❷医者。医師。「校医・船医・名医」

い イ【易】名造〔文章語〕たやすいこと。「―につきやすいは人の常」「安易・簡易・容易」↕難。〔別音えき｜易〕

い【威】㊀イ名造 人をおさえつけるような強い勢い。勢力。「虎の―を借るきつね」「威力・威光・猛威」❷おびやかす。「威圧・威嚇・脅威」 ㊁造 ❶おごそか。いかめしい。「威厳・威容」 **―あって▲猛からず** 人を恐れ従わせる威力を持ちながら、荒々しくない。おごそかで、しかもおだやかである。

い ⓪【胃】名造 消化器官の一つ。袋状で胃液を分泌し、食物を消化する。いぶくろ。「胃炎・胃酸・胃腸」

い【異】㊀イ名造 ❶ちがうこと。ことなること。「―をとなえる」「異国・異性・差異」❷ふしぎなこと。めずらしいこと。「縁は―なもの」「異端・異変・奇異」㊁造 すぐれている。すばらしい。「異才・異彩・驚異」 **―を立てる** ちがう意見を出す。反対の行いをする。 **―を唱える** ちがう意見を述べる。反対する。

い イ【意】名造 ❶こころ。気持ち。「哀悼の―を表す」「創意・天意」↕知・情。❷意志。考え。「―をうかがう」「意識・意欲・悪意」❸意味。わけ。「その―を問う」「意義・意訳・大意・文意」 **―に介しない** 平気でいる。気にかけない。 **―に適う** 気に入る。「社長の―計画」 **―に染まぬ** 気に入らない。「―仕事」 **―に満たない** 満足できない。気に入らない。 **―のまま** 思うとおり。思いのまま。「どちらを選ぶも―」 **―を決する** 覚悟を決める。決心する。「意を決して打ち明ける」 **―を体する** ある人の考えをよくのみこんで、それに従って実行する。「社長の意を体して交渉する」 **―を尽くす** 考えていることをすべて言いあらわす。 **―を強くする** 勇気づけられて、自信をもつ。「友だちにほめられて―」 **―を迎える** 人の気に入るようにする。

い イ【井】名〔文章語〕いど。 **―の中の×蛙** (「井の中のかわず大海を知らず」から)自分のまわりだけの狭い範囲にとらわれて、広い立場でものを考えられないこと。また、そういう人のたとえ。

い ⓪【×亥】名 ❶十二支の第十二番め。⇩十干(表)。❷〔古語〕方角について北北西を、時刻について午後十時、またその前後二時間を、また一説に午後十時からの二時間をいう。⇩方位(図)・時(図)。

い イ【×藺】名 イグサ科の多年生植物。暖かい地方の湿地にはえ、茎は畳おもて・笠・草履などにする。いぐさ。とうしんそう。㊰

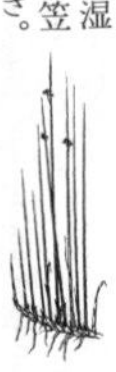

い

い【▲寝】名〔古語〕ねむること。「おそろしくて、いもねられず」〈更級〉 **―を寝** 〔古語〕ねむる。参考「ぬ」は下二段動詞で、「いぬ」と同じ。

い 助 **一**〔終助詞〕❶〔男性語で〕命令・肯定の文につけて、意味を強める。「さっさと見ろ―」「大変だあ―」「こういうことなんだ―」参考 命令の場合は、くだけた乱暴な言い方になる。「…だあい」は子どもの言い方。❷質問の文につけて、表現をやわらげ親しみを込めた言い方にする。「何だ―」「これでいいか―」 **二**〔間投助詞〕古語〔奈良時代の語〕強調・感動をあらわす。きっと。それこそ。「玉の緒の絶えじい妹いもと〈万葉〉」参考 副助詞とする説もある。また、「紀きの関守いとどめてむかも〈万葉〉」のような例を、かつては「間投助詞」とは別に格助詞とみる説もあった。

い-あい ⓪【居合(い)】ゐあひ 名 すわったままで一気に刀を抜いて切り、すばやくさやにおさめる術。**―抜ぬき** ⓪ 名 居合いを見せるみせもの。

い-あい ⓪【遺愛】名 なくなった人が生前にたいせつにしていたもの。「父の―の品」

い-あき ⓪【居空き】ゐ 名〔「空き」は「空き巣」の略〕住人が家にいるのに、しのび込んで金品を盗むこと。

い-あく ⓪【×帷×幄】名 文章語〔昔、陣営に使ったたれ幕と、引き幕〕❶作戦計画をたてる本陣・本営。帷幕ばく。❷はかりごとをたてるけらい。参謀。「―の臣」

い-あつ ⓪【威圧】名 他サ 威力・威光で、おさえつけること。「―的な態度」

い-アトニー ア【胃アトニー】名 胃の筋肉がゆるんで消化力がおとろえる病気。

い-あわ・せる セ【居合(わ)せる】ゐあはせる 自下一 セ セ セル セル セレ セロ・セヨ ちょうどその場にいる。**ゐあは・す** 文語下二

い-あん ⓪【慰安】名 他サ 苦労をなぐさめるために楽しませること。気ばらし。「―旅行」

いい【▲飯】いひ 名 古語 めし。ごはん。

いい イ【×謂】いひ 名 文章語〔「…の謂」の形で〕意味。わけ。いわれ。

い・い イ【いい】【▲好い・▲善い・▲良い】形 ○○|イ イ|○○ 「よい」のくだけた言い方。「―身分」「仲が―」↕わるい。参考 終止形・連体形だけが使われ、他の活用形は「よい」がみたす。「よい」は書きことばなど改まった場合に用いられ、話しことばでは「いい」のほうが一般的。そのため、「いい」には、「よい」ではあまり使われない反語的な使い方がある。「自分かってもいいとこだ」「いい迷惑だ」「ずいぶんいいかっこうだ」など。⇩よい。**―顔かお** ❶顔がきくこと。「この界隈わいでは―だ」❷きげんのいい顔。**―顔かおをしない** きげんのよい顔をしない。賛成や承知をしない。**―気味きみだ**〔人をあざけることば〕ざまをみろ。**―子こ** イ 名 ❶手のかからないおとなしい子。❷子どもをあやす時にいうことば。「よしよし、―、―」**―子こになる** 自分だけがよく思われるよう、ずるく行動する。**―線せんを行いく** 状態や結果が十分ではないが、かなりの程度まで達している。「今度の作品はいい線を行っている」**―面つらの皮かわ** ❶他人が不運にあったり失敗したりしたときなどに、それをあざけっていうことば。❷自分がだまされたり、ばかにされたりしたときに、みずからあざけっていうことば。**―とこ**〔「いいところ」の略〕❶長所。利点。「あいつも―ある」「―どり」❷上流の家庭。裕福な家庭。「―のお坊ちゃん」❸よくても。多く見積もっても。「今度の試験は―五十点くらいだ」**―年とし** 世なれて、ふんべつのある年ごろ。「―をして、どうしてそんな事をしたのだ」参考 非難をする気持ちで使う。**―仲なか** 親しい、また、愛しあっている間がら。**―人ひと** ❶性質のいい人。好人物。❷恋人。**―目めが出でる** うまくいくようになる。運がよくなる。**―目めを見みる** よい思いをする。運よくしあわせなことを経験する。

い-い イ【唯唯】と副 文章語 すこしもさからわず、人の言うままになるようす。「―として従う」参考「唯唯として」の形で使うことが多い。**―諾諾だくだく** イ 名 と副 文章語 すこしも反対しないで、ただただ人の言うままにしたがうようす。

い-い イ【易易】と副 たる連体 文章語 たやすいようす。

イー-アール ア〈ER〉名〔emergency room から〕緊急救命室。

いい-あ・う ア【言(い)合う】いひあふ 自五 ワ・オイ・ッ ウ ウ エ エ ❶話しあう。「感想を―」❷言いあらそう。**言い合い** 名

いい-あ・てる テ【言(い)当てる】いひ 他下一 テ テ テル テル テレ テロ・テヨ 推量して答えや結果を当てる。**いひあ・つ** 文語下二

いい-あやま・る マ【言(い)誤る】いひ 他五 ラ・ロ リ・ッ ル ル レ レ 言いそこなう。**言い誤り** 名

いい-あらそ・う ソ【言(い)争う】いひあらそふ 他五 ワ・オイ・ッ ウ ウ エ エ 言いあう。口げんかをする。**言い争い** 名

いい-あらわ・す ワ【言(い)表す(表わす)】いひあらはす 他五 サ・ソシ ス ス セ セ 思っていることをことばで表す。表現する。⇩あらわす 参考。**言い表せる** 自下一〔…できる〕

いい-あわ・せる セ【言(い)合(わ)せる】いひあはせる 他下一 セ セ セル セル セレ セロ・セヨ ❶話しあう。❷約束する。申しあわせる。「勉強しようと―」**いひあは・す** 文語下二

イー-イー-シー シ〈EEC〉名〔European Economic Community から〕一九五八年にフランス・西ドイツなど西欧六か国で結成した地域的経済統合。欧州経済共同体。六七年、ECに統合。九三年、EUに発展。

イー-イー-ゼット ゼ〈EEZ〉名〔exclusive economic zone から〕⬇はいたてきけいざいすいいき。

いいえ エ 感 相手の言うことを打ち消す返事のことば。いえ。『買い物に行きますか』『―、行きません』『買い物に行かないんですか』『―、行きます』↕ええ・はい。参考 否定を含む「がまんできませんか」のような質問で、内容を否定する答えには「いいえ、できます」、肯定する答えには「はい、できません」のように用いる。また、「いいえ」は「いいや」に比べてやわらかく、「いえ」は「いいえ」より軽い言い方となる。

イー-エス-さいぼう サ【ES細胞】名〔embryonic stem cell から〕万能細胞の一種。さまざまな異なる細胞に分化し、増殖する能力を持つ、発生初期の胚由来の細胞。胚性幹細胞。

言いい得えて妙みょう 実にうまく言ったものだ。

いい-おく・る ク【言(い)送る】いひ 他五 ラ・ロ リ・ッ ル ル レ レ ❶順々に言い伝える。❷手紙や使いによって伝える。**言い送り** 名

いい-おと・す【言(い)落(と)す】いひ **一** ト 他五 サ・ソ シ ス ス セ セ 言うべきことを言いもらす。**言い落とし** 名 **二** 他四 古語 わるく言う。けなす。

いいおそうぎ《飯尾宗祇》⬇そうぎ。

いいがい-な・い ナ【言いがいない】【言▲甲×斐無い】いひがひ 形 カロ・カッ・ク イ イ ケレ ○ 言ってもかいがない。いくじがない。ふがいない。**言いがいなさ** 名 **いひがひな・し** 文語ク

いい-かえ・す カ【言(い)返す】いひかへす **一** 他五 サ・ソ シ ス ス セ セ くり返し言う。**二** 自五 口答えする。「負けずに―」**言い返せる** 自下一〔…できる〕

いい-か・える カ【言(い)替(換)える】いひかへる 他下一 エ エ エル エル エレ エロ・エヨ ❶別のことばで言う。ちがう表現で言う。❷前に言ったのとは、ちがったことを言う。**言いかえ** 名 **いひか・ふ** 文語ハ下二

いい-がかり ⓪【言(い)掛(か)り】いひ 名 つまらないことを口実に、むりを言うこと。なんくせ。「むりな―」**―を付つける** つまらないことを口実に、人をこまらせる。

いい-か・ける ケ【言(い)掛ける】いひ 他下一 ケ ケ ケル ケル ケレ ケロ・ケヨ

い

❶相手に話しかける。❷話しはじめる。途中まで言う。❸かけことばを使う。 いひか・く 文語下二

いい-かげん ⓪【いい加減】㊀名 形動(の) ❶程度や量がちょうどよいこと。十分であること。「—の温度」❷やり方・態度などが十分でなく、よくないこと。不徹底。おざなり。「—なことでは解決しない」「—な演技」㊁副 かなり。だいぶ。「—たいくつした」

いい-がた・い [タ]【言(い)難い】形 カロ・カッ・ク・イ・イ・ケレ・○ 言うことがむずかしい。ことばでは言い表せない。「なんとも—」「いわく—」 **言い難さ** 名

いい-か・ねる [ネ]【言(い)かねる】【言(い)兼ねる】他下一 ネ・ネ・ネル・ネル・ネレ・ネロ・ネヨ ❶言うことがためらわれる。言うことに支障がある。「その件の是非については—」❷(打ち消しの助動詞を伴って)言う可能性が高い。いかにも言いそうである。「彼のことだから、自分は悪くない、と言いかねない」 いひか・ぬ 文語下二

いい-かわ・す [ワ]【言(い)交(わ)す】他五 サ・ソ・シ・ス・ス・セ・セ ❶たがいに話しあう。❷口で約束する。とくに、本人どうしで結婚の約束をする。「言い交わした仲」

い-いき [イ]【異域】名 文章語 他国。外国。 **—の鬼(おに)となる** 外国で死ぬ。

いい-き [イ]【いい気】形動 ダロ・ダッ・デ・ニ・ダ・ナ・ナラ・○ ❶気をつかわず、のんきなようす。「心配させておいて—なものだよ」❷得意。うぬぼれ。「ほめられるとつい—になる」

いい-きか・せる [セ]【言(い)聞(か)せる】他下一 セ・セ・セル・セル・セレ・セロ・セヨ よくわかるように教え聞かせる。「理由を—」 いひきか・す 文語下二

いい-き・る [キ]【言(い)切る】他五 ラ・ロ・リ・ッ・ル・ル・レ・レ ❶言い終わる。❷きっぱりと言う。断言する。「必ずやりとげると—」 **言い切り** 名 **言い切れる** 自下一 …できる

いい-ぐさ ⓪【言い草】【言▲種】名 ❶言いかた。言うことば。言いぶん。「—が気にくわない」「彼の—を聞いてやろう」❷口実。言いわけ。「頭痛を—にさぼる」

いい-くら・す [ラ]【言(い)暮(ら)す】他五 サ・ソ・シ・ス・ス・セ・セ いつも言っている。

いい-くる・める [メ]【言いくるめる】他下一 メ・メ・メル・メル・メレ・メロ・メヨ うまく言いつくろってごまかす。 いひくる・む 文語下二

いい-け・す [ケ]【言(い)消す】他五 サ・ソ・シ・ス・ス・セ・セ ❶相手のことばを否定する。❷悪く言う。けなす。 **言い消し** 名

いい-け・つ 【言ひ消つ】いひ 他四 古語 言いかけてやめる。「末は言ひ消ちて」〈源氏〉

イー-コマース [コ]【eコマース】名〈electronic commerceから〉インターネットを使った商取引(とりひき)。

いい-こ・める [メ]【言(い)込める】【言▲籠める】他下一 メ・メ・メル・メル・メレ・メロ・メヨ りくつで人をやりこめる。 いひこ・む 文語下二

いい-さ・す [サ]【言いさす】他五 サ・ソ・シ・ス・ス・セ・セ 途中まで言いかけてやめる。 **言いさし** 名

イー-シー [シ]〈EC〉名〔European Communityから〕一九六七年に設立された、西欧諸国の共同体。欧州経済共同体(EEC)、同石炭鉄鋼共同体、同原子力共同体の三者を統合したもの。欧州共同体。ヨーロッパ共同体。一九九三年、欧州連合(EU)に発展。

イージー [イ]〈easy〉形動 ダロ・ダッ・デ・ニ・ダ・ナ・ナラ・○ ❶たやすいようす。❷気楽なようす。安易なようす。いいかげん。「—な考え方」 **—オーダー** [オ]〈easy order〉名〔和製英語〕服を仕立てるのに、前もって用意したいくつかの型の中で客の寸法に合わせて、仮縫いなしで仕立てる方法。 **—ゴーイング** [ゴ]〈easygoing〉形動 のんきで努力しないようす。安易。 **—ペイメント** [ペ]〈easy payment〉名 分割払い。月賦(げっぷ)。 **—リスニング** [リ]〈easy listening〉名 くつろいで楽しめる軽音楽。

いい-しぶ・る [シ]【言(い)渋る】他五 ラ・ロ・リ・ッ・ル・ル・レ・レ 言うことをためらう。ためらって、すらすらと言わない。

いい-じょう ⓪【言い条】㊀名 言いぶん。言うところ。「相手の—をよく聞く」㊁連語 …とはいいながら。…とはいっても。「こどもとは—ゆだんがならない」

いい-しれ-ぬ【言(い)知れぬ】連語 言いようのない。言うにいわれない。「—喜び」

いい-しろ・う【言ひしろふ】いひしろふ 他四 古語 言いあう。言い争う。「『いかに聞こえむ』などいひしろふべかめれど」〈源氏〉

いい-す・ぎる [ギ]【言(い)過ぎる】自上一 ギ・ギ・ギル・ギル・ギレ・ギロ・ギヨ 程度をこして言う。ことばが過ぎる。 **言い過ぎ** 名 いひす・ぐ 文語上二

イースター [イ]〈Easter〉名 ➡復活祭。㊡

いい-す・てる [テ]【言(い)捨てる】他下一 テ・テ・テル・テル・テレ・テロ・テヨ 言うだけ言って返事をもとめない。言いっぱなしにする。「言い捨てて帰る」 **言い捨て** 名 いひす・つ 文語下二

イースト ⓪〈yeast〉名 酵母。酵母菌。

イー-スポーツ [ポ]【eスポーツ】名〈electronic sportsの略〉インターネットを介したコンピューターゲームで、チームや個人で対戦する競技の総称。エレクトロニックスポーツ。

イーゼル [イ]〈easel〉名 画板・キャンバスを立てる台。画架。

いい-そ・える [エ]【言(い)添える】他下一 エ・エ・エル・エル・エレ・エロ・エヨ 付け加えて言う。言い足す。

いい-そこな・う [ナ]【言(い)損なう】他五 ワ・オ・イ・ッ・ウ・ウ・エ・エ ❶言いまちがえる。❷言うべきでないことを言う。失言する。❸(忘れたり遠慮したりして)言いたいこと、言うべきことを言わないでしまう。言いもらす。 **言い損ない** 名

いい-そび・れる [レ]【言いそびれる】他下一 レ・レ・レル・レル・レレ・レロ・レヨ 言おうと思いながら、その機会をうしなう。

いいたい-ほうだい【言いたい放題】連語 まわりを気にせず思ったことをすき勝手に言うこと。

いい-だこ [イ]₂/⓪【飯×蛸】名 マダコ科の軟体動物。頭部にめしつぶのように見える卵がつまっている小形のたこ。日本・中国の近海にすむ。食用。㊡

いいだし-っぺ [シ]【言(い)出しっ×屁】名〔臭いと言い出した者が、おならを出した本人である〕最初に言い出すこと。また、言い出した人。言い出した者がまず初めにそれをすること。

いい-だ・す [ダ]【言(い)出す】他五 サ・ソ・シ・ス・ス・セ・セ ❶はなしはじめる。❷はじめて口にする。「それを言い出したのは彼だ」 **言い出せる** 自下一 …できる

いいだ-だこつ【飯田蛇笏】一八八五—一九六二。俳人。本名は武治(たけはる)。高浜虚子の指導を受け、俳誌「雲母(うんも)」を主宰。句集に「山廬(さんろ)集」「椿花(ちんか)集」など。

いい-た・てる [テ]【言(い)立てる】他下一 テ・テ・テル・テル・テレ・テロ・テヨ ❶つよく言いはる。「自分の考えをどこまでも—」❷あれこれとならべて言う。「理由を—」 いひた・つ 文語下二

いい-ちがい ⓪【言(い)違い】名 まちがって言うこと。また、そのことば。言いまちがい。「—を取り消す」

いい-ちら・す [ラ]【言(い)散(ら)す】他五 サ・ソ・シ・ス・ス・セ・セ 考えもなくやたらに言う。言いふらす。「人のうわさを—」

いい-つか・る [カ]【言(い)付かる】自五 ラ・ロ・リ・ッ・ル・ル・レ・レ 言いつけられる。命ぜられる。「言いつかった仕事」

いい-つ・ぐ [ツ]【言(い)継ぐ】他五 ガ・ゴ・ギ・イ・グ・グ・ゲ・ゲ 言いつたえる。

いい-つく・す ク【言(い)尽(く)す】いひ 他五 サ・ソ|シ|ス|ス|セ|セ 残さず言ってしまう。**言い尽くせる** 自下一 〔…できる〕

いい-つくろ・う 回【言(い)繕う】いひつくろふ 他五 ワ・オ|イ・ッ|ウ|ウ|エ|エ まちがいなどを、ことばたくみに言ってごまかす。**言い繕える** 自下一 〔…できる〕

いい-つけ 回【言(い)付け】いひ 名 命令。「―にしたがう」 参考 尊敬語に「仰せ」がある。

いい-つ・ける ケ【言(い)付ける】いひ 他下一 ケ|ケ|ケル|ケル|ケレ|ケロ・ケヨ ❶命令する。❷つげぐちをする。❸いつも言っている。「日ごろ言い付けた格言」 **いひつ・く** 文語下二

いい-つたえ 回【言(い)伝え】いひつたへ 名 ❶昔から口づてに伝えてきたこと。伝説。❷伝言。

いい-つの・る ノ【言(い)募る】いひ 他五 ラ・ロ|リ・ッ|ル|ル|レ|レ ますますことばはげしく言う。「悪口を―」

いい-っぱなし 回【言いっ放し】いひっ 名 ❶言うだけ言って相手の反応を気にしないこと。❷言うだけで実行しないこと。

イー-ティー-シー シ〈ETC〉名 〔electronic toll collection system から〕高速道路などの料金所で、車を停止せずに料金の支払いができるシステム。

イート-イン イ²〈eat in〉名 〔和製英語〕買った食べ物や飲み物を持ち帰らず店内で飲食すること。また、店内飲食のためのスペース。「―コーナー」↕テイクアウト。

いい-とも 連語 〔相手の問いかけに対して、同意や承諾の気持ちをあらわす〕もちろんいい。

いい-なお・す オ【言(い)直す】いひなほす 他五 サ・ソ|シ|ス|ス|セ|セ 前に言ったことを取り消して言いあらためる。**言い直し** 名 **言い直せる** 自下一 〔…できる〕

いい-な・す ナ【言いなす】【言×做す】いひ 他五 サ・ソ|シ|ス|ス|セ|セ ❶「言う」を強めたいい方。❷とりなして言う。言いつくろう。「いろいろ言いなして、きげんを取る」

いい-なずけ 回【▲許▲嫁・▲許▲婚】いひなづけ 名 ❶幼い時から親が結婚をみとめた間がらの人。❷婚約者。フィアンセ。

いい-ならわ・す ワ【言(い)習わす】いひならはす 他五 サ・ソ|シ|ス|ス|セ|セ 世間で習慣的に言う。**言い習わし** 名

いい-なり 回【言いなり】いひ 名 言うとおり。言うなり。「他人の―になる」

いい-ぬ・ける ケ【言(い)抜ける】いひ 他下一 ケ|ケ|ケル|ケル|ケレ|ケロ・ケヨ うまく言いつくろって、責任や回答をさける。言いのがれる。**言い抜け** 名

いい-ね 回【言い値】いひ 名 売る人のつける値段。「―で買う」↕付け値。

いい-ね 連語 SNSやブログなどの投稿・記事に対し、閲覧者が好印象を表明する印。また、その機能。

いい-のが・れる レ【言(い)逃れる】いひ 他下一 レ|レ|レル|レル|レレ|レロ・レヨ 言いぬける。**言い逃れ** 名

いい-のこ・す コ【言(い)残す】いひ 他五 サ・ソ|シ|ス|ス|セ|セ ❶言うべきことを、言わないでおく。❷別れるときに言う。「後輩に―ことば」**言い残し** 名

いい-はな・つ ナ【言(い)放つ】いひ 他五 タ・ト|チ・ッ|ツ|ツ|テ|テ ❶きっぱりと言いきる。断言する。「これでいいのだ―」❷えんりょなくおおっぴらに言う。公言する。「会議の席上で―」

いい-はや・す ヤ【言いはやす】【言×囃す】いひ 他五 サ・ソ|シ|ス|ス|セ|セ ❶人のうわさ話などをしきりに言う。❷古語 さかんにほめて言う。「また僧も言ひはやしけるにやあらむ」〈今昔〉

いい-は・る ハ【言(い)張る】いひ 他五 ラ・ロ|リ・ッ|ル|ル|レ|レ どこまでも言いとおす。主張する。

イー-ピー ピ〈EP〉名 〔extended playing record から〕一分間、四十五回転のレコード。ドーナツ盤。

いい-びつ【▲飯×櫃】いひ 名 古語 めしびつ。

いい-ひらき 回【言(い)開き】いひ 名 うたがいをとくために、わけを言うこと。言いわけをすること。

いい-ふく・める メ【言(い)含める】いひ 他下一 メ|メ|メル|メル|メレ|メロ・メヨ よく言って、のみこませる。よく言いきかせて納得させる。「使いの者によく―」

いい-ふら・す ラ【言(い)触らす】いひ 他五 サ・ソ|シ|ス|ス|セ|セ 大ぜいの人に言って広める。ふいちょうする。「となり近所に―」

いい-ふ・る【言ひ触る】いひ 他下二 古語 ❶言いよる。話しかける。相談する。「(源氏ガ女官ニ)たはぶれごと言ひふれて」〈源氏〉❷言いふらす。言い広める。

いい-ふる・す ル【言(い)古す】いひ 他五 サ・ソ|シ|ス|ス|セ|セ* 長い間、また、何度も言って、めずらしくないものにする。「言い古された話」

いい-ぶん 回【言(い)分】いひ 名 ❶言いたいと思うこと。言いまえ。主張。「相手の―を尊重する」❷不平。不服。「―のあるらしい顔」

イーブン イ〈even〉名 五分五分。互角。特にスポーツで同点、引き分けであること。**―パー** パ〈even par〉名 ゴルフで、打数の合計が基準打数と同じであること。また、そのスコア。

いい-まか・す カ【言(い)負かす】いひ 他五 サ・ソ|シ|ス|ス|セ|セ 言い争って相手を負かす。

いい-まぎら・す ラ【言(い)紛らす】いひ 他五 サ・ソ|シ|ス|ス|セ|セ 話題を変えて、うまくごまかす。話をあいまいにする。「別の話をもち出して―」

いい-まく・る ク【言いまくる】【言×捲る】いひ 他五 ラ・ロ|リ・ッ|ル|ル|レ|レ 勢いよくしゃべりたてる。

いい-まる・める メ【言(い)丸める】いひ 他下一 メ|メ|メル|メル|メレ|メロ・メヨ うまく話をして、相手をごまかす。口先で相手を思うとおりにする。言いくるめる。

いい-まわし 回【言(い)回し】いひまはし 名 言いあらわし方。表現のしかた。

イー-メール メ【Eメール】名 〔electronic mail から〕⬇でんしメール。

いい-もら・す ラ【言(い)漏(ら)す】【言×洩す】いひ 他五 サ・ソ|シ|ス|ス|セ|セ ❶言うべきことを言いおとす。❷秘密などを、うっかり言ってしまう。**言い漏らし** 名

いい-や ヤ 感 相手の言うことを打ち消す返事のことば。いや。参考 主として男性が使う。「いや」は「いいや」より軽い言い方。⇩いいえ 参考

イー-ユー ユ〈EU〉名 〔European Union から〕一九九三年に発足した、欧州諸国の共同体。欧州共同体(EC)が、外交・安全保障、経済・通貨、社会の三分野での統合を加えて、名称変更したもの。欧州連合。ヨーロッパ連合。

いい-よう 回【言(い)様】いひ 名 ものを言うようす。言いかた。「ものも―」

いい-よど・む ド【言いよどむ】【言×淀む】いひ 他五 マ・モ|ミ・ン|ム|ム|メ|メ ためらったりつかえたりして、ことばがすらすら出ない。

いい-よ・る ヨ【言(い)寄る】いひ 自五 ラ・ロ|リ・ッ|ル|ル|レ|レ 異性をくどく。**言い寄れる** 自下一 〔…できる〕

イー-ラーニング ラ〈e-learning〉名 インターネット上のデジタル教材などを用いた学習教育。

いい-わ・く【言(ひ)分く】いひ 他下二 古語 きちんと整理してのべる。

いい-わけ 回【言(い)訳】いひ 名 自分のあやまちなどが、やむをえないことであったと相手に思わせるように理由を説

明すること。申しわけ。弁解。弁明。「―をするな」

いい-わた・す タ【言(い)渡す】いひ 他五 サ・ソ・シ・ス・ス・セ・セ 判決・命令などを言い聞かせる。宣告する。申し渡す。**言い渡し** 名 **言い渡せる** 自下一［…できる］

いい-いん イー【医員】名 病院や診療所ではたらく医者。

いい-いん イー【医院】名 医者が病気の診察・治療をする所。開業医が経営する診療所にいうことが多い。⇩診療所・病院 参考。

いい-いん イー【委員】名 ❶団体員の中から選ばれ、団体員を代表して特定の仕事に当たる人。❷官庁などから依頼され、特定の事がらに関して審議・調査をする人。

い・う 0【言う】いふ ワ・オ・イ・ッ・ウ・ウ・エ・エ ━ 他五 ❶心に思うことを、ことばであらわす。「いやならいやだと―べきだ」「新聞の―ことを信じるならば」参考 思ったり考えたりすることを口に出す意味で、「言う」はもっとも基本的である。書きことばであらわす場合にも使える。「話す」「しゃべる」は、もっぱら会話に使われる。「話す」は用件など内容をともなう場合も多い。「語る」も口に出す場合が多いが、まとまった内容を順序だててあらわす意味が強い。「述べる」は会話・文章の区別を越えて、意見や思考内容の表明に重点がある。❷ある声やことばを発音する。「あっと言った」「生麦生米生卵と言ってごらん」❸ある物事をあることばであらわす。称する。よぶ。「世間は彼を義賊と―」「日本一と言っていいだろう」参考「言う」の主体を立てる言い方(尊敬語)に「おっしゃる」がある。誰に対して言うのかというその動作の及ぶ相手を立てる言い方(謙譲語)が「申す・申し上げる」である。ただし、「申す」はその機能を失いつつあり、もっぱら改まった言い方(丁寧語)に用いられる傾向が強い。━ 自五［かながき］❶(「という＋体言」の形で)体言の内容を具体的に示す。「東京と―大都会」「誠実と―ものは尊いものだ」❷(「と言う」の前後に同じ体言が来て)それに例外のないことを強調する。「国と―国は反対した」❸(「といったらない」の形で)程度がこの上ないことをあらわす。「苦しいといったらない」❹(「という」の形で数詞について)上の数詞を強調する。「百億と―予算を組む」「わずか三人と―小人数で事を起こす」❺(「こう」「そう」「ああ」「どう」＋「いう」の形で)「のような」の意味をあらわす。「こう―話だ」「どう―ことになるのだ」❻(「という」の形で)伝聞の意をあらわす。「事件はおさまったと―ことだ」❼(「AといいBといい」の形で)AもBも。「人物といい能力といい、第一流だ」❽(「といっても」「とはいえ」「とはいうものの」の形で)…ではあっても。「若いといってももう三十だ」「失敗したとはいえ、断念はしない」「有能とはいうものの、やはりまだ未熟だ」❾(「からといって」の形で)否定をあらわす語と呼応して、「必ずしも…でない」意をあらわす。「たまたま成功したからといって、油断してはいけない」❿物が音を立てる。「床がみしみし―」**言える** 自下一［…できる］**―ことをきく** 命令にしたがう。言いつけを守る。**―所の** 世間でみんなが言う。いわゆる。「―社会主義」**―ならく**［文章語］世間の人が言うことには。**―に及ばず** 言う必要がない。言うまでもない。**―に事を欠いて** ほかに言いかたもあろうに。参考 不適当な言いかたをしたり、また、言ってはならないことを言った場合などについて用いる。**―にや及ぶ**(「言うに及ばず」の反語の形で意味は同じ)言う必要もない。わかりきっている。言うまでもない。**―は易く行うは難し** 言うことは簡単であるが、実行にうつすのは容易ではない。**―までもない** もちろんだ。あたりまえだ。**―もおろか** 言うに及ばず。わかりきったことで。言うまでもなく。言うだけばかげている。**―も更なり**［古語］言うまでもない。**―をまたない** 言うまでもない。

イヴ イ〈eve;Eve〉名 ➡イブ。

いうかい-な・し［言ふ甲斐無し］いふかひ 形ク［古語］❶言ってもはじまらない。「まして(親子ノ死別ハ)あはれにいふかひなし」〈源氏〉❷貧しい。ぱっとしない。「女、親なくたよりなくなるままに、もろともにいふかひなくてあらむやは(共ニミジメナ状態デ暮ラシテイルワケニハイカナイ)とて」〈伊勢〉❸身分が低い。卑しい。「かかることは、いふかひなき者の際にやと思へど」〈枕〉❹ふがいない。他愛ない。「あな幼や、いふかひなう物したまふかな」〈源氏〉

いう-ちゃう【優長】なり形動［古語］➡ゆうちょう。

いう-なり 0【言うなり】いふ 名 言うとおり。言いなり。「人の―になる」

いう-なれ-ば【言うなれば】いふ 連語 言ってみれば。いわば。

いえ 2【家】いへ 名 ❶人が住む建物。住居。家屋。うち。❷自分の住むところ。自宅。うち。「―を出る」❸家庭。「―をすてる」❹祖先から伝わり、のちにつづくひとすじの家系。「兄が―をつぐ」❺芸能などの、一つの流派。「―もと」参考 家庭や家族をさす場合には、「うち」が多く用いられる。「いえ」は「いえの観念」「いえの格式」のように抽象的な意味の場合に用いる。また、「いえ」は文章語的、「うち」は話しことば的。**―を空ける** 家を留守にする。**―を外にする** 家に居つかない。

いえ《家》いへ 島崎藤村の長編小説。一九一〇年から翌年にかけて発表。封建的な家の重圧に苦しむ人間の姿をとらえた、自然主義文学の代表作。

いえ 2 感 相手の言うことを打ち消す返事のことば。いいえ。⇩いいえ 参考。

いえ-い［家居］いへゐ 名［古語］❶自分の家に住むこと。❷すまい。住居。家。

い-えい 0【遺詠】名［文章語］❶死んだのち発表された詩や歌。❷辞世の詩歌。

い-えい 0【遺影】名［文章語］死んだ人の写真や肖像画。

いえ-がまえ ガ【家構え】いへがまへ 名 家のつくり。家の形。「りっぱな―」

いえ-がら 0【家柄】いへ 名 ❶先祖からつながる家の地位・格式。家格。❷名家。名門。「―の出」

い-えき 0【胃液】名 胃から分泌される消化液。

いえ-じ 0【家路】いへぢ 名 家へかえるみち。帰路。**―を辿る** 自分の家へ向かって帰る。帰路につく。

イエス 2〈yes〉感名 そうです。そのとおり。はい。↔ノー。**―ノー** 2=ノ 名(yes or noから)はいと承知することと、いいえとことわること。諾否。「―をはっきりしろ」**―マン** 2〈yes man〉名 他人の言いなりになって、何でも「イエス(はい)」と答える人。上役などの言いつけどおり動き、自分の考えをもたない人。

イエス-キリスト《Jesus Christ》キリスト教の祖。ヤソ。キリスト。

いえ-すじ 0【家筋】いへすぢ 名 家の系統。家系。血筋。

イエスタデー 2〈yesterday〉名 きのう。昨日。

いえ-だに 0【家×蜱・家×壁×蝨】いへ 名 オオサシダニ科のだに。体長〇・七ミリメートル。家ねずみに寄生する。人の血を吸ったり、感染症のなかだちもする。夏

いえ-つき 0【家付(き)】いへ 名 ❶もとからその家にいること。また、その人。「―の娘」❷家がいっしょについていること。「―の土地を買う」

いえ-づと【家×苞】いへ 名［古語］自分の家へのみやげ。

いえ-で 0【家出】いへ 名 自サ ひそかに家をぬけ出て、どこかに行ってしまうこと。

いえてる【言えてる】 [いへ] [連語] [俗語] 〔「言う」の可能動詞「言える」＋「ている」の縮約形〕言うことが当たっている。言う通りである。

いえでん [0]【家電】 [いへ] [名] [俗語] 〔携帯電話に対して〕自宅の固定電話。

いえども【×雖も】 [いへ] [連語] [文章語] 〔「といえども」の形で〕…といっても。たとえ…でも。「こどもの意見と―かろんじてはならない」

いえなみ [0]【家並み】 [いへ] [名] ❶立ち並んだ家々。やなみ。❷家ごと。軒なみ。

いえぬし [エ]【家主】 [いへ] [名] ➡やぬし。

いえねこ [0]【家猫】 [いへ] [名] 主に屋内で飼われている猫。

いえのこ [0]【家の子】 [いへ] [名] ❶[古語] ㋐同じ家に生まれた人々。一門。㋑良家の子。❷〔政治家・勢力家などの〕部下。子分。**―郎党(等)** [ろうとう・ろうどう] [0] [名] 一族と子分。

いえのしゅう [ジュ]【家の集】 [いへ] [名] ひとりの人の和歌をあつめた本。私家集。家集[かしゅう]。

いえのみ [0]【家飲み】 [いへ] [名] [俗語] 自宅で酒を飲むこと。

いえばえ [0]【家×蠅】 [いへばへ] [名] イエバエ科のはえの総称。灰黒色で、人家でふつうに見られる。(夏)

言えばえに [古語] 〔「えに」の「え」は動詞「得[え]」の未然形、「に」は打ち消しの助動詞「ず」の古い連用形〕言おうとしても言えないで。「言へばえに言はねば胸にさはがれて心一つに(私一人ノ心ノ中ダケデ)嘆くころかな」〈伊勢〉

イエメン《Yemen》アラビア半島の南端部にある共和国。一九九〇年、イエメン-アラブ共和国とイエメン民主人民共和国が統合して成立。首都はサヌア。

いえもち [0]/[モ]【家持(ち)】 [いへ] [名] ❶家屋を持つこと。家屋を持っている人。❷一家のあるじとして所帯をもっている人。❸家計のやりくり。「―がうまい」

いえもと [0]【家元】 [いへ] [名] その芸道の正統をついでいる、いえすじ。また、その人。宗家。

いえやしき [ヤ]【家屋敷】 [いへ] [名] 家と、その敷地。

いえる [ル]【言える】 [いへる] [他下一] エ・エ・エル・エル・エレ・エロ・エヨ 言うことができる。言うとおりである。「それは―」[参考]「たしかに言えてる」のような「言えてる」は俗語的な表現。

いえる [エ]【癒える】 [自下一] エ・エ・エル・エル・エレ・エロ・エヨ 病気・傷などがなおる。い・ゆ [文語ヤ下二]

イエロー [エ]〈yellow〉[名] 黄色。**―カード** [カ]〈yellow card〉[名] ❶国際予防接種証明書の通称。海外旅行の際、必要な予防接種を受けたことを証明する黄色い用紙。❷サッカーなどで、反則や非紳士的な行為をした選手に、審判が示す黄色い警告カード。

いえん [エ]【以遠】 [造] ある場所を基点として、そこより遠いこと。また、その地域・場所。「名古屋―」**―権** [けん] [エ] [名] 航空会社が協定を結んだ相手国から、さらに遠くの別の国に航路を延長する権利。

いえん [0]【胃炎】 [ゐ] [名] 胃の粘膜が炎症を起こす病気。胃カタル。

いお【×庵】 [いほ] [名] [古語] ❶草木でつくったそまつな家。❷自分の家をへりくだっていう語。いおり。

いお【▲魚】 [いを] [名] [古語] うお。

いお【▲五▲百】 [いほ] [名] [古語] ❶五ひゃく。❷数の多いこと。

いおう [0]【硫黄】 [名] 〔「ゆあわ(湯泡)」の変化〕元素の一つ。元素記号S 原子番号16 原子量32.065 黄色でもろく、火をつけると青白いほのおをあげてもえ、刺激臭と有毒のガスを出す。パルプ・マッチ・ゴムなどの製造用、薬用・漂白用など。ゆおう。**―華** [か] [0] [名] 硫黄の蒸気を急にひやしてつくったこな。昇華硫黄。硫黄ばな。薬用。**―泉** [せん] [0] [名] 硫化水素や硫化金属をふくんだ温泉。

いおう [イ]【以往】 [名] [文章語] それからのち。以後。

いおうびょう [0]【萎黄病】 [名] ❶若い女性に多い鉄分欠乏性貧血。❷光が不足で植物の葉が白黄色になる病気。

いおとす [ト]【射落(と)す】 [他五] サ・ソ・シ・ス・ス・セ・セ ❶矢を射たり銃で撃ったりして落とす。「空気銃ですずめを―」❷ねらったものを手に入れる。射止める。「部長の座を―」

イオニアしき [0]【イオニア式】〈Ionia〉[名] 古代ギリシャ建築の一様式。柱頭にうずまきの彫刻があるのが特徴。⇨ドーリア式(図)。

いおり [0]【×庵】 [いほり] [名] 草木でつくった、そまつな家。あん。草庵。「―を結ぶ」

いおん [0]【異音】 [名] 電化製品や機械などから出る異常な音。

イオン [イ]〈ドIon/ion〉[名] 電気をおびた原子・原子団。電解質の物質を水に溶かすと発生する。**―交換樹脂** [こうかんじゅし] [ジュ] [名] 合成樹脂の一つ。水中の塩[えん]・酸・アルカリなどをのぞき、純水をつくるときに用い、また、糖類・医薬品の精製、化学分析などに用いる。

いおんびん [オ]【イ音便】 [名] 活用語の語尾などの「き」「ぎ」「し」などが「い」とかわること。「泣きて」「脱ぎて」などが「泣いて」「脱いで」などとなる類。↕ウ音便・促音便・撥音便。

いか [0]【×烏▲賊】 [名] 海産の頭足類の軟体動物。からだは頭・腕・胴から成り、胴にはひれ、十本の腕には吸盤がある。多くは沿岸にすむ。食用。(夏)

いか [イ]【以下】 [名] ↕以上。❶数量・程度段階などが、それを含んで、それより下であること。また、そのもの。「三年―の懲役」「十二歳―の児童」[参考]「百人以下」は百人を含んで、それより少ない人数。「百人以上」も百人を含む。「百人未満」は、百人を含まず、「九十九人以下」と同じ。「以内」は、「以下」と同じ。「水準以下の生活」のように程度の低さを表す場合には、基準となるものを含まないことがある。❷それよりあと。「―省略」「理由は―に述べる」

いか [イ]【医科】 [名] 医学についての学科。

いか [イ]【医家】 [名] [文章語] 医師。医者。

いか [イ]【×凧】 [名] [古語]「いかのぼり」の略。たこ。(新年) (春)

いか [イ]【異化】 [名] [自他サ] ❶似ているところが少なくなり、別のもののようになること。また、そのようにすること。❷生物が外から取り入れた物質を、より単純な物質に分解すること。「―作用」↕同化。

いか [イ]【易化】 [名] [自他サ] [文章語] わかりやすく、また、簡単にすること。また、そうなること。↕難化。

いが [ガ]【×毬】 [名] くりなどの実[み]の、とげの密生した外皮。⇨くり(図)。

いが《伊賀》昔の東海道の国の一つ。今の三重県中西部。

いかい [イ]【位階】 [名] 功績のあった者に政府があたえる、くらい。正[しょう]一位から従[じゅ]八位まである。**―勲等** [くんとう] [イ] [名] 名誉のしるしとしてさずけられる位と勲章の等級。

いかい [0]【異界】 [名] 普通の世界とはちがう世界。特に、亡霊や鬼の住むぶきみな世界。

いかい [0]【遺灰】 [名] 死体を焼いたあとに残った灰。

いかい [0]【遺戒】【遺×誡】 [名] [文章語] 後人のために、死後にのこしたいましめや教え。遺訓。ゆいかい。

いがい [イ]【以外】 [造] ❶ある場所をかぎって、その外にあること。外側であること。「避難勧告地域―の住民」↕以内。⇨以内[参考]。❷ある条件を示して、その範囲にふくまれないもの。そのほかのもの。「関係者―立ち入り禁止」「肉―は何でも食べる」

い-がい ◎【遺骸】名 死んだ人のからだ。なきがら。遺体。⇩死体 参考。

い-がい ◎【意外】形動 ダロ・ダッ・デ・ニ/ダ・ナ・ナラ・◯ 予想とことなるようす。思いのほか。「手術は―に早く終わった」「―な不成績」⇩案外 参考。

いが-いが ◎ 副 自サ のどがあれて、すっきりしないようす。参考 動詞として用いるときは イ。

い-がいちょう ガ【居開帳】ヰ 名 その寺で、本尊を信者に見せておがませること。春 ↕出開帳(でがいちょう)。

い-かいよう カ【胃潰瘍】ヰ 名 胃壁の粘膜の組織がふかくきずつき、くずれる病気。

いか-が カ【いかが】【▲如▲何】一 副 ❶どのように。「―いたしましょうか」❷(といかけ、すすめることば)どうですか。どうぞ。「ひとつ―」参考「いかが」は改まった言い方。「どう」はくだけた言い方。❸古語 反語をあらわす。どうして…か。(いや、…でない)「いかがつらしと思はざるべき」〈古今〉二 形動 ❶どんなか。どのようか。「ごきげんは―」❷(うたがい、あやぶむことば)考えものだ。どうだろうか。「それは―なものでしょうかね」 ―は 古語 ❶強い疑問をあらわす。いったいどう。「―すべき」❷反語をあらわす。どうして…か。「君の仰せ言をば、いかがはそむくべき」〈竹取〉❸強調をあらわす。なんとまあ。…どころではない。「(娘ガ)もろともに帰らねば、いかがはかなしき」〈土佐〉 ―はせむ 古語 ❶どうしようか。どうしたらよいだろう。「いかがはせむと惑ひけり」〈徒然〉❷反語をあらわす。どうしようもない。しかたがない。「いみじく思ひ嘆かるれど、いかがはせむ」〈更級〉

い-かがく カ【医化学】名 人間の生理現象を、化学的または物理化学的に研究する学問。基礎医学の一分野。

いかが-わし・い シ【▲如▲何わしい】形 カロ・カッ・ク/イ・イ・ケレ・◯ ❶正体がわからない。あやしい。「―商品」❷正しいかどうか、うたがわしい。「―やり方」❸下品だ。低級だ。「―しばい」 いかがは・し 文語シク

い-かく ◎【威嚇】名 他サ おどすこと。おどかし。「―射撃」

い-がく イ【医学】名 病気をなおしたり、予防したりする原理と方法を研究する学問。

い-がく イ【異学】名 江戸時代、幕府がみとめていた朱子学以外の儒学。

い-かくちょう カ【胃拡張】ヰ 名 胃がひどく広がって、もとにもどらない病気。

いが-ぐり ガ【▲毬×栗】名 ❶いがに包まれたままのくりの実。秋 ❷まるがりにした頭。いがぐり頭。

い-かけ ◎【鋳掛(け)】名 はんだなどで金物をつぎ合わせたり、破損部をなおしたりすること。「―屋」

いか-さし ◎【×烏▲賊刺し】名 いかの刺し身。

いか-さま【▲如何様】一 ◎ 名 形動 ごまかし。いんちき。「―なやりかた」二 ◎ 副 ❶「なるほど」「いかにも」の古風な言い方。「―声がうつくしい」❷古語 どう見ても。どう考えても。「いかさま、弟の出(い)で来たるべきにこそ」〈保元〉❸古語 なんとかして。ぜひ。「いかさま取りて帰り、古き人(ウチノ女房)にも見せ」〈謡・羽衣〉三 なり形動 古語 どのよう。「いかさまに思ほしめせか」〈万葉〉四 感 古語 はい。そのとおり。なるほど。「いかさま、さうであらう」〈狂言・樋の酒〉 ―師(し) マ 名 ごまかしをする人間。ペテン師。さぎ師。

いか・す ◎ 自五 サ・ソ・シ・ス・ス・セ・* 俗語 なかなかよい。魅力がある。「―かっこうだ」

いか・す カ【生かす】【▲活かす】他五 サ・ソ・シ・ス・ス・セ・セ ❶生きているようにする。命をもたせる。「釣った魚を生かしておく」「生かさず殺さず」↕殺す。❷役に立たせる。長所を引き出す。「余暇を―」「才能を―」「持ち味を―」 いかせる 他下一 […できる]

い-かすい カ【胃下垂】名 胃が異常に垂れさがった状態。

いかずち【▲雷】いかづち 名 古語 かみなり。「とどのふる鼓の音はいかづちの声と聞くまで」〈万葉〉夏

いか-そうめん ソ【×烏▲賊▲素▲麺】名 生のいかをそうめんのように細長く切って、しょう油やつけ汁で食べるもの。

い-かぞく カ【遺家族】名 一家をささえていた人に死なれて、あとにとりのこされた家族。「戦死者の―」

いかだ ◎【×筏】名 丸太や竹を並べ、つなげて水にうかべるもの。木材の運搬法として、また、船のかわりに使う。

い-がた ◎【鋳型】名 鋳物をつくるために、とかした金属をながしこむ型。

いかだし ダ【いかだ師】【×筏師】名 いかだをあやつる人。

い-カタル カ【胃カタル】【胃加▲答▲児】名 ⬇胃炎。

い-かつ ◎【威喝】名 他サ 文章語 どなりつけておどかすこと。「良民を―する悪代官」

いかつ・い ◎ ツ【▲厳つい】形 カロ・カッ・ク/イ・イ・ケレ・◯ ごつごつして、いかめしい。「大きな―手」「―顔つき」 いかつげ 形動 いかつさ 名 いかつ・し 文語ク

いか-で【▲如何で】副 古語 ❶なんとかして。どうにかして。「物語といふもののあんなるを、いかで見ばやと思ひつつ」〈更級〉❷どうして…か。(「いや…ではない」と反語になることが多い) ―か 副 古語 ⬇いかで❷。「いかでか、さは侍らん」〈源氏〉

いか-な カ【いかな】【▲如▲何な】連体 (「いかなる」の変化)「どのような」「どんな」の古風な言い方。いかなる。「―男でも」「―手をつくしても」 ―いかな カ/カ 副 文章語 (打ち消しをともなって)どうしても。決して。絶対に。「―そのようなことは許されぬ」 ―事(こと) 古語 どうしたことか。おどろいたことだ。「これはいかなこと太朗冠者は都へのぼって」〈狂言・末広がり〉

いか-なご ◎【×鮊子・▲玉▲筋▲魚】名 イカナゴ科の海水魚。体長約二五センチメートル。細長い。幼魚は「こうなご」ともいい、つくだになどにする。春

いか-なる カ【いかなる】【▲如▲何なる】連体 どんな。どのような。「―方法を講ずるべきか」

いかなるほしのもとに《如何なる星の下に》高見順(たかみじゅん)の長編小説。一九三九年に発表。戦時下における庶民の哀歓を風俗誌的にえがいたもの。

いかなれ-ば【▲如何なれば】連語 古語 なぜ。どうして。「いかなればこと通はすべきさまを教へずなりぬらむ」〈源氏〉

いか-に【いかに】【▲如何に】一 カ 副 ❶どのように。どう。「―すればよいか」❷(仮定の表現をともなって)どれほど。どんなに。「―強くとも」❸古語 なぜ。どうして。「いかにかくは思し召し寄りぬるぞ」〈大鏡〉❹古語 どんなにか。なんとまあ。「世はいかに興あるものぞや」〈大鏡〉参考 状態や理由や程度などを推測したり疑ったりする意に用いられることば。❶は状態、❷は程度、❸は理由のばあい。❹は疑問・推測から転じて、程度のはなはだしさにおどろく意となったもの。二 感 古語 (よびかけに用いる)もしもし。おい。「いかに、佐々木殿」〈平家〉 ―も カ 副 ❶どう考えても。どうみても。「―おかしい」❷見るからにそうだと思われるようす。「―苦しそうだ」❸なるほど。たしかに。「―そのとおりだ」❹古語 どのようにでも。❺古語 どんなことがあっても。かならず。❻古語 (打ち消しをともなって)決して。ぜったい。「いかにも、かなふまじ」〈平家〉

いか-のぼり ノ【×凧・紙×鳶】名 糸をつけて高くあげるたこのこと。新年 春

いが-ばかま [バ]【伊賀×袴】名 ひざのところですそをくくって、きゃはんのようにしたはかま。たっつけ。かるさん。

いか-ばかり [バ]【いかばかり】【▲如何▲許】副〔文章語〕どのくらい。どんなに。どれほど。「—さびしかったろう」

いか-ほど ⓪【いかほど】【▲如何程】副 ❶価格・数量について、どれくらい。どれほど。いくら。「—ご入用ですか」❷物ごとの程度について、どんなに。どのように。いかばかり。「—努力しても」

いがみ-あ・う [ア]【いがみ合う】【×啀み合う】自五 ワ・オ/イ・ッ/ウ/ウ/エ/エ 仲がわるくて、いつも争う。**いがみ合い** 名

いかめし・い [イ]【▲厳しい】■[シ]形 カロ/カッ・ク/イ/イ/ケレ/○ おごそかで、ものものしい。きびしくて近づきにくい。「—警備」「—肩書き」「—顔つき」**いかめしげ** 形動 **いかめしさ** 名 **いかめ・し** 文語シク ■形シク〔古語〕❶りっぱである。「いかめしう、(土地ヲ)しめて、(家ヲ)作れるさま」〈源氏〉❷ものすごい。はげしい。「いかめしき雨風」〈源氏〉

い-カメラ [カ]【胃カメラ】名 胃の内壁をしらべるために、胃の中に入れる小さなカメラ。ガストロカメラ。参考 現在はファイバースコープが用いられる。

いか-もの ⓪【▲如何物】名 ❶にせもの。❷ふつうとちがう、いかがわしいもの。**—食(ぐ)い** ⓪/ノ 名 ❶人のたべないような変わった物をたべること。また、その人。❷ふつうと変わったことに興味をもつこと。また、その人。

いかもの-づくり【▲怒▲厳物作り】名〔古語〕外装の金具などが、堂々と見えるように作ること。多くは、戦場で用いる太刀(たち)にいう。

いかよう ⓪【▲如何様】形動 ダロ/ダッ・デ・ニ/ダ/ナ/ナラ/○ どのよう。どんなふう。「—にとりはからいましょう」参考 改まった言い方。

いから・す [ラ]【怒らす】他五 サ・ソ/シ/ス/ス/セ/セ ❶おこらせる。いからせる。❷いかめしくする。かどばらせる。そびやかす。「目を—」「肩を—」

いから・せる [セ]【怒らせる】他下一 セ/セ/セル/セル/セレ/セロ・セヨ ⇒いからす。**いから・す** 文語下二

いがらっぽ・い [ポ]形 カロ/カッ・ク/イ/イ/ケレ/○ ⇒えがらっぽい。

いかり [リ]【怒り】名 おこること。腹だち。立腹。「—をおさえる」**—心頭(しんとう)に発(はっ)する** 心の底からおこる。ひどく腹をたてる。

いかり ⓪【×錨・×碇】名 ❶船を一定の所にとめておくために、水底に投げおろすつめのあるおもり。❷物をひっかけてつり上げる、「いかり❶」の形をした道具。

いかり-がた [リ]【怒り肩】名 角ばった肩。↕なで肩。

いかり-くる・う [ル]【怒り狂う】自五 ワ・オ/イ・ッ/ウ/ウ/エ/エ くるったように、はげしくおこる。

いかり-そう ⓪【×碇草】名 メギ科の多年生植物。春、うす紫色の花をつける。茎・葉は強壮剤。㊌

いかる ⓪【×斑×鳩】名 アトリ科の小鳥。すずめよりやや大きい。くちばしは大きく黄色。からだは灰かっ色。頭と尾はあお黒い。声が美しい。三光鳥。㊍

いか・る [カ]【生かる】【▲活かる】自五 ラ・ロ/リ・ッ/ル/ル/レ/レ いけられる。「花がじょうずに生かった」

いか・る [カ]【怒る】自五 ラ・ロ/リ・ッ/ル/ル/レ/レ ❶おこる。腹をたてる。⇩おこる 参考。❷かどばる。「肩が—」

いか・る [カ]【▲埋かる】自五 ラ・ロ/リ・ッ/ル/ル/レ/レ〔「いけらる」の変化〕うずめられる。「土砂くずれで、小屋がいかった」

いかるが《斑鳩》奈良県生駒(いこま)郡の地名。法隆寺がある。**—の宮(みや)** 六〇一年聖徳太子の造営の宮殿。今の法隆寺の東院はその跡という。

いか・れる ⓪ 自下一 レ/レ/レル/レル/レレ/レロ・レヨ〔俗語〕❶人にうまくごまかされる。してやられる。「あいつにいかれてしまった」❷役にたたなくなる。こわれてだめになる。「エンジンが—」❸考え方が普通でなくなる。「頭が—」「いかれたかっこう」❹心をうばわれる。「彼女にいかれている」参考「いかれて」「いかれた」のように連用形がおもに使われる。

いかん [カ]【いかん】【▲如何・▲奈▲何】名〔「いかに」の変化〕〔文章語〕どうか。どうであるか。「返答—」「理由の—によっては」**—せん** [カ]副 どうしようもないことに。残念ながら。「—、手おくれだ」**—となれば** なぜかというと。**—とも** [カ]副 どのようにも。どうにもこうにも。「こうなった上は—しがたい」

い-かん [イ]【衣冠】名 ❶衣服と冠。❷束帯(そくたい)につぐ略式の式服。

さしぬき
衣冠❷

い-かん [イ]【尉官】名 もと、軍人の階級で、大尉・中尉・少尉の総称。↕佐官・将官。

い-かん ⓪【異観】名〔文章語〕めずらしいみもの。めずらしいながめ。

い-かん ⓪【偉観】名〔文章語〕たいそうすぐれたみもの。すばらしいながめ。壮観。

い-かん ⓪【移管】名 他サ 管轄をかえること。「国から都道府県に—する」

い-かん ⓪【遺憾】名 形動 ❶思いどおりにいかなくてざんねんなようす。「彼の落選はかえすがえすも—である」「当方の期待にそむかれたことは—である」参考 相手を非難する気持ちが強い場合が多い。❷きのどく。「—ながらご希望にはそいかねる」❸申しわけがない。「貴意にそむいたことは—である」**—無(な)く** 申し分なく。完全に。「—実力をあらわす」**—の意(い)を表(ひょう)する** 残念に思う気持ちを述べる。参考 自分の行為についてわびるばあいにも、相手の行為を責めるばあいにも使う。

いかん 連語〔「行く」の未然形に打ち消しの助動詞「ん(ぬ)」のついた形〕だめだ。いけない。「そこで遊んでは—」「走っては—」

い-がん [イ]【依願】名 本人の願いによること。「—退職」**—免官(めんかん)** [イ]名 本人の願い出により、官職をやめさせること。依願免。

い-がん ⓪【胃×癌】名 胃壁にできた癌腫(がんしゅ)。

いかん-そく [カ]【維管束】名 植物の根・茎などにある、養分のとおる師管と、水分のとおる道管とからできたかたい組織。**—植物(しょくぶつ)** [ク2]名 しだ植物・種子植物のように維管束の組織をもつ植物。管束植物。

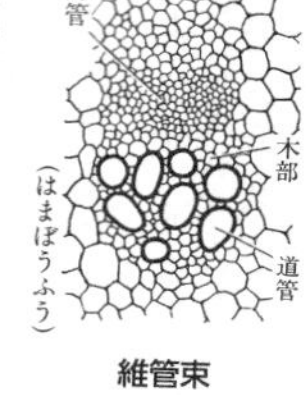

維管束

いき [イ]【域】名 造 ❶くぎられた場所・範囲。「雨域・区域・聖域」❷境地。「名人の—に達する」❸国。地方。「域外・異域・西域(せいいき)(さいいき)」

いき ⓪【生き】名 ❶生きること。「—死に」❷【▲活き】いきいきと、新鮮であること。生気。「—のよい魚」❸校正で、一度消した部分を、もとのままでよいとすること。参考「イキ」と、かたかなで書く。❹碁で、目が二つ以上あり、石が取られない形になっていること。

いき ⓪【行き】名 ↕帰り。❶行くこと。「東京—」❷行く時。「—は飛行機にする」‖ゆき。

いき [イ]【息】名 ❶空気を口から吐いたり、吸ったりすること。また、その空気。呼吸作用。「—をととのえる」❷いのち。「—のあるうち」❸音声学で、声帯の振動のない、吐

く空気。❹いきおい。気配。❺ゆげ。蒸気。❻調子。気分。**—が合う** 両方の調子や気分がぴったりあう。**—が掛かる** 有力者の配下にあり、援助をうける。「重役の—」**—が切れる** ❶呼吸がとまる。死ぬ。❷呼吸が苦しくなる。「階段をのぼると—」❸〔❷から転じて〕物ごとを続けることが苦しくなり、途中で休みたくなる。「難事業で—」**—が絶える** 呼吸がとまる。死ぬ。**—が長い** 長期にわたって活動したり売れたりする。「—俳優」「—製品」**—が弾む** 呼吸が速く荒くなる。「少し走っただけで—」**—の緒** いのち。「—が絶える」**—の下** いまにも絶えそうな弱々しい息づかいで言うこと。「苦しい—から遺言する」**—の根** 呼吸のもと。いのち。「—をとめる」**—を凝らす** 息を殺す。**—を殺す** 息をおさえて、じっと静かにしている。息を凝らす。**—をつく** ❶大きく呼吸する。❷苦しみや緊張が去って、ほっとする。「試験がすんで—」**—を抜く** 緊張をゆるめる。**—を×呑む** びっくりして呼吸をとめる。「—ほどの美しさ」**—を引き取る** 死ぬ。**—を吹き返す** 生きかえる。

いき イ【×閾】名 心理学で、意識作用が生じるかどうかの境目。識域。

いき イ【位記】名 位階をさずけるときの文書。

いき イ【意気】名 物事に取り組もうとする強い気持ち。「—があがる」**—組み** ミ 名 ⇩いきごみ。**—軒×昂** イ と副 たる連体 〔文章語〕元気で意気さかんなようす。**—込み** 0/ゴ 名 はりきった心。気勢。いきぐみ。「さかんな—」**—込む** ゴ 自五 勇みたってはりきる。いきおいこむ。**—地** イ 名 ⇩いくじ。**—消(×銷)沈** イ 名 自サ 元気をなくして、しょげているようす。**—衝天** イ 名 ⇩いきてんをつく。**—阻喪** イ 名 自サ やる気を失ってしまうこと。意気消沈。「失敗続きで—する」**—天を突く** いきごみがたいそう強いようす。**—投合** イ 名 自サ たがいに気持ちがぴったりあうこと。**—揚揚** イ と副 たる連体 とくいになって、元気いっぱいのようす。

いき イ【委棄】名 他サ 〔文章語〕❶〔法〕権利を捨てて他人の自由にさせること。⇩遺棄 参考 ❷うっちゃっておくこと。

いき イ【遺棄】名 他サ 〔文章語〕捨てて、かまわないこと。おきざり。「死体—」参考 法律では、「遺棄」は、ある人を保護のない状態におくことをいい、「委棄」は、所有権を他人に一方的に移すことをいう。

いき 0【粋】名 形動 ↕やぼ。❶世間の事情に通じていて、態度があかぬけしていること。特に、異性の扱いになれていること。また、その人。「—なはからい」❷服装の趣味がよく、洗練されていること。「帽子を—にかぶる」

いき《壱岐》昔の西海道の国の一つ。日本海南部にある島で、今の長崎県の一部。壱州。

いぎ イ【威儀】名 礼法にかなった、おもおもしく、いかめしいふるまい。「—をただす」

いぎ イ【異義】名 ちがった意味。「同音—」↕同義。

いぎ イ【異議】名 ❶ちがった意見。異論。「—なし」❷〔法〕処分に対する反対・不服の意思。「—の申し立て」

いぎ イ【意義】名 ❶ことばの内容。意味。わけ。「ことざの—」❷ねうち。価値。「—のある事業」⇩意味 参考。**—深い** カ 形 重要な意味や立派な価値がある。

いきあ・う ア【行(き)合(会)う】【行×逢う】自五 出あう。ゆきあう。**いきあえる** 自下一〔…できる〕

いきあたり 0【行(き)当(た)り】名 行きあたったところ。行きづまり。ゆきあたり。**—ばったり** バ 形動 なりゆきまかせで無計画なようす。

いきいき イ【生き生き】と副 自サ 生気にみちたようす。「—とかがやく目」

いきいそ・ぐ ソ【生き急ぐ】自五 人生は短いと感じつつ、目的に向かって焦りながら生きる。

いきうお キ【生き魚】【▲活魚】名 ❶いきているさかな。いきざかな。❷いけうお。

いきうつし 0【生(き)写し】名 姿やみぶり・おもかげなどが、きわめてよく似ていること。

いきうま 0【生(き)馬】名 生きている馬。**—の目を抜く** すばしこくずるくて、ゆだんがならないようす。

いきうめ 0【生(き)埋め】名 生きたまま土砂などの中に埋めること。また、埋まること。

いきえ 0【生(き)餌】名 動物のえさや釣りのえさにする、生きたままの動物や虫。

いきおい オ【勢い】㊀名 ❶人や物事が進行・運動する際に速さ・強さなどに現れる力。活動力。「水が—よくほとばしる」❷他をおしたおす力。権力。威力。勢力。「将兵五万の—」❸ほかのものによって引き起こされる力。はずみ。「酒を飲んだ—で引き受ける」㊁副 その場のなりゆきで。ことのはずみで。「—ぼくが行くことになった」

いきおいこ・む コ【勢い込む】自五 大いにはりきる。意気ごむ。「勢い込んで乗り込む」

いきお・う【勢ふ】自四〔古語〕❶勇みたつ。「物さわがしきまで、人多くいきほひたり」〈更級〉❷威勢がある。時めく。栄える。「殿の内いきほひて」〈宇津保〉

いきがい 0【生きがい】【生▲甲×斐】名 ❶生きている価値。「—のある生活」❷生きる上でのはりあい。「むすこの成長だけが—だ」

いきがい キ【域外】名 区域のそと。その範囲外。↕域内。

いきかえり 0【行(き)帰り】名 ⇩ゆきかえり。

いきかえ・る カ【生(き)返る】自五 ❶死んだものが、命をとりもどす。❷死にそうになっていたものが、生気を取りもどす。

いきがかり 0【行(き)掛(か)り】名 やりかかった勢い。ゆきがかり。「—上やめられない」

いきがけ 0【行(き)掛け】名 行くついで。行く途中。ゆきがけ。「—に寄ってみる」**—の駄賃** 何かするついでに他の事をすること。参考 あまりよい意味には使わない。

いきかた カ【生き方】名 ❶生活の方法。生活のやり方。くらし方。「文化的な—」❷人生のえらび方。人生の歩み方。「一生すきなことをするのも一つの—だ」

いきかた 0/タ【行き方】名 ❶やりかた。方法。「じみな—」❷行く道順。‖ゆきかた。

いきがみ キ【生(き)神】名 人の姿をした神。参考 高徳の、すぐれた人を尊敬していう語。

いきが・る ガ【粋がる】自五 ❶いきだと自分で考える。いきなつもりでいる。❷いきらしくふるまう。

生き替わり死に替わり 生まれては死に、何度も別の人間として生まれるようす。

いきかわ・る ワ【生(き)変(わ)る】自五 死んだ人が、別の姿になって再び生まれる。うまれかわる。

いきき キ1/キ2【行き来】【▲往来】名 自サ ❶行くことと来ること。往復。「人の—が絶える」❷つきあい。「隣家との—」‖ゆきき。

いきぎも 0【生(き)肝】【生▲胆】名 生きている動物から取ったきも。「—をぬく(ひどく驚かす)」

いきぎれ 0【息切れ】名 ❶呼吸がつづかず、はあはあとあえぐこと。❷〔❶から転じて〕仕事の途中でへばって、仕上げまで継続できないこと。

いきぐるし・い シ【息苦しい】形 ❶呼吸する

い

のが苦しい。❷〔❶から転じて〕緊張感で、胸をおさえつけられているように重苦しい。「―ばかりの対立状態」 **息苦しげ** 形動 **息苦しさ** 名 **いきぐる・し** 文語シク

いきさき 0【行(き)先】名 ⇨ゆきさき。

いきざし 0【息差し】名 いきづかい。

いきさつ 0【▲経▲緯】名 ある物事がそこに至った事情。ことのなりゆき。経過。事情。

いきざま 0【生きざま・生き様】名 人生をすごしていく態度。生き方。↕死にざま。参考「死にざま」の類推からできた語。そのため悪い意味を感じる人もあるが、よい意味にも使われる。

いきじごく ジ【生(き)地獄】名 この世のこととは思えないような苦しい、悲惨な状態。

いきしに キ【生き死に】名 生きることと死ぬこと。生きるか死ぬかの別。「―にかかわる問題」

いきじびき ジ【生(き)字引】名 いろいろなことをよく知っている人。ものしり。

いきじめ 0【生き締め】【▲活き締め】名 魚の鮮度を保つために、とりたての生きている魚の血を抜くこと。いけじめ。いけしめ。

いきす・ぎる ギ【行(き)過ぎる】自上一 ⇨ゆきすぎる。**行き過ぎ** 名 **いきす・ぐ** 文語上二

いきすじ 0/キ【粋筋】名 ❶花柳界。「―の事情にくわしい」❷情事に関するいきなこと。

いきせききる イ/キ【息せき切る】【息▲急き切る】自五 非常に急いで息をきらして、はあはあいう。「息せききってかけつける」

いきたい 0【生き体】名 すもうで、両者がもつれこんで同時に倒れたとき、つま先が下を向いて土俵内の地に着いていて、優勢と判断される体勢。↕死に体。

いきだおれ 0【行(き)倒れ】名 ⇨ゆきだおれ。

生きた空もない 恐ろしさのあまり、生きているような気がしない。生きているここちもない。

いぎたな・い ナ 形 寝ていてなかなか起きない。寝ぼうだ。↕いざとい。**いぎたな・し** 文語ク

いきち 0【生(き)血】名 生きている動物から取った血。

いきち イ【×閾値】名 ⇨しきいち。

いきちが・う ガ【行(き)違う】自五 ⇨ゆきちがう。**行き違い** 名

いきづえ ヅ【息づえ】【息×杖】名 荷物をかついで運ぶ人が途中で休むとき、かついだものをささえるつえ。昔、かごかきなどが使った。

いきづかい ヅ【息遣い】名 息をするようす。息のしかた。「苦しそうな―」

いきつぎ ツ【息継ぎ】名 ❶いきやすめ。休息。❷歌をうたうときなど、途中で息をすいこむこと。

いきつ・く ツ【行(き)着く】自五 ⇨ゆきつく。**行き着ける** 自下一〔…できる〕

いきづ・く ヅ【息づく】【息▲衝く】自五 ❶呼吸する。息をする。また、生きて存在している。❷ためいきをつく。❸苦しい息をする。あえぐ。

いきづくり ヅ【生(き)作り】名 ⇨いけづくり。

いきつけ 0【行きつけ】名 ⇨ゆきつけ。

いきづま・る マ【行(き)詰(ま)る】自五 ⇨ゆきづまる。**行き詰まり** 名

いきづま・る マ【息詰(ま)る】自五 緊張して息がつまるように感じる。「―熱戦」

いきどお・る ド【憤る】自五 なげき、いかる。ふんがいする。「人情のうすらいだ世を―」 **憤り** 名

いきどおろ・し 【憤ろし】形シク〔古語〕不満である。腹だたしい。ゆううつである。「淡海の海瀬田の渡りに潜く(モグル)鳥目にし見えねばいきどほろしも」〈書紀〉

いきどころ 0【行き所】名 行くべき所。

生きとし生けるもの 生きているもの全部。

いきとど・く ド【行(き)届く】自五 ⇨ゆきとどく。

いきどまり 0【行(き)止(ま)り】名 ⇨ゆきどまり。

いきない キ【域内】名 区域のなか。その範囲内。↕域外。

いきながら・える エ【生き長らえる】【生き▲存らえる】自下一 長く生きつづける。生きのびる。**いきながら・ふ** 文語ハ下二

いきなり 0 副 予想していなかったことが突然に起こるようす。「男は服をぬぐと―川に飛び込んだ」

いきにんぎょう ニ【生(き)人形】【▲活人形】名 ❶生きている人のようにつくった、等身大の人形。❷人形のようにうつくしい人。多く女性にいう。

いきぬき 0/ヌ【息抜き】名 ❶ひと息いれて、休むこと。休息。いきつぎ。いきやすめ。「―にゲームをする」❷室内の換気装置。換気口。

いきぬ・く ヌ【生(き)抜く】自五 苦しみなどをこらえて生き通す。「苦しい競争社会を―」 **生き抜ける** 自下一〔…できる〕

いきのこ・る コ【生(き)残る】自五 他の人が死んだあとも、命ながらえてこの世に生きる。**生き残り** 名 **生き残れる** 自下一〔…できる〕

いきの・びる ビ【生(き)延びる】自上一 生きながらえる。生きつづける。**いきの・ぶ** 文語上二

いきば 0【行き場】名 行くべき場所。行き所。ゆきば。

いきはじ 0【生き恥】名 生きているために受ける恥。「―をさらす(生き長らえたばかりに恥をかく)」↕死に恥。

いきば・る バ【息張る】自五 息を吸いこんだまま つめて腹に力をいれる。いきむ。

いきぼとけ ボ【生(き)仏】名 生きながら仏のように尊敬される、徳の高い人。

いきほ・ふ 【勢ふ】自四〔古語〕⇨いきおう。

いきま・く マ【息巻く】自五 ❶怒って激しい勢いを示す。「ただでおかぬと―」❷〔古語〕勢力をふるう。威勢よくふるまう。「女御にて、いきまきたまひしかど」〈源氏〉

いきみ キ【生き身】名 生きているからだ。なま身。

いき・む キ【息む】自五 いきばる。

いきもの モ/キ【生き物】名 ❶生きているもの。生物。❷動物。「―をいじめるな」❸生きているかのようにはたらくもの。「株価は―だ」

いきゃく 【違▲格】名〔古語〕❶律令制で、格に違反した罪。❷道理にそむくこと。ふつごう。

いきやすめ ヤ【息休め】名 いきぬき。「―に一ぷく」

いきょ イ【依拠】名 自サ〔文章語〕よりどころとすること。立脚すること。「実態調査に―した論文」

いきょう 0【異教】名 自分の信仰している宗教とは別の宗教。特に、キリスト教から見て、他の宗教。**―徒** キヨ 名 異教を信じている者。

いきょう 0【異郷】名 故郷でない、よその土地。他郷。「―をさまよう」

いきょう 0【異境】名 外国。「―の土となる」

いぎょう イ【医業】名 医師としてのつとめ。病気をなおす仕事。

いぎょう 0【偉業】名 すぐれた事業や業績。

いぎょう 0【遺業】名 死後にのこした事業。「―を継

ぐ」

いぎょう◎【異形】名 形動〔文章語〕かわった、あやしげな姿・形。「—の者」

いぎょう【囲繞】「いじょう」「いにょう」のあやまり。

いぎょう-どう ギョ【易行道】名 念仏をとなえ、阿弥陀(あみだ)の力により極楽往生(ごくらくおうじょう)をとげる道。浄土門・念仏門など、他力の道。↕難行道。

い-きょく◎【医局】名 ❶大学病院などで、医師が診療・治療をする所。❷病院で、医師のつめているへや。↕薬局。

い-きょく◎【委曲】名〔「委」も「曲」もくわしいの意〕くわしい事情。こまかいわけ。**—を尽(つ)くす** くわしい事情を明らかにする。「委曲を尽くした説明」

イギリス《ポInglez》〔「英吉利」とも書いた〕ヨーロッパ大陸の西にある大ブリテン島とアイルランド島の一部からなる立憲君主国。英国。首都はロンドン。正式国名は、グレートブリテンおよび北アイルランド連合王国。

イギリス-れんぽう レ【イギリス連邦】名 イギリス本国と、かつてイギリス帝国の植民地で、その後独立したカナダ・インドなどの諸国によって構成される連邦。英連邦。

いきりた・つ タ【いきり立つ】【▲熱り立つ】自五 タ・ト・チ・ツ・ツ・テ・テ はげしくおこって興奮する。

いき-りょう◎【生(き)霊】名 生きている人の魂で、他人にとりつき、たたりをするもの。↕死霊(しりょう)。

い・きる【生きる】【▲活きる】[一] キ 自上一 キ・キ・キル・キル・キレ・キロ・キヨ ↕死ぬ。❶命を保って活動できる状態にある。生存する。「百歳まで—」❷生活をして暮らしを立てる。「作家として—」❸そのものの効果が十分に発揮される。役に立つ。「苦労が—」「生きた金を使う」❹命のあるもののようにはたらく。「戦争の体験が心の中に生きている」❺生き生きとしている。「絵が生きている」❻囲碁で、石が死なないですむ。❼印刷の校正で、一度、訂正したものを元のままでよいとする。い・く 文語上二 [二] 自上二〔古語〕命が助かる。生きのびる。「男、命の生きぬることをよろこびて」〈宇治拾遺〉参考 奈良時代には四段活用であった。

いきれ◎【▲熱れ】造 熱気がたちこめてむっとするようす。「人—」「草—」

いき-わかれ◎【生(き)別れ】名 生きたまま、別れること。生別。「親子の—」↕死に別れ。

いきわた・る タ【行き渡る】自五 ラ・ロ・リ・ッ・ル・ル・レ・レ すみずみまでとどく。ゆきわたる。「連絡が—」

いく【幾】造 ❶不定の数量をしめす。どれくらい。「部屋数は幾間(いくま)ですか」❷数量の多いことをしめす。「眠れない夜が幾夜(いくよ)もあった」「幾重(いくえ)にも」参考「なん(何)」が主に漢語に付くのに対し、「いく」は和語に付き用法が狭かったが、「幾度(いくど/いくたび)」のように漢語に付く例も生まれている。

いく【育】造 ❶そだつ。「生育・成育・発育」❷そだてる。はぐくむ。「育児・育成・育毛・教育・保育・養育」

いく【×郁】造 かおりがよい。「馥郁(ふくいく)」

い・く◎【行く】【▲往く】自五 カ・コ・キ・ッ・ク・ク・ケ・ケ ❶話し手から見て、ある場所から別の場所へ移動する。↕来る。㋐進む。その場を立ち去る。「あっちへ行け」「先に—」㋑目的の場所におもむく。「外国に—」「学校に—」「嫁に—」参考 動作の主体を立てる言い方に「いらっしゃる・おいでになる・いかれる」、動作の及ぶ相手を立てる言い方に「まいる」がある。㋒むこうに届く。「知らせが—」㋓水や雲が流れ去る。人が通る。「—川の流れ」「道—人」❷時が過ぎ去る。「—春をおしむ」「年端(としは)も行かない子ども」❸事がはこぶ。「万事うまく—」「許すわけにはいかない」❹あるやり方でおこなう。「その手で行こう」❺ある状態に達する。「満足が—」「合点が—」❻〔かながき〕〔補助動詞として「…ていく」の形で〕㋐その動作・状態を続けながら遠ざかる意をあらわす。「駆けて—」㋑その動作をすませて、目的地に向かう意をあらわす。「予習をして—」㋒その動作・作用がこれからもひきつづいておこなわれる意をあらわす。「仲良くして—」㋓ある状態から別の状態に変化する意をあらわす。「空が明るくなって—」参考「ていく」は話しことばでは「てく」になることがある。⇒ゆく 参考。**行ける** 自下一〔…できる〕

い・く◎【逝く】自五 ⇒ゆ(逝)く。

い・く【生く・▲活く】〔古語〕自上二 ⇒生きる[二]。

イグアナ◎〈iguana〉名 イグアナ科のとかげの総称。おもにメキシコ以南のアメリカ大陸に生息する。

い-ぐい◎【居食い】名 ❶何の仕事もしないで、手もちの財産で生活すること。徒食。座食。❷魚がほとんど動かずに、えさのついていた針にかかっていること。

いく-え イ【幾重】へ 名 たくさんかさなっていること。**—にも** イ ⊟ 副 くりかえし。ひたすら。「—わびる」

いく-えい◎【育英】名 すぐれた才能をもつ青少年を教育すること。特に、学資を援助して勉学につとめさせること。「—事業」

いく-か イ【幾日】名 いくにち。

いくきゅう◎【育休】名 ⇒いくじきゅうぎょう。

いく-さ サ【戦】【▲軍】名 ❶たたかい。戦争。合戦。戦闘。❷〔古語〕兵士。軍隊。**—の庭(にわ)**〔文章語〕戦場。

い-ぐさ◎【×藺草】ゐ 名 ⇒い。

いく-さき◎【行く先】名 ⇒ゆくさき。

いく-じ イ【育児】名 おさない子をそだてること。**—休業(きゅうぎょう)** キュ 名 一歳未満の子をそだてる労働者に対して、法律で認められている休業。育児休暇。育休。

いくじ イ【意気地】名〔「いきじ」の変化〕考えをつらぬこうとする心。人にまけずに、はりあおうとする気力。いじ。**—無(な)し** ジ 名 形動 意気地のないこと・ようす。また、その人。こしぬけ。

いく-しゅ◎【育種】名 動植物の改良種をつくりそだてること。

いく-すう◎【育×雛】名 ひな鳥をそだてること。

いく-せい◎【育成】名 他サ そだててりっぱにすること。「すぐれた人材を—する」

いくそ-たび【幾▲十度】名〔古語〕〔回数の多いことにいう〕何度。何回。「いくそたび行きかへるらむ」〈伊勢〉

いくそ-ばく【幾▲十▲許】名〔古語〕〔非常に多いことにいう〕どれくらい。どれほど。「その杉の数いくそばく、いく千年経(へ)たりと知らず」〈土佐〉

いく-た イ【幾多】名 たくさん。多数。「—の困難」

いく-たび イ【幾たび】【幾度】名 いくど。

いく-たり イ【幾たり】【幾▲人】名〔文章語〕いくにん。なんにん。

いくちよ イ【幾千代】名〔文章語〕たいそう長い年月。「—かけてさかえる」

いく-つ イ【幾つ】名 ❶どれだけか数がわかっていないこと。物の数や年齢を聞くときに使う。「太陽系に惑星は—あるか」「おばあさまはお—になりましたか」❷相当の数が予想されること。「—でも持って行っていいよ」「人間は—になっても子どものようなところがある」参考「餅は幾つ入れる」のような場合は副詞的用法。**—か** ❶数はさだまっていないが、それほど多くはないことをあらわす。「柿の実が枝に—残っている」❷切りのいい数に付いて、端数をあらわす。「先生は八十歳と―だったはずです」**―も** ❶かなり多くあることをあらわす。「在庫はまだ―ある」❷打ち消しの語とともに、あまり多くはないことをあらわす。「電池の買い置きが―ない」

いく-ど イ【幾度】名 幾つの回数。なんど。いくたび。

いく-どうおん イ【異口同音】名 多数の人が口をそろえて同じことを言うこと。多人数の意見があうこと。「―にほめあげる」参考「異句同音」と書くのはあやまり。

いく-とせ イ【幾とせ】【幾▲年】名〔文章語〕❶さだまらぬ年数。何年。どれくらいの年数。いくねん。❷長い年月。「―を夢のように過ごす」

いく-にち イ【幾日】名 ❶さだまらぬ日数。何日。「―待ったか」❷長い日数。「―も待った」❸どの日。「三月の―だったかな」

イグノーベル-しょう ル【イグノーベル賞】名〔Ig Nobel Prizeから〕人を笑わせ、考えさせる研究におくられるアメリカの賞。ノーベル賞のパロディー。

いく-ばく イ【幾▲何・幾▲許】❶ 0 名〔文章語〕どれほど。どれくらい。❷副〔古語〕〔打ち消しの語をともなって〕たいして。いくらも。どれほども。「いくばくも生けらじ命を〔イクラモ生キラレソウモナイ命ナノニ〕」〈万葉〉**―も無**ないいくらもない。少ない。「余命―」

いく-び イ【×猪首】ゐ― 名 いのししのように、短く太い首。

いく-ひさしく イ/シ【幾久しく】副 いつまでも永く。すえ長く。これから先いつまでも。「―おしあわせに」

いく-びょう 0【育苗】名 苗なえをそだてること。

いく-ぶん 0【幾分】❶名 いくつかに分けること。「―の一にあたるか」❷副 すこし。いくらか。多少。「風邪は―楽になった」

いく-ほど 0【幾程】名 ❶どれくらい。何ほど。❷存外に少ない数量であることを表す。「―もなく返事がきた」

いく-もう 0【育毛】名 他サ 薬やマッサージによって髪が生えてくるようにすること。「―剤」参考「養毛」と比べ、薄毛の防止・改善に重点が置かれることもある。

いく-よ イ【幾夜】名 ❶さだまらない夜の数。どれほどの数の夜。❷多くの夜。幾晩。「眠れぬ―を重ねる」

イクラ 0〈ロikra〉名 さけ・ますの卵をほぐして塩づけにした食べ物。

いく-ら イ【幾ら】❶名 どれだけか数がわかっていないこと。物の量や金額を聞くときに使う。「初サンマの水揚げ量は―ぐらいになるかな」「―あれば支払いには足りるのか」❷副 考えられる限りの範囲を示し、それでも無理だということを示す。「―親子の間でもそういう言い方はひどい」「―ラーメンが好きだってそれは食べすぎだ」**―か** イ/ラ ❶名 あまり多くはないがそれなりの量があること。「こづかいから―を寄付する」❷副 少しだが違いがあるようす。「きょうは―顔色がよさそうだ」**―何**なん**でも** できるかぎり認めようとしても、認められない気持ちをあらわす。どうあっても。「―この金額では契約できない」**―も** ❶少ない数があることをあらわす。いくらでも。「やるべきことはまだ―あります」❷打ち消しの語とともに、それほどたくさんはないことをあらわす。そんなに。「彼より足の速い選手は―いない」

い-くん 0【偉勲】名 すぐれたてがら。「―を立てる」

い-くん 0【遺訓】名 死んだ人が、あとにのこした教え。

いけ 接頭〔俗語〕〔わるい意味を強める〕ほんとうに。にくらしいほど。「―しゃあしゃあとしている」「―ずうずうしい」

いけ ケ【池】名 土地のくぼみにしぜんに水がたまり、また、人が掘って水をためたところ。ふつう、湖や沼よりも小さいもの。

い-けい 0【畏敬】名 他サ 相手をすぐれた人物と仰ぎ、うやまい服すること。「―の念をいだく」

いけ-いけ 連語〔俗語〕調子づいて先に進むことだけを考えるようす。「―どんどん」

い-けいたい ケ【異形態】名〔語〕〔allomorph の訳語〕ひとつの形態素が、特定の環境によって異なる形で現れたもの。例えば、「あまがさ(雨傘)」の「あま」と「がさ」は、それぞれ、形態素「あめ」と「かさ」の異形態である。

い-けいれん ケ【胃×痙×攣】名 上腹部が発作的に収縮して、はげしくいたむ症状。しゃく。

いけ-うお ケ【生け魚】【▲活魚】うを― 名 食用のために、いけすにかこってある魚。

いけ-がき 0【生(け)垣】名 うえ木をめぐらしてつくったかきね。まがき。

いけ-す 0【生けす】【生×簀】名 捕った魚を生きたまま、たくわえておく所。

いけ-ず 名 形動〔方言〕〔関西地方で〕いじわる。いじわるな人。

いけ-ずうずうし・い シ【いけ▲図▲図しい】―ずうずうしい 形 カロ―カッ・ク―イ―イ―ケレ―○〔俗語〕ひどくずうずうしいこと。

いけ-すかな・い カ/0【いけ好かない】形 カロ―カッ・ク―イ―イ―ケレ―○〔俗語〕いやらしくて、きらいだ。「―目つき」参考 終止形・連体形がおもに使われる。

いけ-ぞんざい ザ 形動 ダロ―ダッ・デ・ニ―ダ―ナ―ナラ―○〔俗語〕ひどくぞんざいなこと。「―な態度」

い-げた 0/イ【井桁】ゐ― 名 ❶井戸のまわりに、木で「井」の字形に組んだふち。❷「井桁❶」の形や模様。

いけ-づくり ヅ【生(け)作り】【▲活作り】名 生きたこい・たいなどを刺身さしみにつくり、頭・尾のついた大骨の上にのせ、もとの姿のままにして出す料理。参考「いきづくり」は本来誤った言い方。

井桁❷

いけ-ど・る ド【生(け)捕る】他五 ラ・ロ―リ・ッ―ル―ル―レ―レ ❶鳥・獣などを生きたまま つかまえる。❷とりこにする。捕虜にする。

生け捕り 名 **生け捕れる** 自下一〔…できる〕

いけな・い 0 ❶形 カロ―カッ・ク―イ―イ―ケレ―○ ❶行動・状態などがよくない。わるい。「―子だ」❷できがよくない。「英語が―」❸望みがない。だめだ。「もう―」❹望ましくない。困る。「気が散って―」「病気だそうで―ね」❺〔多く「…てはいけない」の形で〕禁止を示す。「まだ帰っては―」「―。やめなさい」↕よろしい。❻〔多く「…なければいけない」の形で〕義務を表す。「やりとげなければ―」❷感 失敗やまちがいに気づいた時に言う語。「―、まちがった」

いけなみ-しょうたろう《池波正太郎》一九二三―九〇。劇作家・小説家。時代小説や下町情緒を背景にした作品が多い。「錯乱」「鬼平犯科帳」「仕掛人・藤枝梅安ばいあん」「真田太平記」など。

いけ-にえ 0【生×贄】にへ― 名 ❶人や動物を生きたまま神にそなえること。また、そのそなえ物。❷ぎせい。「政争の―となる」

いけ-ばな ケ【生(け)花】【▲活花】名 ❶草木の枝・花などを切り取り、形をととのえて、うつわにさす技術。華道。「―を習う」❷うつわに生けてある花。

いけ-メン 0 名〔俗語〕〔「いけてる」(かっこいい)の略＋メン(men または面)〕容姿が魅力的な男性。「―ぞろいの映画」

い・ける 0【行ける】自下一 ケ―ケ―ケル―ケル―ケレ―○ ❶行くことができる。❷うまくできる。じょうずにやれる。「このやり方で―」❸〔かながき〕相当いい。満足できる。「この料理は―」❹

〔かながき〕酒が飲める。「かなり―人」

い・ける【生ける】【▲活ける】㊀ケ 他下一 草木の花や枝・葉をうつわにさす。いけ花をする。「白菊を―」 い・く 文語下二 ㊁ 他下二 古語 生かす。生きさせる。「大悲の誓ひを以て我を助けて命を生けたまへ」〈今昔〉

い・ける ケ【▲埋ける】 他下一 ❶土などにうめる。❷炭火などを灰にうめる。

いける ケ【生ける】 連体 文章語 生きている。「―ものすべて」 ―×屍(しかばね) ただ生きているというだけで、死んだも同然の人。廃人。

い-けん ⓪【異見】名 ちがった意見。

い-けん イ【意見】㊀名 考え。判断。「多数の―に従う」㊁名 自サ いさめること。お説教。説諭。「親が子に―する」 ―広告(こうこく) コ 名 個人や団体が政治的見解などを表明するための広告。

い-けん ⓪【違憲】名 憲法にそむくこと。憲法違反。「―の疑い」↔合憲。

い-けん ⓪【遺賢】名 文章語 政府にみとめられないで民間にいる、りっぱな人物。「野(や)に―なし」

い-げん ⓪【威厳】名 他をおさえるような重々しさ。いかめしく、堂々としていてりっぱなようす。「―のある態度」

いげん-びょう ⓪【医原病】名 医師の医療行為が原因で起こる病気。

い-こ イ【遺孤】名 文章語 わすれがたみ。遺児。

い-ご イ【以後】名 ❶それよりのち。以降。「八時―は外出禁止」↔以前。❷今から先。今後。「―つつしみます」⇩以前 参考。

い-ご イ【囲碁】名 碁。また、碁を打つこと。

いこい ⓪【憩い】【▲息い】名 休むこと。休息。休憩。「―のひととき」

い-こう イ【以降】名 以後。⇩以前 参考。

い-こう ⓪【衣▲桁】名 室内で衣類をかけておく家具。

衣桁

い-こう ⓪【威光】名 しぜんに人を従わせるような勢い。

い-こう ⓪【偉功】名 かがやかしい、大きなてがら。

い-こう ⓪【偉効】名 文章語 すぐれた効果。「―を奏する」

い-こう ⓪【意向】【意×嚮】名 考え。おもわく。「先方の―をただす」

い-こう ⓪【遺構】名 ❶今も残っている古代の建造物。❷考古学で、失われた建造物の配置や構造を知る手がかりとなる残存物。

い-こう ⓪【遺稿】名 死んだ人の書きのこした未発表の原稿。

い-こう ⓪【移行】名 自サ うつっていくこと。「時勢の―」

い-こう ⓪【移項】名 他サ 〔数〕等式の等号の一方の辺にある項を、符号をかえて他辺にうつすこと。

いこ・う コ【憩う】【▲息う】 自五 休息する。疲れをやすめる。「木陰で―」

いこうどうおん【異口同音】「いくどうおん」のあやまり。

イコール コ〈equal〉名 ❶ひとしいこと。❷数学で、ひとしいことを示す記号「＝」。等号。

い-こく ⓪【異国】名 外国。異邦。 ―情緒(じょうちょ・じょうしょ) ジョ 名 外国の風物がつくり出す、いかにも外国らしい気分・感じ。外国の風物にふれて起こる気分。異国情調。「―にひたる」

い-ごこち ⓪【居心地】ゐ 名 ある場所・地位にいるときの気分や感じ。「―がよい」

いこ-じ ⓪【依×怙地】名 形動 つまらないことに意地をはること。がんこ。かたいじ。えこじ。「―なやつ」

い-こつ ⓪【遺骨】名 火葬などにしたあとにのこったほね。また、その人。

いごっそう 名 方言 〈高知県で〉がんこで気骨のあること。

い-こぼ・れる レ【居こぼれる】【居×溢れる】ゐ 自下一 その場にあふれるほど人があつまっている。 ゐこぼ・る 文語下二

い-こ・む コ【鋳込む】 他五 金属をとかして鋳型(いがた)に流しこむ。

い-こん イ【遺恨】名 わすれられないうらみ。「―をはらす」

イコン イ〈ドIkon〉名 ロシア正教・ギリシャ正教などで礼拝の対象とする聖画像。アイコン。

い-ごん ⓪【遺言】名 「ゆいごん」の法律用語。

いさ 古語 〔「いざ」は別語〕㊀感 〈知らないことや急には答えられないようなことを聞かれたとき、間に合わせに言うことば〉さあ。そうですね。ええと。「…と問へば、とみにも言はず、『いさ』など、これかれ見合はせて」〈枕〉 ㊁副 ❶〈「知らず」などの打ち消しのことばをともなって〉さあ、どうだろうか。「人はいさ心も知らず」〈古今〉⇩いざ知らず。❷〈打ち消しをともなわずに〉さあ、どうであろうとともかく。どうあれ。「人はいさ我はなき名の惜しければ」〈古今〉

いざ イ 感 〈人をさそったり、はりきって仕事にかかろうとするときなどにいうことば〉さあ。どれ。そら。それ。「―さらば」「―行け」 ―鎌倉(かまくら) 〔「鎌倉幕府に一大事が起こった」の意。謡曲「鉢(はち)の木」の文句から〕大事件が起こった場合。いざというとき。 ―知(し)らず それはどうだかわからないが。ともかく。 ―というとき 非常事態が起こったとき。さあというとき。

い-さい イ―【委細】名 〔「委」はくわしいの意〕❶くわしく、こまかいこと。詳細。「―面談」❷万事。すべて。「―をまかせる」 ―構(かま)わず どんな事情にもかまわないで。「―やりつづける」

い-さい ⓪【異才】名 普通の人とちがった、特別な才能。また、それを持つ人。

い-さい ⓪【異彩】名 きわだってすぐれたありさま。きわだってめだつありさま。参考「偉彩」と書くのはあやまり。 ―を放(はな)つ 一段とすぐれている。きわだってりっぱである。

い-さい ⓪【偉才】名 人なみよりすぐれた才能。また、その持ち主。

い-ざい ⓪【偉材・異材】名 文章語 人なみすぐれた人物。

いざい-そく サ【居催促】ゐ 名 先方にすわりこんで、しつこく催促すること。

いさお ⓪【▲功・▲勲】名 文章語 てがら。功績。いさおし。

いさかい ⓪【×諍い】名 言いあらそい。けんか。「隣家との間に―が起こる」

い-ざかや ⓪【居酒屋】ゐ 名 ❶店先で酒を飲ませる酒屋。❷気軽に飲める酒場。

いさき ⓪ 名 イサキ科の海水魚。本州中部以南の沿岸にすむ。食用。いさぎ。㊠夏

いさぎよ・い ヨ【潔い】形 ❶けがれた点がない。潔白だ。「―精神」❷すがすがしい。ひきょうなところがない。「―最期」❸すみきった感じで、さっぱりしている。思いきりがよく、未練げがない。「―態度」 潔さ 名 いさぎよ・し 文語ク 潔(いさぎよ)しとしない 自分自身りっぱだと思わない。こころよしとしない。「人に頼るを―」

い-さく ⓪【遺作】名 死後にのこった未発表の作品。

いさ-ご ⓪【▲砂・▲沙】名 古語 すな。まさご。

いざ-こざ ⓪ 名 もめごと。ごたごた。紛争。「―がたえない」

いささ【▲細・▲小】造 古語 小さい。すこしの。「―むら竹」

いささ-か【いささか】【×些か・×聊か】㊀ サ一/〇 副 ❶ほんのすこし。ごくわずか。「英会話には━自信がある」❷それほどではないが無視できないようす。「転勤の話には━困った」❸〔古語〕〈打ち消しをともなって〉すこしも。「いささかも人の心を曲げたることはあらじ」〈源氏〉㊁ なり形動〔古語〕かりそめ。ほんのわずか。「雨いささかに降りて」〈土佐〉

いささかも 〇【×些かも・×聊かも】副 少しも。まったく。「━やましいところはない」参考 打ち消しのことばとともに使う。

い-ざと・い ト【▲寝×聡い】形 めざめやすい。めざとい。↕いぎたない。**いざと・し** 文語ク

いさ-な【勇▲魚】名〔古語〕くじら。冬 ━**取り** 枕「海」「浜」「灘」などにかかる。

いざな・う ナ【▲誘う】他五〔文章語〕さそう。すすめる。**いざない** 名

いさまし・い シ【勇ましい】形 ❶勢いが強い。勇敢である。❷元気がよい。活発だ。**勇ましげ** 形動 **勇ましさ** 名 **いさま・し** 文語シク

いさみ 〇【勇み】❶名 勇気や気力のあること。❷いさみはだ。

いさみ-あし ミ【勇み足】名 ❶相撲で、相手を土俵際まで追いつめながら、勢いあまって土俵の外へ足を踏み出し、負けること。❷熱心なあまりにやりすぎて失敗すること。

いさみ-た・つ タ【勇み立つ】自五 勇気や気力がわいて、はりきる。勢いこむ。「援軍を得て━」

いさみ-はだ ミ【勇み肌】名 おとこぎがあって、威勢のよい気性。また、その人。「━の若者」

いさ・む サ【勇む】自五 心がふるいたつ。はりきる。

いさ・む【×諫む】他下二〔古語〕❶禁じる。「あなかまと(シッ、静カニト)、いさめたまひて」〈源氏〉❷いましめる。忠告する。「親のいさめし言の葉」〈源氏〉

いさめ 〇【×諫め】名 ❶忠告。意見。いましめ。❷〔古語〕神仏などが禁じていること。禁制。禁止。

いさ・める メ【×諫める】他下一 人の欠点や悪事などについて忠告する。諫言する。「上司の非を━」参考 目上の人物に対して用いるのが本来の使い方。**いさ・む** 文語下二

いさ-や〔古語〕㊀感〈知らないことや答えにくい問いに対する間に合わせの返事〉さあ。そうですねえ。どうだろうか。㊁副〈よくわからないという気持ち〉さあ、どうだろうか。「いさや覚えずと答へはべりつる」〈今昔〉

いざ-や 感〔古語〕❶〈さそいかけのことば〉さあ。❷〈心をきめて行動を起こすときのことば〉さあ。どれ。

いざよい 〇【名】❶〔古語〕あれこれ考えてためらうこと。ちゅうちょすること。「君や来む我や行かむのいざよひに」〈古今〉❷【▲十▲六▲夜】〈出るのをためらうように遅く出るところから〉陰暦十六日の月。また、その夜。特に陰暦八月十六日の月。秋 ⇩月(図)。参考 ふるく「いさよひ」と第二音節が清音。平安時代の末ごろから「いざよひ」とにごるようになった。

いざよいにっき《十六夜日記》━ 鎌倉時代中期の紀行文。阿仏尼の著。訴訟のため京都から鎌倉に旅行したときの記録。

いさよ・う 自四〔古語〕ためらう。ちゅうちょする。どうしようかと迷う。「いさよふ波の行くへ知らずも」〈万葉〉

いさり【▲漁】名〔古語〕魚や貝をとること。漁。すなどり。あさり。参考 鎌倉時代ごろまでは「いざり」。

い-ざり 〇【×躄】━ 名 いざること。

いさり-び リ/〇【いさり火】【▲漁火】名 漁をするためにつける火。

い-ざ・る ザ【×躄る】━ 自五 ❶すわったまま進む。ひざがしらでにじり進む。❷自然にずれ動く。

い-さん 〇【胃散】名 胃病用のこなぐすり。

い-さん 〇【胃酸】名 胃液中にふくまれている酸。おもに塩酸。「━過多症」

い-さん 〇【違算】名 ❶計算ちがい。❷みこみちがい。誤算。

い-さん 〇【遺産】名 死んだ人がのこした財産。

いし シ【石】名 ❶岩石のかけら。岩より小さく、砂より大きい。❷岩石・鉱物のこと。「━の家」❸石材。「━屋」❹宝石。❺碁石。❻とけい用の宝石。❼ライターの発火用の合金。❽じゃんけんの手の一つ。にぎりこぶしで示す。ぐう。❾無情・がんこのたとえ。「━のような人」━**に×齧りついても** どんなに苦しくても努力してたえしのぶようす。━**に立つ矢** 強い意志でことにあたれば、かならずやりとげられることのたとえ。━**の上にも三年** がまんしてじっとしんぼうすれば、最後にはむくわれることのたとえ。

い-し イ【医師】名 病気・傷の診察・治療を仕事とする人。医者。医家。

い-し イ【意志】名 ものごとをなしとげようとする積極的な気持ち。強いはっきりした意向。「━薄弱」「━の強い人」⇩意思 参考。

い-し イ【意思】名 考え。思い。「承諾の━がある」「━表示」参考 法律用語では、「意思」を使う。「意志」は一般的に使われる。

い-し イ【遺子】名〔文章語〕遺児。

い-し イ【遺志】名 死んだ人が生前はたせなかったこころざし。「父の━をつぐ」

い-し イ【×縊死】名 自サ 首をくくって死ぬこと。首つり。

い-し イ【×頤使・×頤指】名 他サ〔文章語〕〈「頤」はあごの意〉いばって、人を使うこと。人をあごで使うこと。

い・し【▲美し】形シク〔古語〕❶よい。このましい。「いしき盃など、いと珍しく異なり」〈宇津保〉❷うまい。美味だ。「いしかりし時は夢窓(人ノ名)に食はれて」〈太平記〉❸けなげだ。あっぱれだ。「汝いしくも参りたり」〈平治〉参考 ❷は女房詞で、現代語の「おいしい」は、上に「お」を付けた形が一般化したもの。

い-じ ジ【意地】名 ❶気だて。根性。〈おもに悪い意味に使う〉「━がわるい」❷むりにもやりとげようとする心。つよい意志。強情。我意。「━をはる」「男の━」❸物欲。食欲。「━がきたない」━**汚い** ナ 形 ❶がつがつと飲んだり食ったりする。食い意地がはっている。❷欲ばりでがつがつしている。物欲・金銭欲が強い。━**▲尽く** 〇 名 理屈ぬきで「意地❷」をおしとおすこと。「こうなれば━だ」━**っ張り** バ 名 形動 強情をはること。また、その人。ごうじょっぱり。━**でも** ゆきがかり上、むりでも。どうにでもして。「━やりとげたい」━**張る** バ 自五 強情をはる。意地をとおす。━**悪** ワ 名 形動 人を困らすようなようす・性質・ことば・おこない。また、そういう人。「━な人」「━をする」参考「意地悪い人」のように形容詞として用いることもある。━**を通す** あくまでも自分の思うとおりにする。

い-じ イ【意字】名 表意文字。漢字など。↕音字。

い-じ イ【遺児】名 親に死なれて、あとにのこされた子ども。わすれがたみ。遺子。

い-じ イ【維持】名 他サ〈「維」はささえるの意〉物ごとを同じ状態で、もちこたえること。「現状を━する」━**費** ジ 名

組織の運営や、施設・設備を使い続けるための費用。「―がかさむ」

いし-あたま ア【石頭】名 ❶石のようにかたい頭。❷ゆうずうがきかず、ものわかりのわるいこと。また、その人。

いじ-いじ イ 副 自サ いじけたようす。「―した態度」

いしい-ももこ《石井桃子》一九〇七-二〇〇八。児童文学作家・翻訳家。戦後、児童文学書の編集に尽力。ミルンの「クマのプーさん」など、英米児童文学を多数翻訳。創作童話「ノンちゃん雲に乗る」など。

いし-うす ◎【石臼】名 石でつくったうす。ひきうす。

いし-がき ◎【石垣】名 石を積みあげてつくったかき。「城の―」「―作り」

いしがき-りん《石垣りん》一九二〇-二〇〇四。詩人。銀行に勤務しながら詩作を続ける。生活者の視点から人間を見すえた作品が多い。「私の前にある鍋とお釜と燃える火と」「表札など」「略歴」など。

いし-がみ ◎【石神】名 奇石や石の棒などを神体としてまつった、民間信仰の神。

いし-がめ ◎【石亀】名 日本特産のかめ。淡水産で、低地の川や池にすむ。体長は大きいもので一八センチメートル。子は、ぜにがめという。

いしかわ-けん《石川県》中部地方の日本海がわにある県。北部に能登半島がある。県庁所在地は金沢市。

いしかわ-じゅん《石川淳》一八九九-一九八七。小説家・評論家。新しい手法で幻想的な世界を描き出した。「鷹」「紫苑物語」「文学大概」など。

いしかわ-たくぼく《石川啄木》一八八六-一九一二。明治期の歌人・詩人。本名は一。小説家を目指したが成功せず、貧苦の中から自己の生活を題材にした三行書きの短歌を残す。歌集に「一握の砂」、詩集に「呼子と口笛」など。

いしかわ-たつぞう《石川達三》一九〇五-八五。小説家。社会性の強い長編小説を多数発表した。作品に「蒼氓」「生きてゐる兵隊」「人間の壁」など。

い-しき ◎【違式】名 きまった法式とちがっていること。「―の作法」

い-しき イ【意識】㊀名 他サ 気づいていること。自覚すること。「他人の目を―する」㊁名 ❶はっきりした知覚。めざめているときの心のひとごこち。「―をとりもどす」❷状態・作用。❸観念・思想など。「国家―」❹仏教で、分別・思案の心。**―が高い** 政治的・社会的関心をつよくもっている。しっかりした自覚をもっている。「―学生」**―的** ◎ 形動 それと知っているようす。わざとするようす。「―に避ける」

いしき-あて キ【居敷当(て)】名 きものの、しりのあたる部分の裏につける布。

いし-く ◎【石工】名 石を細工する職人。石屋。石切り。

いし-ぐみ ◎【石組(み)】名 庭園のおもむきを出すために、石をぐあいよく置くこと。いわぐみ。

いし-くも 副〔古語〕よくも。感心にも。「―申したり」

いじく・る ク【弄くる】他五 ⬇いじる。

いし-くれ ◎【石くれ】【石塊】名 石ころ。

いし-けり ケ【石蹴り】名 地面にいくつかの区画をかき、片足で石をけってその区画に進めていく子どもの遊び。

いじ-ける ◎ 自下一 ❶寒さや恐ろしさで、ちぢこまってのびのびしない。すくむ。❷おくびょうで、ひっこみ思案になる。

いし-こ ◎【石粉】名 ❶長石のこな。陶磁器の原料。❷石灰石のこな。タイルのつぎ目に用いる。

いしこ-づめ ◎【石子詰(め)】名 昔の刑罰で、地面に穴を掘って罪人を入れ、小石でうずめて殺したもの。

いし-ころ コ【石ころ】【石塊】名 小石。石くれ。

いしざか-ようじろう《石坂洋次郎》一九〇〇-八六。小説家。女学校教師の体験を生かした青春小説で人気を得た。作品に「若い人」「青い山脈」など。

いし-ずえ ◎【礎】名〔「石据え」の意〕❶建物の土台石。礎石。❷物ごとをなりたたせるもと。基礎。「会の―をかためる」

いし-ずり ◎【石ずり】【石摺】名 石碑などの文字を油墨で紙にすりとったもの。拓本。

いし-だい ◎【石鯛】名 イシダイ科の海水魚。日本の沿岸にすむ。青みをおびた灰色。幼魚には七本のしまがあり、しまだいともいう。食用。(夏)

いし-だたみ タ【石畳】名 ひらたい石をしきつめた所。「―の道」

いし-だん ◎【石段】名 石を置いてつくった階段。「―をのぼる」

い-しつ ◎【遺失】名 他サ〔文章語〕物をわすれたり、おとしたりして、なくしてしまうこと。**―物** ツ 名 おとしもの。わすれもの。「―係」

い-しつ ◎【異質】名 形動(の) 性質がちがっていること。「われわれとは―の人間」⇔同質。

いし-づき ◎【石突(き)】名 ❶やり・なぎなた・ピッケルなどの柄の下の端の金具。また、それのついている部分。❷きのこの柄のねもとのかたい部分。

いじ-どうくん イ【異字同訓】名 別々の漢字で、同じ訓読みをするもの。「足・脚」(あし)「固い・堅い・硬い」(かたい)など。同訓異字。

いし-どうろう ド【石灯籠】名 石製の灯籠。寺や神社の境内に灯をともしたり、庭園の飾りなどとして用いられる。

いし-ばい ◎【石灰】名 酸化カルシウムのこと。消毒・しっくい・肥料用。せっかい。

いし-ばし ◎【石橋】名 石づくりの橋。**―を叩いて渡る** ひどく用心ぶかく物ごとをすることのたとえ。

いし-ぶみ ◎【碑】名〔石文の意〕ある事を後世に伝えるために、石に文字をきざみ地上にたてたもの。石碑。

いしべ-きんきち イ【石部金吉】名〔ふざけて人の名のようにした言い方〕石や金のようにたいへんかたくて、きまじめな人。融通のきかない人。

いし-へん ◎【石偏】名 漢字の部首の一つ。「碑」「破」などの「石」。

いじまし・い シ 形〔俗語〕みみっちい。あわれな感じがするほどけちくさい。**いじましげ** 形動

いしむれ-みちこ《石牟礼道子》一九二七-二〇一八。小説家。水俣病に関心を寄せ、「苦海浄土」「天の魚」などで水俣病闘争と患者の思いを描く。ほかに「西南役伝説」「おえん遊行」など。

いし-むろ ◎【石室】名 石を積んでつくった小屋。岩屋。

いじめ ◎【苛め・虐め】名 いじめること。参考 社会問題としての「いじめ」は、学校で、特定の児童・生徒が仲間から疎外され、心身に苦痛を受けることを指す。

いじめっ-こ ◎【いじめっ子】【苛(虐)めっ子】名 弱い子どもをいじめる、わんぱくな子。

いじ・める ◎【苛める・虐める】他下一 弱い者を苦しめたり、困らせたりする。

いし-もち ◎【石持】名 ニベ科の海水魚。銀灰色。頭部に大きな耳石があるのでこう呼ぶ。食用。くち。ぐち。(夏)

い-しゃ ◎【医者】名 ⬇いし(医師)。**―の不養生**

〈人に養生をすすめる医者が、自分は不養生をしているの意〉その道の人が、人に説くことを自分では実行しないことのたとえ。坊主の不信心。紺屋の白ばかま。

いしゃ イ【慰謝】【慰×藉】名 他サ 〔「藉」はいたわる意〕なぐさめいたわること。なぐさめあやまること。 **—料** シャ 名 生命・生活・名誉・自由などがきずつけられたとき、その精神的損害をつぐなうために支払われるかね。

いしやき ◎【石焼(き)】名 ❶磁器。❷魚や野菜などを焼け石の上にのせて焼く料理。❸くり・いもなどを焼けた石の中に入れて焼くこと。「—いも」

いじゃく ◎【胃弱】名 胃の消化力がおとろえている状態。

いしゅ イ【異種】名 種類がちがっていること。また、ちがった種類。↕同種。

いしゅ イ【意趣】名〔文章語〕❶考え。意向。❷うらみにおもうこと。遺恨。 **—返し** ガ 名 仕返しをして、うらみをはらすこと。いしゅばらし。 **—晴らし** バ 名 いしゅがえし。

いしゅう ◎【異臭】名 へんなにおい。いやなにおい。「—を放つ」

いしゅう ◎【×蝟集】名 自サ〔文章語〕〔「蝟」は、はりねずみ〕(はりねずみの毛のように)たくさんの物が寄りあつまること。密集。「難民が—する」

イシュー イ〈issue〉=イッシュー 名 ❶発行、または発行部数。❷論点。争点。「シングル—」「ワン—」

いじゅう ◎【移住】名 自サ よその土地にうつりすむこと。「—者」

いしゅく ◎【畏縮】名 自サ おそれて小さくなること。「先生の前に出ると—する」

いしゅく ◎【萎縮】名 自サ しなびて、小さくなること。元気がなくなること。「気持ちが—する」 **—腎** ク 名 腎臓が小さくかたくなって、はたらきがよわまった状態。

いしゅつ ◎【移出】名 他サ 国内の一地方から他地方へ貨物を送ること。↕移入。

いじゅつ イ【医術】名 傷や病気をなおす技術。

いしゆみ ◎【石弓】【×弩】名 ❶ばねじかけで石を発射した昔の兵器。❷石につなをつけ、敵の頭上でつなを切って落とすしかけ。❸二またになった小さな木の枝にゴムひもをはり、小石をはじきとばして小鳥などを打つ道具。ぱちんこ。

いしょ イ【医書】名 医学・医術に関する本。医学書。

いしょ イ【遺書】名 死んだあとのために書き残した文書。かきおき。ゆいごん状。

いしょう イ【衣装】【衣×裳】名 ❶きもの。衣服。❷しばいなどで出演者の着る衣服。 **—合わせ** ア 名 しばいなどで出演者が自分の衣装を選び、他の出演者と調整すること。 **—方** ◎ 名 劇場の楽屋で、出演者の衣服のせわをするかかり。

いしょう ◎【異称】名 別のよび名。別称。

いしょう イ/◎【意匠】名 ❶趣向。くふう。「—をこらす」❷物の形・色・模様などについての新しいくふう。デザイン。 **—権** ショ 名「意匠❷」を工業製品に独占的に使用する権利。 **—登録** ト 名「意匠❷」が、特許庁の意匠原簿にのせられること。他の人は無断で使えない。

いじょう イ【以上】名 ❶数量・程度・段階などが、それより上であること。また、そのもの。「千円—の商品」「課長—の幹部社員」↕以下。⇩以下 参考。❷それより前。そこまで。「—で二十になる」❸文章の中に用い、そこまでに述べたことがらをさす。「—述べたように…」↕以下。❹終わり。参考 報告・手紙などの終わりにしるす。❺〔接続助詞ふうに〕…したからは。…であるからには。「発表した—やめられない」

いじょう ◎【異状】名 ふつうとちがった状態。別状。「—を呈する」「からだの—をうったえる」⇩異常 参考。

いじょう ◎【移乗】名 自サ ほかの乗り物に乗りうつること。

いじょう ◎【囲×繞】名 他サ〔文章語〕〔「繞」はめぐるの意〕とりかこむこと。いにょう。

いじょう ◎【委譲】名 他サ 他にまかせ、ゆずること。「権限を—する」

いじょう ◎【異常】名 形動 普通ではなく、どこかに変わったところがあること。アブノーマル。「—な暑さ」「—な神経」↕正常。参考「異常」は普通とのへだたりが大きいことを言う。「異状」は変化が起こっている状態に着目した言い方である。 **—気象** キ 名 いつもの年と大きく変わっている天候。豪雨・干ばつなど。参考 気象庁では、「過去三十年の気候に対して著しい偏りを示した天候」と定義している。

いじょうふ ジョ【偉丈夫】名 ❶すぐれた男子。大丈夫。❷みごとな体格の男子。

いしょく イ【衣食】名 ❶衣服と食物。❷生活。「—のためにかせぐ」 **—住** ジュ ク 名 衣服と食物と住居。生活。暮らし。 **—足りて栄辱(礼節)を知る** 物質的に不自由がなくなってはじめて精神的な面にも心をむけるゆとりができる。

いしょく ◎【異色】名 ようすが、ふつうとかわっていること。「—の存在」

いしょく ◎【委嘱】名 他サ〔「委」はまかせる、「嘱」はたのむ〕他にまかせ、たのむこと。役目などの依頼。委託。「委員を—する」

いしょく ◎【移植】名 他サ ❶植物を植えかえること。❷からだの病的な部分を切り取り、健全な器官や組織を植えこむこと。「臓器—」

いしょく ◎【居職】名 自宅ですわったままする職業。仕立て屋・はんこ屋など。↕出職。

いしょくどうげん イ【医食同源】名 病気の予防・治療も日常の食事に注意するのも、健康をたもつためには基本的に共通するという考え。

いじらしい シ 形 いぢら・し 文語シク ❶あどけなくて、かわいい。「—幼児の動作」❷いたいたしくて、かわいそうなようすである。「少年の—努力」 **いじらしげ** 形動 **いじらしさ** 名

いじる ジ【弄る】他五 ❶指でいろいろさわってあつかう。いじくる。❷なぐさみに収集物や器械をもてあそぶ。「カメラを—」❸やたらに物ごとに手をつける。「組織を—」❹〔俗語〕からかう。「先輩が新入生を—」 **いじれる** 自下一 …できる

いしわた ◎【石綿】名 蛇紋岩・角閃石などが変化した糸状の鉱石。熱や電気をつたえにくいので、防火・保温・絶縁用材料に使われたが、現在は使用禁止。アスベスト。せきめん。

いしん ◎【威信】名 その人のもつ威光と、他の人がよせる信用。威厳と信望。「りっぱに—をたもつ」

いしん ◎【異心】名〔文章語〕うらぎろうとする心。むほん心。ふたごころ。「—をいだく」

いしん イ【維新】名〔「維」は「これ」の意の発語。「これ新たなり」の意〕❶すべてが新しくなること。とくに政治上の改新。❷明治維新。

いしん イ【遺臣】名〔文章語〕❶前代からの臣下。主君が死んでとりのこされたけらい。❷ほろびた国や藩のけらい。

いーじん ⓪【異人】名 ❶外国人。❷ほかの人。別人。「同名―」

いーじん ⓪【偉人】名 すぐれた人。えらい人。

いしんーでんしん ①【以心伝心】名 ❶禅宗で、さとりの境地をことばによらず、師の心から、でしの心へ伝えること。❷無言のうちに、気持ちが相手に通じること。

いーす ⓪【椅子】名 ❶腰をかける道具。こしかけ。❷地位。ポスト。「大臣の―につく」 **―取りゲーム** ③名 ❶その場の人数より少ない数のいすを取りあう遊び。❷(❶から)権力の座を取りあうこと。「派閥内の―」

いず《伊豆》いづ 昔の東海道の国の一つ。今の静岡県の伊豆半島と東京都の伊豆諸島。豆州ずしゅう。

いーすう ②【異数】形動(の) ダロ・ダッ・デ・ニ ダ・ナ・ナラ・○ 特別で例のないこと。他とちがうこと。異例。「―の出世」

い・ず【▲出づ】いづ 自他下二 古語 でる。だす。

いずーえ【▲何▲辺】いづへ 代 古語 どのあたり。どのへん。「ほととぎすいづへの山を鳴きか越ゆらむ(鳴キナガラ越エテイルノダロウカ)」〈万葉〉

いすか ⓪【×鶍・▲交×喙】名 アトリ科の小鳥。体色は雄は暗赤色、雌は黄緑色、翼と尾はいずれもかっ色。くちばしの先は上下交差している。秋 **―の×嘴**はし**(の食**く**い違**ちが**い)** 物ごとがくいちがって思うようにならないことのたとえ。

いすか

いずーかた【▲何方】いづ 代 古語 ❶どの方向・場所。どっち。どちら。いづち。「知らず、生まれ死ぬる人、いづかたより来たりていづかたへか去る」〈方丈〉❷どなた。「いづかたよりも(ドナタカラモ)訪づるることもさぶらはず」〈平家〉

いーすくま・る ④【居すくまる】【居×竦る】ゐ 自五 ラ・ロ リ・ッ ル ル レ レ (おそろしさなどのため)すわったまま、動けなくなる。

いーすく・める ②【射すくめる】【射×竦める】他下一 メ メ メル メル メレ メロ・メヨ ❶矢を射て敵をおそれさせ、動けないようにする。❷じっと見つめて相手を動けなくさせる。「鋭いまなざしで―」 いすく・む 文語下二

いずくんーぞ【▲安(×焉)んぞ】いづくん 副 古語 (「いづくにぞ」の変化)どうして。なんで。なぜ。「―知らむや」 参考 漢文訓読によってできた語で、おもに反語に使う。

いずーこ【▲何▲処】いづ 代 古語 どこ。いずく。

いずーち【▲何▲方】いづ 代 古語 どちらの方向・場所。どっち。

いずのおどりこ《伊豆の踊子》いづのをどりこ 川端康成かわばたやすなりの短編小説。一九二六年に発表。伊豆の旅に出た旧制高校生と、旅芸人の少女とのほのかな恋をえがいたもの。

いーずまい ②⓪【居ずまい】【居住まい】ゐずまひ 名 すわっているときの姿勢。「―を正す」

いずーみ ⓪【泉】いづ 名 ❶しぜんに地中から水のわきでる所。また、その水。夏 ❷(ひゆ的に)物ごとがはじまり、または、出てくるもと。みなもと。「力の―」

いずみ《和泉》いづみ 昔の畿内きないの国の一つ。今の大阪府の南西部。泉州せんしゅう。

いずみーきょうか《泉鏡花》〔一八七三―一九三九〕明治期の小説家。本名は鏡太郎。尾崎紅葉おざきこうよう門下として出発し、浪漫的、怪奇的、夢幻的な作品を残した。「照葉狂言てりはきょうげん」「高野聖こうやひじり」「歌行燈うたあんどん」など。

いずみーしきぶ《和泉式部》生没年未詳。平安時代中期の女流歌人。情熱的な恋愛歌を多数残し、また、「和泉式部日記」がある。家集に「和泉式部集」。

いずみーねつ ③【泉熱】名 (泉は報告者の名)高熱・発疹はっしんをともなう、しょうこう熱に似た感染症。

イズム ①〈ism〉名 主義。説。「一つの―をもつ」

いずも《出雲》いづも 昔の山陰道さんいんどうの国の一つ。今の島根県の東部。雲州うんしゅう。 **―の神**かみ ❶出雲大社の祭神。大国主命おおくにぬしのみこと。❷男女の縁をむすぶ神や人。

いずーら【▲何ら】いづ 古語 ㊀代 どこ。「『いづら、大徳だいとこたち、ここに』と呼ぶ」〈源氏〉㊁感 (相手をうながす気持ちでいう)さあ。どうした。「頭の中将、いづら、遅し」〈源氏〉

イスラエル《Israel》中近東の地中海沿岸にある共和国。一九四八年建国。首都はエルサレム。

イスラムーきょう ⓪【イスラム教】〈Islam〉名 七世紀のはじめ、アラビアにおこった、唯一神アッラーを信仰する宗教。開祖はムハンマド(マホメット)。マホメット教。フイフイ教。回教。

い・する ②【医する】他サ シ・セ・サ シ スル スル スレ シロ・セヨ 文章語 病気をなおす。いやす。「渇かつを―」 い・す 文語サ変

い・する ②【委する】他サ シ・セ・サ シ スル スル スレ シロ・セヨ 文章語 ❶まかせる。❷すてておく。かまわないでほうっておく。「荒廃に―」 ゐ・す 文語サ変

い・する ②【慰する】ゐ 他サ シ・セ・サ シ スル スル スレ シロ・セヨ 文章語 なぐさめる。ねぎらう。「労を―」 ゐ・す 文語サ変

いずれ ⓪【いずれ】【▲何れ・×孰れ】いづ ㊀代 不定の物事をあらわす語。❶どれ。どちら。「―を選ぶか」❷どこ。「―へ出かけられたか」 参考 古めかしい言い方。㊁副 ❶どうせ。どのみち。「―なんとか解決するだろう」❷近いうちに。そのうち。ちかぢか。「―うかがいます」 **―ともなく** どこへともなく。よくわからないが、どこかへ。

いずれもーさま ⓪【いずれも様】いづれも 名 みなさま。参考 古めかしい言い方。

いーすわ・る ③【居座る】【居×坐る】ゐ 自五 ラ・ロ リ・ッ ル ル レ レ ❶すわりこんで動かない。❷同じ地位などに、いつづける。「貸し金の返済を要求して―」「社長に―」 **居座り** 名 **居座れる** 自下一〔…できる〕

いせ《伊勢》昔の東海道の国の一つ。今の、三重県の中心部。勢州せいしゅう。

いーせい ⓪【以西】造 そこから西。↕以東。参考「大阪以西」は大阪をふくむ。

いーせい ⓪【威勢】名 ❶人をおさえ、恐れさせるような勢い。「―におされる」❷意気のさかんなようす。元気。「―のよい若い衆」

いーせい ①⓪【異性】名 ↕同性。❶男女・雌雄の性のことなるもの。❷男性・女性がたがいに他をさしていう語。「―にひかれる」❸【化】【物】性質のちがうこと。また、そのもの。「―化」 **―愛**あい ②名 (「同性愛」に対して)男女間の恋愛。

いーせい ⓪【遺制】名 昔から受けついできた制度・慣習。

いーせい ⓪【遺精】名 性行為なしに自然に精液をもらすこと。

いせいーしゃ ②【為政者】名 政治をおこなうもの。政治家。

いせーえび ②【×伊▲勢▲海▲老】名 太平洋沿岸の岩の間にすむ大形のえび。体長約三〇センチメートル。からだは暗紫色で煮ると赤紅色になる。触角が長い。美味。かまくらえび。正月の飾りに使う。新年

いーせき ⓪【井×堰】ゐ 名 水をよそにとり入れるために、流れをせきとめてある所。井手。

いーせき ⓪【遺跡】【遺×蹟】名 ❶昔、建物や事件などのあった所。旧跡。古跡。❷考古学的遺物のこっている所。「登呂とろ―」

いーせき ⓪【移籍】名 自サ ❶籍を他へうつすこと。❷スポーツ選手・芸能人などが所属の団体を変わること。

い

いせき【慰藉】「いしゃ」のあやまり。

いせさき-おり⓪【×伊▲勢崎織】名 群馬県の伊勢崎地方から産出する織物の総称。伊勢崎銘仙が有名。

いせ-じんぐう《伊勢神宮》三重県伊勢市にある神宮。内宮には天照大神、外宮には豊受大神をまつる。

い-せつ⓪【異説】名 ふつう一般の説とはちがった説。「―をとなえる」↔通説。

いせ-まいり㋮【×伊▲勢参り】名 伊勢神宮に参拝すること。伊勢参宮。㊗

いせものがたり《伊勢物語》平安時代前期の歌物語。作者未詳。在原業平らしい男の一生を中心に、男女の心情を描く一二五段から成る。

い・せる㋝ 他下一 長さのちがう二枚の布をぬい合わせるために、長い方の布を細かくちぢめる。そで山・うしろ肩・ひじの部分など、丸みをもたせたりするのに行う。いせこむ。

い-せん⓪【緯線】名 緯度をあらわす仮想の線。↔経線。⇩緯度(図)

い-ぜん㋑【以前】名 ❶それより前。↔以後。参考「三月以前」「明治以後」は、それぞれ、三月・明治をふくむ。「以降」は「以後」と同じだが、やや文章語的。❷もと。むかし。「―は海だった」

い-ぜん⓪【依然】(と)副 たる連体 もとのまま。前のとおり。あいかわらず。「―変化がない」「―として」

いぜん-けい⓪【×已然形】名 文語の用言・助動詞の第五活用形。確定・既定をあらわす形。「受くれば・走れども」の「受くれ・走れ」など。⇩(付)語の活用

いそ⓪【×磯】名 ❶海・湖などの波うちぎわ。なぎさ。特に、岩の多い海岸をいう。「―のかおり」❷和琴・琴などの胴の側面。**―の×鮑の片思い** ➡あわびの片思い。

いそ【▲五▲十】名 古語 ❶五〇。❷数の多いこと。

いそ-いそ㋑ (と)副 喜びいさむようす。「―と迎える」

い-そう⓪【位相】名 ❶[数][topologyの訳語]集合において、極限や連続の概念を定義できるようにする、ある構造。❷[理][phaseの訳語]周期運動をするものの一周期のうちのある状態・位置。❸地域・職業・性・年齢・階級などによっておこる、ことばのちがい。

い-そう⓪【異相】名 ふつうとかわった人相や姿。

い-そう⓪【移送】名 他サ ある所からよそへうつしおくること。転送。

い-ぞう⓪【遺贈】名 他サ 遺言によって自分の財産を相続人以外にゆずること。

いそ-うお⓪【いそ魚】【×磯魚】名 海岸近くにすむ魚類。↔沖魚。

いそう-がい㋞【意想外】名 形動 思いのほか。意外。

い-そうろう⓪【居候】名 他人の家に住んで食べさせてもらうこと。また、その人。食客。

いそがし・い㋛【忙しい】形 ❶急ぎの仕事に追われている。用事が多くて、休むひまがない。❷気がせく。心にゆとりがない。「年の瀬は―」❸おちつきがなく、じっとしていない。せわしく、よく動くようす。「―性分」文語シク **忙しがる** 自五 **忙しげ** 形動 **忙しさ** 名 **いそが・し**

いそが・す㋕【急がす】他五 急がせる。せきたてる。

急がば回れ 急ぐと、とかく失敗が多いから、遠回りしても安全な道を選んだほうが、早くなるというたとえ。

いそがわし・い㋛【忙わしい】形 文章語 いそがしい。**忙わしげ** 形動 **忙わしさ** 名 **いそがは・し** 文語シク

いそぎ㋖【急ぎ】名 ❶いそぐこと。急を要すること。「―の用事」❷古語 急用。したく。用意。準備。「たゆまるるもの(気ガユルムモノ)…遠きいそぎ」〈枕〉

いそぎ-あし㋖【急ぎ足】名 急いで歩くこと。

いそぎんちゃく㋖【×磯巾着】名 イソギンチャク目の腔腸動物の総称。浅海の岩石などに付着している。からだは円筒形で、上端に多くの触手がある。いしぼたん。㊗

いそ・ぐ【急ぐ】［一］㋞ 自他五 ❶早くしようとして速さを増す。「遅刻しそうなので―」「注文の仕事を―」❷あせる。せく。「急いで事をし損じるな」「帰宅を―から今日は失礼する」「売り―」**急げる** 自下一[…できる] ［二］ 自四 古語 用意する。「御はての事(仏事)、いそがせたまふ」〈源氏〉

い-ぞく㋑【遺族】名 人の死後にのこったその家族。

いそ-じ【▲五▲十路】名 古語 ❶五〇。いそ。❷五〇歳。

いそし・む㋛【▲勤しむ】自五 つとめはげむ。「学問に―」**いそしめる** 自下一[…できる]

いそ-づり⓪【いそ釣り】【×磯釣り】名 海岸でつりをすること。↔沖釣り。

いそ-の-かみ【▲石の上】枕 石の上が大和国の布留の一帯を指すところから、同音の「古る」「降る」「振る」などにかかる。「―古き都の郭公声ばかりこそ昔なりけれ」〈古今〉

イソフラボン㋫〈isoflavone〉名 マメ科の植物に含まれる物質。女性ホルモンのエストロゲンに似た作用をもつ。大豆イソフラボンは更年期障害や骨粗鬆症の改善に役立つとされる。

いそ-べ⓪【いそ辺】【×磯辺】名 いそのほとり。海べ。

いそほものがたり《伊曽保物語》一五九三年、天草学林刊。「イソップ物語」の翻訳。キリシタン宗説教用の補助教材。ローマ字つづり本・漢字ひらがな交じり古活字本などがある。

いそ-め⓪【×磯め】名 イソメ科の環形動物の総称。海の砂中にすむ。みみずに似ている。釣りのえさ用。

いそ-やけ⓪【いそ焼け】【×磯焼け】名 海岸の底に生える昆布などの海藻類が枯れる現象。

いそ-りょうり㋷【×磯料理】名 いそでとれた魚介類を素材とする料理。

いそん【易損】造 (運送小荷物で)こわれやすいこと。「―性・―品」

い-そん⓪【依存】名 自サ 他のものによりかかって成り立ち、または、生きること。いぞん。「親に―する生活」**―症**⓪ 名 ある物事に頼り、それがなくては肉体的・精神的に平常を保てなくなる状態。

い-ぞん⓪【異存】名 反対の意見。不服。「―はない」

いた㋑【板】名 ❶うすくて、ひらたい木材。❷ひらたく、うすく、固いもの。「鉄の―」「―ガラス」❸「まないた」の略。❹「板前」の略。❺「板つきかまぼこ」の略。「―わさ」❻舞台。**―に付く**〔役者が舞台になれて芸がうまいという意から〕職業・任務などがいかにもぴったりと合う。「板についた司会ぶり」

い-たい⓪【異体】名 ❶ふつうとちがった形や姿。異風。❷別のからだや個体。「雌雄―」❸同じよみ・意味と対応しながら複数の文字が視覚的にことなる形を持つこと。↔正体。**―字**㋟ 名 異体の関係にある文字のうち、標準的でない形を持つ字。「吉・寿・者」に対する「吉・壽・者」など。**―同心**㋑ 名 からだは別々だが、心は一つであること。

い-たい [0]【遺体】[名] 死んだ人のからだ。なきがら。遺骸。➡死体 [参考]。

いた・い [タ]【痛い】[形] カロ｜カッ・ク｜イ｜イ｜ケレ｜○ ❶体に強い力や鋭い刺激を与えられたり、内部に具合の悪いところがあったりして、がまんのできない、または不快な感じがする。「頭が―」「体のふしぶしが―」 ❷強い衝撃を受けたり弱点を指摘されたりして、心が傷つく。「主力選手の欠場が―」「準備不足だと批判されたのが―」 [参考]「痛い」は体の部分の瞬間的な痛さを表すことが多いが、「苦しい」「つらい」は全身で感じる持続的な痛さを言う傾向が強い。「痛い」の対象には体の部分が示されるが、「マスクのゴムが痛い」のように、痛みの原因になるものが対象になることもある。**痛がる** [自五] **痛げ** [形動] **痛さ** [名] **いた・し** [文語ク] **―所を突く** 相手の弱点を攻撃する。

い-だい [0]【医大】[名]「医科大学」の略。医科に関する単科大学。

い-だい [0]【偉大】[形動] ダロ｜ダッ・デ・ニ｜ダ｜ナ｜ナラ｜○ ❶能力がすぐれていて、りっぱなようす。「―な人物」 ❷大きく、りっぱなようす。「―な体格」

いたいいたい-びょう [0]【イタイイタイ病】[名] カドミウム中毒により、骨がおかされ、からだが痛み、全身が衰弱する病気。一九五五年ごろ富山県神通川流域に発生した。

いたい-け [0] [形動] ダロ｜ダッ・デ・ニ｜ダ｜ナ｜ナラ｜○ ❶おさなくて、かわいらしいようす。「―なおさな子」 ❷いじらしく、いたいたしいありさま。「―なマッチ売りの少女」

いたいけ-な・い [ナ] [形] カロ｜カッ・ク｜イ｜イ｜ケレ｜○ いたいけだ。「―幼児」 **いたいけな・し** [文語ク]

いたいた-し・い [シ]【痛痛しい】[形] カロ｜カッ・ク｜イ｜イ｜ケレ｜○ たいそういたましい。見ていられないほど、かわいそうだ。「―けが人」 **痛痛しげ** [形動] **痛痛しさ** [名] **いたいた・し** [文語シク]

いたう【▲甚う】[感]〔古語〕➡いとう。

いた-がね [0]【板金】[名] ひらたくひきのばした金属板。ばんきん。

いた-がみ [0]【板紙】[名] 厚くてかたい紙。ボール紙。

いた-ガラス [ガ]【板ガラス】【板▲硝子】[名] 板のような、たいらなガラス。

い-たく [0]【遺沢】[名]〔文章語〕死後、後の世までのこるめぐみ。「先君の―」

い-たく [0]【依託】[名] [他サ] ❶人にまかせ、たのんでやってもらうこと。委託。「小荷物の発送を―する」 ❷物にもたせかけること。「―射撃」

い-たく [0]【委託】[名] [他サ] ❶人にまかせてさせること。あずけたのむこと。「―研究」↕受託。 ❷法律上のある行為の実行や事務のとり扱いを人に依頼すること。**―販売**(ばいはん) [ハ] [名] 手数料を払って自分の品物を売ってもらうこと。

いたく [イ]【いたく】【▲甚く】[副]〔文章語〕(形容詞「いたし」の連用形から)たいそう。非常に。「―感心した」

いだ・く [ダ]【抱く】【▲懐く】[他五] カ・コ｜キ・イ｜ク｜ク｜ケ｜ケ ❶〔文章語〕だく。「わが子を胸に―」 ❷心にもつ。「希望を―」 **抱ける** [自下一]〔…できる〕

痛くも×痒くもない なんとも感じない。平気である。痛痒を感じない。「なんと言われようと―」

痛くも(も)ない腹を探られる 何もうしろ暗いところがないのに、疑いをかけられる。

いたけ-だか [0]【居丈高】[形動] ダロ｜ダッ・デ・ニ｜ダ｜ナ｜ナラ｜○ 人を威圧するような態度であるようす。「―に命じる」

いたこ [名]〔方言〕東北地方で、口寄せをするみこ。

いた-ご [0]【板子】[名] 和船の底のあげ板。**―一枚下は地獄** 船乗りの仕事が危険であることのたとえ。

いた・し【▲甚し】[形ク]〔古語〕❶程度がはなはだしい。ひどい。「いたうやつれたまへれど」〈源氏〉 ❷すぐれている。すばらしい。「造れるさま、木ぶかく、いたきところまさりて(スグレタ所ガ多ク)、見所ある住まひなり」〈源氏〉

いたし-かた [0]【致し方】[名]「しかた」のあらたまった言い方。やり方。しよう。「―がない」

いたしかた-な・い [ナ]【致し方無い】[形] カロ｜カッ・ク｜イ｜イ｜ケレ｜○「しかたない」の改まった言い方。

痛し×痒し(かくと痛いし、かかないとかゆい)どっちにしてもぐあいがわるく、困ってしまうということ。

いた-じき [0]【板敷(き)】[名] ゆかに板をはった所。板の間。

いだし-ぎぬ【▲出▲衣】[名]〔古語〕❶狩衣などで、上着の下から下着のすそをすこしのぞかせて着たこと。いだしうちぎ。 ❷牛車のすだれの下から、中の女房が、衣のすそなどをすこし出したこと。また、その衣。

いだし-た・つ【▲出し立つ】[他下二]〔古語〕❶出発させる。出立させる。「(帝ハ命婦ヲ宮中カラ)いだしたてさせたまひて」〈源氏〉 ❷宮仕えに出す。「(親ハ私ヲ)しぶしぶにいだしたてらる」〈更級〉 ❸用意してやる。「装束、馬、鞍よりはじめて、いだしたてたまふ」〈宇津保〉

いた・す [タ]【致す】[他五] サ・ソ｜シ｜ス｜ス｜セ｜セ ❶ひきおこす。まねく。「不徳の―ところ」 ❷〔文章語〕さし出す。ささげる。「きみに命を―」 ❸〔文章語〕いたらせる。及ぼす。「古代に思いを―」 ❹〔かながき〕「する」の謙譲語・丁重語。自分のがわの動作の及ぶ相手を立てたり、かしこまって述べたりするときの言い方。「ご協力を―所存です」「ご無沙汰をいたしました」「家の外で変な音がいたします」 ❺〔かながき〕(補助動詞として、「お(ご)…いたす」の形で)謙譲の意味をあらわす。「課長がご説明―予定です」 [参考] ❹や❺の意味では「いたします」という形で使われることが多い。「課長がご説明いたす」の場合は、第三者の行為が向かう先を高めた用法だが、「先ほどガイドが説明いたしましたように」のような場合は、人間関係がうすまり、丁重語の使い方になっている。

いだ・す [ダ]【▲出す】[他五] サ・ソ｜シ｜ス｜ス｜セ｜セ〔文章語〕だす。

いたずき【▲労・▲病】[名]〔古語〕➡いたつき。

いたずら 一 [0]【▲悪▲戯】[名] [形動] ❶(何の役にもたたず、かえって人の迷惑になる意から)悪ふざけ。わるさ。「―小僧」 ❷性的にみだらなおこない。 ❸自分のしたことをへりくだっていう語。「ちょっと―にかいた絵」 二【▲徒ら】[なり形動]〔古語〕❶むだだ。無益だ。「上人の感涙いたづらになりにけり」〈徒然〉 ❷何もすることがなく、たいくつなようす。「舟もいださで、いたづらなれば」〈土佐〉 ❸何もない。からっぽだ。「入江のいたづらなる洲どもに異物もなく」〈更級〉 **―に** [0] [副]〔文章語〕何もしないで。むだに。無益に。「―日を送る」

いた-ぞうり [ソ]【板草履】[名] 裏に小さな板切れをならべてつけたぞうり。板裏ぞうり。

いただき [0] 一【頂】[名] 山や高いもののいちばん高い所。頂上。てっぺん。「あたまの―」「塔の―」 二【頂き】【▲戴き】❶いただくこと。 ❷〔俗語〕苦労せず手に入れること。「こいつは―だ」

いただき-だち [0]【頂き立ち】【▲戴き▲発ち】[名] ごちそうになってすぐその家を去ること。「―で失礼します」

いただき-ます [マ]【いただきます・頂きます】【▲戴きます】[あいさつ] 食事を始める前に言う感謝のことば。↕ごちそうさま。

いただき-もの [0]【頂(き)物】【▲戴物】[名]「もらい物」の丁寧語。ちょうだいもの。

いた

いただ・く◎【頂く】【▲戴く】他五 ❶頭にのせる。「雪を—高山」❷主人としてあおぐ。尊敬してつかえる。「会長に—」❸「もらう」の謙譲語。自分に何かをくれたり、便宜をあたえてくれたりする人を立てる言い方。「先輩から辞書を—」「指導教授に研究室に入る許可を—」❹「食う」「飲む」の改まった言い方。「熱いうちにいただこう」❺〔かながき〕〔補助動詞として、「…て(で)—」の形で〕「…てもらう」のかしこまった言い方。「下書きを見て—」「ここで待たせていただきます」参考❸の意味で、「母から頂いた」などと身内の「母」を高める言い方をするのはあやまり。

いただけない【頂けない】【▲戴けない】連語 ❶いただくことができない。❷感心できない。よしとうなずけない。「かれのやり方は—」

いただ・ける◎【頂ける】【▲戴ける】自下一 ❶いただくことができる。もらえる。「ほうびが—」❷質が良く、じゅうぶん味わい楽しめる。「この酒は—」❸酒を飲むことができる。「だいぶ—口」❹よいものとして受け入れることができる。「その案は—」

いただたみタ【板畳】名 板をしんに入れた畳。

いたたまらない 連語 ⬇いたたまれない。

いたたまれない 連語 その場にじっとしていられない。いたたまらぬ。いたたまらない。「はずかしくて—」

いたち◎【×鼬・×鼬×鼠】名 イタチ科の哺乳(ほにゅう)類。からだは二〇〜四〇センチメートルで細長い。尾は太く、長い。ねずみ・かえるなどを食う。危険に際して悪臭を放つ。冬 **—の最後(さいご)っ×屁(ぺ)**〔いたちは悪臭をだして身をまもることから〕どたんばにおいこまれて、苦しまぎれに非常手段をとること。**—の道(みち)**〔いたちは同じ道を二度通らないということから〕交際などがとだえること。

いたちごっこゴ【×鼬ごっこ】名 ❶たがいに手の甲をつねりながらかさねる、子どものあそび。❷同じことをくりかえして、らちのあかぬこと。

いたちょうタ【板長】名 調理場の中で一番位の高い人の俗称。

いたチョコ◎【板チョコ】名 ひらたいチョコレート。

いたつき◎【板付(き)】名 ❶板の間(ま)。❷〔「板」は舞台の床の意〕歌舞伎(かぶき)などの芸能で、開幕のとき舞台に演者が出ていること。❸板つきかまぼこ。**—×蒲×鉾(かまぼこ)**カ 名 小板に盛りつけて作ったかまぼこ。

いたつき【▲労・病】名〔古語〕❶ほねおり。苦労。「あなむくつけ、わがいたつきわづらひとやならむと思ひ惑(まど)ひて」〈宇津保〉❷病気。「身にいたつきの入るも知らずて」〈古今〉

いたって◎/タ【至って】副 きわめて。たいそう。非常に。しごく。「—じょうぶです」

いたづら【▲徒ら】なり形動〔古語〕⬇いたずら㊀。

いたで◎【痛手】名 ❶大きな損害。大打撃。「不景気による—」❷こころに受けた大きなきず。「失恋の—をいやす」❸〔古語〕刀や弓などで受けた深い傷。重傷。深手(ふかで)。重手(おもで)。「弓手(ゆんで)(左)のひざ口を射させ(射ラレテ)痛手なれば」〈平家〉↕浅手(あさで)

いだてん◎【×韋駄天】名 ❶仏法をまもる神。たいそう足がはやいといわれる。❷足のはやい人。**—走(ばし)り**バ 名 はやく走ること。

いたどり◎/タ【▲虎×杖】名 タデ科の多年生植物。高さ約一・五メートル。茎は中空。夏、小さな白い花をつける。若葉・茎は食用。根は薬用。春

いたのま◎【板の間】名 床に板をはった所。板敷きのへや。**—稼(かせ)ぎ**カ 名 銭湯(せんとう)の脱衣場で、他人の物をぬすむこと。また、その人。

いたば◎【板場】名 ❶料理屋で「まな板」、菓子屋で「のし板」をおく所。いたまえ。❷日本料理の料理人。いたまえ。

いたばさみバ【板挟み】名〔板と板との間にはさむこと〕対立している両者の間に立って、どうしていいか苦しむこと。「会社と組合の—になる」

いたは・し【▲労し】形シク〔古語〕⬇いたわしい㊀。

いたばり◎【板張(り)】名 ❶板をはること。また、板をはった建物・場所。❷しわをのばしたり、つやを出したりするために、洗ってのりづけした布を、板にはりつけてかわかすこと。

いたは・る【▲労る】自四〔古語〕⬇いたわる㊀。

いたび◎【板碑】名 石の板で作った、死者供養のための卒塔婆(そとば)。室町時代を中心に関東で多く作られた。

いたぶき◎【板ぶき】【板×葺】名 屋根を板でふくこと。また、その屋根。

いたぶ・るフ 他五〔俗語〕おどかして金品をまきあげる。ゆする。

いたまえ◎【板前】名 ❶料理場の、まな板をおく所。いたば。❷日本料理の料理人。いたば。いた。

いたまし・いシ【痛ましい】形 かわいそうで、胸がしめつけられるようだ。「—ニュース」**痛ましげ** 形動 **痛ましさ** 名 **いたま・し** 文語シク **痛ましがる** 他五

いたみ三【痛み・傷み】名 ❶病気や傷で体が痛むこと。「—止めの注射」❷精神的な悩みや苦しみ。「心の—」❸建物・樹木・器物などの損傷や破損。「絵画の—が目立つ」❹食品、特に野菜などの腐敗。「—の早い果物」

いたみい・るイ【痛み入る】自五 あまり親切・丁重にしてもらって、おそれいる。

いたみどめ◎【痛み止め】名 痛みをやわらげて止めるための薬。鎮痛剤。

いたみわけ◎【痛み分け】名 ❶すもうで、力士のけがによる引き分け。❷けんかや議論などで、双方とも相当被害があって決着がつかないこと。

いた・むタ ㊀自五【痛む】❶体が痛い状態になる。「傷口が—」❷【傷む】心で苦しい思いをする。「聞いただけでも胸が—」㊁自五【傷む】【痛む】❶建物・器物に傷がついたり機能が損なわれたりする。壊れる。「屋根が—」「ズボンのひざが—」❷食べ物がくさったり、果物に傷がついたりする。「バナナが—」参考「壊れる」「壊す」が比較的大きな物について全体が破損することを言うのに対して、「傷む」「傷める」は物の一部が損なわれることに用いる傾向がある。㊂他五【悼む】人の死を悲しみ、残念に思う。惜しむ。「恩師の死を—」**いたみ** 名

いため◎【板目】名 ❶板と板とのあわせめ。❷板の木目のまがっているもの。↕正目(まさめ) **—紙(がみ)**メ/◎ 名 和紙をはりあわせた厚紙。

いためがわ◎【いため革】【×撓革】名 にかわ水にひたし、たたいてかたくした革。↕なめし革。

いためつ・けるケ【痛めつける】他下一 ひどいめにあわせる。手ひどくやっつける。「容赦なく—」

いた・めるメ 他下一 ㊀【痛める】❶体を痛い状態にする。「腰を—」❷【傷める】心を苦しめる。「事態の打開に胸を—」㊁【傷める】物に傷をつける。壊す。「レコードの表面を—」⇩いたむ 参考。**いた・む** 文語下二

いた・めるメ【×炒める】他下一 食べ物をあぶらでいりつける。**いた・む** 文語下二

いた・めるメ【×撓める】他下一 革をにかわ水にひたし、金づちでたたいて、かためる。**いた・む** 文語下二

いた-や タ【板屋】名 ❶板でふいた屋根。板屋根。❷板ぶき屋根の家。

いたら-ない ⓪【至らない】連体 ➡いたらぬ。

いたら-ぬ ⓪【至らぬ】連体 じゅうぶんでない。ゆきとどかない。未熟な。至らない。「—考え」

いたり ⓪【至り】名 ❶極度に達していること。きわまり。きわみ。「恐縮の—」❷ある状態のゆきつく結果。「若げの—」 **—深(ふか)し**〔古語〕❶思慮が深い。また、知識や経験がゆたかだ。造詣(ぞうけい)が深い。「いたり深うおはする御あたりに」〈源氏〉❷趣深い。「何の(ドコトイウヨウナ)いたり深き隈(くま)(場所)はなけれど」〈源氏〉

イタリア《Italia》(「伊太利」とも書いた)ヨーロッパ南部の共和国。首都はローマ。伊国。イタリー。

イタリアン〈Italian〉㊀造 イタリア風。「—レストラン」㊁タ名 イタリア料理。

イタリック リ〈italic〉名 欧文活字体の一つ。「*italic*」のように、全体が右にかたむいた字体。斜体。

いた・る タ【至る】【▲到る】自五(ラ・ロ・リ・ッ・ル・ル・レ・レ) ❶ある所・時・状態にゆきつく。達する。「頂上に—」「現在に—まで」「ついに倒産に—」❷いきわたる。およぶ。「こどもに—まで」❸やってくる。到来する。「時—」❹(…するようにな)る。「卒業するに—」❺(「至〇〇(地名)」の形で)〇〇行き。「—東京」参考 地図などで使う。 **—所(ところ)** あらゆる場所。どこもみな。「瀬戸内海は—に島あり」

至(いた)れり尽(つ)くせり よくいきとどいて申し分のない状態。「—のもてなし」

いた-わさ ⓪【板わさ】【板▲山×葵】名 板つきかまぼこに、おろしたわさびをそえたもの。

いたわし・い【▲労しい】(いたはしい)㊀シ形(カロ・カッ・ク・イ・イ・ケレ・○) かわいそうだ。ふびんだ。気の毒で見ていられない。 **いたわしさ** 名

いたは・し 文語シク ㊁形シク〔古語〕❶ほねをおるようす。苦労だ。「いたはしとふとも、ひたぶるに(ヒタスラ)その乱れを向けむ(鎮メ従ワセヨウ)」〈書紀〉❷病気で苦しい。気分が悪い。「おのが身しいたはしければ…うち臥(こ)い伏して」〈万葉〉❸大切に思うようす。だいじにしたい。「いたはしくやむごとなくもてなし聞こゆる」〈源氏〉

いたわり ⓪【▲労り】(いたはり)名 ❶思いやりの心で人と接すること。「—の言葉をかける」❷〔古語〕苦労。ほねおり。「何のいたはりもなく建てたる寝殿の事そぎたる(簡素ナ)さまも」〈源氏〉❸〔古語〕病気。心痛。「いたはりあって、都にとどまりぬ」〈平家〉

いたわ・る【▲労る】(いたはる)㊀ワ 他五(ラ・ロ・リ・ッ・ル・ル・レ・レ) ❶やさしく世話をする。気づかってだいじにする。「年寄りを—」「からだを—」❷労をねぎらう。 **いたわり** 名 ㊁〔古語〕㊀他四 病気をなおす。養生する。「かかる所にて、脚病(かくびやう)いたはらむ」〈宇津保〉㊁自四 ❶苦労する。努力する。❷病気になる。「日ごろ、いたはるところ侍りて」〈宇津保〉

い-たん ⓪【異端】名 学問・思想・宗教などの分野で、その時の標準からはずれているとされるもの。「—児」↔正統。 **—視(し)** タ名 他サ 規範からはずれているとみなすこと。 **—者(しゃ)** タ名 ❶正統でない教えや思想を信じる人。❷伝統や権威に反抗したり、組織の調和を破ったりする人。

いち【一】【壱】㊀チ名造 ❶数のはじめ。一つ。「一案・一台・一年・万一・無一物」❷一番目。最初。「—の鳥居」「一月・一番・第一」❸いちばんすぐれていること。首位。一等。「一流・随一・世界一」㊁造 ❶おなじ。ひとしい。「一概・一様・一律」❷単独をあらわす。一つの。ひとりの。「一因・一理・一句」❸ほかに何もない。「一介」❹ひとまとまりの全体をあらわす。「一族・一団」❺はっきりしないことをあらわす。ある一つの。「一日」❻ひたすら。もっぱら。「一念・一途」㊂接頭 ❶人をあらわす語につき、同類の人たちとちがわないことを強調する。普通の。ただの。「一教師・一市民・一ファン・一音楽家・一法律学者」❷それほど高くは評価できないかもしれないが、無視はできないという意味をあらわす。「一見識・一提言」別音いつ|一| **—か八(ばち)か** 運を天にまかせて思いきってやってみること。のるかそるか。 **—から十(じゅう)まで** 何から何まで。全部。 **—も二(に)もなく** なんの文句もなく。すぐに。「—引き受けた」 **—を聞(き)いて十(じゅう)を知(し)る** 賢くて、理解が早いことのたとえ。

いち イ【市】名 多くの人があつまって物の売り買いをすること。また、その場所。「お祭りで—がたつ」

い-ち イ【位置】名 ❶場所。「ちょうど正面の—にA君が座っていた」「文学史上の—」参考 抽象的なことにも使う。❷地位。くらい。「会長の—」 **—する** イ 自サ そのものがそこにある。「町の中央に—銀行」 **—付(づ)ける** ケ 他下一 そのものが置かれるべき位置をあたえる。「この論文を巻頭に—」

いちあくのすな《一握の砂》石川啄木(いしかわたくぼく)の歌集。一九一〇年刊。三行書きの形式で、自己愛惜、故郷・生活の哀歓などを歌った。

いち-あん ⓪【一案】名 ❶一つの案。❷一つのもっともな案。「それも—だ」

いち-い チ名 ❶【一位】順位・等級の第一。❷イチイ科の常緑高木。木材は建築・器具用。あららぎ。花は(春) 参考 貴族の用いた笏(しゃく)の材料としたことから位階の「一位」にちなんで名づけた。

いち-い チ【一意】副 心を一つにそそぐようす。「—研究に没頭する」 **—専心(せんしん)** 副 他に心を向けず、その事だけに熱中すること。一心になること。〔副詞的に使う〕

いちいたい-すい チ-タ【一衣帯水】名 ひとすじの帯のようなはばのせまい川や海。また、それによってへだてられること。「本州と九州は—の地だ」

いち-いち チ-【いちいち】【一一】㊀名 ひとつひとつ。個々。「—の説明ははぶく」㊁副 ひとつのもれもなく。すべて。「することに—けちをつける」「言うことは—もっともだ」

いち-いん ⓪【一因】名 一つの原因。

いち-いん ⓪【一員】名 団体のひとり。なかまのひとり。

いち-いん チ⓪【一院】名 ❶一つの寺院・議院。❷〔古語〕いちばん上位の上皇。 **—制(せい)** ⓪名 一つの議院によって議会をつくる制度。都道府県・市町村の議会など。↕二院制。

いち-う チ【一宇】名〔文章語〕いっけんの家。

いち-えん ⓪【一円】名 あたり一帯。全体。「関東—」参考 地域をあらわす語につけて使う。

いち-おう ⓪【一応】【一往】副 十分には満足できないが、それなりの評価はできるようす。ひとまず。とりあえず。とにかく。「君の話は—筋が通る」「—できるだけの処置はほどこした」「—大学は出ています」

いち-おし ⓪【一押し】【一推し】名〔俗語〕第一番に推薦すること。「フランス料理では、—のレストラン」

いちがい-に ⓪チ【一概に】副 全部まとめて。例外なく。ひっくるめて。「彼の証言が—うそだとは言えない」

いち-がん ⓪【一丸】名 ひとかたまり。「打って—となる」

いちがん-レフ レ【一眼レフ】名「一眼レフレックスカメラ」の略。焦点を合わせるためのレンズと、撮影用のレンズを、一つのレンズでかねているカメラ。↕二眼レフ。

いち-ぎ チ【一義】名 ❶一つの意味。❷一つの道理。一理。「それにも—はある」❸第一義。いちばんたいせつな

意義。**ー的**(てき) ⓪ 形動 ❶一つの意味しかないようす。❷もっとも重要であること。第一義的。根本的。「ーな問題」

いち-ぎ チ【一議】名 一度の相談。 **ーに及**(およ)**ばず** 議論するまでもない。問題にしない。

い-ちく ⓪【移築】名 他サ 建物を他の場所にうつして建てること。

いち-ぐう ⓪【一隅】名 かたすみ。一角。

いち-ぐん ⓪【一軍】名 ❶軍隊の一グループ。❷〔文章語〕全軍。「ーの将兵こぞって」❸プロ野球で、レギュラーの選手によるチーム。↕二軍。

いち-げい ⓪【一芸】名 一つの技術・芸能・芸事。「ーにひいでる」

いち-げき ⓪【一撃】名 一回の打撃・攻撃。ひとうち。

いち-げつ ツ【一月】名 いちがつ。正月。㊐冬 ㊐新年「ー七日」

いち-げん【一元】名 ❶ ⓪ 事物の根元がただ一つであること。↕多元。❷ チ 一つの年号・元号。「一世ー」❸ ⓪〔数〕未知数が一個であること。「ー一次方程式」 **ー化**(か) ⓪ 名 他サ 二つ以上の組織・機構などを一つにまとめること。一本化。 **ー的**(てき) ⓪ 形動 ❶変化する事物の根元には、ただ一つの原理があると考えるようす。「ー思想」❷複雑な組織などが、一つの命令系統によって統率されているようす。 **ー論**(ろん) ゲ 名 ❶哲学で、精神と物質とはともに一つの根本的な実在・原理・本質のあらわれだとする説。❷すべての現実を、ただ一つの原理によって説明しようとする考え方。単元論。↕二元論・多元論。

いち-げん ⓪【一▲見】名 〔初対面の意〕なじみでなく、初めてであること。料理屋などで使う。「ーの客」

いち-げん ⓪【一言】名 ⬇いちごん。 **ー一行**(いっこう) 一つのことばと、一つのおこない。一つ一つの言動。「ーをつつしむ」 **ー居士**(こじ) コ 名 何事にも何か自分の意見を言わなければ気のすまない人。

いちげん-きん ⓪【一弦琴】【一×絃琴】名 長さ約一・一(メートル)の杉材などの胴に、一本の糸を張った琴。すまごと。

一弦琴

いち-けんしき ゲ【一見識】名 ひとかどのものの考え方。かなりりっぱな考え。

いち-こ ⓪【市子】【×巫▲女】名 死者の霊を自分にのりうつらせて、死者の意中を語る女性。口寄せ。

いちご ⓪【×苺・×莓】名 バラ科の多年生植物・小低木の総称。おらんだいちご・のいちご・きいちご・へびいちごなど。一般に食用のおらんだいちごをさす。㊐夏

いち-ご チ【一期】名 生まれてから死ぬまで。一生。いっしょうがい。「ーの思い出」 **ー一会**(いちえ) チ$_1$=チ$_2$ 名 一生に一度だけの出会いであること。参考 茶道の心得として強調される。 **ー末代**(まつだい) この世は一生、未来は永久に。いつまでも。永久に。「ー決して忘れぬ」

いち-ご チ【一語】名 ❶ひとこと。いちごん。「残念のーに尽きる」❷一つの単語。 **ー文**(ぶん) ゴ/⓪ 名 一つの単語からできている文。〔「暑い。」「雨!」など〕

いち-ごう ゴ/チ【一合】名 ❶一坪・一升の十分の一。❷山の頂上までの道のりの十分の一。「富士山のー目」❸たがいに一度刀をうちあわせること。

いち-ごう ⓪【一×毫】名〔文章語〕〔一本のほそい毛〕ほんのすこし。わずか。

いち-こじん コ【一個人】名 公の資格や立場をはなれた、ひとりの人間。私人。「ーとして同情する」

いち-ころ ⓪ 名〔俗語〕いっぺんでころりと負けること。きわめてたやすいこと。「ーでかたづける」

いち-ごん ⓪【一言】名 ひとこと。いちげん。「ーごあいさつまで」「ーも発しない」 **ーのもとに** ひとことできっぱりと。ことわったり、打ち消したりする場合に使う。「ーはねつける」 **ー半句**(はんく) ハ 名 ほんのちょっとしたことば。 **ーもない** 何ともいいわけのしようがない。ぐうの音も出ない。

いち-ざ チ【一座】㊀ 名 自サ 同じ場所にいあわすこと。また、その人。同座。同席。「ーを見まわす」㊁ 名 芝居などを興行する人々の一団。「ーの花形」

いち-じ チ【一次】名 ❶第一回。最初。「ー試験」❷代数式で、二乗またはそれ以上の項のないこと。「ー方程式」 **ー産業**(さんぎょう) サ 名 ⬇第一次産業。 **ー産品**(さんぴん) サ 名 第一次産業の産物。第一次産品。

いち-じ チ【一事】名 一つのものごと。 **ーが万事**(ばんじ) 一つの事を見れば、すべてがそれによっておしはかれる。 **ー不再議**(ふさいぎ) チ=サ 名 議会で、一度議決した案件を、その会期中にふたたび審議しないこと。 **ー不再理**(ふさいり) チ=サ 名 刑事訴訟法で、判決が確定した事件についてふたたび公訴を起こすことのできないこと。

いち-じ チ【一時】㊀ 名 話し手には短いと思われる、過去のある長さの時間。「ーは助からないと思った」「ほんのーの心の迷い」「ーのような熱気は戻らなかった」「曇りー雨」㊁ 副 そのときだけ。「子どもはー実家に預けた」「ー帰国」 **ー金**(きん) ⓪ 名 一度だけ支給する金。 **ー×凌ぎ**(しのぎ) シ 名 根本的な解決にならない、その時だけのやりくり。当座しのぎ。 **ー的**(てき) ⓪ 形動 その時だけ。「ーな苦痛」 **ーに** チ 副 同時に。いちどきに。「観衆が出口にー殺到した」 **ー逃れ**(のがれ) ノ 名 一時しのぎ。いっときのがれ。 **ー払い**(ばらい) バ 名 一度に全額を支払うこと。↕分割払い。

いちじく チ【▲無▲花▲果】名 クワ科の落葉小高木。葉はてのひらの形。実(み)の外皮は黄緑色、中は淡紅色で、甘い。食用。㊐秋

いちじ-せんきん チ【一字千金】名 一字で千金のねうちがあること。すばらしくりっぱな書や文章。

いち-しちにち チ$_2$【一七日】名 その人の死んだ日から七日めの日。また、その日の法事。しょなのか。

いち-じつ ⓪【一日】名 ⬇いちにち。 **ー千秋**(せんしゅう) ⓪/チ 名〔一日が千年にも感じられる意〕待ちどおしいこと。いちにちせんしゅう。「ーの思い」 **ーの長**(ちょう) 経験・技術などがすこしまさっていること。いちにちの長。

いち-じゅ チ【一樹】名 一本の樹木。 **ーの陰**(かげ) **一河**(いちが)**の流**(ながれ)**れも他生**(たしょう)**の縁**(えん) 知らない者どうしがぐうぜんに同じ木かげに雨宿りしたり、同じ川の水を飲みあったりするのも、みな前世のいんねんによるものだ。

いち-じゅう ⓪【一汁】名 一ぱいのしる。 **ー一菜**(いっさい) ⓪ 名 副食物が、一ぱいのしると一種のおかずだけであること。そまつな食事のこと。

いち-じゅん ⓪【一旬】名 十日間。旬日。

いち-じゅん ⓪【一巡】名 自サ ひとめぐりすること。ひとまわり。「工場をーする」

いち-じょ チ【一女】名 ❶ひとりの娘。「一男ー」❷長女。

いち-じょ チ【一助】名 すこしのたすけ。何かのたし。「研究費のーとする」

いち-じょう チ【一条】名 ❶ひとすじ。一本。「ーのけむり」❷箇条書きのひとくだり。❸ある事件のいきさつ。一件。「話が例のーにおよぶ」

いち-じょう ⓪【一場】名 ❶一つの場面。一席。「ーの演説」❷その場かぎりであること。「ーのゆめ」

いち-じょう【一定】ちゃう〔古語〕㊀ 名 なり形動 確実なこと。「往生はーと思ひたまふべきなり」〈歎異抄〉㊁ 副 きっと。

かならず。たしかに。「この若者、一定つかまつりさうらひぬ（ヤッテノケル）と覚えさうらふ」〈平家〉

いち-じるし・い シ【著しい】形 カロ・カッ・ク・イ・イ・ケレ・○ めだってはっきりしている。きわめてあきらかだ。程度がはなはだしい。「進歩のあとが—」 **著しさ** 名 **いちじる・し** 文語シク

いち-じん 0【一陣】名 先陣。第一陣。 **—の風**（かぜ） ひとしきり吹く風。

いち-じんぶつ ジ【一人物】名 ちゃんとした見識のある人。相当な人物。「かれは—だ」

いち-ず チ【一▲途】形動 ダロ・ダッ・デ・ニ・ダ・ナ・ナラ・○ 一つのことを思いつめるようす。一つのことに打ち込むようす。ひたすら。ひとすじ。「—に思いこむ」

いち-せいめん セ【一生面】名 新しく切りひらいた方面。新機軸。「—をひらく」

いち-ぜん-めし ゼ【一膳飯】名 ❶わんに盛りきりの飯。❷死者に供える盛りきりの飯。枕飯（まくらめし）。 **—屋**（や） シ 名 簡単な飲食をさせる食堂。

いち-ぞく チ【一族】名 同じ血筋の者の総称。一門。同族。

いち-ぞん 0【一存】名 自分ひとりの考え。「—で決める」

いち-だい【一大】造 一つの大きな。「—痛恨事」「—発見」

いち-だい チ【一代】名 ❶人ひとりの一生。一生涯。「—の不覚」❷天皇・国王・戸主などがその地位にいる期間。❸ある一つの時代。「—の名人」❹第一代。初代。 **—記**（き） ダ 名 一生の間に起こった事がらをしるしたもの。

いち-たい-いち ダ＝チ2【一対一】名 ❶一つのものが一つのものとだけ関係しあうこと。❷相手とふたりだけであること。「—の話し合い」参考 話しことばでは、「いったいいち」と言うことがある。

いち-だいじ ダ【一大事】名 たいへんなできごと。大事件。「会社の—」

いち-だん 0【一団】名 一つの集まり。一集団。ひとかたまり。「中学生の—」

いち-だん チ【一段】名 ❶階段などのひときざみ。「急ですから—ずつ注意して下りてください」❷文章や語り物のひとくぎり。「義太夫の稽古を—上げた」 **—活用**（かつよう） カ 名 動詞の活用形式の一つで、五十音図の一段だけに語尾が変化するもの。イ段の上一段活用とエ段の下一段活用とがある。 **—と** 0 副 いっそうその特徴が明らかになるようす。ひときわ。「—成長した子どもの晴れ着姿」「北の地方では寒さが—厳しいらしい」

いち-だんらく ダ【一段落】名 自サ ひとくぎり。「—したらひと休みだ」参考「ひとだんらく」は近年多く聞かれる読みかた。

いち-ぢゃう【一定】名 なり形動〔古語〕⬇いちじょう。

いち-てんき テ【一転機】名 ひとつの大事なかわりめ。いってんき。「人生の—」

いち-ど【一度】㊀名 ❶ ド そのことがくりかえされないことを前提とした行動の回数。「—でいいから南極に行ってみたい」「—は許すが二度と失敗するな」参考「一度」には、それが唯一の機会であるという感じが伴う。「一回」は、そのことが何回も起こることを想定した言い方。「一遍」は「一度」「一回」のどちらにも近く、話しことばに使われやすい。❷ チ 気温・体温などのひときざみ。「室外と室内とでは—の差がある」㊁ 0 副 ❶はじめて経験するようす。「—会っただけでファンになった」「—試してごらんなさい」❷仮定の条件のもとで、そのことが起こるようす。いったん。「—言い出したら絶対に聞かないんだから」 **—ならず** 一度だけでなく。たびたび。くりかえして。「彼らをこの店で—見かけた」 **—に** ド 副 ❶同時に。いちどきに。「山奥では梅も桃も—に開花した」❷一回に集中して。いっぺんに。「—疲れが出る」

いち-どう ド【一同】名 いあわせるもの全員。みんな。「—起立」

いち-どう 0【一堂】名 ❶一つの堂・家。❷同じ建物・場所。「全員が—に会する」

いち-どう 0【一道】名 ❶一つの道・芸能。「—にひいでる」❷ひとすじ。「—の光明」

いち-どき ド【一時】名 に副 時を同じくすること。同時。いちじ。「—に歓声を上げる」

いち-どく 0【一読】名 他サ ひととおり読むこと。ざっと読むこと。「—して理解する」

いち-とんざ ト【一頓挫】名 自サ 順調に進んできたものが、いったん勢いがくじけて弱ること。「会社経営に—をきたす」

いち-なん チ【一男】名 ❶ひとりの男の子。「—一女」❷長男。

いち-なん チ【一難】名 一つの困難・災難。 **—去**（さ）**ってまた一難**（いちなん） 困難・災難がひきつづき起こること。

いち-に チ／イ【一二】名 ❶第一位と第二位。一番と二番。「—を争う」❷ひとつふたつ。少し。「気づいたことが—ある」

いち-にち チ2【一日】名 ❶一昼夜。二十四時間。いちじつ。❷〔この用法では0〕朝から晩まで。終日。「—休まずはたらく」❸月の最初の日。ついたち。❹〔文章語〕ある日。いちじつ。「—友をたずねる」 **—一善**（いちぜん） チ3 名 一日に一つはよいことをして、それを積み重ねていくこと。 **—千秋**（せんしゅう） 0／チ 名 ⬇いちじつせんしゅう。 **—の長**（ちょう） ⬇いちじつのちょう。 **—延ばし** ノ 名 やらなければならないことをやらないで一日一日とのばすこと。「返事を—にする」 **—増**（ま）**しに** 一日たつごとに。日ましに。「—暖かくなる」

いち-にょ チ【一如】名〔「如」は異ならない意〕❶〔仏〕真理は、現れ方はちがっても、もとは一つであること。❷〔文章語〕二つに分けられず、一体であること。「物心—」

いち-にん チ【一人】名 ❶ひとり。❷〔古語〕右大臣のこと。 **—当千**（とうせん） チ 名 ひとりの力が千人に相当すること。たいそう強いこと。一騎当千（いっきとうせん）。 **—前**（まえ） 0 名 ❶ひとりぶん。ひとりまえ。「—の料理」❷おとなと同じ能力・資格をもつこと。ひとなみ。おとなみ。「—の顔をする」

いち-にん 0【一任】名 他サ すべてをまかせること。「議長に—する」

いち-にんしょう 三【一人称】名 ⬇だいいちにんしょう。

いち-ねん チ【一年】名 ❶一月から十二月までの期間。三六五日。うるう年は三六六日。「—をかえりみる」❷十二か月間。「あれから—たった」❸年号・紀元のはじめの年。元年。❹第一学年。第一学年生。「中学—」 **—忌**（き） ネ 名 いっしゅうき。 **—生**（せい） 名 ❶ ネ 第一学年の生徒・児童。❷ ネ その社会の一員となって、一年未満である人。❸ 0 発芽したその年のうちに、生長・開花・結実を終えて枯れること。また、その植物。⇕二年生・多年生。 **—生植物**（せいしょくぶつ） ク 名 草本植物のうち、一年生のもの。あさがお・コスモスなど。⇕二年生植物・多年生植物。 **—生草本**（せいそうほん） ソ 名 一年生植物。⇕二年生草本・多年生草本。 **—草**（そう） 0 名 一年生植物。⇕二年草・多年草。

いち-ねん チ／0【一念】名 ❶深く思いつめた心。執念（しゅうねん）。「親に会いたい—」❷〔仏〕念仏を一度となえること。「—往生」❸〔古語〕一瞬間。いっせつな。「なんぞただ今の一念において直ちにする事のはなはだ難（かた）き」〈徒然〉

―**岩**をも**通**す 信念を持ち、屈せずに行えば、どんなことでもできないことはない。―**発起** ㋭名自サ ❶〔仏〕仏の道にはいろうと思いたつこと。❷物ごとをしようと決心すること。

いち-のう ⓪【一能】名 一つの技能・芸能・才能。「一芸―にひいでる」

いち-の-おとど【一の▲大▲臣】名〔古語〕左大臣のこと。左大臣が関白・摂政を兼任するときは右大臣。いちのかみ。

いち-の-かみ【一の上】名〔古語〕いちのおとど。

いち-の-ぜん ⓪【一の膳】名 正式の日本料理で、一番めに出るぜん。本ぜん。↕二のぜん・三のぜん。

いち-の-とり ⓪⓪【一の×酉】名 十一月の、第一のとりの日。とりの市がたつ。はつとり。冬 ↕二のとり・三のとり。

いち-の-ひと【一の人】名〔古語〕摂政・関白。「これこそは―におはすめれ」〈大鏡〉

いち-の-みや ⓪【一の宮】名 ❶それぞれの国で、いちばん格の高い神社。「尾張―」「武蔵―」❷〔古語〕第一皇子。

いち-ば ㋑【市場】名 ❶大きな建物のなかを仕切って、食品・日用品などの小売店があつまっている所。マーケット。❷毎日あるいは定期的に、たくさんの商人があつまって商品を売買する所。いち。―**町** ㋩名「市場❷」の立つ所に発達した都会。五日市など。

いち-ばい ⓪【一倍】名 ❶もとになる数量と同じ数量。❷もとになる数量と同じ数量を加えたもの。二倍。❸他より数量・程度が大きいこと。「人―」

いち-はつ ⓪【一八・×鳶▲尾】名 アヤメ科の多年生植物。春、白色・紫色の花をつける。観賞用。夏

いちばつ-ひゃっかい ㋠【一罰百戒】名 罪をおかした者をひとり罰することによって、他の多数の者のいましめとすること。

いち-はやく ㋩【いち早く】【▲逸早く】副 人に先立って。非常に早く。「―申しこむ」

いち-はや・し【▲逸早(速)し】形ク〔古語〕❶おそろしい。きびしい。「いちはやき世を思ひはばかりて」〈源氏〉❷はげしい。猛烈だ。「昔人は、かくいちはやきみやび(風流ナコト)をなむしける」〈伊勢〉❸勝ち気だ。きつい。「后の御心、いちはやくて」〈源氏〉

いち-ばん ㋠【一番】㊀名 ❶順番の最初。第一。「―に到着する」「―機」「―電車」❷もっとも優れたもの。「出場選手の中で彼が―だ」「数学はいつも―だった」「―弟子」❸相撲・囲碁・将棋などの一勝負。「結びの―」❹歌舞伎・狂言・謡曲などの一演目。❺唱歌や歌謡曲の歌詞の最初のひとくぎり。「校歌の―を斉唱する」㊁副 ❶ためしに。こころみに。「どれ、―やってみよう」❷(この用法では⓪)㋐(形容詞・形容動詞について)程度の大きいようす。「今日が―暑い」「彼が―じょうずだ」㋑(順序・位置をあらわす名詞について)限界であるようす。「君が―最後だ」「―手前の席です」―**茶** ㋩名 その年、いちばんはじめにつんだ茶。―**▲鶏** ㋩名 夜明け前に、最初に鳴くにわとり。また、その声。「―が鳴く」―**乗り** ㋩名 ❶まっさきに敵陣に馬を乗り入れること。❷まっさきにある場所に乗りこむこと。―**星** ㋩名 夕方、いちばん最初に空に見える星。―**×槍** ㋩名 ❶まっさきに敵陣にかけ入り、やりをふるうこと。また、その人。❷最初にてがらをたてること。また、その人。

―**姫二太郎** 子をもつには、最初は女、次は男の順がよいということ。参考 女の子一人、男の子二人がよいとする俗説もある。

いちびょう-そくさい ㋠【一病息災】名 一つくらい病気をもっている人のほうが、からだを大事にして、かえって長生きするということ。

いち-ぶ ㋠【一分】名 ❶十分の一。❷百分の一。一割の十分の一。❸一寸の十分の一。❹江戸時代の貨幣で、一両の四分の一。―**一厘** ㋠名 ほんのわずかな分量。「―の狂いもない」

いち-ぶ ㋠【一部】名 ❶全体をいくつかに分けた一つ。一部分。「被害状況の―しか見ていない報告」「それは―の人の意見だ」↕全体。参考「欠席者も―あったらしい」のような言い方は副詞的。❷組織をいくつかに分けた一つ。「―上場会社」「―リーグに昇格」❸興行や催し物の部立て。「―は記念式典。二部はアトラクション」❹全集や叢書のひとそろい。書物や冊子の一冊。「プログラムを―もとめる」―**始終** ㋛名 はじめから終わりまで。全部。

―**富士二×鷹三×茄▲子** 初夢に見るえんぎのよいものを、順にあげたもの。

いち-ぶぶん ㋟【一部分】名 全体の中の、ある部分。

いち-ぶん ㋠【一分】名 一身のめんぼく。「―が立った」

いち-へいそつ ㋬【一兵卒】名 ➡いっぺいそつ。

いち-べつ ⓪【一別】名 人とわかれること。「―以来はや三年になる」

いち-べつ ⓪【一×瞥】名他サ ちらっと見ること。「じろりと―をくれただけ」

いち-ぼう ⓪【一望】【一×眸】名他サ ひと目で見わたすこと。「けしきを―におさめる」

いちぼく-いっそう ⓪【一木一草】名 一本の木、一本の草。「―もない砂原」

いち-まい ㋠【一枚】名 ❶紙・板などの一つ。一葉。❷田の一区画。❸仲間としてのひとり。「彼を―加える」❹(副詞的に)一段。「役者が―上だ」―**岩** ㋮名 一枚の板のように裂け目のない大きな岩。団結の固いことのたとえに言う。「―の団結」―**看板** ㋕名 ❶(もと、芝居小屋にあげた、一枚に一人の名を書いた看板から)役者などのかしら。❷一団体の中心人物。❸たった一つの、宣伝価値のあるもの。―**刷り** ⓪名 一枚の紙に全部を印刷すること。また、印刷したもの。

いち-まつ ⓪【市松】名 ❶市松もよう。❷市松にんぎょう。―**人形** ㊂名 おがくずなどを、にかわで固めて作った人形。腹部に笛がしこんである。―**模様** ㋲名〔この模様のはかまを用いた、江戸時代の歌舞伎俳優佐野川市松の名から〕黒と白との四角形をたがいちがいにした碁盤目模様。のちに、他の色のものをもいう。市松。

市松模様

いち-まつ ⓪【一抹】名〔ひとなすり、ひとはけの意から〕わずか。ほんのすこし。「―のさびしさ」

いち-み ㋠【一味】㊀名 ❶一つのあじ。❷副食物の一品。❸漢方薬の、一種類の材料。㊁名自サ なかま。一党。なかまに加わる。多く、悪事を企てるなかまをいう。「怪盗の―」「反乱軍に―する」

いち-みゃく ⓪【一脈】名 ひとすじ。すこし。―**相通じる** 性質・考え方などが、どことなく共通する。

いち-みん ⓪【一眠】名 かいこが第一回の皮をぬぐ間の、ねむったような状態。

いち-め【市女】名〔古語〕平安時代に、市で物を売った女。―**×笠** ㋐名 もと、市女がかぶった、中高でふちの張った、うるしぬりのかさ。平安時代中期ごろからは上流女性の外出用。⇩つぼそうぞく(図)。

いち-めい【一名】[名] ❶ [0] 別の名。別名。「—を小五郎とよぶ」❷ [チ] 人ひとり。「—採用する」

いち-めい [0]【一命】[名] いのち。生命。「かろうじて—をとりとめる」

いち-めん [0]【一面】[名] ❶ものの一つの面。一方の側。「—しか見ない」❷全体。一帯。「—に草がしげる」❸新聞の第一ページ。❹琴・鏡などの一つ。 **—観**(かん) [メ][名] 一面だけの見方。ゆきとどかない観察。 **—的**(てき) [0][形動] ものの見方や考え方が、一方にかたよっているようす。「—な観察」

いち-めんしき [メ]【一面識】[名] 一度会ったことがあって、ちょっと知っていること。[参考]「一面識もない」という形で使う。

いちもう-さく [モ]【一毛作】[名] 同じ土地に年に一回だけ作物をつくること。↕二毛作・三毛作・多毛作。

いちもう-だじん [チ]【一網打尽】[名] (一度うった網で、全部の魚をとらえること)悪者などをいっぺんに全部とらえること。「麻薬組織を—にする」

いち-もく [0]【一目】㊀[名] ❶一方の目。❷碁で一つの石や目。㊁[名][他サ] ひとめちらっと見ること。一見。「—してすぎ去る」 **—置**(お)**く** (囲碁で、弱い方が先に一目打って始めることから)相手が自分よりすぐれていると認めて一歩をゆずる。敬意をはらって遠慮する。 **—散**(さん) [モ][名][に副] わき目もふらず、走ったり、逃げたりするようす。いっさんに。「—に逃げだす」 **—瞭然**(りょうぜん) [チ][形動] ひとめ見ただけで、はっきりわかるようす。「結果は—だ」

いち-もつ [0]【一物】[名] ❶一つのもの。❷心にもつ一つのたくらみ。「胸に—ある男」❸金銭や陰茎などを暗に指す語。

いち-もつ [0]【▲逸物】[名] すぐれた人物・馬など。いつぶつ。

いち-もん [チ]【一文】[名] ❶昔の貨幣で、一貫文の千分の一。穴あき銭一枚。❷わずかなかね。「—もない」 **—商**(あきない) [ア][キ][名] 一文ずつの零細な商売。 **—惜**(お)**しみ** [オ][名] わずかなかねも惜しむこと。また、その人。 **—無**(な)**し** [モ][名] かねをすこしももたないこと。文無し。おけら。

いち-もん [チ]【一門】[名] ❶一族。「平氏の—」❷仏教の同じ宗門の人。

いちもん-いっとう [チ]【一問一答】[名] 一つの質問に一つの返答をし、これをくり返すこと。

いち-もんじ [モ]【一文字】[名] ❶「一」という字の形。横にまっすぐなこと。まっしぐら。「口を—にむすぶ」❷まっすぐに突進すること。❸掛け軸の上下に、横につけてある綾(あや)・錦(にしき)などの細い布。❹舞台の上の方に横に長くつった黒い幕。

いち-や [チ]【一夜】[名] ❶ひとばん。ひとよ。「—を明かす」❷〔文章語〕ある夜。「—友をたずねた」 **—飾**(かざ)**り** [カ][名] 門松やお供えをおおみそかに飾ること。忌むべきこととされている。 **—酒**(ざけ) [ヤ][名] あまざけ。ひとよざけ。(夏) **—作**(造)(づく)**り** [ヅ][名] ❶一夜の間につくってしまうこと。また、そのもの。❷一時の間にあわせに、大急ぎで作ること。また、そのもの。 **—漬**(づ)**け** [0][名] ❶ひとばんだけつけた、つけ物。❷準備不足のままで、急いで間にあわせること。「—の試験勉強」[参考] 表記は「一夜漬」でもよい。

いちゃ-いちゃ [イ][副][自サ]〔俗語〕仲のいい男女などが人目を気にせずなれなれしくふざけあうようす。「公園で—するカップル」

いち-やく [0]【一躍】㊀[名][自サ] ❶一回とぶこと。ひととび。❷段階をとびこえて進むこと。「—して首位に立つ」㊁[副] いっそくとびに。「—有名になった」

いちゃ-つ・く [0][自五] カ・コ|キ・イ|ク|ク|ケ|ケ 〔俗語〕仲のいい男女などがなれなれしくふざけあう。

いちゃもん [0][名]〔俗語〕ありもしないこと、ささいなことをたねに文句を言うこと。言いがかり。「—をつける」

い-ちゅう [0]/[イ]【意中】[名] 心の中。考え。「—をさぐる」 **—の人**(ひと) 心の中でこの人こそと思っている人。とくに、心の中で、結婚相手としてきめている人。

い-ちゅう [0]【移駐】[名][自サ] 他の地にうつって、そこにとどまること。「軍隊の—」

いち-ゆう [0]【一×揖】[名][自サ]〔文章語〕ちょっとおじぎをすること。

い-ちょ [イ]【遺著】[名] 死後に出版された著作。

い-ちょう [イ]【医長】[名] (大きな病院などで)各科の首席の医師。「小児科—」

い-ちょう [0]【胃腸】[名] 胃と腸。「—病」

い-ちょう [0]【異朝】[名]〔文章語〕❶外国の朝廷。❷外国。↕本朝。

いちょう [0]【▲銀×杏・▲公▲孫▲樹・×鴨▲脚】[名] (形の似ているところから「鴨脚」と当て、その唐宋音「ヤーチャオ」が変化したという説がある)❶イチョウ科の落葉高木。葉は扇形。雄株(おかぶ)と雌株(めかぶ)とある。種子は「ぎんなん」といって食用。❷だいこん・にんじんなどを、「いちょう❶」の葉の形に切ること。 **—返**(がえ)**し** [ガ][名] 日本髪の一種。たばねた髪をわけて、二つの輪(わ)にし、いちょうの葉の形にゆったもの。

いちょう返し

い-ちょう [0]【移×牒】[名][自サ] (「牒」は公文書の意)管轄の違う他官庁へ、文書で知らせること。また、その通知。

い-ちょう [0]【移調】[名][他サ] 楽曲の全体をある音程だけ上または下に移すこと。「ハ調の曲をホ調に—する」

いち-よう [0]【一葉】[名]〔文章語〕❶一枚の木の葉。❷うすい紙の一枚。❸(形が葉に似ていることから)小舟一そう。 **—落**(お)**ちて天下**(てんか)**の秋**(あき)**を知**(し)**る** (桐(きり)の葉が一枚落ちるのを見て、いちはやく秋になったことを感じる)ちょっとしたことから、先のことを予知する。

いち-よう [0]【一様】[形動] ダロ|ダッ・デ・ニ|ダ|ナ|ナラ|〇 ぜんぶ同じであるようす。「—に黙りこくる」

いちよう-らいふく [0]【一陽来復】[名] ❶陰暦十一月。または冬至の日をいう。❷冬が去り春がくること。❸不運つづきのあと、やっと運がひらけること。

いち-よく [0]【一翼】[名] ❶一方のつばさ。❷一つの役割。「—をになう」

いち-らん [0]【一覧】㊀[名][他サ] ひととおり見ること。㊁[名] 物ごとを、一目でわかるようにまとめて書いたもの。「名所—」 **—表**(ひょう) [0][名] いろいろな事がらを一目でわかるようにまとめた表。

いちらんせい-そうせいじ [セ2]【一卵性双生児】[名] 受精した一つの卵が、二つにわかれてできたふたご。そのふたごは同性で、外見もよく似ている。↕二卵性双生児。

いち-り [チ]【一利】[名] 一つの利益。「百害あって—なし」 **—一害**(いちがい) [チ1][名] 利と害とが同じくらいあること。一得一失。

いち-り [チ]【一里】[名] 距離で、三十六町。約三・九三キロメートル。 **—塚**(づか) [リ][名] 江戸時代の里程標。街道に一里おきにつかをつくり、木を植えたりしたもの。

いち-り [チ]【一理】[名] ひととおりの道理。一応うなずける理由。「—ある意見」

いち-りつ [0]【市立】[名] 市(し)でつくること。市でつくったもの。しりつ。「—高校」[参考]「私立(しりつ)」とまぎれないためにいいわけたことば。

いち-りつ ⓪【一律】名・形動 ❶同じ調子で変化のないようす。「千編―」❷ぜんぶ同じであるようす。いちよう。「―にとりしまる」

いち-りゅう ⓪【一流】名 ❶一つの流派・流儀。❷その人独特のやり方。「かれ―のやり方」❸第一等の地位。「―の人物」❹【一×旒】はた・のぼりなどの一本。ひとながれ。

いち-りゅう ⓪【一粒】名 ひとつぶ。 **―万倍**(まんばい) ⓪/チ 名〔ひとつぶの種子からその万倍もの収穫を得ること〕わずかなもとでで大きな利益をあげることのたとえ。

いち-りょう【一両】造 一、二の。「―年」

いち-りょう-じつ リョ【一両日】名 いちにちふつか。一、二日。

いち-りん チ【一輪】名 ❶開いた花の一つ。❷車輪の一つ。 **―挿**(ざ)**し** ⓪名 一、二輪の花を花びんにさすこと。また、その小さな花びん。

いち-る チ【一×縷】名〔文章語〕〔「ひとすじの糸」の意から〕ごくわずか。かすか。「―の望み」

いち-るい チ【一塁】名 野球で、走者が最初にふむ塁。ファーストベース。また、そこを守る人。「―手」

いち-るい ⓪【一類】名 ❶同種類。同類。❷同族。同じ仲間。

いち-れい ⓪【一礼】名・自サ ❶一度礼をすること。❷かるく会釈すること。「―して席に着く」

いち-れつ チ【一列】名 ❶ひとならび。❷第一の列。❸同じなかま。同列。「―に見なす」

いち-れん ⓪【一連】名 ❶⓪ひとつづき。ひとつながり。「―の事件」❷チ 全判の洋紙一〇〇〇枚。❸チ なわでつらねたもの一つ。「かつおぶし―」

いち-れん チ【一×聯】名 ❶律詩(りっし)で、一対(いっつい)の句。❷詩の一句。

いちれん-たくしょう ⓪【一×蓮×托生】名〔仏教で、極楽の同じれんげの上に生まれかわり、いっしょに暮らすことから〕他の人と行動・運命を共にすること。

いち-ろ チ【一路】㊀名 ひとすじのみち。「向上の―」㊁副 ひとすじに。まっすぐに。「―南進する」

いち-ろう ⓪【一浪】名〔俗語〕受験に失敗して一年間浪人すること。また、その人。

いち-ろく ⓪【一六】名 ❶さいころの目の一と六。❷一と六とをあわせた数。七。 **―銀行**(ぎんこう) ギ 名〔俗語〕〔一と六をたすと七〕質屋(しちや)のこと。 **―勝負**(しょうぶ) ショ 名 ❶さいころをふってする勝負ごと。ばくち。❷運にまかせてする冒険的な勝負。

いつ【五】造 五つの。「―とおりの方法」

いつ【逸】造 ❶それる。のがす。「逸機・逸脱・後逸」❷うしなう。なくす。「隠逸・散逸」❸世に知られない。「逸事・逸話」❹すぐれている。「逸材・逸出・逸品・秀逸」❺たのしむ。「逸楽・安逸」 **逸する** 他サ

いつ【×溢】造 あふれる。こぼれる。「溢水・横溢・充溢・脳溢血」

いつ イ/ツ【一】名・造 ❶一つ。いち。「心を―にする」「単一・統一」❷一方。「―は赤、―は白」❸同じ。ひとしいこと。「理由は―だ」「画一・同一」❹ひたすら。もっぱら。「純一・専一」〔別音いち〔一〕〕

いつ イ【いつ】【▲何▲時】代・副 ❶はっきりと決まっていない、または分かっていない時を指す語。「―出発しようか」「―から来ていたの」❷ふだん。いつも。やや文章語的な言い方。「―になく不機嫌なようす」 **―の間**(ま)**に** いつか気のつかないあいだに。「―か花が散ってしまった」

い・づ【▲出づ】〔自他下二〕〔古語〕⇒いず。

いつ-いつ イ【いついつ】【▲何▲時▲何▲時】代・副 ❶日付や時刻、期限などが具体的でないとき、またはそれを具体的に言わないときの言い方。「―までにと言われればお届けします」❷「いつ」を強めた言い方。「―までもおしあわせに」

い-つう ⓪【胃痛】名 胃のいたみ。

いっ-か イ【一下】名 ひとたびくだること。「命令―」

いっ-か イ【一価】名 原子価が一であること。

いっ-か イ【一家】名 ❶家族全体。一家族。「―五人」❷特に固い仲間意識で結ばれている組織。「次郎長―」❸一方の権威。独自の存在。「評論で―を立てる」 **―言**(げん) カ 名 ❶その人独自の意見・論説。❷一つの見識をもった意見。 **―を成**(な)**す** 学問・芸術などで権威ある存在となる。

いっ-か イ【一過】名 さっと通過すること。「台風―」 **―性**(せい) ⓪名 症状が一時的に起こり、すぐにおさまること。また、関心や騒ぎが一時的ですぐに冷めること。「―の発熱」「―の政治改革ブーム」

いっ-か イ【一×顆】名〔文章語〕石・くだものなどの一つ。

いつ-か ⓪【五日】名 ❶一日の五倍の日数。❷月の第五日め。❸五月五日。端午(たんご)の節句の日。

いつ-か イ【いつか】【▲何▲時か】副 はっきりしない時をあらわす。❶将来のある時。そのうちに。「―一度は行ってみたい」❷いつのまにか。「―秋になっていた」❸過去のある時。以前。かつて。「この道は―来た道」 **―しら** イ 副 いつのまにか。いつともなく。「―来てしまった」

いっ-かい ⓪【一介】名〔文章語〕〔「介」は「個」と同じ〕ひとり。個人。「―の教師」参考〔「…の」の形で〕取るに足りない、平凡な、無名の、などの意味で使う。

いっ-かい ⓪【一塊】名〔文章語〕ひとかたまり。「―の土」

いっ-かい カ【一回】㊀名 そのことが何度もあることの一つであること。「―や二回行っただけでは京都のよさはわからない」「―戦を突破して、次の試合が楽しみだ」㊁副 はじめて経験するようす。「富士山には―登ったことがある」「―食べただけで味が忘れられない」⇨一度 参考。 **―忌**(き) カ 名 俗に、誤って「一周忌」のこと。⇨回忌 参考。 **―生**(せい) カ 名 ❶その学校の一回目の卒業生。❷〔関西地方で〕その学校の一年生。

いっ-かく ⓪【一角】名 ❶一つのかど。一隅(いちぐう)。「小屋の―に追いつめる」❷一部分。一すみ。「敵陣の―をくずす」❸一角獣。 **―獣**(じゅう) ク 名 ❶馬に似ていて、頭に一本の角を持つ想像上の動物。ユニコーン。❷イッカク科の哺乳(ほにゅう)類。北氷洋にすみ、体長約五メートル。雄は上あごに一本の長いきばを持つ。古くは、きばは漢方薬で解熱剤。一角。

一角獣❶

いっ-かく ク【一画】名 ❶漢字を形づくる一本の線。「一点―」❷ひとくぎり。一区画。「この―が私の所有地だ」

いっ-かく ⓪【一郭】【一×廓】名 かこいのある地帯。ひとつづきの地域。

いっかく-せんきん ⓪【一×攫千金】名〔「一攫」は、ひとつかみの意〕やすやすと、一度に大きな利益を得ること。参考 新聞・放送では「一獲千金」と書く。

いっか・し【▲厳かし】形シク〔古語〕いかめしい。重重しくとうとい。「さばかりいつかしき御身をと」〈源氏〉

いづ-かた【▲何方】代〔古語〕⇒いずかた。

いっ-かつ ⓪【一括】名・他サ 一つにまとめること。ひとくくり。「五つの案を―して審議する」

いっ-かつ ⓪【一喝】名・他サ 大声で一声しかりつけるこ

と。

いっ-かど ⓪【一角・一▲廉】名 ひときわすぐれていること。ひとかど。「―の人間」

いっか-な ⓪副〔「如何な」の変化〕どうあっても。どうしても。「―聞き入れない」参考 下に打ち消しの語がくる。

いっ-かん カ【一巻】名 ❶書物の一冊。❷映画フィルムの一巻き。**―の終おわり**〔一巻の物語が終わる意から〕すべて終わること。最後。おしまい。特に、死ぬこと。「ここから落ちれば―だ」

いっ-かん【一貫】㊀イ名 ❶尺貫法で、重量の単位。⬇貫。❷昔の貨幣の単位。⬇貫。㊁⓪名自サ 初めから終わりまで、ひとすじにつらぬき通すこと。「―した精神」「終始―」 **―作業さぎょう** サ名 原料から製品までの全工程を同じ企業体で、連続的に行うこと。**―性せい** ⓪名 はじめから終わりまで同じ考えで貫かれているようす。「計画に―がない」

いっ-かん ⓪【一管】名 ❶〔文章語〕笛・筆などの一本。❷能楽で、笛だけを謡にあわせて吹くこと。

いっ-かん ⓪【一環】名 ❶くさりの一つの輪。❷全体に関係のある一部分。「慈善事業の―として」

いっかん-ばり ⓪【一閑張】名〔「一閑」は考案者の名〕茶道具などに用いる、うるしをぬった和紙を使う工芸品。

いっ-き イ【一季】名 ❶四季のうちの一つの季。❷江戸時代に、奉公人のつとめる一年間の期間。

いっ-き イ【一基】名 灯台・石どうろうなどの一つ。

いっ-き イ【一×揆】名 領主や代官などの圧政に反抗して民衆が団結しておこした暴動。「百姓―」

いっ-き イ【一騎】名 馬に乗ったひとりの兵士・人。**―打うち** キ名 ❶馬上の戦士が一対一の勝負をすること。❷一対一の勝負。**―当千とうせん** イ名 一騎で千騎にあたるほどの力のあること。また、その人。一人当千。

いっ-き イ【逸機】名自サ〔文章語〕よい機会をのがすこと。

いっ-き イ【一気】名に副 ❶休みを入れずに事を行うこと。ひといき。「たまった仕事を―にかたづける」❷〔俗語〕大きな容器にはいった酒類をひといきに飲みほすこと。また、それをはやすことば。「―飲み」 **―×呵成かせい** イ名 ひといきに仕事をしあげること。文章を書き上げることにいうことが多い。

いっき-いちゆう イ【一喜一憂】名自サ 状況の変化につれて喜んだり心配したりすること。「開票速報に―する」

いっ-きく ⓪【一×掬】名〔文章語〕〔「掬」は両手ですくいあげる意〕ひとすくい。ほんのわずか。「―のなみだ」

いつきーの-みこ【▲斎の▲御子】名〔古語〕伊勢いせ神宮や賀茂かも神社に奉仕した未婚の内親王。斎いつきの宮みや。斎いつきの王きみ。斎宮さいぐう。斎院さいいん。

いつきーの-みや【▲斎の宮】名〔古語〕いつきのみこ。

いっ-きゅう ⓪【一級】名 ❶一つの階級。「―あがる」❷第一等の品質や地位。「―品」

いっきゅう《一休》一三九四―一四八一。室町中期の禅僧・漢詩人。禅僧の堕落に抵抗し、庶民の間に身を置くことを好んだ。漢詩集「狂雲集」。

いっ-きょ イ【一挙】名 一回の動作。一回の行動。**―一動いちどう** イ名 ひとつひとつの動作。「―を見守る」**―に** イ副 いちどきに。一気に。「―仕上げる」**―両得りょうとく** イ名 一つのことをして、同時に二つの利益をえること。一石二鳥。「―をねらう」

いっ-きょう ⓪【一興】名 ちょっとしたおもしろみ・楽しみ。「春雨の中の花見も―だ」

いっ-きょう ⓪【一驚】名自サ おどろくこと。びっくりすること。**―を喫きっする** びっくりする。

いっ-きょく ク【一曲】名 音楽のまとまった曲一つ。

いっ-きょく ク【一局】名 将棋や碁の一勝負。一回の対局。

いっきょく-しゅうちゅう ⓪【一極集中】名 すべてのものが一か所に集まること。「東京への―の弊害」

いっきょしゅ-いっとうそく キョ=ト【一挙手一投足】名 ❶〔手を一回あげ、足を一回動かすこと〕わずかばかりの骨折り。「―の労を惜しむ」❷こまかい、ひとつひとつの行動や動作。一挙一動。「―に気をつける」

いっ-く イ【一句】名 ❶俳句の一つ。❷和歌・俳句・漢詩のひとくぎり。一節。❸ひとこと。「一言―」

い-つ-く ツ【居着く】ゐ 自五 カ・コキ・イ・クク・ケ・ケ ❶よそから来て、そこにすみつく。「居着いて三年め」❷その場所におちついている。「店員が居着かない」 **居着ける** 自下一 …できる

いつ-く〔古語〕㊀【▲斎く】自四 神につかえる。神としてまつる。「春日野かすがにいつく三諸もろみ」〈万葉〉㊁【×傅く】他四 大切にせわする。「(娘ヲ)かしこういつきはべりしを」〈源氏〉

いづ-く【▲何▲処】代〔古語〕⬇いずこ。

いつく・し【▲厳し】形シク〔古語〕❶おごそかだ。いかめしい。「皇神すめのいつくしき国」〈万葉〉❷端正だ。うるわしい。「めでたくいつくしき女」〈今昔〉

いつくし・む【慈しむ】他五 マ・モ・ミ・ミ・ン・ム・ム・メ・メ かわいがって、だいじにする。**慈しみ** 名

いづくん-ぞ【▲安(×焉)んぞ】副〔古語〕⬇いずくんぞ。

いっ-けい ⓪【一系】名 同じ血すじ。

いっ-けい ⓪【一計】名 一つのはかりごと。「―を案ずる」

いっ-けつ ⓪【一決】名自サ 議論・相談などがきまること。「衆議―する」

いっ-けつ ⓪【×溢血】名自サ からだの組織の中の出血。「脳―」

いっ-けん ⓪【一犬】名 一匹の犬。**―虚きょに×吠ほえて万犬ばんけん実じつを伝つたう**〔一匹の犬がなんでもないのにほえると、他の多くの犬もほえだす〕ひとりが間違ったことを言いだすと、それが多くの人に事実として伝えられるものだ。

いっ-けん【一件】名 ❶イ 一つの事がら。「―落着」❷⓪あのこと。あの件。例のこと。「あの―はどうなった」 **―書類しょるい** ショ名 ❶一つの事がらに関係あるすべての書きもの。❷ある訴訟事件についてのすべての記録をつづったもの。一件記録。

いっ-けん イ【一軒】名 一つの家。**―家や** ケ名 一つだけぽつんと建っている家。参考 近年、一戸建ての意でも使うことがある。

いっ-けん イ【一間】名 ❶家の内の柱と柱のあいだ。❷尺貫法の長さの単位。⇩間けん。

いっ-けん ⓪【一見】㊀名他サ 一度だけ、さっと見ること。いちべつ。「―して正体を見ぬく」㊁副 ちょっと見たところ。「―問題はないようだが…」

いっ-こ イ【一己】名 自分ひとり。一個人。「私―の考え」

いっ-こ イ【一戸】名 戸数が一つ。一軒。**―建だて** ⓪名 集合住宅ではなく、家屋として独立して建っている住宅。

いっ-こ イ【一個】【一▲箇】名 ひとつ。「―百円」参考「一ケ」とは書かない。

いっ-こ イ【一顧】名他サ〔文章語〕❶ちょっとふりかえって見ること。「―だにしない」❷ちょっと考えてみること。「―の価値だにない」

いづ-こ【▲何▲処】代〔古語〕⬇いずこ。

いっ-こう ⓪【一行】名 ❶いっしょに行く人々。同行者。「―十人」❷一つのおこない。「一言―」

いっ-こう〔イ〕【一校】〔名〕❶一つの学校。❷学校全体。全校。「—の人気者」❸一回の校正。初校。〔参考〕❸の意で使うときは〔0〕。

いっ-こう〔0〕【一考】〔名〕〔他サ〕ちょっと考えてみること。「—を要する」

いっ-こう【一向】■〔0〕〔に〕〔副〕ある状態がかわらないことや、否定の気持ちを強めていう語。さらに。まったく。全然。「—にはかどらない」「—に気がつかない」〔参考〕打ち消しの語をともなうことが多い。「一向に平気だ」のように、打ち消しの語をともなわない場合でも、全体としては否定の気持ちが加わる。■〔副〕〔古語〕❶ただそれだけ。ひたすら。すべて。「只一向平家のままにてありしかば」〈平家〉❷いっそ。むしろ。—**一×揆**(いっき)〔イ2〕〔名〕室町時代の末に、戦国小名や、一向宗(浄土真宗)本願寺派の僧および門徒の農民などが団結して、大名制度からの解放と宗門の拡張とをはかっておこした宗教一揆。

いっこう-いってい〔0〕【一高一低】〔名〕高くなったり、低くなったりすること。「物価は—で安定しない」

いっこう-しゅう《一向宗》⇒じょうどしんしゅう。

いっ-こく〔ク〕【一刻】■〔名〕❶〔古語〕昔の時刻で、一時(ひととき)の四分の一。いまの約三〇分間。❷わずかの時間。ひととき。ある程度の時間。「—のゆとりをあらそう」❸ひととき。■〔形動〕がんこで、人のいうことを聞き入れないようす。「—な老人」—**千金**(せんきん)〔0〕〔名〕千金にも相当するほどのすばらしいひととき。〔参考〕中国、北宋の蘇軾(そしょく)の「春夜詩」にある詩句「春宵(しゅんしょう)一刻値(あたい)千金」から。

いっ-こく〔0〕【一国】〔名〕❶一つのくに。❷国じゅう。「—をあげて歓迎する」—**一城**(いちじょう)**の×主**(あるじ)(一国・一城を所有する人)他者に支配されず、独立している者。

いっ-こん〔0〕【一献】〔名〕❶さかずき一ぱいの酒。❷酒を一度さすこと。❸酒をごちそうすること。「—さしあげる」

いっ-さい〔0〕【一再】〔名〕一、二度。一、二回。「—にとどまらない」—**ならず** 一度や二度でなく。たびたび。

いっ-さい〔イ1〕【一切】〔名〕〔副〕❶すべて。全部。残す所なく。「財産を—処分する」❷まったく。ぜんぜん。「事情が—わからない」—**合切**(がっさい)**(財)**〔ガ〕〔名〕〔副〕全部。のこらず。—**経**(きょう)〔0〕〔名〕すべての仏教聖典の総称。大蔵経(だいぞうきょう)。—**衆生**(しゅじょう)〔シュ〕〔名〕〔仏〕この世に生きているすべてのもの。

いつ-ざい〔0〕【逸材】〔名〕すぐれた才能。また、そのもちぬし。「漱石(そうせき)門下の—」

いっさい-たふ〔タ〕【一妻多夫】〔名〕ひとりの妻に、ふたり以上の夫のあること。↕一夫多妻。

いっ-さく【一昨】〔造〕現在を基準にして、前の前のこと。あらたまった言い方に用いる。「—日」「—年」—**昨日**(さくじつ)〔ク2〕〔名〕一昨日の前の日。さきおととい。—**昨年**(さくねん)〔0〕/〔ク2〕〔名〕一昨年の前のとし。さきおととし。—**日**(じつ)〔ク〕〔名〕きのうの前の日。おととい。—**年**(ねん)〔0〕〔名〕去年の前の年。おととし。—**晩**(ばん)〔ク〕〔名〕ゆうべの前の晩。一昨日の晩。おとといの晩。—**夜**(や)〔ク〕〔名〕一昨日の夜。おとといの夜。

いっ-さく〔0〕【一策】〔名〕一つのはかりごと・計画。一計。「—を案じた」

いっ-さつ〔0〕〔ツ〕【一札】〔名〕一通の書きつけ・証文。—**入**(い)**れる** 約束やわびを書いたものを相手にわたす。

いっさつ-たしょう〔タ〕【一殺多生】〔名〕⇒いっせつたしょう。

いっ-さん〔イ〕【一山】〔名〕〔文章語〕一つの大きな寺全体。「—の僧」

いっ-さん〔0〕【一×盞】〔名〕〔文章語〕さかずき一ぱいの酒。一献(いっこん)。

いっ-さん〔0〕【一散】【逸散】〔名〕〔に〕〔副〕わき目もふらず走るようす。いちもくさん。「—に逃げ出す」

いっさんか-たんそ〔タ〕【一酸化炭素】〔名〕炭素や炭素化合物が不完全燃焼するときに出る、無色・無臭の有毒ガス。「—中毒」

いっ-し〔イ〕【一子】〔名〕〔文章語〕ひとりの子ども。「—をもうける」—**相伝**(そうでん)〔イ〕〔名〕学問・技芸の奥義を、自分の子ひとりだけに伝えること。

いっ-し〔イ〕【一矢】〔名〕一本の矢。—**を報**(むく)**いる** 相手の攻撃に対してしかえしをする。反撃する。反論する。

いっ-し〔イ〕【一死】〔名〕❶〔文章語〕「死」を強めた言い方。「—もって国恩に報ずる」❷野球で、アウトの数が一つであること。ワンダウン。ワンナウト。

いっ-し〔イ〕【一糸】〔名〕❶〔文章語〕一本のいと。❷⇒し(糸)。—**乱**(みだ)**れず** すこしも乱れず、きちんとしているようす。「—行進する」—**も×纏**(まと)**わず** 衣類をまったくつけていないようす。すっぱだか。全裸。

いっ-し〔イ〕【一指】〔名〕〔文章語〕ゆび一本。「—もふれさせない」

いっ-し〔0〕【逸史】〔名〕正史に書きもらされた歴史上の事実。

いつ-じ〔イ〕【逸事】〔名〕世間に知られていない、かくれた事実。「—に富んだ人」

いつ-しか〔イ〕【いつしか】【×何×時しか】■〔イ〕〔副〕❶いつのまにか。知らないうちに。「—春が来た」❷〔文章語〕早くそうならないかと期待する気持ちをあらわす。「—と春をまつ」❸〔古語〕いつのことだったか。「いつしかの奉りし物は侍りや」〈今昔〉■〔なり形動〕〔古語〕あまりにも早いようす。「新帝、今年三歳、あはれいつしかなる譲位かな」〈平家〉

いっ-しき〔0〕【一式】〔名〕ひとそろい。全部。「礼装—」

いっ-しつ〔0〕【一失】〔名〕〔文章語〕❶一つの損失。↕一得。❷一つの失敗。「千慮の—」

いっ-しつ〔ツ〕【一室】〔名〕一つのへや。

いっし-どうじん〔イ〕【一視同仁】〔名〕すべてのものを、平等に愛すること。〔参考〕「一視同人」と書くのはあやまり。

いっし-はんせん〔イ〕【一紙半銭】〔名〕(紙一枚に最小の貨幣単位の半分のかね)わずかなもの。「—をおしむ」

いっしゃ-せんり〔イ〕〔セ〕【一×瀉千里】〔名〕(川の水が一度流れだすと千里も一気に流れ走ること。はげしい水の勢いのようす)❶よどみなく、はやくはかどること。「—に仕事をかたづける」❷文章・弁舌がよどみのないこと。「—のしゃべり方」

いっ-しゅ〔イ〕【一首】〔名〕一つの和歌。

いっ-しゅ〔イ〕【一種】■〔名〕❶一つの種類。「文芸の—」❷同類としてあつかってよいこと。また、そのもの。「しかるのも愛情の—だ」❸ある独特のもの。「—の風格のある文章」❹第一種郵便物。■〔副〕ちょっと。「—かわったところがある」

いっ-しゅう〔0〕【一週】〔名〕❶日曜日から土曜日までの七日間。❷七日間。一週間。「—置きに病院へ行く」—**間**(かん)〔シュ〕〔名〕七日間。

いっ-しゅう〔0〕【一周】〔名〕〔他サ〕ひとまわりすること。—**忌**(き)〔シュ〕〔名〕死んだ日から一年目の同月同日。また、その日に行う法事。一年忌。⇨回忌〔参考〕。—**年**(ねん)〔シュ〕〔名〕まる一年目。

いっ-しゅう〔0〕【一蹴】〔名〕〔他サ〕❶大した苦労もせずに負かすこと。「相手を—する」❷すげなく、はねつけること。「抗議を—する」

いっしゅう《壱州》⇒いき(壱岐)。

イッシュー〔イ〕〈issue〉〔名〕⇒イシュー。

いっ-しゅく〔0〕【一宿】〔名〕〔自サ〕一晩泊まること。一泊。

い

—一飯いっぱん◎名 一晩泊めてもらい、一回食事をめぐまれること。「—の恩義」

いっ-しゅつ◎【逸出】名自サ〔文章語〕❶のがれ出ること。❷とびぬけてすぐれていること。「—した人材」

いっ-しゅん◎【一瞬】名（一度まばたきすること）ほんのわずかな時間。一瞬間。「—の出来事」 **—間**かん シュ名 一瞬。

いっ-しょイ【一所】名〔文章語〕❶いっかしょ。一つ所。❷同じ所。 **—懸命**けんめい ❶名〔古語〕封建時代に、一つの領地をたよりに生活すること。❷イ¹=ケ副形動 ⇒いっしょうけんめい。 **—不住**ふじゅう イ名〔文章語〕一つの土地に定住しないで、あちこち放浪すること。さだまった住所のないこと。修行僧・浪人などについていう。

いっ-しょイ【一書】名〔文章語〕❶ある書物。一本。「—にいわく」❷別の書類。別の本。❸一通の手紙。「—を呈す」

いっ-しょ◎【一緒】❶名 一つに集まること。また、集めること。ひとまとめ。「—になる」「—にする」❷自サ（ふつう「ご一緒」の形で）つれだつこと。「先生とご—する」❸形動 おなじ。「二人は年が—だ」 **—くた**◎形動 いろいろなものを集めて、まぜるようす。ごちゃまぜ。まぜこぜ。

いっ-しょイ【逸書】【×佚書】名〔文章語〕書名が残っているだけで、その内容が伝わっていない書物。

いっ-しょう◎【一生】名 生まれてから死ぬまでの間。いきている間。生涯しょうがい。一生涯。↔半生はんせい。 **—懸命**けんめい ケ副形動 非常に熱心に努力するようす。「—つとめる」参考 もともとは「一所いっしょ懸命」。

いっ-しょう◎【一将】名〔文章語〕ひとりの大将・将軍。 **—功**こう**成**なって**万骨**ばんこつ**枯**かる ひとりの将軍のかがやかしいてがらのかげには、多くのぎせい者がいる。成功者のかげには、多くの下位の戦死者がいるということ。

いっ-しょう◎【一笑】名自サ かるくわらうこと。ひとわらい。「破顔—」 **—に付**ふ**する**「ふふん」とわらって問題にしない。

いっしょう-がいシヨ【一生涯】名 一生。終生。

いっしょう-さんたん◎【一唱三嘆】名（一度となえて、三度ほめること）すぐれた詩や文章をほめたたえること。一読三嘆。「—にあたいする名文」

いっ-しょくク【一色】名 ❶一つのいろ。ひといろ。「青—の大海原」❷一つの傾向。「反対—で埋まる」

いっしょく-そくはつ◎【一触即発】名 ちょっとふれるだけですぐに爆発しそうなこと。非常に危険な状態。「—の対立関係」

いっ-しんシ【一心】❶名 多くの人が心を一つに合わせること。「一億—」❷形動 一つのことに集中するようす。「—に勉強する」 **—同体**どうたい シ名 多くの人が同じ心になること。 **—不乱**ふらん シ名形動 一つのことに心を集中して、気を散らさないこと。「—に練習する」

いっ-しんシ【一身】名 自分のからだ。「—をすててかえりみない」 **—上**じょう ◎名 個人の身の上や境遇などに関すること。「—の都合により退職いたします」

いっ-しん◎【一審】名（「第一審」の略）裁判での第一回の審理。「—で無罪」↔二審・三審。

いっ-しん◎【一新】名自他サ すっかり新しくなること。また、新しくすること。「面目を—する」

いっしん-いったいシ【一進一退】名 ❶進んだり、あともどりしたりすること。❷よくなったり、わるくなったりすること。「病状は—だ」「—の戦況」

いっしん-きょう◎【一神教】名 ただ一つの神を信仰する宗教。キリスト教・イスラム教など。↔多神教。

いっしん-とうシ【一親等】名 親族関係で、へだたりが一世であるもの。本人と父母、本人と子、本人と配偶者の親との関係など。一等親。⇩親等（図）。

いっ-すい◎【一炊】名 一度飯をたくこと。 **—の夢**ゆめ ⇒邯鄲かんたんの夢。

いっ-すい◎【一睡】名自サ ひとねむり。

いっ-すい◎【×溢水】名自サ〔文章語〕水がいっぱいになって、あふれること。

いっ・する◎【逸する】他サ シ・セ・サ/シ/スル/スル/スレ/シロ・セヨ ❶それる。はずれる。「常軌を—」❷うしなう。にがす。「好機を—」❸わすれる。落とす。「要点を—」 いっ・す 文語サ変

いっ-すんス【一寸】名 ❶尺貫法の長さの単位。一尺の十分の一。約三・〇三センチメートル。⇩寸。❷わずかな距離・時間・量。ごく小さいもの。「—の光陰」 **—刻**きざ**み** キ名 物事がわずかずつ進んでいくこと。 **—先**さき**は闇**やみ 将来の見通しがたたないことのたとえ。 **—の光陰**こういん**軽**かろ**んずべからず** わずかな時間でも、むだに使ってはならない。 **—逃**のが**れ** ノ名 その場だけをつくろい、責任を一時的にのがれること。いっときのがれ。 **—の虫**むし**にも五分**ごぶ**の魂**たましい どんなに弱く小さなものでも、それ相当の意地があってばかにはできないということ。 **—法師**ぼうし ボ名 ❶ひじょうに身長の低い人を言う語。❷室町時代の御伽草子おとぎぞうしの一つ。また、その話にでてくる背丈が一寸ほどの主人公。

いっ-せイ【一世】名 ❶〔仏〕三世さんぜ（過去・現在・未来）のうちの一つ。❷一生。生涯しょうがい。いっせい。 **—一代**いちだい イ¹=チ名 ❶能役者・歌舞伎かぶき俳優などが、引退するとき、これを最後と得意の芸を演じること。「—の演技」❷一生で二度とないこと。「—の名誉」

いっ-せい◎【一世】名 ❶一代。一生。いっせ。❷ひとりの君主・家長が支配している間。❸同名の君主のうち、いちばん初めの者。第一代め。「ナポレオン—」❹海外移住者などの最初の代の人。「ハワイの—たち」❺当時。その時代。「—を動かす発明」 **—一元**いちげん チ/イ¹=チ名 天皇一代に一つだけの年号を使うこと。一代一号。 **—を風×靡**ふうび**する** その時代の世の中に、ひろく影響を及ぼしたり、流行したりする。

いっ-せい◎【一声】名 ❶ひとこえ。❷歌舞伎かぶきで、役者が舞台に登場、また退場するときのはやし。❸能楽で、役者が登場して情景や心の中をうたう一種のふし。また、その前のはやし。

いっ-せい◎【一斉】名に副 ❶同時。いちどき。「—に飛び出す」❷〔俗語〕自動車のスピード違反・無免許運転などの一斉取り締まり。

いっ-せき◎【一夕】名 ❶ひとばん。「—の歓を尽くす」❷あるばん。「早春の—」

いっ-せき◎【一石】名 一つの石。 **—二鳥**にちょう ◎=ニ名（一つの石を投げて、二羽の鳥を落とすこと）一つのことで、二つの利益・効果をあげること。一挙両得。 **—を投**とう**じる**（石を投げてしずかな水面に波紋を起こすこと）反響をよぶような問題を投げかける。「沈滞した画壇に—」

いっ-せき◎【一席】名 ❶演説・講談・宴会などの一回。「—伺うかがう」「—ぶつ」❷第一等。「—に入選した」 **—設**もう**ける** 宴会などをひらいてもてなす。「恩師のために—」

いっせき-がんキ【一隻眼】名（「一隻」は「一対のうちの片方」の意）ものを見ぬく独特の見識。ひとかどの見識。「—をそなえた人」

いっ-せつツ【一節】名 ❶文章・音楽などのひとくぎり。❷野球・競馬などの日程のひとくぎり。

いっ-せつ◎/ツ【一説】名 ❶一つの説。❷ある説。別の

説。異説。「―に…という」

いっせつ-たしょう ⓪【一殺多生】名〖仏〗一つの生命をうばうことによって、他の多くのいのちを助けること。いっさつたしょう。「―の仏心」

いっ-せつな [セ]【一刹那】名 いっしゅんかん。せつな。

いっ-せん ⓪【一線】名 ❶一本の線。❷はっきりしたくぎり。限界となる所。「―を引く」「最後の―を守る」❸活発に活動するところ。第一線。「―の記者」 **―を画(かく)する** はっきりしたくぎりをつける。「政治上の主義・主張において両者は―」 **―を越(こ)える** 越えてはならない限界を越えた行動をする。

いっ-せん ⓪【一×閃】名自サ〔文章語〕ぴかっと光ること。「電光―」「白刃―」

いっ-せん ⓪【一戦】名自サ ひといくさ。ひと勝負。「―をまじえる」

いっそ ⓪副 迷いなやんだ末に、思いきった手段をとろうとするようす。むしろ、ひと思いに。いっそのこと。「―中止しよう」

いっ-そう ⓪【一双】名 二つで組になる物一対。「―のびょうぶ」

いっ-そう ⓪【一層】㊀名 ❶ひとかさね。❷城などの一つの階。㊁副 今よりも程度がすすむようす。さらに。ますます。「―努力する」

いっ-そう ⓪【逸走】名自サ〔文章語〕❶走って逃げること。❷きまった道筋からそれて走ること。

いっ-そう ⓪【一掃】名他サ すっかりはらい去ること。「悪習を―する」

いっ-そく [ク]【一足】名 くつ・くつ下などのひとくみ。 **―飛(と)び** [ク]/[ソ]名 ❶両足をそろえて飛ぶこと。❷順序をふまないで、一気に飛びこえること。「―の出世」

いっ-そく ⓪【逸足】名〔文章語〕❶足のはやいこと。❷すぐれた人材。「門下の―」

いつ-ぞや [イ]【いつぞや】【▲何▲時ぞや】副 ❶いつか。いつだったか。「―会った人」❷このあいだ。先日。「―は失礼いたしました」

いっ-たい ⓪【一体】㊀名 ❶ひとまとまりのもの。「観衆と選手が―となって感動を味わう」❷一つのスタイル。一つの形。「絶句は漢詩の―だ」❸仏像・彫像の一つ。「本堂には―の観音像があった」❹人や動物の死体の一つ。参考 ❸❹の場合にアクセントが[イ]となることがある。㊁副 ❶根本に戻って言えば。そもそも。「―ここは神聖な道場なのだ」❷心の底からうたがいをもつようす。「―これはどうしたのだ」 **―感(かん)** [タ]名 うまく一つにまとまっている感じ。「クラスの―が強まる」「部屋との―がある家具」 **―全体(ぜんたい)**「いったい㊁❷」の強め。「―なんという負けかただ」 **―に** ⓪副 全体として。概して。「日本人選手は―闘志を表にあらわさない」

いっ-たい ⓪【一帯】名 あたり全体。一円。「関東―」

いった-いわない【言った言わない】(いはない) 連語 その発言をしたかどうか。発言の有無をめぐって言い争いになるときのことば。「―で大いにもめる」

いつ-だつ ⓪【逸脱】㊀名自サ ほんすじからそれること。わくから外へとびだすこと。「学生としてのあり方を―する」㊁名自他サ あやまって抜かすこと。抜けること。「重要な語句が―した」

いっ-たん ⓪【一端】名 ❶かたはし。「棒の―」❷一部分。「研究の―を発表する」

いっ-たん ⓪【一旦】副 ひとたび。一度。一朝(いっちょう)。「―事あるときは…」

いっ-ち ⓪【一致】名自サ 二つ以上のものが一つのものに合わさること。「満場―で可決」「―した意見」

いづ-ち【▲何▲方】代〔古語〕⇩いずち。

いっち-はんかい [イ]【一知半解】名形動 じゅうぶんに理解していないこと。なまはんかな知識。なまかじり。「―のやから」

いっ-ちゃく [ク]【一着】名 ❶競走で、いちばんはやく決勝点につくこと。一等。❷洋服などの一そろい。❸〔文章語〕衣類を着ること。「モーニングを―に及ぶ」

いっ-ちゅう ⓪【一×籌】名〔「籌」は勝負ごとに使う点とり棒のこと〕一つの、はかりごと。 **―を輸(ゆ)す**〔「輸す」は負けるの意〕ひけをとる。負ける。

いっちゅう-ぶし ⓪【一中節】名 浄瑠璃節(じょうるりぶし)の一つ。江戸時代の中ごろ、京都の都太夫(みやこだゆう)一中が始めた。

いっ-ちゅうや [チュ]【一昼夜】名 まる一日。二十四時間。

いっ-ちょう [イ]【一丁】㊀名 ❶一町。長さで六十間。約一〇九メートル。❷とうふ・かみそり・かごなどの一つ。❸飲食店などで注文品一つ。「チャーハン―」㊁副〔俗語〕❶〔何かするときに言いだす語〕それでは。さあ。「―やるか」❷一勝負。一番。「―もんでやろう」 **―前(まえ)** ⓪名〔俗語〕いちにんまえ。「―の口をきく」

いっ-ちょう ⓪【一朝】副〔文章語〕一度。ひとたび。いったん。「―事がおこれば」「―にはできない」 **―一夕(いっせき)** ⓪名 みじかい期間。わずかな時日。

いっちょう-いっし [イ²]【一張一×弛】名〔文章語〕❶ひきしめたり、ゆるめたりすること。❷ときに気をはったり、ときにゆるめたりすること。

いっちょう-いったん ⓪【一長一短】名 長所もあり、短所もあること。「どのやり方も―だ」

いっちょうめ-いちばんち [バ]【一丁目一番地】名 最優先するべき課題や事柄をたとえていう語。最重要課題。「税制改革の―」

いっちょう-ら [チョ]【一張羅】名 ❶もっている衣服の中の、ただ一つの晴れ着。❷一着しかもっていない着物・服。

いっ-ちょくせん [チョ]【一直線】名 ❶まっすぐな線。❷まっ一文字。まっすぐ。「―に進む」

いつ-つ [ツ¹]【五つ】名 ❶一つの五倍。ご。❷五歳。❸〔古語〕昔の時刻のかぞえ方で、今の午前・午後の八時ごろ。いつつどき。 **―紋(もん)** [ツ²]名 背・両胸・両表そでに一つずつ、合計で五つの家紋のあること。また、その衣服。公式の礼服。

い-づつ [イ]【井筒】(ゐ)名 井戸がわ。

いっ-つい ⓪【一対】名 二つで一組となる物。「―の花立て」

いっ-つう [イ]【一通】名 ❶[イ]手紙、書類などの、一つ。❷⓪「一方通行❶」の略。

い-つづけ ⓪【居続け】(ゐ)名 ❶よその家に長い間とどまって自分の家に帰らないこと。❷遊里にとまりつづけること。

いっ-て [イ]【一手】名 ❶自分だけで独占的にあつかうこと。ひとて。「―販売」「―に引き受ける」❷一つだけのわざ・方法。「押しの―」❸碁で石を一つ打つこと。将棋でこまを一回動かすこと。

いっ-てい ⓪【一定】名自他サ 一つにきまること。一つにきめること。「方針が―する」

いってい-じ [テ]【一丁字】名〔「丁」は「个(か)(箇の意)」の誤用〕一つの文字。一字。「目に―なし(字ヲ知ラナイ)」

いっ-てき ⓪【一×擲】名他サ 思いきって全部投げすてること。「従来の方針を―する」

いって-こい [コ]【行って来い】名 ❶取引などで値(ね)が上

下に動いたあと元に戻り、全体として見れば差し引きが変わらないこと。❷歌舞伎の演出の一つ。主に回り舞台を用い、いったん別の場面を見せたあと、舞台を動かして再び元の場面を見せること。❸相撲で、いなすこと。

いっ-てつ⓪【一徹】名形動 自分の考えをがんこにおし通すようす。かたくな。「―な老人」「―者」

いつ-でもイ【いつでも】【▲何▲時でも】副 どのようなときでも。随時。「質問は―受け付けます」

いっ-てん⓪/テ【一天】名 大空。天全体。空一面。「―にわかにかき曇る」 **―万乗**ばんじょう⓪名（「万乗」は天子の繰り出す一万台の戦車）天皇・天子のこと。

いっ-てんテ【一点】名 ❶一つの点。「―をゆびさす」❷（この用法では⓪も）ごくわずか。「―の疑いも持たない」❸品物の一つ。「装飾品―」❹点数の一つ。

いっ-てん⓪【一転】名自他サ ❶一回転。ひとまわり。一度ひっくり返ること。❷がらりとかわること。また、かえること。「状況が―する」「心機―」

いってん-きテ【一転機】名 ➡いちてんき。

いってん-ばり⓪【一点張(り)】名 一つのことをおし通すこと。「断るの―だ」

いっ-とイ【一途】名（ひとすじの道）一つの方針・方法。また、一つの方向。「向上の―をたどる」

いっ-とう⓪/ト【一刀】名 ❶一本のかたな。❷ひとたち。刀で一度斬ること。「―のもとに倒す」 **―彫**ぼり⓪名 一本の小刀でほりきざむこと。また、その木彫り。 **―両断**りょうだんト/⓪名 ❶ひとたちで二つにたち切ること。❷思いきってしまつすること。「―の処置」

いっ-とう⓪【一党】名 ❶一つの党派。❷なかま。同類。「反対派の―」

いっ-とう⓪/ト【一等】㊀名 ❶いちばん上の等級。一番。第一級。「―賞」❷一つの階級。「罪―を減ずる」㊁副 この上なく。もっとも。「―すぐれている」 **―国**こくト名 かつて、国際上、もっとも優勢な国々をさしていった語。 **―親**しんト名 ➡いっしんとう。 **―星**せいト名 恒星の中で一等級の明るさをもつ一群の星。 **―地**ちト名 その地域で最も条件が良くて、価値の高い土地。「駅前の―にある店」 **―兵**へいト名 もと、陸軍の兵の階級の一つ。二等兵の上。

いっ-とう⓪【一統】㊀名他サ〔文章語〕一つにまとめること。「天下―」㊁名 一同。みな。「ご―さま」⇩貴家きか参考。

いっとう-ちト【一頭地】名 頭一つだけの高さ。差異。 **―を抜**ぬ**く** 多くの人より一段とすぐれている。参考 あやまって「イットウ・チをぬく」と読まれることが多い。

いっ-とき⓪【一時】名 ❶すこしの間。しばらく。ひととき。いちじ。「―はげしく降る」❷昔の時間の単位で、今の二時間。 **―逃**のが**れ**ノ名 その時、その場を切りぬけさえすればよい、というやりかた。いちじのがれ。いっすんのがれ。

いっ-とく⓪【一得】名 一つの利益。↕一失。 **―一失**いっしつ⓪名 利益もあるが、損失もあること。一利一害。

イットリウムリ〈yttrium〉名 希土類の元素の一つ。元素記号Y 原子番号39 原子量88.90585

いつ-なんどきイ【いつ何時】副（「いつ」の強め）いつどんなとき。「―死ぬかわからない」

いつ-にイ【一に】㊀副 ひとえに。まったく。もっぱら。「―ご協力のたまもの」㊁連語 ひとつには。あるいは。または。「文法のことを―語法ともよぶ」

いつ-の-おたけび【×稜▲威の雄▲叫び】―をたけび名〔古語〕勢いよく大声でさけぶこと。

いっ-ぱイ【一波】名〔文章語〕❶一つのなみ。一つの波紋。❷ひとさわぎ。一つの事件。「―しずまり―おこる」

いっ-ぱイ【一派】名（川の流れの一つのわかれ）❶学問・宗教・芸術などの一つのわかれ。一流派。「―をたてる」❷なかま。同類。一味。「A氏の―」

いっ-ぱい【一杯】㊀イ[1]名 ❶容器一つの分量。「バケツ―の水」❷少し酒を飲むこと。「かるく―やろう」❸その期間を通してぜんぶ。「今週―はいそがしい」❹かぎりをつくすこと。ありったけ。「精―」❺船一そう。❻いか・かになどのいっぴき。㊁⓪副〔かながき〕あふれるほど、たくさんあるようす。「コスモスが―咲いた」㊂⓪形動 ❶限度であるようす。ぎりぎり。「これで時間が―だ」「腹が―になる」❷みちみちていること。たくさんあるようす。「欠点も―だ」 **―一杯**いっぱいイ[3]形動〔俗語〕すでに限界であるようす。余裕がないようす。 **―機嫌**きげんキ名 酒を少し飲んで気分がよいこと。 **―食**く**わす** うまく人をだます。

いっ-ぱい⓪【一敗】名自サ 一度まけること。 **―地**ち**に▲塗**まみ**れる** ふたたび立ちあがれないほど、ひどくまける。

いっ-ぱく⓪【一白】名 九星きゅうせいの一つ。水星にあたり、方位は北。

いっ-ぱし⓪【いっぱし】㊀名 ひとかど。一人まえ。「―の口をきく」㊁副 人なみに。「―やってのける」

いっ-ぱつ【一発】名 ❶ツ 銃砲を一回うつこと。❷ツ 銃砲の弾丸一つ。❸⓪〔俗語〕一回。ひとつ。「―やってみよう」 **―回答**かいとうカ名 労使の賃金交渉などで、一回だけできりをつける回答。 **―勝負**しょうぶショ名 一回で勝負や物事を決めること。「―で受験する」

いっ-ぱんパ【一半】名 半分。「―の責任を負う」

いっ-ぱん⓪【一般】名 ❶限られたものではなく、多くの物事や場合に認められること。普通。「―の傾向」「―に新聞は政府に批判的だ」↕特殊。❷似ていたり共通していたりすること。「外国人でも考え方は日本人と―だ」 **―化**か⓪名自他サ ❶ひろくゆきわたらせること。ゆきわたること。「大学進学が―する」❷個別のものの特徴をほかのものにも当てはめること。「―して考える」 **―職**しょくパ名 ❶国家公務員・地方公務員で、国会議員・裁判官・国務大臣・地方公共団体の長などを除く一切の職。↕特別職。❷一般の業務を受け持つ職。昇進は限られる。企業の人事管理上の区分。↕総合職。 **―性**せい⓪名 ❶ひろく一般に通用する性質。「―をもった意見」❷多くの物事に共通する性格・特徴。共通性。↕特殊性。 **―的**てき⓪形動 特殊な物事に限らず、広く全体に通じるようす。「―な意見」↕特殊的・専門的。 **―論**ろんパ名 具体的な特定の事柄を対象とせず、全体を一様に論じる議論。抽象論。「―では解決できない」

いっ-ぱん⓪/パ【一斑】名〔文章語〕（豹ひょうの毛皮の一つのまだら）一部分。かたはし。「事情の―を知る」 **―を見**み**て全×豹**ぜんぴょう**を×卜**ぼく**す** 物事の一部分だけを見て、その全体をおしはかる。

いっ-ぴイ【一日】名 その月の初日。ついたち。参考 会社や役所などで用いる表現。

いっ-ぴイ【一×臂】名〔文章語〕❶かたひじ。かたうで。❷少しの助力。「―の労を惜しまない」「―の力をかす」

いっ-ぴきキ【一匹】【一×疋】名 ❶けもの一つ。➡匹ひき。❷絹布二反。❸人間ひとりを強めた言い方。「男―」❹昔の貨幣で、十文じゅうもん。 **―×狼**おおかみオ―名 群れをはなれたおおかみのように、仲間に頼らず独自の行動をする人。

いっ-ぴつ⓪【一筆】名 ❶同じ筆跡。❷すみつぎをしないで、ひとふでで書くこと。❸ひとふで。一言。「―申しあげます」参考 手紙に使う。❹土地の一区画。 **―啓上**けいじょう⓪

名 一言申しあげます。手紙の初めに使う、あいさつのことば。⇩拝啓 参考。 ―箋せん ツ 名 短い文章を書き添えて送るための短冊形の便箋びんせん。

いっ-ぴょう 0/イ【一×瓢】名〔文章語〕（酒の入れてある）ひょうたん一つ。「―をたずさえる」

イッヒ-ロマン ロ〈ド Ich-Roman〉名〔「イッヒ」は私の意〕作中の主人公が自分の体験をかたるように書いた小説。一人称小説。

いっ-ぴん 0【一品】名 ❶ひとしな。❷最上品。逸品。絶品。「天下―」 **―料理**りょうり リョ 名 ❶一皿ずつに値段をつけておき、客に自由に選ばせる料理。❷一皿だけの手軽な料理。

いっ-ぴん 0【逸品】名 最上の品物や作品。一品。

いっぴん-いっしょう 0【一×顰一笑】名〔文章語〕〔顔をしかめたりわらったりすること〕人の顔いろ・きげん。いちいちの表情の動き。「―に気をつかう」

いっ-ぷ イ【一夫】名〔文章語〕❶ひとりの夫。❷ひとりの男。 **―一婦**いっぷ イ2 名 夫ひとりに、妻ひとり。 **―多妻**たさい イ1 名 ひとりの夫にふたり以上の妻があること。↕一妻多夫。

いっ-ぷう 0【一風】副 他とちがった一種のおもむき。「―変わった人」

いっ-ぷく 0【一服】㊀名 茶・たばこ・粉薬などの、一度にのむ量。㊁名 自サ〔たばこを一回のむこと〕ひと休みすること。「ここらで―しよう」 **―の清涼剤**せいりょうざい 胸をすっとさせる事がら。 **―盛**もる 毒薬をのませる。

いっ-ぷく 0【一幅】名 絵や書などの掛け物一つ。「―の水墨画」

い-つぶ・す ブ【鋳潰す】他五 サ・ソ｜シ｜ス｜ス｜セ｜セ 金属製品をとかして地金じがねにする。

いつ-ぶつ 0【逸物】名 ⬇いちもつ。

いつ-ぶん 0【逸文】【×佚文】名 ❶失われて現在残っていない文章。❷他の文章などの中に一部分だけのこっている文章。「丹後風土記たんごふどき―」

いつ-ぶん 0【逸聞】名〔文章語〕世間一般には、知られていない話。逸話。

いづ-へ【▲何▲辺】代〔古語〕⬇いずえ。

いっ-ぺいそつ ペ【一兵卒】名〔「いちへいそつ」の変化〕❶一人の最下級の軍人。❷集団における最下級の個人。「―として出直す」

いっ-ぺん ペ【一片】名 ❶うすいもの一つ。一枚。ひとひら。「―の紙」❷わずか。すこし。「―の同情心もない」

いっ-ぺん【一遍】㊀ ペ 名 ❶数えることのできる行為の一つ。一回。「司法試験に―で合格した」「ビエンナーレ展は二年に―開かれる」❷〔名詞に付いて〕それだけでほかに何もないこと。「通り―の挨拶状」「頑固―の性格」㊁ 0 副 それがただ一度の経験であるようす。「北海道には―行ったきりだ」「嫌いでも―食べてごらん」⇩一度 参考。 **―に** ペ 副 いちどきに。短いあいだに。「年賀状を―書き上げた」「スクラムから―トライに持ち込んだ」

いっ-ぺん 0【一変】名 自サ すっかりかわること。「状況が―する」

いっぺん-とう ペ【一辺倒】名 ある一つのものにだけかたむくこと。一方にばかり熱中すること。「洋酒―」 参考 第二次世界大戦後、中国から入った語。

いっ-ぽ イ【一歩】名 ❶ひとあし。「―前に出る」❷あゆみ。「向上の―をたどる」 **―も引**ひ**かぬ** 相手に対して少しも譲らない。「―かまえ」

いっ-ぽう ボ【一方】㊀名 ❶一つの方面・方向。「がけの―は深い谷だ」❷二つまたはそれ以上あるものの一つ。片方かたほう。「―の手でつり革を握る」「―の声だけを取り上げるわけにはいかない」❸そのことだけにかたよるようす。そうするばかり。「運動は見る―になってしまった」「文句―ではこまる」❹〔接続助詞のように用いる〕反対の事柄を並べる。「勉強をする―、スポーツもやる」㊁ 接続 別の方では。話かわって。「勉強はいまひとつだが、―スポーツは万能だ」 **―通行**つうこう ツ 名 ❶道路の一方向へだけ車の進行を許し、反対方向への進行を禁止すること。❷関係のある両者の間で、片方の意見・事情だけが相手に伝わり、他方からは伝わらないこと。 **―的**てき 0 形動 ❶一方だけにかたよるようす。「―な試合」❷自分のほうのことだけを考えるようす。「―な態度」

いっ-ぽう 0【一法】名 一つの方法。「話し合うのも―だ」

いっ-ぽう 0【一報】名 他サ ❶ちょっと知らせること。また、その通知。❷最初のしらせ。「登頂成功の―がはいる」

いっ-ぽん イ【一本】名 ❶一冊の本。❷ある本。異本。別の本。一書。❸木・扇・やり、髪の毛など細長いものの一つ。❹剣道で一回打ち込むこと。柔道の試合でわざが完全に一回きまること。「みごとに―取った」❺一人前の芸者。↕半玉はんぎょく。❻酒を入れた徳利。「―つける」 **―勝**が**ち** 0 名 柔道や剣道で一本とって勝ちを決めること。「優勢勝ち」などに対する言い方。 **―気**ぎ ボ 名 形動 性質が単純で、いちずに思いこむこと。 **―締**じ**め** 0 名 手締めで、「ヨー」という掛け声のあと、三・三・三・一の調子で一度だけ手を打つやり方。または、一回だけぽんと手を打つやり方。 **―勝負**しょうぶ ショ 名 武術の試合などで、先にわざを一回きめた方を勝ちとするやりかた。 **―立**だ**ち** 0 名 他人の助けをかりずに自力で生活していくこと。独立。 **―調子**ちょうし チョ 名 形動 いつも同じような調子や、やり方で、変化にとぼしいこと。「―な歌い方」 **―釣**づ**り** 0 名 ❶漁業で魚を一匹ずつつり上げるやり方。❷ねらいをつけて人を獲得すること。 **―×槍**やり ボ 名〔やりひとつきで勝敗をきめること〕ただ一つのわざ・方法・態度で通すこと。一点ばり。「寝わざ―で勝ち進む」「まじめ―の人」

いつ-みん 0【逸民】名〔文章語〕俗世間をはなれて、のんびり暮らしている人。「泰平の―」

いつ-も イ【▲何▲時も】㊀名 ふだん。「―のとおり」「―とは違った通勤路」㊁副 いつでも。常に。「―笑っている」

いつ-や【▲乙夜】名〔古語〕今の午後九時ごろから十一時ごろ。 **―の覧**らん〔昔、中国の天子が、政務がいそがしいので夜おそく書物を読んだことから〕天子の書見・読書。

いづ-ら【▲何ら】代 感〔古語〕⬇いずら。

いつ-らく 0【逸楽】名〔文章語〕気ままに遊び楽しむこと。「―に身をゆだねる」

いつ-わ 0【逸話】名 世にあまり知られていない話。逸聞。エピソード。「―の多い人物」

いつわ・る ワ【偽る】【×詐る】いつはる 他五 ラ・ロ｜リ・ッ｜ル｜ル｜レ｜レ ❶真実をまげて、つくりごとをする。うそを言う。「事実を―」「病気と―」❷だます。ごまかす。「相手を―」 **偽り** 名 **偽れる** 自下一〔…できる〕

い-で【井手】ゐ 名〔古語〕田に用いる水の、せきとめてあるところ。いぜき。

いで 感〔古語〕❶〔さそったり、何か思いたったときなどに出る語〕さあ。どれ。「いで見む」〈源氏〉❷いやもう。まったく。実に。「いで、あな幼や」〈源氏〉

いで 助〔古語〕〔接続助詞。動詞の未然形につく。室町時代以後の語〕…ないで。「聞かいで何とせう」〈狂言・宗論〉 参考 接続助詞「で」の前の「ん」が「い」に転じた結果とされる。江戸時代には上方語で使われる。

イデア [イ]〈ギ idea〉＝**イデー** [名] ❶〔哲〕純粋観念。理念。❷理想。

いで-あ・う【▲出で×逢ふ】あふ [自四]〔古語〕❶出て面会する。「御使ひに竹取(ノ翁)いであひて」〈竹取〉❷立ちむかう。相手となる。「二人河原へいであひて、心ゆくまで貫き合ひて」〈徒然〉

いで-い【▲出居】ゐ [名]〔古語〕❶出てそこにいること。❷寝殿造りのひさしの間にある客間。でい。

イディオム [イ]〈idiom〉[名] 慣用句。成句。

いで-いで [感]〔古語〕さあさあ。どれどれ。いやどうも。「いでいでうけたまはらばや」〈大鏡〉

イデー [イ]〈ド Idee; フ idée〉[名]〔哲〕➡イデア。

イデオロギー [オ]〈ド Ideologie〉[名] ❶哲学・科学・芸術・法律など、現実の事物にもとづいて作られた根本的観念。観念形態。❷根本的な物の考え方。

い-てき [0]【×夷×狄】[名]〔古代中国で、夷は東国の野蛮人、狄は北方の未開人の意〕❶野蛮人。未開人。❷外国人。〔さげすんだ言い方〕

いで-ぎえ【▲出消え】[名]〔古語〕ぱっとしないこと・もの。見おとりのすること・もの。「例の上手めき給ふ男たち、なかなか(カエッテ)いでぎえして」〈源氏〉↕いでばえ。

いで-く【▲出で来】[自カ変]〔古語〕出てくる。起こる。「涙のつといでこぬ(出テコナイ)、いとはしたなし」〈枕〉「わろびたることいでくるわざなれば」〈源氏〉[参考] 現代語の「できる(出来る)」の元の形。

いで-たち [0]【いで立ち】【▲出立】[名] ❶出発。旅立ち。❷みじたく。よそおい。「ものものしい―」

いで-た・つ【▲出で立つ】[自四]〔古語〕❶出ていく。旅立つ。「大君の醜(しこ)の(ツヨイ)御楯(みたて)といでたつわれは」〈万葉〉❷みじたくする。「花やかに、いでたちて」〈狂言・菊の花〉❸宮仕えに出る。出仕する。「わざと(ワザワザ)思ひ立ちて宮仕へにいでたちたる人」〈枕〉❹世に出る。出世する。「世にも、いでたたむ」〈源氏〉❺ある場所に出て立つ。「桃の花下照る道にいでたつ乙女」〈万葉〉

いて-つ・く [0]【▲凍付く】[自五] カ・コ・キ・イ・ク・ク・ケ・ケ こおりつく。㊐冬「―ような寒さ」

いで-ばえ【▲出映え】[名]〔古語〕人中に出て見ばえのすること。「御琴の音の、いでばえしたりしも面目ありて」〈源氏〉↕いでぎえ。

いで-まし【▲出▲座し】[名]〔古語〕「外出」を尊敬していう語。とくに天皇の外出にいう。行幸。

いでま・す【▲出で▲座す】[自四]〔古語〕❶「出づ」を尊敬していう語。「君とときどきいでまして、遊びたまひし」〈万葉〉❷「行く」「来」「居り」を尊敬していう語。「(父母ハ)百代(ももよ)いでませ」〈万葉〉

居(い)ても立(た)っても居(い)られない 気持ちがおちつかなくて、じっとしていられない。

いで-や [感]〔古語〕〔「や」は強め〕いやもう。いやはや。「いでや、この世に生まれては、願はしかるべき事こそ多かめれ」〈徒然〉

いで-ゆ [0]【いで湯】【▲出湯】[名]〔文章語〕おんせん。

い・てる [テ]【▲凍てる】[自下一] テ・テ・テル・テル・テレ・テロ・テヨ こおる。㊐冬「かんかんにいてた道」**い・つ** [文語下二]

い-てん [0]【移転】[名][自他サ] 場所をうつること。うつすこと。「保健所が―する」[参考] 個人の居宅については用いない。「転居」というのが普通。

い-でん [0]【遺伝】[名][自サ] 生物の形質・性格などが、親から子へ、子から孫へとつたわること。**―子(し)** [テ][名] 染色体上に一定の順序で配列され、遺伝形質を子孫に伝える因子。デオキシリボ核酸(DNA)、あるいはそれとたんぱく質との複合体でできている。遺伝因子。**―子(し)組(く)み換(か)え** [テ][ク][名] 他の生物や人工の遺伝子を細胞に取り込んで本来の遺伝子の代わりに働かせる技術。「―作物」「―食品」**―子(し)工学(こうがく)** [コ][名] 遺伝子を人工的に組みかえて、遺伝上べつの生物を作る研究分野。

いと [イ]【糸】[名] ❶天然・人造の繊維をよりあわせたもの。❷細くて長いもの。「くもの巣の―」❸琴(こと)・三味線(しゃみせん)などにはってひきならす弦。「二の―」❹琴(こと)・三味線などの演奏。「―に乗せて歌う」❺つり糸。**―を垂(た)れる** 魚つりをする。**―を引(ひ)く** ❶納豆(なっとう)のようなねばりけのあるものが細いすじ状の液を出す。❷野球で、打球や送球が直線に近い軌道をえがく。「―ようにスタンドに吸い込まれる」❸〔あやつり人形を糸で動かすように〕かげにいて人を動かす。

い-と [イ]【意図】[名][自他サ] 物事をしようと考えること。また、その考え。「相手の―をさぐる」**―的(てき)** [0][形動] 物事をするのにはっきりした目的や計画のあるようす。「―に欠席する」

いと [副]〔古語〕❶たいそう。とても。ひどく。「いとなまめいたる女はらから(若々シク美シイ姉妹)住みけり」〈伊勢〉❷〔あとに打ち消しの語をともなって〕それほどは。あまり。「いとやむごとなき際(きは)にはあらぬが、すぐれて時めきたまふありけり」〈源氏〉

い-ど [イ]【井戸】ゐ [名] 地下深くほって地下水をくみあげるようにしたもの。井。**―替(が)え** [0][名] 井戸の水をすっかり出して、そうじすること。井戸さらえ。㊐夏 **―側(がわ)** [0][名] 井戸のまわりを保護する木や石のわく。**―車(ぐるま)** [グ][名] 水をくむつるべを上下させる滑車(かっしゃ)。**―端(ばた)** [0][名] 井戸のまわり。**―端(ばた)会議(かいぎ)** [カ][名] 井戸ばたで、水くみやせんたくをしながら、女がうわさ話や世間話などをしたこと。今は、路上などで主婦が立ち話をする意味にも使う。

い-ど [イ]【異土】[名]〔文章語〕よその土地。異郷。異国。

い-ど [イ]【緯度】[名] その地点と地球の中心とを結ぶ直線が赤道面となす角度。赤道を零度、南・北極を九〇度として、その地点と赤道とのへだたりを示すもの。↕経度。

北極
緯線
緯度
経線
経度
赤道（緯度0°）
経度0°
南極

緯度

いといがわ-しずおか-こうぞうせん《糸魚川静岡構造線》いといがはしづをか― 新潟県糸魚川から静岡までを縦断する大断層。フォッサマグナの西縁にあたる。

い-とう [イ]【以東】[造] ある地点をもととして、そこから東のほう。また、その地方。↕以西。[参考]「愛知県以東」は愛知県をふくむ。

いと・う [ト]【×厭う】いとふ [他五] ワ・オ・イ・ッ・ウ・ウ・エ・エ ❶いやがる。きらう。「わずらわしさを―」❷だいじにする。「おからだをおいといください」

いとう【▲甚う】いたう [副]〔古語〕〔形容詞「いたし」の連用形のウ音便から〕たいそう。とてもひどく。「いといたう泣いたまふ気配なり」〈源氏〉

い-どう [0]【異同】[名]〔「同」には意味がない〕ちがっていること・点。ちがい。「両者の―について調べる」

い-どう [0]【異動】[名] 地位・職場などがかわること。「人事―」⇩移動[参考]。

い-どう [0]【移動】[名][自他サ] うつりうごくこと。うつしうごかすこと。「住所の―」[参考]「異動」は、地位や状態がかわる意味に使い、「移動」は、場所がかわる意味に使う。**―性(せい)高気圧(こうきあつ)** [キ][名] 大陸高気圧の一部分が分離して、東へ移動するもの。春・秋に多く、東日本では晴れて、夜間のひえこみがきびしい。

いとう-さちお《伊藤左千夫》一八六四—一九一三。歌人・小説家。本名は幸次郎。正岡子規(まさおかしき)門下として「馬酔木(あしび)」「アララギ」を主宰し、万葉風の歌を詠んだ。「左千夫歌集」のほか、小説「野菊の墓」など。

いとう-しずお《伊東静雄》一九〇六—一九五三。詩人。旧制中学の国語教師として勤務しながら、浪漫的な叙情詩を作りつづけた。詩集に「わがひとに与ふる哀歌」「夏花」「反響」など。

いとう-じんさい《伊藤仁斎》一六二七—一七〇五。儒学者。名は維楨(これえだ)。東涯の父。朱子学・陽明学に対する批判として古学を主張。主著「語孟字義(ごもうじぎ)」「古学先生詩文集」など。

いとう-せい《伊藤整》一九〇五—一九六九。小説家・評論家・詩人。本名は整(ひとし)。西欧の新しい小説の方法を自らの作品で実現し、文学理論にも力を尽くした。小説に「鳴海仙吉」、評論に「小説の方法」など。

いとう-とうがい《伊藤東涯》一六七〇—一七三六。儒学者。名は長胤(ちょういん)。仁斎の長子。父の業を継ぎ堀川学派を大成。主著「古今学変」「制度通」など。

いとおし・い【いとほしい】㊀[シ][形](カロ|カッ・ク|イ|イ|ケレ|〇)[文章語]❶かわいそうだ。きのどくだ。「親を失った子が―」❷かわいい。いとしい。「―孫たち」 **いとおしがる**[自五] **いとおしげ**[形動] **いとおしさ**[名] **いとほ・し**[文語シク] ㊁[形シク][古語]気の毒だ。つらい。いやだ。困る。「常なき世に、人にも情けなき者と心おかれ果てむ(スッカリ冷淡ナ態度ヲトラレルトイウノ)もいとほしうてなむ」〈源氏〉[参考]動詞「いとふ(厭ふ)」から生まれた語で、他人の窮状を見かねて同情する意がもと。室町(むろまち)時代以後「いとし(愛し)」に変わっていった。

いとおし・む[シ]【いとほしむ】[他五](マ|モ|ミ|ン|ム|ム|メ|メ)[文章語]❶かわいがる。「孫を―」❷きのどくに思う。❸おしんで大事にする。「命を―」

いと-おり[0]【糸織(り)】[名]絹のより糸で織った織物。

いときり-ば[リ]【糸切(り)歯】[名]人の犬歯(けんし)。[参考]和裁で、この歯で糸を切ることから。

い-とく[0]【威徳】[名]威厳と徳望。おかしがたい威光と人にしたわれる徳。「―を兼ねそなえる」

い-とく[0]【遺徳】[名]後世までしのばれる人徳。「故人の―をしのぶ」

いと-ぐち[ト]【糸口】【▲緒】[名]❶糸のはし。❷物ごとのてはじめ。てがかり。「事件解決の―」

いと-くり[ト]【糸繰り】[名]❶まゆや綿から糸をとり、よりをかけること。また、その人。糸とり。㊇❷糸わく。

いと-ぐるま[グ]【糸車】[名]糸をとり、よりをかけるための車。

いとけな・い[ナ]【▲幼(▲稚)ない】[形](カロ|カッ・ク|イ|イ|ケレ|〇)おさない。がんぜない。あどけない。「―幼児」 **いとけなさ**[名] **いとけな・し**[文語ク]

いと-こ[ト]【▲従▲兄▲弟・▲従▲姉▲妹】[名]親の兄弟・姉妹のこども。おじ、おばのこども。 **―煮(に)**[0][名]あずき・ごぼう・だいこん・いも・しいたけ・こんにゃくなどを、かたいものから順々に入れて煮こむ料理。[参考]おいおいに入れて煮るので甥甥(おいおい)にかけた語という。

い-どころ[0]【居所】(ゐ―)[名]❶いるところ。居場所。「―がない」「虫の―が悪い」❷住んでいる所。住所。きょしょ。「―を知らせる」

いと-こんにゃく[コ]【糸こんにゃく】【糸×蒟×蒻】[名]糸のように細く切ったこんにゃく。「しらたき」より太いもの。いとごんにゃく。

いと-ざくら[ザ]【糸桜】[名]しだれざくら。㊄

いと-さばき[サ]【糸さばき】【糸×捌き】[名]❶糸のあつかい方。❷琴(こと)・三味線(しゃみせん)などのひき方。

いと-さん[名][方言]〈関西で〉良家の娘を呼ぶ敬称。お嬢さん。いとはん。

いとし・い[シ]【▲愛しい】[形](カロ|カッ・ク|イ|イ|ケレ|〇)かわいい。いとおしい。「―わが子」 **いとしがる**[自五] **いとしげ**[形動] **いとしさ**[名] **いと・し**[文語シク]

いとし-ご[シ]【いとし子】【▲愛子】[名]かわいい子。愛児。

いとし・む[シ]【▲愛しむ】[他五](マ|モ|ミ|ン|ム|ム|メ|メ)➡いとおしむ。

いと-じり[0]【糸尻】[名]➡いとぞこ。

いと-ぞこ[0]【糸底】[名]茶わんなどの底にある丸い輪の形の座。糸で、ろくろから切りとる。いとじり。

いと-たけ[イ][ト]【糸竹】[名]〔「糸」は弦楽器、「竹」は管楽器〕琴・笛など和楽器の総称。また、それらを演奏することや音楽の意味にも用いる。しちく。

いと-づくり[ヅ]【糸作り】[名]いか・さよりなどの魚の肉を糸のように細く切って作るさしみ・すのものなど。

いと-ど【×蜱】[名][古語]こおろぎの一種。カマドウマの古名。㊙「海士(あま)の屋は小海老(えび)にまじるいとどかな」〈猿蓑〉

いと-ど[副][古語]〈「いといと」の変化〉ますます。いよいよ。いっそう。「いとど、涙を添へまさる」〈更級〉

いとど・し[形シク][古語]いよいよはなはだしい。いちだんと…である。「いとどしく虫の音繁き浅茅生(あさぢふ)に」〈源氏〉

いとな・し【▲暇無し】[形ク][古語]ひまがない。せわしい。「ひぐらしの声もいとなく聞こゆるは秋夕暮れになればなりけり」〈後撰〉

いとなみ[0]【営み】[名]❶いとなむこと。行為。「人間の―」❷仕事。生業。「日々の―」❸したく。準備。「春の―」

いとな・む[ナ]【営む】[他五](マ|モ|ミ|ン|ム|ム|メ|メ)❶物ごとをする。「法事を―」❷経営する。「料理店を―」❸作りととのえる。「邸宅を―」

いと-のこ[0]【糸のこ】【糸×鋸】[名]板を切りぬいたり、まるく切ったりするための、細くうすいのこぎり。糸のこぎり。

いと-はん[名][方言]〈関西で〉お嬢さん。いとさん。

いと-ひめ[ト]【糸姫】[名]製糸工場の女子工員のこと。おりひめ。

いと-びん[0]【糸びん】【糸×鬢】[名]江戸時代中期に流行した男のまげの一種。両びんを細くのこすもの。

糸びん

いと-へん[0]【糸偏】[名]❶漢字の部首の一つ。「細」「組」などの「糸」。❷[俗語]紡績など、繊維関係の産業。「―ブーム」

いとほ・し[形シク][古語]➡いとおしい㊁。

いとま[0]【▲暇】[名]❶時間のゆとり。用事のないとき。ひま。「いそがしくてすこしも―がない」❷休み。休暇。「―をとる」❸職をやめさせること。「―を出す」❹離縁。❺別れること。辞去。「お―をします」 **―をやる**❶解雇する。❷離縁する。

いと-まき[0]【糸巻(き)】[名]❶糸を巻きつけること。また、そのもの。❷三味線(しゃみせん)の頭部にあって、糸を巻きつけ、しめあげるもの。❸糸巻き形の女の髪のゆい方。

いとまごい[0]【いとま乞い】【▲暇乞い】(―ごひ)[名]別れをつげること。

いど・む[ド]【挑む】(マ|モ|ミ|ン|ム|ム|メ|メ)㊀[他五]争いをしかける。挑戦する。「決戦を―」㊁[自五]たちむかう。征服しようとかかっていく。「冬山に―」

いと-め[メ]【糸目】[名]❶糸すじ。線。❷凧(たこ)の表につけて、つりあいをかげんする数本の糸。「たこの―を調整する」「かねに―をつけない(出し惜しみしない)」❸陶器などに刻みつけた細い筋の模様。❹ゴカイ科の環形動物。浅海の泥中にすみ、平たくて細長い。つりのえさにする。

い-と・める [メ/0]【射止める】[他下一] ❶うまく矢や弾丸を射あててころす。「虎を―」❷うまくあてて自分のものにする。「賞金を―」 **いと・む** [文語下二]

いと-も [イ] [副] たいそう。「―かるがるとやってのける」

いと-やなぎ [ヤ]【糸柳】[名] しだれやなぎ。㊮春

いと-ゆう [ト]【糸遊】[名]〔文章語〕かげろう。㊮春

いと-わく [0]【糸枠】[名] 糸を巻きつけるわく。糸くり。

いとわし・い [シ]【×厭わしい】[形] いやである。このましくない。不愉快だ。「顔を見るのも―」 **いとわしげ** [形動] **いとわしさ** [名] **いとは・し** [文語シク]

いな [イ]【否】〔文章語〕㊀[名] 不承知。不同意。「賛成か―か」㊁[感] いいえ。いや。「―、彼のあやまちにはあらず」

いな [0]【×鯔】[名] 体長二〇センチメートルぐらいまでの、ぼらの幼魚。㊮秋

いな【稲】[造] いね。「―作」「―穂」

い-な [イ]【異な】[連体]〔文章語〕変な。妙な。「それは―こと」

い-ない [イ]【以内】[造] ❶ある場所をかぎって、その中にあること。「波が高く、遊泳許可区域―も遊泳は禁止」「停戦ライン―に侵入」↕以外。[参考]「白線以内」のように境界線を示す語につく場合は「―以外」と言うことはできない。❷ある条件を示して、その範囲にふくまれるもの。「駅から二キロ―の貸家」「三週間―に返却のこと」⇩以下[参考]。

いない-いない-ばあ ゐないゐない― [連語] 幼児をあやすときのことば。顔を手でおおって「いない、いない」と言い、その後「ばあ」と言って顔を見せる。

いなおり-ごうとう [ゴ]【居直り強盗】ゐなほり― [名] こそどろなどが見つかって、急に強盗に変わること。また、その強盗。

い-なお・る [オ]【居直る】ゐなほる [自五] ❶すわりなおして姿勢を正す。❷急に態度をかえておどす。「借金取りが―」

い-なか [0]【田舎】ゐ― [名] ❶都会からはなれた地方。ひな。「―でそだつ」❷人家・人口が少なく、田畑などが多い所。田園。❸故郷。(都市の場合には言わない)「―に帰る」❹〔接頭語ふうに使って〕やぼ。ぶすい。「―ざむらい」「―まんじゅう」 **―汁粉**こ [ジ] [名] つぶしあんのしるこ。 **―っぺ**(え) [ペ] [名]〔俗語〕地方の人を軽べつしていう語。 **―×訛り**なまり [カ2] [名] 地方独特のことばづかい。方言。 **―間**ま [カ/0] [名] 主として関東地方におこなわれる柱の間隔のとり方で、一間を六尺(約一・八二メートル)とするもの。また、これに用いる畳の寸法。↕京間。 **―回り**まわり [マ] [名] 勤務・商売などで地方ばかりを転々とすること。「―の芝居」 **―者**もの [0] [名] ❶地方住まいの人。地方出の人。❷自分をへりくだったり、また、人を低く見て言う語。

いなかきょうし《田舎教師》ゐなか― 田山花袋たやまかたいの長編小説。一九〇九年に刊行。貧苦のなかで病死した若い小学校教師をえがいた、自然主義文学の代表作。

いな-かけ [ナ]【稲架(掛)け】[名] 柱を立て横木を渡して、刈り取った稲をかけてかわかす道具。いねかけ。㊮秋 [参考]「はさ・はせ・はず」など、地方名が多い。

いな-がら [0]【稲がら】【稲▲幹】[名] 葉のついた稲の茎。

い-ながら-に [0]【居ながらに】ゐながら― [副] すわったままで。じっとしていて。「―世界の大勢を知る」

い-なが・れる [レ]【居流れる】ゐ― [自下一] 人々が大ぜい、ずらりとならんですわる。**ゐなが・る** [文語下二]

いな-き [キ]【稲▲置】[名] ❶古代の地方官の名。県主あがたぬしの次位で、土地・人民の管理を務めとした。稲寸いなき。❷天武天皇時代に制定された八つの姓かばねの最下位。＝いなぎ。

いな-ご [0]【稲子・×蝗】[名] イナゴ科の昆虫の総称。ばったより小さく、からだは緑色。いねの葉をくう害虫。㊮秋

いな-さく [0]【稲作】[名] ❶いねの栽培。米作。「―地帯」❷いねのできぐあい。「上々の―」

い-な・す [0]【▲往なす】[他五]〔「行かせる」「去らせる」の意〕❶かるくあしらう。かるくかわす。「鋭い質問をかるく―」❷すもうで急に身をかわし、相手をよろめかす。

いなせる [自下一]〔…できる〕

いな-ずま [0]【稲妻】―づま [名]〔古代、夏の雷光が稲に実りをもたらす夫つまのような存在と信じられたことから〕いなびかり。㊮秋 [参考]「いなづま」のように「づ」を用いて書いてもよい。 **―形**がた [0] [名] 直線をジグザグにまげた形。いなずまの形をもようにしたもの。

いな-せ [0] [名] [形動] 若者が威勢のいいこと。いきで、いさみはだなこと。また、そのような気風。「―な若い衆」[参考] 一説に、河岸かしの威勢のよい若い衆が、いな(ぼらの幼魚)の背のようなまげをゆったところからという。

いなだ [0] [名]〔主に関東地方で〕体長四〇センチメートルぐらいの、ぶりの若魚。㊮夏

いな-だ [0]【稲田】[名] いねが植えられている田。㊮秋

いな-な・く [ナ2]【×嘶く】[自五] 馬が声高く鳴く。

いななき [名]

いなば《因幡》昔の山陰道の国の一つ。今の鳥取県の東部。因州いんしゅう。

いな-びかり [ビ]【稲光】[名] 雷がなるときに出る空中放電の光。いなずま。㊮秋

いな・ぶ【▲辞ぶ・否ぶ】[他四] [他上二]〔古語〕いなむ。辞退する。「このたびはいかでかいなび申さむ」〈竹取〉

いな-ほ [0]【稲穂】[名] いねの穂。㊮秋

いな・む [ナ]【否む】【▲辞む】[他五]〔文章語〕❶承知しない。ことわる。❷否定する。

いな-むら [0]【稲むら】【稲×叢】[名] かりとったいねを積みかさねたもの。いなづか。㊮秋

いなめ-ない【否めない】[連語]〔文章語〕❶打ち消すことができない。否定できない。「彼が反対派であることは―」❷ことわれない。「彼の要求は―」

いな-や [イ]【否や】〔文章語〕㊀[名] ❶いいのかわるいのか。承知、不承知。諾否。「―を問う」❷異存。不承知。「―は言わせない」㊁[副]〔「…や否や」の形で〕…と同時に。…とすぐに。「聞くや―とびだした」

い-なら・ぶ [ラ]【居並ぶ】ゐ― [自五] ならんですわる。列座する。

いなり [イ]【稲▲荷】[名] ❶五穀をつかさどる神である倉稲魂神うかのみたまのかみ。また、その神を祭る神社。❷〔きつねは、いなり❶の使いとされることから〕きつねの異名。❸いなりずし。

いなり-ずし [リ]【稲▲荷▲寿司】[名]〔あぶらあげは、きつねの好物とされていることから〕あまからく味つけしたあぶらあげの中に、すしめしをつめたもの。しのだずし。㊮夏

い-なん【以南】[造] もとになる点から南。また、その地方。[参考]「福島県以南」は福島県をふくむ。

イニシアチブ [ア]〈initiative〉[名] まっさきに立ってすること。首唱。率先。主導権。「―をとる」

いにし-え [0]【▲古】―へ [名]〔文章語〕むかし。 **―振り**ぶり [0] [名]〔文章語〕昔の風習。むかしふう。

イニシエーション [エ]〈initiation〉[名] 民俗学で、青年が社会の一員となるために行わなければならない儀式。現代

では、成人式や入社式などがそれにあたる。

イニシャル イ〈initial〉＝**イニシアル** 名 欧文やローマ字書きの氏名などの最初の文字。かしら文字。

い-にゅう ◎【移入】名他サ ❶国内で、ある地方から他の地方にものをはこび入れること。↕移出。❷（感情）対象にうつし入れて対象と一つに融合すること。「感情—」

い-にょう ◎【遺尿】名 寝小便。

い-にょう ◎【囲×繞】名他サ ⬇いじょう。

い-にん ◎【委任】㊀名他サ 人にまかせて自分のかわりにやってもらうこと。㊁名 民法上で、法律行為の実行を相手方にまかせ、相手方がこれを承知することにより成立する契約。**—状** ◎三名 一定の事がらを委任したむねを書きしるした文書。**—統治** ト名 第一次世界大戦後、国際連盟の委任により、特定国家によっておこなわれた一定領土の統治。第二次大戦後は「信託統治」と改称。

イニング イ〈inning〉＝**インニング** 名（野球の試合などの）回。「ラスト—」

いぬ【犬】㊀ヌ名 ❶イヌ科の哺乳類。嗅覚・聴覚が鋭い。もっとも古くから飼われ、種類が多い。狩猟・警察・救護・盲導・愛がん用など。❷まわしもの。スパイ。㊁造〔名詞につく〕❶似てはいるが、別物であることを示す。「—アカシア」❷いやしい。あさましい。「—ざむらい」❸むだ。役にたたない。「—死に」 **—が西向きゃ尾は東** あたりまえであること。**—と猿**〔犬とさるは仲がわるいということから〕仲のわるい間がらのたとえ。犬猿の仲。**—も歩けば棒に当たる** ❶出しゃばってわざわいにあうこと。❷出歩くと思いがけない幸運にあうこと。**—も食わぬ** ひどく好ましくないこと。また、ばからしくて相手にしないこと。「夫婦げんかは—」

いぬ ヌ【×戌】名 ❶十二支の第十一番め。⇩十干（表）。❷〔古語〕方角について西北西を、時刻について午後八時、またその前後二時間を、また一説に午後八時からの二時間をいう。⇩方位（図）・時（図）。

い・ぬ【往ぬ・▲去ぬ】自ナ変〔古語〕行く。去る。過ぎさる。「一人二人すべり出でていぬ」〈枕〉

い・ぬ【寝ぬ】自下二〔古語〕ねる。「夕されば小倉の山に鳴く鹿は今夜は鳴かずいねにけらしも（寝テシマッタノダロウナア）」〈万葉〉

いぬ-い ◎【×戌×亥・▲乾】名 方角の名。北西。⇩方位（図）。

イヌイット イ2〈Inuit・Innuit〉名〔「人間」の意〕カナダやグリーンランド・アラスカ北部などで生活する民族。⇩エスキモー 参考。

いぬ-おうもの オ【犬追物】名 鎌倉時代、馬にのった武士が、かこいの中で犬を追って弓で射た武芸。

いぬ-かき カ【犬かき】【犬×掻】名 犬のように、足で水を打ちながら手で水をかく泳ぎ方。犬泳ぎ。㊐夏

い-ぬき ◎【居抜（き）】名 商店・工場などを、商品・設備もろともに売買・貸借すること。

いぬ-ぐい ◎【犬×喰い】名 食器を手で持たずにテーブルに置いたまま、犬のようにうつむいて食べること。品のよくない食べ方。

いぬ-くぎ ヌ【犬くぎ】【犬×釘】名（頭部が犬の頭に似ているから）鉄道のレールをまくら木に固定するくぎ。

いぬ-くぐり ク【犬くぐり】【犬▲潜】名 かきね・へいなどにあけてある、犬の出入りするあな。

いぬ-ころ コ【犬ころ】名 犬の子。小犬。

いぬ-ざむらい ザ【犬侍】名 ひきょうな武士をののしっていう語。こしぬけ武士。

いぬ-じに ◎【犬死（に）】名 むだじに。

いぬ-たで ◎【犬×蓼】名 タデ科の一年生植物。夏から秋にかけて、穂状に紫紅色の花をつける。あかのまんま。あかまんま。㊐秋

いぬ-ちくしょう ショ【犬畜生】名 人間としての道にはずれた人を、ののしっていう語。犬や畜生と同様のやつ。

いぬ-はりこ ハ【犬張（り）子】名 おもちゃの一つ。犬の立ち姿に似せた張り子。

いぬ-ふせぎ フ【犬防ぎ】名 寺の本堂などで、内陣と外陣のさかいにおく、背の低いさく。

犬張り子

いね イ【稲】名 イネ科の一年生植物。実から米を取る。春、苗代に種もみをまき、梅雨のころ水田に植えかえる。晩夏から初秋にかけて花が咲き、十月ごろ実る。畑に栽培する品種「おかぼ」もある。㊐秋

いね-かけ ネ【稲架（掛）け】名 いなかけ。㊐秋

いね-かり ネ【稲刈り】名 実った稲を秋に刈り取ること。刈り入れ。㊐秋

いね-こき ネ【稲こき】【稲▲扱】名 刈り取った稲穂から、もみを取ること。また、その道具。㊐秋

い-ねむり ム|ネ【居眠り】名 すわったり、こしかけたりしたままで眠ること。

い-の-いちばん イ|チ【いの一番】名〔「い」は「いろは…」のいちばん初めの「い」から〕まっさき。第一番。最初。「—にかけつける」

い-のう ◎【異能】名 ふつうの人に見られない特別の才能・能力。「—力士」

いのうえ-てつじろう《井上哲次郎》一八五五―一九四四。哲学者・詩人。日本の観念論哲学を確立した。「新体詩抄」の作者のひとり。

いのうえ-ひさし《井上ひさし》一九三四―二〇一〇。小説家・劇作家。本名、廈。軽妙な文体と独自のユーモアや風刺で評価を得る。小説「手鎖心中」「吉里吉里人」、戯曲「頭痛肩こり樋口一葉」など。

いのうえ-みつはる《井上光晴》一九二六―九二。小説家・詩人。差別や搾取を扱った作品を多数発表。「虚構のクレーン」「地の群れ」「心優しき叛逆者たち」など。

いのうえ-やすし《井上靖》一九〇七―九一。小説家・詩人。現代小説・歴史小説・自伝的小説とさまざまな作品を書いた。小説に「しろばんば」「天平の甍」、詩集に「北国」など。

い-の-くち ノ【×堰の口】名 せきとめてある水をおとし出す口。

い-の-こ【×猪の子・×豕】名〔古語〕いのしし。ぶた。

いのこずち コ【牛▲膝】名 ヒユ科の多年生植物。茎は四角でふしが高い。夏、緑色の花がむらがり咲く。実は人の衣服によくつく。根は薬用。㊐秋

い-のこ・る コ【居残る】自五 ラ・ロ・リ・ッ・ル・ル・レ・レ ❶人の帰ったあとまでとどまる。あとにのこる。❷勤務時間後までのこる。残業する。**居残り** 名 **居残れる** 自下一 …できる

いのこずち

い-のしし シ【×猪】名 イノシシ科の哺乳類。全身黒かっ色。体長約一～一・五メートル。犬歯がきばになっている。雑食、夜行性。ぶたの原種。肉は美味。い。いのこ。㊐秋 **—武者** ム名 がむしゃらに突進する武士。

イノシンさん ◎【イノシン酸】〈inosine〉名 動物の肉にふくまれている酸の一種で、かつおぶしの味にたうま味

がある。うま味調味料の原料となる。

いのち イ【命】名 ❶生物が生きていくもととなる力。生命。「—を拾う」❷生きている間。寿命。「短い—」❸もっとも大切なもの。「子は母の—」 **—あっての物種**(ものだね) 命があってはじめて何でもできる、何よりも命がいちばんだいじだということ。 **—が縮**(ちぢ)**まる** 恐怖で寿命が短くなったように感じる。 **—から二番目**(にばんめ) 〔命のつぎに大切なことから〕もっとも大切なこと。 **—に懸**(か)**けても** 自分の生命をうしなってでも。失敗したら死ぬ覚悟で。「—命令を守る」 **—の洗濯**(せんたく) 気ばらしをして日ごろの苦労を忘れること。 **—の綱**(つな) 命をつないでいくたよりとするような、もっともたのみとするもの。「—と頼む財産」 **—を落**(お)**とす** 思いがけないことで死ぬ。 **—を削**(けず)**る** 寿命をちぢめるほど苦心・苦労をする。「勉強に—」 **—を縮**(ちぢ)**める** 早死にをする。

いのち-がけ ⓪【命懸け】形動(の) ダロ・ダッ・デ・ニ ダ・ナ・ナラ・○ 死ぬかくごですること。「—で守る」

いのち-からがら イ【命からがら】【命辛辛】副 ようやく命だけはたすかって。「—逃げのびる」

いのち-げ チ【命毛】名 筆の穂先の、いちばん長い毛。

いのち-ごい ⓪【命乞い】(ごひ) 名 ❶殺されるはずの命を、たすけてくれとたのむこと。❷神仏に長生きをいのること。

いのち-しらず シ【命知らず】名 形動(の) 命を失うことを恐れないほど、むてっぽうなこと。また、その人。「—の男」

いのち-づな チ【命綱】名 ❶あぶないところで仕事をするときに、用心のためにからだに巻きつける綱。❷命をつないでいくたより。「敵の—である補給路を断つ」

いのち-とり チ【命取り】名 ❶命をとられる危険のあること。また、そのもの。「酒が—になった」❷とりかえしのつかない失敗や破滅の原因。「失言が彼の—となった」

いのち-びろい ヒ【命拾い】(びろひ) 名 あぶないところで、運よくたすかること。

いのち-みょうが ミョ【命冥加】名 形動 ❶神仏のおかげであぶない命が運よくたすかること。❷思いがけない幸運で災難をまぬかれること。「—なやつ」

い-の-ふ ⓪【胃の×腑】名 胃。いぶくろ。

イノベーション ベ〈innovation〉名 社会的に新たな考え方をもたらすような経済発展のもととなる技術革新。

いの・る ノ【祈る】他五 ラ・ロ・リ・ッ ル・ル・レ・レ ❶神仏にねがう。祈願する。❷心から希望する。「ご自愛を—」 **祈り** 名 **祈れる** 自下一〔…できる〕

い-はい ⓪【位×牌】名 死者の戒名(かいみょう)をしるして仏だんにまつる木のふだ。

い-はい ⓪【遺灰】名 「いかい」の慣用読み。⬇いかい。

い-はい ⓪【違背】名 自サ 〔文章語〕 規則・命令・約束などにそむくこと。違反。

いば・える エ【×嘶える】自下一 エ・エ・エル・エル・エレ・エロ・エヨ 〔文章語〕 馬が声たかく鳴く。いななく。 **いば・ゆ** 文語ヤ下二

い-はく イ【医博】名 「医学博士」の略。

い-はく ⓪【威迫】名 他サ 〔文章語〕 おどして、むりにあることをさせようとすること。脅迫。

い-ばく ⓪【×帷幕】名 〔文章語〕〔「帷」はたれ幕、「幕」は引き幕〕❶本陣。❷重要なはかりごとを相談するところ。

い-ばしょ ⓪【居場所】(ゐ) 名 いどころ。「—がわかる」

いば-しんえん イ【意馬心猿】名 〔仏〕〔馬が走り、さるが鳴きさわぐのをおさえがたいことから〕欲情が強くおこって、それをおさえるのがむずかしいこと。

い-はつ ⓪【衣鉢】名 〔文章語〕〔師僧からでしに伝える、けさとはち〕師からうけ伝える学問・技芸などの奥義。えはつ。「—をつぐ」

い-はつ ⓪【遺髪】名 死んだ人のかたみの髪の毛。

いは-ばし・る 【岩走る】自四 〔古語〕⬇いわばしる。

いは・ふ 【▲斎ふ】他四 〔古語〕⬇いわう㊁。

いばら ⓪【茨】名 ❶とげを持った低木類の総称。のばらなど。花は㊐夏 実は㊐秋 ❷植物のとげ・はり。参考「茨」は常用漢字だが、県名の表記以外には用いない。 **—の道**(みち) 苦難の多い仕事や人生のたとえ。

いばらき-けん 《茨城県》 関東地方北東部の県。県庁所在地は水戸(みと)市。

いばらぎ-のりこ 《茨木のり子》 一九二六—二〇〇六。詩人。本姓、三浦。川崎洋(かわさきひろし)らと「櫂(かい)」を創刊。平明な言葉で人間や社会を描いた。詩集「見えない配達夫」「鎮魂歌」「自分の感受性くらい」など。

いはら-さいかく 《井原西鶴》 一六四二—九三。本名は平山藤五(ひらやまとうご)。江戸時代前期の浮世草子の作者。好色物・武家物・町人物などさまざまな作品を書いた。「好色一代男」「日本永代蔵(にっぽんえいたいぐら)」など。

い-ばり 【尿】名〔古語〕〔「ゆばり」の変化〕小便。小水。

いば・る バ【威張る】自五 ラ・ロ・リ・ッ ル・ル・レ・レ えらそうに見せつける。威勢を見せつける。 **威張れる** 自下一〔…できる〕

い-はん ⓪【違反】【違犯】名 自サ 法令・規則などにそむくこと。「道路交通法—に問われる」

いひ 【▲飯】名〔古語〕⬇いい。

い-び イ【萎×靡】名 自サ 〔文章語〕なえて、ぐったりすること。元気なく、おとろえること。「士気が—沈滞する」

い-びき キ【×鼾】名 眠っているとき、呼吸と共に鼻・口から出る音。

いひ-け・つ 【言ひ消つ】他四〔古語〕⬇いいけつ。

いひ-しろ・ふ 【言ひしろふ】他四〔古語〕⬇いいしろう。

イヒチオール オ〈ド Ichthyol〉名 海中生物の化石からとり出される黒茶色の液体。鎮痛・殺菌剤として使用。

い-びつ ⓪【×歪】名 形動 形がゆがんでいること。「—なりんご」参考「いいびつ(飯櫃)」の変化した語。もと、円形のゆがんだものを言った。

いひ-びつ 【▲飯×櫃】名〔古語〕⬇いいびつ。

いひ-ふ・る 【言ひ触る】他下二〔古語〕⬇いいふる。

い-ひょう ⓪【意表】名 思いがけないこと。思いのほか。意外。案外。 **—に出**(で)**る** 意外だと思わせる。 **—を突**(つ)**く** 相手の不意をつく。思いがけないことをする。

いびり-だ・す ダ【いびり出す】他五 サ・ソ・シ・ス・セ・ス・セ・セ いびって追い出す。「よめを—」 **いびり出せる** 自下一〔…できる〕

いび・る ビ 他五 ラ・ロ・リ・ッ ル・ル・レ・レ いじめて、つらいめにあわせる。「新入部員を—」

い-ひん ⓪【遺品】名 死んだ人のかたみの品。

い-ふ イ【異父】名 母は同じで、父がちがうこと。また、その父。「—兄弟」↕異母。

い-ふ イ【畏怖】名 他サ〔文章語〕恐れこわがること。「—の念」

い-ぶ イ【威武】名 威光があり、武力が強いこと。「—堂々」

い-ぶ イ【慰×撫】名 他サ 人の心をなだめて安心させること。やさしくいたわること。

イブ(ヴ) イ〈eve〉名 前夜祭。とくにクリスマスの前夜祭。㊐冬

イブ(ヴ) 《Eve》 旧約聖書に出てくる、人類最初の女性で、アダムの肋骨(ろっこつ)から作られた彼の妻。

い-ふう イ【威風】名 威勢のあるようす。威光のさかんなようす。威容。 **—堂堂**(どうどう) イ (と)副 たる連体 威勢のさかんなようす。「—と行進する」

い-ふう ⓪【異風】名〔文章語〕❶ふつうとちがった風俗。❷ふつうの人とちがう姿。

い-ふう ⓪【遺風】名 ❶後世にまでつたわっている昔の風習。「明治時代の―」❷死んだ人のやり方・教えで後世までつたわっているもの。「―を仰ぐ」

いぶかし・い【×訝しい】㊀シ形 (カロ―カッ・ク―イ―イ―ケレ―○) 変だ。あやしい。疑わしい。「―挙動」**いぶかしがる** 他五 **いぶかしげ** 形動 **いぶかしさ** 名 **いぶか・し** 文語シク ㊁形シク〔古語〕気がかりだ。心もとない。（だから）はっきり知りたい。見たい。聞きたい。「このころはいかに幸(さき)くや(ゴ無事デオ過ゴシデショウカ)、いふかし吾妹(わぎも)(愛スル人ヨ)」〈万葉〉参考 奈良時代には「いふかし」、平安時代には「いぶかし」もあわせ用いられるようになり、その後濁音のことばとなった。

いふかひな・し【言ふ▲甲×斐無し】形ク〔古語〕➡いうかいなし。

いぶか・る【×訝る】他五 (ラ・ロ―リ・ッ―ル―ル―レ―レ) 様子が変だと感じてあやしく思う。あやしむ。「逃げるような態度を―」

い-ぶき ィ【息吹】名 ❶息をすること。呼吸。❷生気。活気。「春の―」参考 動詞「いぶく」は仮名書き。

い-ふく ⓪ィ【衣服】名 きもの。衣装。

い-ふく ⓪【異腹】名 父は同じで、母がちがうこと。腹ちがい。異母。「―の兄」↕同腹。

い-ふく ⓪【畏服】名 自サ〔文章語〕（「服」は従うの意）おそれて従うこと。

い-ふく ⓪【威服】名 他サ〔文章語〕（「服」は従うの意）威力で従わせること。

い-ぶくろ ⑦【胃袋】名 胃。

いぶし-ぎん ⓪【いぶし銀】【×燻銀】名 ❶いおうでいぶしてくもり色をつけた銀。また、その色。くすんだ銀色。❷表面的なはなやかさはないが、地味な実力・実質をそなえていることのたとえ。「―の芸」

いぶ・す ⑦【×燻す】他五 (サ・ソ―シ・ス―ス―セ―セ) ❶完全には燃えないようにして煙をたてる。くすべる。「蚊取線香を―」❷いおうを燃やして金物にくもり色をつける。❸煙で黒くする。くすぶらせる。**いぶし** 名 **いぶせる** 自下一［…できる］

いぶせ・し 形ク〔古語〕❶気がかりである。心がめいる。「いぶせくもあるか、妹(いも)に逢はずて」〈万葉〉❷不快である。おもしろくない。「その興尽きて醜くいぶせく覚えければ」〈徒然〉

いぶせ-ますじ《井伏鱒二》一八九八―一九九三。小説家。本名、満寿二(ますじ)。新興芸術派の一員として登場、独特なユーモアと鋭い観察で新境地を開いた。作品に「山椒魚(さんしょううお)」「遙拝(ようはい)隊長」「黒い雨」など。

い-ぶつ ィ【異物】名 ❶ふつうとちがったもの。❷体内に外からはいったり、しぜんにできたりした、からだの組織の中にとけこまないもの。結石や飲みこんだ針など。

い-ぶつ ⓪ィ【遺物】名 ❶死後にのこしたもの。かたみ。遺品。❷昔のもので、現在までのこっているもの。「古代の―」

イブニング ィ〈evening〉名 ❶夕がた。❷イブニングドレス。 **―ドレス** ド〈evening dress〉名 胸や背をあけて、すそを長くした婦人用夜会服。ローブデコルテ。

いぶりだ・す ダ【いぶり出す】【×燻出す】他五 (サ・ソ―シ・ス―ス―セ―セ) 煙で、内のものを外に追い出す。「巣穴の動物を―」

いぶ・る ⑦【×燻る】自五 (ラ・ロ―リ・ッ―ル―ル―レ―レ) ほのおが立たず煙が出る。くすぶる。「生木(なまき)が―」

い-ぶん ⓪【異聞】名〔文章語〕世間に知られていない、かわった話。めずらしい話。

い-ぶん ⓪【遺文】名 死んだ人が書きのこしておいた文章。

い-ぶんか ⑦【異文化】名 母国の文化と質的にことなる他国の文化。「―接触」

い-ぶんし ⑦【異分子】名 仲間の中で、他の多くの者と性質や思想などのちがう者。

い-へき ⓪【胃壁】名 胃を形づくる筋肉のかべ。

いへ-づと【家×苞】名〔古語〕➡いえづと。

言(い)へばえに〔古語〕➡言えばえに。

い-へゐ【家居】名〔古語〕➡いえい。

い-へん ⓪【異変】名 ❶かわったできごと。変事。「暴動という一大―」❷変化。「病状に―はない」

いへん-さんぜつ ィ【×韋編三絶】名（竹のふだをなめしがわでとじた書物が三度もばらばらになるほど、孔子(こうし)が易経(えききょう)をくり返し熟読したということから）同じ本を熱心にくり返し読むこと。韋編三たび絶つ。

イベント ⓪〈event〉名 ❶できごと。❷催し物。催事。❸試合。競技種目。「メーン―」

いほ【×庵】名〔古語〕➡いお(庵)。

い-ほ【▲五▲百】名〔古語〕➡いお(五百)。

いぼ ィ【×疣】名 ❶皮膚の角質層が異常にふくれてできた小さなまるい突起物。❷物の表面の突起。

い-ぼ ィ【異母】名 父は同じで、母がちがうこと。はらちがい。異腹。「―兄」↕異父・同母。

いぼ-いぼ ⓪名 突起物がいくつもあるようす。

い-ほう ⓪【異邦】名 外国。異国。「―人」

い-ほう ⓪【彙報】名〔文章語〕（「彙」はあつめるの意）❶研究成果や活動状況などを分類してまとめた報告。❷雑報。「―欄」

い-ほう ⓪【違法】名 法律にそむくこと。「―行為」↕合法・適法。

い-ほう ⓪【移封】名 他サ 国がえ。転封。

い-ほく ⓪【以北】名 造 ある点から北。また、その地方。参考「岩手県以北」は岩手県をふくむ。

い-ぼく ⓪【遺墨】名〔文章語〕死後にのこされた書画。

いぼ-じ ボ【いぼ×痔】名「痔核(じかく)」の俗な言い方。

いぼ-た ⓪【▲水×蠟】名 ❶いぼたのき。❷いぼたろうむし。 **―の木(き)** キ 名 モクセイ科の落葉低木。材は器具の柄(え)などにする。 **―×蠟(ろう)** タ 名 いぼたろうむしの分泌物からつくる、白色・ろう質のもの。つやだし、戸のすべりに使い、血どめ・痛みどめの薬ともする。 **―×蠟虫(ろうむし)** ロ 名 カタカイガラムシ科の昆虫。幼虫はいぼたの木・とねりこなどの植物に寄生し、ろうを分泌する。㊂夏

いぼ-だい ボ【×疣×鯛】名 イボダイ科の海魚。南日本に多くすみ、色は灰青色で体表から粘液を出す。食用。

いほり【×庵】名〔古語〕➡いおり。

い-ほん ⓪【異本】名 ❶同一書物ではあるが、流布本との間に語句・文字などにちがった部分のある本。↕定本(ていほん)。❷ふつうとはかわった本。珍本。

いま ①【今】㊀ィ名 ❶この瞬間。現在。「―は手がはなせない」❷現在を含んだ期間。現代。こんにち。「―も昔も変わらない人情」↕昔・将来。㊁ィ副 ❶すぐ。まもなく。じきに。「―行くから待ってくれ」❷さっき。少し前。「―着いたばかり」❸さらに。あと。もう。「―一度やってみよう」参考 ㊁❸の意で、「―一息」「―一歩」「―少し」などの形で使うときは⓪。㊂接頭（名詞につく）新しい。現代の。「―浦島」 **―が今(いま)** たった今。 **―か今(いま)かと** これから起こる出来事を待ち遠しく思うようす。「―待ちわびる」 **―こそあれ**〔古語〕今はこんなありさまだが。 **―泣(な)いた×烏(からす)がもう笑(わら)う** 泣いていた子供がすぐに機嫌を直すようす。また、気分が変わりやすいようす。 **―にして** 今になって。こうなってみて。「―後悔される」 **―に始(はじ)め**

ぬ これがはじめてではない。相変わらずの。「―悪いくせ」 ―の今(いま)まで ほんの今まで。「―気づかなかった」 ―は×斯(か)う〔古語〕もはやこれまで。「今はかうとおぼして、足の向きたる方へ走りたまふ」〈宇治拾遺〉 ―はた〔古語〕いまはもう。「わびぬれば(コノヨウニ思イ苦シンデイルカラニハ)―同じ難波(なには)なるみをつくしても(「みおつくし」トイウコトバノヨウニ身ヲ滅ボシテモ)逢はむとぞ思ふ」〈後撰・百人一首〉 ―は昔(むかし)〈物語や説話などの初めに用いることば〉この話の時は昔なのだ。 ―一(ひと)つ ❶ほかのもう一つ。「―の問題」❷もうすこしというところで。「―努力がたりない」 ―▲以(もっ)て いまだに。いまでも。「―わからない」 ―や遅(おそ)しと 期待して待つようす。「―出発のあいずを待つ」 ―を時(とき)めく 現在さかえている。時流にのり、有名になっている。「―アイドル」

い-ま マ【居間】(ゐ)― 名 家族がふだんあつまるへや。

いま-いち マ 名 副〔俗語〕(「今一息・今一つ」から)もうすこしのところ。あとひといき。「―迫力がない」

いまいまし・い シ【忌ま忌ましい】㊀ 形 (カロ・カッ・ク・イ・イ・ケレ・○) はらだたしい。しゃくにさわる。「まったく―やつだ」 **忌ま忌ましげ** 形動 **忌ま忌ましさ** 名 **いまいま・し** 文語シク ㊁ 形シク〔古語〕不吉である。つつしむべきである。「かく(娘ニ死ナレタヨウナ)いまいましき身の添ひたてまつらむも」〈源氏〉

いまかがみ《今鏡》平安時代末期の歴史物語。作者不明。構想は「大鏡(おおかがみ)」にならい、内容も「大鏡」につづく一四六年間を記述。

いまがわ-やき ◎【今川焼(き)】(いまがは)― 名 水にといた小麦粉を、丸くへこんだ鉄の焼き型に流し、あんを入れて焼いた菓子。たいこやき。㊅冬 参考 江戸神田の今川橋のちかくの店ではじめたことから。「今川焼き」は関東地方の呼び方。関西・九州では「回転焼き」、その他の地方では「大判焼き」が優勢。

いまごろ ◎【今頃】㊀ 名 ❶(過去・未来において)現在と同じ時間的周期にあたる日時。「きのうの―」「来年の―」❷近ごろ。現時。「―の青年は明るい」㊁ 副 ❶今どき。今時分。「―行っても間にあうまい」❷ある時間がすぎた後の現在。「―何を言い出すか」

いまさら ◎【今更】副 今あらためて。ことあたらしく。今となって。「―やめられぬ」 ―めく 㐅 自五 今になってことあたらしく言う、または、するようである。「今更めいて気がひける」 ―らしい シ 形 前から知っているのに、今はじめて知ったというようすだ。「―顔つきをする」

いまし【×汝】代〔古語〕おまえ。なんじ。みまし。

いま-し イ【今し】副〔文章語〕(「し」は強めの助詞)たったいま。ちょうどいま。「―到着した」 ―方(がた) シ ◎ 名 副 ついさっき。たったいま。「―帰ったばかりだ」 ―も イ 副 ❶ちょうどいま。❷いまにも。いまや。「―出発しようとする」 ―もあれ〔古語〕時も時、ちょうどいま。

イマジネーション ネ〈imagination〉名 想像。想像力。

いま-じぶん ◎【今時分】名 副 今ごろ。今どき。

いまし・める 㐅【戒める】【×誡(い)める・▲警める】他下一 (メ・メ・メル・メル・メレ・メロ・メヨ) ❶あやまちを犯さないように注意する。教えさとす。「子供たちを―」❷しかる。こらしめる。「いたずらを―」❸禁じる。「肉食を―」❹警戒を固める。「戸じまりを厳重に―」 **戒め** 名 **いまし・む** 文語下二

いまし・める 㐅【▲縛める】他下一 (メ・メ・メル・メル・メレ・メロ・メヨ)〔文章語〕しばって自由を奪う。**いましめ** 名 **いまし・む** 文語下二

いま・す【▲座す・▲在す】自四 自サ〔古語〕❶「あり」「居(を)り」「行く」「来(く)る」の尊敬語。いらっしゃる。お行きになる。お越しになる。❷(動詞の連用形について)お…になる。「をこなり(愚カダ)と見てかく笑ひいますが、恥づかし」〈枕〉 参考 奈良時代は四段、平安時代初期から中期にかけては四段とサ変が混在し、平安中期以降はサ変へと活用の種類が変化した。

いますが・り【▲在すがり】自ラ変〔古語〕「あり」「居(を)り」の尊敬語。いらっしゃる。おいでになる。いますかり。いまそがり。「なにがしのぬしの蔵人(くらうど)にていますがりし時」〈大鏡〉

いまだ ◎ イ【▲未だ】副〔文章語〕まだ。「―十三歳」 ―▲曽(かつ)て 今までに一回も。「―ないこと」 参考 下に打ち消しの語がくる。

いまだいり【今内裏】名〔古語〕仮の皇居。仮御所。

いまだ・し【▲未だし】形シク〔古語〕❶まだその時期でない。じゅうぶんでない。「母に、いまだしきに言ふな」〈源氏〉❷未熟である。まだし。「契沖(けいちゅう)が万葉の説(とき)は、なほいまだしきことのみぞ多かりける」〈玉勝間〉

いまだに ◎【いまだに】【▲未だに】副 まだ。いまになっても。「―通知がない」↕すでに。

いまち-づき チ【居待(ち)月】(ゐまち)― 名 (月の出が遅く、すわって待つの意)陰暦十八日の夜の月。いまちの月。㊎秋 ↕立ち待ち月・寝待ち月。⇩月(図)。

いま-でき ◎【今出来】名 近ごろこしらえたもの。当世の作品。〈軽べつしていう語〉

いま-どうしん ド【今道心】名 (「道心」は仏を信じる心の意)仏道にはいったばかりの人。青道心。新発意(しんぼち)。

いま-どき ◎【今時】㊀ 名 このごろ。当世。「―の若い者」㊁ 副 今時分。今ごろ。「―気づいても遅い」

いまどしんじゅう《今戸心中》広津柳浪(りゅうろう)の小説。一八九六年に発表。作者の代表作。

いま-に イ【今に】副 ❶今になっても。いまだに。「―忘れられない」❷やがて。そのうちに。「―来るだろう」 ―も イ 副 すぐにも。まもなく。「―倒れそうな家」

いま-ふう ◎【今風】名 形動 現代式。当世ふう。今様(いまよう)。「―の建築」↕昔風。

いま-まいり【今参り】(まゐり)― 名〔古語〕新しくつとめについた人。新入り。新参(しんざん)。

いま-めかし・い【今めかしい】㊀ シ 形 (カロ・カッ・ク・イ・イ・ケレ・○)〔文章語〕現代ふうだ。**今めかしさ** 名 **いまめか・し** 文語シク ㊁ 形シク〔古語〕❶当世ふうですぐれている。「なかなか長きよりも(カエッテ長イ髪ヨリモコノホウガ)こよなういまめかしきものかな」〈源氏〉❷わざとらしい。

いま-め・く【今めく】自四〔古語〕現代ふうになる。当世ふうになる。「律の調べのなかなかいまめきたるを」〈源氏〉

いま-や イ【今や】副 ❶いまこそ。「―たつべき時だ」❷いまにも。待ちかまえているようす。「―落ちるかと」

いま-よう ◎【今様】名 ❶現代ふう。当世ふう。「これが―のやりかただ」❷今様歌。 ―歌(うた) ヨ 名 平安中期から鎌倉時代にかけて流行した歌謡。だいたい七五音の四句からなる。和讃(わさん)から起こったもの。

いまり-やき ◎【×伊▲万里焼】名 佐賀県で産する陶磁器。もと伊万里港から積みだした。有田焼・唐津(からつ)焼など。

いま-わ ◎【今▲際】(は)― 名 (「今はかぎり」の意)死にかかっていること。また、そのとき。臨終(りんじゅう)。「―のきわ」

いまわし・い シ【忌まわしい】(いまはし) 形 (カロ・カッ・ク・イ・イ・ケレ・○) ❶不吉だ。「―予感」❷いやだ。いとわしい。「―思い出」 **忌まわしげ** 形動 **忌まわしさ** 名 **いまは・し** 文語シク

いみ ミ【忌み】【▲斎】名 ❶いむこと。❷喪に服すること。喪中。❸物忌(ものいみ)。

い-み イ【意味】名 ❶言葉・身ぶり・記号などが表している

もの。「辞書で単語の―を調べる」❷ある表現や行為が意図するもの。表にはあらわれない事情やわけ。「彼が賛成した―がわからない」❸事柄や行動のもつ値打ち。意義。「歴史的な―をもつ事件」[参考]「意味」は良い場合にも悪い場合にも使うが、「意義」は良い場合に限られる。 **―合い** [0][ア] [名] 事情。わけ。 **―深** [0] [形動]〔俗語〕「意味深長」の略。「―なポーズ」 **―深長** [イ] [形動] 表だないところに、深い意味をふくんでいるようす。「―な目くばせ」[参考]「意味慎重」「意味深重」と書くのはあやまり。 **―する** [イ] [自他サ] ある事柄がある内容をさししめす。つげる。「この事件の―ものは何か」 **―付ける** [ケ] [他下一] 物事に価値や意義を与える。

いみ-あけ [0]【忌み明け】[名] 服喪の期間が終わること。きあけ。

いみ-きら・う [イ]【忌み嫌う】[他五] きらって、さける。「いみきらわれる病気」

いみ-ことば [コ]【忌(み)言葉】【忌▲詞】[名] その語の意味や連想がわるいために、使うのをさける語。また、それにかわって用いる語。「するめ」を「あたりめ」、「なし」を「ありの実」などという類。[参考] 手紙でさけることばには、次のようなものがある。くやみ状では「なおなお・重ね重ね・返す返す・またまた・ふたたび」、結婚の祝い状では「去る・帰る・もどる・出る・切れる・別れる」、新築開店の祝い状では「焼ける・燃える・倒れる・傾く」など。

いみ・じ [形シク]〔古語〕❶（善悪を問わず）程度がはなはだしい。大変だ。「いみじき絵師（スバラシイ絵カキ）」〈源氏〉「あないみじ。犬を蔵人ふたりしてうちたまふ」〈枕〉❷〈連用形「いみじく」「いみじう」のかたちで副詞的に用いて〉ひじょうに。たいそう。ひどく。「いみじく罵る者来」〈蜻蛉〉

いみじく-も [ジ] [副] うまくも。よくも。「―言ったものだ」

イミテーション [テ]〈imitation〉[名] ❶まね。模倣。❷模造品。にせもの。「真珠の―」

いみ-どの【▲斎殿】[名]〔古語〕神職が、けがれをきよめるためにこもる建物。斎館。さいでん。

いみ-な [0]【忌(み)名】【×諱】[名] ❶死後、その人をうやまってつけた称号。おくりな。❷死んだ人の生前の名。生前には口にすることをさけた。❸身分の高い人の実名。

い-みょう [0]【異名】[名] ❶本名のほかによばれる名。別名。あだな。❷動植物などで、正式の名のほかに、一般に通用している名称。 **―を取る** あだ名をつけられる。「水泳がうまいので、かっぱの―」

い-みん [0]【移民】[名] [自サ] 故国・故郷をはなれて他国・他郷にうつりすむこと。また、その人たち。

い-む [イ]【医務】[名] 医療に関すること。「―官」 **―室** [ム] [名] 学校や会社・官庁などで、病気やけがの診察・治療をするへや。衛生室。保健室。

い・む [イ]【忌む】【▲斎む】[他五] ❶つつしんでけがれをさける。「肉食を―」❷にくむ。きらう。「死を―」

いむけ-の-そで【射向の袖】[名]〔古語〕（弓を射るとき左側を敵に向けることから）よろいの左のそで。

いめ【▲夢】[名]〔古語〕ゆめ。

い-めい [0]【依命】[名]（官庁で）命令によること。「―通牒」

い-めい [0]【異名】[名] ➡いみょう。

い-めい [0]【遺命】[名]〔文章語〕死にぎわに言いつけること。また、その言いつけ。

イメージ [メ]/[イ]〈image〉[名] ❶心にえがいたり想像したりする形や姿。「―をふくらませる」❷ことばや事物にともなう印象やふんいき。「民主主義ということばのもつ明るい―」 **―アップ** [ア]〈image up〉[名] [自サ]（和製英語）評価が上がること。 **―キャラクター** [キャ]/[ラ]〈image character〉[名]（和製英語）催し物などのイメージを世間に広めるために作られたキャラクター。 **―ソング** [ソ]〈image song〉[名]（和製英語）企業やイベントの宣伝のためにつくられた歌。 **―ダウン** [ダ]〈image down〉[名] [自サ]（和製英語）評価が下がること。幻滅を感じさせること。 **―チェンジ** [チェ]〈image change〉[名] [自サ]（和製英語）見た目を変えることによって、印象をちがったものにすること。 **―トレーニング** [レ]〈image training〉[名] スポーツで、目標を達成した姿などをくりかえし想像し、前向きな精神状態にする訓練。

いも [モ]【芋】【×薯・×藷】[名] ❶植物の地下茎や根が発達して、でんぷんなどの養分をたくわえているもの。❷さつまいも・さといも・じゃがいもなどの総称。(秋) ❸（接頭語に使うことが多い）程度が低くて問題にならないこと・人。やぼったいこと・人。「―ざむらい」 **―の煮えたもご存じない** 何も知らない者、世間知らずの者をばかにしていう語。 **―を洗うよう** 多数の人で混雑しているようす。

いも [モ]【▲痘▲痕】[名] あばた。

いも【▲妹】[名]〔古語〕（男から女をしたしんでよぶ語）妻・恋人・妹など。↕せ。

いも-うと [ト]【妹】[名]（「いもひと」の変化）↕姉。❶年下の女きょうだい。❷夫、または妻の年下の女きょうだい。義妹。❸弟の妻。義妹。 **―分** [ト] [名] 妹としてあつかう関係。また、その女性。義妹。

いも-がしら [ガ]【芋頭】[名] さといもの根のうちで、一番大きいかたまりの部分。おやいも。(秋)

いも-がゆ [0]【芋がゆ】【芋×粥】[名] ❶やまいもに甘いし る（あまずら・あめ・みつなど）をまぜて煮たかゆ。❷さつまいもなどを入れたかゆ。(冬)

いも-がら [0]【芋がら】【芋▲幹】[名] さといものくき。また、それを干したもの。ずいき。(秋)

いも-ざし [0]【芋刺し】[名]（芋をくしでさし通すように）人をやりでつきさすこと。田楽ざし。

いも-せ【▲妹背】[名]〔古語〕（妹と背）❶（特に親しい間柄の）女と男。❷妻と夫。夫婦。❸妹と兄。姉と弟。

いもせやまおんなていきん《妹背山婦女庭訓》江戸時代中期の浄瑠璃。近松半二らの合作。王朝物。

いもち-びょう [0]【いもち病】【▲稲▲熱病】[名] いもち菌の寄生により、稲の葉や茎が変色し、発育を止める病気。低温・多湿の年に多く発生する。いもち。

いも-づる [0]【芋づる】【芋×蔓】[名] さつまいもなどのつる。 **―式** [0] [形動] つるをたぐるといもがつぎつぎにとれるように、一つの事からそれに関係する多くのものがつぎつぎにあらわれるようす。「犯人が―につかまる」

い-もの [0]【鋳物】[名] とかした金属を鋳型にながしこんで器物をつくること。また、その製品。 **―師** [ノ] [名] 鋳物をつくる職人。

いも-ばん [0]【芋版】[名] 輪切りにしたさつまいもなどに、字や図案をほりつけ、墨や絵の具を塗って紙におすもの。

いも-ほり [ホ]【芋掘り】[名] 芋を畑から掘り出すこと。(秋)

いも-むし [モ]【芋虫】[名] ちょう・がなどの幼虫で、毛のないもの。とくに、スズメガ科のがの幼虫。緑色で大きい。(秋)

いも-めいげつ [メ]【芋名月】[名]（芋をそなえることから）陰暦八月十五夜の月。中秋の名月。(秋) ↕栗名月。

い-もり [イ]【井守・×蠑×螈】[名] イモリ科の両生類。池・井戸などにすむ。背は黒茶色、腹は赤くて、黒いまだらがある。あかはら。(夏)

い-もん ⓪【慰問】名 他サ（不幸な人や苦労している人を）見舞ってなぐさめること。「病人を—する」

いや【▲礼】(ゐや) 名〔古語〕礼儀。うやまうこと。

いや [ヤ] ㊀ 形動【嫌】【×厭】❶受け入れたくない気持ちだ。欲しない。「一人で行くのは—だ」❷好ましくないようす。「—なやつ」「—な予感がする」 **嫌がる** 自五 **嫌さ** 名 ㊁ 感【いや】【▲否】❶相手に同意しないことをあらわす。「—、それはちがう」❷何かを言いかけてやめる、あるいは、打ち消す意をあらわす。「—、何でもない」「三つ、—四つください」❸〔かながき〕驚いたときなどに発する声。「—、まいったよ」「—、驚いたのなんの」❹〔かながき〕ものを言いはじめるときに発する声。「—、例の件だが」 **—が応(おう)でも** なにがなんでも。なんとしても。いやでもおうでも。「—これだけはやりぬくぞ」 **—というほど** もうたくさんだというほど。「—なぐられた」 **—も応(おう)もない** 不承知も承知も問題にしない。なにがなんでも行うようす。

いや ⓪【▲弥】副〔文章語〕いよいよ。いちだんと。「—さかえる」 **—が上(うえ)に** なおその上に。さらにますます。いやがうえにも。「—興をそえる」

いや 感〔古語〕❶驚きをあらわすことば。いやはや。やあ。❷よびかけのことば。やあ。おい。❸はやすときのことば。やあい。❹【▲否】打ち消しをあらわすことば。いいえ。いいや。「—、—、これまでは思ひも寄りさうず（ソコマデハ思イモヨリマセン）」〈平家〉

イヤー 造 …の年。特に、その年限りの特別な催し物が行われる際に用いる。「オリンピック—」

イヤーブック [ブ]〈yearbook〉名 毎年一回、定期的に刊行される出版物。年鑑。年報。

いや-いや ⓪【いやいや】【嫌嫌】㊀ 名 いやだという気持ちで首を横にふること。「—をする子」㊁ 副 いやだと思いながら。しかたなく。「—従う」

いや-いや [イ]【いやいや】【▲否▲否】感（「いや」の強め）いいえ、いいえ。

いやいや・し(ゐやゐやし) 形シク〔古語〕うやうやしい。礼儀正しい。「『…あなかしこ』と、（玉鬘(たまかずら)ハ源氏ヘノ返事ヲ）ゐやゐやしく書きなし給へり」〈源氏〉

いやおう-なし【▲否応無し】連語（不承知・承知を問題にしないこと）むりやり。「—に同意させる」

いやがらせ ⓪【嫌がらせ】名 人のいやがることをわざとしてこまらせること。また、その言動。「—を言う」「—をする」

いや-が・る [ガ]【嫌がる】自他五 いやだというようすを見せる。きらう。「子どもが散髪を—」

いや-き ⓪【嫌気】名 ➡いやけ。

い-やく [イ]【医薬】名 ❶病気をなおす薬品。「—品」❷医療と薬剤。医師と薬剤師。「—分業」 **—部外品**(ぶがいひん) ⓪ 名 法律に定められた薬効成分を含むが、人体に対する作用がおだやかなもの。制汗剤・育毛剤・薬用はみがきなど。

い-やく ⓪【意訳】名 自サ 一語一語を追わず、全体の意味・内容に重きをおいて翻訳すること。↕直訳・逐語訳(ちくごやく)。

い-やく ⓪【違約】名 他サ 約束をちがえること。約束にそむくこと。 **—金**(きん) ⓪ 名 取り引きなどの約束をやぶったとき、そのつぐないに相手に支払うかね。

いや-け ⓪【嫌気】名 いやに思う気持ち。いやき。「すっかり—がさす」

いや-さ [イ]【いやさ】【▲否さ】感（「いや」の強め）いいや。いや。いいえ。「—、それはちがう」

いや-さか ⓪/[ヤ]【▲弥栄】名 ますますさかえること。「会社の—を祈る」

いやし ⓪【癒やし】名 傷ついた心をやわらげ、そのなぐさめとなること。「—の効果をもつ音楽」

いやし・い [シ]【卑しい】【×賤しい】形 ❶身分・地位が低い。❷みすぼらしい。そまつである。「—身なり」❸下品だ。げびている。「ことばが—」❹欲望をあらわにして、さもしい。がつがつしている。「食い物に—」❺心がきたない。卑怯(ひきょう)である。「—計画」 **卑しげ** 形動 **卑しさ** 名 **いや・し** 文語シク

いやしく-も [ヤ]【いやしくも】【×苟も】副 かりそめにも。かりにも。「—男子ならば」 **—せず**〔文章語〕物ごとをいいかげんにしない。きちんとていねいにする。「一言一句—」

いやし・む [シ]【卑しむ】他五 いやしめる。

いやし・める [メ]【卑しめる】他下一 見くだし、ばかにする。さげすむ。あなどる。 **いやし・む** 文語下二

いやしん-ぼう ⓪【卑しん坊】名〔俗語〕食べ物をやたらにほしがる人。くいしんぼう。

いや・す [ヤ]【癒やす】他五 体や心の痛みをなおし、足りないものをおぎなう。「傷を—」「渇きを—」「飢えを—」「心労を—」 **いやせる** 自下一〔…できる〕

いや-ち ⓪【いや地】【×厭地・▲忌地】名 同じ作物を同じ土地につづけて作ったために、できがわるくなる現象。

いやちこ ⓪ 形動〔文章語〕神仏の、ごりやくのいちじるしいようす。あらたか。「霊験—な神」

いや-でも [ヤ]【いやでも】【▲否でも】副 どうしても。ぜがひでも。「—耳に入る」 **—応(おう)でも**（受けいれても、受けいれなくても）ぜひとも。どうしても。「—やり通す」

いやな・し【▲礼無し】(ゐやなし) 形ク〔古語〕無礼である。失礼である。「これまつろはず（コノ二人ハ朝廷ニ服従セズ）いやなき人どもなり」〈古事記〉

いや-に [ヤ] 副 妙に。へんに。ばかに。「—はしゃぐね」

いや-はや [イ] 感 おどろいたり、あきれたりするときのことば。いや、まったく。「—まいった」

イヤホ(ー)ン [ヤ]/[ホ]〈earphone〉名 耳に当て、または、さしこんでラジオや音響機器などの音声を聞く道具。

いや-まさ・る [サ]【いや増さる】【▲弥増さる】自五〔文章語〕いっそう多くなる。ますます増さる。いやます。「—暑さ」

いや-ま・す ⓪【いや増す】【▲弥増す】自五〔文章語〕いやまさる。

いや-み [ミ]【嫌み】【嫌味】㊀ 形動 人を不愉快にすること・態度。いやらしいようす。「—なやつ」㊁ 名 いやがらせのことば。「—を言う」

いやみたらし・い [シ]【嫌みたらしい】形 相手の言動に感じられる不快なようす。

いや-やか(ゐやゐやか) なり形動〔古語〕礼儀正しいようす。うやうやしいさま。「（宿トシテ泊マッタ）家の人の出で入り憎げならず（立居振舞ハ感ジガヨクテ）—なり」〈土佐〉

いやらし・い [シ]【嫌らしい】形 ❶いやな感じで不愉快だ。❷態度がひきょうで不愉快だ。「おべっかをつかう—やつ」❸下品で不愉快だ。みだらで感じがわるい。「—目つき」 **嫌らしさ** 名

イヤリング [イ]〈earring〉名 耳輪。耳かざり。

い-ゆう ⓪【畏友】名 ❶尊敬している友人。❷友人を尊敬していう語。「—山下君」

いよ《伊予》昔の南海道の国の一つ。今の愛媛県。予州。

いよ-いよ [ヨ]【いよいよ】【×愈×愈】副 ❶ますます。いっそう。「—はげしく降る」❷たしかに。「—あいつがあやしい」❸とうとう。ついに。「資金が—なくなった」❹さあこれから。今や。「—試合がはじまる」

い-よう ⓪【威容・偉容】名 威厳のある、りっぱなすがた・

ありさま。「―をほこる」

い-よう[0]【異様】[形動] ダロ・ダッ・デ・ニ／ダナ・ナラ・○ ようすがへんなこと。「―なかっこう」

い-よく[イ]【意欲】【意×慾】[名] あることをしようと思う積極的な意志。「学問をしようという―」 **―的**てき[0][形動] 意欲にみちているようす。

いよ-よ[副]〔古語〕いよいよ。ますます。いっそう。「世の中は空しきものと知る時しいよよますます悲しかりけり」〈万葉〉

い-らい[0]【依頼】[名][他サ] ❶人にたのむこと。「調査を―する」❷人にたよること。「―心」

い-らい[イ]【以来】[副] ❶それからこのかた。ひきつづきずっと。それから今まで。[参考]「一昨年以来」は、一昨年をふくむ。❷以後。今後。「―気をつけます」

いら-いら[イ]【▲苛▲苛】[副][自サ] ❶神経がとがり、気がおちつかず、じりじりするようす。「―して返事を待つ」❷とげなどが皮膚にさわる感じ。ちくちく。

いら・う【▲応ふ】いらふ [自下二]〔古語〕こたえる。返事する。「二人の子は情けなくいらへてやみぬ」〈伊勢〉

いらえ【▲答へ・▲応へ】いらへ [名]〔古語〕こたえ。返事。返答。

いらか[0]【×甍】[名]〔文章語〕❶屋根のかわら。とくに、むねがわら。❷かわらぶきのやね。「―の波」

イラク《Iraq》西アジアの共和国。首都はバグダッド。

いら-くさ[0]【▲刺草・×蕁▲麻】[名] イラクサ科の多年生植物。夏・秋のころ、緑白色の小さな花が咲く。茎・葉にとげがあり、蟻酸ぎさんを含み、ふれると痛い。茎の皮から繊維をとる。

イラスト[0][名]「イラストレーション」の略。

イラストレーション[レ]《illustration》[名] 書物や広告に使われるさし絵や説明図。イラスト。 **―マップ**[マ]《illustration map》[名] 建物・風景・産物などを絵でかきこんだ地図。ガイドブックや児童向け図書などに多い。絵地図。

イラストレーター[レ]《illustrator》[名] 書物のさし絵をかいたり、広告に使う写真・図面などをつくったりする人。さし絵画家。

いらせ-ら・れる[レ][自下一] レ・レ・レル・レル・レレ・レロ・レヨ〔文章語〕〔動詞「入る」+文語の助動詞「す」「らる」から〕いらっしゃる。尊敬の度がきわめて高い言い方。 **いらせら・る**[文語下二]

いらだたし・い[シ]【▲苛立たしい】[形] カロ・カッ・ク・イ・イ・ケレ・○ あせっていらいらする感じである。「―気持ち」 **いらだたしげ**[形動] **いらだたしさ**[名] **いらだた・し**[文語シク]

いらだ・つ[ダ]【▲苛立つ】[自五] タ・ト・チ・ッ・ツ・ツ・テ・テ 思いどおりにことがはこばなくて、おちつきを失う。「神経が―」 **いらだち**[名]

いら-だ・てる[テ]【▲苛立てる】[他下一] テ・テ・テル・テル・テレ・テロ・テヨ いらいらさせる。じりじりさせる。「神経を―」 **いらだ・つ**[文語下二]

いら-つ・く[0]【▲苛つく】[自五] カ・コ・キ・イ・ク・ク・ケ・ケ 思うようにならずいらいらする。いらだつ。 **いらつき**[名]

いら-つ-こ【▲郎子】[名]〔古語〕若い男をしたしんでいう語。↕いらつめ。

いらっしゃい[シャ][あいさつ]〔「いらっしゃいませ」の略〕❶おいでください。客を呼び入れる時などのあいさつ。❷よくいらっしゃいました。歓迎のあいさつ。❸⬇いらっしゃる❷。

いらっしゃ・る[シャ][自五] ラ・リ・イ・ッ・ル・ル・レ・イ〔「いらせられる」の変化〕❶「いる・ある・来る・行く」などの動作の主体を立てた言い方(尊敬語)。「先生はお宅にいらっしゃいます」「いつアメリカに―のですか」❷(命令形で)「来なさい」の意味の親愛の意味をこめた言い方。「こちらへいらっしゃい」[参考]命令形の「いらっしゃい」は、目上には使えない。「いらっしゃいませ」と言う。「お変わりいらっしゃいませんか」のような使い方はあやまり。「お変わりございませんか」が一般的。「た」や「て」につづく場合は、「いらした(て)」という形でも使われる。

いらっ-と[ラ]【▲苛っと】[副][自サ]〔俗語〕瞬間的にいらいらするようす。「無神経な発言に―来た」

いら-つ-め【▲郎女】[名]〔古語〕若い女をしたしんでいう語。↕いらつこ。

いら-な・し[形ク]〔古語〕❶(程度が)はなはだしい。大げさだ。「いらなくなむ、泣きあはれがりける」〈大和〉❷苦痛だ。苦しい。❸(物の状態などが)強い。鋭い。「いらなき太刀をみがき」〈宇治拾遺〉

いら-ぬ[連語] 必要のない。よけいな。「―お世話だ」

いら・ら・ぐ【▲苛らぐ】〔古語〕㊀[自四] ❶かどだつ。かどばる。「こはごはしう(ゴワゴワトシテ)いららぎきったる物ども着給へるしも」〈源氏〉❷(寒さで)鳥はだがたつ。「寒げに、いららぎたる顔して」〈源氏〉㊁[他下二] かどだたせる。

イラン《Iran》西アジアのイスラム共和国。首都はテヘラン。正式国名はイラン・イスラム共和国。旧名ペルシャ。

いり[0]【入り】[名] ❶中にはいること。「客の―がわるい」❷日・月が没すること。↕出で。❸ある分量がはいっていること。また、その分量。「一リットル―の水筒」❹収入。みいり。「―が少ない」↕出で。❺出費。かかり。「―がかさむ」❻ある季節・時期にはいること。「土用の―」↕明け。

いり-あい[0]【入(り)会い】あひ [名] ある地域の住民が一定の公有や私有の山林・原野などに立ち入り、それを共同利用して、収益をあげること。「―権」[参考]「入会権」「入会原野」などの場合は、送りがなをはぶいてもよい。

いり-あい[0]【入相】あひ [名] ❶ゆうぐれ。くれがた。❷入相のかね。 **―の鐘**かね ゆうぐれに寺でつく鐘。また、その音。晩鐘ばんしょう。いりあい。

いり-うみ[0]【入(り)海】[名] 陸地に入りこんだ海・湖。湾。いりえ。

いり-え[0]【入(り)江】[名] いりうみ。

いり-がた[0]【入(り)方】[名] 日・月などが没しようとするころ。「日の―の空」

いり-かわり[0]【入(り)替(わ)り】かはり [名] ⬇いれかわり。 **―立**たち**ち替**かわり[0][副] ⬇いれかわりたちかわり。

いり-ぐち[0]【入(り)口】[名] ❶建物・乗り物などのはいるところ。はいりぐち。戸口。↕出口。❷物事のはじめ。「事業はまだ―だ」‖いりくち。

いり-く・む[ク]【入(り)組む】[自五] マ・モ・ミ・ン・ム・ム・メ・メ 物事が複雑にこみいる。「話が入り組んでわかりにくい」

いり-こ[0]【煎り粉】【×炒粉】[名] 米のこなをいったもの。菓子の材料。

いり-こ[0]【×熬子・×炒子】[名] 煮干し。[参考]主に西日本で言う。

いり-こ・む[コ]【入(り)込む】[自五] マ・モ・ミ・ン・ム・ム・メ・メ ❶押し分けてはいりこむ。「満員の車中に―」❷潜入する。「スパイが―」❸こみいる。いりくむ。「入り込んだ問題」

イリジウム[ジ]《iridium》[名] 銀白色の白金族元素。記号Ir 原子番号77 原子量192.217 酸に溶けにくく、白金との合金にして理化学器械などに使う。

いり-しお[0]【入(り)潮】しほ [名] ❶みちしお。❷引きしお。干潮。↕出潮でしお。

いり-た・つ【入り立つ】[自四]〔古語〕❶立ち入る。はいりこむ。「京きゃうにいりたちて、うれし」〈土佐〉❷親しくつきあう。親しく出入りする。「山の井の大納言は、いりたたぬ御兄人せうとにて」〈枕〉❸物事に深く通じる。「何事も、いりたたぬさ

ましたるぞよき」〈徒然〉

いり‐たまご タ【いり卵】【×炒玉子】名 鶏卵をいって味つけした食べ物。

いり‐つ‐ける ケ【×炒り付ける】他下一（ケ・ケ・ケル・ケル・ケレ・ケロ・ケヨ）火にかけていり、水気をなくする。

いり‐どうふ ド【いり豆腐】【×炒豆腐】名 しょうゆ・さとうなどで味をつけながらいりつけた豆腐の料理。

いり‐ひ ⓪【入(り)日】名 しずもうとしている太陽。落日。

いり‐びた‐る タ【入(り)浸る】自五（ラ・ロ・リ・ッ・ル・ル・レ・レ）よその家・場所に居つづける。または、ひんぱんに出入りする。「パチンコ屋に―」 **入り浸り** 名

いり‐ふね ⓪【入(り)船】名 港へはいる船。↔出船(でふね)。

いり‐ぼし ⓪【いり干し】【×熬▲乾・×炒干】名 小いわしをゆでて干したもの。いりこ。にぼし。

いり‐まじ‐る ジ【入(り)交(混)じる】自五（ラ・ロ・リ・ッ・ル・ル・レ・レ）さまざまなものがまじりあう。

いり‐まめ リ【煎(り)豆】【×炒豆】名 いっただいず。豆いり。 **―に花(はな)が咲(さ)く** あり得ないことがおこる。

いり‐みだ‐れる レ【入(り)乱れる】自下一（レ・レ・レル・レル・レレ・レロ・レヨ）さまざまなものがまじりあって区別がつかなくなる。「敵・味方―」 **いりみだ‐る** 文語下二

いり‐むこ ⓪【入(り)婿】名 娘のある家にはいって婿となり、家をつぐこと。また、その人。婿養子。

いり‐め ⓪【入(り)目】名 出費。かかり。「―がかさむ」

いり‐も‐む【いり×揉む】古語 ㊀自四 ❶激しくもみ合う。荒れくるう。「いりもみつる風の騒ぎに」〈源氏〉 ❷いらだつ。気をもむ。「妻(め)にせばやといりもみ思ひければ」〈宇治拾遺〉 ㊁他四 ぜひにと願う。「仏をいりもみ奉る」〈栄華〉

いり‐もや ⓪【入▲母屋】名 上方が切妻(きりづま)となり、下方が四方にひさしのように出ている屋根。⇩屋根❶(図)。 **―造(づく)り** ヅ 名 和様建築の一つで、入りもやにした家の造りかた。社寺・宮殿に多い。

い‐りゅう ⓪【慰留】名 他サ なだめて辞職などを思いとどまらせること。

い‐りゅう ⓪【遺留】名 他サ ❶死後にのこしておくこと。❷置きわすれること。 **―品(ひん)** ⓪ 名 置きわすれた品物。 **―分(ぶん)** リュ/⓪ 名 死者がのこした財産のうち、相続人に当然分与される、法律で定めた最低量。

いりゅう‐ぎり リュ【移流霧】名 暖かく湿った空気が冷たい海面を吹きわたるときにできる霧。

イリュージョン リュ〈illusion〉名 まぼろし。幻影。幻覚。

い‐りょう イ【衣料】名 着るもの。衣服。また、衣服の材料。衣料品。

い‐りょう イ【衣糧】名 衣服と食糧。

い‐りょう イ【医療】名 医術で病気をなおすこと。治療。

いり‐よう ⓪【入り用】名 形動 ❶いること。必要なこと。にゅうよう。「―な品をそろえる」 ❷必要な費用。

い‐りょく イ【威力】名 他を服従させる強い力。「―を発揮する」

い‐りょく イ【偉力】名 強く偉大な力。

い‐りょく イ【意力】名 精神力。意志の力。

い‐る ⓪【入る】自五（ラ・ロ・リ・ッ・ル・ル・レ・レ）❶外から中にうつる。はいる。「日が山に―」 参考「いる」は「はいる」の改まった、あるいは古風な言い方としてしか使われない。「佳境に入(い)る」「堂に入(い)る」「悦に入(い)る」「気に入(い)る」など慣用句的な使い方が多い。❷〔動詞の連用形について〕㋐心からあることをする意味をあらわす。「頼み―」「恐れ―」 ㋑すっかりある状態になる意味をあらわす。「寝―」「聞き―」

い‐る ⓪【要る】自五（ラ・ロ・リ・ッ・ル・ル・レ・＊）それがないとこまる。ぜひともほしい。必要である。「現金が―」「人手が―」「役所の許可が―」

い‐る イ【×炒る】他五（ラ・ロ・リ・ッ・ル・ル・レ・レ）❶火にかけて動かしながら水分がなくなるまで熱する。「豆腐を―」 ❷【煎る】粒状の食品を火にかけ、動かしながらあぶってこがす。「豆を―」

いる ⓪【いる・居る】(ゐる) 自上一（イ・イ・イル・イル・イレ・イロ・イヨ）❶人や動物が、ある場所・状態にある。存在する。おる。「子どもが―」「犬が―」 ❷居住する。滞在する。住む。「この町に十年―」 ❸在宅する。「父は今出張でいない」 ❹すわる。「居ても立ってもいられない」 ❺〔かながき〕〔「…ている」「…でいる」の形で〕㋐動作・作用の進行をあらわす。「鳥が鳴いて―」「病気が進んで―」 ㋑動作の結果の存続・持続をあらわす。「窓があいて―」「花が咲いて―」 ㋒現在の状態をあらわす。「くねくねと曲がって―道」「妹は母に似て―」 ❻古語 すわる。すわっている。↔立つ。「かく立てるは何(な)ぞ、居(ゐ)はべれ」〈落窪〉 ❼古語 (鳥などが)止まっている。「鳥ども居(ゐ)などしたるも、心にしみて」〈蜻蛉〉 ❽古語 (風などが)やむ。静かになる。「立てば立つ居(ゐ)ればまた居る吹く風と波とは思ふどちに(気ノ合ウ者ドウシ)やあるらむ」〈土佐〉 ❾古語 水草などが生えている。「池などある所も、水草居(ゐ)」〈枕〉 ❿古語 氷が張る。「つらら居(ゐ)し細谷川のとけゆくは」〈金葉〉 参考 一般に存在を表す場合、生物は「いる」、無生物は「ある」を用いる。ただし、所有の意味が強いときは、生物でも、「こどもが三人ある」のようにいうこともある。❺の㋒は、「曲がった道」ともいう。話しことばでは「…て(で)いる」は「…て(で)る」という形になることも多い。

いる イ【射る】他上一（イ・イ・イル・イル・イレ・イロ・イヨ）❶矢をつがえてはなつ。❷ねらって矢や弾丸をあてる。「的を―」 ❸鋭い視線をそそぐ。「人を―眼光」

いる イ【鋳る】他上一 とかした金属を鋳型に流しこんで器物をつくる。

いる【▲率る】(ゐる) 他上一 古語 ❶ひきいる。ひきつれる。「さらば御供にはゐて行かじ」〈竹取〉 ❷身につける。「(三種ノ神器ヲ)しのびてゐてわたらせたまふ」〈増鏡〉

い‐るい イ【衣類】名 着るものの総称。衣服類。

い‐るい ⓪/イ【異類】名 文章語 ❶人間以外の動物。化け物・鳥獣など。❷種類のちがうこと。また、そのもの。

いるか ⓪【▲海▲豚】名 クジラ目の哺乳(ほにゅう)類のうち、体長五、六㍍以下の歯クジラ類の総称。種類が多く、ふつうは口先が長くとがっている。知能が高く、芸をしこむことができる。㊇

いる‐さ【入るさ】名 古語 はいる方角・時。いりがた。「里わかぬかげ(月ノ光)をば見れどゆく月のいるさの山(歌枕「入佐(いるさ)の山」ニ掛ケル)をたれかたづぬる」〈源氏〉 参考 歌枕の「入佐山(いるさやま)」と掛けて使われることが多い。 **―の月(つき)** 古語 没しようとしている月。いりがたの月。㊙

い‐るす ⓪【居留守】(ゐ) 名 家にいるのに、いないとうそをつくこと。「―をつかう」

イルミネーション ネ〈illumination〉名 たくさんの電灯やネオンによる建物・電車・船などのかざり。電飾。

いれ‐あ‐げる ゲ【入(れ)揚げる】他下一（ゲ・ゲ・ゲル・ゲル・ゲレ・ゲロ・ゲヨ）好きになった人や道楽のためにたくさんの金をつぎこむ。「ひいきの歌手に―」「競輪に―」 **いれあ‐ぐ** 文語下二

い‐れい ⓪【威令】名 威力のある命令。

い‐れい ⓪【異例】名 前例のない、めずらしいこと。「―の出世」

い‐れい ⓪【違例】名 ❶いつもとちがうこと。❷文章語 貴人の病気。不例。

いれい [0]【慰霊】[名] 死んだ人や動物の霊をなぐさめること。「—祭」

いれ-か・える [エ/カ]【入(れ)替(換)える】[他下一] ❶前にものがあったところにほかのものをうつす。「たんすの夏物を秋物に—」「閣僚の半数を—」「心を—」❷二つのものの位置・順序を逆にする。「一軍と二軍の監督を—」「コンクールの出番を—」 **入れかえ** [名] **いれか・ふ** [文語ハ下二]

いれ-かわり [0]【入(れ)替(わ)り】[名] 前のものとかわること。「医院と—にコンビニが建つ」 **—立ち替わり** 次から次へとひっきりなしに人が来ては帰るようす。入り替わり立ち替わり。

いれ-かわ・る [ワ]【入(れ)替(わ)る】[自五] ❶今まであったところにほかの人・物がはいる。「隣室のマンションの住人が—」❷二つのものの位置・順序が反対になる。「新番付で東西の横綱が—」 **入れ替われる** [自下一]〔…できる〕

イレギュラー [レ]〈irregular〉[名][形動] 不規則。変則。↕レギュラー。 **—バウンド** [バ]〈irregular bound〉[名]〈和製英語〉野球・テニスなどで、地上に落ちたボールが思わぬ方向にはずむこと。

いれ-ぐい [0]【入れ食い】[名] 釣りで、水中に糸を垂らすと、すぐにつぎつぎと釣れること。

いれ-げ [0]【入(れ)毛】[名] 髪をゆうとき、別に入れる毛。そえ毛。

いれ-こ [0]【入(れ)子】[名] ❶同じ形で小さいものから順に、大きなものの中にいくつも重ねて入れるようにしたもの。「—細工」❷船の、艪杭(ろぐい)のあたまを入れる穴。

いれ-こみ [0]【入(れ)込み】[名] 料理屋などで、別々に来た客を順に一つの部屋に入れること。

いれ-こ・む [コ]【入(れ)込む】㊀[他五] 無理に中におしこむ。㊁[自五] ❶ひとつのことに夢中になる。「ゴルフに—」❷競走馬が興奮する。

いれ-ずみ [0]【入(れ)墨】【文身・刺青】[名] ❶皮膚に傷をつけ、すみや朱などの顔料で、しるしや模様をつけること。また、その模様。ほりもの。❷江戸時代の刑罰の一つ。顔や手に墨汁を入れて前科のあるしるしとしたもの。

いれ-ぢえ [0]【入(れ)知恵】【入智慧】[名] 人にちえをつけてやること。また、そのちえ。「誰かの—だろう」

いれ-ちが・う [ガ]【入(れ)違う】㊀[自五] 一方がはいり、他方が出る。かけちがう。いきちがう。 **入れ違い** [名] ㊁[他五] まちがって、ちがう所にちがう物を入れる。

いれ-ば [0]【入(れ)歯】[名] 抜けた歯や抜いた歯のあとへ人造の歯を入れること。また、その人造の歯。義歯。

いれ-ふだ [0]【入(れ)札】[名] ❶入札(にゅうさつ)。❷投票。

イレブン [レ]〈eleven〉[名] サッカーのチーム、十一人一組の呼び方。

いれ-ぼくろ [ボ]【入れぼくろ】【入黒子】[名] 墨でかいたり、はりつけたりするほくろ。つけぼくろ。

いれ-め [0]【入(れ)目】[名] 人工の眼球。義眼。

いれ-もの [0]【入(れ)物】【容物】[名] 物を入れるためのうつわ。容器。

い・れる [0]【入れる】[他下一] ❶外から中に移動させる。↕出す。㋐特定の場所に位置をうつす。「植木鉢を部屋に—」「コンピューターにデータを—」㋑ものの一部分を中につっこむ。「ポケットに手を—」❷ある環境や組織に身をおかせる。「長男を大学に—」❸ほかのものと合わせて一つにする。「だしにみりんを—」❹自分のそばにあるようにする。「品物を手に—」「植木屋を—」❺【容れる】相手の意見をみとめて従う。「要求を—」「進言を—」❻先方にとどくようにする。「家に食費を—」「うわさを耳に—」❼心からとりくむ構えをつくる。「力を—」「身を—」❽あるものを道具として手を加える。「メスを—」「筆を—」❾動く状態にする。つける。「スイッチを—」❿【淹れる】飲み物をのめる状態にする。「コーヒーを—」 [参考]「部下の要求を受け入れる」「会場に車を乗り入れる」など、複合動詞の後部分につくと、積極的にあることを行う意味を表すことが多い。 **い・る** [文語下二]

いろ [2]【色】[名] ❶視覚のうち、光の波長のちがいによって区別される感覚。㋐赤・青・黄などのさまざまの感じ。色あい。カラー。「七—の虹」㋑人のはだの、見た感じ。「—の白い人」㋒彩色。色どり。「—の鮮かな絵」❷表に現れて感じを与えるもの。㋐そのものが来ようとするようす。けはい。きざし。「秋の—」「敗戦の—が濃い」㋑内部の状態が反映されて、表面や外部に現れるもの。表情。ようす。「顔—が悪い」「衰えの—」「あきらめの—」❸声・音などの調子・ひびき。「声(こわ)—」「音(ね)—」❹さまざまに分けられることがら。種類。「—分け」「幾—にも分けられる」❺色情に関すること。㋐美しい顔かたち。「—に迷う」㋑情事。「—を好む」㋒恋人。情人。 **—取り取り** [リ] [名] さまざまな色がそろっているようす。「—の花束」 **—の白(しろ)いは七難(しちなん)隠(かく)す** 色の白い女性は顔かたちの欠点が少しあっても目だたないということ。 **—を失(うしな)う** おどろき・恐れなどのため、かおいろが青くなる。 **—を付(つ)ける** 相手に多少の利益をあたえる。 **—をなす** おこって顔色をかえる。

いろ-あい [0]【色合(い)】[名] 色彩のぐあい。色調。

いろ-あげ [ゲ/ア]【色揚(げ)】[名] ❶そめものの色のそめあがり。❷古い布をそめなおしてきれいにすること。

いろ-あ・せる [セ]【色あせる】【色褪せる】[自下一] ❶もとの色がうすくなる。「色あせたブラウス」❷新鮮さがなくなる。以前の魅力がなくなる。「色あせた思い出」

いろ-いろ [0]【いろいろ・色色】(と)[副][形動(の)]〈さまざまの色の意から〉種類が多いようす。数がたくさんあるようす。さまざま。種種。「—言いたいことがある」「庭に—な鳥が来る」 [参考]「いろいろ」は意味が広く、「いろいろ買い物をする」のように、量の多さに重点がある言い方は、「さまざま」「種種」に言い換えられない。用言に続く場合は、「いろいろ」「いろいろと」の両方があるが、「いろいろに」という言い方は、あまり使わない。「虫のいろいろ」のような名詞的な使い方をすることもある。

い-ろう [0]【胃瘻】[名]〔医〕口から飲食するのが難しい場合に、手術によって腹部外側から管を入れ、胃に栄養や水分を送りこむ方法。

い-ろう [0]【遺漏】[名] もれたり、おちたりすること。ておち。てぬかり。脱漏。「—のないように」

い-ろう [0]【慰労】[名][他サ] 労をねぎらうこと。ほねおりをなぐさめいたわること。「従業員—のため本日休業」

いろ-え [0]【色絵】[名] ❶絵の具で色をつけた絵。❷一度うわぐすりをかけて焼いた陶磁器にかく絵。

いろ-え【兄】[名][古語] 同じ母から生まれた兄。

いろ-えんぴつ [エ]【色鉛筆】[名] 芯に顔料をまぜて色をつけたえんぴつ。

いろ-おとこ [オ]【色男】[名] ❶きれいな男。美男子。❷愛人である男。いろ。

いろ-おんな [オ]【色女】[名] ❶きれいな女。美人。❷愛人である女。いろ。

いろ-か [2]【色香】[名] ❶色とにおい。「花の—」❷女のあでやかな顔や姿。「—に迷う」

いろがみ ⓪【色紙】名 種々の色に染めた紙。折り紙などに使う。

いろがわり [ガ]【色変(わ)り】(がはり) ㊀名自サ もとの色がかわること。色のかわったもの。変色。㊁名 ❶形・図案が同じで、色のちがうこと。色違い。❷種類のかわること。種類のかわったもの。風変り。「仲間の中の—」

いろくず【×鱗】(くづ) 名〔古語〕❶魚のうろこ。いろこ。❷魚類。‖うろくず。

いろぐろ ⓪【色黒】名形動 はだの色が黒いこと。↔色白。

いろけ [ケ]【色気】名 ❶いろあい。「模様の—がいい」❷人をひきつける性的な魅力。「—のある人」❸いろっぽい気分。好色の心。色情。❹あいそう。あいきょう。ふぜい。「—のないあいさつ」❺おんなっけ。「—のない席」❻関心。野心。「その事業に—をみせる」

いろけし ⓪【色消し】名 おもしろみがなくなること。やぼ。つやけし。

いろこい ⓪【色恋】(こひ) 名 たがいに相手を恋いしたう心。恋愛。「—沙汰(ざた)」

いろごと ⓪【色事】名 ❶恋愛ごと。情事。❷しばいで演じる男女間のなまめかしい愛情のしぐさ。ぬれごと。**—師**(し) [ト]名 ❶色事を演じる役者。ぬれごとし。❷色事にふける男。女をくどくことのうまい男。

いろごのみ [ゴ]【色好み】名 情事を好むこと。また、その人。好色。

いろざと ⓪【色里】名 ➡いろまち。

いろじかけ [ジ]【色仕掛(け)】名 色情を利用して異性をまどわしたりだましたりすること。「—でかねをまきあげる」

いろじろ ⓪【色白】名形動 はだの色が白いこと。「—の美人」↔色黒。

いろずり ⓪【色刷(り)】名 彩色した印刷・印刷物。

いろせ【▲兄】名〔古語〕同じ母から生まれた兄、または弟。

いろちがい [チ]【色違い】(ちがひ) 名 型や寸法が同じで、色だけ違うこと。また、そのもの。色変わり。「—のセーター」

いろづく [ツ]【色づく】自五 (カ・コ|キ・イ|ク|ク|ケ|ケ) ❶葉・果実の色がついてくる。「色づいた柿」❷いろけが出てくる。

いろっぽい [ポ]【色っぽい】形 (カロ|カッ・ク|イ|イ|ケレ|○) なまめかしい。色けがある。**色っぽさ** 名

いろつや ⓪【色艶】名 ❶顔色や肌のつや。「—がいい」❷おもしろみ。興趣。「—のある話」

いろと【▲弟】名〔古語〕同じ母から生まれた弟、または妹。

いろどり ⓪[リ]【彩り】名 ❶色をつけること。彩色。❷色の配合。配色。❸いろいろとり合わせて、おもしろみや美しさをそえるもの。「会に—をそえる」「—ゆたかな食卓」

いろどる [ド]【彩る】他五 (ラ・ロ|リ・ッ|ル|ル|レ|レ) ❶色をつける。彩色する。❷顔に化粧をする。❸いろいろの色で美しくかざる。**彩れる** 自下一〔…できる〕

いろなおし [ナ]【色直し】(なほし) 名 ❶(多く「お色直し」の形で)結婚式のあとの披露宴(ひろうえん)で、新郎・新婦が式服から別の服にきかえること。❷そめなおし。

イロニー [イ]〈ドIronie〉名 ➡アイロニー。

いろは ⓪【×伊呂波】名 ❶いろは歌で表されるかなの四十七字。〔終わりに「ん」を加えることもある〕❷いろはうた。❸物ごとの初歩。ABC。「登山の—」

いろは【▲母】名〔古語〕はは。生母。

いろはうた [ハ]【いろは歌】名 「いろは」ではじまる、すべて異なるひらがな四十七字からつくられた、七五調の歌。涅槃(ねはん)経の一節を和訳したものとされる。手習いの手本として使われた。参考「色はにほへど散りぬるを、わが世たれぞつねならむ、うゐの奥山けふこえて、浅き夢見じゑひもせず」の四十七字の歌。

いろはガルタ [ガ]【いろはガルタ】【いろは歌留多】名 いろは四十七字に「京」を加えた四十八字のそれぞれをかしら文字にしたことわざを、一枚ごとに書いた読み札と、それに当たる絵札とから成るカルタ。㊊新年

いろまち ⓪【色町】名 芸者屋・遊女屋などの集まっている場所。遊里。いろざと。はなまち。

いろめ ⓪【色目】名 ❶いろあい。色ぐあい。「美しい—」❷異性に対して関心のありそうな、なまめかしい目つき。ながし目。秋波(しゅうは)。「—を使う」

いろめがね [ヌ]【色眼鏡】名 ❶ガラスに色のついためがね。サングラスなど。変装用や紫外線よけ。❷先入観や偏見によるかたよったみかた。「—で見る」

いろめきたつ [タ]【色めき立つ】自五 (タ・ト|チ・ッ|ツ|ツ|テ|テ|○) 緊張して活気があふれる。「有罪判決に—」

いろめく【色めく】㊀[ヌ] 自五 (カ・コ|キ・イ|ク|ク|ケ|ケ) ❶なまめかしくなる。いろっぽくなる。❷はなやかな色が出てくる。❸活気づく。「春のおとずれに—」❹ぐらつく。動揺する。「敗報に—」㊁自四〔古語〕❶美しく色づく。「少しいろめけ梅の初花」〈源氏〉❷色好みのように思える。なまめかしく見える。「色めきたる方(方面)は、添ひたる(似合ッテイル)人ぞかし」〈源氏〉❸動揺や緊張が見える。「いろめきたる気色に見えけるあひだ」〈太平記〉

いろも【▲妹】名〔古語〕同じ母から生まれた妹。

いろもの ⓪【色物】名 ❶いろどりした織物・紙。柄物(がらもの)。❷寄席で、講談・落語に対して、音曲・曲芸・奇術など。参考 明治期までは、落語(落としばなし)も色物あつかいされた。

いろもよう [モ]【色模様】名 ❶色彩の美しい絵柄(えがら)。美しい染めの柄。❷歌舞伎(かぶき)などで恋愛を描写した場面。

いろやけ ⓪【色焼け】名自サ ❶はだが日焼けして黒茶色になること。❷衣服が日やほこりに焼けて変色すること。

いろよい [ヨ]【色よい】【色▲好い】形 (カロ|カッ・ク|イ|イ|ケレ|○) 好意的だ。好ましい。「—返事」

いろり ⓪【囲炉裏】名 ゆかの一部を四角に切って火をたくようにした所。炉。「—ばた」㊊冬

いろわけ ⓪【色分け】名 ❶色をつけて区別すること。❷種類で区別すること。分類。

いろん ⓪【異論】名 人とちがったり、対立したりする意見。異議。「君の意見に—はない」

いろんな ⓪ 連体〔「いろいろな」の変化〕さまざまな。「—人たち」

いわ [ワ]【岩】【×磐】(いは) 名 ❶地殻(ちかく)をつくっているかたい物質。岩石。❷大きな石。いわお。

いわ [イ]【違和】名 ❶からだの調子が変になること。❷調和がとれないこと。参考「異和」と書くのは誤り。**—感**(かん) [ワ]名 ❶からだがふだんの調子でない感じ。❷調和のとれない感じ。しっくりしない感じ。

いわい [ワ]【祝い】(いはひ) 名 ❶祝うこと。祝賀。ことぶき。❷祝っておくる品物。参考「結婚祝」「入学祝」のような場合は送りがなをはぶいてもよい。

いわいごと ⓪【祝(い)事】(いはひ) 名 めでたい祝うべき事がら。慶事。祝儀。

いわいざけ [ワ]【祝(い)酒】(いはひ) 名 めでたいことを祝って飲む酒。

いわいばし [バ][ワ]【祝(い)箸】(いはひ) 名 柳の木で作り、両はしをまるく細くした祝儀用のはし。㊊新年

いわい-もの◎【祝(い)物】いはひ 名 祝いのときの贈り物。

いわ-う【祝う】いはふ 一 ワ 他五 ワ・オ・イ・ッ・ウ・ウ・エ・エ ①めでたいことをよろこぶ気持ちをことばや行為に表す。祝する。「正月を―」②祝福のために物をおくる。「鯛(たい)を―」③幸運をいのる。「かどでを―」**祝える** 自下一 …できる 二【▲斎う】他四 古語 ①神をまつる。「祝部(はふり)らがいはふ社(やしろ)」〈万葉〉②(神聖な力で、または神聖なものとして)大切に守る。「大神(おほかみ)のいはへる国ぞ」〈万葉〉

いわ-え◎【岩絵】いはゑ 名 岩や洞窟に描かれた絵。古代の人類の遺跡として、価値が高いものが多い。

いわ-お◎【×巌】いはほ 名 (岩＋秀(ほ)(とび出たもの)から)突き出た大きな岩。

いわ-き◎【岩木】【▲石木】いは 名 ①岩と木。②情を解さないもの。無感覚のもの。木石(ぼくせき)。

いわき《磐城》いはき 昔の東山道の国の一つ。今の福島県の東部と宮城県の南東部。磐州(ばんしゅう)。

いわ-く【×曰く】いはく 一 連語 文章語 言うことには。「ある人の―」二◎ 名 理由。わけ。事情。「それには―がある」「なにやら―ありげな二人連れ」―**言(い)い難(がた)し** 言いあらわしにくい。「事情は複雑で―だ」―**因縁(いんねん)** イ- 名 わけ。こみいった事情。

いわく-つき◎【いわく付き】【×曰く付き】いはく 名 複雑な事情、よくない理由・経歴などのあること・もの・人。「―の絵」

いわ-ぐみ◎【岩組(み)】いは 名 ①庭園の岩石のくみあわせ。いしぐみ。②しばいで使う、はりこづくりの岩。

いわけ-な・い ナ 形 カロ・カッ・ク・イ・イ・ケレ・○ 文章語 おさない。いとけない。**いわけなさ** 名 **いわけな・し** 文語ク

いわし◎【×鰯・×鰮】名 ニシン目の海水魚のうち、まいわし、うるめいわし、かたくちいわしの総称。一般に、まいわしをいう。日本近海で多くとれる。海水の上層を群れをなして泳ぐ。食用のほか、飼料・肥料にする。うるめいわし・かたくちいわしなどの種類がある。秋 ―**の頭(あたま)も信心(しんじん)から** つまらないものでも、信心するとありがたく思われる。

いわし-ぐも グ【いわし雲】【×鰯雲】名 秋の晴れた日に、うろこのようにひろがって見える雲。巻積雲(けんせきうん)。いわしやさばの大漁の前ぶれとされる。さば雲。うろこ雲。秋

いわ-しみず シ【岩清水】いはしみづ 名 岩の間からわきでる、つめたくきれいな水。夏

いわしろ《岩代》いはしろ 昔の東山道の国の一つ。今の福島県の西部。

いわ・す◎【言わす】いはす 他五 サ・ソ・シ・ス・ス・セ・セ 言うようにさせる。言わせる。

言(い)わず語(かた)らず 何も言わないこと。無言。暗黙。「―のうちに分かってくれた」

いわず-と-しれた【言わずと知れた】いはず 連語 言わなくても分かる。言うまでもない。「―大泥棒」

いわず-もがな【言わずもがな】いはず 連語 (「がな」は願望の助詞)①言わないほうがよい。「―のことをいう」②言うまでもない。もちろん。「―のことだ」

いわた-おび オ【岩田帯】いはた 名 妊婦が妊娠五か月目の戌(いぬ)の日から、胎児保護のため腹にまく白地の布。

いわ-だたみ ダ【岩畳】いは 名 岩がいくえにも重なりひろがっている所。

いわ-つばめ ツ【岩×燕】いは 名 ツバメ科の鳥。腰が白く、尾はみじかい。山地や海岸の絶壁などに巣をつくる。夏

いわて-けん《岩手県》いはて 東北地方の太平洋がわにある県。県庁所在地は盛岡市。

いわ-でも【言わでも】いは 連語 (「で」は「ずして」の意)言わなくてもよい。「―のこと」

いわ-と◎【岩戸】いは 名 岩穴の入り口。―**神楽(かぐら)** カ 名 ①岩戸隠れのとき、神々が合奏したという音楽。また、それにちなむかぐら。②歌舞伎(かぶき)のはやしの一種。―**隠(がく)れ** ガ 名 昔、天照大神(あまてらすおおみかみ)が須佐之男命(すさのおのみこと)の乱暴なふるまいを怒り、天の岩戸に隠れたという神話。

いわ-な◎【岩▲魚】いは 名 サケ科の淡水魚。渓谷にすむ。体長約二五センチメートル。体側に黄や朱のはん点がある。美味。夏

言(い)わぬが花(はな) はっきり言わないところに、おくゆかしさ・味わいがある。

いわ-ね◎【岩根】いは 名 文章語 ①岩のねもと。②岩。

いわの-ほうめい《岩野泡鳴》一八七三—一九二〇。小説家・評論家・詩人。本名は美衛(よしえ)。「耽溺(たんでき)」「毒薬を飲む女」など。

いわ-のぼり ノ【岩登り】いは 名 登山で岩場をのぼること。また、その技術。ロッククライミング。

いわ-ば◎【岩場】いは 名 山で、岩のむき出しになった、けわしい場所。

いわば ワ イ ◎【いわば・言わば】【×謂わば】いは 副 例えていえば。いってみれば。いうならば。「お客は―神様だ」

いわばし・る【岩走る】いは 一 自四 古語 岩の上を水が勢いよく流れる。「いはばしり激(たぎ)ち流るる泊瀬川絶ゆる事なくまたも来て見む」〈万葉〉二 枕 「滝」「たるみ」「近江(あふみ)」などにかかる。「―垂水(たるみ)の上のさわらびの萌(も)え出づる春になりにけるかも」〈万葉〉

いわ-はだ◎【岩肌】【岩▲膚】いは 名 岩の表面。岩の地はだ。

いわみ《石見》いは 昔の山陰道の国の一つ。今の島根県の西部。石州(せきしゅう)。

いわ-むろ◎【岩室】いは 名 いわや。

いわ-や◎【岩屋】いは 名 ①岩のほらあな。岩窟(がんくつ)。いわむろ。②岩を掘ってつくったすまい。

いわや-さざなみ《巌谷小波》一八七〇—一九三三。児童文学者・小説家。童話「こがね丸」「日本昔噺(むかしばなし)」など。

いわゆる コ【いわゆる】【▲所×謂】いは 連体 (「ゆる」は受け身の「れる」に当たる古語「ゆ」の連体形)世間に言われているところの。「―ワンマン社長だ」

いわれ◎【×謂れ】いは 名 ①そのものの起こり。由来。「古い―のある神社」②理由。根拠。「―のない悪いうわさ」

いわん-と-する【言わんとする】いはん 連語 言おうとする。「彼の―ところはわかる」

いわん-ばかり【言わんばかり】いはん 連語 はっきり言わなくても、態度などでそれとわかるようす。「帰れと―の態度」

いわん-や ワ【いわんや】【▲況や】いはん 副 文章語 まして。なおさら。「児童にしてこれを解す。―青年においてをや」

いを【▲魚】名 古語 ⇒いお。

いん【×允】造 ①ゆるす。「允可・允許」②じょう。令制の位の名。

いん【引】造 ①ひく。ひきよせる。「引見・引力・牽引(けんいん)・我田引水」②みちびく。ひきつれる。「引率・引導・誘引」③あげもちいる。取り出す。「引証・引用・引例・索引」④ひきうける。「引責・承引」⑤ひきのばす。「延引」⑥表面からしりぞく。「引退」

いん【咽】造 のど。「咽喉(いんこう)・咽頭」

いん【姻】造 よめいり。縁組み。「姻戚(いんせき)・姻族・婚姻」

いん【×胤】造 たね。血すじ。「後胤(こういん)・落胤」

いん【音】造 ①こえ。発声。「子音・母音」②知らせ。たより。「無音(ぶいん)・福音」別音 おん｜音

いん【員】造 ①ある組織に属する人。「会員・欠員・店員・

会社員・銀行員・劇団員・図書館員」❷ある仕事を受け持つ人。「委員・教員・役員・公務員・調査員・乗務員」❸かず。「員外・員数・一員・人員・定員・幅員」

いん【×殷】㊀[造] さかん。ゆたか。「殷賑」㊁[イ][名] 中国の古代の王朝名。「殷鑑・殷墟」

いん【淫】[造] ❶うるおす。「浸淫」❷度を超す。みだりに。「淫雨・淫靡・酒淫・書淫」❸みだら。「淫行・淫蕩・淫乱・姦淫・邪淫」**淫する** [自サ]

いん【飲】[造] のむ。液体を口から入れる。「飲酒・飲食・飲用・痛飲・暴飲・溜飲」

いん【×隕】[造] おちる。「隕石」

いん【隠】[造] ❶かくす。「隠語・隠匿・隠滅」❷かくれる。「隠居・隠者・隠遁・隠微」❸あわれむ。「惻隠」

〔別音おん〔隠〕〕

いん【印】㊀[イ][名][造] ❶文書の内容がまちがいないことを証明するために、記載者・発行者が名前にそえて押すしるし。木や石に文字を彫ったものに、朱肉などをつけて押す。判。はんこ。「—をおす」「印鑑・印章・印形・封印」❷指先をさまざまの形にくんで、仏・菩薩のさとりやちかいをあらわすもの。「—をむすぶ」「印相・法印」❸インド(印度)の略。「日—親善」㊁[造] しるす。あとをのこす。「印刷・印象・影印」

いん【因】㊀[イ][名][造] 物ごとの起こるもと。わけ。「—をなす」「因果・因縁・原因・勝因」↔果。㊁[造] 前のものにしたがう。もとづく。「因習・因循」

いん【院】㊀[イ][名][造] ❶大きな建物。「寺院・書院・病院」❷公的な機関。「芸術院・衆議院・大学院」❸「病院」の略。「院長・退院・通院・入院」❹法皇・上皇・女院などの御所。また、法皇・上皇。「院政・後鳥羽院」㊁[接尾] 寺や上皇・法皇の御所の名などにそえることば。「三千—」「堀河—」

いん【陰】㊀[イ][名][造] ↔陽。❶地・月・下・静・暗・裏など、受動的・消極的な面をあらわす。「陰気・陰性・陰鬱」❷日のあたらない所。見えない所。かげ。山の北がわ。川の南がわ。「陰影・樹陰・山陰・緑陰」❸電気の陰極。マイナス。㊁[造] ❶かくれている。見えない。「陰事・陰徳・陰謀」❷時間。「光陰・寸陰」❸性器。「陰部・女陰」**—に籠もる** ❶外に発散せず、内にこもる。❷陰気になる。かげになる。**—に陽に** ないしょで、あるいは、おおっぴらに。かげになり、ひなたになり。

いん【韻】㊀[イ][名] ❶漢字音の頭子音を除いた部分(たとえば対(tai)のai)を分類したもの。❷詩歌の句や行の頭または末尾でくり返される同じ種類の音。頭韻と脚韻とがある。㊁[造] ❶ひびき。おと。「韻律・哀韻・余韻」❷うた。詩文。「韻事・韻文」❸おもむき。風流。「韻致・気韻・風韻」**—を踏む** 詩文で同韻の文字を句末におくこと。

イン [イ]〈in〉[名] ↔アウト。❶テニス・卓球・バレーボールなどで、球がラインの内にあること。❷ゴルフで、一八ホールの後半九ホール。

いん-あつ [0]【陰圧】[名] 外部の圧力より、内部の圧力の方が低い状態。「—室」↔陽圧。

いん-い [イ]【陰萎】[名] 男性の性交不能症。インポテンツ。

いん-いつ [0]【隠逸】[名]〔文章語〕世間をのがれて、かくれすむこと。

いん-いつ [0]【淫×佚・淫逸】[名][形動]〔文章語〕❶男女の間のみだらなこと。❷酒や女遊びにふけること。

いん-いん [0]【×殷×殷】[と副][たる連体] 音が大きくひびきわたるさま。「—たる砲声」

いん-いん [0]【陰陰】[と副][たる連体]〔文章語〕❶うすぐらくものさびしいさま。❷陰気なようす。**—滅滅** [0][名][(と)副][たる連体] ひじょうに陰気なようす。「—たる雨のやみ夜」

いん-う [イ]【淫雨】[名]〔文章語〕作物に害を与える雨。ながあめ。

いん-う [イ]【陰雨】[名]〔文章語〕降りつづく陰気な雨。

いん-うつ [0]【陰鬱】[形動] ダロ・ダッ・デ・ニ／ダ・ナ・ナラ・○ うっとうしく、はればれしないようす。陰気。「—な気分」

いん-えい [0]【印影】[名] 印章を紙などにおしたあと。

いん-えい [0]【陰影】【陰×翳】[名] ❶光のあたらない暗い部分。かげ。❷こまかいおもむきのある状態。ニュアンス。「—に富む文章」

いんおう-ごぞく [ゴ]【印欧語族】[名] インド-ヨーロッパ語族。中央アジア・インドからヨーロッパで使われている諸言語。英語・フランス語・ロシア語などの総称。

いん-か [イ]【陰火】[名]〔文章語〕夜、墓地などで燐などが燃える青い火。おにび。きつねび。

いん-か [0]【引火】[名][自サ] 火がうつって、燃えること。「カーテンに—する」**—点** [カ][名] 可燃物質が、炎や火花にふれることによって引火する最低温度。発火点より低い。

いん-か [イ]【×允可】[名][他サ]〔文章語〕ゆるすこと。許可。

いん-か [イ]【印可】[名][他サ]〔文章語〕❶芸道・武道で、師がでしに免許をあたえること。❷でしの修行が熟達したことを師の僧が証明すること。

いん-が [0]【印画】[名] 写真で陰画を感光紙にやきつけたもの。**—紙** [ガ][名] 写真のやきつけに使う感光紙。

いん-が [イ]【因果】㊀[名] ❶原因と結果。❷〔仏〕おこないの善悪により、その後の運命がきまること。前世の悪業のむくいで現世の不幸があること。❸ふしあわせ。「—なことだ」㊁[形動] よくない結果になることがわかっていても、そうせずにはいられないこと。「—な性分」**—応報** [イ][名] 人間の行為の善悪に応じて、それ相応のむくいがあること。**—関係** [カ][名] 二つの事がらの一方が原因で、他方がその結果であるという相互関係。**—律** [ガ][名] ❶因果関係。❷すべての事象は原因があって生起し、先行する原因なしでは何ごとも生起しないという法則。❸結果が原因より前におこることはありえないという法則。**—を含める** わけを聞かせて、やむをえないと、なっとくさせる。

いん-が [0]【陰画】[名] 写真で印画をつくるもとになる画像。実物と明暗・色彩が逆。ネガ。↔陽画。

いん-がい [0]【員外】[名] ❶定員のほか。❷〔古語〕律令制において、きめられた定数以外の官。員外官。

いん-がい [イ]【院外】[名] ↔院内。❶院の外部。❷衆・参両議院の外部。**—団** [ガ][名] 議員以外の政党員の集団。

いん-かく [0]【陰核】[名] 女性の外陰部にある小さな突起。クリトリス。

いんか-しょくぶつ [ク]【隠花植物】[名] 花が咲かず、胞子でふえる植物。こけ・しだなど。↔顕花植物。

インカム [イ]〈income〉[名] 所得。収入。「ダブル—」

インカム [0]〈intercommunicationの略〉[名] マイクのついたヘッドホン。「—で話す」

イン-カレ [0][名] 「インターカレッジ」の略。

いん-かん [カ]【印鑑】[名] ❶「印❶」のあらたまった言い方。❷真偽を照合するときの資料とするために、あらかじめ官公署や取引き先などに登録した印。**—証明** [シヨ][名] 市区町村長が、あらかじめとどけ出てある印鑑とてらしあわせて、証明を請求した印章が真正であることを証明すること。また、その文書。

いん-かん [イ][カ]【×殷鑑】[名] 〔「殷」は古代中国の国名。殷は前代の夏がほろびたことを鑑としなければならない意から〕いましめとしなければならない前例。**—遠**

からず いましめとなる失敗の例はすぐ近くにあるものだ。

いん-き [0]【陰気】↕陽気。㊀[名] 陰の気。㊁[形動] 気分や天気・雰囲気などがはればれしないようす。いんうつ。「—な顔つき」

インキ [イ]〈ink〉[名] ➡インク。

いん-ぎ [イ]【院議】[名] 衆議院または参議院での議決。

いん-きゃく [0]【韻脚】[名] 詩の句の終わりに使う韻字。

インキュベーション [ベ]〈incubation〉[名]〔保育、培養の意から〕新しく設立した企業に、国や自治体が資金や人材などを提供し、育成を助けること。

いん-きょ [0]【隠居】[名][自サ] ❶家長の地位をゆずり、第一線から退くこと。また、その人。[参考] 旧民法では、戸主がその地位を家督相続人にゆずること。❷責任のある仕事をもたず、のんびりと暮らすこと。また、そのような老人。「—仕事」「ご—さん」

いん-きょ [イ]【×允許】[名][他サ]〔文章語〕〔「允」も「許」もゆるす意〕ゆるすこと。許可。免許。

いん-ぎょう [ギョ]【印形】[名]「印❶」のやや古めかしい言い方。

いん-きょく [0]【陰極】[名] 電位の低いほうの電極。負極。↕陽極。 **—管** [0]/[ク][名] 陰極線を出させる真空管。ブラウン管など。 **—線** [0]/[ク][名] 真空管での放電のとき、陰極から出る電子の流れ。

いん-きん [0]【陰金】[名]〔「いんきんたむし」の略〕陰部や内またにできる、かゆい皮膚病。白せん菌による頑癬。無菌性の陰のう湿疹などがある。

いん-ぎん [0]【×慇×懃】㊀[形動] 物腰がていねいで、礼儀正しいようす。㊁[名] したしいつきあい。親交。「—を重ねる」 **—無礼** [ブ][名][形動] うわべはていねいで実は尊大であること。「—な態度」 **—を通じる** 男と女が、こっそりと肉体関係を持つ。

インク [0]〈ink〉＝**インキ** [名] 筆写・印刷用の着色した液。 **—スタンド** [タ]〈inkstand〉[名] インクつぼ。 **—リボン** [リ]〈ink ribbon〉[名]〔和製英語〕タイプライター・ワープロ・ファクシミリなどに用いる印字用テープ。

インクジェット [ジェ]〈ink jet〉[名] プリンターの印刷方法で、インク粒子を用紙に吹き付けるもの。

インクライン [ラ]〈incline〉[名]〔canal incline の略〕斜面にレールをしき、物をはこぶ設備。

イングランド《England》❶イギリス本土。大ブリテン島の主要部。❷イギリス。英国。

イングリッシュ [イ]〈English〉[名] ❶英語。「アメリカン—」❷英国。英国人。 **—ホルン** [ホ]〈English horn〉[名] 木管楽器の一つ。音域はオーボエより五度低い。

インクルーシブ [ル]〈inclusive〉[形動]〔ダロ・ダッ・デ・ニ／ダ／ナ／ナラ／○〕含んでいるようす。包括的。「—教育」

いん-くんし [ク]【隠君子】[名]〔文章語〕❶世間からかくれて住む徳の高い人。❷菊のこと。

いん-けい [0]【陰茎】[名] 雄の哺乳動物の外部生殖器の一部。男根。ペニス。

いん-けん [0]【引見】[名][他サ] 身分・地位の高い人が、人をひきいれて対面すること。

いん-けん [0]【隠見・隠顕】[名][自サ]〔文章語〕かくれたりあらわれたりすること。見えかくれすること。「—する島々」

いん-けん [0]【陰険】[形動]〔ダロ・ダッ・デ・ニ／ダ／ナ／ナラ／○〕内にわるい心があるようす。悪だくみをするようなようす。「—なやり方」

いんげん [イ]【隠元】[名] いんげんまめ。[秋] **—豆** [ゲ][名] マメ科のつる性一年草。種子と若いさやは食用。さんどまめ。さやいんげん。いんげん。[秋] [参考] 江戸時代、明から渡来した僧、隠元が持ってきたという。

いん-こ [イ]【×鸚×哥】[名] インコ目の鳥の総称。くちばしは大きく、鋭く、まがっている。中南米・オーストラリアなどに分布し、種類が多い。多くは美しい羽毛をもつ。

いん-ご [0]【隠語】[名] なかまうちだけに通用することば。かくしことば。[参考]「陰語」と書くのはあやまり。

いん-こう [0]【咽喉】[名] ❶咽頭と喉頭。のど。❷かならず通らなければならない、たいせつな所。要所。咽喉部。 **—を×扼する**〔のどをおさえて呼吸を止める〕相手のたいせつな部分をおさえつけ、自由をうばう。

いん-こう [0]【淫行】[名] みだらなおこない。ふしだらな性行為。

いん-こう [0]【印行】[名][他サ]〔文章語〕文書を印刷・発行すること。

いん-ごう [ゴ]【因業】㊀[名]〔仏〕むくいの原因となる悪い行為。㊁[名][形動] がんこ。無情。残酷。「—おやじ」

いん-ごう [ゴ]【院号】[名] ❶昔の上皇・皇太后などの尊号。❷「…院」とつく戒名。

イン-コース [コ]〈in course〉[名]〔和製英語〕↕アウトコース。❶野球で、ホームプレートの打者に近い側を通る球道。❷トラック競技・スピードスケートで、内側のコース。

イン-コーナー [コ]〈in corner〉[名] 野球で、ホームプレートの、打者に近いほうのがわ。内角。↕アウトコーナー。

いん-こく [0]【印刻】[名][自サ] 印を彫ること。

いん-こく [0]【陰刻】[名][自他サ] 文字や模様の部分が白く出るように、くぼませて彫ること。また、そのように彫ったもの。↕陽刻。

いん-ざい [0]【印材】[名] 印をつくる材料。木・石・つのなど。

インサイダー [サ]〈insider〉[名] ❶組織内にいる者。❷法的に認められた組合。またはその構成員。インサイダーユニオン。 **—取(り)引(き)** [リ]/[ト][名] 会社役員や証券会社の関係者などが、未公開の内部情報を得て、不公正な証券取引を行うこと。「未公開株の—」

イン-サイド [イ]〈inside〉[名] ❶内がわ。内部。❷野球で、インコーナー。↕アウトサイド。❸テニス・卓球などで、線の内側。またそこにたまがおちること。 **—ワーク** [ワ]〈inside work〉[名]〔和製英語〕スポーツで、頭脳的なプレー。ヘッドワーク。

いん-さつ [0]【印刷】[名][他サ] 原稿の文字や絵を平らな版に写し、インクなどを用いて、大量の紙や布に刷り上げること。「年賀状を—する」「—物を配布する」

イン-ザ-ホール [ホ]〈in the hole〉[名] 野球で、ボールカウントが不利になった状態。「バッター—」「ピッチャー—」

いん-さん [0]【陰惨】[形動]〔ダロ・ダッ・デ・ニ／ダ／ナ／ナラ／○〕むごたらしくて、目をおおいたくなるようなようす。「—な事故現場」

いん-し [0]【印紙】[名] 税・手数料を現金でおさめるかわりに、証書などにはりつける、政府発行の一定の金額の証票。「収入—」

いん-し [イ]【因子】[名] ❶物ごとのもとになるもの。ある現象を成り立たせるもとになる要素。「遺伝—」❷数学で、因数。

いん-し [イ]【淫×祠】[名]〔文章語〕いかがわしい神をまつったほこら。

いん-し [イ]【隠士】[名] 隠者。

いん-じ [イ]【印璽】[名] 天皇の印章と国の印章。

いん-じ [0]【韻字】[名] 漢詩などの句末におき、韻をふむために使われる字。

いん-じ [イ]【韻事】[名]〔文章語〕詩や文章をつくるなどの風流なこと。「風流—」

いん-じ [0]【印字】[名][他サ] 文字を機械によってしるすこ

と。また、その文字。―**機** ［ジ］［名］ プリンターなど、機械的に文字・符号を印字する機器。

インジゴ ［イ］〈indigo〉【▲洋▲藍】＝インディゴ ［名］ ❶あい色の染料。あい。❷あい色。

いん‐しつ ［０］【陰湿】［名］［形動］ うす暗くてじめじめしていること。「―な環境」

インシデント ［イ］〈incident〉［名］ 出来事。事件。

いん‐じゃ ［イ］【隠者】［名］ 俗世間をすて、しずかな所にかくれすんでいる人。隠士。―**文学** ［ブ］［名］ 中世の隠者による文学作品。「徒然草」「方丈記」など。

いん‐しゅ ［０］【飲酒】［名］［自サ］ さけを飲むこと。

いん‐じゅ ［イ］【印×綬】［名］ 昔、中国で、天子が与えた官職・位階をあらわす印章と、それをさげるくみひも。―**を帯びる** 重要な官職につく。就任する。「首相の―」 ―**を解く** 重要な官職をはなれる。辞任する。

いん‐じゅ ［０］【院主】［名］ 寺の主人である僧。

いん‐しゅう ［０］【因習・因襲】［名］ 昔からの古くさい習慣。「―にとらわれるな」 ［参考］よくない意味に使うことが多い。

いん‐しゅう《因州》⬇いなば（因幡）。

インシュリン ［０］〈insulin〉［名］ 膵臓から分泌されるホルモン。体内の糖分を調節する。不足すると糖尿病になる。インスリン。

いん‐じゅん ［０］【因循】［形動］ ダロ・ダッ・デ・ニ／ダ・ナ・ナラ・○ ❶古いならわしや方法などにこだわり、進歩的でないようす。「―なやり方」 ❷ぐずぐずしてにえきらないようす。「―な男だ」

いん‐しょう ［０］【印章】［名］ 「印❶」のあらたまった言い方。

いん‐しょう ［０］【印象】［名］ 物ごとにふれた時に、心に生じた感じ。「強い―を受ける」 ―**主義** ［シュ］［名］ 一九世紀後半、フランスにおこった絵画上の流派で、自然の与える瞬間的印象を表現することがたいせつだとする主義。のち、彫刻・音楽・文学などにも影響を与えた。 ―**付ける** ［ケ］［他下一］ 印象をあたえる。―**的** ［０］［形動］ 忘れられないほど強い、特別な印象をあたえるようす。「―な顔つき」 ―**派** ［０］［名］ 印象主義をとなえる芸術家の流派。―**批評** ［ヒ］［名］ 芸術作品に対する主観的な印象による批評。

いん‐しょう ［０］【引証】［名］［他サ］ 他のことをひいて証拠とすること。

いん‐しょく ［０］【飲食】［名］［自サ］ 飲むことと食べること。のみくい。―**店** ［ク／ショ］［名］ 客に席について飲んだり食べたりさせる店。喫茶店・酒場・レストランなど。―**物** ［ク］［名］ 飲んだり食べたりするもの。

いん‐しん ［０］【音信】［名］ ⬇おんしん。

いん‐しん ［０］【×殷×賑】［名］［形動］〔文章語〕にぎやかで活気にあふれていること。「―をきわめた大都会」

いん‐すう ［ス］【因数】［名］〔数〕ある数または式がいくつかの数または式の相乗積であるとき、そのいくつかの数または式のそれぞれ。因子。―**分解** ［ブ］［名］［他サ］〔数〕ある数または式を因数に分解すること。

いん‐ずう ［ス］【員数】［名］ かず。一定の数。「―をそろえる」

インスタグラム ［ク］〈Instagram〉［名］〔商標名〕写真や動画を投稿・共有できるSNSの一つ。インスタ。

インスタント ［イ］〈instant〉［名］ その場ですぐにできること。即席。「―食品」「―ラーメン」

インストール ［ト］〈install〉［名］［他サ］ ソフトウエアなどをコンピューターに組み込み、使用できる状態にすること。

インストラクター ［ラ］〈instructor〉［名］ 技術や知識を教える人。指導員。

インスト㋣（トゥ）ルメンタル ［メ］〈instrumental〉［名］ 歌を含まない楽器演奏のみの曲。

インスパイア（ー） ［パ］〈inspire〉［名］［他サ］ 着想の元となること。触発。「源氏物語に―されて書かれた小説」

インスピレーション ［レ］〈inspiration〉［名］ ❶瞬間的にうかぶ考え。ひらめき。「―がわく」 ❷霊感。

インスリン ［０］〈insulin〉［名］ ⬇インシュリン。

いん・する ［ス］【因する】［自サ］ シ・セ・サ・シ・スル／スル・スレ・＊ 〔文章語〕原因となっている。起因する。「おおむね疲労に―病」 **いん・す** ［文語サ変］

いん・する ［ス］【淫する】［自サ］ シ・セ・サ・シ・スル／スル・スレ・シロ・セヨ 〔文章語〕度がすぎる。おぼれる。「趣味に―」 **いん・す** ［文語サ変］

いん・する ［ス］【印する】［他サ］ シ・セ・サ・シ・スル／スル・スレ・シロ・セヨ 〔文章語〕あとをのこす。「上陸の第一歩を―」 **いん・す** ［文語サ変］

いん‐せい ［０］／［イ］【院生】［名］ 大学院の学生。

いん‐せい ［０］【院政】［名］（「院」は上皇・法皇の住居。また、上皇・法皇自身のこと）上皇・法皇がおこなった政治。―**時代** ［ジ］［名］ 平安時代後期の白河法皇から三代にわたる院政のおこなわれた時代。

いん‐せい ［０］【陰性】［名］ ⇕陽性。❶消極的で陰気な性質。❷医学で、試験薬に対する反応があらわれないこと。―**反応** ［ハ］［名］ 病気の化学的・細菌学的な診断で、病毒があるという反応がないこと。⇕陽性反応。

いん‐せい ［０］【陰晴】［名］〔文章語〕くもりと、はれ。晴曇。

いん‐せい ［０］【×隕星】［名］〔文章語〕隕石。

いん‐せい ［０］【隠×栖・隠×棲】［名］［自サ］ 俗世間をさけてしずかに暮らすこと。また、そのすまい。

いん‐せい ［０］【×殷盛】［名］［形動］〔文章語〕にぎやかで、さかえていること。「―な市街」

いん‐ぜい ［０］【印税】［名］ 書物・レコードなどの著作物の発行者が著作権者に対して支払うかね。定価・発行部数などに応じてきめられる。

いん‐せき ［０］【姻戚】［名］ 結婚によりできた親類。姻族。

いん‐せき ［イ］【×隕石】［名］ 大気中で燃えきらずに、地上に落ちてきた流星。

いん‐せき ［０］【引責】［名］［自サ］ 責任をとること。「―辞職」

いん‐せつ ［０］【引接】［名］［他サ］〔文章語〕❶（身分の高い人などが）人をひきいれて面会すること。引見。❷ある人を他の人にひきあわせること。

いん‐ぜん ［０］【院宣】［名］ 上皇・法皇の宣旨。

いん‐ぜん ［０］【隠然】［と副］［たる連体］ 表面的ではないが、どっしりと力のあるようす。「―たる勢力をもつ」

インセンティブ（ヴ） ［セ］〈incentive〉［名］ ❶意欲を引き出すための刺激。❷企業が販売実績に応じて社員や販売店に対して支払う特別報奨金。

いん‐そう ［０］【印相】［名］ ❶印章の形・字形などにあらわれる吉凶の相。❷仏の意志や悟りの内容を表す手指の特定の形。いんぞう。

インソール ［ソ］〈insole〉［名］ 靴の中敷。敷革。

いん‐ぞく ［０］／［イ］【姻族】［名］ 姻戚。

いん‐そつ ［０］【引率】［名］［他サ］ ひきいること。ひきつれること。「生徒を―する」 ［参考］「引卒」と書くのはあやまり。

インターカレッジ ［カ］〈intercollegiate「大学間の」の意から〉［名］ 大学間の対抗競技。インカレ。

インターチェンジ ［チェ］〈interchange〉［名］ 高速道路と一般道路とをつなぐ立体交差点。インター。ＩＣ。

インターナショナル ［ナ］〈international〉㊀［形動］ 国際的。㊁［名］ ❶労働運動の国際組織。❷社会主義者・労働者の歌。

インターネット ［ネ］〈internet〉［名］ コンピューターのネットワークが相互に接続された、世界的規模のネットワーク集合体。―**カフェ** ［カ］〈internet cafe〉［名］ インターネットの設備が自由に利用できる喫茶店。ネットカフェ。 ―バ

ンキング バ〈internet banking〉名 インターネットを通じて銀行のサービスが利用できるシステム。ネットバンキング。

インター-ハイ タ 名 〔和製英語 inter highschool から〕高等学校の対抗競技。

インターバル タ〈interval〉名 ❶間隔。❷野球で、投手が球を投げてから次の投球までの時間。

インターフェア フェ〈interfere〉名 野球などで、相手のプレーをじゃまずること。妨害。

インターフェース フェ〈interface〉名 二つのものの中間となる領域。特に、二つの装置を連動させるための機器。

インターフェロン フェ〈interferon〉名 ウィルスに感染した細胞から新たに作り出される、ウィルスの増殖をおさえる特殊なたんぱく質。

インターホン タ〈interphone〉＝**インターフォン** 名 玄関と室内、部屋どうしなどの通話に用いられる私設の有線通話装置。

インターン タ〈intern〉名 医師や理容師・美容師になる人が、国家試験の受験資格を得るために行った実習。また、その実習生。医師については一九六八年廃止、理容師、美容師については一九九八年に廃止。 **―シップ** シ〈internship〉名 学生が企業などで就業体験をすること。また、その制度。進路の選択や研修などに活用される。

いん-たい ◎【引退】名 自サ 職・地位などから身をひくこと。「横綱が―する」

いん-たい ◎【隠退】名 自サ 俗世間をさけてとじこもること。退隠。「―生活」

いん-たいぞう タ【隠退蔵】名 物資などを使わなかったり、かくしておいたりすること。「―物資の摘発」

いん-たく ◎【隠宅】名 文章語 ❶隠居した人のすまい。隠居所。❷かくれが。

インダストリアル-デザイン ザ〈industrial design〉名 工業生産品のデザイン。工業意匠。

インタビュ(ヴュ)アー ビュ〈interviewer〉名 会見する人。人と会談して取材する記者。

インタビュ(ヴュ)ー イ〈interview〉名 自サ ❶会見。❷報道記者などが取材のために人と面談すること。

インタラクティブ ラ〈interactive〉形動 ダロ・ダッ・デ・ニ／ダ・ナ・ナラ・○ ❶相互に作用するようす。❷送り手と受け手の双方が情報を交換できる状態。双方向的。

インタロゲーション-マーク マ〈interrogation mark〉名 疑問符。クエスチョンマーク。「？」

いん-ち イ【韻致】名 文章語 すぐれて上品なおもむき。風流なおもむき。雅致。「―に富む詩文」

インチ イ〈inch〉【×吋】名 ヤードポンド法の長さの単位。一インチは、十二分の一フィート。約二・五四センチメートル。記号は「in」。

いん-ち ◎ イ【引致】名 他サ 容疑者・被告人などを逮捕状によって強制的に警察署などにつれていくこと。

いんちき イ 名 形動 俗語 ごまかし。不正行為。「―をする」 参考 片仮名で「インチキ」と書くことが多い。

いん-ちょう イ【院長】名 院の最高責任者。病院長など。

インディア-ペーパー ペ〈India paper〉名 じょうぶで薄い西洋紙。辞書などに使う。

インディアン イ〈Indian〉名 アメリカインディアン。

インディーズ イ〈indies〉名 〔independent から〕映画や音楽で、大手制作会社に属さず、独自に作品の制作や販売を行う会社。または、その作品や作家、演奏家。

インディオ イ〈ス indio〉名 中・南米大陸に住む原住民。北米に住む人種と区別していう。

インディゴ イ〈indigo〉名 ➡インジゴ。

いん-てつ ◎【×隕鉄】名 隕石のうち鉄・ニッケルの多いもの。

インデックス デ〈index〉名 ❶さくいん。❷指数。示標。

インテリ ◎ 名 「インテリゲンチャ」の略。

インテリア テ〈interior〉名 ❶屋内装飾。「―デザイン」「―デザイナー」❷室内調度品。

インテリゲンチャ ゲ〈ロ intelligentsiya〉名 知識・教養のある人。知識階級。知識人。インテリ。

インテリジェンス テ〈intelligence〉名 知性。知力。

インテリジェント テ〈intelligent〉名 ❶知的なようす。❷コンピューターなどの機器が高い情報処理能力をもつようす。

インテル ◎ 名 〔interline leads の略〕活字の組版で、行間をあけるために詰めるもの。

いん-てん 《院展》「日本美術院展覧会」の略。明治三一年(一八九八)に岡倉天心がはじめた。㊍

いん-でん ◎ イ【院殿】名 社会的地位の高い人の戒名で、院号の下に「殿」の字を付した称号。

いん-でんき テ【陰電気】名 エボナイトを毛皮でこすったときに、エボナイトに生ずる電気と同じ性質の電気。負電気。↕陽電気・正電気。

いん-でんし テ【陰電子】名 陰電気をおびた電子。↕陽電子。参考 ふつう、電子というのは陰電子のこと。

インテンシブ テ〈intensive〉名 集中的な。徹底的な。

インド 《India》〔「印度」とも書いた〕❶アジア州南部の大きな半島。インド半島。❷インド半島の大部分をしめる連邦共和制の国。一九四七年独立。首都はニューデリー。

インドア ド〈indoor〉名 室内。屋内。↕アウトドア。 **―スポーツ** ポ〈indoor sports〉名 屋内でおこなう競技。室内競技。↕アウトドアスポーツ。

いん-とう ◎【咽頭】名 鼻腔・口腔の後下部。咽喉の上部にあたる筋肉性の器官。

いん-とう ◎【淫×蕩】名 形動 みだらな楽しみにふけること。

いん-どう ド【引導】名 葬式のとき、死者の霊が浄土に行けるようにと、僧がとなえる法語。**―を渡す** ❶死者に引導をさずける。❷最後的な宣告をする。「絶交の―」

いん-とく ◎【陰徳】名 かくれた善行。世に知られない恩徳。**―有れば必ず陽報有り** 陰徳をつんだ人には、きっとよいむくいがある。

いん-とく ◎【隠匿】名 他サ 見つからないようにかくすこと。「財産を―する」

インドシナ シ〈Indochina〉名 ❶東南アジアの半島部。ミャンマー・タイ・マレーシア・ベトナム・シンガポール・カンボジア・ラオスの諸国がある。❷旧仏領インドシナ。今のベトナム・カンボジア・ラオスの三国。

イントネーション ネ〈intonation〉名 話すときの、息の切れ目や文末にあらわれる声の上がり下がり。抑揚。

インドネシア 《Indonesia》❶東南アジア熱帯地の諸島。マレー群島。❷インドネシア諸島にある共和国。一九四五年に独立。首都はジャカルタ。

インドヨーロッパ-ごぞく イ＝ゴ【インドヨーロッパ語族】名 ➡印欧語族。

イントラネット ネ〈intranet〉名 インターネットの技術を、企業など組織内のネットワーク機構に適用したもの。組織内ネットワーク。

インド-りんご リ【インド林×檎】名 北米原産の、大きな、甘くてかおりのよいりんご。

イントロ ⓪名「イントロダクション❸」の略。

イントロダクション ダ〈introduction〉名 ❶序論。緒論。❷入門。序説。❸音楽で、序奏。イントロ。

いん-とん ⓪【隠×遁】名自サ 世をのがれて、とじこもること。隠退。遁世。「—生活」

インナー〈inner〉❶造 内部の。内がわの。❷⓪名〈inner wear から〉上着の内側に着る衣服の総称。また、下着。インナーウエアー。↕アウター。 **—マッスル** マ〈inner muscle〉名 身体の深部にある筋肉。関節を保護し安定させる役割を担う。深層筋。

いん-ない イ⁻【院内】名 ↕院外。❶院のうち。❷衆議院・参議院の内部。「—活動」 **—感染** かんせん カ名 病院の中で、病原体に感染すること。病院感染。

いん-に イ【陰に】副 かげで。ないない。「—陽にかばう」

いん-にく ⓪【印肉】名 印をおすのに使う、もぐさ・綿などに朱・墨などの顔料をしみこませたもの。

いん-にょう ⓪【▲延×繞】名 ➡えんにょう。

いん-にん ⓪【隠忍】名自サ 苦しみをがまんして、こらえしのぶこと。 **—自重** じちょう ⓪名自サ じっとがまんして、かるがるしい行動をしないこと。「—して時を待つ」

インニング イ〈inning〉名 ➡イニング。

いん-ねん ⓪【因縁】名〈「いんえん」の変化〉❶〖仏〗結果をうむ直接・間接の原因によって物事はさだまっていること。❷さだまった運命。「同じ船に乗りあわせたのも一つの—だ」❸わけ。由来。理由。❹関係。ゆかり。「—浅からぬ間柄」 **—▲尽ずく** ⓪名 因縁によって発生する、さけることのできない物事。「万事—とあきらめる」 **—を付ける**〖俗語〗つまらないことをたねに無理をいい、相手を困らせる。言いがかりを付ける。

いん-のう ⓪【陰×嚢】名 陰茎のつけ根の下にあって、睾丸こうがんを包み込む袋状のもの。ふぐり。

いん-ばい ⓪【淫売】名 ❶女が男に肉体を売ること。売春。売淫。❷淫売をする女。売春婦。

インバウンド バ〈inbound〉名 ↕アウトバウンド。❶外から中へ入ること。特に、コールセンターなどで、客からの電話や、外部から内部に向かうインターネット通信のこと。❷〔「インバウンドマーケティング」の略〕インターネットで情報を発信し、消費者に興味を持たせて商品などを買ってもらう販売方法のこと。❸〔「インバウンドツーリスト」「インバウンドツーリズム」の略〕旅行で訪れる外国人。また、外国人が旅行でやってくること。特に、訪日外国人旅行者。「—消費」

インパクト イ〈impact〉名 ❶ほかから強い力がくわわること。衝撃。影響。❷野球のバットやゴルフのクラブに球が当たるときにくわわる力。

インバネス バ〈inverness〉名 上半分が二重になった、そでなしの男子用がいとう。とんび。スコットランドのインバネス地方の服を、日本で和服用に改良した。(冬)

いん-ばん ⓪【印判】名 印。印形いんぎょう。いんぱん。↕書き判。

いん-び イ【淫×靡】形動 ダロ・ダッ・デ・ニ ダ・ナ・ナラ・⓪〖文章語〗みだらなようす。「—な習俗」

いん-び イ【隠微】形動 ダロ・ダッ・デ・ニ ダ・ナ・ナラ・⓪〖文章語〗はっきりと外にあらわれない、微妙なこと。「—でとらえがたい犯罪」

いん-ぶ イ【陰部】名 体外にあらわれた男女の生殖器。

いん-ぷ ⓪【印譜】名 印影を集めた本。

いん-ぷ イ【淫婦】名 多情な女。みだらな女。

いん-ぷう ⓪【淫風】名〖文章語〗性道徳の乱れた社会風潮。

インフェリオリティー-コンプレックス レ〈inferiority complex〉名 自分が他よりおとるという潜在観念。劣等感。コンプレックス。

インフォーマル フォ〈informal〉形動 ダロ・ダッ・デ・ニ ダ・ナ・ナラ・⓪ 非公式。略式。↕フォーマル。

インフォームド-コンセント コ〈informed consent〉名 治療に先立って、医師が病状や治療方法を詳しく説明し、患者の同意を得ること。納得診療。

インフォデミック デ|ミ〈infodemic〉名〈information（情報）とepidemic（ある地域での感染症の流行）の混成語〉うわさやデマを含めた不確かな大量の情報がソーシャルメディアなどを通して拡散されること。参考 感染症が広がるように似ていることから。

インフォメーション メ〈information〉名 ❶情報。報知。報道。❷案内所。受付。

イン-プット プ〈input〉名他サ ↕アウトプット。❶データをコンピューターに入れること。入力。❷➡入力❶。

インフラ ⓪名「インフラストラクチャー」の略。

インフラストラクチャー ラ²〈infrastructure〉名 ❶〖経〗社会の基盤となる経済構造。❷都市の基盤となる、道路・水道・電気・通信などの社会資本。

インプラント ラ|イ〈implant〉名 人工的に作った人体器官や組織の代替物。義歯や人工関節など。

インフルエンザ エ〈influenza〉名 流行性感冒。流感。インフル。(冬) **—ウイルス** イ²〈influenzavirus〉名 ヒトに感染し、インフルエンザを起こすウイルス。感染力の強いウイルスは世界的な規模の流行をもたらす。

インフルエンサー エ〈influencer〉名 影響力を持つ人やもの。⇩アンバサダー 参考。

インフレ ⓪名「インフレーション」の略。↕デフレ。

インフレーション レ〈inflation〉名 ❶主として不換紙幣乱発のため、通貨が、社会の必要量よりもふえすぎること。通貨膨張。❷通貨膨張のため物価が急にあがること。インフレ。↕デフレーション。

インプレッション レ〈impression〉名 感銘。印象。

いん-ぶん ⓪【韻文】名 ↕散文。❶韻をふんだ、よいひびきをもつ文章。❷リズムをもった文章。とくに詩。

いん-べ【▲忌部・斎▲部】いむ ⓪名〖古語〗古代の職名。神事をあつかい、祭器の製造にあたった。

いん-ぺい ⓪【隠蔽】名他サ おおいかくすこと。「悪事を—する」「—工作」

インベーダー ベ〈invader〉名 侵入者。侵略者。

インベルターゼ タ〈ドInvertase〉名 砂糖を分解してぶどう糖と果糖に転化させる酵素こうそ。動物の消化液にふくまれ、こうじかび・くだもの・イーストに多い。スクラーゼ。

インボイス ボ〈invoice〉名 ❶仕入れ書。納品書。❷消費税額や税率を記載した伝票。税額票。

いん-ぼう ⓪【陰謀】名 ひそかに悪事をたくらむこと。「—を企てる」

インポート ポ〈import〉名 輸入。輸入品。

インポテンツ テ〈ドImpotenz〉名 男性の、性交ができない状態。性交不能症。陰萎いんい。インポ。

いん-ぽん ⓪【院本】名 ❶金きん時代の中国の演劇脚本。❷浄瑠璃じょうるりの脚本で全編を一冊にまとめた本。まるほん。

いん-ぽん ⓪【淫奔】形動 ダロ・ダッ・デ・ニ ダ・ナ・ナラ・⓪〖文章語〗性的にだらしのないようす。みだら。多情。「—な性質」

いん-めつ ⓪【隠滅】【×湮滅・×堙滅】名自他サ〔「湮・堙」はほろびる意〕あとかたもなく、なくなること。また、なくすこと。消滅。「証拠を—する」

いん-めん ⓪【印面】名 印鑑で文字のほってある面。

いん-もう [0]【陰毛】[名] 陰部にはえる毛。しものけ。

いん-もつ [0]【音物】[名][文章語] ❶おくりもの。❷わいろ。

インモラル [モ]〈immoral〉[形動] ダロ・ダッ・デ・ニ／ダ・ナ・ナラ・○ 不道徳。背徳的。アンモラル。

いん-もん [0]【陰門】[名] 女性の外部生殖器。

いん-やく [0]【隠約】[名] はっきりと見分けがたいこと。—**の内** おもてにあらわれない内がわ。暗々のうち。

いん-ゆ [イ]【引喩】[名] 修辞法の一つ。故事・格言・文章などをひいて、自分の言いたいことをあらわす方法。

いん-ゆ [0]【隠喩】[名] 修辞法の一つ。「…のようだ」といわないで、そのものの特徴を言いあらわすたとえ方。「娘たちの集まりは春の花園だ」「雪の肌」の類。暗喩。メタファー。↕直喩。

いん-ゆ [イ]【因由】[名][自サ][文章語] それを原因・理由として起こること。原因。「誤解に—する混乱」

いん-よう [イ]【陰陽】[名] ❶易で二つの相反する気。日かげの「陰」と日なたの「陽」とに代表される。日月・明暗・男女など。おんよう。❷電気や磁気の陰極と陽極。プラスとマイナス。—**五行説** [ギョ][名] 陰陽と五行によって、自然の異変、人事の吉凶などを説明しようとするもの。

いん-よう [0]【引用】[名][他サ] 人のことばや文章などをひきあいにだすこと。「ことわざを—する」

いん-よう [0]【飲用】[名][他サ] 飲むのに使うこと。「—に供する」

いん-よく [0]【淫欲】[名] 男女の情欲。色欲。

いん-らん [0]【淫乱】[名][形動] みだらなおこないにふけること。

いん-りつ [0]【韻律】[名] 声の高低・強弱・抑揚、音の配列、音の数による、ことばの調子。リズム。

いん-りょう [リョ]【飲料】[名] ❶のみもの。「清涼—」❷飲用。「—に使う水」—**水** [リョ][名] 飲料に使うみず。のみみず。

いん-りょく [イ]【引力】[名] 物体がたがいにひきあう力。「万有—」↕斥力。

いん-れい [0]【引例】[名] あることを証明するために例をひくこと。また、ひかれた例。引用例。

いん-れき [0]【陰暦】[名] 太陰暦。旧暦。↕陽暦。

いん-ろう [0][ロ]【印籠】[名] 昔、くすりなどを入れ、帯にはさんで持ちあるいた小さいはこ。古くは、印・印肉を入れた。装飾品にもなった。

印籠

いん-わい [0]【淫×猥】[形動] ダロ・ダッ・デ・ニ／ダ・ナ・ナラ・○ みだらなようす。

う ウ

う：「宇」の草体。
ウ：「宇」のかんむり。

う【右】[造] ❶みぎ。「右折・右翼・右腕」❷保守的な傾向。「右傾・右派・極右」[別音 ゆう｜右]

う【宇】[造] ❶やね。のき。いえ。「一宇・堂宇」❷そら。空間。ひろがり。「宇内・宇宙・御宇」❸こころ。精神。「気宇壮大」

う【有】[造] ある。存在する。「有無・有為・希有・未曽有」[別音 ゆう｜有]

う【羽】[造] ❶は。はね。「羽化・羽毛・羽翼」❷「出羽(旧国名)」の略。「羽州・奥羽」

う【×迂】[造] ❶まがる。とおまわり。「迂遠・迂回・迂曲」❷おろか。「迂闊・迂愚」

う【雨】[造] あめ。あめがふる。「雨季・雨天・雨量・豪雨・雷雨・暴風雨」

う【×紆】[造] まがる。まげる。「紆余曲折」

う [0]【×卯】[名] ❶十二支の第四番め。⇨十干(表)。❷[古語] 方角について東を、時刻について午前六時、またその前後二時間を、また一説に午前六時からの二時間をいう。⇨方位(図)・時(図)。

う [ウ]【×鵜】[名] うみう・かわうなど、ウ科の鳥の総称。全身、青みをおびた黒色。かわうは樹上に、うみうは岩壁などにすむ。水にもぐって魚をとって食う。う飼いには、うみうを使う。[夏] —**の真×似をする×烏水に溺れる** 自分の実力や身の程をかえりみないで、むやみに人まねをすると失敗することのたとえ。—**の目×鷹の目** 物を見つけ出そうとして、目をするどくするようす。

う

う【得】[他下二][古語] ➡える。

う [助動] ○｜○｜ウ｜(ウ)｜○｜○ 〈五段活用動詞・形容詞・形容動詞、一部の助動詞などの未然形について〉❶意志・決心・さそいを表す。「ひとりで行こ—」「良書を読も—」❷推量を表す。…だろう。「あすは雨になろ—」❸やわらかな断定を表す。「もうやめてもよかろ—」❹やわらかな調子の要求を表す。「さあ帰ってもらお—」❺疑問の語とともに用いて反語を表す。「なにをためらうことがあろ—」❻(「…うとする」の形で)動作・状態がおこりかけていることを表す。「とびらがしまろ—としている」❼仮想を表す。「雨が降ろ—が、風が吹こ—が、かならず行く」[参考] ❷や❸は、やや古風な言い方。「だろう」を使うのがふつう。

ヴ〈V; v〉外来語のVの音を表すために用いる片仮名。「ヴァイオリン」「ヴェール」などの「ヴァ・ヴィ・ヴ・ヴェ・ヴォ」に使う。[参考] この辞典では、原則として「バ・ビ・ブ・ベ・ボ」で示している。

ヴァージン [ヴァ]〈virgin〉[名] ➡バージン。

ヴァイオリニスト [ニ]〈violinist〉[名] ➡バイオリニスト。

ヴァイオリン [0]〈violin〉[名] ➡バイオリン。

ヴァイオレット [ヴァ]〈violet〉[名] ➡バイオレット。

ヴァイオレンス [ヴァ]〈violence〉[名] ➡バイオレンス。

ヴァイキング [ヴァ]〈Viking〉[名] ➡バイキング。

ヴァイタリティー [タ]〈vitality〉[名] ➡バイタリティー。

ヴァイブレーション [レ]〈vibration〉[名] ➡バイブレーション。

ヴァイブレーター [レ]〈vibrator〉[名] ➡バイブレーター。

ヴァガボンド [ボ][ヴァ]〈vagabond〉[名] ➡バガボンド。

ヴァカンス [ヴァ]〈vacances〉[名] ➡バカンス。

ヴァケーション [ケ]〈vacation〉[名] ➡バケーション。

ヴァチカン《Vatican》➡バチカン。

ヴァニシング-クリーム [リ]〈vanishing cream〉[名] ➡バニシングクリーム。

ヴァラエティー [ラ]〈variety〉[名] ➡バラエティー。

ヴァリエーション [エ]〈variation〉[名] ➡バリエーション。

ヴァリュー [ヴァ]〈value〉[名] ➡バリュー。

ヴァン [ヴァ]〈VAN〉[名] ➡バン。

うい【初】[接頭]〈名詞の上について〉はじめての。「—陣」「—産」

う-い [ウ]【有為】[名]〖仏〗因縁により生じたもの。この世のすべてのもの・現象。—**転変** [ウ][名] 万物が常に変化してやまないこと。はかないこと。「—の世の中」

う・い【憂い】**一** [ウ][形] カロ・カッ・ク／イ・イ・ケレ・○ [文章語] ❶思うままにならない。つらい。かなしい。苦しい。「—思い」❷【×愛い】感心な。けなげな。愛すべき。「—やつだ」参考 目下の者に対して使う、古風な言い方。**う・し** 文語ク 二 形ク 古語 ❶いやだ。気にくわない。「宮仕人(みやづかへびと)はいとうきことなり」〈更級〉❷にくらしい。「いたづらに寝であかすらむ人さへぞうき」〈古今〉❸つれない。無情だ。「月見ればうき人しもぞ恋しかりける」〈新古今〉❹（動詞の連用形につけて）…する気にならない。「朝(あした)の床ぞ起きうかりける」〈古今〉

ウイ イ〈(フ)oui〉感 はい。イエス。肯定の返事。↕ノン。

ウイーク イ〈week〉名 週。**—エンド** エ〈weekend〉名 週の終わり。週末。**—デー** デ〈weekday〉名 日曜以外の日。

ウイーク-ポイント ポ〈weak point〉名 弱点。「相手チームの—をつく」

ウイークリー〈weekly〉一 イ 名 週に一回発行の出版物。二 造 週に一度の。**—マンション** マ〈weekly mansion〉名（和製英語）週単位で契約をする賃貸マンション。

ヴィーナス《Venus》⬇ビーナス。

ヴィールス ヴィ〈(ド)Virus〉名 ⬇ウイルス。

ういうい-し・い シ【初初しい】(うひうひ) 形（カロ・カッ・ク／イ・イ・ケレ・○）ものなれず、純真である。すれていない。うぶである。「—花嫁姿」**初初しさ** 名 **うひうひ・し** 文語シク

ヴィヴィッド ヴィ〈vivid〉形動 ⬇ビビッド。

ヴィオラ ヴィ〈(イ)viola〉名 ⬇ビオラ。

ヴィオロン 0〈(フ)violon〉名 ⬇ビオロン。

うい-きょう 0【×茴香】名 セリ科の多年生植物。草全体によいかおりがあり、夏、多数の黄色い小花が咲く。実(み)は香味料・薬用。フェンネル。花は夏・実は秋

うい-ご 0【初子】(うひ) 名 はじめて生まれた子。はつご。

うい-こうぶり【初▲冠】(うひかうぶり) 名 古語 元服してはじめてかんむりをつけること。

ウイザード ザ〈wizard〉名（魔法使いの意）コンピュータで、対話形式で行うことにより設定や操作を容易にする機能。

うい-ざん ウ/イ【初産】(うひ) 名 はじめての出産。はつざん。

ヴィジュアル ヴィ〈visual〉形動 ⬇ビジュアル。

うい-じん 0【初陣】(うひ) 名 ❶はじめて戦場に出ること。❷はじめて試合・競技に出ること。「—を勝利でかざる」

ウイ(ヰ)スキー イ〈whisky〉名 大麦・ライ麦などに麦芽を加え、発酵させて蒸留した洋酒。

うい-た【浮いた】連語 恋愛関係にあることの形容。「—うわさ」

ヴィタミン タ〈vitamin〉名 ⬇ビタミン。

ウイッグ イ〈wig〉名 洋髪のかつら。

ウイット イ〈wit〉名 とんち。機知。「—に富む会話」

ヴィデオ ヴィ〈video〉名 ⬇ビデオ。**—テープ** テ〈video tape〉名 ⬇ビデオテープ。

ウイニング〈winning〉造 勝利を得ること。**—ショット** ショ〈winning shot〉名（和製英語）❶テニスや卓球で、それをやればきっと勝つという、もっとも得意な打球法。❷野球で、投手が打者を打ちとるためのきめだま。**—ボール** ボ〈winning ball〉名（和製英語）野球で、最後のアウトをとって勝利をきめた時にとったボール。**—ラン** ラ〈winning run〉名 陸上競技などで、上位入賞者が観客の声援にこたえて、場内を一周すること。

ヴィブラート ラ〈(イ)vibrato〉名 ⬇ビブラート。

ヴィブラフォン ラ〈vibraphone〉名 ⬇ビブラフォン。

うい-まご 0【初孫】(うひ) 名 はじめて生まれた孫。はつまご。

うい-まなび【初学び】(うひ) 名 古語 ❶はじめてまなぶこと。また、その人。❷未熟な学問。

ウイ(ヰ)ルス イ〈(ラ)virus〉＝**ビールス** 名 ❶ふつうの顕微鏡では見ることができない、インフルエンザや天然痘などの病原体。生物と無生物の中間形とされ、生きた細胞に寄生して増殖する。濾過性(ろかせい)病原体。❷コンピューターウイルス。

うい-ろう 0【▲外郎】名（「うい」は「外」の唐音）❶小田原名産の痰(たん)のくすり。ういろうぐすり。❷（❶に形が似ていることから）山口・広島・名古屋などの名産の菓子。ういろうもち。

ウイン-ウイン イ2〈win-win〉＝**ウィンウィン** 名（win は勝利の意）利害の対立する者のだれもが満足すること。

ウインカー 0/イ〈winker〉名 自動車の、点滅式の方向指示灯。

ウインク イ〈wink〉名 自サ 合図のために片目でするまばたき。親しい者どうしの間で行われることが多い。

ウイング 0/イ〈wing〉名 ❶つばさ。とくに、飛行機の主翼。❷舞台の両そで。❸サッカー・ラグビーなどの左右両端の位置。

ウインター-スポーツ ポ〈winter sports〉名 冬の運動競技。スキー・スケートなど。

ウインチ イ〈winch〉名 まきあげ機械。重い物を持ち上げるのに使う。

ブレーキ
クラッチ
ワイヤロープ

ウインチ

ウインド〈wind〉造 風。**—サーフィン** サ〈wind surfing〉名 ボードセーリング。**—ブレーカー** レ〈wind breaker〉名（もと商標名）防風・防寒のためのスポーツ用ジャンパー。

ウインドー 0/イ〈window〉名 陳列まど。**—ショッピング** ショ〈window-shopping〉名 ショーウィンドーの飾りつけを見ながら、買い物の気分を楽しむこと。

ウイ(ヰ)ンナ-コーヒー コ〈Vienna coffee〉名 泡立てた生クリームを浮かせたコーヒー。

ウイ(ヰ)ンナ-ソーセージ ソ〈Vienna sausage〉名 小形の細長いソーセージ。ウインナー。

ウ(ー)スター-ソース ソ〈Worcestershire sauce〉名 食卓用ソース。日本でふつう、ソースと呼ばれるもの。参考 英国のウースターシャー地方ではじめて作られた。

ウーステッド テ〈worsted〉名 羊毛によりをかけた糸で織った毛織物。背広やオーバー用。サージなど。

ウーマン〈woman〉造 女性。婦人。「キャリア—」**—リブ** リ〈woman lib〉名（women's liberation から）女性解放運動。

ウーリー-ナイロン ナ〈woolly nylon〉名 毛織物に似せてつくったナイロンの織物。

ウール ウ〈wool〉名 ❶羊毛。緬毛(めんもう)。❷毛糸。❸毛織物。

ウーロン-ちゃ ロ【ウーロン茶】【×烏▲竜茶】名 中国産の半発酵茶。

ううん 0 感 ❶ことばが出てこないときに言いよどむ声。❷ひどく感心したときに言うことば。「—、すばらしい」❸苦しんだり力んだりしたときに発する声。❹（この用法ではウ2）打ち消しをあらわすくだけた言い方。いや。いいや。「—、違うよ」

うえ【上】(うへ) 一 0 名 ❶高い位置・場所。「本棚の一番—の段」「—を見上げる」「頂を雲の—に出す」↕下。❷物の表面。「水の—」「机の—の本」↕下。❸程度・能力・地位などが他よりも高いこと。「—からの命令」「—に立つ人」↕下。❹年齢が多いこと。年上。「—の子は女の子

です」↕下。❺横書きの文章で、前に述べたことを指す語。「このことは―に述べた」❻(連体修飾語につき慣用的な句をつくって)㋐…に関すること。「仕事の―ではライバルだ」㋑…に加えて。「雨がひどく降る―に、風まで強い」㋒…したのち。…した結果。「相談の―返事をする」「無理を承知の―で頼む」❼〔古語〕天皇や上皇。また、その居所である禁中、殿上の間(ま)。❽〔古語〕貴人の妻。北の方(かた)。また、ひろく目上の貴婦人を尊敬していう語。❾〔古語〕将軍。公方(くぼう)。殿様。❿〔古語〕うわ着。表衣。うえのきぬ。㊁〔接尾〕〔文章語〕年上の近親者を尊敬していう語。改まった場合や手紙などで使う。「母―」「兄―」 **―から目線(めせん)**〔俗語〕相手を見下したようなえらそうな態度。「―の発言」 **―には上(うえ)がある** すぐれたものだと思っていても、さらにもっとすぐれたものがあるものだ。 **―を下(した)へ** 大騒ぎをして、いりみだれるさま「―の大さわぎ」

うえ[エ]**【飢え】**(うゑ)[名]飢えること。ひもじさ。「―と寒さ」

ウエ(ウェ)ア[エ]〈wear〉[名]着るもの。服。「スポーツ―」

ウエイター[エ]〈waiter〉＝**ウエーター**[名]男性の給仕人。↕ウエイトレス。

ウエイティング[エ]〈waiting〉＝**ウエーティング**[名]野球で、いいボールが来るまでバットを振らないこと。↕ヒッティング。 **―サークル**[サ]〈waiting circle〉[名](和製英語)野球で、次の打者が打順の来るのを待つ場所。打席の後方にある直径約一(メートル)の円。

ウエイト[0]〈weight〉＝**ウエート**[名]❶おもさ。重量。体重。❷おもみ。重点。「内申書に―をおく」 **―リフティング**[リ]〈weight lifting〉[名]重量あげ競技。

ウエイトレス[エ]〈waitress〉＝**ウエートレス**[名]女性の給仕人。↕ウエイター。

ウエー〈way〉＝**ウエイ**[造]❶道。道路。「ハイ―」「ロープ―」❷方法。手段。使い道。「スリー―スピーカー」「ツ――バッグ」

ヴェーダ[ヴェ]〈ボン Veda〉[名]⬇ベーダ。

ヴェーデルン[ウ][エ]〈ドイツ Wedeln〉[名]スキーで、小きざみに連続して回転しながらすべる技術。

ウエーブ[エ]〈wave〉㊀[名]❶音波。電波。❷スポーツの観客が声援のためにつぎつぎと立ち上がり、波のような動きを見せること。㊁[名][自サ]髪が波うっていること。また、その波がた。「パーマネント―」

ヴェール[ヴェ]〈veil〉[名]⬇ベール。

うえ‐がわ[0]**【上側】**(うはがは)[名]物の表面に当たるほう。外から見えるほう。うわがわ。うわっかわ。↕下側(したがわ)。

うえ‐き[0]**【植木】**(うゑ)[名]❶庭に植えた木。❷鉢に植えた木。盆栽(ぼんさい)。

うえ‐こみ[0]**【植(え)込み】**(うゑ)[名]❶庭園で、植木の多い所。❷ある物を他の物の中に深くはめこむこと。

うえ‐さま[ウ][エ]**【上様】**(うへ)[名]❶天皇・将軍など、貴人を尊敬していう語。❷領収書に相手の名のかわりに書く語。〔参考〕もとは「じょうさま」と読んだ。

うえ‐した[エ]**【上下】**(うへ)[名]❶上と下。じょうげ。❷さかさま。反対。

うえ‐じに[0]**【飢(え)死に】【餓死に】**(うゑ)[名]食物がなく、腹がへって死ぬこと。餓死(がし)。

うえじま おにつら《上島鬼貫》一六六一—一七三八。江戸時代中期の俳人。本名は宗邇(ちか)。「まこと」の俳諧(はいかい)を唱えた。俳論に「独(ひと)ごと」など。

ウエ(ウェ)スタン[エ]〈western〉[名]❶(アメリカの)西部。また、その音楽。❷西部劇。

ウエスト[0]〈waist〉[名]人の体で、胴のいちばん細くなっている部分。また、衣服の胴の部分。腰まわり。

ウエスト‐ボール[ボ]〈waste ball〉[名](和製英語)野球で、盗塁やバントを見越してピッチャーがバッターの打てない位置へ投げるたま。

うえだ あきなり《上田秋成》一七三四—一八〇九。江戸時代後期の読本(よみほん)作者・国学者。独自の怪異小説を書いた。「雨月物語」「胆大小心録」など。

うえだ びん《上田敏》一八七四—一九一六。英文学者・詩人。フランス象徴詩などを翻訳紹介し、詩人たちに大きな影響を与えた。訳詩集「海潮音」など。

う‐えつ《羽越》出羽(でわ)と越(こし)の国。今の秋田・山形・新潟・富山・福井の諸県の全部または一部。

うえ‐つ‐かた[0]**【上つ方】**(うへ)[名]〔文章語〕社会的地位などの高い人たち。うえつかた。

うえ‐つけ[0]**【植(え)付け】**(うゑ)[名]❶植物を植え付けること。❷田植え。「―のすんだ田」

うえ‐つ・ける[ケ]**【植(え)付ける】**(うゑ)[他下一](ケ・ケ・ケル・ケレ・ケロ・ケヨ)❶植物をうつし植えて育てる。❷心にはっきりときざみつける。印象づける。「悪感情を―」 **うゑつ・く**[文語下二]

ウエット[エ]〈wet〉[形動](ダロ・ダッ・デ・ニ・ダ・ナ・ナラ・〇)(しめっているの意)義理・人情などにこだわる、感情的な性質ややり方のようす。「―な性格」↕ドライ。 **―スーツ**[ス]〈wet suit〉[名]潜水やマリンスポーツで着用する、ゴム製などの服。潜水服。

うえ‐つぼね[0]**【上局】**(うへ)[名]〔古語〕昔、后(きさき)や女御(にょうご)がたまわった天皇の御座所近くのへや。うえのみつぼね。

ウエ(ウェ)ディング[エ]〈wedding〉[名]結婚。結婚式。 **―ケーキ**[ケ]〈wedding cake〉[名]結婚ひろう宴で新郎新婦がナイフを入れるケーキ。 **―ドレス**[ド]〈wedding dress〉[名]結婚式に着る新婦のドレス。 **―マーチ**[マ]〈wedding march〉[名]結婚式用の行進曲。結婚行進曲。

うえ‐の‐きぬ[キ]**【×袍】**(うへ)[名]衣冠・束帯(そくたい)の正装のときに着る上着。袍(ほう)。

ウエハ(ファ)ース[エ]〈wafers〉[名](wafer の複数形から)小麦粉・鶏卵・さとうなどで作る、うすくてかるい短ざく形の洋菓子。

うえびと【上人】(うへ)[名]〔古語〕殿上人(てんじょうびと)。「上達部、上人なども あいなく(不愉快に)目をそばめつつ」〈源氏〉

ウェ(ウエ)ブ[0]〈web〉[名]「ワールドワイドウェブ」の略。 **―サイト**[サ]〈web site〉[名]⬇サイト。 **―ページ**[ペ]〈web page〉[名]⬇ホームページ。

うえ‐ぼうそう[ボ]**【植え×疱×瘡】**(うゑ)[名]種痘(しゅとう)。㊡春

うえ‐むき[0]**【上向き】**(うへ)[名]⬇うわむき。

ヴェランダ[0]〈veranda〉[名]⬇ベランダ。

う・える[エ]**【飢える】【餓える】**(うゑる)[自下一](エ・エ・エル・エレ・エロ・エヨ)❶食物がなくて、ひどく腹がへる。❷物ごとが得られず、それをはげしくもとめる。「愛情に―」 **う・う**[文語ワ下二]

う・える[0]**【植える】**(うゑる)[他下一](エ・エ・エル・エレ・エロ・エヨ)❶植物の根・種子を地中にうめる。❷はめこむ。うめこむ。さしこむ。「活字を―」❸細菌などをそだてる所に、そのもとになるものを移しいれる。「痘(とう)を―」❹思想などを教えこむ。「道徳観念を―」 **う・う**[文語ワ下二]

ウエ(ウェ)ルカム[エ]〈welcome〉[あいさつ]歓迎を表すことば。ようこそ。いらっしゃい。 **―ドリンク**[リ]〈welcome drink〉[名](和製英語)宿泊者の到着時やパーティの開始前などにふるまわれる飲み物。

ウエルター‐きゅう[0]**【ウエルター級】**〈welter〉[名]スポーツで、体重による選手の階級の一つ。プロボクシングでは、一四〇ポンド(約六三・五キロ)から一四七ポンド(約六六・六八キロ)までの階級。

ウェル‐ダン[ウ][エ]〈well-done〉[名]ステーキの、中までよく火が通った焼き方。↕ミディアム・レア。

ウエ(ウェ)ルネス 工〈wellness〉名 健康。また、積極的に心身の健康維持・増進を図ろうとする生活態度。

ヴェルモット モ〈ᶠvermout(h)〉名 ⇒ベルモット。

う-えん ⓪【有縁】名 ⇔無縁。❶〖仏〗仏の道に縁のあること。❷両者の間にかかわりのあること。

う-えん ⓪【×迂遠】形動 ダロ・ダッ・デ・ニ・ダ・ナ・ナラ・〇 まわりどおいようす。「―なやり方」

うお ⓪【魚】名 魚類。さかな。

うお-いちば イ【魚市場】名 魚介類を扱う市場。魚河岸。

うおう-さおう サ【右往左往】名 自サ 右へ行ったり左へ行ったりすること。混乱してあちこち動きまわること。

ヴォーカリスト リ〈vocalist〉名 ⇒ボーカリスト。

ヴォーカル ヴォ〈vocal〉名 ⇒ボーカル。 **―フォア** フォ〈vocal four〉名 ⇒ボーカルフォア。

ウオ(ウォ)ーキング オ〈walking〉名 (「歩くこと」の意) 健康維持・体力増強のための歩行運動。

ウオ(ウォ)ーク-イン-クロ(ー)ゼット ロ〈walk-in closet〉名 歩いて入れる大きさの洋風納戸。

ウオ(ウォ)ーター オ〈water〉名 造 水。 **―サーバー** サ〈water server〉名 (和製英語)飲料用の温水や冷水を供給する機械。 **―シュート** シュ〈water chute〉名 ボートにのって、斜面に仕掛けられた軌道を一気に水面にむかってすべりおりるあそび。また、その装置。 **―プルーフ** ル〈waterproof〉名 防水加工されていること。防水効果があること。また、そのようなもの。「―マスカラ」 **―フロント** ロ〈waterfront〉名 (「水ぎわ」の意から)海・川・湖に面した土地。 **―ポロ** ポ〈water polo〉名 水球。㊂

ヴォードヴィリアン ヴィ〈vaudevillian〉名 ⇒ボードビリアン。

ヴォードヴィル ヴィ〈ᶠvaudeville〉名 ⇒ボードビル。

ウオ(ウォ)ーミング-アップ ア〈warming-up〉名 自サ 本格的な運動開始前に、からだをやわらかくし、あたためるためにする軽い準備運動や練習。

ウオ(ウォ)ーム-アップ ア〈warm up〉名 自サ ⇒ウオーミングアップ。

ウオ(ウォ)ーム-ビズ ビ〈warm biz〉名 (和製英語)エネルギー節約のための、冬の勤務スタイル。暖かい素材利用・重ね着などにより、暖房温度を低めに設定する。⇔クールビズ。

ウオ(ウォ)ール-がい ル【ウオール街】名 (Wall Streetから)ニューヨーク市の株式取引所などのあるところ。世界の金融市場の中心地の一つ。米国の金融市場の通称。

ウオ(ウォ)ールナット ナ〈walnut〉名 くるみの実。くるみ材。

うお-がし ⓪【魚河岸】名 ❶魚をあつかう卸商が並ぶ川岸。魚市場。河岸。❷江戸時代に日本橋にあった魚市場の通称。明治期に青果を含む東京中央卸売市場として発展。関東大震災の後に築地に移り、二〇一八年に豊洲に移転した。

うお-かす ⓪【魚かす】【魚×滓】名 魚油をとったあとのかす。飼料や肥料にする。

ヴォキャブラリー キャ〈vocabulary〉名 ⇒ボキャブラリー。

うお-ごころ ゴ【魚心】名 (「魚心あれば水心あり」から)相手に対する好意。 **―あれば水心あり** 相手がよくしてくれれば、こちらも、それに対してこたえる気持ちがあることのたとえ。

ウオ(ウォ)ツカ オ〈ᴿvodka〉名 大麦・小麦・ライ麦からつくったロシア産の強い酒。ウオトカ。

ウオ(ウォ)ッシャブル オ〈washable〉名 洗濯ができること。また、そのような衣類。

ウオ(ウォ)ッチ オ〈watch〉㊀名 腕時計・懐中時計など、携帯用の時計。「ストップ―」㊁他サ 見ること。観察すること。注視すること。「世の中の動きを―する」

ウオ(ウォ)ッチャー オ〈watcher〉名 動向を継続的に観察する人。「バード―」「トレンド―」

ウオ(ウォ)ッチング オ〈watching〉名 動物などを観察すること。社会現象などにもいう。「バード―」

うお-のめ ⓪【魚の目】名 足のうらや足ゆびなどの表皮の一部が角質化し、くさび形にくいこんだもの。押されると痛い。

うお-へん ⓪【魚偏】名 漢字の部首の一つ。「鯨」「鯛」などの「魚」。

ヴォレー ヴォ〈volley〉名 ⇒ボレー。

ウォン ウォ【朝円】名 大韓民国、および朝鮮民主主義人民共和国の貨幣単位。

う-おんびん オ【ウ音便】名 音便の一つ。「く」「ひ(い)」などが長音化するもの。「たかく」が「たかう」、「洗ひて」が「洗うて」などとなる類。⇔イ音便・促音便・撥音便。

う-か ウ【羽化】名 自サ 昆虫のさなぎが成虫になって、羽がはえること。 **―登仙** ウ 名 修行の結果、人間に羽がはえて仙人となり、天にのぼれるようになること。

う-か ウ【雨下】名 自サ 〔文章語〕雨が降るように、ものが盛んに降りそそぐこと。「弾丸―」

う-かい ⓪【う飼い】【×鵜飼】名 うを飼いならして、あゆなどの魚をとらせること。また、それを職業とする人。夏の夜の漁。岐阜県長良川の名物。㊂

う-かい ⓪【×迂回】名 自サ とおまわりすること。まわりみちをすること。「道路工事のため―する」

うがい ⓪【×嗽・含×嗽】名 水やくすりを口にふくんで口中やのどをすすぐこと。

うか-うか ウ と副 自サ ❶しっかりした考えをもたずにするようす。ふわふわ。「―と遊びすごす」❷注意のたりないようす。うっかりしているようす。「―と相手の策略にのる」

うかがい ⓪【伺(い)】名 ❶神仏のおつげをねがうこと。❷上級官庁・上司に指示・説明をあおぐこと。また、その書類。「―をたてる」「進退―」❸(「お伺い」の形で)「訪問すること」、「問うこと」、「聞くこと」などの謙譲語。「あすお―します」

うかがい-し・る ⓪シ【うかがい知る】【×窺い知る】自五 ラ・ロ・リ・ッ・ル・ル・レ・レ 外に現れたことから、隠された中の状況を推しはかること。「他人には―ことのできない家庭の事情」

うかが・う ⓪【伺う】他五 ワ・オ・イ・ッ・ウ・ウ・エ・エ ❶「問う」「質問する」の謙譲語・丁重語。「伺いたいことがございます」❷「聞く」の謙譲語・丁重語。「ご病気だと伺いました」❸「訪問する」の謙譲語・丁重語。「一時に伺います」❹神仏のおつげをねがう。参考 謙譲語としての用法は、動作が相手に及ぶ場合に使われる。❷のような場合は、かしこまった丁重語と見られる。「お伺いする」は謙譲の言い方が重なっているが、誤りという意識はうすい。**伺える** 自下一〔…できる〕

うかが・う【×窺う】㊀⓪ 他五 ワ・オ・イ・ッ・ウ・ウ・エ・エ ❶そっとようすを見る。ひそかにのぞく。「内部を―」❷よい時をねらい待つ。「反撃の機会を―」 **うかがえる** 自下一〔…できる〕㊁他四〔古語〕❶ひととおりのことを知る。「弓射、馬に乗ること、六芸に出だせり。必ずこれをうかがふべし」〈徒然〉❷調べてみる。たずねてみる。「近く本朝をうかがふに」〈平家〉参考 奈良時代までは「うかかふ」のように第三音節が清音。

うか-さ・れる ⓪【浮かされる】自下一 ❶心をうばわれ、むちゅうになる。「優勝に浮かされた応援団」❷正気をうしなった状態になる。「高熱に―」 **うかさ・る** 文語下二

うかし ⓪【浮かし】名 ❶浮かすこと。❷しるの実。

うか・す ⓪【浮かす】他五 ❶浮くようにする。浮かべる。浮かばせる。↕沈める。❷出費をきりつめて、金をあます。「倹約して五千円―」

うか・せる ⓪【浮かせる】他下一 ➡うかす。 **うか・す** 文語下二

うがち-すぎ ⓪【うがち過ぎ】【×穿ち過ぎ】名 隠れた事実を知ろうとして考えすぎ、かえって真実を見失ってしまうこと。

う-かつ ⓪【×迂×闊】形動 ❶うっかりしているようす。不注意。「―にも口をすべらす」❷物事の事情にうといこと。

うが・つ ガ【×穿つ】他五 ❶穴をあける。つきぬく。「トンネルを―」❷はく。「くつを―」❸物事や人情のかくれた真実をうまくつく。「うがった話」

うか-と ウ 副 うっかりと。気づかずに。うかうかと。

浮かぬ顔 心配ごとでもありそうな、しずんだ顔。

うかば-れる ⓪【浮かばれる】自下一 ❶死者の霊が安らかになる。成仏できる。「これで仏も―ことだろう」❷〈多く打ち消しの語をともなって〉めんぼくがたつ。「そんな誤解をされたのでは浮かばれない」

うかび-あが・る ガ【浮(か)び上がる】自五 ❶沈んでいたものが水面に出る。「潜水夫が―」❷かくれていたことが知られるようになる。「かくれた真実が―」❸不運・不幸であったものがよくなる。「貧困のどん底から―」❹思い出される。「昔の記憶が―」 **浮かび上がれる** 自下一[…できる]

うか・ぶ【浮(か)ぶ】一 ⓪ 自五 ❶物が、液体の中間・表面にある。「水面に―花びら」❷物が水中からでてくる。「ぼうふらが―」↕沈む。❸空中にある。「アドバルーンが―」❹思い出される。「頭に―」❺表面にあらわれる。「容疑者が―」❻不運・不幸からぬけ出る。「これでやっと―ことができる」❼死者の霊が安らかになる。成仏する。うかばれる。 二 一 自四 古語 ❶おちつかない。たよりない。安定しない。「うかびたる心のすさび」〈源氏〉❷証拠がない。いいかげんである。「ようも案内せで(物事ノ事情ヤ様子ヲ知ラナイデ)、うかびたること伝へける」〈源氏〉❸苦境を脱して世に出る。救われる。「御子どもなど沈むやうに(オチブレテ)物したまへるを、皆うかびたまふ」〈源氏〉 二 他下二 古語 ❶浮かべる。浮かせる。❷苦境から救い、世に出す。立身出世させる。「沈める(苦境ニイル)ともがらをこそ多く浮かべたまひしか」〈源氏〉❸暗記する。「古今の歌、二十巻をみなうかべさせたまふを」〈枕〉❹成仏させる。「かのおもと(亡キ母ノ霊)をも、浮かべ救はむとて」〈宇津保〉 **―瀬** ❶たすかる機会。状況が好転するとき。「そのうちには―もあろう」❷気持ちの上で救われるところ。立つ瀬。「―のない気分」

うか・べる ⓪【浮(か)べる】一 他下一 ❶浮かす。「舟を―」❷思いだす。意識にのぼせる。「胸に―」❸おもてにあらわす。「えみを―」 二 自下一 ❶浮かぶことができる。「うまく―」❷成仏できる。 **うか・ぶ** 文語下二

うから【▲親▲族】名 古語 親族。血族。

うか・る カ【受かる】自五 合格する。「試験に―」

うか・る【浮かる】自下二 古語 ❶浮いてただよう。浮かぶ。「くにつち浮かれただよへること」〈書紀〉❷ふらふら出あるく。放浪する。「京よりうかれて」〈宇治拾遺〉❸心がふらふらとして不安定である。「年ごろ思ひうかれたまふさま」〈源氏〉❹陽気になる。うかれる。

うかれ-お【浮れ▲男】名 古語 遊びあるいてばかりいるおとこ。

うかれ-め【浮れ女】名 古語 遊女。あそびめ。

うか・れる ⓪【浮(か)れる】自下一 楽しくて心がうきうきする。「試験に合格して―」

う-がん ウ【右岸】名 川の下流に向かって、右がわのきし。↕左岸。

ウガンダ《Uganda》アフリカ東部にある共和国。一九六二年に独立。首都はカンパラ。

う-かんむり カ【ウ冠】名 漢字の部首の一つ。「家」「宙」などの「宀」。

うき ⓪【浮き】【▲浮▲子】名 ❶つり糸につけて水面に浮かべる、魚がかかったのを知るための小さなしるし。❷魚網につけて水面に浮かべ、魚網をささえ、また、目じるしとするもの。❸うきぶくろ。

う-き ウ【雨期・雨季】名 一年中でとくに雨の多い時期・季節。↕乾期・乾季。

うき-あが・る ガ【浮(き)上がる】自五 ❶物が水中から表面にでてくる。❷地面・土台などからはなれてもち上がる。「敷居が浮き上がっている」❸空中に浮く。❹苦境・不運などからぬけでる。❺集団の中で、周囲から孤立する。遊離する。「幹部が―」 **浮き上がれる** 自下一[…できる]

うき-あし ⓪【浮(き)足】名 ❶かかとが地についていない足つき。❷今にも逃げ出そうとする態度。逃げ腰。 **―立つ** ダ 自五 そわそわと落ち着かず、逃げ腰になる。

うき-うお ⓪【浮(き)魚】名 つねに水面に近いところにすむ魚。いわし・さば・さんま・かつおなど。↕しずみ魚。

うき-うき ウ (と)副 自サ たのしくて、そわそわするようす。「―して出かける」

うき-がし ⓪【浮(き)貸し】名 金融機関などの職員が正式の手続きを取らず、こっそりかねを貸し出すこと。

うき-かわたけ【浮(憂)き河竹】連語 古語 (「浮き」は「憂き(つらい)」に通ずる) 水に浮き沈みするように境涯の定まらない、はかない遊女の身の上。

うき-くさ ⓪【浮(き)草】名 ❶水面に浮かびはえる草の総称。❷ウキクサ科の多年生植物。池・沼などの水面に浮いてはえ、夏、小さな白色の花をつける。㊀夏 ❸不安定なことのたとえ。 **―稼業** カ 名 転々と場所をかえて、一か所におちつかない職業。旅芸人などにいう。

うき-ぐも ⓪【浮(き)雲】名 ❶空に浮かんだ雲。❷おちつかず不安定なたとえ。「さだめない―の身の上」

うきぐも《浮雲》二葉亭四迷の中編小説。一八八七―八九年に発表。未完。失職した青年官吏が恋にも破れていく内容。言文一致体による最初の近代小説。

うき-ごし ⓪【浮(き)腰】名 ❶腰に力がはいらず、不安定なこと。❷方針がきまらず、おちつかないこと。❸逃げ腰。❹柔道で、相手の腰を浮かせ、自分の腰を相手の腹の下に入れて投げるわざ。

うき-しずみ ⓪/シ【浮(き)沈み】名 ❶浮くことと沈むこと。❷栄えることと衰えること。浮沈。「人生の―」

うき-しま ⓪【浮(き)島】名 ❶湖や沼の中に水草が群れて島のように見えるもの。❷水面に浮かんでいるように見

える島。浮き州す。

うき-す [0]【浮(き)州】名 ➡うきしま❷。

うき-す [0]【浮(き)巣】名 ❶水面に浮かんでいる鳥の巣。とくに、かいつぶりの巣。夏 ❷一定しない住所。

うき-だし [0]【浮(き)出し】名 文字・模様などを浮きださせて、紙面や布よりいちだん高くしたもの。

うき-だ・す [ダ]【浮(き)出す】自五 (サ・ソ・シ・ス・ス・セ・セ) ❶表面に浮いて出る。❷浮きはじめる。❸模様・形・姿などが、背景や地からぬけでたようにはっきり見える。うきでる。

うき-た・つ [タ]【浮(き)立つ】自五 (タ・ト・チ・ッ・ツ・ツ・テ・テ) うきうきしておちつかない。心が浮かれる。

うき-ドック [ド]【浮きドック】名 水上で、船体を中に入れてから排水して浮きあがり、船の修理のできる仕掛けのドック。

うき-な [0][ウ]【浮(き)名】名 恋愛・情事のうわさ。「―を流す」

うき-ね [0]【浮(き)寝】名 ❶水鳥が水面に浮かんだまま寝ること。❷船の中で寝ること。❸おちつかない状態で寝ること。「―の旅」

うき-はし [0][キ]【浮(き)橋】名 水上に船やいかだをならべて、橋にしたもの。ふなばし。

うき-ぶくろ [ブ]【浮(き)袋】名 ❶水に沈まないよう、ゴムなどに空気を入れた袋。❷魚の体内にある透明な袋。中にガスがはいっていて浮き沈みの調節をする。ふえ。

うき-ふし【憂き節】名 [古語] つらいこと。つらいとき。「世にふればことの葉しげきくれ竹のうきふしごとに鶯うぐひすぞ鳴く」〈古今〉 参考 「節」が「竹の節」と同音であることから、和歌で「竹」の縁語として使われる。

うき-ふね [0]【浮(き)舟】名 水上に浮いている舟。

うき-ぼり [0]【浮(き)彫(り)】名 ❶表面に形が高く出るように彫ること。また、その彫り物。❷物事のようすをはっきりと目立たせること。「特色を―にする」

うき-み [0]【浮(き)身】名 からだの力をぬいてあおむけになり、水面に浮かぶ水泳術。

うき-み [ウ]【憂き身】名 [文章語] つらいことの多い身。苦労の多い身の上。**―を×窶やつす** 身のやせるほど熱中する。なりふりかまわずうちこむ。「道楽に―」

うき-め [0]【憂き目】名 [文章語] つらいこと。かなしいこと。つらいめ。「―を見る」

うき-よ [キ]【浮世】名 (「憂き世」と「浮世ふせい」とが一つになったもの) ❶はかない世。つらい苦しい世。❷この世。現世。**―絵え** [0][ヨ] 名 江戸時代におこった、庶民生活・遊里・芝居役者・風景などを題材とした風俗画。錦絵にしきえ。**―草子ぞうし** [ゾ] 名 江戸時代中期、京阪地方に流行した町人の風俗・人情をえがいた小説。井原西鶴さいかくはその代表作家。**―離ばなれ** [バ] 名 俗世間の常識や習慣にとらわれないこと。また、考え方や生き方が世間一般の常識と異なること。「―のした山小屋暮らし」

うきょう [ウ]【右京】名 ↕左京。❶平城京・平安京における、朱雀大路すざくおおじから西の地域。❷京都市西端の地名。

うきょく [0]【×迂曲・×紆曲】名 自サ [文章語] ❶うねりまがること。「道が―する」❷遠まわり。

うきよどこ《浮世床》江戸時代後期のこっけい本。式亭三馬しきていさんばの作。床屋にあつまる町人たちのようすをえがいた作品。

うきよぶろ《浮世風呂》江戸時代後期のこっけい本。式亭三馬しきていさんばの作。銭湯にあつまる町人たちのようすをえがいた作品。

うき-わ [0]【浮(き)輪】名 水中で体を浮かせるための円形の道具。

う・く【浮く】[一] [0] 自五 (カ・コ・キ・イ・ク・ク・ケ・ケ) ❶低い所、内部から高い所、表面へ移る。㋐水底や地上を離れて、水面・水中や空中にあがる。また、水面や空中にとどまって、沈んだり落ちたりしない。浮かぶ。「軽石は水に―」「木の葉が水に浮いている」↕沈む。参考 「浮く」は下から上へあがってゆく移動や、沈まないという性質をさすことが多く、「浮かぶ」は水面や空中にとどまっている状態をさすことが多い。なお、具体的な物でなく、事がらが奥の方から表面に現れてくるという移動の意味では、「浮かぶ」が使われ、「浮く」は使われない。「いい考えが浮かぶ」㋑表面に出てくる。「顔にあぶらが―」❷おちつかない状態になる。㋐固定された状態から離れた状態になる。浮きあがる。「くぎが浮いている」「彼一人仲間から浮いている」㋑心がうきうきする。「浮かない」の形で使うことも多い。「浮いた気分」↕沈む。㋒(多く「浮いた」の形で)軽薄な気持ちで恋愛関係にいたる。「浮いたうわさ」❸予定よりも使い方が少なくて、余りが出る。「歩いたのでタクシー代が浮いた」[二] ㊀ 自四 [古語] 根拠がない。いいかげんである。「口にまかせて言ひちらすは、やがて(スグニ)うきたることと聞こゆ」〈徒然〉 ㊁ 他下二 [古語] 浮かばせる。浮かべる。

う-ぐ [ウ]【×迂愚】形動 (ダロ・ダッ・デ・ニ・ダ・ナ・ナラ・〇) [文章語] 世間の事をよく知らず、おろかなようす。

うぐい [0]【×鯎・×石斑魚】うぐひ 名 コイ科の淡水魚。清流にすむ。産卵期には雌の下腹が赤くなる。あかはら。食用。上流にすむ「はや」と、河口にすむ「まるた」の総称。

うぐいす [グ]【×鶯】うぐひす 名 ❶ヒタキ科の、なき声の美しい小鳥。大きさはすずめぐらい。飼い鳥にもされる。春告げ鳥。春 ❷うぐいすいろ。**―鳴なかせたこともある** いまでこそ年をとって容色も衰えたが、若いころはきれいで、人からちやほやもてはやされたものだ。

うぐいす-いろ [0]【うぐいす色】【×鶯色】うぐひす― 名 うぐいすの羽の色のような、みどりに黒茶色のまじった色。うぐいす。

うぐいす-じょう [ス]【うぐいす嬢】【×鶯嬢】うぐひす― 名 (女性の声をうぐいすのなき声にたとえて) ❶競技場内で放送を担当する女性。❷選挙運動で、有権者への投票を呼びかける女性運動員。

うぐいす-ばり [0]【うぐいす張り】【×鶯張り】うぐひす― 名 ふむと、うぐいすのさえ鳴きのような音をたてるように床板を張ること。また、そのように張ったもの。「知恩院の―」

うぐいす-まめ [ス]【うぐいす豆】【×鶯豆】うぐひす― 名 青えんどうをやわらかく煮て甘く味つけしたもの。

うぐいす-もち [ス]【うぐいす餅】【×鶯餅】うぐひす― 名 あんをくるんだもちに青きなこをまぶした菓子。うぐいすの羽の色に似ている。春

ウクライナ《Ukraina》黒海に面した共和国。首都はキーウ。一九九一年に解体した旧ソ連の構成国の一つ。

ウクレレ [0]《ukulele》名 ギターに似た、小さい四弦げんの楽器。ハワイアンなど、軽音楽に用いられる。

うけ [0] 名 ㊀【受け】❶受けること。また、そのもの。「郵便―」❷ささえるもの。「軸―」❸攻めに対するささえ。守り。「―にまわる」❹評判。人気。気うけ。「世間の―がいい」❺文中の語句が前にくる語句となんらかの関係で対応すること。↕係り。㊁【請け】保証人。うけにん。「わたしが―になる」

うけ [ケ]【×筌】名 魚をとる道具。細い竹を、円筒形やとくり形に編み、はいった魚が出られないようにしたもの。

う-け [ケ]【有×卦】名 陰陽道おんようどうで、人の生まれ年を干支えとにわりあててきめた幸運の年まわり。**―に入いる** 幸運に

めぐりあう。

うけ-あい [0]【請(け)合(い)】—あひ 名 ❶だいじょうぶだとうけあうこと。保証。❷ぜったいまちがいないこと。「合格することー・だ」

うけ-あ・う [ア]【請(け)合う】—あふ 他五 ❶責任をもってひきうける。「よろしいとー」❷たしかで、心配ないことだと保証する。「品質をー」 **うけ合える** 自下一［…できる］

うけい【誓約】うけひ 名 古語 ❶いのること。いのり。❷神にちかうこと。

うけ-い [0]【右傾】名 自サ ↔左傾。❶右にかたむくこと。❷思想上、国粋主義的・保守的にかたよること。

うけ-い・れる [レ]【受(け)入れる】他下一 ❶受けとっておさめる。「願書をー」❷人の言うことをききいれる。「忠告をー」❸ひきとって、むかえ入れる。「難民をー」 **受け入れ** 名 **うけい・る** 文語下二

うけ・う【祈ふ・誓ふ】うけふ ㊀ 自四 古語 ❶ことがらの善悪や当否を知るために神にうかがいをたてる。「(心ガ清イカドウカ知ルタメニ)各々おのおのうけひて子を生まむ」〈古事記〉❷神に祈る。「(夢デ見ルコトヲ)うけひて寝ぬれど夢に見え来こぬ」〈万葉〉 ㊁ 他四 古語 人の死や不幸を神仏にねがう。のろう。「罪もなき人をうけへば」〈伊勢〉

うけ-うり [0]【受(け)売り】名 他人の意見をそのまま自分の意見として述べること。

うけ-おい [0]【請負】—おひ 名 ❶うけおうこと。❷土木・建築などで、完成の期日や報酬をとりきめてひきうける契約。**—業**ぎょう [オ] 名 建築・土木工事などを請け負う職業。**—師**し [オ][イ] 名 請負契約で仕事をする人。土木・建築業者など。

うけ-お・う [オ]【請(け)負う】—おふ 自五 全体の仕事に対し、一定の支払いを受ける約束で仕事をひきうける。「工事を二千万円でー」 **請け負える** 自下一［…できる］

うけ-が・う【肯ふ・諾ふ】—がふ 他四 古語 承知する。「いとやすくうけがひて」〈雨月〉

うけ-ぐち [ケ]【受(け)口】名 ❶物の受けいれ口。❷上くちびるよりも、下くちびるがつき出ている口。うけくち。

うけ-ごし [ケ]【受(け)腰】名 物を受けとめるときの腰つき。腰が少し前につき出たかっこう。

うけ-こたえ [0]【受(け)答え】—こたへ 名 問いに対して答えること。応答。「ーが適切だ」

うけ-ざら [ケ]【受(け)皿】名 ❶しずくなどを受けるさら。❷引き受けるもの。あるポストや役割を引きつぐ人や施設。

うけ-しょ [ケ][0]【請(け)書】名 承知した、または引き受けたことを書いて相手にわたす文書。うけがき。うけぶみ。

うけ-だ・す [ダ][0]【請(け)出す】他五 ❶質に入れた品などを、代価を支払ってひきとる。うけもどす。身受けする。❷遊女などの身売り金をはらって自由にしてやる。 **請け出せる** 自下一［…できる］

うけ-だち [0]【受(け)太刀】名 ❶剣術で、相手の打ち込む太刀を受け止める太刀の使い方。❷相手の攻撃をおさえきれず、守勢になること。「ーになる」

うけ-たまわ・る [ワ][0]【承る】たまはる 他五 ❶「聞く」の謙譲語。つつしんで聞く。拝聴する。「ご意見を承りました」❷「承知する」の謙譲語。「委細承りました」❸「引き受ける」の謙譲語。「ご用命をー」❹「伝え聞く」の丁重語。「ーところによれば…」 参考 ❹のような場合は、動作の及ぶ相手を高める気持ちはうすい。

うけ-つ・ぐ [0][ツ]【受(け)継ぐ】他五 あとをひき受ける。あとをついで行く。継承する。「のれんをー」 **受け継ぎ** 名 **受け継げる** 自下一［…できる］

うけ-つけ [0]【受付】名 ❶申し込みや文書などを受け付けること。❷来訪者や参集者の氏名や用件を聞いて取りあつかったり、取りついだりする所。また、その人。「ーで案内を請う」

うけ-つ・ける [ケ][2]【受(け)付ける】他下一 ❶申し込みなどを受けとる。「十日から願書をー」❷人のたのみや訴え・忠告などをきく。「なにを言っても受け付けない」❸食べたり飲んだりしたものが胃におさまる。「なにを食べても受け付けない」 **うけつ・く** 文語下二

うげつものがたり《雨月物語》江戸時代中期の読本よみほん。上田秋成うえだあきなり作。中国・日本の古典を題材とした九編の怪異小説から成る。

受うけて立たつ 相手の攻撃や非難を受け、対抗して反撃や反論をする。挑戦に応じる。

うけ-とめ [0]【受(け)止め】名 さまざまな事態に対処すること。「政府のーが注目される」

うけ-と・める [メ][0]【受(け)止める】他下一 ❶進んでくるものを受けてささえる。「飛んできたボールをー」❷攻撃をくいとめる。「相手の攻撃をー」❸相手の話しかけることをちゃんと聞く。「どんな批判もー」❹情報を明確に認識する。「事態を深刻にー」 **うけと・む** 文語下二

うけ-とり [0]【受取】名 ❶受けとること。❷受領証書。領収書。

うけ-と・る [0][ト]【受(け)取る】他五 ❶自分の所にきたものを受けて収める。「代金をー」❷解釈する。「好意的にー」❸なっとくする。「受け取れない話」 **受け取れる** 自下一［…できる］

うけ-なが・す [ガ]【受(け)流す】他五 ❶切りこんできた刀を受けとめてかわす。❷軽くいいかげんにあつかう。「不平を適当にー」 **受け流せる** 自下一［…できる］

うけ-にん [0]【請(け)人】名 貸借・雇用契約のときの保証人。

うけ-はらい [0]【受(け)払い】—はらひ 名 金銭を受け取ることと、支払うこと。

うけ-ば・る 他四 古語 遠慮なくおこなう。わが物顔にふるまう。「憎にくらかにもうけばらぬなどを」〈源氏〉

うけ-はん [0]【請(け)判】名 保証のためにおす印。

うけ-ひ・く【承け引く】他四 古語 承知する。みとめる。承引しょういんする。「世間のうけひくまじき(承知スルハズモナイ)ことなれば」〈源氏〉

うけ・ふ【祈ふ・誓ふ】自四 古語 ➡うけう。

うけ-み [0][ミ]【受(け)身】名 ❶積極的に出ないで、他からの動作や攻撃を受けること。うけだち。守勢。❷柔道で、けがをしないようにたおれる法。❸文法で、他から動作を受ける意味をあらわす言い方。動詞に助動詞「れる・られる」をつける。「食われる・投げられる」など。受動。

うけ-もち [0]【受(け)持(ち)】名 受け持つこと。受け持つ人。受け持った仕事。担任。担当。「仕事のーがかわる」「ーの先生」

うけ-も・つ [モ][0]【受(け)持つ】他五 ❶自分の仕事としてひきうける。担当する。❷学校で、クラスを担任する。 **受け持てる** 自下一［…できる］

うけ-もど・す [ド]【請(け)戻す】他五 代金をだして、質物しちもつなどをとりかえす。うけだす。 **請け戻し** 名 **請け戻せる** 自下一［…できる］

うけらがはな《うけらが花》江戸後期の歌文集。加藤千蔭かとうちかげ著。七巻。一八〇二年刊。ついで、一八〇八年に「うけらが花二編」(五巻)刊。

う・ける ケ【受ける】【▲承ける】(ケ・ケ・ケル・ケル・ケレ・ケロ・ケヨ) 一 他下一 ❶自分に向かってくる物や作用を、身に引き取る。㋐手や容器の中に入れておさめる。受け止める。「雨もりを―」「ピッチャーの球を―」㋑与えられる。さずけられる。「賞を―」「この世に生を―」㋒受けつぐ。「親の血を―」㋓あとを引きつぐ。「親のあとを受けて画家になる」㋔ある行為をしかけられて、それに応じる。「相談を―」「命令を受け、記者会見に応ずる」㋕ある事の影響が及ぶ。「国民の批判を―」「注文を―」❷そのことに応じる態度で接する。㋐テストなどに臨む。「試験を―」㋑要求に応じる。「ご注文をお受けします」❸望ましくない作用が身に及んでくる。こうむる。「損害を―」「ボールを頭に―」❹認めて信用する。「真に―」❺その方向に向いている。「南を受けた家」二 自下一 人気や好評を得る。「客に―芸」

う・く 文語下二

う・ける ケ【請ける】他下一 (ケ・ケ・ケル・ケル・ケレ・ケロ・ケヨ) ❶代価を支払ってとりかえす。うけもどす。「質物を―」❷仕事をおこなう約束をする。「建築工事を―」 **う・く** 文語下二

うけ-わたし ０【受(け)渡(し)】名 ❶一方が渡し、一方が受けること。「品物の―」「せりふの―」❷約束の物品と代価とをひきかえに、売買・取引をすませること。

う-げん ウ【右舷】名 船尾から船首にむかって右がわのふなばた。↕左舷。

う-ご ウ【雨後】名 あめの降ったあと。 **―の竹の子** (あめあがりには、たけのこがたくさん出ることから)同じような物がつぎつぎにたくさん出てくることのたとえ。

うご《羽後》昔の東山道の国の一つ。今の秋田県の大部分と山形県の北部。

う-ごう ０【×烏合】名 からすのように、ばらばらに寄り集まること。 **―の衆** シュ 名 規律も統一もなく集まった群衆。

うごか・す カ【動かす】他五 (サ・ソ・シ・ス・ス・セ・セ) ❶動くようにさせる。場所・位置をかえる。「掲示場を―」❷地位を移す。「課長を部長に―」❸行動させる。「大ぜいを動かして社会事業をする」❹意志や感情を変えさせる。感動を与える。「人の心を―」❺変動させる。状態を変える。「社会を―ような運動」❻否定する。「―ことのできぬ事実」❼運転する。「車を―」 **動かせる** 自下一 (…できる)

うごか-ぬ【動かぬ】連語 動かない。確かな。「―証拠」

うこぎ ０【▲五▲加】名 ウコギ科の落葉低木。枝にほそい針がある。初夏に黄色い小花が咲く。若葉は食用。根の皮をほしたものは漢方で強壮薬とする。庭木用。㊍

うごき キ【動き】名 ❶うごくこと。運動。動作。「身軽な―」❷うつりかわり。変化。変動。「世の中の―」❸きざし。「好転の―がみえる」 **―が取れない** 動こうとしても動けない。自由に活動できない。

うご・く ゴ【動く】自五 (カ・コ・キ・イ・ク・ク・ケ・ケ) ❶ある位置・状態から別の位置・状態へ変わる。「とけいの針が―」❷位置・場所がかわる。「すこし東に―」「席順が―」❸じっとしていず、ゆれる。「木の枝が―」❹変化する。うつりかわる。静止・固定していない。「情況が―」❺心がぐらつく。「決意が―」❻活動する。機能を発揮する。「警察が―」❼(「動かぬ」の形で)たしかで、しっかりきまっている。⇩動かぬ。 **動ける** 自下一 (…できる)

うこ-さべん ウ【右顧左×眄】名 自サ (「顧」はかえりみる、「眄」はながし目に見る意)右を見たり、左を見たりしてためらうこと。周囲を気にしてまようこと。

うごめか・す カ【×蠢かす】他五 (サ・ソ・シ・ス・ス・セ・セ) むくむくと動かす。ひくひくさせる。「鼻を―」

うごめ・く メ【×蠢く】自五 (カ・コ・キ・イ・ク・ク・ケ・ケ) むくむくと動く。「うじ虫が―」 **うごめき** 名

う-こん ０【▲鬱金】名 ❶ショウガ科の多年生植物。熱帯原産。根からカレー粉の原料、生薬、黄色の染料などを取る。花は㊌ ❷うこんの根でそめた、こい黄色。また、そのようなあざやかな黄色。

う-さ ウ【憂さ】名 つらいこと。気がくさくさすること。「―をはらす」

うざ・い ザ 形 (カロ・カッ・ク・イ・イ・ケレ・○) 俗語「うざったい」のくだけた言い方。

うさぎ ０【×兎】名 ウサギ科の哺乳(ほにゅう)類の総称。耳が長く尾はみじかく、後あしが長い。毛色は淡かっ色。かいうさぎは野生のものを改良したもので、毛は白く目は赤い。品種が多い。肉は食用。毛皮はえりまきなどにする。㊏

うさぎ-うま ギ【×兎馬】名 ろば。

うさぎ-とび ０【うさぎ跳び】【×兎跳び】名 しゃがんだ姿勢のまま、腕をうしろに組んで、前方にとぶこと。

うざった・い タ 形 (カロ・カッ・ク・イ・イ・ケレ・○) 俗語 うっとうしく、わずらわしい。

うさ-ばらし バ【憂さ晴(ら)し】名 うさをはらい除くこと。気ばらし。「―に旅をする」

う-さん ０【×胡散】形動 (ダロ・ダッ・デ・ニ・ダ・ナ・ナラ・○) (「う」は「胡」の唐音)疑わしいようす。あやしいようす。「―なふうてい」 **―臭い** サ2 形 ようすが、どことなくあやしい。いぶかしい。うたがわしい。「―男」参考 おもに人のふるまいについていう。

うし ０【×丑】名 ❶十二支の第二番め。⇩十干(表)。❷古語 方角について北北東を、時刻について午前二時、またその前後二時間を、また一説に午前二時からの二時間をいう。⇩方位(図)・時(図)。 **―の日** 十二支の「うし」にあたる日。参考 夏の土用のうしの日には、うなぎを食べる風習がある。

うし ０【牛】名 ウシ科の哺乳(ほにゅう)類。頭に二本の角をもつ。おとなしくて、力が強く、運搬・耕作などに使う。食物を反芻(はんすう)する。肉・乳は食用。皮・角・骨もいろいろ利用される。 **―にひかれて善光寺参り** 他人にさそわれて、知らないうちによいおこないをしていること。また、最初は本心から始めたことでないのに、しだいに熱心にそのことにうちこむこと。参考 老婆が、さらしておいた布を牛が角にかけて走って行ったのを追いかけて善光寺に着き、信心をおこすようになったという話から。 **―の歩み** 進行・進歩のおそいこと。牛歩(ぎゅうほ)。 **―の×涎** 細く長くつづくようす。 **―は牛連れ** 同類のものがなかまになることのたとえ。 **―を馬に乗り換える** ようすを見て、つごうのよいほうにかえる。

う-し ウ【×齲歯】名 むしば。参考「くし」と読むのが正しい。

うし【▲大▲人】名 古語 ❶領主。❷身分の高い人を尊敬してよぶ語。江戸時代に学者・先生に対してよく使われた。先生。様(さま)。「本居宣長(もとおりのりなが)―」

う・し【憂し】形ク 古語 ➡うい。

うじ【氏】(うぢ) 一 ウ 名 ❶家系をあらわす名。姓。みょうじ。❷家がら。❸日本の古代社会で、同一祖先からでた同族集団。氏族。「―の長者」 二 接尾 みょうじにつけて尊敬をあらわす語。氏(し)。「山田―」参考 古い言い方。今は「し」という。 **―より育ち** 家がら・血すじなどよりも、境遇・教育などのほうが、人間をつくりあげるのにはたいせつである。

うじ ジ【×蛆】名 はえなどの幼虫。うじむし。さし。㊋

うじ-うじ ウ (うぢうぢ) (と)副 自サ ぐずぐずとにえきらないようす。ためらうようす。「―して決断がつかない」

うしお [0]【▲潮】[名] ❶[文章語] 海水。しお。❷うす塩で味つけした魚や貝のすましじる。うしおじる。

うし-おい [0]【牛追(い)】[名] 荷物をつけた牛を歩かせること。また、その人。

うしお-じる [ジ]【うしお汁】【▲潮汁】[名] ⬇うしお❷。

うしお-に [0]【うしお煮】【▲潮煮】[名] 白身の魚を骨つきのまま水で煮て、塩味をつけたもの。

うし-かい [0]【牛飼(い)】[名] ❶牛を飼う人。また、牛を使う人。うしかた。❷[古語] ⬇うしかいわらわ。**—▲童** [名][古語] 牛車の牛をあつかう召使い。単に「牛飼い」とも、また「牛健児」ともいう。[参考] 大人の場合でも少年ふうの垂れ髪をしているので童といったもの。

うし-かいめんじょうのうしょう [ノ]【牛海綿状脳症】[名] ⬇ビーエスイー(BSE)。

うじ-がみ [0]/[ジ]【氏神】[名] ❶氏族の祖先としてまつる神。❷うぶすな神。鎮守の神。

うじ-こ [0]【氏子】[名] ❶氏神の子孫。❷うぶすな神に守られる地元の人。**—中** [コ][名] 氏子一同。氏子の仲間。

うじしゅういものがたり《宇治拾遺物語》鎌倉時代前期の説話集。編者未詳。庶民的な内容の話が多い。

うじ-すじょう [ウ]【氏素性(姓)】[名] いえがら。家格。

うし-とら [0]【×丑×寅・×艮】[名] 昔の方角の名。北東。鬼門にあたる。⇩方位(図)。

うしな・う [0]【失う】[他五] ❶身についていたものを、なくす。「職を—」「自信を—」❷とりにがす。「チャンスを—」❸死に別れる。亡くす。「事故で父を—」

うしのとき-まいり [マ]【×丑の▲刻参り】[名] 人をのろうために、うしの時刻(午前二時ごろ)に、ひそかに神社にまいること。わら人形を神木に打ちつけると、満願の日に相手が死ぬと信じられていた。

うし-は・く【▲領く】[他四][古語] 神が土地を支配する。自分のものとする。「住吉の現人神、船の舳にうしはきたまひて」〈万葉〉

うし-へん [0]【牛偏】[名] 漢字の部首の一つ。「特」「物」などの「牛」。

うしみつ-どき [0]【×丑三つ(満)時】[名] ❶[古語] 丑の刻を四つにきざんだ第三の時刻。午前二時から二時半ごろ。❷まよなか。「草木もねむる—」

うじ-むし [ジ]【うじ虫】【×蛆虫】[名] ❶うじ。[夏] ❷人をののしってよぶことば。「—どもをけ散らせ」

うじゃ-うじゃ [ウ] [(と)副] ❶小さな虫などがいっぱいいるようす。❷[俗語] くどくど言うようす。「—と、ぐちをならべる」

うじゃじゃ・ける [ケ][自下一][俗語] ❶熟しきったくだものなどが、くずれる。ただれた状態になる。❷態度がくずれて、だらしなくなる。

う-しゅう《羽州》⬇でわ(出羽)。

う-しょう [0]【×鵜匠】[名] う飼いを職業とする人。うじょう。[夏]

う-じょう [0]【有情】[名] ❶〖仏〗感情や意識をもつ、人・獣・鳥などの生き物。衆生。↕非情❶。❷感情や思いやりをもつこと。↕非情❷・無情❶。

うしろ [0]【後ろ】[名] ❶背中のほう。物の正面と反対のほう。背後。後方。あと。「—をふりむく」「セーターの前と—」「劇場の—の席」↕まえ。❷背中。「敵に—を見せる」❸物にさえぎられて見えない部分。かげ。裏。「ドアの—にかくれる」 **—を見せる** かなわないとみて、逃げだす。

うしろ-あし [ロ]/[0]【後ろ足】【後ろ▲肢】[名] あとあし。↕前足。

うしろ-あわせ [ア]【後ろ合(わ)せ】[名] ❶背中あわせ。❷反対。あべこべ。逆。

うしろ-おし [0]【後ろ押し】[名] ⬇あとおし。

うしろ-かげ [カ]/[ロ]【後ろ影】[名] うしろすがた。

うしろ-がみ [0]【後ろ髪】[名] 頭のうしろのほうの髪の毛。**—を引かれる** あとに心が残り、思い切れない。

うしろ-きず [ロ]【後ろ傷】[名] 背後に受けたきず。逃げてうしろから切られたきず。↕向こうきず。[参考] 武士はこれを不名誉とした。

うしろ-ぐら・い [ラ]【後ろ暗い】[形] 人に知られたくない、やましいところがあるようす。「—過去」 **うしろぐら・し** [文語ク]

うしろ-すがた [ス]【後ろ姿】[名] 背後からみた姿。うしろかげ。「—を見送る」

うしろ-だおし [ダ]【後ろ倒し】[名][他サ] 事業計画の実施や進行を、決まった時期よりも遅らせること。先送り。「作業工程の—」↕前倒し。

うしろ-だて [0]【後ろ盾】【後ろ×楯】[名] かげでたすけること。また、その人。後援者。

うしろ-つき [0]【後ろつき】[名] うしろから見たからだつき。

うしろ-で [0]【後ろ手】[名] ❶手をうしろにまわすこと。「—にしばる」❷うしろのほう。「相手の—にまわる」❸[古語] うしろすがた。うしろかげ。「立ちて行くうしろでを見て」〈宇治拾遺〉

うしろ-はちまき [チ]【後ろ鉢巻(き)】[名] はちまきをうしろで結ぶこと。↕むこうはちまき。

うしろ-まえ [ロ]【後ろ前】[名] うしろと前が反対になること。まえうしろ。「シャツを—に着た」

うしろ-み [ロ]【後ろ見】[名] ❶かげにいて世話をすること。また、その人。後見。❷[古語] 天皇を後見する摂政・関白。「取り立ててはかばかしき(シッカリトシタ)うしろみしなければ」〈源氏〉❸[古語] 鎌倉時代、将軍を後見する役。執権。

うしろ-みごろ [ミ]【後ろ身頃】[名] 着物の身ごろのうしろの部分。後ろ身。↕前身頃。⇩和服(図)。

うしろ・みる【後ろ見る】[他上一][古語] かげにいて世話をする。援助をする。「今参りの、さし越えて、…うしろみたる、いとにくし」〈枕〉

うしろ-むき [0]【後ろ向き】[名] ↕前向き。❶こちらに背を向けていること。❷消極的な態度。進歩に反する態度。「—の考え方」

うしろ-めた・い【後ろめたい】[一][タ][形] やましいところがあって気がとがめる。良心がとがめる。うしろぐらい。「—思い」 **後ろめたげ** [形動] **後ろめたさ** [名] **うしろめた・し** [文語ク] [二][形ク][古語] あとのことが気がかりだ。心配だ。こころもとない。「いとはかなう物したまふこそ(非常ニ幼クテイラッシャルノガ)、あはれにうしろめたけれ」〈源氏〉↕うしろやすし。

うしろ-やす・し【後ろやすし】[形ク][古語] あとの心配がなく気楽だ。安心だ。「人となして(成人サセテ)うしろやすからむ妻などに預けてこそ死にもやすからむとは思ひしか」〈蜻蛉〉↕うしろめたし。

うしろ-ゆび [ロ]【後ろ指】[名] うしろからゆびさすこと。**—を指す** かげで非難する。

う-しん [0]【有心】[名] ❶考えぶかいこと。分別があること。❷中世歌論の用語。美の様式の一つ。情意のこもった優雅な表現をさす。有心体。❸おかしみを主とする無心連歌(れんが)に対して、優雅で本格的な連歌。有心連歌。

うす【薄】 接頭 〔名詞・形容詞につく〕❶色があわい。「―みどり」❷すこし。「―明るい」❸なんとなく。「―きみがわるい」

うす ウ【臼】名 穀物を粉にしたり、餅(もち)をついたりする道具。つきうすと、ひきうすがある。

きね

臼(つき臼)

うず ウ【渦】(うづ) 名 ❶らせん状に巻きこんで行く水・空気などの流れ。うずまき。❷うずの形の模様。❸物事がはげしく流動していること。「政争の―にまきこまれる」

うず【×髻▲華】名〔古語〕冠や髪の上にさすかざり。かざし。

うすあかり ア【薄明(か)り】名 ❶かすかな光。❷日の出や日没のころ、空がかすかに明るいこと。薄明(はくめい)。

うすあげ ⓪【薄揚(げ)】名 油揚げ。関西で、厚揚げと対にしていう。↕厚揚げ。

うすあじ ⓪【薄味】(―あぢ) 名 あっさりとした淡い味付け。

うすい ウ【雨水】名 ❶あまみず。天水。❷二十四節気の一つ。二月十九日ごろ。㊮ ⇩二十四節気(表)。

うす・い ⓪/ス【薄い】形 カロ―カッ・ク―イ―イ―ケレ―○ ❶物の一つの面から反対の面までのへだたりが小さい。「―紙」「雪が薄くつもっている」↕厚い。❷物の濃度・密度が少ない。↕濃い。㋐色が浅い。「若葉の―緑」「―けしょう」㋑味が強くない。「―味つけ」㋒液状のものの水けが多い。「―みそ汁」㋓気体状のものの濃度が低い。「―煙」㋔まばらである。「―ひげ」「頭髪が―」❸物事の程度が小さい。㋐心持ちが深くない。「人情が―」「関心が―」↕深い・厚い。㋑利益・効果などが少ない。「もうけが―」「ききめが―」↕大きい。㋒関係が浅い。「縁が―」「なじみが―」↕深い。**薄さ** 名 **うす・し** 文語ク

うすいろ ⓪【薄色】名〔古語〕❶うすむらさき。❷織物の名。たて糸がむらさき、よこ糸が白。❸かさねの色目の名。

うすうす ⓪【うすうす】【薄薄】副 かすかに。ほのかに。ぼんやり。「―知っていた」

うずうず ウ 副 自サ あることがしたくておちつかないようす。「外出したくて―する」

うすがけ ⓪【薄掛け】名 うすでのかけぶとん。

うすがみ ⓪【薄紙】名 うすい紙。**―を剝(は)ぐよう** 病気などが、日ごとにすこしずつよくなるようす。

うすかわ ⓪【薄皮】(―かは) 名 ❶うすい皮。うすい膜(まく)。❷うす皮まんじゅう。

うすぎ ⓪【薄着】名 着物をすくなく着ること。↕厚着。

うすぎたな・い ナ【薄汚い】形 カロ―カッ・ク―イ―イ―ケレ―○ どことなく汚い感じだ。**薄汚さ** 名 **うすぎたな・し** 文語ク

うすきみわる・い ル【薄気味悪い】形 カロ―カッ・ク―イ―イ―ケレ―○ なんとなく気味がわるい。「おせじを言われて―」**薄気味悪さ** 名

うすぎり ⓪【薄切り】名 うすく切ること。うすく切ったもの。「サンドイッチ用の―パン」↕厚切り。

うず・く ズ【×疼く】(うづく) 自五 カ・コ―キ・イ―ク―ク―ケ―ケ ずきずきと痛む。「傷が―」「心が―」**うずき** 名

うすくち ⓪【薄口】名 〔色・味・厚さなどが〕うすいこと。また、そのもの。「―のしょうゆ」「―の茶わん」↕濃い口。

うずくま・る マ【×蹲る】(うづくまる) 自五 ラ・ロ―リ・ッ―ル―ル―レ―レ ❶からだをまるくしてしゃがむ。「腹痛で―」❷けものが前足を折ってすわる。

うすぐも ⓪【薄雲】名 うすくかかった雲。薄雲(はくうん)。

うすぐもり ⓪【薄曇り】名 空全体の上層に薄い雲がかかっている状態。

うすぐら・い ⓪/ラ【薄暗い】形 カロ―カッ・ク―イ―イ―ケレ―○ ほのかに暗いようす。

うすくらがり ⓪【薄暗がり】名 少し暗いこと。少し暗い場所。「―に身を隠す」

うすげ ⓪【薄毛】名 生えている毛がまばらなこと。

うすげしょう ゲ【薄化粧】名 うすく化粧すること。↕厚化粧。

うすごおり ゴ【薄氷】(―ごほり) 名 うすくはった、踏むと割れそうな氷。うすこおり。㊮

うすじ ⓪【薄地】名 布地などのうすいこと。また、そのもの。

うすじお ⓪【薄塩】(―じほ) 名 塩かげんのうすいこと。また、うすく塩をふること。甘塩。

うずしお ⓪【渦潮】(うづしほ) 名 うずを巻いて流れる海水。

うすじも ⓪【薄霜】名 朝、うっすらと降りた霜。

うすずみ ⓪【薄墨】名 うすい、すみの色。

うずたか・い カ【(うず高い)】【▲堆い】(うづ―) 形 カロ―カッ・ク―イ―イ―ケレ―○ 物が高く積みかさなっている。もり上がって高い。「―ごみの山」**うずたか・し** 文語ク

うすちゃ ⓪【薄茶】名 ❶まっ茶をすこし入れて、うすくたてた茶。お薄。↕濃い茶。❷うすい茶色。

うすづ・く【×舂く】〔古語〕㊀ 他四 うすに入れ、きねでつく。㊁ 自四 夕日が西にはいろうとする。「かく、日も壁際にうすづき」〈一茶・父の終焉日記〉

うすづくり ヅ【薄作り・薄造り】名 透けるほどうすくそぎ切りにしたさしみ。「ふぐの―」

うすっぺら ⓪【薄っぺら】形動 ダロ―ダッ・デ・ニ―ダ―ナ―ナラ―○ ❶非常にうすいようす。❷あさはかなようす。軽薄なようす。人がらに深みのないようす。「―な表紙」「―な人間」

うすで ⓪【薄手】㊀ 名 かるいきず。けが。軽傷。浅手。「―を負う」↕深手。㊁ 名 形動 ❶紙・布地・陶器などで、作り方のうすいこと、また、そのもの。「―の用紙」↕厚手。❷安っぽいこと。うすっぺらなこと。「―な考え方」

うずな・う【▲諾ふ】(うづなふ) 他四 〔古語〕神が承知する。うべなう。「天地(あめつち)の神あひうづなひ」〈万葉〉

うすにび【薄▲鈍】名〔古語〕うすぐろい色。

うすのろ ⓪【薄のろ】【薄▲鈍】名 形動 ぼんやりしていて、動作・反応が鈍いこと。

うすば ⓪【薄刃】名 刃のうすいこと。また、そのもの。「―のかみそり」

うすばか ⓪【薄ばか】【薄馬鹿】名 どことなくばかに見えること。

うすばかげろう ゲ【薄羽×蜉×蝣】(―かげろふ) 名 ウスバカゲロウ科の昆虫。体長約三・五センチメートル。形はとんぼに似ている。完全変態をする。幼虫はありじごく。㊰

うすび ⓪【薄日】名 うすぐもりの空からさす弱い日光。

ウズベキスタン《Uzbekistan》中央アジア南部にある共和国。首都はタシケント。一九九一年に解体した旧ソ連の構成国の一つ。

うすべった・い タ【薄べったい】形 カロ―カッ・ク―イ―イ―ケレ―○ いかにもうすい。「うすい」を強めた言い方。

うすべり ⓪【薄べり】【薄▲縁】名 へりをつけたござ。

うずまき ズ【渦巻(き)】(うづ―) 名 ❶うずを巻くこと。❷うずを巻く水。❸うずを巻いている形・模様。

うずま・く マ【渦巻く】(うづ―) 自五 カ・コ―キ・イ―ク―ク―ケ―ケ 〔水や炎などが〕ぐるぐるまわって、うずになる。「―濁流」

うずま・る ⓪【▲埋まる】(うづまる) 自五 ラ・ロ―リ・ッ―ル―ル―レ―レ ❶おおわれて、その下にうずめられる。うまる。「土の下に―」❷場所が物や人でいっぱいになる。「広場が群衆で―」

うずみひ ミ【▲埋×樋】(うづみ―) 名 地中にうずめて水を流すくだ。↕覚(かけ)ひ。

うずみび ミ【(うずみ火)】【▲埋火】(うづみ―) 名 灰の中にうず

めてある炭火。(冬)

うす-め 0【薄め】名 ❶(色・味などが)比較的うすいこと。↕濃いめ。❷厚さが比較的すくないこと。↕厚め。

うす-め 0【薄目】名 ほそくひらいた目。ほそめ。「—をあけて見る」

うす・める 0【薄める】他下一 メ/メ/メル/メル/メレ/メロ・メヨ 液体の濃さを少なくする。「水で酒を—」

うず・める 0【▲埋める】うづめる 他下一 メ/メ/メル/メル/メレ/メロ・メヨ ❶土の中にいける。おおいかぶせて中に入れこめる。うめる。「穴を掘って宝を—」❷場所を物でいっぱいにする。「原稿用紙を文字で—」 **うづ・む** 文語下二

うす-もの 0【薄物】名 うすい織物。紗しゃ・絽ろなど。また、それでこしらえた衣服。うすぎぬ。(夏)

うす-もよう モ【薄模様】名 ❶うすむらさき色にそめた模様。❷取り引きで、品薄の状態。

うず-も・れる 0【▲埋もれる】うづもれる 自下一 レ/レ/レル/レル/レレ/レロ・レヨ ❶物の下や中にうずまってかくれる。「人波に—」❷ねうちを人に知られずにいる。「うずもれた人材を発掘する」 **うづも・る** 文語下二

うす-やき 0【薄焼(き)】名 薄く焼きあげた食物。「—せんべい」↕厚焼き。

うす-やみ 0【薄闇】名 なんとか物の形がわかるくらいの暗さ。「—の中でじっと目を凝らす」

うす-よう 0【薄葉・薄様】名 ❶うすくすいた鳥の子紙・雁皮紙がんぴし。↕厚葉あつよう。❷上から下にだんだんとうすくした染め方。

うすら【薄ら】接頭 (名詞・形容詞につく)❶うすい。「—ゆき」❷なんとなく。すこし。「—寒い」

うずら 0【×鶉】うづら 名 ❶キジ科の鳥。体が丸く、首と尾が短い。茶色に黒・白のまだらがある。肉・卵とも食用。(秋) ❷昔の芝居小屋で、一階の両がわのさじきのこと。

うすら・ぐ ラ【薄らぐ】自五 ガ/ギ・イ/グ/グ/ゲ/ゲ うすくなる。すくなくなる。うすれる。「光が—」「寒さが—」

うずら❶

うずらごろも《鶉衣》 うづら— 江戸時代後期の俳文集。横井也有やゆうが悠々自適の草庵そう生活の中で書いた俳文二四八章を集めたもの。

うすら-さむ・い ム【薄ら寒い】形 カロ/カッ・ク/イ/イ/ケレ/○ なんとなく寒い。すこし寒い。うそ寒い。(秋) **薄ら寒さ** 名 **うすらさむ・し** 文語ク

うすら-ひ【薄氷】名〔古語〕うすいこおり。(春) 参考 奈良時代は「うすらび」。

うずら-ふ ラ【×鶉▲斑】うづら— 名 うずらの羽の模様に似た、茶色に黒白のまだらのあるもよう。

うずら-まめ ラ【うずら豆】【×鶉豆】うづら— 名 ささげの一種。豆は茶色で白い斑点はんてんがある。あまい煮豆にする。(秋)

うすら-わらい ワ【薄ら笑い】—わらひ 名 ⇒うすわらい。

うす・れる レ【薄れる】自下一 レ/レ/レル/レル/レレ/レロ・レヨ うすくなる。うすらぐ。「記憶が—」 **うす・る** 文語下二

うす-わらい ワ【薄笑い】—わらひ 名 (人をばかにしたときなど)声を立てず、かすかに笑うこと。「—を浮かべる」

う-せい ウ【雨声】名〔文章語〕雨の降る音。

う-せい 0【雨勢】名〔文章語〕雨が降る勢いのこと。

う-せい ウ【×迂生】代〔文章語〕(「迂」は「うとい」の意)自分をへりくだっていう語。小生。わたくし。

う-せつ 0【右折】名 自サ 右へまがってすすむこと。↕左折。

うせ-もの 0【うせ物】【▲失物】名 なくした品物。紛失物。

う・せる セ【▲失せる】自下一 セ/セ/セル/セル/セレ/セロ・セヨ ❶〔文章語〕なくなる。消える。❷「死ぬ」の古めかしい言い方。❸〔俗語〕他人について「行く」「去る」などの、ぞんざいな言い方。「早くどこかへうせてしまえ」 **う・す** 文語下二

うぜん《羽前》 昔の東山道の国の一つ。今の山形県。

うそ 接頭 (「うす(薄)」の変化。形容詞につく)なんとなく。すこし。うすら。「—寒い」

うそ ウ【×嘘】名 ❶事実でないことを、人をだますために言うこと。いつわり。そらごと。「—をつく」❷正しくないこと。まちがい。「—の字」❸(「…しなければうそだ」の形で)…するのが当然だ。…しないのは不適当だ。「この映画を見なければ—だ」 参考 現代の会話では、「ウッソー」という言い方で、軽い驚きの気持ちをあらわす感動詞的な用法がある。 **—から出でた▲実まこと** はじめはうそのつもりでいたことが、ぐうぜんにも事実となること。 **—の皮かわ** (「うそ」を強めた言い方)うそっぱち。「—がはがされる」 **—も方便ほうべん** うそも一つの方法・手段として、ときにはみとめられてよい。

うそ ウ【×獺】名 かわうそ。おそ。

うそ ウ【×鷽】名 アトリ科の鳥。全長約一六センチメートル。背は青灰色。口笛のような鳴きかたをする。(春)

うそ-うそ ウ1 (と)副 自サ おちつかないで、あたりをきょろきょろ見まわしたり、歩き回ったりするようす。

うぞう-むぞう ゾ1-ゾ2【有象無象】名 ❶〔仏〕有形無形のすべてのもの。森羅万象。❷たくさんあつまった、価値のないものや、つまらない人々のこと。(「象」はかたち)

う-そく 0【右側】名 みぎがわ。「—通行」↕左側。

うそ-さむ・い ム【うそ寒い】形 カロ/カッ・ク/イ/イ/ケレ/○ なんとなく寒い。うすら寒い。(秋) **うそ寒げ** 形動 **うそ寒さ** 名 **うそさむ・し** 文語ク

うそ-じ ソ【うそ字】【×嘘字】名 正しくない字。誤字。

うそ-つき ソ【×嘘▲吐き】名 うそを言う人。

うそっ-ぱち 0 パ【×嘘っぱち】名〔俗語〕「うそ」を強めた言い方。「とんだ—だ」

うそ-はっけんき ウ=ケ【うそ発見器】【×嘘発見器】名 発言中の、血圧・呼吸・脈拍の変化などを測定して、うそを発見しようとする装置。ポリグラフの一種。

うそ-はっぴゃく ウ=ク【うそ八百】【×嘘八百】名 たくさんのうそ。うそだらけ。「—をならべる」

うそ-ぶ・く ウ【×嘯く】■ ブ 自五 カ/コ・キ・イ/ク/ク/ケ/ケ ❶〔文章語〕ほえる。「月に—とらの声」❷そらとぼける。「そんなことは知らぬと—」❸大きなことを言っていばる。えらそうなことを言う。「政治はおれにまかせろと—」 **うそぶける** 自下一 […できる] ■〔古語〕■ 自四 口をつぼめて息をはく。■ 他四 詩歌しいかを小声で歌う。「梅が枝(曲ノ名)を、うそぶきて立ち寄るけはひ」〈源氏〉

うた 0 名 ■【歌】❶声を出してうたう、ふしのついたことば。「テレビ番組で聞いた—」❷和歌。短歌。「万葉集の—」■【唄】三味線に合わせて語ったりうたったりする、近世以降の邦楽。長唄・小唄・民謡など。 **—と読よみ** (カルタに歌ガルタと読みガルタがあることから)物事には表と裏があり、一長一短があること。また、損得を考えて、有利なほうにつくこと。勘定ずく。読みと歌。

うた-あわせ ア【歌合】—あはせ 名 歌人を左右二組に分け、つくった和歌の優劣を競きそう遊び。平安時代の初めから貴族の間に流行した。

うたあんどん《歌行灯》 泉鏡花いずみきょうかの中編小説。一九一〇年発表。能楽師を主人公に芸の世界をえがく。

うたい 0【謡】うたひ 名 謡曲。

う

うだい［ウ］【宇内】名〔文章語〕〔「宇」は天地四方の意〕天下。世界。

うたい-あ・げる［ゲ］【歌い上げる】他下一 ❶〔感動を〕歌や詩によむ。「恋のせつなさを―」❷終わりまで歌ってしまう。**うたひあ・ぐ** 文語下二

う-だいじん［ダ］【右大臣】名 太政官の長官。左大臣の次位。天皇をたすけ、政治をおこなった職。

うたい-て⓪【歌い手】名 ❶歌をうたう人。「―がいない」❷歌のうまい人。「なかなかの―だ」

うたい-まわし⓪【歌い回し】名 歌のうたいかた。歌いぶり。

うたい-め⓪【歌い女】名〔文章語〕❶歌をうたう女。歌姫。❷芸者。

うたい-もの⓪【謡い物】名 歌詞にふしをつけてうたうものの総称。今様・謡曲・長唄など。↔語り物。

うたい-もんく［モ］【うたい文句】【×謳文句】名 主義主張や物事の特長などを、強調して言いたてることば。

うた・う⓪【歌う】他五 ❶ことばにふしをつけて声に出す。「カラオケで―」「英語で―」❷【謡う】謡曲を声に出してかたる。❸【▲唄う】日本の唄を声に出す。❹和歌や詩などをつくる。❺さえずる。鳴く。「鳥が―」**うたえる** 自下一〔…できる〕

うた・う⓪【×謳う】他五 ❶述べたてる。強調する。「基本精神を条文に―」❷評判する。ほめたたえる。「才女とうたわれる」

うだ-うだ［ウ］（と）副 自サ〔俗語〕〔元は西日本方言〕❶だらしなく時間をすごすようす。❷たいして意味のないことをいつまでも言い続けるようす。

うた-かい⓪【歌会】名 和歌・短歌をよむ会。かかい。**―始め** 八名 毎年一月中旬に宮中でおこなわれる歌会。新年 参考 表記は「歌会始」とも書く。

うたがい⓪【疑い】名 ❶うたがうこと。あやしいと思うこと。確実でないと思うこと。「―をいだく」❷疑問点。不審な点。「―がある」

うたがい-ぶか・い［カ］【疑い深い】形 むやみにうたがって信じない性質である。うたぐりぶかい。**うたがひぶか・し** 文語ク

うたが・う⓪【疑う】他五 ❶事実とちがうのではないかと思う。信じない。「証言を―」❷不審に思う。あやしむ。「挙動がおかしいと―」❸不確実だと思う。おぼつかなく思う。「三連覇を―」❹…ではないだろうかと思う。「今度も失敗かと―」**疑える** 自下一〔…できる〕**―らくは**〔「らく」は名詞相当のものをつくる接尾語〕うたがうことには。そうではないかと思うことには。おそらくは。「―雪かと」

うた-がき［歌垣］名〔古語〕上代に、多数の男女が歌をうたい、舞踊をしてあそんだこと。かがい。

うた-かた⓪【▲泡×沫】名〔文章語〕❶水のあわ。みなわ。❷水のあわのようにはかないこと。また、そのもの。「―の一生」**―の** 枕「消ゆ」「消え」にかかる。

うた-がら⓪【歌柄】名 歌の品格。

うた-ガルタ［ガ］【歌ガルタ】【歌▲骨×牌・歌加留多】名 和歌を書いたカルタ。また、その遊び。和歌一首を書いた読み札と、和歌の下の句だけを書いた取り札とからなる。小倉百人一首など。新年

うたがわし・い［シ］【疑わしい】形 ❶本当かどうか、信じられない。「かれの言うことは―」❷疑いをもたれるようすだ。あやしい。不審だ。「挙動が―」❸不確実だ。おぼつかない。「勝利は―」**疑わしさ** 名 **うたがは・し** 文語シク **疑わしげ** 形動

うたがわ-ひろしげ《歌川広重》一七九七―一八五八。江戸時代後期の浮世絵師。本姓、安藤。風景画・花鳥画で有名。代表作は「東海道五十三次」「名所江戸百景」。

うた-ぎれ⓪【歌切れ】名 和歌をかいた古筆の切れはし。

うた-ぐち［タ］【歌口】名 ❶歌のよみぶり。❷笛・尺八などの口をあてる部分。

うたぐり-ぶか・い［カ］【うたぐり深い】【▲疑り深い】形 ⇒うたがいぶかい。

うたぐ・る⓪【▲疑る】他五 ⇒うたがう。

うたげ⓪【▲宴】名〔文章語〕酒宴。宴会。さかもり。

うた-ごえ⓪【歌声】名 歌をうたう声。

うた-ごころ［ゴ］【歌心】名 ❶和歌の意味。❷歌に関する素養。❸和歌を作ろうとする気持ち。

うた-ざいもん［ザ］【歌祭文】名 江戸時代に流行した俗曲の一つ。もと、神主・山伏などの祈りのことばから出たもの。祭文。

うたざわ-ぶし⓪【歌沢節】名 江戸時代の末に流行した端唄の一種。歌沢大和大掾が始めた。うたざわ。

うたた⓪【うたた】【▲転た】副〔文章語〕❶物事に感じる心情が進むようす。なんともいえず、ますます。心がとめようもなく。「―今昔の感にたえない」❷物事の程度がはなはだしいようす。はなはだ。ひどく。「山川草木―荒涼」

うたた-ね⓪【うたた寝】【▲転た寝】名 床にはいらずに、うとうとすること。かりね。仮眠。

うだつ⓪【×梲】名〔「うだち」の変化〕はりの上にあり、むな木をささえる短い柱。**―が上がらぬ** 上から押えつけられていて、よい境遇になれない。参考 一説に「うだつ」は隣家との境につくる装飾を兼ねた防火壁のことで、裕福な家でないと上げられないことからという。

うだつ

うたて〔古語〕㊀副 ❶しきりに。ますます。いっそう。「何時はなも（イツモ）恋ひずありとはあらねども（恋イシガッテイルノダケレド）うたてこの頃恋し（恋ガ）繁しも」〈万葉〉❷普通でなく。異様に。「うたておぼさるれは、太刀を引き抜きて」〈源氏〉❸とりかえしがつかないほどに。どうしようもないほどひどく。「ししこらかしつる（コジラセテシマッタ）時は、うたてはべるを」〈源氏〉❹うとましいほどに。不愉快で。「（桐ノ木ハ）葉の広ごりざまぞ、うたてこちたけれど（ギョウギョウシイケレド）」〈枕〉㊁なり形動 ひどすぎる。なさけないほどだ。「うたてなりける心なし（分別ノナイ）の痴れ者かな」〈宇治拾遺〉

うたて-あ・り 自ラ変〔古語〕なげかわしい。気がすすまない。いやだ。「うたてある主のみもとに」〈竹取〉

うたて・し 形ク〔古語〕❶いやだ。気に入らない。「姫君も初めこそむくつけく（気味悪ク）、うたてくも覚えたまひしか」〈源氏〉❷なさけない。ふがいない。なげかわしい。「臆病はうたてきものなり」〈著聞集〉❸残酷だ。気の毒だ。「俊寛僧都一人赦免なかりけるこそうたてけれ」〈平家〉参考 鎌倉・室町時代ごろになると、「無下にうたてしう覚え候ふ」のようなシク活用の例もあらわれる。

うたのわかれ《歌のわかれ》中野重治の中編小説。一九三九年発表の青春文学。

うた-びと⓪【歌人】名〔文章語〕和歌をよむ人。歌人。

うた-ひめ［タ］【歌姫】名 歌をうたう女性。歌手として成功し、有名になった女性。

うた-まくら［マ］【歌枕】名 ❶和歌によみこまれた名所・旧

跡。❷枕詞・名所など、和歌をつくるときに必要なことがらをしるした書物。

うた-ものがたり［ガ］【歌物語】［名］平安時代の、物語の様式の一つ。「伊勢物語」や「大和物語」など、和歌を中心とするみじかい物語集。

うた-よみ［0］/［ミ］【歌詠み】［名］❶和歌を作ること。また、その人。歌人。❷和歌をうまく作る人。「彼はなかなかの—だ」

うたよみにあたうるしょ《歌よみに与ふる書》正岡子規の歌論書。一八九八年発表。旧派和歌を批判し、万葉集・金槐和歌集をたたえたもの。

うだ・る［ダ］【×茹る】［自五］❶⇒ゆだる。❷ひどい暑さで、からだがぐったりする。

うたれ-づよい【打たれ強い】［連語］つらい状況にあっても精神力が強く、たえられるようす。

うたわ-れる【×謳われる】［連語］（いいことに）評判される。「強豪と—」

う-たん［0］/［ウ］【右端】［名］みぎのはし。↕左端。

うち【打ち】［接頭］（動詞につく）❶ちょっと。かるく。「—見る」❷意味や語勢を強める。「—つづく」

うち［0］【内】㊀［名］❶物の内部。中。「箱の—に何か入っている」「胸の—」↕外。❷一定の範囲に含まれること。中。「雑用も仕事の—」「五人の—から代表者を選ぶ」「腹も身の—」❸一定の時間・数量の中。あいだ。「朝の—に仕事を片付ける」「暗くならない—に帰ろう」❹心中。内心。「—に省みて、やましいところはない」「—にこもる性格」❺【▲家】自分の家。自分の家庭。「雨降りなので—で遊ぶ」「転勤について—の者と話し合う」↕外。［参考］「内の人」は、妻が他人に夫を指して使うくだけた言い方。手紙で「山田○○内・山田内」のように差出人を記すのは、妻が代筆したことを示す。❻自分の所属する所。仲間。うちわ。「—の会社」↕外。❼〔古語〕宮中。内裏。転じて天皇。㊁［代］（もとは関西方言の女性語）わたし。自分。「—は知らんよ」［参考］最近は広く若い女性に使われる。複数形だった「うちら」との区別もなくなりつつある。

うち-あ・う【打ち合ふ】〔古語〕㊀［自四］❶そろう。間にあう。「御まかなひ（給仕ノ者ガ）うちあはず」〈源氏〉❷たがいに打つ。敵対する。㊁［他四］（碁・双六などを）たがいに打つ。

うち-あげ［0］【打（ち）上げ】［名］❶うちあげること。「花火の—」❷興行の終わり。❸ひとまとまりの仕事の終わり。また、それを祝う宴会。❹うちあげはなび。 —**花火**［ハ］［名］空中にうちあげる花火。うちあげ。㊙秋 ↕仕掛け花火。

うちあけ-ばなし［バ］【打（ち）明け話】［名］秘密や心のうちをかくさずにはなす話。

うち-あ・ける［0］/［ケ］【打（ち）明ける】［他下一］秘密や心のうちなどをつつみかくさず話す。告白する。 **うちあ・く**［文語下二］

うち-あ・げる【打（ち）上げる】㊀［0］/［ゲ］［他下一］❶空中に高く上げる。「花火を—」「外野フライを—」❷波が海岸にものを打ち寄せる。❸芝居・相撲などの興行を終える。㊁［自下一］高くあがる。「岩壁に—高波」 **うちあ・ぐ**［文語下二］㊂［他下二］〔古語〕❶手を打って、歌いあそぶ。「このほど三日うちあげあそぶ」〈竹取〉❷高く持ちあげる。「しばしありて、（弓ヲ）うちあげたりければ」〈宇治拾遺〉❸声を高くはりあげる。「千手経をうちあげうちあげ」〈平家〉❹乗っている馬を岸にあげる。「はるかのしも（川下）より、うちあげたり」〈平家〉

うち-あわせ［0］【打（ち）合（わ）せ】［名］前もって相談したり話し合ったりすること。「総会の前に—が必要だ」

うち-あわ・せる［セ］【打（ち）合（わ）せる】［他下一］❶物と物とをぶつける。❷前もって相談をする。下相談をする。 **うちあは・す**［文語下二］

うち-い・ず【打ち▲出づ】〔古語〕㊀［自下二］❶出る。「田子の浦ゆ（ヲ通ッテ）うちいでて見れば」〈万葉〉❷出発する。出向く。㊁［他下二］❶打って出す。❷出す。❸口に出して言う。「たやすくうちいでんもいかがと」〈徒然〉

うちいで-のきぬ【打▲出の▲衣】［名］〔古語〕牛車の中やすだれの下から出した女の衣のすそ。いだしぎぬ。

うち-いり［0］【討（ち）入（り）】［名］敵陣・屋敷に攻めこむこと。「赤穂浪士の—」

うち-いわい［イ］【内祝（い）】［名］したしい者だけでするうちわの祝い。また、それを記念して他人におくる贈り物。

うち-うち［0］【内内】［名］［形動］表立てず、うちわですること。ないない。「—で祝う」

うち-うみ［0］【内海】［名］❶みずうみ。❷入り海。ないかい。↕外海。

うち-お［チ］【打（ち）緒】［名］うちひも。

うち-おと・す［ト］【打（ち）落（と）す】［他五］❶たたきおとす。「柿をさおで—」❷切っておとす。「首を—」 **打ち落とせる**［自下一］［…できる］

うち-おと・す［ト］【撃（ち）落（と）す】［他五］銃砲などでうって、おとす。「鳥を—」 **撃ち落とせる**［自下一］［…できる］

うち-かえし【打（ち）返し】㊀［0］［名］❶もう一度打つこと。❷古綿を再生すること。また、その綿。㊁［副］〔古語〕❶くりかえし。何度も。❷反対に。逆に。

うち-かえ・す［カ］【打（ち）返す】㊀［他五］❶なぐりかえす。❷打ってむこうへ返す。「ボールを—」❸古綿を再生する。❹田畑をすきかえす。㊁［自五］一度引いた波が、また寄せてくる。 **打ち返せる**［自下一］［…できる］

うち-かけ［0］【打（ち）掛（け）】［名］❶【×裲×襠】㋐昔、宮中の儀式のとき武官が装束の上につけた服。㋑武家婦人の礼服の一つ。帯をしめた上に着る、すその長い小そで。かいどり。現代では、婚礼衣装用。㋒舞楽の装束の一つ。❷囲碁で、その日のうちに勝負がつかない場合、いったん中止すること。

打ち掛け❶㋑

うち-がけ［0］【内掛（け）】［名］相撲で、組んだまま自分の足を内側から相手の足のかかとのあたりに掛けてたおすわざ。↕外掛け。

うち-かた［0］【内方】［名］❶〔古語〕貴人・他人の妻を尊敬していうことば。おくさま。内儀。内室。❷〔古語〕貴人の家につかわれている女。❸自分の家。自分のほう。

うち-か・つ［カ］【打（ち）勝つ】【打▲克つ】［自五］（「うち」は強めの接頭語）❶勝つ。❷苦しみや誘惑などに負けないで、のりこえる。克服する。「困難に—」 **打ち勝てる**［自下一］［…できる］

うち-かぶと［カ］【内×兜・内×冑】［名］❶かぶとの内がわ。❷内部のようす。うちまく。 —**を見透かす** 内部のようすや弱点を見ぬく。

うち-がわ［0］【内側】［名］内のほう。内部。「門の—」↕外側。

うち-き［0］【打（ち）気】［名］野球で、打者がたまを打とうとする積極的な気持ち。「—にはやる」

うち-き［0］【内気】［名］［形動］おとなしくて、遠慮ぶかい性質。

ひかえめなたち。

うちぎ ⓪【×袿】名 ❶昔、家にいるとき男子が直衣(のうし)・狩衣(かりぎぬ)などの下につけた衣服。❷平安時代、女性が、唐衣(からぎぬ)の下につけた衣服。‖うちき。

うちきず キ|チ【打(ち)傷】名 打ちつけたり、打たれたりしてできた傷。打撲傷(だぼくしょう)。

うちぎぬ ⓪【打▲衣】名 ❶きぬたで打ってつやをだした衣。❷平安時代の婦人が正装のとき、五つ衣(ぎぬ)の上に着た衣服。

うちき・る キ|⓪【打(ち)切る】他五 ❶たたき切る。❷〔「うち」は接頭語〕途中でやめにする。「会議を五時で―」 **打ち切り** 名 **打ち切れる** 自下一〔…できる〕

うちきん ⓪|キ【内金】名 支払う代金の一部として品物を受けとる前に渡すかね。手金。手つけ。

うちくだ・く ダ【打ち砕く】他五 ❶強く打って細かくくだく。「ハンマーでブロックを―」❷立ち直れなくなるほど完全に壊す。「敵の野望を―」 **うちくだける** 自下一〔…できる〕

うちくび チ|ク【打(ち)首】名 罪人の首を切る刑罰。斬罪(ざんざい)。

うちけ・す ⓪|ケ【打(ち)消す】他五 そうではないと言う。否定する。「うわさを―」 **打ち消し** 名 **打ち消せる** 自下一〔…できる〕

うちゲバ ⓪【内ゲバ】名 ❶革命運動の諸党派間の暴力闘争。内部ゲバルト。❷仲間どうしの争い。

うちげんかん ゲ【内玄関】名 家の人の出入りする玄関。ないげんかん。↕表玄関。

うちこ コ【打(ち)粉】名 ❶日本刀などにふりかけて、刀身をみがくためのこな。とのこ。❷そば・もちをのばすときにふりかけて、べたつかせないためのこな。とりこ。❸汗取りに使うこな。汗知らず。

うちことば コ【打(ち)言葉】名 電子メールやSNSなどで入力キーを打って書かれた語句・語法。極端な略語や絵文字などに特徴がある。

うちこ・む ⓪|コ【打(ち)込む】他五 ❶打って入れる。たたいて、つっこむ。「くさびを―」❷熱中する。むちゅうになる。「研究に―」❸剣道で、相手に打ってかかる。❹碁で、相手の陣形の中に石を打つ。 **打ち込み** 名 **打ち込める** 自下一〔…できる〕

うちころ・す ⓪【打(ち)殺す】他五 ❶たたきころす。❷〔「うち」は接頭語〕「ころす」の強め。ぶちころす。 **打ち殺せる** 自下一〔…できる〕

うちころ・す ⓪【撃(ち)殺す】他五 弾丸をあてころす。 **撃ち殺せる** 自下一〔…できる〕

うちこわし ⓪【打(ち)壊し】名 ❶ぶちこわし。破壊。❷江戸時代、ききんのときなど、貧民たちが商人など金持ちの家をこわし、略奪をした騒動。

うちしお・れる ⓪|レ【打▲萎れる】自下一〔「うち」は強めの接頭語〕❶草花が生気をなくす。❷すっかり元気がなくなる。

うちしず・む ズ【打(ち)沈む】自五〔「うち」は強めの接頭語〕すっかりしずみこみ、元気がなくなる。

うちじに ⓪【討(ち)死(に)】名 戦死。

うちしょく ⓪【内食】名 自サ 自宅で調理して食事をとること。ないしょく。↕外食・中食。

うちすう ス【内数】名 統計における合計数のうちで、ある要素が占めている数。「生徒総数の欄の( )内の数は、留学生を―で示す」

うちす・える ⓪|エ【打(ち)据える】他下一 ❶たたいてたおす。たたいて起きられないようにする。「一撃のもとに―」❷〔「うち」は接頭語〕「すえる」の強め。「石像を―」 **うちす・う** 文語ワ下二

うちす・ぎる ギ【打(ち)過ぎる】㊀自上一〔「うち」は接頭語〕過ぎる。「ごぶさたに打ち過ぎまして」㊁他上一 打つ程度が過ぎる。 **打ち過ぎ** 名

うちずみ【内住み】名〔古語〕〔「うち」は宮中の意〕宮中に居住すること。また、女官として宮中にお仕えすること。↕里住み。

うちぜい チ【内税】名 商品の価格に消費税を含めて示すこと。↕外税。

うちたえて タ【打(ち)絶えて】副〔文章語〕〔「うち」は強めの接頭語〕すっかり。ぷっつり。さっぱり。「―たよりがない」参考 下に打ち消しの語がくる。

うちだか ⓪【内高】名 江戸時代に、武家の実際の収入となる石高(こくだか)。実収。↕表高(おもてだか)。

うちだし ⓪【打(ち)出し】名 ❶模様をうちだすのに使う型。また、うちだしもよう。❷その日の興行の終わり。うちどめ。はね。「―は午後六時」

うちだ・す ダ【打(ち)出す】他五 ❶打って出す。❷くふうして出す。はっきりと示す。「新しい方法を―」❸主義・主張をはっきりと示す。「基本方針を―」❹裏から厚紙や金属板などを打って表面に模様を出す。❺打ち始める。❻終わりを知らせる太鼓を打つ。 **打ち出せる** 自下一〔…できる〕

うちた・てる テ【打(ち)立てる】他下一〔「うち」は強めの接頭語〕しっかりと立てる。「功績を―」

うちだひゃっけん《内田百閒》一八八九―一九七一。小説家・随筆家。本名は栄造。夏目漱石(なつめそうせき)晩年の門弟。夢幻的な作品、ユーモアのある文体を特色とする。「冥途(めいど)」「百鬼園(ひゃっきえん)随筆」「阿房(あほう)列車」など。

うちだろあん《内田魯庵》一八六八―一九二九。評論家・小説家・翻訳家。本名は貢(みつぎ)。評論に「文学者となる法」、小説に「くれの廿八日」など。

うちちがい ⓪【打(ち)違い】名 ❶十字形。はすかい。「―に支えを入れる」❷まちがえて打つこと。また、まちがえて打たれたもの。「キーの―」

うちつけ なり形動〔古語〕❶だしぬけ。ぶっつけ。突然。「うちつけに海は鏡のごとなりぬれば」〈土佐〉❷けいそつ。深い考えがない。❸ろこつ。ぶえんりょ。ぶしつけ。

うちつ・ける ケ【打(ち)付ける】他下一 ❶打ってとりつける。「看板を―」❷強くぶつける。「頭を柱に―」

うちつづ・く ⓪|ツ【打(ち)続く】自五〔「うち」は強めの接頭語〕長くつづく。ひきつづく。「―長雨」

うちつど・う ド【打(ち)集う】自五〔文章語〕〔「うち」は強めの接頭語〕寄りあつまる。「―人々」

うちっぱなし ⓪【打ちっ放し】名 ➡うちはなし。

うちづら ⓪【内面】名〔「ないめん」と読めば別語〕家庭や内部の人たちに見せる顔つきや態度。「外づらはいいが―が悪い」↕外づら。

うちつ・れる ⓪|レ【打(ち)連れる】自下一〔「うち」は強めの接頭語〕つれだつ。そろって行く。「打ち連れて花見に出かける」 **うちつ・る** 文語下二

うちでし ⓪【内弟子】名 師の家に住みこんでいるでし。

うちでのこづち コ【打(ち)出の小づち】【打出の小×槌】名 ふれば、願いの品が出るという小さなつち。

うちと【内▲外】名〔古語〕❶うちとそと。おもてむきとおくむき。❷仏教と儒教。

うちと・ける ケ【打(ち)解ける】自下一 ❶気楽したしくなる。「打ち解けて語り合う」❷くつろぐ。

う

になる。うちと・く [文語下二]

うち-どころ [0]【打(ち)所】[名] ❶からだなどの物にぶつけた所。「—が悪かった」❷指摘すべき点。「非の—がない」

うち-どめ [0]【打(ち)止(留)め】[名] ❶終わり。最後。❷興行の終わり。うちだし。

うち-と・める [メ]【討(ち)止める】[他下一] メ・メ・メル・メル・メレ・メロ・メヨ 武器でころす。「賊を—」

うち-と・める [メ]【撃(ち)止める】[他下一] メ・メ・メル・メル・メレ・メロ・メヨ 鉄砲などをうってころす。「大熊(おおぐま)を—」

うち-と・る [ト]【討(ち)取る】[他五] ラ・ロ・リ・ッ・ル・ル・レ・レ ❶武器を使ってころす。❷試合で、相手を負かす。❸【打(ち)取る】野球で打たせてアウトにする。「外野フライに—」

うちなあ-ぐち [0]【うちなあ口】[名] 沖縄の人が、共通語に対して、沖縄固有のことばをさす語。

うち-なお・す [オ]【打(ち)直す】(なほす) [他五] サ・ソ・シ・ス・ス・セ・セ ❶あらためて打つ。❷固くなった古綿をほぐして再生する。打ち返す。**打ち直し** [名] **打ち直せる** [自下一] […できる]

うち-にわ [0]【内庭】(には) [名] 家の建物と建物との間にある庭。中庭。つぼ庭。

うち-ぬき [0]【打(ち)抜き】[名] ❶打ち抜くこと。打ち抜かれたもの。❷板金・厚紙などに型をあてて、一定の形のものをぬきとること。また、その道具。

うち-ぬ・く [ヌ]【打(ち)抜く】【打▲貫く】[他五] カ・コ・キ・イ・ク・ク・ケ・ケ ❶打って穴をあける。❷つらぬきとおす。「山を—」❸あくまで打つ。「打って打って—」❹板金・厚紙などの打ち抜きをする。**打ち抜ける** [自下一] […できる]

うち-のめ・す [メ]【打ちのめす】[他五] サ・ソ・シ・ス・ス・セ・セ ❶起き上がれないくらいひどくなぐる。なぐりたおす。❷二度とたち上がれないような大打撃を与える。「敵を—」

うち-のり [0]【内のり】【内▲法】[名] 箱などの、内がわではかった寸法。↕外のり。

うち-はた・す [タ]【討(ち)果(た)す】[他五] サ・ソ・シ・ス・ス・セ・セ 人を切りころす。うちとる。**討ち果たせる** [自下一] […できる]

うち-はなし [0]【打(ち)放し】[名] ❶コンクリート建築で、型枠をはずした面に仕上げを施さずに仕上げ面とすること。うちっぱなし。❷ゴルフの打撃練習場。うちっぱなし。

うち-ばらい [バ]【内払い】(ばらひ) [名] 代金や借金の一部の支払い。内渡し。

うち-はら・う [ラ]【打(ち)払う】(はらふ) [他五] ワ・オ・イ・ッ・ウ・ウ・エ・エ 〔「うち」は接頭語。「はらう」の強め〕❶たたいて払う。「ほこりを—」❷払いきよめる。「けがれを—」❸おい払う。「賊を—」**打ち払える** [自下一] […できる]

うち-ひしが・れる [ガ]【打ち▲拉がれる】[自下一] レ・レ・レル・レル・レレ・レロ・レヨ 〔「うち」は強めの接頭語〕強い力で心がくだかれる。「悲しみに—」

うち-ひも [チ]【打ちひも】【打×紐】[名] 二本以上の糸を組んでつくったひも。くみひも。うちお。

うち-ぶところ [フ]【内懐】[名] ❶はだに近いふところ。❷内情。うちまく。「—を見すかす」

うち-ぶろ [0]【内風呂】[名] 建物の中に作った浴場。うちゆ。↕外ぶろ。

うち-べり [0]【内減り】【内▲耗】[名] ❶穀物をうすでつくとき、元の量にくらべて、すこし減ること。また、減った量。❷歩合算で、減り高の元高に対する比率。また、その量。

うち-べんけい [ベ]【内弁慶】[名] 外ではいくじがないが、家でいばっていること。また、そのような人。かげべんけい。

うち-ぼり [0]【内堀】【内×濠】[名] 城の内部にあるほり。↕外ぼり。

うち-まか・す [カ]【打(ち)負かす】[他五] サ・ソ・シ・ス・ス・セ・セ ❶〔「うち」は強めの接頭語〕相手を完全にやっつける。「弁舌で相手を—」❷打って、相手をまけさせる。野球などで、打撃力でかつこと。

うち-まく [0]【内幕】[名] 内部の事情。内情。ないまく。

うち-まご [0]【内孫】[名] あととりから生まれた孫。↕外孫。

うち-また [0]【内股】[名] ❶ももの内がわ。うちもも。❷足のつま先を内がわに向けて歩くこと。内輪(うちわ)。↕外また。❸柔道で、片足を相手の内ももにかけて倒すわざ。**—×膏薬**(こうやく) [ゴ][名]〔内またにはったこうやくが両がわのももへ張りつくことから〕はっきりした態度・意見を持たず、あちらについたり、こちらについたりすること。また、そういう人。

うち-まわり [マ]【内回り】(まはり) [名] ↕外回り。❶家の内がわ。❷同心円の、中心に近いほうを回ること。❸環状線の電車で、内がわの線路を走ること。また、その電車。

うち-み [0]【打(ち)見】[名] ちょっと見たようす。一見。「—はよいが…」

うち-み [ミ]【打(ち)身】[名] 打ったためにできた皮下組織の傷。打撲傷(だぼくしょう)。

うち-みず [チ]【打(ち)水】(みづ) [名] ほこりを静めたり、涼しくしたりするために、道路や庭などに水をまくこと。また、その水。(夏)

うち-み・る [ミ]【打(ち)見る】[他上一] ミ・ミ・ミル・ミル・ミレ・ミロ・ミヨ [文章語]〔「うち」は「軽く」の意の接頭語〕ちょっと見る。「打ち見たところ」

うち-むき [0]【内向き】[名] ↕外向き。❶内側に向いていること。❷内輪のこと。家庭内のこと。「—の用事」❸国内または自分の属する社会にだけ目を向けていること。「日本企業の—体質」

うちむら-かんぞう《内村鑑三》一八六一～一九三〇。宗教家・評論家。キリスト教無教会主義の立場で社会問題に積極的な発言をつづけた。「余は如何(いか)にして基督(キリスト)信徒となりし乎(か)」など。

うち-もの [チ]【打(ち)物】[名] ❶打ってきたえた武器。刀・やりなど。❷打ってこしらえた金属製の道具。❸型に入れてかためた干菓子(がし)。❹打って鳴らす楽器。つづみ・鐘など。❺きぬたで打ってつやを出した絹布。

うち-もも [0]【内もも】【内▲股】[名] ももの内がわ。うちまた。

うち-やぶ・る [ブ]【打(ち)破る】[他五] ラ・ロ・リ・ッ・ル・ル・レ・レ ❶たたきこわす。うちこわす。「戸を—」❷〔「うち」は強めの接頭語〕徹底的にやっつける。「強敵を—」**打ち破れる** [自下一] […できる]

うち-やぶ・る [ブ]【撃(ち)破る】[他五] 相手を攻撃して負かす。撃破する。「とりでを—」**撃ち破れる** [自下一] […できる]

うち-ゆ [0]【内湯】[名] ↕外湯。❶屋内につくった浴場。❷自分の家の浴室。

う-ちゅう [ウ]【宇宙】[名] ❶すべての天体をふくむ全空間。「—には無数の星雲がある」❷地球の大気圏外、および太陽系内の空間。宇宙空間。❸秩序ある一つの統一体としての世界。**—開発**(かいはつ) [カ][名] 宇宙の空間および天体を科学的に研究し、人類の生活圏として役立たせること。また、そのための科学技術を進めること。**—人**(じん) [チュ][名] 地球以外の天体に生存すると想像されている、高度な知能をもった生命体。**—×塵**(じん) [チュ][名] 宇宙に散在している微粒状物質。**—ステーション** [テ][名]〈station〉地球の大気圏外につくられる大型の人工衛星。宇宙空間旅行のための補給・修理・通信基地として用いる。宇宙基地。 ―船【せん】⓪名 人間の乗れる大型の人工衛星・宇宙ロケットなど。衛星船。 ―線【せん】⓪名 宇宙からたえまなく地球へとびこんでくる放射線の総称。 ―中継【ちゅうけい】チュ2名 ある国のテレビ放送電波を、大気圏外の通信衛星を中継局として遠距離へ送り、他の国で放送すること。 ―通信【つうしん】ツ名 宇宙空間内の天体・人工衛星・宇宙ロケット相互間、あるいはそれらと地上との無線通信。通信衛星による宇宙中継放送などをふくむ。 ―飛行士【ひこうし】コ名 宇宙船に乗って、地球の大気圏外を飛行する航空士。宇宙パイロット。 ―ロケット ロ〈rocket〉名 地球の大気圏外の宇宙空間に発進させるロケット。月ロケット・惑星ロケットなど。

う-ちゅう ウ【雨中】名 雨の降るなか。「―の行進」

う-ちょう-てん チョ【有頂天】㊀名〔仏〕色界【しきかい】の最高に位する所。九天の最高の天。㊁形動 たいへんに得意なようす。「勝って―になる」 参考「宇頂天」「有頂点」と書くのはあやまり。

うち-よ・せる セ【打(ち)寄せる】自下一 〔「うち」は強めの接頭語〕❶おし寄せる。寄せてくる。「波が―」❷馬で近づく。 うちよ・す 文語下二

うち-ら チ【うちら】【内▲等】代〔主に若い女性が使う〕わたし。自分。 参考 以前は「うち㊁」の複数形だったが、今は単数・複数の区別はない。

うち-わ チ【団▲扇】は名 ❶あおいで風をおこす道具。夏 ❷相撲の軍配うちわ。 ―太鼓【だいこ】ダ名 一枚皮を円形にはって、柄をつけた太鼓。日蓮宗でつかう。

うち-わ ⓪【内輪】名 形動 ❶うちうち。内部。「―の問題」❷内密。ないしょ。「―ではからう」❸数量の評価などについてひかえめなこと。「―の計算」❹内また。↔外輪【そとわ】。 ―×揉【も】め ⓪名 家族・仲間・味方どうしの争い。うちわげんか。

うち-わけ ⓪【内訳】名 総額・総高の項目別の小分け。

うち-わた ⓪【打(ち)綿】名 打ちなおしたふる綿。

うち-わたし ワ【内渡し】名 うちばらい。

うち-わ・る ⓪ワ【打(ち)割る】他五 ❶たたいてさけめを作る。たたいてこわす。❷事情などをかくさないで話す。「打ち割って話す」

うつ【鬱】㊀ウ名 造 ❶気分がはればれとしないこと。「―をはらす」「鬱積・沈鬱・憂鬱」❷精神疾患の一種。うつ病。㊁造 ❶草木がこんもり茂ること。「鬱蒼【うっそう】」❷さかんなこと。「鬱勃【うつぼつ】」

う・つ ウ 他五 ㊀【打つ】❶対象となるものに瞬間的に強い力を加える。㋐手や道具で平らなところに力を加える。「平手でほおを―」「くわで畑を―」 参考 擬人的に「雨が激しく窓を打つ」「ほおを打つ風」のように自然現象を主体とする言い方もある。㋑身体の一部をどこかにぶつける。「壁で頭を―」「転んで膝を―」㋒たたいて音をさせる。「太鼓を―」「鼓【つづみ】を―」㋓たたくような動作で仕事をする。「パソコンのキーを―」「文章に点を―」㋔素材に力を加えて製品にする。「刀を―」「能面を―」「そばを―」㋕(比喩的に)人の心に感動をあたえる。「聴衆の胸を―ことば」❷力を加えて対象となるものを動かす。㋐物を中に入れる。「金づちで釘を―」「くいを―」「背中に鍼【はり】を―」㋑遠くへ物を移動させる。投げつけるようにする。「ラケットでボールを―」「船から網を―」「罪人に縄を―」㋒【撃つ】弾丸・砲弾を遠くの目当てに向けて発射する。「鳥を鉄砲で―」「ロケット目がけてミサイルを―」 参考「ホームラン・六時・碁・寝返り・注射を打つ」などは、対象物に力を加えることから、その結果として生じた状態に意味の焦点が移った慣用的な言い方である。❸ほかから目立つような行為をする。㋐もよおす。「ばくちを―」「芝居を―」㋑対策を立てる。「あらかじめ手を―」㊁【討つ】【▲伐つ】敵対する相手を武力で従わせる。「かたきを―」「賊軍を―」 うてる 自下一〔…できる〕

うつ-うつ ⓪【鬱鬱】と副 たる連体 ❶心がはれないようす。「―として病床に日をすごす」❷〔文章語〕樹木のしげっているようす。うっそう。「―たる原始林」

うつ-お【▲空】ほ名 なり形動〔古語〕中がからになっていること・所。木のほら・岩屋など。うつろ。

うっ-かり カ (と)副 自サ 気づかずに。ぼんやり。「―忘れる」「―ミス」

うつ-ぎ ⓪【×卯木・▲空木】名 ユキノシタ科の落葉低木。初夏、白色の花をひらく。みきは中空。いけがきにする。

う-づき【×卯月】名〔古語〕陰暦四月。夏 ⇩月(表)。

うつくし・い【美しい】㊀シ 形 ❶色・形・音・声などがいい感じである。きれい。「―少女」「―歌声」❷人の心を感動させるほどすばらしい。「―行為」「―詩」 美しさ 名 うつく・し 文語シク ㊁【▲愛し】形シク〔古語〕❶いとしい。かわいい。「妻子【めこ】見ればめぐし(カワイク)うつくし」〈万葉〉❷小さくてかわいらしい。愛くるしい。「三寸ばかりなる人、いとうつくしうてゐたり」〈竹取〉❸りっぱだ。すばらしい。「木の道のたくみの作れるうつくしき器物【うつはもの】も」〈徒然〉

うつくし・む【▲愛しむ・▲慈しむ】他四〔古語〕かわいがる。いつくしむ。「憎げなる稚児【ちご】を…うつくしみかなしがり」〈枕〉

うっ-くつ ⓪【鬱屈】名 自サ 気がめいって心がふさぐこと。

うつ-け ⓪【▲空け】名 ❶〔古語〕内部がからになっていること。うつろ。❷ぼんやりしていること・人。

うっ-けつ ⓪【鬱血】名 自サ 静脈【じょうみゃく】の血がひと所に異常にたまっている状態。

うつし シ【写し】名 ❶うつしとった文書・絵。❷副本。謄本【とうほん】。「免許証の―」

うつ・し【▲現し】形シク〔古語〕❶現実である。いま生きている。「葦原中国【あしはらのなかつくに】のあらゆるうつしき青人草【あおひとくさ】(人民)の」〈古事記〉❷正気【しょうき】である。「春の日のうら悲しきに後れ居て(家ニ残ッテイテ)君に恋ひつつうつしけめやも(正気デイラレマショウカ)」〈万葉〉

うつし-え シ【写(し)絵】名 ❶(古い言い方)写真。幻灯。❷影絵。❸印刷した絵を他の物にうつしつける遊び。「移し絵」とも。

うつし-ごころ【▲現心】名〔古語〕意識がはっきりしている状態の心。正気【しょうき】。「うつしごころな酔ひたる者に候ふ」〈徒然〉 参考 古くは「うつしこころ」。

うつし-み【▲現身】名〔古語〕⇩うつせみ。

うつし-よ【▲現世】名〔古語〕この世。現世【げんせ】。

うつ-じょう ⓪【鬱情】名 重苦しく暗い気持ち。「―を発散させる」

うつ・す ツ 他五 ㊀【映す】❶光や物の姿を他のものに反射させてあらわす。「水に姿を―」❷撮影した映画・スライドなどをスクリーン・画面上にあらわす。「ビデオに―」㊁【写す】❶文章・絵画などの原物をもとにして、そのとおりにかいたり、つくったりする。「手本を―」「正解を―」❷情景や心理などを、文章や絵画などに表現する。描写する。「情景をよく写した文章」❸写真・映画・ビデオなどで映像として残す。「写真を―」「風景を―」 うつせる 自下一〔…できる〕

うつ・す ツ【移す】他五 ❶場所・状態を変える。

㋐【⁴遷す】今までとちがう場所に置く。位置・地位を変える。動かす。移動させる。「席を―」「本社から支社へ―」「都を―」㋑今までとちがう状態に置く。一段進んだ段階に置く。「実行に―」❷時を過ごす。「時を移さず実行する」❸関心などをほかのものに向ける。「心を―」「視線を―」❹病気を伝染させる。❺色・香をほかのものにしみこませる。**うつせる** 自下一〔…できる〕

うっすら ス (と)副 ごくうすく。「―と雪がつもった」

うっ・する ス【鬱する】自サ（シ・セ・サ—シ—スル—スル—スレ—セ*）心がはればれしない。ゆううつになる。**うっ・す** 文語サ変

うっ‐せき ⓪【鬱積】名 自サ 不平・不満が晴らされずに心にたまること。

うつ‐せみ【⁴空×蟬】名〔古語〕❶せみのぬけがら。㊗夏 ❷せみ。

うつせみ【⁴現身】名〔古語〕❶この世に生きている人間。❷この世。現世。=うつしみ・うつそみ。**―の** 枕「世(代)」「人」「世の人」「身」「命」などにかかる。うつしみの。うつそみの。「うつせみの世はうきものと知りにしを」〈源氏〉

うつ‐ぜん ⓪【鬱然】と副 たる連体〔文章語〕❶あたりが暗くなるほど、こんもりとしげったようす。うっそう。「―としげる森」❷勢いよく、さかんなようす。「―と洋学が興る」❸奥底が知れないほど勢力が強いようす。「―たる大家」❹気持ちがふさぐようす。「―として楽しまない」

うっ‐そう ⓪【鬱×蒼】と副 たる連体 こんもりとしげっているようす。「―としげる森」「―たる木立(こだち)」

うつそ‐み【⁴現身】名〔古語〕⬇うつせみ。

うっそり ソ (と)副 ぼんやりとしているようす。「―つっ立っている」

うったえ‐に(うったへ) 副〔古語〕(下に打ち消し・反語がくる)なにも。別に。「うつたへに忘れなむとにはあらで」〈土佐〉

うった・える タ/エ【訴える】(うったへる) 他下一（エ—エ—エル—エル—エレ—エロ・エヨ）❶物事をさばいてもらうために裁判所に申しでる。告訴する。❷解決を求めて不満や苦痛などを人につげる。❸強い力・はげしい手段をつかう。「武力に―」❹働きかける。「良心に―」「視覚に―」 **訴え** 名 **うった・ふ** 文語ハ下二

うっちゃらか・す カ 他五（サ・ソ—シ—ス—ス—セ—セ）〔俗語〕手をつけずにほうっておく。ほったらかす。**うっちゃらかし** 名

うっちゃり ⓪【打⁴遣り】名 相撲で、うっちゃって相手をたおすわざ。

うっちゃ・る チャ【打⁴遣る】他五（ラ・ロ—リ・ッ—ル—ル—レ—レ）❶そのままほうっておく。うっちゃらかす。❷捨てる。「紙くずを―」❸相撲で土俵ぎわでふんばり、寄ってきた相手をひねって土俵の外に投げる。❹試合の最後でもりかえし、相手を負かす。**うっちゃれる** 自下一〔…できる〕

うつつ ⓪【⁴現】名 ❶現にあること。現実。「夢か―か」↕夢。❷正気(しょうき)。本心。「―に返る」❸夢と現実との間の状態。夢ごこち。夢うつつ。**―を抜(ぬ)かす** 本心をうばわれて夢中になり、ほかの事に手がつかない。「登山に―」

うつつ‐な・し【⁴現無し】形ク〔古語〕正気(しょう)でない。夢うつつである。「湖水の碧(みどり)なるを見るより(見ルトスグニ)、うつつなき心に(水ヲ)浴びて遊びなむとて」〈雨月〉

うっ‐て ⓪【討手】名 賊などを討つために追いかける人。

打(う)って変(か)わる 急にかわる。がらりとかわる。「―待遇」

うって‐つけ ⓪【打ってつけ】名 形動 ぴったりとあうこと。もってこい。最適。「彼に―の仕事」

打(う)って出(で)る ❶攻撃して出る。❷自分から進んで出る。のりだす。「市長選挙に―」

ウッド ⓪/ウ〈wood〉名（木・木材の意）ゴルフで用いる、頭部が木製のクラブ。↕アイアン。

うっとうし・い シ【鬱陶しい】形（カロ—カッ・ク—イ—イ—ケレ—○）❶陰気で気分がよくない。「―空もよう」「―顔つき」❷なにかがおおいかぶさるようで、わずらわしい。うるさい。「髪が顔にたれさがって―」 **うっとうしがる** 自五 **うっとうしげ** 形動 **うっとうしさ** 名 **うっとう・し** 文語シク

うっとり ト (と)副 自サ 心をうばわれて、ぼうっとするようす。「―ながめる」

うづ‐な・ふ【⁴諾ふ】他四〔古語〕⬇うずなう。

うつ‐ばり【×梁】名〔古語〕はり。

うつ‐びょう ⓪【うつ病・鬱病】名 精神疾患の一種。気分がめいり、積極的に事をする気力がなくなる。抑うつ症。参考 病名としては、新聞や放送では、「うつ」を仮名書きすることが多い。

うつ‐ぶ・す フ【×俯す】自五（サ・ソ—シ—ス—ス—セ—セ）❶顔を下にして横たわる。❷机の上などに顔をふせる。**うつぶし** 名

うつ‐ぶ・せる セ【×俯せる】他下一（セ—セ—セル—セル—セレ—セロ・セヨ）❶うつぶす。❷物を上下さかさまにして置く。「コップを―」 **うつぶせ** 名 **うつぶ・す** 文語下二

うっ‐ぷん ⓪【鬱憤】名 つもりつもったうらみやいかり。「―をはらす」

うつ‐ほ【⁴空】名 なり形動〔古語〕⬇うつお。

うつぼ ⓪【×靫・⁴空穂】名 矢を入れて、腰や背につけた筒形の道具。**―⁴葛(かずら)(×蔓)** カ 名 ウツボカズラ科の食虫植物。熱帯に自生。葉の先にうつぼ形のふくろがあり、中の消化液で、落ちこんだ虫を殺して養分とする。

うつぼかずら

うつぼ ⓪【×鱓】名 ウツボ科の海水魚。全長約八〇センチメートル。口は大きく歯は強い。沿岸の岩の間にすむ。食用。

うつ‐ぼつ ⓪【鬱勃】と副 たる連体 元気さかんなようす。威勢のよいようす。「―たる興国の気運」

うつぼものがたり《宇津保物語》平安時代中期の物語。作者未詳。二十巻。漂流物語・求婚物語などがくりひろげられる。うつほものがたり。

うつ‐む・く ム【×俯く】自五（カ・コ—キ・イ—ク—ク—ケ—ケ）首をまげて下を向く。顔をふせる。↕あおむく。**うつむき** 名

うつ‐む・ける ケ【×俯ける】他下一（ケ—ケ—ケル—ケル—ケレ—ケロ・ケヨ）↕あおむける。❶顔を下へ向ける。「顔を―」❷物の上部を下にする。「箱を―」 **うつむけ** 名 **うつむ・く** 文語下二

うつら‐うつら ㊀ ウ2/ウ1=ウ2 (と)副 自サ 浅くねむるようす。うとうと。「―といねむりする」㊁ 副〔古語〕目の前にはっきりと。まざまざと。「うつらうつらの見まくのほしき君にあるかも」〈万葉〉

うつり リ【映り】名 ❶光や影があらわれること。「テレビの―がわるい」❷色などのとりあわせ。配色。

うつり リ【移り】名 ❶うつること。移動。❷⬇おうつり。

うつり‐が リ【移り香】名 物に移って残るかおり。

うつり‐かわ・る ワ【移り変(わ)る】(かはる) 自五（ラ・ロ—リ・ッ—ル—ル—レ—レ）時代とともにかわって行く。変遷する。「風俗が―」 **移り変わり** 名

うつり‐ぎ リ【移り気】名 形動 気がかわりやすいこと。また、その性格。

うつり‐ばし バ【移り箸】名 あるおかずを食べ、飯を食べずに他のおかずにはしをつけること。不作法とされる。

うつ・る ツ 自五（ラ・ロ—リ・ッ—ル—ル—レ—レ）㊀【映る】❶光や物の姿がほかの物の表面に反射してあらわれる。反映する。「水に―月」「人の目に―」❷色や物のとりあわせがよく調和している。「ネクタイが上着の色によく―」㊁【写る】❶写真などに

映像があらわれる。「変な顔に―」❷下の文字や絵などが、紙をとおして見える。

うつ・る ツ【移る】自五 ラ・ロ・リ・ッ/ル・ル・レ・レ ❶場所・状態が変わる。㋐【▲遷る】今までとちがう場所に行く。位置・地位が変わる。移動する。「都が―」「新しい会社に―」㋑今までとちがう状態になる。一段進んだ段階になる。「実行に―」「時代が―」❷変化する。「流行が―」❸時がたつ。経過する。「時代が―」❹関心がほかのものに向く。「心が―」「気が―」❺病気が伝染する。❻色・香がほかのものにしみる。「においが―」 **うつれる** 自下一［…できる］

うつろ ０【▲空ろ・▲虚ろ】名 形動 ❶なかみがなく、からになっていること。ほら。「古木の―」❷精神が活動せず、ぼんやりしていること。「―な目」

うつろ・う 【移ろふ】うつろふ 自四 古語 ❶場所や位置が動いて行く。「木の間よりうつろふ月のかげ見れば」〈万葉〉❷心が変わって行く。「御心うつろひて」〈源氏〉❸色が変わって行く。色があせる。また色づく。紅葉する。「くれなゐはうつろふものぞ」〈万葉〉「時雨もいまだ降らなくにかねてうつろふ神奈備の森」〈古今〉❹おとろえて行く。「世のなかを常なきものと今ぞ知る平城の都のうつろふ見れば」〈万葉〉 参考 動詞「移る」の未然形に反復・継続の意の助動詞「ふ」がついた「うつらふ」から転じたことば。「世のうつろいの激しさ」のように、名詞のかたちが文章語としてしばしば現代にも用いられる。

うつわ ０【器】うつは 名 ❶いれもの。容器。❷器具。道具。❸才能。器量。「社長になる―だ」

うつわ-もの ０【器物】うつはもの 名 ❶容器。❷才能。❸人材。

うで テ【腕】名 ❶肩から手首までの部分。❷腕木。「ひじかけ椅子の―」❸うでまえ。力量。「りっぱな―」❹腕力。「―が強い」 **―が上がる** 技術が上達する。 **―が立つ** 技術の能力がすぐれている。 **―が鳴る** 自分の力をふるいたくてむずむずする。 **―に覚えがある** 力・才能に自信がある。 **―に×縒りをかける** 腕まえを示そうとして勢いこむ。 **―を上げる** 腕まえが上達する。手が上がる。 **―を組む** ❶両腕を胸の前でくむ。思案したり、傍観したりするときのしぐさ。❷親しい二人が横に並んで腕をとりあう。「恋人どうしで―」 **―を×拱く・×拱く** （腕を組む意から）自分は行動しないで、はたでようすを見ている。 **―を振るう** 力・才能をじゅうぶんに発揮する。 **―を磨く** 技術を向上させるためにきたえる。

う-てき ウ【雨滴】名 文章語 雨のしずく。

うで-ぎ ０【腕木】名 柱などに取りつけて横に突き出し、ひさしなどを支える木。電柱の上部に横に取りつけ、電線を支える木。

うで-きき ０【腕利き】名 腕まえのよい人。力・才能のある人。うでこき。「―の刑事」

うで-くび テ【腕首】名 手首。

うで-ぐみ グ ミ【腕組み】名 両腕を胸のところで組みあわせること。

うで-くらべ ク【腕比べ】【腕▲競べ】名 腕力やわざをくらべて、きそいあうこと。

うでくらべ《腕くらべ》永井荷風の中編小説。一九一六年から一七年にかけて発表。新橋芸者を主人公に、ほろびゆく花柳界をえがいたもの。

うで-こき キ【腕こき】【腕▲扱き】名 うできき。うでっこき。「―の職人」

うで-じまん ジ【腕自慢】名 自分の腕まえ・力量・腕力などを、他人に自慢すること。

うで-ずく ０【腕ずく】【腕▲尽く】づく 名 腕力によること。「―で奪う」 参考「うでづく」のように「づ」を用いて書いてもよい。

うで-ずもう ズ【腕相撲】ずまふ 名 向かい合ったふたりが、ひじをつき、手のひらをにぎりあって、たがいの腕をたおす遊び。うでおし。↔足相撲。

うで-ぞろい ゾ【腕ぞろい】【腕×揃い】ぞろひ 名 腕まえのすぐれた者ばかりであること。

うで-だて ０【腕だて】名 力ずくで人と争うこと。

うでたて-ふせ テ【腕立(て)伏せ】名 両手を床につき、両足をまっすぐにのばした姿勢で、うでを曲げたりのばしたりする運動。

うで-だめし ダ【腕試し】名 わざや力をためしてみること。

うでっ-こき ０ キ【腕っこき】名 ⬇うでこき。

うでっ-ぷし ０【腕っ節】名 腕のちから。腕力。うでぶし。「―の強い男」

うで-どけい ド【腕時計】名 手首にはめて使うとけい。

うてな ０【▲台】名 古語 ❶見はらしのきく屋根のない高い建物。❷物をのせる台。

打てば響く ただちに反応があらわれる。

うで-ぶし ０【腕節】名 ⬇うでっぷし。

うで-まえ ０【腕前】まへ 名 力量。てなみ。わざ。才能。

うで-まくら マ【腕枕】名 横になって寝るとき、自分の腕を曲げて頭に当て、まくらの代わりにすること。

うで-まくり マ【腕まくり】【腕×捲り】名 そでをまくり上げて、腕を出すこと。

う・でる テ【×茹でる】他下一 デ・デ・デル・デル・デレ・デロ/デヨ ⬇ゆでる。

うで-わ ０【腕輪】【腕▲環】名 腕にはめてかざりとする輪。

う-てん ウ【雨天】名 雨の降る天候・日。あめふり。↔晴天・曇天。 **―順延** ウ 名 予定の行事などを晴れる日まで、一日ずつ順にのばすこと。

うど ウ【▲独▲活】名 ウコギ科の多年生植物。早春の新芽・茎は食用。春 **―の大木**（うどの茎は、大きいが、やわらかくて役にたたないことから）からだばかり大きくて、ものの役にたたない人のたとえ。

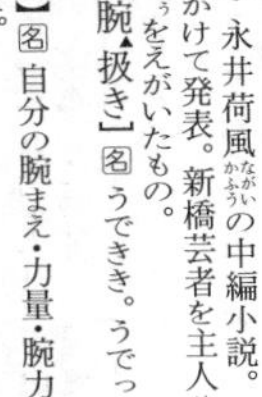

うど

うと・い 【疎い】一 ト 形 カロ・カッ・ク/イ・イ・ケレ・○ ❶そのものとの関係がうすい。親しくない。行き来しない。「ここ数年疎くしている」↔したしい。❷（「…にうとい」の形で）よく知らない。不案内だ。「事情に―」 **疎さ** 名 **うと・し** 文語ク 二 形ク 古語 ❶冷淡だ。そっけない。❷いやだと思う。いとわしく思う。「かつ見れば（月ヲ美シイトハ思イナガラモ一方デハ）うとくもあるかな月影の至らぬ里もあらじと思へば」〈古今〉

うとう ０【▲善▲知▲鳥】名 ウミスズメ科の中形の海鳥。北太平洋に住む。背面・翼・尾は灰かっ色、腹面は白。顔には二条の白い線がある。

う-とう ０【右党】名 文章語 ↔左党。❶右翼政党。保守党。❷酒の飲めない、甘い物の好きな人。甘党。

うと-うと ウ １ （と）副 自サ 浅く眠るようす。とろとろ。うつらうつら。

うとうとし・い シ【疎疎しい】形 カロ・カッ・ク/イ・イ・ケレ・○ 親しくない。よそよそしい。「―間柄になる」 **うとうと・し** 文語シク

う-とく ウ【有徳】【有得】名 形動 ❶徳のあること。人望があつく信用のあること。❷富んでいること。金持ち。富裕。 **―人** じん・にん ク 名 金持ち。

うと・し 【疎し】形ク 古語 ⬇うとい 二。

うと-そうそう ウ １【×烏×兎×匆×匆】名 文章語（中国で

太陽を「金烏」、月を「玉兎」と称した)月日があわただしく過ぎ去るようす。

うとまし・い シ【疎ましい】形 カロ・カツ・ク|イ|イ|ケレ|○ このましくない。いやだ。「見るも―」 **疎ましげ** 形動 **疎ましさ** 名 **うとま・し** 文語シク

うと・む ト【疎む】他五 マ・モ|ミ・ン|ム|ム|メ|メ きらって遠ざける。うとんじる。⇕したしむ。

う-どん ○【×饂×飩】名 小麦粉をこねてうすくのばし、細長く切ってゆでた食べ物。**―粉** ○ 名 小麦粉。

うどん-げ ○【▲優曇華】名 ❶天井などにうみつけた、くさかげろうの卵のこと。みじかい柄の先に卵がつき、数本まとまっていて花のように見える。吉凶いずれかのしるしとされる。夏 ❷〔仏〕三千年に一度花が咲くという想像上の植物。うどんげのはな。参考 転じてきわめてまれなことに出会うことのたとえにも用いられる。

うとん・じる ジ【疎んじる】他上一 ジ・ジ|ジ|ジル|ジル|ジレ|ジロ・ジヨ ⬇うとんずる。

うとん・ずる ズ【疎んずる】他サ ジ・ゼ|ジ|ズル|ズル|ズレ|ジロ・ゼヨ きらってよそよそしくする。うとんじる。⇕したしむ。 **うとん・ず** 文語サ変

うな ウ【ウナ】名 ⬇うなでん。

うな-い【×髫▲髪】(ゐ) 名〔古語〕幼児の髪で、うなじのあたりまでたれさがったもの。また、その髪をした幼児。**―▲少女**(おとめ) 名〔古語〕髪をうないにゆった少女。

うなが・す ガ【促す】他五 サ・ソ|シ・ス|ス|ス|セ|セ さいそくする。いそがす。「返答を―」「強い日光が稲の生長を―」

うなぎ ○【×鰻】名 ウナギ科の魚。体は細長い円筒形。淡水にすむが、秋、産卵のため海にくだる。春、川を上ってくる稚魚をとらえて養殖する。かば焼きなどにして食べる。夏 **―の寝床**(ねどこ) (うなぎのからだの細長いことから)奥行きばかり深くて、はばのせまい家・へや。

うなぎ-のぼり ノ【(うなぎ登り)】【×鰻登り】名 (うなぎが水中でまっすぐのぼることから)物価・地位などが、ぐんぐん上がること。「―の出世」

うな-さか【▲海▲境】名〔古語〕海のはて。

うなさ・れる レ【×魘される】自下一 レ・レ|レ|レル|レル|レレ|レロ・レヨ 恐ろしい夢を見たりして、苦しそうな声をあげる。**うなさ・る** 文語下二

うな-じ ○【▲項】名 首のうしろ。えりくび。

うな-じ【▲海路】(ち) 名〔古語〕うみのみち。海路。⇕陸路(くがじ)。

うな-じゅう ナ【うな重】【×鰻重】名 うなぎのかば焼きを飯の上にのせ、重箱に入れた弁当。参考 本来は、二重の重箱の上の箱にかば焼きを入れ、下の箱に飯を入れたものを言う。

うなず・く ズ【▲頷く・▲肯く】(づく) 自五 カ・コ|キ・イ|ク|ク|ケ|ケ ❶首を前にまげて振る。❷承知する。承諾する。了解する。参考「うなづく」のように「づ」を用いて書いてもよい。

うなず・ける ○【▲肯ける】(づける) 自下一 ケ・ケ|ケ|ケル|ケル|ケレ|ケロ・ケヨ 理解できる。承認できる。合点(がてん)がいく。

うなだ・れる ○ レ【▲項垂れる】自下一 レ・レ|レ|レル|レル|レレ|レロ・レヨ (悲しみ・はずかしさ・落胆などのために)頭をたれる。うつむく。「うなだれて注意を聞く」 **うなだ・る** 文語下二

うな-でん ○【ウナ電】名 (「ウナ」は至急電報の略号)至急電報。ウナ。一九七六年十一月に廃止。

うな-どん ○【うな丼】【×鰻丼】名「うなぎどんぶり」の略。どんぶりの飯に、うなぎのかば焼きをのせたもの。

うな-ね【×頸根】名〔古語〕うなじ。くびねっこ。

うな-ばら ○ ナ【海原】名 ひろびろとした海。

うなり リ【×唸り】名 ❶うなること。うなる音や声。❷凧(たこ)につけて、音を出させるもの。❸振動数のすこしちがう二つの音を同時に鳴らすと全体の音が周期的に強くなったり弱くなったりする現象。

うな・る ナ【×唸る】自五 ラ・ロ|リ・ッ|ル|ル|レ|レ ❶力を入れて長く引いた低い声を出す。「猛犬が―」❷長く鳴りひびく。「風が―」❸ひどく感心する。「みごとなできばえに思わず―」❹「うなる❶」のような声を出してうたう。「義太夫を―」

うなゐ【×髫▲髪】名〔古語〕⬇うない。

うに ウ【▲海胆・雲▲丹】名 ウニ綱の棘皮(きょくひ)動物の総称。球状や円盤状の殻に多数のとげがはえている。岩の間や海底の砂上にすむ。精巣・卵巣は美味で食用。春

うぬ ウ 代〔俗語〕❶【▲己】自分。おのれ。❷【×汝】おまえ。きさま。てめえ。相手をののしっていう語。

うぬぼ・れる ○【▲己惚れる・自×惚れる】自下一 レ・レ|レ|レル|レル|レレ|レロ・レヨ 実際以上に自信をもち、ひとりで得意になる。**うぬぼれ** 名 **うぬぼ・る** 文語下二

うね ネ【▲畝】【×畦】名 作物を植えつけるために、畑に土を長く直線状にもりあげたもの。

うね-うね ウ (と)副 自サ まがりくねって長くつづくようす。「―と道がつづく」

うね-おり ○【畝織(り)】名 太糸と細糸とをまぜて高低の模様を織りだした織物。あぜ織り。

うねびやま《畝傍山》奈良県橿原(かしはら)市の南西部に位置する山。標高一九九メートル。天(あま)の香具山(かぐやま)・耳成山(みみなしやま)とともに大和三山として名高い。歌枕。

うねめ ウ【▲采女】名 昔、天皇の食事の世話などをした下級の女官。

うねり リ 名 ❶うねること。❷峰がゆるやかで規則正しく大きく連続する波。参考 気象用語では風のために起こる「風浪(ふうろう)」と区別される。

うね・る ネ 自五 ラ・ロ|リ・ッ|ル|ル|レ|レ (名詞「畝」の動詞化)❶右に左にながながとまがりくねる。「いなか道が―」❷波・山などが起伏する。

う-のう ○ ウ【右脳】名 大脳の右半分。左半身を動かす神経とつながっている。感覚的な認識能力に関わる。みぎのう。⇕左脳(さのう)。

う-の-け ウ【うの毛】【×兎の毛】名 ❶うさぎの毛。❷ごく小さなことのたとえ。ほんのわずか。「―でついたほどの傷もない」

うの-こうじ《宇野浩二》一八九一～一九六一。小説家。本名は格次郎。独特なユーモアのある作風から冷静な人生観察者へと変化した。「蔵の中」「枯木のある風景」など。

う-の-はな ウ ノ【×卯の花】名 ❶うつぎの花。初夏に咲く。夏 ❷うつぎの異名。❸とうふのしぼりかす。おから。きらず。夏 **―▲腐し**(くたし) 名〔古語〕陰暦四、五月ごろに降りつづく長雨。うのはなくだし。さみだれ。

う-のみ ミ ○【×鵜×呑】名 (鵜(う)が魚をまるのみにすることから)❶かまないで、丸のままのみこむこと。まるのみ。❷物ごとをじゅうぶんに理解・批判せず、そのままとり入れること。「人の話を―にする」

う-は ウ【右派】名 右翼的・保守的傾向をもったものの仲間。保守派。⇕左派。

う-ば ウ【乳母】名 母のかわりに、こどもに乳を飲ませ、めんどうをみる女性。めのと。

う-ば ウ【×姥】名〔文章語〕年とった女。

うばい-と・る ト【奪い取る】(うばひ) 他五 ラ・ロ|リ・ッ|ル|ル|レ|レ 他人のものを無理に取って、自分のものにする。「財産を―」

うば・う バ【奪う】(うばふ) 他五 ワ・オ|イ・ッ|ウ|ウ|エ|エ ❶むりにとりあげる。「弟のものを―」❷ぬすむ。「財布を―」❸人の注意や心をすい寄せる。「関心を―」 **奪える** 自下一〔…できる〕

うは-うは ○ ウ〔俗語〕副 努力せずに多額の金銭を得て喜

ぶようす。

うば-ぐるま [グ]【乳母車】[名] 幼児を乗せる、四輪の手押し車。

うば-ざくら [ザ]【うば桜】【×姥桜】[名] ❶ひがん桜によく似た別種のさくら。[春] ❷若くなくなっても、まだ容色のおとろえない女性のこと。

うばすて-やま [0]【うば捨て山】【×姥捨山】[名] 年とって役に立たなくなった人を移しておく、つまらない地位・職場の俗称。おばすてやま。[参考] 年とったおばをたいせつにしていた男が、結婚後、妻のことばに従って、おばを山に捨てたが、苦痛にたえず、連れもどして大事に仕えたという伝説のある長野県の姨捨おば すて山から。

うば-たま [0]【×烏羽玉】[名] アヤメ科の植物、ひおうぎの実み。黒くてまるい。ぬばたま。**—の** [枕] ⬇ぬばたまの。

う-はつ [0]【有髪】[名] 髪の毛をそらないままでいること。僧の姿に対していう。「—の尼」

うばら【▲茨】[名][古語] いばら。

う-ひ [ウ]【雨飛】[名][自サ][文章語] 雨が降るように、さかんにとぶこと。「敵弾—の中」

うひ-かうぶり【初▲冠】[名][古語] ⬇ういこうぶり。

うひ-まなび【初学び】[名][古語] ⬇ういまなび。

う-ひょう [0]【雨氷】[名] 寒い時期に雨が氷点下の木の枝・地面などにぶつかって、そのままこおりついたもの。[冬]

う-ふ【右府】[名][古語] 右大臣の中国風の呼び方。↕左府。

うぶ [ウ]【初心・初】[形動] ダロ・ダッ・デ・ニ／ダ・ナ・ナラ・○ 〔「生まれたまま」の意〕❶世間なれせず、ういういしいこと。純情。❷情事の経験のないこと。

うぶ-ぎ [0]【産着】【産▲衣】[名] 生まれたあかんぼうに、はじめて着せる着物。うぶぎぬ。

うぶ-げ [0]【産毛】[名] ❶生まれたときからはえている毛。❷うすくやわらかい毛。「ほおの—」

うぶ-ごえ [0]【産声】こゑ [名] あかんぼうが生まれたときはじめて出す声。呱呱ここの声。**—を上あげる** ❶あかんぼうが生まれる。❷物事が新しく始まる。新しく現れる。「新政府が—」

うぶ-すな [0]【産▲土】[名] ❶生まれた土地。❷うぶすな神。**—神がみ** [オ][名] 生まれた土地のまもり神。鎮守の神。氏神。うぶすな。

うぶ-や [0]【産屋】[名] ❶出産のために建てた家。❷出産をするへや。産室。

うぶ-ゆ [0]【産湯】[名] 生まれたばかりのあかんぼうを入浴させること。また、その湯。「—を使わせる」

うふん [ウ][感] 甘えるようにして出す低い笑い声。うっふん。

うへ【上】[名][古語] ⬇うえ。

うべ【宜】[副][なり形動][古語] もっともだ。むりもない。むべ。「むべ山風をあらしといふらむ」〈古今〉 **—なるかな** [文章語] もっとものことだ。

うべ-うべ・し【宜▲宜し】[形シク][古語] もっともらしい。「おももち声こわづかひ、うべうべしく」〈源氏〉

うべ-かりし【得べかりし】[連語] 本当なら手に入れられるはずであった。**—利益りえき** 債務不履行や不法行為による損害賠償の場合に、その事実がなければ得たであろう利益。運転手の過失による人身事故で、被害者が失った将来の収入など。逸失利益。

うへ-つぼね【上▲局】[名][古語] ⬇うえつぼね。

うべ-な・う [ウ]【▲諾う・▲宜う】なふ [自五] ワ・オ・イ・ッ／ウ・ウ・エ・エ [文章語] もっともだと承知する。**うべなえる** [自下一] 〔…できる〕

うへ-びと【上人】[名][古語] ⬇うえびと。

うま [マ]【▲午】[名] ❶十二支の第七番め。⇩十干(表)。❷[古語] 方角について南を、時刻について昼の十二時(正午)、またその前後二時間を、また一説に正午から二時間をいう。⇩方位(図)・時(図)。

うま [マ]【馬】[名] ❶ウマ科の哺乳ほにゅう類。家畜の一つ。長い顔・長い首をもち、速く走る。肉は食用。耕作・運搬・戦闘・競走などに使う。❷四本足のふみだい。❸将棋の桂馬けいまおよび成角なりかくの称。❹木馬もくば。❺「つけうま」の略。**—が合あう** 気があう。**—には乗のってみよ人ひとには添そうてみよ** 物ごとは実際に経験してみないとわからない。**—の足あし・脚** [シ][名] ❶歌舞伎で、馬のあしの役。❷〔❶から〕下級の役者やへたな役者をからかって言うことば。**—の背せを分わける** ごく近い場所でも天気が違うようす。特に夕立についていう。[参考] 馬の背の片側には雨が降り、もう片側には降らないというたとえから。**—の骨ほね** 身元のはっきりしない者をののしっていう語。「どこの—だかわからない」 **—の耳みみに念仏ねんぶつ** いくら忠告や意見を述べても、相手に通じないで、さっぱりききめのないこと。馬耳東風ばじとうふう。**—を牛うしに乗のり換かえる** よいものを捨て、わるいものにかえることのたとえ。

うま-い【▲味▲寝・▲熟▲寝】[名][古語] 気持ちよくねむること。熟睡。

うま・い ㊁[マ]【▲甘い・▲旨い】[形] カロ・カッ・ク／イ・イ・ケレ・○ ❶味がよい。おいしい。「—酒」↕まずい。❷【▲上▲手い】じょうずだ。たくみだ。「—泳ぎ方」↕まずい。❸つごうがいい。このましい。「—ぐあいになる」 **うまがる** [自五] **うまげ** [形動] **うまさ** [名] **うま・し** [文語ク] ㊁【甘し・旨し・美し】[形ク][古語] よい。すばらしい。「うまし国ぞあきつ島大和の国は」〈万葉〉[参考] 奈良時代にはシク活用もあった。**—汁しるを吸すう** 努力をせずに、地位や他人を利用して利益を手に入れる。

うま-いち [マ]【馬市】[名] 馬の売り買いや交換をする市。[秋]

うま-うま ㊀[ウ][名][幼児語] 食べ物。㊁[ウ][と][副] まんまと。うまく。「—とあざむかれた」

うま-おい [0]【馬追(い)】おひ [名] ❶馬に、人や荷物をのせてはこぶこと。また、その人。うまかた。まご。❷放牧の馬を追ってとらえること。また、その人。❸うまおいむし。**—虫むし** [オ][名] キリギリス科の昆虫。全身緑色。秋、「スイッチョ」と鳴く。すいっちょ。[秋]

うま-がえし [ガ]【馬返し】がへし [名] 登山路で、けわしくて、もはや馬ではとてものぼれなくなったところ。

うま-かた [0][タ]【馬方】[名] 馬で人や荷物をはこぶ職業の人。まご。↕牛方。

うま-ご【▲孫】[名][古語] まご。

うま-ごやし [ゴ]【馬肥し・×苜×蓿】[名] マメ科の二年生植物。春から夏にかけて、小さな黄色い花が咲く。葉は三つ葉。肥料・牧草用。[春]

うま-じるし [ジ]【馬印】[名] 近世の戦場で、大将の所在をはっきりさせるため、そのそばに立てた目じるし。

×倦うまず×撓たゆまず あきたり、怠けたりせず。

うまず-め [0]【▲石女】[名] 子どものできない女性。

うま-つぎ【馬継ぎ】[古語] ㊀[名][自サ] 駅馬をのりつぎすること。また、その所。㊁[名] 駅うまや。

うま-づら [0]【馬面】[名] 〔ばかにした言い方〕長い顔のこと。

うま-とび [ト]【馬跳び】[名] 腰をまげ前かがみになった人の上を、またをひろげて飛びこえる子どもの遊び。

うま-に [0]【うま煮】【▲甘煮・▲旨煮】[名] 肉や野菜を、甘くこい味で煮つけたもの。

うま-ぬし [マ]【馬主】[名] 馬の持ち主。特に、競走馬の持ち主。ばぬし。

うまの-はなむけ【×餞】名[古語]〔「馬の鼻向け」の意。旅立つ方向に、馬の鼻を向け、安全を祈ったことから〕旅立つ人におくる金品。はなむけ。餞別。

うまのり [0][リ]【馬乗り】名 ❶馬に乗ること。また、その人。❷馬に乗るときのように、またがること。「―になる」

うまびと【▲貴人】名[古語] 身分の高い人。あてびと。

うまへん [0]【馬偏】名 漢字の部首の一つ。「駅」「駆」などの「馬」。

うままわり [マ2]【馬回り】名 昔、大将の乗る馬のそばにつき従ったさむらい。

うまみ [0]【うまみ】【▲旨味】名 ❶【うま味】うまいあじ。❷うまさの程度。じょうずさの程度。たくみさ。「―を発揮する」❸商売の利益。おもしろみ。「―の少ない仕事」 **―調味料** [ミ2] 名 昆布・かつお節・しいたけなどのうまみの成分を、発酵などの方法を用いて作った調味料。化学調味料。

うまや [0]【馬屋】【×厩】名 馬・牛を飼っておく小屋。**―肥** [0][ヤ] 名 ➡厩肥。

うまや【▲駅】名[古語] 街道で人馬や宿泊の世話をした所。うまつぎ。しゅくば。**―路** 名[古語] 駅のある街道。

うま・る [0]【埋(ま)る】自五 ❶物の下や中にうずまる。うずもれる。❷いっぱいになる。ふさがる。「聴衆で埋まった会場」❸うめあわせがつく。「欠員が―」

うまれ [0]【生(ま)れ】名 ❶生まれること。出生。「昭和の―」参考 履歴書などでは、「…年…月…日生」のように送り仮名をはぶいて書くのがふつう。❷生まれた環境や家がら。「旧家の―」❸生まれた土地。生国。「―は信州」❹生まれつき。「りこうな―」 **―もつかぬ** 生まれつきでない。

うまれ-あわ・す [ワ]【生(ま)れ合(わ)す】自五 その時にちょうど生まれる。「いい世に―」

うまれいずるなやみ《生れ出づる悩み》有島武郎の小説。一九一八年発表。画家志望の青年が苦しい労働の中で、けんめいに自己の理想を育てようとする姿を描く。

うまれ-お・ちる [チ]【生(ま)れ落ちる】自上一 生まれでる。出生する。**うまれお・つ** 文語上二

うまれ-かわ・る [ワ]【生(ま)れ変(わ)る】自五 ❶死後、ほかのものになってふたたびこの世に生まれてくる。❷心をいれかえる。別な人のように人がらがよくなる。「生まれ変わってまじめに働く」 **生まれ変わり** 名 **生まれ変われる** 自下一[…できる]

うまれ-こきょう [コ]【生(ま)れ故郷】名 生まれた土地。ふるさと。

うまれ-つき [0]【生(ま)れつき】【生れ付き】㊀名 生まれたときからもっている性質・能力。天性。生来。「字のうまいのは―だ」㊁副 生まれたときから。生来。「―賢い」

うまれ-つ・く [ツ]【生(ま)れつく】【生れ付く】自五 生まれたときからその人に備わっている。「楽天家に―」

うまれ-ながら [0]【生(ま)れながら】名 うまれつき。「―の色白」

うま・れる [0]【生(ま)れる・産(ま)れる】自下一 ❶母体から子や卵が出てくる。誕生する。「双子が―」「ひよこが―」❷新しい物事がつくり出される。「名作が―」参考「産まれる」は、主に動物の出産・産卵などに使う。**うま・る** 文語下二

うみ [ウ]【海】名 ❶地球上の、塩水におおわれている部分。海洋。↕陸。❷みずうみ。❸すずりの水をためておく所。❹一面に広がったもの。「一面火の―」 **―の家** [ウ] 名 夏季に海水浴場につくられる、着替えや休憩のための仮設の建物。(夏) **―の幸** 海でとれるもの。うみさち。↕山の幸。**―の日** 国民の祝日の一つ。七月の第三月曜日。海の恩恵に感謝するとともに、海洋国日本の繁栄を願う日。**―の藻×屑となる** 水難や海難で死ぬ。海中に沈んで死ぬ。**―の物とも山の物ともつかぬ** どうなっていくか見当がつかない。「まだ―会社」

うみ [ミ]【×膿】名 ❶傷・炎症などの化膿したところから出る黄色い粘液。うみしる。のう。❷とりのぞかないと害になるもののたとえ。「政界の―を出す」

うみ-あけ [0]【海明け】名 北国で、春、港から流氷が去って、海へ船が出せること。また、その日。(春)

うみ-うし [ミ]【海牛】名 海産の巻き貝の一種。殻は退化し、なめくじに似る。色が美しい。頭に二本の触角がある。

うみ-おと・す [ト]【産(み)落(と)す】他五 うむ。出産する。「男児を―」 **産み落とせる** 自下一[…できる]

うみ-がめ [0]【海亀】名 海にすむかめの総称。大形で、足がひれ状になっている。(夏)

うみ-じ [0]【海路】名 船のとおるみち。かいろ。ふなじ。

うみせん-やません [0]【海千山千】名〔海に千年、山に千年すんだ蛇は竜になるという〕経験をつみ社会のうらおもてを知りつくして、ずるがしこいこと。また、そういうしたたかな人。

うみ-だ・す [ダ]【生み出す】他五 ❶【産み出す】うむ。❷新しくつくりだす。「新しい方法を―」 **生み出せる** 自下一[…できる]

うみ-づき [ミ]【産(み)月】名 出産予定の月。臨月。

うみ-つ・ける [ケ]【産み付ける】他下一 ❶卵をうんで物にくっつける。❷うんで、ある性質をあたえる。「かしこい子に―」 **うみつ・く** 文語下二

うみ-て [0]【海手】名 海に近いほう。海のあるところ。浜手。↕山手。

うみ-なり [0]【海鳴り】名 台風が近づいたときなど、海からひびいてくる、遠雷のような低いうなり。

うみにいくるひとびと《海に生くる人々》葉山嘉樹の長編小説。一九二六年刊行。貨物船の船員たちの海上生活をえがいた、プロレタリア文学の代表作。

うみ-ねこ [0]【海猫】名 カモメ科の海鳥。かもめによく似ているが背部がこい青灰色。鳴き声がねこに似ている。(夏)

うみ-の【産みの・生みの】連語〔下に名詞を伴って〕うむこと、うんだことについていう。**―親** ↕育ての親。❶直接、血のつながる親。❷物事をはじめた人。「新制度の―」 **―親より育ての親** 自分をうんだ実の親よりも、実際に育ててくれた親の恩の方が重い。**―苦しみ** ❶出産のときの苦痛。❷物事をつくりだすときの苦労。**―子** 自分のうんだ子。実子。

うみ-びらき [ビ]【海開き】名 海水浴場で、その年はじめて水泳などを公式に許すこと。また、その日。(夏)

うみ-べ [0]【海辺】名 海のほとり。海ぎわ。海岸。↕山辺。

うみ-へび [0]【海蛇】名 ❶海にすむへびの総称。有毒。熱帯の海に多い。❷ウミヘビ科の海魚の総称。うなぎに似ている。あたたかい海にすむ。

うみ-ぼうず [ボ]【海坊主】名 ❶かめの一種。あおうみがめ。正覚坊。❷海上にあらわれるという、頭のまるい、大きなばけもの。船がこれに会うと悪いことが起こるという。

うみ-ほおずき [ホ]【海▲酸×漿】名 海産巻き貝、てんぐにしの卵嚢。穴をあけて、ほおずきと同じように鳴ら

す。夏

うみ‐ほたる ホ【海蛍】名 ウミホタル科の、二枚のかたい殻(から)をもつ、かいみじんこの類。上唇(じょうしん)部にある腺(せん)から発光物質を出して光る。太平洋の沿岸に多い。

うみ‐やま ウ【海山】名 ❶海と山。❷愛情・恩恵などの深いことのたとえ。「—の恩」

うみやまのあいだ《海やまのあひだ》— 釈迢空(しゃくちょうくう)(折口信夫(おりくちしのぶ))の歌集。一九二五年刊行。民俗採訪旅行でしたしんだ海・山の作を多くのせる。

うみ‐わ・ける ケ【産み分ける】他下一 ケ・ケ・ケル・ケル・ケレ・ケロ・ケヨ 男か女か、望んだ方の性別の子どもを産む。

う‐む ウ【有無】名 ❶あるなし。「品物の—」❷いやおう。承知と不承知。「—を言わせない」—相(あい)通(つう)ずる あるからない方へとたがいに融通(ゆうずう)しあう。—を言(い)わせず 相手のつごうなどをかまわず、いやおうなしに。

う・む ウ【×倦む】自五 マ・モ・ミ・ン・ム・ム・メ・メ 文章語 あきる。長く続いていやになる。「—ことを知らぬ」

う・む ウ【×熟む】自五 マ・モ・ミ・ン・ム・ム・メ・メ くだものが熟する。

う・む ウ【×膿む】自五 マ・モ・ミ・ン・ム・ム・メ・メ うみをもつ。化膿(かのう)する。「傷口が—」

う・む ◎【生む・産む】他五 マ・モ・ミ・ン・ム・ム・メ・メ ❶母体が子や卵を体外に出す。出産する。「女の子を—」❷新しい物事をつくり出す。「利益を—」⇨うまれる 参考。**うみ** 名 **うめる** 自下一 …できる

う・む ウ【▲績む】他五 マ・モ・ミ・ン・ム・ム・メ・メ 繊維を裂いて、よりあわせる。

うむ ウ 感 相手の言うことに同意したり納得したりしたときに発する語。「うん」よりもおもおもしい感じがともない、男性が使った。「—、それがよかろう」

うめ ◎【梅】名 ❶バラ科の落葉高木。春の初めにかおりの高い五弁花をつける。色は白・紅・桃。八重咲きもある。果実は食用。春 ❷うめの実。夏 ❸うめの花。春

うめ‐あわ・せる セ【埋(め)合(わ)せる】(あはせる) 他下一 セ・セ・セル・セル・セレ・セロ・セヨ 損失などをつぐなう。補償する。うめあわす。「才能の不足を努力で—」**埋め合わせ** 名 **うめあは・す** 文語下二

うめ‐がえ ◎【梅が▲枝】名 梅のえだ。

うめ‐が‐か ◎【梅が香】名 梅の花のかおり。春

うめ‐き ◎【埋(め)木】名 ❶すきま・われめなどに木をつめること。また、その木片。❷うめぎざいく。—**細工**(ざいく) ザ 名 色や木目のちがう木片を組みあわせていろいろの形や模様をつくること。また、つくったもの。よせぎざいく。

うめき‐ごえ ゴ【うめき声】【×呻き声】(こゑ) 名 苦しみなどのためにうめく声。「どこからか—が聞こえる」

うめ・く メ【×呻く】自五 カ・コ・キ・イ・ク・ク・ケ・ケ ❶苦しみ・痛みなどをこらえきれず、声を出す。うなる。「病床に—」❷苦心して詩や歌をつくる。苦吟する。**うめき** 名

うめ‐くさ ◎【埋めくさ】【埋▲種】名 雑誌などの余白をうめるための短い記事・雑文。

うめ‐こ・む コ【埋(め)込む】他五 マ・モ・ミ・ン・ム・ム・メ・メ 全体または一部を中におさめたり、奥深く入れたりする。「犬の首輪にチップを—」**埋め込み** 名

うめざき‐はるお《梅崎春生》一九一五〜六五。小説家。戦後派の文学者のひとり。「桜島」「ボロ家の春秋」「幻化(げんか)」など。

うめ‐しゅ ◎【梅酒】名 青い梅の実(み)を氷砂糖といっしょに、しょうちゅうなどにつけてつくったさけ。夏

うめ‐ず ◎【梅酢】名 梅の実(み)を、塩づけにしてできたしる。

うめ‐た・てる テ【埋(め)立てる】他下一 テ・テ・テル・テル・テレ・テロ・テヨ 川や沼・海などに土を入れ、埋めて陸地にする。**埋め立て** 名 **うめた・つ** 文語下二

うめ‐づけ ◎【梅漬(け)】名 ❶梅の実(み)を塩やしょうちゅうにつけたもの。夏 ❷だいこんのうすぎりや、しょうがなどを梅酢につけたもの。

うめばち‐そう ◎【梅鉢草】名 ユキノシタ科の多年生植物。秋、梅の花に似た白い花を開く。山地に自生。夏

うめ‐びしお ビ【梅びしお】【梅×醬】(びしほ) 名 梅ぼしの肉に砂糖をまぜてねって作った食べ物。

うめ‐ぼし ◎【梅干(し)】名 ❶梅の実(み)を、しその葉とともに塩づけにし、日に干したもの。夏 ❷梅干しの形にかためたあめ。うめぼしあめ。—**▲婆**(ばば) バ2 名 しわの多い老女をののしっていう語。

うめ‐もどき モ【梅もどき】【梅▲擬】名 (「もどき」は、にているの意)モチノキ科の落葉低木。葉が梅に似ており、冬、赤い実(み)を結ぶ。各地の山野に自生。秋

うめもどき

う・める ◎【埋める】他下一 メ・メ・メル・メル・メレ・メロ・メヨ ❶うずめる。「池を—」❷いっぱいにする。「新刊書で本だなを—」❸水を入れて湯をぬるめる。ぬるくする。「ふろを—」❹損失・不足をおぎなう。「赤字を—」**う・む** 文語下二

う‐もう ◎【羽毛】名 鳥のはね。鳥のやわらかな綿毛(わたげ)。

うも・る ◎【埋もる】自下二 古語 ⇨うもれる㊀

うもれ‐ぎ ◎【埋(も)れ木】名 ❶樹木が長い間土中に埋もれて炭化したもの。「—細工」❷すて去られて、世間からかえりみられない身の上。—**に花**(はな)**が咲**(さ)**く** 見すてられて不幸であったものに、意外な幸運がおとずれる。

うも・れる ◎【埋(も)れる】㊀ 自下一 レ・レ・レル・レル・レレ・レロ・レヨ ❶ものにうずもれてかくれてしまう。❷価値ある人や物が、世の中に知られずにいる。「埋もれた人材を掘りおこす」**うも・る** 文語下二 ㊁ 自下二 古語 ❶ひきこもっている。ひかえめである。「いと情なく、うもれてもおはしますかな」〈源氏〉❷奥まっている。陰気である。「(ソノ部屋ハ)少し、うもれたれども」〈源氏〉

うやうや・しい シ【恭しい】形 カロ・カッ・ク・イ・イ・ケレ・○ へりくだって、礼儀ただしい。「恭しく最敬礼をする」**恭しげ** 形動 **恭しさ** 名 **うやうや・し** 文語シク

うやま・う マ【敬う】(うやまふ) 他五 ワ・オ・イ・ッ・ウ・ウ・エ・エ すぐれた存在としてたっとぶ。尊敬する。「神を—」「師を—」**敬い** 名 **敬える** 自下一 …できる

うや‐むや ◎【有×耶無×耶】形動 ダロ・ダッ・デ・ニ・ダ・ナ・ナラ・○ なりゆきがはっきりしないようす。あやふや。「話を—にする」⇨あいまい 参考。

う‐ゆう ◎【×烏有】名 (「烏有」は、漢文で「いずくんぞあらんや」と読み、まったく無いの意)何もないこと。—**に帰**(き)**す** 火災にあい、すっかりなくなる。焼失する。

うよ‐うよ ウ1 (と)副 自サ 小さいものがたくさんむらがって動いているようす。「おたまじゃくしが—している」

うよ‐きょくせつ ウ【×紆余曲折】名 (「紆余」はまがりくねるの意)❶道がまがりくねっていること。❷こみいっためんどうなすじ道。複雑ないきさつ。「—を経る」

う‐よく ウ【右翼】名 ↔左翼。❶右のつばさ。❷隊列の右。右がわの部隊。❸野球で、本塁から向かって右側の外野。また、そこにいる外野手。ライト。❹保守的・国粋的・ファシズム的な思想傾向。また、その団体・人。参考 フランス議会で、議長席から見て右側の席についていたから。

う‐よく ◎【羽翼】名 文章語 ❶つばさ。❷たすけとなるもの。また、その人。たすけ。補佐。「社長の—」

うら【▲うら】【▲心】接頭〈形容詞につく〉なんということなく。「―がなしい」

うら [ラ]【浦】名 ❶海・湖が陸地にいりこんだ所。入り江。「田子の―」❷海岸。海辺。「須磨(すま)の―」

うら [ラ]【裏】名 ❶物の二つの面のうち、内側や後ろ側になって人の目にふれないほう。物の裏面・内面。「コインの―」「足の―」⇔表。❷内側につけるもの。「着物の―に凝る」⇔表。❸物事の表面に現れない面・事情。内情。「作戦の―を読む」⇔表。参考 この意味のほか、「裏」には「裏街道・裏金・裏工作・裏取引」など複合語を作るはたらきがあるが、非公式なマイナスのイメージをともなうことがある。❹家の後ろ側。後ろ側の入り口。「玄関が閉まっているので―から入った」⇔表。❺野球で、イニングの後半。⇔表。❻〔俗語〕うらづけ。「―を取る」 **―をかく** 相手の考えていることと反対のことや予想できないことをして、相手をだしぬく。「敵の―」

うら【▲占・×卜】名〔古語〕うらない。

うら【▲末・×梢】名〔古語〕⇒うれ。

うら-あみ ⓪【裏編み】名 棒針編みの基本的な編み方の一種。メリヤスの裏と同じ編み目が出る。⇔表編み。

うら-うえ【裏▲表】(うへ) 名〔古語〕❶裏と表。❷両方。「うらうへにこぶつきたるおきな」〈宇治拾遺〉❸反対。逆。

うら-うち ⓪【裏打(ち)】名 ❶物の裏に、さらに布・紙・革などをはりあわせてつよくすること。❷他の面から証拠づけること。うらづけ。

うら-うら [ウ]―(と)副 日があかるく、のどかにさしているようす。うららかなさま。「―とのどかな春の日」(春)

うら-おもて ⓪【裏表】名 ❶裏と表。❷うらがえし。「―に着る」❸表向きと内実。「―が一致しない」❹かげひなた。「―のない人」

うら-かいどう [カ]【裏街道】名 ❶本道でない抜け道。裏道。❷まともでない生活。「人生の―」

うら-がえし [ガ]【裏返し】(がへし) 名 ❶裏返すこと。また、その状態。「シャツを―に着る」❷物事の反対の面。「厳しさは愛情の―」

うら-がえ・す [ガ]【裏返す】(がへす) 他五 (サ・ソ|シ・ス|ス|セ|セ) ひっくりかえして裏を表にする。**裏返せる** 自下一〔…できる〕

うら-がえ・る [ガ]【裏返る】(がへる) 自五 (ラ・ロ|リ・ッ|ル|ル|レ|レ) ❶おもてとうらが逆になる。「トランプが―」❷声が不自然にかん高くなる。うら声になる。

うら-がき ⓪【裏書(き)】名 ❶文書の裏に氏名や証明の文字をしるすこと。また、その文字。❷小切手などの支払いを受ける場合、裏に住所・氏名を書くこと。また、その文字。❸手形・小切手・証券などを他人にゆずり渡すとき、その裏に持ち主が譲渡したむねの署名をすること。また、その文字。❹書画の軸物などの裏に鑑定の結果を書くこと。また、その文字。❺確実であることの証明。「彼の行動が事実を―している」

うら-か・く【裏かく】他四〔古語〕❶刀・矢などがつらぬきとおる。「鎧(よろひ)よければ、(矢ハ)うらかかず」〈平家〉❷うらをかく。

うら-かた ⓪【裏方】名 ❶舞台裏で仕事をする人。道具方・衣装方など。⇔表方。❷表立って働かず、実質的な準備や運営に当たる人。「会議の―をつとめる」❸貴人の妻。特に、本願寺法主(ほっす)の夫人。

うら-がなし・い [シ]【(うら悲しい)】【▲心悲しい】形 (カロ|カッ・ク|イ|イ|ケレ|○) なんとなく悲しい。**うら悲しげ** 形動 **うら悲しさ** 名 **うらがな・し** 文語シク

うら-がね ⓪【裏がね】【裏▲曲・裏×矩】名 かね尺の裏につけた目盛り。表の一目盛りの$\sqrt{2}$(約一・四一四)倍を一目盛りとしたもの。一辺を一尺とする正方形の対角線の長さ。うらじゃく。

うら-がね ⓪【裏金】名 ❶せったなどのはきものの裏に張る薄い金属の板。❷取り引きが有利になるよう、正式の取引金額以外にこっそり相手に与える金銭。

うら-がみ ⓪【裏紙】名 片面が使用済みとなった紙で、裏面が未使用なもの。

うら-がれ ⓪【(うら枯れ)】【▲末枯れ】名 草木の葉先や枝先がかれること。(秋)

うら-が・れる [レ]/⓪【(うら枯れる)】【▲末枯れる】自下一 (レ|レ|レル|レル|レレ|レロ・レヨ) 草木の葉先や枝先がかれる。「木々が―」(秋) **うらが・る** 文語下二

うら-がわ ⓪【裏側】(がは) 名 うらのほう。また、かくれて見えないところ。「生地の―」「事件の―」⇔表側。

うら-き ⓪【(うら木)】【▲末木】名 木のさき。こずえ。⇔本木(もとき)。

うら-きど ⓪【裏木戸】名 裏のほうにある木戸。

うら-きもん [キ]【裏鬼門】名 鬼門と反対の方角。西南の方角。ひつじさる。⇔鬼門(きもん)。⇨方位(図)。

うら-ぎ・る [ギ]【裏切る】他五 (ラ・ロ|リ・ッ|ル|ル|レ|レ) ❶約束・信頼などを破って敵方につく。内通する。❷意外な結果になる。予期に反する。「仲間の期待を―」 **裏切り** 名 **裏切れる** 自下一〔…できる〕

うら-ぐち ⓪【裏口】名 ❶裏手の出入り口。勝手口。⇔表口。❷正式でない、内々の方法・やり方。「―入学」

うら-けい ⓪【裏けい】【裏×罫】名 印刷で使うけい線で、太いもの。⇔表けい。

うら-げい ⓪【裏芸】名 芸人が、表芸のほかに身につけていて、ふだんはやらない芸。⇔表芸。

うら-こうさく [コ]【裏工作】名 ある目的のために、ひそかに準備をしたり、相手に働きかけたりすること。

うら-ごえ ⓪【裏声】(ごゑ) 名 高音部をうたうとき、技巧的な発声法で出す声。細くて力が弱い。仮声。ファルセット。

うら-ごし ⓪【裏ごし】【裏×漉】名 つぶした芋や豆などを、目のこまかい網でこすこと。また、その器具。

うら-さく ⓪【裏作】名 ある作物を収穫したのち、翌年またそれを作るまでの間、同じ田畑に他の作物を作ること。また、その作物。⇔表作。

うら-ざと ⓪【浦里】名〔文章語〕海べの村。

うら-さびし・い [シ]【(うら寂しい)】【▲心寂しい】形 (カロ|カッ・ク|イ|イ|ケレ|○) なんとなく寂しい。「―秋の夕暮れ」 **うら寂しげ** 形動 **うら寂しさ** 名 **うらさび・し** 文語シク

うら-じ ⓪【裏地】名 衣服の裏につける生地(きじ)。

うらしま-たろう [ラ]/[タ]/[タ]【浦島太郎】名〈「浦島太郎」の伝説から〉ひさしぶりにもとの場所にもどったら、事情や環境が大きく変化していて、理解が追いつかなくなってしまうことのたとえ。

うら-じゃく ⓪【裏尺】名 ⇒うらがね(裏曲)。

うら-じょうめん [ジョ]【裏正面】名 相撲で、正面(土俵の北がわ)の反対がわ。

うら-じろ ⓪【裏白】名 ❶物の裏・内側・底の白いこと。また、そのもの。❷ウラジロ科のしだ植物。葉は羽の形で、裏は白味をおびる。正月のかざり用。(新年)

うら-だな ⓪【裏だな】【裏▲店】名 表通りの裏に建てた、そまつな貸家。

うら-づけ ⓪【裏付け】名 ❶裏づけること。また、そのもの。❷他の面からのたしかな証拠。保証。「理論に対する―」

うら-づ・ける [ケ]【裏付ける】他下一 (ケ|ケ|ケル|ケル|ケレ|ケロ・ケヨ) ❶裏を

付ける。うらうちする。❷別の面からそれが確実であることを証拠づける。証拠だてる。「理論を事実で―」 うらづ・く 文語下二

うら‐て [0]【裏手】名 裏のほう。うしろ。背後。「建物の―」

うら‐どおり [ド]【裏通り】―どほり 名 車のあまり通らない、住宅街の細い道。↕表通り。

うら‐とりひき [リ]【裏取(り)引(き)】名 表には出ないようにして、相手とかけひきをすること。

うら‐ない [0]【占い】―なひ 名 うらなうこと。また、占い師。

うらない‐し [ナ]【占い師】うらなひ― 名 占いを職とする人。易者えきしゃ。

うらな・う [ナ]【占う】―なふ 他五 ワオ・イ・ッ/ウ・ウ・エ・エ あるものの形やしるし、または、きざしによって、将来のことや吉凶・運勢などを判断したり、予言したりする。**占える** 自下一 […できる]

うら‐ながや [ナ]【裏長屋】名 表通りに面していない長屋。うらだな。

うらな・し【▲心無し】形ク〔古語〕❶つつみかくしがない。心からうちとけている。「世のはかなきこともうらなく言ひなぐさまんこそ」〈徒然〉❷考えがない。「世を、うらなくて過ぐしけるよ」〈源氏〉

うら‐なみ [0]【浦波】名〔文章語〕海べにうちよせる波。

うら‐なり [0]【▲末▲生り】名 ❶うり類などで、つるの先のほうになった実み。↕本生もとなり。❷顔色がわるく、よわよわしい人。

ウラニウム [三]〈uranium〉名 ➡ウラン。

うら‐にほん [ホ]【裏日本】名 本州のうち、日本海に面している地方をいった語。日本海側。↕表日本。

うら‐はずかし・い [シ]【うら恥ずかしい】【▲心恥ずかしい】―はづかしい 形 カロ・カッ・ク/イ・イ・ケレ・〇 なんとなくはずかしい。「―年ごろ」 **うら恥ずかしげ** 形動 **うら恥ずかしさ** 名 **うらはづか・し** 文語シク

うら‐ばなし [バ]【裏話】名 あまり人に知られていない、内輪の事情に関する話。

うら‐はら [0]【裏腹】名 形動(の) 〔裏と表の意から〕反対。あべこべ。「―のことを言う」

うら‐ばんぐみ [バ]【裏番組】名 ラジオやテレビで、ある局の番組に対して同時間帯に放送される他の局の番組。

うら‐びと [ラ]【浦人】名〔文章語〕海べにすむ人。漁民。

うら‐ぶ・れる [レ] 自下一 レレ・レ・レル・レル・レレ・レロ・レヨ おちぶれて、みじめな姿になる。「うらぶれた生活」 **うらぶ・る** 文語下二

うら‐べ [ウ]【×ト▲部】名 ❶古代に占いを職とした人。❷律令制で、神祇官じんぎかんに属し、占いのことをとりあつかった官職。

うら‐ぼん [0]【×盂×蘭盆】名 陰暦七月十五日を中心に、先祖の霊をまつる仏教の行事。たままつり。ぼん。うら盆会え。精霊会しょうりょうえ。(秋)

うら‐まち [0]【裏町】名 裏通りの町。

うらみ [三]【恨み】【▲怨み】名 うらむこと。うらむ心。「―をはらす」 **―骨髄こつずいに徹てっする** 恨みが、ほねにしみこむほど深いこと。**―を買かう** 人にうらまれる。**―を飲のむ** 恨みをはらさないで、くやしさ・憎しみをこらえる。

うらみ [三]【▲憾み】名 残念に思うこと。好ましくないこと。欠点。「軽く考えすぎる―がある」

うら‐み【浦▲曲】名〔古語〕➡うらわ。

うらみがまし・い [シ]【恨みがましい】形 カロ・カッ・ク/イ・イ・ケレ・〇 恨んでいるようすだ。「―口ぶり」 **恨みがましげ** 形動 **うらみがま・し** 文語シク

うらみ‐ごと [0]【恨み言】名 うらんで言うことば。

うら‐みち [0]【裏道】名 ❶裏のほうを通っている道。❷本道以外の道。❸正しくないやり方。不正手段。抜け道。❹恵まれない、苦労の多い生活。「日の当たらない人生の―」

うらみっこ [三]【恨みっこ】名 たがいにうらみあうこと。「―なし」

うらみつらみ [三2]【恨みつらみ】名 さまざまな恨み。「―を述べたてる」

うらみ‐ぶし [0]【恨み節】名 ❶うらみをこめた、暗い感じの歌。❷うらみをこめて言うことば。うらみごと。「不合格者の―」

うら・む [0]【恨む】【▲怨む】■[ラ] 他五 マ・モ・ミ・ン/ム・ム・メ・メ 人のしうちをにくみ、いきどおる。■ 他上二〔古語〕(江戸時代から四段活用) ❶なげき悲しむ。❷恨みをはらす。「入道相国しょうこくに、朝家をうらみ奉るべし」〈平家〉❸(自動詞的に)涙をさそうように虫や風が音をたてる。「虫の声々、うらむるもあはれなり」〈平家〉

うら・む [ラ]【▲憾む】他五 マ・モ・ミ・ン/ム・ム・メ・メ 残念に思う。くいる。「おのれの軽率を―」

うらむらく‐は【▲憾むらくは】―ワ 連語〔文章語〕(「らく」は名詞相当のものをつくる接尾語)残念に思うことには。おしいことには。「―覇気に欠ける」

うら‐め [0]【裏目】名 〔さいころで、出ることを期待して振った目の裏がわの目〕期待した物ごとの、逆の結果。**―と(に)出でる** 期待した結果の逆になる。

うらめし・い [シ]【恨めしい】形 カロ・カッ・ク/イ・イ・ケレ・〇 ❶恨みに思われる。「協力してくれないのが―」❷残念だ。なさけない。「まにあわなかったのが―」 **恨めしがる** 自五 **恨めしげ** 形動 **恨めしさ** 名 **うらめ・し** 文語シク

うら‐メニュー [メ]【裏メニュー】名 飲食店で、正規のメニューには掲げていない料理。

うら‐やす【浦安・▲心安】名〔古語〕(「うら」は心の意)心やすらかなこと。**―の国くに**〔古語〕(「心安うらやすの国」の意)日本を美しくよぶことば。

うら‐やま [0]【裏山】名 ❶その家の裏手にある山。❷山の日当たりの悪い方のがわ。

うらやまし・い [シ]【羨ましい】形 カロ・カッ・ク/イ・イ・ケレ・〇 恵まれた人を見て、自分もそうなりたいと、ねたましく思う。うらやむ心地がする。「裕福な人が―」 **羨ましがる** 自五 **羨ましげ** 形動 **羨ましさ** 名 **うらやま・し** 文語シク

うらや・む [ヤ]【羨む】他五 マ・モ・ミ・ン/ム・ム・メ・メ ほかの人がめぐまれていたり、すぐれていたりするのを、ねたましいと思う。あこがれねたむ。「合格した人を―」

うら‐よみ [0]【裏読み】名 ことばに隠されたうらの意味を読み取ろうとすること。

うらら [0]【▲麗ら】形動 ダロ・ダッ・デ・ニ/ダ・ナ・ナラ・〇 ➡うららか。

うららか [ラ]【▲麗らか】■[ラ] 形動 ダロ・ダッ・デ・ニ/ダ・ナ・ナラ・〇 ❶日の光がはればれとのどかに照っているようす。うらら。「―な日より」(春) ❷表情などがあかるく、くもりのないようす。はれやか。❸心がはればれとしているようす。「―な気分」■ なり形動〔古語〕心にかくし事がないようす。はっきりしているようす。「うららかに言ひ聞かせたらんは」〈徒然〉

ウラルアルタイ‐ごぞく [ウ゠ゴ]【ウラルアルタイ語族】〈Ural-Altaic〉名 北部アジアからヨーロッパの一部にわたって分布する、ウラル語族(フィンランド語・ハンガリー語など)とアルタイ語族(トルコ語・モンゴル語など)の総称。日本語・朝鮮語もこれに属するといわれる。

うら‐わ [0]【浦▲曲】名〔古語〕海が陸地にくい込んでいる所。うらみ。

うら‐わか・い [カ]【うら若い】形 カロ・カッ・ク/イ・イ・ケレ・〇 (「うら」は接頭語)見るからに若い。若々しい。**うらわか・し** 文語ク

う

うら-わざ ⓪【裏技】名 一般に知られていない技術・技巧。コンピューターゲームやプログラミングなどにいうことが多い。

ウラン ウ〈ドUran〉名 元素記号U 原子番号92 原子量238.02891 銀白色の放射性元素で、天然に存在する元素中もっとも重い。原子爆弾・核燃料の原料。ウラニウム。

うらん-かな【売らんかな】連語 大いに売ってもうけようとする態度。「―の広告」

うり ウ【×瓜】名 ウリ科のつる性植物、またその実みの総称。きゅうり・まくわうり・しろうりなど。夏 **―の×蔓つるに×茄子なすはならぬ** 平凡な親からは平凡な子しかうまれない。血統は争われない。

うり ⓪【売り】名 ❶売ること。特に、株の取引などで、値下がりを予想して売ること。↔買い。❷他者の関心を引くもの・こと。セールスポイント。「庶民的な性格が―だ」

うり-あげ ⓪【売(り)上(げ)】名 売って得た金。売上金。参考「売上高」「売上金」のような場合は、送りがなをはぶいて書く。

うり-いそ・ぐ ソ【売(り)急ぐ】他五 ガ・ゴ・ギ・イ・グ・グ・ゲ・ゲ 急いで売ろうとする。「―と損をする」

うり-おし・む ジ【売(り)惜(し)む】をしむ 他五 マ・モ・ミ・ン・ム・ム・メ・メ 売ることを惜しんで、なかなか売らない。**売り惜しみ** 名

うり-かい リ【売(り)買い】かひ 名 売ることと買うこと。売ったり買ったりすること。あきない。ばいばい。

うり-かけ ⓪【売(り)掛(け)】名 代金あと払いで売ること。また、その代金。かけうり。↔買い掛け。参考「売掛金」のような場合は、送りがなをはぶいて書く。

うり-かた ⓪【売(り)方】名 ↔買い方。❶売る方法。❷売り手。

うり-き・れる レ【売(り)切れる】自下一 レ・レ・レ・レル・レル・レレ・レロ・レヨ あるだけ全部売れてなくなる。**売り切れ** 名

うり-ぐい ⓪【売(り)食い】ぐひ 名 持っている物を売り、その金で生活すること。

うり-こ ⓪【売(り)子】名 やとわれて、品物を売る仕事をする人。「車内の―」「デパートの―」

うり-ごえ ⓪【売(り)声】ごゑ 名 (行商人などが)品物を売るために、歩きながらとなえる声。

うり-ことば コ【売(り)言葉】名 けんかをしかけるために言うわるくち。↔買いことば。**―に買かい言葉ことば** 相手の暴言に対して、暴言で言いかえすこと。

うり-こ・む ヨ【売(り)込む】他五 マ・モ・ミ・ン・ム・ム・メ・メ ❶うまく宣伝したりすすめたりして品物を売る。❷名まえや信用をひろめる。「うまく自分を―」❸評判をとる。「安い天どんで―」❹謝礼などをあてにして、秘密を相手方に知らせる。「情報を―」**売り込み** 名 **売り込める** 自下一[…できる]

うりざね-がお ⓪【うりざね顔】【×瓜△実顔】がほ 名 〔「うりざね」は、うりの種〕色白で、中高な、ややおもながの顔。美人とされた。

うり-さば・く バ【売(り)さばく】【売×捌く】他五 カ・コ・キ・イ・ク・ク・ケ・ケ ❶品物を売りひろめる。❷うまく全部売ってしまう。**売りさばき** 名 **売りさばける** 自下一[…できる]

うり-だし ⓪【売(り)出し】名 ❶売りだすこと。「新製品の―」❷一時に大量に売りさばくために宣伝をし、値引きしたり景品をつけたりして売ること。「年末の大―」❸評判が高くなること。「いま―中の女優」参考「大売出」のような場合は、送りがなをはぶいてもよい。

うり-だ・す ダ【売(り)出す】他五 サ・ソ・シ・ス・ス・セ・セ ❶売りはじめる。❷宣伝などをして大いに売る。❸有名になる。「最近売り出した俳優」**売り出せる** 自下一[…できる]

うり-たた・く タ2【売りたたく】【売×叩く】他五 カ・コ・キ・イ・ク・ク・ケ・ケ ❶換金の必要から、損を承知で売る。❷相場そうばをさげる目的で安く売る。

うり-たて ⓪【売(り)立て】名 (所蔵品などを)せり売りや入札によって一時に売り払うこと。

うり-だめ ⓪【売りだめ】【売×溜め】名 たまった売上金。「―を預金にする」

うり-つ・ける ケ【売りつける】他下一 ケ・ケ・ケ・ケル・ケル・ケレ・ケロ・ケヨ むりに買わせる。おしつけて売る。**うりつ・く** 文語下二

うり-て ⓪【売(り)手】名 品物を売る人。↔買い手。**―市場しじょう** ジ名 商品などの需要が供給より多くて、売り手がわが有利な取引の状態。↔買い手市場。

うり-とば・す バ【売(り)飛ばす】他五 サ・ソ・シ・ス・ス・セ・セ ❶思い切ってどしどし売る。「とびきりの安値で―」❷遠くへ売ってしまう。「外国へ―」**売り飛ばせる** 自下一[…できる]

うり-ぬ・ける ケ【売(り)抜ける】自下一 ケ・ケ・ケ・ケル・ケル・ケレ・ケロ・ケヨ 相場の下がらないうちに株や商品を売ってしまうこと。売り逃げ。

うり-ね ⓪【売値】名 売りわたす価格。売価ばいか。↔買値・元値。

うり-ば ⓪【売(り)場】名 ❶品物などを売る場所。❷売るのによい時機。うりどき。「今が―だ」

うり-ばえ リ【×瓜×蠅】ばへ 名 ハムシ科の黄褐色の小さな甲虫。ウリ科植物をくう害虫。うりはむし。夏

うり-はら・う ヨ【売(り)払う】はらふ 他五 ワ・オ・イ・ッ・ウ・ウ・エ・エ 思いきりよく売る。全部売ってしまう。**売り払える** 自下一[…できる]

うり-ふたつ ウ【うり二つ】【×瓜二つ】名 うりを二つに割った形のように、容姿がとてもよく似ていること。

うり-ぼう ボリ【うり坊】【×瓜坊】名 (背のしま模様がマクワウリに似ていることから)いのししの子。秋

うり-もの ⓪【売(り)物】名 ❶売るべき品物。商品。❷人の興味・関心をひくもの。特長として訴えるもの。「度胸が―」❸芸人などの、あたり芸。十八番。

うり-もみ モ【×瓜×揉み】名 うりをうすくきざみ、塩でもんで甘酢を加えた食べ物。夏

うり-もんく モ【売(り)文句】名 商品などの特長を効果的に表現することば。

うり-や ⓪【売(り)家】名 売りに出してある家。売りいえ。

う-りょう ウ1【雨量】名 一定時間内に雨・雪・あられなどが地表に降った量。降水量。雨以外のものも水に直し、その深さをミリメートルで表す。

うり-わた・す タ【売(り)渡す】他五 サ・ソ・シ・ス・ス・セ・セ 物を売って相手のものにする。**売り渡せる** 自下一[…できる]

うる ウ【×粳】名 米・あわ・きびなどで、ねばりけの少ない種類。うるち。↔糯もち。

う・る ⓪【売る】他五 ラ・ロ・リ・ッ・ル・ル・レ・レ ❶代金をとって、品物や権利をわたす。「家を―」↔買う。❷世間で有名になる。「名を―」❸しかける。「けんかを―」↔買う。❹利益のために、うらぎる。「味方を―」❺押しつける。「恩を―」**売れる** 自下一[…できる]

うる【得る】他下二[古語]〔文語動詞「う」の連体形。現代語の終止形・連体形としても用いられる〕➡える。

うるう ル【×閏】うるふ 名 平年よりも日数・月数の多いこと。太陽暦では四年に一回、二月の日数を一日多くする。太陰暦では、適当な割合で一年を一三か月とする。

うるう-づき ル【うるう月】【×閏月】うるふ 名 うるうにあたる月。陰暦で、一二か月のほかに加える月。

うるう-どし ル【うるう年】【×閏年】うるふ 名 うるうのあ

う

る年。

うるう-びょう ［ル］【うるう秒】【×閏秒】うるふ— 名 国際原子時計を基にした標準時と、従来の地球自転時による誤差の調整のため設けた、六十秒の次の一秒。一月一日と七月一日の世界時午前零時(日本では午前九時)直前に、加えたり間引いたりして調整する。

うるうる ［ウ］ 副 自サ 〔俗語〕目が涙でうるおっているようす。涙をためているようす。「悲しい話を聞き、目が—する」

うるおい ［0］【潤い】うるほひ 名 ❶うるおうこと。しめり。しめりけ。「肌の—を保つ」❷もうけ。利益。物質的なゆとり。「財政上の—」❸おもむきのあること。情味。「—のある人」「心の—」

うるお・う ［オ］【潤う】【×霑う】うるほふ 自五 ワ・オ/イ・ッ/ウ/ウ/エ/エ ❶ぬれる。しめる。「雨に—森」❷ゆたかになる。利益を得る。めぐみを受ける。「鉄道の開通で地域が—」

うるお・す ［オ］【潤す】うるほす 他五 サ・ソ/シ/ス/ス/セ/セ ❶ぬらす。しめらす。「のどを—」❷利益やめぐみをほどこす。ゆたかにする。「観光が町を—」**潤せる** 自下一〔…できる〕

うるか ［0］【×鱁×鮧】名 あゆの腸や卵のしおづけ。㊙

ウルグア(グァ)イ《Uruguay》南アメリカ東南部の共和国。首都はモンテビデオ。正式国名はウルグアイ東方共和国。

うる-ごめ ［0］【うる米】【×粳米】名 うるち。

うるさ・い ［サ］【▲煩い・▲五▲月×蠅い】一 形 カロ/カッ・ク/イ/イ/ケレ/○ ❶音や声が耳ざわりだ。さわがしい。やかましい。「ラジオが—」❷くちやかましい。文句ばかり言う。「おやじが—」❸しつこくてたまらない。わずらわしい。「蠅(はえ)が—」❹よく知っていて、きびしい批評の眼をもっている。また、要求が多くて、なかなか満足しない。「味に—」**うるさがる** 自五 **うるさげ** 形動 **うるささ** 名 **うるさ・し** 文語ク 二 形ク 〔古語〕❶わざとらしくて、いやだ。きざっぽい。「見苦しとて人に書かする(代筆サセル)はうるさし」〈徒然〉❷細かいところまでよく気がつく。「いとうるさくて候ひし(トテモ気ガツイテオ仕エシタ)宿りにまかりて」〈大鏡〉❸優れている。りっぱだ。かしこい。「和御許(わおもと)は、うるさき兵(つはもの)の妻(め)とこそ思ひつるに」〈今昔〉 参考 二の❸は「うるせし」との混同から生じた用法。

うるさ-がた ［0］【うるさ型】【▲煩さ型】名 何事にも口だしをし、文句をいわずにはいられない性質。また、そのような人。「幹部は—ばかりだ」

うるし ［0］【漆】名 ❶ウルシ科の落葉高木。秋に美しく紅葉する。木皮を傷つけてとる樹液は塗料にする。かぶれることがある。❷うるしの木からとった塗料。

漆❶

うるし-まけ ［0］【漆負け】名 自サ うるしの木の毒で、ひふがかぶれること。

うるせ・し 形ク 〔古語〕❶気だてがよい。かしこい。「心ばへもうるせかりければ」〈宇治拾遺〉❷じょうずだ。「宮の御琴の音(ね)は、いとうるせくなりにけりな」〈源氏〉

うるち ［0］【×粳】名 うるの米。常食用・酒造用の、ねばりけの少ない米。↕もちごめ。

ウルトラ〈ultra〉造 極端な。超。「—モダン」

うるは・し【麗し・▲美し】形シク 〔古語〕➡うるわしい 二。

うるま・せる ［セ］【潤ませる】他下一 セ/セ/セル/セル/セレ/セロ・セヨ 涙ぐむようす。「目を—」

うる・む ［ル］【潤む】自五 マ・モ/ミ・ン/ム/ム/メ/メ ❶しめりけをおびる。さえない。くもる。「めがねが—」❷涙がにじむ。涙でくもる。「目が—」❸泣き声になる。「声が—」

うるめ-いわし ［イ］【潤目×鰯】名 ニシン科の海水魚。まいわしに似ているが、胴が丸い。南日本に多産する。生で食べるほか干物にする。うるめ。㊧

うる-もち ［0］【×粳餅】名 もちごめにうるちをまぜてついたもち。かきもちなどにする。㊧

うるわし・い ［シ］【麗しい】うるはし 一 形 カロ/カッ・ク/イ/イ/ケレ/○ ❶きれいだ。きちんと整っていてうつくしい。端麗(たんれい)だ。「みめ—」❷あかるい気分である。すばらしい。「ごきげんが—」❸心があたたまる感じだ。「—友情」**麗しさ** 名 **うるは・し** 文語シク 二 形シク 〔古語〕❶りっぱだ。端麗だ。「山ごもれる大和(やまと)しうるはし」〈古事記〉❷かわいい。「うるはしと吾(あ)が思(も)ふ妹を」〈万葉〉❸仲がいい。親しい。「いとうるはしき友ありけり」〈伊勢〉❹完璧で、すきがない。「あな(スキマ)を求めたまへど、うるはしく作りたればひまもなし」〈宇津保〉❺あまりに整いすぎていて、おもしろみがない。かたくるしい。とりすましている。「うるはしうよそほしき御有様にて」〈源氏〉❻まちがいない。本物である。「故左馬頭(さまのかみ)、義朝のうるはしき頭(かうべ)とて」〈平家〉

うれ【▲末・×梢】名 〔古語〕草木の先。こずえ。うれ。

うれ-あし ［0］【売(れ)足】名 商品などの売れてゆくはやさ。「—がにぶる」

うれい ［イ］/［レ］うれひ 名 ❶【愁い】なやみ。悲しみ。ものおもい。「—にしずむ」❷【憂い】心配。不安。おそれ。「出水の—がある」

うれえ【愁え・憂え】うれへ 名 一 ［レ］/［エ］➡うれい。二 〔古語〕❶嘆願。哀訴。❷喪に服する悲しみ。❸病気。

うれ・える ［エ］うれへる 自他下一 エ/エ/エル/エル/エレ/エロ・エヨ ❶【憂える】心配する。気づかう。「将来を—」❷【愁える】なげく。かなしむ。「こどもの死を—母親」参考「憂うべき事件」のように、文語的用法もある。**うれ・ふ** 文語ハ下二

うれ-くち ［0］【売(れ)口】名 売れて行く先。販路(はんろ)。転じて、嫁ぎ先や就職先などにもいう。

うれし・い ［シ］【×嬉しい】形 カロ/カッ・ク/イ/イ/ケレ/○ たのしさ・快さなどの好ましい感情が心にわく。↕悲しい。**うれしがる** 自五 **うれしげ** 形動 **うれしさ** 名 **うれ・し** 文語シク ―**悲鳴(ひめい)を上(あ)げる** 注文や依頼が殺到して、多忙になるものの喜ばしく思っているようす。

うれし-がらせ ［0］【×嬉しがらせ】名 相手をうれしがらせることば・態度・おこない。「—を言う」

うれし-なき ［0］【うれし泣き】【×嬉し泣き】名 うれしさのあまり泣くこと。

うれし-なみだ ［ナ］【うれし涙】【×嬉し涙】名 うれしさのあまり涙をこぼすこと。また、その涙。

うれし・ぶ【×嬉しぶ】自上二 〔古語〕うれしがる。うれしむ。

うれ-すじ ［0］【売れ筋】—すぢ 名 商品として人気があり、よく売れている分野・種類。また、その商品。「最近—の雑貨」

うれ-だか ［0］【売(れ)高】名 売れた数量や金額。

うれ-た・し【憂たし】形ク 〔古語〕なげかわしい。気にくわない。

うれ-た・む【憂たむ】自四 〔古語〕なげかわしく思う。うれえる。

ウレタン ［0］/［レ］〈ドUrethan〉名 人造ゴムの一種。マットレス・吸音材などに使う。ポリウレタン。

うれっ-こ ［0］【売れっ子】名 たいそう人気(にんき)のある人。はやりっこ。「今—の芸人」

うれ-のこり ［0］【売(れ)残り】名 ❶売れないで残ったもの。❷〔俗語〕いつまでも結婚しないで、独身でいる女性。さげすんだ言い方。

うれへ【憂へ】名 〔古語〕➡うれえ 二。

うれ-ゆき ［0］【売(れ)行き】名 品物の売れぐあい。さば

けぐあい。「飛ぶような―」

う・れる⓪【売れる】自下一 レ・レ・レル・レル・レレ・レロ・レヨ ❶品物が買われる。❷売ることができる。❸有名になる。名まえが世間に広まる。「新人スターが急に―」 **う・る** 文語下二

う・れる⓪【熟れる】自下一 レ・レ・レル・レル・レレ・レロ・レヨ みのる。熟する。「柿が―」 **う・る** 文語下二

うれわし・いⓢ【憂わしい】形 カロ・カッ・ク・イ・イ・ケレ・○ 文章語 うれえるべきだ。なげかわしい。悲しい。 **憂わしげ** 形動 **憂わしさ** 名 **うれは・し** 文語シク

うろ⓪【虚】名 ほらあな。うつろ。「木の―」

う-ろウ【有漏】名〘仏〙煩悩の多い俗世間の人。俗人。↕無漏。

う-ろウ【×迂路】名 文章語 まわりみち。

う-ろウ【雨露】名 文章語 ❶あめとつゆ。❷はかりしれぬ恵み。「―の恩」 **―を凌ぐ** 雨や露にぬれるのをふせぐ。

う-ろウ【×烏×鷺】名 文章語 ❶からすとさぎ。❷黒と白。❸(黒と白の石を使うことから)囲碁の別称。「―を戦わす」

うろ-うろウ- (と)副 自サ ❶あてもなく、さまようようす。「町中を―する」❷どうしていいかわからずあちこち迷い動くようす。「あわてて―する」

うろ-おぼえ⓪オ【うろ覚え】名 ふたしかな記憶。

うろ-くず【×鱗】― 名 古語 ❶魚のうろこ。❷さかな。うお。=いろくず。

うろこコ【×鱗】名 ❶動物の体表またはその一部をおおっているうすい小片。爬虫類や鳥類の足のうろこは表皮の変形で、魚類のうろこは真皮の変形したもの。❷うろこの形に似た三角形を組み合わせた模様。うろこがた。

うろこ❷

うろこ-ぐもグ【うろこ雲】【×鱗雲】名 上層雲の一種。うろこのような形の白い雲。いわし雲・さば雲ともいう。巻積雲。秋

うろた・える⓪ 自下一 エ・エ・エル・エル・エレ・エロ・エヨ あわててまごまごする。「そんなことで―な」 **うろた・ふ** 文語ハ下二

うろ-ちょろウ 副 自サ 落ちつかず、動きまわるようす。「うるさいから―するな」

うろ-つ・く⓪ 自五 カ・コ・キ・イ・ク・ク・ケ・ケ あてもなしに歩きまわる。さまよう。「町を―」

うろ-ぬ・くヌ【うろ抜く】他五 カ・コ・キ・イ・ク・ク・ケ・ケ 野菜など、たくさんはえているのを、間をおいて抜く。まびく。**うろ抜き** 名

う-ろん⓪【×胡×乱】形動 ダロ・ダッ・デ・ニ・ダ・ナ・ナラ・○ 〔「う」も「ろん」もに唐音〕あやしいようす。うさんくさいようす。「―なやつだ」

うわ【上】造 うえ。「―書き」「―ばき」↕下。

うわ-え⓪【上絵】名 ❶布を白くそめぬいた所に、別の色で、模様・紋章などをえがいたもの。❷一度うわぐすりをかけて焼いた陶磁器の表面に、さらにかいて焼きつけた絵。

うわ-おき⓪【上置(き)】名 ❶飯・もちなどの上にのせるおかず。❷つくえなどの上に置くはこ。❸茶だんすの上などにのせる、小さな戸だな。❹演劇の公演で、座頭と同等に位置づけられる俳優。

うわ-がき⓪【上書き】名 他サ ❶物の上にあて名などの字を書くこと。また、その文字。おもてがき。「手紙の―」❷コンピューターで、すでに保存してあるデータを更新して、もとのデータを残さないこと。「ファイルの―保存」

うわ-がけ⓪【上掛(け)】名 ❶衣服の上にはおるもの。❷いちばん上に掛ける布やカバー。「こたつの―」❸いちばん上に掛けるふとん。

うわ-がみ⓪【上紙】名 ❶上包みの紙。上おおいの紙。❷表紙。

うわ-かわ⓪【上皮】名 ❶物の上をおおう薄い膜。「ホットミルクの―」❷動物の体の表面や内臓をおおう組織。上皮。

うわ-き⓪【浮気】名 形動 自サ ❶心がうわついていて、かわりやすいこと。うつりぎ。❷愛情がひとりに集中できず、他にうつりやすいこと。特に、配偶者以外の人を愛すること。❸本当の愛情によらず、一時の気まぐれでパートナー以外の存在と通じること。

うわ-ぎ⓪【上着】【上×衣】名 ❶いちばん外がわに着る衣服。↕下着。❷上下別々になった衣服の、上半身に着る衣服。「背広の―」

うわ-ぐすりグ【×釉薬】名 すやきの陶磁器の表面に塗り、焼いてなめらかにするガラス質の溶液。

うわ-くちびるチ【上唇】名 上側のくちびる。↕下唇。

うわ-ぐつ⓪【上靴】名 室内ではくくつ。うわばき。

うわ-ごと⓪【×譫言・×囈語】名 高熱などのために意識を失ったときに口ばしることば。

うわさ⓪【×噂】名 ❶世間に言いふらされているたしかでない話。風説。評判。「世間の―はあてにならない」❷その場にいない人について話すこと。また、その話。「先ほど、君の―をしていたところだ」 **―をすれば影がさす** 人のうわさをしていると、その当人がひょっこりとやってくるものだ。

うわ-しき⓪【上敷(き)】名 畳・床などの上に敷くもの。うすべり。うわじき。

うわ-すべりス【上滑り】名 形動 ❶表面がつるつるしてすべること。❷物事の表面だけを見て、かるはずみに考えたり行動したりすること。浅薄。軽薄。「―の判断」

うわ-ずみ⓪【上澄み】名 まざりものがしずんで、上にできた澄んだ液体。うわしる。

うわず・るズ【上擦る】自五 ラ・ロ・リ・ッ・ル・ル・レ・レ ❶声がかん高くなる。「興奮して声が―」❷気持ちがのぼせる。逆上する。「うわずった行動」

うわ-ぜい⓪【上背】名 せたけ。身長。「―がある」

うわ-ちょうしチョ【上調子】━名 形動 ➡うわっちょうし。━名 ➡うわぢょうし。

うわ-ぢょうしチョ【上調子】名 三味線の合奏のとき、高い音で奏する三味線。また、その調子やひき手。うわちょうし。

うわ-つ・く⓪【浮つく】自五 カ・コ・キ・イ・ク・ク・ケ・ケ 気持ちがおちつかず、そわそわしている。「浮ついた行動」

うわっ-ちょうしチョ【上っ調子】名 形動 気持ちがうわついて、おちつかず軽々しいようす。うわちょうし。「―な態度」

うわ-づつみツ【上包(み)】名 物の表面をおおいつつむもの。包装。うわおおい。

うわっ-つら⓪【上っ面】名 ➡うわつら。

うわっ-ぱり⓪【上っ張(り)】名 衣服のよごれをふせぐため、上に着る仕事着。

うわ-づみ⓪【上積み】名 他サ ❶積荷の上にさらに荷を積むこと。また、その荷物。↕下積み。❷積んだ上にさらに積み加えること。「一万円を―する」

うわ-つら⓪【上面】名 物の表面。外面。うわべ。うわっつら。「―だけを見て判断するな」

うわて⓪【上手】名 ❶上のほう。かみて。↕下手。❷他よりすぐれていること。また、その人。「かれのほうが

一枚—だ」❸おどかすような態度をとること。たかびしゃ。「—に出る」↕下手(したて)。❹相撲で、相手の腕の上から、まわしをつかむこと。また、そのつかんだ手。「—をとる」↕下手(したて)。❺碁・将棋で段位の高いほう。**—投げ** [0] 名 ❶相撲のわざの一つ。うわてを取って投げること。↕下手投げ(したてなげ)。❷オーバースロー。

うわ-なり【▲後▲妻】—うは 名 古語 ❶のちぞい。後妻。❷ねたみ。しっと。

うわ-に [0]【上荷】—うは 名 積まれた荷の上にさらに積んだ荷。うわづみ。

うわ-ぬり [0]【上塗り】—うは 名 ❶かべ・うるしなどを塗るときの最後の塗り。しあげ塗り。↕中塗り・下塗り。❷あることの上に、さらに同じようなことをかさねること。「恥の—」

うわ-ね [0]【上値】—うは 名 株などで、それまでの相場よりも高い値段。高値。↕下値。

うわ-のせ [0]【上乗せ】—うは 名 他サ 前からある数量や金額に、つけ加えること。「価格の三パーセントを—する」

うわ-の-そら [ソ]【上の空】—うは 名 形動 注意が集中せず、ぼかんとしているようす。「—で聞く」

うわ-のり [0]【上乗り】—うは 名 船や車に乗りこみ、積み荷の管理をすること。また、その人。

うわ-ばき [0]【上履(き)】—うは 名 室内・建物内ではく、はき物。うわぐつ。↕下ばき。

うわ-ばみ [0]【×蟒・×蟒▲蛇】—うは 名 ❶おろち。大蛇(だいじゃ)。❷大酒飲みのこと。

うわ-ばり [0]【上張(り)・上貼(り)】—うは 名 ふすまや壁などをはるとき、しあげの紙や布をはること。また、その紙や布。↕下張り。

うわ-ぶれ [0]【上振れ】—うは 名 自サ 予想した数値や成果よりもうわまわること。「株価の—」↕下振れ。

うわ-べ [0]【上辺】—うは 名 ❶表面。うわっつら。「—だけのよごれ」❷外観。みかけ。「—をかざる」

うわ-まえ [0]【上前】—うはまへ 名 ❶着物の前をあわせたとき、表に出る部分。↕下前。❷人の取り分の一部。「—をはねる」

うわ-まわ・る [ワ]2【上回る】【上×廻る】—うはまはる 自五 (ラ・ロ・リ・ル・ル・レ・レ) ある数量の上に出る。越える。「利益が一万円を—」↕下回る。

うわ-むき [0]【上向き】—うは 名 形動 ↕下向き。❶上を向くこと。うえむき。❷物事のなりゆきがよくなってくること。「運勢が—になる」❸相場があがってくること。

うわ-む・く [ム]【上向く】—うは 自五 (カ・コ・キ・イ・ク・ク・ケ・ケ) ↕下向く。❶上を向く。あおむく。❷ぐあいがよくなってくる。「運勢が—」❸相場があがりはじめる。「景気が—」

うわ-め [0]【上目】—うは 名 ❶目だけ上のほうに向けること。「—でにらむ」↕下目。❷量がこえること。超過。「千円より—だ」❸上包みや入れ物ごと重さをはかること。**—遣い**(づかい) [ジ] 名 顔を動かさずに、目だけで上のほうを見ること。「—に相手の顔色をうかがう」

うわ-もの [0]【上物】—うは 名〔不動産取引で〕その土地の上に建つ建物。

うわ-や [0]【上屋・上家】—うは 名 ❶工事現場などで、建物の上につくった、仮の屋根。❷雨・つゆをふせぐためにつくった、仮の建物。❸税関で、荷物を保管しておく倉庫。

うわ-やく [0]【上役】—うは 名 官庁・会社などで、自分より地位が上である人。とくに、自分の部署の上司。↕下役。

うわ・る [0]【植(わ)る】自五 (ラ・ロ・リ・ッ・ル・ル・レ・レ)〔「うえらる」の変化〕植えられる。植えた状態になる。「庭木が植わっている」

う-わん [ウ]【右腕】名 ❶みぎうで。↕左腕。❷野球で、右投げのピッチャー。右腕投手。

うん【雲】造 ❶くも。「雲海・雲泥・浮雲(ふうん/うきぐも)・乱層雲」❷「出雲(いずも)(旧国名)」のこと。「雲州」

うん【×暈】造 ❶かさ。太陽や月の周りの光。「外暈・月暈」❷めまい。「眩暈(げんうん)」

うん【×蘊】造 ❶つむ。ふさぐ。「蘊蓄・余蘊」❷集めたもの。「五蘊・色蘊(しきうん)」❸おくふかい。「蘊奥(うんのう)」

うん【運】㊀ [ウ] 名 造 人の力ではどうしようもない、身の上のなりゆき。めぐりあわせ。「—が悪い」「運命・幸運」㊁ 造 ❶はこぶこと。うつすこと。「運送・運搬・海運・水運」❷うごくこと。うごかすこと。「運転・運動」❸やりくりすること。「運営・運用」**—の尽(つ)き** 運命の終わること。いい運に見放されること。「警官に見られたのが—」**—を天(てん)に任(まか)せる** 結果がどうあろうとも、いさぎよく受け入れる。成り行きに任せる。「ここまできたら、もはや—」

うん [ウ] 感 ❶親しい相手や目下の言うことの肯定・承諾・あいづちなどに使うことば。「はい」「ええ」よりもくだけた言いかた。「『行く？』『—、行く』」「『買わない？』『—、買わない』」❷言うことにつまったときのことば。「きのうは、—、何してたかなあ」

うん-い [ウ]【×云為】名 文章語 言うことと、すること。言動。

うん-えい [0]【運営】名 他サ 組織をうごかして仕事をすすめること。運用。「会の—」

うん-えん [0]【雲煙】【雲×烟】名 文章語 雲と煙。**—過眼**(かがん)〔雲や煙が通りすぎて跡形をとどめないように〕物事にあっさりして執着しないこと。

うん-おう [0]【×蘊奥】名 文章語 ⬇うんのう。

うんか [ウ]【▲浮×塵▲子】名 ウンカ科の小昆虫の総称。体長五ミリメートル内外。イネ科植物の害虫。㊎秋

うん-か [ウ]【雲×霞】名〔くもとかすみ〕人がいっぱい集まること。「—のような軍勢」

うん-が [ウ]【運河】名 給排水・灌漑(かんがい)・船舶の航行などのために、陸地を掘ってつくった水路。

うん-かい [0]【雲海】名 山頂や、飛行機などから見たとき、雲がむらがって、海のように見えるもの。㊎夏

うん-き [ウ]【▲温気】名 ❶あたたかみ。❷むし暑いこと。

うん-き [ウ]【運気】名 ❶いろいろな自然現象から、人間の運命を判断すること。❷運勢。

うん-きゅう [0]【運休】名 自サ〔「運転休止」の略〕列車や飛行機などの運転・運行をやすむこと。

うん-けい [0]【雲形】名 雲を、おもに下から見た形で分けた十種類の分類。雲級(うんきゅう)ともいう。

うん-げん [0]【×繧×繝】名 ❶同じ色を濃淡をつけて染めだすこと。また、その染め色。❷たてじまの境をぼかして織った織物。❸くまどり。

うんこ [ウ] 名 幼児語 大便。うんち。

うん-こう [0]【運行】名 自サ きまった道筋にそって進行すること。「天体の—」「バスの—時間」

うん-こう [0]【運航】名 自サ 船・航空機が航路を進むこと。

うん-ざ [0]【運座】名 大ぜいあつまって、題をきめて俳句をつくり、たがいにえらびあう会。句会。

うん-さい [0]【雲際】名 文章語 雲のはて。はるかな空のはて。「—にかすむ富士のみね」

うんざり [ザ] と 副 自サ あきあきしたり、いやになったりするようす。「—した顔」

うん-さん [0]【雲散】名 自サ 雲が風で散るように、ものが散らばり無くなること。**—霧消**(むしょう) [0] 名 自サ 雲や霧が消

えさるように、あとかたもなくなること。「疑いの念が―した」

うん-ざん ⓪【運算】名 他サ 式の示すとおりに計算して、求めている答えを出すこと。演算。

うん-しゅう ⓪【雲集】名 自サ 雲のように、たくさんあつまること。

うんしゅう《雲州》⇩いずも(出雲)。

うんしゅう-みかん ③【温州蜜柑】名 (温州は中国の地名)大形で、汁が多くて甘い、種なしみかん。(冬)

うん-じょう ⓪【雲上】名 文章語 ❶くものうえ。❷宮中。禁中。**―人** ジョ 名 昔、宮中に仕えた貴族。くものうえびと。

うん-じょう ⓪【雲壌】名 文章語 (「壌」は土の意。雲と土)ちがいのひどく大きいたとえ。雲泥。「―の差」

うん-じょう ⓪【醞醸】名 自サ 文章語 (「醞」も「醸」も酒をつくるの意)❶酒類をつくること。❷酒をつくるように、手をつくして、しだいにある状態にすること。

うん-しん ⓪【運針】名 裁縫の、はりのはこび方。

うん-ず【倦ず・鬱ず】自サ 古語 ❶がっかりする。ふさぎ込む。「まことにまめやかに(本当ニ心カラ)うんじ」〈枕〉❷いや気がさす。つかれる。「世の中をうんじて筑紫へ下りける人」〈大和物語〉

うん-すい ウ【雲水】名 (行く雲と流れる水のゆくえの定まらないことから)諸国をめぐって修行する行脚僧。

うん-せい ウ【運勢】名 将来の運命。

うん-そう ⓪【運送】名 他サ 荷物や人をはこびおくること。運搬。運輸。

うん-だめし ⓪【運試し】名 運がよいかどうかを知るためにやってみること。「―に馬券を買う」

うんち ⓪ 名 幼児語 大便。うんこ。

うん-ちく ⓪【蘊蓄】名 (「蘊」は積むの意)学問・知識のたくわえ。学殖。**―を傾ける** 自分のもつ学問・知識・技能のすべてを使って努力する。

うん-ちん ウ【運賃】名 貨物・旅客の運送料金。

うん-てい ⓪【雲梯】名 ❶昔、中国で城攻めに使った長いはしご。❷水平または弧状に作られた金属製のはしご状のもので、ぶらさがってわたる遊具。

うん-でい ⓪【雲泥】名 雲と、どろ。違いのはなはだしいこと。**―の差** たいそう大きなちがい。天と地ほどの相違。

うん-てん ⓪【運転】名 他サ ❶機械や乗り物などを、動かすこと。「自動車を―する」❷活用。運用。「資金を―する」**―士** テ 名 列車や自動車などの交通機関の運転に従事する乗務員。**―資金** シ キ 名 企業を動かしていくのに必要な資金。原料費・賃金などにあてられる資金。↕設備資金。**―手** テ 名 ❶一般に、電車や自動車などの乗り物を運転する人。❷運転士。参考 法令では「運転者」という。

うん-と ウ|⓪ 副 程度・分量のはなはだしく多いようす。「―もうける」

うん-どう ⓪【運動】名 自サ ❶物体が時刻とともにその位置を移すこと。「振子の―」↕静止。❷保健や娯楽のためにからだを動かすこと。体育。スポーツ。「―選手」❸あることの達成のために多方面にはたらきかけて活動すること。「公害防止の―」「選挙の―」**―員** ド 名 ある目的達成の運動のために、活動する人。**―会** ド 名 大ぜいの人が、いろいろの運動競技・団体遊戯などをしてたのしむ会。(秋) **―着** ド 名 運動するときに着る動きやすい服。**―場** ⓪ 名 運動や遊戯をするための広場。**―神経** シ 名 筋肉の運動をつかさどる神経。**―費** ド 名 目的を実現するために使う金。「観光客誘致の―」

うんとも-すんとも 連語 ぜんぜん返事をしないようす。一言も言わないようす。「―答えない」参考 下に「言わない」の意味の語がくる。

うん-ぬん ⓪【云云】━名 自他サ (「うんうん」の変化)あれこれということ。「事情を―する」━名 引用したことばの終わりの方を略すときに使う語。しかじか。**―かんぬん** カ 名 「うんぬん」を強めた言いかた。参考「かんぬん」は「うんぬん」のもじりで、意味はない。

うん-のう ⓪【蘊奥】名 文章語 (「蘊」はおくそこ)学問・技芸などの奥深い所。奥義。うんのう。「―をきわめる」

うんぱく《雲伯》出雲の国と伯耆の国の総称。今の島根県の東部と鳥取県の西部にあたる。

うん-ぱん ⓪【運搬】名 他サ 物をはこぶこと。運送。運輸。

うん-ぴつ ⓪【運筆】名 筆で書くときの筆のつかい方。筆づかい。用筆。

うん-ぴょう ⓪【雲表】名 文章語 くもの上。雲外。「―にそびえる」

うんぷ-てんぷ ウ|テ【運否天賦】名 運のよしわるしは天がきめるものだとすること。運を天にまかせること。

うんぼ ウ【雲母】名 ⇩うんも。

うん-む ウ【雲霧】名 文章語 くもと、きり。

うん-めい ウ【運命】名 ❶人の意志と関係なく、人に幸・不幸をあたえる力。また、それによってひきおこされることがらや状態。うん。めぐりあわせ。なりゆき。❷未来。「祖国の―やいかに」**―共同体** ウ 名 運命をともにすることをたがいに了解した、複数の人間または社会集団。**―論** メ 名 すべては運命の支配下にあり、人間の努力ではどうにもならないとする考え。宿命論。

うんめい《運命》幸田露伴の中編小説。一九一九年に発表。明の皇帝を主人公とした歴史小説。

うんめいろんしゃ《運命論者》国木田独歩の短編小説。一九〇三年発表。運命にさからえないことを知ったときに安心を得るという思想をえがく。

うん-も ウ【雲母】名 多く花崗岩の中にふくまれている、六角で、うすくはげやすい結晶。電気の絶縁材などにする。きらら。うんぼ。

うん-ゆ ウ【運輸】名 貨物・旅客をはこびおくること。輸送。**―省** コ 名 陸海の運輸・海上保安などの行政事務にあたった中央官庁。二〇〇一年、国土交通省に統合。

うん-よう ⓪【運用】名 他サ 物をうまくはたらかしてつかうこと。「資金を―する」

うんりゅう-がた ⓪【雲竜型】名 横綱の土俵入りの型の一つ。四股のあと、からだをせり上げるとき、左手を脇につけ、右手をのばす。第十代横綱の雲竜久吉が始めたといわれる。↕不知火型。

うん-りょう ⓪|リョ【雲量】名 空に見える雲の分量。雲の全くないときを零とし、全天が雲におおわれているときを十とする。

雲竜型

え エ

え：「衣」の草体。
エ：「江」の右。

え【重】へ 接尾 かさなりの数をあらわす。「ふた―み―」

え【会】造 ❶あつまり。つどい。「節会・法会」❷さと

る。「会釈・会得」［別音かい｜会］

え【▲衣】 造 ころも。きぬ。きもの。「衣紋・白衣・法衣」［別音い｜衣］

え【依】 造 たよる。たのむ。「帰依」［別音い｜依］

え【×廻】 造 まわる。めぐる。「廻向・輪廻」［別音かい｜廻］

え【恵】 造 ❶めぐむ。ほどこす。「恵方」❷さとい。かしこい。「知恵」［別音けい｜恵］

え【×慧】 造 さとい。かしこい。ちえがある。「智慧」［別音けい｜慧］

え【▲壊】 造 くずれる。組織がこわれる。「壊死・壊疽」［別音かい｜壊］

え【×穢】 造 けがれる。よごれる。「穢土」［別音わい｜穢］

え【絵】【▲画】 名造 物の形・姿・ありさまなどをえがいたもの。絵画。「絵図・絵本・油絵・浮世絵」［別音かい｜絵］

―に描(か)いた餅(もち) 〔目で見るだけで食べられないことから〕実際の役に立たない計画などのたとえ。

え [エ] **【江】** 名 いりえ。

え [0] **【柄】** 名 器物にとりつけた、棒の形の取っ手。「ひしゃくの―」**―の無(な)い所(ところ)に柄(え)をすげる** 無理な理屈をつけることのたとえ。また、言いがかりをつけることのたとえ。

え [エ] **【×餌】**(ゑ) 名 えさ。

え【▲兄】 名〔古語〕兄弟・姉妹のうち、年上の人。あに。あね。

え【▲枝】 名〔古語〕えだ。「梅が―」

え 副〔古語〕〔打ち消しや反語が下にくる〕よう。よく。あえて。「たれもいまだ都慣れぬほどにて、え見つけず（見ツケルコトガデキナイ）」〈更級〉参考 動詞「得(う)」の連用形が副詞となったもの。本来は可能をあらわしたが、下に打ち消しや反語をともなって、不可能の意をあらわすようになった。

え(ゑ) 助〔古語〕⇨ゑ。

エア（ー） [0]〈air〉名造 ❶空気。空中。❷航空。飛行。

エア-カーテン [カ]〈air curtain〉名 建物の出入り口の上から空気を吹きおろして、しきりをする装置。暖房・冷房のある建物にそなえる。エアドア。

エア-ガン [ア]〈air gun〉名 圧縮空気やバネの力によって弾をうちだす銃。空気銃。

エア-クリーナー [リ]〈air cleaner〉名 空気中のごみやほこりを吸いとる装置。空気清浄器。

エア-コンディショナー [ディ]〈air conditioner〉名 室内の空気の温度や湿度を、自動的に調節する設備。空調。エアコン。

エア-コンプレッサー [レ]〈air compressor〉名 列車のブレーキ・自動ドアや、さく岩機などの動力源になる圧縮空気を作る機械。空気圧縮機。

エア-シューター [シュ]〈air shooter〉名 〔和製英語〕書類を入れたカプセルをパイプに入れ、圧縮空気の力で速く送るしかけ。

エア-ゾール [ゾ]〈aerosol〉名 ❶缶に入った薬品をガスの圧力で霧状にふき出させて使用する製品。スプレーに用いる。❷⇨エアロゾル。

エア-ターミナル [タ]〈air terminal〉名 ❶空港へ出入りする旅客が利用する建物。❷空港と連絡する鉄道・バスの発着所。

エア-チェック [チェ]〈air check〉名 放送された番組を個人用に録音・録画すること。

エア-バス [0]〈air bus〉名 大量輸送を目的とした、中・近距離用の大型旅客機。

エア-バッグ [バ]〈air bag〉名 自動車の安全装置の一つ。衝突時に乗員の前面や側面で瞬時にふくらみ、衝撃をやわらげる空気袋。

エア-ブラシ [ブ]〈airbrush〉名 絵の具を霧状に噴射する器具。写真や絵画の修整などに用いる。

エア-ブレーキ [レ]〈air brake〉名 圧縮空気の力で電車などを止めたり、ドアを開閉したりする装置。空気制動機。

エア-ポート [ポ]〈airport〉名 旅客機発着用の飛行場。空港。

エア-ポケット [ポ]〈air pocket〉名 空気の流れが変化していて、そこに入った飛行機が急降下する所。

エア-マット [マ]〈air mat〉名 〔和製英語〕空気を吹き込み、ふくらませて使うマットレス。防災用やキャンプ用などがある。エアベッド。エアマットレス。

エア-メール [メ]〈air-mail〉名 航空郵便。

エア-ライン [ラ]〈airline〉名 航空路線。航空会社。

エアログラム [グ]〈aerogram〉名 外国向け航空便用の封緘(ふうかん)はがき。航空書簡。

エアロゾル [ゾ]〈aerosol〉名 大気中に漂っている、固体または液体の微細な粒子。雲やスモッグ、霧など。エーロゾル。エアゾール。「―感染」

エアロビクス [ビ]〈aerobics〉名 酸素を体内に取り入れて老化を防ぐ健康法。ダンスなどの運動と組み合わせることを特徴とする。

え-あわせ [ア] **【絵合(わ)せ】**(あはせ) 名 左右に分かれ、絵を互いに出しあって、優劣をきそう遊戯。参考 主として平安時代、貴族たちの間で行われた。

えい【永】 造 ❶ながい。長い時間がすぎる。「永日・永世・永続」❷とこしえ。かぎりない。「永遠・永久・永訣(えいけつ)」

えい【×曳】 造 ひく。ひっぱる。「曳航・曳光弾・揺曳」

えい【泳】 造 およぐ。「泳者・泳法・遠泳・水泳」

えい【英】 造 ❶すぐれている。ひいでる。「英傑・英才・英雄・俊英」❷「英吉利(イギリス)」の略。英国。「英語・英文・渡英・日英」❸はな。はなぶさ。「石英」

えい【映】 造 ❶うつる。うつす。「映画・映像・放映」❷はえる。「映発・反映」**映じる** 自上一 **映ずる** 自サ

えい【×洩】 造 もれる。もらす。「漏洩(ろうえい)(ろうせつ)」

えい【×盈】 造 いっぱいになる。「盈虚」

えい【営】 造 ❶いとなむ。事業をする。「営業・営利・運営・経営」❷つくる。「営繕・営造・設営・造営」❸軍隊の宿泊所。「営所・軍営・宿営・陣営」

えい【×裔】 造 子孫。「後裔・末裔」

えい【影】 造 ❶かげ。光のあたらないところ。「影響・陰影・花影・投影」❷ひかり。「月影・灯影」❸すがた。かたち。「影印・影像・幻影・撮影」

えい【鋭】 造 ❶するどい。刃ものがよく切れる。とがっている。「鋭角・鋭利・先鋭」❷強くはげしい。さとい。「鋭気・鋭敏・気鋭・精鋭」

えい【×叡】 造 ❶かしこい。よく道理に通じる。「叡才・叡知・叡哲・叡敏」❷天子に関する行為につく語。「叡感・叡慮」

えい【×穎】 造 ❶さき。穂のさき。「禾穎(かえい)」❷すぐれる。ぬきんでる。「穎才・穎敏・俊穎」

えい【×嬰】 造 ❶生まれたばかりの子。みどりご。「嬰児」❷ひきこもる。「退嬰」❸音楽で半音上げる。「嬰記号」↔変。

えい【×翳】 造 おおう。かげる。かげ。「暗翳・陰翳」

えい【栄】 ㊀ [エ] 名造 ほまれ。はえ。名誉。「当選の―をになう」「栄光・栄誉・虚栄・光栄」㊁ 造 さかえる。「栄華・栄枯・共栄・繁栄」

えい【詠】 ㊀ [エ] 名造 詩歌(しいか)をよみつくること。また、その詩歌。「近世歌人の―」「詠歌・詠進・近詠・題詠」㊁ 造 ❶うたう。声を長く引いてうたう。「詠吟・詠唱・朗詠」❷感動して声を出すこと。「詠嘆」**詠じる** 他上一 **詠ず**

る 他サ

えい【▲酔ひ】えひ 名〔古語〕酒に酔うこと。酔い。

えい ①【×鱏・×鱝】えひ 名 エイ目に属する軟骨魚の総称。からだがひらたく、尾は細長い。夏

えい【衛】㊀ ⓪ 名 古代中国の国名。㊁ 造 まもる。ふせぐ。「衛生・衛星・守衛・防衛」

えい ①【×纓】名 ❶かんむりのうしろにたれさがる細長いうす絹。❷かんむりのむすびひも。

えい ① 感 ❶気合いを掛けたり、力を入れたりするときに出す声。「—、とばかりに投げつける」❷しくじったり、相手をうながしたりするときに出す声。「—、こっちの負けだ」「—、早くしろ」

えい-い ①【栄位】名〔文章語〕名誉ある地位。「—を獲得する」

えい-い ①【営為】名〔文章語〕いとなむこと。いとなみ。

えい-い ①【鋭意】副 いっしょうけんめいはげむようす。一心に。熱心に。専心。「—研究に努力する」

えい-いん ⓪【影印】名 他サ 写本・版本を写真にとり、そのまま製版・印刷すること。「—本(ぼん)」

えい-えい ⓪【営営】と副 たる連体 休むひまなくつとめはたらくようす。「—と職務にはげむ」

えい-えん ⓪【永遠】名 ❶時間にはてしがないこと。永久。「—の眠りにつく」❷過去・現在・未来の時間をこえていること。「—の真理」

えい-か ①【詠歌】名 ❶和歌をつくること。また、そのつくった和歌。❷ごえいか。

えい-が ①【映画】名 連続撮影したフィルムにうつった映像をスクリーンなどに映写して、物の動きをあらわすもの。

えい-が ①【栄華】名 権力・財力を得てさかえること。はでな生活、ぜいたくをすること。「—をきわめる」

えい-かいわ ③【英会話】名 英語で交わす会話。「—教室」

えい-かく ⓪【鋭角】名 ❶するどい角度。「—的な思考」❷〔数〕直角より小さな角。↕鈍角。

えい-がく ⓪【英学】名 ❶英国・英文学・英語学などに関する学問。❷英国式の学問。

えいがものがたり《栄花物語・栄華物語》平安時代後期の歴史物語。作者は赤染衛門(あかぞめえもん)といわれるが未詳。藤原道長(ふじわらのみちなが)の華やかな生活を中心に描いたもの。

えい-かん ⓪【栄冠】名 ❶名誉・勝利を得たものがかぶるかんむり。❷名誉ある地位。名誉。栄誉。「優勝の—」

えい-き ①【英気】名 ❶すぐれた気性・気質。ひいでた才気。「天性の—」❷元気に働こうとする気力。「—を養う」

えい-き ①【鋭気】名 するどく強い気性・気勢。「—に満ちた顔つき」

えい-きごう ③【×嬰記号】名 ➡シャープ㊁❶。↕変記号。

えい-きゅう ⓪【永久】名 時間が無限につづくこと。永遠。「—の平和」 **—歯**(し) ③ 名 乳歯の抜けたあとにはえる歯。この歯は、はえかわらない。↕乳歯。

えい-きょ ①【×盈虚】名〔文章語〕❶月のみちかけ。❷栄えることと衰えること。盛衰。

えい-きょう ⓪【影響】名 自サ (影が形に添い、響きが音に応ずる意から)あることが他の物ごと・性状にまで及んで作用すること。「台風の—が心配される」「読書好きなのは母の—だ」

えい-ぎょう ⓪【営業】名 自他サ 利益を得ることを目的にして事業をいとなむこと。また、その事業。商売。 **—日**(び) ③ 名 会社や商店が営業している日。また、それを数える単位。「年末年始の—」「三—後に振り込む」

えい-ぎん ⓪【詠吟】名 他サ 声を出して詩歌(しいか)をうたうこと。また、その詩歌。

えい-けつ ⓪【英傑】名 たいそうすぐれた人物。

えい-けつ ⓪【永×訣】名 自サ〔文章語〕永久に別れること。ながの別れ。死別。永別。

えい-こ ①【栄枯】名 栄えたり、衰えたりすること。「—盛衰」

えい-ご ⓪【英語】名 イギリスで国家語とされる言語。アメリカ・オーストラリアなどでも国家語とされるほか、公用語として広く使用される。

えい-ご ①【×穎悟】名 形動〔文章語〕(「穎」はかしこいの意)たいそうかしこいこと。「—な生まれつき」

えい-こう ⓪【栄光】名 かがやかしいほまれ。大きな名誉。光栄。「勝利の—」

えい-こう ⓪【×曳航】名 他サ 船が他の船をひっぱって行くこと。

えい-ごう ⓪【永×劫】名 (「劫」は長い時間の意)永遠。「未来—」

えいこう-だん ③【×曳光弾】名 弾道がわかるように発光しながら飛ぶしかけの弾丸。

えいこく《英国》イギリス。英。

えい-ごと【▲酔言】えひ 名〔古語〕酒に酔って言うことば。

えい-こん ⓪【英魂】名〔文章語〕死んだ人の魂を尊敬していうことば。英霊。「—ここに眠る」

えい-さい ⓪【英才】【×穎才】名 すぐれた才能。また、そのもちぬし。秀才。「—教育」

えい-さくぶん ③【英作文】名 ❶英語で文を書くこと。❷おもに学習のために、和文を英訳すること。また、その訳文。

えい-し ①【英姿】名〔文章語〕すぐれた、りっぱな姿。

えい-し ①【英資】名〔文章語〕すぐれた生まれつき。

えい-し ⓪【詠史】名 歴史上の事実・人物を詩歌(しいか)によむこと。また、その詩歌。

えい-し ①【衛視】名 国会で、警備にあたる職員。旧称は「守衛」

エイジ〈age〉＝エージ 造 年齢。時代。世代。「ティーン—」「アトミック—」

えい-じ ⓪【英字】名 英語を書きあらわすのに用いる文字。「—新聞」

えい-じ ①【×嬰児】名 生まれてまもないちのみご。乳児。

えい-じつ ⓪【永日】名〔文章語〕(昼が長いの意)春の日。春

えいじ-はっぽう ⑤【永字八法】名 「永」の一字によって、すべての漢字の書き方に共通する八種の基本的な筆づかいを示したもの。

永　側(そく)　勒(ろく)　策(さく)　掠(りゃく)　趯(てき)　努(ど)　磔(たく)　啄(たく)

永字八法

えい-しゃ ①【泳者】名 泳ぐ人。泳ぎ手。「リレーの第一—」

えい-しゃ ①【営舎】名 兵隊の住む建物。兵舎。

えい-しゃ ⓪【映写】名 他サ フィルムの画像をスクリーンにうつしだすこと。「—機」

えい-しゃく ⓪【栄爵】名 ❶〔文章語〕ほまれある爵位。❷〔古語〕五位のこと。参考 初めて五位を与えられるのを「叙爵」という。五位は通貴といった貴族(三位以上)に準ずる地位で、名誉あることとされた。

えい-しゅ ①【英主】名〔文章語〕すぐれた君主。明君。

えい-じゅ ①【衛×戍】名 旧陸軍で、軍隊が長期間一か

所にとどまって警備・防衛にあたること。「―地」「―病院」

えい-じゅう ⓪【永住】名自サ 先々、いつまでもその地に居住すること。「南米に―する」

えい-しゅん ⓪【英俊】名 才能が多くの人より特にすぐれている人。

えい-しょう ⓪【詠唱】㊀名他サ ふしをつけて詩歌(しいか)をうたうこと。「賛美歌を―する」㊁名 アリア❶。

えい-しょく ⓪【栄職】名 名誉ある高い役職。

えい-じょく ⓪【栄辱】名〔文章語〕ほまれと恥。栄誉と恥辱。

えい・じる ⓪【映じる】自上一 ジ|ジ|ジル|ジル|ジレ|ジロ・ジヨ ⬇えいずる。

えい・じる ⓪【詠じる】他上一 ジ|ジ|ジル|ジル|ジレ|ジロ・ジヨ ⬇えいずる。

えい-しん ⓪【栄進】名自サ 高い地位・役職などにすすむこと。栄達。

えい-しん ⓪【詠進】名他サ 詩歌(しいか)をつくって、宮中・神社などにさしあげること。

エイジング ⓪〈aging〉=エージング 名 ❶年齢を重ねること。加齢。「アンチ―」❷熟成させること。「―ワイン」❸道具や衣服などを使いならしていくこと。「スピーカーの―」

エイズ ①〈AIDS〉名〔acquired immune deficiency syndromeから〕エイズウイルス(HIV)の感染により、からだの防衛力が異常に低下する疾患。後天性免疫不全症候群。

えい・ずる ⓪【映ずる】自サ ジ・ゼ|ジ|ズル|ズル|ズレ|ジロ・ゼヨ 〔「映じる」(上一段活用)とも〕❶光や物の影がうつる。「水面に―月」❷目にうつる。印象される。「観光客の目に映じた東京」

えい・ず 文語サ変

えい・ずる ⓪【詠ずる】他サ ジ・ゼ|ジ|ズル|ズル|ズレ|ジロ・ゼヨ 〔「詠じる」(上一段活用)とも〕❶詩歌(しいか)をよみつくる。❷詩歌を、声を出してうたう。吟ずる。**えい・ず** 文語サ変

えい-せい ⓪【永世】名〔文章語〕かぎりなく長い年月。永久。**―中立(ちゅうりつ)** チュ名 国家が、永久に戦争に参加せず、中立の立場を守る権利および義務をもつこと。永久中立。

えい-せい ⓪【永生】名〔文章語〕❶永遠の生命。❷長生き。

えい-せい ⓪【衛生】名 健康をたもち、病気の予防につとめること。「この地域は―状態が悪い」**―的(てき)** ⓪形動 健康と衛生に注意し、その保持につとめるようす。↕不衛生。

えい-せい ⓪【衛星】名 惑星(わくせい)のまわりをめぐる天体。地球に対する月など。**―国(こく)** セ名 大国の近くにあって、その支配または統制をうけている国。**―船(せん)** ⓪名 人間の乗れる、大型の人工衛星。宇宙船。**―中継(ちゅうけい)** チュ名 通信衛星によってテレビ電波などを中継すること。**―通信(つうしん)** ツ名 人工衛星によって、地上からの電波を受信させたり反射させたりして行う通信。**―都市(とし)** ト名 近くにある大都市と深い関係にあって発達した中小都市。「東京の―」**―放送(ほうそう)** ホ名 衛星通信を利用した放送。

えい-せい ⓪【永逝】名自サ〔文章語〕死ぬこと。永眠。

えい-ぜん ⓪【営繕】名他サ 建物などをつくることと、修理すること。

えい-そう ⓪【営倉】名 旧軍隊で、兵営内で規則に反した軍人を入れた建物。また、そこにとじこめる罰。

えい-そう ⓪【営巣】名〔文章語〕動物が巣をつくること。

えい-そう ⓪【詠草】名 よんだ和歌。また、その下書き。

えい-ぞう ⓪【映像】名 ❶光によってうつし出された像。特にテレビや映画の画面。❷頭の中にうかぶ光景。

えい-ぞう ⓪【影像】名 ❶物の姿・形。❷絵画・彫刻・写真などで表現された人や神仏の肖像。

えい-ぞう ⓪【営造】名他サ 大きな建物などをつくること。造営。**―物(ぶつ)** ゾ名 ❶建築物。❷国家・公共団体が、社会の利益を目的としてつくったもの。学校・鉄道など。

えい-ぞく ⓪【永続】名自サ ながつづきすること。「―性」

えい-たい ⓪/①【永代】名 長い年月。永久。永世。**―供養(くよう)** ク名 死者の忌日や彼岸ごとに永久に寺で経をあげて供養してもらうこと。

えい-たつ ⓪【栄達】名自サ 高い地位・身分にのぼること。出世。栄進。「一身の―をはかる」

えい-だつ ⓪【×穎脱】名自サ〔文章語〕〔「穎」は錐(きり)の先。袋に入れた錐の先がすぐにつき出る意から〕才知・才能がとびぬけてすぐれていること。

えい-たん ⓪【詠嘆】【詠×歎】名自サ 感動を声に出してあらわすこと。

えい-だん ⓪【英断】名 すぐれた決断。「―を仰ぐ」

えい-だん ⓪【営団】名 経営財団。国の資本で公共事業をおこなう特殊な財団。参考 第二次大戦中に設立。戦後は帝都高速度交通営団のみ存続していたが、二〇〇四年に民営化され、営団はなくなった。

えい-ち ①【英知】【×叡×智】名 すぐれたちえ。深い知性。

えい-てん ⓪【栄典】名〔文章語〕❶めでたい儀式。❷国家に対して功労のあった人の名誉を表彰するためにさずけられる位階・勲章など。

えい-てん ⓪【栄転】名自サ ❶まえよりも高い地位に転任すること。↕左遷。❷〔「ご」をつけて〕人の転任を尊敬していう語。「ご―おめでとうございます」

エイト ①〈eight〉名〔「八」の意〕八人でこぐ競漕(きょうそう)用ボート。

えい-なき【▲酔ひ泣き】(ゑひ)名〔古語〕酒に酔って泣くこと。

えい-ねん ⓪【永年】名 ながねん。「―勤続者」

えい-のう ⓪【営農】名 農業をいとなむこと。

えい-はつ ⓪【映発】名自サ〔文章語〕光や色が調和してうつりあうこと。「紅葉と湖水とが―する」

えい-びん ⓪【鋭敏】形動 ダロ・ダッ・デ・ニ|ダ|ナ|ナラ|〇 ❶感覚のするどいようす。敏感。「―な知覚」❷頭のはたらきがするどいようす。

えい-ぶん ⓪【英文】名 ❶英語の文章。❷英文学。「―科」

えい-ぶん ⓪【×叡聞】名 天子が聞くこと。「―に達する」

えい-へい ⓪【衛兵】名 警衛のための兵士。番兵。

えい-べつ ⓪【永別】名自サ 永久にわかれること。ながのわかれ。永訣(えいけつ)。

えい-ほう ⓪【泳法】名 およぎ方。およぎの型。

えい-ほう ⓪【鋭×鋒】名 ❶するどいほこさき。❷言論でするどく攻めたてる勢い。「―をかわす」

えい-まい ⓪【英×邁】名形動〔文章語〕人なみすぐれてかしこいこと。英明。「―な君主」

えい-みん ⓪【永眠】名自サ 永久に眠ること。死ぬこと。永逝(えいせい)。

えい-めい ⓪【英名】名〔文章語〕すぐれた評判・名声。

えい-めい ⓪【英明】名形動〔文章語〕すぐれてかしこいこと。英邁(えいまい)。

えい-もん ⓪【営門】名 兵営の門。

えい-やく ⓪【英訳】名他サ 英語に翻訳すること。また、翻訳したもの。

えい-ゆう ⓪【英雄】名 ❶才能・武勇の特にすぐれている大人物。❷〔古語〕〔英雄家(け)の略で〕公家の家格で、摂関

家に次ぐ家柄。大臣・大将・太政大臣になれる家柄。清華(せいが)。

えいよ [エ]【栄誉】[名] ほまれ。名誉。—**礼**(れい) [ヨ][名] 軍隊が国の元首などを迎える時に行う礼式。

えいよう [0]【栄養】【営養】[名] 生物が健康をたもち完全な発育・成長をとげるために、必要な食物などをとりいれること。また、その食物など。—**価**(か) [ヨ][名] 食物中にふくまれている栄養の質と量。カロリーの量とビタミンの種類などであらわす。—**教諭**(きょうゆ) [キョ][名] 学校で、食育や栄養に関する指導を担う教諭。—**士**(し) [ヨ][名] 都道府県知事の免許をうけ、科学的な食生活の指導にあたる人。—**失調**(しっちょう) [シ][名] 食物中のカロリーおよび栄養素の不足で、健康をそこなうこと。—**食**(しょく) [ヨ][名] 栄養価がじゅうぶんにあるように考えて作られた食事。—**素**(そ) [ヨ][名] 健康をたもち、完全な成長をとげるために必要な食物成分。たんぱく質・炭水化物・脂肪・ビタミン・ミネラルを五大栄養素という。—**不良**(ふりょう) [フ][名] 栄養がよくないため、身体が健康でないこと。栄養障害。

えいよう [0]【栄×耀】[名] ❶大いにさかえ、かがやくこと。「—栄華」❷ぜいたくをすること。‖えよう。

えいらん [0]【×叡覧】[名]〔文章語〕天子が見ること。

えいり [エ]【営利】[名] 利益を得ること。かねもうけ。「—事業」—**法人**(ほうじん) [ホ][名] 営利を目的として事業を行う法人。株式会社など。↕公益法人。—**誘拐**(ゆうかい) [ユ][名] 財産上の利益を目的として人をかどわかすこと。

えいり [エ]【鋭利】[形動] ダロ・ダッ・デ・ニ ダ・ナ・ナラ・〇 ❶するどく、切れあじがよいようす。「—な刃物」❷才知があって、するどいようす。「—な頭脳」

エイリアン [エ]〈alien〉[名]〔「外国人」の意〕SFなどで、地球以外の天体にすむ宇宙人。異星人。

えいりょ [エ]【×叡慮】[名] 天子の考え。

えいりょう [0]【英領】[名] 英国の領土。

えいりん [0]【映倫】[名]「映倫管理委員会」の略。映画の内容について、審査・規制する民間団体。

えいりん [0]【営林】[名] 森林を管理・経営すること。—**署**(しょ) [ショ][名] 林野庁営林局の下にあって、国有林の造林・伐採などの事業を実行した官庁。一九九九年に森林管理署に改組。

えいれい [0]【英霊】[名] 死んだ人の霊を尊敬していう語。特に戦死者の霊についていう。

えいれんぽう [レ]【英連邦】[名] イギリス本国と旧イギリス領の諸国とをあわせた呼び名。

えいわ [0]【英和】[名] ❶英語と日本語。❷英和辞典。↕和英。—**辞典**(じてん) [ジ][名] 英語に、日本語で説明をつけた辞典。

えいん [0]【会陰】[名]〘医〙外陰部から肛門(こうもん)にいたる部分。[参考] 俗に、「蟻(あり)の門(と)渡り」という。

え・う【▲酔ふ】(ゑふ) [自四]〔古語〕酒によう。

エウスタキオかん [0]【エウスタキオ管】〈Eustachio〉[名] 中耳とのどをつなぐ管。耳管。ユースタキー管。

えうなし【▲要なし】[形ク]〔古語〕⬇ようなし。

ええ [感] ❶[エ1] 肯定したり、承諾したり、あいづちを打ったりするときに言うことば。「—、わかりました」⇩はい [参考]。❷[0] 言うことにつまったときのことば。「それは、—、忘れました」❸[エ2] おどろきをあらわすことば。「—、それはすごいですね」

エーアール [ア]〈AR〉[名]〔augmented reality から〕現実の風景にデジタル技術によって仮想の風景を重ねて表示すること。拡張現実。

エーアイ [ア]〈AI〉[名]〔artificial intelligence から〕人工知能。

エーイーディー [ディ]〈AED〉[名]〔automated external defibrillator から〕心停止状態になった人に電気ショックを与えたりする救命装置。自動体外式除細動器。

エーエム [0]〈AM〉[名]〔amplitude modulation から〕ラジオ放送の送信で、音声や信号に応じて、電波の振幅を変える方式。↕FM(エフエム)。

エーエム [エ2]〈a.m.〉[名]〔ラ ante meridiem から〕午前。↕ピーエム。

エーエルエス [エ3]〈ALS〉[名]〘医〙〔amyotrophic lateral sclerosis から〕脳や脊髄(せきずい)の神経細胞に異常がおこり、運動や呼吸に使う筋肉が萎縮して動かせなくなる難病。筋萎縮性側索硬化症(きんいしゅくせいそくさくこうかしょう)。

エーオーにゅうし [ニュ]【AO入試】[名] ⬇アドミッションオフィス入試。

エーカー [エ]〈acre〉[名] ヤードポンド法の面積単位。約四〇四七平方(メートル)。記号は「ac」。

エーがたかんえん [カ]【A型肝炎】[名] ウイルス性肝炎の一つ。飲食物によって感染する。特定地域で多発する流行性肝炎。

エークラス [ク]【Aクラス】[名] 第一級。A級。

エーご [0]【A5】[名] 縦二一(センチメートル)、横一四・八(センチメートル)の紙・本の大きさ。小型ノートの多くはこの大きさ。「—判」

エージ〈age〉[造] ⬇エイジ。

エージェンシー [エ]〈agency〉[名] 代理店。広告代理業者。

エージェント [エ]〈agent〉[名] 代理人。代理店。

エース [エ]〈ace〉[名] ❶第一人者。ぴかいち。❷野球で、主戦投手。❸トランプの1。また、その札。記号は「A」。「ダイヤの—」

エーディー [ディ]〈A.D.〉[名]〔ラ Anno Domini から〕西暦紀元。紀元以後。↕ビーシー。

エーティーエス [エ2]〈ATS〉[名]〔automatic train stop から〕列車が赤信号の前で自動的に止まるようにした装置。自動列車停止装置。

エーディーエッチディー [ディ2]〈ADHD〉[名]〔attention deficit hyperactivity disorder から〕幼児期に現れる発達障害の一つ。不注意・多動性・衝動性などを特徴とする。注意欠陥・多動性障害。

エーティーエム [エ2]〈ATM〉[名]〔automatic teller machine から〕カードや通帳を使って、金融機関への預け入れ・引き出し・振り込みなどができる現金自動預け払い機。

エーティーシー [シ]〈ATC〉[名]〔automatic train control から〕列車の運行速度や停止を自動的に管理する装置。自動列車制御装置。

エーティーしゃ [ティ]【AT車】[名] ⬇オートマチック車。

エーテル [0]〈オ ether〉[名] ❶光を伝えるものとして宇宙に満ちていると考えられた物質。相対性理論によってその存在は否定された。❷酸素原子に二個の炭化水素基が結合した有機化合物の総称。❸「エチルエーテル」の略称。

エーデルワイス [ワ]〈ド Edelweiss〉[名] キク科の多年草。全体にまっ白な綿毛が密生している。ヨーロッパアルプスの代表的な高山植物。(夏)

ええと [0][感] ❶話しかける相手に気づいてもらうために言うことば。「—、ご予約の田中さんですか」❷ためらったり、考えたりしながら話すとき、つなぎに用いることば。「そうですね、—、言いにくいのですが…」「—、終電は何時だっけ」

エード [エ]〈ade〉[名] 果汁に甘みと水を加えた飲み物。「オレ

ンジー」

エートス [エ]〈ギ ethos〉=エトス [名] ❶人間の持続的な性格。↔パトス。❷ある民族や社会が特徴として持つ道徳的な慣習。

エー-ばん ⓪【A判】[名] 紙の日本標準規格の一つ。五九・四×八四・一センチメートルの大きさをA1判とし、半分に切るたびに番号を1ずつふやす。↔B判。

エー-ピー [ピ]〈AP〉[名]〔Associated Pressから〕アメリカの通信社。

エー-ビー-シー [シ]〈ABC〉[名] ❶英語のアルファベット字母。❷物ごとの初歩。入門。いろは。「物理学の—」

エー-ブイ [フ]〈AV〉[名] ❶〔audio visualから〕音響装置にテレビ・ビデオなどの映像装置を組み合わせたもの。❷〔和製英語 adult videoから〕成人向きのビデオ映画。アダルトビデオ。

エープリル-フール [フ]〈April fool〉[名] 四月ばか。四月一日に、つみのないうそをついてかつぎあう西洋の風習。(春)

エーペック [エ]〈APEC〉[名]〔Asia-Pacific Economic Cooperationから〕アジア太平洋経済協力。日本・アメリカ・カナダ・中国・韓国・東南アジア諸国などが、アジア・太平洋地域の経済協力を協議するため、開催する閣僚会議。一九八九年設立。アジア太平洋経済協力会議。

エー-めん ⓪【A面】[名] レコードやカセットテープのおもて面。主となる楽曲が収録される面。↔B面。

エー-よん ⓪【A4】[名] 縦二九・七センチ、横二一センチの紙・本の大きさ。A3の半分の大きさ。主にコピー用紙や行政文書で用いられる大きさ。「—判」「—サイズ」

エー-ライン [ラ]【Aライン】[名] ファッションで、Aの字形に裾に向かうにつれて広がるシルエット。

エール [エ]〈yell〉[名] 応援歌。応援の声。「—の交換」

エー-ろく ⓪【A6】[名] 縦一四・八センチ、横一〇・五センチの紙・本の大きさ。A5の半分の大きさ。文庫本の大きさ。

え-えん [エ]【会×厭】[名] のどの入り口にあって、食物が気管にはいるのをふせぐ、舌の形をした器官。

え-がお [エ]【笑顔】[名] わらった顔。

え-かき [キ]【絵描き】【画描き】[名] ❶絵をかくことを職業とする人。画家。❷⇒お絵かき。

えがき-だ・す [ダ]【描き出す】[他五] サソシスセセ ありさまを絵や文章に書いてあらわす。表現する。**描き出せる** [自下一]〔…できる〕

え-が・く [ガ]【描く】【画く】[他五] カコキクケケ ❶物を形にしてかきあらわす。絵や図をかく。❷ありさまをうつしだす。表現する。「少年の心理を—」❸思いうかべる。「心に—」 **描ける** [自下一]〔…できる〕

えがた・い [タ]【得難い】[形] カロ・カッ・ク・イ・イ・ケレ・○ 手に入れにくい。貴重だ。「—人物だ」 **えがた・し** [文語ク]

エカフェ [カ]〈ECAFE〉[名]〔Economic Commission for Asia and the Far Eastから〕アジア極東経済委員会。エスカップの旧称。

え-がら ⓪【絵柄】[名] 絵のがら。工芸品などの図案。構図。

えがらっぽ・い [ボ] [形] カロ・カッ・ク・イ・イ・ケレ・○ のどが刺激されてひりひりする。いがらっぽい。**えがらっぽさ** [名]

えき【疫】[造] はやりやまい。悪性の伝染病。「疫病・疫痢・防疫・免疫」〔別音やく｜疫〕

えき【易】㊀⓪ [名][造] ❶うらないの一種。算木と筮竹とを用いて、吉凶を判断する。「易者・易断」❷易経。㊁[造] かわる。かえる。「交易・不易・貿易」〔別音い｜易〕

えき [エ]【益】[名][造] ❶もうけ。利得。「—の多い事業」「純益・増益・公益・損益・利益」↔損。❷ききめ。効果。「言っても—がない」「無益・有益」❸役にたつこと。「益虫・益鳥」 **益する** [他サ]

えき [エ]【液】[名][造] 水のような流動体。しる。「—をそそぐ」「液剤・液体・血液・溶液」

えき [エ]【駅】[名][造] ❶列車をとめて、乗客の乗降や貨物をとり扱う所。停車場。「駅舎・駅ビル・駅前・始発駅・終着駅・無人駅」❷しゅくば。「駅伝・駅路・宿駅」

えき【役】㊀[エ] [名] 昔、人民を公用に使役したこと。㊁[エ] [名][造] 戦争。「西南の—」「軍役・戦役」㊂[造] ❶しごと。労働。「役牛・役務・現役・労役」❷公的に労力を提供すること。「退役・懲役・兵役」 **役する** [他サ]〔別音やく｜役〕

えき-いん [キ]【駅員】[名] 駅の仕事をする人。

えき-うり ⓪【駅売(り)】[名] 駅の構内で物を売ること。また、その人。

えき-か ⓪【液化】[名][自他サ] 物質が液体に変化すること。特に気体が、冷却・加圧によって液体になることをいう。—**ガス** [ガ] [名] ❶高圧・低温のために液体になった気体の総称。❷液化プロパンガスなどの液化燃料ガス。

えき-が ⓪【×腋芽】[名] 葉のつけねにある芽。わきめ。

えき-がく [キ]【疫学】[名] 流行病などの発生した原因や、経路・分布などを追究する学問。

えき-ぎゅう ⓪【役牛】[名] 農作業や仕事などに使ううし。↔乳牛・肉牛。

えききょう《易経》中国の古典。五経の一つ。天文・地理などの自然現象や、人間の運命などを陰陽の変化によって説明したもの。周易。易。

えき-きん ⓪/[キ]【益金】[名] もうかったかね。利益金。

えき-ざい ⓪【液剤】[名] 液状の薬剤。↔粉剤・散剤・錠剤。

エキサイティング [サ]〈exciting〉[形動] ダロ・ダッ・デ・ニ・ダ・ナ・ナラ・○ 刺激的で人を興奮させるようす。「—なレース展開」

エキサイト [サ]/[エ]〈excite〉[名][自サ] 興奮すること。

えき-さく ⓪【易×簀】[名][自サ]〔文章語〕❶賢人の死。❷人の死。[参考] 中国春秋時代の思想家曾子が、死ぬときに簀を粗末なものに取りかえさせたことから。

エキジビション [ビ]〈exhibition〉=エキシビション [名] ❶公開。展覧。展示。❷展覧会。博覧会。—**ゲーム** [ゲ]〈exhibition game〉[名] 公開競技。模範競技。

えき-しゃ ⓪【易者】[名] 易でうらないを職とする人。うらない師。はっけみ。

えき-しゃ [エ]/⓪【駅舎】[名] 駅の建物。

えき-しゅ ⓪【駅手】[名] 駅で、貨物の運搬・つみおろしなどをする人。

えき-じゅう ⓪【液汁】[名] しる。つゆ。

えき-しょう ⓪【液晶】[名] 液体でありながら固体結晶と同じような光の屈折を示す物質。各種機器の表示板などに用いる。「—テレビ」

えき-じょう ⓪【液状】[名] 液体の状態。—**化現象** [ゲ] [名] 地震などの強い振動によって、地盤が液状になり、流動化したり、地上に吹き出たりする現象。

エキス [エ] [名]〔extractの略〕❶薬物・食物の有効成分などをぬきだして、こい液体にしたもの。❷物ごとのいちばんすぐれた所。本質。粋。精粋。エッセンス。

エキストラ [ス]〈extra〉[名] 通行人・群衆などの役をする臨時雇いの役者。—**ベッド** [ベ]〈extra bed〉[名] ホテルなどで、定員以上の客が宿泊する場合の追加ベッド。

えきが

エキスパート [パ]〈expert〉[名] その道に、とくにすぐれた才能・技術をもっている人。専門家。ベテラン。

エキスパンダー [パ]〈expander〉[名] 筋肉をきたえるため、両手でひっぱる、のびちぢみする器具。

エキスポ [0]〈EXPO〉[名] ➡エクスポ。

えき・する [ス]【役する】[他サ]（シ・セ・サ・シ｜スル｜スル｜スレ｜シロ・セヨ）[文章語] ❶公用のために人民を使う。❷労働に使う。**えき・す** [文語サ変]

えき・する [ス]【益する】[他サ]（シ・セ・サ・シ｜スル｜スル｜スレ｜シロ・セヨ） 利益を与える。ためになる。「社会を—事業」 **えき・す** [文語サ変]

えきせい-かくめい [カ]【易姓革命】[名]〔姓を易(か)え天命を革(あらた)める〕徳のある人が新しく王者となることは、天命によるのだという、中国古来の政治思想。

エキセントリック [リ]〈eccentric〉= **エクセントリック** [形動]（ダロ・ダッ・デ・ニ｜ダ｜ナ｜ナラ｜○） ふうがわり。奇矯(ききょう)。「—な性格」

エキゾチ(テ)ィシズム [シ]〈exoticism〉[名] 外国ふう。異国趣味。

エキゾチ(テ)ィック [チ]〈exotic〉[形動]（ダロ・ダッ・デ・ニ｜ダ｜ナ｜ナラ｜○） 外国的な情緒のあるようす。異国的。「—な町並み」

えき-たい [0]【液体】[名] 一定の体積をもっていても一定の形をもたない物質状態。また、そのような物質。↕気体・固体。 **—酸素**(さんそ) [サ][名] つよく冷やして液化させた酸素。ロケット燃料の酸化剤に用いる。

えき-だん [0]【易断】[名] 易による運勢判断。

えき-ちく [0]【役畜】[名] 農耕運搬などの労働に使う牛馬などの家畜。また、それを使うこと。「—農業」

えき-ちゅう [0]【益虫】[名] 害虫を食べたり、花粉を媒介したりする、人間生活にとって有益な虫。↕害虫。

えき-ちょう [0]【益鳥】[名] 農作物の害虫などをとって食べる、人間生活にとって有益な鳥。↕害鳥。

えき-ちょう [0]【駅長】[名] ❶鉄道の駅の長。❷[古語] 昔の宿場の長。

えき-てい [0]【駅逓】[名]〔「逓」は伝えおくるの意〕❶宿場から宿場へ人や馬をかえて送ること。❷「郵便」の古称。

えき-でん [0]【駅伝】[名] ❶昔の交通制度で、宿(しゅく)つぎの車馬。また、その制度。❷駅伝競走。 **—競走**(きょうそう) [キョ][名] 長い道のりを、いくつかの区間に分けて行うリレー競走。

えき-とう [0]【駅頭】[名] 駅。駅のそば。駅前。「—に見送る」

えき-どめ [0]【駅留(止)め】[名] 鉄道小荷物を、着駅で受け渡しするやり方。

えき-なか [0]【駅中】[名][俗語] 駅構内に設けられた商業施設。[参考]表記は多く「駅ナカ」と書く。

え-ぎぬ [ギ]【絵絹】[名] 日本画をかくのに用いる絹の布。

えき-ひ [0]【液肥】[名] 液体の肥料。水ごえ。

えき-びょう [0]【疫病】[名] 悪性の流行病。伝染病。

えき-ビル [0]【駅ビル】[名] 駅舎を含むビルディング。多くの商店が入っている。

えき-べん [0]【液便】[名] 液状の大便。

えき-べん [0]【駅弁】[名] 駅で売っている弁当。

えき-まえ [マ]/[0]【駅前】(まえ)[名] 駅の出入り口の前あたり。また、駅から非常に近い地域。「—広場」

えき-む [エ]【役務】[名] 労働力を必要とする作業。 **—賠償**(ばいしょう) [バ][名] 技術・労務を提供する形の賠償。労務賠償。

えき-ゆう [0]【益友】[名] つきあってためになる友。

えき-り [エ]【疫痢】[名] 赤痢菌によっておこる、子どもの重症型の感染症。近年、発病はまれ。㊋

えき-ろ [エ]【駅路】[名] 宿場から宿場へと通じるみち。街道。

エクアドル《Ecuador》南アメリカ北西部太平洋沿岸にある共和国。首都はキト。

えぐ・い [グ][形]（カロ｜カッ・ク｜イ｜イ｜ケレ｜○） ❶のどがさされるような味だ。えがらっぽい。❷[俗語] 態度が冷たくきつい。あくどい。度をこしている。**えぐさ** [名]

エクスクラメーション-マーク [マ]〈exclamation mark〉[名] 感嘆符。「!」。

エクスタシー [タ]/[ス]〈ecstasy〉[名] いい気持ちになって、うっとりした状態。恍惚(こうこつ)境。

エクステンション [テ]〈extension〉[名] ❶拡張。延長。❷つけ毛。エクステ。

エクスプレス [プ]〈express〉[名] ❶列車やバスで、普通より高速なもの。急行。急行列車。急行便。❷運送会社。

エクスポ [0]〈EXPO〉[名]〔exposition から〕博覧会。特に、万国博覧会。エキスポ。

エグゼクティブ [ゼ]〈executive〉[名] 企業の、上級管理職。

エクセレント [エ]〈excellent〉[形動]（ダロ・ダッ・デ・ニ｜ダ｜ナ｜ナラ｜○） 卓越したようす。良質であるようす。[参考]日本語では、特に品質やサービスについて使われる。

エクセントリック [リ]〈eccentric〉[形動]（ダロ・ダッ・デ・ニ｜ダ｜ナ｜ナラ｜○） ➡エキセントリック。

え-くぼ [エ]【×靨・笑×窪】(あ)[名] わらうとき、ほおにできる小さなくぼみ。

エクモ [エ]〈ECMO〉[名]〔extracorporeal membrane oxygenation から〕肺の機能を代行する生命維持装置。重度の呼吸不全の患者に用いられる。体外式膜型人工肺。

エクリチュール [チュ]〈フ écriture〉[名] ❶書くこと。❷書かれたもの。文字。❸書き方。書体。文体。

えぐ・る [グ]【×抉る】(あぐる)[他五]（ラ・ロ｜リ・ッ｜ル｜ル｜レ｜レ） ❶刃物などをさしこんでまわす。❷心に強い苦痛をあたえる。「心を—ことば」❸大事な点を強く鋭く指摘する。「問題の核心を—」 **えぐれる** [自下一]〔…できる〕

エクレア [0]〈フ éclair〉[名] チョコレートを塗った細長いシュークリーム。

えげつな・い [ナ][形]（カロ｜カッ・ク｜イ｜イ｜ケレ｜○）〔もと関西方言〕❶あまりにあけっぴろげで、いやらしい。どぎつい。「—かっこう」❷薄情だ。「—しうち」 **えげつなさ** [名]

エコ [エ]〈eco〉[名][造] 「エコロジー」の略。「環境(保護)」に関すること、また、そのための節約の意で使う。「—ドライブ」

え-こ [エ]【依×怙】[名] 不公平。えこひいき。 **—地**(じ) [0][形動] いじっぱりで、がんこなようす。かたいじ。かたくな。いこじ。

エゴ [エ]〈ラ ego〉[名] 自我。自己。 **—×贔×屓**(ひいき) [ヒ][名][他サ] 特定の人だけの肩をもつこと。

エゴイスチ(テ)ィック [チ]〈egoistic〉[形動]（ダロ・ダッ・デ・ニ｜ダ｜ナ｜ナラ｜○） 利己的。利己主義的。

エゴイスト [イ]〈egoist〉[名] 利己主義者。

エゴイズム [イ]〈egoism〉[名] 利己主義。

え-こう [エ]【回向】[名][自サ]〔仏〕❶自分が積んだ善徳を他にほどこして、自他ともに救われようとすること。❷死者の成仏(じょうぶつ)をねがって、仏事をいとなむこと。追善供養(ついぜんくよう)。

エコー [エ]〈echo〉[名] ❶やまびこ。こだま。❷人工的な反響や残響。 **—検査**(けんさ) [ケ][名]〔echography の訳語〕超音波を使って身体の内部の構造や状態を調べる医療検査。超音波検査法。

エコ-カー [カ]/[コ]〈eco car〉[名]〔和製英語〕二酸化炭素などの排出を抑えるなど、環境への負担が少ない自動車。エコロジーカー。環境対応車。

え-ごころ [ゴ]【絵心】[名] ❶絵をかく才能や、絵を理解する能力。❷絵をかきたいと思う気持ち。「—が動く」

え-ことば [エ]【絵▲詞】[名] ❶絵・絵巻物にかいてある説明のことば。❷絵巻物。

エコノミー [コ]〈economy〉[名] ❶経済。❷節約。倹約。**—クラス** [ク]〈economy class〉[名] 航空機や客船の普通席。↔ファーストクラス。**—クラス症候群** [コ]2 [名] 飛行機の座席など、狭い場所に長時間同じ姿勢でいることで血栓ができる症状。ロングフライト血栓症。

エコノミスト [ミ]〈economist〉[名] 経済の専門家。経済学者。

えご-のり [ゴ]【えご▲海×苔】[名] 紅藻類の海藻。食用。寒天の原材料ともなる。(夏)

エコ-バッグ [バ]〈eco bag〉[名]〔和製英語〕使い捨てでなく、何度も使える買い物ぶくろ。

エコ-マーク [マ]〈ecomark〉[名] 環境省の指導にもとづき、環境保全に配慮していると認定された商品につけられるマーク。

え-ごよみ [ゴ]【絵暦】[名] 字を使わずに、絵と記号で説明した暦。

エコロジー [コ]〈ecology〉[名]〔「生態学」の意〕❶生物と環境との関係を研究する学問。❷人間と自然環境との調和・共存をめざす考え方・暮らし方。「—運動」

え-さ [サ]【餌】[名] ❶飼育動物にあたえる食物。え。❷動物をとらえるときのおとりの食物。「魚つりの—」❸人をさそうためのみせかけの利益。**—場** [◎][名] 動物や虫などがえさをとる場所。

え-し [エ]【絵師】[名] えかき。画工。

え-し [エ]【壊死】[名][自サ] からだの一部の組織が死ぬこと。

え-じ [エ]【▲衛士】[名] 昔、衛府に属して、皇居を守った兵士。

エシカル [エ][◎]〈ethical〉[形動]〔ダロ・ダッ・デ・ニ／ダ・ナ・ナラ・◎〕倫理的であるようす。また、環境や社会に配慮しているようす。「—ファッション」

え-しき [エ]【会式】[名] ❶法会の儀式。❷⬇おえしき。(秋)

え-じき [エ]【餌食】[名] ❶えさとしてくわれるもの。「トラの—となる」❷ねらわれて犠牲となるもの。「悪者の—になる」

エジプト《Egypt》〔「埃及」とも書いた〕アフリカ北部、地中海と紅海に面した国。首都はカイロ。正式国名はエジプト・アラブ共和国。

エジプト-もじ [モ]【エジプト文字】[名] 古代エジプトで用いられた象形文字。

えじまきせき《江島其磧》一六六七—一七三六。江戸時代中期の浮世草子作者。本名は村瀬権之丞。好色物や気質物を八文字屋本として出版した。「世間子息気質」が代表作。

え-しゃく [エ]【会釈】[名][自サ] 頭を軽くさげて礼をすること。

えしゃ-じょうり [エ]=[ジョ]【会者定離】[名]〔仏〕会うものは、きっとわかれる運命をもっているということ。人の世のはかなさを説いたことば。

エシャロット [エ][◎]〈ᶠéchalote〉[名] ユリ科の多年草。球根をもつ。ねぎの一種。生食したり、ピクルスなどにする。[参考] 日本で「エシャレット」という商品名で販売されているものは、全く別のラッキョウの一種。

エス [エ]〈S・s〉[名] ❶〔small の略〕既製品の洋服などの小型。「—サイズ」↔エル・エム。❷〔俗語〕〔sister の略〕女学生の同性愛。また、その対象。❸〔south の略〕南。南極。❹時間・時刻の単位の秒(second)の記号。❺〔subject の略〕英文法などで、主語を示す符号。

え-ず [エ]【絵図】[名] ❶絵。❷家屋や土地などの平面図。絵図面。

え-ず【▲怨ず】[他サ]〔古語〕えんずる。

エスアイ-たんいけい [◎]【SI単位系】[名]〔ᶠsystème International d'Unités から〕国際単位系。

エス-イー [イ]〈SE〉[名] ⬇システムエンジニア。

エス-エス [◎]〈SS〉[名]〔secret service から〕シークレットサービス。

エス-エヌ-エス [エ]3〈SNS〉[名]〔social networking service から〕インターネット上で会員登録をして、登録者どうしで文章や写真などを共有し、やりとりをするためのサービス。ソーシャルネットワーキングサービス。

エス-エフ [◎]〈SF〉[名]〔science fiction から〕空想的科学小説。

エス-エル [◎]〈SL〉[名]〔steam locomotive から〕蒸気機関車。

エス-オー-エス [オ]〈SOS〉[名] 船などが遭難したときなどに助けをもとめて発した無線電信によるモールス符号。遭難信号。「—を発する」[参考] 一九九九年二月から、人工衛星を利用した救難通信システム「GMDSS」が導入されたため、使用されなくなった。

え-すがた [ス]【絵姿】[名] 人の姿を絵にかいたもの。

エスカップ [カ]〈ESCAP〉[名]〔Economic and Social Commission for Asia and the Pacific から〕アジア太平洋経済社会委員会。国連の地域経済委員会の一つで、一九七四年、もとのエカフェが改称された。

エスカルゴ [カ]〈ᶠescargot〉[名] 食用かたつむり。フランス料理で使う。

エスカレーター [レ]〈escalator〉[名] 人や物をのせて自動的にのぼらせたり、くだらせたりする装置。自動階段。

エスカレート [レ]〈escalate〉[名][自サ] 物ごとの規模や行動などがしだいに拡大し、激しくなること。「紛争が—する」

エスキモー [キ]〈Eskimo〉[名] グリーンランドやアラスカ、カナダなどで生活するモンゴル系の民族。⇩イヌイット。[参考]「エスキモー」の語源が「生肉を食べる人」という解釈が広まり、差別語とされたが、現在は「かんじきを張る網をあむこと」という語源説が有力とされる。

エスケープ [ケ]〈escape〉[名][自サ] こっそりと教室や仕事場をぬけだして授業や仕事を休むこと。

エスコート [コ]〈escort〉[名][自他サ] 女性の安全を守るために、男性がつきそうこと。

エス-さま [エ]【エス様】[名] イエス=キリストを尊敬していう語。イエス様。[参考] 古風な言い方。

エス-じ [◎]【S字】[名] アルファベットの「S」の字のように曲がりくねっている形。「—カーブ」「—結腸」

エス-ディー-ジーズ [ジ]〈SDGs〉[名]〔Sustainable Development Goals から〕持続可能な開発目標。二〇一五年の国連総会で採択された、環境と開発問題に関する世界目標。

エス-ティー-ディー [ディ]〈STD〉[名]〔sexually transmitted disease から〕⬇性感染症。

エステート [テ]〈estate〉[名] 地所。所有地。

エステティシャン [ティ]〈ᶠesthéticien〉[名] 全身美容を行う美容師。

エステティック [ティ]〈ᶠesthétique〉[名] 全身の美容法。エステ。「—サロン」

エステル [エ]〈ᵈEster〉[名] アルコールと酸をまぜたときできる化合物。食品の香料用。

エストニア《Estonia》バルト三国のうち北端にある共和国。首都はタリン。一九九一年に旧ソ連邦から独立。

え

エスニック [エ]〈ethnic〉[名][形動]〔ethnicは「民族の」の意〕民族固有の文化的な特徴を生かしたようす。民族調。「—料理」

エスノロジー [ノ]〈ethnology〉[名] ➡みんぞくがく(民族学)。

エス-ばん [0]【S判】[名]〔smallから〕既製服などで、寸法の小さいもの。エスサイズ。↕エム判・エル判。

エス-ピー [ピ]〈SP〉[名] ❶〔standard playing recordから〕一分間に七八回転のレコード。↕エルピー。❷〔security police から〕セキュリティーポリス。

エスプリ [0]〈ᶠesprit〉[名] ❶精神。❷才気。機知。❸精髄。

エスプレッソ [レ]〈ⁱespresso〉[名] ひいたコーヒー豆に蒸気を通していれた濃いコーヒー。また、それをいれる器具。

エスペランチ(テ)スト [チ]〈Esperantist〉[名] エスペラントを使う人。エスペラントの普及宣伝をする人。

エスペラント [ラ]〈Esperanto〉[名] 一八八七年に、ポーランド人のザメンホフがはじめた国際共通語。エス語。

え-ずめん [ズ]【絵図面】[名] ➡絵図❷。

エスワティニ《Eswatini》アフリカ東南部にある王国で、英連邦の一員。一九六八年に独立。首都はムババネ。旧国名はスワジランド。

えせ [0]【▲似▲非・▲似×而▲非】[接頭] 似てはいるが、本物でないこと。にせ。「—学者」

えせ-もの [0]【えせ者】【▲似▲非者】[名] 信用のできない人。くわせ者。

え-そ [エ]【壊×疽】[名] 壊死(えし)した組織が、外界に接してさらに変化したもの。脱疽(だっそ)。

えぞ [エ]【×蝦×夷】[名] ❶古く、関東以北に住み、時の為政者から異民族視されていた先住民族。❷北海道・サハリン(樺太(からふと))・千島列島(クリル列島)などを総称した古い呼び方。えぞ地。

え-ぞう [0]【絵像】[名] 絵にかいた人の姿。

え-ぞうし [ゾ]【絵双(草)紙】[名] ❶江戸時代の、さし絵のある通俗的な読み物。❷江戸時代、世間のでき事を絵入りで読み物にした印刷物。かわら判。❸にしきえ。

えぞ-ぎく [ゾ]【×蝦×夷菊】[名] キク科の一年生植物。夏、白・桃・紫色などの、菊に似た花が咲く。変種が多い。観賞用。アスター。[夏]

えぞ-ち [ゾ]【×蝦×夷地】[名] ➡えぞ❷。

えぞ-まつ [ゾ]【×蝦×夷松】[名] マツ科の常緑高木。北海道以北に自生。建築・製紙・器具用。

え-そらごと [0]【絵空事】[名]〔絵かきが実際にはないことを想像で絵にかくことから〕実際にはないうそ。実際以上に大げさなこと。

えだ [0]【枝】[名] ❶茎・幹がわかれて、わきへのびたもの。❷もとからわかれでたもの。「—道」

え-たい [0]【得体】[名] 正体(しょうたい)。真の姿。本体。本性。「—が知れない」

えだ-うち [0]【枝打ち】[名] 枯れ枝や下枝を切りおとすこと。[冬]

えだ-げ [0]【枝毛】[名] 先の部分がいたんで裂けてしまった髪の毛。

えだ-ずみ [0]【枝炭】[名] つつじ・くぬぎの枝を焼いて作る、茶の湯で炭をおこすのに使う炭。

えだ-にく [0]【枝肉】[名] 食用にする家畜の頭・皮・内臓・尾などをとりのぞいた骨つきの肉。

エタノール [ノ]〈ᵈÄthanol〉[名] エチルアルコール。

えだ-は [0]【枝葉】[名] ❶枝と葉。❷本筋からはずれた、たいせつでない部分。末端。末節。「—の議論」

えだ-ばん [0]【枝番】[名]〔「枝番号」の略〕通し番号や分類番号を、さらに細かく分けるための下位の番号。

えだ-ぶり [0]【枝ぶり】[名] 枝のつきでたようす・かっこう。

えだ-まめ [0]【枝豆】[名] 枝につけたまま切りとった、まだ青いだいず。さやのままゆでて実(み)をたべる。[秋]

えだ-みち [0]【枝道】[名] ❶本道からわかれたせまい道。❷物の本筋・本題からそれること。「話が—にそれる」

え-たり [エ]【得たり】[感] うまくいった。しめた。よし。「—とばかり口をひらく」 **—賢(かし)こし** うまくいった。おあつらえむきだ。 **—やおう** 思いどおりになったときや、心得てうけとめるときなどに使う語。「—と進み出る」

えだ-わかれ [ワ]【枝分(か)れ】[名] 太い枝から細い枝がわかれるように、中心になる部分から小さい部分がすじ状にわかれること。

エタン [エ]〈ᵈÄthan〉[名] メタン系の炭化水素で無色・無臭のガス。

エチオピア《Ethiopia》アフリカ東北部の共和国。一九七五年、帝政廃止。首都はアジスアベバ。正式国名はエチオピア連邦民主共和国。

えちご《越後》昔の北陸道の国の一つ。今の佐渡をのぞく新潟(にいがた)県の大部分。

えちご-じし [ジ]【▲越後×獅子】[名] 越後から出たししまい。少年が、ししがしらをつけて踊りやさかだちなどをするもの。かくべえじし。[新年]

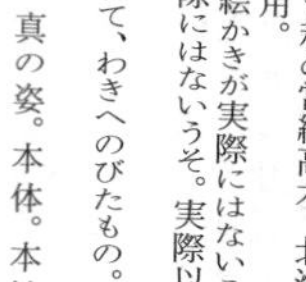

越後獅子

えちぜん《越前》昔の北陸道の国の一つ。今の福井県の東部。

エチ(テ)ィ)ケット [エ]〈ᶠétiquette〉[名] 礼儀作法。「宴席の—」

エチ(テ)ュ(ー)ド [エ][チュ]〈ᶠétude〉[名] ❶絵画などの習作。❷練習曲。

エチルアルコール [ア]〈ᵈÄthylalkohol〉[名] 無色の香気ある液体。酒の主成分。溶剤、薬品原料、消毒などに用いる。エタノール。酒精。

エチルエーテル [エ]²〈ᵈÄthyläther〉[名] エチルアルコールに濃硫酸を加えてつくる無色の液体。溶媒・麻酔用。

エチレン [チ]〈ᵈÄthylen〉[名] 石炭ガスなどにふくまれる炭素・水素の化合した無色の気体。各種の合成物質をつくる原料。エテン。

えっ [エ][感] 意外なことにおどろき、問い返すときに出す声。「—、本当かい」

えつ【越】[造] ❶こえる。こす。ふみこえる。おいこす。「越境・越年」❷度がすぎる。「越権・激越・僭越(せんえつ)」❸すぐれている。まさる。「卓越・優越」❹越(こし)の国。越前(えちぜん)・越中・越後(えちご)の総称。北陸地方。とくに、新潟県。「上越線・甲信越」❺中国の春秋時代の列国の一つ。❻「越南(ベトナム)」のこと。「中越」

えつ [エ]【悦】[名][造] よろこぶこと。うれしがること。「悦楽・喜悦・恐悦・満悦」 **—に入(い)る** 心の中で、ひそかによろこぶ。「計画が当たって—」

えつ [エ]【謁】[名][造] 高貴の人に会うこと。おめみえ。「—を賜る」「謁見・上謁・親謁・拝謁」 **謁する** [自サ]

えつ【閲】[一][エ][名][造] 見て調べること。「—を請う」「閲覧・検閲・校閲」[二][造] 過ぎる。経る。「閲歴」 **閲する** [他サ]

えっ-きょう [0]【越境】[名][自サ] 境界線、とくに国境をこえること。「不法—」 **—入学(にゅうがく)** [ニュ][名] 定められた学区外の地域から入学すること。

エッグ [エ]〈egg〉[名] 卵。特に鶏卵。「スクランブル—」—

タルト タ 〈egg tart〉 名 〈和製英語〉卵黄を多く使ったカスタードクリームをカップ状のパイに詰めて焼いた洋菓子。原型はポルトガルのパステルデナタ。

え-づ・く ヅ 【餌付く】 ─自五(カ・コ・キ・イ/ク・ク・ケ・ケ) 飼っている動物がなれて、えさを食べるようになる。

エックス エ 〈X〉 名 ❶代数で、未知数をあらわす記号。❷疑問・未知・不明・不定のこと。「─氏」 **─脚**(きゃく) ス 名 直立したとき、ひざのあたりが内がわに曲がってX字のように見える足。↕オー脚。 **─線**(せん) ⓪ 名 ドイツ人レントゲンが発見した放射線。ふつうの光線が通しえないものを透過する。未知の光線という意味で名づけた。医療・工業などに利用される。レントゲン線。 **─デー** ス 〈X day〉 名 〈和製英語〉ある重大事が起こると予想される不特定の日。

え-つけ ケ⓪ 【絵付け】 名 陶磁器に絵や模様を描くこと。

え-づけ ⓪ 【餌付(け)】 ─名 野生動物をならして、えさを食べさせるようにすること。

えっ-けん ⓪ 【越権】 名 自分の権限をこえたことをすること。「─行為」

えっ-けん ⓪ 【謁見】 名 自サ 地位の高い人にあうこと。「大統領に─する」

エッジ エ 〈edge〉 名 〈「ふち・端」の意〉❶スキーの滑走面のふちにつけた金具。❷スケートぐつの滑走面の金具。❸比喩的に、鋭さがあること。シャープであること。「─の効いたデザイン」

えっ-すい ⓪ 【越水】 名 自サ 河川の水が堤防を越えて流れ出ること。また、その水。参考 気象用語では「氾濫」「水があふれる」などと言い替える。

えっ-する ⓪ 【謁する】 自サ(シ・セ・サ・シ・スル・スル・スレ・シロ・セヨ) 身分の高い人に会う。お目にかかる。「陛下に─」 **えっ・す** 文語サ変

えっ-する ⓪ 【閲する】 他サ(シ・セ・サ・シ・スル・スル・スレ・シロ・セヨ) 〔文章語〕❶目を通す。❷しらべみる。検閲する。「書類を─」 ❸経る。時をすごす。けみする。「長い年月を─」 **えっ・す** 文語サ変

エッセイ エ 〈essay〉 = **エッセー** 名 随想ふうの小論文。随筆。随想。

エッセイスト セ イ 〈essayist〉 名 随筆家。

エッセンシャル 〈essential〉 造 本質的。不可欠。 **─ワーカー** ワ 〈essential worker〉 名 社会生活を維持するために欠くことのできない仕事の従事者。医療・福祉・販売・通信・交通など。

エッセンス エ 〈essence〉 名 ❶物の本質。精髄。エキス。❷蒸留してとった植物の純粋な成分。食品・香料にする。

エッチ エ 〈H・h〉 ─ 名 〈hard の略〉鉛筆のしんの硬さを示す符号。エイチ。↕B(ビー)。 ─ 形動 俗語 〈hentai(変態)の頭文字からという〉いやらしい。性について露骨であるようす。 **─ビー** ビ 〈HB〉 名 〈hard black の頭文字から〉鉛筆のしんの硬さをあらわす記号で、中間の硬さ。

エッチ-アイ-ブイ ブ 〈HIV〉 名 〈human immunodeficiency virus から〉ヒト免疫不全ウイルス。エイズをひきおこすウイルス。

えっちゅう 《越中》 ❶昔の北陸道の国の一つ。今の富山県。❷えっちゅうふんどし。

えっちゅう-ふんどし フ 【越中×褌】 名 一メートルほどの小幅の布にひもをつけたふんどし。越中。

えっちら-おっちら エ=オ 副 つかれたり重荷を持ったりして、ゆっくり、たいぎそうに歩くようす。

エッチング ⓪ 〈etching〉 名 銅板に描いた線画を酸で腐食させて作った印刷原版。また、それで刷ったもの。銅版画。

えっ-とう ⓪ 【越冬】 名 自サ 冬をすごすこと。「南極─隊」

えつ-どく ⓪ 【閲読】 名 他サ 〔文章語〕しらべよむこと。「生徒の作文を─する」

えつ-ねん ⓪ 【越年】 名 自サ としをこすこと。新年をむかえること。「─資金」(冬) **─生**(せい)**草本**(そうほん) ソ⓪ 名 二年生草本。

えっ-ぷく ⓪ 【悦服】 名 自サ 〔文章語〕よろこんで服従すること。「朝廷に─する」

えっ-ぺい ⓪ 【閲兵】 名 自サ 司令官・元首などが軍隊を整列させて見てまわること。

え-つぼ エ 【笑×壺】 ─名 笑い興ずること。 **─に入**(い)**る** 思いどおりになり、得意になって、満足そうにほほえむ。

えつ-らく ⓪ 【悦楽】 名 〔文章語〕よろこびたのしむこと。

えつ-らん ⓪ 【閲覧】 名 他サ 本・雑誌・新聞・台帳などを、しらべみること。「図書の─室」

えつ-りゅう ⓪ 【越流】 名 自サ 堤防を越えて河川や海の水が流れ出ること。「─堤」「─ダム」

えつ-れき ⓪ 【閲歴】 名 ある人のこれまでの経歴。履歴。

えて エ 【×猿】 名 さる。参考 「去る」に通じるのを忌んでいう。

え-て テ 【得手】 名 形動 得意なわざ・もの。また、得意であること。「数学が─だ」↕不得手・苦手。 **─勝手**(かって) カ 名 形動 自分につごうのよいことばかりおこなうこと。「─な行動」 **─に帆**(ほ)**を揚**(あ)**げる** よい機会にめぐまれて得意のことをする。

えて エ 副 ともすると。とかく。「秀才は─自信過剰に陥る」

エディター エ 〈editor〉 名 ❶編集者。❷コンピューターで、文章やプログラムなど、文字データを入力・編集するためのソフトウエア。

エディプス-コンプレックス レ 〈Oedipus complex〉 名 精神分析学で、男の子が無意識のうちに父親をにくみ、母親を愛する傾向のこと。↕エレクトラコンプレックス。参考 ギリシャ神話で、エディプスが父と知らずに父を殺し、母と知らずに母を妻にしたことから。

え-てがみ テ 【絵手紙】 名 水彩絵の具などを使ってはがきや画箋紙に描いた絵に短い文をそえておくる手紙。

えて-して エ 副 とかく。ともすると。えて。

エデン エ 〈(ヘブライ)Eden〉 名 〈「歓喜」の意〉旧約聖書で、人類の始祖のアダムとイブがいたとされている楽園。

え-と ⓪ 【干×支】 名 〈兄(え)と弟(と)の意〉❶十干(じっかん)と十二支を組みあわせたもの。たとえば、きのえね(甲子)など。年・月・日や方位・時刻などにあてて使う。かんし。❷十二支だけであらわした年。「来年の─は子(ね)だ」⇩(付)十干十二支

え-ど エ 【×穢土】 名 〔仏〕罪悪によってけがれている現世。娑婆(しゃば)。↕浄土。

えど 《江戸》 元は関東地方の一漁村。徳川氏が領主として軍事・行政の中心地として幕府を置いてから、経済・文化の面でも大都市として発展した。この時期(一六〇三─一八六七)を江戸時代と称する。一八六八年に明治政府により「東京」と改称。 **─の敵**(かたき)**を長崎**(ながさき)**で討**(う)**つ** まったく意外な所で、また、すじちがいなことで仕返しをすること。

えとう-じゅん 《江藤淳》 一九三二─九九。評論家。本名、江頭淳夫(えがしらあつお)。戦後世代を代表する清新な批評活動を展開した。著作に「漱石とその時代」「小林秀雄」など。

えど-おもて オ 【江戸表】 名 地方から江戸をさしていった語。

え

えど-がろう [ガ]【江戸家老】[名] 江戸藩邸につとめていた諸藩(しょはん)の家老。↕国家老。

え-とき [キ]【絵解き】[名] ❶絵の意味を説明すること。また、その文章。❷絵で説明をおぎなうこと。❸なぞを説明し、あきらかにすること。「事件の—」

え-とく [0]【会得】[名][他サ] 物ごとをじゅうぶんのみこんで、よく理解すること。了解。がてん。「運転のこつを—する」

えど-こもん [コ]【江戸小紋】[名] 小紋染めの一つ。江戸時代に大名などの上級の武士が好んで着た型染めの生地。

エトス [エ]〈ギ ethos〉[名] ⬇エートス。

エトセトラ [セ]〈ラ et cetera; etc.; &c.〉[名] …等々。などなど。

えどっ-こ [0]【江戸っ子】[名] 江戸で生まれそだった人。きっすいの東京人。

えど-づま [0]【江戸×褄】[名] 女性の紋付きの一種。前から後ろにかけてすそ模様を染め出したもの。

えど-づめ [0]【江戸詰め】[名] 諸藩(はん)の大名やその家臣が江戸の藩邸(はんてい)に住んで勤務したこと。↕国詰め。

えど-まえ [0]【江戸前】(まへ) [名] 江戸ふう。江戸ごのみ。「—のすし」[参考] もと、江戸の海(東京湾)でとれる魚のこと。江戸前は江戸の前の海。

えど-むらさき [ラ]【江戸紫】[名] むらさきぐさで染めた色。明るいむらさき色。↕古代紫。[参考] 江戸時代に江戸で染め始めたから、この名があるという。

エトランゼ [ラ]〈フ étranger〉= **エトランジェ** [名] ❶見知らぬ人。他人。❷他国者。外国人。異邦人。

え-ど・る [ド]【絵取る】[他五] (ラ・ロ・リ・ッ ル・ル・レ・レ) ❶色をつける。❷書いた字の上をなぞり、ととのえる。

えな [0][エ]【▲胞▲衣】[名] 胎児を包んだ膜・胎盤など。

エナ(ー)ジー [エ]〈energy〉[名] エネルギー。

エナメル [0]〈enamel〉[名] ❶顔料をワニスにといた、光沢のある塗料。器物の塗装やさびどめ・電気絶縁に使う。エナメルペイント。❷陶器・金属器具などの表面に焼きつけるガラス質の染料。ほうろう。

え-なら-ぬ [連語] [文章語] なんとも言えないほどすばらしい。「—香り」

えにし [エ]【▲縁】[名] [文章語] えん。ゆかり。縁故。「—の糸で結ばれる」

エニシダ [0]〈ス hiniesta〉【▲金×雀▲枝】[名] マメ科の落葉低木。初夏、ちょうの形の黄色の花をつける。観賞用。[夏]

え-にっき [ニ]【絵日記】[名] 絵を主体とした日記。

エヌ-エイチ-ケイ [ケ]〈NHK〉= **エヌエッチケー** [名]〔Nippon Hôsô Kyôkai から〕日本の公共放送を行う事業体。日本放送協会。

エヌ-ジー [ジ]〈NG〉[名]〔no good から〕❶映画などの撮影でしくじること。また、そのためにむだになったフィルム。❷ラジオ・テレビなどで、録音・録画に失敗すること。❸[俗語] してはいけないこと。都合や具合が悪いこと。「—ワード」

エヌ-ジー-オー [オ]〈NGO〉[名]〔nongovermental organization から〕非政府組織。非営利で国際的な活動をしている民間協力団体。

エヌ-ディー-シー [シ]〈NDC〉[名]〔Nippon Decimal Classification から〕図書の分類に使う日本十進分類法。

エヌ-ビー [ビ]〈NB〉[名]〔national brand から〕⬇ナショナルブランド。

エヌ-ピー-オー [オ]〈NPO〉[名]〔nonprofit organization から〕公共性のある問題にとりくむ民間の非営利団体。特定非営利活動法人。

エネルギー [ネ]〈ド Energie〉[名] ❶活気。精力。❷物体がもつ、仕事をなしうる力。また、その量。

エネルギッシュ [ギ]〈ド energisch〉[形動] (ダロ・ダッ・デ・ニ ダ・ナ・ナラ・○) 元気さかんなようす。精力的。元気旺盛(おうせい)。「—な男」

え-の-あぶら [ア]【えの油】【×荏の油】[名] えごまの種子からとったあぶら。油紙・雨がさの塗料用。

え-の-き [0]【×榎】[名] ニレ科の落葉高木。初夏、淡黄色・小形の花をつける。器具・薪炭用。**—×茸**(たけ) [キ][名] キシメジ科のきのこ。なめこに似る。ぶな・えのきなどの広葉樹の幹に群生する。野生のものは茶褐色。ねばりけがある。食用。[冬]

え-の-ぐ [0]【絵の具】[名] 絵をかくとき、色をつけるのにつかう顔料(がんりょう)。

えのころ-ぐさ [ロ]【×狗▲尾草】(えのころ) [名]〔「えのころ」は「犬の子」の意〕イネ科の一年草。夏から秋にかけて稲穂のように群がって咲く花の形が子犬のしっぽに似る。ねこじゃらし。

えのもと-きかく《榎本其角》⬇たからいきかく。

え-ば [エ]【絵羽】[名]「えばはおり」の略。**—羽織**(はおり) [ハ][名] 大柄の模様をつけた、女性の訪問用の羽織。えば。

エバー-ソフト [ソ]〈eversoft〉[名]〔商標名〕ゴムをスポンジ状に加工したもの。ふとん・クッションなどに用いる。

え-はがき [ハ]【絵はがき】【絵葉書】[名] 裏に絵や写真があり、表を郵便はがきに使うことのできる紙。

エバー-ミルク [ミ][名]〔evaporated milk から〕砂糖を加えないで牛乳を濃縮したもの。無糖練乳。⇩コンデンスミルク。

えび [0]【×蝦・▲海▲老】[名] 甲殻(こうかく)類の動物。からだは甲でおおわれ、一対の複眼、二対の触角、五対の足がある。淡水または海水にすむ。てながえび・くるまえび・いせえびなどがある。**—で×鯛**(たい)**を釣**(つ)**る** ほんのわずかなものをもとにして大きな利益を得ること。

えび-がため [ガ]【えび固め】【▲海▲老固め】[名] レスリングのわざの一つ。相手の首と足をまいて、えびのように腰を折り曲げてフォールするわざ。

えび-がに [0]【×蝦×蟹・▲海▲老×蟹】[名] ざりがに。[夏]

エピキュリアン [キュ]〈epicurean〉[名] ❶ギリシャのエピクロス学派を受けつぐ快楽派の哲学者。❷快楽主義者。

エピグラム [グ]〈epigram〉[名] 警句。風刺詩。

エピゴーネン [ゴ]〈ド Epigonen〉[名] 学問・思想・芸術などで、ある人のまねをする者。追随者。亜流。

えび-じょう [0]【えび錠】【×蝦錠】[名] ❶かんぬきにさす、えびがたの錠。❷なんきん錠。

えびす《恵比須(寿)》七福神の一つ。風折(かざおり)えぼし・狩衣(かりぎぬ)・指貫(さしぬき)をつけ、右手につりざおを持ち、左わきに鯛(たい)をだく。商売の神。⇩七福神(図)。

えびす [エ]【×夷】[名][古語] ❶えぞ。えみし。❷未開人。野蛮人。❸未開の外国人。❹東国のあらあらしい武士。

えびす-がお [0]【えびす顔】【恵比須顔】(がほ) [名] えびすのように、にこにこした顔つき。

えびす-こう [0]【えびす講】【恵比須講】[名] 陰暦十月二十日または正月十日に、商家で商売繁盛を祈ってえびすをまつる行事。[新年] [冬]

えび-ぜめ [0]【えび責め】【▲海▲老責・×蝦責】[名] 江戸時代の拷問(ごうもん)の一種で、からだをえびのように折りまげてかがませ、両手をせなかでしばったもの。

エピセンター [セ]〈epicenter〉[名] ❶地震が発生した地下の震源のま上の地点。震央。❷感染症が広がる中心地。感染集積地。

エピソード [エ]〈episode〉[名] ❶話の本筋の間にはさまれる短い話。挿話(そうわ)。❷話題の人に関するちょっとした興味ある話。逸話。「知られざる—」❸音楽で、二つの主部の間の自由な挿入(にゅう)部。

え

えび-ちゃ[0]【えび茶】【×葡×萄茶・▲海▲老茶】名 黒みがかった赤茶色。えびちゃいろ。

エピック[エ]〈epic〉名 叙事詩。↕リリック。

えび-づる[0]【×葡×萄×蔓】名 ぶどうによく似た植物。山野に自生。秋

エピデミック[ミ]〈epidemic〉名 特定の地域や集団で、感染症が通常より大規模に流行すること。⇩パンデミック参考。

エビデンス[エ]〈evidence〉名 証拠。根拠。「―のともなわない証言」

えひめ-けん《愛媛県》四国地方北西部の県。県庁所在地は松山市。

えびら[0][×箙]名 矢を入れて、せおう武具。

えびら

エピローグ[ロ]〈epilogue〉名 ↕プロローグ。❶演劇で、最後に俳優の一人が観客に対してのべる閉幕のことば。❷詩・小説・戯曲などの終わりの部分。終章。❸ソナタ形式の楽章で、第二主題の後の小終結部。❹物ごとのむすびの部分。

え-ふ[エ]【絵符・会符】名 小荷物などにつける名ふだ。荷ふだ。

え-ふ[エ]【▲衛府】名 昔、宮中を守った六つの役所。また、その武士。

エフ[エ]〈F・f〉名 ❶〔Fahrenheit の略〕華氏温度計の記号。↕C。❷写真で、レンズの明るさや絞りをあらわす記号。開放にしたときのしぼりの数値で示す。エフナンバー。❸〔floor の略〕階。❹〔fine の略〕鉛筆のしんの硬さを表す記号。HBとHとの間。

エフ[エ]〈f〉名 ❶〔forte の略〕音楽で、フォルテ。❷〔focus の略〕写真で、レンズの焦点距離。

エフ-エー[エ]²〈FA〉名「フリーエージェント free agent」の略。「―宣言」

エフェクト[フ][エ]〈effect〉名 効果。

エフェドリン[0]〈ephedrine〉名 麻黄に含まれる塩基性化合物。ぜんそくや気管支炎の薬の成分となる。

エフ-エム[0]〈FM〉名〔frequency modulation から〕ラジオの送信で、音声に応じて、電波の周波数を変える方式。↕AM。

え-ふで[エ]【絵筆】名 絵をかくのに使う筆。

エフ-ビー-アイ[ア]〈FBI〉名〔Federal Bureau of Investigation から〕アメリカ司法省内の一組織。連邦捜査局。

え-ぶみ[0]【絵踏み】名 キリシタン発見のために、キリストやマリアの絵や像を踏ませること。えふみ。春 参考「絵踏み」(行為)と「踏み絵」(物)とは本来は別の意味をあらわすことば。なお、これを春の季語とするのは、江戸時代に絵踏みが旧暦の正月に行われたことから。

エプロン[エ]〈apron〉名 ❶西洋ふうのまえかけ。❷空港の正面広場。乗客の乗り降りや貨物の積みおろしなどが行われる。**―ステージ**[テ]〈apron stage〉名 劇場で、見物席につき出ている、舞台の一部。

エフ-ワン[0]〈F1〉名〔Formula One から〕国際自動車連盟の規定による一人乗りのレーシングカーのうち、最高級のもの。その自動車レースは格式があり、世界各地で行われる。

えへん[ヘ] と副 感 ❶せきばらいをする時に出す声。❷得意になったり、自慢をしたりする時に出す声。

え-ほう[0]【恵方】【▲吉方】名 陰陽道で、その年の「えと」にもとづいて、よいときめた方角。元日に、その年の恵方にある神社や寺にもうでること。新年 **―参り**[マ]名 新年 **―巻き**[0]名 節分の日に恵方を向いて食べる太巻きずし。大阪から始まった習慣とされる。

え-ぼし[エ][×烏▲帽子]名 昔、公卿や武士が、日常用いたかぶり物。立てえぼし・さむらいえぼし・もみえぼし・風折りえぼしなど。

立てえぼし

えぼ-だい[ボ][×疣×鯛]名 イボダイの異名。

エポック[ポ]〈epoch〉名 新時代。**―メーキング**[メ]〈epoch-making〉形動 新時代を開くこと。画期的。「―な作品」

エボナイト[ナ]〈ebonite〉名 ゴムにいおうを加えて作った、黒色のかたい物質。万年筆の軸や絶縁材料用。

エホバ《Jehovah》〔旧約聖書の神。ヤーウェから〕イスラエル人の信仰した最高の神の名。

エボラ-しゅっけつねつ[ツ]¹【エボラ出血熱】名〔Ebola hemorrhagic fever から〕エボラウイルスによって起こる致死率のきわめて高い出血熱の一つ。参考 エボラはアフリカ中央部コンゴ民主共和国の村の名。

え-ほん[ホ]【絵本】名 ❶こども用の、絵を主にした本。❷絵草紙。

え-ま[エ]【絵馬】名 神社・寺に、祈りやお礼のしるしとして奉納する額。参考 もと、馬を奉納する代わりとして、馬の絵をかいた。

絵馬

エマージェンシー[マ]〈emergency〉名 緊急事態。「―コール」

えまい[笑まひ]名〔古語〕わらい。ほほえみ。

えま・う[笑まふ]自四〔古語〕えむ。にっこりする。

え-まき[エ]【絵巻】名 絵巻物。「時代―」**―物**[0]/[キ]/[マ]名 物語や社寺の由来などをいくつかの場面の絵にし、文章をそえた巻物。

えみ[エ]【笑み】名 えむこと。わらい。ほほえみ。「―をうかべる」

えみ-さか・ゆ[笑み栄ゆ]自下二〔古語〕❶にこにこして、たのしそうにする。「齢は延ぶる心地して、ゑみさかえて」〈源氏〉❷花が咲きほこる。

えみし[×蝦×夷]名〔古語〕えぞ。

えみ-わ・れる[レ]【笑み割れる】自下一 くりのいがや、くだものなどが熟して割れる。ゑみわ・る 文語下二

エム[エ]〈M・m〉名 ❶〔magnitude の略〕地震の規模マグニチュードをあらわす記号。❷〔middle の略〕既製品の洋服などの中型。「―サイズ」↕エス・エル。❸男性(man)を表す記号。

え・む[エ]【笑む】自五 ❶にこにこする。❷花が咲く。❸熟してさける。「くりの実が―」

エム-アール-アイ[ア]²〈MRI〉名〔magnetic resonance imaging から〕磁気とコンピューターによる全身断層撮影法。核磁気共鳴映像法。

エム-アール-エス-エー[エ]³〈MRSA〉名〔methicillin-resistant staphylococcus aureus から〕メチシリンという抗生物質が効かない黄色ぶどう球菌。院内感染の原因となる。

エム-アンド-エー[エ]²〈M&A〉名〔merger and acquisition から〕企業の合併・買収。

エム-エス-エー [エ]³〈MSA〉[名]〔Mutual Security Act から〕アメリカと自由主義国家との間に結ばれる、軍事援助についての相互安全保障法。

エム-オー [オ]〈MO〉[名]〔magnet optical disc から〕光磁気ディスク。パソコン用の外部記憶装置の一つ。データの書き込み・書き換え・消去などができる。

エムケーエス-たんいけい [0]【MKS単位系】[名] 基本単位として、長さにメートル「m」、質量にキログラム「kg」、時間に秒「s」を採用した単位系。

エム-シー [シ]〈MC〉[名]〔master of ceremonies から〕番組や舞台の進行役。司会者。[参考] コンサートの演者が歌唱や演奏の合間に入れる語りのことをもいう。この場合は master of concert から。

エム-ばん [0]【M判】[名]〔middle から〕既製服などで、寸法の中ぐらいのもの。エムサイズ。↕エス判・エル判。

エム-ピー [ピ]〈MP〉[名]〔Military Police から〕米国の憲兵。

エム-ビー-エー [エ]²〈MBA〉[名]〔Master of Business Administration から〕ビジネススクールや大学院で経営学を専攻・修了した者にあたえられる学位。経営管理学修士。経営学修士。

エム-ピー-スリー [リ]〈MP3〉[名]〔MPEG audio layer 3 から〕音声データの圧縮技術の一つ。

エム-ブイ-ピー [ピ]〈MVP〉[名]〔most valuable player から〕最優秀選手。特にプロ野球で、そのシーズン中に活躍した優秀な選手にあたえられる賞。

エメラルド [ラ]〈emerald〉[名] ❶透明で、あざやかな緑色の宝石。五月の誕生石。緑玉石。翠玉。❷エメラルド色。

えも [副]〔古語〕〔副詞「え」と係助詞「も」〕❶よくも。よくまあ。「恋ふと言ふはえも名づけたり」〈万葉〉❷〔打ち消しの語を伴って〕どうも…(できない)。なんとも…(できない)。「えもいはぬにほひ」〈徒然〉

えも-いわず【えも言はず】—いはず [連語]〔古語〕〔副詞的に用いて〕なんとも言いようがないほどすばらしく。

えも-いわれぬ【えも言われぬ】—いはれぬ [連語]〔文章語〕ことばにうまく言えないほどの。なんとも形容しがたい。「—おもしろさ」「—美しさ」

エモーション [モ]〈emotion〉[名] 感情。情緒。

え-もじ [モ]【絵文字】[名] ❶かんたんな絵であらわした原始的な文字。象形文字・アルファベットなどのもと。❷電子メールなどに用いる一文字分のイラスト。

え-もの [0]【得物】[名] 手にもつ武器。

え-もの [0]【獲物】[名] 狩りや漁、また、戦争・勝負事などでとった物。

え-ものがたり [ガ]【絵物語】[名] 絵入りの物語。

え-もん [0]【衣文・衣紋】[名] ❶装束・衣服のつけかたのきまり。❷着物のえりの胸であう所。**—掛け** [モ][名] ❶衣服をかけてつるしておくみじかい棒。❷衣桁。**—竿** [モ][名] 衣服をかけておく棒。(夏) **—を繕う** 服装をただす。**—竹** [モ][名] 竹でできたえもんかけ。(夏)

えもん-ふ [モ]【衛門府】[名] 昔、宮中の諸門の警備などにあたった役所。左右二つある。衛門。

え-やみ [0]【疫病】[名]〔古語〕流行病。えきびょう。

え-よう [0]【栄耀】[名] ⇒えいよう。

えら [0]【鰓】[名] 水生動物の呼吸器官。

エラー [エ]〈error〉[名] ❶あやまり。失策。❷野球選手の捕球ミス。「一塁手の—」❸コンピューターのソフトに関して起こる障害。

えら・い [ラ]【偉い】【豪い】[形] ❶すぐれている。偉大だ。❷〔かながき〕ひどい。たいへんだ。「—失敗」❸感心だ。りっぱだ。「—ぞ、よくやった」❹地位・身分が高い。「—人の席」 **えらさ** [名] **えら・し** [文語ク]

えらび-と・る [ト]【選び取る】[他五] 多くの中から条件にあったものを選んで取る。

えら・ぶ [ラ]【選ぶ】【択ぶ】[他五] ❶多くの物の中からよって取る。すぐる。よる。「代表を—」❷〔下に打ち消しの語を伴って〕区別する。「両者ともにりっぱで—ところがない」❸【撰ぶ】詩文をより抜きあつめて書物をつくる。 **えらべる** [自下一]〔…できる〕

えら-ぶつ [0]【偉物・豪物】[名]〔俗語〕すぐれた人間。えらもの。「かれは、なかなかの—だ」

えら・む【撰む】[他四]〔古語〕⇒えらぶ❸。

えり [リ]【襟】【衿】[名] ❶衣服の、首のまわりの部分。❷首のうしろのところ。えりくび。えりもと。 **—を正す** 姿勢や態度をただして、あらたまる。

エリア [エ]〈area〉[名] 区域。「サービス—」

えり-あか [0]【襟あか】【襟垢・衿垢】[名] 衣服のえりについたあかやよごれ。

えり-あし [0]【襟足】[名] えり首の髪のはえぎわから、せなかへつづく所。

エリート [リ]〈(フ)élite〉[名] えらばれた優秀な人。選良。「—社員」

エリカ [エ]〈(ラ)Erica〉[名] ツツジ科の常緑低木。南アフリカや地中海沿岸に多い。日本では観賞用に栽培する。つりがね形の小花をたくさんつける。ヒース。(春)

えり-がみ [0]【襟髪】[名] 首のうしろの所の髪。

えり-くび [リ]【襟首】[名] くびすじ。えりもと。

えり-ぐり [0]【襟ぐり】【襟刳】[名] 洋裁で、首のまわりの形に裁ち切った布地の線。洋服の首のまわり。

えり-ごのみ [0]【えり好み】【選好み】[名] すきなものばかりを、えらび取ること。よりごのみ。

えり-しょう [0]【襟章】[名] えりにつける記章。

えり-すぐ・る [グ]【選りすぐる】[他五] ⇒よりすぐる。 **えりすぐり** [名]

エリトリア《Eritrea》アフリカ東北部、紅海に面した国。一九九三年エチオピアから分離独立。首都はアスマラ。

えり-ぬ・く [ヌ]【えり抜く】【選抜く】[他五] 多くの中からえらびだす。えらびとる。よりぬく。 **えり抜き** [名]

えり-まき [リ]【襟巻(き)】[名] 防寒のために、えり首に巻くもの。首巻き。マフラー。(冬)

えり-もと [0]/[モ]【襟元】[名] えりのあたり。えりくび。「—が寒い」

えり-わ・ける [ケ]【えり分ける】【選分ける】[他下一] よりわける。 **えり分け** [名] **えりわ・く** [文語下二]

エリンギ [リ]〈(ラ)eryngii〉[名] ヒラタケ科のきのこ。中央アジア原産。白く太いくきに、淡褐色の小さなかさをもつ。食用。

エル [エ]〈L・l〉[名] ❶〔living room の略〕洋風の居間。「3—DK」❷〔large の略〕既製品の洋服などの大型。「—サイズ」↕エス・エム。

え・る [エ]【選る】[他五] えらぶ。よる。

える [エ]【得る】㊀[他下一] ❶自分のものにする。手にいれる。❷とげる。「志を—」㊁[自下一]〔動詞の連用形について〕…ことができる。「だれもが想像し得なかった」 [参考] ㊁の場合、終止形・連体形は、ふつう「言いうる」「なしうる」のように文語の形になる。「ありうべきこと」のような言い方は、文語の活用形が残ったもの。 **う** [文語下二]

える [エ]【獲る】[他下一] 狩りや漁をして、収穫を

手にする。う 文語下二

え・る【▲彫る・×雕る・×鐫る】ゑる 他四 古語 ❶ほる。えぐる。❷きざんでちりばめる。

エル-アール-ティー ティ〈LRT〉名 〔light rail transit から〕低床車両を用い、専用軌道による高速化を図った路面電車。

エル-イー-ディー ティ〈LED〉名 〔light emitting diode から〕電流を流すと光を発するダイオード。二種類の半導体のつなぎ目に電流を流すと発光する。発光ダイオード。「—電球」

エル-エス-アイ ア〈LSI〉名 〔large scale integrated circuit から〕一枚のチップ(ベース)に一万個程度の素子を収めた集積回路。大規模集積回路。百万個程度以上のものを超LSIという。

エル-エス-ディー ティ〈LSD〉名 〔ド Lysergsäurediäthylamid から〕つよい幻覚を生じる薬物。リセルグ酸ジエチルアミド。

エル-エヌ-ジー ジ〈LNG〉名 〔liquefied natural gas から〕液化天然ガス。

エル-エル 〇〈LL〉名 ❶〔language laboratory から〕録音再生装置やビデオ装置・マイクロホン・ヘッドホンなどを組み込んだ、語学練習のための設備。また、それを備えた教室。ランゲージ-ラボラトリー。❷Lサイズよりひとまわり大きいサイズ。特大。

エルグ エ〈erg〉名 CGS単位系における仕事およびエネルギーの単位で、一ダインの力がはたらいて物体を一センチメートル動かす仕事。記号は「erg」。国際単位系ではジュールで示す。

エルサルバドル《El Salvador》中央アメリカの共和国。首都はサンサルバドル。

エル-じ 〇【L字】名 ❶アルファベットの「L」の字のような形。❷災害発生時などのテレビ放送で、画面の端にL字形のスペースを作り、字幕を映すこと。

エル-シー-シー シ2〈LCC〉名 〔low cost carrier から〕コスト削減によって低運賃の航空輸送をする航空会社。格安航空会社。

エル-ジー-ビー-ティー ティ〈LGBT〉名 〔lesbian, gay, bisexual, transgender の頭文字から〕性的少数者とされる人たちのうち、レズビアン・ゲイ・バイセクシャル・トランスジェンダーの総称。

エル-ディー ティ〈LD〉名 〔learning disability から〕発達障害の一つ。全般的には知的発達に遅れがないのに、聞く、話す、読む、書く、計算する、推論する能力のうち、特定のものの習得と使用に困難を示す状態。学習障害。

エル-ディー-ケー ケ〈LDK〉名 〔和製英語 living-room + dining-room + kitchen から〕公団住宅やマンションなどの間取りで、居間・食堂・台所がひと続きになった洋風のへや。「3—(三部屋とLDKのある間取り)」

エル-ニーニョ 三〈ス El Niño〉名 南米のペルー沖の太平洋で、数年に一度起こる海水の異常高温現象。漁業のほか広域の気象にも影響がある。参考 エルニーニョは「神の子」の意。クリスマスのころにこの現象が起こりやすいことから名付けられた。

エル-ばん 〇【L判】名 〔large から〕既製服などで、寸法の大きいもの。エルサイズ。↔エス判・エム判。

エル-ピー ピ〈LP〉名 〔long playing record から〕一分間三三・三回転の長時間演奏用レコード。↔エスピー。

エル-ピー-ジー ジ〈LPG〉名 〔liquefied petroleum gas から〕液化石油ガス。液化プロパンガスはその一種。

エルム エ〈elm〉名 はるにれの木。

エレガント エ〈elegant〉形動 ダロ・ダッ・デ・ニ／ダ・ナ・ナラ・〇 上品なようす。優雅なようす。「—なよそおい」

エレキ エ 名 ❶〔オ electriciteit から〕電気。エレキテル。❷エレキギター。**—ギター** ギ 名 〔electric guitar から〕アンプで音を増幅し、スピーカーからながす電気ギター。

エレクトーン ト〈Electone〉名 〔商標名〕日本で発明された電子オルガン。トランジスター回路からの電気振動をスピーカーに流し、さまざまの音色・音質の音を出す。

エレクトラ-コンプレックス レ2〈Electra complex〉名 精神分析学で、女の子が無意識のうちに母親をにくみ、父親を愛する傾向のこと。↔エディプスコンプレックス。参考 ギリシャ神話で、エレクトラが謀殺された父のあだをうって母を殺したことから。

エレクトロニクス 三〈electronics〉名 電子工学。

エレクトロニック-スポーツ ポ〈electronic sports〉名 ⇒イースポーツ。

エレクトロン ト〈electron〉名 ❶電子。❷マグネシウムを主とした軽合金。飛行機・自動車の材料に用いる。参考 ❷は、ドイツのエレクトロン社がつくりだした。

エレジー エ〈elegy〉名 悲歌。哀歌。

エレベータ(ー) ベ〈elevator〉名 動力によって上下の方向にうごき、人や貨物をはこぶ仕掛け。昇降機。リフト。

エレメント エ〈element〉名 ❶〔理〕元素。❷要素。成分。「五つの—から構成される」

エロ エ 名 形動 「エロチシズム」「エロチック」の略。

エロキューション キュ〈elocution〉名 発声法。話術。

エロス エ〈Eros〉名 ❶ギリシャ神話の愛の神。ローマ神話ではキューピッド。❷理想的なものへの愛。❸性的な愛。❹太陽系の小惑星の一つ。

エロチ(ティ)シズム シ〈eroticism〉名 性愛、好色などの官能的な傾向。エロ。

エロチ(ティ)ック チ〈erotic〉形動 ダロ・ダッ・デ・ニ／ダ・ナ・ナラ・〇 色情的なようす。情欲をそそりたてるようす。肉感的。エロ。

えん【延】造 ❶長びく。おくれる。「延期・延命・順延・遅延」❷ひろがる。はびこる。「延焼・蔓延(まんえん)」

えん【沿】造 そう。したがう。「沿海・沿岸・沿線・沿道」

えん【炎】造 ❶ほのお。「火炎・気炎」❷もえる。「炎上」❸あつい。「炎暑・炎天・炎熱」❹からだの一部に、熱・はれなどが起きる症状(しょうじょう)。「炎症・胃炎・肺炎・大腸炎・盲腸炎・気管支炎」

えん【×苑】造 ❶その。庭園。「外苑・御苑」❷人の集まり。「芸苑・文苑」

えん【怨】造 うらむ。うらみ。「怨恨・怨嗟(えんさ)・私怨」**怨ずる** 他サ 〔別音 おん｜怨〕

えん【×衍】造 ❶ひろげる。ひろがる。「敷衍(ふえん)」❷余分なこと。「衍字・衍文」

えん【×婉】造 ❶しとやか。「婉然・優婉」❷とおまわし。「婉曲」

えん【×掩】造 おおう。かばう。「掩護・掩蔽(えんぺい)」

えん【×堰】造 せき。水流をせきとめるもの。「堰堤」

えん【媛】造 美しい女性。「才媛・淑媛」

えん【援】造 たすける。すくう。かばう。「援護・援助・応援・救援」

えん【×淵】造 ふち。川や海の深くなっている所。「淵源・海淵・深淵」

えん【×焔】造 ほのお。ほむら。「焔焔・焔硝・火焔・気焔」

えん【煙】造 ❶けむり。すす。「煙害・煙突・黒煙・煤煙(ばいえん)」❷もや。かすみ。「煙雨・煙霧・雲煙・水煙」❸たばこ。「喫煙・禁煙・紫煙」

えん【猿】造 さる。「猿猴(えんこう)・猿人・犬猿・類人猿」

えん【遠】 造 ❶とおい。へだたっている。「遠隔・遠方・永遠・望遠鏡」❷とおざける。「敬遠」❸おくふかい。「遠慮・高遠・深遠・幽遠」❹「遠江(とおとうみ)(旧国名)」のこと。「遠州」[別音 おん|遠]

えん【鉛】 造 ❶なまり。「鉛害・鉛筆・亜鉛・黒鉛」❷おしろい。「鉛華」

えん【×厭】 造 いとう。きらう。「厭世・厭戦・倦厭(けんえん)」

えん【演】 造 ❶のべる。おしひろめる。「演繹(えんえき)・演歌・演説・講演」❷ならう。けいこする。「演習・演武」❸技芸を人の前でおこなう。「演劇・演奏・休演・公演」 **演じる** 他上一 **演ずる** 他サ

えん【×嚥】 造 のみこむ。「嚥下(えんか|えんげ)・誤嚥(ごえん)」

えん【円】 一 [1] 名造 ❶まるいこと。また、まるいもの。まるい輪。「円柱・円盤・長円」❷[数]ある平面上で、中心から等距離にある点のつづいてできた曲線。また、それでかこまれた平面図形。「円周・半円」❸日本の貨幣の単位。「円貨・円安(えんやす)・三万円」 二 造 ❶かどがない。なめらか。「円滑」❷みちたりる。おだやか。「円熟・円満」

えん【×冤】 [1] 名造 無実の罪。「―をそそぐ」「冤罪(えんざい)」

えん【宴】 [1] 名造 宴会。さかもり。うたげ。「別離の―」「宴会・宴席・祝宴・披露宴(ひろうえん)」

えん【園】 一 [1] 名造 ❶人が集まって、見たり遊んだりできるようにしたところ。公園・遊園地など。「園遊会・楽園・霊園・動物園」❷幼稚園。保育園。「園児・通園・入園・卒園」 二 造 ❶はたけ。「園芸・菜園・農園・果樹園」❷教育のための施設。「学園・幼稚園」❸庭園の名につける語。「兼六園・後楽園」

えん【塩】 [1] 名造 ❶しお。「塩田・塩分・岩塩・食塩」❷酸の水素原子を金属基または他の陽性基でおきかえたもの。酸を塩基で中和したとき、水とともにできる化合物。「塩基・硝酸塩・硫酸塩」❸塩素。「塩化ナトリウム・塩酸」

えん【縁】 一 [1] 名造 ❶ある運命になるめぐりあわせ。「ふしぎな―」「奇縁・良縁」❷物事とのつながり。関係。「かねには―がない」❸人と人との関係。あいだがら。「師弟の―」「縁者・縁故・血縁・離縁」❹結びつくきっかけ。「これをご―によろしく」❺えんがわ❶。「―の下(した)」「縁先」❻仏教で、原因をたすけて結果を生ませる作用。「前世の―」「縁起(えんぎ)・縁日(えんにち)・因縁(いんねん)・機縁」 二 造 ふち。へり。「縁辺(えんぺん)・周縁」 **―無き衆生(しゅじょう)は度(ど)し難(がた)し** ❶仏の教えを聞く縁のない人は、仏でも救いがたい。❷ものわかりがわるくて、人のことばに耳をかさない人は救いようがない。 **―は異(い)なもの(味(あじ)なもの)** 人と人との縁、とくに夫婦の縁は、ふしぎな、おもしろいものだ。

えん【×燕】 一 [1] 名 古代中国の国名。 二 造 つばめ。「燕麦・燕尾服・飛燕」

えん【艶】 一 なり形動 [古語] ❶あでやかで美しい。「えんなる装束をつくして」〈源氏〉❷上品に、深みがあって美しい。優美。「卯月(うづき)ばかりのあけぼの、えんにをかしかりしか」〈徒然〉❸思わせぶりなようす。「いたう言籠(ことこ)めたれば(タイソウ口ゴモッテイルノデ)例のえんなると憎みたまふ」〈源氏〉❹なまめかしく美しい。つやっぽい。「えんなる歌も詠まず、気色ばめる消息もせで」〈源氏〉 二 造 ❶あでやか。なまめかしい。「艶美・艶麗・豊艶・妖艶(ようえん)」❷男女の関係。「艶書・艶笑・艶聞」

えん-いん [0]【遠因】名 間接的な、遠い原因。⇔近因。

えん-いん [0]【延引】名 自サ 長びいておくれること。のびのびになること。遅延。えんにん。「完成の期日が―する」

えん-いん [0]【援引】名 他サ [文章語] 自説を証明するために引用すること。援用。

えん-う [1]【煙雨】名 [文章語] けむりのように見える雨。

えん-えい [0]【遠泳】名 自サ 長距離をおよぐこと。㊚夏

えん-えき [0]【演×繹】名 他サ ❶[論]一般的原理から特殊な原理や事実を推論すること。⇔帰納。❷意味を他におしひろげてのべること。 **―法(ほう)** [0] 名 演繹による推論のしかた。三段論法など。⇔帰納法。

えん-えん [0]【延延】と副 たる連体 長々とつづくようす。「―三時間に及ぶ講演」

えん-えん [0]【×奄×奄】と副 たる連体 [文章語] 息のたえだえなようす。「気息―」

えん-えん [0]【炎炎】と副 たる連体 火がさかんに燃え、ほのおが立ちのぼるようす。「―と燃えさかる」

えん-えん [0]【×蜿×蜒】と副 たる連体 まがりくねって、つづくようす。「―とつづく山みち」

えん-お [1]【×厭悪】名 他サ [文章語] きらい、にくむこと。「―の情をもよおす」

えん-おう [0]【×鴛×鴦】名「鴛」はおしどりのおす、「鴦」はめす）おしどり。冬 参考 雌雄がつねにいっしょにいるので、夫婦の仲むつまじいことにたとえる。 **―の契(ちぎ)り** 夫婦の約束。「―を結ぶ」 **―の仲(なか)** 夫婦仲のよいこと。

えん-か [1]【円価】名 外国での、日本の円の価値。

えん-か [1]【円貨】名 日本の円単位の貨幣。

えん-か [1]【煙×霞・×烟×霞】名 [文章語] ❶けむりとかすみ。❷山水のけしき。

えん-か [1]【演歌】【艶歌】名 ❶バイオリンなどの伴奏で、町かどで歌われた流行歌。参考 明治の壮士たちによって歌われた演説歌に発した。❷日本調の流行歌。 **―師(し)** [シ] 名 街頭で「演歌❶」を歌い、歌の本を売るのを職業とした人。 **―調(ちょう)** [0] 名「演歌❷」に共通の、ものがなしさをおびた調子。「―の流行歌」

えん-か [0]【塩化】名 自サ 塩素と化合したこと。「―カルシウム」 **―ナトリウム** [リ] 名 食塩。しお。 **―ビニ(ー)ル** [ビ] 名 水銀塩を触媒として、アセチレンと塩化水素または酢酸とを作用させるとできる高分子化合物。合成繊維・合成樹脂の原料。 **―物(ぶつ)** [カ] 名 塩素の化合物。

えん-か [1]【×嚥下】名 他サ [文章語] のみくだすこと。のみこむこと。えんげ。

えん-かい [0]【沿海】名 ❶海にそっている陸地。❷陸地ぞいの海。「―漁業」 **―州(しゅう)** [カ] 名 ロシアのシベリア地方の南東部で、日本海にそう地域。

えん-かい [0]【宴会】名 人があつまって飲食をしてたのしむこと。さかもり。酒宴。

えん-かい [0]【遠海】名 陸から遠くはなれた海。遠洋。⇔近海。 **―魚(ぎょ)** [カ] 名 遠海にすむ魚。かつお・さんま・まぐろなど。⇔近海魚。

えん-がい [0]【円蓋】名 まる天井。ドーム。

えん-がい [0]【×掩蓋】名 おおいかぶせるもの。おおい。やね。

えん-がい [0]【煙害】名 工場・鉱山のけむりや火山のけむりによる害。農作物・樹木・人畜に害が及ぶ。

えん-がい [0]【塩害】名 海水の浸入や塩分をふくんだ風による害。農作物が枯れ、電線の絶縁がわるくなるなど。

えん-かく [0]【沿革】名 物ごとのうつりかわり。変遷。歴史。「本校の―」

えん-かく [0]【遠隔】名 遠くへだたっていること。「―の地」 **―制御(せいぎょ)** [セ] 名 物体・機械などを、遠くはなれたところからあやつり、運動・仕事などをさせること。遠隔操作。リモートコントロール。

えん-かつ [0]【円滑】形動 ダロ・ダッ・デ・ニ ダナ・ナラ・〇 ❶なめらかなようす。❷物ごとが、すらすらはこぶようす。「交渉が―に進

む」

えん-がわ 0【縁側】名 ❶ざしきの外の、庭に面した細長い板じき。えん。❷魚のひれの付け根の部分の骨。また、そのあたりの肉。美味とされる。「ひらめの―」

えん-かわせ カ【円為替】名 外国の貨幣に対しての、日本の円貨幣の比較価値。円為替相場。

えん-かん 0【鉛管】名 なまり製のくだ。給水・排水・ガス供給などに使う。

えん-がん 0【沿岸】名 ❶海・湖・川などに沿った陸地。❷陸地に近い海の部分。「―漁業」

えん-がん 0【遠眼】名 ⇩えんしがん。↕近眼。

えん-き 工【遠忌】名 ❶十三回忌以上の遠い年忌。❷⇩おんき。

えん-き 工【塩基】名 酸と中和反応をして水と塩をつくる物質の総称。

えん-き 0【延期】名 他サ 予定の期限をおくらせること。

えん-ぎ 工【演義】名 ❶〔文章語〕物ごとをわかりやすく興味をひくように述べること。❷中国で、歴史上の事実を、通俗的に書いた読み物。「―小説」

えん-ぎ 0【縁起】名 ❶物ごとのおこり。由来。起源。❷社寺・宝物などの由来。また、それをしるした文書。「八幡宮―」❸さいさき。きざし。前兆。「―がよい」 **―棚** ギ名 商店・料理屋などで、縁起をかついで神仏をまつるたな。 **―でもない** えんぎがわるい。さいさきがよくない。 **―直し** ナ名 えんぎのわるいのをよくなるように、いわい直すこと。験直し。 **―物** 0名 縁起をいわうためのもの。縁起のよいもの。だるま・まねきねこなど。 **―をかつぐ** 「縁起❸」のよい悪いを気にする。

えん-ぎ 工【演技】名 自サ 観客の前で、芝居・曲芸・舞踊・体操などを演じること。

えん-きょく 0【×婉曲】形動 ダロ・ダッ・デ・ニ ダ・ナ・ナラ・○ 直接的でなく、遠まわしにするようす。遠まわし。「―にことわる」

えん-きょり キョ【遠距離】名 遠いへだたり。遠いみちのり。↕近距離。

えん-きり 0【縁切り】名 親子・夫婦・兄弟などが、縁を切って他人になること。 **―寺** 0名 女性に離婚の自由のなかった江戸時代に、離縁したいと思う女が逃げこみ、三年間つとめると離縁を許された尼寺。かけこみ寺。参考 鎌倉の東慶寺が有名。

えん-きん 0/工【遠近】名 遠くと近く。遠さと近さ。「―のはっきりしない絵」 **―感** キ名 物体や現象を目で見たときに感じる対象までの距離感。 **―法** 0名 遠近の距離感を画面にえがきだす技法。パースペクティブ。透視図法。

えん-ぐみ 0【縁組(み)】名 夫婦・養子などの関係を結ぶこと。

えん-グラフ グ【円グラフ】名 一つの円をいくつかの扇形にくぎり、その面積の大小で数量の割合を表す図表。

えん-ぐん 0【援軍】名 応援や救助の軍勢。援兵。

えん-げ 工【×嚥下】名 他サ ⇩えんか。

えん-けい 0【円形】名 円の形。まるい形。

えん-けい 0【遠景】名 ❶遠くに見えるけしき。↕近景・前景。❷画面などにかかれた遠方のもの。バック。

えん-げい 0【園芸】名 果樹・草花・野菜・庭木などの栽培や造園技術の総称。

えん-げい 0【演芸】名 大衆的な演劇・舞踊・音楽・落語・漫才などの芸。「―会」「―ホール」

エンゲージ-リング リ名〔engagement ring から〕婚約指輪。

えん-げき 0【演劇】名 脚本にしたがって役者が演じる芸術。劇。しばい。

エンゲル-けいすう ケ【エンゲル係数】名〔ドイツの統計学者エンゲル Engel によってたてられた〕生活費中でしめる食費の割合をあらわす数字。この数が高いほど、貧しいことをあらわす。エンゲルの法則。

えん-げん 0【怨言】名〔文章語〕うらみのことば。うらみごと。

えん-げん 0【×淵源】名〔文章語〕みなもと。もと。起源。「伝説の―をさぐる」

えん-こ 工【円弧】名 円周の一部分。弧。

えん-こ 工【塩湖】名 塩分が、水一リットル中に〇・五グラム以上ふくまれている湖。鹹湖。塩水湖。カスピ海・死海など。↕淡湖。

えん-こ 工【縁故】名 ❶縁つづきのこと。「―者」❷かかりあい。つながり。「―就職」

えんこ 工名 自サ ❶〔幼児語〕すわること。❷〔俗語〕電車や自動車などが故障して動かなくなること。

えん-ご 0【縁語】名 日本文学の修辞法の一つ。和歌・文章で、たがいに意味上の関係がある語。「うきふししげき竹柱」で「ふし」と「竹柱」は縁語。

えん-ご 工【×掩護】名 他サ たすけまもること。「味方を―する」 **―射撃** シャ名 ❶味方の戦闘をたすけるためにおこなう射撃。❷仲間に有利になるようにたちはたらくことのたとえ。

えん-こう 0【円光】名 ⇩ごこう(後光)。

えん-こう 0【猿×猴】名〔文章語〕さる。

えんこう-きんこう 0【遠交近攻】名 遠い国となかよくして、近い国を攻撃しようというやりかた。参考 中国の戦国時代、范雎のとなえた外交政策。

エンコード コ〈encode〉名 他サ コンピューターで、情報処理に適した形式に変換すること。符号化。

えん-ごく 0/工【遠国】名 ❶遠くにある国。おんごく。❷みやこから遠い国。

えんこつ【円滑】「えんかつ」のあやまり。

えん-こん 0【怨恨】名 うらみ。「―による犯行」

えん-さ 工【怨×嗟】名 他サ〔文章語〕うらみなげくこと。「民の―の声」

えん-ざ 0【円座】【円×坐】名 ❶わら・藺などを、まるく編んだ敷物。わらざ。わろうだ。夏 ❷多くの人が輪の形になってすわること。車座。

えん-ざい 0【×冤罪】名 無実の罪。ぬれぎぬ。「―をはらす」

エンサイクロペディア ペ〈encyclopedia〉名 百科事典。百科全書。

えん-さき 0/サ【縁先】名 縁側のはし。また、その前のほう。

えん-さん 0【塩酸】名 塩化水素が水にとけたもの。無色透明で、強い酸性を示す。

えん-ざん 0【鉛×槧】名〔「槧」は木の札〕文筆にたずさわること。 **―に付す** 印刷して書物につくる。

えん-ざん 0【演算】名 他サ 計算。「―装置」

えん-し 0【遠視】名「遠視眼」の略。↕近視。 **―眼** 0名 眼球の奥行きが短かったり、角膜・水晶体の屈折異常などのために、像が網膜の後方でむすばれるもの。近くのものが見えにくいので凸レンズでただす。↕近視眼。

えん-じ 0【×衍字】名〔文章語〕文章のなかにまちがってはいっている不要な文字。

えん-じ 工【園児】名 幼稚園・保育園にかよっていることも。

えん-じ 0【×臙脂】名 やや黒みをおびた赤色。

え

エンジェル ①〈angel〉＝**エンゼル** 名 天使。―**フィッシュ** [フィ]〈angelfish〉名 熱帯魚の一種。長いひれを持ち、銀白色で、黒と黄色の横じまがある。観賞用。

えんじつ-てん [ツ]【遠日点】名 太陽系の惑星・彗星(すいせい)などが太陽からもっとも遠くなった位置。↕近日点。

エンジニア [ジ]〈engineer〉＝**エンジニヤ** 名 技師。技術者。

エンジニアリング ③〈engineering〉名 工学。工学技術。

えん-じゃ ①【演者】名 芸や劇を演ずる人。出演者。

えん-じゃ ①【縁者】名 血縁や婚姻による、縁つづきの人。親類。

えん-じゃく ①【×燕×雀】名〔文章語〕❶つばめとすずめ。小鳥。❷小人物。―**いずくんぞ×鴻×鵠**(こうこく)**の志**(こころざし)**を知**(し)**らんや**〔「鴻」はおおとり、「鵠」はくぐい。どちらも大きな鳥〕小人物には偉大な人物の心の中は、わかるものでない。

えんじゅ ⓪【×槐】名 マメ科の落葉高木。木材は建築・器具用。花は夏。

えん-しゅう ⓪【円周】名 円を形づくる曲線。円のまわり。―**率**(りつ) [シュ] 名 円周の長さの、直径に対する比率。π(パイ)であらわす。約三・一四一六弱。

えん-しゅう ⓪【演習】名 自サ ❶実地の訓練。練習。❷大学で教員の指導のもとに、学生が一団となって研究・討議すること。ゼミナール。「経済学―」❸軍隊の実戦練習。―**林**(りん) [シュ] 名 林学・林業をまなぶ学生・生徒が、研究や実習をするための森林。

えんしゅう《遠州》⬇とおとうみ(遠江)。

えん-じゅく ⓪【円熟】名 自サ 人格・技芸などが十分に熟達して、豊かな内容をもつに至ること。「―したわざ」

えん-しゅつ ⓪【演出】名 他サ ❶劇・映画・放送で、脚本にしたがって俳優の演技や舞台装置・衣装・照明・音楽などを指導し、全体をまとめあげること。❷行事を工夫して進行させ、まとめあげること。「作ならびに―」「開会式の―」

えん-しょ ①【炎暑】名 真夏の焼けるような暑さ。酷暑。夏

えん-しょ ①【艶書】名〔文章語〕こいぶみ。ラブレター。

えん-じょ ①【援助】名 他サ 困っている人をたすけること。「経済的―」「資金の面で―する」⇩支援 参考。

エンジョイ [ジョ]〈enjoy〉名 他サ 楽しむこと。享楽すること。「人生を―する」

えん-しょう ⓪【炎症】名 からだの組織の一部で熱・はれ・痛みなどをおこす症状。

えん-しょう ⓪【煙硝】名 発火のときに煙の出る火薬。

えん-しょう ⓪【遠称】名 自分に遠い事物・場所・方向などをさししめす代名詞。「あれ・あそこ・あちら」など。↕近称・中称。

えん-しょう ⓪【艶笑】名 色気のある話の中に、おかしみが感じられること。「―文学」

えん-しょう ⓪【延焼】名 自サ 火事が火元から他へ燃えひろがること。類焼。

えん-じょう ⓪【炎上】名 自サ ❶大きな建物などが焼けること。「金閣寺―」❷〔俗語〕ブログやSNSなどに処理できないほど多数の批判的な書き込みがあること。

えん-しょく ⓪【怨色】名〔文章語〕うらみをいだいた顔色。

えん-じる ⓪【演じる】他上一 ジジ・ジル・ジレ・ジロ・ジヨ ⬇えんずる。

えん-しん【遠心】造 中心から遠ざかること。―**分離機**(ぶんりき) [リ] 名 遠心力を利用して、比重の違う二つの液体、または、液体の中にまじっている固体を分ける装置。―**力**(りょく) [ジ] 名 物体が円運動をするとき作用する、求心力と大きさがひとしく、方向が反対の力。物体が円の外がわへ飛び去ろうとする力。↕求心力。

えん-しん ⓪【円心】名 円の中心。

えん-しん ⓪【延伸】名 自他サ 時間や距離をのばすこと。また、のびること。「高速道路の―」

えん-じん ⓪【円陣】名 人が集まって円形にならぶこと。円形の陣立て。「―を組む」

えん-じん ⓪【猿人】名 三〇〇万年以前の、原人に先だつ最古の化石人類。二足歩行し、簡単な打製石器を使用した。

えん-じん ⓪【×厭人】名〔文章語〕人間ぎらいであること。

エンジン ①〈engine〉名 発動機。原動機。―**がかかる** ❶仕事を始める。動き出す。❷調子が上がってくる。

えん-すい ⓪【円×錐】名〔数〕円の平面の外にある一定点と円周上の各点とを結んでできる立体。円すい体。

えん-すい ⓪【塩水】名 塩分のある水。しおみず。↕淡水。

えん-ずい ①【延髄】名 脳髄の下端にあって脊髄(せきずい)に接している部分。呼吸作用や心臓の活動などに関係する。

エン-スト ⓪ 名〔俗語〕〔「エンジンストップ」の略〕自動車などのエンジンが操作のミスや故障で、かからなくなること。「坂道で―をおこす」

えん-ずる ⓪【怨ずる】他サ ジ・ゼ・ジ・ズル・ズレ・ジロ・ゼヨ〔文章語〕うらみごとを言う。うらむ。**ゑん・ず** 文語サ変

えん-ずる ⓪【演ずる】他サ ジ・ゼ・ジ・ズル・ズレ・ジロ・ゼヨ〔「演じる」(上一段活用)とも〕❶事をおこなう。しでかす。「失態を―」❷演技や役などをする。つとめる。「主役を―」**えん・ず** 文語サ変

えん-せい ⓪【延性】名 物体が破壊されずに細長くひきのばされる性質。↕展性。

えん-せい ⓪【×厭世】名 生きているのがいやになること。↕楽天。―**観**(かん) [セ] 名 人生は生きて行くだけのねうちがないとする、悲観的な考え。ペシミズム。―**的**(てき) ⓪ 形動 世の中をうとましく思ったり、はかなんだりするようす。「―な気分」

えん-せい ⓪【遠征】名 自サ ❶征伐のために遠くへ出かけること。❷遠くまで試合・探検・登山などに出かけること。「―試合」

えん-せき ⓪【宴席】名 宴会の席・場所。

えん-せき ⓪【遠戚】名〔文章語〕血縁関係のうすい親類。

えん-せき ⓪【縁石】名 歩道と車道を区別するために境界に置く、人造の石。自然石の場合もある。ふちいし。へりいし。「―に乗り上げる」

えん-せき ⓪【縁戚】名 親戚。親類。身うち。

えんせきがいせん ①【遠赤外線】名 赤外線のうち、波長が二五マイクロメートル以上のもの。物質に吸収されやすく、加熱・殺菌などに利用される。

えん-ぜつ ⓪【演説】名 自サ 多くの人の前で、自分の意見や主張をのべること。

エンゼル ①〈angel〉名 ⬇エンジェル。

えん-せん ⓪【沿線】名 線路にそった所。「―のけしき」

えん-せん ⓪【×厭戦】名 戦争をきらうこと。戦争するのがいやになること。「―思想」

えん-ぜん ⓪【▼宛然】副〔文章語〕そっくりそのまま。あたかも。

えん-ぜん ⓪【×婉然】と副 たる連体〔文章語〕しとやかで美しいようす。「―と舞う」

えん-ぜん ⓪【艶然】【×嫣然】と副 たる連体〔文章語〕女があでやかに笑うようす。「―とほほえむ」

えん-そ ①【遠祖】名 遠い昔の祖先。「―は源氏」

えん-そ [エ]【塩素】[名] 黄色で有毒な悪臭のある気体元素。元素記号Cl 原子番号17 原子量35.453 漂白・消毒剤などの原料。

えん-そう [0]【×淵×藪】[名]〔文章語〕〔「淵」は魚が、「藪」は鳥獣が集まるところ〕物ごとの寄り集まる所。「学問の―」

えん-そう [0]【演奏】[名][他サ] 音楽を奏すること。「―会」

えん-ぞう [0]【塩蔵】[名][他サ] 魚・肉・野菜などをしおづけにして保存すること。

えん-そく [0]【遠足】[名] 見学・運動・楽しみなどのために、日帰りで、遠くへ出かけること。㊋

えんそく-こ [ク]/[ソ]【×堰塞湖】[名] 地震・火山作用・山くずれなどで、谷がせきとめられてできた湖。せきとめ湖。日光の中禅寺(ちゅうぜんじ)湖など。

エンターテ(イ)ナー [テ]〈entertainer〉[名] 大衆を楽しませる芸能人。

エンターテイ(ン)メント [テ]〈entertainment〉[名] 演芸。娯楽。エンタメ。

えん-たい [0]【延滞】[名][自サ] 支払いなどが期日よりおくれること。「納税の―」 ―利子(りし) [リ][名] 納入期限におくれた税金に対し、おくれた期間に応じて加えられる利子。延滞税。

えん-だい [0]【演台】[名] 演説・講演をする人の前におく台。

えん-だい [0]【演題】[名] 演説・講演などの題目。

えん-だい [0]【縁台】[名] 屋外などで使う細長いこしかけ。夕涼みの時などに使う。

えん-だい [0]【遠大】[形動] ダロ・ダッ・デ・ニ／ダ・ナ・ナラ・○ 遠い先まで考えているようす。規模の大きいようす。「―な計画」

えん-だか [0]【円高】[名] 日本の円の価値が外国の通貨に比べて高いこと。一ドル一二〇円は一ドル一二五円に比べて円高。↕円安。

えん-たく [0]【円卓】[名] まるいテーブル。 ―会議(かいぎ) [カ][名] 円卓をかこんで上下の別や対立の関係なしにする会議。

えん-タク [0]【円タク】[名]〔一円タクシーの意〕大正末期から、東京・大阪に現れた市内料金一円均一の流しのタクシー。ガソリン統制で、一九三八年になくなる。料金体系が変わっても、タクシーの通称として第二次大戦後までこの名が残った。

エンタシス [エ]〈entasis〉[名] 古代建築に多く見られる、柱の中ほどにつけたふくらみ。ギリシャ・ローマ時代の建築に行われ、日本でも飛鳥(あすか)時代の法隆寺その他に見られる。

エンタシス

えん-だて [0]【円建て】[名] 対外為替相場で、外国の通貨の価値を、円貨でいくらと表示するやり方。

エンタメ [0][名]〔「エンターテイ(ン)メント」の略〕インターネットのニュースサイトなどで、「文化・娯楽」の区分を示す略称。

えんたろう-ばしゃ [バ]【円太郎馬車】[名]〔落語家の橘家(たちばなや)円太郎がその御者のまねをして評判になったことから〕明治時代の乗合馬車のこと。円太郎。

えん-だん [0]【演壇】[名] 演説者・講演者などが立つ壇。

えん-だん [0]【縁談】[名] 縁組みの相談。結婚ばなし。

えん-ち [エ]【園地】【×苑地】[名] 庭園の地域。庭園。

えん-ち [エ]【園池】[名]〔文章語〕庭園と池。

えんち-ふみこ《円地文子》一九〇五-八六。小説家・劇作家。本名は富美(ふみ)。女性の心理・生理を大胆に描いたもの、古典的教養を生かした作品など、多種多様な題材をこなした。「女坂」「なまみこ物語」など。

えん-ちゃく [0]【延着】[名][自サ] 予定よりおくれて着くこと。到着がおくれること。「三十分の―」

えん-ちゅう [0]【円柱】[名] ❶まるいはしら。❷〔数〕面積の相等しい二つの平行な円と、その円周上のすべての点を結ぶ平行な直線が作る曲面とで囲まれた立体。円壔(えんとう)。

えん-ちょう [エ]【園長】[名] 幼稚園・動物園など、園の責任者。

えん-ちょう [0]【延長】㊀[名][自他サ] 長さ・期間などがのびること。また、のばすこと。また、のばした部分。㊁[名] 一直線をなしていないものの長さを、かりに一直線として考えた全体の長さ。「両地間の距離は―二百キロ」 ―戦(せん) [0][名] スポーツの試合で、きめられた回数・時間で勝負がつかず、回数・時間をのばして試合をすること。 ―線上(せんじょう) [0][名] ❶線をのばした先。❷方針どおり進んで行きつく先。

えんちょう-こくい [コ]【円頂黒衣】[名]〔文章語〕〔丸めたあたまと、すみぞめのころも〕僧のすがた。僧。

えん-ちょく [0]【鉛直】[名][形動] 水平面に対して直角であること。 ―線(せん) [0]/[チョ][名] 水平面に対して直角で、重力の方向を示す直線。

えん-づ・く [ヅ]【縁づく】[自五] カ・コ／キ・イ／ク／ク／ケ／ケ 嫁入りする。とつぐ。「となり町に―」

えん-づ・ける [ケ]【縁づける】[他下一] ケ／ケ／ケル／ケル／ケレ／ケロ・ケヨ 嫁入りさせる。とつがせる。えんづ・く [文語下二]

えん-づき [ヅ]【縁続き】[名] 血縁・婚姻によって関係がつづいていること。親類。「―の人」

えん-てい [0]【×堰堤】[名] 川・谷などの水流をせきとめる堤防。ダム。

えん-てい [0]【炎帝】[名]〔文章語〕夏や火の神。㊈

えん-てい [0]【園丁】[名] 庭園の手入れをする人。庭師。

エンディング [0]〈ending〉[名] 終わり。物語・映画などの終わりの部分。↕オープニング。 ―ノート [ノ]〈ending note〉[名]〔和製英語〕人生の終わりに向けて、医療・葬儀などについての自分の希望や、家族へのメッセージを書き記しておくノート。

エンデミック [デ]/[ミ]〈endemic〉[名] ある感染症が、限られた地域または集団において、流行すること。⇩パンデミック[参考]。

えん-てん [0]【炎天】[名] 太陽がはげしく照りつける暑い空・気候。㊈「―下の行進」

えん-でん [0]【塩田】[名] 太陽熱を利用して、海水からしおをとるためにつくった砂田。しおはま。

えんてん-かつだつ [0]【円転滑脱】[形動] ダロ・ダッ・デ・ニ／ダ・ナ・ナラ・○ すらすらとうまくいって、とどこおらないようす。自由自在なようす。「―な交渉ぶり」

エンド [エ]〈end〉[名] 終わり。 ―ユーザー [ユ]〈end user〉[名] ❶流通経路における末端の消費者。商品やサービスの最終的な購入者。❷コンピューター端末の利用者。 ―レス [エ]〈endless〉[名] 終わりのないようす。無限。「―テープ」 ―ロール [ロ]〈end roll〉[名] 映画やテレビ番組の最後に、出演者・製作者・協力者などの名前が表示される字幕。エンディングロール。

エンド [0]〈and〉[接続] および。と。アンド。「ヒット―ラン」

えん-とう [0]【円筒】[名] まるいつつ。

えん-とう [0]【円×壔】[名]〔数〕⬇えんちゅう(円柱)❷。

えん-とう [0]【遠投】[名] ボールやつり針を遠くへ投げること。

えん-とう [0]【遠島】[名] ❶陸地から遠くはなれた島。❷江戸時代の刑罰の一つ。罪人をはなれ島に送って監禁するもの。島流し。

えん-どう [0]【沿道】[名] 道にそった所。道ばた。「―の人家」

えん-どう [0]【煙道】名 暖炉や火力発電所などで、煙や排気ガスを外に出すために煙突につなげられた空気の通り道。

えん-どう [0]【▲羨道】名 古墳の入り口から棺(かん)をおさめたへやに行くまでの道。

えん-どう [エ]【×豌豆】名 マメ科の二年生植物。まきひげで、物にまきつく。四、五月ごろ紫、または、白色・ちょう形の花をひらく。種子と若いさやは食用。(夏)

えんどう-しゅうさく《遠藤周作》〔一九二三～九六〕小説家。カトリックの作家として、独自の地位を築いた。作品に「沈黙」「深い河」など。

えん-どお・い [ド]【縁遠い】〔─どほい〕形 カロ・カッ・ク／イ・イ・ケレ・○ ❶あまり縁がない。関係がうすい。「かねに─仕事」❷結婚の相手がなかなか見つからない。**えんどほ・し** 文語ク

えん-どく [0]【煙毒】名 精錬所・工場などから出すけむりの中にある毒。多くは亜硫酸ガス。

えん-どく [エ]【鉛毒】名 ❶なまりにふくまれている毒。❷なまり中毒。

えん-と-して [エ]【▲宛として】副 文章語 あたかも。まるで。

えん-とつ [0]【煙突】名 けむりを出すつつ。けむだし。

エントランス [エ]〈entrance〉名 入り口。玄関。「─ホール」

エントリー [エ]〈entry〉名 自サ 登録。特に競技会への参加登録。また、その名簿。**─シート** [シ]〈entry sheet〉名〔和製英語〕企業が採用希望者を選考するために用意する独自の応募用紙。

エントロピー [ト]〈entropy〉名〔理〕物質を構成する分子または原子の配列や運動状態の、無秩序の度合いを示す量。すべての自然現象は、秩序から無秩序への移行(エントロピーの増大)の方向に向かう。熱力学や情報理論で使う。

えん-にち [エ]【縁日】名 (有縁(うえん)・結縁(けちえん)の日の意)その神社や寺となにかの縁があって、供養や祭りの行われる日。毎月行われ、屋台店が出てにぎわう。

えん-にょう [0]【延×繞】名 漢字の部首の一つ。「延」「廷」などの「廴」。いんにょう。

えん-ねつ [0]【炎熱】名 太陽の直射をうけたひどい暑さ。(夏)

えん-ねん [0]【延年】名 ❶寿命をのばすこと。延寿。❷延年舞。**─舞**(まい) [0] 名 鎌倉(かまくら)・室町(むろまち)時代、寺で法会(ほうえ)のあとにおこなわれた舞。

えん-のう [0]【演能】名 舞台で能を演ずること。

えん-のう [0]【延納】名 他サ (税金・授業料などを)期限におくれておさめること。

えん-の-した [ノ]【縁の下】名 縁側の下。ゆか下。**─の力持**(ちからも)**ち** 目だたないところで努力する人。

えん-ぱ [エ]【煙波】名 文章語 もやが立ちこめた水面。また、けむるように波だっている水面。

えん-ばく [0]【×燕麦】名 からすむぎから改良されたイネ科の一、二年生の作物。オート。(夏)

えん-ぱく [0]【延泊】名 自サ ホテルなどで、予定を変更して長く宿泊すること。

エンパワ(ー)メント [パ]〈empowerment〉名 (「権限を与える」の意から)組織や集団を構成する人たちに権限を持たせ、本来の能力を引き出したり、自立する力をつけさせたりすること。

えん-ばん [0]【円盤】名 ❶ひらたくてまるい板状のもの。「空飛ぶ─」❷円盤投げに使う、ふちと中央に金属を用いた直径二〇センチメートルほどの木製の盤。❸レコード。**─投**(な)**げ** [0] 名 投擲(とうてき)競技の一つ。直径二・五メートルの円内から「円盤❷」を投げてその距離をきそうもの。

えん-ばん [0]【鉛版】名 紙型(しけい)になまりの合金を流しこんで造る印刷版。ステレオタイプ。ステロタイプ。ステロ版。

えん-ぴ [エ]【×猿×臂】名 さるのように長いうで。**─を伸**(の)**ばす** 物を取ろうとして腕を長くのばす。

えん-ぴつ [0]【鉛筆】名 黒鉛と粘土で作ったしんを木の軸に入れた、文字などをかく筆記具。赤色その他のしんを入れた色鉛筆もある。参考 物としては近世初期にオランダから伝えられたが、商品としての輸入や名称の普及は明治中期以後。

えんび-ふく [ビ]【×燕尾服】名 男子の正装用の洋式礼服。上着の後ろが、つばめの尾のように割れていて長い。本来は夜間用の礼服。

えん-ぶ [エ]【円舞】名 ❶大ぜいがまるくなっておどるダンス。❷男女ひとくみで、まるくまわりながらおどる社交ダンス。ワルツ・ポルカなど。**─曲**(きょく) [ブ] 名 三拍子の上品で軽快なダンス曲。ワルツ。

えん-ぶ [エ]【演武】名 武術の練習・実演をおこなうこと。

えん-ぶ [エ]【演舞】名 ❶舞のけいこをすること。❷舞を舞って見せること。

えん-ぷ [エ]【怨府】名 文章語 人々のうらみのあつまる所。

えん-ぷく [0]【艶福】名 男性が多くの女性に好かれること。「─家(か)」

えんぶ-だい [ブ]【×閻浮▲提】名〔仏〕須弥山(しゅみせん)の南方海上にあるという島。人間の住む世界。この世。現世。

エンブレム [エ]〈emblem〉名 記章。紋章。特に、ブレザーの胸につけるワッペンや、自動車につけるメーカーのマークなど。「大学の─」

えん-ぶん [0]【×衍文】名 文章語 文章中にあやまってさしはさまれた、不要の文句。

えん-ぶん [エ]【塩分】名 ふくまれているしお。しおけ。

えん-ぶん [0]【艶文】名 文章語 こいぶみ。つやぶみ。艶書。

えん-ぶん [0]【艶聞】名 男女間の情事に関するうわさ。恋愛のうわさ。「─を流す」

えん-ぺい [0]【援兵】名 助けの兵。応援の兵。援軍。

えん-ぺい [0]【×掩蔽】名 他サ 文章語 ❶おおいかくすこと。❷月が、運行中に他の星をさえぎってかくすこと。

えん-ぺん [0]【縁辺】名 文章語 ❶ふち。まわり。❷縁故のある人。また、その家。「─をたよる」

えん-ぼう [0]【遠謀】名 将来のことまで考えること。また、その計画。深謀。「深慮─」

えん-ぼう [0]【遠望】名 他サ 遠くを見ること。見わたし。「アルプスを─する」

えん-ぽう [0]【遠方】名 遠い所。「─からの客」

エンボス [エ]〈emboss〉名 布や紙などに型をおしつけて、表面に、文字や模様を浮き出させること。「─加工」

えん-ぽん [0]【円本】名 一冊一円均一の全集の本。昭和初期に多く出版された。

えんま《閻魔》地獄の王。えんま大王。閻羅(えんら)。

えん-まく [エ]【煙幕】名 ❶敵から味方のようすを見られないように、はりめぐらすけむり。❷真意をかくすためにする言動。「─を張ってごまかす」

えんま-こおろぎ [ヨ]【×閻魔×蟋×蟀】〔─こほろぎ〕名 大形で黒茶色のこおろぎ。いねの苗の害虫。(秋)

えんま-だいおう《閻魔大王》地獄にいて、死んで落ちてきた人間の生前の行状をしらべ、罪をさばくという大王。えんま。えんまおう。えんおう。(夏)

えんま-ちょう [0]【×閻魔帳】名 ❶えんま大王が、死者

の生前の罪状を書きこむという帳面。❷〔俗語〕㋐教師が学生・生徒の成績・行状などを書きとめておく手帳。㋑警察官の手帳の俗称。

えん-まん[0]【円満】[形動] ダロ・ダッ・デ・ニ／ダ・ナ・ナラ・〇 ❶人がらがおだやかで、ゆったりとしているようす。「―な人物」❷物ごとにさしさわりや欠点がなく、かどだたないようす。「―に解決する」 ―**具足**(ぐそく)[0] [名] 円満ですべてみち足りていること。

えん-み[0]/[エ]【塩味】[名] 調理の塩かげん。また、食べ物の塩あじ。塩け。「―が強い」

えん-む[エ]【煙霧】[名]〔文章語〕大気中の細かいちりなどに太陽光線が反射して、空が乳白色になり、見とおしがわるくなる現象。スモッグ。

えん-むすび[ム]【縁結び】[名] ❶男女の縁を結ぶこと。結婚。❷恋しい人の名を書いたこよりを社寺の格子(こうし)や境内の樹木に結びつけ、縁の結ばれることを祈る願かけ。

えん-めい[0]【延命】[名] 寿命をのばすこと。えんみょう。「―策」

えんめつ【湮滅】「いんめつ」のあやまり。

えん-もく[0]【演目】[名] 演劇・演芸・演奏の目録。上演・演奏の種目。

えん-や[エ]【艶冶】[形動] ダロ・ダッ・デ・ニ／ダ・ナ・ナラ・〇〔文章語〕うつくしくて、なまめかしいようす。いろっぽいようす。

えん-やす[0]【円安】[名] 日本の円の価値が外国の通貨に比べて低いこと。一ドル一二五円は一ドル一二〇円に比べて円安。↕円高。

えん-ゆう[0]【縁由】[名] ❶〔文章語〕ゆかり。関係。❷〔法〕法律行為や意思表示をする動機。

えんゆう-かい[ユ]【園遊会】[名] 庭園に客をまねき、飲食したり、余興をたのしんだりする会。

えん-よう[0]【遠洋】[名] 陸地から、遠くはなれた広い海。遠海。「―航海」↕近海。 ―**漁業**(ぎょぎょう)[ギヨ] [名] 海洋を遠く航行しておこなう漁業。↕沿海漁業・近海漁業。

えん-よう[0]【艶容】[名]〔文章語〕なまめかしい姿。あですがた。

えん-よう[0]【援用】[名][他サ] 自説を助けるために、ほかから引用すること。援引。「古人の言を―する」

えん-らい[0]【遠来】[名] 遠くから来ること。はるばるやってくること。「―の客」

えん-らい[0]【遠雷】[名] 遠くで鳴っているかみなり。㊐夏

えんり-えど[エ]1=[エ]2【×厭離×穢土】[名]〔仏〕この世をけがれた世界として、きらいはなれること。おんりえど。↕欣求浄土(ごんぐじょうど)。

えん-りょ[0]【遠慮】㊀[名] ❶遠い将来についての深い考え・計画。「深謀―」❷江戸時代、武士・僧に対する処罰で、門をしめて昼間の出入りを禁じたこと。㊁[名][他サ] ❶他人に対して言動をひかえること。「さいそくを―する」❷辞退すること。「出席を―する」 ―**会釈**(えしゃく)**もなく** 他人のおもわくや迷惑を考えないで、物ごとをやりたいようにやるようす。すこしも遠慮しないで。 ―**深**(ぶか)**い**[カ] [形] 他人に対する言動がひかえめであるようす。

えん-るい[0]【縁類】[名]〔文章語〕縁つづきの人。みうち。縁者。

えんるい-せん[ル]【塩類泉】[名] 塩素イオンをもつ塩類をふくむ鉱泉。胃腸病にきく。

えん-れい[0]【艶麗】[形動] ダロ・ダッ・デ・ニ／ダ・ナ・ナラ・〇〔文章語〕なまめかしく美しいようす。

えん-ろ[エ]【遠路】[名] 遠いみちのり。「―をいとわず…」

お オ

お：「於」の草体。
オ：「於」の左。

お【お】【▲御】[接頭]〈体言・用言につく〉❶動作の主体を立てる尊敬の意味をあらわす。「―考え」「―帰りになる」「―乗りください」❷動作の及ぶ相手を立てたり改まって言ったりする意味をあらわす。「―願い」「―礼」「―知らせする」❸聞き手に対して丁寧に言う意味をあらわす。「―野菜」「―寒うございます」❹動詞の連用形につけ、言い切りにして、やわらかな命令をあらわす。「そこへ―座り」❺(「お…さま」「お…さん」の形で)相手に対する同情・ねぎらいなどをあらわす。「―気の毒さま」「―つかれさん」❻女性の名の上につける。「―花さん」[参考] ㋐謙譲表現の「お(ご)…する」を尊敬表現に誤用することが多い。尊敬表現は「お(ご)…になる」である。㋑自分のことを言う「お休みする」などは、謙譲表現にならないが、上品な言い方として使われることが少なくない。㋒「お話しされる」「ご出席される」などは、尊敬表現としては「お話しになる」「話される」、「ご出席になる」「出席される」が正しい。㋓「お求めになりやすい」を「お求めやすい」、「おわかりになりにくい」を「おわかりにくい」と言う場合が少なくないが、本来の言い方ではない。㋔ふつう、「お」は和語につき、「ご」は漢語につくが、漢語でも、日常よく使われることばには、「お肉」「お洗濯」「お電話」などのように「お」のつくものが少なくない。和語で「ご」のつくものは少ない。㋕一般に「お」は外来語、長い形の語、食品以外の動植物名、病名、品のよくない語などにはつきにくい。㋖「ぎょ」は天子の行為につくことが多い。「おん」「み」は特定の語にしかつかない。㋗手紙では「お・御」の字が行の末(まつ)にくるのをさける。㋘返信用はがきに、「御(ご)出席」「御(ご)住所」「お名前」などとしてあるときは、「御(ご)」「お」の字を消して出すのが作法。

お【小】を [接頭] ❶「ちいさい・すこし・こまかい」の意味をあらわす。「―川」「―やみなく降る」❷軽く調子をととのえる。「―笹(ざさ)」

お【雄】【×牡】を [造] おす。「雄牛」「雄ぎつね」↕め(雌)。

お【汚】[造] ❶けがす。きずつける。「汚職・汚名」❷よごれる。よごす。きたない。「汚水・汚染・汚点・汚物」

お【悪】[造] にくむ。きらう。むかむかする。「悪寒・悪阻(おそ)・嫌悪・好悪・憎悪」〔別音あく｜悪〕

お[オ]【尾】を [名] ❶動物の胴体の後端から長くのびた部分。細長い動物のからだの末端のほう。しっぽ。おっぽ。❷山のすそがのびた所。❸物ごとのあとにのこるもの。 ―**を引**(ひ)**く** 影響があとまでのこる。「紛争が―」

お[オ]【緒】を [名] ❶細ひも・糸など、細長いもの。❷はきものにすげて足にかけるひも。「げたの―」❸楽器に張る糸。「琴の―」

お【▲男・▲夫】を [名]〔古語〕おとこ。おっと。

お-あい[0]【汚×穢】[名]〔文章語〕➡おわい。

お-あいそ[0]【お愛想】[名] 飲食店で客に請求する勘定・勘定書。おあいそう。[参考]「あいそづかし」の略で、これを見るとあいそが尽きるの意からという。

おあいにく-さま[0]【おあいにく様】【▲御▲生憎様】[あいさつ]〈「あいにく」をていねいに言う語〉相手の期待どおりにならなかったとき、ことわりや皮肉の気持ちをこめて言うことば。おきのどくさま。「ただいま品切れで―」「―、ぼくは行かないよ」

お-あし[0]【お足】[名] ぜに。おかね。[参考] 女房ことばから出たもので、足があるように、すぐ手元からなくなることから。

オアシス[オ]〈oasis〉[名] ❶さばくや乾燥地帯で、水がわき、

お

樹木がしげっている所。❷いこい、なぐさめられる所。「公園は都会人の―だ」

おあずけ [0]【お預け】―あづけ [名] ❶約束や話だけで、実行がのびていること。「長いこと―になっている」「―を食う」❷犬の前に食物をおき、よしと言うまで食べさせないこと。❸江戸時代、罪を犯した大名・武士などが他の大名に預けられたこと。

おあつらえ [0]【▲御×誂え】―あつらへ [名] ❶ご注文。注文する人に敬意をあらわしていう語。「―の品物」❷期待するとおりであること。理想的であること。おあつらえむき。「新婚夫婦に―の住宅」

おい [イ]【老い】[名] ❶年をとること。老年。老齢。「―をわすれる」❷年をとった人。老人。「―の涙」 **―の一徹** 老人のがんこなこと。 **―の繰り言** 老人が同じことをくり返し、くどくどとこぼすこと。 **―の坂** 人生の、さまざまな苦しみ・つらさにたえながらだんだん年をとっていくこと。 **―の×僻耳** 年をとって耳が遠くなり、聞きちがいの多いこと。また、ひがんで悪い意味に聞きとること。

おい [オ]【×笈】[名] 修験者・行脚僧などがせおう、足のついた、はこ。仏具・衣服などを入れる。

おい

おい [0]【×甥】[名] 自分や配偶者の兄弟・姉妹の生んだ男の子。↕めい。[参考] 親しみをこめて言うときは「おいっ子」、他人のおいをうやまって言うときは「おい御」と言う。

おい [オ][感]〔主に男性が同輩・目下に対して〕呼びかけたり、とがめたりするときに言うことば。「―、何をしているんだ」

おい-あ・げる [ゲ]【追(い)上げる】―おひ [他下一] ❶追って行って、上へ行かせる。「頂上へ―」❷はげしく追う。❸追い越すばかりの所まで、はげしく追い迫る。「後輩に追い上げられる」 **追い上げ** [名] **おひあ・ぐ** [文語下二]

おい-い・ず [生い▲出ず]―いづ [自下二][古語] ❶生まれ出る。はえ出る。「御子どもいとあまたつぎつぎに生ひ出でつつ」〈源氏〉❷成長する。大きくなる。「あづまぢの道のはてよりも、なほ奥つかたに生ひ出でたる人」〈更級〉

おい-うち [0]【追(い)討(撃)ち】―おひ [名] ❶逃げるのを追いかけて討つこと。追撃。「―をかける」❷困っているところにさらに打撃を与えること。「病気のあと、破産の―を受ける」

お-いえ [0]【お家】【▲御家】―いへ [名] 貴人の家。主人の家。「―の大事」 **―芸** [エ][名] ❶家につたわる、独特の技芸。❷もっとも得意とする事がら。おはこ。十八番。 **―様** [0][名] 大きな商家などの妻を尊敬して言った語。おいえはん。 **―騒動** [ソ][名] ❶江戸時代、大名などの一家で、相続問題や勢力争いなどのために起こったもめごと。❷団体の中のうちわもめ。 **―流** [0][名] ❶書道の流派の一つ。伏見天皇の皇子、青蓮院尊円法親王の筆法を伝えたもの。江戸時代に流行。青蓮院流。尊円流。❷香道の一流。三条西実隆がはじめた。

おい-おい [0]【おいおい】[追追]―おひおひ [副] ❶だんだん。しだいに。「―暖かくなる」❷順序をおって。「事情は―ご説明しましょう」

おい-おと・す [ト]【追(い)落(と)す】―おひ [他五] ❶敵の城兵を追いはらって城を奪い取る。❷下の地位から上がっていって、上の者の地位を奪い取る。 **追い落とせる** [自下一]〔…できる〕 **追い落とし** [名]

おい-かえ・す [カ]【追(い)返す】―おひかへす [他五] ❶追いたててもとのほうへ返す。「敵を―」❷うけいれずに、そっけなく返す。「嘆願者を―」 **追い返せる** [自下一]〔…できる〕

おい-か・ける [ケ]【追(い)掛ける】―おひ [他下一] ❶追いつこうとして急ぐ。おっかける。「敵を―」❷ひきつづいておこる。「追い掛けて難問題がおこる」 **おひか・く** [文語下二]

おい-かぜ [0]【追(い)風】―おひ [名] 船や人のうしろから吹く風。順風。おいて。「―に乗る」↕向かい風。

おい-かぶさ・る [サ]【▲覆い▲被さる】―おひ [自五]〔「おおいかぶさる」の変化〕❶上からかぶせたような形で取りつく。「背後から―」❷のしかかる。「責任が―」

おい-き [0]【老(い)木】[名] 年数のたった木。ろうぼく。古木。↕若木。 **―に花** おとろえたものが、また勢いをとりもどすこと。

おい-く・ちる [チ]【老(い)朽ちる】[自上一] 年をとって役にたたなくなる。 **おいく・つ** [文語上二]

おい-ごえ [0]【追(い)肥】―おひ [名] 作物の生育中にやるこやし。補肥。ついひ。↕もとごえ。

おい-こ・す [コ]【追(い)越す】―おひ [他五] ❶あとのものが、まえに行くものより先になる。⇩追い抜く[参考]。❷おとっていたものが、相手よりすぐれたものになる。「外国の技術を―」 **追い越し** [名] **追い越せる** [自下一]〔…できる〕

おい-こみ [0]【追(い)込み】―おひ [名] ❶追い込むこと。❷劇場や料理屋などで、座席の指定をせず、多くの客を入れること。❸物ごとの終わりに近づいて、いっそう勢いをつけてすること。「さあ、仕事もいよいよ―だ」

おい-こ・む [コ]【老(い)込む】[自五] 年をとって老いが目だつ。ひどく老人くさくなる。老衰する。

おい-こ・む [コ]【追(い)込む】―おひ [他五] ❶追いたてて、ものの中にはいらせる。「囲いの中に―」❷相手を苦しい立場にいたらせる。「窮地に―」❸印刷で、活字を前の行のあきにつづけて組む。「改行せずに―」 **追い込める** [自下一]〔…できる〕

おい-さき [0]【生(い)先】―おひ [名] 成長して行く先。「―が楽しみだ」

おい-さき [0]【老(い)先】[名] 年老いてからの余生。「―短い両親」

おい-さらば・える [エ]【老いさらばえる】―さらばへる [自下一] 年をとって、弱りおとろえる。 **おいさらば・ふ** [文語八下二]

おいし・い [0]【▲美▲味しい】[形] ❶味がよい意味の「うまい」の改まった言い方。「―お茶でございます」❷自分の得になる。「―話」❸口先だけのようす。「―ことばかり言う」 **おいしがる** [自五] **おいしげ** [形動] **おいしさ** [名]

おい-しげ・る [ゲ]【生(い)茂る】―おひ [自五] 草木が勢いよくしげる。繁茂する。「鬱蒼と―」

おい-すが・る [ガ]【追いすがる】【追×縋る】―おひ [自五] 追いついて、すがりつく。

オイスター [オ]〈oyster〉[名] 貝のかき(牡蠣)。 **―ソース** [ソ]〈oyster sauce〉[名] かきを煮て、できた汁を加熱濃縮したり、塩漬けしたかきを発酵させたりしてつくった調味料。

おい-ずる [0]【×笈×摺】―おひ [名]〔「おいずり」の変化〕袖なしのはおりに似た、巡礼が着物の上に着るもの。笈で衣服の背のすれるのを防ぐためのものという。

おい-せん [0]【追(い)銭】―おひ [名] 一度払った上にさらに余分に払うかね。「ぬすびとに―」

おい-そだ・つ [ダ]【生(い)育つ】―おひ [自五] 育って大きくなる。成長する。

おいそれ-と [オ][副] かんたんに。すぐに。「―承知はしない」[参考] 下に打ち消しの語がくる。

おい-た ［イ］名〔幼児語〕いたずら。

おい-だき ［0］名 他サ ❶【追（い）炊き】たいたごはんが足りないとき、追加してたくこと。❷【追×焚き】ふろの湯がさめたとき、もう一度火をつけてあたためること。

おい-だし ［0］【追（い）出し】名 ❶追い出すこと。外へ出すこと。「反対派の―にかかる」❷〔追い出し太鼓の略〕相撲・芝居・寄席などで、興業の終わりをつげる太鼓。

おい-だ・す ［ダ］【追（い）出す】他五 ❶追いたてて、外へ出す。おいはらう。❷仲間からしめだして、関係をたつ。**追い出せる** 自下一〔…できる〕

おい-たち ［0］【生（い）立ち】名 ❶成長すること。「こどもの―」❷そだち。経歴。「めぐまれた―」

おい-た・つ ［タ］【生（い）立つ】自五 しだいに成長する。

おい-た・てる ［テ］【追（い）立てる】他下一 追い出してほかへ行かせる。追いやる。「邪魔だ邪魔だと―」**追い立て** 名 **おひた・つ** 文語下二

おいちょ-かぶ ［チョ］名 花札賭博の一つ。「おいちょ」が八、「かぶ」が九をあらわす。手札とめくり札の数を合わせて末尾の数が九またはそれに近いほうを勝ちとする。

おい-ちら・す ［ラ］【追（い）散らす】他五 追いたてて、ちりぢりにさせる。「やじうまを―」

追いつ追われつ 互いに追ったり、追われたりする状態であること。「―の白熱したゲーム」

おい-つか・う ［カ］【追（い）使う】他五 追いたてるようにして、はたらかせる。ひどくこきつかう。

おい-つ・く ［ツ］【追（い）付く】自五 ❶追いかけて前の人や物のところにとどく。「車を飛ばして―」❷能力・成績などが目標とするものと同じになる。「トップクラスの成績に―」**追い付ける** 自下一〔…できる〕

おい-つ・める ［メ］【追（い）詰める】他下一 逃げ場がないところまで追いこんでいく。「犯人を袋小路に―」**おひつ・む** 文語下二

おい-て ［0］【追（い）手】名 ➡おって。

おい-て ［0］【追▲風】名 おいかぜ。

おい-て 【おいて】【×於いて】連語（動詞「お（置）く」に「て」の付いた「おきて」の変化。「…において」の形で）❶で。にて。「東京に―開催」❷について。「その事に―悔いはない」参考「天皇陛下におかせられては」「弊社におきましては」といった敬意をともなう言い方もある。**―をや** …のばあいは、なおのことだ。「いわんや現代に―、だ」

おい-て 【▲措いて】連語（「おきて」の変化。「…をおいて」の形で）…をのぞいて。さしおいて。「かれを―適任者はいない」

お-いで ［0］【▲御▲出で】名 ❶「いる」「来る」「行く」ことなどの尊敬語。「先生は研究室に―です」「またの―をお待ちしております」❷「いなさい」「来なさい」「行きなさい」の親しみをこめた言い方。「ここにじっとして―」「早く―」

おいてき-ぼり ［0］【置いてきぼり】名 人をみすてて行くこと。おきざり。おいてけぼり。「―をくう」参考 通行人をおどかし、持ち物を「置いて（い）け」と言った妖怪がいたという堀の伝説から。

老いては子に従え 年をとったら、何事も子どもにまかせて、言うとおりにするほうがいいということ。

お-いなり-さん ［イ/オ］【お稲▲荷さん】名 ❶いなり神、またはその社に親しみをこめて呼ぶ語。❷「いなりずし」を丁寧にいう語。

おい-ぬ・く ［ヌ］【追（い）抜く】他五 ❶追いついて先になる。参考「道路交通法」では、「追い越す」は後続車が車線を替えて先行車の前へ出る場合に使う。「追い抜く」は車線を変更しない場合に言う。❷相手よりまさるようになる。「先輩を―」**追い抜き** 名 **追い抜ける** 自下一〔…できる〕

おいのこぶみ《笈の小文》名 江戸時代中期の俳諧紀行。松尾芭蕉の作。東海から近畿を旅した紀行文。

おい-はぎ ［0］【追（い）剝ぎ】名 通行人をおどして金品をうばうこと。また、その人。

おい-はご ［0］【追（い）羽子】名 ➡おいばね。

おい-はな・す ［ナ］【追（い）放す】他五 追いだす。追いはなつ。追放する。「外国へ―」

おい-ばね ［0］【追（い）羽根】名 ふたり以上で一つの羽根をつきあうこと。女の子の正月の遊び。おいはご。新年

おい-ば・む 【老いばむ】自四〔古語〕年寄りくさくなる。老い込む。「おいばみたる者こそ火桶の端に足をさへもたげて」〈枕〉参考「ばむ」は「気色ばむ」「黄ばむ」などにも使われている接尾語で、「…じみる」「…めく」の意。

おい-ばら ［0］【追（い）腹】名 けらいが主君の死を悲しんで、あとを追って腹を切ること。殉死。

おい-ばらい ［バ］【追（い）払い】名 ❶一度支払い、また追加して支払うこと。❷代金をあとで支払うこと。

おい-はら・う ［ラ］【追（い）払う】他五 じゃまなものを追ってはらいのける。追っぱらう。「害獣を―」**追い払える** 自下一〔…できる〕

おい-ぼれ ［0］【老いぼれ】【老×耄】名 年をとってぼけた人。老人が、自分をいやしんでいう語。また、老人をののしっていう語。

おい-ぼ・れる ［レ/0］【老いぼれる】【老い×耄れる】自下一 年をとって体や頭がにぶくなる。**おいぼ・る** 文語下二

おい-まく・る ［ク］【追いまくる】【追×捲る】他五 はげしく追いたてる。

おい-まわ・す ［ワ］【追（い）回す】他五 ❶逃げようとするのをどこまでも追う。❷うるさくつきまとう。「新聞記者に追い回される」**追い回せる** 自下一〔…できる〕

おい-め ［0］【負（い）目】名 ❶借り。借金。負債。❷責任をはたしていない感じ。ひけめ。「―を感じる」

おい-もと・める ［メ］【追（い）求める】他下一 どこまでも追いかけるようにして、求めつづける。「理想を―」**おひもと・む** 文語下二

おい-や・る ［ヤ］【追いやる】【追▲遣る】他五 追ってむこうへ行かせる。追いのける。追いはらう。**追いやれる** 自下一〔…できる〕

おい-ら ［オ］【▲俺▲等】代〔俗語〕おれ。おれたち。参考 おもに男性が使った。

おい-らか なり形動〔古語〕❶おっとりしている。おだやか。「対の君は、おいらかなれど、心深ければこそ」〈宇津保〉❷〔多く連用形を副詞的に用いて〕率直だ。素直だ。「おいらかに（キッパリト）否といはましかば」〈落窪〉

おい-らく ［0］【老いらく】名（「老ゆ」に名詞相当のものをつくる接尾語「らく」のついた「おゆらく」の変化）年をとること。老年。「―の恋」

おいらん ［0］【▲花×魁】名 ❶上位の遊女。太夫。❷遊女。女郎。参考 妹分の遊女や新造などが「おいらのねえさん」をちぢめて呼んだところからという。

オイル ［オ］〈oil〉名 ❶油。「サラダ―」❷石油。**―クロ（ー）ス** ［ク］〈oilcloth〉名 綿・ネルなどの厚手の布にエナメルを塗り、模様をかいたもの。テーブルかけなどにする。**―サーディン** ［サ］名〔oiled sardines から〕いわしの油漬け。**―フェンス** ［フェ］〈oil fence〉名 海面に流れ出た原油

などが広がらないように張るかこい。―焼き⓪名 油をひいた鉄板の上で、肉や野菜を焼いて食べるもの。

お・いる[イ]【老いる】自上一(イ・イ・イル・イル・イレ・イロ・イヨ) ❶年をとる。年をとってからだや心のはたらきがおとろえる。❷〔文章語〕季節が終わりに近づく。「春もやや老いて」 **お・ゆ** 文語ヤ上二

おい-わけ⓪【追分】―名 ❶道が左右にわかれる所。❷おいわけぶし。**―節**⓪名 民謡の一つ。もと中山道追分の宿場でうたわれた、まごうた。その後、各地につたえられ変化した。

おう【央】造 まんなか。「震央・中央」

おう【応】造 ❶こたえる。やりとり。「応酬・応接・呼応・反応」「呼び掛けに応ずる」❷あたる。つりあう。したがう。「応用・相応・対応」 **応じる** 自上一 **応ずる** 自サ

おう【往】造 ❶ゆく。むかう。「往診・往復・来往・右往左往」❷さる。すぎる。いにしえ。「往時・往年・以往・既往」

おう【押】造 ❶おす。おさえる。「押印・押捺・花押」❷とりしまる。「押収・押領」❸韻をふむ。「押韻」

おう【旺】造 元気がよい。「旺盛」

おう【欧】造 「欧羅巴」の略。「欧化・欧州・西欧・渡欧」

おう【殴】造 なぐる。うつ。「殴殺・殴打」

おう【皇】造 ❶みかど。おおきみ。「法皇」❷天皇。「皇子」〔別音こう｜皇〕

おう【桜】造 さくら。「桜花・桜樹・観桜」

おう【黄】造 きいろ。「黄金・黄色・黄疸・卵黄」〔別音こう｜黄〕

おう【奥】造 ❶おくふかい。おくまっている。「心奥」❷かくれて、おもてにあらわれない。「奥義・奥秘・深奥・秘奥」❸「陸奥(旧国名)」のこと。「奥羽・奥州」

おう【横】造 ❶よこ。「横臥・横断・横転・縦横」❷道理にしたがわない。かってなふるまいをする。「横行・横着・横暴・専横」❸思いがけない。「横死」❹はみでる。「横溢」

おう【×懊】造 なやむ。「懊悩」

おう[オ]【王】名造 ❶君主。おうさま。「王位・王冠・国王・女王」❷皇族の一。三世以下の嫡男系嫡出の子孫である男子。↕女王。❸もっともすぐれているもの。「花の―」「ホームラン王・発明王」❹将棋でもっとも強いこま。「王将・王手」

おう[オ]【凹】名造 表面が部分的にくぼんでいること。「―レンズ」「凹凸」↕凸。

おう[オ]【翁】名造 ❶年をとった男。おきな。「―の話を聞く」「老翁」❷老人を尊敬してよぶ語。「芭蕉翁」

お・う⓪【負う】他五(ワ・オ・イ・ッ・ウ・ウ・エ・エ) ❶せおう。「重荷を―」❷ひきうける。しょいこむ。「責任を―」❸身にこうむる。うける。「傷を―」❹相当する。ふさわしい。「名にし―名所」❺おかげを受ける。「彼の努力に―ところが大きい」 **負える** 自下一〔…できる〕

お・う⓪【追う】他五(ワ・オ・イ・ッ・ウ・ウ・エ・エ) ❶先を行くもの、目標となるものに達しようとして進む。㋐先を走る人をとらえよう、追いつこうとする。「警察官が泥棒を―」「前を走るランナーを―」㋑死んだ人をしたって、その人の所に行こうとする。「死んだ夫のあとを―」㋒好ましいものを得ようとして努力する。「理想を―」「流行を―」❷その場所から去らせる。㋐そこからいなくなるように、追いはらう。「はえを―」「公職を追われる」㋑かりたてて先へ進ませる。「牛を―」「仕事に追われる」❸順序に従って進む。「日を追ってはげしくなる」❹さかのぼって追求する。「原因を―」 **追える** 自下一〔…できる〕

お・う【生ふ】おふ 自上二〔古語〕はえる。生じる。生長する。

お・う【終ふ】をふ〔古語〕❶自下二 おわる。❷他下二 おわりにする。しとげる。すます。

おうあ《欧亜》ヨーロッパ(欧羅巴)とアジア(亜細亜)。

おう-い[オ]【王位】名 王者の位。君主の地位。

おう-いつ⓪【横×溢】名自サ〔文章語〕「横」「溢」ともにあふれるの意)みちあふれること。「元気―」

おう-いん⓪【押印】名自サ 印判をおすこと。捺印。

おう-いん⓪【押韻】名自サ 詩歌で、韻をふむこと。

おうう《奥羽》❶青森・秋田・山形・岩手・宮城・福島の六県。東北地方。❷陸奥と出羽。

おう-えん⓪【応援】名他サ ❶あとおしをして助けること。加勢。「知恵を貸して―する」❷競技で、拍手したり声をかけたりして、味方の選手に元気をつけてやること。「―歌」「―合戦」

おう-おう⓪【往往】副 ときどき。おりおり。「―にして失敗をおかす」

おう-おう⓪【×怏×怏】と副 たる連体〔文章語〕ふさぎこんで、元気のないようす。「―としてたのしまない」

おう-か[オ]【王化】名〔文章語〕王者の徳による感化。

おう-か[オ]【桜花】名〔文章語〕さくらのはな。「―らんまん」(春)

おう-か⓪【欧化】名自サ〔文章語〕ヨーロッパふうにかわること。**―主義**[シュ]名 ヨーロッパの思想・風俗を、大いにとりいれようとする主義。

おう-か[オ]【×謳歌】名他サ (「謳」は声をそろえて歌うの意)さかんにほめたたえること。特に、自分の恵まれた境遇について十分に喜びを表すこと。「自由を―する」

おう-が[オ]【×枉×駕】名自サ〔文章語〕(乗り物の行く先を変えて立ちよる)人がたずねてくることの尊敬語。来駕。「―の栄をたまわる」

おう-が[オ]【横×臥】名自サ ❶横向きに寝ること。↕仰臥。❷からだをよこたえること。

おう-かくまく[ク]【横隔膜】名 胸腔と腹腔との間にある弓状をした筋肉性の膜。

おう-かん⓪【王冠】名 ❶王のかぶるかんむり。❷名誉のしるしのかんむり。❸ビールびんなどのくちがね。

おう-かん⓪【往還】❶名 道路の古い言い方。街道。往来。❷名自サ〔文章語〕行くことと、かえること。往復。ゆきき。

おうぎ[ギ]【扇】あふぎ 名 あおいで暑さをはらうための道具。儀式やアクセサリーにも使う。一端を止め、折りたたみのできるようにしてある。せんす。すえひろ。(夏)

おう-ぎ[オ]【奥義】名 学問・芸能・武術のもっともむずかしい、だいじなところ。おく。極意。秘伝。おくぎ。

おうぎしょう《奥儀抄》平安時代後期の歌学書。藤原清輔の作。「奥義抄」とも。

おう-きゅう⓪【王宮】名 王の宮殿。王城。

おう-きゅう⓪【応急】名 いそぎのまにあわせ。急場しのぎ。「―の処置」**―手当**[テ]名 突然の急病人や負傷者にほどこす、とりあえずの手当。かりの手当。

おう-ぎょく⓪【黄玉】名 黄色または無色の、柱状結晶体の宝石。トパーズ。こうぎょく。

おう-け[オ]【王家】名 王の一族。王の家すじ。

おう-けん⓪【王権】名 国王の権力。

おう-こ[オ]【往古】名〔文章語〕大昔。往昔。

おう-こう⓪【王公】名 王と大臣。高貴な人。

おう-こう⓪【王侯】名 王と諸侯。王と大名。「―貴族」

おう-こう⓪【往航】名 行きの航海・航空。↕復航。

おう-こう⓪【横行】名自サ かってきまま、わがものがおに

歩きまわること。また、ふるまうこと。「暴走族の―に手をやく」「―闊歩(かっぽ)」

おう-こく [0]【王国】[名] ❶王がおさめている国。❷一つの大勢力。「製鉄―」

おう-ごん [0]【黄金】[名] ❶金(きん)。こがね。❷金銭。貨幣。「―万能主義」 **―時代**(じだい) [ジ][名] 〔golden ageの訳語〕たいそうさかえている、理想的な時代。いちばんさかんな時期。最盛期。「映画の―」 [参考] 古代ギリシャで人類の歴史を金・銀・銅・鉄の四期に分け、その第一期、金の時代は平和と幸福に満ちたと信じたことから。 **―分割**(ぶんかつ) [ブ][名] 一つの線分を、一対一・六一八との比に分けること。横と縦とがこの比になると、ふつう美感があたえられるという。ゴールデンカット。 **―律**(りつ) [ゴ][名] 〔「マタイによる福音書」から〕「人にしてもらいたいと思うことは、なんでも人にしなさい」というキリスト教の教え。

おう-ざ [0]【王座】[名] ❶王の座席。❷第一人者としての地位。第一位。首位。「野球界の―をしめる」

おう-さつ [0]【応札】[名][自サ] 入札に加わること。

おう-さつ [0]【殴殺】[名][他サ] なぐり殺すこと。

おう-さつ [0]【×鏖殺】[名][他サ]〔文章語〕〔「鏖」はみなごろしの意〕みなごろし。

おう-し [オ]【王師】[名]〔文章語〕❶王の軍隊。❷王の師範。

おう-し [0]【横死】[名][自サ] 思いがけない災難で死ぬこと。非業(ひごう)の死。「―を遂げる」

おう-じ [オ]【王子】[名] ❶王のむすこ。↕王女。❷もと、皇族の男子で、親王宣下(せんげ)のなかった人。

おう-じ [オ]【往事】[名]〔文章語〕過去の事件・ことがら。

おう-じ [オ]【往時】[名]〔文章語〕むかし。過去。往年。「―を追想する」↕近時。

おう-じ [オ]【皇子】[名] 天皇のむすこ。↕皇女。

おう-しつ [0]【王室】[名] 帝王の一家。

おう-じつ [0]【往日】[名]〔文章語〕過ぎ去った日。「―のおもかげなし」

おうじつ-せい [0]【横日性】[名] 植物の一部分が、光の方向と直角になるようにまがる性質。↕向日(こうじつ)性・背日性。

おう-じゃ [オ]【王者】[名] ❶帝王。❷王道によって国をおさめる人。↕覇者(はしゃ)。❸ある分野で、いちばんすぐれた者。「棋界の―」

おう-じゃく【×尫弱】[名][たり形動]〔古語〕❶かよわいこと。ひよわいこと。❷貧乏。薄給の身であること。

おう-しゅ [オ]【応手】[名] 囲碁・将棋で、相手の手に応じて打つ手。

おう-じゅ [オ]【応需】[名]〔文章語〕要求に応じること。「入院―」

おう-しゅう [0]【応酬】㊀[名][自サ] ❶たがいに意見・議論のやりとりをすること。「活発に―する」❷相手の攻撃に対してやり返すこと。㊁[名] さかずきのやりとり。

おう-しゅう [0]【押収】[名][他サ] 警察・裁判所などが、刑事裁判の証拠として必要な物品などをさしおさえ、とりあげること。「証拠品を―する」

おうしゅう《欧州》ヨーロッパ(欧羅巴)州。

おうしゅう《奥州》磐城(いわき)・岩代(いわしろ)・陸前・陸中・陸奥(むつ)の五国の総称。陸奥の国。みちのく。

おうしゅう-かいどう《奥州街道》昔の五街道の一つ。江戸から陸奥の三厩(みんまや)に通じる道。⇩五街道(図)。

おう-じゅく [0]【黄熟】[名][自サ] 熟して黄色になること。こうじゅく。「いねが―する」

おうじゅ-ほうしょう [ホ]【黄×綬褒章】[名] 長年、仕事にはげんで功績のあった人(農・工・商の勤労者)に、国があたえる黄色いリボンのついた褒章。

おう-じょ [オ]【王女】[名] ❶王のむすめ。↕王子。❷もと、皇族のむすめで、内親王宣下(せんげ)のなかった人。

おう-じょ [オ]【皇女】[名] 天皇のむすめ。内親王。こうじょ。↕皇子。

おう-しょう [0]【王将】[名] 将棋の駒(こま)の名。大将の資格をもつもの。この駒が詰まされると負けになる。玉将(ぎょくしょう)。王。[参考] 将棋では、金・銀・珠玉というように、本来は「玉将」だけであったが、江戸時代から玉将と王将に分かれ、今は上位のものが「王将」を持つことになっている。

おう-しょう [0]【応召】[名][自サ] ❶呼び出しに応じること。❷もと、在郷軍人が召集令を受けて軍隊にはいること。

おう-しょう [0]【×鞅掌】[名][自サ]〔文章語〕〔「鞅」は背負う、「掌」は手にもつ意〕せわしくはたらいて、ひまのないこと。「事務に―する」

おう-じょう [0]【王城】[名] 王のいる城。王宮。

おう-じょう [オ]【往生】[名][自サ] ❶死後、極楽に生まれること。❷死ぬこと。❸すっかりあきらめて、行動をやめること。❹処置に困ること。閉口すること。「あいつのわがままには―したよ」 **―際**(ぎわ) [0][名] ❶死にぎわ。死ぬ時。❷思い切り。あきらめ。「―がわるい」

おうじょうようしゅう《往生要集》平安時代中期の仏教書。源信(げんしん)の著。念仏往生の入門書で、日本の浄土教や文学に大きな影響をあたえた。

おう-しょく [0]【黄色】[名] きいろ。こうしょく。 **―人種**(じんしゅ) [ジ][名] 皮膚が黄色の人種の総称。大部分は東洋人。↕白色人種・黒色人種。

おう・じる [0]【応じる】[自上一] ジ|ジ|ジル|ジル|ジレ|ジロ・ジヨ ➡おうずる。

おう-しん [0]【往信】[名] 返事を求めてこちらから出す通信。↕返信。

おう-しん [0]【往診】[名][自サ] 医者が患者の家に出むいて、診察すること。↕宅診。

お-うす [ウ]【お薄】[名] 薄茶。

おう-すい [0]【王水】[名] 濃塩酸と濃硝酸とを三対一の割合の混合液。金・白金などの貴金属をとかす強酸化剤。

おう-すい [0]【黄水】[名] 胃からはきだす、黄色い液。きみず。

おう・ずる [0]【応ずる】[自サ] ジ・ゼ|ジ|ズル|ズル|ズレ|ジロ・ゼヨ ❶他からの求めにふさわしい行動をする。こたえる。「注文に―」❷さそわれて、それにしたがう。「まねきに―」❸あてはまる。それにふさわしくする。かなう。「能力に応じた指導法」❹ある物の変化につれて、それにつり合った表れ方をする。「暖かくなるに応じて緑が増す」 **おう・ず** [文語サ変]

おう-せ [オ]【×逢瀬】[名] 恋しあうふたりがあうこと。また、その機会。「―を楽しむ」

おう-せい [0]【王制】[名] 国王が国を治める政治制度。君主制。

おう-せい [0]【王政】[名] 帝王・天皇のおこなう政治。 **―復古**(ふっこ) [フ][名] 武家政治・共和政治などが廃止され、昔の君主政治にもどること。明治維新など。

おう-せい [0]【旺盛】[形動] ダロ|ダッ・デ・ニ|ダ|ナ|ナラ|○ たいそうさかんなようす。「研究心―だ」

おう-せき [0]【往昔】[名]〔文章語〕往時。むかし。往古。

おう-せつ [0]【応接】[名][自サ] 相手になって応対すること。相手をすること。応対。 **―に▲暇**(いとま)**なし** 物ごとがつづいておこり、ひどくめまぐるしいようす。 **―間**(ま) [0][名] 来客を通して、面談・接待などをするためのへや。応接室。客間。

おう-せん [0]【横線】[名] 横に引いた線。↕縦線。 **―小切手**(こぎって) [ギ][名] 表面に二本の平行線をひいた小切手。一度、自分の取引銀行の口座に入れないと現金にできない。

おう-せん ⓪【応戦】名 自サ 相手の攻撃に応じて戦うこと。「必死に―する」

おう-そ [オ]【応訴】名 自サ 〘法〙民事訴訟で、相手のうったえに応じ、被告として争うこと。↔提訴。

おう-そう ⓪【押送】名 他サ 〘法〙受刑者・刑事被告人などをある場所から他の場所へうつしおくること。護送。

おう-ぞく ⓪【王族】名 王の一族。

おう-た ⓪【お歌】【御歌】名 ❶「歌」の改まった言い方。❷天皇・皇后・皇太后・皇太子・皇族の作る和歌。 **―所**(どころ) [ド]名 お歌・お歌会(宮中での歌会)に関する事務をあつかった所。一九四六年廃止。

おう-だ [オ]【殴打】名 他サ なぐること。

おう-たい ⓪【横隊】名 横にならんだ列。↔縦隊。

おう-たい ⓪【応対】名 自サ 相手になってうけこたえをすること。応接。参考「応待」と書くのはあやまり。

おうたい-ホルモン [ホ]【黄体ホルモン】名 雌性ホルモンの一つ。卵巣や胎盤から分泌され、妊娠を継続させる。

おう-だく ⓪【応諾】名 自サ 承知すること。承諾。

負(お)**うた子**(こ)**に教**(おし)**えられて浅瀬**(あさせ)**を渡**(わた)**る** 時には自分より未熟な者から教えられることもあるというたとえ。

おう-だん ⓪【黄×疸】名 肝臓や胆道(たんどう)の病気のため、胆汁(たんじゅう)が血液中に流れこみ、その色素で身体が黄色になる状態。

おう-だん ⓪【横断】名 他サ ↔縦断。❶横に切ること。❷よこぎって、むこうにわたること。「道路を―する」❸陸地や海を東西の方向によこぎること。「太平洋―」 **―歩道**(ほどう) [ホ]名 交通のはげしい道路で、歩行者が横断するところとして、特にきめられたところ。 **―幕**(まく) [ダ]名 標語などを書いて掲げてある横長の布。

おうち-せい ⓪【横地性】名 植物の一部分が、地面に平行してのびる性質。竹の地下茎など。↔向地性・背地性。

おう-ちゃく [チャ]【横着】㊀名 形動 ❶ずうずうしいこと。「―な態度」❷ずるいこと。「―な精神」㊁名 自サ なまけること。「―をきめる」

おう-ちょう ⓪【王朝】名 ❶国を支配する王家・朝廷。❷ある王家の系列。「ブルボン―」❸王朝時代。 **―時代**(じだい) [ジ]名 帝王・天皇がみずから支配している時代。日本では奈良・平安時代。特に平安時代をいう。 **―物**(もの) ⓪名 浄瑠璃(じょうるり)や歌舞伎(かぶき)で、奈良時代・平安時代の天皇家・公家(くげ)の世界を舞台にした作品。「妹背山婦女庭訓(いもせやまおんなていきん)」「菅原伝授手習鑑(すがわらでんじゅてならいかがみ)」など。王代物。

お-うつり [ウ]【お移り】【御移り】名 物をもらったとき、その入れものに入れて返す品。お返し。

おう-て [オ]【王手】名 ❶将棋で、直接王将を攻める手。「―をかける」❷最終的な勝利の一歩手前の段階。「優勝に―がかかる」

おう-てっこう [テ]【黄鉄鉱】名 いおう・鉄を含んでいる薄い金色の鉱物。硫酸の製造用。

おう-てん ⓪【横転】名 自サ ❶横にたおれること。❷機体を横に回転すること。

おう-と [オ]【×嘔吐】名 他サ 胃の中の物をはくこと。もどすこと。 **―を催**(もよお)**す** ❶はきけがする。❷ひどく、いやに感じる。「いやしい行動に―」

おう-ど [オ]【王土】名〔文章語〕王がおさめている地。

おう-ど [オ]【黄土】名 ❶赤土から作る顔料。❷中国の北部などの地表にある、黄色のこまかな粒の土。レス。

おう-とう ⓪【桜桃】名 ❶バラ科の落葉高木。さくらの一種。花は白色。果実(さくらんぼ)は食用。実は㊇ ❷ゆすらうめ。

おう-とう ⓪【応答】名 自サ 受けこたえをすること。

おう-どう ⓪【王道】名 ❶王者の仁徳によって国をおさめるやり方。「―楽土」↔覇道(はどう)。❷らくな方法。安易な道。「学問に―なし」

おう-どう ⓪【黄道】名 ⇒こうどう。

おう-どう ⓪【黄銅】名 しんちゅう。 **―鉱**(こう) [ド]名 銅と鉄といおうをふくんでいる金色に輝く鉱物。銅をとる。

おう-どう ⓪【横道】名 形動 ダロ・ダッ・デ・ニ／ダ・ナ・ナラ・○〔文章語〕❶人の行いとして正しくないようす。邪道。「―者」❷悪いことと知りながら行うようす。

おう-とつ ⓪【凹凸】名 ❶でこぼこ。たかひく。「―のひどい道」❷均等でないこと。むら。「負担の―をならす」

おう-な【▲女】名〔古語〕(「をみな」の変化)おんな。

おう-な【×嫗・×媼】名〔古語〕年とった女。↔おきな。

おう-なつ ⓪【押×捺】名 他サ 印鑑をおすこと。押印。

おう-ねつ ⓪【黄熱】名 熱帯地方にみられる悪性の感染症。黄熱ウイルスを蚊が媒介し、黄疸(おうだん)を併発する。黄熱病。

おう-ねん ⓪【往年】名 過ぎさった昔。往時。「―の大投手」

おう-のう ⓪【×懊悩】名 自サ 〔「懊」も「悩」もなやむ意〕ひどくなやむこと。「罪の意識に―する」

おうばく-しゅう《黄檗宗》禅宗の一派で、臨済(りんざい)宗の分派。江戸時代初期、中国の渡来僧隠元(いんげん)が宇治(うじ)に黄檗山万福寺を建ててはじめた。

おうばく-りょうり [リョ]【黄×檗料理】名 中国式の精進(しょうじん)料理。

おう-はん ⓪【凹版】名 印刷する部分がくぼんでいる印刷版。地図・紙幣などの印刷に使われる。↔凸版・平版。

おう-ひ [オ]【王妃】名 ❶王の妻。帝王のきさき。❷皇族の一。「王❷」の配偶者。

おう-ひ [オ]【奥秘】名〔文章語〕❶奥義。❷だいじな秘密。

おう-ふう [オ]【欧風】名 ヨーロッパふう。

おう-ふう [オ]【横風】形動 ダロ・ダッ・デ・ニ／ダ・ナ・ナラ・○ 他人をばかにして、無礼にふるまうようす。おうへい。「―な態度」

おう-ふく ⓪【往復】㊀名 自サ ❶行くことと帰ること。行って帰ること。ゆきかえり。「―切符」「一時間で―する」↔片道。❷交際すること。「平素親しく―している」㊁名 他サ やりとりすること。「手紙を―する」

おう-ぶん ⓪【応分】名 身分や力量にふさわしいこと。分相応(ぶんそうおう)。「―の寄付」

おう-ぶん ⓪【欧文】名 ❶ヨーロッパ諸国で使われる文字や文章。❷ローマ字。「―タイプ」

おうぶん-みゃく [ブ]【欧文脈】名 ヨーロッパの言語の文脈。ヨーロッパのことばを直訳したような表現の文脈。

おう-へい [オ]【横柄】形動 ダロ・ダッ・デ・ニ／ダ・ナ・ナラ・○ 人を見さげ、いばりかえっているようす。「―な言動」

おう-べい ⓪《欧米》ヨーロッパ(欧羅巴)とアメリカ(亜米利加)。西洋。

おう-へん ⓪【応変】名 とつぜん起こった事に応じて、適当な処置をとること。「臨機―」

おう-へん ⓪【黄変】名 自サ 黄色に変わること。「―米」

おう-ぼ ⓪【応募】名 自サ 募集に応じること。「―者」

おう-ほう ⓪【王法】名 国王の法令・政治。

おう-ほう ⓪【応報】名〘仏〙前世でしたことに応じて、この世で受けるむくい。果報。「因果―」 **―刑**(けい)**主義**(しゅぎ) [シュ]名 刑罰を、その人の犯した罪へのむくいであると考える理論。↔教育刑主義。

おう-ほう ⓪【往訪】名 自サ〔文章語〕出かけて、人をたずねること。↔来訪。

おう-ぼう ⓪【王法】名〖仏〗国王が法律によって国をおさめること。世俗の法。↕仏法。

おう-ぼう ⓪【横暴】名 形動 わがままをとおすこと。わがまま。「多数党の―」

おう-ま ⓪【黄麻】名 シナノキ科の一年生植物。高さ約一メートル。熱帯原産。茎の繊維を編んで、ズック・しきものなどをつくる。つなそ。ジュート。こうま。

おうまが-とき ⓪/〔ガ〕【×逢魔が時】―名 ➡おおまがとき。

おうみ《近江》（「あはうみ（淡海）」の変化）昔の東山道の国の一つ。今の滋賀県。江州。

おうみ-の-みふね《淡海三船》七二二-七八五。奈良時代の漢詩人・漢学者。作品は「経国集」にのっている。

おうみ-はっけい 〔ハ〕【▲近▲江八景】―名 琵琶湖南部の八つのよいながめ。比良の暮雪、矢橋の帰帆、石山の秋月、瀬田の夕照、三井の晩鐘、粟津の晴嵐、堅田の落雁、唐崎の夜雨。

おう-む ⓪【×鸚×鵡】名 オウム目の鳥のうち、大形で頭上に冠のような羽がある。熱帯原産。人のことばのまねをする。**―返し** 〔ガ〕名 相手の言ったとおりをそのまますぐに言うこと。

おう-めん ⓪【凹面】名 くぼんだ面。**―鏡** ⓪名 中央部がくぼんだ面を反射面とするかがみ。↕凸面鏡。

おう-よう ⓪【応用】名 他サ 原理や知識を実際の問題に当てはめ活用すること。「―力」「研究成果を―した企画」 **―科学** 〔カ〕名 実生活での活用を目的とする科学。応用化学など。 **―問題** 〔モ〕名 基本的な知識の活用によって解答が得られるような試験問題。

おう-よう ⓪/〔オ〕【×鷹揚】形動（ダロ・ダッ・デ・ニ・ダ・ナ・ナラ・○）こせこせせず、おちつきのあるようす。上品でおっとりしているようす。おおらか。参考 たかがゆうゆうと空を舞うようすの「鷹揚」と、ゆったりとしたようすをいう「おおよう（大様）」とが一体になったもの。

おうよう-しゅう《欧陽脩》一〇〇七-七二。中国宋代の政治家・学者。唐宋八大家のひとり。著書に「新唐書」「新五代史」など。

おう-らい ⓪【往来】一 名 自サ 行ったり来たりすること。ゆきき。「車の―が激しい」 二 名 ❶道路。街道。往還。❷手紙のやりとり。❸交際。 **―物** ⓪名 日常生活に必要な知識を、往復の手紙文の形式でしるした書物。平安時代後期から明治時代初期まで用いられた。

おう-りつ ⓪【王立】名 王室が資金を出し、または後援して設立すること。「―博物館」

おう-りょう ⓪【横領】名 他サ 他人のものや公共物を不法に横取りすること。「財産を―する」

おう-りん ⓪【黄×燐】名 りんの一種で、淡黄色のろうに似た固体。有毒・悪臭。マッチなどの原料。りん。

おう-レンズ 〔レ〕【凹レンズ】〈lens〉名 中央部が、ふちよりうすいレンズ。↕凸レンズ。

おう-ろ 〔オ〕【往路】名 行くときに通る道。↕復路・帰路。

オウン-ゴール 〔ゴ〕〈own goal〉名 サッカーで、誤って味方チームのゴールにシュートしてしまうこと。自殺点。

お-えかき 〔エ〕【お絵描き】名 他サ〔幼児語〕絵をかくこと。

お-えしき ⓪【▲御会式】名 ❶「会式」の尊敬の言い方。❷日蓮上人の忌日（十月十三日）の法会。

おえっ 〔エ〕感 吐き気がするときに出る声。不快でがまんができないときに出る声。

お-えつ ⓪【×嗚×咽】名 自サ むせび泣くこと。むせびなき。「―がもれる」「―とする」

おえら-がた ⓪【お偉方】名 地位や役職・資格などの高い人たち。えらい人たち。参考 ややふざけた言い方。

お・える ⓪【終える】（エ・エ・エル・エル・エレ・エロ・エヨ）一 他下一 終わる。最後まですませる。終わりにする。↕始める。 二 自下一 終わりになる。「会期を―」⇩終わる 参考。 **を・ふ** 文語ハ下二

おお【大】接頭 ❶大きい。広い。「―海原」「―通り」❷分量がある。「―雨」「―雪」❸程度がはなはだしい。「―事」「―いばり」❹同類のもののうち、程度・階級が上のものをあらわす。「―字」「―叔父」❺だいたい。あらまし。「―づかみ」❻すぐれたものへの尊称または美称。「―御所」「―立者」「―八洲」 参考「大地震」「大舞台」などは、「おお…」というのが本来だが、近年「だい…」ということも多い。

おお-あざ 〔オ〕【大字】―名 町村の行政区画の一つで、小あざをいくつかまとめた地域。↕小字。

おお-あじ ⓪【大味】名 形動（ダロ・ダッ・デ・ニ・ダ・ナ・ナラ・○）食物の味、物のおもむきなどがおおまかなこと。微妙なあじわいのないこと。「―な芸」↕小味。

おお-あたり 〔ア〕【大当（た）り】―名 自サ ❶うまく当たること。❷大成功。「あたらしい商売が―をとる」

おお-あな ⓪【大穴】―名 ❶大きな穴。❷大きな損失。「財産に―をあける」❸競馬などの大きな番狂わせ。

おお-あま ⓪【大甘】―形動（ダロ・ダッ・デ・ニ・ダ・ナ・ナラ・○）〔俗語〕❶厳しさがなく、甘やかしすぎるようす。❷見通しが甘すぎるようす。

おお-あめ 〔ア〕【大雨】―名 雨量の多いはげしい雨。↕小雨。

おお-あり ⓪【大有り】―名 ❶たくさんあること。❷もちろん、ちゃんとあること。「理由は―だ」

おお-あれ ⓪【大荒れ】―名 ❶ひどく荒れること。大あばれすること。❷ひどい暴風雨。あらし。「―の空模様」

おお-あわて 〔ア〕【大慌て】―名 形動 とてもあわてるようす。「―で仕事をかたづける」

おおい ⓪【覆い】【▲被い】名 おおうこと。また、そのもの。

おお・い 〔オ〕【多い】形（カロ・カッ・ク・イ・イ・ケレ・○）↕少ない。❶物の数や量がたくさんある。「人口が―」「苦労が―」❷一定の数量の中で占める割合が大きい。「この課は男性社員より女性社員のほうが―」 **多さ** 名 **おほ・し** 文語ク

おおい 〔オ〕感 遠くの人に呼びかけるときのことば。

オー-イー-エム 〔エ〕〈OEM〉名〔original equipment manufacturing から〕相手先企業の商標で販売される製品を受注生産すること。相手先商標製品製造。

オー-イー-シー-ディー 〔ディ〕〈OECD〉名〔Organization for Economic Cooperation and Development から〕西側先進国を中心とする、経済の安定と貿易の拡大を目的とする組織。日本・韓国・メキシコなども加盟している。経済協力開発機構。

おおい-かく・す 〔ク〕【覆い隠す】― 他五（サ・ソ・シ・ス・ス・セ・セ）❶上からおおって見えないようにする。「手で顔を―」❷他人に知られないよう秘密にする。「欠点を―」

おおい-かぶ・せる 〔セ〕【覆い▲被せる】― 他下一（セ・セ・セル・セル・セレ・セロ・セヨ）上からおおうようにかぶせる。「車にシートを―」

おおい-さ 〔イ〕【大いさ】名〔文章語〕大きさ。

おお-いそがし 〔イ〕【大忙し】―名 とてもいそがしいようす。「年度末は―だ」

おお-いそぎ 〔イ〕【大急ぎ】―名 とても急いでいるようす。「―でかけつける」

おおいた-けん《大分県》― 九州地方北東部の県。県庁所在地は大分市。

オー-いち-ごー-なな 〔オ〕-〔ナ〕〈O157〉名〔Oは菌の特性

を意味するドイツ語Ohne から〕大腸菌の一種。腹痛や発熱を起こす。集団で感染しやすい。

おお-いちばん［チ］【大一番】おほ 名 相撲・将棋などで、優勝に関係するような、大事な取組や試合。

おお-いちょう［イ］【大いちょう】【大▲銀×杏】おほ 名 昔の男子の髪の結い方の一種。まげの先をいちょうの葉の形にそろえる。現在では、十両以上の力士の髪形。

大いちょう

おおい-どの【▲大殿】おほい 名 〔古語〕〔「おほきとの」の変化〕❶大臣。❷大臣の邸宅。

おおい-なる［オ］【大いなる】おほい 連体 大きい。偉大な。「―功績」

おおい-に［オ］【大いに】おほい 副 たいそう。はなはだ。

おおい-ばり［イ］【大威張り】おほ 名 ❶ひどくいばること。❷引け目を感じることなく、自信を持って堂々とふるまうようす。「―で休暇をとる」

おおい-り⓪【大入（り）】おほ 名 興行などで客が大ぜいはいること。↔不入り。**―袋**（ぶくろ）［フ］名 大入りのとき、祝いに現金を入れて関係者にくばる袋。

おおい-りょう［ウ］【大▲炊寮】おほひ 名 〔古語〕昔、日本中の諸国からおさめる米・雑穀を収納した役所。おおいづかさ。

おお・う⓪【覆う】【▲被う・▲蔽う】おほふ 他五 ワ・オイ・ッ／ウ・ウ・エ・エ ❶上にかぶせる。かぶせてふせぐ。「荷物を―」「目を―」❷かくして真実を見せないようにする。「失敗を―」❸全体をひっくるめる。「一言にしておおえば」❹一面に広くゆきわたる。「全国を―流行」 **おおえる** 自下一〔…できる〕

おおうち-やま⓪【大内山】おほうち 名 皇居。おおうち。

おおうつし［ウ］【大写し】おほ 名 写真・映画などで、人や物のある部分を画面いっぱいに大きく写すこと。クローズアップ。

おおうなばら［ナ］【大海原】おほ 名 大きくてひろびろとした海。

おおうりだし［ウ］【大売（り）出し】おほ 名 商店が一定期間値引きや福引きなどを行ったり、景品をつけるなどして、商品を大量に売り出すこと。「歳末―」

オーエー［エ］〈ＯＡ〉名 〔office automation から〕➡オフィスオートメーション。

おお-えす［オ｜エ］感 綱引きのときのかけ声。参考 フランス語が起源だとする説もあるが、未詳。

オー-エス⓪〈ＯＳ〉名 〔operating system から〕コンピューターを作動させ、管理するための基本的ソフト。オペレーティングシステム。

オー-エッチ-ピー［ピ］〈ＯＨＰ〉名 〔overhead projector から〕➡オーバーヘッドプロジェクター。

オー-エル⓪〈ＯＬ〉名 〔和製英語 office lady から〕女性事務員。女性社員。

おお-えど⓪【大江戸】おほ 名 江戸をほめた言い方。

おおおか-さばき［サ］【大岡裁き】おほをか 名 ❶江戸時代の名奉行、大岡越前守（えちぜんのかみ）の裁判を題材とした講談・芝居など。大岡政談。❷人情味のあるすぐれた裁判・処理。

おおおか-しょうへい《大岡昇平》一九〇九―八八。小説家。戦争体験による「野火」「レイテ戦記」、小説「武蔵野（むさしの）夫人」、評論「中原中也（なかはらちゅうや）」など。

おおおか-まこと《大岡信》一九三一―二〇一七。詩人・評論家。日本古典とヨーロッパ芸術に広範囲な見識をもつ。詩集「記憶と現在」「故郷の水へのメッセージ」、評論「紀貫之（きのつらゆき）」、随筆「折々のうた」など。

おお-おく［オ｜オ］【大奥】おほ 名 昔、江戸城で、将軍の夫人のいた所。

おお-おくさま［オ］【大奥様】おほ 名 奥様と呼ばれる人のしゅうとめ、または、母にあたる人を尊敬して呼ぶ呼び方。

おお-おじ［オ］【大伯父・大叔父】おほをぢ 名 両親のおじ。祖父母の兄弟。↔大おば。

おお-おば［オ］【大伯母・大叔母】おほをば 名 両親のおば。祖父母の姉妹。↔大おじ。

おお-がい［オ］【大貝】おほがひ 名 漢字の部首の一つ。「頭」「順」などの「頁」。

おおかがみ《大鏡》おほ 平安時代後期の歴史物語。二百歳に近い二人の老人が中心になって藤原氏全盛期の歴史を語りあう形式をとる。

おお-がかり［ガ］【大掛（か）り】おほ 形動 ダロ・ダッ・デ・ニ／ダ・ナ・ナラ・〇 規模の大きいようす。おおじかけ。「―な計画」

オーガズム［オ｜ガ］〈orgasm〉名 ➡オルガスムス。

おお-かた【大方】おほ ㊀⓪㊁ 名 ❶大部分。だいたい。「―は賛成であった」❷世間の人々。「―の御批評をいただきたい」㊁副 ❶ほとんどみな。あらかた。❷〔推量の表現を伴って〕きっと。おそらく。たぶん。「―野盗のしわざであろう」㊂〔古語〕㊀副 〔打ち消しの表現を伴って〕すこしも。ぜんぜん。いっこうに。「（水車ハ）大方まはらざりければ」〈徒然〉㊁なり形動 普通である。ひととおりだ。「世にある人の有様を大方なるやうにて聞き集め」〈源氏〉㊂接続 そもそも。いったい。「おほかた、この京の初めを聞けば」〈方丈記〉

おお-がた⓪【大形】おほ 名 似た形のものの中で大きいもの。「―の鳥」↔小形。

おお-がた⓪【大型】おほ 名 形や規模が大きいこと。「―のバス」↔小型。**―連休**（れんきゅう）［レ］名 祝日や休日が数日にわたって続く時期。

オーガナイザー［ナ］〈organizer〉名 ❶複雑な組織や企画などをたくみに運営する人。まとめ役。❷オルガナイザー❶。

オーガニック［オ］〈organic〉名 〔「有機の」の意から〕無農薬野菜や添加物を使用していない食品のこと。

おお-かみ［オ］【×狼】おほ 名 ❶イヌ科の哺乳（ほにゅう）類。形は犬に似て、山野にすむ。色は褐色・赤褐（せきかっ）色。㊇ ❷らんぼうで、女性をおびやかす男。「街の―」**―少年**（しょうねん）［ショ］名 ❶おおかみに育てられた男の子。❷〔イソップ寓話（ぐうわ）の、何度もおおかみが来たとうそを言って、本当におおかみが来たときに信じてもらえなかった少年の話から〕同じうそをくりかえす人。

おお-がら⓪【大柄】おほ 名 形動 ↔小柄。❶模様が大きいこと。「―の着物」❷からだや形がふつうより大きいこと。「―な娘」

多かれ少なかれ（おおかれすくなかれ） 多い少ないの別はあっても、一様に。「―みんなに責任がある」

おお-かわ［オ］【大▲鼓】おほかは 名 能楽・長唄（ながうた）などに使う大きなつづみ。大つづみ。

オーガンジー［ガ］〈organdy〉名 薄くて半透明の、張りのある綿・絹などの織物。婦人服や造花などに用いる。

おお-かんばん［カ］【大看板】おほ 名 芝居や演芸など、その分野を代表する一流芸人のこと。

おおき［オ］【多き】おほき 名 多いこと。「―を望まない」「―を語らず」参考 文語形容詞「多し」の連体形から。

おおき・い［キ］【大きい】おほきい 形 カロ・カッ・ク／イ・イ・ケレ・〇 ↔小さい。❶物の量や事の程度が他を上回っている。㋐面積・体積などが多くの空間をしめる。「―部屋」「小学生としては―子だ」㋑数・量・程度などが多い。はなはだしい。「―音」「落胆が

お

「―」 ㋒年齢が上である。「―子は十歳」 ㋓範囲が広い。「スケールの―研究」 ㋔重要である。「今日の―問題」 ㋕こせこせしないで、ゆとりがある。「―人物」 ❷大げさだ。「―ことを言う」 ❸いばっている。「態度が―」 ❹〔「大きく」の形で〕えらぶるようす。「大きく構える」 **大きさ** 名

オーキシン キ〈auxin〉名 植物の生長をうながす物質。植物生長素。植物生長ホルモン。

おお-きど ◎【大木戸】おほ― 名 江戸時代に、都市の入り口にもうけた関所。

おおき-な オ¹【大きな】おほき― 形動 大きい。↕小さな。「―成功」 参考 連体形だけが使われる。連体詞とする説もあるが、「頭の大きな人」のように、上にくることばを受けるはたらきのあるところが、ふつうの連体詞とちがう。 **―お世話**せわ 世話をやいてくれて、かえって迷惑だ。 **―顔**かお いばった顔つき・態度。大きい顔。

おおき-に【大きに】おほき― ❶ オ¹ 副 大いに。 ❷ あいさつ 〔方言〕〔関西で〕「ありがとう」の意味をあらわす。

おお-きみ ◎【大君】おほ― 名 ❶天皇。おおぎみ。 ❷〔古語〕親王。諸王。

おおき-やか キ【大きやか】おほき― 形動 ダロ・ダッ・デ・ニ ダ・ナ・ナラ・〇 大きく見えるようす。いかにも大きいようす。

オー-きゃく ◎【O脚】名 両足をそろえて直立した時、ひざのあたりが外がわに曲がってO字のように見える足。↕エックス脚。

おお-ぎょう ◎/オ¹【大形・大仰】おほ― 形動 ダロ・ダッ・デ・ニ ダ・ナ・ナラ・〇 おおげさ。「―な身ぶり」

おお-ぎり ◎【大切(り)】おほ― 名 ❶大きく切ること。また、切ったもの。 ❷終わり。大づめ。 ❸歌舞伎かぶでその日の最終の出しもの。切り狂言。 ❹【大喜利】寄席よせで最後の演者が演じ終わった後に数人で行う、即興を主とした演芸。お題ばなし・即席川柳など。

おおく オ¹【多く】おほ― ❶ 副 おおかた。たいてい。「おしゃべりは―しくじるものだ」 ❷ 名 たくさん。「―を語らない」

オーク オ〈oak〉名 かし・ならなどの木。また、その木材。

おお-ぐい ◎【大食い】おほぐひ 名 他サ たくさん食べること、また、食べる人。「やせの―」

オークション オ〈auction〉名 競売。せり売り。

オークス オ〈Oaks〉名 ❶ロンドンで行われる、サラブレッド三歳牝馬ひんによる競馬。 ❷〔❶をモデルにして〕日本で毎年五月に行う中央競馬のレース。「優駿ゆうしゅん牝馬ひん競走」という。 参考 正式名称は「優駿ゆうしゅん牝馬ひんば競走」という。

おお-ぐち ◎【大口】おほ― 名 ❶大きな口。「―をあけてほおばる」 ❷身のほど知らずのえらそうな言い方。「―をたたく」 ❸多額の取引・売買。「―の取引」 ↕小口。

おおくま-ことみち《大隈言道》一七九八―一八六八。江戸時代末期の歌人。歌集に「草径そうけい集」

おおくら-しょう ラ【大蔵省】おほくら― 名 ❶財務省のもとの名。 ❷昔の八省の一つ。租税の事務をとりあつかった。

オーケー オ〈OK〉〔all correct の誤ったつづり oll korrect の略とも、O.K.Club に由来するともいう〕 ❶ 感 承知した。よろしい。 ❷ 名 自サ 同意。「相手の―をとる」

おお-げさ ◎【大げさ】【大×袈×裟】おほ― 形動 ダロ・ダッ・デ・ニ ダ・ナ・ナラ・〇 実際よりも大きく言ったり、したりすること。おおぎょう。

オーケストラ ケ〈orchestra〉名 ❶管弦楽。 ❷管弦楽団。 **―ピット** ピ〈orchestra pit〉名 劇場などで、舞台と客席との間に設けられたオーケストラ用の演奏席。オーケストラボックス。

おおけ-な・し おほけ― 形ク〔古語〕 ❶身分にふさわしくない。せんえつだ。「なほいとわが心ながらもおほけなく、いかで立ち出でしにか(ドウシテ宮仕エニ上ガッタノカ)と」〈枕〉 ❷もったいない。身にあまる。「あるまじく、おほけなき心などは」〈源氏〉

おお-ごしょ ゴ【大御所】おほ― 名 ❶隠居した将軍。また、その居所。 ❷その道の大家・長老として、大きな勢力をもっている人。「学界の―」

おお-ごと ◎【大事】おほ― 名 重大なできごと。大事件。「思いがけなく―になった」

おおさか-ずし カ【大▲阪×鮨】おほさか― 名 大阪などでつくる、おしずし・はこずし・まきずしの類。

おおさか-ふ《大阪府》おほさか― 近畿きんき地方中央部の府。府庁所在地は大阪市。

おお-ざけ ◎【大酒】おほ― 名 たくさんの酒。「―を飲む」

おお-さじ ◎【大さじ】【大×匙】おほ― 名 ↕小さじ。 ❶大きなさじ。 ❷一五ミリリットルの計量スプーン。「塩―一杯」

おお-ざっぱ ザ【大ざっぱ】【大雑把】おほ― 形動 ダロ・ダッ・デ・ニ ダ・ナ・ナラ・〇 ❶大づかみなようす。おおよそ。「―に言うと」 ❷小さなことを気にしないようす。「―な性格」 ❸粗雑で、こまやかでないようす。おおまか。「―な書き方」 参考 ゆきとどいていないという、非難の気持ちで使うことが多い。

おおざつま-ぶし ◎【大×薩摩節】おほざつま― 名 江戸時代中期におこった、浄瑠璃じょうるりの一派。後に、長唄に吸収された。

おお-ざと ◎おほ― 名 漢字部首の一つ。「郎」「部」などの「阝」

おお-さわぎ サ【大騒ぎ】おほ― 名 自サ ひどくさわぐこと。「町中―になる」

おお-じ オ¹【大路】おほぢ 名 広い道路。大通り。「みやこ―」 ↕小路こうじ。

おお-し・い シ【雄雄しい】【▲男▲男しい】をを― 形 カロ・カッ・クイ・イ・ケレ・〇 危険や困難をおそれずに立ち向かっていくようす。いさましい。「―いでたち」 ↕めめしい。 **おおしげ** 形動 **おおしさ** 名 **をを・し** 文語シク

オージー ジ〈OG〉名 ❶〔office girl から〕女子事務員。 ❷〔和製英語 old girl から〕学校・職場などに以前所属した女性の先輩。↕オービー。

オー-シー-アール ア〈OCR〉名〔optical character reader から〕文字に光を当て、その反射光線の強弱によって文字を機械的に読み取る装置。

オー-ジェー-ティー ティ〈OJT〉名〔on-the-job training から〕職場での実務を通じて行う従業員教育。

おお-しお オ¹【大潮】おほしほ 名 潮のみちひきの差の大きいこと。新月または満月の一、二日後におこる。↕小潮。

おお-じかけ ジ【大仕掛(け)】おほ― 形動 ダロ・ダッ・デ・ニ ダ・ナ・ナラ・〇 仕掛け・仕組みの大きいようす。大規模。おおがかり。「―な計画」

おおしこうち-の-みつね《凡河内躬恒》生没年未詳。平安時代前期の歌人。「古今和歌集」の撰者せんじゃの一人。

おお-じしん ジ【大地震】おほ― 名 広い地域にわたって、大きな災害をもたらす、ゆれの大きな地震。だいじしん。 参考 「だいじしん」は気象用語。「おおじしん」を「だいじしん」と言うのは近年の傾向。

おお-じだい ジ【大時代】おほ― 名 形動 ひどく古風なこと。また、そのさま。「―なことを言う」

おお-しばい シ【大芝居】おほしばゐ 名 ❶江戸時代、幕府公認の劇場。また、そこで行われる芝居。江戸では中村座、市村座、森田座の三座を指す。↕小芝居。 ❷大がかりな芝居。また、名優ぞろいの芝居。 ❸人目をあざむくはかりごと。「のるかそるかの―」

おおしまつむぎ ツ【大島つむぎ】【大島×紬】おほしま 名 鹿児島県の奄美大島でつくられる絹織物。大島。

おお・す【生ほす】おほす 他四 古語 ❶はやす。のばす。「この春よりおほす御髪」〈源氏〉❷育てる「すべて、をのこをば、女にわらはれぬやうに、おほしたつべしとぞ」〈徒然〉

おお・す【▲仰す】おほす 他下二 古語 ❶おっしゃる。❷お命じになる。「つかさつかさ(ソレゾレノ役所)におほせて」〈竹取〉

おお・す【負ほす】おほす 他下二 古語 ❶背におわせる。❷責任をもたせる。罪をおわせる。「木伝へばおのが羽風に散る花を(ウグイスハ)たれにおほせてここら(シキリニ)鳴くらむ」〈古今〉❸受けさせる。「あまたして手(傷)おほせ」〈徒然〉

おお-すじ ◎【大筋】おほすぢ 名 だいたいの筋。ほねぐみのあらまし。大綱。「話の―をつかむ」

オーストラリア《Australia》❶南太平洋とインド洋の間にある大陸。❷オーストラリア大陸・タスマニア島などからなる連邦国家。英連邦の一員。首都はキャンベラ。豪州。

オーストリア《Austria》(「墺太利」とも書いた)ヨーロッパ中部にある共和国。首都はウィーン。オーストリー。

おおすみ《大隅》おほ 昔の西海道の国の一つ。今の鹿児島県の東部。

おお-ずもう 図【大相撲】【大▲角▲力】おほずまふ 名 ❶力のはいった、なかなか勝負のつかない相撲。「四分間に及ぶ―」❷日本相撲協会によって、年に六回おこなわれる本場所の興行。⇩本場所(表)。

おおせ ◎【仰せ】おほせ 名「言うこと」「言いつけ」の尊敬語。「―になる」「―にしたがう」

おお-ぜい ゼ【大勢】おほ 名 人がたくさんいること。多勢。

おお-ぜき オ【大関】おほ 名 ❶力士の階級の一つ。三役の最上位。その中から特に優秀な者が横綱にえらばれる。❷仲間の中で、もっともすぐれているもの。「釣り仲間の―」

おおせ-つか・る カ【仰(せ)付かる】おほせ 自五 ラ・ロ・リッ・ル・ル・レ・レ 上の人から言いつけられる。「社長から―」

おおせ-つ・ける ケ【仰(せ)付ける】おほせ 他下一 ケ・ケ・ケ・ケル・ケル・ケレ・ケロ・ケヨ 「言いつける」の尊敬語。**仰せ付け** 名 **おほせつ・く** 文語下二

おおせ-ら・れる レ【仰せられる】おほせ 他下一 レ・レ・レ・レル・レル・レレ・レロ・レヨ 「言う」の尊敬語。おっしゃる。**おほせら・る** 文語下二

おお・せる【▲果せる】おほせる 造 (動詞の連用形について)あることを最後まですることができる。おおす。「逃げ―」「隠し―」

オーセンティック テイ〈authentic〉形動 ダロ・ダッ・デ・ニ ダ・ナ・ナラ・◎ 本物であるようす。正統的であるさま。「―なフランス料理」

おお-そうじ ソ【大掃除】おほ 名 ❶へや・建物などをすっかりそうじすること。春 ❷反対者・じゃま者などをすっかりなくすること。「組織内の―をする」

おお-ぞこ ◎【大底】おほ 名 相場で、一定期間に何度か見られる安値のうちでもっとも安い値段。↕大天井

おお-そとがり ◎【大外刈(り)】おほ 名 柔道で、相手の足のひざから上に、自分の足を外からひっかけて倒すわざ。

オーソドックス ド〈orthodox〉名 形動 考え方やり方が正統的・伝統的であること。また、そういう行動をする人。

おお-ぞら ゾ【大空】おほ 名 広く大きな空。

オーソライズ ラ〈authorise〉名 他サ 権威を与えること。公認すること。

オーソリティー ソ〈authority〉名 その道の権威。大家。

オーダー〈order〉━オ 名 ❶等級。❷順。順序。━◎ 名 他サ 注文。**ーストップ** ト〈order stop〉名 〔和製英語〕飲食店で閉店時刻前に料理の注文を受けるのを止めること。**ーメード** メ〈order-made〉名 〔和製英語〕注文してつくらせた品物。↕レディーメード。

おお-だい ◎【大台】おほ 名 ❶株式や商品相場で、百円を単位とする、値段の範囲。「千円の―にのせる」❷数量の、大きなさかい目となるけた。「人口が一億の―を越す」

おお-だすかり ダ【大助(か)り】おほ 名 非常に助かること。「手伝ってくれて―です」

おおたちまわり マ【大立(ち)回り】おほたちまはり 名 ❶はげしい立ち回り。❷おおげんか。「―を演ずる」

おおだてもの ◎【大立(て)者】おほ 名 ❶芝居などの一座で、いちばんすぐれた役者。❷その道で大きな力をもつ人。「政界の―」

おお-だな ◎【大だな】【大▲店】おほ 名 大きな商店。

おおたなんぽ《大田南畝》一七四九～一八二三。江戸時代後期の狂歌・洒落本の作者。別号に蜀山人・四方赤良。天明・文化期の中心的存在として活躍し、「万載狂歌集」を編集した。随筆に「一話一言」

おお-だま ◎【大玉】おほ 名 ↕小玉。❶大きな玉。「―転がし」❷果実や鶏卵の大きいもの。「―のすいか」

おお-だんな ダ【大旦那】おほ 名 ❶成人した長男のいる家の主人。旦那の父親を尊敬したよび方。↕若旦那。❷寺の有力な檀家。

おおつ-え ツ【大津絵】おほつ 名 ❶江戸時代、滋賀県大津で売りだした軽妙な絵。❷大津絵節。**ー節** ◎ 名 俗謡の一つ。大津絵にかかれている人物をよみこんで、節づけしたもの。幕末から明治初期に流行した。

おお-づかみ ツ【大づかみ】【大×摑み】おほ 名 形動 ❶手いっぱいにぎること。❷大ざっぱにとらえること。だいたいをまとめること。「―な説明」

おお-つごもり ゴ【大つごもり】【大×晦▲日・大×晦】おほ 名 〔文章語〕おおみそか。冬

おお-づつ ◎【大筒】おほ 名 大砲。参考 古めかしい言い方。

おお-づな ◎【大綱】おほ 名 ❶ふとい綱。❷たいこう。おおもと。「―をつかむ」

おおっ-ぴら ◎ おほっ 形動 ダロ・ダッ・デ・ニ ダ・ナ・ナラ・◎ かくしだてしないようす。公然。「―に休む」

おお-つぶ ◎【大粒】おほ 名 つぶが大きいこと。「―の涙」

おお-づめ ◎【大詰(め)】おほ 名 ❶劇などの最終の場面。おおぎり。❷物事の終わりの部分。終末。「会議の―」

おお-て オ【大手】おほ 名 ❶城の表口。↕からめ手。❷正面から攻める部隊。❸大量の生産・取引をすること。また、その人・会社。大手筋。「―のメーカー」**ー筋** テ 名 大手❸。**ー門** テ 名 城の正門。表門。

おお-で ◎【大手】おほ 名 ❶肩から手先まで。❷あたりをはばからない態度やふるまい。**ーを広げる** 両手を左右に大きく広げる。進んでくるものをさえぎるときなどの動作。**ーを振る** 手を大きく振って堂々と歩く。

オーディーエー エ〈ODA〉名 〔official development assistance から〕先進国が開発途上国のために行う経済協力や技術協力などの援助。政府開発援助。

オーディオ ◎〈audio〉名 音声や音響に関すること。特に、ステレオなどの音響再生装置。「―製品」

オーディション オ|ディ〈audition〉名 歌手や俳優などを起用する際におこなう審査。「―に合格する」

おお-でき ◎【大出来】おほ 名 りっぱなできばえ。りっぱにやってのけること。「彼にしては―だ」

オーデコロン コ〈eau de Cologne〉名 アルコールに香料をまぜたもの。香水・化粧水として用いる。

オート【オ】〈auto〉名造 ❶自動(式)。自動的。❷自動車。オートバイ。ー**キャンプ**【キャ】〈autocamping〉名 自動車にテントを積んで移動したり、自動車で寝泊まりしたりする旅行。ー**三輪**(さんりん)【サ】名 貨物運送用の動力付き三輪車。ー**バイ**【ト】名〔autobicycle からの和製英語〕ガソリンエンジン付きの二輪自動車の総称。法律上は、排気量五〇cc以下の原動機付き自転車と、それより大きい自動二輪車に区別される。バイク。単車。参考 英語ではモーターサイクル motorcycle、米語ではモーターバイク motorbike という。ー**フォーカス**【フォ】〈auto focus〉名 レンズを向けただけで自動的に焦点が合う機構。自動焦点。「ーカメラ」 ー**メーション**【メ】〈automation〉名 機械が、人手をかりずに、自動的に仕事をする装置。自動制御装置。ー**レース**【レ】〈auto-race〉名 オートバイや、自動車の競走。ー**ロック**【ロ】〈auto lock〉名〔和製英語〕ドアを閉めると自動的に鍵がかかる装置。

おお-ど【0】【オー】【大戸】(おほ) 名 大きな商家の表口の大きな戸。くぐり抜け用の小さな戸口が付いているものが多い。

おお-どうぐ【ド】【大道具】(おほ) 名 舞台装置のうち、建物・樹木など大がかりなもの。↕小道具。

おお-どおり【ド】【大通り】(おほどほり) 名 市内の中心部に面した、はばの広い道路。

おお-どか【オ】2(おほ) 形動 ダロ・ダッ・デ・ニ ダ・ナ・ナラ・〇 ゆったりしていて、こせつかないようす。おうよう。「ーな性格」 **おおどかさ** 名

オートクチュール【チュ】〈フ haute couture〉名 高級衣装店。

おお-どころ【ド】【大所】(おほ) 名 ❶かまえの大きな家。財産家。❷勢力のある、おもだった人。大家。「劇団のー」

おお-どしま【ド】【大年▲増】(おほ) 名 四十代ぐらいの女性。参考 江戸時代は三十代ぐらいの女性を言った。花柳(かりゅう)界で使うことば。

オートジャイロ【ジャ】〈autogyro〉名 機体の上に水平にまわる大きな回転翼をとりつけた飛行機。せまい土地で離着陸できる。

おお-との【大殿】(おほ) 名〔古語〕❶宮殿や高貴な人の邸宅の尊敬語。❷高貴な家の当主、または、その父を尊敬していう語。ー**籠もる** 自四〔古語〕「寝る」の尊敬語〕貴人が、おやすみになる。ー▲**祭**(ほがひ)〔古語〕宮殿が火災にあわぬようにといのる祭り。

オードブル【オ】〈フ hors-d'œuvre〉名 西洋料理で正式の食事の最初に出すつまみ物。前菜(ぜんさい)。

オートマチ(ティ)ック【チ】〈automatic〉㊀形動 ダロ・ダッ・デ・ニ ダ・ナ・ナラ・ニ ❶自動。自動的。❷変速装置が自動式であること。㊁名 自動拳銃。自動小銃。ー**車**(しゃ)【ク】名 自動変速装置をもつ自動車。オートマ車。AT車。

オートミール【ミ】〈oatmeal〉名 ひき割ったからすむぎを牛乳などで煮た、かゆのような食べ物。

おお-ども【0】【大供】(おほ) 名〔俗語〕「こども」にあわせて、ふざけていう語〕おとなのこと。

おおとも-の-たびと《大伴旅人》六六五―七三一。奈良時代の歌人。九州大宰府(だざいふ)在任中、筑前(ちくぜん)の守(かみ)であった山上憶良(やまのうえのおくら)と交流があった。「万葉集」には七十余首が収められている。大伴家持(やかもち)の父。

おおとも-の-やかもち《大伴家持》七一八?―七八五。奈良時代の歌人。「万葉集」最後期の歌人で収められた歌数は最も多い。編集にも関与したとみられる。優美で叙情的な歌にすぐれる。大伴旅人(たびと)の子。

おお-とり【0】【×鵬】(おほ) 名 想像上の大きな鳥。ほう。

おお-とろ【0】【大とろ】(おほ) 名 まぐろの腹側の、最も多くあぶらがのった部分。刺し身・すしだねにする。

オーナー【オ】〈owner〉名 (持ち主の意)船・乗り物や建物、会社、学校などの持ち主。ー**シェフ**【シェ】名〔owner と フ chef の和製洋語〕料理長も兼ねているレストラン経営者。ー**ドライバー**【ラ】〈owner driver〉名 自家用車を自分で運転する人。

おお-なき【0】【大泣き】(おほ) 名 自サ はげしく泣くこと。号泣。

おお-なた【0】【大なた】【大×鉈】(おほ) 名 大きななた。ー**を振**(ふ)**るう** 経費・人員・文章などをだいたんに処理する。

おお-なだい【ナ】【大名題】(おほ) 名 ❶歌舞伎(かぶき)脚本全体を表す題名。また、それを書いた看板。❷歌舞伎役者の幹部の中でもおもだった俳優。

おお-にゅうどう【ニュ】【大入道】(おほ) 名 ❶からだの大きな、ぼうず頭のばけもの。❷ぼうず頭の大男のこと。

おおの-の-やすまろ《太安万侶》?―七三三。奈良時代の学者。稗田阿礼(ひえだのあれ)の口誦(こうしょう)をもとに「古事記」を編集。「日本書紀」編者の一人でもある。

おお-ば【0】【大葉】(おほ) 名 ❶大きな葉。❷青じその葉。

オーバー【オ】〈over〉㊀名 他サ 越すこと。過ぎること。「予算をーする」㊁形動 度を越すようす。おおげさ。「やりかたがーだ」㊂名「オーバーコート」の略。ー**オール**【オ】2〈overalls〉名 前に胸あてのついたズボン。作業服や子どもの遊び着など。ー**コート**【コ】〈overcoat〉名 がいとう。オーバー。冬 ー**シューズ**【シュ】〈overshoes〉名 雨のときなど、くつの上からはくゴム・ビニール製のくつ。くつおおい。ー**シュート**【シュ】〈overshoot〉名 自サ ❶適正な値を超過すること。オーバーシューティング。❷相場が行きすぎた変動を起こすこと。ー**ステイ**【テ】〈overstay〉名 許可された期間が過ぎ、資格を失った後も、滞在すること。不法残留。ー**スロー**【ロ】〈overhand throw〉名 野球で、ボールを肩の上から投げること。上手(うわ)投げ。↕アンダースロー。ー**タイム**【タ】〈overtime〉名 ❶規定外の時間に労働すること。時間外労働。超過勤務。❷バレーボールで、ボールを三回ついても相手がわに返せないこと。ー**ドクター**【ド】〈over doctor〉名〔和製英語〕大学院の博士課程を修了しても就職が決まらないでいること。また、その人。ー**ハンド**【ハ】〈overhand〉名 ❶野球で、ボールを肩の上から投げること。オーバースロー。❷テニスで、ボールを上から打ちおろすこと。ー**ヒート**【ヒ】〈overheat〉名 自他サ ❶自動車のエンジンなどが、過熱すること。❷興奮しすぎること。ー**フロー**【ロ】〈overflow〉名 ❶あふれること。❷水があふれるのを防ぐための排水口。❸処理能力をこえること。ー**ペース**【ペ】〈over pace〉名〔和製英語〕適正な程度をこえた速度。ー**ヘッド-プロジェクター**【ジェ】〈overhead projector〉名 透明なシートに書いたり複写したりした文字や図形を、スクリーンに拡大して映す機械。講演や講義に使う。オーエッチピー(OHP)。ー**ホール**【ホ】〈overhaul〉名 他サ 機械・エンジンなどの分解手入れ。ー**ラップ**【ラ】〈overlap〉名 他サ ❶映画の二重写し。❷二つ以上のものの姿が意識の中で重なること。ー**ラン**【ラ】〈overrun〉名 自サ 野球で、走者が塁の先へ行きすぎること。「ーしてタッチアウト」 ー**ローン**【ロ】〈overloan〉名 金融機関の貸出額が預金額をこえること。ー**ワーク**【ワ】〈overwork〉名 体力以上の仕事をすること。過重労働。

おお-ばけ【0】【大化け】(おほ) 名 自サ 技量や価値が、思いがけず急に高くなること。「四十歳を過ぎてーした俳優」

おおばこ【0】【大葉子・車▲前▲草】(おほば) 名 オオバコ科の多年生植物。野原・道ばたにはえ、夏、白い花をつける。葉・種子は薬用。おんばこ。おばこ。秋

おお-はば ⓪【大幅】おほ 名 形動(の) ↔小幅。❶ふつうより、はばの広いこと。❷織物のはばで、約七二センチメートルのもの。❸数量・価格などのひらきの大きいこと。「—の値上がり」「電車が—に遅れる」

おおば-みなこ《大庭みな子》一九三〇—二〇〇七。小説家。本名、美奈子。女性の自立や自由を扱った作品が高く評価される。「三匹の蟹(かに)」「がらくた博物館」など。

おお-はらえ 八【大はらえ】【大×祓】おほはらへ 名 六月・十二月のみそかにおこなう、罪・けがれをはらいきよめる神事。おはらい。夏 冬

おお-ばん ⓪【大判】おほ 名 ❶紙面のふつうより大型のもの。↔中判・小判。❷天正年間から幕末ごろまで通用した、長円形の金貨の一種。↔小判。**—焼(やき)** ⓪ 名 いまがわやき。

おお-ばん ⓪【大番】おほ 名 ❶サイズの大きいもの。❷昔、宮中の守護として諸国から交代で京都に駐在した武士。

おおばん-ぶるまい ヲ【大盤振(る)舞(い)】おほばんぶるまひ 名 「「大盤」は椀飯(おうばん)のあて字」気前よくごちそうなどをすること。盛大なもてなし。

オービー ビ〈OB〉名〔old boy から〕学校・職場などに、以前所属していた人。先輩。「山岳部の—」↔オージー。

おお-びけ ⓪【大引け】おほ 名 株式取引所で、最終回の売買取引。また、そのときの相場。↔よりつき。

おお-びゃくしょう ビャ【大百姓】おほ 名 田畑をたくさんもっているゆたかな農家。

おお-ひろま ヒ【大広間】おほ 名 非常に広い部屋・ざしき。

おお-ふう オ【大風】おほ 形動 ダロ・ダッ・デ・ニ ダ・ナ・ナラ・○ いばったようす。おうへい。「—な態度」

おお-ぶたい ブ【大舞台】おほ 名 ❶広く横幅のある舞台。だいぶたい。❷晴れの場所。活躍の場。「日本シリーズの—」

オープニング ⓪〈opening〉名 ❶はじめての公開。「—ショー」❷開始。始まり。↔エンディング。

おお-ぶね ⓪【大船】おほ 名 大きなふね。**—に乗(の)ったよう** たのみになるものにまかせ、安心するようす。「きみにまかせて—な気持ちだ」

おおぶね-の【大船の】おほぶね 枕 おおきな船の安定感から「(思い)頼む」「ゆた」に、船の揺れ動きから「たゆたう」「ゆくらゆくら」に、また縁語の関係で「津」「渡り」に、船頭の意の「楫取(かとり)」と同音の地名「香取」にかかる。「おほぶねの思ひ頼みし君が往(い)なば」〈万葉〉

おお-ぶり ⓪【大振り】おほ 名 大きく振ること。「バットを—する」

おお-ぶり ⓪【大降り】おほ 名 雨や雪がはげしく降ること。↔小降り。

おお-ぶり ⓪【大ぶり】【大振】おほ 形動(の) ダロ・ダッ・デ・ニ ダ・ナ・ナラ・○ 大がた。大きめ。「もうすこし—なのがほしい」↔小ぶり。

おおぶろしき ヲ【大風呂敷】おほ 名 ❶大きなふろしき。❷おおげさな話。ほら。**—を広(ひろ)げる** 大きなうそをつく。大ぼらをふく。

オーブン オ〈oven〉名 食物を上下から焼く、西洋料理用蒸し焼き器。天火(てんぴ)。

オープン オ〈open〉㊀名 形動 公開。おおっぴらなこと。「—でやろう」㊁名 自サ ❶開放。❷開店。開場。店びらき。「三月一日—」 **—カー** ヲ〈open car〉名 屋根のない自動車。夏 **—価格(かかく)** カ 名 メーカー側が商品の希望小売価格を示さず、小売業者側が自由に販売価格を設定するシステム。また、その価格。**—カフェ** カ〈open cafe〉名〔和製英語〕テーブルの一部を屋外に設置し、開放的な気分を味わえるよう工夫したカフェ。**—キャンパス** キャ〈open campus〉名〔和製英語〕受験希望者に大学構内を見学させ、大学の教育内容や方法を紹介する催し。**—ゲーム** ゲ〈open game〉名 だれでも参加できる非公式試合。公開競技。**—シャツ** シャ〈open shirt〉名 ❶前あきのシャツ。❷開襟(かいきん)シャツ。夏 **—ショップ** ショ〈open shop〉名 労働組合員であるなしにかかわらず、やとうことのできる労使間のきまり。また、その会社や工場。↔クローズドショップ・ユニオンショップ。**—スペース** ペ〈open space〉名 ❶敷地内で建物がたっていないひらけた空間。また、建物の中で間仕切りがない空間。❷サッカーの試合中、相手選手のいない場所。**—セット** セ〈open set〉名〔屋根のないセットの意〕市街や野外などのようすを撮影所内の戸外に作ったもの。**—戦(せん)** ⓪ 名 プロ野球などのシーズン外の非公式試合。↔公式戦。**—ハウス** ハ〈open house〉名 ❶ふだん見ることができない建物や一般公開された施設。❷不動産販売のために建物を客に見せること。**—プライス** ラ〈open price〉名 ⬇オープンかかく。**—リール** リ〈open reel〉名 巻きわくに巻いて使う形式の録音テープ。

おお-べや ⓪【大部屋】おほ 名 ❶大きなへや。❷下級俳優が雑居する広い控えのへや。また、下級俳優。❸昔、大名屋敷で人足・小者が控えたへや。

オーベルジュ ベ〈フ auberge〉名 宿泊施設を備えたレストラン。

オーボエ オ〈oboe〉名 二枚のリードをもち、牧歌的な音色の高音を出す木管楽器。オーボー。

オーボエ

おお-まか ⓪【大まか】おほ 形動 ダロ・ダッ・デ・ニ ダ・ナ・ナラ・○ ↔こまか。❶おおよう。「—な態度」❷おおざっぱ。「—な勘定」 **大まかさ** 名

おおまが-とき オ／ガ【大×禍時】おほまが 名〔大きなわざわいが起こる時刻の意から〕夕方のうす暗いとき。たそがれどき。参考 魔物に会う時刻の意で「逢魔(おうま)が時」とも。

おお-また ⓪【大股】おほ 名 形動 両足を大きくひろげること。「—で歩く」↔小また。

おお-まわり マ【大回り】おほまはり 名 自サ 大きく、遠い距離を回ること。↔小回り。

おおまんどころ【大▲政所】おほ 名〔古語〕摂政(せっしょう)・関白の母を尊敬していう呼び名。

おお-み ⓪【大身】おほ 名 刃(は)が長くて大きいもの。「—のやり」

おお-みえ ⓪【大見得】おほ 名 おおげさな見え。**—を切(き)る** いばって特に目だつような表情や動作をする。

おおみ-こころ コ【大▲御心】おほみ 名 天皇の心。

おお-みず ミ【大水】おほみづ 名 大雨などで、川の水があふれること。こうずい。

おお-みそか ミ【大みそか】【大×晦日】おほ 名 一年の最後の日。大つごもり。冬

おお-みや ⓪【大宮】おほ 名〔古語〕❶太皇太后・皇太后・母宮などの尊敬語。❷皇居。**—人(びと)** ヤ 名 宮中に仕えている人。

おおみ-よ ミ【大▲御代】おほみ 名 天皇の治世。

オーム オ〈ohm〉名〔物〕電気抵抗の大きさをはかる実用単位。一ボルトで一アンペアの電流が流れるときの抵抗が一オーム。記号は「Ω」。

おお-むかし ム【大昔】おほ 名 ずっと遠い昔。

おお-むぎ ⓪【大麦】おほ 名 イネ科の一、二年生植物。食用のほか、みそ・しょうゆ・ビールなどの原料。夏

おお-むこう ム【大向(こ)う】おほむかふ 名 ❶劇場で、正面観

客席の後方にあった立ち見席。芝居好きの見物人のいる場所とされた。❷一般の見物人。「―をうならせる」

おお-むね[0]【おおむね】【▲概ね】おほ― 副 あらまし。おおよそ。「―成功だ」

おお-むらじ[ム]【大▲連】おほ― 名 昔の姓の一つ。連の中で国の政治をしたもの。

おお-め[0]【大目】おほ― 名 ゆるやかにあつかって、とがめないこと。**―に見る** きびしくとがめず、寛大に扱う。「子どもの過ちは―」

おお-め[0]【多め】【多目】おほ― 名 形動 すこし多いくらいの分量。「砂糖を―に入れる」↕少なめ。

おお-めだま[メ]【大目玉】おほ― 名 ❶目玉の大きいこと。❷ひどくしかること。**―を食う** ひどくおこられる。

おお-めつけ[メ]【大目付】おほ― 名 江戸幕府で、老中の下で、諸大名を監督した職。

おお-もじ[0]【大文字】おほ― 名 ↕小文字。❶大きな文字。❷欧文の文のはじめや、固有名詞のはじめに用いる文字。「A・B」など。

おお-もて[0]【大もて】【大持て】おほ― 名 ❶ひどく歓迎や歓待をされること。❷異性にひどく人気のあること。

おお-もと[0]【大本】おほ― 名 根本。根源。おおね。

おお-もの[0]【大物】おほ― 名 ↕小物。❶大きいもの。❷大きな勢力・能力をもっている人。すぐれた人。「財界の―」**―食い**[0]/[0] 名 スポーツなどで、自分より実力・地位のずっと上のものを負かすこと。また、その人・チーム。

おお-もり[0]【大盛(り)】おほ― 名 食べ物などを、入れ物にたくさん盛りあげて入れること。「そばの―」

おお-もん[オ]【大門】おほ― 名 ❶邸宅・城などの正門。おもて門。❷遊郭の入り口の門。

おお-や[オ]【大家】【大屋】おほ― 名 貸し家の持ち主。家主。やぬし。俗に、本来の持ち主から管理を任されている差配人のことをも言う。↕店子。

おおや-いし[ヤ]【大▲谷石】おほや― 名 栃木県の大谷でとれる火山灰などからできた、やわらかな青白色の岩石。土台石・石べいなどに使う。凝灰岩の一種。

おお-やけ[0]【公】おほ― 名 ▬[0] ❶公共。世間。公衆。「―の場所」↕私。❷政府。役所。官庁。「―の職につく」❸表だつこと。「話が―になった」▬〔古語〕❶宮中。皇居。❷天皇。皇后。中宮。「(カグヤ姫ハ)おほやけに御文奉り給ふ(帝ニオ手紙ヲ差シ上ゲナサル)」〈竹取〉❸朝廷。幕府。参考 もともとは「大宅」(大きな家)の意。これが皇居・宮中をさすようになり、他の意味にもひろがって現代語につながっている。**―事**[0] 名 公共に関すること。個人的なことでないこと。↕私事。**―沙汰**[0] 名 おもてむきになること。おもてざた。**―にする** 公表する。一般に知らせる。「事件を―」

おおやしま《大八洲》おほ― 〔古語〕日本国をほめていう語。

おお-ゆき[0]【大雪】おほ― 名 多量にはげしく降る雪。↕小雪。

おおよう[0]【大様】おほ― 形動 おっとりして、おちつきのあるようす。おうよう。「―な態度」⇩おうよう(鷹揚) 参考。**おおようさ** 名

おお-よそ[0]【おおよそ】【▲凡そ・大▲凡】おほ― 名 副 おおかた。あらまし。およそ。「―の目安」

おお-よろこび[ヨ]【大喜び】おほ― 名 自サ 非常に喜ぶこと。

オーラ[オ]〈aura〉名 人や物が発する霊気。ある種の感じを与える独特な雰囲気。

オーライ[オ]〈all right〉感 よし。よろしい。オーケイ。

おおらか[オ]2 おほ― 形動 こせこせせず、ゆったりとしているようす。おうよう。「―な心」**おおらかさ** 名

オーラミン[0]〈auramine〉名 フォスゲンからつくった黄色の染料。たくあんなどの着色に使われたが、現在は使用禁止。

オーラル[オ]〈oral〉名 口を使って行うこと。口頭。また、口腔。「試験は―で行う」「―コミュニケーション」「―ケア」

オール〈all〉造 すべて。全部。**―イン-ワン**[ワ]〈all-in-one〉名 いくつかの機能やものを、ひとつにまとめたもの。衣類では上下が一続きになったものを指す。「―化粧品」「―家電」**―ウエーブ**[エ]〈all wave〉名 すべての波長の電波。また、それを受信できるラジオ。**―オア-ナッシング**[ナ]〈all or nothing〉名 すべてを取るか、すべてを失うか。一切か無か。**―スター-キャスト**[キャ]〈all-star cast〉名 人気俳優の総出演。**―スター戦**[0] 名 プロ野球などで、全チームの中から人気のある選手をえらんでチームを作り、おこなう試合。**―ナイト**[ナ]〈all night〉名 終夜。夜どおし。**―バック**[バ]〈all-back〉名〔和製英語〕髪を分けずに、全部うしろにすきあげた髪形。**―ラウンド**[ラ]〈all round〉形動 能力が多方面にわたるようす。万能。**―ラウンド-プレーヤー**[レ]〈all round player〉名 万能選手。とくに野球で、打撃・走塁・守備ともにすぐれている選手。または、守備で、どのポジションでもうまくやる選手。

オール[0]〈oar〉名 ボートのかい。

オールディーズ[オ]〈oldies〉名 むかし流行したポピュラー音楽や映画。

オールド〈old〉造 古い。昔。「―ファン」**―タイマー**[タ]〈old-timer〉名 ❶時代おくれの人。❷古い時代に活躍した人。**―ファッション**[ファ]〈old-fashioned〉名 昔はやった形式。流行おくれ。旧式。**―ボーイ**[ボ]〈old boy〉名 ❶オービー。❷気の若い老人のこと。**―ミス**[ミ]〈old miss〉名〔和製英語。英語では old maid という〕婚期をすぎても、結婚しないでいる女性を言ったことば。

オールマイティー[マ]〈almighty〉名 ❶なんでも完全にできること。全能。❷トランプでいちばん強いふだ。ふつう、スペードのAをいう。

オーレオマイシン[マ]〈Aureomycin〉名〔商標名〕抗生物質の一種。肺炎などにきく。

オーロラ[0]〈aurora〉名 ❶南極・北極地方で見られる、空中に幕をたれたように輝くうすい光。極光。❷ローマ神話で、あかつきの女神。

おお-わく[0]【大枠】おほ― 名 ものごとの大まかな枠組み。「予算の―を決める」

おお-わざ[0]【大技】おほ― 名 相撲・柔道などで、動きの大きい豪快なわざ。「―を打つ」↕小技。

おお-わざもの[0]【大業物】おほ― 名 よく切れる長い刀。

おお-わらい[ワ]【大笑い】おほわらひ 名 ❶大声で笑うこと。❷ひとから笑われるような失敗。

おお-わらわ[ワ]1【大わらわ】【大▲童】おほわらは 形動〔かぶとをぬいではげしく戦い、髪がばらばらになったようすが、こどもの髪形に似ていることから〕いっしょうけんめいになってはたらくようす。「開店準備に―だ」

おか[0]【丘】【岡】をか 名 小高く平らな土地。参考「岡」は常用漢字だが、「岡山」など県名の表記に用いる。

おか[0]【▲陸】をか 名 ❶陸地。陸。↕海。❷ふろの流しば。❸硯の墨をするところ。**―に上がった▲河▲童** 得意の働きができないようにされた人のたとえ。

お-かあさん[カ]【お母さん】名 母を親しんで、あるいは、尊敬してよぶ語。↕お父さん。参考 子どもが自分の母に対して使うほか、子どものある女性に対して使ったり、夫

が妻に対して使ったりする。母親自身が自分の子どもに対して自らを指して言うこともある。「おかあさま」「かあさん」「ママ」などの中で最も標準的である。他人に対して自分の母親を言う場合は「はは」が普通である。明治時代末期に国定教科書で採用してから全国に広まった。

おかいこ-ぐるみ ク【お蚕ぐるみ】―おかひこ 名 絹織物の衣服ばかりを着ていること。ぜいたくな暮らしをいう。

お-かえし 0【お返し】【▲御返し】かへし 名 ❶物をもらったとき、礼として物を贈ること。また、その物。返礼。❷しかえし。返報。「きのうの負け試合の―をする」

お-かえり 0【お帰り】かへり ― ㊀ 名「帰ること」の尊敬語・丁寧語。㊁ あいさつ 帰って来た人を迎えるときのあいさつのことば。**―なさい** サ あいさつ「お帰り㊁」の丁寧な言い方。

お-かか 0 名 (女房ことばから)かつおぶし。

お-かかえ 0【お抱え】【▲御抱え】かかへ ― 名 人をやとっておくこと。また、その人。「―の運転手」

お-かがみ 0【お鏡】名「かがみもち」の丁寧語。新年

お-かき カ 名「かきもち」の丁寧語。

おが-くず ク【▲大×鋸×屑】くづ 名 のこぎりで材木をひくときに出るひきくず。のこくず。

お-かぐら カ【お神楽】名 ❶平屋に二階を建て増ししたもの。❷神楽を敬っていう語。❸灰かぐらのこと。

おかくら-てんしん《岡倉天心》一八六二―一九一三。明治期の美術評論家・思想家。本名は覚三(かくぞう)。フェノロサの影響を受け、日本美術の復興に努力した。評論に「東洋の理想」「茶の本」など。

お-かくれ 0【お隠れ】【▲御隠れ】名 身分の高い人が死ぬこと。「―になった」

お-かげ 0【お陰】【▲御陰・▲御×蔭】名 ❶神仏や人からうけるたすけ・なさけ・めぐみ。「―をこうむる」❷他から受けるよくない影響。「彼の―で計画はくずれてしまった」**―様**(さま) 0 あいさつ 他人から受けた親切や助力に感謝することば。参考 たまに会った人にでも「お陰様で元気に過ごしています」のように言うことも許される。

お-かざり カ【お飾(り)】【▲御飾】名 ❶神前や仏前の飾りつけ。供物(くもつ)。❷正月のしめかざり。新年

おがさわら-りゅう 0【小×笠原流】をがさはら 名 ❶礼儀作法の一流派。室町(むろまち)時代に、小笠原長秀(ながひで)のはじめたもの。❷かたくるしい礼儀作法。「―の三つ指」❸弓術・馬術の一派。

おかし・い をかしい ㊀ シ 形 カロ|カッ・ク|イ|イ|ケレ|○ ❶こっけいだ。思わず笑ってしまう。「子どものしぐさが―」❷正しくない。変だ。「エンジンの調子が―」❸あやしい。いぶかしい。「家の中をのぞき込んで、ようすが―」**おかしがる** 自五 **おかしげ** 形動 **おかしさ** 名 **をか・し** 文語シク ㊁ 形シク〔古語〕❶おもむきがある。心ひかれる。「四月、祭(京ノ葵祭(あおいまつり))のころ、いとをかし」〈枕〉❷うつくしい。すぐれている。「けづることをうるさがりたまへど、をかしの御髪(みぐし)や」〈源氏〉

おかし-がた・い タ【犯し難い】をかし ― 形 カロ|カッ・ク|イ|イ|ケレ|○ おごそかで、気安くできない。「―気品」

おかし・な カ をかしな 形動 ○|○|○|ナ|○|○ おかしい。「―顔をする」参考「服装のおかしな人」のように、上にくることばを受けるはたらきのあるところが、ふつうの連体詞とちがう。連体形だけが使われる。連体詞とする説もあるが、

おかし-み 0/ミ をかし ― 名 こっけいな感じ。ユーモアのあるようす。「文章に―がある」

おか-じょうき ジョ【▲陸蒸気】をか ― 名 汽車。明治初期のことば。

おかしら-つき 0【尾頭付(き)】をかしら ― 名 尾と頭のついたままのさかな。おもに祝いごとや神事につかう。

おか・す カ【犯す】をかす 他五 サ|ソ・シ|ス|ス|セ|セ ❶きまり・道徳にそむく。「罪を―」❷性的な暴力をふるう。❸人にさからう。「おもてを犯して直言する」❹【侵す】他のものの権限・権利をそこなう。「表現の自由を―」❺【侵す】攻め入る。侵略する。「隣国を―」**おかせる** 自下一〔…できる〕

おか・す カ【冒す】をかす 他五 サ|ソ・シ|ス|ス|セ|セ ❶障害をおしきる。「風雪を冒して進む」❷害を与える。「病菌が脳を―」❸他人の姓をなのる。「上田姓を―」**冒せる** 自下一〔…できる〕

お-かず 0【おかず】【▲御数】名 副食物。おさい。「弁当の―は玉子焼きが好きだ」参考「数物(かずもの)(数々の物を取り合わせる意)」から生まれた中世の女房言葉が語源だとされる。

おか-せ-られ-て 連語 (「…におかせられては」の形で)動作の主体を最も高い敬意であらわす言い方。「天皇陛下に―は」

お-かた 0【お方】【▲御方】名 ❶人を尊敬してよぶ語。「どこの―かしら」⇩かた(方) 参考。❷〔古語〕他人の妻。❸〔古語〕身分の高い人の妻・こどもの尊敬語。

おかちめんこ メ 名〔俗語〕不器量な女性をあざけることば。

お-かちん カ 名〔女性語〕餅(もち)。参考「搗飯(かちいい)」が変化した中世の女房言葉が語源だとされる。

お-かって 0【お勝手】【▲御勝手】名「勝手」をていねいにいう語。台所。

お-かっぱ 0【▲御▲河▲童】名 耳がかくれるあたりで切りそろえた女子の髪形。

おかっ-ぴき 0【岡っ引き】をかっ ― 名 江戸時代の探偵。同心の手下で聞きこみ捜査をした。めあかし。御用聞き。

おか-づり 0【おか釣り】【▲陸釣】をか ― 名 岸で魚をつること。↕おきづり。

おかど-ちがい チ【お門違い】ちがひ ― 名 見当ちがい。「ぼくに要求するのは―だ」

お-かね 0【お金】名 金銭の意の「かね」の丁寧語。

おか-ばしょ 0【岡場所】をか ― 名 江戸時代の、幕府から公認されなかった遊郭。

お-かぶ 0【お株】名 その人独特のやり方。得意とするところ。**―を奪**(うば)**う** 相手の得意とすることを自分がやる。

おか-ぼ 0【▲陸▲稲】をか ― 名 畑で栽培される稲。陸稲(りくとう)。秋

おか-ぼれ 0【▲傍(岡)×惚】をか ― 名 相手の心も知らず、わきからひそかに恋いしたうこと。

お-かま 0【▲御釜】名〔俗語〕(男の尻の俗称から)男性の同性愛者の俗称。**―を掘**(ほ)**る**〔俗語〕❶男性どうしが性交をする。❷追突事故を起こすことのたとえ。

お-かまい 0【お構い】かまひ ― 名 ❶客の相手になること。もてなし。「なんの―もできませんが」❷気にかけること。かかわりあうこと。「人がなんと言おうと―なしだ」❸江戸時代、その土地から追放される刑罰。

お-かみ カ【お上】【▲御上】名 ❶天皇。❷主君。❸政府。官庁。役所。❹【▲女▲将】料理屋・旅館などの女主人。

おがみ-うち 0【拝み打(撃)ち】をがみ ― 名 刀を両手でにぎり、ま上から切りおろすこと。

おかみ-さん 0【お上さん】名 ❶おもに商店の主婦。❷〔俗語〕妻。細君。かみさん。参考 今は一般に「奥さん」と呼ぶ。

おがみ-たお・す オ2【拝み倒す】をがみたふす 他五 サ|ソ・シ|ス|ス|セ|セ いっしょうけんめいにたのんで、むりに承知させる。「拝み倒して入会させる」**拝み倒し** 名

おがみ-どり 0【拝み取り】をがみ ― 名 野球で、おがむような

形をして、両手でボールをとること。

おが・む カ【拝む】（をがむ）他五（マ・モ・ミ・ン／ム・ム・メ・メ）❶からだをかがめてていねいに礼をする。ぬかずく。❷手をあわせていのる。❸深くたのみこむ。「拝んで来てもらう」❹「見る」のかしこまった言い方。拝見する。「お写真を―」 **拝める** 自下一〔…できる〕

お-かめ カ【×阿亀】名 ❶面の一種。顔がまるくて、おでこで、ほおが高く、はながひくい女の仮面。おたふく。↔ひょっとこ。❷女の器量を悪く言う語。❸おかめそば。ゆば・かまぼこ・しいたけなどを入れたそば。

おかめ❶

おかめ-はちもく カ=チ【おか目八目】【▲傍(岡)目八目】（をかめ）― 名（他人の囲碁をはた(おか)からみていると、八目も先の手がわかるものだ）局外者のほうが、当事者よりも、ことの是非・得失がよくわかることのたとえ。

おか-もち ◎【岡持】（をか）― 名 浅いおけに取っ手とふたのついたもの。食べ物を入れてはこぶ。

岡持

おかもと-かのこ《岡本かの子》一八八九―一九三九。小説家・歌人。耽美(たんび)的傾向の作品が多い。「河明(かわあか)り」「生々流転(しょうじょうるてん)」など。

おかもと-きどう《岡本綺堂》一八七二―一九三九。劇作家・小説家。本名は敬二。江戸風俗の考証にも詳しい。「修禅寺(しゅぜんじ)物語」「半七捕物(とりもの)帳」など。

おか-やき ◎【▲傍(岡)焼】（をか）― 名 他人の仲がよいのを、はたでねたむこと。「―半分の悪口」

おかやま-けん《岡山県》（をかやま）― 中国地方東部、瀬戸内海がわの県。県庁所在地は岡山市。

おか-ゆ ◎【おか湯】【▲陸湯】（をか）― 名 ふろのあがり湯。

おか-ら ◎ 名（とうふをとった残りの「から」の意）とうふのしぼりかす。うのはな。きらず。

おがら ◎【▲麻▲幹】（を）― 名 あさの皮をはいだ茎。㊙

オカリナ ◎〈イ ocarina〉名 土・陶器製の、はと笛に似た吹奏楽器。

オカリナ

オカルト ◎〈occult〉名 常識や科学では理解できない、超自然的な神秘現象。

お-かわ カ【▲御×厠】（かは）― 名 便器。おまる。

お-がわ ◎【小川】（がは）名 小さい川。「春の―」

おがわ-くにお《小川国夫》一九二七―二〇〇八。小説家。聖書の世界を描く物語やエッセイを数多く手がけた。ほかに「逸民」「ハシッシ・ギャング」など。

おがわ-みめい《小川未明》一八八二―一九六一。小説家・童話作家。本名は健作。ヒューマニスティックな作品を残した。「赤い蠟燭(ろうそく)と人魚」「野薔薇(のばら)」など。

お-かわり カ【お代(わ)り】（かはり）― 名 自サ 同じものをつづけてまた飲食すること。

お-かん ◎【悪寒】名 発熱するときの、ぞくぞくするさむけ。「かぜをひいて―がする」

お-かんむり ◎【お冠】名〔俗語〕（「おかんむりをまげる」の略）きげんのわるいこと。ふきげん。「きょうの先生は―だ」

おき【置き】接尾（時間・距離・数量などをあらわす語に付いて）それだけの間をへだてる意をあらわす。「一日―に行く」「二メートル―」

おき ◎【沖】名 ❶海・湖などの、岸から遠くはなれたほう。❷開けた田畑・原野の遠い所。

おき ◎【×燠】名 ❶熱して赤くなった炭火。おき火。❷まきが燃えて、赤く炭火のようになったもの。

おき《隠岐》昔の山陰道の国の一つ。今は島根県に属する、日本海にある島。

おぎ オ【×荻】（をぎ）名 イネ科の多年生植物。茎は中空。水辺・原野にはえ、秋、穂を出す。㊙

おき-あい ◎【沖合(い)】（あひ）― 名 沖のほう。「―の船」

おきあがり-こぼし コ【起(き)上がりこぼし】【起上り小▲法師】名 底におもりがあり、倒してもすぐ起き上がる、だるま人形。

おき-あが・る ◎/ガ【起(き)上がる】自五（ラ・ロ・リ・ッ／ル・ル・レ・レ）寝ていたからだを起こす。 **起き上がれる** 自下一〔…できる〕

おき-あみ ◎【沖×醤×蝦】名 えびに似た海産の小形の甲殻類。鯨などのえさになっているが、最近、人間の食用資源として見直されている。

おき-いし ◎【置(き)石】名 ❶庭などに置く石。❷のき下の敷石。❸置き碁のときに、置く石。

おき-うお ◎【沖魚】（うを）― 名 沖でとれる魚類。↔いそ魚。

おき-か・える エ【置(き)換える】（かへる）― 他下一（エ・エ・エル・エル・エレ・エロ・エヨ）❶置く場所をかえる。「花びんを客間から玄関に―」❷他の物ととりかえて置く。「床の間の飾り物を―」 **置き換え** 名 **おきか・ふ** 文語八下二

おき-がけ ◎【起きがけ】名 寝床から起きあがってすぐ。おきぬけ。

おき-がさ ◎【置(き)傘】名 不意に雨が降っても困らないように、勤め先などに置いておく傘。

おき-ご ◎【置(き)碁】名 囲碁で、弱いほうの人が前もって二つ以上の石を盤上に置くこと。

おき-ごたつ ゴ【置きごたつ】【置×炬×燵】名 もちはこびのできるこたつ。㊥ ↔きりごたつ。

おき-ざり ◎【置(き)去り】名 捨てておいて、行ってしまうこと。「―にされた」

おき-じ ◎【置(き)字】名 漢文を国語で読みくだすとき読まない助字。「矣・焉」など。

オキシダント オ〈oxidant〉名 大気中の窒素酸化物・炭化水素・亜硫酸ガスなどが紫外線と作用して生じる有毒物質の総称。光化学スモッグとして生じるもの。目や呼吸器を冒す。植物にも有害。

オキシドール ド〈Oxydol〉名 殺菌・消毒などに使う過酸化水素水。

オキシフル シ〈Oxyfull〉名（和製英語）オキシドールの商標名。

おき-だし ◎【沖出し】名 自サ 津波が発生したとき、港湾内の船を沖に避難させること。沖出し避難。

おき・つ【×掟つ】自下二〔古語〕❶あらかじめ計画する。「見ざらん世までを思ひおきてんこそ」〈徒然〉❷さしずをする。「人をおきてて高き木にのぼせて」〈徒然〉❸とりはからう。「（姫君ノ教育ハ）ゆるやかにこそおきて給ふなれ（オラレルヨウデス）」〈源氏〉

おき-つ-しらなみ【沖つ白波】名〔古語〕はるか沖のほうにたつ白い波。

おき-つち ◎【置(き)土】名 土質のわるい耕作地に、よい土を入れること。また、その入れた土。客土。

おきっ-ぱなし ◎【置きっ放し】名 あるところに置いたままにしておくこと。放置。

おき-づり ◎【沖釣(り)】名 船で沖に出てするつり。↔おかづり・いそづり。

おきて【×掟】名 ━ ◎ ❶きまり。約束。「仲間の―」❷法制。法律。「国の―」 ━〔古語〕❶こころづもり。予定。計画。「親のおきてに違(たが)へりと思ひ嘆きて」〈源氏〉❷命令。処置。処分。「貧しくて、我が子の行くさきのおきてせずなりぬ」〈宇津保〉❸こころがまえ。思慮。「こころ深く思ひすましたまへるほど、まことの聖のおきてになむ見えたま

ふ」〈源氏〉❹かたち。様式。「水の趣、山のおきてを改めて」〈源氏〉

おき-てがみ [テ]【置(き)手紙】[名] 用件を書いて、置いて行く手紙。「―をして家を出る」

おき-どけい [ド]【置(き)時計】[名] 机・たななどの上にのせて置くとけい。↕柱時計。

おき-どこ ⓪【置(き)床】[名] 作りつけでなく、移せるようになっている、床の間のような台。

おき-どころ ⓪【置(き)所】【置▲処】[名] 置くのにふさわしい場所。おきば。「身の―に困る」

おき-とり ⓪【沖取り】[名] 沿岸から離れて、遠洋などの沖あいで魚をとること。「―漁業」

おきな ⓪[オ]【▲翁】[名] ❶[古語]年とった男の人。おじいさん。↕おうな。❷[古語]老人の自称。やや謙遜した気持ちで用いる。↕おうな。❸能で用いる老人の面。またこの面をつけて演じられるめでたい曲の名。「式三番」「三番叟」とも言う。

翁❸

おぎな・う [ナ]【補う】[他五] ❶不足を満たす。「不足を―」❷つぐなう。うめあわせる。「損害を―」 **補い** [名] **補える** [自下一]

おき-なお・る [オ2]【起(き)直る】[自五] 寝ていたからだを起こして、すわる。 **起き直れる** [自下一]

おき-なかし [カ]【沖仲仕】[名] 本船とはしけとの間で、荷物のつみおろしをする港湾労働者。

おきな-ぐさ [ナ]【▲翁草】[名] キンポウゲ科の多年草。春、暗赤紫色の花が咲く。めしべが白い髪の毛のようになる。(春)

おきなわ-けん《沖縄県》九州と台湾の間にある県。沖縄・宮古・八重山の三群島を中心とする島々からなる。第二次大戦後、アメリカの施政権のもとにはいったが、一九七二年五月復帰。昔、琉球といった。県庁所在地は那覇市。

おき-にいり ⓪【お気に入り】[名] ❶心にかなって好きなもの・人。「―のセーター」「社長の―」❷⇒ブックマーク。

おき-ぬけ ⓪【起(き)抜け】[名] 朝、起きたばかりのとき。「―に散歩する」

お-きのどく ⓪【お気の毒】[形動] ❶相手の不幸などに対して、同情をあらわすことば。❷相手の迷惑などに対して、申し訳ない気持ちをあらわすことば。

おき-ば ⓪【置(き)場】[名] おきどころ。

おき-び ⓪【おき火】【×熾火】[名] 赤く熱した炭火。おき。

おき-びき ⓪【置(き)引(き)】[名] 待合室などで、置いてある他人の持ち物などをぬすむこと。また、その人。

おき-ふし [キ]【起(き)伏し】【起×臥し】㊀[名] ❶起きることと寝ること。起臥。「ひとりで―のできない病人」❷毎日の生活をすること。「ぶじに―しております」㊁[副] ねてもさめても。つねづね。いつも。「―君を恋う」

おき-ぶたい [ブ]【置(き)舞台】[名] 歌舞伎で、足音がよくひびくように舞台の上にさらに置いたひのき板の舞台。

お-きまり ⓪/[キ]【お決(ま)り】[名] 内容ややり方などがいつも決まっていること。お定まり。「―の文句」

おき-みやげ [ミ]【置(き)土産】[名] たち去るときに、あとにのこしておく物やこと。「改革案を―に退官する」

おき-もの ⓪【置物】[名] ❶床の間などにすえておく飾りもの。❷ていさいばかり立派で、実質のないもの。また、そのような人。「会長は―だ」

おき-や ⓪【置屋】[名] 芸者・遊女などをかかえておく家。また、その職業。

おぎゃあ [ギャ][と副] 赤ん坊の泣き声をあらわすことば。「―と産声をあげる」

お-きゃん [キャ][名][形動] おてんば。

おぎゅう-そらい《荻生徂徠》一六六六―一七二八。江戸時代中期の儒学者。朱子学より転じ、古文辞学を説く。著書に「南留別志」「論語徴」「政談」など。

お-ぎょう ⓪【▲御形】[名] ははこぐさ。(春)

お-きよめ ⓪【お清め】【▲御▲浄め】[名]「きよめ」の改まった言い方。⇩きよめ❷。

お-ぎり ⓪/[ギ]【お義理】[名]「義理❸」の皮肉をこめた言い方。 **―にも**〔打ち消しの言い方をともなって〕つきあいでしかたないことだとわかっていても。お世辞にも。「―賛同しかねる」

お・きる [キ]【起きる】[自上一] ❶横になっていたものが立つ。立ち上がる。「倒れた稲が―」↕寝る。❷目をさます。また、目をさまして床から出る。「六時に―」↕寝る。❸ある事態がもちあがる。事件が生じる。「戦争が―」[参考]❸は「起こる」が本来の言い方。 **お・く** [文語上二]

お・きる [キ]【×熾きる】[自上一] 炭火が赤く熱する。おこる。

おき-わす・れる [レ]【置(き)忘れる】[他下一] ❶おいた場所を忘れる。❷忘れて、おいてくる。「家に眼鏡を―」 **置き忘れ** [名] **おきわす・る** [文語下二]

おぎわら-せいせんすい《荻原井泉水》一八八四―一九七六。俳人。本名は藤吉。河東碧梧桐の新傾向俳句運動に参加、のち自由律・無季題にまで進んだ。句集に「千里行」など。

おく【憶】[造] ❶おもう。思い起こす。「追憶」❷おぼえる。「記憶」❸おしはかる。「憶説・憶測」

おく【臆】[造] ❶おしはかる。「臆測・臆断」❷おじける。「臆病・臆面」 **臆する** [自サ]

おく [オ]【屋】[名][造] ❶家。建物。「屋内・家屋・社屋」❷屋根。「屋上―をかさねる」

おく【億】㊀[オ][名][造] 数の単位。万の一万倍。「億単位・一億・百億」㊁[造] 多くの数。「億兆・億万・巨億」

おく [オ]【奥】[名] ❶内へ深くはいった所。↕表。㋐入り口やはしと反対の方・所。「山の―」㋑表面にあらわれない深い所。「胸の―」㋒家の中で、家人のいつもいる所。「―に通す」↕表。㋓たやすくは人に知らせないこと。奥義。❷身分の高い人の妻。奥方。❸〔「奥さん」「奥さま」の形で〕他人の妻の尊敬語。❹みちのく。奥州。「―の細道」 **―が深い** 思ったよりも深い意味や味わいがあるようす。

お・く ⓪【▲措く】[他五] ❶やめる。さしおく。「それはさておいて」❷除く。「君をおいて適任者はいない」

お・く ⓪【置く】㊀[他五] ❶人や物をある場所に位置させる。「倉庫に番人を―」「本を机の上に―」❷人や事物をある状況のもとに位置させる。「苦しい立場に置かれる」❸目標や中心点の場所を定める。「ねらいをどこに―か」「重点を―」❹人や物をある場所にとどめて、その場を離れる。残す。「家族を置いて赴任する」❺人を自分の家に入れて生活させる。人をやとって住み込ませる。「下宿人を―」「留守番を―」❻設備・役職などを設ける。「事務所を―」「副社長を―」❼時間的・空間的に間をへだてる。「二日置いて催促する」「壁から二メートル置いて立てる」❽その状態のままにする。「現場をそのままで―」❾やめる。とめる。「筆を―」❿そろばん玉を動かして計算する。「そろばんを―」⓫[かながき]〔補助動詞として、「…ておく」の形で〕㋐前もって動作をする。「部屋をそうじして―」「注意書きを読んで―」㋑その状態を継続させる。「子供を遊ばせて―」「倉庫に入れて―」㋒その状態を認めて、そのままにする。「いたずらを止めないで―」参考「…ておく」は話しことばでは「聞いとく」「積んどく」などのように「…と(ど)く」となることがある。㊁自五 つゆやしもなどがおりる。**置ける** 自下一［…できる］

おく-あたわ-ず【▲措く▲能わず】連語 やめることができない。…し続けずにはいられない。「感嘆―」

おく-がい ク【屋外】名 家のそと。戸外。↔屋内。

おく-がき ０【奥書】名 ❶書物の終わりに、発行あるいは書写の経過その他のことを書いたもの。あとがき。跋文。↔くちがき・はしがき・まえがき。❷役所などの文書で、その記載事項の内容に相違ないことを証明するため、最後にしるした文章。

おく-がた ０ク【奥方】名 貴人の妻。

おく-ぎ オ【奥義】名 ⇒おうぎ。

おく-ざしき ザ【奥座敷】名 ❶家の入り口からいちばん遠いところにある座敷。❷(ひゆ的に)大都会の人がよく利用する近郊の観光地。「箱根は東京の―だ」

おく-さま オ【奥様】名 代 他人の妻や主婦の尊敬語。⇒妻 参考。

おく-さん オ【奥さん】名 代「おくさま」より敬意の軽いことば。⇒妻 参考。

お-ぐし ０【▲御▲髪】名〔女性語〕髪の毛の改まった言い方。**―上げ** ０シ 名〔女性語〕髪をゆうことの改まった言い方。

おく-しゃ オ【屋舎】名 家屋。建物。

おく-じょう ０【屋上】名 ❶屋根の上。❷ビルなどの最上階で、人の出られるようになっている所。「―庭園」**―屋を架す** 必要のないことをかさねてすることのたとえ。屋上屋をかさねる。

おく-じょちゅう ジョ【奥女中】名 江戸時代、将軍・大名やその奥方につかえた女性。御殿女中。上女中。

おく・する ス【臆する】自サ［シ・セ・サ；シ・スル・スル・スレ・シロ・セヨ］気おくれする。こわがっておどおどする。「―ところなく」**おく・す** 文語サ変

おく-せつ ０【臆説】【憶説】名 推量・仮定によって立てられた考え・意見。

おく-そく ０【臆測】【憶測】名 他サ いいかげんにおしはかること。あてずいりょう。推測。「相手の心を―する」

おく-そこ ０【奥底】名 ❶奥ぶかい所。いちばん奥。❷深い本心。「心の―」

オクターブ タ〈octave〉名 音階で、ある音から、音程が八度へだたっている音。または、そのへだたり。八度音程。**―が上がる** 話の調子が熱を帯びてくる。

おく-だん ０【臆断】【憶断】名 他サ こうだろうと推量してきめること。また、その判断。推断。「かってな―」

オクタン-か タ【オクタン価】〈octane numberの訳語〉名 ガソリンがエンジンの中でノッキング(異常爆発)を起こしにくい度合いをあらわす単位。数字の多いほどガソリンの性質がよい。

おく-ち オ【奥地】名 都市部や海岸からずっと遠ざかった地域。

おく-ちょう オ【億兆】名〈億の数と兆の数〉❶かぎりなく多い数。❷〔文章語〕人民。万民。「―一心」

おく-つき ０【奥津▲城】名〔古語〕(「おくのしろ」の意)墓。

おく-づけ ０【奥付】名 書物の終わりの、著者・発行所・印刷所・発行日などをしるしたページ。

おく-て ０【奥手】↔わせ。名 ❶【▲晩▲生】作物のおそく熟するもの。❷【▲晩▲稲】おそくみのるいね。㊙ ❸成長・成熟のおそいこと。また、そのもの。「―のこども」

おく-でん ０【奥伝】名 学問・芸道で、奥義として与えられる免許。奥許し。↔初伝・中伝。

おく-ない ク【屋内】名 家の中。「―プール」↔屋外。

お-くに ０【お国】名 人の出身地(母国・郷里)を改まって言う語。「―はどちらですか」**―入り** ０名 ❶昔、領主が自分の領地へ入ったこと。❷代議士などが自分の選挙区へ帰ること。**―言葉** コ名 ❶ある一地方の特有のことば。方言。❷生まれ故郷のことば。お国なまり。「―が出る」**―×訛り** ナ名 お国ことば。その特有な発音・語法をさすことが多い。**―ぶり** ０名 その地方独特の風俗習慣。

おくに-かぶき カ【×阿国歌舞伎】名 江戸時代初期、出雲の女、阿国が始めた舞踊劇。参考 歌舞伎はこれから生まれたとされる。

おく-の-いん ノ【奥の院】名 社寺の本社・本堂より奥の、山上や岩穴などにある、神や仏をまつった堂。

おく-の-て ノ【奥の手】名 ❶とっておきの手段。最後の切り札。「―を出す」❷奥義。「―を教える」

おくのほそみち《おくの細道》江戸時代前期の俳諧紀行文。松尾芭蕉が門人曽良をともなって奥羽・北陸を五か月余りかけて旅行した時のもの。

おく-ば オ【奥歯】名 奥のほうの歯。臼歯。**―に物が挟まったよう** 思わせぶりで、わざとはっきり言わないようす。

おく-び ０【×噯▲気】名 胃の中から口へでてくるガス。げっぷ。**―にも出さない** 秘密にして決して言わず、そぶりにも見せない。

おく-びょう ビョ【臆病】名 形動 気が弱くてすぐにこわがること・性質。**―風に吹かれる** おくびょうな心が起こる。おじけづく。

おく-ぶか・い カ【奥深い】形［カロ・カッ・ク；イ・イ・ケレ・○］❶入り口から遠い。深くひきこもっている。「―森」❷意味が深い。「―内容」‖おくふかい。**奥深さ** 名 **おくぶか・し** 文語ク

おく-ま・る マ【奥まる】自五［ラ・ロ・リ・ッ；ル・ル・レ・レ］奥深くなっている。「奥まった部屋に案内される」

おく-まん マ【億万】名 たいそう多い数のこと。「―長者」

おく-み ミ【×衽】名 着物で、前えりからすそまでに縫いつける、細長い半幅の布。⇒和服(図)。

おく-むき ０【奥向き】名 ❶台所や居間のある家の奥のほう。❷(上流家庭などで)家庭内の生活に関すること。家計。「―のことはわかりかねる」

おく-めん ０【臆面】名 気おくれした顔つき・ようす。参考 ふつう「おくめんもなく」「おくめんなく」の形で使う。**―なし** ナ名 人前ではずかしがらないようす。また、そのような人。**―もなく** はずかしがるようすもなく。ずうずうしく。「―出しゃばる」

おく-やま ０ク【奥山】名 人里から遠くはなれた、奥ぶかい山。深山。↔端山。

おく-ゆかし・い【奥ゆかしい】【奥床しい】㊀シ 形［カロ・カッ・ク；イ・イ・ケレ・○］深い心づかいが感じられ、心がひかれる。つつしみぶかく、上品である。「―人がら」**奥ゆかしさ** 名 **おくゆか・し** 文語シク ㊁形シク〔古語〕強く心がひきつけられて、(その先を)見たい、聞きたい、知りたいと思う。「あはれに覚束なくおぼしわたる(思イ続ケテイラッシャル)ことの筋を聞こゆれば、いとおくゆかしけれど」〈源氏〉

おく-ゆき ０【奥行(き)】名 家・敷地などで、表から裏までのへだたり。↔間口。

おく-ゆるし コ【奥許し】名 琴・生け花・茶などの諸芸で、最後の段階で与えられる免許。奥伝。↔初許し・中許し。

お-くら ０【お蔵】名〔俗語〕発表するつもりで作ったり、けい

こをしたりしたものを発表しないでおくこと。「—にする」 **—入り** ◎ 名 予定していた芝居や映画の上演・上映を中止すること。また、計画が実行されないこと。

オクラ ◎〈okra〉名 アオイ科の一年生植物。実のさやは食用。㊐秋

お-ぐら ◎【小倉】名 ❶おぐらあん。❷おぐらじるこ。 **—×餡** ◎/ラ 名 あずきのこしあんに、みつにつけたあずきつぶをまぜたもの。 **—汁粉** ジ 名 小倉あんのしるこ。

お-ぐら・い ラ【小暗い】形 うすぐらい。「—森の中」 **小暗さ** 名 **をぐら・し** 文語ク

おくら・す ◎【後らす・遅らす】他五 ➡おくらせる。

おくら・せる ◎【後らせる・遅らせる】他下一 おくれるようにする。おそくする。おくらす。「集合時間を—」

おぐらひゃくにんいっしゅ《小倉百人一首》 上代から鎌倉時代初期までの歌人百人をえらび、一人一首ずつの和歌をあつめたもの。藤原定家が小倉山の山荘でえらんだとされる。歌ガルタとして使われる。

おくり ◎【送り】名 ❶送ること。とどけること。❷見おくること。❸葬送。「野べの—」❹送り状。❺活字を組むとき、前・後の行へうつすこと。行おくり。

おくり-おおかみ オ2【送りおおかみ】【送り×狼】名 〔人のあとをつけて、襲おうとするおおかみ〕女性を親切らしく送っていって、途中で襲おうとする男のこと。

おくり-がな ◎【送(り)仮名】名 漢字の読みをはっきりさせるために、漢字のあとにつけるかな。

おくり-こ・む コ【送(り)込む】他五 人や物を送って、目的の所にとどける。「優秀な人材を—」 **送り込み** 名 **送り込める** 自下一 […できる]

おくり-さき ◎【送り先】名 物品などを送る相手。届け先。

おくり-じょう ◎【送(り)状】名 ❶品物を送るときにそえて出す手紙。❷発送人が荷物にそえてやる証書。運送状。❸荷物の発送人から荷受け人に送る、品物の名称・価格などをしるしたかきつけ。仕切り状。

おくり-だ・す ダ【送(り)出す】他五 ❶出る人を送る。「卒業生を—」❷先方へ届くように、物を送る。「小荷物を—」❸相撲で、相手を後ろから押して、土俵の外へ出す。 **送り出し** 名 **送り出せる** 自下一 […できる]

おくり-つ・ける ケ【送り付ける】他下一 相手方に送り届ける。「請求書を—」参考 場合により、勝手に、一方的に、という語感をともなうことがある。 **おくりつ・く** 文語下二

おくり-て ◎【送(り)手】名 物や情報などを送る側の人。↕受け手。

おくり-とど・ける ケ【送り届ける】他下一 ❶おくってとどける。「品物を—」❷目的地まで人につきそっていく。「迷子を交番まで—」

おくり-な ◎【贈(り)名】【×諡】名 死後におくる称号。諡号。

おくり-バント バ【送りバント】名 野球で、ランナーを次の塁へ進めるためのバント。

おくり-び リ【送(り)火】名 盂蘭盆の最終日の夜、祖先の霊をあの世へ送るためにたく火。㊐秋 ↕迎え火。

おぐり-ふうよう《小栗風葉》 一八七五—一九二六。明治期の小説家。本名は加藤磯夫。「青春」など。

おくり-むかえ ム/◎【送り迎え】名 他サ おくったり、むかえたりすること。送迎。「園児の—」

おくり-もの ◎【贈(り)物】名 人に物をおくること。また、その物。つかいもの。

おく・る ◎【送る】他五 ❶物・人をほかの場所に移動する。とどける。「荷を—」「手紙を—」「交代要員を—」❷去る人と別れる。「転任者を—」↕むかえる。❸行く人にいっしょについて行く。「駅まで送ろう」❹時をすごす。「日を—」❺順々にうつす。「回覧板を—」❻送り仮名をつける。「活用語尾を—」❼死んだ人をほうむる。葬送する。 **送れる** 自下一 […できる]

おく・る ◎【贈る】他五 ❶人に物をあたえる。「花束を—」「感謝状を—」「形見を—」❷死んだ人に、位や称号などをさずける。「正一位を—」 **贈れる** 自下一 […できる]

お-くるみ ク【▲御▲包み】名 寒いとき、あかんぼうを衣服の上からくるむもの。㊐冬

おくれ ◎【後れ】名 まけること。おとること。 **—を取る** 競争で人に負ける。

おくれ ◎【遅れ】名 他よりあとになること。「事故で—が出る」「—を取りもどす」

おくれ-げ ◎【後れ毛】名 ゆった髪からはずれて下がっている両鬢や襟足の毛。

おくれ-ばせ ◎【遅ればせ】【遅れ×馳せ】名 遅れてかけつけること。「—に到着する」「—ながら」

おく・れる ◎ 自下一 ㊀【遅れる】❶距離・時間があとになる。「先頭から五〇〇メートル—」「予定より十分—」❷時刻にまにあわない。「開会式に—」❸進みかたがおそい。「昇進が—」↕進む。㊁【後れる】❶進行からとりのこされる。「長期欠席で学業がだいぶ後れた」❷おとる。「発育の後れた稲」❸死んだ人のあとにのこる。死におくれる。「親が子に—」 **おく・る** 文語下二

お-け オ【×桶】名 細長い板をたがで組み、底をつけた円形のいれもの。水入れや、つけもの用に使う。

たが

桶

オケ オ 名〔俗語〕「オーケストラ」の略。「きょうの—の練習は中止だ」

お-けつ ◎【悪血】名 毒物や廃物のまじった血。くろち。

おけら ◎【×朮】名 キク科の多年生植物。葉は羽のようにわかれ、秋、白色・うす紅色の花が咲く。根は健胃薬、また、とそ散にする。うけら。

お-けら ◎【×螻×蛄】名 ❶➡けら。㊐夏 ❷〔俗語〕一文なしのこと。「—になる」

おけ-る【おける】【×於ける】連語 〔「…における」の形で〕❶場所や時点などを表す。…での。…にある。「学校に—勉強」「二〇世紀に—科学の進歩」❷立場や関係などを表す。…に対する。…に関する。「世界経済に—日本の立場」

おこ オ【▲痴・×烏×滸・尾▲籠】名 形動〔文章語〕おろかなこと。また、おろかな人。「—のさた」

お-こう ◎【汚行】名〔文章語〕不道徳なおこない。

お-こうこ ◎【▲御香▲香】名「こうこ」の丁寧な言い方。

お-こうこう ◎【▲御香香】名「こうこう」の丁寧な言い方。

おこえ-がかり ガ【お声掛(か)り】名 目上の人、有力者の口ぞえや命令をうけること。「社長の—で昇進する」

おこ-がまし・い シ【▲痴がましい】形 ❶ばかばかしい。「—話だ」❷なまいきだ。出すぎている。「—まねをするな」❸しゃくにさわる。「口にするのも—」 **おこがましさ** 名 **をこがま・し** 文語シク

お-こげ コ【お焦げ】名 ❶釜の底に焦げついためし。❷香ばしさを生かして、料理の材料として焦げ目をつけため

し。

おこさま⓪【お子様】【▲御子様】名 ❶相手に敬意をはらって、その子どもを立てる言い方。「―はおいくつですか」❷〔俗語〕年齢相応に成熟していない人。子どもっぽい人。「恋愛する資格のない―」

おこし[コ]【×粔×籹・▲興】名 いった穀物などを水あめ入りの砂糖液でかためた菓子。

おこし⓪【お越し】名 行くこと、来ることの尊敬語。おいで。「―を願う」⇩行く・来る。

おこし[コ]【お腰】名〔女性語〕腰巻き。

おこ・す[コ] 他五 ■一【起(こ)す】❶横になっているものを立たせる。「倒れた木を―」「からだを―」↕寝かす。❷目をさまさせる。「毎朝六時に―」↕寝かす。❸畑土を掘り返す。また、裏になっているものを表にする。「畑を―」「トランプの札を―」❹自然現象を生じさせる。「火山が爆発を―」「洪水を―」❺新たな事態を生じさせる。「事故を―」「かんしゃくを―」「訴訟を―」❻録音を文字に直したり、文書を作ったりする。「速記を―」「伝票を―」■二【興す】❶盛んにする。勢いをつける。「国を―」❷今までなかった事がらを生じさせる。「新会社を―」「事業を―」**おこせる** 自下一〔…できる〕

おこ・す[コ]【×熾す・×燠す】他五 炭火などを赤く熱する。**おこせる** 自下一〔…できる〕

おこ・す【▲遣す】他下二・他四〔古語〕こちらへよこす。送ってくる。「なでしこの花を折りて、おこせたりし」〈源氏〉

おこぜ[コ]【▲虎▲魚】名 カサゴ目オコゼ類の海水魚。おにおこぜ。背びれのとげに毒がある。美味。夏

おごそか[ゴ]【厳か】形動 威厳があるようす。いかめしくおもおもしいさま。「―な儀式」**厳かさ** 名

おこそずきん[ズ]【▲御▲高祖頭巾】名 顔の前面だけを残して包む、婦人用の防寒ずきん。江戸時代から明治時代にかけて流行した。冬

お高祖ずきん

おこた[コ] 名〔女性語〕「こたつ」の美化語。冬

おこたり【怠り】名〔古語〕❶過失。「翁のおこたりならず」〈落窪〉❷謝罪。「泣く泣くおこたりを言へど、答へをだにせで」〈堤中納言〉

おこたりぶみ【怠り文】名〔古語〕謝罪文。あやまり状。

おこた・る【怠る】■一 ⓪/[タ]【▲惰る】他五 ❶なまける。「勉強を―」❷いいかげんにする。ゆだんする。「警戒を―」■二〔古語〕㊀他四 過失をおかす。「みづからおこたると思ひたまふること侍らねど」〈栄華〉㊁自四 病気がなおる。快方にむかう。「悩みわたるが、おこたりぬるもうれし」〈枕〉参考 ■一は、❶❷とも、やや文語的なニュアンスで用いられる。

おこつ⓪【お骨】名「遺骨」の丁寧語。

おこつ・る【▲誘る】自四〔古語〕だまして人をさそう。また、おせじを言う。「この文の気色なく(夕霧ハコノ手紙ヲ欲シソウナ気配ヲ見セズニ)おこつり取らむ」〈源氏〉

おこと【▲御事】代〔古語〕あなた。相手を親しんでよんだ語。「―ゆゑに心をくだきつるが」〈平治〉

おことてん[ト]【×乎古▲止点】名 ➡をことてん。

おこない⓪【行い(行ない)】名 ❶行為。「日ごろの―をかえりみる」「―をつつしむ」参考 道徳的な基準からの評価。❷仏道の修行。おつとめ。

おこないすま・す[マ]【行い(行ない)澄(ま)す】自五 戒めを守り心を清くして、仏道の修行にはげむ。

おこな・う【行う(行なう)】■一⓪ 他五 形式や順序にのっとって行事などをする。「運動会を―」参考「開会式を行なった」のように「な」から送ることもできる。**行える** 自下一〔…できる〕■二〔古語〕㊀他四 ❶処理する。きりまわす。治める。「家のうちを、おこなひをさめたる女」〈徒然〉「尾張に下りて国おこなひけるに」〈宇治拾遺〉❷さしずする。命令する。「世の人の飢ゑず、寒からぬやうに、世(ノ政治)をば、おこなはまほしきなり」〈徒然〉㊁自四 ❶仏道を修行する。勤行する。「板屋の傍に堂たてておこなふ尼の住まひ」〈源氏〉❷(「…におこなふ」の形で)処罰する。制裁を加える。「すでに死罪におこなはるべかりし人」〈平家〉

おこなわれる【行われる(行なわれる)】連語 ❶実施される。「衆議院選挙が―」❷広くはやる。「世に―風習」

おこのみやき⓪【お好み焼(き)】名 水でといた小麦粉に、さくらえび・野菜・卵など、好みの材料をまぜて鉄板の上で焼きながら食べる料理。

おごのり[ゴ]【▲海▲髪・海×苔】名 紅藻類の海藻。暗紅色、ひも状で沿岸の岩につく。熱湯に通すとあざやかな緑色になる。さしみのつまや寒天の材料などとなる。春

おこぼれ[コ]【お▲零れ】名 残りもの。他人の得た利益の余り。「―をちょうだいする」

おこも⓪【▲御▲薦】名 (昔、よく、こもをかぶっていたことから)こじき。

おこもり⓪【お籠(も)り】【▲御▲籠】名 神仏にいのるため、神社や寺にとまりこむこと。参籠。

おこり[リ]【起(こ)り】名 ❶おこること。はじまり。起源。「国の―」❷物ごとの原因。「けんかの―」

おこり[リ]【×瘧】名 あいまをおいて発熱し、強い寒けとふるえをおこす病気。間歇熱。多く、マラリアをさす。夏

おごり⓪【×奢り】名 ❶ぜいたく。「―をきわめる」❷ごちそう。ふるまい。「昼食は課長の―だ」

おごり⓪【▲傲り・×驕り】名 いい気になること。おごること。わがまま。「強者の―」

おこりじょうご[ジョ]【怒り上戸】名 酒に酔うと腹を立てるくせ。また、そのくせのある人。

おごりたかぶ・る[ブ]【おごり高ぶる】【▲傲り高ぶる】自五 周囲よりも自分が偉いと得意になり、思い上がったふるまいをする。「権力を得て―」

おこりんぼう[リ]【怒りん坊】名 小さなことにやたらと怒ってばかりいる人。

おこ・る[コ]【怒る】自五 ❶不満の感情をおさえられなくなる。いかる。「庭にボールが入ると隣のおじさんは真っ赤になって―」❷しかる。「遅刻をして先生におこられた」参考「おこる」は話しことばに使われ、「いかる」は文章語的。「おこる」を❷の意味で使うのは近年の用法。**怒れる** 自下一〔…できる〕

おこ・る[コ] 自五 ■一【起(こ)る】ある事態や状態が新たに始まる。生じる。「事件が―」「変化が―」「持病が―」参考 近年「地震が起きる」のように「起こる」を「起きる」という言い方も使われる。■二【興る】勢いが盛んになる。「国が―」「好学の気風が―」

おこ・る[コ]【×熾る】自五 炭火が赤く熱して、火力がつよくなる。「火鉢の炭がおこった」

おご・る⓪【×奢る】自五 ❶ひどくぜいたくをする。「おごった生活」❷人にごちそうする。「後輩に―」**おごれる** 自下一〔…できる〕

おご・る⓪【▲傲る・×驕る】自五 ❶金や権力に

まかせて、わがままにふるまう。❷いばりかえる。人をみさげる。

おこわ ⓪【御強】こはー 名〈もと、女性語〉こわめし。赤飯。

おさ オ【長】をさ 名〔文章語〕一群の中の長。かしら。「村のー」

おさ オ【×筬】をさ 名 はたおりの道具。くしの歯のようにならべた金属または竹の小片で、たて糸の位置をととのえ、よこ糸を織りこむためのもの。

おざ ⓪【お座】【御座】名 ❶「その場所」の丁寧な言い方。❷浄土真宗で説教のこと。**ーが醒める** 一座の興味がうすれる。その場がしらける。**ー付き** ⓪名 芸者が宴席に呼ばれて、最初に三味線をひいてうたうこと。またその歌。**ーなり** ⓪名 形動 その場しのぎのまにあわせ。「ーなやり方」

おさえ エ|サ【押(さ)え・抑え】おさへ 名 ❶おさえること。❷おもし。❸権威。支配力。「ーがきく」❹しんがり。

おさえこ・む コ おさへ 他五 ㊀【押(さ)え込む】相手を上から押しつけて動けないようにする。とくに柔道やレスリングにいう。㊁【抑え込む】勢いが、他に自由に及ばないようにする。「反対派をー」 **おさえ込み** 名 **おさえ込める** 自下一〔…できる〕

おさえつ・ける ケ【押(さ)え付ける・抑え付ける】おさへ 他下一 ❶力を加えて動けなくする。❷権力などで、いやおうなしに従わせる。「反対党をー」 **押さえつけ** 名 **おさへつ・く** 文語下二

おさえどころ ⓪|ド【押(さ)え所】おさへー 名 心得ておくべき要点。

おさ・える エ おさへる 他下一 ㊀【押(さ)える】❶おしつけて、動かないようにする。「首ねっこをー」❷とらえる。つかまえる。「賊をー」❸とりあげる。「財産をー」❹確保する。「予備費をー」㊁【抑える】❶ふせぐ。いきおいをとめる。「出費をー」「反撃をー」❷自由にさせない。とりしまる。「わがままをー」❸こらえる。耐える。「怒りをー」 **おさ・ふ** 文語ハ下二

おさおさ オ をさをさ 副〔文章語〕ほとんど。まったく。たいてい。「準備ー怠りなく」参考 下に打ち消しの語がくる。

おさおさ・し【長長し】をさをさし 形シク〔古語〕おとなびている。しっかりしている。「まだ若ければ、ふみもをさをさしからず」〈伊勢〉

おさがり サ【お下がり】【御下がり】名 ❶神前・仏前の供物をとりさげたもの。❷客に出した食物のあまり。❸目上の人の使いふるし。おふる。「兄のーの服」

おさき ⓪【お先】名「さき」の丁寧な言い方。**ー走り** パ名 出しゃばって他の人より先にすること。また、そのような人。**ー真っ暗** 先の見通しが全く立たないこと。「貯金がなくなってーだ」

おざきかずお《尾崎一雄》一八九九―一九八三。小説家。私小説から心境小説的作風へと移行した。「虫のいろいろ」「まぼろしの記」など。

おざきこうよう《尾崎紅葉》一八六七―一九〇三。明治期の小説家。本名は徳太郎。文学結社「硯友社」の中心作家。「金色夜叉」「多情多恨」など。

おざきしろう《尾崎士郎》一八九八―一九六四。小説家。大衆小説の領域で多くの仕事をした。自伝的長編小説「人生劇場」など。

おさきぼう ⓪【お先棒】名 人の手下になってはたらくこと。また、その人。「ーを担ぐ」

おさげ サ【お下げ】名 ❶少女の髪のゆい方。編んで肩のあたりにたらす。❷女帯のむすび方。両端をたれさげる。

おざしき ⓪【お座敷】名 ❶座敷の丁寧語。❷芸者・芸人などがまねかれる宴席。「ーがかかる」

おさだひろし《長田弘》一九三九―二〇一五。詩人・評論家。物事のありようを平易な親しみやすい言葉で描いた。詩集「幸いなるかな本を読む人」「世界はうつくしいと」など。

おさだまり ⓪【お定まり】名 おきまり。

おさつ サ名〔女性語〕さつまいも。

おさつ ⓪【お札】名 紙幣の意の「さつ」の丁寧語。

おさと ⓪【お里】名 ❶「さと」の丁寧な言い方。特に、嫁やむこの実家。❷生まれ。生い立ち。**ーが知れる** ことばづかいやふるまいから、その人の育ちやしつけの悪さがわかる。

おさな・い ナ【幼い】をさー 形 ❶年が少ない。「ー子ども」❷こどもっぽい。考えがたりない。未熟である。「話し方がー」 **幼げ** 形動 **幼さ** 名 **をさな・し** 文語ク

おさないかおる《小山内薫》一八八一―一九二八。大正期の劇作家・演出家。新劇運動の推進者。代表作「息子」など。

おさながお ⓪【幼顔】をさながほ 名 おさないときの顔つき。「ーがまだ残っている」

おさなご ナ【幼子】をさなー 名 おさないこども。幼児。

おさなごころ ゴ【幼心】をさなー 名 こどものあどけない心。こども心。「ーに忘れもしない」

おさなづま ツ【幼妻】をさなー 名 年が若く、こどもっぽさを残している妻。

おさなともだち ト【幼友達】をさなー 名 おさないときからの友だち。

おさななじみ ナ2【幼なじみ】【幼×馴染】をさなー 名 おさないとき仲のよかった人。幼ともだち。

おざなり ⓪【御座なり】名 形動 ⇒「おざ(御座)」の子見出し。

おさまり ⓪【収まり】をさまり 名 おさまること。**ーが付く** 混乱がしずまる。落着する。**ーが悪い** 安定しない。しっくりしない。

おさま・る をさまる ㊀ マ 自五 ㊀【納まる】❶きちんと支払われる。「会費がー」❷よいとして受け入れられる。「製品が得意先にー」❸腰をすえておちつく。「会長のいすにー」㊁【収まる】❶きちんと入る。「箱にー」❷かたづく。終わる。「さわぎがー」⇩おさ(納・収)める 参考。㊂【収まる】自四〔古語〕消える。なくなる。絶える。「月は有明にて、光をさまれるものから」〈源氏〉

おさま・る マ【治(ま)る】をさまる 自五 ❶平和になる。❷おだやかになる。しずまる。「風がー」「腹痛がー」

おさま・る マ【修(ま)る】をさまる 自五 (おこないが)ただしくなる。ととのう。「素行がー」

おさむ・い ⓪【お寒い】形〔俗語〕貧弱だ。心細い。「ー予算」参考 終止形・連体形がおもに使われる。

おさめ メ【納め】をさめ 名 最後。終わり。「御用ー」↕始め。

おさ・める メ をさめる 他下一 ㊀【納める】❶支払う。納入する。「税をー」❷終わりにする。「うたいー」㊁【収める】❶しまう。なかへ入れる。「金庫にー」「お収めください」❷うけとる。「利益をー」❸おちつかせる。「気をー」❹成果をあげる。「成功をー」参考「収める」は手にいれる意味、「納める」はあるべきところに置く意味。**をさ・む** 文語下二

おさ・める メ【治める】をさめる 他下一 ❶支配する。政治をとる。「国をー」❷おちつかせる。しずめる。きちんとした状態にする。「けんかをー」❸処理する。「難事業をー」 **をさ・む** 文語下二

おさ・める メ【修める】をさめる 他下一 ❶身につけ

る。修得する。「医学を―」❷ととのえる。ただしくする。「身を―」

おさらい ０【▲御×浚い】―さらひ 名 ❶復習。「英語の―」❷芸事で、習った技術などを発表する会。

おさらぎじろう《大仏次郎》一八九七〜一九七三。小説家。本名は野尻清彦（のじりきよひこ）。大衆読物としての時代小説を書く一方、現代小説や史伝にも作品が多い。「赤穂浪士（あこうろうし）」「帰郷」「パリ燃ゆ」など。

おさらば サ 名 あいさつ さようなら。わかれ。「故郷に―する」

おさん ０【お産】名 自サ 子をうむこと。出産（しゅっさん）。「―で実家にかえる」

おさんかた サ【お三方】【▲御三方】名「三人」の尊敬語。

おさんじ サ【お三時】名 おやつ。

おさんどん サ 名〔俗語〕昔、台所働きのお手伝いさんをいった語。参考「さん」は炊事の意の「爨（さん）」からだとする説がある。

おし ０【▲圧し】名 ❶おしつけること。❷おもし。「つけものの―」❸威圧して従わせる力。「―のきく人」

おし【押し】一 ０ 名 ❶押すこと。❷自分の考え・望みをとおそうとすること・力。「―が強い」❸相撲で、手のひらを相手のからだに当てて押すわざ。二 接頭〔動詞について〕意味を強める。「―詰まる」

おし ０【×唖】名 口がきけないこと。

おし【▲愛し】をし 形シク〔古語〕いとしい。かわいい。「人もをし人も恨めし」〈続後撰・百人一首〉

おじ ０ をぢ 名 ↕おば。❶【伯父】父母の兄。また、父母の姉の夫。❷【叔父】父母の弟。また、父母の妹の夫。

おしあい ０【押(し)合い】―あひ 名 ❶押しあうこと。❷〔経〕投機で相場にかわりのないこと。―**▲圧へし合（あ）い** ア１ ＝ア２／０ 名 自サ 押しあってごたごたと混雑するようす。

おしあげる ゲ【押(し)上げる】他下一 ゲ・ゲ・ゲル・ゲル・ゲレ・ゲロ・ゲヨ ❶下から力を加えて上げる。「眼鏡を―」↕押し下げる。❷勢いによって数値やレベルを上げる。「株価を―」「チームを日本一の座に―」**押し上げ** 名 **おしあぐ** 文語下二

おしい シ【惜しい】をしい 形 カロ・カッ・ク・イ・イ・ケレ・○ ❶欲やみれんなどが残って思いきれない。「売るのは―」❷残念だ。「―ところで負けた」**惜しがる** 他五 **惜しさ** 名 **をし** 文語シク

おじいさん ジ ―ぢい― 名 ↕おばあさん。❶【▲御▲祖▲父さん】祖父を親しんで、あるいは尊敬してよぶ語。❷【▲御×爺さん】男の老人を親しんでよぶ語。

おしいただく ダ【押(し)頂く】【押▲戴く】他五 カ・コ・キ・イ・ク・ク・ケ・ケ ❶うやうやしく頭の上にさしあげる。「賞状を―」❷うやまって従う。「主君として―」

おしいる イ【押(し)入る】自五 ラ・ロ・リ・ッ・ル・ル・レ・レ むりにはいる。「強盗が―」

おしいれ ０【押(し)入(れ)】名 日本家屋にある、ふすまや戸のついた、ふとんや道具などをしまう所。おしこみ。

おしうつる ツ【推し移る】自五 ラ・ロ・リ・ッ・ル・ル・レ・レ 時間・時勢などが移りかわる。「時代が―」

おしうり ０【押(し)売(り)】名 ほしがらないのに、むりに売りつけること。また、その人。

おしえ ０【教え】をしへ 名 ❶教えること。❷言いきかせること。また、その内容。教訓。「母の―を守る」❸宗教。宗旨。「釈迦（しゃか）の―」―**の庭**（にわ） 学校。

おしえ ０【押(し)絵】名 花鳥・人物などの形の厚紙に綿をかぶせて布でつつみ、立体感が出るようにして台にはりつけた絵。羽子板（はごいた）などにつける。

おしえご ０／エ【教え子】をしへ― 名 その人の教えた、または教えている子・人。でし。

おしえこむ コ【教え込む】をしへ― 他五 マ・モ・ミ・ン・ム・ム・メ・メ 忘れないようにしっかり教える。

おしえる ０【教える】をしへる 他下一 エ・エ・エル・エル・エレ・エロ・エヨ ❶知識・技芸などを身につけさせるように導く。教授する。教育する。「英語を―」「舞踊を―」❷自分が知っていることを相手に知らせる。「開会の時刻を―」❸善悪などについて、わからせる。さとす。いましめる。「動物をいじめてはいけないと―」**をしふ** 文語下二

おしおき ０【お仕置き】名 他サ こらしめるために罰をあたえること。「子どもに―をする」

おじおじ オ１【▲怖じ▲怖じ】おぢおぢ （と）副 自サ 物おじするようす。おずおず。おそるおそる。

おしかえす カ【押(し)返す】―かへす 他五 サ・ソ・シ・ス・ス・ス・セ・セ 押してくるのを、押しもどす。**押し返せる** 自下一〔…できる〕

おしかくす ク【押(し)隠す】他五 サ・ソ・シ・ス・ス・ス・セ・セ 必死に隠す。ひたかくしにかくす。**押し隠せる** 自下一〔…できる〕

おしかけにょうぼう ニョ【押(し)掛け女房】名 男のところへむりに押しかけていって、妻となった女。

おしかける ケ【押(し)掛ける】他下一 ケ・ケ・ケル・ケル・ケレ・ケロ・ケヨ ❶まねかれないのに、むりに行く。「組合員が社長室に―」❷おしよせて攻撃する。**押し掛け** 名 **おしかく** 文語下二

おしがみ ０【押(し)紙】名 ❶疑問・注意事項などをしるして文書にはりつけた紙。❷すいとり紙。

おしがり ０【押(し)借り】名 むりやり借りること。

おしき ０【▲折敷】を― 名 低いふちをつけた、うす板製の盆。食器などをのせるのに用いる。

おしき

おじぎ ０【お辞儀】【▲御辞儀】名 ❶頭をさげ、腰をかがめてする礼。❷辞退。えんりょ。「せっかくですから―はいたしません」―**草**（そう） ０ 名 マメ科の一年生植物。ブラジル原産。高さ約三〇センチメートル。さわると、葉をとじ、下にたれる。夏、淡紅色の小花が咲く。ねむりぐさ。夏

おしきせ ０【お仕着せ】名 ❶季節に応じて、従業員に衣服を与えること。また、その衣服。❷与えられるままのもの。「―のレクリエーション」❸きまった量の晩しゃく。

おしきり ０【押(し)切り】名 まぐさなどをきざむ道具。

おしきる キ【押(し)切る】他五 ラ・ロ・リ・ッ・ル・ル・レ・レ ❶押しつけて切る。❷反対・抵抗をおしのけて、むりにする。「強行採決で―」**押し切れる** 自下一〔…できる〕

おしくも オ【惜しくも】をしく― 副 おしいことに。「―負けた」

おしくら ０【押しくら】【押▲競】名〔「おしくらべ」の略〕おしくらまんじゅう。―**×饅▲頭**（まんじゅう） マ 名 おおぜいが一か所に固まり、押しあう遊び。冬「―押されて泣くな」

おしげ ゲ【惜しげ】【惜気】をし― 名 形動 惜しそうなようす。みれん。「―もなくすてる」

おじけ ０【▲怖気】おぢ― 名 こわがる気持ち・ようす。おぞけ。「―がつく」―**付**（づ）**く** ヅ 自五 こわいと思う気持ちになる。―**を振**（ふ）**るう** こわくてからだがふるえる。恐怖感にかられる。

おじける ０【▲怖ける】おぢける 自下一 ケ・ケ・ケル・ケル・ケレ・ケロ・ケヨ こわがってびくびくする。しりごみする。

おしこみ ０【押(し)込(み)】名 ❶（家屋の）押し入れ。❷強盗。「―がはいる」

おしこむ コ【押(し)込む】マ・モ・ミ・ン・ム・ム・メ・メ 一 自五 ❶むりにはいりこむ。押しいる。❷強盗にはいる。二 他五 むりに入れる。つめ込む。「かばんに―」

お

おし-こ・める メ【押(し)込める】他下一 ❶むりに入れる。つめ込む。❷むりにはいらせる。とじこめる。監禁する。「密室に―」 **おしこ・む** 文語下二

おし-ころ・す ロ【押(し)殺す】【▲圧し殺す】他五 ❶音が周りに響かないようにする。「押し殺した声」❷感情などを表に出さないようにする。むりやり押さえつける。「怒りを―」 **押し殺せる** 自下一[…できる]

おじ-さん 0【伯父さん・叔父さん】―名「おじ」を敬意と親しみをこめて呼ぶ言い方。↕おばさん。

おじ-さん 0【小▲父さん】―名 ❶こどもが中年のよその男性を親しんで呼ぶ語。❷中年の男性。↕おばさん。

おし-ずし 0/シ【押しずし】【押×鮨】名 四角形の型にすしめしをつめ、魚肉などをのせ、おしぶたで押して作るすし。はこずし。大阪ずし。夏 ↕にぎりずし。

おし-すす・める メ【推し進める】他下一 物ごとを進行させる。推進する。「計画を―」 **おしすす・む** 文語下二

おし-すす・める メ【推し薦める】他下一 すいせんする。「議長に山田氏を―」

おし-ずもう ズ【押(し)相撲】名 押して攻めあう相撲。↕四つ相撲。

おし-せま・る マ【押(し)迫る】自五 (「おし」は強めの接頭語)まぢかにせまってくる。「しめきりが―」

おし-たお・す オ2【押し倒す】―他五 力を加えて、たおす。

おし-たじ タ【お下地】名〔女性語〕しょうゆ。

おし-だし 0【押(し)出し】名 ❶押し出すこと。❷人なかへ出る態度。ふうさい。かっぷく。「堂々とした―だ」❸相撲の手の一つ。相手を土俵外に押し出すわざ。

おし-だ・す ダ【押(し)出す】 ㊀自五 大ぜいで出かける。どっと進みだす。「花見に―」 ㊁他五 押して外へ出す。 **押し出せる** 自下一[…できる]

おし-だま・る マ【押(し)黙る】自五 (「おし」は強めの接頭語)全然口をきかない。

おし-ちや 0【お七夜】名 子が生まれてから七日めの夜。また、その祝い。

おしつけ-がまし・い シ2【押(し)付けがましい】形 むりにやらせるようなようすだ。「―やり方は失礼だ」 **押し付けがましさ** 名 **おしつけがま・し** 文語シク

おし-つ・ける ケ【押(し)付ける】他下一 ❶力を入れておさえる。「柱に―」❷むりにやらせる。「仕事を―」❸むりに受け取らせる。「責任を―」 **押し付け** 名 **おしつ・く** 文語下二

おしっこ シ 名〔幼児語〕小便。

おし-つぶ・す ツ【押(し)潰す】他五 力を加えてつぶす。参考「押し潰される」のかたちで、心理的圧力などに耐えられなくなることにも使われる。

おし-つま・る マ【押(し)詰(ま)る】自五 (「おし」は強めの接頭語)❶さしせまる。切迫している。❷年の暮れに近づく。「今年も押し詰まった」

おし-つ・める メ【押(し)詰める】他下一 ❶押して詰めこむ。❷押して動けなくする。❸つづめる。要約する。「論旨を―」 **おしつ・む** 文語下二

おして 0【押して】副 むりに。しいて。「―お願いします」

推して知るべし 想像でよくわかる。「彼のやることだから―だ」 参考 話しことばでは「だ・です」をつけて使う。

おし-て・る【押し照る】自四〔古語〕てりわたる。「わが宿に月おしてれり」〈万葉〉

おし-とお・す ト【押(し)通す】―他五 ❶最後まで押す。❷どこまでもする。やりぬく。「反対一本やりで―」❸むりに通す。 **押し通せる** 自下一[…できる]

おし-とど・める メ【押しとどめる】【押▲止める】他下一 さえぎって止める。行動を制止する。「出て行こうとするのを―」 **おしとど・む** 文語下二

おし-どり シ【×鴛×鴦】―名 ❶カモ科の水鳥。形はかもに似てすこし小さい。雄はうつくしい。冬 ❷(おしどりの雌雄がつねにいっしょにいることから)夫婦仲がよく、つねにいっしょにいること。「―夫婦」

おし-なが・す ガ【押(し)流す】他五 ❶水の勢いでものを動かす。「濁流に家屋が押し流される」❷大きな力が無力なものを圧倒する。「時代の波に押し流される」 **押し流せる** 自下一[…できる]

おし-な・ぶ 他下二〔古語〕❶【押し×靡ぶ】なびかせる。「大和(やまと)の国はおしなべてわれこそ居れ」〈万葉〉❷【押し▲並ぶ】㋐すべてを、同じようにする。おしならす。「秋の野のおしなべたるをかしさはすすきこそあれ」〈枕〉㋑普通である。「かるがるしうおしなべたるさまにもてなす」〈源氏〉

おしなべ-て ナ【おしなべて】【押▲並べて】副 ❶すべて。一様に。「兄弟―おとなしい」❷総じて。だいたい。ならして。「―適当だ」

おし-の・ける ケ【押しのける】【押▲退ける】他下一 ❶押してはねのける。「人を押しのけて前に出る」❷他人とはりあってしりぞける。「反対意見を―」 **おしの・く** 文語下二

お-しのび 0【お忍び】【▲御忍び】名 (「しのび」の尊敬語)身分の高い人が、こっそり外出をすること。

おし-ば オ/0【押(し)葉】名 紙などの間にはさみ、押してかわかした葉。腊葉(さくよう)。

おし-はか・る カ【推し量る】【推し量(測)る】他五 あることについて想像し考える。推量する。推測する。「相手の胸中を―」 **推しはかれる** 自下一[…できる]

おし-ばな シ【押(し)花】名 紙の間にはさんで、押してかわかした花。

おし-ひろ・げる ゲ【押(し)広げる】他下一 ❶のばしてひろげる。「しわくちゃの地図をテーブルの上に―」❷広く他に影響させる。「自説を国際的に―」 **おしひろ・ぐ** 文語下二

おし-ひろ・める メ【押(し)広める】他下一 (「おし」は強めの接頭語)広く一般に行きわたらせる。「反対運動を住民に―」 **おしひろ・む** 文語下二

おしべ オ【雄しべ】【雄×蕊】―名 種子植物の雄性生殖器官。花冠の中にあり、先に花粉のはいっている袋がある。ゆうずい。↕めしべ。

おし-ボタン ボ【押しボタン】【押×釦】名 押して電気を通じさせ、ベルを鳴らすボタン。

お-しぼり シ【お絞り】名 手ぬぐいやタオルを湯や水につけてしぼったもの。汗ふき・手ふきに使う。

お-しまい【▲御仕舞】―名 ❶0 終わり。「あと一つで―」❷0 物ごとがだめになること。「あの会社は営業不振でもう―だ」❸シ けしょう。みじまい。

おしみ-な・い ナ【惜しみない】―形 ありったけの。心からの。「―援助をあたえる」

おしみなくあいはうばう【惜みなく愛は奪ふ】有島武郎(ありしまたけお)の評論。他への愛とエゴイズムの融和と自我確立への道をもとめる。

おし・む シ【惜しむ】他五 ❶大事にする。「命を―」❷十分に出さないですまそうとする。「労を―」❸思いきれず、つらく思う。「別れを―」

おし・む【▲愛しむ】他四〔古語〕愛する。たいせつにする。

「をしむらむ人の心を知らぬまに」〈古今〉

おし-むぎ 回【押(し)麦】名 むした、はだか麦・大麦をおしつぶしてひらたくしたもの。米にまぜてたく。

おしむらく-は【惜しむらくは】連語 〔「らく」は名詞相当のものをつくる接尾語〕惜しいことには。残念なことには。「—健康に不安がある」

おし-め 回【押(し)目】名 ❶相手にまさるような状態。「—に交渉を進める」 ❷上がりつつあった株の相場が急に下がること。↕戻り。

おしめ 回【×襁×褓】名 ⬇おむつ。むつき。

おじめ 回【緒締(め)】名 きんちゃくなどの口をしめるため、口ひもをまとめて通す穴のある球形のもの。おどめ。

おしめり 回【お湿り】名 雨。雨の降ること。「いい—だ」

おしも 回【お下】名 ❶貴人につかえる下働きの女。❷〔女性語〕大便・小便。

押しも押されもせぬ 堂々としてりっぱなようす。「—人物」

おし-もんどう モ【押(し)問答】名 言いあうこと。たがいに言いはって、あとへひかないこと。

おじや 回名 〔ものの煮える音のジャに「お」の付いた近世の女房言葉からという〕ぞうすい。冬

おしゃか 回【▲御▲釈×迦】名〔俗語〕❶品物を作りそこなうこと。また、作りそこなったもの。❷役にたたない状態。だめになること。「遠足の計画が—になる」参考 釈迦の像を鋳造しそこなったことからとする説がある。

お-しゃく 回【お酌】【▲御酌】名 ❶「酌」の丁寧な言い方。❷舞妓(まいこ)。半玉(はんぎょく)。❸酌をする女。酌婦(しゃくふ)。

おしゃぶり シャ名 あかんぼうにしゃぶらせるおもちゃ。

おしゃべり シャ名形動 よくしゃべること。また、その人。

おしゃま シャ名形動 少女が、としのわりにませた言動をすること。また、そういう少女。

おじゃま 回【お邪魔】【▲御邪魔】名自サ ❶〔かしこまっていう語〕相手のじゃまになること。「—ではありませんか」❷人のいえなどを訪問すること。「先生の自宅に—する」❸他人のうちや部屋に入るときや出るときのあいさつ。「—します」「—しました」

おし-やる ヤ【押しやる】【押▲遣る】他五〔ラ・ロ・リ・ッ・ル・ル・レ・レ〕❶押して向こうへやる。❷押しのける。

おじゃ・る〔おぢやる〕自四〔古語〕〔「おいである」の変化。中世から使われた〕❶「ある」「いる」「くる」「行く」の尊敬語。「ちと抱かうか、さあ、おぢやれ」〈狂言・子盗人〉❷「ある」「いる」の丁寧な言い方。「アモニヤといふ郷(さと)がおぢやる」〈伊曽保〉

おしゃれ シャ【▲御×洒▲落】名形動 ❶みなりをかざりたてること。また、その人。❷〔俗語〕感じがいい。すてき。「—な店」

おじゃん ジャ名〔俗語〕計画がだめになること。「—になる」

お-しゅう 回【汚臭】名〔文章語〕いやなくさいにおい。

お-じゅう 回【お重】名「重箱」の丁寧な言い方。

おしょう オ【和尚】名 ❶特に禅宗・浄土宗で、でしが師の僧をよぶ言い方。❷僧。特に、寺の住職。

おじょう-さま ジョ【お嬢様】【▲御嬢様】名 上流の家庭に育った若い娘に対する改まった呼び方。「—がお小さいころ、わたくしはご近所におりました」参考 江戸時代の大身の武家や上流の商家で使われたが、明治後期には衰退に向かった。現代では、かなり限られた階層でなければ普通の会話には使われない。⇩お嬢さん 参考

おじょう-さん ジョ【お嬢さん】【▲御嬢さん】名 ❶普通の家庭に育った若い娘のやや改まった呼び方。娘さん。「—はスポーツは何をなさっていますか」「あのうちには—がふたりいたね」❷見知らぬ娘に対する呼びかけのことば。「—、よろしかったら、アンケートに答えていただけますか」参考 ❷の言い方は使われなくなりつつある。「お嬢さん育ち」「お嬢さんタイプ」のような言い方は、以前は「お嬢様〇〇」というほうが普通だったが、現代ではほとんど使われない。「お嬢さん〇〇」も、今ではからかいや冗談として用いられることが多い。

おじょうず 回【お上手】㊀名 おせじ。「—を言う」㊁名形動「じょうず」の尊敬語。

おじょう-ちゃん ジョ【お嬢ちゃん】【▲御嬢ちゃん】名「おじょうさん」よりも年少の娘に対する改まった、また親しみをこめた言い方。「—は何歳ですか」↕おぼっちゃん。

お-しょく 回【汚職】名 公務員などが職権を利用し、わいろを取るなどの不正行為をすること。特定の人の利益をはかること。参考「瀆職(とくしょく)」の言い換え。

お-じょく 回【汚辱】名〔文章語〕はずかしめ。はじ。恥辱。「—をこうむる」

お-じょく 回【汚▲濁】名〔文章語〕⬇おだく。

おしょ-さん ジョ【▲御▲師▲匠さん】名〔「おししょうさま」の変化〕技芸の師匠を親しみをこめていう語。おっしょさん。

おし-よ・せる セ【押(し)寄せる】〔セ・セ・セル・セル・セレ・セロ・セヨ〕㊀自下一 どっとせまる。「波が—」「群衆が抗議に—」㊁他下一 押してそのほうへやる。「すみのほうへ—」 **おしよ・す** 文語下二

お・じる ジ【▲怖じる】自上一〔ジ・ジ・ジル・ジル・ジレ・ジロ・ジヨ〕こわがる。びくびくする。 **お・づ** 文語ダ上二

お-しろい 回【▲白▲粉】名〔「お白い」の意〕化粧用の白いこなや液体。**—下**(した) 回名 けしょうした。**—花**(ばな) 回名 オシロイバナ科の多年生植物。夏から秋にかけ、赤・黄・白などのじょうご形の小花が咲く。種子の白いこなを、おしろいの代用にした。秋 **—焼け**(やけ) 回名 鉛分の多いおしろいをつけすぎたため、皮膚が茶色になること。

オシログラフ グ〈oscillograph〉名 電流・電圧の変化を、映像化したり記録したりする装置。心電図や脳波測定などに使う。

オシロスコープ コ〈oscilloscope〉名 電流などの強さの変化を映像化する装置。

おし-わ・ける ケ【押(し)分ける】他下一〔ケ・ケ・ケル・ケル・ケレ・ケロ・ケヨ〕つよく左右に分ける。かきわける。「人込みを—」 **おしわ・く** 文語下二

おし-わり 回【押(し)割り】名 ❶押しつけて割ること。❷おしわりむぎ。↕ひきわりむぎ。**—麦**(むぎ) ム名 大麦を押して割ったもの。おしわり。

おじん ジン名〔俗語〕〔「おじさん」の略〕若者が年上の男性をばかにして呼ぶ語。↕おばん。

お-しんこ 回【▲御新▲香】名 こうのもの。つけもの。

おす ス【雄】【×牡】名 動物の性別で、精巣をもち、精子をつくるほう。また、植物で雄花をつけるもの。お。↕雌。

お・す 回【押す】他五〔サ・ソ・シ・ス・ス・セ・セ〕❶手前から向こうへと力を加える。「ドアを—」「ブザーを—」「駅員が乗客の背中を—」「坂道で自転車を—」↕引く。❷上から下へと力を加える。㋐重みを加えて押さえつける。「おもしで漬け物を—」㋑【×捺す】型を写し記す。「印を—」㋒【▲圧す】張りつける。「金箔(きんぱく)を—」❸むりにする。おしきる。「病気を押して出勤する」❹【▲圧す】他をしのぐ。圧倒する。「試合は日本がおしている」❺状況に動きがないことを確かめる。「念を—」「駄目を—」❻〔自動詞的な状態の表現〕時間が予定よりのびる。「閉会時刻より二十分押

している」押せる 自下一［…できる］ ―な押すな（「な」は禁止の助詞）満員で、ごったがえすようす。「―の盛況」 ―に押されぬ 存在を無視できない。

お・す ⓪【推す】他五 ❶すいせんする。すすめる。推挙する。「委員に―」「優良図書として―」❷上位にいただく。推戴する。「会長に―」❸おしはかる。類推する。「結果から原因を―」「推して知るべし」推せる 自下一［…できる］

お・す【▲食す】他四［古語］❶「飲む」「食う」「着る」の尊敬語。召す。召しあがる。お召しになる。「伊良虞の島の玉藻刈りをす」〈万葉〉❷「治める」の尊敬語。統治なさる。「天皇のをす国」〈万葉〉

おす オ あいさつ 若い男性どうしで交わされるあいさつのことば。多く、空手などの武道の選手が用いる。おっす。参考「押忍」と当てて書くこともあるが、元は不詳。

お-すい ⓪【汚水】名 よごれた水。きたない水。

おず-おず オ【▲怖ず▲怖ず】(と)副 自サ おそるおそる。こわごわ。びくびく。「―進み出る」

オスカー オ〈Oscar〉名 映画界で、米国のアカデミー賞受賞者に贈られる像。また、アカデミー賞の別名。

おすきや-ぼうず ボ【▲御数寄屋坊主】名 江戸幕府で茶の湯の儀式などをあつかった、坊主あたまの役人。

お-すすめ ⓪【▲御勧め・▲御▲奨め】名 売り手が買い手に、特に値打ちのある品だと強調すること。また、その商品。「きょうの―はこれです」

おすそ-わけ ⓪【おすそ分け】【▲御裾分】名 もらった物や利益を、他に分けあたえること。また、その物・利益。おふくわけ。

おすべらかし ⓪ 名 女性のさげ髪で、前髪を横に張り、もとどりをせなかにすべらせて長くさげるもの。

おすまし ス【お澄まし】名 ❶気どって、すましたようす。また、その人。❷「すまし汁」を丁寧に言う語。

お-すみつき ⓪【お墨付き】【▲御墨付】名 ❶室町・江戸時代、将軍や大名が命令を証明するためにあたえた、花押のある文書。❷［俗語］目上の人や信頼できる人からもらった保証。

お-すわり ス【お座り】【お×坐り】名 ❶「すわること」の丁寧語。❷犬が地面に座っていること。また、人間が犬に座るように言うかけ声。

オセアニア《Oceania》オーストラリア大陸と、その近くの島々の総称。大洋州。

おせ-おせ ⓪【押せ押せ】名 ❶仕事が重なり、しだいにあとに影響を及ぼしていくこと。「仕事が―になる」❷たくさんの人があつまること。「―の盛況」❸さかんに押しまくること。「―ムード」

お-せじ ⓪【お世辞】【▲御世辞】名「世辞」の丁寧な言い方。「―笑い」

お-せち セ【お節】【▲御節】名 正月を祝うための特別な食べ物。雑煮・数の子・こぶ巻きなど。おせちりょうり。新年 ―料理 リョ 名 おせち。新年

おせっかい セ【▲御節介】名 形動 でしゃばって、あれこれとよけいな世話をやくこと。また、その人。「いらぬ―をやく」

オセロ オ〈Othello〉名〈商標名〉白黒二面の丸い駒を使って、盤上の数をきそうゲーム。「―ゲーム」

おせわ-さま ⓪【お世話様】【▲御世話様】あいさつ 自分のめんどうを見てくれる人に対する感謝のことば。

お-せん ⓪【汚染】名 自サ ❶よごれること。よごれ。しみ。❷細菌・ガス・放射線の有毒成分などによってよごれること。「大気の―」

おぜん-だて ⓪【お膳立て】名「膳立て」の丁寧な言い方。

お-そ オ【悪阻】名［医］つわり。

おそ・い ⓪【遅い】形 ↔はやい。❶速度が速くない。のろい。「歩みが―」❷まにあわない。「今からではもう―」❸時刻がおくれる。「予定より五分遅かった」❹夜がふけている。「―からもう寝よう」遅さ 名 おそ・し 文語ク

おそい-かか・る カ2【襲(い)掛(か)る】自五 相手に飛び掛かって害を与えようとする。襲い掛かれる 自下一［…できる］

おそ・う ⓪【襲う】他五 ❶ふいに攻める。いきなり危害を加える。❷人の家を突然たずねる。「寝入りばなを―」❸うけつぐ。「名を―」襲える 自下一［…できる］

おそうそう-さま ⓪【おそうそう様】【▲御草草様・▲御×匆×匆様】あいさつ 客をもてなしたあとで、主人がわの言うあいさつ。おそまつさま。

おそ-うまれ ウ【遅生(ま)れ】名 四月二日から十二月三十一日までに生まれたこと。また、その人。↔早生まれ。

遅かりし由▲良×之助 大事な場面に間に合わないこと。参考 歌舞伎の「仮名手本忠臣蔵」で、大星由良之助が主君の切腹の場に遅れたことから。実際の台本にそういうせりふはない。

遅かれ早かれ おそい早いは別として、いずれそのうち。「―許可されるだろう」

遅きに失する 遅すぎて間に合わない。

おそく-も ソ【遅くも】副 どんなにおそくなっても。おそくとも。「一週間後にはできあがる」

おそ-け ⓪【怖気】名 おじけ。「―をふるう」 ―立つ ダ 自五 おそろしさにぞっとする。わななく。おじけだつ。

おそ-ざき ⓪【遅咲き】名 ふつうよりも遅く咲くこと。「―の花」↔早咲き。

おぞ・し【×悍し】形ク［古語］❶ごうじょうだ。おずし。「はやりかに（短気デ）おぞき人にて」〈源氏〉❷おそろしい。

おそし-さま マ/サ【お祖師様】【▲御祖師様】名 日蓮宗で、開祖の日蓮を尊敬していう語。

おそ-じも ⓪【遅霜】名 暖かくなってからおりる霜。晩霜。↔早霜。

おそ-ぢえ ⓪【遅知恵】【遅×智×慧】名 ❶知恵の発達のおそいこと。❷思いつくのがおそくて役にたたぬ知恵。

おそ-で ⓪【遅出】名 ↔早出。❶おそく家を出ること。❷交替勤務で、おそく出る方の出勤。おそばん。

お-そなえ ⓪【お供え】【▲御供え】名 ❶神仏に供えるもの。❷かがみもち。

おそなわ・る ワ【遅なわる】自五 おそくなる。おくれる。「大変おそなわりました」参考 おもに自分が遅参したときのあいさつに言う、古めかしい言い方。

おそば ソ【▲御▲側】名 身分の高い人の近くにつかえる人。役である近習・側近・近臣などの尊敬語。

おそ-ば ⓪【遅場】名 稲のみのりのおそい所。↔早場。

おそ-ばん ⓪【遅番】名 交替制の勤務で、おそく勤務する番にあたること。また、その人。おそ出。↔早番。

おそ-まき ⓪【遅まき】【遅×蒔】名 ❶時期がおそくなってから種子をまくこと。また、おそくまく品種。「―のきゅうり」↔早まき。❷時機におくれていること。「―ながら」

おぞまし・い ジ【×悍ましい】形 いやな感じだ。「―事件」「―光景に足がすくむ」おぞましさ 名 おぞま・し 文語シク

お-そまつ ソ【お粗末】【▲御粗末】形動 できばえが不十分なことを、軽くけんそんしたり、相手のそれを

からかうように言ったりするときのことば。「きょうのスピーチは、ちょっと―でしたね」❷浪曲師などの芸人が口演を終えるときに言う定型句。「―でした。まずこれまで」―様(さま) ソ あいさつ 料理店などで、客を送るときに、店の者が言うことば。「『おいしかったよ』『―でございました』」

おそらく ソ【恐らく】副 (「おそるらく」の変化。下に推量の言い方がくることが多い)そうなりそうなようす。たぶん。「―かれは来ないだろう」

おそる-おそる オ2【恐る恐る】副 ひどく恐れながら。こわごわ。「―近づく」

おそる-べき【恐るべき】連語 ❶恐れなければいけない。おそろしい。「―事態が生じる」❷たいそうな。ひどい。「―勢い」

おそれ レ 名 ❶【恐れ・畏れ】【▲怖れ】おそれること・気持ち。「―をいだく」❷【おそれ・▲虞】心配。気づかい。「沈没の―はない」「噴火する―がないとは言えない」

おそれ-い・る ソ【恐れ入る】自五 (ラ・ロ/リ・ッ/ル/ル/レ/レ) ❶あやまる。降参する。「彼の追及には恐れ入った」❷いたみいる。恐縮する。「お手数をかけて恐れ入ります」参考「ます」をつけて感謝・わび・依頼などのあいさつのことばとする。「恐れ入りますが」は、何かを依頼するときの、ていねいな前置きの言い方。❸あきれる。皮肉をこめる感じがある。「ずさんなやり方に―」

おそれ-おお・い オ2【恐(畏)れ多い】―(おほい) 形 (カロ/カッ・ク/イ/イ/ケレ/○) もったいない。もったいなく、ありがたい。恐縮である。「―お言葉」**おそれおほ・し** 文語ク

おそれ-おのの・く ノ2【恐れおののく】【恐れ▲戦く】―(をののく) 自五 (カ・コ/キ・イ/ク/ク/ケ/ケ) おそろしさのあまり、体がふるえる。ひどくこわがる。「続発する通り魔事件に―」

おそれ-げ ⓪【恐れ気】名 恐れたようす。「―もなく」

おそれ-ながら ⓪【恐れながら】副 はばかりながら。恐縮ですが。「―申しあげます」

おそ・れる レ【恐れる】自下一 (レ/レ/レル/レル/レレ/レロ・レヨ) ❶こわがる。恐ろしく思う。「戦争を―」❷気づかう。あやぶむ。「失敗を―」❸【畏れる】力・権威の前につつしむ。「神を―」**おそ・る** 文語下二

おそろし・い シ【恐ろしい】形 (カロ/カッ・ク/イ/イ/ケレ/○) ❶恐怖を感じる。こわい。「地震ほど―ものはない」「そんな―顔をするな」❷程度がはなはだしい。ひどい。「―勢い」「恐ろしく寒い」❸驚くべきだ。不思議だ。「習慣ほど―ものはない。六時には必ず目が覚める」**恐ろしがる** 自五 **恐ろしげ** 形動 **恐ろしさ** 名 **おそろ・し** 文語シク

おそわ・る ⓪【教わる】(をそはる) 他五 (ラ・ロ/リ・ッ/ル/ル/レ/レ) おしえてもらう。「泳ぎを―」

おそわ・れる ⓪【×魘れる】(おそはれる) 自下一 (レ/レ/レル/レル/レレ/レロ・レヨ) 夢で苦しめられる。うなされる。**おそは・る** 文語下二

お-そん ⓪【汚損】名 自他サ 文章語 よごれたり傷ついたりすること。よごしたり、傷つけたりすること。

オゾン オ〈ozone〉名 空気中の放電や紫外線・X線を放射するときにできる、特有の臭気のある、酸素の同素体。漂白・殺菌・防腐用。分子式は「O_3」 ―層(そう) ゾ 名 地上一〇～五〇キロメートルにあるオゾン濃度が比較的高い大気層。動植物に有害な紫外線を吸収する。 ―ホール ホ〈ozone hole〉名 南極大陸上空で、毎年九月～十月ごろにオゾン層の濃度が急激に減り、穴があいたようになる現象。

おだ オ 名 俗語 (「おだいもく」の略かという)自分かってな、勢いのよいことば。気炎(きえん)。「―を上げる」

お-たあ-さま タ 名 宮中などで使う「母」の尊敬語。おたたさま。↕おもう様。

お-だい ⓪【お代】名 「代金」の美化語。「―はいかほどですか」

お-たいこ ⓪【お太鼓】名 うしろを太鼓の胴のように、丸くふくらませる女帯のむすび方。太鼓結び。

お太鼓

お-だいじん ダ【お大尽】名 大尽風を吹かす人をからかっていう語。参考 かつては「大尽」の尊敬語・美化語。

お-だいもく ⓪【お題目】【▲御題目】名 ❶題目❸。❷口にするだけで、実行できそうもない事がら。「―をならべる」

お-たいらに【お平らに】―(たひら) 連語 足をくずしてすわるようにすすめることば。「どうぞ―」

おた-おた オ1 副 自サ 俗語 あわててうろうろするようす。「いたずらを見られて―する」

お-たか・い カ【お高い】形 (カロ/カッ・ク/イ/イ/ケレ/○) 気位が高い。いばっている。ひやかしの気持ちをふくんでいう。

おたがい-さま ⓪【お互(い)様】―(おたがひ) 名 形動 お互いに同様であるから、そんなに言う必要はない、という気持ちを表す語。「ごぶさたは―です」

お高(たか)くとまる 気位を高くもってすましている。人を見くだしている。「お高くとまった物言い」

お-たから ⓪【お宝】【▲御宝】名 ❶おかね。❷「宝物」の丁寧な言い方。❸宝船の絵や、棒に小判や千両箱のおもちゃをつるした飾り物。ともに正月のえんぎ物。❹よそのこどもをほめていう語。❺貴重で手に入りにくい品物。

お-だき オ【雄滝】―(を) 名 二つ一組みになっている滝のうち、大きいほうの滝。夏 ↕雌滝(めだき)。

お-たく ⓪【お宅】❶名 ❶相手の家・家庭などを立てて言う語。❷相手や相手の所属する所(たとえば会社)をさす語。「―の景気はどうですか」❸俗語(相手に「お宅」という言い方を多用することからという)漫画やゲームなどの趣味の世界で、知識が豊かでコレクションなどが多いマニアをさす語。参考 元は否定的な意味で使われた。❷代 あなた。「―のご趣味はなんですか」参考 改まった場合には「あなた」の意味では使わない。

お-だく ⓪【汚濁】名 ❶文章語 よごれ。けがれ。おじょく。「―にまみれた世」❷水がよごれること。「河川の―が進行する」

お-だけ オ【雄竹】―(を) 名 まだけ・もうそうちくなど大形の竹の俗称。↕めだけ。

お-たけび ⓪【雄たけび】【雄▲叫び】―(を) 名 文章語 勇ましいさけびごえ。おさけび。「―をあげる」

おたずね-もの ⓪【お尋ね者】―(おたづね) 名 警察が行方を捜している犯罪容疑者。

お-たち ⓪【お立ち】【▲御立ち】名 「出発」の尊敬語。

おたち-だい ⓪【お立ち台】名 挨拶をするときやインタビューを受けるときに、上がって立つ台。

お-たっし ⓪【お達し】【▲御達し】名 役所や目上の人からの知らせや言いつけを立てて言うことば。

おだて ⓪【×煽て】名 おだてること。 ―に乗(の)る ほめられて軽はずみなことをする。

おだ・てる ⓪【×煽てる】他下一 (テ/テ/テル/テル/テレ/テロ・テヨ) ほめて得意にさせる。扇動する。ほめそそのかす。

おたな-もの ⓪【おたな者】【▲御▲店者】名 「店員」の古風ないい方。

おたび-しょ ⓪【お旅所】【▲御旅所】名 祭礼のとき、みこしを本宮から移して一時すえる場所。夏

お

おたふく【▲阿多福】名（「お多福面」の略）丸顔で、ひたいが高く、ほおはふくれ、鼻は低い女の顔の面。また、そのような顔をした女。おかめ。**―風邪** 名 流行性耳下腺炎のこと。ほおがふくれる。冬 **―豆** 名 つぶの大きいそらまめ。また、それをあまく煮たもの。

おだぶつ【御×陀仏】名〔俗語〕死ぬこと。だめになること。「―になる」

おだまき【×苧▲環】名 つむいだ麻糸を玉の形に巻いたもの。

おだまこと《小田実》一九三二―二〇〇七。小説家・文芸評論家。旅行記「何でも見てやろう」で注目される。ほかに「現代史」「HIROSHIMA」「『アボジ』を踏む」など。

おたまじゃくし【▲御玉×杓子】名 ❶形がまるくて、柄のついた杓子。汁やつゆをすくうのに使う。おたま。❷【×蝌×蚪・お玉×杓子】かえるに成長する前の幼い段階のもの。まるい頭部と一本の尾がある。春 ❸〔俗語〕（❷に形が似ているところから）楽譜で、音符のこと。

おたまや【お霊屋】【▲御霊屋】名 貴人の霊をまつった殿堂。

おためごかし【▲御▲為ごかし】名 形動 人のためにするようにみせて、実は自分の利益をはかること。「―を言う」

おだやか【穏やか】形動 ❶無事でしずかなようす。やすらか。平穏。「秋の―な天気」❷おちついていて、ものしずかなようす。「―な人がら」❸かたよりがなく、適正なようす。穏健。「―な意見」**穏やかさ** 名

おだわら《小田原》神奈川県南西部の市。戦国時代、北条氏の城下町。

おだわらぢょうちん【小田原▲提▲灯】名 折りたたむことのできる細長いちょうちん。

小田原ぢょうちん

おだわらひょうじょう【小田原評定】名 長びくばかりで、結論の出ない相談。参考 豊臣秀吉の小田原攻めのとき、北条氏の家中で降伏するか戦うかの相談がなかなかまとまらなかったからという。

おたんちん 名〔俗語〕のろまな者をあざけって言う語。ばか。まぬけ。

おち【落ち】名 ❶もれおちること。「名簿に―のないよう」❷てぬかり。ておち。「準備に―のないようにせよ」❸予想されたよくない結末。「そんなことになるのが―だ」❹落語の終わりの部分。意外な内容のセリフやことばのしゃれで、しめくくるもの。さげ。

おちあいなおぶみ《落合直文》一八六一―一九〇三。歌人・国文学者。長編詩「孝女白菊の歌」など。

おちあう【落(ち)合う】自五 ❶一つの場所で出あう。いっしょになる。「駅で―」❷川と川とが出あって一つになる。合流する。**落ち合える** 自下一［…できる］

おちあゆ【落ちあゆ】【落×鮎】名 秋、産卵のため、川をくだるあゆ。くだりあゆ。おちうお。秋

おちいる【陥る】自五 ❶落ちてはいる。おちこむ。「穴に―」❷攻めおとされる。「城が―」❸計略にかかる。「敵の術中に―」❹よくない状態になる。「危険に―」

おちうお【落(ち)魚】名 ❶おちあゆ。❷冬になって川の水温がさがるため深い川へうつる魚。❸死んだ魚。

おちうど【落▲人】名 ⇒おちゅうど。

おちおち 副 おちついて。安心して。「夜も―眠れない」参考 下に打ち消しの語がくる。

おちかた【▲遠方・▲彼方】名〔古語〕あちらの方向。遠くの方。

おちくぼむ【落ちくぼむ】【落×窪む】自五 落ち込んだようにへこむ。「睡眠不足が続いて目が―」**落ちくぼみ** 名

おちくぼものがたり《落窪物語》平安時代中期の物語。作者未詳。継母にいじめられた姫君が、貴公子に救われて幸福になる物語。

おちけん【落(ち)研】名〔俗語〕（「落」の訓読みから）大学などの落語研究会の略称。

おちご【お稚児】【▲御稚児】名 ❶「ちご」の丁寧な言い方。❷ちごわ。

おちこち【▲遠▲近】名 ❶〔文章語〕遠い所と近い所。あちこち。「―の村々」❷〔古語〕将来と現在。

おちこぼれ【落ちこぼれ】【落▲零れ】名 ❶脱穀や俵づめのときにこぼれた穀物。❷おさまりきれずに残ったもの。余り物。❸〔俗語〕進学・就職・出世などの競争についてゆけず、取り残された人。

おちこむ【落(ち)込む】自五 ❶落ちてはまる。おちいる。「川に―」❷へこんでくぼむ。「目が―」❸よくない状態になる。「危険に―」❹〔俗語〕気分がふさぎ元気がなくなる。「留年して―」**落ち込み** 名

おちしお【落(ち)潮】名 ひきしお。

おちつかた【▲遠つ方・▲彼▲方つ方】名〔古語〕❶はるかはなれたところ、また、とき。❷それより以後。

おちつき【落(ち)着き】名 ❶おちついていること。また、そのようす。ゆったりしたようす。「態度に―がない」❷おさまりのよいこと。すわりぐあい。安定。「―のいい石」

おちつきはらう【落(ち)着き払う】自五 すっかりおちついて、すこしもさわがない。

おちつく【落(ち)着く】自五 ❶ゆれ動いていたものが一定の所におさまる。㋐動揺がおさまり、安定した状態になる。「景気が―」「気分が―」㋑住所・職業などが決まる。「郷里に―」「中学校教師に―」㋒議論・相談ごとなどが結論に達する。帰結する。「結局最初の線に落ち着いた」❷軽々しさがない。㋐心が平静で、言動に軽々しいところがない。「落ち着いて避難する」「落ち着かない子」㋑けばけばしさがなく、地味で調和が取れている。「落ち着いた色」**落ち着ける** 自下一［…できる］

おちつける【落(ち)着ける】他下一 ❶おちつかせる。しずめる。「心を―」❷おちつくことができる。おちつ・く 文語下二

おちど【落(ち)度】【▲越度】名 あやまち。過失。「―を認める」

おちのひと【▲御乳の人】名〔古語〕身分の高い人のうば。おち。

おちのびる【落(ち)延びる】自上一 ぶじに遠くへ逃げる。おちの・ぶ 文語上二

おちば【落(ち)葉】名 ❶散っている葉。らくよう。冬 ❷おちばいろ。**―色** 名 赤みをおびた茶色。参考 表記は「落葉色」などの場合は、送りがなをはぶく。

おちぶれる【落ちぶれる】【落×魄れる・▲零▲落れる】自下一 身分や暮らしむきが悪くなって、みじめな状態になる。零落する。「見るかげもなく―」おちぶ・る 文語下二

おちぼ【落(ち)穂】名 刈りとったあとに落ちている稲・むぎなどの穂。秋 **―拾い** 名 ❶落ち穂を拾い集

めること。❷(❶から)他人がやり残したことをあとからやること。

おち-むしゃ ⓪【落(ち)武者】名 いくさに負けて戦場から落ちのびるさむらい。

おち-め ⓪【落(ち)目】名 運がくだり坂になること。おちぶれかかる状態。「家運が―になる」

お-ちゃ ⓪【お茶】名 ❶茶の湯。「―をならう」❷仕事の間のひと休み。「―にしよう」参考 俗に、お茶を飲みながらくつろぐことを「お茶する」とも言う。**―請け** ⓪名 お茶を飲むときに食べる菓子など。**―会** ⓪名 ❶「茶会」の丁寧語。❷お茶をのみながら会話を楽しむ気軽なあつまり。**―の子** ⓪名 ❶お茶菓子。❷簡単にできること。朝飯前。おちゃのこさいさい。**―の子さいさい** たいそうたやすいようす。簡単なようす。**―を濁す** いいかげんなことをしてその場をつくろう。**―を×挽く** 芸者などが、客がなくてひまでいる。参考 昔、遊女などがひまな時に茶の葉をひいて客を待ったことから。

おちゃっ-ぴい ピ/チャ 名 形動 少女が調子づいておしゃべりなこと。また、そのような少女。

お-ちゃめ チャ【お茶目】名 形動 茶目な人間をからかって言う語。

おちゃら-か・す カ 他五 サ・ソ―シ―ス―スーセ―セ 俗語 なぐさみにからかう。ひやかす。ちゃかす。

おちゃら・ける ⓪/ケ 自下一 ケ―ケ―ケル―ケル―ケレ―ケロ・ケヨ 俗語 ふざけたようなことを言って不真面目にふるまう。「わざとおちゃらけてみせる」**おちゃらけ** 名

おぢゃ・る 自四 古語 ➡おじゃる。

おちゅうど チュ【落▲人】名 「おちびと」の変化。❶戦いに負けて、逃げて行く人。❷物事に失敗して、人目をさけて逃げて行く人。‖おちうど。

おち-ゆ・く ユ/⓪【落(ち)行く】自五 カ―コ―キ―ク―ク―ケ―ケ 文章語 ❶逃げて行く。「―先」❷そのようになってゆく。帰着する。「思わぬ結論に―」❸落ちぶれてゆく。みじめな状態になってゆく。

お-ちょう オ【雄×蝶】名 ↔雌蝶。❶おすのちょう。❷「おちょうめちょう❶」のうち、おすのちょうをかたどったもの。**―雌×蝶** オ/メ 名 (おすのちょうと、めすのちょう)❶婚礼に使うちょうしやひさげにつける、一対の折り紙のちょう。❷婚礼の式で新郎新婦に、❶のついたちょうしで酒をつぐ男の子と女の子。

おちょうし-もの ⓪【お調子者】名 「調子者」を皮肉っぽく言う語。

おちょく・る ク 他五 ラ・ロ―リ・ッ―ル―ル―レ―レ 俗語 からかう。ばかにする。

おちょこ チョ【お×猪▲口】名 ❶「ちょこ」の丁寧な言い方。❷強風のために傘が逆に開いた形になったもの。「傘が―になる」

おちょぼ-ぐち ボ【おちょぼ口】名 小さくつぼめた、かわいらしい口。おつぼぐち。

お・ちる チ【落ちる】自上一 チ―チ―チル―チル―チレ―チロ・チヨ ❶上から下へ位置が移る。㋐落下する。「がけから―」「穴に―」㋑降る。「雨が落ちてきた」㋒地平線・水平線に沈む。「日が―」↔のぼる。❷劣った状態になる。㋐程度・段階などが低くなる。「スピードが―」「成績が―」「品質が―」「評判が―」↔あがる。㋑地位が低くなる。「幕下に―」↔あがる。㋒おとろえる。「風が―」㋓いやしくなる。わいせつになる。「話が―」❸悪い状況になる。㋐おちいる。「逆境に―」㋑落選する。「衆議院選挙に―」㋒落第する。「試験に―」❹最終の状態にゆきつく。㋐ある状態になる。「眠りに―」「恋に―」㋑相手の思いどおりの状態になる。「計略に―」㋒負けて相手に取られる。「城が―」㋓その人のものになる。「入札の結果、彼の手に落ちた」㋔犯人が自白する。❺入れるべきものが抜ける。「一字―」「私の名が落ちている」❻ついていたものがなくなる。「あかが―」「色が―」❼柔道などで、気絶する。❽ひそかに逃げる。「都を―」**お・つ** 文語上二

お-ちんちん チ 名 幼児語 陰茎。ちんちん。

おっ 接頭 (「押し」の変化。動詞につく)意味や語勢を強める。「―かぶせる」

おっ オ 感 おどろいたり、何かに気がついたりしたときに出す声。「―、ここにあったか」

おつ【乙】一 オ 名 ❶十干の第二。きのと。❷二つあるものの二番目。第二位。「甲―つけがたい」❸邦楽で、甲より一段低い調子。↔甲。二 ⓪ 形動 ❶しゃれて気がきいているようす。「―な味」❷気どっているようす。「―にすます」

おっ-かあ カ【おっ母】名 ❶(「おかか」から)子が、母を呼ぶ語。❷夫が、妻または他の年配女性を呼ぶ語。参考 幕末、江戸で中流以下の階層で用いられた。

お-つかい ⓪【お使い】名 買い物などのちょっとした用をすませに外出すること、および、それを命じられることの改まった言い方。**―姫** カ 名 神の使いとされる雌の動物。つかわしめ。

お-つかいもの ⓪【お遣い物】―つかひもの 名 他の人へのおくりものの改まった言い方。御進物。

おっ-かけ ⓪【追っ掛け】一 名 ❶映画で、追跡の場面。❷俗語 人気スターを追って、ファンが出演場所につきまとうこと。二 副 なにかのあと、間をおかず行われるようす。「体育祭のあと、―試験が始まる」

おっ-か・ける ケ【追っ掛ける】他下一 ケ―ケ―ケル―ケル―ケレ―ケロ・ケヨ ➡おいかける。

おっ-かさん カ 名 ❶(「おかかさん」の変化)子が母を敬愛の気持ちをもって呼ぶ語。↔おとっつぁん。参考 「おかあさん」が広く用いられる前に一般的に用いられていた。❷夫が、妻または他の年配女性を敬愛の気持ちをもって呼ぶ語。

おっかな・い ナ 形 カロ―カッ・ク―イ―イ―ケレ―⓪ 俗語 こわい。おそろしい。「―夢を見た」**おっかながる** 自五 **おっかなさ** 名

おっかなびっくり ビ 名 副 びくびくしながら。おそるおそる。「―部屋をのぞく」

おっ-かぶ・せる セ【おっ▲被せる】他下一 セ―セ―セル―セル―セレ―セロ・セヨ (「おっ」は強めの接頭語)❶おおいかぶせる。「袋を―」❷負わせる。「責任を他人に―」

おつかれ-さま ⓪【お疲れ様】あいさつ 相手のはたらきや苦労をねぎらうときのことば。ご苦労様。参考 「おつかれさん」は、くだけた言い方。若い世代では、単に「おつかれ」だけを別れのあいさつとして使うことがある。

お-つき ⓪【お付き】名 おとも。「―の人」

おっ-くう ク【億×劫】名 形動 ダロ―ダッ・デ・ニ―ダ―ナ―ナラ―⓪ 気が進まず、めんどうくさいようす。「―な仕事」「外に出るのは―だ」**おっくうがる** 自五

お-つくり ⓪/ツ 名 ❶さしみ。❷お化粧。

お-つけ ⓪【▲御付け】名 みそしる。おみおつけ。参考 「ごはん」に付ける(添える)ものという意味から生まれたとされる。東京では「おみおつけ」が普通の言い方だったが、「おみそしる」へと変化した。

お-つげ ⓪【お告げ】【▲御告げ】名 神仏が、その意向を知らせることば。託宣。

オッケー オ 感 (オーケーの変化)よし。よろしい。わかった。

おっ-けん ⓪【臆見】名 文章語 かってにおしはかった意見。

おっこ・ちる チ 自上一 〔俗語〕落ちる。
おっこと・す ト 他五 〔俗語〕落とす。
おっ-さん 0 名〔俗語〕(「おじさん」の変化)中年の男をしたしんで、また、やや軽く見て呼ぶことば。
おっしゃ・る シャ【▲仰る】他五 (「おおせある」の変化)「言う」の尊敬語。言われる。おおせになる。おおせられる。参考 命令の言い方は、「おっしゃいませ」「おっしゃい」があるが、「おっしゃい」は、目上には用いない。「おっしゃられる」は過剰敬語とされる。⇩言う 参考。**おっしゃれる** 自下一〔…できる〕
オッシログラフ ケ 〈oscillograph〉名 ⬇オシログラフ。
おっ・す オ あいさつ ⬇おす。
オッズ オ 〈odds〉名 競馬や競艇などのかけごとで、レースの前に発表される予想払い戻し率。予想配当。
おっ-そ オ【▲越訴】名 昔の訴訟で、所定の手続きを経ないで、直接、上級の役所に訴え出ること。
おっ-ちゃん 0 名〔俗語〕(「おじさん」の変化)中年以上の男性に親しみをこめて呼ぶことば。おっさん。
おっちょこ-ちょい チョ 名 形動 おちつきがなく、かるがるしいようす。また、そういう人。気のよい、あわてもの。
おつ-かっつ カ 形動 (「乙甲」の変化)程度がほとんど同じで差のないようす。「実力は―だ」「彼は―なところがある」
おっ-つ・く ツ【追っ付く】自五 (「おいつく」の変化)追いかけて行きつく。**追っ付ける** 自下一〔…できる〕
おっ-つけ 0 副 まもなく。やがて。そのうち。「―来るだろう」
おっ-つ・ける ケ【押っ付ける】他下一 ❶おしつける。❷相撲で、相手の差し手を外側からおさえて、差させないようにする。**押っ付け** 名
おっ-て 0【追っ手】名 (「おいて」の変化)逃げる人をおいかける人。「―がせまる」
おって 0【追って】副 ❶いずれ近いうち。あとで。のちほど。「―報告いたします」❷(手紙で本文の後につけ加えるとき、書きはじめに書く語)つけ加えて。なおなお。⇩追って書き。 **―書き** 0 名 手紙を書きおえたあとで、また、ほかのことを書きそえる文章。参考「追って・なおなお・二伸・再伸・追白・追伸」などを書きおこしに用いる。あらたまった手紙では追って書きは用いない。くやみの手紙では「追って・なおなお」はさける。

おっと 0【夫】【▲良▲人】名 夫婦のうちの男。↕妻。参考 自分の夫のことを、身内に対しては、名前に「さん」をつけていうのが一般的だが、名を呼びすてにする習慣もある。第三者に対しては、「主人・たく」などを使い、また、姓をよぶ。
おっ-と オ 感 急なことにおどろいたり、あわてたりするときに出す声。「―失礼」
オットセイ ト【×膃×肭×臍】名 (アイヌ語onnewに当てた漢字の音読みから)アシカ科の哺乳類。四肢はひれ状。背面は灰黒色、腹面はかっ色。北太平洋にすむ。あしかよりやや小さい。
お-つとめ 0【お勤め】名 ❶「勤め」の尊敬・丁寧の言い方。「役所の―」❷毎日仏前でする読経。
おつとめ-ひん 0【おつとめ品】【▲御▲勉め品】名 安売りの商品のことを、売り手が買い手に対して言うことば。奉仕品。
おっとり ト (と)副 自サ おうように。ゆったり。「―かまえる」「―した性格」
おっとり-がたな ガ【押っ取り刀】名 ❶急なときに、刀を手に持ったままで腰にささないこと。❷大急ぎで出かけるようす。「―でかけつける」
おつ-にょう 0【乙×繞】名 漢字の部首の一つ。「乞」「乳」などの「乙・乚」。
おっぱい オ 名〔幼児語〕乳。乳房。
おっ-ぱじ・める メ 他下一〔俗語〕「始める」の威勢のいい言い方。
おっ-ぱら・う ラ【追っ払う】他五 追いはらう。**追っ払える** 自下一〔…できる〕
おっ-ぽ ボ【尾っぽ】名 尾。しっぽ。
おつぼ-ぐち ボ【おつぼ口】【▲御×壺口】名 おちょぼ口。
お-つぼね 0【▲御▲局】名 ❶宮中や貴人宅でつぼね(個室)を与えられた女性。❷〔俗語〕(多く「―様」の形で)職場などで、もっとも古株で口うるさい女性。
おっ-ぽりだ・す ダ【おっ▲放り出す】他五〔俗語〕「ほうり出す」の威勢のいい言い方。「宿題を―」「怠けものを―」
お-つまみ ツ【▲御▲摘み】名 (「つまみもの」の丁寧語)酒を飲むあいまに、つまんで食うもの。
お-つむ ツ 名〔幼児語〕〔女性語〕あたま。

お-つもり 0【▲御積り】名 酒宴で、酒をこれで最後とすること。また、その酒。「この一本で―だ」
お-つや ツ【お通夜】【▲御通夜】名 「つや」の丁寧な言い方。
お-つゆ ツ【▲御▲汁】名 (「つゆ」の美化語)つけ汁・すいもの・みそしるなどを丁寧に言う語。
お-つり 0【お釣り】名 「つり銭」の丁寧な言い方。「―が出ないようにする」 **―が来る** ❶価格と支払い額との差額をもらう。「五百円で―ランチ」❷費やした時間や労力を考えても、十分な見返りがある。おつりが出る。
おつ-りき 0【乙りき】形動〔俗語〕(「りき」は調子を整えるために添えた語)ふつうと変わって、ちょっと趣のあるようす。おつ。「ちょいと―なかっこう」
お-てあげ 0【お手上げ】名 どうにもならなくなること。「もう―だ」参考 降参のとき手をあげることから。
お-てあらい ア【お手洗(い)】名 (「てあらい」の美化語)便所を婉曲にいう語。
お-でい 0【汚泥】名 きたないどろ。
お-でかけ 0【お出かけ】名 自サ 「出かけること」の尊敬語・美化語。「どちらへ―ですか」「―日和」
お-でき テ【▲御出来】名 できもの。はれもの。
お-でこ テ【▲御▲凸】名 ❶ひたいが高く出ていること。❷〔俗語〕ひたい。
お-てしょ テ【▲御手▲塩】名〔女性語〕(「おてしおざら」の略)小さい浅い皿。
お-てだま テ【お手玉】名 小さな布の袋に、あずきなどを入れたもの。また、それを投げあげては受け取る遊び。
お-てつき テ【お手付(き)】名 ❶0 身分のある男性が、使用人と性的関係を結ぶこと。❷テ 歌ガルタをとるとき、ちがうふだに手をつけること。
お-てつだい テ【お手伝い】名 家事の手伝いを職業とする女性。おてつだいさん。
お-てて テ【お手手】名〔幼児語〕手。「―をつなぐ」
おて-の-もの ノ【お手の物】名 もっとも得意とするところ・こと。十八番。おはこ。「―の料理」
お-てまえ 【お手前】━ テ 名 ❶【▲御▲点前】茶の湯のわざ。❷技量。おてなみ。━ 代〔古語〕(武士が同輩に用いた語)あなた。貴殿。
お-でまし 0【お出まし】【▲御出▲座し】名 行くこと・来ること・出ることの尊敬語。「殿下の―」

おてもと [0]【お手元】【▲御手▲許】[名]「箸(はし)」の丁寧な言い方。

おてもり [0]【お手盛り】[名] ❶自分で、食物をうつわに盛ること。「—でどうぞ」❷自分につごうのいいように、自分でとりはからうこと。「—予算」

おてやわらか [0]【お手柔らか】(やはらか) [形動]ダロ・ダッ・デ・ニ・ダ・ナ・ナラ・○ かげんして、やさしくとりあつかうようす。「—にねがいます」

おてん [0]【汚点】[名] ❶よごれ。しみ。❷不名誉な事がら。きず。「学校の歴史に—をのこす」

おでん [テ][名]（もと、田楽(でんがく)の女房ことば）野菜・ちくわ・こんにゃく・がんもどきなどを煮こんだ食べ物。関東炊(だき)。[冬]

おてんき [テ]【お天気】[名] ❶空模様。❷人のきげん。「父の—をうかがう」 **—屋**(や) [0][名] きげんのかわりやすい人のこと。

おてんとうさま [テ]【お天道様】[名] 太陽をうやまい親しんでよぶ語。おてんとさま。

おてんば [0]【▲御転婆】[名][形動] 少女が男性的に元気よくはねまわること。また、そういう少女。

おと [ト]【音】[名] ❶物体の振動により生まれた空気のゆれが耳に届いて起こる感覚。音響。ひびき。「波の—が聞こえる」「—を立てる」⇩ね(音) [参考] ❷評判。うわさ。「—にきこえた力持ち」 **—に聞**(き)**く** うわさにきく。名高い。

おとあわせ [ア]【音合(わ)せ】(あはせ) [名] ❶演奏の前に、楽器の音を一定にするために、それぞれ軽く音を出して調節し合うこと。チューニング。❷放送・演劇などで、音楽や効果音などを、前もって本番どおりにテストすること。

おとうさん [ト]【お父さん】[名] 父を親しんで、あるいは尊敬してよぶ語。↕お母さん。[参考]子どもが自分の父に対して使うほか、子どものある男性に対して使ったり、妻が夫に対して使ったりする。父親自身が自分の子どもに対して自らを指して言うこともある。「おとうさま」「とうさん」「パパ」などの中で最も標準的である。他人に対して自分の父親を言う場合は「ちち」が望ましい。明治時代末期に国定教科書で採用してから全国に広まった。

おとうと [ト2]【弟】[名]（「おとひと」の変化）↕兄。❶年下の男のきょうだい。❷夫や妻の年下の男のきょうだい。妹の夫。義弟(ぎてい)。❸年下。「わたしのほうが二年—です」↕ **—弟子**(でし) [ト2][名] 同じ先生の所へ、あとから来たでし。↕兄でし。 **—分**(ぶん) [ト2][名] 弟と同じあつかいをうける者。

おとおし [0]【お通し】(とほし) [名] 酒のさかなとして出す簡単な食べ物。通しもの。つきだし。

おどおど [オ][(と)副][自サ] 恐れておちつかぬようす。びくびく。「—近づく」「人前で—する」

おとがい [0]【×頤】(おとがひ) [名] したあご。 **—が落**(お)**ちる** 食物がうまいことのたとえ。

おどかす [0]【脅かす】【▲嚇かす】[他五]サ・ソ・シ・ス・ス・セ・セ ❶おびやかす。こわがらせる。おそれさせる。おどす。❷びっくりさせる。おどろかす。「急に声をかけて—」 **脅かし** [名] **脅かせる** [自下一]（…できる）

おとぎ [0][ト]【▲御×伽】[名] ❶貴人のそばにつかえて話し相手をすること。❷寝所につきそうこと。❸死んだ人の通夜をすること。❹おとぎばなし。「—の国」 **—草子(紙)**(ぞうし) [ソ][名] ❶室町(むろまち)時代に流行した短編小説。大部分は作者・成立年とも不明。浦島太郎・一寸法師などの話をふくむ。❷江戸中期に❶の短編小説二三編をのせて刊行された本の総称。 **—話**(ばなし) [バ][名] こどもにきかせる昔話。また、童話。

おとくい [0]【お得意】[名] ❶なれてたくみにすること・もの。「—のピアノ」❷ひいきにしてくれる客。商家の取引先。「—まわりをする」

おどける [0]【▲戯ける】[自下一]ケ・ケ・ケル・ケル・ケレ・ケロ・ケヨ ふざける。こっけいなことを言ったりしたりする。「おどけてみせる」 **おどけ** [名]

おとこ [コ]【男】(をとこ) [名] ↕女。❶人間の性別二つのうち、女の卵子と結合する精子をつくり、子を生ませる器官をもつ方。おとなになると、骨格が太い、声が低い、体毛が濃い、などの特徴が見られる。男子。❷一人前に成人した男性。❸男が、女と対比的に、一般にもつと考えられてきた性質。強さ、激しさなど。また、そういう性質が顕著である男。「—の中の—」❹男としての面目。「—をあげる」❺男としての顔だち。「苦味ばしったいい—」❻男の、親しみをこめた表現。また、軽んじた表現。「おもしろい—だ」「なんだ、あの—は」[参考]近代以前の日本社会の男女の関係を反映して、「男」を含む単語・熟語には、女に対する根拠のない差別意識の伴うものが存在する。「男が廃(すた)る」のような慣用句は採らなかったが、男と女が対比的に造語要素となる「男運」「女運」などは、かつての日本語のありかたを知る上での参考として掲載した。同じ意味の「男性」にはそのような制約はなく、「男」に比べやや堅い感じをもつ。

おとこいっぴき [キ]【男一匹】(をとこ) [名]「一人前の男子」を強めた言い方。しっかりした男。「—約束は守る」

おとこうん [0]【男運】(をとこ) [名] 女性が、どのような男性と出会うかという運勢。「—の悪い人」↕女運。

おとこおや [0]【男親】(をとこ) [名] 子から見て男であるほうの親。父親。↕女親。

おとこぎ [0]【男気】(をとこ) [名] 自分をすてて人のためにつくす、男らしいとされる気性。義侠(ぎきょう)心。

おとこぎらい [ギ]【男嫌い】(をとこ) [名] 男と接しようという気持ちの強くない女。↕女嫌い。

おとこぐるい [グ]【男狂い】(をとこぐるひ) [名] 女が男との情事にむちゅうになること。↕女狂い。

おとこけ [0]【男気】(をとこ) [名] 男のいるようす。おとこっけ。「—のない所帯」↕おんなけ。

おとこごころ [ゴ]【男心】(をとこ) [名] 男性の気持ち。男特有の心理。↕女心。 **—と秋**(あき)**の空**(そら) 心が変わりやすいことのたとえ。⇩女心と秋の空 [参考]

おとこごろし [ゴ]【男殺し】(をとこ) [名] ❶男を殺すこと。また、その人。❷男が夢中になるような色っぽい女。↕女殺し。

おとこざか [0][コ]【男坂】(をとこ) [名] 二つある坂のうち、急なほうの坂。↕女坂。

おとこざかり [ザ]【男盛り】(をとこ) [名] 体力・気力などの面で男としてもっとも活動的な年ごろ。↕女盛り。

おとこしゅう [0]【男衆】(をとこ) [名] ↕女衆。❶男たち。❷使用人の男。❸役者の身の回りの世話をする人。‖おとこしゅ。

おとこじょたい [ジョ]【男所帯】(をとこ) [名] 男だけで女のいない所帯。

おとこずき [0]【男好き】(をとこ) [名] ❶女が、容姿・気性など男に好かれる条件をそなえていること。「—のする顔だち」❷女が、男との情事を特に好むこと。

おとこだて [0]【男だて】【男×伊▲達】(をとこ) [名] 男気があり、弱い者を助け強い者をくじくこと。また、その人。侠客(きょうかく)。

おとこっぷり [0]【男っぷり】(をとこっ) [名] ⬇おとこぶり。

おとこっぽい [ポ]【男っぽい】(をとこっ) [形]カロ・カッ・ク・イ・イ・ケレ・○ ❶女だけれど男のように感じられる傾向が強い。↕女っぽい。❷⬇おとこらしい。「—物言い」「—ふるまい」

おとこで [0]【男手】(をとこ) [名] ↕女手。❶男子の労働力。男の働き手。「—がない」❷漢字。❸男の書いた文字。

おとこ-なき ⓪【男泣き】〔名〕めったに涙を見せないと考えられていた男が、こらえきれずに泣くこと。

おとこ-の-こ 〔コ〕【男の子】〔名〕↕女の子。❶男の子ども。男児。❷〔俗語〕女性からみて、若い男性。

おとこ-の-ひと【男の人】〔連語〕おとなの男のことをやわらかに言う語。「さっき立ち話しをしていた―はどなた」↕女の人。〔参考〕敬意を込めるときは「男の方(かた)」と言う。

おとこ-ぶり ⓪【男ぶり】【男振】〔名〕❶男としての顔つきや姿。おとこまえ。「いい―だ」↕女ぶり。❷男としてのめんぼく。「―をあげる」＝おとこっぷり。

おとこ-まえ ⓪【男前】〔名〕❶男ぶり。男の面目。「―があがる」❷よい男ぶり。美男子。「かれは―だ」

おとこ-まさり 〔マ〕【男勝り】〔名〕女が、男よりも気性がしっかりしていること。また、そういう女。女の気性が男よりも劣ると考えられていた時代の表現。

おとこ-むすび 〔ム〕【男結び】〔名〕ひもの結び方の一つ。右のはしを左の下にまわして返した輪に、左のはしを通して結ぶもの。荷造りやかき根を結ぶときなどに用いる。↕女結び。

男結び(左)・女結び(右)

おとこ-もの ⓪【男物】〔名〕男性が使うのにふさわしいように作られた品物。紳士物。「―の財布」↕女物。

おとこ-やく ⓪【男役】〔名〕↕女役。❶演劇・映画で、男の演ずる役。❷男の役を演ずる女優。

おとこ-やもめ 〔ヤ〕【男やもめ】【男×鰥】〔名〕妻に死なれた、ひとり暮らしの男。やもお。↕女やもめ。

おとこ-らし・い 〔シ〕【男らしい】〔形〕(カロ・カッ・ク｜イ｜イ｜ケレ｜○) 男がもつと考えられてきた強さ・激しさなどをそなえているようす。↕女らしい。**男らしさ**〔名〕 **をとこら・し**〔文語シク〕

お-ところ ⓪【お所】〔名〕相手を敬って、その住所をいう語。「お名前と―をご記入ください」

おと-さた ⓪【音沙汰】〔名〕たより。消息。連絡。「なんの―もない」

おとし 〔シ〕【落(と)し】〔名〕❶話の結末。「おもしろい―のある話」❷わな。「ねずみを―にかける」❸木製の火ばちの、灰を入れる所。❹戸のさんから敷居の穴にさす木片。

おどし ⓪【脅し】【▲威し】〔名〕❶おどかすこと。「―が利く」❷かかし。

おどし ⓪【×縅】〔名〕よろいの札(さね)を結びあわせること。その革・糸の色によって、もえぎおどし・ひおどしなどという。

おとし-あな 〔シ〕【落(と)し穴】〔名〕❶敵やけものをおとしいれてつかまえる穴。❷人をおとしいれる計画。

おとし-い・れる 〔レ〕【陥れる】〔他下一〕(レ｜レ｜レル｜レル｜レレ｜レロ・レヨ) ❶落として入れる。「穴に―」❷だまして計略にかける。「敵を―」❸だまして罪をかぶせる。❹攻めおとす。「城を―」 **おとしい・る**〔文語下二〕

おとし-がみ 〔シ〕【落(と)し紙】〔名〕便所で使う紙。トイレットペーパー。

おとし-ご 〔シ〕【落(と)し子】〔名〕❶正式の夫婦でない間に生まれた子。❷あることの結果として生じた予想外の事柄。「貿易振興政策の―」

おとし-こ・む 〔コ〕【落(と)し込む】〔他五〕(マ・モ｜ミ・ン｜ム｜ム｜メ｜メ) ❶落として中に入れる。❷他人をおとしいれる。❸抽象的な概念や考えを具体的な形で表す。「そのアイディアを企画に―」

おとし-ざし ⓪【落(と)し差し】〔名〕こじりをさげて、刀をたてにさすこと。

おとし-だね 〔ダ〕【落(と)しだね】【落し×胤】〔名〕貴人が、妻でない女にうませた子。落胤(らくいん)。

お-としだま ⓪【お年玉】〔名〕〔「お」は接頭語。「たま」は「たまもの」の意〕新年の祝いのおくりもの。子どもや目下(めした)の者におくる金品。㊗新年

おどし-つ・ける 〔ケ〕【脅し付ける】【▲威し付ける】〔他下一〕(ケ｜ケ｜ケル｜ケル｜ケレ｜ケロ・ケヨ) うんとおどかす。**おどしつ・く**〔文語下二〕

おとし-どころ ⓪【落(と)し所】〔名〕話し合いなどで、まえもって考えておく結論。妥協点。「あらかじめ―を考えておく」

おとし-ばなし 〔バ〕【落(と)しばなし】【落し×噺(×咄)】〔名〕おちのあるこっけいなはなし。らくご。

おとし-ぶた 〔シ〕【落(と)し蓋】〔名〕❶ふちにかぶさらないで、落ちこむようにしたふた。「なべの―」↕かぶせぶた。❷箱の横を口にし、両がわのみぞにはめて上下に動かして開閉するふた。

おとし-ぶみ 〔シ〕【落(と)し文】〔名〕❶道路などにわざとそっと落としておく無記名の文書で、公然とは言えないことを書いたもの。落書(らくしょ)。❷オトシブミ科の甲虫。なら・くぬぎなどの葉を巻いて筒状にした中に卵をうみつける。㊗夏

おとし-まえ ⓪【落(と)し前】〔名〕〔俗語〕もめごとの後始末。また、そのための金。「―をつける」〔参考〕夜店のたたき売りなどで、値段を適当なところまで下げることからという。

おとし・める 〔メ〕【×貶める】〔他下一〕(メ｜メ｜メル｜メル｜メレ｜メロ・メヨ) ❶みさげる。けいべつする。❷名誉をきずつける。「本校の名を―行為である」 **おとし・む**〔文語下二〕

おとし-もの ⓪【落(と)し物】〔名〕落とし、なくしたもの。遺失物。

おと・す 〔ト〕【落(と)す】〔他五〕(サ・ソ｜シ｜ス｜ス｜セ｜セ) ❶上から下へ位置を移す。落下させる。「爆弾を―」「橋の上から―」❷劣った状態にする。㋐程度・段階などを低くする。「声を―」「スピードを―」「品質を―」「評判を―」↕あげる。㋑地位を低くする。「一軍から二軍に―」↕あげる。㋒いやしくする。わいせつにする。「話を―」❸悪い状況にする。㋐おちいらせる。「相手を苦境に―」㋑落選させる。「ライバルを落として当選する」㋒落第させる。「涙をのんで三名―」❹失う。㋐持ち物をうっかり失う。紛失する。「大金を―」㋑なくする。「命を―」「力を―」❺最終の状態にゆきつかせる。㋐最終的に手に入れる。「入札して―」「くどき―」㋑攻め取る。「城を―」㋒犯人を自白させる。㋓落語などの最後を、しゃれや意表をつく発話でしめくくる。❻はずす。抜かす。㋐入れるべきものを、うっかりもらす。「書き―」「言い―」㋑資格のないものとしてはずす。のける。「メンバーから―」❼ついているものを取り除く。「よごれを―」❽柔道で、気絶させる。❾ひそかに逃がす。「妻子を―」 **落とせる**〔自下一〕〔…できる〕

おど・す ⓪【脅す】【▲威す】〔他五〕(サ・ソ｜シ｜ス｜ス｜セ｜セ) こわがらせる。強迫する。おどかす。

おど・す ⓪【×縅す】〔他五〕(サ・ソ｜シ｜ス｜ス｜セ｜セ) 〔「緒(お)を通す」の意から〕よろいの札(さね)を糸・革(かわ)などでつづる。

おとず・れる【訪れる】㊀〔レ〕〔自下一〕(レ｜レ｜レル｜レル｜レレ｜レロ・レヨ) ❶たずねる。訪問する。❷季節・時期がやって来る。「春が―」〔参考〕「おとづれる」のように「づ」を用いて書いてもよい。**訪れ**〔名〕 **おとづ・る**〔文語下二〕 ㊁〔自下二〕〔古語〕❶声や音をたてる。❷便りをする。「月に一度なんどは必ずおとづるものを」〈平家〉

おと-つ-い 〔ツ〕【▲一▲昨▲日】〔名〕➡おととい。

おとっ-つぁん 〔ト〕〔名〕〔「おととさま」の変化〕父親を親しんで呼ぶ語。↕おっかさん。〔参考〕明治時代末期に「おとうさ

ん」が普及するまで使われた。

おとど【大殿・大臣】名古語（もと、身分の高い人のやしき）大臣・公卿。

おと-とい ト2【一昨日】名 きのうの前の日。参考 あらたまった場面では「いっさくじつ」という。「おとつい」は俗語的。

おと-とし ト1【一昨年】名 昨年の前の年。参考 あらたまった場面では、「いっさくねん」という。

おと-とび 0【音飛び】名 レコードやCDで、音が部分的に切れてしまう状態になること。「CDの―」

おとな【大人】[一] 0 ㊀名 ❶一人まえの人。成人。「―料金」❷分別をわきまえた人。「―の対応」㊁形動 おとなしくて分別のあるようす。「この子はずいぶん―だね」❷ [二] 名古語 ❶元服を終えた男、また裳着を終えた女。❷一家を支える人。大黒柱。❸世なれた人。古参の女房。❹身分の高い家来。年寄り。

おとな・う【訪ふ】自四古語 ❶音をたてる。声をたてる。「懸樋のしづくならでは、つゆおとなふものなし」〈徒然〉❷声をかけて人をたずねる。訪問する。おとずれる。「このわたり（アタリ）におとなふ折あらむついでに」〈源氏〉❸手紙をやる。文通する。おとずれる。「殿のうへぞ常におとなひきこえさせたまひけれども」〈栄華〉

おとな-がい 0【大人買い】名 他サ 俗語 おまけ付きの菓子や漫画本など、子ども向けの商品を大量に買うこと。また、個人が大量の商品を買い込むこと。「コミックの―」

おとなげ-な・い ナ2【大人げない】形 おとならしい思慮・分別がない。子どもじみている。考えや言動がおさない。「いい年をして―」 **大人げなさ** 名 **おとなげな・し** 文語ク

おと-なし 0【音無し】名 音を立てないこと。静かなこと。

おとなし・い【おとなしい】【大人しい】[一] シ 形 ❶おだやかでおちついた性質である。荒っぽくない。「―子ども」❷しずかで従順である。「おとなしく聞きなさい」❸（デザインや色どりなどが）けばけばしくなくて、おちついている。「―色のセーター」 **おとなしさ** 名 **おとな・し** 文語シク [二] 形シク 古語 ❶おとなびている。一人前である。「十一になりたまへど、ほどよりは大きにおとなしう清らにて」〈源氏〉↔おとなげなし。❷かしらだっている。年配である。「おとなしき郎等すすみ来て」〈宇治拾遺〉参考 名詞「おとな（大人）」を形容詞に活用させてできたことば。

おとなし-やか シ【おとなしやか】【大人しやか】形動 おちついてものしずかなようす。

おとなっ-ぽい ポ【大人っぽい】形 子どもにしてはおとなの雰囲気があるようす。「―服装」「―もの言い」

おとな・びる ビ【大人びる】自上一 おとならしくなる。一人まえになる。「大人びた声」

おと-な・ふ【訪ふ】自四古語 ⇒おとなう。

おと-ひめ ト【弟姫・乙姫】名 ❶竜宮にすむという若い美女。❷古語 年下の姫。❸古語 少女を美しく言うことば。

おと-め ト【乙女】【少女】名 わかいむすめ。少女。処女。

お-とも ト【お供】名 ❶つき従って行くこと。❷従者。❸料理屋などで、客の乗る自動車。おくるま。

おと-や ト【乙矢】名 二番めに射る矢。

おど・らす 0 他五 ❶【躍らす】どきどきさせる。おどらせる。「胸を―」❷【踊らす】人をあやつって思うままに行動させる。「甘言に踊らされる」

お-とり 0【×囮】名 ❶鳥・獣・魚をさそいよせるために使う他の鳥・獣・魚。秋 ❷さそいよせるために利用するもの。「景品を―にする」 ―**捜査** ソ 名 容疑者の中に、その仲間のように見せかけた捜査官を入れたり、犯行を行いやすい状況を作ったりして犯人をとらえる方法。

おどり 0【踊り】名 おどること。まい。舞踊。「盆―」秋

おどり-あが・る ガ【躍り上がる】自五 はねあがる。とびあがる。「躍り上がって喜ぶ」

おどり-かか・る カ2【躍り掛（か）る】自五 はげしい勢いで、とびかかる。

おどり-ぐい 0【躍り食い】名 生きているえびやしらうおなどを、そのまま食べること。

おどり-くる・う ル【踊り狂う】自五 喜んだり興奮したりして、はげしくおどりまわる。夢中になっておどる。

おどり-こ 0【踊（り）子】名 ❶盆踊りなどで踊る少女。秋 ❷西洋舞踊を職業とする女性。ダンサー。

おどり-こ・む コ【躍（り）込む】自五 勢いよくとびこむ。「敵陣に―」

お-とりさま サ【御×酉様】名「とりの市」をていねいにいう語。冬

おどり-じ 0リ【踊（り）字】名 同じ字を重ねるときの符号。繰り返し符号。「ゝ」「々」「〱」など。

おどり・でる デ【躍（り）出る】自下一 ひととびに出る。とび上がって出る。「スターの座に―」

おどり-ば 0【踊（り）場】名 ❶おどる所。❷階段の中途に、足休めのために踏み板を広くもうけた所。❸経済が上昇と下降のあいだで停滞すること。「景気の―」

お-とりよせ 0【お取（り）寄せ】名 他サ 各地の名産品や有名店の商品を通信販売でとりよせること。「―グルメ」

おと・る 0ト【劣る】自五 他にくらべて、わるい。まける。ひけをとる。「まさるとも劣らない」「負けず劣らず」↔まさる。

おど・る 0【踊る】自五 ❶多くは音楽を伴奏として、手足・からだを調子よく連続してうごかす。❷そそのかされてうごく。「かねで―」 **踊れる** 自下一［…できる］

おど・る 0【躍る】自五 ❶とび上がる。はね上がる。「身が―」❷おちつかないで乱れる。「画面が―」❸期待・喜びなどで、どきどきする。「胸が―」

おどろ 0【×棘】名 形動 ❶草木の乱れしげっていること・ところ。また、そのようす。❷髪などがもつれあっているようす。「髪を―にふり乱す」

おとろ・える エ【衰える】自下一 ❶勢いや力がなくなる。「気力が―」❷盛んだったものが行われなくなる。すたれる。「縁日が―」↔栄える。 **衰え** 名 **おとろ・ふ** 文語ハ下二

おどろおどろ・し 形シク 古語 ❶気味がわるい。恐ろしい。「鬼の顔などの、おどろおどろしく作りたるものは」〈源氏〉❷ぎょうぎょうしい。おおげさだ。「おどろおどろしく二十人の人の上りて」〈竹取〉❸はなはだしい。ひどい。「野分の例の年よりもおどろおどろしく」〈源氏〉参考 動詞「おどろく」の「おどろ」を重ねて形容詞化した語。

おどろか・す【驚かす】[一] カ 他五 びっくりさせる。「世の中を―」[二] 他四 古語 ❶目をさまさせる。おこす。「寝たる人を心なくおどろかすものか」〈紫式部日記〉❷それとなく気づかせる。注意をうながす。「明け果てぬ先にと、人々、しはぶき（咳バライシテ）おどろかし聞こゆ」〈源

氏〉❸（忘れたころに）おとずれる。たよりをする。「時々は、それ（ソチラ）よりもおどろかしたまはむこそ」〈源氏〉

おどろき-い・る イ【驚（き）入る】自五 ラ・ロ・リ・ッ ル・ル・レ・レ ひどくおどろく。「驚き入ったしだいだ」

おどろ・く【驚く】【×愕く・×駭く】❶ ⓪ 自五 カ・コ・キ・イ ク・ク・ケ・ケ 思いがけないことに出会って心がさわぐ。びっくりする。「無名選手の優勝に―」「―べき力」 **驚き** 名 ❷ 自四〔古語〕❶目がさめる。「物に襲はるるここちして、おどろきたまへれば」〈源氏〉❷はっと気がつく。「秋来ぬと目にはさやかに見えねども風の音にぞおどろかれぬる」〈古今〉 **―なかれ** びっくりするな。伝える内容が衝撃を与えそうな場合にいう。「―百万円の損失だ」 **―べし** 思いがけないことには。「―、全員失格だ」

おない-どし ナ【同い年】名（「おなじとし」の変化）同じ年齢。同年。

おなか ⓪【▲御▲腹】名「はら」の丁寧な言い方。

おなが ⓪【尾長】を 名 カラス科の鳥。尾が長くて青く美しい。 **―鳥**どり ガ 名 日本固有のにわとりの変種。雄の尾羽は八メートルに達するものもある。主として四国の産。特別天然記念物。ながおどり。長尾鶏ちょうび。

おながどり

お-ながれ ナ【お流れ】名 ❶目上の人からさしてもらうさかずき。「―をちょうだいします」❷予定していた事が中止になること。さたやみ。「会合が―になる」

お-なぐさみ ⓪【お慰み】名 その場の軽い楽しみ。座興。「うまくいったら―」参考 ふざけ、軽い皮肉をこめて言う。

おなご【▲女子・▲女】をな 名〔方言〕（「おんなご」の変化。関西・東北で）❶女のこども。❷女。婦人。❸お手伝いさん。

お-なさけ ナ【お情け】名 弱い立場の者に対するあわれみ・同情・愛情などの気持ち。「―で卒業させてもらう」

おなじ ⓪【同じ】❶ 形動 ダロ・ダッ・デ・ニ ダ・ー・ナラ・○ 共通でかわりがないようす。同様。「どの子も―にかわいい」参考 連体形は、体言につづくときは「同じ本」のように、語幹が使われる。このような用法を連体詞とみる説もある。助詞「のに・ので」につづくときは「同じな」という活用語尾のある形が使われる。くだけた場合には、「おんなじ」ともいう。❷ 副 どうせ。どっちみち。「―行くなら」 **―穴**あな**の×狐**むじな（×狢むじな）同類の悪者。一味いちみ。 **―釜**かま**の飯**めし**を食**く**う** いっしょに生活する。

おなじく ナ【同じく】（文語形容詞「同じ」の連用形から）❶ 副 同様に。「志を―する」❷ 接続 同じ内容がならぶとき、省略していう語。同どう。「文学博士A、―B」

おなじく-は ナ【同じくは】ワ 副 どうせ同じことなら。「―こちらにしよう」

お-なじみ ⓪【お×馴染】名 ❶聞き手がよく知っているだろうと遠慮がちに言う語。「―のお話でございます」❷料理屋・酒場などの常連客。「あの方は―様です」

オナニー オ〈ド Onanie〉名（聖書のなかの人物オナンの行為から）自分の性器を刺激して、快感を求める行為。自慰。自瀆じとく。手淫しゅいん。マスターベーション。

お-なべ ナ【お鍋】名〔俗語〕台所仕事をした女の奉公人。

お-なみ オ【▲男波】を 名 打ちよせる波の中で、高いほうの波。↕めなみ。

お-なみだ ナ【お涙】名 ほんの少しばかりのこと。 **―頂戴**ちょうだい 客を泣かせることを目的とすること。また、そういう芝居や映画。

お-なら ⓪ 名（もとは女房言葉）肛門こうもんから出る、腸の中のガス。屁へ。

お-なり ⓪【お成り】【▲御成り】名 将軍・貴族など身分の高い人の外出することや訪ねてくること。

お-なんど ⓪【お納戸】名 ❶おなんどいろ。❷おなんど役。 **―色**いろ ⓪ 名 ねずみ色がかったあい色。 **―役**やく ⓪/ド 名 江戸時代に、将軍・大名などの衣服や道具類の出し入れをとりあつかった役人。

おに【鬼】❶ ③ 名 ❶想像上の恐ろしい生き物。人間の形で、つのと、きばがあり、怪力・勇猛・無慈悲である。❷鬼のような人。㋐勇猛な人。「戦場の―」㋑無慈悲で思いやりのない人。「借金取りの―」❸死人の霊。❹物ごとにすべてをうちこんでいる人。「事業の―」❺鬼ごっこで人をつかまえる役。❷ 造 ❶つよい。たけだけしい。「―将軍」❷大形の。「―あざみ」 **―が出**で**るか蛇**じゃ**が出**で**るか** どうなるのか予想がつかないことをいう。 **―に金棒**かなぼう 強いものがさらに威力をまして強力になること。 **―の居**い**ぬ間**ま**の洗濯**せんたく 気がねしたり恐れたりするものがいない間、くつろいで、すきかってなことをすること。 **―の×霍乱** （「かくらん」は日射病のこと）ふだんじょうぶな人がめずらしく病気になること。 **―の首**くび**を取**と**ったよう** すばらしいてがらを立てたかのように得意になるようす。 **―の念仏**ねんぶつ 非情な人間が、がらにもなく殊勝なふるまいをすること。 **―の目**め**にも涙**なみだ 非情な人間も、時には情にまけることがあるということ。 **―は外**そと **福**ふく**は内**うち 節分のとき、豆をまきながら大きな声でいうことば。鬼を家の外に追い出し、福を家の中に招き入れるためにいう。 **―も十八**じゅうはち **番茶**ばんちゃ**も出花**でばな どんな女性でも、年ごろになると、きれいにみえる。 **―を欺**あざむ**く**（まるで鬼かと思われるようす）❶鬼にも勝つほど力が強い。❷顔かたちが恐ろしいようす。

おに-あざみ ア【鬼×薊】名 ❶山地に生えるキク科の多年生植物。葉のふちがぎざぎざで、夏・秋に赤紫色の花をつける。㊙秋 ❷あざみ類の俗称。

お-にい-さん ③【お兄さん】名 ↕お姉さん。❶自分または他人の兄を親しみをこめて呼ぶ語。❷若い男性を呼ぶ語。㋐店員や子ども向けテレビ番組の出演者に親しみをこめて呼ぶ語。「―、お代はここに置きます」㋑風俗業の店員が男性を客にしようと呼びかける語。「―、遊んでいかない」㋒風俗業や暴力団員ふうの若い男性。「怖そうな―」

オニオン オ1〈onion〉名 たまねぎ。

おに-が-しま ガ【鬼が島】名 日本のおとぎ話にでてくる、鬼の住むという想像上の島。桃太郎が征伐に行ったという。

おに-がみ ⓪【鬼神】名 あらあらしく恐ろしい神。鬼神きじん。

おに-がわら ガ【鬼瓦】がはら 名（多くは鬼の面をかたどっていることから）屋根のむねのはしにおく、大型のかわら。

鬼瓦

お-にぎり ③【お握り】名 にぎりめし。おむすび。

おに-ご ③【鬼子】名 ❶（ことわざ「親に似ぬ子は鬼子」から）親に似ていない子。鬼っ子。❷歯がはえて生まれた子。

おに-ごっこ ゴ【鬼ごっこ】名 子どもの遊びの一つ。鬼になった子が逃げる仲間を追いかけ、だれかをつかまえると、鬼を交代する。鬼ごと。鬼あそび。

おに-ば ③【鬼歯】名 歯の外がわに、きばのようにはえた歯。

おに-ばば ③/オ【鬼ばば】【鬼▲婆】名 ❶老婆の姿をした

鬼。❷むごく恐ろしい老婆。ののしっていう場合に使う。

おに-び [3]【鬼火】名 夜、湿地などで燃える青色の火。きつね火。燐火(りんか)。

おに-もつ [3]【お荷物】名 ❶「荷物」のあらたまった言い方。「—はこちらに置きます」❷人の負担になる者。やっかい者。「かれはこのチームでは—だ」

おに-やらい [ヤ]【鬼遣い】— 名 おおみそかに、疫病の鬼を追いはらって、無病息災をいのる行事。ついな。㊅冬

おに-やんま [ヤ]【鬼やんま】名 オニヤンマ科の大形のとんぼ。全身黒く、胸・腹に黄色のしまがある。

お-ニュー [ニ] 名〔俗語〕服や装身具などで、新調したばかりのもの。

おに-ゆり [3]【鬼百合】名 ユリ科の多年生植物。夏、だいだい色に黒紫色のまだらのある六弁花をつける。㊅夏

お-ぬし [ヌ]【お主】【御主】代 おまえ。同等または目下の者に使った。古風な言い方。

お-ね [オ]【尾根】— 名 山の頂と頂とをつなぐ高い部分。また、となりあう谷と谷との間の高い部分のつらなり。山のみねつづき。「—づたい」

お-ねえ-さん [ネ]【お姉さん】名 ↕お兄さん。❶自分または他人の姉を親しみをこめて呼ぶ語。❷若い女性を呼ぶ語。店員や子ども向けテレビ番組の出演者に親しみをこめて呼ぶことがある。「—、店は何時まであいていますか」

お-ねがい [0]【お願い】— ㊀名 自他サ「ねがい」の謙譲語・美化語。「—があるのですが」㊁名 相手にすがるときに言うことば。「—、助けて」

お-ねじ [0]【雄ねじ】【雄×螺×旋】名 めねじのくぼみに、はめこむようにしたねじ。↕めねじ。

おねしょ [ネ] 名〔幼児語〕〔女性語〕寝小便。

お-ねり [0]【お練り】名 ❶祭礼の行列などが、ゆっくりすすむこと。また、その行列。参考 歌舞伎(かぶき)俳優が、自身に関係する寺・神社の門前をゆっくり歩き、人々に公演を知らせることもいう。❷祭礼のときねってゆくだし・おどりやたい。❸練り供養(くよう)。

おの [オ]【×斧】名 小型のまさかり。

おの [オ]【己】名〔古語〕自分。おのれ。 **—が田へ水を引く** ➡がでんいんすい。

お-の-え [0]【尾の上】名〔文章語〕山のいただき。「—の松」

おの-おの [2]【各・各各】㊀ [ノ] 副 めいめい。それぞれ。各自。㊁代〔古語〕みなさん。あなたがた。「これおのおの聞き給へ」〈平家〉

おの-がじし [3]【己がじし】副〔古語〕思い思いに。めいめい。各自。

お-の-こ【男】名〔古語〕❶おとこ。男子。❷男の子ども。❸めしつかいのおとこ。

おの-ずから【おのずから】【自ずから】— 副 ㊀ [0] ひとりでに。しぜんと。おのずと。「犯行の動機は—明らかになるだろう」㊁【自ら】〔古語〕❶たまたま。偶然に。まれに。「おのづから縁にふれて(ソノ衣ヲ)得たる人は」〈宇治拾遺〉❷(仮定や推量の表現に続けて)もしも。万一。「かくても、おのづから若宮など生ひいでたまはば」〈源氏〉❸独力で。みずから。「すべきことあれば—身を使ふ」〈方丈記〉

おの-ずと [0]【おのずと】【自ずと】— 副 おのずから。

おの-づくり [ヅ]【×斧×旁】— 名 漢字の部首の一つ。「新」「断」などの「斤」。

おのの・く [ノ]【戦く】自五 恐れや、寒さなどでふるえる。戦慄(せんりつ)する。わななく。「恐怖に—」 **おののき** 名

おの-の-こまち《小野小町》生没年未詳。平安時代前期の女流歌人。六歌仙の一人。恋歌が多い。美人であったなど、さまざまな伝説がある。作品は「古今和歌集」以下の勅撰(ちょくせん)集に収められている。

おの-の-たかむら《小野篁》(八〇二〜八五二)平安時代初期の歌人・漢学者。八三七年、遣唐副使となる。作品は「古今和歌集」以下の勅撰(ちょくせん)集にのっている。

おのぼり-さん [ノ]【お上りさん】名 いなかから大都会にやってきた人。下に見て言う語。

オノマトペ [マ]〈フ onomatopée〉名 擬声語・擬態語。

お-の-み [オ]/[ノ]【尾の身】— 名 くじらの尾の付け根についている肉。食用。さしみにされる。

おのれ [0]【己】㊀名 自分自身。「—を知れ」㊁代 ❶〔古語〕わたくし。自分。❷おまえ。ののしっていう場合に用いる。「—の名を言え」㊂感〔かながき〕ののしるとき、また、くやしいときに言う語。「—、だましたな」 **—を虚(むな)しゅうする** 自分の気持ちや感情をすてて、すなおに謙虚になる。

お-は [オ]【尾羽】— 名 鳥の羽と尾。 **—うち枯らす** (たかの、尾や羽のとれた形から)おちぶれてみすぼらしい姿になる。「尾羽うち枯らした浪人」

お-ば [0] 名 ↕おじ。❶【伯母】父母の姉。また、父母の兄の妻。❷【叔母】父母の妹。また、父母の弟の妻。

お-ばあ-さん [バ] 名 ↕おじいさん。❶【御祖母さん】祖母を親しんで、あるいは尊敬してよぶ語。❷【御婆さん】老女を親しんでよぶ語。

オパール [パ]〈opal〉名 乳白色で半透明な鉱物。品質のよいものは宝石になる。十月の誕生石。たんぱく石。

お-はぎ [ハ]【御×萩】名 うるちともちごめをまぜてたき、軽くついてまるめ、あん・きなこ・すりごまなどをまぶしたもの。はぎのもち。ぼたもち。

お-はぐろ [0]【お歯黒】名(「歯黒め」の女房ことば)女性が歯を黒く染めたこと。また、そのための染料。かね。参考 古く上流婦人や公家(くげ)・武家の男子の間で行われ、江戸時代からは既婚の女性が用いた。 **—×蜻×蛉(とんぼ)** [ト] 名 カワトンボ科のとんぼ。はねが黒く、多く水辺にいる。かねつけとんぼ。㊅秋

お-ばけ [バ]【お化け】名 ばけもの。 **—屋敷(やしき)** [ヤ] 名 場内を暗くし、作り物のお化けで客をこわがらせる娯楽施設。

お-はこ [0] 名 得意なわざ。十八番。「—の踊りを見せる」

お-はこび [0]【お運び】【御運び】名 来ること、行くことの尊敬語。「わざわざの—おそれいります」参考「おいで」「お越し」よりも改まった感じが強い。

おば-さん [0]【伯母さん・叔母さん】— 名「おば」を敬意と親しみをこめて呼ぶ語。↕おじさん。

おば-さん [0]【小母さん】— 名 ❶こどもが中年のよその女性を親しんでよぶ語。❷中年の女性。↕おじさん。

お-はじき [ハ]【お弾き】名「はじき❷」の丁寧語。

おばしま【欄】名〔古語〕てすり。らんかん。

おはしまさ・ふ【御座しまさふ】自四〔古語〕➡おわしまそう。

おはしま・す【御座します】自四〔古語〕➡おわします。

おは・す【御座す・在す】自サ〔古語〕➡おわす。

おばすて-やま [0]【おば捨て山】【×姨捨山】— 名 ➡うばすてやま。

お-はち [0]【お鉢】【御鉢】名 めしびつ。 **—が回(まわ)る** 順番が回ってくる。

お-はつ [0]【お初】名 初めてであること。初めてのもの・事がら。「—にお目にかかります」「この服—ね」

おは-づけ [0]【お葉漬(け)】名 菜のつけもの。

お-はな [0]【お花】【御花】名 ❶「花」の美化語。参考 キ

お

リスト教式の葬儀では、香典用の袋に「御花料」と記す。❷いけばな。華道。「—の教室」

お-ばな オ【尾花】—名 すすきの花。すすきの穂。秋の七草の一つ。秋

お-ばな オ【雄花】—名 おしべだけあってめしべのない花。雄性花。きゅうり・とうもろこしなどにある。↕めばな。

お-はなばたけ ハ【お花畑】【▲御花×畠】名（夏の短期間にいっせいに開花することから）高山で、高山植物が群生する場所。夏

お-はね ハ【お跳ね】【▲御跳ね】名 おてんば。

お-はもじ ０/ハ【おは文字】名（女房言葉）はずかしいこと。

お-はよう ０【おはよう】【お早う】あいさつ 朝、人に会ったときの、あいさつのことば。「—ございます」

お-はらい ０【お払い】名 ❶支払い。❷くず物として捨てること。また、そのもの。**—箱** ０/ラ名 ❶解雇。免職。「会社を—になる」❷いらなくなった物を捨てること。「この帽子は—だ」参考 不要になった神社のお札を入れておく「お祓い箱」の意からという。

お-はらい ０【▲御×祓い】名 ❶罪・わざわいをはらい清めるために、神社で行う儀式。❷神社で出すわざわいよけのおふだ。

おはら-め ０【▲大原女】名 京都市郊外の大原あたりから、市中へ物売りにくる女。荷を頭上にのせて歩く。

大原女

お-はり ０/ハ【お針】名 ❶裁縫。針仕事。「—をならう」❷針仕事にやとわれる女。お針子。

おばん バ 名〔俗語〕（「おばさん」の略）若者が年上の女性をばかにして呼ぶ語。↕おじん。

おばんざい ０【▲御晩(飯・番)菜】名 京都の家庭料理。京野菜を中心にしたふだんのおかず。

おび オ【帯】名 ❶着物の上から腰に巻いて結ぶ、細長い布。❷物を巻く、幅のせまいもの。「新刊書の—」**—に短(みじか)し×襷(たすき)に長(なが)し** どっちつかずで、役にたたないこと。中途はんぱ。

おび-あげ ０【帯揚(げ)】名 女の帯がさがらないように、その上に結ぶ布。しょいあげ。

お-ひいさま ヒ【おひい様】【▲御▲姫様】名 おひめさま。

お-ひい-づ【生ひ▲出づ】自下二〔古語〕➡おいいず。

おび-いわい イ【帯祝(い)】—名 妊娠五か月目に、安産をいのって、岩田帯(いわたおび)をしめる祝い。

おび-える ０【×怯える】自下一 ❶こわがる。びくびくする。「暴動のうわさに—」❷悪夢にうなされる。**おび-ゆ** 文語ヤ下二

おび-がね ０【帯金】名 物に巻きつける金属製の帯。「ビールだるの—」

おび-がみ ０【帯紙】名 ❶本の表紙に巻く、宣伝文句などを書いた細い紙。おび。❷帯封につかう紙。

おび-かわ ０【帯革】—名 ❶革製の帯。かわ帯。バンド。ベルト。❷機械用のベルト。しらべかわ。

お-ひきずり キ【お引きずり】【お引×摺り】名 ❶着物のすそを長くひきずること。❷➡ひきずり。

おびき-だ・す ダ【おびき出す】【▲誘き出す】他五 だましてつれだす。「言葉巧みに—」**おびき出せる** 自下一 …できる

おびき-よ・せる セ【おびき寄せる】【▲誘き寄せる】他下一 だましてさそい寄せる。「おとりを使って—」**おびきよ・す** 文語下二

おび-グラフ グ【帯グラフ】名 細長い長方形で全体量をあらわし、内訳の数量の割合でくぎったグラフ。

お-ひげ ０【▲御×髭】名 ❶「ひげ」の丁寧な言い方。❷ひげをはやした人。**—の×塵(ちり)を払(はら)う** 権力のある人や上役などに、こびへつらう。

お-ひさま ０【お日様】名〔女性語〕〔幼児語〕太陽のこと。

お-ひざもと ０【お膝元】【▲御膝元】名 ❶人のいる所やそのそばの尊敬語。❷主権者のいる土地。「将軍の—」

おび-じ ０【帯地】名 帯にする布地。

おび-した ０【帯下】名 ❶帯をしめる腰のあたり。❷着物の帯をしめる部分。❸帯をしめるところから足までの長さ。

おび-じめ ０【帯締(め)】名 女性が帯をおさえるために、帯の上にしめるひも。

おびしろ-はだか ハ【帯代裸】名 女の、ほそおびをしただけのしどけない姿。

おび-しん ０【帯芯】名 ❶帯のしんにする、堅くて厚い布。❷帯の前面が折れないように、間にはさむもの。

お-ひたし タ【▲御浸し】名 野菜をゆでて、しょうゆ・かつおぶしをかけたもの。ひたしもの。「春菊の—」

おびただし・い【×夥しい】■一 シ形 ❶たくさんあるようす。多い。「—量にのぼる」❷程度がはなはだしい。「不便なこと—」**おびただしさ** 名 **おびただ・し** 文語シク ■二 形シク〔古語〕規模が大きい。大がかりである。「あまりに内裏のおびたたしきを見て」〈平家〉参考 ふるく「おびたたし」と清音。江戸時代ごろから「おびただし(い)」になった。

お-ひつ ０【▲御×櫃】名 炊いた飯を移して入れる木製のうつわ。おはち。

お-ひとかた ト【お一方】名「ひとり」の尊敬語。

おび-どめ ド/メ【帯留(め)】名 帯の上にしめるひもに通して、帯の正面につける飾り。

お-ひとよし ０【お人よし】【▲御人▲好し】名 形動 気がよく、人の言うままになること。また、そういう人。好人物。

おび-ドラマ ド【帯ドラマ】名 テレビやラジオで、毎日同じ時刻に連続して放送されるドラマ。

お-ひなさま ヒ【おひな様】【▲御×雛様】名 ひな人形。ひな祭り。

オピニオン ピ〈opinion〉名 ❶意見。見解。所信。「セカンド—」❷世論。**—リーダー** リ〈opinion leader〉名 多数の意見をまとめて方向づける人。特に、世論の形成に指導的な役割をはたす人。

お-ひねり ヒ【▲御▲捻り】名 祝儀(しゅうぎ)用に、かねを紙につつんでひねったもの。かみひねり。紙花。

おび-のこぎり ノ【帯のこぎり】【帯×鋸】名 長い帯状の鋼鉄を回転させて、材木などを切るのこぎり。帯のこ。

おび-ばんぐみ バ【帯番組】名 ラジオやテレビで、毎日同じ時刻に続けて放送される番組。

おび-ふう ０【帯封】名 新聞・雑誌などを郵送するときなどに、中ほどを帯状の紙で巻くこと。また、その紙。

お-ひや ヒ【お冷や】名（女房言葉から）つめたい飲み水。

おびやか・す カ【脅かす】他五 ❶こわがらせる。おびえるようにする。「相手チームを—打力」❷あやうくする。「地位を—」

お-ひゃくど ０【お百度】名 お百度まいり。**—参(まい)り** マ 名 ❶祈願のために、社寺の境内で、ある場所を百回往復して、そのたびにおがむこと。❷願いごとなどのために、ある所へ、いくどもかようこと。**—を踏(ふ)む** ❶お百度参りをする。❷何度も相手の所へ出かけてたのみこむ。「予算獲得

のため—」

おひゃらか・す [カ][他五][俗語] ひやかす。からかう。

おひょう [0]【▲大×鮃】[名] カレイ科の海水魚。北海にすみ、体長三メートルに及ぶ。食用。肝臓から肝油をとる。

お-ひら [ヒ]【お平】[名] 底が浅くてひらたいわん。ひらわん。煮しめなどを盛る。

お-ひらき [ヒ]【お開き】[名] 〔「終わり」の忌みことば〕宴会・会合などの終わること。「この辺で—にしよう」

お-ひる [ヒ]【お昼】[名] 昼の食事。「公園で—を食べる」⇩昼御飯 [参考]

お・びる [ビ]【帯びる】【×佩びる】[他上一] ❶からだにつける。着用する。「刀を—」❷ひきうける。負う。「任務を—」❸とりまく。めぐらす。「周囲にほりを—」❹内にふくむ。「黒みを—」 **お・ぶ** [文語上二]

お-ひれ [オ]【尾ひれ】【尾×鰭】[名] ❶魚の尾とひれ。❷話の中味に対するつけ加え。**—を付ける** 事実以上に大げさに言う。

お-びれ [オ]【尾びれ】【尾×鰭】[名] 魚類の尾にあるひれ。

お-ひろい [0]【お拾い】【▲御拾い】[名] 歩いて行くことの尊敬語。「先生、きょうは—ですか」[参考]「拾い歩き」から。

お-ひろめ [0]【お披露目】[名] 〔「広め」の意〕結婚・襲名・新築・開店などの披露。

おひんな・る [自四][古語] 〔「お昼成る」の変化〕目がさめてお起きになる。↕およんなる。

オフ [オ]〈off〉[名] ❶スイッチが切れて、作動していない状態。「電源を—にする」↕オン。❷あるものからはなれること。はずれること。「シーズン—」

オファー [オ]〈offer〉[名][他サ] ❶提案。申し入れ。❷商談として、売り手や買い手が相手に条件を提示すること。

お・ふ【生ふ】[自上二][古語] ⬇おう。

オフィシャル [オ]〈official〉[形動] 公式の。正式の。「—な場で発表する」「—スポンサー」

オフィス [オ]〈office〉[名] 事務所。会社。官公庁。**—アワー** [ア]〈office hour〉[名] ❶業務を行っている時間。❷大学で、教員が研究室を開放し、学生の相談にのる時間帯。**—オートメーション** [メ]〈office automation〉[名] 企業で従来の手作業による事務処理を、コンピューターを用いた情報処理に切り換えて能率化すること。オーエー(OA)。**—街** [ス][名] 企業や役所などの事務所が建ちならぶ区域。**—ビル** [ビ][名]〈office buildingから〉企業の事務所などが入っているビル。**—レディー** [レ]〈office lady〉[名]〔和製英語〕⬇オーエル(OL)。

おぶい-ひも [フ]【負ぶいひも】【負ぶい×紐】[名] 幼児を背負うために使う幅の広いひも。おんぶひも。

おぶう [フ][名][幼児語] ❶湯。お茶。❷ふろ。入浴。

おぶ・う [オ]【負ぶう】[他五] せおう。おう。しょう。**負ぶえる** [自下一][…できる]

オフ-かい [0]【オフ会】[名]〔「オフ」は「オフライン」の略〕インターネット上で知り合った人たちが、実際に会う集まりのこと。オフラインミーティング。

お-ふくろ [0]【おふくろ】【▲御袋】[名]「母親」のくだけた呼び方。↕おやじ。[参考] 主として成人男子が自分の母親をいう語。

おふく-わけ [0]【お福分け】[名] もらい物をよそにわけること。おすそわけ。

オブザーバー [ザ]〈observer〉[名] 会議で、発言権はあるが議決権のない傍聴者。

オフ-サイド [オ]〈offside〉[名] ラグビー・サッカーなどで、反則の一。競技者が、競技のできない位置にありながらプレーすること。

おぶさ・る [サ]【負ぶさる】[自五] ❶おぶってもらう。「父の背に—」❷人の力にたよる。「他人に負ぶさってした仕事」

オフ-シーズン [シ]〈off season〉[名] ⬇シーズンオフ。

オブジェ [オ]〈フ objet〉[名]〔物体の意〕❶美術で、幻想的・象徴的な効果をあらわすために使われる石・流木その他さまざまのもの。❷新しい生け花で、花以外の材料。

オブジェクト [オ]〈object〉[名] ❶対象。客体。❷〔文法で〕目的語。

オプション [オ]〈option〉[名] ❶商品などを一定の期間に条件つきで売買する権利。選択権。❷機械などの標準装備以外の付属品。

お-ふせ [0]【お布施】【▲御布施】[名]「布施」の丁寧語。

オフ-セット [セ]〈offset〉[名] 原版からインクをゴム布にいったん転写して紙に印刷する方法。オフセット印刷。平版。

お-ふだ [0]【お札】【▲御札】[名] 神仏のまもりふだ。護符。おまもり。

オフ-タイム [タ]〈off time〉[名]〔和製英語〕勤務時間外。休み。休暇。↕オンタイム。

お-ふたかた [タ]【お二方】【▲御二方】[名]「ふたり」の尊敬の言い方。

お-ぶつ [オ][0]【汚物】[名] よごれてきたない物。とくに大小便。

オプティミスト [ミ]〈optimist〉[名] =**オプチミスト** [名] 楽天家。↕ペシミスト。

オプティミズム [ミ]〈optimism〉[名] =**オプチミズム** [名] 楽天主義。↕ペシミズム。

お-ふでさき [0]【お筆先】【▲御筆先】[名] 天理教などで教祖が神のおつげを書きとめたといわれる文書。

おぶね [0]【小舟】[名] 小さな舟。

オフ-ピーク [ピ]〈off-peak〉[名] ピークを過ぎたころ。特に、鉄道で、ラッシュアワーを過ぎた時間帯。「—通勤」

オフ-ホワイト [ワ]〈off-white〉[名] かすかな灰色。または黄色がかった白色。

オブラート [ラ]〈ド Oblate〉[名] でんぷんでつくった、うすい紙状のもの。こなぐすりなどを包んで、そのまま飲む。**—に包む** 人を刺激するような直接的な言い方を避け、遠回しな表現を選ぶことのたとえ。

オフ-ライン [ラ]〈off-line〉[名] コンピューターの、中央処理装置と末端装置とが直結していない状態。↕オンライン。

オフ-リミッツ [リ]〈off-limits〉[名] 立入り禁止。

お-ふる [フ]【お古】[名] 使い古したもの。「兄さんの—」

お-ふれ [0]【お触れ】【▲御触れ】[名] 役所から一般に出す通達・命令。**—書き** [0][名] 江戸時代、幕府が公布した文書。[参考] 表記は「お触書」でもよい。

オフ-レコ [0][名]〔off the recordから〕記録から除くこと。記者会見などで、公表しない約束をした事項。↕オンレコ。

オフ-ロード [ロ]〈off-road〉[名] 道路のない荒れ地。舗装していない道路。「—用オートバイ」

オペ [オ][名] ⬇オペレーション。

お-べっか [ベ][名][俗語] ごきげんをとるために、うまいことを言うこと。「—を使う」

オペック [オ]〈OPEC〉[名]〔Organization of the Petroleum Exporting Countriesから〕主要な産油国で構成される、原油価格調整などの石油政策の協議会。石油輸出国機構。

お-へやさま [0][マ]【お部屋様】【▲御部屋様】[名] 昔の大名などの側室。

オペラ オ〈イ opera〉名 歌劇。「―ハウス」 **―グラス** ク〈opera glasses〉名 観劇用の小型双眼鏡。 **―コミック** コ〈フ opéra-comique〉名 対話のせりふを入れた歌劇。

オベリスク リ〈フ obélisque〉名 古代エジプトで神殿の前に一対ずつたてた、先のとがった四角な石柱。

オベリスク

オペレーション レ〈operation〉名 ❶投機売買。市場(しじょう)の操作。❷手術。オペ。 **―ズ・リサーチ** サ〈operations research〉名 経営を合理的におこなうための調査・研究。

オペレーター レ〈operator〉名 ❶機械・器具を操作する人。電話交換手・無線通信士など。❷船主に対して、みずから船を運航する海運業者。

オペレッタ レ〈イ operetta〉名 喜劇的な小歌劇。軽喜劇。喜歌劇。

お-べんちゃら 0 名〔俗語〕実意がなく、口さきばかりうまいこと。また、そういう人。「―を言う」

お-へんろ ヘ【お遍路】名「遍路」の軽い敬意をふくんだ言い方。「―さん」

おほい-どの【▲大殿】名〔古語〕➡おおいどの。

お-ぼう-さん 0【お坊さん】名 僧侶に対する親しみを込めた言い方。

おぼえ エ|ボ【覚え】名 ❶おぼえること。記憶。「身に―がある」❷備忘。ひかえ。「―書き」❸自信。「腕に―がある」❹信任。信頼。「社長の―がめでたい」❺〔古語〕評判。「世の―」❻〔古語〕目上の人に愛されること。寵愛(ちょうあい)。「いとまばゆき人の御おぼえなり」〈源氏〉

おぼえ-がき 0【覚(え)書(き)】名 ❶忘れないために書いておくこと。また、その文章。メモ。❷事実や主張を相手国に伝える略式の外交文書。❸当事者間の合意事項などを記した文書。「―を交わす」

おぼえず ボ【覚えず】副 思わず。無意識に。「―立ちあがった」

おぼ・える【覚える】一 エ 他下一 ❶記憶する。「よく物を―」❷身につける。「技術を―」❸感じる。思われる。「寒さを―」 **おぼ・ゆ** 文語ヤ下二 二〔古語〕一 他下二 思い出す。思い出して語る。「ただいまおぼえむ故事(ふること)ひとつひとつ書け」〈枕〉 二 自下二 ❶思われる。気がする。感じられる。「その間二十余里ほどとおぼゆ」〈奥の細道〉❷思い出される。思いうかぶ。想像される。「昔おぼゆる花たちばな」〈源氏〉❸知る。わかる。さとる。「熊谷(くまがい)、あまりにいとほしくていづくに刀を立つべしともおぼえず」〈平家〉❹似る。面影がある。「げに御かたち、有様、あやしきまでぞおぼえたまへる」〈源氏〉❺他の人から…と思われる。「心やすくらうたきやうなれど(気安クカワイラシイヨウダガ)、おのづからかろきかたにぞ(軽イ女ダト男ノ人カラ)おぼえはべるかし」〈源氏〉

おぼおぼ・し 形シク〔古語〕❶はっきりしない。ぼんやりしている。「雪のやうやう積り、星の光におぼおぼしきを」〈源氏〉❷よそよそしい。そっけない。「(姉ノ浮舟ガ)おぼしへだて(心ニヘダテヲ置キニナッテ)、おぼおぼしくもてなさせたまふには」〈源氏〉

おぼお・る【▲溺ほる】自下二〔古語〕❶おぼれる。しずむ。「ただ涙におぼほれたるばかり」〈源氏〉❷本心を失う。ぼんやりする。「何心もなくおぼほれて」〈紫式部日記〉

おほ-かた【大方】副 なり形動 接続〔古語〕➡おおかた二。

おほ-きみ【大君】名〔古語〕➡おおきみ❷。

おほけ-な・し 形ク〔古語〕➡おおけなし。

おぼこ 0 一 名 形動 まだ世間ずれしていないこと、また、そういう人や娘。うぶ。二 名 処女。きむすめ。

おぼし・い【▲思しい】一 シ 形 (カロ|カッ・ク|イ|イ|ケレ|○) 〔助詞の「と」につづけて〕そんなふうに思われる。そう見える。「先生と―人」 **おぼ・し** 文語シク 二 形シク〔古語〕こうあってほしいと思う。「帝をわがままに、おぼしきさまの政(まつりごと)せむものをとぞいふ」〈蜻蛉〉

おぼし-めし 0【▲思し召し】名 ❶おぼしめすこと。お考え。❷相手の好意ある考え。「格別の―でお許しをえた」❸好意を寄せる心。「彼女はぼくに―があるらしい」❹好意でくれる適当な金。「―でけっこうです」

おぼし-め・す【▲思し召す】他四〔古語〕おぼす。参考 尊敬語「おもほす」にさらに補助動詞「めす」がついてできた「おもほしめす」から転じた語で、「おぼす」などよりも、かなり敬意の度合が高い。

おほ・す【生ほす】他四〔古語〕➡おおす。

おほ・す【▲仰す】他下二〔古語〕➡おおす。

おほ・す【負ほす】他下二〔古語〕➡おおす。

おぼ・す【▲思す】他四〔古語〕お思いになる。

オポチュニスト 三〈opportunist〉名 ごつごう主義者。

おぼつか-な・い【覚▲束ない】一 0 形 (カロ|カッ・ク|イ|イ|ケレ|○) ❶どうなるか疑わしい。自信がもてない。「成功するかどうか―」❷たよりない。たしかでない。あぶなっかしい。「―足どり」「―手つき」参考「ない」は意味を強める接尾語。「おぼつかぬ」のように動詞として使うのはあやまり。 **おぼつかなげ** 形動 **おぼつかなさ** 名 **おぼつかな・し** 文語ク 二 形ク〔古語〕❶ぼうっとしてはっきり見えない。おぼろげにかすんでいる。「夕月夜のおぼつかなきほどに」〈徒然〉❷意味がはっきりしない。不審だ。「おぼつかなきところどころ、解かせなどして」〈源氏〉❸心細い。気がかりだ。心配だ。「山中(やまなか)におぼつかなくもよぶ子鳥かな」〈古今〉❹もどかしい。待ちどおしい。「一夜のほど、朝(あした)のあひだも、恋しくおぼつかなく」〈源氏〉

お-ぼっちゃん ボ【お坊ちゃん】【▲御坊ちゃん】名「ぼっちゃん」のより改まった言い方。↕お嬢ちゃん。

おほ-との【大殿】名〔古語〕➡おおとの。

おほぶね-の【大船の】枕 ➡おおぶねの。

おぼほ・る【▲溺ほる】自下二〔古語〕➡おぼおる。

おほ-みや【大宮】名〔古語〕➡おおみや。

おぼ-めか・し 形シク〔古語〕❶おぼろげである。たしかでない。おぼつかない。「もののさまなどもおぼめかしきに」〈枕〉❷気がかりだ。不安だ。「おぼめかしながら、頼みをかけきこえたり」〈源氏〉

おぼ-めか・す カ 他五 (サ|ソ・シ|ス|ス|セ|セ) 〔文章語〕あいまいにする。ぼかす。「返事を―」

おぼ-め・く 自四〔古語〕❶はっきりしない。「ところどころうちおぼめきよく知らぬよし(フリヲ)して」〈徒然〉❷知らぬふりをする。「一所しもおぼめかせたまふらむこそ口惜しかるべけれ」〈源氏〉❸へんだと思う。うたがう。「うちつけなり(ダシヌケダ)とおぼめきたまふ」〈源氏〉

おほ-やけ【公】名〔古語〕➡おおやけ二。

おほ-やしま《大八洲》〔古語〕➡おおやしま。

おぼ・ゆ【覚ゆ】〔古語〕➡おぼえる二。

おぼ・れる 0【溺れる】自下一 (レ|レ|レル|レル|レレ|レロ・レヨ) ❶水の中で死にそうになる。また、死ぬ。「波をかぶって溺れかけた」❷熱中しすぎる。夢中になって我をわすれる。ふける。「酒色に―」「情に―」 **おぼ・る** 文語下二 **―者(もの)は×藁(わら)をも×摑(つか)む** 身の危険なときには、助かろうとして、どんな手段にもたよろうとする。

おぼろ 0【×朧】一 形動 うすぼんやりとかすんでいるよう

す。ほんのり。(春)「―な月」「記憶が―だ」㊁[名] ❶たい・ひらめなど白身の魚の肉を、ほぐして甘く味つけしたもの。そぼろ。でんぶ。❷おぼろこんぶ。

おぼろげ [0]【×朧気】[形動] ❶はっきりしないようす。たしかでないようす。「―な記憶」❷[古語]〔古語は「おぼろけ」と発音する〕㋐〔ふつう、下に打ち消しの語を伴って〕なみたいてい。ひと通り。「大臣(おとど)、おぼろけにおぼし定むべくもあらず」〈源氏〉㋑なみたいていでない。ひと通りでない。「おぼろけの願(ぐわん)によりてにやあらむ、風も吹かず、よき日いできて」〈土佐〉[参考]❷㋐が打ち消しの語とともに用いられることが多かったため、混同されて、反対の意となる㋑の意でも用いられた。

おぼろ-こんぶ [コ]【おぼろ昆布】【×朧昆布】[名] うすくけずったこんぶ。

おぼろ-づき [ロ]【おぼろ月】【×朧月】[名] 春の夜のぼうっとかすんだ月。(春)

おぼろ-づきよ [キ]【おぼろ月夜】【×朧月夜】[名] おぼろ月の出ている夜。おぼろ夜。(春)

おぼろ-どうふ [ド]【おぼろ豆腐】【×朧豆腐】[名] にがりを加えてから圧縮する前の、固まりかけの豆腐。

おぼろ-よ [ロ]【おぼろ夜】【×朧夜】[名] おぼろ月夜。(春)

おほん [ホ][と副] すまして、聞こえよがしにせきばらいをする声。

お-ぼん [ボ]【お盆】[名] 「うらぼん」の一般的な言い方。「―休み」

オマージュ [マ]〈フ hommage〉[名] 賛辞。賞賛。「亡き恩師への―」

オマーン《Oman》アラビア半島の東端にある君主国。首都はマスカット。

お-まいり [0]【お参り】【▲御参り】―まゐり [名] 神仏をおがみに行くこと。また、おがむこと。参拝。参詣(さんけい)。

お-まえ【お前】―まへ ■一 [0] ㊀[名] 神仏・貴人の前。㊁[代] 相手をよぶ、ぞんざいな言い方。↕おれ。[参考] 親しい間がらや目下の者に対して使う。■二[代]【▲御前】[古語] ❶貴人を間接にさしていうことば。「上(うへ)の御前に聞こし召して(帝ニオカレテモオ耳ニナサイマシテ)」〈枕〉❷第二人称の尊敬語。あなた。「これは、おまへにかしこう(ウマク)仰せらるるにあらず」〈枕〉

お-まかせ [0]【お任せ】[名][他サ] ❶相手に判断をまかせること。❷飲食店で、注文内容を店側にまかせること。「シェフの―コース」

お-まけ [0] ㊀[名] 主となるものに付けるもの。付録。景品。「―がつく」㊁[名][他サ] 値引き。「百円―しておきます」

―に [0][接続] その上に。「彼は押し出しがいい。―弁が立つ」

お-まじり [マ]【お交じり】【▲御交り】[名] めしつぶのまじったおもゆ。

お-ませ [マ][名][形動] 子どもが年のわりにおとなびていること。また、その子ども。

お-まちどおさま [0]【お待(ち)遠様】―まちどほ― [あいさつ] 相手を待たせたときのあいさつのことば。

お-まつ [オ]【雄松】を― [名] くろまつ。↕雌松。

お-まつり [0]【お祭(り)】【▲御祭】[名] 「祭り」の尊敬または丁寧の言い方。

―気分(きぶん) [キ][名] 祭りのときのような浮き浮きした気分。

―騒ぎ(さわぎ) [サ][名] ❶祭りで大さわぎすること。❷にぎやかにさわぎたてること。大さわぎ。ばかさわぎ。どんちゃんさわぎ。

お-まもり [0]【お守(り)】【▲御守】[名] 災厄を逃れるための社寺の守りふだ。護符。

お-まる [マ/0]【▲御丸・▲御▲虎▲子】[名] 便器。おかわ。

お-まわりさん [マ]【お巡りさん】―まはり― [名] 〔親しんでよぶ語〕警察官。巡査。

おみ [接頭] 〔おおみ(大御)の変化。名詞・形容詞につく〕尊敬の意をあらわす。「お」より程度が高い。「―足」

おみ [オ]【▲臣】[名] ❶古代の姓(かばね)の一つ。連(むらじ)とならんで、政治にあずかった最高位。❷[古語] けらい。

お-み【▲御身】[代][古語] そなた。おんみ。

お-みあい [0]【お見合い】―みあひ [名][自サ] ❶「見合い」の丁寧な言い方。❷[俗語] ㋐〔野球やバレーボールで〕ボールの処理をめぐって、たがいにゆずりあって失策をすること。㋑道でたがいに同じ方向に相手をよけようとして、とまどうこと。

お-みえ [0]【お見え】[名] 「来ること」の尊敬語。おいで。おこし。

おみ-おつけ [オ2][名] 「みそしる」の丁寧な言い方。[参考]「お」「み」「お」と接頭語が三つかさなっている。また、「お実のおつけ」という説もある。

お-みき [0]【お神酒】[名] ❶神前にそなえる酒。❷[俗語] 酒。

―徳利(どくり) [ド][名] ❶神前に供える一組のとくり。❷[俗語]〔❶から〕いつもいっしょにいる仲良しの二人。

お-みくじ [0]【▲御▲神×籤(×鬮)】[名] 神仏にいのって吉凶を知るためにひくくじ。

お-みこし [ミ]【▲御▲神×輿】[名] ❶「みこし」の丁寧・尊敬の言い方。(夏) ❷腰のこと。「やっと―をあげた」〔「輿」に「腰」をかけていったもの〕[参考] ふざけた言い方。

お-みずとり [0]【お水取(り)】―みづとり [名] 奈良の東大寺二月堂で、三月十三日におこなう行事。午前二時ごろ、大きなたいまつを廊下でふりまわしてから、堂のそばの井戸水をくんで本堂にはこぶ儀式。おたいまつ。(春)

お-みそれ [0]【お見それ】【▲御見▲逸れ】[名] 人を見ながら、気がつかないこと。または、だれだか思いつかないことをわびることば。「―しました」

オミット [ミ]〈omit〉[名][他サ] 除外。省略。無視。

お-みとおし [0]【お見通し】―みとほし [名] 相手の考えや気持ちを見抜いていること。「何もかも―だ」

おみな【▲女】をみな [名][古語] おんな。女子。

おみなえし [ナ]【▲女▲郎▲花】をみなへし [名] オミナエシ科の多年生植物。高さ約一メートル。夏から秋にかけて黄色の小花がかさの形に咲く。秋の七草の一つ。(秋)

おみなご【▲女子】をみなご [名][古語] 女の子。少女。

お耳(みみ)**に入**(い)**れる** 「聞かせる」の改まった言い方。

お-みや [0]【お宮】[名] ❶神社の尊敬語。❷[俗語] 警察で、「迷宮入り」の隠語。

お-みや [ミ]【お▲土▲産】[名][女性語][幼児語] おみやげ。

お-みわたり [0/ワ]【▲御▲神渡】[名] 冬に湖面が凍ってできた裂け目にそって、氷が盛り上がる現象。古くから長野県の諏訪湖では、諏訪大社の神が渡ってできたものとされ、その方向やできかたで、その年の豊凶(ほうきょう)を占う。(冬)

お-むかえ [0]【お迎え】―むかへ [名] ❶「むかえ」の丁寧語。❷お盆に先祖の霊をむかえること。❸「来迎」の思想から死ぬこと。「―が来る」

お-むすび [ム]【お結び】[名] 「むすび」の丁寧語。おにぎり。

お-むつ [ム]【×襁×褓】[名] あかんぼうや寝たきりの病人のしりにあてて、大小便を受ける布や紙。おしめ。むつき。

オムニバス [ミ]〈omnibus〉[名] 〔乗合バスの意から〕映画・ドラマ・演劇などで、いくつかの短編を合わせて、一つの主題をもつ作品にまとめたもの。

オム-ライス [ラ][名] 〔和製洋語 omelette + rice〕ケチャップなどで味つけした焼き飯を薄焼き卵で包んだもの。

オムレツ [0]〈フ omelette〉[名] 溶き卵に塩・こしょうをして、

かるく焼いた料理。肉・たまねぎなどを加えることもある。

お‐め ◎【お目】名「目」の改まった言い方。**―に掛かかる** 「会う」の相手を立てる、改まった言い方。**―に掛かける** 「見せる」の相手を立てる、改まった言い方。**―に▲適かなう** 上の人の気に入る。めがねにかなう。**―に留とまる** 目上の人や上役などにみとめられる。

お‐めあて ⊠【お目当(て)】名 強い関心があって、探し求める人や物。「―の芸能人」

お‐めい ◎【汚名】名 不名誉なうわさ。悪評。「―返上」**―をすすぐ** 悪い評判をとりのぞく。汚名をそそぐ。

おめ‐おめ オ一（と）副 恥をかまわず平気でいるようす。のめのめ。「―生きていられようか」

オメガ オ〈omega〉名 ❶ギリシャ文字の最終の「Ω・ω」。⇩ギリシャ文字(表)。❷物事の最後。最終。↕アルファ。❸電気抵抗の単位、オーム。記号は「Ω」。

お‐めかし ⊠名 化粧をしたり着飾ったりすること。おしゃれ。

お‐めがね ⊠【お眼鏡】名 上に立つ人物の、物事の善し悪しなどを判断する能力。「社長の―どおりの社員」「―にかなう」

おめ・く ⊠【▲喚く】(をめく) 自五 カ・コ・キ・イ・ク・ク・ケ・ケ 文章語 大声をあげる。さけぶ。わめく。

お‐めざ ⊠名 幼児語 ❶目がさめること。❷目がさめたときあたえる菓子など。

お‐めし 【お召し】【▲御召し】名 ❶◎「呼ぶ・乗る・着る」などの尊敬語。「先ほどから先生が―です」❷⊠おめしもの。❸⊠おめしちりめん。**―替かえ** ⊠◎名「着替え」の尊敬語。**―▲縮×緬ちりめん** チ名 ねり糸を使い、表面に、しぼが織りだしてある和服用の絹織物。**―物もの** シ⊠名「着物」の尊敬語。

おめず‐おくせず オ一セ【おめず臆せず】【▲怖めず臆せず】副 少しも恐れないで。ものともせずに。「―進み出る」

お‐めだま ⊠【お目玉】名 しかられること。「―をくう」

お‐めでた ◎【おめでた】【お目出▲度】名（結婚・出産などの）めでたい事がら。「―がつづく」

お‐めでた・い 夕◎【おめでたい】【お目出(芽)▲度い】形 カロ・カッ・ク・イ・イ・ケレ・○ ❶「めでたい」の尊敬語・丁寧語。「―席」❷俗語 お人好しである。気がよすぎる。「あいつは少し―」参考 終止形・連体形がおもに使われる。**おめでたさ** 名

お‐めでとう ◎【おめでとう】【▲御目出(芽)▲度う】あいさつ 新年や相手の成功・幸福などを祝う語。⇩賀正 参考。

お‐めどおし ◎【お目通し】名「めどおし」の丁寧な言い方。⇩目通し 参考。

お‐めみえ ◎【お目見え】【▲御目見え】名 ❶身分の高い人・上役などに会うことの謙譲語。拝謁。「殿下に―する」❷奉公人がしばらく試みに勤めること。❸役者の初舞台。❹江戸時代、将軍に直接会うことをゆるされた身分・格式。❺おめみえどろぼう。**―以下いか** イ名 江戸時代に、幕府直属の武士で、将軍に直接対面することのできなかった身分のもの。御家人ごけにん。**―以上いじょう** イ名 江戸時代に、幕府直属の武士で、将軍に直接対面することのできた身分のもの。旗本はたもと。**―泥棒どろぼう** ド名 あたらしく勤めに来てすぐに金品をぬすんで逃げること・人。おめみえかせぎ。

お‐めもじ ◎【お目もじ】名 女性語（女房ことば「め文字」から）お目にかかること。⇩会う 参考。

おも オ【面】名 ❶かお。❷おもて。表面。「水の―」

おも オ【主】形動 ダロ・ダッ・デ・ニ・ダ・ナ・ナラ・○ ❶中心・主流であるようす。「―な傾向」❷重要。「―な人」

おもい モ【思い】(おもひ) 名 ❶思うこと。考え。「深い―」❷願い。望み。「―をとげる」❸愛情。恋。「―が通じる」❹気持ち。感じ。「いやな―」❺推量。予想。「―のほか」❻回想。追想。「―にふける」❼うらみ。「―をはらす」**―半なかばに過すぎる** 思い当たるところがあって自然にわかる。よくおしはかることができる。大半以上わかる。**―に沈しずむ** 心配や不安で気持ちが晴れず、元気がなくなる。参考「もの思いに沈む」とも。**―の丈たけ** 恋しく思う心のすべて。「―をのべる」**―のまま** 自分が思うとおりに。望みどおりに。「―になる」**―も寄よらない** 思いがけない。意外だ。**―を致いたす** そのことをよく考える。**―を掛かける**（異性に）愛情をよせる。懸想けそうする。**―を×馳はせる** 距離的・時間的に遠くはなれた物事について考える。はるかに思う。「月世界に―」「古代エジプトに―」**―を晴はらす** ❶以前からの念願をはたす。望みをとげる。❷心のわだかまりをなくす。❸うらみをはらす。**―を寄よせる** 気持ちがひきつけられる。特に、異性に対して恋心をいだく。「同級生に―」

おも・い ◎【重い】形 カロ・カッ・ク・イ・イ・ケレ・○ ↕軽い。❶目方が多い。重たい。「―荷物」⇩重たい 参考。❷動きがにぶい。「腰が―」「口が―」❸疲れ・悩みなどではればれしない。軽快さが感じられない。「足が―」「頭が―」「気が―」❹程度が高い。㋐たっとい。「―身分の人」㋑重要だ。大切だ。「―地位につく」「―任務を負う」㋒容易でない。ひどい。「病気が―」「―処罰を受ける」**重げ** 形動 **おも・し** 文語ク

おもい‐あが・る ガ【思い上がる】(おもひ) 自五 ラ・ロ・リ・ッ・ル・ル・レ・レ うぬぼれて、自分を実際以上に評価する。「ちょっとばかりの成功で―な」**思い上がり** 名

おもい‐あぐ・ねる ネ【思いあぐねる】(おもひ) 自下一 ネ・ネ・ネル・ネル・ネレ・ネロ・ネヨ いろいろと考えるが、結論が出ないでいる。思いわずらう。「さんざん―」

おもい‐あた・る タ【思い当(た)る】(おもひ) 自五 ラ・ロ・リ・ッ・ル・ル・レ・レ なるほどと気がつく。「―ふしがある」

おもい‐あま・る マ【思い余る】(おもひ) 自五 ラ・ロ・リ・ッ・ル・ル・レ・レ 自分ひとりの考えでは、どうしてよいかわからなくなる。「思い余って相談に行く」

おもい‐あわ・せる セ【思い合(わ)せる】(おもひあはせる) 他下一 セ・セ・セル・セル・セレ・セロ・セヨ 他の事とくらべて考える。あれこれと、考え合わせる。**おもひあは・す** 文語下二

おもい‐いた・る タ【思い至る】【▲想▲到る】(おもひ) 自五 ラ・ロ・リ・ッ・ル・ル・レ・レ 考えおよぶ。「問題の本質に―」

おもい‐い・る【思ひ入る】(おもひ) 古語 ㊀自四 思いつめる。考えこむ。「心憂き(ツライ)宿世かな、とおもひいりて」〈源氏〉㊁他下二 深く心にとめる。「おもひ入れぬさまにてものしたまへ」〈源氏〉

おもい‐いれ ◎【思い入れ】(おもひ) 名 ❶深く心にかけて思うこと。また、その思い。執心。「―が強い」❷芝居で、俳優が心のうちを無言のままにしぐさや表情であらわすこと。「―よろしくあって、幕」

おもい‐うか・べる ベ【思い浮(か)べる】(おもひ) 他下一 ベ・ベ・ベル・ベル・ベレ・ベロ・ベヨ 心の中にえがく。「母のえがおを―」**おもひうか・ぶ** 文語下二

おもい‐お・く【思ひ置く】(おもひ) 他四 古語 ❶心にきめておく。思い定める。「つひ(最後)のたのみどころには、(コノ妻ヲ)おもひおくべかりける」〈源氏〉❷心をのこす。あとまで思いつづける。「情けなきものにおもひおかれて」〈源氏〉

おもい‐おこ・す コ【思い起(こ)す】(おもひ) 他五 サ・ソ・シ・ス・ス・セ・セ 思いだす。想起する。「幼いころを―」**思い起こせる**

自下一「…できる」

おもい-おもい オ2【思い思い】副 めいめいの思うままに。「―に意見をのべる」

おもい-かえ・す カ【思い返す】他五 ❶過去のことや、すでにきめたことをもう一度考える。「昨日のことを―」❷思いなおす。「友の忠告によって―」

おもい-か・く【思ひ掛く】他下二〔古語〕❶思いをかける。したう。「おもひかけたる女の」〈伊勢〉❷その気になる。「ゐなかの通ひ(行商)も、おもひかけねば」〈源氏〉❸予想する。「おもひかけぬは死期なり」〈徒然〉❹考慮する。「(法華経ヲ)ならはむとも思ひかけず」〈更級〉

おもい-がけ-ず ケ ガ【思い掛けず】副 意外にも。はからずも。「―旧友と再会する」

おもい-がけな・い ケ ナ【思い掛けない】形 意外である。予期しない。「―成功をおさめる」 **思い掛けなさ** 名 **おもひがけなし** 文語ク

思い切った 並たいていでない、大胆な。「―処置」

おもい-きや【思ひきや】連語〔古語〕(「き」は過去の助動詞。「や」は反語の係助詞。「思ったか、いや思わなかった」)そうとは思わなかったことよ。意外だ。「忘れては夢かとぞ思ふ思ひきや雪ふみわけて君を見むとは」〈伊勢〉

おもい-きり ０ ❶【思い切り】名 思いきること。あきらめ。「―がいい」❷【思いきり】副 おもうぞんぶん。「―あばれる」

おもい-き・る キ【思い切る】❶他五 あきらめる。断念する。「大学進学を―」❷自五 ❶(「思い切って」の形で)決心する。「思い切ってうちあける」❷(「思い切った」の形で)ふつうではできない大胆な。「思い切ったことをやったね」 **思い切れる** 自下一「…できる」

おもい-こ・む コ【思い込む】自五 ❶かたく信じる。「まちがいないと―」❷心をきめる。決心する。「やろうと思い込んだからにはやめない」❸ひとりぎめでそうと思う。「すぐに―性質の人」 **思い込み** 名

おもい-ざし ０【思い差し】名 その人にと思う相手の杯に酒をつぐこと。

おもい-さだ・める メ【思い定める】他下一 心でよくよく考えてきめる。考えてはっきりきめる。「この辺でやめようと―」 **おもひさだ・む** 文語下二

おもい-し・む【思ひ染む】〔古語〕❶自四 身にしみて思う。しみじみと思う。「憂しとおもひしみにし世」〈源氏〉❷他下二 深く心に思いこませる。「思ひしめてしことは、さらに御心に離れねど」〈源氏〉

おもい-しら・せる セ【思い知らせる】他下一 相手につよく感じさせる。「なるほど自分がわるかったと―」 **おもひしら・す** 文語下二

おもい-し・る シ【思い知る】他五 つくづくとさとる。しみじみとわかる。「自分のおろかさを―」

おもい-すごし ０【思い過(ご)し】名 よけいなことまで考えること。考えすぎ。「それはきみの―だ」

おもいだし-わらい ワ【思い出し笑い】名 以前の出来事を思い出してひとりで笑うこと。

おもい-だ・す ダ【思い出す】他五 前のことや忘れていたことを、心にうかべる。「あのころを―」 **思い出せる** 自下一「…できる」

おもい-た・つ タ【思い立つ】他五 あることをしようと心をきめる。「思い立ったらじっとしていられない」 **―日が吉日** 思いたったら、その日を吉日としてすぐ実行すべきである。

おもい-ちがい ０【思い違い】名 考えちがい。勘違い。錯覚。「とんだ―」

おもい-つき ０【思い付き】名 ❶ふと心にうかぶこと。「―の提案」❷着想。考え。くふう。「いい―」

おもい-つ・く ツ【思い付く】他五 ❶考えが心にうかぶ。「いいことを―」❷わすれていたことを思いだす。

おもい-つ・める メ【思い詰める】他下一 深く思いこむ。じっと思い続ける。「失敗を―」 **おもひつ・む** 文語下二

おもい-で ０【思い出】名 思いだす事がら。追想。「―にひたる」

おもいで《思ひ出》 北原白秋の詩集。一九一一年刊。故郷柳川での幼少年時代の思い出を二百十数編の叙情詩にしたもの。

おもいでのき《思出の記》 徳富蘆花の長編小説。一九〇〇年から翌年にかけて発表。明治の時代精神を反映した自伝的教養小説。

おもい-とどま・る マ【思いとどまる】[思▲止(▲留)る] 他五 あきらめる。断念する。思い切る。「旅行を―」 **思いとどまれる** 自下一「…できる」

おもい-と・る【思ひ取る】他四〔古語〕❶理解する。「世の道理を思ひとりて」〈源氏〉❷決心する。「ひとかたに(イチズニ)思ひとりにし心には」〈新古今〉

おもい-なし ０【思いなし】[思×做し] 名 それとおしはかること。推量。推測。**―か**(副詞的に使う)そう思うせいか。気のせいか。「―元気なく見える」

おもい-な・す ナ【思いなす】[思×做す] 他五 〔文章語〕心でそれと思いきめる。

おもい-のこ・す コ【思い残す】他五 心に不満をのこす。未練をのこす。「―ことはない」 **思い残し** 名

おもい-の-ほか ０/イ【思いの外】副 予想に反して。案外。意外に。「―調子がよかった」

おもい-めぐら・す ラ【思い巡らす】[思▲回らす] 他五 あれこれと考える。

おもい-もう・ける ケ【思い設ける】他下一 まえまえから、そのつもりでいる。予期する。「反論は思い設けていたところだ」 **おもひまう・く** 文語下二

おもい-もの ０【思い者】名 ❶こいびと。❷めかけ。

おもい-やり ０【思いやり】[思▲遣り] 名 思いやること。同情。「―がふかい」

おもい-や・る ヤ【思いやる】[思▲遣る] 他五 ❶遠くはなれている人や所などについて想像する。「故郷のようすを―」❷同情する。「胸中を―」

おもい-よ・る【思ひ寄る】自四〔古語〕❶思いあたる。考えつく。「その人とは、さらに思ひよりはべらず」〈源氏〉❷心がひかれる。好きになる。「(薫ニ)思ひよる人はいざなはれつつ(引キツケラレテ)、三条の宮は(女房トシテ)参り集まる」〈源氏〉

おもい-わずら・う ラ【思い煩う】自五 いろいろと考えてくるしむ。考えなやむ。「どうしようかと―」

おもい-わ・ぶ【思ひ×侘ぶ】自上二〔古語〕思い悲しむ。悲しい思いをする。「おもひわびてさても(ソレデモ)命はあるものを」〈千載・百人一首〉

おも・う モ【思う】他五 ❶あることを心に浮かべる。回想したり、想像したりする。「昔を―」「春を思わせる陽気」❷心がある方向にひかれる。「国を―」「―ようにいかない」「子どものためを―」❸(「…と思う」の形で、または形容詞や形容動詞の連用形を受けて)感覚的あるいは直感的に、判断する。ある気持ちをいだく。「恥ずかしいと―」「お会いできてうれしく思います」❹人に対し

て好意をいだく。「—人には思われず」参考「思う」は「感じる」にはない判断の作用を含む。ただし、「考える」ほど分析的ではない。謙譲語に「存ずる」がある。尊敬語に「おぼしめす」があるが、あまり使われない。⇩考える。—こと言わぬは腹膨る⇩腹が膨れる❸。—×壺（「つぼ」はばくちで、さいころを入れるもの）予期した所。予想どおりになること。「敵の—にはまる」—に任せない 思うようにならない。—念力岩をも通す 一心をこめてすれば何事でも必ずできる。

おも-うさま モ 名 宮中などで使う「父」の尊敬語。↕おたあさま。

おもう-さま モ【思う様】—副 思いきり。思うぞんぶん。「—活動する」

おもう-ぞんぶん モ【思う存分】—副 思うさま。「—食べる」

おも・える エ【思える】自下一 ❶思うことができる。❷思われる。「むだだとも—配慮」

おもおもし・い シ【重重しい】形 ❶どっしりしていて、おごそかである。「—態度」↕軽軽しい。❷厳重である。丁重である。「—扱い」 **重重しげ** 形動 **重重しさ** 名 **おもおも・し** 文語シク

おも-がい ⓪【面×繫】名 馬の頭の上から、くつわにかけるひも。↕しりがい。

おも-かげ ⓪【面影】【×俤】名 ❶顔かたち。おもざし。「父に似た—」❷心の中にうかぶ物のようす。「昔の—がない」

おもかげ《於母影》森鷗外・落合直文らの訳詩集。一八八九年に発表。ゲーテ・ハイネ・バイロンなどの訳詩で、わが国近代詩の基礎となった。

おも-かじ ⓪【面かじ】【面×舵】—かぢ 名 船首を右へ向けるためにまわす、かじのとりかた。↕とりかじ。

おも-がわり ガ【面変（わ）り】—がはり 名 顔つきがかわること。「成長して—がする」

おもき キ【重き】名 重いこと。おもみ。—を置く 重く見る。重視する。「人物に—」—をなす 重んじられる。「社内で—」

おも-くるし・い シ【重苦しい】形 気分がおさえつけられるようで苦しい。はればれしない。「—ふんい気」 **重苦しげ** 形動 **重苦しさ** 名 **おもくる・し** 文語シク

おも-さ ⓪【重さ】名 ❶重いこと。また、その程度。❷目方。

おも-ざし ⓪【面差し】名 顔つき。顔だち。おもかげ。おもだち。「母親にそっくりの—」

おもし ⓪【重石】名（「おもいし」の変化）❶物をおさえておくもの。おし。「つけものの—」❷はかりのおもり。❸人をおさえつける力。貫禄。

おもしろ・い 回【面白い】形 ❶楽しくて心がひかれる。愉快だ。「学校が—」「—ように釣れる」↕つまらない。❷興味をそそられる。「—男だ」「ちょっと—趣向だ」❸こっけいだ。おかしい。「—かっこうの貯金箱」❹（「面白くない」の形で）望ましくない。好ましくない。不愉快だ。「面白くない結果に終わる」「面白くない顔つきで帰ってきた」 **面白がる** 自五 **面白げ** 形動 **面白さ** 名 **おもしろ・し** 文語ク 二 形ク〔古語〕❶趣がある。風流だ。「月ばかりおもしろきものはあらじ」〈徒然〉❷美しい。みごとだ。「かきつばた、いとおもしろく咲きたり」〈伊勢〉

おもしろ-おかし・い シ【面白おかしい】【面白可笑しい】—をかしい 形 たいへんおもしろい。「面白おかしく話す」

おもしろ-ずく ⓪／ク【面白ずく】【面白尽く】—づく 名 おもしろさに乗じてすること。興味本位。

おもしろ-はんぶん ハ【面白半分】名 形動 なかばまじめで、なかばふざけて物事をするようす。ふざけ半分。じょうだん半分。

おもた・い ⓪【重たい】形 重い。「寝た子を背負うのは—なあ」参考「重たい」は「重い」にくらべて、重量を実際に感じる場合に使うことが多い。 **重たがる** 自五 **重たげ** 形動 **重たさ** 名

おも-だか ⓪【沢×瀉】名 オモダカ科の多年生植物。水辺にはえ、夏、三弁の白色の花をつける。㊩

おもだか

おも-だか ⓪【面高】名 形動 細面で鼻が高い顔のこと。また、そのようなようす。「—な美人」

お-もたせ モ【お持たせ】名 相手の持ってきた手みやげの尊敬語。「—をいただきましょう」

おも-だた・し【面立たし】形シク〔古語〕はれがましい。光栄である。「年ごろ、うれしくおもだたしきついでにて（折二）」〈源氏〉

おも-だち ⓪／モ【面だち】【面立】名 おもざし。顔だち。

おも-だった モ【主だった】連語 主となる。中心になる。「—人々」

おもち-かえり ⓪【お持（ち）帰り】—もちかへり 名「持ち帰り」の美化語。特に、買った食べ物などを持って帰ること。テイクアウト。「—の寿司」

お-もちゃ モ【玩具】名（「もてあそびもの」の意）❶子どもの遊び道具。玩具。❷なぐさみ。なぐさみもの。—にする なぐさみものにする。いいかげんにもてあそぶ。「人の気持ちを—な」

おもて テ【表】名 ❶物の二つの面のうち、おもだったほう。物の表面・外面。「封筒の—」↕裏。❷外側につけるもの。「畳の—を取りかえる」「—地」↕裏。❸物事の表面に現れたようす。外見。見かけ。うわべ。「—をかざる」「裏も—もない人」↕裏。❹おおやけ。表むき。「—ざた」❺家の入り口に近い部屋。「—座敷」↕奥。❻家の正面。正面の入り口。「—に門松を飾る」↕裏。❼家の外。戸外。「—で遊ぶ」↕内。❽野球で、イニングの前半。↕裏。

おもて テ【面】名 ❶〔文章語〕顔。「—をかくす」「—を伏せる」❷めん。仮面。面形。❸物の表面・外面。「水の—」❹〔古語〕面目。「—をおこす」 —も振らず 一心に物事をするようす。わきめも振らず。 —を犯す 相手の気持ちにかまわず相対する。相手の面前であえて逆らう。「面を犯して忠告する」

おも-で ⓪【重手】【重傷】名 おもいきず。じゅうしょう。ふかで。↕浅手。

おもて-あみ ⓪【表編み】名 棒針編みの基本的な編み方の一種。メリヤスの表と同じ編み目が出る。メリヤス編み。↕裏編み。

おもて-がえ ⓪【表替（え）・表換（え）】—がへ 名 畳のおもてをとりかえること。

おもて-がき ⓪【表書（き）】名 封筒・包み・箱などの表面に、あて名などを書くこと。また、その文字。上書き。

おもて-かた ⓪【表方】名 劇場などで、客の応対や経営の方面の仕事にあたる人。事務員・案内人など。↕裏方。

おもて-がまえ ガ【表構え】—がまへ 名 家などの、正面のつくり方。「りっぱな—」

おもて-かんばん カ【表看板】名 ❶劇場の正面にかかげる看板。❷世間にしめす表面上の名目。「実業家を—

にしている」

おもて-ぐち⓪【表口】名 ❶正式の出入り口。正面口。↕裏口。❷間口。

おもて-けい⓪【表けい】【表×罫】名 印刷で使うけい線で、細いもの。↕裏けい。

おもて-げいテ【表芸】名 ❶当然習得していなければならない技芸。本業としての技芸。↕裏芸。❷世間に対し得意としている技芸。

おもて-さく⓪【表作】名 同一の土地に交互につくる農作物のうち、おもなほう。↕裏作。

おもて-ざた⓪【表沙汰】名 ❶公然と世に知られること。表だつこと。おおやけざた。「―になる」↕内ざた。❷裁判で扱われること。訴訟事件。

おもて-だ・つダ【表立つ】自五 タ・トーチ・ッ ツ・ツ・テ・テ 公然と世に知られる。表面化する。はっきりと人目につく。「表立った動きはない」

おもて-どおりド【表通り】―どほり 名 バスや自動車が通る、会社や商店に面した広い道。↕裏通り。

おもて-なし⓪名 ⬇もてなし。

おもて-にほんホ【表日本】名 日本列島の太平洋に面した地方をいった語。太平洋側。↕裏日本。

おもて-ぶたいブ【表舞台】名 多くの人の目にふれ、堂々と活動できる場所。「政治の―」

おもて-むき⓪【表向き】名 ❶公式・正式であること。「―には認めることはできない」❷おおやけ。役所に関すること。「―の御用」❸うわべ。表面。「―の理由」

おもと⓪【▲万▲年▲青】名 ユリ科の常緑多年生植物。細長く厚い葉がむらがりはえる。観葉植物。変種が多い。実は秋

おもと【▲御▲許】㊀モ名〈おそばの意〉❶〈「おもとに」の形で〉女性が手紙のあて名にそえることば。おんもと。⇩わき付け参考。❷古語 宮づかえの女房などを親しんでいう語。お方。㊁代 古語〈二人称。女性について用いる〉あなた。

おも-なオ【主な】連体 主要な。中心的な。「―原因」「―メンバー」

おも-なが⓪【面長】形動 ダロ・ダッ・デ・ニ ダ・ナ・ナラ・〇 顔が長めなこと。「―な人」

おも-な・し【面無し】形ク 古語 ❶面目ない。はずかしい。「齢よはひの積もりには（年ヲ取ルト）おもなくこそなるわざなりけれ」〈源氏〉❷あつかましい。「おもなき事をば、恥を捨つると言ひける」〈竹取〉

おも-に⓪【重荷】名 ❶重い荷物。❷負担。「仕事が―になる」 **―を下おろす** 責任のある仕事・地位から解放される。重い負担からのがれて、ほっとする。

おも-にオ【主に】副 主として。「―女性を対象とした商品」「―県西部で使われる方言」

おもね・る区【×阿る】自五 ラ・ロ・リ・ッ ル・ル・レ・レ 他人のきげんをとり、気にいられようとする。おべっかをつかう。へつらう。「世間に―」 **おもねり** 名

おもは-ず【思はず】なり形動 古語 ⬇おもわず㊁。

おもは-ゆ【思はゆ】連語 古語〈動詞「おもふ」の未然形＋自発の助動詞「ゆ」〉自然と思われる。おもほゆ。「はろばろにおもはゆるかも」〈万葉〉

おも-はゆ・いコ【面はゆい】【面▲映い】形 カロ・カッ・ク イ・イ・ケレ・〇 はずかしい。きまりがわるい。てれくさい。「あまりに持ち上げられて―」 **面はゆがる** 自五 **面はゆげ** 形動 **面はゆさ** 名 **おもはゆ・し** 文語ク

おもひ-い・る【思ひ入る】自四 他下二 古語 ⬇おもいいる。

おもひ-お・く【思ひ置く】他四 古語 ⬇おもいおく。

おもひ-か・く【思ひ掛く】他下二 古語 ⬇おもいかく。

おもひ-きや【思ひきや】連語 古語 ⬇おもいきや。

おもひ-し・む【思ひ染む】自四 他下二 古語 ⬇おもいしむ。

おもひ-と・る【思ひ取る】他四 古語 ⬇おもいとる。

おもひ-よ・る【思ひ寄る】自四 古語 ⬇おもいよる。

おもひ-わ・ぶ【思ひ×侘ぶ】自上二 古語 ⬇おもいわぶ。

おもほ・す【思ほす】他四 古語 お思いになる。おぼす。「わりなく（ツラク）おもほしながら、まかでさせ給ふ」〈源氏〉 参考 動詞「思ふ」の未然形に尊敬の助動詞「す」の付いた「思はす」の変化した形。

おもほ・ゆ【思ほゆ】自下二 古語 〈「おもはゆ」の変化〉自然と思われる。おもはゆ。「瓜食はめば子どもおもほゆ」〈万葉〉

おも-み⓪【重み】名 ❶重いこと。また、その程度。重さ。「―が増す」❷どっしりとして、かんろくのあること。「―のある発言」

おもむき⓪【趣】名 ❶そのものが自然に作り出す感じや気分。特に、しみじみとした味わいやおもしろみ。風情ふぜい。「―深い景色」「昔ながらの―を伝える」❷意図し、伝えようとする内容。事情。趣旨。「話の―」❸伝え聞いて知っている内容。「…である」ということ。「ますます御壮健の―慶賀申し上げます」

おも-む・く【赴く】【▲趣く】㊀ム 自五 カ・コ・キ・イ ク・ク・ケ・ケ ❶向かって行く。行く。「先方へ―」❷ある状態になる。「病気が快方に―」㊁古語 ㊀自四 従う。同意する。「（将来ヲ）語らふに、ふたりはおもむきにけり」〈源氏〉㊁他下二 ❶向かわせる。向ける。❷行かせる。❸従わせる。同意させる。「恥づかしき御気色みけしきなれば（キッパリトシタゴ様子ナノデ）え聞こえおもむけ給はず」〈源氏〉 参考「おも（面）＋向く（顔がそちらに向く）」を原義として生まれたことばで、その意味あいが現代語にも残っている。「そ（背）＋向く」から生まれた「そむく」とももとは対をなしていた。

おもむろ-に⓪【おもむろに】【▲徐に】副 重々しくゆっくり。やおら。ゆるやかに。「―話しだす」 参考「不意に」「突然」の意で用いるのはあやまり。

おも-もち⓪モ2【面持ち】名 顔つき。表情。「不審の―」

おも-やオ【母屋・母家】名 ❶ひさし・廊下などに対して、家の建築の中のおもな部分。❷屋敷内のおもだった建物。もや。↕はなれ。

おも-やつれヤ【面やつれ】【面×窶れ】名 顔がやせて元気なく見えること。

おも-ゆ⓪【重湯】名 水を多くしてたいた、のりのようなめしのしる。

おもらしモ【お漏らし】名 自サ 幼児語 小便をもらすこと。

おもりモ⓪【お守り】名 ❶「守もり」の丁寧な言い方。❷俗語 やっかいな人の世話をすること。「よっぱらいの―」

おもり⓪【×錘】名 重みをかけるためのもの。はかりの分銅ふんどうや、つり糸のしずみなど。

おも・るモ【重る】自五 ラ・ロ・リ・ッ ル・ル・レ・レ 文章語 ❶重くなる。目方が増す。❷病状がわるくなる。

おもろ⓪名 琉球りゅうきゅうの古代歌謡。神事や宮廷の祝宴のときにうたわれた叙事詩じょじし。

おもろそうし《おもろさうし》 一五世紀から一六世紀にかけて、沖縄・奄美あまみ諸島に伝わる古い歌謡を集めたもの。二十二巻。

おも-わ⓪【面輪】名 文章語 顔つき。「―をくもらせる」

おもわく⓪【思わく】【思惑】―おもは 名〈「思う」の未然形＋名詞相当のものをつくる接尾語「く」〉❶考え。思うと

ころ。意図。「—がはずれる」❷一般の評判。気うけ。「世間の—」❸相場で、将来の値上がり・値下がりの予想。参考「思惑」は当て字。—買い ０名 将来の値上がりをみこして株などを買うこと。—師し ク名 おもわくで相場をする人。相場師。—違ちがい チ名形動 予想した事がはずれること。

おもわし・い シ【思わしい】おもはしい 形 カロ-カッ・ク-イ-イ-ケレ-○ のぞみどおりで、このましい。「—結果が出ない」「研究が思わしく進まない」 **おもは・し** 文語シク

おもわ-ず 【思わず】おもは— 一 モ 副 我をわすれて、とっさに。無意識に。つい。「—笑みがこぼれた」「—駆け寄る」 二 なり形動 古語 ❶おもいがけない。意外だ。「さばかりの人、鷹たかを持たれりけるは—なれど」〈徒然〉❷おもしろくない。気にくわない。心外だ。「—なる御もてなしなり、と恨みきこゆるも」〈源氏〉

おも-わすれ ワ【面忘れ】名 人の顔を見わすれること。

おもわせ-ぶり ０【思わせぶり】おもはせ— 名形動 意味がありそうに見せる言動をすること。なにかがありそうだと相手に期待をもたせること。「—な態度」

おもわ-ぬ 【思わぬ】おもは— 連語 予期しなかった。思いがけない。「事件が—方向に展開する」

おもん・じる ジ【重んじる】他上一 ジ-ジ-ジル-ジル-ジレ-ジロ・ジヨ ⇩おもんずる。

おもん・ずる ズ【重んずる】他サ ジ・ゼ-ジ-ズル-ズル-ズレ-ジロ・ゼヨ (「重みする」の変化)たいせつにする。重くみる。たっとぶ。うやまう。重んじる。「礼節を—」「上下関係を—」⇔軽んずる。 **おもん・ず** 文語サ変

おもん-ぱかり ０【▲慮り】名 文章語 (「おもいはかり」の変化)おもんぱかること。考え。思慮。「深い—」

おもん-ぱか・る カ【▲慮る】他五 ラ-ロ-リ-ッ-ル-ル-レ-レ 文章語 (「おもいはかる」の変化)よくよく考える。おちなく思いめぐらす。「相手の立場を—」「将来を—」

おもん・みる 【×惟みる】他上一 古語 (「おもひみる」の変化)よく考える。熟考する。

おや ヤ【親】名 ❶子をうんだもの。父・母。❷他人のうんだ子を、わが子として養育する人。養父母。❸祖先。❹物ごとの始まるもと。元祖がんそ。❺同類をふやすもとになるもの。「—いも」❻おもだったもの。中心となるもの。「—会社」❼大小相対するもののうち大きいほう。「—指」❽ばくち・トランプなどで、ふだをくばる人。❾無尽むじんの発起人。—の因果いんがが子こに報むくいる 親の悪業が、むくいとして子どもにわざわいをもたらす。—の心こころ子こ知しらず 子どもは親の気持ちも知らずに好き勝手にふるまうものである。—の×臑すね×齧かじり 親の世話になっていること。また、その者。親がかり。—の光ひかりは七光ななひかり 親が有名・有力なために、子が利益を受けることはたいそう大きいものだ。親の七光。—はなくとも子こは育そだつ 親と早く別れても、子どもはどうにか成長していくものであるから、世の中のことはそれほど心配することはないということ。

おや オ ヤ 感 意外なことに気づいたとき、小さな疑問を感じたときなどに言うことば。「—、めずらしい」

おや-いも ０【親芋】名 さといもの根の、子いものついている大きなかたまり。いもがしら。秋

おや-おもい オ２【親思い】おもひ— 名 親をたいせつに思って大事にすること。また、その人。

おや-がいしゃ ガ【親会社】名 ある会社に対し資本・取引などの関係で支配権をもっている会社。⇔子会社。

おや-がかり ガ【親掛(か)り】名 (成人した)子が独立しないで、親の世話をうけていること。また、その子。

おや-かた カ【親方】名 ❶世話になり、親のようにたよりにする人。❷使用人・職人などのかしら。❸相撲の年寄。❹芸事の師匠。❺役者・職人を尊敬してよぶ語。—日ひの丸まる 俗語 (日の丸の国旗が国家を象徴するところから)国家がうしろだてとなっている官庁や公営企業をさしていうことば。特に、放漫な経営や業務内容などを皮肉っていう。転じて、強い組織に寄りかかっている団体などの場合にもいう。

おや-かぶ ０【親株】名 ⇔子株。❶根をわけて、なえ木をとるとき、とられるもとになるもの。❷新株に対して、増資以前に発行されていた株。旧株。

おや-がわり ガ【親代(わ)り】がはり— 名 親のかわりに世話をすること。また、その人。

お-やき ヤ【お焼(き)】名 小麦粉を練って平らにし、両面を焼いた食べ物。中にあんや野菜などを入れるものもある。

おや-き ０【親木】名 つぎ木・さし木をするとき、枝をとられる木。

おや-き ヤ【親機】名 電話機やファクシミリの本体部分にあたる機器。⇔子機。

おやく-ごめん ０【お役御免】名 ❶ある役目をやめさせられること。「管理職を—になる」❷古くなったり不用となったりした物を処分すること。

おやくしょ-しごと シ【お役所仕事】名 官庁の形式的で非能率的な仕事ぶりを皮肉っていう語。

おや-こ オ【親子】名 ❶親と子。❷親と子の関係にたとえられる二つのもの。「—電話」❸旧株と新株。❹おやこどんぶり。—丼どんぶり ド名 鶏肉と鶏卵を煮て、どんぶりめしにかけた料理。—は一世いっせ 親子の関係はこの世だけのものだ。「—、夫婦は二世、主従は三世」

お-やご ０【親御】名 他人の親の尊敬語。「—さんはお元気ですか」

おや-こうこう コ１【親孝行】名形動 親を大事にし、よくつかえること。孝行。「—な人」⇔親不孝。

おや-ごころ ゴ【親心】名 ❶子を思う親の情。「這はえば立て、立てば歩めの—」❷親が子を思うような親切心。「—で世話をやく」

おやじ ０【おやじ】【親▲父・親▲仁】—ぢ 名 ❶「父親」のくだけたよび方。⇔おふくろ。参考 主として成人男子が自分の父親をいう語。❷中年以上の男。「ひげづらの—」❸職場の長。親方。参考 したしんだよび方。❹家・店などの主人。

おや-じ ０【親字】名 おやもじ。

おや-しお ０【親潮】—しほ 名 ベーリング海に発し、南下して千島列島・北海道・本州の東岸に沿ってながれる寒流。多くの魚をそだてるため、こうよばれる。千島海流。⇔黒潮。

おや-しらず シ【親知らず】名 ❶親の顔を知らないこと。また、そんな子ども。❷おやしらずば。—歯ば ズ名 いちばんおそくはえる上下左右四本の奥歯。知歯ちし。

お-やすい 【お安い】連語 わけない。かんたんだ。「—ご用」

お-やすく-ない 【お安くない】連語 男女の仲が、特別な間がらである。

おや-だま ０【親玉】名 ❶じゅずの中心になる大きな玉。❷俗語 中心になる人物。かしら。「ギャングの—」

お-やつ ヤ【おやつ】【▲御八つ】名 (昔の八つどき(今の午後二時から四時ごろまで)に食べたことから)間食。お三時。

おや-ばか ０【親ばか】【親馬鹿】名 親が、わが子かわい

さに、おろかに見えるつまらぬことを言ったり、したりすること。また、その親。

おや-ばなれ [バ]【親離れ】名 子どもが成長して、親から精神的に自立できるようになること。

おや-ふこう [フ]【親不孝】名 形動 親につくさず、親をそまつにすること。また、その人。↕親孝行。

おや-ぶね [0]【親船】名 従えている小船に必要な物資などを補給し、獲物を収容する大きな船。母船ぼせん。もとぶね。

おや-ぶん【親分】名 ❶[0]親と思ってたよりにする人。かりおや。❷[オ/ヤ]かしらとたのむ人。親方。↕子分。**―肌**はだ [フ] 名 人の面倒見がよくて頼りになる気性のこと。「―の社長」

おや-ぼね [0]【親骨】名 おうぎの、両はしのふといほね。❷小さな世界で、いばっている人。

お-やま [0]【お山】【御山】名 ❶「山」の丁寧語。❷宗教上の霊地。「―に参拝する」 **―の大将**たいしょう ❶小高い所に立って、のぼってくる子をつきおとす、子どもの遊び。

お-やま [ヤ/オ]【女形】名 ❶歌舞伎かぶきで、女の役をする男の俳優。おんながた。❷女姿のあやつり人形。

おや-まさり [マ]【親勝り】名 形動 子が親よりすぐれていること。また、その子。

お-やみ [0]【小やみ】【小止み】名 雨や雪などがちょっとの間やむこと。「雨が―なく降る」

おや-みだし [ミ]【親見出し】名 辞書で、独立した項目として太字などで提示される語。↕子見出し。

おや-もじ [0]【親文字】名 ❶欧文の大文字。❷(漢和辞典で)熟語のもとになる文字。親字。❸活字の字母。母型。

おや-もと [0]【親元】【親許】名 親の家。実家。さと。「―を離れる」

おや-ゆずり [ユ]【親譲り】名 親からゆずりうけたこと。また、そのもの。「―の気性」「―の財産」

おや-ゆび [0]【親指】名 手足のいちばんふとい指。

お-ゆび【指】名〔古語〕⇩および。

お-ゆわり [0]【お湯割り】名 焼酎しょうちゅうやウイスキーを湯でうすめたもの。

およが-す [ガ]【泳がす】他五 ❶泳がせる。「魚を―」❷相撲などで、相手を前のめりによろめかせる。❸〔俗語〕容疑者を、わざとつかまえないで、自由に行動させる。「しっぽを出すまで泳がしておく」

およぎ [ギ]【泳ぎ】名 ❶およぐこと。およぎかた。水泳。「―を習う」夏 ❷世わたり。

およ・ぐ [ヨ]【泳ぐ】自五 ❶手足を動かして水中を進む。水泳する。夏 ❷世間をじょうずにわたる。「うまく世の中を―」❸前のめりによろける。「つまずいて―」 **泳げる** 自下一〔…できる〕

およ-す・く 自下二〔古語〕❶成長する。「日々に、(若宮ハ)物を引延ぶるやうにおよすけたまふ」〈源氏〉❷おとなびる。ませる。「およすけて、ざれありきたまふ」〈源氏〉❸老成する。たくみである。「あざやかに抜け出で、およすけたるかたは」〈源氏〉❹じみである。「昼はことそぎ(簡素デ)およすけたる姿にてもありなん」〈徒然〉参考「すく」は「およすぐ」だった可能性もある。

およ-そ【凡そ】(「おおよそ」の略)㊀[0]㊀名 副 だいたい。あらまし。おおかた。「―の見当」「―かたづいた」㊁副 ❶一般に。総じて。いったい。「―人というものは」❷まったく。全然。「―意味のない話だ」参考 下に打ち消しの語がくる。㊂なり形動〔古語〕いいかげんだ。おろそかだ。「かやうに大事の謡うたひをおよそにしてはかなふまじい」〈狂言・二千石〉

およば-ずながら【及ばずながら】連語 たいしたことはできないが。ふじゅうぶんではあるが。「―お手伝いしましょう」

およば-ない【及ばない】連語 ❶(「…には及ばない」の形で)必要がない。するまでのことはない。「わびを言うには―」❷かなわない。「技術はとても―」

お-よばれ [ヨ]【お呼ばれ】名 招待されて、ごちそうになること。

お-よび [0]【お呼び】名「呼ぶこと」の尊敬語。「会長が―だ」 **―が掛か**かる 立場が上の人間から呼び出しを受ける。 **―でない**〔俗語〕役に立たない、好みではないといった理由から相手にしない。お呼びじゃない。

お-よび【指】名〔古語〕ゆび。

および [0/オ]【及び】接続 ならべあげるのに使う。ならびに。そして。「日本―中国」⇩また 参考

およびごし [0]【及び腰】名 ❶中腰になってかがみ、物などをとろうとする不安定な姿勢。❷確信のない中途はんぱな態度。どっちつかずの態度。「―で交渉する」

お-よびたて [0]【お呼(び)立て】名 人を呼びだすことの謙譲語。「お仕事中―いたしまして」

及およ**びも付**つ**かない** とてもかなわない。とうてい及ばない。

およ・ぶ [0]【及ぶ】㊀自五 ❶物事がある所・時・状態に達する。㋐作用などがそこに届く。「わざわいが家族に―」「影響が後世に―」㋑ある数量・時刻・段階に達する。「十万人に―人出」「会議はしばしば夜半に―」「この期ごに及んで未練をいうな」㋒範囲が広がって、ある点に達する。「関東から中国地方に―広範囲の気象状況」❷追いつく。対等になる。「師に―腕前」「あの芸はとうてい我々の―ところではない」❸(「…するには及ばない」の形で)する必要がない。「悲観するには及ばない」「君が行くには及ばない」❹取り返しがつく。「くやんでも及ばない」❺かなう。とげられる。「及ばぬ恋」参考 ❹❺は下に打ち消しの言い方を伴う。㊁自四〔古語〕❶腰をまげて前にのりだす。および腰になる。❷とうとう…になる。「天下の大事に及びなんず(ニナルデショウ)」〈平家〉

およぼ・す [ボ]【及(ぼ)す】他五 届かせる。ゆきわたらせる。「めぐみを子孫に―」 **及ぼせる** 自下一〔…できる〕

およ・る【御寝る】自四〔古語〕「寝る」の尊敬語。おやすみになる。「月をも御覧ぜでおよるなればこの御文参らするに及ばず」〈著聞集〉参考「お夜」を活用させて動詞にしたことば。女性が用いるのがふつう。

およんな・る【御寝んなる】自四〔古語〕(「お夜になる」の変化)おやすみになる。およる。↕おひんなる。

おらがはる《おらが春》江戸時代後期の俳句俳文集。小林一茶いっさの晩年の代表作。発句のほか、身のまわりのできごとや感想などをしるす。

オラトリオ [ト]〈イ oratorio〉名 (祈禱書きとうしょの意)宗教上の物語などを素材とした独唱・合唱・管弦楽のための楽曲。聖譚せいたん曲。

おら・ぶ【叫ぶ】自四〔古語〕(方言に残る)大声でさけぶ。

オラン-ウータン [ウ]〈orang-utan〉名 (マレー語で「森の人」の意)ショウジョウ科の哺乳ほにゅう類。ボルネオ・スマトラにすむ。体長約一・四メートル。全身黄かっ色の毛でおおわれ、顔には毛がない。しょうじょう。

オランダ《ポ Olanda;Holland》(「和蘭・阿蘭陀」とも書いた)ヨーロッパ大陸北西部の立憲君主国。首都はアムステルダム。

おり [リ]【折】名 ❶その時。「お会いした―に」❷時機。機会。「―をうかがう」「―あしく」 **―に触**ふ**れて** きっかけ

があると、いつも。「—思い出す」 **—もあろうに** ほかによいときもあろうに。「—こんな雨天に来るとは」 **—も折**(おり) ちょうどその時。「—来客だ」

おり【折(り)】(をり) ㊀[リ][名] ❶折ること。折ったもの。❷おりめ。❸折り箱。さき折り。㊁[接尾] 折り重ねた紙や折り箱をかぞえることば。

おり [0]【×澱】[名] 液体中に沈んだかす・不純物。「怒りの気持ちが—のようにたまる」

おり [リ]【×檻】(をり) [名] 動物などを入れて、逃げださないようにしてある箱・へや。

お-り [オ]【汚吏】[名] [文章語] 不正なことをする官吏。汚職役人。

お・り【居り】(をり) [自ラ変] [古語] ❶いる。ある。住む。❷すわっている。「立てれどもをれどもともにたはぶれ」〈万葉〉 ❸寝ないでいる。起きている。「—明かす」 ❹〈補助動詞として、動詞の連用形について〉㋐動作や状態の継続をあらわす。…ている。「いづれの日まで吾(あ)恋ひをらむ」〈万葉〉 ㋑相手の動作をののしって言う気持ちをあらわす。…てやがる。「へえ、附子(ぶす)まで食らいをった」〈狂言・附子〉

おり-あい [0]【折(り)合い】(をりあひ) [名] (おりあうこと) ❶人と人との関係。仲。「上司との—がわるい」 ❷妥協。「—がつく」

おり-あ・う [ア]【折(り)合う】(をりあふ) [自五] [ワ・オ・イ・ッ・ウ・ウ・エ・エ] ゆずりあい、あゆみよって、対立が解ける。妥協する。おれあう。「条件が折り合わない」 **折り合える** [自下一] […できる]

おり-あしく [ア]【折▲悪しく】(をり) [副] ちょうどつごうが悪いことに。あいにく。「出がけに—雨が降りだした」↕折よく。

おり-いって [0]【折(り)入って】(をり) [副] (たのみこむときのことば)特別に。心をこめて。「—たのみがある」

オリーブ [リ]〈olive〉[名] モクセイ科の常緑小高木。果実からオリーブ油をとる。花は㊰夏、実は㊰秋 **—色**(いろ) [0][名] 黄いろがかったみどり色。 **—オイル** [オ]2〈olive oil〉[名] オリーブの果実からとった油。食用、薬用にする。

オリーブ

おり-えぼし [エ]【折×烏▲帽子】(をり) [名] 上を横に折りまげたえぼし。

おり-えり [0]【折(り)襟】(をり) [名] そとへ折り返した洋服のえり。↕詰めえり。

オリエンタル [エ]〈oriental〉[名][形動] 東洋的。東洋ふう。「—な室内装飾」

オリエンテーション [テ]〈orientation〉[名] ある物事についての方向づけ。新人指導のための講習。

オリエンテーリング [テ]〈orienteering〉[名] 地図と磁石を使い、指示された地点を通過して、できるだけ早くゴールインする徒歩競技。

オリエント [エ]〈Orient〉[名] ❶東洋。東方。(ローマからみて東方の意) ❷アジア西部の、イラン・イラクなどの地域。小アジア・東地中海沿岸・エジプトをふくむこともある。

おり-おり [0]/[リ]1【折折】(をりをり) ㊀[名] そのときそのとき。「四季—のながめ」 ㊁[副] ときどき。ときたま。

オリオン [オ]1〈Orion〉[名] オリオン星座。冬の夜空をかざる。㊰冬 [参考] 殺されて天にのぼり星になった、ギリシャ神話のかりゅうどの名。

おり-かえし [0]【折(り)返し】(をりかへし) ㊀[名] ❶折りかえすこと。折りかえしたもの。「ズボンの—」 ❷来た方角にひきかえすこと。「—運転」 [参考]「折返点」「折返運転」などの場合は、送りがなをはぶいてもよい。 ㊁[副] 間をおかないで返事・返答をするようす。すぐさま。ただちに。「—ご返事をください」

おり-かえ・す [カ]【折(り)返す】(をりかへす) [サ・ソ・シ・シ・ス・ス・セ・セ] ㊀[自五] ❶もとの場所にひきかえす。「途中から—」 ❷定められた期間や区間の前半を終えて、後半に移る。「前半戦を首位で—」 ㊁[他五] 反対のほうに折って二重にする。「ズボンのすそを—」 **折り返せる** [自下一] […できる]

おり-かさな・る [ナ]【折(り)重(な)る】(をり) [自五] [ラ・ロ・リ・ッ・ル・ル・レ・レ] 上へ上へといくえにも重なる。

おり-がみ [0]/[リ]【折(り)紙】(をり) [名] ❶二つに折った紙。❷色紙を折っていろいろな物の形をつくる遊び。また、その紙。❸刀剣や美術品などの鑑定の証明書。「—をつける」 ❹保証。 **—付**(つ)**き** [0]/[ミ][名] そのものについて、確かなものだと、うけあうこと。保証つき。「実力は—」

おり-から【折から】(をり) ㊀[リ][副] ちょうどその時。「—雨が降りだした」 ㊁[連語] …の時であるから。「梅雨の—おからだたいせつに」

おり-く [0]/[リ]【折句】(をり) [名] 和歌や俳句などで、物の名などを各句の初めに一文字ずつおいてよんだもの。[参考]「かきつばた」をよみこんだ「から衣きつつなれにしつましあればはるばる来ぬるたびをしぞ思ふ」(「伊勢物語」九段)などがその例。

おり-ぐち [リ]【降(下)り口】[名] 階段・通路などのおりはじめの所。おりくち。↕上がり口・登り口。

おりくち-しのぶ《折口信夫》 一八八七〜一九五三。国文学者・民俗学者・歌人・詩人。筆名釈迢空(しゃくちょうくう)。民俗学を国文学研究に取り入れるとともに、歌人としても活躍。歌集に「海やまのあひだ」など。

オリゴ-とう [0]【オリゴ糖】[名] (「オリゴ」(oligo-)は少数の意)ブドウ糖や果糖などが結合した糖分の総称。甘味料や健康食品に利用される。

おり-こみ [0]【折(り)込(み)】(をり) [名] 付録・広告などを、雑誌・新聞などの中にはさみこむこと。また、そのもの。

おり-こ・む [コ]【折(り)込む】(をり) [他五] [マ・モ・ミ・ン・ム・ム・メ・メ] ❶折って中のほうへ曲げる。❷折ったものの中にはさみこむ。「ビラを新聞に—」 **折り込める** [自下一] […できる]

おり-こ・む [コ]【織(り)込む】[他五] [マ・モ・ミ・ン・ム・ム・メ・メ] ❶かわった糸などをまぜて織り、織物の模様をつくる。❷一つの物ごとの中に他の物ごとをふくめる。もりこむ。「これも織り込んで考えてみよう」 **織り込める** [自下一] […できる]

オリジナリティー [ナ]〈originality〉[名] 独創性。独創力。「—にあふれた作品」

オリジナル [リ]〈original〉㊀[形動] ほかに同じようなものがなく、目新しいようす。独創的。㊁[名] ❶複製したものに対し、そのもとになるもの。原作・原文・原画など。❷全く新しい構想で作り出したもの。創作。「—曲」

おり-しも [リ]【折しも】(をり) [副] [文章語] (「し」は強めの助詞)ちょうどそのとき。おりもおり。「—一天にわかにかきくもり」 **—あれ**「おりしも」の強めの言い方。

おり-しろ [0]【折(り)代】(をり) [名] 布や紙の端を折って、縫ったり貼りつけたりするための部分。

おり-じわ [0]【折(り)じわ】【折×皺】(をり) [名] 衣服などをたたんだときにできたしわ。たたみじわ。

おりたくしばのき《折たく柴の記》(をりたく) 江戸時代中期の新井白石(あらいはくせき)の自叙伝。

おり-たた・む [0]/[タ]2【折(り)畳む】(をり) [他五] [マ・モ・ミ・ン・ム・ム・メ・メ] 面積の広いものを折って小さい形にする。 **折り畳み** [名] **折り畳める** [自下一] […できる]

おり-た・つ【降(下)(り)立つ】 ㊀[タ][自五] [タ・ト・チ・ッ・ツ・ツ・テ・テ] おり

て立つ。「庭に―」［二］自四〔古語〕自分で直接する。身を入れて行う。「おりたち恋（れん）じたる人心ならねばにや」〈源氏〉

おり-づめ［0］【折（り）詰（め）】をり 名 食物を折り箱へつめること。また、その食物。折り。

おり-づる［リ］【折り鶴】をり 名 紙を折ってつるの形にしたもの。

おり-でほん［テ］【折（り）手本】をり 名 折り本にした書画の手本。

おり-ど［リ］【折（り）戸】をり 名 ちょうつがいをつけて、折りたためるようにした戸。

おり-な・す［ナ］【織（り）成す】他五 サ・ソ―シ―ス―ス―セ―セ 織って模様などをつくりだす。「五色の模様を―」

おり-ばこ［0］【折（り）箱】をり 名 薄板・ボール紙などを折りまげてつくった、菓子・すしなどを入れる箱。

オリ-パラ［0］名 オリンピックとパラリンピックをあわせた略称。

おり-ひめ［リ］【織（り）姫】名 ❶〔俗語〕はたを織る若い女。紡績工場の女子工員。いとひめ。❷しょくじょせい。㊎

おり-ふし［リ］【折節】をり〔文章語〕［一］名 そのときどき。おりおり。「四季―のながめ」［二］副 ❶ちょうどそのとき。「―客がきた」❷ときどき。「―たよりがある」

おり-ほん［0］【折（り）本】をり 名 一枚の、横に長い紙を端から折りたたんでつくった本。↕とじ本。

おり-ま・げる［ゲ］【折（り）曲げる】をり 他下一 ゲ・ゲ―ゲ―ゲル―ゲル―ゲレ―ゲロ・ゲヨ 角度をつけて曲げる。

おります【おります】【▲居ります】をり 連語 ❶人・動物が存在することをあらわす「おる（居る）」の改まった言い方。「ます」が付いて一語の動詞のように使われる。「日曜日は家に―」「うちには犬が二匹―」参考 人・動物の存在をあらわす場合、東日本では「いる」を使い、「おる」は主に西日本で使用されるが、丁寧形「おります」は東日本でも丁重な言い方として自分の側の人物について使う。❷継続をあらわす「（…て）いる」の改まった言い方として使う。「台風が近づいて―」「ここでお待ちして―」

おり-め［メ］【折（り）目】をり 名 ❶折ったさかいめ。たため。❷物ごとの段落。「仕事の―」 **―正（ただ）しい**［シ］形 行儀作法がきちんとしている。礼儀正しい。

おり-め［メ］【織（り）目】名 織物の糸と糸のすき間。

おり-もと［0］【織元】名 織物の製造元。

おり-もの［リ］【下り物】名 ❶子宮から出る粘液などの総称。❷のちざん。あとざん。❸月経。

おり-もの［リ／モ］【織物】名 糸をはたで織った布。

おり-やま［0］【折（り）山】をり 名 紙や布を折ったとき、その外側にできる折り目の部分。

おりゃ・る 自四〔古語〕〔「お入りある」の変化〕❶「行く・来る・ある」の尊敬語。いらっしゃる。「わごりょはいづくからいづかたへおりやる」〈狂言・宗論〉❷〔補助動詞として用いる〕「ある」の丁寧語。…ございます。「一定（いちぢやう）（確カニソノ通リ）でおりやる」〈狂言・靱猿〉

おり-よく［ヨ］【折良く】をり 副 ちょうどよいときに。つごうのいいことに。↕折あしく。

お・りる［リ］自上一 リ―リ―リル―リル―リレ―リロ・リヨ ［一］【降りる】❶高い所から低い所へうつる。くだる。さがる。「二階から―」↕のぼる・上がる。❷乗り物から出る。下車・下船する。「電車を―」↕乗る。❸退く。❹位をのく。「会長の席を―」❺仕事から手を引く。「忙しいからこの仕事は―」❻演芸の出演をやめる。勝負ごとの仲間からはずれる。❼つゆ・しもなどがおく。「しもが降りた朝」❽おろした状態になる。「肩の荷が―」［二］【下りる】❶たれ下がる。「幕が―」↕上がる。❷役所などから、かねや許可をあたえられる。「年金が―」❸錠がしまる。 **お・る** 文語上二

オリンピア《Olympia》ギリシャのペロポネソス半島の神域。古代に、ここで四年ごとにゼウス神の大祭、また、その余興の競技会がひらかれた。

オリンピアード［ア］〈Olympiad〉名 ❶古代ギリシャの、四年を一単位としたオリンピック暦。近代オリンピックの創設にあたってとり入れられた。一八九六年が第一年となり、以後四年ごとにくる各オリンピアード第一年にオリンピックが開催される。❷国際オリンピック競技大会。

オリンピアン［リ］〈Olympian〉名 オリンピック選手。また、オリンピック出場経験者。

オリンピック［ピ］〈Olympic〉名 オリンピック競技。また、それにならって行われる国際的な競技大会。五輪（ごりん）。「技能―」 **―競技（きょうぎ）**［キョ］名 ❶古代ギリシャのオリンピアで四年に一回おこなわれた競技会。古代オリンピック。❷古代オリンピックの伝統を受けついで、一八九六年から四年ごとにひらかれる、国際運動競技大会。近代オリンピック。

お・る【おる】【▲居る】をる ［一］［オ］自五 ラ・ロ―リ・ッ―ル―ル―レ―レ ❶「いる」の丁寧語。参考「おります」という形で使われることが多い。「この動物園にはライオンがおります」など。「うちには弟が二人おります」のように自分の側について使い、「ご兄弟は何人おりますか」などとは使わない。また「○○さん、おりましたら受付までおいでください」のように尊敬語のような使い方は、あやまり。❷〔動詞の連用形について〕けいべつの意味をあらわす。「行きおったか」❸〔「…ておる」の形で〕「いる」の軽い丁寧語。「準備は整っております」 **おれる** 自下一［…できる］ **を・り** 文語ラ変 ［二］自ラ変〔古語〕⬇おり。

お・る［オ］【折る】をる 他五 ラ・ロ―リ・ッ―ル―ル―レ―レ ❶たたむようにまげる。「ひざを―」❷まげて二つに切りはなす。「木の枝を―」❸紙・布などをたたむ。❹紙をまげて物の形を作る。「つるを―」 **折れる** 自下一［…できる］

お・る［オ］【織る】他五 ラ・ロ―リ・ッ―ル―ル―レ―レ 糸・わらなどで布・むしろなどをつくる。 **織り** 名 **織れる** 自下一［…できる］

オルガスムス［ス］〈ᵈOrgasmus〉名 性交時における性的興奮の最高潮。

オルガナイザー［ナ］〈organizer〉名 ❶本部から派遣されて、未組織の労働者などの中にはいり、政党・組合を作り、その組織の拡大・強化をはかる人。また、そのための活動。オルグ。❷オーガナイザー❶。

オルガン［0］〈organ〉名 鍵盤（けんばん）楽器の一つ。パイプオルガン・リードオルガンなど。風琴（ふうきん）。

オルグ［オ］名〔organizer の略〕⬇オルガナイザー❶。

オルゴール［ゴ］〈ᵒorgel〉名 ぜんまいじかけで自動的に一定の音楽を奏する楽器。

オルタ（ー）ナティブ（ヴ）［ナ］〈alternative〉名 ❶二者択一。❷代案。代替品。

おれ［0］【おれ・俺】代 ❶自分をさすことば。↕おまえ。参考 男性が使う、ぞんざいな言い方。仲間や目下の者に対して用いる。❷〔古語〕〔「おのれ」の略〕おまえ。なんじ。

おれ-あ・う［ア］【折れ合う】をれあふ 自五 ワ・オ―イ・ッ―ウ―ウ―エ―エ ゆずりあい、あゆみよって対立を解く。妥協する。おりあう。 **折れ合える** 自下一［…できる］

お-れい［0］【お礼】【▲御礼】名 感謝の気持ちをあらわすあいさつ・贈り物。「―の品」「―を言う」 **―奉公（ぼうこう）**［ボ］名 年季をおえた奉公人が、世話になったお礼に、一、二年ただで奉公すること。 **―参（まい）り**［マ］名 ❶神仏にかけた願がかなったとき、お礼に参ること。❷〔俗語〕やくざが自分の悪事を警察に通告した人などに、仕返しをすること。

オレガノ［0］〈oregano〉名 シソ科の多年草。葉に芳香と

辛みがあり、薬味・香辛料として使われる。

お-れき-れき [0]【お歴歴】[名] 社会的地位や知名度の高い人々。えらい人たち。

おれ-くぎ [レ]【折れくぎ】【折れ×釘】をれ一[名] ❶折れ曲がったくぎ。❷折り曲げてあるくぎ。物を掛けるのに使う。 **―流**(りゅう) [0][名] 字の書き方がへたなこと。

おれ-くち [レ]【折れ口】をれ一[名] ❶折れた所。おれめ。❷〈東京の下町言葉で〉葬式。不祝儀(ぶしゅうぎ)。

おれ-こ・む [コ]【折れ込む】をれ一[自五] マ・モ・ミ・ン・ム・ム・メ・メ 折れて中へまがりこむ。 **折れ込み** [名]

おれ-さま [0]【俺様】[代] 男性が自分自身を尊大にいうことば。

おれせん-グラフ [グ]【折(れ)線グラフ】をれせん一[名] 座標上の点を直線でつなぎ、そこに表れた折れ線で数量の推移などを示すグラフ。

おれ-め [メ]【折れ目】をれ一[名] おれくち。

お・れる [レ]【折れる】をれる [自下一] レ・レ・レル・レル・レレ・レロ・レヨ ❶折った状態になる。㋐平らなものや細長いものが、まがって二重になる。「本の表紙が―」㋑細長いものがまがる。「道路が右に―」㋒細長いものがまがって二つにはなれる。「木の枝が―」❷まがってすすむ。向きをかえてすすむ。「四つつじを左に―」❸くじける。「我が―」❹相手にしたがう。ゆずる。「こちらが折れて出る」 **を・る** [文語下二]

オレンジ [レ]〈orange〉[名] ❶洋種のみかん類の一種。㊗春 ❷だいだい色。 **―エード** [エ]〈orangeade〉[名] オレンジの果汁に砂糖と水をくわえたもの。オレンジ水。㊗夏

おろ-おろ ━ [オ1] [と副][自サ] ❶驚き・恐れ・悲しみなどで、どうしてよいかわからず、あわてるようす。❷泣き声のふるえるようす。「声も―」 ━ [副]〔古語〕❶わずかに。すこしずつ。ぽつぽつ。「諸子百家のことおろおろ語りいでて」〈雨月〉❷おおざっぱに。不完全に。「さきの翁よりは天骨(生マレツキノ才能)もなくおろおろ奏でたりければ」〈宇治拾遺〉

おろか [オ]【愚か】[形動] ダロ・ダッ・デ・ニ・ダ・ナ・ナラ・○ ❶頭のはたらきがよくないようす。❷まが抜けている。ばかげている。「―な言動を恥じる」 **愚かさ** [名]

おろか【▲疎か】━ [オ][副]〔「…はおろか」の形で〕…はいうまでもなく。…はもちろん。…どころか。「百枚は―、五十枚もない」 ━ [なり形動]〔古語〕❶おろそかだ。いいかげんだ。疎略だ。「帝の御使ひをば、いかでかおろかにせむ」〈竹取〉❷〔「…といへばおろか」「…といふもおろか」の形で〕…と言ったぐらいではまだ言い足りない。それどころではない。「いと心細しと言へばおろかなり」〈源氏〉❸劣っている。未熟だ。つたない。「賢き人のこの芸におろかなるを見て」〈徒然〉

おろか-し・い [シ]【愚かしい】[形] カロ・カッ・ク・イ・イ・ケレ・○ おろかである。「―考え」 **愚かしさ** [名] **おろか・し** [文語シク]

おろが・む [ム]【▲拝む】をろがむ [他四]〔古語〕おがむ。「(皇子ガ狩ヲスル野ニ)獣(しし)こそはい這(は)ひ(ケモノナラバヒザマズイテ)をろがめ」〈万葉〉

おろし [シ]【×颪】[接尾] 山から吹きおろす風。「赤城(あかぎ)―」

おろし [シ]【下ろし】[名] ❶おろすこと。「雪―」「荷―」❷新品の使いはじめ。「仕立て―」❸おろし大根。❹おろしがね。

おろし [シ]【卸】[名] ➡おろしうり。

おろし-あえ [0]【下ろし▲和え】あへ一[名] 大根おろしと野菜・きのこ・魚介類などをまぜあわせること。また、そうした食べ物。みぞれあえ。「なめこの―」

おろし-うり [0]【卸売(り)】[名] 生産者などから商品を仕入れて、小売商に売りわたすこと。おろし。↕小売り。

おろし-がね [0]【下ろし金】[名] 大根・わさびなどをすりおろす、多くのとげのある金属などの板。大根おろし。

おろし-しょう [シ]【卸商】[名] おろし売りの業者。

おろし-だいこん [ダ]【下ろし大根】[名] 大根を、おろしがねですりおろした食品。大根おろし。

おろ・す [ロ][他五] サ・ソ・シ・ス・ス・セ・セ ━【降(ろ)す】❶高い所からひくい所へ物をうつす。さげる。「たなから―」↕上げる。❷神霊などをよぶ。❸役・地位からはずす。やめさせる。「主役から―」❹乗り物から出す。「終点で―」↕乗せる。❺おりた状態にする。「肩の荷を―」 ━【下ろす】❶たれさげる。「幕を―」↕上げる。❷かかげてあるものをはずす。「看板を―」↕上げる。❸枝を切りとる。「小枝を―」❹新品を初めてつかう。「新しい背広を―」❺おろし金でする。「わさびを―」❻神仏のくもつをさげる。❼頭髪をそる。「かみを―」❽魚を切り分ける。↕上げる。「三枚に―」❾錠をしめる。❿あずけてあるものを引き出す。「貯金を―」⓫体外へ出す。「回虫を―」⓬堕胎(だたい)する。「子どもを―」

おろ・す [ロ]【卸す】[他五] サ・ソ・シ・ス・ス・セ・セ **おろせる** [自下一]〔…できる〕 卸売りをする。

おろそ-か [ロ]【▲疎か】━ [ロ][形動] ダロ・ダッ・デ・ニ・ダ・ナ・ナラ・○ いいかげん。なおざり。ぞんざい。「安全確認を―にする」「―な扱い」 ━ [なり形動]〔古語〕❶質素だ。そまつだ。「公(おおやけ)の奉り物(オ召シ物)はおろそかなるをもてよしとす」〈徒然〉❷目が荒い。まばらだ。「若菜をおろそかなる籠(こ)に入れて」〈源氏〉❸よそよそしい。うちとけないようす。「生める子のやうにあれど、いと心恥づかしげにおろそかなるやうに言ひければ」〈竹取〉❹めぐまれない。つたない。「前生(ぜんしやう)の運おろそかにして」〈宇治拾遺〉

おろ-ち [オ]【▲大▲蛇】をろ一[名] 大きなへび。うわばみ。だいじや。

おろ-ぬ・く [ヌ]【おろ抜く】【▲疎抜く】[他五] カ・コ・キ・イ・ク・ク・ケ・ケ 〔「うろぬく」の変化〕野菜など、たくさんはえているものを、間をおいて抜きとる。うろぬく。まびく。 **おろ抜き** [名]

お-わい [0]【汚×穢】[名] ❶〔文章語〕よごれ、けがれていること・もの。❷大小便。糞尿(ふんにょう)。＝おあい。

おわしま・す [ス]【▲御▲座します】おはし一[自四]〔古語〕おわす。 [参考] 「おわす」に尊敬の補助動詞「ます」がついてできたことばで、「おわす」より敬意の度合が高い。

おわしまそ・う [ウ]【▲御▲座しまさふ】おはしまさふ [自四]〔古語〕〔「おはしましあふ」の変化〕みないらっしゃる。みな…でいらっしゃる。「女御(にょうご)の宮たち、…けだかうこそおはしまさへ」〈源氏〉

おわ・す [ス]【▲御▲座す・▲在す】おは一[自サ]〔古語〕━「いる・来る・行く・ある」の尊敬語。「われ、朝ごと夕ごとに見る竹のなかにおはするにて知りぬ」〈竹取〉 ━〔補助動詞として、動詞・形容詞の連用形について尊敬の意をあらわす〕…ていらっしゃる。…ておいでになる。「かかる人も、世に出でおはするものなり」〈源氏〉 [参考] 活用について、四段・下二段とする見方もある。

おわ・せる [0]【負わせる】おはせる [他下一] セ・セ・セル・セル・セレ・セロ・セヨ 身に負わせる。負わす。「重い荷を―」「責任を―」「傷を―」

お-わらい [0]【お笑い】わらひ [名] ❶他者から見て笑いたくなるようなこと。「とんだ―だ」❷落語。人情噺(にんじょうばなし)に対する滑稽噺(こっけいばなし)。「―を一席申し上げます」❸主としてテレビ番組などで演じられる、軽薄なおもしろさをねらいとする芸能。「―タレント」

お-わらいぐさ [0]【お笑いぐさ】【▲御笑い▲種(草)】わらひぐさ一[名] ➡わらいぐさ。

おわり [0]【終(わ)り】をはり [名] ❶終わること。しまい。「物事には―がある」「―良ければすべて良し」↕始まり。❷死ぬこと。❸末期(まつご)。 [参考] 読み物などの最後では、「終」と表記してもよい。

お

おわり《尾張》 昔の東海道の国の一つ。今の愛知県の西部。尾州。

おわり-ね [リ]【終(わ)り値】 [名] 株式取引所で、取引時間の最後についた値段。引け値。大引け値。↕始め値。[参考]「終値」と表記することもある。

おわり-はつもの [0][八]【終(わ)り初物】 [名] 時期の終わりになってできる野菜・くだもので、時期の初めの物のように珍重されるもの。

おわ・る [0]【終(わ)る】(ラ・ロ・リッ・ル・ル・レ・レ) ㊀ [自五] ❶それまで続いてきた物事が、やめになる。終わりになる。はてる。「夏休みが━」↕始まる。❷(「…に終わる」の形で)㋐不本意な結果になる。「失敗に━」㋑それ以上発展しないままになる。「無名のままに━」 ㊁ [他五] ↕始める。❶終わりにする。すます。「これで発表を終わります」❷(動詞の連用形について)その動きを終わりにすることをあらわす。「映画を三本見━」「本を読み━」[参考]「終わる」と「終える」は、「…が終わる」(自動詞)、「…を終える」(他動詞)と用いるのが普通だが、「これで話を終わります」のように、「終わる」を他動詞的に使うこともある。

おん【御】 [接頭] 尊敬・謙譲の意味をあらわす。「お」より程度が高い。「━身」「━礼」⇩お(御)[参考]

おん【怨】 [造] うらむ。うらみ。「怨敵・怨念・怨霊」[別音えん|怨]

おん【温】 [造] ❶あたたかい。「温室・温泉・温暖」❷温度。「気温・検温・常温」❸おだやか。なごやか。「温厚・温情・温和」❹ならう。「温習・温故知新」❺だいじにする。「温存」

おん【遠】 [造] とおい。へだたっている。「遠流・久遠」[別音えん|遠]

おん【▲隠】 [造] ❶人に知られないようにする。「隠密」❷「隠岐(旧国名)」の略。「隠州」[別音いん|隠]

おん【穏】 [造] おだやか。やすらか。「穏健・穏和・静穏・平穏」

おん【音】 ㊀ [0] [名] [造] ❶おと。「音源・音量・騒音・防音」❷ねいろ。「音楽・楽音・和音」❸こえ。発声。「音域・音読・濁音・発音」❹中国語にもとづいた、漢字のよみ方。「━で読む」「音訓・漢音・字音」↕訓。㊁ [造] しらせ。たより。「音信」[別音いん|音]

おん [オ]【恩】 [名] [造] めぐみ。なさけ。「恩恵・恩師・謝恩・報恩」**━に着せる** 恩をほどこしたことを、相手にありがたがらせる。**━に着る** 恩を受けたことをわすれない。**━を×仇で返す** 人に恩を受けたのに感謝するどころか、かえって害をあたえる。**━を売る** 相手から感謝されようとしてわざと恩をほどこす。

おん [オ]【▲雄】 [名]〔俗語〕おす。↕めん。

オン [オ]〈on〉 [名] スイッチがはいって、作動中であること。↕オフ。

おん-あい [0]【恩愛】 [名]〔文章語〕 なさけ。情愛。おんない。「━のきずな」

おん-あんぽう [ア]【温×罨法】 [名] 患部を湯にひたした布であたためる療法。温湿布。↕冷あん法。

おん-い [オ]【恩威】 [名]〔文章語〕 恩恵と威力。「━ならびおこなわれる」

おん-いき [0]【音域】 [名] 楽器や声で出すことのできる、音の高低の範囲。「━の広い歌手」

おん-いん [0]【音韻】 [名] ❶漢字の音と韻。❷〔語〕実際の発音から抽象された、語の意味の区別に役立つ単位としての音。

オン-エア [エ] [名] (on the air から)放送局で、番組を放送中であること。

おん-えん [0]【恩怨】 [名]〔文章語〕 恩とうらみ。恩讐。

おん-が [オ]【温雅】 [名] [形動]〔文章語〕 おだやかで、上品なこと。「━な人」

おん-かい [0]【音階】 [名] 楽音をある一定の音程にしたがって、高低の順にならべたもの。

おん-がえし [ガ]【恩返し】 [名] うけた恩にむくいること。

おん-がく [オ]【音楽】 [名] 音の強弱・長短・高低・音色などをくみあわせて作った芸術。「━家」

おん-かた【御方】〔古語〕 ㊀ [名] ❶身分の高い人の住居。おすまい。❷(「…の御方」の形で)身分の高い人を尊敬した呼びかた。おかた。「西の大殿は女御の君の御方、東の大殿は宮たち住みたまふ」〈宇津保〉 ㊁ [代] (二人称。身分の高い人について用いる)あなたさま。「御方こそ、この花はいかが御覧ずる」〈堤中納言〉

おん-かん [0]【音感】 [名] 楽音の高さや性質をききわける感覚。「━教育」

おん-がん [0]【温顔】 [名] おだやかな、あたたかみのあるやさしい顔つき。「━をほころばす」

おん-き [オ]【遠忌】 [名] 仏教で、宗祖などの五十年忌以後、五十年ごとにする法会。

おん-ぎ [オ]【音義】 [名] ❶漢字の音と意味。❷古典や経典の漢字の音と意味とを示した辞書ふうの書物。

おん-ぎ [オ]【恩義】【恩×誼】 [名] (「誼」はしたしみ)なさけ。めぐみ。「━に感ずる」

おんきせ-がま・しい [シ]【恩着せがましい】 [形](カロ・カッ・ク・イ・イ・ケレ・○) いかにも恩を着せるようなようすだ。「━態度」 恩着せがましさ [名] **おんきせがま・し** [文語シク]

おん-きゅう [0]【恩給】 [名] 公務員や旧軍人などが一定の年限つとめて退職または死亡したとき、本人または遺族に国家や地方公共団体がわたす年金や一時金。[参考] 第二次大戦後は共済年金に切りかえられた。

おん-きゅう [0]【温×灸】 [名] 円筒形の器の中へもぐさを入れて間接的に熱するきゅう。

おん-きょう [0]【音響】 [名] おん。おと。ひびき。**━効果** [コ] [名] ❶放送・映画・演劇などで擬音を使って効果を出すこと。❷劇場・講堂などで、音の反射・吸収のぐあい。

おん-ぎょく [0]【音曲】 [名] ❶日本ふうの楽曲や歌曲の総称。❷三味線などに合わせてうたう俗曲。**━×噺** [バ] [名] 「音曲❷」をとりいれた落語。

オングストローム [ロ]〈angstrom〉 [名] 長さの単位で、一オングストロームは一千万分の一ミリメートル。原子物理学などで用いられる。光の波長をはかるのに使う。記号は「Å」。

おん-くん [0]【音訓】 [名] 漢字の音と訓。

おん-けい [0]【恩恵】 [名] めぐみ。なさけ。恩沢。「━に浴する」

おんけつ-どうぶつ [ド]【温血動物】 [名] ⬇ていおんどうぶつ。

おん-けん [0]【穏健】 [形動](ダロ・ダッ・デ・ニ・ダ・ナ・ナラ・○) ❶おだやかで、しかもしっかりしていること。「━な人物」❷極端でなく、適度であること。「━な意見」[参考]「温健」と書くのはあやまり。

おん-げん [0]【音源】 [名] ❶音を出しているもと。❷レコードなどの録音のもとになった演奏。

おん-こ [オ]【恩顧】 [名] なさけをかけて、めんどうをみること。ひきたて。「━をこうむる」

おん-こう [0]【温厚】 [形動](ダロ・ダッ・デ・ニ・ダ・ナ・ナラ・○) おだやかで、まじめなこと。「━な人」

おん-ごく [0]【遠国】 [名]〔文章語〕 ⬇えんごく。

おんこ-ちしん [オ]【温故知新】 [名] (「故きを温ねて新しきを知る」〈論語〉)ふるいことを研究し、そこから新しいい知識をひらいていくこと。

おん-さ [オ]【音×叉】名 たたくと一定の振動数の音をだす音響器。楽器の調律などに使う。

おん-ざうし【御▲曹司(子)】名 〔古語〕⬇おんぞうし❷。

音叉

オン-ザ-ロック [0]〈on the rocks〉名 コップに氷片を入れ、ウイスキーなどをそそいだ飲み物。

おん-し [オ]【恩師】名 講義や指導を受けて世話になった先生。

おん-し [オ]【恩賜】名 君主・主君などから物をもらうこと。また、もらったもの。「―賞」

おん-じ [0]【音字】名 表音文字。ローマ字・かなもじなど。↕意字。

おん-じき【▲飲食】名〔古語〕飲みものと食べもの。飲むことと、食べること。

おん-しつ [0]【音質】名 音の性質。また、音の品質。

おん-しつ [0]【温室】名 植物を特別にそだてるために、冬でもあたたかくしてあるビニールやガラスばりの建物。**―効果**(こうか)**ガス** [ガ] 名 大気中の気体が地表から出る赤外線を吸収し、温室のように地表が保温される現象の原因となる二酸化炭素・メタン・フロンなどの総称。温室ガス。**―育**(そだ)**ち** [ソ] 名 世の中の苦労を知らずにそだつこと。また、そだった人。「―でひよわだ」

おん-しっぷ [シ]【温湿布】名 湯につけてしぼった布を患部に当ててあたためる治療法。温あん法。

おん-しゃ [オ]【御社】名 相手の会社を尊敬して言う語。

おん-しゃ [オ]【恩赦】名 国家が犯罪者の刑の全部または一部をゆるすこと。ふつう、国家の大きな祝い事のときにおこなう。

おん-しゃく [0]【恩借】名 他サ〔文章語〕人のなさけによってかねや物を借りること。

おん-じゃく [0]【温石】名 滑石などを火であつくして布・綿などに包み、からだをあたためるもの。㊄

おん-じゅ [オ]【▲飲×酒】名『仏』酒をのむこと。「不―戒」

おん-しゅう [0]【恩×讐】名〔文章語〕めぐみとあだ。なさけとうらみ。恩怨(おんえん)。

おん-しゅう [0]【温習】名〔「温」はくり返しならうの意〕おさらい。**―会**(かい) [シュ] 名 芸事の発表会。おさらい会。

おんしゅうのかなたに《恩讐の彼方に》菊池寛(きくちかん)の短編小説。一九一九年発表。人間性に目覚め、かたき討ちをやめた武士をえがいた。

おん-じゅん [0]【温順】形動 ダロ・ダッ・デ・ニ／ダ・ナ・ナラ・〇 おとなしくすなおで、人にさからわないこと。「―な動物」

おん-しょう [0]【恩賞】名 てがらのあった者をほめて、金品・地位などをあたえること。また、その金品・地位。「―にあずかる」

おん-しょう [0]【温床】名 ❶苗を早くそだてるために、高い温度をたもつようにしてある苗床。フレーム。㊄ ↕冷床。❷物ごとの発生するもとになることや場所。「悪の―」

おん-じょう [0]【恩情】名〔文章語〕めぐみの心。なさけ。「―に報いる」⇩温情 参考。

おん-じょう [0]【温情】名 あたたかい、なさけ心。「―を施す」参考「恩情」はおもに親子や師弟の間の情愛の意味に、「温情」は一般的に使う。

おん-しょく [0]【音色】名 音の特徴。ねいろ。

おん-しょく [0]【温色】名 ❶〔文章語〕おだやかな顔いろ。❷あたたかな感じをあたえる色。赤・黄・緑とそれらの間色。↕寒色・冷色。

おん-しらず [シ]【恩知らず】名 形動 恩を受けたことを感謝しないこと。また、そのような人。

おん-しん [0]【音信】名 たより。おとずれ。いんしん。「―不通」

おん-じん [0]【恩人】名 めぐみをあたえてくれた人。「命の―」

オンス [オ]〈ounce〉名〔記号は「oz.」〕❶ヤードポンド法の質量の単位。一オンスは約二八・三五グラム。❷ヤードポンド法の容積の単位。一オンスは約二八・四一立方センチメートル。

おん-すい [0]【温水】名 あたたかい湯。「―プール」**―浴**(よく) [ヌ] 名 湯にはいること。温浴。↕冷水浴。

おんすう-りつ [ス]【音数律】名 韻文の韻律のうち、音節の数によってつくられるもの。日本の和歌・俳句で用いられる五音七音の組み合わせなど。

オン-ステージ [テ]〈onstage〉名〔舞台で、の意〕歌謡や演劇などのショー。参考 多く番組名、舞台の興行名などに使われる。

おん-せい [オ]【音声】名 人の発声器官からでる音。こえ。**―言語**(げんご) [ゲ] 名 音声によって伝達することば。口で話して耳できくことば。話しことば。↕文字言語。

おん-せい [0]【温製】名 温かい状態で出す料理。↕冷製。

おん-せつ [0]【音節】名 音声の単位で、それ自身の中に切れ目が感じられない音の連続。日本語では普通、一つの母音、または一つの子音と一つの母音で構成される。シラブル。**―文字**(もじ) [モ] 名 一字一音節の文字。かなもじなど。

おん-せん [0]【温泉】名 ❶地中からわき出る湯で、セ氏二五度以上の温度、または一定の物質をふくむもの。↕冷泉。❷温泉のある土地。温泉場。「―巡り」**―卵**(たま)**(玉子)** [タ][マ] 名 ゆで卵の一種。黄身が半熟で、白身がかたまり始めたやわらかい状態のもの。参考 温泉地で、湧き出た湯を利用して作ったものがあることからの命名という。

おん-ぞ【御▲衣】名〔古語〕❶貴人の衣服のよびかた。着る人をうやまって言う。お召しもの。❷寝るときに掛けるふすま。夜着(よぎ)。「おほんぞ」「みぞ」「ぎょい」「みけし」とも。

おん-ぞうし [ジ]【御▲曹司(子)】名 ❶名門のむすこ。❷〔古語〕貴族の、へや住みの子を尊敬してよぶ語。ぞうし。

おん-そく [0]【音速】名 音のはやさ。空気中ではセ氏〇度で秒速約三三一メートル。

おん-ぞん [0]【温存】名 他サ ❶たいせつにしまっておくこと。「非常用物資を―する」❷手をつけずに、そっとしておくこと。「勢力を―する」

おん-たい [0][オ]【御大】名〔俗語〕〔「御大将」の略〕団体や仲間などの中で、頭だつ人を親しみの気持ちをこめていう語。

おん-たい [0]【温帯】名 寒帯と熱帯との間の、温暖な地帯。緯度二三・二七度から、六六・三三度の間。春・夏・秋・冬の区別がはっきりし、最寒月の平均気温がセ氏一八度から零下三度までの区域。↕熱帯・寒帯。

おん-だい [0]【音大】名「音楽大学」の略。

おん-たく [0]【恩沢】名〔文章語〕めぐみとなさけ。おかげ。恩恵。「―に浴する」

おん-だん [0]【温暖】形動 ダロ・ダッ・デ・ニ／ダ・ナ・ナラ・〇 気候があたたかいこと。「地球―化」↕寒冷。**―前線**(ぜんせん) [ゼ] 名 不連続線の一つ。低気圧の前面に発生し、雨を降らせ、気温を高くする。↕寒冷前線。

おん-ち [オ]【御地】名 相手の居住地を尊敬してよぶ語。貴地。「―では大雪の由、お大切に」

おん-ち [オ]【音痴】名 ❶音の感覚がにぶく、歌が正しくうたえないこと。また、その人。❷ある感覚のにぶいこと。ま

お

た、その人。「方向―」

おん-ちゅう オ【御中】名 官庁・会社などへの手紙で、あて名の下にそえる語。⇩様（さま）参考。

おん-ちょう ⓪【音調】名 ❶音の高低。抑揚。❷音楽のふし。

おん-ちょう ⓪【恩×寵】名〔文章語〕神・君主などのめぐみ。

おん-つう ⓪【音通】名〔語〕❶五十音図の同行・同列の音をとりかえること。「うばら→いばら」など。❷漢字の同じ音の字を通用すること。

おん-てい ⓪【音程】名 二つの楽音の間の高低の差。

おん-てき オ【怨敵】名〔文章語〕うらみのある敵。かたき。

オン-デマンド マ〈on demand〉名 客の注文に応じて、そのつどサービスを提供する販売方式。「―放送」

おん-でる テ【▲追出る】自下一 デテ・デル・デル・デレ・デロ・デヨ〔俗語〕自分から進んで外へ出る。「会社を―」

おん-てん ⓪【恩典】名 なさけあるはからい。めぐみをほどこすこと。「―に浴する」

おん-てん オ【温点】名 皮膚の上にあって、あたたかさを感じる感覚点。↕冷点・寒点。

おん-と オ【音吐】名〔文章語〕こえ。音声。**―朗朗**（ろうろう） 声量のゆたかなようす。「―と読みあげる」

おん-ど オ【音頭】名 ❶多人数でうたったり、万歳をとなえたりするとき、先に発声して皆をみちびくこと。「乾杯の―」❷多人数が歌につれておどること。また、その曲。❸先に立って皆をみちびく人。❹（雅楽で）管楽器を吹きはじめる人。**―取**（と）**り** ド名 おんどをとること。また、その人。**―を取**（と）**る** ❶おおぜいの中で先にうたいだして調子をとり、皆をみちびく。❷先にたって計画したり、指導したりする。首唱する。「改革運動の―」

おん-ど オ【温度】名 物の熱さ・冷たさの程度。**―計**（けい） ⓪名 温度を測定する計器。寒暖計。**―差**（さ） ド名 ❶あたたかさ、つめたさの程度のちがい。❷物事に対する盛り上がりの程度や関心の強さのちがい。「住民の関心に―がでる」

おん-とう ⓪【温湯】名 あたたかな湯。

おん-とう ⓪【穏当】形動 ダロ・ダッ・デ・ニ／ダナ・ナラ・○ おだやかで、むりのないようす。「―な意見」

おん-どく ⓪【音読】名 他サ ❶声をだして読むこと。「テキストを―する」↕黙読。❷漢字を字音で読むこと。おんよみ。↕訓読。

おん-どり ⓪【▲雄鳥・▲雄▲鶏】（をん）名 おすの鳥。特に、にわとりのおす。↕めんどり。

オンドル オ【朝温▲突】名 朝鮮半島・中国東北部で使われる暖房装置の一つ。ゆか下に火をたいて煙を通し、あたためるもの。冬

おんな ナ【女】（をんな）名 ↕男。❶人間の性別二つのうち、体が子を生むための構造になっている方。精子と結合した卵子を育てる子宮・卵巣をそなえる。体が丸みをおび、声が高いものが多い。女子。❷一人前に成人した女。女性。❸女が、男と対比的に、一般にもつと考えられてきた性質。優しさ、しとやかさなど。また、そういう性質が顕著である女。「―を思わせるしぐさ」❹女としての容姿。「水もしたたるいい―」参考「女」という語は、長い歴史の中での男女のあいだの対立関係の跡を残している。「女の腐ったよう」「女だてら」のような語や慣用句はそのなごりである。この辞典で見出しとする語やその解説は、そのことに十分配慮している。「女」に比べ「女性」は中立的である。「婦人」は大正期から昭和戦前期に新しい感覚で使われたが昭和戦後期には「女性」と交替した。**―（は）三界**（さんがい）**に家**（いえ）**なし**（「三界」は全世界の意）女は幼いときは親に、嫁に行くと夫に、老いては子に従うものだから、この世のどこにも安住の場所がない、という意。

おん-ない ⓪【恩愛】名〔文章語〕⇩おんあい。

おんな-うん ⓪【女運】（をんな）名 男がどのような女と出会うかという運勢。↕男運。

おんな-おや ⓪【女親】（をんな）名 子から見て女であるほうの親。母親。↕男親。

おんな-がた ⓪【女形】（をんな）名 おやま。

おんな-ぎらい ギ【女嫌い】（をんな）名 女と接しようという気持ちの強くない男。↕男嫌い。

おんな-ぐせ ⓪【女癖】（をんな）名 男性が、すぐに女性と関係をもちたがる性癖。「―の悪いやつ」

おんな-ぐるい ク【女狂い】（をんなぐるひ）名 女に夢中になって、情事にふけること。↕男狂い。

おんな-け ⓪【女気】（をんな）名 女のいるようす。おんなっけ。「―の多い所帯」↕おとこけ。

おんな-ごころ ゴ【女心】（をんな）名 女性らしいこまやかな感情。↕男心。**―と秋**（あき）**の空**（そら） 心が変わりやすいことのたとえ。参考 近世までは「男心と秋の空」という言い方のほうが優勢だった。

おんな-ごろし ゴ【女殺し】（をんな）名 ❶女を殺すこと。また、その人。❷女が夢中になるような美男。↕男殺し。

おんなごろしあぶらのじごく《女殺油地獄》（をんな） 江戸時代中期の浄瑠璃（じょうるり）。近松門左衛門（ちかまつもんざえもん）の作。放蕩（ほうとう）して金にこまった男の殺人を主題とした世話物。

おんな-ざか ⓪ナ【女坂】（をんな）名 二つある坂のうち、ゆるいほうの坂。↕男坂。

おんな-ざかり ザ【女盛り】（をんな）名 身心の両面で女としての魅力にあふれた年ごろ。↕男盛り。

おんなし ⓪【同し】副 形動（「おんなじ」とも）「おなじ」のくだけた言い方。

おんなじ ⓪【▲同じ】副 形動 ⇩おなじ。

おんな-しゅう ナ【女衆】（をんな）名 ↕男衆。❶女の人たち。女たち。女。❷使用人の女。＝おんなしゅ。

おんな-ずき ⓪【女好き】（をんな）名 ❶男が容貌・気性など女に好かれる条件をそなえていること。❷男が女との情事を特に好むこと。

おんな-だてら ダ【女だてら】（をんな）名 女に似つかわしくないこと。男の立場から女を非難して言ったことば。

おんな-たらし タ【女たらし】【女×誑し】（をんな）名 女をだましてもてあそぶ男。

おんなっ-ぷり ⓪【女っぷり】（をんなっ）名 ⇩おんなぶり。

おんなっ-ぽい ポ【女っぽい】（をんなっ）形 カロ・カッ・ク／イ・イ・ケレ・○ ↕男っぽい。❶男だけれど女のように感じられる傾向が強い。❷⇩おんならしい。「―裾さばき」

おんな-で ⓪【女手】（をんな）名 ↕男手。❶女の手・力。「―一つでそだてあげる」❷ひらがな。女文字。❸女の書いた文字。女文字。

おんな-の-こ ナ【女の子】（をんな）名 ↕男の子。❶女の子ども。女児。❷若い女性。「会社の―」

おんな-の-ひと【女の人】（をんな）連語 おとなの女のことをやわらかに言う語。「知らない―がドアの外にいる」↕男の人。参考 敬意を込めるときは「女の方（かた）」と言う。

おんな-ぶり ⓪【女ぶり】【女振り】（をんな）名 女の顔つきやすがた。おんなっぷり。↕男ぶり。

おんな-へん ⓪【女偏】（をんな）名 漢字の部首の一つ。「好」「嫁」などの「女」。

おんな-むすび ム【女結び】（をんな）名 ひものむすび方の一つ。男結びが右からはじめるのに対し、左からはじめるもの。↕男結び。⇩男結び（図）。

おんな-もじ モ【女文字】をんな— 名 ↕男文字。❶女の書いた文字。❷ひらがな。‖おんなで。

おんな-もの ◎【女物】をんな— 名 女性が使うのにふさわしいように作られた品物。「—の傘」↕男物。

おんな-やく ◎【女役】をんな— 名 ↕男役。❶演劇・映画で、女の演ずる役。❷女の役を演ずる男優。女形おんながた。

おんな-やもめ ◎【女やもめ】【女×鰥】をんな— 名 夫に死なれた、ひとり暮らしの女。↕男やもめ。参考 もともと「やもめ」はそれだけで女のことを意味したが、「男やもめ」という言い方が生まれて「女やもめ」という語ができた。

おんなら-し・い シ【女らしい】をんな— 形 カロ・カッ・ク/イ・イ・ケレ・○ 女がもつと考えられてきた優しさ、しとやかさなどをそなえているようす。↕男らしい。**女らしさ** 名 **をんなら・し** 文語シク

おん-ねつ ◎【温熱】名 あたたかく感じる熱。あたたかみ。「—療法」

おん-ねん ◎/オ【怨念】名 うらみに思う心。くやしいと思う心。「—をはらす」

おん-の-じ ノ【御の字】名〔俗語〕たいへんありがたいこと。「一万円なら—で売る」参考「御」の字をつけたいほどすぐれたものという意味から。

おん-ば オ【乳▲母】名〔「おうば」の変化〕うば。**—日傘**ひがさ ガ 名〔うばにだかれ、日がさをさしかけられるの意〕子どもがたいせつにまもり育てられること。

おん-ぱ オ【音波】名 空気中などをつたわる音の波動。

オン-パレード レ〈on parade〉名 ❶大行進。❷勢ぞろい。総出演。

おん-ばん ◎【音盤】名 レコード盤。

おん-びき ◎【音引(き)】名 ❶発音や字音から、ことばや文字を探しだすこと。また、そのようにした辞書など。↕画かく引き。❷長音符号。「—」

おんぴょう-もじ モ【音標文字】名 ❶音字。表音文字。かな・ローマ字など。❷発音記号。フォネティックーサイン。

おん-びん ◎【音便】名 発音の便宜上、単語の一部におこる音の変化のうち「イ」「ウ」「ン」「ッ」となるもの。それぞれイ音便・ウ音便・撥はつ音便・促そく音便という。**—形**けい ◎ 名 音便によってできた、用言の連用形などの変化した形。「書きて→書いて」の「書い」の類。

おん-びん ◎【穏便】形動 ダロ・ダッ・デ・ニ/ダ・ナ・ナ・ラ・○ あらだてず、おだやかなようす。「—な処置」「—にすませる」参考 おもに「穏便に」「穏便な」の形で使う。

おんぶ オ【おんぶ】【負んぶ】〔「おぶう」の変化。幼児語から〕㊀ 名 他サ おうこと。せおうこと。㊁ 名 自サ 他人にたよること。「友人に—してやっときりぬけた」**—に抱**だっ**こ**〔おんぶしてやればだっこもと言うの意〕際限なく人の好意に甘えてたよろうとすること。

おん-ぷ ◎【音符】名 ❶漢字・かなにつける補助符号。濁音符「゛」、半濁音符「゜」、促音符「っ」、長音符「ー」、反復音符「ゝ・〱・々」など。❷漢字の組み立てで、音をあらわす部分。「胴・銅」の字では「同」が音符。❸音の長短をあらわす符号。楽譜上の位置によって音の高さをもあらわす。「♩・♪」など。

おん-ぷ ◎【音譜】名 楽譜。

おん-ぷう ◎【温風】名 ❶あたたかい風。❷暖房装置から送り出されるあたためられた空気。

オンブズマン オ〈ombudsman〉名〔スウェーデン語の「護民官」の意味から〕行政を監視し、住民の苦情を処理する担当者。

おん-ぼろ ◎ 名〔俗語〕ひどくいたんでいること・もの。ぼろぼろ。「—の自動車」

おん-み【御身】㊀ オ 名 おからだ。「—ごたいせつに」㊁ 代〔古語〕〔敬意をもって相手をよぶ語〕あなた。きみ。

おん-みつ ◎【▲隠密】㊀ 名 江戸時代の探偵たんてい。スパイ。㊁ 名 形動 ひそかに事をすること。「—に事をはこぶ」

おんみょう-どう ミョ【▲陰▲陽道】名 ➡おんようどう。

おん-めい ◎【音名】名 音楽で、音の高さにつけた名。日本では「ハニホヘトイロ」。半音高いものは♯(嬰えい)、半音低いものは♭(変へん)のしるしをつけてあらわす。

おん-めい ◎【恩命】名〔文章語〕なさけあるご命令。

おんもと-に オ=ト【おんもとに】【御▲許に】あいさつ 女性が、手紙のあて名にそえることば。おもとに。みもとに。⇩わき付け 参考。

オンモン ◎/オ【朝×諺文】=オンムン 名 ハングルの旧称。

おん-やう ◎【▲陰陽】名 ➡おんよう。

おん-やく ◎【音訳】名 他サ ❶漢字の音または訓を借りて外国語の発音をしめすこと。「クラブ→倶楽部」など。❷視覚障害者のために、本を読んでテープなどに録音すること。

おん-やさい ヤ【温野菜】名 ゆでたりしてあたためた野菜。「—のサラダ」

おん-よう ◎/オ【▲陰▲陽】やう— 名 ❶いんよう。❷おんようどう。❸おんようじ。‖おんみょう。**—師**じ ヨ 名 陰陽寮おんようりょうに属し、うらないや地相のことをつかさどった職。おんみょうじ。**—道**どう ヨ 名 陰陽五行の原理にしたがい、日月・十干・十二支などから吉凶を判断し、わざわいをさけることを目的とした学問。おんみょうどう。

おん-よう ◎【温容】名〔文章語〕おだやかで、あたたかみのある顔つき・ようす。

おん-よく ◎【温浴】名 自サ 湯にはいること。↕冷浴。

おん-よみ ◎【音読み】名 漢字を音おんで読むこと。音読おんどく。↕訓読み。

オン-ライン ラ〈on-line〉名 コンピューターの中央処理装置と末端装置とが直結している状態。↕オフライン。**—ショッピング** ショ〈online shopping〉名 インターネットを利用した通信販売。**—トレード** レ〈online trade〉名 インターネットを利用した株の取引。

オンリー〈only〉造〔名詞の下について〕ただそれだけ。もっぱらそればかり。「ビジネス—の関係」**—ワン** ワ〈only one〉名〔和製英語〕ただ一つのもの。ただ一人の人。参考 英語のonly oneは人や物を指す代名詞にすぎず、唯一無二という意味はない。

おんり-えど オ=エ【×厭離×穢土】名〔仏〕➡えんりえど。

おん-りつ ◎【音律】名 音楽の調子。リズム・メロディーなど。

おん-りょう ◎【怨霊】名 うらみをいだいて死んだ人の魂。悪霊あくりょう。

おん-りょう ◎【音量】名 テレビ・ラジオ・楽器などの音や人の声の大きさ。音の分量。ボリューム。「—をしぼる」

おん-りょう ◎【温良】形動 ダロ・ダッ・デ・ニ/ダ・ナ・ナ・ラ・○ おとなしく、すなおなこと。人がらがよく、おだやかなようす。

おん-る ◎【遠流】をん— 名〔古語〕もっとも重い流罪るざいで、都から伊豆いず・安房あわ・佐渡さど・隠岐おき・土佐ときなどの遠い土地に追放すること。遠島えんとう。↕近流きんる。

オン-レコ ◎ 名〔on the record から〕報道・記録してもさしつかえないこと。記者会見などの際に用いる。↕オフレコ。

おん-わ ◎【温和】名 形動 ❶あたたかくて、はげしい変化のないこと。「気候が—だ」❷おとなしくやさしいこと。

おん-わ ◎【穏和】名 形動 おだやかで、やわらいでいること。「—にくらす」「—な性格」

か カ

か…「加」の草体。
カ…「加」の左。

か [接頭]〔形容詞につく〕強め、または、語調をととのえる。「―よわい」「―ぼそい」

か【日】[接尾] 日かずをかぞえることば。「ふつ―」「みっ―」

か【下】㊀[造] ❶した。ひくいほう。「下記・下線・下半身・地下・直下・氷点下」❷おとっている。下の地位にある。「下級・下層・配下・部下」❸高いほうから低いほうへ動く。さがる。くだる。くだす。「下降・下命・低下・南下・落下」❹尊敬の意をあらわす。「閣下・殿下・陛下」㊁[造][接尾] …の状態にあること。…のもと。「傘下・目下・支配下・戒厳令下」[別音げ|下]

か【化】㊀[造] ❶かわる。そうなる。「化学・化合・化石・進化・美化・変化」❷よい方向にみちびく。「感化・教化・文化」㊁[接尾]〔名詞や形容動詞の語幹について、サ変動詞の語幹をつくる〕…になる。…にする。「近代化・合理化・自由化・情報化」[別音け|化]

か【×戈】[造] ほこ。武器。「干戈・兵戈」

か【仮】[造] ❶かり。まにあわせ。「仮設・仮託・仮定」❷ほんものでない。「仮死・仮面」❸かりる。かす。「仮借―」

か【×瓜】[造] うり。「瓜田・西瓜」

か【何】[造] 不定のものをさす語。「幾何・誰何」

か【花】[造] ❶はな。「花壇・花瓶・桜花・開花」❷はなやか。美しい。「花押・花顔・花燭」

か【価】[造] ❶ねだん。「価格・価額・時価・物価」❷ねうち。「価値・真価・声価・評価」

か【佳】㊀[造] よい。美しい。「佳境・佳作・佳人・絶佳」㊁[なり形動][古語] すぐれている。「風光すこぶる―」

か【×呵】[造] ❶しかる。とがめる。「呵責」❷大声でわらう。「呵呵」

か【苛】[造] ❶きびしい。ひどい。いじめる。「苛酷・苛政・苛斂」❷はげしい。「苛性ソーダ」

か【架】[造] ❶かける。かかる。わたす。「架橋・架空・架設・高架」❷たな。物をのせるもの。「架蔵・書架・担架・閉架式」❸柱にわたす木。「十字架」

か【家】㊀[造] ❶いえ。居住する建物。「家屋・家具・家財・人家・農家・民家」❷うち。一族の生活体。「家系・家族・家庭・旧家・実家」❸学問・技芸などの流派。「家伝・儒家・法家」㊁[造][接尾] ❶あることを専門・職業にする人。「作家・画家・音楽家・評論家」❷ある面で特徴をもつ人。「愛妻家・努力家・楽天家」[別音け|家]

か【荷】㊀[造] ❶にもつ。「集荷・出荷・入荷」❷になう。「荷重・荷担・負荷」㊁[接尾] 一人がになえる物の数量を表す。「いね三―」

か【菓】[造] 間食用のたべもの。「菓子・製菓・氷菓・銘菓」

か【×訛】[造] ❶あやまる。まちがえる。「訛字・訛伝」❷なまり。「訛言・訛語・音訛・転訛」

か【貨】[造] ❶かね。たから。「貨幣・外貨・金貨・通貨」❷しな。商品。「貨車・貨物・雑貨・百貨」

か【渦】[造] うず。うずまき。「渦状・渦中・渦紋」

か【過】㊀[造] ❶すぎる。とおっていく。「過去・過程・経過・通過」❷すごす。度をこえる。「過激・過言・過剰・過労・超過」❸あやまち。つみ。「過失・過料・罪過」㊁[接頭] 化合物を表す語につけて、その成分の割合の特に多いこと、また、最大限であることを示す。「―燐酸石灰」↕亜。

か【×嘩】[造] やかましい。「喧嘩」

か【嫁】[造] ❶とつぐ。「降嫁・再嫁」❷なすりつける。おしつける。「転嫁」

か【暇】[造] ❶ひま。いとま。「寸暇・余暇」❷やすみ。「休暇・賜暇」

か【×瑕】[造] きず。欠点。「瑕瑾・瑕疵」

か【靴】[造] くつ。「軍靴・製靴」

か【×嘉】[造] よい。よいとする。ほめる。「嘉肴・嘉日・嘉納」

か【歌】[造] ❶うたう。「歌劇・歌唱・謳歌・高歌」❷うた。㋐韻文。「歌詞・校歌・国歌・詩歌」㋑日本固有の形式の詩。「歌人・歌論・短歌・和歌」

か【箇】㊀[造] 物や事のそれぞれを指す語。「箇所・箇条」㊁[接尾] 数をあらわす語につき、あとに続く助数詞とともに、数量を示す。「三箇所・五箇年計画・加盟二十箇国」[参考]「三ヶ所」のように、「ヶ」「ケ」「ヵ」「カ」などと書くこともある。「ヶ」「ケ」は、「箇」の略字。

か【稼】[造] かせぐ。はたらく。「稼業・稼動・稼働」

か【×蝸】[造] かたつむり。「蝸牛」

か【×霞】[造] かすみ。「雲霞・煙霞」

か【×顆】[造] つぶ。「顆粒」

か【加】㊀[カ][名][造] ❶たしざん。「加算・加減乗除」↕減。❷「カナダ(加奈陀)」のこと。「日米加漁業条約」❸「加賀(旧国名)」のこと。「加越能」❹「カリフォルニア(加利福尼)」のこと。「加州」㊁[造] ❶くわえる。ふえる。ふやす。「加害・加速・加筆・増加・追加・添加」❷くわわる。なかまにはいる。「加入・加盟・参加」

か【可】㊀[カ][名][造] ↕不可。❶よいこと。よいとしてみとめる。「可決・可否・許可・認可」↕否。❷評価で、優・良に次ぐもの。「優・良・―」㊁[造] できる。「可燃・可能・不可欠・不可分」 **―も無く不可も無し** 特によくもなく、また、わるくもなく、ふつうだ。

か【果】㊀[カ][名][造] ❶むくい。結果。「果報・効果・成果」↕因。❷仏教で、さとり。㊁[造] ❶くだもの。「果実・果樹・果汁」❷おもいきってするようす。「果敢・果断」

か【河】㊀[カ][名][造] 中国の黄河。「河南・河北」㊁[造] ❶おおきなかわ。「河口・河川・銀河・大河」❷「河内(旧国名)」の略。「河州」

か【科】[カ][名][造] ❶基準によって分けたグループ。「科挙・科目」❷等級によって分けた、つみ・とが。「科料・罪科・前科」❸学問や知識の体系的な分類。「科学・学科・教科・百科」❹専門性に基づいた教育のコース。「専科・単科・本科・予科」❺大学などの学科。「医科・工科・商科・文科・法科・理科・看護科・経営科・史学科」❻義務教育における教科。「家庭科・国語科・社会科・図画工作科・保健体育科」❼生物分類での一単位。目の下、属の上。「双翅目カ―イエカ属アカイエカ」「ネコ科・マメ科」❽医学・医療の分野。「眼科・歯科・内科・精神科・婦人科・泌尿器科」 **科する** [他サ]

か【華】[カ][名][造] ❶はな。「華道」❷はなやか。りっぱ。うるわしい。「華美・華麗・豪華」❸さかり。さかん。「栄華・繁華」❹中国の美称。また、略称。「華僑・華南・日華」[別音け|華] **―を去り実に就く** 見かけのはなやかさを捨てて、実質を重んじる。

か【禍】[カ][名][造] わざわい。よくない出来事。災難。「―を転じて福となす」「災禍・舌禍・戦禍・筆禍・輪禍」↕福。

か【寡】㊀[カ][名][造] 数のすくないこと。「―をもって衆にあたる」「寡言・寡黙・衆寡・多寡」㊁[造] 夫に先立たれた女。「寡婦・鰥寡」

か【課】㊀[カ][名][造] ❶事務分担上の一区分。局・部の下、係の上。「課長・経理課・人事課・捜査一課」❷教科書の小区分。「次の―に入る」「第三課」 **課する** 他サ ㊁造 わりあてる。「課税・課題・課徴金・日課」

か【香】 ◎ 名 におい。かおり。「いその―」

か【蚊】 ◎ 名 カ科の昆虫の総称。水上に産卵する。幼虫はぼうふら。雌は人や動物の血を吸う。感染症の媒介をするものもある。いえか・やぶか・はまだらかなど。夏 **―の鳴くような声** 細くよわよわしい声。**―の涙** ごくわずかなことのたとえ。「―ほどの給付金」

か【火】 ㊀ カ 名 ❶五行の第二。❷「火曜日」の略。㊁ 造 ❶ひ。ほのお。「火炎・火山・点火・発火」❷あかり。ともしび。「漁火・灯火」❸やける。もえひろがる。「火災・火事・失火・防火」❹はげしい。さかん。「火急」

か【夏】 ㊀ カ 名 古代中国の国名。㊁ 造 なつ。「夏季・夏炉冬扇・初夏・盛夏・冷夏」

か【▲彼】 代 古語 かれ。あれ。あ。↕そ・こ。

か 助 ❶(終助詞)㋐疑問・質問を表す。「あしたは雨だろう―」「いま何時です―」㋑反語・反ばくを表す。「そんなことがあるもの―」㋒念を押す意味を表す。「いい―、たのんだよ」㋓相手をなじる気持ちを表す。「そんなばかなことをするやつがある―」「早く行かない―」「ちゃんと約束したじゃない―」㋔さそい・頼みの意味を表す。「お茶を飲まない―」「行ってくれない―」㋕(自問自答や独り言の形で)驚き・詠嘆・願望などを表す。「ここにあったの―」「そろそろ寝る―」「だれ―来ない―なあ」㋖古語 詠嘆を表す。ふつう「も…―」の形で用いる。「白露を玉にもぬける春の柳―」〈古今〉❷(副助詞)㋐(疑問の語などに続いて)不確かな気持ちを表す。「だれ―来た」「いつ―読んだ」㋑列挙した中から一つを選ぶ意味を表す。「山―川―」「死ぬ―生きる―の大問題」参考「並立助詞」と呼ぶこともある。⇩や。㋒(「どころ」「ばかり」「のみ」に続いて)…ではなく、そのうえに。「おこるどころ―大喜びだ」❸古語(係助詞。文末の述語を連体形でとめる)㋐疑問を表す。「いかなる所に―この木はさぶらひけむ」〈竹取〉㋑反語を表す。「世の中はなに―常なるあすか川きのふの淵ぞけふは瀬になる」〈古今〉

が【牙】 造 ❶きば。は。「歯牙」❷将軍の旗。「牙城」[別音げ|牙]

が【瓦】 造 かわら。土をこねて焼いたもの。「瓦解・瓦礫・煉瓦」

が【画】 造 ❶絵。「画家・画廊・絵画・図画・動画・静物画・日本画・風景画」❷画面。「画質・録画」❸映画。「名画・邦画・洋画」[別音かく|画]

が【芽】 造 ❶め。「出芽・麦芽・発芽・萌芽」❷めぐむ。きざす。

が【×俄】 造 にわか。たちまち。「俄然」

が【×臥】 造 ふす。寝る。横になる。「臥床・座臥・病臥」

が【餓】 造 うえる。ひもじい。「餓鬼・餓死・飢餓」

が【我】 ◎ 名造 ❶自分を主張すること。わがまま。自分かって。「―を通す」「我意・我利・我流」❷自分。「我執・我慢・自我・無我」**―が強い** ごうじょうだ。**―を折る** 自分の考えをまげて、他人の意見にしたがう。**―を張る** 自分の考えをまげない。

が【賀】 ガ 名造 ❶いわい。よろこび。おめでた。「賀詞・賀状・祝賀・年賀」❷「加賀(旧国名)」の略。「賀州」 **賀する** 他サ **―の祝い** 長寿・長命の祝い。還暦・古希・喜寿など。

◆**賀の祝い**
*年齢は数え年。

還暦	六十一歳
古希	七十歳
喜寿	七十七歳
傘寿	八十歳
半寿	八十一歳
米寿	八十八歳
卒寿	九十歳
白寿	九十九歳
上寿	百歳
茶寿	百八歳
皇寿	百十一歳

が【×蛾】 ◎ 名造 鱗翅目のうち、ちょう以外の昆虫の総称。はねをひらいたままとまる。触角はむち状か、羽状。おもに夜行性。種類が多く、幼虫は害虫が多い。「誘蛾灯」

が【雅】 ガ 名造 ❶きちんとして上品なこと。「―と俗」「雅言・雅語」❷みやびやか。風流。「雅楽・雅号・風雅・優雅」❸古代中国の宮廷音楽の正楽の一つ。

が【×駕】 ガ 名造 ❶のりもの。「車駕・来駕」❷上にのせる。しのぐ。「凌駕」 **―を×枉げる** 「来訪・訪問」の尊敬の言い方。枉駕する。

が ◎ 接続 (後の文が前の文と逆の関係にあることを表す)しかし。けれども。だが。「たのんでみた。―、だめだった」⇩しかし 参考。

が 助 ❶(格助詞)㋐主語を示す。「雨―降る」参考 古語では、もともと、「青山に日が隠らば…」〈古事記〉「君が行く道のながてを…」〈万葉〉などのような言い切りにならない文の中での用法にかぎられていた。「雨が降る」のように言い切りの文の主語をも示すようになるのは、中世からである。ただし、「雀の子を、犬君が逃がしつる」〈源氏〉のように、連体形で言い切る詠嘆的な文の主語を示すことは古くからあった。現代語で、「私が高橋です」という文では、「だれが高橋か」という問いの「だれ」に当たる部分に、重要な新情報として主語の「私」が入る。それに対して、「私は高橋です」という文では、目の前にいる「私」はすでに知られている旧情報なので、「私はだれか」という問いの答えとなる「高橋」が重要な情報となる。そのため、未知の情報を問う「だれ・どこ・どれ・なに」などの語には「が」が付く。㋑文章語 所有・所属の意味の連体修飾語を示す。「われら―母校」㋒感情・可能の対象を示す。「水―ほしい」「りんご―すきだ」「英語―話せる」参考 感情表現のうち、「…たい」の対象を表す場合は、「を」もよく用いられるが、「…をほしい(すきだ)」のような使い方は一般的でない。可能の対象の場合も、「が」のほうが一般的。㋓文章語 体言や活用語の連体形を受け、助動詞「ごとし」、形式名詞「ため」「ゆえ」などにつづける。「西郷隆盛―ごとき英雄」㋔古語 次につづく体言を省略して「…のもの」の意を表す。「この歌、ある人のいはく柿本人麿がなり」〈古今〉参考「準体助詞」と呼ぶこともある。㋕古語 接続助詞のようなかたちで用いて、文の中で同じ資格の内容をみちびく。…で。…であって。「いとやむごとなき際にはあらぬがすぐれて時めきたまふありけり」〈源氏〉❷(接続助詞。活用語の終止形について)㋐二つの句を単純につなぐ。「さくらもいい―、うめもいい」㋑たがいに反する二つの句をつなぐ。「走った―、まにあわなかった」㋒(推量の助動詞「う」「よう」「まい」について)上のことにしばられない意味を表す。「何といわれよう―、かまわない」❸(終助詞)㋐(あとを表現せず、言いさしのままで)口調をやわらげ、聞き手の反応を待つ気持ちを表す。「ちょっとわかりかねます―」「それはたしかにそうです―」㋑(「…いいが」「…よいが」の形で)願望、またその願望がうまく達成されそうにない不安な気持ちを表す。「雨がやめばいい―」㋒ののしることばにつづけて、その気持ちを強める。「このばか者め―」㋓(助詞「も」「し」「てし」などにつづき、また「な」を伴って)願望の意を表す。⬇もが(な)・しが(な)・てしが(な)。

カー〈car〉造 くるま。自動車。「オープン―」

があ-があ ガ1 副 ❶アヒルやカモの鳴き声。❷機械類が発する雑音。「こわれて―いうスピーカー」❸口うるさいようす。また、その声。「いつまでも―言うな」

カーキ-いろ [０]【カーキ色】[名]〔「カーキ khaki」は土ぼこりの意〕うすい茶かっ色。

かあ-さん [カ]【母さん】[名] 母に対する身内のあいだでの親しみをこめた呼び方。「―は今買い物に行った」「―、おやすみなさい」↕父さん。⇩おかあさん[参考]。

カー-シェアリング [シェ]〈car sharing〉[名] 一台の自動車を、複数の人が共用するしくみ。カーシェア。

カースト [カ]〈caste〉[名] インドの階級制度。バラモン(僧)・クシャトリヤ(王族・士族)・バイシャ(平民)・シュドラ(奴隷)の四階級をさしたが、現在はさらに細分化している。

ガーゼ [ガ]〈ドGaze〉[名] 消毒した、織りのあらくてやわらかな綿布。医療用。

カーソル [０]〈cursor〉[名] ❶計算尺の目盛りを合わせるための滑り板。❷コンピューターのディスプレー上で入力される位置を指示する、矢印などのしるし。

ガーター [ガ][名] ❶〈garter〉くつしたどめ。❷〈the Garter〉イギリスの最高勲章。

カー-チェイス [チェ]〈car chase〉[名]〔警察と犯人など、敵対する者の間で〕自動車どうしが追跡しあうこと。「―をくりひろげる」

かあ-ちゃん [カ]【母ちゃん】[名]〔俗語〕幼児などが母を親しんで呼ぶ語。男性が、自分や他人の妻を親しんで呼ぶのにも用いる。↕父ちゃん。

か-あつ [０]【加圧】[名][他サ] 圧力を加えること。

カーディガン [カ]〈cardigan〉[名] 毛糸で編んだ、前あきのセーター。

ガーデニング [０]〈gardening〉[名] 趣味としての園芸。

カーテン [カ]〈curtain〉[名] ❶室内につるして、窓をおおったり、間仕切りしたりする布の幕。まどかけ。❷物をさえぎってかくすもの。「鉄の―」 **―コール** [コ]〈curtain call〉[名] 演劇などで幕がおりてから、客が拍手かっさいして出演者らを幕の前に呼びもどすこと。

ガーデン〈garden〉[造] にわ。庭園。 **―パーティー** [パ]〈garden party〉[名] 庭園でひらかれる宴会。園遊会。

カート [０]/[カ]〈cart〉[名] ❶人が押して、または引いて荷物を運ぶ小さな運搬車。「ゴルフ―」「キャリー―」 ❷人を乗せる簡単な動力付きの車。「電動―」「ゴー―」

カード [カ]〈card〉[名] ❶記入用・整理用の小型の厚紙。「図書―」 ❷カルタやトランプの札。❸情報を記録したプラスチック製の札。身分証明や預貯金の引き出し、決済などに使う。「―ローン」「IC(アイシー)―」 ❹野球の試合などで、組み合わせ。「阪神対巨人の好―」

ガード [ガ][名]〔girder から〕道路・鉄道線路をまたぐ鉄橋。架道橋。

ガード [ガ]〈guard〉㊀[名][他サ] 攻撃・危険から身を守ること。㊁[名] ❶番兵。みはり。護衛。❷バスケットボールで、後衛。❸アメリカンフットボールで、センターの両方に位置する選手。 **―マン** [ガ]〈guard man〉[名]〔和製英語〕警備・監視を職業とする人。 **―レール** [レ]〈guardrail〉[名] 道路のはしにとり付ける交通事故防止用のさく。鋼板などでつくる。

カートリッジ [カ]〈cartridge〉[名] ❶レコードプレーヤーのピックアップの先についている部品。❷万年筆・複写機などの入れかえインクを入れたもの。

ガードル [０]〈girdle〉[名] 女性用の下着の一種。腹から腰にかけて体型を整えるために着けるもの。

カートン [カ]〈carton〉[名]〔厚紙の意〕❶ろう引きの厚紙の箱。❷銀行などで、かねを入れて出す、紙・プラスチックなどで作ったぼん。金銭ぼん。カルトン。❸二〇本入り巻きたばこを一〇箱入れた大箱。

ガーナ《Ghana》アフリカ西海岸、ギニア湾に面した共和国。一九五七年に独立。首都はアクラ。

カー-ナビ [０][名]「カーナビゲーションシステム」の略。

カー-ナビゲーション-システム [シ]〈car navigation system〉[名] 人工衛星などを利用して、自動車の現在位置と走行方向をディスプレー上の地図に表示する装置。カーナビ。

カーニバル [カ]〈carnival〉[名] ❶謝肉祭。㊗春 ❷祭りのようににぎやかな催し物。

カーネーション [ネ]〈carnation〉[名] ナデシコ科の多年生植物。葉は線形で、春から夏にかけてひだのある五弁の赤・白などの花がさく。観賞用。オランダせきちく。㊗夏

ガーネット [ガ]〈garnet〉[名] ざくろいし。色は赤・茶・黄・緑・黒などで、美しいものは宝石となる。一月の誕生石。

カーバイド [バ]〈carbide〉＝**カーバイト** [名]〔炭化物の意〕炭化カルシウムの俗称。アセチレン・肥料の原料。

カービング [カ]/[０]〈carving〉[名][他サ] 身近な素材を使った彫刻。くだものや野菜の皮に花模様を彫るなど。「―ナイフ」「フルーツ―」

カービン-じゅう [ビ]【カービン銃】〈carbine〉[名]〔騎兵銃の意〕アメリカ軍使用の、銃身の短い自動小銃。

カーブ [カ]〈curve〉㊀[名][自サ] まがること。また、その場所。「―を切る」 ㊁[名] ❶曲線。「―をえがく」 ❷野球で、投手の投球が、右投手の場合は左がわに、左投手の場合は右がわにまがること。また、そのボール。

カー-フェリー [フェ]〈car ferry〉[名] 自動車ごと乗りこめる船。フェリーボート。

カーペット [カ]〈carpet〉[名] じゅうたん。もうせん。

ガーベラ [０]〈gerbera〉[名] キク科の多年生植物。葉はたんぽぽに似て、夏に赤・桃・黄色の花が咲く。観賞用。㊗夏

カー-ポート [ポ]〈carport〉[名] 屋根だけの簡単な車庫。

カーボベルデ《Cape Verde》アフリカの最西端、ベルデ岬の西、大西洋上にあるベルデ岬諸島からなる共和国。一九七五年独立。首都はプライア。

カーボン [カ]〈carbon〉[名] 炭素。特に、大気中の二酸化炭素。 **―コピー** [コ]〈carbon copy〉[名] ❶カーボン紙による複写。❷電子メールで、本来の宛先以外の人に同一の文面を送信する機能。シーシー(CC)。 **―紙** [レ]/[ポ][名] 油煙・ろう・顔料(がんりょう)などの混合物を、がんぴ紙に塗ったもの。用紙の間にはさみ、複写に使う。カーボンペーパー。 **―ニュートラル** [ニュ]〈carbon neutral〉[名] 大気中に排出される、温室効果をもつ二酸化炭素の吸収量と排出量が差し引きゼロの状態であること。

カーラー [カ]〈curler〉[名] 毛髪を巻きつけて、カールさせる円筒状の器具。

ガーリック [ガ]〈garlic〉[名] にんにく。

カーリング [０]〈curling〉[名] 氷上競技の一種。とって(ハンドル)のついた重い石(ストーン)をすべらせ、決められた円内に相手よりも多くの石を置くことで得点を競うもの。

カール [カ]〈ドKar〉[名] 氷河が山の中腹をけずってできた、さじですくいとったような円形のくぼみ。圏谷(けんこく)。

カール [カ]〈curl〉[名][自他サ] 髪の毛が巻いていること。また、それをまきちぢらすこと。まき毛。「ピン―」

ガール〈girl〉[造] 女の子。少女。 **―スカウト** [カ]〈Girl Scouts〉[名] 少女の心身をきたえ、世界の平和につくすことを目的とする少女団。↕ボーイスカウト。 **―ハント** [ハ]〈girl hunt〉[名]〔和製英語〕男性が女友達をさがしもとめること。↕ボーイハント。 **―フレンド** [レ]〈girl friend〉[名] 男性の女友達。↕ボーイフレンド。

ガールズ-バー 〔パ〕〈girls bar〉名〔和製英語〕カウンター越しに女性バーテンダーが客に酒を提供するバー。

かい【×掻】 接頭〔「かき」の変化。動詞につく〕意味を強め、また、語調を整える。「—つくろう」

かい【海】 ㊀造接尾 うみ。「海岸・海峡・海水・近海・航海・領海」「日本海・オホーツク海」㊁造 ❶ひろく大きい。「海容・海恕」❷多くのものの集まり。「雲海・辞海・樹海」

かい【介】 造 ❶たすける。「介護・介錯・介助・介抱」❷なかにはいる。「介在・介入・紹介・仲介」❸気にする。「介意」❹もの・こと。個。箇。「一介」❺甲羅。「魚介」 **介す** 他五 **介する** 他サ

かい【回】 ㊀造 ❶まわる。まわす。「回転・回避・迂回・旋回・転回」❷もどす。もどる。かえる。「回顧・回収・回想・回答・回復・奪回」❸遠くに行き、元にもどる。「回帰・回遊・巡回」❹順番に事をおこなう。「回診・回読・回覧」㊁カ名造 くぎり。ひとまわり。たび。度数。「—をかさねる」「回数・次回・最終回」㊂接尾 ❶連続して行われる動作の回数。「なわとび三十—」❷全体をいくつかに分けた回数。「昼夜二—公演」⇩度 参考

かい【灰】 造 はい。もえかす。「灰燼・灰白色・石灰」

かい【改】 造 ❶あらためる。あらたまる。「改悪・改正・改訂・更改・変改・朝令暮改」❷しらべる。「改札」

かい【×芥】 造 ごみ。あくた。「塵芥」

かい【×乖】 造 そむく。「乖離」

かい【拐】 造 かどわかす。「拐帯・誘拐」

かい【×廻】 造 まわる。めぐる。「廻国・廻転・廻覧・巡廻」〔別音え|廻〕

かい【悔】 造 くいる。くやむ。「悔悟・悔恨・後悔」

かい【界】 造 ❶さかい。くぎり。「界域・界隈・境界・限界・臨界」❷かぎられた範囲。「視界・世界・天界」❸ある層の人々からなる社会。「学界・業界・政界・芸能界・社交界・文学界」

かい【皆】 造 みな。すべて。ことごとく。「皆勤・皆兵・皆既食・悉皆」

かい【×晦】 造 ❶くらい。「晦冥」❷わかりにくい。「晦渋・韜晦」❸みそか。月の最終日。「晦日」

かい【械】 造 からくり。しくみ。「器械・機械」

かい【絵】 造 え。えがいたもの。「絵画」〔別音え|絵〕

かい【開】 造 ❶ひらく。あく。あける。「開花・開放・公開・満開」❷はじめる。はじまる。「開演・開始・開店・再開」❸ひらける。きりひらく。「開化・開拓・開発・未開」

かい【階】 ㊀カ名造 建物の各層。「上の—」「階下・階上・地階・最上階」㊁造 ❶はしご。段。「階段・階梯」❷等級。順位。「階級・階層・位階・音階・加階」㊂接尾 建物の層をかぞえる語。「三階・三十六階建て」

かい【×誡】 造 いましめる。注意する。「誡告・教誡・訓誡」

かい【塊】 造 かたまり。「塊根・塊状・金塊・団塊」

かい【×魁】 造 ❶かしら。「巨魁・首魁」❷大きい。「魁偉・魁傑」

かい【潰】 造 つぶれる。くずれる。「潰走・潰滅・潰瘍・決潰・倒潰」

かい【壊】 造 こわれる。こわす。「壊滅・壊乱・決壊・倒壊・破壊」〔別音え|壊〕

かい【懐】 造 ❶なつかしい。なつかしむ。「懐郷・懐古・旧懐・追懐」❷なつく。なつける。親しませる。「懐柔」❸ふところ。「懐剣・懐中・懐炉」❹おもう。心にいだく。おもい。「懐疑・述懐・本懐」❺みごもる。「懐胎・懐妊」

かい【×獪】 造 わるがしこい。「狡獪・老獪」

かい【諧】 造 ❶ととのう。調和する。「諧声・諧調・音諧」❷たわむれる。「諧謔・俳諧」

かい【×膾】 造 肉なます。「膾炙」

かい【会】 ㊀カ名造 ❶重要なあつまり。「—を催す」「鴻門の—」❷もよおし。つどい。「会合・会場・集会・歓迎会・懇親会」❸話し合い。「議会・委員会・教授会・座談会」❹人々が集まって作った組織。「会則・会長・学会・県人会・後援会」㊁造 ❶あう。あつまる。「会議・会見・会談・再会・密会・面会」❷かなう。一致する。「会意・会心」❸人の集まるところ。「社会・都会」❹さとる。「理会」❺とき。おり。「機会」❻かぞえる。「会計」 **会する** 自他サ〔別音え|会〕

かい【快】 ㊀カ名造 気持ちのよいこと。ゆかいなこと。「—をむさぼる」「快挙・快晴・快適・不快・軽快」㊁造 ❶はやい。「快走・快速」❷なおる。よくなる。「快方・全快」

かい【戒】 ㊀カ名造 ❶いましめ。❷仏教徒の守るべきいましめ。「戒律・五戒・破戒」㊁造 ❶いましめる。さとす。「戒告・訓戒・懲戒」❷気をゆるさない。用心する。「戒厳・戒心・警戒」

かい【怪】 ㊀カ名造 あやしいこと。あやしい事件。「古寺の—」「怪奇・怪死・奇怪」㊁造 ❶すぐれた力を持つ。「怪傑・怪盗・怪童」❷ばけもの。「怪談・怪物・妖怪」

かい【解】 ㊀カ名造 ときあかすこと。ときあかしたもの。「—を求める」「解釈・解答・正解」㊁造 ❶わける。ばらばらにする。「解体・解剖・電解・分解」❷わかる。さとる。「曲解・理解・誤解」❸のぞく。やめさせる。「解雇・解任」❹とかす。とける。「解凍・解氷・融解」❺なくなる。なくす。「解消」 **解する** 他サ〔別音げ|解〕

かい【貝】 カ 名 ❶かいがらをもつ軟体動物。水中にすむ。二枚貝・巻き貝など。❷かいがら。❸ほらがい。

かい【▲峡】 カ 名 山と山との間。「山—」

かい【買い】 〇 名 ❶買うこと。特に株の取引などで、値上がりを期待して買うこと。⇕売り。❷買っておきたいもの。「このジャケットは—だ」

かい【×櫂】 カ 名 水をかいて船を進ませる道具。一端をうすく平らにけずった棒。

かい【甲×斐・▲効】 〇 名 ききめ。しるし。効験。

かい【楷】 カ 名 書体の一つ。楷書。真。⇕行・草。

か-い【下位】 カ 名 低い地位・等級。あとの順番。⇕上位・中位。

か-い【下意】 カ 名 一般人民の考え。民意。下情。「—上達」⇕上意。

かい【×匙】 名〔古語〕さじ。しゃくし。

かい《隗》 中国の戦国時代の賢人。**—より始めよ** 事をなすには、まず言いだした人自身で当たれの意。また、手近なことから始めよの意。参考 中国の戦国時代、郭隗が燕の昭王から賢者を集める方法を問われたとき、自分のようなつまらない者をまず優遇せよ、そうすればすぐれた人材が自然に集まってくる、と答えたという故事から。

かい《甲斐》 昔の東海道の国の一つ。今の山梨県。甲州。

か-い 助〔終助詞〕❶軽い感動や疑問を表す。「本当—」❷反語を表す。「そんなこと知る—」

がい【外】 造 ❶そと。うわべ。おもてがわ。「外観・外面・外形・外套・屋外・場外」❷ほか。ある範囲にふくまれないもの。「外因・外界・外部・意外・市外・論外・時間外・問題外」❸国のそと。「外貨・外電・外務」❹はずれる。正統でない。「外史・外伝」❺妻のみうち。「外戚・外祖父」❻はずす。のぞく。「除外・疎外」〔別音げ|外〕

がい【劾】 造 あばく。しらべる。「弾劾」

がい【×咳】 造 せき。しわぶき。「咳嗽・謦咳・鎮咳」

がい【崖】造 がけ。「懸崖・断崖」

がい【涯】造 はて。きわみ。「生涯・天涯」

がい【×凱】造 戦いに勝ってよろこぶ。「凱歌・凱旋」

がい【街】造 まち。とおり。「街灯・街路・市街・ビル街・商店街・住宅街・地下街」

がい【×碍】造 さまたげる。じゃまをする。「碍子・障碍・阻碍・妨碍」

がい【蓋】㊀造 ❶ふた。おおう。ふたをする。「蓋世・頭蓋・天蓋・無蓋車」❷おそらく。たぶん。「蓋然性」㊁接尾 笠などを数える語。「ひのきがさ一―」

がい【該】㊀造 ❶あたる。あてはまる。「該当・当該」❷ゆきわたる。ひろい。「該博」㊁接頭〔文章語〕その。当の。「該病院・該資料・該人物」

がい【×漑】造 そそぐ。「灌漑」

がい【骸】造 なきがら。死体。「骸骨・遺骸・形骸・死骸」

がい【×鎧】造 よろい。「鎧袖一触」

がい【害】㊀ガ 名 造 損失。わざわい。「健康に―がある」「干害・公害・災害・冷害」↕利。㊁造 ❶そこなう。いためる。きずつける。「害悪・害虫・危害・傷害」❷さまたげる。ふさぐ。「障害・阻害・妨害」 **害する** 他サ

がい【概】㊀ガ 名 造 おもむき。「哲人の―がある」「気概」㊁造 おおむね。およそ。「概算・概説・大概」 **概して** 副

が-い ガ【我意】名 自分の考えをおしとおす心。わがまま。我。「―をはる」

が-い ガ【賀意】名〔文章語〕祝う心。祝意。「―を表する」

かい-あく ⓪【改悪】名 他サ あらためた結果、かえって前よりわるくなること。↕改正・改善・改良。

がい-あく ガ【害悪】名 他にわざわいをあたえること。また、そのもの。害毒。「―を及ぼす」

かい-あ-げる ゲ【買(い)上げる】他下一 公的機関が民間から買う。「政府が―」↕払い下げる。参考「買上品」「買上金」のような場合は送りがなをはぶいて書く。 **買い上げ** 名 **かひあ・ぐ** 文語下二

かい-あさ-る サ【買いあさる】【買▲漁る】他五 あちこちさがしもとめて、さかんに買う。物をあさって買う。 **買いあさり** 名

がい-あつ ⓪【外圧】名 外部からの圧力。↕内圧。

ガイアナ《Guyana》南アメリカ北部にある共和国で、英連邦の一員。一九六六年に独立。首都はジョージタウン。

かい-あわせ ア【貝合(わ)せ】名 ❶平安時代の遊びの一つ。左右にわかれて珍しい貝を出し、その優劣をあらそう。❷江戸時代までおこなわれた遊びの一つ。三百六十個のはまぐりの貝がらを二つに分けて、出し貝・地貝とする。地貝を並べ、出し貝を一個ずつ出して、これに合う地貝をさがし、数多く取った者を勝ちとする。貝おおい。㊑春

かい-い カ【会意】名 漢字の六書の一つ。二つ以上の文字を意味で組みあわせて、新しい一つの漢字をつくる方法。「明(日と月)」「男(田と力)」の類。

かい-い カ【海尉】名 海上自衛隊の階級の一つ。海佐の下。一等・二等・三等がある。もとの海軍大尉・中尉・少尉にあたる。↕空尉・陸尉。

かい-い カ【介意】名 他サ〔文章語〕気にかけること。意に介すること。心配。「すこしも―しない」

かい-い カ【怪異】〔文章語〕㊀名 形動 あやしいこと。ふしぎ。㊁名 ばけもの。

かい-い カ【×魁偉】形動〔文章語〕(「魁」「偉」ともに大きいの意)からだや顔のつくりが人並はずれて大きくたくましいようす。「容貌―な人」

がい-い ガ【害意】名〔文章語〕❶害をくわえようという心。❷人をきずつけ殺そうと思う心。

かい-いき ⓪【海域】名 海面の区域・範囲。ある区域の海。「日本の―」

かい-いぬ ⓪カ【飼(い)犬】名 人家で飼っている犬。**―に手を×噛まれる** ふだんから目をかけて世話している者にうらぎられ、ひどいめにあうこと。

かい-い-れる レ【買(い)入れる】他下一 代金を支払って品物を手に入れる。「問屋から材料を―」 **買い入れ** 名 **かひい・る** 文語下二

かい-いん ⓪【会員】名 会の構成員である人。

かい-いん ⓪【海員】名 船の乗組員。船員。⇩船員参考。

かい-いん ⓪【改印】名 自サ 今まで使っていたはんこを変えること。

かい-いん ⓪【開院】名 自他サ ❶国会が開かれること。❷病院などを開くこと。↕閉院。

がい-いん ⓪【外因】名 外部からくる原因。↕内因。

かい-う-ける ケ【買(い)受ける】他下一 買って手に入れる。買いとる。 **かひう・く** 文語下二

かい-うん ⓪【海運】名 船による海上の運送。↕陸運。

かい-うん ⓪【開運】名 運がよくなること。「―のお守り」

かい-えき ⓪【改易】名 他サ (身分を改めかえること)江戸時代、武士としての身分をうばい、領地・家屋敷を没収した刑罰。

かい-えん ⓪【海×淵】名 海溝のうちで特に深い部分。フィリピン海溝のエムデン海淵など。

かい-えん ⓪【開宴】名 自他サ 宴会が始まること。また、始めること。「間もなく―いたします」↕終宴。

かい-えん ⓪【開園】名 自他サ ↕閉園。❶動物園・遊園地などが門を開いて客を入れること。「平日の―時間」❷幼稚園・動物園などを開設すること。「―五十周年」

かい-えん ⓪【開演】名 自他サ 演芸・演劇などがはじまること。また、はじめること。↕終演。

がい-えん ⓪【外延】名〔論〕その概念が適用される事物の範囲。↕内包。

がい-えん ⓪【外×苑】名 御所・神社などのそとにある、広い庭園。「明治神宮―」↕内苑。

かいおう-せい ⓪【海王星】名 太陽系の八番めの惑星。公転周期は、約一六五年。自転周期は、約一六時間。

かい-おき ⓪【買(い)置き】名 買ってたくわえてあること・物。

かい-おん ⓪【快音】名 気持ちのよい音。野球などで、ボールを打つときに出る音をいう。「―を発する」

かい-おん ⓪【怪音】名 聞きなれないあやしい音。

かい-か カ【怪火】名 ❶原因不明の火事。❷ふしぎな火。

かい-か カ【階下】名 階段の下。下の階。また、そのへや。↕階上。

かい-か カ【開化】名 自サ 知識・文化がひらけすすむこと。「文明―」

かい-か ⓪/カ【開花】名 自サ ❶花がひらくこと。花がさくこと。「―期」❷成功すること。「努力が―する」

かい-が カ【絵画】名 え。「―館」

がい-か ガ【外貨】名 ❶外国の貨幣。↕邦貨。❷輸入品。「―輸入」↕日貨。

がい-か ガ【×凱歌】名 がいせんの歌。戦勝をいわう歌。かちどき。**―を奏する** 勝ちいくさをいわう。かちどきをあげる。勝つ。

ガイガー-けいすうかん ⓪【ガイガー計数管】名

〔Geiger counterの訳〕放射性元素や宇宙線の粒子をかぞえる装置。ガイガー＝ミュラー計数管。[参考]ドイツ人のガイガーとミュラーとが考案した。

かい-かい [0]【開会】[名][自他サ] 会がはじまること。会をはじめること。「—の辞」↕閉会。

かい-がい [カ]【海外】[名] 海をへだてたよその国。外国。国外。「—に雄飛する」↕海内(かいだい)。

がい-かい [0]【外海】[名] ❶陸から遠くはなれた海。そとうみ。↕近海。❷陸地に囲まれていない海。↕内海。

がい-かい [0]【外界】[名] 自分をとりまく外の世界。外物のすべて。環境。「—から遮断(しゃだん)される」↕内界。

がい-がい [0]【×皚×皚】[と副][たる連体]〔文章語〕霜・雪などが一面に白く見えるようす。「—とつもる雪」「白(はく)—」

かいがい-し・い【▲甲×斐▲甲×斐しい】かひがひ— ▣[シ形] カロ・カッ・クイ・イ・ケレ・○ きびきびと、てきぱきと、けなげに仕事をこなすさまをほめていうことば。まめまめしい。「かいがいしく立ちはたらく」**かいがいしげ**[形動] **かいがいしさ**[名] **かひがひ・し**[文語シク] ▣[形シク]〔古語〕❶期待や努力にふさわしい結果があらわれるようす。いかにも効果がある。「この歌を参らせたりければ(差シ出シタトコロ)…さてかひがひしく(果タシテ見事ニ)千載集に入りにけり」〈著聞集〉❷勢いよく、しっかりしている。頼りにできる。「我らかひがひしき身ならねば」〈平治〉

かい-か・える [エ]/[カ]2【買(い)換える・買(い)替える】かへる [他下一] エ・エ・エル・エル・エレ・エロ・エヨ 新たに買って前に使っていたものととりかえる。「パソコンを—」**買いかえ**[名] **かひか・ふ**[文語ハ下二]

かい-かく [0]【改革】[名][他サ] (すぐれたもの・すすんだものに)あらためること。「学制—」

かい-がく [0]【開学】[名][自サ] 大学を開設すること。

がい-かく [0]【外角】[名] ↕内角。❶多角形の一辺とこれに隣接する辺の延長との間にできる角。❷野球で、アウトコーナー。

がい-かく [0]【外殻】[名] 外がわをおおうから。

がい-かく [0]【外郭】【外×廓】[名] 物の外がわ。外まわり。かこみ。↕内郭。—**団体**(だんたい) [ダ][名] 組織の外にあって、その組織の活動を助ける団体。

かい-かけ [0]【買(い)掛(け)】かひ— [名] 現金払いでなく後で代金を支払う約束のもとで買うこと。また、その代金。かけがい。↕売り掛け。[参考]「買掛金」のような場合は、送りがなをはぶいて書く。

かいか-しき [0]【開架式】[名] 図書館で、閲覧者に自由に本を棚から取り出させるやり方。↕閉架式。

かい-かた [0]【買(い)方】かひ— [名] ↕売り方。❶買う方法。「—がうまい」❷買い手。「—にまわる」

かい-かつ [0]【快活】【快×闊】[形動] ダロ・ダッ・デ・ニ・ダナ・ナラ・○ 心持ちがあかるく、はきはきしているようす。「—な青年」

かい-かつ [0]【開×豁】[形動] ダロ・ダッ・デ・ニ・ダナ・ナラ・○〔文章語〕「豁」はひらけるの意 ❶眺望などがひろくひらけているようす。❷態度が大らかで、からっとしているようす。「—な気性」

がい-かつ [0]【概括】[名][他サ] 内容などのあらましをまとめること。要約。

かい-かぶ・る [ア]【買いかぶる】【買▲被る】かひ— [他五] ラ・ロ・リ・ッ・ル・ル・レ・レ 実際以上に値うちをみとめる。実際以上に信用する。「人柄を—」**買いかぶり**[名]

かい-がら [ガ]【貝殻】かひ— [名] 貝の外がわのかたいから。—**追放**(ついほう) [ツ][名] 古代ギリシャで行われた、独裁のおそれのある政治家の名を陶器の破片に刻み、秘密投票により国外に追放する制度。陶片追放。[参考]「貝殻追放」は誤訳による。—**骨**(ぼね) [0][名] けんこう骨。—**虫**(むし) [ヲ][名] カイガラムシ上科の昆虫の総称。雌にははねがなく、からだからの分泌物で貝がら状のものをつくる。果樹などの害虫。

かい-かん [0]【会館】[名] 集会などに使う建物。「市民—」

かい-かん [0]【快感】[名] こころよい感じ。いい気持ち。

かい-かん [0]【怪漢】[名] あやしい男。

かい-かん [0]【開巻】[名] 書物をひらいた最初の所。書物の書きだし。巻頭。「—第一ページ」

かい-かん [0]【開館】[名][自他サ] ↕閉館。❶図書館・映画館などをあけて人を入れること。「十時—」❷図書館・映画館などを開設すること。「—以来五年になる」

かい-がん [0]【海岸】[名] 海のきし。うみべ。—**線**(せん) [0][名] 海と陸との境界線。「日本は—が長い」

かい-がん [0]【開眼】[名] (「かいげん」と読めば別語)視力のなかった目を、見えるようにすること。「—手術」

がい-かん [0]【外患】[名]〔文章語〕外国・外部から攻撃されたり、外国・外部とトラブルをおこしたりする心配。

がい-かん [0]【外観】[名] 外から見たようす。うわべ。外見。

がい-かん [0]【概観】▣[名] だいたいのありさま。▣[名][他サ] だいたいを見ること。ざっと見ること。「情勢を—する」

かい-き [0]【買(い)気】かひ— [名] ❶買おうとする気持ち。↕売り気。❷相場で、買い方の人気。

かい-き [カ]【会規】[名] 会の規則。会則。

かい-き [カ]【会期】[名] ❶開会から閉会までの期間。「—は十日間」❷会の行われる時期。

かい-き [カ]【回忌】[名] 仏教で、死後何年目の命日にあたるかをあらわす語。その日に法事を行う。年忌。周忌。[参考]満一年目は一周忌という。満二年目から三回忌のように数える。

かい-き [カ]【回帰】[名][自サ] めぐってもとにもどること。—**線**(せん) [0][キ][名] 赤道の南北各二三度二七分を通る緯線。太陽が地球に対して、最南・最北に来る時の緯線。

北極
北回帰線
赤道
23°27′
南極
南回帰線

回帰線

かい-き [カ]【快気】[名][自サ] 病気がなおること。「—祝い」

かい-き [カ]【開基】[名][自他サ] ❶物ごとの基礎をつくること。❷寺をひらくこと。また、寺をひらいた僧。開山。

かい-き [カ]【怪奇】[名][形動] あやしくふしぎなこと。とてもありそうにも思われない奇妙なこと。奇怪。「複雑—」

かい-き [0]【▲甲×斐絹】[名] (甲斐の特産であったことから)ねり絹の、なめらかでしっかりした織物。和服の裏地用。

かい-ぎ [カ]【快技】[名] 見ていて気持ちのよい、りっぱなわざ。

かい-ぎ [カ]【解義】[名] 意味を説明すること。釈義。

かい-ぎ [カ]【会議】[名][自サ] あつまって相談・議論すること。また、その集まり。「—録」「関係閣僚—」

かい-ぎ [カ]【回議】[名][他サ] 担当者が案をたて、関係者に順々にまわして、意見を聞き、または承諾を求めること。

かい-ぎ [カ]【懐疑】[名][自サ] ❶うたがいをもつこと。うたがうこと。「—の念」❷決定的な考え方をもつことができず、心が動揺していること。「—的な態度」—**論**(ろん) [キ][名] 人間の認識は主観的・相対的なものであるから、客観的・普遍的な真理はとらえられないとする考え方。

がい-き [ガ]【外気】[名] 戸外の空気。「窓をあけて—を入れる」

かい-きえん [キ]【怪気炎】[名] 調子ばかり良くて真実味に欠ける内容の話や考え。「—をあげる」

かいき-しょく [キ]【皆既食】【皆既×蝕】[名] 月食・日食のとき、太陽または月が全く見えなくなること。↕部分

か

食。

かい-ぎゃく ◎【諧×謔】名 おもしろいじょうだん。しゃれ。ユーモア。「—を弄する」

がい-きゃく ◎【外客】名 外国からくる客。外国人の客。

かい-きゅう ◎【階級】名 ❶社会的地位などの上下。❷社会で、地位・経済力・境遇などを同じくする人々の集団。「知識—」 **—意識** イ² 名 ❶自分が現在の社会のなかでどのような階級に属しているかの自覚・認識。❷一定の階級の者のもつ、心理的思考傾向。 **—闘争** ト 名 社会の支配階級と支配される階級との争い。

かい-きゅう ◎【懐旧】名 昔のことをなつかしむこと。懐古。「—談」

かい-きょ カ【快挙】名 胸のすく、痛快な行動。

かい-きょう カ【回教】名 イスラム教。

かい-きょう ◎【海峡】名 陸地にはさまれた、はばのせまい海。

かい-きょう ◎【懐郷】名 故郷をなつかしく思うこと。ふるさとをしのぶこと。「—の念」

かい-ぎょう ◎【改行】名自サ 文章の行をかえて、次の行から書くこと。また、そのように文字が印刷されること。

かい-ぎょう ◎【開業】名自他サ ❶商売をはじめること。みせびらき。開店。「来月一日に—」❷営業をしていること。「弁護士を—している」 **—医** ギョ 名 学校・役所・病院などにつとめないで、個人で医院・病院をいとなんでいる人。

がい-きょう ◎【概況】名 だいたいのようす。「経済界の—」

かい-きょく ◎【開局】名自サ 郵便局・放送局など、局とよばれるところを開設して、業務をはじめること。

がい-きょく ◎【外局】名 府・省に属する組織だが、独立官庁のような性格の庁や委員会。↕内局。

かい-き・る キ【買(い)切る】他五 ラ・ロ・リ・ッ/ル・ル・レ・レ ❶全部を買いしめる。❷売れのこっても返品しない約束で、小売店が製造元・問屋などから買いとる。 **買い切り** 名 **買い切れる** 自下一 「…できる」

かい-きん ◎【皆勤】名自サ 一日も休まず、出勤・出席すること。無欠勤。皆出席。

かい-きん ◎【解禁】名他サ 禁止をとくこと。また、禁止がとかれること。「あゆつりの—」

がい-きん ◎【外勤】名 社外にでて販売・外交などの仕事をすること。また、その人。外務。↕内勤。

かいきん-シャツ シャ【開襟シャツ】名 ネクタイなしで着る、前えりの開いたシャツ。夏

か-いく カ【化育】名他サ 〔文章語〕自然が万物をそだてあげること。「生々—」

がい-く ガ【街区】名 市街地で、番地を整理するために設けた区分。

がい-く ガ【街×衢】名 〔文章語〕(「衢」は十字路の意)まち。ちまた。

かい-ぐい ◎【買(い)食い】名 間食の菓子などを自分で買ってたべること。「子どもの—を禁じる」

かい-くぐ・る ガ【×掻潜る】自五 ラ・ロ・リ・ッ/ル・ル・レ・レ (「かい」は接頭語、「かき」の変化)くぐる。すばやくくぐる。

かい-く・る ク【かい繰る】【×掻繰る】他五 ラ・ロ・リ・ッ/ル・ル・レ・レ (「かい」は接頭語、「かき」の変化)左右の手でたぐる。

かい-くん ◎【回訓】名自サ 外国駐在の外交官がもとめた指令に対する、本国政府からの回答の訓令。↕請訓

かい-ぐん カ【海軍】名 海上兵力を主体とする軍隊。↕陸軍・空軍。

かい-けい ◎【会計】名 ❶金銭の収支や財産の増減・評価を計算すること・事務。また、その係の人。❷代金の支払い。勘定。 **—検査院** サ 名 国の収入・支出の決算の検査をおこなう行政機関。 **—士** ケ 名 株式会社の会計関係の書類の監査・証明などを職業とする人。公認会計士と会計士補の総称。 **—年度** ネ 名 国や地方公共団体、また、民間企業などが、会計上の便宜のために設けた一定の期間。日本では、四月一日から翌年三月三十一日までの一か年。

かい-けい ◎【塊茎】名 養分をたくわえて、ふくらんでかたまりになった地下茎。じゃがいも・さといもなど。

かいけい《会稽》会稽山。中国の山の名。 **—の恥** 人からうけた忘れられない、ひどいはずかしめ。参考 中国の春秋時代に、越王の勾践が呉王の夫差に会稽山の戦いで負け、つかまってうけた恥を辛苦の後にそそいだという故事から。

がい-けい ◎【外形】名 外から見たかたち・ありさま。みかけ。外見。↕内容。

がい-けい ◎【外径】名 管や球などの外側ではかった直径。↕内径。

かい-けつ ◎【怪傑】名 すぐれた力をもつ、ふしぎな人物。

かい-けつ ◎【解決】名自他サ ❶事件をかたづけること。また、事件がかたづくこと。「多年の懸案が—する」❷問題をときほぐして、はっきりわからせること。また、わかること。「難問を—する」参考「解結」と書くのはあやまり。

かいけつ-びょう ◎【壊血病】名 ビタミンCの欠乏がもとでおこる、皮膚などから出血しやすくなる病気。ビタミンC欠乏症。

かい-けん ◎【懐剣】名 ふところに入れて持ちあるく、小さい刀。ふところがたな。

かい-けん ◎【会見】名自サ 一定の場所で対面して話しあいをすること。「記者—」

かい-けん ◎【改憲】名自サ 憲法をあらためること。

かい-げん ◎【戒厳】名 ❶きびしく警戒すること。❷戦争・事変などの非常時に、その地の行政権・司法権の全部、または一部を軍隊があつかうこと。参考 現在の日本の法律には規定がない。 **—令** ゲ 名 戒厳を宣告する命令。「—をしく」

かい-げん ◎【改元】名自サ 年号をあらためること。改号。

かい-げん ◎【開眼】名自サ (「かいがん」と読めば別語)❶仏道の真理をさとること。❷芸道のこつをさとること。❸あらたに仏像・仏画ができあがったときの供養の儀式。 **—供養** ク 名 開眼❸。

がい-けん ◎【外見】名 外形的なようす。そとみ。外観。

かい-こ カ【蚕】名 かいこ蛾の幼虫。白くて毛がない。脱皮してまゆをつくる。まゆから生糸をとる。こ。春

かい-こ ◎【懐古】名自サ 昔のことをなつかしく思いおこすこと。懐旧。「—の情」「—趣味」⇩回顧 参考

かい-こ ◎【回顧】名他サ 昔のことをいろいろと思い出し、考えること。「往時を—する」参考「回顧」は自分に関係したことを、「懐古」は自分に関係しないことをふり返ること。 **—録** ロ 名 自分の思い出や経験などをふりかえって記録したもの。

かい-こ カ【解雇】名他サ 契約を解除して、使用人をやめさせること。首にすること。

かい-ご カ【介護】名他サ 障害があったり病気をもっていたりする人や高齢者の世話をし、家族に助言をすること。参考「看護」は専門的な知識を持ち、医師の指導を受けられる人によるものとされる。「介護」も一定の知識を必

要とするが、医師や看護師の指導は含まれない。一般の家庭の中でも実施が可能である。「介助」は、かつては家族によるものが中心と考えられたが、今は地域社会や介護福祉士の助言を受けることが望まれる。⇩支援[参考]。 ―**福祉士**(ふくしし) [シ] [名] 介護を必要とする人の日常生活を支援・指導する専門職。 ―**保険**(ほけん) [ホ] [名] 保険料を支払い、介護の必要な状態になったとき、各種のサービスが受けられる制度。

かい-ご [カ]【改悟】[名] [他サ] 自分の悪事・あやまちをさとり、あらためること。改悛(かいしゅん)。

かい-ご [カ]【悔悟】[名] [他サ] 自分の悪事・あやまちをさとり、くいること。

がい-ご [0]【外語】[名] ❶外国語。❷「外国語学校」の略。

かい-こう [0]【海港】[名] ❶海岸にあって船の出入りする港。↕河港。❷外国貿易に使う港。

かい-こう [0]【海溝】[名] 海洋の底が細長くみぞのようにえぐれた所。「フィリピン―」

かい-こう [0]【開口】[名] ❶口をあけてものを言うこと。❷閉まっている物の外に向かってあけることのできる所。「―部」 ―**一番**(いちばん) 〔副詞のように使う〕口を開くやいなや。話し出すなり、すぐ。「―聴衆のどぎもを抜く」

かい-こう [0]【回航】【×廻航】㊀[名] [自サ] ❶方々をめぐり航海すること。㊁[名] [他サ] 艦船を特定の所へさしむけること。

かい-こう [0]【開校】[名] [自サ] 学校を新設して、授業をはじめること。↕閉校。

かい-こう [0]【開港】[名] [自サ] ❶外国との通商・貿易のため、港を開放すること。❷開港場。 ―**場**(じょう) [0] [名] 外国と通商・貿易をする港。

かい-こう [0]【×邂×逅】[名] [自サ] 〔文章語〕めぐりあうこと。めぐりあい。

かい-こう [0]【改稿】[名] [自他サ] 原稿を書きあらためること。

かい-こう [0]【開講】[名] [自他サ] 講義や講習会をはじめること。↕閉講。

かい-ごう [0]【会合】[名] [自サ] 相談・討議・親睦(しんぼく)などのため、人が集まること。また、その集まり。

かい-ごう [0]【改号】[名] [自サ] ❶名称をかえること。❷年号をかえること。

がい-こう [0]【外交】[名] ❶外部との交渉・交際。また、それをする人。❷国家が対外目標を達するためにおこなう外国との交渉・交際。また、その政策。❸外交員。 ―**員**(いん) [コ] [名] 会社・商店・銀行などで、外へ出て勧誘・宣伝・販売などをする人。 ―**家**(か) [0] [名] ❶外交にあたる人。❷つきあいのうまい人。社交家。 ―**官**(かん) [コ] [名] 外国に駐在し、また派遣されて、外務大臣の監督下で外交の事務をとる官吏。 ―**辞令**(じれい) [ジ] [名] 儀礼的で実質のともなわない、あいそのいい応対のことば。おせじ。社交辞令。「それは単なる―だ」

がい-こう [0]【外光】[名] 家の外の太陽光線。

がい-こう [0]【外向】[名] 気持ちが、社交的で積極的な傾向。外界の状況に対して自信をもってすぐ反応する傾向。「―性」「―的」↕内向。 ―**型**(がた) [0] [名] 外向的な個性の型。↕内向型。

がい-こう [0]【外航】[名] 〔「外国航路」の略〕国内と外国の港を結ぶ航路。↕内航(ないこう)。 ―**船**(せん) [0] [名] 外国への航路を往来する大型の船舶。↕内航船(ないこうせん)。

がい-こう [0]【外×寇】[名] 〔文章語〕外国から敵が攻めてくること。また、その敵。

がい-こう [0]【外港】[名] 大都市の近くにあって、その必要物資を集散する港。

がい-こう [0]【外構】[名] 塀や門・庭・植栽・車庫など家の外側を構成する構造物。エクステリア。「―リフォーム」

かいこう-たけし《開高健》一九三〇-八九。小説家。現代史に取材した作品を多数発表。「パニック」「裸の王様」「夏の闇」など。

かい-こく [0]【海国】[名] 海にかこまれて海との関係が深い国。

かい-こく [0]【回国】【×廻国】[名] [自サ] 諸国をまわって歩くこと。「―巡礼」

かい-こく [0]【開国】[名] [自サ] 外国とつきあいをはじめること。↕鎖国。

かい-こく [0]【戒告】【×誡告】[名] [他サ] ❶命令・規則にそむかないよう、いましめ注意すること。❷行政上の義務をはたさないとき、それをはたすことを要求する通知。❸〔法〕公務員に対して下される懲戒処分の一つ。いましめを申しわたすもの。

がい-こく [0]【外国】[名] よその国。異国。異邦。 ―**為替**(かわせ) [カ] [名] 国際間の貸し借りを清算するのに、正貨(金)を使わず、かわせ手形によってする方法。また、その手形。 ―**債**(さい) [ク]/[コ] [名] 外国の市場で募集される公債。外債。↕内国債。 ―**人**(じん) [ク] [名] よその国の人。その国の国籍をもたない人。外人。「―登録」 ―**奉行**(ぶぎょう) [フ] [名] 江戸幕府の職名。外国との交渉を扱った。

がい-こつ [ガ]【骸骨】[名] ほねばかりになった死がい。 ―**を乞**(こ)**う** 辞職・辞任をねがい出る。[参考] 仕官中、主君にささげた身のなきがらをこい受ける意から。

かい-ことば [コ]【買(い)言葉】〔かひ〕[名] 他人からのわるくちに対し、言い返すわるくち。↕売りことば。

かい-こ・む [コ]【かい込む】【×掻込む】[他五] 〔マ・モ―ミ・ン―ム―ム―メ―メ〕(「かきこむ」の変化) ❶わきの下にかかえこむ。「なぎなたをかい込んで」❷水などをすくい入れる。

かい-こ・む [コ]【買(い)込む】〔かひ〕[他五] 〔マ・モ―ミ・ン―ム―ム―メ―メ〕 買い入れて、そなえる。「みんなの夜食用に食パンを―」 **買い込み** [名] **買い込める** [自下一]〔…できる〕

かい-ごろし [0]【飼(い)殺し】〔かひ〕[名] ❶役にたたない家畜を、死ぬまでやしなっておくこと。❷役にたたない人を解雇せずに、一生やとっておくこと。❸当人の持っている才能をいかす仕事をさせないで、やとっておくこと。

かい-こん [0]【悔恨】[名] くやむこと。後悔。「―の情」

かい-こん [0]【塊根】[名] 養分をたくわえて、ふくらんでかたまりになった根。やまいも・ダリアなど。

かい-こん [0]【開×梱】[名] [他サ] 梱包(こんぽう)された荷物をあけること。「―作業」

かい-こん [0]【開墾】[名] [他サ] 山野をひらいて田畑にすること。

かい-さ [カ]【海佐】[名] 海上自衛隊の階級の一つ。海尉の上。一等・二等・三等がある。もとの海軍大佐・中佐・少佐にあたる。↕空佐・陸佐。

かい-さい [0]【快×哉】[名] 〔快なるかなの意〕胸がすくほど気持ちのよいこと。痛快。「―をさけぶ」

かい-さい [0]【皆済】[名] [他サ] ❶のこらずすますこと。❷ぜんぶ返済、または納入すること。「借金を―する」

かい-さい [0]【開催】[名] [他サ] 会合・催し物などを開くこと。

かい-ざい [0]【介在】[名] [自サ] 物事の間にはさまってあること。中間にあること。「複雑な事情が―する」

がい-さい [0]【外債】[名] 外国債。↕内債。

がい-ざい [0]【外在】[名] [自サ] その物事のそとにあること。↕内在。 ―**批評**(ひひょう) [ヒ] [名] 文学作品を一つの社会現象と見て、社会的立場から批評すること。↕内在批評。

か

かい-さく [0]【快作】[名] 気持ちのよいすぐれた作品。

かい-さく [0]【改作】[名][他サ] 作りかえること。また、その作品。

かい-さく [0]【開削】【開×鑿】[名][他サ]〔文章語〕土地をきり開き、運河・トンネルなどをつくること。

かい-ささえ [0]【買(い)支え】(かひささへ) [名] 通貨・株・商品などの相場が値下がりするのを防ぐために、それを買うこと。

かい-さつ [0]【改札】[名][自サ] 駅などで、乗車券・入場券などをしらべること。「—口」

かい-さん [0]【海産】[名] ↕陸産。❶海でとれること。「—動物」❷海産物。**—物**(ぶつ) [サ][名] 海でとれる魚介類・海藻など。また、その製品。

かい-さん [カ]【開山】[名] ❶寺を創設すること。また、その人。開基。「永平寺の—、道元」❷その宗派をひらいた人。開祖。❸〔古語〕あることの創始者。また、その方面の第一人者。

かい-さん [0]【解散】[一][名][自サ] あつまったものが別れちること。散会。「現地—」↕集合。[二][名][他サ] ❶会社・法人などの組織をといてなくすこと。❷衆議院で、新しい議員を選出するため、任期のまだある全議員の資格をといて、一時、国会をとざすこと。

かい-ざん [0]【開山】[名][自サ] ❶山開き。❷鉱山を開いて仕事をはじめること。❸⬇かいさん(開山)。↕閉山。

かい-ざん [0]【改×竄】[名][他サ]（「竄」は改めかえる意）文書の文字などをかってに書きかえること。

がい-さん [0]【概算】[名][他サ] だいたいの計算。みつもり。「—要求」↕精算。

かい-し [カ]【海士】[名] 海上自衛隊のいちばん下の階級。一等・二等・三等がある。もと海軍の水兵にあたる。↕空士・陸士。**—長**(ちょう) [ジ][名] 海士の一つ上の階級。

かい-し [0]【懐紙】[名] ❶たたんでふところに入れておく紙。ふところがみ。❷和歌や連歌をかきしるす料紙。

かい-し [0]【怪死】[名][自サ] 原因不明の、あやしい死にかた。

かい-し [0]【開始】[名][自他サ] はじまること。はじめること。

かい-じ [カ]【快事】[名] 気持ちのいいことや事件。痛快なことがら。

かい-じ [カ]【怪事】[名]〔文章語〕あやしいこと。ふしぎな事件。

かい-じ [カ]【海事】[名] 航行・漁業・海防など、海上に関することがらの総称。

かい-じ [0]【開示】[名][他サ] ❶〔文章語〕外部に明らかに示すこと。❷法廷で示すこと。「勾留(こうりゅう)の理由を—する」

がい-し [ガ]【外史】[名] 民間人の書いた歴史。野史。↕正史。

がい-し [ガ]【外紙】[名] 外国の新聞。「—の報道」

がい-し [ガ]【外資】[名] 国内の事業に投資される外国資本。

がい-し [ガ]【×碍子】[名] 架線の電流が支柱などにつたわるのを防ぐための、陶磁製の器具。

がい-じ [0]【外字】[名] ❶外国の文字。❷外国語。❸「常用漢字表」やJIS規格などにふくまれない文字。**—紙**(し) [ジ][名] 外国の文字、外国語で書かれた新聞。外字新聞。

がい-じ [ガ]【外耳】[名] 聴覚器の外部。耳殻(じかく)・外耳道などの総称。「—炎」↕内耳。⇩耳(図)。

がい-じ [ガ]【外事】[名] 外国に関する事がら。「—係」

がいして [ガ]【概して】[副] だいたい。一般に。おおむね。おしなべて。「—良好だ」

かい-し・める [メ]【買(い)占める】(かひ—) [他下一] メ|メ|メル|メル|メレ|メロ・メヨ 全部ひとりで買ってしまう。買い切る。**買い占め** [名] **かひし・む** [文語下二]

かい-しゃ [0]【会社】[名] 営利事業を目的としてつくられた社団法人。**—更生法**(こうせいほう) [0]/[セ][名] 経営困難であるが、再建の見込みがある場合、事業を継続させ、会社の更生をはかるための方策をさだめる法律。

かい-しゃ [カ]【×膾×炙】[名][自サ]（「膾」はなます、「炙」はあぶり肉の意で、人に好まれる食べ物）人々の話題になり、もてはやされる。「人口に—する」

がい-しゃ [0]【外車】[名] 外国製の自動車。↕国産車。

がい-しゃ [0]【害者】[名]〔俗語〕殺人事件の被害者。警察関係の用語。

かい-しゃく [カ]【介▲錯】[名][他サ] ❶つきそい。かいぞえ。❷切腹をする人の首をはねること。また、その人。

かい-しゃく [カ]【解釈】[名][他サ] できごとや、ことばなどの意味を考えて解くこと。「法の—」「善意に—する」**—学**(がく) [ク1][名] 人間精神の生み出したいっさいの精神文化を理解するための、解釈の方法・規則・理論をあつかう学問。精神科学の基礎となるもの。

がい-じゅ [ガ]【外需】[名] 商品に対する外国からの注文。外国での需要。↕内需。

かい-しゅう [0]【会衆】[名] 集会にあつまった人。

かい-しゅう [0]【改宗】[名][自サ] 宗旨をかえること。

かい-しゅう [0]【回収】[名][他サ] ❶くばったものを、あつめおさめること。「アンケートを—する」❷とりあつめること。「廃品—」

かい-しゅう [0]【改修】[名][他サ] わるい箇所をなおして全体をよりよくすること。「道路を—する」

かい-じゅう [0]【怪獣】[名] ❶正体(しょうたい)の知れない、あやしいけもの。❷恐竜などに似せて作った架空の動物。

かい-じゅう [0]【海獣】[名] 海中にすむ哺乳(ほにゅう)類の総称。おっとせい・くじらなど。

かい-じゅう [0]【懐柔】[名][他サ] うまく人を引き入れて、自分がわにしたがわせること。だきこむこと。「—策」

かい-じゅう [0]【×晦渋】[名][形動] ことば・文章などがむずかしく、意味のとりにくいこと。難解。「—な文章」

がい-しゅう [0]【外周】[名] ものの外側に沿った部分。また、その長さ。↕内周。

がい-じゅう [0]【害獣】[名] 人間や家畜などに危害を与えたり、農作物を荒らしたりするけもの。くま、いのしし、とどなど。

がいしゅう-いっしょく [0]【×鎧袖一触】[名]〔よろいのそでで、一回払うこと〕簡単に相手を負かすこと。

がい-しゅつ [0]【外出】[名][自サ] よそへ出かけること。

かい-しゅっせき [シュ]【皆出席】[名] ❶一日も休まず出席すること。❷ひとりも休まず出席すること。

かい-しゅん [0]【買(い)春】(かひ—) [名]（同音の「売春(ばいしゅん)」と区別して湯桶(ゆとう)読みにした語）⬇買春(ばいしゅん)。

かい-しゅん [0]【回春】[名] ❶春がふたたびめぐってくること。❷病気がなおること。❸若がえること。

かい-しゅん [0]【改×悛・悔×悛】[名][自サ] おかした罪をくいて、心をあらためること。改心。改悟。「—の情」

かい-しょ [0]【会所】[名] ❶人々が寄りあつまる場所。「碁—」❷江戸時代の取引所。

かい-しょ [0]【楷書】[名] 漢字の書体の一つ。点画をくずさず書く字体。真書。↕行書・草書。⇩書体(図)。

かい-しょ [0]【開所】[名][自サ] 事務所などを新たにひらくこと。↕閉所。

かい-じょ [カ]【海×恕】[名]〔文章語〕海のように広い心で相手を許すこと。「失礼の段、御—ください」⇩海容[参考]。

かい-じょ [カ]【介助】[名][他サ] 食事・入浴・排泄(はいせつ)など日常の生活が自分ひとりでは不自由な人を助けて世話をすること。⇩介護[参考]。**—犬**(けん) [0][名] 身体障害者の生活を手助けするように訓練された犬。ドアの開閉、移動、着替えなど、動作を助ける。

かい-じょ カ【解除】名 他サ ❶禁止・制限などの特別の処置を取り消して、もとにもどすこと。やめること。「大雨注意報―」❷法律・規約などを解消すること。

かい-しょう シヨ【かい性】【▲甲×斐性】かひ 名 積極的に物事を行う、しっかりした性質。「男の―」**―無し** なし シヨ ⓪ 名 いくじなし。

かい-しょう ⓪【回章】名〔文章語〕❶順番にまわして見せる文章。回状。回報。❷返事の手紙。

かい-しょう ⓪【海相】名 海軍省の長官。海軍大臣。

かい-しょう ⓪【海将】名 海上自衛隊の階級の、いちばん上。↕空将・陸将。**―補** ほ シヨ 名 海将の一つ下の階級。もとの海軍少将。↕空将補・陸将補。

かい-しょう ⓪【海象】名（「かいぞう」と読めば別語）海洋における自然現象。

かい-しょう ⓪【海×嘯】名〔文章語〕満潮のとき、特に三角状に開いた河口のところに起こる高い波。潮津波。

かい-しょう ⓪【会商】名 自サ〔文章語〕（「商」は、はかる、相談するの意）あつまって相談すること。「日蘭―」

かい-しょう ⓪【快勝】名 自サ 胸のすくほど気持ちよく勝つこと。↕辛勝。

かい-しょう ⓪【改称】名 自他サ 名前・称号をかえること。また、そのかえた名称。

かい-しょう ⓪【解消】名 自他サ ❶消えてなくなること。消してなくすること。「問題は―した」❷きめた約束や組織などが、とりやめになること。また、とりやめにすること。

かい-じょう ⓪【会場】名 会をひらく場所。

かい-じょう ⓪【回状】【×廻状】名 回章。

かい-じょう ⓪【海上】名 海の上。海面、または、海面の上空。↕陸上。**―自衛隊** じえいたい ⓪ 名 自衛隊を構成する組織の一つ。わが国の沿岸の海を守る。海自。**―保安庁** ほあんちょう ア 名 国土交通省の外局で、わが国の沿岸における法令の遵守や航海の安全をはかるもの。**―保険** ほけん ホ 名 航海中の事故によって生じる、船や積み荷の損害をおぎなうための保険。

かい-じょう ⓪【階上】名 階段の上。また、そのへや。一階から見て、二階・三階など。↕階下。

かい-じょう ⓪【塊状】名 かたまりのような形。**―火山** かざん カ2 名 噴出した溶岩が、火口に盛り上がってできている火山。トロイデ。↕成層火山。

かい-じょう ⓪【開城】名 自サ 降参して、敵に城をあけわたすこと。

かい-じょう ⓪【開場】名 自サ 劇場や催し物場などの入り口をあけて人々を入場させること。「五時―、六時開演」↕閉場。

がい-しょう ⓪【外相】名 外務省の長官。外務大臣。

がい-しょう ⓪【外商】名 ❶外国の商人。❷直接店に来ない客を相手に商売をすること。「―部」

がい-しょう ⓪【外傷】名 からだの外から受けたきず。また、からだの外がわのきず。

がい-しょう ⓪【街×娼】名 夜、街頭で客をひく売春婦。

がい-じょう ⓪【街上】名 まちなかの路上。

かい-しょく ⓪【会食】名 自サ いっしょに食事をすること。

かい-しょく ⓪【快食】名 自サ おいしく食事をすること。

かい-しょく ⓪【海食】【海×蝕】名 自サ 海流や波などが、海岸線にぶつかって、陸地をけずりとること。「―洞」

かい-しょく ⓪【解職】名 他サ 職務をやめさせること。首にすること。免職。解任。

かいしょく【戒飭】「かいちょく」のあやまり。

がい-しょく ⓪【外食】名 自サ 家庭の外で店に入るなどして食事をとること。↕内食・中食。**―産業** さんぎょう サ 名 大規模なチェーン店形式の飲食店の総称。ファミリーレストランやファーストフード店など。

かい-しん ⓪【会心】名 気にいって心にかなうこと。「―の作」参考「快心」と書くのはあやまり。**―の笑み** 満足して思わずにっこりわらうこと。

かい-しん ⓪【回心】名 自サ キリスト教などで、これまでの心をあらためて、正しい信仰の道にむかうこと。

かい-しん ⓪【戒心】名 自サ〔文章語〕よく注意して、ゆだんしないこと。用心。

かい-しん カ【改心】名 自サ わるかったとさとって、心を入れかえること。「―してやり直す」

かい-しん ⓪【改新】名 他サ あらため新しくすること。「制度を―する」「大化の―」

かい-しん ⓪【回診】名 自他サ 病院で、医師が病室をまわって、患者を診察すること。

かい-しん ⓪【快心】名 気持ちがよいこと。「―の逆転勝利」参考「会心」と混同されることがある。

かい-じん ⓪【灰×燼】名〔文章語〕はいと、もえのこり。**―に帰す** 焼けてすっかりなくなる。

かい-じん ⓪【怪人】名 あやしい人物。

かい-じん ⓪【海神】名 海を支配する神。

がい-しん ⓪【外心】名〔数〕多角形に外接する円の中心。↕内心❷。

がい-しん ⓪【外信】名 外国からの電報・通信。**―部** ぶ シ 名 新聞社・通信社で、外国からのニュースをあつかう部。

がい-しん ⓪【害心】名〔文章語〕危害をあたえようとするわるい心。「―をいだく」

がい-じん ⓪【外人】名 外国人。参考 差別的な言い方として、きらう傾向がある。

がい-じん ⓪【外陣】名 ➡げじん。

かい・す カ【介す】他五 サ・ソ・シ・ス・ス・セ・セ ➡かいする。

かい・す カ【解す】他五 サ・ソ・シ・ス・ス・セ・セ ➡かいする。

かい-ず ⓪【海図】名 海洋の状況をしるした、航海用の地図。

かい-すい ⓪【海水】名 うみのみず。**―着** ぎ ス 名 泳ぎをするときに着る、衣服。みずぎ。夏 **―浴** よく ス 名 避暑・運動などのために、うみで海水をあび、また、泳ぐこと。夏

かい-すう ス【回数】名 おこなう度数。おこる度数。度数。**―券** けん ス 名 乗車券・入場券などで何回分かがひとつづりになっているもの。「電車の―」

がい-すう ス【概数】名 おおよその数。「―十五万人」

かい・する ス【会する】シ・セ・サ・シ・スル・スル・スレ・シロ・セヨ ㊀ 自サ ❶あつまる。寄りあう。「一堂に―」❷二つ以上のものが合う。出合う。「一点に―」㊁ 他サ あつめる。「同志を―」 **くわい・す** 文語サ変

かい・する ス【介する】他サ シ・セ・サ・シ・スル・スル・スレ・シロ・セヨ（「介す」（五段活用）とも）❶間にたてる。間におく。はさむ。「人を介して申し入れる」❷心にかける。「意に―」 **かい・す** 文語サ変

かい・する ス【解する】他サ シ・セ・サ・シ・スル・スル・スレ・シロ・セヨ（「解す」（五段活用）とも）❶とく。解釈する。「古文を―」❷理解する。「人情を―」 **かい・す** 文語サ変

がい・する ス【害する】他サ シ・セ・サ・シ・スル・スル・スレ・シロ・セヨ ❶きずつける。そこなう。わるくする。「胃腸を―」❷〔文章語〕殺す。❸じゃまする。妨害する。「会社の発展を―」 **がい・す** 文語サ変

かい-せい ⓪【回生】名 生きかえること。生気をとりもど

すこと。「起死—」

かい-せい⓪【快晴】名 雲のほとんどないよくはれわたった天気。気持ちのいい晴天。

かい-せい⓪【諧声】名 ⇒けいせい(形声)。

かい-せい⓪【改姓】名 自サ 姓をかえること。また、かえた姓。

かい-せい⓪【改正】名 他サ 適正なものにあらためること。「古い規約を—する」↕改悪。参考 法令をあらためる場合は「改正」「改定」の両方を使うが、「改定」は特に金額・数量などに関して使うことがある。

がい-せい⓪【慨世】名〔文章語〕世の中を、うれえなげくこと。

がい-せい⓪【蓋世】名〔文章語〕世をおおいつくすほど、意気ごみの大きいこと。「抜山(ばつざん)—の英雄」

がい-せい⓪【外征】名 自サ ❶外国へ出かけてたたかうこと。❷よそへ行って試合をすること。

かい-せき⓪【会席】名 ❶集まりの席。❷連歌・俳諧(はいかい)の席。❸会席料理。**—膳**(ぜん)⊞名 会席料理をのせて出す一人用の、あしのないぜん。約三六センチメートル四方。**—料理**(りょうり)リョ名 本膳(ほんぜん)料理を略式にした酒宴用の料理。酒のさかなになる料理を中心とし、あしのない会席膳を使う。

かい-せき⓪【懐石】名 ❶禅僧が腹をあたためるために使った温石(おんじゃく)。❷懐石料理。**—料理**(りょうり)リョ名 茶の湯の席で、茶をすすめる前に出す簡単な料理。参考 温石(懐石)で腹をあたためるのと同じ程度に腹をあたためて、一時空腹を忘れる意から。

かい-せき⓪【解析】❶名 他サ こまかにときわけること。❷名 関数の性質を研究する、高等数学の一つ。

がい-せき⓪【外戚】名 母方の親類。↕内戚(ないせき)。

かい-せつ⓪【開設】名 他サ 施設などを新しくつくって、仕事や使用をはじめること。「老人ホームを—する」

かい-せつ⓪【解説】名 他サ わかりやすく説明すること。また、その説明。「人工衛星の構造の—」

がい-せつ⓪【外接】【外切】名 自サ〔数〕↕内接。❶一つの円の円周上に、一つの多角形のすべての頂点があること。❷多角形が円の外にあり、その各辺に円周が接すること。❸二つの円が、たがいに外がわの一点で接すること。

がい-せつ⓪【概説】名 他サ 全体にわたって、だいたいを説明すること。また、その説明。「日本史—」↕詳説。

カイゼル-ひげ④【カイゼル×髭】名〔ドイツ皇帝 Kaiser ウィルヘルム二世のひげの形から〕はしを左右にはね上げた口ひげ。

かい-せん⓪【回船】【×廻船】名 海上の運送に使う船。

かい-せん⓪【回線】名 電信や電話の回路。

かい-せん⓪【海戦】名 軍艦による、海の上でのたたかい。「日本海—」↕陸戦・空戦。

かい-せん⓪【海鮮】名 海でとれる新鮮な魚や貝。「—料理」

かい-せん⓪【×疥×癬】名 かいせん虫の寄生による、伝染性の皮膚病。ひぜん。

かい-せん⓪【会戦】名 自サ 両方の軍団が出会ってたたかうこと。かっせん。

かい-せん⓪【回旋】【×廻旋】名 自サ〔文章語〕くるくるまわること。旋回。**—曲**(きょく)⊞名 ロンド。

かい-せん⓪【開戦】名 自サ 戦争を始めること。↕終戦。

かい-せん⓪【改選】名 他サ 役員・議員などの任期終了により、次期の任につく人をあらためて選挙すること。

かい-ぜん⓪【改善】名 他サ あらため、よくすること。「生活を—する」↕改悪。

がい-せん⓪【外線】名 ↕内線。❶そとの線。❷屋外の電線。❸そとへ通じる電話線。

がい-せん⓪【街宣】名〔「街頭宣伝」の略〕街頭に出て、主義主張を訴えること。「政党の—活動」**—車**(しゃ)⊞名〔「街頭宣伝車」の略〕宣伝や主張をスピーカーで流しながら路上を走る自動車。

がい-せん⓪【×凱旋】名 自サ たたかいに勝ち、かちどきをあげて帰ること。**—門**(もん)⊞名 がいせんを記念する門。

がい-ぜん⓪【慨然】(と)副 たる連体〔文章語〕❶いきどおりなげくようす。「—として落涙する」❷心をふるいたたせるようす。「—として世のために立つ」

がいぜん-せい⓪【蓋然性】名 物ごとの実際におこる可能性の度合い。だいたいどんな率でおこるかという割合。プロバビリティー。公算。これを数字でしめしたのが確率。

かい-そ①【開祖】名 宗教の一流派・一宗派をひらいた人。開山。

かい-そ①【改組】名 他サ 組織をあらためること。組織をくみたてなおすこと。「委員会の—」

かい-そう⓪【海草】名 海中にはえる顕花植物。あまも、など。

かい-そう⓪【海曹】名 海上自衛隊の階級の一つ。海士の上の階級。一等・二等・三等がある。もと海軍の下士官にあたる。↕陸曹・空曹。

かい-そう⓪【海藻】名 海中にはえる隠花植物。も。のり、など。

かい-そう⓪【階層】名 ❶建物の階の上下のかさなり。段階。❷社会をかたちづくっている各種の人の層。階級。

かい-そう⓪【会葬】名 自サ 葬式に参列すること。

かい-そう⓪【快走】名 自サ 気持ちのよいほど速くはしること。

かい-そう⓪【潰走】名 自サ 戦いに負けて、ばらばらになって逃げること。敗走。参考「壊走」は代用表記。

かい-そう⓪【回送】【×廻送】名 他サ ❶他の場所におくってやること。さしまわし。「手紙を—する」❷列車・自動車などを、空車のまま別の所へまわすこと。

かい-そう⓪【回想】名 他サ 過去の事をふりかえり、いろいろと思いおこすこと。「—録」

かい-そう⓪【回×漕・×廻×漕】名 他サ 船舶で荷物を運送すること。回船。

かい-そう⓪【改葬】名 他サ 一度ほうむった遺体や遺骨を他の場所にほうむり直すこと。「郷里に—する」

かい-そう⓪【改装】名 他サ ❶もようがえをすること。「店内を—する」❷荷造りをしなおすこと。

かい-そう⓪【海送】名 他サ 海上を船ではこぶこと。海運。↕陸送・空送。

かい-ぞう⓪【海象】名 ⇒セイウチ。

かい-ぞう⓪【改造】名 他サ つくりなおすこと。つくりかえること。「内閣—」

かい-ぞう⓪【解像】名 他サ レンズが細かい部分まで分析して形をうつし出すこと。**—力**(りょく)ゾ名 レンズやテレビ画面などの、対象物の細部を精密にうつす能力。

がい-そう⓪【外装】名 ↕内装。❶建物などの、外見のよそおい。❷荷物などの外がわの包装。「—を解く」

がい-そう⓪【外層】名 外がわの層。↕内層。

がい-そう⓪【×咳×嗽】名〔文章語〕せき。

かい-ぞえ⓪【介添(え)】—(ぞへ)名〔「介」は当て字〕つきそって、世話をすること。また、その人。つきそい。「花嫁の—」

かい-そく⓪【会則】名 会のきまり・規則。会規。

かい-そく⓪【快足】名 非常に速く歩いたり、走ったりすること。また、その人。

かい-そく⓪【快速】名 形動(の) ❶気持ちのよいほど、速力の速いこと。❷〔「快速電車」の略〕電車などが主な駅だけにとまって、早く目的地に着くように運転されるもの。

かい-ぞく⓪【海賊】名 海上で商船などをおそい、かねや品物などをうばいとる賊。↕山賊。**―版**ばん⓪名 著作物を、著作権者に無断で複製した商品。参考 CD・DVDなどは「海賊盤」とも書く。

がい-そふ ソ【外祖父】名〔文章語〕母方の祖父。母の父。

がい-そぼ ソ【外祖母】名〔文章語〕母方の祖母。母の母。

かい-ぞめ⓪【買(い)初め】かひ―名 ❶正月二日にはじめて物を買うこと。元日にはかねを使わない習慣がある。新年 ❷その年、はじめて買うこと。

かい-そん⓪【海損】名 航海の事故によって生じた、船や荷物の損害。

がい-そん⓪【外孫】名〔文章語〕よめに行ったむすめの生んだ子。そとまご。↕内孫ないそん。

がい-そん⓪【街村】名 街道をはさんで、細長く発達した村落。

かい-だ カ【快打】名自他サ 野球・テニス・卓球などで、胸のすくようなすばらしい打撃。クリーンヒット。

がい-だ ガ【×咳唾】名〔文章語〕せきとつば。**―玉**たま**をなす**〔せきやつばが、そのまま美しいたまになる〕ふともらすことばが名句となる。詩文の才がすぐれているようす。

かい-たい⓪【懐胎】名自サ 子をはらむこと。みごもること。にんしん。懐妊。

かい-たい⓪【拐帯】名他サ〔「拐」はだましとるの意〕人からあずかった物を、もって逃げること。もちにげ。

かい-たい⓪【解体】㊀名自他サ ばらばらにこわれること。ばらばらにこわすこと。「廃船の―」㊁名他サ 解剖。

かい-だい カ【海内】名〔文章語〕❶天下。❷国内。↕海外。

かい-だい⓪【解題】名 書物・作品の成立・内容・体裁などについての説明。「書籍―」

かい-だい⓪【改題】名自他サ 書物などの題をかえること。

かいたいしんしょ《解体新書》江戸時代に翻訳された、日本最初の解剖学書。前野良沢まえのりょうたく・杉田玄白らがドイツのクルムス著のオランダ語訳本を翻訳したもの。一七七四年刊。

かい-たく⓪【開拓】名他サ ❶原野・森林などをきりひらいて田畑などをつくること。❷新しい領域をひらくこと。「販路を―する」 **―使**し タ 名 明治初期、北海道の開拓と行政にあたった官庁。

かい-だく⓪【快諾】名他サ 気持ちよく承知したり賛成したりすること。「―を得る」

かい-だし⓪【買(い)出し】かひ―名 問屋・市場・商店・産地などに出かけて物を買うこと。

かい-だ-す ダ【かい出す】【×掻出す】他五 サ・ソ・シ・ス・セ・セ〔「かい」は「かき」の変化〕水などをくみ出す。「たまり水を―」 **かい出せる** 自下一〔…できる〕

かい-たた-く ダ2【買いたたく】【買×叩く】かひ― 他五 カ・コ・キ・イ・ク・ク・ケ・ケ 商品をむりやりに値ぎる。できるだけ安くさせる。「足もとを見て―」 **買いたたける** 自下一〔…できる〕

かい-だめ⓪【買いだめ】【買×溜め】かひ―名 物を買ってためておくこと。

がい-ため⓪【外▲為】名「外国為替かわせ」の略称。

かい-たん⓪【塊炭】名 大きなかたまりをした石炭。↕粉炭。

かい-だん⓪【戒壇】名 仏教で戒律をさずけるための道場。

かい-だん⓪【怪談】名 気味のわるい話。ばけものの話。

かい-だん⓪【階段】名 ❶のぼりくだりのためにつくった段。❷順序にしたがって進む等級。階級。「出世の―」

かい-だん⓪【会談】名自サ 面会して話しあうこと。

かい-だん⓪【解団】名自サ 団体を解散すること。↕結団。

かいだん《怪談》小泉八雲こいずみやくもの短編小説集。日本の古典や伝説に取材した怪談・奇話十七編をおさめる。

がい-たん⓪【慨嘆】【慨×歎】名自他サ なげきいきどおること。「―にたえない」

かい-だんじ ダ【快男児】名 性質のさっぱりした、気持ちのよいおとこ。おとこらしいおとこ。好漢。快漢。快男子。

ガイダンス ガ〈guidance〉名 学生・生徒・児童の個性を尊重し、その生活・学習・進学・就職などのすべての面について助言・指導をすること。しつけ。

がい-ち ガ【外地】名 ↕内地。❶北海道・本州・四国・九州・沖縄、およびそれに付属する諸島以外で、太平洋戦争の敗戦以前に日本が支配していた地域。❷国外の土地。外国。「―の日本人」

かい-ちく⓪【改築】名他サ 建物・建造物の全部、または一部をたてなおすこと。

かい-ちゅう⓪【回虫】【×蛔虫】名 人や家畜の小腸に寄生する袋形けいたい動物。形はみみずに似て黄色。雌は二〇―四〇センチメートル。雄はこれより小さい。

かい-ちゅう⓪【海中】名 うみのなか。

かい-ちゅう⓪【懐中】㊀名 ❶ふところ。また、ポケットの中。❷さいふ。「―がさびしい」㊁名他サ ふところに入れること。**―汁粉**じるこ ジ 名 乾燥させたあんをもなかの皮でつつんだ食品。熱湯をかけるとしるこになる。**―電灯**でんとう デ 名 電池を使った、携帯用の小型の電灯。**―時計**どけい ド 名 懐中に入れて持ちあるきするための小型のとけい。一端にひも通しが付いている。**―物**もの⓪名 ふところの中のかね入れなど。

かい-ちゅう⓪【改鋳】名他サ 鋳造しなおすこと。いなおし。

がい-ちゅう⓪【害虫】名 ❶人類に対し直接、間接に害をあたえる昆虫。のみ・か・ずいむしなど。↕益虫。❷ひとに害をあたえる人間。「社会の―」

がい-ちゅう⓪【外注】【外×註】名他サ 外部へ注文して製造・購入すること。「―に出す」

かい-ちょう⓪【会長】名 ❶会の代表者・責任者。❷会社で、取締役会の長。社長より上位役職だが、名誉職の場合もある。

かい-ちょう カ【回腸】名 小腸の最後の部分。

かい-ちょう⓪【海鳥】名 海・海辺にすむ鳥。

かい-ちょう⓪【諧調】名 調和がよくとれた調子。

かい-ちょう⓪【開帳】名他サ ❶厨子ずしのとびらをあけて、中の秘仏を人々に見せること。春 ❷〔俗語〕ばくちの座をひらくこと。

かい-ちょう⓪【快調】名形動 たいそう調子のよいこと。快適な調子。好調。「エンジンは―だ」

がい-ちょう⓪【害鳥】名 作物などを食べて、人類に害をあたえる鳥。↕益鳥。

かいちょうおん《海潮音》上田敏うえだびんの訳詩集。一九〇五年刊行。ヨーロッパの詩人二九人の詩の訳で、日本の詩人たちに大きな影響をあたえた。

がい-ちょうどう チョ【外聴道】名 外耳の一部で、耳殻じかくから鼓膜にいたる管。外耳道。

かい-ちょく⓪【戒×飭】名自他サ〔文章語〕〔「戒」も「飭」もいましめるの意〕人をいましめ、つつしませること。みずから、いましめ、つつしむこと。

かい-ちん⓪【開陳】名他サ〔「陳」はのべるの意〕考えを

みなの前でのべること。「意見を―する」

かい‐つう [0]【開通】[名][自サ] 鉄道・トンネル・道路・電話などが通ること。「電話が―する」

かい‐づか [0]【貝塚】かひ― [名] 古代人が捨てた貝がらなどが、地中に層をなしてうずまってできた遺跡。

かい‐つくろ・う [0]【かい繕う】【×掻繕う】―つくろふ [他五] ワ・オ・イ・ッ ウ・ウ・エ・エ 「「かい」は接頭語、「かき」の変化」きちんとする。身なりをととのえる。「えり元を―」

かい‐つけ [0]【買(い)付(け)】かひ― [名] ❶いつも買っていること。「―の店」❷物品を多量に買いとること。「羊毛の―を始める」[参考]「買付金」「買付量」のような場合は、送りがなをはぶいて書く。

かいつぶり [ツ][名] カイツブリ科の小形の水鳥。頭の上部と背面は黒かっ色。側面はくり色。池や沼で水草を積み上げて浮き巣をつくる。にお。におどり。かいつむり。[冬]

かい‐つま・む [マ]【×掻×摘む】[他五] マ・モ・ミ・ン ム・ム・メ・メ 「「かい」は接頭語、「かき」の変化」要点をとらえる。「かいつまんで話す」

かい‐づめ [カ]【貝爪】かひ― [名] 平らでみじかいつめ。

かい‐て [0]【買(い)手】かひ― [名] 品物を買う人。↕売り手。**―市場** しじょう [シ][名] 商品の需要よりも供給のほうが多くて、買い手が強い立場にある取引。↕売り手市場。

かい‐てい [0]【海底】[名] うみのそこ。**―火山** かざん [カ2][名] 頂上が海中にかくれていて、海上から見えない火山。

かい‐てい [0]【階×梯】[名][文章語] ❶階段。❷学問・芸術の初歩の段階。手引き。

かい‐てい [0]【開廷】[名][自サ] 法廷をひらき、その日の裁判をはじめること。↕閉廷。

かい‐てい [0]【改定】[名][他サ] きまりを、あらためること。「規則の―」「定価の―」⇩改正[参考]

かい‐てい [0]【改訂】[名][他サ] 書物などの内容をあらためただすこと。「―版」[参考]法令では「改定」と書く。

かい‐てき [0]【快適】[形動] ダロ・ダッ・デ・ニ ダ・ナ・ナラ・○ たいそう気持ちのよいようす。「―なスピード」

がい‐てき [0]【外敵】[名] 攻撃をしかけてくる外界、または、外国の敵。「―から身を守る本能」

がい‐てき [0]【外的】[形動] ダロ・ダッ・デ・ニ ダ・ナ・ナラ・○ ↕内的。❶外部的。「気候という―条件」❷客観的。「精神の内容は―にははかれない」❸肉体的。「―成長」

かい‐てん [0]【回天】[名] (天をまわすこと) 世界のありさまを、がらりとかえること。「―の大事業」

かい‐てん [0]【回転】【×廻転】[名][自サ] ❶くるくるまわること。転回。❷仕入れた商品を全部さばき、その売上金で次の商品を仕入れること。飲食店・劇場などで、客の入れかわることにもいう。**―儀** ぎ [テ][名] こまの軸を、自由に方向をかえられるようにしたわくにおさめた装置。汽船・飛行機などにとりつけ、その方向の変化を知るのに利用する。ジャイロスコープ。**―競技** きょうぎ [キョ][名] スキー競技の一種。斜面につくった一定の旗の門を通過しながらすべりおり、その速さをきそう。スラローム。**―資金** しきん [シ][キ][名] 事業のために出され、短期間に回収される資金。原料購入費・商品仕入れ金など。**―軸** じく [テ][名] 回転の中心となる軸。**―×鮨** ずし [テ][名] 回転するベルトの上に並んだ小皿のすしを、客が自由に選んで食べる方式のすし店。**―窓** まど [マ][名] 回転させて戸のあけたてをする窓。**―焼き** やき [0][名] いまがわやき。

かい‐てん [0]【開店】[名][自他サ] ↕閉店。❶店を開設すること。「来月一日―」❷店の営業をはじめること。「毎日十時に―する」**―休業** きゅうぎょう [0][名] 開店はしたが客もなく、休業とおなじ状態であること。

かい‐でん [0]【皆伝】[名] 武術・技芸などの極意をみな伝授されること。「免許―」

がい‐でん [0]【外伝】[名] 本伝に書かれなかった伝記や逸話。

がい‐でん [0]【外電】[名] 外国通信社からのニュース。

ガイド [ガ]〈guide〉[名][他サ] ❶専門家でない人を手助けすること。また、それを職業とする人。案内者。「観光―」「バス―」❷ガイドブック。**―ブック** [ブ]〈guidebook〉[名] 初心者や専門家でない人のための情報を集めた本。案内書。手引き書。**―ライン** [ラ]〈guideline〉[名] 団体や政府が目標としめす数値や段階などの基準。

かい‐とう [0]【会頭】[名] 会のかしら。会長。「商工会議所―」

かい‐とう [0]【快刀】[名] 切れあじのよいかたな。**―乱麻** らんま **を断** た **つ** やっかいな事件・論争などを、てきぱきとしまつをつける。

かい‐とう [0]【怪盗】[名] 変幻自在に出没して、正体のわからない盗賊。

かい‐とう [0]【回答】[名][自サ] 問いや要求に対して答えること。また、その答え。返答。返事。「―文書」

かい‐とう [0]【快投】[名][自サ] 野球で投手が気持ちのよいほど好調に投げること。

かい‐とう [0]【解答】[名][自サ] 問題をといて答えを出すこと。また、その答え。「模範―」

かい‐とう [0]【解凍】[名][他サ] ❶冷凍したものをとかして、もとにもどすこと。❷コンピューターで、圧縮されたデータをもとにもどすこと。

かい‐とう [0]【解党】[名][自他サ] 政党などを解散すること。↕結党。

かい‐どう [0]【会堂】[名] ❶集会のための大きな建物。❷キリスト教の教会。

かい‐どう [0]【怪童】[名] からだが大きく力の強いこども。

かい‐どう [カ]【海×棠】[名] バラ科の落葉低木。春、紅色・五弁の花をつける。観賞用。[春]

かい‐どう [0]【海道】[名] ❶うみに沿った街道。↕山道。❷東海道。「―一のながめ」**―下り** くだり [ク][名] 京都から東海道を通って東国へ行くこと。

かい‐どう [0]【街道】[名] ❶主要地をむすぶ、おもな交通路。❷大きな通り。

かい‐どう [0]【会同】[名][自サ] よりあつまること。

がい‐とう [0]【外灯】[名] 戸外に取りつけた電灯。

がい‐とう [0]【外×套】[名] 服の上に着る防寒・防雨用衣服。オーバー。オーバーコート。[冬]

がい‐とう [0]【街灯】[名] 道路に沿って取りつけた電灯。

がい‐とう [0]【街頭】[名] 町の路上。街上。まちなか。

がい‐とう [0]【該当】[名][自サ] あてはまること。「―事項」

かいどうき《海道記》鎌倉 かまくら 時代の紀行文学。作者不明。京都から鎌倉までの東海道の旅をえがいたもの。

かい‐どく [0]【買(い)得】かひ― [名] 量や質からみると割安で、買うと得 とく になること。「お―品」

かい‐どく [0]【会読】[名][他サ] 人々があつまって読みあうこと。

かい‐どく [0]【回読】[名][他サ] 人々の間に順々にまわして読むこと。まわしよみ。

かい‐どく [0]【解読】[名][他サ] 文章・暗号などを読みとくこと。「暗号の―」

がい‐どく [ガ]【害毒】[名] じゃまになり毒を及ぼすこと。害悪。「社会に―を流す」

かい‐どり [0]【×掻取】[名] 武家婦人の礼服の一つ。帯の上に羽織のようにして着る長小そで。うちかけ。

かい-どり [イ]【飼(い)鳥】(かひ) [名] 家に飼う鳥。↔野鳥。

かい-と・る [ト]【買(い)取る】(かひ) [他五] ラ・ロ/リ・ッ/ル・ル/レ・レ 買って自分のものにする。**買い取り** [名] **買い取れる** [自下一][…できる]

かいな [カ]【▲腕】(かひな) [名] [文章語] うで。[参考] ひじから肩までをいう。「ただむき」は、手首からひじまでをいう。

かい-な・い [3]【▲甲×斐無い】(かひ) 一 [ナ] [形] カロ・カッ・ク/イ・イ・ケレ・○ ❶かいがない。ききめがない。❷ねうちがない。「━命」「━泣き言」 **かひな・し** [文語ク] 二 [形ク] [古語] 意気地がない。弱々しい。「母君のかひなくてさすらへたまひて」〈源氏〉

かい-なで [0]【×掻×撫で】[名] 物の表面だけ知っていて、その奥底を知らないこと。ただひととおり。「━の学問」

かい-なら・す [ラ]【飼(い)慣(ら)す】(かひ) [他五] サ・ソ/シ・ス/ス・セ/セ ❶えさを与えたりして育て、なつくようにする。「犬を━」❷恩をほどこすなどして自分の自由になるようにする。「飼い慣らした手下(てした)」 **飼い慣らせる** [自下一][…できる]

かい-なん [0]【海難】[名] 海上における船の事故。 **━審判**(しんぱん) [シ] [名] 海難の原因を調査し、その責任を明らかにするための裁判。海難審判所がおこなう。

かい-なんぷう [ナ]【海軟風】[名] 晴れた日の昼間に、海から陸上へ向かって吹く風。海風。↔陸軟風。

かい-にゅう [0]【介入】[名] [自サ] 間にはさまること。わりこむこと。「第三者が━する」

かい-にん [0]【懐妊】[名] [自サ] 子をやどすこと。妊娠。懐胎。

かい-にん [0]【解任】[名] [他サ] 職をやめさせること。解職。免職。

かいにん-そう [0]【海人草】[名] 紅藻(こうそう)類フジマツモ科の海藻。ほして、回虫の駆除に使う。まくり。

かい-ぬし [イ/カ]【飼(い)主】(かひ) [名] その動物を飼っている人。

かい-ね [0]【買値】(かひ) [名] ❶買いとる値段。↔売値。❷買い入れのもとね。仕入れ値。「━で売る」

かい-ねこ [0]【飼い猫】(かひ) [名] 人に飼われている猫。↔のら猫。

かいねつ【解熱】「げねつ」のあやまり。

がい-ねん [ガ]【概念】[名] ❶〖論〗多くの観念のうちから、共通の要素をぬきだし、それをさらに総合して得た普遍的な観念。❷おおよその理解や意味。[参考]「概念」と書くのはあやまり。 **━的**(てき) [0] [形動] 事物の特殊性を見ようとしないで、普遍性を問題にしようとする見方や態度。具体的でないようす。[参考] わるい意味に使うことが多い。

かい-は [カ]【会派】[名] 政治などの主張を同じくする人々の集まり。[参考] 国会では政党を中心にして作られる交渉団体のことをいう。

かい-ば [0]【飼(い)葉】(かひ) [名] 牛や馬などの飼料。

かい-ば [カ]【海馬】[名] ❶セイウチ。❷たつのおとしご。❸大脳皮質の部分の名称。

かい-はい [0]【改廃】[名] [他サ] あらためることと、やめること。「法令を━する」

がい-はく [0]【外泊】[名] [自サ] 自宅など、いつも寝る所に帰らず、ほかの所にとまること。

がい-はく [0]【該博】[形動] ダロ・ダッ・デ・ニ/ダ・ナ・ナラ・○ 物ごとにひろく通じているようす。「━な知識」

かい-はくしょく [ハ]【灰白色】[名] 灰色がかった白色。

かい-ばしら [バ]【貝柱】(かひ) [名] ❶二枚貝の、貝がらを開閉する筋肉。❷ほたて貝などの貝柱❶の部分。食用。

かい-はつ [0]【開発】[名] [他サ] ❶土地の天然資源などをとりだして、産業をひらきおこすこと。「電源の━」❷くふうして社会的に実用化すること。「新製品の━」❸教育で、問答法などによって、創意や活動を主体的におこなわせること。 **━途上国**(とじょうこく) [ジョ] [名] 開発の途上にある国。発展途上国。

かい-ばつ [0]【海抜】[名] 海面からの高さ。標高。

かいばら-えきけん《貝原益軒》 一六三〇―一七一四。江戸時代前期の儒学者・教育者。陽明学・朱子学をまなび、気一元説を説く。著書に「養生訓(ようじょうくん)」「和俗童子訓」など。

かい-はん [0]【改版】[名] [他サ] ❶原版をあらためること。❷出版物の内容に手を加え、版をくみなおして出版すること。また、その出版物。

かい-はん [0]【開板】[名] [他サ] (木版本を)出版すること。

かい-はん [0]【解版】[名] [他サ] 版組みした活字を、ばらばらにときくずすこと。

がいはん-ぼし [ボ]【外反×拇×趾】[名] 足の親指が内側に曲がり、指の付け根の関節部分が突き出た状態。

かい-ひ [0]【会費】[名] 会の費用にあてるため、会員の出しあう金。

かい-ひ [カ]【回避】[名] [他サ] のがれ、よけること。「責任を━する」

がい-ひ [ガ]【外皮】[名] 外がわのかわ。↔内皮。

かい-ひかえ [0]【買(い)控え】(かひひかへ) [名] 商品を買うのを見合わせること。かいびかえ。

かい-びゃく [0]【開×闢】[名]「開」も「闢」もひらくの意。天地のひらけはじめ。世のはじまり。「━以来の大事件」

かい-ひょう [0]【海氷】[名] 海水がこおってできた氷。氷河の破片などもふくめ、広く海にうかぶ氷のことにもいう。

かい-ひょう [0]【海×豹】[名] あざらし。

かい-ひょう [0]【解氷】[名] [自サ] 春になって海や川の氷がとけること。(春)

かい-ひょう [0]【開票】[名] [他サ] 投票箱や封じられた投票用紙をひらいて、投票の結果をしらべること。「━速報」

がい-ひょう [0]【概評】[名] [他サ] 全体に関して、あらましを批評すること。↔細評。

かい-ひん [0]【海浜】[名] はまべ。うみべ。海辺。「━植物」

かい-ふ [カ]【開府】[名] ❶武家時代、幕府を開設したこと。❷徳川氏が江戸に幕府を置き、町をひらいたこと。

かい-ふ [カ/0]【回付】【×廻附】[名] [他サ] 文書などを送りとどけること。

がい-ぶ [ガ]【外侮】[名] [文章語] 外部・外国から受けるあなどり。

がい-ぶ [ガ]【外部】[名] ❶そとがわ。そと。↔内部。❷その組織に属さない人。「秘密を━にもらす」

かい-ふう [0]【海風】[名] かいなんぷう。↔陸風。

かい-ふう [0]【開封】 一 [名] [他サ] 手紙などの封を開くこと。 二 [名] 完全には封をしていない郵便物。ひらきふう。

かいふうそう《懐風藻》 奈良時代中期の漢詩集。編者は不明。七五一年成立で、それまでの約百年間の漢詩一二〇首を集めたもの。

かい-ふく [0]【快復】[名] [自サ] 病気がなおること。全快。平復。快癒(かいゆ)。「━期」

かい-ふく [0]【開腹】[名] [自サ] 手術のため、はらを切りひらくこと。「━手術」

かい-ふく [0]【回復】【×恢復】[名] [自他サ] もとの順調な状態にもどること。また、もどすこと。「元気を━する」

か-いぶし [0/イ]【蚊いぶし】【蚊×燻し】[名] かやり。(夏)

かい-ぶつ [0]【怪物】[名] ❶正体(しょうたい)のわからないふしぎなもの。ばけもの。❷性質・行言がかわっていて、ある種の力をもっている人物。「政界の━」❸将来の大成が有望と見られる新人。スポーツ界でいうことが多い。

がい-ぶつ [0]【外物】[名] ❶他のもの。❷〖哲〗自我に属さない、客観的世界に存在するもの。

かい-ぶん ⓪【回文】【×廻文】名 ❶大ぜいの間に順々にまわして読む文書。回章。回状。❷上から読んでも下から読んでも同音・同語になる文句。「たけやがやけた」「しんぶんし」「だんすがすんだ」など。―**歌**(か) ヲ名 回文になっている和歌。「なかきよのとおのねふりのみなめさめなみのりふねのおとのよきかな」など。

かい-ぶん カ【灰分】名 物の燃えたあとにのこる不燃性のかす。はい。

かい-ぶん ⓪【怪聞】名〔文章語〕あやしいうわさ。へんなうわさ。

がい-ぶん ⓪【外聞】名 ❶世間のうわさ・評判。「―をはばかる」❷ていさい。世間てい。「―がわるい」

がい-ぶん ⓪【外分】名 他サ〘数〙一つの線分の分点が、その線分の延長上にあること。↕内分㊁

かい-ぶんしょ ヲ【怪文書】名 人について中傷的・暴露的なことを書いた、出所のわからない文書。

がい-ぶんぴ ヲ【外分泌】名 ➡がいぶんぴつ。

がい-ぶんぴつ ヲ【外分泌】名 あせ・つば・消化液などの分泌物がからだの外や消化器内にながれ出ること。がいぶんぴ。↕内分泌。

かい-へい ⓪【海兵】名 ❶海軍の兵。旧日本海軍の下士官や兵隊。❷もとの「海軍兵学校」の略。↕陸士。―**隊**(たい) ⓪名 上陸作戦を主な任務とする軍隊。アメリカ軍では、陸海空軍から独立した軍隊として組織されている。

かい-へい ⓪【皆兵】名 国民全体が兵役の義務をもつこと。「国民―」

かい-へい ⓪【開平】名 他サ〘数〙平方根をもとめること。また、その計算法。

かい-へい ⓪【開閉】名 自他サ あくことと、しまること。また、あけることと、とじること。「弁を―する」―**器**(き) ヘ名 電路を切ったり、つないだりする器具。スイッチ。―**機**(き) ヘ名 しゃだんき。

がい-へき ⓪【外壁】名 そとがわのかべ。↕内壁。

かい-へん ⓪【貝偏】(かひ)―名 漢字の部首の一つ。「財」「販」などの「貝」。

かい-へん ⓪【海辺】名 うみばた。うみべ。「―の小村」

かい-へん ⓪【改変】名 他サ やりかえて、もととちがうありさまにすること。変改。

かい-へん ⓪【改編】名 他サ 編集・編成したものを、あらためてつくりなおすこと。「組織の―」

かい-べん ⓪【快弁】名 よどみなく、たくみに述べたてること。

かい-べん ⓪【快便】名 気持ちよく大便が出る状態。

がい-へん ⓪【外編】【外×篇】名 書物の、主要部でないつけたりの部分。↕内編。

かい-ほう ⓪【会報】名 会に関することを、会員に知らせる文書。

かい-ほう ⓪【回峰】名 仏教で、修行のため一定の期間、毎日山中の定められた場所を歩いて回ること。「千日―」

かい-ほう ⓪【回報】名 ❶回章。❷返事の書状。返書。

かい-ほう ⓪【快方】名 病気・けがのぐあいがよくなっていくこと。「―に向かう」

かい-ほう ⓪【快報】名 愉快なしらせ。よいしらせ。吉報(きっぽう)。

かい-ほう ⓪【開方・開法】名〘数〙平方根などの、累乗根を求める計算法。

かい-ほう カ【介抱】名 他サ（だきたすけること）病人・けが人などの世話をすること。看護。

かい-ほう ⓪【開放】名 他サ ❶あけはなすこと。「―厳禁」❷自由な出入りをゆるすこと。「一般に―する」―**性**(せい)**結核**(けっかく) ケ名 患者のたんに結核菌がまざって出る肺結核。伝染しやすい。―**的**(てき) ⓪ 形動 あけっぱなし。あけっぴろげ。「―な性格」↕閉鎖的。

かい-ほう ⓪【解放】名 他サ 不自由な束縛をといて自由にしてやること。「どれい―」

かい-ほう ⓪【懐抱】名 他サ〔文章語〕❶ふところにいだき持つこと。❷心にいだき思うこと。抱懐。「大志を―する」

かい-ぼう ⓪【海防】名 海辺・海上の防備。

かい-ぼう ⓪【解剖】名 他サ ❶生物の体内をしらべるためからだを切開すること。解体。「―学」❷こまかく分けてしらべること。「事件を―する」

がい-ぼう ⓪【外貌】名 そとにあらわれたようす。外見。みかけ。

かいほう-せき ホ【海泡石】名 なめらかで、きめのこまかい、灰白色・粘土状の石。パイプなどを作る。

がいほう-ぶ ホ【外報部】名 外信部。

かい-ぼつ ⓪【海没】名 自サ 海面下に沈むこと。

かい-ぼり ⓪【かい掘り】【×掻掘り】名 池やほりなどの水をくみ出して魚をとること。㊗夏

がい-まい ⓪【外米】名 外国産のこめ。輸入米。

かい-まき ⓪【かい巻き】【×掻巻】名 ふとんの下にかける、広そでの夜着(よぎ)。なかの綿はどてらより厚い。㊗冬

かい-まく ⓪【開幕】名 自サ ↕閉幕・終幕。❶舞台の幕があくこと。❷物ごとが始まること。また、始めること。「プロ野球の―」

かいま・みる ミ【かいま見る】【▲垣間見る】他上一（ミミ・ミル・ミレ・ミロ・ミヨ）〔「かいま」は「かきま」の変化〕すきまから、こっそりのぞいて見る。ちらっと見る。**かいま見** 名

かい-み カ【快味】名 気持ちのよい感じ。こころよい味わい。

かい-みょう カ【戒名】名 ↕俗名(ぞくみょう)。❶仏門にはいった人にさずけられる名まえ。法名(ほうみょう)。❷僧が死者につける名まえ。

かい-みん ⓪【快眠】名 自サ 気持ちよくねむること。こころよいねむり。

かい-む カ【会務】名 会の事務。

かい-む カ【皆無】名 形動 一つもないこと。「欠席者―」

がい-む ガ【外務】名 ❶外国との交際など、外交に関する事務。↕内務。❷商社・銀行などの外交員の仕事。外勤。「―員」―**省**(しょう) ム名 国家の外交に関する事務をとりあつかう中央官庁。

かい-めい ⓪【会盟】名〔文章語〕あつまって、ちかいあうこと。

かい-めい ⓪【×晦冥】名〔文章語〕暗いこと。くらやみ。

かい-めい ⓪【開明】名 知識がひらけて文化が高まること。文明開化。

かい-めい ⓪【改名】名 自サ 名まえをかえること。また、かえた名。

かい-めい ⓪【解明】名 他サ 事がらを分解して、あきらかにすること。ときあかし。「なぞを―する」

かい-めつ ⓪【壊滅】【潰滅】名 自サ ひどくこわれて、もとの姿をとどめないこと。「地震で村が―した」

かい-めん ⓪【海面】名 うみの表面。海上。

かい-めん ⓪【海綿】名 ❶海綿動物。❷海綿動物の骨格。また、それをほしてつくったもの。化粧・事務・印刷用。スポンジ。―**動物**(どうぶつ) ド名 海の岩などに付着している下等動物。形状はつぼ形や木の枝形など多様。

かい-めん ⓪【界面】名 液体と気体などの接触する境界

面。―活性剤(かっせいざい)[セ]名 界面張力を低下させる物質。合成洗剤などとして利用される。

がい-めん⓪【外面】名↕内面。❶外がわ。表面。うわべ。❷外見。みかけ。

かい-もく⓪【皆目】副 まったく。まるきり。ぜんぜん。「―わからない」参考 下に打ち消しの語がくる。

かい-もちい【×掻▲餅】(もちひ)―名〔古語〕(「かきもちひ」の変化)ぼたもち。おはぎの類。一説にはそばがきとも言われる。

かい-もど・す[ド]【買(い)戻す】(かひ)―他五(サ・ソ・シ・ス・セ・セ) いったん手放したものを、また買いとる。「株を―」 **買い戻し**名 **買い戻せる** 自下一〔…できる〕

かい-もの⓪【買(い)物】(かひ)―名 ❶物品を買うこと。「―に行く」❷買おうとする物。買った物。「―を届ける」❸買うと、得(とく)になるもの。「めったにない―だ」

かい-もん[カ]【×槐門】名〔文章語〕大臣のくらい。古代中国、周の朝廷で槐(えんじゅ)の木を植えて、大臣がこれに向かって座したことから。

かい-もん⓪【開門】名自サ 門をひらくこと。↕閉門。

がい-や⓪【外野】名↕内野。❶野球で内野の後方の地帯。❷外野手。❸「外野❶」のうしろがわの観覧席。❹〔俗語〕まわりの人々。第三者。「―はだまれ」 ―**手**(しゅ)[ヤ]名 外野をまもる左翼手・中堅手・右翼手の総称。↕内野手。

かい-やき⓪【貝焼(き)】(かひ)―名 ❶貝がらのついたまま、貝を焼いた料理。❷大きな貝がらに材料を入れて焼く料理。

かい-やく⓪【改訳】名他サ 翻訳しなおすこと。また、その翻訳をしなおした文章・本。

かい-やく⓪【解約】名自他サ 約束・契約をとりけすこと。

かい-ゆ[カ]【快癒】名自サ 病気やけがが、すっかりよくなること。全快。本復。「傷は―しつつある」

かい-ゆう⓪【会友】名 ❶会員である友人。❷会員にはなっていないが、会に関係をもっている人。

かい-ゆう⓪【回遊】【×廻遊】㊀名自サ あちらこちらをめぐってあそぶこと。「―券」㊁名 魚類などの群が、一定の水域を定期的に移動すること。

がい-ゆう⓪【外遊】名自サ 外国へ旅行すること。

かい-よう⓪【海洋】名 広くて大きいうみ。大洋。―**性気候**(せいきこう)[キ]名 海岸地方や島に共通の気候。季節・昼夜による気温の変化が少なく、降雨量が多く、風は比較的強く、人類の生活に適する気候。↕大陸性気候。

かい-よう⓪【海容】名〔文章語〕海のような広い心で、相手のあやまちをゆるすこと。「ご―ください」参考 手紙で、相手にわびることばとして、「海容・海恕(かいじょ)・容赦・寛恕(かんじょ)・宥免(ゆうめん)・宥恕(ゆうじょ)」などがある。「ご」をつけて使う。

かい-よう⓪【潰瘍】名 炎症によって皮膚・粘膜の組織がくずれること。「胃―」

がい-よう⓪【外用】名 からだの外面から薬効を作用させること。↕内用。―**薬**(やく)[ヨ]名 皮膚や粘膜に使うくすり。塗りぐすり・はりぐすりなど。↕内用薬。

がい-よう⓪【外洋】名 そとうみ。遠洋。↕内海。

がい-よう⓪【概要】名 あらまし。おおよそ。大要。概略。

かい-らい⓪【界雷】名 寒冷前線のはげしい上昇気流の中に発生する雷雨。

かい-らい⓪【×傀×儡】名 ❶〔文章語〕あやつり人形。くぐつ。❷他人の手であやつられ、利用される者。「―政権」 ―**師**(し)[ラ]名 ❶江戸時代、胸に箱をかけ、その上で人形をあやつった芸人。人形使い。新年 ❷かげから人をあやつる者。

がい-らい⓪【外来】名 ❶よそ・外国からくること。❷外来患者。―**患者**(かんじゃ)[カ]名 入院患者でなく、外から病院へ診察・治療を受けにくる患者。外来。―**語**(ご)⓪名 日本語として定着した外国語。借用語。タバコ・レール・オムレツ・ガーゼ・ギョーザなど。↕和語・漢語。参考 近世以前に中国から伝わった漢語は、ふつう外来語には含めない。―**種**(しゅ)[ラ]名 他の地域から人為的に持ち込まれ、その地域に定着するようになった生物種。↕在来種。

かい-らく[カ]【快楽】名 気持ちよく、たのしいこと。欲望の満足によって生じる、こころよい感情。

かい-らん⓪【回×瀾・×廻×瀾】名 くずれかかった大波。―**を既倒**(きとう)**に**▲**反**(かえ)**す**〔うずまいて倒れかかってくる大波をもとへ押し出す〕衰え傾いた状態を、もとへもどすこと。

かい-らん⓪【解×纜】名自サ〔文章語〕ともづなをといて、船が出ること。出帆。

かい-らん⓪【回覧】【×廻覧】名他サ ❶方々を見てまわること。❷順送りにまわして多くの人が見ること。―**板**(ばん)⓪名 順送りにして見る告知板。

かい-らん⓪【壊乱・潰乱】名自他サ 秩序などがくずれ、みだれること。また、くずし、みだすこと。「風俗の―」

かい-り[カ]【海里】【×浬】名 海上の距離の単位。一海里は一八五二メートル。

かい-り[カ]【海×狸】名 ビーバー。

かい-り⓪【解離】名 一つの分子が、その成分原子、原子団、または他の、より小さい分子に分解し、その分解が状況により逆行すること。熱解離・電離などがおもな例。

かい-り[カ]【×乖離】名自サ〔文章語〕(「乖」はそむくの意)そむき、はなれること。「人心の―」

かい-りき⓪【怪力】名 ひどく強い力。かいりょく。

かい-りく⓪【海陸】名 海と陸。

かい-りつ⓪【戒律】名 僧の守らねばならない規律。

かい-りつ⓪【介立】名自サ〔文章語〕二つの物の間にはさまってあること。「両国の間に―して外交に心を用いる」

がい-りゃく⓪【概略】名 あらまし。大略。概要。

かい-りゅう⓪【海流】名 ほぼきまった方向に流れている海水の流れ。「日本―」

かい-りゅう⓪【開立】名他サ〔数〕立方根を求めること。また、その計算法。かいりつ。

かい-りょう[イ/リョ]【飼(い)料】(かひ)―名 動物を飼うためのえさ。また、えさの費用。

かい-りょう⓪【改良】名他サ 欠点をあらため、前よりもよくすること。「品種―」↕改悪。―**種**(しゅ)[リョ]名 農作物・家畜などの改良した品種。↕原種。

かい-りょく[ガ]【怪力】名 ⬇かいりき。

がい-りょく⓪【外力】名 外部からのちから。

がい-りん⓪【外輪】名 ❶外がわの輪。そとわ。❷鉄道車両の車輪の外がわにとりつけた鉄製の輪。―**山**(ざん)[リ]名 二重火山で、はじめにできた外がわの火口壁。↕内輪山。

かい-れい⓪【回礼】名自サ 年賀のあいさつにまわること。新年

かい-れき⓪【改暦】名〔文章語〕❶こよみ・暦法をかえること。❷新年。

かい-ろ[カ]【回路】名 電流・磁気の通路。電気回路。

かい-ろ[カ]【海路】名 船の通る道すじ。ふなじ。↕陸路・空路。

かい-ろ[カ]【懐炉】名 ふところに入れてからだをあたためる道具。参考 もとは特別の灰やベンジンを燃料として発熱させる金属製の小箱を用いたが、現在は化学反応を応用した使い捨てのものもいう。冬

がい-ろ[ガ]【街路】名 町なかのみち。―**樹**(じゅ)[ロ]名 街路に

そって植えてある木。

かい-ろう ◎【回廊】【×廻廊】名 建物をとりまく長いろうか。

かいろう-どうけつ ド【×偕老同穴】名 ❶夫婦が仲よく老年までつれそい、死んで同じ墓にはいること。❷円筒形でかごのような構造の海綿動物。相模灘・駿河湾などの深海の泥の中にすむ。中に雌雄の小えびが寄生しているのでこの名がある。

がい-ろん ◎【概論】名 内容の大体をのべた論説。「経済学―」

カイロプラクティック ティ〈chiropractic〉名 指圧などで脊椎のゆがみを矯正し、神経機能を回復させる療法。

かい-わ ◎【会話】名 自サ 相対して話しあうこと。また、その話。↕独話。**―文** ワ/◎ 名 話されることばのとおりに書いた文。ふつう「 」などの符号をつけて示す。↕地の文。

かい-わい カ【界×隈】名 そのあたり。その場所一帯。付近。「この―」「銀座―」参考 多く、指示詞や具体的な地名とともに用いる。

かい-われ ◎【貝割(れ)】【×穎割】名 ❶芽を出してまもないふたば。かいわり。❷かいわれな。**―菜** レ 名 食用にするふたばのころの菜類。大根の若葉など。秋

かい-わん ◎【怪腕】名 人なみすぐれたうでの力。また、うでまえ。「―をふるう」

か-いん ◎【下院】名 二院制の国で、公選によって選ばれた議員で構成される議院。↕上院。

か-いん ◎【禍因】名 〔文章語〕 わざわいの原因。

か-いん カ【課員】名 官公庁・会社などの、課の職員・社員。

カインのまつえい《カインの末裔》有島武郎の小説。処世術に無知な一農夫が、苦難の多い生活を送るすがたを描く。

か・う カ【×支う】他五 ワ・オ・イ・ッ／ウ・ウ・エ・エ ささえにする。「つっかい棒を―」

か・う ◎【買う】他五 ワ・オ・イ・ッ／ウ・ウ・エ・エ ❶代金をはらって、品物や権利を自分のものにする。「欲しい物を―」「切符を―」↕売る。⇩求める参考。❷進んでひきうける。「売られたけんかを―」「幹事役を買って出る」❸よくないことを、自分の身にまねく。「うらみを―」「ひんしゅくを―」❹値打ちをみとめる。「かれの努力を―」 **買える** 自下一〔…できる〕

か・う カ【飼う】他五 ワ・オ・イ・ッ／ウ・ウ・エ・エ 食べ物をあたえて動物をやしなう。「ペットを―」 **飼える** 自下一〔…できる〕

カウチ カ〈couch〉名 長いす。寝いす。ソファー。

かう-の-との【守の殿・督の殿・頭の殿】名〔古語〕⇩こうのとの。

かうぶ・る【被る・×蒙る】他四〔古語〕⇩こうむる。

カウ-ボーイ ボ〈cowboy〉名 米国西部の牧場で、牛の飼育や輸送の仕事をする男。牧童。

か-うん カ【家運】名 一家の運命。「―がかたむく」

ガウン ガ〈gown〉名 ❶長くゆったりと仕立てた室内着。❷欧米の裁判官・牧師・大学教授などの正装で、たけの長い、ゆったりした上着。

カウンセラー ウ〈counsellor〉名 学校や職場の相談員。カウンセリングをする役目をもっている人。助言者。

カウンセリング ウ〈counselling〉名 悩みをもつ人と一対一で面接して相談相手となり、助言をあたえること。

カウンター ◎〈counter〉名 ❶計算装置。特に数値処理のための電子回路。❷帳場。勘定場。❸バーやレストランなどのテーブルでない席。❹カウンターパンチ。**―カルチャー** カ2〈counter culture〉名 現在ある支配的な文化に対して、意識的に反抗する文化。対抗文化。**―テナー** テ〈countertenor〉名 声楽における男性パートの一つ。高音で女声のアルトに相当する。また、それを歌う歌手。**―パート** パ〈counter part〉名（対をなすものの片方として）共同でものごとを行うとき、対等の地位にある相手。「日本の―」**―パンチ** パ〈counter punch〉名 ボクシングで、相手が攻撃をしてきた瞬間にむかえうつパンチ。カウンターブロー。

カウント ◎〈count〉㊀名 他サ ❶計算。勘定。❷競技の得点。❸ボクシングで、たおれた選手の起き上がるまでの秒数。㊁名 ❶放射線量の単位の一つ。❷野球で、投手の打者に対する投球のストライクとボールの数。**―アウト** ア〈count-out〉名 ❶ボクシングでノックアウトのこと。❷プロレスリングで、反則またはリングアウトを宣告された選手が、二〇秒以上その状態を続けて、負けと判定されること。**―ダウン** ダ〈countdown〉名 自サ 九、八、七、六、…のように、日や秒を単位に特定の時点までの残り時間をかぞえること。

かえ ◎【代え・替え・換え】名 かえること。また、そのもの。かわりのもの。「―がきかない」「―のシャツ」

かえ-うた ◎【替(え)歌】名 ある歌のふしに他の歌詞をあてたもの。

か-えき ◎【課役】名〔文章語〕⇩かやく。

かえ-ぎ ◎【替(え)着】名 着かえる着物。着がえ。

かえ-さ【帰さ】名〔古語〕帰りがけ。帰り道。かえるさ。「(賀茂ノ)祭りのかへさ見るとて、……車を立てたれば(牛車ヲトメタトコロ)」〈枕〉

かえし シ【返し】名 ❶返すこと。また、そのもの。❷返事。返答。❸かえしうた。❹波・風・地震などがやんで、再びおこること。❺(「お」をつけて)つりせん。❻(「お」をつけて)返礼。

かえし-うた シ【返し歌】名 ❶贈られたうたにこたえるうた。返歌。❷長歌の終わりに加える短歌。反歌。

かえし-ぬい ◎【返し縫い】名 ひと針ごとにあとへ返してもう一度縫うこと。

かえし-わざ ◎【返し技】名 柔道で、相手がしかけてきた技をかわして、逆にかけ返す技。

かえ・す カ 他五 サ・ソ・シ・ス／ス・セ・セ ㊀【返す】【×還す】❶向きを反対にする。「カードを裏に―」「てのひらを―」❷元の持ち主・場所に位置を移す。「借金を―」「品物を棚に―」❸変化したものを元の状態にする。「問題を白紙に―」❹他から受けた行為に対して、こちらからも働きかける。「あいさつを―」「恩をあだで―」❺(動詞の連用形について)㋐動作の方向をかえる。「押し―」「突き―」㋑自分のほうに位置を移させる。「取り―」「呼び―」㋒相手と同じことをする。「言い―」「にらみ―」㋓同じことを二度以上行う。「読み―」「煮―」⇩直す。㊁【帰す】【×還す】❶人を元いたところに行かせる。「生徒を家に―」❷人をその場所からいなくさせる。「押し売りを―」参考「返す」「戻す」は物の移動について用いるが、「戻す」が一時的に位置を移すことを言うのに対し、「返す」はそれに伴って所有者が替わる場合が多い点に違いがある。⇩戻す参考。**かえせる** 自下一〔…できる〕**―言葉もない** 驚いたりあきれたりして、なんと返事をしていいかわからない。

かえ・す カ【×孵す】他五 サ・ソ・シ・ス／ス・セ・セ 卵をひなにする。孵化する。**かえせる** 自下一〔…できる〕

かえす-がえす ガ【返す返す】副 ❶くりかえして。くれぐれも。「―言いふくめる」❷なんとしても。「―残念だ」

かえ-だま ◎【替(え)玉】名 本人や本物のかわりに使

う、にせもの。

かえ-ち⓪【替(え)地】かへ 名 ❶土地をとりかえること。また、とりかえた土地。❷かわりの土地。

かえっ-て[カ]【かえって】【却って】かへって 副 反対に。逆に。「説明を聞いて—わからなくなった」

かえ-で⓪【×楓】かへ 名 カエデ科の落葉高木の総称。葉はてのひら形。秋に紅葉する。もみじ。㊎秋

かえ-で⓪【替(え)手】かへ 名 邦楽で、基本の旋律をもとに、それと合奏するようにつくられた旋律。↕本手ほんて。

かえ-ば⓪【替(え)刃】かへ 名 安全かみそりやカッターなどの取り替え用の刃。

かえらぬ【帰らぬ】かへら 連語 死ぬことのえんきょくな言い方。「—人となる」 **—旅**たび 死んで、あの世に旅だつこと。死ぬこと。

かえり【返り】かへり ■一[リ] 名 ❶返ること。❷返事。❸返歌。❹返り点。■二【回り】接尾 回数をかぞえる語。回。たび。

かえり[リ]【帰り】かへり 名 出発点に戻ること。その時や道筋。↕行き。

かえり-うち[リ]【返り討ち】かへり 名 しかえしをしようとして逆に討たれること。「ざんねんながら—にあう」

かえり-ざ・く[ザ]【返り咲く】かへり 自五 カ・コ・キ・イ・ク・ク・ケ・ケ ❶時節がすぎてから、また花が咲く。㊎冬 ❷ひきこもったり、おとろえていたりしたものが、ふたたび活動をはじめる。「政界に—」 **返り咲き** 名

かえり-しな⓪【帰りしな】かへり 名 ❶帰ろうとしているとき。「—に事務所の電話がなった」❷帰る途中。帰り道。「—にスーパーで買物をする」

かえり-しょにち[ショ]【返り初日】かへり 名 演劇などで興行中にしばらく休んで、ふたたび上演を開始する最初の日。

かえり-しんざん[シ]【帰り新参】かへり 名 いったんやめた所に、またもどってつとめること。また、その人。

かえり-ち[リ]【返り血】かへり 名 相手を切ったり刺したりしたときに、自分の体にはねかえった血。「—を浴びる」

かえり-ちゅう[リ]【返り忠】かへり 名 もとの主君にそむき、それと敵対関係にある新しい主君につくすこと。内通。

かえり-てん[リ]【返り点】かへり 名 漢文を読みくだすため、漢字の左がわにつけ、下から上へ返って読むことを示す符号。「レ・一・二・上・下」など。

かえり-ばな[リ]【返(帰)り花】かへり 名 植物が季節はずれの花を咲かせること。特に、十一月ごろ、桜や山吹やまぶきなどが咲くこと。忘れ花。㊎冬

顧かえり**みて他**たを**言**いう 話をそらす。話をはぐらかす。参考 孟子もうしに問いつめられて具合のわるくなった梁りょうの恵王が、そばの家来に向かって別なことを話しかけたことから。

かえり-み・る[三]【省みる】かへりみる 他上一 ミ・ミ・ミル・ミル・ミレ・ミロ・ミヨ 自分のおこないをふりかえる。反省する。「過去のあやまちを—」

かえり-み・る[三]【顧みる】かへりみる 他上一 ❶ふりかえる。ふりむく。❷心配する。気にかける。「他を—ゆとりがない」❸過去を思いおこす。回顧する。「過ぎこし半生を—」

かえる⓪【×蛙】かへる 名 無尾目両生類の総称。幼い段階のものは、おたまじゃくし。成体になると尾がなくなり、陸に上がり、肺で呼吸する。水辺にすみ、昆虫などをとって食う。種類が多い。かわず。㊎春 **—の子**こ**は×蛙**かえる なにごとも、子の性質は親に似るものだ。**—の面**つら**に水**みず どんなしうちにあっても、平気でいるようす。

かえ・る[カ]【かえる】かへる 自五 ラ・ロ・リ・ッ・ル・ル・レ・レ ■一【返る】【還る】❶向きが反対になる。「軍配が—」「裏—」❷元の持ち主・場所に位置が移る。「落とし物が所有者に—」❸変化したものが元の状態になる。「我に—」「若—」「生き—」❹〈動詞の連用形について〉㋐反対の方向に曲がる。「反り—」㋑反対の動きが加わる。「跳ね—」㋒普通と違う状態がしばらく続く。「静まり—」「あきれ—」■二【帰る】【還る】❶人がもといたところに移動する。「夏休みに郷里に—」❷来ていた人がいなくなる。去る。「客が—」参考 人の移動について「戻る」は一時的に存在したところならば、どこについてでも使われるが、「帰る」は本来そこにいるはずの場所について言うことが多い。⇩戻る 参考 **かえれる** 自下一 …できる

かえ・る[カ]【×孵る】かへる 自五 ラ・ロ・リ・ッ・ル・ル・レ・レ 卵がひなやこどもになる。孵化ふかする。

か・える⓪【かえる】かへる 他下一 エ・エ・エル・エル・エレ・エロ・エヨ ■一【変える】これまでと違った状態にする。「気分を—」「態度を—」「音質を—」■二【替える・代える】これまでの物・人・場所などを別のものにする。「夏服を合服に—」「担当者を—」「行きつけの店を—」■三【換える・替える】物の所属を反対にする。とりかえる。「弟と部屋を—」「円をドルに—」 **か・ふ** 文語ハ下二

かえる-およぎ[オ]【かえる泳ぎ】【×蛙泳ぎ】かへる 名 ひらおよぎ。㊎夏

かえる-さ【帰るさ】かへる 名 古語 帰り道。かえさ。「かへるさの行幸みゆきもの憂く思ほえて」〈竹取〉

かえる-また⓪【×蛙股】かへる 名 〈かえるがあと足を開いたような形から〉建築で、外から見える梁はりの上に置き、ささえと飾りをかねた受け木。

かえるまた

か-えん⓪【火炎】【火×焰】名 燃えあがる火。ほのお。 **—太鼓**だいこ[ダ] 名 雅楽に使う、周囲に火炎をかたどった飾りのある大太鼓。 **—瓶**びん[エ] 名 ガラス瓶にガソリンなどを入れ、火をつけて投げつける手製の武器。

火炎太鼓

が-えん[ガ]【賀宴】名 いわいの宴会。

が-えん[ガ]【賀×筵】名 文章語 祝宴の席。「—に列する」

がえん・ずる[ズ]【肯ずる】がへんずる 他サ ジ・ゼ・ジ・ズル・ズル・ズレ・ジロ・ゼヨ 文章語 承知する。承諾する。 **がへん・ず** 文語サ変

かお⓪【顔】かほ 名 ❶頭部のうち、目・鼻・口などがある、前方の部分。「—を手でかくす」❷顔だち。顔つき。表情。「ととのった—」「うれしそうな—」❸〈顔で代表するもの〉㋐メンバーの一員。「—がそろう」㋑面目。体面。「—にかかわる」㋒知られていること。「—が広い」❹〈多くはほかの語について〉それらしい顔つき。「人待ち—」「うれし—」 **—が合**あ**わせられない** 面目なくて、直接、対面できない。 **—が売**う**れる** 大ぜいの人に顔を知られ、はばがきくようになる。 **—が利**き**く** 名が売れていて、むりがきく。 **—が広**ひろ**い** 大ぜいの人と知り合いである。交際の範囲が広い。 **—から火**ひ**が出**で**る** はずかしくて顔がまっかになる。 **—に書**か**いてある** ことばで言わなくても、気持ちなどが表情から読み取れる。「それはうそだと—」 **—にかかわる** 面目にさしさわる。体面にかかわる。 **—に出**で**る** 感情や体調が、顔の表情や色にあらわれる。「喜びが—」「寝不足が—」 **—に紅葉**もみじ**を散**ち**らす** はずかしくて顔を赤くする。 **—に泥**どろ**を塗**ぬ**る** 面目をつぶす。恥をかかせる。 **—を売**う**る** 世間に名を広く知られる。はばがきくようになる。 **—を貸**か**す** たのまれて人に会う。つきあう。 **—を出**だ

す 訪問・出席・参加などをする。顔を見せる。「毎日―」 ―を×繫ぐ 知り合いの関係が切れないようにする。 ―を潰す 面目を失わせる。恥をかかせる。顔にどろをぬる。「親の―」

かお-あわせ [0]/[ア]【顔合(わ)せ】 名 ❶事をはじめる前に人々があつまって会うこと。「新大臣の―」 ❷いっしょに仕事をすること。共演すること。「団十郎、菊五郎の―」

かお-いろ [0]【顔色】 名 ❶顔の皮膚の色。「―がわるい」 ❷表情。きげん。「―をうかがう」

か-おう [0]【花押】 名 古文書などで、名の下に書いた一種の署名。かきはん。署名の草書体を図案化したもの。

かお-かたち [0]【顔形】【顔▲貌】 名 顔だち。容貌。

か-おく [カ]【家屋】 名 人の住む建物。すまい。いえ。

かお-じゃしん [ジャ]【顔写真】 名 その人であることがわかるような、顔の部分をうつした写真。かおしゃしん。

カオス [カ]〈(ギ)khaos〉 名 はっきりした形のできる前の世界。こんとん。↔コスモス。

かお-ぞろい [ゾ]【顔ぞろい】【顔×揃い】 名 ❶出るべき人が出そろうこと。❷すぐれた人がそろっていること。

かお-だし [0]【顔出し】 名 顔を出すこと。訪問したり、出席したりすること。「実家に―する」

かお-だち [0]【顔だち】【顔立】 名 顔つき。目鼻だち。容貌。「整った―」

かお-つき [0]【顔つき】【顔付】 名 ❶顔だち。❷おももち。表情。「心配そうな―」

かお-づくり [ヅ]【顔作り】 名 ❶顔かたち。❷顔の化粧。

かお-づけ [0]【顔付(け)】 名 劇場や寄席で、話し合いで出演者を決めること。

かお-つなぎ [0]/[ツ]【顔つなぎ】【顔×繫ぎ】 名 ❶わすれられないよう、顔だしすること。❷未知の間がらの人どうしをひきあわせること。

かお-なじみ [0]/[ナ]【顔なじみ】【顔×馴染】 名 顔を知っていて親しいこと。また、その人。

かお-にんしょう [ニ]【顔認証】 名 画像から人の顔の特徴を抽出して識別することにより、個人確認を行う生体認証。

かお-パス [0]【顔パス】 名 権威にものを言わせたり、なれあいの上で、無料で入場したり、乗車したりすること。

かお-ぶれ [0]【顔ぶれ】【顔触】 名 そろった人々。名まえをならべた人々。メンバー。「そうそうたる―」

かお-まけ [0]【顔負(け)】 名 相手のあつかましさや実力におされて、はずかしく思ったり、たじたじとなること。「おとなも―の演技」

かお-みしり [0]/[ミ]【顔見知り】 名 たがいに顔を知っていること。また、そういう間がらの人。

かお-みせ [0] 名 ㊀【顔見せ】はじめて多くの人に顔を見せること。㊁【顔見世】顔見世狂言。㊇ ―狂言 [キョ] 名 歌舞伎で、役者の顔ぶれをひろうするしばい。もとは毎年十一月初め、のち十二月に、新しい顔ぶれの役者でおこなったもの。㊇

かお-むけ [0]【顔向け】 名 人に顔をあわせること。 ―ができない 面目なくて、人に会えない。申しわけがない。

かお-もじ [0]【顔文字】 名 電子メールなどで使われる、文字や記号を組み合わせてつくった、書き手の気持ちをあらわす顔のマーク。(^o^)など。

かお-やく [0]【顔役】 名 一定の仲間や土地で、勢力や名声のある、おもだった人。顔がきく人。

かお-よごし [ヨ]【顔汚し】 名 面目をつぶすこと。体面をきずつけること。つらよごし。「親方の―」

かお-よせ [0]【顔寄せ】 名 ❶よりあつまり。会合。❷しばいで、関係者全員のはじめてのよりあい。

かおり [0]【香り・薫り】【×馨り】 名 よいにおい。香。「ばらの―」

かお・る [0]【香る・薫る】【×馨る】 自五 よいにおいがする。「若葉が―」

か-おん [カ]【×訛音】 名 なまった発音・音声。なまり。

か-おん [0]【加温】 名 他サ 適切な温度に保つため熱を加えること。「―栽培」

か-か [カ][1]【×呵×呵】 と副 〔文章語〕 大声で笑うようす。からからと。 ―大笑 [カ][1] 名 自サ 大声でからからと笑うこと。

かが《加賀》 昔の北陸道の国の一つ。今の石川県の南部。

が-か [ガ]【画架】 名 画布をたてかける三脚の台。

が-か [0]【画家】 名 絵かき。画工。

が-が [ガ][1]【×峨×峨】 と副 たる連体 〔文章語〕 山がけわしくそびえ立つようす。「―たる連山」

かかあ [カ][2]【×嚊・×嬶】 名〔俗語〕 妻。おっかあ。↔亭主。

かかあ-でんか [デ]【かかあ天下】【×嚊天下】 名 夫より妻のほうが、権力をふるっていばっていること。↔亭主関白。

か-かい [0]【加階】 名〔文章語〕 位階がのぼること。

か-かい [0]【歌会】 名 よりあつまって和歌を作り、たがいに示し、批評しあう会。うたかい。↔句会。

か-がい [カ]【花街】 名〔文章語〕 いろまち。遊郭。花柳街。

か-がい [カ]【禍害】 名〔文章語〕 わざわい。災難。

か-がい [0]/[カ]【課外】 名 ❶きまった課程・学課以外。「―活動」 ❷役所や会社の課の外部。↔課内。

かがい [×嬥▲歌] 名〔古語〕「うたがき」の東国地方での呼び名。

が-かい [0]【画会】 名 ❶画家が自分の絵を人々に見せ、希望者に売る会。❷あつまって絵をかき、批評しあう会。

が-かい [0]【雅懐】 名〔文章語〕 風流をたのしむ心。優雅な心。

が-かい [0]【瓦解】 名 自サ (かわらが粉々にこわれてばらばらになること。「内閣が―する」

かがい-しゃ [ガ]【加害者】 名 危害をあたえた者。傷つけたり殺したりした人。↔被害者。

かかえ【抱え】 ㊀ [0] 名 特定の仕事をしてもらうために人を雇うこと。また、雇われた人。「お―の運転手」↔自前。 ㊁ 接尾 両手でかかえるほどの大きさ。「ふた―もある大木」

かかえ-こ・む [コ]【抱え込む】 他五 ❶大きな物を両腕でだきこむ。かかえる。❷自分の負担になるものをひきうける。「大仕事を―」 **抱え込み** 名 **抱え込める** 自下一 〔…できる〕

かか・える [0]【抱える】 他下一 ❶両腕でだいて持つ。だく。❷人をやとう。「運転手を―」 ❸自分の負担・責任になるものを持つ。「五人の家族を―」 **かか・ふ** 文語八下二

カカオ [カ][1]〈(ス)cacao〉 名 アオギリ科の熱帯産の常緑小高木。中南米の原産。種子をくだいて、ココア・チョコレートなどをつくる。

カカオ

か-かく [0]【価格】 名 売るもののねうちを金額で表したもの。ねだん。「公定―」「生産者―」 参考「価格」が物のねだん一般をさして言うのに対し、「価額」は特に金額をさす場合に使われる。

か-かく [0]【家格】[名] 家の格式。いえがら。

か-かく [0]【過客】[名]〔文章語〕たびびと。旅客。

か-かく [0]【歌格】[名] ❶〔文章語〕和歌の規則・きまり。❷和歌の品位・風格。

か-がく [0]【下顎】[名] したあご。↕上顎。

か-がく [カ]【化学】[名] 物質の種類・性質・組成や物質間の変化を研究する自然科学の一部門。**—記号** [キ][名] 物質を化学的にあらわす記号。主に元素記号をいう。**—工業** [コ][名] 化学反応を利用して物をつくる工業。肥料工業・セメント工業など。**—合成** [ゴ][名] 二種以上の物質から化学変化によって新しい一つの物質をつくること。**—式** [ク][名] 化学記号を組みあわせて、化合物の構造・組成などをあらわすもの。**—戦** [0][名] 化学兵器を使ってする戦争。**—繊維** [セ][名] 化学合成によってつくった繊維。天然繊維に加工したもの(スフ・レーヨンなど)と、無機化合物から合成したもの(ナイロン・ビニロンなど)とがある。化繊。人造繊維。**—調味料** [ミ][名] ⬇うまみ調味料。**—反応** [ハ][名] 化学変化。**—肥料** [ヒ][名] 化学的に合成された肥料。人造肥料。硫酸アンモニウム・過りん酸石灰など。**—物質** [ブ][名] ❶元素や化合物を化学の研究対象としていう語。❷化学反応によって人工的につくられた物質。**—兵器** [ヘ][名] 化学を応用した兵器。毒ガス・発煙剤など。**—変化** [ヘ][名] 物質が他の物質にかわる変化。化学反応。**—療法** [リョ][名] 化学薬品によって病気をなおす法。

か-がく [0]【価額】[名] 品物・証券などのねうちを金額で表したもの。⇩価格 [参考]。

か-がく [カ]【科学】[名] 種々の事象を、一定の目的・方法・原理に従って、体系的に組みたてたもの。自然科学・社会科学・人文科学があるが、狭義には自然科学をいう。**—技術庁** [ジ][名] 科学技術を発達させるための行政事務をとりあつかった中央官庁。二〇〇一年、文部科学省に統合された。**—者** [ガ][ク][名] 専門に科学を研究する人。特に、自然科学の研究者。**—的** [0][形動] 科学、特に自然科学の方法によるようす。実証的・合理的・体系的であるようす。

か-がく [カ]【家学】[名]〔文章語〕家につたわる学問。

か-がく [カ]【歌学】[名] 和歌の作法・しきたりなどについての学問。

が-がく [ガ1]【画学】[名] 絵に関する学問。絵をかく技術。

が-がく [ガ1]【雅楽】[名] 上古・中世に宮廷などでおこなわれ、いま宮中・社寺につたわっている音楽。昔、宮中で歌や舞をおしえた所。うたのつかさ。**—寮** [ク][名]

かか・げる [0]【掲げる】[他下一] ❶人目につくように高くさしあげる。「旗を—」❷主義・方針を人目につくようにする。「薄利多売主義を—」❸まくりあげる。「幕を—」❹書物・新聞・雑誌などにのせる。「論説を巻頭に—」**かか・ぐ** [文語下二]

かかし [0]【⁎案⁎山子】[名] ❶田畑に立てて、鳥やけものをおどすための人形。㊙秋 ❷見かけばかりの無能な人間。ロボット。‖かがし。

かか・す [0]【欠かす】[他五] ❶ないままにすましていく。「日常生活に—ことができない」❷おこたる。ぬかす。「一日も体操を欠かさない」**欠かせる** [自下一]〔…できる〕

かかずら・う [ラ]【⁎拘う】[自五] ❶関係する。かかわりあいをもつ。「めんどうなことに—」❷こだわる。とらわれる。「つまらないことに—」

か-がすり [ガ]【蚊がすり】【蚊×絣】[名] 蚊がむれをなして飛んでいるような、こまかいもようのかすり。

かかっ-て 【係って】[連語]〔「かかって…にある」の形で〕ただもう…にかかっている。ひとえに。もっぱら。「国の未来は—若者の双肩にある」[参考]「…にかかっている(…に深く関係しているの意)」の「かかって」が前に出て強調表現となったもの。

かかと [0]【×踵】[名] ❶足の裏の後部から足首の下までの、すこし突き出たところ。きびす。⇩足(図)。❷はきもので、足のかかとに相当する部分。「—の高い靴」‖かがと。

かが-の-ちよ《加賀千代》一七〇三―七五。江戸時代中期の女流俳人。千代女とも。「千代尼句集」がある。

かがひ【×嬥⁎歌】[名]〔古語〕⬇かがい。

かがま・る [0]【⁎屈まる】[自五] かがむようなかっこうをする。また、そのかっこうになる。かがむ。

かがみ [ミ]【鏡】[名] ❶光の反射を利用して、顔や姿をうつして見る道具。おもにガラス製。❷【⁎鑑・×鑒】模範。手本。「人の—となる」❸いましめ。「人の失敗をみて—とする」❹酒だるのふた。❺⬇かがみもの。❻⬇かがみもち。**—のよう** ❶ぴかぴかにみがかれているようす。「—な廊下」❷一面にたいらなようす。「—にないだ海」

かがみ-いし [ミ]【鏡石】[名] ❶表面につやがあって物のかげがよくうつるような石。鏡岩。❷ちょうずばちの前のおき石。

かがみ-いた [イ]【鏡板】[名] ❶戸・天井などに使う、平たくて大きな、表面のすべすべした板。また、さんのない平面の板ばり。❷老い松をえがいた、能舞台の正面のはめ板。⇩能舞台(図)。

かがみ-しこう《各務支考》一六六五―一七三一。江戸時代中期の俳人。松尾芭蕉の門人として最後の旅にも随伴し、「続猿蓑」を共編した。

かがみ-びらき [ビ]【鏡開き】[名] ❶正月行事の一つ。十一日に鏡餅をおろして割って食べること。「割る」をさけて「ひらく」と言う。㊙新年 ❷鏡割り。

かがみ-もじ [モ]【鏡文字】[名] 左右が逆になった、鏡に映ったような文字。幼児の文字習得期に見られる。

かがみ-もち [ミ]【鏡餅】[名] 正月や祭礼などに、神仏にそなえる、まるくてひらたいもち。おかがみ。おそなえ。㊙新年

かがみ-もの [0]【鏡物】[名] 題に「鏡」の字のついた、中古・中世の歴史物語。「大鏡」「今鏡」「水鏡」「増鏡」。

かがみ-わり [0]【鏡割り】[名] パーティーや披露宴で、酒だるのふたを木づちで割り、その酒をくみかわして乾杯すること。「割る」をさけて「鏡開き」ともいう。

かが・む [0]【⁎屈む】[自五] ❶(腰・足などが)折れまがる。❷足やこしをまげて、しゃがむ。うずくまる。**かがめる** [自下一]〔…できる〕

かが・める [0]【⁎屈める】[他下一] かがむようにする。おりまげる。「こしを—」**かが・む** [文語下二]

かがやかし・い【輝かしい】【×耀かしい・×赫かしい】❶[シ][形] ❶きらきらする。まぶしい。はなばなしい。りっぱである。すばらしい。「—成功」❷はればれしい。**輝かしさ** [名] **かがやか・し** [文語シク] ❷[形シク]〔古語〕はずかしい。きまりが悪い。「隠れ忍びず、かかやかしからず答へつつ」〈源氏〉[参考] 江戸時代の中ごろにいたって「かがやかしい」と濁音化した。

かがやか・す [カ2]【輝かす】【×耀かす】[他五] ❶光をはなつ。光らせる。「目を—」❷威光・威力・功名をあらわす。「国威を—」[参考]「顔を輝かせる」のように、終止形や連体形では、下一段活用になることもある。

かがや・く【輝く】【×耀く・×赫く】❶[ヤ][自五] ❶きらきらと光をはなつ。きらめく。❷名誉・名声が、はなばなしい。**輝き** [名] ❷〔古語〕❶[自四] ❶光で目がちかちかする。「(スバラシイ願文ノ)端を見たまふ人々、目もかか

やき惑ひたまふ〈源氏〉❷はずかしいと思う。はずかしがる。「女、扇をもて顔にさしかくしてかかやくを」〈今昔〉㊁ 他四 はずかしく思わせる。恥をかかせる。「昼も夜も来る人を、なにしにかは(ナンノ必要ガアッテ)無しとも(不在ダト言ッテ)かかやき帰さむ(帰ラセヨウカ)」〈枕〉参考 もと「かかやく」だったのが、江戸時代に「かがやく」と濁音化した。

かがよ・う【×耀ふ】かがよふ 自四〔古語〕❶かがやく。きらめく。「かがよふ珠(たま)」〈万葉〉❷ちらつく。「(牛車ノ)透(す)き影に、ただひとり、かがよひて」〈枕〉

かかり カ¹【係】【掛】名 ❶その仕事に従事する役。また、その人。受け持ち。「図書の―」❷官庁・会社などで、課の下にある事務機構の単位。「戸籍―」「給与―」参考「掛」は旧制帝大や旧国鉄などの組織で用いた。

かかり リ【係(り)】名 ❶文中の語句が後に続く他の語句になんらかの関係ではたらきかけること。↕受け。❷係り結びで、結びに対してはたらきかけること。↕結び。

かかり【掛(か)り】【懸(か)り】名 ❶カ¹ かねがかかること。費用。経費。「―がかさむ」❷リ 囲碁で、相手の石を攻めるために、一定の間をおいて、自分の石を打つこと。❸リ 釣りで、魚が針にひっかかること。

かがり 0【×篝】名 ❶かがり火。❷かがり火をたく鉄のかご。

がかり【がかり】【掛り】造 ❶それだけの日数や人数が必要なこと。「三日―の仕事」「四人―で運ぶ」❷それに頼っていること。「親―の生活」❸それに似ていること。ふう。「芝居―のスピーチ」

かかり-あい 0【掛(か)り合い】あひ 名 ❶関係。「―がある」❷そのことにまきこまれること。「―を恐れる」

かかり-あ・う ア【掛(か)り合う】あふ 自五 ワ・オ―イ・ッ―ウ―ウ―エ―エ ❶関係する。かかわる。「つまらないことに―」❷まきぞえをくう。

かかり-いん リ【係員】名 官庁・会社で、所属する部署の任務を担当する職員。

かかり-うど リ【掛(か)り▲人】名 ⬇かかりゅうど。

かかり-かん リ【係官】名 官庁で専門とする分野の職務に従事する公務員。

かかり-きり 0【掛(か)り切り】名 一つのことだけして、他のことはしないこと。「子どもの世話に―」

かかり-じょし ジョ【係(り)助詞】名 ⬇けいじょし。

かかり-ちょう リ【係長】名 官庁・会社などの係の責任者。ふつう、課長の下。「人事―」↕課長・部長。

かかり-つけ 0【掛(か)り付け】名 いつも診察・治療を受けていること。「―の医者」

かがり-び リ【かがり火】【×篝火】名 照明などのためにたく火。かがり。

かかり-まけ 0【掛(か)り負け】名 かかった費用のわりに利益のあがらないこと。

かかり-むすび ム【係り結び】名 文語で、「ぞ・なむ・や・か・こそ」などの係り助詞と、それをうける用言や助動詞との対応関係。「こそ」とかかって「けれ」とむすぶ類。

かかり-ゆ リ【掛(か)り湯】名 あがりゆ。

かかりゅうど リュ【掛り▲人】かかりうど 名 食客。いそうろう。

かか・る ㊀ カ2 自五 ラ・ロ―リ・ッ―ル―ル―レ―レ ㊀【掛(か)る】❶上部が何かに止められて、落ちないでいる。「床の間に軸が掛かっている」❷曲がったもの、仕掛けたものでとらえられる。ひっかかる。「ホックが掛からない」「釣り針に魚が―」「鳥があみに―」❸人目につくように高くかかげられる。「門に表札が掛かっている」❹【×繫る】船舶が停泊する。繫留(けいりゅう)される。❺かぶった状態となる。㋐おおいかぶさる。「シートが掛かった車」「山頂に雲が―」㋑上から降りかかる。「雨が―」㋒たちこめる。「一面にきりが―」❻なべなどが、ガス台・かまどなどの上に置かれる。「やかんが火に掛かっている」❼ひもなどが物のまわりに渡される。「水引きの掛かった袋」❽動いたり、開いたりしないように、その仕掛けがされる。「かぎが―」❾物事がそれにより意識の対象になる。「お目に―」「気に―」❿世話を受ける。依存する。「医者に―」「学校卒業までは親に―」⓫取り扱われる。㋐そこで取り上げられる。処理される。「会議に―」「裁判に―」㋑器具を使って処理される。「コンピューターに―」㋒殺されたり、傷つけられたりする。「刀に―」「敵の手に―」⓬仕組んだものにとらえられる。おちいる。「計略に―」⓭働きや作用が及ぶ。㋐他から不利な影響を受ける。「迷惑が―」㋑作用が向けられる。「疑いが―」「圧力が―」㋒声や言葉が届く。「電話が―」「就職の口が―」⓮力が加わる。「勉強に馬力が―」⓯取りつく。㋐従事する。関係する。「大きな仕事だから大ぜいで―」㋑着手する。しはじめる。「明日からこの仕事に―」㋒攻撃に向かう。「素手で―」⓰かかわり合う。「あいつに掛かってはかなわない」⓱入り用である。金・時間などが費やされる。「五万円ほど―」「手の―仕事」⓲ちょうどその場所、その時に来る。さし掛かる。「車が山道に―」「夕方に掛かって仕事を急ぐ」⓳課される。「税が―」⓴【×罹る】病気になる。「盲腸炎に―」㉑交配される。「コリーにシェパードが掛かっている」㉒道具・機械が働きをする。「ラジオが―」「ブレーキが―」㉓組み立てられる。「小屋が―」㉔(小屋掛けをして行われたことから)芝居(しばい)などが興行される。「忠臣蔵が―」㉕〔かながき〕(「決めて」のあとについて)まず決めて、ことにのぞむ。「だめだと決めて―」㊁【懸(か)る】❶空の高い所にある。「中天に―月」❷賞がついている。「十万円の賞金が―」❸大切なものが左右される。「会社の運命が―大事業」㊂【架(か)る】両側にまたがって取りつけられる。「橋が―」㊃ 接尾〔動詞の連用形について、五段活用動詞をつくる〕❶相手に対して動作をおよぼす。「飛び―」❷そういう状態にうつる。今にもそうなりそうになる。「通り―」「うとうとし―」 かかれる 自下一〔…できる〕

かか・る カ2【係る】自五 ラ・ロ―リ・ッ―ル―ル―レ―レ ❶かかわる。関係する。「この事件に―参考人」❷それによってきまる。「採否は一(いっ)にきみの判断に―」

かかる カ2 連体〔文章語〕(「かくある」の変化)このような。こんな。こういう。「―不祥事をひきおこすとは…」

かが・る 0【×縢る】他五 ラ・ロ―リ・ッ―ル―ル―レ―レ 糸やひもでからげてつづる。「ボタン穴を―」 かがれる 自下一〔…できる〕

がかる【がかる】【掛る】接尾〔体言について、五段活用動詞をつくる〕❶…に似かよう。…ふうだ。「芝居(しばい)―」❷…を帯びる。「紫がかった雲」

かがわ-かげき《香川景樹》一七六八―一八四三。江戸時代後期の歌人・歌学者。桂園(けいえん)派の祖。歌集に「桂園一枝(いっし)」など。

かがわ-けん《香川県》かがは 四国地方北東部の県。県庁所在地は高松市。

かかわらず【▲拘らず】かかはら 連語(「…に(にも)かかわらず」の形で)❶関係なく。「損得に―努力する」❷…であるのに。「この寒さにも―泳ぎに行く」

かかわり-あ・う ア【関わり合う】かかはりあふ 自五 ワ・オ―イ・ッ―ウ―ウ―エ―エ 他人や他の事柄に関係する。「近所のもめ事に―」

かかわ・る ワ/0 かかはる 自五 ラ・ロ―リ・ッ―ル―ル―レ―レ ㊀【関わる】【▲係わる】❶自分の意志で関係する。「会社の設立に―」「地域活動と―」❷影響がおよぶ。「命に―難病」「名誉に―

訴訟」㊁【▲拘る】こだわる。気にする。「人の意見にかかわりすぎる」 **関わり** 名

か-かん ⓪【花冠】名 花弁の総称。

か-かん ⓪【加冠】名 自サ〔文章語〕❶元服してはじめてかんむりをかぶること。❷元服のとき、かんむりをかぶせる役。

か-かん ⓪【下×瞰】名 他サ〔文章語〕見おろすこと。俯瞰。「山頂から―する」

か-かん ⓪【果敢】形動 思いきってするようす。決断力の強いようす。「―な攻撃」

か-がん カ【河岸】名 かわのきし。かわぎし。

が-がんぼ ⓪【▲大▲蚊】名 ガガンボ科の昆虫の総称。蚊に似て、それよりも大きく、足が長い。かとんぼ。㊦夏

かき【かき】【×搔き】接頭〔動詞につく〕意味や語勢を強める。「空が―曇る」

かき キ【垣】名 地域のしきり、家屋のかこいとしてもうけるもの。かきね。**―を作る** 人との間にへだてを作る。

かき ⓪【柿】名 カキノキ科の落葉高木。また、その実。甘がきと渋がきとがあり、種類が多い。㊦秋 **―の衣** 山伏の着る、かき色の法衣。

かき カ【×牡×蠣】名 イタボガキ科の二枚貝の総称。一方の貝が岩などにつき、他方がふたになっている。食用。㊦冬

か-き カ【下記】名 下、またはあとに書きしるすこと。「―のとおり」↕上記。

か-き カ【火気】名 ❶火のけ。「―厳禁」❷火の勢い。

か-き カ【火器】名 ❶火入れの器具。❷大砲・鉄砲の類。

か-き カ【花×卉】名〔「卉」は草の意〕花の咲く草。くさばな。

か-き カ【花期】名 花の咲く時期。はなどき。

か-き カ【花器】名 花をいけるうつわ。花入れ。花いけ。

か-き カ【夏季】名 夏の季節。「―休暇」↕冬季。

か-き カ【夏期】名 夏のあいだ。夏の期間。「―講習」↕冬期。**―学校** ガ 名 夏休みに開く教育施設・授業。サマースクール。㊦夏

かぎ ギ【×鉤】名 ❶先のまがった金属製の器具。また、そのような形。「―鼻」❷引用字句の上下につける「 」。かぎかっこ。❸かぎの形にまがっていること。かぎの手。

かぎ ギ【鍵】名 ❶錠をあける金物。❷錠。❸解決のために必要な手がかり。「問題解決の―をにぎる」

が-き キ【餓鬼】名 ❶生前の罪のために、いつも飢えとかわきに苦しんでいる亡者。❷餓鬼道。❸〔餓鬼が食べ物をむさぼることから〕子どもをののしっていう語。**―大将** キ 名 子どもの仲間でいばっているもの。**―道** ダ 名 六道の一つで地獄道の上、畜生道の下にある世界。ここに落ちた亡者は、いつも飢えとかわきに苦しめられるという。

かき-あげ ⓪【かき揚げ】【×搔揚】名 てんぷらの一種で、小えび・貝柱・いか・野菜などをこまかく切ってころもでつなぎ、油であげたもの。

かき-あ・げる ゲ【かき揚げる】【×搔揚げる】他下一 ❶上の方へ引きあげる。「おくれ毛を―」❷灯心などをかきたてる。**かきあ・ぐ** 文語下二

かき-あ・げる ゲ【書(き)上げる】他下一 ❶すっかり書いてしまう。❷一つ一つ書いて示す。書きたてる。「罪状を―」 **書き上げ** 名 **かきあ・ぐ** 文語下二

かき-あじ キ【書き味】名 筆記用具を使うときの感じ。「―のいい万年筆」

かき-あつ・める メ【かき集める】【×搔集める】他下一 ほうぼうから寄せあつめる。「資金を―」 **かき集め** 名 **かきあつ・む** 文語下二

かぎ-あ・てる テ【嗅(ぎ)当てる】他下一 ❶においをかいでその正体やあり場所をあてる。❷さぐりあてる。「隠れがを―」 **かぎあ・つ** 文語下二

かぎ-あな ⓪【鍵穴】名 とびらや箱をあけるためにかぎをさし入れる穴。

かき-あらわ・す ワ【書(き)表す(表わす)】他五 書いてはっきりと示す。⇩あらわす 参考。**書き表せる** 自下一〔…できる〕

かき-あらわ・す ワ【書(き)著す(著わす)】他五 本を書いて出す。著述をする。⇩あらわす 参考。

かき-あわ・せる セ【かき合(わ)せる】【×搔合せる】他下一 手で寄せあわせる。「えり元を―」 **かきあは・す** 文語下二

かき-いだ・く ダ【かき抱く】【×搔抱く】他五 両手でしっかりだく。**かき抱ける** 自下一〔…できる〕

かき-いれ ⓪【書(き)入れ】名 ❶書き入れること。書き込み。❷かきいれどき。**―時** ⓪ 名〔帳簿の記入にいそがしい時の意から〕商売がさかえてもうかる時。収入の多い時。

かき-い・れる レ【書(き)入れる】他下一 書きこむ。書きくわえる。**かきい・る** 文語下二

かき-いろ ⓪【柿色】名 ❶かきの実の色。黄色がかった赤色。❷かきのしぶに似た色。赤茶色。❸暗褐色。

かき-うつ・す ツ⓪【書(き)写す】他五 文字や絵などを、別の紙などにそのままうつす。「手帳に予定を―」 **書き写し** 名 **書き写せる** 自下一〔…できる〕

かき-おき ⓪【書(き)置(き)】名 ❶用事を書き残しておくこと。また、そのもの。おき手紙。❷遺書。

かき-おく・る ク⓪【書(き)送る】他五 用件を手紙などに書いて送る。「近況を―」

かき-おこ・す コ【書(き)起(こ)す】他五 書きはじめる。「長編小説を―」 **書き起こし** 名

かき-おと・す ト【書(き)落(と)す】他五 書かねばならないことをぬかす。書きもらす。書きわすれる。**書き落とし** 名

かき-おろし ⓪【書(き)下ろし】名 新たに出す本のために、新しく作品・文章を書くこと。また、新しく書いた作品・文章。

かき-おろ・す ロ【書(き)下ろす】他五 ❶あたらしく書く。❷詩や文章を書いて、はじめて発表する。

かき-かえ ⓪【書(き)換え】名 ❶書きかえること。書きなおし。❷従来と同じ効力をもつ証書を作成して、期限のきた証書ととり換えること。「運転免許証の―」

かき-か・える エ カ【書(き)換える】他下一 書きなおす。書きあらためる。**かきか・ふ** 文語ハ下二

かき-かた カ2【書(き)方】名 ❶字を書く方法・態度。「凸という字の―を覚える」❷文章を記すこと。作文。つづり方。国語教育の基本となる、読む・書く・話す・聞くの四つの言語活動の一つ。「手紙の―を教わる」❸字を正しい形できれいに書くこと。書写。

かぎ-かっこ カ2【かぎ括弧】【×鉤括弧】名 文章中、会話などの前後につける「 」のしるし。かぎ。

かき-がね ⓪【▲掛金】名 ➡かけがね。

かき-き・える ⓪【かき消える】【×搔消える】自下一〔「かき」は強めの接頭語〕あとかたもなく消えてしまう。**かきき・ゆ** 文語ヤ下二

かき-き・る ⓪【かき切る】【×搔切る】他五〔「かき」は強めの接頭語〕切る。かっきる。「腹を―」

かき-くだ・す ダ【書(き)下す】他五〔「かきおろす」と読めば別語〕❶上から下へ順に書きつづけて行く。

❷筆にまかせて書く。「一気に―」❸漢文を訓読して、かなまじりの文に書き改める。**書き下し** 名 **書き下せる** 自下一［…できる］

かき-くど・く ド【×掻口説く】自五 〔「かき」は強めの接頭語〕❶しつこく、ぐちを言う。❷くりかえし、くりかえしたのむ。「涙を流して―」

かき-くも・る モ【かき曇る】【×掻曇る】自五 〔「かき」は強めの接頭語〕急に曇る。「一天にわかに―」

かき-くら・す 【×掻暗す】他四〔古語〕❶あたり一面を暗くする。「雨のかきくらし降りたる」〈枕〉❷悲しみなどで心を暗くする。「かきくらす心のやみ」〈伊勢〉

かき-く・れる 0【×掻暮(▲暗)れる】自下一 〔「かき」は強めの接頭語〕目がくもって、なにも見えなくなる。「涙に―」 **かきく・る** 文語下二

かき-け・す ケ/0【かき消す】【×掻消す】他五 〔「かき」は強めの接頭語〕消してしまう。「姿を―」

かき-ごおり ゴ【かき氷】【欠氷】―ごほり 名 ❶こおりをくだいたもの。ぶっかき。かちわり。夏 ❷こおりを薄くけずって雪のようにして、シロップなどをかけたもの。こおりみず。夏

かき-ごし 0【垣越し】名 かきねごし。

かき-ことば コ【書き言葉】名 ↕話しことば。❶文字で書き表すことば。文字言語。❷改まった文章を書くときに使うことば。文章語。

かき-こ・む コ【かき込む】【×掻込む】他五 ❶かいて手もとに寄せあつめる。❷大急ぎで食事をとる。「お茶づけを―」‖かっこむ。

かき-こ・む コ【書(き)込む】他五 書き入れる。**書き込み** 名 **書き込める** 自下一［…できる］

かぎ-ざき 0【かぎ裂き】【×鉤裂】名 衣服などをくぎなどにひっかけてかぎ形に裂くこと。また、その裂けめ。

かき-しぶ 0【柿渋】名 しぶがきの実からとった液。紙・布などの塗料。防腐剤としても用いられる。

かき-じゅん 0【書き順】名 筆順。

かき-しる・す ル【書(き)記す】他五 書きつける。しるす。書く。**書き記せる** 自下一［…できる］

かき-すさ・ぶ サ【書きすさぶ】他五 〔文章語〕なぐさみに書く。書きちらす。**書きすさび** 名

かき-す・てる テ【書(き)捨てる】他下一 ❶書いてそのまま捨てる。❷いいかげんに書く。書きなぐる。**書き捨て** 名 **かきす・つ** 文語下二

かき-ぞめ 0【書(き)初(め)】名 ❶はじめて書くこと。❷新年にはじめて字を書くこと。また、その行事。ふではじめ。試筆。ふつう一月二日にする。新年

かき-だし 0【書(き)出し】名 ❶書きはじめ。冒頭。「―の文句」❷売り上げ代金の書きつけ。勘定書き。❸しばいの番付の初めに書きだされる人気役者。

かき-だ・す ダ/0【かき出す】【×掻出す】他五 ❶かきはじめる。❷手を手前に引くように動かして、中の物を出す。**かき出せる** 自下一［…できる］

かき-だ・す ダ/0【書(き)出す】他五 ❶書きはじめる。❷書いて出す。「要求額を―」❸問題点をはっきり示すために文字に書きしるす。❹抜きだして書く。書きぬく。「新出漢字を―」❺コンピューターで、データを別の記憶媒体に保存する。「動画をDVDに―」**書き出せる** 自下一［…できる］

かぎ-だ・す ダ【嗅(ぎ)出す】他五 ❶においをかいでさぐりだす。❷みつけだす。かぎつける。「不正事実を―」❸かぎはじめる。

かき-た・てる 0/テ【かき立てる】【×掻立てる】他下一 ❶かきまぜる。かきまわす。❷強く刺激する。あおる。「人の好奇心を―」❸灯心を出してあかるくする。かきあげる。**かきた・つ** 文語下二

かき-た・てる テ【書(き)立てる】他下一 ❶一つ一つ書きならべる。「友人の名を―」❷目だつようにさかんに書く。「罪状を―」**かきた・つ** 文語下二

かぎ-タバコ タ【嗅ぎたばこ】【嗅▲煙▲草】名 鼻孔にすりつけて、その香気をかいであじわう、粉のたばこ。

かき-たま 0【×掻▲卵】名 かきまぜた鶏卵を流しこんで煮た、すましじる。かきたまじる。

かき-ちら・す ラ/0【書(き)散らす】他五 ❶筆にまかせてどんどん書く。書きまくる。❷あちこちに書きつける。「落書きを―」**書き散らし** 名

かき-つけ 0【書(き)付(け)】名 ❶書きつけること。書きつけたもの。❷文書。❸証文・勘定書の類。

かき-つ・ける ケ/0【書(き)付ける】他下一 ❶書きしるす。書きとめる。❷書きなれる。「書きつけた文字」**かきつ・く** 文語下二

かぎ-つ・ける ケ【嗅(ぎ)付ける】他下一 ❶においで物を見つけだす。かぎだす。❷さぐりだす。見つけだす。「かくれがを―」**かぎつ・く** 文語下二

かぎっ-こ 0【鍵っ子】名 両親が働きに出て日中は不在のため、家のかぎを持たされている子。

かぎって【限って】連語 〔「…に限って」の形で〕それに限定する意味を表す。それだけは。「うちの子に―うそは言わない」

かきつばた ツ【×杜▲若・×燕子花】名 アヤメ科の多年生植物。水辺に生じ、五、六月ごろ紫・白などの花をつける。かおよぐさ。かきつ。夏

かきつばた

かき-つら・ねる ネ【書(き)連ねる】他下一 ❶ならべて書く。❷ながながと書く。「願い事を―」**かきつら・ぬ** 文語下二

かき-て テ【書(き)手】名 ❶書く人。書いた人。↕読み手。❷字のうまい人。能筆家。❸文章のうまい人。

かき-どなり ド【垣隣】名 かきねをへだてた隣。

かき-とめ 0【書留】名 書留郵便。**―郵便** ユ 名 とりあつかいに責任をおうために、特別の料金をとって引き受けから配達までを記録しておく郵便物。

かき-と・める メ【書(き)留める】他下一 わすれないように書きつける。**かきと・む** 文語下二

かき-とり 0【書(き)取(り)】名 ❶書きとること。❷漢字や英語の学習や試験で、読みあげられた語句や、かなで書いてある文字・語句を、正しい文字で書くこと。

かき-と・る ト【書(き)取る】他五 文章・語句や講演の内容などを書きうつす。「口述の通り―」**書き取れる** 自下一［…できる］

かぎ-と・る ト【嗅(ぎ)取る】他五 ❶においを感じる。「煙のにおいを―」❷隠れている事がらを見ぬく。「事件の気配を―」**嗅ぎ取れる** 自下一［…できる］

かき-なが・す ガ【書(き)流す】他五 筆にまかせて自由に書く。すらすら書く。**書き流せる** 自下一［…できる］

かき-なぐ・る グ【書きなぐる】他五 らんぼうに書く。「一気に書きなぐった」**書きなぐり** 名

かき-なら・す 0/ラ【かき鳴(ら)す】【×掻鳴す】他五 琴などの弦楽器をかなでる。

かぎ-なり 0【×鉤▲状】名 かぎのように直角にまがった形。

かぎ-なわ 0【かぎ縄】【×鉤縄】―なは 名 かぎをとりつけてあるなわ。

かき-ぬき◎【書(き)抜き】名 ❶書きぬくこと。書きぬいたもの。ぬきがき。❷演劇で、台本からそれぞれの役のせりふだけを書きぬいたもの。

かき-ぬ・く ヌ【書(き)抜く】他五 ❶一部分を抜きだして書く。ぬきがきする。❷最後まで書きとおす。**書き抜ける** 自下一 […できる]

かき-ね キ【垣根】名 ❶へだて・さかいとしてつくった囲いやしきり。かき。❷かきの根もと。かきごし。「―に話しかける」 **―越し**◎名 かきねをへだてること。

かき-の・ける ケ【×掻▲退ける】他下一 おしのける。はらいのける。「人をかきのけて前へ出る」 **かきの・く** 文語下二

かき-のこ・す コ【書(き)残す】他五 ❶書いてあとにとどめる。❷書き終わらずに残す。**書き残し** 名 **書き残せる** 自下一 […できる]

かき-のし キ【書きのし】【書×熨▲斗】名 のしをつける代わりに「のし」と書いたもの。

かき-の-たね タ【柿の種】名 柿の種に似た形をした、とうがらしのきいたしょうゆ味のあられ。

かぎ-の-て ノ【かぎの手】【×鉤の手】名 かぎの形に、直角にまがっていること。また、そのもの。「―の廊下」

かきのもと-しゅう ト【柿本衆】名 鎌倉時代初期の、和歌にのっとって正しい用語を使った本格的な連歌の作者。また、その仲間。有心の衆。↔栗本衆

かきのもと-の-ひとまろ《柿本人麿》生没年未詳。飛鳥時代から奈良時代にかけての歌人。持統・文武朝の宮廷歌人。長歌に秀作が多い。歌は「万葉集」に収められている。

かき-は【▲堅×磐】名 古語 ⬇かきわ。

かぎ-ばな◎【かぎ鼻】【×鉤鼻】名 わしのくちばしのように先が下むきにまがった鼻。わしばな。

かぎ-ばり バ【かぎ針】【×鉤針】名 ❶先がかぎのようにまがった針。↔棒針。❷編物に使う、先のまがった針。

かき-はん◎【書(き)判】名 花押。↔印判。

（源頼朝）

書き判

かき-べ カ【▲部▲曲・▲民▲部】名 大和時代、各地の豪族の私有民。

かき-ま・ぜる ゼ【かき混ぜる】【×掻混ぜる】他下一 かきまわして混ぜる。**かきま・ず** 文語下二

かき-まゆ◎【描き眉】名 まゆを墨でかくこと。またそのかいたまゆ。

かき-まわ・す◎【かき回す】【×掻回す】他五 ❶かきまぜる。手や棒などをつっこんでまわす。❷ごたごたを起こす。かきみだす。「クラスを―」

かき-みだ・す ダ【かき乱す】【×掻乱す】他五 ❶かきまぜてみだす。かきまわす。「髪を―」❷混乱させる。ごたごたを起こす。「統制を―」

かき-むし・る シ◎【×掻▲毟る】他五 ❶ひっかいてむしる。❷むやみに手でかく。

かき-もち キ【かき餅】【欠餅】名 ❶かがみもちを小さくくだいたもの。❷もちをうすく切ってほしたもの。

かき-もの キ【書き物】名 ❶書いたもの。文書。❷文書を書くこと。「―でいそがしい」

かき-もら・す ラ【書(き)漏(ら)す】他五 書きおとす。**書き漏らし** 名

かき-もん キ【書(き)紋】名 筆で書いた着物の紋。↔染め紋・縫い紋。

か-ぎゃく【可逆】造 元に戻れること。元の状態に戻れること。「―変化」 **―性**◎名 **―反応** ハ名 化学反応でできた物質が、他の条件のもとでそのまま逆に分解できる反応。

か-ぎゃく◎【加虐】名 人を苦しめたりいじめたりすること。虐待すること。「―的」「―趣味」↔被虐。

かきゃく-せん◎【貨客船】名 旅客と貨物とをのせる船。↔客船・貨物船。

か-きゅう◎【下級】名 したの等級・段階。↔中級・上級。

か-きゅう◎【火球】名 ❶火の玉。❷流星で、特に明るく光るもの。

か-きゅう◎【加給】名 自サ 給料をふやすこと。増給。

か-きゅう◎【火急】名 形動 たいそう急なこと。大至急。緊急。「―の用件」

か-ぎゅう◎【×蝸牛】名 文章語 かたつむり。夏 **―殻** ギュ 名 内耳にあり、音の感覚をとらえるかたつむり状の器官。うずまきかん。**―角上の争い** 小さな世界での争い。参考 かたつむりの左右のつのの上にある二つの国が争ったという「荘子」の中の話から。

かきゅう-てき◎【可及的】副 できるだけ。なるたけ。なるべく。「―すみやかにたのむ」

か-きょ カ【科挙】名 昔、中国でおこなわれた官吏登用試験。

か-きょ カ【家居】文章語 ㊀名 自サ 家にひきこもっていること。㊁名 住居。すまい。

か-きょう カ【家郷】名 文章語 ふるさと。故郷。「―を思う」

か-きょう◎【佳境】名 ❶興味深い所。「話はいよいよ―に入る」❷けしきのすぐれた所。「清流にのぞむ―」

か-きょう カ【華×僑】名 (「僑」は他国に住む人の意)外国に居住している中国人。とくに、中国商人。

か-きょう◎【歌境】名 ❶うたにあらわれた境地。うたのおもむき。❷うたをよむときの心境。❸歌の上達の段階。

か-きょう◎【架橋】名 自サ 橋をかけること。かけた橋。

かきょう《花鏡》世阿弥晩年の能楽論書。応永三一(一四二四)年完成。

か-ぎょう カ【家業】名 一家が生計のためにしてきた職業。家の商売。「代々の―をつぐ」

か-ぎょう カ【稼業】名 職業としている仕事。商売。なりわい。「浮き草―」

か-ぎょう カ【課業】名 ❶なすべき仕事。❷わりあてた学科。

が-きょう◎【画境】名 ❶絵にあらわれた境地。❷絵をかいているときの心境。「すみきった―」❸絵の上達の段階。

が-ぎょう ガ【画業】名 絵をかく仕事。「―二十年」

がぎょう-びおん ガ【ガ行鼻音】名 発音のときに出る息が鼻へぬけるガ行の音。鼻濁音。「めがね・かぎ・おごり」の「が・ぎ・ご」などの発音。

かきょうひょうしき《歌経標式》奈良時代後期に、藤原浜成が書いた歌学書。

かぎょう-へんかくかつよう カ―カ【カ行変格活用】名 動詞の活用の一種。「来る」「来く」だけがこの活用をする。カ変。参考 口語の「来る」は「こ・き・くる・くる・くれ・こい」、文語の「来く」は「こ・き・く・くる・くれ・こ(こよ)」。

か-きょく カ【歌曲】名 ❶歌。歌のふし。❷⬇リート❶。

かき-よ・せる セ◎【かき寄せる】【×掻寄せる】他下一 かいて寄せ集める。「落ち葉を―」 **かきよ・す** 文語下二

かぎり【限り】㊀カ リ 名 ❶終わり。はて。「―ある命」

❷範囲。「火急の際はこの—でない」❸ありったけ。できるだけ。「力の—戦う」❹〔古語〕臨終。「かぎりと聞けどなほぞ待たるる」〈大和〉❺〔古語〕きわみ。極限。「秋の夜ぞ物思ふことのかぎりなりける」〈古今〉㊁接尾 ❶あるだけ。「根こん—努力する」❷限度。限界。期限。「きょう—」

かぎりな・い [ナ]【限りない】形 きりがない。はてしがない。「—母の愛情」 **かぎりな・し** 文語ク

かぎ・る [ギ]【限る】㊀他五 ❶限定する。「テーマを—」❷しきる。くぎる。「範囲を—」㊁自五 ❶及ぶものがない。いちばんいい。「つかれたら寝るに—」❷〔ふつう「…とはかぎらない」の形で〕きまる。「正論が勝つとは限らない」 **限れる** 自下一〔…できる〕

かぎろい【▲陽▲炎】かぎろひ 名〔古語〕❶明けがた。日の出まぎわのほのかな赤い光。曙光しょこう。「東ひむがしの野にかぎろひの立つ見えて」〈万葉〉❷かげろう。春 **—の** 枕 季節からのつながりで「春」に、湯気のもえたつようなさまから「燃ゆ」に、このほか「ほのか」「夕さりくれば」などにもかかる。「奈良の都はかぎろひの春にしなれば」〈万葉〉

かきわ【▲堅×磐】かきは 名〔古語〕〔かたい岩の意〕永久につづくことを祝うことば。

かきわ・ける [ケ]【かき分ける】【×掻分ける】他下一 手で左右におしのける。「群衆を—」 **かきわ・く** 文語下二

かきわ・ける [ケ]【書(き)分ける】他下一 分けて書く。区別して書く。「二行に—」 **書き分け** 名 **かきわ・く** 文語下二

かぎわ・ける [ケ]【嗅(ぎ)分ける】他下一 ❶においをかいで物を区別する。「名香を—」❷物事の微妙なちがいをさとる。**嗅ぎ分け** 名 **かぎわ・く** 文語下二

かきわり [0]【欠(き)割(り)】名 みがきにしん。

かきわり [0]【書(き)割(り)】名 しばいの舞台の背景の一部分で、樹木・家などをかいた物。

かきん [0]【家×禽】名 家で飼う鳥類。特に、にわとり・あひるなどをいう。↕野禽やきん

かきん [0]【×瑕×瑾】名〔文章語〕〔「瑕」は、きず・われめ、「瑾」は美しい玉の意〕❶きず。❷欠点。短所。

かきん [0]【課金】名 自サ ❶事業者が利用者に料金を課すること。❷〔俗語〕インターネット上のサービスなどで、利用者が料金を支払うこと。また、その料金。「オンラインゲームに—する」

かく【各】造 接頭 おのおの。めいめい。それぞれ。「各自・各種・各様」「赤・青の鉛筆を—一ダース」「—新聞社の記者」

かく【拡】造 ひろげる。ひろがる。「拡散・拡大・拡張・軍拡」

かく【客】造 先の。前の。過去の。「客月・客年」〔別音きゃく｜客〕

かく【革】造 ❶かわ。なめしがわ。「革質・皮革」❷あらたまる。あらためる。「革新・革命・改革・変革」

かく【郭】造 くるわ。かこい。まわり。「一郭・城郭・遊郭・輪郭」

かく【覚】造 ❶感じる。「知覚・感覚」❷さとる。気づく。「覚悟・自覚・不覚・先覚者」❸さめる。さます。「覚醒かくせい」❹あらわれる。「発覚」

かく【較】造 くらべる。「比較・較差かくさ(こうさ)」

かく【隔】造 へだてる。へだたる。「隔週・隔離・遠隔・間隔」

かく【×劃】造 くぎる。区別をする。「劃然・劃期かっき的・区劃」

かく【×廓】造 くるわ。まわりにめぐらすかこい。外まわり。「一廓・城廓・輪廓」

かく【閣】㊀造 ❶りっぱな建物。たかどの。「閣下・楼閣・天守閣」❷内閣。「閣議・閣僚・組閣・入閣」❸おく。「閣筆」㊁接尾 高い建物や料理屋などの名まえにつける語。「通天閣」

かく [カ]【確】造 と副 たる連体 ❶しっかりする。うごかない。「—として揺るがない」「確固・確定・確立」❷まちがいない。「確実・確認・確率・正確・的確」

かく【獲】造 える。とる。とらえる。「獲得・漁獲・捕獲・乱獲」

かく【嚇】造 おどす。はげしくいかる。「嚇怒・威嚇・脅嚇」

かく【穫】造 取り入れる。「収穫・多穫」

かく【▲鶴】造 つる。「鶴首・鶴翼・黄鶴こうかく・野鶴」

かく【×攪】造 かきまわす。かきまぜる。「攪拌かくはん(こうはん)・攪乱かくらん(こうらん)」

かく【×攫】造 つかむ。さらう。「一攫千金」

かく【角】㊀[カ] 名 造 ❶つの。「角質・互角・触角・頭角」❷かど。すみ。❸四角な材木。「角材・角柱」❹〔この用法では[ク]〕将棋のこまの一つ。角行かくこう。❺角度。開き。「—をはかる」「直角・鋭角・鈍角」㊁[カ] 名 形動 造 四角。方形。また、四角ばっていること。また、そのもの。「—な顔の男」「角帽」㊂造 ❶くらべる。あらそう。「角逐かくちく」❷相撲。「角界かっかい(かくかい)・好角家こうかくか」

かく【画】㊀[0]/[ク] 名 造 漢字で、一筆で書く線や点。字画。「画数・画引かくびき・総画・点画」㊁造 ❶かぎる。しきる。くぎる。「画一・画然・画期かっき的・区画」❷はかる。くわだてる。はかりごと。「画策・企画・計画・参画」 **画する** 他サ〔別音が｜画〕

かく【格】㊀[0] 名 造 ❶段階。等級。格式。くらい。身分。「—が高い」「格差・格段・価格・資格」❷文中の語の、他の語に対する関係。主格・述格・目的格など。㊁造 ❶きまり。おきて。規則。「格言・格別・規格・合格」❷ようす。すがた。「格好かっこう・格調・体格・風格」❸なぐる。うつ。「格技・格闘」❹いたる。ただす。「格心・厳格」

かく [カ]【核】名 造 ❶たね。さね。❷中心。たいせつなところ。「核心・中核・地核」❸細胞の中心にある球状の小器官。細胞の生活機能の中心となるもの。「核酸・核質」❹原子の中心にあるもの。「核反応・核分裂・原子核」❺核兵器の略。「核実験・核装備・反核」 **—の傘**かさ 核兵器保有国が、その核戦力によって、国の安全保障をはかること。「—にはいる」

かく [カ]【殻】名 造 から。外皮。そとがわのかたいところ。「甲殻・耳殻・地殻・卵殻」

か‐く [カ]【佳句】名〔文章語〕❶詩歌の、よい文句。❷よい俳句。

か・く [カ] 他五 ㊀【書く】❶文字や符号をしるす。「数字を—」❷語を決まりに従ってしるす。表記する。「外来語は片仮名で—」❸文章につくる。あらわす。「日記を—」「小説を—」㊁【描く】【▲画く】図や絵にあらわす。えがく。「絵を—」「似顔を—」 **かける** 自下一〔…できる〕

か・く [0]【欠く】他五 ❶かたい物の一部分をこわす。「茶わんを—」「前歯を—」❷必要なものの備えが不十分である。「義理を—」「能力を—」⇩欠ける 参考。

か・く [カ]【×舁く】他五 かつぐ。「かごを—」

か・く [カ]【×掻く】他五 ❶先のとがったものを物の表面につき立てて動かす。❷つめ・指先などでひっかく。「背中を—」❸田をたがやす。すく。「田を—」❹手などで物を動かす。「雪を—」❺刀で切る。「寝首を—」❻やいばでけずる。「かつおぶしを—」❼弦をはじくようにして楽器をひく。「琴をかき鳴らす」❽水や湯を入れてかきま

ぜるようにして作る。「からしを―」❾望ましくない状態を外にあらわす。「恥を―」「汗を―」「あぐらを―」「欲を―」 **かける** 自下一〔…できる〕

かく【×斯く】カ 副〔文章語〕こう。このように。「―言う私もその一人です」「―も重大な出来事」

か-ぐ カ【下愚】名〔文章語〕ひどくおろかなこと。至愚しぐ。↕上知。

か-ぐ カ【家具】名 家の中で使う道具。たんす・机など。

か・ぐ 0【嗅ぐ】他五 ガ・ゴ・ギ・イ・グ・グ・ゲ・ゲ 鼻をはたらかせて、においを感じとる。「花のにおいを―」「警察犬が嗅ぎ回る」 **かげる** 自下一〔…できる〕

がく【岳】造 ❶高く大きい山。「山岳」❷「富岳ふがく(富士山)」の略。「岳南・岳麓がくろく」❸尊敬する対象。「岳父」

がく【×愕】造 おどろく。「愕然・驚愕」

がく【顎】造 あご。「顎骨がっこつ・上顎」

がく【学】❶ 0/ガ 名造 ❶まなぶこと。研究する。「学業・学習・学生・見学・博学・留学」❷知識。知恵。「―のある人」「学才・学識・学術・無学」❸学問。その内容。「学会・学界・学部・科学・数学・哲学・経済学・言語学・物理学」❷造 学校。大学。「学則・学長・学内・私学・進学・退学」

がく ガ【楽】名造 ❶音楽。「楽器・楽団・声楽・管弦楽」❷雅楽。「楽師」〔別音らく|楽〕

がく【額】❶ 名造 ❶ ガ たか。分量。「膨大な―」「額面・金額・残額・多額」❷ 0 門・かべ・かもいの上などにかかげる書画。「―をかける」「額縁がくぶち・掲額」❷造 ひたい。「前額ぜんがく・猫額びょうがく大」

がく ガ【×萼】名 被子植物の花で、いちばん外がわにあって花をまもるもの。うてな。

かく-あげ 0【格上げ】名 資格や等級を上げること。↕格下げ。

かく-い カ【各位】名 複数の人々を尊敬していう語。「父兄―」参考「高等学校長殿各位」は二重尊敬で、「高等学校長各位」が正しい。⇩さま(様)参考。

かく-い カ【隔意】名 かくしだてをすること。また、そういう心。へだてごころ。隔心。「―なく話す」

がく-い ガ【学位】名 大学などの高等教育機関が一定の学術上の能力の習得や研究業績に対して与える称号。参考 現在は、学士・短期大学士・修士・博士はくし・専門職学位の五つがある。 **―論文**ろんぶん 回 名 学位を請求するための論文。

かく-いつ 0【画一】名形動 ある形式・やり方で統一されていること。一様であること。 **―的**てき 0 形動 一様であるようす。「―なやり方」

かくい-どり ク【蚊食(い)鳥】 ― 名 こうもりのこと。夏

かく-いん カ【各員】名〔文章語〕おのおの。めいめい。各。

かく-いん 0【客員】名 正規の職員ではなく、客分としてあつかわれる人。きゃくいん。「―教授」↕正員。

かく-いん 0【閣員】名 内閣を組織している各大臣。閣僚。

かくいん【格印】「らくいん」のあやまり。

がく-いん 0【学院】名 学校。多くは、私立学校の校名に用いる。

がく-いん 0【楽員】名 楽団の構成員。楽団のメンバー。

か-くう 0【架空】名 ❶空中にかけわたすこと。「―索道さくどう」❷想像で作りだすものや事がら。「―の人物」↕実在。参考「仮空」と書くのはあやまり。

か-ぐう 0【仮×寓】名〔文章語〕かりの家。また、そこに住むこと。かりずまい。

かく-うち 0【角打ち】名 ❶酒屋で買った日本酒を、店の片隅で飲むこと。参考 語源は、升ますの角かどから飲むこととも、店の一角で飲むことからとも。❷運送業務で、段ボールや箱の角を傷めてしまうこと。「―厳禁」

かくえき-ていしゃ テ【各駅停車】名 列車が運転区間のすべての駅に停まること。また、その列車。各停。

かく-エネルギー ネ【核エネルギー】名 原子核の分裂や、融合によって生じる大きなエネルギー。原子力。

がく-えん 0【学園】名 学校。一貫性教育を行う私立学校の名称に使うことが多い。「―の自治」 **―祭**さい エ/0 名 高校や大学で行われる、生徒や学生の自主性を尊重した、全校的な文化行事。

かく-おび 0【角帯】名 二つ折りの、かたくて幅のせまい男おび。

がく-おん 0【学恩】名 学問・研究を通じて受けた恩。「―に報いる」

がく-おん 0【楽音】名 周期的に振動し、音楽の素材になる音。楽器などの音。↕騒音。

かく-か カ1【核果】名〔文章語〕皮がうすく多肉で、たねをもつ果実。梅・桃などの果実。

かく-かい カ1【各界】名 職業・職務などによって分けた、社会の各方面。かっかい。「―の有識経験者」

かく-かい 0【角界】名〔「角」は「角力」で、相撲のこと〕相撲の社会。かっかい。

かく-がい ク【格外】名 ❶一定の規格にはずれていること。また、そのもの。❷なみはずれていること。また、そのもの。

かく-がい ク【閣外】名 内閣の外部。↕閣内。

がく-がい ク【学外】名 大学の外部。↕学内。

かく-かく カ1【×斯く×斯く】名副〔文章語〕これこれ。かようかよう。「―のしだい」「―しかじか」参考 内容をはぶいて言うときに使う。

かく-かく 0【×赫×赫】と副 たる連体 ⬇かっかく。

がく-がく ガ1 と副 自サ 形動 ❶固定していたものがゆるんで、動くようになっているようす。「歯が―する」❷からだがこきざみにふるえるようす。「恐怖でひざが―する」参考 形容動詞として使うときは0。

がく-がく 0【×諤×諤】と副 たる連体〔文章語〕えんりょせず正しいと思うことを言うようす。「―たる正論をはく」「侃侃かんかん―」

かくか-そうよう カ1【隔靴×搔×痒】名 ⬇かっかそうよう。

かく-かぞく カ2【核家族】名 夫婦とその子どもだけから成りたつ家族。

かく-がた 0【角形】名 四角な形。

かく-がり 0【角刈(り)】名 上部を平らに刈り、頭の形を四角にみせる髪型。

がくかんせつ-しょう ガ/0【顎関節症】名 あごの関節やその周囲が痛み、口を開けにくくなる病気。

かく-ぎ カ【格技】【×挌技】名 ⬇格闘技。

かく-ぎ カ【閣議】名 総理大臣の主宰する内閣の会議。

がく-ぎょう ク【学業】名 勉強をすること。学問の修業。学習。「―成績」

かく-きょり キョ【角距離】名 二点から観測者までの二直線のつくる角。また、それによってわかる二点間の距離。

かく-ぐう 0【客×寓】名〔文章語〕❶客として身をよせているすまい。❷旅先でのすまい。かりずまい。

がく-げい 0【学芸】名 ❶学問と芸術。❷学問。学術。 **―員**いん ゲ 名 博物館などで、資料の整理・調査・解説などをする職員。 **―会**かい ゲ 名 小学校などで、子どもの音楽演奏・演劇などを発表する会。

がく-げき⓪【楽劇】名 歌唱中心の歌劇に対し、器楽と歌唱を一体化し、高度の劇構成をねらった音楽作品。

かく-げつ⓪【客月】名〔文章語〕先月。去月。

かく-げつ⓪【隔月】名 ひとつきおき。

かく-げん⓪【格言】名 教え・いましめなどをあらわした、みじかい文句。金言。

かく-げん⓪【確言】名 他サ〔文章語〕自信をもって言いきること。また、そのことば。

かく-こ[カ]【各戸】名 それぞれの家。一軒一軒。かっこ。

かく-こ[カ]【各個】名 ⬇かっこ。

かく-ご⓪【客語】名 ⬇きゃくご。

かく-ご[カ]【覚悟】名 自他サ ❶決心すること。あきらめて心をきめること。「決死の―」❷道理をさとること。さとり。「人生無常の―」

かく-さ[カ]【格差】名 二つ以上のものの間にある、資格・等級・価格・設備などの差。「賃金の―」

かく-さ[カ]【較差】名 ⬇こうさ。

かく-ざ[カ]［×擱×坐］名 自サ（「擱」はとどまるの意）❶船が浅瀬・暗しょうに乗りあげること。座しょう。❷戦車などが破壊されて動けなくなること。

かく-ざい⓪【角材】名 切り口の四角な木材。↕丸材。

がく-さい⓪【学才】名 学問上の才能。

がく-さい⓪【学際】名 いくつかの異なった学問の分野がかかわり合うこと。「―的な研究」

がく-さい⓪【楽才】名 音楽上の才能。

かく-さく⓪【画策】名 他サ 計画をたてること。いろいろとたくらむこと。

かく-さげ⓪【格下げ】名 ❶資格・等級・地位などを下げること。↕格上げ。❷商品・証券などに、それまでよりも安く値段をつけること。

かく-ざとう[ザ]【角砂糖】名 小型の、立方形にかためた砂糖。

がく-ざら⓪【額皿】名 壁に下げたり、立てかけたりして飾る絵皿。

かく-さん⓪【核酸】名 細胞核・細胞質に多くふくまれる物質。遺伝に関係する。デオキシリボ核酸とリボ核酸に大別される。

かく-さん⓪【拡散】名 自他サ ❶ひろがってちらばること。また、ひろげること。「核―防止条約」「情報をSNSで―する」❷ある液体(気体)に他の液体(気体)をそそぐと、き、その二つがだんだんとまじり合って全体が等質になる現象。

がく-さん⓪【学参】名 「学習参考書」の略。

かくし[シ]【隠し】名 ❶かくすこと。「財産―」❷ポケット。

かく-し[カ]【各紙】名 それぞれの新聞。いろいろの新聞。

かく-し[カ]【各誌】名 それぞれの雑誌。いろいろの雑誌。

かく-し[カ]【客思】名〔文章語〕旅先での思い。旅先での気持ち。旅情。客心。

かく-し⓪【客死】名 自サ〔文章語〕旅先で死ぬこと。他国で死ぬこと。きゃくし。「異国に―する」

かく-じ[カ]【各自】名 それぞれの人。おのおの。各人。

がく-し[ガ]【学士】名 大学卒業者にあたえられる学位。**―院**(いん)[シ] 名 学問上すぐれた業績をあげた学者を優遇するための栄誉機関。文部科学省の所管。日本学士院。

がく-し⓪【学資】名 勉学するのに必要な費用。学費。

がく-し[ガ]【楽師】名 ❶宮内庁式部職楽部の職員で、音楽の演奏をするもの。❷【楽士】音楽の演奏を職業にする人。❸〔古語〕雅楽寮の職員。

がく-じ[ガ]【学事】名 学問・学校に関すること。「―の報告」

かくし-あじ[シ]【隠し味】(あぢ)名 料理の味を引き立てるため、少量の酒・塩・醤油(しょうゆ)などの調味料を加えること。また、その調味料。

かく-しき⓪【格式】名 身分や家がら。「―が高い」**―張**(ば)**る**[バ] 自五 格式をおもんじ、かたくるしくする。

がく-しき⓪【学識】名 学問上の知識や見識。学問と識見。**―経験者**(けいけんしゃ)[ケ2] 名 深い学識と専門的経験をもつ人。

かくし-げい[シ]【隠し芸】名 こっそりと身につけておき、宴席などでひろうする芸。余技。

かくし-ごと⓪【隠し事】名 人に知らせずに、隠していること。秘密。「―はない」

かく-した⓪【格下】名 地位や力量などが下であること。また、その人や物事。「―のチームに負ける」↕格上。

かくじだい-てき⓪【画時代的】形動 ダロ・ダッ・デ・ニ／ダナ・ナラ・〇 画期的。

かくし-だて⓪【隠し立て】名 隠して人に知らせないこと。「―をするなんて水くさいぞ」

かくし-だま⓪【隠し球】名 ❶野球のトリックプレー。野手がグローブに球を隠し、それを知らずに塁を離れた走者にタッチしてアウトにすること。❷不利な状況を逆転するために、最後までとっておく秘策。切り札。

かく-しつ⓪【角質】名 つの・ひづめ・つめ・髪・羽などの主成分。ケラチン。**―層**(そう)[ソ] 名 せきつい動物の皮膚の表層。変じて種々の角質器を形成する。

かく-しつ⓪【革質】名 なめしがわのような性質。

かく-しつ⓪【確執】名 自サ たがいに自説を強くおし通すこと。また、それによって起こる、人と人とのもめごと。「―を生じる」

かく-じつ⓪【隔日】名 一日おき。

かく-じつ⓪【確実】形動 ダロ・ダッ・デ・ニ／ダナ・ナラ・〇 たしかなようす。「―な情報」

かく-じっけん[ジ]【核実験】名 核分裂・核融合の実験。

かくし-づま[ヅ]【隠し妻】名 ❶人に知らせず、こっそりと結婚した妻。❷めかけ。

かく-して[カ]【かくして】［×斯くして］接続〔文章語〕こうして。このようにして。「―世界大戦は始まった」

かくし-どころ⓪【隠し所】名 陰部。

かくし-どり⓪ 名 ❶【隠し撮り】相手に気づかれないように撮影すること。❷［隠し▲録り］相手に気づかれないように録音すること。

かくし-ぬい⓪【隠し縫い】(ぬひ)名 縫い目が表から見えないようにする縫い方。

かくし-ぼうちょう[ボ]【隠し包丁】名 料理で、材料の裏側などに包丁で切りこみを入れること。味をしみこませたり、火のとおりをよくしたりするために行う。「―を入れる」

かくし-マイク[マ]【隠しマイク】名 相手に気づかれないようにして声を聞いたり、録音したりするために、秘密に設けたマイクロホン。

かく-しゃ[カ]【客舎】名〔文章語〕旅の宿。きゃくしゃ。

がく-しゃ[ガ]【学舎】名〔文章語〕学問をおさめる所。学校。

がく-しゃ⓪【学者】名 ❶学問のある人。❷学問研究に従事している人。

かく-しゃく⓪［×矍×鑠］と副 たる連体 年をとっても心身ともに元気のよいようす。

かく-しゅ[カ]【各種】名 いろいろな種類。諸種。「―各様」**―学校**(がっこう)[ガ] 名 学校教育法の適用を受けず、洋裁学校・料理学校・進学予備校など、学校教育に類するさ

か

まざまな教育を行う学校。

かく-しゅ カ【確守】名 他サ 〔文章語〕かたく守ること。

かく-しゅ カ【×馘首】名 他サ くびを切ること。くびにすること。免職。解雇。

かく-しゅ カ【▲鶴首】名 他サ 〔つるのようにくびを長くする意から〕待ちわびること。「ご返事を―しております」

がく-しゅ ガ【楽手】名 音楽隊で楽器を演奏する人。楽士。

かく-しゅう ⓪【客愁】名〔文章語〕旅先での物思い。旅愁。

かく-しゅう ⓪【隔週】名 一週間おき。

かく-じゅう ⓪【拡充】名 他サ 拡張して充実させること。「組織の―」

がく-しゅう ⓪【学修】名 他サ まなびおさめること。

がく-しゅう ⓪【学習】名 他サ ❶まなびならうこと。勉強。❷〔心〕過去の経験をもとにして新しい適応の方法を身につけること。―**漢字**(かんじ) カ 名 ⬇教育漢字。―**参考書**(さんこうしょ) ジョ 名 児童・生徒の学力の向上のためにつくられた、教科書以外の書物。学参。―**指導要領**(しどうようりょう) ヨ 名 学校教育法施行規則にもとづき、小学校・中学校・高等学校の各教科の目標や内容について、その基準となる事項を示したもの。―**障害**(しょうがい) ジョ 名 ⬇エルディー(ＬＤ)。

がく-じゅつ ⓪/ク【学術】名 ❶学問と芸術、または、学問と技術。❷専門的に研究する学問。―**会議**(かいぎ) カ 名 日本学術会議の通称。科学の向上、発展を目的とし、研究のあり方などについて国に提言したり、国内外の学術交流を深めたりするための機関。―**用語**(ようご) ヨ 名 専門語のうち、自然科学、人文科学などの諸分野での使い方を統一的に定めたもの。

かく-しょ カ【各所】名 いたる所。あちこち。

かく-しょう カ【各省】名 内閣の下で、分担の行政事務をとりおこなうそれぞれの機関。「関係―の大臣」

かく-しょう ⓪【確証】名 たしかな証拠。「―をにぎる」

がく-しょう ⓪【学匠】名〔文章語〕❶学問のある人。学者。❷仏道を修めて、師匠の資格のある僧。

がく-しょう ⓪【楽匠】名〔文章語〕すぐれた音楽家。

がく-しょう ⓪【楽章】名 ソナタ・交響曲などを構成する一つ一つの楽曲。

がく-しょう【学生】名〔古語〕〔「がくせい」と読めば別語〕❶大学寮・国学の生徒。❷諸大寺の修学僧。

がく-しょく ⓪【学食】名「学生食堂」の略。

がく-しょく ⓪【学殖】名 身につけた学問上の知識。「―豊かな人」

かく-じょし ジョ【格助詞】名 文の中で体言またはそれに準ずる語のもつ資格を示し、他の語との関係をはっきりさせる助詞。「の・が・を・に・と・へ・より・から・にて・で」など。

かく-しん ⓪【客心】名〔文章語〕旅の気持ち。旅行中の心持ち。きゃくしん。

かく-しん ⓪【核心】名 物ごとの中心となる、たいせつなところ。中心。「―にふれる」

かく-しん ⓪【隔心】名〔文章語〕隠しだてをする、うちとけない心。隔意。「―なく話し合う」

かく-しん ⓪【革新】名 他サ あらため、あたらしくすること。「―の気風」↕保守。

かく-しん ⓪【確信】名 他サ ❶かたく信じること。また、その心。「無罪を―する」❷たしかな自信。「―ある答え」―**犯**(はん) ジ 名 道徳的・政治的・宗教的な確信をもって、正しいと信じておこなう犯罪。また、その犯罪者。政治犯など。

かく-じん カ【各人】名 めいめいの人。おのおの。各自。―**各説**(かくせつ) カ-名 人により、みな意見がちがうこと。―**各様**(かくよう) カ-名 ひとりひとり、ちがいがあること。「―のやりかた」

がく-じん ⓪【楽人】名〔文章語〕音楽を演奏する人。伶人(れいじん)。

かく・す ク【隠す】他五 サ・ソ・シ・ス・セ ↕あらわす。❶人の目につかないようにする。「顔を―」❷人に知らせず、秘密にする。「事件を―」 **隠せる** 自下一〔…できる〕 ―**より現**(あらわ)**る** 隠そうとすれば、かえって人に知られてしまう。

かく・す ク【画す】【×劃す】他五 サ・ソ・シ・ス・セ ⬇かくする。

かく-すい ⓪【角×錐】名〔数〕多角形を底面とし、その多角形の各辺と、多角形の平面外にある点とを結んでできる面で囲まれた立体。

かく-すう ス【画数】【×劃数】名 漢字を形づくる点や一筆で書く線の数。

かく・する ス【画する】【×劃する】他サ シ・セ・サ・シ・スル・スレ・シロ・セヨ ❶線を引く。❷しきる。かぎる。くぎる。「時代を―」❸計画する。「事業拡張を―」 **くわく・す** 文語サ変

かく-せい ⓪【隔世】名 時代をへだてること。時代がことなること。「―の感」 ―**遺伝**(いでん) イ2 名 先祖の劣性の形質が一代または数代をへだてた子孫にあらわれ出ること。

かく-せい ⓪【覚醒】名 自サ ❶目がさめること。❷今までのまちがいに気づくこと。迷いからさめること。「―をうながす」―**剤**(ざい) セ 名 ねむけをおさえるための興奮剤。ヒロポンなど。

かく-せい ⓪【郭清】【×廓清】名 他サ〔文章語〕つもりつもった不正や悪習などをすっかり取り除くこと。

がく-せい ⓪【学生】名〔「がくしょう」と読めば別語〕学校、特に大学でまなぶ人。↕生徒・児童。―**運動**(うんどう) ウ-名 大学生が政治改革や社会改革のためにおこなう組織的運動。―**食堂**(しょくどう) ジョ 名 学校の中につくられ、学生・生徒に安価な食事を提供する食堂。学食。―**割引**(わりびき) ワ 名 学生に対し、交通機関・劇場などが、運賃・料金を特別にわりびくこと。学割。

がく-せい ⓪【学制】名 学校・教育に関する制度。「―改革」

がく-せい ⓪【楽聖】名 たいそうすぐれた音楽家。「―ベートーベン」

かくせい-き セ【拡声機(器)】名 音声を大きくして遠くまで聞こえるようにする装置。ラウドスピーカー。

がく-せき ⓪【学籍】名 学生・生徒として在学していることを示す書類に名がのっていること。また、その書類。―**簿**(ぼ) キ 名 もと、児童・生徒の姓名・住所・保護者名・学習成績・品行などを記録した帳簿。今の指導要録。

かく-せつ ⓪【確説】名 たしかな説。まちがいない意見。

かく-ぜつ ⓪【隔絶】名 自サ かけはなれていること。「本土から―した孤島」

がく-せつ ⓪【学説】名 学問上の説・理論。

がく-せつ ⓪【楽節】名 楽章を組みたてている単位で、それだけでまとまったある楽想をあらわすもの。

かく-ぜん ⓪【画然】【×劃然】と副 たる連体 あきらかに区別がつくようす。くっきり。「―と分かれる」

かく-ぜん ⓪【確然】と副 たる連体〔文章語〕たしかなようす。「―たる返答」

がく-ぜん ⓪【×愕然】と副 たる連体 非常におどろくようす。「―として色をうしなう」

かく-せんりゃく セ【核戦略】名 核戦争を防ぐための、核兵器の使用をふくむ戦略。

かく-そう カ【各層】名 それぞれの階層。「―の代表者」

がく-そう ⓪【学窓】名 ❶学校。まなびや。❷学校生活。「―の思い出」

がく‐そう ⓪【学僧】名 ❶学識の深い僧。❷学問をしている僧。

がく‐そう ⓪【楽想】名 楽曲の構想。

がく‐そく ⓪【学則】名 学校の教育・修学上の規則。

がく‐そつ ⓪【学卒】名 大学を出ていること。また、その人。参考 他の学歴の人と区別していう。

かく‐そで ⓪【角袖】名 ❶四角なそで。❷〔明治時代、角そでの衣服を着ていたから〕私服警官のこと。

かく‐たい ⓪【客体】名 ⇒きゃくたい。

かく‐だい ⓪【拡大】【×廓大】名 自他サ ひろがり大きくなること。ひろげ大きくすること。↕縮小。**―委員会**(かくだいいいんかい) [イ3] 名 通常よりもメンバーを増やして開催する委員会。**―解釈**(かいしゃく) [カ2] 名 他サ 語や文の意味を通常よりも広げて解釈すること。法律の解釈についていうことが多い。「都合のいいように―する」**―鏡**(きょう) ⓪名 物体を拡大して見る器具。虫めがね。ルーペ。**―均衡**(きんこう) [キ] 名 国の経済について、国際面でも国内面でも収支のつり合いを取りながら、規模を拡大すること。**―再生産**(さいせいさん) [セ] 名 資本主義経済において、生産によって生じた剰余価値の一部を資本にくり入れ、生産の規模を拡大すること。↕単純再生産。

がく‐たい ⓪【楽隊】名 種々の楽器を合奏する、楽士の一隊。音楽隊。

かく‐たる [カ]【確たる】連体 確かな。はっきりした。「―見通しはない」

かく‐たん ⓪【×喀×痰・×咯×痰】名 たんを吐くこと。吐いたたん。

かく‐だん ⓪【格段】名 (に)副 とりわけ。特別。格別。「実力に―の相違がある」

がく‐だん ⓪【楽団】名 音楽の演奏のための集団。バンド。

がく‐だん ⓪【楽壇】名 音楽家の社会。楽界。

かく‐だんとう [ダ]【核弾頭】名 ミサイルの頭部に取り付けた核爆発装置。

かく‐ち [カ]【各地】名 ❶それぞれの土地。❷いろいろな場所。ほうぼう。いたる所。「―の方言」

かく‐ち [カ]【客地】名〔文章語〕旅行先の土地。旅先。他郷。

かく‐ちく ⓪【角逐】名 自サ〔文章語〕〔「角」はきそう、「逐」は追うの意〕たがいに競争すること。「業界での激しい―」

かく‐ちゅう ⓪【角柱】名 ❶四角なはしら。❷柱状の立体。横断面の形で三角柱・五角柱などがある。角壔(かくとう)。

かく‐ちょう ⓪【格調】名 小説や詩歌(しいか)、音楽などの作品に備わった風格と調子。「―の高い文章」

かく‐ちょう ⓪【拡張】名 他サ ひろげて大きくすること。「事業を―する」↕縮小。**―現実**(げんじつ) [ゲ] 名 ⇒エーアール。**―子**(し) [チョ] 名 電子ファイルの種類を区別するために、ファイル名の末尾、ピリオドの後につける文字列。

がく‐ちょう ⓪【学長】名 大学の代表者・長。参考 国公立大学では、「学長」が正式。旧制度時代からの慣習で、旧帝国大学や私立大学では、「総長」ともいう。

がく‐ちょう ⓪【楽長】名 楽団・楽隊の代表者・長。

がく‐ちょう ⓪【楽調】名 音楽の調子。

かく‐つう ⓪【角通】名〔相撲を「角力」とも書くことから〕相撲のことにくわしい人。相撲通。

かく‐づけ ⓪【格付(け)】名 物事の等級・順位をきめること。

がくっ‐と [ク] 副 ❶気分や勢いが急に落ち込むようす。「評判が―落ちる」❷体の姿勢が急に崩れるようす。「膝から―折れる」

かく‐て [カ]【かくて】【×斯くて】接続〔文章語〕こうして。このようにして。

かく‐てい ⓪【各停】名「各駅停車」の略。

かく‐てい ⓪【画定】【×劃定】名 他サ くぎりをつけて、きめること。「境界を―する」

かく‐てい ⓪【確定】名 自他サ はっきりときまること。はっきりときめること。「期日が―する」↕未定。**―申告**(しんこく) [シ] 名 申告納税の場合、納税義務者が、その年の確定した所得と税額を自分で算出し、税務署に申告・納付すること。

カクテキ ⓪〈朝 ggagdugi〉名 だいこんのキムチ。

がく‐てき ⓪【学的】形動 学問研究の方法によるようす。学問に関するようす。学問的。「―根拠」

カクテル [カ]〈cocktail〉名 ❶いろいろな洋酒・果汁(かじゅう)などをよくまぜあわせた飲み物。コクテール。❷えびなどにソースをかけ、容器に入れた前菜料理。❸異種の物がまざって、一つのまとまったおもむきをなしているもの。「光と音の―」**―光線**(こうせん) [コ] 名 水銀灯や白熱電灯などを組みあわせ、さまざまな色の光をまぜて味わいを出した照明用の光線。**―ドレス** [ド]〈cocktail dress〉名 カクテルパーティーに着る、略装の女性用夜会服。**―パーティー** [パ]〈cocktail party〉名「カクテル❶」に軽食をそえ、立食しながら多くの人が気軽に歓談しあう集会。

がく‐てん ⓪【楽典】名 楽譜についてのきまり。また、それを記した本。

かく‐ど [カ]【角度】名 ❶角の開きの大小。角の度数。❷物の見かたの方向。観察の方向。「ちがった―から見る」

かく‐ど [カ]【客土】名 ⇒きゃくど。

かく‐ど [カ]【確度】名 確実さの度合い。「―の高い情報」

かく‐ど [カ]【嚇怒】【×赫怒】名 自サ〔文章語〕かっとおこること。はげしくおこること。

がく‐と [ガ]【学徒】名 ❶学問の研究にしたがっている人。学究。学者。「新進の―」❷学生。生徒。

がく‐と [ガ]【学都】名 大学、その他の学校が多くある都市。

がく‐と [ガ]【楽都】名 音楽が盛んな都市。「―ウィーン」

かく‐とう ⓪【角灯】名 小さな、ガラスばりの四角な箱に入れた灯火。

かく‐とう ⓪【角×壔】名〔数〕角柱。

かく‐とう ⓪【格闘】【×挌闘】名 自サ ❶たがいに組みあい、なぐりあって争うこと。とっくみあい。❷物事の解決のために苦労して取り組むこと。「書類の山と―する」**―技**(ぎ) [ト] 名 一対一で組み合ったり、打ち合ったりして行う競技。柔道・空手・ボクシング・レスリングなど。

かく‐とう ⓪【確答】名 自サ たしかな答え。「―が得られなかった」

がく‐とう ⓪【学統】名 学問の系統や系譜。「先師の―を継ぐ」

がく‐どう ⓪【学堂】名〔文章語〕学問をまなぶ所。学校。

がく‐どう [ク]【学童】名 小学校の児童。小学生。**―疎開**(そかい) [ソ] 名 太平洋戦争の末期に、国民学校の児童を、大都市から農村部に集団で移動させたこと。**―保育**(ほいく) [ホ] 名 保護者が働いていて家にいない児童を、市や町などが放課後一定の時間あずかり保育すること。

かく‐とく ⓪【獲得】名 他サ 努力や競争をした結果手に入れること。「勝利の栄冠をみごと―する」

がく‐とく ⓪【学徳】名 学問と徳行。「―すぐれた僧」

かく‐ない [ク]【閣内】名 内閣の内部。↕閣外。

がく‐ない [ク]【学内】名 大学の内部。↕学外。

かく‐にん ⓪【確認】名 他サ ❶はっきりとみとめること。❷〔法〕特定の事実や法律関係の有無を公式にみとめること。

こと。

かく-ねん ⓪【客年】名〔文章語〕昨年。客歳(かくさい)。

かく-ねん ⓪【隔年】名 一年おき。

がく-ねん ⓪【学年】名 ❶学校で、一年ごとにくぎった修学期間。「—末」❷修学期間で区別した学級。

かく-ねんりょう ネ【核燃料】名 核反応を起こして高エネルギーを放出する物質。プルトニウム・ウランなど。

かく-のう ⓪【格納】名・他サ しまい入れること。**—庫**(こ) ノ 名 航空機を入れておく建物。

かく-の-ごとし 連語 このようである。「当日の状況—」

かく-は カ【各派】名 ❶それぞれの流派・党派。❷すべての流派・党派。

がく-は ガ【学派】名 学問上の流派。

かく-ばくはつ ハ【核爆発】名 原子核の分裂・融合反応によっておこる爆発。

がく-ばつ ⓪【学閥】名 ❶出身校や学派を同じくする学者がつくる集団。❷同じ学校の卒業者がつくる派閥。

かく-ば・る バ【角張る】自五 (ラ・ロ・リ・ッ ル・ル・レ・レ) ❶かどだつ。「話が—」❷かたくなる。「緊張して—」❸四角である。

かく-はん カ【各般】名 いろいろ。さまざま。各方面。諸般。「—の事情」

かく-はん ⓪【拡販】名・他サ〔「拡大販売」の略〕販売数を拡大すること。「—を図る」

かく-はん ⓪【×攪×拌】名・他サ〔「こうはん」の慣用読み〕液体などをかきまわすこと。

かく-はんのう ハ【核反応】名 原子核が適当な粒子に衝突し、別の原子核に変わること。核爆発も一種の核反応。原子核反応。

がく-ひ ⓪【学費】名 勉学に必要な費用。学資。

かく-びき ⓪【画引(き)】名 漢字の字画数によって、字を引くこと。また、そのような字書。↕音引き。

かく-ひつ ⓪【×擱筆】名・自サ〔文章語〕ふでをおくこと。書き終わること。

かく-びん ⓪【角瓶】【角×壜】名 四角い形のびん。

がく-ふ ガ【学府】名 学問をする所。学校。「最高—」

がく-ふ ガ【岳父】名 妻の父。しゅうと。⇩父(ちち) 参考。

がく-ふ ⓪【楽譜】名 楽曲を一定の符号で書きあらわしたもの。曲譜。

がく-ぶ ⓪【学部】名 ❶大学で専攻の学問領域によって大別した組織。理学部・法学部など。❷予科を置いた旧制大学の本科。

がく-ふう ⓪【学風】名 ❶学問研究上の傾向。「山田博士の—」❷学校の気風。

かく-ふく ⓪【拡幅】名・他サ〔道路や河川などの〕はばを広げること。「道路の—」

かく-ぶそう ブ【核武装】名 核兵器をそなえ、配置すること。「—地帯」

がく-ぶち ⓪【額縁】名 ❶書画を入れて飾るためのわく。❷窓・出入り口などのまわりにつける飾りの木材。

かくぶつ-ちち チ【格物致知】名 物の道理を深くきわめて知識をみがくこと。「物に格(いた)り、知を致(いた)す」から。参考 中国の古典「大学」の中の

かく-ぶん ⓪【確聞】名・他サ はっきりと聞くこと。

かく-ぶんれつ ブ【核分裂】名 ❶細胞分裂で、細胞質の分裂にさきだって核がわかれること。❷ウラニウムやプルトニウムなどの原子核が、二つ以上の大きな原子核に分裂する現象。そのとき非常に大きなエネルギーを出す。原子核分裂。↕核融合。

かく-へいき ヘ【核兵器】名 原子核反応の原理を応用した兵器。原子爆弾・水素爆弾など。

かくべえ-じし ジ【角▲兵▲衛×獅子】名 ⬇えちごじし。

かく-へき ⓪【隔壁】名 へだてのかべ。

かく-べつ ⓪【格別】形動(の) 副 ❶他のものと程度や事情が違って、同じように扱うことができないようす。特別。「この料理の味は—だ」「—すばらしい眺めでもない」❷事情が例外的であることを取り立てていう。ともかく。「病気ならば—、無断で欠席することは認めない」

かく-ほ カ【確保】名・他サ 手に入れてしっかりとたもつこと。「権利を—する」

かく-ほう ⓪【確報】名 まちがいのない知らせ。「当選の—」

かく-ぼう ⓪【角帽】名 ❶上部がひし形をした、大学生のかぶっていた帽子。❷〔俗語〕大学生。

がく-ほう ⓪【学報】名 ❶学術上の報告。また、その文書。❷大学の報告雑誌。

がく-ぼう ⓪【学帽】名 学生・生徒のかぶる帽子。

がく-ぼく ⓪【学僕】名 師の家ではたらきながら勉学する人。

かくま・う マ【▲匿う】他五 (ワ・オ・イ・ッ ウ・ウ・エ・エ) 追われている人などを、ひそかにかくす。「犯人を—」 **かくまえる** 自下一〔…できる〕

かく-まき ⓪【角巻(き)】名 東北地方の婦人用防寒具の一つ。からだを包む大きな四角の毛布。冬

角巻き

かく-まく ⓪【角膜】名 眼球の前面をおおう、透明な円板状の膜。くろめ。ここから光がはいる。⇩眼球(図)。

かく-まで カ【かくまで】【×斯く×迄】副〔文章語〕これほどまで。こうまで。「—の惨事になろうとは」

がく-む ガ【学務】名 学校・教育に関する事務。

かく-めい ⓪【革命】名 ❶〔天の命令があらたまるの意〕王朝がかわること。❷国家・社会の組織・形態を、急に根本からかえること。❸改革。革新。**—的**(てき) ⓪ 形動 ❶革命の実現をめざすようす。「市民運動は—な方向にすすむ」❷従来の価値を一挙にひっくり返すようす。「—な療法」

がく-めい ⓪【学名】名 ❶学問上の名声。❷学問上、国際的にきめられた動植物の名まえ。

がく-めん ⓪【額面】名 ❶額の表面。かけがく。がく。❷証券・貨幣の表面にしるされている金額。❸表面上の意味。「相手のことばを—どおりに受けとる」**—価格**(かかく) カ 名 株券などの券面にしるされている金額。実際の価格はこれとちがってくる。**—割**(わ)**れ** ⓪ 名 株式取引で、一株の価格が額面にしるされた金額より安くなること。

かく-もん カ【各問】名 それぞれの問題・質問。

がく-もん ク【学問】名・自サ ❶学習し、研究して知識を得ること。また、そうして得た知識。❷すじみちのたった知識。科学。**—的**(てき) ⓪ 形動 ❶学問に関するようす。❷学問の方法によるようす。学的。「—な解決」

がくもんのすすめ《学問のすゝめ》福沢諭吉(ふくざわゆきち)の評論。一八七二—七六年刊。学問論・国家論などを集めたもの。冒頭の「天は人の上に人を造らず人の下に人を造らずと云へり」は有名。

がく-や ⓪【楽屋】名 ❶劇場などで、出演者が休息したり出演のしたくをしたりする場所。❷がくやうら。**—裏**(うら) ⓪ 名 ❶楽屋のなか。❷内幕。裏面。**—落**(お)**ち** ⓪ 名 仲間にだけわかって他の者には通じないこと。参考 寄席(よせ)などで、楽屋の仲間だけに通じて客などにはわからないことの意から。**—×雀**(すずめ) ス 名 楽屋にしじゅう出入りして、俳優のことや、しばい社会の内面に通じている人。**—話**(ばなし) バ 名〔楽屋で芸人たちが取りかわす話の意から〕表面に知ら

れていない話。うら話。

かく-やく [0]【確約】[名][他サ] しっかり約束すること。たしかな約束。

かく-やす [0]【格安】[形動]（ダロ・ダッ・デ・ニ／ダ・ナ・ナラ・○） 品質の割合に、値段が安いようす。

がく-ゆう [0]【学友】[名] ❶同じ学校でまなぶともだち。❷同じ学問をしているともだち。

かく-ゆうごう [コ]【核融合】[名]〔「原子核融合」の略〕軽い原子核が融合して、重い原子核になること。このとき、大きなエネルギーを放出する。↕核分裂。

かく-よう [0]【各様】[名] それぞれのありさま。「各人―」

がくよう-ひん [0]【学用品】[名] 学校などで学習のために使う用具。文房具。

かぐら [カ]【神楽】[名] ❶宮中で神を祭るときに奏する舞楽。かぐら歌を歌い、舞を舞う。❷宮中以外の各地の神社で神をまつるときおこなわれる音楽・舞踊。さとかぐら。[冬] ❸能で、神・天女・みこの舞う舞踊。❹歌舞伎（かぶき）のはやしの一つ。❺〔「お」をつけて〕今まであった建物の上に二階以上を建て増したもの。

かく-らん [0]【×霍乱】[名] ❶日射病のこと。[夏] ❷急性の吐きくだし。

かく-らん [0]【×攪乱】[名][他サ]〔「こうらん」の慣用読み〕かきみだすこと。「社会の秩序を―する」

がく-ラン [0]【学ラン】[名][俗語]〔「ラン」は江戸時代のオランダ人の服装から「洋服」の意〕つめえりの学生服。特に上着のたけが長く、ズボンがだぶだぶの学生服をいう。

かく-り [カ]【隔離】[名][他サ] へだてて別にすること。「―病棟」

がく-り [ガ]【学理】[名] 学問上の理論。

かく-りつ [0]【確率】[名] ある事がらのおこりうる割合。公算。蓋然（がいぜん）性。プロバビリティー。

かく-りつ [0]【確立】[名][自他サ] しっかりとさだまって動かないこと。しっかりとうち立てること。「主体性の―」

かく-りょう [0]【閣僚】[名] 内閣を構成する各国務大臣。閣員。

かく-りょう [0]【×廓×寥】[と副][たる連体][文章語] がらんとしてさびしいようす。

がく-りょう [0]【学寮】[名] ❶学校の寄宿舎。❷寺院の修学所。

かく-りょく [ク]【核力】[名] 原子核をつくる陽子・中性子などの相互の間にはたらく強い引力。

がく-りょく [ク]【学力】[名] 学習上・学問上の能力・実力。

かくれ【隠れ】[造] あまり目だたないようす。人に知られたくないものごと。「―居酒屋」「―ファン」「―肥満」

かくれ-あそび [ア]【隠れ遊び】[名] 親などにないしょであそぶこと。

がく-れい [0]【学齢】[名] ❶義務教育を受けるべき年齢。小学校入学から中学卒業までの年齢。❷小学校にはいるべき年齢。「―に達する」

かくれ-が [レ]【隠れが】【隠れ▲処・隠れ▲家】[名] ❶人目をしのんで、かくれすむ場所。❷あまり知られていないことで、くつろいで過ごせるホテルや飲食店。

がく-れき [0]【学歴】[名] 学校にはいって勉強した経歴。↕職歴。

かくれ-キリシタン [リ]【隠れキリシタン】[名] 江戸幕府による禁教・迫害に耐えてカトリック教への信仰をひそかにもちつづけてきた人々。潜伏（せんぷく）キリシタン。

かくれ-ざと [レ]【隠れ里】[名] ❶人里から離れた山の奥の集落。❷伝説上の理想郷。

かくれ-みの [ミ]【隠れみの】【隠れ×蓑】[名] ❶着ると姿が見えなくなるという、想像上のみの。❷正体を隠して利益をはかるための手段。「慈善事業を―に私腹をこやす」

かくれ-も-ない [レ]【隠れもない】[連語] よく知られている。有名である。「―事実」

かく・れる [レ]【隠れる】[自下一]（レ・レ・レル・レル・レレ・レロ・レヨ） ❶人に見られないようにする。また、見られないようになる。人目につかない状態になる。「相手から―」「雲に―」↕あらわれる。❷世をのがれて、ひそむ。「山に―」❸世に知られていない。「隠れた人材」❹身分の高い人が死ぬ。「お隠れになる」 **かく・る** [文語下二]

かくれん-ぼう [レ]【隠れん坊】[名] 物かげなどに隠れた仲間を、鬼になったひとりがさがし出す子どもの遊び。最初にみつけられた者が次に鬼となる。かくれんぼ。

か-ぐろ・い [ロ]【か黒い】[形]（カロ・カッ・ク／イ・イ・ケレ・○）[文章語]〔「か」は接頭語〕黒い感じがする。くろっぽい。 **かぐろ・し** [文語ク]

かく-ろう [0]【客×臘】[名][文章語] 昨年のくれ。旧臘（きゅうろう）。

かく-ろう [0]【閣老】[名] 江戸時代の老中のこと。

がく-ろく [0]【岳麓】[名][文章語] 富士山のふもと。

かく-ろん [0]【各論】[名] 一つ一つの項目についての議論・論説。↕総論・汎論（はんろん）。

か-ぐわし・い【▲香しい】―ぐはしい [一][シ][形]（カロ・カッ・ク／イ・イ・ケレ・○） かおりがよい。こうばしい。 **かぐわしさ** [名] **かぐは・し** [文語シク] [二][形シク][古語] 美しい。心がひかれる。「見まく欲（ほ）り思ひしなへに（会イタイト思ッテイタチョウドソノ時ニ）かづら掛けかぐはし君を相見つるかも（オ会イシマシタヨ）」〈万葉〉

がく-わり [0]【学割】[名]「学生割引」の略。

か-くん [カ]【家君】[名][文章語] 一家の父。

か-くん [0]【家訓】[名] 家庭の教え。庭訓（ていきん）。

がくん [ク][と副] ❶急に動いたりゆれたりするようす。❷人が、急に弱るようす。「事件のあと―と老けこんだ」

かけ [0]【欠け】[名] ❶かけること。❷かけら。

かけ【掛け】[一][ケ][名] ❶代金のやりとりを後回しにすること。掛け売り。掛け買い。❷熱いしるだけをかける、そば・うどんの食べかた。かけそば。かけうどん。[二][造] 物をかけておく道具。「帽子―」[三][接尾]〔かながき〕動作の途中をあらわす。「食べ―」

かけ [ケ]【賭け】[名] ❶かけること。また、そのかねや品物。かけごと。❷選んだことについて、その結果を運命にまかせること。「成功するかどうかは―だ」

かげ [カ]【陰】【×蔭】[名] ❶【×翳】光などのあたらない部分や場所。「山―」「ひさしの―」❷見えない所や部分。「ふすまの―」❸人に知られないこと。裏面。「―の人物」 **―で糸（いと）を引（ひ）く**〔人形使いが陰で人形をあやつることから〕裏面で人をあやつり動かす。 **―になり日▲向（ひなた）になり** こっそりと、あるいは、おもてだって。絶えずかばい守るような場合にいう。「―友人のためにつくす」

かげ [カ]【影】[名] ❶光が物にさえぎられてできる暗い部分。「障子にうつった―」❷日・月・灯火などの光。「月―さやか」❸人のすがた。「うしろ―」❹水面や鏡にうつった物のすがた。「堀の水にうつる城の―」❺[古語] おもかげ。幻影。「かげに見えつつ忘らえぬかも」〈万葉〉❻[古語] 似せてつくったもの。模造品。❼[古語] やせ細ったからだの形容。「恋すれば我が身はかげとなりにけり」〈古今〉❽[古語] 影法師のようにうすぼんやりして実体のないもの。「御輿（みこし）を寄せたまふに、このかぐや姫きと（フット）かげになりぬ」〈竹取〉 **―が薄（うす）い** 元気がなくしょんぼりしているようす。また、目だたないようす。 **―が差（さ）す** ❶〔「影」は姿の意〕姿がちらりと見える。「うわさをすれば―」❷不吉なけはいがする。先行きが怪しくなる。「市況の先行きに―」 **―の形**

か

に添うよう 二つのものがいつもつれそっていてはなれないようす。ーの内閣(ないかく) (英国の shadow cabinet から)野党が将来の政権交代に備えて組織する政策立案機関。ーも形(かたち)も無(な)い まったく見えない。あとかたもない。ーを落(お)とす ❶光がさす。「月がー」❷そのものの姿が映る。「湖面に松がー」❸悪い影響をおよぼす。「内戦の傷跡が今もー」ーを潜(ひそ)める 目に見えるあたりからなくなる。「町の暴力行為がー」

か-げ カ【鹿毛】名 茶かっ色の馬の毛色。また、その馬。

がけ【掛け】接尾 ❶(動詞の連用形について)…するついで。「行きー」❷その数の割合。わり。「八ー」❸座席にすわれる数。「三人ーのいす」❹からだにつけること。「ゆかたー」「たすきー」

がけ ◎【崖】名 山・丘・岸などのきりたったようになっている所。「ーがくずれる」

かけあい ◎【掛(け)合(い)】(あひ) 名 ❶交渉。談判。「ーのうまい人」❷向きあって、語り歌いあうこと。「ーまんざい」

かけあ・う ア【掛(け)合う】(あふ)(ワ・オ・イ・ッ/ウ・ウ・エ・エ) ━自五 要求をもって話しあう。交渉する。談判する。━他五 たがいに掛ける。「なぞをー」 **掛け合える** 自下一 […できる]

かけあし ケ【駆(け)足】名 早く走ること。↕並足。

かけあわ・す ◎【掛(け)合(わ)す】(あはす) 他五 (サ・ソ・シ・ス/ス・セ・セ) ⬇かけあわせる。

かけあわせ ◎【掛(け)合(わ)せ】(あはせ) 名 ❶音曲などをふたりで演ずること。かけあい。❷俳諧(はいかい)で、一つの句に、二通りの意味をもたせること。❸交配。

かけあわ・せる ◎セ【掛(け)合(わ)せる】(あはせる) (セ・セ・セル・セル/セレ・セロ・セヨ) 他下一 ❶掛け算をする。❷動植物などを交配させる。 **かけあは・す** 文語下二

かけい ◎【×筧】(ひ) 名 ⬇かけひ。

か-けい ◎【下掲】名 したに、かかげしめすこと。↕上掲。

か-けい ◎【火刑】名 火あぶりの刑罰。

か-けい ◎【花茎】名 花の出るくき。

か-けい ◎【佳景】名 [文章語] よいながめ。すばらしいけしき。

か-けい ◎【家兄】名 [文章語] 他人に対して、自分の兄をいう語。

か-けい ◎【家系】名 家の系統。いえすじ。

か-けい ◎【家計】名 家の経済。一家の暮らしむき。生計。ー簿(ぼ) ケ 名 一家の収入・支出などを書きつける帳簿。

が-けい ガ【雅兄】名 [文章語] 手紙などで、相手の男を尊敬してよぶ語。

かけ-うどん ウ【掛×饂×飩】名 ⬇かけ(掛け)━❷。

かけ-うり ◎【掛(け)売(り)】名 あとで代金をもらう約束で売ること。かけ。売り掛け。貸し売り。↕現金売り。

かげ-え ゲ【影絵】名 ❶物の形をまねたものを、あかりに照らしてその影を障子などにうつしだすこと。また、その影。❷黒白だけで物の形をえがいた絵。シルエット。

かけ-えり ◎【掛(け)襟】【掛×衿】名 ❶和服のえりの上に重ねてつける、共布または黒地のえり。❷夜具・丹前(たんぜん)などのえり元をおおってかける、洗いかえ用の布。

かけ-おち ◎【駆(け)落ち】名 恋人どうしが、いっしょに、ひそかによそに逃げること。

かけ-がい ◎【掛(け)買(い)】(がひ) 名 代金あとばらいの約束で、品物を買うこと。かけ。↕現金買い。

かけ-がえ ◎【掛(け)替え】(がへ) 名 あとの用意にとっておく、同種のもの。予備。かわり。ーの無(な)い かわりになるもののない。ただ一つのたいせつな。「ー品」

かけ-がね ◎【掛(け)金】名 戸などを、あかないようにするために使う金具。かきがね。

かけ-かまい ◎【掛(け)構い】(かまひ) 名 かかりあい。関係。気づかうこと。「ーない」

かけ-がみ ケ【掛(け)紙】名 ❶贈り物の上に掛ける紙。のし・水引などが印刷してある。❷弁当の折などを包む紙。

か-げき カ【歌劇】名 劇形式により舞台で上演される音楽作品。独唱・合唱と管弦楽とからなる劇。オペラ。

か-げき ◎【過激】形動 (ダロ・ダッ・デ・ニ/ダ・ナ・ナラ・○) 度がすぎてはげしいようす。きわめてはげしいようす。ー派(は) ◎ 名 過激な方法・手段で主義・理想を実現しようとする仲間。↕穏健派。

かけ-きん ◎【掛(け)金】名 ❶日がけ・月がけなどのかね。「保険のー」❷かけ売りで売った品物の代金。掛け代金。

がけ-くずれ ク【崖崩れ】(くづれ) 名 大雨や地震などによってがけがくずれおちること。

かげ-ぐち ゲ【陰口】名 当人のいない所で、その人の悪口を言うこと。また、その悪口。かげごと。「ーをきく」

かけ-くらべ ク【駆けくらべ】名 かけっこ。競走。

かけ-ご ケ【賭(け)碁】名 金品をかけてする碁。

かけ-ごえ ゴ【掛(け)声】(ごゑ) 名 ❶呼びかけたり、はげましたりするときの声。「やあ」「がんばれ」など。❷拍子をとったり、勢いをつけたりするときの声。「ありゃさ」「よいしょ」など。ー倒(だお)れ ダ 名 口先だけは威勢がよくて、実行にうつされないこと。「ーの行政改革」

かけ-ごと ケ【賭(け)事】名 金品をかけてする勝負ごと。

かげ-ごと ゲ【陰言】名 かげぐち。

かけ-ことば コ【掛▲詞・懸▲詞】名 同音異義の語を利用して、同じ音節に複数の意味を持たせる、和歌で発達した技法。「霞(かすみ)立ち木の芽もはるの雪降れば」の「はる」が「(木の芽が)張る」と「春(の雪)」の二つの意味をあらわすような場合など。

かけ-こみ ◎【駆(け)込み】名 ❶かけこむこと。❷かけこみうったえ。ー訴(うった)え ウ 名 江戸時代に、その土地の役人にうったえないで、奉行所や領主の所にかけこんで、直接うったえたこと。直訴(じきそ)すること。駆け込み訴訟。ー寺(でら) ◎ 名 えんきり寺。

かけ-こ・む ◎コ【駆(け)込む】自五 (マ・モ・ミ・ン/ム・ム・メ・メ) 走りながらはいってくる。走ってはいる。「のき下に駆け込んで雨やどりする」 **駆け込める** 自下一 […できる]

かけ-ざん ケ【掛(け)算】名 数をかけあわせる算法。乗法。↕割り算。

かけ-じ ケ【掛(け)字】名 ❶文字を書いたかけもの。❷書・画のかけもの。掛け軸。

かけ-じ ケ【懸け路】(ぢ) 名 ❶がけに、木材でたなのようにかけた道。桟道(さんどう)。❷石の多いけわしい山道。

かけ-じく ケ【掛(け)軸】名 床の間などにかける書・画のかけもの。掛け字。

かけ-す ◎【懸巣】名 カラス科の鳥。はとよりやや小さく、美しい。背と下面はぶどう色、腰とのどは白く、尾は黒い。かしどり。㊎秋

かけ-ず ケ【掛(け)図】名 かけて見るようにした、地図・絵の類。

かけ-すて ◎【掛(け)捨て】名 保険などの掛け金が、戻ってこないこと。かけずて。

かけずりまわ・る ワ【駆けずり回る】(かけづりまはる) 自五 (ラ・ロ・リ・ッ/ル・ル・レ・レ) あちこち走りまわる。奔走する。「金のくめんにー」

かげ-ぜん ゲ【陰膳】名 はなれている人の無事をいのって、留守宅の人がその人のためにそなえる食事。

かけ-そば 0【掛×蕎▲麦】名 ⇩かけ(掛け)㊀❷。

かけ-だおれ 0【掛(け)倒れ】(だふれ) 名 ❶掛け売りの代金がとれないで損をすること。❷費用ばかりかさんで、利益のないこと。

かけ-だし 0【駆(け)出し】名 その仕事を始めたばかりで未熟なこと。また、その人。新参。かけだし者。「―の記者」

かけ-だ・す ダ【駆(け)出す】自五 (サ・ソ|シ|ス|ス|セ|セ) ❶走りだす。❷駆けはじめる。**駆け出せる** 自下一〔…できる〕

かけ-ちが・う ガ【掛(け)違う】(ちがふ) 自五 (ワ・オ|イ・ッ|ウ|ウ|エ|エ) ❶ゆきちがう。❷くいちがう。「話が少々―」 **掛け違い** 名

かけ-ぢゃや ケ【掛(け)茶屋】名 通行人が腰かけて休む茶屋。

か-けつ 0【可決】名 他サ 議案をよしとみとめてきめること。↕否決。

かげつ【か月・箇月】【▲個月】接尾 月数をかぞえることば。「六―」⇩箇(か) 参考。

か-げつ カ【花月】名〔文章語〕❶花と月。❷風流ごと。

か-げつ カ【×嘉月】名〔文章語〕❶めでたい月。❷旧暦三月の別名。

かけ-つけ 0【駆(け)付け】名 駆けつけること。**―三杯**(さんばい) サ 名 宴会などの遅刻者に、つづけて酒を三杯飲ませること。

かけ-つ・ける 0【駆(け)付ける】自下一 (ケ|ケ|ケル|ケル|ケレ|ケロ・ケヨ) ❶大急ぎでやってくる。「急を聞いて―」❷走って到着する。「発車まぎわに―」 **かけつ・く** 文語下二

かけっ-こ ケ【駆けっこ】名 自サ 走って速さを競うこと。駆けくらべ。競走。

かげつそうし《花月双紙》江戸時代後期の随筆。松平定信(まつだいらさだのぶ)の作。一七九六―一八〇三年の間に成立。

がけっ-ぷち 0【崖っ縁】名 ❶がけの上のへり。がけのふち。❷追いつめられた危険な状態。「―に立たされる」

かけ-て ㊀連語〔「かける」の連用形に、助詞「て」〕❶…に関して。…について。「運動に―は万能」❷…にわたって。「春から夏に―」❸〔古語〕…を兼ねて。「ただいまの内大臣にて、左大将かけて」〈大鏡〉❹〔古語〕…を目ざして。「阿波(あは)の山かけてこぐ舟」〈万葉〉㊁副〔古語〕❶心にとめて。つねに。「玉たすき(=枕詞)かけて偲(しの)はな(オ慕イシヨウ)」〈万葉〉❷〔打ち消しを伴って〕けっして。すこしも。「かけてな泣かしそね(泣キナサルナ)」〈万葉〉

かけ-どけい ド【掛(け)時計】名 柱やかべなどにかけておく時計。はしら時計。

かげ-とも【影▲面】名〔古語〕太陽にむかう方面。南方。↕そとも。

かけ-とり 0【掛(け)取(り)】名 掛け売りの代金を、とりたてること。また、その人。とくに年末の集金をいう。㊇

かけ-ながし 0【掛(け)流し】名 源泉から引いた湯を流れるままにすること。「源泉―の温泉宿」

かげ-ながら ナ【陰ながら】副 人知れず。よそながら。ひそかに。「―ご幸福を祈る」

かけ-ぬ・ける ケ2【駆(け)抜ける】自下一 (ケ|ケ|ケル|ケル|ケレ|ケロ・ケヨ) 走ってすぐわきを通りすぎる。走って追いこす。

かけ-ね ケ【掛(け)値】名 ❶実際の売値より高くつけた値段。「―なしの五百円」❷大げさにいうこと。誇張。「―なしの話」

かけ-はぎ 0【掛けはぎ】【掛▲接ぎ】名 衣服の破れたところを、目立たないように、同じ布でつぎ合わせること。

かけ-はし ケ【架(懸・掛)(け)橋】名 ❶材木やふじづるでつくり、山のがけなどにかけた橋。❷はしご。❸なかだち。橋渡し。「両国の―となる」 **―の** 枕「危うき」にかかる。

かけ-はな・れる レ【懸(け)離れる】自下一 (レ|レ|レル|レル|レレ|レロ・レヨ) ❶遠くへだたりはなれる。「両者の意見が―」❷大きな差がある。「懸け離れた実力」 **かけはな・る** 文語下二

かけ-ひ 0【×筧・懸×樋】名 地上にかけわたして水を引く、とい。かけい。↕うずみひ。

かけひ

かけ-ひき ケ【駆(け)引(き)】名 ❶商売・交渉・談判・戦場などで、先方の事情や出方を見て、うまく自分に有利になるよう処置すること。「―のうまい人」❷策略。

かげ-ひなた カ【陰ひなた】【陰日▲向】名 ❶日のあたらない所と、あたる所。❷ことばやおこないに表と裏のあること。うらおもて。「―のない人間」

かけ-ふだ ケ【掛(け)札】名 よく見える所にかける札。

かけ-ぶとん ブ【掛(け)布団】【掛×蒲団】名 からだの上にかけて寝るふとん。㊇ ↕敷きぶとん。

かげ-ふみ ゲ【影踏み】名 鬼になった者が、仲間の影を踏み、鬼を交代していく子どもの遊び。影踏み鬼。

かけ-へだ・る ダ【懸(け)隔(た)る】自五 (ラ・ロ|リ・ッ|ル|ル|レ|レ) ❶遠くはなれる。❷大きなちがいができる。「実力が―」

かけ-へだ・てる テ【懸(け)隔てる】他下一 (テ|テ|テル|テル|テレ|テロ・テヨ) 間をへだてる。遠くはなれさせる。**懸け隔て** 名 **かけへだ・つ** 文語下二

かけ-べり 0【掛(け)減り】名 はかりにかける時、前にはかった時より目方がへること。めべり。

かげ-べんけい ベ【陰弁慶】名 ⇩うちべんけい。

かげ-ぼうし ボ【影法師】名 光があたってできる、人などの影。

かげ-ぼし 0【陰干し】【陰▲乾】名 他サ 日かげでかわかすこと。また、干したもの。

かげ-ま【陰間】名〔古語〕❶江戸時代、若衆歌舞伎(かぶき)に出る少年。❷男色を売る少年。男娼(だんしょう)。

かけ-まくも【懸(掛)けまくも】連語〔古語〕口にかけて言うことさえも。口に出すことさえも。「かけまくもあやにかしこし(ヒドクオソレ多イ)」〈万葉〉

かげ-まつり マ【陰祭(り)】名 本祭りのない年におこなう、簡単な祭り。↕本祭り。

かけ-まわ・る ワ【駆(け)回る】(まはる) 自五 (ラ・ロ|リ・ッ|ル|ル|レ|レ) ❶走りまわる。「運動場を―」❷あちこちと動いて尽力する。奔走する。「友人のために―」 **駆け回れる** 自下一〔…できる〕

かげ-み カ【影身】名〈影はからだからはなれないので〉いつも寄りそっていて、はなれないこと。また、その人。「―になって世話をする」

かげ-むしゃ 0【影武者】名 ❶敵をだますため大将と同じ服装をした武士。❷陰からさしずをする人物。黒幕。

かけ-め 0【欠(け)目】名 ❶たりない目方。❷欠けている部分。欠点。❸碁で、一見、目のように見えるもの。結局、目にはならない。

かけ-め ケ【掛(け)目】名 ❶はかりにかけた目方。量目(りょうめ)。❷まゆ取引で、まゆの値を算出するのに用いる乗数。生糸(きいと)を一貫取るのに必要なまゆの値段をいう。❸あみ物で、糸をかけてあみ目をふやす方法。

かけ-めぐ・る グ【駆(け)巡る】自五 (ラ・ロ|リ・ッ|ル|ル|レ|レ) かけまわる。「世界を―」

かけ-もち 0【掛(け)持ち】名 他サ 二つ以上の仕事や役目を同時にうけもつこと。兼務。「塾の講師を―する」

かけ-もの ケ【掛(け)物】名 床の間などにかける書画。かけまわ

けじく。掛け字。

かけ-もの ケ【賭(け)物】名 勝負ごとにかけるかねや品物。

かけ-や ケ【掛(け)矢】名 樫(かし)などでつくった、大形の木づち。

かげゆ-し コ【勘解由使】名 律令(りつりょう)時代の職名。国司が交替するとき、事務引き継ぎの文書である解由状(げゆじょう)を監査した役職。

かけ-よ・る 0 ヨ【駆(け)寄る】自五 走ってそばに寄る。**駆け寄れる** 自下一[…できる]

かけ-ら 0 名 割れたり欠けたりしてできた一部分。破片。「ガラスの—を掃きあつめる」

かけり リ【×翔り】名 ❶能で、合戦・狂乱などのありさまをあらわす所作。❷歌舞伎(かぶき)で、あらごとの幕ぎれや狂女物につかう、はやしもの。

かげり リ【陰り】【×翳り】名 ❶かげること。雲による日光・月光の一時的な曇り。❷暗い印象を与えるもの。「景気の—」

かけ・る ケ【×翔ける】自五 鳥や飛行機が空高く飛ぶ。

か・ける 0【欠ける】自下一 ❶かたい物の一部分がこわれてかけらになる。「刃が—」「皿が—」❷ひとそろいである物の一部分が不足したり失われたりする。「メンバーが一人—」❸必要なものが備わらず不十分である。「常識に—」「気配りが—」❹月の一部がかげになって見えなくなる。↕満ちる。参考 ❶と❸は、「皿を欠く」「常識を欠く」のように言うこともできる。❸は、「○○に欠ける」という場合は○○が必要な程度に達していないことを表す。か・く 文語下二

か・ける ケ【駆ける】【×駈ける】自下一 ❶はやくはしる。走る。❷馬に乗ってはしる。か・く 文語下二

か・ける 2 ケ 他下一 ㊀【掛ける】❶高い所に物の上部を固定して、ぶらさげる。「壁に掛け軸を—」「すだれを—」❷曲がったものなどでとらえる。ひっかける。「ホックを—」「肩に手を—」❸高い所にかかげる。「看板を—」❹物の端を何かにもたせかける。「屋根にはしごを—」❺いすなどに腰をすえる。「お掛けください」❻取りはずしのできるものを、ある場所に取りつける。「眼鏡を—」❼からだに付ける。「エプロンを—」「たすきを—」❽かぶせる。㋐一面におおう。「本にカバーを—」「布団を—」㋑上からあびせる。「水を—」「塩を—」❾なべなどをガス台・かまどなどの上にのせる。「やかんを火に—」❿まわりに巻きつけて結ぶ。「なわを—」「水引を—」⓫動いたり開いたりしないように、それを仕掛ける。「かぎを—」「安全装置を—」⓬物事をそれでとらえる。「お目に—」「気に—」⓭世話を受けさせる。「医者に—」⓮取り扱う。㋐取り入れて扱う。処理する。「会議に—」「せりに—」㋑器具を使って処理する。「計算機に—」「ふるいに—」㋒殺したり、傷つけたりする。「わが子を手に—」⓯仕組んだものでとらえる。おとしいれる。「わなに—」「ペテンに—」⓰働きや作用を及ぼす。㋐他に負担をおわせる。影響を及ぼす。「世話を—」「厄介を—」㋑行為・作用をしかける。「攻撃を—」「麻酔を—」「足わざを—」㋒気持ちをそちらに向ける。「情けを—」「疑いを—」㋓声やことばを相手に送る。「声を—」「電話を—」⓱力を加える。「芸に磨きを—」⓲心を寄せて頼みにする。「望みを—」⓳願いごとをする。「神仏に願(がん)を—」⓴金・時間などを費やす。「大金を—」「時間を掛けてみっちり読む」㉑契約をする。「保険を—」㉒課する。「罰金を—」㉓道具・機械を働かせる。「エンジンを—」㉔交配する。「洋犬に日本犬を—」㉕組み立てる。「小屋を—」㉖かけことばの表現をする。「『無し』と『梨(なし)』を—」㉗(「…から…にかけて」の形で)…から…までの間。「春から夏にかけての気温」㉘(「…にかけては」の形で)…に関しては。「健康にかけては絶対に自信がある」㊁【懸ける】❶賞をつける。「十万円を懸けた問題」❷それを代償として失うかもしれない覚悟である。「恋に命を—」㊂【架ける】両側に渡して、空中に固定する。「橋を—」㊃ 接尾【かける】【掛ける】(動詞の連用形について、下一段活用動詞をつくる)❶相手に対して動作をおよぼす。「話し—」❷そういう状態になろうとする。今にもそうしようとする。「読みかけた新聞」「眠りかけていた」か・く 文語下二

か・ける ケ【賭ける】他下一 ❶かけごとをする。❷危険をおかしてする。賭(と)す。「職をかけて争う」か・く 文語下二

かげ・る ゲ【陰る】【×翳る】自五 光がくらくなる。かげになる。「日が—」

かげろう ゲ【陽炎】(かげろふ)名 春や夏などに、ちらちらと地面からたちのぼる、暖められた空気。かぎろい。遊糸(ゆうし)。いとゆう。春

かげろう ゲ 0【×蜻×蛉・×蜉×蝣】(かげろふ)名 ❶カゲロウ目(もく)の昆虫の総称。形はとんぼに似ているが、弱々しい。幼虫期間は一年ないし数年。成虫は産卵後数時間で死ぬ。秋 ❷短命のたとえ。「—のいのち」❸古語 とんぼ。

かげろ・う(かげろふ) 自四 古語 ❶光がさえぎられてかげになる。「野もせの草(野一面ノ草)の、かげろひて」〈新古今〉❷ちらちらする。見えかくれする。「たそがれにかげろふ人」〈謡曲・江口〉❸光がちらちらする。「松の絶え間よりわづかの月のかげろひて見えけるを見て」〈山家集〉

かげろうにっき《蜻蛉日記》(かげろふ) 平安時代中期の、藤原道綱(みちつな)の母の日記。不幸な結婚生活のなかで、芸術と子への愛に目ざめていくようすを書く。

かけ-わた・す タ【掛(け)渡す】他五 向こうに渡しかける。「橋を—」**掛け渡せる** 自下一[…できる]

か-けん 0【家憲】名 一家のおきて。家法。

か-げん 0【下弦】名 ↕上弦。❶満月のあとの、右がわがしだいに欠けてゆく月。沈むとき、弓のつるにあたる方が下になる。❷陰暦で二十二、三日ごろの月。

か-げん 0【下限】名 下の限界。↕上限。

か-げん カ【×嘉言】名 文章語 めでたいことば。

か-げん 0【寡言】名 文章語 ことばかずの少ないこと。寡黙。

か-げん【加減】㊀ 0 名 他サ ❶加えることと減らすこと。「—乗除(じょうじょ)」❷物事の状態について調節すること。また、その調節された程度。「相手によって力を—する」㊁ 0 名 物事の状態。程度。ほどあい。具合。「母上のお—はいかがですか」「陽気の—で腰が痛い」㊂ 造 接尾 ❶その程度に達しているかということを表す。「腹のすき—」❷ちょうどよい程度に達していることを表す。「飲み—の茶」❸いくらかそういう感じがあるということを表す。「うつむき—で話す」

光 太陽 上弦 下弦 新月 満月 地球 夜 昼

(外側は地球から見た月の形を示す)

上弦・下弦❶

か

が-けん 0【我見】名 ❶〔文章語〕自分ひとりのせまい考え。「—を捨てよ」❷〔仏〕我執。

が-げん ガ【雅言】名〔文章語〕雅語。↕俚言。

が-げん-み ゲ【過現未】名〔仏〕過去・現在・未来。三世。

か-こ カ【▲水▲夫】名〔文章語〕ふなのり。船頭。

か-こ カ【過去】名 ↕現在・未来。❶すぎさった時。昔。❷すぎさった動作・状態をあらわす語法。❸〔仏〕三世の一つ。前世。 **—帳** 0 名 寺で、死者の名・法名・死去日などを書きしるしておく帳簿。檀家の記録。鬼籍。 **—問** 0/コ 名〔俗語〕以前に出題された入学や資格の試験問題。

か-ご 0【籠】名 竹・つる・針金などを編んでつくった入れ物。 **—の鳥** 自由をうばわれている人。特に遊女のこと。

かご 0【×駕▲籠】名 人をのせ、前後からかついではこぶ乗り物。

駕籠

か-ご カ【×訛語】名〔文章語〕なまったことば。なまり。

か-ご カ【過誤】名〔文章語〕あやまち。あやまり。

か-ご カ【歌語】名 おもに和歌にだけ用いられる特殊なことば。鶴を田鶴というなど。

か-ご カ【加護】名 他サ 神仏が力をそえて守り助けること。

が-ご ガ【雅語】名 ❶上品で格調のあることば。雅言。↕俗語。❷和歌などに使う、古いことば。雅言。

かこい 0【囲い】名 ❶かこうこと。かこった場所。かこみ。❷かきね。へい。❸野菜などを貯蔵すること。❹家の中に広間の一部をしきってつくった茶室。

かこい-こ-む コ2【囲い込む】他五 ❶囲って中に入れる。取り込む。「柵の中に羊を—」❷人材や資産など、価値のあるものを集めて外に出さない。「優秀な技術者を—」 **囲い込み** 名 **囲い込める** 自下一〔…できる〕

かこい-まい 0【囲い米】名 ききん・はざかい期にそなえて、しまっておく米。

かこい-もの 0【囲い者】名 家をあたえて、別に住まわせておく妻以外の女性。

か-こう 0【火口】名 ❶火山の噴火口。❷かまのたき口。 **—丘** コ 名 火山の火口の中に新しくできた小火山。 **—原** コ 名 複式火山の、中央火口丘と外輪山との間の平地。 **—原湖** ゲ 名 火口原に水がたまってできたみずうみ。箱根の「芦の湖」など。 **—湖** コ1 名 火山の火口に水がたまってできたみずうみ。蔵王山の「御釜」など。

か-こう 0【花梗】名 ⬇花柄。

か-こう 0【佳×肴・×嘉×肴】名〔文章語〕うまいさかなや料理。「珍味—」

か-こう 0【河口】名 川が海や湖に流れこむ所。かわぐち。

か-こう 0【河港】名 河口や川岸にあるみなと。↕海港。

か-こう カ【華甲】名〔文章語〕還暦。数え年六十一歳。参考「華」の字を分解すると、六つの十と一になる。「甲」は甲子(きのえね)の略で、十干・十二支のそれぞれの第一。

か-こう 0【歌稿】名 歌のしたがき。詠草。

か-こう 0【下降】名 自サ さがること。おりること。↕上昇。 **—線** 0 名 グラフで、下に向いていく線。減少や衰退を表す。「景気が—をたどる」↕上昇線

か-こう 0【加工】名 他サ ❶品物に細工をすること。❷原料に人工的な工作をほどこして、ある製品をつくること。「食品—業」 **—貿易** ボ 名 外国から輸入した原料を加工し、製品として輸出するやり方の貿易。

か-こう 0【仮構】名 他サ ないことを、あるようにこしらえること。つくりごと。フィクション。「—の世界」

かこ・う 0【囲う】他五 ❶まわりをとり巻く。かこむ。❷かくまう。❸(野菜などを)たくわえておく。「いもを—」❹妻以外の女性を別の所に住まわせて養う。 **囲える** 自下一〔…できる〕

か-ごう 0【化合】名 自サ 二種類以上の物質が反応して、まったく別種の物質となる変化。 **—物** ゴ 名 化合によって新しく生じた物質。↕混合物。

が-こう 0【画工】名 絵かき。画家。

が-こう 0【画稿】名 絵のしたがき。印刷物につくる絵の原稿。

が-ごう ガ【雅号】名 本名以外につける、風流な別名。文筆家・画家などがよく使う。

かこう-がん コ【花×崗岩】名 石英・長石・雲母などからなる、灰白色で黒点のある火成岩。土木・建築用。みかげいし。

がこう-そう コ【×鵞口×瘡】名 口の中の粘膜が白くただれる口内炎の一種。乳幼児に多い。

かこう-ち コ【可耕地】名 たがやせば、作物のできる土地。

かご-かき キ/カ2【×駕▲籠×舁】名 昔、かごをかつぐことを職業とした人。

か-こきゅう コ【過呼吸】名 激しく息を吸ったり吐いたりすること。それによって血液中の二酸化炭素濃度が急激に低下し、失神などの症状が起こる場合がある。

かこく【か国】【ヶ国・カ国・箇国】接尾 国の数を示す語。「六—」

か-こく 0【河谷】名〔文章語〕川の流れでできた広い谷。

か-こく 0【過酷・苛酷】形動 きびしすぎるようす。ひどすぎるようす。むじひなようす。「—な処置」

かこく-るい ク【×禾穀類】名 イネ科植物の総称。いね・むぎなどの禾本科の穀物の意。

かごしま-けん《鹿児島県》九州地方南部の県。県庁所在地は鹿児島市。

かこ・つ コ【▲託つ】他五 なげく。うらみや不平を言う。「身の不運を—」

かこ-つ・ける ケ【▲託ける】他下一 ほかのもののせいにする。口実にする。ことよせる。 **かこつけ** 名 **かこつ・く** 文語下二

かご-ぬけ 0【籠抜け】【籠▲脱】名 ❶かごの中をくぐり抜ける曲芸。❷建物の入り口で、かねや品物をうけとり、他の出口から出て姿をくらますさぎ。かご抜けさぎ。

かこみ 0【囲み】名 ❶かこむこと・もの。「点線の—」❷かこみ記事。❸周囲。まわり。❹とり巻いているもの・兵。とりで。包囲。「—を破る」

かこみ-きじ キ【囲み記事】名 新聞や雑誌で、特別に罫で囲んだ記事。囲み。コラム。

かこ・む 0【囲む】他五 まわりをとり巻く。かこう。「かき根で—」 **囲める** 自下一〔…できる〕

かご-め 0【籠目】名 ❶かごのあみ目。それに似た模様。❷こどもの遊びで、目をふさいでしゃがんだ一人の周囲を、大ぜいが手をつないで「かごめかごめ、かごの中の鳥は、いついつ出やる…」と歌いながら回り、「後ろの正面だあれ」と言って

籠目❶

名を当てさせるもの。かごめかごめ。

か-こん ⓪【禍根】[名] わざわいのもと。「―を断つ」

か-ごん ⓪【過言】[名] 誇張して言うこと。言いすぎ。「…といっても―ではない」

かさ [カ]【×笠】[名] ❶雨・雪・日光などをふせぐために、頭にかぶるもの。❷かさのような形をしたもの。「まつたけの―」 **―に着る** あるものをたのみにして、いばること。「大臣を―」 **―の台が飛ぶ** 〔「かさの台」は、頭にかさをのせることから、首の意〕打ち首になる。

かさ [カ]【傘】[名] 雨・雪・日光をふせぐために、金属や木の柄に取り付けた放射状の金属の骨に布やビニールを張り、頭の上に広げるもの。こうもりがさ・日がさなど。

かさ [サ]【×嵩】[名] ❶容積。体積。「かなりの―になる」 ❷分量。「水の―が増す」 **―に掛かる** おどすような態度をとる。「かさに掛かった言い方」

かさ [カ]【×暈】[名] 太陽・月などのまわりに見える光の輪。

かさ ⓪【×瘡】[名] ❶ひふ病。できもの。❷ばいどく。

がさ [ガ][名]〔俗語〕〔「さがす」の語幹「さが」を倒置させた語〕家宅捜索のために警官が立ち入ること。「―入れ」

かさ-あげ ⓪【かさ上げ】【×嵩上げ】[名] ❶堤防などを現在よりも高くすること。❷金額をふやすこと。「料金の―」

かざ-あし ⓪【風足】[名] 風のはやさ。

かざ-あな ⓪【風穴】[名] ❶空気を通すための穴。通風口。風の通るやぶれ穴。「障子の―」 ❷山腹などにある、つめたい風の吹きだす奥ふかい穴。ふうけつ。 **―を空ける** ❶槍・鉄砲の弾丸などで胴体を貫く。「どてっぱらに―」 ❷閉塞感のある組織や事態などに新風を吹き込む。「寡占市場に―」

か-さい ⓪【火災】[名] 火による災害。火事。 **―保険** [ホ] 火災による損害をおぎなうための保険。

か-さい ⓪【花菜】[名] 花の部分を食べる野菜。カリフラワー・ブロッコリー・ふきのとうなど。↕葉菜・根菜・果菜。

か-さい ⓪【果菜】[名] 実の部分を食べる野菜。なす・きゅうり・トマト・カボチャなど。↕葉菜・根菜・花菜。

か-さい ⓪【家裁】[名] 「家庭裁判所」の略。

か-さい ⓪【歌才】[名] 短歌をつくる才能。

か-ざい [カ]【家財】[名] ❶家具。❷一家の財産。

か-ざい [カ]【貨財】[名] 金銭と物品。財貨。

か-ざい ⓪【歌材】[名] 歌の題材。歌の素材。

が-さい ⓪【画才】[名] 絵をかく才能。

が-ざい ⓪【画材】[名] ❶絵にかく材料。人物・風景など。❷絵をかく道具。絵の具・ふでなど。

かさい-ぜんぞう《葛西善蔵》 一八八七―一九二八。小説家。私小説で知られる。「子をつれて」など。

かさい-りゅう [サ]【火砕流】[名] 火山灰・軽石などが高温のガスと混合して、火山の斜面を流れ下る現象。

かざ-おれ ⓪【風折れ】[名] 木などが風で折れること。

かさ-かさ [カ] ㊀(と)[副] ひからびたものがふれあう音。「枯れ葉が―と鳴る」⇩がさがさ[参考]。㊁[形動][自サ] かわいてしめりけのないようす。「―した皮膚」「手が―だ」 [参考] ㊁で、形容動詞として使うときは⓪。

がさ-がさ [ガ] ㊀(と)[副] かわいたものがふれあう音。「紙を―いわせる」 [参考]「がさがさ」のほうが、「かさかさ」よりもさわがしい感じ。㊁[形動][自サ] おちつきがなく、がさつなようす。 [参考] ㊁で、形容動詞として使うときは⓪。

かざ-かみ ⓪【風上】[名] 風の吹いてくる方向。↕風下。 **―に(も)置けぬ** 〔くさくてたまらないということから〕よくない人間を、ののしっていう語。「あいつは学者の―」

かさ-ぎ ⓪【×笠木】[名] とりい・門・てすりなどの上の横木。冠木。

かざ-きり ⓪【風切(り)】[名] ❶船上に立てて風の方向を見るはた。❷かざきりばね。 **―羽** [リ][名] 鳥のつばさの後端にある、飛ぶための大きな羽。かざきりば。かざきり。

か-さく ⓪【佳作】[名] ❶すぐれた作品。❷入賞した作品につぐ、よい作品。「選外―」

か-さく ⓪【家作】[名] 人に貸す目的で建てた家。貸し家。

か-さく ⓪【仮作】[名][他サ] 事実ではなく、仮につくったこと。つくりごと。フィクション。「―物語」

か-さく ⓪【寡作】[名][形動] すこしつくること。作品の数が少ないこと。「―の作家」↕多作。

かざ-ぐすり [グ]【▲風▲邪薬】[名] ⬇かぜぐすり。㊅冬

かざ-ぐるま [グ]【風車】[名] ❶風があたると、くるくるまわる仕掛けのおもちゃ。㊑春 ❷風でまわる羽根車の力によって機械を動かす仕掛け。また、その羽根車。製粉・水くみ・米つきなどに利用。ふうしゃ。

かざ-け ⓪【▲風▲邪気】[名] かぜをひいた気分。かぜぎみ。かぜけ。㊅冬

かざ-ごえ ⓪【▲風▲邪声】[名] かぜをひいたときの、鼻のつまった声。また、かれた声。かぜごえ。㊅冬

がさ-ごそ [ガ] (と)[副] ものが触れ合ってこすれるようす。また、ものをかき分けたりして音をたてるようす。「菓子袋を―開ける」「戸棚の中を―さぐる」

かささぎ ⓪【×鵲】[名] カラス科の中形の鳥。からだは光沢のある黒色で、肩と腹部は白い。北半球に分布。日本では北九州に多い。カチカチカチと鳴く。㊎秋 **―の橋** ❶たなばたのとき、かささぎがそのつばさをひろげて、天の川にかけわたすという、空想上の橋。㊎秋 ❷〔古語〕宮中にある階段。

かささぎ

かざし ⓪【▲挿▲頭】[名] 昔、花や枝、造花などを、髪や冠にさしてかざりとしたこと。また、その花や枝。[参考]「髪さし」の意。「かんざし」と同源。

かざ-しも ⓪【風下】[名] 風の吹いて行く方。↕風上。

かざ・す ⓪【×翳す】[他五] ❶手に持ったものを高くあげてかまえる。「扇子を―」 ❷光をさえぎるために、目の上にさしかける。「小手をかざしてながめる」 ❸ある物の上に向ける。「火鉢に手を―」

かざ・す【▲挿▲頭す】[他四]〔古語〕❶髪やかんむりにさす。「春べは花折りかざし」〈万葉〉 ❷上にかざりつける。「あやしき小家の半部(ノ戸マデ)も、葵などかざして心地よげなり」〈堤中納言〉

かさ-だか ⓪【かさ高】【×嵩高】[形動] ❶かさ・体積が大きくて、かさばるようす。❷威圧的で、おうへいなようす。「―にものを言う」

かさ-たて [サ]【傘立(て)】[名] 玄関や大勢の人が利用する入り口で、たたんだ傘を立てて入れておくもの。

がさつ ⓪[形動] おちつきがなくて、あらっぽいようす。粗野。粗暴。「―な男」

かさ・つく ⓪[自五] 乾燥してあれる。かさかさした状態になる。「肌が―」 **かさつき**[名]

カザック [ザ]〈ロ Kazak〉[名] ⬇コサック。

がさ・つく ⓪[自五] ❶がさがさ音がする。❷おちつきがなく、さわがしい。粗野である。

かさ-づけ ⓪【×笠付】[名] ⬇かむりづけ。

かざ-とおし ⓪【風通し】[名] ⬇かぜとおし。

かさな・る ⓪【重なる】[自五] ❶物の上にさらに

他の物がのる。「地層が―」❷内容が共通する。「前に述べたことと―が」❸同時に二つ以上のことが起こる。かちあう。「日曜日と祭日が―」❹同じようなものごとがさらに加わる。「心配が―」 **重なり** 名

かさね【重ね】㊀ ⓪ 名 ❶かさねること。また、かさねたもの。❷【▲襲】〔古語〕昔、公家の装束(しょうぞく)で、上着の下に着た衣服。したがさね。❸上着と下着のそろった着物。㊁ 接尾 重ねたものをかぞえる語。「訪問着ひと―」

かさね-がさね ガ【重ね重ね】副 いく度もくりかえすこと。たびたび。重々。「―世話になる」

かさね-ぎ ⓪【重ね着】名 自他サ 衣服を何枚も重ねて着ること。

かさね-て ⓪【重ねて】副 さらに加えて。再び。「―頼む」

かさね-もち ネ【重ね餅】名 ❶かがみもちを二つ重ねたもの。❷二人が組み合い重なって倒れること。

かさ・ねる ⓪【重ねる】他下一 ネ・ネ・ネル・ネル・ネレ・ネロ・ネヨ ❶物の上に物をのせる。「本を五冊―」❷さらに加える。「得点を―」❸くりかえす。「同じ失敗を―」 **かさ・ぬ** 文語下二

かざ-はな ⓪【風花】名 ❶雪のつもった風上から、風に送られてくる雪。❷晴天に、風のおこる前にちらつく雪。㊇冬 ‖かざばな。

かさ-ば・る バ【かさ張る】【×嵩張る】自五 ラ・ロ・リ・ッ・ル・ル・レ・レ かさが大きい状態だ。かさが増す。かさむ。「荷物が―」

カザフスタン《Kazakhstan》中央アジア北部にある共和国。首都はアスタナ。一九九一年に解体した旧ソ連の構成国の一つ。

かさ-ぶた ⓪【×瘡蓋・×痂】名 皮膚の傷口やはれものが、なおってきて上にできた皮。

かざ-まち ⓪【風待ち】名 舟が出帆しようとして、順風を待つこと。かぜまち。

かざ-まど ⓪【風窓】名 ❶風を通すための窓。❷ゆか下にあけた、風通しの穴。

か-ざみ【▲汗×衫】名〔古語〕❶汗とりに着た下着。❷童女などが夏に着た上着。

かざ-み ⓪【風見】名 屋上などにもうけて、風の方向を知る道具。風向器。風信器。 **―▲鶏**(どり) ミ 名 ❶にわとりの形をした風向器。❷比喩(ひゆ)的に、自分の考えがなく、周囲の情勢しだいで態度をくるくる変える人。

がざみ ⓪【×蝤×蛑】名 ワタリガニ科の大形のかに。北海道南部から台湾まで広く分布し、浅海の泥の中にすむ。食用。がざめ。わたりがに。㊇春

かざ-みち ⓪【風道】名 風の吹き抜ける道。かぜみち。

かさ・む ⓪【×嵩む】自五 マ・モ・ミ・ン・ム・ム・メ・メ ❶かさが増す。かさばる。❷借金や出費が多くなる。「経費が―」

かざ-むき ⓪【風向き】名 ❶風の吹く方向。❷なりゆき。形勢。「―がよくなる」❸人のきげん。「社長の―が悪い」‖かぜむき。

かざ-よけ ⓪【風よけ】【風▲除】名 風をふせぐこと。風をふせぐもの。かぜよけ。㊇冬

かざり ⓪【飾り】名 ❶かざること。また、かざるもの。装飾品。「―よりも中身」❷(「お」をつけて)正月の松かざり。

かざり-いし リ【飾(り)石】名 宝石につぐ品位をもつ鉱石。水晶・めのうなど。↕宝石。

かざり-け ⓪【飾(り)気】名 見せかけをよくしようとする心。「―のない人」

かざり-しょく リ【飾(り)職】名 金属の飾り物をつくる職・職人。かざりや。

かざり-た・てる テ【飾りたてる】他下一 テ・テ・テル・テル・テレ・テロ・テヨ さかんに飾る。いっぱい飾る。 **かざりた・つ** 文語下二

かざり-つ・ける ケ【飾(り)付ける】他下一 ケ・ケ・ケル・ケル・ケレ・ケロ・ケヨ ❶いろいろな物をつけて飾る。❷美しく飾ってならべる。「商品を―」 **飾り付け** 名 **かざりつ・く** 文語下二

かざり-まど マ【飾(り)窓】名 ショーウインドー。

かざり-もの ⓪【飾(り)物】名 ❶飾りたてたもの。❷見た目ばかりりっぱで、実際には役にたたないもの。

かざ・る ⓪【飾る】他五 ラ・ロ・リ・ッ・ル・ル・レ・レ ❶美しくする。美しくみせる。「部屋を―」❷うわべをよくする。人前をとりつくろう。「ことばを―」❸見せるため、また、売るためにおきならべる。陳列する。「品物を―」 **飾れる** 自下一〔…できる〕

か-さん ⓪【家産】名 いえの財産。身代。資産。「―が傾く」

か-さん ⓪【加×餐】名 自サ〔文章語〕食べ物に気をつけて、養生すること。「時分がら、ご―ください」 参考 相手の健康を願うときなどに言う。

か-さん ⓪【加算】名 他サ ❶加えてかぞえること。合算。❷よせざん。たしざん。加法。↕減算。

か-ざん カ【火山】名 地下のマグマが地上にふき出し、つもりかさなってできた山。また、マグマや噴煙をふき出している山。噴火山。 **―岩**(がん) ザ 名 火成岩の一種。地中の高熱でとけた岩石が地表付近に流れ出し、ひえてかたまったもの。安山岩など。 **―帯**(たい) ⓪ 名 火山がおびのようにつらなる地域。 **―弾**(だん) ザ 名 空中にふき出した溶岩のひえたもの。球形やだえん形をしている。 **―灰**(ばい) ザ 名 溶岩がひえて灰のようにこまかくくだけたもの。火山塵(じん)。 **―脈**(みゃく) ザ 名 火山でできている山脈。

が-さん ⓪【画賛】【画×讃】名 絵に書きそえた文字や文章。

かさんか-すいそ ス【過酸化水素】名 無色透明の液体。酸化力が強く、その水溶液はオキシドールといい、消毒・防腐・漂白用に使われる。

かざんばいち《火山灰地》久保栄(くぼさかえ)の戯曲。一九三七年から三八年にかけて発表。資本主義体制下の農村の、矛盾になやむ農業技師の姿を描く。

かし ⓪【貸し】名 ❶かすこと。かしてあること。また、かしてあるもの・かね。❷他者に与えた恩恵。「彼には助けてやった―がある」↕借り。

かし カ【×樫】名 ブナ科の常緑高木。材質がかたくて、建築材・器具材などにつかわれる。実(み)は、どんぐり。実は㊇秋

かし ⓪【河岸】名 ❶かわぎし。❷川岸にたつ魚の市場。魚河岸。❸〔俗語〕場所。ところ。「―をかえて飲みなおそう」

か-し カ【下士】名 下士官。 **―官**(かん) シ/カ2 名 もと、陸海軍で、将校と兵卒との間にあった階級。陸軍では曹長・軍曹・伍長、海軍では上等兵曹・一等兵曹・二等兵曹など。下士。

か-し カ【下肢】名 ❶あし。脚部。「―切断の重傷」❷動物のあとあし。↕上肢。

か-し カ【可視】名 目に見えること。「―光線」↕不可視。 **―化**(か) ⓪ 名 ❶直接見ることのできない事物や現象などを、映像や図表などによって見えるようにすること。❷警察・検察による被疑者の取り調べの状況を録画・録音すること。

か-し カ【仮死】名 意識不明で呼吸もとまり、一見死んでいるようにみえるが、まだ生きかえる可能性のある状態。

か-し カ【華氏】名 華氏温度の略。カ氏。水の氷点を三二度、沸点を二一二度とする温度目もり。記号は「°F」。↕摂氏。 参考「華」はドイツの物理学者ファーレンハイトの中国表記「華倫海」による。

か-し カ【菓子】名 食事のほかに食べる甘い味などの嗜好

しこう品。 ―折り 0/シ名 菓子を入れた折り箱。 ―パン 0名 中に、あん・クリーム・チョコレートなどを入れたパン。 ―盆 シ名 菓子を盛るぼん。 ―料 シ名 菓子のかわりとして人におくるかね。

か-し カ【×瑕×疵】名【文章語】(「瑕」も「疵」もきずの意)❶きず。欠点。❷[法]完全な条件を欠いている状態。

か-し カ【歌詞】名 歌曲・歌謡曲・民謡などの歌のことば。

か-し カ【下賜】名 他サ 身分の高い人から、与えられること。

か-し 助【古語】(終助詞)念をおし、意味を強める。…よ。…な。「いざたまへかし(サアイラッシャイヨ)」〈源氏〉

かじ カ【×梶】名 ❶舵(かじ)。❷車のかじ棒。❸クワ科の落葉高木。雌雄異株。皮は和紙の原料。かじのき。 ―の葉 かじの木の葉。昔、これに歌を書いて、織女星にそなえた。秋

かじ カ【×舵】名 船・飛行機の方向を調節する装置。 ―を取る ❶船の方向をあやつる。❷物ごとの方向をあやまらないようにあやつる。

かじ カ【×楫】名 船をこぐ道具。かい・ろなど。

かじ カ【鍛冶】名 金属をきたえて、器械・器具をつくること。また、その人。「刀―」

か-じ カ【火事】名 建物・山林・船などが燃えること。火災。冬 ―装束 ショ名 江戸時代、役人や火消しが火事のときに着た衣装。 ―泥 0名【俗語】「火事場どろぼう」の略。 ―場 バ/0名 火事のおこった場所。火災現場。冬 ―場泥棒 ド名 ❶火事場の混乱にまぎれて盗みをする者。火事どろ。❷どさくさまぎれに不正に利益を得る人。 ―見舞 ミ名 火事で焼けたり、近くで火事があった人の家をみまうこと。冬

火事装束

か-じ カ【加持】名 神仏の守りをうけて、災いをはらう祈り。特に真言宗の行者のおこなう祈り。「―祈禱」

か-じ カ【家事】名 ❶いえの中のこと。「―の都合により欠席」❷家庭内のいろいろな仕事。家政。「―手つだい」

がし 接尾 (活用語の命令形について)…といわんばかり。「これ見よ―なやりかた」

が-し ガ【賀詞】名 祝いのことば。祝詞(しゅくし)。

が-し ガ【餓死】名 自サ うえて死ぬこと。うえじに。かつえじに。

かじい-もとじろう《梶井基次郎》一九〇一～三二。小説家。感受性豊かな散文詩ふうの短編小説を書き残した。「檸檬(れもん)」「城のある町にて」など。

かし-うり 0【貸(し)売(り)】名 かけうり。

ガジェット ガ〈gadget〉名 ❶ちょっとした小物。❷コンピューターで、主要な機能ではないが、あると便利なはたらきをするソフトウエア。時計、カレンダーなど。

かじ-お オ【×梶緒・×楫緒】名 かじを船につなぐためのつな。

かじ-おと 0【×梶音・×楫音】名 船をこぐ、かいの音。

かじ-か 0【×鰍・×杜▲父▲魚】名 カジカ科の魚。谷川など温度の低い淡水にすむ。体長約一五センチ。美味。秋

かじか-がえる ガ【河鹿×蛙】名 アオガエル科のかえる。体長は雄四・五センチ、雌七・五センチ。谷川にすみ、雄は美しい声でなく。日本特産。かじか。夏

かし-かた 0【貸(し)方】名 ⇔借り方。❶貸借関係で貸すほうの人。貸し手。❷貸す方法・態度。❸複式簿記で、帳簿の右がわ。資産の減少、負債や資本の増加、収益の発生などを記入する部分。

かしがまし・い シ2【×囂しい】形 やかましい。うるさい。かしましい。 **かしがましさ** 名 **かしがま・し** 文語シク

かじか・む 0 自五 手足がこごえて、思うように動かなくなる。かじける。冬

かし-かり シ/カ2【貸(し)借り】名 貸すことと借りること。

かじ-き カ【×梶木】名 カジキ類の海水魚の総称。体長約二メートル以上に及ぶものが多く、上あごが長く突きでている。まかじき・めかじきなど。食用。冬

かし-きり 0【貸(し)切(り)】名 ある約束した時間、きまった人だけに貸すこと。「―のバス」

かし-きん 0/キ【貸(し)金】名 貸したかね。

かし-きんこ キ【貸(し)金庫】名 銀行などが、金庫室内の保管箱を有料で顧客に貸し出すサービス。

かしく カ あいさつ【文章語】⇒かしこ。

かし・ぐ シ【▲傾ぐ】自五 ななめになる。かたむく。「船が―」

かし・ぐ シ【▲炊ぐ】他五【文章語】飯をたく。炊事する。参考 古くは「かしく」。

か-じく 0【花軸】名 花柄(かへい)をささえるくき。

かし・げる ゲ【▲傾げる】他下一 ななめにする。かたむける。「首を―」 **かし・ぐ** 文語下二

かじ・ける ケ 自下一 かじかむ。 **かじ・く** 文語下二

かし-こ カ【かしこ】【▲彼▲処】代【文章語】あそこ。あすこ。「どこも―も」

かしこ カ あいさつ【文章語】(「かしこし」の語幹)女性が手紙の終わりに書きつけるあいさつの語。おそれつつしむ意味をあらわす。かしく。参考 女性の手紙では結びのことばとして、「かしこ」をよく使う。前文省略の場合は「草々」で結んでもよい。「謹んで申し上げます」などの書き出しには、「あらあらかしこ」「めでたくかしこ(祝いごとの場合のみ)」などのていねいな言い方がある。

かしこ・い コ【賢い】形 ❶りこうだ。頭がよい。❷ぬけめがない。要領がいい。「彼のやり方はなかなか―」 **賢げ** 形動 **賢さ** 名 **かしこ・し** 文語ク

かしこき-あたり 連語 おそれ多いあたり。天皇・皇族、また、皇居をさす語。直接さしていうのを遠慮して使う。

かしこく-も コ【▲畏くも】副【文章語】おそれおおくも。

かしこ・し【▲畏し】形ク【古語】❶おそれおおい。「勅(ちょく)なればいともかしこし」〈大鏡〉❷恐ろしい。「大海の波はかしこし」〈万葉〉❸ありがたい。尊い。りっぱだ。「かくかしこき仰せ言を光にて」〈源氏〉❹(「かしこく」のかたちで、副詞的に用いて)はなはだしく。非常に。ひどく。「いとかしこくをかしがりたまひて」〈伊勢〉

かし-こ・す コ【貸(し)越す】他五 一定の限度以上に貸す。⇔借り越す。 **貸し越し** 名

かしこ-だて 0【賢だて】名 りこうぶってすること。さかしら。

かしこ-どころ ド【賢所】名 ❶宮中三殿の一つで、八咫(やた)の鏡を安置してある所。温明殿(うんめいでん)。内侍所(ないしどころ)。けんしょ。❷神鏡。八咫の鏡。

かしこま・る マ【▲畏る】自五 ❶おそれつつしむ。うやうやしい態度をとる。「神妙に―」❷きちんとすわる。正座する。「末座に―」❸「承知する」のかしこまった言い方。「はい、かしこまりました」 参考「かしこまりました」に比べて、「うけたまわりました」はやや古風な言い方。この「かしこまる」は、謙譲語の中でも、「いたします」「まいります」などと共に、「丁重語」と呼ばれる。自分の行為をきわ

めて改まった態度で述べるのを特徴とする。この辞典では、この丁重語を「かしこまった言い方」と表現することがある。

かしこ・む【▲畏む】他四〔古語〕❶おそれる。はばかる。つつしむ。「かしこみて、仕へまつらむ」〈書紀〉❷つつしんでうけたまわる。「大君の命（ゴ命令ヲ）かしこみ」〈万葉〉

かし-さ・げる ダ【貸(し)下げる】他下一 官庁が民間に貸す。**貸し下げ** 名 **かしさ・ぐ** 文語下二

かし-ざしき サ【貸(し)座敷】名 ❶料金をとって貸す座敷。貸席。❷遊女屋。女郎屋。

かし-しつ ⓪【貸(し)室】名 料金をとって貸すへや。貸間。

かしず・く ズ【×傅く】自五 ❶つきそって世話をする。つかえる。「老母に―」❷嫁入りする。とつぐ。参考「かしづく」のように「づ」を用いて書いてもよい。

かし-せき ⓪【貸席】名 貸しざしき。また、それを業とする家。「―をいとなむ」

かし-だおれ ⓪【貸(し)倒れ】名 貸したものが取り返せないままになること。

かし-だ・す ダ【貸(し)出す】他五 ❶他に貸す。❷貸し付けのため支出する。❸貸してもち出させる。「図書を―」**貸し出し** 名 **貸し出せる** 自下一〔…できる〕

かし-ちん シ【貸(し)賃】名 物を貸してとる料金。損料。↔借り賃。

か-しつ ⓪【過失】名 不注意からのあやまち。しくじり。**―致死罪** シ2 名 あやまって人を殺した罪。

か-しつ ⓪【加湿】名 自サ 乾燥を防ぐために、蒸気を発生させたりして、湿度を上げること。「―器」

か-じつ カ【佳日】【×嘉日】名〔文章語〕えんぎのいい日。めでたい日。吉日。

か-じつ カ【果実】名 植物の実。くだもの。**―酒** ツ 名 ❶果実のしるを発酵させてつくる酒。ぶどう酒など。❷しょうちゅうなどの蒸留酒に果実を入れてつくる酒。梅酒など。

か-じつ カ【夏日】名〔文章語〕なつの日。

か-じつ カ【過日】名〔文章語〕すぎた日。さきごろ。先日。

が-しつ ⓪【画室】名 絵をかくへや。アトリエ。

が-しつ ⓪【画質】名 テレビ・写真などの画像の質。「シャープな―」

かし-つけ ⓪【貸(し)付(け)】名 ❶貸しつけること。❷貸しつけたかね。貸付金。参考「貸付金」「貸付信託」などの場合は、送りがなをはぶいて書く。**―信託** シ2 名 銀行・信託会社や信託銀行が証券を売りだしてあつめた金を産業に貸しつけ、その利益を証券の所有者にあたえる方法。

かし-つ・ける ケ【貸(し)付ける】他下一 利子・期間などをきめ、借用書をとってかねを貸す。**かしつ・く** 文語下二

かし-て ⓪【貸(し)手】名 金銭・品物を貸す人。↔借り手。

かし-どり シ【×樫鳥】名 かけす。秋

かじ-とり ジ【かじ取り】【×舵取】名 他サ ❶かじをあやつって船の方向をきめる人。操舵手。かんどり。❷物事がうまく運ぶように指揮すること。また、その人。「―役」

カジノ カ〈ィcasino〉名 西洋の賭博場。

かし-ビル ⓪【貸(し)ビル】名 全体または各室を事務所・店舗用として貸しているビル。

かじ-ぼう ⓪【かじ棒】【×梶棒】名 人力車・荷車などの前につきでた、ひっぱるための長い柄。ながえ。かじ。

かし-ほん ⓪【貸本】名 料金をとって貸す本。

かし-ま ⓪【貸間】名 料金をとって貸すへや。貸し室。

かじ-まくら マ【×楫枕】名〔文章語〕船中に寝ること。船旅。なみまくら。

かしまし・い シ2【×囂しい・×姦しい】形 しゃべり声がやかましい。**かしましさ** 名 **かしま・し** 文語シク

かしま-だち ⓪【鹿島立ち】名〔文章語〕遠い旅行に出ること。かどで。旅立ち。参考 昔、防人が出発の前、鹿島の阿須波明神に安全を祈ったことから。

がじまる ⓪ 名 ➡がじゅまる。

カシミヤ ⓪〈cashmere〉＝カシミア 名 インドのカシミール産のやぎの毛を使った、あやおりの毛織物。服地・敷物・ショール用。

かじ-め ⓪【×搗▲布】名 褐藻類の海藻。長さ一、二メートル。焼いてヨードをつくる。春

かし-もと ⓪【貸元】名 ❶かねを貸す人。金主。❷ばくちうちの親分。

か-しゃ カ【仮▲借】名 漢字六書の一つ。ある意味を表す漢字がないばあい、同じ音の既成の漢字を借用して表す方法。祭器を意味する「豆」を、マメの意に用いるなど。

か-しゃ カ【貨車】名 貨物運送用の鉄道車両。↔客車。**―渡し** ワ 名 売り手が品物を貨車につみこんだとき、買い手にわたしたことになる約束の取引。

か-しゃ カ【華×奢】名 形動〔文章語〕（「きゃしゃ」と読めば別語）はなやかで、ぜいたくなこと。「―をきわめる」

かし-や ⓪【貸家】名 使用料をとって貸す家。貸しいえ。↔借家。

か-じゃ カ【▲冠者】名 ➡かんじゃ。

かじ-や ⓪【鍛冶屋】名 ❶かじを職業とする人。❷柄の先がかぎ状になった、鉄製のくぎ抜き。

かじや❷

かしゃ-かしゃ カ〔と〕副 ❶かたくて小さいもの、うすいものなどが触れ合って出る、かわいた音をあらわす語。「マラカスを―と鳴らす」❷カメラのシャッターを立て続けに押す音をあらわす語。「記者がいっせいに―と写真をとる」

がしゃ-がしゃ ガ〔と〕副 ➡がちゃがちゃ❷。

か-しゃく ⓪【×呵▲責】名（「呵」も「責」もせめるの意）責めてくるしめること。「良心の―」

か-しゃく ⓪【仮借】㊀名 他サ ゆるすこと。「すこしも―しない」㊁名 ➡かしゃ（仮借）。

がしゃん シャ〔と〕副 かたいものがぶつかりあうなどしてでる重い音をあらわす語。「金属の扉を―と閉める」

か-しゅ カ【火手】名 蒸気機関の火をたき、手入れをする人。火夫。

か-しゅ カ【火酒】名〔文章語〕火をつけると燃えるほどアルコール分の多いさけ。ウオツカ・ブランデー・ウイスキーなど。

か-しゅ カ【歌手】名 うたうことを職業とする人。うたい手。「オペラ―」

か-じゅ カ【果樹】名 食用になる果実のなる木。**―園** ジュ 名 くだものをつくっている農園。

が-しゅ ガ【画趣】名〔文章語〕絵のようなおもむき。絵になりそうなよいけしき。

が-しゅ ガ【雅趣】名 みやびやかなありさま。上品なおもむき。雅致。「―に富む作風」

カジュアル カ〈casual〉名 形動 ふだん着やくつろいだ身なりでいること。また、その服装。「―ウエア」

か-しゅう ⓪【家集】名 個人の歌集。「山家集は西行の―である」

か-しゅう ⓪【歌集】名 和歌をあつめた本。

か

か-しゅう《加州》❶⬇かが(加賀)。❷米国の、カリフォルニア州。

か-しゅう《河州》⬇かわち(河内)。

か-じゅう⓪【佳×什】[名]〔文章語〕すぐれた詩歌(しいか)。

か-じゅう⓪【果汁】[名] 果実のしぼりじる。ジュース。

か-じゅう⓪【荷重】[名]〔物〕構造物や機械に外からかかる力。また、構造物がたえうる力。「橋の―」

か-じゅう⓪【加重】[名][自他サ] さらに重さ・負担がふえること。また、それをふやすこと。**―平均**(へいきん)[ヘ][名] 一つ一つの数値に重要度から見た重みをつけて計算した平均。

か-じゅう⓪【過重】[形動] ダロ・ダッ・デ・ニ／ダ・ナ・ナラ・○ おもすぎること。

が-しゅう⓪【我執】[名] ❶〔仏〕我(われ)が実在すると考える執着。我見。❷自分ひとりの狭い考え。また、それにとらわれること。「―をすてる」

が-しゅう⓪【画集】[名] 絵をあつめた本。

カシューナッツ[カ]〈cashew nuts〉[名] カシューの実。酒のつまみなどにする。カシューは西インド諸島原産のうるしに似た植物。

か-じゅく[カ]【家塾】[名] 個人のひらいた塾。私塾。

がじゅまる⓪[名] (沖縄方言から)亜熱帯・熱帯にはえるクワ科の常緑高木。枝から気根をたらす。榕樹(ようじゅ)。がじまる。

が-しゅん⓪【賀春】[名]〔文章語〕新年を祝うこと。賀正。頌春(しょうしゅん)。(新年) ⇩賀正[参考]。

が-じゅん⓪【雅×馴】[形動] ダロ・ダッ・デ・ニ／ダ・ナ・ナラ・○〔文章語〕文章・ことばづかいなどが、上品でよくねれているようす。「―な文章」

か-しょ[カ]【家書】[名]〔文章語〕❶家・故郷からのたより。家信。❷家の蔵書。

か-しょ[カ]【歌書】[名] 和歌をあつめたり、和歌に関することを書いた書物。

か-しょ【箇所】㊀[カ][名] 特定のかぎられた場所。「所定の―で販売する」㊁[接尾]【か所】場所を数える語。「五―」⇩箇(か)[参考]。

か-じょ[カ]【花序】[名] 花が茎や枝につくならび方。無限花序(むぎ・さくらなど)と有限花序(なでしこなど)とある。

か-じょ[カ]【加除】[名][他サ] くわえることと、のぞくこと。

か-しょう⓪【火傷】[名]〔文章語〕やけど。

か-しょう⓪【仮称】[名] かりの名まえ・よび方。

か-しょう⓪【仮象】[名]〔文章語〕実在でない、かりの姿や形。

か-しょう⓪【花×椒】[名] ミカン科の落葉低木。山椒の一種。乾燥させた果実の皮は、麻婆豆腐(マーボーどうふ)など、中国料理の香辛料として用いられる。ホアジャオ。

か-しょう⓪【河床】[名] 川底の地盤。河水の流れている地面。かわどこ。

か-しょう[カ]【華商】[名] 外国に住む中国の商人。華僑(かきょう)。

か-しょう⓪【歌唱】[名][自サ] 歌をうたうこと。また、歌。

か-しょう⓪【過賞】[名][他サ] ほめすぎること。ほめすぎ。

か-しょう⓪【×嘉賞】[名][他サ]〔文章語〕よいこと、よいものだとほめること。

か-しょう⓪【過小】[形動] ダロ・ダッ・デ・ニ／ダ・ナ・ナラ・○ 小さすぎること。↕過大。**―評価**(かひょう)[ヒョ][名][他サ] 実際以下に、小さくねぶみすること。見くびって評価すること。↕過大評価。

か-しょう⓪【過少】[形動] ダロ・ダッ・デ・ニ／ダ・ナ・ナラ・○ すくなすぎること。「―申告」↕過多。

か-しょう⓪【寡少】[形動] ダロ・ダッ・デ・ニ／ダ・ナ・ナラ・○〔文章語〕すくないこと。

か-しょう⓪【寡照】[名]〔文章語〕日照時間が少ないこと。「―多雨」

か-じょう⓪【下情】[名] 民間のありさま。しもじものようす。

か-じょう⓪【渦状】[名]〔文章語〕うずまきの形。

か-じょう【箇条】㊀⓪[名] いくつかに分けてならべた一つ一つの条項。「注意すべき―」「第三―」⇩箇(か)[参考]。㊁【か条】[接尾] 条項をかぞえるのにつける語。**―書**(が)**き**⓪[名] 箇条に分けて、ならべしるすこと・もの。[参考] 表記は「箇条書」でもよい。

か-じょう⓪【過剰】[形動] ダロ・ダッ・デ・ニ／ダ・ナ・ナラ・○ 多すぎてあまること。「―物資」

が-しょう⓪【画匠】[名] えかき。画家。

が-しょう⓪【画商】[名] 絵を売り買いする商売。また、その人。

が-しょう⓪【賀正】[名]〔文章語〕正月を祝うこと。賀春。がせい。(新年) [参考] 年賀状は、はじめに「賀正・賀春・頌春・謹賀新年(新春)・恭賀新年(新春)・あけましておめでとうございます」などのことばを書き、つぎの行から簡単な文を書く。

が-しょう⓪【雅称】[名]〔文章語〕風流な名まえ・よび方。風雅な名。

が-しょう⓪【×臥床】[名][自サ] とこを敷いて寝ること。「病気で―する」

が-じょう⓪【牙城】[名] (「牙」は「牙旗」で、天子や将軍の旗)本陣。本城。「敵軍の―に迫る」

が-じょう⓪【画×帖】[名] ❶絵をあつめた本。❷絵をかくための用紙をとじたもの。画帳。スケッチブック。

が-じょう⓪【賀状】[名] ❶年賀状。(新年) ❷祝いの手紙。

かしょうき《可笑記》江戸時代前期の仮名草子(かなぞうし)。如儡子(にょらいし)の作。古今の世相を批判したもの。

かじょう-さはん[サ]【家常茶飯】[名]〔文章語〕❶家庭でのふだんの食事。❷平凡でありふれたようす。日常茶飯。

か-しょく⓪【河食】【河×蝕】[名] 川の水が土地をけずりとる浸食作用。

か-しょく⓪【家職】[名] いえの職業。家業。

か-しょく⓪【華×燭】[名] はなやかな、ともしび。美しい、ろうそく。花燭。**―の典**(てん)「結婚式」の美称。[参考] 他人の結婚式を祝って言うのに用いる。

か-しょく⓪【貨殖】[名]〔文章語〕財産をふやしためること。利殖。

か-しょく⓪【火食】[名][他サ]〔文章語〕煮るか焼くかして食べること。

か-しょく⓪【仮植】[名][他サ] かりにうえること。かりうえ。↕定植。

か-しょく⓪【過食】[名][自他サ] たべすぎ。くいすぎ。**―症**(しょう)⓪[名] ストレスなどが原因で、食欲が異常に増し、食べすぎる症状。↕拒食(きょしょく)症。

かしょぶん-しょとく[ショ2]【可処分所得】[名] 収入の総額から直接税や社会保険料などを引いた残りの、個人が自由に使うことができる部分。

かしら[ラ]【頭】[名] ❶首より上の部分。あたま。また、頭髪。「―を振る」「―に霜を置く」❷仲間意識が強い集団の頂点に立つ人。職人の親方や盗賊の親分など。また、その人を呼ぶ敬称。「大工の―」❸物事の最初や一番上。「十歳を―に四人の子がある」❹人形の首。特に、人形浄瑠璃(じょうるり)の人形の頭。また、扮装(ふんそう)用のかつら。**―に霜**(しも)**を置**(お)**く** 白髪が目立つ。**―を下**(お)**ろす** 髪をそって僧や尼になる。

か-しら[助]〔終助詞。「か知らぬ」から転じた「かしらん」が、さらに変化したもの。体言、形容動詞の語幹、その他の用言の連体形につく〕❶疑問をあらわす。「これでいい―」

❷(「ない」、とくに「くれない」「もらえない」などに続いて)依頼、願望をあらわす。「協力してくれない—」「夏が早く来ない—」[参考]おもに女性が使うことば。ただし、「かしらん」の形は男性(老人)が使うことがある。

がしら [接尾] ❶…した途端。「であい—にぶつかった」❷【頭】第一位。「出世—」

かしら-じ [ラ]【頭字】[名] かしらもじ。

かしら-だ・つ [ダ]【頭だつ】[自五] 人の上に立つ。人々の長となる。「—人」

かしら-ぶん [ラ]【頭分】[名] なかまの中で、支配的地位にある者。親方。首領。あたまかぶ。

かしら-もじ [モ]【頭文字】[名] 欧文で、文のはじめや固有名詞のあたまなどに使う大文字。花文字。かしら字。

かじり-つ・く [ツ]【×齧付く】[自五] ❶かみつく。かぶりつく。「りんごに—」❷しっかりと取りついてはなれない。しがみつく。「地位に—」 **かじりつける** [自下一]〔…できる〕

かし-りょう [シ]【貸(し)料】[名] 物を貸す料金。損料。使用料。貸し賃。

かじ・る [ジ]【×齧る】[他五] ❶すこしずつ歯でかみとる。❷少しだけやってみる。物事をすこし知る。「ドイツ語を—」 **かじれる** [自下一]〔…できる〕

かしわ [0]【×柏・×槲】[名] ブナ科の落葉高木。葉のふちは波がた。若葉はかしわもちを包むのに使う。はがしわ。

かしわ [0]【▲黄▲鶏】[名] (羽の色が柏の葉に似ていることから)茶褐色のにわとり。美味。また、広くにわとりの肉の意でも使う。元は西日本の方言。

かしわ-で [0]【かしわ手】【×柏手】[名] 神をおがむとき、両手を打ちならすこと。[参考]「拍手」の「拍」を「柏」と見あやまったところからできた語という。

かしわ-もち [ワ]【かしわ餅】【×柏餅】[名] ❶かしわの葉で包んだ、あんいりのもち。五月の節句につくる。(夏) ❷一枚のふとんを二つ折りにして、寝ること。

か-しん [0]【花心】[名]〔文章語〕花の中心。花蕊。

か-しん [0]【花信】[名]〔文章語〕花が咲いたというたより。花だより。春信。(春)

か-しん [0]【佳×辰・×嘉×辰】[名]〔文章語〕めでたい日。吉日。

か-しん [0]【河心】[名] 川の中ほど。

か-しん [カ]【家臣】[名] 臣下。けらい。家人。

か-しん [0]【家信】[名]〔文章語〕自宅からのたより。家書。

か-しん [0]【過信】[名][他サ] 信用・信頼しすぎること。「自分の能力を—」

か-じん [0]【佳人】[名] 美しい女性。美人。**—薄命** [カ][名] 美人には早く死ぬ人、不幸な人が多いものだということ。

か-じん [カ]【家人】[名] いえの者。主人以外の家族の人。

か-じん [カ]【華人】[名] 中国の人。中国人。

か-じん [カ]【寡人】[名]〔文章語〕(「徳のすくない人」の意)むかし、中国で、王公・君主がへりくだって自分をさしていった語。

か-じん [カ]【歌人】[名] ↕俳人・詩人。❶和歌をつくることを専門とする人。うたよみ。❷よく和歌をつくる人。

が-じん [0]【画人】[名] えかき。画家。

がしん-しょうたん [ガ]【×臥薪×嘗胆】[名] かたきを討つ志を保つために、ひどい苦労を自分に課すること。[参考]中国の春秋時代に、呉王夫差は父のあだをうつため、わざと薪の上に臥して心をふるい立たせて越王勾践を降伏させ、勾践はにがい熊の胆を嘗めて心をたえず緊張させ、ついに夫差を滅したという故事による。

カシンベック-びょう [0]【カシンベック病】[名] 骨関節がはれあがったり変形したりする病気。[参考]医師のカシンKaschinとベックBeckによって発見された。

かす [カ][名] ㊀【×滓】❶液体のそこにのこったもの。❷よい所をとったのこり。くず。❸つまらないもの。「人間の—」 ㊁【×糟・×粕】酒をしぼったあとにのこるもの。さけかす。**—を食う** しかられる。小言を言われる。おもに芝居の世界で用いられる語。

か・す [0]【仮す】[他五]〔文章語〕かりにあたえる。「—に時をもってする」

か・す [0]【貸す】[他五] ↕借りる。❶返してもらう約束で、一時的に金品や権利の使用をみとめる。「友人に本を—」「学生に部屋を—」「名義を—」❷助けをあたえる。「手を—」「力を—」 **貸せる** [自下一]〔…できる〕

か・す [カ]【×呵す】[他五]〔文章語〕⬇かする。

か・す [カ]【科す】[他五] ⬇かする。

か・す [カ]【課す】[他五] ⬇かする。

か・す [カ]【化す】[自他五] ⬇かする。

かず [カ]【数】[名] ❶ものやことを、一、二、…のように、ちがう量として認識すること。また、それを表す文字。「—が合う」「箱の中のみかんの—」❷ものの多いこと。「—を頼む」「—ある中から」❸とくにかぞえ立てる価値のあるもの・こと。「優等生の—にはいる」

ガス [カ]〈gas〉【瓦×斯】[名] ❶気体。❷石炭ガス・プロパンガスなどの燃料用気体。「—タンク」❸毒ガス。「—マスク」❹電球に入れる窒素・アルゴンの気体。❺海や山にたちこめるきり。❻ガス糸。❼〔俗語〕へ。おなら。❽ガソリン。

かず-あわせ [ア]【数合(わ)せ】[名] 内容や質にかかわらず、数量だけを整えること。「議論のない多数決は単なる—に過ぎない」

か-すい [カ]【河水】[名] 川の水。川の流れ。

か-すい [0]【下垂】[名][自サ] たれさがること。垂下。「胃—」**—体** [0][名] 脳下垂体。

か-すい [0]【仮睡】[名][自サ] うたたね。かりね。仮眠。

ガス-いと [0]/[ス]【ガス糸】[名] 表面のけばをガスの炎で焼いて処理した、なめらかでつやのあるもめん糸。

かすい-ぶんかい [フ]【加水分解】[名] ❶塩類が水により分解し、酸性またはアルカリ性になること。❷有機化合物が水と反応して分解すること。

かず-おお・い [オ]【数多い】[形] 数がたくさんある。「不良品が数多く出回る」↕数少ない。

ガス-おり [0]【ガス織り】[名] ガス糸の織物。

かすか [カ]【▲微か・▲幽か】㊀[形動] ❶はっきりとみとめられないようす。あきらかでないようす。ほのか。「—にみえる」❷みるかげもないようす。あわれなようす。「—な暮らし」㊁[なり形動]〔古語〕❶ひっそりしているようす。「いと心細げに言ひても、かすかなるさまにて帰る」〈蜻蛉〉❷人目につかないようす。「北の方のかすかなる御有様をもとぶらひけると」〈平家〉

かすがい [0]【×鎹】[名] ❶材木の合わせめをつなぐための、両端のまがった大きなくぎ。❷二つのものをつなぎとめるもの。「子は夫婦の—」

普通かすがい

目かすがい

手違いかすがい

かすがい❶

かず-かぎりない【数限りない】[連語] 数えられないほど多い。「解決すべき問題は数限りなくある」

かす-かす [0][形動(の)] ❶すれすれ。かろうじて。「—で合格する」❷食べ物に水分のないようす。「—のパン」

かず-かず [カ]【数数】[名][副] いろいろ。たくさん。「—とりそろえる」「お国自慢の—」

かすが-づくり【▲春▲日造り】ヅ 名 神社建築様式の一つ。切妻(きりづま)屋根の妻のある側にひさしをつけ、正面にする。奈良の春日(かすが)大社本殿が代表的なもの。

(側面)
春日造り

かずき【▲被▲衣】(かづき) 名 古語 昔、女性が外出のとき、頭からかぶったひとえの衣服。

かずき

かず・く【▲潜く】(かづく) 古語 一 自四 水のなかにもぐる。「にほ鳥(カイツブリ)のかづく池水」〈万葉〉 二 他下二 水のなかにもぐらせる。「早き瀬に鵜(う)をかづけつつ」〈万葉〉

かず・く【▲被く】(かづく) 古語 一 他四 ❶頭にかぶる。「時雨ゆゑかづく袂(たもと)を」〈拾遺〉 ❷禄(ろく)として賜った衣などを左肩にかける。「御衣(おんぞ)かづきて侍る」〈落窪〉 二 他下二 ❶頭にかぶらせる。「まとゐ(宴)する身にふりかかる紅葉(もみぢば)は風のかづくる錦(にしき)なりけり」〈伊勢集〉 ❷ほうびとして衣などを与える。「郎等までに物かづけたり」〈土佐〉

ガス-けつ ⓪【ガス欠】名 自動車やバイクのガソリンがきれること。「—を起こす」

かずけ-もの【▲被物】(かづけ) 名 古語 労をねぎらい、てがらをほめたたえて与える衣服の類。禄(ろく)。

かず・ける【▲被ける】(かづける) ケ 他下一 (ケ/ケ/ケル/ケル/ケレ/ケロ・ケヨ) ❶他人に負わせる。せおわせる。「責任を人に—」 ❷かこつける。「病気にかずけて欠席する」 ❸かぶらせる。「ずきんを—」 **かづ・く** 文語下二

ガス-コークス コ〈gas coke〉名 石炭ガス製造の副産物としてできるコークス。

かずさ《上総》(かづさ) 昔の東海道の国の一つ。今の千葉県の中央部。

かす-じる ⓪【かす汁】【×粕汁】名 酒かすを入れたみそしる。冬

かず-しれ-ぬ【数知れぬ】連語 いくつあるかわからないほど多くの。「—鳥の群れ」

カスタード タ〈custard〉名 牛乳・鶏卵・砂糖などを混ぜ合わせ、香料を加えて調理したもの。 **—プディング** プ〈custard pudding〉名 カスタードを型に入れ、蒸し焼きにした洋菓子。カスタードプリン。

ガス-タービン タ〈gas turbine〉名 圧縮空気にガソリン・重油・天然ガスなどをまぜて燃焼させた高温・高圧のガスを使って、タービンをまわすエンジン。

カスタマー カ〈customer〉名 顧客。得意先。「—サービス」

カスタネット ネ〈castanet〉名 くりを二つに割ったような形の打楽器。舞踊の伴奏などに使う。

カスタマイズ マ〈customize〉名 他サ ❶商品を好みや注文に応じて作り替えること。 ❷コンピューターの設定を用途や好みに合わせて変えること。

カスタム カ〈custom〉名 ❶関税。また、税関。 ❷特別注文。あつらえ。「—カー」 **—メード** メ〈custom-made〉名 特別注文で作った品。オーダーメード。↕レディーメード。

ガス-タンク タ〈gas tank〉名 石炭ガスなどをためておく鉄製の円筒形または球形の大きな建造物。

ガス-ちゅうどく チュ【ガス中毒】名 一酸化炭素・毒ガスなどによる中毒。

かす-づけ ⓪【かす漬(け)】【×粕漬】名 野菜・魚類などを、酒かす・みりんかすなどにつけたもの。

カステラ ⓪〈ポ Castella〉名 こむぎ粉に卵・砂糖などをまぜて、むしやきにした菓子。

ガス-とう ⓪【ガス灯】名 ガスを使って光を得る照明器具。

かす-とり ⓪【×糟取】名 「かすとりしょうちゅう」の略。 **—焼酎**(しょうちゅう) ショ/チュ 名 ❶酒のかすにアルコールを加えてしぼりとった下等な酒。 ❷さつまいもを原料にし、かすだけをのぞいた、にわかづくりの下等な酒。

かず-とり ト【数取(り)】名 ❶数をかぞえること・道具。 ❷ものを多く取りあう遊び。

ガストロ-カメラ カ〈gastrocamera〉名 胃カメラ。

かず-ならぬ【数ならぬ】連語 文章語 取りあげて数えたてるほどの値うちのない。「—身」 参考 おもに、けんそんして使う。

ガス-ぬき ⓪【ガス抜き】名 ❶炭鉱で坑内にたまったガスを坑外に出すこと。 ❷俗語 集団や個人の内部に生じた不満や不平などの気分をとりのぞくこと。

かず-の-こ ⓪【数の子】名 にしんの卵。また、それを干すか、塩づけにして食用にしたもの。新年

ガス-マスク マ〈gas mask〉名 毒ガスなどをふせぐためにかぶる面。防毒面。

かすみ ⓪【×霞】名 ❶水蒸気や煙などで遠くがぼうっとする現象。「—がかかる」春 ⇩霧 参考。 ❷目のくもり。 ❸かすみあみ。 **—を食**(く)**う** (仙人はかすみを食って生きていると言われることから)俗世間からはなれ、さまざまな欲望を捨ててくらすことのたとえ。

かすみ-あみ ミ【かすみ網】【×霞網】名 小鳥をとらえる、細い糸の網。かすみ。秋

かすみがせき《霞が関》 ❶東京都千代田区の地名。中央官庁のあつまっている地域。 ❷外務省の所在地であることから、外務省のこと。

かすみ-そう ⓪【かすみ草】【×霞草】名 ナデシコ科の多年草。葉は線状。細かく分かれた枝に白い小さな花が咲き、かすみがかったように見える。観賞用の切り花にする。春

かすみ-め ⓪【かすみ目】【×霞目】名 角膜がにごって物の形がはっきり見えなくなること。

かす・む ⓪【×霞む】自五 (マ・モ/ミ・ン/ム/ム/メ/メ) ❶はっきり見えない。「目が—」 ❷かすみがたなびく。「山が—」春

かすめ-と・る【かすめ取る】【×掠取る】ト 他五 (ラ・ロ/リ・ッ/ル/ル/レ/レ) うばい取る。人目をごまかしてぬすむ。「領地を—」

かす・める ⓪【×掠める】他下一 (メ/メ/メル/メル/メレ/メロ・メヨ) ❶うばいとる。ぬすむ。「人の物を—」 ❷わずかにさわる。すれすれに通る。かする。「つばめがのき先を—」 ❸目をくらます。ごまかす。「人の目を—」 **かす・む** 文語下二

かず-もの ズ【数物】名 ❶数の多いもの。 ❷少しのかねで多く買える下等品。 ❸一定の数で一そろいになっているもの。「—の茶わん」

かずら ⓪【▲葛・×蔓】(かづら) 名 つるをもつ植物の総称。つるくさ。つる。

かずら ⓪【×鬘】(かづら) 名 ❶つるくさなどを髪にかざったもの。 ❷⬇かつら。

かずら-もの ⓪【×鬘物】(かづら) 名 能楽で、若い女性を主人公にした曲。三番目物。かつらもの。

かすり リ【×掠り】名 うわまえをはねること。ぴんはね。

かすり リ【▲飛▲白・×絣】名 小さい同じ模様を、たくさんおいた織物・染め物。また、その模様。

かすり-きず リ【かすり傷】【×掠り傷】名 ❶皮膚の表面をかすってできた傷。ごくわずかなけが。擦過傷(さっかしょう)。 ❷小さな損害。

かす・る ス【×掠る】他五 (ラ・ロ/リ・ッ/ル/ル/レ/レ) ❶ちょっとふれて過ぎ

る。「車がそでを─」❷うわまえをとる。

か・する【化する】 シ・セ・サ｜シ｜スル｜スル｜スレ｜シロ・セヨ ❶[自サ] 変化して他のもの、他の状態になる。「焼け野原と─」❷[他サ] 感化する。「徳をもって─」**くゎ・す** [文語サ変]

か・する【嫁する】 [自サ] シ・セ・サ｜シ｜スル｜スル｜スレ｜シロ・セヨ 〔文章語〕とつぐ。**か・す** [文語サ変]

か・する【×呵する】 [他サ] シ・セ・サ｜シ｜スル｜スル｜スレ｜シロ・セヨ 〔文章語〕❶しかりつける。とがめる。❷息を強く吹きかける。「禿筆(とくひつ)を─」**か・す** [文語サ変]

か・する【科する】 [他サ] シ・セ・サ｜シ｜スル｜スル｜スレ｜シロ・セヨ 法律によって処分する。刑罰を加える。罰としておわせる。科す。「罰金を─」**くゎ・す** [文語サ変]

か・する【架する】 [他サ] シ・セ・サ｜シ｜スル｜スル｜スレ｜シロ・セヨ 〔文章語〕上にかけわたす。「橋を─」**か・す** [文語サ変]

か・する【課する】 [他サ] シ・セ・サ｜シ｜スル｜スル｜スレ｜シロ・セヨ わりあてて負担させる。課す。「税金を─」「仕事を─」**くゎ・す** [文語サ変]

が・する【×臥する】 [自サ] シ・セ・サ｜シ｜スル｜スル｜スレ｜シロ・セヨ 〔文章語〕横になる。ふす。寝る。「病に─」**ぐゎ・す** [文語サ変]

が・する【×駕する】 [自サ] シ・セ・サ｜シ｜スル｜スル｜スレ｜シロ・セヨ 〔文章語〕❶馬・車などに乗る。❷他をしのいで上に出る。「相手を─勢い」**が・す** [文語サ変]

が・する【賀する】 [他サ] シ・セ・サ｜シ｜スル｜スル｜スレ｜シロ・セヨ 〔文章語〕よろこびを述べる。いわう。「新年を─」**が・す** [文語サ変]

かす・れる [0]【×掠れる】[自下一] レ｜レ｜レル｜レル｜レレ｜レロ・レヨ ❶声がしわがれる。❷墨やインクがじゅうぶんにつかなくて、書いたり印刷したりした文字や線がうすく消えたようになる。**かす・る** [文語下二]

ガス-レンジ [レ]〈gas range〉[名] ガスを燃料とする調理台。

かせ [カ]【×枷】[名] ❶手・首・足・首などにはめて、自由をうばう道具。「首─」❷じゃまになるもの。あしでまとい。

首かせ　手かせ　足かせ

かせ❶

かせ [カ]【×桛】[名] ❶つむいだ糸を巻いておくもの。❷かせ糸。

かぜ【風】 ❶[0][名] ❶人体に感じられる大気の動き。「─が吹く」「─を受ける」❷周囲のふんいき。「─が変わる」「─当たり」❷[接尾] 態度。ようす。「先輩─を吹かす」「臆病(おくびょう)─」─**枝(えだ)を鳴(な)らさず** 世の中が平和なようす。─**薫(かお)る** 初夏の風がここちよく吹く。(夏) ─**が吹(ふ)けば×桶屋(おけや)が×儲(もう)かる** ひとつのことが、まわりまわって、思わぬ方面に影響をあたえることのたとえ。─**に×櫛(くしけず)り雨(あめ)に×沐(かみあら)う** 風雨にさらされて、苦労するようす。櫛風(しっぷう)沐雨(もくう)。─**の神(かみ)** 風を吹かせるという神。風神(ふうじん)。─**の子(こ)** 元気なこどものこと。「こどもは─」─**の便(たよ)り** どこからともなく聞こえること。うわさ。風聞(ふうぶん)。─**の吹(ふ)き回(まわ)し** 物ごとのはずみ。「どういう─だろう」─**を切(き)る** 勢いのよいようす。「肩で風を切って歩く」─**を食(く)らう** 悪事がばれて急いで逃げる。「風をくらって逃げる」

かぜ [0]【風邪】[名] 鼻・のど・気管などのカタル性の炎症。感冒。(冬)「─をこじらす」─**は万病(まんびょう)の元(もと)** かぜはあらゆる病気のもとだから、用心しなければならない、という戒めのことば。─**を引(ひ)く** ❶かぜにかかる。❷薬品などが空気にふれて変質する。

がせ [0][名]〔俗語〕にせもの。うそ。「─をつかまされる」

かぜ-あたり [0]【風当(た)り】[名] ❶風が吹きあたること。また、その強さ。❷周囲からの非難や攻撃。「─が強い」

か-せい【苛性】[造] 皮膚などの組織をただれさせる性質。─**カリ** [カ2][名] 水酸化カリウム。白色の結晶体。中和剤・せっけんなどの原料。─**ソーダ** [ソ][名] 水酸化ナトリウム。白色・潮解性の固体。薬品・せっけんなどの原料。

か-せい [0]【化生】[名] 生物のある器官が他の形に変わり、働きも変わること。葉が針に変わるなど。

か-せい [0]【火星】[名] 太陽系の四番めの惑星。地球のすぐ外がわをまわっている。

か-せい [0]【火勢】[名] 燃える火のいきおい。

か-せい [0]【仮性】[名] 原因はちがうが、症状・性質が、真性に似ている病気。「─近視」↕真性。

か-せい [カ]【▲和声】[名] ⬇わせい(和声)。

か-せい [0]【河清】[名] 中国の黄河の濁流がきれいにすむこと。─**を待(ま)つ** とうてい実現できないことをのぞむこと。

か-せい [0]【苛政】[名]〔文章語〕人民を苦しめるむごい政治。ひどい政治。虐政。「─は虎よりも猛(たけ)し」

か-せい [0]【家政】[名] ❶一家の暮らしむき。家庭の経済。「百年─」

❷家庭の日常の生活を処理すること。また、そのやり方。家事。─**婦(ふ)** [セ][名] よその家の家事手伝いを職業とする女性。

か-せい [0]【歌聖】[名] 和歌にもっともすぐれた人。歌の名人。歌仙(かせん)。「─柿本人麿(かきのもとのひとまろ)」

か-せい [0]【加勢】[名][自サ] 対抗している人・集団の一方に加わって、力をかすこと。また、その人。

か-せい [0]【化成】〔文章語〕❶[名][自他サ] ❶他の物に形を変えること。❷化合して他の物質になること。❷[名][他サ] 育てて成長させること。

か-ぜい [0]【苛税】[名]〔文章語〕苛酷(かこく)な税。重税。

か-ぜい [0]【寡勢】[名] すくない人数。無勢(ぶぜい)。↕多勢。

か-ぜい [0]【課税】[名][自サ] 税を課すること。また、課した税。「累進─」

が-せい [0]【画聖】[名] もっともすぐれたえかき。「─雪舟(せっしゅう)」

が-せい [ガ]【賀正】[名]〔文章語〕⬇がしょう。

かせい-がん [セ]【火成岩】[名] 岩漿(がんしょう)が地表または地下でひえ固まってできた岩石。

かせ-いと [0]【×桛糸】[名] かせに巻いた糸。かせ。

カゼイン [ゼ]〈ドKasein〉[名] 動物の乳に特有のたんぱく質。栄養価が高い。接着剤ともなる。

か-せき [0]【化石】[名] ❶地中の水成岩などの中にのこった地質時代の動植物の遺体や遺跡。❷まったく進歩・発展しないもののたとえ。「─的な存在」─**燃料(ねんりょう)** [ネ][名] 太古の動植物の遺骸が、地中で長い時間をかけて変成してできた有機物。石油・石炭・天然ガスなど。

かせぎ [カ]【稼ぎ】[名] ❶かせぐこと。はたらき。「出─」❷かせいで得た収入。かせぎ高。「─がすくない」❸仕事。

が-せき [0]【瓦石】[名]〔文章語〕❶かわらと石。がれき。❷とるにたらないもの。つまらないもの。

かせぎ-だか [ギ]【稼ぎ高】[名] はたらいて得た収入の額。

かぜ-ぎみ [0]【風邪気味】[名] かぜをひいた心持ち。かざけ。かぜごこち。(冬)

かせ・ぐ [セ]【稼ぐ】ガ・ゴ｜ギ・イ｜グ｜グ｜ゲ｜ゲ ❶[自五] 精だしてはたらく。一心によくはたらく。❷[他五] ❶はたらいて収入を得る。もうける。「学費を─」❷自分に有利な状態にもっていく。「時間を─」**稼げる** [自下一]〔…できる〕

かぜ-くさ [0]【風草】[名] イネ科の多年生植物。道ばたにむらがりはえ、緑色の穂をつける。かぜしりぐさ。ふうちそう。(夏)

かぜ-ぐすり [グ]【風邪薬】[名] かぜをなおす薬。かざぐすり。(冬)

かぜ-け ⓪【風邪気】名 ⇒かざけ。冬

かぜ-ごえ ⓪【風邪声】(かぜごゑ) 名 ⇒かざごえ。冬

かぜ-ごこち ③【風邪心地】名 ⇒かざぎみ。冬

かぜしり-ぐさ ①【風知草】名 かぜくさ。

かぜ-たいふう ③/⑤【風台風】名 雨の量が少なく、強風による影響のほうが大きい台風。↕雨台風。

かぜたちぬ《風立ちぬ》堀辰雄(ほりたつお)の中編小説。一九三六―三八年に発表。婚約者の死を見つめながら死を越えて生きることの意味を追求したもの。

か-せつ ⓪【仮説】名 事実を合理的に説明するために、かりにたてた理論。仮定。

か-せつ ㋕【佳節】名〔文章語〕めでたい日。よい日。祝日。「菊花(きっか)の―」

か-せつ ⓪【仮設】名 他サ かりに設置すること。「―の橋」

か-せつ ⓪【架設】名 他サ かけわたし、とりつけること。「鉄橋を―する」

カセット ㋝〈cassette〉名 ❶録音テープやビデオテープを収めた、小型で平たい着脱用のケース。❷カセットテープ。 **―テープ** ㋢〈cassette tape〉名 カセットに収めた、録画・録音用の磁気テープ。 **―デッキ** ㋢〈cassette deck〉名 カセットテープを録音・再生する装置。

かぜ-とおし ⓪【風通し】(かぜとほし) 名 風が吹き通すこと。かざとおし。「―のいいへや」

がせ-ねた ⓪ 名〔俗語〕でたらめの情報。

かぜのまたさぶろう《風の又三郎》宮沢賢治(みやざわけんじ)の童話。一九三一年前後の作。村の小学校に突然あらわれた、ふしぎな男の子と少年たちとの幻想的な話。

かぜ-まち ⓪【風待ち】名 ⇒かざまち。

かぜ-みち ⓪【風道】名 ⇒かざみち。

かぜ-むき ⓪【風向き】名 ⇒かざむき。

かぜ-よけ ⓪【風よけ】【風×除】名 ⇒かざよけ。冬

か・せる ⓪ 自下一 (セ・セ・セル・セル・セレ・セロ・セヨ) 傷などの表面が、かさぶたになる。 **か・す** 文語下二

か-せん ⓪【下線】名 強調し、注意をうながすために、文字や記号の下に引く線。アンダーライン。

か-せん ⓪【化繊】名「化学繊維」の略。

か-せん ⓪【火×箭】名〔文章語〕火のついている矢。ひや。

か-せん ⓪【火線】名〔文章語〕直接、敵と射撃しあう最前線。

か-せん ㋕【河川】名 大小のかわ。かわ。 **―敷**(しき) ㋝名 河川の敷地として法律で定められた土地。堤防・河原もふくむ。

か-せん ⓪【架線】名 電線をかけわたすこと。かけわたした電線。参考 工事関係では「がせん」という。

か-せん ⓪【寡占】名 少数の企業が、商品市場を支配している状態。「―経済」

か-せん ㋕【歌仙】名 ❶和歌の名人。❷連歌・俳諧(はいかい)で、三十六句を続けてつくり、一体としたもの。

か-ぜん ⓪【果然】副 はたして、やっぱり。案のじょう。「予想が―的中した」

が-ぜん ⓪【×俄然】副 にわかに。たちまち。急に。とつぜん。「―攻勢に転ずる」

がせん-し ㋝【画箋(仙)紙】名 もと中国産の、白色大判の書画用紙。

か-そ ⓪【可塑】適 固体に圧力を加えたとき、形が変わること。粘土などの性質。「―性」 **―剤**(ざい) ㋡/⓪名 合成樹脂などにまぜて、可塑性をつくり出すもの。

か-そ ㋕【過疎】名 ある地域の人口が少なくなりすぎること。「―地帯」↕過密。

が-そ ㋡【画素】名 映像や文字を点の集合として表現するときの要素となる一つ一つの点。ピクセル。

か-そう ⓪【下層】名 ↕上層。❶かさなったものの、下のほう。❷社会的地位や生活水準の低い階層。「―社会」

か-そう ⓪【家相】名 吉凶に関係があるとする、家の向き・構造・位置など。

か-そう ⓪【仮装】名 自サ ❶かりに他のものの姿をよそおうこと。かりのふんそう。変装。❷かりの装備。 **―行列**(ぎょうれつ) ㋘名 思い思いに仮装した人々が、ねりあるく行列。 **―舞踏会**(ぶとうかい) ㋣名 めいめい仮装した人があつまってもよおす舞踏会。

か-そう ⓪【火葬】名 他サ 死体を焼いてほうむること。↕水葬・土葬・風葬。

か-そう ⓪【仮葬】名 他サ かりの葬儀をすること。↕本葬。

か-そう ⓪【仮想】名 自他サ かりにそうだと思うこと。想像。「―敵国」 **―通貨**(つうか) ㋡名 インターネット上で、通貨のように送金や決済につかう電子データ。暗号通貨。参考 国や中央銀行による保証がなく、価値が変動する点で、電子マネーとは異なる。二〇一九年、法改正により法令上は「暗号資産」と改称された。

か-ぞう ⓪【架蔵】名 他サ〔文章語〕書物をたなにのせて所蔵すること。「―の古写本」

か-ぞう ⓪【家蔵】名 他サ〔文章語〕家に所有していること。また、その物。「―のよろい」

か-ぞう ⓪【加増】名 自他サ ❶くわわり、ふえること。くわえ、ふやすこと。増加。❷領地・禄高(ろくだか)を増加すること。

が-ぞう ⓪【画像】名 絵にかいた姿・肖像。

かぞえ ③【数え】(かぞへ) 名 数え年。「―で十六歳」↕満。

かぞえ-あ・げる ㋘【数え上げる】(かぞへ) 他下一 (ゲ・ゲ・ゲル・ゲル・ゲレ・ゲロ・ゲヨ) ❶一つ一つかぞえてならべあげる。かぞえたてる。「人の短所を―」❷かぞえおわる。 **かぞへあ・ぐ** 文語下二

かぞえ-うた ③【数え歌】(かぞへ) 名「ひとつとや」「ふたつとや」のうたい出しで、数を追ってうたう歌。

かぞえ-た・てる ㋢【数えたてる】(かぞへ) 他下一 (テ・テ・テル・テル・テレ・テロ・テヨ) かぞえあげる。 **かぞへた・つ** 文語下二

かぞえ-どし ③【数え年】(かぞへ) 名 生まれた年を一歳、翌年を二歳としてかぞえる年齢。↕満年齢。

かぞえ-び ③【数え日】(かぞへ) 名 ❶年内の残りの日を指折りかぞえること。また、その残り少ない日。冬 ❷書き入れ時の日。利益の多い日。

かぞ・える ③【数える】(かぞへる) 他下一 (エ・エ・エル・エル・エレ・エロ・エヨ) ❶数を調べる。かんじょうする。❷ならべあげる。列挙する。「罪状を―」 **かぞ・ふ** 文語八下二 **―ほど** ほんの少し。「―しかない」

かそか ㋕ 形動 (ダロ・ダッ・デ・ニ・ダ・ナ・ナラ・〇)〔文章語〕かすか。

か-そく ⓪【加速】名 自サ 速度をはやめること。しだいにはやくなること。「すぐれた―性能」↕減速。 **―度**(ど) ㋗/㋡名 ❶単位時間における、速度の増加の割合。❷ますます速度や勢いが増すこと。「―的に人口がふえる」

か-ぞく ㋕【家族】名 夫婦・親子など、婚姻・血縁関係で結ばれている生活共同体。 **―合**(あ)**わせ** ㋐名 五十枚(十家族分)の札をくばって、同じ家族の札を多くそろえたほうを勝ちとする遊び。 **―計画**(けいかく) ㋘名 経済状態や母親の健康を考えて、計画的にこどもを産むこと。産児制限。 **―主義**(しゅぎ) ㋛名 雇い主と使用人などの関係を家族の間がらのようにしようとするやりかた。 **―制度**(せいど) ㋝名 ❶家族を社会構成のもととする制度。「―の長所短所」❷その社会の慣習・法律などによって性格を規定された家族の形態。 **―葬**(そう) ㋗名 家族や親族だけで行う葬儀。

か-ぞく ㋕【華族】名 明治維新のときに定められた憲法

で、族称の一つ。士族の上。公・侯・伯・子・男の爵位をもっていたものとその家族。↕士族・平民。参考 一九四七年、日本国憲法施行により廃止。

が-ぞく ガ【雅俗】名 雅と俗。みやびやかなことと、俗っぽいこと。

かそけ-し【幽けし】形ク〔古語〕かすかだ。ほのかだ。「わが宿のいささ群竹(ホンノ少シバカリノ竹群)吹く風の音のかそけきこの夕べかも」〈万葉〉

カソリック リ〈Catholic〉名 ➡カトリック。

ガソリン 0〈gasoline〉名 自動車・航空機などの燃料。ガス。揮発油。 **―スタンド** タ〈gasoline stand〉名〔和製英語〕自動車用のガソリンを売る所。

かた【方】 一 タ 名 ❶むき。方向。方面。「南の―」❷「人」の尊敬語。「ご希望の―」参考 人をさすのに「このかた・そのかた・あのかた・どのかた」のようにも用いる。また、「こちら・そちら」などと言うよりも敬意は高い。「おかた」となると、敬意はいっそう強まる。二 接尾 ❶手段。方法。「教え―がいい」❷かかりの人。かかり。「会計―」❸他人の家に住んでいるとき、その家の主人の名の下につける語。「鈴木太郎―」⇩気付 参考。❹人数をかぞえる尊敬の言い方。「おふた―」「お三―」

かた【片】 一 タ 名 一方。片方。「―や横綱、―や大関」二 造 ❶一対のものの一方だけ。❷そろわない意味。不完全なようす。「片言」❸わずかの意味。「片時」❹かたよっているようす。「片いなか」 **―が付く** 始末がつく。 **―を付ける** 始末をつける。処理する。

かた タ【形】名 ❶かたち。❷もよう。❸あとかた。形跡。「手の―」❹抵当。「とけいを―に千円借りる」

かた カ【肩】名 ❶首の下から腕や前肢にかけての部分。❷物の上のほうのかどにあたる部分。「用紙の右の―に名前を書く」❸野球や力仕事で、投げたりかついだりする力の強さ。「―がいい選手」 **―が軽くなる** 肩のこりがとれて楽になる。 **―で息をする** 苦しそうに、はあはあと息をつく。 **―で風を切る** 肩を振り、いばって歩くようす。とくいなようす。 **―に掛かる** 責任が加わる。「会社の将来が新人の―」 **―の荷が下りる** 責任や負担がなくなってほっとする。 **―を怒らす** ❶肩を高く張ってつき立てる。❷たかぶった態度をとる。 **―を入れる** 熱心に応援する。助力する。 **―を落とす** 力を落としてがっくりする。 **―を並べる** ❶ならんで立つ。❷対等の位置に立つ。同じような勢い・力をもつ。 **―を持つ** 味方をする。ひいきする。

かた タ【型】名 ❶もとになる形。ひながた。わく。❷きまった大きさ。サイズ。「なみの―」❸特徴をよく示している形態。タイプ。「同じ―の車」❹鋳型。❺紙型。❻手本。きまり。「―どおりのあいさつ」 **―に嵌まる** 一定のわくにはまって特徴のないようす。平凡なようす。マンネリズムにおちいる。 **―の如く** かたどおりに。きまりどおり。「―式を終えた」

かた タ【潟】名 ❶海岸にあり、海からわかれてできた湖沼。ラグーン。❷遠浅の海岸でしおがひくと底のあらわれる所。ひがた。

か-た カ【×夥多】名 形動〔文章語〕きわめて多いこと。

か-た カ【過多】形動 ダロ・ダッ・デ・ニ ダ・ナ・ナラ・○ 多すぎること。過剰。「人口―」↕過少。

がた【方】 接尾 ❶複数の人を尊敬していう語。「あなた―」「先生―」❷だいたいの程度・数量。「二割―多い」❸時分。ころ。「朝―」❹所属。方角。「敵―」「西―」

がた【型】 造 その特徴をもっていること。タイプ。「大型の台風」「努力型」

がた ガ 名〔俗語〕こわれかかって、がたがたになること。ぐあいがわるくなること。「機械に―が来る」

かた-あげ タ【肩上げ】名 こどもの着物のゆきを調節するため、肩の所で縫いあげること。また、その部分。「―をおろす」↕腰上げ。

かた-あし 0【片足・片脚】名 一方のあし。

かた-あて タ【肩当(て)】名 ❶ものをかつぐとき肩に当てるもの。❷衣服の、肩の裏につける布。❸寝るとき肩に当てて、冷えをふせぐもの。

カタール《Qatar》アラビア半島のペルシャ湾岸にある首長国。正式名称はカタール国。一九七一年独立。首都はドーハ。

か-たい 0【下×腿】名 ひざから足首までの部分。↕上腿。

か-たい 0【過怠】名 ❶〔文章語〕あやまち。てぬかり。過失。❷中世以後、罰として金品をおさめさせたり、労役につかせたりしたこと。また、その金品や労役。

か-たい 0【歌体】名 和歌の形体。

かた-い【▲乞×丐】ゐ 名〔古語〕❶こじき。❷人をののしっていう語。

かた・い 0 形 カロ・カッ・ク・イ・イ・ケレ・○ 一【堅い】❶木材などの質が強い。「―木」↕やわらかい。❷まじめで、まちがいがない。堅実だ。「―人物」「―商法」「結婚してから人が変わって堅くなった」❸たしかでくずれない。「城の守りが―」「意志が―」「―約束」↕もろい。❹きっちりとして、堅固である。「―結び目を解く」↕ゆるい。❺きびしい。「―おきて」↕ゆるい。❻実現の見込みが確実だ。「合格は―」二【固い】❶かたまったものがくずれない。とけにくい。「団結が―」「―あめ玉」↕もろい・やわらかい。❷流動体の水分が少ない。「―かゆ」↕やわらかい・ゆるい。❸気持ちがいちずである。「固く信じる」❹ゆうずうがきかない。がんこだ。「頭が―」三【硬い】❶鉱物などの質が強い。「―石」↕やわらかい。❷ひきしまってきつい。「―顔つき」「―表現」❸緊張して動作などがぎこちない。「初出場で硬くなった」かたさ 名 かた・し 文語ク

かた・い 0【難い】形 カロ・カッ・ク・イ・イ・ケレ・○ むずかしい。困難である。「守るにやすく攻めるに―」↕やすい。**難さ** 名 **かた・し** 文語ク

か-だい 0【仮題】名 かりの題名。

か-だい 0【架台】名 ❶足場にする台。❷鉄橋などをささえる台。

か-だい 0【歌題】名 和歌の題。

か-だい 0【課題】名 ❶問題をあたえること。また、あたえられた問題。「―図書」「夏休みの―」❷解決しなければならない問題。「今後の―」

か-だい 0【過大】形動 ダロ・ダッ・デ・ニ ダ・ナ・ナラ・○ 大きすぎること。↕過小。 **―評価** ヒョ 名 実際よりも大きくねぶみすること。よく見すぎること。↕過小評価。

がた・い【難い】 接尾〔動詞の連用形について、形容詞をつくる〕そうすることが困難である意味をあらわす。…にくい。「得―」「協力し―」

が-だい 0【画題】名 絵につけた題目。

かた-いき イ【片息】名 苦しそうな息。「―をつく」

かた-いじ 0【片意地】名 形動 がんこに自分の考えを通そうとすること。また、そういう性質。「―を張る」

かた-いっぽう イ【片一方】名 二つあるもののうちの一方。片方。

かた-いと 0/イ【片糸】名 よりあわせる前の糸。 **―の** 枕「よる」「くる」「あふ」にかかる。

かた-いなか イ【片田舎】ゐなか 名 都会から遠くはなれたいなか。へんぴないなか。

かた-いれ [0]【肩入れ】[名] ひいきして助力すること。加勢。「一方に―する」

かた-うた [タ]【片歌】[名] 和歌の歌体の一つ。上代の歌謡に見え、五、七、七の三句からなるもの。

かた-うで [0]【片腕】[名] ❶片方の腕。❷もっとも頼りになる人。「主人の―となってはたらく」

かた-うど【方▲人】[名][古語]（「かたびと」の変化）❶歌合わせなど、二派に分かれて競うもよおしの一方の構成員。❷ひいき。味方。「平家の方人する者ここにあり」〈平家〉

かた-うらみ [0]【片恨み】[名] 一方的に恨むこと。

かた-え [0]【▲傍】[名] かたわら。そば。

かた-おか [0]【片丘】【片岡】[名] 片方が高く、他の一方がなだらかに低くなっている丘。

かた-おき [0]【型置き】[名] 型紙をおいて模様を染めつけること。

かた-おち [0]【型落ち】[名][自サ] 新型製品の発売によって古い型式となった製品。「―のパソコン」

がた-おち [0]【がた落ち】[名][俗語] ❶質・値段などが急にさがること。急落。「成績が―だ」❷ひどくおとること。

かた-おなみ [オ]【片▲男波】[名][文章語]（「かた(潟)を無み」の音をもじって）おなみ。

かた-おもい [オ]【片思い】[名] 一方だけが恋いしたい、相手はなんとも思っていないこと。かた恋。

かた-おや [0]【片親】[名] ↔ふたおや。❶父か母のどちらか一方。「―を失う」❷両親のうち、片方しかいないこと。「―で育つ」

かた-がき [0]【肩書(き)】[名]（名刺などで氏名の右肩に書いたことから）人の職業や役職。「―がすばらしい」

かた-かけ [タ]【肩掛(け)】[名] ❶防寒のため、首から肩にかける布。ショール。[冬] ❷肩にかけること。「―のかばん」

かた-かげ [カ2]【片陰】[名] ❶一方によったかげの所。ものかげ。❷日かげ。[夏]「土蔵の―」

かた-かた [タ]【片方】[名] 片いっぽう。かたほう。

かたがた [接尾]（副詞をつくる）…がてら。「見舞―たずねる」

かた-がた [タ]【方方】㊀[名] ❶「人々」のうやまった言い方。「父兄の―」❷あなたがた。みなさまがた。㊁【かたがた】[副] あれこれ。さまざま。「―考えめぐらす」

かた-がた [タ]【かたがた】【×旁】[接続] 一方では。ついでに。

がた-がた ㊀[ガ1][と][副][自サ] ❶かたいものがふれあって音を出すようす。また、その音。「窓が―いう」❷恐れや寒さでからだがふるえるようす。㊁[0][形動](の) こわれかかっているようす。「―になった家」

かた-かな [カ2]【片仮名】[名] かなの一種。おもに漢字の一部分を取ってつくった直線的な形の表音文字。「カ・ネ」など。↔ひらがな。**―語** [0][名]（片仮名で表記されることから）主として欧米からの借用語。外来語。

かたかま-やり [マ]【片鎌×槍】[名] やりの穂の片側に枝の出ているやり。

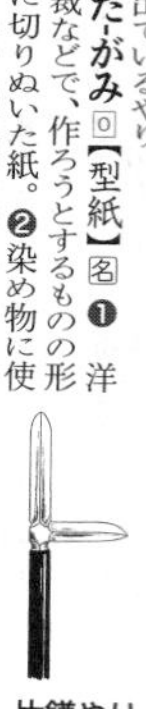
片鎌やり

かた-がみ [0]【型紙】[名] ❶洋裁などで、作ろうとするものの形に切りぬいた紙。❷染め物に使うために、模様の形を切り抜いた紙。

かた-がわ [0]【片側】[名] 一方のがわ。↔両側。**―町** [ワ][名] 道の一方のがわにだけ家並みのある町。片町。かたかわまち。

かた-がわり [ガ]【肩代(わ)り】[名] 負担・契約を、別の人に移してまかせること。

かたき [キ]【敵】[名] ❶争いの相手。てき。❷うらみのある相手。あだ。「親の―」❸勝負事の相手。「碁―」

かたき [キ]【難き】[名] むずかしいこと。困難。「やすきにつき、―をさける」↔やすき。

かた-ぎ [0]【▲気▲質】[名] 同じ環境・職業・年齢などの人が共通してもつ性質の特徴。「職人―」「昔―の祖父」

かた-ぎ [0]【形木】[名] ❶布や紙に模様をすりつけるために、ある形をほりこんだ板。❷版木。

かた-ぎ [0]【堅気】㊀[名][形動] じみで、まじめなこと。実直。「―な人」㊁[名] じみで堅実な仕事についていること・人。「―になる」

かたき-うち [キ]【敵討ち】[名] あだうち。

かた-ぎぬ [タ]【肩▲衣】[名] ❶昔、肩や背中だけをおおう、庶民が着た上着。❷武士の礼服で、そでがなく、肩から背中をおおうもの。小そでの上に着る。⇩長かみしも(図)。

かたき-やく [0]【敵役】[名] ❶歌舞伎で悪人の役。悪役。悪形。❷にくまれる役目。うらみをうける役。

か-たく [0]【火宅】[名]【仏】この世。しゃば。[参考] 煩悩・苦しみにみちたこの世を、火事でもえる家にたとえた語。

か-たく [0]【家宅】[名] 住宅。家屋敷。すまい。「―捜索」

か-たく [0]【仮託】[名][自サ] かこつけること。「童話に―して教える」

かた-くち [0]【片口】[名] ❶（争い合っている）一方だけの言いぶん。一方口。かたこと。❷一方にだけ、注ぎ口のある鉢や長柄のちょうし。**―×鰯** [イ][名] カタクチイワシ科の海水魚。まいわしよりやや小形。日本近海で多産。生で食べるほか、煮干し・ごまめなどにする。

かた-ぐち [タ]【肩口】[名] 肩の先のほう。「―に斬りつける」

かたくな [0]【▲頑】[形動] ダロ・ダッ・デ・ニ・ダ・ナ・ナラ・○ 心がひねくれていて、がんこなようす。ごうじょうで、かたいじなようす。「―に口をつぐむ」↔すなお。

かたく-ない【難くない】[連語]（「…に難くない」の形で）むずかしくない。容易である。「想像に―」

かたくな・し【▲頑し】[形シク][古語] ❶がんこだ。へんくつだ。「いとをこに（愚カデ）かたくなし、入道の心ばへ（心情）」〈源氏〉❷おろかだ。気がきかない。「心をやりて言ふも、かたくなしく見ゆ」〈源氏〉❸見ぐるしい。みっともない。「いみじくしどけなく（ダラシナク）かたくなしく」〈枕〉

かた-くり [タ]【片×栗】[名] ユリ科の多年生植物。山地にはえる。春、うす紫色のゆりに似た花が咲く。地下茎からでんぷんをとる。[春] **―粉** [リ][ク][名] かたくりの地下茎からとったでんぷんを精製したもの。料理・菓子用。[参考] 市販品はジャガいものでんぷんで代用する。

かた-くるし・い [シ]【堅苦しい】[形] カロ・カッ・ク・イ・イ・ケレ・○ うちとけず、しかつめらしい。きゅうくつだ。「―話」**堅苦しがる** [自五] **堅苦しげ** [形動] **堅苦しさ** [名] **かたくる・し** [文語シク]

かた-ぐるま [グ]【肩車】[名] ❶人を両肩にまたがらせてかつぐこと。かたうま。❷柔道の投げわざの一つ。

かた-け [0]【片▲食】[名]（一日に二回食事をしていた習慣から）一度の食事。一度の食事の量。「ひと―の飯」

かた・げる [ゲ]【▲担げる】[他下一] ゲ・ゲ・ゲル・ゲル・ゲレ・ゲロ・ゲヨ かつぐ。肩にのせる。**かた・ぐ** [文語下二]

かた・げる [ゲ]【▲傾げる】[他下一] ゲ・ゲ・ゲル・ゲル・ゲレ・ゲロ・ゲヨ かたむける。かしげる。「首を―」**かた・ぐ** [文語下二]

かた-こい [0]【片恋】[名] 片おもいの恋。

かた-こう [0]【形鋼・型鋼】[名] 断面が特定の形になるようにつくった棒状の鋼材。H形鋼・山形鋼などがある。

かた-ごし [0]【肩越し】[名] 人の肩の上を越して何かをすること。「―にのぞき込む」

かた-こと [0]【片言】[名] ❶ことばの一部分。❷幼児や外国人の不完全にしかしゃべれないことば。「―の英語」

がた-ごと 0 （と）副 かたく重い物がぶつかりあって出る音をあらわす語。「電車に―揺られる」

かた-こり タ【肩凝り】名 肩のあたりが張って、重く感じられること。

かた-さき 0【肩先】名 肩の先のほう。肩口。

かた-しき 0【型式】名 自動車・航空機・工作機械などを特徴づける、基本的な構造・外形・機能など。モデル。「―番号」

かた-し-く【片敷く】他四〔古語〕自分の衣の片そでだけを下に敷いて寝る。ひとり寝のようす。「きりぎりす鳴くや霜夜のさむしろに衣かたしき一人かも寝む」〈新古今〉参考 古く、男女が共寝をする時、互いの衣服の袖を敷き交わして寝た。

かたじけな-い【×忝い・▲辱い】㊀ ナ 形 ❶おそれおおい。もったいない。「―仰せ」❷ありがたい。〔文章語〕「ご協力―」 **かたじけなさ** 名 **かたじけな・し** 文語ク ㊁ 形ク〔古語〕恥ずかしく、面目がない。「我ながら、かたじけなく屈しにける（フサギ込ンデイル）心のほど思ひ知らる」〈源氏〉

かたじけなく-する ナ【×忝く・▲辱くする】他サ （上の語を受けて）光栄にも…していただく。…してくださって、ありがたい。「大統領の御臨席を―」

かた-しろ 0【形代】名 ❶神を祭るとき神霊のかわりとしてすえておくもの。❷みそぎ・はらいに人のかわりに使う人形。❸身がわりのもの。

かた-じん 0【堅人】名 ものがたい人。実直な人。かたぶつ。

かた-す タ【片す】他五 ❶かたづける。整理する。「食器を―」❷片方に移す。かたよせる。「わきへ―」

かた-ず 0【固唾】名（ふるく「かたつ」とも）息をこらすときなどに、口中にたまるつば。参考「かたづ」のように「づ」を用いて書いてもよい。**―を×呑む** 緊張して一心になりゆきを見まもるようす。

かた-すかし ス【肩透(か)し】名 ❶相撲の手の一つ。押してくる相手の肩に手をかけ、身をかわして引きたおす。❷気負って向かってくる相手を、うまくそらすこと。

カタストロフィー ロ/タ〈catastrophe〉名 ❶劇・小説などのおおづめ。終幕。❷物事の悲劇的な結末。破局。

かた-すみ 0【片隅】名 一方のすみ。すみ。

かた-ずみ 0【堅炭】名 質のかたい木でつくった、火力の強い木炭。あらずみ。㊇

かた-ぞう 0【堅蔵】名 堅人。人の名まえらしくした言い方。

かた-そぎ 0【片そぎ】【片▲削ぎ】名 ❶一方をそぎおとすこと。また、そぎおとしたもの。❷神殿の千木の片がわをそぎおとしたもの。

かた-そで 0【片袖】名 ↕両袖。❶片方のそで。❷机で、片がわだけに下までの引出しがついていること。

かた-ぞめ 0【型染(め)】名 型紙をおいて模様を染めたもの。かたつけ。

かた-たがえ【方▲違】―たがへ 名〔古語〕平安時代に、外出のとき、天一神などのいるという方向をさけたこと。

かた-たたき タ2【肩たたき】【肩×叩き】名 ❶肩のこりをほぐすために、肩をつづけてたたくこと。また、その道具。❷（相手の肩を軽くたたいて頼んだりすすめたりすること）退職をすすめること。

かた-だより ダ【片便り】名 手紙を出したのに、返事がこないこと。

かたち 0【形】名 ❶目で見たり手で触ったりして知りうる物のかっこう。外形。「豆腐は―が崩れやすい」❷表面の見せかけ。名目。「もらったという―にして買う」❸実質がなく、形式だけを作ること。「―ばかりのお礼」❹外見的な姿。㋐姿勢。態度。服装。「―を改めてお目にかかる」㋑顔つき。容姿。「顔―」「―のいい人」

かたち-づく-る ク【形作る】他五 ❶形を作りあげる。❷けしょうする。身づくろいする。❸構成する。「組織を―」 **形作れる** 自下一〔…できる〕

かたち-ばかり バ【形ばかり】名 副 ほんの形式だけであるようす。「―のお祝い」

かたち-びと【形人】名〔古語〕きりょうのよい人。美人。

かた-つき タ【肩つき】名 肩のようす。「ほっそりした―」

かた-つき タ【型付(き)】【型▲附】名 衣類などで、型紙で染めた模様のあるもの。

かた-づ-く ヅ【片付く】自五 ❶きちんとまとまる。整理される。❷【▲嫁く】嫁入りする。とつぐ。

がた-つ-く 0 自五 ❶物がぶつかりあって、がたがた音がする。「風で雨戸が―」❷安定した調和がくずれて、ごたごたする。「チームが―」 **がたつき** 名

かた-つけ 0【型付け】【型▲附け】名 かたぞめ。

かた-づ-ける ケ【片付ける】他下一 ❶ととのえる。始末をつける。「へやを―」「宿題を―」❷【▲嫁ける】嫁入りさせる。とつがせる。❸〔俗語〕じゃまものをいなくする。殺す。**片付け** 名

がた-っ-と タ 副 ❶なにかが動いた音をあらわす語。❷急に落ちたり、傾いたりするようす。❸急にわるいほうにかわるようす。「売り上げが―落ちる」

かたっ-ぱし 0【片っ端】名 ❶⬇かたはし。❷（「片っ端から」の形で）物事を順々にいきおいよくするようす。「―からかたづける」

かたっ-ぽう タ【片っ方】名〔俗語〕かたほう。

かたつむり ツ【×蝸▲牛】名 腹足綱に属する陸生の巻貝の総称。夏、湿気のある木の枝などをはう。二対の触角をもち、長いほうの先に目がある。でんでんむし。まいまいつぶり。㊦

かた-て 0【片手】名 ❶一方の手。❷〔俗語〕五、五十、五百など、五のつく金額をいう。❸かたておけ。**―×桶** オ 名 片方にとってのあるおけ。**―鍋** ナ 名 片側にだけ長い取っ手がついているなべ。**―業** 0 名 ❶一方の手だけでするわざ。❷副業。内職。

かたておち 0【片手落ち】名 形動(の) 一方だけにかたよっているようす。不公平。

かた-てま 0【片手間】名 本業のあいま。また、あいまにする仕事。内職。片手わざ。「―ではできない」

かた-どおり ド【型どおり】【型通り】形動(の) 一定の型のとおりであること。方式どおり。「―の式をおこなう」

かた-とき 0【片時】名 ごくわずかの時間。へんじ。「―もわすれない」**―去らず** ほんのわずかな間もはなれることなく。いつも。しじゅう。「―亡き母を思う」

かた-ど-る ド【▲象る】他五 形に似せて写しとる。まねる。「山水を―」 **かたどれる** 自下一〔…できる〕

かたな ナ【刀】名 ❶刀剣類の総称。❷片刃のはもの。❸武士がわき差しと共に腰につけた大刀。**―折れ矢尽きる** ❶戦う手段が全くなくなってしまう。❷物事をつづける方策がなくなる。**―に懸けても** 武士が刀を使ってでも。腕ずくでも。**―の×錆** 刀で切られて死ぬこと。「―となる」**―の手前** 武士の面目上。「―あとへはひけぬ」

かたなかじ ナ【刀鍛冶】名 刀をつくる職人。刀工。

かた-ながれ ナ【片流れ】名 屋根の傾斜が、一方にだけ

ついているもの。↕両流れ。⇩屋根(図)。―造り ツ 名 片流れの屋根のある家のつくり方。

かた-なし ⓪【形無し】名 形動 みじめなようす。面目がないこと。「こう負けてばかりいては―だ」

かた-ならし ナ【肩慣(ら)し】名 ピッチャーなどが、ボールをかるく投げて、肩の調子をととのえること。

かた-ねり ⓪【固練り】名 水分を少なくしてかために練ること。また、練ったもの。「―のようかん」↕半練り。

かだ-の-あずままろ《荷田春満》一六六九―一七三六。江戸時代中期の国学者・歌人。国学四大人のひとり。

かた-は ⓪【片刃】名 片がわにだけ刃のついている刃物。かたば。↕諸刃・両刃。

かた-はい ⓪【片肺】名 ❶片方の肺。❷飛行機の片方のエンジン。また、それだけが動いていること。「―飛行」

かた-はし ⓪【片端】名 ❶一方の端。❷一部分。わずか。「医学の―をかじる」

かた-はだ ⓪【片肌】【片▲膚】名 片方の肩のはだ。↕もろはだ。―を脱ぐ ❶片方の肩だけ、はだぬぎになる。❷すけだちをする。加勢する。「君のために―」

かた-はば ⓪【肩幅】名 両肩の端から端までの長さ。

かた-ばみ ⓪【▲酢×漿▲草】名 カタバミ科の多年生植物。春から秋にかけ、黄色の五弁の小花が咲く。実は細長く筒状で、熟すとはじけ飛ぶ。茎・葉は酸味がある。すいものぐさ。(夏)

かたばみ

かたはら-いた-い タ2【片腹痛い】形 カロ・カッ・ク・イ・イ・ケレ・○ 「「傍痛し」の「傍(かたはら)」を「カタハラ」とよみ、「片腹」とあやまったもの)おかしくてたまらない。こっけいである。

かたはら-いた-し【傍痛し】形ク 古語 ⬇かたわらいたし。

カタパルト バ〈catapult〉名 艦船から飛行機をうちだす装置。

かた-ばん ⓪【型番】名 製品のそれぞれの型につけられた番号。

かた-パン ⓪【堅パン】【堅▲麺×麭】名 ❶堅焼きのパン。❷⬇かんパン。

かた-びさし ビ【片びさし】【片×庇】名 ❶片流れのひさし。❷粗末なさしかけの屋根。

かた-ひじ ⓪タ【肩肘】名 肩と肘。―張る 堅苦しい態度をとる。

がた-ぴし ガ 副 自サ ❶物がぶつかりあう音をあらわす語。❷たてぐのたてつけの悪いようす。「障子が―だ」❸組織がたるんで、はたらきがにぶっているようす。「―の会社」

かた-びら ⓪ビ【×帷▲子】名 ❶ひとえの着物。特に、あさ・絹のひとえもの。(夏) ❷古語 几帳・帳などに使う布。

カタピラー タ〈caterpillar〉名 ⬇キャタピラー。

かた-ぶ-く ブ【▲傾く】自五 カ・コ・キ・イ・ク・ク・ケ・ケ ⬇かたむく。

かた-ぶつ ⓪【堅物】名 きまじめで、ゆうずうのきかない人。かたじん。かたぞう。「あの男は―だ」

かた-ぶとり ⓪テ【堅太り】【固▲肥り】名 筋肉のひきしまった、ふとりかた。

かた-ほ ⓪【片帆】名 ❶二つある帆の一方。❷帆を片方にかたむけてあげること。↕真帆。

かた-ほ【▲偏・片▲秀】なり形動 古語 ふじゅうぶん。不完全。未熟。「かたほなるより、上手の中にまじりて」〈徒然〉↕真秀。

かた-ほう タ【片方】名 二つのうち一方。片一方。↕両方。

かた-ぼう ⓪【片棒】名 かごをかつぐ棒の、先とあとのうちの一方。―を担ぐ 仕事の半分をうけもつ。計画に加わる。「悪事の―」

かた-ぼうえき ボ【片貿易】名 輸入か輸出の一方だけの貿易。輸入高と輸出高とがひどくちがう貿易。

かた-ほとり ホ【片ほとり】【片▲辺り】名 ❶かたいなか。❷かたすみ。「いなか町の―」

かた-まえ ⓪【片前】名 背広服で前の合わせめがあさく、ボタンが一列のもの。シングル。↕両前。

かた-まち ⓪【片町】名 ⬇かたがわまち。

かたまり ⓪【塊】名 ❶かたまること。かたまったもの。「砂糖の―」❷集まり。一団。「乗客の―が改札を待つ」❸性質・傾向の極端なこと。「欲の―」

かたま-る ⓪【固まる】自五 ラ・ロ・リ・ッ・ル・ル・レ・レ ❶やわらかいものが固くなる。また、液状のものが固体になる。「寒天が―」❷確実なものになる。「基礎が―」❸心が一つのことに集中する。「信心に―」❹一団となる。一つのまとまったものになる。「大ぜいが―」❺驚きのあまり体の動きがとまる。❻キーをたたいてもマウスを動かしてもパソコンが反応しなくなる。フリーズ。ハングアップ。

かたみ ⓪【×筐】名 文章語 目のこまかい竹かご。「花―」

かた-み ⓪【片身】名 ❶全体の半分。❷衣服の身ごろの半分。❸魚の切り身で、せぼねをさかいにした半分。

かた-み ⓪【形見】名 ❶過去の思い出となるもの。記念。「青春の―」❷死んだ人の思い出となるもの。遺品。―分け ⓪名 遺品を親族や友人に分けあたえること。

かた-み カ【肩身】名 人前での体面。―が狭い 世間に対して面目がたたない。恥ずかしい思いをする。―が広い 世間に対して面目がたつ。ほこらしく思う。

かたみ-がわり ガ【かたみ替(わ)り】【▲互代り】名 たがいにかわりあうこと。交互。

かた-みち ⓪【片道】名 行きか帰りの、どれか一方の道。「―の運賃」↕往復。

かたみ-に【▲互に】副 古語 たがいに。「ちぎりきな(カタク約束シタコトデシタネ)かたみにそでをしぼりつつ末の松山波こさじとは(ソレト同ジョウニ、二人ノ仲モ末長ク変ワルマイト)」〈後拾遺〉

かた-むき ⓪【傾き】名 ❶かたむくこと。また、その度合い。❷ある方向に事がすすむようす。傾向。

かたむ-く ム【傾く】自五 カ・コ・キ・イ・ク・ク・ケ・ケ 「「かたぶく」の変化」❶まっすぐの角度からそれる。ななめになる。かしぐ。「船が―」❷日や月が西にしずみかける。「日が―」❸かたよった考え方や好みを持つ。「無政府主義に―」「ぜいたくに―」

かたむ-ける ケ【傾ける】他下一 ケ・ケ・ケル・ケル・ケレ・ケロ・ケヨ ❶ななめにする。「グラスを―」❷ある方向へむける。「耳を―」❸集中させる。「全力を―」❹おとろえさせる。ほろぼす。「国を―」かたむ・く 文語下二

かた-むすび ム【片結び】名 ひもや帯の結び方の一つ。片方をまっすぐのままにし、もう片方で輪を作り、まっすぐにした方をからめて結ぶ。

かた-むすび ム【固結び】名 こまむすび。

かため ⓪【固め】名 ❶かためること。❷約束。「夫婦の―のさかずき」❸警備。守り。「城門の―」

かた-め ⓪【片目】名 ❶一方の目。↕両目。❷一方の目がはたらかないこと。―が明く すもうなどで、負けつづけていた力士が一勝をあげる。―を入れる 物事を成し遂げた時などに、片目の入っただるまに残りの片目を描

き入れて仕上げる。

かた・める⓪【固める】他下一 (メ−メ−メル−メル− メレ−メロ・メヨ) ❶固くする。また、固体にする。「にがりで―」 ❷団結を作る。「会員を固めて積極的に活動する」 ❸確実なものにする。「基礎を―」「信念を―」「結婚して身を―」 ❹守る。警備する。「門を―」 ❺かたく約束する。「婚約を―」 **かた・む** 文語下二

かため-わざ⓪【固め技】名 柔道で、押さえ込み技・絞め技・関節技の総称。

かた-めん⓪【片面】名 二つの面のうちの一方の面。「レコードの―」↕両面。

かた-や【片や】連語 〔相撲の取組みで力士の名を呼ぶときなどに用いることば〕片一方は。「―貴乃花」

かた-やき⓪【堅焼(き)】名 かたく焼くこと。また、焼いたもの。「―せんべい」

かた-やぶりヤ【型破り】名 形動 ふつうとはいっぷう変わったやり方。また、そのようす。「―な議論」

かた-やま⓪【肩山】名 衣服の、前身頃と後ろ身頃の肩での境目。⇩和服(図)。

かた-やまざとマ【片山里】名 へんぴな山里。

かた-よ・せるセ【片寄せる】他下一 (セ−セ−セル−セル− セレ−セロ・セヨ) 片一方に寄せる。かたよらせる。**かたよ・す** 文語下二

かた-より⓪【偏り】【片寄り】名 かたよること。また、その程度。「ひどい―だ」

かた-よ・るヨ【偏る】【片寄る】自五 (ラ・ロ−リ・ッ− ル−ル−レ−レ) ❶ずれて一方に寄る。「文字が―」 ❷不公平である。「偏った処置」

かたらい⓪【語らい】かたらひ 名 〔文章語〕 かたらうこと。話しあい。「楽しい―」

かたらい-ぐさ⓪【語らいぐさ】【語らい▲種】かたらひ― 名 話のたね。かたりぐさ。

かたら・うラ【語らう】かたらふ 他五 (ワ・オ−イ・ッ− ウ−ウ−エ−エ) ❶〔文章語〕親しく話しあう。かたりあう。❷説いて仲間にひき入れる。さそう。「友を語らって雑誌をつくる」

かたり⓪【語り】名 ❶語ること。話。❷ナレーション。❸能・狂言で、ふしをつけないで物語をすること。また、その文句。

かたり⓪【×騙り】名 ❶だまして人の物をとること。また、そういう人。❷いつわること。また、その人。

かたり-あか・すカ2【語り明(か)す】他五 (サ・ソ−シ−ス− ス−セ−セ) 一晩じゅう話をして夜を明かす。「友だちと―」

かたり-ぐさ⓪【語りぐさ】【語り▲種】名 話のたね。かたらいぐさ。「のちのちまでの―」

かたり-くち⓪【語り口】名 語るときの、調子や態度。話す口つき。「魅力的な―」

かたり-げいリ【語り芸】名 話芸のうち、講談・浪曲・浄瑠璃じょうるりなど、独特のふしのある語り方を特徴とする芸能。話芸と同義にも用いる。

かたり-つ・ぐツ【語り継ぐ】他五 (ガ・ゴ−ギ・イ− グ−グ−ゲ−ゲ) 語りつたえる。言いつぐ。「言いつぎ―」

かたり-て⓪【語り手】名 ❶話をする人。話し手。「民話の―」 ❷ドラマなどで、物語の進行にあわせて、途中で筋の運びを説明する人。ナレーター。

かたり-べ⓪【語りべ】【語(り)▲部】名 ❶古代に、伝承・伝説を記憶によって語り伝えることを職としていた人。❷忘れてはならない戦争や災害の記憶を、体験者として伝える人。

かたり-もの⓪【語(り)物】名 ふしをつけ、楽器にあわせて語る物語の総称。平曲・浄瑠璃じょうるり・浪曲など。

カタル⓪〈catarrh, ドKatarrh〉【加▲答▲児】名 粘膜の炎症。「鼻び―」

かた・る⓪【語る】他五 (ラ・ロ−リ・ッ− ル−ル−レ−レ) ❶ひとまとまりの内容を口頭で伝える。「津波の体験を―」⇩言う 参考。❷浄瑠璃じょうるり・浪曲などで、ふしをつけて、朗読する。うたう。**語れる** 自下一〔…できる〕 **―に落おちる** 話している間につい本当のことを言う。「問うに落ちず―」

かた・る⓪【×騙る】他五 (ラ・ロ−リ・ッ− ル−ル−レ−レ) ❶だましてとる。「金品を―」 ❷いつわる。「身分を―」

カタルシスル〈ギkatharsis〉名 〔医学用語の「排泄はいせつ」の意から〕悲劇が観客を刺激して心にわだかまった気分を放出させ、それによって快感を得させる作用。浄化。

カタログ⓪〈catalogue〉名 ❶商品目録。商品の説明書。❷図書館の図書目録。蔵書目録。参考「型録」と漢字を当てることがある。

かた-わタ【片▲端】は ― ㊀名 からだの一部に障害があること。㊁形動 ❶組になっている道具などが欠けているようす。❷考え方などが偏っているようす。

かた-わき⓪【片脇】名 ❶わき。❷かたすみ。

かた-わら⓪【傍ら】はら ― 名 ❶そば。「―から口をだす」 ❷その一方。かたがた。「新聞を読む―テレビに目をやる」

かたわら-いた・し【傍痛し】かたはら ― 形ク〔古語〕❶そばで見ているのが心苦しい。きのどくだ。「(返歌ノ遅イノヲ)いと心もとなう、かたはらいたしと思ひて」〈源氏〉 ❷おかしくてたまらない。「すべて、いとも知らぬ道の物語したるかたはらいたく、聞きにくし」〈徒然〉 ❸はずかしい。「(ココハオ客ノ座敷ニ)いとけぢかければ、かたはらいたし」〈源氏〉

かた-われ⓪【片割れ】名 ❶割れたもののかけら。一片。❷ひとそろいの物の一部分。❸仲間の一部。「山賊の―」

かた-ゐ【▲乞×丐】名〔古語〕➡かたい。

―月づき レ 名 半円形の月。半月。弓張り月。

かた-たん⓪【下端】名 物の下のはし。↕上端。

か-たん⓪【加担・荷担】名 自サ 力をかすこと。助けること。「陰謀に―する」

かたんタ と副 軽くてかたいものが落ちたり倒れたりして音をたてるようす。「立てかけていた杖つえが―と倒れる」

か-だんカ【花壇】名 しきりをして草花を植えてある所。㊙

か-だん⓪【華壇】名 いけばなをする人の社会。

か-だんカ【歌壇】名 歌人の仲間・社会。

か-だん⓪【果断】名 形動 (ダロ・ダッ・デ・ニ ダ・ナ・ナラ・〇) 思いきっておこなうようす。「―な行動」

がたんタ と副 ❶重くてかたいものが落ちたりたおれたりして音をたてるようす。「物置の荷物が―と倒れる」 ❷程度が急に落ちるようす。「成績が―と下がる」「人気が―と落ちる」

が-だん⓪【画壇】名 画家の仲間・社会。

カタン-いとイ/タ【カタン糸】名 〔cotton から〕堅くより合わせて、のりづけしたもめん糸。おもにミシン用。

かちチ【勝ち】名 勝つこと。勝利。↕負け。**―に行く** 勝つことを前提に戦いに臨む。**―に乗る** 勝ったのに気をよくして、勢いづく。勝ちに乗ずる。**―を拾う** 思いがけず勝つ。「相手のミスで―」

か-ちカ【価値】名 ❶ねうち。❷〔経〕財貨の効用の程度。商品に対する人の評価。❸〔哲〕主観の要求を満足させる対象の性質。**―観**かん チ 名 どのようなことに価値をみとめるかという、人それぞれの考え方。**―判断**はんだん ハ 名 物ごとの値うちをきめること。

かち【▲徒】名〔古語〕❶歩いて行くこと。徒歩。❷かちざむらい。**―より**〔古語〕〔「より」は「によって」の意の助詞〕歩いて。徒歩で。「ただひとり徒歩かちよりまうでけり」〈徒

然〉

がち [接尾]〔名詞・形容動詞をつくる〕…が多い。そういう傾向である。「雨—」「おくれ—」

が-ち [ガ]【雅致】[名]〔文章語〕風流なおもむき。雅趣。韻致。

がち [ガ][名][形動]〔俗語〕〔「がちんこ」から〕本気。真剣なこと。冗談ではすまないこと。「—で闘う」

かち-あ・う [ア]【かち合う】【×搗合う】[自五]〔ワ・オ・イ・ッ ウ・ウ・エ・エ〕❶衝突する。❷出会う。❸物ごとが同時に、また一か所に、かさなっておこる。「日曜と祭日が—」

かち-あが・る [ガ]【勝(ち)上(が)る】[自五]〔ラ・ロ・リ・ッ ル・ル・レ・レ〕トーナメント形式の試合で、順々に勝ち進む。

かち-あ・げる [ゲ]【かち上げる】【×搗上げる】[他下一]〔ゲ・ゲ ゲル・ゲル・ゲレ ゲロ・ゲヨ〕相撲で、腕を曲げ、ひじの所で相手の胸・のどのあたりを強く突きあげる。**かち上げ** [名]

かち-いくさ [イ]【勝(ち)戦】【勝▲軍】[名] たたかいに勝つこと。勝ったたたかい。↕負けいくさ。

かち-うま [0][チ]【勝(ち)馬】[名] 競馬で優勝した馬。**—に乗る** 有利な方につく。勝った方に味方して便乗する。

かち-え・る [エ]【勝(ち)得る】【×贏ち得る】[他下一]〔エ・エ エル・エル・エレ エロ・エヨ〕努力した結果自分のものにする。「信頼を—」

かち-かち ㊀[カ]〔と〕[副] かたいものが軽くふれあう音をあらわす語。「寒さで歯が—鳴る」[参考]「かちかち」は「がちがち」より軽い音の感じ。㊁[0][形動] ❶非常にかたくなっているようす。「道が—に凍る」❷ひどく緊張しているようす。「壇の上で—になる」❸きまじめで、ゆうずうのきかないようす。「頭が—だ」

がち-がち ㊀[ガ]〔と〕[副] ❶かたいものがふれあう音をあらわす語。⇩かちかち[参考]。❷欲のふかいようす。がつがつ。「—とためこむ」❸勉強や仕事に熱中するようす。㊁[0][形動]〔の〕❶非常にかたくなっているようす。「—に固まったコンクリート」❷緊張や恐怖で体がこわばるようす。「デビュー戦で—になる」❸考え方などが柔軟でないようす。「—の原理主義者」

かち-き [0]【勝(ち)気】[名][形動] きかぬ気。はげしい気性。「—な娘」

か-ちく [0]【家畜】[名] やしなって、人間の生活に役だてる動物。うし・うま・ぶたなど。

かち-ぐみ [0]【勝ち組】[名] ある分野で、社会的に成功をおさめた側。↕負け組。

かち-ぐり [チ]【×搗×栗・勝×栗】[名] ほしてうすでつき、皮・しぶ皮をとったくりの実。勝利や正月の祝い用。[新年] [参考]「搗ち(うすでつくこと)」は「勝ち」に通じる。

かち-こ・す [0][コ]【勝(ち)越す】[自五]〔サ・ソ・シ・ス ス・セ・セ〕負けの数よりも、勝ちの数が多い。相手よりも多く勝つ。↕負け越す。**勝ち越し** [名] **勝ち越せる** [自下一]〔…できる〕

かち-ざむらい【▲徒▲士・▲徒▲士侍】—ざむらひ [名]〔古語〕徒歩で主君の供をする武士。かち。歩兵。

かち-すす・む [ス]【勝(ち)進む】[自五]〔マ・モ・ミ・ン ム・ム・メ・メ〕試合・勝負で次々と勝ってゆく。**勝ち進める** [自下一]〔…できる〕

かち-だち【▲徒立ち】[名]〔古語〕❶歩いて行くこと。❷馬に乗らない戦争。歩兵の戦争。

かちっ-と [チ][副] ❶かたくて小さいものが触れ合い、鋭い音を立てるようす。「こんろのつまみを—ひねる」❷うまくかみ合うようす。「歯車が—かみ合う」❸整ってひきしまったようす。「—した服装」

がちっ-と [ガ][副] ❶かたいものが鋭く、重そうな音を立てるようす。「—ロックがかかる」❷固定したり、しっかりと組み立てたりするようす。「部品を—はめこむ」

かちっ-ぱなし [0]【勝ちっ放し】[名] 勝ち続けること。

かち-てん [チ]【勝ち点】[名] スポーツで、リーグ戦の順位を決めるために、点差や勝ち方によって与えられるポイント。「—三をあげ、トップに立つ」

かち-どき [0]【勝ちどき】【勝×鬨】[名] 勝ったときにあげる、喜びのときの声。凱歌。「—をあげる」

かち-と・る [ト]【勝(ち)取る】[他五]〔ラ・ロ・リ・ッ ル・ル・レ・レ〕努力によって成果を得る。「優勝を—」**勝ち取れる** [自下一]〔…できる〕

かち-なのり [ナ]【勝(ち)名乗り】[名] 相撲で、勝った力士の名を、行司が呼びあげること。「—をうける」

かち-にげ [0]【勝(ち)逃げ】[名] 勝ったまま、あとの勝負をせずにひきあげること。

かち-ぬき [0]【勝(ち)抜き】[名] 負けるまで相手をかえてたたかうこと。トーナメント。「—戦」

かち-のこ・る [コ]【勝(ち)残る】[自五]〔ラ・ロ・リ・ッ ル・ル・レ・レ〕試合・勝負に勝って、次の段階の試合・勝負に残る。**勝ち残り** [名] **勝ち残れる** [自下一]〔…できる〕

かち-ばしり【▲徒走り】[名]〔古語〕乗り物に乗らないで足で走ること。

かち-はだし [ハ]【▲徒×跣】[名] はだしで歩くこと。

かち-ほこ・る [コ]【勝(ち)誇る】[自五]〔ラ・ロ・リ・ッ ル・ル・レ・レ〕勝って、大いにとくいになる。「勝ち誇った顔」

かち-ぼし [チ]【勝(ち)星】[名]〔相撲で、勝ち力士の名の上につける白い丸じるしから〕勝つこと。また、そのしるし。しろぼし。「—をあげる」↕負け星。

かち-まけ [チ]【勝ち負け】[名] 勝つことと、負けること。勝つか負けるか。勝敗。勝負。「—にこだわる」

かち-み [ミ]【勝ちみ・勝(ち)味】[名] 勝ち目。「—がうすい」

かち-め [メ]【勝(ち)目】[名] 勝つみこみ。かちみ。「—がない」

がちゃ-がちゃ ㊀[0][名] くつわむし。[秋] ㊁[ガ][副][自サ] かたいものがぶつかる騒々しい音をあらわす語。

がちゃん [チャ]〔と〕[副] かたいものが勢いよくぶつかったり、こわれたりしてでる音。「—とガラスの割れる音がした」「—と受話器を置く」

か-ちゅう [カ]【火中】㊀[名] 燃える火のなか。「—に投ずる」㊁[名][他サ] 火の中に入れて焼くこと。**—の×栗を拾う** 他人の利益のためにきわどい危険をおかすことのたとえ。

か-ちゅう [カ]【家中】[名] ❶いえのなか。❷大名のけらいたち。藩士。

か-ちゅう [カ]【華×冑】[名]〔文章語〕〔「冑」は血すじ〕名門。華族。

か-ちゅう [カ]【渦中】[名] ❶うずのなか。❷もめごとなどのまっただ中。「けんかの—にまきこまれる」

か-ちゅう《華中》中国の中部。長江流域の七省。↕華北・華南。

か-ちょう [カ]【花鳥】[名] はなととり。**—風月** [フ][カ=フ][名] ❶自然の景物・けしき。❷風流。「—をたのしむ」

か-ちょう [カ]【家長】[名] 一家のかしら。戸主。今の戸籍筆頭者にあたる。

か-ちょう [0]【課長】[名] 役所・会社などの課の長。ふつう係長の上、部長の下。

が-ちょう [0]【画帳】[名] 絵をかく用紙をとじた帳面。画帖。スケッチブック。

が-ちょう [0]【×鵞鳥】[名] カモ科の家禽。がんからつくり出した品種。羽毛は白色やかっ色のものが多く、くちばしは黄色。卵・肉は食用。

か-ちょう-きん [0]【課徴金】[名] ❶税のほかに、国が徴収するかね。手数料・罰金など。❷特別に課せられる税。「輸入—」

かち-わたり【▲徒渉】名[古語]徒歩で川をわたること。

かち-わり ⓪【かち割り】【×搗ち割り】名〔主に関西地方で〕氷を口に入るくらいの大きさにくだいたもの。ぶっかき。夏

かちん チ と副 ❶石や金属のようなかたいものがほかのものとぶつかって小さく鋭い音をひびかせるようす。「―と音を立ててドアがあいた」「スコップが―と石にあたる」❷相手の言動によって急に不愉快な気持ちになるようす。「彼の言いぐさには―ときた」

がちん チ と副 重くてかたいものが激しくぶつかって大きな音をたてるようす。「ドアに―と頭をぶつける」「船底が―と岩にあたる」

がちんこ ⓪ 名[俗語]❶相撲で、手加減をしない真剣な勝負。❷本気で対決すること。「―勝負」

かっ 接頭〔動詞につく。接頭語「かき(掻き)」の変化した語。〕意味や語勢を強める。「―飛ばす」「―さらう」

かつ【×刮】造 こする。けずりとる。「刮目」

かつ【×恰】造 あたかも。まるで。ちょうど。「恰好・恰幅」

かつ【括】造 くくる。ひとまとめにする。「括弧・一括・概括・総括」

かつ【割】造 わける。一部をきりはなす。「割愛・割拠・割譲・分割」

かつ【葛】造 ❶くず。「葛根湯」❷かずら。つる草。「葛藤」

かつ【滑】造 ❶すべる。「滑空・滑降・滑走」❷なめらか。「滑舌・円滑・潤滑」[別音こつ|滑]

かつ【×猾】造 わるがしこい。「狡猾」

かつ【褐】造 こげ茶色。「褐色・褐炭」

かつ【×豁】造 ❶ひらける。「豁然」❷ひろい。「豁達・開豁」

かつ【×闊】造 ❶ひろい。ゆるやか。「闊達・闊歩・快闊・寛闊」❷とおい。へだたる。「迂闊・久闊」

かつ【轄】造 とりしまる。しめくくる。「管轄・直轄・統轄」

かつ【活】一 カ 名 造 ❶いきること。「死中に―を求める」「活路・死活・復活」↕死。❷気絶した人をいき返らせる術。二 造 ❶はたらく。くらす。「自活・生活」❷いきいきする。「活気・活動・活発・快活」❸自由に動かす。「活字・活版」❹ある目的のために意識的に行動する。活動。「就活・婚活・終活」**―を入れる** ❶息をふきかえさせる。❷気力をおこさせる。

かつ カ【喝】名 造 大きな声を出す。どなりつける。「喝采・喝破・一喝・恐喝・恫喝」

かつ【渇】一 カ 名 造 のどがかわくこと。かわき。「―をおぼえる」「飢渇」二 造 ❶かわく。かれる。「渇水・枯渇」❷ほしがる。「渇仰・渇望」

カツ カ 名「カツレツ」の略。

か・つ カ【勝つ】自五 ❶争いごとで相手を負かす。「戦いに―」「選挙で―」↕負ける。❷相手よりまさる。「実行力では友人たちに―」↕負ける。❸【▲克つ】自分の気持ちをおさえる。「誘惑に―」↕負ける。❹その傾向が強い。「理性の勝った人」「甘みより塩けの勝ったあん」 **勝てる** 自下一〔…できる〕

かつ【かつ・且つ】一 カ 接続 その上。それと同時に。なおまた。「読み―書く」⇩また。二 副[古語]❶二つのことがらが並行し、あるいは続いておこなわれることを示す。一方では。「よどみに浮かぶうたかた(アブク)は、かつ消え、かつ結びて」〈方丈記〉❷すぐに。「花桜咲くと見しまにかつ散りにけり」〈古今〉❸ちょっと。「かつ見る人に恋ひやわたらむ」〈古今〉

がっ【合】造 あう。あわせる。ひとつになる。いっしょにする。「合奏・合体・合併」[別音ごう|合]

がつ【月】造 接尾 一年を十二等分した、こよみの単位。その一つずつを数えることば。「月日」「正月・五月」[別音げつ|月]

かつ-あい ⓪【割愛】名 他サ おしく思うものをあきらめること。手ばなしたくないものを手ばなすこと。「説明は―します」「収集品を―する」

かつ-あげ ⓪【喝上げ】名 他サ[俗語]人をおどして金品をうばうこと。恐喝。

かつ-えき ツ【滑液】名 関節から分泌する粘液で、関節の運動をなめらかにするもの。

かつえ-じに ⓪【かつえ死に】【▲餓え死に】名 うえて死ぬこと。うえ死に。

かつ・える エ【▲餓える・▲飢える】自下一 ❶飢える。「食べ物に―」❷ひどくほしがる。「書物に―」

かつお ⓪【×鰹・▲松魚】名 サバ科の海水魚。暖流にすむ。体長一メートルにもなり、紡錘形。肉は赤くて美味。刺し身・たたき・かつおぶしなどにする。夏

かつお-ぎ オ【×鰹木】名〔かつおぶしの形に似ていることから〕宮殿・神社などの建物で、むな木に横にならべたかざり木。⇩千木(図)。

かつお-ぶし ⓪【×鰹節】名 かつおの身を蒸して、干しかためたもの。けずって調味料に使う。かつぶし。

かっ-か カ1【閣下】名〔「かくか」の変化〕高位・高官の人を尊敬してよぶ語。もと、勅任官・将官以上の人をよんだ。⇩わき付け 参考

かっ-か カ1 と副 ❶炭火などがさかんに燃えるようす。❷からだに熱があってほてるようす。❸興奮するようす。「将棋に負けて―とする」

がっ-か ⓪【学科】名〔「がくか」の変化〕❶学術の分科。「国語・数学二つの―」❷大学の学部をさらにわけた区分。「工学部建築―」

がっ-か ⓪【学課】名〔「がくか」の変化〕学問の課程。「一定の―を履修する」

かっ-かい ⓪ カ1【各界】名 ➡かくかい。

かっ-かい ⓪【角界】名 ➡かくかい。

がっ-かい ⓪【学会】名〔「がくかい」の変化〕❶学術上の会合。❷学術研究を進めることを目的とした団体。

がっ-かい ⓪【学界】名〔「がくかい」の変化〕学問の世界。学者の社会。

がっ-かい ⓪【楽界】名〔「がくかい」の変化〕音楽家の社会。音楽界。楽壇。

かっ-かく ⓪【×赫×赫】と副 たる連体〔「かくかく」の変化〕❶光りかがやくようす。「―たる武功」❷てがらが、はなばなしく世間に知られるようす。

かつ-かざん カ2【活火山】名 いま活動しているか、または、過去一万年以内に噴火した火山。かっかざん。↕休火山・死火山。

かっか-そうよう カ1【隔靴×搔×痒】名〔くつの上からかゆい所をかくこと〕思うとおりにいかなくてもどかしいようす。かくかそうよう。「―の感」

かつ-かつ ⓪ 副 形動(の) 時間や金銭などに余裕がなく、限度ぎりぎりであるようす。どうにか。やっと。「―の生活」「―間に合う」

かつ-かつ カ1【×戛×戛】と副 たる連体[文章語]堅いものが触れあい、また、打ちあう音をあらわす語。「―たる蹄の響き」

がつ-がつ ガ1 と副 自サ ❶むさぼり食べるようす。「―食べる」❷欲ばるようす。「―ためこむ」❸むやみにはげむようす。「―勉強する」

がっかり カ 副 自サ ❶気がゆるむようす。「重荷をおろして―する」❷失望したようす。「落選して―する」

かっ-かん ◎【客観】名〔「かくかん」の変化〕➡きゃっかん。

かつ-がん ◎【活眼】名 するどい見識。「―を開いて見ぬく」

がっ-かん ◎【学監】名〔「がくかん」の変化〕学生の監督をする役の職員。

かっ-き カ/◎【画期】【×劃期】名〔「かくき」の変化〕時代をくぎること。**―的** ◎ 形動 その前後で時代が変わったという印象を与えるようす。エポックメーキング。「―な研究」

かっ-き ◎【客気】名〔「かくき」の変化〕いさみたつ勢い。はやる勇気。血気。「―に富む青年」

かっ-き ◎【活気】名 いきいきした元気。かっぱつで、勢いのよいこと。「―にとぼしい」**―付く** ヅ 自五 生き生きしてくる。勢いづく。「年末商戦で商店街が―」

かづき【被衣】名 古語 ➡かずき。

がっ-き ◎【学期】名〔「がくき」の変化〕学年をくぎった期間。ふつう、一学年を二つまたは三つの学期に分ける。「二―」「―末」

がっ-き ◎【楽器】名〔「がくき」の変化〕音楽を奏する器具。「弦―」「管―」

かつぎ-こ・む コ【担ぎ込む】他五 マ・モ｜ミ・ン｜ム｜ム｜メ｜メ ❶物をかついで中に入れる。❷病人やけが人を、担架や救急車で病院などに運び入れる。

かつぎ-だ・す ダ【担(ぎ)出す】他五 サ・ソ｜シ｜ス｜ス｜セ｜セ ❶かついで外へ出す。「荷物を―」❷頼んだりすすめたりして、候補者や代表になってもらう。「会長に―」**担ぎ出し** 名 **担ぎ出せる** 自下一〔…できる〕

かつぎ-や ◎【担ぎ屋】名 ❶縁起をたいそう気にかける人。迷信家。❷品物をかついで売りあるく人。

がっ-きゅう ◎【学究】名〔「がくきゅう」の変化〕学問の研究をすること。また、その人。

がっ-きゅう ◎【学級】名〔「がくきゅう」の変化〕授業のために、生徒を一定の人数にまとめたもの。クラス。

かっ-きょ カ【割拠】名 自サ それぞれの場所にたてこもり、勢力をもつこと。「群雄―」

かつ-ぎょ カ【活魚】名 料理する直前まで生かしておいた魚。いけうお。「―料理」

かっ-きょう ◎【活況】名 活気のある状況。「―を呈する」

かつ-ぎょう ◎【渇仰】名 ➡かつごう。

がっ-きょく ◎【楽曲】名〔「がくきょく」の変化〕音楽の曲。声楽曲・器楽曲・管弦楽曲など。

かっきり キ (と)副 ❶くぎりがはっきりしているようす。「―境界をつける」❷ちょうど。きっかり。「十二時―」

かっ-きん ◎【×恪勤】名〔「かくきん」の変化〕まじめにつとめること。勤勉。「精励―の人」

かつ・ぐ ヅ【担ぐ】他五 ガ・ゴ｜ギ・イ｜グ｜グ｜ゲ｜ゲ ❶肩にのせたり、肩から背中に掛けて背負う。❷上に立つ人としておしたてる。「会長に―」❸迷信にとらわれ、縁起を気にかける。「縁起を―」❹だます。いっぱいくわせる。「まんまと担がれた」**担げる** 自下一〔…できる〕

かづ・く【潜く】自四 他下二 古語 ➡かずく。

かづ・く【被く】他四 他下二 古語 ➡かずく。

がっ-く ◎/ガ【学区】名〔「がくく」の変化〕学校を中心としてもうけた、就学や通学のための区域。

かっ-くう ◎【滑空】名 自サ 航空機が発動機を使わずに風や気流によって空中を飛ぶこと。また、グライダーで飛ぶこと。空中滑走。**―機** ク 名 ➡グライダー。

がっくり ク (と)副 自サ ❶物が急にまがったり、折れたりするようす。「首を―たれる」❷元気がなくなるようす。「試験におちて―する」

かっ-け ケ【脚気】名 ビタミンB_1の欠乏のためにおこる病気。心臓や神経系統をおかし、むくんだりしびれたりする。㊂夏 **―衝心** ショ 名 かっけのために急に心臓のはたらきがおかされ、呼吸困難をおこす病気。

かっ-けい ◎【活計】名 暮らし。生計。

がっ-けい ◎【学兄】名 文章語〔「がくけい」の変化〕❶学問上の先輩。❷男性どうしの間で、学問上の友人を尊敬してよぶ語。また、そのような人のあて名の下につける語。「高木三郎―」⇨さま(様) 参考。

かつ-げき ◎【活劇】名 ❶たちまわりの多い演劇・映画。❷格闘。「―を演ずる」

かっ-けつ ◎【×喀血・×咯血】名 自サ〔「かくけつ」の変化〕せきとともに、肺や気管支の血を口からはきだすこと。↕吐血。

かづけ-もの【被物】名 古語 ➡かずけもの。

かっ-こ カ【各戸】名 ➡かくこ。

かっ-こ カ【各個】名〔「かくこ」の変化〕ひとつひとつ。めいめい。おのおの。「―に意見を述べる」

かっ-こ カ【×羯鼓】名 ❶雅楽に使う太鼓の一種。台の上にすえ、両手のばちで両面を打つ。❷能楽で、小つづみを胸につけ、打ちながら舞う舞。

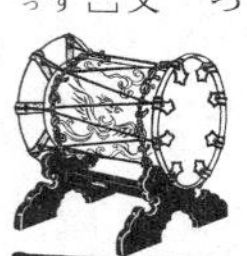

羯鼓❶

かっ-こ カ【括弧】名 他サ ❶文字をかこむ記号。( )「 」「 」など。❷他の部分と区別するための記号。「―つき」**―付き** ◎ 名〔「 」をつけてそのことばを取り立てて使うことから〕そのことばを本来の意味で受け取れないこと。特別な意味があること。「―の正義感」

かっ-こ カ【確固】【確×乎】と副 たる連体〔「かくこ」の変化〕しっかりしているようす。「―として動かぬ基礎」「―たる信念」

かっこ-い・い イ【格好良い】形 俗語 好みに合った物や事がらをほめることば。すてきだ。**かっこよさ** 名

かっ-こう ◎【角行】名〔「かくこう」の変化〕将棋のこまの名。角。

かっ-こう ◎【格好】【×恰好】㊀ ◎ 名 ❶外から見た形・姿・様子。「―の悪い茶わん」❷ていさい。「―を気にする」参考 話しことばでは「かっこ」となることがある。「かっこ悪い」「かっこいい」「かっこつける」㊁ ◎ 形動(の) ちょうどよいぐあい。ころあい。「―な腰掛けだ」㊂ 造 年齢がだいたいそのくらいであること。「五十―の人」**―がつく** まあまあ見ておかしくないようになる。どうにかおさまりがつく。

かっ-こう カ【郭公】名 ❶カッコウ科の鳥。カッコーと鳴く。渡り鳥で、冬は南方に帰る。他の鳥の巣に産卵し、自分では育てない。はとよりやや小さく、灰かっ色。かんこどり。㊂夏 ❷「ほととぎす」のあやまった名。

かっ-こう ◎【滑降】㊀ 名 自サ〔スキーやグライダーなど〕ですべって下へおりること。㊁ 名 スキーの滑降競技。

かつ-ごう ◎【渇仰】名 他サ 文章語 ❶あつく信仰すること。❷ふかくしたうこと。「先生の徳を―する」‖かつぎょう。

がっ-こう ◎【学校】名〔「がくこう」の変化〕児童・生徒・学生があつまり、教師の指導のもとに、一定期間に一定の知識・技能などを、組織的にまなぶ所。**―新聞** シ 名 児童・生徒が学校内のことを取材、編集し、発行する新

か

聞。―法人 [ホ][名] 学校を経営し、教育活動をする公益法人。

かっ-こく [カ]【各国】[名]〔「かくこく」の変化〕それぞれの国。

がっ-こつ [0]【顎骨】[名]〔「がくこつ」の変化〕あごの骨。

かっ-こ-む [0][コ]【かっ込む】【×掻込む】[他五] マ・モ・ミ・ン／ム・ム・メ・メ ⬇かきこむ。

かっこん-とう [0]【葛根湯】[名] 漢方薬の一つ。葛の根を主な成分として、他の生薬を調合した煎じ薬。風邪薬などとして使われる。

かっ-さい [0]【喝采】[名][自サ] 感心して、どっと声をあげたり、手をたたくこと。ほめそやすこと。「拍手―」

かつ-ざい [0]【滑剤】[名] 機械のすべりをよくするもの。油や滑石など。

がっさい-ぶくろ [プ]【合切袋】[名] 身のまわりの品をなんでも入れておく袋。しんげんぶくろ。

がっ-さく [0]【合作】[名][他サ] ふたり以上の人や二つ以上の団体がいっしょになって作ること。また、そのもの。「日米―映画」

かっ-さつ [0]【活殺】[名] 生かすことと、ころすこと。生殺。「―自在」

がっ-さつ [0]【合冊】[名][他サ] 何冊かの本を合わせてとじること。また、とじたもの。合本。

かっ-さら-う [ラ]【×掻×攫う】[他五] ワ・オ・イ・ッ／ウ・ウ・エ・エ 〔「かっ」は「かき」の変化の接頭語〕「さらう」を強めていう語。かっぱらう。「横あいから手を出して―」

がっ-さん [0]【合算】[名][他サ] いっしょに加えて計算すること。合計。「費用を―する」

かつ-じ [0]【活字】[名] 印刷用の金属製の文字の型。―体 [0][名] 活字の書体。明朝活字・清朝活字・宋朝活字など。↔筆記体。 ―本 [0][名] 活字で印刷した本。↔写本・木版本。

かつしか-ほくさい【葛飾北斎】《一七六〇―一八四九》江戸時代後期の浮世絵師。人物版画・風景版画で独自性を発揮した。「富嶽三十六景」「北斎漫画」など。

かっ-しゃ [0]【滑車】[名] 自由に回転する車のまわりにみぞをつけた道具。みぞにつなをかけ、回転させて重いものをひきあげたり、力の方向を変えたりする。

かっ-しゃ [0]【活写】[名][他サ] いきいきとあらわすこと。「会議の状況を―する」

かつ-しゃかい [シャ]【活社会】[名] 実地の社会。

ガッシュ [ガ]〈フ gouache〉[名] アラビアゴムで練った、水彩画用の不透明な絵の具。また、それでえがいた絵。

がっしゅう-こく [ジュ]【合衆国】[名] ❶二つ以上の州・国家が、連合してつくった単一国家。❷アメリカ合衆国の略。

がっ-しゅく [0]【合宿】[名][自サ] ある目的のため、多くの人が同じ宿・家で生活すること。また、その宿や家。「水泳の―」「―訓練」

かっ-しょう [0]【滑×翔】[名][自サ]〔文章語〕鳥が羽を広げたま ま、それを動かさないで空を飛ぶこと。

かつ-じょう [0]【割譲】[名][他サ] 所有する物・土地の一部を他に分けゆずること。「領土を―する」

がっ-しょう [0]【合掌】❶[名][自サ] 両方のてのひらを顔・胸の前であわせて拝むこと。❷[名] がっしょうづくり。 ―造り [ヅ][名] 日本建築で、二本の木材を山形に組みあわせたもの。

合掌造り

がっ-しょう [0]【合唱】[名][他サ] ↔独唱。❶多くの人が声をそろえてうたうこと。❷多くの人が、声の高さによって二部・三部・四部などにわかれ、それぞれ違った旋律を同時にうたうこと。コーラス。「混声―」↔斉唱。

がっしょう-れんこう [0]【合従連衡】[名]〔古代中国で、大国秦に対抗するため南北に並ぶ六つの国が連合した策を合従、六国がそれぞれ秦と和睦した策を連衡といったことから〕そのときどきの状況で、いくつかの勢力や集団が結びついたり離れたりすること。

かっ-しょく [0]【褐色】[名] 黒みのある茶色。 ―人種 [ジ][名] 皮膚が褐色の人種。

がっ-しり [シ]〔と〕[副][自サ] ❶安定して、力強いようす。がっちり。「―した骨ぐみ」❷しっかり組みあったようす。

かつじん-が [0]【活人画】[名] ふん装した人が、背景の前で動かずに、絵の中の人物のようにしているみせもの。

かつじん-けん [ジ]【活人剣】[名] 人をいかす剣。剣は使いようによっては、人を生かすものにもなることをいう。

かっ-すい [0]【渇水】[名] 水がかれること。水がれ。「―期」↔豊水。

かっ-する [0]【渇する】[自サ] シ・セ・サ・シ・スル・スル／スレ・シロ・セヨ 〔文章語〕❶水がなくなる。かわく。❷のどがかわく。❸物に欠乏して、ひどくほしがる。 かっ・す [文語サ変]

がっ・する [0]【合する】[自他サ] シ・セ・サ・シ・スル・スル／スレ・シロ・セヨ 合う。合わせる。「川の支流が―」「勢力を―」 がっ・す [文語サ変]

渇すれども盗泉の水は飲まず ⬇とうせんのみずはのまず。

かっ-せい [0]【活性】[名] 化学的にかっぱつな性質。化学反応を起こしやすい性質。 ―化 [0][名][自他サ] 活動がさかんになること。また、さかんにすること。生き生きとした状態になること。また、そうすること。「脳が―する」「組織の―をはかる」 ―炭 [0][名] 木炭の一種。吸着力が強く、ガス・液体中の不純物を除くことなどに使う。

かっ-せき [0]【滑石】[名] 水をふくんだ珪酸マグネシウムからなる、やわらかくて、ろうのような感じの鉱物。石筆・塗料・滑剤用。タルク。

かっ-ぜつ [0]【滑舌】[名] 俳優・アナウンサーなどの口の動かし方。望ましい声の出し方。「―の練習」

かっ-せん [0]【活栓】[名] 管を開閉し、中の液体の流出を加減する装置。

かっ-せん [0]【割線】[名]〔数〕円周または曲線を二つ以上の点で切る直線。

かっ-せん [0]【合戦】[名][自サ] 敵と味方の軍団が、出あってたたかうこと。戦い。いくさ。

かつ-ぜん [0]【×戛然】〔と〕[副] [たる連体]〔文章語〕かたいものがふれあうときの音のようす。「―たるひづめの音」

かつ-ぜん [0]【×豁然】〔と〕[副] [たる連体]〔文章語〕❶目の前がぱっとひらけるようす。「―と眼界がひらける」❷急にさとるようす。「―大悟する」

かっ-そう [0]【滑走】[名][自サ] 地上・水上・空中などをすべるように走ること。 ―路 [ソ][名] 飛行機が離陸、また、着陸のとき滑走するみち。

がっ-そう [0]【合奏】[名][他サ] 二つ以上の楽器でいっしょに演奏すること。↔独奏。

がっ-そう [0]【合葬】[名][他サ] 同じ墓に二名以上をあわせてほうむること。「夫婦―」「―墓」

かっそう-るい [ソ]【褐藻類】[名] かっ色、または、緑かっ色の海藻。こんぶ・わかめなど。

かっ-そく [0]【活塞】[名] ピストン。

カッター [カ]〈cutter〉[名] ❶うしろが四角形をしているボート。❷洋裁などの裁断者。❸物をたち切る道具。カッターナイフ。 ―シャツ [シャ]〈cutter shirts〉[名]〔和製英語〕カラーとカフスがついたシャツ。ワイシャツ。[参考]「勝った」のもじり。もと商標名。石川県・愛知県のあたりから西の地域で使われる。ーシューズ [シュ]〈cutter shoes〉[名] かかとが低く、ベルトやひもがないパンプス型の婦人靴。ーナイフ [ナ]〈cutter knife〉[名]〔和製英語〕紙や布などを切るのに用いる小型の工作用刃物。カッター。

かったい [0]【×癩】ゐ 一[名] ハンセン病、またその患者の古い言い方。

がっ-たい [0]【合体】[名][自サ] 二つ以上のものが一つになること。一体になること。「両者が―する」

かっ-たつ [0]【×闊達・×豁達】[形動] ダロ・ダッ・デ・ニ ダ・ナ・ナラ・〇 心が広くて物ごとにこだわらないようす。「―な気性」

かつ-だつ [0]【滑脱】[形動] ダロ・ダッ・デ・ニ ダ・ナ・ナラ・〇 〔文章語〕言動などがよどみなく自由に変化するようす。「円転―」

かったる・い [ル][形] カロ・カッ・ク イ・イ・ケレ・〇 〔俗語〕❶つかれて、だるい。❷もどかしい。ものたりない。「あいつの話を聞いていると―」

かったるさ [名]

かっ-たん [0]【褐炭】[名] 茶色をした、質のよくない石炭。

かつ-だんそう [ダ]【活断層】[名] 今も活動しているか、または活動が復活する可能性のある断層。

がっ-ち [0]【合致】[名][自サ] ぴったり合うこと。一致。「目的に―する」

かっ-ちゃく [0]【活着】[名][自サ] 移植やさし木をしたものの根がついて生長すること。

かっ-ちゅう [0]【▲甲×冑】[名] よろいとかぶと。具足。

かっちり [チ] (と)[副][自サ] ぴったりと合って、すきまのないようす。「―戸をしめる」

がっちり [チ] (と)[副][自サ] ❶つよく、じょうぶそうなようす。がっしり。「―したからだ」❷しっかり組み合わさって、すきまのないようす。がっしり。「―と腕を組む」❸〔俗語〕ぬけ目がなく、かんじょう高いようす。「―計算する」

ガッツ [ガ]〈guts〉[名] がんばる力。根性。「―のある男」 ー**ポーズ** [ポ]〈guts pose〉[名]〔和製英語〕スポーツ選手が自分の勝利や優勢を確認したときに、ひじを曲げこぶしを突き上げる姿勢。

がっ-つ・く [0][自五] カ・コ・キ・イ・ク・ク・ケ・ケ 〔俗語〕勉強・仕事・飲食などをよくばって、落ちつきなくする。がつがつする。

がっつり [ツ] (と)[副]〔俗語〕十分に。たっぷり。しっかり。「―勉強する」

かっ-て [0]【勝手】❶[名][形動] わがまま。きまま。「―なやつだ」❷[名] ❶台所。❷つごう。べんぎ。「―のよい間取り」❸ようす。事情。「―がわからない」❹暮らしむき。生活。「―が苦しい」 ー**口**ぐち [テ]/[0][名] 台所の出入り口。 ーが**違**ちがう ようすがわからないでまごつく。 ー**次第**しだい [シ][形動] 自分の思うとおりにするようす。かって気まま。 ーな**熱**ねつを**吹**ふく 自分につごうのよいことを、いい気になって言う。 ー**向**むき [0][名] ❶台所に関したこと。かってもと。❷暮らし向き。 ー**元**もと [0][名] 台所のあたり。また、台所に関したこと。かってむき。

かつて [カ]【かつて】【▲曽て・×嘗て】[副] ❶昔。以前。これまで。「―住んでいた町」❷まったく。全然。「―聞いたことがない」[参考]❷の場合は、下に打ち消しの語がくる。「かって」という言い方は江戸時代からあるが、現在でも一般的ではない。

カッティング [0]〈cutting〉[名][他サ] ❶切ること。❷洋裁で、裁断。❸カット❶❷。❹カット❶❸。❺カット❶❹。

勝かって**×兜**かぶと**の緒**おを**締**しめよ 物ごとに成功しても油断すると失敗することがあるから、心をひきしめろ。

かってっこう [0]【褐鉄鉱】[名] 水酸化鉄よりなる、重要な鉄鉱石の一つ。黄茶色・黒茶色で鉄・絵の具の原料。

買かって**出**でる 自分から進んで引き受ける。「仲裁役を―」

がってん [テ]【合点】[名][自サ] ❶理解し承知すること。うなずくこと。がてん。「―がゆく」❷〔古語〕和歌・俳諧はいかいなどを批評するときに、良いと思った歌の上に横に墨でしるしをつけること。また、そのしるし。❸〔古語〕承諾の意味をあらわすために、回状の自分の名の肩に、しるしをつけること。

カット [カ]〈cut〉❶[名][他サ] ❶切ること。切って取りのぞくこと。❷テニスや卓球などで、たまを切るように打って特殊な回転をあたえること。カッティング。❸映画でフィルムの一部を切ること。❹髪の毛を切りととのえること。❺洋裁で、裁断すること。たつこと。❷[名] ❶印刷物の余白に入れる、かざりの小さな絵や写真。❷映画の一場面。ショット。「ワン―」 ー**グラス** [グ]〈cut glass〉[名] きりこみ細工をしたガラス。きりこガラス。(夏) ー**バック** [バ]〈cutback〉[名][他サ] 二つ以上の場所で、同時刻に起こっているできごとを交互に見せる、映画やテレビの映像で使われる技法。切り返し。 ー**割**わり**り** [0][名] 映画などの制作で、場面ごとに区切り、構図などを決めること。

かっ-と ❶[0][副][自サ] 怒って急に興奮するようす。かっかと。「―なるたち」❷[カ][副] ❶目や口を勢いよく大きくひらくようす。❷火がはげしくおこるようす。「炭火が―おこる」❸日が照りつけるようす。「雨上がりの日が―照る」

ガット [ガ]〈GATT〉[名] 〔General Agreement on Tariffs and Tradeから〕「関税および貿易に関する一般協定」の略称。関税貿易一般協定。一九九五年、WTOに発展解消。

ガット [ガ]〈gut〉[名] ひつじ・ぶたの腸、ナイロンなどからつくる線。ラケットの網や楽器の弦にする。腸線。

かっ-とう [0]【葛藤】[名][自サ] 〔かずらと、ふじ。ともにつるがもつれるもの〕❶もめごと。もつれ。「深刻な―」❷心の中に相反する欲求・感情が同時に起こり、そのいずれを選ぶかまようこと。「心の―」

かつ-どう [0]【活動】❶[名][自サ] てきぱきと動くこと。元気よくはたらくこと。❷[名] 活動写真。 ー**家**か [0][名]〔多く政治運動や社会運動などで〕積極的に活動する人。 ー**写真**しゃしん [シャ][名]「映画」のふるいよび方。

カット-ソー [ソ][名]〔cut and sewn から〕ニット地を裁断(カット)して縫製(ソーン)した衣類の総称。

かっ-とば・す [バ]【かっ飛ばす】[他五] サ・ソ・シ・ス・ス・セ・セ 〔俗語〕すごい勢いで飛ばす。「ホームランを―」

カツ-どん [0]【カツ丼】[名] カツレツを卵でとじて、どんぶり飯の上にのせた料理。

かつ-は [カ]【かつは・且つは】ワ ―[接続]〔文章語〕一方では。他方では。「公のため、―私のため」

かっ-ぱ [0]【▲河▲童】[名] ❶頭にさらがあり、こどもの形をした、水中にすむという想像上の動物。かわたろう。❷泳ぎのうまい人。❸⬇おかっぱ。 ーの**川流**かわながれ〔泳ぎのうまいかっぱが水におぼれる意から〕たくみな人も時には失敗することもある。さるも木からおちる。弘法こうぼうにも筆の誤り。 ーの**×屁**へ たやすいこと。簡単なこと。へのかっぱ。

カッパ [0]【合羽】〈ポ capa〉[名] ❶雨天用のマント。あまがっぱ。❷荷物のおおいにする桐油とうゆ紙。

かっ-ぱ [カ]【喝破】[名][他サ] ❶大声で、正しくない説をうちまかすこと。❷真実を明らかにしてのべること。「道理を―する」

かっぱ《河童》芥川龍之介あくたがわりゅうのすけの短編小説。一九二七年発表。主人公が河童国の体験を語るという形で、現代社会が戯画化されている。

かっ-ぱつ [0]【活発】【活×潑】[形動] ダロ・ダッ・デ・ニ ダ・ナ・ナラ・〇 元気で勢

いのよいようす。「—な子ども」「—な議論」

かっ‐ぱらい⓪【×掻払い】名 かっぱらうこと・人。

かっ‐ぱら・う㋶【×掻払う】他五 ワ(オ)イ・ッウウエエ〔俗語〕すきをねらって、人の物をうばい取る。

かっ‐ぱん⓪【活版】名 活字を組んでつくった印刷版。↕整版。—**刷**(ず)**り**⓪名 活版で印刷すること。また、印刷したもの。

がっ‐ぴ⓪【月日】名 日づけの、月と日。「—を入れる」

がっ‐ぴょう⓪【合評】名他サ 多くの人があつまって、いっしょに批評すること。また、その批評。

かっ‐ぷ⓪【割賦】名 代金を何回かにわけてはらうこと(たとえば月賦など)。わっぷ。「—販売」

カップ㋕〈cup〉名 ❶コップ。❷とってのついた茶わん。「コーヒー—」❸量をはかるための目盛りのある容器。「計量—」❹賞杯。「優勝—」❺ブラジャーの、乳房をおおう椀(わん)型の部分。「B—」❻ゴルフで、ボールを打ち込む穴。ホール。—**ケーキ**㋕〈cupcake〉名 カップ形の型で焼いたケーキ。—**麺**(めん)㋜名 発泡スチロールや紙で作ったカップに入ったインスタント麺。

かっ‐ぷく⓪【×恰幅】名 からだつき。おしだし。「—がいい」

かっ‐ぷく⓪【割腹】名自サ 自分の腹を切ること。切腹。

かつ‐ぶし⓪【×鰹節】名 ⇒かつおぶし。

かつ‐ぶつ⓪【活仏】名 ❶いきぼとけ。❷チベット仏教で、仏・菩薩(ぼさつ)の生まれ変わりとされる指導者。

がっぷり㋒〔と〕副 相撲で、しっかりと両手を差し合って、組むようす。「—四つに組む」

カップリング⓪/㋕〈coupling〉名 ❶二つのものを組み合わせて一つにすること。参考 音楽のシングルCDで、タイトル曲でないほうの曲を「カップリング曲」と呼ぶ。❷カップルをつくること。「—パーティー」❸一方の軸から他方の軸へ動力を伝えるための連結部品。軸継ぎ手。

カップル㋕〈couple〉名 ❶一対。一組み。❷夫婦・恋人などの一組み。

がっ‐ぺい⓪【合併】名自他サ 一つに合わさること。一つに合わせること。併合。合体。「町村の—」—**症**(しょう)⓪/㋬名 一つの病気に関連して起こる別の病気。余病。

かつ‐べん⓪【活弁】名 (「活動弁士」の略)活動写真(無声映画)の説明をする弁士。

かっ‐ぽ㋕【×闊歩】名自サ ❶おおまたに歩くこと。堂々と歩くこと。❷いばって気ままに行動すること。「横行—」

かつ‐ぼう⓪【渇望】名他サ (かわいたのどが水を求めるように)強くほしがること。切望。熱望。「援助を—する」

かっ‐ぽう⓪【割×烹】名 (「割」は切る、「烹」は煮る意)❶食物を調理すること。料理。❷(「割烹店(かっぽうてん)」の略)日本料理を食べさせる店。「大衆—」—**着**(ぎ)㋭名 料理を作るときに着る、うわっぱり。

かっぽう着

がっ‐ぽう⓪【合邦】名他サ 二つ以上の国家を合わせること。また、合わせた国。

がっぽ‐がっぽ ガ¹ガ²〔と〕副〔俗語〕大金がつぎつぎと入ってくるようす。「—とかせぐ」

がっぽり㋭〔と〕副〔俗語〕一度にたくさんの金銭が手にはいるようす。「—もうける」

がっ‐ぽん⓪【合本】名他サ 数冊の本・雑誌をとじあわせて一冊にすること。また、そうした本。合冊。

かつ‐また㋕【かつまた・且つ又】接続 その上さらに。おまけに。

かつ‐もく⓪【×刮目】名自サ (目をこすること)注意してよく見ること。注目。「—すべき進歩」

かつ‐やく⓪【活躍】名自サ めざましく活動すること。「第一線で—する」

かつやく‐きん⓪/㋗【括約筋】名 肛門(こうもん)・尿道・瞳孔(どうこう)などを閉じるはたらきをする筋肉。

かつ‐よう⓪【活用】㊀名他サ そのものの本質・能力をいかして使うこと。↕死蔵。㊁名自サ 用言・助動詞が文法的役割に応じて語形変化すること。⇩(付)**語の活用** —**形**(けい)⓪名 活用語の活用した形の名称。文語文法においては未然形・連用形・終止形・連体形・已然形(いぜんけい)・命令形の六種。口語文法では已然形のかわりに仮定形。—**語**(ご)⓪名 活用する語。動詞・形容詞・形容動詞・助動詞。—**語尾**(ごび)㋙名 活用する語の、語幹について変化する部分。「歩か・歩き」の「か・き」など。

かつよう‐じゅ㋵【×闊葉樹】名 平たくて広い葉をつけた樹木。広葉樹。↕針葉樹。

かつら⓪【×桂】名 カツラ科の落葉高木。春、紅色の花が咲く。木材は良質で、船・建築・器具用。

かつら⓪【×鬘】名 ❶少ない頭髪をおぎなうためにかぶるもの。❷頭の形の地に、毛髪を植え、いろいろな髪形につくったかぶりもの。演劇の扮装(ふんそう)用、おしゃれ用など。＝かずら。

かつ‐らく⓪【滑落】名自サ 登山ですべり落ちること。

かつら‐もの⓪【×鬘物】名 ⇒かずらもの。

かつ‐りょく㋡【活力】名 活動する力。活動力。「—がみなぎる」

かつ‐れき⓪【活歴】名 明治時代の歌舞伎(かぶき)改革運動で、史実にもとづいて作られた脚本。また、その演出法。活歴劇。活歴物。

カツレツ⓪〈cutlet〉名 牛・ぶたなどの切り身の肉をパン粉でまぶし、油であげた食べ物。カツ。

かつ‐ろ㋕【活路】名 苦難を切りぬけて、たすかるみち。「—を求める」

がつん‐と㋡副 ❶かたいものが勢いよくぶつかり合うようす。「—追突される」❷精神的に強い衝撃を与えるようす。「—言ってやる」

かて㋢【糧】名 ❶食糧。食料。❷活動のもとになるもの。「書物は心の—」

か‐てい⓪【家庭】名 いっしょに生活する親子・夫婦・兄弟姉妹などの集団。また、その生活するところ。—**科**(か)⓪名 小学校・中学校・高等学校の教科の一つ。家庭生活に必要ないろいろな知識・技能をおしえる。—**教育**(きょういく)㋖名 家庭で、両親などが日常生活を通じてこどもにおこなう教育。↕学校教育・社会教育。—**教師**(きょうし)㋖名 家庭に個人的にまねかれて、その家のこどもの学習を指導する人。—**裁判所**(さいばんしょ)㋛名 家庭や少年に関係した事件について、審査・調停・裁判をおこなう機関。—**小説**(しょうせつ)㋛名 ❶明治時代の中ごろに流行した、家庭むきの読み物としての小説。❷主として家族間の悲劇などをえがいた小説。—**争議**(そうぎ)㋡名 家庭内の争い。—**的**(てき)⓪形動 ❶家庭をたいせつにするようす。「—な夫」❷家庭らしい、なごやかなようす。「—なふんいき」—**欄**(らん)㋢名 新聞・雑誌などで、育児・衛生・家計・料理など、家庭生活にかかわる記事のある所。

か‐てい⓪【過程】名 物ごとの経過していく道すじ。プロセス。「研究の—」

か‐てい⓪【課程】名 学校などで、ある期間に修得しなければならない一定の範囲の事がら。「中学校の全—」

か‐てい⓪【仮定】名自サ かりにきめること。「行くと—して考える」—**形**(けい)⓪名 口語の活用形の一つ。用言・助

動詞の第五活用形。「ば」をともなって仮定の意味をあらわす。「行けば・すれば」の「行け・すれ」など。⇩(付)語の活用

カテーテル 〘テ〙〈オ katheter〉名 体内に挿入して、体液や尿を排出させたり、薬液を注入したりする細長い管。

カテキン 〘テ〙〈catechin〉名 緑茶の渋み成分などに含まれる物質。抗酸化作用や抗菌作用を持つとされる。

カテゴライズ 〘ラ〙〈categorize〉名 他サ 同じ部門として分類すること。「推理小説として━される作品」

カテゴリー 〘テ〙〈ド Kategorie〉名 物ごとの概括的分類。領域。部門。範疇(はんちゅう)。

×糅(か)てて加(くわ)えて その上さらに。おまけに。

カテドラル 〘テ〙〈フ cathédrale〉名 キリスト教で、司教の座のある大聖堂のこと。

がて-に 連語 〔古語〕〔古くは「かてに」。「できる」の意の動詞「かつ」の未然形と、打ち消しの助動詞「ず」の古い連用形「に」〕…しにくそうに。…できずに。「前栽の色々乱れたる過ぎがてにやすらひたまへるさま(タメライナサル様子)」〈源氏〉

勝(か)てば官軍(かんぐん) 理由はともかく、勝った方が正しいとされるたとえ。参考 続けて「負ければ賊軍」という。

がてら 接尾 〔副詞をつくる〕…しながら。…のついで。「散歩━」

か-てん ⓪【火点】名 〔文章語〕❶重火器のそなえてある陣地。❷発火する温度。発火点。

か-てん ⓪【加点】名 自サ 点数を加えること。「レポートを━対象とする」↕減点。

か-でん 〘カ〙【火田】名 〔文章語〕山野を焼いた灰を肥料として作物をつくる農耕法。やきばた。

か-でん ⓪【×瓜田】名 うりのはたけ。 **━に×履(くつ)を×納(い)れず** 〔うりばたけでくつをはき直すと、うりを盗んでいるかと思われる〕うたがわれやすい行動はつつしめということ。李下(りか)に冠(かん)をたださず。

か-でん ⓪【家伝】名 その家に代々伝わっていること。また、伝わっているもの。相伝。「━の秘法」

か-でん ⓪【家電】名 電気冷蔵庫やテレビなどの家庭用電気製品。「━メーカー」

か-でん ⓪【荷電】名 自サ 物体が電気をおびること。また、おびている電気の量。

か-でん ⓪【×訛伝】名 他サ 〔文章語〕❶誤ってつたえること。また、その言い伝え。誤伝。❷まちがったうわさ。誤報。

が-てん ⓪【合点】名 がってん❶。

がでん-いんすい 〘ガ〙【我田引水】名 〔わが田に水をひく〕自分につごうのよいようにとりはからうこと。

がてん-けい ⓪【ガテン系】名 〔俗語〕〔かつてあった求人情報誌の名から〕肉体労働をする職種。または、それに従事する人。

かでんしょ《花伝書》「風姿花伝(ふうしかでん)」の通称。

カデンツァ 〘テ〙〈イ cadenza〉名 楽曲で独奏者・独唱者が無伴奏ではなやかな技巧をみせる部分。カデンツ。

か-と 〘カ〙【過渡】名 すぎゆくこと。すぎゆく途中。「━的」「━の時代」 **━期(き)** 〘ト〙名 うつりかわりの中間期。まだ物ごとが確立せず、ぐらついている時期。

か-と 〘カ〙【×蝌×蚪】名 〔文章語〕おたまじゃくし。夏

かど 〘カ〙【角】名 ❶物のはしのとがってつき出た部分。❷道のまがりめ。まがりかど。❸性質が円満でないこと。「ことばに━がある」「━のある人柄」❹おだやかでないこと。 **━が立(た)つ** 物ごとが、おだやかでなくなる。「物も言い様で━」 **━が取(と)れる** 世なれて、性格が円満になる。 **━を立(た)てる** 事をあらだてる。

かど 〘カ〙【門】名 ❶家の出入り口。もん。❷家の前。「━を過ぎる」

かど 〘カ〙【×廉】名 理由として取り上げられる点・事がら。「盗みの━で調べられる」

か-ど 〘カ〙【過度】名 形動の 度をすごすこと。程度のはなはだしいこと。「━の勉強」

かと-いって 連語 上に述べたことに対する疑問・不確かな気持ちをあらわす。そうかといって。「もっともな意見だと思う。━賛成するわけにもいかない」

か-とう ⓪【果糖】名 主として果実の中にふくまれている、糖類の一種。

か-とう ⓪【下等】名 形動の ↕上等・中等。❶等級・段階が低いこと。下位。❷品質がおとっていること。「━な品」❸下品。いやしいこと。

か-とう ⓪【過当】名 形動の ちょうどよい度合いを越えるようす。「━競争」

か-どう ⓪【可動】名 動かせること。 **━橋(きょう)** ⓪名 上下や左右に橋げたを開閉して大きな船でも通れるようにした橋。

か-どう ⓪【×河道】名 道筋に見たてた、川の流れ。「ハザードマップ上の旧━」

か-どう 〘カ〙【華道・花道】名 ➡いけばな。

か-どう ⓪【渦動】名 〔文章語〕うずまきのような動き。

か-どう 〘カ〙【歌道】名 和歌の道。

か-どう ⓪ ㊀【稼働】名 自サ かせぎはたらくこと。「━人口」 ㊁【稼動】名 自他サ 機械が動くこと。また、それを動かすこと。「━台数」

が-どう 〘ガ〙【画道】名 絵をかく芸道。

かどう-きょう ⓪【架道橋】名 道路と立体交差をする鉄道の橋。ガード。

かとう-せいじ 〘セ〙【寡頭政治】名 わずかな人によって支配される、独裁的な政治。

ガトー 〘ガ〙〈フ gâteau〉名 小麦粉に卵・砂糖・バターを加え、オーブンで焼き、チョコレート、フルーツなどで装飾した焼き菓子。種類が多い。「━ショコラ」

かどかど-し・い 〘シ〙【角角しい】形 〔カロ・カッ・ク(ウ)・イ・イ・ケレ・○〕❶かどが多い。❷才気ばしっていて、円満でない。「━性格」 **角角し-さ** 名 **かどかど・し** 文語シク

かど-がまえ 〘ガ〙【門構え】(がまへ) 名 もんがまえ。

か-とく ⓪【家督】名 ❶相続すべき家のあとめ。あとめをつぐもの。あとつぎ。長男。長子。❷〔旧民法で〕戸主たる地位と、それにともなう権利・義務。 **━相続(そうぞく)** 〘ソ〙名 旧民法で、戸主が死亡などして戸主権をうしなったとき、相続人がその地位と権利・義務をつぐ制度。

かど-ぐち 〘ド〙【門口】名 家の出入り口。また、その付近。

かど-すずみ 〘ス〙【門涼み】名 門前に出てすずむこと。夏

かど-た ⓪【門田】名 家の門前の田。かどだ。

かど-だ・つ 〘タ〙【角立つ】自五 〔タ・チ(ッ)・ツ・ツ・テ・テ〕❶かどが出る。かどばる。❷ことがあらっぽくなる。「ことばが━」

かど-だ・てる 〘テ〙【角立てる】他下一 〔テ・テ・テル・テル・テレ・テロ(テヨ)〕❶ものにかどをつくる。❷ことをあらだてる。「話し合いを、角立ててしまった」 **かどだ・つ** 文語下二

かど-ち 〘ド〙【角地】名 道のかどに面している土地。

かど-ちがい 〘チ〙【門違い】(ちがひ) 名 ❶めざす家をとりちがえること。❷➡おかどちがい。

かど-づけ ⓪【門付(け)】【門×附】名 家々の門口で歌ったり踊ったりして、金や物をもらって歩くこと。また、その人。

かど-で ⓪【門出】【×首×途】名 ❶旅行・出陣などのため、家を出発すること。かどだち。❷新しい生活・仕事をはじ

めること。「実社会への―」

かど-なみ ⓪【門並(み)】名 並んでいる家ごと。のきなみ。

かど-ばしら [バ]【門柱】名 門の柱。もんちゅう。

かど-ば・る [バ]【角張る】自五 ❶かどが出て、たいらでない。かくばる。❷態度がくだけず、四角ばっている。「角ばったあいさつは抜きにしよう」

かど-ばん ⓪【角番】名 ❶囲碁・将棋などで、全体の負けが決まるという一番。「―に追い込まれる」❷大ずもうで、負け越せば番付が下がる場所・取り組み。

かど-び [ド]【門火】名 ❶葬送・婚礼などのとき、門前でたく火。❷盆の迎え火と送り火。秋

かど-べ ⓪【門辺】名 もんのそば。

かど-べや ⓪【角部屋】名 マンションやアパートなどで各階のはしにある部屋。

かど-まつ [ド]【門松】名 新年に家の入り口にたてる松。松飾り。新年

カドミウム [ミ]〈cadmium〉名 元素記号Cd 原子番号48 原子量112.411 亜鉛に似た青白色で柔らかな金属元素。

かど-みせ ⓪【角店】名 町かどにある商店。

かど-やしき [ヤ]【角屋敷】名 道のまがりかどにある屋敷。

カトラリー [ラ|ト]〈cutlery〉名 ナイフ・フォーク・スプーンなどの洋食器。

カドリール [リ]〈フ quadrille〉名 四人一組みになっておどる舞踊。また、その曲。

かとり-せんこう [セ]【蚊取(り)線香】名 蚊を駆除する渦巻き状の燻煙剤。蚊よけの線香。かやり線香。夏

カトリック [リ]〈オ Katholiek〉＝**カソリック** 名 カトリック教。また、その信者。↕プロテスタント。**―教** ⓪名 ローマ教皇を最高首長とする、キリスト教の一派。旧教。

カトレア ⓪〈cattleya〉＝**カトレヤ** 名 ラン科の多年生植物。白・桃・紅など種々の色の花をつける。種類が多い。観賞用。冬

かどわか・す [カ]【▲勾▲引す】他五 だまして、女やこどもをつれ去る。ゆうかいする。**かどわかし** 名

か-とん ⓪【火×遁】名 火の中にのがれて身をかくすという、忍術の一つ。「―の術」

か-とんぼ [ド]【蚊×蜻×蛉】名 ❶➡ががんぼ。夏 ❷〔俗語〕やせてひょろ長い人。

かな【金】[造] 金属。鉄。かね。「金仏」「金火箸」(「かめい」と読めば別語)

か-な ⓪【仮名】【仮▲字】名 漢字をもとにしてつくった表音文字。ひらがな・かたかな。↕真名・本字。参考「仮名」の「か」は正式な文字(本字)としての漢字に対する非公式の意の「かり(仮)」が転じたものである。「名」は「字」の意で、「かりな→かんな→かな」と変化した。**―草子** [ゾ]名 江戸時代前期の小説の一種。浮世草子の前に京都を中心に流行した。**―遣い** [ヅ]名 国語をかなで書きあらわすときの、かなのつかい方。現代かなづかい・歴史的かなづかいなどがある。

かな 助〔古語〕〔終助詞。体言、また活用語の連体形につく〕感動・詠嘆をあらわす。…(こと)だなあ。「すずろなる(不覚ナ)死をすべかめるかな」〈竹取〉参考 奈良時代以前の「かも」に代わって平安時代から用いられた。

か-な 連語〔「か」(終助詞)＋「な」(終助詞)〕❶不明な点があることについて、ひとりごととして言う文末のことば。「雨はもうやんだ―」「あの人は学生―」❷〔「…しないかな」の形で〕話し手の願望をあらわす。「電車、来ない―(来テホシイ)」❸聞き手に答えを強く求めないで、やわらかくたずねることば。「この問題がわかる―」❹はっきりとは言い切れない自分の考えを伝えることば。「このくつ、いくらだった?」「さあ、一万円くらいだった―」

がな 助〔古語〕❶〔終助詞。ふつう「もがな」の形で〕願望をあらわす。…があればよいなあ。…がほしいなあ。「あっぱれ、よからう敵がな」〈平家〉❷〔副助詞〕㋐〔疑問語につき、下に願望・意志をあらわす言い方を伴って〕不確定な気持ちを示す。…か。「何をがな形見に媼に取らせん」〈今昔〉㋑一例を挙げてほのめかす。たとえば…でも。「まぼろしにがな見られたものでござらう」〈狂言・塗師平六〉

かな-あみ ⓪【金網】名 針金でつくった網。

か-ない [カ]【家内】名 ❶家の中。❷家族。「―安全」❸自分の妻。⇩妻。**―工業** [コ]名 自宅で、家族やわずかな使用人だけで生産するしくみの小規模な工業。

かな・う [ナ] 自五 ❶【▲適う】あてはまる。適合する。「条件に―」❷【×叶う】とどく。思いどおりになる。「のぞみが―」❸【▲敵う】及ぶ。たちうちできる。「かれに―相手がいない」**―まじ**〔古語〕❶とてもできないだろう。❷みとめられない。「いかに申すとも始終のこと(助命ノコト)はかなふまじ」〈平家〉

かなえ ⓪【×鼎】名 ❶古代中国の、三本足の鉄または銅のかま。❷王位・権威のしるし。参考 古代中国の夏の禹王が、全国からあつめた金で九つの鼎をつくり、王室の宝としたことから。**―の軽重を問う** 人の権威・実力をうたがう。参考 周の定王のとき、楚の荘王が周を軽んじ、周の王室の宝である九鼎の大小・軽重を問うた故事から。

かなえ❶

かな・える [エ] 他下一 ❶【×叶える】思いどおりに実現させてやる。「願いを―」❷【▲適える】あてはまるようにする。みたす。「条件を―」**かな・ふ** 文語八下二

かな-がい ⓪【金貝】名 蒔絵にはりつける銅・銀・すずなどのうすいかけら。

かながき-ろぶん《仮名垣魯文》一八二九～一八九四。江戸時代末期から明治時代初期の小説家。代表作は「安愚楽鍋」「西洋道中膝栗毛」など。

かな-がしら [ガ]【金頭】名 ホウボウ科の海水魚。沿岸の海底にすむ。口先がとがっている。食用。冬

かな-かな [ナ]【×蜩】名〔カナカナと聞こえる鳴き声から〕ひぐらし。秋

かながわ-けん《神奈川県》関東地方南西部の県。県庁所在地は横浜市。

かなきり-ごえ [ゴ]【金切(り)声】名 精いっぱいにはりあげた、金属を切るような、細くかんだかい声。

カナキン [ナ]〈ポ canequim〉【金巾】名 細い糸で目をこまかく織った、うすい綿布。カネキン。

かな-ぐ ⓪【金具】名 物にとりつける、金属製の付属品。

かな-くぎ ⓪【金くぎ】【金×釘】名 ❶金属のくぎ。↕木くぎ・竹くぎ。❷かなくぎ流。**―流** ⓪名〔くぎでひっかいたような字形から〕へたな字をばかにしていう語。

かな-ぐし ⓪【金串】名 魚などを焼くのに使う金属のくし。

かな-くず [ク]【金くず】【金×屑】名 金属を加工するときに出るくず。

かな-くそ ⓪【金くそ】【金×屎】名 ❶鉄のさび。❷とかした鉱石のかす。❸水分をふくんで、ねばねばしたかなくず。

かな-ぐつわ [グ]【金ぐつわ】【金×轡】名 ❶金属製のく

か

つわ。❷口どめなどのためのわいろのかね。「―をはめる」＝かねぐつわ。

かなぐりす・てる テ【かなぐり捨てる】他下一 ❶あらっぽく取って捨てる。「上着を―」❷思いきって捨てる。「名誉も地位も―」 **かなぐりす・つ** 文語下二

かなけ ◎【金気】名 ❶水の中にとけてふくまれている鉄分。「―の多い水」❷鉄の新しいなべなどを火にかけたとき浮かぶ赤黒いもの。「―が浮く」

かなざわぶんこ《金沢文庫》― 鎌倉中期に北条実時が創立した図書館。横浜市金沢区にある。「かねさわぶんこ」ともいう。

かな・し【愛し】形シク 古語 ❶身にしみて思われる。いとしい。かわいい。「わが、かなしと思ふむすめを」〈源氏〉❷すてきだ。心にしみておもしろい。「朝明のかすみ見ればかなしも」〈万葉〉

かなし・い【悲しい】【▲哀しい】一 シ 形 胸がいたみ、泣きたくなるような気持ちだ。「愛犬が死んで―」「―知らせがあった」↕うれしい。**悲しがる** 自五 **悲しげ** 形動 **悲しさ** 名 **かな・し** 文語シク 二 形シク 古語 ❶哀れだ。かわいそうだ。「君を待つらむ人(遺族)しかなしも」〈万葉〉❷くやしい。残念である。「物も覚えぬくさり女(物モワカラヌツマラナイ女)に、かなしう言はれたる」〈宇治拾遺〉❸貧しい。「釜の下へたく物さへあらず。さてもかなしき年の暮れや」〈世間胸算用〉

かなしき ◎【金敷】【▲鉄敷】名 金属をきたえるのに使う鉄の台。金床。

かなしきがんぐ《悲しき玩具》石川啄木の第二歌集。死後、一九一二年に刊行。晩年の生活苦の中で詠んだものが多い。

かなしばり ◎シ【金縛り】名 ❶強くしばりつけて自由をうばうこと。❷かねの力で人の自由をうばうこと。

かなしぶ ◎【▲鉄渋】名 水にまじった鉄さび。

かなし・ぶ【愛しぶ】他四 他上二 古語 かわいく思う。愛する。めでる。「かすみをあはれび、露をかなしぶ心」〈古今〉

かなしみ ◎ミ【悲しみ】【▲哀しみ】名 かなしむこと。かなしいと思う心。悲哀。「―に暮れる」「―をこらえる」↕よろこび。

かなし・む シ【悲しむ】【▲哀しむ】他五 ↕よろこぶ。❶かなしいと思う。❷なげかわしく思う。うれえる。「道徳の低下を―」

かなた カ【かなた】【▲彼▲方】名 文章語 あちら。むこう。あなた。「山の―」↕こなた。

カナダ《Canada》(「加奈陀」とも書いた)北アメリカ北部にある連邦国家。英連邦の一員。首都はオタワ。

かなだらい ダ【金だらい】【金×盥】名 金属製のたらい。

かなづち ヅ【金づち】【金×鎚・金×槌】名 ❶鉄製のつち。❷泳ぎができないこと。また、その人。**―頭** ア 名 ❶ゆうずうのきかない考え方。また、そのような人。❷かたいあたま。石頭。

カナッペ ナ〈フ canapé〉名 焼いて小さく切ったパンの上に、ペースト・ゆでたまごなどをのせた食べ物。オードブルや洋風の酒のさかなとして用いる。

かなつぼ ◎【金つぼ】【金×壺】名 金属製のつぼ。**―眼** マ 名 おちくぼんだ、まるい目。

かなてこ ◎【金てこ】【金×梃】名 鉄製のてこ。

かなでほんちゅうしんぐら《仮名手本忠臣蔵》江戸時代中期の浄瑠璃。竹田出雲らの合作。四十七士の仇討を題材として書かれたもの。

かな・でる テ【奏でる】他下一 文章語 楽器を奏する。**かな・づ** 文語下二

かなとこ ◎【金床】【▲鉄床・鉄×砧】名 かなしき。

かなぶつ ◎【金仏】名 ❶金属製の仏像。❷気持ちのつめたい人のこと。

かなぶん カ 名 コガネムシ科の昆虫。褐色・青緑色の金属的光沢をもつ。くぬぎやならなどの樹液に集まる。かなぶんぶん。㊡

かなへび ◎【金蛇】名 とかげの仲間。とかげに似て、やや小さく細長い。

かなぼう ◎【金棒】【▲鉄棒】名 ❶鉄の棒。❷頭部に輪をつけたつえの形の鉄棒。❸器械体操で使う鉄棒。**―引き** ボ 名 ❶昔、鉄棒をもって町内の夜警をした人。❷うわさなどを大げさにふれまわる人。参考 表記は「金棒引」でもよい。

カナマイシン マ〈kanamycin〉名 抗生物質の一種。結核などにきく。

かなめ ◎【要】名 ❶おうぎの骨をとじ合わせるくぎ。❷物ごとでいちばん大切な点。要点。「議論の―」❸かなめもち。

かなめがき ×【要垣】名 かなめもちを植えたいけがき。

かなめもち ×【要×黐】名 バラ科の常緑小高木。初夏、小さな白い花が咲き、秋、赤い実がなる。いけがき用。あかめもち。

かなもの ◎【金物】名 金属製のいろいろな道具。「―屋」

かなやま ◎【金山】名 金属鉱山。「佐渡の―」

かならず ◎【必ず】副 ❶例外なく起こるようす。いつも。きまって。「父は朝起きると―散歩に出る」「あの二人が会えば―けんかになる」❷話し手の確信や決意、相手への命令をあらわす。「彼の予想は―当たる」「―行くよ」「―明日は来なさい」参考「必ず」の話し手の確信は、「絶対に」ほど強くはない。「きっと」はさらに弱く、ただの話し手の意向にとどまる場合もある。

かならずしも ×【必ずしも】副 (下に打ち消しの言い方を伴って)そうとはかぎらないようすをあらわす。「名選手が―名監督になるわけではない」

かならずや ×【必ずや】副 (「や」は強めの助詞)きっと。まちがいなく。「―勝つであろう」参考 下が推量の言い方になる。

かなり カ【かなり】【可成・可×也】副 形動(の) 普通よりも。平均以上。「―スピードを出していた」「―な収入」⇩相当 二 参考。

かなり【可なり】連語 文章語 よろしい。「死すとも―」

カナリア ◎〈ス canaria〉【金▲糸×雀】＝**カナリヤ** 名 アトリ科の小鳥。からだは黄色。鳴き声がうつくしい。大西洋のカナリア諸島原産。

がな・る ナ 自五 俗語 やかましくどなる。わめく。

かなわ ◎【金輪】【▲鉄輪】名 ❶金属製の輪。❷⬇ごとく(五徳)❷。

かなわない 連語 ❶対抗して勝てない。「あのチームには―」❷やりきれない。「しつこくて―」❸許されない。「目どおりが―」

かなん ◎【火難】名 文章語 火災。

かなん《華南》(「華」は「中華」の意)中国の南部。↕華北・華中。

かに ◎【×蟹】名 甲殻類の節足動物。頭胸部は大きな甲になっている。一対のはさみと四対の足がある。種類が多い。食用。㊡ **―は甲羅に似せて穴を掘る** 人はそれぞれ相応した望みをもち、また、行いをするものだ。

が-に 助[古語]〔接続助詞〕❶〔動詞、また完了の助動詞「ぬ」の終止形につく〕…するかのように。…しそうに。「あえぬがに(散リソウニ)花咲きにけり」〈万葉〉❷〔終助詞的用法。連体形につく〕命令・願望の表現を受けて、その理由・目的を表す。…するだろうから。…するように。「おもしろき野をばな焼きそ(焼イテハイケナイ)古草に新草まじり生ひは生ふるがに(生イ育ツモノナラ生イ育ツコトダロウカラ)」〈万葉〉

かに-かくに 副[古語] とかく。あれやこれやと。さまざまに。「かにかくに思ひわづらひ音のみし泣かゆ(タダ泣ケテクル)」〈万葉〉

か-にく ⓪【果肉】名 くだものの皮としんをのぞいた、食べられる部分。

かに-こうせん ⓪【かに工船】【×蟹工船】名 とったかにをその場で加工する設備のある船。

かにこうせん《蟹工船》小林多喜二の小説。一九二九年発表。きびしい労働条件に苦しむ蟹工船の労働者の闘争を描いたプロレタリア文学の代表作。

かに-たま ⓪【かに玉】【×蟹玉】名 中華料理で、かにの身と野菜を入れた卵焼き。

かにち【か日・箇日】接尾 日をかぞえることば。「百―」 ⇩箇 参考。

かに-ばば ⓪【×蟹×屎】名 生まれたあかんぼうが、はじめて出す大便。

カニバリズム [リ]〈cannibalism〉名 人間が人肉を食べる慣習。

がに-また ⓪【×蟹股】名 両足が、ひざのところで外がわに曲がっていること。

かに-みそ ⓪【×蟹味×噌】名 かにの甲羅の中にある内臓。食材や酒のつまみとして食される。

か-にゅう ⓪【加入】名 自サ 組織・団体などにくわわること。仲間になること。「保険に―する」

カヌー [カ]〈canoe〉名 ❶アメリカインディアンが使った原始的丸木ぶね。❷幅のひろいかいであやつる小型の競技用のボート。カヤックとカナディアンカヌーの二種がある。

カヌー❷

かね ⓪【金】名 ❶金属。金・銀・銅・鉄など。「―の仏像」❷物を買ったり、労働に対する報酬としてあたえたりするのに必要なもの。おかね。金銭。貨幣。「―がたまる」「―を借りる」「―になる仕事」 **―が敵** ❶かねがもとで不幸になること。❷なかなかかねが得られないこと。 **―がうなる** あり余るほど、多くのかねをもつ。 **―が子を生む** 貸したかねに利子がつく。 **―が物を言う** かねの力で万事がきまる。 **―に飽かす** かねを惜しまずかけて、事をする。 **―に糸目を付けない** おしげなくかねを使う。 **―になる** もうかる。収入になる。 **―に目が×眩む** 欲やかねのために、正しい判断をうしなう。 **―の切れ目が縁の切れ目** かねのあるうちはちやほやされるが、かねがなくなるとつめたく扱われる。特に恋愛関係にいう。 **―のなる木** 財源。 **―の世の中** かねしだいで、どうにでもなる世の中。 **―の▲草×鞋で捜す** しんぼう強くあるきまわってさがす。 **―は天下の回り物** かねは世間を回っているものだから、いつかは自分のところにもやってくる。 **―を食う** 費用がかさむ。 **―を寝かす** かねを有効に使わず、むだにためておく。

かね ⓪【×矩】名 ❶かねじゃく。かねざし。❷直角。

かね ⓪【▲鉄×漿】名 おはぐろ。「べに―つける」

かね ⓪ 名 ㊀【鐘】寺院などで、上からつるし、撞木で突いて鳴らすもの。つりがね。「―が聞こえる」㊁【×鉦】手に持って、たたいて鳴らす楽器。 **―や太鼓で捜す** 大さわぎして、さがしまわる。

が-ね 助[古語]〔終助詞。動詞の連体形につく。意志・命令の表現を受けて、その理由・目的を示す〕…するだろうから。…するように。「梅の花われは散らさじ青によし(=枕詞)平城なる人の来つつ見るがね」〈万葉〉

かね-あい ⓪【兼(ね)合い】名 両方の事情・条件を考えてつりあいをうまく保つこと。「組合側の要求との―で決める」「七分三分の―」

かね-あきびと【金▲商人】名[古語] ❶砂金などを売買する人。かねうり。❷両替屋。‖かねあきゅうど。

かね-かし [カ2]【金貸(し)】名 かねを貸して利息をとる商売。また、その人。

かね-がね [ネ1]【かねがね】【▲予▲予】副 ずっと前から。以前から。かねて。「―うけたまわっていました」

カネキン [ネ]〈ポ canequim〉【金巾】名 ⇨カナキン。

かねくい-むし [ク]【金食い虫】名[俗語] かねばかりかかって役に立たないことやものを、虫にたとえた語。

かね-ぐつわ [グ]【金ぐつわ】【金×轡】名 ⇨かなぐつわ。

かね-ぐら ⓪【金蔵】【金▲庫】名 ❶かねや宝物をしまっておくくら。きんこ。❷よくかねを貸したり、くれたりする人。ドル箱。「かれは兄弟たちの―だ」

かね-ぐり ⓪【金繰り】名 かねのやりくり。「―がつかない」

かね-ごえ ⓪【金肥】名 かねで買いいれる肥料。化学肥料。金肥(きんぴ)。

かね-ごと【▲予言】名[古語] 約束のことば。

かねこ-とうた《金子兜太》一九一九—二〇一八。俳人。前衛俳句の旗手。「海程」を創刊・主宰。句集「少年」「東国抄」など。

かねこ-みつはる《金子光晴》一八九五—一九七五。詩人。本名は安和(保和)(やすかず)。反戦詩で知られる。詩集に「鮫」「蛾」、随筆に「どくろ杯」など。

かね-ざし ⓪【▲曲差・×矩差】名 かねじゃく。

かね-じゃく ⓪【かね尺】【▲曲尺・×矩尺】名 ❶木工職人が使用する、直角にまがった金属製のものさし。まがりがね。だいくがね。さしがね。かねざし。かね。❷くじら尺の八寸(約三〇・三センチメートル)を一尺とした尺度・ものさし。かねざし。かね。⇔くじら尺。

かね-ずく ⓪【金ずく】【金▲尽く】名 かねにまかせてすること。「―で話をつける」

かね-そな・える [エ]【兼ね備える】他下一〔エ・エ・エル・エレ・エロ・エヨ〕 二つ以上のものをいっしょにもっている。「才能と美貌を―」 かねそな・ふ 文語ハ下二

かね-だか ⓪【金高】名 金銭の額。きんだか。

かね-たたき [タ1]【×鉦×叩】名 ❶かねをたたき鳴らすこと。また、その人。❷撞木。❸かねをたたき、経文を唱えながら、金銭や物を乞い歩く物もらい。❹カネタタキ科の小さな昆虫。チンチンとかねをたたくような美しい声でなく。㊎

か-ねつ ⓪【火熱】名 火の熱。火の熱さ。

か-ねつ ⓪【加熱】名 他サ 熱をくわえること。

か-ねつ ⓪【過熱】名 自他サ ❶あつくしすぎること。あつくなりすぎること。❷市場の人気や熱中の程度がはげしすぎること。「ヒーターの―」「景気の―」

かね-づかい [ツ]【金遣い】名 かねを使う方法・程度。「―があらい」

かね-づまり ⓪【金詰(ま)り】名 かねのやりくりがつかず、資金やこづかい銭に不足すること。

かね-づる ⓪【金づる】【金×蔓】[名] かねを手に入れる手段やてがかり。「いい―をつかむ」
かね-て [カ]【かねて】【▲予て】[副] 前もって。あらかじめ。かねがね。「―用意がしてある」「―の予定」
かね-ない【かねない】【兼ねない】[接尾]〈形容詞をつくる〉❶…するかもしれない。「降りだし―天気」❷…してもふしぎはない。…しそうだ。「彼ならやり―」
かね-ばなれ ⓪【金離れ】[名] 金の使いぶり。「―がいい」
かね-へん ⓪【金偏】[名] ❶漢字の部首の一つ。「鉱」「鉄」などの「金」。❷〔俗語〕鉱業・製鉄業など金属に関係のある産業。「―ブーム」
かね-まわり ⓪【金回り】[名] ❶かねの流通。かねの動き。❷ふところぐあい。財政状態。「―がいい」
かね-め ⓪【金目】[名] かねに換算した値うち。また、その値うちの大きいこと。「―のもの」
かね-もうけ [モ]【金もうけ】【金×儲け】[名] 利益として金銭を手に入れること。「―に走る」
かね-もち [モ]【金持ち】[名] たくさんのかねをもっている人。財産家。 **―×喧×嘩せず** けんかをすると、損をすることが多いから、金持ちはけんかをしない。
か・ねる【兼ねる】㊀[ネ] [他下一]〔ネ-ネ-ネル-ネル-ネレ-ネロ・ネヨ〕二つ以上の物ごとをいっしょにする。一つで二つ以上の用をする。「書斎が応接間を―」㊁[接尾]〔かながき〕〈下一段活用動詞をつくる〉できない。むずかしい。「ことわり―」[参考]「ちょっと、わかりかねます」のように、ていねいな打ち消しの言い方として使われることが多い。か・ぬ [文語下二]
かねん【か年・箇年】[接尾] 年をかぞえる語。「五―計画」⇩箇か[参考]。
か-ねん【可燃】[造] もえること。もえやすいこと。「―物」 **―性** ⓪[名] よくもえる性質。↔不燃性。
か-ねんど [ネ]【過年度】[名] すぎた年度。
か-の [カ]【かの】【▲彼の】[連体] ❶〔文章語〕あの。「―人」❷〈話に出たことのある〉例の。「―有名な事件」
か-のう ⓪【化×膿】[名][自サ] きずなどがうみをもつこと。うみがたまること。「―止め」
か-のう ⓪【×嘉納】[名][他サ]〔文章語〕高位の者がよろこんで受けいれ、また、聞きいれること。「ご―にあずかる」
か-のう ⓪【可能】[名][形動(の)] ↔不可能。❶しようとすればできること。「努力すれば合格は―だ」❷実際にありうること。「地震の予知は―だ」 **―性** ⓪[名] できる、または実現するみこみ。「成功の―がある」 **―動詞** [ド][名] 五段活用の動詞に対応する、可能の意味を表す下一段活用の動詞。命令形がない。「書く→書ける」「会う→会える」の類。[参考] 近年、五段活用以外の動詞に対応する「見れる」「食べれる」などがしきりに使われるが、まだ標準的なものとは認められない。
かのう-は《狩野派》日本画の一流派。室町時代後期に、狩野正信がはじめたもの。
か-の-え ⓪【×庚】[名] 十干の第七位。⇩十干(表)。
か-の-こ [カ]【鹿の子】[名] ❶しかの子。(夏) ❷しか。❸かのこまだら。❹かのこもち。❺かのこしぼり。 **―絞り** [シ][名] しぼりぞめ模様に、白いまだらをそめ出したもの。かのこ。 **―▲斑** [マ][名] しかの毛色の白いまだら。また、それに似た模様。かのこ。 **―餅** [コ][名] あまく煮たあずき・くりなどを、あんころもちのまわりにつけた菓子。かのこ。

鹿の子しぼり

かの-じょ [カ]【彼女】㊀[代] 話題となっている女性。あの女性。↔彼。㊁[名] 恋人である女性。「高田君の―」⇩彼[参考]。
か-の-と [ノ]【▲辛】[名] 十干の第八位。⇩十干(表)。
か-の-も【▲彼の▲面】[名]〔古語〕あちら側。あちら。↔このも。
カノン [カ]〈kanon〉【加▲農】[名] 砲身が長くて、たまが遠くまでとぶ大砲。カノン砲。
カノン [カ]〈canon〉＝**キャノン** [名] ❶キリスト教の聖典。❷ある声部の旋律を、他の声部が反復する形式の楽曲。
か-は [助]〔古語〕〈係助詞。係助詞の「か」と「は」。文中に用いられると、これを受ける文末の結語は連体形になる〉❶疑問を表す。「いかなる人にかはと思へど」〈源氏〉❷反語を表す。…か、いやそうではない。「わが身には死なぬ薬も何にかはせむ」〈竹取〉
かば [カ]【×蒲】[名] ❶「がま」の別名。❷かば色。
かば [カ]【×樺】[名] ❶カバノキ科の落葉高木。かんば。❷かば色。
か-ば [カ]【河馬】[名] カバ科の哺乳類。アフリカの川や湖にすむ。体長四〜五メートル。足がみじかく、口が大きい。水中生活に適応している。草食性。
カバ(ヴァ)ー [カ]〈cover〉㊀[名] 靴や、靴下の上にはくもの。㊁[名][他サ] ❶おおうこと。また、そのもの。おおい。❷損失・不足などをおぎなうこと。かばうこと。「欠点を―する」❸競技で、味方の選手のそばにいて、守備動作をたすけること。「投手が一塁を―する」 **―ガール** [ガ]〈cover girl〉[名] 雑誌の表紙や、テレビ番組のタイトルのモデルとして使われる女性。 **―バージョン** [バ]〈cover version〉[名] すでに発表された楽曲が、のちに別の歌手に歌われたり、編曲して演奏されたりして発表される曲。カバー。
か-はい ⓪【加配】[名][他サ] きまっている量以上の量を配給すること。
かばい-だて ⓪【×庇い立て】[名] 何かとかばうこと。「必要以上の―」
かばい-て ⓪【かばい手】【×庇い手】[名] 相撲で、両力士が重なりあって倒れるとき、上になったほうが下になったほうをかばって、先に手をつくこと。[参考] この場合、先に手をついたほうは負けにならない。
かば-いろ ⓪【かば色】【×樺色・×蒲色】[名] 赤みのある黄色。
かば・う [バ]【×庇う】[他五]〔ワ(オ)-イ・ッ-ウ-ウ-エ-エ〕守ったりいたわったりして、他から傷つけられないようにする。「きず口を―」「子を―母」 **かばえる** [自下一]〔…できる〕
がば-がば ㊀[ガ]〔と〕[副] ❶水が波うって立てる音をあらわす語。❷かたい布などがこすれあう音をあらわす語。㊁⓪[形動(の)] 洋服・くつなどが大きすぎるようす。
か-ばかり [副]〔古語〕❶これほど。これくらい。かほど。「道を知らざらん人、かばかり恐れなんや」〈徒然〉❷これだけ。これっきり。「極楽寺・高良など拝みて、かばかりと心得て帰りにけり」〈徒然〉
か-はく ⓪【下×膊】[名] 腕のひじから手首までの部分。前膊。↔上膊。
か-はく ⓪【科白】[名]〔文章語〕しばいのしぐさとせりふ。とくに、せりふ。
か-はく ⓪【仮泊】[名][自サ] ❶船が、かりにある場所にとまること。❷設備が整っていないところでかりにとまること。
が-はく [ガ]【画伯】[名] 画家を尊敬していう語。
か-ばしら [バ]【蚊柱】[名] 蚊が群をなしてとび、柱のようにみえるもの。(夏)
かはたれ-どき【▲彼は▲誰時】[名]〔古語〕➡かわたれどき。
カバディ [カ]〈ヒンディー kabaddi〉[名] インドの国技。一チーム七人からなり、攻撃側のチームの一人が敵陣に入り、息つぎをせずに「カバディ」と連呼しながら、守備チームのメンバーの体にタッチし、自陣に戻る。タッチした人数が得点になる。

がばと ガ 副 急にからだを伏せたり、起きあがったりするようす。がばっと。「―とび起きる」

ガバナンス ガ〈governance〉名 統治。管理。「コーポレート（企業）―」

かばね 0【▲姓】名 上代において、家がらや職種をあらわすための称号。臣・連など。

かばね 0【×屍・×尸】名〔文章語〕死体。死がい。なきがら。

かはほり【×蝙×蝠】名〔古語〕➡かわほり。

かばやき 0【かば焼(き)】【×蒲焼】名 うなぎ・はも・どじょうなどを裂き、みりんとしょうゆをまぜたたれをつけて、くし焼きにしたもの。

かはゆ・し 形ク〔古語〕➡かわゆし。

か-ばらい バ【過払い】名 代金・給料を払いすぎること。また、その払いすぎたかね。

か-ばり 0【蚊ばり】【蚊×鉤】名 羽毛などで蚊の形に作ったつりばり。あゆ・はやなどをつるのに使う。擬餌ばり。

か-はん 0【河畔】名〔文章語〕川のほとり。川ばた。

か-はん 0【過半】名 半分以上。大部分。**―数** ハ|ス 名 全体の半数をこえるかず。半分より一つ以上多い数。

か-はん カ【過般】名〔文章語〕このあいだ。さきごろ。先般。「―参上の節」**―来** ハ 副 この間から。「―おせわに相成り」

カバン 0【×鞄】名（中国語「夾板(きょうばん)」の変化という）革やズック製の、ものを入れて持ちあるく用具。

が-ばん 0【画板】名 ❶絵をかくとき、台にする板。❷油絵をかく板。

か-はんしん ハ【下半身】名 腰から下の部分。しもはんしん。↕上半身。

カバン-もち バ【かばん持ち】【×鞄持ち】名 上役のかばんを持って、ともをすること。また、その人。

か-ひ カ【下×婢】名〔文章語〕下働きのお手伝いさん。

か-ひ カ【化肥】名（「化学肥料」の略）金肥。

か-ひ カ【可否】名 ❶よいかわるいか。よしあし。「実行の―」❷賛否。「―を問う」

か-ひ カ【果皮】名 ❶くだものの種子をつつむ部分。内果皮・中果皮・外果皮。りんごなどの食べるところは中果皮。❷くだものの外がわのかわ。外果皮。

か-ひ カ【歌碑】名 歌をほりこんだ記念碑。「若山牧水の―」

かひ【×匙】名〔古語〕➡かい。

かび 0【×黴】名 動植物・食物・衣類などに生じる菌類。青かび・黒かびなど。夏

か-び カ【華美】名 形動 はなやかでうつくしいこと。けばけばしいこと。「―な服装」

かび《黴》徳田秋声の長編小説。一九一一年に発表。作者自身をモデルとして、結婚前後の私生活を冷静な筆でえがいたもの。

が-び ガ【×蛾眉】名〔文章語〕❶みかづき形のまゆ。美人のまゆ。❷美人。

カビア カ〈caviar(e)〉名 ➡キャビア。

かびくさ・い サ【かび臭い】【×黴臭い】形 ❶かびのにおいがする。「―土蔵の中」❷ふるくさい。「―話」**かび臭さ** 名 **かびくさ・し** 文語ク

カピタン カ〈ポ capitão〉【加比丹】名 ❶江戸時代に、平戸・出島におかれたオランダ商館長。❷オランダ船の船長。

か-ひつ 0【加筆】名 自他サ 書き入れをして文章をなおすこと。「―訂正」

が-ひつ 0【画筆】名 えふで。「―をふるう」

かひな【▲腕】名〔古語〕➡かいな。

カビネ カ〈フ cabinet〉名 ➡キャビネ。

カピバラ 0〈capybara〉名 齧歯類の中で最も大きな動物。体長一メートル程度。南米の水辺に生息している。

か-ひょう 0【苛評】名〔文章語〕きびしい批評。酷評。「―を加える」

が-ひょう 0【賀表】名（「表」は、中国の文章の一種）お祝いの気持ちをあらわすためにさしあげる文章。

が-びょう 0【画×鋲】名 板・かべなどに、紙などをとめるためのびょう。

か・びる 0【×黴びる】自上一 かびがはえる。「餅が―」夏

か-ひん 0【佳品】名 よい作品。

か-びん 0【花瓶】名 つぼがたのはないけ。はながめ。

か-びん 0【過敏】形動 敏感すぎること。感じ方が強すぎること。「―な神経」

か-ふ カ【火夫】名 かまたき。ボイラーマン。

か-ふ カ【花譜】名 いろいろな花の絵を、咲く季節の順にのせた本。

か-ふ カ【家父】名〔文章語〕自分の父。

か-ふ カ【家扶】名 もと、皇族・華族の家の職員で、一家の事務や会計にたずさわった人。家令の次。

か-ふ カ【寡婦】名 夫に死別して、ひとりものになった女性。やもめ。ごけ。未亡人。

カフ カ〈cuff〉名 血圧をはかるときに上腕や手首に巻くベルト。加圧帯。

か-ふ カ【下付】名 他サ 政府・官庁などから、金品・書類などをわたしあたえること。「免許状―」

か-ふ《華府》アメリカの首都のワシントンのこと。

かぶ【株】㊀0 名 ❶切りかぶ。木・稲を切りとったあとの部分。❷植物の一本一本、また、根。「―分け」❸ある特権にあずかる権利。利権。「店の―をゆずりうける」❹地位。資格。「親方―」❺株式。株券。また、そのうりかい。❻得意な方法。おかぶ。㊁接尾 根のついた植物をかぞえる語。「ダリア三―」**―が上がる** ❶株式の値段・相場があがる。❷評判がよくなる。

かぶ 0【×蕪】名 アブラナ科の二年生植物。根はひらたい球形でやわらかい。赤いものと白いものとある。根・葉ともに食用。かぶら。冬

か-ぶ カ【下部】名 したの部分。↕上部。

か-ぶ カ【歌舞】㊀名 うたとまい。「―音曲」㊁名 自サ うたったり、おどったりすること。

が-ふ ガ【画布】名 油絵をかく布。キャンバス。

が-ふ ガ【画譜】名 絵画を類別してのせた本。

が-ふ ガ【▲楽府】名 漢詩の一体。

か-ふう 0【下風】名 他の者の支配下にあること。人の下位。かざしも。「―に立つ」

か-ふう カ【家風】名 家の気風・習慣。「―に合わない」

か-ふう 0【歌風】名 和歌の作風・特徴。うたぶり。「古今集の―」

が-ふう 0【画風】名 絵の作風・特徴。

カフェ〈フ café〉㊀カ 名 ❶コーヒー。❷喫茶店。❸＝カフェー

カフェー 大正から昭和初期に流行した、女給のいる洋風の酒場。㊁造 好みや目的を同じくする人びとが集まって飲食ができる場所。「ネット―」「猫―」

カフェイン フェ〈caffeine〉名 コーヒー・茶などにふくまれている、アルカロイドの一種。興奮剤・利尿剤になる。

カフェ-オ-レ 0〈フ café au lait〉名 コーヒーに等量のミルクを入れた飲み物。

カフェ-テラス テ〈café terrasse〉名（和製洋語）歩道に

面した喫茶店。また、その外にテーブルを並べたところ。

カフェ-テリア テ〈ス cafeteria〉＝**カフェテリヤ** 名 セルフサービス形式の食堂。

カフェ-バー ハ 名 〔ス caféとbarの和製洋語〕軽い飲み物などものめる洋風酒場。

カフェ-ラテ ラ〈イ caffe latte〉名 エスプレッソに温めたミルクを加えた飲みもの。

かぶ-か 一【株価】名 株式証券一株あたりの相場・値段。

がぶ-がぶ 一 ガ (と)副 水や酒などを勢いよく飲むようす。二 0 形動 水分を多く飲んだときのようす。「腹が―になる」

かぶ-き 0【冠木】名 ❶門柱や鳥居の上に横にわたした木。かさぎ。❷かぶ木門。 ―**門** キ 名 柱の上に横木をわたした、屋根のない門。

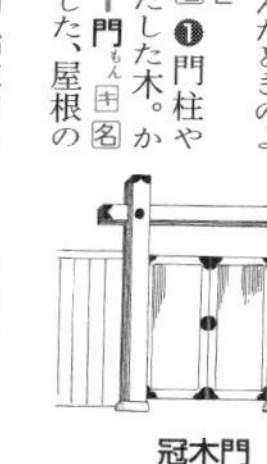

冠木門

かぶき 0【歌舞伎】名 〔「歌舞伎」は当て字。「傾く」の名詞「傾き」がもと〕江戸時代に発生した日本独特の音楽と舞踊をとり入れた大衆劇。男性だけで演じ、時代物・世話物など数多くの演目がある。

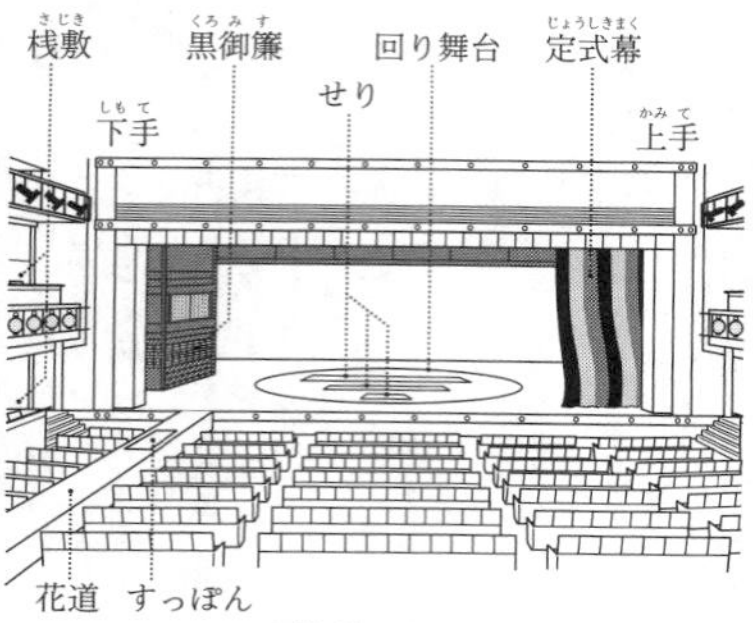

栈敷　黒御簾　回り舞台　定式幕　せり　下手　上手　花道　すっぽん

歌舞伎の舞台

かぶき-おどり オ【歌舞伎踊り】―をどり 名 江戸時代のはじめ、出雲の阿国がはじめて、歌舞伎のもととなった舞踊劇。

かぶき-じゅうはちばん チ【歌舞伎十八番】名 歌舞伎のあたり狂言。すべて市川団十郎の家の芸で、助六・鳴神など十八種。

か-ふきゅう フ【過不及】名 過不足。「―なし」

かぶ-きん 0【株金】名 株式の出資金。

か-ふく カ【禍福】名 わざわいとさいわい。不幸と幸福。 ―**は糾える縄の如し** 人生の禍福は、なわのようにたがいにからみあったもので、かわるがわるやって来るものだ。

かぶ-く【傾く】自四〔古語〕❶かたむく。❷ふざける。❸変なかっこうをする。❹歌舞伎をする。

が-ふく 0【画幅】名 絵の軸物。

かふく-ぶ ク【下腹部】名 ❶したはら。❷陰部。

かぶ-けん 0【株券】名 株式証券。株式。

カプサイシン サ〈capsaicin〉名 とうがらしの実に含まれる辛み成分。

かぶさ-る サ【被さる】自五（ラ・ロ｜リ・ッ｜ル｜ル｜レ｜レ）❶おおいかかる。「黒い雲が―」❷負担がかかる。「責任が―」

かぶ-しき テ【株式】名 ❶株式会社の総資本をこまかく等分した単位。❷株主権。❸株券。 ―**会社** ガ 名 株式の形で株主からあつめた資本を運用する会社組織。

カフス カ〈cuffs〉名 洋服のそで口。 ―**ボタン** ボ 名 〔cuffsとポ botão の和製洋語〕カフスにつける装飾をかねたボタン。

かぶせ-ぶた セ【被せ蓋】名 中身をおおいかくすしくみのふた。↕おとしぶた。

かぶ-せる セ【被せる】他下一（セ・セ｜セ｜セル｜セル｜セレ｜セロ・セヨ）❶上におおう。上からかける。「毛布を―」❷負わせる。罪などをなすりつける。「責任を―」 **かぶ-す** 文語下二

カプセル カ〈ド Kapsel〉名 ❶ゼラチン製の小さな円筒で、にがい薬などを入れてそのまま飲むもの。❷❶のような形をした入れもの。「宇宙ロケットの―」 ―**ホテル** ホ 名 〔ド Kapsel + hotelの和製洋語〕カプセル状のせまい個室を並べた簡易宿泊施設。

か-ふそく フ／ソ【過不足】名 数量・程度の多すぎることと少なすぎること。過不及。「―なし」

カプチーノ チ〈イ cappuccino〉名 エスプレッソに泡立てたミルクを加え、シナモンを添えた飲みもの。

かふちょう-せい 0【家父長制】名 一家の家長である父が大きな権力をもった家族の形態。家父長的家族制度。

かぶと カ【×兜・×冑】名 頭を守るためにかぶる鉄製・革製の武具。 ―**の緒を締める** 〔「勝ってかぶとの緒を締める」の形で使うことが多い〕ゆだんせずに自重・緊張する。 ―**を脱ぐ** あやまる。降参する。

かぶと-くび ト【かぶと首】【×兜首】名 かぶとをつけた大将級の武士の首。

かぶとちょう《兜町》❶東京都中央区の町名。東京証券取引所のある場所。❷東京の金融界・金融市場。↕北浜。

かぶと-に 0【かぶと煮】【×兜煮】名 魚の頭を煮て、かぶとに見立て盛りつけた料理。タイやブリが代表的。

かぶと-むし ト【甲虫・×兜虫】名 コガネムシ科の甲虫。体長約五センチ。からだは円形、黒かっ色。雄は頭に長い角状の突起がある。さいかちむし。(夏)

かぶ-ぬし オ【株主】名 株式の所有者。株券の持ち主。

がぶ-のみ 0【がぶ飲み】名 他サ 水や酒などを一度にたくさん飲むこと。「ビールを―する」

かぶ-ま 0【株間】名 植えつけた植物の、株と株とのあいだ。

かぶ-や【甲夜】名〔古語〕➡こうや。

かぶら 0【×鏑】名 ❶蕪の形をした、中空で穴が数個ある矢じり。飛ぶとき、音を出す。❷かぶら矢。

かぶら 0【×蕪・×蕪×菁】名 かぶ。(冬)

かぶら-や ラ【×鏑矢】名 「かぶら❶」のついた矢。戦いの合図や敵をおどすために用いた。かぶら。

鏑矢

かぶり リ【×頭】名 あたま。かしら。 ―**を振る** 頭を左右に振って、否定、不承知の気持ちをあらわす。

カプリチオ リ〈イ capriccio〉名 きまった形式のない、軽快な楽曲。奇想曲。狂想曲。

かぶり-つき 0【×齧付】名 劇場の舞台ぎわの土間、または、最前列の客席。

かぶり-つ-く ツ【×齧付く】自五（カ・コ｜キ・イ｜ク｜ク｜ケ｜ケ）❶口を大きくあけて食いつく。かみつく。「すいかに―」❷むしゃぶりつく。しがみつく。「父の背に―」 **かぶりつける** 自下一

［…できる］

がぶりと [フ] 副 大きく口をあけて、一気に食いついたり、飲みこんだりするようす。「水を―飲みこむ」

かぶりもの [0]【かぶり物】【冠り物・被り物】名 帽子・笠など、頭にかぶるもの。

かぶ・る [フ]【被る】ラ・ロ・リ・ッ ル・ル・レ・レ ㊀他五 ❶頭の上にのせておおう。「帽子を―」❷頭の上からあびる。「水を―」❸責任をひきうける。「人の借金を―」㊁自五 ❶写真で露出がすぎて、像がぼやける。❷〔俗語〕重なる。同じようなものになる。「日程が―」「洋服の色が―」 **かぶれる** 自下一 ［…できる］

がぶ・る [フ] 自五 ❶荒波のために船がゆれる。❷相撲で、組んだ相手をしゃにむに、ゆするようにして寄り進む。「がぶって寄る」

かぶれ [0] 名 ❶かぶれてかかる皮膚病。❷悪い影響を受けること。「西洋―」

かぶ・れる [0] 自下一 ❶うるしや薬品などの刺激で、皮膚が赤くはれて、かゆくなる。❷物ごとに感化される。「急進思想に―」 **かぶ・る** 文語下二

かぶろ [0]【禿】名 ❶〔古語〕頭に毛髪のないこと。❷〔古語〕樹木の生えていない山。❸女の子の髪のかた。おかっぱ。❹江戸時代、遊女に仕えた女の子。‖かむろ。

かぶわけ [0]【株分け】名 植物の根を親株からわけて、うつし植えること。

かふん [0]【花粉】名 種子植物のおしべの葯の中にできる、粉状の生殖細胞。**―症** [0][フ] 名 スギ・ブタクサなどの花粉が目や鼻に入って起こる、季節性のアレルギー症状。㊍春

かぶん [0]【寡聞】名 自分の知識や見聞の少ないこと。「―にして知らなかった」参考 けんそんの気持ちで使う。

かぶん [0]【過分】名 形動(の) 身分にすぎること。「―の待遇」

がぶん [0]【雅文】名 ❶優雅な文章。❷平安時代のかな文。また、これをまねた文章。擬古文。

かぶんすう [フ]【仮分数】名 分数の一つ。分子が分母と同じか、また、分子が分母より大きいもの。5/5、8/3の類。↕真分数・帯分数。

かべ [0]【壁】名 ❶建物のまわりや内部をくぎるしきり。❷障害。じゃま。「事業が―にぶつかる」❸〔古語〕とうふのこと。おかべ。**―に突き当たる** ひどい困難に出あう。行き詰まる。**―に耳あり** 秘密のもれやすいことのたとえ。「―障子に目あり」

かへい [0]【花柄】名 花をじかにささえる小さな枝や茎。花梗。

かへい [カ]【貨幣】名 ❶商品交換のなかだちとなり、その価値の標準となるもの。かね。❷金属貨幣。↕紙幣。参考「貨弊」と書くのはあやまり。**―価値** [カ][2] 名 貨幣の、品物との交換価値。貨幣のもつ購買力。かねのねうち。**―経済** [ケ] 名 貨幣をなかだちとして生産物の交換がおこなわれる経済。商品経済。

かへい [カ]【寡兵】名 少ない兵力。「―をもって大軍に当たる」

がべい [0]【画餅】名 絵にかいたもち。また、実際に役に立たないことのたとえ。がへい。**―に帰す** 計画だけで、失敗に終わる。

かべうち [0]【壁打ち】名 自サ テニスなどで、一人で壁にボールを打ち続ける練習方法。

かべかけ [0][カ2]【壁掛(け)】名 壁にかけるかざりもの。

かべがみ [0]【壁紙】名 壁にはりつける厚い紙。

かべごし [0]【壁越し】名 壁をへだてること。「―に聞く」

かへさ【帰さ】名〔古語〕⬇かえさ。

かべしたじ [シ]【壁下地】名 細い材木や竹で編んだ、壁の骨組みとなる部分。かべしろ。

かべしろ [0]【壁代】名 ❶昔、室内で壁の代わりにかけた幕。❷かべしたじ。

かべしんぶん [シ]【壁新聞】名 職場・学校などで、ニュースや主張などを編集して、壁にはって、人々にみせるもの。

かべそしょう [ソ]【壁訴訟】名 ❶ひとりでぶつぶつこごとを言うこと。❷あてこすり。

かべつち [0]【壁土】名 壁をぬるのに使う、ねばり気のある土。

かべどなり [ド]【壁隣】名 壁一枚をさかいとして、隣り合って住んでいること。また、その隣の家。

かべひとえ [ト]【壁一重】名 壁一枚のへだて。ひどく接近していることのたとえ。

かへるさ【帰るさ】名〔古語〕⬇かえるさ。

かへん [カ]【カ変】名「カ行変格活用」の略。

かへん [0]【可変】名 他の状態にかえることができること。また、かわることができること。↕不変。**―資本** [シ] 名 資本のうち労働力に投資される部分。生産過程で剰余価値を生みだし、価値が変化する。↕不変資本。

かへん [0]【佳編】名 すぐれた作品。

かべん [0]【花弁】名 はなびら。

がペン [0]【×鵞ペン】名 がちょうの羽の茎をななめに切ってつくったペン。

かほう [0]【下方】名 そのものより下の方。「―修正」↕上方。参考 そのものの部分として含まれている場合は、「下部」という。

かほう [カ]【火砲】名 口径二〇ミリ以上の銃砲。

かほう [0]【加法】名 数をいくつか加えてする算法。たしざん。くわえざん。↕減法。

かほう [0]【加俸】名 本俸以外の特別な給与。加給。↕本俸。

かほう [カ]【果報】㊀名〔仏〕前世のおこないによるむくいをこの世でうけること。因果応報。むくい。㊁名 形動 しあわせ。幸運。「―者」**―は寝て待て** 幸運は、あせらず待っていれば、しぜんとめぐってくるものだ。

かほう [カ]【家宝】名 家に代々つたわるたから物。

かほう [0]【家法】名 ❶家のおきて・風習。家風。家憲。❷家につたわっている秘法。

かほう [0]【過褒】名〔文章語〕ほめすぎ。

かぼう [0]【火防】名 火災の予防・防止。防火。

がほう [0]【画法】名 絵のかきかた。

がほう [0]【画報】名 社会のできごとなどを絵や写真入りで知らせる刊行物。

がほう [0]【芽胞】名 植物のほうし。

がぼう [0]【画×舫】名〔文章語〕美しくかざった遊覧船。

かほうわ [ホ]【過飽和】名 空気中の水蒸気や、水溶液中の物質が、飽和点以上に濃くなること。

かほく《華北》「華」は「中華」の意 中国の北部。黄河流域。↕華南・華中。

かぼく [0]【家僕】名〔文章語〕けらい。しもべ。

かほご [ホ]【過保護】名 形動(の) 子どもを必要以上に大事にして育てること。「―の児童は主体性に欠ける」

かぼす [0] 名 ゆずの一種。果実は緑色の球形。酸味が強く、独特の香りがあり、料理などに使われる。大分県特産。

かぼそ・い [ソ]【か細い】形 カロ・カッ・ク イ・イ・ケレ・○ 〔「か」は接頭語〕非常に細い。弱々しく細い。「―からだ」「―声」 **か細さ** 名

かぼそ・し 文語ク

カボチャ ⓪【南×瓜】名 ウリ科の一年生植物。夏、黄色い花が咲く。実は食用。とうなす。秋 参考 ポルトガル語 Camboja(カンボジア地方の意)からという。 **―野郎** ヤ 名 みにくい男や能力のない男をののしっていう語。

ガボット ガ〈フ gavotte〉名 一六世紀ごろからはじまった、二拍子または四拍子のフランスのダンス。また、その曲。

か-ほど ⓪【かほど】【×斯程】副 文章語 これほど。これくらい。「―のこと」「―言っても…」

ガボン《Gabon》アフリカ西海岸、ギニア湾に面した共和国。一九六〇年に独立。首都はリーブルビル。

かほん-か ⓪【×禾本科】名「イネ科」の旧称。

かま カ 名(鎌の形に似ていることから)魚のえらの下の胸びれのついた部分。「ぶり―の塩焼き」

かま ⓪【×缶】名 湯をわかして高温・高圧の蒸気を発生させる装置。ボイラー。汽缶。

かま ⓪【釜】名 めしをたいたり、湯をわかしたりする金属製の道具。

かま ⓪【窯】名 まわりをかこった中で火をたいて物を熱したり、とかしたりする装置。

釜

かま カ【鎌】名 草などを刈る農具。三日月形の刃を、柄の先にかぎ状にとりつけたもの。**―を掛ける** 話をさそいだすように、それとなく言いかける。

鎌

かま ⓪【×竈】名 かまど。

かま カ【火魔】名 文章語 火事の恐ろしさを、魔物にたとえた語。

がま ガ【×蒲】名 河沼・水辺にはえるガマ科の多年生植物。夏、花茎の頂上に円柱形・茶色の花穂をつける。葉でむしろをつくる。夏

がま ガ【×蝦×蟇】名 ❶ひきがえる。夏 ❷ひきがえるに似た想像上の大がえる。

かまあげ ⓪【釜揚(げ)】名 ゆでて、湯から引きあげたもの。「―うどん」「―しらす」

かまい マ【構い】名 ❶かまうこと。世話。「どうぞ、お―なく」❷さしさわり。

かま-いたち イ【鎌×鼬】名(昔、いたちのしわざと考えた)特に打ちつけたわけでもないのに、皮膚が裂けたり血が出たりすること。小旋風の中心に真空部分ができて、これに触れて起こるともいわれる。冬

かまい-つ・ける ケ【構い付ける】他下一 あれこれと、相手にする。とりあう。

かま・う マ【構う】㊀他五 ❶いろいろ世話をやき、気をつかう。❷相手になる。「だれも構ってくれない」❸ふざける。からかう。「猫を―」㊁自五 さしつかえる。「いっこう構いません」参考 おもに打ち消しの形で使う。

かまえ マ【構え】名 ❶つくり。構造。「家の―」❷将来へのそなえ。用意。「敵をむかえる―」❸身がまえ。「上段の―」❹漢字の構成部分の一つ。もんがまえ(門)・くにがまえ(囗)・つつみがまえ(勹)など。

かまえ-て【構えて】副 古語 ❶(命令や意志の表現を伴って)かならず。ぜひ。「かまへて参りたまへ」〈宇治拾遺〉❷(打ち消しや禁止の表現を伴って)決して。どうあっても。「かまへてかまへてあるまじき事にてさうらふ」〈毎月抄〉

かま・える エ【構える】他下一 ❶組みたてる。ととのえつくる。「一家を―」❷ある姿勢や態勢をとる。身がまえる。「上段に―」❸つくりごとをする。「言を構えて弁護する」 かま・ふ 文語八下二

かまきり カ【×蟷×螂】名 カマキリ科の昆虫の総称。頭は三角形で、緑色または灰かっ色。前あしがかまの形になっていて、昆虫をとってくう。とうろう。秋

がま-ぐち ⓪【がま口】【×蝦×蟇口】名(開いた形が、がまの口に似ているから)口金のついたかねいれ。

かま-くび マ【鎌首】名 かまのようにまがった首。「へびが―をもたげる」

かまくら ⓪ 名 小正月(陰暦の正月十五日)に雪国でおこなわれる行事。子どもが中心になり、雪でつくった穴の中で遊ぶ。秋田県横手地方のものが有名。新年

かまくら

かまくら《鎌倉》神奈川県南東部の地名。三浦半島西側の付け根に位置し、相模湾に面する。一一八〇年、源頼朝がこの地を本拠とした。一一八五年、武家政治の中心として鎌倉幕府が開かれ、一三三三年に滅亡するまでの期間を鎌倉時代と称する。多くの寺社・史跡が残り、観光地として有名。参考 鎌倉幕府の始まりには、一一九二年などの説もある。

かま・ける ケ 自下一 心をとられる。かかずらう。「つまらぬことにかまけて日を送る」 かま・く 文語下二

がましい 接尾(形容詞をつくる)そのようなようすである。それに似る。「さし出―」「うらみ―」

かます ⓪【×叺】名 穀物・石炭などを入れるむしろの袋。

かます ⓪【×魳・×梭×魚】名 カマス科の海水魚の総称。体長四〇～五〇センチメートルのものが多く、口がとがり、歯が鋭い。青色のもの、淡褐色のものなどがある。多くは食用。

かま・す マ【×噛ます】他五 ❶すき間などに物をはさむ。「てこを―」「さるぐつわを―」❷俗語(強いわざやことばなどを)くらわす。あびせる。かませる。「一ぱつ―」「ぶち―」

かませ-いぬ セ【×咬せ犬】名 俗語 ❶闘犬を調教するとき、若い犬に自信をつけさせるためにあてがわれる弱い犬。❷格闘技で、主役の引き立て役となる弱い相手。

かま・せる セ【×噛ませる】他下一 ⇒かます。

かま-たき ⓪【×缶×焚】名 機関車・ボイラーの、かまをたくこと。また、その人。

かまち ⓪【×框】名 ❶ゆかのはしにわたす横木。「上がりがまち」❷戸・障子などのわく。

かまど ⓪【×竈】名 ❶火をたいて物を熱し、また、にたきする装置。へっつい。かま。❷独立して、くらすこと。「―を分ける」 **―を起こす** ❶独立して一家の主人となる。❷財産をきずく。

かまど❶

かまとと ⓪ 名 俗語(知らぬふりをして「かまぼこ」は「とと(魚)」からつくるのかと聞くことから)知っているのに知らないふりをして無邪気に見せかけること。また、その人。

かま-どめ ⓪【鎌止め】名 山野で草木をとるのを、さしとめること。

かまびすし・い シ【×囂×喧しい】形 音・声がやかましい。さわがしい。かしましい。 **かまびすしさ** 名 かまびす・し 文語シク

かまへ-て【構へて】副 古語 ⇒かまえて。

かまぼこ ⓪【×蒲×鉾】名 ❶魚類の肉をすりつぶし、調味料を加えて練り、むしたりあぶり焼きしたりした食べ物。❷かまぼこがた。 **―形** ⓪ 名 中央が高く、左右が丸みをおびてしだいに低くなっている形。

かまめし ⓪【釜飯】名 小型のかまで一人前ずつ魚・肉・

野菜などをまぜてたいた、味つけめし。

かまもと ◎【窯元】名 陶磁器をつくる所。また、その人。

かまゆで ◎【釜ゆで】【釜×茹】名 ❶かまで物をゆでること。❷昔の刑罰の一つ。かまの中で罪人を煮殺す刑。

かまわない【構わない】かまは 連語 ❶さしつかえない。「怒っても―」❷せわをしない。「―でください」

がまん ガ【我慢】名 他サ ❶たえしのぶこと。こらえること。忍耐。「苦しさを―する」❷こらえて許すこと。「今度のことは―してやる」❸わがままを通すこと。強情。―▲競くらべ ク 名 互いに苦しい状態にあるとき、相手の出方をじっとしんぼう強く待つこと。―強づよい ヨ 形 しんぼう強い。忍耐強い。

カマンベール ベ〈ᶠcamembert〉名 〔フランス北西部の村の名から〕外側に白かびをつけて熟成させたやわらかいナチュラルチーズ。

かみ カ【上】名 ❶うえ。高い所。↔下しも。❷〔古語〕天皇。❸〔古語〕高位。高官。❹〔古語〕年長者。年うえ。❺はじめ。「―からかぞえる」↔下。❻昔。「その―」❼川の上流。川上。↔下。❽歌で、上の句。↔下。―の句く ↔下しもの句。❶短歌のはじめの五七五の三句。❷俳句のはじめの五文字。

かみ カ【神】名 ❶宗教的な崇拝・信仰の対象になる超人間的な力をもつ存在。「苦しいときの―だのみ」❷仏教の仏ほとけに対して、日本の神話・神道にあらわれる超人間的な存在。❸〔古語〕かみなり。―掛かけて 神にちかって。きっと。かならず。「―この約束は守る」―ならぬ身み 能力に限りのある人間の身。「―の知るよしもない」―も仏ほとけもない 不幸や苦しみばかり続き、人を救ってくれるはずの神も仏もいないと、世の中の無情を嘆くことば。

かみ ミ【紙】名 ❶植物性の繊維を原料としてつくった、うすくすきあげて乾燥させたもの。文字や絵をかいたり、ものを包んだり、用途はひろい。❷❶を使って情報を記録したもの。紙媒体。「―の辞書」「新聞は―で読む」

かみ ミ【髪】名 ❶頭の毛。かみの毛。❷頭髪をゆった形。かみの形。―を下おろす 頭の毛をそって僧や尼となる。

かみ カ【▲長・▲官・▲守】名 律令制で、四等官の最上の官。

かみ カ【佳味】名〔文章語〕よい味。また、味のよい食べ物。

かみ カ【加味】名 他サ ❶あじをつけること。❷他のものをまぜ加えること。「遊びの中にしつけを―する」

がみ ガ【雅味】名〔文章語〕上品な味わい・趣。

かみあう ア/◎【かみ合う】【×嚙合う】あふ 自五 ワ・オ(イ)・ウ・ウ・エ・エ ❶歯でくいつきあう。❷けんかする。「歯車が―」❸二つのものがたがいにぴったりと組み合わさる。「意見がかみ合わない」 **かみ合い** 名

かみあげ ◎【髪上げ】名 ❶頭髪をゆうこと。❷〔古語〕女が成人して、初めて髪をゆうこと。参考 それまで振り分けて垂らしていた髪を頭頂に一つにまとめて結い上げて後ろに垂らし、成人の姿となる。平安時代の貴族社会では、結婚前の一二～一五歳の間に「裳着もぎ」とともにおこなった。

かみあわせ ◎【かみ合(わ)せ】【×嚙合せ】あはせ 名 〔かみ合わせること〕❶上下の歯が、たがいにふれる部分。「―が悪い」❷かみ合うぐあい。「歯車の―」

かみあわせる セ【かみ合(わ)せる】【×嚙合せる】あはせる 他下一 セ・セ・セル・セル・セレ・セロ(セヨ) ❶上下の歯を合わせてかむ。「奥歯を―」❷かみ合いをさせる。けんかさせる。❸二つのものをたがいにぴったりと組み合うようにする。「歯車を―」 **かみあは・す** 文語下二

かみいちだんかつよう カ2【上一段活用】名 動詞の活用の一つ。五十音図のイ段だけに語尾が変化するもの。「見る・着る」などの活用。⇩（付）語の活用

かみいれ イ【紙入(れ)】名 紙・紙幣などを入れて、ふところにもつ、布・革製の用具。

かみおしろい オ【紙おしろい】【紙▲白▲粉】名 ねりおしろいのこいものを、紙に塗ってかわかしたもの。

かみおろし オ【神降(ろ)し】名 ❶祭りのときなどに神霊をよびおろすこと。❷みこが神霊をよびおろして、そのことばをつげること。

かみがかり ガ【神懸(か)り】【神×憑】名 ❶神霊が人にのりうつること。❷狂信的なこと。「―的な言動」

かみがき ミ【神垣】名 ❶神域を示すための神社の垣根。いがき。たまがき。みずがき。❷〔古語〕神社。―の 枕 神社のある土地の名にかかる。「―御室むろの山の榊葉さかきばは神のみ前に茂りあひにけり」〈古今〉

かみかくし カ2【神隠し】名 急に人のゆくえがわからなくなること。「―にあう」

かみかざり カ2【髪飾(り)】名 髪につけるかざり。花・リボン・かんざしなど。

かみかぜ ミ【神風】名 神のまもりによっておこるという風。

かみがた ◎【上方】名 京都・大阪おおさか地方。京阪地方。―狂言きょうげん キヨ 名 京阪地方で作られた歌舞伎かぶき狂言。内容がこまやかで女性的な点に特徴がある。↔江戸狂言。―×贅六ぜいろく ゼ/ク 名 上方の人をののしったことば。

かみがた ◎ 名 ❶【髪型】切ったり整えたりした髪のかっこう。ヘアスタイル。❷【髪形】ゆった髪の形。

かみかたち カ2【髪形】名 ❶髪のかたちと顔だち。❷かみがた❷。

がみがみ ガ1 (と)副 かみつくように、やかましく言うようす。「―としかる」

かみき ミ【上期】名 ⬇かみはんき。↔下しも期。

かみきり キ/リ【紙切り】名 ❶客の希望に応じて、即興でさまざまな形に紙を切り抜いてみせる寄席よせ芸。❷紙を切る道具。裁断機。カッター。

かみきりむし リ【髪切(り)虫】【▲天▲牛】名 カミキリムシ科の昆虫の総称。一対の長い触角をもつ。種類が多い。幼虫は木・竹などをくいあらす害虫。夏

かみきれ キ【紙切れ】名 紙の切れはし。紙片。

かみくず ク【紙くず】【紙×屑】くづ 名 不用になった紙切れ。「債券が―同然になる」

かみくだく ダ/◎【かみ砕く】【×嚙砕く】他五 カ・コ(キ・イ)・ク・ク・ケ・ケ ❶よくかんでこまかくする。❷説明などをわかりやすくする。「かみ砕いて説明する」 **かみ砕ける** 自下一 …できる

かみこ ◎【紙子】名 紙で作ったそまつな衣服。かみぎぬ。冬

かみこなす ナ【×嚙みこなす】他五 サ・ソ(シ)・ス・ス・セ・セ ❶食べものをよくかんで、こまかくくだく。❷じゅうぶんによく理解する。 **かみこなせる** 自下一 …できる

かみころす ロ【かみ殺す】【×嚙殺す】他五 サ・ソ(シ)・ス・ス・セ・セ ❶かんで殺す。❷あくび・笑いなどをがまんする。

かみこんしき コ【紙婚式】名 結婚一年目を祝う式。

かみざ ◎【上座】名 上位の人のすわる場所。上席。じょうざ。↔下しも座。

かみさびる ビ【神さびる】自上一 ビ・ビ・ビル・ビル・ビレ・ビロ(ビヨ) 〔文章語〕こうごうしい感じがする。かんさびる。「神さびた神域」参考 主として、「神さびて」「神さびた」の形で使う。 **かみさ・ぶ** 文語上二

かみさま ミ【上様】名〔古語〕❶高貴な人の妻を尊敬していう語。奥様。北の方。❷〔近世以降〕広く、他人の妻の敬称。❸〔近世上方かみがたで〕良家の未亡人、老婦人の敬称。

かみ-さん ⓪【上さん・内儀さん】名 ❶商家の主婦や、職人の妻。参考「おかみさん」と言うことが多い。❷妻。細君。「うちの―」参考 親しい相手や打ちとけた場合に使う。

かみ-しばい シ【紙芝居】(しばゐ) 名 物語の内容を何枚もの絵にかき、順に見せながら話して聞かせる見せもの。画劇。

かみ-し・める メ【かみ締める】【×嚙締める】他下一（メ・メ／メル・メレ・メロ・メヨ）❶力を入れてぎゅっとかむ。❷あじわいや意味をよく感じとる。「親のことばを―」**かみし・む** 文語下二

かみ-しも ⓪【×裃】名 江戸時代の武士の礼服の一つ。同じ色・きじのかたぎぬとはかま。―**を脱**(ぬ)**ぐ** 四角ばらず、うちとけたようすになる。くつろぐ。

裃

かみ-しも カ【上下】名 ❶うえとした。上位と下位。❷腰からうえと、腰からした。あんまがもむところ。

かみ-じょちゅう ジョ【上女中】名 主人のそば近くつかえて、奥向きの用事をした女性。↕下(しも)女中。

かみ-しんじん シ【神信心】名 神を信仰すること。

かみ-すき ミ/キ【紙すき】【紙×漉き】名 紙をすいてつくること。また、その人。冬

かみ-せき ⓪【上席】名 寄席(よせ)などで、その月の上旬の興行。↕中席(なかせき)・下席(しもせき)。

かみ-そぎ【髪▲削ぎ】名古語 こどもの髪の先をきりそろえて、髪の長く美しくなるのを祝った行事。

かみ-そり ゾ【×剃▲刀】名 ❶髪・ひげなどをそるのに使う刃物。❷才気するどく果断な性質。また、そういう人のたとえ。―**負**(ま)**け** ⓪ 名 かみそりでそった刺激で顔などに炎症ができること。

かみ-だな ⓪【神棚】名 家のなかで神をまつってあるたな。

かみ-だのみ ダ【神頼み】名 神に祈って助けを求めること。「苦しいときの―」

かみ-タバコ タ【×嚙▲煙▲草】名 板の形にかためた、かんであじわうたばこ。

か-みつ ⓪【過密】名形動 こみすぎていること。ある地域・時間帯に人口・建物・乗り物などがつまりすぎていること。↕過疎。―**ダイヤ** ダ 名 大量輸送のため異常に間隔をつめ、運転本数をふやした電車などの運行計画。

かみ-つ・く ⓪【かみ付く】【×嚙付く】自五（カ・コ・キ・イ／ク・ク・ケ・ケ）❶歯でくいつく。かじりつく。❷くってかかる。てむかう。「上役に―」**かみ付ける** 自下一［…できる］

かみ-づつみ ヅ【紙包(み)】名 紙で包んであること。また、そのもの。

かみ-つぶ・す ブ【かみ潰す】【×嚙潰す】他五（サ・ソ・シ・ス／ス・セ・セ）かんでつぶす。かみくだく。「にが虫を―」**かみつぶせる** 自下一［…できる］

かみ-つぶて ツ【紙つぶて】【紙×礫】名 紙をかんでかたく丸めてぶつけるもの。

かみ-つよ【上つ世(代)】名古語（「つ」は「の」の意）大昔。上代。

かみ-て ⓪【上手】名 ↕下手(しもて)。❶かみのほう。❷上流。「川の―」❸上座に近いほう。❹客席から見て、舞台の右のほうの部分。⇩歌舞伎(図)。

かみ-でっぽう デ【紙鉄砲】名 竹のつつに紙のたまをつめてうつおもちゃ。

かみ-どこ ⓪【髪床】名 かみゆいどこ。「理髪店」の古い言い方。

かみ-ながら【×惟▲神・▲随▲神】名古語 ⬇かんながら。

かみ-なづき【神無月】名古語 ⬇かんなづき。

かみ-なり ナ【雷】名 ❶空中の放電現象。光と音とをともなう。夏 ❷がみがみ口やかましく言うこと。また、その人。―**おやじ** オ 名 がみがみどなりつける父親。―**族**(ぞく) リ 名俗語 はげしい爆音をたて、乱暴にオートバイを運転する若者たち。―**を落**(お)**とす** 目下の者をどなりつける。

かみにだん-かつよう カ2【上二段活用】名 文語動詞の活用の一つ。語尾が五十音図のイ・ウの二段に活用するもの。「起く・落つ」などの活用。⇩**(付)語の活用**

かみ-のき キ【紙の木】名 こうぞ。

かみ-のけ ノ【髪の毛】名 頭の毛。頭髪。髪。

かみ-ばさみ バ【紙挟み】名 ❶書類などをはさんで整理しておく、厚紙の表紙のついた文具。❷何枚かの紙をまとめてはさみ止める金属製の用具。クリップ。

かみ-ばな ⓪【紙花】名 ❶紙の造花。❷おひねり。

かみ-はんき ハ【上半期】名 会計年度などの一年の前の半分の時期。かみき。↕下(しも)半期。

かみ-ひとえ ト【紙一重】(ひとへ) 名 ちがい・へだたりが、ほんのすこしであるようす。皮一重。「―の差」

かみ-びな ビ【紙びな】【紙×雛】名 紙を折って作ったひな人形。春

かみ-ふうせん フ【紙風船】名 木の葉形の色紙(いろがみ)をはりあわせ、小さな穴から息を吹きこんで球形にし、手でついて遊ぶおもちゃ。

かみ-ぶくろ ブ【紙袋】名 紙でつくった袋。かんぶくろ。

かみ-ぶすま ブ【紙ぶすま】【紙×衾】名 上質の厚くすいた和紙にかきしぶをぬり、それでわらをくるんだ夜具。冬

かみ-ふぶき フ【紙吹雪】名 紙をこまかく切って吹雪のようにまき散らすもの。歓迎や祝いの気持ちを表すときに使う。

かみ-ほとけ カ【神仏】名 かみとほとけ。しんぶつ。「―にすがる」

かみ-まき ⓪【紙巻(き)】名 紙で巻いたたばこ。紙巻きたばこ。シガレット。

かみ-もうで モ【神詣で】(まうで) 名 神社に参拝すること。神参り。

かみ-やしき ヤ【上屋敷】名 江戸時代、身分の高い武士の、ふだんのすまい。↕下(しも)屋敷。

かみ-やすり ヤ【紙やすり】【紙×鑢】名 厚紙・布に、金剛砂(こんごうしゃ)またはガラスのこなを塗りつけたもの。金属のさびとりや、木材の表面仕上げなどに使う。やすりがみ。磨研紙(まけんし)。サンドペーパー。

かみ-ゆい ⓪【髪結(い)】(ゆひ) 名 日本髪をゆうこと。また、その職業・人。―**床**(どこ) コ/⓪ 名 江戸時代に、男のひげ・さかやきをそったり、髪をゆったりした店。―**の亭主**(ていしゅ) 妻の働きで養われている夫。

かみ-よ カ【神代】名 神がおさめていた時代。神話時代。じんだい。

かみ-より ⓪【紙より】【紙×縒】名 ほそい紙を、指先でよって糸のようにしたもの。こより。かんぜより。

かみ-わ・ける ケ【かみ分ける】【×嚙分ける】他下一（ケ・ケ／ケル・ケレ・ケロ・ケヨ）❶よくかんで味のちがいを知る。❷物ごとを分別して考える。「議論の内容を―」**かみわ・く** 文語下二

かみ-わざ ⓪ 名 ↕人間わざ。㊀【神業】❶神のする仕事・しわざ。❷古語 神事(じんじ)。㊁【神技】人間ばなれのした、すばらしいわざ。超人的なしわざ。「まさに―だ」

か-みん ⓪【仮眠】名自サ ひとときの睡眠。かりね。仮睡。

か-みん ⓪【夏眠】名自サ 熱帯地方などで、ある種の動物が、夏の乾燥期にほとんど呼吸をとめ、食物をとらずに休眠状態ですごすこと。↕冬眠。

カミング-アウト ア〈coming out〉名自サ 人に知られた

くないことや隠していたことを自ら公表すること。参考 その人が社会的少数派であるときに使われることが多い。

カム カ〈cam〉名 軸の回転を種々の運動に変えるしかけ。

か・む ０【×擤む】他五 マ・モ・ミ・ン ム・ム・メ・メ 鼻じるを吹き出して、ぬぐい取る。**かめる** 自下一［…できる］

か・む カ【×嚙む】他五 マ・モ・ミ・ン ム・ム・メ・メ ❶上下の歯を合わせて、物を押しくだく。「よくかんで食べる」❷【×咬む】上下の歯の間に物をはさむ。食いつく。かみつく。「犬が―」❸川や海の水がはげしくぶつかる。「激流が岩を―」❹歯車などの歯と歯がくいあう。❺〔俗語〕あることに関係する。「その件には彼も一枚かんでいる」❻〔俗語〕ことばを発音しそこなう。また、言いまちがえる。「せりふを―」**かめる** 自下一［…できる］

ガム ガ〈gum〉名 ❶ゴム。樹脂。❷「チューインガム」の略。

かむかぜ-の【▲神風の】枕「伊勢」にかかる。

がむしゃら ０【我武者羅】名形動 むこうみずに、あらっぽくすること。「―に仕事をする」

ガム-シロップ シ〈gum syrup〉名 砂糖水に安定剤としてアラビアゴムを加えた甘味料。

ガム-テープ テ〈gum tape〉名 荷造りなどに使う、幅の広い、紙製または布製の粘着テープ。

かむ-ながら【×惟▲神・▲随▲神】名〔古語〕⇒かんながら。

カム-バック バ〈come back〉名自サ 一度やめた人が、またもとの地位にもどること。復活。復帰。「政界に―する」

カムフラージュ ラ〈フ camouflage〉＝**カモフラージュ** 名他サ ❶人目をごまかしてかくすこと。❷迷彩。偽装。

かむら-いそた《嘉村礒多》一八九七―一九三三。小説家。自己暴露的な私小説を書いた。「業苦」「崖の下」など。

かむり ０【▲冠】名 ⇒かんむり。

かむり-づけ ０【▲冠付】名 雑俳の一つ。題として出した上の句に、中の句・下の句をつけること。笠付。

かむろ ０【×禿】名 かぶろ。

かめ 図【▲瓶・×甕】名 ❶液体やつけ物などを入れる深い陶器。つぼ。❷〔古語〕酒をさかずきにつぐうつわ。徳利。瓶子。❸〔古語〕はないけ。はながめ。つぼ。

かめ カ【亀】名 ❶カメ目の爬虫類の総称。背甲と腹甲とが箱形になっていて、その中に頭・四肢・尾をひっこめることができる。種類が多い。海がめは四肢がひれ状になっている。つるとともに、長寿で縁起のよい動物とされている。❷〔俗語〕大酒のみのこと。**―の甲** ❶かめの背中の甲。かめのこ。❷六角形の連続模様。**―の甲より年の功（×劫）** 多年の経験はねうちがあるということ。

カメ カ 名 西洋種のいぬ。洋犬。参考 明治時代のことば。外国人が犬を「come here」と呼んでいたのを聞き誤ったことから。

か-めい ０【仮名】名（「かな」と読めば別語）かりの名。↕本名・実名。

か-めい カ【家名】名 ❶家の名。家の名誉。「―をあげる」❷家督。「―を継ぐ」

か-めい ０【加盟】名自サ 団体や同盟にはいること。仲間いり。「―国」

か-めい ０【下命】名他サ いいつけること。命令。「出陣を―する」参考「ご」をつけて、「当店にご―ください」のように、「注文」の意味の尊敬の言い方にすることが多い。

が-めい ０【雅名】名 みやびやかな名。風流な名。詩歌などで用いる呼び方。雅号。

かめい-かついちろう《亀井勝一郎》一九〇七―六六。評論家。日本の古典・宗教にかかわる著作が多い。「大和古寺風物誌」「日本人の精神史研究」など。

かめ-うら【亀▲卜】名〔古語〕亀卜。

カメオ カ〈cameo〉名 めのう・大理石・貝がらなどに、こまかな浮彫りをした装身具。

がめつ・い ツ 形 カロ・カッ・ク・イ・イ・ケレ・〇〔俗語〕けちで抜けめがないようす。もうけることにかけて、がっちりしている。**がめつさ** 名

かめ-の-こ ノ【亀の子】名 ❶かめの、こども。小がめ。夏 ❷かめの愛称。❸かめの甲。**―▲束子** ダ 名〔商標名〕しゅろの毛を短く切りそろえて作った、だ円形のたわし。

かめ-ぶし ０【亀節】名 小さなかつおを二つに割ってつくった、かつおぶしの一種。↕ほんぶし。

かめ-むし 図【×椿▲象】名 カメムシ科の昆虫の総称。くさかめむしなど。

カメラ カ〈camera〉＝**キャメラ** 名 写真機。撮影機。**―アイ** ア〈camera eye〉名 被写体に対する観察力。**―マン** ラ〈cameraman〉名 ❶写真を撮ることを職業とする人。写真家。❷新聞社・雑誌社などの写真班員。**―ワーク** ワ〈camera work〉名 映画・テレビ番組制作の際のカメラの操作・撮影技術。

がめ・る 図 他五 ラ・ロ・リ・ッ ル・ル・レ・レ〔俗語〕❶そっとぬすむ。ちょろまかす。❷マージャンで大きい手であがろうと無理をする。

カメルーン《Cameroon》アフリカ西海岸、ギニア湾に面した共和国。一九六〇年に独立。首都はヤウンデ。

カメレオン レ〈chameleon〉名 カメレオン科のとかげの総称。アフリカなどにすみ、長い舌で昆虫をとってくう。樹上生活に適応し、体色を周囲の色によって変えることができる。

カメレオン

か-めん ０【仮面】名 顔の形の面。マスク。**―を▲被る** ❶ほんとうの姿をかくす。❷真意をかくして表面にあらわさない。**―を脱ぐ** 本性をあらわす。ほんとうの姿を見せる。

が-めん ガ【画面】名 ❶絵画の表面。❷映画、テレビ、コンピューターのディスプレーなどの映像や画像。「大―のテレビ」「―が変わる」

かめんのこくはく《仮面の告白》三島由紀夫の長編小説。一九四九年刊。同性愛の傾向を持つ男性の性意識を描いた作品。

かも カ【×鴨】名 ❶カモ科のまがも・かるがも・よしがもなどの総称。また、特にまがも。冬 ❷〔俗語〕だましやすい相手のこと。おひとよし。「いい―だ」**―が×葱をしょってくる**（かもにねぎまで付いてくるとは、かもなべに大変ぐあいがよいことから）いっそう好都合になることのたとえ。

か-も 助 ㊀「かもしれない」の「しれない」を省略して、終助詞のように使い、自分の考えを断定せずに伝える言い方。「今日は夕方までには帰れない―（ね）」「忙しいかと聞かれれば、そう―」㊁〔古語〕❶〔終助詞〕㋐疑問をあらわす。…かなあ。「玉づさの（＝枕詞）妹は玉かも」〈万葉〉㋑反語をあらわす。…だろうか、いやそうではない。「いにしへを仰ぎて今を恋ひざらめかも」〈古今〉㋒感動をあらわす。…だなあ。「いやめづらしき梅の花かも」〈万葉〉㋓「ぬかも」の形で強い希望の気持ちをあらわす。…ないかなあ。ぬか。「（吉野の川ノ流レガ）よどむことなくありこせぬかも（アッテクレナイカナア）」〈万葉〉❷〔係助詞〕（文末の述語を連体形でとめる）感動の気持ちをこめて疑問をあらわす。「たれをかもしる人（知リアイ）にせむ高砂の松も昔の友ならなくに（昔カラノ友デハナイノニ）」〈古今〉

が-も 助〔古語〕（終助詞）⇒もがも。

か-もい ０【×鴨居】名 引き戸・しょうじなどの上にある

横木。↕敷居。⇩なげし(図)。

がもう [0]【×鵝毛】[名] ❶がちょうの羽。❷たいそうかるいもののたとえ。「雪は―のごとく舞い散る」

か-もく [0]【科目】[名] いくつかに分けたものの区分・種目。

か-もく [0]【課目】[名] ❶なすべきものとして課せられた項目。❷学科の小区分。

か-もく [0]【寡黙】[名][形動] ことばかずのすくないようす。「―に徹する」「―な人」↕多弁。

か-もじ [0][名]〔女房ことばで髪をいう「か文字」から〕女性の髪の毛に添えくわえる毛。入れ髪。

かもしか [0]【×氈鹿・×羚▲羊】[名] ウシ科の哺乳(ほにゅう)類。日本産のにほんかもしかは高山にすみ、やぎに似て、みじかい角がある。特別天然記念物。[冬]

かもし-だ・す [ダ]【醸し出す】[他五](サ・ソ・シ・ス・ス・セ・セ) その場にふさわしい感じや気分をつくりだす。「なごやかな雰囲気を―」 **醸し出せる** [自下一][…できる]

かも-しれ-ない [連語] 断定はできないが、その可能性がある。たぶん…だろう。「雨になる―」

かも・す [モ]【醸す】[他五](サ・ソ・シ・ス・ス・セ・セ) ❶こうじに水を加え、発酵作用により、酒・しょうゆなどをつくる。醸造する。❷気分・状態などをつくりだす。「物議を―」 **醸せる** [自下一][…できる]

かもち-まさずみ《鹿持雅澄》一七九一―一八五八。江戸時代後期の国学者・歌人。著作に「万葉集古義」など。

か-もつ [カ]【貨物】[名] 運送する荷物。**―自動車**(じどうしゃ) [ド][名] 貨物をはこぶ自動車。トラック。**―船**(せん) [0][名] 貨物だけをのせるふね。↕客船・貨客船。

かも-なんばん [ナ]【×鴨南蛮】[名] かもの肉とねぎを入れて煮たうどん、または、そば。

かも-ねぎ [0]【×鴨×葱】[名][俗語]「かもが葱(ねぎ)をしょってくる」の略。

かものちょうめい《鴨長明》一一五五―一二一六。鎌倉(かまくら)時代前期の歌人。のち出家し、隠者として生きた。歌論に「無名抄(むみょうしょう)」、随筆に「方丈記(ほうじょうき)」がある。

かも-の-はし [ノ]【×鴨の×嘴】[名] オーストラリア特産の卵生哺乳(ほにゅう)類。水辺にすみ、足にみずかきがあってよく泳ぐ。口がかもに似ている。

かも-の-まぶち《賀茂真淵》一六九七―一七六九。江戸時代中期の国学者。荷田春満(かだのあずままろ)に学び、「万葉集」を中心とした古典研究や古代精神の探究につとめた。本居宣長(もとおりのりなが)はその門人。「万葉考」など。

かものはし

カモフラージュ [ラ]〈ᶠcamouflage〉[名][他サ] ⬇カムフラージュ。

カモミール [ミ]〈camomile〉[名] キク科の草花。香りが強く、発汗作用などがあり、乾燥させた花をハーブティーとして飲用する。カモマイル。カミツレ。

かもめ [0]【×鷗】[名] カモメ科の海鳥。からだは白いが背部、翼は灰色。冬期、日本各地に渡来する。

かも・る [モ]【×鴨る】[他五](ラ・ロ・リ・ッ・ル・ル・レ・レ)[俗語] ひとのいい相手をだまして、利益をえる。かもにする。

か-もん [カ]【家門】[名] ❶一家一門。「―のほまれ」❷いえがら。❸江戸時代、徳川家の親族で、徳川姓以外の大名。

か-もん [0]【家紋】[名] その家にきめられている、しるしのかたち、または、その模様。紋章。

か-もん [0]【渦紋】[名] うずまき模様。

か-もん [0]【下問】[名][他サ] 身分の高い人が目下の者にたずねること。

かや [カ]【×茅・×萱】[名] すげ・すすきの類の総称。[秋]「―ぶきの屋根」

かや [カ]【×榧】[名] イチイ科の常緑高木。雌雄異株。種子から油をとる。木材は建築・器具用。

か-や [0]【蚊帳】[名] 蚊をふせぐためにつりさげるおおい。[夏] **―の外**(そと) 大事なことを知らされない立場。なかまはずれ。「―に置かれる」

か-や [助][連語][古語]〔名詞、また活用語の連体形につく〕❶〔格助詞「か」と間投助詞「や」〕感動をあらわす。「うれたきかや(憎イコトダナア)」〈書紀〉❷〔終助詞「か」と係助詞「や」〕㋐感動をこめて疑問をあらわす。「かかる美しき姫君も有るかや」〈お伽草子〉㋑「とかや」の形で不確定をあらわす。「落ちぐり(色ノ名)とかや、何とかや」〈源氏〉

がや-がや [ガ][と][副] おおぜいが話していて騒がしいようす。

か-やく [0]【火薬】[名] 化学変化により、はげしく爆発する物質。**―庫**(こ) [ク][名] ❶火薬をしまっておくくら。❷一触即発の危険をはらんでいるもの。「中東は世界の―だ」

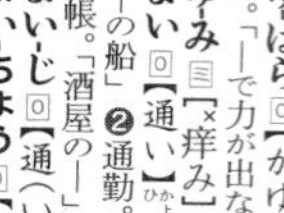

蚊帳

か-やく [0]【加薬】[名] ❶料理のやくみ。❷五目飯などの具。「―めし」

か-やく [0]【課役】[名][文章語] 仕事や作業を義務として与えること。かえき。

か-やつ [カ]【彼▲奴】[代]「あの人」をののしった言い方。あいつ。きゃつ。

カヤック [ヤ][カ]〈kayak〉[名] 競技用のボートの一種。イヌイットの皮張り船をもとにしたもの。

カヤック

かやつり-ぐさ [リ]【蚊帳釣草・×莎草】[名]〔茎を裂いた形を、こどもがかやに見たてて遊ぶことから〕カヤツリグサ科の一年生植物。茎は緑色で断面が三角形。[夏]

かや-ぶき [0]【×茅×葺】[名] かやで屋根をふくこと。また、その屋根。

か-やり [0]【蚊やり】【蚊▲遣】[名] 蚊をおい払うために、物をいぶして煙をたてること。かいぶし。蚊やり火。[夏] **―香**(こう) [0][名] かとりせんこう。[夏] **―火**(び) [リ][名] かやり。[夏]

かゆ [0]【×粥】[名] 水を多くして、米などをやわらかく煮たもの。

かゆ・い [ユ]【×痒い】[形](カロ・カッ・ク・イ・イ・ケレ・○) 皮膚がむずむずして、かきたい感じがする。**かゆがる** [自五] **かゆさ** [名] **かゆ・し** [文語ク] **―所**(ところ)**に手**(て)**が届**(とど)**く** 世話などがよく行きとどく。

かゆ-ばら [0]【かゆ腹】【×粥腹】[名] かゆを食べただけの腹。「―で力が出ない」

かゆみ [ミ]【×痒み】[名] かゆい感じ。

かよい [0]【通い】(かよひ)[名] ❶かようこと。行き来すること。「―の船」❷通勤。「―の店員」↕住み込み。❸通い帳。通帳。「酒屋の―」

かよい-じ [0]【通(い)路】(かよひぢ)[名][文章語] 行きかようみち。

かよい-ちょう [0]【通(い)帳】(かよひ―)[名] ❶掛け買いのとき、その品名・金銭などを書きこんでおく帳簿。かよい。通帳。❷預金などの通帳。

かよい-つ・める [メ]【通い詰める】(かよひ―)[自下一](メ・メ・メル・メル・メレ・メロ・メヨ) 同じ場所に熱心に何度も通う。「映画館に―」 **かよひ-つ・む** [文語下二]

かよい-ばこ [ヨ][イ]【通い箱】(かよひ―)[名] 商品を入れて得意先に運ぶのに使う箱。ビールびんの配達に使われるケースなど。

かよう[ヨ]【火曜】名 一週の三番めの日。月曜の次。火曜日。

かよう[0]【可溶】名 液体にとけること。↕不溶。**ー性**[0]名 液体にとける性質。

かよう[0]【歌謡】名 ❶韻文形式の文学の一つ。民衆の間にうまれ、広く節をつけて歌われた歌。「記紀ー」❷節をつけて歌う歌。「ラジオー」**ー曲**[ヨ]名 日本的ムードを西洋音楽的な節まわしで歌う大衆的、通俗的な歌。流行歌。

かよう[0]【加養】名 自サ〔文章語〕病気の手あてをすること。養生。

かよ・う[0]【通う】自五 ❶行き来する。往来する。「学校にー」❷通じる。気持ちがとどく。「先方に意志がー」❸似ている。似かよう。「顔だちが兄に通っている」❹流通する。「空気がー」**通える** 自下一〔…できる〕

かよう[0]【×斯様】形動 このよう。こんなふう。

がようし[ヨ]【画用紙】名 絵をかくのに使う、あつでのかみ。

かよく[0]【寡欲・寡×慾】名 形動 欲がすくないこと。「ーな人」↕多欲。

がよく[0]【我欲・我×慾】名 自分だけの利益をねがう欲望。「ーを捨てる」

かよわ・い[ワ]【か弱い】形 (「か」は接頭語)よわよわしい。**か弱げ** 形動 **か弱さ** 名 **かよわ・し** 文語ク

かよわ・す[0]【通わす】他五 通うようにさせる。通わせる。「塾にー」「空気をー」「互いに思いをー」

から【唐】【▲漢・▲韓】造 (「加羅」から転じて)昔の、中国や朝鮮半島、また、ひろく南蛮などの諸外国やそこの文物などをあらわす語。「唐織物」

から【空】㊀[ラ]名 中に何もないこと。からっぽ。「ーのふくろ」「財布がーだ」㊁造 ❶何ももっていないこと。「空手」❷見かけだけで実質のないこと。「空元気」「空出張」

から[ラ]【殻】名 ❶動植物のからだや実の外がわをおおう、かたいかわのようなもの。また、外部と交わらない自分の心の世界のたとえにも言う。「卵のー」「ぎんなんのー」「自分のーに閉じこもる」❷外皮。「なんきんまめのー」❸中身がなくなって用のすんだもの。「弁当のー」「タバコの吸いー」 **ーを破る** 古い考え・技巧・習慣などを脱する。「これまでのからを破った新しい作品」

から[ラ]【▲幹】名 みき。くき。「豆のー」

から《唐・漢・韓》〔古語〕中国や朝鮮半島、また、ひろく南蛮などの諸外国。

から[カ]副 (否定的な言葉を伴って)まったく。からきし。「ーいくじがない」参考 やや古風な言い方。

から助 ❶(格助詞)㋐動作の起点を示す。「東京ー出発する」⇩より❶ 参考。㋑通って来るところを示す。「窓ー光がさす」㋒時間の始まりを示す。「十二時ー始める」⇩より❶ 参考。㋓数量のいちばん下の限度を示す。以上。「この本は千円ーする」㋔動作・作用のおこるもとを示す。「先生ー教わる」「課長ーしかられる」参考 受身の相手を表す場合、「に」は「暑さに苦しめられる」のようにも使われるが、「から」は人間をあらわす場合にかぎられる。㋕材料を示す。「酒は米ーつくる」㋖原因・理由を示す。「極度の興奮ー泣き出した」㋗〔古語〕手段・方法を表す。「徒から参りて」〈落窪〉❷(接続助詞。活用語の終止形につく)㋐原因・理由を示す。「雨が降ったーやめた」⇩ので。㋑(「から(に)は」の形で)…する以上は。「彼がそう言うー(に)はあきらめるほかない」㋒(「…からに」の形で)ただ…するだけで。参考 現代語では、「見るからにおいしそうだ」のように、「見る」に伴った言い方しかないが、古語では動詞の連体形について広く使われた。❸(終助詞。判断また、これから起こそうとする動作を表す文のあとにつけて)㋐聞き手への思いやりの気持ちを表す。「いいー。いいー。」㋑聞き手をとがめて、警告する気持ちを表す。「そんなことをすると先生にいいつけるー」

がら[ガ]名 ❶品質のわるいコークス。また、石炭のもえがらの中にのこっているコークスに似たもの。❷にわとりなどの肉をとってしまった、のこりの骨の部分。

がら【柄】㊀[0]名 ❶体格。なり。「ーが大きい」❷品格。「ーのわるい人」❸身分。分際。「ぜいたくの言えるーか」❹模様。また、模様のとりあわせ。がらゆき。「はでなーの着物」㊁造 性質や状態が合っていること。「場所柄」「時節柄」

がら[ガ]【瓦▲落】名 がらおち。

カラー[カ]〈collar〉名 ワイシャツ・洋服などのえり。「ボタンダウンー」

カラー[カ]〈color〉名 ❶色。❷印刷・画面などで、色彩が表されること。「ーテレビ」「ープリント」↕モノクロ。❸特色。独特のふんい気。「スクールー」 **ーコーディネーター**[ネ]〈color coordinator〉名 服飾、インテリア、製品などの色彩や配色について、調整や助言を行う専門家。**ーコンディショニング**[ディ]〈color conditioning〉名 工場・事務所・乗り物・病院などで、色彩の使い方によって能率を上げたり事故を防いだりする方法。色彩調節。色彩管理。**ーフィルム**[フィ]〈color film〉名 写されるものの色彩を再現する写真のフィルム。↕モノクロ。

がらあき[0]【がら空き・がら明き】名 中があいて、がらんとしていること。「ーの電車」

からあげ[0]【空揚(げ)】【唐揚】名 肉・魚などにうすく粉をまぶすか、ころもをつけずに油であげること。また、その食べ物。「鶏のー」

からあし[0]【空足】名 階段などで、高さをまちがえて足を踏みそこなうこと。「ーを踏む」

からあや[0]【唐あや】【唐×綾】名 横糸を浮かして織ったあや。

カラーリング[0]〈coloring〉名 ❶着色、染色すること。「ヘアーー」❷色具合。「スタイリッシュなー」

から・い【辛い】㊀[ラ]形 ❶ぴりっと舌をさすような感じがする。「山椒は小粒でも、ぴりりとー」❷しおけが多い。しょっぱい。↕あまい。❸きびしい。容赦しない。「点がー」↕あまい。**辛さ** 名 **から・し** 文語ク ㊁形ク〔古語〕❶つらい。苦しい。「かく辛き目にあひたらん人」〈徒然〉❷残酷だ。ひどい。「もろもろのからき刑」〈書紀〉❸あやうい。危険にさらされている。「からき命まうけて(命ヲ拾ッテ)久しく病みゐたりけり」〈徒然〉

からいせんりゅう《柄井川柳》(一七一八―九〇)江戸時代中期の川柳選者。本名は正通。通称八右衛門。「川柳評万句合」など。

からいぬ[0]【唐犬】名 こまいぬ。

からいばり[イ]【空威張(り)】名 うわべだけ強そうにしたり、えらそうにしたりすること。虚勢。

からいも[0]【唐芋】名 さつまいも。

からいり[0]【▲乾×熬・▲乾煎】名 水を加えずにいること。

からうす[ウ]【唐臼】名 ❶上・下二つのうすをすりあわせて、もみがらを落とす道具。すりうす。❷地にうめたうすに穀物を入れ、足できねをふんでつくうす。ふみうす。

からうた【唐歌・▲漢▲詩】名〔古語〕漢詩。↕やまとうた。

からうり[0]【空売(り)】名 取引所で、株をもっていないのに、売る契約をすること。将来の値下がりを予想し、買

いもどして差金の利を得ることを目的とする。↕空買い。

から-え ⓪【唐絵】[名] 中国人のかいた絵。中国画の技法をまねてかいた絵。↕やまと絵。

から-えずき [エ]【空えずき】【空×嘔】─(えづき) [名] はきけばかりで、何も出ないこと。

から-オケ ⓪【空オケ】[名]〔オケはオーケストラの略〕伴奏だけを録音したテープやCD。それを操作する装置やそれを使って歌うこと。「─ボックス」[参考]「カラオケ」と書くことが多い。

から-おし ⓪【空押し】[名] 模様や文字の型を、すみ・インクなどをつけないでおしつけて、紙や布の面にうき出させること。また、その模様。

がら-おち ⓪【がら落ち】[名] 相場の暴落。がら。

から-おり ⓪【唐織】[名] ❶唐織物(からおりもの)。❷能の衣装の一つ。唐織物で仕立てた女物の上衣(うわぎ)。─**物**(もの) [リ]/[モ] [名] 中国渡来の織物。また、それに似せたもの。きんらん・にしきの類。

から-か・う [カ2](からかふ) [他五](ワ・オイ・ッ/ウ・ウ・エ・エ) こまらせたり、はずかしがらせたりして、たのしむ。「子どもを─」

から-かさ [カ2]【×傘】[名]〔「中国ふうのかさ」の意〕竹の骨に紙をはり、油を塗った、柄(え)のあるかさ。

から-かぜ ⓪/[ラ]【空風】【×乾風】[名] 雨雪をともなわないで、はげしく吹くかわいた風。からっかぜ。(冬)

から-かね ⓪【唐金】[名]〔中国から製法がつたわったことから〕銅・すずを主体とした合金。青銅。

から-かぶ ⓪【空株】[名] ⬇くうかぶ。

から-かみ [ラ]【唐紙】[名]〔「とうし」と読めば別語。中国渡来の美しい紙をふすまにはったことから〕ふすま。

から-から ❶ [カ1] (と)[副] ❶かたい物がころがって出す音をあらわす語。[参考]「がらがら」よりも音の軽い感じ。❷快活な笑い声をあらわす語。「─と笑う」❷ ⓪ [形動] かわききったようす。「池が─に干あがる」「のどが─だ」

がら-がら ❶ [ガ1] (と)[副] ❶輪のかたい車などの出す音をあらわす語。⇩からから[参考]。❷かたい物がくずれ落ちるようす。また、その音をあらわす語。❷ ⓪ [名] 振ると、がらがらと音のする乳幼児用のおもちゃ。❸ ⓪ [形動(の)] ❶乗り物や建物の中がひどくすいているさま。「電車は─だ」❷感じわるくひびく声のようす。「のどをいためて声が─になる」─**蛇**(へび) [ラ2] [名] クサリヘビ科の爬虫(はちゅう)類。北米から中南米にかけて分布する毒へび。体長は二メートルに達する。尾のはしに表皮の環があり、興奮すると尾を振って音を出す。─**ぽん** [ポ] [名] [他サ]〔俗語〕計画や人員の配置などを根本からやり直すこと。[参考]マージャンのパイをかき交ぜてゲームを始めなおすことから。

から-き ⓪【唐木】[名] したん・びゃくだん・こくたんなどの、輸入された熱帯産の木材の総称。

から-きし ⓪ [副] 全然。まるで。てんで。からっきし。「─いくじがない」[参考]ふつうは下に打ち消しの語がくる。

からきじゅんぞう《唐木順三》一九〇四—八〇。評論家。日本の中世の文学・思想を主として論じた。「無用者の系譜」など。

から-ぎぬ [ギ]/[ラ]【唐×衣】[名] 平安時代以後の宮廷婦人の礼服。十二ひとえのいちばん上に着る、たけのみじかいころも。

唐ぎぬ

から-くさ [ラ]【唐草】[名] からくさもよう。─**模様**(もよう) [モ] [名] つる草がはいまわり、からみあっているようすの模様。からくさ。

唐草模様

から-くじ ⓪【空くじ】【空×籤】[名] 何もあたらないくじ。はずれのくじ。↕当たりくじ。

がら-くた ⓪ [名] 値うちのない道具類。「─ばかり」

から-くち ⓪【辛口】[名] ↕甘口。❶からい味のすきなこと。「─の人」❷酒・調味料などの口あたりが強く、からいこと。また、その酒・食べ物など。❸批評などがきびしいこと。「─の評論」

から-くも [カ]【辛くも】[副] やっと。ようやくのことで。かろうじて。「─勝った」

から-くり ⓪ [名] ❶外見からはわからない、手のこんだ装置。仕掛け。❷巧みに仕組まれた計略や企て。「事件の─を見破る」─**人形**(にんぎょう) [日] [名] ぜんまいじかけでうごく人形。

から-くれない [レ]/[ナ]【唐紅】【×韓紅】─(くれなゐ) [名]〔文章語〕〔「韓から渡来した紅」の意〕濃い、くれない色。

ガラ-けい ⓪【ガラ携】[名]〔俗語〕〔「ガラパゴス携帯」の略〕日本で独自に多機能化した携帯電話。フィーチャーフォン。↕スマホ。[参考]ふつう、「ガラケー」と書く。

から-げいき [ゲ]【空景気】[名] うわべだけは景気がよくみえること。「かけ声だけの─」

から-けつ ⓪ [名]〔俗語〕まったく何もないこと。特に、かねをすこしももっていないこと。からっけつ。

から・げる [ゲ] [他下一](ゲ・ゲ・ゲル・ゲル・ゲレ・ゲロ/ゲヨ) ❶しばってたばねる。❷まくりあげる。「すそを─」**から・ぐ** [文語下二]

から-げんき [ゲ]【空元気】[名] 元気のないのを、あるように見せかけること。うわべだけの元気。虚勢。

から-こ ⓪【唐子】[名]〔「からこ」は中国の子どもの意〕❶からこ人形。❷江戸時代、からこに似せた髪がた。─**人形**(にんぎょう) [日] [名] 江戸時代、中国の子どもの姿に似せて作った人形。

唐子❷

から-ごころ ⓪【×漢心・唐×意】[名]〔古語〕中国的な考え方・思想。また、それにとらわれた心。↕やまとごころ。

から-ことば ⓪【×漢詞・唐×語】[名]〔古語〕↕やまとことば。❶中国語。❷外国語。

から-ころ [カ] (と)[副] げた履きで歩くときなどに鳴る、乾いた軽い音をあらわす語。

から-ころも ⓪【唐衣】❶ [名]〔古語〕❶中国ふうの衣服。❷うつくしい衣服。❷ [枕] 衣とのつながりで、「きる」「たつ」「ひも」「袖(そで)」「裾(すそ)」「かへす」などにかかる。「─着つつなれにし妻しあればはるばるきぬる旅をしぞ思ふ〈伊勢〉」=からごろも。

ガラ-コンサート [コ]〈gala concert〉[名]〔galaは「祭日」の意〕特別演奏会。

カラザ ⓪〈(ラ)chalaza〉[名] 鳥のたまごの中にあるひも状のもので、黄身の位置を正しくたもつもの。

から-ざお ⓪【唐×竿・殻×竿・連×枷】─(ざを) [名] 稲・麦などの穂や豆のさやを打って、こくつぶや豆をとる農具。長いさおの先に回転する短い棒をつけたもの。くるりぼう。

からざお

から-ざけ [ザ]【×乾×鮭】[名] はらわたをとって、かげぼしにしたさけ。(冬)

から-さわぎ [サ]【空騒ぎ】[名] わけもなくさわぎたてること。

からし ⓪【×芥子】[名] ❶からしなの種子の粉。香辛料の一つ。黄色で、からい。❷からしな。

からじし〔ジ〕⓪【唐×獅子】名 ❶しし。ライオン。❷ライオンを装飾化したもの。＝からしし。

からしでい〔シ〕【×芥子泥】名 からしの粉を水でといたもの。皮膚に塗って、炎症をとるのに使う。

からしな⓪【×芥子菜】名 アブラナ科の二年生植物。四月ごろ、黄色い花をつける。葉はつけ物用。種子は香辛料・薬用。(春)

からしゅっちょう〔シュ〕【空出張】名 実際には出張しないのに、偽って旅費や手当を不正に受け取ること。

からす〔カ〕【×烏・×鴉】名 ❶カラス科の鳥の総称。人家の近くの森などにすむ。つやのある黒い羽をもつ。❷黒いものをあらわす語。「―ねこ」 **―の足跡**(あしあと) 目じりにできるしわ。 **―のお×灸**(きゅう) 主として、子どもの口はしにできるただれ。ビタミンB_2の不足などが原因。口角炎。 **―の行水**(ぎょうずい) 入浴を簡単にすること。 **―の雌雄**(しゆう) よく似ていて区別しにくいこと。 **―の×濡**(ぬ)**れ羽**(ば)**色**(いろ) 水にぬれたからすの羽のように、つやのある黒色。「髪は―」

からす⓪【枯らす】他五〔サ・ソ・シ・ス・ス・セ・セ〕 草木を枯れさせる。「植木を枯らした」

からす⓪【×涸らす】他五〔サ・ソ・シ・ス・ス・セ・セ〕 水をくみつくす。干す。「用水池を―」

からす⓪【×嗄らす】他五〔サ・ソ・シ・ス・ス・セ・セ〕 声をかれさせる。しわがれさせる。「声をからして応援する」

ガラス⓪【▲硝子】〈オ glas〉名 石灰・珪砂(けいしゃ)・炭酸ソーダなどを高温でとかして固めた、かたくてすきとおった物質。 **―張**(ば)**り**⓪名 ❶ガラスのはってあること。また、そのもの。❷内部のよく見えるようす。公明でかくしだてのないこと。「―の政治」

からすうり〔ス〕【×烏×瓜】名 ウリ科の多年生つる草。夏、白い花が咲き、秋、鶏卵大の赤い実(み)がなる。ひさごうり。(秋)

からすがい〔ス〕【×烏貝】―(がひ)名 イシガイ科の二枚貝。淡水産で、殻(から)は黒く、長さ約二〇センチメートル。(春)

からすがね〔ス〕【×烏金】名 借りた翌日返す高利の金。参考 翌朝からすの鳴くころ返す意という。

からすき⓪【唐×鋤・×犂】名 牛馬にひかせて田畑をたがやすための、柄がまがった、刃の広いすき。

がらすき⓪【がら▲空き】名俗語 非常にすいていること。「―の映画館」

からすぐち〔ス〕【からす口】【×烏口】名 鋼鉄製の、からすのくちばしに似た製図用具。線を引くのに使う。

からすてんぐ〔テ〕【×烏天×狗】名 からすに似た顔つきの、てんぐ。

からすなき⓪【からす鳴き】【×烏鳴き】名 からすの鳴き声。これで吉凶を判断する俗信がある。「―がわるい」

からすね⓪【空すね】【空×臑】名 むきだしのすね。からずね。

からすへび〔ヘ〕【×烏蛇】名 しまへびの中で、全身が黒くなったもの。

からすみ⓪名 ぼら・さわら・ぶりなどの卵巣をしおづけにして、干しかためた食べ物。(秋)

からすむぎ〔ム〕【からす麦】【×烏麦・×燕麦】名 ❶えんばくの別名。(夏) ❷イネ科の一年生草。えんばくに似ている。

からせき⓪【空せき】【空×咳・▲乾×咳】名 ❶たんの出ないせき。❷わざとするせき。＝からぜき。

からせじ⓪【空世辞】名 口先だけのおせじ。

からだ⓪【体】【▲身▲体】名 ❶人間や動物の頭から足の先までの全体。肉体。身体(しんたい)。「―が宙に舞う」「―が柔らかい」❷からだの部分。特に、胴。「―を洗う」「―に合わない服」❸からだの働き。「―が続かない」「―をこわす」「無理をすると―に障(さわ)る」❹社会的な活動をする肉体。「退職して自由な―になる」「今晩―は空いていますか」 **―を売**(う)**る** 売春する。 **―を張**(は)**る** 一身を投げ出して、あることをする。

からだき⓪【空だき】【空×焚き】名 なべ・ふろなどに水が入っていないまま、火をつけること。

からたけ〔ラ〕【から竹】【▲幹竹・唐竹】名 まだけ。 **―割**(わ)**り**⓪名 たてにまっすぐに割ること。

からたち⓪【×枳▲殻】名 ミカン科の落葉低木。春、白い花をつける。実(み)は黄色。とげが多い。いけがき用。(春)

からだつき⓪【体つき】名 からだのかっこう。

からちゃ〔ラ〕【空茶】名 茶菓子がなく、お茶だけを飲むこと。

がらっ〔ラ〕と副 ❶引き戸・障子などを急にあける音・ようす。❷急にかわるようす。まったくかわるようす。「印象が―と変わる」

からっかぜ⓪〔ラ〕【空っ風】名 ⇒からかぜ。(冬)

からっきし⓪副 ⇒からきし。

からっけつ⓪名俗語 ⇒からけつ。

カラット〔ラ〕〈carat; karat〉名 ❶金の純度を示す単位。純金は二四カラット。❷宝石の重さの単位。一カラットは二〇〇ミリグラム。「一―のダイヤ」

からっと〔ラ〕副自サ ❶あかるくひろびろとしたようす。「―晴れた青空」❷余分な湿気や油分がなく、ほどよいようす。「洗濯物が―かわく」「―あがったフライ」❸小さなことにこだわらず、性格がさっぱりしているようす。「―した人柄」

がらっぱち⓪名形動俗語 言動や行動が粗野で、落ち着きに欠ける性格。また、そういう性格の人。

からっぺた⓪【空っ下手】名形動 ⇒からへた。

からっぽ⓪名形動 中に何もないこと。から。

からつやき⓪【唐津焼】名 佐賀県唐津市付近でつくられる陶磁器。

からつゆ⓪【空梅雨】名 つゆどきに雨の降らないこと。(夏)

からづり⓪【空釣(り)】名 えさなしで魚をつること。

からて⓪【空手】名 手ぶら。す手。

からて⓪【空手】【唐手】名 沖縄からつたわった武術。す手で身をまもる術。突き・受け・蹴(け)りの三方法を基本とする一種の拳法(けんぽう)。 **―チョップ**〔チョ〕名 プロレスで、空手の手刀の形で打つわざ。

からてがた〔テ〕【空手形】名 ❶融通手形のうち、支払い資金が足りず、支払いが不確実なもの。❷うその約束。

からでっぽう〔テ〕【空鉄砲】名 ❶たまをこめずにうつ鉄砲。空砲。❷うそ。ほら。

からとう⓪【辛党】名 酒のすきな人。酒のみ。左党。↕甘党。

からとて 助〔接続助詞。活用語の終止形につく〕…からといって。…としても。「雨が降った―、貯水池の水がふえるとはかぎらない」参考 やや固い、文語的な言い回しの中で使う。くだけていう時は「からって」となる。

からとりひき〔リ〕【空取引】名 ⇒くうとりひき。

からな【唐名】名古語 中国でのよび方。とうみょう。「大宰帥(だざいのそつ)」を「都督(ととく)」というなど。

からに 助 ㊀〔「見る」「聞く」などの動詞について〕そのことだけを根拠に判断する意味をあらわす。「見る―安物だ」「聞く―弱そうな名前だ」 ㊁古語〔接続助詞。主として活用語の連体形について〕❶小さな原因が思いがけない結果に結びついたことを示す。ただ…だけで。…だけの理由で。「白妙(しろたへ)の袖(そで)をはつはつ(ワズカニ)見しからにかかる恋をも我はするかも」〈万葉〉❷ふたつのことがいっしょに起こることを示す。…と同時に。…するとすぐ。「吹くからに秋の草木のしをるれば」〈古今〉❸〔助動詞「む(ん)」について〕逆接の確定条件を示す。…だからといって。…したところで。「そもそも、その女房あやまちせむからに(コノ私ガ)出家すべきやうやはある」〈宇治拾遺〉❹〔「…むから に」「…てからに」の形で〕非難する気持ちをあらわす。「年寄りのくせに出しゃばってからに」〈滑稽本・浮世風呂〉

から-にしき【唐錦】㊀[三][名] 中国から渡ってきたにしき。㊁[枕] 布とのつながりで、「たつ(断つ)」「織る」「縫ふ」などにかかる。「―たつたの山のもみぢばを」〈古今〉

から-には ニワ [助]〔接続助詞〕…する以上は。…した以上は。からは。「ぼくが来た―もう心配ない」

から-ねんぶつ [ネ]【空念仏】[名] ❶心のこもらない、口先だけでとなえる念仏。❷口先ばかりの主張。

ガラパゴス《(ス)Galápagos》㊀〔スペイン語で亀の意〕太平洋の赤道直下にある火山島群。エクアドル領。独自の進化をとげた固有の動植物が生息し、ダーウィンの進化論にヒントを与えたとされる。㊁[パ][名] [造] 国際規格からはずれて独自に発達した日本の技術・システムなどのたとえ。「―化」

から-はふ [0]【唐破風】[名] 曲線状のはふ。神社・寺院などの建物に使う。

から-びつ [0]【唐×櫃】[名] 四本または六本の足のついた、中国ふうの、ふたつきの箱。

から・びる [ビ]【△乾びる】[自上一] ❶水気がなくなって、かさかさになる。ひからびる。❷草木などがしおれる。**から・ぶ** [文語上二]

から-ぶき [0]【から拭き】【△乾拭き】[名][他サ] つやをだすために、かわいた布でこすること。「廊下に―をかける」↕水拭き。

から-ぶり [0]【空振り】[名] ❶野球やテニスで、振ったバットやラケットにボールがあたらないこと。❷当てがはずれて、失敗すること。「地震の予報は―でもよい」

唐破風

唐びつ

カラフル [カ]〈colorful〉[形動] 色彩ゆたかで美しいようす。「―な春の装い」

から-へた [タ]【空下手】[名][形動] この上もなくへたなこと。また、その人。からっぺた。

がら-ぼう [ラ]【がら紡】[名]〔機械の動く音から〕下級の綿や糸くずでつくった太い糸の織物。また、その織物をつくること。

から-ぼり [0]【空堀】[名] 水のないほり。

から-ま・せる [セ]【絡ませる】[他下一] ❶からむようにする。からめる。巻きつかせる。「壁につたを―」「好奇心を絡ませて聞く」❷複雑にもつれさせる。「ひもを―」[参考]「からます」のように五段活用としても用いる。

から-まつ [ラ]【唐松・△落△葉松】[名] マツ科の落葉高木。本州中部の亜高山帯に生える。建材用・製紙原料。

から-ま・る [マ]【絡まる】[自五] ❶しっかりと巻きついて取れなくなる。「つる草のからまった密林」❷複雑に関係する。「いろいろな条件が―」

から-まわし [マ]【空回し】[名][他サ] [俗語] 国会で、与党が野党欠席のまま審議時間を消化し、うわべだけ審議をした体裁をととのえる戦術。

から-まわり [マ]【空回り】[名] ❶車がまわっても、前へ進まないこと。❷エンジンなどが回転していても、その動力が仕事をしていないこと。空転。❸活動はしているが、すこしも効果・実績のあがらないこと。「―の議論」

から-み [ミ]【辛み・辛味】[名] からい味。また、その程度。

からみ [ミ]【絡み】[名] あることに別のことが関係すること。「政局の―で事態の解決がおくれる」

から-み [0]【空身】[名] からだだけで、荷物や道具を持たないこと。「―で家を出る」

がらみ【絡み・×搦み】[造][接尾]〔「からみ」の変化〕❶おおよその数をあらわす。見当。「五十―の人」[参考] 主として年齢についていう。❷そのことと深くかかわっていること。「失策―の大量得点」

からみ-あ・う [ア]【絡み合う】[自五] いくつかのことが複雑に関係する。「二つの理由が―」**絡み合い** [名]

から-みだし [ミ]【空見出し】[名] 辞書で、他の項目(見出し)を参照するのに掲げた、解説のない見出し。↕本見出し。

からみ-つ・く [ツ]【絡み付く】[自五] ❶巻きつく。まといつく。「つたが―」❷しつこく言いがかりをつける。「酒に酔って知らぬ人にまで―」

から・む [ラ]【絡む】【×搦む】[自五] ❶巻きついてはなれなくなる。「足にロープが―」「たんがのどに―」❷あることに別のことが関係してもつれる。「事件に金が―」❸言いがかりをつける。「酔って―」

から-むし [0]【空蒸し】[名] 水や調味料を入れずに、材料の水分だけで蒸すこと。また、その料理。

から-むし [ラ]【×苧・△麻・×苧】[名] イラクサ科の多年生植物。茎の皮のせんいは織物用。栽培もする。まお。ちょま。

から-め [0]【辛め】【辛目】[名][形動(の)] ❶からい味の強いこと。「―に味をつける」❷きびしさのあること。「―の採点」❸目方・ます目が少なめなこと。「はかり方が―だ」

から-め-て [0]【×搦手】[名] ❶城の裏門。↕大手。❷敵のうしろがわ。❸相手の注意を払っていないところ。うら。「―から論じる」❹からめとる人。とりて。

から-め-と・る [ト]【からめ捕る】【×搦捕る】[他五] つかまえてしばる。からめる。

カラメル [0]〈caramel〉[名] ❶砂糖を熱してつくる黒茶色の、あめのようなもの。食べ物の着色用。❷キャラメル。

から・める [メ][他下一] ㊀【絡める】❶からむようにする。巻きつける。「腕を―」❷料理で、液状に近いものを材料によく付くようにする。「スパゲッティにソースを―」㊁【×搦める】ひもなどでしばる。つかまえてしばりあげる。**から・む** [文語下二]

がら-ゆき [0]【柄行】[名] がら。もよう。

から-よう [0]【唐様】[名] ❶中国ふう。からふう。↕和様。❷中国の書体。また、それをまねたもの。↕和様。❸鎌倉(かまくら)時代に伝来した、中国ふうの禅宗寺院の建築様式。

がらり [ラ][(と)副] ❶引き戸・しょうじなどを急にあける音・ようす。⇩からりと[参考]。❷積んだ物がくずれる音・ようす。❸急にかわるようす。まったくかわるようす。「印象が―と変わる」

からり-と [ラ][副][自サ] ❶かたい物がふれ合ってだす音をあらわす語。[参考]「がらり」にくらべて音が軽い感じ。❷あかるくひろびろとしたようす。「―晴れた空」❸余分な湿気や油分がなく、ほどよいようす。❹あかるくほがらかなようす。「―した性格」

から-れる【駆られる】[連語] じっとしていられない気持ちにさせられる。「焦燥に―」

カラン ⓪〈オkraan〉名 水道せんの口にとりつけ、ひねったりおしたりすると、水・湯などが出る装置。じゃぐち。

がらん ⓪【×伽藍】名 ❶寺の建物。「七堂―」❷大きな建物。殿堂。

からん-ころん ⑤〔と〕副 げたで歩くときなどの軽やかな音をあらわす語。

がらん-と ⑤副 ❶ひき戸などをあける音をあらわす語。❷へやなどが広くて、何もない感じ。「―したへや」

がらん-どう ⓪名 中に何もないこと。また、その場所。「―のあき家」

かり ⓪【仮】名 ❶しばらく。一時。まにあわせ。「―の住まい」❷仮定。「―の話だがね」❸にせ。いつわり。「―の名」 **―の世**ょ 無常なこの世。かりそめのうき世。

かり【狩(り)】㊀カ名 ❶鳥獣を追いたてて捕らえること。冬 ❷魚・貝をとること。「潮干―」㊁造〔「がり」の形で〕楽しみのために物をさがしたり見物したりすること。「もみじ狩り」「ほたる狩り」

かり ⓪【借り】名 ↔貸し。❶借りること。借りたもの。「―を作る」❷借金。

かり カ【×雁】名 がん。秋 **―の使**つかい 手紙。かりのたより。かりのふみ。参考 古代中国、漢の将軍蘇武そぶが、敵にとらわれているとき、かりの足に手紙を結びつけて故国にたよりをした故事から。

カリ カ〈オkali〉【加里】名 ❶炭酸カリウム。❷カリウム。

がり ガ名俗語〔食べるときの音から〕すしなどに添える甘酢しょうが。

が-り ガ【我利】名 自分だけの利益。「―我欲」

がり【▲許】名古語 …のもとへ。…のいるところ。「人のがり言ふべきことありて、文ふみをやるとて」〈徒然〉参考「妹いもがりとわが行く道の」〈万葉〉のように接尾語的にも用いる。

かり-あげ ⓪【刈(り)上げ】名 頭髪の後ろの部分だけを刈り上げること。

かり-あげ ⓪【借(り)上げ】名 ❶政府や上部組織が民間や下部組織から物を借りること。❷江戸時代、財政困難の藩が借り上げの形でした家臣の減給。

かり-あ・げる ゲ【刈(り)上げる】他下一 ❶全部刈る。刈り終える。❷上のほうに刈ってゆく。「頭のうしろを―」 **かりあ・ぐ** 文語下二

かり-あ・げる ゲ【借(り)上げる】他下一 ❶政府や目上のものが、民間や目下のものなどから、かねや品物を借りる。

かり-あつ・める メ【駆(り)集める】他下一 追いたてるようにしてあつめる。あちこちから急いであつめる。「足のはやい者を全校から―」 **かりあつ・む** 文語下二

かり-いお【仮×庵】いほ名古語 かりにつくった、そまつなすまい。かりほ。

かり-い・れる レ【刈(り)入れる】他下一 麦・稲などを刈ってとりこむ。収穫する。 **刈り入れ** 名 **かりい・る** 文語下二

かり-い・れる レ【借(り)入れる】他下一 かねや物を他から借りる。参考「借入金」「借入高」などは、送りがなをはぶく。 **借り入れ** 名 **かりい・る** 文語下二

かり-うえ ⓪【仮植え】うゑ名 本式に移し植える前に、一時かりに植えておくこと。

かり-う・ける ケ【借(り)受ける】他下一 借りて受けとる。 **かりう・く** 文語下二

かり-うど カ【狩▲人】名 ➡かりゅうど。冬

カリウム リ〈オkalium〉名 元素記号K 原子番号19 原子量39.0983 銀色でもろく、酸化しやすい金属元素。ガラス・せっけんなどの原料。カリ。

ガリウム リ〈gallium〉名 元素記号Ga 原子番号31 原子量69.723の金属元素。アルミニウムに似た性質をもつ。

カリエス カ〈ドKaries〉名 結核菌のために骨がくさってうみが出る病気。「脊椎せきつい―」

かり-おや ⓪【仮親】名 ❶養い親。養父母。❷名目上、親となる人。おやがわり。

かり-か・える カ【借(り)換える】かへる他下一 前に借りた物を返して、新しく借りる。 **借り換え** 名 **かりか・ふ** 文語ハ下二

かり-かた ⓪【借(り)方】名 ↔貸し方。❶借りたほうの人。借り手。❷借りる手段・方法。❸複式簿記で、帳簿の左がわ。資産の増加、負債や純資産の減少、損失の発生などを記入する部分。

カリカチュア カ〈caricature〉名 漫画。戯画。風刺画。

かり-かつよう カ【カリ活用】名 文語形容詞の補助活用。形容詞の連用形の活用語尾「(し)く」に「あり」のついた「(し)くあり」の変化したもの。「(し)から・(し)かり・○・(し)かる・○・(し)かれ」と変化する。

かり-がね ⓪【×雁・×雁が音】名文章語 ❶がんの鳴き声。❷がん。秋

かり-かぶ ⓪【刈(り)株】名 稲・麦などを刈ったあとに残った株。

かり-かり ㊀カ〔と〕副 かたいものを何度もひっかいたり、かんだりするようす。また、その音の形容。「犬がドッグフードを―と食べる」㊁カ〔と〕副自サ いらだって怒りっぽいようす。「小さなことで―する」㊂⓪形動(の) 焼いたり炒いったりするなどして水分をとばし、かたく仕上げる。「―に焼いたベーコン」

がり-がり ⓪【我利我利】名形動 自分の利益ばかりを追いもとめること。また、その人。よくばり。 **―亡者**もうじゃ 名

がり-がり ㊀ガ〔と〕副 かたいものを荒々しく削ったり、音を立ててかみくだいたりするようす。「あめを―とかみくだく」㊁⓪形動(の) 骨が浮き出るほどやせているようす。「―にやせこける」

かり-ぎ ⓪【借(り)着】名 人から衣服を借りて着ること。また、その衣服。

かり-ぎぬ ⓪【狩▲衣】名 平安時代、公家くげの平常の略服。えりが円く、袖口そでぐちにくくりがあり、両わきがあいている。指貫さしぬきのはかまとともに用いた。中世以降、公家・武家の礼服となる。参考 もと、狩りのときに着たことから。

かりぎぬ

カリキュラム カ/キュ〈curriculum〉名 教科課程。

かり-き・る キ【借(り)切る】他五 ↔貸し切る。❶のこらず借りる。専用に借りる。❷ある約束した期間、きまった人だけが借りる。「バスを―」 **借り切り** 名

カリグラフィー グ/ラ〈calligraphy〉名 文字を美しく書く技術。書法。参考 主として、欧米のペンによる書き文字で言うが、文字の芸術であることから中国や日本の書道をもさす。

かり-こ・す コ【借(り)越す】他五 ある限度より多く借りる。↔貸し越す。 **借り越し** 名

かり-こみ ⓪【狩(り)込み】名 ❶警察や役所の係員が、浮浪者などを厚生施設・病院などに一斉に保護すること。❷けものをかりたてて、とらえること。

かり-こ・む コ【刈(り)込む】他五 ❶草木や髪などを刈って手入れをする。「短く―」❷刈りとってたく

わえる。「小屋に―」 **刈り込み** 名

かり-しゃくほう シャ【仮釈放】名 刑務所からの仮出獄、労役場からの仮出場、少年院からの仮退院により、拘禁を解かれること。一定の期間を経て、反省の情のいちじるしいとき、なされる。

かり-しゅつごく シゴ【仮出獄】名 懲役・禁固の刑の執行を受けている者が、態度がよくなっており、有期刑については刑期の三分の一、無期刑については一〇年を経過したときに、条件付きで出獄を許す制度。仮出所。

かり-しょぶん ショ【仮処分】名 ❶かりに、ある事がらの処分をきめること。❷判決前にする手続きで、争いの対象となっている土地・建物などの現状の変更をさしとめたり、ある人の地位や権利関係をかりに定めたりすること。当事者が申請し、裁判所がきめる。

カリスマ ◎〈ドCharisma〉名 奇跡をおこす超人的能力。大衆を信服させる神秘的な力。また、その持ち主。

かり-ずまい ズ【仮住(ま)い】ずまひ 名 一時的な住まいとすること。また、その家。仮寓(かぐう)。

カリ-せっけん セ【カリ石×鹸】名 かせいソーダのかわりに、かせいカリを使ってつくったせっけん。水にとけやすい。

かり-そめ ◎【仮初】【×苟△且】名 ❶一時のまにあわせ。「―の住まい」❷ふとしたこと。ちょっとしたこと。「―の病気」❸なおざり。おろそか。けいそつ。「―にする」❹本気でないこと。「―の恋」 **―にも** 三 副 ❶いやしくも。「―歴史ある本校の生徒ではないか」❷少しでも。けっして。「―人道にそむくことはするな」参考 下に打ち消しや否定の言い方がくる。‖かりにも。

かり-たお・す オ【借(り)倒す】たふす 他五 サソシスス セセ 借りたままで返さない。ふみたおす。**借り倒し** 名

かり-だ・す ダ【狩(り)出す】他五 サソシスス セセ けものなどを追い出す。

かり-だ・す ダ【駆り出す】他五 サソシスス セセ 追いたてるようにして、ひっぱりだす。「つな引きに全員を―」

かり-た・てる テ【狩(り)立てる】他下一 テテテルテルレ テレテロ・テヨ おいたてる。狩りだす。「えものを―」 **かりた・つ** 文語下二

かり-た・てる テ【駆り立てる】他下一 テテテルテルレ テレテロ・テヨ ❶むりに行かせる。「戦争に―」❷せきたてて仕向ける。「焦燥感にかりたてられる」 **かりた・つ** 文語下二

かり-ちん リ【借(り)賃】名 物を借りる代金として支払う料金。借り料。使用料。↕貸し賃。

かり-て ◎【借(り)手】名 物を借りる人。借り主。↕貸し手。

借りてきた猫(ねこ) いつもと違って、非常におとなしくしているようす。

かり-とじ ◎【仮とじ】【仮×綴】とぢ 名 本などを一時的に簡単にとじること。また、そうしてとじた本。↕本とじ。

かり-と・る ト【刈(り)取る】他五 ラロリッ ルルレレ ❶刈って取りこむ。「稲を―」❷とりのぞく。「悪の根を―」 **刈り取り** 名 **刈り取れる** 自下一〔…できる〕

かり-に ◎【仮に】副 ❶とりあえず。まにあわせに。「―この靴を履いていきなさい」❷きわめて起こる可能性の低い事態を仮定するようす。もしも。「―人類が太陽系の外に出ることがあるとしても、それは今世紀のことではない」「―恐竜が絶滅しなかったとしたらば、どこかにその痕跡があるはずだ」⇩もし 参考。 **―も** 三 副 ⬇かりそめにも。

かり-ぬい ◎【仮縫(い)】ぬひ 名 洋服などを仕立てるとき、あらかじめ、簡単に縫って、からだに合わせてみること。下縫い。↕本縫い。

かり-ね ◎【仮寝】名 ❶仮眠。仮睡。うたたね。❷〔文章語〕旅のやどり。旅寝。「旅の―」

かり-ば ◎【狩(り)場】名 狩りをする場所。冬

かり-ばかま バ【狩りばかま】【狩×袴】名 昔、狩りぎぬの下にはいたはかま。さしぬき。

かり-ばらい バ【仮払い】ばらひ 名 金額がはっきりしない段階で、概算の額を支払うこと。

がり-ばん ◎【がり版】名 〔「がり」は鉄筆で原紙をきる音から〕謄写版。

カリ-ひりょう ヒ【カリ肥料】【加里肥料】名 カリ分を多くふくんでいる肥料。木灰・硫酸カリの類。

カリフ カ〈caliph〉名 イスラム教の教主としての国王。アラビア王やトルコ王。

かり-ぶしん フ【仮普請】名 かりの建築。一時的に使うための簡単な建築。↕本普請。

カリプソ ◎〈calypso〉名 四分の二拍子の軽快なリズムをもつ、西インド諸島の民族音楽。

カリ-フラワー ラ〈cauliflower〉名 〔cauli は「茎」の意〕はなやさい。はなキャベツ。食用。

がり-べん ◎【がり勉】名〔俗語〕勉強にばかり熱中すること。また、その人。あざけって言う語。

かり-ほ【仮×庵】名〔古語〕⬇かりいお。

かり-また ◎【×雁股】名 ふたまたにひらいた矢じり。また、それをつけた矢。

かり-めん ◎【仮免】名 〔「仮免許」の略〕正式の免許が与えられる前に、一時的に与えられる免許。「自動車の―」

かり-もの ◎【借(り)物】名 他人に借りたもの。

かり-もよお・す オ【駆り催す】もよほす 他五 サソシスス セセ 〔文章語〕うながして方々から人や物を寄せあつめる。

かり-や ◎【仮屋】名 仮のものとしてつくった小屋。

かり-や ◎【借(り)家】名 借りているいえ。借家(しゃくや)。

か-りゃく ◎【下略】名 以下につづくことばをはぶくこと。げりゃく。↕上略・中略。

か-りゅう ◎【下流】名 ↕上流・中流。❶川しも。❷社会的な地位や経済力などの低い階層。

か-りゅう ◎【花柳】名 ❶花とやなぎ。花の紅と柳の緑。❷〔「花街柳巷(かがいりゅうこう)」の略〕遊里。花柳界。 **―界**(かい) リュ 名 遊里。色町。色里。 **―病**(びょう) ◎ 名 性病。

か-りゅう ◎【河流】名〔文章語〕川のながれ。

か-りゅう ◎【×顆粒】名 小さいつぶ。「―状の薬」

が-りゅう ◎【我流】名 自分かってなやり方。自己流。

がりゅう-てんせい ガ【画竜点×睛】名 ⬇がりょうてんせい。

かりゅうど カ【狩りゅうど】【狩△人】かりうど 名 〔「かりびと」の変化〕鳥獣をとることを業とする人。猟師。ハンター。かりうど。冬

かりゆし ◎リ 名 〔沖縄方言で「めでたい」の意〕沖縄で着られる半袖開襟のシャツ。かりゆしウエア。

か-りょう ◎【下僚】名 地位の低い役人。下役。

か-りょう ◎【科料】名 ❶罪科をつぐなうための金品。❷財産刑の一つ。軽微な犯罪の処罰として金銭をとりたてるもの。とがりょう。「―に処する」参考 法律では「科料」より「罰金」のほうが重い。

か-りょう ◎【過料】名 軽い違反〔証人の不出頭や証言拒否など〕について、違反者に対して科せられる金銭罰の一種。刑罰にはふくまれない。参考「科料」と区別するために「あやまち料」ともいう。

か-りょう ◎【加療】名 自サ 傷や病気の手あてをすること。「―を要する」

か-りょう ◎【佳良】形動 ダロ・ダッ・デ・ニ ダ・ナ・ナラ・○ すぐれているようす。かなりよいこと。「成績―」

が-りょう ◎【×臥△竜】名〔文章語〕❶寝ているりゅう。❷か

くれた大人物のこと。

が-りょう ⓪【雅量】名 大きな度量。おくゆかしい度量。「─のある人」

がりょう-てんせい ［ガ］【画▲竜点×睛】名〔竜をえがいて、最後にひとみを入れること〕❶最後のだいじな仕上げ。「─を欠く」❷ちょっとしたことが全体をひきたてること。［参考］「睛」は、ひとみの意。‖がりゅうてんせい。

かりょう-びんが ［ビ］【×迦陵▲頻×伽(迦)】名 極楽にいるといわれる、姿・声ともに美しい想像上の鳥。

かりょうびんが

か-りょく ⓪【火力】名 ❶火の勢い・力。火の強さ。❷銃砲などの火器の威力。

─発電(はつでん) ［ハ］名 火力で蒸気機関を動かし、その力で電気をおこすこと。

か・りる ⓪【借りる】他上一 (リ-リ-リル-リル-リレ-リロ・リヨ) ↕貸す。❶返す約束で、他人のものを、一時自分のもののように使う。「図書館から本を─」［参考］謙譲語に、「拝借する」がある。❷使用料を払って使う。「レンタカーを─」❸助けをうける。「友人の力を─」［参考］文語では四段活用。「かれの助けは借らん」のように五段活用に使うこともあるのは、そのなごり。**─時**(とき)**の地蔵顔**(じぞうがお)「─返す時の閻魔顔(えんまがお)」借りるときには、ありがたがってにこにこすること。

か-りん ⓪【花▲梨】名 バラ科の落葉高木。春、淡紅色の五弁の花が咲く。実(み)は薬用・食用。花は［春］・実は［秋］

かりんさん-せっかい ［セ］【過りん酸石灰】名 りん酸塩と硫酸カルシウムをまぜた化学肥料。

かりん-とう ⓪【花林糖】名 駄菓子の一つ。小麦粉に砂糖・水あめを加えてねり、油であげ、砂糖のみつをまぶす。

か・る ⓪【刈る】他五 (ラ・ロ-リ・ッ-ル-ル-レ-レ) 草木や頭髪などを切る。切りとる。**刈れる** 自下一〔…できる〕

か・る ⓪【狩る】他五 (ラ・ロ-リ・ッ-ル-ル-レ-レ) ❶鳥獣を追ってとらえたり、撃ち殺したりする。❷魚をとる。❸さがしだしてつかまえる。

か・る ⓪【借る】他五 (ラ・ロ-リ・ッ-ル-ル-レ-レ) 〔関西で多く使う〕借りる。⇩借りる［参考］。

か・る ⓪【駆る】【×駈る】他五 (ラ・ロ-リ・ッ-ル-ル-レ-レ) ❶走らせる。「馬を駆って野にあそぶ」❷追いたてる。「焦燥(しょうそう)に駆られる」❸むりにやらせる。しいてさせる。「部下を駆って働かせる」

がる 接尾〔形容詞の語幹について五段活用動詞をつくる〕…と思っているようすを示す。ふりをする。「暑─」「強─」［参考］「得意がる」「めんどうがる」のように、一部の形容動詞語幹につくこともある。

かる・い ⓪［ル］【軽い】形 (カロ-カッ・ク-イ-イ-ケレ-○) ❶目方が少ない。「─荷物」↕重い・重たい。❷動きが軽快だ。「身のこなしが─」↕重い・重たい。❸慎重さがない。軽率である。「口の─人」「しりの─人」↕重い・重たい。❹疲れ・悩みなどがなく、軽快に感じられる。「からだが─」「気が軽くなる」↕重い・重たい。❺程度がはなはだしくない。↕重い。㋐ひどくない。「─けがですんだ」「処罰は軽かった」㋑重要でない。「責任は─」「軽くあしらわれた」㋒あっさりしている。「─食事」❻らくだ。容易だ。「軽く優勝した」❼手軽だ。簡単だ。「─打ち合わせ」❽動作が小さい。「軽く会釈する」❾くみしやすい。手ごわくない。「─相手」**軽げ** 形動 **軽さ** 名 **かる・し** 文語ク

かる-いし ⓪【軽石】名 溶岩が急にひえてできた、小さな穴の多い石。かるくて水にうく。あかすりなどに用いる。うきいし。

かる-がも ⓪【軽×鴨】名 カモ科の水鳥。黒褐色で、くちばしの先が黄色い。渡り鳥ではないが、北日本にすむものは南に移動する。

かる-かや ［ル］【刈×萱】名 イネ科の多年生植物。秋、ふさの形の花穂が出る。ひげ根で、たわしなどをつくる。［秋］

かる-が-ゆえ-に【かるが故に】(─ゆゑ─) 連語〔文章語〕こうしたわけで。それゆえ。だからして。「─警告を発した」

かる-がる ［ガ］【軽軽】(と)副 いかにも軽そうなようす。「─持ちあげる」

かるがる・し-い ［シ］【軽軽しい】形 (カロ-カッ・ク-イ-イ-ケレ-○) かるはずみである。けいそつだ。「─ふるまい」↕おもおもしい。**軽軽しさ** 名 **かるがる・し** 文語シク

カルキ ［カ］〈オkalk〉名 ❶石灰。❷「クロールカルキ(さらし粉)」の略。

かる-くち ⓪【軽口】名 ❶軽妙な話しぶり。こっけいな話し方。「─をたたく」❷じぐち。しゃれ。❸かるはずみにべらべらとしゃべること。また、その人。くちがる。**─話**(ばなし) ［ハ］名 笑い話や落とし話など、こっけいでおもしろい話。

かる-こ ⓪【軽×籠】名 なわを編み、棒でかつぐようにした、石・土などをはこぶ道具。もっこ。

カルサン ⓪〈ポcalção〉【軽×衫】名 はかまの一種。下部がももひきに似た形のもの。雪国で男女が用いた。

カルサン

カルシウム ［シ］〈オcalcium〉名 元素記号Ca原子番号20原子量40.078の金属元素。銀白色で軽くてやわらかい。

カルスト ⓪〈ドKarst〉名〔スロベニアのカルスト地方に見られる地形から〕石灰岩からできている土地が溶解・浸食されて、石灰洞(どう)などができる地形。山口県の秋吉台(あきよしだい)がその例。

ガルソン ［ソ］〈フgarçon〉名 ➡ギャルソン。

カルタ ［カ］【カルタ・かるた】【歌留多・▲骨×牌】〈ポcarta〉名 遊びやばくちなどに使う、長方形の厚紙などに絵や文字をかいたもの。歌ガルタ・いろはガルタ・花ガルタ・トランプなど。［新年］

カルタ-とり ⓪【カルタ取り・かるた取り】【歌留多取り】名 百人一首・いろはガルタなど、一人が読み札を読み上げ、ほかの人たちが取り札を取る遊び。

カルチベーター ［ベ］〈cultivator〉名 田畑をたがやす機械。耕作機。

カルチャー ［カ］〈culture〉＝カルチュア 名 教養。文化。「サブ─」**─ショック** ［シヨ］〈culture shock〉名 異なる文化に接したときに受ける精神的な衝撃。**─センター** ［セ］〈culture center〉名 ❶文化施設の集まっているところ。❷主に社会人を対象にして教養のための講義や講習をするところ。

カルテ ［カ］〈ドKarte〉名 診療記録カード。

カルテット ［カ］〈イquartette〉＝クア(クァ)ルテット 名 四部合唱。四部合奏。四重唱。四重奏。クォーテット。［参考］「クヮルテット」とも書く。

カルデラ ⓪〈スcaldera〉名〔釜(かま)の意〕火山の中央部が陥没してできた広大な火口。**─湖**(こ) ［コ］名 カルデラに水のたまったみずうみ。十和田(とわだ)湖など。

カルテル ［カ］〈ドKartell〉名 同一産業に属する企業がその生産物の価格を維持し、利益を増すためにむすぶ連合体。企業連合。

カルト ［カ］〈cult〉名 ❶宗教的崇拝。特に狂信的な崇拝。また、そのような傾向をもつ集団。❷特定の人々に熱狂的に支持されていること。「─映画」

かる-はずみ ［ハ］【軽はずみ】(─はづみ) 名 形動 考えもなく、調

子にのった言動をとること。けいそつ。「—を戒める」「—なことを言う」

カルパッチョ ㋫〈イ carpaccio〉名〔画家カルパッチョの名から〕イタリア料理の一つ。生の牛肉や魚介類を薄切りにして、オリーブ油や香辛料を加えた料理。

カルビ ㋕〈朝 garbi〉名〔朝鮮語で「あばら骨」の意〕牛や豚のばら肉を焼いた食べ物。

カルボナーラ ㋤〈イ carbonara〉名 スパゲッティにいためたベーコンや卵・生クリーム・チーズなどをあえて作ったソースをからめた料理。

かる-み ⓪【軽み】【軽味】名 ❶軽く感じること。↕重み。❷軽い度合い。❸蕉風俳諧(しょうふうはいかい)で、平淡卑近な趣。

かる-め ⓪【軽め】名 形動 ❶(比較して)目方の軽いこと。軽いようす。「こっちのほうが—だ」❷軽い気味。「夜食は—にすます」

カルメ-やき ⓪【カルメ焼き】名 ⬇カルメラ。

カルメラ ⓪〈ポ caramelo〉名 赤ざとうを熱して重曹(じゅうそう)を加え、ふくらませてかためた菓子。カルメ焼き。

カルモチン ㋲〈Calmotin〉名〔商標名〕鎮静・催眠剤の一つ。

かる-やか ㋸【軽やか】形動 ダロ・ダッ・デ・ニ ダ・ナ・ナラ・○ ⬇かろやか。

かる-やき ⓪【軽焼(き)】名 もちごめの粉に砂糖を加え、いったんむしてからふくれるように焼いたせんべい。かるやきせんべい。

かる-わざ ⓪【軽業】名 ❶身がるにうごいて危険な曲芸を演ずること。❷危険をともなう事業や計画。**—師**(し) ㋞ 名 かるわざを演ずる芸人。

かれ ㋕【彼】㊀代 ❶話し手・相手以外の男性をさす語。↕彼女。参考 江戸時代までは、男性から女性をさす用法もあった。また、「彼」「彼女」は、ふつう、目上の者については使わない。❷古語 遠くにある人や事物をさす語。あれ。㊁名 恋人である男性。彼氏。↕彼女。

がれ【枯れ】造〔「かれ」の変化〕❶枯れること。「霜—」「冬—」❷とぼしくなること。「資金—」

がれ ㋹ 名 山の斜面がくずれて、岩石などがころがっている所。がれ場。

かれい ㋕【×鰈】(かれひ) 名 カレイ科の海水魚の総称。からだは偏平で、目は二つとも右がわにある。沿岸の砂泥(さでい)地に、黒かっ色の、目のある側を上にしている。種類が多い。食用。

かれ-い【×餉】(かれひ) 名 古語〔「かれいひ(乾飯)」の変化〕炊いた飯を乾燥させたもの。昔の携帯食糧。ほしいい。

か-れい ⓪【加齢】名 としをとること。年齢が高くなること。**—臭**(しゅう) ㋹ 名 加齢とともに増加する中高年特有の体臭。皮脂に含まれる物質が原因とされる。

か-れい ⓪【家令】名 ❶もと、皇族・華族の家で家事を管理した人。❷平安時代、親王・内親王・公卿(くぎょう)などの家の事務をとった職の名。

か-れい ⓪【×嘉例】名 文章語 めでたい先例。吉例(きちれい)。

か-れい ⓪【華麗】形動 ダロ・ダッ・デ・ニ ダ・ナ・ナラ・○ はなやかで美しいようす。「—な装飾」

かれ-いい【▲乾▲飯】(かれいひ) 名 古語 ⬇かれい(餉)。

かれ-いろ ⓪【枯(れ)色】名 草や木の枯れた色。枯れ葉色。冬

カレー ⓪〈curry〉名 多くの香辛料を混ぜて使い、辛味・かおりの強い淡黄色の汁に仕上げて煮込む料理の総称。また、その材料となる香辛料。インドが発祥とされるが、イギリス、タイ、ベトナム、日本など、世界各地で異なる風味に発達している。**—粉**(こ) ⓪ 名 カレーのもととなる粉。とうがらし・こしょう・クミン・シナモン・ナツメグなど、多くの香辛料に黄色のスパイス(うこん)を加えて粉末にしたもの。**—パン** ㋹ 名〔curry と ポ pão の和製洋語〕カレーで味付けをした具材を中に詰めて、揚げたり焼いたりしたパン。**—ライス** ㋶〈curried rice〉名 肉・野菜などを油でいためて煮こみ、カレー粉で味つけして、飯といっしょに食べる料理。ライスカレー。

ガレージ ㋹〈garage〉名 自動車の車庫。**—セール** ㋝〈garage sale〉名〔アメリカで車庫を使って始めたことから〕家庭で不要になったものや中古品を持ち寄って売買すること。

かれ-おばな ㋔【枯(れ)尾花】(をばな) 名 枯れたすすきの穂。冬

かれ-がれ ⓪ 形動(の) ダロ・ダッ・デ・ニ ダ・ナ・ナラ・○ ❶【×涸れ×涸れ】水などのかれそうなようす。「井戸水が—だ」❷【×嗄れ×嗄れ】声のしわがれるようす。「—の声」

かれ-がれ ⓪【枯れ枯れ】形動(の) ダロ・ダッ・デ・ニ ダ・ナ・ナラ・○ 草木が枯れようとしているようす。「—の森のこずえ」

かれ-き ⓪【枯(れ)木】名 ❶枯れた木。❷秋・冬に葉のおちた木。冬 **—に花**(はな) おとろえたものが再び勢いをもりかえすたとえ。**—も山**(やま)**の×賑**(にぎ)**わい** つまらないものでもあるほうがましであることのたとえ。

が-れき ⓪【瓦×礫】名 ❶かわらと小石。崩壊した建物などの破片。❷つまらぬもの。値うちのないもの。

かれ-これ ㋕【かれこれ】【彼×此】㊀代 あれとこれ。「—比較する」㊁副 ❶自サ なにやかや。「—するうちに…」❷おおよそ。やがて。「—八年になる」

かれ-さんすい ㋚【枯(れ)山水】名 水を使わずに石や白砂の配置によって、山や水流の感じをあらわした庭。かれせんすい。

かれ-し ㋕【彼氏】俗語 ↕彼女。㊀代 あの人。かれ。㊁名 恋人である男性。「—ができた」

かれ-せんすい ㋝【枯れ▲山水】名 ⬇かれさんすい。

か-れつ ⓪【苛烈】名 形動 きびしくはげしいこと。

カレッジ ㋕〈college〉名 ↕ユニバーシティー。❶単科大学。❷専門学校。

ガレット ㋕〈フ galette〉名 ❶丸く平たいフランスの焼き菓子。❷そば粉を使ったクレープ。ハムやチーズ・卵などをくるんで食べる。フランスのブルターニュ地方の料理。

かれ-の ⓪【枯(れ)野】名 ❶草木の枯れた野原。冬 ❷古語 襲(かさね)の色目で、表が黄、裏がうす青のもの。冬に用いた。

かれ-は ⓪【枯(れ)葉】名 草や木の、水けがなくなり色の変わった葉。冬

かれ-ば・む ㋫【枯ればむ】自五 マ・モ・ミ・ン ム・ム・メ・メ 枯れかかる。枯れはじめる。「草木が—」

かれ-ら ㋕【彼ら】【彼▲等】代 あの人たち。「彼」の複数形。

か・れる ⓪【枯れる】自下一 レ・レ・レル・レル レ・レ・レロ・レヨ ❶草木が死ぬ。冬 ❷材木が乾いて水分が抜ける。「枯れた材がほしい」❸円熟して深みがでる。「枯れた芸」**か・る** 文語下二

か・れる ⓪【×涸れる】自下一 レ・レ・レル・レル レ・レ・レロ・レヨ 水がかわいてなくなる。かわく。「井戸が—」**か・る** 文語下二

か・れる ⓪【×嗄れる】自下一 レ・レ・レル・レル レ・レ・レロ・レヨ 声がかすれて出なくなる。しゃがれる。「声が—」**か・る** 文語下二

か-れん ⓪【苛×斂】名 文章語 税などを、きびしくとりたてること。**—×誅求**(ちゅうきゅう) ⓪/㋕ 名 文章語 税金や財宝をきびしくとりたてること。むごい取り立て。

か-れん ⓪【可×憐】形動 ダロ・ダッ・デ・ニ ダ・ナ・ナラ・○ いじらしく、かわいらしいようす。愛らしいこと。「—な少女」**かれんさ** 名

カレンズ カ〈currants〉名 たねのない、小粒のほしぶどう。

カレンダー レ〈calendar〉名 ❶こよみ。❷年中行事表。

カレント〈current〉造〔「流れ」「時流」の意味〕現代・現在に関すること。**―トピックス** ト²〈current topics〉名 時事問題。きょうの話題。

か-ろう ◎【家老】名 江戸時代の藩政をおこなった重臣。

か-ろう ◎【過労】名 過度の疲労。つかれすぎ。**―死** し◎ 名 労働者がきびしい勤務条件のもとで、仕事のしすぎのために急死すること。

が-ろう ◎【画廊】名 絵画を陳列する所。ギャラリー。

かろうじて ◎【かろうじて・辛うじて】からう 副 やっとのことで。ようやく。「―山小屋にたどりついた」

かろ-がろ ガ【軽軽】(と)副〔文章語〕⬇かるがる。

かろがろし・い【軽軽しい】㊀ シ 形 カロ-カッ-ク-イ-イ-ケレ-○〔文章語〕かるがるしい。**軽軽しさ** 名 **かろがろ・し** 文語シク ㊁ 形シク〔古語〕身分が低い。卑しい。「などてか(ドウシテ)かろがろしき人の家の飾りとはせむ」〈源氏〉

かろ・し【軽し】形ク〔古語〕❶かるい。❷身分や価値が低い。「(桐壺ノ更衣ハ)おのづからかろき方にも見えし」〈源氏〉❸軽々しい。軽はずみだ。「それはいとあるまじくかろきことぞかし」〈源氏〉

かろし・める ⊠【軽しめる】他下一 メ-メ-メル-メレ-メロ・メヨ〔文章語〕みさげる。ばかにする。かろんじる。**かろし・む** 文語下二

ガロップ ガ〈galop〉名 ⬇ギャロップ。

カロテン カ〈carotene〉名 にんじん・とうがらし・カボチャなどにある、黄赤色の色素。体内でビタミンAに変わる。カロチン。

かろ-とうせん カ【夏炉冬扇】名〔夏の火ばちと冬のおうぎ〕その時期にあわない無用のものごとのたとえ。

かろ-やか ◎【軽やか】形動 ダロ-ダッ-デ-ニ-ダ-ナ-ナラ-○ かるいようす。軽快。かるやか。「―な足どり」**軽やかさ** 名

かろ-らか【軽らか】なり形動〔古語〕❶かるいようす。「(車ニ)かろらかにうち乗せたまへれば」〈源氏〉❷簡単なようす。「かろらかにえしもまぎれたまふまじきを」〈源氏〉❸軽々しいようす。「ゆくりもなく(思イガケナク)かろらかにはひわたりたまへり」〈源氏〉❹身分のかるいようす。「かろらかなる御身ならねば」〈源氏〉

カロリー カ〈calorie〉名 ❶熱量の単位。一カロリーは水一グラムをセ氏一度あたためるに必要な熱量。国際単位系ではジュールで示す。一カロリーは四・一八五五ジュール。記号は「cal」。❷食物が完全に消化されたときに出る熱量。栄養学ではふつう一〇〇〇(一キロ)カロリーを一カロリーとする。大カロリー。記号は「Cal」。**―源** げん リ 名 活動のみなもとになる熱を発生するもの。食料や燃料。**―メーター** メ〈calorimeter〉名 熱量計。

か-ろん ◎【歌論】名 和歌に関する理論や評論。

が-ろん ガ【画論】名 絵の制作法・批評・鑑賞についての論。

ガロン ガ〈gallon〉名 ヤードポンド法の液体容積の単位。一ガロンは、アメリカでは三・七八五リットル、イギリスでは四・五四六リットル。日本では前者を用いる。記号は「gal」。

かろん・ずる ⊠【軽んずる】他サ ジ-ゼ-ジ-ズル-ズレ-ジロ・ゼヨ ❶たいせつに思わない。「勉強を―」❷あなどる。見さげる。「相手を―」↕重んずる。参考「忠告を軽んじる」のように、上一段活用としても用いる。**かろん・ず** 文語サ変

かわ ワ かは 名 ㊀【皮】❶動物や植物の外がわをおおい包んでいるもの。❷一般に物の表面をおおい包むもの。「まんじゅうの―」❸毛皮。㊁【革】動物の皮をなめしたもの。

かわ ワ【川・河】かは 名 地表の水が、陸地のくぼんだ所を流れくだる水路。河川かせん。

かわ カ【側】かは 名 ⬇がわ。

か-わ カ【佳話】名〔文章語〕よいはなし。

か-わ カ【歌話】名〔文章語〕和歌に関する話。

がわ【側】がは ㊀ ワ 名 ❶かたわら。「―から口をきく」❷まわり。とりかこんでいるもの。「〇〇の―」❸方面。立場。「相手の―に立つ」㊁ 造 対になっているもののいっぽうの方向。「左側」「北側」参考 東京方言では「ひだりっかわ」のように言うこともある。‖かわ。

かわ-あかり ア【川明(か)り】かは 名 日が暮れたあと、川の水面の明るく見えること。

かわ-あそび ア【川遊び】かは 名 川に舟をうかべたり魚をとったりしてあそぶこと。夏

かわい・い イ【かわいい】【可▲愛い】かはいい 形 カロ-カッ-ク-イ-イ-ケレ-○ ❶愛して大事に思うようす。「孫は―」参考「かわいらしい」におきかえられない。❷小さいもの、幼いものが、保護してやりたくなるような気持ちを起こさせるようす。かわいらしい。㋐思わず愛したくなるようす。「―子猫」㋑小さくて愛らしい。「―靴」㋒子どもっぽくてほほえましい。「やることが―」**かわいげ** 形動 **かわいさ** 名 **かはゆ・し** 文語ク **―子こには旅たびをさせよ** かわいい子どもは、親の手もとにおいて甘やかすよりも、他人の中で苦労させよ。そのほうが、しっかりした人間になる。

かわいが・る ガ【かわいがる】【可▲愛がる】かはい 他五 ラ-ロ-リ-ッ-ル-ル-レ-レ かわいく思って、いろいろと世話をする。

かわい-すいめい《河井酔茗》一八七四-一九六五。詩人。本名は又平。詩集「無弦弓むげんきゅう」「塔影」など。

かわい-そう ソ【かわいそう】【可哀相】かはい 形動 ダロ-ダッ-デ-ニ-ダ-ナ-ナラ-○〔「可哀相」は当て字〕あわれげで、同情をさそうようす。気の毒なようす。ふびん。「―な身の上」

かわいらし・い シ【かわいらしい】【可▲愛らしい】かはい 形 カロ-カッ-ク-イ-イ-ケレ-○ 子どもらしさなどで、人をほほえませるような状態だ。愛らしい。いかにもかわいい。「―子犬」**かわいらしげ** 形動 **かわいらしさ** 名 **かはいら・し** 文語シク

かわ-うそ ◎【×獺・川×獺】かは 名 イタチ科の哺乳ほにゅう類。水辺にすむ。からだはいたちに似ているが四肢しはみじかく、みずかきがあってよく泳ぐ。かえる・魚などをとってくう。特別天然記念物。かわおそ。

かわ-お ◎【革緒】かはを 名 皮革製のひも。

かわ-おそ ◎【×獺・川×獺】かはをそ 名 ⬇かわうそ。

かわ-おび ◎【革帯】かは 名 革のバンド。ベルト。

かわか・す カ²【乾かす】他五 サ-ソ-シ-ス-ス-セ-セ 日光や火にあてて水分をとる。干す。**乾かせる** 自下一〔…できる〕

かわ-かぜ ワ【川風】かは 名 ❶川の上を吹きわたる風。❷川の方から吹いてくる風。

かわ-かみ ◎【川上】かは 名 川のみなもとのほう。上流。↕川下かわしも。

かわかみ-はじめ《河上肇》一八七九-一九四六。経済学者。マルクス主義経済学の啓蒙けいもうにつとめる。「貧乏物語」「資本論入門」「自叙伝」など。

かわ-がり ◎【川狩(り)】かは 名 川で魚などをとること。川漁かわりょう。夏

かわき キ 名 ㊀【乾き】水分がなくなること。㊁【渇き】❶のどがかわくこと。「―をいやす」❷病後のはげしい食欲。

かわ-ぎし ◎【川岸】かは 名 川の両側の土地。

かわき-もの ◎【乾き物】名 酒のつまみにする、豆類・するめなどの乾いた食品の総称。

かわ-きり ◎【皮切(り)】かは 名 ❶はじめに一つすえる灸きゅう。❷物ごとのしはじめ。手始め。「―にぼくがうたおう」

かわ・く [ワ] [自五] ㊀【乾く】熱のため水分がなくなる。「地面が━」 ❷うるおいとなるものを強くほしがる。「文学に━」 ㊁【渇く】❶水分がほしくなる。「のどが━」

かわ-ぐ [ワ]【革具】━[名] 皮革製の道具。

かわ-くだり [ク]【川下り】━[名] ❶舟で景色を楽しみながら上流から下流へ行くこと。❷木材をいかだに組んで上流から下流へ運ぶこと。

かわ-ぐち [0]【川口・河口】━[名] 川の流れが海・湖などにそそぎこむ所。川じり。河口。

かわ-ぐつ [0]【革靴】━[名] 皮革でつくったくつ。

かわ-ご [0]【皮▲籠】━[名] 皮ではったかご。のちには、紙ではったものや竹であんだものをいう。

かわ-ごし [0]【川越し】━[名] ❶川を徒歩でわたること。❷川をへだてること。「━に呼びかける」 ❸かわごしにんそく。 **━人足** [三] [名] 昔、人をせおって川をわたすことを職業とした人。

かわ-ごろも [ゴ]【皮衣】━[名] 毛皮の衣服。

かわさき-ひろし《川崎洋》一九三〇―二〇〇四。詩人。茨木のり子らと「櫂」を創刊。詩集「はくちょう」「ビスケットの空カン」など。

かわ-ざんよう [ザ]【皮算用】━[名] 〔「とらぬたぬきの皮算用」の略〕前もって、手にはいることをあてにすること。

かわ-しも [0]【川下】━[名] 川口に近いほう。下流。↕川上。

かわ-ジャン [0]【革ジャン】━[名] 皮革製のジャンパー。

かわ-じり [0]【川尻】━[名] 川口。

かわじ-りゅうこう《川路柳虹》一八八八―一九五九。詩人・美術評論家。本名は誠。日本で最初の口語自由詩を発表。詩集「かなたの空」「曙の声」など。

かわ・す [0]【交(わ)す】[他五] ❶やりとりする。交換する。「あいさつを━」 ❷たがいにまじりあわせる。「枝を━」 **交わせる** [自下一]〔…できる〕

かわ・す [0]【×躱す】[他五] ❶からだの向きを変えてよける。「身をかわして自動車をよける」 ❷さけてのがれる。「するどい質問を━」 ❸競走で、前の走者を抜く。 **かわせる** [自下一]〔…できる〕

かわず [0]【×蛙】━[名] ❶かえる。[春] ❷〔古語〕かじか。

かわ-すじ [0]【川筋】━[名] ❶川の流れの道すじ。川路。❷川にそった道すじ。「━の村」

かわ-せ [0]【川瀬】━[名] 川の流れの、浅くて早い所。「━の音」

かわせ [0]【為替】━[名] 現金のかわりに手形・証書で送金する方法。また、その手形や証書。郵便為替、銀行為替など。

かわ-せがき [セ]【川施餓鬼】━[名] 水死した人の冥福をいのるため、川岸や船の中でする仏教の法会。[秋]

かわせ-かんり [カ]【為替管理】━[名] 国際収支のバランスをとるため、政府が外国かわせの自由な取り引きを禁止したり、制限したりすること。

かわせ-そうば [ソ]【為替相場】━[名] ある国の通貨と外国の通貨との交換の割合。かわせレート。

かわせ-てがた [テ]【為替手形】━[名] ある人への金銭の支払いを第三者に委託するむねを記載した有価証券。

かわ-せみ [0]【×翡×翠・川×蟬】━[名] カワセミ科の鳥。からだはるり色で美しく、くちばしは大きく尾はみじかい。水辺にすみ、水中の魚をたくみにとらえる。[夏]

かわせ-レート [レ]【為替レート】━[名] かわせそうば。

かわ-たけ [0]【川竹・河竹】━[名] ❶川べりに生える竹。❷まだけ。❸遊女の身の上。「うき━」

かわたけ-もくあみ《河竹黙阿弥》一八一六―一八九三。江戸時代末期から明治初期の歌舞伎狂言作者。江戸歌舞伎の大成者で、世話物のほか、明治期の散切物・活歴物に作品を残した。「三人吉三廓初買」「青砥稿花紅彩画」「島鵆月白浪」など。

かわ-だち [0]【川立ち】━[名] 川辺で生まれ、水になじんで育った人。 **━は川で果てる** 〔川に慣れた人が川で死ぬことが多いという意から〕得意なことがかえって命取りになるということ。

かわたれ-どき【▲彼は▲誰時】━[名]〔古語〕〔「彼はだれだろうと、はっきり見分けがつかないころ」の意〕朝夕のうすぐらいとき。多く、夜明けにいう。↕たそがれどき。

かわ-たろう [ワ]【川太郎・河太郎】━[名] かっぱ。

かわち《河内》 昔の畿内の国の一つ。今の大阪府の南東部。河州。

かわ-づくり [ヅ]【皮作り】━[名] 皮のついたままつくったさしみ。

かわ-づら [0]【川面】━[名] 川の表面。かわも。

かわ-ど [0]【革×砥】━[名] かみそりなどをとぐのに使うかわ。

かわ-どこ [0]【川床】━[名] 川の水の流れる底面。河床。

かわ-どめ [0]【川止(め)】━[名] 江戸時代、出水のため、川をわたるのをさしとめたこと。[夏]

かわ-ながれ [ナ]【川流れ】━[名] ❶川水に流されること。また、その人。「かっぱの━」 ❷川におぼれて死ぬこと。

かわ-のじ [ノ]【川の字】━[名] 夫婦が子を中にして「川」の字の形に並んで寝ること。「━に寝る」

かわ-はぎ [0]【皮剝】━[名] 〔皮をはいで食うから〕カワハギ科の近海魚。皮がかたい。美味。[夏]

かわ-ばた [0]【川端】━[名] 川のほとり。川べり。川ぶち。

かわばた-やすなり《川端康成》一八九九―一九七二。小説家。横光利一らと新感覚派運動を推進した。一九六八年、ノーベル文学賞を受賞。「伊豆の踊り子」「雪国」「山の音」など。

かわひがし-へきごとう《河東碧梧桐》一八七三―一九三七。俳人。本名は秉五郎。新傾向俳句運動の中心者として、無季、自由律俳句を作った。「三千里」など。

かわ-ひとえ [ト]【皮一重】━[名] ほんの少しの差。紙一重。

かわ-びらき [ビ]【川開き】━[名] 川の納涼はじめをいわうこと。また、その行事。花火を打ち上げたりなどする。[夏]

かわ-ぶね [0]【川舟・川船】━[名] 川をのぼりくだりする、底の浅い舟。

かわ-べ [0]【川辺】━[名] 川のほとり。川ばた。川ぶち。

かわ-ほね [0]【河骨】━[名] ⬇こうほね。

かわ-ほり【×蝙×蝠】━[名]〔古語〕❶こうもり。[夏] ❷おうぎの一種。

かわ-むかい [ム]【川向(か)い】━[名] 川をへだてた、向こう岸。対岸。かわむこう。「━の村」

かわ-むこう [ム]【川向(こ)う】━[名] かわむかい。

かわ-も [0]【川▲面】━[名]〔文章語〕川の表面。「━を渡る風」

かわ-や [0]【×厠】━[名] 便所。[参考] 昔、川の上にかけ渡してつくったことから「川屋」といったとされる。

かわ-やなぎ [ヤ]【川柳】━[名] ❶川べの柳。❷ヤナギ科の落葉低木。水辺にはえる。早春、黄白色の小さな穂のような花が咲く。楊柳。水楊。ねこやなぎ。[春]

かわゆ・し [形ク]〔古語〕❶はずかしい。「いたく思ふままのこと(アマリニ自分ノ思ッテイルママノコトデハ)、かはゆくもおぼえて」〈右京大夫集〉 ❷きのどくだ。「年老い、袈裟かけたる法師の…よろめきたる、かはゆし」〈徒然〉 ❸(室町時代以降)かわいらしい。愛らしい。

かわ-よど⓪【川よど】【川×淀】(かは) 名 川の流れのよどんでいる所。「―に浮かぶ花びら」

かわら⓪【瓦】(かはら) 名 粘土やセメントなどを固めて焼き、屋根をふくもの。

かわら⓪【河原・川原】(かはら) 名 川の流れに沿った、水がなくて砂や小石の多い所。

かわら-け⓪【×土×器】(かはら) 名 ❶すやきの陶器。❷すやきのさかずき。

かわら-こじき[コ]【河原×乞食】(かはら) 名 昔、歌舞伎(かぶき)役者をみさげていった語。かわらもの。参考 江戸時代初期、歌舞伎を京都の四条河原で上演したことから。

かわら-せんべい[セ]【瓦煎餅】(かはら) 名 屋根がわらの形につくったせんべい。

かわら-ばん⓪【瓦版】(かはら) 名 木版のかわりにかためた粘土に、文章や絵をほって印刷したもの。江戸時代に、新聞の号外のようなものとして売られた。

かわら-もの⓪【河原者】(かはら) 名 ❶昔、河原に住んで雑役・遊芸などに従った人。❷かわらこじき。

かわり⓪【変(わ)り】(かはり) 名 ㊀【変(わ)り】❶変わること。変化。「病状に―はない」❷普通とちがうこと。異常。「外国でも人情に―はない」㊁【代(わ)り・替(わ)り】❶かわりをつとめる人。代理。「上司の―に出席する」❷ある行為に相当する別の行為。つぐない。「日曜日出勤する―に月曜は休む」❸「お」をつけて)続けて同じ飲食物をもう一杯求める場合のその一杯。また、その行為。「三杯もお―する」

かわり-あ・う[ア]【代(わ)り合う】(かはりあふ) 自五 (ワ・オ・イ・ッ・ウ・ウ・エ・エ) 順番に代わる。交代する。

かわり-がわり[ガ]【代(わ)り代(わ)り】(かはりがはり) 副 ⬇かわるがわる。

かわり-ごはん[ゴ]【変(わ)り御飯】(かはり) 名 米・麦のほかに、いろいろな食品をまぜてたいためし。

かわり-だね⓪【変(わ)り種】(かはり) 名 ふつうとはちがった種類・物・人。変種。

かわり-ばえ⓪【代(わ)り映え】(かはり) 名 他のものとかわったため、前よりよくなること。「―のしない顔ぶれ」

かわり-は・てる[テ]【変(わ)り果てる】(かはり) 自下一 (テ・テ・テル・テル・テレ・テロ・テヨ) ❶ようすが前とすっかり変わってしまう。「変わり果てた身の上」❷生きていたときとすっかり違ってしまう。死ぬことの意。**かはりは・つ** 文語下二

かわり-ばんこ[バ]【代(わ)りばんこ】(かはり) 名 たがいに代わりあってすること。交互。

かわり-びな[ビ]【変(わ)りびな】【変り×雛】(かはり) 名 時の話題や風俗などを取り込んで作ったひな人形。春

かわり-み⓪【変(わ)り身】(かはり) 名 ❶瞬間に身体の位置を変えること。❷変化に応じて考え・方針をすぐに変えること。「―が早い」

かわり-め⓪【変(わ)り目】(かはり) 名 移り変わるとき。「季節の―」

かわり-もの⓪【変(わ)り者】(かはり) 名 言動・性質などが、ふつうとちがっている人。変人。

かわ-りょう[ワ]【川漁・川猟】(かは) 名 かわがり。夏

かわ・る⓪【変(わ)る】(かはる) 自五 (ラ・ロ・リ・ッ・ル・ル・レ・レ) ㊀【変(わ)る】❶これまでと違った状態になる。変化する。「顔色が―」「髪形が―」「人柄が―」❷(「変わった」「変わっている」の形で)性格が普通とことなる。「変わった人だ」「変わっている」㊁【替(わ)る・代(わ)る】これまでの物・人などが別のものになる。「電話機がコードレスに―」「財務大臣が―」㊂【換(わ)る・替(わ)る】二つの物の位置・関係などが反対になる。「昼の演目と夜の演目が―」参考 ㊁の意味で、「社長に代わってあいさつをする」のように、人間が一時的に代理をつとめるような場合は「代わる」と書く。

かわる-がわる[ガ]【代(わ)る代(わ)る】(かはるがはる) 副 ❶かわりあって順番に。交代に。「―やってみる」❷いろいろなことがつぎつぎにおこるようす。「―難問がおこる」

かん【干】造 ❶かわく。「干拓・干潮・干魃(かんばつ)」❷かかわる。関係する。「干渉・干与」❸いくつか。すこし。「若干」❹えと。五行(ごぎょう)を陰と陽にわけたもの。「干支(かんし・えと)・十干(じっかん)」❺おかす。「干犯(かんぱん)」❻ほこ。「干戈(かんか)」

かん【甘】造 ❶あまい。うまい。「甘藷(かんしょ)・甘美・甘味」❷あまんずる。「甘受・甘心」

かん【汗】造 ❶あせ。「汗顔・発汗・流汗・冷汗」❷モンゴルの王の尊称。「成吉思汗(ジンギスカン)」

かん【×旱】造 ひでり。「旱天・旱魃(かんばつ)」

かん【×函】造 はこ。「潜函工法・投函」

かん【×姦】造 みだら。正しくない。道にはずれている。「姦淫(かんいん)・姦通・姦夫・強姦(ごうかん)」**姦する** 自サ

かん【×柑】造 みかん。きんかん。「柑橘(かんきつ)類・金柑・蜜柑(みかん)」

かん【看】造 ❶みる。「看過・看破・看板」❷みとる。みまもる。「看護・看病」

かん【×悍】造 あらあらしい。おそろしい。「悍馬・精悍・剽悍(ひょうかん)」

かん【×浣】造 ❶あらう。すすぐ。「浣腸」❷十日間。「上浣・中浣」

かん【×莞】造 にっこりする。「莞爾(かんじ)」

かん【陥】造 ❶おちいる。おちこむ。「陥没」❷おとしいれる。落とし穴。「陥穽(かんせい)」❸攻め落とす。「陥落」❹たりない。「欠陥・失陥」

かん【乾】造 かわく。かわかす。「乾燥・乾杯・乾物」別音けん|乾

かん【患】造 ❶うれえる。くるしむ。「患禍・患苦・患難・内患・内憂外患」❷わずらう。病気。「患者・患部・急患・疾患」

かん【×涵】造 ひたす。うるおう。「涵養」

かん【喚】造 ❶さけぶ。わめく。「喚呼・喚声・叫喚」❷よぶ。まねきよせる。「喚問・召喚」

かん【堪】造 ❶たえる。こらえる。「堪忍」❷すぐれている。たくみである。「堪能(かんのう・たんのう)・不堪」

かん【×嵌】造 はめる。はまる。「嵌入・象嵌(ぞうがん)」

かん【換】造 とりかえる。いれかわる。「換気・換算・交換・転換・変換」

かん【敢】造 あえて。おしきってする。思いきってする。「敢行・敢然・果敢・勇敢」

かん【勧】造 すすめる。ことばで力づける。「勧業・勧告・勧奨・勧誘」

かん【幹】造 ❶みき。「根幹」❷中心となるもの。「幹事・幹線・幹部・基幹・主幹」❸能力。「才幹」

かん【慣】造 ❶なれる。ならす。「慣性・慣用」❷ならわし。きまってすること。「慣行・慣習・慣例・旧慣・習慣」

かん【関】造 ❶せき。出入りするところ。要所。「関税・関門・玄関・税関・通関」❷だいじなところ。「関節・機関・難関」❸かかわる。つながりをもつ。「関係・関心・関連・相関・連関」**関する** 自サ

かん【監】造 ❶みはる。とりしまる。「監査・監視・監事・監督」❷さしずをし、全体をまとめる人。「学監・舎監・総監・統監」❸ろうや。「監獄・監房・収監・未決監」

かん【緩】造 ゆっくり。ゆるむ。「緩解・緩慢・弛緩(しかん)」

かん【憾】造 うらむ。心のこりに思う。「遺憾」

かん【×翰】造 文章。てがみ。「翰林・書翰」

かん【×諫】[造] いさめる。あやまちを正す。「諫言・諫死・忠諫・諷諫」

かん【還】[造] かえる。かえす。もとにもどる。「還元・還付・還暦・帰還・生還・奪還」

かん【館】[造] ❶大きな建物。「会館・本館・洋館・旅館・映画館・迎賓館」❷公共の施設。「館員・館長・大使館・美術館・図書館」

かん【×瞰】[造] 見る。見おろす。「瞰下・俯瞰・鳥瞰図」

かん【×艱】[造] なやむ。くるしむ。「艱苦・艱難」

かん【×檻】[造] ❶おり。かこい。「檻車・収檻」❷てすり。「折檻」

かん【×羹】[造] あつもの。吸い物。「羊羹」

かん【×灌】[造] ❶そそぐ。水を流す。「灌漑・灌仏・湯灌」❷むらがりはえる。「灌木」

かん【鑑】[造] ❶かがみ。てほん。もはん。「亀鑑」❷同類のものを集めて分類した本。「図鑑・年鑑・名鑑」❸しるし。「鑑札・印鑑・門鑑」❹みきわめる。くらべて考える。「鑑識・鑑賞・鑑定・鑑別」

かん[カ]【刊】[名][造] 書物などを、印刷・出版すること。「昨年五月―」「刊行・刊本・月刊・新刊」

かん[0]【甲】[名][造] 日本音楽で、高い音。また、音の調子のあがること。「甲声・甲高い」↕乙。[別音 こう｜甲]

かん[カ]【×奸】[名][造] ❶悪がしこいこと。よこしまなこと。「―にたける」「奸計・奸臣」❷心のねじけた悪者。「君側の―」

かん[カ]【缶】[名][造] ❶ブリキ製などの容器。「空缶・汽缶・薬缶」❷かんづめ。「かに―」「缶切り」

かん【完】[一][カ][名] (文章・映画の末尾などにつける)おわり。完成。完了。↕未完。[二][造] ❶すべてそなわっている。欠けていない。「完全・完備・完璧」❷おわる。やりとげる。「完結・完遂・完成・完了」

かん【肝】[一][カ][名][造] きも。かんぞう。「肝胆・肝油・肝硬変」[二][造] ❶こころ。まごころ。「肝銘」❷たいせつなところ。「肝心・肝腎・肝要」

かん【官】[一][カ][名][造] 政府。おおやけ。役所。「―の命令」「官庁・官製・官吏」[二][造] ❶やくめ。公務。「官位・任官・免官」❷やくめを持った人。「教官・長官・検察官・調査官」❸人体で、各種のはたらきを受け持つそれぞれの部分。「官能・器官・五官」

かん【冠】[一][カ][名][造] かんむり。「冠位・王冠・栄冠・戴冠式・月桂冠」[二][カ][たる連体][造] 首位である。第一である。「世界に―たる工業技術」「冠絶」[三][造] ❶元服する。成人する。「冠婚葬祭・弱冠」❷かぶる。上にくる。「冠詞・冠水・冠雪」 **冠する** [自他サ]

かん【巻】[一][カ][名][造] 書物。「―をとじる」「巻頭・圧巻・開巻」[二][接尾] 巻物・書物・フィルムなどをかぞえる語。「全五―の本」[別音 けん｜巻]

かん【勘】[一][0][名][造] 直感で物ごとを判断すること。さとり。第六感。「―がいい」「勘違い・勘所・山勘」[二][造] ❶かんがえる。しらべあわせる。「勘案・勘合・勘定」❷とがめる。罪する。「勘気・勘当・勅勘」

かん【貫】[一][カ][名][造] ❶尺貫法の重さの単位。一貫は千匁。約三・七五キログラム。「貫目・尺貫法」❷昔の金銭の単位。一貫は千文。(九百六十文のこともあった)「五貫文」❸昔、武家の知行高の換算の単位。一貫は十石。「貫禄」[二][造] つらぬく。つきとおす。「貫通・貫徹・一貫・突貫」

かん【寒】[一][カ][名][造] 大寒と小寒。立春前の約三十日間。[冬]「―の入り」「寒菊・寒行・寒中・寒稽古」[二][造] ❶さむい。「寒気・寒暖・寒風・極寒」❷さびしい。まずしい。「寒村」 **―が明ける** 寒の時期がおわる。二月二、三日ごろ。[春] **―に入る** 寒の時期になる。一月六、七日ごろ。[冬] **―の明け** 寒が明けること。また、その日。[春] **―の入り** 寒にはいること。また、その日。[冬] **―の戻り** 春になって一時的に寒さがぶりかえすこと。[春]

かん[カ]【棺】[名][造] 死体をおさめるはこ。ひつぎ。「棺桶・出棺・石棺・納棺」 **―を覆って事定まる** 人間の値うちは死後になってはじめてはっきりする。生前の名声などはあてにならないものだ。

かん【款】[一][カ][名][造] ❶したしくする。仲よくする。「敵方に―を通ずる」「款待・交款」❷きざんだ文字。刻印。「落款」❸法律文・予算書等の条目。箇条書。「款項目・借款・定款・約款」[二][接尾] 予算・決算上の区分を示す語で、部の下、項の上。「第一―第二項」

かん【間】[一][カ][名][造] ❶あいだ。「その―の事情」「指呼の―」「間隙・間一髪・期間・時間・数年間」❷[文章語] すきま。仲たがい。「―を生ずる」[二][造] ❶うかがう。さぐる。「間者・間諜」❷ひそかに。めだたない。「間道」❸ひま。「間暇」[三][接尾] ある時・場所・物と、ある時・場所・物とのあいだ。「東京・大阪―」[別音 けん｜間] **―髪を入れず** すこしの時間のゆとりもなく。即座に。「―答える」

かん【閑】[一][カ][名][造] ひま。仕事のないこと。「忙中の―」「閑職・有閑・農閑期」[二][造] ❶しずか。のどか。「閑居・閑寂・閑静」❷なおざり。おろそか。「閑却・等閑」❸むだ。「閑語・閑話」

かん【寛】[一][カ][名][造] ゆるやか。心がひろい。「あつかいが―に過ぎる」「寛恕・寛大・寛容」↕厳。[二][造] くつろぐ。ゆったりする。「寛衣・寛闊」

かん【感】[一][0][名][造] ❶気持ち。思い。考え。「今昔の―」「感慨・感想・所感・同感・責任感・満足感・臨場感」❷心や体に深くひびく。「感動・感心・感服・語感・体感・敏感・重量感・不快感・スピード感」[二][造] 反応をおこす。「感光・感染・感度」 **感じる** [自他上一] **感ずる** [自他サ] **―極まる** 強く感動した気持ちをおさえられなくなる。「五十年ぶりの再会に―」

かん【管】[一][カ][名][造] ❶くだ。「―がつまる」「気管・血管・試験管・排水管」❷ふえ。管楽器。「管弦楽・木管楽器」[二][造] とりさばく。つかさどる。「管轄・管制・管理・移管・所管」[三][接尾] 笛などをかぞえる語。「しょう・ひちりき・横笛の三―」 **管する** [他サ]

かん[カ]【歓】[名][造] よろこび。「一夜の―をつくす」「歓喜・歓迎・歓声・歓談・哀歓・交歓」

かん[カ]【×緘】[名][造] 封じること。封じ目。封緘。手紙の封じ目に書く文字。「緘口・緘黙」⇩締め[参考] **緘する** [他サ]

かん【環】[一][カ][名][造] 円形の玉。わ。それに似た形のもの。「環礁・環状線・一環・金環食」[二][造] ❶かこむ。まわり。「環海・環境・環視」❷めぐる。「環流・循環」

かん[0]【×癇】[名][造] ❶はげしく怒ること。怒りやすい性質。「―の強い人」「癇癪・癇性」❷神経質。「―が高ぶる」 **―に触る** はらがたつ。

かん【観】[一][カ][名][造] ❶外見。ありさま。「別人の―がある」「外観・景観・壮観・美観」❷考え方。見方。「側面の―」「観点・観念・主観・楽観・人生観・世界観・先入観」[二][造] みる。ながめる。「観劇・観察・参観・傍観」 **観じる** [他上一] **観ずる** [他サ]

かん[カ]【艦】[名][造] 戦闘を目的とする船。軍艦。「艦船・艦隊・戦艦・護衛艦・巡洋艦・潜水艦」

かん [0]【×疳】[名] 子どもが神経質になる病気。子どものひきつけ。「—を起こす」 **—の虫** 子どもがかんをおこすもと考えられている虫。

かん【漢】㊀[カ][名] 中国古代の王朝の一つ。秦の次におこった。㊁[造] ❶中国。「漢語・漢字・漢文・漢民族・和漢」❷おとこ。「悪漢・好漢・熱血漢・門外漢」❸天の河。「銀漢・天漢」

かん【韓】㊀[カ][名] ❶古代、朝鮮半島南部にあった部族国家。馬韓・辰韓・弁韓の総称。❷一九世紀末から二〇世紀初頭にかけて李朝が用いた国号。㊁[造]「大韓民国」の略。「韓国・日韓・訪韓」

かん [0]【×燗】[名] 徳利などで酒をあたためること。また、あたためかげん。「酒の—をする」「燗酒・熱燗」

かん [カ]【×鐶】[名] ❶金属製の輪。❷輪の形のとって。「たんすの—」

かん【簡】㊀[カ][名][形動][造] かんたん。てがる。単純。「簡潔・簡素・簡略」㊁[造] ❶竹や木のふだ。「木簡」❷てがみ。「手簡・書簡」 **—にして要を得る** 簡単でありながら要点をおさえている。

がん【丸】㊀[造] ❶まる。まるい。「丸剤・丸薬・一丸・睾丸」❷鉄砲のたま。「弾丸・砲丸」㊁[接尾] 丸薬の名につける語。「六神丸」

がん【元】[造] ❶もと。「元金・元来」❷はじめ。「元日・元祖・元年」［別音げん｜元］

がん【含】[造] ふくむ。つつむ。うちに持つ。「含味・含蓄・含有・包含」

がん【岸】[造] きし。水ぎわ。「岸頭・岸壁・沿岸・海岸・接岸」

がん【岩】[造] いわ。「岩石・岩盤・岩壁・溶岩・火山岩・凝灰岩・水成岩」

がん【玩】[造] ❶もてあそぶ。「玩具・玩物・玩弄」❷大切にあつかう。「玩味・愛玩・賞玩」

がん【眼】[造] ❶まなこ。め。「眼球・眼中・眼病・近眼・開眼」❷見ぬく。見わける。「眼識・眼力・具眼・炯眼」❸目のはたらき。判断力。「鑑賞眼・審美眼」

がん【×翫】[造] もてあそぶ。慰みとする。「翫弄・賞翫」

がん【顔】[造] ❶かお。かおつき。「顔色・顔面・温顔・童顔・拝顔」❷いろどり。「顔料」

がん【×巌】[造] いわお。大きな岩。「巌窟・巌石・奇巌」

がん【頑】[造] ❶かたくな。かたいじ。「頑固・頑迷」❷じょうぶ。「頑強・頑健・頑丈」

がん [ガ]【×雁】[名][造] カモ科の大形の水鳥の総称。かもに似た鳥。秋、北方から来て、春帰る。かり。(秋)「雁行・雁書・帰雁・落雁」

がん [ガ]【×贋】[名][造] にせ。にせもの。まやかし。「真と—との見分け」「贋作・贋札・贋造」↕真。

がん【願】㊀[ガ][名][造] ねがうこと。ねがい。特に神仏に対してねがうこと。「—を立てる」「願文・祈願・満願」㊁[造] ❶心からたのむ。「哀願・懇願・切願」❷のぞむ。希望する。「願書・願望・志願・請願」 **—を掛ける** 神仏に願いごとをする。願掛けをする。

がん [ガ]【×癌】[名] ❶なおりにくい悪性のはれもの。「癌腫・胃癌・肺癌・小児癌・皮膚癌」❷機構・組織などで、障害となっているもの。「社長こそ経営刷新の—だ」

ガン [ガ]〈gun〉[名] 鉄砲。ピストル。

がん《雁》森鷗外の中編小説。一九一一—一三年に発表。高利貸しの囲われ者になっている女性の感情を大学生との淡い交渉を通して描く。

かん-あく [0]【×奸悪・×姦悪】[名][形動]〔文章語〕心がひどくまがってわるいこと。また、その人。

かん-あけ [0]【寒明け】[名] 寒があけて立春になること。(春)

がん-あつ [0]【眼圧】[名] 眼球内部の水圧。眼球の形を保ち、透明性を保持する。眼内圧。

かんあつ-し [ツ]【感圧紙】[名] ボールペン・鉛筆などで書くと、下の紙に複写できる紙。

かんあみ《観阿弥》一三三三—八四。室町時代の能役者・謡曲作者。名は清次。観世流の始祖として息子世阿弥と能楽を大成した。「自然居士」「卒都婆小町」などを作ったとされる。

かん-あん [0]【勘案】[名][他サ] 考えくふうすること。考えあわせること。「諸種の事情を—してきめる」

かん-い [カ]【官位】[名] 官職と位階。官等。

かん-い [カ]【敢為】[名][形動]〔文章語〕物事をおしきっておこなうこと。「—の気性」

かん-い [カ]【簡易】[形動] ダロ・ダッ・デ・ニ／ダ・ナ・ナラ・〇 たやすいようす。てがる。「—な方法」 **—書留** [カ]2 [名] 手続きが簡単で料金のやすい書留郵便。 **—裁判所** [0]/[ショ] [名] 最下級の裁判所で、簡単な事件を処理するところ。 **—保険** [ホ][名] 二〇〇七年以前に、郵便局が取り扱っていた、加入手続きの簡単な生命保険。簡易生命保険。

がん-い [ガ]【願意】[名]〔文章語〕ねがいのおもむき。ねがいの心持ち。

がん-い [ガ]【含意】[名][他サ]〔文章語〕あることばに特別な意味をふくませること。また、その意味。

かん-いっぱつ [カ]=[ツ]【間一髪】[名]〔髪の毛一本のすきまの意〕たいそうさしせまったとき。あやういところ。「—のところで助かった」[参考]「間一発」と書くのはあやまり。

かん-いん [0]【官員】[名]〔明治時代の語〕官吏。

かん-いん [0]【館員】[名] 館といわれるところに勤めている職員。「図書館の—」

かん-いん [0]【×姦淫】[名][自他サ] 不道徳な性的関係をもつこと。

かん-う [カ]【甘雨】[名]〔文章語〕草木の生長のためによい雨。

かん-うん [0]【寒雲】[名]〔文章語〕冬空の、さむざむとしたくも。(冬)

かんうん-やかく [ヤ]【閑雲野▲鶴】[名]〔文章語〕〔しずかな雲と野にいるつる〕何ものにもしばられず、ゆうゆうと自然をたのしみながら暮らすこと。

かん-えい [0]【官営】[名] 国家による経営。↕民営。[参考]今は「国営」という。

かん-えつ [0]【観閲】[名][他サ] 軍隊を検閲すること。「—式」

かん-えん [カ]【肝炎】[名] ウイルスの侵入や中毒によっておこる肝臓の炎症。「血清—」

がん-えん [ガ]【岩塩】[名] 塩化ナトリウムから成る、立方体の結晶をした鉱物。地中・地表の岩塩層から採掘される。食塩の原料。やまじお。

かん-おう [0]【観桜】[名] さくらを見てたのしむこと。(春)「—の会」

かん-おう [0]【感応】[名][自サ] ➡かんのう。

かん-おけ [オ]【棺おけ】【棺×桶】—[名] 死体を入れるおけ。ひつぎ。 **—に片足を突っ込む** 年をとって余命がいくらもない。

かん-おち [0]【完落ち】[名][自サ]〔俗語〕容疑者が犯行を完全に自供すること。↕半落ち。[参考]警察用語で、自供することを「落ちる」ということから。

かん-おん [カ]【漢音】[名] わが国で使われている漢字音の一つ。奈良時代ごろ、遣唐使などによって中国西北部の音がつたわり、国語化したもの。呉音より新しい。「人」を「じ

か

ん」、「京」を「けい」と読むなど。↕呉音・唐音。⇩字音（表）。

かん-か[カ]【干×戈】名〔文章語〕（「干」はたて、「戈」はほこ）❶武器。武力。「—にうったえる」❷戦争。「—におよぶ」**—を交**（まじ）**える** たたかう。戦争をする。

かん-か[カ]【患家】名〔文章語〕医者から見て、患者のいえ。

かん-か[カ]【閑暇】名〔文章語〕ひま。いとま。手すき。

かん-か[カ]【管下】名 管轄のもと。管轄範囲。管内。「—の中小企業」

かん-か[カ]【×鰥寡】名〔文章語〕妻をなくした男と、夫をなくした女。「—孤独」

かん-か[カ]【看過】名他サ 見のがすこと。「—できない問題」

かん-か[カ]【感化】名他サ 人に影響を与えて心やおこないを変えさせること。「先輩に—される」**—院**（いん）[カ2]名 教護院の旧称。現在は、「児童自立支援施設」という。

かん-が[カ]【官×衙】名〔文章語〕（「衙」は役所）官庁。役所。

かん-が[カ]【閑雅】形動 ダロ・ダッ・デ・ニ／ダ・ナ・ナラ・〇〔文章語〕❶みやびやかなようす。風流。しとやかで上品なようす。「—なおもむき」❷ものしずかで、おもむきのあるようす。「—な別荘」

がん-か[ガ]【眼下】名 目より下のほう。**—に見**（み）**る** ❶高い所から見おろす。❷見くだす。見さげる。「人を—」

がん-か[0]【眼科】名 目に関する医学。「—医」

がん-か[ガ]【眼×窩】名（「窩」はくぼみの意）顔の骨の中の、眼球のはいっている穴。⇩骨格（図）。

かん-かい[0]【官海】名〔文章語〕官界。

かん-かい[0]【官界】名 官吏の社会。官海。

かん-かい[0]【勧戒】名〔文章語〕善をすすめ、悪をいましめること。

かん-かい[0]【感懐】名〔文章語〕感じ思うこと。感想。「—を述べる」

かん-かい[0]【環海】名〔文章語〕❶四方をとりまく海。❷四方を海にとりまかれていること。「—の国日本」

かん-かい[0]【寛解・緩解】名自サ 病気が完治したわけではないが、症状が軽くなったり、ほとんど消滅したりすること。参考 特に白血病・がん・統合失調症など再発する可能性のある病気で使われる。

かん-がい[0]【干害】【×旱害】名 ひでりのためにおこる農作物などの被害。㊆夏

かん-がい[0]【寒害】名 寒さのためにおこる農作物などの被害。冷害。

かん-がい[0]【感慨】名 身にしみて感じること。また、その感じ。「—をもよおす」参考「感概」と書くのはあやまり。**—無量**（むりょう）[0]名形動 感無量。**—深**（ぶか）**い**[カ2]形 しみじみと深く心に感じるようす。

かん-がい[カ]【管外】名 役所の管轄区域の外。管轄外。↕管内。

かん-がい[0]【×灌×漑】名他サ 作物をつくるために、田畑に水をひいてうるおすこと。「—用水」

がん-かい[0]【眼界】名 ❶目にみえる範囲。視野。「—に入る」❷考えの及ぶところ。「—の広い人」

かんがえ[ガ]【考え】（かんがへ）名 ❶考えること。思考。「—を深める」❷判断。「きみの—でやりたまえ」❸思慮。「—が深い」❹意図。決心。「—をきめる」❺思いつき。「いい—だ」❻想像。「—も及ばないこと」参考 手紙などで、自分の考えをへりくだっていう語に、「愚考・愚見」がある。

かんがえ-あわ・せる[セ]【考え合（わ）せる】（かんがへあはせる）他下一 セ・セ・セル・セル・セレ・セロ・セヨ いくつかのことを同時に考えて、検討したり考察したりする。「こうした事実を—と」**かんがへあは・す** 文語下二

かんがえ-ごと[0]/[ゴ]【考え事】（かんがへ）名 ❶いろいろと考えめぐらすこと。「—をしている」❷心配。「—が多い」

かんがえ-こ・む[コ]【考え込む】（かんがへ）自五 マ・モ・ミ・ン／ム・ム・メ・メ ❶深く考える。「じっと—」❷考えなやむ。「反対されて—」

かんがえ-つ・く[ツ]【考え付く】（かんがへ）自五 カ・コ・キ・イ／ク・ク・ケ・ケ 思いつく。考えおよぶ。「よい方法を—」

かんがえ-ぬ・く[ヌ]【考え抜く】（かんがへ）自五 カ・コ・キ・イ／ク・ク・ケ・ケ じゅうぶんに考える。よくよく考える。「考え抜いた上の処置」

かんがえ-もの[0]【考え物】（かんがへ）名 ❶じゅうぶんに考えることが必要な事がら。「それは—だ」❷考えてあてる遊び。はんじもの。なぞ。

かんが・える[エ]/[ガ]【考える】（かんがへる）他下一 エ・エ・エル・エル・エレ・エロ・エヨ ❶いろいろ筋道をたてて頭を働かせる。「—力を養う」「解決策を—」❷思いをめぐらす。また、気にかける。「彼女のことを—と眠れない」「相手の立場を—」❸（「…と考える」の形で）頭を働かせて、判断や決心をする。「この方法が一番よいと—」「留学しようと—」❹新しいことを思いつく。「企画を—」「キャッチフレーズを—」参考「考える」は「思う」に比べて、知性の働きを主とすることに特徴がある。⇩思う 参考。**かんが・ふ** 文語ハ下二 **—×葦**（あし） 人間の特質である「考える」ことを強調したことば。参考 フランスの科学者・哲学者パスカルのことば「人間は、自然のうちで最も弱い一本の葦にすぎない。しかしそれは考える葦である」から。

かん-かく[0]【×扞格】名〔文章語〕（「扞」はふせぐ、「格」は食いちがうの意）たがいに反発し、一致しないこと。「二人の間に—を生じる」

かん-かく[0]【看客】名 見る人。観客。見物人。

かん-かく[0]【間隔】名 あいだ。へだたり。「—をとる」「—を置く」

かん-かく[0]【感覚】名 ❶からだが直接うけとる感じ。感覚器官にふれた刺激が脳の中枢に達して生じる意識。「芸術的—」「寒暑の—」❷物ごとを感じとる精神のはたらき。**—器官**（きかん）[キ]/[カ3]名 からだの表面にあって、外界の刺激をうける器官。目・耳・鼻・舌・皮膚など。感官。**—的**（てき）[0]形動 理性や理屈ではなく、感覚や感性にうったえるようす。「うまく言えないが—には理解できる」

かん-がく[0]【×侃×諤】名〔文章語〕かんかんがくがく。「—の論」

かん-がく[0]【官学】名 ❶官立の学校。↕私学。❷政府が正しいとみとめた学問。江戸時代の朱子学など。

かん-がく[0]【勧学】名 ❶〔文章語〕学問をすすめること。❷浄土宗・真宗本願寺派で、学僧に授与する最高位の学階。

かん-がく[0]【漢学】名 漢文・漢籍についての学問。儒学。↕和学・国学・洋学。

がん-かけ[0]【願掛け】名 神仏にねがいのること。がんだて。

かんか-じ[カ2]【簡化字】名 ↓簡体字（かんたいじ）。

かん-かつ[0]【管轄】名他サ 特定の権限によって支配すること。また、その及ぶ範囲。「市が—する建物」

かん-かつ[0]【寛×闊】形動 ダロ・ダッ・デ・ニ／ダ・ナ・ナラ・〇〔文章語〕ゆったりしているようす。度量がひろいようす。

かん-がっき[ガ]【管楽器】名 くだの形をした楽器。吹奏楽器。笛・フルート・クラリネットなど。↕弦楽器・打楽器。

かんか-ふぐう[カ]【×轗×軻不遇】名〔文章語〕（「轗軻」は車が思うように進まないこと）運がわるくて出世しないこと。

かんが・みる[ミ]【鑑みる】自上一 ミ・ミ・ミル・ミル・ミレ・ミロ・ミヨ 先例・手本

にもとづいて考える。「経験にかんがみて…」

カンガルー [ガ]〈kangaroo〉[名] 有袋目カンガルー科の哺乳(ほにゅう)類の総称。オーストラリアやニューギニアにすむ。雌は未熟の子を産み、腹の育児嚢(いくじのう)で哺育(ほいく)する。前あしは短小で、後あしと尾は大きく、よくはねる。

かん-かん [カ2]【看貫】[名]〔文章語〕はかりで重さをはかること。また、はかり。

かん-かん [0]【感官】[名] 感覚器官。

かん-かん [0]【漢×奸】[名] 中国で、売国奴のこと。

カンカン [カ2]〈ᶠcancan〉[名] 十九世紀中ごろからパリで流行したショーダンス。複数のダンサーがドレスのすそを腰までまくり、早いテンポで足を高くあげる。フレンチカンカン。

かん-かん [0] ━[と][副] ❶金属などがふれあったときの音をあらわす語。❷日光がつよく照りつけるようす。「―照り」 ━[に][副] ❶炭火などのいきおいよくおこるようす。❷はげしく怒るようす。「約束を破られて―におこる」

かん-かん [0]【閑閑】[と][副] [たる連体] のどかなようす。静かにおちついているようす。「―とくらす」「悠々―」

かん-がん [0]【汗顔】[名] ひどくはじること。「―のいたり」

かん-がん [0|ガ]【×宦官】[名] 昔の中国などで奥御殿につかえた、去勢された男子。

がん-がん [ガ1] ━[と][副] ❶鐘(かね)その他、金属製のものなどがつよく鳴りひびく音をあらわす語。❷はげしくしかりつけるようす。「文句を―言う」 ━[副][自サ] はげしく頭がいたむようす。

かんかん-がくがく [0]【×侃×侃×諤×諤】[名][と][副] [たる連体]〔文章語〕〔「侃侃」は、つよく正しいようす。「諤諤」は、えんりょせずに言うようす〕えんりょなしにさかんに論じるようす。かんがく。「―の議論」

かんかん-しき [カ2]【観艦式】[名] 一国の元首などが、艦隊の威容をしらべ見る儀式。

かんかん-ぼう [カ2]【かんかん帽】[名] 麦わらをかたく編んでつくった、上のたいらな夏の男子用の帽子。麦わら帽。[夏]

かんかん帽

かん-き [カ]【官紀】[名]〔文章語〕官吏が守らなければならない規律。

かん-き [カ]【官記】[名] 官吏の任命書。

かん-き [カ]【乾季・乾期】[名] ある地域で、一年のうち、雨の少ない季節。↕雨季・雨期。

かん-き [カ]【勘気】[名] 君主や親などから、しかられること。「―にふれる」

かん-き [カ]【寒気】[名] さむいこと。さむさ。「―がゆるむ」[冬] ↕暑気。

かん-き [カ]【歓喜】[名][自サ] 非常によろこぶこと。よろこび。「勝利に―する」

かん-き [カ]【喚起】[名][他サ] よびおこすこと。「注意を―する」

かん-き [0]【換気】[名][他サ] よごれた空気を新しい空気といれかえること。「教室の―」 ―**口**(孔)(こう) [0|キ][名] 換気するための穴。 ―**扇**(せん) [0|キ][名] 換気用の扇風機。ファン。

がん-ぎ [ガ|0]【がん木】【×雁木】[名]〔雁(がん)の列のようにぎざぎざの形をしているもの〕❶さん橋の階段。❷橋の上のさん。❸坑内用のはしご。❹大のこぎり。❺雪国で、軒を張りだして、その下を冬季の通路とする造り。がんぎづくり。[冬]

かん-ぎく [カ]【寒菊】[名] きくの一種。冬、小さい花を開くもの。[冬]

かん-ぎく [0]【観菊】[名] きくを見てたのしむこと。きくみ。[秋]

かん-きだん [キ]【寒気団】[名] 寒い地方から暖かい地方に移動する気団。「―が南下する」↕暖気団。

かんきつ-るい [ツ]【×柑×橘類】[名] ミカン科の植物の総称。また、その果実。

かんぎ-てん [ギ]【歓喜天】[名] わざわいを除き、願いごとをかなえるという、仏法守護の神。聖天(しょうてん)。

かん-きゃく [0]【観客】[名] 観覧する人。見物客。

かん-きゃく [0]【閑却】[名][他サ]〔文章語〕いいかげんにほうっておくこと。「重要なことを―する」

かん-きゅう [0]【官給】[名] 政府・役所から金銭や物品を支給すること。

かん-きゅう [0]【管球】[名] ガラス製の真空管。「―式アンプ」❷管状の細長い電球。「―交換」

かん-きゅう [カ]【緩急】[名] ❶ゆっくりすることと、いそぐこと。ゆるやかなことと、きびしいこと。「―自在」❷〔「緩」には意味がなく〕さしせまった事態。事変。「いったん―のとき」 ―**宜**(よろ)**しきを得**(え)**る** きびしくすべき時はきびしく、ゆるやかでよい時はゆるやかに、適切に対処する。

かん-きゅう [0]【感泣】[名][自サ] 感激のあまりに泣くこと。「恩命に―する」

がん-きゅう [0]【眼球】[名] 目の主要部で、球形をなすもの。めだま。

かんぎゅう-じゅうとう [0]【汗牛充棟】[名]〔文章語〕〔引くと牛があせをながすほど重く、積むと家のむねにとどくほど多い意〕所蔵している書物がたいそう多いことのたとえ。

かん-きょ [カ]【官許】[名] 政府が許可すること。「―を得る」

かん-きょ [カ]【閑居】━[名] しずかな、おちついたすまい。━[名][自サ] ❶世間からはなれて、しずかにくらすこと。❷ひまでいること。「小人―して不善をなす」

かん-ぎょ [カ]【干魚・乾魚】[名] 干したさかな。ひもの。

かん-ぎょ [カ]【還御】[名][自サ] 天皇・皇后・将軍などが出先から帰ること。↕出御。

かん-きょう [0]【感興】[名] 興味を感じること。おもしろみ。「―をそそる」

かん-きょう [0]【環境】[名] 人間や生物をとりまく、自然・社会などの状態。「―を整える」「勉強によい―」[参考]「還境」と書くのはあやまり。 ―**アセスメント** [セ][名] 地域開発が自然環境にどのような影響を与えるかを事前に調査すること。 ―**省**(しょう) [キョ][名] 環境保全、公害防止などを担当する国の行政機関。二〇〇一年に環境庁を主体として発足。 ―**庁**(ちょう) [キョ][名] 総理府の外局で、公害防止や自然保護を目的とする行政を役目とした。一九七一年発足。二〇〇一年、環境省に改組。 ―**ホルモン** [ホ][名] 体内でホルモンに似たはたらきをする化学物質。ダイオキシン・PCBなど。体外の環境から吸収され、生物機能のバランスをくずす。内分泌攪乱物質(ないぶんぴつかくらんぶっしつ)。

かん-きょう [0]【艦橋】[名] 軍艦で、指揮・操縦するため高くした甲板(かんぱん)の最前部。ブリッジ。

かん-ぎょう [0]【官業】[名] 政府の経営する事業。↕民業。

かん-ぎょう [0]【勧業】[名] 政府がすすめて産業をさかんにすること。「―博覧会」

かん-ぎょう [0]【寒行】[名] 寒中の修行(しゅぎょう)。[冬]

がん-きょう [0]【眼鏡】[名] めがね。

がん-きょう [0]【頑強】[形動] ダロ・ダッ・デ・ニ／ダ・ナ・ナラ・〇 ❶がんこで、なかなかしたがわないようす。「―に抵抗する」❷体ががっちり

前房 網膜 脈絡膜 ガラス体 虹彩(こうさい) 黄点 きょう膜 瞳孔 盲点 水晶体 毛様体 視神経 角膜

眼球

してたくましいようす。

かん-きょく ⓪【寒極】名 地球上で最もさむい地点。

かん-きり 〔キ〕【缶切(り)】名 かんづめをあけるための道具。

かん-きん ⓪【官金】名 政府のもっているかね。国家のかね。官銀。

かん-きん ⓪【看▲経】名〔「きん」は唐音〕❶経文を声を出さずに読むこと。❷経文を読むこと。読経。

かん-きん ⓪【×桿菌】名 棒の形や円筒形をした細菌。大腸菌・結核菌の類。バチルス。

かん-きん ⓪【監禁】名 他サ 自由に行動させず、一定の場所におしこめておくこと。「人質を―する」

かん-きん ⓪【換金】名 自他サ 物を売って、現金にかえること。「―作物」↕換物。

かん-ぎん ⓪【感吟】〔文章語〕㊀名 ❶ものごとに感じ入ってつくった詩歌。❷感嘆すべき詩歌、特に、俳句。㊁名 他サ よい詩歌に感心して吟唱すること。

かん-ぎん ⓪【閑吟】名 他サ〔文章語〕詩歌などを、しずかにくちずさむこと。

がん-きん 〔ガ〕【元金】名 ❶資本金。もとで。もときん。❷最初に貸し借りした、利子をふくまない金額。↕利子。

かんぎんしゅう《閑吟集》室町時代後期の歌謡集。編者未詳。小歌を中心に当時の民間歌謡三一一首をおさめる。

かん-く 〔カ〕【甘苦】名〔文章語〕〔あまいことと、にがいこと〕楽しみと苦しみ。苦楽。甘酸。「―を共にする」

かん-く 〔カ〕【寒苦】名 寒さの苦しみ。「―にうち勝つ」

かん-く 〔カ〕【管区】名 受け持ちの区域。「大阪―気象台」

かん-く 〔カ〕【×艱苦】名 難儀と苦労。艱難辛苦。

がん-ぐ 〔ガ〕【玩具】名 おもちゃ。「―店」

がん-ぐ 〔ガ〕【頑愚】名 形動〔文章語〕がんこで、おろかなこと。

がん-くつ ⓪【岩窟】名 いわや。いわあな。

がん-くび ⓪/〔ク〕【×雁首】名 ❶きせるの、たばこをつめる部分。❷〔あらっぽい言い方〕人の首・頭。「―をそろえる」

かん-ぐ・る 〔グ〕【勘ぐる】【勘繰る】他五〔ラ・ロ・リ・ッ・ル・ル・レ・レ〕気をまわして考える。邪推する。**勘ぐり** 名

かん-ぐん ⓪【官軍】名 朝廷・政府がわの軍勢。官兵。政府軍。↕賊軍・朝敵。

かん-げ 〔カ〕【勧化】名 他サ ❶仏教の信仰をすすめること。❷寺院の建設などのための寄付をつのること。勧進。

かん-けい ⓪【×奸計・×姦計】名 わるだくみ。悪計。「―をめぐらす」

かん-けい ⓪【寛刑】名〔文章語〕ゆるやかな刑罰。↕厳刑。

かん-けい ⓪【関係】名 自サ ❶かかりあい。つながり。❷つて。てづる。❸つづきあい。縁故。❹二つのものの間がら。「前後―」「上下―」❺性的な交渉。**―者** 〔ケ〕名 あることに、当事者として直接関係のある人。「―以外立ち入り禁止」**―代名詞** 〔メ〕名 接続詞と代名詞と二つの働きをあわせもつ単語。ヨーロッパの言語に発達し、日本語にはない。英語の who, what, which, that など。

かん-けい ⓪【還啓】名 自サ 皇后・皇太后・太皇太后・皇太子が出先から帰ること。↕行啓。

かん-けい ⓪【簡×勁】形動〔ダロ・ダッ・デ・ニ／ダ・ナ・ナラ・〇〕〔文章語〕ことばや文章が、短くて力づよいようす。「―な表現」

かん-げい ⓪【歓迎】名 他サ よろこんでむかえること。「―を受ける」↕歓送。

かん-げいこ 〔ゲ〕【寒稽古】名 自サ 寒中におこなう武芸などのけいこ。㊇「剣道の―」

かんけい-どうぶつ 〔ド〕【環形動物】名 ふしのある長い円筒形のからだをもつ動物。口は前端に、肛門は後端に開く。みみず・ひる・ごかいなど。

かん-げき ⓪【間隙】名 すきま。すき。空隙。「―を縫って進む」**―を生ずる** ❶すきまができる。❷なかたがいをする。不和になる。**―を縫う** ❶すきまを通って行く。❷人の気のつかないことを考える。

かん-げき ⓪【観劇】名 演劇を見物すること。

かん-げき ⓪【感激】名 自サ 思いがけない出来事やすばらしい行為に心が強くゆり動かされること。「旧友との再会に―する」

かん-げざい 〔ゲ〕【緩下剤】名 ききめのおだやかな下剤。

かん-けつ ⓪【間欠】【間×歇】名 一定の時間をおいて、おこったりやんだりすること。「―温泉」**―泉** ⓪/〔ツ〕/〔ケ〕名 一定の時間をおいて、ふきだす温泉。**―熱** 〔ツ〕名 体温が一定の時間をおいて、上がったり下がったりする熱病。おこり。

かん-けつ ⓪【完結】名 自サ すっかりおわること。

かん-けつ ⓪【簡潔】形動〔ダロ・ダッ・デ・ニ／ダ・ナ・ナラ・〇〕むだが省かれ、要領よくまとまっているようす。「―な文章」↕複雑・煩雑。

かん-げつ 〔カ〕【寒月】名 さえてひえびえとした冬の月。㊇

かん-げつ 〔カ〕【観月】名 月をながめてたのしむこと。月見。㊙

かん-けり 〔ケ〕【缶蹴り】名 空き缶を用いたかくれんぼう。隠れる側は鬼のすきを見て所定の場所に置かれた缶をけとばすと、捕まった者が自由になる。

かん-けん ⓪【官権】名 政府の権力。官庁の権限。

かん-けん ⓪【官憲】名 ❶官庁。役所。❷役人。官吏。特に警察官吏。「―の圧迫」

かん-けん ⓪【管見】名〔文章語〕〔くだを通して見るせまい視野の意〕自分の見聞・見解をいう謙譲語。

かん-げん ⓪【甘言】名 相手の気にいりそうな、あまいことば。「―でつる」↕苦言。

かん-げん ⓪【寛厳】名〔文章語〕ゆるやかなことと、きびしいこと。**―▲宜しきを得る** 寛大にすべきときには寛大に、きびしくすべきときにはきびしく、適切に対処する。

かん-げん ⓪【管弦】【管×絃】名 ❶管楽器と弦楽器。いとたけ。糸竹。❷音楽を奏すること。また、その遊び。特に、雅楽の演奏をいう。**―楽** 〔ゲ〕名 西洋音楽で、管楽器・弦楽器・打楽器による大合奏。また、その曲。

かん-げん ⓪【換言】名 他サ 別のことばであらわすこと。言いかえること。「―すれば」

かん-げん ⓪【×諫言】名 他サ いさめること。また、そのことば。忠言。「判断を誤った大臣に―する」

かん-げん ⓪【還元】名 自他サ ❶もとにかえること。また、もとにもどすこと。❷酸素化合物から酸素をうばったり、ある物質に水素を加えたりすること。↕酸化。

がん-けん ⓪【眼×瞼】名〔文章語〕まぶた。

がん-けん ⓪【頑健】形動〔ダロ・ダッ・デ・ニ／ダ・ナ・ナラ・〇〕からだが、非常にじょうぶなようす。

かん-こ 〔カ〕【×鹹湖】名 ➡えんこ(塩湖)。

かん-こ 〔カ〕【歓呼】名 自サ 大声をあげてよろこぶこと。

かん-ご 〔カ〕【款語】名〔文章語〕うちとけたはなし。

かん-ご ⓪【漢語】名 ↕和語。❶中国からわたって来て日本語となった語。「人間」「世界」「学校」など。❷漢語❶にならって日本でつくった、漢字の音で読む単語。字音語。「出張」「科学」「映画」など。

かん-ご ⓪【閑語】〔文章語〕㊀名 自サ しずかに語ること。㊁名 時間つぶしのはなし。むだばなし。閑話。

かん-ご 〔カ〕【看護】名 他サ けがをしたり病気にかかっていたりする人の手当てをし、快方に向けた世話をすること。

⇩介護[参考]。━師(し)[コ][名] 病人の看護や医師の診療の補助を職業とする人。国家試験がある。━婦(ふ)[コ][名] 女性の看護師を言った語。

がん-こ[ガ]【頑固】[名][形動] ❶一つの考えに、かたくなに固執するさま。かたいじ。「━な性質」❷よくない状態がなかなかなおらないようす。「━な病状」

かん-こう[0]【官公】[名] 官職と公職。官吏と公吏。官庁と公庁。━署(しょ)[コ][名] 官公庁。━庁(ちょう)[コ][名] 中央官庁と地方公共団体の役所。━吏(り)[コ][名] 国家公務員と地方公務員。役人。━労(ろう)[コ][名] 官公庁にある労働組合の総称。

かん-こう[0]【勧降】[名] 降伏をすすめること。

かん-こう[0]【慣行】[名] ならわしとして、おこなわれている事がら。「━に従う」

かん-こう[0]【観光】[名] 風景・風物などを見物したり、娯楽や買い物、保養などを楽しんだりするために旅行に行くこと。━地(ち)[コ][名] すぐれた景色や史跡、娯楽施設などがあり、多くの人々が訪れる土地。━庁(ちょう)[コ][名] 観光立国の推進をめざし、日本の観光事業の発展に取り組む政府の行政機関。国土交通省の外局の一つ。

かん-こう[0]【完工】[名][自サ] 工事がおわること。工事をおえること。竣工(しゅんこう)。「鉄橋が━する」↕起工。

かん-こう[0]【感光】[名][自サ] 物質が光線をうけて化学的変化をおこすこと。━紙(し)[コ][名] 印画紙。

かん-こう[0]【緩行】[名][自サ] ゆっくり進むこと。徐行。↕急行。

かん-こう[0]【×緘口】[名][自サ][文章語] 口をとじて、ものをいわないこと。

かん-こう[0]【還幸】[名][自サ] 天皇が出先から帰ること。↕行幸。

かん-こう[0]【刊行】[名][他サ] 印刷して世に出すこと。発行。「定期━物」

かん-こう[0]【勘考】[名][他サ] よく考えること。思案。考慮。

かん-こう[0]【敢行】[名][他サ] 困難を押しきっておこなうこと。強行。決行。「ストライキを━する」

かん-こう[0]【×箝口】[名][自他サ][文章語]〔「けんこう」の慣用読み〕口をふさいでものを言わないこと。ものを言わせないこと。言論をおさえること。くちどめ。━令(れい)[コ][名] 他人に話さないよう命じること。「━をしく」

かん-こう[0]【寛厚】[名][形動][文章語] 心が広く情のあついこと。

かん-ごう[0]【環×壕・環×濠】[名] 排水、水運または自衛のためにめぐらせた環状の壕(ほり)。「━集落」

かん-ごう[0]【勘合】[名][他サ] ❶考えあわせること。よく調べてただすこと。❷勘合符。━符(ふ)[コ][名] 明(みん)代の中国で、和寇(わこう)や私貿易をおさえる方法として、正規の貿易船であることを証明するために発行した許可証。勘合。

がん-こう[0]【眼孔】[名] ❶眼球のはいっているあな。❷見識。「━が広い」

がん-こう[0]【眼光】[名] ❶目の光。❷観察力。眼力。━紙背(しはい)に徹(てっ)す 書かれた紙の裏まで見とおすほど読解力がするどいようす。━人(ひと)を射(い)る 目つきのするどいようす。

がん-こう[0]【×雁行】❶[名] 斜めや、かぎの列になって空を飛ぶがんの群れ。[秋] ❷[名][自サ] ななめにならんで行くこと。また、一列にならんで行くこと。

かんこう-き[コ]【寒候期】[名] 一年のうち、十月から二月または三月までの期間。「━予報」↕暖候期。

がんこう-しゅてい[0]【眼高手低】[名][文章語] ❶批評がじょうずで、作ることのへたなこと。❷理想と実行が伴わないこと。

かんこう-ば[0]【勧工場】[名] 明治・大正時代に、多数の商店が、同じ建物の中で、商品をならべて売ったところ。

かんこう-ばい[コ]【寒紅梅】[名] うめの変種。寒中に咲き、八重(やえ)で紅色。[冬]

かんこう-へん[コ]【肝硬変】[名] 肝臓が変化してかたくなってしまう慢性の病気。肝硬変症。

かん-ごえ[ゴ]【甲声】(━ごゑ)[名] かんだかい声。

かん-ごえ[ゴ]【寒声】(━ごゑ)[名] 寒中に行う発声の練習。[冬]

かん-ごえ[0]【寒肥】[名] 寒中にほどこす肥料。[冬]

かん-ごえ[ゴ]【×癇声】(━ごゑ)[名] かんしゃくを起こして出す高い声。

かん-こく[0]【勧告】[名][他サ] こうするべきだという考えを公的に表明し、すすめること。「辞職を━する」「政府━」

かん-こく[コ]《韓国》❶⬇「かん(韓)❶❷」。❷大韓民国。

かん-ごく[0]【監獄】[名]「刑務所・拘置(こうち)所」の旧称。━部屋(べや)[0][名][俗語] 明治以降、土木工事や鉱山などで働く労働者が、過酷な扱いを受けた合宿べや。たこべや。

かん-こつ[カ]【×顴骨】[名] 顔面の左右、ほおの上部のつきでた骨。ほおぼね。けんこつ。

かんこつ-だったい[カ]【換骨奪胎】[名][他サ]〔骨をとりかえ、胎(こぶくろ)をとる意〕先人の詩文の着想や形式を借りながら、独自の作品に仕上げること。

かんこ-どり[コ]【閑古鳥】[名]〔「かっこうどり」のなまり〕かっこう。[夏] ━が鳴(な)く 不景気などのために、人があつまらずさびしいようす。がらんとしたようす。

かん-ごり[0]【寒×垢離】[名] 寒中に、心身を清めるために水をあびること。[冬]「━をとる」

かん-こん-そう-さい[0]【冠婚葬祭】[名] 元服・婚礼・葬式・祖先の祭りの四大儀式。また、一般に慶弔の儀式。

かん-さ[カ]【感作】[名][医] 体内に入ったアレルギーの原因となる物質、つまり抗原(アレルゲン)に対して、それを異物として排除しようとする免疫機能が働き、同じ抗原に過敏に反応する状態になること。定期的な注射により体を抗原に慣れさせ、過敏性を抑える治療法を「減感作(療法)」(「脱感作(療法)」「除感作(療法)」とも)という。

かん-さ[カ]【監査】[名][他サ] 監督してしらべること。また、その人。⇩鑑査[参考]。━役(やく)[0]/[サ][名] 株式会社などの、会計監査にあたる役員。

かん-さ[カ]【鑑査】[名][他サ] 優劣・良否などをしらべること。[参考]「鑑査」は「無鑑査出品」のように芸術作品の審査について、「監査」は官庁や会社の仕事などについて使う。

かん-さい[0]【漢才】[名] 漢学の才能。からざえ。「和魂━」

かん-さい[0]【簡裁】[名]「簡易裁判所」の略。

かん-さい[0]【完済】[名][他サ] 借金などをすっかり返すこと。「ローンを━する」

かん-さい[0]【艦載】[名][他サ] 軍艦にのせること。「━機」

かん-さい[0]《関西》↕関東。❶京阪神地方の全体。奈良をふくめることもある。❷[古語] 昔、逢坂(おうさか)の関から西の地方。鎌倉(かまくら)時代以降は、鈴鹿・不破・愛発(あらち)の三関以西の地方。

かん-ざい[0]【寒剤】[名] 温度をさげるのに使うくすり。

かん-ざい[0]【管財】[名] 財産を管理すること。━人(にん)[0][名] 他人とくに破産者の財産を管理する人。

かん-さく[0]【×奸策・×姦策】[名][文章語] わるがしこい計画。

かん-さく[0]【間作】[名][他サ] 農作物のうねの間の土地、または、おもな農作物をつくっていない期間を利用して、他の農作物をつくること。また、その農作物。

がん-さく ⓪【×贋作】名 他サ まねてつくること。また、まねてつくったにせもの。がん造。

かん-ざけ ⓪【かん酒】【×燗酒】名 かんをした酒。あたためた酒。冬 ↕ひや酒。

かん-ざし ⓪【×簪】名〔「かみさし」の変化〕女性の髪の毛にさすかざり。

かんざし

かん-さつ ⓪【鑑札】名 営業や行為を認可したしるしに、役所で発行するふだ。

かん-さつ ⓪【監察】名 他サ とりしまり、しらべること。―**医**(い) ツ 名 不審死体の検案や解剖を行い、死因を解明する医師。

かん-さつ ⓪【観察】名 他サ 客観的な立場で、注意ぶかく、くわしく見ること。「昆虫の生態を―する」「―眼」

がん-さつ ⓪【×贋札】名 にせさつ。

かん-さ・びる ③【神さびる】自上一 ビ・ビ・ビル・ビル・ビレ・ビロ・ビヨ〔文章語〕かみさびる。**かんさ・ぶ** 文語上二

かん-ざまし ⓪【かん冷まし】【×燗冷し】名 かん酒のひえたもの。

かん-ざらし ザ【寒ざらし】【寒×晒し】名 寒中にさらすこと。また、さらしてつくった食べ物。特に寒のうちにひいて水にさらした米の粉。かんざらしこ。冬

かん-さん ⓪【甘酸】名 ❶あまいことと、すっぱいこと。❷楽しみと苦しみ。甘苦。「―をなめつくす」

かん-さん ⓪【換算】名 他サ ある単位の数量を別の単位の数量に計算しなおすこと。「尺をメートルに―する」

かん-さん ⓪【閑散】と副 形動 人がまばらでしずかなようす。「―とした公園」

がん-ざん ⓪【元三】名〔文章語〕❶〔年・月・日の三つの元(はじめ)の意〕元日。❷元日から三日までの日。さんがにち。新年 ‖がんさん。

かん-し カ【干支】名 十干と十二支。えと。

かん-し ⓪【冠詞】名 西欧語などの品詞の一つで、名詞の前について、その意味を限定する語。英語のa, theなど。

かん-し ⓪【漢詩】名 中国の古典的な詩。また、それにならって日本人が作った詩。字数・句数・韻のおき方などによって、いろいろの種類がある。

かん-し カ【×鉗子】名 物をはさむのに使う、外科手術用の器具。

かん-し カ【環視】名 自サ 多くの人がまわりで見ていること。「衆人―の中」

かん-し ⓪【×諫死】名 自サ 死んでいさめること。死ぬ覚悟でいさめること。

かん-し ⓪【看視】名 他サ 気をつけて見守ること。

かん-し ⓪【監視】名 他サ 警戒して見守ること。また、その人。「―人」―**網**(もう) ジ 名 連絡をとりあって、方々で見張ること。「―を張る」

かん-し ⓪【×諫止】名 他サ〔文章語〕いさめてやめさせること。「無謀な攻撃を―する」

かん-じ ⓪【感じ】名 ❶感じること。物ごとにふれて起こる五官の働き。感覚。「しびれて―がなくなる」❷見た目のようす。印象。「―のいい人」❸その物・事に特有の味わい。「作り物では―が出ない」

かん-じ カ【完治】名 ⬇かんち(完治)。

かん-じ カ【幹事】名 ❶主として事務をうけもつ役。また、その人。「委員会の―」❷世話役。「同窓会―」

かん-じ ⓪【漢字】名 中国でつくられ、中国・日本などで使用されている表意(表語)文字。↕国字。―**音**(おん) ジ 名 漢字とともに日本に伝わった中国語としての発音。字音。―**仮名**(かな)**交じり文**(ぶん) ⓪/リ 名 漢字と仮名で記す、日本語の標準的な文章形式。ふつうは、漢字と平仮名を主とする。―**制限**(せいげん) セ 名 書きことばをやさしくするために、日常つかう漢字の数や、読み方を制限すること。

かん-じ カ【監事】名 ❶団体の庶務をつかさどる役。また、その人。❷〔法〕法人の仕事や財産状況などを監督・調査する役。また、その人。

かん-じ カ【×莞×爾】と副〔文章語〕にっこりとほほえむようす。「―と笑う」

かんじ-い・る イ【感じ入る】自五 ラ・ロ・リ・ッ・ル・ル・レ・レ つよく感動する。すっかり感心する。「いたく感じ入った」

がんじ-がらめ ガ2【×雁字×搦め】名 ❶ひも・なわなどを、たてよこにいくえにも巻きつけること。❷動きがとれないこと。「義理と人情で―にされる」‖がんじがらみ。

かん-しき ⓪【乾式】名 工業や機械などで、液体や溶剤を使わないやりかた。↕湿式。

かん-しき ⓪【鑑識】名 ❶ものを見わけること。また、その力。めきき。❷犯罪捜査のために、指紋・血液などを科学的に調べること。また、警察のその係。―**眼**(がん) キ 名 ものを見わける力。眼識。

かんじき ⓪ 名 雪の中を歩くとき、もぐらないようにはきものにつける道具。木の枝やつるなどを輪にして作る。わかんじき。冬

かんじき

がん-しき ⓪【眼識】名 よしあしを見わける力。鑑識眼。「するどい―」

かん-じく ⓪【巻軸】名 ❶細長い紙を棒状に巻いたもの。まきもの。❷横長に記された文書の最後の部分。作品名や署名が主に見られる。↕巻頭。

かん-しつ ⓪【乾湿】名 空気などの、かわきとしめり。―**球湿度計**(きゅうしつどけい) ⓪ 名 ふつうの温度計と水でしめした温度計の温度の差から、空気中の湿度を知る装置。乾湿計。―**計**(けい) ⓪ 名 乾湿球湿度計。

かん-しつ ⓪【乾漆】名 ❶うるしの液のかわいたもの。❷乾漆像。―**像**(ぞう) ツ 名 粘土または木の像の型の上に、麻布をうるしではりかためたり、うるしを直接塗ったりしてつくった像。奈良時代から平安時代初期の仏像に多い。

がん-しつ ⓪【眼疾】名 目の病気。眼病。

がん-じつ ⓪【元日】名 年のはじめの日。一月一日。国民の祝日の一つで、年のはじめを祝う。新年

かんじつ-げつ ジ【閑日月】名〔文章語〕❶ひまな月日。❷心にゆとりのあること。「英雄―あり」

かんじ-と・る ト【感じ取る】他五 ラ・ロ・リ・ッ・ル・ル・レ・レ 直感的に理解する。「相手の好意を―」

かん-しゃ カ【甘×蔗】名〔「かんしょ」は慣用読み〕さとうきび。

かん-しゃ カ【官舎】名 国や自治体が公務員のために建てた住宅。公務員住宅。

かん-しゃ カ【感謝】名 自他サ ありがたく思うこと。

かん-じゃ ⓪【患者】名 病気にかかって治療を受けている人。参考 医者から見ての言い方。

かん-じゃ ⓪【間者】名 まわしもの。スパイ。間諜(かんちょう)。

かん-じゃ カ【冠者】名〔古語〕❶元服して冠をつけた少年。かじゃ。❷六位で官職についていない人。❸若者。❹わかい召使い。けらい。

かん-しゃく カ【官爵】名 官職と爵位。

かん-しゃく ⓪/ク【×癇×癪】名 ❶腹を立てやすい性質。また、その発作(ほっさ)。「―をおこす」―**玉**(だま) ⓪ 名 ❶かんしゃく。❷こどものおもちゃで、火薬を紙に包んだ小さな玉。地面に投げつけたりすると、音をたてて爆発する。―**持**(も)

ち[ク][名] すぐかんしゃくをおこす性質。また、その人。

かん-じゃく[0]【閑寂】[名][形動] しずかで、ものさびしいこと。「—を好む」

かんじ-やす・い[ス]【感じやすい】【感じ▲易い】[形] カロ・カッ・ク／イ・イ・ケレ・○ ちょっとしたことにも心がゆれ動くようす。「—年ごろ」

かん-しゅ[カ]【巻首】[名] 書物や巻物の初めの部分。巻頭。↕巻末・巻尾。

かん-しゅ[0]【看守】[名] 刑務所などで、拘禁されている者に対し、巡視・警備などの任にあたる法務事務官。

かん-しゅ[カ]【緩手】[名] 囲碁・将棋の対局で、相手に直接の打撃を与えない、手ぬるい打ち方・指し方。

かん-しゅ[カ]【館主】[名] 旅館・映画館などの主人。

かん-しゅ[カ]【艦首】[名] 軍艦のへさき。↕艦尾。

かん-しゅ[カ]【看取・観取】[名][他サ] 見てそれと知ること。察知すること。「相手の計画を—する」

かん-じゅ[カ]【官需】[名][文章語] 政府の需要。↕民需。

かん-じゅ[0]【貫首・貫主】[名] ❶天台宗で最高位の僧。座主(ざす)。❷各宗の総本山や諸大寺の管長。❸[古語]〔殿上で首座に着席することから〕蔵人頭(くろうどのとう)の別の呼びかた。かんず。＝かんしゅ。

かん-じゅ[カ]【甘受】[名][他サ] あまんじて受けること。あたえられたままに受けとること。「苦言を—する」

かん-じゅ[カ]【感受】[名][他サ][文章語] ❶感じること。❷目・耳・鼻・舌などの感覚神経により、外界の刺激を受けいれること。 **—性**(せい)[0][名] 外界の刺激を心に受けとる能力。感性。「—が鋭い」

がん-しゅ[0]【×癌腫】[名] がん。

がん-しゅ[ガ]【願主】[名][文章語] 神仏に願をかけた本人。

かん-しゅう[0]【慣習】[名] 世間のしきたり。古くから伝えられ、ひきつがれている生活上のならわし。慣例。 **—法**(ほう)[0]/[シュ][名] 文章に書きあらわされた法律と同じ力を持つ長年の習慣。↕成文法。

かん-しゅう[0]【観衆】[名] 見物の人々。多くの見物人。

かん-しゅう[0]【監修】[名][他サ] 書物などの著述や編集を監督・指導すること。

がん-しゅう[0]【含羞】[名][文章語] はずかしがり、きまりわるがること。はにかみ。

かん-じゅく[0]【完熟】[名][自サ] 完全に熟すること。「りんごが—した」↕未熟。

かん-じゅく[0]【慣熟】[名][自サ][文章語] なれてじょうずになること。「機械の操作に—する」

かん-しょ[カ]【甘×蔗】[名] ➡かんしゃ。

かん-しょ[カ]【甘×藷】[名] さつまいも。[秋]

かん-しょ[カ]【官署】[名] 国の役所。官庁。

かん-しょ[カ]【寒暑】[名] 寒さと暑さ。「—の差がはげしい」

かん-しょ[0]【漢書】[名] ↕国書・和書・洋書。❶漢文の書物。❷中国の書物。

かん-じょ[カ]【官女】[名] 宮中につかえる女性。宮女。女官。かんにょ。

かん-じょ[カ]【寛×恕】[名][他サ][文章語] ❶心が広く思いやりがあること。❷あやまちなどをとがめだてせず許すこと。「—を請う」⇩海容[参考]。

かん-じょ[カ]【緩徐】[名][形動][文章語] ゆるやかでしずかなようす。おだやか。「—な調べ」

がん-しょ[ガ]【×雁書】[名][文章語] 手紙。かりのたより。雁信。

がん-しょ[ガ]【願書】[名] ❶神仏への願いごとを書いた書面。願文(がんもん)。❷許可をえるために提出する書類。「入学—」

かん-しょう[0]【×奸商・×姦商】[名][文章語] わるがしこい商人。不正・悪徳の商人。

かん-しょう[0]【冠省】[名][文章語] 手紙で前文を省略するときのことば。前略。⇩前略[参考]。

かん-しょう[0]【感傷】[名] ❶感じて心がきずつくこと。淡い悲しみを感じてしんみりすること。「ほろにがい—にひたる」❷つまらぬことに感じやすいこと。「—におぼれる」 **—主義**(しゅぎ)[シュ][名] するどくてこまかな感情を、強調して表現する主義。主情主義。センチメンタリズム。 **—的**(てき)[0][形動] 感じやすく涙もろいようす。センチメンタル。センチ。「—になる」「—な小説」

かん-しょう[0]【緩衝】[名] 対立するものの間の、不和・衝突をやわらげること。「—の役割」 **—国**(こく)[ショ][名] 対立する国家の間にあって、その武力衝突などの危険をやわらげる位置にある国家。 **—地帯**(ちたい)[チ]/[タ][名] 対立する国家・勢力間の武力衝突などを防ぐために設ける、武装していない中立地帯。

かん-しょう[0]【環×礁】[名] 輪(わ)の形をしたさんごしょう。

かん-しょう[0]【観象】[名][文章語] ❶気象を観測すること。❷人相・家相などをみること。

かん-しょう[0]【干渉】[名][自サ] ❶たちいって世話をやくこと。口をさしはさむこと。「私生活に—する」❷外国がある国の内政・外交についてむりなことを言い、また要求すること。「内政—」❸[物]二つ以上の波動がかさなって、強めあったり弱めあったりする現象。

かん-しょう[0]【完勝】[名][自サ] 試合などで、相手につけこむすきを与えず、一方的に勝つこと。「大差で—する」↕完敗。

かん-しょう[0]【勧奨】[名][他サ] こうするようにと、すすめること。奨励。「退職を—する」

かん-しょう[0]【勧賞】[名][他サ][文章語] ほめて、はげますこと。

かん-しょう[0]【感賞】[名][他サ][文章語] 感心してほめること。嘆称。

かん-しょう[0]【管掌】[名][他サ] つかさどること。「調査課の—する事務」

かん-しょう[0]【観照】[名][他サ][文章語] ❶主観をまじえないで現実を冷静にみつめ考えること。「人生を—する」❷理論によらず直感によって、美を具象的・直接的にさとること。

かん-しょう[0]【観賞】[名][他サ] 見てたのしむこと。「名月を—する」「—植物」

かん-しょう[0]【鑑賞】[名][他サ] 芸術作品を理解し、味わうこと。「—眼」 **—批評**(ひひょう)[ヒ][名] 鑑賞を主とした芸術作品の批評。

かん-しょう[カ/0]【×癇性・×癇症】[名][形動] ❶おこりっぽい性質。❷[×疳性] けっぺきで、ちょっとしたことでも気になること。神経質。

かん-しょう[0]【簡×捷】[形動] ダロ・ダッ・デ・ニ／ダ・ナ・ナラ・○ [文章語] てがるですばやいようす。「—な処置」

かん-じょう[0]【干城】[名][文章語] 〔「干」は「盾」の意〕国を守る軍人。「国家の—」

かん-じょう[0]【×函丈】[名][文章語] 目上や先生におくる手紙で、尊敬してあて名のわきにそえる語。

かん-じょう[0]【冠状】[名][文章語] かんむりのような形。

かん-じょう[0]【感状】[名] てがらをほめてあたえる文書。「軍功に対する—」

かん-じょう[0]【感情】[名] ❶物ごとに感じて動く心。精神活動の情的側面。「—が高ぶる」❷快・不快などの心理反応。喜怒哀楽などの情。「—を害する」 **—移入**(いにゅう)

か

か

[イ] 名 芸術作品・自然物などの対象物の中に、自分の感情をうつし入れてそれととけあうこと。—家 ⓪ 名 喜怒哀楽の情に動かされやすい人。理性より感性の強い人。—障害 [ジョ] 名 気分障害。—的 ⓪ 形動 感情にかたよるようす。すぐに興奮するようす。↕理性的。—論 [ジョ] 名 理知によらず、感情にかたよった議論。

かん-じょう ⓪【管状】名 くだのような形。

かん-じょう ⓪【環状】名 わの形。—線 ⓪ 名 環状に通る道路・鉄道・バスなどの路線。

かん-じょう ⓪【×灌頂】名 真言宗などで、受戒のとき香水をあたまにそそぐ儀式。かんちょう。

かん-じょう [ジョ]【勘定】名 他サ ❶数量をかぞえること。計算すること。「人数を—する」❷金銭の出し入れの計算。❸代金を支払うこと。また、その代金。「—を払う」❹あることについて、あらかじめみつもったりすること。計算。打算。「損得の—」—合って銭足らず 勘定にまちがいはないが、現金が不足している。理論と現実とがあわないこと。—書き ⓪ 名 代金を書いた請求書。—▲尽く ⓪/[ク] 名 形動 損得だけを考えて行動すること。打算。—高い [カ2] 形 金銭の計算がこまかくて、けちけちしている。そろばん高い。—奉行 [ブ] 名 江戸幕府で幕府直轄領内の財政・民治・訴訟にあたった職。

かん-じょう ⓪【勧▲請】名 他サ ❶神仏のおいでや、お告げをねがうこと。❷神仏を他の場所にうつしまつること。

がん-しょう ⓪【岩床】名 岩漿が地中に、敷物のように広がりかたまったもの。

がん-しょう ⓪【岩×漿】名 地熱でとけた地中の岩石。マグマ。

がん-しょう ⓪【岩礁】名 海中にかくれている岩。

がん-じょう ⓪【頑丈】【岩乗】形動 ❶きわめてかたいようす。じょうぶなようす。「—なとびら」❷からだがつよいようす。強靱。

かん-しょく ⓪【官職】名 官吏の地位と職務。

かん-しょく ⓪【寒色】名 見る人にさむい感じをあたえる色で、青色やそれに近い色。↕暖色・温色。

かん-しょく ⓪【間色】名 原色をまぜあわせてできる、やわらかい感じの色。中間色。

かん-しょく ⓪【閑職】名 ❶あまり仕事のない、ひまな職務。↕激職。❷あまり重要視されない職。↕重職。

かん-しょく ⓪【感触】名 皮膚で感じること。てざわり。はだざわり。「やわらかな—」

かん-しょく ⓪【間食】名 自サ 食事と食事の間に、おやつなどを食べること。あいだぐい。↕常食。

かん-しょく ⓪【完食】名 他サ 出された料理を少しも残さず食べること。

がん-しょく [ガ]【顔色】名 かおいろ。かおつき。—無し ❶おどろき・おそれなどのため、かおの色が青くなる。❷圧倒されて元気をなくす。—を失う ⬇がんしょくなし。

かん・じる ⓪【感じる】(「感ずる」(サ変活用)とも) ㊀ 他上一 ❶外からの刺激を受けて、ある感覚を生じる。「寒さを—」❷心に深く思う。「責任を—」「恩義を—」㊁ 自上一 ❶物事に対して、ある感情をもつ。「友だちの親切をうれしく—」「この絵を見てどう感じますか」「感じやすい年ごろ」❷感動する。「人生意気に—」

かん・じる ⓪【観じる】他上一 ⬇かんずる。

かん-しん ⓪【×奸臣・×姦臣】名〔文章語〕心のまがった家臣。わるいけらい。悪臣。

かん-しん ⓪【寒心】名 ぞっとすること。ひどく心配すること。「—にたえない」

かん-しん ⓪【関心】名 そのことに心が引きつけられ、もっと深く知りたいと思うこと。「世間の—が強い」「オリンピックに—をもつ」「選択的夫婦別姓に—をひかれる」⇩興味 参考。—事 [シ] 名 心をひかれていることがら。気になっていることがら。

かん-しん ⓪【歓心】名 よろこぶ心。うれしいと思う心。—を買う 人の気にいるようにつとめる。おべっかをつかう。

かん-しん ⓪【甘心】名 自サ〔文章語〕❶思うぞんぶんにすること。❷快くおもうこと。満足すること。

かん-しん ⓪【感心】㊀ 名 自サ ❶りっぱだと感じ入ること。参考 目上の人には「敬服」という。❷(逆説的な言い方で)あきれること。「あの人のまぬけさかげんには—する」㊁ 形動 りっぱで、ほめるべきさま。「—な心がけ」

かん-じん ⓪【閑人】名 ひまで、用事のない人。ひまじん。「—閑話」

かん-じん ⓪【漢人】名 漢民族の人。

かん-じん ⓪【勧進】名 他サ〔仏〕❶民衆に仏道をすすめて、善に向かわせること。❷寺の建立・修理などのため、信者にすすめてその費用を寄付させること。勧化。—相撲 [ズ] 名「勧進❷」のためにおこなう、相撲の興行。—帳 [ジ]/⓪ 名 勧進の理由や目的をしるして、寄付をつのる帳面。—元 ⓪ 名 ❶「勧進❷」のためにする芝居・相撲などの興行主。❷あることを発起し、世話をする人。

かん-じん ⓪【寛仁】名 形動〔文章語〕心が広くてなさけ深いこと。「—大度」

かん-じん ⓪【肝心・肝腎】形動(の)(肝臓と心臓(または腎臓)は人体にとってたいせつなものであるから)非常にたいせつなようす。肝要。—要 ⓪ 名 形動 いちばんたいせつなこと、または、ようす。

がん-しん ⓪【×雁信】名〔文章語〕⬇がんしょ(雁書)。

かん-しんせい [シ]【完新世】名 地質時代の区分の一時期。新生代第四紀の更新世に続く部分で、ほぼ一万年前から現代まで続いている。沖積世。

かんじん-より ⓪ 名 ⬇かんぜより。

かん-ず ⓪【貫主・貫▲首】名 ⬇かんじゅ❸。

かん-すい ⓪【×鹹水】名〔文章語〕↕淡水。❶しおけをふくんだ水。塩水。❷海水。—魚 [ス] 名 塩水にすむうお。海魚。↕淡水魚。

かん-すい ⓪【冠水】名 自サ 大水のため、田畑や作物などが水につかること。

かん-すい ⓪【×灌水】名 自サ 水をそそぐこと。「田に—する」

かん-すい ⓪【完遂】名 他サ 完全にやりとげること。

がんすい-たんそ [タ]【含水炭素】名 炭水化物。

かん-すう [ス]【関数】【×函数】名 ある数(y)が他の数(x)の変化にともなって変化するとき、yをxの関数という。—関係 [カ2] 名 二つ以上の変数の間で、一方が変化すればそれにつれて他方も変化する関係。

かん-すうじ [ス]【漢数字】名 数をあらわす漢字。一、二、十、百など。↕アラビア数字・ローマ数字。

かんす-ぼん ⓪【巻子本】名 巻物になっている本。かんしぼん。↕冊子。

かん・する [ス]【×姦する】〔文章語〕㊀ 自サ 姦通する。㊁ 他サ 女性を犯す。かん・す 文語サ変

かん・する [ス]【関する】自サ かかわる。関係する。「政治に—話」くゎん・す 文語サ変

かん・する [ス]【冠する】〔文章語〕㊀ 他サ ことばなどを上にかぶせる。上にのせる。「日本を—語」㊁ 自サ かんむりをつける。くゎん・す 文語サ変

かん・する [ス]【管する】[他サ]〔文章語〕❶取りしまる。❷領地などをおさめる。くわん・す [文語サ変]

かん・する [ス]【×緘する】[他サ]〔文章語〕❶口をとじる。「口を緘して語らず」❷封をする。かん・す [文語サ変]

かん・ずる [0]【観ずる】[他サ]〔文章語〕〔「観じる」(他上一)とも〕❶いろいろと観察して思いめぐらす。「つらつら浮世を―に」❷真理をさとる。「人生の無常を―」くわん・ず [文語サ変]

かん・ずる [0]【感ずる】[自他サ] ⬇かんじる。かん・ず [文語サ変]

かん・せい [0]【官制】[名] 国の行政機関の設置・名称・組織・権限などについてのきまり。

かん・せい [0]【官製】[名] 政府が製造すること。「―の地図」↕私製。

かん・せい [0]【陥×穽】[名]〔文章語〕❶おとしあな。❷人をおとしいれるはかりごと。「先方の―におちいる」

かん・せい [0]【乾性】[名] すぐかわく性質。水分をふくむ量の少ない性質。↕湿性。―**油** [セ][名] 空気中ですぐかわく植物油。桐油・亜麻仁油など。↕不乾性油。

かん・せい [0]【喚声】[名] さけび声。「―があがる」

かん・せい [0]【×喊声】[名] ときの声。「―をあげる」

かん・せい [カ]【感性】[名] ❶感受性。❷〔哲〕悟性と並んで知識を形成する、対象を直観的に受け入れる能力。直観の能力。↕悟性・理性。

かん・せい [0]【慣性】[名] 物体が外からの力を受けないかぎり、いまの状態をもちつづけようとする性質。惰性。

かん・せい [0]【歓声】[名] よろこびの声。「―をあげる」

かん・せい [0]【×鼾声】[名]〔文章語〕いびきの音。いびき。

かん・せい [0]【管制】[名][他サ] 国などがあることがらを強制的に管理・制限すること。「灯火―」 ―**塔** [0][名] 空港で、管制官が離着陸の飛行機に指示をあたえるための塔。コントロールタワー。

かん・せい [0]【完成】[名][自他サ] すっかりできあがること。また、できあがらせること。「―を見る」

かん・せい [カ]【閑静】[形動] ものしずか。「―な住宅地」

かん・ぜい [0]【関税】[名] 外国から輸入する貨物について、とりたてる租税。―**同盟** [ド][名] 二つ以上の独立国がたがいの利益のために結ぶ、関税についてのとり決め。共通の関税地区の設置などを内容とする。

がんせい-ひろう [ヒ]【眼精疲労】[名] 目がつかれて、本などが長く読めなくなる状態。

かん-ぜおん-ぼさつ《観世音菩薩》〔「観世音」は衆生がその名を唱える音声をしずかに聞きとる意〕衆生の求めに応じ、これをすくうために、いろいろな姿に身を変えてあらわれるというぼさつ。観世音。観音。

かん-せき [0]/[カ]【漢籍】[名] ❶中国の書物。❷漢文の書籍。

がん-せき [ガ]【岩石】[名] 地殻の一部を形づくる鉱物質。いわ。

かん-せつ [0]【官設】[名] 国家がもうけつくること。官立。↕私設。

かん-せつ [0]【冠雪】[名] 山などの高いところに雪が積もること。「初―」

かん-せつ [0]【間接】[名] ↕直接。何かをへだてたり、遠まわりしたりして目的物に対すること。「―の影響」―**喫煙** [キ][名] 非喫煙者が、周囲にいる喫煙者の吸うたばこの煙を吸い込むこと。受動喫煙。―**照明** [ショ][名] 光線をいったん壁や天井に反射させて利用する照明。↕直接照明。―**税** [ツ][名] 直接には製造者・販売者が負担し、消費者は間接的に負担する税。酒税・入場税など。↕直接税。―**選挙** [セ2][名] 有権者が選挙人を選出し、選挙人が候補者に投票する選挙法。アメリカの大統領選挙はこの方式。↕直接選挙。―**的** [0][形動] 人や物を介して物事が行われたり、関係したりする。「―に聞いた話」↕直接的。―**話法** [ワ][名] 他人のことばを引用するとき、その発言のとおりに言わず、現在の話し手の立場から、人称などを変えて、その内容をのべるのべ方。例「かれは私に感謝していると言った」↕直接話法。

かん-せつ [0]【関節】[名] 二つ以上の骨がつながりあっていて、そこを中心として動くことができる部分。―**炎** [ツ][0][名] 関節におこる炎症。

かん-ぜつ [0]【冠絶】[名][自サ]〔文章語〕とびぬけてすぐれていること。卓絶。「世界に―する技術」

がんぜ-な・い [ナ]【頑是無い】[形] おさなくて物のよしあしがよくわからない。「―子ども」

かんぜ-より [0]【観世×縒】[名]〔能の観世太夫がはじめて作ったからともいう〕紙を細長く切ってよって、ひものようにしたもの。かんじんより。こより。

かん-せん [0]【汗腺】[名] 皮膚にあって、あせを分泌するせん。

かん-せん [0]【官×撰】[名]〔文章語〕政府で編修すること。また、その書物。↕私撰。

かん-せん [0]【官選】[名] 政府がえらぶこと。「―弁護人」↕民選。

かん-せん [0]【乾×癬】[名] 皮膚の新陳代謝が異常に活発になる慢性の皮膚疾患。

かん-せん [0]【幹線】[名] 道路・鉄道などで中心となる線。「―道路」↕支線。

かん-せん [カ]【艦船】[名] 軍艦と船舶。

かん-せん [0]【感染】[名][自サ] ❶細菌やウイルスが体内に入ること。「―源」❷他のものの影響をうけて、その性質にそまること。「軽薄な風潮に―する」―**症** [0][名] 病原体が体内に侵入し増殖して起こる病気。伝染するものとしないものとがある。

かん-せん [0]【観戦】[名][他サ] ❶戦いの状況をながめること。❷競技・試合などを見物すること。

かん-ぜん [0]【間然】[名] 欠点を指摘し、非難するようす。―**する所が無い** すこしも非難すべきところがない。とやかく、文句をつけるところがない。完璧である。

かん-ぜん [0]【勧善】[名] よいおこないをすすめること。↕懲悪。―**懲悪** [0][名] よいおこないをすすめ、悪人をこらしめること。「―の物語」

かん-ぜん [0]【完全】[名][形動] 欠点・不足がまったくないこと。申し分のないこと。―**看護** [カ2][名] 付添人なしで看護師が患者の世話をすべてするやり方。―**雇用** [コ][名] はたらきたい人全部が就職できること。―**試合** [ジ][名] 野球で、相手チームにひとりの走者も出させず、一投手が完投した試合。パーフェクトゲーム。―**失業率** [ギョ][名] 満一五歳以上の者の中で、働く意思があっても仕事につけない人の割合。―**燃焼** [ネ][名] 酸素がじゅうぶんに供給され、燃えるべき物がすべて燃えつくすこと。―**犯罪** [ハ][名] 証拠を一切残さずに行われた犯罪。―**変態** [ヘ][名] 昆虫が成虫になるとき、卵・幼虫・さなぎの三段階を経ること。ちょう・がなどにみられる。↕不完全変態。―**無欠** [0][名][形動(の)] 完全で、すこしもかけているところがないこと。完璧。「―な防備」

かん-ぜん [0]【敢然】[(と)副][たる連体]〔文章語〕思いきって。心をきめて。「―とたたかう」

がん-せん [0]【頑×癬】名〔文章語〕いんきん。

がん-ぜん [0]【眼前】名 目のまえ。まのあたり。目前。

かん-そ [カ]【簡素】形動 ダロ・ダッ・デ・ニ／ダナ・ナラ・○ むだなかざりがないようす。特に、費用をかけないようす。「―な服装」「―な暮らし」

がん-そ [ガ]【元祖】名 ❶一家の祖先。先祖。❷ある物ごとをはじめた人。創始者。鼻祖(びそ)。「二刀流の―」

かん-そう [0]【間奏】名 協奏曲・歌曲などの途中にはさむ、器楽で合奏または伴奏する部分。 **―曲**(きょく) [ソ]名 歌劇などの幕あいに奏するみじかい楽曲。また、楽曲の途中にはさまれたみじかい曲。インテルメッツォ。

かん-そう [0]【感想】名 感じ思うこと。所感。「―を述べる」 **―戦**(せん) [0]名 囲碁・将棋で、勝敗が決した後、対局者がたがいの戦い方について検討をし合うこと。

かん-そう [0]【観相】名 人相・手相などを見て性質や運命などを判断すること。人相見。うらない。

かん-そう [0]【観想】名〔文章語〕ある対象について一心に思いをこらすこと。

かん-そう [0]【完走】名 自サ 最後まで走りぬくこと。「マラソンで―する」

かん-そう [0]【歓送】名 他サ 人の出発を祝い、激励しておくること。「―会」↔歓迎。

かん-そう [0]【乾燥】名 自他サ 水分・湿気がなくてかわくこと。また、かわかして湿気をとりさること。「空気が―する」 **―気候**(こう) [キ]名 年間の雨量が蒸発量よりも少ない地帯の気候。 **―剤**(ざい) [0]/[ソ]名 物をかわかしたり、湿気をふせぐための物質。無水塩化カルシウム・濃硫酸など。

かん-ぞう [0]【甘草】名 マメ科の多年生植物。夏、うす紫色の、ちょうに似た形の花が咲く。根には、独特の甘味があり、甘味用・薬用。(夏)

かん-ぞう [0]【肝臓】名 腹腔(ふくこう)の上部にある内臓器官の一つ。胆汁(たんじゅう)をつくり、養分をたくわえ、毒物の分解などの働きをする。 **―ジストマ** [ジ]名 人・家畜の肝臓に寄生するジストマ。肝吸虫。

かん-ぞう [0]【×萱草】名 山野に自生するユリ科の多年生植物。夏、だいだい色のゆりに似た大きな花が咲くが、一日でしぼむ。花は(夏)

がん-そう [0]【含×嗽】名 自サ〔文章語〕口をすすぐこと。うがい。

がん-ぞう [0]【×贋造】名 他サ にせものをつくること。また、そのつくったにせもの。偽造。がん作。「―紙幣」

かん-そく [0]【観測】名 他サ ❶自然現象をよく見てその推移・変化をしらべること。「気象を―する」❷なりゆきをおしはかること。「希望的―」 **―気球**(ききゅう) [キ]名 ❶高空の気象観測のためにあげる気球。❷計画を実行する前に、一般の反応を見るためにそれとなくもらす情報。「―をあげる」

かん-ぞく [0]【×奸賊・×姦賊】名〔文章語〕よこしまな悪人。

かんぞく【還俗】「げんぞく」のあやまり。

かん-そん [0]【寒村】名 まずしくてさびしい村。

かんそん-みんぴ [ミ]【官尊民卑】名 政府や官吏をたっとび、民間や人民を低くみること。

カンタータ [タ]〈イ cantata〉名 独唱・重唱・合唱に器楽の伴奏を加えた叙情的な声楽曲。交声曲。

カンタービレ [タ]〈イ cantabile〉＝カンタビ(ー)レ 名 器楽曲の発想記号で、「歌うように美しく」の意味。

かん-たい [0]【寒帯】名 地球の南緯・北緯おのおの六六・五度以上の地帯。気候区分では、もっとも高温の月の平均気温が一〇度以下の区域。↔熱帯・温帯。 **―林**(りん) [タ]名 えぞまつ・とどまつ・しらびそなどからなる亜寒帯林のこと。

かん-たい [0]【緩怠】名〔文章語〕❶おこたり。❷ておち。過失。

かん-たい [0]【艦隊】名 軍艦二隻以上で編制する部隊。

かん-たい [0]【歓待】【款待】名 他サ よろこんでもてなすこと。「―を受ける」

かん-だい [0]【寛大】形動 ダロ・ダッ・デ・ニ／ダナ・ナラ・○ 心がゆったりしていておおようなようす。度量の大きいようす。「―な処置」

がん-たい [0]【眼帯】名 病気の目をおおっておく、布。

かんたい-じ [タ]【簡体字】名 中国の文字改革によって正式に用いられている、簡単にした字体の漢字。簡化字。从(従)・华(華)・汉(漢)など。

かん-たいへいよう [カ]＝[ヘ]【環太平洋】名 太平洋をとりまくこと。「―火山帯」

かん-だか・い [カ]2【甲高い】形 カロ・カッ・ク／イ・イ・ケレ・○ 声の調子が高く鋭い。「―もずの声」 **甲高さ** 名 **かんだか・し** 文語ク

かん-たく [0]【干拓】名 他サ 湖・沼・海の水をほして、農耕・牧畜などのできる陸地にすること。「―地」

かんだち-め [チ]【▲上▲達▲部】名 宮中に仕えた、大臣・大中納言・参議と三位(さんみ)以上の人。かんだちべ。公卿(くぎょう)。

がん-だて [0]【願立て】名 神仏に願いごとをすること。

かん-たまご [タ]【寒卵】名 にわとりが寒中に生んだ卵。とくに栄養価が高いとされる。(冬)

かん-たる [カ]【冠たる】連体 ➡かん(冠)㊁。

がん-だれ [0]【がん垂れ】【×雁垂】名 漢字の部首の一つ。「厚」「原」などの「厂」。

かん-たん [0]/[カ]【肝胆】名〔文章語〕〔肝(きも)と胆(い)〕心中。心。 **―相**(あい)**照**(て)**らす** 心の底までさらけだしてつきあう。きわめて親しいつきあい。「―仲」 **―を砕**(くだ)**く** たいそう苦心する。

かん-たん [0]/[カ]【×邯×鄲】名〔「邯鄲」は当て字〕カンタン科の昆虫。形は細長く、すずむしに似て、淡い黄緑色。秋、美しい声で鳴く。(秋)

かんたん《邯鄲》昔の中国の地名。 **―師**(し) [タ]名〔邯鄲の夢の故事による〕まくらさがし。 **―の歩**(あゆ)**み** むやみに他人のまねをすると自分本来のものも失うというたとえ。うのまねをするからす。 参考 昔、中国の燕(えん)の青年が趙(ちょう)の都邯鄲へ行き、都会ふうの歩き方を学んだが、できず、そのうえ自分の歩き方まで忘れたという故事から。 **―の枕**(まくら) 邯鄲の夢。 **―の夢**(ゆめ) 人の一生の栄枯盛衰ははかないものだということ。盧生(ろせい)の夢。一炊(いっすい)の夢。 参考 昔、中国の趙(ちょう)の都邯鄲で盧生という男が道士にまくらを借りて眠ったところ、立身出世し金持ちになった夢を見たが、覚めてみると、寝る前にたいていたあわがまだにえていない短い間であったという故事から。

かん-たん [0]【感嘆】【感×歎】名 自サ 感心してほめること。嘆賞。 **―詞**(し) [タ]名 感動詞。 **―符**(ふ) [タ]名 感嘆の気持ちを表す符号「！」。エクスクラメーションマーク。

かん-たん [0]【簡単】形動 ダロ・ダッ・デ・ニ／ダナ・ナラ・○ ❶ものの仕組みがこみいっていないようす。単純。「―な図形」↔複雑・煩雑。❷わかりやすく、むずかしくないようす。やさしい。「―な問題」↔複雑。❸時間や手数のかからないようす。手軽。容易。「―に話す」「―に作れる模型」

かん-だん [0]【寒暖】名 さむさとあたたかさ。 **―計**(けい) [0]/[ダ]名 温度をはかる器具。温度計。

かん-だん [0]【間断】名 たえま。きれめ。「―なくつづく車の流れ」

かん-だん [0]【閑談】名 自サ ❶のんびりと話すこと。また、その話。閑語。「ひと時―する」❷むだ話をすること。また、そのむだ話。閑話。

かん‐だん⓪【歓談】【款談】名自サ うちとけて話すこと。また、その話。「―に時を過ごした」

がん‐たん⓪【元旦】名 元日の朝。元朝。元日。新年

かん‐ち カ【×奸知・×姦×智】名〔文章語〕わるがしこいちえ。わるぢえ。「―にたけた男」

かん‐ち カ【寒地】名 さむい土地。↕暖地・熱地。

かん‐ち カ【閑地】名〔文章語〕❶しずかな土地。❷仕事のない、ひまな地位・職務。気楽な地位・職務。「―に就く」

かん‐ち カ【完治】名自サ 病気などが完全になおること。かんじ。「傷が―する」

かん‐ち⓪【換地】名自サ 土地を取りかえること。また、かわりの土地。かえ地。

かん‐ち カ【感知】名自サ 感じ知ること。気づくこと。「まだだれも―しない」

かん‐ち カ【関知】名自サ 関係をもつこと。あずかり知ること。「以後は―しない」

かん‐ちがい チ【勘違い】名 思いちがい。

かん‐ちく カ【寒竹】名 竹の一種。たけが低く、茎がほそい。庭園・いけがき用。

がん‐ちく⓪【含蓄】名 意味が深くてあじわいのあること。内容がゆたかなこと。「―のあることば」

かん‐ちつ⓪【巻×帙】名〔文章語〕〔「巻」はまき物、「帙」は書物をつつむものの意〕書物のこと。

かん‐ちゅう⓪【寒中】名 ↕暑中。❶寒のうち。寒の間。冬 ❷さむさのきびしい期間。**―見舞い** ミ名 寒さのきびしい時期のあいさつ状。寒の入りから立春の前にかけて出す。

がん‐ちゅう ガ【眼中】名 ❶目の中。❷関心のはんい。**―に無い** 心にとめない。問題にしない。**―人無し** 人のことはすこしも考えず、わがままにふるまうようす。傍若無人だ。

かん‐ちょう⓪【干潮】名 ひきしお。↕満潮。

かん‐ちょう⓪【完調】名 どこも悪いところのない、完全な調子。ベストコンディション。「―で試合に臨む」

かん‐ちょう カ【官庁】名 国の行政・司法の事務をとる役所。官署。

かん‐ちょう⓪【貫長・貫頂】名 貫首。

かん‐ちょう⓪【間×諜】名 スパイ。間者。

かん‐ちょう⓪【勧懲】名「勧善懲悪」の略。

かん‐ちょう カ【管長】名 仏教・神道などで、一宗一派の長。

かん‐ちょう カ【館長】名 図書館・美術館などの館と呼ばれるところの長。

かん‐ちょう⓪【×灌頂】名 ➡かんじょう。

かん‐ちょう カ【艦長】名 軍艦の乗組員の長。

かん‐ちょう⓪【×浣腸・×灌腸】名他サ 便通をうながしたり、栄養をあたえたりするため、肛門から直腸の中に薬や栄養分を注入すること。

がん‐ちょう⓪【元朝】名〔文章語〕元日の朝。元旦。新年

かんつい【完遂】「かんすい」のあやまり。

かん‐つう⓪【×姦通】名自サ 男女が不義の交わりを結ぶこと。特に、夫のある女がほかの男と通じること。参考 姦通罪は、一九四七年に刑法改正で廃止。

かん‐つう⓪【貫通】名自他サ つらぬきとおること。また、とおすこと。「トンネルの―」

カンツォーネ ツォ〈イ canzone〉名 イタリアのポピュラーソング。ナポリ民謡からジャズふうのものまで、範囲は広い。

かん‐づ・く ヅ【感(勘)づく】自五 カコキイクケ 気づく。心づく。「うすうす―」

かん‐つばき ツ【寒×椿】名 寒中に花の咲くつばき。冬

かん‐づめ ヅ【缶詰】名 ❶ながもちがするように、食品をかんにつめ、封をして加熱殺菌したもの。❷人をとじこめて外部との関係・連絡をたつこと。「ホテルに―にされて原稿を書く」

かん‐てい⓪【官邸】名 高級官吏のための官舎。「首相―」↕私邸。

かん‐てい⓪【艦艇】名 大小各種の軍艦。

かん‐てい⓪【×戡定】名他サ〔文章語〕〔「戡」は勝つの意〕戦いに勝ち、乱をしずめて、国をおさめること。

かん‐てい⓪【鑑定】名他サ しらべてほんものかどうか、また、品質のよしあし・価値などを見定めること。めきき。「筆跡―」

がん‐てい⓪【眼底】名 眼球の内部で網膜のある部分。「―出血」

かんてい‐りゅう⓪【勘亭流】名 歌舞伎・相撲のかんばん・番付などを書くのに使う肉太な書体。江戸時代、岡崎勘亭のはじめたものという。

かん‐てつ⓪【貫徹】名他サ つらぬきとおすこと。やりとおすこと。「初志を―する」参考「完徹」と書くのはあやまり。

×噛んで吐き出す 不愉快らしく、ぶっきらぼうに言うようす。「―ような言い方」

×噛んで含める〔食べ物を一度かんでから、子どもなどに食べさせることから〕わかりやすく言って聞かせる。「―ような教え方」

カンテラ⓪〈オ kandelaar〉名 ブリキ板や銅板などでかこった、携帯用の石油ランプ。

カンデラ⓪〈candela〉名 国際単位系の七つの基本量の一つである光度の単位。一九七九年、国際的に採用。「燭」に代わって用いる。記号は「cd」。

かん‐てん⓪【干天】【×旱天】名 ひでり。夏 **―の慈雨** ❶ひでりつづきの時に降るめぐみの雨。❷待ちのぞんでいたことやものが手にはいり、または、実現することのたとえ。

かん‐てん⓪【官展】名 政府が主催する美術展。官設美術展。参考 一九五八年から民間団体の「日展」の運営となり、存在しなくなった。

かん‐てん⓪【寒天】名 ❶⓪冬のさむざむとした空。さむぞら。冬 ❷テ てんぐさのしるを煮てかため、こおらせてかわかしたもの。菓子の材料などにする。また、緩下剤・細菌培養基としても用いる。

かん‐てん カ【寒点】名 冷点。↕温点。

かん‐てん カ【観点】名 見たり考えたりするときの、一定の立場。見地。視点。「―をかえて考える」

かん‐でん⓪【乾田】名 ❶水のかわいた田。❷水はけがよく、畑にすることのできる田。↕湿田。

かん‐でん⓪【感電】名自サ 身体に電流の衝撃を受けること。**―死** テ名 感電して死ぬこと。

かんてん‐きち キ【歓天喜地】名〔文章語〕天地に向かってひどくよろこぶこと。非常によろこぶこと。

かん‐でんち テ【乾電池】名 炭素棒を陽極、亜鉛を陰極とし、その間に塩化アンモニウムなどをまぜあわせ、入れものにつめた電池。おもに、携帯用。

かんてん‐ぼうき ボ【観天望気】名 雲や風の動きなどを観察して、経験をもとに天気を予想すること。

かん‐と カ【官途】名 官吏の職務・地位。官位。「―につく」

かん‐ど カ【感度】名 感じる度合い・程度。「ラジオの―が落ちる」

かん-ど[カ]【漢土】名[文章語] 中国。もろこし。

かん-とう[0]【官等】名 官吏の等級。

かん-とう[0]【巻頭】名 書物や雑誌などのはじめ。巻首。「—の論文」↔巻尾・巻末・巻軸。**—言**[ト]名 雑誌などの最初にのせ、その雑誌の立場・主張をあらわす文章。

かん-とう[0]【×竿頭】名[文章語] さおのさき。「百尺—一歩を進める」

かん-とう[0]【関頭】名[文章語] わかれめ。岐路。「生死の—に立つ」

かん-とう[0]【完投】名 自サ 野球で、ひとりの投手が一試合投げとおすこと。「—勝利」

かん-とう[0]【敢闘】名 自サ 勇ましく戦うこと。奮闘。「—賞」

かん-とう《関東》↔関西。一 関東地方。箱根から東の地方で、東京都と神奈川・埼玉・群馬・栃木・茨城・千葉の諸県。二[古語] ❶逢坂の関から東の地方。❷箱根から東の諸国。あずま。❸鎌倉幕府・江戸幕府のこと。

かん-どう[0]【間道】名 ぬけみち。わきみち。↔本道。

かん-どう[0]【感動】名 自サ 立派な行為やすばらしい物事に出会って心が動かされること。「恩師の言葉に—する」**—詞**[ド]名 品詞の一つで、話し手の感動をあらわし、また、呼びかけ・応答などに使われる語。感嘆詞。「ああ・もし」など。⇩(付)品詞分類 **—助詞**[ジョ]名 意味を強めたり、調子をととのえたりするために使われる助詞。間投助詞・終助詞を合わせたもの。**—文**[0][ド]名 性質によって分けた文の種類の一つ。感動の気持ちをあらわす文。多くは感動詞や感動の終助詞を使う。「ああきれいだ」「うまいなあ」など。↔平叙文・疑問文・命令文。

かん-どう[0]【勘当】名 他サ 親・師匠が、子や弟子との縁を切って追いだすこと。「—息子」

がん-とう[0]【岩頭】【×巌頭】名 いわの上。いわはな。

がん-どう[0]【×龕灯】名 つりがね形のかこいの中に自由に動くろうそく立てを入れたちょうちん。前方だけを照らすしくみになっている。がんどうぢょうちん。**—返し**[ガ2]名 歌舞伎で、屋台・書き割りをうしろに倒して、次の場面とするやり方。どんでんがえし。**—提灯**[チョ]名 がんどう。

がんどう

かんとう-かんれい[カ2]【関東管領】名 室町幕府が関東を守るために、鎌倉においた職名。

かんとう-し[ト]【間投詞】名 感動詞の一種。「あの—」「えー」など、文の途中で言いよどんだり、記憶をたどったりするときに発する語。

かんとう-じょし[ジョ]【間投助詞】名 文節の終わりにつき、感情をあらわす助詞。「ね・さ・よ」など。

かんとう-だいしんさい《関東大震災》大正十二(一九二三)年九月一日、関東全域にわたる地震で生じた大災害。東京と近県だけで全壊一三万戸、全焼四五万戸、死者・行方不明一四万人におよんだ。

かんとう-だき[0]【関東炊き】名 (関西地方で)おでん。関東煮。

かん-どうみゃく[ド]【冠動脈】名 心臓に直接栄養を与える動脈。狭心症・心筋梗塞などは、ここの故障。冠状動脈。

かんとう-ロームそう[カ・ム]【関東ローム層】名 関東地方の台地をおおっている、赤かっ色・粘土質の火山堆積層。

かん-とく[0]【感得】名 他サ 感じさとること。「コツを—する」

かん-とく[0]【監督】名 他サ ❶とりしまること。また、その人。❷映画の撮影や、スポーツのチームを指揮する人。

かん-どころ[0]【勘所】名 ❶しゃみせん・ことなどで、弦をおさえて音調をととのえる場所。つぼ。❷物ごとの急所。要点。「—をおさえる」

がん-として【頑として】連語 自分の考えをかたく守ってゆずらないようす。がんこなようす。「—承知しない」参考 あとに打ち消しの語がくることが多い。

かん-どり【×楫取り】名[古語] かじとり。船頭。

カントリー〈country〉造 いなか。郊外。**—クラブ**[ク]〈country club〉名 郊外にある、ゴルフ・テニスなどの施設をそなえた社交クラブ。**—ミュージック**[ミュ]〈country music〉名 アメリカ南部・西部の開拓民の音楽から生まれたフォークソング。

かんな[ナ]【×鉋】名 材木の表面をけずって、たいらにする道具。「—をかける」

かん-な【▲仮名】名[古語](「かりな」の変化)かな。かな文字。↔まんな。

カンナ[カ]〈canna〉名 カンナ科の多年生植物。夏・秋に花穂を出し、紅・黄色の美しい花が咲く。(秋)

かんな

かん-ない[カ]【管内】名 役所の管轄区域の中。管下。↔管外。

かん-ながら【×惟神・▲随神】名[古語] ❶神の心のままであること。神そのもの。❷神代からのまま。‖かみながら。かむながら。**—の道** 神道。

かんな-づき【神無月】名[古語] 陰暦十月。かみなづき。(冬) ⇩月(表)。

かんなめ-さい[ナ・メ]【神×嘗祭】名 十月十七日に、天皇がその年の新穀を、皇大神宮にそなえる皇室の大祭。(秋)

かん-なん[カ]【×艱難】名 苦しみなやむこと。苦労。難儀。「—辛苦」**—×汝を玉にす** 苦労をかさねてこそ、人は大成する。

がん-にく[0]【眼肉】名 たいやまぐろなどの魚で、目の周りのやわらかい肉。

かん-にゅう[0]【観入】名 自サ[文章語] 深く分け入って対象の本質をつかむこと。「実相に—する」

かん-にゅう[0]【×嵌入】名 自他サ[文章語] 穴などにはまりこむこと。はめこむこと。

かん-にょ[カ]【官女】名 ➡かんじょ。

かん-にん[カ]【堪忍】名 自サ ❶こらえしのぶこと。忍耐。❷いかりをおさえて人を許すこと。「—できない」**—袋の緒が切れる** これ以上はとてもがまんできない。

がん-にん[0]【願人】名 ❶[文章語] ねがいぬし。請願人。❷神仏に願をかける人。❸がんにんぼうず。**—坊主**[ボ]名 ❶江戸時代、代参などをひき受けたこじき僧。❷江戸時代のこじきの僧。髪ののびた僧。

カンニング[0]〈cunning〉名 (ずるいの意)試験のとき、受験者がする不正行為。

かん-ぬき[ヌ]【×閂】名 (「かんのき」の変化)❶門・とびらなどをしっかりしめるための横木。❷相撲で、もろざしになった相手の腕を外がわからかかえこんでしめつけるわざ。

かん-ぬし[カ]【神主】名 神社につかえている人。神職。また、その長。

かん-ねい[0]【×奸×佞・×姦×佞】名 形動[文章語] 心がまがっていて人にこびへつらうこと。また、その人。「—邪知」

かんねつ-し[ツ]【感熱紙】名 表面に化学物質をぬって、熱が加わるとその部分が発色するようにした用紙。

かん-ねぶつ[ネ]【寒▲念仏】名 ➡かんねんぶつ。(冬)

かん-ねん カ【観念】㊀名自サ ❶〔仏〕心を静かにして真理を考え思うこと。❷あきらめること。かくごすること。「いいかげんに―しろ」㊁名 ❶〔心〕一定の刺激をうけて、それがなくなったあとまで、それについて心のなかに残る印象。心象。❷〔哲〕イデア。理念。理想。表象。❸物ごとについての考え。 **―小説**(しょうせつ) ショ名 ある観念を露骨にあらわす小説。明治中期に流行。 **―的**(てき) ⓪形動 具体的・客観的なことがらを無視して、観念にかたよるようす。↕具体的。 **―の×臍**(ほぞ)**を固**(かた)**める**（ほぞ（臍）は、へそ）もうこれまでと、かくごする。 **―論**(ろん) ネ名 ❶〔哲〕外界の事物は実在せず、実在するものは認識主体の精神における観念だけであるとする認識論。唯心論。↕唯物論・実在論。❷現実を無視した理想論。

がん-ねん ガ【元年】名 年号の最初の年。「明治―」

かん-ねんぶつ ネ【寒念仏】名 寒中、早朝・夜間などに念仏をとなえ、寺まいりをする修行。かんねぶつ。㊂冬

かん-のう ⓪【官能】名 ❶感覚をおこす器官の働き。❷動物の諸器官の働き。❸肉体的快感。性的欲望をみたす働き。「―的な舞踊」

かん-のう カ【間脳】名 大脳と中脳とのあいだにあって、視床・脳下垂体・松果体などのある所。

かん-のう ⓪【勧農】名 農業を奨励すること。

かん-のう ⓪【観能】名 能楽を観賞すること。

かん-のう ⓪【感応】名自サ〔「かんおう」の変化〕❶物ごとにふれて心が感じ動くこと。「相手の誠意に―する」❷信心が神仏に通じること。❸導体が電気・磁気をおびること。

かん-のう ⓪【完納】名他サ 完全におさめること。全納。「税金を―する」

かん-のう ⓪【堪能】名形動〔文章語〕技術などがよくできること。また、その人。じょうず。「書道に―な人」参考 慣用読みの「たんのう」が普通に用いられる。

かん-の-き ノ【貫の木】【×閂】名 ⇒かんぬき。

かん-のん ⓪【観音】名〔「観世音(かんぜおん)」の略。「かんおん」の変化〕観世音菩薩(ぼさつ)。 **―経**(きょう) ⓪名 法華経二十八品(ほん)の一つ。普門品(ふもんぼん)。 **―開**(びら)**き** ビ名 中央で合わさり、左右にあくしくみ。また、そういうしくみの戸。参考 観音の厨子(ずし)の戸の作り方から。

かん-ば カ【×樺】名 ⇒かば。

かん-ば カ【汗馬】名 馬を走らせて、あせをかかせること。また、その馬。 **―の労**(ろう) ❶いくさのてがら。戦功。❷かけずりまわる苦労。奔走の労。「―をいとわない」

かん-ば カ【×悍馬・×駻馬】名 性質があらくて御(ぎょ)しにくい馬。

かん-ぱ カ【寒波】名 冬に、激しい寒気がおしよせてきて、気温が急にさがる現象。㊂冬「―襲来」

かん-ぱ カ【看破】名他サ 見やぶること。見ぬくこと。「策略を―する」

カンパ カ名他サ〔ロ kampanija から〕大衆によびかけて資金を募集すること。また、それに応じること。

かん-ばい ⓪【寒梅】名 寒中に花の咲くうめ。㊂冬

かん-ばい ⓪【観梅】名〔文章語〕うめの花を観賞すること。梅見。㊂春

かん-ばい ⓪【完売】名自他サ 商品を完全に売りつくすこと。「即日―」

かん-ぱい ⓪【完敗】名自サ 完全に負けること。「一〇対〇で―する」↕完勝。

かん-ぱい ⓪【乾杯】名自サ 祝福のため、さかずきをあげて、酒をのみほすこと。

かん-ぱい ⓪【感×佩】名自サ〔文章語〕〔「佩」は心にとめるの意〕深く感じて忘れないこと。「恩情に―する」

かん-ぱい ⓪【完配】名他サ 配給する予定のものを全部くばり終えること。

かん-ぱく カ【関白】名 ❶平安時代以後、天皇をたすけて政務をとった重要な職。太政(だじょう)大臣の上の地位。❷威力・権力の強い者をたとえていう語。「亭主―」

かんばし・い【芳しい】㊀シ形(カロ・カッ・ク|イ|イ|ケレ|○) ❶においがよい。かおりがよい。❷できがよい。おもわしい。「―成績とはいえない」「芳しくない評判」参考 ふつう、下に打ち消しの語がくる。❸評判がよい。「―名を残す」 **芳しさ** 名 **かんば・し** 文語シク ㊁形シク〔古語〕においがよい。「その餌(え)はなはだかんばし」〈雨月〉参考「かぐわしい」の古語「かぐはし」（香(か)+精(くは)し）が撥(はつ)音便化してできたことば。

かん-ばし・る シ【甲走る】自五(ラ・ロ|リ・ッ|ル|ル|レ|レ|*) 声が細く、高く、するどくひびく。声がきんきんしている。

カンバス カ〈canvas〉名 ⇒キャンバス。

かん-ばせ ⓪名〔文章語〕〔「かほばせ」の変化〕❶顔つき。「花の―」❷面目。体面。「なんの―あってまみえようか」

かん-ぱち ⓪【間八】名 アジ科の海水魚。ぶりに似るが体高が高い。夏のころがおいしい。㊂夏

かん-ばつ ⓪【干×魃・旱×魃】名 ひでりがつづいて、農作物に水が不足すること。㊂夏

かん-ばつ ⓪【間伐】名他サ 森林で、木の育ちをよくするため、適当な間隔で木を切って間をあけること。すかしぎり。

かん-ばつ ⓪【簡抜】名他サ〔文章語〕よりぬくこと。選抜。「有能者を―する」

かん-ぱつ【間髪】「間(かん)髪(はつ)を入れず」を「間髪」と区切ったあやまり。

かん-ぱつ ⓪【×煥発】名自サ〔文章語〕火が燃えだすように、輝きあらわれること。「才気―」

かん-ぱつ ⓪【×渙発】名他サ〔文章語〕天皇が詔勅を発すること。「大詔―」

かん-はっしゅう《関八州》相模(さがみ)・武蔵(むさし)・安房(あわ)・上総(かずさ)・下総(しもうさ)・常陸(ひたち)・上野(こうずけ)・下野(しもつけ)の関東八か国。

カンパニー カ〈company〉名 ❶会社。商会。商社。略号Co. ❷集まり。仲間。

かんばら-ありあけ《蒲原有明》一八七五～一九五二。詩人。本名は隼雄(はやお)。西欧近代象徴詩の影響を受けた作品を発表した。詩集に「春鳥(しゅんちょう)集」「有明(ありあけ)集」など。

がん-ば・る バ【頑張る】自五(ラ・ロ|リ・ッ|ル|ル|レ|レ) ❶強く自分の意見をおしとおす。我(が)をはる。❷いっしょうけんめいに努力する。「クラスのために―」❸こらえる。ふんばる。「負けるな、頑張れ」❹ある場所をしめて動かない。「店先に―」参考「眼(がん)を張る」が語源だとされる。 **頑張り** 名 **頑張れる** 自下一[…できる]

かん-ばん ⓪【看板】名 ❶商店や興行場の前にかかげて通行人の注意をひこうとするもの。❷人の注意をひくためのもの。「政党が減税を―にする」❸〔看板をしまいこむことから〕その日の営業をおわりにすること。閉店。「―にする」❹店の信用。「―に傷がつく」 **―が泣**(な)**く** 表向きと実際が異なっていて信用をなくす。 **―倒**(だお)**れ** ダ名 みかけだけがよくて、内容はたいしたことがないこと。 **―娘**(むすめ) ム名 店に出て、客の注意をひきつける美しい女性。 **―を下**(お)**ろす** ❶閉店する。❷それまで名声を得ていた仕事をやめる。「人気キャスターの―」

かん-ばん ⓪【×燗番】名 料理屋などで、酒のかんをする人。

かん-ぱん ⓪【甲板】名 船の上部の、広くたいらな部分。デッキ。こうはん。

かん-ぱん ⓪【官版・官板】名〔文章語〕政府の出版。また、出版物。↕私版。

かん-ぱん ⓪【乾板】名 写真感光板。ガラス板に感光材料を塗ったもの。

かん-パン パ【乾パン】【乾▲麺×麭】名 かたく焼いた保存用の小さなパン。かたパン。

かん-ぱん ⓪【干犯】名 他サ〔文章語〕他の権利に干渉し、おかすこと。「主権―」

がん-ばん ⓪【岩盤】名 岩石でできた地盤。また、表面の土の下の岩石層。**―浴**(よく) パ 名 温めた岩盤の上に寝転がって体を温める、サウナ形式の風呂の一種。

かん-び カ【艦尾】名 軍艦の後部。↕艦首。

かん-び カ【完備】名 自他サ すっかりそなわること。また、そなえること。「冷房―」

かん-び カ【甘美】形動 ダロ・ダッ・デ・ニ ダ・ナ・ナラ・〇 ❶心をとろかすように、気持ちのよいようす。「―な音楽」❷非常においしいようす。

かん-ぴ カ【官費】名 政府から出る費用。国費。↕私費。

がん-ぴ ガ【×雁皮】名 ジンチョウゲ科の落葉低木。初夏、黄色の小花が枝の先に咲く。皮のせんいから上質の和紙をつくる。花は㊊夏 **―紙**(し) ビ 名 がんぴの皮のせんいからつくった上質のうすい和紙。

がんぴ

ガンビア《Gambia》アフリカ西海岸、大西洋に面した共和国。一九六五年に独立。首都はバンジュール。

かん-ひざくら ⓪/ビヨ【寒×緋桜】名 ひかんざくら。㊊冬

かん-びょう カ【看病】名 他サ 病人を介抱し、世話をすること。「つききりで―する」

かん-ぴょう ⓪/ビヨ【干×瓢・乾×瓢】名 ゆうがおの実(み)を、細長くひものようにむいて干したもの。食用。

がん-びょう ⓪【眼病】名 目の病気。眼疾。

かん-ぴょうき ビヨ【間氷期】名 氷期と氷期とにはさまれた、地球が温暖な時期。

かん-ぶ カ【官武】名 文官と武官。

かん-ぶ カ【患部】名 病気や傷のある部分。

かん-ぶ カ【幹部】名 団体・組織などの中心となる人。

かん-ぷ カ【完膚】名 きずのない皮膚。**―無(な)きまでに** 徹底的に。「―やっつける」

かん-ぷ カ【官府】名〔文章語〕❶朝廷。❷官庁。❸政府。

かん-ぷ カ【×姦夫】名 他人の妻と関係した男。

かん-ぷ カ【×姦婦】名 夫以外の男と関係した女。

かん-ぷ カ【×悍婦】名〔文章語〕気性のあらい、わがままな女。

かん-ぷ カ【乾布】名 かわいたきれ。「―摩擦」

かん-ぷ カ【還付】名 他サ 所有、租借していた土地、財物などをもとへもどすこと。返還。「―金」

カンファレンス カ〈conference〉名 ⬇コンファレンス

かん-ぷう ⓪【寒風】名 さむい北風。㊊冬

かん-ぷう ⓪【完封】名 他サ ❶完全に活動をくいとめること。「敵の動きを―する」❷野球で、投手が相手に一点も与えずに投げ切ること。シャットアウト。

かん-ぷく ⓪【官服】名 ↕私服。❶官吏の制服。❷官公庁が支給する服。

かん-ぷく ⓪【感服】名 自サ 感心してしたがうこと。ひどく感心すること。「御高説に―しました」

がん-ぷく ⓪【眼福】名〔文章語〕美しいもの、楽しいものを見る幸せ。目の保養。「―を得る」

かん-ぶくろ テ【かん袋】【▲紙袋】名 ⬇かみぶくろ。

かん-ぶつ ⓪【×奸物・×姦物】名〔文章語〕わるぢえのはたらく、心のひねくれた人。

かん-ぶつ ⓪【官物】名 官公庁の所有物。↕私物。

かん-ぶつ ⓪【乾物】名 保存がきくように、かわかした食料品。のり・こんぶ・ほしうおなど。

かん-ぶつ ⓪【×灌仏】名〔仏〕❶仏像に香水(こうずい)をそそぎかけること。❷かんぶつえ。**―会**(え) ツ/テ 名 四月八日の釈迦(しゃか)の誕生日にその像をまつり、五種の香水(こうずい)、または、甘茶をそそぐ行事。花まつり。仏生会(ぶっしょうえ)。㊊春

かん-ぶつ ⓪【換物】名 自サ かねを物にとりかえること。↕換金。

がん-ぶつ ⓪【×贋物】名〔文章語〕まがいもの。にせもの。

がんぶつ-そうし ソ【玩物喪志】名 珍しい物に夢中になり、大切な志を失うこと。参考「書経」にあることば。

カンフル カ〈オ kamfer〉名 精製されたしょうのう液。**―注射**(ちゅうしゃ) チコ 名 ❶重病人に対して、心臓の働きを強めるためにうつ、カンフルの注射。❷だめになりそうになった物ごとを回復させる効果的な手段。「倒産をくいとめる―」

かん-ぶん ⓪【漢文】名 中国の文語体の文章。また、それにならって日本人が作った文章。↕国文。**―書き下**(くだ)**し** ⓪名 漢文を訓読して、漢字かなまじりの文章にすること。**―訓読**(くんどく) ⓪名 漢文を日本語の文語文に翻訳しながら読むこと。**―調**(ちょう) ⓪名 漢文を訓読した文章のもつ調子。簡潔で、力強い。漢文脈。↕和文調。**―直訳体**(ちょくやくたい) ⓪名 漢文訓読の文体。

かん-ぷん ⓪【感奮】名 自サ 感動してふるいたつこと。「―興起」

かんぺい-しき ペ【観兵式】名 兵を整列また行進させて、国の元首などが閲兵する儀式。

かんぺい-しゃ ペ【官幣社】名 もと、宮内省(くないしょう)から、供物(くもつ)が奉納された格式の高い神社。↕国幣社。

かん-ぺき ⓪【×癇癖】名 かんしゃく。かんしゃくもちの性質。「―が強い」

かん-ぺき ⓪【完璧】名 形動〔きずのない玉〕欠点がまったくないこと。完全無欠。「―の守備」参考「完壁」と書くのはあやまり。

がん-ぺき ⓪【岸壁】名 船舶をよこづけさせるためのコンクリートや石の築造物。はとば。

がん-ぺき ⓪【岩壁】名 壁のように切り立った岩。

かん-べつ ⓪【鑑別】名 他サ しらべ、見わけること。鑑定。めきき。「ひなの雌雄を―する」**―所**(しょ) ⓪名 少年鑑別所。

かん-べん カ【勘弁】名 他サ あやまちなどを許すこと。

かん-べん ⓪【簡便】形動 ダロ・ダッ・デ・ニ ダ・ナ・ナラ・〇 手間がかからず、便利なようす。軽便。手軽。「―な方法」

かん-ぺん ⓪【官辺】名 政府や役所方面。**―筋**(すじ) ペ 名 報道機関が、政府関係のニュースで、その出所をはっきり示せないときに使う語。「―の語るところによれば」

かん-ぽ カ【簡保】名「簡易保険」の略。

かん-ぼう ⓪【官房】名 政府・官庁などの行政機関で、その長官に直属して事務をとる部局。**―長官**(ちょうかん) チヨ 名「内閣官房長官」の略。

かん-ぼう ⓪【感冒】名 かぜ。かぜひき。㊊冬 参考「寒冒」と書くのはあやまり。

かん-ぼう ⓪【監房】名 罪人を入れておくへや。

かん-ぼう ⓪【観望】名 他サ〔文章語〕❶けしきをながめわたすこと。❷ながめ見て形勢をうかがうこと。「情勢を―する」

かん-ぽう カ【官報】名 ❶国の法令・予算・人事などを国

民に知らせるため政府が発行する日刊の文書。❷官公庁からだす公用電報。

かん-ぽう [カ]【漢方】[名] 中国から伝わった医術。**ー医** [ボ][名] 漢方によって治療をする医者。**ー薬** [ボ][名] 漢方で使うくすり。[参考]「漢法薬」と書くのはあやまり。

かん-ぽう [0]【観法】[名]〔文章語〕人相をみる法。

かん-ぽう [カ]【艦砲】[名] 軍艦にそなえてある大砲。「―射撃」

がん-ぼう [0]【願望】[名][他サ] ねがいのぞむこと。ねがい。がんもう。「―をいだく」

かん-ぼく [0]【×灌木】[名] ⬇低木。↕喬木。**ー帯** [0][名] ⬇低木帯。

管×鮑の交わり 心から信じあった友人づきあい。[参考] 中国の昔、管仲と鮑叔のふたりは非常に仲がよく、一生その友情がかわらなかったという故事から。

カンボジア《Cambodia》インドシナ半島南部、タイ湾に面した王国。一九五三年にフランスから独立。首都はプノンペン。

かん-ぼつ [0]【陥没】[名][自サ] 穴のようになって落ちこむこと。「道路が―する」

がん-ほどき [ホ]【願ほどき】【願▲解き】[名] 神仏にかけた願がかなって、お礼参りをすること。

かん-ぽん [0]【刊本】[名] 印刷・刊行された本。↕写本。

かん-ぽん [0]【完本】[名] 全部そろっている本。丸本。↕欠本・端本・零本。

がん-ぽん [ガ]【元本】[名] ❶もとで。元金。❷利益・収入などを生じるもととなる財産・権利。

ガンマ(ー) [ガ]〈gamma〉[名] ギリシャ文字の三番目の「Γ・γ」。⇩ギリシャ文字(表)。**ージーティー(ピー)** [ティ]〈γ-GT(P)〉[名]〔γ-glutamyl transpeptidaseから〕胆道から分泌される肝臓の解毒作用に関わる酵素。肝臓・胆のうの病気を発見する手がかりになる。**ー線** [0][名]〔γ rayから〕ラジウムなどの放射性元素から出る電磁波。波長がみじかく、物体をとおす力がきわめて強い。

かん-まいり [マ]【寒参り】[名] 寒中の三十日間、毎夜、神社やお寺にもうでること。また、その人。寒もうで。㊄

かん-まつ [0]【巻末】[名] 書物の末尾。巻尾。↕巻頭・巻首。

かん-まん [0]【干満】[名] 潮のひくことと、みちること。潮のみちひ。干潮と満潮。満干。「―の差が大きい」

かん-まん [0]【緩慢】[形動] ❶動きがおそいようす。ぐず。「―な動作」❷手ぬるいようす。「―な処置」[参考]「緩漫」と書くのはあやまり。

ガン-マン [ガ]〈gunman〉[名] 銃の名手。特に、アメリカの西部開拓時代に、拳銃の腕ひとつで世をわたった男。

かん-み [カ]【甘味】[名] あまみ。あまい食物。**ー料** [ミ][名] 食品に甘味をつけるための調味料。砂糖など。

かん-み [カ]【×鹹味】[名] しおからいあじ。

がん-み [ガ]【玩味】[名][他サ] ❶かみわけてよくあじわうこと。❷意味をよく考えあじわうこと。「熟読―する」

かん-みん [0]/[カ]【官民】[名] 官吏と民間人。官庁と民間。

かんむり [0]【冠】[名] ❶頭につける儀礼用のかぶり物の総称。❷漢字の偏旁冠脚の一つ。わかんむり(冖)・くさかんむり(艹)・たけかんむり(⺮)など。❸催し物の名称の初めにスポンサーのなまえを入れること。「―大会」❹⬇おかんむり。**ーを曲げる** きげんをわるくする。

かん-むりょう [カ]【感無量】[名][形動] はかりしれないほど心が深く動かされること。感慨無量。

かん-め [0]【貫目】㊀[0][名] ❶目方。重さ。❷貫禄。㊁[接尾]「貫㊀❶」に同じ。

かん-めい [0]【官名】[名] 官職の名称。

かん-めい [0]【官命】[名] 政府の命令。

かん-めい [0]【感銘・肝銘】[名][自サ] 深く心に感じてわすれないこと。「深い―を受けた」

かん-めい [0]【簡明】[形動] てみじかで、わかりやすいようす。簡単明瞭。「―な解説」

がん-めい [0]【頑迷】【頑冥】[形動] がんこでものの道理のわからないようす。「―な老人」**ー固×陋** [0][名][形動] 自分の考えにこだわり、正しい判断ができないこと。「―な人」

かん-めん [カ]【乾麺】[名] 干しためん類。ほしうどん・そうめんなど。↕ゆで麺。

がん-めん [0]【顔面】[名] かお。

がん-もう [0]【願望】[名][他サ] ⬇がんぼう。

かん-もうで [モ]【寒詣(で)】[名] ⬇かんまいり。

かん-もく [0]【×緘黙】[名][自サ]〔文章語〕口をとざして、何も言わないこと。

がん-もく [0]【眼目】[名] 主眼。要点。「話の―」

かん-もじ [モ]【閑文字】[名]〔文章語〕役にたたないむだな字句・文章。「―をもてあそぶ」

かん-もち [カ]【寒餅】[名] 寒中につくもち。㊄

がん-もどき [モ]【×雁▲擬】[名] くずして水分をしぼったとうふの中に、こまかく切った野菜などを入れてあげたもの。ひりゅうず。[参考] 味が、がんの肉に似ているから、という。

かん-もん [0]【関門】[名] ❶関所。関所の門。❷通るのが困難な所。「入試という―」❸下関と門司。

かん-もん [0]【喚問】[名][他サ] 呼びだして問いただすこと。「証人を―する」

がん-もん [0]【願文】[名] 神仏への祈願を書いた文章。

かん-や [カ]【寒夜】[名] さむい夜。㊄

かん-やく [カ]【漢薬】[名] 漢方薬。

かん-やく [0]【監訳】[名] 翻訳を監修すること。「―者」

かん-やく [0]【完訳】[名][他サ] 外国語の文章の全文を訳すこと。また、訳したもの。全訳。↕抄訳。

かん-やく [0]【漢訳】[名][他サ] ❶中国語に訳すこと。「―仏典」❷日本語を漢文に訳すこと。

かん-やく [0]【簡約】[名][他サ][形動] 簡単にすること。てみじかなさま。「説明を―する」

がん-やく [0]【丸薬】[名] ねりあわせて、小さくまるめたくすり。↕水薬・散薬。

かん-ゆ [0]【肝油】[名] たらなどの肝臓からとる薬用の脂肪油。ビタミンA・Dが多い。

かん-ゆ [0]【換喩】[名] 修辞法の一つ。それにふかい関係をもつものによって、ある事物を表現するもの。「弓矢の家」という言い方で武士の家をあらわすなど。

かん-ゆ《韓愈》七六八-八二四。中国唐時代の文章家。あざなは退之。唐宋八大家(名高い八人の文章家)のひとり。

かん-ゆう [0]【官有】[名] 政府の所有。国有。↕私有・民有。

かん-ゆう [0]【×姦雄・×奸雄】[名] わるぢえにたけた英雄。

かん-ゆう [0]【勧誘】[名][他サ] 説きすすめて、さそい入れること。「保険の―」

がん-ゆう [0]【含有】[名][他サ] ふくんでいること。「ビタミンAを―する食品」**ー量** [ユ][名] ある成分がふくまれている量。含量。「ビタミンAの―」

かん-よ [カ]【関与・干与】[名][自サ] 関係し、たずさわること。あずかりかかわること。「その事件には―しない」

かん-よう [0]【×涵養】[名][他サ] しぜんにしみこむように、やしなうこと。「徳義心を―する」

かん-よう ⓪【慣用】名 他サ ふつうに使いなれていること。**―音**(おん) ヨ 名 呉音・漢音・唐(宋(そう))音ではないが、わが国で昔から広く用いられている漢字の音。堪(かん)を「たん」とよむ類。**―句**(く) ヨ 名 二つ以上の語が固定的に結びついて独自の意味をあらわすもの。イディオム。成句。「油を売る」「手がつけられない」など。

かん-よう ⓪【肝要】形動 ダロ・ダッ・デ・ニ ダ・ナ・ナラ・⓪ 非常にだいじなこと。重要。肝心。「注意が―だ」

かん-よう ⓪【寛容】形動 ダロ・ダッ・デ・ニ ダ・ナ・ナラ・⓪ 度量が大きく、あまり人を責めないようす。「―な態度」

がん-よう ⓪【顔容】名〔文章語〕かお。かおかたち。顔貌(がんぼう)。

かんよう-しょくぶつ ク【観葉植物】名 葉を見て楽しむ植物。ゴムの木・万年青(おもと)など。

がん-らい ガ【元来】名 副 もとから変わることがないようす。本来。「この浄土真宗の寺は―が禅宗の寺院だった」「彼は―病弱な体質だった」⇩もともと 参考。

がんらい-こう ラ【×雁来紅】名〔秋、がんのくるころ、紅に色づくから〕はげいとう。秋

かん-らく ⓪【乾酪】名 チーズ。

かん-らく ⓪【歓楽】名 よろこびとたのしみ。快楽。**―街**(がい) ク 名 娯楽施設や飲食店などのあつまった盛り場。

かん-らく ⓪【陥落】名 自サ ❶穴などへ落ちこむこと。❷穴のようになって落ちこむこと。陥没。「土地の―」❸攻めおとされること。「城が―した」❹順位などがさがること。「あのチームは三位に―した」❺〔俗語〕くどきおとされること。

かん-らん ⓪【甘藍】名 ❶キャベツ。夏 ❷葉ぼたん。冬

かん-らん ⓪【×橄×欖】名 カンラン科の常緑高木。実は食用。参考「オリーブ」の訳語として使われるが、誤訳にもとづくという。**―石**(せき) ヨ 名 丸みのある短い柱の形または板の形の結晶をした、黄緑色の珪酸(けいさん)塩の鉱物。**―油**(ゆ) ヨ 名 オリーブ油。

かん-らん ⓪【観覧】名 他サ ながめ、見ること。見物。

かん-り カ【官吏】名 国家公務員。役人。

かん-り カ【管理】名 他サ ❶管轄し処理すること。とりしきること。マネージメント。❷まかされた物の保全や運営にあたること。「財産の―」**―栄養士**(えいようし) ヨ 名 厚生労働大臣の免許を受け、栄養士を指導し、給食指導などの業務を担当する資格を持った人。**―職**(しょく) リ 名 企業や官公庁などの中で、事務や経営を統轄・処理する役がら。課長・部長・局長など。**―人**(にん) ⓪ 名 まかされた物の保全・運営にあたる人。差配人。「アパートの―」

かん-り カ【監理】名 他サ 監督し、処理すること。とりしまること。「経営を―する」

がん-り ガ【元利】名 元金と利子。「―合計」

がん-りき ⓪【眼力】名 みわける力。みとおす力。がんりょく。「鋭い―」

がん-りき ガ/キ【願力】名〔仏〕❶願かけをして目的をつらぬこうとする精神力。念力。「石に矢のたつ―」❷阿弥陀仏(あみだぶつ)本願の力。

かん-りつ ⓪【官立】名 国家による設立。国立。↕私立。

かん-りゃく ⓪【簡略】形動 ダロ・ダッ・デ・ニ ダ・ナ・ナラ・⓪ 不必要なものが省かれて、すっきりしているようす。「―な表現」

かん-りゅう ⓪【寒流】名 寒帯地方から、赤道の方向に流れるつめたい海流。親潮(おやしお)など。↕暖流。

かん-りゅう ⓪【韓流】名 東アジアにおける韓国の大衆文化の流行。二十一世紀以後の現象をいう。ハンりゅう。

かん-りゅう ⓪【貫流】名 自サ つらぬき流れること。「利根川は関東平野を―する」

かん-りゅう ⓪【還流】名 自サ ❶流れて元へもどること。「資金の―」「流出人口の―」❷気体や液体が循環すること。「冷却水の―」

かん-りゅう ⓪【環流】名 自サ ❶ぐるぐると流れがめぐること。「血液の―」❷大洋をめぐる海流。

かん-りゅう ⓪【乾留】【乾×溜】名 他サ 固体を、空気を通さずに加熱、分解して成分を取り出すこと。↕蒸留。

かん-りょう ⓪【官僚】名 役人。官吏。**―主義**(しゅぎ) シュ 名 官僚が権力をふりまわし、法律や規則にあてはめて形式的に処理しようとするやり方。**―的**(てき) ⓪ 形動 ❶おおやけの権力をふりまわして、事をはこぶようす。❷形式的で高圧的なようす。「―態度がまんならない」

かん-りょう ⓪【感量】名 計器の針が示すことのできる最低の量。

かん-りょう ⓪【管領】名 ❶〔文章語〕とりしまること。また、その人。支配者。❷⬇かんれい。

かん-りょう ⓪【完了】━名 自他サ すっかりおわること。また、おえること。━名 動作の完了、またはその結果が、そのままの状態でつづいていることをあらわす語法。助動詞「た」をつかう。「行った」「受けた」など。

がん-りょう リョ【含量】名 ⬇がんゆうりょう。

がん-りょう リョ【顔料】名 ❶水・油などにとけない、主として鉱物質のこな。化粧品・塗料などの着色料。❷えのぐ。染料。

がん-りょく ガ【眼力】名 ⬇がんりき。

かんりん-いん リ【×翰林院】名 ❶昔、中国で学者などをまねいて、詔勅の文章をつくらせた役所。❷アカデミー。

かん-るい ⓪【感涙】名 感動して流すなみだ。「―にむせぶ」

かん-れい ⓪【×函×嶺】名〔文章語〕箱根山。

かん-れい ⓪【慣例】名 しきたり。ならわし。「―に従う」

かん-れい ⓪【管▲領】名 ❶室町(むろまち)時代の職名。将軍を助けて政治をおこなった職。かんりょう。❷関東管領(かんとうかんれい)。

かん-れい ⓪【寒冷】名 形動 さむく、つめたいこと。冬 ↕温暖。**―渦**(うず) レ 名 周囲にくらべて中心ほど気温が低い低気圧。局地的に雷、突風などのはげしい気象現象を伴うことが多い。寒冷低気圧。**―前線**(ぜんせん) ゼ 名 つめたい気団が、暖かい気団の下にはいっておしあげる不連続線。通過のとき、突風とともににわか雨が降り、気温もさがる。↕温暖前線。

かんれい-しゃ レ【寒冷×紗】名 目があらくてうすい、白色の綿・麻の織物。カーテンなどに使う。

かん-れき ⓪【還暦】名〔六十年で、干支(えと)が一まわりするから〕数え年六十一歳のこと。またその祝い。本卦還(ほんけがえ)り。参考 最近は満六十歳の誕生日に祝うことが多い。⇩賀の祝い(表)。

かん-れん ⓪【関連】【関×聯】名 自サ 物事のかかわりあい。関係。連関。「―が深い」「―する問題」

かん-ろ カ【甘露】名 ❶あまく、うまいもの。❷甘露水。**―水**(すい) ロ 名 砂糖を煮つめてさました水。**―煮**(に) ⓪ 名 小ざかななどを、砂糖・みりんなどであまく煮つめた食品。あめ煮。

かん-ろ カ【寒露】名 ❶〔文章語〕晩秋から初冬にかけての露。❷〔天〕二十四節気の一つ。十月八日ごろ。秋 ⇩二十四節気(表)。

がん-ろう ⓪【玩弄】名 他サ ❶もてあそぶこと。❷なぶりものにすること。愚弄。「おれを―する気か」**―物**(ぶつ) ロ 名 ❶おもちゃ。❷なぶりもの。

かん-ろく ⓪【貫×禄】名 身についたおもみ。威厳。「―が

つく」「―勝ち」

かん-わ ⓪【官話】名 もと、中国で、共通語として通用していた北方語。

かん-わ ⓪/カ【閑話】名 ❶むだばなし。「―に時をすごす」❷しずかな談話。閑談。 **―休題** カ 接続 〔文章語〕むだ話はこれくらいにして。それはさておき。本題にかえって。

かん-わ ⓪【漢和】名 ❶中国と日本。和漢。❷漢語と日本語。❸漢和辞典。 **―辞典** ジ 名 漢字・漢語の読みや意味を、日本語で解説した辞典。

かん-わ ⓪【緩和】名 自他サ 厳しいあるいは激しい状態がやわらいで、おだやかな状態になること。弛緩。「規制を―する」「混雑が―する」↔緊張。 **―ケア** ケ 名 がんなどの重い病気の患者の心身の痛みをやわらげて、生活の質を維持するための看護や介護。

き キ

き：「幾」の草体。
キ：「幾」の草体の下をはぶいたもの。

き【×几】造 ❶つくえ。「几案・床几」❷部屋の仕切りに使う台。「几帳」

き【企】造 くわだてる。たくらむ。計画する。「企画・企業・企図・発企」

き【伎】造 からだを動かすわざ。「歌舞伎」〔別音ぎ｜伎〕

き【×卉】造 くさ。「花卉」

き【危】造 ❶あぶない。「危機・危険・危篤・安危」❷あやぶむ。不安に思う。「危惧」❸そこなう。「危害」

き【机】造 つくえ。「机上・机辺」

き【岐】造 わかれる。はなればなれになる。「岐路・多岐・分岐」

き【希】造 ❶うすい。「希釈・希薄・希塩酸」❷まれな。少ない。「希少・希書・希代・希ガス類」❸のぞむ。ねがう。「希望・希求」❹「希臘」の略。「希土戦争」

き【汽】造 ❶ゆげ。水蒸気。「汽車・汽船・汽笛」❷海水と淡水がまざること。「汽水」

き【祈】造 いのる。神仏にねがいごとをする。「祈願・祈禱・祈念」

き【×姫】造 貴人の愛する女性。「寵姫・美姫」

き【帰】造 ❶かえる。もどる。「帰還・帰京・帰国・回帰・復帰」❷おちつく。ひとつにまとまる。「帰結・帰着」❸つきしたがう。「帰化・帰順・帰属」 **帰する** 自他サ

き【既】造 すでに。以前に。「既刊・既婚・既成・既知・既発表」↔未。

き【起】造 ❶おきる。たつ。もちあがる。「起伏・起用・起立・突起・隆起」❷おこる。はじまる。「起因・起源・縁起」❸おこす。はじめる。「起案・起工・喚起・決起・奮起」

き【飢】造 うえる。腹がすく。「飢餓・飢渇・飢饉」

き【鬼】造 ❶おに。人に害をあたえるもの。「鬼神・鬼畜・悪鬼・百鬼夜行・吸血鬼」❷死者のたましい。死んだ人。「鬼気・鬼籍・餓鬼・点鬼簿」❸ふつうでない。なみはずれている。「鬼才」

き【基】㊀造 ❶もと。よりどころ。「基準・基地・基盤・基本・開基」❷化学反応のとき、ある化合物から他の化合物に移ることのできる原子団。「塩基・水酸基・メチル基・シアン基」㊁接尾 すえつけてあるものをかぞえる語。「灯籠三―・エレベーター二―」⇩だい(台)参考

き【寄】造 ❶よる。たよる。たちよる。「寄寓・寄港・寄宿・寄生」❷よせる。おくる。あたえる。「寄金・寄稿・寄付・寄与」

き【×悸】造 胸がどきどきすること。「心悸・動悸」

き【規】造 ❶コンパス。「規矩・定規」❷きまり。おきて。てほん。「規格・規準・規則・正規・法規」❸ただす。いましめる。「規正・規制」

き【亀】造 ❶かめ。「神亀・霊亀」❷かめの甲。「亀鑑・亀卜・亀裂」

き【喜】造 よろこぶ。うれしく思う。「喜劇・喜色・歓喜・欣喜・悲喜」

き【幾】造 ❶いくつ。どれだけ。どれほど。「幾何」❷ねがう。のぞむ。「庶幾」

き【揮】造 ❶ふるう。ふりまわす。あらわす。「揮毫・指揮・発揮」❷とびちる。「揮発」

き【×揆】造 はかる。計画する。「一揆」

き【棋】造 ❶こま。「将棋」❷将棋。囲碁。「棋士・棋譜」

き【×稀】造 ❶まれ。めずらしい。「稀覯・稀少・古稀」❷うすい。「稀釈・稀薄・稀塩酸」〔別音け｜稀〕

き【貴】㊀造 ❶身分・地位が高い。「貴人・貴族・貴婦人・高貴・富貴」❷価値がある。ねが高い。「貴重・貴金属・騰貴」㊁造 接頭 〔相手を立てる気持ちを表す〕あなたの。あなた。「貴校・貴社・貴殿・貴センター・貴営業所」

き【×愧】造 はじる。「慚愧」

き【棄】造 すてる。みすてる。「棄却・棄権・破棄・廃棄・放棄」

き【毀】造 ❶こわす。きずつける。「毀損・破毀・廃毀」❷そしる。悪くいう。「毀誉」

き【旗】造 ❶はた。のぼり。「旗幟・旗手・旗章・軍旗・校旗・国旗」❷指揮官などのたてるはた。「旗艦・反旗」

き【×綺】造 ❶あやぎぬ。「綺羅」❷美しい。「綺語・綺麗」❸しくんである。「綺譚・綺談」

き【器】造 ❶うつわ。いれもの。「食器・陶器・容器」❷道具。「器械・器具・計器・消火器・注射器」❸体のはたらきをつかさどるところ。「器官・性器・呼吸器・消化器」❹はたらき。才能。「器用・器量・才器・大器」

き【×嬉】造 うれしい。たのしむ。「嬉嬉・嬉戯・嬉遊曲」

き【×毅】造 つよい。決断力がある。「毅然・剛毅・豪毅」

き【畿】造 都に近い地域。「畿内・王畿・近畿・京畿」

き【×徽】造 しるし。「徽号・徽章」

き【輝】造 かがやく。光をはなつ。「輝石・光輝」

き【騎】造 ❶馬にのる。「騎士・騎手・騎乗・騎兵」❷馬にのった人。「一騎・数騎・単騎・鉄騎」

き【×饑】造 ❶穀物が実らない。「饑饉」❷うえる。「饑餓・饑渇」

き【気】㊀⓪名造 ❶物事を認識したり判断したりする心のはたらき。「―がゆるむ」「―を失う」❷人間の活動をささえる生き生きとした精神。「―がはいる」「―を吐く」「気力・元気・根気」❸人柄。性質。「―が長い」「―がいい」「―が小さい」「―が強い」「気性・気立て・気品・短気」❹物事に注意を向ける心。「―をつかう」❺ある事をしようとする心。興味や意志。「―が変わる」「やる―になる」「―がぬける」「―が乗らない」「気鋭・気迫・勇気」❻ある事に接した時の感情。気分。「―を悪くする」「―がふさぐ」「―がめいる」❼不確かに感じる心。「そんな―がする」「―のせい」❽目に見えないが、天地の間を満たし、生命の根源と考えられているもの。❾ある場所を満たしている空気やガスなどの気体。「山の―」「気圧・気流・換気・冷気」❿その場に漂う気配。ふんいき。「陰惨の―」「陽気・陰気」⓫その物に特有の味や香り。特に、アルコール成分。「―の抜けたビール」⓬いき。呼吸。「気管・気息・吸

気」⓭一年を二十四に分けた、その一つ。一気は十五日。節気。参考❽❾❿の意では[キ]。㊁造❶天界の現象。「気候・気象・磁気・電気」❷ようす。状態。「景気・病気」㊂接尾 それらしい気性・性質。「男—・親切—」[別音け|気] —が合う 気分がたがいに一致する。 —がある❶関心がある。心がかたむく。「その仕事に—」❷特定の人に対して恋いしたう心がある。 —がいい❶人がらがよい。❷お人よしである。 —が多い うわきである。心がさだまらない。 —が置けない 気楽につきあえる。気がねがない。「初対面だが—人」参考 近年「気が許せない」の意味に使うのは本来の用法ではない。 —が重い よくないことを予想したり、負担を感じたりして、心配になる。「—話」 —が利く よく心が行きとどく。 —が気でない ひどく気になって、おちついていられない。 —が狂う 精神状態が正常ではなくなる。気が違う。気がふれる。 —が差す なんとなく気になり、うしろめたい感じがする。「不義理をしたので—」 —が沈む いやなことがあって暗い気分になる。落ち込む。 —が知れない そのようなことをする人の気持ちが分からない。 —が済む 満足する。 —が▲急く 心がせわしい。気がおちつかない。 —が立つ 興奮して、心がいらいらする。 —が小さい 小さなことを気にする。小心である。↕気が大きい。 —が違う 精神状態が正常ではなくなる。 —が散る あちらこちらに心がひかれて、おちつかない。 —が付く❶注意がとどく。気づく。❷正気にかえる。 —が強い 負けず嫌いである。強情である。↕気が弱い。 —が遠くなる 正気をうしなう。心がぼんやりしてしまう。 —が×咎める 心の中にやましさを感じる。 —が無い そのことに関心がない。「—返事」 —が長い ゆったりしていてあせらない。「—人」「—話」↕気が短い。 —が抜ける❶はりあいがなくなり、ぼんやりする。❷炭酸が抜けて、飲み物の風味が失われる。「気が抜けたビール」 —が乗らない 進んでしようと思えない。気が進まない。 —が早い せっかちである。 —が張る 緊張する。気持ちがゆっくりしない。 —が引ける 気おくれする。「こんなかっこうで人前に出るのは—」 —がふさぐ 気分が晴れず落ち込む。暗い気分になる。 —が触れる 精神状態がおかしくなる。 —が紛れる 何かをすることで、一時的に心配事や退屈を忘れられる。 —が回る❶ひがむ。邪推する。❷こまかなところに気がつく。 —が短い❶短気で怒りっぽい。❷せっかちである。↕気が長い。 —が向く しようとする気持ちになる。 —が▲滅入る 先のことを考え込んで元気がなくなる。 —が×揉める もどかしくて、いらいらする。 —が弱い 他人を気にして思い通り行動できない。気弱だ。↕気が強い。 —が若い 年をとっているのに気持ちがわかわかしい。 —で持つ 肉体の力ではなく、精神力でがんばっている。 —に入る 心にかなう。すきになる。 —に掛かる 心配である。気がかりである。 —に掛ける 心配する。注意をはらう。 —に食わない 気に入らない。 —に障る しゃくにさわる。不愉快になる。 —にする 心配する。気にかける。 —に染まない 自分の好みにあわない。気に入らない。 —になる 気にかかる。心配である。 —に病む 心配する。悩む。「陰口を—」 —の利いた 心のゆきとどいた。しゃれた。洗練された。「—もてなし」 —のせい 自分の気持ちから、なんとなくそのように感じられること。 —の病 精神の疲れなどからおこる病気。 —は心 仕事や贈り物の量は少ないが、誠意はこめられていること。 —は世を▲蓋う 意気がさかんなようす。 —もそぞろ 何かに気を奪われて落ち着かないようす。 —を入れる 熱心にとりくむ。 —を失う 意識がなくなる。気絶する。 —を落とす がっかりする。失望する。 —を変える 考えなおす。心をもちなおす。 —を利かせる 相手の立場やその場の状況に適した行動をする。「気を利かせて席を外す」 —を配る 気をつける。注意する。 —を遣う 相手やまわりの状況に配慮してふるまう。心遣いをする。「服装に—」 —を付ける 注意する。「車に—」 —を取られる あることをしながら他のことに関心が向く。 —を取り直す 考えなおして元気をもちなおす。 —を抜く 警戒をゆるめる。↕気を張る。 —を飲まれる 勢いにおされて、ぼうぜんとする。 —を吐く 意気をしめす。「母校のために—」 —を晴らす うさばらしをする。ふさいだ気持ちをなくする。 —を張る ゆだんしないで、ひきしめる。↕気を抜く。 —を引く さそいをかけて、相手の気持ちをさぐる。 —を回す よけいなところまで、心をはたらかせる。 —を持たせる❶おもわせぶりをする。❷のぞみをかけさせる。 —を×揉む やきもきする。いらいらする。 —を許す 安心する。ゆだんする。 —を良くする いい気になる。ごきげんになる。 —を楽にする ゆとりのある心になる。気楽にする。 —を悪くする 感情をそこなう。いやな気持ちになる。

き【忌】㊀[キ]名造 いみ。喪中でつつしむ一定の日数。「—が明ける」「忌中・忌引き」㊁造❶いむ。きらう。「忌諱・忌憚・忌避・禁忌」❷死者の命日。「忌日—・年忌・一周忌・芭蕉忌」

き【奇】㊀[キ]名造❶普通と変わっていること。「なんの—もない」「奇行・好奇・猟奇」❷二でわりきれない整数。「奇偶・奇数」↕偶。㊁造❶あやしい。ふしぎ。「奇異・奇怪・怪奇」❷めずらしい。「奇習・奇祭」❸すばらしい。「奇観・奇勝」❹思いがけない。「奇禍・奇遇・奇襲」 —を×衒う わざとへんなまねや、かわったようすをする。

き【軌】㊀[キ]名造 わだち。「軌跡・軌道・狭軌・広軌」㊁造 人の行動のしかた。「軌範・常軌」 —を一にする やり方を同じくする。参考「揆を一にする」とも。

き[キ]【記】名造❶かきつける。かきとめる。「三月五日—」「記載・記入・記録・書記・表記・明記」❷おぼえる。心にのこす。「記憶・記念・暗記」❸しるし。「記号・記章」❹事実をそのままに書きしるした文章。「道の—」「戦記・伝記・日記・航海記・年代記・旅行記」❺「古事記」の略。「記紀」 記する 他サ

き【期】㊀[キ]名造 ひとくぎりの時間。「この—に解決してしまおう」「期間・期限・期末・会期・時期・満期・過渡期・反抗期・氷河期」㊁造 あてにする。まちのぞむ。「期成・期待・所期・予期」 期す 他五 期する 他サ [別音ご|期]

き【機】㊀[キ]名造 とき。おり。はずみ。「—を逸する」「—を見る」「機会・機運・機縁・危機・契機・好機・臨機応変」㊁造❶はた。はたおり。「機業・織機・断機」❷しかけ。からくり。道具。「機関・機構」❸はたらき。「機知・機能・機転・機動」❹たいせつなところ。「機軸・機密・軍機・枢機」❺機械。「機器・電機・計算機・洗濯機」❻飛行機。「機体・機種・機長・旅客機」❼仏教で、悟るための資質。「機根・心機」❽化学で、炭素を主成分とする化合物の総称。「無機・有機」㊂接尾 飛行機をかぞえることば。「旅客機五—」参考 航空機・ロケットなどは「台」でかぞえることもある。宇宙船は「台・隻」でかぞえる。人工衛星は「個」でかぞえる。 —が熟する 物事をはじめるのによい時機となる。 —に乗ずる うまく機会を利用する。 —を見るに敏 すばやく機会を見いだして行動する。

き[キ]【木】名❶【▲樹】高木・低木の総称。たちき。樹木。

↕草。❷材木。木材。❸[×柝]拍子木。「―がはいる」 ―から落ちた猿 たより・よりどころなどを失ったもののたとえ。 ―静かならんと欲すれども風▲止まず〔木が静かになろうとしても、風がやまないのでどうにもならない〕❶親孝行しようと思うときには親は死んでしまっているものだ、親のいる間に孝行せよ。風樹の嘆。❷思うようにならぬこと。参考この句の下に「子養はんと欲すれども親待たず」がつづく。 ―で鼻をくくる ぶあいそうにもてなす。そっけなくする。 ―に竹を接ぐ すじがとおらないこと、不調和なことのたとえ。 ―によって魚を求む 方法をあやまれば目的が達せられないものだ。 ―の香 材木のかおり。 ―の頭 歌舞伎などで、幕ぎれに打つ拍子木の最初の音。 ―を見て森を見ず 物事の一部だけを見て、全体をとらえないこと。

き【生】㊀キ 名 まじりけのないこと。「―のままで飲む」㊁接頭 ❶まじりけのない。純粋。「―一本」「―じょうゆ」❷自然のまま。「―いと」

き キ**【黄】**名 ❶きいろ。三原色の一つ。黄金やレモンのような色。❷「注意」を示す信号。

き【己】㊀キ 名 十干の第六位。つちのと。㊁造 おのれ。じぶん。「克己・知己」〔別音こ｜己〕

き【季】㊀キ 名 ❶春・夏・秋・冬のそれぞれ。「四―」「―が移る」❷一年。「半―奉公」❸季語。㊁造 ❶すえ。おわり。「季夏・節季」❷三ヶ月。一年の四分の一。「季刊・秋季・冬季」❸時候。陽気。「季節・季題・乾季・今季」

き キ**【×癸】**名 十干の第十位。みずのと。

き【紀】㊀キ 名 ❶〔文章語〕紀伝体の帝王の歴史。❷「日本書紀」のこと。❸紀伊の国のこと。「紀州」㊁造 ❶きまり。きそく。「紀綱・紀律・軍紀・風紀」❷初めの年。年の数え方。「紀元・世紀・西紀」❸大きな時代区分。「第四紀・白亜紀」❹順序だてて書きしるしたもの。「紀行・紀伝・紀要・実紀」

き 助動 (セ)・○・キ・シ・シカ・○〔古語〕〔活用語の連用形につく。ただし、カ変では、「こ-し」「こ-しか」「き-し」「き-しか」、サ変では、「せ-し」「せ-しか」「し-き」の形をとる〕「けり」が伝聞したことをあらわすのに対して、自分が直接見たり、体験したりした事がらを回想する意をあらわす。…た。「京より（土佐ノ国へ）くだりしときに、みな人、子どもなかりき」〈土佐〉

ぎ【着】造〔「き」の変化〕着る物。「薄着・下着・肌着・仕事着・柔道着・普段着」

ぎ【▲伎】造 わざ。芸。技術。「伎楽・伎芸」〔別音き｜伎〕

ぎ【宜】造 よろしい。ふさわしい。つごうがよい。「時宜・適宜・便宜」

ぎ【×祇】造 くにつかみ。地の神。「神祇・天神地祇」

ぎ【偽】造 いつわる。みせかける。つくりごと。にせ。「偽作・偽善・偽造・虚偽・真偽」

ぎ【欺】造 あざむく。だます。いつわる。「欺瞞・詐欺」

ぎ【疑】造 うたがう。あやしむ。不審に思う。「疑義・疑問・疑惑・嫌疑・容疑」

ぎ【戯】造 ❶たわむれる。ふざける。あそぶ。「戯画・戯文・児戯・遊戯」❷しばいをする。「戯曲・戯場」〔別音げ｜戯〕

ぎ【×誼】造 よしみ。親しくすること。「厚誼・情誼・友誼」

ぎ【擬】造 なぞらえる。にせる。かたどる。「擬音・擬古・擬装・模擬」

ぎ【犠】造 いけにえ。身をすてること。「犠牲・犠打」

ぎ【×蟻】造 あり。昆虫の一種。「蟻穴・蟻酸・防蟻剤」

ぎ ギ**【×妓】**名造 遊女。芸者。「妓女・妓楼・愛妓・芸妓」

ぎ ギ**【技】**名造 わざ。うでまえ。「―をきそう」「技芸・技師・技術・球技・競技・実技・個人技」 ―神に入る あまりにたくみで神わざかと思うほどである。

ぎ【義】㊀ギ 名造 ❶物事の理にかなっていること。人としておこなうべき正しいみち。「―をふむ」「義務・義理・信義・仁義・忠義・道義」❷意味。わけ。「文字の―を解する」「義解・意義・教義・講義・広義」㊁造 ❶正義のためにつくす。「義捐・義挙・義侠・義軍」❷血のつながっていない親族。義理の。「義兄・義母・義兄弟」❸かり。実物の代用。「義足・義眼・義歯」 ―を見てせざるは勇なきなり 人間として当然しなければならないことを目の前にして、それをしないのは勇気がないというものだ。参考「論語」の中のことば。

ぎ【儀】㊀ギ 名 ❶さだめにしたがっておこなう式典。「結婚の―」「儀式・婚儀・葬儀・典儀」❷ことがら。「その―は…」「公儀」❸〔文章語〕…に関したこと。…は。届け書などに使う。「私―」㊁造 ❶りっぱなおこない。正しいふるまい。きまり。「行儀・礼儀」❷天体・地球に関する計測器。「地球儀・水準儀」

ぎ【議】㊀ギ 名造 ❶相談。はかる。話し合い。「委員会の―をへる」「議院・議会・議決・会議・協議・審議」❷議員。「県議・市議」㊁造 ❶意見をのべる。「議論・異議・抗議・論議」❷思いめぐらす。「不思議」 **議する** 他サ

ギア ギ〈gear〉＝**ギヤ** 名 歯車。車のまわりの歯のかみあいにより、一つの車から他の車へ動力をつたえるもの。

き-あい ⓪**【気合(い)】**名 ❶いっしょに事をするときの呼吸。「両者の―があう」❷精神を集中した気勢。気力。「―がこもる」❸気力のこもったかけ声。「―をかける」 ―負け ⓪名 自サ 相手の気合いにおされ、おじけてまけること。 ―を入れる ❶気力をふるいおこして、ことにのぞむ。❷人をはげまし、元気づける。❸だらけている人をきびしくきたえる。 ―を掛ける ❶精神力をこめて、身がまえ、また、声をかける。❷人を元気づける。

ぎ-あく ⓪**【偽悪】**名 わざと悪をよそおうこと。↕偽善。

き-あけ ⓪**【忌明(け)】**名 喪に服する期間がおわったこと。いみあけ。

き-あつ ⓪**【気圧】**名 大気の圧力。地上にかかる単位面積当たりの大気の重さ。単位は国際単位系のヘクトパスカルを用いるが、かつてはミリバールが使われた。 ―計 ⓪名 大気の圧力をはかる器械。バロメーター。 ―の谷 天気図で、細長くのびた気圧の低いところ。低気圧や前線をともない、天気はわるい。 ―配置 八名 高気圧や低気圧などの分布状態。「夏型の―」

き-あわ・せる セ**【来合(わ)せる】**自下一 セ・セ・セル・セル・セレ・セロ・セヨ ちょうど来て出あう。ひょっこりあう。 **きあは・す** 文語下二

き-あん ⓪**【起案】**名 他サ 草案をつくること。

ぎ-あん ⓪**【議案】**名 会議に出す原案。

き-い キ**【忌×諱】**名 ⇩きき。

き-い キ**【貴意】**名〔文章語〕「あなたの意見」の尊敬の言い方。お考え。おもに手紙に使う。 ―を得たい あなたのお考え・ご意見をうかがいたい。参考おもに手紙に使う。

きい《紀伊》 昔の南海道の国の一つ。木の国。紀州。今の和歌山県と三重県の一部。

き-い キ**【奇異】**形動 ダロ・ダッ・デ・ニ・ダ・ナ・ナラ・○ あやしくふしぎなようす。奇妙。奇怪。「―に感じる」

キー キ〈key〉名 ❶かぎ。❷てがかり。「事件を解く―」❸ピアノ・オルガンなどの指でおす部分。鍵。❹タイプライター・コンピューターなど、文字・記号を印字・入力するための指でおさえるボタン。❺音楽で、基準となる音の高さ。調。

き-い-きい キ（と）副 ❶金属などかたい物どうしがこすれあって生じる高い音をあらわす語。「ブレーキが―音を立てる」❷甲高い声の形容。「―泣き叫ぶ」

キー‐ステーション ［テ］〈key station〉名 全国的な放送網の中心となって、各地の系列局に番組を送り出す放送局。キー局。親局。

キーセン ［キ］【朝×妓▲生】名 かつての朝鮮で、歌舞音曲で客をもてなした芸妓。キーサン。

利いた風 わかりもしないのに、わかったようなまいきな態度をするようす。知ったかぶり。「―な口をきく」

きいちご ［イ］【木×苺】名 バラ科の落葉小低木。茎・葉にとげがある。初夏、白い花が咲く。実はジャムやいちご酒の原料。夏

きいつ ⓪【帰一】名 自サ 文章語 多くの物事が、最後は一つになること。

きいっぽん ［イ］【生一本】名 形動 ❶まじりけのないこと。また、そのもの。純粋。「灘の―」❷心がまっすぐで、思いこんだらそれにうちこんでゆく性質。一本気。「―な男」

聞いて極楽見て地獄 〔話を聞くと極楽のように思われるが、じっさいは地獄のようだ〕話ではたいそうよいが、じっさいはひどくわるいこと。

きいと ［キ］【生糸】名 かいこのまゆからとったままの糸。練り糸にする前の糸。

キーノート ［ノ］〈keynote〉名 ❶音階の第一音。主音。❷絵画・文芸などの基調。

キーパー ［キ］〈keeper〉名 「ゴールキーパー」の略。

キーパーソン ［パ］〈key person〉名 集団内や物事の進行上で大きな影響力をもつ人。重要人物。

キーパンチャー ［パ］〈keypuncher〉名 コンピューターにキーボードからデータを入力する職業の人。以前は、穿孔機を操作してカードに穴をあける技術を持つ人のことを言った。

キープ ［キ］〈keep〉名 他サ ❶維持。確保。❷サッカー・ラグビーなどで取ったボールを敵に渡さないこと。❸ラグビーで、スクラムの中にボールを入れたまま押し進むこと。❹バーなどで、客の酒瓶をあずかること。

キー‐ポイント ［ポ］〈key point〉名 重要な手がかりになるところ。

キー‐ボード ［ボ］〈keyboard〉名 ❶ピアノ・オルガンなどの指でたたく部分。鍵盤。❷コンピューターに入力したり指示したりする操作盤。❸シンセサイザーなどの電子鍵盤楽器。

キー‐ホルダー ［ホ］〈key holder〉名 かぎをまとめておくための道具。

キーマ‐カレー ［カ］〈keema curry〉名 〔キーマはヒンディー語などでひき肉の意〕ひき肉を使ったカレー。

キーマン ［キ］〈key man〉名 組織や集団で、中心となる重要人物。キーパーソン。「政局の―」

キール ［キ］〈keel〉名 船のいちばん下の部分をたてにつらぬいて、船の構造の中心となる鉄材あるいは木材。竜骨。

キール

きいろ ⓪【黄色】名 形動 黄の色。三原色の一つ。

きいろ・い ⓪【黄色い】形 カロ・カッ・ク・イ・イ・ケレ・○ ❶黄色をしている。❷声の調子がかん高い。「―声」❸年が若くて未熟だ。「くちばしが―」

キーワード ［ワ］〈key word〉名 文章を理解したり、なぞをといたりするためのかぎになる重要なことば。

きいん ⓪【気韻】名 文章語 上品なおもむき。品格のあるようす。 **―生動** ［セ］名 文章語 気品のあるおもむきが、いきいきとあらわれていること。

きいん ［キ］【棋院】名 囲碁を職業とする人たちの団体。また、その事務所。

きいん ［キ］【貴院】名 文章語 「あなたの病院」などの尊敬の言い方。手紙に使う。

きいん ⓪【起因】名 自サ それがもとになっておこること。おこる原因。起こり。

ぎいん ⓪【偽印】名 にせの印判。

ぎいん ［ギ］【議員】名 国会や地方議会などの合議制の機関を構成し、議決権をもつ人。 **―立法** ［リ］名 議会で法律案の提案が議員によってなされること。

ぎいん ［ギ］【議院】名 ❶国会。❷衆議院と参議院。 **―内閣制** ［ギ］名 内閣の存立が、議会の信任を必須とする政治制度。↔大統領制。参考 英国で発達し、日本では日本国憲法で明文化された。

きう ［キ］【気宇】名 心のひろさ。「―壮大」

キウイ ［キ］〈kiwi〉名 ❶キウイ科の鳥。全身褐色の羽毛におおわれ、翼は退化している。ニュージーランドに生息。❷マタタビ科のつる性落葉樹。果実は鳥のキウイに似る。果肉は緑色。ビタミンCが豊富。キウイフルーツ。

きうけ ⓪【気受け】名 他人がその人に対してもつ感情。世間の評判。「一般の―がいい」

きうつ ⓪【気鬱】名 形動 気がふさぐこと。「―な話」

きうつり ［ウ］【気移り】名 自サ 心が集中せず、他にうごくこと。「―しておちつかない」

きうり ［キ］【×胡×瓜】名 ⇒きゅうり。

きうん ［キ］⓪【気運】名 しぜんにそうなっていきそうなようす。なりゆき。時運。「―が高まる」

きうん ［キ］【機運】名 望ましい、ときのまわりあわせ。時機。「―が高まる」

きえ ［キ］【帰依】名 自サ 仏や神を信仰し、その力にたよること。「仏教に―する」

きえい ⓪【機影】名 飛行機のかげ。飛行機のすがた。

きえい ⓪【帰営】名 自サ 兵営にかえること。

きえい ⓪【気鋭】名 形動 いきごみがするどいこと。「新進―の科学者」

きえ‐い・る ［イ］【消え入る】自五 ラ・ロリ・ッ・ル・ル・レ・レ ❶消えてなくなる。「―ような声」❷気をうしなう。気絶する。❸息がたえる。死ぬ。

きえう・せる ［セ］【消えうせる】【消▲失せる】自下一 セ・セ・セル・セル・セレ・セロ・セヨ 消えてなくなる。いなくなる。**きえう・す** 文語下二

きえ‐がた ⓪【消え方】名 消えようとするとき。「命の―」

きえ‐ぎえ ⓪【消え消え】形動(の) ❶ほとんど消えそうで、はっきり見えないようす。❷ひどく恐れたり驚いたりして、気を失いそうなようす。

きえつ ⓪【喜悦】名 自サ よろこぶこと。よろこび。歓喜。

きえ‐のこ・る ［コ］【消え残る】自五 ラ・ロリ・ッ・ル・ル・レ・レ ❶消えないでのこる。「―雪」❷生きのこる。「―老いの命」

き・える ⓪【消える】自下一 エ・エ・エル・エル・エレ・エロ・エヨ ❶存在していたものが見えなくなる。「インクの字が―」❷あかりや火がなくなる。❸雪などがとけてなくなる。❹聞こえなくなる。「人声が―」❺俗語 いなくなる。**き・ゆ** 文語ヤ下二

きえん ⓪【気炎】【気×焔】名 さかんな意気。 **―万丈** ⓪名 おおいに気炎をあげること。 **―を揚げる** 意気さかんなことを言う。 **―を吐く** 勢いのよいことを言う。

きえん ⓪【奇縁】名 ふしぎな縁。「合縁―」

きえん ［キ］【機縁】名 ❶おり。きっかけ。機会。❷〔仏〕衆生の能力と動機が仏の教えを聞く縁となること。

ぎえん ⓪【義援】【義×捐】名 〔「捐」は寄付するの意〕慈善・公益のために金品を出すこと。 **―金** ⓪名 義援のために出すかね。義金。

きえんさん ⓪【希塩酸】【×稀塩酸】名 水をまぜてうすくした塩酸。

き-おい ０【気負い】(おひ) 名 意気ごみ。「余計な―がない」

きおい【▲競ひ】(きほひ) 名〔古語〕❶競い合うことで生じるはずみ。余勢。「かかるきほひには(私ノ出家ニ続クモノノハズミデアッテハ)慕ふやうに(来ルヨウデ)心あわたたしと」〈源氏〉❷はげしいいきおい。「いと荒ましき風のきほひに」〈源氏〉❸〔「きおひはだ」の略〕いさみはだ。

きおい-た・つ タ【気負い立つ】(きおひ) 自五 タ・トテ・ッ・ニ ツ・ツ・テ・テ いさみたつ。

きおい-はだ イ【きおい肌】【▲競い肌】(きほひ) 名 いさみはだ。

き-おう ０【既往】名 過去。以前。―**症**(しょう) ０/オ 名 前にかかった病気。

き-おう ０【期央】名 ある期間の中央。特に会計年度や事業年度などの中央。「―修正」

きお・う【▲競う】(きほふ) 一 オ 自五 ワ・オ・イ・ッ ウ・ウ・エ・エ たがいに負けまいと、はりあう。競争する。きそう。二 自四〔古語〕木の葉が散り乱れる。争って散りいそぐ。「あらしにきほふ木の葉さへ」〈十六夜日記〉

き-お・う オ【気負う】(おふ) 自五 ワ・オ・イ・ッ ウ・ウ・エ・エ いさみたつ。いきごむ。「気負ってレースに出る」

き-おく ０【記憶】名 他サ ❶過去の経験を心にとどめておくこと。また、その内容。「―がよみがえる」❷種々の情報を脳や情報処理装置にたくわえておくこと。

き-おくれ ０【気後れ】名 自サ おそれひるむこと。「大ぜいの前に立っても―しない」

キオスク オ〈kiosk〉名〔トルコ語の「あずまや」の意から〕駅や街頭にある、新聞・飲料・雑貨などの売店。キヨスク。参考「キヨスク」はJR東日本以外のJR各社の駅にある売店の名称。

き-おち ０【気落ち】名 自サ 落胆すること。がっかりすること。力落とし。「試合に負けて、すっかり―している」

き-おも ０【気重】形動 ダロ・ダッ・デ・ニ ダ・ナ・ナラ・○ 気がひきたたず、しずむようす。気分がすすまないようす。「―な仕事」

き-おん ０【気温】名 大気中の温度。

き-おん ０【基音】名 複合音を構成する音のうちで、振動数のもっとも少ない音。原音。

ぎ-おん ０【擬音】名 演劇・放送などで、ほんとうの音に似せて出す音。音響効果の一つ。―**語**(ご) ０ 名 ❶「シュッシュッ」「ざあざあ」など、音を似せてつくったことば。❷擬声語❷。

ぎおん《祇園》❶ぎおんしょうじゃ。❷京都市東山の八坂神社(祇園社)付近の芸者町。もと遊郭(ゆうかく)。

ぎおん-え オ【×祇▲園会】名 祇園祭。夏

ぎおん-しょうじゃ《祇園精舎》釈迦(しゃか)のために、中インドに説法場として建てられた寺院。

ぎおん-まつり マ【×祇▲園祭】名 京都市の八坂神社の祭礼。毎年七月十七日から二十四日に行われる。山鉾(やまぼこ)巡行で有名。夏 ⇩ 葵祭(あおいまつり) 参考。

き-か キ/カ【机下】名〔文章語〕手紙のわき付けで、「おそば」の意味をあらわす。案下。玉案下。足下。「山田先生―」⇩ わき付け 参考。

き-か キ/カ【奇貨】名〔文章語〕❶めずらしい品物。❷意外な利益を得るみこみのある物事や機会。―▲**居**(お)**くべし**〔めずらしい品物だから、買ってしまっておくといい〕えがたい機会だから、のがさず利用すべきだ。

き-か キ/カ【奇禍】名 思いがけない災難。「―にあう」

き-か キ/カ【季夏】名〔文章語〕〔「季」は末の意〕❶夏の終わり。晩夏。夏 ❷陰暦六月。

き-か キ/カ【幾何】名 幾何学。―**学**(がく) カ 名 物の形・大きさ、その他空間の性質を研究する、数学の一部門。幾何。―**模様**(もよう) モ 名 多角形や円形などで規則的に構成された模様。幾何模様。―**級数**(きゅうすう) キュ/ス 名 ➡とうひきゅうすう。

き-か キ/カ【貴家】名〔文章語〕「あなたの家」の尊敬の言い方。尊家。おもに手紙に使う。参考 手紙で、先方の家庭をさす言い方には、ほかに「尊宅・高堂・御一家・御一統様・御一同様・そちらさま」などがある。

き-か キ【×麾下】名〔「麾」はさしずに使う旗〕❶将軍の部下。旗本(はたもと)。❷指揮下にあること。手下。「―の面々」

き-か キ/カ【気化】名 自サ 液体が、気体にかわること。蒸発と沸騰(ふっとう)。参考 固体が気体になる「昇華」を含むこともある。―**熱**(ねつ) カ 名 液体が気体にかわるために必要な熱。

き-か キ/カ【帰化】名 自サ ❶自分から望んで、他の国の国籍を得て、その国民となること。「日本に―する」❷外国から渡来した動植物が、その土地になじんで繁殖するようになること。―**植物**(しょくぶつ) ク 名 外国から入ってきて、しぜんにふえた植物。ひめじょおん・おらんだがらしなど。―**人**(じん) カ 名 帰化することで、その国民となった人。渡来人。―**動物**(どうぶつ) ド 名 外国から入ってきて、しぜんにふえた動物。アメリカざりがに・食用がえるなど。

き-か キ/カ【貴下】代〔文章語〕相手を尊敬してよぶ語。手紙に使う。⇩ 貴兄 参考。

き-が キ【飢餓】【×饑餓】名 食べ物に飢えること。飢え。―**輸出**(ゆしゅつ) ユ 名 物資の輸入に必要な外貨を得るため、国内の産物の販売を制限、禁止して輸出にまわすこと。―**療法**(りょうほう) リョ 名 水分以外は何もとらずに病気をなおす法。絶食療法。

き-が キ【帰×臥】名 自サ〔文章語〕職をやめて故郷にかえり、静かな生活に入ること。「故山に―する」

き-が キ【起×臥】名 自サ〔文章語〕起きることと寝ること。日常の生活。起きふし。ねおき。「―をともにする」

ギガ〈giga〉造 ❶国際単位系における接頭語で、十億倍をあらわす。記号は「G」。⇩ 国際単位系(表)。❷「ギガバイト」の略。一ギガバイトは、一バイトの一〇億七三七四万一八二四倍。

ぎ-が ギ【戯画】名 たわむれにかいた絵。こっけいな絵。カリカチュア。―**化**(か) ０ 名 他サ 皮肉・風刺(ふうし)の意をこめて、こっけいに表現すること。「混乱した政局を―する」

き-かい ０【棋界】名 囲碁・将棋をする人々の社会。

き-かい カ【器械】名 器具・道具・工具など。「測定―」参考「器械」は「機械」に対して、比較的簡単な仕組みのもの。―**体操**(たいそう) タ 名 鉄棒・とび箱・平均台などの器械を使ってする体操。↕徒手体操。

き-かい カ【機会】名 つごうのよい時。おり。きっかけ。チャンス。「―をつくる」―**均等**(きんとう) カ 名 わけへだてをせず、平等に機会をあたえること。「教育の―」

き-かい カ【機械】名 物体の組み合わせによってできており、動力によっていろいろな仕事をする仕掛け。⇩ 器械 参考。―**化**(か) ０ 名 自他サ 作業を機械によっておこなうようにすること。「農業を―する」―**的**(てき) ０ 形動 ❶機械仕掛けのように、同じリズムでくり返しおこなうようす。「―な運動」❷型にはまっていて、個性にとぼしいようす。「かれの考え方は―だ」―**論**(ろん) カ 名〔哲〕原因と結果の関係だけで機械的に物事を説明しようとする考え方。↕目的論。

きかい《機械》横光利一(よこみつりいち)の短編小説。一九三〇年発表。「私」の意識の流れを描くことで、人間の不安定性を浮かびあがらせた作品。

き-かい ０/カ【奇怪】形動 ダロ・ダッ・デ・ニ ダ・ナ・ナラ・○ ふつうでなくふしぎ

き

なようす。あやしいようす。きっかい。「―な話」

き-がい キ【危害】名 いのち・からだを傷つけたり、あぶないめにあわせたりすること。「―を加える」

き-がい 0【気概】名 くじけない強い意志。気骨(きこつ)。「―に満ちている」参考「気慨」と書くのはあやまり。

き-がい キ【機外】名 飛行機の外。↕機内。

ぎ-かい ギ【議会】名 ❶公選された議員からなり、国民や住民の意思を代表して法律などを決定する、合議制の機関。立法院。❷国会。 **―政治**(せいじ) セ名 国民の代表である議会を国の最高機関とし、その議会の信任を得てつくられた内閣が行政を担当するやり方。

き-がえ 0【着替(え)】(がへ) 名 ❶着かえること。「まだ―がすまない」❷着かえるための衣服。替え着。「暑いころは―を持ち歩く」

き-が・える エ/ガ【着替える】(がへる) 他下一 (エ・エ・エル・エル・エレ・エロ・エヨ) 着ている衣服をぬいで別の衣服を着る。「更衣室でユニフォームに―」参考「きかえる」が本来の言い方。 **きか・ふ** 文語八下二

き-がかり ガ【気掛(か)り】【気懸り】名 形動 気にかかること。心配。

き-かく 0【規格】名 ❶物事の標準となる形やありかた。❷工業製品の品質・寸法・形状などについての標準。「―に合った品」 **―化**(か) 0名 ❶工業製品を一定の規格で統一すること。「部品の―をはかる」❷一定の型にはめこまれ、特色がなくなること。 **―判**(ばん) 0名 日本産業規格(JIS)による紙の大きさ。A列とB列とがある。 **―品**(ひん) 0名 ❶材質・形状などが一定の基準に合った工業製品。❷型にはまって個性のとぼしいもの。

き-かく 0【棋客】名 文章語 囲碁・将棋をする人。ききゃく。

き-かく 0【企画】【企×劃】名 他サ 計画をたてること。また、その計画。くわだて。もくろみ。

き-がく キ【貴学】名 文章語「あなたの大学」の尊敬の言い方。手紙に使う。

き-がく キ【器楽】名 楽器を使って演奏する音楽。↕声楽。

ぎ-かく 0【擬革】名 なめしがわに似せてつくったもの。人造皮革。

ぎ-がく ギ【伎楽】名 中国・朝鮮半島をへて古代に日本につたわった仮面劇。

き-かげき カ【喜歌劇】名 喜劇的な内容で、せりふのまじるオペラ。コミックオペラ。オペレッタ。

き-かざ・る ザ【着飾る】他五 (ラ・ロ・リ・ッ・ル・ル・レ・レ) 美しい衣服を着る。盛装する。「着飾って出席する」

き-か・す 0【利かす】他五 (サ・ソ・シ・ス・ス・セ・セ) ⬇きかせる。

き-か・す 0【聞(か)す】他五 (サ・ソ・シ・ス・ス・セ・セ) ⬇きかせる。

き-ガス ガ【貴ガス】名 ヘリウム・ネオン・アルゴン・クリプトン・キセノン・ラドンの六元素の総称。他の元素とはきわめて化合しにくい。参考もと、「希ガス」。二〇〇五年に英語呼称が rare gas から noble gas に改められたことにより、改称。

き-か・せる 0【利かせる】他下一 (セ・セ・セル・セル・セレ・セロ・セヨ) (「利かす」(五段活用)とも) ❶ききめがあるようにする。「から味を―」❷通用させる。「顔を―」❸(「気を利かせる」の形で)よく気をくばって相手ののぞむようにする。

き-か・せる 0【聞(か)せる】他下一 (セ・セ・セル・セル・セレ・セロ・セヨ) (「聞かす」(五段活用)とも) ❶聞こえるようにする。聞くようにさせる。❷説明する。「わけを話して―」❸聞くねうちがあって聞き入らせる。「なかなか―いい声だ」 **きか・す** 文語下二

き-がた 0【木型】名 木製の、鋳物・靴などの原型。

き-かつ 0【飢渇】名 文章語 飢えとかわき。飲食物の欠乏。

き-かない【利かない】連語 きかん気だ。「―子だ」

利(き)かぬ気(き) 勝ち気。負けずぎらい。きかん気。「―の坊や」

き-がね 0【気兼ね】名 他人に対する心づかい。えんりょ。「となり近所に―する」

き-がまえ ガ【気構え】(がまへ) 名 ❶心に待ちうけること。用意。覚悟。「ちゃんとした―をもってのぞむ」❷漢字の部首の一つ。「気」などの「气」。

き-がる 0【気軽】形動 (ダロ・ダッ・デ・ニ・ダ・ナ・ナラ・○) もったいぶらないようす。きさく。「―に相談する」 **気軽げ** 形動 **気軽さ** 名

きがら-ちゃ ラ【黄枯茶】名 うすいあい色がかった黄色。くちばいろ。

き-かん 0【気管】名 せきつい動物の、のどから肺に通じるくだ。 **―支**(し) カ名 気管の下端から左右の肺に通じるくだ。

き-かん カ【汽缶】名 密閉した容器のなかで、動力源や熱源に用いる高い圧力の蒸気を発生させる装置。ボイラー。

き-かん 0【奇観】名 めずらしいながめ。すばらしい風景。

き-かん 0【季刊】名 一年に四回、定期的に発行すること。また、そのもの。クォータリー。↕日刊・週刊・旬刊・月刊・年刊。

き-かん 0【既刊】名 すでに刊行したこと・もの。↕未刊。

き-かん 0【飢寒】名 文章語 飢えとさむさ。飢えこごえること。

き-かん 0【基幹】名 活動や機能の中心となるもの。「―の道路」 **―産業**(さんぎょう) サ名 諸産業を動かす大もととなる産業。鉄鋼・電力・石油・自動車・電子工業など。

き-かん 0【亀鑑】名 (「亀」は、焼いて、吉凶をうらなうもの。「鑑」は、手本とするもの)てほん。かがみ。「学徒の―」

き-かん カ/キ【期間】名 ある時期から、他のある時期にいたるまでのあいだ。「特売―」

き-かん カ/キ【貴官】名 文章語 官吏である相手を尊敬してよぶ語。

き-かん カ【貴簡】【貴×翰】名 文章語 手紙をくれた相手を尊敬して言う語。手紙に使う。参考 手紙をくれた相手を立てる言い方には他に「貴書・玉章・玉翰・尊翰・尊書・芳翰」などがある。

き-かん 0/カ【旗艦】名 艦隊の司令長官や司令官の乗っている軍艦。 **―店**(てん) カ名 (flagship shop の訳)多店舗展開をする小売業で、宣伝・販売戦略上の中心となる店舗。フラッグシップショップ。フラッグショップ。

き-かん キ/カ【器官】名 一定の形をし、一定の生理作用をする生物体の一部。心臓・胃など。参考「器管」と書くのはあやまり。

き-かん カ/キ【機関】名 ❶ある目的のもとに活動を行うために設けられた組織や施設。機構。「大臣の諮問―」「交通―」❷機械を動かすために、火力や電力のエネルギーを機械的エネルギーに変える装置。「蒸気―」参考「機構」が組織の仕組みをさすのに対して、「機関」は個々の組織そのものを言うことが多い。 **―庫**(こ) カ名 機関車の車庫。 **―士**(し) カ名 ❶蒸気機関車を操縦する人。❷船舶・航空機などの機関を運転・整備する人。 **―誌**(し) カ名 研究団体・政党などが、報告・宣伝などのために発行する雑誌。 **―紙**(し) カ名 政党などの団体が、報告・宣伝などのために発行する新聞。 **―車**(しゃ) カ名 客車・貨車をひいて走る、機関をそなえた車両。 **―銃**(じゅう) 0名 引き金を引くと自動的に連発のできる小口径の銃。機銃。マシンガン。

き-かん 0【帰還】名 自サ 故国・基地などに、かえること。

き

き-かん [0]【帰館】[名][自サ] ❶[文章語] やかたにかえること。❷自宅にかえることのややふざけた言い方。「昨夜は何時にご—でしたか」

き-かん [0]【帰艦】[名][自サ] 軍艦の乗組員や、航空母艦から飛び立った飛行機などが、母艦にかえること。

き-がん [キ]【奇岩】[名] 形がめずらしい岩。「—怪石」

き-がん [キ]【帰×雁】[名] 春に南から北へかえる、がん。[春]

き-がん [キ]【輝岩】[名] 輝石を主成分とする緑色の火成岩。

き-がん [キ]【祈願】[名][他サ] 神仏にいのりねがうこと。

ぎ-かん [ギ]【技官】[名] 特別の学術・技芸関係の仕事をうけもつ国家公務員。

ぎ-かん [ギ]【技監】[名] 技術関係の総監督に当たる役職。

ぎ-がん [0]【義眼】[名] 人工の眼球。入れ目。[参考] 初期にはガラスを使ったが、今はプラスチックで作る。

利(き)かん気(き) ⬇利かぬ気。

きかん-ぼう [0]【利かん坊】[名][形動] 言うことをなかなか聞かない腕白な子ども。またそのようなさま。

きき [0][名] ❶【利き】きくこと。「左—」❷【効き】ききめ。効能。「薬の—が早い」

き-き [キ¹/キ²]【危機】[名] あぶない場合・状態。ピンチ。「—を脱する」—一髪(いっぱつ) [キ¹―ツ/キ²―ツ][名] 非常にあぶないこと。「—のところで助かった」[参考]「危機一発」と書くのはあやまり。—感(かん) [キ²][名] このままではあぶないという不安な気持ち。「—をいだく」—管理(かんり) [カ][名] 自然災害や不測の事態に適切に対処できるように、事前に準備しておくこと。「—体制の整備」—言語(げんご) [ゲ][名] 使用者の減少などにより消滅の危機にある言語や方言。

き-き [キ¹]【忌×諱】[名][文章語]「きい」は慣用読み) いみきらうこと。—に触(ふ)れる 目上の人のきげんを損ねる。

き-き [キ¹]【鬼気】[名] すごい気分。おそろしいけはい。—迫(せま)る ひどく、すごみ・おそろしさが感じられる。

き-き [キ¹/キ²]【機器・器機】[名] 器具・機械の総称。

き-き《記紀》「古事記(こじき)」と「日本書紀(にほんしょき)」。—歌謡(かよう) [カ][名]「古事記」「日本書紀」の中にある古代歌謡。

き-き [キ¹/キ²]【喜喜】【×嬉×嬉】[と][副][たる][連体][文章語] よろこびたのしむようす。「—としてたわむれる子ら」

き-ぎ [キ]【木木】[名] いろいろの木。多くの木。「—の緑」

き-ぎ [キ]【機宜】[名] 時機に応じていること。「—を得た処置」

き-ぎ [キ]【×嬉戯】[名][自サ][文章語] たのしく、たわむれあそぶこと。

ぎ-き [ギ]【義気】[名] 正義をまもる心。義侠(ぎきょう)心。「—にとむ人」

ぎ-ぎ [ギ¹]【疑義】[名] うたがわしい意味・事がら。「—をただす」

ぎ-ぎ [ギ¹]【×巍×巍】[と][副][たる][連体][文章語] 山のたかく大きいようす。「—とそびえたつ高山」

きき-あし [0]【利(き)足】[名] 動作をするのに使いよい足。力のはいる方の足。

きき-あわ・せる [セ]【聞(き)合(わ)せる】(あはせる) [他下一] セ・セ・セル・セル・セレ・セロ/セヨ ❶あれこれ聞いて、考えあわせる。❷問いあわせる。照会する。「試験日を—」聞き合わせ [名] ききあは・す [文語下二]

きき-い・る [イ]【聞(き)入る】[他五] ラ・ロ/リ・ッ/ル・ル・レ・レ 身をいれて聞く。一心に聞く。「名曲に—」

きき-い・れる [レ]【聞(き)入れる】[他下一] レ・レ・レル・レル・レレ・レロ/レヨ ❶聞いて心にとめる。「警告を聞き入れない」❷承知する。同意する。「たのみを—」きき-い・る [文語下二]

きき-うで [0]【利(き)腕】[名] 動作をするのに使いよい腕。ふつうは、右の腕。

きき-お・く [オ]【聞(き)置く】[他五] カ・コ/キ・イ/ク・ク・ケ・ケ ❶聞いておく。「お聞き置きください」❷先方の話を聞くだけで、自分の考えや答えは示さないでおく。

きき-おさめ [0]【聞(き)納め】(をさめ) [名] 聞くことの最後。「きのうの話が—になる」

きき-おと・す [ト]【聞(き)落(と)す】[他五] サ・ソ/シ・ス・ス・セ・セ 聞きもらす。「要点を—」↕見落とす。聞き落とし [名]

きき-おぼえ [0]【聞(き)覚え】[名] ❶前に聞いたという記憶。前に聞いておぼえたこと。「—がある」❷耳で聞いておぼえること。耳学問。

きき-およ・ぶ [ヨ]【聞(き)及ぶ】[他五] バ・ボ/ビ・ン/ブ・ブ・ベ・ベ 人づてに聞く。つたえ聞く。「お聞き及びのことと存じますが」

きき-かいかい [キ¹]【奇奇怪怪】[形動] ダロ・ダッ・デ・ニ/ダ・ナ・ナラ・○「奇怪」を強めた言い方。「—な話」

きき-かえ・す [カ]【聞(き)返す】(かへす) [他五] サ・ソ/シ・ス・ス・セ・セ ❶一度聞いたことを、くりかえして聞く。聞き直す。「録音テープを—」❷一度聞いたことを、もう一度問う。「念のために—」❸相手に聞かれたのに対し、こちらからも聞く。問い返す。聞き返し [名] 聞き返せる [自下一] […できる]

きき-がき [0]【聞(き)書(き)】[名] 人から聞いたことを書くこと。また、それを書いた記録。

きき-かじ・る [ジ]【聞きかじる】[他五] ラ・ロ/リ・ッ/ル・ル・レ・レ 一部分やうわべだけ、また、少しだけ聞いて知っている。「聞きかじった知識」聞きかじり [名]

きき-かた [0]【聞(き)方】[名] ❶聞く方法・態度。「講義がわからないのは—が悪いからだ」❷聞くこと。国語教育の基本となる、読む・書く・話す・聞くの四つの言語活動の一つ。

きき-ぐるし・い [シ]【聞(き)苦しい】[形] カロ・カッ/ク・イ・イ・ケレ・○ 聞きづらい。聞くにたえられない。「—話」ききぐる・し [文語シク]

きき-ごうしゃ [ゴ]【聞(き)巧者】[名] 聞きじょうず。

きき-ごたえ [0]【聞(き)応え】(ごたへ) [名] 聞いただけのことがあったと思えること。「—のある講演」

きき-こみ [0]【聞(き)込み】[名] 刑事などが、事件解決の手がかりを得るために聞いてまわること。「—捜査」

きき-こ・む [コ]【聞(き)込む】[他五] マ・モ/ミ・ン/ム・ム・メ・メ 聞いて知る。聞き出す。「耳よりのことを聞き込んだ」

きき-ざけ [0]【聞(き)酒・利(き)酒】[名] 酒を口にふくんで、そのよしあしを味わいわけること。

聞(き)きしに勝(まさ)る 聞いて予想していた程度をはるかに上回る。「—力の強さ」

きき-じょうず [ジョ]【聞(き)上手】[名][形動] 話し手が話しやすいように受け答えをしながら聞くこと。また、そういう聞き方をする人。聞きごうしゃ。↕聞きべた・話しじょうず。

きぎ-す [キ]【×雉子】[名][古語] きじ。きぎし。

きき-すご・す [ゴ]【聞(き)過(ご)す】[他五] サ・ソ/シ・ス・ス・セ・セ ❶聞いても内容が心にとまらない状態になる。❷聞いても心にとめないでおく。聞きながす。聞き過ごせる [自下一] […できる]

きき-すて [0]【聞(き)捨て】[名] 聞きすてること。聞きっぱなし。—ならぬ 聞きすてることができない。「—話だ」

きき-す・てる [テ]【聞(き)捨てる】[他下一] テ・テ・テル・テル・テレ・テロ/テヨ 聞いても心にとめない。聞きながす。聞きすごす。ききす・つ [文語下二]

きき-すま・す [マ]【聞(き)澄(ま)す】[他五] サ・ソ/シ・ス・ス・セ・セ よく注意して聞く。

きき-そこな・う [ナ]【聞(き)損(な)う】(そこなふ) [他五] ワ・オ/イ・ッ/ウ・ウ/エ・エ ❶聞きあやまる。「話の趣旨を—」❷聞くときをのが

す。「遅刻して―」 **聞き損ない** [名]

きき-そこ・ねる [ネ]【聞(き)損ねる】[他下一] ネ―ネ―ネル―ネル―ネレ―ネロ・ネヨ 聞き損なう。

きき-だ・す [ダ]【聞(き)出す】[他五] サ・ソ―シ―ス―ス―セ―セ ❶聞きはじめる。❷秘密を聞きこむ。「大変なことを聞き出した」 **聞き出せる** [自下一]〔…できる〕

きき-ただ・す [ダ]【聞きただす】[聞▲質す] [他五] サ・ソ―シ―ス―ス―セ―セ 聞いて、たしかめる。「本人に事実を―」 **聞きただせる** [自下一]〔…できる〕

きき-つ・ける [ケ]【聞きつける】[他下一] ケ―ケ―ケル―ケル―ケレ―ケロ・ケヨ ❶聞きなれる。「聞きつけた声」 ❷聞きこむ。伝え聞いて知る。「うわさを聞きつけて集まる」 **ききつ・く** [文語下二]

きき-つたえ [0]【聞(き)伝え】つたへ [名] 人づてに聞いたこと。伝聞。ききづたえ。

きき-づら・い [ラ]【聞きづらい】[聞▲辛い] [形] カロ―カッ・ク―イ―イ―ケレ―○ 聞きにくい。「―ことを言う」 **ききづら・し** [文語ク]

きき-て [0]【利(き)手】[名] ❶ききうで。「―をとる」 ❷うでまえのすぐれた人。「なかなかの―だ」

きき-て [0]【聞(き)手】[名] ❶話を聞く方の人。↕話し手。❷質問をする人。↕答え手。

きき-とが・める [メ]【聞きとがめる】[聞×咎める] [他下一] メ―メ―メル―メル―メレ―メロ・メヨ 聞いて変だなと思い、問いただす。 **ききとが・む** [文語下二]

きき-どころ [0]【利(き)所】[名] ❶ききめのあるところ。「灸(きゅう)の―」 ❷要所。急所。「―をおさえる」

きき-どころ [0]【聞(き)所】[名] 聞くねうちのあるところ。注意して聞くべきところ。

きき-とど・ける [ケ]【聞(き)届ける】[他下一] ケ―ケ―ケル―ケル―ケレ―ケロ・ケヨ 願いをゆるす。聞きいれる。「願いを―」 **ききとど・く** [文語下二]

きき-とり [0]【聞(き)取(り)】[名] 聞きとること。 **―算**(ざん) [リ][名] 読みあげる数を聞きとりながらする、暗算やそろばんの計算。 **―書**(しょ) [0][名] 検事や警察官などが、被疑者や関係者から聞きとった記録。調書。

きき-と・る [ト]【聞(き)取る】[他五] ラ・ロ―リ・ッ―ル―ル―レ―レ 聞いて知る。聞いて理解する。「真意を―」 **聞き取れる** [自下一]〔…できる〕

きき-と・れる [レ]【聞きとれる】[聞×惚れる] [自下一] レ―レ―レル―レル―レレ―レロ・レヨ 聞きほれる。↕見とれる。 **ききと・る** [文語下二]

きき-なが・す [ガ]【聞(き)流す】[他五] サ・ソ―シ―ス―ス―セ―セ 聞いたままほうっておく。聞きっぱなしにする。「ぐちを―」 **聞き流し** [名] **聞き流せる** [自下一]〔…できる〕

きき-なし [0]【聞きなし】[聞×做し] [名] 鳥の鳴き声を、意味のある人間のことばに置き換えること。ほおじろの鳴き声を「一筆(いっぴつ)啓上つかまつり候(そろ)」とするたぐい。

きき-な・す [ナ]【聞きなす】[聞×做す] [他五] サ・ソ―シ―ス―ス―セ―セ 聞いて、そう思う。「弁解と―」

きき-にく・い [ク]【聞きにくい】[聞▲難い] [形] カロ―カッ・ク―イ―イ―ケレ―○ ❶聞いていて不愉快になる。聞き苦しい。「人の悪口は―」 ❷聞きとりにくい。聞きづらい。「声が小さくて―」 **聞きにくげ** [形動] **聞きにくさ** [名] **ききにく・し** [文語ク]

き-ぎぬ [0]/[キ]【生絹】[名] 生糸で織った絹布。

きき-のが・す [ガ]【聞(き)逃す】[他五] サ・ソ―シ―ス―ス―セ―セ 聞きたいと思いながら、その機会をつかまえそこなう。聞きおとす。聞きもらす。「楽しみにしていたラジオ放送を―」

きき-はず・す [ズ]【聞(き)外す】はづす [他五] サ・ソ―シ―ス―ス―セ―セ 聞きそこなう。「要点を―」 **聞き外し** [名]

きき-ふる・す [ル]【聞(き)古す】[他五] サ・ソ―シ―ス―ス―セ―セ いくども聞いて、めずらしくなくなる。「聞き古した話」

きき-べた [0]【聞(き)下手】[名][形動] 相手から話をひきだしたり、相手が話しやすいように聞くことのへたなこと。また、その人。↕聞き上手。

きき-ほ・れる [レ]【聞きほれる】[聞×惚れる] [自下一] レ―レ―レル―レル―レレ―レロ・レヨ うっとりとして聞く。聞きとれる。「ベートーベンの音楽に―」 **ききほ・る** [文語下二]

きき-みみ [0]【聞(き)耳】[名] 耳で聞こうとすること。 **―を立(た)てる** 聞こうとして注意を集中する。

きき-みょうみょう [キ]【奇奇妙妙】[形動] ダロ―ダッ・デ・ニ―ダ―ナ―ナラ―○ 「奇妙」を強めた言い方。「―な話」

きき-め [0]【効き目】[名] 効く力。効能。

きき-もの [0]【聞(き)物】[名] 聞くねうちのある物。

きき-もら・す [ラ]【聞(き)漏(ら)す】[他五] サ・ソ―シ―ス―ス―セ―セ 聞きおとす。「要点を―」 **聞き漏らし** [名]

き-きゃく [0]【棋客】[名] ➡きかく。

き-きゃく [0]【棄却】[名][他サ] ❶うちすててとりあげないこと。❷裁判所が、受けた訴訟を審理して、その申し立ての理由がないものなどに無効の言い渡しをすること。

きき-やく [0]【聞(き)役】[名] 相手の言うことを、もっぱら聞くがわの立場。また、その人。「―にまわる」

き-きゅう [0]【危急】[名] 危難が目のまえにせまること。「―の際」 **―存亡**(そんぼう) [0][名] 危難がせまって、残るか、ほろびるかのせとぎわ。「―の秋(とき)」

き-きゅう [0]【気球】[名] 空気よりもかるい気体をつめて空中に浮上させる、球形の袋。観測・宣伝などに使う。

き-きゅう [0]【企及】[名][自サ]〔文章語〕くわだておよぶこと。努力して追いつくこと。「余人のとうてい―せざるところ」

き-きゅう [0]【帰休】[名][自サ] 家にかえって、やすむこと。特に、勤労者が一定期間職場を離れて自宅へ帰って休むこと。「一時―」 **―兵**(へい) [キュ][名] 休暇で、自宅へ帰っている兵隊。

き-きゅう [0]【希求】【×冀求】[名][他サ]〔文章語〕ねがいもとめること。「われわれの―するもの」

き-きょ [キ]/[キョ]【起居】[名] ❶立つこととすわること。たちいふるまい。❷日常の生活。おきふし。「―を共にする」

き-きょ [キ]/[キョ]【寄居】[名][自サ]〔文章語〕他人の家に身をよせること。

き-きょ [キ]/[キョ]【×欷×歔】[名][自サ]〔文章語〕すすり泣くこと。むせび泣き。歔欷(きょき)。

き-ぎょ [キ]【×綺▲語】[名]〔文章語〕➡きご。

ぎ-きょ [ギ]【義挙】[名]〔文章語〕正義のためにおこなう計画や行動。

きき-よ・い [ヨ]【聞きよい】[形] カロ―カッ・ク―イ―イ―ケレ―○ ❶聞きやすい。「―音量に調節する」 ❷聞いて気持ちがよい。 **聞きよさ** [名] **ききよ・し** [文語ク]

き-きょう [0]【気胸】[名] ❶胸膜腔(きょうまくこう)に空気が入って、肺が小さくしぼんだ状態。❷結核をなおす目的で、人工的に肋膜腔の中に空気を入れること。「―療法」

き-きょう [0]【×桔▲梗】[名] ❶キキョウ科の多年生植物。秋、紫・白のつりがね状の花をひらく。秋の七草の一つ。[秋] ❷うす紫をおびたあい色。

き-きょう [0]【帰京】[名][自サ] みやこ・東京にかえること。

き-きょう [0]【帰郷】[名][自サ] 故郷にかえること。↕出郷。

ききょう《帰郷》 大仏(おさらぎ)次郎の小説。一九四八年に発表。敗戦経験者の胸にある祖国喪失の感情をえがく。

き-きょう [0]【奇矯】[形動] ダロ―ダッ・デ・ニ―ダ―ナ―ナラ―○ ふつうとかわって奇妙なようす。ふうがわりなようす。「―な言辞を弄(ろう)する」

き-ぎょう [キ]【企業】[名] 利益を得ることを目的として事業を起こし、経営すること。また、経営される事業。「大―」 **―合同**(ごうどう) [ゴ][名] トラスト。 **―年金**(ねんきん) [ネ][名] 厚生年金など公的な年金制度に対して、企業が従業員の老後保障を目的として行う私的年金。 **―連合**(れんごう) [レ][名] カルテル。

きぎょう キ【機業】名 はたおりのしごと。

きぎょう キ【起業】名 自サ 事業を新しく始めること。

ぎきょう-しん キョ【義×侠心】名 正義をまもり、弱いものを助けようとする気持ち。おとこぎ。

ぎきょうだい キョ【義兄弟】名 ❶兄弟のまじわりを約束した間がら。また、その人。❷義理の兄弟。妻または夫の兄弟・姉妹など。

き-きょく キョ/キ【危局】名〔文章語〕あぶない時局。または、その場面。「―に立つ」

ぎきょく 0【戯曲】名 上演する目的で書かれた文学作品。演劇台本。ドラマ。

ききょ-らい キョ【帰去来】名 官職をやめて故郷にかえること。参考「かえりなん、いざ」と訓読される。中国の詩人、陶淵明(とうえんめい)の「帰去来辞」から。

きき-わける ケ【聞(き)分ける】他下一 ケ｜ケ｜ケル｜ケル｜ケレ｜ケロ・ケヨ ❶いろいろ聞いて区別する。「声の高さを―」❷聞いてその意味をさとる。理解する。「真意を―」❸聞いて納得する。得心する。「親の言うことを―」 **聞き分け** 名 **ききわ・く** 文語下二

きき-わすれる レ【聞(き)忘れる】他下一 レ｜レ｜レル｜レル｜レレ｜レロ・レヨ ❶聞くのを忘れる。❷聞いたことを忘れる。 **聞き忘れ** 名 **ききわす・る** 文語下二

き-きん キ2【飢×饉】名〔「饉」は作物がみのらないの意〕❶農作物がとれず、食料がとぼしくて飢えに苦しむこと。❷物の不足。「水―」

き-きん キ2/キ1【基金】名 ❶ある目的のために、準備しておくもとでのかね。❷事業の経済的基礎になるかね。資本金。

ぎ-きん 0【義金】名 ➡ぎえんきん。

き-きんぞく キ2【貴金属】名 簡単に化学変化をおこさず、産額も少ない貴重な金属。白金・金・銀など。↕卑金属

きく【×掬】造 すくう。くみあげる。「掬水・一掬(いっきく)」

きく ク【菊】名 造 キク科の多年生植物。自然のものは、多く秋に白・黄・赤・紫などの花が咲く。品種が多い。観賞用・食用。「菊花(きっか)・菊人形・寒菊(かんぎく)」秋 **―の宴(えん)** 陰暦九月九日におこなう菊見の宴。重陽(ちょう)の宴。秋 **―の節句(せっく)** 五節句の一つ。陰暦九月九日の節句。秋

き-く キ【起句】名 ❶漢詩の初めの句。↕承句・転句・結句。❷文の初めの句。

き-く キ【規×矩】名〔文章語〕〔コンパスとさしがね〕手本。規則。 **―準縄(じゅんじょう)** キ/ク 名〔文章語〕〔「準」はみずもり、「縄」はすみなわ〕手本。規則。

き・く 0 カ｜コ｜キ・イ｜ク｜ク｜ケ｜ケ ㊀自五 ❶【利く】㋐よくはたらく。「左手が―」「鼻が―」「ブレーキが―」㋑通用する。「無理が―」「顔が―」㋒可能である。できる。「呼び出しが―」❷【効く】期待される作用・効果があらわれる。ききめがある。「よく―薬」「わさびが―」 ㊁他五【利く】〔「口を利く」の形で〕❶ものを言う。❷話をつける。仲介する。「親方が口を―」 **利き・効き** 名

き・く 0【聞く】他五 カ｜コ｜キ・イ｜ク｜ク｜ケ｜ケ ❶音や声を耳で感じる。「時報を―」「話し声を―」❷【聴く】音や話などを理解しようと自ら進んで耳を傾ける。「話を聴こう」「CDを―」「講義を―」❸話を理解し、内容を承知する。「来月の予定はまだ聞いていない」❹要求されたことを理解し、その通りにする。「何でもよく―子」「頼みを聞いてくれ」❺【×訊く】知りたいことを質問する。尋ねる。「道を―」「名前を―」❻【利く】酒の味や香(こう)の匂(にお)いのよしあしを舌や鼻で感じ取る。「香を―」 参考 ❶は、❷と比べて、「聞こえる」に近いが、「聞こえる」のほうが受動的。❺は、「問う」「尋ねる」などより日常語的。「伺う」は❷の一部と❸❺の動作の主体を立てた言い方。 **聞ける** 自下一〔…できる〕 **―ならく**〔古語〕聞くところによれば。「―、天に二日(にじつ)なしと」 **―は一時(いっとき)の恥(はじ)** 知らないことは恥ずかしくても、すぐ聞くのがよい。問うは一時の恥。「―聞かぬは末代(まつだい)の恥」 **―耳(みみ)を持(も)たない** 聞く気がない。

き-ぐ キ【器具】名 簡単な機械や道具類。「電気―」

き-ぐ キ【機具】名 機械・器具。「農―」

き-ぐ キ【危惧】名 他サ あやぶみおそれること。不安。「―の念をいだく」「絶滅―種」

ぎ-く ギ【疑×懼】名 他サ〔文章語〕うたがい不安に思うこと。

きく-いも 0【菊芋】名 キク科の多年生植物。秋、黄色の花が咲く。土中の塊茎は食用。アルコールの原料ともなる。からいも。秋

き-ぐう 0【奇遇】名 思いがけない出会い。

き-ぐう 0【寄×寓】名 自サ よその家に一時泊まって世話になること。

きく-ざけ ク【菊酒】名 重陽(ちょう)の節句に飲む酒。菊の花をひたして飲む。秋

ぎく-しゃく ギ〔と〕副 自サ ❶事がなめらかに運ばないようす。「―した両国関係」❷ことばや動作が、すらすらといかないようす。「―した話し方」

き-くず ク/0【木くず】【木×屑】―くず 名 材木を切ったり、けずったりするときに出るくず。

き-ぐすり ク【生薬】名 漢方薬。また、薬草のままで、調剤していない漢方薬。しょうやく。 **―屋(や)** 0/リ 名 漢方薬の店。

きく・する ス【×掬する】他サ シ・セ・サ｜シ｜スル｜スル｜スレ｜シロ・セヨ〔文章語〕❶水を両手ですくう。❷気持ちをおしはかる。心情をくみとる。「掬すべき心情」 **きく・す** 文語サ変

き-くずれ 0/レ【着崩れ】―くずれ 名 着ているうちに衣服の形がみだれること。

き-ぐち キ【木口】名 ❶材木の種類・性質。「―のいい建物」❷材木を横切りした面。こぐち。

きくち-かん《菊池寛》一八八八―一九四八。小説家・劇作家。本名は寛(ひろし)。テーマの明確な短編小説で出発し、のち通俗小説に新境地を開いた。「恩讐(おんしゅう)の彼方(かなた)に」「父帰る」など。

きく-づき【菊月】名〔古語〕陰暦九月。秋

ぎくっ-と ク 副 自サ ❶不意を突かれて、はっとするようす。「鋭い指摘に―する」❷急に力がかかって腰や関節などを痛めるようす。「立ち上がったとたん腰が―した」

きく-な 0【菊菜】名 しゅんぎく。春

きく-にんぎょう ニ【菊人形】名 衣服を菊の花で作った人形。秋

き-くばり ク【気配り】名 いろいろと気をつけること。

きく-ばん 0【菊判】名 ❶洋紙の旧規格の寸法。たて九三・九センチメートル、よこ六三・六センチメートル。❷書籍の判型の名。❶を十六に折った大きさ。たて二二センチメートル、よこ一五・二センチメートル。A5判よりやや大きい。

きく-びより ビ【菊日和】名 秋の菊が咲くころのよい天候。秋

き-ぐみ ミ【木組(み)】名 建築で、材木を組みあわせられるように切りこむこと。

き-ぐみ 0【気組み】名 いきごみ。「大いにやろうという―」

き-ぐらい ク【気位】―ぐらゐ 名 自分の品位を保とうとする心の持ちかた。自尊心。「―が高い」

き-くらげ ク【木▲耳】名 キクラゲ科のきのこ。朽ち木などに群生。耳の形に似て、茶かっ色。食用。夏

ぎくりと ク 副 急に驚き、または恐れて、はっとするようす。「いきなり指名されて―する」

きぐるみ ◎【着ぐるみ】名 動物やアニメのキャラクターの姿の、中に人が入って動くことができる大形のぬいぐるみ。

きぐろう グ【気苦労】名 精神的な苦労。心労。

きくん キ【貴君】代〔文章語〕男性が相手の男性に軽い敬意を込めてよぶ語。手紙に使う。⇩貴兄 参考

ぎくん ◎【義訓】名 万葉がなの用字法の一つ。漢字の意味からの連想による読み。「丸雪」を「あられ」と読む類。

ぎくん ◎【戯訓】名 万葉がなの用字法の一つ。遊戯的な読み。「十六」を「しし」、「蜂音」を「ぶ」と読む類。

ぎぐん ◎【義軍】名 正義のためにおこすいくさ。また、そのための軍隊。

きけい ◎【奇形】【×畸形】名 生物が先天的にふつうとちがった、異常・不完全な形態を示すこと。また、その個体。

きけい ◎【奇計】名 人の思いつかないような、うまい計画。「―を用いる」

きけい ◎【×詭計】名〔文章語〕〔「詭」はだます〕人をだますはかりごと。ペテン。

きけい ◎【奇警】名 形動〔文章語〕奇抜で、おもいがけないさま。「―な言動」

きけい キ【貴兄】代〔文章語〕相手の男性を尊敬してよぶ語。手紙に使う。参考「貴兄」「大兄」「尊兄」などは、男性が、同輩または少し年上の男性に対して使う。「貴君」は同輩または目下の男性に、「貴殿」「貴台」は同輩または目上の男性に、「貴下」は同輩以下に対して使う。「貴兄」「貴君」は比較的親しい間がらで用いられ、「貴殿」「貴台」「貴下」はあらたまった立場で使われる。

ぎけい ◎【偽計】名 人をあざむく計略。詭計。―**業務妨害** ボ 名 虚偽のうわさを流したり、偽計を用いたりして他人の業務を妨害する罪。

ぎけい ◎【義兄】名 ⇔実兄。❶約束により兄とした人。❷義理の兄。姉の夫や、夫・妻の兄など。

ぎげい ギ【▲伎芸】名 歌舞・音曲の芸。遊芸。芸能。

ぎげい ギ【技芸】名 美術・工芸の技術。

ぎけいき ギ《義経記》名 室町時代前期の軍記物語。作者未詳。悲劇の主人公としての源義経についての説話を集成したもの。

きげき キ【喜劇】名 ⇔悲劇。❶見物人をわらわせる演劇。コメディー。❷こっけいなできごと。

きげき ◎【×詭激】形動 ダロ・ダッ・デ・ニ ダ・ナ・ナラ・○〔文章語〕〔「詭」は変わりすぎの意〕言動がはげしすぎるようす。過激。「―な言動」

きけつ ◎【奇傑】名 考え方や行動が、ふつうの人とかわっている偉人。

きけつ ◎【帰結】名 自サ 議論などが最後におちつくこと。また、その決定。結論。

きけつ ◎【既決】名 すでに決定したこと。⇔未決。

ぎけつ ◎【議決】名 他サ 合議によりきめること。合議できまったこと。「―に従う」参考「表決」は、議案に対する賛否を示すこと。「決議」は、「議決」と同じ。―**機関** キ/カ 名 国会・地方議会など、合議によってきめる機関。

きけもの ◎【利け者】名 勢力のある人。はたらきのある人。「業界の―」

きけん ◎【気圏】名 地球をつつむ大気のある範囲。大気圏。

きけん ケ【貴顕】名〔文章語〕社会的地位などが高く、世間によく知られていること。また、その人。「朝野の―」

きけん ◎【棄権】名 他サ ❶権利をすてて使わないこと。❷選挙で、有権者が投票しないこと。「―防止」

きけん ◎【危険】名 形動 ❶あぶないこと。「―な曲芸」❷損失になりそうなこと。「―な事業」―**信号** シ 名 危険であることを示す合図や徴候。―**ドラッグ** ラ 名 覚醒剤などの違法薬物と似た成分で、人体に悪影響を与えるもの。取り締まり強化のために、二〇一四年から呼称として採用された。

きげん キ【紀元】名 ❶建国の最初の年。❷歴史上の年代をかぞえるもとになる年。現在は、キリスト誕生を元年とする西暦が広く行われている。―**節** ゲ 名 もと、四大節の一つ。神武天皇即位の日といわれる二月十一日の祝日。昭和四十一年(一九六六)より、「建国記念の日」として祝日となる。春 ―**前** ゲ/ゼ 名 西暦紀元前。B.C.

きげん キ【起源】【起原】名 物事のおこり。はじまり。「人類の―」

きげん キ【期限】名 前もってきめた時期。一定した時期。「―におくれるな」

きげん ◎【機嫌】名 ❶愉快・不快の気持ち。気分。「―のよしあし」❷安否。「手紙で―をうかがう」❸〔「ご」をつけて〕気持ちのよいこと。「酒を飲んでご―だ」参考「気嫌」と書くのはあやまり。―**伺い** ウ 名 人の安否などをたずねること。―**買い** ◎/ゲ 名 ❶〔「きげん変え」のなまり〕人に対して、すききらいの感情のかわりやすいこと。また、その人。❷相手のきげんをとること。また、その人。―**気×褄** キ2/ヅ 名 感情。気ごころ。「客の―をとる」―**斜め**〔多く「ご機嫌斜め」の形で〕きげんがわるいようす。ふきげんなさま。「楽しみにしていた旅行が中止になって―だ」―**を取る** 相手の気にいるようにする。

きげんそ ゲ【希元素】【×稀元素】名 地球上にまれに存在すると考えられていた元素。セシウム・ラジウム・チタン・ウランなど。参考 現在は、必ずしもまれではないとわかった元素をもさす。

きこ キ【旗鼓】名〔文章語〕〔軍旗と軍鼓〕軍隊。―**の間** 戦場。「―に相まみえる」

きこ キ【騎虎】名 とらにのること。―**の勢い** 勢いにのって、途中でやめにくいようす。はげしい勢い。

きご キ【季語】名 俳句で、季節感をあらわすため、句によみこむ語。季。季題。⇩(付)季語一覧

きご キ【×綺語】名〔「綺」は飾り〕❶〔文章語〕おもしろくかざったことば。きぎょ。「狂言―」❷〔仏〕十悪の一つ。つくりかざったことば。

ぎこ ギ【擬古】名 昔になぞらえること。―**主義** シュ 名 ❶昔のものをたっとびまねようとする主義。❷古典主義。―**文** コ 名 古い時代の文体にならって書いた文章。特に、江戸時代から明治時代にかけて、国学者が平安時代の文体にまねてつくった文章。

きこう ◎【気孔】名 植物の葉などの表皮にある、酸素や炭酸ガスの出入りする小さな穴。

きこう ◎【気候】名 その土地の気温・晴雨・湿度などの一般的状態。「―温暖」―**帯** ◎ 名 気候の変化を緯度や平均気温などによって分けたもの。熱帯・温帯・寒帯など。―**変動** ヘ 名 地球温暖化や大きな自然災害によって、人類を含む生態系に大きな影響を及ぼすような地球規模の気候の変化。

きこう ◎【希×覯・×稀×覯】名〔文章語〕〔「覯」は見るの意〕まれにしか見ないこと。―**本** ◎ 名 めったにない、めずらしい書物。希覯書。

き-こう ［0］【奇功】［名］〔文章語〕ふしぎな功績。めずらしいてがら。

き-こう ［0］【奇行】［名］ふつうとかわったおこない。

き-こう ［0］【奇効】［名］ふしぎなききめ。めずらしい効能。「—を奏する」

き-こう ［0］【季候】［名］季節。時候。

き-こう ［0］【紀行】［名］旅行中の見聞や感想を書いたもの。「—文」

き-こう ［キ］/［コ］【貴校】［名］〔文章語〕「あなたの学校」の尊敬語。御校。手紙に使う。

き-こう ［0］【機甲】［名］機械力を使った兵器で装備すること。また、その装備。 **—部隊** ［フ］［名］機械化部隊と装甲部隊との総称。

き-こう ［0］【機構】［名］ある目的をはたすために組み立てられた仕組み。機関。メカニズム。「行政—」⇩機関［参考］。

き-こう ［0］【帰校】［名］［自サ］❶出張・試合などに行った先から、学校にかえること。❷学校から自分の家に帰ること。下校。↕登校。

き-こう ［0］【帰航】［名］［自サ］かえりの航海・航空。

き-こう ［0］【帰港】［名］［自サ］出発した港にかえること。

き-こう ［0］【寄航】［名］［自サ］❶飛行中の航空機が途中の空港にたちよること。❷寄港。

き-こう ［0］【寄港】［名］［自サ］航海中の船が、途中の港にたちよること。「神戸に—する」

き-こう ［0］【起工】［名］［自他サ］工事をはじめること。「新校舎の—式」↕竣工・完工。

き-こう ［0］【起稿】［名］［自他サ］原稿を書きはじめること。↕脱稿。

き-こう ［0］【寄稿】［名］［自他サ］原稿を雑誌・新聞などにのせるために送ること。また、その原稿。

き-こう ［コ］【貴公】［代］男性が、目上の相手を立てたり同輩以下に少し気どって使ったりした語。

き-ごう ［0］【記号】［名］一定の内容をあらわす符号。しるし。ふちょう。×÷＋－などは数学の記号。 **—論** ［ゴ］［名］言語を含むさまざまな社会的、文化的活動を記号としてとらえ、その意味的な働きを解明しようとする理論。記号学。 **—論理学** ［リ］［名］ことばを使わずに記号を用い、形式的方法によって組み立てる論理学。

き-ごう ［0］【揮×毫】［名］［他サ］（「揮」はふるう、「毫」は筆の毛）書・画をかくこと。

ぎ-こう ［0］【技工】［名］手で加工する技術。また、その技術者。「歯科—士」

ぎ-こう ［0］【技巧】［名］❶たくみな細工・技術。❷表現・製作上の手腕・手段。テクニック。「—をこらす」 **—的** ［0］［形動］技巧にすぐれているようす。「—な作品」 **—派** ［0］［名］芸術などで、内容よりも技術のたくみさを重視する一派。

き-こうし ［ヨ］【貴公子】［名］貴族の年若い男子。

きこう-でん ［ヨ］【▲乞巧×奠】［名］陰暦七月七日の夜、牽牛星・織女星をまつる行事。女子が、手芸の上達を祈ることからこの名がある。たなばたまつり。㊙

きこえ ［0］【聞(こ)え】［名］❶聞こえること。「—のわるいラジオ」❷評判。うわさ。「秀才の—が高い」

きこえ-さ・す ［聞こえさす］〔古語〕㊀［他下二］「言う」の謙譲語。申しあげる。「聞こえさすべきことありて」〈大和〉㊁（補助動詞として）…し申しあげる。お…する。「宮を思ひきこえさせけるにや」〈源氏〉［参考］「聞こゆ」よりも謙譲の度合がつよい。

きこえ-た 【聞(こ)えた】［連語］❶よく知られた。評判の。「—うでまえ」❷すじのとおった。「—話」

きこえよ-がし ［ヨ］【聞(こ)えよがし】［名］［形動(の)］（「聞こゆ」の命令形「聞こえよ」と、強めの終助詞の「かし」から）当人がいるのに気づかないふりをして、わざと聞こえるように悪口などを言うこと。「—に話す」

きこ・える 【聞(こ)える】㊀［0］［自下一］❶音や声が耳に感じられる。「遠くで雷が—」❷ことばがある意味に受けとられる。「皮肉に—」「自慢そうに—」❸話の筋が通っていて納得できる。「そりゃ聞こえません（納得できません）」❹多くの人の耳に入って、広く知れ渡る。「世に聞こえた秀才」「音に聞こえた名家の出」 **きこ・ゆ** ［文語ヤ下二］⇩聞く［参考］。㊁〔古語〕㊀［自下二］におう。かおる。「丁字の香いみじうはやうきこゆ」〈今昔〉㊁［他下二］❶「言う」の謙譲語。申し上げる。「さては（ソレデハ）、扇の（骨）にはあらで、くらげのなり（デアルトイウコトデスネ）ときこゆれば」〈枕〉❷手紙などをさし上げる。「宮わたりにやきこえましと思ふに」〈和泉式部日記〉❸名前や官職を…と申し上げる。「良覚僧正ときこえし（人）は」〈徒然〉㊂（動詞の連用形について）謙譲の意をあらわす。…しもうしあげる。「いかなる心地したまふむと思ひやりきこゆるも」〈落窪〉

き-こく ［コ］/［キ］【貴国】［名］〔文章語〕「あなたの国」の尊敬語。手紙などに使う。「—の平和と発展をいのります」

き-こく ［0］/［キ］【旗国】［名］〔文章語〕船舶や航空機が国旗や標示によって明らかにする、その所属国。

き-こく ［0］【帰国】［名］［自サ］自分の国・故郷へかえること。 **—子女** ［シ］［名］親の仕事の関係などで海外で生活し、帰国した子ども。帰国生。

ぎ-ごく ［0］【疑獄】［名］❶有罪か無罪か、判決しにくい事件。❷政治家などの関係する大がかりな贈収賄事件。

きこく-しゅうしゅう ［0］【鬼×哭×啾×啾】［名］〔文章語〕（「鬼」は亡霊、「哭」は泣く。「啾啾」は小声で泣く声の形容）死者の霊の泣く声がするようす。鬼気がせまるようす。「—の戦跡」

き-ごこち ［0］【着心地】［名］衣服などを着たときの感じ。

き-ごころ ［ゴ］【気心】［名］性質や考え方。「—のわかった人」

きこし-め・す ［聞こし召す］［他四］〔古語〕❶「聞く」の尊敬語。㋐お聞きになる。「うへはめづらしき人参りたまふときこしめしければ」〈源氏〉㋑お聞きいれになる。❷「飲む・食う」などの尊敬語。お飲みになる。めしあがる。「はかなき物もきこしめさず」〈源氏〉［参考］現代語でも、「酒をのむ」のややふざけた言い方に使う。❸「おこなう・おさめる」の尊敬語。なさる。おおさめになる。「やすみしし我が大君のきこしめす背面の国の」〈万葉〉

きこ・す ［聞こす］〔古語〕㊀［他四］お聞きになる。きこしめす。「美女をありときこして」〈古事記〉㊁［自四］おっしゃる。「不知とをきこせ（サア知リマセントオッシャイ）わが名告らすな」〈万葉〉［参考］奈良時代に用いられたことば。平安時代以降になると「きこしめす」が一般化した。

ぎこち-な・い ［ナ］［形］❶言語・動作などがすらすらとはこばない。なめらかでない。「—あいさつ」❷気分がしっくりしない。‖ぎごちない。 **ぎこちなさ** ［名］ **ぎこちな・し** ［文語ク］

き-こつ ［0］【気骨】［名］（「きぼね」と読めば別語）たやすくは人に従わない意気。気概。「—のある人物」

き-こつ ［0］【奇骨】［名］〔文章語〕ふうがわりで、すぐれた性格。「—にとむ人」

き-こな・す ［ナ］【着こなす】［他五］よく似合うように着る。じょうずに着る。「流行の色を—」 **着こなし** ［名］ **着こなせる** ［自下一］［…できる］

き

きこ・む [コ]【着込む】[他五] 衣服をたくさんかさねて着る。**着込める** [自下一]〔…できる〕

きこ・ゆ【聞こゆ】[自他下二]〔古語〕➡きこえる㊁。

きこり [0]【木こり】【×樵】[名]〔「こる」は「きる」の意〕山林の立ち木を切ること。また、それを職業とする人。

きこん [0]【気根】[名] ❶気力。根気。「よく—がつづく」❷植物の、大気中にあらわれた根。

きこん [0]【既婚】[名] すでに結婚していること。↕未婚。

きこん [0]【機根】[名]〘仏〙もともと人々の心にそなわっていて、仏の教えを聞くと動きだす力。

きざ [キ]【▲段】[名]〔古語〕❶切れめ。わかれめ。❷布や田畑の単位。段。‖きだ。

きざ [キ]【×跪座】[名][自サ]〔文章語〕ひざまずいて、すわること。「霊前に—する」

きざ [キ]【きざ】【気▲障】[形動]〔「きざわり」の略〕気どっていて不愉快な感じをおこさせるようす。「—な男」

ぎざ [ギ][名] ❶きざみめ。ぎざぎざ。❷〔俗語〕ふちにきざみめのある硬貨。もとの五十銭銀貨の俗称。「—一枚」

きさい [0]【奇才】[名] 世にまれな才能。また、その持ち主。

きさい [0]【奇祭】[名] ほかに見られない独特で珍しい祭り。

きさい [0]【既済】[名] ↕未済。❶すでにすませたこと。❷借金を返済してしまったこと。

きさい [0]【鬼才】[名] 人間と思われないほどの非常にすぐれた才能。また、その持ち主。

きさい【▲后・▲妃】[名]〔古語〕〔「きさき」の変化〕皇后。中宮。

きさい [0]【記載】[名][他サ] 書類や書物に書いてのせること。「—事項」

きさい [0]【起債】[名][自他サ] 公債・社債を募集すること。

きざい [キ]【器材】[名] 器具やその材料。

きざい [キ]【器財】[名] 道具。器物。

きざい [キ]【基材】[名] 製品や化合物のもととなる材料。

きざい [キ]【機材】[名] ❶機械やその材料。「建設—」❷航空機の機体。「—繰りによる欠航」

きさき [サ]【▲后・▲妃】[名] 皇后。中宮。きさい。

ぎざぎざ [0][名][形動] のこぎりの歯のようなきざみ。

きさく [0]【奇策】[名] 奇抜なはかりごと。奇計。「—縦横の人」

きさく [0]【気さく】[形動] 気がるなようす。気どらず、あっさりしているようす。「—な話しぶり」

ぎさく [0]【戯作】[名] ➡げさく。

ぎさく [0]【偽作】[名][他サ] 別の人が、その作者のものとみせかけてつくること。また、その作品。にせもの。

きざけ [0]【生酒】[名] まぜもののない酒。きいっぽん。

きさご [0]【▲細×螺】[名] ニシキウズガイ科の海産巻き貝。内海の砂泥地に群生する。きしゃご。㊇

きささげ [サ]【×梓】[名] ノウゼンカズラ科の落葉高木。実はささげのようで細長い。利尿剤とする。㊙

きざし [0]【兆し】[名] 物ごとのおころうとするしるし。兆候。

きざ・す [ザ][自五] ㊀【兆す】なにごとかおころうとするようすを示す。もよおす。「春が—」㊁【×萌す】草木の芽が出はじめる。めぐむ。

きさつ [0]/[サ]【貴札】[名]〔文章語〕「あなたの手紙」の尊敬語。手紙に使う。

きざっぽ・い [ボ]【気▲障っぽい】[形] きざだ。「—男」**きざっぽさ**[名]

きざはし [0]/[ザ]【▲階】[名]〔文章語〕階段。きだはし。

きさま [0]【貴様】[代] 相手をさすぞんざいな言い方。[参考] 昔は敬意が高かったが、今は、男性が親しい間がらで用いたり、相手をののしったりする場合にかぎられる。

きざみ [0]【刻み】[名] ❶きざむこと。きざみめ。❷時間や数量をこまかく切ること。「二分—の発車」❸きざみタバコ。

きざみ-あし [ミ]【刻み足】[名] 小またで歩くこと。

きざみ-タバコ [タ]【刻みたばこ】【刻み▲煙▲草】[名] 葉たばこを細かくきざみ、キセルで吸うもの。↕巻きタバコ・葉巻。

きざみ-つ・ける [ケ]【刻み付ける】[他下一] ❶きざんで形をほりつける。「柱に文字を—」❷強く印象づける。「心に—」**きざみつ・く** [文語下二]

きざみ-め [0]【刻み目】[名] きざみつけられた線。ぎざぎざ。

きざ・む [0]【刻む】[他五] ❶こまかく切る。区切る。「大根を—」❷ほる。彫刻する。「仏像を—」❸きざみめをつける。❹時が刻々とたつ。「秒を—」**刻める** [自下一]〔…できる〕

きさめ [0]【▲樹雨】[名] 初夏に、樹木について集まった霧がしたたり落ちる水滴。㊋

きさらぎ [0]【▲如▲月】[名] 陰暦二月。㊇ ⇩月(表)。

きざわし [ザ]【木ざわし】【木×醂し】—ざはし [名] 木になったまま甘くなるかき。あまがき。㊙

きざわり [ザ]【気障り】—ざはり [名][形動] 気にさわっていやなこと。不快なこと。

きさん [0]【帰山】[名][自サ] 僧が自分の住んでいる寺にかえること。

きさん [0]【帰参】[名][自サ] ❶もどってくること。「ただ今—いたしました」❷いちどひまをとった主人に、ふたたびつかえること。「—がかなう」

きさん [0]【起算】[名][自サ] ある点を基点としてかぞえはじめること。「一月一日から—して百日め」

ぎさん [0]【×蟻酸】[名] あり・はちの毒腺やいらくさのとげなどにある一種の脂肪酸。皮膚にふれると炎症をおこす。

きさんじ [0]【気散じ】[名][形動] ❶気晴らし。気保養。「—に旅行する」❷のんき。気楽。「—な人」

きし [シ]【岸】[名] 陸地と水面との境のあたり。みずぎわ。

きし [キ]【奇士】[名]〔文章語〕ふつうとちがった言行の男・人。奇人。

きし [キ]【棋士】[名] 囲碁・将棋をする人。

きし [キ]【貴紙】[名]〔文章語〕「あなたの手紙・新聞」の尊敬語。手紙に使う。

きし [キ]【貴誌】[名]〔文章語〕「あなたの雑誌」の尊敬語。手紙に使う。

きし [キ]【旗×幟】[名]〔文章語〕〔「幟」はのぼり〕❶はた。はたじるし。❷態度。立場。主張。「—を鮮明にする」

きし [キ]【騎士】[名] ❶馬に乗っている人。❷中世ヨーロッパの、封建君主につかえた貴族出身の武士。常に馬で往来した。ナイト。**—道** [シ][名] 騎士特有の気風。勇気・敬神・礼節・名誉などをおもんじた。

きし [キ]【×愧死】[名][自サ]〔文章語〕〔「愧」は、恥じる意〕恥ずかしさのあまり死ぬこと。また、ひどく恥じ入って死ぬ思いをすること。慙死。

きじ [0]【×雉・×雉子】[名] キジ科の鳥。低木林や草原にすみ、日本特産。雄は雌より大きく、羽毛は美しく、尾が長い。㊇ **—も鳴かずば撃たれまい** よけいなことを言わなければ、災難にあわなくてもすむことのたとえ。

きじ [キ]【木地】[名] ❶もくめ。❷木細工の材料をあらびきしたもの。❸塗り物のしたじ。塗らないままの木。❹もくめをあらわした、うるしぬり。木地ぬり。

きじ [キ]【生地】[名] ❶生まれつきの性質。しぜんのままの性質。「―が出る」❷織物などの地質。❸布。織物。「―が足りない」❹陶磁器の、うわぐすりを塗らないもの。❺パン・麺・菓子などのもととなる、粉に塩・水などを加えて混ぜた、加熱前のもの。「パイ―」

き-じ キ【記事】名 事実を知らせるために書いた新聞・雑誌の文章。**―文** ジ名 事実を記述した文章。

ぎ-し ギ【技師】名 専門の技術を身につけ、それに関係する分野の仕事を専門に行う人。エンジニア。

ぎ-し ギ【義士】名 正義や忠義をかたく行う人。「赤穂―」

ぎ-し ギ【擬死】名 動物が、身を守るために死んだまねをすること。

ぎ-し ギ【義歯】名 人造の歯。入れ歯。

ぎ-し ギ【義肢】名 義手と義足。

ぎ-し ギ【義姉】名 ↕実姉。❶約束により姉とした人。❷義理の姉。あによめや夫・妻の姉など。

ぎ-し ギ【義子】名 うみの子でない、義理の子。↕実子。

ぎ-じ ギ【疑似】【擬似】名 病気の症状などが、本物と似ていて見分けがつけにくいこと。「―コレラ」**―症** ⓪/ジ 名 真性の感染症に似た症状を有する病気。↕真症。

ぎ-じ ギ【擬餌】名 虫などの形・色に似せて作った、つりのえさ。**―×鉤** ⓪名 外見をえさに似せたものに、つりばりをつけたもの。

ぎ-じ ギ【議事】名 会合による相談。「―を進める」**―定足数** ク名 会議を成立させるのに必要な人数。**―堂** ⓪名 ❶議員があつまり会議する建物。**―録** ジ名 議事の記録。

きし-かいせい キ【起死回生】名 死にかかっている病人や、ほろびかかっているものを、生きかえらせること。「―の妙薬」「―のホームラン」

き-し-かた キ【来し方】名 ➡こしかた。

きし-かん シ【既視感】名 初めて経験することなのに、前に経験したことがあるように感じること。デジャビュ。

ぎ-しき ギ【儀式】名 公事・神事・仏事など、一定の形式をふみ、人々が威儀をただしておこなう行事。**―張る** バ 自五 形式を重んじ、ていさいをつくろう。

ぎし-ぎし ギ1 と副 ❶物と物とがつよくこすれて出る音をあらわす語。❷すき間なく押しつめるようす。「―押し込む」

き-じく ⓪【基軸】名 物事の中心となるところ。かなめの部分。

き-じく キ【機軸】名 文章語 ❶車両の心棒や機関の軸。❷活動の中心。❸構想。方式。方法。「新―をひらく」

きしだ-くにお《岸田国士》一八九〇～一九五四。劇作家・小説家。演劇指導者として新劇の発展に尽くした。戯曲に「チロルの秋」、小説に「暖流」など。

き-しつ ⓪【気質】名 ❶きだて。気性。「荒っぽい―」❷【心】人格の特徴をしめす感情傾向。多血質・粘液質・胆汁質・黒胆汁質など、さまざまな分類法がある。

き-じつ ⓪/キ【忌日】名 ある人の死んだ日にあたる日。命日。きにち。

◆**近代の文学者の忌日と名称**

忌日	文学者	名称
三月二十四日	梶井基次郎	檸檬忌
五月二十九日	与謝野晶子	白桜忌
六月十九日	太宰治	桜桃忌
七月九日	森鷗外	鷗外忌
七月二十四日	芥川龍之介	河童忌
九月十九日	正岡子規	獺祭忌・糸瓜忌
十二月九日	夏目漱石	漱石忌

き-じつ キ【期日】名 ❶特に定められた日。❷期限の日。しめきりの日。「―を守る」**―前投票** ト名 選挙当日に事情があって投票所へ行けない有権者が、前もって投票所で直接投票する制度。参考「期日前」の「前」の読み方は統一されていないため「きじつぜん」とも読む。

きじ-ばと ⓪【×雉×鳩】名 はとの一種。低山帯の樹林や市街地にすむ。やまばと。

きし-べ ⓪【岸辺】名 岸にそった所。岸のあたり。

きしぼ-じん《鬼子母神》➡きしもじん。

きじほんまつ-たい キ【紀事本末体】名 歴史の記述方法の一つ。一つの事件を中心に、そのいきさつを書いたもの。↕編年体・紀伝体・列伝体。

きし-む シ【×軋む】自五 固い物がこすれ合ってぎしぎし音をたてる。きしる。「車両が―」**きしみ** 名

きし-めん ⓪【×棊子麺】名 ひらたく打ったうどん。ひもかわうどん。

きしも-じん《鬼子母神》インド神話で、安産・育児などの祈りをかなえるという女神。きしぼじん。

き-しゃ シャ/キ【汽車】名 蒸気機関車で車両をひき、レールの上を走る交通機関。

き-しゃ キ【記者】名 新聞・雑誌などの記事を書き、または編集する人。**―会見** カ名 あつまった報道関係の記者にニュースの発表などをおこない、質問に答えること。**―クラブ** ク名 国会・官公庁などに配置された各新聞社の記者が、取材活動のために組織した団体。また、その詰め所。

き-しゃ キ/シャ【貴社】名 文章語 「あなたの会社・神社」の尊敬の言い方。参考 手紙で、先方の会社や商店をさすときは、「貴社・貴店・貴行・貴舗・御社」などを用いる。

き-しゃ シャ【騎射】名 ❶馬に乗って弓で射ること。❷やぶさめ。

き-しゃ キ/シャ【帰社】名 自サ 外出・出張などをしていた社員が会社へ帰ること。

き-しゃ キ/シャ【喜捨】名 他サ 社寺や不幸な人に気持ちよくかねや品物を寄付すること。

き-しゃく ⓪【希釈】【×稀釈】名 他サ 文章語 溶液に、水などを入れてうすめること。

き-じゃく ⓪【着尺】名 おとな用一枚の着物を仕立てるのに必要な織物の長さと幅。↕端尺。**―地** ク名 着物用の織物。

きしゃ-ご ⓪【▲細×螺】名 ➡きさご。

き-しゅ キ【奇手】名 ふつうと変わったやり方。奇抜な手。

き-しゅ キ【鬼手】名 碁・将棋で、人の意表をつくような大胆な打ち方・指し方。**―仏心** キ名 外科医はメスを大胆にふるうが、それも患者の病気をなおそうというあたたかい気持ちに基づくものだということ。

き-しゅ キ【期首】名 ある期間のはじめ。↕期末。

き-しゅ キ【旗手】名 団体旗などを持つ役の人。はたもち。

き-しゅ キ【機首】名 航空機の前部。

き-しゅ キ【機種】名 航空機や機械などの種類。

き-しゅ キ【騎手】名 ❶馬に乗る人。❷競馬の乗り手。

き-じゅ キ【喜寿】名 （「喜」の草体「㐂」を「七十七」と読んで）七十七歳の祝い。喜の字の祝い。⇩賀の祝い(表)。

ぎ-しゅ ギ【技手】名 技師の下に属する技術者。ぎて。

ぎ-しゅ ギ【義手】名 なくなった手を補うための人工の手。ゴム・金属・木などでつくる。↕義足。

き-しゅう ⓪【奇習】名 奇妙な習慣。めずらしいならわし。

き-しゅう ⓪【季秋】名 文章語 （「季」は末の意）❶秋の終わり。晩秋。秋 ❷陰暦九月。

き

き-しゅう ⓪【既修】[名] 大学などで、必要な課程やコースをすでに修了したこと。↔未修。

き-しゅう ⓪【既習】[名] すでに学習したこと。↔未習。

き-しゅう ⓪【貴酬】[名]〔文章語〕手紙のわきづけの一つ。返事をへりくだって言う語。

き-しゅう ⓪【奇襲】[名][他サ] 不意におそうこと。「―攻撃」

き-しゅう《紀州》⇒きい(紀伊)。

き-じゅう ⓪【機銃】[名]⇒きかんじゅう。

きじゅう-き [ジュ]【起重機】[名] 重い物を垂直または水平に移動させる機械。クレーン。

き-しゅく ⓪【×耆宿】[名]〔文章語〕(「耆」も「宿」も老年)その道の学識と経験のある老大家。「医学界の―」

き-しゅく ⓪【寄宿】[名][自サ] しばらくの間、よその家で寝泊りの世話になること。**―舎**しゃ [ク][名] 学生・社員などが集団生活をする宿舎。

き-しゅつ ⓪【既出】[名] すでに出ていたり、取り上げられたりしていること。「―の試験問題」

き-じゅつ [キ]【奇術】[名] てじな。**―師**し [ツ][名] てじなを職業とする人。てじな師。

き-じゅつ ⓪【既述】[名] すでにのべたこと。前述。上述。

き-じゅつ ⓪【記述】[名][他サ] 書きのべること。

ぎ-じゅつ [ギ]【技術】[名] ❶わざ。技芸。❷理論を実際に応用する手段。**―士**し [ツ][名] 技術士法に基づく国家試験によって公認された、科学技術の計画・研究・設計などの業務を行う者。**―者**しゃ [ツ][名] 科学技術上の仕事を職業とする人。エンジニア。**―的**てき ⓪[形動] 物事の本質や理論よりも、その実際の応用や運営の方面に関するようす。「―には不可能ではない」**―屋**や ⓪[名]「技術者」のくだけた、また、けいべつしたよび方。

き-しゅん ⓪【季春】[名]〔文章語〕(「季」は末の意)❶春の終わり。晩春。(春) ❷陰暦三月。

き-じゅん ⓪[名] ━【基準】❶物事をきめるときの、よりどころとなるもの。標準。「この金額を謝礼の―とする」❷最低それだけは満たさなければならない一定のきまり。めやす。「建築―」「認可―」━【規準】社会生活において従うべききまり。「中学生の服装の―」

き-じゅん ⓪【帰順】[名][自サ] さからうことをやめ、したがうこと。「武器をすてて―する」

き-しょ [キ]【希書】【×稀書】[名] たやすく手にはいらない、めずらしい書物。

き-しょ [キ]【奇書】[名] めずらしい書物。すぐれた書物。「中国の四大―」

き-しょ [キ/ショ]【貴所】〔文章語〕━[名] 相手の住所を尊敬して言う語。━[代] 相手を尊敬して言う語。貴君。手紙に使う。

き-しょ [キ]【貴書】[名]〔文章語〕「あなたの手紙・書物」の尊敬の言い方。尊書。手紙に使う。⇩貴簡[参考]。

き-しょ [キ]【寄書】[名][自他サ] ❶〔文章語〕手紙を書いておくること。❷寄稿。

き-じょ [キ]【鬼女】[名] ❶女のすがたをした鬼。❷鬼のように残酷非情な女。

き-じょ [キ]【貴女】[代]〔文章語〕相手の女性を尊敬してよぶ語。あなた。手紙に使う。

ぎ-しょ [ギ]【偽書】[名] 似せて書いたもの。にせの手紙や書物。

ぎ-しょ [ギ]【戯書】[名]〔文章語〕❶たわむれに書いた文字。らくがき。❷たわむれに書きあらわした書物。

ぎ-じょ [ギ]【×妓女】[名]〔文章語〕あそびめ。うたいめ。遊女。

き-しょう ⓪【気性】[名] うまれつきの性質。気象。

き-しょう ⓪【気象】[名] ❶気性。性質。気だて。「はげしい―」❷天候・風力・気温などの大気中の現象。**―衛星**えいせい [エ][名] 雲の状態や大気の流れなど地球上の気象を観測するために打ち上げられる人工衛星。**―警報**けいほう [ケ][名] 気象によって重大な災害が予想されるときに発表される特別な予報。暴風・暴風雪・大雨・大雪警報などの種類がある。**―情報**じょうほう [ジョ][名] 気象についてのさまざまな情報。狭義には、注意報や警報を補うための解説や警告をいう。**―台**だい ⓪[名] 気象・地震・火山などの観測を実施し、予報・警報を発表する、気象庁の地方機関。**―注意報**ちゅういほう [イ][名] 気象によって災害が起こるおそれがあるときに発表される予報。風雨・強風・なだれ・濃霧注意報など。**―庁**ちょう [ショ][名] 気象台の上級官庁。国土交通省の外局の一つ。**―予報士**よほうし [ホ][名] 気象の予報を行う資格をもつ技術者。気象庁の予報とは別に局地予報を作成できる。国家試験がある。

き-しょう ⓪【奇勝】[名] ❶思いがけない勝利。❷珍しく、すばらしい景色。「自然の大地が生んだ―」

き-しょう ⓪【記章】【×徽章】[名] ❶記念のしるし。記念章。メダル。❷身分・職業・資格などを示すため、身につけるしるし。バッジ。

き-しょう ⓪【起▲請】[名] ❶昔、主君にねがい出たこと。また、その文章。❷いつわりのないことを神仏にかけてちかうこと。また、そのちかいの文書。きしょうもん。**―文**もん [ジョ][名] 神仏にかけてちかうことを書いた文書。特に、君臣や男女の間で心がわりのしないちかいとして書いた文書。

き-しょう ⓪【起床】[名][自サ] ねどこからおき出ること。↔就寝・就床。

き-しょう ⓪【毀傷】[名][他サ]〔文章語〕そこない、きずつけること。損傷。「身体を―する」

き-しょう ⓪【希少】【×稀少】[形動] ダロ・ダッ・デ・ニ／ダ・ナ・ナラ・⓪ 非常に数が少なく、めずらしいようす。**―価値**かち [カ][名] 数が少なく、めずらしいことから生じた価値。**―金属**きんぞく [キ2][名] ⇒レアメタル。

き-じょう ⓪【机上】[名] つくえの上。**―の空論**くうろん 頭の中だけで組み立てた、実際に役だたない意見。**―の計画**けいかく 実行できないような計画。

き-じょう ⓪【軌条】[名] その上を車輪が走る、細長い鋼材。レール。

き-じょう ⓪【機上】[名] 航空機に乗っていること。「―の人となる」

き-じょう ⓪【騎乗】[名][自サ] 馬に乗ること。騎馬。

き-じょう ⓪【気丈】[形動] ダロ・ダッ・デ・ニ／ダ・ナ・ナラ・⓪ 気のしっかりしているようす。気じょうぶ。「―な女」

ぎ-しょう ⓪【偽称】[名][自サ] うその名。また、それをなのること。

ぎ-しょう ⓪【偽証】[名][他サ] ❶うその証明。❷裁判所で、証人がわざとうその証言をすること。

ぎ-じょう ⓪【儀×仗】[名]〔文章語〕儀式用の装飾的な武器。**―兵**へい [ジョ][名] 儀仗を持って、貴人の護衛、儀式の警備などにあたる兵士。

ぎ-じょう ⓪【戯場】[名]〔文章語〕劇場。

ぎ-じょう ⓪【議場】[名] 会議をする場所。

ぎ-じょう ⓪【議定】[名][他サ]〔文章語〕合議できめること。

きしょう-てん-けつ ⓪【起承転結】[名] ❶漢詩で絶句の配列の名称。第一の起句で詩の思いをおこし、第二の承句でそれをうけ、第三の転句で一変し、第四の結句で全体をまとめる。❷物事の組み立てや順序。

き-じょうぶ [ジョ]【気丈夫】[形動] ダロ・ダッ・デ・ニ／ダ・ナ・ナラ・⓪ ❶気が強いようす。気丈。「―な人」❷安全だと思うようす。心づよいようす。心じょうぶ。「ふたりだから―だ」

きじょうゆ ジョ【生じょうゆ】【生×醤油】名 ❶もろみをしぼったままで、熱処理をしていないしょう油。❷だしや他の調味料を入れていない、そのままのしょう油。

きしょく 回【気色】名 ❶顔いろ。きげん。「―をうかがう」❷心持ち。気分。「―のわるいことを言う」

きしょく ショ【喜色】名 うれしそうなようす。「―満面」

きしょく 回【寄食】名 自サ 他家に養われること。いそうろう。「祖母の家に―する」

きしょく【旗幟】「きし」のあやまり。

キシリトール ト〈xylitol〉名 虫歯予防に効果があるとされる天然甘味料。

きし・る シ【×軋る】自五 ラ・ロ|リ・ッ|ル|ル|レ|レ すれあって、ぎしぎし音をたてる。きしむ。「車が―」

ぎしわじんでん《魏志倭人伝》中国の史書「三国志」の「魏志(ぎし)・東夷(とうい)伝」にある倭人(わじん)の条の通称。三世紀の日本の風俗・社会についての記述があり、邪馬台国(やまたいこく)とその女王卑弥呼(ひみこ)の名が見える。

きしん 回【忌×辰】名〔文章語〕死んだときと同じ毎年の月日。命日。

きしん 回|キ【帰心】名〔文章語〕かえりたいとおもう心。―**矢(や)の▲如(ごと)し** 故郷や自宅に早くかえりたいとおもう心が、たいそうつのるようす。

きしん 回|キ【鬼神】名 ❶荒々しく恐ろしい神。また、ばけもの。❷〔文章語〕死者の霊。‖きじん。

きしん キ【貴紳】名〔文章語〕(「貴顕紳士」の略)社会的な地位や名声の高い男子。

きしん 回【寄進】名 他サ 社寺にかねや品物を寄付すること。

きじん 回【奇人】【×畸人】名 性質や言動が風がわりの人。

きじん 回|キ【鬼神】名 ⬇きしん。

きじん 回【貴人】名 社会的な地位などの高い人。

ぎしん ギ【義心】名〔文章語〕正義のために勇みたつこころ。義侠心(ぎきょうしん)。

ぎしん ギ【義臣】名〔文章語〕忠義な家来。

ぎしん 回【疑心】名 うたがう心。疑念。「―をいだく」―**暗鬼(あんき)** 〔「疑心、暗鬼を生ず」の略。うたがう心があると、ありもしない鬼の姿までも見えるものだ〕疑心が生じると、なんでもないことが恐ろしく感じられる。

ぎじん ギ【義人】名 正義をかたくまもる人。義士。

ぎじん 回【擬人】名 人でないものを人に見立ててあつかうこと。―**法(ほう)** 回 名 修辞法の一つで、人でないものを人に見立てて表現する方法。「鳥がうたい、花がわらう」の類。

きしんごう シ【黄信号】名 ❶交通信号で注意を示す黄色のもの。きいしんごう。❷注意や用心をしなければいけないというしるし。「経済成長の―」

きす ス|キ【×鱚】名 キス科の海水魚。沿岸の砂底にすむ。からだは細長い。天ぷら・塩焼きなどにして美味。㊪

キス キ〈kiss〉=キッス 名 自サ 接吻(せっぷん)。口づけ。ベーゼ。

き・す キ【期す】他五 サ・ソ|シ・ス|ス|セ|セ ⬇きする。

き・す キ【帰す】自他五 サ・ソ|シ・ス|ス|セ|セ ⬇きする。

きず 回【傷】【×疵・×瑕】名 ❶切ったり打ったりして、皮膚・筋肉のいためられたところ。❷物のいたんだところ。「茶わんの―」❸不完全なところ。欠点。「―のない案」

きず キ【生酢】名 まぜもののない酢。

ぎ・す ギ【擬す】他五 サ・ソ|シ・ス|ス|セ|セ〔文章語〕⬇ぎする。

ぎ・す ギ【議す】他五 サ・ソ|シ・ス|ス|セ|セ ⬇ぎする。

きずあと 回【傷痕・傷跡】名 傷ついてなおったあと。

きすい 回【汽水】名 海水(塩水)と淡水(真水)のまじりあった水。

きすい 回【既遂】名 すでになしとげたこと。↕未遂。

きずい 回【奇×瑞】名〔文章語〕ふしぎで、めでたいしるし。

きずい 回【気随】形動 ダロ|ダッ・デ・ニ|ダ|ナ|ナラ|○ きまま。わがまま。

きすう ス【奇数】名 二でわりきれない整数。↕偶数。

きすう 回【帰×趨】名〔文章語〕(「趨」は、いたるの意)おちつくところ。結果としてゆきつくところ。「民心の―を知る」

きすう ス【基数】名 数のもとになる、一から九までの整数。―**詞(し)** ス 名 一・二・三…、ひとつ・ふたつ・みっつなどのように物の数をあらわすことば。↕序数詞。

きずきあ・げる ゲ【築き上げる】他下一 ゲ・ゲ|ゲ・ゲル|ゲル|ゲレ|ゲロ・ゲヨ りっぱなものにしあげる。「一代で築き上げた会社」

ぎすぎす ギ|副 自サ ❶やせて、ふくらみのないようす。「―したからだつき」❷ゆとり・親しみのないようす。「―した世の中」❸うるおいがなく、ぶあいそうなようす。「―した性格」

きすぐ 回【生▲直】形動 ダロ|ダッ・デ・ニ|ダ|ナ|ナラ|○ まじめで、かざりけのないようす。「―な人」

きず・く 区【築く】他五 カ・コ|キ・イ|ク|ク|ケ|ケ ❶土や石をつきかためてつくる。「土台を―」❷城・とりでをつくる。❸積み重ねて確立する。「身代を―」**築ける** 自下一〔…できる〕

きずぐち 回【傷口】名 ❶傷のできている所。❷人に触れられたくない過去の過ちや欠点。「―に触れられたくない」

きずつ・く ツ【傷つく】自五 カ・コ|キ・イ|ク|ク|ケ|ケ ❶傷がつく。けがをする。❷そこなわれる。「家名が―」

きずつ・ける ケ【傷つける】他下一 ケ・ケ|ケ・ケル|ケル|ケレ|ケロ・ケヨ ❶傷をつける。けがをさせる。こわす。「足を―」「机を―」❷そこなう。「体面を―」**きずつ・く** 文語下二

きずとがめ ト【傷とがめ】【傷×咎め】名 いじったために、傷の状態が前よりひどくなること。

きずな 回【×絆・×紲】名 ❶物をつなぎとめる綱。❷たち切りがたい気持ち。「愛情の―」参考「きづな」のように「づ」を用いて書いてもよい。

きずもの 回【傷物】【×疵物】名 傷のあるもの。傷ついたもの。

き・する ス【帰する】シ・セ・サ|シ|スル|スル|スレ|シロ・セヨ〔「帰す」(五段活用)とも〕㊀ 自サ ❶おちつく。帰着する。…に終わる。「失敗に―」「無に―」❷帰依(きえ)する。㊁ 他サ …のせいにする。…にかこつける。「責めを他に―」**き・す** 文語サ変 ―**所(ところ)** 結局。つまり。

き・する ス【記する】他サ シ・セ・サ|シ|スル|スル|スレ|シロ・セヨ〔文章語〕❶書きとめる。しるす。「ノートに―」❷記憶する。「心に―」**き・す** 文語サ変

き・する ス【期する】他サ シ・セ・サ|シ|スル|スル|スレ|シロ・セヨ〔「期す」(五段活用)とも〕❶期限とする。「月末を期して一せいに発売する」❷決心する。かくごする。「必勝を―」❸期待する。「大漁を―」「再会を―」**き・す** 文語サ変

ぎ・する ス【擬する】他サ シ・セ・サ|シ|スル|スル|スレ|シロ・セヨ〔文章語〕〔「擬す」(五段活用)とも〕❶あらかじめあてはめる。「次期の会長に―」❷あてがう。つきつける。「胸にナイフを―」❸まねる。似せる。「山水に擬した庭園」❹くらべる。なぞらえる。「悲劇のヒロインに―」**ぎ・す** 文語サ変

ぎ・する ス【議する】他サ シ・セ・サ|シ|スル|スル|スレ|シロ・セヨ 相談する。議す。**ぎ・す** 文語サ変

きせい 回【気勢】名 いきおい。元気。「―をあげる」

きせい 回|キ【希世】【×稀世】名 世にまれなこと。めずらしいこと。希代。「―の大人物」

きせい 回【奇声】名 奇妙な声。とんきょうな声。「―を発

する」

き-せい 0【既成】名 すでにできあがっていること。↔未成。参考「既成」は事がらについて、「既製」は品物について使う。**—概念** ガ 名 そういうものとして社会でみとめられ広く通用している意味。「—を破る」**—観念** カ 名 そういうものとして社会でみとめられ広く通用している考え方。**—事実** ジ1 名 すでにできてしまっている事実。

き-せい 0【既製】名 すでにできあがっていること。レディーメード。「—服」⇩既成 参考。

き-せい 0【規制】❶名 おきて。きまり。「—を破る」❷名 他サ 規則により制限すること。「交通—」**—線** 0 名 事件・事故の現場で、立ち入り禁止の場所を知らせる境界線。また、その目じるしとなる黄色いテープをもいう。

き-せい 0【期成】名 かならずなしとげようとすること。**—同盟** ド 名 あることをなしとげるための同盟。

き-せい 0【棋聖】名 碁や将棋で、特に技量のすぐれた人。また、その称号。

き-せい 0【祈誓】名 自サ 文章語 神仏にいのり、ちかいをたてること。

き-せい 0【帰省】名 自サ 故郷にかえり、親の安否をとうこと。故郷にかえること。夏

き-せい 0【寄生】名 自サ ❶ある生物が他の生物の外部に付着したり、内部にはいりこんだりして、栄養を吸いとって生活すること。❷他人の力によって生活すること。**—火山** カ 名 火山の中腹に、別の噴火でできた火山。側火山。富士山の宝永山など。**—植物** ク 名 他の生物に寄生して生活する植物。ナンバンギセル・ネナシカズラなど。**—虫** 0 名 他の生物に寄生して、生活する動物。さなだむし・回虫など。

き-せい 0【祈請】名 他サ 文章語 神仏にいのり願うこと。祈願。

き-せい 0【規正・規整】名 他サ 文章語 きまりを立てて、正しくととのえること。「生徒の服装を—する」参考 法令では、「規正」に統一。

ぎ-せい 0【擬制】名 異なるものを同じものと見なして、同じ法律上の効果をあたえること。**—資本** シ 名 規則正しくくりかえされる貨幣収入を利子とみなしたとき、その金額と利率とから算出された架空の資本。

ぎ-せい 0【擬勢】名 文章語 みせかけの勢い。虚勢。

ぎ-せい 0【擬製】名 まねてつくること。また、その製品。**—豆腐** ド 名 豆腐に卵や野菜などをまぜて焼いた食べ物。精進料理に使う。

ぎ-せい 0【犠牲】名 ❶昔、神にささげたいけにえ。❷いのちや利益をすてて、他のためにつくすこと。❸天災・事故・犯罪などによって死んだり傷ついたりすること。「大地震の—になる」**—者** セ 名 事件や災害などで不幸な目にあった人。「戦争の—」**—打** セ 名 野球で、打者がアウトになるかわりに、走者が進塁したり、または得点したりするような打撃。犠打。**—的精神** セ2 名 自分の不利・損失を承知の上で、他人につくす精神。**—バント** バ 名 野球で、犠牲打としてのバント。犠打。**—フライ** フ 名 野球で、打者の打ったフライを野手がとった直後、走者が走って得点、また、進塁できたときの、そのフライ。犠飛。

ぎせい-ご 0【擬声語】名 ❶声をまねてつくったことば。「ピヨピヨ」「わはは」など。❷自然の音を模写したことば。擬声語❶と擬音語❶の総称。↔擬態語。

きせ-かえ 0【着せ替え】かへ 名 着ている物をぬがせて、他の物を着せること。「—人形」

き-せき 2/セ【奇跡】【奇×蹟】名 ありそうもない、ふしぎなできごと。ミラクル。「生きて帰れたのは—だ」

き-せき 0【軌跡】名 ❶ 文章語 車のわだちのあと。❷幾何学で、ある条件に適合する点がえがく図形。

き-せき 0【鬼籍】名 死者の名簿。**—に入る** 死ぬ。

ぎ-せき 0【議席】名 議場における議員の席。「—をふやす」

きせずして【期せずして】連語 おもいがけず。「—意見が一致した」

き-せつ セ【気節】名 文章語 気概があり、節操のかたいこと。

き-せつ セキ【季節】名 ❶一年の周期でくり返される気象状態の区切り。温帯では、春・夏・秋・冬の四季。熱帯では、乾季と雨季。❷時期。シーズン。「入試の—」**—感** ツ/セ 名 いかにもその季節らしい感じ。**—外れ** ハ 名 その季節にふさわしい状態でないこと。「—の大雪」**—風** 0/ツ 名 季節により方向が入れかわって、地球上の一定地域だけに吹く風。モンスーン。

き-せつ 0【既設】名 すでにそなえつけてあること。↔未設。

き-ぜつ 0【気絶】名 自サ 一時、意識を失うこと。

き-ぜつ 0【奇絶】名 形動(の) 文章語 ひどくふうがわりなこと。

ぎ-ぜつ 0【義絶】名 自サ 君臣・親子・兄弟などの縁を切ること。

き-せっかい セ【生石灰】名 ➡せいせっかい。

きせ-なが【着長・着背長】名 古語 大将の着るよろい。

キセル 0【×煙×管】〈カンボジア khsier〉名 ❶きざみたばこをつめて吸う道具。❷ 俗語 乗車駅と下車駅近くの切符をもち、その中間を無賃で乗る不正乗車。キセル乗り。参考 キセルは中間が竹で、両端にしか金を使っていないことから。

キセル❶

き・せる 0【着せる】他下一 ❶衣服をつけさせる。「学生服を—」❷かぶせる。「残り火に灰を—」❸こうむらせる。負わせる。「罪を—」「恩に—」き・す 文語下二

き-ぜわ 0【生世話】名 きぜわもの。**—物** 0 名 歌舞伎の世話物で、初演ごろの世相・風俗などを題材にしたもの。

き-ぜわし・い シ【気ぜわしい】【気▲忙しい】ぜはしい 形 ❶心がせかれていそがしい。「—一日」❷落ち着かず、せっかちだ。「—人」**気ぜわしげ** 形動 **気ぜわしさ** 名 **きぜは・し** 文語シク

きせ-わた 0【着せ綿】名 物のうえにかぶせた綿。

き-せん 0【汽船】名 蒸気機関の力でうごく船。

き-せん 0【基線】名 ❶三角測量の基準になる二点間を結ぶ線分。❷領海の幅を確定する上で基準となる沿岸線。

き-せん 0【棋戦】名 将棋や囲碁の勝負。「—優勝」

き-せん 0【貴×賤】名 とうといことと、いやしいこと。「職業に—はない」

き-せん 0【輝線】名 スペクトルの中で、ほそくかがやいている線。**—スペクトル** ペ 名 多くの輝線からできているスペクトルで、高温の気体から出るもの。

き-せん 0【機先】名 物事がおころうとするまぎわ。**—を制する** 相手より先にことをおこない、相手のしようとすることをさまたげる。「—者はかならず勝つ」

き-せん 0【機船】名 発動機船。

き-ぜん 0【×毅然】と副 たる連体 意志のつよいようす。「—として立つ」「—たる態度」

ぎ-せん 0【義戦】名 文章語 正義を守るためのいくさ。

ぎ-ぜん ⓪【偽善】名 みせかけだけの善行。↕偽悪。**―者** (しゃ) 世名 うわべだけ善人にみせかけている人。

ぎ-ぜん ⓪【×巍然】と副 たる連体 高くそびえるようす。

き-そ キソ【基礎】名 ❶いしずえ。土台。「―を打つ」「―工事」❷物事のもとい。根底。「大学改革の―を固める」❸第一段階。「数学を―から学ぶ」⇩基本 参考。**―語彙** (ごい) コ名 ある言語を特徴づけていると考えられる単語の集まり。「冬・雪・凍る・冷たい」など。参考「基本語彙」が使用頻度を重く見るのに対し、「基礎語彙」は意味の体系に着目して選ばれる。**―控除** (こうじょ) コ名 所得税の計算をするとき、総所得金額から差し引かれる一定の金額。**―疾患** (しっかん) シ名 ある病気や症状の原因となる病気。**―代謝** (たいしゃ) タ名 人が活動せずじっと寝ているときに消費する、エネルギーの量。標準代謝。**―付ける** (づける) ケ 他下一 確かにそうだという根拠をあたえる。「行動を―理論」**―年金** (ねんきん) ネ名 全国民を対象に適用される国民年金のうち、共通に支給される定額部分。

き-そ キソ【起訴】名 他サ 刑事事件について、検察官が裁判所へ公訴すること。**―状** (じょう) ⓪/ゾ名 検察官が公訴するとき、被告の氏名・公訴事実などを裁判所に提出する文書。**―猶予** (ゆうよ) ユ名 犯人や犯罪の事情を考えて、検察官が公訴をしないこと。

き-そう ⓪【奇想】名 奇抜な考え。**―天外** (てんがい) ⓪/ゾ/テ 形動 「「奇想天外より来たる」から」思いもよらないような奇抜なようす。「―なやり方」

き-そう ⓪【帰巣】名 自サ 動物が遠くはなれた所から、自分の巣や元の場所にかえろうとすること。「―本能」

き-そう ⓪【起草】名 他サ 草稿を書くこと。「規約の―」

き-そう ⓪【基層】名 [文章語] 物事の根底にあってその物を支えている部分。基盤。

きそ・う ソ【競う】(きそ-ふ) 自他五 (ワ・オ/イ・ッ/ウ/ウ/エ/エ) あらそう。競争する。「わざを―」「競って参加する」**競える** 自下一 […できる]

き-ぞう ⓪【寄贈】名 他サ 品物やかねを、他にさし上げること。贈呈。寄付。きそう。

ぎ-そう ⓪【偽装・擬装】名 他サ 他のものと見わけがつかないように見せかけること。カムフラージュ。「戦車を―する」

ぎ-そう ⓪【×艤装】名 他サ 進水したふねに、航海に必要なものをいろいろと設備すること。

ぎ-ぞう ⓪【偽造】名 他サ にせものをつくること。似せてつくった物。「―紙幣」

きそう-かん ⓪【気送管】名 圧縮空気の力で、書類などをほかのへやに送るしかけ。

きそう-きょく ゾ【奇想曲】名 ⇨カプリチオ。

きそ-かいどう《木曽街道》中山道 (なかせんどう) の一部で、信濃 (しなの)（長野県）の塩尻 (しおじり) から、美濃 (みの)（岐阜県）の中津川にいたるまでの街道。木曽路 (きそじ)。

き-そく ⓪/ゾ【気息】名 いき。いきづかい。呼吸。**―×奄×奄** (えんえん) ゾ と副 たる連体 ❶息がくるしく死にそうなようす。❷状態がきわめてくるしいようす。「不況で―たる業界」

き-そく ゾ/キ【規則】名 人のおこないや事務手続きなどのよりどころとして定めた規準。きまり。**―正しい** (ただしい) シ 形 一定の規則に従っているように、きちんとしているようす。「―生活」**―的** (てき) ⓪ 形動 一定のきまりにもとづいているようす。規則だっているようす。

き-そく ⓪【×驥足】名 [文章語]（足のはやいりっぱな馬の意）すぐれた才能。**―を伸** (の) **ばす** すぐれた才能をじゅうぶんに発揮する。

き-ぞく キ【貴族】名 ❶身分・家柄の高い人。❷特権をもつ支配階級。**―院** (いん) ク名 旧憲法のもとで、衆議院とともに帝国議会を構成していた機関。**―政治** (せいじ) セ名 少数の貴族を中心としておこなわれる政治。**―的** (てき) ⓪ 形動 言行・態度・風貌 (ふうぼう) などに気品のあるようす。また、とりすまして、気位の高いようす。↕庶民的。

き-ぞく ⓪【帰属】名 自サ 一定のものの所属となること。「領土の―をめぐる紛争」

ぎ-そく ⓪【偽足】名 アメーバなど原生動物や白血球にある、のびちぢみする原形質の突起。

ぎ-そく ⓪【義足】名 なくなった足をおぎなう人工の足。ゴム・金属・木などでつくる。↕義手。

ぎ-ぞく ギ【義賊】名 金持ちからぬすんだ金品を貧しい人にわけあたえる盗賊。

き-そつ ⓪【既卒】名 その年より前に学校を卒業していること。「―者」↕新卒。

き-そば ⓪/ゾ【生そば】【生×蕎▲麦】名 そば粉だけで作ったそば。今は、少量の小麦粉をまぜたものにもいう。

き-ぞめ ⓪【着初め】名 新しい衣服をはじめて着ること。

き-そん ⓪【既存】名 すでに存在すること。きぞん。「―の施設」

き-そん ⓪【毀損】名 他サ きずつけこわすこと。損傷。「名誉―」

きた ⓪【北】名 ❶方角の名。日の出に向かって左の方向。↕南。❷北風。㊍冬 **―の方** (かた) ❶北の方角・方向。❷[古語]（妻は寝殿づくりの北の対 (たい) に住んだことから）公卿 (くぎょう) など身分の高い人の妻を尊敬していう語。**―の対** (たい) [古語] 寝殿づくりで、母屋 (もや) の北にある建物。**―の▲政所** (まんどころ) [古語] 摂政 (せっしょう)・関白 (かんぱく)、また、大・中納言 (なごん) の妻を尊敬していう語。

きだ【▲段】名 [古語] ⇨きざ。

ぎ-だ ギ【犠打】名 「犠牲打」の略。

ギター ギ〈guitar〉名 弦楽器の一つ。平たいひょうたん形の木製の胴と棹 (さお) からなり、六本の弦を張ったもの。

きた-アメリカ《北アメリカ》六大州の一つ。アメリカ大陸の北半部。カナダ・アメリカ合衆国・メキシコなどの国がある。↕南アメリカ。

き-たい ⓪【危×殆】名 [文章語] あぶないこと。**―に×瀕** (ひん) **する** 非常にあぶなくなる。「国家経済が―」

き-たい ⓪【気体】名 空気のように、一定の形も体積もなく、自由に流動する物体。↕固体・液体。

き-たい ⓪【鬼胎】名 ❶[文章語] おそれ。心配すること。「―を抱く」❷【奇胎】妊娠初期におこる病気で、子宮内の胎児をおおう膜が異常に発達してぶどう状になり、胎児がその形をなさないもの。胞状 (ほうじょう) 奇胎。

き-たい ⓪【機体】名 航空機で、エンジン以外の部分。また、航空機全体。

き-たい ⓪【期待】名 他サ 将来の実現を心まちにすること。望みをかけること。「―にこたえる」「―外れ」

き-たい キ/タ【希代】【×稀代】名 形動(の) ⇨きだい。

き-たい ⓪/タ【奇態】形動 (ダロ・ダッ・デ・ニ/ダ・ナ・ナラ・○) ふつうとかわっているようす。ふしぎなようす。奇妙。「―なかっこう」「―な話だ」

き-だい ⓪【季題】名 ❶季語。季。❷句会で、題として与えられた季語。

き-だい キ【畿内】名 ⇨きない。

き-だい キ/タ【希代】【×稀代】名 形動(の) 世にまれなこと。めずらしいこと。希世。きたい。「―の英雄」

き-だい キ【貴台】代 [文章語] 相手を尊敬してよぶ語。おもに手紙に使う。⇩貴兄 参考。

ぎ-たい ⓪【擬態】名〔文章語〕❶他のもののようすに似せること。❷動物が身を守るために形・色などを他の動植物や周囲のものに似せること。―語 ⓪ 名 状態・身ぶりなどをいかにもそれらしく表現したことば。「つるつる・にこにこ」など。↕擬声語❷。

ぎ-だい ⓪【議題】名 会議にかける問題。「―にのぼる」

きた-えぞ ⓪【北×蝦×夷】名 サハリン(樺太)の古称。

きた・える ③【鍛える】他下一 ❶熱した金属を、くりかえし打って良質のものにする。「鉄を―」❷きびしく訓練する。「新人を―」❸精神・肉体をつよくする。「からだを―」 きた・ふ 文語ハ下二

き-だおれ ⓪【着倒れ】名 衣服にかねをかけすぎて、財産をなくすること。「京の―大阪の食い倒れ」↕食い倒れ。

きた-かいきせん キ【北回帰線】名 赤道の北、緯度二三度二六分のところを通ってひいた緯線。夏至の日の正午に、太陽がま上にくる地点。↕南回帰線。⇩回帰線(図)。

きた-かぜ ⓪【北風】名 ❶北のほうから吹いてくる風。↕南風。❷冬に日本列島に大陸から吹いてくる冷たい風。冬

きたがわ-うたまろ《喜多川歌麿》一七五三―一八〇六。江戸時代後期の浮世絵師。上半身を中心に描く、大首絵という美人画に新境地を確立した。

き-たきり リ【着たきり】名 いま着ている衣服だけで、着がえのないこと。―×雀 ス名「「したきりすずめ」に語呂をあわせた語」着がえのないこと。また、その人。

き-たく ⓪【帰宅】名 自サ 自分の家にかえること。

き-たく ⓪【寄託】名 他サ ❶物をあずけ、保管をたのむこと。❷相手方から物をうけとり、これを保管する契約をすること。

きた-ぐに タ【北国】名 雪が多く、冬の長い北の地方。

き-たけ ⓪【着丈】名 着物の、えりからすそまでの長さ。きだけ。

きた・す タ【来す】他五 ある事態をまねく。「経営の不振を―」

きた・する ⓪【北する】自サ〔文章語〕北に行く。↕南する。

き-だち キ【木太刀】名 木でつくったたち。木刀。木剣。

きたちょうせん《北朝鮮》⇩ちょうせんみんしゅしゅぎじんみんきょうわこく。

き-だて ⓪【気立て】名 心持ち。性質。人がら。「―のよさがにじみ出る」

きたな・い ③【汚い】【×穢い】形 ❶よごれている。清潔でない。❷下品・ぞんざいで不快だ。「―ことば」「―字」❸いやしい。みにくい。ひきょうだ。「―心」「―手段」❹けちだ。「金に―」 きたながる 自五 きたなげ 形動 きたなさ 名 きたな・し 文語ク

きたならし・い シ【汚らしい】【×穢らしい】形 いかにもきたなくみえる。「―身なり」 きたならしがる 自五 きたならしげ 形動 きたならしさ 名

き-だはし ⓪【階】名〔文章語〕⇩きざはし。

きたばたけ-ちかふさ《北畠親房》一二九三―一三五四。南北朝時代の学者・武将。著作に「神皇正統記」など。

きたはま《北浜》❶大阪市中央区の地名。大阪証券取引所がある。❷大阪の金融界・金融市場。↕兜町。

きたはら-はくしゅう《北原白秋》一八八五―一九四二。詩人・歌人。本名隆吉。次々と詩風・歌風を変えて、新鮮な感覚の詩歌を作りつづけた。詩集に「邪宗門」「思ひ出」、歌集に「桐の花」など。

きた-はんきゅう ハ【北半球】名 地球の赤道以北。↕南半球。

きたまえ-ぶね オ【北前船】名 江戸時代中期から明治時代にかけて、北海道と大阪の間を、日本海・瀬戸内海を通って結んだ廻船。北国船。

きた-まくら マ【北枕】名 まくらを北にして寝ること。参考 死人を寝かせるときそのようにするので、ふつう、不吉としてきらう。

きたマケドニア《北マケドニア》(North Macedonia) バルカン半島にある共和国。旧ユーゴスラビアから一九九一年独立。首都はスコピエ。旧国名はマケドニア。

きたむら-きぎん《北村季吟》一六二四―一七〇五。江戸時代前期の歌人・俳人・古典学者。俳諧の成立期に活躍した。「源氏物語湖月抄」など。

きたむら-とうこく《北村透谷》一八六八―一八九四。詩人・評論家。本名は門太郎。雑誌「文学界」を拠点に浪漫主義文学の中心的存在として活躍した。劇詩「蓬莱曲」、評論「厭世詩家と女性」など。

きた-もりお《北杜夫》一九二七―二〇一一。小説家・精神科医。本名、斎藤宗吉。歌人斎藤茂吉の次男。小説「夜と霧の隅で」「楡家の人びと」など。

きた-やま ⓪【北山】名 ❶北のほうの山。❷〔俗語〕空腹を感じてくること。「腹がそろそろ―だ」―時雨 シ名 京都で、北山のほうから降ってくるしぐれ。

ぎだゆう ⓪【義太▲夫】名 (竹本義太夫の名から)ぎだゆうぶし。―節 ⓪名 江戸時代に、竹本義太夫が大成した浄瑠璃ぶしの一派。浄瑠璃。

ギタリスト リ(guitarist) 名 ギターの演奏家。

きた・る タ【来る】自五〔文章語〕くる。「台風―」

きたる タ【来る】連体 近くやってくる。「―十日」↕さる。

きたる-べき【来るべき】連語 近いうちにかならずあるはずの。次の。「―総選挙」

き-たん ⓪【忌×憚】名 いみはばかること。遠慮。「―のないご意見」「―なく批評する」

き-たん ⓪【奇×譚】名 めずらしくておもしろい話。ふしぎな物語。奇談。

き-だん ⓪/キ【気団】名 気温・湿度などがほぼ一様な空気の大きなかたまり。小笠原気団・オホーツク気団などという。

き-だん キ【奇談】名 めずらしくておもしろい話。ふしぎな話。

き-だん キ【×綺談】名〔文章語〕(「綺」は飾るの意)おもしろくこしらえた話。

ぎ-だん ⓪【疑団】名〔文章語〕心にしこりとなっているうたがいのかたまり。「―が氷解した」

きち 接尾〔俗語〕夢中になっている人。「音―」「カー―」

きち チ【吉】名 造 よいこと。めでたいこと。「おみくじが―と出た」「吉日・吉例・大吉」↕凶。〔別音 きつ―吉〕

き-ち チ/キ【危地】名 あぶないところ、または、その場合。「―を脱する」

き-ち キ/チ【奇知】【奇×智】名 きばつな知恵。

き-ち チ/キ【既知】名 すでに知っていること。「―の事実」↕未知。

き-ち キ/チ【基地】名 根拠地。基点となる地。「探険隊の―」

き-ち キ/チ【貴地】名〔文章語〕「あなたのすむ土地」の尊敬語。御地。錦地。手紙に使う。

き-ち [キ/チ]【機知】【機×智】[名] 時に応じてたくみにはたらく才知。とんち。ウイット。「—縦横」「—に富む」

き-ち [キ]【×窺知】[名][他サ]〔文章語〕うかがい知ること。

き-ちがい [ガ]【気違い】[名] ❶精神状態がふつうでなくなること。❷他には目もくれず、そのことばかりに夢中になること。また、その人。マニア。「釣り—」 **—沙汰** [0][名] ふつうでは考えられないようなとんでもない行動。 **—に刃物** 非常に危険なことのたとえ。 **—水** [ガ][名]〔俗語〕酒のこと。

きち-きち 一 [チ]〔と〕[副] ❶かたい物がふれてきしむ音をあらわす語。❷規則正しくするようす。「—と出席する」 二 [0][形動] ❶物と物との間にすきまのないようす。「—につめこむ」❷時間や分量にゆとりのないこと。「出発までに時間が—だ」「生活費が—だ」

ぎち-ぎち 一 [ギ]〔と〕[副] 物がふれてきしむ音をあらわす語。「床が—と鳴る」 二 [ギ]〔と〕[副][自サ] 物事がすらすらといかないようす。ぎくしゃく。 三 [0][形動] 物と物との間にすきまがなく、窮屈なようす。「スーツケースに荷物を—に詰める」「—の日程」

き-ちく [0]【鬼畜】[名] ❶鬼とちくしょう。❷むごいことをするもの。「—の犯罪行為」 **—物** [0][名] 能の一種で、鬼などが登場する五番目切能。

きち-じ [チ]【吉事】[名] えんぎのよいこと。よろこびごと。きつじ。↕凶事。

きち-じつ [0]【吉日】[名] ⬇きちにち。

きち-じょう [0]【吉祥】[名]〔文章語〕めでたいきざし。よいしるし。きっしょう。 **—天** インド神話で、福徳をさずけるという女神。吉祥天女。

きちっ-と [チ][副][他サ] ⬇きちんと。

きち-にち [0]【吉日】[名] よい日。めでたい日。吉辰。きちじつ。きつじつ。↕凶日。

き-ちゃく [0]【帰着】[名][自サ] ❶かえりつくこと。「午前六時、無事—」❷議論や物事の経過などが、最終的にある結論におちつくこと。帰結。

き-ちゅう [0]【忌中】[名] 家族に死亡者が出て、つつしんでいる期間。

き-ちゅう [0]【基柱】[名] ❶もとになるはしら。❷中心となる重要な人。「国家の—」

き-ちょ [キ]【貴著】[名]〔文章語〕「あなたの著書」の尊敬語。手紙に使う。

き-ちょう [0]【×几帳】[名] 昔、台に二本の柱を立て、それに横木をわたして布をかけ、室内のしきりに使ったもの。 **—面** [メ/0/チョ] 一 [名] 器具のかどを丸くけずり、両側に鋭角にきざみ目をひとすじ入れたもの。 [参考] 几帳の柱をそのようにけずったことから。 二 [形動] おこないや性格が、まじめで規則ただしいこと。「—な人」

(表)
(裏)
きちょう

き-ちょう [0]【基調】[名] ❶音楽で、主調。❷思想などの基本的傾向。「民主主義を—とする」❸もととなる方針。

き-ちょう [キ/チョ]【機長】[名] 航空機乗員の長。主操縦士が兼ねる。

き-ちょう [0]【帰庁】[名][自サ] 出張や外勤が終わって役所にかえること。

き-ちょう [0]【帰朝】[名][自サ] 外国からかえってくること。

き-ちょう [0]【記帳】[名][自サ] 帳簿に書きしるすこと。

き-ちょう [0]【貴重】[形動] 非常にたいせつなようす。値うちが高いようす。得がたいようす。「—な経験」「—な時間をさく」 **—品** [0][名] 高価な金品。特に、携帯品に言うことが多い。

ぎ-ちょう [ギ]【議長】[名] 会議・議会の場で議事を進行させてとりまとめたり、また、会議・議会を代表したりする人。

ぎ-ちょう【×毬▲打】[名]〔古語〕⬇ぎっちょう。

きち-れい [0/チ]【吉例】[名] めでたいしきたり。きつれい。

き-ちん [0]【木賃】[名] 昔、自炊用の米を持ってとまった旅人が、宿屋にはらったまき代。木銭。 **—宿** [ヤ/チ][名] ❶木賃をとって旅人をとめる宿屋。❷宿泊料の安い宿屋。

キチン [キ]〈kitchen〉[名] ⬇キッチン。

きちん-きちん-と [連語] 規則ただしくおこなわれるようす。「—払いこむ」

きちん-と [チ][副][他サ] ❶乱れることなく整っているようす。ちゃんと。「—した身なり」❷正確で余分なものがないようす。「勘定を—支払う」

きつ【吉】[造] よい。めでたい。「吉祥・吉報・不吉」↕凶。〔別音きち｜吉〕

きつ【×吃】[造] ❶ことばがつかえる。「吃音・吃語」❷くう。のむ。「吃烟・吃驚・吃緊」

きつ【×拮】[造] せめる。はりあう。「拮抗」

きつ【喫】[造] ❶くう。たべる。のむ。「喫煙・喫茶・喫水・満喫」❷うける。こうむる。「喫驚・喫緊」 **喫する** [他サ]

きつ【詰】[造] ❶なじる。といつめる。「詰責・詰問・難詰・論詰」❷まがってのびない。「詰屈」

きつ・い [0][形] ❶つよい。「—顔」↕甘い。❷ひどい。きびしい。「—命令」❸きゅうくつだ。「—日程」❹小さくてしめつけられるようだ。「くつが—」 **きつさ** [名] **きつ・し** [文語ク]

きつ-えん [0]【喫煙】[名][自サ] たばこを吸うこと。「—室」

きつ-おん [0]【×吃音】[名] どもること。また、その声。

きっ-か [0/キ]【菊花】[名]〔「きくか」の変化〕きくの花。また、模様。㊎秋

きっ-かい [カ]【奇っ怪】[形動]「奇怪」の強め。

き-づかい [ヅ]【気遣い】[名][形動] 案じること。心配。「失敗する—はない」

き-づか・う [カ]【気遣う】[他五] 案じる。心配する。「子の行く末を—」

きっ-かけ [0]【切っ掛け】[名] ❶はじまり。「話の—」❷手がかり。機会。「やめる—がない」

きっかり [カ]〔と〕[副] ❶きわだって、はっきりしたようす。「—した字」❷正確なようす。きちんと。かっきり(と)。「—六時」「—二等分する」

き-づかれ [ヅ]【気疲れ】[名] あれこれ気をつかって、疲れること。心労。「—で床につく」

き-づかわし・い [シ]【気遣わしい】[形] 気がかりだ。心配だ。「—病状」 **気遣わしげ** [形動] **気遣わしさ** [名] **きづかは・し** [文語シク]

きっきゅう-じょ [キュ]【×鞠×躬如】〔と〕[副] [たる連体]〔文章語〕〔「きくきゅうじょ」の変化〕からだを前かがみにして、かしこまるようす。「—として貴賓の前に進み出る」

きっ-きょ [キ]【×拮▲据】[名]〔文章語〕〔「拮」も「据」も耐えるの意〕苦しさにたえて過ごすこと。「—経営十八年」

きっ-きょう [0]【吉凶】[名] えんぎのよいことと、わるいこと。「—禍福」

きっ-きょう [0]【喫驚】[名][自サ]〔文章語〕おどろくこと。

きっ-きん [0]【喫緊】[名]〔文章語〕さしせまっていて、たいせつ

なこと。「—の要務」

キック [キ]〈kick〉[名][他サ] ❶けること。けとばすこと。❷フットボールなどで、ボールをけること。 **—オフ** [オ]〈kickoff〉[名][自サ] フットボールなどで、ボールをけり、試合を開始、または再開すること。始蹴(しゅう)。 **—バック** [バ]〈kickback〉[名] 返礼としてわたす金銭。割戻金。リベート。「業者からの—」[参考] 多く、公表できない不正な見返りの意で用いる。 **—ボール** [ボ]〈kickball〉[名] 二組にわかれ、二つの円陣の間にボールをおき、敵の陣に早くけりこんだほうを勝ちとするスポーツ。 **—ボクシング** [ボ]〈kick boxing〉[名]〔和製英語〕足でけったりしてもよい、タイ式ボクシングから、日本で考案されたボクシング。

き-づ・く [ヅ]【気付く】[自五] カ・コ・キ・イ／ク・ク・ケ・ケ 気がつく。感じとる。「自分のくせに—」 **気づき** [名]

きっ-くつ ⓪【詰屈】【×佶屈】[形動] ダロ・ダッ・デ・ニ／ダ・ナ・ナラ・○〔文章語〕文字や文章がむずかしくて、わかりにくいようす。 **—×聱牙**(ごうが) [ゴ][形動]〔文章語〕（「聱牙」は、ことばがかた苦しくむずかしい意）文章のむずかしく読みにくいようす。

ぎっくり-ごし [リ]【ぎっくり腰】[名] おもに中年の人が重い物を持ち上げたりするときに、突然腰が痛んで動けなくなる症状。

き-つけ ⓪【気付(け)】[名] ❶元気づけること。「—にいっぱいやる」❷気絶したものを生き返らせること。「—のくすり」❸きつけぐすり。❹⬇きづけ。 **—薬**(ぐすり) [グ][名] ❶気付けにつかう興奮剤。アンモニアなど。❷〔俗語〕酒のこと。

き-つけ ⓪【着付(け)】[名] ❶着なれたこと。また、その衣服。「—の洋服」❷きちんと着ること。また、着せること。「化粧をすませて—をする」❸着たぐあい。着こなしかた。

き-づけ ⓪【気付】[名] 手紙を相手の立ち寄り先などにあてて送るとき、その立ち寄り先などの下に書く語。「川口商店—、山田太郎様」[参考] 手紙で、あて名人が他人の家に同居している場合は、「山田様方」「山田様御内」のように書く。自分の住所の場合は、「山田方」、また、会社やアパートに住む場合は、「松竹荘内」などと書く。単なる連絡場所のときは、「○○事務所気付」のようにする。

きっ-こう ⓪【亀(っ)甲】[名] ❶かめの甲。❷かめの甲に似た六角形のつづき模様。

きっこう❷

きっ-こう ⓪【×拮抗】[名][自サ] たがいに負けずにはりあうこと。「両勢力が—する」

きっ-さ [キ]【喫茶】[名] ❶茶を飲むこと。❷きっさてん。 **—店**(てん) [サ]/⓪ [名] 飲み物や、菓子類、軽い食事などを出す飲食店。

きっ-さき ⓪【切っ先】[名] 刃物や、とがった物の先。

きつ-じ [キ]【吉事】[名] ⬇きちじ。

きつ-じつ ⓪【吉日】[名] ⬇きちにち。

ぎっ-しゃ [ギ]【×牛車】[名] 昔、貴人が乗り、牛にひかせた屋形車。うしぐるま。ぎゅうしゃ。

きっ-しょ [キ]【吉書】[名]〔古語〕（「吉日を選んでみる文書」の意）❶昔、改元(かいげん)・年始などに、奏聞した政治上の文書。❷武家で、正月の政治始めなどに、はじめて出した政治上の文書。❸税を納めるよう農民に示した法令。 **—始め**(はじめ) [ハ][名] ❶公家(くげ)や武家が、吉書を見たこと。❷正月のかきぞめ。(新年)

物見(ものみ)　棟(むね)　屋形(やかた)　轅(ながえ)　頸木(くびき)　轂(こしき)

牛車

きっ-しょう ⓪【吉祥】[名] ⬇きちじょう。

ぎっしり [シ] (と)[副] すきまなく詰まっているようす。「来週は予定が—だ」

きっ-しん ⓪【吉×辰】[名]〔文章語〕吉日(きちにち)。

キッス [キ]〈kiss〉[名] ⬇キス。

キッズ [キ]〈kids〉[名] 子どもたち。若者たち。「—ルーム」

きっ-すい ⓪【生粋】[名] 全くまじりけがないこと。「—の江戸っ子」

きっ-すい ⓪【喫水】【×吃水】[名] 船体が水に浮いているとき、船体最下部から水面下までの距離。 **—線**(せん) ⓪ [名] 船体が、水にかくれるさかいの線。

きっ・する ⓪【喫する】[他サ] シ・セ・サ・シ・スル・スル／スレ・シロ・セヨ〔文章語〕❶飲む。食う。吸う。「茶を—」❷受ける。こうむる。経験する。「大敗を—」 **きっ・す** [文語サ変]

きっ-せき ⓪【詰責】[名][他サ]〔文章語〕人のあやまちや、やりかたのまずさを責め、しかること。

きつ-ぜん ⓪【×屹然】[と副][たる連体]〔文章語〕高くそびえるようす。「高層ビルが—とそそり立つ」

きっ-そう ⓪【吉相】[名] ❶めでたいことのあるまえぶれ。❷よい人相。

きっ-そう [ソ]【吉▲左右】[名] ❶よいたより。「—を待つ」❷よいか、わるいかのたより。「—を聞きたい」

き-づた [キ]【木×蔦】[名] ウコギ科のつる性常緑樹。木石にからんでのびる。ふゆづた。(冬)

きっ-た・つ [タ]【切っ立つ】[自五] タ・ト・チ・ッ／ツ・ツ・テ・テ 切ったようにまっすぐにそびえ立つ。きりたつ。「—がけ」

きった-はった【切った張った】[連語] 切りつけたりたたいたりと、乱暴なことをするようす。「—の大騒ぎ」

き-づち [キ]【木づち】【木×槌】[名] 木製のつち。

キッチュ [キ]〈ド Kitsch〉[名] 俗受けするもの。[参考] 美術や建築など芸術の諸分野では、あえて安っぽさや奇抜さなどの特徴を取り入れ、人間の非合理的な側面を高く評価する概念として用いられることがある。

きっ-ちょう ⓪【吉兆】[名] めでたい事のおこるしるし。↔凶兆。

ぎっちょ [ギ][名] ❶ひだりきき。❷きりぎりすのこと。

ぎっ-ちょう ⓪【×毬▲打】[名]〔古語〕昔の、まりうち遊び。つちの形のつえで、木製のまりを打ちあって勝負を争う。ぎちょう。(新年)

きっちり [チ] (と)[副] ❶すきまのないようす。きちっと。「—はめこむ」❷ちょうど。きっかり。「—三時」

キッチン [キ]〈kitchen〉= **キチン** [名] 料理場。台所。 **—ドリンカー** [リ]〈kitchen drinker〉[名] 台所での飲酒が原因で、アルコール依存症になった人。

きつ-つき [ツ]【×啄木▲鳥】[名] キツツキ科の鳥の総称。森林にすみ、鋭いくちばしで樹木をつつき、中の虫をとりだして食う。あおげら・あかげらなど。(秋)

きっ-て ⓪【切手】[名] ❶手形。❷商品切手。❸郵便切手。

きって-おと・す【切って落(と)す】[連語] ❶勢いよく切って下へ落とす。❷（多く「…の幕が切って落とされる」の形で）ある期間継続して行われる物事が始まる。「戦いの幕が切って落とされた」

きって-す・てる【切って捨てる】[連語] 勢いよく切ってそのままにする。また、思いきって物事をうち切ったり見捨てたりする。「だめの一言で—」

きって-と・る【切って取る】[連語] 勝負で相手をうちとる。「四番打者を三振に—」

きって-の【切っての】[連語]（体言について連体修飾語をつくる）その範囲でいちばんの。「財界—人格者」

切(き)**っても切**(き)**れない** 切ろうとしても切ることができない。

き

関係が非常に深いことをさす。「隣国とは―関係にある」

キット【キ】〈kit〉名 ❶模型などを組み立てる材料の一式。「鉄道模型の組み立て―」 ❷特定の目的に使う道具の一式。「アレルギーの検査―」

きっ-と【0】【きっと】【×屹度】副 ❶確信・決意・命令の強さをあらわす。「大地震は―起こるだろう」「―合格してみせる」「同窓会に―来いよ」⇩必ず❷参考 ❷同じことがくり返されるようす。いつも。きまって。「祖父は―朝刊のスポーツ欄から読みはじめる」 ❸古語 急に。すぐに。「きっと思ひだして」〈平家〉 ❹古語 しっかり。きちんと。「だんな方は、きっとしてござるから」〈膝栗毛〉 **―なる** きびしい顔つきをするようす。「きっとなって相手をにらみつける」

キッド【キ】〈kid〉名 子やぎの皮。くつ・手袋などの材料。

きつね【0】【×狐】名 ❶イヌ科の哺乳(ほにゅう)類。体は細く、尾が太く長い。雑食性。人をばかすといわれ、また、稲荷(いなり)の使いとされる。冬 ❷じょうずにだます人のこと。❸きつねいろ。❹きつねうどん。❺いなりずし。 **―につままれる** ❶きつねにばかされる。❷何が何だかわからず、ぼんやりする。 **―の嫁入(よめい)り** ❶日が照っているのに雨が降ること。❷きつね火が多くならんで、嫁入りの行列のちょうちんのように見えるもの。

きつね-いろ【0】【きつね色】【×狐色】名 うすいこげ茶色。

きつね-うどん【ウ】【×狐×饂×飩】名 甘からく煮たあぶらあげをのせた、かけうどん。参考「あぶらあげ」はきつねの好物といわれていることから。「かけそば」にのせたものは「きつねそば」。

きつね-けん【0/ネ】【きつね拳】【×狐拳】名 けんの一種。二人相対し、きつね・庄屋・鉄砲のまねをし、勝ち負けをきめるもの。きつねは庄屋に勝ち、庄屋は鉄砲に勝ち、鉄砲はきつねに勝つ。

きつね-ごうし【ゴ】【×狐格子】名 たてよこに組みたてた格子、また、それに板をはった戸。木連れ格子。妻格子。

きつねごうし

きつね-つき【ネ】【×狐×憑き】名 きつねの霊がとりついたといわれる異常な精神状態。

きつね-び【ネ】【きつね火】【×狐火】名 おに火。燐火(りんか)。冬

きっ-ぱり【パ】【と】副 はっきり。「―ことわる」

きっ-ぷ【0】【切符】名 ❶かねの受け取りずみ、または支払いずみの証紙。乗車券・入場券など。❷特定商品ひきかえの証紙。❸俗語 交通違反者にその場で渡される反則通知書。❹俗語 大会への出場資格。「夏の甲子園への―を手にする」

きっ-ぷ【0】【気っぷ】【気っ風】名 (「きふう」のなまり)気まえ。気性。「―のいい江戸っ子」

きっ-ぽう【0】【吉報】名 よい知らせ。「―を待つ」↕凶報・悪報。

き-づまり【ヅ】【気詰(ま)り】形動 ダロ・ダッ・デ・ニ/ダ・ナ・ナラ・○ 気がつまること。気分がきゅうくつなこと。「―な席」

きつ-む【ツ】【吉夢】名 よいゆめ。↕凶夢。

きつ-もん【0】【詰問】名 他サ 責めて、きびしく問いただすこと。

き-づよ・い【ヨ】【気強い】形 カロ・カッ・ク/イ・イ・ケレ・○ ❶心強い。安心だ。「兄がいるので―」❷情に負けない。強気だ。「―性格」 **気強さ** 名 **きづよ・し** 文語ク

きつ-りつ【0】【×屹立】名 自サ 文章語 高くそびえたつこと。

きつ-れい【0】【吉例】名 ⬇きちれい

き-て【テ】【来手】名 来る人。「嫁の―がない」

ぎ-て【ギ】【技手】名 ⬇ぎしゅ。参考「ぎし(技師)」と発音がまぎれやすいので、区別するための呼び方。

き-てい【0】【汽艇】名 蒸気機関でうごく小さな舟。ランチ。

き-てい【0】【既定】名 すでにさだまっていること。↕未定。

き-てい【0】【基底】名 ❶基礎となる底面。❷立体の底。

き-てい【0】【規定】㊀名 さだめられた規則。⇩規程参考。㊁名 他サ 物事の仕方や概念をはっきりさだめること。

き-てい【0】【規程】名 ❶規定。参考「規程」が規則全体をさすのに対し、「規定」は一つ一つの条文をさしていうことがある。❷役所などの内部組織・事務取扱のきまり。

き-てい【0】【旗亭】名 文章語 ❶料理屋。茶屋。居酒屋。❷やどや。参考 昔、中国で旗をたてて目じるしにしたから。

ぎ-てい【0】【義弟】名 ↕実弟。❶義理の弟。夫・妻の弟や妹の夫。❷約束により弟にした人。

ぎ-てい【0】【議定】名 他サ 相談してきめること。 **―書(しょ)** 0/ショ 名 国際会議や外交交渉の議事をしるした文書。関係国代表が署名・調印する。

きてい-るい【テ】【奇×蹄類】名 哺乳(ほにゅう)類のうち、足のひづめが一本または三本に分かれている動物。馬や犀(さい)など。↕偶蹄類。

き-てき【0】【汽笛】名 ふきだす蒸気で音をだす笛。

きて-れつ【0】形動 ダロ・ダッ・デ・ニ/ダ・ナ・ナラ・○ (「奇天烈」は当て字) 俗語 ひどくふうがわりで、ふしぎなようす。「奇妙―」

き-てん【0】【起点】名 はじまるところ。おこり。「鉄道の―」↕終点。

き-てん【0】【基点】名 もととなる点。また、その場所。

き-てん【テ/キ】【貴店】名 文章語「あなたの店」の尊敬語。手紙に使う。⇩貴社参考。

き-てん【0】【機転】名 場合に応じて、とっさにはたらく知恵。「―がきく」

き-でん【0】【紀伝】名 ❶人物の伝記を書いた書物。❷「本紀・列伝」の略。紀伝体。 **―体(たい)** 0/名 天子の年代順に事件を書いた本紀と、重要人物の伝記を書いた列伝とを中心にした体裁(ていさい)の史書。↕紀事本末体・編年体・列伝体。

き-でん【0】【起電】名 電気をおこすこと。

き-でん【キ】【貴殿】代 文章語 相手を尊敬してよぶ語。おもに手紙に使う。⇩貴兄参考。

ぎ-てん【0】【疑点】名 うたがわしい問題点。「―をただす」

ぎ-てん【0】【儀典】名 文章語 儀式の規定。典例。

き-と【キ】【帰途】名 かえりみち。帰路。「―につく」

き-と【キ】【企図】名 他サ 計画すること。もくろみ。企画。

き-ど【キ】【木戸】名 ❶【▲城戸】城の門。❷庭園・通路の入り口などの、屋根のない開き戸。❸興行場の出入り口。❹木戸銭。 **―口(ぐち)** ド 名 木戸の出入り口。 **―御免(ごめん)** キ/名 興行場などに無料で出はいりできること。 **―銭(せん)** ド/0 名 しばい・見せ物など、興行の入場料。 **―番(ばん)** ド/0 名 興行場などの入り口の番人。

き-ど【キ】【喜怒】名 よろこびといかり。 **―哀楽(あいらく)** キ/名 (「哀」はかなしみ、「楽」はたのしみ)人間のさまざまな感情。「―がはげしい」

き-ど【キ】【輝度】名 光を出すものの表面の明るさの量。

き-とう【0】【気筒】名 シリンダー。

き-とう【0】【季冬】名 文章語 (「季」は末の意) ❶冬の終わり。冬 ❷陰暦十二月。

き-とう【0】【亀頭】名 陰茎の先端部分。

き-とう【0】【帰投】名 自サ 文章語 航空機・船などが、遠方

から基地にかえりつくこと。

きとう◎【祈×禱】名他サ 神仏にいのること。いのり。

きどう◎【気道】名 呼吸のための空気の通路。鼻から肺まで。

きどうキ【奇道】名〔文章語〕ふつうとちがう方法。↕正道。

きどう◎【奇童】名〔文章語〕めずらしくすぐれたこども。

きどう◎【軌道】名 ❶鉄道。レール。❷惑星・衛星などの天体が運行する道。「火星の―」❸物体が一定の法則にしたがって運動するときにえがく経路。**―に乗(の)る** 物ごとが順調に進行する。「研究が―」

きどう◎【機動】名 ❶状況に応じてすばやく行動できること。❷軍隊用語。戦術上の要求に応じて敏活(びんかつ)におこなう軍隊の移動・活動。**―性**(せい)◎名 状況に応じ、すばやく行動できる能力。「―に富む」**―隊**(たい)◎名 治安維持のため必要によって出動する武装警官隊。**―部隊**(ぶたい)フ名 ❶機動力のある部隊。❷陸軍の戦車・装甲車などを装備した部隊。海軍の航空母艦を中心とする攻撃艦隊。**―力**(りょく)ド名 機動的に行動できる能力。「―を持つ」

きどう◎【起動】名自サ エンジンやコンピューターなどの機械が、動きをはじめること。始動。

きどうしゃド【気動車】名 内燃機関をそなえ、単独で走れる鉄道車両。ガソリンカーやディーゼルカーなど。

きどうらくド【着道楽】名 ぜいたくな衣服を着るのが楽しみの道楽。↕食い道楽。

ぎとぎとギー[と]副自サ形動(の) 油などがこびりついて汚れているようす。「換気扇が油で―する」参考 形容動詞として使うときは◎。

きとく◎【危篤】名 病気が非常に重く、死にそうになること。重態。「―の状態におちいる」

きとく◎【既得】名 すでに得ていること。「―の知識」**―権**(けん)クト名 ❶すでに得ている権利。❷法律上、正当に手に入れた権利。

きとく◎【奇特】形動 ダロ・ダッ・デ・ニ ダナ・ナラ◎ すぐれているようす。行い・心がけが感心なこと。殊勝。きどく。「―な行為」

きどく◎【既読】名 既に読んでいること。特にメールやメッセージを読んで確認した状態であること。↕未読。

きどり◎【木取(り)】名 材木を切って、建築その他の用材を取ること。

きどり【気取り】㊀◎名 うわべをかざること。「―のない人がら」㊁造 いかにもそれらしいようすをすること。「芸術家―」**―屋**(や)◎名 うわべや体裁をとりつくろう人。服装にこだわる人。

きどる◎【気取る】自五 ラ・ロ・リ・ッ ル・ル・レ・レ ❶ていさいをかざる。もったいぶる。「人前で―」❷それらしいふうをする。「秀才を―」

きどるいげんそゲ【希土類元素】【×稀土類元素】名 ➡レアアース。

キナキ〈オkina〉【規那】名 アカネ科の常緑高木。アンデス山地原産。葉は広い、だ円形。樹皮からキニーネをとり、解熱剤(げねつざい)や健胃剤に使う。キナの木。

キナ

きないキ【畿内】名 ❶帝王のすまいのある地。また、そのまわりの地。きだい。↕畿外。❷京都に近い、山城(やましろ)・大和(やまと)・河内(かわち)・和泉(いずみ)・摂津(せっつ)の五か国。五畿内。

きないキ【機内】名 飛行機の中。「―食」↕機外。

きなが◎【気長】名形動 性質がのんびりしていること。「―に待つ」↕気短。

きながし◎【着流し】名 はかまをつけない、男子の和服姿。くだけた和装。「―で散歩する」

きなくさいサ【きな臭い】【▲焦臭い】形 カロ・カッ・ク イ・イ・ケレ・◎ ❶紙や糸などのこげるようなにおいがする。❷〔硝煙のにおいがするの意〕戦争などが今にも起こりそうなようすだ。**きなくさ・し** 文語ク

きなぐさみ◎【気慰み】名 気ばらし。心の慰み。

きなこキ【黄な粉】【▲黄粉】名〔「黄なる粉」から〕いった大豆(だいず)をひいたこな。

きなり◎【生成り】名 麻などのさらさないままの状態の生地。

きなんキ【危難】名 命があぶないこと。災難。「―をのがれる」

ギニア《Guinea》アフリカ西海岸の大西洋に面した共和国。一九五八年独立。首都はコナクリ。

ギニアビサウ《Guinea-Bissau》アフリカ西海岸の大西洋に面した共和国。一九七三年独立。首都はビサウ。

キニーネ⊟〈オkinine〉名 キナの樹皮からとるアルカロイドで、苦味のある白色の結晶性粉末。解熱(げねつ)・強壮・マラリア熱の特効薬。キニン。

きにいり◎【気に入り】名 ➡おきにいり。

きにち◎【忌日】名 ➡きじつ。

きにゅう◎【記入】名他サ 字を書きこむこと。「日付を―する」

ギニョールニヨ〈フguignol〉名 指人形。指人形でする劇。

きにん◎【帰任】名自サ 任地にかえること。

きぬキ【絹】名 ❶蚕のまゆからとった糸。❷絹織物。「―を着る」**―の道**(みち)キ名 昔、中央アジアを通って中国とヨーロッパとをむすんだ道路。シルクロード。参考 漢(かん)の時代からの貿易路で、おもに中国から絹をはこんだ。

きぬキ【▲衣】名〔古語〕衣服。着物。

きぬいと◎【絹糸】名 蚕のまゆからとった糸。

きぬおりものリ オ【絹織物】名 絹糸で織った織物。

きぬがさガ◎【▲衣×笠・絹×笠】名 ❶絹ではった、長柄(ながえ)のかさ。❷天蓋(てんがい)。

きぬかずきカ【▲衣▲被】―かづき 名 昔、身分の高い女性が外出するときに頭からかぶった衣服、また、その服装をした女。

きぬかつぎカ【▲衣▲被】名 ❶きぬかずき。❷皮のままゆでたさといも。秋

きぬぎぬ【▲後▲朝】名〔古語〕❶男女が共寝(ともね)をした、その翌朝。「―の別れ」❷たがいに愛しあっている男女が別れること。「―の悲しみ」

きぬけ◎【気抜け】名 はりあいが抜け、ぼんやりすること。ひょうし抜け。

きぬごし◎【絹ごし】【絹×漉】名 ❶絹の布でこまかくこすこと。また、そのもの。❷きぬごしどうふ。**―豆腐**(どうふ)ド名 豆乳を穴のない型わくに入れてかためた、きめのこまかいやわらかなとうふ。ささのゆき。きぬごし。

きぬこまちコ【絹小町】名 絹の縫い糸の代わりに用いられる紡績絹糸。絹小町糸。

きぬじ◎【絹地】名 ❶絹織物の布。❷日本画をかく絹。絵絹。

きぬずれ◎【きぬ擦れ】【▲衣擦れ】名 人が動くときに、着ている衣服のすそなどがすれあうこと。また、その音。

きぬたキ【×砧】名 やわらかくしてつやを出すため、つちで布を打つのに使う木や石の台。また、それを打つこと。「―の音」秋

きぬばりバ【絹針】名 絹布を縫うのに使う細い針。

きぬばり◎【絹張(り)】名 ❶絹布の両端につけてひっ

ぱり、しわをのばす丸い木の棒。❷絹布をのりではる板。❸絹布をはったもの。「—のかさ」

きぬ‐ぶるい [ヂ]【絹ぶるい】【絹×篩】(—ぶるひ) [名] ものをこまかくふるったり、液体をこすのに使う、絹布をはった目のこまかいふるい。

きぬ‐もの [ヌ]【絹物】[名] 絹織物。

きぬ‐わた [ヌ]【絹綿】[名] くずまゆでつくったわた。まわた。

きね [キ]【×杵】[名] 米などをうすに入れてつく道具。

ギネス‐ブック《Guinness Book》〔ギネスはイギリスのビール会社の名〕さまざまな分野での世界一の記録を集めた本。ギネス社刊。

き‐ねずみ [ネ]【木×鼠】[名] りす。

きね‐づか ⓪【×杵▲柄】[名] きねの柄(え)。[参考]「昔とったきねづか」は、昔の腕前が今でもおとろえていないこと。

キネマ [キ]〈kinema〉[名] 映画。シネマ。

き‐ねん [キ]【紀年】[名]〔文章語〕紀元からかぞえた年数。

き‐ねん [キ]【期年】[名]〔文章語〕一か年。「—ならずして」

き‐ねん [キ]【祈念】[名][他サ] いのり念ずること。いのり。「—をこらす」

き‐ねん ⓪【記念】[名][他サ] のちのおもいでに残しておくこと。また、そのもの。かたみ。[参考]「紀念」とも書いたが、「記念」が一般的。**—祭**(さい) [ネ][名] 記念のためにおこなうまつり・行事。**—碑**(ひ) [ネ][名] 記念にたてた石碑。

ぎ‐ねん ⓪【疑念】[名] うたがいの心。疑心。「—をもつ」

きねん‐さい [ネ]【祈年祭】[名] としごいのまつり。㊑

きのう [ノ]【きのう・昨日】(きのふ) [名] きょうの一日まえの日。[参考]「きのう山田君に会った」「きのうの地震」などの場合は⓪。⇩さくじつ[参考]。**—の今日**(きょう) 昨日のできごとから一日しか経っていない今日という日。「—で計画が見直しになった」**—の敵**(てき)**は今日**(きょう)**の友**(とも) 今まで仲の悪かった者がたちまち親しくなるように、人の関係は変わりやすいものだということ。**—の×淵**(ふち)**は今日**(きょう)**の瀬**(せ) 人の世のかわりやすいこと。[参考]「世の中は何か常なるあすか川昨日の淵ぞ今日は瀬になる」〈古今〉から。

き‐のう ⓪【気×嚢】[名] ❶鳥類の肺につづくふくろ。その中に空気を出し入れして、からだをうかせるもの。❷気球のガスを入れるふくろ。

き‐のう [キ]【機能】[名] 作用。はたらき。「肺の—」「会の—」**—的**(てき) ⓪[形動] 機能に重点をおくようす。「—なデザイン」

き‐のう ⓪【帰農】[名][自サ] 職をやめ、郷里にかえって、農業をすること。

き‐のう ⓪【帰納】[名][他サ] ひとつひとつの具体的な事実を総合し、それから一般的な原理または法則をみちびきだすこと。特殊なものから普遍的なものをみちびきだすこと。↕演繹(えんえき)。

ぎ‐のう [キ]【技能】[名] うでまえ。わざ。「優秀な—」

きのう‐きょう [ノ]【昨日今日】(きのふけふ) [名] ❶きのうときょう。❷ちかごろ。昨今。「—に始まったことではない」

き‐の‐え ⓪【甲】[名]〔「木の兄(え)」の意〕十干の第一位。⇩十干(表)。

き‐の‐かいおん《紀海音》一六六三—一七四二。江戸時代中期の浄瑠璃(じょうるり)作者。代表作に「椀久末松山(わんきゅうすえのまつやま)」「八百屋(やお)お七」など。

き‐の‐くに《紀の国》〔「木の国」の意〕紀伊(きい)の国。

き‐の‐こ [キ]【×茸】[名]〔「木の子」の意〕大形菌類のこと。多くはかさの形で、裏に多くの胞子をもつ。まつたけ・はつたけなどは食用。有毒なものもある。㊓

きのさきにて《城の崎にて》志賀直哉(しがなおや)の短編小説。一九一七年に発表。小動物の死を見つめ、死生観を語った心境小説。作者の代表作の一つ。

き‐の‐じ [ノ]【喜の字】[名]〔「喜」の字の草体「㐂」が七十七に読まれるところから〕七十七歳。喜寿。**—の祝**(いわ)**い** 七十七歳になった祝い。喜寿。

きのした‐じゅんじ《木下順二》一九一四—二〇〇六。劇作家。戯曲に「彦市(ひこいち)ばなし」「夕鶴」など。

きのした‐なおえ《木下尚江》一八六九—一九三七。明治の社会思想家・小説家。小説に「火の柱」など。

きのした‐もくたろう《木下杢太郎》一八八五—一九四五。詩人・劇作家・医学者。本名は太田正雄(おおたまさお)。耽美(たんび)的作風の明治期作品が特に有名。詩集「食後の唄(うた)」、戯曲「和泉屋(いずみや)染物店」など。

きのした‐りげん《木下利玄》一八八六—一九二五。歌人。本名は利玄(としはる)。白樺(しらかば)派の歌人として写実的な歌を詠んだ。歌集「紅玉」「一路」など。

き‐の‐つらゆき《紀貫之》?—九四五?。「古今和歌集」編集の中心となり、仮名序を書いた。「土佐(とさ)日記」は仮名日記文学の先駆けとなった。

き‐の‐と [ノ]【▲乙】[名]〔「木の弟(と)」の意〕十干の第二位。⇩十干(表)。

き‐の‐どく [ト]【気の毒】[名][形動] ❶他人に対して、同情にたえないこと。もうしわけなく感じること。「—な人」「不在中にこられて—をした」❷〔古語〕自分自身にとって、こまったこと。心配なこと。腹のたつこと。

き‐の‐とものり《紀友則》生没年未詳。平安時代前期の歌人。「古今和歌集」撰者(せんじゃ)の一人。家集に「友則集」。

き‐のぼり [ノ]【木登り】[名][自サ] 木の幹や枝をつたって上によじ登ること。

きのま【木の間】「このま」のあやまり。

き‐の‐み [キ]【木の実】[名] ⇩このみ(木の実)。

きのみ‐きのまま [キ]‐【着の身着のまま】【着の身着の×儘】[名] いま、着ている衣服のままで、なにも持たないこと。「—で避難する」

き‐の‐め [キ]【木の芽】[名] 春、もえ出た芽。特に、さんしょうの芽。料理用。このめ。㊑ **—▲和**(あ)**え** ⓪[名] たけのこなどに、さんしょうの芽と、みそ・砂糖などをすりまぜたものをまぶした料理。㊑ **—田楽**(でんがく) [ヂ][名] さんしょうの芽をみそにすりまぜ、豆腐に塗って火にあぶった料理。㊑ **—時**(どき) ⓪[名] ⇩このめどき。㊑

き‐のり ⓪【気乗り】[名][自サ] 心が進んで、調子づくこと。「—しない」**—薄**(うす) ⓪[形動] する気にならないようす。

きば [キ]【牙】[名] 哺乳(ほにゅう)類の歯で、特に大きく鋭い犬歯、または、門歯。**—を研**(と)**ぐ** やっつけようと機会を待ちかまえている。**—をむく** 相手に敵意をはっきりと示す。

き‐ば [ハ]【木場】[名] ❶材木をたくわえておく所。❷材木問屋があつまっている地域。

き‐ば [キ]【騎馬】[名] 馬に乗ること。また、乗っている人。**—戦**(せん) ⓪[名] 馬に見立てて数人が組み合い、その上に騎手に見立てた別の一人が乗り、敵味方に分かれて戦うゲーム。上に乗った者の帽子を取ったり、馬から落としたりして勝敗を決める。

き‐はい ⓪【×跪拝】[名][自サ]〔文章語〕ひざまずいておがむこと。

き‐ばい [キ]【木灰】(—ばひ) [名] 草や木を焼いてつくった灰。

き‐ばえ ⓪【着映え】[名] 着てみてりっぱに見え、引き立つこと。「—のしない着物」

き‐はく ⓪【気迫】【気×魄】[名] 強い気力。気概。「鋭い—」

き‐はく ⓪【希薄】【×稀薄】[形動] ダロ・ダッ・デ・ニ ダ・ナ・ナラ・○ ❶液体の濃度や気体の密度がうすいようす。また、ふくまれるものが少ないようす。❷とぼしいようす。気持ちや意識がうすいよう

き

す。「―な人間関係」

き-ばく ⓪【起爆】名 自サ 火薬が爆発すること。「―装置」 **―剤**(ざい) ク 名 ❶火薬を爆発させる物質。❷ある状況を引き起こすきっかけとなるもの。

き-ばさみ バ【木ばさみ】【木×鋏】名 長い柄(え)のついた、庭木などを切るはさみ。

き-はずかし・い シ【気恥ずかしい】―はづかしい 形 カロ・カッ・ク｜イ｜イ｜ケレ｜○ 心に、はずかしく感じるようす。きまりがわるい。**気恥ずかしげ** 形動 **気恥ずかしさ** 名 **きはづか・し** 文語シク

き-はだ ⓪【木肌】名 樹木の外側の皮、または外皮をはぎとった表面。

き-はだ ⓪【黄肌】名 サバ科の海水魚。ひれは黄色。暖海にすむ。美味。きはだまぐろ。

き-はだ ⓪【黄×蘗】名 ミカン科の落葉高木。雌雄異株。初夏、黄緑の小花が咲く。樹皮は染色剤・漢方薬用。木材は細工用。きわだ。

き-ばたらき バ【気働き】名 気が利くこと。機転。「―のある社員」

き-はちじょう ハ｜チ【黄八丈】名 黄色の地に茶・黒などのしまのある絹織物。東京都の八丈島の特産。

き-はつ ⓪【揮発】名 自サ 常温で、液体が気体になること。**―油**(ゆ) ツ｜⓪ 名 石油の一種。比較的低温で蒸留されるもの。ガソリン・ベンジンなど。

き-ばつ ⓪【奇抜】形動 ダロ・ダッ・デ・ニ｜ダ｜ナ｜ナラ｜○ 思いもよらないほど、ふうがわりなようす。とっぴ。「―な思いつき」**奇抜さ** 名

きば-へん ⓪【牙偏】名 漢字の部首の一つ。「鴉」などの「牙」。

ぎば-へんじゃく ギ【×耆婆×扁×鵲】名〔文章語〕〔「耆婆」は古代インドの、「扁鵲」は古代中国の名医〕名医。

きは・む ⓪｜バ【極む・窮む・究む】他下二〔古語〕⬇きわめる㊁。

きば・む ⓪｜バ【黄ばむ】自五 マ｜モ｜ミ・ン｜ム｜ム｜メ｜メ 黄色をおびる。「黄ばんだ表紙」

き-ばや ⓪【気早】形動 ダロ・ダッ・デ・ニ｜ダ｜ナ｜ナラ｜○ 気早いようす。せっかち。

き-ばや・い ヤ【気早い】形 カロ・カッ・ク｜イ｜イ｜ケレ｜○ 気みじかで、血気にはやる。せっかちだ。**気早さ** 名 **きばや・し** 文語ク

き-ばらい バ【既払(い)】―ばらひ 名 すでに支払ってあること。⇔未払い。

き-ばらし ⓪【気晴(ら)し】名 不快な気分を追いはらうこと。うさばらし。気散じ。「―に外出する」

き-ば・る ⓪【気張る】自五 ラ｜ロ｜リ・ッ｜ル｜ル｜レ｜レ ❶気持ちをふるいたてる。奮発する。「気張って大声を出す」❷気まえよくかねをだす。はずむ。「寄付を―」**気張れる** 自下一〔…できる〕

き-はん ⓪【帰帆】名〔文章語〕港にかえるほかけ舟。

き-はん ⓪【規範】【軌範】名 ❶てほん。模範。「―を示す」❷〔哲〕判断・評価・行為などの基準。

き-はん ⓪【×羈×絆】名〔文章語〕❶つなぎとめること。❷束縛。さまたげ。ほだし。

き-ばん ⓪【基板】名 電子部品が組み込まれた絶縁体の板。

き-ばん ⓪【基盤】名 物ごとの基礎。土台。基本。「生活の―をかためる」

きはん-せん ⓪【機帆船】名 発動機をもつ小型のほかけ舟。

き-ひ キ【基肥】名 たねまきや定植の前に土の中に入れる肥料。もとごえ。⇔追肥・補肥。

き-ひ キ【忌避】名 他サ ❶きらい、さけること。「役員になるのを―する」❷〔法〕裁判官などが不公平な裁判をするおそれがあるとして、原告や被告がその人の排除を求めること。

きび キ【×黍】名 イネ科の一年生植物。秋に、うす黄色の小つぶの実(み)を房の形にむすぶ。食用。㊎秋

き-び ビ【気▲味】名 ⬇きみ。

き-び キ【機微】名 かすかなあらわれ。微妙なおもむき。「人情の―を解する」「―にふれる」

き-び キ【×驥尾】名 足のはやい馬の尾。**―に付(ふ)す** すぐれた人につきしたがって物ごとをすることのたとえ。

きび《吉備》備前(びぜん)・備中(びっちゅう)・備後(びんご)・美作(みまさか)の四つの国の古いよびかた。今の岡山県と広島県の東部。備州。

ぎ-ひ ギ【×犠飛】名〔「犠牲飛球」の略〕野球で、打者はアウトになるが走者に得点・進塁させるフライ。犠牲フライ。

き-びき ⓪【忌引(き)】名 喪に服するため、勤めなどを休んで、ひきこもること。

きび-きび キ｜【と】副 自サ はきはきとするようす。動作がだらだらせずひきしまっているようす。「―した態度」

きびし・い シ【厳しい】形 カロ・カッ・ク｜イ｜イ｜ケレ｜○ ❶ちょっとのことでも見のがさずに注意するようす。厳重だ。「―規則」⇔ゆるい。❷容赦しない。むごい。「世間は―」❸ひどい。はげしい。「―暑さ」❹けわしい。「―山道」❺緊張しているようす。緊迫している。「―国際情勢」**厳しさ** 名 **きびし** 文語シク

きびしょ ショ 名 きゅうす。

きびす ⓪【×踵】名 かかと。くびす。⇩足(図)。**―を返(かえ)す** ひきかえす。**―を接(せっ)して** 次から次へと引き続き。あとからあとから。

き-びたき ビ【黄×鶲】名 ヒタキ科の小鳥。色・鳴き声ともに美しい。雄の背は黒、胸から腹は黄色。㊎夏

き-ひつ ⓪【起筆】名 自サ 書きはじめること。

ぎ-ひつ ⓪【偽筆】名 他人の筆跡にまねて書いた文字・文書。⇔真筆・真跡。

きび-なご ⓪【▲吉備奈×仔・×黍▲魚子】名 ニシン科の海水魚。体長は一〇センチメートルほどで、側面に銀色の帯がある。食用。

き-ひょう ⓪【起票】名 自他サ 新しく伝票を作ること。

き-びょう ⓪【奇病】名 変わった、めずらしい病気。

ぎ-ひょう ⓪【儀表】名〔文章語〕模範。手本。

ぎ-ひょう ⓪【戯評】名 漫画や皮肉をまじえた文章でする社会批評。

き-びょうし ビョ【黄表紙】名 風刺やこっけいをねらいとした、おとな向きの読み物。江戸時代に流行した草双紙(くさぞうし)の一種。参考 表紙が黄色であったことから。

き-ひん ⓪【気品】名 けだかい品位。

き-ひん ⓪【気×稟】名〔文章語〕うまれつきの性質。天性。

き-ひん ⓪【貴賓】名 身分の高いお客。「―を招く」

き-びん ⓪【機敏】形動 ダロ・ダッ・デ・ニ｜ダ｜ナ｜ナラ｜○ すばしこいようす。敏活。「―な動作」

き-ふ キ【棋譜】名 碁・将棋の一手一手を記録したもの。

き-ふ キ【寄付・寄附】名 他サ 社寺や公共事業などに金品を出すこと。「―をつのる」**―行為**(こうい) コ 名 法律で、一定の財産を提供し、学校法人などの財団法人を設立すること。また、その法人運営の根本原則となる定款(ていかん)を定めることも含む。

き-ぶ キ【基部】名 土台となる部分。ねもとの部分。「岩壁の―」

ぎ-ふ ギ【義父】名 義理の父。養父・継父や、夫または妻の父など。⇔実父。

ギブ-アップ ア〈give up〉名 自サ ❶あきらめること。❷お手あげ。絶望。

ギブ-アンド-テーク テ〈give-and-take〉名〔与えて取る〕相手に利益をあたえ、自分も相手から利益を得ること。も

ちつもたれつ。

き-ふう【気風】名 ❶気性。気質。❷ある集団の人々に共通する気性・気質。

き-ふう【棋風】名 碁・将棋でのその人独特のやり方。

き-ふく【帰服・帰伏】名 自サ つきしたがうこと。帰順。

き-ふく【起伏】名 自サ〔おきることと、ふすこと〕❶高くなったり、低くなったりすること。「山の―」❷盛衰。「勢力の―」❸はげしかったり、しずまったりすること。「感情の―」

き-ふく【忌服】名 近親者が死んだとき、一定の期間、喪(も)に服すること。

き-ぶくれ【着膨れ】【着×脹れ】名 たくさん着て、ふくれあがること。冬

ぎふ-けん《岐阜県》中部地方西部の県。県庁所在地は岐阜市。

き-ふじん【貴婦人】名 社会的地位などの高い婦人。

ギプス〈ドGips〉名 骨などに故障があるとき、その部分を動かないようにする、石膏(せっこう)の粉で固めたほうたい。**―コルセット**〈ドGipskorsett〉名 せぼねや骨盤を固定し保護するためにはめる、石膏で型をとって皮・プラスチックなどでつくったコルセット。**―ベット**〈ドGipsbett〉名 せぼねの病気や骨折のある患者を固定して寝かせるための寝台。石膏で寝た姿勢の型をとり、そのまま寝台に利用する。

ぎふ-ぢょうちん【▲岐阜▲提▲灯】名 岐阜特産の、骨が細く紙のうすい、上品なちょうちん。装飾や盆ぢょうちんなどに使う。夏

岐阜ぢょうちん

き-ぶつ【木仏】名 ❶木ぼりの仏像。きぼとけ。❷情味のない人。冷淡、無情の人。「―金仏(かなぶつ)」

き-ぶつ【器物】名 器具。道具。

キブツ〈ヘブKibbutz〉名 イスラエルの農村の協同組合的生活集団。

ぎ-ぶつ【偽物】名 にせもの。まがいもの。

き-ぶっ-せい【気ぶっせい】形動 ダロ・ダッ・デ・ニ／ダ・ナ・ナラ・○ 気がふさいで、くさくさするようす。気ぶしょう。「―な問題だ」

ギフト〈gift〉名 おくりもの。贈呈品。「―カード」**―チェック**〈gift check〉名 贈答用の金券。商品券・宿泊券など。

き-ぶとり【着太り】名 自サ ❶厚着をして、全体が太って見えること。着ぶくれ。❷衣服を着ると、実際よりも太って見えること。↕着やせ。

き-ふる・す【着古す】他五 サ・ソ・シ・ス・ス・セ・セ 長い間着て衣服を古くする。**着古し**名

キプロス《Cyprus》地中海のキプロス島にある共和国。一九六〇年に独立。首都はニコシア。

きふ-ワイン【貴腐ワイン】名〔「貴腐」はフランス語のpourriture noble(高貴なる腐敗)から〕ある種のかびの作用で水分が蒸発し、甘味が強くなったぶどうの実(み)を原料とする、高級白ぶどう酒。

き-ぶん【気分】名 ❶快・不快などの比較的短い時間で変化する感情。「この上なくすばらしい―だ」「―が落ち込む」❷体調によって生まれる気持ちのありかた。「―が悪い」「さわやかな―」❸おもむき。ふんいき。「お花見―」「夜の―を出す」**―障害**(しょうがい) 名 快・不快の症状が長く続き、普通の生活をおくれなくなる疾患。うつ病など。**―屋**(や) 名 ちょっとしたことで人との接し方に変化の起こりやすい性格の人物。

き-ぶん【奇聞】名 めずらしいうわさ。奇談。

ぎ-ふん【義憤】名 正義のためのいかり。公憤。↕私憤。

ぎ-ぶん【戯文】名 たわむれに書いた文章。こっけいな文章。

き-へい【奇兵】名〔文章語〕敵の不意をうつ戦術・軍隊。

き-へい【騎兵】名 馬に乗った兵隊。

ぎ-へい【義兵】名 正義のためにおこす兵。義軍。

き-へき【奇癖】名 奇妙なくせ。ふつうとかわったくせ。

き-へん【木偏】名 漢字の部首の一つ。「校」「村」などの「木」。

き-へん【机辺】名〔文章語〕つくえのあたり。

き-べん【×詭弁】名 道理にあわない弁論。こじつけの議論。「―を弄(ろう)する」

き-ぼ【規模】名 しくみ。かまえ。「―の大きな工事」

ぎ-ぼ【義母】名 義理の母。養母・継母や、夫または妻の母など。↕実母・生母。

き-ほう【危峰】名〔文章語〕けわしいみね。

き-ほう【気泡】名 液体や氷・ガラスなどの中に気体が包まれてできるあわ。

き-ほう【気胞】名 魚のうきぶくろ。

き-ほう【奇峰】名〔文章語〕めずらしい形をしたみね。

き-ほう【既報】名 すでに知らせてあること。

き-ほう【貴方】名〔文章語〕❶「あなたの居所」の尊敬語。手紙に使う。❷相手を尊敬していう語。公文書などで使う。

き-ほう【貴報】名〔文章語〕「あなたの知らせ・手紙」の尊敬語。手紙に使う。

き-ほう【機×鋒】名〔文章語〕❶刀のきっ先。ほこ先。❷鋭い攻撃。「―をかわす」

き-ぼう【既望】名〔文章語〕〔「望」は「もちづき」〕陰暦十六日の夜。また、その夜の月。秋

き-ぼう【希望】名 他サ ❶ねがい。のぞみ。「―を述べる」「窓際の席を―する」❷よいことを期待するときにおこるあかるい感情。「―に燃える」**―的**(てき) 形動 こうなればよいと思うようす。「―観測」

ぎ-ほう【技法】名 技術の方法。「絵の―」

ぎぼう-しゅ【擬宝珠】名 ❶橋のらんかんの柱の頭などにつける、ねぎの花に似た飾り。ぎぼうし。ぎぼし。❷ねぎの花。

擬宝珠❶

き-ぼく【亀×卜】名 昔、かめの甲をやき、できた割れめによって吉凶を占ったこと。かめうら。

ぎ-ぼく【義僕】名〔文章語〕忠義なしもべ。忠僕。

ぎ-ぼし【擬▲宝▲珠】名 ❶⬇ぎぼうしゅ。❷ユリ科の多年生植物。夏、長い花茎をだし、細長いじょうご形の白・うす紫などの花をひらく。若葉は食用。ぎぼうし。夏

き-ぼね【気骨】名〔「きこつ」と読めば別語〕気苦労。心配。**―が折**(お)**れる** 心づかいがいる。気苦労だ。

きほ・ふ【▲競ふ】自四〔古語〕⬇きおう㊁

き-ほよう【気保養】名 心をたのしませること。気散じ。

き-ぼり【木彫(り)】名 木を材料にして、ものの形を彫ること。また、彫ったもの。「―の人形」

き-ほん【基本】名 ものごとの中心となること。よりどころ。「―方針」「―に忠実なプレー」参考「基礎」は段階を追って進む最初のステップという意味合いをもつ。「基本」はその上に成り立つものごとの中心である。「根本」はさら

にその中核となるものを指すと言える。―給(きゅう)[ホ][名]手当などをのぞいた、勤務に対するもともとの給料。―語彙(ごい)[ゴ][名]日常の言語生活で、使用頻度が高く、必要不可欠と考えられる語のあつまり。⇩基礎語彙[参考]。―単位(たんい)[タ][名]国際単位系において基礎となるメートル・キログラム・秒・アンペア・ケルビン・モル・カンデラの七つの単位。―的(てき)人権(じんけん)[0][名]憲法にきめられている、いかなる権力にもおかされない、人間が当然にもつべき権利。個人の精神、身体の自由や、物質的生活手段の確保などを中心とする。人権。

ぎ‐まい[0]【義妹】[名]↕実妹。❶義理の妹。弟の妻や、夫・妻の妹など。❷約束により妹にした人。

き‐まえ[0]【気前】(まへ)[名]気だて。心だて。「さっぱりした―の人」**―がいい** 金銭など、出しおしみをしない。

き‐まかせ[0]【気任せ】[名][形動]思いのまま。気まま。「―を言う」「―な旅」

ぎ‐まく[0]【義膜・偽膜】[名]炎症の部分などにできる、主として繊維組織からなる膜のようなものの総称。

き‐まぐれ[0]【気まぐれ】【気▲紛れ】[名][形動]その場その場で、心がかわりやすいこと。「―者」

き‐まじめ[マ]【生真面目】[形動](ダロ・ダッ・デ・ニ/ダ・ナ・ナラ・○)非常にまじめなようす。「あまりにも―でつきあいにくい」**きまじめさ**[名]

き‐まず・い[0]/[ズ]【気まずい】(まづい)[形](カロ・カッ・ク/イ・イ・ケレ・○)おたがいの間がしっくりせず、うちとけない。「―関係になる」**気まずげ**[形動]**気まずさ**[名]**きまづ・し**[文語ク]

き‐まつ[0]【季末】[名]季節の終わり。「―セール」

き‐まつ[0]【期末】[名]期間の終わり。「―テスト」

き‐まって[0]【決(ま)って】【▲極まって】[副]いつでも、そうしたり、そうなったりするようす。「かれと話すと、―言い合いになる」

き‐まま[0]【気まま】【気×儘】[名][形動]❶思いのままに行動するようす。かって。「―にくらす」❷わがまま。「―な性質」

き‐まよい[0]【気迷い】(まよひ)[名]心がまようこと。

きまり[0]【決(ま)り】[名]❶規則。「会の―」❷決定。決着。「会議の―がついた」❸終わり。「仕事に―をつける」❹いつもきまっていること。習慣。「お―の自慢話」**―が悪(わる)い**⇒きまり悪い。

きまり‐きった【決(ま)りきった】[連語]❶そうとはっきりきまっている。当然の。「―ことを聞くな」❷いつも同じで新しみがない。「―やり方」

きまり‐て[0]【決(ま)り手】【▲極り手】[名]相撲で勝敗が決まったときのわざ。

きまり‐もんく[モ]【決(ま)り文句】[名]いつもきまって言うことば。

きまり‐わる・い[ル]【きまり悪い】[形](カロ・カッ・ク/イ・イ・ケレ・○)体裁が悪く、かっこうがつかず、はずかしい。きまりが悪い。「うそがばれて―思いをする」[参考]「気まり悪い」と書くのはあやまり。**きまり悪げ**[形動]**きまり悪さ**[名]

き‐ま・る[0]【決(ま)る】【▲極まる】[自五](ラ・ロ・リ・ッ/ル・ル・レ・レ)❶どうなるか問題であったものについて、一つの結論が出て、不動のものとなる。「考えが―」「日程が―」❷〔「…に決まっている」の形で〕必ずそうである。例外なくそうなる。「失敗するに決まっている」「冬は寒いに決まっている」❸外から見てはっきりと好ましい状態になる。「着地がみごとに―」「モーニング姿が決まっている」❹相撲や柔道などで、腕や関節などをはさまれて動けなくなる。

き‐まわし[0]【着回し】(まはし)[名]一着のスーツを別のスラックス・スカートなどと組み合わせて着ること。またたくさんの衣装をもっているように見せること。「―がきくジャケット」「―上手」

ぎ‐まん[0]【欺×瞞】[名][他サ]あざむくこと。だますこと。

き‐み[0]【君】[一][名]❶国の元首。天皇。君主。↕民(たみ)。❷自分のつかえる人。主君。主人。↕臣(しん)。❸人の軽い敬称。歓迎会・送別会のとき、告別式の追悼の辞の中などで、改まった口調でその人をさすばあいがある。❹〔古語〕「遊君」から〕遊女。❺〔古語〕女が男をさして言う語。[二][代]おもに男性が用いる。同等、または目下の相手をさす軽い親しみをこめた言い方。↕ぼく。

き‐み[0]【黄み】【黄味】[名]黄色がかった色。「―を帯びる」

き‐み[0]【黄身】[名]鳥の卵のなかにある黄色い部分で、胚(はい)の栄養となるもの。卵黄。↕白身(しろみ)。

き‐み[ミ]【気味】[名]❶けはい。ようす。傾向。「なまける―がある」❷きもち。きび。「―がよい」「―がわるい」**―合(あ)い**[ア]/[0][名]❶気持ち。❷傾向。ようす。**―悪(わる)い**[ル][形]何となくこわいようで気持ちがわるい。「―笑い」**気味悪がる**[自五]**気味悪げ**[形動]**気味悪さ**[名]

ぎ‐み【君】[接尾]他人の親族を立てて言うときにそえることば。「姉―」「母―」

ぎ‐み【気味】[接尾]〔形容動詞をつくる〕かたむき。傾向。もよう。「荒れ―」「当惑―」

きみかげ‐そう[0]【君影草】[名]すずらんの別名。㊦

きみ‐が‐よ[0]【君が代】[名]日本の国歌。[参考]明治二六年に文部省が祝日大祭日唱歌の一つとして制定したもの。一九九九年、正式に国歌に制定された。⇩国歌。

き‐みじか[0]【気短】[形動](ダロ・ダッ・デ・ニ/ダ・ナ・ナラ・○)せっかちで、こらえ性のないようす。短気。↕気長。**気短さ**[名]

き‐みつ[0]【気密】[名]密閉して気体の流通をふせぎ、気圧の変化の影響を受けないようにすること。「―室」「―性」

き‐みつ[0]【機密】[名]たいせつな秘密。特に、政治・国防・企業などについての秘密。「国家の―を洩(も)らす」**―費(ひ)**[ツ][名]使い道をはっきり示さずに、秘密のことに使う費用。

き‐みどり[ミ]【黄緑】[名]黄色がかった緑色。

き‐みゃく[0]【気脈】[名]❶血液の通う筋道。❷気持ちの通じ合い。**―を通(つう)じる** ひそかに連絡をとりあって、意志を通じ合う。

き‐みょう[キ]【奇妙】[形動](ダロ・ダッ・デ・ニ/ダ・ナ・ナラ・○)❶めずらしいようす。ふうがわりで、おかしいようす。「―な風習」❷ふしぎにすぐれているようす。「この薬は―によく効く」**―きてれつ**[キ][形動]〔俗語〕ひどく奇妙なようす。

きみょう‐ちょうらい[キ]【帰命頂礼】[名]〔仏の教えにたより従って、自分の頭を仏の足につけておがむこと〕仏をおがむときにとなえることば。

き‐みん[0]【棄民】[名]災害などで困窮している自国民を国家が保護せずに見捨てること。

ぎ‐みん[0]【義民】[名]正義のために身をすててつくす人民。

ぎ‐む[ギ]【義務】[名]❶しなければならないつとめ。❷道徳が、人間の意志・行為におよぼす強制・拘束。❸法律が強制する行為。↕権利。**―教育(きょういく)**[キョ][名]学校へ通わせることが保護者の法的義務である、小・中学校の九年間の教育。**―付(づ)ける**[ケ][他下一]義務として強制する。「費用の分担を―」

き‐むずかし・い[シ]【気難しい】(むづかしい)[形](カロ・カッ・ク/イ・イ・ケレ・○)きげんがとりにくい。「―顔」**気難しげ**[形動]**気難しさ**[名]**きむづか・し**[文語シク]

き‐むすめ[ム]【生娘】[名]うぶな娘。まだ男性との肉体関係のない娘。処女。

キムチ[キ]【〈朝〉沈▲菜】[名]白菜や大根などを主として、とうがらし・にんにく・魚類などを入れた朝鮮半島の漬け物。

ギムナジウム［ジ］〈ド Gymnasium〉名 大学進学を前提にした、ドイツの高等中学校。

きめ［0］【決め】【▲極め】名 きめること。また、きめたこと。さだめ。きまり。決定。「―を守る」

きめ［2］名 ❶【木目】もくめ。木理(もくり)。❷【▲肌▲理】皮膚の表面の手ざわり。❸物の表面の手でさわった感じ。❹心のくばりぐあい。「―のあらい文章」参考 ❷❸❹は「きめ」と書く。**―細**(こま)**か**［コ］形動 ざらつきのないようす。「―な仕上がりの木彫りの盆」**―細**(こま)**かい**［カ］形 ❶さわった感じがなめらかなようす。「―シルクのスカーフ」❷心くばりが感じられるようす。「―進学指導」**―細**(こま)**やか**［マ］形動 すみずみまで行き届いているようす。「来客を―にもてなす」

き-めい［キ］【貴名】名〔文章語〕「あなたのなまえ」の尊敬語。手紙に使う。

き-めい［0］【記名】名自サ 姓名を書きつけること。署名。**―投票**(とうひょう)［ト］名 投票する人が、自分の名を書きしるしてする投票。↕無記名投票。

ぎ-めい［0］【偽名】名 本当の名を知られたくないために使う、にせの名。↕本名(ほんみょう)。

きめ-うち［0］【決め打ち】名自サ ❶〔多く、野球やマージャンで〕ねらいをひとつに決めて、それに向けた戦法をとること。ねらいうち。「変化球を―する」❷結論を先に決めて、それに向けて行動すること。

きめこみ-にんぎょう［ヨ］【木目込(み)人形】名 木を彫刻して、きんらん・ちりめんなどを着せた人形。賀茂川(かもがわ)人形。

きめ-こ・む［コ］【決め込む】【▲極込む】他五 マ・モ・ミ・ン ム・ム・メ・メ ❶ひとりでそうだと思いこむ。「当選を決め込んでいる」❷そのつもりになって、いい気でいる。「大選手を―」❸自分でそうしようときめて、そのようにふるまう。「たぬき寝入りを―」

きめ-ぜりふ［ゼ］【決めぜりふ】【決め▲台▲詞】名〔多く芝居やドラマの登場人物が〕ここぞという場面で発する、気のきいたせりふ。

きめ-だ・す［ダ］【決め出す】【▲極出す】他五 サ・ソ・シ・ス ス・セ・セ 相撲で、相手の差した腕を強くおしつけたまかかえて土俵の外に出す。**決め出し** 名

きめ-だま［0］【決め球】【▲極め球】名 ⬇ウィニングショット。

きめ-つ・ける［ケ］【決め付ける】【▲極め付ける】他下一 ケ・ケ・ケル・ケル・ケレ・ケロ・ケヨ 相手の言いぶんを聞かずに、強くしかりつける。または、断定的に言う。「頭から、うそだと―」**きめつ・く** 文語下二

きめ-て［0］【決め手】【▲極め手】名 ❶物事を決定的に決め、解決する手段。また、そうと決めるよりどころ。「犯人と断定する―がない」❷物事を決める人。

きめ-どころ［0］【決め所】名 ❶決めるによい所。または、そのとき。「この辺が話の―だ」❷【▲極め所】要所。要点。

き・める［0］【決める】【▲極める】他下一 メ・メ・メル・メル・メレ・メロ・メヨ ❶どうするか問題であったものについて、一つの結論を出し、変えないものとする。「方針を―」「代表を―」「行くと―」❷〔「…と決めて」の形で〕そう思いこんで疑わない。「合格すると決めている」「犯人だと決めてかかる」❸外から見てはっきりとさせる。「背負い投げを―」「スーツでびしっと―」❹相撲や柔道などで、相手の腕や関節などをきつくはさみこんで動けなくする。**き・む** 文語下二

き-めん［0］【鬼面】名 ❶鬼の顔。❷鬼の形の面。**―人**(ひと)**を×嚇**(おど)**す** みせかけで、人をおどしつける。

きも［モ］【肝】【▲胆】名 ❶肝臓(かんぞう)。❷内臓。はらわた。❸精神。気力。きもったま。❹〔俗語〕大切なところ。「話の―」**―が煎**(い)**れる** いら立つ。腹が立つ。**―が据**(す)**わっている** おちついていて、びくともしない。大胆だ。**―が太**(ふと)**い** 恐れを知らず、強い。ずぶとい。大胆だ。**―に銘**(めい)**じる** 心に強くきざみつける。**―を消**(け)**す** ひどくおどろく。びっくりする。**―を潰**(つぶ)**す** 肝を消す。**―を冷**(ひ)**やす** 危険なめにあっておどろき恐れる。心がひやっとする。

きも-いり［0］【肝煎り】名〔心をつくして骨を折る意から〕あれこれ世話をすること。また、その人。

き-もう［0］【起毛】名自サ 織物や編物の表面をけば立たせること。

きも-すい［モ］【肝吸(い)】名 うなぎの肝を入れた吸い物。

きも-だめし［ダ］【肝試し】名 勇気があるかどうかを試すこと。

き-もち［0］【気持(ち)】━名 ❶心にいだいている感情や考え方。「相手の―をくむ」「他人の―を尊重する」❷物事に対する心の持ち方。気構え。気。「―を引きしめる」「成否は本人の―しだいだ」❸体の状態についての感じ。気分。「酔って―が悪い」「―のいい朝」❹ある事から受ける感じ。気分。「『はい』という―のいい返事」❺感謝の一端。「―ばかりのお礼」━副 ほんの少し。心もち。「―すそが短い」

きも-ったま［タ］【肝っ玉】名 どきょう。胆力。

き-もの［0］【着物】名 ❶衣服。❷和服。

き-もん［0］【奇問】名 とっぴな質問。奇抜な問い。「―を発する」

き-もん［0］【鬼門】名 ❶陰陽道(おんようどう)で、いみきらう方角。艮(うしとら)すなわち北東の方角。↕うらきもん。⇩方位(図)。❷行くのがいやな場所。会うのがいやな人。「あの先生は―だ」❸得意でないこと。にが手。「体育は―だ」

き-もん［0］【旗門】名 スキーの回転競技で、コースの道標として、門柱のように一双ずつ立てた旗。

ぎ-もん［0］【疑問】名 それでよいかどうか疑いをもつこと。「―をいだく」「―を解決する」「―の余地がない」**―詞**(し)［モ］名 疑問や不定の事がら・状態をあらわす語。品詞としては代名詞・副詞・連体詞などになる。「だれ」「なぜ」「どんな」など。**―符**(ふ)［モ］名 疑問をしめすしるし。クエスチョンマーク。「?」**―文**(ぶん)［モ］名 性質によって分けた文の種類の一つ。疑問の気持ちをあらわす文。多くは、疑問の副詞や終助詞を使う。「なぜ行かないの」「これでいいですか」など。↕平叙文・命令文・感動文。

きゃ【脚】造 あし。「脚立(きゃたつ)・脚絆(きゃはん)・行脚(あんぎゃ)」〔別音 きゃく｜脚〕

ギヤ［ギ］〈gear〉名 ⬇ギア。

ぎゃあぎゃあ［ギャー］(と)副 ❶高い声を出してさわぐようす。❷やかましくさわぎ立てるようす。

きゃく【却】造 ❶しりぞく。さがる。「退却」❷しりぞける。「却下(きゃっか)・棄却」❸なくす。すます。「焼却・売却・返却」

きゃく【脚】━造 ❶あし。「脚線・脚力・橋脚・健脚」❷あしもと。下の部分。「脚光・失脚・立脚」❸しばいのすじがき。「脚本・脚色」❹足のような部分。「脚韻・脚注」❺漢字を組み立てている、下の部分。「偏旁冠脚(へんぼうかんきゃく)」━接尾 あしのある道具をかぞえることば。「椅子三脚」〔別音 きゃ｜脚〕

きゃく【客】━［0］名造 ❶まねかれてくる人。「―を呼ぶ」「客人・客間(きゃくま)・珍客・来客」↕主。❷旅行者。旅人。

「—を泊める」「客死《きゃくし》—《かくし》・旅客《りょきゃく》—《りょかく》」❸料金を払って買う人、見る人、乗り物に乗る人など。「—が詰めかける」「客室・客席・観客・顧客《こきゃく》—《こかく》」❹自分の外にあって、自分に対するもの。「客観《きゃっかん》—《かっかん》・客語・客体」↕主。㊁[造]❶臨時。正式でない。「客演・客員《きゃくいん》—《かくいん》」❷人。ひとかどの人。「剣客《けんきゃく》—《けんかく》・刺客《しきゃく》—《しかく》—《せっかく》・論客《ろんきゃく》—《ろんかく》」㊂[接尾] 人に出す道具を数える語。「椀《わん》一客《いっきゃく》」〔別音 かく｜客〕

きゃく [キャ]【▲格】[名] 奈良・平安時代、律令《りつりょう》の内容を改めおぎなうために、臨時にだされた詔勅・命令など。「律・令・—・式」

き‐やく [キ]【奇薬】[名] ふしぎによくきくくすり。

き‐やく [0]【規約】[名] 相談によりきめた規則。「団体—」

ぎゃく【虐】[造] しいたげる。むごいあつかいをする。「虐殺・虐待・残虐・自虐・暴虐」

ぎゃく【逆】↕順。㊀[0][名][形動][造] ふつうと反対の方向・順序。さかさま。あべこべ。「—の向きになる」「順番が—だ」「守備陣の—をつく」「注意するつもりが—に食ってかかられる」「逆接・逆襲・逆転・逆風・逆方向・逆輸入・可逆・順逆」㊁[0][名]〘論〙ある命題の仮説と終結とを、さかさまにして得た定理。「—必ずしも真ならず」[参考]「本当でなければ、うそである」の逆の命題「うそでなければ、本当である」は真。「犬は動物である」の逆の命題「動物は犬である」は真でない。㊂[造]❶そむく。むほん。「逆臣・逆賊・反逆」❷ふしあわせ。「逆運・逆境《ぎゃっきょう》」❸あらかじめ。「逆睹《ぎゃくと》」〔別音 げき｜逆〕 **—を取《と》る** 柔道で、相手の関節を逆にまげる。

ぎ‐やく [0]【偽薬】[名] 薬の成分が入っていない、にせの薬。ある薬の効果を判定するために使う。プラシーボ。プラセボ。

ギャグ [ギャ]〈gag〉[名] 演劇・映画などで、本筋とは関係なく即興的にはさみ、観客をわらわせるしぐさやせりふ。

きゃく‐あし [0]【客足】[名] 客がくること。「—が遠のく」「—が戻る」

きゃく‐あしらい [ア]【客あしらい】—《あしらひ》[名] 客をもてなすこと。また、その方法。「—のよい店」

きゃく‐あつかい [ア]【客扱い】—《あつかひ》[名] ❶客あしらい。「—がうまい」❷鉄道で、旅客輸送の仕事。

きゃく‐い [キャ]【客位】[名]〔文章語〕 主となるものに対するものの地位・位置。↕主位。

きゃく‐いん [0]【客員】[名] ➡かくいん。

きゃく‐いん [0]【脚韻】[名] 詩で、句や行の終わりに同じ音を使い、韻をそろえること。また、その韻。↕頭韻。

きゃく‐うけ [0]【客受け】[名] 客からの評判。客の気受け。「—のいい店員」

ぎゃく‐うん [0]【逆運】[名] 不運。非運。「—に泣く」

きゃく‐えん [0]【客演】[名][自サ] 他の劇団などにまねかれて、臨時に出演すること。

ぎゃく‐えん [0]【逆縁】[名] ❶悪事・悪行が、かえって仏道にはいるもとになること。❷順当でない法事。年長者が年少者の供養《くよう》をすること。↕順縁。❸無縁の者が、死者の供養をすること。

きゃく‐か [キャ]【脚下】[名] ➡きゃっか。

ぎゃく‐ぎれ [0]【逆切れ】[名][自サ]〔俗語〕 本来は注意を受けるべき人が、逆に怒り出すこと。

きゃく‐ご [0]【客語】[名] ❶他動詞の対象をあらわす語。目的語。かくご。[参考]「本を読む」の「本を」が「読む」の客語。❷〘論〙➡述語❷。

ぎゃく‐こうか [コ]【逆効果】[名] 思ったのと反対の効果。ぎゃっこうか。

ぎゃく‐こうせん [コ]【逆光線】[名] 対象のうしろから照らす光線。ぎゃっこうせん。

ぎゃく‐コース [コ]【逆コース】[名] 進むべき方向と反対の方向に進むこと。特に、時代の流れと反対の方向に向かうこと。また、その道すじ。

きゃく‐ざしき [ザ]【客座敷】[名] 客間とする座敷。

ぎゃく‐さつ [0]【虐殺】[名][他サ] むごたらしく殺すこと。

ぎゃく‐ざや [0]【逆ざや】【逆×鞘】[名] 買入れ価格が、売渡し価格よりも高い状態。利益がマイナスとなり、損失となる。

ぎゃく‐さん [0]【逆算】[名][他サ] 終わりから始めの方へかぞえること。反対の順序で計算していくこと。

きゃく‐し [0]【客死】[名][自サ]〔文章語〕 ➡かくし。

ぎゃく‐し [ギャ]【虐使】[名][他サ] 思いやりなく、ひどく使うこと。酷使。

きゃく‐しつ [0]【客室】[名] ❶来客をもてなすためのへや。客間。❷旅館などで、客の宿泊・休憩にあてるへや。**—乗務員《じょうむいん》** [ム][名] 飛行機・列車・船などの交通機関で、乗客へのサービスをおこなう乗務員。キャビンアテンダント。フライトアテンダント。

きゃく‐しゃ [0]【客車】[名] 旅客を乗せる車両。↕貨車。

きゃく‐しゃ [キャ]【客舎】[名] 旅の宿。かくしゃ。

ぎゃく‐しゅう [0]【逆襲】[名][自サ] 攻撃されていたものが、反対に攻撃すること。

ぎゃく‐じょう [0]【逆上】[名][自サ] 興奮して、理性・判断力などをうしなうこと。のぼせて血まようこと。「—して刃物をふりまわす」

きゃく‐しょうばい [ショ]【客商売】[名] 客のもてなしをする商売。接客業。旅館・飲食店など。

きゃく‐しょく [0]【脚色】[名][他サ] 小説・物語・実話などを演劇・映画などの脚本に書きかえること。

きゃく‐じん [0]【客人】[名] きゃく。

ぎゃく‐しん [0]【逆心】[名] そむくこころ。むほん心。「—をいだく」

ぎゃく‐しん [0]【逆臣】[名] 主君にそむく臣下。むほんにん。

ぎゃく‐しん [0]【逆進】[名][自サ] 経済で、種々の要素が反対の方向や別々の傾向を示すこと。たとえば、税制や社会保険制度で、所得などの課税対象が少ないほど高い負担が課され、課税対象が多いほど負担割合が減るようなこと。「消費税の—性」↕累進。

ぎゃく‐シングル [0]【逆シングル】[名] 野球で、体をひねってグローブをしている手と反対側に腕を出し、捕球すること。バックハンドキャッチ。

ぎゃく‐すう [ス]【逆数】[名] ある数で1を割って出た数の、ある数に対する称。反数。4の逆数は$\frac{1}{4}$である。

きゃく‐すじ [0]【客筋】—《すぢ》[名] ❶商売上の客。得意客。「—をたいせつにする」❷客の種類。客種。客層。「—がいい」

ぎゃく‐せい [0]【虐政】[名] 人民を苦しめる苛酷《かこく》な政治。

ぎゃくせい‐せっけん [セ2]【逆性石×鹸】[名] 水中で陽イオンとなる、洗う力は弱いが、殺菌力の強いせっけん。

きゃく‐せき [0]【客席】[名] 興行場などで観客を入れる席。

ぎゃく‐せつ [0]【逆接】[名] 二つの文または句が接続するとき、前に述べられた事がらに反する結果がつづくときの接続のしかた。「が」「けれども」「しかし」などの語であらわされる接続関係。↕順接。

ぎゃく‐せつ [0]【逆説】[名]〘論〙真理にそむいているようで

いて、よくたしかめると真理でもある説。パラドックス。

きゃく-せん ⓪【客船】名 旅客輸送を専門とする船。↕貨客船・貨物船。

きゃく-ぜん ⓪【客膳】名 客に出す食事をのせるぜん。また、その食事。

ぎゃく-せんでん [セ]【逆宣伝】名 他サ 相手の宣伝を逆に利用して、相手が不利になるように宣伝すること。また、その宣伝。

きゃくせん-び [セ]【脚線美】名 女性の足の曲線の美しさ。

きゃく-そう ⓪【客僧】名〔文章語〕❶たびの僧。❷ある寺に身をよせている僧。

きゃく-そう ⓪【客層】名 性別・年齢・職業などで分けた、客の階層。客筋。

ぎゃく-そう ⓪【逆走】名 自サ 通常進む方向と逆の方向に走ること。「一方通行を—する」「上り車線を—する」

ぎゃく-そう ⓪【逆送】名 他サ〘法〙少年法で、家庭裁判所に送致された少年事件を再び検察官に戻すこと。刑事処分が必要と認める場合に行う。

ぎゃく-ぞく ⓪【逆賊】名 主君や国家にそむいた悪人。

きゃく-たい ⓪【客体】名 ↕主体。❶人間の意志や行為の目的となるもの。対象。❷主体の意志や作用に関係なく存在するもの。自分の外に存在するもの。客観。‖かくたい。

ぎゃく-たい ⓪【虐待】名 他サ むごいあつかいをすること。「幼児—」

きゃく-だね ⓪【客種】名 客の種類。客筋。「—がいい」

ぎゃく-たま ⓪【逆玉】名〔俗語〕(「玉の輿(こし)」の逆)男性が、結婚によって地位や財産を得ること。

ぎゃく-たんち [タ]【逆探知】名 他サ 電信・電話で、受信側から発信地をつきとめること。

きゃく-ちゅう ⓪【脚注】【脚×註】名 書物などの本文の下欄につけた注。↕頭注。

きゃく-づとめ [ツ]【客勤め】名 客をもてなす勤め。

ぎゃく-て ⓪【逆手】名 (「さかて」と読めば別語)❶柔道で、相手の関節を逆にまげていためつける方法。❷相手の非難・攻撃を逆に利用してやりこめること。

きゃく-でん ⓪【客殿】名 客に会うための建物。

ぎゃく-てん ⓪【逆転】名 自他サ ❶回転が反対になること、反対にすること。逆回転。❷反対になること。「形勢が—する」「—勝ち」❸ちゅうがえりすること。

きゃく-ど [キャ]【客土】名 ❶耕地の土質改良のため、他から質の良い土をもちこむこと。また、その土。❷〔文章語〕旅先。‖かくど。

ぎゃく-と [ギャ]【逆徒】名〔文章語〕むほんをおこした者。また、そのなかま。反徒。

ぎゃく-と [ギャ]【逆×睹】名 他サ〔文章語〕(「逆」はあらかじめ、「睹」は見る)あらかじめ、見てとること。予想。「—しがたい形勢」

きゃく-どめ ⓪【客止め】名 あとにつづく客の入場をことわること。「満員につき—にする」

ぎゃく-ばね ⓪【逆ばね】名 反対の方向の力・勢力。「—が働く」

ぎゃく-ばり ⓪【逆張り】名 自サ 取引で、相場のよいときに売り、悪いときに買うこと。↕順(じゅん)張り。

きゃく-ひき ⓪【客引(き)】名 客をさそいよせること。また、その人。

ぎゃく-びき ⓪【逆引(き)】名 ❶配列の終わった索引の項目を本文にあたって、間違いがないか確かめること。❷アルファベット順や五十音順のつづりの末字から引けるように配列すること。「—辞典」

ぎゃく-ひれい [ヒ]【逆比例】名 自サ ➡はんぴれい。

きゃく-ぶ [キャ]【脚部】名 足の部分。

ぎゃく-ふう ⓪【逆風】名 ❶進行方向からふきつける風。むかいかぜ。↕順風。❷不利な状況。進行をさまたげるできごと。「—の中での選挙戦」

きゃく-ぶん ⓪/[ク]【客分】名 客として待遇される身分。また、その人。

きゃく-ほん ⓪【脚本】名 演劇・映画などのしくみ・舞台装置・せりふ・動作などを書きつけた書物。台本。シナリオ。「—家(か)」

きゃく-ま ⓪【客間】名 来客を通して、もてなすためのへや。客室。

きゃく-まち ⓪【客待ち】名 乗り物の利用客が来るのを待つこと。「—タクシーの列」

ぎゃく-もどり [モ]【逆戻り】名 自サ もとの方向にもどること。「苦しい生活に—する」

ぎゃく-ゆしゅつ [コ]【逆輸出】名 他サ ❶海外に進出して生産した製品を、本国に輸出すること。❷輸入した物を、またその国に輸出すること。

ぎゃく-ゆにゅう [コ]【逆輸入】名 他サ いちど輸出したものを、あらためて輸入すること。原料を輸出し、その製品や加工品を輸入するなど。

ぎゃく-よう ⓪【逆用】名 他サ 本来の目的とは反対のことに利用すること。「法律を—して悪事をはたらく」

きゃく-よせ ⓪【客寄せ】名 商店・興行場などで、客を多くさそい寄せるための手だて。また、その手だてをおこなうこと。

きゃく-らい ⓪【客来】名 客がくること。

ぎゃく-りゅう ⓪【逆流】名 自サ 水などが、下から上へ、また、海から川へというように、普通の流れとは逆に流れること。また、その流れ。「排気ガスが—する」

きゃく-りょく [クー]【脚力】名 歩いたり走ったりする足のちから。

ぎゃく-ろう ⓪【逆浪】名 さかまく大波。

ギャザー [ギャ]〈gather〉名 洋裁で、布地を縫いちぢめてつくるひだ。**—スカート** [カ]〈gathered skirt〉名 ギャザーをつけたスカート。

きゃ-しゃ ⓪【華×奢・花車】形動 ダロ・ダッ・デ・ニ／ダ・ナ・ナラ・○ ❶ほっそりして上品なようす。「—なおうぎ」❷がんじょうでなく、よわよわしいようす。「—なからだつき」❸風流。

き-やす・い [ス]【気安い】形 カロ・カッ・ク／イ・イ・ケレ・○ 心安い。気がおけない。したしい。「—仲」 **気安げ** 形動 **気安さ** 名 **きやす・し** 文語ク

キャスター [キャ]〈caster〉名 ❶ピアノ・家具・旅行かばんなどの下部にとりつけた、自由に方向の変わる小さな車輪。❷「ニュースキャスター」の略。テレビなどのニュース番組で、報道・解説をする人。

キャスティング ⓪〈casting〉名 ❶配役。❷遠くへ釣り糸を投げること。**—ボート** [ボ]〈casting vote〉名 ❶賛成・反対が同数のときの議長の決定権。❷二大政党の勢力がだいたい同じとき、少数の第三党の投票による決定権。「—をにぎる」

キャスト [キャ]〈cast〉名 演劇・映画などの配役。

き-やすめ ⓪【気休め】名 一時の安心。ちょっと安心させること。「—を言う」

き-やせ ⓪【着痩せ】名 自サ 衣服を着ると、実際よりもやせて見えること。「—するたちだ」↕着ぶとり。

キャタストローフ [ロ]〈catastrophe〉名 ➡カタストロフィ。

き

きゃ-たつ ⓪【脚立】【脚×榻】名 短いはしごを八の字に合わせたふみだい。

キャタピラー タ〈caterpillar〉= **カタピラー** 名〔商標名〕車輪のかわりに鉄板を帯状のくさりのようにつないだベルト。無限軌道。戦車・トラクターなどに利用し、悪路でも自由に走れる。

きゃつ キャ【▲彼▲奴】代〔俗語〕あいつ。あのやつ。かやつ。参考 ののしりや、親しみの気持ちをこめて使う。

きゃっ-か キャ【脚下】名〔「きゃくか」の変化〕足のすぐそば。あしもと。足の下。「—を見おろす」

きゃっ-か キャ【却下】名 他サ〔「きゃくか」の変化〕さしもどすこと。しりぞけもどすこと。「申請を—する」

きゃっ-かん ⓪【客観】名〖哲〗〔「きゃくかん」の変化〕❶主観の認識・行動の対象となるもの。↕主観。❷自分の心以外のもの。客体。‖かっかん。**—性**せい ⓪ 名 客観的であること。↕主観性。**—テスト** テ 名 採点者の主観が入らないように、採点できる形式のテスト。完成法・訂正法・多肢選択法などがある。**—的**てき ⓪ 形動 主観の作用とはなれて独立して存在するようす。個人の考えにとらわれないで物事を見たり、考えたりするようす。↕主観的。

ぎゃっ-きょう ⓪【逆境】名〔「ぎゃくきょう」の変化〕思うようにならず、苦労の多い境遇。不運な境遇。↕順境。

きゃっ-こう ⓪【脚光】名〔「きゃくこう」の変化〕舞台前方の床ゆかから、俳優をてらす照明。フットライト。**—を浴あびる** ❶舞台にたつ。❷世間から注目される。

ぎゃっ-こう ⓪【逆光】名〔「ぎゃくこう」の変化〕⬇ぎゃくこうせん。

ぎゃっ-こう ⓪【逆行】名 自サ〔「ぎゃくこう」の変化〕あとへひきかえすこと。反対の方向に進むこと。「時勢に—する」↕順行。

ぎゃっ-こうか コ【逆効果】名 ⬇ぎゃくこうか。

ぎゃっ-こうせん コ【逆光線】名 ⬇ぎゃくこうせん。

キャッシュ キャ〈cash〉名 現金。現金払い。**—カード** カ〈cash card〉名 現金自動預け払い機で預金の出し入れのときに使う、プラスチック製の磁気カードやICカード。**—バック** バ〈cash back〉名 自サ〔和製英語〕支払い額の一部を返金するサービス。**—レス** キャ〈cashless〉名 現金のやり取りをせずに口座振替・クレジットカード・電子マネーなどによって支払いなどの決済をすること。「—決済」

キャタピラー

脚立

キャッシング ⓪/キャ〈cashing〉名 個人に対して行う小口の現金貸し付け。

キャッチ キャ〈catch〉㊀名 他サ とらえること。つかむこと。うけとること。「情報をすばやく—する」㊁名 キャッチャー。**—アップ** ア〈catch up〉名 自サ 追いつくこと。遅れを取り戻すこと。**—コピー** コ〈catch copy〉名〔和製英語〕消費者の関心を引くための宣伝文句。コピー。**—セールス** セ〈catch sales〉名〔和製英語〕通行人に声をかけて、強引に物品を売ったり、売買契約を結ばせたりする不正な商法。**—フレーズ** レ〈catch phrase〉名 宣伝・広告などに使う、簡単で効果のあるうたい文句。**—ボール** ボ〈catch ball〉名〔和製英語〕野球で、簡単な送球・捕球の練習。**—ホン** チ〈catch phone〉名〔和製英語〕〔商標名〕通話中に別の人から電話がかかってきたとき、通話中の電話を切らないで話ができるサービス。

キャッチー キャ〈catchy〉形動 人を引きつけるようす。人の興味を引きそうなようす。「—なタイトル」

キャッチャー キャ〈catcher〉名 野球の、捕手。**—ボート** ボ〈catcher boat〉名 母船に付属して、くじらをとる船。

キャッツ-アイ ア〈cat's-eye〉名 猫目石ねこめいし。

キャットウオ(ウォ)ーク オ〈catwalk〉名 ダムや劇場などの上のほうにある作業用の細い通路。

キャップ キャ〈cap〉名 ❶⓪ふちなしぼうし。↕ハット。❷キャ 万年筆などの帽子状のふた。❸キャ〔「キャプテン」の略〕チームやグループの長。

ギャップ ⓪/ギャ〈gap〉名 ❶われめ。みぞ。❷へだたり。ちがい。

キャディ(ー) キャ〈caddie; caddy〉名 ゴルフ場で、プレーヤーのクラブを運んだり、プレーを助けたりする人。

キャノン キャ〈canon〉名 ⬇カノン。

キャバ-クラ ⓪ 名〔「キャバレー」+「クラブ」からの和製英語〕ホステスが男性客の席について接客する酒場。

キャパシティ(ー) パ〈capacity〉名 ❶能力。❷収容力。容積。

ギャバジン ギャ〈gabardine〉名 おもに羊毛からなる、あやおりの服地。

キャバレー キャ〈ᶠcabaret〉名 舞台やダンスホールのある酒場。

きゃ-はん ⓪【脚×絆】名 すねに巻きつけ、歩きやすくするもの。はばき。ゲートル。

キャビア キャ〈caviar(e)〉名 ちょうざめの卵の塩漬け。オードブルとして、珍重される。カビア。

キャピタリズム リ〈capitalism〉名 資本主義。

キャピタル キャ〈capital〉名 ❶資本。❷首府。❸〔「キャピタルレター」の略〕かしら文字。大文字。**—ゲイン** ゲ〈capital gain〉名 不動産や証券などの資産価値が上昇することで生じる利益。

キャビネ キャ〈ᶠcabinet〉名 写真判の大きさの一つ。ふつう印画紙では、約一二×一六・五センチメートル。カビネ。

キャビネット キャ〈cabinet〉名 ❶とだな。かざりだな。❷ラジオ・テレビの受信機の外箱。❸内閣。「インナー—」

キャビン キャ〈cabin〉= **ケビン** 名 船室。航空機の客室。**—アテンダント** テ〈cabin attendant〉名 旅客機の客室乗務員。フライトアテンダント。

キャフェテリア テ〈ˢcafeteria〉名 ⬇カフェテリア。

キャプション キャ〈caption〉名 ❶映画の字幕。❷新聞・雑誌・書籍などで、写真・さし絵の説明書き。

キャプテン キャ〈captain〉名 ❶主将。「野球部の—」❷船長。

キャブレター レ〈carburetor〉名 ガソリンを気化し、空気と混ぜて可燃性のガスをつくる装置。気化器。

ぎゃふん フ 副 負かされて、まったく手向かいのできないようす。「—と言わせる」「—となる」

キャベツ キャ〈cabbage〉名 アブラナ科の二年生植物。葉は厚く、大きく、緑白色。秋、葉はかさなりまいて球のようになる。食用。たまな。夏

ギヤマン ⓪〈ᵒdiamant〉名〔ガラス切断用の金剛石の意から〕ガラス。ガラス製品。夏

き-やみ ⓪【気病み】名 心配からおこる病気。

キャミソール ソ〈camisole〉名 スリップのような腰までの女性の下着。

キャメラ キャ〈camera〉名 ⬇カメラ。

きゃら キャ【×伽羅】名 ❶香木の名。❷香料の一種。沈香じんこうからつくる。

キャラ キャ 名〔俗語〕「キャラクター❶」の略。「—が立つ」「—がかぶる」

ギャラ ⓪/ギャ 名 ⬇ギャランティー。

キャラクター ラ〈character〉名 ❶性格。性質。個性的

な持ち味。「ほのぼのとした―の人」❷小説やドラマなどの登場人物。❸文字。記号。

キャラコ キャ〈calico〉名 織地が、こまかくうすく、つやのある白い綿布。金巾(かなきん)。

キャラバン キャ〈caravan〉名 さばく地方などを、隊を組んでゆく商人。隊商。**ーシューズ** シュ〈Caravan shoes〉名〔商標名〕布製ゴム底のくつ。ハイキング・登山用。

きゃらぶき 0【×伽羅×蕗】名 ふきの茎をしょう油で煮しめた食品。夏

キャラメル 0〈caramel〉名 水あめ・砂糖・ミルクなどを煮かためてつくったあめ菓子。カラメル。

ギャラリー ギャ〈gallery〉名 ❶回廊。歩廊。❷美術品陳列室。画廊。❸ゴルフなどで競技会の観客。

ギャランティー ラ〈guarantee〉名 ❶保証料。手数料。❷出演・出場などの契約金・出演料。ギャラ。

きやり 0【木やり】【木×遣り】名 ❶材木などをはこぶとき、音頭(おんど)やかけ声をかけて進むこと。❷木やり歌。**ー歌**(うた) リ 名 木やりのときうたう歌。木やりおんど。

キャリア キャ〈career〉= **キャリヤ** 名 ❶経験。経歴。❷国家公務員で、一種試験に合格したもの。「―組」**ーウーマン** ウ〈career woman〉名 専門的な職業をもった女性。キャリアガール。

キャリーバッグ バ〈carry bag〉名〔和製英語〕大きめの物を入れて運ぶバッグ。また、底に車輪がついたバッグ。

ギャル ギャ〈gal〉名〔俗語〕おんなの子。ガール。「ファンの―たち」

ギャルソン ギャ 0〈フ garçon〉= **ガルソン** 名〔「男の子」の意から〕レストランやホテルなどの給仕。

ギャロップ ギャ〈gallop〉名 馬のかけあし。

ギャロップ ギャ〈galop〉= **ガロップ** 名 四分の二拍子の旋回舞曲・舞踊。

キャロル キャ〈carol〉名 キリスト教会で歌われる民謡調の聖歌。特に、クリスマスの聖歌。

ギャング ギャ〈gang〉名 凶悪で組織的な犯罪集団。また、その構成員。

キャンセル キャ〈cancel〉名 他サ 約束・契約をとりけすこと。契約解除。「予約を―する」

キャンデ(ディ)ー キャ〈candy〉名 洋風のあめ菓子。

キャンドル キャ〈candle〉名 ろうそく。**ーサービス** サ 名〔和製英語 candlelight service から〕❶クリスマスイブなどにろうそくに火を点灯する教会の儀式。❷結婚式の披露宴で新郎新婦が招待客のテーブルをまわり、ろうそくに火をともすこと。

キャンパー キャ〈camper〉名 キャンプをする人。

キャンバス キャ〈canvas〉= **カンバス** 名 ❶麻をあらく織った布類。ズック。❷油絵用の画布。❸野球で、一・二・三塁のベース。

キャンパス キャ〈ラ campus〉名 大学などの構内。校庭。「オープン―」

キャンピング キャ〈camping〉名 野外生活。夏 **ーカー** グ〈camping car〉名〔和製英語〕キャンプ用に炊事設備やベッドなどを備えた自動車。

キャンプ キャ〈camp〉名 自サ ❶テントを張って野営すること。夏 ❷スポーツ選手などの合宿。❸軍隊の駐屯地。❹難民や捕虜の収容所。**ーファイア** ファ〈campfire〉名 夜、まわりをかこんでする、野営のたき火。夏

ギャンブラー ギャ〈gambler〉名 ばくち打ち。

ギャンブル ギャ〈gamble〉名 ばくち。

キャンペーン ペ〈campaign〉名 社会的な運動。特に、世論をもりたてるための組織的な宣伝活動。「―を張る」「―を展開する」

きゅう【久】造 ひさしい。時のたつのが長い。「永久・持久・耐久・悠久」〔別音く｜久〕

きゅう【及】造 ❶およぶ。およぼす。とどく。行きわたる。「言及・波及・普及」❷うかる。合格する。「及第・及落」

きゅう【丘】造 おか。「丘陵・砂丘・段丘」

きゅう【休】造 ❶やすむ。やすまる。やすめる。いこう。「休息・休眠・休養・不眠不休」❷ことを一時やめる。「休学・休業・休職・休戦・運休」❸休日。「代休・定休・遊休・連休」**休する** 自サ

きゅう【吸】造 すう。息をすう。すいいれる。「吸引・吸収・吸着・吸盤・呼吸」

きゅう【朽】造 くちる。くさる。「朽廃・不朽・老朽」

きゅう【臼】造 うす。つきうす。うすのような形をしたもの。「臼歯・脱臼」

きゅう【求】造 ❶さがして手に入れる。「求職・求人・探求・追求・欲求」❷他者にのぞむ。「求愛・求刑・求婚・請求・要求」〔別音ぐ｜求〕

きゅう【究】造 ❶きわめる。つきとめる。みとどける。「究明・究問・研究・考究・探究」❷きわまる。ゆきつく。「究極」

きゅう【泣】造 なく。なみだをながす。「泣訴・哀泣・感泣・号泣・涕泣(ていきゅう)」

きゅう【糾】造 ❶よせあつめる。「糾合」❷もつれる。みだれる。「紛糾」❸ただす。とりしらべる。「糾弾・糾明」

きゅう【宮】造 ❶天皇のすまい。皇居。「宮城・宮中・離宮」❷王や貴人の御殿。「宮廷・宮殿・王宮・迷宮・エリゼ宮」❸大切にすごすところ。「子宮」❹黄道の星座。「十二宮」❺古代国の刑罰。「宮刑」〔別音ぐう｜宮〕

きゅう【救】造 すくう。たすける。力になる。まもってやる。「救援・救急・救護・救済・救出」

きゅう【給】造 ❶あたえる。ゆきわたらす。「給食・給付・給油・供給・支給・配給」❷てあて。給料。「給金・給与・月給・俸給・時間給・初任給」❸せわをする。「給仕・女給」

きゅう【嗅】造 においをかぐ。「嗅覚(きゅうかく)」

きゅう【×鳩】造 ❶はと。「鳩舎」❷あつめる。あつまる。「鳩合・鳩首」

きゅう【×厩】造 うまや。「厩舎(きゅうしゃ)」

きゅう【窮】造 ❶きわまる。きわめる。「窮理・無窮」❷こまる。くるしむ。「窮屈・窮地・窮乏・困窮・貧窮」**窮する** 自サ

きゅう【九】❶ キュ 名 造 く。ここのつ。「九天・九州」❷ 造 おおく。多数。「九死一生・九牛(きゅうぎゅう)」〔別音く｜九〕

きゅう キュ【弓】名 造 ゆみ。バイオリンなどの楽器で、弦を張った道具。「弓道・弓馬・胡弓(こきゅう)・強弓(ごうきゅう)」

きゅう キュ【旧】名 造 ↕新。❶古いこと。また、そのもの。「旧式・旧説・旧友・新旧」❷むかし。もと。以前。「―によって」「旧館・旧居・旧跡・懐旧・復旧・旧軍人・旧大蔵省」❸陰暦。「―の正月」「旧盆・旧正月」❹前の。「旧年・旧冬」

きゅう 0【×灸】名 造 もぐさをつぼにおいて、火をつけて焼き、病気をなおす漢方療法。「灸治・温灸・鍼灸(しんきゅう)」**ーを据**(す)**える** 罰をあたえてこらしめる。

きゅう【級】❶ キュ 名 造 ❶階級。だん。くらい。「そろばんの―があがる」「階級・昇級・上級・等級・特級・百キロ超級」❷組。クラス。「級長・級友・同級・学級・進級」❸うちとった首。「首級(しゅきゅう)」❷ 接尾 等級をあらわす。「第一―」

きゅう【球】❶ キュ 名 造 ❶まるい形。また、そのもの。た

ま。「球根・気球・地球・電球」❷〘数〙中心からの距離が常に一定である立体。円を、直径を軸として回転させてできる立体。㊁造❶まり。ボール。「球技・卓球・始球式・外角球」❷野球。「球宴・球界・球場」❸電球。「六〇ワット球」

きゅう〔キュ〕【×笈】名〔文章語〕せおうように作られている木箱。おい。**―を負う** 故郷を出て勉学する。

きゅう【急】㊀⓪形動〔ダロ・ダッ・デ・ニ／ダ・ナ・ナラ〇〕造❶短い間に変化に対応するようす。「―には答えられない」⇩にわか参考。❷短い間に変化が起こるようす。「父は近ごろ―に体が弱った」「急激・急転・急病」参考「突然」が瞬間的な変化をあらわすのに対して、「急に」はある程度の幅をもった時間の中での出来事をあらわす。❸傾斜や流れの程度がはなはだしい。「―な山道」「―な流れ」「急坂(きゅうはん)・急流・急斜面」㊁⓪名形動(の)造 さしせまった事態。「―を知らせる」「―の用事」「急務・急用・緊急・至急」㊂⓪名 能楽などで序・破・急の最後の段。㊃造❶動きがはやい。「急速・急降下・緩急」❷たいせつな。「急所」❸「急行」の略。「特急」

キュー〔キュ〕〈cue〉名❶玉つきの棒。❷(ラジオ・テレビで)放送の出演者に対して演出者が示す、演技に関するあいず。「はじめ」「はやく」「ゆっくり」などの信号。

き-ゆう⓪【×杞憂】名 いらぬ心配をすること。とりこし苦労。「―をいだく」参考 昔、中国の杞の国の人が天がくずれおちはしないかと心配した故事から。

きゆう【希(稀)有】「けう」のあやまり。

ぎゅう【牛】㊀〔ギュ〕名造 牛肉。「―のこまぎれ」「牛缶(ぎゅうかん)・牛鍋(ぎゅうなべ)」㊁造 うし。「牛乳・闘牛・乳牛・野牛」

ぎ-ゆう〔ギ〕【義勇】名❶忠義と勇気。❷正義にもとづいた勇気。「―軍」

キューアール-コード〔コ〕【QRコード】名〔商標名。QRはquick responseから〕正方形内に四角形のドットがモザイク状に配列された二次元コード。バーコードよりも多くの情報を高速で読み込むことができる。「―決済」

きゅう-あい⓪【求愛】名自サ 相手に自分を愛してくれるようにうったえること。

きゅう-あく⓪【旧悪】名 昔の悪事。「―が露見する」

キュー-アンド-エー〔エ〕〈Q&A〉名〔question and answerから〕質問と答え。

きゅう-い〔キュ〕【球威】名 野球で、ピッチャーの投げるボールの威力。

きゅう-いん⓪【吸引】名他サ❶吸いこむこと。❷ひきつけること。

きゅう-いん⓪【吸飲】名他サ 吸って飲むこと。「大麻の―」

ぎゅう-いん-ばしょく⓪【牛飲馬食】名自サ 大いに飲み、たくさん食べること。鯨飲馬食。

ぎゅう-えき⓪【牛疫】名 牛疫ウィルスが原因で、牛・羊・やぎ・豚などがかかる急性の伝染病。

きゅう-えん⓪【旧怨】名 昔のうらみ。「―を忘れる」

きゅう-えん⓪【旧縁】名 前々からのなじみ。古い縁故。

きゅう-えん⓪【球宴】名〔野球の饗宴から〕選ばれた一流の選手たちによる試合。特に、オールスター戦。

きゅう-えん⓪【休園】名自サ 幼稚園・動物園・遊園地などが、業務を休むこと。「―日」「臨時―」

きゅう-えん⓪【休演】名自サ 興行や出演をやすむこと。

きゅう-えん⓪【求縁】名自サ 縁談をもとめること。

きゅう-えん⓪【救援】名他サ 困難な状況から、人をすくい助けること。救助。「―物資」

キューオーエル〔エ〕〈QOL〉名〔quality of life から〕生活を物質的な面からではなく精神的な質の面からとらえるという考え方。特に医療・福祉の分野で重視される。生活の質。生命の質。

きゅう-おん⓪【旧恩】名 昔うけた恩。

きゅう-おん⓪【吸音】名 音を吸収して、反響を少なくすること。「―材」

きゅう-か〔キュ〕【旧家】名 昔から、その土地につづいてきた家がら。

きゅう-か⓪【休暇】名 学校・勤務先などから公認されている、休日以外の日のやすみ。「―を取る」「夏期―」⇩休み参考。

きゅう-か〔キュ〕【急火】名〔文章語〕❶にわかにおこった火事。❷近所の火事。

きゅう-かい⓪【旧懐】名 昔のことをなつかしむ心。懐旧。「―の情」

きゅう-かい⓪【球界】名 球技、特に、プロ野球の世界。

きゅう-かい⓪【休会】名自サ❶定例の会をとりやめること。❷取引所で、その日の立会(たちあい)をおこなわないこと。❸議決によって議会をやすみとすること。

きゅう-かく⓪/〔キュ〕【嗅覚】名 においをかぎとる感覚。臭覚(しゅうかく)。

きゅう-がく⓪【休学】名自サ 学生・生徒が病気などのために、手続きを踏んで長い間学校をやすむこと。↕復学。

きゅう-かざん〔カ〕【休火山】名 長い間、噴火活動を休止している火山。↕活火山・死火山。参考 今はこの語は用いられない。

きゅう-かつ⓪【久×闊】名 長い間会わなかったり、たよりをしなかったりすること。**―を叙(じょ)する** 久しぶりのあいさつをのべる。

きゅう-かなづかい〔ヅ〕【旧仮名遣(い)】〔―かなづかひ〕名 歴史的かなづかい。↕新かなづかい。

きゅう-かぶ〔キュ〕【旧株】名 株式会社の増資以前に発行した株券。親株。↕新株。

ぎゅう-かわ⓪【牛革】〔―かは〕名 毛をとって、なめした牛の皮。

きゅう-かん⓪【旧慣】名 昔からの習慣。旧習。

きゅう-かん⓪【旧観】名 昔のありさま。「―をとどめない」

きゅう-かん⓪【急患】名 急病の患者。

きゅう-かん⓪【休刊】名自サ 定期刊行物の発行がやすみとなること。「新聞―日」

きゅう-かん⓪【休館】名自サ 業務をやすんで開館しないこと。

ぎゅう-かん⓪【牛缶】名 牛肉のかんづめ。

きゅう-かん-ち〔カ〕【休閑地】名❶土地の養分を回復させるため、一時、栽培をやめている耕地。❷利用されていない土地。あき地。

きゅうかん-ちょう⓪【九官鳥】名 ムクドリ科の鳥。くちばしなどを除いて全身が黒く、人のことばをまねる。

きゅうかん-び〔カ〕【休肝日】名 酒をよく飲む人が、飲酒をせずに肝臓を休ませる日。

きゅう-き〔キュ〕【旧記】名 古い記録。昔のことを書いた文書。

きゅう-き〔キュ〕【吸気】名 吸いこむ息。↕呼気。

きゅう-ぎ〔キュ〕【旧×誼】名〔文章語〕古いなじみ。昔のよしみ。「―をたよって上京する」

きゅう-ぎ〔キュ〕【球技】名 ボールを使ってする競技。野球・テニス・バレーボール・卓球など。

きゅう-ぎ〔キュ〕【球戯】名 ボールを使ってする遊び。とくに、たまつき。

きゅう-きゅう ０【救急】名 急場の難を救うこと。 **—救命士** 図名 医師の指示にもとづき、病院到着前に、高度な応急処置ができる資格をもった救急隊員。 **—車** キュ２名 急病人などを病院に運ぶための自動車。応急手当の用意があり、救急用警笛を鳴らしながら走る。 **—箱** キュ２名 急病人などの応急手当に必要な薬などを入れた箱。

きゅう-きゅう ０【×汲×汲】と副 たる連体 あくせくと一心に努力するようす。「—としてはたらく」

きゅう-ぎゅう ０【九牛】名 九頭のうし。たくさんの牛。 **—の一毛** 多くのなかのほんのわずかなことのたとえ。

ぎゅう-ぎゅう ギュ１ と副 ❶強くおしつけたり、おしつめたりするようす。「—つめこむ」 ❷くつの皮などが、きしんで鳴る音をあらわす語。 ❸責められて苦しむようす。

ぎゅうぎゅう-づめ ０【ぎゅうぎゅう詰め】名 多くの人や物が無理に入っているようす。「—の通勤電車」

きゅう-きょ キュ１【旧居】名 もと住んでいた所や家。

きゅう-きょ キュ１【急×遽】副 〔「急」も「遽」もいそぐの意〕にわかに。大いそぎで。急に。「—出動する」

きゅう-きょう キュ１【旧教】名 カトリック教。↔新教。

きゅう-きょう ０【窮境】名 くるしい境遇。「—に立つ」

きゅう-きょう ０【究×竟】形動(の) ➡くっきょう（究竟）。

きゅう-ぎょう ０【休業】名 自サ 営業・業務などをやすむこと。⇩休み 参考。

きゅうぎょ-き ギョ１【休漁期】名 漁業を休んでいる時期。きゅうりょうき。↔盛漁期。

きゅう-きょく ０【究極】【窮極】名 物事をおしつめていった到達点。はて。きわみ。「—のところ」

きゆう-きょく ユ１【×嬉遊曲】名 ディベルティメント。

きゅう-きん ０【球菌】名 たまの形をした細菌類。

きゅう-きん キュ０【給金】名 給料としてわたすかね。給料。 **—直し** ナ名 相撲で、力士が勝ちこして昇給する権利をえること。

きゅう-くつ キュ１【窮屈】名 形動 ❶融通がきかず、ゆとりのないこと。不自由。「—な規則」 ❷きっちり詰まっていて、動きがままならないこと。「—な服」 ❸気づまりなこと。「—なもてなし」

きゅう-けい ０【弓形】名 ❶ゆみのようにまがった形。ゆみがた。 ❷数学で、弦とその上に張る弧でかこまれた円の一部。

きゅう-けい キュ１【急啓】名〔文章語〕手紙の書き出しのことば。いそぎ申しあげますの意味。参考 急用の場合「急啓・急呈・急白」などを使う。

きゅう-けい ０【宮刑】名 古代中国の刑罰で、男子は去勢され、女子は幽閉されたもの。

きゅう-けい ０【球形】名 たまのようなまるい形。

きゅう-けい ０【球茎】名 たまの形をした植物の地下茎。くわい・さといもなど。

きゅう-けい ０【休憩】名 自サ 心身の緊張をゆるめて、楽にすること。休息。

きゅう-けい ０【求刑】名 他サ 検察官が裁判官に対し、被告人に一定の刑罰を科することを請求すること。

きゅう-げき ０【旧劇】名 新派劇・新劇のおこる前からあった演劇。歌舞伎など。

きゅう-げき ０【急激】形動 ダロ・ダッ・デ・ニ ダ・ナ・ナラ・〇 とつぜんではげしいようす。「—な変化」

きゅう-けつ ０【吸血】名 血を吸うこと。 **—鬼** ケ/ツ名 ❶人の血を吸うという魔物。 ❷人をくるしめる強欲な人のこと。

きゅう-けつ ０【×灸穴】名 きゅうをすえると効果のある箇所。つぼ。灸点。灸所。

きゅう-けつ ０【宮×闕】名〔文章語〕宮門。皇居。

きゅう-けつ ０【給血】名 自サ 輸血用の血液を供給すること。供血。

きゅう-げん ０【給源】名 供給するみなもと。「電力の—」

きゅう-げん ０【急減】名 自他サ 急にへること。また、へらすこと。↔急増。

きゅう-こ キュ１【旧故】名〔文章語〕古い知り合い。昔なじみ。

きゅう-ご キュ１【救護】名 他サ 傷病者などの看護・治療をすること。 **—班** ゴ名 救護を受けもつ組織。

きゅう-こう ０【旧交】名 昔のつきあい。 **—を温める** 昔していた交際を復活させる。

きゅう-こう ０【旧稿】名 以前に書いた原稿。

きゅう-こう ０【救荒】名〔文章語〕飢饉から人々をすくうこと。 **—作物** ク名 一般の作物が不作のときにも収穫のある作物。そば・さつまいもなど。

きゅう-こう ０【休校】名 自サ 学校が授業をやすむこと。

きゅう-こう ０【休耕】名 自サ 作物を植えないで、耕地をしばらくやすませること。「—田」

きゅう-こう ０【休航】名 自サ 船や飛行機などの運航をやすむこと。

きゅう-こう ０【休講】名 自サ 教師が講義をやすむこと。

きゅう-こう ０【急行】❶名 自サ いそいで行くこと。「現場に—する」↔緩行。❷名 急行列車。↔鈍行・準急・特急。 **—列車** レ名 大きな駅だけにとまり、途中の小さな駅はとまらずに走る列車。

きゅう-こう ０【×躬行】名 他サ〔文章語〕自分でおこなうこと。「実践—」

きゅう-ごう ０【糾合】名 他サ 〔「糾」はあつめるの意〕人々をよせあつめること。「同志を—する」

きゅう-こうか コ【急降下】名 自サ ❶航空機が、地上めがけて急角度でおりてくること。「—爆撃」 ❷急に下がること。「気温が—する」

きゅう-こうぐん コ【急行軍】名 いそいで目的地につくための行軍。

きゅう-こうばい コ【急勾配】名 傾斜の急なこと・所。

きゅう-こく ０【救国】名 国の危難をすくうこと。「—の英雄」

きゅう-こく ０【急告】名 他サ いそいでつげ知らせること。

きゅう-ごしらえ ゴ【急ごしらえ】【急×拵え】—こしらへ 名 にわかづくり。急造。「—の料理」

きゅう-こん ０【球根】名 かたまりの形をした植物の地下茎や根。球茎・塊茎・根茎など。

きゅう-こん ０【求婚】名 自サ 結婚をもうしこむこと。プロポーズ。

きゅう-さい ０【休載】名 他サ 新聞・雑誌などで、続きものなどの掲載を、一時やすむこと。

きゅう-さい ０【救済】名 他サ 苦しんでいる不幸な人をすくいたすけること。「難民—」

きゅうざか【急坂】「きゅうはん」のあやまり。

きゅう-さく ０【旧作】名 以前につくったこと。また、そのもの。↔新作。

きゅう-さん ０【急×霰】名〔文章語〕急に降るあられ。また、その音。「—のような拍手」

きゅう-し キュ１【九死】名 ほとんど死にそうになるほどあぶないこと。 **—に一生を得る** たいへんあぶない命が、やっとのことで助かる。

きゅうし【九紫】[名] 九星の一つ。火星にあたり、方位は南。

きゅうし[キュ]【旧×址】[名] 昔、有名な建物などのあったあと。「城の―」

きゅうし[キュ]【旧師】[名] 以前に教えをうけた先生。

きゅうし[キュ]【球史】[名] 野球の歴史。「―に残る名勝負」

きゅうし[キュ]【臼歯】[名] 哺乳(ほにゅう)類の上下の両あごのおくにある歯。うすば。

きゅうし[キュ]【急使】[名] いそぎの使者。

きゅうし[0]【急死】[名][自サ] とつぜん死ぬこと。急逝(きゅうせい)。

きゅうし[0]【窮死】[名][自サ] 生活難や病気のため、くるしんで死ぬこと。

きゅうし[0]【給紙】[名][他サ] プリンターやコピー機に用紙を一枚ずつ送りこむこと。また、用紙を補給すること。「手差し―」「―トレー」

きゅうし[0]【休止】[名][自他サ] 運動・活動などがとまること。また、休むこと。**―符**(ふ)[ジ][名] 楽曲の途中で、休止をしめす楽譜の符号。休符。ポーズ。**―符を打**(う)**つ** 一段落をつける。

きゅうじ[キュ]【旧時】[名][文章語] むかし。以前。「―のおもかげをしのばせる」

きゅうじ[0]【×灸治】[名] きゅうをすえて治療すること。

きゅうじ[キュ]【球児】[名] 野球にはげむ少年。

きゅうじ[キュ]【給仕】[名][自サ] ❶そばにいて雑用をすること。また、その人。❷飲食の世話をすること。また、その人。

ぎゅうし[ギュ]【牛脂】[名] うしのしぼう。料理に使うほか、せっけん・ろうそくなどの原料とする。ヘット。

ぎゅうじ[ギュ]【牛耳】[名] うしの耳。**―を執**(と)**る** 同盟・団体・会合などの中心人物となって、支配する。ぎゅうじる。[参考] 昔、中国の春秋戦国の時代に、諸侯が同盟をむすんだとき、盟主がうしの耳をさいて血をしぼり、たがいにその血をすすって、ちかいあったことから。

きゅうしき[0]【旧識】[名][文章語] ふるいしりあい。旧知。

きゅうしき[0]【旧式】[名][形動] ふるい型や、やりかた。↕新式。

きゅうじたい[ジ]【旧字体】[名] 当用漢字字体表(一九八一年廃止)および常用漢字表の字体に対し、それ以前の字体。舊(旧)・壽(寿)・醫(医)など。↕新字体。

きゅうしつ[0]【吸湿】[名] 湿気を吸いとること。「―性」

きゅうしつ[0]【宮室】[名][文章語] ❶宮殿。ごてん。❷帝王・天皇の一族。皇室。

きゅうじつ[0]【休日】[名] 学校や勤務先などが、やすみの日。「―出勤」↕平日。⇩休み[参考]

きゅうしゃ[キュ]【×柩車】[名] ひつぎをのせるくるま。霊柩車。

きゅうしゃ[キュ]【×厩舎】[名] 牛・馬を飼う小屋。うまや。

きゅうしゃ[キュ]【×鳩舎】[名] はとを飼う小屋。

ぎゅうしゃ[ギュ]【牛車】[名] ❶うしのひく車。うしぐるま。❷⬇ぎっしゃ。

ぎゅうしゃ[ギュ]【牛舎】[名] うしを飼う小屋。

きゅうしゅ[キュ]【旧主】[名] もとの主君・主人。

きゅうしゅ[0]【球種】[名] 野球で、投手が投げる直球・変化球などの球の種類。「―が豊富な投手」

きゅうしゅ[キュ]【×鳩首】[名][自サ][文章語](「鳩」はあつめる)おおぜいあつまって話しあうこと。「―談合する」

きゅうしゅう[0]【旧習】[名] 昔からの習慣。

きゅうしゅう[0]【吸収】[名][他サ] ❶吸いとること。❷あつめ寄せること。「資金を―する」❸生体細胞が原形質膜を通して物質をとりいれること。動物などが消化管壁を通して、水や栄養分をとりいれるのもこの例。

きゅうしゅう[0]【急襲】[名][他サ] いきなりおそいかかること。「背後から―する」

きゅうしゅう《九州》❶昔の西海道のうちの九か国。筑前(ちくぜん)・筑後(ちくご)・肥前(ひぜん)・肥後(ひご)・豊前(ぶぜん)・豊後(ぶんご)・日向(ひゅうが)・大隅(おおすみ)・薩摩(さつま)。❷日本列島最南端の大島。福岡・佐賀・大分・長崎・熊本・宮崎・鹿児島の七県。❸九州地方。❷の七県に、沖縄県を加えた八県。

きゅうしゅつ[0]【救出】[名][他サ] 事故にあったり、遭難したりした人をすくいだすこと。「―作業」

きゅうじゅつ[0]【弓術】[名] 弓を射るわざ。弓道。

きゅうじゅつ[0]【救×恤】[名][他サ][文章語](「恤」はめぐむ)こまっている人をすくい、たすけること。

きゅうしゅん[0]【球春】[名] 野球シーズンの始まる春先の季節。

きゅうしゅん[0]【急×峻】[名][形動] 傾斜のたいそうけわしいこと。また、そういうところ。「―をよじ登る」

きゅうしょ[0]【急所】[名] ❶からだで、生命にかかわる場所。❷たいせつな箇所。要所。「―をつく」

きゅうじょ[キュ]【救助】[名][他サ] 危険にさらされている人をすくい、たすけること。「―隊」

きゅうしょう[0]【旧称】[名] 以前に称していた名。旧名。

きゅうしょう[0]【急症】[名] 急病。

きゅうじょう[0]【宮城】[名] 天皇のすんでいる所。御所。内裏(だいり)。[参考] 現在は「皇居」が正式な言い方。

きゅうじょう[0]【球状】[名] たまのようなかたち。

きゅうじょう[0]【球場】[名] 野球場。

きゅうじょう[0]【窮状】[名] 困って苦しんでいる状態。「―を見かねる」

きゅうじょう[0]【休場】[名][自サ] ❶興行場などが休業すること。「本日―」❷力士が本場所を欠場すること。

きゅうしょうがつ[ショ]【旧正月】[名] 陰暦による正月。[春]

きゅうしょく[0]【休職】[名][自サ] 公務員・会社員などが一定期間、身分保証されて職をやすむこと。↕復職。

きゅうしょく[0]【求職】[名][自サ] 職をさがすこと。職につくことをのぞむこと。「―者」↕求人。

きゅうしょく[0]【給食】[名][自サ] ❶食事をあたえること。また、その食事。「病院の―」❷学校・工場などで児童・生徒や従業員に食事を出すこと。また、その食事。「学校―」

ぎゅうじ・る[ジ]【牛耳る】[他五](ラ・ロ―リ・ッ―ル―ル―レ―レ) 同盟・団体・会合などの中心人物となって、全体を支配する。牛耳をとる。[参考]「牛耳」を動詞に活用させた語。

きゅうしん[0]【旧臣】[名] 昔の臣下。もとのけらい。

きゅうしん[0]【求心】[造] 中央に集まろうとすること。「―的勢力」**―力**(りょく)[ジ][名] 物体が円運動をするとき、円の中心にむかってはたらく力。向心力。↕遠心力。

きゅうしん[0]【急信】[名] いそぎのたより。

きゅうしん[0]【急診】[名] 急病で、医者がかけつけて診察すること。

きゅうしん[0]【球審】[名] 野球で、捕手のうしろにいて、投球の判定など、本塁上のプレーを判断する審判員。主審。↕塁審。

きゅうしん[0]【休心・休神】[名][自サ] 安心。放念。おもに手紙に使う。「ご―ください」

き

きゅう-しん ⓪【休診】名自サ 医者・病院などが診療をやすむこと。「本日—」

きゅう-しん ⓪【急伸】名自サ ❶売り上げ・利益・業績などが急に伸びること。❷相場で急に値上がりすること。「円が—する」

きゅう-しん ⓪【急進】名自サ ❶いそいですすむこと。↕漸進。❷物ごとをいそいで変えようとすること。 **—主義**(しゅぎ) シュ名 現在の政体や社会制度を、根本的にいそいで変えようとする主義。

きゅう-じん ⓪【九×仞】名〔「仞」は中国、周代の尺〕非常に高いこと。 **—の功**(こう)**を一×簣**(き)**に欠**(か)**く**〔高い山をきずくのに、もっこ一杯の土が不足したため、できあがらないの意〕長い間の努力を、最後のちょっとした失敗でだめにする。

きゅう-じん ⓪【旧人】名 ❶古くからの人。あたらしみのない人。❷猿人・原人に次いであらわれた化石人類。

きゅう-じん ⓪【求人】名 はたらく人をさがすこと。「—難」↕求職。

きゅう-す ⓪【急須】名 葉茶を煎(せん)じて茶わんに注ぎ入れる、小型で口のついた茶器。きびしょ。

きゅう-すい ⓪【吸水】名自サ 水を吸い取ること。「—性」

きゅう-すい ⓪【給水】名自サ 必要な水を供給すること。「—制限」「—所」

きゅう-すう ③【級数】名 一定の法則によって増減する数を、一定の順序に並べた数列。また、その並べた数の和。「等差—」

きゅう・する ③【休する】自サ シ・セ・サ|シ|スル|スル|スレ|シロ・セヨ〔文章語〕終わる。おしまいになる。参考「万事休す」の場合は「休す」の形でしか使わない。**きう・す** 文語サ変

きゅう・する ③【窮する】自サ シ・セ・サ|シ|スル|スル|スレ|シロ・セヨ ❶きわまる。いきづまる。「ことばに—」❷くるしむ。なやむ。「処置に—」❸貧乏にくるしむ。**きゅう・す** 文語サ変

きゅう・する ③【給する】他サ シ・セ・サ|シ|スル|スル|スレ|シロ・セヨ あてがう。あたえる。「学資を—」**きふ・す** 文語サ変

窮(きゅう)**すれば通**(つう)**ずる** ゆきづまって困りきると、思いがけず、切りぬける道ができる。

きゅう-せい ⓪【九星】名 陰陽道(おんようどう)で、五行(ごぎょう)・方位に配当し、人の生まれどしにあてはめて、吉凶を判断するもの。一白・二黒(じこく)・三碧(さんぺき)・四緑(しろく)・五黄(ごおう)・六白・七赤(しちせき)・八白・九紫のこと。

きゅう-せい ⓪【旧制】名 以前の制度。「—高校」↕新制。

きゅう-せい ⓪【旧姓】名 結婚や養子縁組みなどして、姓のかわった人の、もとの姓。

きゅう-せい ⓪【急性】名 たちまち症状があらわれ、進み方の早い性質。「—疾患」↕慢性。

きゅう-せい ⓪【救世】名 乱れた世の中を救い、人々を幸福に導くこと。 **—軍**(ぐん) セ名 軍隊組織で民衆伝道・社会事業をおこなうキリスト教の一派。 **—主**(しゅ) セ名 ❶人類をすくう者。❷キリスト教で、イエス=キリスト。

きゅう-せい ⓪【急逝】名自サ 思いがけず急に死ぬこと。急死。

きゅう-せかい セ【旧世界】名 アメリカ大陸発見以前に知られていた、アジア・ヨーロッパ・アフリカの三大陸にあたる地域。旧大陸。↕新世界。

きゅう-せき ⓪【旧跡】【旧×蹟】名 昔、有名な物ごとのあったあと。「名所—」

きゅう-せき ⓪【休戚】名〔文章語〕喜びと悲しみ。よいことと悪いこと。

きゅう-せつ ⓪【急設】名他サ いそいでつくりもうけること。「—の舞台」

きゅう-せっきじだい ジ【旧石器時代】名 石器時代の大半を占める時代。原始的な磨かない石器を使い、魚貝などを食料としていた。↕新石器時代。

きゅう-せん ⓪【弓×箭】名〔文章語〕❶ゆみと矢。武器や武具。❷いくさ。戦争。

きゅう-せん ⓪【休戦】名自サ 交戦国間の合意で、一時的に戦闘行為を休止すること。

きゅう-せん ⓪【急戦】名 囲碁・将棋などで、急にはげしく戦うこと。「序盤から—模様の展開」

きゅう-ぜん ⓪【×翕然】と副 たる連体〔文章語〕たくさんのものが、一つにあつまるようす。「—として同情があつまった」

きゅう-ぜんじつ セ【休前日】名 交通機関や宿泊施設で、利用客の多い休日の前日を言う語。

きゅう-せんぽう セ【急先×鋒】名 まっさきにすすむこと。また、その人たち。「攻撃の—」

きゅう-そ キュ【窮×鼠】名 追いつめられて逃げ場をうしなったねずみ。 **—猫**(ねこ)**を×噛**(か)**む** 追いつめられたねずみは反対にねこにくらいつく。追いつめられた弱い者が、強い者に反撃するたとえ。

きゅう-そ キュ【泣訴】名自他サ〔文章語〕苦しみや窮状を泣いてうったえること。

きゅう-そう ⓪【急送】名他サ いそいでおくること。

きゅう-ぞう ⓪【旧蔵】名他サ ❶むかしから所蔵していること。❷以前所蔵していたこと。また、そのもの。「代々—の品」「将軍家—の典籍」

きゅう-ぞう ⓪【急造】名他サ いそいでつくること。にわかづくり。「—の仮設住宅」

きゅう-ぞう ⓪【急増】名自他サ 急にふえること。また、ふやすこと。「人口の—」↕急減。

きゅう-そく ⓪【球速】名 野球で、投げたボールのはやさ。

きゅう-そく ⓪【休息】名自サ 疲れをいやすために、のんびりとくつろぐこと。いき休め。休憩。

きゅう-そく ⓪【急速】名形動 物ごとの進み方がはやいこと。急であること。「—な進歩」

きゅう-ぞく キュ【九族】名〔文章語〕高祖・曽祖(そうそ)・祖父・父・自分・子・孫・曽孫(そうそん)・玄孫の九代の親族。

きゅう-そだい ソ【窮措大】名〔文章語〕〔「窮」は貧乏、「措大」は学者・書生のこと〕まずしい学者。貧乏書生。

きゅう-たい ⓪【旧態】名 昔からのありさま。 **—依然**(いぜん) ⓪と副 たる連体 古いままですこしも変わりのないようす。まったく進歩・発展のないようす。「—たる生活」

きゅう-たい ⓪【球体】名 たまの形をした物体。

きゅう-だい ⓪【及第】名自サ 試験に合格すること。春 ↕落第。

きゅう-たいりく タ【旧大陸】名 新大陸(アメリカ)に対し、ヨーロッパ・アフリカ・アジアの三大陸。特にヨーロッパ。↕新大陸。

きゅう-たく ⓪【旧宅】名 もと住んでいた家。

きゅう-たん ⓪【急×湍】名〔文章語〕〔「湍」は急流〕川の流れのはやい浅瀬。

きゅう-だん ⓪【球団】名 プロ野球のチームを運営する団体。

きゅう-だん ⓪【糾弾】【×糺弾】名他サ 罪・欠点をあげて非難すること。「政府の失政を—する」

ぎゅう-タン ⓪【牛タン】名〔「タン」は tongue〕食用の牛の舌。煮込み料理や焼き肉などに用いる。「—シチュ

「—」

きゅう-ち [キュ]【旧知】名 昔からの知りあい。昔なじみ。「—の仲」

きゅう-ち [キュ]【窮地】名 くるしい立場・境遇。「—を脱する」

きゅうち-しん [チ]【求知心】名 自分の知識をひろめたいと思うこころ。知識欲。

きゅう-ちゃく ⓪【吸着】名自他サ 吸いつくこと。

きゅう-ちゅう [キュ]【宮中】名 天皇のすまいのある所。禁中。**—三殿**(さんでん) [サ]/[キュ] 名 賢所(かしこどころ)・皇霊殿(こうれいでん)・神殿の総称。

きゅうちゅう-るい [チュ]【吸虫類】名 扁形(へんけい)動物の一つ。脊椎(せきつい)動物の消化器官などに寄生する。

きゅう-ちょ [キュ]【旧著】名 以前に書いた著書。↔新著。

きゅう-ちょう ⓪【急潮】名 流れのはやい海流。

きゅう-ちょう ⓪【急調】名 ⇒きゅうちょうし。

きゅう-ちょう ⓪/[キュ]【級長】名 戦前の学校で、学級を代表する生徒・児童。参考 今は「学級委員」などという。

きゅう-ちょう ⓪【窮鳥】名 追いつめられたとり。**—懐**(ふところ)**に入**(い)**る** 追いつめられて逃げ場をうしなった人が、救いをもとめにくるたとえ。

きゅう-ちょうし [チョ]【急調子】名 急な調子。はやいしらべ。急テンポ。

きゅう-つい ⓪【急追】名他サ ❶いそいで追うこと。❷はげしくつめよること。「やつぎばやな質問で—する」

きゅう-てい ⓪【宮廷】名 皇帝・帝王のごてん。宮中。**—文学**(ぶんがく) [ブ]名 宮廷に権力と文化の中心のあった時代に、そこを中心としてさかえた文学。日本では、平安時代の文学で、宮中の生活をえがいたもの。

きゅう-てい ⓪【休廷】名自サ 法廷の裁判をやすむこと。

キューティクル [キュ]〈cuticle〉名 ❶髪の毛の表面をおおっているうろこ状の膜。❷つめの付け根のうすい皮。甘皮。

きゅうてい-たいりょ [タ]【九×鼎大▲呂】名[文章語]「九鼎」は古代中国の夏(か)の国の禹王(うおう)が黄金でつくったかなえ、「大呂」は周の大廟(たいびょう)の大鐘。貴重な宝。重要な地位。

きゅう-てき ⓪【×仇敵】名 てき。かたき。あだ。

きゅう-てん ⓪【九天】名[文章語] ❶中国で、天を九つの方位にわけた名称。❷天。大空。❸宮中。

きゅう-てん ⓪【×灸点】名 ❶灸をすえるところに、墨でつけるしるし。灸穴。❷灸をすえること。

きゅう-てん ⓪【急転】名自サ にわかにかわること。「事態が—する」**—直下**(ちょっか) [チョ]名 にわかに形勢がかわり、解決に向かうこと。「—解決する」

きゅう-でん ⓪【急電】名 いそぎの電報。

きゅう-でん ⓪【宮殿】名 天皇・皇帝のすまい。ごてん。

きゅう-でん ⓪【休電】名自サ 電力の供給をやすむこと。

きゅう-でん ⓪【給電】名自サ 電力を供給すること。

きゅう-テンポ [テ]【急テンポ】名 調子が急なこと。急速に進むこと。

きゅう-と [キュ]【旧都】名 昔のみやこ。古都。「—奈良」

キュート [キュ]〈ᵊcute〉形動 ダロ・ダッ・デ・ニ／ダナ・ナラ・⓪ いかにも軽快で、かわいいようす。おもに若い女性について言う。「—な女の子」

きゅう-とう ⓪【旧冬】名[文章語] 去年の冬。昨冬。新年

きゅう-とう ⓪【旧×套】名[文章語] ふるい形式・物ごと。旧態。「—を脱する」

きゅう-とう ⓪【急騰】名自サ 急に相場・物価があがること。↔急落。

きゅう-とう ⓪【給湯】名自サ お湯を供給すること。

きゅう-どう [キュ]【弓道】名 弓を射る術。弓術。

きゅう-どう ⓪【旧道】名 昔からある道。ふるい道。↔新道。

きゅう-どう ⓪【求道】名 真理のみちをもとめること。ぐどう。

きゅう-どう ⓪【球道】名 ❶野球で、投手の投げたボールの通る道すじ。❷野球の道。武道・芸道などと同じように見ていう語。「—一筋に精進する」

ぎゅう-とう ⓪【牛刀】名 うしを切りさくかたな。**—をもって鶏**(にわとり)**を割**(さ)**く** 小さなことをあつかうのに大げさな手段を用いることのたとえ。

ぎゅう-とう ⓪【牛痘】名 うしのほうそう。その痘毒を人間の種痘に用いる。

ぎゅう-どん ⓪【牛丼】名 牛肉をねぎなどと煮て、しるとともにご飯にかけたもの。牛飯(ぎゅうめし)。

ぎゅう-なべ ⓪【牛鍋】名 ❶牛肉を煮る鍋。❷牛肉をねぎ・とうふなどと、鍋で煮ながら食べる料理。すきやき。冬

きゅう-なん ⓪【急難】名 思いがけない突然の災難。

きゅう-なん ⓪【救難】名 災難にあった人をすくうこと。

ぎゅう-にく ⓪【牛肉】名 食用のうしの肉。ぎゅう。

ぎゅうにくとじゃがいも《牛肉と馬鈴薯》国 木田独歩(くにきだどっぽ)の小説。一九〇一年発表。理想と現実になやむ青年の姿をえがいたもの。

きゅう-にゅう ⓪【吸入】名他サ ❶吸いこむこと。「酸素—」❷治療のために、薬液を霧のように出して、のどや鼻孔から吸い込ませること。

ぎゅう-にゅう ⓪【牛乳】名 うしのちち。脂肪・たんぱく質など栄養に富む。飲料の他、バター・チーズにする。ミルク。

きゅう-ねん ⓪【旧年】名 去年。昨年。「—中はおせわになりました」新年 ↔新年。

きゅう-は [キュ]【旧派】名 ↔新派。❶昔からの流派。❷旧劇。かぶきしばい。

きゅう-は [キュ]【急派】名他サ[文章語] いそいで人をさしむけること。「援軍を—する」

きゅう-ば [キュ]【弓馬】名[文章語] 弓と馬。武術。**—の家**(いえ) 武士のいえがら。武家。**—の道**(みち) 武士のおさめるべき道。武芸。武技。

きゅう-ば ⓪【急場】名 さしせまった場合。「—のまにあわせ」**—×凌**(しの)**ぎ** [シ]名 急場にまにあわせること。一時しのぎ。

キューバ《Cuba》❶カリブ海の大アンチル諸島の中の最大の島。キューバ島。❷キューバ島とその属島からなる共和国。首都はハバナ。

ぎゅう-ば [キュ]【牛馬】名 うしとうま。

きゅう-はい ⓪【朽廃】名自サ[文章語] くちすたれること。

きゅう-はい ⓪【九拝】名他サ ❶いくども礼拝して、敬意をあらわすこと。「三拝—してたのみこむ」❷手紙の終わりに書いて、敬意をあらわす語。

きゅうはい-すい [ハ]【給排水】名 必要な水を供給することと、不要になった水を流しだすこと。給水と排水。

きゅう-はく ⓪【急迫】名自サ さしせまること。せっぱつまること。「事態は—をつげる」

きゅう-はく ⓪【窮迫】名自サ さしせまってこまること。まずしくて生活にくるしむこと。困窮。「—した生活」

きゅう-ばく ⓪【旧幕】名 明治維新以後に、徳川幕府をさしていった語。

きゅう-はっしん [ハ]【急発進】名自サ 自動車などを、突然高速で走りださせること。

きゅう‐はん ⓪【旧版】名 出版物の版をあらためる前の、もとの版。↔新版。
きゅう‐はん ⓪【旧藩】名 明治維新以後に、江戸時代の藩をさしていった語。
きゅう‐はん ⓪【急坂】名 傾斜の急な坂。
きゅう‐ばん ⓪【吸盤】名 ❶動物のからだにある、くぼんでいて他の物に吸いつく器官。たこ・いかなどの足にある。❷ゴムなどで❶のように作ったもの。壁面などに押しつけて、物を固定するのに使う。
きゅう‐ひ キュ【×厩肥】名 家畜の糞尿(ふんにょう)と、しきわらなどを腐らせてつくった肥料。うまやごえ。
きゅう‐ひ ⓪/キュ【給費】名自サ ❶費用をあたえること。また、その費用。❷学資としてあたえるかね。「—生」
ぎゅう‐ひ ⓪【牛皮】名 ❶うしのかわ。❷【▲求肥】むした白玉粉に、砂糖と水あめをくわえてねりかためた、やわらかで弾力のある生菓子(なまがし)。もちに似た和菓子。
キュービズム ビ〈cubism〉名 二〇世紀はじめの絵画運動。立体派。キュビスム。
キューピー キュ〈Kewpie〉名 キューピッドをこっけい化した、はだかで頭がとがり、目の大きい人形。もとは商標名。
きゅう‐ひつ ⓪【休筆】名自サ 作家などが執筆活動を一時休むこと。「—宣言」
キュービック〈cubic〉造 立方体。「—ブロック」
きゅう‐ピッチ ビ【急ピッチ】名 急な調子・速度。
キューピッド《Cupid》恋愛の神。ギリシャ神話のエロス。はだかで背に翼がはえ、手に弓をもったこどもの姿であらわされる。
きゅう‐びょう ⓪【急病】名 とつぜんおこる病気。急症。
きゅう‐ひん ⓪【救貧】名 貧困から人々をすくうこと。
きゅう‐びん ⓪【急便】名 至急の通信・運送。
きゅう‐ふ ⓪【休符】名 ➡きゅうしふ。
きゅう‐ふ ⓪/キュ【給付】名他サ 供給交付すること。金品をあたえること。「療養費の—」
きゅう‐ぶ ⓪【休部】名自サ 部や部員が、活動を一時やめること。「—届を出す」
キューブ キュ〈cube〉名 ❶立方体。❷角砂糖や固形のスープのもとなど、立方体の形をした食品。
きゅう‐ふう ⓪【旧風】名 古いしきたり。昔の風習。
きゅう‐ぶん ⓪【旧聞】名 古くなった話。「—に属する」
ぎゅう‐ふん ⓪【牛×糞】名 うしのふん。

きゅう‐へい ⓪【旧弊】㊀名 古くからある弊害。「—を改める」㊁形動 古い風習・思想をまもること。「—な老人」
きゅう‐へん ⓪【急変】㊀名自サ にわかにかわること。「病状の—」㊁名 急の事変。「国境の—」
きゅう‐ぼ キュ【急募】名他サ いそいで募集すること。
ぎゅう‐ほ キュ【牛歩】名 うしのあゆみ。のろい進みかた。—戦術(せんじゅつ) セ名 議会における議事妨害手段の一つ。反対派が時間かせぎのためにおこなう、のろのろ投票。
きゅう‐ほう ⓪【旧法】名 古い法令・方法。↔新法。
きゅう‐ほう キュ【臼砲】名 砲身が口径に比べて非常に短く、弾道が大きくわん曲する大砲。
きゅう‐ほう ⓪【急報】名他サ いそいで知らせること。
きゅう‐ぼう ⓪【窮乏】名自サ ひどい貧乏にくるしむこと。
きゅう‐ぼん ⓪【旧盆】名 陰暦のうら盆。
キューポラ ⓪〈cupola〉名 鋳物用の銑鉄(せんてつ)をとかす炉。溶銑炉(ようせんろ)。
きゅう‐みん ⓪【救民】名 くるしんでいる人民をすくうこと。
きゅう‐みん ⓪【窮民】名 くらしにこまっている人々。
きゅう‐みん ⓪【休眠】名自サ ❶動植物がある期間、活動や成長をやすむこと。冬眠など。❷活動を停止していること。「—組織」
きゅう‐む キュ【急務】名 いそいでやるべきこと・仕事。「目下の—」
きゅう‐めい ⓪【旧名】名 以前の名称。旧称。
きゅう‐めい ⓪【救命】名 人命をたすけまもること。—具(ぐ) ⓪名 溺死(できし)などをふせぎ、人命救助に役だてる器具。—艇(てい) ⓪名 本船にのせておき、本船が遭難したときに人の救助に使う、大型のボート。ライフボート。
きゅう‐めい ⓪【究明】名他サ つきつめて調べ、あきらかにすること。「原因を—する」
きゅう‐めい ⓪【糾明】【×糺明】名他サ 罪・不正などをただし、あきらかにすること。「違法行為を—する」
きゅう‐めん ⓪【球面】名 ❶球の表面。❷一定点から等距離の空間にある点の集合。
きゅう‐もん ⓪【糾問】【×糺問】名他サ 罪や悪事を問いただすこと。
きゅう‐やく ⓪【旧約】名 ↔新約。❶ずっと以前にかわした約束。❷旧約聖書。—聖書(せいしょ) セ名 キリスト教の経典の一つ。もとユダヤ教の聖典で、キリスト教にとり入れられたもの。キリスト以前の神の古い約束をつげた聖書の意。↔新約聖書。

きゅう‐やく ⓪【旧訳】名 ずっと以前に訳したもの。古い訳。↔新訳。
きゅう‐ゆ ⓪【給油】名自サ ❶燃料の油を補給すること。❷機械の動く部分に油をさすこと。
きゅう‐ゆう ⓪【旧友】名 古くからの友人。故旧。
きゅう‐ゆう ⓪【旧遊】名〔文章語〕昔その地に旅行したこと。「—の地」
きゅう‐ゆう ⓪【級友】名 同じ学級の友人。クラスメート。
きゅう‐よ キュ【窮余】名 困りはてたうえのこと。苦しまぎれ。「—の手段」—の一策(いっさく) 苦しまぎれに思いついた一つの手段。
きゅう‐よ キュ【給与】㊀名他サ あたえること。また、そのもの。「制服を—する」㊁名 官公庁・会社などで支給される給料・諸手当ての総称。「公務員—」⇩給料 参考。—所得(しょとく) ショ名 官公庁や会社などから受け取った給与による所得。
きゅう‐よう ⓪【急用】名 いそぎの用事。
きゅう‐よう ⓪【休養】名自サ 心身をやすませ、元気を養うこと。「十分な—をとる」
きゅう‐よう ⓪【給養】名他サ〔文章語〕❶物を与えて養うこと。❷軍隊で人馬に衣服・食料などを与えること。
きゅう‐らい キュ【旧来】名 古くから。従来。「—の風習」
きゅう‐らい ⓪【救×癩】名 ハンセン病患者を治療し、その苦しみからすくうこと。
きゅう‐らく キュ【及落】名 及第と落第。「—決定の会議」
きゅう‐らく ⓪【急落】名自サ 相場・物価がにわかにさがること。↔急騰。
ぎゅう‐らく ⓪【牛酪】名 バター。乳酪。
きゅうり キュ【×胡×瓜】(きうり) 名 ウリ科の一年生植物。実(み)は細長く食用。夏
きゅう‐り【久離・旧離】名〔古語〕江戸時代、農民・町人が官にとどけて、子弟と親族の縁を切ったこと。勘当(かんどう)。「—を切る」
きゅう‐り キュ【究理】名〔文章語〕物事の道理をきわめ知ること。

き

きゅうり-もみ[リ]【×胡×瓜×揉み】名 きゅうりをうすくきざんで塩でもみ、三杯酢(さんばいず)にひたした料理。夏

きゅう-りゅう◎【×穹×窿】名〔文章語〕〔「穹」は大空、「窿」は空のまるいようす〕❶晴れた空のようす。青空。❷円形の天井、または、屋根。ドーム。

きゅう-りゅう◎【急流】名 水勢の激しいながれ。奔流。

きゅう-りょう◎【丘陵】名 起伏のなだらかな低い山が続く地形。おか。「多摩―」参考「丘陵」は山地と平野の中間にあるものにいうことが多い。「台地」は、平野や盆地の中で、一段と高い地域をいう。

きゅう-りょう◎【旧領】名 もとの領土・領地。

きゅう-りょう[キュ]【給料】名 勤労に対して、使用者から支払われる金銭。「―が上がる」「―の前借り」参考「給与」が正式な名称であるのに対し、日常語として使われる漢語。

きゅうりょう-き[リョ]【休漁期】名 ⇒きゅうぎょき。

きゅう-れい◎【急冷】名自他サ 急にひえること。急にひやすこと。

きゅう-れき◎【旧暦】名 太陰暦のこと。↔新暦。

きゅう-れき◎【球歴】名 野球・テニスなどの球技に関する経歴。「―十年」

きゅう-ろう◎【旧×臘】名〔文章語〕〔「臘」は陰暦十二月〕前の年の十二月。新年

きゅっ-と[キュ]副 強くしめるようす。「―口を結ぶ」

ぎゅっ-と◎/[ギュ]副 強くしめたり、押さえつけたりするようす。「―押さえ込む」

キュラソー[ラ]〈ᶠcuraçao〉名 オレンジの皮のエッセンスで味をつけた、苦味のある洋酒。リキュール酒の一種。

キュリー[キュ]〈ᶠcurie〉名〔フランスの物理学者の名から〕放射能の単位。記号は「Ci」。国際単位系ではベクレル。⇩ベクレル。

キュレーション[レ]〈curation〉名 ❶博物館・美術館などの展示企画。❷情報などを特定のテーマに沿って集めること。

キュレーター[レ]/◎〈curator〉名 博物館・美術館などで、展示物の収集や展覧会の企画・構成・運営を行う専門職。

キュロット[キュ]〈ᶠculotte〉名 半ズボン。また、ズボン式の女性用スカート。

きゅん-と[キュ]副自サ 感動や気持ちの高ぶりから、胸がしめつけられるような気持ちになるようす。「胸が―する」

きょ【去】造 ❶さる。すぎゆく。はなれる。「去就・去年・去来・辞去・退去」❷しぬ。「死去・逝去」❸とりさる。のぞく。「去勢・消去・除去・撤去」❹漢字の四声の一つ。「去声(きょしょう/きょせい)」[別音こ|去]

きょ【巨】造 ❶おおきい。「巨人・巨大・巨木」❷かずが多い。「巨額・巨費・巨万」❸ぬきんでている。「巨匠・巨頭」

きょ【拒】造 こばむ。ふせぐ。ことわる。「拒絶・拒否」

きょ【拠】造 ❶よる。もとづく。「拠点・拠城・準拠・占拠」❷よりどころ。「根拠・典拠・本拠・論拠」❸出し合う。「拠金・拠出」[別音こ|拠]

きょ【許】造 ❶ゆるす。みとめる。「許可・許諾・許容・特許・免許」❷ばかり。おおよそ。「許多(きょた)」

きょ【×渠】造 ❶みぞ。ほりわり。「暗渠・溝渠・船渠」❷かしら。頭領。「渠魁(きょかい)」

きょ【距】造 へだたる。はなれる。「距離」

きょ【×墟】造 あと。栄えたあと。「廃墟」

きょ【居】㊀[キョ]名造 すまい。「―をかまえる」「居室・住居」㊁造 ❶いる。すむ。「居留・隠居・寄居・転居」❷すわる。「起居」

きょ[キョ]【挙】名造 ❶あげる。あがる。「挙手・挙例」❷ふるまい。「反撃の―に出る」「挙措(きょそ)・挙動」❸おこなう。くわだて。「挙行・挙式・快挙・暴挙」❹すすめる。おす。「挙用・推挙・選挙」❺ならべたてる。「枚挙・列挙」❻こぞって。ともに。「挙党・挙国一致・一挙」❼とらえる。「検挙」

きょ【虚】㊀[キョ]名造 ❶ゆだん。不用意。「相手の―をつく」❷うそ。「―と実」「虚偽・虚言・虚実・虚像」↔実。㊁造 ❶むなしい。なにもない。「虚心・虚無・空虚・謙虚」❷うわべ。みえ。「虚栄・虚勢・虚礼」❸よわい。おとろえる。「虚弱・虚脱・腎虚(じんきょ)」[別音こ|虚]

きよ[キ]【毀誉】名〔文章語〕そしることと、ほめること。**―褒×貶(ほうへん)**[キ]名〔「褒」は、ほめる。「貶」は、けなす〕悪口を言うことと、ほめること。悪評と好評。「―を気にするな」

きよ[キ]【寄与】名自サ 役にたつこと。貢献すること。「平和に―する」

ぎょ【魚】造 さかな。うお。「魚影・魚介・魚群・魚類・金魚・鮮魚・深海魚・熱帯魚」

ぎょ【御】㊀造 ❶あつかう。つかさどる。おさめる。「御史・御者・制御・統御」❷ふせぐ。まもる。「防御」㊁造接頭 ❶尊敬または丁寧の意をあらわす。「御意・御慶」❷天子に関することにいい、尊敬の意をあらわす。「御製・御物・御影」㊂造接尾 天子またはそれに準ずる人の動作であることをあらわす。「渡御・出御・崩御」[別音ご|御]

ぎょ【漁】造 ❶魚や貝をとる。「漁業・漁船・漁村・漁猟」❷あさる。追い求める。「漁色」[別音りょう|漁]

ぎょ【×禦】造 ふせぐ。まもる。「制禦・防禦」

きょ-あく[キョ]【巨悪】名 大きな悪。きわめて悪い存在。「―の根源」

きょ-い[キョ]【虚位】名〔文章語〕実権のない地位。

きよ・い[ヨ]【清い】【▲浄い・▲潔い】形 カロ・カッ・ク／イ・イ・ケレ・○ ❶にごりがない。よごれがない。「―流れ」❷純粋である。正しい。けがれがない。「―心」❸気持ちがよい。さわやかだ。さっぱりしているようす。「昔のことは清く水に流してつきあう」**清さ**名 **きよ・し**文語ク

ぎょ-い[ギョ]【御衣】名〔文章語〕天皇や皇族など、身分の高い人の衣服。

ぎょ-い◎【御意】名 ❶お考え。おぼしめし。「―に従う」❷おさしず。「―をあおぐ」**―に召(め)す** **―に入(い)る** お気にいる。**―を得(え)る** ❶お考えをさずかる。おさしずを受ける。❷ご満足をいただく。

きょう【×兇】造 わるい。あらあらしい。きずつける。「兇悪・兇器・兇行・兇暴・元兇」

きょう【共】造 ❶とも。ともに。いっしょに。「共演・共同・共有・公共」❷「共産主義」「共産党」の略。「日共・反共・容共」

きょう【×匡】造 ただす。ただしくする。「匡正」

きょう【叫】造 さけぶ。わめく。なく。「叫喚・絶叫」

きょう【狂】造 ❶くるう。気がちがう。「狂気・狂犬・発狂」❷くるおしい。ふつうでない。「狂喜・狂騒・狂暴・熱狂」❸物事に夢中になること・人。マニア。「競馬狂」

きょう【享】造 うける。うけいれる。おさめる。「享受・享年・享有・享楽」

きょう【供】造 ❶そなえる。ささげる。「供花(きょうか/くげ)」❷さし出す。あたえる。「供給・供出・供託金・提供・試供品」❸のべる。「供述・自供」❹もてなす。「供宴・供応」**供する** 他サ [別音く|供]

きょう【協】造 ❶かなう。力をあわせる。いっしょにする。「協調・協同・協力・妥協」❷話しあう。まとめる。「協

議・協商・協定・協約」❸「協会」「協同組合」の略。「生協・農協」

きょう【×怯】 造 おびえる。おじける。「怯懦・卑怯」

きょう【況】 造 ❶ようす。状態。「概況・近況・実況・状況・盛況」❷くらべあわせる。たとえる。「比況」

きょう【×俠】 造 おとこだて。自分を捨てて正義をおこなう人。「俠客・俠気・義俠・任俠」

きょう【峡】 造 かい。はざま。たにあい。「峡谷・峡湾・海峡・山峡・地峡」

きょう【挟】 造 はさむ。「挟撃」

きょう【×拱】 造 こまねく。「拱手傍観」

きょう【狭】 造 せまい。せばめる。せばまる。「狭隘・狭軌・狭義・広狭・偏狭」

きょう【×矜】 造 ほこる。「矜持」

きょう【恐】 造 ❶おそれる。こわがる。「恐慌・恐怖」❷かしこまる。つつしむ。「恐悦・恐縮・恐恐謹言」❸おどかす。「恐喝」❹おそろしい。こわい。「恐竜」

きょう【恭】 造 うやうやしい。つつしむ。「恭賀・恭倹・恭順」

きょう【胸】 造 ❶むね。「胸囲・胸骨・胸部・気胸」❷ちぶさ。「豊胸術」❸こころ。かんがえ。「胸中・胸底・度胸・満胸」

きょう【脅】 造 おびやかす。強い力でせまる。「脅威・脅迫」

きょう【▲脇】 造 わき。そば。「脇侍・脇息」

きょう【教】 ㊀造 ❶おしえる。おそわる。みちびく。さとす。「教育・教授・示教・胎教」❷宗教。「教会・教義・教祖・説教・布教」㊁造 接尾 宗教の一派。「道教・密教・イスラム教・キリスト教・ヒンズー教」

きょう【×梟】 造 ❶つよい。「梟悪・梟雄」❷さらす。「梟首・梟木」

きょう【×竟】 造 ❶おわる。おわり。「竟宴・究竟」❷ついに。とうとう。「畢竟」

きょう【郷】 造 ❶ふるさと。「郷愁・郷土・郷里・帰郷・故郷・同郷」❷ところ。土地。場所。「異郷・仙郷・温泉郷・桃源郷・理想郷」[別音ごう|郷]

きょう【×喬】 造 たかい。「喬木」

きょう【×僑】 造 故郷をはなれて他国にいる人。「華僑」

きょう【×嬌】 造 ❶なまめかしい。「嬌声・嬌態」❷かわいらしい。「愛嬌」

きょう【橋】 造 はし。「橋脚・橋梁・架橋・鉄橋・歩道橋」

きょう【▲頰】 造 ほお。ほほ。ほっぺた。「豊頰」

きょう【矯】 造 ❶ためる。なおす。ただす。「矯正・矯風」❷はげしい。「矯激・奇矯」

きょう【鏡】 造 ❶かがみ。「鏡像・鏡台・破鏡・凹面鏡・三面鏡」❷レンズをつかった器具。「拡大鏡・双眼鏡・望遠鏡」

きょう【競】 造 きそう。せる。あらそう。「競技・競合・競争・競売」[別音けい|競]

きょう【響】 造 ひびく。こだまする。つたわる。「影響・音響・交響・残響・反響」

きょう【×饗】 造 もてなす。ふるまう。宴会する。「饗宴・饗応」

きょう【驚】 造 おどろく。おどろかす。びっくりする。「驚異・驚愕・驚嘆・一驚・喫驚」

きょう【×驕】 造 おごる。いばる。「驕児・驕奢・驕慢」

きょう【凶】 ㊀ キョ 名 造 えんぎがわるいこと。不吉。「うらないが―と出る」「凶事・凶兆・吉凶・大凶」↕吉。㊁造 ❶作物のみのりがわるいこと。「凶作・凶年」❷わるい。あらあらしい。「凶悪・凶暴・元凶」❸傷をつける。傷つけるもの。「凶器・凶刃・凶弾」

きょう【京】 ㊀ キョ 名 造 ❶みやこ。帝都。「帰京・上京」❷京都。「京風・京料理・西京」❸兆の万倍。けい。㊁造 東京。「在京・上京」[別音けい|京] **―の着倒れ** 京都の人は、ぜいたくな衣服を着るために、財産をうしなうという傾向があるということ。「―、大阪の食い倒れ」 **―の夢大阪の夢** ❶夢の話をする前のとなえことば。❷江戸いろはガルタで、最後の句。

きょう キョ 〇【香】名 造 将棋のこまの一つ。「香車」[別音こう|香]

きょう【強】 ㊀ キョ 名 造 ↕弱。❶つよいこと。また、そのもの。「強靭・強大・屈強・列強」❷その数よりも、少し多いことをしめす。たとえば、「一・三二」を「一・三強」という類。㊁造 ❶つよめる。つよまる。「強化・強兵・増強・補強」❷しいる。無理をしておこなう。「強圧・強制・強迫・勉強」[別音ごう|強]

きょう【経】 ㊀ 〇 名 造 仏の教えを書いた書物。「―を読む」「経典・経文・写経・説経・大蔵経」㊁造 聖人の教えや言行を著した書物。経書。「四書五経」[別音けい|経]

きょう キョ【×卿】名 造 ❶太政官の八省の長官。❷大納言・中納言・三位以上の人。❸参議と三位以上の人を尊敬していう語。「公卿」❹英語のサー(Sir)の訳語。「チャーチル―」[別音けい|卿]

きょう【境】 ㊀ キョ 名 造 ❶区域。国。世界。「無人の―」「異境・仙境・秘境」❷状態。立場。「さとりの―に入る」「境涯・境遇・境地・佳境・環境・心境・老境」㊁造 さかい。しきり。「境界・越境・国境」

きょう 〇【興】名 造 ❶おもしろみ。「―をおぼえる」「興趣・興味・一興」❷たわむれ。なぐさみ。「一時の―」「座興・即興・余興」[別音こう|興]

きょう キョ【きょう・今日】名 この日。いまの日。こんにち。参考 あらたまった場面では、「こんにち」「ほんじつ」という。

きよう 〇【紀要】名 大学・研究所などで定期的に出す研究報告書。ふつう年に一回出す。

きよう 〇【起用】名 他サ 人をとりたてて、重く用いること。「若手を―する」

きよう キ【器用】形動 ダロ・ダッ・デ・ニ ダ・ナ・ナラ・〇 ↕不器用。❶こまかい仕事をうまくやるようす。「手先が―な人」❷うまくたちまわるようす。「―に世をわたる」 **―貧乏** ヒ 名 器用でいろいろできるために、一つのことに集中できず、かえって損をすること。また、その人。

ぎょう【仰】 造 ❶あおぐ。見あげる。「仰角・仰視・仰天・俯仰」❷あがめる。うやまいしたう。「仰望・欽仰・―」[別音こう|仰]

ぎょう【形】 造 ❶かたち。かた。「人形」❷からだ。かお。「形相」[別音けい|形]

ぎょう【暁】 造 ❶あかつき。「暁光・暁天・今暁・春暁・早暁」❷さとる。よく知る。「通暁」

ぎょう【凝】 造 ❶かたまる。「凝結・凝固・凝集」❷こらす。心をひとつにする。「凝視」

ぎょう【行】 ㊀ ギョ 名 造 ❶文字のたて・よこのならび。くだり。「行間・行頭・改行・別行」❷仏教で、悟りを開くために心身をきたえること。「無言の―」「行者・荒行・苦行・修行」❸書体の一つ。行書。↕楷・真・草。❹宇宙に存在する基本的な物質。「五行」㊁造 ❶あるく。すすむ。「行商・行列」❷おこなう。ふるまう。「行事・行状・行政・興行」[別音こう|行]

き

ぎょう【業】一 ギョ 名 造 ❶なすべき仕事。生活の方法。「文筆を―とする」「終生の―」「業績・業務・偉業・作業・失業」❷学業。「―を終える」「授業・卒業」二 造 生産のためのいとなみ。「業界・業者・工業・産業」[別音ごう|業]

ぎょう-う ギョ **【御宇】** 名 文章語 天子のおさめる御世(みよ)。

ぎょう《堯》 中国古代伝説上の理想的帝王の名。

ぎ-よう ⓪ **【儀容】** 名 文章語 礼儀にかなったすがた。容儀。

きょう-あい ⓪ **【狭×隘】** 形動 ダロ・ダッ・デ・ニ／ダ・ナ・ナラ・○ せまくるしいようす。「―な谷間」

きょう-あく ⓪ **【×梟悪】** 名 形動 文章語 わるがしこく、人の道にそむくこと。また、その人。

きょう-あく ⓪ **【凶悪】【×兇悪】** 形動 ダロ・ダッ・デ・ニ／ダ・ナ・ナラ・○ 残忍で、非常にわるいようす。極悪。「―な犯罪」

きょう-あす キョ **【今日明日】** けふ― 名 きょうかあす。ごく最近の日。「―に迫る」

きょう-あつ ⓪ **【強圧】** 名 他サ つよくおさえつけること。「大衆の運動を―する」

きょう-あん ⓪ **【教案】** 名 授業の教材・目的・方法などを書いたもの。指導案。

ぎょう-あん ⓪ **【暁×闇】** 名 文章語 明けがたの、まだ暗いとき。あかつきやみ。

きょう-い キョ **【胸囲】** 名 むねのまわりの長さ。

きょう-い キョ **【脅威】** 名 威力でおどすこと。「―を感ずる」

きょう-い キョ **【強意】** 名 意味を強めること。「―の接頭語」

きょう-い キョ **【教委】** 名 「教育委員会」の略。「県―」

きょう-い キョ **【驚異】** 名 おどろきふしぎに思うこと。また、そのことがら。「天体の―」参考「驚威」と書くのはあやまり。**―的**(てき) ⓪ 形動 おどろくべきようす。「―な新記録」

きょう-いき ⓪ **【境域】** 名 文章語 ❶一定の場所・分野。❷さかい。しきり。

きょう-いく ⓪ **【教育】** 名 他サ ❶おしえそだてること。❷未成熟者の心身のさまざまな才能を、一定の方法で十分に発育させること。**―委員会**(いいんかい) イ3 名 地方公共団体におかれた教育行政の機関。**―課程**(かてい) カ 名 児童・生徒の発達段階に応じて編成した教育の計画。カリキュラム。**―漢字**(かんじ) カ 名 小学校の期間に学習するように定められた漢字。学習指導要領の「学年別漢字配当表」に示された一〇二六字。学習漢字。**―刑**(けい)**主義**(しゅぎ) シュ 名 刑罰をあたえる目的は、犯罪者にその罪を悔い改めさせ、二度と犯さないように教育することにあるという考え方。↕応報刑主義。**―者**(しゃ) ク/イ 名 教育の任にあたる人。教師。**―長**(ちょう) ク/イ 名 各地方教育委員会の、事務局の長。その地方の教育行政事務をつかさどる。**―勅語**(ちょくご) チョ 名 明治二三年(一八九〇)、国民の道徳・教育について下した勅語。**―的**(てき) ⓪ 形動 教育上重要なようす。教育上効果のあるようす。教育の立場から考えるようす。**―ママ** マ1 名 こどもの教育に異常な熱意を示す母親を、皮肉の意をこめてよぶ語。父親の場合には、「教育パパ」という。

きょう-いん ⓪ **【教員】** 名 学校や教習所などで授業をする人。教師。先生。参考「教員」は、教育機関で教育をおこなう人の総称。大学の教授・准教授・講師・助教、高等学校・中学校・小学校の教論など。国立学校の教員をとくに「教官」とよぶこともある。「教師」は、「教員」よりも意味が広く、教える職業の人一般をさす。

きょう-う キョ **【強雨】** 名 はげしく降る雨。

きょう-うん ⓪ **【強運】** 名 運が強いこと。恵まれた運勢。

ぎょう-うん ⓪ **【暁雲】** 名 文章語 明けがたのくも。

きょう-えい ⓪ **【共栄】** 名 ともにさかえること。「共存―」

きょう-えい ⓪ **【競泳】** 名 自サ 水泳の競争。㊈

きょう-えい ⓪ **【競映】** 名 他サ 二つ以上の映画を同時に公開して、客の入りをあらそうこと。

きょう-えき ⓪ **【共益】** 名 共同の利益。

きょう-えつ ⓪ **【恐悦】** 名 自サ 文章語 つつしんでよろこぶこと。「―しごくに存じます」

きょう-えん ⓪ **【供宴】【×饗宴】** 名 文章語 もてなしの酒宴。

きょう-えん ⓪ **【×竟宴】** 名 (「竟」は終わりの意)宮中で、儀式・講義、勅撰(ちょくせん)集の編集などが終わったとき開く宴会。

きょう-えん ⓪ **【共演】** 名 他サ 主役格として二人以上がいっしょに出演すること。

きょう-えん ⓪ **【競演】** 名 他サ 演劇・音楽やスポーツなどで演技のうまさをきそい合うこと。

きょう-おう ⓪ **【胸奥】** 名 文章語 深い心の中。

きょう-おう ⓪ **【供応】【×饗応】** 名 他サ 酒や食事をふるまい、もてなすこと。接待。

きょう-おく ⓪ **【胸臆】** 名 文章語 むね。心の中。

きょう-おん ⓪ **【×跫音】** 名 文章語 あしおと。「空谷(くうこく)の―」

きょう-おんな オ **【京女】** をんな― 名 京都の女性。京都の美人。「あずま男に―」

きょう-か キョ **【狂歌】** 名 江戸時代後期におこなわれた、しゃれ・こっけいを主とした短歌。↕本歌。

きょう-か キョ **【供花】** 名 ❶死者の前や霊前にそなえる花。❷⬇くげ(供華)。

きょう-か キョ **【教科】** 名 学校でおしえる授業の内容を分けたもの。国語・理科・数学など。**―書**(しょ) カ 名 各教科の教材として使用される書物。テキストブック。**―書体**(しょたい) ⓪ 名 教科書で使われる、手書き文字の特徴を生かした活字書体。⇩書体❸(図)。

きょう-か キョ **【強化】** 名 他サ つよくすること。「チームを―する」↕弱化。**―合宿**(がっしゅく) ガ 名 集団で同じ宿舎に寝泊りし、スポーツや研修などの成果を上げようとすること。**―ガラス** ガ 名 特別な加熱処理をし、衝撃にたえるようにした板ガラス。割れると粒状になる。**―食**(しょく) カ 名 不足する栄養素を人工的に補った食べ物。強化米・強化みそなど。**―米**(まい) ⓪ 名 ビタミンB_1・B_2・カルシウムなどを加えた米。

きょう-か キョ **【教化】** 名 他サ (「きょうげ」と読めば別語)人をよい方向におしえみちびくこと。「社会を―する」

きょう-が キョ **【恭賀】** 名 文章語 うやうやしく祝うこと。謹賀。**―新年**(しんねん) シ あいさつ 年賀状の文句。うやうやしく新年を祝うという意味。謹賀新年。⇩賀正(がしょう) 参考。

ぎょう-が ギョ **【仰×臥】** 名 自サ あおむいて寝ること。↕伏臥・横臥・側臥。

きょう-かい ⓪ **【協会】** 名 会員が力をあわせて経営・維持する会。

きょう-かい ⓪ **【胸懐】** 名 文章語 胸のうち。心。胸襟。

きょう-かい ⓪ **【教会】** 名 ❶宗教を同じくする人々の組織。❷説教・礼拝・儀式などをするための建物。教会堂。

きょう-かい ⓪ **【境界】** 名 (「きょうがい」と読めば別語)さかいめ。しきり。けいかい。**―線**(せん) ⓪ 名 しきりを示す線。

きょう-かい ⓪ **【教戒】【教×誡】** 名 他サ 文章語 教えにそむかないようにいましめること。

きょう-かい ⓪ **【教×誨】** 名 他サ 文章語 教えさとすこと。

―師[カ][名] 刑務所で、受刑者などに罪をくいあらためるように教えさとす人。

きょう-がい [0]【境界】[名]（「きょうかい」と読めば別語）❶〖仏〗果報としてうける境遇。❷境遇。身分。

きょう-がい [0]【境涯】[名] 地位。境遇。身の上。「幸福な―」

ぎょう-かい [0]【業界】[名] 同じ産業に関係する人々の社会。同業社会。「―の情報」 **―紙**[カ][名] 業界に関する記事をあつかう新聞。

ぎょう-かい [0]【凝塊】[名][文章語] こりかたまった、かたまり。

ぎょうかい-がん [カ]【凝灰岩】[名] 火山の噴出物がこりかたまってできた、灰白・灰黒色の岩石。建築・土木用。

きょう-かく [0]【×侠客】[名] 強者をくじき弱者をたすけることを看板とした男。おとこだて。

きょう-かく [0]【胸郭】[名] 胸部の骨格。 **―成形術**[ケ][名] 肺結核の外科的療法の一つ。肋骨を切りとり、肺を圧迫して、結核性の空洞をつぶす手術。

きょう-がく [0]【教学】[名] 教育と学問。

きょう-がく [0]【共学】[名][自サ] 男女が同じ学校・教室でいっしょにまなぶこと。「男女―」↕別学。

きょう-がく [0]【驚×愕】[名][自サ] ひどくおどろくこと。

ぎょう-かく [0]/[ギョ]【仰角】[名] 水平面と上方を見る視線とのなす角度。↕俯角。

ぎょう-かく [0]【行革】[名]「行政改革」の略。

ぎょう-がく [0]【行学】[名] 仏教の修行と学問。

きょう-かたびら [カ]【経×帷▲子】[名] 仏式で、死者をほうむるときに着せるうすい白地の着物。経文などを書く。

きょう-かつ [0]【恐喝】[名][他サ] おどしつけること。おどして金品をゆすること。

きょう-がのこ [ガ]【京鹿の子】[名] ❶京都で染めた、かのこしぼり。❷かのこもち。❸バラ科の多年生植物。夏、小さな紅色の花が咲く。観賞用。㊇

きょう-が・る [ガ]【興がる】[自五] ラ・ロ|リ・ッ|ル|ル|レ|レ おもしろがる。

きょう-かん [0]【凶漢】【×兇漢】[名] 凶悪な男。悪漢。

きょう-かん [0]【叫喚】[名][文章語] さけびわめくこと。「阿鼻―」 **―地獄**[ジ][名] 八大地獄の一つ。亡者が熱さにくるしみ、大声でさけびわめくという所。

きょう-かん [0]【峡間】[名][文章語] 谷あい。

きょう-かん [0]【胸間】[名][文章語] むねのうち。心の中。胸中。

きょう-かん [0]【教官】[名] 国立の学校や研修施設などで、学生・研修生などの教育・指導を行う人。⇩教員[参考]。

きょう-かん [0]【経巻】[名] 経文を書いた巻物。経文。

きょう-かん [0]【郷関】[名][文章語] ふるさと。郷里。

きょう-かん [0]【共感】[名][自サ] 他人と同じような感情・意見をもつこと。また、その気持ち。同感。「―を覚える」

ぎょう-かん [0]【行間】[名] 文章の行と行とのあいだ。「―をあける」 **―を読む** ことばに示されない、筆者の心を読みとる。

きょう-き [キョ]【共起】[名][自サ] 二つ以上の語が一つの文の中に同時に使用されること。「小鳥」と「さえずる」、「決して」と「来ない」のように、語彙的、文法的な関係により、起こりやすい組み合わせとそうでないものとの分布に差が生まれる。

きょう-き [キョ]【凶器】【×兇器】[名] 人を殺し、また、傷つける器具。

きょう-き [キョ]【狂気】[名] 気がくるうこと。↕正気。

きょう-き [キョ]【×侠気】[名] 強者をくじき弱者をたすける気性。おとこぎ。

きょう-き [キョ]【狭軌】[名] 鉄道で、レールの間隔が、一・四三五メートルよりせまいもの。↕広軌。[参考]新幹線を除くと日本の鉄道は、だいたい、狭軌を使用。

きょう-き [キョ]【強記】[名][文章語] 記憶力のつよいこと。「博覧―」

きょう-き [キョ]【狂喜】[名][自サ] 夢中になってよろこぶこと。「勝報に―する」「―乱舞」

きょう-き [キョ]【驚喜】[名][自サ] おどろきよろこぶこと。思いがけない結果にたいそうよろこぶこと。

きょう-ぎ [キョ]【狭義】[名] ことばのもつせまい意義。「―の解釈」↕広義。

きょう-ぎ [キョ]【教義】[名] 宗教上のおしえ。教理。

きょう-ぎ [0]【経木】[名] 木材を、紙のようにうすく広くけずったもの。食品をつつむのに使う。

きょう-ぎ [キョ]【競技】[名] ❶わざをきそい、優劣をあらそうこと。❷運動競技。スポーツ。「―場」

きょう-ぎ [キョ]【協議】[名][他サ] 寄りあって相談すること。

ぎょう-き [ギョ]【×澆季】[名][文章語]（「澆」は人情のうすいこと、「季」はすえ）人情のうすい、すえの世。末世。

ぎょう-ぎ [0]【行儀】[名] たちい・ふるまいの作法。

ぎょう-ぎ [ギョ]【凝議】[名][他サ] 熱心に相談すること。「夜ふけまで―する」

きょう-きゃく [0]【橋脚】[名] 橋をささえる柱。

きょう-きゅう [0]【供給】[名][他サ] ❶必要とされる物を渡しあたえること。❷販売・交換の目的で市場に商品を出すこと。↕需要。

きょうぎゅう-びょう [0]【狂牛病】[名] ⬇ビーエスイー。

きょう-きょう [0]【恐恐】【×兢×兢】[と副][たる連体] おそれつつしむようす。びくびく。「戦戦―としてくらす」

きょう-きょう [0]【恐恐】[あいさつ][文章語] おそれかしこまる意。手紙の終わりに使う。「―謹言」

きょう-ぎょう [0]【協業】[名][自サ] 一定の生産過程の業務を多数の者が協同して、計画的、組織的に行うこと。

ぎょう-きょう [0]【業況】[名] 産業ごと、または企業ごとに判断される景気の状況。「―悪化」

ぎょうぎょう-し [ギョ2]【行行子】[名] よしきり。㊇

ぎょうぎょう-し・い [ジ]【仰仰しい】[形] カロ・カッ・ク|イ・イ|ケレ|〇 おおげさだ。ぎょうさんだ。「―出迎えをうける」 **仰仰しさ**[名] **ぎょうぎゃう・し**[文語シク]

きょう-きん [0]【胸襟】[名] ❶胸とえり。❷胸のうち。 **―を開く** 思っていることを、かくさずうちあける。うちとけて話す。

きょう-く [キョ]【狂句】[名] 江戸時代後期におこなわれた、ことばのしゃれ・こっけいを主とした俳句形式の文句。

きょう-く [キョ]【教区】[名] 宗教をひろめるために設けた区域。

きょう-く [キョ]【恐×懼】[名][自サ]（「恐」も「懼」もおそれる）おそれかしこまること。「―して退出する」

きょう-ぐ [キョ]【教具】[名] 授業を進めるのに利用する道具。黒板・かけ図など。

きょう-ぐう [0]【境遇】[名] めぐりあった運命や状況。身の上。境涯。「めぐまれた―」

きょう-くん [0]【教訓】[名][他サ] ❶おしえさとすこと。いさめ。❷失敗などから得た知恵。「失敗がいい―になった」

きょう-げ [キョ]【教化】（「きょうか」と読めば別語）㊀[名][他サ] 仏の道によって人々をおしえみちびき、善にむかわせること。㊁[名] 法要で、仏前で朗唱する賛歌。

きょう-けい [0]【恭敬】[名][文章語] つつしみうやまうこと。

ぎょう-けい [0]【行啓】[名] 太皇太后・皇太后・皇后・皇

太子・皇太子妃などの外出。↔還啓。

きょう-げき [0]【京劇】[名]〔北京地方の演劇の意〕中国の代表的な古典劇。一種の歌劇。

きょう-げき [0]【挟撃】【×夾撃】[名][他サ] はさみうち。

きょう-げき [0]【矯激】[形動]（ダロ・ダッ・デ・ニ／ダ・ナ・ナラ・○）〔文章語〕なみはずれて、はげしいようす。過激。「—な行動」

きょう-けつ [0]【供血】[名][自サ] 輸血用の血液を供給すること。給血。

ぎょう-けつ [0]【凝血】[名][自サ] 血液がかたまること。かたまった血液。

ぎょう-けつ [0]【凝結】[名][自サ] ❶こりかたまること。❷コロイド粒子があつまり、沈殿すること。❸気体が圧縮されたり冷却されたりして液体になること。

きょうげ-べつでん [キョ]【教外別伝】[名] 禅宗で、釈迦の教えの奥義は経文によらず以心伝心で伝えられるとすること。また、その奥義。

きょう-けん [0]【狂犬】[名] 狂犬病にかかっている犬。—**病** [0][名] ウィルスによって起こる、犬などの急性感染症。神経系がおかされ、最後には全身が麻痺して死ぬもの。感染した犬などにかまれると、唾液から人を含むすべての哺乳類が感染する。恐水病。

きょう-けん [0]【強肩】[名] 野球で、ボールを遠くまで、または速く投げられるつよい肩。

きょう-けん [0]【強権】[名] つよい権力。強制的な権力。「軍事政権が—を発動する」

きょう-けん [0]【教権】[名] 宗教上の権力・権威。教皇・教会の権力。

きょう-けん [0]【恭謙】[名][形動]〔文章語〕つつしみぶかく、へりくだるようす。

きょう-けん [0]【強健】[名][形動] つよく、すこやかなこと。「身体—」

きょう-けん [0]【恭倹】[形動]（ダロ・ダッ・デ・ニ／ダ・ナ・ナラ・○）〔文章語〕うやうやしくて、つつしみぶかいようす。

きょう-げん [ゲ]【狂言】[名] ❶猿楽から発達し、能と組み合わせて演じることの多い、こっけいな劇。能狂言。間の狂言。❷歌舞伎芝居。❸こっけいなことば。ざれごと。❹わざとしくんだ計画。うそ。「—自殺」 —×**綺語** [キ][名] 道理にあわないことをたくみにつくりかざったことば。きょうげんきぎょ。—**回し** [マ][名] ❶演劇で、脇役ではあるが場面の転換・筋の進行にあたる重要な役。❷物ごとの計画実現に力をつくす陰の人物。

きょう-こ [キョ]【強固】【×鞏固】[形動]（ダロ・ダッ・デ・ニ／ダ・ナ・ナラ・○） つよくてしっかりしているようす。「—な意志」

きょう-ご [キョ]【教護】[名][他サ] 罪を犯したり、犯すおそれのある少年少女を教育し、保護すること。—**院** [ゴ][名] 不良行為を行ったり、また、そのおそれのある児童を教護することを目的とする施設。現在は、「児童自立支援施設」と改称。

ぎょう-こ [ギョ]【凝固】[名][自サ] ❶こりかたまること。凝結。❷気体・液体の状態から、固体になること。—**点** [コ][名] 液体または気体が固体にかわるときの温度。

きょう-こう [0]【凶行】【×兇行】[名] 人を殺し、また傷つける凶悪なおこない。

きょう-こう [0]【凶荒】[名]〔文章語〕ききん。不作。凶作。

きょう-こう [0]【▲向後・×嚮後】[名]〔文章語〕こののち。今後。きょうご。

きょう-こう [0]【恐慌】[名] ❶おそれあわてること。「とつぜん試験をするというので—をきたした」❷景気の変動により、生産が過剰になり、物価の下落、企業の破産、失業者の増大などがおこる最悪の経済状態。パニック。

きょう-こう [0]【恐×惶】〔文章語〕㊀[名]〔「恐」も「惶」もおそれる〕おそれつつしむこと。㊁[あいさつ] 手紙の終わりに書く語。「—謹言」

きょう-こう [0]【胸×腔】[名] 骨にかこまれた胸部の中のすきま。

きょう-こう [コ]【教皇】[名] ローマカトリック教会の最高位の職。法王。ローマ教皇。[参考] 日本政府は、二〇一九年、公式の呼称を「法王」から「教皇」に改めると発表した。

きょう-こう [0]【強行】[名][他サ] おしきって、むりやりおこなうこと。「雨中の遠足を—する」「—採決」

きょう-こう [0]【強攻】[名][他サ] むりをおして、攻めること。また、その攻撃。「—策に出て失敗する」

きょう-こう [0]【強硬】[形動]（ダロ・ダッ・デ・ニ／ダ・ナ・ナラ・○） 立場・意見をゆずろうとしない、てごわいようす。「—な態度」「—手段」↔軟弱・柔軟。

きょう-ごう [0]【強豪・強剛】[名] てごわくつよいこと。また、そのもの。「—同士の対戦」

きょう-ごう [0]【競合】[名][自サ] ❶せりあうこと。❷いろいろの要素がからみあって一つの結果を起こすこと。「—脱線」

きょう-ごう [0]【▲校合】[名][他サ] 版のちがう書物をてらしあわせ、文字などのちがいをただすこと。「諸本の—」

ぎょう-こう [0]【暁光】[名]〔文章語〕あけがたのひかり。

ぎょう-こう [0]【×僥×倖】[名] 思いがけない幸福。こぼれざいわい。「難をまぬがれたのは—だった」

ぎょう-こう [0]【行幸】[名][自サ] 天皇の外出。↔還幸。

きょうこう-ぐん [コ]【強行軍】[名] ❶休息の時間を少なくし、一日の行程をふやしておこなう行軍。❷無理な計画で仕事を進めること。「—で仕上げる」

きょう-こく [0]【強国】[名] 勢力のさかんな、つよい国。↔弱国。

きょう-こく [0]【峡谷】[名] はばがせまく、ふかいたに。

きょう-こく [0]【郷国】[名]〔文章語〕生まれ故郷。

きょうごく-ためかね《京極為兼》一二五四—一三三二。鎌倉時代後期の歌人。「玉葉和歌集」を編集した。

きょう-こつ [0]【×侠骨】[名]〔文章語〕義侠心に富んだ気性。

きょう-こつ [キョ]【胸骨】[名] 左右の肋骨の先につながり、胸部の前をかたちづくるほね。⇩骨格(図)。

きょう-ことば [コ]【京言葉】[名] 京都で話されることば。人に対する表現に、微妙な言い分けをもつとされる。

きょう-このごろ [キョ]【今日この頃】〔けふ〕[名] ちかごろ。昨今。「—の流行」

きょう-さ [キョ]【教唆】[名][他サ] ❶おしえ、そそのかすこと。❷〔法〕他人に犯罪の実行をそそのかすこと。

ギョウザ [0]【中×餃▲子】[名] ⬇ギョーザ。

きょう-さい [0]【凶歳】[名] 不作の年。凶年。

きょう-さい [0]【共済】[名] 共同して、たすけあうこと。—**組合** [ク][名] 同じ職業・事業にはたらく人の相互扶助団体。—**年金** [ネ][名] 国家公務員・地方公務員・私立学校教職員の各共済組合が給付する年金。二〇一五年、厚生年金に統合。

きょう-さい [0]【恐妻】[名] 夫が妻の威勢におされて遠慮がちなこと。—**家** [0][名] 妻に頭のあがらない夫のこと。

きょう-さい [0]【共催】[名][他サ] 共同でもよおすこと。「東京都・新聞社—の美術展覧会」

きょう-ざい [0]【教材】[名] 授業と学習に必要な材料。

きょう-さく [0]【凶作】[名] 例年より作物の収穫がひどくわるいこと。不作。㊎ ↔豊作・平作。

きょう-さく ⓪【狭×窄】名〔文章語〕すぼまって、せまいこと。「視野―」

きょう-さく ⓪【▲警策】名〔「きょうざく」と読めば別語。「策」はむち〕禅宗で座禅のとき、肩などを打ってねむ気などをさますのに使う、長さ約一メートルほどの長方形の板。

きょう-さく ⓪【競作】名他サ 優劣を競い合って作品をつくること。

きょう-ざく【▲警策】なり形動〔古語〕〔「きょうさく」と読めば別語〕❶詩文にすぐれていること。「文ふみども警策に」〈源氏〉❷物ごとにすぐれていること。「警策に心にくくて」〈宇津保〉❸頭のはたらきがよいこと。「若けれどいと警策に、生おひ先頼もしげなる人」〈源氏〉

きょう-さつ ⓪【挟殺】名他サ 野球で、ランナーを塁と塁の間にはさみうちにして、アウトにすること。

きょう-さつ ⓪【恐察】名他サ〔文章語〕他人のことを察することの謙譲語。「ご心中―申しあげます」

きょう-ざつ ⓪【×夾雑】名 いろいろなものがまざること。**―物**ぶつ ③名 不純物。まざりもの。

きょう-ざまし ⓪【興ざまし】【興▲醒し】名 形動(の) 興をさますこと。おもしろみをなくすること。また、そういうもの。興ざめ。「わるふざけはかえって―だ」

きょう-ざめ ⓪【興ざめ】【興▲醒め】名 形動(の) おもしろさが失われること。興ざまし。

きょう-ざ・める ④【興ざめる】【興▲醒める】自下一 メ・メ・メル・メル・メレ・メロ・メヨ おもしろがっていた気分がなくなる。**きょうざ・む** 文語下二

きょう-さん ⓪【共産】名 財産を共有にすること。**―主義**しゅぎ シュ名 生産手段を社会的に共有し、搾取さくしゅや貧富の差などのない、高度に発達した社会を実現しようとする思想・運動。主としてマルクス主義をさす。↕資本主義・社会主義。**―党**とう ⓪名 共産主義の実現をめざす政党。

きょう-さん ⓪【協賛】名自サ ❶主旨に賛成して協力すること。「―を得る」❷旧憲法下で、帝国議会のおこなう法律案・予算案を成立させるための意思表示。

ぎょう-さん サ【ぎょうさん】【仰山】副 形動 ❶非常に多いようす。たくさん。「―あつまった」❷実際以上に大げさにふるまうようす。「―なおどろきよう」

きょう-し ⓪【狂詩】名 風刺を主とした、こっけいな漢詩。江戸時代中期以降行われた。

きょう-し キヨ【教士】名 弓道・剣道で、高段者のうち、優秀な者にあたえる称号。範士の下、錬士の上。

きょう-し キヨ【教旨】名〔文章語〕おしえの趣意。宗教の趣旨。

きょう-し キヨ【教師】名 ❶学校などで、学術・技芸をおしえさずける人。教員。⇩教員 参考。❷宗教上のおしえをひろめる人。宣教師。布教師。

きょう-し ⓪【狂死】名自サ 気がくるって死ぬこと。

きょう-じ キヨ【凶事】名 不吉なこと。↕吉事。

きょう-じ キヨ【×矜持・×矜×恃】名〔文章語〕ほこり。「学生としての―」参考「きんじ」は誤りによる慣用読み。

きょう-じ キヨ【▲脇侍・×夾侍】名 本尊である仏像の左右にはべっている仏像。わきじ。わきだち。釈迦しゃかに対する文殊もんじゅ・普賢ふげんの類。

きょう-じ ⓪【経師】名 ❶経文きょうもんを書きうつす人。❷経巻の表具をする職業の人。❸経師屋。**―屋**や ⓪名 書画の幅ふく・びょうぶ・ふすまを仕立てる職業。また、その職業の人。表具師。表具屋。

きょう-じ キヨ【×驕児】名〔文章語〕わがままな子。わがままな人。だだっこ。「芸界の―」

きょう-じ キヨ【教示】名他サ おしえしめすこと。示教。

ぎょう-し キヨ【凝脂】名〔文章語〕❶こりかたまった脂肪。❷白くつやのあるはだ。

ぎょう-し キヨ【仰視】名他サ ❶あおぎ見ること。❷尊敬して見ること。

ぎょう-し キヨ【凝視】名他サ じっと見つめること。

ぎょう-じ ⓪【行司】名 相撲で、両者を立ち合わせ、勝負の判定をおこなう人。

ぎょう-じ キヨ【行事】名 一定の計画によって、おこなう催し。「今月の―」

ぎょう-じ ⓪【行持】名他サ 仏道の修行を、怠ることなくつづけること。

きょうしき-こきゅう コ【胸式呼吸】名 おもに肋骨ろっこつの運動によっておこなう呼吸。↕腹式呼吸。

きょうし-きょく シ【狂詩曲】名 おもに民族音楽を素材とした、自由な形式のはなやかな楽曲。ラプソディー。

きょう-しつ ⓪【教室】名 ❶学校で授業・学習をするへや。教場。❷大学の研究室。「―会議」❸技芸などを教えるところ。また、その集まり。「民謡―」

きょう-じつ ⓪【凶日】名 不吉な日。↕吉日。

きょうじ-てき ⓪【共時的】形動 ダロ・ダッ・デ・ニ・ダ・ナ・ナラ・○ 時間によって動かないものとして現象をみるようす。↕通時的。

きょう-しゃ キヨ【狂者】名〔文章語〕狂人。

きょう-しゃ キヨ【狭斜】名〔文章語〕遊里。「―のちまた」参考 古代中国の都、長安の遊里の名から。

きょう-しゃ ⓪【香車】名 将棋のこまの一つ。前へだけ進むもの。きょうす。きょう。やり。

きょう-しゃ キヨ【強者】名 つよい人。↕弱者。

きょう-しゃ キヨ【×驕×奢】名 形動〔文章語〕ぜいたくでおごっていること。

ぎょう-しゃ キヨ【業者】名 商業、工業を営んでいる人。企業者。商売人。

ぎょう-じゃ ⓪/ギヨ【行者】名 ❶仏道などの修行をする人。❷修験者しゅげんじゃ。

きょう-じゃく キヨ【強弱】名 つよいことと、よわいこと。つよさと、よわさ。「音の―」

きょう-しゅ キヨ【凶手】【×兇手】名 凶悪なことをする者のしわざ。「―にたおれる」

きょう-しゅ キヨ【教主】名 宗教の一派をひらいた人。宗祖。

きょう-しゅ キヨ【×梟首】名〔文章語〕〔「梟」は首を獄門にかけるの意〕さらしくび。

きょう-しゅ キヨ【興趣】名 あじわいの深いおもしろみ。「―に乏しい」

きょう-しゅ キヨ【×拱手】名自サ〔文章語〕❶両手を組むこと。❷手を下さないで何もしないこと。何もせず、そばから見ていること。袖手しゅうしゅ傍観。**―傍観**ぼうかん キヨ名

きょう-じゅ キヨ【享受】名他サ ❶自分のものとして受け入れること。❷あじわいたのしむこと。「自由を―する」

きょう-じゅ【教授】㊀⓪/キヨ名他サ 学術・技芸をおしえること。また、その人。「書道の―」㊁⓪名 大学・高等専門学校で、教育や研究をする最高の職。また、その職の人。

きょう-しゅう ⓪【×嬌羞】名〔文章語〕女のなまめかしいはじらい。

きょう-しゅう ⓪【郷愁】名 故郷をなつかしみ、帰りたいと思う心。ノスタルジア。

ぎょう-しゅ ⓪【業種】名 事業・営業の種類。

きょう-しゅう ⓪【強襲】名他サ はげしくおそうこと。

きょう-しゅう ⓪【教習】名他サ おしえ、ならわせること。**―所**じょ ⓪/ジョ名 特殊な知識・技術などをおしえならわせる所。「自動車―」

ぎょう-しゅう ⓪【凝集】名 自サ あつまり、かたまること。 **―力**(りょく) シュ 名 分子・原子・イオンの間にはたらく引力。

ぎょう-じゅう-ざ-が ザ【行住座×臥】名 〈いく、とどまる、すわる、ふす〉日常の起居動作。つねづね。平生(へいぜい)。

きょう-しゅく ⓪【恐縮】名 自サ 形動 おそれ入ること。

ぎょう-しゅく ⓪【凝縮】名 自他サ ❶こりかたまり、ちぢまること。❷気体が液体になること。凝結。

きょう-しゅつ ⓪【供出】名 他サ 政府などの求めに従ってさしだすこと。「米の―」

きょう-じゅつ ⓪【供述】名 他サ 裁判官・検察官などの尋問に対して、被告人・証人などが事実や意見を申したてること。また、その内容。口供(こうきょう)。

きょう-じゅん ⓪【恭順】名 つつしんでしたがうこと。「―の意を表する」

きょう-しょ キョ【教書】名 ❶命令書。❷ローマ-カトリック教会で、教皇や司教が教導のために発する公式書簡。❸イギリス国王が、議会に発するメッセージ。❹アメリカの大統領または州知事が、国会または州議会におくる政治上の意見書・報告書。

きょう-じょ キョ【共助】名 多数の人が助け合うこと。互助。参考 地域社会などでの援助システムに言うことが多い。

きょう-じょ キョ【狂女】名 古典芸能に登場する精神に異常をきたした女性。

ぎょう-しょ ⓪【行書】名 楷書(かいしょ)をややくずした書体。↕楷書・真書・草書。⇨書体(図)。

きょう-しょう ⓪【胸×墻】名 味方の射撃をしやすくし、敵の射撃をふせぐために人のむねの高さぐらいにきずいた盛り土。

きょう-しょう ⓪【強将】名 文章語 つよい将軍。↕弱将。

きょう-しょう ⓪【×梟将】名 文章語 〈「梟」はあらあらしいの意〉つよく勇ましい武将。猛将。

きょう-しょう ⓪【×嬌笑】名 文章語 女性のなまめかしい笑い。

きょう-しょう ⓪【協商】名 自サ 文章語 〈「商」は相談〉❶協議。❷利害関係のある国が、特別の事項について協定すること。

きょう-しょう ⓪【狭小】形動 ダロ・ダッ・デ・ニ ダナ・ナラ・〇 せまくてちいさいようす。「―な土地」↕広大。

きょう-じょう ⓪ ジョ【凶状】【×兇状】名 罪をおかすこと。犯罪。 **―持ち**(もち) ジョ 名 重い罪をおかした人物。

きょう-じょう ⓪【教条】名 ❶いっさいの疑問や批判を受けつけず、絶対に信じるべきこととして信者に強制される教会公認の教え。ドグマ。❷絶対のものとして信じ、また、強制される思想・理論。 **―主義**(しゅぎ) シュ 名 権威者の述べた事柄をうのみにする、融通のきかない公式主義。

きょう-じょう ⓪【教場】名 教室。

ぎょう-しょう ⓪【暁鐘】名 文章語 夜明けがたに鳴るかね。また、その音。

ぎょう-しょう ⓪【×驍将】名 文章語 つよく勇ましい大将。

ぎょう-しょう ⓪【行商】名 他サ 商品を持って、売りあるくこと。また、その人。

ぎょう-じょう ⓪【行状】名 おこない。みもち。品行。「―をつつしむ」

きょう-しょく ⓪【共食】名 ❶崇拝対象に供えたものをともに食べる儀礼的な食事。日本では、直会(なおらい)がこれに当たる。❷家族・知人などといっしょに食事をとること。↕孤食。

きょう-しょく ⓪【教職】名 ❶学生・生徒・児童を教育する職。❷宗教団体で、人をおしえみちびく職。

きょう-しょく ⓪【矯飾】名 文章語 うわべだけのいつわりのかざり。

きょうしょく-いん ク【教職員】名 学校の教員と職員。

きょう・じる ⓪【興じる】自上一 ジジ・ジル・ジレ・ジロ・ジヨ ⬇きょうずる。

きょう-しん ⓪【強震】名 ❶つよい地震。❷地震の強さの旧階級。壁が割れ、煙突がこわれたりする程度の地震。震度5。

きょう-しん ⓪【共振】名 自サ 共鳴❶。主に電気振動についていう。

きょう-しん ⓪【狂信】名 他サ 異常なまでに一つのことをはげしく信じること。「―的な言動」

きょう-じん ⓪【凶刃】【×兇刃】名 人殺しのはもの。凶行につかうはもの。「―にたおれる」

きょう-じん ⓪【狂人】名 精神に異常をきたした人。

きょう-じん ⓪【強×靱】形動 ダロ・ダッ・デ・ニ ダナ・ナラ・〇 つよくてねばりのあるようす。つよくてしなやかなようす。「―な意志」

きょうしん-かい シ【共進会】名 広く製品・産物をあつめ、一般の人々にみせて優劣を決定する会。

きょうしん-ざい ⓪【強心剤】名 心臓のはたらきをつよめるくすり。カンフル・ジギタリスなど。

きょうしん-しょう ⓪【狭心症】名 心臓の筋肉の血行がさまたげられ、とつぜん心臓にはげしい痛みのおこる症状。

きょう-す ⓪【香子】名 香車(きょうしゃ)。

きょう・す キョ【供す】他五 サ・ソ・シ・ス・ス・セ・セ ⬇きょうする。

きょう-すい ⓪【胸水】名 胸膜炎などのとき、胸膜腔(こう)の中にたまる液。

ぎょう-ずい ⓪【行水】名 自サ ❶湯・水をたらいに入れて、からだをあらうこと。夏「―をつかう」❷水をかぶって、からだを清めること。潔斎(けっさい)。

きょうすい-びょう ⓪【恐水病】名 狂犬病。

きょう-すずめ ス【京すずめ】【京×雀】名 京都の町の事情にくわしい人。

きょう・する ス【狂する】自サ シ・セ・サ・シ・スル・スレ・シロ・セヨ 文章語 精神に異常をきたす。正気をうしなう。きやう・す 文語サ変

きょう・する ス【供する】他サ シ・セ・サ・シ・スル・スレ・シロ・セヨ ❶そなえる。さしだす。供す。「ごらんに―」❷役だてる。「参考に―」 きょう・す 文語サ変

きょう・する ス【×梟する】他サ シ・セ・サ・シ・スル・スレ・シロ・セヨ 文章語 さらしくびにする。けう・す 文語サ変

きょう・する ス【×饗する】他サ シ・セ・サ・シ・スル・スレ・シロ・セヨ 文章語 ごちそうする。もてなす。きやう・す 文語サ変

きょう・ずる ⓪【興ずる】自サ ジ・ゼ・ジ・ジ・ズル・ズレ・ジロ・ゼヨ おもしろがる。興がる。興じる。きょう・ず 文語サ変

ぎょう・ずる ズ【行ずる】他サ ジ・ゼ・ジ・ジ・ズル・ズレ・ジロ・ゼヨ 文章語 おこなう。修行する。ぎやう・ず 文語サ変

きょう-せい ⓪【教生】名 教職課程の一部として、教育実習をする学生。教育実習生。

きょう-せい ⓪【×嬌声】名 文章語 女性のなまめかしいこえ。「―を発する」

きょう-せい ⓪【共生】名 自サ ❶ 文章語 いっしょに生活をすること。❷生物がたがいに害をおよぼさず、同じ所で生活をすること。さめ、こばんざめなどの類。参考 害をおよぼすときは「寄生」という。

きょう-せい ⓪【×匡正】名 他サ 〈「匡」はただす意〉誤りをただしなおすこと。「悪習を―する」

きょう-せい ⓪【強制】名 他サ むりにおしつけること。「参加を―する」 **―執行** シ 名 自サ 民事訴訟において、債務者が義務を果たさないとき、国家の権力により強制的にそれをおこなわせること。 **―処分** ショ 名 正しい刑事裁判をおこなうために、人・物に対して裁判機関が強制することのできる処分。逮捕・押収など。 **―送還** ソ 名 他サ 密入国や犯罪などをおこなった外国人を、国家権力でその国へ送りかえすこと。

きょう-せい ⓪【強請】名 他サ〔文章語〕無理に求めること。無理強い。ゆすり。「寄付の―」

きょう-せい ⓪【矯正】名 他サ 欠点をただし、普通の状態に戻すこと。「―視力」「―施設」

ぎょう-せい ⓪【行政】名 ❶国家の統治作用の一つで、立法・司法以外のもの。法に従って国を治めること。❷議会・裁判所以外の国家の機関や公共団体が、法律・政令などに従ってする政務。 **―改革** カ 名 行政機能を、組織の統合・人員の整理・予算の削減などによって、効率のよいものにあらためること。 **―官** セ 名 国の行政事務をおこなう官吏。 **―官庁** カ 名 行政事務をおこなう機関で、中央官庁と地方官庁とがある。 **―権** セ 名 内閣にあたえられている、行政をおこなう権力。↕立法権・司法権。 **―指導** シ 名 行政官庁が、業界や下級行政機関などに対して指導・助言・勧告をして、一定の政策目的を達成しようとすること。 **―書士** ショ 名 官公署に提出する申請書類の作成や提出手続きの代理などをおこなう人。 **―処分** ショ 名 行政機関が、法規にもとづいて国民に権利・義務をあたえる行為。課税・許可・禁止など。 **―訴訟** ソ 名 行政官庁の行為によって損害をうけた者が、裁判所にその処分の取り消しや変更をねがい出ること。

ぎょう-せい ⓪【暁星】名〔文章語〕❶夜明けのほし。❷明けの明星。金星。

ぎ-ようせい ヨ【疑陽性・擬陽性】名 ツベルクリン反応で、陽性にちかい反応があること。

ぎょう-せき ⓪【行跡】名 日々の行為。行状。身持ち。「日ごろの―を調べる」

ぎょう-せき ⓪【業績】名 なしとげた仕事。業務上の成果。「すぐれた―をあげる」

きょう-せん ⓪【胸腺】名 胸骨のうしろがわにある内分泌腺。子どものときのからだの発育と関係がふかい。

きょう-せん ⓪【教宣】名 組合・政党などの教育・宣伝。「―活動」

ぎょう-ぜん ⓪【凝然】(と)副 たる連体〔文章語〕じっとして動かないようす。「驚きのあまり―として立ちつくす」

きょう-そ キョ【教祖】名 ❶ある宗教を開いた人。宗祖。❷ある新しい運動などの、強い影響力をもつリーダー。「アングラ劇の―」

きょう-そ キョ【教組】名 (「教職員組合」の略)学校の教員・職員の労働組合。「県―」

きょう-そう ⓪【狂騒】【狂×躁】名〔文章語〕異常な騒ぎかたをすること。

きょう-そう ⓪【競×漕】名 一定の距離をボートをこいで進む速さをくらべる競技。ボートレース。㊗春

きょう-そう ⓪【競争】名 自サ 優劣や勝負を、たがいにきそいあらそうこと。 **―心** シ 名 他人に勝ちたいと思う気持ち。「―をあおる」

きょう-そう ⓪【競走】名 自サ 陸上競技の一つで、一定の距離を走る速さをきそうこと。かけっこ。

きょう-そう ⓪【強壮】形動 ダロ・ダッ・デ・ニ ダ・ナ・ナラ・〇 つよくさかんなこと。すこやか。「―なからだ」

きょう-ぞう ⓪【胸像】名 人体の、むねから上部の彫刻像。

きょう-ぞう ⓪【経蔵】名 ❶仏教の経文。❷経文をしまっておくくら。経堂。

ぎょう-そう ⓪【行草】名 ❶行書と草書。❷行書と草書の中間の書体。行草体。

ぎょう-そう ⓪【形相】名 かおつき。すがた。「うらみの―」

きょうそう-きょく ソ【狂想曲】名 自由な形式で作曲した、変化に富んだ器楽曲。カプリチオ。奇想曲。

きょうそう-きょく ソ【協奏曲】名 独奏楽器と管弦楽との合奏による交響的楽曲。コンチェルト。

きょう-そく ⓪【↑脇息】名 すわったときひじをかけて、からだをもたせかけるもの。

きょうそく

きょう-そく ⓪【教則】名 教授する際の規則。 **―本** ⓪ 名 楽器演奏や自動車運転の基本的な技巧を、順々にしるした練習用教科書。

きょう-ぞく ⓪【凶賊】【×兇賊】名〔文章語〕人を殺傷し、財産を奪う賊。

きょう-ぞめ ⓪【京染(め)】名 京都でおこなわれる染め物のやり方。また、そのやり方で染めたもの。

きょう-そん ⓪【共存】名 自サ 争わず、ともに生きたり存在したりすること。きょうぞん。「平和―」 **―共栄** ⓪ 名 自サ ともに生き、ともにさかえること。

きょう-だ キョ【強打】名 他サ ❶つよくうつこと。「衝突して肩を―した」❷バレーボールや野球などの球技で、球をつよくうつこと。「―策」

きょう-だ キョ【×怯×懦】名 形動〔文章語〕おくびょうでいくじのないこと。「―な男」

きょう-たい ⓪【狂態】名 異常なまでにとりみだしたようす。「―を演じる」

きょう-たい ⓪【×筐体】名 電子機器や計測装置などを収める固い外箱。

きょう-たい ⓪【×嬌態】名〔文章語〕女性のなまめかしい態度・ふるまい。

きょう-だい キョ【兄弟】名 ❶同じ親から生まれた関係にある人。兄・弟・姉・妹の間がらの者。❷結婚などによって同じ人を親とすることになった人。義理のきょうだい。❸同志。きょうだい分。ふつうやくざが使う。 **―弟子** ダ 名 同じ師のもとで共に学ぶ者。相弟子。 **―分** ダ 名 かりに兄弟の約束をした間がら。義兄弟。

きょう-だい ⓪【鏡台】名 かがみのついた引き出しのある台。化粧用。

きょう-だい ⓪【強大】形動 ダロ・ダッ・デ・ニ ダ・ナ・ナラ・〇 つよくておおきいようす。「―な国」↕弱小。

ぎょう-たい ⓪【業態】名〔文章語〕営業・企業のありさま。

ぎょう-たい ⓪【凝滞】名 自サ〔文章語〕物事がとどこおって進まないこと。

きょう-たく ⓪【教卓】名 教室におく、教師用の机。

きょう-たく ⓪【供託】名 他サ 一定の目的のために、金銭などを、法令にしたがって供託所にあずけて保管をたのむこと。 **―金** ⓪ 名 公職選挙の候補者が立候補の届け出のときなどに、供託しなければならない金銭。

きょう-たん ⓪【驚嘆】【驚×歎】名 自サ おどろき感心すること。「―の声があがる」

きょう-だん ⓪【凶弾】【×兇弾】名 わるものの撃った銃砲のたま。「―にたおれる」

きょう-だん ⓪【教団】名 おなじ宗教を信じる人の集ま

り。

きょう-だん ⓪【教壇】名 教室で教師の立つ壇。

きょう-ち キョ【境地】名 立場。心境。「迷いのない―」

きょうちく-とう ⓪【×夾竹桃】名 キョウチクトウ科の常緑低木。葉は長く、竹に似る。夏、濃いピンク、または白の花が咲く。庭木用。(夏)

きょうちくとう

ぎょう-ちゃく ⓪【凝着】名 自サ 異質のものがたがいにくっつくこと。「氷がガラスに―する」

きょう-ちゅう キョ【胸中】名 むねのうち。心中。胸裏。「―を語る」

ぎょう-ちゅう ⓪【×蟯虫】名 人間の大腸・直腸に寄生する袋形(たいけい)動物。長さ約一センチメートル。

きょう-ちょ キョ【共著】名 共同で本を書くこと。また、その本。↕単著。

きょう-ちょう ⓪【凶兆】名 えんぎのわるいしるし。不吉なことのまえぶれ。「大地震のおこる―」↕吉兆。

きょう-ちょう ⓪【協調】名 自サ たがいにゆずりあい、力をあわせること。「―して事を運ぶ」

きょう-ちょう ⓪【強調】名 他サ つよく言いはること。力説。「学問の重要性を―する」

きょう-ちょう ⓪【狭長】形動 ダロ・ダッ・デ・ニ ダ・ナ・ナラ・〇 せまくてながいようす。ほそながいようす。「―な湾」

きょう-ちょく ⓪【強直】一 名 自サ 筋肉・関節などがこわばること。硬直。「死後―」 二 形動〔文章語〕意志が強く正直なようす。

きょう-つい キョ【胸椎】名 頸椎(けいつい)の下、腰椎(ようつい)の上につながる八番めから十九番めまでの脊椎(せきつい)。

きょう-つう ⓪【共通】名 自サ どれにも通じること。「―の欠点」 **―語**(ご) ⓪ 名 ❶国内のどこでも通用することば。↕方言。参考 現代日本語の共通語は、東京語が土台となっている。❷ちがった言語をもつ人々の間で、共通に使われる言語。「英語は世界の―だ」 **―項**(こう) ツ 名 二つ以上のものが共通して持つ項目・要素。 **―点**(てん) ツ 名 二つ以上のものに共通するものごと。「あの二人の―はスポーツ嫌いなことだ」

きょう-づくえ ツ【経机】名 読経(どきょう)のとき、経をのせる机。

きょう-てい ⓪【協定】名 ❶ 他サ 相談してきめること。また、きめたこと。「―価格」❷〔法〕条約より簡単な手つづきの、国際間のとりきめ。

きょう-てい ⓪【胸底】名 心のそこ。心中。「―に秘める」

きょう-てい ⓪【教程】名 ある学術・技芸をおしえる順序や計画。

きょう-てい ⓪【×筐底】名〔文章語〕はこのそこ・なか。「原稿を―に秘する」

きょう-てい ⓪【競艇】名 ボートレース。

きょう-てき ⓪【強敵】名 つよい敵。大敵。↕弱敵。

きょう-てき ⓪【狂的】形動 ダロ・ダッ・デ・ニ ダ・ナ・ナラ・〇 言動が異常なようす。気ちがいじみているようす。「―な信仰」

きょう-てん ⓪【教典】名〔文章語〕❶教育の方法を示した本。教範。❷その宗教の基本となる教えを書いた書物。経典。

きょう-てん ⓪【経典】名 ❶仏の教えを書き記した書物。経文(きょうもん)。お経(きょう)。❷教典❷。

きょう-でん ⓪【強電】名 発電機・電動機などに使用するつよい電流。また、それをあつかう電気工学の部門。↕弱電。

ぎょう-てん ⓪【暁天】名〔文章語〕夜明けの空。 **―の星**(ほし) 数が少ないことのたとえ。

ぎょう-てん ⓪【仰天】名 自サ ひどくおどろくこと。「びっくり―」

きょうてん-どうち ド【驚天動地】名 「「天をおどろかし、地をうごかす」の意」世間をひどくおどろかすこと。震天動地。「―の大事件」

きょう-と キョ【凶徒】【×兇徒】名 ❶人を殺傷するようなわるもの。また、その仲間。❷暴動の仲間。暴徒。

きょう-と キョ【教徒】名 宗教の信徒。信者。

きょう-ど キョ【強×弩】名 つよい石弓。 **―の末**(すえ) つよい弓で射た矢も、落ちるころには一枚の絹も射通せないように、どんな勢力者でも落ち目になると何もできなくなることのたとえ。

きょう-ど キョ【郷土】名 ❶生まれそだった土地。❷いなか。地方。 **―愛**(あい) ド 名 ふるさとへの愛情。 **―芸術**(げいじゅつ) ゲ 名 ある地方特有の、民謡・舞踊・建築様式・工芸品などの総称。 **―色**(しょく) ド 名 ある地方の自然・風俗・人情などがしめす特色。地方色。ローカルカラー。

きょう-ど キョ【強度】名 形動 ❶つよさの程度。「―を測定する」❷程度のつよいこと。「―の近視」↕軽度。

きょうど《匈奴》紀元前三世紀ごろ、モンゴル地方に栄えた遊牧民族。しばしば中国北部に侵入した。

きょう-とう ⓪【×侠盗】名〔文章語〕義侠心(ぎきょうしん)のあるどろぼう。

きょう-とう ⓪【教頭】名 小学校・中学校・高等学校で、校長を助け、校務を整理する職。

きょう-とう ⓪【郷党】名〔文章語〕郷里の仲間。故郷の人々。

きょう-とう ⓪【共闘】名 自サ 「「共同闘争」の略」二つ以上の組織や団体が共同戦線を組んでたたかうこと。

きょう-とう ⓪【狂騰】名 自サ 物価や相場などが非常な勢いで上がること。「株価の―」

きょう-とう ⓪【驚倒】名 自サ〔文章語〕ひどくおどろくこと。「一世を―させる大事件」

きょう-どう ⓪【経堂】名 経文(きょうもん)をしまう建物。経蔵。

きょう-どう ⓪【共同】名 自サ ❶力をあわせて仕事をすること。協同。「―で経営する」❷同じ資格で関係をもつこと。「―で使用する」⇩協同 参考。 **―社会**(しゃかい) シャ 名 血縁・地域・精神の三つの面でつながった人々からできあがった集団・社会。家族・村落など。共同体。協同体。ゲマインシャフト。↕利益社会。 **―正犯**(せいはん) セ 名〔法〕ふたり以上が共同して犯罪をおこなうこと。 **―声明**(せいめい) セ 名 複数国の政府首脳が、共同で発表する声明。 **―戦線**(せんせん) セ 名 同じ目的にむかって協力して行動すること。「―を張る」 **―体**(たい) ⓪ 名 共同社会。 **―謀議**(ぼうぎ) ボ 名〔法〕ふたり以上が共同して犯罪の実行を計画・相談すること。 **―募金**(ぼきん) ボ 名 社会福祉法人が社会事業のため、人々から費用を募集すること。「赤いはねの―」

きょう-どう ⓪【協同】名 自サ 力をあわせて、ともに仕事をすること。参考「協同組合」などのほかは、「共同」を一般的に使う。 **―組合**(くみあい) ク 名 消費者または生産者が、生活や事業をよりよくするために協同する組織。「農業―」 **―体**(たい) ⓪ 名 共同社会。

きょう-どう ⓪【教導】名 他サ おしえみちびくこと。

きょう-どう ⓪【×嚮導】名 他サ〔文章語〕先に立って案内すること。みちしるべ。「先達(せんだつ)の―に従って進む」

きょうとう-ほ ト【橋頭×堡】名 ❶橋を守るために橋のたもとにきずいた陣地。❷川・海などの岸近くで、敵地に作った上陸の拠点。❸敵を攻める足がかり。‖きょうとうほう。

きょうと-ふ《京都府》近畿(きんき)地方北部の府。府庁所在地は京都市。

きょう-な⓪【京菜】名 アブラナ科の二年生植物。葉はほそ長く、根もとからむらがり出る。つけもの、なべものなどにする。みずな。㊍

きょう-にん⓪【×杏仁】名 あんずのたね。漢方薬として使う。

ぎょうにんべん③【行人偏】名 漢字の部首の一つ。「径」「御」などの「彳」。

きょう-ねん⓪【凶年】名 ❶作物のとれない年。不作の年。↔豊年。❷わるいことのあった年。

きょう-ねん⓪【享年】名 生きていた年数。死んだときの年齢。行年(ぎょうねん・こうねん)。

ぎょう-ねん⓪【行年】名 生きていた年数。行年(こうねん)。享年。

きょう-はキョ【教派】名 宗教の分派。宗派。

きょう-ばい⓪【競売】名他サ ❶多くの買い手のうち最高の値段をつけた者に売ること。せりうり。❷差し押さえの品を法律にしたがって売ること。けいばい。「―に付する」

きょう-はく⓪【脅迫】名他サ 害を加えることをほのめかして、おどすこと。「刃物で―する」参考 法律では「脅迫」は刑法で、「強迫」は民法で使う。

きょう-はく⓪【強迫】名他サ ❶むりにおしつけること。むりじい。「かねを出すことを―する」❷民法で、相手に害悪が生ずるぞと知らせて恐れさせること。⇩脅迫 参考。**―観念**(かんねん) カ名 うち消してもうち消しても、心にうかんでくる不安・不快な気持ち。神経衰弱のときにおこる。**―性障害**(せいしょうがい) ショ名 自分の意志に反して現れる観念や行為にとらわれ、強い不安や苦痛を感じる病気。

きょう-はん⓪【共犯】名 ふたり以上が共謀して罪をおかすこと。また、その人。

きょう-はん⓪【教範】名〔文章語〕教育の方法を示した手本。教典。

きょう-はん⓪【橋畔】名〔文章語〕橋のほとり。

きょう-びキョ【今日日】(けふ―)名〔俗語〕このごろ。この節。こんにち。「―の若い者の服装」

きょう-ふキョ【教父】名 ❶七、八世紀までのカトリック教で、正統信仰をもち、教会に公認された神学者。❷キリスト教で、洗礼を受けるときの名づけ親。

きょう-ふキョ【恐怖】名自サ おそれること。こわがること。「―を覚える」「―心」**―時代**(じだい) ジ名 権力をふるって人民をおさえつける、悪政がおこなわれる時代。**―症**(しょう) フ⓪名 ❶わけもなくつまらないことにおそれを感じる病的状態。❷ある物ごとに特におそれをもつ性質・くせ。「高所―」**―政治**(せいじ) セ名 警察・軍隊を使って反対派を弾圧し、服従させる政治。

きょう-ぶキョ【胸部】名 むねの部分。「―疾患」

きょう-ふう⓪【狂風】名〔文章語〕はげしく吹きまくるかぜ。

きょう-ふう⓪【強風】名 ❶つよいかぜ。❷樹林全体がゆれ、海が荒れだす程度のかぜ。風速は毎秒一三・九～一七・一メートル。

きょう-ふう⓪【矯風】名〔文章語〕わるい風俗をあらためること。「―運動」

きょうぶか-げカ【興深げ】形動 ダロ・ダッ・デ・ニ／ダ・ナ・ナラ・〇 興味深く思うようす。

ぎょうぶ-しょうフ【▲刑部省】名 ❶律令制で、刑罰・訴訟をあつかった役所。❷一八六九年に設置され、裁判・警察などを管轄した役所。のち司法省の設置により廃止。

きょう-ぶん⓪【凶聞】名〔文章語〕わるいことのしらせ。わるいことのうわさ。凶報。

きょう-ぶん⓪【狂文】名 江戸時代の、こっけいや風刺を主にした文章。

きょう-へい⓪【強兵】名 ❶つよい軍隊。❷軍隊・軍備をつよくすること。「富国―」

きょう-へき⓪【胸壁】名 ❶人のむねの高さほどに築いた防御壁。胸墻(きょうしょう)。❷とりで。❸胸部の外がわ。

きょう-へん⓪【凶変】名 わるいできごと。「暴動という―」

きょう-へん⓪【共編】名 ふたり以上で共同して書物を編集すること。また、その書物。

きょう-べん⓪【教×鞭】名 教授用に使うむち。**―を執**(と)**る** 教師としておしえる。

きょう-べん⓪【強弁】名他サ むりに理屈をつけて言いはること。こじつけ。「そんな―は通らない」

きょう-ほキョ【競歩】名 一方の足が、つねに地面からはなれないようにして一定距離をはやくあるく競技。

きょう-ほう⓪【凶報】名 わるいことのしらせ。死んだしらせ。凶聞(きょうぶん)。↔吉報。

きょう-ほう⓪【教法】名 ❶宗教上の教え。教義。❷教授の方法。

きょう-ぼう⓪【共謀】名自サ ふたり以上の人が共同でたくらむこと。通謀。**―罪**(ざい) ボ名〔法〕犯罪の実行を具体的・現実的に協議・合意することで成立する犯罪。

きょう-ぼう⓪【狂暴】名形動 前後の見境なくあばれること。気がふれたような乱暴。「―なふるまい」

きょう-ぼう⓪【凶暴・×兇暴】形動 ダロ・ダッ・デ・ニ／ダ・ナ・ナラ・〇 性質がわるくて、らんぼうなこと。「―性をみせる」

ぎょう-ぼう⓪【仰望】名他サ〔文章語〕あおぎのぞむこと。期待すること。「平和な世界を―する」

ぎょう-ぼう⓪【×翹望】名他サ〔文章語〕(「翹」はあげるの意)首を長くして待ち望むこと。鶴首(かくしゅ)。「吉報を―する」

きょう-ぼく⓪【×梟木】名〔文章語〕さらし首をかける木。獄門台。

きょう-ぼく⓪【×喬木】名 ➡こうぼく(高木)。↔灌木(かんぼく)。**―帯**(たい) ⓪名 ➡こうぼくたい(高木帯)。

きょう-ほん⓪【教本】名 教科書。教則本。

きょう-ほん⓪【狂奔】名自サ ❶気がふれたように走ること。「―するあばれ馬」❷何かを求めて夢中になって奔走すること。「資金集めに―する」

きょう-ま⓪【京間】名 主として関西地方の住宅の柱間(はしらま)・畳の寸法で、一間(けん)を六尺三寸(約一・九一メートル)ないし六尺五寸(約一・九七メートル)とするもの。↔いなか間。

きょう-まい⓪【供米】名 米を供出すること。また、その米。

きょう-まい⓪【京舞】(―まひ)名 京都で発達した日本舞踊の一種。地唄(じうた)の伴奏で舞う。地唄舞。

きょう-まく⓪【胸膜】名 ➡ろくまく。

きょう-まくキョ【×鞏膜】名 眼球のいちばん外がわの、角膜をのぞく白い膜。白目。⇩眼球(図)。

きょう-まん⓪【×驕慢】名形動〔文章語〕おごりえらぶって、人を見くだすこと。「―な態度」

きょう-みキョ【興味】名 ❶あることにおもしろさを感じ、もっと知りたいと思ったり、自分もしてみようと思ったりすること。「将棋に―を持つ」「民族衣装の収集に―が尽きない」参考「興味」は個人の気持ちにとどまることが多いが、「関心」は社会的な現象と重なることが少なくない。

ー津津(しんしん) キョ 形動 味わいつくせないおもしろみがあるようす。ー深い(ぶかい) カ 形 強く心がひかれるようす。「ーテーマ」

きょう-む キョ【教務】名 ❶教育上の事務。❷宗教団体の事務。

きょう-む キョ【凶夢】名 不吉なゆめ。↔吉夢(きつむ)。

ぎょう-む ギョ【業務】名 職業上の仕事。「ー上の過失」

きょう-めい ⓪【×嬌名】名〔文章語〕(芸者などがたてられる)なまめかしいうわさ。「ーをうたわれる」

きょう-めい ⓪【共鳴】名 自サ ❶同じ振動数の音を出す二つの物の一方を鳴らすと、他もしぜんに鳴り出す現象。❷他人の意見・思想に同感すること。共感。「きみの意見にーする」

ぎょう-めい ⓪【×驍名】名〔文章語〕強いという評判。「ーをはせる」

きょう-めん ⓪【鏡面】名 かがみの表面。

きょう-もう ⓪【凶猛】【×兇猛】名 形動〔文章語〕あらくてたけだけしいこと。あらあらしくてつよいこと。

きょう-もん ⓪【経文】名 仏教の経典。また、その文章。

きょう-やく ⓪【共訳】名 他サ ふたり以上が共同して翻訳すること。また、訳したもの。

きょう-やく ⓪【協約】名 他サ ❶相談して約束すること。また、その約束。「労働ー」❷国家間で文書を取りかわして結ぶ約束。

きょう-ゆ ⓪【教諭】㊀名 他サ おしえさとすこと。㊁名 高等学校・中学校・小学校・幼稚園の正式の教員のよび名。⇩教員 参考。

きょう-ゆう ⓪【×侠勇】名〔文章語〕おとこぎがあり、勇気があること。また、そういう人。

きょう-ゆう ⓪【×梟雄】名〔文章語〕(「梟」はあらあらしいの意)残忍で勇猛な武将。

きょう-ゆう ⓪【共有】名 他サ もの・権利・情報などを共同でもつこと。「ーの財産」「部内で情報をーする」↔専有。

きょう-ゆう ⓪【享有】名 他サ 生まれつきもつこと。「すぐれた才能をーする」

きょう-よ キョ【供与】名 他サ さし出し、あたえること。「便宜をーする」「武器のー」

きょう-よう ⓪【教養】名 ひろい知識を身につけることによって養われる深くゆたかな心。ー小説(しょうせつ) ショ 名 主人公の性格・思想の発展や人間的成長などをえがいた小説。

きょう-よう【▲孝養】名〔古語〕❶親孝行。❷死んだ親のために供養をすること。「むくろをばとり寄せて孝養せんと て」〈平家〉

きょう-よう ⓪【共用】名 他サ 共同で使用すること。

きょう-よう ⓪【供用】名 他サ〔文章語〕多くの人の使用のために提供すること。

きょう-よう ⓪【強要】名 他サ むりに要求すること。「寄付をーする」

きょう-らく ⓪【京×洛】名〔文章語〕みやこ。京都。

きょう-らく ⓪【享楽】名 他サ 思いのままにあそびたのしむこと。「ーにふける」

きょう-らん ⓪【狂×瀾】名〔文章語〕荒れくるう大波。「ー怒濤(どとう)」ーを既倒(きとう)に×廻(めぐ)らす(「荒れくるう波がすでにくずれたのをおしかえす」の意)形勢がすっかりわるくなったのを、またもとにかえす。

きょう-らん ⓪【狂乱】名 自サ ❶気がくるってとりみだすこと。❷物事が異常な状態になること。「ー物価」ー物(もの) ⓪ 名 気がくるった男女のしぐさをする舞踊や、それをふくむ能・歌舞伎(かぶき)。

きょう-らん ⓪【供覧】名 他サ〔文章語〕人に見せるためにさし出すこと。

きょう-り キョ【胸裏】名 むねのうち。心中。「ーに秘める」

きょう-り キョ【教理】名 宗教上の道理・理論。教義。

きょう-り キョ【郷里】名 ふるさと。故郷。

ぎょう-りき ⓪【行力】名 仏教の修行によって生じた力。

きょうりき-こ ⓪【強力粉】名 小麦粉の一種。たんぱく質を多く含み、水を加えると強くねばる。パンやパスタなどに使う。↔薄力粉(はくりきこ)。

ぎょう-りつ ⓪【凝立】名 自サ〔文章語〕身動きしないで、じっと立つこと。「あきれてしばしーする」

きょう-りゅう ⓪【恐竜】名 中生代に栄えた爬虫(はちゅう)類。化石としてのこる。立って歩くことを特徴とするものが多い。巨大なものは体長三〇(メートル)以上にもなる。

きょう-りょう ⓪【橋×梁】名 水路・鉄道・道路などをまたいでかけ渡された建造物。はし。

きょう-りょう ⓪【狭量】名 形動 度量・考えがせまいこと。人を受け入れる心のないこと。「ーな男だ」↔広量。

きょう-りょく ⓪【協力】名 自サ 力をあわせて物事にあたること。「成功には皆のーが必要だ」

きょう-りょく ⓪【強力】名 形動 (「ごうりき」と読めば別語)およぼす力や作用の大きいこと。力のつよいこと。「ーなうしろだて」

きょう-りん ⓪【×杏林】名〔文章語〕❶あんずのはやし。❷(古代中国の名医董奉(とうほう)が、治療代のかわりにあんずを植えさせたところが、数年で林になったということから)医者のこと。

きょう-れい ⓪【凶冷】名〔文章語〕冷害による凶作。凶作をおこす冷害。

きょう-れつ ⓪【強烈】名 形動 力や勢いが、つよくはげしいこと。「ーなパンチ」

ぎょう-れつ ⓪【行列】㊀名 自サ 列をつくって並ぶこと。また、その列。㊁名〘数〙数字または文字を長方形、または、正方形にならべて、ひとまとめにしたもの。

きょう-れん ⓪【狂恋】名〔文章語〕気がくるったようなはげしい恋愛。

きょう-れん キョ【教練】㊀名 他サ おしえならすこと。㊁名 ❶軍隊で兵士を訓練すること。❷学校で行った軍事訓練。

きょう-ろん ⓪【経論】名〘仏〙三蔵(経・律・論)のうちの経(仏説を文学的に表したもの)と論(経の内容を論理的に述べたもの)。

きょう-わ ⓪【共和】名 ❶共同して事を行うこと。❷複数の人々の会議でものを決めること。ー国(こく) ワ 名 共和制をとる国家。ー制(せい) ⓪ 名 国民に主権があり、国民のえらんだ代表が政治をするしくみ。

きょう-わ ⓪【協和】名 自サ〔文章語〕力をあわせ、仲よくすること。ー音(おん) ワ 名 二つ以上の高さのちがう楽音で、同時に鳴らしたとき、よくとけあって聞こえる音。↔不協和音。

きょう-わらべ ワ【京童】名 京の若者たち。みやこのこどもたち。京わらわ。京わらんべ。「口さがないー」

きょう-わん ⓪【峡湾】名〔文章語〕海面が陸地の奥深くはいりこみ、両岸が絶壁をなしている入り江。フィヨルド。峡江(きょうこう)。

きょ-えい ⓪【虚栄】名 うわべをかざること。みえをはること。ー心(しん) エ 名 みえをはろうとする心。

ぎょ-えい ⓪【魚影】名 (漁業や釣りで)水中を泳ぐ魚の姿。「ーが濃い」

ぎょ-えい ⓪【御詠】名〔文章語〕天皇や皇族の作った詩歌(しいか)。

ぎょ-えん ⓪【御×苑】名 皇室の所有する庭園。
ぎょ-えん ⓪【御宴】名 天皇・皇太子などが主催する宴会。
きよおか-たかゆき《清岡卓行》一九二二—二〇〇六。小説家・詩人。大連を追想した「アカシヤの大連」で評価される。小説「海の瞳」「マロニエの花が言った」など。
きょ-おく キョ【巨億】名 数・量のたいそう多いこと。巨万。「—の富」
ギョーザ ⓪【中×餃子】名（「チャオズ」のなまり）中国料理で、豚肉・野菜などを、小麦粉で作った皮につつんで半月の形にしたもの。むしたり焼いたりして食べる。
きょ-か キョ【×炬火】名 たいまつ。「聖火リレーの—」
きょ-か キョ【許可】名 他サ 願いや申請をみとめること。「—が下りる」「—を与える」「営業—」「渡航—」
ぎょ-か ギョ【漁火】名〔文章語〕魚をとるときたく火。いさりび。
きょ-かい ⓪【巨×魁】名〔文章語〕わるものの首領。
ぎょ-かい ⓪【魚介】名 ❶魚・貝・えび・かになどの海産物の総称。❷【魚貝】魚類と貝類。参考 最近は❶の意味で「魚貝」と書くこともある。
きょ-がく ⓪【巨額】名 非常にたくさんの数量。多額。「—の資金」
ぎょ-かく ⓪【漁獲】名 水産物をとること。とった水産物。「—高」
きょ-かん ⓪【巨漢】名 並はずれて大きな男。大男。
きょ-かん ⓪【巨艦】名 たいそう大きな軍艦。
きょ-かん ⓪【居館】名〔文章語〕住んでいる邸宅。屋敷。
きょ-がん ⓪【巨岩】名 たいそう大きないわ。
ぎょ-かん ⓪【御感】名 天皇が感心すること。天皇のおほめ。「—にあずかる」
ぎょがん-レンズ ⓪【魚眼レンズ】名 百八十度以上の範囲をうつせる特殊広角レンズ。
きょ-き キョ【×歔×欷】名 自サ〔文章語〕（「歔」も「欷」もすすり泣くの意）すすり泣くこと。むせび泣き。欷歔。
きょ-ぎ キョ【虚偽】名 うそ。いつわり。「—の申告」↔真実。
ぎょ-き ギョ【漁期】名 魚・貝がとれる時期。りょうき。
きょ-ぎょう ⓪【虚業】名 堅実でない事業。投機のように一度に大もうけをねらう事業。参考「実業」をもじった語。

ぎょ-きょう ⓪【漁協】名「漁業協同組合」の略。
ぎょ-きょう ⓪【漁況】名 さかなのとれる状況。
ぎょ-ぎょう ギョー【漁業】名 水産物をとったり、養殖したりする産業。
きょきょ-じつじつ キョ-【虚虚実実】名 はかりごと・わざなどをうまく使って戦いあうようす。「—のやりとり」
きょ-きん ⓪【×醵金】名 自他サ（「醵」はかねを出しあう）人人がかねを出しあうこと。また、そのかね。参考「拠金」は新聞などでの代用表記。
きょく【×旭】造 あさひ。「旭光きょっこう・旭日」
きょく【×棘】造 ❶いばら。こなつめ。「荊棘けいきょく」❷とげ。「棘皮動物きょくひどうぶつ」
きょく【曲】㊀ ⓪ 名 造 ❶音楽の作品。「よく知られた—」「—を作る」「歌曲・編曲・名曲・器楽曲・協奏曲・交響曲」❷歌のことば。「戯曲・謡曲」❸おもしろみ。「—のないやり方」「曲技・曲芸・曲馬」㊁ 造 ❶まがる。まげる。「曲折・曲線・曲面・湾曲」❷いつわる。ただしくない。「曲解きょっかい・曲論・歪曲わいきょく」❸つぶさ。くわしい。「委曲」 **—がない** 変化が少なくおもしろみがない。
きょく【局】㊀ キョ 名 造 ❶郵便局・電話局・放送局など、公共的な機関。「局内・局番」❷官庁などの組織で、いちばん大きな単位。部の上。「文部科学省初等中等教育—」「局長・支局・部局」❸当面の場合・事件。しごと。事態。「その—にあたる」「局面・時局・政局・大局」㊁ 造 ❶くぎり。部分。「局限・局所・局部・限局」❷事件のなりゆき。「結局・終局・破局」❸碁や将棋の勝負。「一局・対局」
きょく【極】㊀ キョ 名 造 ❶きわまり。はて。「貧困の—に達する」「極限・極力・極論・究極」❷あげく。結果。「失望の—、病気になる」❸地球の南極と北極。「極光きょっこう・極地」❹磁極。❺電極。「プラスの—」㊁ 造 はなはだしく。この上なく。「極右・極刑きょっけい・極端」〔別音ごく｜極〕
きょ-く キョ【巨×軀】名 非常に大きなからだ。巨体。
ぎょく【玉】㊀ ⓪ 名 造 美しい石。特に、宝石の一種で、特殊な輝石・角閃石かくせんせきのかたまり。たま。「玉石・玉杯・宝玉」㊁ ⓪ 名 ❶「玉代ぎょくだい」の略。❷将棋の玉将。⇩王将 参考。❸〔俗語〕鶏卵けいらんのこと。㊂ 造 ❶美しいもの。りっぱなもの。「玉稿ぎょっこう・玉章・玉露」❷天子に関することがらにつける語。「玉音・玉座・玉体」
ぎょ-く ギョ【漁区】名 漁業をすることを認められた区域。

ぎょ-ぐ ギョ【漁具】名 漁業に使う道具。
ぎょく-あん ⓪【玉案】名〔文章語〕相手の机を尊敬していう語。 **—下か** ア 名〔文章語〕手紙のわき付けの語。案下。机下。足下。⇩脇付け 参考。
きょく-いん ク【局員】名 局と呼ばれるところの職員。
きょく-う キョ【極右】名 極端な右翼的思想。また、その持ち主。↔極左。
きょく-うち ⓪【曲打(ち)】名 変化にとむ打ちかた。「太鼓の—」
ぎょく-おん ⓪【玉音】名〔文章語〕天皇の声。
きょく-がい ク【局外】名 そのことに関係のないこと。また、その立場。「—者」 **—中立ちゅうりつ** チュ 名 いかなる軍事同盟もむすばず、交戦国のどちらにも味方しないこと。
きょくがく-あせい ア【曲学×阿世】名 学問上の真理をまげて世間の人気にこびへつらうこと。「—の徒」
ぎょく-がん ⓪【玉顔】名〔文章語〕天皇の顔。竜顔りゅうがん。
きょく-ぎ キョ【曲技】名 かるわざ。曲芸。
きょく-げい ⓪【曲芸】名 ふつうの人ができないような、みがるな、あるいは、器用な芸当。かるわざ。曲技。
きょく-げん ⓪【極限】名 はて。かぎり。ぎりぎりのところ。「—に達する」
きょく-げん ⓪【極言】名 自サ 極端に言うこと。極論。「—すれば、それはまったく無意義な計画だ」
きょく-げん ⓪【局限】名 他サ 一部にかぎること。範囲を限定すること。「問題を—する」
きょく-さ キョ【極左】名 極端な左翼的思想。また、その持ち主。↔極右。
ぎょく-ざ ギョ【玉座】名〔文章語〕天皇の座る席。
きょく-ざい ⓪【局在】名 自サ〔文章語〕一部の箇所・地域にだけあること。
ぎょく-さい ⓪【玉砕】名 自サ（玉のように美しくくだけ散る）↔瓦全がぜん。❶名誉や忠義のために、いさぎよく死ぬこと。❷全力をつくした後に負け、やぶれること。
きょく-し キョ【曲師】名 なにわぶしの、しゃみ線をひく人。
きょく-じ キョ【曲事】名〔文章語〕まがったこと。不正なこと。
きょく-じつ ⓪【×旭日】名〔文章語〕あさひ。 **—昇天しょうてんの勢いきおい** あさひがのぼるような、さかんな勢い。
きょく-しゃ ⓪【局舎】名 郵便局・電話局・法務局・放送局など、局の建物。

きょく-しゃく◎【曲尺】名 ⇒かねじゃく。
ぎょく-じゅう◎【玉×什】名〔文章語〕❶りっぱな詩歌しいか。❷他人の詩歌を尊敬していう語。
きょく-しょ キョ【局所】名 ❶かぎられた、ある特定の場所。一部分。局部。「―の観察」❷陰部。**―麻酔**ますい マ 名 手術しようとする部分の感覚をなくするための麻酔。局部麻酔。↕全身麻酔。
きょく-しょう◎【極小】名 形動 非常にちいさいこと。最小。ミニマム。↕極大。
きょく-しょう◎【極少】名 形動 非常にすくないこと。最少。
ぎょく-しょう◎【玉将】名 ⇒おうしょう。
ぎょく-しょう◎【玉章】名〔文章語〕❶うつくしい詩や文章。❷他人の手紙を尊敬していう語。⇩貴簡 参考。
きょく-すい◎【曲水】名〔文章語〕庭園の中を、まがり流れる小川。春 **―の宴**えん 昔、宮中で、三月三日、曲水のほとりに公卿くぎょうたちがすわり、上流から流す杯が、目の前を流れすぎないうちに詩歌しいかをつくり、杯をとって酒をのんだ遊び。曲宴。春
ぎょく-ずい◎【玉髄】名 石英せきえいの一種。飾り石。
ぎょく-せい◎【玉成】名 他サ〔文章語〕完全なものにしあげること。りっぱな人物に育てあげること。
きょく-せき◎【×跼×蹐】名 自サ〔文章語〕(跼天蹐地きょくてんせきちの略。「跼」はうずくまる、「蹐」はぬき足。からだをちぢめ、ぬき足であるく意)世をはばかって、窮屈にくらすこと。
ぎょく-せき◎【玉石】名 たまといし。良いものとわるいもの。**―混交**こんこう◎名 良いものとわるいものとが、いりまじっていること。玉石混淆こんこう。
きょく-せつ◎【曲節】名 歌曲などのふしや調子。
きょく-せつ◎【曲折】名 自サ おれまがること。こみいった事情のあること。いろいろ変化すること。「―を経て、今日の大をなした」「紆余うよ―」
きょく-せつ◎【曲説】名 自サ 事実を曲げて説明すること。またその説。
きょく-せん◎【曲線】名 まがった線。↕直線。**―美**び セ 名 女性の肉体などの、ふくよかな曲線のもつ美しさ。
きょく-そう◎【曲想】名 楽曲の構想や主題。「―を練る」
きょく-だい◎【極大】名 形動 非常におおきいこと。最大。マキシマム。↕極小。
ぎょく-たい◎【玉体】名〔文章語〕天皇のからだ。
ぎょく-だい◎【玉代】名 芸者や娼妓などを呼んであそぶ料金。ぎょく。花代はなだい。線香代。
きょく-たん タ【極端】一 名 いちばんはし。二 名 形動 たいへんかたよっていて、中正をうしなうこと。「―な議論」
きょく-ち キョ【局地】名〔文章語〕かぎられた土地。**―的**てき ◎ 形動 ある地域だけにかぎられるようす。「―な豪雨」**―風**ふう◎名 わりあいにせまい地域だけに吹く、その土地特有のかぜ。陸風・海風・フェーンなど。
きょく-ち キョ【極地】名 ❶さいはての地。❷南極・北極の地。**―法**ほう◎名 登山などで、まずベースキャンプを設け、そこから順にテントを張りすすめて目的点に達する方法。
きょく-ち キョ【極致】名 このうえもないおもむき。「美の―」
きょく-ちょう◎【曲調】名 音楽のふしや調子。
きょく-ちょう◎【局長】名 局の最高責任者。
きょく-ちょく◎【曲直】名〔文章語〕正しくないことと、正しいこと。正邪。「是非―をただす」
きょくてい-ばきん《曲亭馬琴》 一七六七―一八四八。江戸時代後期の読本よみほん作家。姓は滝沢。勧善懲悪かんぜんちょうあくの史伝物を中心に三百余編を残した。「椿説弓張月ちんせつゆみはりづき」「南総里見八犬伝なんそうさとみはっけんでん」など。
きょく-てん◎【極点】名 ❶究極の点。はて。❷南極・北極の中心。緯度九〇度の地点。
きょくてん-せきち セ【×跼天×蹐地】名 (天は高いのに身をちぢめて歩き、地は固いのに抜き足で歩くこと)世間を気にしながら、身を小さくして生きていくこと。跼蹐。
きょく-ど キョ【極度】名 この上ないこと。はなはだしいこと。「―の疲労に達する」
きょく-とう◎【極東】名 (ヨーロッパからみて最も東方にあるので)中国・朝鮮半島・日本・シベリアなど東アジアの総称。↕近東・中東。
きょく-どめ◎【局留(め)】名 郵便物を配達せずに郵便局にとめておくこと。
きょく-のみ◎【曲飲み】名 酒などを曲芸をしながら飲むこと。
きょく-のり◎【曲乗り】名 馬・自転車・たまなどに乗ってする曲芸。
きょく-ば◎【曲馬】名 馬に乗ってする曲芸。**―団**だん バ 名 曲馬・曲芸・手品などを興行してまわる芸人の集団。サーカス。
ぎょく-はい◎【玉杯】名〔文章語〕❶玉でつくったさかずき。❷さかずきの美称。
きょく-ばん◎【局番】名 電話交換局の番号。
きょく-び キョ【極微】名 形動 非常にこまかいこと。非常にかすかなこと。ごくび。「―の世界」
きょく-びき◎【曲弾き】名 楽器を、てばやく、また、じょうずに、ほかのしぐさなどを加えておもしろくひくこと。
きょく-ひつ◎【曲筆】名〔文章語〕事実をまげて書くこと。また、書いた文章。↕直筆ちょくひつ。
きょくひ-どうぶつ ド【×棘皮動物】名 体表に石灰質のとげをもつ放射相称形の海産動物。うに・ひとでの類。
きょく-ふ◎【曲譜】名 音楽の譜。楽譜。
きょく-ぶ キョ【局部】名 ❶局所。❷陰部。**―麻酔**ますい マ 名 局所麻酔。
きょく-ほ キョ【曲×浦】名〔文章語〕いりくんだ入り江。「長汀ちょうてい―」
ぎょく-ほ ギョ【玉歩】名〔文章語〕天皇・皇后など、貴人のあるくことを尊敬していう語。
きょく-ほう◎【局方】名 「日本薬局方」の略。⇩薬局方(「薬局」の項)。
きょく-ほく◎【極北】名 北極に近いこと。また、その所。
きょく-めん◎【曲面】名 球のようにまがった面。↕平面。
きょく-めん【局面】名 ❶◎碁・将棋などの盤の面。また、その勝負の形勢。❷◎/×事件のなりゆき・ありさま。「―の打開をはかる」
きょく-もく◎【曲目】名 ❶音楽の曲の名。❷演奏する楽曲の名をならべたもの。プログラム。
きょく-もく◎【極目】名 副〔文章語〕見わたすかぎり。「―人煙を見ず」
ぎょく-よう◎【玉葉】名〔文章語〕❶皇族。王族。「金枝―」❷人のくれた葉書を尊敬していう語。⇩貴簡 参考。
きょく-りょう◎【極量】名 劇薬・毒薬などの一日または一回の最大の分量。これをこすと害になる。
きょく-りょく クー【極力】副 ありったけの力をつくすようす。できるかぎり。「―応援しましょう」

ぎょく‐ろ ギョ【玉露】名 ❶玉のような美しいつゆ。❷最上等のせん茶。
ぎょく‐ろう ⓪【玉楼】名〔文章語〕玉のように美しく高い建物。「金殿―」
きょく‐ろく ⓪【曲×彔】名 よりかかるところをまげて作ったいす。法会(ほうえ)のときなどに僧が使う。

きょくろく

きょく‐ろん ⓪【曲論】名 ただしくない論議。↕正論。
きょく‐ろん ⓪【極論】名 自サ 極端な論議。極言。
ぎょ‐ぐん ⓪【魚群】名 さかなのむれ。**―探知機**(たんちき) チ 名 超音波によって、魚群の存在や、距離を知る装置。魚探。
きよ‐げ【清げ】なり形動〔古語〕❶ととのっていて美しい。「きよげに書きてやりつる文(ふみ)」〈枕〉⇩きよら 参考。❷みるからにおいしそうだ。「きよげなる食物(じき)」〈今昔〉
きょ‐げい ⓪【巨鯨】名〔文章語〕大きなくじら。
ぎょ‐けい ギョ【御慶】〔文章語〕㊀名 およろこび。㊁ 新年 あいさつ 新年の祝いのことば。おめでとうございます。
ぎょけい‐すいらい ス【魚形水雷】名 魚雷。
きょ‐けつ ⓪【虚血】名 体の組織や臓器への動脈血の流入が減少したり途絶したりすること。「―性心疾患」
きょ‐げつ キョ【去月】名〔文章語〕前の月。先月。
きょ‐げん ⓪【虚言】名 うそ。そらごと。「―を吐く」
きょ‐こう ⓪【虚構】名 ❶事実でないものを事実らしくみせかけること。つくりごと。❷文学などで、実在しないことを実在するかのように組みたてること。フィクション。
きょ‐こう ⓪【挙行】名 他サ 儀式や行事などを実際におこなうこと。「運動会を―する」
きょ‐ごう ⓪【×倨傲】名 形動〔文章語〕思いあがり、いばっていること。ごうまん。
ぎょ‐こう ⓪【漁港】名 漁業の根拠地となる港。↕商港・軍港。
きょ‐こく キョ【挙国】名 国全体。国民全体。「―一致」
きょ‐こん ⓪【虚根】名 方程式の根(こん)が虚数のもの。
きょ‐こん ⓪【許婚】名〔文章語〕婚約をすること。いいなずけ。
ぎょ‐ざ ギョ【御座】名 貴人の座席。

きょ‐さい ⓪【去歳】名〔文章語〕去年。昨年。
きょ‐さい ⓪【巨細】名〔文章語〕⇩こさい。
きょ‐ざい ⓪【巨材】名 ❶大きな材木。❷大人物。
きょ‐ざい ⓪【巨財】名 たくさんの財産。「―をたくわえる」
きょ‐さつ ⓪【巨刹】名〔文章語〕大きな寺。
きょ‐し キョ【巨資】名〔文章語〕多額の資本。
きょ‐し キョ【挙止】名〔文章語〕たちいふるまい。挙動。挙措(きょそ)。
きょ‐じ キョ【虚字】名 漢文で、抽象的意味をしめす、動詞・形容詞にあたる文字。「飛・高」など。↕実字・助字。
きょ‐じ キョ【虚辞】名 ❶〔文章語〕真実でないことば。うそ。虚言。❷実辞に付属して形式的意味をそえることば。助詞・助動詞など。↕実辞。
ぎょ‐じ ギョ【御璽】名 天皇の印鑑。「御名(ぎょめい)―」
きょ‐しき ⓪【挙式】名 自サ 式を行うこと。特に、結婚式をあげること。
きょ‐しつ ⓪【居室】名 家族がふだんいるへや。居間(いま)。
きょ‐じつ キョ【虚実】名 ❶無いことと有ること。うそとまこと。「―とりまぜて」❷さまざまの手段。「―をつくす」
きょし‐てき ⓪【巨視的】形動 ダロ・ダッ・デ・ニ／ダ・ナ・ナラ ❶肉眼で見わけられる程度に大きいようす。↕微視的。❷全体のようすに重点をおいて見るようす。「時代を―にとらえる」
ぎょ‐しゃ ギョ【御者】【×馭者】名 馬をあつかって馬車を走らせる人。
きょ‐じゃく ⓪【虚弱】形動 ダロ・ダッ・デ・ニ／ダ・ナ・ナラ からだがよわいこと。ひよわなこと。「―な体質」
きょ‐しゅ キョ【挙手】名 自サ 手をあげること。「―の礼」
きょ‐じゅ キョ【巨樹】名〔文章語〕きわめて大きな立ち木。
きょ‐しゅう ⓪【去秋】名〔文章語〕去年の秋。昨秋。
きょ‐しゅう ⓪【去就】名 去ることと、とどまること。そむくことと、したがうこと。進退。「―にまよう」
きょ‐じゅう ⓪【居住】名 自サ 家をかまえて住むこと。「―地」 **―性**(せい) ⓪名 住みごこちのよさ。参考 比喩的に乗用車の乗りごこちにもいう。
ぎょ‐しゅう ⓪【漁舟】名〔文章語〕漁をする小舟。
きょ‐しゅつ ⓪【拠出】【×醵出】名 他サ「醵」は寄り集まる意)金や品物を出し合うこと。「―年金」参考「拠出」はもとは新聞や放送用の代用表記。
きょ‐しゅん ⓪【去春】名〔文章語〕去年の春。昨春。

きょ‐しょ キョ【居所】名 居住している所。居場所。
きょ‐しょう ⓪【去声】名 漢字の四声(しせい)の一つ。仄声(そくせい)に属する。現代中国語では、最初高く、急激に下がる調子の音(おん)。きょせい。↕平声(ひょうしょう)・上声(じょうしょう)・入声(にっしょう)。
きょ‐しょう ⓪【巨匠】名 ある特定の技能にすぐれている大家。「ピアノの―」
きょ‐しょう ⓪【挙証】名 自サ〔文章語〕証拠をあげること。立証。
きょ‐じょう ⓪【居城】名 ふだん、住んでいる城。
ぎょ‐しょう ⓪【漁礁・魚礁】名 魚があつまりやすい、海中の岩のあるところ。参考 人工的なものは「漁礁」と書くことが多い。
ぎょ‐しょう ⓪【魚×醤】名 魚介類を塩漬けにし、発酵・熟成させた調味料。上澄み液を濾過(ろか)したものが多い。秋田のしょっつる、タイのナンプラーなど。
ぎょ‐じょう ⓪【漁場】名 漁業をする場所。ぎょば。
きょ‐しょく ⓪【虚飾】名 うわべだけをかざること。みえ。
ぎょ‐しょく ⓪【漁色】名〔文章語〕次々に女性をもとめて情事にふけること。女色にふけること。
きょしょく‐しょう ⓪【拒食症】名 食事を受けつけない病的な症状。心理的原因によるとされる。↕過食症。
きょ‐しん ⓪【虚心】名 形動 心をすなおにすること。先入観をもたないこと。「―に人の言を聞く」 **―×坦懐**(たんかい) ⓪名 形動 心にわだかまりがなく、さっぱりとすなおなようす。「―に話しあう」
ぎょ‐しん ⓪【魚信】名 つりで、魚がえさに食いついたことが、さおや糸を通じて感じられること。あたり。
きょ‐じん ⓪【巨人】名 ❶非常にからだの大きな人。ジャイアント。❷偉大な人物。大人物。「文壇の―」
ぎょ‐しん ⓪【御寝】名〔文章語〕寝ることを尊敬していう語。
ぎょ・す ギョ【御す】他五 サ・ソ・シ・ス・ス・セ・セ ⇩ぎょする。
きょ‐すう ス【虚数】名 負数の平方根。二乗して負になる数。↕実数。
キヨスク ヨ〈kiosk〉名 ⇩キオスク。
きょ‐ずり ⓪【清刷(り)】名 印刷で、写真製版などの原稿にするため、校正のすんだ活版を上質紙にきれいに印刷すること。また、その印刷された物。
ぎょ・する ス【御する】他サ シ・セ・サ・ジ・シ・スル・スレ・シロ・セヨ ❶馬をあつかう。馬をのりまわす。❷人を思うとおりにあつかう。「御

しやすい相手」❸おさめる。統治する。ぎょ・す 文語サ変

きよせ ◎【季寄せ】名 俳諧（はいかい）で、季語をあつめて解説をつけ、例句をのせた本。歳時記。

きょせい ◎【巨星】名〔文章語〕❶大きくて光度のつよい恒星。❷大人物。「政界の―墜（お）つ」

きょせい ◎【虚勢】名 からいばり。うわべだけの勢い。―を張（は）る 実力がないのにからいばりする。

きょせい ◎【去勢】名 他サ ❶生殖腺（せいしょくせん）をとりさり、生殖機能をうしなわせること。❷気力をうしなわせること。

きょせい ◎【挙世】副〔文章語〕世をあげて。世間全体。

ぎょせい ◎【御製】名 天皇のつくった詩歌や文章。

きょせきぶんか フ【巨石文化】名 大きな石でつくった構築物を特徴とする、新石器時代の文化の総称。ドルメン・メンヒル・ストーンヘンジなどの遺跡がある。

きょせつ ◎【虚説】名 よりどころのないうわさ。

きょぜつ ◎【拒絶】名 他サ こばむこと。ことわること。「要求を―する」―反応（はんのう）ハ 名 動物体に他の個体の臓器・組織などを移植したとき、それらを排除しようとしておこる生理的反応。拒否反応。

きょせん ◎【巨船】名 大きなふね。

ぎょせん ◎【漁船】名 水産物をとるためのふね。

きょそ キョ【挙措】名〔文章語〕（あげることと、おくこと）立ち居ふるまい。挙止。「―進退」―を失（うしな）う とりみだす。

きょぞう ◎【虚像】名 ↔実像。❶光線を逆に延長したとき、そこに物があるかのようにむすばれている像。❷実をともなわない、みせかけだけの姿。

きょそく ◎【虚足】名「偽足」に同じ。

ぎょぞく キョ【魚族】名 魚の種族。魚類。

ぎょそん ◎【漁村】名 大部分が漁業で生計をたてている村。↕農村・山村。

きょた キョ【許多】名〔文章語〕多数。あまた。

きょたい ◎【巨体】名 大きなからだ。「―をもてあます」

きょだい ◎【巨大】形動 ダロ・ダッ・デ・ニ ダナ・ナラ・◎ 非常に大きいようす。

ぎょだい ◎【御題】名〔文章語〕❶天皇の書いた題字。❷天皇のえらんだ詩歌（しいか）・文章の題。勅題。

きょたく ◎【居宅】名 住む家。住宅。

きょだく ◎【許諾】名 他サ ゆるすこと。きき入れること。

ぎょたく ◎【魚拓】名 さかなの表面に墨を塗り、和紙をのせて、さかなの形をうつしたもの。さかなの拓本。

きょだつ ◎【虚脱】名 自サ ❶心身がよわり、死にそうになること。❷ぼんやりして何も手につかないこと。「失恋して―状態におちいる」

きょたん ◎【去×痰・×袪×痰】名 のどにたまったたんを取ること。「―剤」

きょたん ◎【虚誕】名〔文章語〕（「虚」も「誕」もうそ）つくりごと。ほら。でたらめ。

きょだん ◎【巨弾】名 大きな弾丸・爆弾。

ぎょたん ◎【魚探】名「魚群探知機」の略。

きょちゅうちょうてい チョ【居中調停】名 ❶第三国が、争っている両国の間にたって、平和な解決をとりもつこと。❷仲裁。

きょっかい ◎【曲解】名 他サ（「きょくかい」の変化）わざとひねくれて解釈すること。

きょっかん ◎【極冠】名（「きょくかん」の変化）火星の南北両極に見られる、かんむりの形をした白い地帯。

きょっきゅう ◎【曲球】名（「きょくきゅう」の変化）野球で、打者のそばで急にまがる投手の投球。カーブ。

きょっけい ◎【極刑】名（「きょくけい」の変化）いちばんおもい刑罰。死刑のこと。「―に処する」

きょっこう ◎【×旭光】名〔文章語〕（「きょくこう」の変化）あさひの光。

きょっこう ◎【極光】名（「きょくこう」の変化）オーロラ。

ぎょっこう ◎【玉稿】名〔文章語〕（「ぎょくこう」の変化）他人の原稿を尊敬していう語。

ぎょっと ◎ 副 自サ 非常におどろくようす。ぎくっと。

きょてん ◎【拠点】名 よりどころにする所。立場。足場。「海外進出の―」

きょでん ◎【虚伝】名 うそがつたわること。うそのうわさ。

きょとう ◎【去冬】名〔文章語〕去年の冬。昨冬。

きょとう ◎【巨頭】名 ❶大きなあたま。❷かしら。おもだった人。有力な指導者。「財界の―」「―会談」

きょとう ◎【挙党】名 党全体。「―体制」

きょどう ◎【挙動】名 ふるまい。動作。挙止。「不審な―」

ぎょどう ◎【魚道】名 ❶魚のむれが通るみち。❷魚の通り道としてダムのわきにつくった水路。

きょときょと キョ（と）副 自サ おちつかないで、あちらこちらを見まわすようす。きょろきょろ。

きょとんと ト 副 自サ 事情がわからず、ぽかんとしているようす。「突然のことに―する」

ぎょにく ◎【魚肉】名 魚の肉。「―ソーセージ」

きょにんか 三【許認可】名 許可と認可を合わせて言う語。「―権をもつ」

きょねん キョ【去年】名 ことしのすぐ前のとし。「―は台風があまり上陸しなかったね」「―、長女のところに孫が生まれました」参考「去年」は普通の会話に、「昨年」は改まった会話や文章などで使われる。

ぎょば ◎【漁場】名 ⬇ぎょじょう。

きょはく ◎【巨×擘】名〔文章語〕（「擘」はおやゆび）他より特にすぐれた人。

きよはらのもとすけ《清原元輔》九〇八〜九九〇。平安時代中期の歌人。「後撰（ごせん）和歌集」の編者の一人。清少納言（せいしょうなごん）の父。

ぎょばん ◎【魚板】名 禅寺などで、合図にうちならす、魚の形につくった木の板。

魚板

きょひ キョ【巨費】名 多額の費用。

きょひ キョ【許否】名 ゆるすことと、ゆるさないこと。「―を明らかにする」

きょひ キョ【拒否】名 他サ 承知しないで、ことわること。「説得を―する」―権（けん）ヒ 名 ❶君主・大統領が議会できめた法律の承認を拒否し、その成立をこばむ権限。❷国際連合の安全保障理事会で、五常任理事国のもつ議決を拒否する権利。一国でもこれを使うと案件は成立しない。―反応（はんのう）ハ 名 ⬇きょぜつはんのう。

ぎょひ ◎【魚肥】名 魚類を原料にした肥料。

きょふ キョ【巨富】名 多くの富。巨万の富。「―を成す」

ぎょふ キョ【漁夫】名 水産物をとることを職業にする人。漁民。―の利（り） 人が争っている間に、第三者が労せずして利益をさらうこと。参考 しぎとはまぐりとが争っているときに、そばの漁夫がその二つともつかまえたという故事から。

きよぶき ◎【清拭き】名 水でふいたあと、仕上げに、かわいた布でふくこと。

ぎょふく ◎【魚腹】名 魚のはら。魚のはらの中。―に葬

(ほうむ)られる 水におぼれて死ぬ。水死する。

ぎょ-ぶつ ギョ【御物】名〔文章語〕天皇・皇室の持ち物。ぎょもつ。ごもつ。「正倉(しょうそう)院—」

きょ-ぶん 0【虚聞】名〔文章語〕❶でたらめのうわさ。❷実質以上の評判。

ぎょ-ふん 0【魚粉】名 魚類をかわかして粉にしたもの。食料品や肥料・飼料にする。

きょ-へい 0【挙兵】名 自サ 武力行動を起こすこと。兵をあげること。

きょ-へん 0【巨編】名 文学・映画などの非常に大がかりな作品。

きょ-ほ キョ【巨歩】名〔文章語〕❶大きなあゆみ。「—を進める」❷大きなてがら・業績。「物理学界に—をしるす」

きょ-ほう 0【巨峰】名 ❶非常に高く、けわしい山。❷〔商標名〕ぶどうの一種。粒が大きく、甘みが強い。

きょ-ほう 0【巨砲】名 大きな大砲。

きょ-ほう 0【虚報】名 うその知らせ。「—にまどわされる」

ぎょ-ほう 0【漁法】名 魚をとる方法。

きょ-ぼく 0【巨木】名 大きな木。

きょ-ほうへん キ【毀誉褒×貶】名 ➡きよ(毀誉)。

きよ・まる マ【清まる】自五 清くなる。清らかになる。「心が—」

きょ-まん 0【巨万】名 数量のたいそう多いこと。巨億。「—の富」

きよみず《清水》(みず) 京都市東山区の山腹一帯の地名。また、そこにある清水寺。**—の舞台(ぶたい)から飛(と)び降(お)りる**（清水寺の本堂の前面は高い舞台造りになっていることから）大決心をもって、ことをおこなう。

きよみず-やき 0【清水焼】名 清水(きよみず)付近でつくられた陶磁器。京焼。

ぎょ-みん 0【漁民】名 漁業を職業とする人々。

きょ-む キョ【虚無】名 ❶むなしいこと。なにもないこと。「人生は—だ」❷心に何もかんがえないこと。「—の心境」**—主義(しゅぎ)** シュ 名 ❶真理・実在などを否定する思想。❷道徳や宗教の価値・規範をみとめず、すべての権威・制度などを否定する考え方。ニヒリズム。

きよめ 図0【清め】【▲浄め】名 ❶きよめること。❷死者にふれることをけがれと考えたことから、葬儀のあとなどに、水や塩でけがれを除くこと。広義には、通夜のふるまいや火葬のあとの会食なども含む。おきよめ。「—塩」

きょ-めい 0【虚名】名 実際の価値以上の名声・評判。「—にまどわされる」

ぎょ-めい ギョ【御名】名 天皇の名まえ。「—御璽(ぎょじ)」

きよ・める 図【清める】【▲浄める】他下一 けがれを取り除いてきれいにする。「心身を—」**きよ・む** 文語下二

きょ-もう 0【虚妄】名〔文章語〕うそいつわり。「—の説」

ぎょ-もう 0【漁網・魚網】名 魚介をとるのに使うあみ。

ぎょ-もつ ギョ【御物】名〔文章語〕➡ぎょぶつ。

きよもと-ぶし 0【清元節】名 江戸時代の末にはじまった江戸浄瑠璃の一つ。清元延寿太夫(きよもとえんじゅだゆう)がはじめ、富本節(とみもとぶし)から分かれた。清元。

ぎょ-ゆ 0【魚油】名 魚類からとったあぶら。

ぎょ-ゆう 0【御遊】名〔文章語〕❶あそびを尊敬していう語。❷昔、宮中などでもよおされた音楽のあそび。

きょ-よう 0【挙用】名 他サ 下位の者をひきあげてつかうこと。登用。起用。「雇員を本官に—する」

きょ-よう 0【許容】名 他サ ゆるすこと。よろしいと認めること。「—範囲」⇩海容 参考。

きよ-ら【清ら】〔古語〕㊀なり形動 美しい。すばらしい。「きよらなる衣(きぬ)」〈源氏〉参考「きよげ」よりも質の高い美しさを言う。㊁名 ぜいたく。華麗。華美。「よろづにきよらを尽くしていみじと思ひ」〈徒然〉

きょ-らい 0【去来】名 自サ さることと、くること。ゆきき。「思い出が胸中を—する」

ぎょ-らい 0【魚雷】名（「魚形水雷」の略）魚に似た、細長い流線型の水雷。発射されると水中を進み、艦船にあたれば爆発する。

きょらいしょう《去来抄》江戸時代前期の俳論集。向井去来の著。松尾芭蕉(まつおばしょう)とその門人たちの句評・俳論などを書きとめたもの。

きよらか ヨ【清らか】形動 けがれがなく、美しいようす。「—な水」「—な心」**清らかさ** 名

ぎょ-らん 0【魚卵】名 魚のたまご。イクラやたらこなど。

きょ-り キョ【巨利】名 ばく大な利益。「—を得る」

きょ-り キョ【距離】名 ❶へだたり。「東京・大阪間の—」「二人の考え方の—」❷二点間の直線の長さ。**—感(かん)** リ 名 自分と対象との間にある距離をとらえる感覚。

きょ-りゅう 0【居留】名 自サ ❶一時とどまり住むこと。❷外国の居留地に住むこと。**—地(ち)** リュ 名 外国人が住むことをゆるされた特別な地域。**—民(みん)** リュ 名 居留地に住む外国人。

ぎょ-りょう 0【漁猟】名 ❶魚をとることと、鳥・獣をとること。❷漁業。

ぎょ-りん 0【魚×鱗】名〔文章語〕❶魚のうろこ。❷魚。

ぎょ-るい ギョ【魚類】名 脊椎(せきつい)動物の一種で、水中にすみ、えらで呼吸するもの。多く体表はうろこでおおわれ、ひれがある。魚族。

きょ-れい 0【虚礼】名 うわべだけの礼儀。「—廃止」

ぎょ-ろう 0【漁労】【漁×撈】名 水産物をとること。

きょろ-きょろ キョ (と)副 自サ おちつかないであたりをせわしく見まわすようす。

ぎょろ-ぎょろ ギョ (と)副 自サ 大きい目玉が光るようす。大きな目玉をするどく動かしてにらむようす。

ぎょろっ-と 0 副 自サ「—した目で見る」

ぎょろ-め 0【ぎょろ目】名〔俗語〕大きな目玉。また、目の大きな人をからかって言う語。「—をむく」

ぎょろり-と 0 副 大きな目玉を動かしてにらむようす。

き-よわ 0【気弱】名 形動 気が弱いこと。「—な性格」

き-ら キ【×綺羅】名〔文章語〕（綺(あや)と羅(うすぎぬ)）❶美しい衣服。❷美しいこと。はなやかなこと。❸〔古語〕威勢の盛んなこと。栄華。**—星(ほし)の▲如(ごと)く** 夜空にかがやく星のように、りっぱな人がおおぜい並んでいるようす。⇩きらぼし 参考。**—を飾(かざ)る** 衣服を美しく着かざる。はなやかにかざりつけをする。

キラー〈killer〉造（殺す人の意）❶その相手に対して特に強い人。…ごろし。「巨人—の投手」❷相手の心をひきつけてしまう人。「マダム—」

き-らい 0【機雷】名 機械水雷。水中にうかべ、艦船がふれると爆発する仕掛けの水雷。**—原(げん)** ラ 名 敵艦の侵入をふせぐため多数の機雷を仕掛けた海面。

き-らい 0【帰来】〔文章語〕㊀名 自サ かえってくること。㊁副 かえってきてから。「—まことに多忙だ」

きらい 0【嫌い】(きらひ) ㊀名 形動 きらうこと。いやなこと。「食物の好き—」↕好き。㊁名 ❶よくない傾向。「高ぶる—がある」❷差別。区別。「だれかれの—なくうけつける」

きら・う 0【嫌う】(きらふ) 他五 ❶このまない。いやに

思って、はなれようとする。にくむ。↕好く。❷区別する。「所きらわず、腰かける」❸はばかる。さける。「他聞を―」

きら-きら キ¹ (と)副 自サ またたくように、美しく光りかがやくようす。「―光るダイヤ」「星が―輝いている」⇩ぎらぎら 参考。

ぎら-ぎら ギ¹ (と)副 自サ どぎつく光りかがやくようす。「夏の日が―光る」「油で―する」参考「ぎらぎら」は「きらきら」にくらべて光がどぎつい感じ。

きらきら・し 形シク〔古語〕❶きらきらと光ってまぶしい。「茎はいと赤くきらきらしく見えたるこそ」〈枕〉❷はなやかで美しい。はでである。「腰細(こし ぼそ)の、すがる乙女(ジガバチノヨウナ少女)のその姿(かほ)のきらきらしきに」〈万葉〉❸威儀が正しい。堂々としている。「きらきらしきもの。大将の御先追ひたる(ヨウス)」〈枕〉❹きわだっている。目立っている。「きらきらしき罪もえ作らず」〈発心集〉

き-らく ⓪【帰×洛】名 自サ〔文章語〕(「洛」は古代中国の首都洛陽)都にかえること。京都にかえること。

き-らく ⓪【気楽】形動 ダロ/ダッ・デ・ニ/ダ/ナ/ナラ/○ ❶心配のないようす。気をつかわず、のびのびしているようす。「―な身分」❷物ごとを気にかけないようす。「―にかまえる」

きら・す ラ【切らす】他五 サ・ソ/シ・ス/ス/セ/セ ❶たくわえをなくす。「たばこを―」❷とぎれさせる。「息を―」

きら-ず ⓪【▲雪▲花▲菜】名 (切る必要がないの意)豆腐のしぼりかす。おから。うのはな。

ぎら-つ・く ⓪ 自五 カ・コ/キ・イ/ク/ク/ケ/ケ ぎらぎら光る。ぎらぎらする。

きらび-やか ビ 形動 ダロ/ダッ・デ・ニ/ダ/ナ/ナラ/○ はでで美しいようす。「―な服装」**きらびやかさ** 名

きら-ぼし ラ【×煌星・×綺羅星】名 夜空にきらめく多数の星。参考「綺羅、星のごとく居並ぶ(着飾った立派な人物が並んでいる)」の「綺羅」と「星」を合わせて一つの単語のように誤って理解したことから生まれた語。

きら-めか・す カ【×煌かす】他五 サ・ソ/シ・ス/ス/セ/セ 光りかがやくようにする。きらきらと光らせる。「ダイヤを―」

きら-め・く 【×煌く】㊀ メ 自五 カ・コ/キ・イ/ク/ク/ケ/ケ 光りかがやく。「―星」**きらめき** 名 ㊁ 自四〔古語〕❶はなやかに飾りたてる。「道のほど、供の者多く仕はれて、きらめくも理(こと わり)なり」〈今昔〉❷もてなす。歓待する。「風呂たきなどして、きらめきたりけり」〈著聞集〉

きら-ら ⓪【▲雲▲母】名 (きらきら光るから)うんも。

きら-らか ラ¹ 形動 ダロ/ダッ・デ・ニ/ダ/ナ/ナラ/○ きらきらして美しいようす。

きらり-と ラ 副 瞬間的に鋭く光るようす。

ぎらり-と ラ 副 瞬間的にどぎつく光るようす。「抜き身のやいばが―光る」

き-らん ⓪【貴覧】名〔文章語〕相手の見ることを尊敬していう語。御覧。高覧。「―に供する」参考 手紙に使う。

きり ㊀ リ【切(り)】名 (切ること)❶しきり。しめくくり。「―をつける」❷物ごとの終わり。果て。「―がない」❸演劇の終わり。特に能楽の切能(きり のう)。㊁ 接尾 (動詞の連用形や助動詞「た」について)〔かながき〕ずっとその状態にあること。「付きっ―で看病する」「寝た―の病人」

きり ⓪【×桐】名 ゴマノハグサ科の落葉高木。五月ごろ紫の花が咲く。材は軽くやわらかで白く、また、吸湿性が少なく音をよく伝えるので、琴(こと)・たんす・げたなどをつくる。花は㊐夏

きり

きり キ【×錐】名 物に穴をあける工具。「―をもむ」

きり ⓪【霧】名 ❶地表に接してできる雲の一種で、こまかな水滴が空気中にうかび、煙のように見えるもの。ガス。㊐秋 ❷こまかな水滴にして空中をとばす水。「―吹き」参考 気象用語では、見通しが一(キロ メートル)以上の場合を「もや」という。「かすみ」は、気象用語にはないが、いっそううすいものをいう。

キリ リ 名 (ポルトガル語のクルスcruzから)❶十字架の意味から転じて、十のこと。❷いちばん下。最下等。「ピンから―まで」↕ピン。

きり 助 (副助詞。体言、活用語の連体形について)❶それと限る意味をあらわす。…だけ。「三へや―の家」「うどん―食べない」❷それが最後であることを示す。「先月会った―だ」⇩しか 参考。

ぎ-り リ【義理】名 ❶人のふみおこなうべき正しい道。❷人の好意や信頼にむくいようとする気持ち。「―が悪い」❸いやいやながら、つきあいですること。「―で酒を飲む」「―にも言えたことではない」❹血族と同じような関係を結ぶこと。「―の父」❺意味。わけ。**―合(あ)い** ⓪/ア 名 ❶義理にからむこと。❷つきあいの関係。つきあい。**―堅(がた)い** タ 形 義理をかたくまもるようす。**―▲尽(ず)く** ⓪/ク 名 義理でおこなうこと。**―立(だ)て** ⓪/テ 名 義理をたてること。義理をかたくまもること。**―チョコ** ⓪ 名〔俗語〕バレンタインデーに、女性が男性の友人や知人などに儀礼的に贈るチョコレート。

きり-あ・げる ゲ【切(り)上げる】他下一 ゲ/ゲ/ゲル/ゲル/ゲレ/ゲロ・ゲヨ ❶一段落をつける。いちおう、終わりにする。「きょうの仕事はこれで―」❷物の値段や貨幣の価値をひき上げる。「為替(かわせ)レートを―」❸計算上、端数を1として上の位の数に加える。「百の位で―」↕切り捨てる。**切り上げ** 名 **きりあ・ぐ** 文語下二

きり-うり ⓪【切(り)売(り)】名 ❶小さく切り、少しずつ売ること。「布地の―」❷知識などを小出しにして収入のもとにすること。「学問の―」

きり-え ⓪【切(り)絵】名 紙をはさみやナイフで切りぬき、台紙にはりつけて作る絵。

きり-おとし ⓪【切(り)落(と)し】名 肉や魚などを切り分ける際にできる、半端で形のそろわない部分。「和牛の―」

きり-おと・す ト【切(り)落(と)す】他五 サ・ソ/シ・ス/ス/セ/セ ❶切って落とす。❷堤防の一部を切って、たまった水をながす。**切り落とせる** 自下一[…できる]

きり-おろ・す ロ【切(り)降(ろ)す】他五 サ・ソ/シ・ス/ス/セ/セ 上から下へ切る。切りさげる。

きり-かえ ⓪【切(り)替(え)】カヘ 名 ❶切りかえること。「スイッチの―」❷切り替え畑。**―畑(ばた)** エ 名 ❶森林を開いて数年間耕作し、とれ高がへると、また、木を植える畑。❷やきばた。

きり-かえし ⓪/カ【切(り)返し】カヘシ 名 ❶剣道で、正面と左右の面を打つ形を連続しておこなう練習。❷相撲で、相手のひざのうしろに自分のひざを当て、うしろへひねり倒すわざ。❸反撃。❹自動車のハンドルを右左に切りながら前進・後退をくり返し、少しずつ車の向きを変えていくこと。

きり-かえ・す カ/⓪【切(り)返す】カヘス 他五 サ・ソ/シ・ス/ス/セ/セ ❶切りかかってきたのに応じて、こちらも切ってかかる。❷攻撃してきたのに対して、逆に攻め返す。「激しい言葉で切り返した」❸自動車のハンドルを一度回した方と反対の方に回す。**切り返せる** 自下一[…できる]

きり-か・える エ/カ【切(り)替える】カヘル 他下一 エ/エ/エル/エル/エレ/エロ・エヨ 新しい方向や方法にかえる。今までのものをやめて別のものにする。「調査方針を―」「チャンネルを―」**きりか・ふ** 文語ハ下二

きり-かか・る カ²【切(斬)り掛(か)る】他五 ラ・ロ/リ・ッ/ル/ル/レ/レ

❶切りはじめる。❷切ろうとしておそいかかる。「牛若めがけて—」

きり‐かけ ⓪【切(り)掛(け)】名 ❶切ることを途中でやめること。途中まで切ったもの。「—のもち」❷目かくしの板べい。

きり‐かぶ リ【切(り)株】名 草・木を切ったあとに残る根もと。切りくい。

きり‐かみ ⓪【切(り)紙】名 ❶切った紙。紙を切ること。「—細工」❷武芸などの免許状。‖きりがみ。

きり‐かみ リ/⓪【切(り)髪】名 ❶昔の女性が切った髪の毛。❷未亡人が、髪をみじかく切りそろえ、たばねてたらしたもの。切り下げ髪。後室(こうしつ)まげ。‖きりがみ。

きり‐がみ ⓪【きり紙】【×桐紙】名 きりの木を、紙のようにうすくけずったもの。細工用。

きり‐かわ・る ワ【切(り)替(わ)る】—かはる 自五 ラ・ロ(リ・ッ)ル・ル・レ・レ 今までのものとちがったものになる。「制度が—」

きり‐きざ・む ザ【切(り)刻む】他五 マ・モ(ミ・ン)ム・ム・メ・メ こまかにきざむ。

きり‐ぎし ⓪【切(り)岸】名 切りたったけわしいがけ。断崖(だんがい)。絶壁。

きり‐きず リ【切(り)傷】名 刃物などで切ってできた傷。

きり‐きょうげん キョ【切(り)狂言】名 歌舞伎(かぶき)で、一日の出し物の最後の狂言。切り幕。大切り。↕大序(だいじょ)。

きり‐きり キ¹(と)副 ❶きしんでまわるようす。❷つよく巻くようす。❸弓をひきしぼるようす。❹ひどく痛むようす。「腹が—痛む」❺歯をくいしばるようす。❻てきぱきと、かいがいしいようす。「—立ちはたらく」

ぎり‐ぎり ⓪名副 それ以上の余地がないようす。極限。「—二千円です」「—の期限」

きりきり‐しゃんと 連語 きりっとしてゆるみがなく、かいがいしいようす。「所帯を—切り回す」

きり‐ぎりす ギ【×螽×蟖】名 ❶キリギリス科の昆虫。からだは、緑色、または、かっ色。雄は体長約四センチメートルで、前ばねをこすり合わせて鳴く。㊎ ❷〔古語〕こおろぎの古名。参考 きりぎりす❶は鳴き声が機織(はたお)りの音に似ていたので「はたおり」ともよばれた。⇨こおろぎ 参考。

きりきり‐まい リ²【きりきり舞い】—まひ 名 ❶こまが回るように早い勢いで回ること。❷あわてていそがしく立ちはたらくこと。「仕事がたてこんで—をする」

きり‐くい ⓪【切りくい】【切×杭】—くひ 名 切りかぶ。

きり‐くず・す ス【切(り)崩す】—くづす 他五 サ・ソ(シ・ス)ス・ス・セ・セ ❶切りさげてひくくする。「山を—」❷相手を分裂させて、その力をよわめる。「反対党を—」 **切り崩し** 名 **切り崩せる** 自下一〔…できる〕

きり‐くち リ【切(り)口】名 ❶切ったところ。切られてできた面。❷切り傷のあと。

きり‐く・む ク【切(り)組む】他五 マ・モ(ミ・ン)ム・ム・メ・メ 材木を切って、組みあわす。

きり‐こ コ/リ【切(り)子】名 四角なもののかどかどを切りおとしたかたち。 **—ガラス** ガ 名 カットグラス。㊬ **—灯籠(どうろう)** ド 名 多角形のわくに紙をはり、かどかどに造花をつけ、ふさをたらしたとうろう。盂蘭盆(うらぼん)に使う。㊎

きり‐こうじょう コ【切(り)口上】名 あらたまった、かたくるしい調子の言い方。「—で話す」

きり‐ごたつ ゴ【切りごたつ】【切×炬×燵】名 畳・床を切り、火入れを床下につくりつけたこたつ。ほりごたつ。㊌ ↕おきごたつ。

きり‐こまざ・く ザ【切りこま裂く】他五 カ・コ(キ・イ)ク・ク・ケ・ケ こまかに切りさく。こまかにきざむ。

きり‐こみ ⓪【切(り)込み】名 ❶【斬(り)込み】敵の中に切り込むこと。❷ふかい切れ目を入れること。また、その切れ目。「—をかける」❸さかなの肉をきざみ、塩づけにした食べ物。「にしんの—」❹採取したままで、砂などのまじったじゃり。きりこみじゃり。

きり‐こ・む コ/⓪【切(り)込む】自五 マ・モ(ミ・ン)ム・ム・メ・メ ❶ふかく切る。❷【斬(り)込む】刀をふるって敵の中に突っ込む。❸するどく問いつめる。「切り込んで尋問をする」 **切り込める** 自下一〔…できる〕

きり‐さいな・む ナ【切(斬)りさいなむ】【切▲苛む】他五 マ・モ(ミ・ン)ム・ム・メ・メ むごく、ずたずたに切る。

きり‐さ・く サ【切(り)裂く】他五 カ・コ(キ・イ)ク・ク・ケ・ケ 一直線に切って二つに分ける。「布を—」 **切り裂ける** 自下一〔…できる〕

きりさげ‐がみ ゲ【切(り)下(げ)髪】名 切り髪。

きり‐さ・げる ゲ【切(り)下げる】他下一 ゲ・ゲ(ゲ・ゲル・ゲル・ゲレ・ゲロ・ゲヨ) ❶【斬(り)下げる】上から下へ切る。「肩口から胸まで—」❷切ってたらす。「髪を—」❸ものの値段やかねの価値をひき下げる。 **切り下げ** 名 **きりさ・ぐ** 文語下二

きり‐さめ ⓪【霧雨】名 霧のような、こまかい雨。ぬかあめ。きりあめ。㊎

キリシタン シ/リ〈ポ Cristão〉【▲吉利支丹・切支丹】名 ❶室町(むろまち)時代末に日本につたわったカトリック教。また、その信者。❷キリシタンの宣教師が布教のために使った理化学応用の技術。 **—バテレン** リ〈ポ Cristão padre〉名 キリシタンの神父の敬称。 **—版(ばん)** ⓪名 安土桃山(あづちももやま)時代から江戸時代初期にかけて、キリシタン宣教師の日本語教科書として、イエズス会が出版した、活字版の本。 **—文学(ぶんがく)** ブ 名 キリスト教伝来後、日本語で書いたり、翻訳したりした、キリシタン宗教文学。南蛮(なんばん)文学。

きり‐じに ⓪【切(斬)(り)死に】名 切りあって死ぬこと。

きりしま‐つつじ ツ²【霧島×躑×躅】名 ツツジ科の常緑低木。春、赤い花をつける。観賞用。㊍

ギリシャ〈ラ Graecia; Greece〉=ギリシア「希臘」とも書いた ❶ヨーロッパ東南のバルカン半島南端の共和国。首都はアテネ。❷紀元前八、九世紀から前四世紀ごろまで、現在のギリシャを中心とする地方に栄えた古代国家。西洋文化の起原となった国。

ギリシャ‐せいきょう セ【ギリシャ正教】名 ギリシャカトリック教。⇨正教会。

ギリシャ‐もじ モ【ギリシャ文字】名 ギリシャ語をあらわす文字。ローマ字のもと。

きりすて‐ごめん ⓪ ⊠【切(斬)(り)捨(て)御免】名 ❶江戸時代に、武士に無礼なことをした町人・農民などを切り殺しても、とがめられなかったこと。❷特権をもって無理を通すこと。

きり‐す・てる テ【切(り)捨てる】他下一 テ・テ(テル・テル・テレ・テロ・テヨ) ❶切ってはしを捨てる。❷計算で、あるけた以下の端数を0とする。↕切り上げる。❸【斬(り)捨てる】切ったまま捨てておく。「無礼者を—」 **切り捨て** 名 **きりす・つ** 文語下二

キリスト〈ポ Cristo〉=クリスト「基督」とも書いた キリスト教で、人類の罪をつぐなうため、神がつかわした救世

◆ギリシャ文字

Α	α	アルファ	Ν	ν	ニュー
Β	β	ベータ	Ξ	ξ	グザイ
Γ	γ	ガンマ	Ο	ο	オミクロン
Δ	δ	デルタ	Π	π	パイ
Ε	ε	イプシロン	Ρ	ρ	ロー
Ζ	ζ	ゼータ	Σ	σ/ς	シグマ
Η	η	エータ	Τ	τ	タウ
Θ	θ	シータ	Υ	υ	ウプシロン
Ι	ι	イオタ	Φ	φ	ファイ
Κ	κ	カッパ	Χ	χ	カイ
Λ	λ	ラムダ	Ψ	ψ	プサイ
Μ	μ	ミュー	Ω	ω	オメガ

主。イエス-キリスト。イエス。ヤソ。

キリスト-きげん [キ2]【キリスト紀元】[名] キリストの誕生年を元年とした西暦紀元。

キリスト-きょう [0]【キリスト教】[名] イエス-キリストを教祖とする宗教。旧教と新教とがあり、世界三大宗教の一つ。ヤソ教。

キリスト-こうたんさい [タ]【キリスト降誕祭】[名] クリスマス。㊄

きり-そ・ぐ [ソ]【切りそぐ】【切▲削ぐ・切▲殺ぐ】[他五] 先端がとがるように切り取る。「切りそいだような岩石」 **きりそげる** [自下一]〔…できる〕

きり-だし [0]【切(り)出し】[名] ❶木・石などを切って山からはこび出すこと。また、その木・石。❷切りだすこと。「話の—」❸刃をななめにつけた、先のするどい小刀。

きり-だ・す [ダ]【切(り)出す】[他五] ❶切りはじめる。❷木・石などを切って山からはこび出す。「材木を山から—」❸言いはじめる。言いだす。「話を—」 **切り出せる** [自下一]〔…できる〕

きり-た・つ [0/タ]【切(り)立つ】[自五] 切ったようにまっすぐに立つ。きったつ。「切り立ったがけ」

きり-たんぽ [タ]【切りたんぽ】[名]〔「たんぽやり」に形が似ていることから〕炊いた飯をつぶし、木のくしに塗りつけて焼いたもの。また、それをとり肉や野菜といっしょにしょうゆ味の汁で煮たもの。秋田地方の郷土料理。㊍

きりたんぽ

きり-ちら・す [ラ]【切(り)散らす】[他五] ❶【斬(り)散らす】切りこんで、敵をおい散らす。❷やたらに切る。

き-りつ [0]【規律・紀律】[名] ❶のり。おきて。❷秩序。「—のある社会」[参考] 法令では「規律」に統一。

き-りつ [0]【起立】[名][自サ] たちあがること。「全員—する」

きり-つぎ [0]【切(り)接ぎ】[名] 切って、つぎあわせること。

きり-つ・ける [ケ]【切(り)付ける】[自下一] ❶【斬(り)付ける】切りかかる。切ろうとする。「やみの中から—」❷物に切りこんでしるす。ほりつける。「板に文字を—」 **きりつ・く** [文語下二]

きり-っ-と [リ][副][自サ] 引き締まっていて、ゆるみやむだのないようす。「—した目鼻立ち」「—冷えたビール」

きり-づま [0]【切(り)妻】[名]〔「つま」は端の意〕❶寝殿造(しんでんづくり)の中門廊のはし。❷きりづま屋根のはし。**—造(づく)り** [ヅ2][名] きりづま屋根の家屋。**—屋根(やね)** [ヤ][名] むねを頂点に両側にふきおろす形の屋根。⇩屋根(図)。

きり-つ・める [メ]【切(り)詰める】[他下一] ❶切ってみじかくする。「ズボンのすそを—」❷節約する。「予算を—」 **切り詰め** [名] **きりつ・む** [文語下二]

きり-ど [リ]【切(り)戸】[名] ❶大きなとびらなどにつくった、小さな入り口の戸。くぐり戸。❷能舞台についている、小さな入り口。

きり-どおし [0]【切(り)通し】[名] 山・丘などを切りひらいてつくった道路。きりとおし。

きり-とり [0]【切(り)取り】[名] ❶切りはなして取ること。「—線」❷人を切り、物をうばい取ること。「—強盗」

きり-と・る [ト]【切(り)取る】[他五] ❶切りはなして一部分を取る。❷攻めて敵地をうばう。「敵の領地を—」 **切り取れる** [自下一]〔…できる〕

きり-なし [0]【▲限無し】[名][形動] 終わりがないこと。たえまがないこと。ひっきりなし。「—に雨が降る」

きり-ぬき [0]【切(り)抜き】[名] 切り抜くこと。切り抜いたもの。**—帳(ちょう)** [0][名] 新聞・雑誌などの一部を切り抜いてはりつける帳面。スクラップブック。[参考] 表記は「切抜帳」でもよい。

きり-ぬ・く [ヌ/0]【切(り)抜く】[他五] 一部分を切って抜きとる。「絵だけを—」 **切り抜ける** [自下一]〔…できる〕

きり-ぬ・ける [ケ]【切(り)抜ける】[他下一] ❶敵の囲みをやぶって逃げる。❷危険やくるしい立場から、ようやく抜けでる。「困難を—」 **きりぬ・く** [文語下二]

きり-のう [リ]【切能】[名] その日の番組の最後に演ずる能。

きりのはな《桐の花》北原白秋(きたはらはくしゅう)の歌集。一九一三年刊。近代的な感覚で都会や田園の風景を歌った。

きり-は [0]【切(り)羽】【切(り)端】[名] 鉱石・石炭などをとる坑道の最先端。切り場。

きり-ば [0]【切(り)場】[名] ⬇きりは(切り羽)。

きり-はく [0]【切×箔】[名] 金箔(きんぱく)・銀箔(ぎんぱく)をこまかく切ったもの。これを、のりをひいたところにちらばらせて模様をつくる。表具などに使う。

キリバス《Kiribati》太平洋の赤道直下、ミクロネシアとポリネシアにわたるギルバート諸島などからなる共和国。一九七九年独立。首都はタラワ。

きり-はた [0]【切(り)畑】[名] 山の斜面などを切りひらいた畑。

きり-ばな [リ]【切(り)花】[名] 枝や茎をつけたまま切った花。

きり-はなし [0]【切(り)放し】[名] 江戸時代、火災などの緊急の際に、一定の期間の後に戻ることを条件に、牢(ろう)内の囚人を釈放したこと。

きり-はな・す [ナ]【切(り)放(離)す】[他五] ❶切って一部分をはなれさせる。「その部分を—」❷別にわける。「一年生だけ—」 **切りはなし** [名] **切りはなせる** [自下一]〔…できる〕

きり-はなれ [0]【切(り)離れ】[名] ❶思い切ること。あきらめ。❷かねばなれ。「—がいい」

きり-はら・う [ラ]【切(り)払う】[他五] ❶木の枝を切りとる。❷【斬(り)払う】切りこんで敵を追いはらう。 **切り払える** [自下一]〔…できる〕

きり-ばり [0]【切(り)張り】[名] ❶切ってはること・もの。破れたところだけを切りとり、張りかえること。「障子の—」❷【切(り)貼り】ほしいものを寄せ集めて、体裁をととのえること。「—だらけの論文」

きり-び [リ]【切(り)火】[名] ❶木をこすってだす火。❷出がけなどに、清めのために火打ち石をうちあわせてだす火。

きり-ひとは [ト]【×桐一葉】[名]〔きりの一葉が散るのをみて秋が来たのを知ること〕おとろえのきざしを見ることのたとえ。㊍「—おちて天下の秋を知る」

きり-ひら・く [ラ]【切(り)開く】[他五] ❶切って中をあける。❷山やあれ地をならして耕地や宅地にする。❸山野に新しい道路をつくる。❹敵の囲みをやぶって逃げ道をつくる。❺困難な状態をつきやぶって進路を開く。「運命を—」 **切り開ける** [自下一]〔…できる〕

きり-ふき [リ/フ]【霧吹(き)】[名] 液体を、霧のようにして吹きちらす器具。噴霧器。

きり-ふ・せる [セ]【切(斬)(り)伏せる】[他下一] ❶切って相手をたおす。❷征服する。「宿敵をやっと—」 **きりふ・す** [文語下二]

きり-ふだ [リ]【切(り)札】[名] ❶トランプで、他のものすべてを負かす力があるときめられた札。❷とっておきの方法。

きり-ぼし [0]【切(り)干(し)】[名] だいこん・さつまいもなどをうすく切り、日にかわかすこと。また、その製品。㊄

き

きり‐まい [リ]【切(り)米】[名] ❶俸禄(ほうろく)として渡した米。❷給料。
きり‐まく [リ]【切(り)幕】[名] ❶能舞台のあげ幕。❷歌舞伎(かぶき)劇場の花道の出入り口の幕。❸切り狂言。
きり‐まく・る [0]【切(斬)りまくる】【切×捲る】[他五] ラ・ロ・リ・ッ／ル・ル・レ・レ はげしく切りたてる。
きり‐まど [0]【切(り)窓】[名] 壁・はめ板などにつけた明かり取りの窓。
きり‐まわ・す [ワ]【切(り)回す】[他五] サ・ソ・シ・ス／ス・セ・セ ❶うまくやりくりする。「世帯を―」❷手あたりしだいに切る。 **切り回し**[名] **切り回せる**[自下一]〔…できる〕
きり‐み [三]【切(り)身】[名] 魚肉をほどよい大きさに切ったもの。
きり‐むす・ぶ [ス]【切(り)結ぶ】[自五] バ・ボ・ビ・ン／ブ・ブ・ベ・ベ 刀をあわせて、切りあう。「ちょうちょうはっしと―」
きり‐め [メ]【切(り)目】[名] ❶切ったところ。切り口。切れ目。❷くぎり。段落。切れ目。
きり‐もち [リ]【切(り)餅】[名] ❶のしもちを四角に小さく切ったもの。[冬] ❷(形が似ているところから)江戸時代、一分銀百枚(二十五両)を紙につつんだもの。
きり‐もみ [0]【×錐×揉み】[名] ❶[0]きりをまわして穴をあけること。❷[モ]／[0]飛行機などが、さかさまに、うずまきをえがきながらおりたり、落ちたりするようす。
きり‐もり [0]／[リ]【切(り)盛り】[名] ❶食べ物を切ったり、盛ったりすること。❷さばくこと。きりまわすこと。「家事の―」
き‐りゃく [0]【機略】[名]〔文章語〕ときにかなって、自在に応じることのできるはかりごと。機知。 **―縦横**(じゅうおう) [オ]／[キ]＝[オ][名] 状況に応じて自由自在に計略をめぐらすこと。「―の策士」
き‐りゅう [0]【気流】[名] 大気のながれ。「上昇―」
き‐りゅう [0]【寄留】[名][自サ] ❶他人の家に身をよせること。❷旧制度で、九〇日以上、本籍地以外にすむこと。
き‐りゅうさん [0]【希硫酸】【×稀硫酸】[名] 水でうすめた硫酸。
き‐りょ [キ]【×羇旅】[名]〔文章語〕旅。旅行。
き‐りょう [キ]【器量】[名] ❶才能と徳。「大臣の―の持ち主」❷かおだち。容姿。「―がよい」❸面目。「―をさげる」 **―人**(じん) [リ]／[ヨ][名] 才能や人徳のすぐれた人。 **―を下**(さ)**げる** 面目を落とす。恥をかく。

ぎ‐りょう [0]／[ギ]【技量】【▲伎×倆・技×倆】[名] わざ。うでまえ。
ぎ‐りょう [0]【議了】[名][他サ] 審議しおわること。「予定どおり―した」
き‐りょく [0]【気力】[名] つよい精神力。元気。気はく。
き‐りょく [キ]【棋力】[名] 囲碁や将棋のうでまえ。「―に差がある」
きりり‐と [リ][1][副] つよくひきしまっているようす。きりっと。「―むすんだ口もと」
キリル‐もじ [モ]【キリル文字】[名] ギリシャ人宣教師のキュリロス(ロシア名キリル)がギリシャ文字をもとにつくった文字。ロシア文字のもと。
きり‐わ・ける [ケ]【切(り)分ける】[他下一] ケ・ケ・ケル・ケル・ケレ・ケロ・ケヨ ❶切って分ける。「すいかを―」❷区別する。「仕事とプライベートを―」 **切り分け**[名]
き‐りん [0]【×騏×驎】[名] 一日に千里を走るという、すぐれた馬。 **―も老**(お)**いては×駑馬**(どば)**に▲如**(し)**かず** すぐれた人も年をとると、活動がにぶって、ふつうの人にもおよばなくなる。騏驎も老いては駑馬に劣る。
き‐りん [0]【×麒×麟】[名] ❶古代中国の、想像上のめでたい動物。おすを「麒」、めすを「麟」という。❷非常にすぐれた人物。❸キリン科の哺乳(ほにゅう)類。首・足が長く、頭までの高さは、六メートルにもおよぶ。からだは黄色でかっ色のまだらがある。アフリカ産。ジラフ。 **―児**(じ) [リ][名] 才能のすぐれた、将来性のある少年。

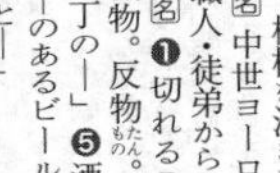
きりん❶

き・る [キ]【切る】[他五] ラ・ロ・リ・ッ／ル・ル・レ・レ ❶物に力を加えて離れ離れにしたり、裂け目をつけたりする。㋐刃物などで断ち分けたり、傷つけたりする。「大根を包丁で―」「紙をはさみで―」「ナイフで指を―」㋑【斬る】刀で人を傷つける。または、殺す。[参考]「世相を斬る」のように攻撃的に批判する意味の表現は比喩的用法。㋒【▲伐る】刃物で木の枝や幹をきりはなす。「山の木を―」㋓【×截る】布地を断ち裂く。「型紙にそって布地を―」❷結びついている物を、引き離す。㋐人と人とのつながりを断つ。「あんな乱暴者とは手を切れ」「誠意のない友だちとは縁を―」㋑話や文章にくぎりをつける。「そこでちょっと言葉を―」「文章をいくつかの段落に―」㋒トランプで、札がそろわないようにまぜあわせる。「手ぎわよくカードを切って配る」❸流れているもの、連続しているものを断つ。㋐空気や水を分断するように動く。「肩で風を切って歩く」「船が波を切って進む」㋑電流をとめる。「スイッチを―」㋒水分を取り去る。「ざるの水を―」㋓トランプで、切り札を使って勝負をつける。❹分けて捨てる。㋐不合格・不採用にする。「五十点未満の者は―」㋑首にする。「怠け者は―」❺乗り物の進行方向を変える操作をする。また、それによって進行方向を変える。「ハンドルを右に―」❻数量・時間などを限定する。「申し込みは百名で―」「日を切って投稿を受け付ける」❼数値がある限界より低くなる。「参加者が三十名を―」❽テニスや卓球で、ボールが逆に回転するように打つ。カットする。「切った球は打ち返しにくい」❾行動・動作を起こす。「スタートを―」「まっ先に口を―」❿きわだった動作をする。「たんかを―」「みえを―」「しらを―」⓫〔かながき〕(動詞の連用形について)㋐終わりまで…する。「貯金を使い―」「一晩で読み―」㋑ひどく…する。「すっかり疲れ―」「借金の催促に困り―」㋒完全に…する。「わかりきった話だ」「追及を逃げきった」 **きれる**[自下一]〔…できる〕
き・る [0]【着る】[他上一] キ・キ・キル・キル・キレ・キロ・キヨ ❶衣類を身につける。「着物を―」[参考]尊敬の言い方に「召す・お召しになる」がある。また、可能の言い方として「着れる」ということもあるが、一般的ではない。❷うける。身におう。「恩に―」
き‐るい [キ]【着類】[名] 着るもの。衣類。古風な言い方。
き‐るい [0]【帰塁】[名][自サ] 野球で、次の塁に進みかけた走者が元の塁にもどること。
キルギス《Kyrgyz》中央アジア南東部にある共和国。一九九三年、国名をキルギスタンから改称。首都はビシュケク。一九九一年に解体した旧ソ連の構成国の一つ。
キルク [キ]〈オ kurk〉[名] ⬇コルク。
キルティング [0]〈quilting〉[名] ❶布の間に、しんや綿を入れて刺し縫いすること。洋ふうの綿入れ。❷ところどころに綿などを入れて、模様を浮きあがらせるししゅう。
ギルド [ギ]〈guild〉[名] 中世ヨーロッパに発達した、商業・手工業者の親方・職人・徒弟からなる同業者組合。
きれ【切れ】㊀[レ][名] ❶切れること。切れたもの。切れはし。❷きれじ。織物。反物(たんもの)。❸昔の書・画の切れはし。❹切れあじ。「包丁の―」❺酒などで、さっぱりとして後味のよいこと。「―のあるビール」㊁[接尾] 切ったものをかぞえることば。「ひと―」

ぎれ【切れ】接尾〔「きれ」の変化〕使い切ってなくなっていること。「資金—」「時間—」

きれ-あが・る ガ【切れ上がる】自五（ラ・ロ—リ・ッ—ル—ル—レ—レ）上のほうへ切れる。「目じりが—」

きれ-あじ レ【切れ味】(あぢ) 名 切れぐあい。「刀の—をためす」

き-れい キ【きれい】【×綺麗】形動（ダロ—ダッ・デ・ニ—ダ—ナ—ナラ—〇）❶ものの形・色・音などがここちよい。美しい。「—な人」「—な花」「—な詩」❷よごれがない。清潔だ。「—に洗う」↕汚い。❸不正やごまかしがない。堂々として、りっぱだ。「—な態度」↕汚い。❹残るものがない。「—に食べる」「—に忘れた」❺きちんと整っている。「—に部屋をかたづける」❻ちゃんと結末をつけるようす。「—に話をつける」参考❷❸❹❺❻の意味には「美しい」は使わない。表記は「きれい」と書くのが普通。「綺麗」が本来の書き方。**きれいさ** 名

ー事(ごと) 0/ト 名 ❶うわべだけがりっぱで、実のないこと。❷手をよごさずにできる仕事。**ー所**(どころ) 0/ド 名 きれいな女たち。芸者たちをさしていう。「土地の—」

ぎ-れい 0【儀礼】名 慣習として定められた礼儀。礼式。**ー的**(てき) 0 形動 形だけ儀礼に合うようす。「—な挨拶」

き-れき 0【棋歴】名 囲碁や将棋における経歴。

きれ-ぎれ 0【切れ切れ】名 形動 小さくいくつにも切れたようす。「—に話す」

きれ-こ・む 0/コ【切れ込む】自五（マ・モ—ミ・ン—ム—ム—メ—メ）切れてふかくはいりこむ。**切れ込み** 名

きれ-じ 0【切れ地】名 ❶織物。❷織物の切れはし。

きれ-じ 0【切(れ)字】名 俳句で、意味を切るときに使う助詞・助動詞「や・かな・けり」などや、用言の命令形など。

きれ-じ レ【切れ×痔】名 肛門(こうもん)の皮膚と粘膜との間に、小さな裂け目ができる病気。肛門裂創。裂肛。

き-れつ 0【亀裂】名 ひびわれ。さけめ。「二人の関係に—が入る」

ぎ-れつ ギ【義烈】名〔文章語〕正義の心がつよいこと。「—の士」

きれ-なが 0【切れ長】形動（ダロ—ダッ・デ・ニ—ダ—ナ—ナラ—〇）目じりが、細長く切れているようす。「—の目」

きれ-はし 0【切れ端】名 切れてできた一部分。「布の—」

きれ-はなれ 0【切れ離れ】名 ➡きりはなれ。

きれ-ぶみ レ【切れ文】名 離縁状。参考 古めかしい言い方。

きれ-ま マ【切れ間】名 切れているすきま。たえま。「雲の—」

きれ-め メ【切れ目】名 ❶切れたあと。また、そのところ。❷くぎり。段落。「文の—」❸尽きたところ。おわり。「かねの—が縁の—」

きれ-もの レ【切れ物】名 ❶物を切る道具。はもの。❷売り切れの品。たねぎれもの。

きれ-もの 0【切れ者】名 ❶主人の気に入り、勢力のある人。❷うでまえのある人。手腕家。「業界きっての—だ」

き・れる レ【切れる】自下一（レ—レ—レル—レル—レレ—レロ・レヨ）❶ひと続きのものが、力を加えられて離れ離れになる。㋐離れ離れになったり、裂け目ができたりする。「靴のひもが—」「ひびが—」㋑こわれたり、破れたりする。「堤防が—」「靴下が—」❷結びつきがなくなる。「縁が—」❸続いていたものが続かなくなる。中断する。「話の途中で電話が切れた」❹言葉・文章に切れ目ができる。「興奮して言葉が—」❺物事に区切りがつく。㋐なくなる。尽きる。「機械の油が—」「話の種が—」㋑期限が来る。「契約が—」❻方向を変える。「交差点を左に—」❼数量がある基準に足りない。「三キロに少し—」❽トランプの札がよくまざる。「カードがまだよく切れていない」❾ものをよく断ち切る。㋐切れ味が鋭い。「よく—ナイフ」㋑頭が鋭く、物事をてきぱきと処理できる。「彼女はよく—人だ」❿〔俗語〕怒(いか)りがおさえられなくなり、ふだんとちがう行動にはしる。「ちょっとしたことでもよく—子ども」参考「キレる」と書くことが多い。⓫〔かながき〕完全にすることができる。「一日で食べ—」「めんどうを見きれない」「死んでも死にきれない」参考 あとに打ち消しの言い方が来ることが多い。**き・る** 文語下二

キロ〈フ kilo〉造 ❶国際単位系における接頭語の一つで、千・千倍にあたることをあらわす。記号は「k」。⇩国際単位系(表)。❷キロメートル。❸キログラム。

き-ろ キ【岐路】名 わかれみち。「運命の—」

き-ろ キ【帰路】名 かえりみち。帰途。↕往路。

ぎ-ろう 0【×妓楼】名〔文章語〕遊女をかかえて、客をあそばせる店。青楼。女郎屋。

キロ-カロリー カ〈kilocalorie〉名 熱量の単位。カロリーの千倍。記号は「kcal」。

き-ろく 0【記録】名 他サ ❶のちのために書きつけること。また、そのもの。「会議の—」❷競技の成績。レコード。「マラソンの—を公表する」❸これまでの成績や結果の最高。「—を破る入場者数」**ー映画**(えいが) エ 名 事実あったことをうつした映画。↕劇映画。**ー的**(てき) 0 形動 記録になるようなようす。「—な猛暑」**ー文学**(ぶんがく) ブ 名 事実あったことをえがいた文学作品。ルポルタージュ。**ー破り**(やぶり) ヤ 名 それまでの最高記録を破ること。「—の豪雨」

キロ-グラム ク〈フ kilogramme〉名 国際単位系の七つの基本量の一つで質量の単位。一〇〇〇グラム。記号は「kg」。

ギロチン 0〈フ guillotine〉名〔提案者の名から〕中世以後、西洋で使われ、フランス革命のときから盛んに用いられた首切り台。断頭台。

ギロチン

キロ-メートル メ〈フ kilomètre〉名 一〇〇〇メートル。記号は「km」。

キロ-リットル リ〈フ kilolitre〉名 一〇〇〇リットル。記号は「kl」。

ぎろり-と 0/リ 副 不満げに鋭い視線を向けるようす。ぎろっと。「—にらむ」

キロ-ワット ワ〈kilowatt〉名 電力量の単位。一〇〇〇ワット。記号は「kW」。

キロワット-じ ト【キロワット時】〈kilowatt-hour〉名 仕事の単位。一キロワットの電力で一時間にする仕事の量。記号は「kWh」。

ぎ-ろん ギ【議論】名 自サ 問題を解決するために、意見を述べあったり、批評をしあったりすること。また、その意見や批評。

きわ ワ【際】(きは) 名 ❶ふち。はし。「がけの—」❷かたわら。ほとり。「びょうぶの—」❸ぎりぎりのとき。「この—になって」

き-わ キ【奇話】名 めずらしいはなし。「珍談—」

ぎわ【際】(ぎは) 接尾〔「きわ」の変化〕❶〔名詞について〕そのそば。「窓—」❷〔動詞について名詞をつくる〕しようとするとき。しはじめるとき。「別れ—」

ぎ-わく 0【疑惑】名 あるいはと、うたがうこと。「—の念」

き-わた キ【木綿】名 ❶わた。❷パンヤ。

き-わだ 0 名 ➡きはだ(黄蘗)。

きわ-だ・つ ダ【際立つ】(きは) 自五（タ・トーチ・ッ—ツ—ツ—テ—テ）同じようなものの中で、すぐれたところが目をひく。めだつ。「際立って足のはやいサッカー選手」

きわ-ど・い ド【際▲疾い】形 ❶もう少しで危険な状態になるようす。すれすれだ。「—芸当」❷わいせつに近い。「—話」**きわどさ** 名 **きはど・し** 文語ク

きわまり-な・い ナ 形 ㊀【窮まりない】はてがない。ゆきつくところがない。「—広野」㊁【極まりない】この上ない。「危険—」**きはまりな・し** 文語ク

きわま・る マ 自五 ㊀【窮まる】【▲谷まる】行きづまる。「進退—」㊁【極まる】限度に達する。程度がはなはだしい。「不都合—」

きわみ ミ【極み】名 きわまり。はて。かぎり。極点。「喜びの—」

きわめ メ【極め】名 ❶見きわめ。❷美術工芸品の鑑定。

きわめ-がき ◎【極(め)書(き)】名 美術工芸品の鑑定の証明書。

きわめ-つき ◎【極(め)付(き)】名 極め書きのついていること。おりがみつき。たしかなようす。参考「極め付け」ともいうが、本来、誤った言い方。

きわめ-つく・す ク【窮(究・極)め尽(く)す】他五 すっかりきわめる。あますところなくきわめる。

きわめ-て ワ【極めて】副 この上なく。すこぶる。「—危険な場所」

きわ・める メ 他下一 ㊀【窮(究)める】深くさぐって本質をつかむ。もっとも深いところまで学び知る。つきとめる。「真理を—」㊁【極める】❶最後まで到達する。行きつく。「頂上を—」❷最上にする。つくす。「口を極めてほめる」❸この上なく…である。「困難を—」**きは・む** 文語下二 ㊁ 他下二 古語 ❶(「命をきはむ」の形で)命を終わらせる。死ぬ。「何ばかりの過ちにてかこの渚に命をばきはめむ〈源氏〉」❷決定する。きめる。

きわ-もの ◎【際物】名 ❶その時期のまぎわにだけ売れる商品。ひな人形など。❷人々の一時的な興味・関心をあてこんで作ったもの。事件が起こったすぐあとにそれを題材にした作品。

きわ-やか ワ【際やか】形動 ひどく目だつようす。「さかいめが—だ」**際やかさ** 名

き-わり ◎【木割(り)】名 木造建築で、各部の用途により木材の大きさの割合をきめること。

き-をつけ ◎【気を付け】名感 直立不動の姿勢を取らせる号令。また、その姿勢。

きん【巾】造 ❶ぬの。きれ。「巾着・雑巾・布巾」❷かぶりもの。「頭巾」

きん【今】造 いま。この時。現在。「今古・今上」[別音こん|今]

きん【均】造 ❶ならす。ひとしくする。「均一・均等・均分」❷つりあう。「均衡・均整・平均」

きん【近】造 ❶へだたりがない。みぢか。「近海・近隣・至近・卑近・付近」❷時間がみじかい。このごろ。「近況・近代・最近」❸ちかづく。ちかくなる。「接近・親近感」

きん【×欣】造 よろこぶ。「欣快・欣喜・欣然」[別音ごん|欣]

きん【×衾】造 ふすま。夜具。「同衾」

きん【勤】造 ❶つとめる。はたらく。つとめ。「勤続・勤務・出勤・通勤・転勤・夜勤」❷はげむ。せいを出す。「勤勉・勤労・恪勤・精勤」

きん【×欽】造 ❶天子に関する物事について敬意をあらわす語。「欽定」❷つつしむ。「欽仰・欽慕」

きん【僅】造 わずか。すこし。「僅僅・僅差・僅少」

きん【×禽】造 とり。鳥類。「禽獣・家禽・水禽・猛禽」

きん【×瑾】造 赤い美しい玉。「瑕瑾」

きん【緊】造 ❶しめる。しまる。「緊縮・緊張・緊密」❷さしせまる。いそぐ。「緊急・緊切・緊迫・緊要・喫緊」

きん【錦】造 にしき。美しい織物。「錦旗・錦紗」

きん【謹】造 つつしむ。かしこまる。「謹賀・謹慎・謹製」

きん【襟】造 ❶えり。「襟帯・開襟」❷こころ。胸。「襟懐・襟度・胸襟」

きん キ【斤】名造 ❶尺貫法の重さの単位。一斤はふつう一六〇匁で、約六〇〇グラム。「斤目・斤量」❷食パンの単位。一斤は三四〇グラム以上。「食パン二斤」

きん【金】㊀ キ 名造 ❶元素記号Au 原子番号79 原子量196.96655の金属元素。最も尊重される貴金属の一つ。黄色でつやがあり、重くやわらかくて、延性・展性にとむ。こがね。黄金。「金貨・金塊・金銀・金山・砂金・純金」❷こがねいろ。黄いろ。きんいろ。「金魚・金髪」❸将棋の駒の金将。❹金曜日。㊁ 造 ❶かね。通貨。「金額・金銭・金融・金一封・資金・謝金・大金・預金」❷かね。金属。鉱物の総称。「金工・冶金・合金」❸きわめてかたい。「金鉄・金城鉄壁」❹すぐれている。りっぱ。「金言・金科玉条」㊂ 接尾 金の純度をあらわすことば。記号「K」であらわす。カラット。純金は、二四金。「一八—のペン」[別音こん|金] **—の卵** 手にいれることがむずかしい若い貴重な人材。

きん【菌】㊀ キ 名造 細菌。ばいきん。「球菌・殺菌・雑菌・病菌」㊁ 造 きのこ。「菌糸・菌類」

きん キ【琴】名造 中国古代の弦楽器で七本の弦をもつもの。七弦琴。きんの琴。「琴線・鉄琴・木琴」

きん【筋】㊀ キ 名造 筋肉。「筋骨・筋力・心筋・背筋・腹筋・随意筋」㊁ 造 建物のしんとなる材料。「鉄筋」

きん【禁】㊀ キ 名造 禁じられていること。法度。「—を犯す」「禁令・解禁・国禁」㊁ 造 ❶とめる。やめさせる。「禁煙・禁止・禁欲・厳禁・発禁」❷天子の御所。「禁中・禁門・禁裏」❸いみさける。「禁忌・禁句」❹とじこめる。「禁固・監禁・軟禁」**禁じる** 他上一 **禁ずる** 他サ

ぎん【吟】㊀ ギ 名造 詩や俳句・短歌などをつくること。また、その作品。「病中の—」「苦吟・秀吟・車中吟」㊁ 造 ❶口ずさむ。うたう。「吟詠・吟唱・詩吟・朗吟」❷しらべる。あじわう。「吟醸・吟味」❸うめく。うなる。「呻吟」**吟ずる** 他サ

ぎん【銀】㊀ ギ 名造 ❶元素記号Ag 原子番号47 原子量107.8682の金属元素。貴金属の一つ。電気・熱の伝導性は金属中最大。純白でつやがあり、延性・展性にとむ。しろがね。「銀貨・銀山・純銀」❷ぎんいろ。「銀河・銀幕・銀世界」❸将棋の駒の、銀将。㊁ 造 かね。通貨。「銀行・銀座・賃銀・路銀」

きん-あつ ◎【禁圧】名 他サ 権力などで、むりにおさえとどめること。

きん-い キ【金位】名 地金・金貨の品質の程度。ふくまれる純金の割合。

きん-いつ ◎【均一】名 形動 一様にひとしいこと。「—料金」

きん-いっぷう キ【金一封】名 一包みのかね。寸志。参考 贈り物や寄付で、金額をはっきり言わないときに使う。

きん-いん ◎【近因】名 ちかい原因。直接の原因。↕遠因。

きん-いん ◎【金員】名〔文章語〕(「員」はかず)かね。金銭。金額。

きん-うん ◎【金運】名 金銭に関する運勢。「—がいい」

きん-えい ◎【近詠】名 最近つくった詩や歌。

きん-えい ◎【近影】名〔文章語〕最近うつした写真。

き

きん-えい [0]【禁衛】[名]〔文章語〕皇居の守護。「—隊」

ぎん-えい [0]【吟詠】[名][他サ] ❶詩歌を声に出してうたうこと。❷詩歌をつくること。また、つくった詩歌。

きん-えん [0]【金円】[名]〔文章語〕かね。金銭。

きん-えん [0]【筋炎】[名] 筋肉に、化膿菌がはいっておこす急性の炎症。

きん-えん [0]【禁×苑】[名]〔文章語〕宮中の庭園。禁庭。

きん-えん [0]【禁煙】㊀[名] たばこをのむのをさしとめること。「場内—」㊁[名][自サ] たばこをのむのをやめること。「—を誓う」

きん-えん [0]【禁×厭】[名]〔文章語〕まじない。

きんおう-むけつ [0]【金×甌無欠】[名]〔文章語〕(きずのない黄金のかめ)完全で、かけたところのないこと。特に、国がまだ外国に侵略されていないこと。きんのうむけつ。

きん-か [キ]【近火】[名] ちかくの火事。(冬)「—見舞」

きん-か [キ]【金貨】[名] 金を主成分とする貨幣。

きん-か [キ]【×槿花】[名] あさがお、または、むくげ。**—一朝の夢**(「あさがお」は一日の朝だけ開いてしぼんでしまうことから)栄華は長つづきしないことのたとえ。

きん-が [キ]【謹賀】[名]〔文章語〕つつしんで、よろこびを申すこと。**—新年** [シ] [あいさつ] 年賀状の文句。つつしんで新年を祝うという意味。恭賀新年。⇨賀正 [参考]。

ぎん-か [ギ]【銀貨】[名] 銀を主成分とする貨幣。

ぎん-が [ギ]【銀河】[名] ❶あまのがわ。銀漢。天漢。(秋) ❷銀河系外星雲。**—系** [ウ-][名] 太陽系をふくむ大星雲。形は凸レンズ状で、直径一〇万光年、中心部の厚さは一・五万光年という。

きん-かい [0]【近海】[名] 陸地にちかい海。「—漁業」↕遠海・遠洋。

きん-かい [0]【金塊】[名] 金のかたまり。

きん-かい [0]【禁戒】[名]〔文章語〕してはならないときびしく注意すること。また、そのことば。

きん-かい [0]【襟懐】[名]〔文章語〕心の中。おもい。「—をのべる」

きん-かい [0]【×欣快】[名][形動]〔文章語〕喜ばしく、気持ちのよいこと。非常にうれしいこと。「—にたえない」

ぎん-かい [0]【銀塊】[名] 銀のかたまり。

ぎんかい-しょく [カ]【銀灰色】[名] 銀色をおびた、灰色。

きんかいわかしゅう《金槐和歌集》源実朝の歌集。鎌倉時代前期成立。万葉調の自然を詠んだものが名高い。

きんか-ぎょくじょう [キ]【金科玉条】[名](「金」「玉」はたいせつなもの、「科」「条」は規則)たいせつなものとしてかたく守るべききまり。「先生の言を—とする」

きん-がく [0]【金額】[名] かねの数量。かねだか。きんだか。

きん-かくし [カ]【金隠し】[名] 和式大便所の便器の前に設けてあるおおい。また、そのように作られた陶製の便器。

きんかくじ《金閣寺》三島由紀夫の長編小説。一九五六年発表。金閣寺の美にとりつかれた青年が金閣寺に火を放つまでを描いたもの。

ぎんがてつどうのよる《銀河鉄道の夜》宮沢賢治の童話。一九二七年ごろの作か。少年が友人といつのまにか銀河鉄道に乗りこみ、宇宙を旅する幻想的な話。

ぎん-がみ [ギ]【銀紙】[名] ❶銀色の紙。❷銀粉をぬった紙。❸鉛・錫の合金やアルミニウムなどを紙のように薄くのばしたもの。

ギンガム [キ]〈gingham〉[名] こうしじまの、ひらおりもめん。

きん-がわ [0]【金側】[名] 金で外側をつくったもの。「—の時計」

ぎん-がわ [0]【銀側】[名] 銀で外側をつくったもの。

きん-かん [0]【近刊】[名] ❶ちかく出版されること。❷最近出版されたこと。

きん-かん [0]【金冠】[名] ❶金でつくったり、かざったりしたかんむり。❷虫歯などをなおしたあとの歯にかぶせる、金でつくったおおい。

きん-かん [カ]【金×柑】[名] ミカン科の常緑低木。夏、小さな白い花が咲く。小形で黄色の果実は食用。花は(夏)・実は(秋)

きん-かん [0]【金環】[名] 金のわ。**—食** [カ][名] 月が太陽の中央をおおい、まわりが金のわのように見える日食。

きん-がん [0]【近眼】[名] ❶⬇きんしがん。↕遠眼。❷先が見通せないこと。また、その人。**—鏡** [0][名] 近視眼の人が使う凹レンズのめがね。

ぎん-かん [0]【銀漢】[名]〔文章語〕あまのがわ。天漢。河漢。銀河。(秋)

きんかん-がっき [ガ]【金管楽器】[名] 金属製の管楽器。トランペット・トロンボーンなど。↕木管楽器。

きん-かんばん [カ]【金看板】[名] ❶金文字の看板。❷誇りをもってしめす主張・物・人。「誠心誠意を—とする」

きん-き [キ1]【錦旗】[名]〔文章語〕錦に日・月をかいた旗。にしきのみはた。

きん-き [キ1]【×欣喜】[名][自サ]〔文章語〕よろこぶこと。**—×雀躍** [キ-][名][自サ] こおどりしてよろこぶこと。「合格のしらせに—する」

きん-き [キ]【禁忌】[名][他サ]〔文章語〕信仰・習俗などの上から、忌みさけること。タブー。

きんき《近畿》❶(昔、みやこのあった「畿内」に近いことから)みやこに近い国々。❷近畿地方。京都・大阪・滋賀・兵庫・奈良・和歌山・三重の二府五県。

ぎん-ぎつね [ギ2]【銀ぎつね】【銀×狐】[名] ❶黒毛に灰白色の毛がまじって銀色に見えるきつね。(冬) ❷ぎんぎつねの毛皮。

きん-きゅう [0]【緊急】[名][形動] 重大でいそぐ必要のあること。火急。「—の用件」**—事態** [ジ][名] ひとびとの健康・生命・財産などに重大な危難が差し迫っている状態。「—宣言」[参考] 似た意味をあらわす「非常事態」は、法律では用いられない。**—動議** [ド][名] 予定にない急ぎの議事を提出しようとする動議。**—避難** [ヒ][名] ❶危ない状態から大急ぎで逃げ出すこと。❷〔法〕差し迫った危難を避けるため、やむをえず他者に被害を与えたり、他人の物を損壊したりすること。

きん-ぎょ [キ]【金魚】[名] コイ科の淡水魚。ふなの人工的な変種で、体色・目・ひれなどにいろいろな変化がある。(夏)

きん-ぎょ [キ]【禁漁】[名] ⬇きんりょう(禁漁)。

きん-きょう [0]【近況】[名] ちかごろのようす。近状。「—報告」

きん-きょう [0]【禁教】[名] ある宗教の信仰や布教を禁止すること。また、その宗教。「キリシタンの—と弾圧」

きん-ぎょう [0]【近業】[名]〔文章語〕ちかごろの仕事・作品。「A画伯の—」

きん-ぎょう [0]【×欽仰】[名][他サ]〔文章語〕あおぎうやまうこと。きんこう。

きん-きょく [キ]【琴曲】[名] ことの曲。箏曲。

きん-きょり [キョ]【近距離】[名] へだたりが少ないこと。距離の近いこと。↕遠距離。

きん-きん ㊀[キ1][(と)副][自サ] ❶かん高い音や声の形容。「—響く」❷痛みを伴って頭にひびくようす。「頭が—する」㊁[0][に副] よく冷えているようす。「—に冷えたビール」

きん-きん [0]【近近】[副] ちかぢか。ほどなく。「—参上いたします」

きん-きん ⓪【僅僅】副 わずかばかり。たった。「―百メートルのへだたり」

きん-きん ⓪【×欣×欣】(と)副 たる連体〔文章語〕よろこぶようす。**―然**(ぜん) ゼ (と)副 たる連体〔文章語〕よろこぶようす。

きん-ぎん ①【金銀】名 ❶金と銀。❷金貨と銀貨。❸かね。通貨。❹将棋で、金将と銀将。

ぎん-ぎん ⓪ 形動(の)〔俗語〕あることに熱中して気分が高揚するようす。「―に盛り上がる」

きんきんせんせいえいがのゆめ《金金先生栄花夢》江戸時代中期の黄表紙。恋川春町(こいかわはるまち)の作。

きん-く ①【金句】名〔文章語〕❶金言。格言。❷うつくしい句。

きん-く ⓪【禁句】名 ❶和歌・俳諧(はいかい)で、使ってはならないことば。❷聞き手をいやな気持ちにさせるので、口に出してはいけないとすることば。

キング ①〈king〉名 ❶王。帝王。❷トランプの、王様の絵のついた札。「ハートの―」 **―サイズ** ③〈king-size〉名 ふつうよりも大きな規格。大判。大形。大型。 **―メーカー** ④〈kingmaker〉名 重要な地位につく人物をきめるのに大きな役割を果たす実力者。

キングズ-イングリッシュ ⑥〈King's English〉名 純正で格調正しいとされる英語。イギリスのロンドン周辺の中上流階級の使う英語を中心とする。

きん-ぐち ⓪【金口】名 巻きたばこの吸い口にあたる部分を金色の紙で巻いたもの。「―たばこ」

きん-けい ⓪【近景】名 ⇔遠景。❶ちかくのけしき。❷写真・絵画で、手まえのほうのけしき。

きん-けい ①【謹啓】あいさつ〔文章語〕手紙のはじめに書く語。つつしんで申しあげますの意味をあらわす。⇔謹言。⇨拝啓 参考。

きん-けつ ⓪【金欠】名〔俗語〕かねをもっていないこと。**―病**(びょう) ⓪ 名〔俗語〕かねをもっていないことの、ふざけた言いかた。

きん-けつ ⓪【金穴】名〔文章語〕❶金坑。❷資金を出してくれる人。

きん-けつ ⓪【禁×闕】名〔文章語〕天子の御所の門。皇居。

きん-けん ⓪【近県】名 ちかくの県。「―に出荷する」

きん-けん ⓪【金券】名 ❶金貨とひきかえることのできる紙幣。❷特定の範囲内で、おかねの代わりに通用させる券。

きん-けん ⓪【金権】名 金銭のもつ力。金力。「―にものをいわせる」

きん-けん ⓪【勤倹】名 よくはたらき、倹約につとめること。

きん-げん ⓪【金言】名 ❶人生の真理を言い表した価値のあることば。格言。金句。❷〔仏〕仏の口から出た、たっといことば。

きん-げん ⓪【謹厳】名 形動 つつしみぶかく、おちつきのあるようす。「―な先生」「―実直」

きん-げん ⓪【謹言】あいさつ〔文章語〕手紙の終わりに書く語。つつしんで言うの意味。⇔謹啓。⇨敬具 参考。

きん-こ ①【近古】名 ❶あまりふるくない昔。❷日本史で、鎌倉(かまくら)・室町(むろまち)時代。中古と近世の間。中世。⇔上古・中古。

きん-こ ①【金庫】名 ❶現金やたいせつなものを入れておくがんじょうな箱。❷国家・公共団体の現金の保管や出し入れをする機関。「農林中央―」

きん-こ ⓪【禁×錮】名 刑務所の中に拘置(こうち)するだけで、作業をさせない刑。

きん-こ ①【禁固】名 他サ〔文章語〕一室の中にとじこめること。

きん-こう ⓪【均衡】名 二つ以上の物事の間でつりあいがとれること。バランス。「収支の―を保つ」⇨バランス 参考。

きん-こう ⓪【近郊】名 都会の周辺地域。「東京―のベッドタウン」

きん-こう ⓪【×欣幸】名〔文章語〕しあわせをよろこぶこと。「―のいたりです」

きん-こう ⓪【金工】名 金属に細工をすること。また、その人。

きん-こう ⓪【金坑】名 金の鉱石をほり出す鉱山の穴。

きん-こう ⓪【金鉱】名 ❶金をふくんでいる鉱石。❷金を採掘する鉱山。金山。

きん-こう ⓪【×欽仰】名 他サ〔文章語〕➡きんぎょう。

きん-こう ⓪【謹厚】名 形動 ダロ・ダッ・デ・ニ ダナ・ナラ・ナ〇。〔文章語〕つつしみ深く、人情のあついようす。「―な人」

きん-ごう ⓪【近郷】名 都市のちかくのいなか。「―近在」

ぎん-こう ⓪【銀行】名 預金をあずかり、また、金銭の貸し付け、手形割引・かわせなどをあつかう金融機関。**―券**(けん) ③ 名 中央銀行が発行し、貨幣の一種として通用する紙幣。日本では日本銀行が発行。

ぎん-こう ⓪【銀坑】名 銀の鉱石をほり出す鉱山の穴。

ぎん-こう ⓪【銀鉱】名 ❶銀をふくんでいる鉱石。❷銀を採掘する鉱山。銀山。

ぎん-こう ⓪【吟行】名 自サ ❶〔文章語〕詩歌(しいか)をうたいながらあるくこと。❷和歌・俳句をつくるために、けしきのよい所、名所・旧跡などへ出かけること。「―会」

きん-こく ⓪【謹告】名 他サ〔文章語〕つつしんで申しあげること。参考 広告のあいさつ文などに多く使う。

きん-ごく ⓪【禁獄】名〔文章語〕ろうやにとじこめること。

きん-こつ ①【筋骨】名 筋肉とほね。「―たくましい人」

きんこん-いちばん ⑤【緊×褌一番】名〔ふんどしをかたくしめる〕決意をかたくして物ごとにあたること。

きんこん-しき ③【金婚式】名 結婚五〇年目の祝いの式。

ぎんこん-しき ③【銀婚式】名 結婚二五年目の祝いの式。

きん-さ ①【僅差】名 ごくわずかの差。小差。「―で負ける」

きん-ざ ⓪【金座】名 江戸幕府が金貨をつくった所。

ぎん-ざ【銀座】㊀ ⓪ 名 ❶江戸幕府が銀貨をつくった所。❷東京都中央区の繁華な町。昔、「銀座❶」があった土地。㊁ 造 ❶(銀座㊀❷のように)繁華な町・通り。「戸越(とごし)―(東京都品川区)」❷ある物が集中しているところ。「台風―」

きん-ざい ⓪【近在】名 都市のちかくのいなか。近郷。

きん-さく ⓪【近作】名 最近の作品・著作。

きん-さく ⓪【金策】名 自サ かねをととのえるくふう。かねのくめん。「―にかけずりまわる」

きん-さつ ⓪【禁札】名 禁止する事がらを書いた立てふだ。制札。

きん-ざん ①【金山】名 金を産出する鉱山。金鉱。

ぎん-ざん ②【銀山】名 銀を産出する鉱山。銀鉱。

きんざんじ-みそ ⑥【金×径山寺味×噌】名 大豆・大麦・塩を材料とし、なす・うりなどを入れたなめみそ。参考 中国の径山寺から製法が伝えられた。

きん-し ⓪【近視】名「近視眼」の略。⇔遠視。**―眼**(がん) ⓪ 名 角膜・水晶体の屈折力が強かったりして、網膜より前のほうに像を結ぶため、遠くのものがはっきり見えない状態。凹レンズで矯正する。近眼。↕遠視眼。ー眼的 [0][形動] 見とおしがきかず目先の事だけしか判断がつかないようす。「ーな意見」

きん-し [キ]【金糸】[名] ❶金めっきしたほそい金属線。❷金箔を使った金色の糸。刺しゅうや織物などに使う。

きん-し [キ]【菌糸】[名] 菌類の糸のような細胞。

きん-し [0]【勤仕】[名][他サ]〔文章語〕つとめつかえること。

きん-し [0]【禁止】[名][他サ] してはいけないとしてさしとめること。「路上喫煙ー地区」「出入りをーする」

きん-じ [キ]【近時】[名]〔文章語〕ちかごろ。このごろ。↕往時。

きん-じ [0]【金地】[名] 金色の地。

きん-じ [キ]【×矜持・×矜×恃】[名] ➡きょうじ。

きん-じ [0]/[キ]【近似】[名][自サ] にかようこと。**ー値** [ジ][名] 真の値がえられないとき、計算して出した、真の値にちかい値。

きん-じ [キ]【近侍】[名][自サ] 主君のそばちかくつかえること。また、その人。侍臣。近習。

ぎん-し [キ]【銀糸】[名] 銀箔を使った銀色の糸。刺しゅうや織物などに使う。

きん-じき [0]【禁色】[名] 昔、位階によっては使用を禁じられていた衣服の色。↕許し色。

きんし-ぎょくよう [キ]【金枝玉葉】[名]〔文章語〕〔金や玉の枝葉〕天皇の一族。皇族。

きんし-くんしょう [ク]【金×鵄勲章】[名] もと、非常なてがらのあった軍人に終身年金とともにあたえられた勲章。

きんじ-さん [ジ]【禁治産】[名] ➡きんちさん。**ー者** [サ][名] ➡きんちさんしゃ。

きん-ジストロフィー [キ]=[ト]【筋ジストロフィー】[名] 筋肉が徐々に萎縮して、しだいに筋力が衰える病気。進行性筋萎縮症の一つ。

きんし-たまご [タ]【錦糸卵】[名] 卵を薄く焼いて、糸のように細く切ったもの。ちらしずしの上などにのせる。

きん-しつ [0]【琴×瑟】[名] 琴と大琴。**ー相和す** たいそう夫婦の仲がよいことのたとえ。

きん-しつ [0]【均質】[名][形動] 性質・成分が一定していること。等質。

きん-じつ [キ]【近日】[名][副] 近々の日。ちかぢか。「ー発売」

きんじつ-てん [ジ]【近日点】[名] 太陽系の惑星・彗星などが、太陽にもっともちかづく点。近点。↕遠日点。

きんじ-て [0]【禁じ手】[名] ❶相撲や柔道・囲碁・将棋などで、それを使うと反則負けになる技や手。❷使ってはいけない手段。「ここで親の名前を出すのはーだ」

きんじ-とう [0]【金字塔】[名]〔金の字の形をした塔〕❶ピラミッド。❷後の世につたわるような、すぐれた研究・著作・事業のこと。「ーをうちたてる」

きん-しゃ [キ]【金×紗・錦×紗】[名] ❶金糸を織りこんだうすぎぬ。❷きんしゃお召し。❸きんしゃちりめん。**ーお召し** [メ][名] ねりぞめ糸を使った平織り・紋織りの絹織物。**ー▲縮×緬** [チ][名] ほそい絹糸を使った平織り・紋織りの織物。

ぎん-しゃ [ギ]【吟社】[名]〔文章語〕詩や歌をつくる人々の団体。

きん-しゅ [0]【金主】[名] 資金を出す人。

きん-しゅ [0]【金種】[名] 額面のちがいによる貨幣の種類。

きん-しゅ [0]/[キ]【筋腫】[名] 筋肉にできるはれもの。「子宮ー」

きん-しゅ [0]【禁酒】[名][自サ] 酒をやめること。↕節酒。

きん-しゅう [0]【錦秋】[名]〔文章語〕木々が紅葉して、にしきのように美しい秋。(秋)

きん-しゅう [0]【錦×繡】[名]〔文章語〕❶にしきと、ぬいとりをした織物。美しい織物・衣服。❷美しい詩や文章のこと。

きん-じゅう [0]【近習】[名] 主君のそばにいて、用をしたり警護をしたりする人。近侍。きんじゅ。

きん-じゅう [0]【×禽獣】[名] ❶鳥とけだもの。❷恩義・道理を知らない人のこと。

きん-しゅく [0]【緊縮】[名][他サ] ひきしめること。特に、支出をきりつめること。「ー財政」

きん-しょ [0]【禁書】[名] 書物の出版・販売をさしとめること。また、さしとめられた書物。

きん-しょ [キ]【謹書】[名][他サ] つつしんで書くこと。

きん-じょ [キ]【近所】[名] ちかいところ。近傍。**ー合壁** [キ]-1[名] 壁一重をへだてたごくちかいとなり。近所の家々。**ー迷惑** [メ][名][形動] そばの人が迷惑すること。はためいわく。

きん-しょう [0]【近称】[名] 自分にちかい事物・場所・方向をさす代名詞のよびな。「これ」「ここ」「こちら」など。↕中称・遠称。

きん-しょう [0]【金将】[名] 将棋のこまの名。ななめ後ろのほかは、一つずつすすめることができる。きん。

きん-しょう [0]【僅少】[形動] ダロ・ダッ・デ・ニ／ダ・ナ・ナラ・〇 すこし。わずか。「ーの差」

きん-じょう [0]【今上】[名] いまの天皇。

きん-じょう [0]【近状・近情】[名] ちかごろのようす・ありさま。近況。

きん-じょう [0]【金城】[名]〔「金」でつくった城〕攻めにくい城。**ー鉄壁** [0][名]〔文章語〕❶守りのかたい城。❷非常に堅固なこと。「ーの内野陣」**ー湯池** [ト][名]〔文章語〕❶〔「湯池」は熱湯をたたえた池〕守りのかたい城。❷他から侵害されにくい堅固な勢力範囲。

きん-じょう [0]【錦上】[名] にしきの上。美しい物の上。**ー花を添える** りっぱな上に、さらにりっぱにする。

きん-じょう [0]【謹上】[名]〔文章語〕つつしんでさしあげること。手紙のわきづけに使うことば。

ぎん-しょう [0]【銀将】[名] 将棋のこまの名。左右とま後ろのほかは、一つずつすすめることができる。ぎん。

ぎん-しょう [0]【吟唱】【吟×誦】[名][他サ] 詩歌を声たかくとなえ、または、節をつけてうたうこと。「詩をーする」

ぎん-じょう [0]【吟醸】[名][他サ] 酒・みそなどを、材料を選んで丁寧につくること。**ー酒** [ジョ][名] 外側の四〇パーセント以上を取り除いた米を使い、低温で醸造した清酒。

ぎん-しょく [0]【銀×燭】[名] ❶銀でつくったろうそく立て。❷〔文章語〕美しいともしび。

きん・じる [0]【禁じる】[他上一] ジ・ジ・ジル・ジル・ジレ・ジロ・ジヨ ➡きんずる。

ぎん・じる [0]【吟じる】[他上一] ジ・ジ・ジル・ジル・ジレ・ジロ・ジヨ ➡ぎんずる。

きんしろく《近思録》 中国宋時代の道学者周濂渓らのことばをあつめた書物。朱熹・呂祖謙の編。

きん-しん [0]【近臣】[名] 主君のそばちかくつかえるけらい。

きん-しん [0]【近信】[名]〔文章語〕ちかごろのたより。

きん-しん [0]【近親】[名] 血縁のちかい親族。

きん-しん [0]【謹慎】[名][自サ] ❶言行をつつしみ、かしこまること。「ーの意を表する」❷江戸時代に、一定の期間、一定の場所にとじこめて外出させなかった刑罰。❸学校や会社における処罰の一つ。登校や出勤を一定期間禁止するもの。

きん-す [0]【金子】[名] ❶金の貨幣。❷おかね。

ぎん-す [0]【銀子】[名] ❶銀の貨幣。❷おかね。

きん-すなご [ス]【金砂子】[名] 金箔をこまかく粉にしたもの。金砂。

ぎん-すなご [ス]【銀砂子】[名] 銀箔(ぎんぱく)をこまかく粉にしたもの。銀砂(ぎんしゃ)。

きん-ずる [0]【禁ずる】[他サ] (ジ・ゼ|ジ(ズル)|ズル|ズレ|ジロ・ゼヨ) してはいけないと、とどめる。することを許さない。禁じる。「無用の者立ち入りを—」 **きん-ず** [文語サ変]

ぎん-ずる [0][ス]【吟ずる】[他サ] (ジ・ゼ|ジ(ズル)|ズル|ズレ|ジロ・ゼヨ) 詩歌(しいか)をうたう。吟じる。「詩を—」 **ぎん-ず** [文語サ変]

きん-せい [0]【均整・均斉】[名] かたよりがなく、ととのった状態にあること。バランス。「—のとれた体つき」

きん-せい [キ]【近世】[名] ❶ちかごろの世。❷日本史で、江戸時代。中世と近代(現代)のあいだ。❸西洋史で、ルネッサンスから産業革命のころまで。

きん-せい [0]【金星】[名] 太陽系で、内がわから二番めにある明るい惑星。あけの明星(みょうじょう)。よいの明星。

きん-せい [0]【禁制】[名][他サ] ある行為を、さしとめること。また、そのきまり。きんぜい。「女人—」「—を解く」 **—品**(ひん) [0][名] 輸出・輸入を禁止された品。

きん-せい [0]【謹製】[名][他サ] つつしんでつくること。

ぎん-せい [0]【吟声】[名] 詩歌(しいか)を吟じる声。

ぎん-せかい [セ]【銀世界】[名] 雪であたり一面まっ白なけしき。「見渡すかぎりの—」(冬)

きん-せき [0]【金石】[名] ❶金属と岩石。❷金属器と石器。 **—学**(がく) [キ2][名] 金属器・石碑にきざんだ古代の文字などを研究する学問。 **—文**(ぶん) [キ2][名] 金属や石碑などにきざまれた古代の文字。

きん-せつ [0]【近接】[名][自サ] ❶ちかづくこと。接近。❷ちかくにあること。「職住—」

きん-せつ [0]【緊切】[形動] (ダロ・ダッ・デ・ニ|ダ|ナ|ナラ|○) [文章語] ❶ぴったりつくようす。❷さしせまってたいせつなようす。「—な用件」

きん-ぜつ [0]【禁絶】[名][他サ] [文章語] さしとめ、たつこと。「酒を—する」

きん-せん [キ]【金銭】[名] かね。ぜに。貨幣。 **—尽く**(ずく) [0][ク][名] 金銭の多少だけを条件に、物事を解決しようとすること。「—でできることではない」 **—登録器**(とうろくき) [ク][ロ][名] レジスター。

きん-せん [0]【×欽羨】[名] [文章語] うらやむこと。

きん-せん [0]【琴線】[名] ❶ことの糸。❷心の奥にこめられている真情・感動。「心の—にふれる」

きん-せん [0]【謹×撰】[名][他サ] [文章語] つつしんで歌集などを作ること。

きん-せん [0]【謹選】[名][他サ] つつしんでえらぶこと。

きん-ぜん [0]【×欣然】[と][副] [たる連体] [文章語] よろこぶようす。「—と任地におもむく」

きんせん-か [セ]【金×盞花】[名] キク科の一年生、または二年生植物。春から秋にかけて、赤みのある黄色の花をひらく。ときしらず。(春)

きんせんか

きん-そく [0]【禁則】[名] ❶あることを禁止する規則。❷印刷で、特定の文字や記号がある位置に現れないようにすること。句読点を行(ぎょう)の初めに置かないなど。「—処理」

きん-そく [0]【禁足】[名][他サ] 外出・旅行などをさせないこと。多く、罰としておこなう。「—を命じる」

きん-ぞく [キ]【金属】[名] 一般に、常温では固体の状態で、展性・延性に富み、熱・電気をよく伝えて独特の光沢をもつ物質の総称。金・銀・銅など。 **—元素**(げんそ) [ゲ][名] 単体で金属をつくる元素。鉄・銀・ナトリウムなど。 **—性**(せい) [0][名] ❶金属に特有の性質。❷金属に似た性質。「—の音」 **—バット** [バ][名] 硬質の軽金属で作った野球のバット。折れにくく、しんに当たると飛距離が大きい。[参考]学生野球では公認されているが、プロ野球では使用が認められていない。 **—疲労**(ひろう) [ヒ][名] 金属材料に繰り返し力が加わることによって劣化すること。

きん-ぞく [0]【勤続】[名][自サ] 同じ勤め先につづけてつとめること。「—十五年」

きん-そん [0]【近村】[名] ちかくの村。

きん-だ [キ]【勤惰】[名] 勤勉と怠惰。よくつとめることと、なまけること。出勤と欠勤。勤怠。「—により賞与を加減する」

きん-たい [0]【今体】[名] [文章語] 現在、おこなわれている形・様式。

きん-たい [0]【近体】[名] [文章語] ❶近時、おこなわれている体裁・形式。❷漢詩で、律詩と絶句。↕古体。

きん-たい [0]【勤怠】[名] 勤惰。「—管理」

きん-たい [0]【襟帯】[名] [文章語] 〔えりとおび。山をえりに川を帯にたとえて〕山河にかこまれた、自然の要害。「山河—の要地」

きん-だい [キ]【近代】[名] 現在の政治・社会体制になる一つ前の時代。現代を含むこともある。日本史で、明治維新以降。西洋史で、市民革命以降、特に産業革命以降。 **—劇**(げき) [ゲ][名] 一九世紀末におこった、人生や社会の問題をとりあつかう演劇。↕古典劇。 **—五種競技**(ごしゅきょうぎ) [キョ][名] 射撃・水泳・フェンシング・乗馬・クロスカントリーの五種目を、ひとりの選手がおこない、総合得点を争う競技。オリンピック競技種目の一つ。 **—国家**(こっか) [コ][名] 封建的な身分制度をなくし、個人の自由・平等が保障されている国家。専制国家がくずれたのちに成立した中央集権国家。 **—詩**(し) [ゲ][名] ヨーロッパの詩の形式や精神を学び、自由な形式で新しい思想・感情をうたった詩。明治中期からあらわれた。 **—的**(てき) [0][形動] 近代らしいようす。特に、思考や行動などで、前の時代と異なる新しさをもつようす。

きんだいぶんがく《近代文学》 文芸雑誌。一九四六—六四年。第二次大戦中マルクス主義の影響を受けた同人たちが、戦後、拠点とした。

きん-だか [0]【金高】[名] かねの高。金額。かねだか。

きん-だく [0]【×欣諾】[名][他サ] [文章語] よろこんで承知すること。

きん-だち【▲公▲達】[名] [古語] 〔「きみたち」の変化〕❶親王や上流貴族たちのむすこ、または、娘を尊敬していう語。❷〔代名詞的に〕あなた。

きん-たま [タ]【金玉】[名] ❶金色の玉。❷睾丸(こうがん)の俗称。

きんたろう [0]【金太郎】[名] 〔中世の説話にあらわれる人物。坂田の金時(きんとき)から〕❶ふとって赤い顔をした子ども。❷子どもの腹がけ。 **—×飴**(あめ) [ロ][名] ❶棒状のあめの一種。どこを切っても金太郎の顔が断面に現れる。❷〔❶から転じて〕どれもちがいがないことのたとえ。「どの本も中身が—だ」

金太郎❶

きん-だん [0]【金談】[名] かねのやりくりや、貸し借りについての相談。

きん-だん [0]【禁断】[名][他サ] かたくさしとめること。禁止。 **—症状**(しょうじょう) [ショ][名] アルコールや麻薬などの中毒患者が、これを禁ずると起こす、いろいろな苦痛の症状。 **—の木**(こ)**の実**(み) 〔旧約聖書で、神から食べるのをさしとめられていた、ちえの木の実〕かたく禁じられてはいるが、ひじょうに誘惑的な快楽や行動。

きん-ち [キ]【錦地】[名] [文章語] 相手の居住地を尊敬していう語。貴地。御地(おんち)。

きん-ちさん [チ]【禁治産】[名] 心神喪失者が財産を管理する力がないため、後見人に財産を管理させること。また、その制度。きんじさん。**―者**(しゃ) [サ][名] 家庭裁判所から禁治産の宣告を受けた人。[参考] 一九九九年から、成年被後見人とよばれる。

きんち-てん [チ]【近地点】[名] 月・人工衛星などが地球にもっともちかづく点。↕遠地点。

きん-ちゃく [チャ]【巾着】[名] ❶革や布でつくった小さな袋。口をひもでくくってしめるさいふ。❷いつも、ある人にくっついてごきげんをとる人。腰ぎんちゃく。**―網**(あみ) [ク][名] 巻き網の一種で、きんちゃくの口をくくるようにして、魚をとらえるもの。**―切**(き)**り** [チャ][ク][名] すり。

巾着❶

きん-ちゃく [0]【近着】[名] 最近到着したこと。「―の雑誌」

きん-ちゅう [キ]【禁中】[名] 皇居。宮中。

きん-ちょ [キ]【近著】[名] 最近出した本。

きん-ちょう [0]【金▲打】[名] 武士が約束をやぶらない誓いに、両方の刀の刃や、つばをうちあわせたこと。

きん-ちょう [0]【禁鳥】[名] 捕獲を禁止している鳥。保護鳥。⇩保護鳥獣(「保護」の項)[参考]。

きん-ちょう [0]【緊張】[名][自サ] ❶体や心がひきしまって、ゆるみがないこと。「筋肉の―」「初出演で―する」↕弛緩(しかん)。❷関係がおだやかでなくなり、情勢がさしせまること。「国際的な―関係」

きん-ちょう [0]【謹聴】[名][他サ] つつしんで聞くこと。

きん-ちょく [0]【謹直】[名][形動] つつしみぶかく、正直なこと。

きんつば-やき [0]【金つば焼き】【金×鍔焼】[名] 和菓子の一種。つぶあんにうすくころもをつけ、鉄板の上で刀のつばの形に焼いたもの。金つば。

きん-てい [0]【×欽定】[名] 君主の命令によってさだめること。「―憲法」

きん-てい [0]【禁廷】[名][文章語] 宮中。禁中。

きん-てい [0]【謹呈】[名][他サ][文章語] つつしんでさしあげること。

きん-でい [0]【金泥】[名] 金粉をにかわでといたもの。美術・工芸用。

ぎん-でい [0]【銀泥】[名] 銀粉をにかわでといたもの。美術・工芸用。

きん-てき [0]【金的】[名] ❶金紙をはった小さなまと。❷あこがれの目標。「合格の―を射とめる」**―を射**(い)**当**(あ)**てる** みんなのあこがれているものを、自分のものにする。

ぎん-てき [0]【銀笛】[名] 銀または銀色の金属でつくったふえ。

きん-てつ [0]【金鉄】[名] ❶金と鉄。金属。❷きわめてかたいこと。「―の心」

きん-てん [0]【均×霑】[名][自サ][文章語] ❶ひとしくうるおうこと。❷みんなが利益を受けること。

きんでん-ぎょくろう [0]【金殿玉楼】[名][文章語] たいそう美しい宮殿。

きん-てんさい [キ]【禁転載】[名]（「転載を禁ず」の意）雑誌・書物の記事や写真を、無断で他の印刷物にのせることを禁ずること。

きんでん-ず [デ]【筋電図】[名] 筋肉ののび縮みで生じる電流を図形にあらわしたもの。小児麻痺(まひ)などの検査に使う。

きん-ど [キ]【襟度】[名][文章語] 人をうけいれる度量。心の広さ。

きん-とう [0]【近東】[名] 東地中海沿岸・アラビア半島地方の、ヨーロッパにちかい東方諸国。トルコ・シリア・イスラエル・エジプトなど。↕極東・中東。

きん-とう [0]【均等】[名][形動] ひとしいこと。平等。「―に分ける」**―割**(わ)**り** [0][名] 平均に割り当てること。また、その割り当て。

きん-とき [キ]【金時】[名] ❶金太郎。❷からだ・顔のまっかな人。❸きんときあずき。大粒で赤い。**―の火事**(かじ)**見舞**(まい) 酒を飲んだりして、顔がひどく赤いようす。

きん-トレ [0]【筋トレ】[名][俗語]「筋力トレーニング」の略。

きん-とん [0]/[ト]【金団】[名] 甘く煮た、くり・いんげんなどを、さつまいもなどのあんにまぜた食品。

ぎん-ながし [ナ]【銀流し】[名] ❶水銀に砥粉(とのこ)をまぜ、銅などにすりつけて銀色をだすこと。また、そのもの。❷(「銀流し」はすぐはげるから)みかけだおし。まやかしもの。

ぎん-なん [ナ]【銀×杏】[名] いちょうの実。〔秋〕

きん-にく [キ]【筋肉】[名] 動物の体の動きを、収縮によって起こさせる、繊維(せんい)状の細胞の集まり。

ぎん-ねず [0]【銀ねず】【銀×鼠】[名] 銀色をおびたねずみ色。

きん-ねん [キ]【近年】[名] ちかごろ。この数年のうち。「―ますます発展した」

きん-のう [0]【勤皇・勤王】[名] 江戸時代の末に、徳川幕府をたおし、天皇政治をおこそうとした思想。また、その運動。**―×攘×夷**(じょうい) [ジョ][名] 勤皇の志士がとなえた、王政復古・外国人排斥の主張。尊王攘夷。

きん-のう [0]【金納】[名][他サ] 租税・小作料などをかねでおさめること。↕物納。

きんのう-むけつ [0]【金×甌無欠】[名][文章語] ➡きんおうむけつ。

ぎんのさじ《銀の匙》中勘助(かんすけ)の小説。一九一三～一五年に発表。少年期の可憐(かれん)な姿を散文詩風にえがく。

きん-ば [キ]【金歯】[名] 金でおおった歯。

きん-ぱ [キ]【金波】[名] 月光などがうつり、金色にみえる波。「―銀波」

ぎん-ぱ [ギ]【銀波】[名] 月光などがうつり、銀色にみえる波。

きん-ぱい [0]【金杯】【金×盃】[名] 金でつくった、または金めっきのさかずき・カップ。

きん-ぱい [0]【金×牌】[名] 金でつくった、または金めっきのメダル。

ぎん-ぱい [0]【銀杯】【銀×盃】[名] 銀でつくった、または銀めっきのさかずき・カップ。

ぎん-ぱい [0]【銀×牌】[名] 銀でつくった、または銀めっきのメダル。

きん-ばえ [キ]【金×蠅】(ばへ)[名] クロバエ科の昆虫。大形で、金緑色の光沢がある。〔夏〕

きん-ばく [0]【緊縛】[名][他サ] かたくしばること。

きん-ぱく [0]【金×箔】[名] 紙のようにうすくのばした金。

きん-ぱく [0]【緊迫】[名][自サ] 事態がひどくさしせまること。「―した国際情勢」

ぎん-ぱく [0]【銀白】[名] 銀のように白いこと。「―の髪」

ぎん-ぱく [0]【銀×箔】[名] 紙のようにうすくのばした銀。

ぎんはく-しょく [ハ]【銀白色】[名] 銀色をおびた白色。ぎんぱくしょく。

きん-ばつ [0]【禁伐】[名] 樹木を切るのを禁止すること。

きん-ぱつ [0]【金髪】[名] 金色のかみの毛。ブロンド。

ぎん-ぱつ [0]【銀髪】[名] ❶銀色のかみの毛。❷しらが。

きん-ばん [0]【勤番】[名] ❶交代でする勤務。❷江戸時代、諸大名のけらいが交代で江戸屋敷につとめたこと。

ぎん-ばん ⓪【銀盤】名 ❶銀製のさら。❷広い範囲にはった氷。❸スケートリンク。「—の女王」

きん-ぴ キ【金肥】名〔かねを出して買う肥料の意〕化学肥料その他の人造肥料。かねごえ。

きん-ぴ キ【禁秘】名 文章語 秘密にして知らせないこと。

きん-ぴか ⓪【金ぴか】名 金色にぴかぴかひかること。また、そのもの。「—の礼装」

きん-ぴょう ⓪【勤評】名「勤務評定」の略。

きん-びょうぶ ビョ【金びょうぶ】【金×屛風】名 金ぱくをはりつめたびょうぶ。冬

ぎん-びょうぶ ビョ【銀びょうぶ】【銀×屛風】名 銀ぱくをはりつめたびょうぶ。冬

きん-ぴら ⓪【金平】名 きんぴらごぼう。—▲牛×蒡(ごぼう) ゴ 名 ほそくきざんだごぼうを油でいため、しょうゆと砂糖で味つけした食べ物。

きん-ぴん キ【金品】名 かねと品物。金銭や物品。「—の授受」

きん-ぷう ⓪【金風】名 文章語 あきかぜ。秋の風。秋

きん-ぷくりん ク【金覆輪】名 くらや刀のさやなどに、金や金色の金具でふちどりしたもの。きんぶくりん。

ぎん-ぷくりん ク【銀覆輪】名 くらや刀のさやなどに、銀や銀色の金具でふちどりしたもの。ぎんぶくりん。

きん-ぶち ⓪【金縁】名 金でつくったふち。金色のふち。「—のめがね」

ぎん-ぶら ⓪【銀ぶら】名 俗語 東京の銀座通りをぶらぶら散歩すること。

きん-ぶん ⓪/キ【金文】名 古代の金属器に刻まれた文字や銘文。特に、中国の殷(いん)、周時代のものをいう。

きん-ぶん ⓪【均分】名 他サ ひとしくわけること。等分。「利益を—する」 —**相続**(そうぞく) ソ 名 子に遺産を等分にわけること。

きん-ぷん ⓪【金粉】名 金または金色の合金のこな。

ぎん-ぷん ⓪【銀粉】名 銀または銀色の合金のこな。

きん-べん ⓪【勤勉】名 形動 まじめによくつとめること。「—な学生」

きん-ぺん キ【近辺】名 ちかいあたり。ちかく。付近。「国境—」

きん-ぼ キ【×欽慕】名 他サ 文章語 うやまいしたうこと。

きん-ぼう ⓪【近傍】名 近辺。

きんぽう-げ ボ【金×鳳▲花】名 キンポウゲ科の多年生植物。初夏、黄色い花が咲く。葉はてのひら状。有毒。うまのあしがた。春

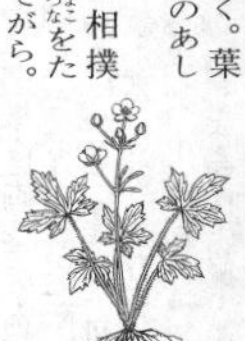
きんぽうげ

きん-ぼし キ【金星】名 ❶相撲で、平幕(ひらまく)の力士が横綱(よこづな)をたおした勝ち星。❷大きなてがら。「—をあげる」

きん-ボタン ボ【金ボタン】名 学生服などの金色のボタン。

きんほんい-せいど セ【金本位制度】名 一定の品位と量目の金(きん)の価値に、貨幣の単位価値を関連させる貨幣制度。

ぎん-まく ⓪【銀幕】名 ❶銀色の幕。❷映画の映写幕。スクリーン。❸映画。映画界。「—のスター」

きんまん-か ⓪【金満家】名 かねもち。財産家。

ぎん-み キ【吟味】名 他サ ❶物ごとのよしあしなどを念入りに調べること。「材料を—する」❷罪をとりしらべること。詮議(せんぎ)。

きん-みつ ⓪【緊密】形動 ダロ・ダッ・デ・ニ／ダ・ナ・ナラ・○ すきまなく、ぴったりくっついているようす。「—な関係」

きん-みゃく ⓪【金脈】名 ❶金の鉱脈。❷資金の出どころ。「—となる事業を見つける」

きん-みらい ミ【近未来】名 未来学における時代区分の一つ。現在からほぼ百年ほど先までの間。参考 千年ほど先までを中未来、一万年ほど先までを遠未来という。

きん-む キ【勤務】名 自サ 一定の規律のもとに職務に従事すること。つとめ。「学校に—する」 —**評定**(ひょうてい) ヒョ 名 人事管理のため、職員の能力・勤務成績などを採点すること。勤評。

きん-むく ⓪【金無×垢】名〔「むく」はまじりけのないこと〕純金。

ぎん-むく ⓪【銀無×垢】名 純銀。

きん-め ⊠【斤目】名 めかた。量目。

きんめ-だい ⊠【金目×鯛】名 キンメダイ科の海水魚。深海にすみ、全身は赤く、目は金色で大きい。美味。冬

きん-もう ⓪【▲訓×蒙】名 ⬇くんもう。

きん-モール モ【金モール】名 ❶金糸をより合わせた、かざり用のほそいひも。肩章などに使う。❷金糸と絹糸とで織った織物。

ぎん-モール モ【銀モール】名 ❶銀糸をより合わせた、かざり用のほそいひも。❷銀糸と絹糸とで織った織物。

きん-もくせい モ【金木×犀】名 モクセイ科の常緑小高木。秋、赤黄色でかおりのよい小さな花を多数ひらく。秋

ぎん-もくせい モ【銀木×犀】名 白い花の咲くもくせい。秋

きん-もつ ⓪【禁物】名 してはならない物ごと。また、いみさけるべき物ごと。「病人に心配ごとは—だ」

きん-もん ⓪【禁門】名〔禁は宮城の意〕天子の宮殿の門。

きんもん-さきばこ キ1【金紋先箱】名 金漆(きんしつ)でかいた紋のついたはさみ箱。昔、大名行列の先頭にかつがせたもの。

金紋先箱

きん-ゆ ⓪【禁輸】名 輸出または輸入を禁止すること。

きん-ゆう ⓪【金融】名 ❶かねまわり。❷資金の貸し借り。かねの需要供給の関係。かねぐり。「—業」 —**機関**(きかん) キ2/カ 名 資金を貸しつけ、投資などに運用する機関。銀行など。 —**公庫**(こうこ) コ 名 政府が出した資金を一般に貸しつける金融機関。ふつうの金融機関で貸さないような用途の資金を貸し出すもの。 —**資本**(しほん) シ 名 ❶銀行資本と産業資本の合わさった独占的な資本の形態。❷銀行資本。 —**庁**(ちょう) コ 名 金融制度の立案や金融機関の監督などを担当する国の行政機関。

ぎんゆう-しじん シ【吟遊詩人】名 中世のヨーロッパで、各地を旅行して、詩をつくり、うたった人。

きん-よう ヨ【金曜】名 一週の六番めの日。金曜日。

きん-よう ⓪【緊要】形動 ダロ・ダッ・デ・ニ／ダ・ナ・ナラ・○ さしせまって非常にたいせつなようす。「病気の蔓延(まんえん)を防ぐことが—である」

きんようわかしゅう《金葉和歌集》平安時代後期の勅撰(ちょくせん)和歌集。十巻。編者は源俊頼(みなもとのとしより)。

きん-よく ⓪【禁欲】名 自サ 欲望、特に、性欲をおさえること。

ぎん-よく ⓪【銀翼】名 ❶銀色のつばさ。❷航空機のこと。

きん-らい キ【近来】名 副 ちかごろ。このごろ。最近。「—まれな傑作」

きん-らん ⓪【金×蘭】名 ラン科の多年生植物。春、黄色の花をつける。あさまそう。ありまそう。春

く

きん-らん⓪【金×襴】名 絹地に平金糸(ひらきんし)を横糸に加えて模様を織り出した高級な織物。「—どんす」
きん-り⓪/キ【金利】名 利子。利息。
きん-り キ【禁裏】名〔文章語〕皇居。宮中。**—様**(さま) 名〔古語〕天皇。
きん-りょう リョ【斤量】名 めかた。
きん-りょう⓪【禁猟】名 法令で、鳥獣をとるのを禁じること。**—区**(く) リョ 名 狩猟の禁止区域。正式には鳥獣保護区。⇩保護鳥獣(「保護」の項)参考。
きん-りょう⓪【禁漁】名 法令で、水産物をとるのを禁じること。禁漁(きんぎょ)。
きん-りょく キ【金力】名 かねによる支配力。かねのちから。金権。
きん-りょく キ【筋力】名 筋肉のちから。**—トレーニング** レ 名 筋力を強化するための運動。筋(きん)トレ。
きん-りん⓪【近隣】名 となり近所。
ぎん-りん⓪【銀輪】名〔文章語〕❶銀、または、銀色のわ。❷自転車のこと。
ぎん-りん⓪【銀×鱗】名〔文章語〕❶銀色のうろこ。❷さかなのこと。「渓流に躍る—」
きん-る【近流】名〔古語〕昔の刑罰で、京都から近国への流罪(るざい)。こんる。↕遠流(おんる)。
きん-るい キ【菌類】名 葉緑素をもたず、他の有機物に寄生して生活する生物。きのこ・かびなど。
きん-れい⓪【禁令】名 事をさしとめる法令。
ぎん-れい⓪【銀鈴】名 銀のすず。
ぎん-れい⓪【銀×嶺】名〔文章語〕雪で銀色にかがやく山。
きんれん-か レ【金×蓮花】名 南アメリカ原産の一年生植物。葉は、はすの葉に似て小形。夏、黄色または紅色の大形の花が咲く。のうぜんはれん。夏
きん-ろう⓪【勤労】名自サ 賃金をもらって、一定の時間、一定の仕事をすること。「—奉仕」⇩労働 参考。**—階級**(かいきゅう) カ 名 勤労の収入で生活をささえている階級。**—感謝**(かんしゃ)**の日**(ひ) 国民の祝日の一つ。十一月二十三日。勤労をとうとび、生産を祝い、国民がたがいに感謝しあう。冬 **—者**(しゃ) ロ 名 サラリーマン・労働者などの総称。**—所得**(しょとく) ショ 名 勤労によって、直接に得る報酬。↕不労所得。
きん-わ⓪【謹話】名 つつしんで話すこと。また、その話。「衆議院議長—」

く ク

く：「久」の草体。
ク：「久」の略体。

く 接尾〔古語〕〔四段・ラ変動詞・形容詞・助動詞などにつく〕活用語を名詞化して「こと」の意をあらわす。❶…こと。「惜しけ—もなし」❷〔会話文の前にあって〕…ことには。「のたまは—」「語ら—」❸〔文末に用いて〕詠嘆の意をあらわす。…ことよ。「吾が恋ひをらむ時の知らなく」〈古今〉
く【久】造 ひさしい。時のたつのが長い。「久遠(くおん)」〔別音きゅう｜久〕
く【口】造 ものをいう。「口調・口伝」〔別音こう｜口〕
く【工】造 ❶ものをつくる。人手をくわえる。「工夫(くふう)・細工」❷てわざをもって、しごとをする人。「石工(いしく)・大工」〔別音こう｜工〕
く【▲公】造 身分の高い人。「公卿(くぎょう)—(くげ)・公方(くぼう)」〔別音こう｜公〕
く【供】造 ❶そなえる。ささげる。「供物(くもつ)・供養・節供」❷とも。従者。仕える。「供奉(ぐぶ)」〔別音きょう｜供〕
く【×狗】造 ❶いぬ。「狗盗・走狗・羊頭狗肉」❷想像上の動物。「天狗(てんぐ)」
く【紅】造 くれない。あか。「真紅・深紅」〔別音こう｜紅〕
く【×矩】造 ❶さしがね。かねざし。じょうぎ。「規矩」❷四角。「矩形」
く【駆】造 ❶かける。はしる。「駆動・疾駆・先駆」❷かりたてる。追いたてる。追いはらう。「駆使・駆除・駆逐(くちく)」
く【▲駒】造 うま。こま。「産駒」
く【×軀】造 からだ。肉体。「軀幹・体軀・長軀・病軀」
く ク【九】名造 ❶ここのつ。きゅう。「九九・九輪・三三九度」❷九番め。第九位。〔別音きゅう｜九〕
く【区】㊀ク 名造 行政上の区画。「市—町」「区議・区政・区民・特別区」㊁造 ❶しきる。わける。「区分・区別」❷くぎり。わけたところ。「区域・区画・学区・地区・選挙区」㊂接尾 区画・区間をかぞえる語。「第三区」
く【句】㊀ク 名造 ❶文章や詩歌(しいか)のひとくぎり。「句法・句読点・章句」❷漢詩・和歌・俳句などで、五音または七音の、韻律上のひとくぎり。「上(かみ)の—」「起句・結句・対句(ついく)」❸俳句。「字余りの—」「句会・句作・句集・連句」❹ことば。「警句・語句・絶句・文句・慣用句」❺成句。慣用句。㊁接尾 俳句などをかぞえる語。「新春十句」
く ク【苦】名造 ❶くるしみ。苦痛。「苦難・苦悩・貧苦・生活苦」↕楽。❷ほねおり。苦労。「苦学・苦心・刻苦(こっく)・辛苦」↕楽(らく)。❸心配。なやみ。「—のない人」❹にがいあじ。「苦言・苦汁・苦笑・甘苦」**—あれば楽**(らく)**あり** 苦しいことの後には、楽なこと、たのしいことがくる。**—にする** 気にやむ。つらくおもう。**—になる** 気にかかって負担になる。**—は楽**(らく)**の種**(たね) 今の苦しみは、やがてたのしみとなってむくいられる。**—も無**(な)**く** たやすく。簡単に。「—しあげた」
く【来】自力変〔古語〕くる。
ぐ【▲求】造 もとめる。さがす。「求道(ぐどう)(きゅうどう)・求法・欣求(ごんぐ)」〔別音きゅう｜求〕
ぐ【惧】造 おそれる。おそれ。「危惧(きぐ)」
ぐ【▲虞】造 おそれ。「虞犯少年」
ぐ【具】㊀ク 名造 道具。「政争の—」「家具・器具・工具・農具・装身具・文房具」㊁⓪名 料理で、主材料にまぜたり、つけそえたりする魚・肉・野菜などの副材料。㊂造 ❶そなえる。そなわる。「具備・具有」❷つぶさ。くわしい。「具現・具申・敬具・拝具」**具する** 自他サ
ぐ ク【愚】㊀名形動造 おろかなこと。「—の骨頂(こっちょう)」「愚行・愚者・愚劣・暗愚」↕賢。㊁代造 自分に関わるものごとをかしこまって言うことば。「—思うに…」「愚案・愚見・愚妻・愚弟」
ぐ-あい⓪【具合】【▲工合】名 物事の進行や状況についてのよしあしの程度。調子。あんばい。加減。「交渉の進み—」「機械の—が悪い」
グア(グァ)テマラ《Guatemala》＝**ガテマラ** 中央アメリカ中部にある共和国。首都はグアテマラシティ。
グアノ ク〈guano〉名 海鳥のふんが海岸の岩石の上につもり、変質したもの。肥料にする。鳥糞石(ちょうふんせき)。
グアバ ク〈guava〉＝**グァバ** 名 フトモモ科の常緑樹。中米などアメリカ大陸の熱帯地域原産。果実を食用にする。ジュースやジャムに加工して食べることが多い。ばんじろう。ばんざくろ。
クア-ハウス 八〈ド Kurhaus〉名〔Kur は「保養・治療」の意〕温泉地などに設けられた、健康増進を目的とした保養施設。
クア(クァ)ルテット ア〈イ quartette〉名 ⬇カルテット。

く-あわせ ア【句合(わ)せ】名 俳句をならべて、その優劣を判定によってきめること。
ぐ-あん ０【愚案】名 ❶おろかな考え。❷〔文章語〕自分の考えをかしこまっていう語。
くい ク【×杭・×杙】名 ❶地中に打ちこむ長い材木。❷【▲株】〔古語〕木のきりかぶ。くいぜ。
くい ク【悔い】名 悔いること。後悔。「—をのこす」
くい-あ・う ア【食(い)合う】自五 ❶たがいに相手を食う。❷くみあわせた部分がうまく合う。「歯車が—」↕食いちがう。食い合い 名
くい-あげ ０【食(い)上げ】名 食べること、生活していくことができなくなること。「飯の—」
くい-あら・す ラ【食(い)荒(ら)す】他五 ❶食いちらす。❷らんぼうに食べる。
くい-あらた・める ヌ【悔い改める】他下一 わるいおこないやあやまちを反省して、いいことをしようとする。悔い改め 名 くいあらた・む 文語下二
くい-あわせ ０【食(い)合(わ)せ】名 ❶いっしょに食べると害があるとされている食べ物のとりあわせ。また、それを食べること。「—がわるい」❷二つの材木などを組み合わせてつなぐこと。また、その部分。かみあわせ。
くい-いじ ０【食い意地】名 むさぼり食べようとする気持ち。食いけ。「—がはっている」
くい-い・る イ【食(い)入る】自五 中へふかくはいりこむ。食いこむ。「—ように見つめる」
クイーン イ〈queen〉名 ❶女王。王妃。❷トランプの女王の絵の札。❸その団体で、いちばんはなやかで人気のある女性。「社交界の—」 —サイズ サ〈queen-size〉名 ❶キングサイズにつぐ大きさ。特にベッドのサイズとして使われ、約一六〇センチメートル幅のものをいう。❷女性の服で大判のもの。
くい-うち ０【くい打ち】【×杭打ち】名 建築現場などで、地盤を固めるために、コンクリート製の太いくいを地面に打ち込むこと。
くい-かじ・る ジ【食いかじる】【食×齧る】他五 ❶少しずつあちこちを食べる。❷中途はんぱに理解する。「いろいろな知識を—」 食いかじり 名
くい-か・ねる ネ【食いかねる】【食兼ねる】㊀ 他下一 食べようとしても、食べられない。㊁ 自下一 生活にこまる。「家族が多くて—」 くひか・ぬ 文語下二

く-いき ク【区域】名 ある範囲の場所。
くい-き・る キ【食(い)切る】他五 ❶歯で強くかんで切る。「犬がつなを—」❷全部食べてしまう。食い切れる 自下一〔…できる〕
ぐい-ぐい グ (と)副 ❶強い力で引いたり、押したりするようす。❷物事が盛んに進むようす。ぐんぐん。「—売り上げをのばす」❸勢いよく飲むようす。↕ちびちび。
くい-け ケ【食い気】名 食べたい気持ち。食欲。食いいじ。
くい-こ・む コ【食(い)込む】自五 ❶中へ深くはいりこむ。食いいる。「ひもが肉に—」❷侵入する。「相手の領域に—」❸赤字になる。「今月は食い込んだ」 食い込み 名 食い込める 自下一〔…できる〕
くい-さが・る ガ【食(い)下がる】自五 ❶くっついてはなれない。「相手の胸に頭をつけて—相撲」❷ねばりづよく追及する。「食い下がって質問する」 食い下がり 名 食い下がれる 自下一〔…できる〕
くい-しば・る バ【食いしばる】他五 歯をかたくかみあわせる。参考「歯を食いしばる」の形で、強くがまんする意に使うことが多い。
くい-しろ ０【食い代】名 ❶食費。❷食料。「—はじゅうぶんある」
くい-しんぼう シ【食いしん坊】名 形動 食いいじのはったようす。また、その人。いやしんぼう。くいしんぼ。
クイズ ク〈quiz〉名 解答者の知識や機知をためすために質問をして答えさせる遊び。また、その質問。あてもの。「—番組」
くい-ぜ ０【▲株】名 木の切りかぶ。 —を守る 古い習慣をまもるだけで、すこしも進歩しないことのたとえ。守株。参考 木の切りかぶにあたって死んだうさぎを手に入れた農夫が、その後も、切りかぶのそばでうさぎを待っていたという故事から。
くい-ぞめ ０【食(い)初め】名 生まれて一〇〇日め、または、一二〇日めのこどもに、はじめて乳以外の物を食べさせるまねごとをする儀式。おくいぞめ。
くい-たお・す オ【食(い)倒す】他五 ❶飲食した代金を支払わない。❷あそんで財産などを使いはたす。食いつぶす。食い倒し 名
くい-だおれ ０【食(い)倒れ】名 ❶食物にかねをかけすぎて、びんぼうになること。「京の着倒れ、大阪の—」↕着倒れ。❷はたらかないで、あそびくらすこと。また、その人。食いつぶし。

くい-だめ ０【食いだめ】【食×溜め】名 他サ しばらく食べないですむように、一度にたくさん食べておくこと。
くい-たりない 【食い足りない】連語 ❶十分に食べていない。❷ものたりない。不満足である。「—内容」
くい-ちが・う ガ【食(い)違う】自五 ❶たがいにうまくあわない。「意見が—」↕食いあう。❷物事がいきちがう。食い違い 名
くい-ちぎ・る ギ【食いちぎる】他五 かみついて、ちぎる。食いちぎれる 自下一〔…できる〕
くい-ちら・す ラ【食(い)散らす】他五 ❶あれこれとすこしずつ食べる。❷食べ物をこぼしたり散らしたりする。❸いろいろなことをすこしずつする。「あれこれ食い散らして、どれもまとまらない」 食い散らし 名
くい-つき ０【食(い)付き】名 寄席の番組で、中入りの後で最初に高座に上がる芸人。
クイック〈quick〉造 速度のはやいこと。「—攻撃」「—モーション」↕スロー。
くい-つ・く ０/ツ【食(い)付く】自五 ❶歯でかみつく。❷とりついてはなれない。しがみつく。「テレビに食いついてはなれようとしない」❸寄ってえさなどを食う。「魚がえさに—」❹喜んでとびつく。「かねもうけの話に—」 食い付ける 自下一〔…できる〕
くい-つな・ぐ ナ/０【食いつなぐ】【食×繋ぐ】自五 ❶すこしずつ食べて、食料をもたせる。「非常食で食いつないで救助を待った」❷なんとか生活をささえていく。「まだ半年は—ことができる」 食いつなぎ 名 食いつなげる 自下一〔…できる〕
くい-つぶ・す ブ/０【食(い)潰す】他五 はたらかないで、財産を使いつくす。食いたおす。
くいつめ-もの ０【食(い)詰(め)者】名 収入の道がなくて、生活できなくなった人。
くい-つ・める メ/０【食(い)詰める】自下一 収入がなくて、生活ができなくなる。くひつ・む 文語下二
くい-で ０/テ【食いで】名 たしかに食ったと思えるほどの分量。「なかなか—がある」
ぐい-と グ 副 勢いよく動作をするようす。ぐっと。「—引っぱる」「—飲みこむ」
くい-どうらく ド【食い道楽】名 うまい物やめずらし

い物をたべる道楽。また、その道楽をもつ人。↔着道楽。

くい‐と・める メ0【食(い)止める】他下一 ふせぎとめる。「感染症の流行を—」 **くひと・む** 文語下二

くいな 0【水▲鶏】名 クイナ科の鳥の総称。水辺にすむ渡り鳥。くちばしが長い。多く、夏鳥の「ひくいな」をさしていう。夏 参考 鳴き声が戸をたたく音に似ているので、詩歌では「鳴く」といわず「たたく」という。

くい‐にげ 0【食(い)逃げ】名 飲食した代金をはらわないで逃げること。また、その人。

くい‐のば・す 0【食(い)延ばす】他五 すこしずつ食べて、長い間もつようにする。**食い延ばし** 名 **食い延ばせる** 自下一〔…できる〕

ぐい‐のみ 0【ぐい飲み】名 ❶一息にぐいと飲むこと。「ビールを—にする」 ❷底の深い大形のさかずき。

くい‐はぐ・れる レ【食いはぐれる】【食▲逸れる】❶他下一 食べそこなう。食べる時間をのがす。❷自下一 生活の方法を失う。**食いはぐれ** 名

くい‐ぶち 0【食いぶち】【食扶▲持】名 食費。

くい‐ぶん イ【食い分】名 食料に当てる金。

くい‐もの モ【食い物】名 ❶食べ物。❷だまされて、他人に利用されること・もの。「あくどい人の—にされる」

くい‐やぶ・る ヲ0【食(い)破る】他五 食いついてやぶる。かみついて穴をあける。「ねずみが米袋を—」

く・いる イ【悔いる】他上一 過去のあやまちに気付いて自分を恥じ、くやむ。後悔する。**く・ゆ** 文語ヤ上二

クイ(ン)テット イ〈quintet(te)〉名 ❶五重奏。五重唱。❷五重奏団。五重唱団。

くう【空】㊀ク名 造 天と地の間。大空。空中。「空間・低空・天空・防空」㊁ク名 形動 造 ❶むなしいこと。うつろ。「空虚・空想・空論」❷むだ。「努力も—に帰す」「空転・空費」❸〔仏〕物事はすべて仮の姿で、実体はないということ。「色即是—」㊂造 ❶から。なにもない。「空疎・空白・空腹・真空」❷あく。あける。「空席・空車」❸「航空機」の略。「空港・空爆・空母・空輪」

く・う ク【食う】他五 ❶食物をからだに取り入れる。㋐食物を口に入れ、かんでのみこむ。食べる。「すしを—」参考「食う」は「食べる」よりぞんざいな言い方で、おもに男性が使う。㋑(生きてゆくために食うことから)生活する。くらす。「—に困る」「文筆で食っていく」❷口にくわえる。かみつく。「魚がよく—」❸虫がさしたり、穴をあけたりする。「蚊に食われる」「虫が食ったセーター」❹相手をやっつける。「優勝候補を—」「相手の地盤を—」❺消費する。ついやす。「時間を—」「ガソリンを—車」❻人から好ましくないことを受ける。こうむる。「小言を—」「不意討ちを—」❼(「人を食う」の形で)ばかにする。「人を食った話」❽(「年を食う」の形で)かなりの年齢になる。**食える** 自下一〔…できる〕 **—か食われるか** いのちがけの勝負をするようす。「—の戦い」 **—や食わず** まずしくてやっと生活しているようす。「—の毎日」

ぐう【宮】造 ❶王や貴人の御殿。「竜宮」❷みや。やしろ。神社。「宮司・神宮・遷宮・本宮」❸皇族の敬称。「中宮・東宮」〔別音きゅう｜宮〕

ぐう【偶】造 ❶にんぎょう。ひとがた。「偶人・偶像・土偶・木偶」❷ふたつ。ひとくみ。「対偶・配偶」❸二で割り切れる数。「偶数・偶蹄類・奇偶」❹たまたま。思いがけなく。「偶感・偶然・偶発」

ぐう【遇】造 ❶あう。であう。「奇遇・遭遇・千載一遇」❷もてなす。あつかう。「厚遇・処遇・待遇・不遇・冷遇」 **遇する** 他サ

ぐう【隅】造 ❶すみ。はし。かど。「一隅・辺隅」❷「大隅(旧国名)」のこと。「隅州」

ぐう ク名 じゃんけんで、いし。↔ちょき・ぱあ。

ぐう【×寓】㊀ク名〔文章語〕かりずまい。寓居。「田中—」㊁造 ❶よる。身を寄せる。「仮寓・寄寓」❷よせる。ことよせる。「寓意・寓言・寓話」

くう‐い ク【空位】名〔文章語〕❶あいている地位。空席。❷名ばかりで実質のない地位。

くう‐い ク【空尉】名 航空自衛隊の階級の一つ。空佐の下。一等・二等・三等がある。もとの大尉・中尉・少尉にあたる。↔海尉・陸尉。

ぐう‐い ク【×寓意】名 ほかのことにかこつけて、ある意味をあらわすこと。

くう‐いき 0【空域】名 ある地域の上空一帯。

ぐう‐いん 0【偶因】名〔文章語〕偶然の原因。

ぐう‐えい 0【偶詠】名〔文章語〕ふと思いうかんだままをよんだ詩歌。

クウェート《Kuwait》アラビア半島北東部にある立憲君主制の首長国。一九六一年独立。首都はクウェート。

くうかい《空海》七七四〜八三五。平安時代前期の僧。真言宗の開祖で高野山金剛峯寺を建立。おくり名は弘法大師。著作に「三教指帰」、漢詩文集「性霊集」など。

くう‐かぶ 0【空株】名 相場の高低により損益を計算するだけで、実物の株の受け渡しをせずに取引すること。からかぶ。↔実株。

くう‐かん 0【空間】名 ❶あいている所。すきま。「—を利用する」❷すべての方向にひろがっていて、はてしない所。「宇宙—」↔時間。 **—芸術** ゲ名 絵画・彫刻・建築などのように、表現の場が空間にある芸術。造形芸術。↔時間芸術。

ぐう‐かん 0【偶感】名〔文章語〕ふと思いうかんだ感想。

くうかん‐ち カ【空閑地】名 利用できるが、まだ使われていない土地。あき地。

くう‐き ク【空気】名 ❶地球を包む気体で、地表に近い部分のもの。無色・無臭・透明で、主として酸素・窒素からなる。「新鮮な—」「—を入れ換える」❷あたりの気分。ふんいき。「重役会議の—をさぐる」 **—入れ** キ名 自転車や自動車のタイヤ、ボールなどに空気を入れる道具。 **—感染** カ名 空気中に飛び散った病原菌が体内に入り込んで感染すること。空気伝染。↔接触感染。 **—銃** 0/キ名 ➡エアガン。 **—制動機** ド名 圧縮空気の力により車などをとめる機械。エアブレーキ。 **—調節** チョ名 室内の空気の温度や湿度を、いちばんいい状態に保つように調節すること。空調。エアコンディショニング。 **—伝染** デ名 自サ 空気感染。 **—枕** マ名 中に空気を入れ、ふくらませて使うまくら。

くう‐きょ ク【空虚】名 形動 ❶むなしいこと。「—な思い」❷内容がとぼしいこと。からっぽ。「—な話」

ぐう‐きょ グ【×寓居】名〔文章語〕仮のすまい。寓。

くう‐くう 0【空空】と副 たる連体〔文章語〕❶何もないようす。❷ぼんやりしているようす。❸〔仏〕煩悩のないようす。無心なようす。 **—寂寂** 0 と副 たる連体〔文章語〕❶執着のないようす。❷〔仏〕この世のすべてのものは実体がなく、空であるということ。 **—漠漠** 0/ク と副 たる連体 ❶ぼんやりとしてとらえどころがないようす。「—たる宇宙」❷何もなくひろびろとしたようす。「—とした話」

くう‐ぐん 0【空軍】名 航空機を中心として編制する軍

隊。↕陸軍・海軍。

くう-けい ⓪【空×閨】名〔文章語〕相手のいないひとりの寝室。ひとりね。「―を守る」

くう-げき ⓪【空隙】名 すきま。間隙。

くう-けん ⓪【空拳】名〔文章語〕武器・道具や人の助けなど、頼りになるものをなにももたないこと。すで。「徒手―」

くう-げん ⓪【空言】名〔文章語〕❶根拠のないうわさ。虚言。そらごと。「―に惑わされる」❷言うだけで実行のともなわないこと。

ぐう-げん ⓪【×寓言】名〔文章語〕ほかの物事をたとえとして言うことば。たとえ話。

くう-こう ⓪【空港】名 旅客や貨物を運ぶための航空機が発着する施設。飛行場。エアポート。「国際―」

くう-こく ⓪【空谷】名〔文章語〕人のいない谷。さびしい谷。**―の×跫音**(きょうおん)〔「跫音」はあしおと〕ひとりでさびしいとき、思いがけなく人がたずねてきたり、便りがあったりすることのたとえ。

くう-さ ②⓪【空佐】名 航空自衛隊の階級の一つ。空尉の上。一等・二等・三等がある。もとの大佐・中佐・少佐にあたる。↕海佐・陸佐。

くう-さい ⓪【空際】名〔文章語〕空と地面との接した所。天際。

ぐう-さく ⓪【偶作】名〔文章語〕たまたま、できた作品。

くう-さつ ⓪【空撮】名 他サ 空中から撮影すること。

くう-し ②【空士】名 航空自衛隊の階級のいちばん下のもの。空士長と一等・二等の三階級がある。もとの兵にあたる。↕海士・陸士。**―長**(ちょう) シ名 空士の上の階級。

ぐう-じ ②【宮司】名 ❶神社の最高の神職。❷伊勢(いせ)神宮の大宮司・小宮司。

くう-しつ ⓪【空室】名 人が住んでいないへや。また、使っていないへや。あきべや。「―有り」

くう-しゃ ⓪【空車】名 乗客・荷物ののっていない車。あきぐるま。タクシーなどにいう。↕実車。

くう-じゃく ⓪【空寂】と副 たる連体〔文章語〕ひっそりしてさびしいようす。

くう-しゅう ⓪【空襲】名 他サ 爆弾の投下など、戦闘機による空からの攻撃。

くう-しょう ⓪【空将】名 航空自衛隊の階級のいちばん上。↕海将・陸将。**―補**(ほ) ショ名 空将の一つ下の階級。もとの少将。↕海将補・陸将補。

くう-しょう ⓪【空相】名「空軍大臣」または「航空担当大臣」の略。

くう-しん ⓪【空振】名 火山の噴火などによって起こる空気の振動。

ぐう-じん ⓪【偶人】名〔文章語〕でく。人形。

くうしん-さい ③【空心菜】名 ヒルガオ科の多年草。茎は空洞。茎と葉を食用とする。ようさい。

ぐう-すう ③【偶数】名 二で割りきれる整数。↕奇数。

グーズベリ(ー) ②〈gooseberry〉=**グズベリー** 名 ユキノシタ科の落葉低木。西洋すぐり。実はジャムなどにする。

ぐう・する ③【×寓する】シ・セ・サ〈シ〉・スル〈スル〉・スレ・シロ・セヨ〔文章語〕━ 自サ かりずまいする。━ 他サ かこつける。託する。たとえる。「物語に教訓を―」**ぐう・す** 文語サ変

ぐう・する ③【遇する】他サ シ・セ・サ〈シ〉・スル〈スル〉・スレ・シロ・セヨ もてなす。待遇する。**ぐう・す** 文語サ変

ぐう-せい ⓪【偶成】名〔文章語〕偶然にできあがること。また、できた物事。

くう-せき ⓪【空席】名 ❶あいている席。「―待ち」❷職や地位が、欠員になっていること。「今、市長が―になっている」

くう-せつ ⓪【空説】名〔文章語〕よりどころのない説。根拠のない説。

くう-せん ⓪【空船】名〔文章語〕人や貨物をのせていない船。からぶね。

くう-せん ⓪【空戦】名 航空機どうしの戦闘。空中戦。↕海戦・陸戦。

くう-ぜん ⓪【空前】名 今までに例がないこと。「―の大成功」**―絶後**(ぜつご) ⓪‐②名 過去に例がなく、将来にも例がないであろうと思われる、非常にめずらしいこと。「―の大事件」

ぐう-ぜん ⓪【偶然】名 副 形動 思いがけないこと。予想できない状況でたまたまそうなること。「―の発見」「―出会う」↕必然。参考「遇然」と書くのはあやまり。

くう-そ ②【空疎】名 形動 実質がないこと。すきまだらけなこと。「―な理論」

くう-そう ⓪【空曹】名 航空自衛隊の階級の一つ。空士の上。空曹長と一等・二等・三等の四階級がある。もとの下士官にあたる。↕海曹・陸曹。

くう-そう ⓪【空想】名 他サ 現実から遠くはなれたことを、頭の中だけであれこれ想像すること。また、そのような想像。「―にふける」↕現実。

ぐう-ぞう ⓪【偶像】名 ❶木・石・土・金属などでつくった像。❷神仏にかたどり信仰の対象とする像。**―崇拝**(すうはい) ス⓪名 偶像を信仰の対象として、たっとびおがむこと。**―破壊**(はかい) ハ⓪名 ❶キリスト教で、偶像を崇拝する風習を攻撃し、その偶像を破壊したこと。❷人々が崇拝する偶像化されたものを批判し、しりぞけること。

くう-そく-ぜ-しき ク‐ゼ【空即是色】名〔仏〕すべての物の本体は空であるが、その空であることがそのまま実在であるということ。↕色即是空。

ぐう-たら ⓪名 形動〔俗語〕にぶくて、ぐずなこと。なまけること。また、その人。「―な亭主」

くう-だん ⓪【空談】名 ❶むだ話。役に立たない議論。❷よりどころのない話。

くう-ち ⓪【空地】名 ❶あき地。❷空中と地上。

くう-ちゅう ⓪【空中】名 そら。なかぞら。**―滑走**(かっそう) カ名 ➡滑空(かっくう)。**―査察**(ささつ) サ‐名 航空機や人工衛星で他国のようすを上空から写真に撮り、調査すること。**―写真**(しゃしん) シャ名 航空機からうつした写真。**―戦**(せん) ⓪名 空中でおこなわれる航空機どうしの戦闘。空戦。**―電気**(でんき) デ名 空中におこる電気現象。かみなりなど。**―分解**(ぶんかい) ブ名 ❶航空機が飛行中にばらばらにこわれること。❷計画などが途中で立ち消えになること。**―輸送**(ゆそう) ユ名 航空機で人や物をはこぶこと。空輸。**―楼閣**(ろうかく) ロ名〔空中にある高い建物の意〕❶土台のない架空の物事。空想。❷しんきろう。

くう-ちょう ⓪【空調】名「空気調節」の略。

くう-てい ⓪【空×挺】名 地上部隊が空中輸送で敵地へ進むこと。空中挺進。**―作戦**(さくせん) サ名 武器や地上部隊を輸送機で運び、敵の重要地点を占領する機動的な作戦。**―部隊**(ぶたい) ブ名 飛行機で運ばれて敵地に侵攻する部隊。

ぐうてい-るい テ【偶×蹄類】名 哺乳(ほにゅう)類のうち、足のひづめが二つまたは、四つに割れて見える動物。牛・羊・豚など。↕奇蹄類。

クーデター テ〈ﾌ coup d'État〉名 武力によって政権をうばい取ること。参考 支配階級内部での権力移動を指し、体制そのものをかえる「革命」とは区別する。

くう-てん ⓪【空転】名 自サ ❶車輪が接触すべき面にふれないこと。からまわり。❷予定されていたことが実行されないこと。「国会はきょうも―した」

くう-でん ⓪【空電】名 雑音を生じ、受信をさまたげる空中の放電。

くう-どう ⓪【空洞】名 ❶うつろ。ほらあな。❷体内の組織の一部分が破壊されて生じた空所。「結核性―」

くう-とりひき 下【空取引】名 相場で、空株(くうかぶ)によっておこなう取引。空相場。から取引。

クーニャン ク[中×姑▲娘] 名 若い女性。むすめ。少女。

ぐうの音(ね)も出(で)ない 一言もいいわけができない。

くう-はく ⓪【空白】名 形動 ❶紙などの何も書いてない部分。❷価値や意味ある内容がないこと。「頭の中が―だ」「―期間」

くう-ばく ⓪【空爆】名 他サ 航空機による爆撃。

くう-ばく ⓪【空漠】と副 たる連体 ❶何もなくひろびろとしたようす。「―たる宇宙」❷とりとめのないようす。要領をえないようす。「―とした話」

ぐう-はつ ⓪【偶発】名 自サ たまたまおこること。偶然におこること。「―的な出来事」

くう-ひ ⓪ク【空費】名 他サ むなしくつかいやすこと。むだづかい。「いたずらに時間を―する」

くう-びん ⓪【空便】名「航空便」の略。

くう-ふく ⓪【空腹】名 はらがへること。すきばら。「―を満たす」↕満腹。

くう-ぶん ⓪【空文】名〔文章語〕現実の役にたたない文章・条文。「―化」

クーペ ク〈フ coupé〉名 (箱馬車の意)二枚ドアで、本来二座席の乗用車。後部に荷物入れがある。

くう-ぼ ク【空母】名「航空母艦」の略。

くう-ほう ⓪【空包】名 実弾のかわりに使う、発射音だけ出るしかけの銃弾。↕実包。

くう-ほう ⓪【空砲】名 実弾をこめていない銃や砲。また、そのような銃砲をうつこと。

クーポン ク〈フ coupon〉名 ❶切りとって使う券。❷乗車券・宿泊券などが一つづりになっている旅行切符。

くう-めい ⓪【空名】名〔文章語〕実力のそぐわない高い名声。虚名。

ぐう-もく ⓪[×寓目] 名 自サ〔文章語〕目をつけること。着目。

くうや-ねんぶつ ネ【空×也念仏】名 平安時代中期の空也上人がはじめたと伝えられる念仏。ひょうたん・かね・はちをたたきながら、ふしおもしろく念仏をとなえ、歓喜の情を表して踊りあるいたもの。念仏踊り。はちたたき。(冬)

くう-ゆ ⓪【空輸】名 他サ「空中輸送」の略。

ぐう-ゆう ⓪【偶有】名 他サ〔文章語〕たまたまそなえもっていること。

クーラー ク〈cooler〉名 冷房機。「ルーム―」 **―ボックス** ボ〈cooler box〉名 (和製英語)飲食物や、釣った魚を入れる携帯用保冷箱。アイスボックス。

くう-らん ⓪【空欄】名 書物・ノートなどの文字がなにも書かれていない欄。「―を埋める」

くう-り ク【空理】名 実際の役にたたない理論。「―空論」↕実理。

クーリー ク[中▲苦▲力] ＝クリー 名 もと、中国・インドなどの下層労働者。

くう-りく ク[1]【空陸】名 ❶空と陸。❷空軍と陸軍。

クーリング-オフ オ〈cooling-off〉名 通信販売や割賦(かっぷ)販売などで、いったん成立した契約を、一定期間内ならば取り消すことができる制度。

クール ク〈フ cours〉名 ❶放送で、週一回の続き物番組のひとくぎりの単位。一クールは、通常十三週(三か月)。❷スポーツで、野球の練習期間などのひとくぎり。

クール ク〈cool〉形動 ダロ・ダッ・デ・ニ ダ・ナ・ナラ・〇 ❶冷たいようす。涼しいようす。❷感情的にならず、常に冷静な態度を失わないようす。「―な表情」↕ホット。❸かっこいいようす。「―なファッション」 **―ダウン** ダ〈cool down〉名 他サ ❶気持ちをしずめること。❷激しい運動を行ったあと、心身を平静にもどすために行う軽い運動。クーリングダウン。 **―ビズ** ビ〈cool biz〉名 (和製英語)エネルギー節約のための、夏の勤務スタイル。上着やネクタイを着用しないことなどにより、冷房温度を高めに設定する。

くう-れい ⓪【空冷】名 空気を利用してひやすこと。「―エンジン」↕水冷。

くう-ろ ク【空路】名 ❶航空機の飛んでいく経路。❷航空機にのっていくこと。「―フランスにむかう」↕水路・海路・陸路。

くう-ろん ⓪【空論】名 実際の役にたたない議論。よりどころのない議論。「机上の―」

クーロン ク〈coulomb〉名 電気量の単位。一クーロンは、一アンペアの電流が一秒間に流れる電気量。記号は「C」。

ぐう-わ ⓪[×寓話] 名 教訓や風刺をもりこんだたとえばなし。「イソップの―」

ぐ-えい ⓪【愚詠】名〔文章語〕へたな詩や歌。自作の詩や歌をいう謙譲語。手紙に使う。

クエーカー エ〈Quaker〉名 一七世紀ごろおこったキリスト教の一派。戦争に反対し、形式的な儀礼を排し、謹厳質素な生活をする。

クエーサー エ〈quasar〉名 銀河の中心にある狭い領域が、明るく輝いている天体。地球から非常に離れたところにあり、中心部には巨大なブラックホールがあると考えられている。準星。

く-えき ク【苦役】名 ❶くるしい労働。❷懲役のこと。「―に服する」

クエスチョン-マーク マ〈question mark〉名 疑問符。「?」であらわす。インタロゲーションマーク。

くえ-ない 【食えない】(くへ) 連語 ❶たべられない。❷生活できない。❸ずるがしこくて油断できない。「―男だ」

く・える エ【食える】(くへる) 自下一 エ・エ・エル・エル・エレ・* ❶たべられる。❷生活できる。❸たべる値うちがある。「値段のわりには―ね」

くえん【久遠】「くおん」のあやまり。

くえん-さん ⓪[×枸×櫞酸] 名 かんきつ類の果実に多く含まれる有機酸。清涼飲料水などに利用される。

クオ(ク)(クォ)ーター オ〈quarter〉名 ❶四分の一。❷バスケットボール、アメリカンフットボールなどで、規定試合時間を四つに分けた一つ。

クオ(ク)(クォ)ータリー オ〈quarterly〉名 年四回発行の定期刊行物。季刊雑誌。季刊。

クオ(ク)(クォ)ーツ オ〈quartz〉名 ❶石英。水晶。❷水晶発振式時計。水晶時計。

クオ(ク)(クォ)ーテーション-マーク マ〈quotation mark〉＝コーテーションマーク 名 引用符号。“ ”や‘ ’など。

クオリア オ〈qualia〉名 経験にもとづく感覚的、主観的な独特の質感。物体の性質とは異なる。「冬の朝の空気が透きとおった感じ」など。感覚質。

クオリティー オ〈quality〉名 品質。水準。「高い―を誇る」

く-おん ⓪【久遠】名〔文章語〕❶とおい昔。❷永久。「―に輝く」

く-か ク【句歌】名 俳句と短歌。

くが[▲陸] 名〔古語〕りく。おか。陸地。

く-かい [0]【区会】名 区議会。区の議決機関。

く-かい [0]【句会】名 俳句をつくる集まり。↕歌会。

く-かい [0]【苦海】名〔仏〕くるしみの多い人間社会を海にたとえたことば。苦界。

く-がい [0]【苦界】名 ❶〔仏〕くるしみのたえない人間の世界。苦海。❷遊女の身の上。「—に身を落とす」

く-かく [0]【区画】【区×劃】名 他サ くぎること。しきること。しきり。境界。「—整理」

く-がく [ク]【苦学】名 自サ はたらいて学資をつくりながら勉学すること。「—力行」

くか-たち【▲探湯・▲誓湯・▲盟▲神▲探▲湯】名〔古語〕上代の裁判で、神にちかって熱湯に手を入れさせ、ただれたものを邪、ただれないものを正としたこと。くがたち。「盟神探湯、此れを区訶陀智と云ふ」〈書紀〉

く-かつよう [カ]【ク活用】名 文語の形容詞活用の一つ。「く・く・し・き・けれ」と語尾が変化するもの。「よし・赤し」などの活用。↕シク活用。⇩(付)語の活用

く-がら [0]【句柄】名 連歌や俳諧などの句のできばえ。

く-かん [カ/ク]【区間】名 くぎった間。二地点の間。「—が長い」「不通—」

く-かん [0]【×軀幹】名〔文章語〕からだつき。また、胴体。

ぐ-がん [0]【具眼】名〔文章語〕ことの真偽・是非などを見ぬく力をもっていること。「—の士」

ぐかんしょう《愚管抄》鎌倉時代前期の史論。慈円の作。神武天皇から承久年間までの歴史とその底にある「道理」を述べたもの。

くき [キ]【茎】名 植物体の中心となる細長いくだ状の部分。根や枝・葉を生じ、養分の通路となる。地上茎と地下茎とがある。

くぎ [0]【×釘】名 一端をとがらせた金属や木などの細い棒。物と物とをつなぎかためるために打ちつけるもの。**—を刺す** ❶くぎを打ちつける。❷あとで言いのがれなどできないように相手に念をおす。

く-ぎ [ク]【区議】名 東京都の、特別区における議決機関の議員。区議会議員。

くぎ-かくし [カ]【くぎ隠し】【×釘隠し】名 人の目につく所に打ったくぎの頭をかくすためのかざり。

くぎ-づけ [0]【くぎ付け】【×釘付】名 ❶くぎを打ちつけ、物を固定させること。❷動きのとれないようにすること。「その一言が相手を—にした」

くぎ-に [0]【くぎ煮】【×釘煮】名（折れたくぎに似ているところから）いかなご(こうなご)の幼魚のつくだ煮。

くぎ-ぬき [ヌ]【くぎ抜き】【×釘抜き】名 打ちこんだくぎを、はさんで抜くための道具。

く-ぎょ [ク]【供御】名 ➡くご。

ぐ-きょ [ク]【愚挙】名 おろかなおこない。ばかげたくわだて。

く-きょう [0]【苦境】名 くるしい境遇や立場。「—に立つ」

く-ぎょう [ク]【▲公×卿】名 大臣・大納言・中納言・参議および三位以上の貴族。上達部。くげ。卿相。

く-ぎょう [0]【苦行】名 自サ ❶肉体をくるしめ欲望をおさえる、宗教上の修行。「—僧」❷つらい仕事。「難行—」

く-ぎり [リ]【区切り・句切り】名 ❶物ごとの段落・さかいめ。「仕事の—をつける」❷文章中の切れめ。**—符号** [フ] 名 文章中のことばの切れめを示す符号。⇩(付)区切り符号の使い方

く-ぎ・る [ギ]【区切る・句切る】他五 ラ・ロ—リ・ッ—ル—ル—レ—レ くぎりをつける。段落をつける。けじめをつける。**くぎれる** 自下一［…できる］

く-ぎん [0]【苦吟】名 他サ 苦心して詩や歌などをつくること。

く-く [ク1]【九九】名 一から九までの数のかけあわせの表。また、その数えかた。

く-く [ク1]【区区】と副 たる連体 ❶まちまち。べつべつ。❷小さくて、取るにたりないようす。「—たる問題」

くぐつ【×傀×儡】名〔古語〕❶あやつり人形。また、それをあやつる人。かいらい。新年 ❷遊女。

くぐま・る [マ]【×跼る】自五 ラ・ロ—リ・ッ—ル—ル—レ—レ 腰をまげ、からだをちぢめる。かがむ。こごむ。

くく・む【×銜む】❶ [ク2] 他五 マ・モ—ミ・ン—ム—ム—メ—メ ❶口に入れてのみこまずにいる。ふくむ。❷恨みに思い、忘れずにいる。❷ 他四〔古語〕つつむ。くるむ。

くく・める [メ]【×銜める】他下一 メ—メ—メル—メル—メレ—メロ・メヨ ❶口にふくませる。❷納得させる。言いきかせる。「本意を—」**くく・む** 文語下二

くぐも・る [モ] 自五 ラ・ロ—リ・ッ—ル—ル—レ—レ 声がこもってはっきりしない。

くくり [0]【▲括り】名 ❶くくること。くくったもの。❷まとまり。しめくくり。「—をつける」

くぐり [リ]【▲潜り】名 ❶くぐること。❷くぐり戸。

くくり-ぞめ [0]【くくり染め】【▲括り染め】名 しぼりぞめ。

くくりつ・ける [ケ]【くくり付ける】【▲括り付ける】他下一 ケ—ケ—ケル—ケル—ケレ—ケロ・ケヨ ひもなどで、しばって取りつける。「馬に荷を—」**くくりつ・く** 文語下二

くぐり-ど [リ]【くぐり戸】【▲潜り戸】名 くぐって出入りするような小さな戸口。

くぐりぬ・ける [ケ]【くぐり抜ける】【▲潜り抜ける】他下一 ケ—ケ—ケル—ケル—ケレ—ケロ・ケヨ ❶身をかがめて狭いところをとおり、反対側に出る。❷危険や困難をうまく切りぬける。「戦火を—」

くくり-まくら [マ]【くくり枕】【▲括り枕】名 両はしをくくって、中にそばがらなどを入れたまくら。

くく・る [0]【▲括る】他五 ラ・ロ—リ・ッ—ル—ル—レ—レ ❶一つにたばねる。しめてむすぶ。「十本ずつ—」❷しばる。「罪人を—」❸しぼりぞめにする。❹しめる。「首を—」❺まとめる。しめくくる。「以上の話を—と…」**くくれる** 自下一［…できる］

くぐ・る [グ]【▲潜る】自五 ラ・ロ—リ・ッ—ル—ル—レ—レ ❶身をかがめて物の下を通る。「にじり口を—」❷上にわたされている物の下を通る。「ガードを—」❸水にもぐる。潜水する。❹ゆだんやすきにつけこんでする。「法律の網を—」**くぐれる** 自下一［…できる］

く-げ [0]【▲公家】名 ❶朝廷。おおやけ。❷天皇。❸殿上人の家。

く-げ [0]【▲公×卿】名 ➡くぎょう。

く-げ [ク]【供華】【供▲花】名 仏や死者に花をそなえること。また、その花。きょうか。

く-けい [0]【×矩形】名 長方形。

ぐ-けい [0]【愚兄】名 ❶おろかな兄。↕賢兄・愚弟。❷自分の兄をかしこまって言う語。おもに手紙に使う。

ぐ-けい [0]【愚計】名 ❶おろかなはかりごと。❷〔文章語〕自分の計画をかしこまっていう語。おもに手紙に使う。

くけ-だい [0]【くけ台】【×絎台】名 裁縫で、くけるとき、布の一方のはしを固定して、たるまないようにする台。

くけ台

く-けつ [0]【口×訣】名〔文章語〕文書によらず、直接にことばで伝える奥義。

口伝(でん)。

くけ‐ぬい［0］【くけ縫い】【×絎縫】(ぬひ)［名］くけることを手段とする縫い方。耳ぐけ・三つ折りぐけ・まつりぐけなど。

く・ける［0］【×絎ける】［他下一］(ケ・ケ・ケル・ケル・ケレ・ケロ/ケヨ) 縫い目が表がわに目立って出ないように布の中に糸を通して縫いつける。

く‐げん［0］【苦言】［名］聞くのはつらいが、ためになることば。「―を呈する」⇔甘言。

く‐げん［ク］【苦▲患】［名］〔仏〕くるしみとなやみ。

ぐ‐けん［0］【愚見】［名］❶おろかな意見。❷〔文章語〕自分の意見をかしこまっていう語。おもに手紙に使う。「―を述べる」⇨考え［参考］。

ぐ‐げん［0］【具現】［名］［他サ］実際にあらわすこと。「理想を―する」

く‐こ［ク］/［コ］【×枸×杞】［名］ナス科の落葉小低木。果実は赤く卵形で薬用・食用となり、若葉は食用・薬用。(春)

く‐ご［ク］【供御】［名］〔古語〕❶天皇・皇后・皇子が食べるもの。くぎょ。❷武家時代、将軍の食べ物。❸〔女房ことばから〕飯。ごはん。

ぐ‐こう［0］【愚行】［名］〔文章語〕おろかな行い。「―を重ねる」

ぐ‐こう［0］【愚考】［名］［自サ］❶おろかな考え。❷〔文章語〕自分の考えをかしこまっていう語。おもに手紙に使う。⇨考え［参考］。

く‐ごころ［ゴ］【句心】［名］❶俳句をつくりたいと思う気持ち。「―がうごく」❷俳句を理解し味わうことができる心。「―がある」

く‐こん［0］【九献】❶［名］〔文章語〕三三九度のこと。❷〔古語〕(女房ことば)酒のこと。

くさ［サ］【草】［名］❶植物のうち、地上に生えている部分が堅くないものの総称。⇔木。❷役に立たない雑草。「庭の―取り」❸屋根をふく、わらやちがや。「―ぶき屋根」 **―の×庵(いお)**〔古語〕草ぶきのそまつな家。わびずまい。草庵(そうあん)。 **―の枕(まくら)**〔古語〕(草をまくらとして)旅さきで寝ること。くさまくら。「草の枕に数多度(あまたたび)寝ぬ」〈古今〉

くさ［サ］【×瘡】［名］ひふ病の総称。できもの。湿疹(しっしん)。かさ。

ぐさ【種】［造］ものごとのおこるたね。「お笑い―」

くさ・い［サ］【臭い】㊀［形］(カロ・カッ・ク・イ・イ・ケレ・〇) ❶いやなにおいがする。❷あやしい。変だ。「あいつの行動が―」❸大げさでわざとらしい。「―芝居(しばい)」㊁［接尾］(形容詞をつくる)❶…のいやなにおいがする。「かび―」❷それらしい感じがする。「素人(しろうと)―芸」❸望ましくない意味を強めるのに添える。「けち―」「めんどう―」 **臭がる**［自五］ **臭さ**［名］ **くさ・し**［文語ク］ **―飯(めし)を食(く)う** 警察署に留置される。刑務所に入れられる。 **―物(もの)に蓋(ふた)をする** 悪事・失敗などを人に知られないように一時のがれにかくす。

ぐ‐さい［0］【愚妻】［名］❶おろかな妻。❷自分の妻をかしこまってよぶ語。おもに手紙に使う。⇨つま(妻)［参考］。

ぐ‐ざい［0］【具材】［名］料理の具に使う食材。たね。「寄せ鍋の―」

くさ‐いきれ［イ］【草いきれ】【草▲熱れ】［名］夏、しげった草原などの、むっとする熱気。(夏)「むせるような―」

くさ‐いち［サ］【草市】［名］うら盆に仏前にそなえる草花などを売る市。(秋)

くさいりずいしょう［ズ］【草入(り)水晶】［名］他の針状結晶の鉱物がまざって、草のはいったようにみえる水晶。

くさ‐いろ［0］【草色】［名］青みがかった緑色。

くさ‐かげろう［ゲ］【草×蜻×蛉】(かげろふ)［名］クサカゲロウ科の昆虫。体長約一(センチメートル)で緑色。羽は透明で美しい。卵はうどんげと呼ばれる。(夏)

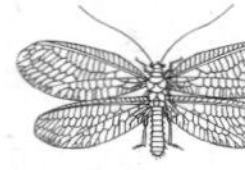

くさかげろう

くさ‐がめ［0］【草亀・臭亀】［名］かめの一種。いしがめに似ている。くびの側面に黄色のはん点がある。

くさ‐がめ［0］【×椿▲象】［名］かめむしの別名。ふつう緑色のものをいう。さわると悪臭を出す。

くさ‐かり［カ］/［0］【草刈り】［名］草を刈ること。また、その人。(夏) **―場(ば)**［0］［名］❶肥料や飼料にする草を刈りとる場所。多く、農民が共同で利用した。❷(❶から転じて)多くの人々が利益をうばいあう場。また、自派の勢力に加えたい人びとの集まり。

くさ‐かんむり［カ］【草冠】［名］漢字の部首の一つ。「花」「茂」などの「艹」。そうこう。

くさ‐き［サ］【草木】［名］草と木。植物。そうもく。 **―染(ぞ)め**［0］［名］植物の皮や根などの天然の色素を使って染めること。また、その方法で染めたもの。 **―も×靡(なび)く** たいそう勢いがさかんで、みなが従うようす。 **―も眠(ねむ)る** 夜がふけてたいそう静かなようす。

くさ‐ぎ・る【×耘る】［自四］〔古語〕田畑の雑草をとりのぞく。

く‐さく［0］【句作】［名］［自サ］俳句をつくること。

ぐ‐さく［0］【愚作】［名］❶つまらない作品。❷自分の作品をかしこまっていう語。おもに手紙に使う。「―ですがご笑覧ください」

ぐ‐さく［0］【愚策】［名］❶おろかなはかりごと。つまらない計画。❷自分の計画をかしこまっていう語。おもに手紙に使う。

くさ‐くさ［サ］［副］［自サ］物事がつまらなくて、気分が重くなるようす。「気が―する」

くさ‐ぐさ［サ］【▲種▲種】［名］品数・種類の多いこと。さまざま。

くさ‐けいば［ケ］【草競馬】［名］農村などでおこなわれる競馬。

くさ・す［サ］/［0］【腐す】［他五］(サ・ソ・シ・ス・ス・セ・セ) けなす。わるく言う。「人を―」

くさ‐ずもう［ズ］【草相撲】(ずまふ)［名］祭礼などで行う、しろうと相撲。(秋)

くさ‐ずり［0］【草ずり】【草×摺】［名］よろいの胴の下にたらして、腰から下をおおうもの。

くさ‐ぞうし［ゾ］【草双紙】［名］江戸時代中期から後期に流行した通俗的な絵入り読み物。絵草紙(えぞうし)。

くさ‐たけ［サ］【草丈】［名］いねなどの、作物の伸びた高さ。

くさ‐だんご［ダ］【草団子】［名］しん粉によもぎをつきまぜてつくった団子。(春)

ぐ‐さつ［0］【愚札】［名］〔文章語〕自分の手紙をへりくだっていう語。手紙に使う。［参考］自分の手紙をいう語に「愚書・拙書・寸楮(すんちょ)・寸簡・寸書」などがある。

腐(くさ)っても×鯛(たい) もともとよいものは、ふるくなったり、いたんだりしても、それなりの値うちはあるというたとえ。

くさ‐とり［ト］【草取り】［名］庭や田畑に生えている雑草を取り除くこと。除草。(夏)

くさの‐しんぺい《草野心平》一九〇三‐八八。詩人。独特なユーモアを含んだ生命感あふれる詩が多い。詩集に「第百階級」「蛙(かえる)」「天」など。

くさ‐の‐ね［ネ］【草の根】［名］❶草の根っこ。❷〔grass roots の訳語〕社会を構成しているひとりひとりの人間。庶民。「―民主主義」「―運動」 **―を分(わ)けて捜(さが)す** 犯人などを、あらゆる方法で、さがしもとめる。

くさ‐ば［0］【草葉】［名］草の葉。 **―の陰(かげ)**(草の葉の下)墓の下。死んでから行く世。あの世。「―から見守る」

くさ‐ばな［サ］【草花】［名］❶花の咲く草。「―を植える」❷草に咲く花。(秋)「―をかざる」

くさ‐はら［0］【草原】［名］草のはえたひろい野。くさわら。

くさび⓪【×楔】名 ❶金属か木材でV字形につくり、物を割り広げたり重い物をおしあげたりするのに用いるもの。❷車の心棒のはしにつけ、輪のはずれるのを防ぐもの。❸二つの物や事の間にあって、つなぎとなるもの。「東西両文明の―となる日本文化」 **―を打(う)ち込(こ)む** 敵陣に攻め込んで、その勢力を二分する。

くさびがたもじ㋲【くさび形文字】【×楔形文字】名 紀元前三〇〇〇年ごろから約三千年間、アッシリア・バビロニアを中心とした地方に使用された、くさびのような形をした文字。けっけいもじ。せっけいもじ。

くさび形文字

くさひばり㋪【草×雲▲雀】名 クサヒバリ科の昆虫。黄緑色で長い触角をもち、初秋に鳴く。㊎

くさぶえ⓪【草笛】名 草の葉を巻いてつくった笛。㊍

くさぶか・い㋕【草深い】形 カロ―カッ・ク―イ―イ―ケレ―○ ❶草が深くおいしげっている。❷いかにもいなからしい。ひなびている。「―いなか」 **草深さ**名 **くさぶか・し** 文語ク

くさぶき⓪【草ぶき】【草×葺】名 屋根を、かや・わらなどでふくこと。また、その屋根。「―の家」

くさまくら【草枕】■㋮名〔文章語〕草をまくらとして寝ること。たび。たびね。■枕「たび」「むすぶ」「かり」などにかかる。「家にあれば笥(け)に盛る飯を―旅にしあれば椎(しい)の葉に盛る」〈万葉〉

くさまくら《草枕》夏目漱石(なつめそうせき)の短編小説。一九〇六年発表。青年画家の目を通して非人情の世界をえがいた作品。

くさみ㋯【臭み】名 ❶くさいにおい。❷きどった、いやなくせ。「―のない人間」

くさむしり㋰【草むしり】【草×毟り】名 雑草を引き抜いてとること。草とり。除草。㊍

くさむ・す【草▲生す】自四〔古語〕草がはえる。「山行かば、草生す屍(かばね)」〈万葉〉

くさむら⓪【草むら】【×叢】名 草のたくさんしげった所。

くさめ㋚【×嚔】名 くしゃみ。㊌

くさもち㋚【草餅】名 ゆでたよもぎをつきまぜてつくったもち。㊋

くさもみじ㋲【草紅葉(もみぢ)】名 秋に野山の草がもみじすること。また、もみじした草。㊎

くさや⓪名 むろあじの開きを、魚の内臓などを塩づけにした汁に何度もつけて干したもの。独特のくさいにおいがある。

くさや⓪【草屋】名 ❶くさぶきの家。❷まぐさをたくわえる小屋。

くさやきゅう㋳【草野球】名 原っぱなどでやるしろうと野球。

くさやね⓪【草屋根】名 くさぶきの屋根。わら屋根。

くさやぶ⓪【草やぶ】【草×藪】名 雑草のたくさんしげった所。

くさら・す㋶【腐らす】他五 サ・ソ―シ―ス―ス―セ―セ ➡くさらせる。

くさら・せる㋝【腐らせる】他下一 セ―セ―セル―セル―セレ―セロ・セヨ くさった状態にする。くさらす。「うっかり魚を―」「わらを腐らせて堆肥にする」

くさり 接尾 段落。くぎり。「じまん話をひと―やる」

くさり⓪㋷【鎖】名 ❶金属製のわをつなぎあわせて、ひも状にしたもの。❷物事をつなぎあわせているもの。「因果の―」

くさりかたびら㋕【鎖かたびら】【鎖×帷▲子】名 細い鎖をつづってじゅばんのようにし、よろいの下に着たもの。

くさりがま㋷/㋕【鎖鎌】名 武器の一種で、柄(え)のはしに鉄の玉のついた長い鎖をつけたかま。

くさりがま

ぐさりと㋚副 勢いよく突きさすようす。ぐさっと。

くさ・る㋚【腐る】自五 ラ・ロ―リ・ッ―ル―ル―レ―レ ❶食物などがいたんでわるくなる。「魚が―」❷動植物の組織がくずれる。「死体が―」❸金属がさびてぼろぼろになる。木や石などがくちる。「土台が―」❹精神が堕落する。「根性の腐った人」❺がっかりし、不愉快になる。「けなされて―」❻〔動詞の連用形について〕人の行為をののしって言うのに用いる。…しやがる。「なまいきなことを言い―」 **腐り**名

くされ【腐れ】■㋹名 くさること。また、くさったもの。「―が出る」「根―」■接頭 このましくない。けいべつすべき。「―金(がね)」「―儒者」

くされえん⓪/㋹【腐れ縁】名 離れようとしても離れられない悪い縁。また、そのような関係。

くさ・れる㋹【腐れる】自下一 レ―レ―レル―レル―レレ―レロ・レヨ くさる。**腐れ**名

くさわけ⓪【草分(け)】名 ❶はじめて土地をひらいたこと・人。「この村の―」❷事をはじめておこしたこと・人。創始(者)。「日本野球界の―」

くさわら⓪【草原(はら)】名 ➡くさはら。

くし㋛【串】名 竹・金属でつくり、先をとがらした細長い棒。「―に刺す」

くし㋛【×櫛】名 髪の毛をすいたり、ととのえたりするもの。**―の歯(は)が欠(か)けるように** そろって並んでいるはずのものが、ところどころ欠けていることのたとえ。「―退席者が続く」 **―の歯(は)を引(ひ)く** 物事が絶え間なくおこるようすをいう。

くし㋗【駆使】名 他サ 思うままにつかいこなすこと。「コンピューターを―する」

く・し【▲奇し】形シク〔古語〕ふしぎだ。くすし。参考 現代語には「くしき」「くしくも」の形で残る。

くじ㋗【×籤】名 文句・記号・番号などを引く人にわからないようにしるしておき、その一つをぬきとらせて吉凶・勝負・当落などをきめるもの。「―を引く」

くじ㋗【九字】名 仏教などで、護身の秘法として用いる「臨兵闘者皆陣列在前」の九文字。これをとなえ、空中に指で九本の線をえがくと、災難がさけられるといわれた。**―を切る** 九字のまじないをする。

くじ【▲公事】名〔古語〕❶おおやけの仕事。❷朝廷でおこなわれた政務や儀式。「くじどもしげく、春の急ぎ(新年ノ準備)にとり重ねて催し行はるるさまぞいみじきや」〈徒然〉❸訴訟。うったえ。

くしあげ⓪【串揚(げ)】名 ひと口大の具材を串に刺して、油であげた料理。

くじうん⓪【くじ運】【×籤運】名 くじがあたるかあたらないかの運。「―が強い」

くしがき㋛【串柿】名 しぶがきの皮をむき、くしにさして干したもの。㊎

くしがた⓪【くし形】【×櫛形】名 くしの形。上部だけをまるくした形。半月形。「―の窓」

くしカツ⓪【串カツ】名 一口大に切ったぶた肉とねぎとを交互に竹ぐしにさし、パン粉をまぶして揚げたもの。

くしき㋗【▲奇しき】連体〔文章語〕ふしぎな。「―因縁」

くじ・く㋛【▲挫く】他五 カ・コ―キ・イ―ク―ク―ケ―ケ ❶骨のつなぎめやすじなどを、むりな曲げ方でいためる。ねんざする。「足首を―」❷勢いをよわらせる。「相手の出はなを―」

くしく-も ク1【▲奇しくも】副〔文章語〕めずらしくも。ふしぎにも。「—十年目にめぐり合った」

くし-げ【×櫛×笥】名〔古語〕くしなどを入れるはこ。

くし-けず・る ズ【×梳る】(けづる) 他五 (ラ・ロ・リ・ッ／ル・ル・レ・レ) くしで髪の毛をとかしてととのえる。すく。

くじ・ける ケ【▲挫ける】自下一 (ケ・ケ・ケル・ケル・ケレ・ケロ・ケヨ) ❶関節がきずつく。「足首が—」❷勢いがよわる。「意志が—」**くじ・く** 文語下二

くし-ざし 0【串刺(し)】名 ❶くしに刺しとおすこと。また、刺しとおしたもの。❷やりなどで、からだを刺しとおすこと。

ぐし-ぬい 0【ぐし縫い】(ぬひ) 名 手縫いの基礎となる縫い方で、表と裏の針目をそろえるようにこまかく縫うこと。

くじ-のがれ ノ【くじ逃れ】【×籤逃れ】名 くじによって役目などをのがれること。特に、もと、徴兵制度でくじびきで入隊をまぬがれたこと。

くじ-びき 0【くじ引き】【×籤引】名 くじを引くこと。「—で決める」

くし-まき 0【くし巻き】【×櫛巻】名 髪をくしに巻きつけてゆう女の髪の形。

くし-め メ【くし目】【×櫛目】名 くしでととのえたあとの髪のすじ。「きれいな—」

ぐ-しゃ グ【愚者】名〔文章語〕おろかな人。愚人。↕賢者。

くし-やき 0【串焼(き)】名 竹や金属のくしに肉や魚を刺して焼いた料理。

くじゃく 0【▲孔×雀】名 キジ科の大形の鳥。雄の尾羽には青緑色の美しいはん点がある。アジアの熱帯の産。**—石**(いし) ク2 名 銅の酸化物。美しい緑色で、かざり用。マラカイト。

くしゃ-くしゃ [一] 0 形動 (ダロ・ダッ・デ・ニ／ダ・ナ・ナラ・○) ❶紙・布などがしわだらけになっているようす。❷整わず乱れているようす。「髪が—になる」[二] ク1 (と)副 自サ ❶気分がすっきりしないようす。「気が—する」❷音をたててものをかむようす。

ぐしゃ-ぐしゃ 0 形動 (ダロ・ダッ・デ・ニ／ダ・ナ・ナラ・○) ❶水けをふくんでやわらかくなっているようす。「雪どけで—の道」❷つぶれてひどく形がくずれているようす。「墜落機は—だった」

ぐじゃ-ぐじゃ [一] 0 形動 水分が多くて形がくずれているようす。「雨上がりの—な道」[二] ク1 (と)副 くどくどと文句を言うようす。

くしゃく-にけん 三【九尺二間】名 (間口が九尺、奥行が二間)せまい家のたとえ。「—の裏長屋」

くじゃく-ぶね《孔雀船》伊良子清白(いらこせいはく)の詩集。一九〇六年刊行。自作の詩一八編を自選した詩集。

ぐしゃっ-と シャ 副 押しつけられたり、たたきつけられたりして、柔らかなものがつぶれるようす。

くしゃみ シャ【×嚔】名 鼻の粘膜の神経が刺激されて、急につよく息の出る反射運動。くさめ。㊅冬

くじゅ ク【口授】名 他サ 口で言ってさずけること。口伝(くでん)。こうじゅ。

くしゅう 0【句集】名 連句・俳句をあつめた本。

くじゅう 0【苦汁】名 にがいしる。**—を×嘗(な)める** にがい経験をする。

くじゅう 0【苦渋】名〔文章語〕(にがくてしぶいこと)くるしみなやむこと。「—の色」

くじゅう-めつ-どう ク【苦集滅道】名〔仏〕苦は人生の苦、集はその苦の原因の煩悩(ぼんのう)の集まり、滅は苦・集からぬけでたさとりの境地、道はさとりにいたるための修行。まよいとさとりの因果を説明する仏教の根本思想。四諦(したい)。

くじょ ク【駆除】名 他サ とりのぞくこと。「害虫を—する」

ぐしょ グ【愚書】名 ❶くだらない本。❷〔文章語〕自分の著書・手紙をかしこまって言う語。⇩愚札 参考

くしょう 0【苦笑】名 自サ にがわらい。「—をもらす」

くじょう 0【苦情】名 不平や不満。「—を聞き入れる」

ぐしょう 0【具象】名 実体をそなえていること。具体。↕抽象。**—的**(てき) 0 形動 (ダロ・ダッ・デ・ニ／ダ・ナ・ナラ・○) 具体的。↕抽象的。

ぐしょ-ぐしょ 0 形動 ひどくぬれるようす。「涙で顔が—になる」⇩ぐっしょり 参考

ぐしょ-ぬれ 0【ぐしょ×濡れ】名 衣服などが水を吸ってひどくぬれること。「雨に降られて—になる」⇩ぐっしょり 参考

くじら 0【鯨】(くぢら) 名 ❶海中にすむ哺乳(ほにゅう)類で、クジラ目のうち、大形の種類の総称。体長四メートル以下のものは、一般にいるかという。鯨油をとり、肉を食用にしたほか、ひげ・骨・皮なども活用した。近年は、国際条約で保護されている。㊅冬 ❷くじらじゃく。

くじら-ざし 0【鯨差(し)】(くぢら) 名 くじらじゃく。

くじら-じゃく 0【鯨尺】(くぢら) 名 ものさしの一つ。和裁用。一尺は曲尺(かねじゃく)の一尺二寸五分、約三七・九センチメートル。くじらざし。参考 昔、鯨のひげで作ったことから。

くじら-まく ラ【鯨幕】(くぢら) 名 黒と白の布を交互に縫いあわせた幕。凶事用。

くじ・る ジ【×抉る】他五 (ラ・ロ・リ・ッ／ル・ル・レ・レ) ❶えぐる。❷えぐって中の物をとりだす。❸穴の中をかきまわす。

く-しん シ【苦心】名 自サ 心をくるしめ、いろいろくふうすること。「—の作品」「—して作りあげる」**—惨×憺**(さんたん) シ 名 自サ ひどく心をくるしめなやますこと。

くしん 0【苦辛】名 自サ〔文章語〕ひどくくるしむこと。

ぐしん 0【具申】名 他サ 上役に意見などをくわしく申しのべること。「改革案を—する」

ぐじん 0【愚人】名〔文章語〕おろかな人。愚者。↕賢人。

くす ス【×樟・×楠】名 くすのき。

くず ク【×屑】(くづ) 名 ❶切れたりくだけたりして、役に立たないもの。「パン—」❷役にたたない、つまらないもの。「人間の—」

くず ク【葛】名 マメ科の多年生つる草。秋の七草の一つ。根からくず粉をつくり、また、薬用。㊅秋 **—の葉**(は)**の** 枕「うらみ」「うら(心)」などにかかる。

ぐ・す【具す】〔古語〕[一] 自サ ❶そろう。「人ざま、容貌(かたち)など、いとかくしも(コレホドマデニ)具したらむとは」〈源氏〉❷従う。ともに行く。「我に具して唐に渡らんといはば」〈宇治拾遺〉❸つれそう。縁づく。「かの大臣(おとど)に具したまひければ」〈大鏡〉[二] 他サ ❶そろえる。「すずり、紙具して」〈落窪〉❷ともとして連れて行く。従える。「私の従者(ずさ)をば具し候はじ」〈大鏡〉❸そえる。加える。「御衣(おんぞ)ども具して、御供に持たせて」〈源氏〉

ぐず グ【愚図】(づ) 名 形動 (「愚図」は当て字)動作や決断などがのろいこと。また、その人。

くず-あん 0【葛あん】【葛×餡】名 くず粉でつくったあん。水にといたくず粉にしょうゆ・砂糖などを加えて煮たもの。

くず-いと 0【くず糸】【×屑糸】(くづ) 名 くずになった糸。使いのこした糸くず。しけいと。

ぐ-ずう 0【×弘通】名 自サ 仏法が世間にひろまること。

くず-お・れる レ【くずおれる】(くづほれる) 自下一 (レ・レ・レル・レル・レレ・レロ・レヨ) ❶くずれるようにたおれたり、座りこんだりする。❷がっかりして気力がぬける。**くづほ・る** 文語下二

くず-かご ズ【くず籠】【×屑籠】(くづ) 名 紙くずなどを入れるかご。

くず-きり ⓪② 【葛切(り)】 名 くず粉を煮固めて冷やし、細長く切った食べ物。黒みつなどをかけて食べる。㊇夏

クスクス ⓪〈フ couscous〉名 北アフリカ発祥の料理。小麦などの粗びき粉をそぼろ状にして蒸したもの。野菜や肉とともに食べる。

くす-くす 〔ク〕〔と〕副 声をころして、こっそり笑うようす。

ぐず-ぐず 〔グ〕〔ぐづぐづ〕副 自サ ❶てばやくかたづけないようす。決断力がないようす。❷不平らしく、もんくを言うようす。だだをこねるようす。「いつまでも―言っている」

くすぐった-い 〔タ〕【×擽ったい】形 〔カロ|カッ・ク|イ|イ|ケレ|○〕 ❶くすぐられてむずむずする。こそばゆい。❷てれくさい。「あまりほめられて―」 **くすぐった・がる** 自五 **くすぐった・げ** 形動 **くすぐったさ** 名

くすぐり ⓪【×擽り】名 ❶くすぐること。❷演芸などで、人を笑わせようとする動作や話術。「―を入れる」

くすぐ・る ⓪【×擽る】他五 〔ラ・ロ|リ・ッ|ル|ル|レ|レ〕 ❶（わきの下などの）皮膚にふれてむずむずするように感じさせる。❷こっけいなことを言って人を笑わせようとする。「観客を―せりふ」❸追従(ついしょう)を言うなどして、いい気持ちにさせる。「自尊心を―」

くず-こ ③【葛粉】名 くずの根からとったでんぷん。

くず-ざくら 〔ザ〕【葛桜】名 くず粉をねった皮であんをくるみ、桜の葉で包んだ夏の和菓子。㊇夏

くす-し 【▲薬師】名〔古語〕医者。

くす・し 【▲奇し】形シク〔古語〕➡くし。

くずし-がき ⓪【崩し書き】〔くづし〕名 ❶字画を略して書くこと。また、その文字。略字。❷草書、または、行書で書くこと。また、その文字。くずし字。

くずし-じ 〔シ〕【崩し字】〔くづし〕名 くずし書きにした字。「古文書の―」

くず・す 〔ズ〕【崩す】〔くづす〕他五 〔サ・ソ|シ|ス|ス|セ|セ〕 ❶整った形のものをくだきこわす。「山を―」❷字画をはぶいたり、つづけたりする。「字を―」❸整っていたものをみだす。「敵陣を―」❹大きい金額の貨幣を、小さい金額の貨幣に両替する。こまかくする。「一万円札を―」 **崩せる** 自下一〔…できる〕

くす-だま ⓪【くす玉】【▲薬玉】名 ❶いろいろの香料を玉にして錦(にしき)の袋にいれ、造花でかざり、五色の長い糸をたらしたもの。昔、五月五日の節句などに邪気をはらうものとして使った。㊇夏 ❷造花などで❶に似せてつくった飾り。開店祝いや進水式などにかざる。

くす玉❶

ぐず-つ・く ⓪〔ぐづ〕自五 〔カ・コ|キ・イ|ク|ク|ケ|ケ〕 ❶態度・行動などがはっきりしない。ぐずぐずする。❷天候・病状などがはっきりしない。

くず-てつ ⓪【くず鉄】【×屑鉄】〔くづ〕名 ❶鉄の切りくず。❷鉄製品の廃物。スクラップ。

くす・ねる 〔ネ〕他下一 〔ネ|ネ|ネル|ネル|ネレ|ネロ・ネヨ〕 こっそりかすめとる。

くす-のき 〔ス〕【×樟・×楠】名 クスノキ科の常緑高木。関東以西に多く見られる。材質はかたく、香気があり、樟脳(しょうのう)をとる。材は建築・家具用。くす。

くず-ふ 〔ズ〕【葛布】名 くずの茎のせんいで織った布。

くすぶ・る 〔フ〕【×燻る】自五 〔ラ・ロ|リ・ッ|ル|ル|レ|レ〕 ❶火が燃えずにけぶる。ふすぶる。❷すすける。すすで黒くなる。❸家にこもってなすこともなく暮らす。「一日じゅううちでくすぶっている」❹地位・状態が発展せず、停滞している。「平社員でくすぶっている」❺内部で問題が解決しないままでいる。「人事問題が社内に―」 **くすぶり** 名

グズベリー 〔グ〕〈gooseberry〉名 ➡グーズベリ(ー)。

くす・べる 〔ベ〕【×燻べる】他下一 〔ベ|ベ|ベル|ベル|ベレ|ベロ・ベヨ〕 炎を立てずに煙らせる。「蚊やりの草を―」 **くす・ぶ** 文語下二

くず-まんじゅう 〔マ〕【葛まんじゅう】【葛×饅▲頭】名 くず粉を煮てつくった皮であんをくるんだ菓子。㊇夏

くす・む 〔ス〕自五 〔マ・モ|ミ・ン|ム|ム|メ|メ〕 ❶じみな色である。さえない色である。❷めだたない状態である。「くすんだ存在」

くず-もち 〔ズ〕【葛餅】名 ❶くず粉を練って煮て、もちのようにしたもの。きなこ・みつをかけて食べる。㊇夏 ❷くずまんじゅう。

くず-もの 〔ズ〕【くず物】【×屑物】〔くづ〕名 くずになったもの。廃品。

くず-や 〔ズ〕【くず屋】【×屑屋】〔くづ〕名 くず物を売買する職業を言った語。廃品回収業。

くず-ゆ 〔ズ〕【葛湯】名 くず粉に砂糖をまぜ、熱湯を注いでかきまぜた食べ物。㊇冬

くず-ようかん 〔ヨ〕【葛ようかん】【葛羊×羹】名 くず粉とあんとを練ってつくったようかん。

くすり ⓪【薬】名 ❶傷・病気をなおしたり、健康をたもつために、飲み、塗り、または注射するもの。薬剤。薬品。❷うわぐすり。❸火薬。❹心やからだのためになるもの。「失敗がよい―になる」 **―にしたくも無(な)い** 非常に少ないこと。

くすり-くそうばい 〔ソ〕【薬九層倍】名 薬の値段は原価よりはるかに高いこと。また、暴利をむさぼることのたとえ。

くすり-づけ ⓪【薬漬け】名 病人が医師から長いあいだ必要以上に薬を飲まされること。

くすり-と 〔ス〕〔リ〕副 思わず笑いがもれるようす。「こらえきれず―笑う」「無愛想で―も笑わない」

くすり-や ⓪【薬屋】名 薬を売る店。薬店。参考 第二次大戦後までは、荷を背負い、家を回る、行商に近い売り手をも言った。

くすり-ゆ 〔リ〕【薬湯】名 薬剤・薬草を入れたふろ。くすりぶろ。

くすり-ゆび 〔リ〕【薬指】名 親指から四番めの指。無名指。べにさし指。参考 こな薬をまぜるのに使ったことから。

ぐ・する 〔ス〕【具する】〔シ・セ・サ|シ|スル・ス|スル|スレ|シロ・セヨ〕〔文章語〕 ㊀自サ ❶そろう。「すべての条件が具している」❷つれだつ。「兄に具して行く」 ㊁他サ ❶そろえる。そなえる。「書類を具して申請する」❷つれていく。ともなう。「弟を―」 **ぐ・す** 文語サ変

ぐず・る 〔ズ〕〔ぐづる〕自五 〔ラ・ロ|リ・ッ|ル|ル|レ|レ〕 ❶ぐずぐず言う。だだをこねる。❷〔俗語〕言いがかりをつける。

くずれ 【崩れ】〔くづれ〕 ㊀〔レ〕名 くずれること。くずれたもの。参考「愚図る」とも書く。「壁の―」「化粧の―」 ㊁接尾 前の境遇よりおちぶれたり、志の実現しなかったりしたことをあらわす語。「役者―」

くず・れる 〔レ〕【崩れる】〔くづれる〕自下一 〔レ|レ|レル|レル|レレ|レロ・レヨ〕〔まとまっていたものがこわれる〕❶こわれくだける。「がけが―」❷整っていたものがみだれる。「行列が―」❸天気がわるくなる。❹負けてばらばらになる。「敵の本陣が―」❺〔かながき〕小ぜににかえられる。「一万円札が―」❻相場が急にさがる。 **くづ・る** 文語下二

くすん-ごぶ 〔ゴ〕【九寸五分】名 短刀。その長さからいう。

くせ 〔セ〕【▲曲】名 謡曲で曲舞(くせまい)のふしでうたう、一曲のもっともたいせつなところ。

くせ 〔セ〕【癖】名 ❶無意識の習慣になっている動作やことば。「つめをかむ―」❷ふつうとかわった特徴。「―のある文章」❸正常でない状態の固定したもの。「髪の毛の―」 **―になる** ❶好ましくないことを繰り返しておこない習慣になる。❷好んでやめられなくなる。

く-せ ⓪【▲救世】名〔仏〕仏やぼさつが世の苦しみ・なやみ

をすくうこと。ぐせ。ぐぜ。「—観音」

ぐ-せい ク【愚生】代〔文章語〕男性が自分をかしこまってよぶ語。手紙に使う。

ぐ-ぜい ⓪【×弘誓】名〔仏〕すべての生物を救おうという、仏・ぼさつの大きな誓い。

くせ-げ ⓪【癖毛】名 まっすぐでない、くせのある毛。

くせ-ごと ⓪【くせ事】【▲曲事】名 ❶よくないこと。正しくないこと。❷不吉なこと。❸法にそむくこと。

くせ-じ ⓪【癖字】名 普通とは変わった書体。

く-せつ ⓪【苦節】名 苦しみにたえて、正しいと思うことを守り通す心。「—十年」

く-ぜつ ⓪【口舌・口説】名〔「こうぜつ」と読めば別語〕(男女の間の)いいあい。口あらそい。

ぐ-せつ ⓪【愚説】名 ❶おろかな説。❷〔文章語〕自分の説をかしこまっていう語。手紙に使う。

くせ-なおし ナ【癖直し】名 ❶癖をなおすこと。❷日本髪をゆうときに、熱湯にひたした小ぎれなどで、髪の毛をこすって、まっすぐにすること。

くせ-に 助〔接続助詞。活用語の連体形、助動詞「の」につく〕くいちがう事がらを、せめる気持ちをこめて下に続ける。…であるのに。…にもかかわらず。「来ると約束した—来ない」参考「あんなに自慢していたくせに」のように、言いさしのままで終助詞のように用いることもある。

くせ-まい セ【▲曲舞】名 南北朝時代から室町(むろまち)時代にかけて流行した音曲・舞。つづみの調子に合わせて歌いながら舞ったもの。のち、能に取り入れられた。

くせ-もの ⓪【くせ者】【▲曲者】名 ❶わるもの。あやしい者。❷ひとくせある人。ゆだんできない人。「—ぞろい」❸用心しなければならないもの。油断のならないもの。「あの愛想のよさが—だ」

く-せん ⓪【苦戦】名 自サ くるしいたたかい。悪戦。

くそ【×糞】㊀ ソ 名 ❶ふん。大便。❷分泌物や物のかす。「鼻—」「たもと—」㊁ 造 接頭 ❶ののしることば。「—おやじ」❷強めをあらわす。度をすごしているようす。「—まじめ」「—力(ぢから)」㊂ ソ 感 くやしいときや、反発するときに発する語。「—、今に見ていろ」**—を食(く)らえ**〔俗語〕相手の言動を激しくのしるときのことば。くそくらえ。参考 そのものの価値を否定する言い方として、「勉強なんかくそくらえ」などとも言う。

ぐ-そう ⓪/ク【愚僧】代〔文章語〕僧が自分をかしこまってよぶ語。おもに手紙に使う。

くそ-おちつき オ【くそ落(ち)着き】【×糞落着き】名 いやにおちついていること。

ぐ-そく ⓪【愚息】名〔文章語〕自分のむすこをかしこまってよぶ語。⇩むすこ 参考

ぐ-そく ⓪【具足】㊀ 名 自サ じゅうぶんにそなわっていること。「円満—」㊁ 名 ❶道具。❷甲冑(かっちゅう)。よろい。**—煮(に)** ⓪ 名 いせえびなどをからのついたまま、おおまかに切って煮たもの。参考 えびなどのからを、よろいにみたてたもの。

くそ-ぢから チ【くそ力】【×糞力】名 やたらに強い力。ばかぢから。

くそ-どきょう ド【くそ度胸】【×糞度胸】名 いやにずぶとい度胸。ばか度胸。

くそ-まじめ マ【くそ真面目】【×糞真面目】形動 ダロ・ダッ・デ・ニ/ダ・ナ・ナラ・〇 ひたすらまじめ一方なようす。

くそ-みそ ⓪【×糞味×噌】形動〔俗語〕ダロ・ダッ・デ・ニ/ダ・ナ・ナラ・〇 ❶〔みそもくそもいっしょにするの意から〕いい、わるいの区別なしにあつかうようす。❷相手をひどくやりこめるようす。みそくそ。「—に言う」

くだ ク【管】名 ❶中が空洞の細長くまるい筒。❷糸繰り車の紡錘(つむ)にはさんで糸を巻きつける小さな軸。**—を巻(ま)く** 酒に酔ってしつこく言う。参考 糸繰りのとき管がぶうぶう音をたてることから。

く-だい ⓪【句題】名 ❶漢詩や和歌の題として、ふるい漢詩・和歌の一句をとりあげること。❷俳句の題。

ぐ-たい ⓪【具体】名 実際にたしかめることのできる形をそなえていること。具象。↕抽象。**—化(か)** ⓪ 名 自他サ ❶形がはっきりあらわれること。❷計画などを実行にうつすこと。「合併の話が(を)—する」**—的(てき)** ⓪ 形動 ❶形をそなえているようす。具象的。❷対象となる事がらに即しているようす。実際的。「—に説明する」↕抽象的・観念的。

くた-かけ【▲鶏】名〔古語〕にわとり。

くだ・く【砕く】【×摧く】㊀ ダ 他五 カ・コ・キ・イ/ク・ク・ケ・ケ ❶こなごなにする。こまかにする。❷勢力をよわめる。ひしぐ。くじく。❸わかりやすくする。「砕いて話す」㊁〔古語〕㊀ 他四 ❶(「心をくだく」の形で)思いわずらう。「人知れぬ心をくだきたまふ人ぞ多かりける」〈源氏〉❷あるかぎりの力をつくす。「身をくだきて思(おぼ)し惑ふを」〈源氏〉㊁ 自下二 ❶思いなやむ。思い乱れる。「心くだけてつらく悲しければ」〈源氏〉❷とりとめがない。散漫である。「(コノ歌ハ)まことに少しくだけたる姿(調べガ整ッテイナイ歌体)にもや思ゆらむ」〈徒然〉

くた-くた ㊀ タ (と)副 物が煮えたつ音がするようす。㊁ ⓪ 形動(の) ❶からだがひどく疲れたようす。「荷物が重くて—になる」❷布や紙などが使いふるされて、形のくずれたようす。「—のズボン」❸煮物などのやわらかくなりすぎたようす。「菜っ葉が—になる」

くだ-くだ ク (と)副 長い時間をかけて、しつこく、こまかな話をするようす。「—説明する」

ぐだ-ぐだ グ (と)副 自サ〔俗語〕❶つまらないことを長々とくり返すようす。くだくだ。「—愚痴をこぼす」❷気持ちがゆるんだようす。だらだら。「週末を—過ごす」

くだくだし・い シ 形 カロ・カッ・ク/イ・イ・ケレ・〇 ❶わずらわしい。しつこい。「—手続きをはぶく」❷長くてむだが多い。「—説明」**くだくだしさ** 名 **くだくだ・し** 文語シク

くだ・ける ケ【砕ける】自下一 ケ・ケ・ケル・ケル・ケレ・ケロ/ケヨ ❶こわれてこなごなになる。❷くじける。よわる。「意志が—」❸うちとけたふんい気・態度である。「くだけた話しぶり」**くだ・く** 文語下二

ください サ【ください・下さい】感 商店や売り場で、買い物客が店の者に呼びかけることば。女性や年少者が使った。「—な」参考「ください」は「下さる」の命令形だった「くだされ」が変化した形。「下さりませ」の「くださり」が変化したとも見られる。⇩下さる 参考

くださ・る サ【くださる・下さる】他五 ラ・ロ・リ・ッ・ル/ル・レ・レ・イ ❶「与える」「くれる」という行為の主体となる人物を立てる言い方。「先生がお小言を—」「おじさんがおみやげを下さった」「のどがかわいたのでジュースを下さい」❷〔かながき〕〔補助動詞として、「お(ご)…くださる」「…てくださる」の形で〕自分に対して利益をあたえる人物を立てる言い方。「お許し—ならばありがたい」「新聞を取ってください」参考 連用形は「くださり」「くださっ」に加えて「ください」となることがある。命令形の「くだされ」は使われない。「ちょっと待ってください」のように軽い依頼を表す「ください」は、敬意はあまり高くない。特に敬意をあらわす場合は、「くださいませ」を用いる。「お(ご)…くださる」のほうが、「…てくださる」より、敬意が高い。

くだされ-もの ⓪【下され物】名 たまわったもの。いただいたもの。いただきもの。

くださ・れる ㋹【下される】他下一 (レ・レ・レル・レル・レレ・レロ・レヨ) くださる。参考「くださる」より敬意が高いが、一般的には使われない。補助動詞としての用法はない。

くだし-ぐすり ㋗【下し薬】名 下剤。

くた・す【▲腐す】他四〔古語〕❶くさらせる。「卯(う)の花をくたす長雨」〈万葉〉❷けなす。くさす。「業平が名をやくたすべき」〈源氏〉

くだ・す ⓪【下す】他五 (サ・ソ―シ―ス―ス―セ―セ) ❶【▲降す】地位を低い所へ移す。さげる。「官位を―」↕上げる。❷【▲降す】攻めて負かす。降参させる。「3対0で敵を―」❸命令・判定などを出す。「動員令を―」「審判を―」❹与える。たまわる。「ほうびを―」❺評価・判断などをさだめる。「断を―」❻下痢をする。「腹を―」❼〔「手を下す」の形で〕自分で実行する。❽〔「読み下す」「書き下す」の形で〕すらすらとつづけて、そのことを終える。「一気に書き―」 **くだし** 名 **くだせる** 自下一〔…できる〕

くだっ-て【下って】【▲降って】㊀⓪ 接続〔「くだりて」の変化〕手紙やあいさつのことばで、自分の方をあらたまっていう語。「―わたくし方…」㊁連語 時代がさがって。

くたっ-と ㋟ 副 自サ 力が入らないようす。また、張りを失って、形がくずれたようす。「―した背広」

ぐたっ-と ㋟ 副 自サ ひどく疲れたり弱ったりしているようす。ぐったり。「あまりの暑さで―している」

くたに-やき ⓪【九谷焼】名 石川県九谷産の陶磁器。

くたばり-ぞこない ⓪【くたばり損(な)い】―そこなひ 名〔俗語〕死にぞこない。人をののしることば。

くたば・る ㋩ 自五 (ラ・ロ―リ・ッ―ル―ル―レ―レ)〔俗語〕❶ひどくつかれる。「強行軍で―」❷〔ののしった言い方で〕死ぬ。

くたびれ-もうけ ㋲【▲草×臥(れ)×儲け】―まうけ 名 くたびれるばかりで、少しも利益にならないこと。「骨折り損の―」

くたび・れる ㋹【▲草×臥れる】自下一 (レ―レ―レル―レル―レレ―レロ・レヨ) ❶つかれる。❷使って古くなる。「くたびれた洋服」 **くたびれ** 名 **くたび・る** 文語下二

くだ-もの ㋟【果物】名 ❶食用になる果実。水菓子。フルーツ。❷〔古語〕〔「からくだもの」の略〕菓子。

くだら《百済》四世紀半ば朝鮮半島南西部におこり、六六〇年、唐・新羅(しらぎ)にほろぼされた国。三韓(さんかん)の一つ。

くだらな・い ⓪ 形 (カロ―カッ・ク―イ―イ―ケレ―○) 価値がひくい。評価にあたいしない。つまらない。とるにたりない。「―話」「―本」 **くだらなさ** 名

くだり ⓪【下り】名 ❶くだること。さがること。↕のぼり。❷みやこから地方へ行くこと。「―の列車」↕のぼり。❸【▲行】文書の行(ぎょう)。「三―半」

くだり ⓪【▲件】名 文章の一部分。「平家都落ちの―」

くだり-あゆ ㋐【下り×鮎】名 卵を生みに、川を下るあゆ。おちあゆ。㊙

くだり-ざか ⓪【下り坂】名 ↕のぼり坂。❶下り道になっている坂。❷盛りが過ぎておとろえること。「人生の―」

くだり-ばら ⓪【下り腹】名 下痢。

くだ・る【下る】㊀⓪ 自五 (ラ・ロ―リ・ッ―ル―ル―レ―レ) ❶【▲降る】高い方から低い方へ移る。おりる。さがる。「坂を―」↕のぼる。❷【▲降る】川を上流から下流の方へ移動する。川下へ行く。「いかだで―」↕のぼる。❸【▲降る】官職をやめて民間人になる。政権を離れる。「野(や)に―」❹【▲降る】降参する。「敵軍に―」❺都から地方へ行く。「九州に―」↕のぼる。❻命令・判定などが出る。「出動命令が―」「審判が―」❼目上の人から与えられる。「金一封が―」❽基準となる数量より低くなる。下回る。「一万を下らない人出」↕のぼる。❾時日がうつって、後の時代になる。「下って明治時代には…」❿下痢をする。「腹が―」㊁ 自四〔古語〕雨などが降る。「雨、昨日のゆふべよりくだり」〈蜻蛉〉

くだん ㋗【▲件】名〔「くだん」は「くだり」の変化〕❶前にあげたこと。上述の事柄。「―のように決定しました」❷〔「の」を伴い連体詞のように使う〕いつものこと。例のとおり。「―の話」 **―の▲如(ごと)し** 前述の通りである。証文の最後に書きしるす文句。「よって―」

くち【口】㊀⓪ 名 ❶動物が食物を取り入れる、消化器官の入り口。音声を発する器官の一部でもある。「食べものを―に運ぶ」❷飲食物を味わう感覚。「―がこえる」❸ものを言う働き。「―がうまい」「人の―がうるさい」❹物や人の出入りする場所。「入り―」「びんの―」❺物事のはじめ。「宵の―」❻就職や縁談の先。「いい―がある」❼種類。「値段の安い―から売れる」㊁ 接尾 ❶ものを口に入れる回数。「一―にほおばる」❷寄付・出資などの単位。「一―千円」 **―がうまい** 話し方がじょうずだ。人を納得させるようにうまく言う。 **―がうるさい** ❶世間の評判がわずらわしい。❷ちょっとしたことにも、あれこれと文句を言う。 **―が重(おも)い** 口かずが少ない。 **―が掛(か)かる** 仕事になることで、呼び出しがくる。さそわれる。 **―が軽(かる)い** すぐに人にしゃべる。 **―が堅(かた)い** やたらに人にしゃべらない。 **―が腐(くさ)っても** どんなことがあっても決して言わない、という強い決意をあらわすことば。「―言わない」 **―が肥(こ)える** おいしい物をいろいろ食べて、味のいい悪いがよくわかる。 **―が裂(さ)けても** ぜったいに人には話さないという気持ちをあらわすことば。「―言わない」 **―が過(す)ぎる** 言うべきではないことまで言う。ことばが過ぎる。 **―が酸(す)く(酸っぱく)なる** 同じ事を幾度もくり返して言う。 **―が滑(すべ)る** 言ってはいけないことをうっかりしゃべる。 **―が干上(ひあ)がる** 暮らしがたたなくなる。 **―が減(へ)らない** まけおしみを言いやめない。 **―がほぐれる** だまっていた人が、話しだす。 **―が曲(ま)がる** 目上の人や恩を受けた人の悪口を言うと、罰として口がゆがむといういましめのことば。 **―が回(まわ)る** じょうずにことばが言える。 **―から先(さき)に生(う)まれる** よくしゃべる人をからかっていうことば。 **―と腹(はら)が違(ちが)う** 言うことと考えていることが別である。 **―にする** ❶言う。❷たべる。 **―に上(のぼ)る** 話題になる。うわさになる。 **―に出(だ)す** 発言する。 **―に×糊(のり)する** ⬇口をのりする。 **―の下(した)から** 言ったすぐあとに。舌の根の乾かぬうちに。 **―の端(は)に上(のぼ)る** うわさされる。 **―は災(わざわ)いの門(もん)(かど)** うっかりしたことばから災難を招くことがあるということ。ことばをつつしめの意。 **―も八丁(はっちょう)手(て)も八丁(はっちょう)** 口さきも手さきもたっしゃなこと。 **―を合(あ)わせる** うまく話をあわせる。 **―を入(い)れる** 他人の話の途中でものを言う。 **―を利(き)く** ❶話をする。❷なかをとりもつ。 **―を切(き)る** ❶話をはじめる。❷新しく、せん・ふたなどをあける。 **―を極(きわ)めて** これ以上はないという言い方で。「―ほめる」 **―を滑(すべ)らす** うっかり言ってしまう。 **―を×揃(そろ)える** みんなが同じことを言う。 **―を出(だ)す** 他人の話にさしでて言う。 **―を×叩(たた)く** 自信のある言い方をする。「大きな―」 **―を▲衝(つ)いて出(で)る** ❶思いがけないことを言ってしまう。❷次から次へとすらすらことばが出る。 **―を×噤(つぐ)む** 口をとじて、ものを言わない。 **―を慎(つつし)む** よけいなことを言わないようにする。「少しは口を慎みなさい」 **―を×尖(とが)らせる** 不満の表情をする。 **―を閉(と)ざす** だまって何も言わない。 **―を拭(ぬぐ)う** 何も知らないふりをする。 **―を×濡(ぬ)らす** ❶ほんの少し食べ物を口に入れる。❷⬇口をのりする。 **―を**

×糊(のり)する なんとか生計を立てる。糊口(ここう)を凌(しの)ぐ。口にのりする。口を濡(ぬ)らす。「文を売って―」[参考]「糊」は「かゆ」「かゆをすること」の意味。 ―を挟(はさ)む 他人の話の途中に割りこんで話す。 ―を開(ひら)く 話をはじめる。 ―を開(ひら)けば 話をするときはいつでも。口ぐせのように同じことを言うようす。 ―を封(ふう)じる 口をきかないようにさせる。 ―を塞(ふさ)ぐ つごうの悪いことを言わせないようにする。 ―を結(むす)ぶ 口を閉じる。だまりこむ。 ―を割(わ)る やっと口をひらく。白状する。

ぐち【口】[接尾]〔「くち」の変化〕⇩くち[二]。❶建物や施設の出入りの場所。「西―」❷登山コースのはじめのところ。「吉田―から富士山に登る」❸暮らし。生活。「ひとり―」

ぐ‐ち[0]【愚痴】【愚×癡】[名]〔おろかの意〕言ってもしかたのないことを言ってなげくこと。「―をこぼす」

くち‐あけ[0]【口開け】[名]❶封をしてある口を開くこと。❷はじめ。かわきり。「商売の―」

くち‐あたり[0]【口当(た)り】[名]ものを食べたり飲んだりしたときの感じ。口ざわり。「―のよい酒」

くち‐いれ[0]【口入れ】[名]❶口出しすること。❷なかだちすること。仲介をすること。また、その人。❸奉公人の世話をすること。「―屋」

くち‐うつし[ウ]【口写し】[名]話しぶりや話の内容が、ほかの人とそっくりであること。

くち‐うつし[0]/[ウ]【口移し】[名]❶飲食物を口から相手の口へ移し入れること。❷口で言い伝えること。「秘伝を―で教える」

くち‐うら[0]【口裏】[名]❶【口▲占】人のことばを聞いて、吉凶をうらなうこと。❷その人の心中を察することのできるような話しぶり。「やる気のありそうな―だ」 **―合(あ)わせ**[ア][名]秘密を守るために、当事者どうしが前もって相談して話の内容がくいちがわないようにすること。「―を依頼する」 **―を合(あ)わせる** ⬇口裏合わせ。

くち‐うるさ・い[サ]【口うるさい】【口▲煩い】[形](カロ|カッ・ク|イ|イ|ケレ|○) 口やかましい。「口うるさく小言を言う」 **くちうるさ・し**[文語ク]

くち‐え[0]【口絵】[名]単行本・雑誌などの、本文の前に入れる絵や写真。

くち‐おし・い【口惜しい】(をしい)[一][シ][形](カロ|カッ・ク|イ|イ|ケレ|○) 残念だ。くやしい。「―思いをする」 **口惜しがる**[自五] **口惜しげ**[形動] **口惜しさ**[名] **くちを・し**[文語シク] [二][形シク]〔古語〕つまらない。劣っている。卑しい。「取るかたなくくちをしき際(きは)」〈源氏〉

くち‐おも[0]【口重】[名][形動]口重いこと。↕口がる。

くち‐おも・い[モ]【口重い】[形](カロ|カッ・ク|イ|イ|ケレ|○)❶あまり口をきかない。口かずがすくない。❷口がたい。↕口がるい。**くちおも・し**[文語ク]

くち‐がき[0]【口書(き)】[名]❶江戸時代、裁判で供述を記録したもの。❷江戸時代、罪人の供述書に爪印(つめいん)を押させたもの。❸書物などのはしがき。序。↕おくがき。❹筆を口にくわえて書くこと。

くち‐かず[0]【口数】[名]❶しゃべることばの量。ことば数。「―が多い」❷人数。「―をへらす」❸物事や事件の数。

くち‐がた・い[タ]【口堅い】[形](カロ|カッ・ク|イ|イ|ケレ|○) むやみに人にしゃべらない。口おもい。**くちがた・し**[文語ク]

くち‐がため[ガ]/[メ]【口固め】[名]❶くちどめ。❷ことばでの約束。「夫婦の―をする」

くち‐がね[0]【口金】[名]器物の口につける金具。

くち‐がる[0]【口軽】[名][形動]口軽いこと。↕口おも。

くち‐がる・い[ル]【口軽い】[形](カロ|カッ・ク|イ|イ|ケレ|○) 発言がかるがるしい。簡単に他言する。↕口おもい。**くちがる・し**[文語ク]

くち‐き[0]【朽(ち)木】[名]❶くさった木。❷世に知られずに一生をおわる人のたとえ。

くち‐きき[0]【口利き】[名]❶紹介・仲介をすること。また、その人。「先生の―で入社した」❷勢力があって、交渉や談判のうまい人。顔きき。「地元の―」

くち‐ぎたな・い[ナ]【口汚い】【口×穢い】[形](カロ|カッ・ク|イ|イ|ケレ|○)❶品(ひん)のない、汚い言い方をする。「口汚くののしる」❷食い意地がはっている。「口汚く料理に手を伸ばす」 **口ぎたなさ**[名] **くちぎたな・し**[文語ク]

くち‐きり[0]【口切(り)】[名]❶物の口を切りひらくこと。❷てはじめ。口あけ。❸陰暦十月初め、茶つぼの口を切り、新茶でおこなう茶会。[冬]

くち‐ぎれい[ギ]【口ぎれい】【口×綺麗】[形動](ダロ|ダッ・デ・ニ|ダ|ナ|ナラ|○)❶言いぶりがきれいで上品なようす。「―なあいさつ」❷食べ方が品のいいようす。

く‐ちく[0]【駆逐】[名][他サ]おいはらうこと。 **―艦(かん)**[0][名]敵艦を魚雷などで攻撃する、速力のはやい軍艦。

くち‐ぐせ[0]【口癖】[名]しばしば使うことば。しばしば言うこと。「―のように言う」

くち‐ぐち[チ]【口口】[名]❶めいめいの口。「―に言う」❷あちらこちらの出入り口。

くち‐ぐるま[グ]【口車】[名]人をだますように、うまく言い回すこと。 **―に乗(の)る** うまく言いくるめられ、だまされる。口に乗る。

くち‐げんか[ゲ]【口げんか】【口×喧×嘩】[名]ことばで争うこと。言い争い。口論。

くち‐ごうしゃ[ゴ]【口巧者】[名][形動]口先のじょうずなこと。また、その人。口だっしゃ。「―な男」

くち‐ごたえ[ゴ]【口答え】(こたへ)[名]言い返すこと。口返答。

くち‐ことば[コ]【口言葉】[名]話しことば。口頭語。

くち‐コミ[0]【口コミ】[名]〔俗語〕〔マスコミのもじり〕人の口から口へ個人的に伝えられる情報の伝達。

くち‐ごも・る[モ]【口籠(も)る】[自五](ラ|ロ・リ・ッ|ル|ル|レ|レ) どうしようかとためらって、はっきりと言わない。「きびしく問いつめられて―」

くち‐さがな・い[ナ]【口さがない】[形](カロ|カッ・ク|イ|イ|ケレ|○) 口うるさく、言いふらす。口うるさい。**くちさがな・し**[文語ク]

くち‐さき[0]【口先】[名]❶口の先端。❷うわべだけのことば。「―だけの人」

くち‐さびし・い[シ]【口寂しい】[形](カロ|カッ・ク|イ|イ|ケレ|○) なにか物足らなく、口に入れる物がほしい感じだ。**くちさび・し**[文語シク]

くち‐ざわり[ザ]【口触り】(ざはり)[名]口あたり。

くち‐しのぎ[シ]【口しのぎ】【口×凌ぎ】[名]❶一時しのぎの食べ物。❷どうにかくらしてゆくこと。「―の仕事」

くち‐じゃみせん[ジャ]【口三味線】[名]しゃみせんの音を、口でまねること。

くち‐じょうず[ジョ]【口上手】[名][形動]口のきき方がうまいこと。また、その人。↕口べた。

くち‐ず‐から[ズ]【口ずから】(づ)[副]直接に自分のことばで。自分の口から。「―伝える」

くち‐すぎ[0]【口過ぎ】[名]生計。暮らし。身すぎ。

くち‐ずさ・む[サ]【口ずさむ】[他五](マ|モ・ミ・ン|ム|ム|メ|メ) 思いうかんだ詩歌(しいか)の文句などを軽く口にとなえる。

くち‐ずっぱく[パ]【口酸っぱく】[副]同じことばをくりかえすようす。「―言ってきかせる」

くち‐ぞえ[0]【口添(え)】(ぞへ)[名]はたからことばをそえて、とりなすこと。「先生の―で入社した」

くち‐だし[0]【口出し】[名]ほかの人どうしが話しているそ

ばから、さし出てものを言うこと。
くち-だっしゃ [ダ]【口達者】[名][形動] ❶たっしゃにしゃべること。口じょうず。口巧者。↔口ぶちょうほう。❷口数多くしゃべること。口まめ。
くち-つき [0]【口つき】[名] ❶口もとの形。「かわいらしい―」❷ものの言いぶり。話していることばの感じ。
くち-つき [0]【口付(き)】[名] ❶吸い口のある紙巻きたばこ。口付きタバコ。↔両切りタバコ。❷牛や馬の口を取って引く人。口取り。
くち-づけ [0]【口付け】[名] せっぷん。キス。
くち-づたえ [0]/[ヅ]【口伝え】(づたへ) [名] ❶じかに口で言って伝えること。❷人から人へと話し伝えること。口づて。
くち-づて [0]【口づて】【口▲伝て】[名] 人から人へと話し伝えること。「―に聞く」
ぐちっ-ぽ・い [ポ]【愚痴っぽい】[形] (カロ・カッ・ク／イ・イ・ケレ) よく愚痴を言うようす。「同じことを何度もくりかえすが―」
くち-どけ [0]【口溶け】[名] 食べ物が口の中で味わいよくなじんでいく感じ。「―のなめらかなチョコレート」
くち-どめ [0]【口止め】[名] ❶ある事を他人に言わないようにさせること。口ふさぎ。「かたく―する」❷口止め料。
―料(りょう) [ヌ][名] 口止めのために相手に与えるかねや品物。
くち-とり [0]/[ト]【口取(り)】[名] ❶牛・馬などの口をとって引くこと。また、その人。❷茶を飲むときに食べる菓子。茶うけ。❸口取りざかな。 **―×肴**(ざかな) [ザ][名] ❶酒のさかな。❷日本料理のはじめに出す、魚・きんとん・かまぼこ・卵焼きなどをもりあわせたもの。
くち-なおし [ナ]【口直し】(なほし) [名] 前に食べたまずいものや、くすりなどの味を消すために、別のものを飲食すること。また、その飲食物。
くちなし [0]【×梔・×梔▲子】[名] アカネ科の常緑低木。夏、白いかおりのある花を開く。果実は染料・薬用。花は[夏] **―色**(いろ) [0][名] くちなしの実(み)でそめた色。赤みをおびた、こい黄色。
くち-ならし [0]/[ナ]【口慣(ら)し】[名] ❶すらすら言えるように、何度も言ってみること。❷食べつけていない飲食物を口に入れて、その味に舌をなじませること。
くち-なわ [0]【▲蛇】(なは) [名] へびの異称。[夏]
くち-ぬき [0]/[キ]【口抜(き)】[名] せんぬき。
くち-の-は [0]【口の端】[名] ことばのはし。 **―に掛**(か)**かる** 人々にうわさされる。 **―に掛**(か)**ける** ❶よく口に出して言う。❷うわさする。
くち-ば [0]/[チ]【朽(ち)葉】[名] 散ってくさった葉。[冬] **―色**(いろ) [0][名] 赤みをおびた黄色。
くち-ぱく [0]【口ぱく】[名][俗語] (口をぱくぱく動かすだけであることから)自分では声を出さず、録音された音声などにあわせて口を動かすこと。
くち-ばし [0]【×喙・×嘴】[名] 鳥類などの口からつきでた角質のもの。 **―が黄色**(きいろ)**い** 経験の浅い人を、見下して言うことば。[参考] 鳥のひなのくちばしが黄色いことから。 **―を入**(い)**れる** そばから、口出しをする。
くち-ばし・る [シ]【口走る】[他五] (ラ・ロ／リ・ッ／ル／ル／レ／レ) 興奮したり、調子に乗ったりして、無意識に口に出す。「ついうっかりと―」
くち-はっちょう [八]【口八丁】[名] 口がたっしゃで話がうまいこと。↔手八丁。
くち-は・てる [テ]【朽ち果てる】[自下一] (テ・テ／テル／テル／テレ／テロ・テヨ) ❶くさってしまう。❷世に知られず、むなしく死ぬ。「失意のうちに―」 くちは・つ [文語下二]
くち-はばった・い [タ]【口幅ったい】[形] (カロ・カッ・ク／イ・イ・ケレ・○) 思いあがったこと、身にすぎた大きなことを言うようす。「―ことを言う」 くちはばった・し [文語ク]
くち-ばや [0]【口早】[形動] (ダロ・ダッ・デ・ニ／ダ・ナ・ナラ・○) 話す速度のはやいようす。早口。「―に言う」
くち-び [0]【口火】[名] ❶火なわ銃・爆薬などの点火に使う火。❷ガスぶろや湯わかし器など、バーナーに点火するためにいつもつけておくたね火。 **―を切**(き)**る** ある物ごとをいちばん先にはじめる。「話の―」
くち-ひげ [0]【口ひげ】【口×髭】[名] 上くちびるの上のひげ。
くち-びょうし [ビョ]【口拍子】[名] 口で拍子をとること。また、その拍子。
くち-びる [0]【唇】[名] 口のふちをかこむ、皮のうすい部分。 **―を返**(かえ)**す** 悪口を言う。けなして言う。 **―を×噛**(か)**む** くやしさや、腹立たしさなどをおさえるようす。
くち-ふうじ [フ]【口封じ】[名] 他人に話されたら困ることを、話さないようにさせること。「―に金をにぎらせる」
くち-ぶえ [0]【口笛】[名] くちびるをまるめ、息を吹いて音を出すこと。「―を吹く」
くち-ふさぎ [フ]【口塞ぎ】[名] ❶口をふさぐこと。また、ふさぐもの。口どめ。❷客に出す食べ物をへりくだって言う語。「お―にどうぞお一つ」
くち-ぶちょうほう [チョ]【口無(不)調法】[名][形動] ものの言いかたがへたなこと。口べた。↔口だっしゃ。
くち-ぶり [0]【口ぶり】【口振】[名] 話のようす。話す調子。「承知したくなさそうな―だった」
くち-べた [0]【口下手】[名][形動] 話の仕方がへたなこと。口ぶちょうほう。↔口じょうず。
くち-べに [0]【口紅】[名] 化粧のためにくちびるに塗るべに。ルージュ。
くち-べらし [ベ]【口減(ら)し】[名] 家計のために家族の人数をへらすこと。「―に奉公に出す」
くち-へん [0]【口偏】[名] 漢字の部首の一つ。「味」「咲」などの「口」。
くち-まえ [0]【口前】(まへ) [名] ものの言い方。言いぶり。
くち-まかせ [マ]【口任せ】[名] でまかせにものを言うこと。
くち-まね [0]【口まね】【口真▲似】[名] 人のことばや言い方をまねて言うこと。「―がうまい」
くち-まめ [0]【口まめ】[名][形動] ことばかずが多いこと。
くち-もと [0]【口元】【口▲許】[名] ❶口のあたり。「―のほくろ」❷口のかっこう。口つき。「かわいい―」❸出入り口のあたり。
くち-やかまし・い [シ]【口やかましい】【口×喧しい】[形] (カロ・カッ・ク／イ・イ・ケレ・○) ちょっとしたことにもうるさく言うようす。口うるさい。「口やかましく指図する」 **口やかましさ** [名] くちやかま・し [文語シク]
くち-やくそく [ヤ]【口約束】[名] ことばの上だけの約束。[参考] 証文などを書くことに対していう。
くちゃ-くちゃ ━[ク] (と)[副] 音をたててものをかむようす。「ガムを―かむ」 ━[0] [形動(の)] (ダロ・ダッ・デ・ニ／ダ・ナ・ナラ・○) 形がくずれたり、みだれたりしているようす。「―になった洋服」
ぐちゃ-ぐちゃ ━[ク] (と)[副][自サ] ❶水分を多く含んでやわらかいようす。「―した道」❷ぐちや不満をしつこく言うようす。「―文句を言う」 ━[0] [形動(の)] (ダロ・ダッ・デ・ニ／ダ・ナ・ナラ・○) ❶水分を多く含んでやわらかいようす。「―のごはん」❷整わず乱れているようす。「髪が―になる」
く-ちゅう [0]【苦衷】[名] くるしい心の中。「―を察する」
く-ちゅう [0]【駆虫】[名][自サ] 害虫・寄生虫をとりのぞくこと。 **―剤**(ざい) [チュ][0][名] ❶体内、特に腸内の寄生虫をとりのぞく薬。❷害虫を殺す薬。殺虫剤。
く-ちょう [0]【口調】[名] 話す調子。話しかた。「重々しい

く

—」

く-ちょう ク【区長】名 区の行政責任者で、区の代表者。

ぐ-ちょく 0【愚直】名 形動 正直いちずであること。ばかしょうじき。「—な人」

くち-よごし 0 3【口汚し】名 食べ物がわずかであること。人に食べ物をすすめるときのへりくだった言い方。「お—で失礼ですが…」

くち-よせ 0【口寄せ】名 人や死者の霊魂をむかえて、そのことばを人につたえ聞かせること。また、それをする人。

く-ちる チ【朽ちる】自上一 チ・チ・チル・チル・チレ・チロ・チヨ ❶くさって形をうしなう。こわれる。❷名声などがおとろえる。❸むなしく終わる。「いなかに—」 **く・つ** 文語上二

ぐち-る チ【愚痴る】自五 ラ・ロ・リ・ッ・ル・ル・レ・レ 俗語 〔名詞「ぐち」の動詞化〕ぐちを言う。こぼす。

くち-わる 0【口悪】名 形動 人や物を遠慮なくけなすこと。また、その人。

ぐ-ちん 0【具陳】名 他サ 文章語 くわしく述べること。「事情を—する」

くつ【掘】造 ほる。穴をあける。「掘鑿(くっさく)・採掘・盗掘・発掘」

くつ【窟】造 ❶いわや。あなぐら。「石窟・洞窟」❷すみか。人があつまるところ。「巣窟・魔窟・貧民窟」

くつ ツ【靴】【×沓・▲履】名 はきものの一種。革・木・布・ゴムなどで、足をおおうように作ったもの。 **—を隔(へだ)てて×痒(かゆ)きを×掻(か)く** 隔靴掻痒(かっかそうよう)。

くつ-いし ツ【くつ石】【×沓石】名 土台の上にあって、建物の柱を受けている石。はしら石。

く-つう 0【苦痛】名 からだや心のくるしみ・いたみ。「—に耐える」「心にもないことを言うのは—だ」

ぐ-つう 0【×弘通】名 自サ ⇒ぐずう。

くつがえ-す ガ【覆す】他五 サ・ソ・シ・ス・ス・セ・セ ❶裏返しにする。ひっくりかえす。「盆を—」❷たおす。ほろぼす。「独裁政権を—」❸今までのものを完全に否定する。「判決を—」 **覆せる** 自下一 […できる]

くつがえ-る ガ【覆る】自五 ラ・ロ・リ・ッ・ル・ル・レ・レ ❶裏返しになる。ひっくりかえる。❷たおれ、ほろびる。「政権が—」❸完全に否定される。反対になる。「仮説が—」

クッキー ク〈ア cookie〉名 小麦粉にバター・砂糖・牛乳などを加えて焼いた干菓子。

クッキー ク〈Cookie〉名 インターネットのサイトを閲覧したとき、サイト側から利用者のコンピューターに送信される情報ファイル。利用者の識別に使われる。

くっ-きょう 0【屈強】形動 ダロ・ダッ・デ・ニ・ダ・ナ・ナラ・○ 非常に力がつよいようす。たくましいようす。「—な男」

くっ-きょう 0【▲究×竟】形動(の) ❶非常に強いようす。「—な(の)若者」❷非常につごうのよいようす。「—の場所」

くっ-きょく 0【屈曲】名 自サ おれまがること。

くっきり キ(と)副 自サ めだってあざやかなようす。「山頂が—と見える」

クッキング ク〈cooking〉名 料理。料理法。「—スクール」

クック-しょとう《クック諸島》〈Cook Islands〉南太平洋中部にある島国。首都はアバルア。

ぐつ-ぐつ グ(と)副 物が煮え立つ音の形容。「シチューを—と煮込む」

くっこう-せい 0【屈光性】名 植物が光の刺激に対し、生長の方向をかえる性質。

くっ-さく 0【掘削】【掘×鑿】名 他サ 土や岩をほりぬいたり、けずったりすること。「運河の—」

くっ-し ク【屈指】名 多くのものの中で、特に指を折ってかぞえるほどすぐれていること。ゆびおり。「—の工業国」

くつ-した ツ【靴下】名 〔くつをはくときに〕足にじかにはく袋状の衣料品。

くつ-じゅう 0【屈従】名 自サ 勢いに恐れて服し従うこと。屈伏。

くつ-じょく 0【屈辱】名 屈伏させられてうけるはじ。「—的な大敗」

ぐっしょり ショ(と)副 ひどくぬれたようす。びっしょり。「汗でパジャマが—だ」 参考 ぬれかたのひどさをあらわす語には「ぐしょぐしょ」「ぐしょぬれ」などがある。これらには、「びっしょり」「びしょびしょ」「びしょぬれ」など「び」ではじまる語が対応する。「びっしょり」「ぐっしょり」などは、水分の多さを言うことに中心がある。「ぐっしょり」などは、形のくずれや生理的な不快感をあらわす場合が多い。

クッション ク〈cushion〉名 ❶いすに使う弾力性のあるざぶとん。❷座席で、腰を下ろすための弾力をもたせた部分。❸たまつき台の玉のあたる縁。❹衝撃を和らげるために間におくもの。

くっ-しん 0【屈伸】名 自サ かがむことと、のびること。のびちぢみ。「—自在」

くっ-しん 0【掘進】名 自サ 土・岩などをほってすすむこと。

グッズ グ〈goods〉名 商品。用品。「ゴルフ—」

くつ-ずみ 0【靴墨】名 靴の革を保護したり、つやを出したりするために塗るクリーム。靴クリーム。

ぐっすり ス(と)副 じゅうぶんに眠るようす。「—寝ている」

くっ・する 0 ス【屈する】シ・セ・サ・シ・スル・スル・スレ・シロ・セヨ ━自サ ❶かがむ。折れまがる。❷よわまる。くじける。「気力が—」❸従う。下位におちる。「相手に—」━他サ ❶かがめる。ちぢめる。「身を—」❷よわめる。くじく。❸従わせる。「敵チームを—」 **くっ・す** 文語サ変

くつ-ずれ 0【靴擦れ】名 くつが足に合わないで、すれること。また、すれてできた傷。

くっ-せつ 0【屈折】名 自サ ❶折れまがること。屈曲。❷考え方や性格が素直でなく、ゆがむこと。「—した感情」❸光・音などの波が、通過する二つの物質の境界面で、その進む方向をかえること。 **—語** 0 名 言語の形態的分類の一つ。ヨーロッパ諸国のことばのように、語や語尾の形の変化によって文法的なはたらきをあらわす性質の言語。↕膠着(こうちゃく)語・孤立(こりつ)語。

くっ-そう 0【屈葬】名 他サ 死者の手足の関節を折り曲げ、かがんだ形で埋葬すること。

くっ-たく 0【屈託】名 自サ 〔古くは「屈惑(くつわく)」〕❶気になってくよくよすること。「—のない顔」❷つかれてあきること。「すっかり—した」

ぐったり タ(と)副 自サ 弱って力がぬけるようす。

くっち-せい 0【屈地性】名 植物が重力の作用に対して、生長の方向をかえる性質。

くっ-つ・く ツ 自五 カ・コ・キ・イ・ク・ク・ケ・ケ ❶ぴったりとねばりつく。ひっつく。「ペンキが—」❷すき間なしに接する。「家と家がくっついて建つ」❸つれだつ。添う。「兄にくっついて行く」❹ 俗語 恋仲になる。

食(く)って掛(か)かる はげしく反抗する。たてつく。

ぐっ-と 0 グ 副 ❶力を入れるようす。「—ささえる」❷一気に。「—飲む」❸いっそう。いちだんと。ずっと。「—高くなる」❹感動で胸がいっぱいになるようす。「—胸がつまる」

グッド〈good〉造 よい。けっこうだ。「—アイディア」 **—デ**

ザイン-マーク [マ]〈good design mark〉[名] 公益財団法人日本デザイン振興会が主催するグッドデザイン賞を受賞した商品・サービス・活動などに表示されるマーク。Gマーク。

グッド-バイ [グ]〈good-bye〉[あいさつ] さようなら。

くつ-ぬぎ [0]/[ギ]【×沓脱】[名] 玄関やえんがわの、はきものを脱ぐところ。「—石」

クッパ [ク]〈朝gug-bab〉[名]（朝鮮語でスープと飯の意）朝鮮料理で、具入りのスープの中に飯を入れたもの。クッパプ。

くつ-ばこ [0]/[ツ]【靴箱】[名] はきものをしまうために玄関や体育館の入り口などにしつらえられた箱や棚。下駄箱げたばこ。[参考] 下駄箱は銭湯や旅館によく見られたが、下駄を普通にはかなくなってから「靴箱」という語が使われるようになった。しかし、その後も「下駄箱」はよく使われている。

グッピー [グ]〈guppy〉[名] グッピー科の淡水魚。熱帯魚の一種。卵胎生。雄は色彩に富み、尾びれが大きい。観賞用。

くっ-ぷく [0]【屈服・屈伏】[名][自サ] 勢いにおそれて、または負けて、つきしたがうこと。

くつ-べら [ベ]【靴べら】【靴×箆】[名] くつをはきやすくするために、かかとにあてるへら。

くづめ-らくがみ [ク]【苦爪楽髪】[名] 苦労のあるときはつめののび方がはやく、楽をしているときには髪ののび方がはやいということ。

くつろ・ぐ【▲寛ぐ】㊀ [0] [自五] ガ・ゴ・ギ・イ・グ・グ・ゲ・ゲ ゆったりする。のびのびする。やすむ。「家で—」**くつろぎ** [名] **くつろげる** [自下一]［…できる］㊁ [自四] [古語] ❶ゆるくなる。「（無礼講ニナッテ）かうぶりの額、少しくつろぎたり」〈源氏〉❷余裕がある。ゆとりがある。「（大臣ノ）数定まりてくつろぐ所もなかりければ」〈源氏〉

くつろ・げる【▲寛げる】[ゲ] [他下一] ゲ・ゲ・ゲル・ゲル・ゲレ・ゲロ・ゲヨ くつろぐようにする。ゆるめる。「えり元を—」**くつろ・ぐ** [文語下二]

くつわ [0]【×轡・馬×銜】[名] たづなをつけるために、馬の口にふくませる金具。くつばみ。**—を並ならべる**（馬をならべて進む意）いっしょに進む。「くつわを並べて当選する」

くつわ-がた [0]【×轡形】[名] 円のなかに十文字をかいた形。⊕のしるし。

くつわ-むし [ワ]【×轡虫】[名] キリギリス科の昆虫。雄は緑色、または褐色で広いはねを持つ。がちゃがちゃ。(秋)

ぐ-てい [0]【愚弟】[名] ❶おろかなおとうと。「賢兄—」↕賢弟・賢兄・愚兄。❷自分の弟をかしこまっていう語。手紙に使う。

く-てん [0]【句点】[名] 文の切れめにつける記号。「。」。↕読点とうてん。

く-でん [0]【口伝】[名] 秘伝を口づたえにすること。また、それを書きしるした書物。

ぐでん-ぐでん [0] [形動] ダロ・ダッ・デ・ニ・ダ・ナ・ナラ・○ ひどく酒に酔って、正体がなくなるようす。「—によっぱらう」

くど [ク]【×竈】[名] ❶かまどの後ろにつけた煙出し。❷かまど。へっつい。

くど・い [ド]【×諄い】[形] カロ・カッ・ク・イ・イ・ケレ・○ しつこい。濃厚すぎる。「話が—」「—味」**くどさ** [名] **くど・し** [文語ク]

く-とう [0]【句読】[名] ❶文章中のことばの切れめ。❷句読点。**—点てん** [ト] [名] 文章中のことばの切れめを示す符号。句点「。」と読点「、」。

く-とう [0]【苦闘】[名][自サ] くるしいたたかい。苦戦。「悪戦—する」

く-どう [0]【駆動】[名][他サ] 動力を伝えて動かすこと。「前輪—」

ぐ-とう [0]【愚答】[名] おろかなこたえ。↕賢答・名答・愚問。

ぐ-どう [0]【▲求道】[名] ❶真理をもとめさがすこと。❷〘仏〙仏の教えをもとめること。

く-どき [キ]【口説き】[名] ❶くどくこと。❷謡曲・浄瑠璃じょうるりなどで、心の中の思いを表すときの文句。❸日本民謡の一種で、長編の語り物。くどき節。

くどき-おと・す [ト]【口説き落(と)す】[他五] サ・ソ・シ・ス・ス・セ・セ くどいて相手に納得・承知させる。「口説き落として会長を引き受けてもらう」**口説き落とせる** [自下一]［…できる］

く-どく [ク]【功徳】[名] ❶神仏からよい報いを与えられるような、よいおこない。「—を積む」❷よいおこないに対する神仏のめぐみ。ごりやく。「—がある」❸めぐみ。「—を施す」

く-ど・く [ド]【口説く】[他五] カ・コ・キ・イ・ク・ク・ケ・ケ ❶うるさく言う。くどくどと言う。❷自分の思うようにしようと、しつこく言い迫る。「部下を—」**口説ける** [自下一]［…できる］

ぐ-とく [グ]【愚×禿】[名] [文章語]（頭をそっているおろか者の意）僧が自分をかしこまっていう語。おもに手紙に使う。[参考] もと、親鸞しんらんの自称。

くど-くど [ク]（と）[副] くり返ししつこく言うようす。「—と文句を言う」

ぐ-どん [0]【愚鈍】[名][形動] おろかでにぶいこと。また、その人。

く-ない [0]/[ク]【宮内】[名] 宮中きゅうちゅう。**—省しょう** [ナ] [名] ❶宮内庁のもとの名。❷律令制で定められた太政官だじょうかん八省の一つ。みつぎもの・御料など、宮中の事務をとりあつかった役所。**—庁ちょう** [ナ] [名] 皇室と天皇の国事行為とに関する事務をあつかう国の機関。内閣府の外局。

く-なん [ク]【苦難】[名] くるしみ。難儀。「—の道をあゆむ」

くに [0]【国】[名] ❶統治権をもって、領土を支配する主体。また、その領土。国家。国土。「—を治める」「北半球にある—」❷昔、大名の任国・領地。「—がえ」❸故郷。ふるさと。❹地方。いなか。「お—なまり」❺昔の行政区画または地理的区画の一つ。明治時代のはじめまであった。「土佐の—」「肥後の—」❻[古語] 国府。

くに-いり [0]【国入(り)】[名] ❶大名が自分の領国に帰ること。❷⬇おくにいり❷。

くに-おもて [オ]【国表】[名] 国もと。国のほう。郷里。

くに-がえ [0]【国替(え)】—がへ [名] ❶平安時代、下級地方官を他国に転任させたこと。❷江戸時代、大名の領地を他へうつしかえたこと。

くに-がまえ [ガ]【国構え】—がまへ [名] 漢字の構えの一つ。「国」「団」などの「囗」。

くに-がら [0]【国柄】[名] ❶国体。❷諸国・諸地方の風格・もちあじ。

くに-がろう [ガ]【国家老】[名] 江戸時代、大名が江戸づめの間、その領地のるすをあずかった家老。↕江戸家老。

くにきだ-どっぽ《国木田独歩》一八七一〜一九〇八。詩人・小説家。本名は哲夫。浪漫主義的な詩人として出発し、自然主義の作風に変わった。「武蔵野むさしの」「運命論者」「竹の木戸」など。

く-にく [0]【苦肉】[名] 相手をあざむくために、自分の身を苦しめること。**—の策さく** 自分の身を苦しめてかえりみないようなはかりごと。また、苦しまぎれにする策。

くに-ことば [コ]【国言葉】[名] 郷里のことば。おくになまり。方言。

くに-ざかい [ザ]【国境】—ざかひ [名] 国と国とのさかいめ。こっきょう。

くに-ざむらい [ザ]【国侍】—ざむらひ [名] 江戸時代、大名の領地である国もとに住んだざむらい。

くに-じまん ジ【国自慢】名 母国や出身地の自慢をすること。おくにじまん。

くに-たみ ◎【国民】名〔文章語〕こくみん。

くに-つ-かみ【国つ神】名〔古語〕↕あまつかみ。❶国土を守る神。❷天孫降臨の前からこの日本の国土にいた神。

くに-づめ ◎【国詰(め)】名 江戸時代、大名が、自分の領国にいたこと。↕江戸詰め。

くに-なまり ナ【国なまり】【国×訛】名 一地方特有の発音やことば。くにことば。方言。

くに-の-みやつこ【国▲造】〔古語〕名 上代の、世襲(せしゅう)の地方官。

くに-はら ◎【国原】名〔文章語〕ひろびろとした国土。国。

くに-びと ◎【国人】名〔文章語〕❶その地方の人。❷国民。

くに-ぶり ◎【国ぶり】【国▲風・国振】名 ❶諸国の風俗。国柄。おくにぶり。❷諸国の風俗歌・民謡。

くに-み ◎【国見】名 昔、天皇などが、高い所から、国の地勢や人民の生活状態などを見たこと。

くに-もち ◎【国持(ち)】名 江戸時代、一国以上を領有した大身の大名のこと。国持大名。

くに-もと ◎【国元】【国▲許】名 ❶生まれた土地。郷里。「―からのたより」❷領地。本国。

ぐにゃ-ぐにゃ グ〔形動〕〔(と)副〕自サ 柔らかくて、張りのないようす。参考 形容動詞として使うときは◎。

くぬぎ ◎【×櫟】名 ブナ科の落葉高木。初夏、黄色の花をつける。材は薪炭用。花は夏

くね-くね ク〔(と)副〕自サ まがりくねっているようす。

く-ねつ ク【苦熱】名〔文章語〕ひどいあつさ。

くね・る ■ ネ 自五〔ラ・ロ・リ・ッ／ル・ル・レ・レ〕❶波打つようにおれまがる。「くねった道」❷性質がひねくれる。不平を言う。■ 自四〔古語〕うらむ。

くねん-ぼ ◎【九年母】名 ミカン科の常緑低木。初夏、かおり高い白い花が咲く。実は、ゆずに似て、甘く、食用。冬

く-の-いち ノ【くノ一】名〔俗語〕(「女」という字を「く」「ノ」「一」の三つに分けて言った隠語)おんな。

く-のう ◎【苦悩】名 自サ くるしみなやむこと。くるしみとなやみ。「―の色が濃い」

くのじ-てん ジ【くの字点】名 おどり字の一つ。「く」をたてに長くのばした形。「〱」。

く-はい ◎【苦杯】名 ❶にがい飲み物を入れたさかずき。❷にがい経験。「―をなめる」

く-ばう【▲公方】名〔古語〕⇒くぼう。

くば・る 八【配る】他五〔ラ・ロ・リ・ッ／ル・ル・レ・レ〕❶分けてわたす。「関係者に資料を―」❷配置する。「要所に番人を―」❸あちこちに、ゆきわたらせる。「気を―」 **配れる** 自下一〔…できる〕

ぐはん-しょうねん ショ【▲虞犯少年】名 将来、法にそむき、罪をおかすおそれのある少年。

く-ひ ク【句碑】名 俳句をほりつけた石碑。

くび ◎【首】名 ❶【×頸】頭と胴とをつなぐ細い部分。「―が長い」「―をしめる」❷「くび❶」より上の部分。あたま。かしら。「―をふる」❸「くび❶」の形をしたもの。「とくりの―」❹〔俗語〕職を失うこと。解雇。免職。「―を覚悟する」 **―が×繋(つな)がる** ❶打ち首にならずにすむ。❷解雇・免職にならずにすむ。 **―が危(あぶ)ない** 職をやめさせられそうである。 **―が飛(と)ぶ** 解雇・免職になる。 **―が回(まわ)らない** 借金が多くて、やりくりがつかない。 **―にする** 解雇する。職をやめさせる。 **―になる** 解雇・免職される。 **―の皮(かわ)一枚(いちまい)** 皮一枚で首がつながっていること。かすかな望みが残っていることのたとえ。「―で優勝争いに残った」 **―の座(ざ)** 首を切られるときの座席。解雇・免職される立場。「―にすわる」 **―を▲傾(かし)げる** おやっと、ふしぎに思う。「原因がわからず―ばかりだ」 **―を切(き)る** 解雇・免職する。 **―を▲挿(す)げ替(か)える** その地位の人を交替させる。 **―を縦(たて)に振(ふ)る** 承知・賛成する。 **―を突(つ)っこむ** ❶関心をもつ。「いろいろな事がらに―」❷深入りする。「政治に―」 **―を長(なが)くする** まちこがれる。 **―を▲捻(ひね)る** わからなくて考える。ふしぎに思う。首をかしげる。 **―を横(よこ)に振(ふ)る** 承知・賛成しない。

ぐ-び グ【具備】名 自他サ ととのい、そなわっていること。ととのえ、そなえること。「必要条件を―する」

くび-おけ オ【首おけ】【首×桶(おけ)】名 昔、切った首を入れたおけ。

くび-かざり カ【首飾(り)】【×頸飾】名 宝石・貴金属類をつないで首にかける飾り。くびわ。ネックレス。

くび-かせ ◎【首かせ】【×頸×枷】名 ❶首にかけて、からだの自由をうばう刑罰の道具。⇩かせ(図)。❷自由をうばうもの。「子は三界の―」

くび-がり ◎【首狩(り)】名 未開社会で、宗教の儀式をおこなうために、他の部族の首をとること。また、その習俗。

くび-き ◎【×頸木・×軛】名 車のながえの先につけ牛や馬の首にあてる横木。⇩ぎっしゃ(図)。

くび-きり ◎【首切り】【首斬り】名 ❶首を切ること。また、その人。❷首にすること。解雇。免職。

くび-くくり ◎ク【首くくり】【首×縊り】名 首つり。

ぐび-ぐび グ〔(と)副〕のどを鳴らして酒などを飲むようす。ぐびりぐびり。

くび-じっけん ジ【首実検】名 ❶切った敵の首が、ほんものかどうか調べること。❷実際に会って、その人かどうかをたしかめること。参考「首実験」と書くのはあやまり。

ぐびじん-そう ◎【▲虞美人草】名 ひなげし。夏

くびす ◎【×踵】名〔文章語〕かかと。きびす。 **―を接(せっ)する** 多数の人がひきつづいてくる。「来客が―」 **―を返(かえ)す** あとへひきかえす。

くび-すじ ◎【首筋】【×頸筋(すじ)】名 首の後部。えり首。

くび-ちょう ◎【首長】名〔俗語〕「しゅちょう(首長)❸」の俗称。

くびっ-たけ ◎【首っ丈】形動〔ダロ・ダッ・デ・ニ／ダ・ナ・ナラ・○〕(首まで深くはまりこむ意から)人にほれて夢中になるさま。「恋人に―」

くびっ-たま ◎【首っ玉】名〔俗語〕くび。

くびっ-ぴき ◎【首っ引き】名 (ふたりで首に輪をかけ、ひっぱりあう遊びの意から)本などをたえず参照すること。「辞書と―で勉強する」

くび-つり ◎【首つり】【首×吊】名 首をくくって死ぬこと。首くくり。 **―の足(あし)を引(ひ)っ張(ぱ)る** 弱っている人にとどめをさすように攻撃をするたとえ。

くび-なげ ◎【首投(げ)】名 相撲やレスリングで、相手の首を片腕で巻いて、投げたおすこと。

くび-ねっこ ネ／コ【首根っこ】名〔俗語〕首のうしろ。「―をおさえる」 **―を押(お)さえられる** 動きが取れないようにおさえつけられる。

くび-まき ◎【首巻(き)】【×頸巻】名 えり巻き。冬

ぐびり-ぐびり ビ／ビ〔(と)副〕のどを鳴らして酒などをうまそうに飲むようす。

くび・る ビ【×縊る】他五〔ラ・ロ・リ・ッ／ル・ル・レ・レ〕首をしめて殺す。

くび・れる ◎【▲括れる】自下一〔レ・レ・レル・レル・レ・レ＊〕中ほどがほそくせばまる。「ウエストがくびれたデザイン」 **くびれ** 名 **くび・る** 文語下二

くび・れる ◎【×縊れる】自下一〔レ・レ・レル・レル・レロ・レヨ〕くびをくくっ

て死ぬ。**くび・る** 文語下二

くび-わ ⓪【首輪】【×頸輪】名 ❶首かざり。❷犬・猫などの首にはめる輪。

ぐ-ぶ グ【▲供奉】名 自サ 文章語 天皇などのおともをすること。また、その人。

く-ふう ⓪【句風】名 俳句の作り方にあらわれる、その作者独自の特色。俳風。

く-ふう ⓪【工夫】名 他サ 〔「こうふ」と読めば別語〕よい方法を考えだすこと。また、その方法。「―をこらす」

ぐ-ふう ⓪【×颶風】名 文章語 〔「颶」は中国南海の大暴風〕きわめて強くはげしい風。暴風。

くぶ-くりん ク2【九分九厘】名 副 ほとんど完全に近いようす。「―だいじょうぶだ」

ぐ-ぶつ ⓪【愚物】名 おろかもの。愚者。

くぶ-どおり ド【九分どおり】―どほり 名 副 十のうち九ぐらい。ほとんど全部。

く-ぶん ク【区分】名 他サ くぎってわけること。区別。区分け。「うけもち区域を―する」

くぶん-でん デ【口分田】名 大化改新後、一般の農民ひとりひとりにわけて貸しあたえられた田地。

く-べつ ク【区別】名 他サ みとめられる違いによってわけること。また、その違い。「だれかれの―なく」

く・べる ベ 他下一 ベ|ベ|ベル|ベル|ベレ|ベロ・ベヨ 火に入れて燃す。たく。「木を―」

くぼ ⓪【×窪・▲凹】名 くぼんだ所。

く-ほう ⓪【句法】名 詩歌（しいか）や文章などで、ことばの組み立て方。

く-ぼう【▲公方】―ばう 名 古語 ❶朝廷。❷将軍。❸おおやけ。公務

ぐ-ほう ⓪【×弘法】名 仏法を世間にひろめること。

ぐ-ほう ⓪【▲求法】名 仏の教えた正しい道をもとめること。求道（ぐどう）。

くぼ-さかえ《久保栄》一九〇〇―一九五八。劇作家・小説家。昭和のプロレタリア演劇運動の中心的存在となった。戯曲に「火山灰地」、小説に「のぼり窯（がま）」など。

くぼた-うつぼ《窪田空穂》一八七七―一九六七。歌人・国文学者。本名は通治（つうじ）。詩歌集「まひる野」、研究書「評釈伊勢物語」など。

くぼ-たまり ⓪【×窪×溜・▲凹×溜】名 ❶土地の落ちこんだ所。❷土地が落ちこんで水がたまった所。

くぼた-まんたろう《久保田万太郎》一八八九―一九六三。小説家・劇作家・俳人。市民生活を題材とし、会話を生かした作品が多い。戯曲に「大寺学校」、小説に「春泥」、句集「道芝」など。

くぼ-ち ⓪【くぼ地】【×窪地・▲凹地】名 まわりより低くなっている土地。くぼんでいる土地。

くぼま・る ⓪【×窪まる・▲凹まる】自五 ラ・ロ|リ・ッ|ル|ル|レ|レ まわりより落ちこんで低くなる。へこむ。「地面が―」

くぼみ ⓪【×窪み・▲凹み】名 ❶くぼむこと・程度。「―がひどい」❷くぼんでいるところ。「―にはまる」

くぼ・む ⓪【×窪む・▲凹む】自五 マ・モ|ミ・ン|ム|ム|メ|メ おちこむ。へこむ。「寝不足で目が―」

くぼ・める ⓪/⓪【×窪める・▲凹める】他下一 メ|メ|メル|メル|メレ|メロ・メヨ 中を低くする。へこませる。**くぼ・む** 文語下二

くま マ【×隈】名 ❶奥まり、かくれた所。すみ。「残る―なくさがす」❷色のくろずんだ所。「目のふちに―ができる」❸くまどり。❹古語 川や道の曲がったところ。まがりかど。「この道の八十（やそ）くまごとに」〈万葉〉❺古語 へんぴなところ。かたいなか。「さるゐなかのくまにて」〈源氏〉❻古語 陰。くもり。暗い部分。「くもなき鏡と見ゆる月影に」〈金葉集〉❼古語 心のなかに隠していること。秘密。「されどまことには心にくまの無ければ、いと心やすし」〈源氏〉❽古語 欠点。短所。「そのことぞと覚ゆる（コレトイッタ）くまなし」〈源氏〉

くま マ/ク【熊】名 クマ科の哺乳（ほにゅう）類の総称。日本には、つきのわぐま・ひぐまがすむ。冬

く-まい ⓪【供米】名 神や仏にそなえるこめ。

ぐ-まい ⓪【愚妹】名 自分の妹をかしこまっていう語。手紙に使う。

ぐ-まい ⓪【愚昧】名 形動 文章語 〔「愚」も「昧」もおろか〕道理がわからずおろかなこと。

くま-ぐま マ1【×隈×隈】名 すみずみ。「―まで行きわたる」

くまこう-はちこう コ1=コ2【熊公八公】名 〈落語によく登場する人物の名から〉教養はないが素朴な人がらの庶民。くまさんはっつぁん。

くま-ざさ ⓪【熊×笹・×隈×笹】名 イネ科の多年生植物。冬、長円形の葉のふちが白くなる。

くまざわ-ばんざん《熊沢蕃山》一六一九―一六九一。江戸時代前期の儒学者。著書に「集義和書」「源氏外伝」など。

くま-そ《熊襲》上代、九州中南部の地方に住んでいた種族。大和（やまと）朝廷に反抗し、討伐されたとされる。

くま-たか ⓪【熊×鷹】名 ❶タカ科の猛鳥。つばさの長さ約五〇センチメートル。うさぎ・鳥類をとってくう。冬 ❷性質があらっぽく、また、欲の深い者。

くま-で ⓪【熊手】名 ❶長い柄の先に鉄製のつめをならべてつけた武器。❷竹をまげて物をかきよせるようにつくった道具。落ち葉などをかき集めるのに用いる。❸竹製のくま手に、おかめの面や模造の小判をつけた、酉（とり）の市で売るえんぎもの。冬

くまで❷

くま-どり ⓪/リ【くま取り】【×隈取り】名 ❶日本画で、立体感を出すためにえのぐをぼかして塗ること。また、その塗った所。❷歌舞伎（かぶき）役者が、人物の性格・表情を強調するために顔を赤・青などでいろどること。また、その模様。くま。

くま取り❷

くまど・る ド【くま取る】【×隈取る】他五 ラ・ロ|リ・ッ|ル|ル|レ|レ ❶色をつけてぼかす。❷役者が顔にくま取りをする。

くま-なく マ/ナ【くまなく】【×隈無く】副 ❶ゆきとどかぬ所なく。すみずみまで。「―さがす」❷かげやくもりがないように。「月が―照らす」

くまな・し【×隈無し】形ク 古語 ❶くらい所がない。かげがない。「花は盛りに、月はくまなきをのみ見るものかは」〈徒然〉❷すみずみまで行きわたっている。「いとくまなき御心のさがにて（性質デ）」〈源氏〉❸心に秘密がない。あけっぴろげだ。「かたみに（互イニ）くまなく言ひ表したまふ」〈源氏〉

くま-の-い ノ【熊の▲胆】名 くまの胆嚢（たんのう）を干したもの。健胃剤。

くま-ばち マ【熊蜂】名 コシブトハナバチ科の昆虫。体長約二センチメートル。黒色で胸部には黄色の毛がはえている。「くまんばち」とは別種。春

くま-まつり マ2【熊祭(り)】名 神にそなえるものとして、こぐまを殺し、その霊を神の国へかえす祭り。アイヌの人たちの儀式。冬

くまもと-けん《熊本県》九州地方西がわの中部の県。県庁所在地は熊本市。

くまん‐ばち㋮【熊ん蜂】名 すずめばちの俗称。㊡

くみ【組(み)】㊀㊂名〔組むこと。組んだもの〕❶組みあわせ。「それとこれとが―だ」❷【組】なかま。隊。「白の―と赤の―」❸活字を組むこと。組み版。❹【組】学級。クラス。❺〔古語〕くみ歌。㊁【組】接尾 そろいものをかぞえることば。「学用品一―」

く‐み㋗【苦味】名 にがいあじ。にがみ。―**チンキ**㋠名 だいだいの皮などの成分をアルコールにとかした、黄茶色をしたにがい薬品。胃のくすりとして使う。

ぐみ㋘【×茱×萸】名 グミ科の落葉または常緑低木。実(み)は赤く、食用。種類が多い。㊙

グミ㋘〈ドGummi〉名 砂糖や水あめにゼラチンを加え、果汁などの味をつけて固めた菓子。ゴムのような弾力を持つ。

くみ‐あい⓪【組合】―あひ 名 目的や利害を同じくする人々が結合した集団。労働組合・協同組合など。

くみ‐あ・う㋐【組(み)合う】―あふ 自五 ❶たがいに組む。❷いっしょの仲間となる。❸つかみあって争う。

くみ‐あ・げる㋘【くみ上げる】【×汲(み)上げる】他下一 ❶水などをくんで高い所へ移す。❷下の者の意見・希望などを上の者が取り上げる。「大衆の意見を為政者が―」 **くみあ・ぐ** 文語下二

くみ‐あ・げる㋘【組(み)上げる】他下一 ❶組んでし上げる。組みおえる。❷組んで積みあげる。 **くみあ・ぐ** 文語下二

くみ‐あわ・す㋻【組(み)合(わ)す】―あはす 他五 ⬇くみあわせる。

くみ‐あわせ⓪【組(み)合(わ)せ】―あはせ 名 ❶組み合わせること。組み合わせたもの。❷〔数〕あたえられたものから順序を考えずにいくつかを取り合わせること。「順列―」❸スポーツ競技で、相手どうしをきめること。取り組み。「準準決勝の―がきまる」

くみ‐あわ・せる㋝【組(み)合(わ)せる】―あはせる 他下一 ❶たがいに組み合うようにする。❷いくつかのものを合わせて組ませる。取り合わせてまとめる。 **くみあは・す** 文語下二

くみ‐いと⓪㋑【組(み)糸】名 組み合わせた糸。

くみ‐い・れる㋹【組(み)入れる】他下一 中に入れこむ。編入する。「A組に―」 **くみい・る** 文語下二

くみ‐いん㋂【組員】名 組の構成員。特に暴力団の一員。

くみ‐うた㋂【組(み)歌】【組唄】名 邦楽で、意味の上でつながりのない、いくつかの短い歌を組み合わせた曲。

くみ‐うち⓪【組(み)討(打)ち】名 とり組んで戦うこと。組みついて、さしころすこと。

くみ‐お⓪【組(み)緒】―を 名 糸を組み合わせたひも。組みひも。

くみ‐おき⓪【くみ置き】【×汲(み)置き】名 水などをくんで取って置くこと。また、その水。

くみ‐おどり㋔【組踊(り)】―をどり 名 せりふ・音楽・舞踊によって構成される沖縄の古典歌舞劇。

くみ‐か・える㋓㋕【組(み)替える】―かへる 他下一 あらためて組みなおす。 **組み替え** 名 **くみか・ふ** 文語ハ下二

くみ‐がしら㋕【組頭】名 ❶組の長。❷江戸時代、名主(なぬし)を助けて村の事務をとったもの。

くみ‐かわ・す㋻【酌み交(わ)す】―かはす 他五 さかずきをやりとりして酒を飲む。

くみ‐きょく㋂【組(み)曲】名 いくつかのおもむきのちがう曲を組み合わせて一つにまとめた楽曲。

くみ‐こ⓪【組子】名 ❶組の手下。組下。❷障子・格子(こうし)・欄間などの中に縦横に組んだ細い材。

くみ‐こ・む㋙【組(み)込む】他五 ❶組んで中に入れる。❷なかまに入れる。 **組み込める** 自下一[…できる]

くみ‐さかずき㋚【組(み)杯】【組×盃】―さかづき 名 大小いくつかを組み合わせたさかずき。重ねさかずき。

くみ‐し・く㋛【組(み)敷く】他五 相手ととり組んで、自分の下におさえつける。

くみ‐した⓪【組下】名 部下。組子。

くみし‐やす・い㋜【△与し△易い】形 相手としてあつかいやすい。 **くみしやす・し** 文語ク

くみ‐じゅう㋂【組(み)重】名 いくつか組みかさねるようになっている重箱。かさねじゅう。

くみ・する㋜【△与する】自サ ❶なかまに加わる。「わるだくみに―」❷賛成する。力をかす。「だれにもくみしない」 **くみ・す** 文語サ変

くみ‐たいそう㋟【組(み)体操】名 複数の人が組んでさまざまな形をつくる体操。組み立て体操。

くみ‐たて⓪【組(み)立(て)】名 ❶組み立てること。「―式の本棚」❷いろいろな要素を合わせてひとつにまとめ上げること。また、それぞれの要素のつながり方。構成。構造。「文の―」

くみ‐た・てる㋢【組(み)立てる】他下一 ばらばらのものを一つにまとめて、作り上げる。「模型飛行機を―」 **くみた・つ** 文語下二

くみ‐ちがい㋠【組違い】―ちがひ 名 (宝くじや年賀はがきなどで)番号は同じだが組番号が違っていること。「―賞」

くみ‐ちが・える㋓㋕【組(み)違える】―ちがへる 他下一 ❶組んでたがいちがいにする。❷あやまって組む。組みまちがえる。 **組み違え** 名 **くみちが・ふ** 文語ハ下二

くみ‐ちょう㋂【組長】名 組の代表者。

くみ‐つ・く㋡【組(み)付く】自五 人にとりついて組む。

くみ‐て⓪㋢【組(み)手】名 ❶相撲で、四つに組んだ状態。組むこと。❷柔道で、相手の胴着のつかみ方。「―争い」❸空手で、相手と攻防を実際に行うこと。❹建築で、部材と部材を組み合わせた部分。

くみ‐てんじょう㋢【組(み)天井】名 細い木をこうしの形に組み、その上に板を張った天井。格(ごう)天井。

くみ‐と・める㋱⓪【組(み)止める】他下一 相手に組み付いて動きをおさえる。 **くみと・む** 文語下二

くみ‐とり⓪【くみ取り】【×汲取】名 ❶くみ取ること。❷大・小便をくんで取りだすこと。―**ぐち**㋷⓪【―口】名 便所の大・小便をくみだす口。

くみ‐と・る㋣【くみ取る】【×汲取る】他五 ❶水などをくんで取りだす。❷おしはかる。おもいやる。「相手の気持ちを―」 **くみ取れる** 自下一[…できる]

くみ‐はん⓪【組(み)版】名 原稿どおりに活字などを組むこと。また、組んでできた版。

くみ‐ひも㋂【組みひも】【組×紐】名 糸を組んだひも。くみお。

くみ‐ふ・せる㋝【組(み)伏せる】他下一 とり組んで相手をたおし、おさえつける。 **くみふ・す** 文語下二

くみ‐ほ・す㋭【くみ干す】【×汲干す・×汲乾す】自五 ❶水などをすっかりくみ出してしまう。❷ついだ酒をすっかり飲む。

くみ‐わ・ける㋘【くみ分ける】【×汲分ける】他下一 ❶別の器などにくんで分ける。❷おもいやる。くみとる。「相手の気持ちを―」 **くみ分け** 名 **くみわ・く** 文語下二

くみん ク【区民】名 区内に住んでいる人。区の住民。

クミン ク〈cumin〉名 セリ科の一年草。種子が香辛料としてカレーなどに使われる。

ぐみん ◎【愚民】名〔文章語〕おろかな人民。無知な民衆。 —政策 セ 名 人民を無知の状態にしておいて、批判力をもたないようにする政策。

くむ ◎【酌む】【汲む】他五 ❶〔かながき〕水などをすくいとる。❷容器についで飲む。「酒を—」❸おしはかる。くみとる。「事情を—」 酌める 自下一〔…できる〕

くむ ク【組む】 ㊀他五 ❶たがいちがいにからみ合わせる。「糸を—」「腕を—」❷構成する。くみたてる。「隊を—」❸原稿のとおりに活字などをならべる。「版を—」 ㊁自五 ❶なかまになる。組みになる。「ふたりで—」❷とり組む。「むんずと—」 組める 自下一〔…できる〕

ぐむ 接尾〔五段活用動詞をつくる〕きざす。もよおす。「涙—」

くめまさお《久米正雄》一八九一〜一九五二。小説家・劇作家。代表作に戯曲「牛乳屋の兄弟」、小説「破船」「学生時代」など。

くめん ク【工面】名 他サ ❶くふうしてかねや必要な品物をとりそろえること。かねのつごうをつけること。算段。「やっと—がつく」「百万円—してくれ」❷かねまわり。ふところぐあい。「このごろ—がいい」

くも ク【雲】名 ❶地表からはなれて大気中にうかんでいる、こまかな水や氷のつぶの集団。❷一面に広がったり、たなびいたりしているようす。「花の—」 —突くばかり せたけの非常に高いようす。「—の大男」 —の上 ❶空中の高いところ。天上。❷宮中。禁中。❸近づきがたい高い地位。「—の存在」 —の上人 宮中につかえる人。殿上人。 —の峰 真夏に見られる、山のように高く発達した雲のようす。入道雲。夏 —を霞と いちもくさんに逃げて姿が見えなくなるようす。「—逃げ去る」 —を掴む ぼうっとしていて、とらえどころがないようす。「—ような話」

くも ク【蜘蛛】名 クモ目の節足動物の総称。頭部にはふつう八個の単眼があり、胸部に四対の足がある。多くは、しりから糸を出して網のような巣をつくる。夏 —の子を散らす 多くのものがちりぢりになって逃げるようす。

くもあい ◎【雲合い】名 雲のようす。そらもよう。

くもあし ◎【雲足・雲脚】名 ❶雲の動くさま。「—が速い」❷雨雲の低くたれさがっているもの。❸雲の形をした机の足。雲脚。

くもい ◎【雲居・雲井】名〔文章語〕❶雲。空。❷遠い空。はるかなところ。❸宮中。皇居。

くもがくれ ガ【雲隠れ】名 自サ ❶雲にかくれること。「—の月」❷人が隠れ所がわからないように、姿をくらますこと。❸高貴の人が死ぬこと。

くもがた ◎【雲形】名 雲が横にたなびいた形の模様・彫刻。 —定規 ジョ 名 曲線を書くのにつかう定規。

雲形定規

くもじ ◎【雲路】名〔文章語〕❶鳥などが空を行くみち。❷雲のゆくえ。

くもすけ モ【雲助】名 ❶〔雲のように居場所が定まらないことから〕江戸時代、街道すじでかごをかついだり、荷をはこんだりした住所不定の人足。❷品のわるいごろつき。 —根性 コ 名 人の弱みにつけこんで、かねをまきあげたりするわるい心。

くもつ ク【供物】名 神仏にそなえる物。

くもで ◎【くも手】【蜘蛛手】名 くもの足が八方に出ているように、道が多方にわかれていること。

くもま ◎【雲間】名 雲のきれたあいま。はれま。「—の月」

くもまく モ【くも膜】【蜘蛛膜】名 脳の表面を包む三層の膜のうち真ん中のもの。ちしゅまく。 —下出血 ジュ 名 くも膜の下の血管が破れて、血がこの膜の下に流れこむこと。はげしい頭痛や意識不明を起こす。

くもゆき ◎【雲行き】名 ❶雲が空を通りゆくこと。また、そのようす。「—が早い」❷形勢。なりゆき。「政界の—」 —が怪しい ❶天候がくずれそうである。❷形勢がおだやかでない。「国会の—」

くもらす ラ【曇らす】他五 ❶空がくもるようにする。❷はっきりしないようにする。「声を—」❸心配そうな顔をする。「顔を—」〓くもらせる。

くもり リ【曇り】名 ❶雲で空がおおわれている状態。↔晴れ。参考 表や図では「昙」と表記してもよい。❷すっきりしないこと。「心の—」❸すきとおらなくなること。「窓ガラスの—」

くもりガラス ガ【曇りガラス】【曇硝子】名 不透明なガラス。つやけしガラス。

くもりごえ ゴ【曇り声】名 ❶はっきりしない声。❷涙声。

くもる モ【曇る】自五 ❶雲などで空がおおわれる。「曇った空」↔晴れる。❷すき通っていた物、輝いていた物が、はっきりしなくなる。「ガラスが水滴で—」「鏡が—」❸心や表情が暗い感じになる。「心配に—顔つき」「失敗を思い出して心が—」❹目がかすむ。「涙に—目」

くもん ◎【苦悶】名 自サ くるしみもだえること。

ぐもん ◎【愚問】名 おろかな問い。つまらない質問。↔愚答。

くもんじょ ◎【公文所】名 ❶平安時代、諸国におかれて、おおやけの文書をあつかった役所。❷平安時代、荘園などで年貢についての事務をとった所。❸鎌倉時代、幕府の政令をあつかった役所。

くやくしょ ヤ【区役所】名 区の事務をあつかう役所。

くやしい シ【悔しい】【口惜しい】形 あきらめがつかない。残念である。くちおしい。 悔しがる 自五 悔しげ 形動 悔しさ 名 くやし 文語シク

くやしなき ◎【悔し泣き】名 悔しさのあまりに泣くこと。

くやしなみだ ナ【悔し涙】名 悔しさのあまりに出る涙。「—にくれる」

くやしまぎれ マ【悔し紛れ】名 残念な気持ちにとらわれて、見さかいがなくなること。「—に悪口を言う」

くやみ ミ【悔(や)み】名 ❶悔やむこと。後悔。❷人の死をおしむこと。また、その気持ちをあらわすことば。「お—に行く」「お—を述べる」参考 ❷の「おくやみ」は◎。

くやみごと ◎【悔(や)み言】名 ❶残念に思って言うことば。❷人の死をおしんで言うことば。

くやむ ヤ【悔(や)む】他五 ❶〔すんだことを〕残念に思う。後悔する。「今さら悔やんでもしかたがない」❷人の死をおしみ悲しむ。

ぐゆう ◎【具有】名 他サ そなえもつこと。そなえていること。「高い知性を—する」

くゆらす ラ【燻らす】他五 ゆるやかに煙をたてる。くゆらせる。「たばこを—」

くよう ◎【九曜】名 古代インドで占いに使った九つの星。日・月・火・水・木・金・土の七曜星に羅睺・計都の二星を加えたもの。陰陽道で、これを人の生年にあてはめ、運命・吉凶を占う。九曜星。

くよう ク【供養】名 自サ 仏や死者の霊に物をそなえて、

冥福(めいふく)をいのること。「無縁ぼとけを―する」[参考]「供要」と書くのはあやまり。

くよ-くよ [ク] (と)[副][自サ] 気が小さくて、あれこれと心配するようす。「いつまでも―するな」

くら【▲競】[接尾]〔「くらべ」の略〕くらべること。あらそい。競争。「かけ―」「おし―」

くら [ラ]【倉・蔵】【▲庫】[名] 家財・商品などを安全にしまっておく建物。[参考]「倉」は古くは穀物を収納する建物を指した。「蔵」は「酒蔵(さかぐら)」「蔵造り」などのほか、「蔵開き」のように商家の品物をおさめる建物の意味に使った。「くら」という語の使用頻度が低くなり、書き分けの意識も薄れた。 **―が建(た)つ** たいそう金持ちになる。

くら [ラ]【×鞍】[名] 馬・牛などの背につけて、人や荷物をのせるもの。

くらい ⓪【位】くらゐ [名] ❶官職などにともなう公式の地位。❷品格。物の等級。❸数をあらわすのに、十倍ごとにつける名称。数のけた。「十の―、百の―」 **―人臣(じんしん)を極(きわ)める** 臣下として最高の位につく。

くら・い ⓪【暗い】[形] カロ・カッ・ク・イ・イ・ケレ・○ ↕明るい。❶光が弱かったりなかったりして、物がはっきり見えないようす。「照明が―」「―部屋」❷晴れ晴れせず、気分が明るくない。㋐陰気である。明朗でない。「―気分」「―絵」㋑色がくすんでいる。「―色調」㋒犯罪・不幸などの存在が感じられる。「―世の中」❸その物事によく通じていない。くわしく知らない。「土地の事情に―」 **暗さ**[名] **くら・し**[文語ク]

くらい くらゐ [助]〔副助詞〕❶だいたいの数量・程度を示す。…ほど。「五キロ―の道」「たまご―の大きさ」「どれ―でしょうか」❷極端な例として示す。「彼にだってどうしようもなかった―だからね」「それ―のことができないのか」❸〔下に打ち消しの表現を伴って〕…がいちばんだ。…以上のものがないという意味を表す。「あの人―熱心な人はいない」‖ぐらい。

クライアント [ラ]〈client〉[名] ❶広告などの依頼主。お得意さま。❷相談のためにくる訪問者。来談者。

くらい-こ・む [ヨ]【食らい込む】くらひ― [自五] マ・モ・ミ・ン・ム・ム・メ・メ [俗語] 拘置所・刑務所などに入れられる。「六年間―」

クライシス [ラ]〈crisis〉[名] 危機。恐慌。

くらい・する ⓪【位する】くらゐする [自サ] シ・セ・サ・シ・スル・スレ・シロ・セヨ 地位をしめる。場所をしめる。 **くらゐ・す**[文語サ変]

グライダー [ラ]〈glider〉[名] エンジンもプロペラもない航空機。滑空機。

くらい-だおれ [ダ]【位倒れ】くらゐだふれ [名] 地位だけが高くて、実質がそれに伴わないこと。くらいまけ。

くらい-つ・く [ツ]【食らい付く】くらひ― [自五] カ・コ・キ・イ・ク・ク・ケ・ケ かみつく。くいつく。また、しっかりとりつく。「相手のうでに―」

くらい-どり ⓪【位取り】くらゐ― [名] 数の位をきめること。

クライマー [ラ]〈climber〉[名] 登山者。特に岩登りをする人。登攀(とうはん)者。

くらい-まけ ⓪【位負け】くらゐ― [名] ❶実力よりも地位が高すぎること。また、地位が高すぎて実力がじゅうぶん出せないこと。くらいだおれ。❷相手の地位・品位などに圧倒されること。

クライマックス [マ]〈climax〉[名] しばい・事件などの、もっとも緊張の高まった場面。最高潮。絶頂。やまば。「―に達する」

クライミング [ラ]〈climbing〉[名] 山の岩壁またはそれを模した人工の壁(クライミングウオール)をよじのぼること。特にロッククライミングのこと。

グラインダー ⓪〈grinder〉[名] 円形の砥石(といし)をまわして物の面をみがきあげる工作機械。研削盤。研磨盤。

くら・う ⓪【食らう】くらふ [他五] ワ・オ・イ・ッ・ウ・ウ・エ・エ 〔「くう」のぞんざいな言い方〕❶食べる。❷飲む。「大酒を―」❸うける。「罰を―」 **食らえる** [自下一]〔…できる〕

クラウド ⓪[ラ]〈cloud〉[名] ❶雲。❷「クラウドコンピューティング」「クラウドサービス」の略。 **―コンピューティング** [ピ]〈cloud computing〉[名] インターネットのサーバー上で、ソフトウエア、データベースなどを利用するシステム。また、それを提供するサービス。クラウドサービス。

クラウド-ファンディング [フ]〈crowd funding〉[名]〔crowdは大衆の意〕インターネット上で自分の計画を公開し、不特定多数の賛同者からその計画の実現に必要な資金をつのること。

クラウン [ラ]〈crown〉[名] ❶王冠。冠。❷王冠模様のあるイギリスの五シリング貨幣。

グラウンド ⓪〈ground〉＝**グランド**[名] ❶基礎。根拠。基盤。土台。❷運動場。競技場。野球場。 **―マナー** [マ]〈ground manner〉[名]〔和製英語〕試合中の選手の態度。「―が悪い」

くら-がえ ⓪【くら替え】【×鞍替】がへ― [名][自他サ] 職や所属をかえること。「役人をやめて商人に―する」

くら-がり ⓪【暗がり】[名] 暗いところ。 **―から牛(うし)を引きだす** 物の区別がつかないようす。暗やみから牛。また、動作がにぶく、のろいようす。

く-らく [ク]【苦楽】[名] くるしみとたのしみ。「―を共にする」

クラクション [ラ]〈klaxon〉[名] 自動車などの警笛。

くら-くら [ク] (と)[副][自サ] ❶目まいのするようす。「目が―する」❷気持ちが荒だつようす。「怒りに頭が―する」

ぐら-ぐら [ク] (と)[副][自サ][形動(の)] ❶不安定でゆれ動くようす。「机が―する」「態度が―する」❷湯がにえたつようす。「―沸いたなべ」[参考]形容動詞として使うときは⓪。

くらげ ⓪【▲水▲母・▲海▲月】[名] 腔腸(こうちょう)動物および有櫛(ゆうしつ)動物のうち、水中で浮遊生活をする一群の総称。鉢(はち)を伏せた形でからだは寒天質。(夏)

くら-ざらえ [ザ]【蔵ざらえ】【蔵×浚え】ざらへ― [名] くらばらい。

くらし ⓪【暮(ら)し】[名] ❶人間として毎日を過ごすこと。生活。「平和な―を営む」「外国―にあこがれる」「―の知恵」❷人間が毎日生きていくために必要な手段。生計。「豊かではないが―には困らない」「庶民の―に目を向ける政治」[参考]「暮らし」には人間としての活動そのものとそれを成り立たせるための手段という側面がある。「生活」はその全体を指し、「生計」はその後者である。「暮らし」は主に話し言葉で使うが、「生活」「生計」は書き言葉でも使われる。 **―を立(た)てる** 生活をなりたたせる。「この地方は果樹栽培で暮らしを立てている」

グラジオラス [オ]〈gladiolus〉[名] アヤメ科の多年生植物。地下に球茎をもち、夏、白・赤・黄・紫などの花が咲く。(夏)

クラシカル [ラ]〈classical〉[形動] ダロ・ダッ・デ・ニ・ダ・ナ・ナラ・○ 古典的。古風。「―な建物」

くらしき-りょう [キ]【倉敷料】[名] 倉庫に商品を保管する料金。倉敷。

クラシシズム [シ]〈classicism〉[名] 古典主義。

クラシック [シ]〈classic〉[一][名] 古典。❶古代ギリシャ・ローマ時代の文学や美術などの作品。❷その分野で、いつまでも価値を失わないりっぱな作品。❸クラシック音楽。[二][形動] 古典的。古風。 **―音楽(おんがく)** [オ][名]〔ジャズ・ポピュラーなどの軽音楽に対して〕伝統的な西洋音楽。 **―レー**

ス[レ]〈classic races〉名 競馬で、三歳のサラブレッドによって行われる重賞競走。日本の中央競馬では、桜花賞・皐月賞・オークス・ダービー・菊花賞の五つ。

くらし-むき[0]【暮(ら)し向き】名 生計のありさま。「楽な―」

クラス[ク]〈class〉名 ❶階級。階層。「大臣―の協議」❷等級。「下の―に落ちる」「エコノミー―」❸学級。**―会**[ス][ラ]名 同級の人たち、または、同級だった人たちがあつまって親睦のために催す会合。**―メート**[メ]〈classmate〉名 同級生。

くら・す【暮(ら)す】[サ・ソ・シ・ス・ス・セ・セ] ㊀[0] 自五 ❶日の暮れるまでの一日を過ごす。「庭木の手入れをして―」「乳飲み子の世話に追われて―」❷住まいを定めて毎日を送る。「半年は別荘で―」「妻に先立たれて一人で―」❸生きて活動するための手段をもつ。「共働きでないと暮らせない」「老後は年金収入で―」㊁造(動詞について)❶あることをして一日を過ごす。「遊び―」「泣き―」❷あることが一日中続く。「降り―」**暮らせる** 自下一[…できる]

グラス[グ]〈glass(es)〉名 ❶洋酒をのむガラス製のコップ。❷めがね。双眼鏡。「オペラ―」「サン―」❸ガラス。「ステンド―」**―ファイバー**[フ]〈glass fiber〉名 ガラス繊維。建築材・断熱材・プラスチック材などに利用。

グラス[グ]〈grass〉名 芝。草。「―コート」「―スキー」

クラスター[ラ]〈cluster〉名 集団。同種のものの集まり。「―感染」「―爆弾」

クラスト[ラ]〈crust〉名 つもった雪の、表面が固くなったもの。

くら-だし[0]【蔵出し】名 蔵に貯蔵・保管してあった物品を取り出すこと。また、その品。

くらた-ひゃくぞう《倉田百三》一八九一～一九四三。劇作家・評論家。戯曲に「出家とその弟子」、評論に「愛と認識との出発」など。

グラタン[0]〈ᶠgratin〉名 肉・野菜などをホワイトソースとまぜて浅いさらに入れ、チーズなどをかけ、オーブンで焼いた料理。

クラッカー[ラ]〈cracker〉名 ❶クリスマスなどの祝宴用の爆竹。❷塩あじのかたやきビスケット。

ぐらつ・く[0] 自五 [カ・コ・キイ・ク・ク・ケ・ケ] 不安定でぐらぐらゆれる。動揺する。「足もとが―」「決心が―」

くら-づくり[ヅ]【蔵造り】名 周囲を厚い壁で塗った土蔵風の建物。土蔵造り。

クラッシュ[ラ]〈crash〉名 自サ ❶自動車競技などで衝突すること。❷コンピューターで、ハードウエアやソフトウエアがこわれること。

クラッチ[ラ]〈clutch〉名 動力を断続する装置。特に、自動車のエンジンと軸とをつないだり、切ったりするしかけ。

クラッチ[ラ]〈crutch〉名 ボートのオールをささえる金具。

くらっ-と[ラ] 副 自サ その瞬間めまいがして倒れそうになるようす。「頭が―する」

ぐらっ-と[ラ] 副 自サ ❶⇩ぐらりと。❷気持ちが大きくかたむくようす。「転職の誘いに心が―する」

くら-つぼ[ラ]【×鞍×壺】名 馬のくらの、人の腰をおろす部分。

グラデーション[デ]/[0]〈gradation〉名 色の濃淡や明暗などの段階的な変化。階調。

くら-に[0]【倉荷】名 倉庫にしまってある貨物。

グラニュー-とう[0]【グラニュー糖】〈granulated sugar から〉名 ざらめ糖のこまかいもの。

くらのなか《蔵の中》宇野浩二の短編小説。一九一九年発表。著者の出世作で、大正文学の典型の一つ。

くらはし-ゆみこ《倉橋由美子》一九三五～二〇〇五。小説家。本名、熊谷由美子。「パルタイ」で注目され、以後、カフカ・カミュ・サルトルの影響を受けた短編を多く発表。「聖少女」「アマノン国往還記」など。

くら-ばらい[バ]【蔵払い】名 蔵にしまってある売れ残りの商品を取り出し、安売りすること。くらざらえ。

グラビア[0]〈ᶠgravure〉＝**グラビヤ** 名 写真の印刷などに用いる凹版の印刷法。また、それで印刷したもの。濃淡をよく表現する。

くら-びらき[ビ]【蔵開き】名 新年の吉日(多く一月十一日)に、はじめて蔵を開くこと。㊍新年

クラブ[ク]〈club〉名 ❶【×倶▲楽部】同じ目的によって結ばれた人々の集まり。また、集会所。❷会員制をたてまえとする酒場。「ナイト―」❸ゴルフの球をうつ棒。❹トランプの、クローバーの葉の形の模様のふだ。**―チーム**[チ]〈club team〉名 スポーツのチームで、企業が運営するのではなく、同好の人々が組織を作り運営するもの。**―ハウス**[ハ]〈clubhouse〉名 スポーツや娯楽のクラブで、会員用の設備を備えた建物。またはその更衣室。

グラフ[グ]/[0]〈graph〉名 ❶図表。「棒―」「円―」❷写真を中心とした雑誌。画報。「スポーツ―」

グラブ[グ]〈glove〉＝**グローブ** 名 野球やボクシングに使う革製の手袋。

グラフィック[フィ]〈graphic〉名 ❶広告・イラストレーションなどの美術印刷物。❷コンピューターのディスプレー装置に表示された図形。**―デザイン**[ザ]〈graphic design〉名 印刷技術により複製されることを前提としたデザイン。広告、カタログ、ポスターなど。

グラフィティー[ラ]〈graffiti〉名(「落書き」の意から)盛り場の建物の壁などに大きくかかれた絵。

クラブサン[ブ]/[ラ]〈ᶠclavecin〉名 ハープシコード。

クラフト[ラ]〈craft〉名 手作りの工芸品。また、手工業による製品。「ペーパー―」「―ビール」**―紙**[ト]名 包装紙や穀物・セメントなどの袋に用いる、硫酸塩パルプからつくった茶色のじょうぶな紙。

くらべ【比べ】造 二つ以上のものの数量・能力などを照らし合わせて、くらべること。また、くらべて優劣を決めること。「背―」「力―」「根―」

くらべ-もの[0]【比べ物】名 優劣を比較すること。**―にならない** 差が大きくて比較にならない。

くら・べる[0]【比べる】【▲較べる】他下一 [ベ・ベ・ベル・ベル・ベレ・ベロ・ベヨ] たがいの間の優劣・ちがいなどをしらべる。比較する。「速さを―」「巧みさを―」「今と―と昔は寒かった」**くら・ぶ** 文語下二

グラマー[ラ]〈grammar〉名 文法。文法書。

グラマー[ラ]〈ᵃglamor〉名 形動 豊満で、性的な魅力のあるようす。また、その女性。

くら-まい[0]【蔵米】名 ❶倉庫にしまってある米。❷江戸時代、幕府が浅草の米倉に収納した年貢米。また、諸藩が主として大坂の蔵屋敷に収納した年貢米。

くらま・す[マ]【×晦ます】他五 [サ・ソ・シ・ス・ス・セ・セ] ❶姿をかくす。見つからないようにする。「ゆくえを―」❷ごまかす。「人目を―」

くらみ[0]【暗み】名 暗いこと。また、そのところ。くらがり。

くら・む[0]【×眩む】自五 [マ・モ・ミ・ン・ム・ム・メ・メ] (「目がくらむ」の形で)❶(強い光が当たったりして)目の前がぼうっとしてよく見えなくなる。❷目がまわる。めまいがする。❸何かに心をうばわれて、判断力がなくなる。「欲に―」

グラム[グ]〈ᶠgramme〉【▲瓦】名 質量の単位。記号は

「g」。

くら-もと ⓪【蔵元】名 ❶酒蔵をもっていて、日本酒を作っている人。❷江戸時代、蔵屋敷に出入りして、年貢米(ねんぐまい)などの売りさばきや、金銭の用たしをつとめた商人。

くら-やしき ヤ【蔵屋敷】名 江戸時代、諸藩が江戸・大坂などに、年貢米(ねんぐまい)その他の物産の貯蔵・販売のために設けた倉庫のある屋敷。

くら-やみ ⓪【暗闇】名 ❶暗いこと。また、そのところ。❷人目につかないところ。「犯罪を—にほうむる」❸乱れて治まらないこと。希望のもてないこと。「—の世の中」 **—から牛(うし)** ➡暗がりから牛を引きだす。

ぐらり-と ラ 副 自サ 急に大きなゆれを感じるようす。「地震で家が—ゆれる」

クラリネット ネ〈clarinet〉名 木管楽器の一つ。一枚リードで、豊かな広い音域をもつ。木製、または金属製。

クラリネット

くらわ・す ⓪ワ【食らわす】(くらはす) 他五 (サ・ソ・シ・ス・ス・セ・セ) 「食わせる」のぞんざいな言い方。❶たべさせる。くらわせる。❷あたえる。「罰を—」「げんこつを一発—」

くら-わたし ワ【倉渡し】名 売り主が商品のあずけてある倉庫で買い主にそれをひき渡すこと。 **—値段(ねだん)** ネ 名 倉渡しで売る値段。

クランク ラ〈crank〉名 ❶往復運動を回転運動に変え、またはその逆をおこなう装置。❷映画の撮影機のハンドル。 **—アップ** ア〈crank up〉名 自サ (和製英語)映画の撮影が完了すること。↕クランクイン。 **—イン** イ〈crank in〉名 自サ (和製英語)映画の撮影にかかること。↕クランクアップ。

クランケ ラ〈ド Kranke〉名 患者(かんじゃ)。

クランチ ラ〈crunch〉名 かんだときにくだけるような歯ざわりのある菓子。「—チョコレート」

くらんど ラ【蔵人】名 ➡くろうど。

グランド ド〈grand〉造 偉大な。高遠な。豪華な。重要な。大規模の。「—ホテル」 **—オペラ** オ〈grand opera〉名 劇的な内容をもち、せりふがすべて歌となっている歌劇。正歌劇。大歌劇。 **—スラム** ス〈grand slam〉名 ❶テニスやゴルフなどのスポーツで、その年の主要な大会のすべてに優勝すること。❷野球で、満塁ホームラン。 **—デザイン** サ〈grand design〉名 大規模な計画。全体的な構想。 **—ピアノ** ピ〈grand piano〉名 平台の大型で三つ足のピアノ。↕アップライトピアノ。

グランド ⓪〈ground〉名 ➡グラウンド。

グラン-プリ ラ〈フ grand prix〉名 芸能・スポーツなどの競技会で与えられる大賞。第一位の賞。特に国際映画祭で与えられる最高賞。

クランベリー ベ〈cranberry〉名 ツツジ科の常緑の蔓性(つるせい)植物。赤い果実を生食したり、ジュースなどにしたりする。北アメリカの原産。

くり リ【×栗】名 ブナ科の落葉高木。また、その実(み)。実はいがにつつまれ、食用。材はかたく、土木工事などに使う。実は㊙秋 花は㊙夏

いが
栗

くり リ【繰り】名 ❶糸などを繰ること。繰りかた。❷謡曲のふしの名。ふつうの音階より一音階ないし二音階上げて歌うもの。

く-り ク【庫裏】【庫×裡】名 ❶寺の台所。❷住職とその家族の居間。

ぐり【繰り】接尾 後に回したり、送ったりして間に合わせること。「やり—」「資金—」

クリアー リ〈clear〉= **クリア・クリヤー** ㊀形動 ❶澄んでいるようす。❷はっきりしているようす。「課題が—になる」 ㊁名 他サ ❶陸上競技で、バーやハードルを跳び越えること。❷サッカーなどで、ボールを大きくけり返して、相手の攻撃をかわすこと。❸問題を解決して先へ進むこと。❹コンピューターや計算器で、データや数字を消去すること。

くり-あが・る ガ【繰(り)上がる】自五 (ラ・ロ・リ・ッ・ル・ル・レ・レ) ❶順ぐりに上がる。「順位が—」❷予定より早くなる。「期日が—」❸たし算で、一つ上の位に数がたされる。 **繰り上がり** 名

くり-あ・げる ゲ【繰(り)上げる】他下一 (ゲ・ゲ・ゲル・ゲル・ゲレ・ゲロ・ゲヨ) ❶順々に上げる。前へもっていく。「次点者を—」「期日を—」❷たし算で、一つ上の位に数をたす。↕繰り下げる。 **繰り上げ** 名 **くりあ・ぐ** 文語下二

クリアランス-セール セ〈clearance sale〉名 くらばらい。大売り出し。

くり-あわ・せる セ【繰(り)合(わ)せる】(くりあはせる) 他下一 (セ・セ・セル・セル・セレ・セロ・セヨ) つごうをつける。間に合わせる。「万障繰り合わせて出席する」 **繰り合わせ** 名 **くりあは・す** 文語下二

クリー ク【×苦力】名 ➡クーリー。

グリー リ〈glee〉名 三部以上の合唱曲。ふつう、伴奏がなく、おもに男声合唱。 **—クラブ** ク〈glee club〉名 男声合唱団。

クリーク リ〈creek〉名 小川。みぞ。堀川。小運河。 参考 とくに、中国の上海(シャンハイ)付近のものをいう。

くり-いし リ【くり石】【×栗石】名 ❶くりの実(み)ぐらいの大きさの石。❷直径一五センチ(メートル)ぐらいのかどのとれた石。基礎工事に使う。

グリース リ〈grease〉= **グリス** 名 車の軸受けなどに用いる、のり状の潤滑油。

グリーティング-カード カ〈greeting card〉名 クリスマスや誕生日を祝うために贈る、絵入りのカード。

クリーナー リ〈cleaner〉名 ❶電気そうじ機。❷よごれをおとすための薬品・道具。

クリーニング リ〈cleaning〉名 ❶洗たく。ドライクリーニング。❷よごれを取り除くこと。「エアコンの—」

クリーミー リ〈creamy〉形動 (ダロ・ダッ・デ・ニ・ダ・ナ・ナラ・〇) クリームを多く含むようす。また、クリーム状で柔らかくなめらかなようす。「—な泡のビール」

クリーム リ〈cream〉名 ❶牛乳からとる脂肪。❷牛乳・卵・砂糖などでつくる食品。菓子の材料。カスタードクリーム。❸肌・髪や皮革の手入れなどに使う軟膏(なんこう)状のもの。「ハンド—」❹クリーム色。❺アイスクリーム。 **—色(いろ)** ⓪ 名 うすい黄色。 **—サンデー** サ〈cream sundae〉名 (和製英語)アイスクリームの上に、くだもの・チョコレートなどをのせた食品。サンデー。㊙夏 **—ソーダ** ソ〈cream soda〉名 (和製英語)ソーダ水にアイスクリームを浮かせた飲料。㊙夏 **—パン** ム〈cream+ポ pão〉名 (和製英語)カスタードクリームを包み込んで焼いた菓子パン。

くり-い・れる レ【繰(り)入れる】他下一 (レ・レ・レル・レル・レレ・レロ・レヨ) ❶次から次へとたぐって引き入れる。❷くみ入れる。編入する。「本年度の残金は次年度の収入に—」 **繰り入れ** 名 **くりい・る** 文語下二

くり-いろ ⓪【くり色】【×栗色】名 くりの実(み)の皮のような色。こげ茶色。

クリーン リ〈clean〉形動 (ダロ・ダッ・デ・ニ・ダ・ナ・ナラ・〇) ❶清潔なようす。よ

ごれていないようす。「―ヒーター」「―な人柄」❷あざやか。てぎわがみごとなようす。「―ヒット」 ―アップ ア〈clean up〉名 クリーンアップ。クリーンナップ。 ―アップ-トリオ ト〈clean up trio〉名 野球の打順で、三・四・五番の打者三人組。ここに強打者をそろえる。 ―エネルギー ネ〈clean ドEnergie〉名〔和製洋語〕環境を汚染する物質を出さないエネルギー。太陽光、風力、地熱など。

グリーン リ〈green〉名 ❶みどり。みどり色。❷草地。しばふ。特に、ゴルフ場で、ボールを入れる穴の付近のしばふ。 **―アスパラガス** ラ〈green asparagus〉名 アスパラガスの食用にする若い茎。 **―車** しゃ リ 名 JRで特別料金を必要とする車両。みどり色のクローバーのマークがついている。 **―ピース** ピ〈green peas〉名 ⬇グリンピース。 **―ベルト** ベ〈green belt〉名 ❶都市計画で、緑地帯。❷道路の中央の仕切りになっている緑地帯。

グリーンピース ピ〈Greenpeace〉名 国際的な反核・環境保護運動を目的とした団体。一九七一年に結成。

クリエーター エ〈creator〉＝**クリエイター** 名 創造的な仕事に携わっている人。

クリエーティブ エ〈creative〉＝**クリエイティブ** 形動 ダロ・ダッ・デ・ニ／ダ・ナ・ナラ・〇 創造的なようす。独創的なようす。「―な仕事」

クリエート エ〈create〉＝**クリエイト** 名 他サ 創造すること。創作すること。

くり-かえし 〇【繰(り)返し】かへし 名 副 同じことを何度もすること。「―念を押す」 **―符号** ふごう フ 名 同じ文字がつづくことを示す表記符号。おどり字。畳字 じょうじ。「国々」の「々」、「そろ〳〵」の「〳〵」など。

くり-かえ・す カ 〇【繰(り)返す】かへす 他五 サ・ソ・シ・ス・セ・セ 同じことを幾度もする。反復する。「言い違いを―」「失敗を―」 **繰り返せる** 自下一〔…できる〕

くり-か・える エ カ【繰(り)替える】かへる 他下一 エ・エ・エ・エル・エレ・エロ・エヨ ❶取りかえる。交換する。❷あれこれとやりくりをする。流用する。 **繰り替え** 名 **くりか・ふ** 文語ハ下二

くり-がた 〇【×刳(り)形】名 ❶ある形にくりぬいて板にあけた穴。❷家具や建具の表面を、凸型にけずり出した形。

くりから-もんもん モ【×倶▲梨×迦羅紋紋】名 背中にほりつけた、くりから竜王(不動明王の変化身 へんげしん)のいれずみ。また、そのいれずみをした人。

く-りき ク【功力】名〔仏〕功徳 くどく のちから。

くりくり ❶ ク〔(と)副〕自サ ❶目の玉などが元気に動くようす。❷丸くふとっているようす。「―した赤ちゃん」 ❷ 〇 名 形動 髪の毛を短くしたようす。「頭を―に剃る」 **―坊主** ずぼう ボ 名 髪を短く刈った頭。また、そういう頭の人。いがぐり頭。

ぐりぐり ❶ 〇 名 りんぱせんのはれ。るいれき。「首の―」 ❷ グ 副 自サ ❶かたくて丸いものが内部で、なめらかに動くようす。❷かたいもので押さえつけて回すようす。「ひじで―もむ」

くり-げ 〇【×栗毛】名 馬の毛色で、からだがこげ茶色、たてがみと尾は赤みのある茶色のもの。

クリケット リ〈cricket〉名 十一人ずつ二組にわかれ、バットでボールを打つ、イギリスの国民的競技。

グリコーゲン コ〈ド Glykogen〉名 動物のエネルギー代謝に必要な炭水化物の一種。肝臓・筋肉にふくまれる。

くり-こし 〇【繰(り)越(し)】名 ❶繰り越すこと。❷繰越金。 **―金** きん 〇 名 会計上、余って次期へ繰りいれられるかね。 参考「繰越金」と書く。

くり-こ・す コ【繰(り)越す】他五 サ・ソ・シ・ス・セ・セ 残った物事を順に次へおくる。「予定を一日―」 **繰り越せる** 自下一〔…できる〕

くり-ごと 〇【繰(り)言】名 ❶繰りかえし言うことば。❷ぐち。「老人の―」

くり-こ・む コ【繰(り)込む】マ・モ・ミ・ム・ム・メ・メ ❶ 自五 大ぜいがそろってはいっていく。「会場へ―」 ❷ 他五 ❶大ぜいをはいらせる。❷たぐりよせる。「綱を手もとへ―」 ❸組みいれる。繰りいれる。「予備費に―」 **繰り込める** 自下一〔…できる〕

くり-さ・げる ゲ【繰(り)下げる】他下一 ゲ・ゲ・ゲ・ゲル・ゲレ・ゲロ・ゲヨ 順に下へおくる。おそくする。「日程を―」 ↕繰り上げる。 **繰り下げ** 名 **くりさ・ぐ** 文語下二

グリス グ〈grease〉名 ⬇グリース。

クリスタル リ〈crystal〉名 ❶結晶。❷水晶。❸クリスタルガラス製品。 **―ガラス** ガ〈crystal glass〉名 鉛を入れて光の屈折を増すようにしたガラス。カットグラスなど装飾品に用いる。

クリスチャニア チャ〈Christiania〉名 スキーで、急速回転の技術。

クリスチャン リ〈Christian〉名 キリスト教の信者。 **―ネーム** ネ〈Christian name〉名 キリスト教で、洗礼式のとき、信者にさずける洗礼名。

クリスト《Christ》⬇キリスト。

クリスピー リ〈crispy〉形動 ダロ・ダッ・デ・ニ／ダ・ナ・ナラ・〇 食感がぱりぱりしているようす。「―ピザ」

クリスマス ス〈Christmas; Xmas〉名 十二月二十五日の、キリストの降誕祭。冬 **―イブ** イ〈Christmas Eve〉名 クリスマスの前夜祭。十二月二十四日の夜。冬 **―カード** カ〈Christmas card〉名 クリスマスを祝って贈答する絵入りカード。 **―キャロル** キャ〈Christmas carol〉名 クリスマスを祝うためにうたう賛美歌。冬 **―ケーキ** ケ〈Christmas cake〉名 クリスマスを祝うデコレーションケーキ。冬 **―ツリー** リ²〈Christmas tree〉名 クリスマス用に美しくかざる常緑樹。多くは、もみの木を使う。冬 **―プレゼント** レ〈Christmas present〉名 クリスマスのおくりもの。冬

グリセード セ〈glissade〉名 登山で、ピッケル・つえなどをななめうしろに突きさし、スピードをおさえながら雪の面をすべりおりること。

グリセリン 〇〈glycerin(e)〉名 脂肪や油脂を分解してつくった、無色透明のねばねばした液体。薬用、爆薬の原料、機械の潤滑油用。リスリン。

くり-だ・す ダ【繰(り)出す】サ・ソ・シ・ス・セ・セ ❶ 他五 ❶順におくり出す。「新手 あらて の選手を―」 ❷つき出す。「やりを―」 ❷ 自五 大ぜいでかける。「全員で花見に―」 **繰り出せる** 自下一〔…できる〕

クリック リ〈click〉名 自他サ コンピューターのマウスのボタンを押してすぐはなす操作。「アイコンを―する」

グリッド リ〈grid〉名 ❶格子。格子状の模様。❷文書や画像などを編集するソフトウエアなどで、文字や図形を配置するめやすとなる格子状の線。グリッド線。

クリップ リ ク〈clip〉名 ❶物をはさむための小さな金属製器具。紙ばさみ用・髪どめ用など。❷万年筆のふたなどについているとめがね。

グリップ リ〈grip〉名 (ラケット・バットなどの)にぎりの部分。また、にぎり方。

クリティカル リ〈critical〉形動 ダロ・ダッ・デ・ニ／ダ・ナ・ナラ・〇 ❶重大であるようす。危機的。「―な状況」❷批判的であるようす。「―な態度」

くり-ど リ【繰(り)戸】名 戸ぶくろから順に一枚ずつ出し

てたてる雨戸。

クリトリス ト〈ラ clitoris〉名 陰核。

クリニック リ〈clinic〉名 ❶学生に患者を見せながらおこなう医学の講義。臨床講義。❷診療所。

グリニッジ-じ ジー【グリニッジ時】名 ロンドン郊外のグリニッジ(Greenwich)天文台のあった所を通る、経度零度の子午線をもとにした時間。国際的標準時とする。世界時。

くり-ぬ・く ヌ/0【×刳▲貫く】他五 えぐって穴をあける。**くりぬき** 名 **くりぬける** 自下一 […できる]

くり-ねずみ ネ【×栗×鼠】名 こげ茶がかったねずみ色。

くり-の・べる ペ【繰(り)延べる】他下一 順にのばす。延期する。「会合は来月に—」 **繰り延べ** 名 **くりの・ぶ** 文語下二

クリノメーター メ〈clinometer〉名 地層の走向と傾斜をはかる、測量・地質調査用の器械。測斜計。傾斜計。

クリノメーター

くりのもと-しゅう ト【×栗本衆】名 鎌倉時代中期の、こっけいな連歌の作者。また、その仲間。無心の衆。↕柿本衆

ぐり-はま 0 名〔俗語〕(「はまぐり」をさかさまに読んだ語)逆になること。くいちがい。予想外の結果。ぐれはま。「おもわくが—になってしまった」

くり-ひろ・げる ゲ/0【繰(り)広げる】他下一 ❶順をおって開くように出して広げる。「絵巻物を—」❷次々に繰り出すように現す。展開する。「はなやかな舞台を—」「熱戦を—」 **くりひろ・ぐ** 文語下二

クリプト-アセット セ〈crypto-assets〉名 ➡あんごうしさん。

くり-まわ・す ワ/0【繰(り)回す】他五 あれこれとやりくりする。「家計を—」 **繰り回し** 名 **繰り回せる** 自下一 […できる]

くり-まんじゅう マ【×栗×饅▲頭】名 中にくりのはいった白あんを入れて、表面をこげ茶色に焼いたまんじゅう。

くり-めいげつ メ【×栗名月】名 陰暦九月十三日の夜の月。くりをそなえる。のちのつき。豆名月。秋 ↕芋名月。

くり-や 0【×厨】名〔文章語〕台所。料理をする所。

クリヤー リ〈clear〉形動 名 他サ ➡クリアー。

グリューワイン ワ〈ド Gluhwein〉名 ➡ホットワイン。

く-りょ ク【苦慮】名 自他サ 苦心してあれこれ考えること。対策を考えて胸を痛めること。

くりよ・せる 0/セ【繰(り)寄せる】他下一 たぐり寄せる。 **くりよ・す** 文語下二

グリル グ〈grill〉名 (「焼き肉・焼き魚」の意)❶一品料理を主としたレストラン。❷ガスオーブンなどにある直火の焼き網。

くり-わた リ【繰(り)綿】名 綿の実のたねをとったばかりの精製してない綿。

く-りん 0【九輪】名 寺院の塔の屋根の上に立てた、柱にはまった九つの輪かざり。相輪。

宝珠
竜車
水煙
九輪
伏鉢
露盤

九輪

クリンチ リ〈clinch〉名 ボクシングで、相手に組みつくこと。不利な体勢からのがれる防御法。

グリン-ピース ピ〈green peas〉= **グリーンピース** 名 あおえんどう。

く・る ク【×刳る】他五 刃物などでえぐって穴をつくる。

く・る ク【繰る】他五 ❶順に引き出すようにする。㋐細長いものを順にたぐって巻きとる。「糸を—」㋑順におくる。「雨戸を—」㋒順にかぞえる。「日数を—」㋓紙を順にめくる。「ページを—」❷綿繰り車で綿のたねをとりさる。

くる ク【来る】自力変 ❶距離的にこちらに近づく。㋐人・物事が自分の方に近づく。「バスが—」「台風が—」「こっちへ—」↕行く。㋑人がこちらをおとずれる。参考 尊敬語に「いらっしゃる・みえる・おいでになる・おこしになる」がある。手紙などでは「来駕・光来」などともいう。「私がまいります」「雨が降ってまいりました」など、謙譲語・丁寧語に「まいる」がある。㋒こちらに届く。こちらに通じる。「小包が—」「電話が—」❷時間的にこちらに近づく。時がめぐって、物事が近づく。「約束の日が—」「ぼくの番が—」❸ある原因のために、その事態・状態になる。「体にがたが—」「疲れから—めまい」❹心の中に反応が起こる。「頭に—」「ぴんと—」❺〔かながき〕(「…とくると」「…ときては」「…ときている」などの形で)特に取りたてて、強調する言い方。「すしと—と目がない」「父ときたら休日は寝てばかりいる」「その人がまるで泳げないときている」❻〔かながき〕(補助動詞として、「…てくる」の形で)㋐その動作・状態を続けながらこちらに移動する意をあらわす。また、迷惑や不快を感じるほどに、動作がこちらに向けられる意をあらわす。「走って—」「上から落ちて—」「次々と仕事を言いつけて—」「じろじろと見て—」㋑その動作をすませて、もとの位置にもどる意をあらわす。「聞いて—」「行って—」㋒その動作・作用がひきつづいて今に及ぶ意をあらわす。「ここまで考えてきて」「なんとかやってきた」㋓ある状態から別の状態に変化する意をあらわす。「赤くなって—」「やせて—」㋔ある現象がおこる意をあらわす。「いい考えがわいて—」参考「くる」の可能の言い方「これる」は、話しことばでよく使われるが、「こられる」が本来の言い方。「まい」につづく場合は、「くるまい」が一般的。**く** 文語力変 **—日も来る日も** 毎日やすむことなく。「—創作にはげむ」

ぐる グ 名〔俗語〕悪事のなかま。「—になる」

くるい ル【狂い】名 狂うこと。「予定に—が生じる」

ぐるい【狂い】接尾 ある物事に異常なまでに心を打ちこむこと。また、その人。「競馬—」

くるい-ざき 0【狂い咲き】名 季節はずれに花が咲くこと。また、その花。冬

くるい-じに 0【狂い死に】名 ❶気が狂って死ぬこと。❷もだえ苦しみながら死ぬこと。

クルー ル〈crew〉名 ❶船や飛行機の乗組員。❷ボート競技で、一つのボートに乗ってチームを組む選手たち。❸共同の作業をする人の一団。

くる・う ル【狂う】自五 ❶精神に障害が起こり、普通のふるまいができなくなる。「気が—」❷事故や故障が起こり、正常の状態でなくなる。「列車のダイヤが—」「機械の調子が—」❸正常な判断ができないほど、物事に夢中になる。「競馬に—」❹予定やねらいからそれる。はずれる。「計画が—」 **狂い** 名

クルーザー ル〈cruiser〉名 (「巡洋艦」の意から)外洋の航海のための設備をそなえた大型のモーターボート、またはヨット。

クルージング ル/0〈cruising〉名 自サ ❶ヨットや客船で航海すること。巡航。❷自動車の長距離ドライブ。

クルーズ ル〈cruise〉名 クルージング❶。「—船」

グルービー ル〈groovy〉形動 かっこいいよう

す。いかした。のっている。「―な演奏」

グルーピング⓪〈grouping〉名他サ グループに分類すること。組分け。「年齢別に―する」

グループ[ル]〈group〉名 仲間。集団。 **―サウンズ**[サ]〈group sounds〉名〔和製英語〕エレキギター・ドラムを中心とする五、六人編成のロックバンド。昭和四〇年代に流行。 **―ホーム**[ホ]〈group home〉名 福祉施設の一つ。介護の必要な障害者や高齢者が、専門的職員の支援を受けながら少人数で共同生活をする施設。

グルーミング[ル]〈grooming〉名 ❶肌・髪の毛などの手入れをすること。❷動物どうしの毛繕(けづくろ)い。

くるおし・い[シ]【狂おしい】形 気が狂いそうである。狂わしい。「―ほどに恋い焦がれる」 **狂おしげ** 形動 **狂おしさ** 名 **くるほ・し** 文語シク

くる-くる[ク]〈と〉副 ❶物が回るようす。「独楽(こま)が―回る」 ❷細長い物が何回も巻きつくようす。❸こまめにはたらくようす。❹物事・考えなどが何度も変わるようす。「方針が―変わる」⇩ぐるぐる 参考。

ぐる-ぐる[グ]〈と〉副 ❶物が回るようす。「腕を―回す」 ❷細長い物が何回も巻きつくようす。参考「くるくる」よりやや重い感じ。

グルジア《Gruziya》⬇ジョージア。

くるし・い[シ]【苦しい】形 ❶からだが圧迫・痛み・熱などでがまんできない。❷心が悲しみや後悔などでせつなくてたえられない。❸むずかしくて、むりがある。「―弁解」❹肉体と精神の両方の面でがまんしがたい。「―訓練」❺物や金銭が不足して、つらい。「―生活」❻〔動詞の連用形について「ぐるしい」の形で〕…するのがつらい。…するのが困難だ。…しにくい。「見―」「聞き―」 **苦しがる** 自五 **苦しげ** 形動 **苦しさ** 名 **くる・し** 文語シク **―時(とき)の神頼(かみだの)み** いつもは信心をしない人が、困ったときだけ神の助けをもとめること。

くるし-まぎれ[マ]【苦し紛れ】名 形動 苦しさのあまりに、それをすること。「―にさけぶ」「―にうそをつく」

くるし・む[シ]【苦しむ】自五 ❶肉体に痛みを感じる。❷なやむ。つらい思いをする。「借金に―」❸こまる。骨を折る。苦心する。「しまつに―」 **苦しみ** 名

くるし・める[メ]【苦しめる】他下一 ❶苦しみをあたえる。苦しくさせる。❷なやませる。こまらせる。いじめる。「増税が国民を―」 **くるし・む** 文語下二

クルス[ク]〈ポルトガル cruz〉名 十字形。十字架。

グルタミン-さん⓪【グルタミン酸】〈glutamic acid〉名 たんぱく質を構成するアミノ酸の一種。昆布のうまみ成分で、うまみ調味料の原料。

くるっ-と[ル]副「くるりと❶」に同じ。「―回転する」「―ふりむく」

ぐるっ-と[ル]副 ⬇ぐるりと。

クルップ[ル]〈ドイツ Krupp〉名 のど・気管のあたりに偽膜(ぎまく)のできる急性の炎症。「―性肺炎」

グルテン[グ]〈gluten〉名 小麦にふくまれるたん白質。麩(ふ)の原料。麩素(ふそ)。「―フリーの食材」

クルトン[ク]〈フランス croûton〉名 さいの目に小さく切った食パンを、揚げたり焼いたりしたもの。スープの浮き実にする。

くる-びょう⓪【×佝×僂病】名 骨がじゅうぶん発育しないために背骨や手足がまがる病気。ビタミンDの不足が原因。

くる-ぶし[ル]【×踝】名 あしくびの内・外両がわにある骨の出っぱり。⇩足(図)。

くるま⓪【車】名 ❶軸を中心に回転する仕組みの輪。車輪。❷車輪の回転により動く仕組みのもの。荷車など。ふつう、自動車をさす。「―を呼ぶ」 **―の両輪(りょうりん)** どちらが欠けてもうまく働くことができないほどたがいに深い関係にあることのたとえ。

くるま-いす[マ]【車椅子】名 歩行が困難な人が移動できるように、いすに車輪をつけたもの。

くるま-いど[イ]【車井戸】名 滑車でつるべを上げ下げして水をくむ仕掛けの井戸。

くるま-えび[マ]【車×蝦・車▲海▲老】名 クルマエビ科の中形のえび。紫かっ色の横じまがあり、腹部をまげると車輪のように見える。食用。

くるま-がえし[ガ]【車返し】名 急な山道で、それ以上は車の通れなくなる地点。

くるま-ざ⓪【車座】名 多人数が円形に並んですわること。「―になって話しあう」

くるま-だい⓪【車代】名 ❶車を買った代金。❷車に乗った料金。❸乗車の料金の名目で講師などに払う謝礼。

くるまたに-ちょうきつ《車谷長吉》一九四五―二〇一五。小説家。本名、車谷嘉彦(しゃたによしひこ)。放浪生活や生の苦しみを描いた私小説が評価される。「塩壺(しおつぼ)の匙(さじ)」など。

くるま-どめ⓪【車止(め)】名 ❶車の通行をさし止めること。❷車両が線路の外に出るのを防ぐために、線路の行き止まりに設ける装置。❸駐車場などで、自動車のタイヤが停車位置を越えないように設けたもの。

くるま-ひき[マ]【車引(き)】【車×曳】名 人力車や荷車に人や物を乗せて引く職業。また、その人。

くるま-へん⓪【車偏】名 漢字の偏の一つ。「輪」「転」などの「車」。

くるま-や⓪【車屋】名 ❶荷車・人力車などの製造・販売をする店。また、その人。❷人力車を引く人。

くるま-よせ⓪【車寄せ】名 車を寄せて、乗りおりするために玄関の前にはりだした所。

くるま・る[マ]【▲包まる】自五 すっぽりとからだがおおわれる。「毛布に―」

くるみ⓪【×胡▲桃】名 クルミ科の落葉高木。堅い殻におおわれた実(み)は薬用・食用・油の原料。材は器具用。木の皮は染料。花＝(夏) 実＝(秋)

ぐるみ 造 ❶…ごと。…まですべて合わせること。「家族―の交際」❷組織などの全員がかかわり合うこと。「会社―の隠蔽工作」

くるみ-ボタン[ボ]【▲包み×釦】名 布でつつんだボタン。つつみボタン。

くる・む[ル]【▲包む】他五 巻くようにしてすっぽりつつむ。 **くるめる** 自下一〔…できる〕

グルメ[グ]〈フランス gourmet〉名 美味を追求すること。また、その人。美食家。食通。

くるめ-がすり[ガ]【久留▲米×絣】名 福岡県の久留米地方でつくられる、もめんの紺がすり。

くる-め・く 一[メ] 自五 目まいがする。目がまわる。「―ばかりの照明」 二 自四〔古語〕❶くるくるまわる。「鉢、こまつぶり(独楽(こま))のやうにくるめきて」〈宇治拾遺〉❷あわてふためく。「いそぎくるめくがいとほしければ」〈宇治拾遺〉

くる・める[メ] 他下一 ❶巻いてつつむ。❷一つにまとめる。「荷物を―」❸たくみにだます。「うまく言い―」 **くる・む** 文語下二

ぐるり[ル/リ] 名 まわり。周囲。

くるり-と[ル/リ] 副 ❶一回転、または、ひもなどを一巻きするようす。❷態度・方針が急に逆の方向に変わるようす。「見方が―変わる」

ぐるり-と[ル/リ] 副 ❶重い物が一回転するようす。❷一

回りするようす。「島を―回る」❸対象を注意深く見るようす。「あたりを―見る」❹取り囲むようす。「山に―囲まれる」

くるる [0]【▲枢】名 ❶戸の片はしの上下に、みじかい棒(とまら)をつけ、それを上下の小さな穴(とぼそ)にはめこんで戸をあけたてする仕組み。❷戸の桟(さん)。おとし。さる。

くるる-ど [ル2]【▲枢戸】名 くるるによって開閉する戸。

くるわ [0]【▲郭・×廓】名 ❶【▲曲輪】城・とりでなどのまわりの囲い。❷区域。「北の―」❸遊女屋のあつまっている場所。遊里。 **―言葉**(ことば) [コ]名 江戸時代、遊里で遊女の使用した特殊なことば。「あります」を「ありんす」と言うたぐい。くるわなまり。里ことば。

くるわし・い [シ]【狂わしい】(くるは・しい) 形 (カロ・カッ・ク・イ・イ・ケレ・○) ➡くるおしい。**狂わしげ** 形動 **狂わしさ** 名 **くるは・し** 文語シク

くるわ・す [ワ]【狂わす】(くるは・す) 他五 (サ・ソ・シ・ス・ス・セ・セ) ➡くるわせる。

くるわ・せる [セ]【狂わせる】(くるは・せる) 他下一 (セ・セ・セル・セル・セレ・セロ・セヨ) ❶狂うようにさせる。❷正確でないようにさせる。「とけいを―」❸混乱させる。「予定を―」 **くるは・す** 文語下二

くれ [レ]【▲塊】名 かたまり。「土(つち)―」

くれ [0]【暮(れ)】名 ❶日が暮れること。夕。晩。❷終わり。すえ。❸年末。冬「―の大掃除」 **―の秋**(あき) 秋の終わりごろ。晩秋。秋 **―の春**(はる) 春の終わりごろ。晩春。春

くれ-うち [0]【くれ打ち】【▲塊打】名 おこした田畑の土のかたまりを、打ちくだくこと。

クレー [レ]〈clay〉=**クレイ** 名 粘土(ねんど)。 **―コート** [コ]〈clay court〉名 粘土、または、赤土でつくったテニスコート。 **―射撃**(しゃげき) [シャ]名 射撃競技の一種で、粘土を焼いた小皿を空中に投げて撃ち落とすもの。

グレー [レ]〈gray〉=**グレイ** 名 灰色。「―の背広」 **―ゾーン** [ゾ]〈gray zone〉名 判断の分かれやすい中間的な領域。「法律の―」

クレージー [レ]〈crazy〉=**クレージイ** 形動 (ダロ・ダッ・デ・ニ・ダ・ナ・ナラ・○) 熱狂的なさま。

クレータ(ー) [レ]〈crater〉名 月の表面にある噴火口のような地形。環状山。

グレード [0]〈grade〉=**グレイド** 名 階級。等級。程度。 **―アップ** [ア]〈grade up〉名 自他サ (和製英語)等級や格を上げること。「設備を―する」

グレート-デーン [テ]〈Great Dane〉名 ドイツあるいはデンマーク原産の、大きくて力の強い犬。猟犬・番犬となる。

グレーハウンド [ハ]〈greyhound〉名 エジプト原産の、からだが細くて足のはやい犬。猟犬・競走犬となる。

クレープ [レ]〈フ crêpe〉名 ❶ちりめんのように表面をちぢらせた織物。❷小麦粉に卵などをまぜ、うすくのばして焼いた洋風菓子。 **―シャツ** [シャ]〈フ crêpe shirt〉名 (和製洋語)ちぢみ織りの男性用アンダーシャツ。夏 **―ペーパー** [ペ]〈crêpe paper〉名 ちりめん紙。

グレープ [レ]〈grape〉名 ぶどう。「―ジュース」 **―フルーツ** [ル]〈grapefruit〉名 ミカン科の常緑小高木。実(み)は水けが多く、さっぱりした酸味がある。主産地はアメリカ。参考 ぶどうのように房状に実がつくので、この名がある。

クレーマー [0]〈claimer〉名 商品やサービスに対して、不当な要求や苦情をしつこく申し立てる人。

クレーム [0]〈claim〉名 ❶商取引で、売り手の契約違反に対する損害賠償。❷苦情。異議。「―がつく」

クレーム-ブリュレ [テ]〈フ crème brûlée〉名 カスタードに砂糖をふり、バーナーなどで焼き色をつけた洋菓子。

クレーン [レ]〈crane〉名 起重機。

クレオール [オ]〈creole〉名 ❶中南米で生育したヨーロッパ人。クリオール。「―文化」❷異なる言語集団の接触からできた共通語ピジンが、次世代において母語となったもの。クレオール語。

クレオソート [ソ]〈creosote〉名 ブナ属の木からとった、黄色で刺激性のにおいをもつ油状の液。防腐剤。

クレオパトラの鼻(はな) 小さな出来事が、世界に大きな影響を与えるたとえ。参考 パスカルの「クレオパトラの鼻がもう少し低かったら、世界の歴史は変わっていたであろう」という「パンセ」の一節から。

クレオン [レ]〈crayon〉名 ➡クレヨン。

くれ-がた [0]【暮(れ)方】名 日の暮れる時刻。夕方。↕明け方。

く-れき [0]【句歴】名 俳人としての経歴。

くれぐれ-も [グ]【くれぐれも】【▲呉▲呉も】副 よくよく念をいれて。くりかえしくりかえし。「―たのんだよ」

グレコ-ローマン [ロ]〈Greco-Roman〉名 レスリングの種目の一つで、腰から下を攻めることは禁じられ、上半身だけで戦う。グレコローマンスタイル。↕フリースタイル。

クレジット [レ]〈credit〉名 ❶政府・会社・銀行などが、外国政府、または外国の会社・銀行などから、必要なときに一定の金額を借りる契約をすること。信用供与。借款。❷信用販売。月賦販売。❸書籍・雑誌・映画などで、著作権者・制作者・出演者などを表示すること。また、その表示。 **―カード** [カ]〈credit card〉名 金融機関と小売店が協力した信用販売制度で用いるカード。預金者はこのカードによって商品を代金後払いで買える。クレカ。

グレシャムの法則(ほうそく) 地金はちがうが、名目は同じ価値となっている二つ以上の貨幣があるとき、地金のよい貨幣は市場から姿をかくし、悪い貨幣だけが流通するようになるという法則。「悪貨は良貨を駆逐(くちく)する」という法則。参考 英国人グレシャムがはじめてとなえたもの。

クレゾール [ゾ]〈ド Kresol〉名 石炭や木のタールからとった液。消毒薬。防腐剤。

クレソン [レ]〈フ cresson〉名 西洋料理の付け合わせに使う、香りのある少し辛い野菜。

くれ-たけ [0]【▲呉竹】名 葉がこまかく、ふしの多い竹。はちくの古名。

ぐ-れつ [0]【愚劣】形動 (ダロ・ダッ・デ・ニ・ダ・ナ・ナラ・○) ばかばかしくて、なんの値うちもないようす。「―な行為」

クレッシェンド [レ]〈イ crescendo〉名 楽譜で、だんだん強く演奏・発声せよの意味の記号。↕デクレッシェンド。

くれ-ない [0]【紅】(くれ・なゐ) 名 ❶べにばなの古名。❷あざやかな赤色。

くれ-なず・む [ズ]【暮れなずむ】(くれなづむ) 自五 (マ・モ・ミ・ン・ム・ム・メ・メ) 日が暮れそうで、なかなか暮れない。「―春の夕」

グレナダ《Grenada》カリブ海の小アンチル諸島南端の国。一九七四年独立。英連邦の一員。首都はセントジョージズ。

くれ-のこ・る [コ]【暮(れ)残る】自五 (ラ・ロ・リ・ッ・ル・ル・レ・レ) 日がしずんだあとに、光が残っている。「―空の色」

クレバス [レ]〈crevasse〉名 氷河や雪の深い割れめ。

クレパス [レ]名 (商標名)クレヨンとパステルの特色をあわせもつ、棒状の絵の具。

くれ-はとり [ハ]【▲呉▲織】名 (「くれはたおり」の変化)五世紀ごろ中国の呉の国から日本に来たはたおり。

クレバネット [レ]〈Cravenette〉名 (商標名)レーンコートなどに使う防水をほどこした布。

ぐれ-はま [0]名 俗語 ➡ぐりはま。

クレペリン-けんさ [ケ]【クレペリン検査】名 ドイツ人クレペリン Kraepelin の創始した、人間の性格や適性をしらべる検査。

クレマチス [マ]〈ラ Clematis〉[名] キンポウゲ科の蔓(つる)植物の総称。初夏に白・紫などの大形の花をひらく。カザグルマ・テッセンなど。

くれ-むつ【暮(れ)六つ】[名]〔古語〕日暮れ方の六つ時。今の午後六時。↕明け六つ。

クレムリン [レ]〈Kremlin〉[名] 帝政ロシア時代に造られ、いまロシア政府諸機関のあるモスクワの宮殿。もと「ソビエト連邦政府」の意味でも使った。

くれ-ゆ・く [ユ]【暮(れ)行く】[自五]（カ・コ―キ―ク―ク―ケ―ケ） 日・年・季節などがだんだん終わりになっていく。「―年」

クレヨン [レ]〈crayon〉＝**クレオン** [名] ろう・脂肪などに各種の色素をまぜ、棒状に固めた絵の具。

く・れる [0]【暮れる】[自下一]（レ―レ―レル―レル―レレ―レロ・レヨ） ❶太陽が没して、あたりが暗くなる。↕明ける。❷季節や年がおわる。「ことしも―」↕明ける。❸心がくらくなる。思い迷う。「途方に―」❹目の前がくらい気持ちになる。「涙に―」「悲しみに―」 **く・る** [文語下二]

く・れる [0]【くれる】【▲呉れる】[他下一]（レ―レ―レル―レル―レレ―レロ・レヨ） ❶相手が自分の側に物をあたえる。「祖母がお年玉を―」「社長が特別休暇を―」↕やる・もらう。[参考] 動作の主体を立てる言い方としては、「くださる」を用いる。❷〔「…てくれる」の形で〕㋐自分の側に利益または不利益をあたえることをあらわす。「教えて―」「大事なものをこわして―な」㋑他人に不利益をあたえることをあらわす。「あいつ、こらしめて―」

ぐ・れる [レ][自下一]（レ―レ―レル―レル―レレ―レロ・レヨ）〔俗語〕不良になる。だらくする。

ぐ-れん [0]【▲紅×蓮】[名] ❶まっかなはすの花。❷紅蓮地獄。❸火がさかんに燃えたつことのたとえ。「―のほのお」 **―地獄**(じごく) [ジ][名] 八寒(はっかん)地獄の一つ。ここにおちたものは、ひどい寒さのために、皮膚が裂けて血が流れ、まっかなはすの花のようになるという。

クレンザー [レ]〈cleanser〉[名] 粉せっけんの入ったみがき粉。

クレンジング-クリーム [リ]〈cleansing cream〉[名] 肌のよごれを落とすクリーム。

ぐれん-たい [0]【愚連隊】[名]〔俗語〕盛り場などを一団となってうろつく不良の仲間。[参考]「ぐれる」をもじった語。「愚連」は当て字。

くろ [ロ]【▲畔】[名] 田のふち。あぜ。

くろ [ク]【黒】[名] ❶墨のような色。黒色。↕白。❷黒い碁石。↕白。❸犯人であるときめられること。↕白。❹支出よりも収入が多いこと。黒字。↕赤。

グロ [グ][名][形動]（ダロ―ダッ・デ・ニ―ダ―ナ―ナラ―○）「グロテスク」の略。

クロアチア《Croatia》バルカン半島西部アドリア海に面した共和国。首都はザグレブ。旧ユーゴスラビア連邦から一九九一年独立。

くろ・い [ロ]【黒い】[形]（カロ―カッ・ク―イ―イ―ケレ―○） ↕白い。❶墨のような色をしている。❷褐色など黒っぽい肌の色をしている。「日焼けして―顔」❸よごれている。「―手でさわるな」❹罪を犯している疑いがある。「―うわさ」「あいつが―」❺心が良くないようす。「腹が―」 **黒さ** [名] **くろ・し** [文語ク]

くろいあめ《黒い雨》井伏鱒二(いぶせますじ)の長編小説。一九六五―六六年に発表。広島で被爆した人の手記の形で、原爆による被害のむごさを淡々と描く。

く-ろう [ク]【苦労】[名][自サ][形動] からだを疲れさせ、あるいは、心を使って、苦しい思いをすること。骨折り。「―が絶えない」「―して仕上げる」 **―性**(しょう) [0]/[ロ][名] 少しのことをも気にかけ、苦労する性質。 **―人**(にん) [0][名] いろいろ苦労して、人情の機微をよく理解し、世間の事情に通じている人。

ぐ-ろう [0]【愚弄】[名][他サ] 人をばかにし、からかうこと。

ぐ-ろう [0]【愚老】[代]〔文章語〕老人が自分をへりくだっていう語。手紙に使う。

くろ-うと [ク]【玄人】[名] ↕しろうと。❶ある物事を専門的にやっている人。専門家。❷芸者。商売女。‖くろと。 **―はだし** [ハ][名] しろうとでありながら、専門家以上にじょうずなこと。

くろうど [ロ]【▲蔵▲人】[名]〔「くらびと」の変化〕蔵人所(くろうどどころ)の職員。はじめは機密文書や訴訟をあつかったが、のちに天皇の日常生活に関すること、儀式、その他宮中の雑務をうけもった。くらんど。 **―の頭**(とう) [ロ]＝[ト][名] 蔵人所の長官。 **―所**(どころ) [ド][名] 蔵人が事務をとる役所。

クローク [ロ]〈cloak〉[名]〔「クロークルーム」の略〕ホテル・劇場などの、持ち物の預り所。

クロージング [0]〈closing〉[名] 閉じること。閉幕。終結。「映画祭の―作品」↕オープニング。

クロース [ロ]〈cloth〉[名] ➡クロス。

クローズ-アップ [ア]〈close-up〉[名][他サ] ❶映画の大うつし。アップ。↕ロングショット。❷あることを大きくとりあげること。「かれの名が学界に―される」

クローズド-ショップ [ショ]〈closed shop〉[名] 全従業員が一つの組合に加わり、使用者はその組合員以外から労働者を雇うことができず、また、組合から脱退したり除名されたりした者を使用者は解雇しなければならない制度。↕オープンショップ・ユニオンショップ。

クローゼット [ロ]〈closet〉[名] ❶作り付けの家具や衣類の収容戸棚(室)。❷便所。

クローバ(ー) [ロ]〈clover〉[名] マメ科の多年生植物。白い小花を密集してつける。しろつめくさ。㊮

グローバリゼーション [ゼ]〈globalization〉[名] ものごとの規模が国や地域をこえて、地球全体に広がること。地球規模化。

グローバル [ロ]〈global〉[形動]（ダロ―ダッ・デ・ニ―ダ―ナ―ナラ―○） 地球全体にかかわるようす。地球規模。「―な視野をもつ」

くろ-おび [0]【黒帯】[名] ❶黒色の帯。❷柔道・空手で、有段者がしめる黒い帯。

グローブ [ロ]〈glove〉[名] ➡グラブ。

クローム [ロ]〈chrome〉[名] ➡クロム。

グロー-ランプ [ラ]〈glow lamp〉[名] 蛍光灯に付属して、その点灯を助ける小さなランプ。

クロール [ロ]〈ド Chlor〉＝**クロル** [名] 塩素。 **―カルキ** [カ]〈ド Chlorkalk〉[名] さらしこ。クロル石灰。 **―ピクリン** [ク]〈ド Chlorpikrin〉[名] クロールに硝酸を作用させてできる液。殺虫剤。塩化ピクリン。

クロール [ロ]〈crawl〉[名] 両手でかわるがわる水をかき、ばた足を使う泳ぎ方。クロールストローク。

クローン [ロ]〈clone〉[名]〔生〕受精を経ずに、細胞や個体からそれとまったく同じ形態や性質をもつものをつくること。また、その細胞や個体。「―動物」

くろ-がき [ロ]【黒柿】[名] カキノキ科の常緑高木。木材の中心が黒くかたい。家具用。

くろ-がね [0]【▲鉄】[名]〔文章語〕鉄のこと。

くろ-かみ [0]【黒髪】[名] 黒くてつやのある美しい髪の毛。

くろかみ《黒髪》近松秋江(ちかまつしゅうこう)の短編小説。一九二二年発表。大正時代私小説の代表作の一つ。

くろかわ-おどし [オ]【黒革×縅】[名] よろいの縅毛(おどしげ)の名。紺色に濃く染めた革でおどしたもの。

くろ-き [0]【黒木】[名] ❶皮のけずってない材木。❷黒檀(こくたん)。

くろ-き [0]【黒▲酒】[名] 大嘗会(だいじょうえ)などに、白酒(しろき)とともに神にそなえた黒い色の酒。↕白酒。

くろ-くま ⓪【黒熊】名 つきのわぐま。冬

くろ-くも ⓪【黒雲】名 黒い色の雲。こくうん。

くろ-ぐろ [グ] と副 自サ いかにも黒いようす。「―とした頭髪」

くろ-ご ⓪【黒子】【黒▲衣】名 ❶人形浄瑠璃の人形遣いや歌舞伎(かぶき)の後見役が着る黒い衣服と頭巾。また、それを着た人。くろんぼう。❷表に出ないでものごとを処理する人。「―に徹する」‖くろこ。

くろ-こげ ⓪【黒焦げ】名 焼けて黒くこげること。「―になった魚」

くろ-こしょう [コ]【黒×胡×椒】名 香辛料の一つ。完熟する前のこしょうの実を皮がついたまま乾燥させたもの。また、その粉末。色が黒く、香り豊かでからみが強い。

クロコダイル [ダ]〈crocodile〉名 ❶ワニ目の爬虫(はちゅう)類。ニューギニア、インド、熱帯アメリカなどに生息する。口は先端にいくほど狭く、とがって見える。❷クロコダイルの皮をなめしたもの。「―のさいふ」

くろ-ごめ ⓪【黒米】【▲玄米】名 ❶玄米。❷黒い色素をもつ米。古代米の一種。くろまい。

くろ-ざとう [ザ]【黒砂糖】名 精製する前の、黒褐色をした砂糖。↕白砂糖。

くろ-じ ⓪【黒地】名 織物・紙などの地色が黒いこと。

くろ-じ ⓪【黒字】名 ❶黒色で書いた字。❷収入が支出より多いこと。↕赤字。参考 支出のほうが多いばあいの支出超過額を赤字で書くのに対していう。

くろ-しお ⓪【黒潮】(しほ) 名 フィリピン東方から北上して、九州の南で二つに分かれ、本流は日本列島の太平洋岸を、支流は日本海岸を南から北にながれる暖流。日本海流。↕親潮。

くろ-しょうじょう [ショ]【黒×猩×猩】名 チンパンジー。

くろ-しょうぞく [ショ]【黒装束】名 黒一色の服装。また、その服装の人。

くろ-しろ [ク]【黒白】名 ❶黒い色と白い色。❷よしあし。善悪。❸有罪と無罪。「法廷で―を争う」❹色彩のついていない映画や写真。しろくろ。

クロス〈close〉造 近い。互角の。**―ゲーム** [ゲ]〈close game〉名 追いつ追われつの白熱した試合。接戦。↕ワンサイドゲーム。**―プレー** [レ]〈close play〉名 野球で、判定にまようような、きわどいプレー。

クロス [ク]〈cloth〉＝**クロース** 名 ❶布。生地。「テーブル―」❷室内の壁面や天井にはる布や紙など。壁紙。❸書物の装丁用に加工された生地。「―装」

クロス [ク]〈cross〉㊀名 十字。十字架。クルス。㊁名 自サ 交わること。交差。「ハイウエーが―する」「選手がリンクで足を―させる」 **―オーバー** [オ]〈crossover〉名 自サ ジャズ・ロック・ラテンなどの異なるスタイルの音楽を組み合わせること。また、その音楽。 **―カントリー・レース** [レ]〈cross-country race〉名 原野・丘陵・森林などを横切って走る長距離競走。クロスカントリー。断郊競走。 **―ステッチ** [テ]〈cross-stitch〉名 ししゅうで、X(エックス)の形になるように糸を交差させて布に刺し、模様にしていく技法。十字縫い。 **―バー** [バ]〈crossbar〉名 ❶走り高跳び・棒高跳びでとびこえる横木。バー。❷ラグビー・アメリカンフットボール・サッカーなどで、ゴールポストの間にわたされている横木。 **―レファレンス** [レ]〈cross reference〉名 同じ本や文書の中で関連する項目をどちらからでも検索・参照できるようにすること。相互参照。 **―ワード・パズル** [パ]〈crossword puzzle〉名 ヒントから推理したことばで、たて・よこのますめを、たがいに連絡させながらうめていく遊び。クロスワード。

くろ-ず ⓪【黒酢】名 ❶長時間かけて発酵・熟成させた、黒っぽい色の酢。❷焼いてすりつぶしたこんぶやしいたけに酢を加えたもの。

グロス ⓪〈gloss〉名 光沢のあるように仕上げるつや出し用の口紅。

グロス [グ]〈gross〉名 ❶数量の単位。一グロスは十二ダース。❷総計。全体。↕ネット。

くろ-ずくめ [ズ]【黒ずくめ】(―づくめ) 名 形動 全体に黒色ばかり使っていること。また、そのようす。参考「くろづくめ」のように「づ」を用いて書いてもよい。

くろ-ず・む [ズ]【黒ずむ】自五 (マ・モ・ミ・ン／ム・ム・メ・メ) 黒い色をおびる。黒みがかっている。「黒ずんだ紙」

くろ-そこひ [ソ]【黒そこひ】【黒底×翳・黒▲内▲障▲眼】名 見かけは眼球に異常がないのに、ものが見えなくなる病気。こくないしょう。

くろ-だい ⓪【黒×鯛】(だひ) 名 タイ科の海水魚。内湾沿岸に産する。食用。ちぬ。夏

くろ-ダイヤ [ダ]【黒ダイヤ】名 ❶不純物をふくむために黒ずんで見えるダイヤモンド。❷石炭の美称。

くろ-ち ⓪【黒血】名 (はれものなどから出る)黒ずんだ血。

くろ-ちく ⓪【黒竹】名 はちくの一種。外皮が紫がかった黒色のもの。観賞用・器具用。

クロッカス [ロ]〈crocus〉名 春咲きのサフランの名。黄色または紫色・白色。春

クロッキー [ロ]〈(フ)croquis〉名 短時間でえがくデッサン。おもに人物・動物などを、鉛筆・コンテなどでかく。速写。

グロッキー [ロ]〈groggy〉形動 (ダロ・ダッ・デ・ニ／ダ・ナ・ナラ・○) 〔「グロッギー」の変化〕❶ボクシングで、パンチを受けてふらふらになったようす。❷ひどく疲れてふらふらのようす。

くろ-つち ⓪【黒土】名 黒い色をした土。有機物を多く含んだ、耕作によい土。

くろっ-ぽ・い [ポ]【黒っぽい】形 (カロ・カッ・ク／イ・イ・ケレ・○) ❶黒みがかっている。❷玄人(くろうと)らしい。↕白っぽい。**黒っぽさ** 名

グロテスク [テ]〈grotesque〉名 形動 奇怪なようす。異様なようす。グロ。

くろ-てん ⓪【黒×貂】名 イタチ科の哺乳(ほにゅう)類。体毛は黒褐色。毛皮は高級品とされる。セーブル。

くろ-と [ク]【▲玄▲人】名 ➡くろうと。

クロニクル ⓪〈chronicle〉名 年代記。編年史。

くろ-ねずみ [ネ]【黒×鼠】名 ❶毛の色の黒いねずみ。❷主人の不利益になることをする使用人のこと。↕白ねずみ。

クロノメーター [メ]〈chronometer〉名 温度・気圧などの変化を受けない精密な携帯用のぜんまいどけい。天体観測や航海に用いられる。

くろ-はえ ⓪【黒はえ】【黒▲南▲風】名 梅雨の初めの季節に吹く南風。夏 ↕白(しら)はえ。

くろ-ば・む [バ]【黒ばむ】自五 (マ・モ・ミ・ン／ム・ム・メ・メ) 黒くなる。黒みをおびる。

くろ-パン ⓪【黒パン】【黒×麺×麭】名 ライ麦のこなでつくったこげ茶色のパン。

くろ-ビール [ビ]【黒ビール】名 こがした麦芽を使い、色素を加えてつくった、濃いこげ茶色のビール。夏

くろ-びかり [ビ]【黒光り】名 自サ 黒くてつやがあること。

くろ-ぶさ ⓪【黒房】名 相撲で、土俵の西北のすみに、屋根から垂らした黒いふさ。↕赤房・白房・青房。⇩土俵(図)。

くろ-ぶた ⓪【黒豚】名 食用の豚の一つ。バークシャー種の豚の俗称。

くろ-ふね ⓪【黒船】名 江戸時代の末、欧米諸国から来航した艦船。船体が黒塗りであった。

くろ-ほ ⓪【黒穂】名 黒穂病にかかった麦の穂。くろぼ。㊐夏 **—病**（びょう）⓪名 黒穂菌のために麦類の花穂が黒くなる病気。

くろ-ぼし ⓪【黒星】名 ↔白星。❶黒くてまるいしるし。❷相撲の星取り表で負けを表す黒丸のしるし。❸失敗。「まさにぼくの—だ」

くろ-まい ⓪【黒米】名 ⬇くろごめ❷。

くろ-まく ⓪【黒幕】名 ❶芝居の舞台で使う黒い色の幕。❷かげでさしずし、あやつる人。「政界の—」

くろ-まつ ⓪/②【黒松】名 マツ科の常緑高木。海岸地方に生え、木の皮は黒茶色で、みきは太くかたい。材は土木・建築用。雄松。↔赤松。

くろ-まめ ⓪【黒豆】名 黒い色のだいず。正月の煮豆に使う。また、薬用。

くろ-み ③【黒み】【黒味】名 ❶黒い程度。「—が多い」❷黒い色。「—を帯びる」

くろ-みす ⓪【黒▲御×簾】名 歌舞伎の舞台の下手にある、音楽を演奏する場所。下座。⇩歌舞伎(図)。

くろ-みずひき ④【黒水引】名 半分を黒く、半分を白くした水引。凶事用。

くろ-みつ ⓪【黒蜜】名 黒砂糖を水に溶かして煮つめたもの。みつ豆やくずきりなどにかけて食べる。

クロム ①〈ドchrome〉＝**クローム** 名 元素記号Cr 原子番号24 原子量51.9961の金属元素。銀白色でかたい。ニクロム・クロム鋼などの合金、さびどめのめっきに使う。**—鋼**（こう）⓪名 鉄に少量のクロムと炭素を加えた鋼。ステンレス。

くろ-め ⓪【黒目】名 眼球の黒い部分。↔白目。**—がち** ⓪名形動 目の黒目の部分が大きいこと。ぱっちりとした美しい目についていう。

くろ-める ④【黒める】他下一 黒くする。**くろ・む** 文語下二

くろ-もじ ⓪【黒文字】名 ❶クスノキ科の落葉低木。木の皮は黒っぽく、材はかおりがあり、つまようじや、はしをつくる。❷つまようじ。

くろ-やき ⓪【黒焼(き)】名 動植物を焼きこがすこと。また、焼きこがしたもの。漢方などの薬の製法のひとつ。

くろ-やま ⓪【黒山】名形動 人がむらがりあつまっているようす。「—の人だかり」

くろ-ゆり ②【黒▲百▲合】名 ユリ科の多年生植物。高山にはえ、初夏、暗紫色で六弁のつりがねの形の花が咲く。㊐夏

クロレラ ⓪〈chlorella〉名 オオキスタ科の淡水産緑藻。たんぱく質を多量にふくむ。

クロロフィル フィ〈chlorophyll〉名 葉緑素。

クロロホ(フォ)ルム ホ〈ドChloroform〉名 無色・揮発性の液体で麻酔用。

クロロマイセチン ⓪/セ〈chloromycetin〉名（商標名）土壌菌の一種から分離した抗生物質。チフス菌などに効果がある。

くろ-わく ⓪【黒枠】名 黒色のわく。特に、死亡の通知状のまわりにつけた黒いわく。

クロワッサン ワ〈フcroissant〉名 バターを多く使って三日月形に焼いた、やわらかいパン。

ぐ-ろん ⓪【愚論】名 ❶おろかな論。くだらない議論。❷〔文章語〕自分の論や論文をへりくだっていう語。

くろん-ぼう ⓪【黒ん坊】名 ⬇くろご❶。参考 もと、黒人をさげすんで言ったが、今は使わない。

くわ ク【桑】名 クワ科の落葉高木。葉は養蚕用。紫色の実はあまく、食用。材は家具用。㊐春 実＝㊐夏

くわ ⓪【×鍬】名 田畑をたがやす農具の一種。平たい鉄に柄のついたもの。

くわ

くわい ⓪【▲慈×姑】名 オモダカ科の多年生植物。水田につくり、地下の球茎は食用。㊐春

くわ-いれ ⓪/レ【くわ入れ】【×鍬入】名 ❶農家で、正月の吉日に、恵方にあたる畑にくわをはじめて入れ、もちなどをそなえて祝うこと。㊐新年 ❷建設工事をはじめること。また、その際の儀式。起工式。

くわえ-こ・む コ【×銜え込む】他五 ❶しっかりとくわえる。❷〔俗語〕（性的目的で）連れこむ。ひっぱりこむ。「客を—」

くわえ-て ⓪【加えて】接続 おまけに。その上に。「強風が吹き、—雪が降る」

くわ・える ⓪【加える】他下一 ❶あるものを合わせて数量をふやす。「スープに牛乳を—」「五目そばの具にかまぼこを—」❷数量を合わせて計算する。足す。「十に五を—」❸仲間に入らせる。「会員に新人を—」❹相手にあることをあたえる。「暴行を—」「反論を—」❺手を入れて内容をかえる。「工夫を—」「修正を—」❻程度をます。「スピードを—」「白熱の度を—」参考「加える」はなにかを追加する意味をもつ。したがって、「小遣いを足す」のように、足りないものを補う意味のときに「加える」ということはできない。**くは・ふ** 文語ハ下二

くわ・える ⓪【×銜える】他下一 口にはさみ、歯でささえる。**くは・ふ** 文語ハ下二

くわ-がた ⓪【×鍬形】名 ❶かぶとの前に、つののように立てた金具。❷クワガタムシ科の昆虫の総称。雄のあごは発達し、くわ形❶に似ている。くわがたむし。㊐夏

く-わけ ⓪【区分け】名 内容や種類によって分けること。区分。

くわ-ご ⓪【桑▲蚕】名 かいこに似た昆虫。くわの葉をたべ、まゆをつくる。やまがいこ。㊐春

くわし・い シ【詳しい】【▲委しい・▲精しい】形 ❶情報がこまかい点にまでおよんでいる。「—説明」❷細部までよく知っている。「歴史に—人」**詳しさ** 名 **くは・し** 文語シク

くわ-じゃ【▲冠者】名〔古語〕⬇かんじゃ。

くわ・す ワ【食わす】他五 ⬇くわせる。

くわず-ぎらい ギ【食わず嫌い】名 ❶たべもしないできらうこと。❷実情を知ろうともしないできらうこと。また、その人。

くわせ-もの ⓪名 ❶【食わせ物】外見がりっぱで、実際はつまらないもの。❷【食わせ者】うわべがよくて、心のよくない、ゆだんできない人。「あいつはなかなかの—だ」

くわ・せる セ【食わせる】他下一 ❶たべさせる。❷やしなう。「家族を—」❸あざむく。「いっぱい—」❹身に受けさせる。「玄関払いを—」**くは・す** 文語下二

くわだ・てる テ【企てる】他下一 計画する。もくろむ。実行しようとする。**企て** 名 **くはだ・つ** 文語下二

くわ-ばら ワ【くわばら】【桑原】感（桑ばたけには落雷しないという言い伝えから）❶落雷をさけるためにとなえるまじない。❷いやなこと、おそろしいことをさけるためにとなえることば。参考 ❶❷とも「くわばらくわばら」と二度重ねて言う。

く-わり ⓪【区割(り)】名 場所をいくつかに分けること。

区分。

くわ-れる【食われる】〔くは〕 連語 〔「食う」と、受け身の助動詞「れる」〕相手の力量や演技に圧倒されて、こちらが見劣りする。「子役に―」

くわわ-る 0【加わる】〔くははる〕 自五 〔ラ・ロ・リ・ッ・ル・ル・レ・レ〕 ❶あるものが合わさって種類や数量がふえる。「薬味にねぎが―」❷仲間がふえる。仲間になる。「委員会に顧問が―」❸あるものがふえて内容がかわる。「調整が―」「解釈が―」❹程度がます。「迫力が―」「落ち着きが―」 **加われる** 自下一 〔…できる〕

くん【君】㊀造 ❶きみ。国をおさめる人。「君主・君命・君臨・主君・暴君」❷すぐれた人。「君子」❸人に対して敬意、親しみをあらわす。「貴君・細君・諸君」㊁接尾 友だちや目下の人の名の下にそえて軽い敬意や親しみをあらわす語。「田中―」参考 男性が男性に対して用いる傾向が強かったが、近年は女性が、または女性に対して用いることも多い。

くん【勲】㊀造 てがら。功績。「勲位・勲功・勲章・叙勲・賞勲」㊁接頭 勲章の等級。「勲三等」

くん【薫】造 ❶かおる。かおり。「薫香・薫風・余薫」❷香をたく。よいほうにみちびく。「薫育・薫染・薫陶」❸いぶす。「薫製」 **薫ずる** 自他サ

くん【×燻】造 いぶす。「燻煙・燻蒸・燻製」

くん【訓】㊀0 名造 漢字の意味を国語にあてて読むこと。また、それが習慣として固定した読み。「足(あし)・国(くに)・時(とき)」など。「訓読・訓読み・国訓・和訓」↕音(おん)。㊁造 ❶おしえる。とき聞かす。「訓戒・訓示・訓練」❷おしえ。「家訓・教訓・社訓」 **訓ずる** 他サ

ぐん【軍】㊀ク 名造 ❶戦争に備えて組織した集団。軍隊。軍勢。「軍団・軍閥・徳川軍」❷陸・海・空軍。軍部。「軍医」❸チーム。「東軍・巨人軍・女性軍」㊁造 いくさ。戦争。「軍記・軍事・軍備・従軍」

ぐん ク【郡】名造 ❶地方行政区画の一つ。明治以後は、府県と市町村との間におかれたが、大正十二年(一九二三)廃止。❷都・道・府・県をさらに区分した地理上の区画。「静岡県賀茂―」「郡下・郡部」

ぐん【群】㊀ク 名造 同類のあつまり。むれ。集団。「群衆・群雄・大群・抜群」㊁造 むれる。集まる。「群居・群生」 **―を抜(ぬ)く** 一般のものより、はるかにすぐれている。「―強さ」

くん-い ク【勲位】名 ❶勲等と位階。❷勲等。昔は十二等、明治以後は八等。

ぐん-い グ【軍医】名 軍隊で医療にあたる武官。

くん-いく 0【訓育】名 他サ 人格・品性などをよい方向にのばすように、教えそだてること。「子弟を―する」

くん-いく 0【薫育】名 他サ 徳をもっておしえみちびくこと。しつけ。

ぐん-えい 0【軍営】名 兵営。陣営。

くん-えん 0【×燻煙】名 ❶煙を出すためのものを燃やし、いぶすこと。「―剤」❷たきもの、よいかおりの煙。

くん-おん 0【君恩】名 君主のめぐみ。

くん-か ク【訓化】名 他サ おしえみちびいて感化すること。

ぐん-か ク【軍靴】名 軍人のはくくつ。

ぐん-か ク【軍歌】名 軍隊の意気をさかんにするための歌。

ぐん-か グ【郡下】名 郡の地域。

くん-かい 0【訓戒】【訓×誡】名 他サ さとしいましめること。

ぐん-かく 0【軍拡】名 「軍備拡張」の略。軍事上の兵員・兵器などをそろえること。↕軍縮。

ぐん-がく 0【軍学】名 戦術について研究する学問。兵学。

ぐん-がく 0【軍楽】名 軍隊で演奏する音楽。 **―隊(たい)** 0 名 軍楽を演奏する部隊。

ぐん-かん 0【軍艦】名 水上の戦いにあたる艦艇。 **―巻(ま)き** 0 名 〔形が軍艦に似ていることから〕にぎったすし飯の側面を海苔(のり)で巻き、上にイクラなどのすし種をのせたすし。

くん-き ク【勲記】名 勲章に添えてあたえられる証書。

ぐん-き ク【軍紀】名 軍隊を統制するための風紀・紀律。

ぐん-き グ【軍記】名 ❶戦争の話を書いた書物。戦記。軍書。❷軍記物語。 **―物語(ものがたり)** ガ 名 主として鎌倉(かまくら)・室町(むろまち)時代につくられた、合戦を中心とする物語。軍記物。戦記物語。「平家物語」「太平記」「源平盛衰記」など。

ぐん-き ク【軍規】名 軍隊の規則・規律。

ぐん-き グ【軍旗】名 軍隊の旗。特に、もと、連隊のしるしとして天皇から下賜された旗。連隊旗。

ぐん-き グ【軍機】名 軍事上の機密。「―をもらす」

ぐん-ぎ グ【群議】名 大ぜいで相談・議論すること。

ぐん-きょ グ【群居】名 自サ むらがっていること。むらがって住むこと。群棲(ぐんせい)。

くん-くん ク1 〔と〕副 自サ ❶においをかぐようす。「料理のにおいを―とかぐ」❷動物が何度も鼻を鳴らすようす。「子犬が―と甘える」

ぐん-ぐん グ1 〔と〕副 物事がさかんに進むようす。「―伸びる」

くん-こ ク【訓×詁】名 〔「詁」は古語を解釈するの意〕字句の意義の解釈。「―注釈」

くん-こう ク【君公】名 文章語 主君をうやまっていう語。

くん-こう 0【勲功】名 国家や君主につくした功労。いさお。

くん-こう 0【薫香】名 ❶よいかおり。❷くゆらせてよいかおりをたてる香料。

ぐん-こう 0【軍功】名 いくさでたてたてがら。戦功。

ぐん-こう 0【軍港】名 軍艦や艦隊の根拠地となる港。↕漁港・商港。

くん-こく 0【君国】名 ❶君主と国家。「―に報ずる」❷君主がおさめている国。

くん-こく 0【訓告】名 他サ いましめのことばを告げること。注意をあたえること。「―処分」

ぐん-こく 0【軍国】名 軍事を主要な政策としている国家。 **―主義(しゅぎ)** シュ 名 一国の政治・経済・教育などのあらゆる組織を戦争のためにととのえ、武力により国家の目的をとげようとする主義。ミリタリズム。

ぐん-ざん グ【群山】名 文章語 むらがり集まっている山々。むらやま。群峰。

くん-し ク【君子】名 徳が高く、行いの正しい人。人格者。 **―危(あや)うきに近寄(ちかよ)らず** 人格者は、身をつつしみ、危険に近づかないように注意するものだ。 **―国(こく)** シ 名 文章語 礼儀正しい国。特に、日本をほめていう語。「東海の―」 **―人(じん)** シ 名 文章語 君子とよばれる、徳の高い人。 **―は×豹変(ひょうへん)す** ❶徳が高い人格者は、あやまりに気づくとすぐに改める。❷意見や態度を急に変える。 **―×蘭(らん)** シ 名 ヒガンバナ科の多年生植物。赤い筒形の花をつける。南アフリカ原産。(春)

くん-じ 0【訓辞】名 おしえいましめることば。「校長―」

くん-じ 0【訓示】名 自他サ ❶おしえしめすこと。❷上の者が下の者に示す心得。「大臣―」

ぐん-し グ【軍使】名 たたかいのとき、一方の軍隊から相手かたへつかわされる使者。

ぐん-し [ク]【軍師】[名] ❶軍事上のはかりごとをめぐらす人。参謀。❷じょうずにはかりごとをめぐらす人。

ぐん-じ [ク]【軍事】[名] 軍隊・戦争・軍務に関すること。

ぐんし-きん [0]【軍資金】[名] ❶軍事の費用。❷計画をおこなうのに入用な資金。

くん-しゃく [0]【訓釈】[名] 字の読み方と意味の解釈。

くん-しゃく [0]【勲爵】[名] 勲等と爵位。

くん-しゅ [ク]【君主】[名] 国家の統治者。帝王。天子。**—国** [シ][名] 君主により、おさめられる国家。**—制** [0][名] 君主が主権をもつ政体。

くん-しゅ [ク]【×葷酒】[名] くさい野菜(にら・ねぎなど)と酒。**—山門に入るを許さず** くさい野菜はけがれており、また、酒は心を乱すから、それらを寺の門内に持ちこむことを許さない。禅寺などの門のわきに記した語。

ぐん-じゅ [ク]【軍需】[名] 軍事上に必要とすること。「—産業」**—品** [0][名] 軍事上に必要な物品。

ぐん-しゅう [0]【群衆】[名] むらがりあつまった人々。[参考]「群衆」はあつまった人をさし、「群集」はあつまる行動をさすことが多い。

ぐん-しゅう [0]【群集】[名][自サ] むらがりあつまること。また、その人々。⇩群衆[参考]。**—心理** [シ][名] 大ぜいの人のあつまった場合におこる、他人の言動に同調しやすく、夢中になりやすい心理。[参考]「群衆心理」と書くのはあやまり。

ぐん-しゅく [0]【軍縮】[名] (「軍備縮小」の略)軍備をちぢめること。↕軍拡。

ぐん-しょ [ク]【軍書】[名] ❶軍事上の文書。❷戦争や合戦を書いた書物。軍記。

ぐん-しょ [ク]【群書】[名] 多くの書物。

くん-しょう [0]【勲章】[名] 国家につくした功労者に与えられる記章。「文化—」

くん-じょう [0]【×燻蒸】[名][他サ] 消毒や害虫駆除のために、薬品でいぶすこと。

ぐん-しょう [0]【群小】[名] ❶多くの小さいもの。「—の国家」❷多くの小人・凡人。「—を相手とせず」

ぐん-じょう [0]【群青】[名] あざやかな青色。

ぐんしょるいじゅう《群書類従》江戸時代後期に塙保己一が編集した叢書。江戸初期までの和書のうち、主として小品をあつめたもの。正編五三〇巻と続編一一五〇巻からなる。

ぐんしれいかん [レ]【軍司令官】[名] 軍隊をひきいる長官。

ぐんしれいぶ [レ]【軍司令部】[名] 軍司令官が事務をとるところ。

くん-しん [0]【君臣】[名] 君主と臣下。

ぐん-しん [0]【軍神】[名] ❶武運を守る神。いくさがみ。❷すぐれた軍人を、神としてまつったもの。

ぐん-しん [0]【群臣】[名] 多くの臣下。「—をしたがえる」

ぐん-じん [0]【軍人】[名] 軍籍にある人の総称。

ぐん-じん [0]【軍陣】[名][文章語] 軍隊の陣営。軍営。

くんず-ほぐれつ [ク=ク]【組んず▲解れつ】[名][副] (「組みつほぐれつ」の変化)組みあったり、はなれたりすること。とっ組みあいのようすをいうことば。[参考]「くんづほぐれつ」のように「づ」を用いて書いてもよい。

くん・ずる [0]【訓ずる】[他サ] ジ・ゼ｜ジ｜ズル｜ズル｜ズレ｜ジロ・ゼヨ 〔文章語〕 漢字を日本語にあててよむ。訓読する。**くん・ず** [文語サ変]

くん・ずる [0]【薫ずる】[自他サ] ジ・ゼ｜ジ｜ズル｜ズル｜ズレ｜ジロ・ゼヨ 〔文章語〕 かおる。におう。また、かおらせる。**くん・ず** [文語サ変]

くん-せい [0]【薫製】【×燻製】[名] しおづけにした獣肉や魚肉を煙でいぶして乾燥させた食べ物。ハム・ベーコンなど。

ぐん-せい [0]【軍制】[名] 軍備・軍事に関する制度。

ぐん-せい [0]【軍政】[名] ❶軍事に関する政務。❷戦時・事変・占領などの際に、軍がおこなう行政。「占領地に—をしく」

ぐん-せい [0]【群生】[名][自サ] ❶植物がむらがってはえること。「—する黒ゆり」❷【群×棲】動物がむらがって生活すること。群居。「こうもりの—地」

ぐん-ぜい [0]【軍勢】[名] ❶軍隊の人員・勢力。❷軍隊。[参考]古風なことばで、近代的な軍については言わない。

ぐん-せき [0]【軍籍】[名] 軍人としての地位や身分。兵籍。

くん-せん [0]【薫染】[名][自他サ]〔文章語〕よい感化を受けること。また、あたえること。

ぐん-せん [0]【軍扇】[名] 昔、大将が軍隊をさしずするために使ったおうぎ。

ぐん-せん [0]【軍船】[名] 海戦に用いた船。いくさぶね。

ぐん-そう [ク]【軍曹】[名] もと、陸軍の下士官の階級の一つ。曹長の下、伍長の上。

ぐん-そう [0]【軍装】[名] ❶軍人の服装。❷出征のときなどの服装・装備。武装。

ぐん-ぞう [0]【群像】[名] ❶絵画・彫刻で、多くの人物を主題とした作品。「女人—」❷文学・映画などにえがかれた大ぜいの人々。「青春—」

くん-そく [0]【君側】[名]〔文章語〕君主のそば。「—の奸を討つ」

ぐん-ぞく [ク]【軍属】[名] 軍人でなくて、軍に所属し勤める者。

ぐん-そつ [0]【軍卒】[名] 兵卒。兵。

ぐん-たい [ク]【軍隊】[名] 一定の組織をもつ軍人の集団。

ぐん-だい [ク]【郡代】[名] ❶室町時代の守護職。❷江戸幕府の職名で、幕府の直轄地を治めた職。

くんだり [接尾] (「くだり」の変化)大都会や中心地から、遠くはなれた所をよぶときに、地名につけて用いる語。

ぐん-だん [0]【軍団】[名] ❶律令制で、諸国におかれた軍隊。❷軍隊編制の単位。二個師団以上からなる軍隊で、軍と師団との中間。

ぐん-だん [0]【軍談】[名] ❶江戸時代、昔の戦争をあつかった通俗小説。❷軍記物語を、節をつけて読み聞かせる講談。軍記読み。

くん-ちょう [0]【君×寵】[名]〔文章語〕君主がかわいがること。

くん-づけ [0]【君付け】[名] 人の名に、かるい敬称の「くん」をつけて呼ぶこと。↕さんづけ・呼び捨て。

くんづ-ほぐれつ [ク=ク]【組んづほぐれつ】[名][副] ➡くんずほぐれつ。

ぐん-て [0]【軍手】[名] (「軍用手袋」の略)太いもめん糸でメリヤス編みした、左右の手の区別のない作業用手袋。[参考]元来は陸海軍兵士の用いたもの。

くん-てん [0]【訓点】[名] 漢文を訓読するために文字面につけた、返り点と送りがな。

くん-でん [0]【訓電】[名][他サ] 電報で訓令すること。また、その電報。

ぐん-と [0][副] ❶力をこめて。「—ふんばる」❷一段と。「—たくましくなった」

くん-とう [0]【勲等】[名] 国に功労のあった者にあたえられる勲章の等級。勲一等から勲八等まである。

くん-とう [0]【薫陶】[名][他サ] 徳により感化し、すぐれた人間にすること。「先生の—をうける」[参考]「訓陶」と書くのはあやまり。

くん-どう [0]【訓導】[一][名][他サ]〔文章語〕おしえみちびくこ

と。㊁[名] 旧制小学校における、教員の正式のよび名。

ぐん-とう [0]【軍刀】[名] 軍人が身につけ、戦闘に使う刀。

ぐん-とう [0]【群島】[名] むらがった多くの島。

ぐん-とう [0]【群盗】[名] 集団をなしている盗賊。盗賊群。

くん-どく [0]【訓読】[名] [他サ] ❶漢字を国語でよむこと。「石」を「いし」、「夏」を「なつ」と読むなど。くんよみ。↕音読。❷漢文を国語に訳して読むこと。

くん-のう [ノ]【君王】[名]〔文章語〕君主。帝王。

ぐん-ば [ク]【軍馬】[名] 軍隊で使う馬。

ぐん-ばい [0]【軍配】[名] ❶軍隊の配置などのさしず。❷軍配うちわ。 **━▲団▲扇**（うちわ）[チ]/[ウ] [名] ❶昔、大将がさしずに使ったうちわの形の道具。❷相撲の行司が使う、うちわ形の道具。 **━が上**（あ）**がる**（相撲で、勝った力士の方に行司の軍配うちわがあがることから）勝ちと判定される。「白組に━」

軍配団扇❷

ぐん-ばつ [0]【軍閥】[名] 軍部を中心とする政治的勢力。

ぐん-ぱつ [0]【群発】[名] [自サ] 絶え間なくつぎつぎに起こること。「━する小地震」

ぐん-び [ク]【軍備】[名] 国家をまもるための軍事上のそなえ。「━縮小」

ぐん-ぴ [ク]【軍費】[名] 軍事に関する費用。戦争の費用。

ぐん-ぴょう [0]【軍兵】[名]〔文章語〕兵隊。兵士。つわもの。

ぐん-ぴょう [0]【軍票】[名] 戦地や占領地で軍隊が発行する、通貨代用の手形。

くん-ぷ [ク]【君父】[名]〔文章語〕主君とちち。「━のあだ」

ぐん-ぶ [ク]【軍部】[名] 陸・海・空軍の総称。軍事当局。

ぐん-ぶ [ク]【郡部】[名] 郡に属する地域。いなか。↕市部。

ぐん-ぶ [ク]【群舞】[名] [自サ] 大ぜいがいっしょに踊ること。また、その踊り。

くん-ぷう [0]【薫風】[名]〔文章語〕初夏に若葉の香りを運んで吹くかぜ。あおあらし。㊀夏

ぐん-ぷく [0]【軍服】[名] 軍人の制服。

ぐん-ぽう [0]【軍法】[名] ❶軍隊の刑法。軍律。❷兵法。 **━会議**（かいぎ）[カ] [名] 軍人の裁判をする、軍の特別刑事裁判所。

ぐん-ぽう [0]【群峰】[名]〔文章語〕むらがっている多くのみね。群山。

ぐんま-けん《群馬県》関東地方北西部の県。県庁所在地は前橋市。

くん-みん [0]/[ク]【君民】[名] 君主と人民。

くんみん-せいおん [セ]【訓民正音】[名]「ハングル」の古称。

ぐん-む [ク]【軍務】[名] 軍事に関する事務・勤務。

くん-めい [0]【君命】[名] 君主の命令。

くん-もう [0]【訓×蒙】[名]〔文章語〕〔「蒙」は幼児や道理を知らない者〕子どもや初学者におしえさとすこと。また、そのための書物。きんもう。

ぐん-もう [0]【群盲】[名] 多くの盲人たち。 **━象**（ぞう）**を評**（ひょう）**す** 多くの盲人が象をなでて、それぞれが手にふれた部分だけで、それが象だと思いこむように、平凡な人には、大事業や大人物の全体のあり方はわからないものだというたとえ。群盲象を撫（な）づ。

ぐん-もん [0]【軍門】[名] 陣営の入り口。 **━に▲降**（くだ）**る** 戦争に負け、降参する。

くん-ゆ [ク]【訓諭】[名] [他サ] おしえさとすこと。

ぐん-ゆう [0]【群雄】[名] 多くの英雄。 **━割拠**（かっきょ）[カ] [名] 多くの英雄が各地にわかれて、たがいに勢力をあらそうこと。

ぐん-よう [0]【軍用】[名] 軍の用事に使うこと。「━機」 **━金**（きん）[0] [名] 軍の費用。軍資金。 **━犬**（けん）[0] [名] 軍隊の仕事に使ういぬ。

くん-よみ [0]【訓読み】[名] ⬇くんどく❶。↕音読み。

ぐん-らく [0]/[ク]【群落】[名] ❶同じ環境条件のもとにはえている植物の集まり。「湿生植物の━」❷多くの村落。

ぐん-りつ [0]【軍律】[名] ❶軍法。❷軍隊の規律。

ぐん-りゃく [0]【軍略】[名] 軍事上のはかりごと。戦略。

ぐん-りょ [ク]【軍旅】[名]〔文章語〕❶軍隊。❷戦争。

くん-りん [0]【君臨】[名] [自サ] ❶君主として支配すること。❷強い者が他の者を支配する位置にたつこと。「業界に━する」

くん-れい [0]【訓令】㊀[名] [自サ] 訓示し命令すること。㊁[名] 上位のものが下位のものにくだす、職務上の命令。 **━式**（しき）[0] [名] ローマ字のつづり方の一種。シ・チ・ツはそれぞれsi・ti・tuで表すなどがおもな特色。昭和一二年に内閣訓令で発表された。↕標準式（ヘボン式）・日本式。

ぐん-れい [0]【軍令】[名] 戦場での命令。

くん-れん [ク]【訓練】[名] [他サ] そのことについて習熟させるよう、練習させてきたえること。

くん-わ [0]【訓話】[名] おしえさとす話。

け
ケ

け：「計」の草体。
ケ：「介」の略体。

け [接頭]（主として形容詞につく）なんとなくの意をあらわす。「━だるい」

け【家】㊀[造] [接尾] うち。一族の生活体。家族。一門。「家来・分家・本家・良家・両家・天皇家・徳川家」㊁[造] 学問・技芸などの流派。「禅家・宗家」[別音か｜家]

け【化】[造] ❶ばける。すがたをかえる。「化粧・化身・権化（ごんげ）・変化（へんげ）」❷死ぬ。「遷化（せんげ）」[別音か｜化]

け【仮】[造] ❶かり。まにあわせ。「虚仮（こけ）」❷ほんものでない。「仮病」[別音か｜仮]

け【▲悔】[造] くいる。くやむ。「懺悔（ざんげ）」[別音かい｜悔]

け【華】[造] ❶はな。「香華（こうげ）・散華（さんげ）・蓮華（れんげ）」❷はなやか。りっぱ。うるわしい。「華厳（けごん）」[別音か｜華]

け【×稀】[造] まれ。めずらしい。「稀有（けう）」[別音き｜稀]

け【懸】[造] かける。かかる。「懸想・懸念」[別音けん｜懸]

け [ケ]【×卦】[名] [造] 易で、算木（さんぎ）にあらわれるかたち。これによって吉凶をうらなう。「有卦（うけ）・八卦（はっけ）」

け [0]【毛】[名] ❶動物の皮膚に生える、細い糸状のもの。㋐髪の毛。毛髪。㋑哺乳（ほにゅう）類のからだをおおっているもの。また、人間の体毛。㋒鳥のやわらかい羽毛。㋓昆虫・環形動物などのからだに生えているもの。❷植物の葉・茎などにある小さい突起物。❸羊毛。「━の洋服」❹ごくわずかな物事のたとえ。「━ほどの失敗も許されない」 **━が三本**（ぼん）**足**（た）**りない** さるは人間によく似ているが、毛が三本足りないので知能は人間におよばないという俗説。 **━の生**（は）**えたような** そのものよりほんのすこしまさっているようす。「作文に━論文」 **━を吹**（ふ）**いて×疵**（きず）**を求**（もと）**める**〔毛を吹きわけて、きずをさがしだす〕人の欠点をむりにさがしだそうとするたとえ。

け【気】㊀[ケ] [名] ❶それがそこにあると感じられるようす。けはい。「火の━」「人の━」❷体調。気分。「高血圧の━がある」[参考] 字音語とみる説もある。㊁[接尾]〔名詞・動詞連用形・形容詞語幹などについて〕物事が存在したり加わったりする感じをあらわす。「塩━」「吐き━」「寒━」

け [ケ]【×褻】[名] ふだん。つね。↕晴れ。

け【×笥】 [名][古語] ❶食器。「家にあればけに盛る飯を」〈万葉〉 ❷物を入れる器。「櫛—」

け【▲異】 [なり形動][古語] ❶ふつうとちがうようす。異常なようす。「(馬ガ)常ゆ(イツモヨリ)けに鳴く」〈万葉〉 ❷すぐれているようす。「行ひ慣れたる法師よりは(読経ガ)けなり」〈源氏〉

け [助] 〔終助詞。文語助動詞「けり」の変化。助動詞「た」「だ」について「…たっけ」「…だっけ」の形で用いる〕❶忘れてしまっていたことにふと気づいたり、昔を思い出しながら感慨をこめて述べたりするときのことば。…なあ。「よくふたりで遊んだっ—」 ❷不確かなことを質問したり、同意を求めたりするときのことば。「この列車でいいんだっ—」

げ [接尾] 〔形容動詞語幹をつくる〕ようす・けはいの意をあらわす。「うれし—」「わけあり—」「腹だたし—」

げ【牙】 [造] きば。「象牙」[別音が|牙]

げ【外】 [造] ❶そと。うわべ。おもてがわ。「外科・外題」 ❷ほか。ある範囲に含まれないもの・こと。「外典」 ❸はずれる。正統でない「外道」[別音がい|外]

げ【×碍】 [造] さまたげる。じゃまをする。「融通無碍」[別音がい|碍]

げ【解】 [造] ❶わかる。さとる。「解脱」 ❷なくなる。なくす。「解毒・解熱」[別音かい|解]

げ【戯】 [造] たわむれる。ふざける。「戯作」[別音ぎ|戯]

げ【下】 [一][ゲ][名][造] ↕上・中。❶した。すえ。「—の巻」「下界・下水・下段」 ❷おとっていること。「—の成績」「下人・下劣・下郎」 [二][造] ❶さげる。さがる。「下落・卑下」 ❷かえる。おりる。「下校・下車・下船」 ❸中央から遠くへうつる。「下向・下野」[別音か|下]

げ [0]【×偈】[名]〔仏〕仏の徳やおしえをほめたたえた、四句でできている詩。

ケア [ケ]〈care〉[名] 弱い立場にある人の要求を、社会的な制度として満たすこと。世話。介護。看護。「在宅—」

け-あがり [0]【蹴上(が)り】[名] 両足をそろえて空中をけり、上半身を鉄棒の上にあげること。

け-あげ [0]【蹴上げ】[名] 階段の一段の高さ。

け-あ・げる [ゲ]【蹴上げる】[他下一] ゲ|ゲ|ゲル|ゲル|ゲレ|ゲロ・ゲヨ 上方へける。けりあげる。**けあ・ぐ** [文語下二]

け-あし [0]【毛足】[名] ❶じゅうたん・毛皮などの毛の長さ。「—が長い」 ❷毛ののびる速さ。「—が速い」 ❸毛の多く生えている足。

け-あな [0]【毛穴】【毛▲孔】[名] 皮膚にある、毛のはえる穴。

ケア-ハウス [八]〈care house〉[名]〔和製英語〕それほど重くはない病身の高齢者が、常駐の相談員の介護やサービスを受けながら過ごす集合住宅。

ケア-プラン [プ]〈care plan〉[名]〔和製英語〕介護保険制度で要介護者が適切な介護サービスを受けられるようにケアマネージャーが作るサービスの計画。

ケア-マネ(ー)ジャー [ネ]〈care manager〉[名]〔和製英語〕介護支援専門員。介護が必要な人が適切なサービスを受けるためのプランを作成する人。ケアマネ。

ケアラー [ケ]〈carer〉[名] 健康的な生活が困難な近親者の介護・支援をする人。「ヤング—」

ケアレス-ミス [ミ][名]〔careless mistake から〕不注意によるあやまり。

ケア-ワーカー [ワ]〈care worker〉[名]〔和製英語〕介護士。特に特別養護老人ホームなどで働く介護福祉士。

げ-あんご [ア]【夏安▲居】[名] ⬇あんご。[夏]

けい【形】 [造] ❶かたち。かた。「形式・形体・円形・図形・三角形」 ❷ありさま。ようす。「形勢・形態・外形・地形」 ❸からだ。「形骸」 ❹あらわす。かたちづくる。「形成・形声・形容・整形・造形・変形」 ❺〔語〕活用形。「終止形・連体形」[別音ぎょう|形]

けい【径】 [一][ケ][名][造] さしわたし。「口径・直径・半径」 [二][造] ❶こみち。まっすぐな道。「径庭・径路・小径」 ❷ただちに。まっすぐ。「径行」

けい【茎】 [造] くき。「塊茎・球茎・根茎・地下茎」

けい【係】 [造] かかる。かかわる。かかずらう。「係争・係累・関係・連係」

けい【型】 [造] かた。もとになるかたち。手本。タイプ。「型式・原型・定型・典型」

けい【契】 [造] ❶わりふ。「契印・契合」 ❷ちぎり。約束。「契約・密契」

けい【×荊】 [造] ❶いばら。とげのある低木。「荊冠・荊棘」 ❷自分の妻をかしこまっていう語。「荊妻」

けい【恵】 [造] めぐむ。ほどこす。「恵贈・恵存・恵沢・恩恵・天恵・特恵」[別音え|恵]

けい【×珪】 [造] ❶諸侯の身分をあらわす玉。❷化学元素の一つ。「珪酸・珪素」

けい【啓】 [造] ❶おしえる。みちびく。「啓示・啓発・啓蒙・天啓」 ❷申しのべる。「啓上・啓白・謹啓・拝啓」 ❸ひらく。あける。「啓蟄・中啓」 ❹貴人の外出。「還啓・行啓」 **啓する** [他サ]

けい【掲】 [造] ❶かかげる。高くあげる。「掲示・掲揚」 ❷出版物にのせる。「掲載・掲出・別掲」

けい【渓】 [造] たに。水のある谷。たにがわ。「渓谷・渓声・渓流・雪渓・定山渓」

けい【経】 [造] ❶たていと。たての線。「経緯・経度・東経」 ❷へる。とおる。すぎる。すじみち。「経過・経験・経絡・経路」 ❸おさめる。いとなむ。「経営・経済」 ❹聖人の教えや言行を著した書物。「経学・経書」 ❺かわらないもの。のり。「経常・経費」[別音きょう|経]

けい【蛍】 [造] ほたる。「蛍雪・蛍光灯」

けい【▲頃】 [造] ころ。ころあい。「頃日・頃年」

けい【×痙】 [造] 筋肉がひきつる。「痙攣・書痙」

けい【軽】 [造] ❶かるい。簡単。「軽減・軽傷・軽装・軽労働」↕重。❷おちつきがない。「軽挙・軽率・軽薄」 ❸かろんじる。あなどる。「軽視・軽侮・軽蔑」

けい【傾】 [造] ❶かたむく。かたむける。「傾向・傾斜・右傾・左傾・前傾」 ❷心をよせる。「傾注・傾聴・傾倒」

けい【携】 [造] ❶たずさえる。手に持つ。「携行・携帯・必携」 ❷手を引く。関係する。「提携・連携」

けい【継】 [造] ❶つぐ。うけつぐ。「継承・継続・中継・後継者」 ❷血のつながりがない親族。「継子・継母」

けい【詣】 [造] ❶いたる。ゆきつく。「造詣」 ❷もうでる。まいる。「参詣」

けい【×閨】 [造] ❶ねや。寝室。「閨房・空閨・孤閨・深閨」 ❷婦人。女性。「閨秀・閨閥・令閨」

けい【×慧】 [造] さとい。かしこい。ちえがある。「慧眼・慧敏」[別音え|慧]

けい【憬】 [造] 心が遠くへ向かう。「憧憬」

けい【稽】 [造] ❶かんがえる。くらべる。「稽古・荒唐無稽」 ❷ふざける。「滑稽」

けい【憩】 [造] いこい。いこう。やすむ。「休憩・小憩」

けい【×頸】 [造] くび。のどの部分。「頸骨・頸椎・刎頸」

けい【×謦】 [造] せき。「謦咳」

けい【×繫】 [造] つなぐ。つながる。「繫辞・繫留・連繫」

けい【警】 [造] ❶いましめる。注意する。「警告・警笛・警報」 ❷まもる。用心する。「警戒・警備・自警・夜警」 ❸警察。警官。「警部・警棒・県警・婦警」 ❹おもいがけない。「警句・奇警」

けい【鶏】 造 にわとり。「鶏口・鶏肉・鶏卵・養鶏」

けい【競】 造 ❶きそう。あらそう。「競馬・競輪」❷せる。「競売」[別音きょう|競]

けい ケ **【刑】** 名造 罪をおかしたものに与えられる、しおき。「—に服す」「刑事・刑罰・刑法・死刑・処刑・量刑・終身刑」 **刑する** 他サ

けい【系】 ❶ケ 名造 [数]一つの定理からすぐに推定できる他の命題。「公理系」❷造 ❶まとまり。システム。「体系・太陽系・神経系」❷すじみち。つながり。「系図・系統・系列・父系・日系・理系」❸接尾 …のほうに関係がある。「体育会—のサークル」「コンビニ—の店」

けい【京】 ❶ケ 名造 ❶兆の一万倍。きょう。❷[文章語]みやこ。「京洛」❷造 京都。「京阪神」[別音きょう|京]

けい【計】 ❶ケ 名造 ❶はかりごと。くわだて。「一年の—」「計画・計略・家計・設計」❷合計。「計三万円」❷造 ❶かぞえる。「計算・計数・計測・会計・集計・統計」❷ものをはかる器具。「温度計・風力計」

けい【×桂】 ❶ケ 名造 将棋の駒の一種。桂馬。❷造 クスノキ科の常緑高木。肉桂。香りのよい木。日本の「かつら」は別の木。「桂冠・月桂樹」

けい【×卿】 ❶ケ 名造 三位以上の人。公卿。「卿大夫」❷代[古語] ❶君主が臣下によびかける語。❷同輩や目下のものをかるく尊敬して呼ぶ語。[別音きょう|卿]

けい ケ **【敬】** 名造 うやまう。つつしむ。「敬意・敬遠・敬服・畏敬・失敬・尊敬」 **敬する** 他サ

けい【景】 ❶ケ 名造 けしき。風景。「景観・景勝・光景・絶景」❷造 ❶ようす。なりゆき。「景気・景況・情景」❷あおぐ。したう。「景仰・景慕」❸そえる。「景品・景物・粗景」

けい ケ **【×罫】** 名造 ❶碁・将棋の盤面に、縦横に引いた線。❷紙に、文字の列をそろえるために一定の間隔で縦または横に引いた線。「罫紙・罫線・太罫・横罫」

けい ケ **【慶】** 名造 よろこび。祝い。「慶賀・慶事・慶弔・御慶・大慶・落慶」↕弔。 **慶する** 他サ

けい【兄】 [文章語] ❶ケ 名 まさっているもの。↕弟。❷ケ 代 接尾 男子が、同性の先輩・同輩に軽い尊敬の気持ちで呼びかけるときのことば。きみ。おもに、手紙で使う。「—の尽力に感謝します」「山本兄」❸造 ❶あに。「兄弟・義兄・長兄・父兄」❷親しい友人に対する敬称。「貴兄・学兄」⇩さま(様) 参考 **—たりがたく弟たりがたし** 二人の能力が同じ程度で、まさりおとりがない。

げい【迎】 造 むかえる。まちうける。「迎合・迎春・歓迎・送迎」

げい【×睨】 造 にらむ。「睥睨」

げい【鯨】 造 くじら。「鯨飲・鯨油・巨鯨・捕鯨」

げい【芸】 ❶ゲ 名造 ❶習得した技芸・技能。「一芸・工芸・手芸・名人芸」❷遊芸。「芸道・文芸・陶芸」❸役者の演技。❷造 ❶芸能。「芸人・芸名・演芸・話芸」❷植える。「園芸・農芸」❸「安芸(旧国名)」のこと。「芸州」 **—が細かい** することが綿密で、ゆきとどいている。 **—がない** ❶技芸・技能を身につけていない。❷ありふれていて、変わったところがなく、おもしろみがない。「文字の説明だけでは—」 **—の虫** 芸ごとに、ひどく熱心な人。 **—は身を助ける** 一つの技芸にすぐれていると、それが生活のもとでにもなる。

ゲイ ゲ(gay) 名 男の同性愛者。⇩エルジービーティー(LGBT)。

けい-あい ⓪ **【敬愛】** 名他サ 尊敬すると同時に親愛の心をもつこと。

けい-あん ケ **【慶×庵・×桂×庵】** 名 やとい人を世話する人。口入れ屋。参考 江戸時代の医者、大和慶庵が縁談の仲だちをしたことからという。

けい-い ケ **【経緯】** 名 「たて糸(経)」と「よこ糸(緯)」の組み合わせで物事の基本となる筋道の意 ❶物事がなぜそうなったかという表面からはわかりにくい事情。いきさつ。「事件の—を説明する」❷地球の経線と緯線。

けい-い ケ **【敬意】** 名 人をうやまい大切に思う心。「先輩に—を表する」

けい-い ケ **【軽易】** 形動 ダロ・ダッ・デ・ニ ダ・ナ・ナラ ⓪ 簡単でてがるなようす。簡易。

げい-いき ⓪ **【芸域】** 名 演じる芸の範囲。「—を広める」

けい-いん ⓪ **【契印】** 名 ❶原簿と発行文書とにまたがらせて、証明のためにおす割り印。契の字を彫ってある。❷一そろいの書類のとじ目におす割り印。

げい-いん ⓪ **【鯨飲】** 名[文章語] くじらが水を飲むように、酒を多量に飲むこと。 **—馬食** ⓪ 名自サ くじらが水を飲むように酒をがぶがぶ飲み、馬がかいばを食べるようにむしゃむしゃと大ぐいすること。牛飲馬食。

けい-えい ⓪ **【形影】** 名[文章語] ものの形とその影。 **—相弔う** 自分をなぐさめてくれるのは自分の影だけである。ひとりぼっちで、たよる人のないこと。 **—相伴う** 形と影のように、いつもいっしょである。仲がよいようす。

けい-えい ⓪ **【継泳】** 名 数人の泳ぎ手が一組となり、それぞれが一定の距離をひきついでおよぐこと。水泳のリレー。

けい-えい ⓪ **【経営】** 名他サ 基礎を固めた計画にもとづき、経済的に成りたつ運営をおこなうこと。「—が破綻する」

けい-えい ⓪ **【警衛】** 名他サ 警戒し守ること。また、その人。

けい-えん ⓪ **【×閨怨】** 名[文章語] 夫とはなれてくらしている妻のうらみ・悲しみ。

けい-えん ⓪ **【敬遠】** 名他サ ❶うわべはうやまうようにして、実は近づくのをさけ、親しもうとしないこと。❷野球で、打者にわざと四球を与えて打たせないこと。

げい-えん ⓪ **【芸×苑】** 名[文章語] 芸能人の社会・なかま。

けいえんいっし《桂園一枝》 香川景樹の千首ちかい作品をおさめる。江戸時代後期の歌集。

けい-えんげき エ **【軽演劇】** 名 軽快な娯楽本位の演劇。大衆演劇。

けい-おんがく オ **【軽音楽】** 名 ジャズ・シャンソンなど、軽快で大衆的な西洋音楽。

けい-か ⓪ **【経過】** 名自サ ❶時間のすぎていくこと。「十年が—する」❷物ごとが移り変わっていく状態。

けい-が ケ **【慶賀】** 名他サ[文章語] よろこび祝うこと。

げい-か ゲ **【×猊下】** 代[文章語] 高僧を尊敬してよぶ語。⇩わき付け 参考

けい-かい ⓪ **【境界】** 名 ⬇きょうかい。

けい-かい ⓪ **【啓開】** 名他サ[文章語] 切り開くこと。特に、水面・水中の障害物を取り除いて、安全に航行できるようにすること。「水路の—」

けい-かい ⓪ **【警戒】** 名他サ 好ましくないことが起こらないように注意し、用心すること。 **—感** カ 名 警戒が必要だと感じる気分。「株式市場に—が広がる」 **—色** カ 名 ある種の動物がもつ、他の動物に警戒心を起こさせるような、めだった体色。↕保護色。 **—線** ⓪ 名 ❶犯罪事件を捜査するため一定の区域におこなう警戒。非常線。「—を張る」❷河川で洪水になる水位の限界を示す

線。

けい-かい⓪【軽快】㊀形動 ❶かろやかで動きがはやいようす。「―な動き」❷明るく、心のはずむようなようす。「―な音楽」㊁名自サ 病気がよくなること。

けい-がい⓪【形骸】名〔文章語〕❶からだ。むくろ。❷実際的な価値が失われて形だけが存しているもの。「法の―化」 **―を▲止とどめない** あとかたもない。「―ほど風化した遺跡」

けい-がい⓪【×謦×咳】名 せきばらい。 **―に接せっする** 「会う」をへりくだっていう語。おめにかかる。

げい-かい⓪【芸界】名 芸能人の社会。芸能界。

けい-かく⓪【×圭角】名〔文章語〕〔玉ぎょくのとがったかどの意〕言動・性格が円満でなく、かどがあること。「―がとれる」

けい-かく⓪【計画】名他サ ある目的を果たすための方法や段取りを考えること。もくろみ。くわだて。「旅行の―を立てる」「―倒産」「―停電」 **―経済けいざい** ケ2名 国家などのつくる計画により、生産や生産物の分配がおこなわれる経済政策。 **―的てき**⓪形動 予定や段取りをととのえておこなうようす。「―に研究する」

けい-がく⓪【経学】名 四書五経など、経書の研究をする学問。

けい-がく⓪【掲額】名自サ〔文章語〕功績などをたたえて、その人の写真や表彰状などを額に入れて掛けること。

けい-かん⓪【×桂冠】名 ➡げっけいかん。 **―詩人しじん** シ名 イギリスで、宮廷官にえらばれた栄誉ある詩人。

けい-かん⓪【×荊冠】名 いばらのかんむり。キリストが十字架にかかったとき、かぶせられたかんむり。受難をあらわす。

けい-かん⓪【景観】名 けしき。ながめ。

けい-かん⓪【警官】名 警察官の略称。ただし、最下級の巡査を含む下位の職分を指すことが普通である。

けい-かん⓪【渓間】名〔文章語〕たにま。

けい-かん⓪【鶏冠】名〔文章語〕にわとりのとさか。

けい-かん⓪【鶏×姦】名〔文章語〕男色だんしょく。

けい-かん⓪【×挂冠】名自サ〔文章語〕官職をやめること。参考 官についていたときのかんむりを脱いでかける意。

けい-がん⓪【×炯眼】名形動〔文章語〕〔「炯」はあきらかの意〕❶光ったするどい目つき。❷物事をするどく見抜く力。「―の批評家」

けい-がん⓪【×慧眼】名形動 物事の本質を理解し深く考える力。「―の高僧」

けい-き ケ【刑期】名 刑罰をうける期間。「―をおえる」

けい-き ケ【京畿】名〔文章語〕❶皇居近辺の地。❷畿内きない。

けい-き ケ【契機】名 ❶きっかけ。動機。「失敗が―となって慎重論がおこる」❷〔哲〕ものを成りたたせる、欠くことのできない要因。モメント。

けい-き ケ【計器】名 計量機械・器具。はかり。メーター。

けい-き⓪【景気】名 ❶物事の活動の勢い。また、その勢いのよさ。「―をつける」「―のよい売り声」❷経済活動の状況。また、経済活動がさかんで、金や品物がよく流通すること。「―が上向く」↔不景気。❸〔古語〕ようす。ありさま。「山中の景気」〈方丈記〉

けい-き ケ【継起】名自サ つづいておこること。

げい-ぎ ケ【芸×妓】名 三味線をひき、歌ったり、踊ったりして酒席に興をそえることを職業とする女性。芸者。芸子。

けい-きかんじゅう カ【軽機関銃】名 ひとりで運んで操作できる小型の機関銃。↔重機関銃。

けい-ききゅう キ【軽気球】名 ➡ききゅう。

けい-きへい キ【軽騎兵】名 軽装の騎兵。

けい-きょ ケ【軽挙】名 かるはずみなおこない。「―妄動」

けい-きょう⓪【景況】名〔文章語〕❶ようす。もよう。❷経済活動の状況。

けい-きょく⓪【×荊×棘】名〔文章語〕いばら。ばら。また、いばらのはえた荒れはてた土地。 **―の道みち** 困難でくるしくつらい進路・境遇。

けい-きんぞく キ【軽金属】名 比重が四ないし五以下のかるい金属。↔重金属。

けい-く⓪【警句】名 着想が奇抜で、みじかい表現の中に真理をあらわしたことば。アフォリズム。

けい-ぐ ケ【敬具】あいさつ〔文章語〕手紙の終わりに書く語。うやまって書いたという意味をあらわす。参考 手紙の結びのことばは、書きおこしと対応して用いられる。「拝啓」に対しては「敬具」が一般的で、ほかに「拝具・敬白」、「謹啓」に対しては「謹言・謹白」などを用い、特にていねいな場合は「頓首・再拝」なども使う。「前略・冠省」には、「早々・匆々・草々・不一・不備」などを使う。女性の場合は、「かしこ」も使う。

けい-ぐん⓪【鶏群】名〔文章語〕にわとりのむれ。 **―の一▲鶴いっかく** 〔にわとりのむれの中の一羽のつる〕大ぜいの凡人の中にいる、一人のすぐれた人物。

けい-けい⓪【×炯×炯】と副 たる連体 するどく光るようす。「―と人を射る眼光」

けい-けい⓪【軽軽】に副 かるがるしいようす。

げい-げき⓪【迎撃】名他サ 戦争や試合で、相手をむかえうつこと。

けい-けつ⓪【経穴】名 はり・きゅうをほどこす場所。

けい-けん⓪【鶏犬】名 にわとりと犬。 **―相あい聞きこゆ** 村里の家が並びつづいているようす。

けい-けん⓪【経験】名他サ 自分で実際に見聞きしたり行動したりすること。また、それによってたくわえられた知識や技術。「―が浅い」「―を生かす」参考「経験」は「体験」にもとづくが、その印象が記憶として残るところに重点がある。 **―科学かがく** カ名 経験的事実を対象とする学問。実証的な科学。 **―主義しゅぎ** シュ名 ❶理論よりも経験を重視する考え方。❷〔哲〕経験論。 **―則そく** ケ2名 経験によっておのずと理解できる法則。「過去の―から学ぶ」 **―値ち** ケ2名 経験から学んだことを数量化した言い方。「―が高い」 **―論ろん** ケ2名 ❶あらゆる認識は、経験にもとづくと考える哲学上の立場。❷経験にもとづいてする議論。

けい-けん⓪【敬×虔】形動 ダロ・ダッ・デ・ニ ダ・ナ・ナラ○ 深くうやまい、つつしむようす。とくに、神仏をうやまうようす。「―な祈り」

けい-げん⓪【軽減】名自他サ 負担になるものが、かるくなり、へること。また、かるくし、へらすこと。「税の―」

けい-こ ケ【稽古】名他サ〔昔のことをかんがえる意から〕くりかえしならって、身につけること。スポーツや芸能などに言うことが多い。 **―事ごと** ⓪/コ名 けいこして身につける、技能・遊芸などの習いごと。 **―台だい** ⓪名 練習の相手。

けい-ご⓪【敬語】名 ❶身分制度の固定している時代や社会で、上位者に対するうやまいの表現。❷話し手(書き手)が、相手や話題となっている人物(第三者)との人間関係をどのようにとらえているかを、ことばの上であらわした表現。ふつう、尊敬語・謙譲語・丁寧語の三つに分類される。⇩**(付)敬語の種類と使い方**

けい-ご ケ【警護・警固】名他サ 警戒して守りかためること。

け

げい-こ ⓪【芸子】名 芸妓(げいぎ)。

けい-こう ⓪【径行】名〔文章語〕思うことをまげずにおこなうこと。「直情—の人」

けい-こう ⓪【経口】名 薬をあたえる方法として口をとおすこと。「—投与」 **—感染**(かんせん) [カ]名 食べ物などによって、口から病原体が体内に入り、病気になること。 **—薬**(やく) [コ]名 のみぐすり。内服薬。

けい-こう ⓪【蛍光】名 ❶ほたるのひかり。❷ある物質に光やエックス線を当てたときに、出る光。「—染料」 **—色**(しょく) [コ]名 ❶青味がかった白色。❷蛍光をともなった色。 **—灯**(とう) ⓪名 ガラス管の中に蛍光を出す物質をぬった電灯。 **—塗料**(とりょう) [ト]名 蛍光を出す物質をふくんだ塗料。 **—ペン** [コ]名 蛍光顔料を用いた筆記具。主にマーカーに使う。

けい-こう ⓪【傾向】名 物事の性質や状態がある一つの方向に進もうとする動き。傾き。「他人に頼る—がある」「出題の—を分析する」 **—文学**(ぶんがく) [ゴ]名 ある主義・思想を強く主張し、伝えるために書かれた文学作品。

けい-こう ⓪【鶏口】名 にわとりの口。 **—となるも牛後**(ぎゅうご)**となるなかれ**(「牛後」はうしのしり)大ぜいの中で下積みになるよりは、小人数の仲間でも、その中心人物となるほうがよい。

けい-こう ⓪【景仰】名他サ〔文章語〕人の徳をしたいあおぐこと。けいぎょう。

けい-こう ⓪【携行】名他サ たずさえていくこと。「雨具—のこと」

けい-ごう ⓪【契合】名自サ〔文章語〕割り符をあわせたように、ぴたりと一致すること。

げい-ごう ⓪【迎合】名自サ 自分の考えをまげて、相手の考えや世間の風潮などに合わせ、おもねること。

けい-こうぎょう [コ]【軽工業】名 繊維・食料品など、消費材を生産する工業部門。↔重工業。

けい-ごうきん [ゴ]【軽合金】名 アルミニウム・マグネシウムなど軽金属を主体とする、比重のかるい合金。

けい-こく ⓪【渓谷】【×谿谷】名 たに。たにま。

けい-こく ⓪【経国】名〔文章語〕国家を経営すること。国をおさめること。 **—済民**(さいみん) ⓪名 国をおさめ、民を困苦からすくうこと。経世済民。

けい-こく ⓪【傾国】名 ❶〔文章語〕君主がその美しさに心をうばわれて、国政をおろそかにするような美女。参考「漢書(かんじょ)」の「一顧すれば人の城を傾け、再顧すれば人の国を傾く」による。❷遊女。傾城(けいせい)。

けい-こく ⓪【警告】名他サ 人に注意をうながすこと。「—を発する」「—無視」

けいこくしゅう《経国集》平安時代前期の勅撰漢詩文集。二十巻(現存六巻)。淳和(じゅんな)天皇の命を受けて良岑安世(よしみねのやすよ)・滋野貞主(しげののさだぬし)らが編集。

けいこくびだん《経国美談》矢野竜渓(りゅうけい)の政治小説。一八八三年から翌年にかけて刊行。自由民権論を主張したもの。

けい-こつ [ケ]【×脛骨】名 ひざと足首の間の二本のほねのうち、内側の太いほね。⇩骨格(図)。

けい-こつ [ケ]【×頸骨】名 くびのほね。

げい-ごと ⓪/[ゴ]【芸事】名 遊芸に関する事がら。

けい-さい ⓪【×荊妻】名〔文章語〕自分の妻をかしこまっていう語。愚妻。参考「荊」はいばら。中国、後漢の梁鴻(りょうこう)の妻が、貧しかったころ、いばらのかんざしをつけていたことから。⇩つま(妻)参考。

けい-さい ⓪【継妻】名 後妻。のちぞいの妻。

けい-さい ⓪【掲載】名他サ 新聞・雑誌などに、かかげのせること。「雑誌に詩を—する」 **—紙**(し)**・—誌**(し) [サ]名 その記事・論文・広告などをのせている新聞・雑誌。

けい-ざい [ケ]【経済】㊀名 ❶人間の共同生活に必要な物質・財産を、生産・分配・消費する活動。❷個人の生活における金のやりくり。㊁名形動 金や手間がかからないこと。「—なやり方」参考「経国済民」「経世済民」の略語として、政治の意味に用いていたものを、明治時代にeconomyの訳語として転用したもの。 **—家**(か) ⓪名 ❶経済の道に通じている人。❷倹約をする人。 **—界**(かい) [ザ]名 経済的活動のおこなわれる社会。実業界。 **—観念**(かんねん) [カ]名 経済に関する考えや知識。特に、家計のやりくりについて言う。「—のない人」 **—企画庁**(きかくちょう) [カ]/[ク]名 総合的な経済計画をたてる官庁。二〇〇一年、内閣府に統合された。 **—産業省**(さんぎょうしょう) [ギョ]名 経済構造の改革、産業・通商政策、資源・エネルギーの供給などを担当する国の行政機関。二〇〇一年に通商産業省を改組して発足。 **—水域**(すいいき) [ス]名 ⇩排他的経済水域。 **—成長**(せいちょう) [セ]名 国民総生産・国民所得など、国民の経済の規模が大きくなること。 **—的**(てき) ⓪形動 ❶経済に関係のあるようす。❷金があまりかからないようす。 **—闘争**(とうそう) [ト]名 労働者が労働条件の維持や改善などの経済問題のために、使用者を相手にたたかうこと。↔政治闘争。 **—封鎖**(ふうさ) [フ]名 ある国に対して経済的交渉をたちきること。

けい-さぎょう [サ]【軽作業】名 体力をあまり必要としない、簡単な作業。

けい-さつ ⓪【警察】名 ❶国民の生命・財産、社会の秩序などを守る国家の行政機能。また、その機関。❷「警察署」の略。 **—官**(かん) [サ]名 警察の仕事をする公務員の総称。巡査から警視総監・警察庁長官に至る各種の職分がある。 **—犬**(けん) ⓪名 警察が事件の捜査に役立つように訓練した犬。 **—権**(けん) [ツ]/[サ]名 警察機関が社会秩序を守るために、国民の行為などを強制して自由を制限する国家権力。 **—国家**(こっか) [コ]名 政府が警察権を使って国内政治のあらゆる方面を支配し、国民の自治を認めない国家。 **—署**(しょ) [ショ]/⓪名 ある地域内の警察の仕事をする役所。 **—庁**(ちょう) [ツ]/[サ]名 国家公安委員会に管理される、国の警察に関する事務をあつかう最高機関。

けい-さん ⓪【×珪酸・×硅酸】名 珪素(けいそ)・酸素・水素の化合物。また、二酸化珪素。

けい-さん ⓪【計算】名他サ ❶数量をかぞえること。❷数式・方程式などの運算をし、数値をだすこと。❸物事を推測し、それを予定の中に入れること。「相手の出方を—して対策をたてる」 **—器**(き)**(機)** [サ]名 加減乗除などの計算をする器具や器械。 **—尺**(じゃく) ⓪/[サ]名 対数理論を応用した、ものさし型の計算器具。複雑なかけ算・割り算などが簡単にできる。 **—尽**(ず)**く** ⓪名 自分の損にならないよう、先の先まで考えをめぐらすこと。計算高いこと。 **—高**(だか)**い** [カ]形 金銭や利害の損得に敏感であるようす。勘定高い。打算的。

けいさん-かんむり [カ]【×卦算冠】名(「卦算」は占いに使う算木(さんぎ)のこと。形が似ていることから)漢字の部首の一つ。けいさん。なべぶた。「京」などの「亠」。

けいさん-しょう [サ]【経産省】名「経済産業省」の略。

けいさん-ぷ [サ]【経産婦】名 出産をしたことのある女性。

けい-し [ケ]【兄姉】名〔文章語〕兄と姉。年上のきょうだい。↔弟妹(ていまい)。

けい-し [ケ]【京師】名〔文章語〕皇居のある地。みやこ。

けい-し [ケ]【継子】名〔文章語〕配偶者の子で、自分とは血のつながりのない子。ままこ。↔実子。

けい-し [ケ]【継嗣】名〔文章語〕あとつぎ。

けい-し ケ【×罫紙】名 けいの引いてある紙。

けい-し ケ【警視】名 警察官の階級の一つ。警視正の下、警部の上。**—総監**（そうかん）ソ名 警視庁の長官。**—庁**（ちょう）ジ名 東京都の警察事務をあつかう本部。

けい-し ⓪【刑死】名自サ 死刑に処されて死ぬこと。

けい-し ケ【軽視】名他サ かろんじること。↕重視。

けい-じ ケ【刑事】名 ❶刑法の適用をうける事件。↕民事。❷刑事巡査。**—巡査**（じゅんさ）ジュ名 犯罪の捜査、犯人の逮捕にあたる巡査。刑事。**—補償**（ほしょう）ホ名 刑事事件で、拘禁されたり、刑を執行されたりした人が、裁判により無罪になった場合、国家がその損害を金銭でつぐなう制度。

けい-じ ケ【慶事】名 めでたいこと。祝い事。↕弔事。

けい-じ ケ【兄事】名自サ〔文章語〕相手を兄のように尊敬して接すること。

けい-じ ⓪【計時】名自サ 競技などで、かかった時間をはかること。「—係」

けい-じ ⓪【啓示】名 キリスト教で、神が人に、人の力ではわからないことをあらわししめすこと。「神の—をうける」

けい-じ ⓪【掲示】名他サ 人々に知らせるために、書いてかかげしめすこと。また、その文書。**—板**（ばん）⓪名 ❶いろいろの通知・ポスターなどをはるための板ばりの設備。❷⬇電子掲示板。

けい-じ-か ジ【形×而下】名 ❶形のあるもの。❷〔哲〕時間・空間のうちに形をそなえてあらわれるもの。感覚の働きによってその存在を知ることのできるもの。↕形而上。

けい-しき ⓪【形式】名 ❶外から見てわかる事がら。外見。外形。「—をおもんじる」「—だけで実がない」↕内容・実質。❷様式。方法。「一定の—で事をはこぶ」**—主義**（しゅぎ）ジュ名 ❶内容よりも形式を重んじ、形式がととのっていればよしとする考え方。❷芸術で、内容より表現形式に美をみとめる考え方。**—的**（てき）⓪形動 ❶形式に関するようす。「—にも内容的にも」❷形式に重きをおくようす。「—な謝辞」↕実質的。**—犯**（はん）キ名 一定の行為をするだけで犯罪の構成要件に該当するとされる犯罪。駐車違反や届出義務違反など。↕実質犯。**—名詞**（めいし）ズ名 具体的な意味をもたず、常に他の語句についてその場合に応じた意味をつけ加える名詞。「こと・もの・ところ」など。「ことを起こす」の「こと」に対し、「見たことがない」「住んだことがある」の「こと」は形式名詞。

けい-じ-じょう ⓪【形×而上】名 ❶形のないもの。❷〔哲〕感覚の働きによってその存在を知ることのできないもの。超自然的であるもの。精神的なもの。↕形而下。**—学**（がく）ジョ名 哲学の一部門で、事物の本質、存在の根本原理を精神の面から研究する学問。

けい-しつ ⓪【形質】名 ❶物の形と性質。❷生物の分類の指標となる形態の特徴。また、外にあらわれた各種の遺伝的性質。

けい-しつ ⓪【継室】名〔文章語〕後妻。のちぞい。

けい-しつ ⓪【憩室】名〔医〕胃・大腸など、消化管の壁の一部がくぼみ、外側へふくらんで袋のようになったもの。「大腸—症」

けい-じつ ⓪【×頃日】名〔文章語〕近ごろ。

敬（けい）**して遠**（とお）**ざける** 敬遠する。

けい-じどうしゃ ド【軽自動車】名 長さ三・四メートル以下、幅一・四八メートル以下、高さ二メートル以下、総排気量六六〇cc以下の自動車。軽（けい）。

けい-しゃ ケ【鶏舎】名 にわとりを飼う建物。とりごや。

けい-しゃ ⓪【傾斜】名自サ ❶かたむき、ななめになること。また、その度合い。かたむき。❷地層面と水平面とがなす角度。勾配（こうばい）。

げい-しゃ ⓪【芸者】名 ❶芸妓（げいぎ）。❷芸の達者な人。

げい-しゃ ⓪【迎車】名 タクシーやハイヤーが客を指定の場所まで迎えに行くこと。また、その車。

けい-しゅ ケ【警手】名 鉄道の踏切などで、事故防止にあたる人。

けい-しゅう ⓪【軽舟】名〔文章語〕よく走る小舟。

けい-しゅう ⓪【×閨秀】名〔文章語〕学問や芸術にすぐれている女性。**—作家**（さっか）サ名 女性の作家。女流作家。

けい-じゅう ⓪【軽重】名 ⬇けいちょう。

げい-しゅう《芸州》⬇あき(安芸)。

けい-しゅく ⓪【慶祝】名他サ めでたいことを喜び祝うこと。

けい-しゅつ ⓪【掲出】名他サ 人々の目につくように、掲示して見せること。

げい-じゅつ ⓪【芸術】名 特別の材料・様式・技巧などを使って美をつくりだし、表現する、人間の精神的・身体的活動。また、その産物。文学・音楽・絵画・彫刻・演劇などの総称。**—院**（いん）ジ名 文部科学省に属し、すぐれた芸術家を会員とする、芸術運動の指導機関。日本芸術院。**—家**（か）⓪名 芸術作品を制作し、芸術活動をする人。**—祭**（さい）ジ/ジュ名 芸術・芸能を一般に普及させるために、毎年文化の日を中心に文部科学省が後援して行う、もよおしものの総称。㊗秋 **—至上主義**（しじょうしゅぎ）ジュ名 芸術は芸術自身のために存在するとし、他の世界を超越した価値をもつと主張する立場。「芸術のための芸術」をとなえる立場。**—選奨**（せんしょう）セ名 芸術の各分野で優れた業績をあげた人に、毎年、文部科学大臣が贈る賞。

げい-しゅん ⓪【迎春】名 新年をむかえること。㊗新年

けい-しょ ケ【経書】名 儒教の経典。四書・五経など。

けい-しょう ⓪【形勝】名 ❶地形・風景などがすぐれていること。また、その土地。景勝。❷城をきずいたり、敵を防いだりするのに地形が適していること。また、そういう土地。

けい-しょう ⓪【景勝】名 けしきのすぐれていること・ところ。形勝。

けい-しょう ⓪【形象】名〔文章語〕かたち。形体。

けい-しょう ⓪【敬称】名 ❶敬意をこめて人を呼ぶ語。尊称。「殿下」「先生」「社長」など。❷人名にそえて敬意をあらわす言い方。「…様」「…氏」「…殿」など。

けい-しょう ⓪【軽症】名 症状のかるい病気。↕重症。

けい-しょう ⓪【軽傷】名 短時日でなおるかるいきず。あさで。↕重傷。

けい-しょう ⓪【警鐘】名 ❶危険をしらせたり、警戒をうながすために鳴らすかね。「—を乱打する」❷いましめ。警戒。

けい-しょう ⓪【継承】名他サ うけつぐこと。承継。「王位を—する」

けい-しょう ⓪【軽少】形動 ダロ・ダッ・デ・ニ／ダ・ナ・ナラ・○ ほんのすこし。わずか。

けい-しょう ⓪【軽×捷】形動 ダロ・ダッ・デ・ニ／ダ・ナ・ナラ・○〔文章語〕身がるですばしこいさま。びんしょう。「—な身のこなし」

けい-じょう ⓪【刑場】名 死刑執行の場所。しおきば。

けい-じょう ⓪【形状】名 物のかたち。ありさま。⇩形態。参考 **—記憶合金**（きおくごうきん）ゴ名 一定の温度での状態を記憶しておき、低温で変形させても、熱を加えると元の形にもどる性質の合金。

けい-じょう ⓪【経常】名 一定してかわらないこと。「—支出」

けい-じょう ⓪【敬譲】名 相手をうやまい、へりくだるこ

と。

けい-じょう [0]【警乗】[名][自サ] 犯罪をふせぐために警官が汽車などに乗って警戒すること。

けい-じょう [0]【計上】[名][他サ] 全体の計算の中にふくめてかぞえあげること。「学費として―する」

けい-じょう [0]【啓上】[あいさつ]〔文章語〕手紙の初めに書く語。つつしんで申しあげますの意味を表す。「一筆―」 ⇩拝啓[参考]。

けい-しょく [0]【軽食】[名] 手軽な食事。

けい-じょし [ジョ]【係助詞】[名] いろいろの語の下について、強調・疑問などの意味をそえるもの。文語では、係り結びの関係で結びことばに影響を及ぼすものが多い。文語では「は・も・ぞ・なむ・や・か・こそ」、口語では「は・も・さえ・しか・でも・こそ」など。かかりじょし。

けい-しん [0]【軽震】[名] ❶かるい揺れの地震。❷地震の強さの旧階級。人に感じられ、障子などがわずかにうごく程度の地震。震度2。

けい-しん [0]【敬神】[名] 神をうやまうこと。

けい-しん [0]【軽信】[名][他サ] かるがるしく信じること。

けい-ず [0]【系図】[名] 先祖から子孫に至る代々のつながりを図のようにして示したもの。家系図。**―買(か)い** [ス][名] ⇩けいずか(窩主買)い。

けい-すい [0]【軽水】[名] 重水に対して、ふつうの水。**―炉(ろ)** [ス][名] 炉心の冷却と中性子の減速のために軽水を用いる原子炉。

けい-すう [ス]【係数】[名] ❶物理的な量の比例関係をあらわす式の中の定数。「膨張―」❷多項式や方程式の項の変数に掛けられた数字。2xyの2など。

けい-すう [ス]【計数】[名] ❶数の計算をすること。また、計算して出した数値。❷経理・計算などに関すること。「―に明るい人」

けいず-かい [ス]【×窩主買い】―かひ [名] (「窩」は盗品を隠すこと)盗品と知りながら、それを売買すること。また、その人。故買(こばい)。[参考] 身分の低い金持ちが没落した公卿(くぎょう)などの系図を買い取り、それを仕立てて自分のものとした「系図買い」という語があり、それと故買の意味が混同してできたとする説がある。

けい・する [ス]【刑する】[他サ] シ・セ・サ｜シ｜スル｜スレ｜セヨ 〔文章語〕❶刑に処する。❷死刑にする。**けい・す** [文語サ変]

けい・する【啓する】[一] [ス][他サ] シ・セ・サ｜シ｜スル｜スレ｜シロ・セヨ 〔文章語〕申しあげる。**けい・す** [文語サ変] [二] [他サ]〔古語〕「言ふ」の謙譲の言いかた。申しあげる。「『…はつかになむ見たまへし』と(春宮(とうぐう)に)啓したまへば」〈源氏〉[参考] 皇后や皇太子などに申しあげるときのことば。天皇や上皇には「奏す」と言う。⇩奏する[二]。

けい・する [ス]【敬する】[他サ] シ・セ・サ｜シ｜スル｜スレ｜シロ・セヨ 〔文章語〕うやまう。**けい・す** [文語サ変]

けい・する [ス]【慶する】[他サ] シ・セ・サ｜シ｜スル｜スレ｜シロ・セヨ 〔文章語〕よろこぶ。いわう。**けい・す** [文語サ変]

けい-せい [0]【形声】[名] 六書(りくしょ)の一つ。音をあらわす文字と意味をあらわす文字とをあわせて、別の漢字をつくる方法。諧声(かいせい)。「己(音はキ)」と「言(意味は、ことば)」とで「記」の字をつくるなど。

けい-せい [0]【形勢】[名] 対立している物事についての、その時の状況やその後のなりゆき。情勢。「―が不利になる」

けい-せい [0]【渓声】【×谿声】[名]〔文章語〕谷川の水音。

けい-せい [0]【経世】[名]〔文章語〕世をおさめること。**―家(か)** [0][名]〔文章語〕政治家。**―済民(さいみん)** [0][名] 経国済民。

けい-せい [0]【傾▲城】[名]〔文章語〕❶美人。⇩傾国[参考]。❷遊女。

けい-せい [0]【警世】[名] 世人をいましめること。「―の文章」

けい-せい [0]【警醒】[名]〔文章語〕警告を発して人のまよいをさますこと。「―の大文章」

けい-せい [0]【形成】[名][他サ] かたちづくること。「人格―」 **―外科(げか)** [ゲ][名] からだの奇形や変形を正常にするために手術を行う医学の一分野。

けい-せき [0]【形跡】[名] 物事のあとかた。「たき火をした―がある」

けい-せき [ケ]【×珪石・×硅石】[名] 珪酸質の岩石・鉱物の総称。ガラス・耐火物・陶磁器などの原料。

けい-せつ [0]【蛍雪】[名] 苦労して勉強すること。[参考] 昔、中国の車胤(しゃいん)がほたるの光で、また孫康(そんこう)が雪のうすあかりで書を読んだという故事から。**―の功(こう)** 苦労して学問をした結果。「―を積む」

けい-せん [ケ]【経線】[名] 地球を、南北両極を通る平面で切るとき、その平面が地球の表面とまじわる仮想の曲線。子午線。↕緯線。⇩緯度(図)。

けい-せん [ケ]【×罫線】[名] 紙の上にしるされた、わくや行のしきりの線。

けい-せん [ケ]【×頸腺】[名] くびの部分のリンパせん。

けい-せん [0]【係船】【×繋船】[名][自サ]〔文章語〕❶船舶をつなぎとめること。また、その船。❷船を使うのを一時止めること。また、その船。

けい-そ [ケ]【×珪素・×硅素】[名] 元素記号Si 原子番号14 原子量28.0855の非金属元素。化合物として地殻中に多量に存在する。

けい-そう [0]【形相】[名] (「ぎょうそう」と読めば別語) ❶かたち。ようす。❷〔哲〕ある事物をほかの事物と区別する本質的な特徴。形式。[参考] 西洋哲学では「質料(内容)」と対立する概念をさす。

けい-そう [0]【×珪藻・×硅藻】[名] 藻類の一種。淡水・海水に生じ、単細胞から成る。分裂してふえる。**―土(ど)** [ソ][名] けい藻の死がいが水底につもってできた土。みがき粉・耐火材・吸収剤などに用いる。

けい-そう [0]【継走】[名] 数人の走者が一組となり、一定の距離を分担して次々に受けついで走る競走。リレー。

けい-そう [0]【係争】【×繋争】[名][自サ] 当事者の間で訴訟になっていること。

けい-そう [0]【恵送】[名][他サ]〔文章語〕物を送られたとき、送り主を立てていう語。「ご―くださった品たしかに受け取りました」

けい-そう [0]【軽装】[名][自サ] 身がるな服装。

けい-そう [0]【軽×躁】[形動] ダロ・ダッ・デ・ニ｜ダ｜ナ｜ナラ｜○ 〔文章語〕かるはずみにさわぐようす。「―なふるまい」

けい-ぞう [0]【形像】[名] かたどりつくった人・動物の像。

けい-ぞう [0]【恵贈】[名][他サ]〔文章語〕物をおくってくれた相手を立てて言う語。恵投。恵与。けいそう。「わたくしまでご―にあずかり恐れ入ります」

けいそう-ど [ソ]【軽×鬆土】[名] ❶つぶのこまかな火山灰土。❷腐植質に富んだ土。

けい-そく [0]【計測】[名][他サ] ものさしや器械を使ってはかること。

けい-ぞく [0]【係属】[一][名][自サ]〔文章語〕つながりがあること。つなぎつけること。[二][名]〔法〕ある事件が訴訟中であること。

けい-ぞく [0]【継続】[名][自他サ] 物事がつづくこと。つづけること。

けい-そつ [0]【軽率】[形動] ダロ・ダッ・デ・ニ｜ダ｜ナ｜ナラ｜○ かるはずみなようす。「―なふるまい」

け

けい-そん ⓪【恵存】名〔文章語〕物(とくに自著など)をおくるとき、相手の名のわきに書く語。どうかお手もとにお置きくださいの意をあらわす。けいぞん。

けい-たい ⓪【形態】【形体】名 生き物や機構などの外から見たようす。「学校の―がととのう」参考「形状」よりも内部の構造に注目する感じが強い。**―素** タ名〔言〕単語を分析して取り出すことのできる、意味をもった最小の言語単位。「おがわ(小川)」「はるめく(春めく)」の「お」「かわ(がわ)」「はる」「めく」など。参考 形態素は、さらに「春」のような語基と「めく」のような接辞に分類される。**―論** タ名 言語学で、統語論とともに文法論を構成する一部門。形態素の結合により単語がどのように形成されるかを分析する。語構成論。**―模写** モ名 動物や人物の動作や表情をまねしてみせる演芸。

けい-たい ⓪【敬体】名 口語で、「です」「ます」を使う言い方。ていねい体。↕常体。

けい-たい ⓪【携帯】名 他サ 身につけていること。「―品」❷携帯電話。**―電話** テ名 持ち歩きのできる小型電話機。Eメールの送受信などインターネットの端末装置としての機能もそなえる。携帯。参考「ケータイ」と表記することがある。

けい-だい ゲ【境内】名 神社や寺の敷地の内。

げい-だい ⓪【芸大】名「芸術大学」の略。

けい-たいふ タ【×卿大夫】名 卿と大夫。卿は三位以上、大夫は五位以上の役人。

けい-たく ⓪【恵沢】名〔文章語〕めぐみ。恩沢。「祖先の―」

げい-だっしゃ タ【芸達者】名 形動 いろいろな芸を器用にやることのできる人。

げい-だん ⓪【芸談】名 芸道の苦心や秘訣についての話。

けい-だんれん ダ【経団連】名「日本経済団体連合会」の略。各種経済団体間の連絡をはかる組織。日本経団連。

けい-ちつ ⓪【啓×蟄】名(冬ごもりをした虫が、地中からはい出る意)二十四節気の一つ。三月六日ごろ。春 ⇩二十四節気(表)。

けい-ちゅう ケ【×閨中】名〔文章語〕寝室のなか。

けい-ちゅう ⓪【傾注】名 他サ あることに努力を集中すること。「全精力を―した研究」

けいちゅう《契沖》一六四〇―一七〇一。江戸時代前期の国学者。古典研究における本文批評・注釈の方法を確立した。「万葉代匠記」、歴史的仮名遣いの出発点となった「和字正濫鈔」など。

けい-ちょう ⓪【敬弔】名〔文章語〕つつしんで死者をとむらうこと。

けい-ちょう ⓪【軽重】名 ❶かるいことと、おもいこと。❷つまらないことと、だいじなこと。「ことの―をわきまえない」＝けいじゅう。

けい-ちょう ⓪【慶弔】名 慶事と弔事。よろこびごとと、とむらいごと。

けい-ちょう ⓪【敬重】名 他サ うやまいおもんじること。

けい-ちょう ⓪【傾聴】名 他サ 耳をかたむけて熱心に聞くこと。「講演を―する」

けい-ちょう ⓪【軽×佻】形動 ダロ-ダッ-デ-ニ ダナ-ナラ-〇〔文章語〕かるはずみなようす。「―浮薄」

けい-つい ゲ【×頸椎】名 哺乳類の脊椎骨の最上部の七個。⇩骨格(図)。

けい-てい ⓪【兄弟】名〔文章語〕あにとおとうと。きょうだい。↕姉妹。**―垣に相×鬩ぐ**「せめぐ」は、とがめあらそうこと)兄弟でうちわもめをする。

けい-てい ⓪【径庭】【×逕庭】名〔文章語〕かけはなれていること。へだたり。懸隔。「両者の見解に―はない」

けい-てき ⓪【警笛】名 警戒のために鳴らすふえ。

けい-てん ⓪【経典】名〔文章語〕(「きょうてん」と読めば別語)聖人・賢人の教えの書物。

けいてん-あいじん ⓪【敬天愛人】名 天をうやまい、人をあいすること。

けい-でんき テ【軽電機】名 重量の少ない、おもに家庭用の電気機器。↕重電機。

け-いと ⓪【毛糸】名 ひつじなどの毛でつくった糸。冬

けい-ど ゲ【経度】名 地球上の一地点をすぎる子午線(経線)とグリニッジ子午線とが、赤道面でなす角。東経・西経ともに一八〇度まである。↕緯度。⇩緯度(図)。

けい-ど ゲ【軽度】名 程度・度合いのかるいこと。↕強度・重度。

けい-とう ⓪【系統】名 ❶順序正しいつながり。「霊長類の中での人類の―」❷一族の血統。「関東平氏の―」❸全体の中での同類のもの。「文科―の学科」**―樹** ト名 生物の進化など、同じ系統内の関係を、枝分かれした樹木のようにあらわしたもの。**―的** ⓪ 形動 順序だって筋道に従っているようす。「―な説明」**―発生** ハ名 生物群の進化してきたみちすじ。↕個体発生。

けい-とう ⓪【恵投】名〔文章語〕物をおくってくれた相手を立てて言う語。思いがけないという気持ちを込めた言い方。恵贈。恵与。手紙に使う。「ご―のご著書」

けい-とう ⓪【鶏頭】名 ヒユ科の一年生植物。夏から秋に赤や黄の、小さな花が集まって咲き、にわとりのとさかのような形になる。秋

けいとう

けい-とう ⓪【傾倒】名 自サ ある人や物事に心を奪われ、それに熱中すること。また、その人を心からしたうこと。「シュバイツァー博士に―する」

けい-とう ⓪【継投】名 自サ 野球で、前の投手のあとをうけついで投球すること。

げい-とう ゲ/⓪【芸当】名 ❶曲芸。❷はなれわざ。「あぶない―」

げい-どう ⓪【芸道】名 芸能・演芸の道。

けい-どうみゃく ド【×頸動脈】名 くびの部分の左右を通る太い動脈。

けい-ない【境内】「けいだい」のあやまり。

げい-なし ⓪【芸無し】名 身についた芸のないこと。また、その人。**―猿** ザ名 芸無しの人をけいべつしていう語。

けい-にく ⓪【鶏肉】名 ↓とりにく。

げい-にく ⓪【鯨肉】名 くじらの肉。

げい-にん ⓪【芸人】名 ❶遊芸を職業とする人。芸能人。❷多芸な人。芸のじょうずな人。「彼もなかなかの―だ」

けい-ねん ⓪【経年】名 何年もつづくこと。「―調査」

げい-のう ⓪【芸能】名 ❶大衆的な演劇・音楽・舞踊・歌謡・話芸などの総称。演芸。「―界」「郷土―」❷芸についての才能。**―人** ノ名 おもに大衆向けの音楽・演芸などを職業とする人。

けい-ば ⓪【競馬】名 人がのり、馬の速さをあらそうもの。特に、その着順を当てる公認賭博。

げい-は ゲ【鯨波】名〔文章語〕(もと、大波の意)ときのこえ。

けい-はい ⓪【×珪肺】名 けい酸をふくむ石の粉が肺についておこる慢性の病気。炭鉱員や石工などに多い職業病。よろけ。

けい-はい ⓪【軽輩】名 地位や身分のひくい人。

けい-ばい [0]【啓培】名 他サ〔文章語〕知識を得させ、教養をつけさせること。「大衆を—する」

けい-ばい [0]【競売】名 他サ ⇒きょうばい。

けい-はく [ケ]【啓白】名〔文章語〕神仏などに、申しあげること。けいびゃく。

けい-はく [0]【経博】名「経済学博士」の略。

けい-はく [0]【軽薄】名 形動 人がらが、かるがるしいようす。考えのあさいようす。「—な考え」↕重厚。—**短小**(たんしょう) [0] 名 形動 工業製品などが、軽量化・薄型化・小型化すること。↕重厚長大

けい-はく [0]【敬白】あいさつ〔文章語〕手紙などの終わりに使う語。つつしんで申しあげる意をあらわす。謹白。謹言。⇩敬具 参考。

けい-ばく [0]【×繫縛】名 他サ〔文章語〕❶ひもなどで、つなぎしばること。❷自由を奪うこと。束縛。「—を解く」

けい-はつ [0]【啓発】名 他サ 教え導き、知識をひらくこと。「政治意識の—」

けい-ばつ [ケ]【刑罰】名 国家が犯罪者にあたえる制裁。

けい-ばつ [0]【×閨閥】名 妻の親類関係でつながっている勢力・党派。

けい-ばつ [0]【警抜】形動 (ダロ・ダッ・デ・ニ ダ・ナ・ナラ・〇)〔文章語〕思いつきがすぐれており、真実をたくみについているようす。「—な言説」

けい-はん [0]【京阪】京都と大阪。また、その地方。かみがた。

けい-はんざい [ハ]【軽犯罪】名 軽犯罪法にあげられている犯罪。拘留または科料だけにあたる程度の比較的軽微な犯罪。

けい-はん-しん《京阪神》京都・大阪・神戸(こうべ)。また、その地方。

けい-ひ [ケ]【経費】名 ❶きまった常の費用。経常費。❷必要な費用。「—節約」

けい-び [ケ]【警備】名 他サ 事故にそなえ、用心し守ること。「—保障」

けい-び [ケ]【軽微】形動 (ダロ・ダッ・デ・ニ ダ・ナ・ナラ・〇) ほんのすこし。わずか。

けい-ひつ [0]【警×蹕】名 昔、天皇や貴人の通行のさい、先払いが声をかけて人々に注意したこと。また、その声。

けい-ひん [0]【景品】名 売品にそえて客に贈る品。おまけ。景物。

けい-ひん《京浜》東京と横浜。また、その地方。

けい-びん [0]【×慧敏】形動 (ダロ・ダッ・デ・ニ ダ・ナ・ナラ・〇)〔文章語〕ちえがあり、頭の回転のはやいようす。

げい-ひん [0]【迎賓】名 客をむかえること。—**館**(かん) [ヒ] 名 外国の元首・王族などをもてなすための建物。

けい-ふ [0]【系譜】名 ❶血縁関係・師弟関係などのつながり。また、それを図に表したもの。系図。❷次々に続く物事のつながり。「近代詩の—」

けい-ふ [ケ]【継父】名 母の夫で、血のつながりのないちち。ままちち。↕実父。

けい-ぶ [ケ]【×頸部】名 頭部と胴部との間の部分。くび。

けい-ぶ [ケ]【警部】名 警察官の階級の一つ。警視の下。—**補**(ほ) [ブ] 名 警察官の階級の一つ。警部の下。

けい-ぶ [ケ]【軽侮】名 他サ 人をばかにして、あなどること。けいべつ。

げい-ふう [0]【芸風】名 芸能人の、その人独自の演技のやりかた・持ち味。

けい-ふく [0]【慶福】名〔文章語〕めでたいしあわせ。

けい-ふく [0]【敬服】名 自サ 心から感心して尊敬すること。

けい-ぶつ [0]【景物】名 ❶四季の風物。❷おもしろみをそえるもの。❸景品。—**詩**(し) [ツ]/[テ] 名 四季おりおりの風物をうたった詩。

けい-ふぼ [フ]【継父母】名 継父と継母。↕実父母。

けい-ふん [0]【鶏×糞】名 にわとりのふん。

げい-ぶん [0]【芸文】名〔文章語〕❶学問と文学。❷文芸。

けい-へいき [ヘ]【経閉期】名 ⇒へいけいき(閉経期)。

けい-べつ [0]【軽蔑】名 他サ ばかにし、みさげること。軽侮。「—した言い方」

けい-べん [0]【軽便】形動 (ダロ・ダッ・デ・ニ ダ・ナ・ナラ・〇) てがるで便利なようす。簡単で役にたつようす。「—な器具」—**鉄道**(てつどう) [テ] 名 レールの幅がせまく、小型の機関車・車両を使う鉄道。

けい-ぼ [ケ]【継母】名 父の妻で、血のつながりのないはは。ままはは。↕実母・生母。

けい-ぼ [ケ]【敬慕】名 他サ 尊敬してしたうこと。

けい-ぼ [ケ]【景慕】名 他サ〔文章語〕あこがれしたうこと。

けい-ほう [ケ]【刑法】名 犯罪と刑罰についてとりきめた法律。

けい-ほう [0]【警報】名 危険のせまっていることをつたえる知らせ。「津波—」参考「注意報」に比べ、「警報」は、特に大きな災害が予想される場合に出されるもの。

けい-ぼう [0]【×閨房】名〔文章語〕❶寝室。❷女性の居室。

けい-ぼう [0]【警防】名 警戒して災害をふせぐこと。

けい-ぼう [0]【警棒】名 警察官が持っている木の棒。

ゲイ-ボーイ [ボ]〈gay boy〉名(和製英語)女性の容姿や言葉遣いをまねてふるまう男性。特に、それを職業とする男性をいった語。

けい-ま [0]【×桂馬】名 ❶将棋のこまの一つ。盤上の目を、前へ一つ飛び越えた右または左にすすむ。❷囲碁で、一つの石から、一目あるいは二目へだててななめに石をうつこと。

けい-みょう [0]【軽妙】形動 (ダロ・ダッ・デ・ニ ダ・ナ・ナラ・〇) 軽快で、うまみのあるようす。「—なしゃれ」

けい-む [ケ]【刑務】名 刑務所などの刑事施設に関すること。「—官」—**所**(しょ) [ム] 名 懲役・禁錮などの自由刑を科された者を収容する刑事施設。

けい-む [ケ]【警務】名 ❶警察の事務。❷警備の仕事。「—員」

けい-めい [0]【鶏鳴】名〔文章語〕❶にわとりの鳴き声。❷夜明け。❸〔古語〕一番鶏(いちばんどり)が鳴くころ。丑(うし)の時。午前二時ごろ。

げい-めい [0]【芸名】名 芸能人などが本名のほかにつける名。

けい-もう [0]【啓×蒙】名 他サ(知識不足(蒙)をひら(啓)くの意)無知のものに知識をあたえること。「大衆を—する」—**思想**(しそう) [シ] 名 一七世紀末から一八世紀後半にヨーロッパにおこった、ふるい思想をうちやぶり、人間的理性をたっとぶ革新的思想。啓蒙主義。—**的**(てき) [0] 形動 ❶啓蒙しようとするようす。「—な意見」❷初学者向き。「—な本」

けい-やく [0]【契約】名 他サ ❶約束をとりかわすこと。特に、当事者の合意によってなりたつ売買・雇用・委任などの法律上の行為。「—を結ぶ」「—を更新する」「—違反」❷神と人間との間に交わされる宗教上の約束。

けい-ゆ [0]【軽油】名 原油を蒸留して灯油の次に得られる黄色の油。ガス油。発動機・燃料などに使われる。

けい-ゆ [0]【経由】名 自サ とおること。とおって行くこと。「アラスカ—でヨーロッパへ行く」

げい-ゆ [0]【鯨油】名 くじらのあぶらみや内臓からとった油。食用・せっけんの原料。

けい-よ [ケ]【刑余】名〔文章語〕前に刑罰をうけたこと。前科のあること。「—の人」

けい-よ ケ【恵与】名 他サ〔文章語〕❶それがなくて困っている人に、めぐみあたえること。❷恵贈。恵投。参考 おもに、手紙で使う。

けい-よう ◎【形容】名 他サ かたち・ありさまを、ことばやたとえを使って言いあらわすこと。「―できない美しさ」 **―詞**し ヨ 名 品詞の一つ。日本語では事物の性質・状態をあらわし、一定の活用をする語。言い切りのかたちが現代語では「い」、文語では「し」となる。⇩**(付)語の活用** **―動詞**どうし ド 名 品詞の一つ。事物の性質・状態をあらわし、一定の活用をする語。言い切りのかたちが、現代語では「だ」、文語では「なり」「たり」となる。⇩**(付)語の活用**

けい-よう ◎【掲揚】名 他サ 高くかかげること。「国旗―」

けいよう《京葉》東京と千葉。また、その地方。

けい-ら ケ【軽羅】名〔文章語〕かるいうすぎぬ・衣服。夏「―をひるがえす」

けい-ら ケ【警×邏】名 他サ〔文章語〕〔「邏」は見まわるの意〕見まわって警戒すること。パトロール。

けい-らく ◎【京×洛】名〔文章語〕⇩きょうらく。

けい-らく ◎【経絡】名〔文章語〕〔「経」は動脈、「絡」は静脈の意〕❶漢方で、つぼの筋道。❷ものの筋道。

けい-らん ◎【鶏卵】名 にわとりのたまご。

けい-り ケ【経理】━名 他サ〔文章語〕経営処理。おさめととのえること。━名 会計・給与についての事務。「―課」

けいり-し リ【計理士】名 会計の調査・証明・計算などを職業とする人。現在は「公認会計士」という。

けい-りゃく ◎【計略】名 はかりごと。

けい-りゃく ◎【経略】名 他サ〔文章語〕❶国家をおさめること。❷国をおさめ、敵地を攻めとること。

けい-りゅう ◎【渓流】【×谿流】名 谷川。

けい-りゅう ◎【係留】【×繫留】名 他サ 綱でつなぎとめること。「船を―する」

けい-りょう ◎【軽量】名 目方がかるいこと。↕重量。

けい-りょう ◎【計量】名 他サ ❶目方・分量などをはかること。「―カップ」❷数学・統計学などの方法を総合して、いろいろな現象を分析すること。「―経済学」

けい-りん ◎【経×綸】名〔文章語〕国家をおさめること。

けい-りん ◎【競輪】名 職業選手による自転車競走。特にその着順を当てる公認賭博とばく。

げい-りん ◎【芸林】名〔文章語〕芸術家の仲間・社会。

けい-るい ◎【係累】【×繫累】名 世話をしなければならぬ家族。足手まといになる妻子・兄弟など。参考「系累」と書くのはあやまり。

けい-れい ◎【敬礼】名 自サ うやまって、礼をすること。おじぎ。

けい-れき ◎【経歴】名 それまでにへてきた学業・職業・身分などの事がら。履歴。

げい-れき ◎【芸歴】名 芸能に関する経歴。「―五十年の落語家」

けい-れつ ◎【系列】名 ❶系統だてられた事物の配列。❷同じ資本系統に属するもの。「―会社」

けい-れん ◎【×痙×攣】名 自サ 筋肉が小きざみにふるえ、ひきつること。ひきつり。

け-いろ ◎【毛色】名 ❶毛の色。❷性質。ようす。種類。

けい-ろ ケ【経路】名 通って行くみち。すじみち。

けい-ろう ◎【敬老】名 老人をうやまうこと。「―思想」 **―の日**ひ 国民の祝日の一つ。九月の第三月曜日。もとは九月十五日。老人を敬愛し、長寿を祝う。秋

けい-ろく ◎【鶏×肋】名〔文章語〕〔にわとりのあばら骨〕たいして役にはたたないが、捨てるにはおしいもの。

け-う ケ【▲希有・×稀有】形動 ダロ・ダッ・デ・ニ／ダ・ナ・ナラ・○〔文章語〕たまにあるようす。たいそうめずらしいようす。「―なできごと」 **―にして** やっと。やっとのことで。あやうく。

け-うと・い【気疎い】━ ト 形 カロ・カッ・ク／イ・イ・ケレ・○ いやだ。不愉快だ。**けうと・し** 文語ク ━ 形ク〔古語〕❶いとわしい。「けうとくおぼすにやあらむ」〈蜻蛉〉❷おそろしい。「けうとき山の中」〈徒然〉

ケー ケ〈K・k〉名 ❶〈kitchenから〉家の間取りで、台所をあらわす記号。「1―」❷〈karatから〉宝石の質量や金の純度の単位「カラット」の記号。❸〈スコアブックに記入する記号から〉野球で、三振のこと。

ケーエス-こう ◎【KS鋼】名 鉄・コバルト・クロムその他の合金で、つよい磁性をもつ鋼。一九一六年本多光太郎・高木弘が発明した。KS磁石鋼。

ケー-オー オ〈KO〉名〈knock outから〉ノックアウト。

ケーキ ケ〈cake〉名 小麦粉・牛乳・卵・砂糖などを使ってやわらかく焼いた洋菓子。

ケー-ケー ケ2〈KK〉名〈Kabusiki Kaisyaから〉株式会社。会社名の前または後につけて書く。

ケージ ケ◎〈cage〉名 ❶鳥かご。特に、にわとりを飼うかご。❷人や物を乗せて昇降するエレベーターの箱。❸野球の練習で使う、金網を張った囲い。「バッティング―」

ゲージ ゲ〈gauge〉名 ❶機械製品の寸法・検査に用いられる計器の総称。❷鉄道のレールの間のはば。❸編物のとき、ある一定の寸法のための基準となる目の数。

ケージ-かいふく カ【K字回復】名〔グラフで表せばK字を描くように見えるところから〕短期間に下落した評価や実績が短期間に回復するとき、回復傾向が顕著なものと下落傾向が続くものとに二分されること。

ケース ケ〈case〉名 ❶はこ。いれもの。❷事例。場合。「特殊な―」 **―スタディー** タ〈case study〉名 ある具体的な事例を研究して、一般的な法則を求める研究法。事例研究法。 **―バイ-ケース** ケ2〈case by case〉名 それぞれの場合に応じて考え、処理すること。 **―ワーカー** ワ〈caseworker〉名 精神的・肉体的・社会的に苦しんでいる人を助けるための医療や社会事業に従事する人。児童福祉司・社会福祉主事など。

ケーソン ケ〈caisson〉名 潜函せんかん。

ケータリング ◎〈catering〉名 さまざまな料理やサービスを、催しのある会場に配達すること。「中華料理の―」

ケー-てん ケ【K点】名〔ド Kritischer Punkt（極限点）から〕スキーのジャンプ競技で、採点の基準となる着地点。

ゲート ゲ〈gate〉名 ❶門。出入り口。❷競馬で、スタートまで馬を入れておく仕切り。 **―ウエー** エ〈gateway〉名 ❶入り口。玄関。❷異なるネットワークを相互に接続するためのハードウエアやソフトウエア。 **―ボール** ボ〈gate ball〉名〔和製英語〕木製の棒で木のボールを打ち、小さな門を次々とくぐらせる競技。五人が一チームとなり、二チームで得点を争う。日本で考案された。

ゲートル ◎〈フ guêtres〉名 西洋ふうのきゃはん。ふつう、巻きぎゃはんをいう。

ケープ ケ〈cape〉名 女性・子ども用のみじかいマント。

ケーブル ケ◎〈cable〉名 ❶針金や麻をよりあわせた太く強い綱。❷絶縁物でつつんだ電線。 **―カー** ル〈cable car〉名 急傾斜の軌道上を、鋼鉄の綱で巻きあげて動かし、客や荷物を運ぶ車。登山鉄道などに使う。 **―テレビ** テ〈cable television〉名 アンテナを使わずに、ケーブルで配信するテレビ放送。有線テレビ。CATV。

ゲー-ペー-ウー ウ〈ロ GPU〉名 もとソビエト連邦にあった国家政治保安部。

ゲーマー ⓪〈gamer〉名 ゲームをする人。特に、コンピューターゲームですぐれた腕前を示す人。

ゲーム ①〈game〉名 ❶勝負事のあそび。❷競技。試合。 **ー依存症**(いぞんしょう) ゲ 名 日常生活に破綻をきたすほど、コンピューターゲームに過度にのめりこむこと。ゲーム障害。 **ー差**(さ) ム 名 プロ野球などで、二つのチーム間の成績格差をあらわす数字。 **ー障害**(しょうがい) ショ 名 ➡ゲーム依存症。 **ーセット** セ〈game set〉名〔和製英語〕勝負がついたこと。試合終了。

け-おさ・れる レ【気▲圧される】自下一〔レ｜レ｜レル｜レル｜レレ｜レロ・レヨ〕〔「け」は接頭語〕勢いにおされて、気持ちの上で負ける。圧倒される。「いきごみにー」 **けおさ・る** 文語下二

け-おと・す ト/⓪【蹴落(と)す】他五〔サ・ソ｜シ｜ス｜ス｜セ｜セ〕❶足でけって下へ落とす。❷おしのけてその地位からさげる。「前の優勝者をー」 **けおとせる** 自下一〔…できる〕

け-おり ⓪【毛織(り)】名 毛糸で織ること。 **ー物**(もの) リ/⓪ 名 毛糸で織った布。

けが ガ【けが】【▲怪我】名〔けが(汚)れと同じ語源だとされる〕❶きず。負傷。❷あやまち。過失。 **ーの功名**(こうみょう) なにげなしにやったこと、また、失敗・災難だと思ったことが、意外によい結果を生むこと。

げ-か ⓪【外科】名 傷や病気を手術的方法によってなおす、医学の一部門。「ー医」↕内科。

げ-かい ⓪【下界】名 ❶〔仏〕人間の世界。↕天上界。❷地上。「塔の上からー見おろす」

け-かえし ⓪【蹴返し】(かへし) 名 ❶歩くとき、着物のすそが返ること。また、そのとき見えるすその裏。❷相撲で、相手のくるぶしのあたりを内から外へけりながらはたきこんで倒すわざ。

け-かえ・す ⓪/カ【蹴返す】(かへす) 他五〔サ・ソ｜シ｜ス｜ス｜セ｜セ〕❶けって、もとの方へもどす。❷けって、ひっくり返す。❸けってきたのに対し、こちらでもける。 **けかえせる** 自下一〔…できる〕

け-がき ⓪【毛描き】名 日本画で、人の髪やとり・けものなどの毛をほそい線でかくこと。

けが・す ガ【汚す】【×穢す】他五〔サ・ソ｜シ｜ス｜ス｜セ｜セ〕❶きずつける。「体面をー」❷席・地位などにつくことをへりくだっていう語。「末席をー」❸女性をはずかしめる。

け-がに ⓪【毛がに】【毛×蟹】名 クリガニ科の、からだ全体に毛のはえたかに。北海道で多くとれる。食用。

けが-にん ⓪【けが人】【▲怪我人】名 負傷した人。負傷者。

けが-まけ ⓪【けが負け】【▲怪我負け】名 勝つはずの者がうっかりした過失で負けること。

けがらわし・い シ【汚らわしい】【×穢らわしい】(けがらはしい) 形〔カロ｜カッ・ク｜イ｜イ｜ケレ｜○〕❶見た目にきたならしい。不潔だ。❷下劣で、不快な感じがする。「ーうわさ」 **けがらわしさ** 名 **けがらは・し** 文語シク

けがれ レ【汚れ】【×穢れ】名 ❶けがれること。よごれ。「ーを知らない子供たち」❷忌服(きぶく)・出産・月経などのおりに、神前に出るのをはばかった、昔の習俗。 参考 精神的なことに多く使う。

けが・れる レ【汚れる】【×穢れる】自下一〔レ｜レ｜レル｜レル｜レレ｜レロ・レヨ〕❶きたなくなる。よごれる。❷悪習・悪徳にそまる。❸名誉にきずがつく。「家名がー」❹女性が貞操をうばわれる。❺出産・月経などで、からだが普通の状態でなくなる。❻身うちの者の死で不浄になる。 **けが・る** 文語下二

け-がわ ⓪【毛皮】(がは) 名 毛のついたままのけものの皮。㊀冬

げ-かん ⓪【下×澣】名〔文章語〕下旬。 参考「澣」は洗う意。昔、中国で、官吏は十日に一度帰宅してせんたくしたので、十日を「澣」と言った。

げ-かん【外官】名〔古語〕奈良・平安時代の地方官。

げき【▲逆】造 ❶さかさま。「逆鱗(げきりん)」❷むかえる。「逆旅」〔別音ぎゃく｜逆〕

げき【×戟】造 ほこ。ほこでさす。「剣戟・刺戟」

げき【隙】㊀造 すきま。「間隙・空隙」㊁ゲ 名〔文章語〕なかたがい。不和。「ーを生ずる」

げき【撃】造 ❶うつ。「撃沈・撃墜・射撃・銃撃・打撃」❷せめる。たたかう。「撃砕・撃退・攻撃・襲撃・反撃」❸目にふれる。「目撃」❹非難する。「駁撃(ばくげき)」

げき【激】造 ❶はげしい。いきおいがつよい。「激増・激痛・激突・過激・急激」❷たかぶる。ふるいたつ。「激情・激怒・激励・感激・刺激」❸程度が普通でないようす。「激辛(げきから)・激写・激白・激安(げきやす)」 **激する** 自他サ

げき【劇】㊀ゲ 名 造 しばい。ドラマ。「劇場・劇団・劇映画・演劇・観劇・悲劇・時代劇」㊁造 はげしい。「劇戦・劇痛・劇薬」

げき ゲ【×檄】名 造 敵を攻撃したり自分の主張をのべたりして人々に伝え、決起をうながす文書。触れぶみ。「檄文・飛檄(ひげき)」 **ーを飛**(と)**ばす** 決起をうながす文書をほうぼうに送る。 参考「しかる」「はげます」の意味で使うのは、本来の用法ではない。

げき ゲ【外記】名 太政(だじょう)官の職名の一つで、詔勅・上奏文を起草・記録した役目。↕内記。

げき-えいが エ【劇映画】名 物語的な、主人公や一定の筋のある映画。↕記録映画。

げき-えつ ⓪【激越】名 形動 感情がたかぶってはげしいこと。「ーな調子」

げき-か ゲ【激化・劇化】名 自サ はげしくなること。げっか。「戦闘がーする」

げき-か ⓪【劇化】名 他サ 小説・事件などを劇にしくむこと。脚色。

げき-が ⓪【劇画】名 主に中学・高校以上の年齢層を対象とした、写実的で物語性に富み、かつ笑いを要素としない種類の漫画。

げき-かい ⓪【劇界】名 演劇の社会。劇壇。演劇界。

げき-から ⓪【激辛】名 形動〔俗語〕❶味が非常に辛いこと。「ーカレー」❷評価が非常に厳しいこと。「ーの批評」

げき-げん ⓪【激減】名 自サ ひどくへること。↕激増。

げき-ご ゲ【激語】名〔文章語〕はげしいことば。「ーがとびかう」

げき-こう ⓪【激高】【激×昂】名 自サ ➡げっこう。

げき-さい ⓪【撃砕】名 他サ 敵を攻めて、うちくだくこと。

げき-さく ⓪【劇作】名 演劇の脚本をつくること。「ー家」

げき-さん ⓪【激賛】【激×讃】名 他サ たいそうほめること。激賞。

げき-し ⓪【劇詩】名 戯曲の形式で書かれている詩。叙情詩・叙事詩とともに、詩の三分類の一つ。

げき-しゃ ⓪【激写】名 他サ〔俗語〕世間が驚くような決定的瞬間の写真を撮ること。

げき-しゅう ⓪【激臭・劇臭】名 ひどくくさいにおい。

げき-しょ ゲ【激暑・劇暑】名 ひどい暑さ。酷暑。猛暑。㊀夏

げき-しょう ⓪【劇症・激症】名 病状が急激に悪くなること。「ー肝炎」

げき-しょう ⓪【激賞】名 他サ たいそうほめること。激賛。

げき-じょう ⓪【劇場】名 演劇・映画などを見せる建物。

げき-じょう ⓪【激情】名 はげしい感情。「ーにかられる」

げき-じょう ⓪【撃×攘】名 他サ〔文章語〕敵をうちはらうこと。

げき-しょく⓪【激職・劇職】名 いそがしい職務。激務。「―にたえかねる」↕閑職。

げき-しん⓪【激震・劇震】名 ❶地震の強さの旧階級。もっとも規模の大きい地震。家屋の三〇パーセント以上がたおれ、山くずれや地われができる程度の地震。震度7。❷(ひゆ的に)大きな衝撃。「永田町に―が走る」

げき-じん⓪【激甚】形動 ダロ・ダッ・デ・ニ／ダナ・ナラ・○ 非常にはげしいようす。「被害―だ」 **―災害**(さいがい) サ 名 地震や豪雨などで著しい被害のあった災害。参考 激甚災害法によって政令で指定されると、国から特別な財政援助などが行われる。

げき・する ス【激する】 シ・セ・サ／シ／スル／スル／スレ／シロ・セヨ ㊀ 自サ 文章語 ❶はげしくなる。あらくなる。❷はげしくつきあたる。「岩に―奔流」❸こうふんする。いきりたつ。「しだいに激した口ぶりになる」㊁ 他サ はげます。ふるいたたせる。 **げき・す** 文語サ変

げき・する ス【×檄する】 自サ シ・セ・サ／シ／スル／スル／スレ／シロ・セヨ 文章語 檄文をおくる。檄をとばす。 **げき・す** 文語サ変

げき-ぜつ⓪【×鴃舌】名 文章語 (もずのさえずりの意)意味の通じない外国人のことばを卑しめて言う語。「南蛮―の語」

げき-せん⓪【激戦】名 自サ はげしくたたかうこと。激闘。 **―区**(く) セ 名 ❶複数の候補者がはげしくたたかう選挙区。❷同業者が多く、競争がはげしい地域。「ラーメン店の―」

げき-ぞう⓪【激増】名 自サ ひどくふえること。↕激減。

げき-たい⓪【撃退】名 他サ 敵をうちまかし、しりぞけること。

げき-たん⓪【激×湍】名 文章語 谷川の急流。

げき-だん⓪【劇団】名 演劇を研究・上演する人々の団体。

げき-だん⓪【劇談】名 ❶演劇についての話。❷文章語 はげしい談判。

げき-だん⓪【劇壇】名 劇界。

げきちゅう-げき チュ【劇中劇】名 ある劇の中にでてくる、ほかの劇の場面。

げき-ちん⓪【撃沈】名 他サ 艦船をうちしずめること。

げき-つい⓪【撃墜】名 他サ 飛行機などをうちおとすこと。

げき-つう⓪【劇通】名 演劇にくわしい人。

げき-つう⓪【激痛・劇痛】名 はげしいいたみ。↕鈍痛。

げき-てき⓪【劇的】形動 ダロ・ダッ・デ・ニ／ダナ・ナラ・○ 劇で見るような緊張や感動をおこさせるようす。「―な場面」

げき-ど ゲ【激怒】名 自サ はげしくおこること。

げき-とう⓪【激闘】名 自サ はげしくたたかうこと。激戦。「―を繰り広げる」

げき-どう⓪【激動】名 自サ 社会などがはげしく揺れうごくこと。「―の十年間」

げき-どく⓪【激毒・劇毒】名 はげしく作用する毒。猛毒。

げき-として ゲ【×闃として】副 文章語 ひっそりと。「―声なし」

げき-とつ⓪【激突】名 自サ はげしくぶつかること。

げき-は ゲ【撃破】名 他サ 敵をうちやぶること。

げき-はく⓪【激白】名 自サ 俗語 衝撃的な内容を打ち明けること。「真相を―する」

げき-はつ⓪【激発】名 自他サ 文章語 ❶事件がはげしくおこること。また、おこすこと。「事変が―した」❷はげしくふるいたつこと。また、ふるいたたせること。「同志を―する」

げき-ひょう⓪【劇評】名 演劇の批評。

げき-ぶつ キ／⓪【劇物】名 劇薬と同程度の毒性をもつ、医薬品以外の物質。塩化水素・硫酸など。

げき-ふん⓪【激憤】名 自サ 文章語 はげしくいきどおること。憤激。

げき-ぶん⓪【×檄文】名 ➡げき(檄)。

げき-へん⓪【激変・劇変】名 自サ 急激にかわること。はげしい変化。

げき-む ゲ【激務・劇務】名 ひどくいそがしいつとめ。劇職。

げき-めつ⓪【撃滅】名 他サ 敵・賊などをうちほろぼすこと。

げき-やく⓪【劇薬】名 使用量・使用法をあやまると命にかかわる薬。毒薬に次ぐ毒性をもつ医薬品。

け-ぎらい ギ【毛嫌い】―(ぎらひ) 名 他サ わけもなく、感情的にきらうこと。

げき-りゅう⓪【激流】名 はげしいながれ。急流。

げき-りょ ゲ【▲逆旅】名 文章語 (「逆」はむかえる、「旅」は旅客の意)やどや。旅館。

げき-りん⓪【▲逆×鱗】名 文章語 (あごの下にさかさにはえたうろこにさわられるとはげしくいかるという竜(りゅう)に天子をたとえたもの)天子のいかり。また、目上の人のいかり。「―にふれる」

げき-れい⓪【激励】名 他サ はげまし元気づけること。

げき-れつ⓪【激烈・劇烈】名 形動 ひどくはげしいこと。「―な戦い」

げき-ろう⓪【激浪】名 はげしい荒波。

げき-ろん⓪【激論・劇論】名 自サ はげしく意見をたたかわすこと。また、その議論。

け-ぎわ⓪【毛際】―(ぎは) 名 毛のはえぎわ。

げ-くう ク【外▲宮】名 伊勢(いせ)の豊受(とようけ)大神宮。↕内宮(ないくう)。

げ-げ ゲ1【下下】名 ❶ひどくおとっていること。いちばんの下等。下の下。↕上上(じょうじょう)。❷身分の低い人々。しもじも。

げ-けつ⓪【下血】名 自サ 病気・けがなどのために消化器から出た血が、肛門(こうもん)から出ること。

け-げん⓪【化現】名 神仏などが姿をかえて、この世にあらわれること。

け-げん⓪【▲怪×訝】形動 ダロ・ダッ・デ・ニ／ダナ・ナラ・○ なんとなく疑わしく、がてんがいかないようす。「―な顔つき」

け-ご ケ【毛▲蚕】名 卵からかえったばかりで、長い毛のはえているかいこ。(春)

げ-こ ゲ【下戸】名 酒の飲めない人。↕上戸(じょうご)。

げ-こう⓪【下向】名 自サ ❶みやこからいなかへ行くこと。「勅使が―する」❷神仏に参拝して帰ること。

げ-こう⓪【下校】名 自サ 学校から家に帰ること。↕登校。

げ-ごく⓪【下獄】名 自サ 刑務所にはいって刑に服すること。

げ-こく【下刻】名 古語 一時(ひととき)(今の二時間)を三等分した最後の時。「申(さる)の―」↕上刻・中刻。

げこく-じょう ク【下克上】【下×剋上】名 (「克・剋」は勝つの意)下の者が上の者をおしのけ、勢力をふるうこと。「―の世の中」

け-こみ⓪【蹴込(み)】名 ❶家のあがり口の前面垂直の部分。❷階段のふみ板とふみ板との間の垂直の部分。❸人力車で、客が足をのせるところ。

け-こ・む コ【蹴込む】他五 マ・モ／ミ・ン／ム／ム／メ／メ ❶けって中へ入れる。❷損をする。 **けこめる** 自下一［…できる］

げ-こん⓪【下根】名 いやしい根性(こんじょう)で、仏道を修める

け

力の乏しい者。「―に生まれついた人」↕上根。

けごん-しゅう《華厳宗》華厳経を教義の中心とする仏教の一派。中国から伝わり、奈良時代に栄えた。

け-さ ケ【今朝】名 きょうのあさ。こんちょう。参考 あらたまった場面では、「こんちょう」「けさほど」という。**―の秋** 立秋の日の朝。秋

けさ サ【×袈×裟】名 左肩から右わきの下にかけて、衣の上をおおう僧服。

けさ

げ-ざ ゲ【下座】名 一名 自サ 昔、貴人に対して座をさがって平伏して礼をしたこと。二名 ❶しもての座。末座。しもざ。↕上座。❷しばいで、舞台にむかって左のほう。しもて。❸しばいや寄席で、はやし方のこと。

げ-ざい ⓪【下剤】名 一時的な下痢を起こさせるくすり。くだしぐすり。くだし。

けさ-がけ ⓪【×袈×裟懸け】名 ❶けさのように、一方の肩から片方のわきの下へ物をつけること。❷けさ切り。

げ-ざかな ザ【下魚】名 ありふれた安いさかな。げうお。

けさ-ぎり ⓪【けさ切り】【×袈×裟切り】名 一方の肩から片方のわきの下にかけて、ななめに切りさげること。けさがけ。

げ-さく ⓪【下作】一名 できのわるいもの。ふできな作品・製品。↕上作。二名形動 下品。「―な顔つき」

げ-さく ⓪【下策】名 へたなはかりごと。愚策。↕上策。

げ-さく ⓪【×戯作】名 ❶遊びのつもりで書いた著作。❷江戸時代後期の娯楽を主とした小説類。**―者** ク/サ 名 戯作をつくった人。「―式亭三馬」

げさくざんまい《戯作三昧》芥川龍之介の短編小説。一九一七年発表。滝沢馬琴の生活を描いて、芸術観や人生態度を説く。

け-ざやか なり形動 古語 はっきりしているようす。きわだっているようす。「日はけざやかにさし出でて」〈枕〉

げ-ざん ⓪【下山】名 自サ ❶山をくだること。↕登山。❷寺で修行をおえて帰ること。

けし 接尾 古語 (ク活用形容詞をつくる)…のようなようすだ。「のど―」

け-し ⓪【×罌×粟・×芥子】名 ❶ケシ科の二年生植物。五月ごろ、白・紅・紫などの花が咲く。未熟の果実からアヘンをとる。夏 ❷けしつぶ。**―頭** ア名 けしぼうずにした頭。**―粒** ツ/⓪名 ❶けしのたね。❷たいそうこまかなもの。**―人形** ニ名 たいそう小さい人形。**―坊主** ボ名 子どもの頭のまわりの髪をそって、中央だけ残したもの。

けし❶

け・し【▲異し・▲怪し】形シク 古語 ❶ふつうとちがっている。あやしい。「吾は、けしき夢見つ」〈古事記〉❷冷淡だ。薄情だ。「新玉の年の緒ながく逢はざれどけしき心を吾が思はなくに」〈万葉〉❸(「けしう」のかたちで、副詞的に用いて)ひじょうに。ひどく。「けしうつつましき事なれど」〈蜻蛉〉❹(「けしうはあらず」という打ち消しのかたちで)わるくない。劣っていない。「心はけしうもあらず侍りしかど」〈源氏〉

げ-し ⓪【夏至】名 太陽がもっとも北によるとき。北半球では一年じゅうで、いちばん昼間が長い。六月二十二日ごろ。二十四節気の一つ。夏 ↕冬至。⇩二十四節気(表)

げ-じ ゲ【下知】名 自サ 文章語 ❶いいつけ。命令。❷鎌倉・室町時代の裁判の判決。＝げち。

けし-いん ⓪【消印】名 ❶消したしるしの印。❷郵便局で切手・葉書に使用ずみのしるしに押す日付印。

けしか・ける ケ2【×嗾ける】他下一 ケ・ケ・ケル・ケル・ケレ・ケロ・ケヨ ❶そそのかして、相手に立ちむかわせる。❷そそのかしてある行動をとらせる。「ストを―」**けしか・く** 文語下二

けしから-ん 連語 よくない。不当だ。ふつごうだ。

け-しき ケ【気色】名 ❶ようす。ありさま。顔つき。「おどろいた―もない」❷きざし。兆候。「景気回復の―もない」❸古語 ここち。気分。❹古語 そぶり。❺古語 意向。内意。❻古語 わけ。すじあい。**―あり** 古語 ❶おもむきがある。おもしろい。❷あやしい。変だ。**―だつ** 自四 古語 ❶心におもうことが、顔にあらわれる。「気色だち(態度ニ見セテ)言ふべかめる事ども」〈源氏〉❷そのようなようすがあらわれる。「花もやうやう気色だつほど(咲キダソウトスルコロ)こそあれ」〈徒然〉**―どる** 自四 古語 様子をうかがう。さぐる。「人の御けはひ有様をも、けしきどりたまふ」〈源氏〉**―ばかり** 古語 少しばかり。いささか。**―ばむ** 一 バ 自五 おこったようすがあらわれる。「気色ばんでつめよる」二 自四 古語 ❶心の中のおもいが顔にあらわれる。「(大臣ハ姫君ノコトヲ)気色ばみ聞こえたまふことあれど」〈源氏〉❷きどる。「(字ヲ書クノニ)そこはかとなくけしきばめるは」〈源氏〉

け-しき ケ【景色】名 ながめる対象としての山や海などの自然。風景。「車窓から見る―」「雪―」

げじ-げじ ⓪/ゲ2 げぢげぢ 名 ❶むかでに似た節足動物。ゲジ類の別称。暗いしめったところを好む。げじ。夏 ❷にくみきらわれる人。**―眉** マ名 げじげじの形に似た、こく太いまゆ。

けし-ゴム ⓪【消しゴム】名 鉛筆などで書いたあとを、こすって消すのに使うゴム。ゴム消し。

けし-ずみ ⓪【消(し)炭】名 まき・炭などの火を消してつくった、やわらかな炭。火のつきがよい。冬

けし-つぼ ⓪【消しつぼ】【消×壺】名 火のついた炭を入れて、消すために使うつぼ。火消しつぼ。

けし-と・ぶ ト【消し飛ぶ】自五 バ・ビ・ブ・ブ・ベ・ベ 勢いよく飛んでなくなる。

けし-と・める メ【消し止める】他下一 メ・メ・メル・メル・メレ・メロ・メヨ ❶火を消して、もえひろがるのを止める。❷他にひろがるのを止める。「うわさを―」**けしと・む** 文語下二

けじめ ⓪ けぢめ 名(「境界」の意から)❶ものごとの区別。「遊びと勉強の―」❷道徳として守るべき節度。「―を忘れる」**―を付ける** 非難や批判に対する回答を行動ではっきり示す。

げ-しゃ ゲ【下車】名 自サ 電車・自動車など乗り物からおりること。↕乗車。

げ-しゅく ⓪【下宿】名 自サ へや代・食費などを払って他人の家のへやを借りて住むこと。また、その家。

け-じゅす ジュ【毛×繻子】名 たて糸に綿糸、よこ糸に毛糸を使った、なめらかでつやのある織物。

ゲシュタポ ⓪〈ド Gestapo〉名 一九三三年に創設されたナチス-ドイツの秘密国家警察。

ゲシュタルト タ〈ド Gestalt〉名 対象を部分の集まりとしてでなく、一つのまとまった全体としてとらえること。形態。「―心理学」

げしゅ-にん ⓪【下手人】名 人を殺した犯人。

げ-じゅん ⓪【下旬】名 月の終わりの十日間。二十一日から月末まで。↕上旬・中旬。

げ-じょ ゲ【下女】名 雇われて下働きをする女。↕下男

け-しょう ⓪【化生】名 ❶『仏』母胎や卵からでなく、いきなり生まれること。また、そのもの。❷『仏』神仏などが形をかえてあらわれること。また、そのもの。❸ばけもの。

け-しょう ショ【化粧】名 他サ ❶おしろい・紅などを使って、顔などを美しくつくりかざること。おつくり。❷美しくかざること。「かべの—」 **—紙**(がみ) ショ/⓪ 名 相撲で、力士がからだをぬぐいきよめるのに使う紙。ちからがみ。 **—崩**(くず)**れ** ク 名 汗などのために、顔の化粧がはげおちてしまうこと。 **—塩**(じお) ショ 名 魚の焼き上がりを美しくするために、焼く直前にふりかけたり、尾やひれにまぶしたりする塩。 **—下**(した) ⓪/ショ 名 おしろいを塗る前にはだにつけるクリーム。おしろい下。 **—室**(しつ) ショ 名 ❶便所。❷➡パウダールーム。 **—立**(だ)**ち** ⓪ 名 相撲で、力士が仕切りなおそうとして立ちあがること。 **—裁**(だ)**ち** ⓪ 名 製本で、仕上げに紙のふちをたちきること。 **—箱**(ばこ) ショ 名 ❶化粧道具を入れる箱。❷進物(しんもつ)用などの外部をかざった箱。 **—前**(まえ) ⓪ 名 楽屋に置かれた各出演者用の鏡やスペース。 **—回**(まわ)**し** マ 名 相撲で、力士が土俵入りなどにつける、刺しゅうなどのある前だれのついたまわし。 **—水**(みず) ショ 名 ❶化粧のとき、顔を洗うために使う水。❷ちからみず。

げ-じょう ⓪【下乗】名 自サ 〔文章語〕乗り物・馬からおりること。特に、神社・寺などの境内に入るときや貴人に出会ったときに、乗り物・馬からおりること。

げ-じょう ⓪【下城】名 自サ 城から退出すること。↕登城。

げ-じらみ ジ【毛×虱】名 しらみの一種。体長約一・五ミリメートル。毛の根元に寄生して血を吸う。

け-しん ⓪【化身】名 ❶神仏が、民衆を救うために人間の姿をしてこの世にあらわれること。また、その姿をかえたもの。化人(けにん)。権化(ごんげ)。❷歌舞伎(かぶき)で、ばけもののこと。

げ-じん ⓪【外陣】名 寺・神社の本堂・本殿で、参詣の人々のすわる所。がいじん。↕内陣。

け・す ⓪【消す】他五 サ・ソ|シ・ス|ス・セ|セ ❶はっきりあったものを、なくする。㋐燃えているのをとめる。「火事を—」 ㋑スイッチを切ってガスや電流などをとめる。「電灯を—」 ㋒なくする。とりのぞく。「名簿から—」 ㋓あとかたをなくする。「姿を—」 ㋔〔俗語〕殺す。「じゃまものは消せ」 ❷心の平静をうしなう。「きもを—」 **消せる** 自下一〔…できる〕

げ-す ⓪【下▲種・下▲衆・下▲司】㊀名 身分の低い人。㊁名 形動 心のいやしいこと。また、その人。「—な考え」 **—根性**(こんじょう) コ 名 心のいやしい性質・考え方。 **—の勘繰**(かんぐ)**り** 心のいやしい者は、とかく見当ちがいで下品な推測をするものだということ。 **—張**(ば)**る** バ 自五 いやしい心になる。

げす 助動 ゲセ・ゲショ|ゲシ|ゲス|ゲス|○|○ 〔「ございます」の変化。江戸時代・明治初期の語〕軽いていねいの意味をあらわす。芸人などが使った。「さようで—」

げ-すい ⓪【下水】名 ❶台所・ふろ場などから出るよごれた水。❷下水道。↕上水。 **—道**(どう) ス/⓪ 名 使用ずみのよごれた水をながす排水設備。下水。↕上水道。

け-すじ ⓪【毛筋】—すぢ 名 ❶一本一本の髪の毛。❷髪をくしけずったあとの筋め。❸きわめて小さいこと。「—ほどのことをやかましく言う」

ゲスト ゲ〈guest〉名 ❶客。「—ルーム」 ❷常連でない特別の出演者。↕レギュラーメンバー。

け-ずね ⓪【毛ずね】【毛×脛・毛×臑】名 毛のたくさん生えたすね。

けずり-ぶし ⓪【削(り)節】けづり— 名 かつおぶしをけずったもの。はながつお。

けず・る ⓪【削る】けづる 他五 ラ・ロ|リ・ッ|ル|ル|レ|レ ❶はものなどで、うすくそぎとる。「鉛筆を—」 ❷一部を取りのぞく。へらす。「予算を—」「文章を—」 ❸うばう。取りあげる。「領地を—」 **削れる** 自下一〔…できる〕

けず・る ⓪【×梳る】けづる 他五 ラ・ロ|リ・ッ|ル|ル|レ|レ 髪をくしですく。くしけずる。

げせ-ない【解せない】連語 理解ができない。なっとくできない。

ケ-セラ-セラ ケ〈スQue será, será〉名 「なるようになるさ」の意。参考 アメリカ映画「知りすぎていた男」の主題歌から。

ゲゼルシャフト シャ〈ドGesellschaft〉名 社会の型の一つ。共通の利益を目的として結びついた集団。会社・労働組合など。利益社会。↕ゲマインシャフト。

げ-せわ ⓪【下世話】名 世間で、俗に口にすることばや話。

げ-せん ⓪【下船】名 自サ 船からおりること。↕乗船。

げ-せん ⓪【下×賤】名 形動 生まれ・育ちのいやしいこと。身分のひくいこと。

げ-そ ゲ 名〔俗語〕〔「下足(げそく)」から〕すし屋で、いかの足。

け-そう ソ【懸想】名 自サ 異性におもいをかけること。恋いしたうこと。 **—文**(ぶみ) ソ 名 こいぶみ。

げ-そく ⓪【下足】名 脱いだはきもの。「—番」

けた ⓪【桁】名 ❶棟(むね)と平行に建物の柱の上にわたして上のものをささえる材木。❷そろばんのたまをつらぬく棒。❸数のくらい。くらいどり。「三—の数」 **—が違**(ちが)**う** 程度がひどくちがう。けたちがいだ。段ちがいだ。

げ-た ⓪【下▲駄】名 ❶木の台に二枚の歯をつけ、はなおをすげたはきもの。❷校正ずりで、活字のないときなどに使う、げたの歯形の伏せ字。「〓」。 **—の雪**(ゆき)〔政界の俗語で〕連立政権にしがみつこうとする少数政党をからかって言うことば。参考「踏まれても蹴られてもついて行きます下駄の雪」からとされる。 **—履**(ば)**き** ⓪ 名 ❶下駄をはいていること。❷一階が商店や事務所で、二階以上が住宅になっていること。「—住宅」 **—箱**(ばこ) ⓪ 名 ➡くつばこ(靴箱)。 **—を預**(あず)**ける** 相手に、ことの処理をすべてまかせる。 **—を履**(は)**かせる** じっさいの成績よりも点をよくする。 **—を履**(は)**くまで分**(わ)**からない** 勝負事は、どう決着するか最後までわからない。

け-たい ⓪【×懈怠】名 自サ 〔文章語〕なまけること。おこたること。けだい。「—の心」

げ-だい ⓪【外題】名 ❶しばい・邦楽の題名。❷表紙に書いてある書名。↕内題。

けたお・す オ【蹴倒す】—たふ— 他五 サ・ソ|シ・ス|ス・セ|セ けってたおす。けりたおす。 **けたおせる** 自下一〔…できる〕

け-だか・い カ【気高い】形 カロ・カッ・ク|イ|イ・ケレ|○ 〔「け」は接頭語〕品格がある。すぐれて上品だ。「—心」 **気高さ** 名 **けだか・し** 文語ク

け-たぐり ⓪【蹴手繰り】名 相撲の手の一つ。相手の足の内くるぶしあたりをけると同時に、前へ引いてたおすこと。

けた-けた ケ〔と〕副 (多く、ばかにしたように)高い声で無邪気に笑い続けるようす。「コントを見て—と笑う」

げた-げた ゲ〔と〕副 「けたけた」を強調した言い方。

け-だし ⓪【蹴出し】名 和装の女性が腰巻きの上にかさねて着るもの。

けだし ケ【けだし】【▲蓋し】副 〔文章語〕思うに。おそらく。あるいは。「—最上の策というべきであろう」

け-だ・す ⓪/ダ【蹴出す】他五 サ・ソ|シ・ス|ス・セ|セ ❶けって出す。けり出す。❷費用を節約して、あまりを出す。 **けだせる** 自下一〔…できる〕

けたたまし・い シ 形 カロ・カッ・ク|イ|イ・ケレ|○ するどくかんだかい音のよ

け

うす。「―さけび声」　**けたたましさ** 名　**けたたま・し** 文語シク

けた-ちがい チ 【桁違い】ちがひ ― ❶名 数の位取りがちがうこと。❷名 形動 程度がひどくちがうこと。段ちがい。「―なわざ」

げ-だつ 0 【解脱】名 自サ 〔仏〕俗世間の悩みや束縛からぬけでて、やすらかな悟りの心境に到達すること。

けた-てる テ 【蹴立てる】他下一 テ・テ・テル・テル・テレ・テロ・テヨ ❶勢いよくけって土けむり・水けむりなどを立たせる。「波をけたてて進む船」❷あらあらしくふむ。「席をけたてて帰る」　**けた・つ** 文語下二

けた-はずれ ハ 【桁外れ】はづれ ― 名 形動 標準・規格をはるかに越えていること。なみはずれ。「―の秀才」

け-だま 0 【毛玉】名 毛糸などの繊維が、けばだってできる小さな玉。

けだもの 0 【▲獣】名 ❶全身が毛でおおわれ、四本足であるく動物の総称。けもの。❷人間らしい心をもたない人をののしる語。人でなし。

けた-ゆき 0 【桁行(き)】名 建物のけたの渡してある方向の長さ。↕梁間はりま。

けだる・い ル 【気▲怠い】形 カ・ロ・ニ・カッ・ク・ニ・イ・イ・ケレ・○ 〔「け」は接頭語〕なんとなく、からだがだるい。**けだるさ** 名 **けだる・し** 文語ク

げ-だん 0 【下段】名 ↕上段。❶したの段。❷剣道や槍術そうじゅつで、刀やりを低くかまえる型。

けち ケ 名 形動 ❶やたらにおしむこと。また、そういう人。しみったれ。❷つまらないこと。貧弱。そまつ。「―な服装」❸自分をけんそんするのにいう語。「野村という―な人間です」❹卑劣。ひきょう。心がせまいこと。「―なふるまいをするな」「―な根性」❺不吉。縁起がわるいこと。**―が付つく** いやなことがきっかけとなって、事がうまく進まなくなる。**―を付つける** ❶じゃまをして、縁起がわるいとおもわせる。❷欠点をあげてわるく言う。

げ-ち ゲ 【下知】名 自サ ➡げじ。

けち-えん 0 【▲結縁】名 仏道修行の因縁をむすぶこと。

け-ぢか・し 【気近し】形ク 〔古語〕❶近い。「殿との の中将は、少しけぢかく御簾みすのもとにも寄りて」〈源氏〉❷親しみやすい。「同じ女にけぢかく物など言ひて（契リヲカワシ）」〈大和〉

けち-がん 0 【▲結願】名 日を定めておこなった法会ほうえや願だてなどの日数が満ちること。満願。

けち-くさ・い サ 【けち臭い】形 カ・ロ・ニ・カッ・ク・ニ・イ・イ・ケレ・○ ❶かねや品物を出しおしむようす。けちである。❷こせこせしている。「―考え方だ」　**けち臭さ** 名　**けちくさ・し** 文語ク

けち-けち ケ― 副 自サ けちなようす。「―するな」

けち-みゃく 0 【▲血脈】名 師僧から弟子でしへとつたえる教え。法統。けつみゃく。

ケチャ ケ 〈インドネシア kecak〉名 インドネシアのバリ島で行われる民族音楽。車座になった男性が行う合唱。

ケチャップ チャ 〈ketchup〉名 トマト・野菜・香辛料などを煮て、味つけ・うらごししてつくったソース。トマトケチャップ。

けちょん-けちょん 0 形動 ダ・ロ・ダッ・デ・ニ・ダ・ナ・ナラ・○ 徹底的にやりこめるようす。「―にけなす」

け-ちら・す 0/ラ 【蹴散らす】他五 サ・ソ・シ・ス・ス・セ・セ ❶足でけって散らす。❷おいちらす。けちらかす。「敵を―」　**けちらせる** 自下一 〔…できる〕

けち・る チ 他五 ラ・ロ・リ・ッ・ル・ル・レ・レ 〔俗語〕けちけちする。出し惜しむ。「寄付金を―」　**けちれる** 自下一 〔…できる〕

けちん-ぼう ケ 【けちん坊】名 形動 ひどくものおしみをすること。また、その人。しみったれ。けちんぼ。

けつ 【穴】造 あな。「穴居・虎穴こけつ・洞穴・墓穴」

けつ 【血】造 ❶ち。ちしお。「血圧・血液・出血・鮮血・輸血」❷ちをながす。「血戦・血路」❸ちすじ。ちのつながり。「血縁・血統・血肉・混血」❹盛んなさま。「血気・熱血」

けつ 【×訣】造 ❶わかれる。「訣別・永訣」❷おくのて。もっともかんじんな所。「秘訣・要訣」

けつ 【結】造 ❶むすぶ。まとまる。「結合・結集・結束・団結・締結」❷かたまる。「結晶・結氷・凝結・凍結」❸生じる。できる。「結果・結実」❹おえる。完了する。「結着・結論・完結・終結・起承転結」❺くみたてる。「結構・結成」❻ゆう。ゆわえる。「結髪けっぱつ」　**結する** 自サ

けつ 【傑】造 ❶すぐれる。ぬきんでる。「傑作・傑士・傑出・傑物」❷すぐれた人物。「英傑・豪傑」

けつ 【潔】造 ❶きよい。けがれていない。「潔癖・清潔・純潔・貞潔」❷いさぎよい。心がきれいだ。「潔白・簡潔・高潔・廉潔」

けつ ケ 【欠】名 造 ❶かける。不足する。「―をおぎなう」「欠陥・欠点・欠乏・欠落・補欠・無欠」❷あるべきものがない。「欠航・欠食・欠番・欠品」❸いるべきところにいない。「欠勤・欠場・欠席」⇩欠（漢字一覧）。

けつ 【決】❶ケ 名 造 論議のすえ、出た案について、賛成・不賛成をきめること。「議決・採決」❷造 ❶きれる。さける。「決壊・決裂」❷きめる。きまる。「決意・決心・決定・解決・判決・未決」❸おもいきる。「決起・決行」❹わかれる。「決別」**―を採とる** 会議で、賛成・反対の数を調べ、結論を出す。採決する。

けつ 0 【▲尻・穴】名 〔俗語〕❶しり。❷順番の最後。びり。「―から三番目」**―の穴あなが小ちいさい** 気が小さくて、することがけちくさい。度量が狭い。

げつ 【月】❶ゲ 名 「月曜日」の略。「日―火水木金土」❷造 つき。地球の衛星。「月光・月面・満月・新月・名月」❸造 接尾 つき。一年を十二等分した、こよみの単位。「月刊・月謝・月賦・歳月・年月・来月」「三か月」〔別音がつ｜月〕

けつ-あつ 0 【血圧】名 血液が血管の中を流れているときに示す圧力。

けつ-い ケ 【決意】名 自サ 意志をきめること。決心。

けつ-いん 0 【欠員】名 定員がかけていること。定員にかけている数。「―を補充する」

げつ-えい 0 【月影】名 〔文章語〕月の光。つきかげ。

けつ-えき ツ 【血液】名 動物の体内を循環する体液。脊椎せきつい動物では血管内を流れ、酸素・二酸化炭素・栄養・老廃物・ホルモンなどをはこぶ。ち。**―型がた** 0 名 血液を、赤血球の凝集反応の差異などによっていくつかの型に分けたもの。ABO式・Rh式・MN式など。**―銀行ぎんこう** ギ 名 血液センターの旧称。**―製剤せいざい** セ 名 人間の血液を材料とした薬剤。**―センター** セ 名 輸血用の血液を貯蔵・提供する所。

けつ-えん 0 【血縁】名 ちすじ。血のつながりのある間柄。血族。「―の関係」

けっ-か 0 【欠課】名 課業に出席しないこと。ある授業に出席しないこと。

けっ-か ケ 【決河】名 〔文章語〕大水で川の水が堤防を破ること。**―の勢いきおい** ものすごい勢い。

けっ-か 0 【結果】❶名 自サ 実みをむすぶこと。「リンゴの―期」❷名 ❶ある原因によってひきおこされた最終の状態。「努力の―、合格した」↕原因。❷できあがったことがら。「相談の―を通知する」**―オーライ** どのような経

過をたどったにしろ、よい結果が得られればよい。「いろいろなトラブルに見舞われたが、―だ」 **―責任**(にんせき) [セ] [名] 故意、過失、過程の良し悪しにかかわらず、結果に対して責任を負うこと。 **―論**(ろん) [カ] [名] あるおこないを結果だけにもとづいて評価する議論。↕動機論。 **―を出**(だ)**す** 努力の成果をはっきりと示す。「きょうのレースで―」

げっ-か [ゲ]【月下】[名]〔文章語〕月の光のさしているところ。 **―美人**(びじん) [ビ] [名] サボテン科の一品種。夏の夜、大輪純白のかおりの高い花を開き、数時間でしぼむ。㊊ **―氷人**(ひょうじん) [ゲ][ヒョ] [名]〔文章語〕男女の縁をとりもつ人。なこうど。媒酌(ばいしゃく)人。

げっ-か [ゲ]【激化・劇化】[名] [自サ] ➡げきか。

けっ-かい [0]【血塊】[名] 血のかたまり。

けっ-かい [0]【結界】[名] ❶僧の修行のために、衣食住について一定の制限を設けること。❷修法を行って魔物の侵入を防ぐこと。また、その一定の地域。❸仏道修業のさまたげになるものの出入りを禁ずること。また、その地域。「女人(にょにん)―」❹仏前で、僧と俗人との座席を区別するため、内陣と外陣とを区切った木のさく。

けっ-かい [0]【決壊・決潰】[名] [自他サ] 堤防などが切れて、くずれること。切りくずすこと。「ダムが―する」

けっ-かく [0]【欠格】[名] 必要な資格を備えていないこと。「―者」「―条項」↕適格。

けっ-かく [0]【結核】[名] 結核菌による伝染性感染症。肺結核・腸結核・喉頭結核などがあるが、特に肺結核をいうことが多い。

げつ-がく [0]【月額】[名] 毎月のきまった金額。「―千円」

げっかのいちぐん《月下の一群》堀口大学(ほりぐちだいがく)の訳詩集。一九二五年刊。コクトーらのフランス近代詩を訳出(やくしゅつ)し、昭和初期詩壇に大きな影響をあたえた。

けっか-ふざ [ケ][フ]【結×跏×趺×坐】[名] 仏像の、また座禅のときの、両足を組みあわせたすわり方。

けっかふざ

けつか・る [自五] ラ・ロ(リ・ッ)・ル・ル・レ・レ〔方言〕(関西で)「いる」をののしっていう言い方。「知らん顔をして―」

けっ-かん [0]【欠陥】[名] 必要なのに欠けているところ。欠点。「―製品」⇨欠点 [参考]。

けっ-かん [0]【血管】[名] 動物の体内にある、血液の通る管。

けつ-がん [ツ]【けつ岩】【×頁岩】[名] 水成岩の一つで、粘土質からなるもの。泥板岩(でいばんがん)。

げっ-かん [0]【月刊】[名] 月一回ずつ刊行すること。また、そのもの。「―誌」↕日刊・週刊・旬刊・季刊・年刊。

げっ-かん [0]【月間】[名] 一か月のあいだ。「―予定」↕週間・旬間・年間。

けっ-き [ケ]【血気】[名] はげしい意気。青年などの、むこうみずな元気。 **―盛**(ざか)**り** [ザ] [名] 血気の満ちあふれている年ごろ。 **―に▲逸**(はや)**る** 元気にまかせて、むこうみずにはりきる。 **―の勇**(ゆう) むこうみずの勇気。

けっ-き [ケ]【決起】【×蹶起】[名] [自サ]〔「蹶」ははねるの意〕決心して行動を起こすこと。ふるいたつこと。「―集会」

けつ-ぎ [ケ]【決議】[名] [他サ] 会議で意見をきめること。また、きめた意見。「―案」⇨議決 [参考]。

けっ-きゅう [0]【血球】[名] 血液中にある細胞。赤血球と白血球があり、血小板を含めていうこともある。

けっ-きゅう [0]【結球】[名] [自サ] キャベツなどの、葉がかさなりあって球状になること。また、そうなったもの。

げっ-きゅう [0]【月給】[名] 一か月を単位としてきめた給料。サラリー。↕年俸・週給・日給。 **―泥棒**(どろぼう) [ド] [名] あまり仕事をしないのに、給料は一人前にもらっている人を非難していうことば。給料泥棒。

げっきゅう-でん [キュ]【月宮殿】[名] 月のなかにあるという想像上の宮殿。㊙

けっ-きょ [ケ]【穴居】[名] [自サ] ほらあなの中に住むこと。「―生活」

けっ-きょく [0]【結局】㊀ [名] 事の終わり。最後。結末。「事件の―」㊁ [副] 最後は。つまるところ。つまり。「―勝負は引き分けに終わった」

けっ-きん [0]【欠勤】[名] [自サ] 休暇でなくてつとめを休むこと。↕出勤。

げっ-きん [0]【月琴】[名] 弦が四本、ことじが八つの、中国から伝わった楽器。

けっ-く [0]【結句】㊀ [名] 詩歌(しいか)のむすびの句。↕起句・承句・転句。㊁ [副] ❶けっきょく。ついに。❷かえって。むしろ。「破談になって、―よかった」

け-づくろい [ツ]【毛繕い】[名] 動物が体の毛を、なめたり、足・くちばしを使ったりしてととのえること。生理的な目的のほか、仲間に対して親愛感を示すためにも行われる。鳥の場合は、羽繕(はづくろ)いともいう。グルーミング。

げっ-けい [0]【月×桂】[名] ❶伝説で、月にはえているという、かつらの木。❷〔文章語〕月。月光。❸月桂樹。 **―冠**(かん) [ケ] [名] ❶月桂樹の枝を輪にしたかんむり。古代ギリシャで競技の優勝者にあたえた。❷もっとも名誉ある地位。 **―樹**(じゅ) [ケ] [名] クスノキ科の常緑高木。南ヨーロッパ原産。かおりがよい。葉は香料用。ローレル。

月桂冠❶

げっ-けい [0]【月経】[名] 成熟した女性の子宮から定期的に出血する現象。月のもの。生理。メンス。

けっけい-もじ [モ]【×楔形文字】[名] ➡くさびがたもじ。

げっ-けん [0]【撃剣】[名]〔「げきけん」の変化〕竹刀(しない)や木刀でする剣術。

けつ-ご [0]【結語】[名] 文章や談話のむすびのことば。特に、手紙の終わりに書く語。↕頭語(とうご)。⇨拝啓 [参考]。

けっ-こう [0]【欠講】[名] 講義がぬけること。教師が講義を休むこと。「―がつづく」

けっ-こう [0]【血行】[名] 血のめぐり。「―がよくなる」

けっ-こう 【結構】㊀ [0] [名]〔文章語〕かまえ。組み立て。構造。構成。「伽藍(がらん)の―」「文章の―」㊁ [ケ] [形動] ❶よくできているようす。みごと。「―なお庭」❷賛成・満足の気持ちをあらわす。よろしい。よい。「旅行は大いに―だ」「お元気で―」[参考] 相手にたずねるときは「これで結構ですか」でなく、「これでよろしいですか」と言う。返事は「結構です」と言う。❸〔ことわるときに使う〕じゅうぶん。たくさん。「もうこれで―だ」㊂ [ケ] [副] なんとか満足できるようす。「これで―まにあう」 **―▲尽**(ず)**くめ** [ズ] [名] よいことばかりであること。「―な話」

けっ-こう [0]【欠航】[名] [自サ] 悪天候・事故などのため、船・飛行機の運航をやすむこと。

けっ-こう [0]【決行】[名] [他サ] 多少無理な状態でも、思いきっておこなうこと。「雨天―」

けつ-ごう [0]【欠号】[名] 雑誌などの、かけた号。

けつ-ごう [0]【結合】[名] [自他サ] むすびついて一つになること。むすびつけて一つにすること。

げっ-こう [0]【月光】[名] つきのひかり。㊙

げっ-こう [0]【激高】【激×昂】[名] [自サ]〔「げきこう」の変化〕いきりたつこと。ひどく怒って興奮すること。

けっ-こん [0]【血痕】[名] 血のついたあと。

けっ-こん [0]【結婚】[名][自サ] たがいに好意をもつ二人の合意にもとづき、新しい戸籍をつくること。「—記念日」「—に踏み切る」[参考]「結婚」は広く使われるが、法律では「婚姻」という。現在の日本の法律では、男女の婚姻しか認められないが、自治体によっては、それ以外の場合でも異性が夫婦となることに準じた扱いをすることが始まっている。⇩事実婚・同性婚。

けっ-さい [ケ]【潔斎】[名][自サ] 神仏につかえる前に身をきよめること。「精進(しょうじん)—」

けっ-さい [ケ]【決済】[名][他サ] 代金の受け渡しを完了して、売り買いの取引をおえること。

けっ-さい [ケ]【決裁】[名][他サ] 権限をもっている人が、案の可否をきめること。「—をあおぐ」

けっ-さく [0]【傑作】㊀[名] 芸術作品などの、すぐれたもの。㊁[形動]〔俗語〕珍妙でおかしいようすを反語的にいう。「かれのかっこうは—だったよ」

けっ-さつ [0]【結×紮】[名][他サ] 血管をしばって、血液の流れをとめること。

けっ-さん [ケ]【決算】[名][他サ] ❶かんじょうのしあげ。計算のまとめ。「収支の—」❷一定期間の収支の総計算。「上半期の—報告」↕予算。

げっ-さん [0]【月産】[名] 一か月の生産高。↕年産・日産。

けっ-し [0]【決死】[名] 死を決すること。死ぬかくご。**—隊**(たい) [0][名] 死を覚悟して危険な任務にあたる部隊。

けっ-し [ケ]【傑士】[名]〔文章語〕すぐれた人物。傑人。傑物。

けつ-じ [0]【欠字】【×闕字】[名] ❶文章や印刷物などで、文字がかけていること。また、その文字。❷文章の中で、天子や貴人の名を書くとき、敬意を表すため、その字の上を一字、あるいは二字分あけること。

げつ-じ [0]【月次】[名] つきづき。毎月。「—計画」

けっ-しきそ [キ]【血色素】[名] 赤血球の中にある赤色の色素たん白質。肺で酸素とむすびつく。ヘモグロビン。

けつ-じつ [0]【結実】[名][自サ] ❶草木が実(み)をむすぶこと。❷結果となってあらわれること。「多年の努力が—する」

けっ-して [0]【決して】[副]〔下に打ち消しの言い方を伴って〕強く否定したり、禁止したりする意味を表す。「—うそはつかない」「—危険な場所に行ってはいけません」[参考]「彼は決して犯人ではない」と言う場合は、そのことに強い確信を持つという意味だが、「彼は絶対に犯人ではない」は、その主張に反論を許さない証拠が存在するような感じがともなう。

けっ-しゃ [ケ]【結社】[名] 多人数が、ある共通の目的のためにつくる団体。「政治—」

げっ-しゃ [0]【月謝】[名] 毎月の謝礼金・授業料。

けっ-しゅう [0]【結集】[名][他サ] あつめて一つにすること。「総力を—する」

げっ-しゅう [0]【月収】[名] 毎月の収入。↕年収・日収。

けっ-しゅつ [0]【傑出】[名][自サ] 他よりとびぬけてすぐれていること。抜群。

けっ-しょ [ケ]【血書】[名] 決意をしめすために自分の血で書くこと。また、その文字や文章。「—の嘆願書」

けっ-しょ [0]【×闕所】[名] ❶領主がきまっていない土地。❷江戸時代の刑罰の一つ。はりつけ・火あぶりなどの刑に加えて、財産を没収したこと。

けつ-じょ [ケ]【欠如】[名][自サ] たいせつなことが欠けていること。「公共心の—」[参考]「欠除」と書くのはあやまり。

げっ-しょ [ゲ]【月初】[名] 月はじめ。↕月末(げつまつ)。[参考] 金融界などの用語。

けっ-しょう [0]【血×漿】[名] 血液中から血球をとりのぞいた部分で、黄色の透明な液体。たん白質などをふくむ。

けっ-しょう [0]【決勝】[名] 最終的に勝ち負けをきめること。「—の大一番」↕予選。**—戦**(せん) [ショ][名] 競技などで、優勝者・優勝チームを決める試合やゲーム。「—に駒を進める」**—点**(てん) [ショ][名] ❶競走などで、勝ち負けをきめる地点。ゴール。❷試合などで、勝敗をきめる得点。

けっ-しょう [0]【結晶】[名][自サ] ❶一定の法則にしたがい、規則正しい数個の平面でかこまれ、また、内部の原子が規則正しくならんでいる固体。❷結果となってあらわれるもの。「努力の—」

けつ-じょう [0]【結縄】[名] 文字のなかった時代に、なわのむすびかたで意志を通じあったり、記憶したりしたもの。

けつ-じょう [0]【欠場】[名][自サ] 出場するはずの競技・演技の場に出ないこと。↕出場。

けつ-じょう [0]【決定】[名][自サ]〔文章語〕❶きまること。❷うたがいないこと。「勝利は—」

けっ-しょうばん [0]【血小板】[名] 血液の中にふくまれる不規則な形の小体。血液をかたまらせる役目をする。

けつじょう-もじ [モ]【×楔状文字】[名] ➡くさびがたもじ。

けっ-しょく [0]【血色】[名] 顔色。顔のいろつや。「—がいい」

けっ-しょく [0]【欠食】[名][自サ] 食事をぬくこと。

げっ-しょく [0]【月食】【月×蝕】[名] 太陽と月との間にはいった地球が、太陽の光をさえぎるため、月の一部または全部がかけて見える現象。↕日食。

太陽　地球　月

月食

げっし-るい [シ]【×齧歯類】[名]〔「齧」はかじる意〕哺乳(ほにゅう)類のうち、鋭い上下一対の門歯がある動物。門歯はのびつづけるので、固い木の実などをかじってすり減らす。りす・やまあらし・ねずみなど。

けっ-しん [ケ]【結審】[名][自サ] 裁判で、一つの事件の審理をおえること。

けっ-しん [ケ]【決心】[名][自他サ] かくごをきめること。決意。「—がつく」「—がゆらぐ」

けつ-じん [0]【傑人】[名] すぐれた人物。偉人。傑士。

けっ-する [0]/[ス]【決する】(シ・セ・サ〔ン〕・スル・スレ・シロ・セヨ) ㊀[自サ] きまる。「議事が—」❷堤防がきれ、水があふれ出る。㊁[他サ] きめる。はっきりさせる。「態度を—」「意を—」 **けっ・す** [文語サ変]

けっ-する [0]/[ス]【結する】[自サ](シ・セ・サ〔ン〕・スル・スレ・＊) 大便が出ない。便秘する。**けっ・す** [文語サ変]

けっ-せい [0]【血清】[名] 血液がかたまるとき、わかれて出る淡黄色の透明な液。**—肝炎**(かんえん) [カ][名] ウイルスによっておこる肝炎の一つ。輸血や注射などで感染する。B型肝炎。**—療法**(りょうほう) [リョ][名] 免疫をもった血清を注射して、病気をなおしたり、予防したりする方法。

けっ-せい [0]【結成】[名][他サ] 会・団体などをつくりあげること。「新党を—する」

けつ-ぜい [0]【血税】[名] ❶血のでるような苦労をしておさめる重い税金。「国民の—を浪費する」❷もと、兵役の義務の意。

げっ-せかい [セ]【月世界】[名] 月の世界。

けっ-せき [0]【結石】[名] 内臓の中にできる、石のような物。「じんぞう—」

けっ-せき [0]【欠席】[名][自サ] ↕出席。❶出るべき会合に来ないこと。❷学校を休んで、授業を受けないこと。**—裁判**(さいばん) [サ][名] 当人がいない所で、その人に関することをきめること。

けっ-せつ [0]【結節】[名] 皮膚などにできる、えんどう豆大にもり上がったしこり。

け

けっ-せん ◎【血栓】名 血管のなかで、血液がかたまったもの。「脳―」

けっ-せん ◎【決選】名 最終的に当選者をきめること。**―投票**(とうひょう) ト名 一回の投票で当選者がきまらないとき、高点者二名以上についてふたたび投票してきめること。参考「決戦投票」と書くのはあやまり。

けっ-せん ◎【血戦】名自サ 血みどろになって、たたかうこと。はげしくたたかうこと。また、そのような戦い。

けっ-せん ◎【決戦】名自サ 最後の勝ち負けをきめるためにたたかうこと。また、そのたたかい。

けつ-ぜん ◎【決然】(と)副 たる連体 文章語 きっぱりと決心するようす。「―と出場する」「―たる態度」

けっ-そう ソ【血相】名 顔いろ。「―を変える」

けっ-そう ◎【傑僧】名 文章語 すぐれた僧。

けっ-そく ◎【結束】❶名他サ むすびたばねること。「稲わらを―する」❷名自サ 団結すること。「組合員の―」

けつ-ぞく ツ【血族】名 ちすじのつづいている人々。血縁の人々。血縁。「―結婚」

げっ-そり ソ(と)副自サ ❶ひどくやせおとろえるようす。「ほおが―こける」❷急に気落ちするようす。がっかり。「あまりの仕事の多さに―する」

けっ-そん ◎/ケ【欠損】❶名自サ 物がかけそんじること。❷名 金銭上の損失。赤字。「―をつぐなう」

けっ-たい ◎【結滞】名自サ 脈が不規則になり、ときどきとまること。

けっ-たい 形動 方言 (関西で)へん。へんてこ。「―な話」参考「希代(きたい)」の変化という。

けっ-たく ◎【結託】名自サ わるだくみに関して力をあわせること。ぐるになること。「出入りの業者と―する」

けったくそ ◎名 俗語 いまいましいこと。「―悪い」

けっ-たん ◎【血×痰】名 血のまじっているたん。

けつ-だん ◎【決断】名自サ 心をはっきりときめること。

けつ-だん ◎【結団】名自サ 団体をつくること。「―式」↕解団。

げっ-たん ◎【月旦】名 文章語 ❶毎月の初日。❷月旦評。**―評**(ひょう) ◎/タ名 人物を論評すること。参考 後漢の許劭(きょしょう)が毎月一日(ついたち)に人物の品さだめをしたという故事から。

けっ-ちゃく ◎【決着】【結着】名自サ きまりがつくこと。落着。「―をつける」

けっ-ちゅう《桀紂》中国の夏(か)の桀王(けつおう)と殷(いん)の紂王(ちゅうおう)。ともに暴君として知られている。転じて、暴君。

けっ-ちょう ケ【結腸】名 大腸の主要部分の名。

けっ-ちん ◎【血沈】名「赤血球沈降速度」の略。

ゲッ-ツー ツ〈get two〉名 野球で、ダブルプレー。

けっ-てい ◎【決定】名自他サ きまること。きめること。「方針を―する」参考「決定する」は「きまる」「きめる」よりも文章語的。**―打**(だ) テ名 ❶野球で、勝敗を決める得点となる安打。❷物事の決着をつける事柄。**―的**(てき) ◎形動 はっきりときまって動かせないようす。「―な証拠」**―版**(ばん) ◎名 ❶それ以上あらためる、ただす必要のない、内容の正確な書物・出版物。❷いちばん質のよい品。**―論**(ろん) テ名 一見自由なように思われる人間の意志や行為も、実はすべて運命、神の意志、自然の法則などによって、はじめからきめられているという説。

けっ-てん テ【欠点】名 ❶不完全や不十分で、補うべきところ。他者から非難されるようなところ。短所。弱点。欠陥。「その方法の―を指摘する」↕長所。❷学校の成績で合格に及ばない点。落第点。参考「欠点」はある基準から見て不足している点をいい、「弱点」は強者や完全だと見えるものに欠けている点をいう。「欠陥」は「欠点」よりも不足の度合いが大きい場合に使うことが多い。

ケット ケ名 (「ブランケット」の略)毛布。

ゲット ゲ〈get〉名他サ ❶(バスケットボールなどで)得点すること。❷俗語 手に入れること。獲得すること。「お目当ての商品を―する」

けっ-とう ◎【血統】名 先祖から子孫につづく系統。ちすじ。**―書**(しょ) ショ/◎名 (家畜などの)血統を証明した文書。

けっ-とう ◎【血糖】名 血液中にふくまれるぶどう糖。「―値」

けっ-とう ◎【決闘】名自サ あらそいを解決するため、約束により武器をもってたたかうこと。はたしあい。**―状**(じょう) ◎名 決闘申しこみの手紙。はたし状。

けっ-とう ◎【結党】名自サ 党をつくること。なかまを組むこと。↕解党。

ゲットー ゲ〈ghetto〉名 昔、ヨーロッパの都市にあった、ユダヤ人の居住区域。参考 アメリカでは、少数民族などの住むスラム街のこともいう。

けつ-にく ◎【血肉】名 ❶血(ち)と肉。また、からだのこと。❷血縁関係にある人々。血族。肉親。親子兄弟。「―の争い」

けつ-にょう ◎【血尿】名 血液のまじった小便。

けっ-ぱい ◎【欠配】名自サ ❶主食などの配給がおこなわれないこと。↕満配。❷給料・給与が出ないこと。

けっ-ぱく ◎【潔白】名形動 不正な心やおこないがないこと。うしろぐらいところがないこと。「清廉―」

けっ-ぱつ ◎【結髪】名自サ ❶髪をゆうこと。ゆった髪。❷元服すること。

けっ-ばん ◎【欠番】名 一つづきの番号の途中で、ある番号がかけていること。

けっ-ぱん ◎【血判】名 誓いにそむかない気持ちをしめすために、指を切って血をだし、自分の名の下におすこと。また、そのおした判。「―状」

けつ-び ケ【結尾】名 おわり。むすび。「物語の―」

けっ-ぴょう ◎【結氷】名自サ 氷がはること。また、その氷。冬

げっ-ぴょう ◎【月表】名 ある事がらをひと月ごとにまとめた表。毎月つける表。

げっ-ぴょう ◎【月評】名 毎月する批評。新聞・雑誌などで、文芸・政治などについておこなう。

けつ-びん ◎【欠便】名 定期便の船舶や飛行機が運航を一時的にとりやめること。「悪天候で―になる」

けっ-ぴん ◎【欠品】名自サ 商品の在庫がないこと。また、その商品。

げっ-ぷ ◎/ゲ名 おくび。胃の中のガスが口から出るもの。

げっ-ぷ ◎【月賦】名 月賦払い。↕年賦。**―払**(ばら)**い** バ名 代金を一度に払わず、いく月かにわけて、月ごとに一定額ずつ支払うやり方。

けつ-ぶつ ◎【傑物】名 すぐれた人物。傑人。傑士。

けつ-ぶん ◎【欠文】名 文章の一部分が脱落していること。

けっ-ぷん ◎【血粉】名 動物の血液をかわかしてかためた窒素(ちっそ)肥料。

けっ-ぺい ◎【血餅】名 血液がかたまるとき、繊維素と血球とが、からみあってできるもの。

げっ-ぺい ◎【月餅】名 ナッツやドライフルーツを入れた餡(あん)を小麦粉の生地で包んで焼いた中国菓子。中国では中秋節に食べたり贈ったりする風習がある。

けっ-ぺき ◎【潔癖】名形動 ❶きれいずき。❷不正をひどくきらう性質。

けつ-べつ ◎【決別】【×訣別】名 自サ 永久に別れること。

ケッヘル ケ〈ﾄﾞKöchel〉名 オーストリアの音楽家ケッヘルがモーツァルトの作品につけた整理番号。ケッヘル番号。

けつ-べん ◎【血便】名 血液のまじった大便。

けつ-ぼう ◎【欠乏】名 自サ 不足すること。とぼしいこと。↕「食料の―」

げっ-ぽう ◎【月俸】名 月ぎめの給料。月給。

げっ-ぽう ◎【月報】名 毎月の報告。また、その文章。↕日報・週報・旬報・年報。

けっ-ぽん ◎【欠本】名 ↕完本。❶巻数のたりないひとくみの本。❷ひとくみの本のうち、かけた部分の本。

けつ-まく ◎/ツ【結膜】名 まぶたの内側と眼球の表面を結んでおおう、うすい粘膜。**―炎**(えん) ◎/ク 名 結膜の炎症。

けつ-まず・く 区【蹴つまずく】【蹴×躓く】(―つまづく) 自五 カ・コ・キ・イ・ク・ク・ケ・ケ ⬇つまずく。

けつ-まつ ◎【結末】名 しめくくり。おわり。「事件の―」

げつ-まつ ◎【月末】名 その月のおわり。つきずえ。↕月初(げっしょ)。

けつ-みゃく ◎【血脈】名 ❶血液のとおる脈管。❷ちすじ。血統。❸⬇けちみゃく。

け-づめ ◎【蹴爪】名 鶏などの雄の足のうしろにある、大きな鋭い突起。

けづめ

けつ-めい ◎【血盟】名 血判をおして、固く誓うこと。

けつ-めい ◎【結盟】名 自サ 誓いをむすび、なかまとなること。

げつ-めい ◎【月明】名〔文章語〕あかるい月の光。月あかり。秋

げつ-めん ◎【月面】名 月の表面。

けつゆう-びょう ◎【血友病】名 出血しやすく、しかも出血をとめるのがむずかしい遺伝性の病気。

げつ-よ ゲ【月余】名〔文章語〕一か月あまり。↕旬余。

げつ-よう ヨ【月曜】名 一週の二番目の日。月曜日。

げつ-らい ツ【月来】名〔文章語〕数か月以来。

けつ-らく ◎【欠落】名 自サ あるべきものが、ぬけて、ないこと。「公徳心の―」

げつ-り ゲ【月利】名 一か月単位の利息。↕年利・日歩(ひぶ)。

けつ-りゅう ◎【血流】名 血管の中での血液の流れ。「脳―検査」

げつ-りん ◎【月輪】名〔文章語〕まるい月。月。秋 ↕日輪。

けつ-るい ◎【血涙】名〔文章語〕はげしいいきどおりや悲しみのあまりに出るなみだ。血のなみだ。「―をしぼる」

けつ-れい ◎【欠礼】名 自サ 礼儀にかけること。失礼。

げつ-れい ◎【月例】名 毎月きまってあるもの。「―会」

げつ-れい ◎【月齢】名 ❶新月を零(れい)として、月の満ち欠けの程度をかぞえる日数。❷子どもが生まれてからの月数。

けつ-れつ ◎【決裂】名 自サ 会議・談判などで意見が合わず、ものわかれとなること。「交渉が―する」

けつ-ろ ◎【血路】名 ❶敵のかこみを破って逃げる道。❷困難を切りぬける方法。**―を開**(ひら)**く** ❶敵のかこみを切り開く。❷困難を切りぬける。

けつ-ろ ケ【結露】名 自サ 冷たい物に触れた空気の温度が下がり、水蒸気がその物の表面で水滴となること。また、その水滴。

けつ-ろう ◎【欠漏】【×闕漏】名 ぬけおちること。もれ。

けつ-ろん ◎【結論】名 ❶最後のまとめの意見。❷理論のくみたてで、まとめをのべる最後の部分。↕緒論。

げて-もの ◎【下手物】名〔俗語〕❶手のこまない粗雑な品物。↕上手物(じょうてもの)。❷ふうがわりで、一般むきでないもの。**―食**(ぐ)**い** ◎/ノ 名 ❶ふうがわりなものを好んで食べる人。❷人の好まないかわったものを愛好する人。

げ-てん ◎【外典】名 仏教経典以外の書物。↕内典。

けど 助〔接続助詞〕「けれど」のくだけた言い方。⇩けれども。

げ-どう ド【外道】名 ❶仏教を信仰する立場からみて、仏教以外の教え。また、それを信じる人。❷真理にはずれた道。異端。❸ひねくれた、心のわるい人。人でなし。人をののしっていう語。❹釣りで、釣る目的でなく釣りあげた魚。

け-とうじん ト【毛唐人】名〔毛ぶかい唐人〕もと、外国人、特に欧米人をけいべつしていったことば。毛唐。

げ-どく ◎【解毒】名 自サ 体内にはいった毒を中和・排出すること。参考「下毒」と書くのはあやまり。**―剤**(ざい) ク/◎ 名 体内の毒を消すくすり。毒消し。

け-とばし ◎【蹴飛ばし】名〔俗語〕馬肉の異称。

け-とば・す ◎【蹴飛ばす】他五 サ・ソ・シ・ス・ス・セ・セ ❶けって飛ばす。「ボールを―」❷はねつける。拒否する。「要望を―」 **けとばせる** 自下一〔…できる〕

ケトル ケ〈kettle〉名 湯わかし。やかん。「電気―」

け-ど・る ◎【気取る】■ ド/◎ 他五 ラ・ロ・リ・ッ・ル・ル・レ・レ ようすを見てさとる。「たくらみを気取られる」■ 他四〔古語〕正気(しょう)をうばう。「物(モノノケ)にけどられぬるなめりと」〈源氏〉

げな 助〔終助詞〕伝聞の意味をあらわす。…だそうだ。「昔、お城があった―」参考 接尾語「げ」に助動詞「なり」のついたもの。近世では助動詞のように使われていた。現代語では、昔話などの中でしか使われない。

けな-げ ケ【▲健気】形動 ダロ・ダッ・デ・ニ・ダ・ナ・ナ・ラ・◯ ❶心がけが殊勝なようす。「―な覚悟」❷年少者や力の弱い者が、かいがいしく立ちはたらくようす。「―にふるまう」 **けなげさ** 名

けな・す ◎【×貶す】他五 サ・ソ・シ・ス・ス・セ・セ そしる。悪口を言う。

け-なみ ◎【毛並(み)】名 ❶動物の毛のはえぐあい。❷〔俗語〕生い立ち。学歴。「―のいい人」

げ-なん ゲ【下男】名 雇われて下働きをする男。↕下女。

け-に【異に】副〔古語〕常とちがって。格別に。ひどく。「火の光、蛍(ほたる)よりけにほのかにあはれなり」〈源氏〉

げ-に【▲実に】副〔古語〕❶まことに。いかにも。「げにただ人にはあらざりけり」〈竹取〉❷現に。じっさいに。**―げに** 副〔古語〕〔「げに」の強め〕なるほどなるほど。「げにげに、都の人とて名にし負ひたる(都ノ名ニフサワシイ)優しさよ」〈謡・隅田川〉**―も** 副〔古語〕〔「も」は強めの助詞〕なるほどまあ。「いさめられてげにもとや思はれけん」〈平家〉**―や** 副〔古語〕〔「や」は感動の助詞〕なるほどなあ。いかにもなあ。「北の方見たまひて、げにやとのたまふ」〈宇津保〉

ケニア《Kenya》アフリカ東海岸のインド洋に面した共和国。一九六三年に独立。首都はナイロビ。

げにげに・し【▲実に▲実にし】形シク〔古語〕❶ほんとうらしい。もっともらしい。「いとげにげにしくもおぼえずして」〈宇治拾遺〉❷まじめである。実直である。「げにげにしくよき人かな」〈徒然〉

け-にん【家人】名〔古語〕❶けらい。従者。❷ごけにん。

げ-にん【下人】名〔古語〕❶身分の低いもの。❷奉公人。

け-ぬき ◎【毛抜(き)】名 毛や、ささったとげなどを抜きとる道具。**―合**(あ)**わせ** ア 名〔毛抜きの先がきちんと合うことから〕衣服の表と裏の、ふちをそろえて縫い合わせること。

げ-ねつ ◎【解熱】名 高すぎる体温をさげること。**―剤**(ざい)

ツ ⓪ 名 解熱のために使うくすり。熱さまし。

げ-ねつ ⓪【下熱】名 自サ 〔医〕熱がさがること。

け-ねん ⓪【懸念】名 他サ 気にかかって不安に思うこと。「先行きを―する」

ゲノム ゲ〈ド Genom〉名 ある生物種の個体全体を完全な状態に保つために必要な、ひと組みの遺伝子情報。生物種ごとに固有に構成される。「ヒト―」**―編集**しゅう ヘ 名 ゲノム上で特定の遺伝子情報を変える技術。農畜産物の育種や遺伝子治療への応用を目的として研究が進められている。

け-ば ⓪【毛羽】名 ❶紙や布などの表面にたつ、ほそくやわらかい毛。「―がたつ」❷地図で、高低・傾斜を示すほそい線。

げ-ば ゲ【下馬】名 自サ ❶馬からおりること。特に、昔、貴人や社寺に敬意を表して馬からおりたこと。下乗げじょう。❷下馬さき。**―先**さき ⓪ キ 名 城門や社寺の前など、馬から降りるべき場所。**―評**ひょう ⓪ バ 名 (昔、下馬する場所で、主人を待つ供の者がしたうわさ話)世間の評判。とりざた。「―にあがる」

け-はい ケ【気配】名 (「気配」は古語「けはひ」の当て字) ❶まわりの状況から、それとなく感じられるようす。「秋の―」「人が潜んでいる―」❷市場の景気。相場。

けば・い バ 形 カロ・カッ・ク・イ・イ・ケレ・○ 〔俗語〕服装や化粧が派手なようす。

けばけば-し・い シ 形 カロ・カッ・ク・イ・イ・ケレ・○ 服装や飾りつけなどがはでで、めだつようす。**けばけばしさ** 名 **けばけば・し** 文語シク

け-ば-だ・つ ダ【毛羽立つ】自五 タ・ト・チ・ッ・ツ・ツ・テ・テ 紙や布などの表面にほそい毛が立つ。

け-はひ【仮粧・化粧】名〔古語〕⇒けわい。

ケバブ ケ〈kebab〉名 中東で、肉類を焼いて調理した料理の総称。カバブ。

ゲバ-ぼう ⓪【ゲバ棒】名 (「ゲバ」は「ゲバルト」の略)学生運動などで、乱闘のとき武器として用いる角材・工事用鉄パイプなど。

け-ばり ⓪【毛ばり】【毛×鉤】名 魚つりのはりの一種。鳥の羽をはりにつけて、えさに見せかけたもの。

ゲバルト バ〈ド Gewalt〉名 ❶力。権力。暴力。❷政治運動などで、暴力的手段を用いた闘争。実力闘争。ゲバ。

げ-はん ⓪【下阪】名 自サ 東京から大阪へ行くこと。

けびい-し ビ【検非違使】名 平安時代に検察・裁判・警察などの役目をうけもった職。

け-びょう ⓪【仮病】名 病気のふりをすること。にせの病気。

げ・びる ビ【下卑る】自上一 ビ・ビ・ビル・ビル・ビレ・ビロ・ビヨ 下品な感じがする。参考 ふつう「下卑た」「下卑ている」の形で使う。「下卑げび」を動詞に活用させた語。

ケビン ケ〈cabin〉名 ⇒キャビン。

げ-ひん ヒ【下品】形動 ダロ・ダッ・デ・ニ・ダ・ナ・ナラ・○ 品のわるいようす。いやしいようす。「―な笑い声」↕上品。

け-ぶか・い カ【毛深い】形 カロ・カッ・ク・イ・イ・ケレ・○ からだに毛が多くはえている。**毛深さ** 名 **けぶか・し** 文語ク

け-ぶた・い タ【煙たい】形 カロ・カッ・ク・イ・イ・ケレ・○ ⇒けむたい。

けぶり ⓪【煙】名 ⇒けむり。

け-ぶり ケ【気振】名 それらしいようす。そぶり。態度。「―にも見せない」

けぶ・る ⓪【煙る】自五 ラ・ロ・リ・ッ・ル・ル・レ・レ ⇒けむる。

げ-ほう ⓪【外法】名〔仏〕仏教からみて、仏教以外の宗教。↕内法。

げ-ぼく ⓪【下僕】名 雇われて雑用をする男。

げほ-げほ ゲ (と)副 自サ むせたりせきこんだりするようす。

け-ぼり ⓪【毛彫(り)】名 毛髪のようにほそい線で、模様や文字を彫ること。

げ-ぼん ⓪【下品】名 ❶〔仏〕極楽浄土に生まれる人を、資質の差によって上品じょうぼん・中品ちゅうぼん・下品の三つに分けた、その最下位。❷下等。

ゲマインシャフト シャ〈ド Gemeinschaft〉名 社会の型の一つ。地縁・血縁などによって、自然発生的に結びついた集団。共同社会。↕ゲゼルシャフト。

けま-く 連語〔古語〕(過去推量の助動詞「けむ」に、「こと」の意味の「く」のついたものの変化)…たであろうこと。「うち嘆き語りけまくは」〈万葉〉

け-まり ⓪【蹴×鞠】名 ❶まりをける遊び。❷〔古語〕一定のきまりによってまりをける遊び。また、その革製のまり。しゅうきく。

け-まん ⓪【華×鬘】名 仏前をおごそかにするため、らんまなどにかける飾り。

け-み ケ【毛見】【検見】名 武家時代、米のとりいれ前に、役人が領地の米のみのりぐあいをしらべ、年貢の額を定めたこと。けんみ。秋

ケミカル〈chemical〉造 化学的に合成されていること。「―シューズ」

ケミストリー ケ〈chemistry〉名 化学。化学反応。

けみ・する ス【閲する】他サ シ・セ・サ・シ・スル・スル・スレ・シロ・セヨ 〔文章語〕❶へる。経過する。「以来十年をけみした」❷しらべみる。あらためる。「書物を―」**けみ・す** 文語サ変

けむ ⓪【煙】名 けむり。**―に巻**まく 大げさにしゃべって、相手をとまどわせる。「ほらをふいて人を―」

けむ 助動 ○・○・ケム(ン)・ケム(ン)・ケメ・○ 〔古語〕(活用語の連用形につく)❶過去の事実を推量する意をあらわす。…だったろう。…ただろう。「いかなる所にか、この木はさぶらひけむ」〈竹取〉❷過去の事実について、その原因・理由などを推量する意をあらわす。どうして…たのだろう。「何をしてかく生ひ出でけむ」〈源氏〉＝けん。

けむ・い ⓪ ム【煙い】形 カロ・カッ・ク・イ・イ・ケレ・○ ⇒けむたい。

け-むくじゃら ⓪【毛むくじゃら】形動 ダロ・ダッ・デ・ニ・ダ・ナ・ナラ・○ 毛が多くはえているようす。けもくじゃら。

け-むし ⓪【毛虫】名 ❶ちょう・がなどの幼虫で、全身に毛のあるもの。夏 ❷人にきらわれる者のたとえ。**―眉**まゆ マ 名 ふとくて濃い、毛虫のようなまゆ。

けむた・い タ【煙たい】形 カロ・カッ・ク・イ・イ・ケレ・○ ❶煙にむせてくるしい。けむい。❷気づまりだ。気がねされる。「―人」＝けぶたい。**煙たがる** 自五 **煙たげ** 形動 **煙たさ** 名 **けむた・し** 文語ク

けむ-だし ⓪【煙出し】名 ❶えんとつ。❷煙を屋外に出すため、屋根にあけた窓など。

けむり ⓪【煙】名 ❶火をたくとき、たちのぼる白色・黒色などの気体。❷水・ちりなどが散って、煙のようにみえるもの。「水―」「砂―」＝けぶり。**―になる** ❶あとかたもなく消えてしまう。❷火葬にされる。**―を立**たて**る** くらしを立てていく。

けむり-ずいしょう ズ【煙水晶】名 茶色または黒色にかすんでみえる水晶。

けむ・る ⓪【煙る】自五 ラ・ロ・リ・ッ・ル・ル・レ・レ ❶煙がたつ。❷かすんでみえる。「かすみに―春の野」＝けぶる。

げ-めん ⓪【外面】名 ❶〔文章語〕うわべ。❷顔だち。顔つき。**―似**じ**(如**にょ**)×菩×薩**さつ**内心**ないしん**如**にょ**夜×叉**しゃ 顔は菩薩のようにうつくしくやさしいのに、その心は険悪でおそろしいということ。

け-もの ⓪【獣】名 けだもの。**―偏**へん ⓪ 名 漢字の部首の

一つ。「狂」「狐」などの「犭」。―道みち ノ 名 山林の中にできた動物の通り道。

げ-や ゲ【下野】名 自サ 官職をやめ民間にくだること。

けやき ◎【×欅】名 ニレ科の落葉高木。高さ三〇メートル、周囲五メートルぐらいになる。材はかたく、建築・器具用。

けやけ・し 形ク〔古語〕❶変だ。異様だ。不快だ。「めざましかるべき際きはは、けやけうなども覚えけれ」〈源氏〉❷すばらしい。きわだっている。「〔ウデマエノ〕けやけきやつかな」〈宇治拾遺〉❸情け容赦ない。冷たい。「心やはらかに情けある故に人の言ふほどのことけやけく否いなびがたくて」〈徒然〉

け-やぶ・る ブ【蹴破る】他五 ラ・ロ|リ・ッ|ル|ル|レ|レ けって破る。けちらす。「敵の囲みを―」 **けやぶれる** 自下一〔…できる〕

け-やり ◎【毛×槍】名 鳥の毛でかざったやり。

げ-ゆ【解由】名〔古語〕国司交替の際、新任者が事務引き継ぎを証して前任者に手わたす公文書。「解由状」の略。「例のことども皆し終へて―など取りて」〈土佐〉

けら ◎【×螻×蛄】名 ケラ科の昆虫。からだは黒褐色で、約三センチメートル。前あしが発達して穴を掘るのに適している。昆虫や農作物の根をくう。おけら。夏

ゲラ ◎〈galley〉名 ❶組みあげた活字版を入れるふちの浅い長方形の木箱。❷ゲラずり。

け-らい ケ【家来】名 ❶従者。❷武家の家臣。

け-らく ◎【▲快楽】名〔仏〕⬇かいらく。

けら-く 連語〔古語〕〔回想の助動詞「けり」に、「こと」の意味の「く」のついたものの変化〕…たこと。…たことには。「神代より言ひ継ぎけらく」〈万葉〉

げ-らく ◎【下落】名 自サ 物価・等級などがさがること。

けら-くび ◎【×螻×蛄首】名 やりの穂先と柄がつづく部分。

げら-げら ゲ1 (と)副 大きな口をあけて、やや下品に笑うようす。

けらし 助動 〇|〇|ケラシ|ケラシ|〇|〇〔古語〕〔助動詞「けり」の連体形「ける」に助動詞「らし」のついた「けるらし」の変化したもの。活用語の連用形につく〕過去の事実を推量する意をあらわす。…たらしい。「春すぎて夏来にけらし」〈新古今〉

ゲラ-ずり ◎【ゲラ刷り】名 活字版をゲラに入れたまま、校正用に印刷したもの。校正ずり。

げ-らふ【下×臈】名〔古語〕⬇げろう。

けり リ【×鳧】名 チドリ科の鳥の中のもっとも大きいもの。頭部は灰色、背中は褐色、腹部と尾は白い。足が長い。本州北部で繁殖するが、冬は南方に渡る。夏

けり 助動 〇|〇|ケリ|ケル|ケレ|〇〔古語〕〔活用語の連用形につく〕❶過去におこって現在までつづいていることを回想して述べる。…た。…だった。…ていた。「昔より言ひけることの」〈万葉〉❷〔「き」が直接経験したことがらをあらわすのに対して〕伝え聞いた事がらを回想的にのべる。…たということだ。…だそうだ。「昔、男ありけり」〈伊勢〉❸詠嘆の気持ちをあらわす。…だなあ。…だったなあ。「見渡せば花ももみぢもなかりけり」〈新古今〉 ―**が付っく**〔和歌には「けり」で終わるものが多いことから〕結末がつく。 ―**を付っける** 結末をつける。しめくくる。「話の―」

げ-り ◎【下痢】名 自サ 液状の大便が出ること。はらくだし。

げ-りゃく ◎【下略】名 ⬇かりゃく。↕上略・中略。

ゲリラ ゲ〈スguerrilla〉名 小部隊でふいにおそい、敵陣やその後方をかきみだす戦法。遊撃戦法。また、その部隊。―**豪雨**ごう ゴ 名 突発的に狭い地域で短時間にはげしく降る雨。参考 奇襲をおこなうゲリラにたとえた語。正式な定義はなく、報道などで用いられる。

け・る ケ【蹴る】他五 ラ・ロ|リ・ッ|ル|ル|レ|レ ❶足でつきとばす。「ボールを―」❷ことわってうけつけない。はねつける。「申し出を―」参考「けとばす」などの「け(蹴)」は、もとは下一段活用。 **ける** 文語下一

ゲル ゲ 名〔ドイツ語 Geldから、昔の学生が使い始めた語〕金銭。「―ピン」

ゲル ゲ〈ドGel〉名 コロイド溶液が弾力を持った状態で固まったもの。たとえば、こんにゃく・豆腐など。ジェル。

ゲル ゲ〈モンゴルgher〉名 ⬇パオ。

ケルト ケ〈Celt; Kelt〉名 古代ヨーロッパ中西部にいたインド-ヨーロッパ語系の一民族。現在はアイルランド・スコットランドなどに残る。

ケルビン ケ〈Kelvin〉名 国際単位系の七つの基本量の一つである熱力学温度の単位。記号は「K」。

ゲルマニウム 三〈ドGermanium〉名 元素記号Ge 原子番号32 原子量72.64の元素。金属元素の一つ。

ゲルマン ゲ〈ドGermane〉名 古代ヨーロッパ北部にいたインド-ヨーロッパ語系の民族。現在の西ヨーロッパ民族の祖先。

ケルン ケ〈cairn〉名 山の頂上や登山の道をしめすために積みあげた石。夏

げ-れつ ◎【下劣】形動 ダロ|ダッ・デ・ニ|ダ|ナ|ナラ|〇 人がらや考え方などが下品でいやしいようす。**下劣さ** 名

けれ-ども ケ 接続 後の文の内容が前の文の内容と逆の関係にあることをあらわす。しかし。だが。けれど。「兄はよろこんだ。―、弟はよろこばない」⇩しかし 参考。

けれ-ども 助〔接続助詞。活用語の終止形につく〕❶だれにでも認められる事がらをあげ、それにもかかわらずそれと反する別の事がらがなりたつ意味をあらわす。…だが。…が。「頭はいい―、軽はずみだ」「姉はよろこんだ―、妹はよろこばない」参考「のに」よりも前後の結びつきは弱い。❷単純に前後をむすびつける。…し。…が。「雨もやんだ―、風もやんだ」❸〔終助詞的に、あとを表現せず、言いさしのままで〕口調をやわらげ、聞き手の反応を待つ気持ちを表す。「それを見せていただきたいのです―」参考「が」よりも口語的。話し言葉としては「けれど」の形でよく使われる。「けど」は子どもや仲間どうしの間で用いられる。

け-れん ◎【▲外連】名 ❶芸能で、客受けをねらった演出や演技。特に、歌舞伎かぶきの早替わりや宙乗りなど。❷ごまかし。はったり。―**味**み ◎ 名 俗受けをねらったやりかた。「すこしの―もない」

ゲレンデ ◎〈ドGelände〉名 広くて起伏のあるスキーの練習場・滑走場。冬

げろ ゲ 名 自サ〔俗語〕❶へど。❷自白すること。また、自白。

ケロイド ◎〈keloid〉名 やけどなどをしたときにできる、あかい板状または結節状のもりあがったきずあと。

げ-ろう ロ【下郎】名 ❶人に使われる身分の低い男。❷男の人をののしる語。

げ-ろう【下×臈】らふ― 名〔古語〕❶年功があさく、地位のひくいもの。「同じほど、それより下臈げらふの更衣かういたちは」〈源氏〉↕上臈じょうろう。❷下郎。げす。しもべ。

けろっ-と ロ 副 ⬇けろりと。

けろり-と ロ 副〔俗語〕❶すこしもこたえず平気なようす。けろっと。「―した顔」❷すっかり、あとかたもなく。けろっと。「―忘れる」

け-わい【仮▲粧・化▲粧】はひ― 名〔古語〕〔鎌倉・室町時代以降の用語で〕化粧。

けわし・い シ【険しい】けはしい 形 カロ|カッ・ク|イ|イ|ケレ|〇 ❶傾斜が急である。「―坂道」❷あらく、はげしい。「―目つき」❸困難・危険である。「前途は―」 **険しさ** 名 **けは・し** 文語シク

けん【犬】造 いぬ。「犬猿けんえん・犬歯・愛犬・狂犬・野犬・盲

導犬・日本犬」

けん【肩】造 かた。「肩章・肩甲骨・強肩・双肩」

けん【▲巻】造 まく。まきあげる。「巻雲・席巻(せっけん)」［別音 かん｜巻］

けん【建】造 ❶たてる。つくる。「建学・建国・建設・建築・創建」❷申しのべる。たてまつる。「建議・建策・建白」［別音 こん｜建］

けん【研】造 ❶とぐ。みがく。「研磨・薬研(やげん)」❷きわめる。自分のものにする。「研究・研鑽(けんさん)・研修」❸すずり。「研北(けんぽく)」❹「研究所」の略。「極地研・感染症研」

けん【倹】造 つましい。むだをしない。かざらない。「倹素・倹約・恭倹・勤倹・節倹」

けん【×倦】造 うむ。いやになる。「倦厭(けんえん)・倦怠」

けん【兼】造 ❶かねる。あわせる。「兼職・兼任・兼用・学長兼理事長」❷前もって。「兼題」

けん【×狷】造 気が短い。頑固。「狷介」

けん【×虔】造 つつしむ。「敬虔」

けん【軒】㊀造 ❶のき。「軒灯」❷いえ。「軒数・軒別」❸あがる。「意気軒昂(いきけんこう)」㊁接尾 ❶家をかぞえる語。「六軒」⇩むね(棟)参考。❷屋号・雅号にそえる。「精養軒」

けん【▲乾】造 天。空。卦(け)の一つ。「乾坤(けんこん)」［別音 かん｜乾］

けん【健】造 ❶すこやか。じょうぶ。げんき。「健康・健在・健勝・健全・保健」❷つよい。したたか。「健闘・健忘・健啖家(けんたんか)・剛健・雄健」

けん【×捲】造 まく。まきあげる。「捲土重来(けんどじゅうらい)｜(けんどちょうらい)・席捲(せっけん)」

けん【×牽】造 ひく。ひきよせる。「牽引・牽牛・牽制・牽強付会」

けん【×喧】造 やかましい。さわがしい。「喧噪(けんそう)・喧伝」

けん【圏】造 ❶一定の範囲。「圏外・首都圏・成層圏・大気圏・通勤圏・文化圏」❷丸印。「圏点」

けん【検】造 ❶しらべる。「検査・検察・車検・探検・点検」❷「検察庁」の略。「送検・地検」 **検する** 他サ

けん【×硯】造 すずり。「硯滴・筆硯」

けん【×絢】造 あや。美しい模様。「絢爛(けんらん)」

けん【嫌】造 ❶きらう。いや。「嫌煙・嫌悪(けんお)」❷うたがう。「嫌疑」

けん【献】造 ❶たてまつる。ささげる。「献身・献納・献本・貢献・奉献」❷料理や酒を人にすすめる。「献酬」❸賢人の言いつたえ。「文献」 **献ずる** 他サ ［別音 こん｜献］

けん【絹】造 きぬ。「絹糸(けんし)・絹布・正絹(しょうけん)・人絹・本絹」

けん【遣】造 つかわす。やる。行かせる。「遣唐使・先遣・派遣・分遣隊」

けん【×嶮】造 けわしい。「嶮岨(けんそ)・嶮路・峻嶮(しゅんけん)」

けん【憲】造 ❶のり。おきて。国家のもっとも基本となる法。「憲章・憲政・憲法・違憲・護憲」❷法規を守らせる人。「憲兵・官憲」

けん【賢】造 ❶かしこい。さとい。「賢者(けんじゃ)・賢母・賢明」❷すぐれた人。「遺賢・七賢・先賢」

けん【謙】造 へりくだる。ゆずる。「謙虚・謙譲・謙遜(けんそん)・恭謙」

けん【繭】造 まゆ。「繭糸・乾繭」

けん【顕】造 ❶あらわす。あらわれる。あきらか。「顕在・顕著・顕微鏡・隠顕・露顕」❷地位が高い。名高い。「顕位・顕官・顕職・貴顕」

けん【験】造 ❶しるし。ききめ。「効験(こうけん)(こうげん)」❷ためす。こころみる。「験算・経験・試験・実験・体験」 **験する** 他サ ［別音 げん｜験］

けん【懸】造 ❶かける。かかる。「懸案・懸賞・懸命」❷へだたる。かけはなれる。「懸隔・懸絶」❸ぶらさがる。「懸崖・懸垂」［別音 け｜懸］

けん【×譴】造 せめる。とがめる。「譴責・天譴」

けん【件】㊀ケ名造 ことがら。こと。「例の—」「先日御相談の—」「件数・件名・事件・条件・物件・別件・要件」㊁接尾 事がらをかぞえることば。「数—」

けん【見】㊀ケ名造 見かた。考え。「皮相の—」「見解・見識・見地・私見・所見・卓見」㊁造 ❶みる。「見学・見物・外見・拝見・発見」❷みえる。あらわれる。「隠見・露見」❸あう。まみえる。「見参・引見・会見」

けん【券】ケ名造 ❶金額やある権利を表示した紙片。きっぷ。「映画の—」「半券・回数券・乗車券・商品券・入場券」❷証書。証文。「株券・債券・証券・日銀券」

けん【県】ケ名造 地方行政の区画。地方自治体の一つ。市・町・村の上。「県営・県庁・県道・近県」

けん【剣】㊀ケ名造 ❶刀。片刃の刀に対して、両刃(もろは)のつるぎ。「剣劇・真剣・刀剣・木剣」❷剣道。剣術。「剣士・剣客(けんかく)(けんきゃく)・剣豪」❸昆虫のしりなどにある針。㊁造 とがったもの。「剣山・剣玉(けんだま)」

けん【拳】㊀ケ名造 手や指でいろいろの形をつくって勝負する遊び。「じゃん拳・野球拳」㊁造 ❶こぶし。にぎりこぶし。「拳銃・拳闘・鉄拳・太極拳」❷うやうやしくするさま。「拳拳服膺(けんけんふくよう)」［別音 げん｜拳］

けん【険】㊀ケ名造 ❶けわしいこと。けわしい所。「箱根の山は天下の—」「険所・険阻」❷顔・ことばなどにけわしさのあること。「—のある顔」「険悪・険相」㊁造 あぶないこと。そこなう。「危険・探険・保険・冒険」

けん【堅】ケ名造〔文章語〕かたいこと・もの。「—を誇る」「堅固(けんご)・堅持・堅実」

けん【間】㊀ケ名造 尺貫法の長さの単位。一間は六尺。約一・八二メートル。「間数」㊁造 あいだ。「世間・眉間(みけん)」［別音 かん｜間］

けん【×腱】ケ名造 骨格筋を骨にむすびつける、強い白色の組織。「腱鞘炎(けんしょうえん)・アキレス腱」

けん【権】㊀ケ名造 ❶他を支配する力。いきおい。「兵馬の—」「権威・権勢・権利・権力・実権・政権・特権・主導権」❷法によってみとめられた資格。「親権・選挙権・所有権・著作権・黙秘権」㊁造 ❶はかりごと。「権謀(けんぼう)」❷はかり。はかりのおもり。「権輿(けんよ)」［別音 ごん｜権］

けん【×妍】ケ名〔文章語〕女性の容姿などのあでやかに、美しいこと。**—を競(きそ)う** あでやかさをはりあう。

けん【鍵】ケ名 ピアノ・オルガン・パソコンの入力装置などの指でたたく部分。キー。「鍵盤・黒鍵」

けん 助動〔古語〕⬇けむ。

げん【幻】造 ❶まぼろし。「幻影・幻覚・幻想・幻聴・幻滅」❷まどわす。たぶらかす。「幻術・幻惑・変幻」

げん【限】造 かぎる。しきる。はて。「限界・限定・限度・極限・制限・無限」

げん【原】造 ❶もと。おこり。「原因・原始・起原・語原・復原」❷もとの。もとからの。「原材料・原住民」❸はら。「原野・高原・平原」❹原子(力)の略。「原爆・原潜・原発(げんぱつ)」

げん【▲拳】造 こぶし。にぎりこぶし。「拳固・拳骨」［別音 けん｜拳］

げん【現】造 ❶あらわれる。あらわす。「現出・現象・実現・出現・表現」❷いま。じっさい。「現役(げんえき)・現在・現実・現場(げんば)(げんじょう)」❸〔連体詞的に用いて〕今の。現在の。「現会長・現段階」 **現に** 副

げん【×絃】造 いと。楽器に張った糸。「絃楽・管絃・三絃」

け

げん【×衒】造 ❶売る。「女衒(ぜげん)」❷てらう。「衒学」

げん【源】造 みなもと。もと。はじまり。「源流・起源・根源・資源・水源・資金源」

げん【×諺】造 ことわざ。よく使われることば。「諺解・諺語・古諺・俗諺・俚諺(りげん)」

げん【▲還】造 かえる。もとにもどる。「還俗」〔別音かん｜還〕

げん ゲ【玄】名造 ❶黒。黒い色。「玄米」❷微妙で奥深いこと。「―のまた―」「玄奥(げんおう)・玄関・玄妙・幽玄」

げん【言】㊀ ゲ 名造 口から出たこと。ことば。「かれの―は信用できない」「言外・言語・言動・格言・苦言・方言」㊁造 言う。ことばであらわす。「言明・言論・宣言・断言・明言・予言」〔別音ごん｜言〕 **―を左右(さゆう)にする** はっきりしたことを言わない。いろいろなことを言って、いっこうにはっきりしない。 **―を構(かま)える** ほかのことを口実にする。 **―を×俟(ま)たない** 言うまでもない。もちろんである。

げん【弦】㊀ ゲ 名造 ❶弓のつる。❷【×絃】弦楽器にはりわたす線。「管弦楽・調弦」㊁造 弓のつるのような半円形。「弦月・上弦・下弦」

げん ゲ【舷】名〔文章語〕造 ふなばた。ふなべり。「舷側・舷灯・左舷・両舷」

げん ゲ【減】名造 ❶へること。へらすこと。「三百円―」「減圧・減少・減税・削減」↕増。❷ひきざん。「減算・加減乗除」↕加。

げん⓪【験】名造 ❶ききめ。しるし。「くすりの―」「霊験」❷えんぎ。まえ知らせ。前兆。「―がいい」「―をかつぐ」〔別音けん｜験〕

げん【元】㊀ ゲ 名 ❶中国の通貨の単位。❷中国の昔の国名の一つ。〔一二七一―一三六八〕㊁造 ❶もと。「元価・元素・還元・根元・多元・復元」❷年号の区切り。初めの年。「元号・改元・紀元」❸おさ。かしら。「元首・元帥・元老」〔別音がん｜元〕

げん【厳】㊀ ゲ 名 に副 と副 たる連体 造 きびしいこと。「―にいましめる」「―として存在する」「―たる態度」「厳格・厳寒・厳守・厳重・戒厳令」↕寛。㊁造 ❶おごそか。いかめしい。「厳然・威厳・尊厳・森厳」❷父の尊称。「厳君・厳父」

けん-あく⓪【険悪】形動 ダロ・ダッ・デ・ニ／ダ・ナ・ナラ・○ ❶けわしくてわるいようす。「―な仲」❷態度・顔つきなどがとげとげしいようす。❸あぶなくてゆだんができないようす。「―な空模様」

けんあく【嫌悪】「けんお」のあやまり。

げん-あつ⓪【減圧】名自サ 圧力をへらすこと。↕増圧。

けん-あん⓪【懸案】名 まだ結論が出ていないで、はやく解決しなければならない問題。「多年の―」

けん-あん⓪【検案】名他サ ❶〔文章語〕状況などを調べ考えること。❷医師が死体を調べて死亡の事実を確認すること。「―書」

げん-あん⓪【原案】名 会議に出された最初の案。

けん-い⓪【健胃】名 健康な胃。また、胃をじょうぶにし、はたらきをよくすること。「―剤」

けん-い ケ【権威】名 ❶威力。おもみ。「―のあることば」❷その道ですぐれていて尊敬すべき人。オーソリティー。「心臓外科の―」

げん-い ゲ【原意】名 もとの意味。はじめの意義。原義。

けん-いん⓪【検印】名 ❶検査をしたしるしにおす印。❷書物の奥付に、著者がおす印。

けん-いん⓪【×牽引】名他サ（「牽」も「引」もひくの意）ひくこと。ひっぱること。 **―車(しゃ)** イ名 ❶トラクター。❷エンジンをつけて車両をひっぱる車。❸みんなをひっぱるように先に立ってする人。

げん-いん⓪【原因】名 物ごとのおこり。ある状態をみちびいたもと。「事故の―を調べる」「―不明の熱病」↕結果。

げん-いん⓪【現員】名 ただいまの人員。現在員。

げん-いん⓪【減員】名自他サ 人員をへらすこと。↕増員。

けん-うん⓪【▲巻雲】名 高い空にかかる上層雲の一つで、白い羽毛状の雲。まきぐも。絹雲。

けん-えい⓪【県営】名 県が経営すること。「―住宅」

けん-えい⓪【兼営】名他サ 本業のほかに別の営業をすること。

けん-えい⓪【献詠】名他サ〔文章語〕宮中・神社などに詩や歌をよんでさしあげること。また、その詩歌(しいか)。

げん-えい⓪【幻影】名 まぼろし。「故人の―」「失敗の―におびえる」

けん-えき⓪【権益】名 権利とそれに伴う利益。「―を守る」

けん-えき⓪【検疫】名他サ 感染症の侵入を防ぐために外国から来る人や物について病原体の有無を検査すること。

げん-えき⓪【原液】名 うすめる前の濃い液体。

げん-えき⓪【現役】名 ❶いま、軍務に服していること。また、その人。↕予備役・退役。❷いま、ある職務に従っていたり、在学したりしていること。また、その人。「―を退く」❸大学受験などで、浪人をせずに進学すること。また、その人。

げん-えき⓪【減益】名自サ 利益がへること。↕増益。

けん-えつ⓪【検閲】名他サ ❶人の書いた物などを、認めていいかどうか、しらべ、みること。❷思想統制・治安維持などの名目で、国家機関が出版物・映画・郵便物などを取り調べること。参考 日本国憲法ではこれを禁止している。

けん-えん⓪【犬猿】名 犬と、猿。 **―の仲(なか)** 仲のわるいことのたとえ。 **―もただならず** 仲のわるい犬と猿どころではない。ひどく仲のわるいことのたとえ。

けん-えん⓪【×倦×厭】名〔文章語〕あきていやになること。「―の情をもよおす」

けん-えん⓪【嫌煙】名 近くで他人がタバコを吸うのをきらうこと。「―権」

けん-えん⓪【×慊×焉】と副 たる連体〔文章語〕（「慊」には、満足と不満足の両方の意味がある）❶あきたりないようす。❷満足しているようす。「この結論に―たらず」

げん-えん⓪【減塩】名自サ 健康のため、食事に含まれる塩分を少なくすること。「―食品」

けん-お ケ【嫌悪】名他サ きらい、にくむこと。「自己―」

げん-おう⓪【玄奥】名〔文章語〕（「玄」はおくぶかいの意）おくぶかいこと。秘奥(ひおう)。「茶道の―をきわめる」

げんおじ《源をぢ》(をじ) 国木田独歩(くにきだどっぽ)の短編小説。一八九七年発表。文語体で書かれ、浪漫的色彩が強い。

けん-おん⓪【検温】名自サ 体温をはかること。「―器」

げん-おん⓪【原音】名 ❶外来語の、原語での発音。❷物理学や音楽で、基音。❸再生音に対する、もとの音。

けん-か ケ【県下】名 県の区域。「―の中学校」

けん-か ケ【県花】名 その県を代表するものとして、県ごとにきめた花。山形県のべにばな、沖縄県のでいごなど。

けん-か⓪【×喧×嘩】名自サ あらそい。なぐりあい。いいあい。 **―腰(ごし)** ⓪名 けんかをしかけようとするいきごみ・かまえ。 **―過ぎての棒(ぼう)ちぎり**（けんかが終わってから棒切れを持ち出す）時機におくれてまにあわないこと。 **―四(よ)つ** ⓪カ名 相撲で、一方は左手を差すのが得意、相手は右手を差すのが得意で、差し手を争うようになること。↕

相四つ。―両成敗(りょうせいばい)[セ][名] けんかをしたものに対し、両方とも同じように処罰すること。―別(わか)れ[ワ][名][自サ] けんかをしたまま別れること。―を売(う)る けんかをしかける。―を買(か)う ❶しかけられたけんかの相手になる。❷他人のけんかに関係してそれをひきうける。

けん-か[ケ]【献花】[名][自サ] 神前や霊前に花をそなえること。また、その花。―台(だい)[0][名] ❶葬式で死者に花をそなえる台。❷事件や事故の現場などで、死者に花や供物をそなえる台。

けん-か[0]【×鹼化】[名][自サ] エステル類が、アルコールと酸とに分解すること。グリセリン・せっけんをつくるときなどの化学反応。

けん-が[ケ]【懸河】[名]〔文章語〕非常に流れのはやい川。―の弁(べん) はやい流れのように、すらすらと出る弁舌。雄弁。「―をふるう」

げん-か[ゲ]【言下】[名] ことばが終わるか終わったすぐあと。一言のもと。「―にことわる」

げん-か[ゲ]【弦歌】【×絃歌】[名]〔文章語〕しゃみせんの音とうたう声。

げん-か[ゲ]【原価】[名] ❶ある製品の生産費。コスト。❷仕入れの値段。もとね。―計算(けいさん)[ケ][名] ある製品について、材料・労務その他の費用を計算すること。製造原価計算。

げん-か[ゲ]【現下】[名]〔文章語〕ただいま。現今。「―の情勢」

げん-か[ゲ]【厳科】[名]〔文章語〕きびしい罰。

げん-か[ゲ]【減価】[名][自サ] 定価からわりびきすること。ねさげ。ねびき。―償却(しょうきゃく)[ショ][名][他サ] 固定資産の価値を帳簿の上で年々へらし、その金額を費用として利益からさしひくこと。

げん-が[0]【原画】[名]〔複製でない〕もとの画。

けん-かい[0]【見解】[名] 考え方。意味のとりかた。みかた。

けん-かい[0]【県会】[名] 県の議会。

けん-かい[0]【×狷介】[形動] ダロ・ダッ・デ・ニ／ダ・ナ・ナラ・〇 〔文章語〕〔「狷」は不義をしないこと、「介」はかたいこと〕意志をまげず、人と調和しないようす。「―な性質」

けん-がい[ケ]【圏外】[名] 範囲のそと。「合格―」↕圏内。

けん-がい[0]【遣外】[名] 外国へ人を派遣すること。「―使節」

けん-がい[0]【懸崖】[名] ❶がけ。きりぎし。❷ぼんさいの枝が、根より下にたれるように作ったもの。「―の菊」

げん-かい[0]【限界】[名] 限度とする範囲のさかい。―集落(しゅうらく)[シュ][名] 過疎化や高齢化によって、共同体として維持することが困難になった集落。

げん-かい[0]【×諺解】[名]〔文章語〕くだけたことばで解釈すること。

げん-かい[0]【厳戒】[名][他サ] きびしく警戒すること。

げん-かい[0]【幻怪】[名][形動]〔文章語〕ふしぎであやしいこと。

げん-がい[0]/[ゲ]【言外】[名] ことばにあらわされていないところ。「―の意をさとる」

げん-がい[0]【限外】[名] 範囲や限界をこえていること。

けん-かく[0]【剣客】[名] 剣道のつよい人。剣士。けんきゃく。

けん-かく[0]【懸隔】[名][自サ] かけはなれること。へだたり。「実力に―がありすぎる」

けん-がく[0]【建学】[名] 学校を新たに設立すること。「―の精神」

けん-がく[0]【研学】[名] 学問を研究すること。

けん-がく[0]【見学】[名][他サ] 実地に見て知識をひろくすること。

けん-がく[0]【兼学】[名][他サ]〔文章語〕多くの学問をあわせまなぶこと。「八宗―の名僧」

げん-かく[0]【幻覚】[名] 外界からの刺激がないのに、それを受けたように感じる異常な知覚。幻視・幻聴など。「―におそわれる」

げん-かく[0]【厳格】[形動] ダロ・ダッ・デ・ニ／ダ・ナ・ナラ・〇 きびしいこと。きびしくて、ただしいこと。「―なしつけ」

げん-がく[0]【弦楽】【×絃楽】[名] 弦楽器で演奏する音楽。―四重奏(しじゅうそう)[ジュ][名] バイオリン二つにビオラ・チェロ各一つの合奏。「―曲」

げん-がく[0]【×衒学】[名]〔文章語〕〔「衒」はみせびらかすの意〕学問のあることをみせびらかすこと。

げん-がく[0]【減額】[名][他サ] 数量や金額をすくなくすること。「予算の―」↕増額。

けんか-しょくぶつ[ク]【顕花植物】[名] 花を咲かせ、果実をつけ、種子を生じる植物。種子植物。↕隠花植物。

げん-かつぎ[カ]【験担ぎ】[名] ささいなことに対して吉凶のきざしを気にすること。物事の成功を願ってする行い。縁起かつぎ。

げん-がっき[ガ]【弦楽器】【×絃楽器】[名] 弦の震動によって音を出す楽器。琴・バイオリンなど。↕打楽器・管楽器。

けん-が-みね[ガ]【剣が峰】[名] ❶相撲で、土俵のはし。❷ぎりぎりのせとぎわ。「―に立つ」

けん-かん[0]【建艦】[名] 軍艦を建造すること。

けん-かん[0]【兼官】[名] 本官のほかにかねている官職。↕本官。

けん-かん[0]【顕官】[名] 地位の高い官職。また、その官職についている人。

けん-がん[0]【検眼】[名][自サ] 目の検査。特に、視力の検査。

げん-かん[ゲ]【玄関】[名] ❶〔仏〕〔奥深い道に入る関門の意から〕㋐仏道・禅門の入口。㋑禅寺の門。寺の書院の出入り口。❷住居の正式の出入り口とする所。また、そのへや。「―の戸」「―の間」 ―払(ばら)い[バ][名] 訪問者を家の中へあげずに玄関で帰すこと。面会せずに帰すこと。―番(ばん)[カ]/[0][名] 玄関にいて客のとりつぎをする人。

げん-かん[0]【厳寒】[名] きびしいさむさ。極寒。[冬]「―の候」

げん-かんさ[カ]【減感作】[名] ⬇かんさ(感作)。

けん-き[ケ]【嫌忌】[名][他サ]〔文章語〕いみきらうこと。

けん-ぎ[ケ]【県議】[名]「県議会議員」の略。

けん-ぎ[ケ]【嫌疑】[名] うたがわしいこと。うたがい。容疑。「―がかかる」

けん-ぎ[ケ]【建議】[名][他サ] ❶意見を上役・役所に申しでること。また、その意見。❷旧憲法時代、議会が政府に意見・希望をのべたこと。

げん-き[ゲ]【元気】㊀[名] 心やからだの活動力。「―をやしなう」㊁[名][形動] 心やからだがすこやかなこと。「―な人」―付(づ)ける[ケ][他下一] 活気をあたえてはげます。[参考]「元気をもらう」は「元気づけられる」の会話的表現。

げん-き[ゲ]【原器】[名] 同一種類の基準となるもの。特に、度量衡の基本標準となる器。「メートル―」

げん-き[ゲ]【×衒気】[名]〔文章語〕自分の才能などを人に見せびらかそうとする心。

げん-ぎ[ゲ]【原義】[名] もとの意義。原意。↕転義。

けんきせい-さいきん[サ]【嫌気性細菌】[名] 酸素のないところで生育し、空気にふれれば死んだり、生活困難になったりする細菌。破傷風菌など。↕好気性細菌。

けん-きゃく[0]【剣客】[名] ⬇けんかく。

けん-きゃく[0]【健脚】[名][形動] 足の力が強く、たっしゃに歩けること。「―をほこる」

げん-きゃく [0]【減却】[名][自他サ] へること。へらすこと。

けん-きゅう [0]【研究】[名][他サ] ❶調べたり考えたりして事実や真理を科学的に明らかにすること。「―成果」❷どうすればよいか検討すること。「大臣が役人に―を命じる」❸スポーツ、ゲームなどで、対戦相手の特徴を事前によく調べること。

げん-きゅう [0]【原級】[名] 進級する前に属していた学年。

げん-きゅう [0]【言及】[名][自サ] 話を進めていって、その事に言いおよぶこと。「説明のついでにその原因にまで―する」「―にとめおく」

げん-きゅう [0]【減給】[名][自他サ] 給料がへること。また、へらすこと。減俸。↔増給。

けんぎゅう-せい [ギュ]【×牽牛星】[名] 鷲(わし)座の首星アルタイル。たなばたの伝説で有名。ひこぼし。けんぎゅう。[秋] ↔織女(しょくじょ)星。

けん-きょ [ケ]【検挙】[名][他サ] とりしらべるため、うたがわしいものを警察につれて行くこと。

けん-きょ [ケ]【謙虚】[形動] [ダロ・ダッ・デ・ニ/ダ・ナ・ナラ・〇] へりくだって、つつましいようす。「―な態度」↔ごうまん。

げん-きょ [ゲ]【原拠】[名] もとになるよりどころ。

けん-きょう [ケ]【顕教】[名] 教義がやさしく、理解しやすい仏教。密教から見た密教以外の宗派。禅宗・浄土宗・日蓮宗など。↔密教。

けん-きょう [0]【検鏡】[名][他サ] 顕微鏡でしらべること。

けん-ぎょう [ケ/ギョ]【検▲校】[名] 昔、盲人の最上級の官名。

けん-ぎょう [0]【兼業】[名][他サ] 本業のほかに、仕事をかねること。また、かねている仕事。副業。**―農家**(のうか) [ノ][名] 家庭内のだれかが会社・工場につとめるなど、農業以外からの収入のある農家。↔専業農家。

げん-きょう [0]【元凶】【元×兇】[名] ❶わるもののかしら。❷悪い結果をもたらす原因となった人やものごと。「経営悪化の―」

げん-きょう [0]【現況】[名] 現在の状況。「農作の―報告」

げん-ぎょう [0]【現業】[名] ❶現場で行う労働作業。❷国や地方公共団体が行う、生産・販売などの事業。林野・水道など。↔非現業。[参考]国が行う、郵政・林野・印刷・造幣・アルコール専売を五現業と呼んだ。

けんきょう-ふかい [0]【×牽強付会】[名] [文章語] 自分のつごうのよいように、むりに理屈をつけること。「―の説」

げん-きょく [0]【原曲】[名] もとの曲。↔編曲。

けん-きょく [0]【限局】[名][他サ] [文章語] 内容・意味をせまくかぎること。局限。

けん-きん [0]【献金】[名][自サ] 公的な目的のために使う金銭をさし出すこと。また、その金銭。

けん-きん [0]【兼勤】[名][他サ] 役目をいくつか、かねつとめること。兼務。

げん-きん [キ]【現金】[一][名] ❶今、手もとにある金銭。❷通用している貨幣。❸簿記で、通用貨幣やすぐ貨幣にかえられる小切手・為替(かわせ)など。[二][名][形動] 目さきの利害によって態度をかえること。「―な人間」**―商**(あきな)**い** [キ2/ア][名] 現金とひきかえで売買すること。**―書留**(かきとめ) [カ][名] 現金をそのまま入れて送るしくみの書留郵便。

げん-きん [0]【厳禁】[名][他サ] きびしく、さしとめること。

けん-ぐ [ケ]【賢愚】[名] かしこいことと、おろかなこと。かしこい人とおろかな人。

げん-くん [0]【元勲】[名] 国家のためにつくした大きな勲功。また、それをもち、重んじられている人。

げん-くん [ゲ]【厳君】[名] [文章語] 他人の父を尊敬していう語。

けんぐん-ばんり [バ]【懸軍万里】[名] [文章語] (「懸」はへだたるの意) 基地や本隊をはなれて、敵地の奥深くに軍隊をすすめること。

げん-げ [0]【▲紫▲雲▲英】[名] れんげそうの別名。[春]

けん-けい [0]【県警】[名] (「県警察」の略) 各県の設置している警察。

けん-けい [0]【賢兄】[名] [文章語] ❶かしこいあに。↔賢弟・愚兄・愚弟。❷相手の兄や同輩を尊敬していう語。

げん-けい [0]【原形】[名] もとの形。はじめの形。「わずかに―をとどめる」**―質**(しつ) [ケ][名] 生物体の細胞の主体で、生命活動をいとなむ基礎物質。

げん-けい [0]【原型】[名] 制作物のもとになるかた。

げん-けい [0]【現形】[名] 現在のかたちやありさま。現状。

げん-けい [0]【厳刑】[名] きびしい刑罰。「―に処する」↔寛刑。

げん-けい [0]【減刑】[名][他サ] 刑をかるくすること。

けん-げき [0]【剣×戟】[名] [文章語] (つるぎとほこ) ❶武器。刀剣。❷刀できりあう戦い。

けん-げき [0]【剣劇】[名] 剣できりあう場面の多い映画・演劇。ちゃんばら。「―物」

けん-けつ [0]【献血】[名][自サ] 輸血用の血液を無償で提供すること。↔預血。

げん-げつ [ゲ1]【弦月】[名] [文章語] 上弦または下弦の月。ゆみはりづき。[秋]

けん-けん [ケ1][名][自サ] 片足でぴょんぴょんとぶこと。片足とび。

けん-げん [ゲ]【権限】[名] ❶国・地方公共団体などが法令によっておこなうことのできる、職権の範囲。❷なしうる権利の範囲。「命令をくだす―はない」

けん-げん [0]【建言】[名][他サ] 政府・上役などに意見を申したてること。建白(けんぱく)。

けん-げん [0]【献言】[名][他サ] 目上の人に意見を申しあげること。

けん-げん [0]【顕現】[名][自他サ] あきらかにあらわれること。あきらかにあらわし示すこと。「理想を―する」

げん-げん [0]【言言】[名] [文章語] 一つ一つのことば。ひとことひとこと。語語。「―火をはく」

げん-げん [0]【舷舷】[名] ふなばたとふなばた。**―相摩**(あいま)**す** 船と船とが接する。「―大海戦」

けんけん-ごうごう [0]【×喧×喧×囂×囂】[と][副] [たる連体] [文章語] わいわいがやがやと、やかましいありさま。「―たる非難がわきおこる」[参考]「けんけんがくがく」は「喧囂囂」と「侃侃諤諤(かんかんがくがく)」の誤った結合。

けんけん-ふくよう [0]【拳拳服×膺】[名][自サ] [文章語] (「拳拳」はたいせつに手に持つ、「服膺」は心にかたく守ること) つつしんで忘れず、心をつくして守りおこなうこと。

けん-こ [ケ]【×眷顧】[名] [文章語] (「眷」は目をかけるの意) かわいがること。なさけをかけること。「―をうける」

けん-ご【堅固】[一] [ケ][形動] [ダロ・ダッ・デ・ニ/ダ・ナ・ナラ・〇] ❶物のがんじょうなようす。「―な建物」❷心がしっかりときまっているようす。「―な意志」❸じょうぶなようす。「―なからだ」[二][名][なり形動] [古語] たしかなこと。完全なようす。疑いないようす。「堅固の田舎人」〈宇治拾遺〉

げん-こ [0]【▲拳固】[名] ➡げんこつ。

げん-こ [ゲ]【×儼×乎】[と][副] [たる連体] [文章語] おごそか。

げん-ご [ゲ]【言語】[名] 人間が相互に意志や思想を伝えるために用いる、音声を中心とする記号の体系。ことば。[参考]広義では、体系を運用する活動をも指す。国家や民族などが使用する社会的な存在として見たときのことば。

―改革 カ-名 ことばやその書きあらわし方の、不合理あるいは非能率的なところを、あらため変えること。―学 ゴ名 各民族の言語を分析して、その発達や系統関係を明らかにしたり、特定言語の構造を研究したりする学問。―行動 コ名 ことばによって思想や感情をあらわし、また、理解すること。音声言語行動（話す・聞く）と文字言語行動（読む・書く）とがある。―障害 ショ名 発音の不鮮明、失語症などで、会話や理解が正確にできないこと。―生活 セ名 ことばを使って社会生活をすること。また、そのしかた。―政策 セ名 政府など公的機関が行う、ことばの整理・改革や普及などの方針。標準語の制定・正書法の確立など。言語施策。―聴覚士 カ名 言語障害や聴覚障害のある人などに対して、検査・訓練・指導を行う専門職。ST（スピーチ・セラピスト）。―に絶する ことばにあらわせないほど、ひどいようす。「―苦しみ」

げん-ご ０【原語】名 訳したものの、もとのことば。訳語のもとの外国語。

げんご《源語》「源氏物語」の略。

けん-こう ０【健康】❶名 医学的な観点から見た、からだや精神の状態。また、それがよいこと。「―に気をつける」❷形動 体の調子がよく、精神的にも充実しているようす。「―な生活」―食品 ショ名 健康によいとされる食品の総称。参考 錠剤、粉末など、形が薬に似ているものもある。―診断 シ名 病気の予防・早期発見や、健康の保持・増進を目的として、健康状態をくわしくしらべること。―美 コ名 健康なからだのもつうつくしさ。―保険 ホ名 国民の病気・負傷などの損害・出費をおぎなう保険。

けん-こう ０【堅甲】名〔文章語〕❶作りの堅固なよろい。❷かたいから。―利兵 ０名〔文章語〕❶かたいよろいと、するどい武器。❷つよい兵士。

けん-こう ０【権衡】名〔文章語〕「権」ははかりのおもり、「衡」ははかりのさお）つりあい。「―をたもつ」

けん-こう ０【兼行】名 自サ〔文章語〕❶二つ以上のことをかねおこなうこと。❷夜も昼も同じように働いて、急いでおこなうこと。「昼夜―の工事」

けんこう《兼好》一二八三？―一三五〇？。本名卜部（吉田）兼好。宮廷出仕後、出家して隠者となり、随筆「徒然草」を書いた。

けん-こう ０【軒×昂】と副 たる連体〔文章語〕意気さかんなようす。「意気―」

けん-ごう ０【剣豪】名 剣道の達人。

げん-こう ０【元×寇】名（「寇」は攻め入る意）文永十一年（一二七四）と弘安四年（一二八一）に、中国の元のフビライの軍が日本に攻めてきた事変。文永・弘安の役。

げん-こう ０【玄黄】名〔文章語〕天と地。

げん-こう ０【言行】名 ことばとおこない。―一致 ０名 ことばどおりに行動し、矛盾がないこと。―録 コ名 ある人の言ったことや、そのおこないを記録した書物。

げん-こう ０【原鉱】名 金属の原料となる鉱石。

げん-こう ０【原稿】名 印刷や講演のための下書き。普通はまとまった考えや作品の準備の意味に使うが、ただの会議資料なども含まれる。「―用紙」―料 コ名 原稿を執筆したことに対する報酬。

げん-こう ０【現行】名 いまおこなうこと。いまおこなわれていること。「―の法規」―犯 コ名 実行の現場、または、犯行直後に見つかった犯罪・犯人。―法 ０/コ名 現在おこなわれて効力のある法律。

げん-こう ０【減耗】名 自他サ〔文章語〕⬇げんもう。

げん-ごう ゴ【元号】名 年号。「明治」「昭和」「平成」など。

けんこう-こつ コ1【肩甲骨】【肩×胛骨】名 両肩のうしろにあり、腕の骨を胴につなげている、左右一個ずつの逆三角形のたいらな骨。かいがらぼね。⇩骨格（図）。

けん-こく ０【建国】名 あらたに国をおこしつくること。―記念の日 国民の祝日の一つ。二月十一日。建国をしのび、国を愛する心をやしなうという趣旨で制定された。㊮

けん-こく ０【圏谷】名 ⬇カール。

げん-こく ０【原告】名 民事訴訟をおこし、裁判を請求した当事者。↕被告。

げん-こく ０【減石】名 自サ 酒・しょうゆなどの醸造高をへらすこと。↕増石。

けん-こつ ケ【×顴骨】名 ほおぼね。かんこつ。

けん-こつ ０【▲拳骨】名 にぎりこぶし。げんこ。

げんごろう ０【源五郎】名 ❶ゲンゴロウ科の昆虫。楕円形で、緑黒色。池や沼にすむ。体長約四センチメートル。㊰ ❷げんごろうぶな。―×鮒 フ名 ふなの一種。大形で、琵琶湖にすむ。食用。㊰ 参考 源五郎という漁師がこのふなを安土城の城主に献上したことから、この名があるという。

けん-こん ０【▲乾×坤】名〔文章語〕（「乾」も「坤」も易の卦の一つ）❶天地。❷陰陽。―一×擲 ０名 運命をかけてすること。いちかばちかの勝負をすること。「―の大勝負」

げん-こん ゲ【現今】名 ただいま。現在。当今。

けん-さ ケ【検査】名 他サ 基準に照らして適当か不適当か、異状はないかどうかなどをしらべること。「所持品―」

げん-ざ【験▲者】名〔古語〕秘法をつかって、加持・祈禱をし、病気などをなおす行者。げんじゃ。

けん-さい ０【賢才】名 すぐれた才能。また、その持ち主。

けん-ざい ０【建材】名 建築用の材料。「―店」

けん-ざい ０【顕在】名 自サ おもてにあらわれて存在すること。↕潜在。

けん-ざい ０【健在】名 形動 じょうぶで暮らしていること。さわりがないこと。「両親は―です」

げん-さい ０【減災】名（災害時の被害は完全にはなくせない、という立場から）自然災害による被害を最小限におさえるための備え。

げん-さい ０【減殺】名 他サ〔文章語〕少なくすること。

げん-さい ０【減債】名 自サ 負債をだんだんに返してへらしてゆくこと。

げん-ざい ０【原罪】名 キリスト教で、アダムとイブのおかした罪。また、その結果としてすべての人間が生まれながらにしてもたされている罪。

げん-ざい ゲ【現在】❶名 ❶いま。㋐この瞬間。この時点。過去と未来の間。「―の気温は十五度」↕過去・未来。㋑時を表す語につけて、物事の変化する状態をその時でとらえたことを表す。「昨日―の申込者は八十五名」㋒その瞬間を含んで、近い過去から近い将来にわたる時間。「―私は中学三年生です」❷〔仏〕三世の一つである現世。この世。❸〔語〕動作・状態が現に行われることを文法的に示す動詞などの形。❹実際。まこと。「―の親子」❷名 自サ 現に存在すること。「―する兵力は五〇万」―完了 カ名 英文法などで、動作や状態が今おわったこと、または、動作や状態が過去から現在につづいていることを表す動詞の形。―進行形 ゲ/０名 ❶英文法などで、動作が過去に開始し、現在まだ終了していない途中の段階であることをあらわす動詞の形。❷（❶から）今も終わらず進行している事態。進行形。「貧富の格差は―の課題だ」 ―高 [ザ][名] 現在あるかず。また、金額。 ―地 [ザ][名] 今、いる場所。

げん-ざいりょう [ザ]【原材料】[名] 生産のもととなる材料。原料。

けん-ざお [0]【間×竿】[名] 間数をはかる、目もりのついたさお。

けん-さき [0][サ]【剣先】[名] ❶剣の刃先。❷とがったものの先。❸和服の、おくみの上部の先端。

けん-さく [0]【検索】[名][他サ] 目的のもの、とくに書いてあることをしらべさがすこと。「索引で―する」 **―エンジン** [エ][名] インターネット上で、目的の情報を含むウェブページを検索するシステム。サーチエンジン。

けん-さく [0]【献策】[名][自他サ] 目上の人にはかりごとを申しのべること。

げん-さく [0]【原作】[名] ❶はじめの著作・製作。「―に加筆する」 ❷映画・演劇で、脚本のもとになった小説や戯曲。

げん-さく [0]【減作】[名] 作物の取れ高がへること。↕増作。

げんさく-どうぶつ [ド]【原索動物】[名] 一生または幼生期のみに脊索をもつ動物。

けんさく-ばん [0]【研削盤】[名] グラインダー。研磨盤。

けん-さつ [0]【検察】[名]〖法〗犯罪を捜査して、その証拠をあつめること。 **―官** [ツ][サ][名] 犯罪をしらべて公訴し、裁判の執行を監督する職。検事総長・次長検事・検事長・検事・副検事の総称。 **―庁** [ツ][サ][名] 検察官の行う事務をまとめてあつかう役所。法務省の所管。

けん-さつ [0]【検札】[名][自サ] 車掌が乗客の切符をしらべること。「車内―」

けん-さつ [0]【賢察】[名][他サ]〔文章語〕人が察することを尊敬していう語。お察し。「ご―ください」

げん-さつ [0]【減殺】[名][他サ] 「げんさい」の慣用読み。

けん-さん [0]【研×鑽】[名][他サ]〔文章語〕ことの道理をきわめしらべること。研究。「―を積む」

けん-ざん [ケ]【剣山】[名] いけ花で、花の根もとを安定させるために使う、太いはりをさかさに植えたもの。

けん-ざん [0]【見参】[名][自サ] ⬇げんざん。

けん-ざん [0]【検算・験算】[名][他サ] 計算の結果が正しいかどうかをしらべる計算。

げん-さん [0]【原産】[名] 最初に産出したこと。また、そのもの。「中国―」 **―地** [チ][サ][名] ❶品物の生産地、または製造地。❷動植物のもともとの産地。

げん-さん [0]【減産】[名][自他サ] 生産がへること。生産をへらすこと。↕増産。

げん-さん [0]【減算】[名] ひきざん。↕加算。

げん-ざん [0]【▲見参】[名][自サ] 目上の人に会うことのへりくだった言い方。けんざん。

けん-し [ケ]【犬歯】[名] 門歯と臼歯との間のするどい歯。いときりば。

けん-し [ケ]【剣士】[名] 剣道にたくみな人。剣客。

けん-し [0]【検使】[名] 事実を見届けるための使者。

けん-し [0]【献詞】[名]〔文章語〕著者や発行者が、書物を人にささげることば。献辞。

けん-し [ケ]【絹糸】[名] きぬいと。

けん-し [ケ]【繭糸】[名]〔文章語〕❶まゆといと。❷まゆのいと。

けん-し [0]【検視】[名][自他サ] ❶現場にあたって、事実をとりしらべること。❷【検死】【検×屍】変死者の死体をしらべること。

けん-じ [ケ]【健児】[名] 血気さかんな若者。

けん-じ [ケ]【検字】[名] 漢字の字書で、文字を総画数の順に並べた索引。

けん-じ [ケ]【検事】[名] ❶検察官の官名の一つ。検事長の下。副検事の上。❷検察官の旧称。 **―正** [ジ][名] 地方検察庁の長官。 **―総長** [ソ][名] 最高検察庁の長官。 **―長** [ジ][名] 高等検察庁の長官。

けん-じ [0]【献辞】[名] ⬇けんし(献詞)。

けん-じ [ケ]【謙辞】[名]〔文章語〕へりくだっていうことば。

けん-じ [ケ]【堅持】[名][他サ] 考えや態度をかたく守って変えないこと。

けん-じ [0]【顕示】[名][他サ] はっきりとしめすこと。「自己―」

げん-し [ケ]【元始】[名] ⬇原始。

げん-し [0]【幻視】[名] ないものがあるように見えること。

げん-し [ゲ]【原子】[名] 分子を組みたてている、ごく小さい粒子。原子核と、それをとりまく電子からなる。アトム。 **―エネルギー** [ネ][名] 原子核分裂や、原子核融合などの際に放出されるエネルギー。原子力。核エネルギー。 **―価** [ジ][名] ある原子が、水素原子の何個と結合するかの値。水素一原子を原子価1として数える。 **―核** [ジ][名] 原子の中心にあり、原子の質量の大部分をしめるもの。 **―核反応** [ハ][名] ⬇かくはんのう。 **―記号** [キ][名] 元素の種類と、その一原子または一グラム原子をあらわす記号。元素記号。 **―爆弾** [バ][名] 原子核反応を利用した爆弾。 **―番号** [バ][名] 原子のもつ電子、または陽子の数を数字であらわしたもの。 **―兵器** [ヘ][名] 原子爆弾・水素爆弾など、核分裂反応を利用した兵器。核兵器。 **―量** [ジ][名] 炭素原子の質量をもとにして、他の元素の平均原子質量をいいあらわす数。 **―力** [ジ][名] 原子エネルギー。 **―力潜水艦** [0]/[ス][名] 原子力を動力源とする潜水艦。水中速力も早く、長期間の潜航ができる。 **―炉** [ジ][名] 核分裂性の物質を燃料とし、中性子をその触媒として利用する装置の炉。

げん-し [ゲ]【原始】[名] ❶物事のはじめ。もと。❷自然のままで進化しないこと。未開なこと。 **―時代** [ジ][名] 人類が生産手段をもたず、自然のままに生活していた太古の時代。 **―人** [ジ][名] 原始時代の人間。 **―的** [0][形動] 自然のまま進歩発達していないようす。 **―林** [ジ][名] 自然のままで人手の入っていない森林。原生林。

げん-し [0]【原紙】[名] ❶こうぞの皮からつくった厚紙。蚕卵紙用。❷謄写板用のろうびきの紙。「―をきる」

げん-し [ゲ]【原資】[名] 投資や融資のもとになる資金。もとで。

げん-し [0]【減資】[名][自サ] 資本金をへらすこと。↕増資。

げん-じ [ゲ]【言辞】[名] ことば。ものいい。「―を弄する」

げん-じ [ゲ]【現時】[名]〔文章語〕ただいま。現今。

げん-じ [ゲ]《源氏》 ❶源を姓とする一族。「―の大将」↕平氏・平家。❷「源氏物語」また、その主人公の「光源氏」の略。

けん-しき [0]【見識】[名] ❶すぐれた考え。識見。「―のある人」 ❷気ぐらい。みえ。「―が高い」 **―張る** [バ][自五] 見識があるようにみせかける。

げんし-じだい [ジ]【原史時代】[名] 考古学上の時代区分の一つで、史料・文献が断片的にしか伝わっていない時代。

けん-じつ [0]【堅実】[名][形動] てがたいこと。たしかなこと。

げん-しつ [0]【玄室】[名] 古墳内部の、棺を収めるへや。

げん-しつ [0]【言質】[名] ⬇げんち。

げん-じつ [0]【現実】[名] 現在、事実として認識することができる事柄や状態。「宇宙旅行は―のものとなりつつある」「―を無視した考え方」↕理想・空想。 **―主義** [ジュ][名]

❶社会・人生のありのままを表現しようとする芸術上の考え方。リアリズム。❷現在の損得を第一にするやり方。 ―性 [0]名 現実におこりうる、または、ありうる性質。「―のない議論はだめだ」 ―的 [0]形動 ❶事実にもとづいているようす。❷実際の利益を優先するようす。「空想に走らず―に考える」 ―離れ [バ]名 理想や理論ばかり重んじて、現実からはずれること。 ―論 [ツ]名 現在の事実にもとづいて考える議論・意見。↕理想論。

げんじ-てん [ゲ]【現時点】名 今の時点。「―では問題としない」

げんじ-な [ジ]【源氏名】名 ❶源氏物語の各巻の名にちなんでつけた女官の名。❷近世の遊女の通称。現代ではナイトクラブなどのホステスの呼び名のことにもいう。

げんじ-ぼたる [ポ]【源氏蛍】名 ホタル科の昆虫。体長、約一五ミリメートルで、日本産のほたるでは、いちばん大きい。からだは黒い。㊂夏

げんじものがたり《源氏物語》平安時代中期の長編物語。五十四帖。紫式部の作。栄華の頂点に登りつめた主人公光源氏の苦悩と憂愁の世界を描き、物語は光源氏没後の世にまでおよぶ。 ―玉の小櫛 江戸時代の源氏物語注釈書。本居宣長著。

けん-しゃ [ケ]【県社】名 もと、県から奉幣した神社。↕郷社・村社。

けん-しゃ [0]【検車】名他サ 車両に故障がないかどうかを検査すること。

けん-じゃ [ケ]【賢者】名 道理に通じたかしこい人。賢人。↕愚者。

げん-しゃ [0]【減車】名自他サ 車両がへること。車両をへらすこと。↕増車。

げん-じゃ【験者】名〔古語〕➡げんざ。

けん-じゃく [0]【間尺】名〔「ましゃく」と読めば別語〕一間ごとにしるしをつけたなわ。けんなわ。

げん-じゃく [0]【現尺】名 原物どおりの寸法であらわしたもの。原寸。↕縮尺。

けん-しゅ [ケ]【賢主】名 かしこい君主。

けん-しゅ [ケ]【堅守】名他サ 領地・城などをかたく守ること。

けん-じゅ [ケ]【犬儒】名 ギリシャ哲学の一派。社会の習慣を無視し、無為自然を理想とした。参考 キニク学派の学者が、自然を理想とし、犬のような生活をしたことから。

けん-じゅ [ケ]【献寿】名 相手の健康や長寿を祈ること。参考 年賀状では「献寿歳旦」などのことばが使われる。

げん-しゅ [ゲ]【元首】名 国家の主権者であり、国を代表する人。「大統領は共和国の―である」

げん-しゅ [0]【原酒】名 ❶水を加えないままの日本酒。❷蒸留したままで、熟成させる前の状態のウイスキー。

げん-しゅ [0]【原種】名 ある動植物のもとになる種類。↕改良種・変種。

げん-しゅ [ゲ]【厳守】名他サ きびしくまもること。「秘密―」

けん-しゅう [0]【研修】名他サ ❶学問や芸術などをみがきおさめること。「―所」❷職務の能力をたかめるために特別に学習すること。「会社の―会」 ―医 [ジュ]名 医師免許を取得し、大学病院または臨床研修指定病院で実地の臨床研修を受けている医師。レジデント。

けん-しゅう [0]【兼修】名他サ 二つ以上の物事をかねおさめること。「書道と茶道を―する」

けん-しゅう [0]【献酬】名他サ 杯をやりとりすること。

けん-じゅう [0]【拳銃】名 片手で操作できる小型の銃。ピストル。短銃。

げん-しゅう [0]【現収】名 現在の収入。

げん-しゅう [0]【減収】名 収入・収穫がへること。↕増収。

げん-じゅう [0]【原住】名 もとからそこに住んでいること。 ―民 [ジュ]名 移住者・征服者に対して、以前からそこで生活している住民。先住民。

げん-じゅう [0]【現住】㊀名自サ いま住んでいること。また、その場所。㊁名 現在の住職。 ―所 [ジュ]名 いま住んでいる場所。↕本籍。

げん-じゅう [0]【厳重】形動 ダロ・ダッ・デ・ニ／ダ・ナ・ナラ・○ 徹底してきびしいようす。「―な警戒」

げん-しゅく [0]【厳粛】形動 ダロ・ダッ・デ・ニ／ダ・ナ・ナラ・○ おごそかで、つつしみぶかいようす。「―な儀式」

けん-しゅつ [0]【検出】名他サ 検査して、とり出すこと。

けん-じゅつ [0]【剣術】名 剣道。

げん-しゅつ [0]【現出】名自他サ あらわれでること。あらわしだすこと。「黄金時代を―する」

げん-じゅつ [0]【幻術】名 人の目をくらますふしぎな術。魔術。妖術。

けん-しゅん [0]【険×峻・×嶮×峻】名形動〔文章語〕山が高く、けわしくそそりたつこと。

けん-しょ [ケ]【見所】名 能の見物席。けんじょ。

けん-じょ [ケ]【賢所】名 ➡かしこどころ。

けん-じょ [ケ]【賢女】名 かしこいおんな。

げん-しょ [ゲ]【原初】名 いちばんはじめ。「地球の―の時代」

げん-しょ [0]【原書】名 ❶〔翻訳書などに対して〕もとの本。原本。❷洋書。

げん-しょ [ゲ]【厳暑】名 きびしい暑さ。酷暑。㊂夏

けん-しょう [0]【見性】名〔仏〕自己にやどる仏としての本性を見ぬくこと。まよいを見わけて、さとりをひらくこと。 ―成仏 [ジョ]名 人間本来の仏性を見きわめて、さとること。

けん-しょう [0]【肩章】名 制服の肩につける、身分・階級などをあらわすしるし。

けん-しょう [0]【憲章】名 国などが理想として定めた大切なおきて・規則。「児童―」

けん-しょう [0]【謙称】名 謙譲語としてのよび方。「小生」「愚弟」など。

けん-しょう [0]【顕正】名〔仏〕ただしい仏の道、または正義をあらわし示すこと。「破邪―」

けん-しょう [0]【懸賞】名 賞品・賞金をかけること。「―金」 ―募集 [ポ]名 懸賞をつけて、つのること。

けん-しょう [0]【検証】名他サ ❶検査し証明すること。❷〔法〕裁判官などが実地にあたってとりしらべること。「実地―」

けん-しょう [0]【顕彰】名他サ かくれているりっぱな事をあきらかにあらわすこと。一般に知らせ、ほめること。

けん-しょう [0]【健勝】名形動 すこやかなこと。健康。「ご―を祈ります」参考 手紙で先方の安否を問うとき、「いよいよご健勝のこととお喜び申しあげます」「ますますご健勝の御ことと…」などという。「健勝」のほかには「壮健・清栄・清適・清祥・清勝・息災」などを使う。

けん-じょう [0]【×喧×擾】名〔文章語〕さわぎみだれること。

けん-じょう [0]【堅城】名 守りのかたい城。

けん-じょう [0]【献上】名他サ さしあげること。献進。 ―▲博多 [ハ]名 独鈷形の模様を織りだした、博多織の男用帯地。参考 博多地方の藩主黒田氏が徳川幕府に献上したことから。

けん-じょう [0]【謙譲】名形動 他者よりも自分が下の位

置にあるものとして、ゆずった態度をしめすこと。「―の美徳」 ━語(ご) [0][名] 敬語の一種。相手側や話題になっている第三者に向かって行われる行為、また物の移動などについて、自分の側からその向かう先の人物を高く位置づけて表現することば。「知らせる」を「お知らせする」、「言う」を「申し上げる」という類。↕尊敬語・丁寧語。⇩(付)敬語の種類と使い方

けん-じょう [0]【健常】[形動] 心身健全で障害のないようす。「―者」

げん-しょう [0]【現象】[名] ❶ある形をとって表にあらわれた物事。事柄。「自然―」「目立った―」 ❷〖哲〗感覚によってとらえることができる、すべての対象。↕本体。 ━界(かい) [ショ][名] 感覚または経験の世界。 ━学(がく) [ショ][名] 〔ドイツ語 Phänomenologie から〕自然や社会に存在する現象を仮の姿と見て、その背後にある本質を追究する哲学。[参考]ドイツの哲学者フッサールによって始まり、現代の人文・社会学の有力な基礎となっている。

げん-しょう [0]【減少】[名][自他サ] へってすくなくなること。へらしてすくなくすること。↕増加。

げん-しょう [0]【減床】[名][他サ] ↕増床。❶病院のベッド数をへらすこと。❷大規模店舗の売り場面積をせまくすること。

げん-じょう [0]【原状】[名] もとのままのありさま。「―にもどす」

げん-じょう [0]【現状】[名] 現在の状態。 ━維持(いじ) [イ][名] 現状を変えずに、そのままたもつこと。

げん-じょう [0]【現場】[名] ある事のあった実際の場所。げんば。

けんしょう-えん [ショ]【×腱×鞘炎】[名] 手や指の過度の使用やリューマチなどによって起こる、腱をつつむ組織の炎症。

けん-しょく [0]【顕職】[名] 地位の高い官職。要職。

けん-しょく [0]【兼職】[名][他サ] 職務をかねること。また、かねた職。↕本職。

げん-しょく [0]【原色】[名] ❶赤・青・黄の三色。三原色。❷もとのままのいろ。 ━版(ばん) [0][名] 実物そっくりに色彩をあらわす印刷。また、その印刷物。

げん-しょく [0]【原職】[名] 一時はなれることになった、もとの職務。「―復帰」

げん-しょく [0]【現職】[名] ❶現在、ついている職。↕前職。❷現在、その職についていること。「―の警察官」 ━教育(きょういく) [キョ][名] 現在職業についている人に、さらにその職業に必要な知識や技術をもたせるためにおこなう教育。

げん-しょく [0]【減食】[名][自サ] 食事の量をへらすこと。

けん・じる [0]/[ジ]【献じる】[他上一] ⬇けんずる。

げん・じる [0]/[ジ]【現じる】[自他上一] ⬇げんずる。

げん・じる [0]/[ジ]【減じる】[自他上一] ⬇げんずる。

けん-しん [0]【見神】[名] 神の本体を感じさとること。

けん-しん [0]【健診】[名] 健康診断。

けん-しん [0]【検針】[名] 計器のめもりをしらべること。

けん-しん [0]【権臣】[名]〔文章語〕権力のあるけらい。

けん-しん [0]【献身】[名][自サ] 一身をささげてつくすこと。「社会事業に―する」 ━的(てき) [0][形動] 身をささげるほど熱心なようす。「―介護」

けん-しん [0]【検診】[名][他サ] 病気かどうかを検査するためにおこなう診察。「癌(がん)の―」

けん-しん [0]【献進】[名][他サ]〔文章語〕宮中・社寺などへさしあげること。献上。

けん-じん [0]【堅陣】[名] 守りのかたい陣地。

けん-じん [0]【賢人】[名] ❶かしこい人。聖人に次ぐすぐれた人。賢者。↕愚人。❷にごり酒のこと。清酒を聖人にたとえるのに対して言う。

げん-しん [0]【原審】[名] その裁判の一つ前の段階の裁判。

げんしん《源信》九四二―一〇一七。平安時代中期の僧。恵心僧都(えしんそうず)。著書に「往生要集」など。

げん-じん [0]【原人】[名] 猿人につぐ化石人類。「ペキン―」

けんじん-かい [ジ]【県人会】[名] 同県出身の人の集会・団体。

げん-ず [0]【原図】[名] 〔複写でない〕もとの図。

けん-すい [0]【建水】[名] 〔「建」は、かたむけて水をこぼす意〕茶道で使う水こぼし。

けん-すい [0]【懸垂】㊀[名][自サ] たれさがること。㊁[名] 鉄棒に手をかけ、腕をまげのばして体を上下する体操。

げん-すい [ゲ]【元帥】[名] もと、日本の軍隊で、陸海軍大将のうち、元帥府に列せられたものに対する称号。 ━府(ふ) [ス][名] もと、天皇の軍事最高顧問機関。

げん-すい [0]【減水】[名][自サ] 水がへること。↕増水。

げん-すい [0]【減衰】[名][自サ] しだいにへり、おとろえること。

けんずい-し [ス]【遣×隋使】[名] 飛鳥(あすか)時代のはじめに、中国の隋の国へ日本からつかわされた使節。

げんすい-ばく [ス]【原水爆】[名] 原子爆弾と水素爆弾。

けん-すう [ス]【件数】[名] 事件や事柄のかず。

けん-すう [ス]【間数】[名] 間(けん)ではかった長さ。

げん-すう [ス]【現数】[名] 今あるかず。現在数。

げん-すう [ス]【減数】[名] かずがへること。かずをへらすこと。 ━分裂(ぶんれつ) [フ][名] 細胞内の染色体の数が半分にへる細胞分裂のしかた。精子・卵子ができるときおこる。還元分裂。

けん・する [ス]【検する】[他サ]〔文章語〕しらべる。ためす。 **けん・す** [文語サ変]

けん・する [ス]【験する】[他サ]〔文章語〕ためす。こころみる。 **けん・す** [文語サ変]

けん・ずる [0]/[ス]【献ずる】[他サ]〔文章語〕さしあげる。献じる。 **けん・ず** [文語サ変]

げん・ずる [0]/[ス]【現ずる】[自他サ]〔文章語〕あらわれる。あらわす。現じる。「効果を―」 **げん・ず** [文語サ変]

げん・ずる [0]/[ス]【減ずる】[自他サ] へる。へらす。減じる。「重量が―」「人員を―」 **げん・ず** [文語サ変]

げん-すん [0]【原寸】[名] 実物とおなじ寸法。「―大」

げん-せ [ゲ]【現世】[名] 今の世。この世。げんせい。

げん-ぜ [ゲ]【現世】[名]〖仏〗今の世の中。この世。現在。↕前世・後世(ごせ)・来世。 ━利益(りやく) [リ][名]〖仏〗信仰によって受ける、この世でのしあわせ。

けん-せい [ケ]【県政】[名] 県の行政。

けん-せい [0]【県勢】[名] 県の人口・産業・財政などの総合的状態。「―要覧」

けん-せい [ケ]【権勢】[名] 権力と威勢。権力をもち、威勢がよいこと。

けん-せい [0]【憲政】[名] 憲法にもとづいておこなう政治。立憲政治。

けん-せい [0]【顕性】[名] 遺伝する形質のうち、かならず次の代にあらわれる性質。優性。「―遺伝」↕潜性(せんせい)。

けん-せい [0]【×牽制】[名][他サ]〔「牽」はひくの意〕相手の注意をひきつけて、その自由な動きをさまたげること。 ━球(きゅう) [0][名] ❶野球で、走者の盗塁を防いだり、アウトにしたりするために、投手が内野手に投げるボール。❷自分に都合のわるい行動を相手にさせないための言動。

けん-ぜい ⓪【県税】名 県が取りたてる税。

げん-せい ⓪【原生】名 発生したままで進歩・変化していないこと。原始。**―花園**(かえん) カ名 北海道オホーツク海沿岸の砂丘などで、ハマナスなどが群生する自然のままの草原。**―代**(だい) セ名 地質時代の時代区分の一つ。始生代と古生代とのあいだ。約二六億～五億年前。**―動物**(どうぶつ) ド名 単一細胞からなるもっとも下等な動物。原虫。アメーバ・ぞうりむしなど。**―林**(りん) セ名 原始林。

げん-せい ゲ【現世】名 ❶今の世。この世。げんせ。❷【地】地質時代としての現代。

げん-せい ⓪【現勢】名 現在の勢力、または情勢。「―を維持する」

げん-せい ⓪【厳正】名 形動 きびしくて、公正であること。

げん-ぜい ⓪【減税】名 他サ 税金をへらすこと。↔増税。

けん-せき ⓪【×譴責】名 他サ 〔「譴」はしかるの意〕❶不正や過ちをしかり責めること。「―を受ける」❷よくないおこないや過失を責めるかるい懲罰(ちょうばつ)。戒告。

げん-せき ⓪【言責】名 自分の述べたことについての責任。

げん-せき ⓪/ゲ【原石】名 ❶原鉱。❷加工してない宝石。「ダイヤモンドの―」

げん-せき ⓪/ゲ【原籍】名 本籍。

けんせき-うん キ【▲巻積雲・絹積雲】名 上層雲の一つで、空高くかかる白いまだらの雲。まだら雲。いわし雲。

けん-せつ ⓪【建設】名 他サ 大きな構造物や施設などを新しくつくること。「ベッドタウンを―する」「宇宙ロケットの基地を―する」⇩建築 参考。**―省**(しょう) ツ/セ名 国土計画、川の改修、道路・住宅の建設などを担当した行政機関。二〇〇一年、国土交通省に統合された。**―的**(てき) ⓪ 形動 物事をよくしていこうとするようす。「―な発言」↔破壊的。

けん-せつ ⓪【兼摂】名 他サ 職務をかねおこなうこと。兼任。

けん-ぜつ ⓪【懸絶】名 自サ 〔文章語〕程度がかけはなれること。懸隔。「実力が―している」

げん-せつ ⓪【言説】名 意見や説明のことば。

けん-せん ⓪【献×饌】名 自他サ 神前に食物をそなえること。↔撤饌(てっせん)。

けん-ぜん ⓪【健全】形動 ダロ・ダッ・デ・ニ ダ・ナ・ナラ・○ ❶健康。すこやか。「―な心身」❷危なげないようす。堅実。「―な財政」

けん-ぜん ⓪【顕然】と副 たる連体 〔文章語〕あきらかなようす。

げん-せん ⓪【原潜】名 「原子力潜水艦」の略。

げん-せん ⓪【源泉】名 ❶水のわきでるもと。みなもと。❷ものの起こるもと。**―課税**(かぜい) カ名 給料・収益に対する所得税を、給料・収益から天引きして納税させる制度。源泉徴収。**―徴収**(ちょうしゅう) チョ名 源泉課税。

げん-せん ⓪【減船】名 自サ 漁業資源を保護するために、漁獲の船数を減らすこと。

げん-せん ⓪【厳選】名 他サ きびしい基準によってえらぶこと。

げん-ぜん ⓪【現前】名 自サ 目のまえにあること。目のまえにあらわれること。

げん-ぜん ⓪【厳然】【×儼然】と副 たる連体 いかめしくおごそかなようす。動かしがたく、いかめしいようす。「―たる事実」

けん-そ ケ【険阻】【×嶮×岨】名 形動 地勢などがけわしいこと。また、けわしい所。険峻(けんしゅん)。「―な山道」

げん-そ ゲ【元素】名 化学的に、それ以上は分解できないと考えられる物質の基本成分。**―記号**(きごう) キ名 元素を表すローマ字の記号。各元素名の頭文字による。O (oxygen 酸素)・C (carbon 炭素)など。原子記号。

けん-そう ケ【険相】名 形動 人相のけわしいこと。けわしい顔つき。

けん-そう ⓪【×喧騒・×喧×噪】名 形動 人の声や物音などがやかましく、うるさいこと。

けん-ぞう ⓪【建造】名 他サ きわめて大きな構造物をつくること。「二〇万トン級の石油タンカーを―する」「本州四国連絡橋を―する」⇩建築 参考。

げん-そう ⓪【幻想】名 ❶とりとめもない思い。夢想。「―にふける」❷現実にないことを、あるように感じること。幻覚。**―曲**(きょく) ソ名 ❶自由な形式でつくられた、即興的で幻想性にとんだ器楽曲。ファンタジア。❷オペラアリアなどのメロディーを自由に寄せあつめた曲。「カルメン―」**―的**(てき) ⓪ 形動 現実からはなれ、夢を見ているようなようす。

げん-そう ⓪【舷窓】名 〔文章語〕ふなばたにある窓。

げん-そう ⓪【現送】名 他サ 現金・現物の輸送。

げん-ぞう ⓪【幻像】名 ほんとうはないのに、あるように見える形・姿。まぼろし。

げん-ぞう ⓪【現像】名 他サ 露光した写真の乾板・フィルム・印画紙を薬品で処理して、映像をあらわすこと。

けんそう-うん ソ【▲巻層雲】名 上層雲の一つで、高い空にうすく白く、いちめんにひろがる雲。絹層雲。

けん-そく ⓪【検束】名 他サ ❶とりおさえて自由にさせないこと。❷もと、警察権により公安をみだす者を警察署にとめて、自由をうばったこと。

けん-ぞく ケ【×眷属・×眷族】名 ❶親族。やから。「一家―」❷家の子。従者。

げん-そく ⓪【原則】名 あることをするうえで、かならず守らなければならない基本的な決まり。「―から外れる」「―的に認められない」参考 副詞的に使われることもある。「小学生は原則、無料とする」

げん-そく ⓪【舷側】名 ふなべり。

げん-そく ⓪【減速】名 自他サ 速度がおそくなること。速度をおそくすること。↔加速。

げん-ぞく ⓪【▲還俗】名 自サ 僧になったものが、また俗人にかえること。

けん-そん ⓪【謙遜】名 自サ 形動 へりくだってつつましくすること。「―した物言い」↔ふそん。

げん-そん ⓪【玄孫】名 まごのまご。やしゃご。

げん-そん ⓪【現存】名 自サ 現在あること。げんぞん。「―勢力」

げん-そん ⓪【厳存】名 自サ まちがいなく、たしかに存在すること。

けん-たい ⓪【×倦怠】名 ❶あきて、いやになること。❷つかれて、だるいこと。**―期**(き) タ名 特に夫婦のあいだで、たがいにあきていやになる時期。

けん-たい ⓪【検体】名 検査・分析しようとする物。

けん-たい ⓪【献体】名 自サ 解剖実験のために自分の遺体を提出すること。

けん-たい ⓪【兼帯】名 他サ ❶二つ以上の仕事をかねること。かけもち。兼任。❷一つで二つ以上の役にたつこと。兼用。「書斎と応接間―の部屋」

けん-だい ケ/⓪【見台】名 〔書見台の略〕書物をのせて読む台。義太夫・長唄などの譜面をのせる場合もある。また、上方落語で、演者の前に置く小机のことをもいう。講談では、釈台という。

見台

けん-だい [0]【兼題】[名] 和歌や俳句の会を開く日の前に、あらかじめ出しておく題。また、その題で、和歌や俳句をつくること。↕席題・即題。

けん-だい [ケ]【賢台】[名]〔文章語〕男子が、同輩またはそれ以上の人を尊敬していう語。手紙に使う。

げん-たい [ゲ]【原隊】[名] 軍隊で、最初に属した部隊。

げん-たい [0]【減退】[名][自サ] 体力・欲望などがおとろえること。「視力—」↕増進。

げん-だい [0]【原題】[名] 翻訳や改題をおこなう前のもとの題。「外国映画の—」

げん-だい [ゲ]【現代】[名] ❶今の世。当世。❷歴史の時代区分の一つ。ふつう、世界史では第一次世界大戦以後の時期、日本史では太平洋戦争終戦以後の時期をいう。**—仮名**(かな)**遣**(づか)**い** [ツ][名] 現代日本語の発音にもとづいて、ことばを仮名で書きあらわすときのきまり。新仮名遣い。一九四六年に告示され、一九八六年に改正された。↕歴史的仮名遣い・古典仮名遣い。**—語**(ご) [0][名] 現代の社会で実際に使われていることば。↕古語。**—っ子**(こ) [0]/[イ][名] ものおじせず、物ごとをわりきって考える傾向のある最近の若い人たち。**—的**(てき) [0][形動] 現代に適しているようす。当世ふう。**—文**(ぶん) [0]/[ダ][名] 現代語で書いてある文章。↕古文。**—物**(もの) [0][名] 劇・映画・小説などで現代を題材としたもの。↕時代物。

げん-たいけん [タ]【原体験】[名] その人の思考形式に大きな影響をあたえた幼少時の体験。

けん-だか [ケ]【権高・見高】[形動]ダロ・ダッ・デ・ニ/ダ・ナ・ナラ・○ 気位がたかいようす。ごうまんなようす。「—な態度」

げん-だか [0]【現高】[名] 現在ある数量または金額。現在高。

けん-たつ [0]【厳達】[名][他サ]〔文章語〕きびしく申し伝えること。

けん-だま [0]【剣玉・拳玉】[名] 木製のおもちゃ。長さ一五センチメートルほどの十字形の柄の先端をとがらせ、他の三つの端は皿の形になったものに、差し穴のある球をひもでつるし、球を先端にはめたり、皿で受けたりして遊ぶ。

剣玉

けん-たん [0]【検×痰】[名][自サ] たんの中に結核菌などがいるかどうかを検査すること。

けん-たん [0]【健×啖】[名][形動] たくさん食べること。大ぐい。

げん-たん [0]【減反】【減▲段】[名][自他サ]〔「反」は面積の単位〕作物を植えつける土地の広さをへらすこと。↕増反。

げん-だん [0]【厳談】[名][自サ] てきびしく談判すること。「—におよぶ」

けん-ち [ケ]【見地】[名] 観察や議論のよりどころ。観点。見方。「社会的—にたって考える」

けん-ち [ケ]【軒×輊】[名]〔文章語〕〔「軒」は前の高い車、「輊」は前の低い車〕まさりおとり。優劣。高低。

けん-ち [0]【検地】[名][自サ] 近世、田畑のさかい・広さ・よしあしなどを測量し、検査したこと。

けん-ち [ケ]/[0]【検知】[名][他サ] 機器を使って検査して発見すること。「アルコール—器」

げん-ち [ゲ]【言質】[名] のちに証拠となる約束のことば。げんしつ。「—をとる」

げん-ち [ゲ]【現地】[名] ❶物事が実際おこなわれている土地。現場。「—調査」❷自分が現在いる土地。

けん-ちく [0]【建築】[名][他サ] 建物をつくること。また、その建物。「社寺—」「木造—」[参考]「建てる」の意味の漢語表現では、もっとも一般的な語。「建設」はそれよりも規模が大きな物や道路などの建物以外のものも対象にする。また、「破壊」の対義語として比喩的な用法も豊富である。「建造」はそれらよりも巨大なものをつくるイメージがあり、船舶・橋・ダムなども対象になる。

けん-ちゅう [ケ]【繭×紬・絹×紬】[名] 柞蚕(さくさん)の糸で織った織物。

げん-ちゅう [0]【原虫】[名] 原生動物。

けん-ちょ [ケ]【顕著】[形動]ダロ・ダッ・デ・ニ/ダ・ナ・ナラ・○ きわだって目につくようす。「—な効果」

げん-ちょ [ゲ]【原著】[名] 翻訳や改作に対し、そのもとの著書。

けん-ちょう [ケ]【県庁】[名] 県の行政事務をとりおこなう役所。

けん-ちょう [0]【県鳥】[名] その県を代表するものとして、県ごとにきめた鳥。

けん-ちょう [0]【堅調】[名][形動] 相場が上昇傾向にあること。↕軟調。

げん-ちょう [0]【幻聴】[名] 音がしていないのに、聞こえるように感じること。

げん-ちょう [0]【玄鳥】[名]〔文章語〕つばめ。

けん-ちん [0]【▲巻▲繊】[名]〔中国から伝えられた料理。「ちん」は唐音〕油でいためたしいたけ・ごぼうなどを湯葉(ゆば)で巻いた料理。**—汁**(じる) [ジ][名] 油でいためた野菜やとうふを入れたすまし汁。けんちん。[冬]

げん-つき [0]【原付(き)】[名] 原動機がついていること。また、「原動機付き自転車」の略。

けん-つく [ケ]【剣突】[名] あらっぽく、しかりとがめること。「—をくわす」

けん-てい [0]【賢弟】[名]〔文章語〕❶かしこいおとうと。↕賢兄・愚弟・愚兄。❷相手の弟や年下の男性を尊敬して言う語。

けん-てい [0]【検定】[名][他サ] 検査して合格・不合格などをさだめること。「教科書の—」

けん-てい [0]【献呈】[名][他サ] さしあげること。進呈。「著書を—する」

けん-てい [0]【舷×梯】[名]〔文章語〕ふなべりにつけたはしご。タラップ。

げん-てい [0]【限定】[名][他サ] 人数・数量・程度などをかぎってきめること。**—版**(ばん) [0][名] 部数をかぎって出版すること。また、その書物。「著者署名入りの—」[参考] CDなどは「限定盤」と書くことが多い。

けん-てき [0]【×涓滴】[名]〔文章語〕ぽたぽたと落ちる、しずく。**—岩**(いわ)**を×穿**(うが)**つ**〔小さなしずくでもたえず落ちつづけていると岩にも穴をあける〕休まずに努力すれば、どんなことでもできるというたとえ。

けん-てき [0]【×硯滴】[名]〔文章語〕すずりの水。

けん-てつ [0]【賢哲】[名] 賢人と哲人。かしこく、道理に通じている人。

けん-てん [0]/[テ]【圏点】[名] 特に注意をひくために文字のわきにつける小さなしるし。傍点。「・」「。」「、」など。

けん-でん [0]【×喧伝】[名][他サ] 言いはやし、つたえること。

げん-てん [0]/[ゲ]【原典】[名] 典拠となるもとの書物。「—にあたってたしかめる」

げん-てん [ゲ]【原点】[名] ❶距離をはかるときのもとになる地点。❷物事の出発点。根源となるところ。「—に立ち戻る」❸〔数〕座標で、座標軸のまじわる点。座標の基準点。

げん-てん [0]【減点】[名][自サ] 点をへらすこと。へらした点。↕加点。

げん-ど[ゲ]【限度】[名]かぎり。限界。「ものには―がある」

けん-とう【見当】[一][ト][名]❶めあて。「―をつける」❷みこみ。予想。「―がはずれる」❸だいたいの方角。「この―に学校がある」[二][接尾]…ぐらい。…程度。「千円―の品」

けん-とう[0]【拳闘】[名]ボクシング。

けん-とう[0]【軒灯】[名]のき先につける灯火。

けん-とう[0]【献灯】[名]社寺に奉納するあかり。

けん-とう[0]【賢答】[名]かしこいこたえ。りっぱな答え。↔愚答。

けん-とう[0]【健投】[名][自サ]野球で、投手がりっぱに投球すること。

けん-とう[0]【健闘】[名][自サ]❶元気いっぱいに、よくたたかうこと。「―むなしく敗れる」❷力いっぱい努力すること。「―をいのる」

けん-とう[0]【検討】[名][他サ]くわしくしらべて、それでよいかどうかを考えること。「―に値(あたい)する」「―の余地がある」

けん-どう[0]【県道】[名]県がつくり、維持・管理する道路。↔国道・市道・村道。

けん-どう[ケ]【剣道】[名]木刀や竹刀(しない)を使って勝負する武術。剣術。

けん-どう[0]【権道】[名][文章語]（「権」は仮(かり)の意）目的をとげるための、便宜的な方法。また、臨機応変の処置。

げん-とう[0]【幻灯】[名]絵・写真などに光をあて、拡大してうつしだす装置。スライド。「―機」

げん-とう[0]【舷灯】[名]船の進行方向を知らせるために、両側のふなべりにつけるあかり。右は緑色、左は赤色。

げん-とう[0]【厳冬】[名]寒さのきびしい冬。[冬]「―の候」

げん-どう[0]【原動】[造]運動や活動のもとになるもの。**―機**(き)[ド][名]自然的エネルギーを、機械的エネルギーにかえ、他の機械類の動力源となる装置。モーター・水力機関など。**―力**(りょく)[ド][名]物事の活動を起こすもとになる力。

げん-どう[0]【言動】[名]ことばとおこない。言語動作。「―をつつしむ」「不穏な―」

けんとう-し[ト]【遣唐使】[名]飛鳥(あすか)時代から平安時代初期にかけて、中国の唐の国へ日本からつかわされた使節。

ケント-し[ト]【ケント紙】[名]（イギリスのケント州原産）絵画・製図・名刺用の、純白の上質紙。

げん-と-して[ゲ]【厳として】[副]いかめしくおごそかに。厳然と。「―言いわたす」

けんど-じゅうらい[ケ]【×捲土重来】[名]（「捲土」は土をまき上げるような勢い）いちど失敗したものが、勢いをもりかえしてくること。けんどちょうらい。「―を期する」

けん-どん[0]【×慳貪】[名][形動][文章語]（「慳」はけち、「貪」は欲ばり）❶欲ばりなこと。❷むごいこと。じゃけんなこと。

けん-ない[ケ]【圏内】[名]範囲のなか。「当選―」↔圏外。

げん-なおし[ナ]【験直し】(なほし)[名]「縁起直し」に同じ。

げん-なま[0]【現なま】[名][俗語]現金。

げん-なり[ナ][副][自サ][俗語]❶がっかりしたようす。❷暑さや、疲れなどに弱ったようす。❸あきあきしたようす。うんざり。

けん-なわ[0]【間縄】(なは)[名]一間ごとにしるしをつけたなわ。

けん-なん[0]【剣難】[名]刀などで殺されたり、きずつけられたりする災難。「―の相」

けん-なん[0]【険難】【×嶮難】[名][なり形動][文章語]❶けわしく困難なこと。また、その場所。ころ。❷くるしみ。なやみ。

げん-に[ゲ]【現に】[副]現実のこととして。実際に。「―証拠がある」「―ぼくはその場所に行ってみた」

げん-に[ゲ]【厳に】[副]きびしく。厳重に。「―いましめる」

げん-にゅう[0]【原乳】[名]殺菌・加工するまえの牛乳。生乳(せいにゅう)。

けん-にょう[0]【検尿】[名][自サ]病状を知るために小便中のたんぱく質・糖分・病原菌などをしらべること。

けん-にん[0]【堅忍】[名]忍耐づよいこと。「―の美徳」**―持久**(じきゅう)[0][名]がまんして、長くもちこたえること。**―不抜**(ふばつ)[0][名]がまんづよくて、心がぐらつかないこと。「―の精神」

けん-にん[0]【兼任】[名][他サ]二つ以上の職をかねること。兼務。「―講師」↔専任。

けん-にん[0]【検認】[名][他サ]調べてまちがいのないことを確かめること。「身分証明書の―」

げん-にん[0]【現認】[名][他サ]現場にいて実際のようすを確認すること。

けんにんじ-がき[ジ]【建▲仁寺垣】[名]割り竹を、皮を外に向けてならべ、なわで結んでつくったかきね。[参考]京都の建仁寺ではじめたから。

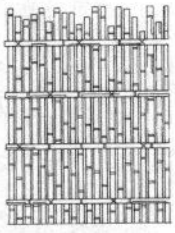
建仁寺垣

けん-ねん[0]【懸念】「けねん」のあやまり。

けん-のう[0]【権能】[名]権利を主張し、行使することのできるよう認められた力。権限。

けん-のう[0]【献納】[名][他サ]社寺や公共団体などに金品をさしだすこと。献上。

げん-のう[ノ]【玄▲翁】[名]石を割るときなどにつかう、大きい鉄のつち。大型のかなづち。

げんの-しょうこ[ショ][名]フウロソウ科の多年生植物。花は白色や紅紫色。茎・葉は下痢どめ。[夏]

げんのしょうこ

けん-のん[0]【剣×呑】[形動]ダロ・ダッ・デ・ニ/ダナ・ナラ・○ あぶないようす。危険。「一人きりの山登りは―だ」

けん-ば[ケ]【犬馬】[名]いぬとうま。**―の労**(ろう) 人のために力をつくして働くこと。「主人のために―をとる」

けん-ぱ[ケ]【検波】[名][他サ]変調された高周波からもとの音声・画像の信号を取りだすこと。復調。

げん-ば[0]【現場】[名]❶いま物事がおこなわれている、また、おこなわれた、その場所。げんじょう。「―の視察」❷作業をしている場所。「工事―」**―検証**(けんしょう)[ケ][名]犯罪や事故が発生した現場を、警察・裁判所などが調べること。

けん-ぱい[0]【献杯】【献×盃・▲勧×盃】[名][自サ]敬意を表して、相手にさかずきをさすこと。

げん-ぱい[0]【減配】[名][他サ]配当・配給をへらすこと。↔増配。

けんばい-き[バ]【券売機】[名]乗車券などの自動発売機。

けん-ぱく[0]【建白】[名][他サ]政府や上役などに意見を申しのべること。建言。「―書」

げん-ばく[0]【原爆】[名]原子爆弾。**―症**(しょう)[0][ク][名]原子爆弾の熱や放射線による病気や障害。

げん-ばつ[0]【厳罰】[名]きびしく処罰すること。また、その処罰。「―に処す」

げん-ぱつ[0]【原発】[名]「原子力発電」または「原子力発電所」の略。

けん-ばん[0]【検番・見番】[名]芸妓(げいぎ)に関する連絡・取り締まり、料金の計算などの事務をとる所。

けん-ばん[0]【鍵盤】[名]ピアノ・オルガン・パソコンなどの鍵(けん)のならんでいる面。キーボード。「―楽器」

げん-ばん [0]【原盤】[名] レコード・音楽CDで、複製でない、もとの盤。

げん-ばん [0]【原板】[名] 写真で、焼きつけ・引きのばしに使う陰画。ネガ。

げん-ぱん [0]【原版】[名] ❶鉛版のもとになる活字のくみ版。❷写真印刷などの、もとになる版。

けん-び [ケ]【兼備】[名][他サ] 二つ以上のよいことをかねそなえること。「才色―の人」

けん-ぴ [ケ]【県費】[名] 県の費用。「―負担」

けん-ぴ [ケ]【建碑】[名][自サ] 石碑をたてること。

げん-ぴ [ゲ]【厳秘】[名] 厳重にまもるべき秘密。極秘。

けん-びき [0]【×痃×癖】[名] ⬇けんぺき。

けんび-きょう [0]【顕微鏡】[名] きわめて小さなものを、拡大して見る器械。[参考]「検微鏡」と書くのはあやまり。

けん-ぴつ [0]【健筆】[名] ❶たっしゃに字を書くこと。達筆。❷たっしゃに文章を書くこと。「―をふるう」

けん-ぴょう [0]【堅氷】[名]〔文章語〕かたく厚いこおり。

げん-ぴょう [0]【言表】[名] まとまった考えを言ったり書いたりしたことば。[参考] 言表の集合体を「ディスクール」と呼ぶ。

げん-ぴょう [0]【原票】[名] いちばんもとになる伝票。

けん-ぴん [0]【検品】[名][他サ] 製品を検査すること。

げん-ぴん [0]【減便】[名][自他サ] 船・飛行機・自動車などの定期便の回数がへること。また、へらすこと。↕増便。

げん-ぴん [ゲ][ピ]【現品】[名] ❶じっさいの品物。現物。❷現在ある品物。「―限り」

けん-ぶ [ケ]【剣舞】[名] 刀をぬき、詩吟にあわせてまう舞。

けん-ぷ [ケ]【絹布】[名] 絹糸で織った布。絹織物。

げん-ぶ [ケ]《玄武》[名] 中国の伝説で、四神の一つ。天の北方をつかさどる神獣。

げん-ぷ [ゲ]【厳父】[名]〔文章語〕❶きびしいちち。「―慈母」❷他人のちちを敬っていう語。⇩父 [参考]。

げん-ぷう [0]【厳封】[名][他サ] きびしく、しっかりと封をすること。厳緘。密封。

げん-ふうけい [フ]【原風景】[名] 意識の中に絵の形で残っている、忘れられない体験。「―としての東京大空襲」

げんぶ-がん [ブ]【玄武岩】[名] 火山岩の一つ。灰色または黒色で、質はかたく、多く柱状。

げん-ぷく [0]【元服】[名][自サ] 昔、男子がおとなになったしるしに、はじめて髪をゆい冠をかぶった儀式。げんぶく。

けん-ぷじん [プ]【賢夫人】[名] 家事をじょうずに切り盛りする主婦。[参考] 元は「賢婦」または「賢婦人」と呼ばれたが、昭和期以降、良妻賢母を理想とする中流以上の家庭の主婦を意識して「夫人」が使われるようになった。

けん-ぶつ [0]【見物】[名][他サ] ものを見てたのしむこと。また、その人。「―人」

げん-ぶつ [0]【原物】[名] 写真・模造品などに対し、もとの物。

げん-ぶつ [0]【現物】[名] ❶じっさいの品物。現品。❷現在ある品物。「―が不足だ」❸金銭以外の品物。「―支給」❹取引の対象である実際の商品や株券など。↕先物。❺現物取引。受け渡し期日に「現物❹」の受け渡しをする取引。

けん-ぶん [0]【見聞】[名][他サ] ❶見たり聞いたりすること。❷知識。「―を広める」‖けんもん。

けん-ぶん [0]【検分・見分】[名][他サ] 実際に立ちあって調べ、見とどけること。

げん-ぶん [0]【言文】[名] 話しことばと書きことば。**―一致** [0][名] 書きことばと話しことばとを一致させること。また、話しことば体の文章。口語文。[参考] 明治二〇年ごろから一つの国語改良運動として進められ、成功した。

げん-ぶん [0]【原文】[名] (翻訳や手入れをした文章に対して)もとの文章。↕訳文。

けん-ぺい [0]【権柄】[名]〔文章語〕権力。権力で人をおさえつけること。**―尽く** [0]/[ク][名][形動] 相手を押さえつけるように、ものを言い、事をおこなうこと。

けん-ぺい [ケ]【憲兵】[名] もと、軍事警察を受けもった軍人。

けん-ぺい [0]【兼併】[名][他サ]〔文章語〕自分のものとして、あわせ取ること。「領土を―する」

げん-ぺい [0]【源平】[名] ❶源氏と平氏。❷敵と味方。「―にわかれる」❸(源氏の白旗、平氏の赤旗から)白と赤。**―時代** [ジ][名] 平安時代の末、平氏と源氏とがたがいに政権をにぎろうとあらそった時代。**―藤×橘** [0][名] 平安時代にさかえた貴族の家柄。源氏・平氏・藤原氏・橘氏の四家。四姓。

げんぺいせいすいき《源平盛衰記》鎌倉時代後期の戦記物語。四十八巻。作者は不明。源氏と平氏の戦いをえがいたもの。げんぺいじょうすいき。

けんぺい-りつ [ペ]【建蔽率】【建×坪率】[名] 敷地面積に対する、建築面積の割合。

けん-ぺき [0]【肩癖】【×痃×癖】[名] ❶首から肩の筋がつって痛むこと。肩のこり。❷あんまをすること。‖けんびき。

けん-べつ [0]【軒別】[名] 一軒ごと。戸別。

けん-べん [0]【検便】[名][自サ] 大便中の寄生虫・病原菌・血液などの有無をしらべること。

けん-ぼ [ケ]【賢母】[名] かしこい、はは。「良妻―」

けん-ぽ [ケ]【健保】[名]「健康保険」の略。

けん-ぽ [ケ]【兼補】[名][他サ]〔文章語〕本職のほかに、兼務として他の職に任じられること。

げん-ぼ [0]【原簿】[名] もとになる帳簿。元帳。

けん-ぼう [0]【健忘】[名] わすれっぽいこと。**―症** [ボ]/[0][名] ❶過去のある期間のことが思いだせない病的状態。❷物ごとをわすれやすいこと。

けん-ぼう [0]【健棒】[名] 野球で、よく打つこと。また、よく打つバッター。

けん-ぼう [0]【権謀】[名] 臨機応変のはかりごと。その場に応じた策略。**―術数** [0][名] 人をたくみにだますはかりごと。「―をめぐらす」

けん-ぽう [ケ]【剣法】[名] 剣道。剣術。

けん-ぽう [ケ]【拳法】[名] 足でけったり、こぶしでついたりする、中国の武術。

けん-ぽう [ケ]【憲法】[名] (「憲」は人間の行動の範囲を示す枠の意) ❶国家の制度・組織などに関するもっとも基本的な法律。❷近代国家では、国民の自由と権利など基本的人権の保障を定めた最高法規。**―記念日** [名] 国民の祝日の一つ。五月三日。日本国憲法の施行を記念する。(春) **―十七条** ⬇じゅうしちじょうけんぽう。

げん-ぽう [ゲ]【減法】[名] ひきざん。↕加法。

げん-ぽう [0]【減俸】[名][自サ] 給料の額をへらすこと。減給。↕増俸。

けん-ぼく [0]【県木】[名] その県を代表するものとして、県ごとに定めた木。

けん-ぼく [0]【研北】【×硯北】[名]〔文章語〕(「研・硯」は、すずりの意) 手紙のわきづけのことば。机下。⇩わきづけ [参考]。

げん-ぼく [0]【原木】[名] 原料・材料になる木。

けん-ぽん [0]【絹本】[名] 書や画をかくのに使う絹地。また、それにかいた書画。↕紙本。

けん-ぽん 0【献本】名 自他サ 出版した書物を進呈すること。また、その書物。

げん-ぽん ゲ/0【原本】名 ❶もと。根本。❷(抄本・訳本などに対し)もとの書物や文書。↕抄本・訳本。

けん-ま ケ【研磨】名 他サ ❶刃物・宝石などをとぎみがくこと。❷研究し、才能をみがくこと。

げん-ま ゲ【減摩】㊀名 自サ すれてへること。㊁名 他サ まさつを少なくすること。「—剤」

げん-まい ゲ【玄米】名 もみがらをとっただけで、精白していない米。くろごめ。↕白米・精米。

けん-まく ケ【剣幕・権幕】名 おこった顔つき。荒々しい態度。「ひどい—」参考 江戸時代に医師が脈を診て病人のようすをうかがった「見脈(けんみゃく)」から変化したとする説がある。

げん-まん 0 名〔幼児語〕うそではないという約束のしるしに、たがいに小指と小指をからませること。ゆびきり。

けん-み ケ【検見】名 他サ ➡けみ(毛見)。㊎

けん-みつ ケ【顕密】名 仏教で、顕教と密教。

げん-みつ 0【厳密】形動 ダロ・ダッ・デ・ニ/ダ・ナ・ナラ・〇 いい加減でなくきびしくて、こまかくゆきとどくようす。「—な検査」「—に言うと」

げん-みょう 0【玄妙】形動 ダロ・ダッ・デ・ニ/ダ・ナ・ナラ・〇〔文章語〕おくぶかくて微妙なこと。「—な教理」

けん-みん 0【県民】名 県の住民。

けん-む ケ【兼務】名 他サ 本職のほかに職務をかねつとめること。また、その職務。兼任。「財務相と経産相を—する」↕本務。

けん-めい 0【件名】名 ❶分類のための項目名。「—検索」❷電子メールなどのタイトル。

けん-めい 0【賢明】形動 ダロ・ダッ・デ・ニ/ダ・ナ・ナラ・〇 道理に明るくて、かしこいようす。「—な処置」「やめたほうが—だ」

けん-めい 0【懸命】形動(の) ダロ・ダッ・デ・ニ/ダ・ナ・ナラ・〇 精いっぱいがんばるようす。「—な努力」

げん-めい 0【原名】名 改めたり訳したりしたものの、もとの名。

げん-めい 0【厳命】名 他サ きびしく命令すること。また、その命令。「—を下す」

げん-めい 0【言明】名 自他サ はっきりと言いきること。「—を避ける」

げん-めつ 0【幻滅】名 自サ 幻想からさめて現実にかえり、がっかりすること。「—を感じる」「都会に—する」 **—の悲哀(ひあい)** 理想がまぼろしであったことをさとり、がっかりすること。

けん-めん 0【券面】名 証券の、金額が書いてある表面。

げん-めん 0【原綿】【原×棉】名 綿糸の原料とする綿花(めんか)。

げん-めん 0【減免】名 他サ 税金・刑罰などをへらすこと、なくすること。軽減と免除。

げん-もう 0【原毛】名 織物の原料とするけものの毛。羊毛など。

げん-もう 0【減耗】名 自他サ〔文章語〕(「げんこう」の慣用読み)すりへること。すりへらすこと。

けん-もつ 0【献物】名 人にさしあげる品物。献上する物。

けん-もほろろ ケ 形動(の) ダロ・ダッ・デ・ニ/ダ・ナ・ナラ・〇 とりつくしまもないようす。人の頼みなどを冷たくつきはなすようす。「—なあいさつ」参考 きじの鳴き声や羽音を、「けんつく」「つっけんどん」などの「けん」にかけた言葉という。

けん-もん 0【権門】名〔文章語〕官位が高く権力のある家や人。「—にへつらう」

けん-もん 0【見聞】名 他サ ➡けんぶん。

けん-もん 0【検問】名 他サ 疑わしい点を問いただして、しらべること。「—所」

げん-もん 0【舷門】名 船の横がわにある出入り口。

げん-や ゲ【原野】名 開拓していないはらっぱ。のはら。

けん-やく 0【倹約】名 他サ 形動 費用をへらし、むだづかいしないこと。節約。

げん-ゆ 0/ゲ【原由】名 物事が起こった源。原因。

げん-ゆ 0【原油】名 精製していない石油。

けん-ゆう 0【県有】名 県がもっていること。「—林」

けん-ゆう 0【兼有】名 他サ あわせてもつこと。「二つの地位を—する」

げん-ゆう 0【現有】名 他サ 現在、所有していること。「—議席数」「—勢力」

けんゆうしゃ《硯友社》一八八五年に、尾崎紅葉(おざきこうよう)が中心となって結成した文学団体。雑誌「我楽多(がらくた)文庫」を発行した。

けん-よ ケ【権×輿】名〔文章語〕(「権」ははかりのおもり、「輿」は車の物をのせるところ。ともにはじめにつくるべきもの)はじめ。おこり。ほったん。濫觴(らんしょう)。

けん-よう 0【兼用】名 他サ 一つのものを二つ以上の使いみちにかねもちいること。また、一つのものを二人以上で使うこと。「晴雨—の傘」「兄と—の自転車」

けん-よう 0【顕揚】名 他サ〔文章語〕名をあらわし、たかめること。「校風を—する」

けん-よう 0【険要】名 形動〔文章語〕地勢がけわしく、まもるにつごうがよいこと。また、その土地。

けん-よう 0【顕要】名 形動(の)〔文章語〕高くて重要な地位。また、その地位の人。「—の職」

けん-よく 0【謙抑】名 自サ 形動〔文章語〕へりくだって自分のわがままをおさえること。「—な人がら」

けん-らん 0【×絢×爛】と副 たる連体 まばゆいほど美しく輝くようす。「—たる文化」

けん-り ケ【権利】名 ❶一定の利益を主張し、またそれを受けることのできる法律上の能力。「—の行使」「当然の—」↕義務。❷ある物ごとを自由になしうる資格。「—の乱用」 **—金(きん)** 0 名 不動産賃貸契約のとき、賃料のほかに支払われるかね。 **—書(しょ)** ショ/0 名 不動産に関する登記が完了したことを証明する登記済証。権利証。

げん-り ゲ【原理】名 ❶種々の現象を説明する理論の基本となる法則。「浮力の—」❷生活や行動をなりたたせる根本的な決まり。原則。「多数決の—」 **—主義(しゅぎ)** シュ 名 ❶宗教で、教典、教義を厳格に守り、世俗化することを否定する思想的な立場。「—勢力」❷ある原理や原則を尊重し、その精神を徹底しようとする考え方。「市場—」

けん-りつ 0【県立】名 県が設立して、維持・管理すること。また、そのもの。「—図書館」

げん-りゅう 0【源流】名 ❶水のながれでるみなもと。「天竜川の—」❷物ごとのおこり。「日本文化の—」

けん-りょ ケ【賢慮】名〔文章語〕❶かしこい考え。❷他人の考えの尊敬語。

けん-りょう ケ【見料】名 ❶見物する料金。❷人相・手相を見てもらう料金。

げん-りょう リョ【原料】名 品物の製造・加工のもとになるもの。「石油を—とする化学製品」参考「材料」よりも加工の度合いが大きい。

げん-りょう 0【減量】名 自他サ 分量・重量がへること。また、へらすこと。↕増量。

けん-りょく ケ【権力】名 他人を支配し、したがわせる力。「―におもねる」「―闘争」

けん-るい [0]【堅塁】名 かたくてやぶりにくいとりで。

けん-れい [0]【県令】名 ❶県知事の旧称。❷もと、県知事の命令。

けんれいもんいんうきょうのだいぶしゅう《建礼門院右京大夫集》平安時代末期から鎌倉(かまくら)時代前期の女流歌人で、高倉天皇の皇后であった建礼門院に仕えた右京大夫の家集。

けん-れん [0]【×眷恋】名自他サ〔文章語〕〔「眷」は心をひかれるの意〕愛着の思いにひかれること。恋いこがれること。

けん-ろ [ケ]【険路】名 けわしいみち。

けん-ろう [0]【堅×牢】形動 ダロ・ダッ・デ・ニ／ダ・ナ・ナラ・〇〔「牢」はかたいの意〕物がかたくてしっかりしているようす。「―な機械」

げん-ろう [0]【元老】名 ❶年齢・官位・名声が高く、国家に対して功労のあった政治家。❷ある仕事に功労のある長老。「物理学界の―」 **―院**(いん) [1]名 ❶共和国などで、上院。❷わが国で、明治初期の立法機関。

げん-ろく《元禄》江戸時代中期の、東山(ひがしやま)天皇時代の年号。〔一六八八―一七〇四〕元禄年間を中心とした約三〇年間を元禄時代と称する。将軍は徳川綱吉(つなよし)の時代。学芸・文化がさかんで、幕府政治の安定期だった。

げんろく-そで [ク/0]【元×禄袖】名 和服のそで型の一つで、まるく、みじかい、女用のもの。

げんろく-もよう [モ]【元×禄模様】名 元禄時代に流行した、はでで大がらな模様。市松模様・弁慶じまなど。

げん-ろん [0]【言論】名 ことばや文章で思想をのべること。「―の自由」 **―機関**(きかん) [キ/カ]名 言論を発表し、ひろめるための組織。新聞・雑誌・テレビ・ラジオなど。

げん-ろん [0]【原論】名 根本となる理論。「経済学―」

げん-わ [0]【原話】名 文芸作品のもととなった説話や民話。

げん-わく [0]【×眩惑】㊀名自他サ〔「眩」は目がくらむの意〕ある物に心をうばわれて判断にまようこと。また、まよわすこと。「衆人を―する」㊁【幻惑】名他サ 目先の動きで人をだますこと。「見物人を―する奇術師」

けんわん-ちょくひつ [0]【懸腕直筆】名 書道で筆をまっすぐに持ち、うでを下につけずに書くこと。大きな字を書くのに適する筆法。

こ コ

こ：「己」の草体。
コ：「己」の上部。

こ【小】 接頭〔名詞・形容詞・形容動詞などにつく〕❶ちいさい。「―石」❷わずかの。ちょっとの。「―雨(さめ)」❸ちょっと。「―器用」❹意味を強める。「―ぎたない」❺けいべつする気持ち。「―うるさい」❻ほとんど。ほぼ。「―一時間」❼語調をととのえる。「―ざっぱり」

こ 接尾 ❶〔名詞や擬態語について〕親しみやくだけた気持ちをあらわす。「餡(あん)―」「ぺしゃん―」❷⬇っこ。

こ【故】 ㊀造 接頭 すでに死んだことをあらわす。「故人・物故」「故金田一京助博士」㊁造 ❶もと。むかし。「故旧・故国・故事・縁故・旧故」❷さしつかえ。「故障・事故」❸ことさら。わざと。「故意・故買」

こ【湖】 ㊀造 みずうみ。「湖岸・湖上・湖水・湖面・塩湖・淡水湖」㊁接尾 みずうみの名に付ける。「諏訪(すわ)湖・浜名湖」

こ【己】 造 おのれ。じぶん。「自己・利己」〔別音き｜己〕

こ【戸】 ㊀造 ❶と。とびら。「戸外・門戸」❷いえ。所帯。「戸数・戸籍・各戸」㊁接尾 家をかぞえる語。「五十―の村」⇩棟(むね) 参考。

こ【×乎】 造 意味を強めるために添える語。「断乎・確乎」

こ【去】 造 さる。すぎゆく。「過去」〔別音きょ｜去〕

こ【古】 造 ❶ふるい。長い時がたっている。「古書・古物・古木(こぼく)・古米(こまい)・古民家・中古車」❷いにしえ。むかし。「古語・古今(ここん)・古来・懐古・上古・復古」

こ【呼】 造 ❶よぶ。さけぶ。「呼応・呼称・歓呼・点呼・連呼」❷息をはく。「呼気・呼吸」

こ【固】 造 ❶かためる。かたまる。「固着・固定・凝固」❷かたい。「固形・固体・堅固(けんご)」❸かたくな。意志を変えない。「固執(こしゅう／こしつ)・頑固・強固・断固」❹もとより。もともと。「固有」

こ【拠】 造 よりどころ。「証拠」〔別音きょ｜拠〕

こ【股】 造 また。もも。「股間・股肱(ここう)」

こ【虎】 造 とら。「虎穴(こけつ)・虎口・虎視・猛虎・竜虎」

こ【枯】 造 ❶かれる。からす。うるおいがなくなる。「枯渇・枯死・枯淡・枯木」❷おとろえる。「栄枯盛衰」

こ【×狐】 造 きつね。「狐疑・狐狸(こり)・白狐(びゃっこ)」

こ【×胡】 造 えびす。北方の異民族。「胡弓・胡人・胡馬」

こ【庫】 造 くら。物をしまうたてもの。「金庫・倉庫・車庫・出庫・格納庫」

こ【×涸】 造 かれる。水がなくなる。「涸渇」

こ【虚】 造 むなしい。なにもない。「虚空・虚無僧」〔別音きょ｜虚〕

こ【×辜】 造 つみ。「無辜」

こ【雇】 造 やとう。金をはらって人をかかえる。「雇員・雇用・解雇」

こ【誇】 造 ほこる。おおげさにいう。「誇示・誇張・誇大妄想」

こ【鼓】 造 ❶手やばちで鳴らす楽器。つづみ。「鼓手・鼓笛・鼓膜・太鼓」❷うつ。たたく。「鼓動・鼓腹」❸はげます。勢いをつける。「鼓吹・鼓舞」 **鼓する** 他サ

こ【×糊】 造 ❶かゆ。暮らしをたてる。のりする。「糊口(ここう)」❷あいまいにする。はっきりしない。「糊塗・模糊」

こ【錮】 造 かたい。とじこめる。「禁錮」

こ【顧】 造 ❶かえりみる。ふりかえる。「一顧・回顧」❷心にかける。「顧問・顧慮・愛顧・恩顧」

こ [コ]【孤】名造 ❶親をうしなった子。「孤児・遺孤」❷助けのない人。ひとりぼっち。「孤高・孤独・孤立」

こ [コ]【弧】名造 ❶弓。弓の形。「―を描く」「弧光・弧状・括弧」❷円の中心を頂点とする角にはさまれた円周の部分。「円弧」

こ【個】 ㊀[コ]名造 ひとつ。ひとり。「―をいかす」「個人・個性・個体・別個・各個」㊁接尾 ❶物をかぞえる語。「みかん十―」 参考 形の不定な物をかぞえるには「個」を使う。ごく小さいものは「粒(つぶ)」を使うこともある。人形や彫像には「体(たい)」を使う。茶器・重箱などには「組」を使うこともある。種類の異なる品物をかぞえる場合は「テレビ・カメラ・いすなど二十数点」のように「点」を使う。❷強調の意味をそえる。「好個・真個」

こ【子】 ㊀[0]名 ❶親から生まれた人。また、養子など、そのように見なされる人。こども。「―を持って知る親の恩」↕親。❷動植物の未成熟のもの。㋐動物で未成熟のもの。「おたまじゃくしはかえるの―」㋑魚で、産みつけられていない卵。「かずの―、にしんの―」㋒植物で、もとのものから分かれて新たに生じたもの。「芋の―」「竹の―」❸【▲娘】若い女。むすめ。❹おもなものに対して、従属的な

もの。「—会社」↕親。❺利息。「元も—も無い」↕元(もと)。❷接尾❶女の名にそえることば。「花—」❷人。「江戸っ—」❸子ども。「かぎっ—」「一人っ—」—は×鎹(かすがい)子どもは夫婦の間をつなぎとめるものだ。—は三界(さんがい)の首×枷(くびかせ)〔「三界」は過去・現在・未来〕親はいつも子を思う心から自由を束縛される。—故(ゆえ)の闇(やみ)子どもを愛するあまりに、親が理性をうしなうこと。

こ[コ]【粉】名こな。粉末。「うどん—」

こ【▲是・×此】代〔古語〕これ。「—は何(なに)ぞ」↕そ・あ・か。

ご【御】❶接頭〔漢語の体言につく〕❶動作の主体やその人に関するものを立てる尊敬の意味をあらわす。「来月—帰国になる」「—愛用のかばん」「御恩・御殿・御子息・御著書・御霊前」❷動作の及ぶ相手を立てて言う。「係の者が会場まで—案内します」❸聞き手に対する丁寧な態度をあらわす。「—静粛に願います」参考この丁寧の用法には「本日は御苦労様です」のように「御…様」の形をとるものがある。❹話し手の品位を高める美化語のはたらきをする。「—褒美をあげましょう」「御飯・御祝儀・御馳走」❺天子に関することにいい、尊敬の意味をあらわす。「御所・御陵」⇩お(御)参考。❷接尾尊敬または丁寧の意味をあらわす。「親御・妹御」参考あとに「さん(さま)」がついて「親御さん」のように言うことが多い。〔別音ぎょ|御〕

ご【互】造たがい。どちらも。かわるがわる。「互恵・互助・互選・交互・相互」

ご【午】造❶うま。十二支の第七。「子午線」❷ひる。十二時。「午後・午睡・午前・正午」

ご【×伍】造仲間。くみ。「隊伍・落伍」

ご【×吾】造われ。自分。「吾子・吾人」

ご【娯】造たのしむ。たのしい。「娯楽」

ご【悟】造さとる。わかる。「悟性・悟得・悟入・悔悟・覚悟・大悟」

ご【誤】造あやまる。まちがう。「誤差・誤診・誤報・誤作動・誤操作・過誤・錯誤・正誤」

ご【護】造まもる。たすける。「護衛・護憲・護送・愛護・救護・保護」

ご[ゴ]【五】名造❶いつつ。「五感・五体・五線譜・七五調」❷五番め。第五位。「五月・五夜」

ご[ゴ]【呉】名造古代中国の国名。広く、中国から渡来したものにもいう。「呉音・呉服・呉越同舟」

ご【後】❶[0]名造のち。あと。「その—」「後刻・後妻・後日・午後・産後・絶後・放課後」↕前。❷造うしろ。しり。「後光・後詰め・背後」〔別音こう|後〕

ご[ゴ]【期】名造❶おり。時期。「この—に及んで」❷いまわ。「末期・最期」〔別音き|期〕

ご【語】❶[ゴ]名造❶ことば。「—を重ねる」「語彙(ごい)・語源・語録・敬語・熟語・標語」❷文を構成するいちばん小さな単位。単語。「—の組み立て」「主語・述語・修飾語」❸言語。「語学・語族・英語・外国語・共通語・中国語・フランス語」❷造かたる。かたらう。「語気・語調・豪語・私語・独語」

ご[ゴ]【碁】名三百六十一の目のある盤上に、ふたりで黒・白の石をかわるがわる並べ、囲みとった目数の多少で勝負をきめる遊び。囲碁。「碁石(ごいし)・碁会・碁盤」

コア[コ]〈core〉❶名❶中心部。❷地核。❷形動〔ダロ・ダッ・デ・ニ・ダ・ナ・ナラ・〇〕〔俗語〕熱心なようす。マニアックなようす。「—なファン」「—な企画」

ご-あいさつ[ア]【御挨拶】名〔俗語〕こちらがあきれるような相手のことば。「これは—だね」

こ-あがり[ア]【小上(が)り】名テーブルやカウンターを主にした飲食店にある、小人数用の座敷。

こ-あきない[ア]【小商い】(—あきなひ)名わずかな資本の商売。

ご-あく[ゴ]【五悪】名〔仏〕五戒を守らないこと。↕五戒。

こ-あくま[ア]【小悪魔】名小さく魔力の未熟な悪魔。また、男性をもてあそぶ魅力的な女性のたとえ。

こ-あざ[0]【小字】名町や村の字(あざ)をさらに小分けしたもの。↕大字(おおあざ)。

こ-あじ[0]【小味】(—あぢ)形動〔ダロ・ダッ・デ・ニ・ダ・ナ・ナラ・〇〕味がこまやかなようす。↕大味。

コア-タイム[タ]〈core time〉名フレックスタイム制で、必ず勤務しなければならない時間帯。

こ-あたり[ア]【小当(た)り】名ちょっと当たって、ようすをみること。ようすをためすこと。「—に当たる」

コアラ[コ]〈koala〉名オーストラリア特産の有袋目コアラ科の哺乳(ほにゅう)類。めすの腹には子どもを育てるためのふくろがあり、顔はくまに似ている。ユーカリの葉だけを食べる。

ご-あんない[0]【御案内】名相手がよく知っていることの尊敬の言い方。ご存じ。「—のとおり」

こい接尾⬇っこい。「ねば—」「ほそ—」参考形容詞「濃(こ)い」が接尾語化したものと、ク活用形容詞の語幹と語尾との間に「こ」が挿入されたものがある。多くは「っこい」の形で使う。

こい[コ]【恋】(こひ)名特定の人物と自分が精神・肉体の両面で一体になることを強く望む感情の高まり。青春期に顕著だが、老年期でも見られるとされる。「—におちる」「—に破れる」「—のとりこ」「かなわぬ—」「老いらくの—」参考「恋」は「恋う」が名詞化したものだが、「恋う」は文章語的で、動詞として使うことは少ない。「する」を付けた「恋する」のほうが普通に使われる。結婚したパートナーを「恋する」とはあまり言わない。「愛する」は使える。⇩恋愛参考。**—に上下(じょうげ)の隔(へだ)てなし**恋の気持ちに身分の違いは関係ない。**—は▲曲者(くせもの)**恋のために心が乱れて、とんでもないことをしでかすこと。**—は思案(しあん)の外(ほか)**恋は常識や理性でわりきれるものではない。**—は盲目(もうもく)**恋におちいると理性・常識をうしないやすくなる。

こい[コ]【請い】〔乞い〕(こひ)名他者に願うこと。たのみ。「—をいれる」

こい[コ]【×鯉】(こひ)名コイ科の淡水魚。二対のひげがある。食用・観賞用。

こ-い[コ]【故意】名わざとすること。「—にしたわけではない」「未必(みひつ)の—」**—四球(しきゅう)**[シ]名野球・ソフトボールで、投手が打者に対して、意図的に与える四球。敬遠。参考「故意四球」が選手の動作で成立するのに対し、監督から審判への申告によるものは「申告敬遠」という。

こ・い[コ]【濃い】形〔カロ・カッ・ク・イ・イ・ケレ・〇〕❶物の濃度・密度が大きい。㋐色が深い。「—紫」「けしょうが—」↕薄い。㋑味が強い。「—味つけ」㋒液状のものの水分が少ない。「—スープ」㋓気体状のものの濃度が高い。「—煙」㋔まばらでなく、密である。「ひげが—」❷可能性・様子の度合いが大きい。「事故死の疑いが—」「疲労の色が—」**濃さ**名**こ・し**文語ク

ご-い[ゴ]【語彙】名〔ことばのあつまり〕❶一言語、また、ある範囲の語(単語)の総体。「アイヌ語の—」「児童—」「…方言の—」❷ある個人の用いる語の総体。「—がゆたかだ」❸ことばを種類別にあつめたもの。語類。「漁業—」

ご-い[ゴ]【語意】名単語の意味。語義。

こい-う・ける[ケ]【請(い)受ける】(こひ—)他下一〔ケ・ケ・ケル・ケル・ケレ・ケロ・ケヨ〕持ち主に頼んで、希望の物を手に入れる。**こひう・く**文語下二

こい-うた[イ]【恋歌】(こひ—)名恋し合っている相手をしたう心

をよんだ和歌。こいか。れんか。相聞歌(そうもんか)。

こい-かぜ ①【恋風】こひ 名 せつない恋心を、風が身にしみわたるのにたとえた語。

こい-がたき ③【恋敵】こひ 名 ひとりの人を、自分といっしょに恋している相手。ライバル。

こ-いき ⓪【小粋】形動 どことなくあかぬけているようす。ちょっといきなようす。「―なかっこう」

こい-くち ⓪【濃(い)口】名 しょう油などの味がこいこと。「―しょう油」↔薄口。

こい-ぐち ①【×鯉口】こひ 名 刀のさやの口。「―を切る」

ご-いけん-ばん ⓪【御意見番】名 どんな人にも遠慮なく自分の考えを述べて、忠告する人。「天下の―」

こい-こが・れる ⑤【恋い焦(が)れる】こひ 自下一 恋しさになやみもだえる。 **こひこが・る** 文語下二

こい-こく ⓪【×鯉こく】こひ 名 輪切りにしたこいを煮こんだ味噌(みそ)汁。

こい-ごころ ③【恋心】こひ 名 特定の人を恋しいと思う心。

ご-いさぎ ①【五位×鷺】名 サギ科の鳥。頭・背の上面は緑黒色、後頭部に二、三本の長く白い飾り羽がある。水辺にすみ、魚・かえるなどを捕る。

こい-さん ① 名〔方言〕（関西方面で）良家の末の娘を呼ぶ敬称。

こい-じ ⓪【恋路】こひぢ 名 恋のみち。恋。「―のじゃま」

ご-いし ⓪【碁石】名 碁で使う、黒と白の石。

こいし・い ③【恋しい】こひしい 形 なつかしい場所に行きたい、離れている人に会いたいという気持ちが強く突き上げてくるようす。「故郷の町が―」「かわいがってくれた祖母が―」「将来を誓った人が―」 **恋しがる** 自五 **恋しさ** 名 **こひ・し** 文語シク

こい-した・う ④【恋(い)慕う】こひしたふ 他五 会いたい、そばに行きたいと強く思う。「母を―」

こいずみ-ちかし《古泉千樫》一八八六〜一九二七。大正期の歌人。本名は幾太郎。代表作は歌集「川のほとり」など。

こいずみ-やくも《小泉八雲》一八五〇〜一九〇四。文学者。本名ラフカディオ・ハーン(ヘルン)。ギリシャ生まれのイギリス人。日本に帰化し、古き良き日本を描いた。「怪談」「知られざる日本の面影」など。

こい・する ③【恋する】こひする 他サ ❶特定の人物に恋愛感情をもつ。「クラスメートに―」❷〔比喩的に〕特定の物事に強く心がひかれる。「恋を―乙女」「サッカーに―少年」⇩恋 参考。 **こひ・す** 文語サ変

こい-ちゃ ⓪①【濃(い)茶】名 ❶抹茶(まっちゃ)の一つ。湯をそそぎ、茶せんで練ってたてる茶。↔薄茶。❷濃い茶色。

こ-いつ ⓪【こいつ】【×此×奴】代〔「こやつ」の変化〕❶「このひと」のぞんざいな言い方。このやろう。❷「これ」のぞんざいな言い方。↕そいつ・あいつ。

ご-いっしん ①【御一新】名 明治維新の古い言い方。

こい-なか ⓪【恋仲】こひ 名 たがいに恋いしたっているあいだがら。

こい-にょうぼう ③【恋女房】こひ 名 好いて結婚した妻。

こ-いぬ ⓪【子犬】【×仔犬】名 犬の子。

こ-いぬ ⓪【小犬】名 小さな犬。小型の犬。

こいねが・う ③【×希う・×冀う・×庶×幾う】こひねがふ 他五 強くねがう。切望する。

こいねがわくは【×希くは・×冀くは・×庶×幾くは】こひねがはくは 連語 心から望むことには。どうか。なにとぞ。

こい-のぼり ③【×鯉×幟】こひ 名 紙や布で、こいの形に作ったのぼり。端午(たんご)の節句用。夏

こい-びと ⓪【恋人】こひ 名 愛し合っている相手。参考 結婚している二人の一方を他方から見て「恋人」とは言わない。既婚者の一方がパートナー以外に好きな対象ができた場合は、その存在を「愛人」と言うことが多い。

こい-ぶみ ⓪【恋文】こひ 名 恋いしたう気持ちを書いて相手に送る手紙。ラブレター。つやぶみ。

こい-め ⓪【濃いめ】名 色・味などが、比較的濃いこと。「―に味をつける」↕薄め。

こ-いも ⓪【子芋】名 さといもの親芋のまわりにつく小さいいも。

コイル ①〈coil〉名 絶縁した電線をらせん状に巻いたもの。モーター・発電機・無電回路などに使う。巻き線。

一層巻きコイル

くもの巣コイル

ハニカム巻きコイル

コイル

こい-わずらい ④【恋煩い】こひわづらひ 名 特定の相手を恋しく思い、それがかなわないために気分がふさいで病気のようになること。恋のやまい。

こ-いん ⓪【雇員】名 役所などで、正式の職員ではなく、やとわれて事務などを手つだう人。↕本官。

コイン ①〈coin〉名 金属でつくった貨幣。硬貨。 **―パーキング** ⑤〈coin parking〉名〔和製英語〕利用時間に応じて、料金精算機に硬貨を投入する方式の有料駐車場。 **―ランドリー** ⑤〈coin laundry〉名 自動洗濯・乾燥機を置いてあり、硬貨を入れると洗濯がセルフサービスでできる店。 **―ロッカー** ④〈coin locker〉名〔和製英語〕駅などにそなえた、硬貨を入れるとかぎがかかるしかけの貸し戸だな。

ご-いん ⓪【誤飲】名 自他サ 口に入れてはいけない異物をまちがって飲んでしまうこと。「幼児の―事故」

こう【口】造 ❶くち。くちの形をしたもの。「口角・口中・火口・河口・開口」❷ものをいう。「口演・口述・口論・悪口雑言(あっこうぞうごん)」❸ひとの数。「戸口・人口」❹それぞれ。「口座(こうざ)」〔別音く｜口〕

こう【勾】造 ❶まがる。かたむく。区切る。「勾配(こうばい)・勾欄」❷かぎ。とらえる。ひっかける。「勾引・勾検・勾留」

こう【孔】造 ❶あな。「孔版・穿孔(せんこう)・瞳孔(どうこう)・鼻孔」❷孔子のこと。「孔孟(こうもう)・孔門」

こう【巧】造 たくみ。うまい。じょうず。美しい。「巧者・巧拙・巧妙・技巧・精巧」

こう【広】造 ❶ひろい。「広原・広大・広範・広野」❷ひろめる。ひろげる。「広言・広告・広報」

こう【仰】造 あがめる。うやまいしたう。「信仰」〔別音ぎょう｜仰〕

こう【光】造 ❶ひかり。ひかる。あかるさ。「光源・光彩・光線・光合成・月光・電光・直射光」❷ほまれ。はえ。「光栄・光来・威光・栄光」❸けしき。「光景・観光」❹とき。「光陰・消光」

こう【向】造 ❶むく。むかう。「向寒・向上・傾向・指向・方向」❷むける。心をむける。「向学・意向・趣向」❸したがう。「向背」❹はたらきかける。「向精神薬」

こう【后】造 きさき。「后妃・皇后(こうごう)・母后」

こう【好】造 ❶よい。このましい。「好運・好況・好転・好景気・好敵手・格好・絶好・良好」❷このむ。すく。「好色・好物・愛好・同好」❸よしみ。したしみ。「好誼(こうぎ)・友好」

こう【江】造 大きな川。「江湖・江東・江南・長江」

こう【考】 造 ❶かんがえる。おもう。「考案・考慮・思考・熟考」❷しらべる。研究する。「考究・考古・考証・参考・備考」❸研究の成果を論文としてまとめたもの。また、書名などにつけることば。「論考・四世鶴屋南北考」❹死んだ父。「先考」

こう【坑】 造 土中に掘りすすめた穴。「坑口・坑道・坑夫・金坑・炭坑・廃坑」

こう【×宏】 造 ひろい。大きい。すぐれている。「宏壮・宏大」

こう【抗】 ㊀造 はりあう。てむかう。さからう。「抗議・抗原・抗戦・拮抗・対抗・反抗」㊁接頭 物質の作用を弱めたり消したりする性質のあること。「抗ヒスタミン剤」 **抗する** 自サ

こう【攻】 造 ❶せめる。「攻撃・攻勢・攻略・侵攻・速攻・反攻」❷おさめる。「攻究・専攻」

こう【更】 造 ❶かえる。あたらしくする。「更衣・更新・更生・変更」❷いれかわる。「更迭」❸日没から日の出まで、およそ夜を五つに分けたよび方。初更(午後八時ごろ)から五更(午前四時ごろ)まである。「深更」

こう【×肛】 造 しりの穴。「肛門・脱肛・裂肛」

こう【拘】 造 ❶とらえる。つかまえる。「拘禁・拘束・拘留」❷かかわる。こだわる。「拘泥」

こう【×昂】 造 たかくなる。意気があがる。「昂然・昂奮・激昂・軒昂」

こう【肯】 造 ❶骨付きの肉。大切なところ。「肯綮」❷がえんずる。うなずく。みとめる。「肯定・首肯」

こう【×肴】 造 さかな。おかず。「佳肴・酒肴・粗肴」

こう【厚】 造 ❶あつい。てあつい。「厚意・厚遇・厚情・温厚・重厚・濃厚」❷ゆたかにする。「厚生・肥厚」

こう【×咬】 造 かむ。「咬傷」

こう【×垢】 造 あか。よごれ。「歯垢・耳垢」

こう【×巷】 造 ちまた。まち。世間。「巷間・巷説・巷談・陋巷」

こう【後】 造 ❶うしろ。「後衛・後見・後列・後甲板」↕前。❷のち。あと。おくれる。「後悔・後世・後輩・後半生」[別音ご|後]

こう【恒】 造 つね。いつも。かわらない。「恒久・恒産・恒常・恒星・恒例」

こう【×恍】 造 うっとりする。ぼんやりする。「恍惚」

こう【洪】 造 ❶水があふれる。「洪水・洪積層」❷大きい。「洪恩・洪大」

こう【×狡】 造 ずるい。わるがしこい。「狡獪・狡猾・狡智」

こう【皇】 造 ❶みかど。おおきみ。「皇帝・教皇・上皇」❷天皇。「皇位・皇居・皇室」[別音おう|皇]

こう【紅】 造 ❶くれない。あか。「紅梅・鮮紅色」❷べに。顔料。女性に関することにもいう。「紅脂・紅粉・紅涙・紅一点」[別音く|紅]

こう【荒】 造 ❶あれる。あれはてる。「荒野・荒涼・荒寥」❷すさぶ。すたれる。「荒淫・荒廃」❸あらい。はげしい。「荒天」❹不作。ききん。「救荒・凶荒・備荒」❺でたらめ。「荒誕・荒唐無稽」❻辺境。「破天荒」

こう【▲虹】 造 にじ。「虹彩・白虹」

こう【郊】 造 都のそと。都市の周囲の土地。「郊外・近郊」

こう【×倖】 造 さいわい。思いがけないしあわせ。「僥倖・射倖心」

こう【×浩】 造 ひろい。大きい。「浩瀚・浩然」

こう【耕】 造 ❶たがやす。「耕作・耕種・耕地・休耕・農耕・晴耕雨読」❷生活の資を得る。「筆耕」

こう【航】 造 水上をわたる。空を飛ぶ。「航海・航空・航路・運航・欠航・密航」 **航する** 自サ

こう【貢】 造 みつぐ。たてまつる。「貢献・朝貢・来貢」

こう【降】 造 ❶おりる。おろす。「降下・降臨・下降・滑降・昇降」❷くだる。したがう。「降服・降参・投降」❸さげる。「降圧剤・降格」❹空からふる。「降雨・降雪」

こう【×寇】 造 害をあたえる。あだ。かたき。「外寇・侵寇・来寇・倭寇」

こう【康】 造 やすらか。すこやか。「健康・小康」

こう【控】 造 ❶うったえる。「控訴」❷のぞく。「控除」

こう【梗】 造 ❶ふさぐ。つかえる。「梗塞」❷あらすじ。「梗概」❸ききょう。秋の七草の一種。「桔梗」

こう【黄】 造 きいろ。「黄葉」[別音おう|黄]

こう【喉】 造 のど。「喉頭・咽喉」

こう【慌】 造 あわてる。あわただしい。「恐慌」

こう【港】 造 みなと。「港湾・漁港・着港・貿易港」

こう【×皓】 造 白くかがやくようす。「皓皓・皓歯・皓然」

こう【硬】 造 ❶かたい。「硬貨・硬水・硬直」↕軟。❷てごわい。「強硬」

こう【絞】 造 しめる。しまる。「絞殺・絞首刑」

こう【×腔】 造 ❶からだの中のうつろになっている所。「腔腸動物・胸腔・口腔・鼻腔」❷からだ。「満腔」

こう【溝】 造 みぞ。ほりわり。「溝渠・海溝・下水溝・排水溝」

こう【鉱】 造 あらがね。精錬してない金属を含む岩石。「鉱業・鉱山・金鉱・採鉱・鉄鉱」

こう【×敲】 造 たたく。うつ。「推敲」

こう【構】 造 ❶かまえる。組み立てる。組み合わせる。「構図・構成・構造・機構・虚構」❷かこい。「構内・遺構・入構」

こう【×膏】 造 ❶あぶら。あぶらぐすり。「膏薬・軟膏」❷心臓の下の部分。「膏肓」

こう【酵】 造 酒やみそを作るときの、微生物の分解作用。「酵素・酵母・発酵」

こう【×膠】 造 にかわ。にかわでつける。「膠着」

こう【興】 造 おこる。おこす。さかんになる。「興業・興奮・興隆・再興・振興・復興」[別音きょう|興]

こう【×薨】 造 身分の高い人が死ぬ。「薨去」 **薨ずる** 自サ

こう【購】 造 あがなう。買いもとめる。「購読・購入・購買」

こう【×鴻】 造 ❶おおとり。「鴻鵠・鴻毛」❷大きい。「鴻恩」

こう【×礦】 造 あらがね。掘り出したままの鉱石。「金礦・採礦」

こう【工】 ㊀コ名造 物をつくる職業。また、その人。工業。「士農—商」「画工・女工・職工・名工」㊁造 ❶ものをつくる。人手をくわえる。「工業・工事・工場・加工・人工・着工」❷工員。「印刷工・配管工」[別音く|工]

こう【公】 ㊀コ名造 ❶おおやけ。表向き。「公演・公開・公共」↕私。❷爵位の第一。公爵。「西園寺—」㊁造 ❶ただしい。かたよらない。「公正・公平・公明正大」❷国家。役所。「公務・公社・公立・奉公」❸共通の。「公式・公理・公倍数」❹敬意、親しみをあらわす。「貴公・尊公・主人公」㊂接尾 ❶人の名にそえて尊敬をあらわすことば。「頼朝公」❷名にそえて、気安くよぶことば。「熊公・ハチ公」[別音く|公]

こう【功】 コ名造 ❶りっぱな仕事。てがら。「—をたてる」「功罪・功績・功利・成功」❷効用。利益。「—を奏する」「奏功・即功」 **—成り名遂げる** りっぱな仕事をして、名声を得る。

こう【甲】 コ㊀名造 ❶〔文章語〕よろい。「装甲車」❷かに・かめなどの背のから。こうら。「甲殻・甲羅・亀甲」㊁

[名] ❶手足のおもて。「―掛け」❷十干(じっかん)の第一。きのえ。❸評価の第一位。「―・乙・丙」❹人や物の名の代わりに使う。「―は乙に対し十万円を払う」[別音かん|甲]

こう【行】㊀[コ][名][造] ❶[文章語]旅。「―を共にする」「行程・行楽・紀行・山行・旅行・逃避行・ロッキー山脈行」❷漢詩の一体。「琵琶行(びわこう)」㊁[造] ❶あるく。移動する。「行進・移行・同行・歩行・連行」❷おこなう。ふるまう。「行為・行動・決行・実行・品行・履行」❸(中国語の商店の意から)店。会社。「銀行・洋行」❹銀行。「行員・入行」[別音ぎょう|行]

こう【×劫】[コ][名][造] ❶[仏]きわめてながい年月。「―を経る」「億劫(おっくう)」❷碁で、一目を互いに一手ずつ間をおいてとったりとられたりすること。「劫争い・劫材・劫立て」[別音ごう|劫]

こう【孝】[コ][名][造] 父や母をうやまい、よくつかえること。「―は百行の本(もと)」「孝行・孝子・孝順・忠孝・不孝」

こう【効】[コ][名][造] ききめ。しるし。「薬石―なく」「効果・効能・効用・時効・発効・有効」

こう【幸】㊀[コ][名][造] さいわい。しあわせ。「―か不幸か」「幸運・幸福・多幸・薄幸・不幸」㊁[造] みゆき。天子のおでまし。「行幸・臨幸」

こう【×庚】[コ][名][造] 十干の第七。かのえ。「庚申待(こうしんまち)」

こう【香】[コ][名][造] ❶におい。「香水・香料・余香」❷香料を練りあわせたもの。「香煙・香炉・線香」❸香木をたいて、そのかおりをたのしむこと。香道。[別音きょう|香]

こう【候】㊀[コ][名][造] 時節。季節のあらわれ。「若葉の―」「候鳥・気候・時候」㊁[造] ❶きざし。おり。「症候・兆候」❷まちうける。「候補」❸うかがう。ようすをみる。「伺候・斥候」

こう【校】㊀[コ][名][造] ❶児童・生徒が教育を受けるところ。まなびや。「校舎・校庭・学校」❷学校。「わが―」㊁[造] くらべあわせて、誤りをただす。「校閲・校正・校訂」㊂[接尾] 校正の度数をかぞえることば。「初―・三―」 **校する** [他サ]

こう【項】[コ][名][造] ❶箇条。「この―」「項目・事項・条項・要項」❷数式で加減(+・−)の符号でつらなっている各部分。「移項・多項式・同類項」

こう【綱】㊀[コ][名][造] 生物分類の一段階。門(もん)と目(もく)の間。「同一の―に属する」「節足動物門昆虫―蜻蛉(せいれい)目」㊁[造] きまり。まもるべきことがら。「綱目・哺乳(ほにゅう)綱」「綱紀・綱領・大綱・要綱」

こう【稿】[コ][名][造] 文学作品や論文のしたがき。「―を改める」「稿料・遺稿・原稿・投稿」

こう【鋼】[コ][名][造] はがね。「鋼鉄・鋼材・製鋼・鉄鋼」

こう【講】㊀[コ][名][造] ❶貯金・融資のために幾人か集まってつくった組合。「講元(こうもと)・無尽(むじん)講」❷仏教の講義を聞いたり、神仏にまいったりするための団体。「成田講・富士講」㊁[造] ❶ときあかす。のべる。考える。「講演・講習・講述・開講・代講・輪講」❷仲直りする。「講和」 **講ずる** [他サ] **講じる** [他上一]

こう【交】㊀[コ][名] [文章語]年月・季節などのかわりめのころ。「春夏の―」㊁[コ][名][造] つきあい。「―を絶つ」「交際・交友・外交・親交」㊂[造] まじる。まじわる。「交互・交替」

こう【侯】㊀[コ][名] 爵位の第二。侯爵。㊁[造] 封建時代の領主。「王侯・諸侯」

こう【高】㊀[コ][名]「高等学校」の略。「小・中・―」「女子―」㊁[造] ↕低。❶たかい。たかさ。たかいところ。「高山・高所・高地・最高・波高・標高」❷数値がおおきい。「高温・高価・高給・高学年・高気圧・高年齢」❸価値がたかい。すぐれている。「高官・高級・高尚・高弟・高学歴・至高」❹けだかい。「高貴・高潔・孤高・崇高」❺たかまる。たかめる。「高騰・高揚」❻いばる。ほこる。「高圧・高慢・高姿勢」❼尊敬をあらわす。「高説・高覧」[参考]おもに手紙に使う。 **高ずる** [自サ]

こう【衡】㊀[コ][名] はかりのさお。はかり。めかた。「度・量・―」㊁[造] つりあう。「均衡・平衡」

こ・う[コ]**【恋う】**(こふ) [他五](ワ・オ・イ・ウ・ウ・エ・エ) 思いしたう。そばにいたいと思う。「なき母を―」⇩恋[参考]。 **こ・ふ** [文語八上二]

こ・う[コ]**【請う】【乞う】**(こふ) [他五](ワ・オ・イ・ッ・ウ・ウ・エ・エ) 行為を実現したり物を与えたりするように、相手にもとめる。「教えを―」「許可を―」「食べ物を―」[参考]「乞う」は「雨乞い」「命乞い」などに使う慣用的な表記。「た(て)」につづく場合は、「請うた(て)」となる。

こう[コ]**【こう】【×斯う】**(かう) [副]〔「かく」の変化〕❶このように。↕そう・ああ。㋐それまでに話したことを指す。「―して、校長の長い話は終わった」㋑話と動作がほぼ同時に行われることを示す。「―すればスプーンが曲がります」❷(間投詞のように)話しながら、適切な言葉がみつからないときに挿入する語。「ええと、―、無責任と言えば無責任なんですが」

ごう【×劫】[造] 仏教で、きわめて長い時間。「劫火・永劫」[別音こう|劫]

ごう【強】[造] ❶つよい。こわい。はげしい。「強情・強欲」❷しいる。無理をしておこなう。「強引・強盗」[別音きょう|強]

ごう【×毫】[造] ❶毛。「秋毫・白毫(びゃくごう)」❷わずか。すこし。「毫末・毫毛」❸筆。「揮毫」 **毫も** [副]

ごう【傲】[造] おごる。人をみくだす。「傲岸・傲然・傲慢・倨傲」

ごう【×壕】[造] ほり。くぼみ。「塹壕(ざんごう)・石壕・防空壕」

ごう【×轟】[造] とどろく。大きな音をたてる。「轟音・轟轟・轟然・轟沈」

ごう【剛】[ゴ][名][造] 強いこと。かたいこと。「柔よく―を制す」「剛毅・剛胆・強剛・金剛石」↕柔。

ごう【郷】[ゴ][名][造] 住んでいるところ。土地。いなか。「郷士・在郷・水郷(すいきょう)」[別音きょう|郷] **―に入っては郷に従え** 人は、自分が住んでいる環境の風習に従うのがよい。

ごう【業】[ゴ][名][造] 仏教で、将来の運命のもととなる善悪の行い。また、前世の行いによってうける現世のむくい。「業苦・業病・業報・因業・罪業・宿業」[別音ぎょう|業] **―を×曝す** 前世のわるいおこないの報いとして、この世で恥をさらす。 **―を煮やす** 思うようにいかなくて腹を立て気をいらだてる。

ごう【豪】㊀[ゴ][名][造] ❶すぐれたこと。すぐれたもの。「―の者」「豪快・豪傑・豪族・剣豪・富豪・文豪」❷オーストラリア(豪太剌利)。「豪州・日豪」㊁[造] いきおいがさかん。「豪雨・豪華・豪勢」

ごう【号】㊀[ゴ][名] 学者・文芸家・画家などが本名のほかにつける名。「森林太郎、―は鷗外」㊁[造] ❶さけぶ。大声をあげる。「号泣・号令・呼号・怒号」❷あいず。しるし。「号砲・暗号・信号・符号」❸なまえ。名称。「雅号・称号・屋号」㊂[接尾] ❶乗り物や動物などの名にそえることば。「ひかり―」❷雑誌の発行の順番などをあらわす数にそえることば。「第五―」❸絵画の大きさの単位。「十―の油絵」❹活字の大きさの単位。「五―活字」 **号する** [自サ]

ごう【合】㊀[ゴ][名] ❶[論]弁証法で、総合。「正・反・―」❷[天]地球から見て、惑星と太陽とが同じ方向にくること。㊁[造] あう。あわせる。いっしょにする。「合意・合計・

集合・総合」㊂接尾 ❶尺貫法の面積の単位。一合は、一坪(約三・三平方メートル)の十分の一。❷尺貫法の容量の単位。一合は、一升(約一・八リットル)の十分の一。❸登山路の長さの十分の一。「富士山の八―目」❹刀を打ち合わせる回数。「打ち合うこと数―」[別音がっ]合

ごう[ゴ]【×濠】名(「ほり」の意)オーストラリア。「濠州」

こう-あつ[0]【光圧】名 光が物体の表面にあたえる圧力。

こう-あつ[0]【降圧】名 血圧をさげること。「―剤」

こう-あつ[0]【高圧】名 ❶強い圧力。↕低圧。❷高い電圧。「―線」↕低圧。❸権力でおさえつけること。「―的な態度」

こう-あん[0]【公安】名 社会・民衆の安全・無事。公共の安全。「―をたもつ」**―委員会**(かいいん)[イ2]名 警察行政を管理する委員会。国家公安委員会と都道府県公安委員会がある。**―条例**(じょうれい)[ジョ]名 地方公共団体がその地域の公共の秩序をたもつために、集会・デモなどの乱れを取り締まる目的で制定した条例。**―調査庁**(ちょうさちょう)[サ]名 法務省の外局で、破壊活動防止法にもとづいて危険な団体の活動を調査する官庁。

こう-あん[0]【公案】名 禅宗で、修行者にさとりをひらかせるために、示して考えさせる問題。

こう-あん[0]【考案】名 他サ (新しい品物や方法などを)くふうして考え出すこと。

こう-い[コ]【好意】名 ↕悪意。❶親愛・好感の気持ち。「―を寄せる」❷親切な心。厚意。⇩厚意 参考

こう-い[コ]【行為】名 人間が意志にもとづいておこなう行動。「親切な―」「不正―」

こう-い[コ]【厚意】名 ふかいなさけ。親切。厚情。厚志。「―を無にする」参考 相手の志を受ける場合は、おもに「厚意」を使うが、「好意」も使う。「―的」と使うときは、「好意」をあてる。

こう-い[コ]【皇位】名 天皇のくらい。「―継承」

こう-い[コ]【皇威】名 天皇の威光。みいつ。

こう-い[コ]【校医】名 学校の委嘱をうけて、児童・生徒の身体検査や治療をおこなう医者。学校医。

こう-い[コ]【校異】名 (「校」はくらべるの意)古典の諸伝本の本文などの異同をくらべあわせて正すこと。

こう-い[コ]【高位】名 高いくらい。「―高官」

こう-い[コ]【黄緯】名 黄道をもとにした天文学上の座標。黄道を零度とし、南北それぞれ九〇度まである。↕黄経。⇩黄経(図)。

こう-い[コ]【更衣】㊀名 自サ 衣服を着かえること。着がえ。「―室」㊁名 昔、女御(にょうご)につぐ宮廷の女官。

ごう-い[0]【合意】名 自サ お互いの意志が一致すること。「―に達する」「条件面で―する」

こう-いき[0]【広域】名 ひろい区域。「―捜査」

こうい-しょう[0]【後遺症】名 病気や負傷がなおったあとにのこる影響や症状。また、事件のあとにのこる影響。

こう-いつ[0]【後逸】名 他サ 野球などで、球を受けそこなって後ろにのがすこと。

ごう-いつ[0]【合一】名 自他サ 一つにあうこと。また、あわせること。

こう-いっつい[コ]【好一対】名 調和のとれた、似あいの一対のもの。「―の夫婦」

こう-いってん[コ=テ=コ]【紅一点】名 ❶緑の草木のなかに、一輪の花が咲くこと。「万緑叢中(ばんりょくそうちゅう)―」❷多くの男性のなかに女性がひとりまじること。

こう-いど[イ]【高緯度】名 赤道から遠くはなれた、南北両極に近い緯度。また、その地方。

こう-いん[0]【工員】名 工場の労働者。

こう-いん[0]【公印】名 官公庁の、公式の印判。↕私印。

こう-いん[0]【光陰】名 (光は日、陰は月)月日。時間。**―矢の如し**(やのごとし) 月日はとぶ矢のようにはやく過ぎさる。

こう-いん[0]【行員】名 銀行ではたらく人。銀行員。

こう-いん[0]【後×胤】名〔文章語〕子孫。後裔(こうえい)。「平氏の―」

こう-いん[0]【荒淫】名〔文章語〕過度に色事にふけること。

こう-いん[0]【校印】名 学校の、公式の印判。

こう-いん[0]【勾引】名 他サ ❶【拘引】人を捕らえて無理につれていくこと。❷〔法〕尋問のために被告人・被疑者などを強制的に裁判所や警察署につれてゆくこと。

ごう-いん[0]【業因】名〔仏〕苦・楽のむくいをうける原因となるおこない。

ごう-いん[0]【強引】形動 ダロ・ダッ・デ・ニ ダ・ナ・ナラ・○ むりおしにおこなうようす。「―なやり方」

こう-う[コ]【降雨】名 あめが降ること。降ったあめ。「―量」

ごう-う[ゴ]【豪雨】名 ひどく降るあめ。つよく降る大雨。

こう-うん[0]【幸運】【好運】名 形動 よいめぐりあわせ。しあわせ。幸福な運命。↕悲運・非運。

こううん-き[ウ2]【耕×耘機】名 (「耘」は草をとるの意)田畑をたがやす機械。参考 新聞などで「耕運機」と書くこともある。

こううん-りゅうすい[0]【行雲流水】名〔文章語〕(空ゆく雲とながれる水の意)一つのものにとらわれず、自然のなりゆきに従うこと。

こう-えい[0]【公営】名 国家・地方公共団体・公社などによる経営。「―住宅」↕私営・民営。

こう-えい[0]【光栄】名 ほまれ。名誉。「ご指名にあずかり―です」

こう-えい[0]【後×裔】名 子孫。後胤(こういん)。末裔(まつえい・ばつえい)。

こう-えい[0]【後衛】名 ↕前衛。❶退却する軍隊の後方のまもりに当たる部隊。❷バレーボール・テニスなどの球技で後方をまもる選手。

こうえい-へい[エ]【紅衛兵】名 一九六六年以降の中国で、毛沢東思想によって文化大革命運動を推進した青少年の組織。

こう-えき[0]【公益】名 国家・社会の利益。↕私益。**―質屋**(しちや)[チ]名 かつて、地方公共団体、また、社会福祉法人が経営した利子の安い質屋。**―法人**(ほうじん)[ホ]名 学術・技芸・慈善など、公益を目的とする事業をおこなう非営利の法人。↕営利法人。

こう-えき[0]【交易】名 他サ ❶物資を交換する取引。❷外国貿易。

こう-えつ[0]【高閲】名 相手が原稿などに目をとおすことを敬っていう語。「ご―をたまわる」

こう-えつ[0]【校閲】名 他サ 原稿・印刷物のあやまりをしらべただすこと。

こう-えん[0]【公園】名 ❶都市などで人々のいこいの場として庭園ふうに造成されたところ。参考「馬事公苑」のように「公苑」と書く場合もある。❷自然の風致景観を維持することを定めた指定区域。「国定―」

こう-えん[0]【香煙】名 香をたくけむり。

こう-えん[0]【降園】名 自サ 園児が幼稚園・保育園から家に帰ること。退園。↕登園。

こう-えん[0]【講×筵】名〔文章語〕講義の席。「先生の―に列する」

こう-えん[0]【講演】名 自サ ある題目について、大ぜいのまえで講義ふうに話すこと。

こう-えん[0]【後援】㊀名 他サ 資金を出すなど、背後か

らたすけること。「—会」「イベントを—する」㊁名 あとにつづく援軍。「—続かず」

こう-えん⓪【口演】名自他サ 話芸の演者が、人まえで演技をすること。

こう-えん⓪【公演】名自他サ しばいや音楽などを、大ぜいのまえで演ずること。

こう-えん⓪【好演】名自他サ すぐれた演技・演奏。「新人ながら—だった」

こう-えん⓪【広遠】【×宏遠】形動 ダロ・ダッ・デ・ニ／ダ・ナ・ナラ・〇 [文章語] 規模がひろくて遠大なようす。「—な理想」

こう-えん⓪【高遠】形動 ダロ・ダッ・デ・ニ／ダ・ナ・ナラ・〇 程度が高く、遠大で、たやすく知ることができないようす。「—な理論」

こう-えん⓪【×溘×焉】と副 たる連体 [文章語] たちまち。「—として逝く」参考 おもに、人の死についていう。

こう-お①【好悪】名 すききらい。「—がはげしい」

こう-おつ①【甲乙】名 ❶第一と第二。❷よいものと、おとるもの。優劣。「—をつけがたい」❸たれかれ。**—無し** どちらもおなじようだ。優劣・上下の差がない。

こう-おや⓪【講親】名 無尽講・たのもし講などを主催して、第一回の掛け金を受ける者。講元。

こう-おん⓪【厚恩】名 あついめぐみ。ふかい恩恵。

こう-おん⓪【皇恩】名 天皇のめぐみ。

こう-おん⓪【高音】名↕低音。❶高い調子の音。大きな音。❷音楽で高い音域。

こう-おん⓪【高恩・洪恩】【×鴻恩】名 大きな恵み。大恩。

こう-おん⓪【高温】名 たかい温度。↕低温。**—障害** ショ名 熱中症。

ごう-おん⓪【号音】名 信号・合図の音。「—一発」

ごう-おん⓪【×轟音】名 とどろく音。鳴りひびく音。

こうおん-どうぶつ ド【恒温動物】名 外界の温度とは関係なく、体温をいつもだいたい一定に保つことができる動物。温血動物。哺乳類・鳥類など。↕変温動物。

こう-か①【工科】名 工業に関する学科。

こう-か①【公課】名 国家・地方公共団体からかかる税金。

こう-か①【功科】名 [文章語] 成績。功績。「—表」

こう-か①【考課】名 公務員・会社員の勤務成績をしらべ、評価すること。**—表** ⓪名 公務員・会社員の勤務の成績表。

こう-か①【効果】名 よい結果。ききめ。しるし。「—をあげる」**—的** ⓪形動 ききめがみとめられるようす。「—な方法」

こう-か①【後架】名 便所。かわや。

こう-か①【校歌】名 校風を発揚するために制定し、学生・生徒にうたわせるうた。

こう-か①【高架】名 地上たかくかけわたすこと。「—線」

こう-か①【黄禍】名 黄色人種の勢いがさかんになって、白色人種におよぼすとされる害。参考 東洋人の発展に対する西洋人の恐怖心から出た見方。ドイツ皇帝ウィルヘルム二世などがとなえた。

こう-か①【硬貨】名 金属貨幣。コイン。↕紙幣。

こう-か①【降下】㊀名自サ ❶おりること。下がること。「気温が—する」❷高い地位の人から命令がくだること。「大命—」㊁名他サ 高所から目的点に物をおろすこと。「国旗を—する」**—部隊** タ名 落下傘などで地上に降下する部隊。落下傘部隊。

こう-か①【降嫁】名自サ 皇族が臣下によめいりすること。

こう-か①【硬化】名自サ↕軟化。❶かたくなること。「動脈—」❷意見や態度が強くなること。「反対派の態度が—する」

こう-か①【×膠化】名自サ かんてん・ゼリーなどが、弾力性をたもちながらかたまること。

こう-か①【高歌】名他サ 声たかくうたうこと。「—放吟」

こう-か①【高価】名形動 値段のたかいこと。↕廉価・安価。

こう-が⓪【公×衙】名 [文章語]（「衙」は役所）官公庁。役所。

こう-が①【江河】名 [文章語] ❶長江（揚子江）と黄河。❷大きなかわ。

こう-が①【高雅】名形動 けだかくて上品なこと。「—な趣味」

ごう-か①【×劫火】名〔仏〕この世の終わりに全世界を焼きつくすという大火災。こうか。

ごう-か①【業火】名〔仏〕❶地獄で罪人を苦しめる火。❷身をほろぼす悪業を火にたとえた語。

ごう-か①【豪家】名 金持ちのいえ。勢力のあるいえ。

ごう-か①【豪華】形動 ダロ・ダッ・デ・ニ／ダ・ナ・ナラ・〇 はでで、ぜいたくなようす。りっぱではなやかなようす。「—絢爛」**—版** ⓪名 ❶特別りっぱなつくりの本。CD、DVDなどにもいう。❷[俗語] 服装・料理などで、特別かねのかかったすばらしいもの。

こう-かい⓪【公会】名 ❶公式の会議。❷公開された会。**—堂** ⓪名 一般の人々の会合のためにつくった建物。

こう-かい⓪【公海】名 どこの国にも属さず、世界各国が共通に使用することのできる海域。↕領海。

こう-かい⓪【降灰】名 ⬇こうはい。

こう-かい①【航海】名自サ 船でうみを行くこと。「—に出る」**—士** カ名 船長の指揮の下で、船の位置の測定、貨物の積み下ろしの監督、乗組員の指揮などの仕事をする人。国家試験で免許を受ける。

こう-かい⓪【公開】名他サ 観覧・傍聴などを、一般の人に許すこと。「会議を—する」↕非公開。**—状** ⓪名 特定の個人や機関にあてた手紙を、新聞・雑誌などでおおやけにしたもの。

こう-かい⓪【更改】名他サ あらためかえること。「契約の—」

こう-かい①【後悔】名自他サ 終わってしまったことを、あとでしなければよかった、あるいはすればよかったとくやしくおもうこと。「—の気持ちが強まる」「兄は統計学を勉強しておくべきだったと—している」**—先に立たず** ことがおわったあとで、あれこれくやんでも、それはなんの役にもたたないものだ。

こう-かい⓪【×狡×獪】形動 ダロ・ダッ・デ・ニ／ダ・ナ・ナラ・〇 [文章語] わるがしこくて、ずるいようす。狡猾。「—な手段」

こう-がい⓪【×笄】名 ❶（「かみかき」の変化）昔、髪をかきあげるのに使った、はしのような形の道具。❷日本髪のまげにさす髪飾りの具。

こう-がい⓪【口蓋】名 口のなかの上あごの部分。**—音** ガ名 舌を口蓋につけたり、近寄せたりして出す音。「k・g」など。**—垂** ガ名 口蓋の奥の中央に垂れさがった軟らかい突起。のどちんこ。のどひこ。

こう-がい⓪【公害】名 工場・交通機関などから発生するばい煙・排気ガス・汚水・騒音などが、一般市民の生活や健康にあたえる害。

こう-がい①【郊外】名 市街周辺の地域。「—電車」

こう-がい①【校外】名 学校のそと。「—授業」↕校内。

こう-がい⓪【梗概】名 あらまし。あらすじ。

こう-がい ①【港外】名 みなとのそと。↕港内。

こう-がい ⓪【鉱害】名 鉱山から排出される有毒物質をふくむ水・有毒ガス・ほこりなどによって生じる被害。

こう-がい ①【構外】名 かまえ・かこいのそと。↕構内。

こう-がい ⓪【口外】名 他サ 他人にしゃべること。「秘密を―する」

こう-がい ⓪【×慷慨】名 自他サ 社会の不正などをいきどおりなげくこと。「悲憤―」

ごう-かい ⓪【豪快】形動 ダロ・ダッ・デ・ニ ダ・ナ・ナラ・〇 堂々として力強く気持ちがよいようす。「―なホームラン」

ごう-がい ⓪【号外】名 ❶きまった数以外のもの。❷突発的な事件の報道のために臨時に発行する新聞。

こうかがく-スモッグ モ【光化学スモッグ】名 自動車の排気ガスなどが太陽の紫外線に反応して発生する、オキシダントなどの有毒成分をふくむスモッグ。目やのどを刺激する。

こう-かく ⓪【口角】名 口の両わき。「―を上げる」 **―泡(あわ)を飛(と)ばす** はげしく論じたてる。

こう-かく ⓪【広角】名 角度が広いこと。特に、レンズのうつす角度がひろいこと。「―レンズ」

こう-かく ⓪【甲殻】名 多量の石灰質をふくんでかたくなった皮膚。えび・かになどのこうら。**―類(るい)** ク名 からだの外面はかたいからにおおわれ、二対の触角と一対の複眼をもつ節足動物の総称。えび・かにの類。

こう-かく ⓪【高角】名 地平面となす角度の大きいこと。

こう-かく ⓪【高閣】名〔文章語〕たかい建物。高楼。

こう-かく ⓪【降格】名 自他サ 階級・職階などが下がること。また、下げること。格下げ。「―処分」

こう-がく ⓪【工学】名 工業技術について研究する学問。

こう-がく ⓪【光学】名 物理学の一部門で、光の性質について研究する学問。**―器械(きかい)** カ キ 名 光線の屈折・反射などの性質を応用し、鏡・レンズ・プリズムなどを組みあわせた器械の総称。望遠鏡・顕微鏡など。

こう-がく ⓪【向学】名 学問にはげもうとすること。「―心にもえる」

こう-がく ⓪【好学】名 学問をこのむこと。「―の士」

こう-がく ⓪【後学】名 ❶〔文章語〕後輩の学徒。↕先学。❷のちのち、ためになる知識・学問。「―のためにたずねる」

こう-がく ⓪【高額】名 形動 たかい金額。↕低額。

ごう-かく ⓪【合格】名 自サ ❶必要な条件や資格にうまくあうこと。❷試験にとおること。

こうかく-か ⓪【好角家】名（「角」は角力(すもう)）相撲ずきの人。

こうがく-ねん ガ【高学年】名 年齢が上の学年。小学校で五、六年。↕低学年・中学年。

こう-かけ ケ【甲掛け】名 手・足の甲にかぶせ、日光やほこりをよける布。こうがけ。

ごうが-しゃ ガ【▲恒河▲沙】名〔仏〕（恒河（いまのガンジス川）の砂の意）無限の数量のたとえ。「―の仏恩」

こう-かつ ⓪【広×闊】形動 ダロ・ダッ・デ・ニ ダ・ナ・ナラ・〇〔文章語〕ひろびろとひらけているようす。「―な平野」

こう-かつ ⓪【×狡×猾】形動 ダロ・ダッ・デ・ニ ダ・ナ・ナラ・〇 わるがしこく、ずるいようす。狡獪(こうかい)。「―な手段」

こう-かん ⓪【公館】名 ❶官庁・公共の建物。❷外交機関の建物。領事館・大使館。「在外―」

こう-かん ⓪【向寒】名〔文章語〕寒さにむかうこと。「―の候」

こう-かん ⓪【好感】㊀名 気持ちのよい感じ。相手をすきになる気持ち。好意。「―をいだく」㊁名 自他サ〔経〕市場関係者が情報によい反応を示すこと。

こう-かん ⓪【好漢】名 このましい、りっぱな男。

こう-かん ⓪【×巷間】名〔文章語〕まちのなか。世間。ちまた。「―の流説(るせつ)」

こう-かん ⓪【後勘】名〔文章語〕あとで考えること。後考。

こう-かん ⓪【後患】名〔文章語〕あとの心配。後日の憂い。

こう-かん ⓪【高官】名 地位のたかい官職・官吏。

こう-かん ⓪【×槓×杆・×槓×桿】名 梃子(てこ)。

こう-かん ⓪【鋼管】名 鋼鉄でつくったくだ。

こう-かん ⓪【交感】名 自サ たがいに気持ちや感情がかよいあうこと。「霊との―」 **―神経(しんけい)** シ名 自律神経の一種。内臓や血管に分布して、意志と関係なしにからだのはたらきをととのえる神経。心臓のはたらきを促進し、胃腸のはたらきを抑制する。↕副交感神経。

こう-かん ⓪【交歓】【交×驩】名 自サ たがいにうちとけ楽しみあうこと。「両校の選手が―する」

こう-かん ⓪【公刊】名 他サ 出版物をひろく発行すること。

こう-かん ⓪【交換】名 他サ とりかえること。「名刺を―する」 **―手(しゅ)** カ名 電話交換手。**―台(だい)** ⓪名 外線と建物の中の電話をつなぐ業務をする所。

こう-かん ⓪【校勘】名 他サ（「校」はくらべるの意）古い時代の書物の本文の異同などをしらべ研究すること。

こう-かん ⓪【×浩×瀚】形動 ダロ・ダッ・デ・ニ ダ・ナ・ナラ・〇〔文章語〕（「浩」は大きい、「瀚」はひろい）書物の量（ページ数・冊数）の多いようす。「―な著書」

こう-がん ⓪【抗がん】【抗×癌】名 がん細胞が増殖するのをおさえること。「―剤治療」

こう-がん ⓪【紅顔】名 年が若くて血色のよいかお。「―の美少年」

こう-がん ⓪【×睾丸】名 哺乳(ほにゅう)類の雄の生殖腺(せいしょくせん)。精巣。ふぐり。きんたま。

こう-がん ⓪【厚顔】形動 ダロ・ダッ・デ・ニ ダ・ナ・ナラ・〇 ずうずうしいようす。あつかましいようす。「―なお願い」「―無恥」

ごう-かん ⓪【合巻】名（もと草双紙を数冊とじ合わせたことから）江戸末期に流行した長編の絵入り読み物。

ごう-かん ⓪【強×姦】名 他サ 暴力をふるって女性をおかすこと。暴行。↕和姦。

ごう-がん ⓪【傲岸】形動 ダロ・ダッ・デ・ニ ダ・ナ・ナラ・〇 おごりたかぶって人に頭をさげぬようす。「―不遜(ふそん)」

ごうかん-ぼく カ【合歓木】名 ねむのき。

こうかん-やく カ【皇漢薬】名 漢方薬。

こう-き ①【工期】名 工事の行われる期間。

こう-き ①【公器】名 世間一般のためのもの。「新聞は社会の―」

こう-き ①【広軌】名 鉄道のレールの幅が一・四三五メートル（標準軌）より広いもの。↕狭軌。

こう-き ①【光輝】名 ❶ひかり。かがやき。❷ほまれ。「―ある伝統」

こう-き ①【好奇】名 かわったことやめずらしいことに興味をもつこと。ものずき。「―の目を向ける」 **―心(しん)** キ名 めずらしいもの、新しいものなどに興味をもつ心。

こう-き ①【好季】名 しのぎよい季節。

こう-き ①【好期】名 ちょうどよい時期。

こう-き ①【好機】名 よい機会。好機会。チャンス。「―をのがす」

こう-き ①【後記】名 ❶書物・雑誌などのあとがき。「編集―」❷文章で、そこからあとに書くこと。↕前記。

こう-き ①【後期】名 後半の期間。「平安時代―の作品」↕前期・中期。

こう-き ①【皇紀】名 神武天皇即位の年を元年とする紀

元。↕西暦。

こう-き [コ]【香気】[名] かおり。におい。

こう-き [コ]【校紀】[名] 学校の風紀。

こう-き [コ]【校規】[名] 学校の規則。校則。

こう-き [コ]【校旗】[名] 学校のしるしとする旗。

こう-き [コ]【降旗】[名]〔文章語〕❶旗をおろすこと。❷降参の意志をあらわす白旗。「—をかかげる」

こう-き [コ]【綱紀】[名]〔「綱」は太いつな、「紀」は細いつな〕❶しめくくり。規律。「—粛正」❷国家を治める根本の規則。

こう-き [コ]【降機】[名][自サ] 飛行機や宇宙船などから降りること。「途中—」↕搭乗。

こう-き [コ]【興起】[名][自サ] ❶心がふるいたつこと。「感奮—」❷勢いがさかんになること。「アジアの国々が—する」

こう-き [コ]【高貴】[名][形動(の)] 身分がたかく、たっといこと。「—の出身」↕下賤。

こう-ぎ [コ]【公儀】[名] ❶おもてむき。おおやけ。❷朝廷や幕府などの政治機関。

こう-ぎ [コ]【公議】[名]〔文章語〕❶世間にひろくおこなわれている議論。❷公平な議論。❸〔古語〕朝廷でおこなう評議。

こう-ぎ [コ]【巧技】[名] たくみなわざ。↕拙技。

こう-ぎ [コ]【広義】[名] ひろい意味。「—の解釈」↕狭義。

こう-ぎ [コ]【交×誼】[名] 親しい交際。友人としての親しみ。

こう-ぎ [コ]【好技】[名] すぐれた演技・技術。

こう-ぎ [コ]【好×誼】[名] 親切。親しみ。

こう-ぎ [コ]【厚×誼】[名] 心のこもった交際。あついよしみ。

こう-ぎ [コ]【高×誼】[名]〔文章語〕相手の交誼の尊敬語。手紙に使う。「平素の—を謝す」

こう-ぎ [コ]【抗議】[名][自サ] 相手の言行・決定などを不当として、反対を主張すること。また、その反対意見。

こう-ぎ [ギ]【講義】[名][他サ] 書物や学説の意味を説明すること。特に、大学で教師が教科の内容を口頭で話すこと。また、その科目。[参考]「講議」と書くのはあやまり。 **—録** [ギ][名] 講義の内容を印刷して発行したもの。

ごう-き [ゴ]【剛×毅】[名][形動] 意志がしっかりしていてくじけないこと。「—のもののふ」「—な性格」

ごう-き [ゴ]【豪気】[名][形動] ❶気性が大きくすぐれていること。また、そのようす。「—の青年」❷⬇ごうぎ(豪儀・豪気)。

ごう-ぎ [ゴ]【合議】[名][他サ] あつまって相談すること。 **—制** [0][名] みんなの合議によってきめるやりかた。

ごう-ぎ [ゴ]【豪儀・豪気】[形動] ❶勢いのはげしいようす。❷規模が大きくて、すばらしいようす。「それは—だ」

こう-きあつ [キ]【高気圧】[名] 大気中で、まわりよりも気圧の高い所。中心付近は空気がかわいていて、だいたい天気がよい。↕低気圧。

こう-きぎょう [キ]【公企業】[名] 国家・地方公共団体などが所有し、経営する企業。↕私企業。

こうき-じてん《康熙字典》中国の清の時代の漢字字書。それまでの各種字書を集大成したもの。康熙帝の命令により、張玉書らが編集した。

こうきせい-さいきん [サ]【好気性細菌】[名] 酸素のある環境で正常に生育する細菌。結核菌など。↕嫌気性細菌。

こう-きゅう [0]【公休】[名] ❶休日・祭日以外に、おおやけに認められたやすみ。❷同業者の申しあわせできめたやすみ。公休日。

こう-きゅう [0]【好球】[名] 球技で、打ったり、捕ったりしやすい球。「—必打」

こう-きゅう [0]【後宮】[名] ❶皇后やきさきたちの住む奥御殿。❷皇后やきさきなどの総称。

こう-きゅう [0]【恒久】[名] 永久。「—の施設」「—的」

こう-きゅう [0]【高給】[名] 多額の給料。↕薄給。

こう-きゅう [0]【硬球】[名] 野球・テニスなどのボールでかたいもの。↕軟球。

こう-きゅう [0]【考究】[名][他サ] 問題をほりさげてかんがえきわめること。

こう-きゅう [0]【攻究】[名][他サ]〔「攻」はおさめるの意〕物の道理や学問を熱心に研究すること。

こう-きゅう [0]【講究】[名][他サ]〔文章語〕しらべ研究すること。研究。

こう-きゅう [0]【購求】[名][他サ] 買いもとめること。

こう-きゅう [0]【降級】[名][自他サ] 等級が下がること。また、下げること。↕昇級。

こう-きゅう [0]【高級】[名][形動(の)] 程度や価値、等級がたかいこと。上級。「—品」↕低級・初級・中級。

こう-ぎゅう [0]【耕牛】[名] 農作業に使う牛。(春)

ごう-きゅう [0]【強弓】[名] 張りがかたく、引くのに強い力のいる弓。

ごう-きゅう [0]【豪球・剛球】[名] 野球で、投手が投げる速く球質の重い球。

ごう-きゅう [0]【号泣】[名][自サ] 大声をあげて泣きさけぶこと。[参考] 近年、単に激しく泣く意味に使うことがあるが、本来的でない。

こうきゅう-りょうしゅうしょう [0]【公給領収証】[名] 飲食税を受け取ったしるしとして飲食店が出す、正式の領収証。

こう-きょ [コ]【公許】[名] おおやけに許されること。官公庁で許可すること。

こう-きょ [コ]【皇居】[名] 天皇のすまい。宮城。

こう-きょ [コ]【溝×渠】[名]〔文章語〕水をとおす、みぞ。

こう-きょ [コ]【×薨去】[名][自サ] 皇族・三位以上の人の死。

こう-ぎょ [コ]【香魚】[名]〔文章語〕あゆのこと。(夏)

こう-きょう [0]【公共】[名] 社会一般に関すること。おおやけ。「—の福祉」 **—企業体** [0][名] 社会一般のために、国や地方公共団体が出資し、経営する企業法人。 **—組合** [ク][名] 公共の利益のために、つくられた社団法人の組合。水利組合・健康保険組合など。 **—事業** [ジ][名] 社会一般の利益のために行う事業。 **—職業安定所** [0]/[ジョ][名] 一般の人のために、就職・求人の世話や職業指導、失業保険金の支給などをする役所。職安。「ハローワーク」は愛称。 **—心** [キョ][名] 社会一般の利益をたいせつにしようとする心。 **—団体** [ダ][名] 国の監督のもとに、公共的な目的を遂行するための団体。地方公共団体・公共組合・営造物法人の三種がある。 **—投資** [ト][名] 国や地方公共団体が公共施設に対して行う投資。 **—放送** [ホ][名] 営利のためにでなく、公共の教養・娯楽などのためにする放送。NHKの放送がそれ。↕商業放送・民間放送。 **—料金** [リョ][名] バス・鉄道の運賃、郵便・電気・ガス・電話の料金など、国民生活にひろく影響のある公共事業の料金。

こう-きょう [0]【広狭】[名] ひろいことと、せまいこと。

こう-きょう [0]【好況】[名] 景気のいい状況。好景気。↕不況。

こう-きょう [0]【荒凶】[名]〔文章語〕不作。凶作。

こう-きょう [0]【高教】[名]〔文章語〕相手の教えを立てて言う語。お教え。手紙に使う。「—をあおぐ」

こう-きょう [0]【交響】[名][自サ] いろいろな音がひびきあう

こと。—楽(がく)[キョ][名] 交響曲・交響詩・交響組曲など、大規模編成の管弦楽演奏を前提とした楽曲。—曲(きょく)[キョ][名] ふつう、四楽章からなるソナタ形式の緊密な構成をもつ管弦楽曲。シンフォニー。

こう-きょう[0]【口供】[名][他サ] ❶意見などを、直接口で述べること。❷裁判官の問いに対して、被告・証人などが答えること。供述。—書(しょ)[0]/[キョ][名] 法廷で、被告・証人などの述べたことを書きまとめた書類。

こう-ぎょう[コ]【工業】[名] 原料や半製品を加工し、役だつ物を作りだす産業。—高等専門学校(こうとうせんもんがっこう)[ガ][名] 中堅技術者の養成を目的とする五年制の学校。入学資格は中学卒。—デザイン[ザ][名] 工業生産品のデザイン。インダストリアルデザイン。—用水(ようすい)[ヨ][名] 種々の生産工場で必要とする水。

こう-ぎょう[0]【功業】[名] ❶てがらとなる事業。❷功績。てがら。

こう-ぎょう[コ]【鉱業】【×礦業】[名] 鉱物の採掘や精錬の事業。

こう-ぎょう[0]【興業】[名] 産業・事業をさかんにすること。

こう-ぎょう[0]【×鴻業】[名][文章語] 大きな事業。

こう-ぎょう[0]【興行】[名][他サ] 芸能・スポーツなどを、入場料をとって見せること。「—を打つ」「顔見世—」

ごう-きょう[0]【剛強】[名][形動] 強く手ごわいこと。↕軟弱。

こう-きょういく[キョ]【公教育】[名] 法律の規定にもとづいておこなわれる教育。国立・公立学校のほか、私立学校による教育も含む。[参考] おもに初等・中等教育についていう。

こうきょうかい[キョ]【公教会】[名] ローマカトリック教会。天主教会。

こう-ぎょく[0]【紅玉】[名] ❶あか色の鋼玉。ルビー。❷りんごの一品種。㊎秋

こう-ぎょく[0]【硬玉】[名] 宝石の一つ。ナトリウムをふくむ輝石の一種で、色は緑・白。翡翠(ひすい)。

こう-ぎょく[0]【鋼玉】[名] 宝石の一つ。酸化アルミニウムよりなり、ダイヤモンドについでかたく、装飾品・ガラス切り用。赤いものをルビー、青いものをサファイアという。

こう-きん[0]【公金】[名] 政府や公共団体のかね。おおやけのかね。「—横領」

こう-きん[0]【行金】[名] 銀行の所有するかね。

こう-きん[0]【抗菌】[名] 有害な細菌のふえるのを防ぐこと。⇩殺菌[参考]。—性(せい)物質(ぶっしつ)[フ][名] ➡抗生物質。

こう-きん[0]【拘禁】[名][他サ] 人をつかまえて、とじこめること。[参考] 法律では「抑留(よくりゅう)」が短期の拘束であるのに対し、「拘禁」は比較的長期の拘束をいい、「勾留(こうりゅう)」に相当する。

こう-ぎん[0]【高吟】[名][他サ] 声たかく詩歌(しいか)をよみあげ、またはうたうこと。高唱。

ごう-きん[0]【合金】[名] 二種以上の金属をまぜとかしてできる金属。

こう-く[コ]【鉱区】[名] 鉱物を掘りとることのできる特定の区域。

こう-く[コ]【校区】[名]〔西日本で使う〕学区。

こう-ぐ[コ]【工具】[名] 工作に使う道具。

こう-ぐ[コ]【香具】[名] ❶においもの・たきものの材料。じゃこう・びゃくだんなど。❷香をたくのに使う器具。

こう-ぐ[コ]【校具】[名] 学校そなえつけの用具。

こう-ぐ[コ]【耕具】[名] 農耕用の道具。

ごう-く[ゴ]【業苦】[名]〔仏〕前世のわるいおこないのために、現世で受けるくるしみ。

こう-くう[0]【口×腔】[名] ➡こうこう。

こう-くう[0]【航空】[名] 空を飛ぶためにつくった乗り物で空中を移動すること。—機(き)[ク][名] 飛行機・飛行船・気球などの総称。—自衛隊(じえいたい)[0][名] 自衛隊の一つで空をまもる役目をもつもの。—写真(しゃしん)[シャ][名] 飛行機で上空から地上をうつした写真。空中写真。—標識(ひょうしき)[ヒョ][名] 航空機の機体にしめす、国籍・登録記号。—便(びん)[0][名] 航空機ではこぶ郵便。エアメール。飛行便。—母艦(ぼかん)[ボ][名] 多くの航空機をのせ、艦上で発着させる軍艦。空母。

こう-くう[0]【高空】[名] 空の高いところ。↕低空。

こう-ぐう[グ]【皇宮】[名] 皇居。—警察(けいさつ)[ケ][名] 皇族の護衛や、皇居・御所などの警備をつかさどる警察組織。

こう-ぐう[0]【厚遇】[名][他サ] 手あつくもてなすこと。優遇。礼遇。↕冷遇・酷遇・薄遇。

こう-ぐち[0]【坑口】[名] 炭坑などの坑道の入り口。

こう-くつ[0]【後屈】[名][自他サ] 後方にまがること。また、まげること。↕前屈。

ごう-ぐら[0]【郷倉】[名] 江戸時代、年貢米(ねんぐまい)や不作の年にそなえる穀物を入れるため、農村にもうけた倉。

こうくり《高句麗》紀元前後から七世紀末にかけて中国東北部の南部と朝鮮半島の北部一帯をしめていた国。三韓(さんかん)の一つ。高麗(こま)。

こう-くん[0]【紅×裙】[名][文章語]〔「裙」は着物のすその意〕美女。また、芸者。

こう-くん[0]【校訓】[名] その学校の、生徒指導の基本とすることば。

こう-ぐん[0]【皇軍】[名] 天皇のひきいる軍隊。もとの日本の軍隊の称。

こう-ぐん[0]【行軍】[名][自サ] 軍隊などの行進・移動。

こう-げ[コ]【香華】[名] 仏前に供える香と花。「—をたむける」

こう-げ[コ]【高下】㊀[名] ❶位のたかいことと、ひくいこと。上下。「地位の—」❷まさることと、おとること。優劣。「品質の—」㊁[名][自サ] 価格のあがりさがり。高低。

こう-けい[0]【口径】[名] 円筒形のものの口のさしわたし。「ピストルの—」

こう-けい[0]【公×卿】[名][文章語] ➡くぎょう。

こう-けい[0]【光景】[名] 一場面としてとらえられるような、目の前の風景や状況。「山頂からのすばらしい—」「事故の生々しい—」

こう-けい[0]【肯×綮】[名][文章語]〔「肯」は骨についた肉、「綮」は筋と肉のつながり目〕物ごとのかなめ。急所。—に当(あ)たる ぴたりと急所をつく。「—発言」

こう-けい[0]【後景】[名] ❶うしろの方のけしき。↕前景。❷舞台の背景。

こう-けい[0]【後継】[名] あとをつぐこと。あとつぎ。「—内閣」

こう-けい[0]【黄経】[名] 黄道をもとにした天文学上の座標。黄道と天の赤道のまじわる春分点を零度とし、全体を三六〇度に分ける。↕黄緯。

こう-げい[0]【工芸】[名] 美術的な作品を作る工作。漆器・陶磁器・染織品など。

ごう-けい[0]【合計】[名][他サ] 合わせてかぞえること。また、その総額。

こう-けいき[ケ]【好景気】[名] 景気のよいこと。好況。↕不景気。

黄道の北極
天体
黄緯
黄道
天の赤道
黄経
春分点
黄道の南極

黄経

こう-げき⓪【攻撃】名他サ ❶攻めること。「―をしかける」↕守備。❷相手の欠点を取り立ててなじること。

こう-けち⓪【×纐×纈】名 模様をほりつけた板二枚で、布または糸をはさみ、しめつけて模様を白く染めぬく法。いたじめ。こうけちぞめ。こうけつ。

こう-けつ⓪【×膏血】名 あぶらと血。**―を絞**しぼ**る** 高い税金をとりたてる。

こう-けつ⓪【高潔】形動 ダロ・ダッ・デ・ニ/ダ・ナ・ナラ・○ けだかくて、きよらかなようす。「―な人格」

ごう-けつ⓪【豪傑】名 ❶武勇にすぐれて腹のすわった人物。❷〔俗語〕人と変わった行動をだいたんにする人。

こう-けつあつツ【高血圧】名 血圧が標準より高くなった症状。脳出血などになりやすい。↕低血圧。

こう-けん⓪【公権】名 法律できめられた国家や個人のもつ権利。国が納税義務や刑罰を課する権利、個人の参政権など。↕私権。

こう-けん⓪【効験】名 ききめ。しるし。効能。「―あらたか」

こう-けん⓪【高見】名〔文章語〕相手の意見を高めて言う語。「ご―をお聞かせください」

こう-けん⓪【高検】名「高等検察庁」の略。

こう-けん⓪【貢献】名自サ 他のため役にたつこと。「社会―」

こう-けん⓪【後見】名他サ ❶幼い主人をたすけて代理となること。また、その人。うしろみ。うしろだて。❷親がいない未成年者や成年被後見人の財産を管理し、その法律行為を代行する職務。また、その人。後見人。❸能・歌舞伎かぶきなどで、舞台にいて演技の世話をする役。また、その人。

こう-げん⓪【巧言】名 口さきだけでうまく言うことば。「―をあやつる」**―令色**れいしょく**鮮**すく**な**し**仁**じん ことばたくみで、あいそのいい人間に人格者はいない。参考「論語」の中のことば。

こう-げん⓪【光源】名 光を出すもと。

こう-げん⓪【抗原】名 からだにはいるとそれに対する抗体・免疫体のできるようにはたらく物質。抗原体。

こう-げん⓪【荒原】名 あれはてた野原。

こう-げん⓪【高原】名 山地にある広くてたいらな地域。

こう-げん⓪【×膠原】名 動物の結合組織を構成する繊維状のたんぱく質。**―病**びょう⓪名 人体の結合組織の異状によって起こる病気の総称。発熱・関節痛などの複雑な症状をまねく。

こう-げん⓪【広言】名自サ 無責任に大きなことを言うこと。大言。「―を吐く」

こう-げん⓪【抗言】名自サ 相手にさからって言いかえすこと。

こう-げん⓪【高言】名自サ えらそうに言うこと。

こう-げん⓪【公言】名他サ おおっぴらに言うこと。

ごう-けん⓪【合憲】名 憲法の趣旨にあっていること。↕違憲。

ごう-けん⓪【剛健】形動 ダロ・ダッ・デ・ニ/ダ・ナ・ナラ・○ 心身がつよくてしっかりしているようす。「質実―」

こうげん-がくゲ【考現学】名 現代の社会現象をしらべてその真相をさぐる学問。モデルノロジー。参考「考古学」をもじったもの。

こうけん-りょくケ【公権力】名 国や地方公共団体が、支配者として国民に対してもっている力。また、その力を行使する国家自体をあらわすこともある。

こう-こコ【考古】造 昔のことを研究すること。「―博物館」**―学**がく コ2名 遺跡・遺物にもとづいて、大昔の人類の生活・文化などを研究する学問。↕考現学。

こう-こコ【公庫】名 政府が資金を全額出資した金融機関。国の経済政策・社会政策の実現のために融資を行う。

こう-こコ【好個】名〔文章語〕ちょうどいいこと。「―の見本だ」

こう-こコ【江湖】名〔文章語〕(長江(揚子江ようすこう)と洞庭湖どうていこ)世間。世の中。「―の批判をもとめる」

こう-こコ【後顧】名 あとの事を心配すること。**―の憂**うれ**い** あとあとの心配。

こう-こ⓪【香×香】名(「こうこう」の変化)こうのもの。つけもの。

こう-こコ【×曠古】名〔文章語〕(いにしえをむなしくする)前例のないこと。空前。未曽有みぞう。「―の偉業」

こう-ご⓪【口語】名 ↕文語。❶はなしことば。口頭語。❷現代のふつうのことば。現代語。**―体**たい⓪名「口語❷」の言いかた。また、その文体。↕文語体。**―文**ぶん コ⓪名「口語❷」で書かれた文章。↕文語文。**―法**ほう⓪名「口語❷」の文法。↕文語法。

こう-ごコ【交互】名 両方が、また、両方をかわるがわるにすること。たがいちがい。

こう-ごコ【向後】名 今後。こののち。きょうこう。きょうご。

ごう-ごゴ【豪語】名自サ えらそうに大きなことを言うこと。また、そのことば。大言壮語。

こう-こう⓪【口×腔】名 口からのどまでの空間。参考 医学では「こうくう」という。

こう-こう⓪【工高】名「工業高等学校」の略。

こう-こう⓪【後考】名〔文章語〕あとで考えること。**―に待**ま**つ** あとでよく考える。あとの人に考えてもらう。

こう-こう⓪【後攻】名 攻守が交替する方式のゲームで、あとから攻めること。あとぜめ。↕先攻。

こう-こう⓪【後項】名 ❶法令などで、一つ後の項目。次項。❷文章で後にかかげた事項。

こう-こう⓪【皇考】名〔文章語〕天皇の、なくなった父君。

こう-こう⓪【香香】名 つけもの。こうのもの。おこうこう。こうこ。

こう-こう⓪【高工】名 旧制の「高等工業学校」の略。

こう-こう⓪【高校】名「高等学校」の略。「―生」

こう-こう⓪【黄口】名〔文章語〕(鳥のひなのくちばしの黄色いこと)年が若く経験の浅いこと。

こう-こう⓪【港口】名 みなとの出入り口。

こう-こう⓪【硬×膏】名 常温ではとけないが、体温に接すると粘着性をもつ、ろうのようなこうやく。↕軟膏なんこう。

こう-こう⓪【×膏×肓】名〔文章語〕(「膏」は心臓の下、「肓」は横隔膜の上)内臓の奥深くて病気のなおしにくい部分。「やまい―に入る」参考 俗に「こうもう」という。

こう-こうコ【孝行】名自サ形動 親によくつかえること。親孝行。孝。↕不孝。参考 妻を大切にすることをいう「女房孝行」という語もある。

こう-こう⓪【航行】名自サ ❶船で水上を行くこと。❷航空機で空中を行くこと。

こう-こう⓪【×皓×皓】と副 たる連体 白いようす。あかるいようす。「―たる月の光」

こう-こう⓪【×煌×煌】と副 たる連体 きらきらかがやくようす。「―たるライト」

こう-ごう⓪【×咬合】名〔医〕上の歯と下の歯のかみ合わせ。「反対―」

こう-ごうゴ【皇后】名 天皇の正妻。きさき。

こう-ごう⓪【香合】【香×盒】名 香のいれもの。香箱。

こう-ごう◎【交合】名自サ 性交。

ごう-こう◎【×毫光】名〔文章語〕〔「毫」はほそい毛〕仏のひたいにある白毫(びゃくごう)から四方にさすほそい光。「―がさす」

ごう-ごう◎/ゴ2【×囂×囂】と副 たる連体 やかましく言いたてるようす。「―たる非難の声」「喧喧(けんけん)―」

ごう-ごう◎/ゴ2【×轟×轟】と副 たる連体 大きな音がとどろきひびくようす。「―たるエンジンの音」

こう-こうがい コ2【硬口蓋】名 口の中のうわあごの前半部でかたい部分。↔軟口蓋。

こうごうし・い シ【神神しい】〔かうがう-〕形〔カロ―カッ・ク―イ―イ―ケレ―○〕けだかくおごそかなようす。「―ふんい気」 **神神しさ** 名 **かうがう・し** 文語シク

こうこう-せい◎【向光性】名 向日性(こうじつせい)。

こう-ごうせい ゴ【光合成】名 緑色植物が光のエネルギーを利用して、炭酸ガスと水から炭水化物をつくること。

こうこう-や コ2【好好×爺】名 やさしく、気のいい男の老人。

こう-こく◎【公国】名 公の称号をもつ元首が統治する、ヨーロッパの小国。「リヒテンシュタイン―」

こう-こく◎【皇国】名 天皇のおさめる国。日本。すめらみくに。参考 第二次世界大戦時まで使われた。

こう-こく◎【興国】名 国の勢いをさかんにすること。また、勢いのさかんな国。↔亡国。

こう-こく◎【×鴻×鵠】名〔文章語〕〔「鴻」はおおとり、「鵠」はくぐい。いずれも大きな鳥〕大人物のこと。 **―の志(こころざし)** 大人物の心のうち。「燕雀(えんじゃく)いずくんぞ―を知らんや」

こう-こく◎【抗告】名自サ 裁判所や行政官庁の決定・命令に対し、上級の裁判所・官庁に不服を申し立てること。

こう-こく◎【公告】名他サ 国・公共団体などが、広告・掲示などによってひろく世間につげ知らせること。

こう-こく◎【広告】名他サ ❶ひろく世間一般につげ知らせること。❷商品・事業などをひろく世間一般に知らせ、人々の関心をひくこと。また、その文書・記事・放送など。 **―塔(とう)** ◎名 ❶宣伝のための建造物。❷組織や団体の宣伝の役目を果たす有名人。

ごう-こく◎【号×哭】名自サ〔文章語〕大声で泣き叫ぶこと。号泣。

こう-こつ◎【硬骨】㊀名 かたいほね。↔軟骨。㊁名形動 正義をおもんじ意志・主張をまげないこと。 **―漢(かん)** ツ/コ2名 正義感がつよく、意志のかたい男。ほねのある男。 **―魚類(ぎょるい)** ギョ名 魚類のうち、骨格の大部分が硬骨からなるもの。魚類の大部分を占める。↔軟骨魚類。

こう-こつ◎【×恍×惚】と副 たる連体 ❶心を奪われてうっとりするようす。「―と見とれる」❷年をとって、病的にぼんやりしているようす。 **―境(きょう)** ◎名 われをわすれて、うっとりとしている状態。「―に入る」

こうこつ-ぶん ツ【甲骨文】名 甲骨文字。

こうこつ-もじ モ【甲骨文字】名 かめの甲やけものの骨などにきざまれた、中国古代の象形(しょうけい)文字。

こう-こん◎【黄×昏】名〔文章語〕たそがれ。夕方。

ごう-コン◎【合コン】名〔俗語〕〔「合同コンパ」の略〕二つのグループがいっしょに行うパーティーや懇親会。

こう-さ コ【公差】名 等差数列(級数)で、となりあう二項の差。

こう-さ コ【黄砂】名 ❶黄色の砂。❷中国北西部で、黄色い砂が強風に舞い上げられて空をおおう現象。春、日本にも及ぶことがある。春

こう-さ コ【▲較差】名〔文章語〕〔「かくさ」は慣用読み〕最高と最低、最大と最小の差。

こう-さ コ【考査】名他サ ❶しらべて判断すること。「人物を―する」❷生徒の学業成績をしらべること。テスト。

こう-さ◎/コ【交差】【交×叉】名自他サ 十文字や、すじかいにまじわること。また、まじえること。 **―点(てん)** ◎/サ名 ❶二つの線がまじわる点。❷二本以上の道路がまじわる地点。

こう-ざ◎【口座】名 ❶帳簿で、勘定科目ごとにもうける区分。❷「預金口座」の略。預金するとき、銀行などに個人や会社の名前で設ける。❸「振替口座」の略。

こう-ざ コ【高座】名 説教・講演・演芸などをする人があがる、一段高くなった席。特に、寄席(よせ)の舞台。

こう-ざ◎【講座】名 ❶大学で、講義する学科ごとに教授・助教授・講師などで編成された組織。❷体系的に編集・編成したやや啓蒙(けいもう)的な出版物や放送番組。

こう-さい◎【口才】名 しゃべることの才能。また、それにすぐれていること。

こう-さい◎【公債】名 国家・地方公共団体などが、外国や国民から臨時にかりいれる債務。また、その証券。

こう-さい◎【光彩】名 うつくしくかがやく光。「―を放つ」 **―陸離(りくり)** リ―名〔文章語〕光が色うつくしくきらめくようす。また、ひときわすぐれているさま。

こう-さい◎【▲虹彩】名 眼球の前のほうにある円盤状のうすいまく。中心に円い穴(瞳孔(どうこう))がある。⇩眼球(図)。

こう-さい◎【香菜】名 ➡コリアンダー。

こう-さい◎【高裁】名「高等裁判所」の略。

こう-さい◎【鉱×滓】名 ➡こうし。

こう-さい◎【交際】名自サ 人と人とのまじわり。つきあい。「―費」「―を絶つ」 **―家(か)** ◎名 つきあいのじょうずな人。つきあいの広い人。

こう-ざい◎【功罪】名 てがらとつみ。 **―相半(あいなか)ばする** てがらもあるが、同じくらいのつみもある。

こう-ざい◎【鋼材】名 鋼板・鋼棒・鋼管などの、建築や工業の材料。

ごう-ざい◎【合剤】名 一種または二種以上の薬剤を水に溶解、または混和した薬剤。

こう-さく◎【工作】㊀名 ❶道具や機械を用い、原材料を加工して、物品を製造する技術や技能。❷小学校の教科の一つ。「図画工作」として、簡単な道具の使い方を学び、紙や木などから簡単な構造の品物をつくる手わざ。㊁名自サ ある目的のために、他にはたらきかけること。下ごしらえをすること。「原案通過の―をする」 **―員(いん)** ク名 情報の収集やスパイ活動など、秘密の活動をする人。 **―機械(きかい)** カ/キ名 金属を切ったり、けずったり、みがいたりする機械。機械をつくる機械。旋盤(せんばん)やボール盤など。

こう-さく◎【高作】名〔文章語〕すぐれた作品。相手の作品をうやまっていう語。「ご―を拝見する」

こう-さく◎【鋼索】名 鋼鉄のはりがねをよりあわせてつくった綱。ワイヤーロープ。 **―鉄道(てつどう)** テ名 ケーブルカー。

こう-さく◎【交錯】名自サ いりまじること。いり組むこと。錯綜(さくそう)。「多くの条件が―してわかりにくい」

こう-さく◎【耕作】名他サ 田畑をたがやして作物をつくること。

こう-さつ◎【高札】名 ❶昔、規則・命令などを書いて、町中などに高くかかげたたてふだ。❷〔文章語〕相手の手紙の尊敬語。

こう-さつ◎【高察】名〔文章語〕相手の推察の尊敬語。手紙に使う。

こう-さつ◎【考察】名他サ かんがえ調べて、あきらかにすること。「原因の―」

こ

こう‐さつ ⓪【絞殺】名他サ 首をしめてころすこと。

こう‐ざつ ⓪【交雑】名自他サ ❶入りまじること。❷遺伝子の組み合わせの異なる個体の間で交配を行い、雑種をつくること。交配。

ごう‐さらし [サ]【業さらし】【業×曝(×晒)し】名 ❶前世でのわるいおこないのむくいに、この世で恥をさらすこと。また、その人。❷人をののしる語。「この―め」

こう‐さん ⓪【公算】名 みこみ。確率。「成功の―が大きい」

こう‐さん ⓪【恒産】名 ❶一定の財産。❷さだまった職業。 **―無きものは恒心無し** さだまった財産・職業がなければ、安定した正しい心をもつことができない。

こう‐さん ⓪【鉱産】名 鉱業上の生産。また、生産物。

こう‐さん ⓪【降参】名自サ ❶戦いに負けて敵にしたがうこと。降伏。❷閉口すること。「この暑さには―だ」

こう‐ざん ①【江山】名〔文章語〕川と山。

こう‐ざん ①【高山】名〔文章語〕たかい山。 **―植物** [ク]名 高山帯に生息する植物。こまくさ・黒ゆり・ちんぐるま・はいまつなど。 **―帯** ⓪名 植物の垂直分布で、森林の分布しうる限界より上、雪線より下の地帯。日本の中部では海抜二五〇〇メートル以上の地帯。 **―病** ⓪名 高い所で、気圧が低く酸素が少ないためにおこる病気。山岳病。

こう‐ざん ①【鉱山】名 鉱物を掘りとる山。

こう‐し ⓪【子牛】【×仔牛・×犢】名 牛のこども。

こう‐し ①【口試】名「口頭試問」「口述試験」の略。

こう‐し ①【公子】名〔文章語〕貴族の男の子。きんだち。

こう‐し ①【公私】名 おおやけとわたくし。公事と私事。「―の区別」

こう‐し ①【公使】名 外国に駐在する外交官。大使の次の地位。 **―館** [シ]名 公使がその駐在国で事務をとる所。

こう‐し ①【光子】名 量子論で、ひかりを一種の粒子と考えたときの、ひかりの粒子。

こう‐し ①【考試】名 学生や公務員志願者などの学力・資格をためし調べて、及落・採否をきめること。試験。

こう‐し ①【孝子】名 親に孝行な人。

こう‐し ①【厚志】名 親切な気持ち。厚情。厚意。⇩高配 参考。

こう‐し ①【後肢】名 あとあし。↕前肢。

こう‐し ①【後嗣】名〔文章語〕あとをつぐ人。あとつぎ。

こう‐し ①【皇嗣】名 皇位継承の第一順位にあたる人。

こう‐し ⓪【格子】名 ❶細い角材をたてよこに組んで、間をすかしたもの。❷こうし戸。❸こうしじま。 **―×縞** ⓪名 こうしの模様のしま織物。 **―造り** [ツ]名 道路に面した出入り口の戸や窓に、こうしをつけた家。 **―戸** [シ]名 こうしのはまった戸。

格子❶

こう‐し ①【高士】名〔文章語〕❶人格がけだかくてきよらかな人。❷世間からかくれているすぐれた人物。

こう‐し ①【高師】名「高等師範学校」の略。旧制で、中等教育の教員を養成した官立学校。

こう‐し ①【×皓歯】名〔文章語〕白い歯。「明眸―」

こう‐し ①【鉱×滓】名 金属を製錬するときに出る非金属性のかす。参考 慣用読みの「こうさい」でよぶことが多い。

こう‐し ①【×嚆矢】名（嚆矢はかぶらや。昔、戦いの初めに、かぶら矢を射たことから）物ごとの初め。最初。

こう‐し ①【講師】名（「こうじ」と読めば別語）❶講演・講習をする人。❷その学校の専任の教師ではなく、たのまれて外部からきておしえる人。❸大学の教育職の一つ。准教授の下。

こう‐し ①【行使】名他サ 権利や力を実地に使い用いること。「実力―」

こうし《孔子》紀元前五五二－紀元前四七九。中国、春秋時代の学者・思想家。名は丘、あざなは仲尼。儒教の祖。孔子の思想は、死後、でしたちがそのことばや行動をしるした書物「論語」にうかがわれる。

こう‐じ ⓪【×麴・×糀】名 米・麦・大豆などをむし、こうじ菌を繁殖させたもの。酒・しょうゆなどの醸造用。

こう‐じ ①【小路】名 幅のせまい町中の道。↕大路。

こう‐じ ①【口耳】名 くちと、みみ。 **―の学** 〔文章語〕他から聞いたことをそのまま話す、自分自身のものになっていない学問。うけうりの学問。

こう‐じ ①【工事】名 土木・建築などの仕事。 **―場** ⓪名 工事をおこなっている場所。工事現場。

こう‐じ ①【公事】名（「くじ」と読めば別語）おおやけのしごと。↕私事。

こう‐じ ①【好事】名〔文章語〕（「こうず」と読めば別語）❶いいこと。めでたいこと。❷いい行い。 **―魔多し** いいことやめでたいことには、とかく、じゃまがはいりやすい。

こう‐じ ①【好餌】名 ❶いいえさ。人をうまくさそいだすためのもの。❷簡単に人のぎせいになるもの。かっこうのえじき。「強欲な商売人の―となる」

ね。「―をもって人をつる」

こう‐じ ①【後事】名 ❶将来のこと。❷死後のこと。「―を友に託する」

こう‐じ ⓪【×柑子】名 こうじみかん。㊙ **―色** ⓪名 黄と赤の中間色。だいだい色。 **―▲蜜×柑** [ミ]名 みかんの一種。果実は小さく、すっぱい。㊙

こう‐じ ①【高次】名 たかい次元。たかい程度。「―の段階」

こう‐じ ⓪【硬磁】名 高温で焼きあげたかたい磁器。硬質磁器。食器・電気器具・化学用具などにする。

こう‐じ ①【講師】名（「こうし」と読めば別語）❶宮中の歌会始めの披講式で、和歌をよみあげる役の人。❷法会のときなどに高座で経文を講説する高僧。❸〔古語〕諸国の国分寺におかれた僧官。「講師、馬の餞しに出でませり」〈土佐〉

こう‐じ ⓪【公示】名他サ 国・公共団体などがひろく世間にしめして知らせること。「総選挙の期日の―」↕内示。

ごう‐し ⓪【合資】名 資本を出しあうこと。 **―会社** [ガ]名 無限責任社員（経営担当）と有限責任社員（資本担当）とからなる会社。

ごう‐し [ゴ]【郷士】名 ❶いなかにすみついた武士。❷武士の待遇をうける農民。

ごう‐し ⓪/[ゴ]【合×祀】名他サ 二柱以上の神を一つの神社にあわせまつること。

こうしえん《甲子園》❶兵庫県西宮市の地名。❷❶にある阪神甲子園球場の略称。❸❷で開催される硬式の高校野球の全国大会。転じて、高校の部活動などの全国大会の呼び名としても用いられる。「俳句―」

こう‐しき ⓪【公式】名 ❶おおやけにきめられた方式。「―の発表」↕非公式。❷どんな数についても成立する一般法則を記号で書きあらわした式。 **―主義** [シュ]名 原理や方式にとらわれ、ゆうずうのきかないやりかた。 **―戦** ⓪名 スポーツで、正式の日程にしたがってそれぞれのチームがおこなう試合。プロ野球のペナントレースなど。↕オープン戦。 **―的** ⓪形動 規則どおりにするようす。「―な処置」

こう‐しき ⓪【硬式】名 野球・テニスなどで、かたいボールをつかってする方式。↕軟式。

こうじ‐きん ⓪【こうじ菌】【×麴菌】― 名 でんぷんを

糖分にかえる働きをもつかび。

こう-しせい シ【高姿勢】名 へりくだらず強い態度をとること。↕低姿勢。

こう-しつ 0【後室】名 夫のなくなった、身分のある女性。

こう-しつ 0【皇室】名 天皇の一族。 **―典範**(てんぱん) テ名 皇室に関することをきめた規則。

こう-しつ 0【硬質】名 かたい性質。↕軟質。

こう-しつ 0【×膠質】名〔化〕コロイド。

こう-じつ 0【口実】名 いいわけ。いいぐさ。「もっともらしい―をもうける」

こう-じつ 0【好日】名〔文章語〕気持ちのよい楽しい日。

こうじつ-せい 0【向日性】名 植物が日光のあたる方向にのびる性質。向光性。↕背日性(はいじつせい)・横日性(おうじつせい)。

こうじつ-びきゅう 0【×曠日▲弥久】名〔文章語〕〔日をむなしくして久しきにわたる〕むだに日をすごすこと。

こう-して 0【こうして】【×斯うして】―(こう) 接続 このようにして。かくて。かなりの時間の経過とともに起こったことを述べ、それをまとめて、結びのことばをみちびく。「―、村には再び平和な日々が戻りました」

こうじ-ばな ジ/0【こうじ花】【×麹花】―(こうじ) 名 むした米にこうじ菌がふえて、うす黄色となったもの。

こう-しゃ コ【公社】名 ❶国家の全額出資によってつくられた公共企業体。参考 以前は、日本国有鉄道・日本電信電話・日本専売の三公社や日本郵政公社があった。❷地方公共団体などが設立した法人で、公社の名をもつもの。地方公社。 **―債**(さい) シャ名 ❶公社が発行する債券。❷公債と社債をひっくるめていうことば。

こう-しゃ コ【公舎】名 公務員の宿舎。

こう-しゃ コ【後車】名 あとにつづく車。↕前車。

こう-しゃ コ【後者】名 二つあるうち、あとのもの。↕前者。

こう-しゃ コ【校舎】名 学校の建物。

こう-しゃ コ【講社】名 神仏の信者の団体。講中(こうじゅう)。

こう-しゃ コ【降車】名自サ 車からおりること。下車。↕乗車。

こう-しゃ コ【巧者】名形動 器用で、じょうずなこと。また、その人。「はなし―な人」

ごう-しゃ ゴ【郷社】名 もと、神社の格の一つ。村社の上、府県社の下。↕村社・県社。

ごう-しゃ ゴ【豪×奢】名形動 ひどくぜいたくで、はでなこと。「―な生活」

こう-しゃく コ【公爵】名 もと、五等爵の第一位。公。

こう-しゃく コ【侯爵】名 もと、五等爵の第二位。侯。

こう-しゃく コ/ク【講釈】名他サ ❶文章・語句の意味を説明すること。❷講談。 **―師**(し) ク/シャ名 講談を語ることを職業とする人。講談師。

こうじゃく-ふう ク【黄×雀風】名 陰暦五月に吹く南東風。㊰夏

こうしゃ-ほう 0【高射砲】名 航空機をうつ大砲。高角砲。

こう-しゅ コ【工手】名 鉄道・電気などの工事をする人。

こう-しゅ コ【公主】名 中国で、天子の娘。

こう-しゅ コ【巧手】名 たくみなわざ。また、わざのたくみな人。

こう-しゅ コ【甲種】名 幾種類かある中の、第一等の種類。

こう-しゅ コ【好手】名 碁や将棋などで、うまい打ち方や指し方。「―を放つ」

こう-しゅ コ【攻守】名 攻めることと、まもること。「―所をかえる」 **―同盟**(どうめい) ド名 共同して他国を攻め、また、他国の攻撃をふせごうとする、二国以上の同盟。

こう-しゅ コ【校主】名 学校の持ちぬし。

こう-しゅ コ【絞首】名 ❶くびをしめること。❷絞首刑。 **―刑**(けい) シュ/0名 絞首による死刑。しばりくび。

こう-しゅ コ【×叩首】名自サ〔文章語〕頭を地につけて礼拝すること。叩頭(こうとう)。「―再拝」

こう-しゅ コ【好守】名自サ 野球などで、うまくまもること。↕拙守。

こう-しゅ コ【×拱手】名自サ〔文章語〕⬇きょうしゅ。

こう-しゅ コ【耕種】名他サ〔文章語〕田畑をたがやし、作物の種をまき、苗を植えること。

こう-じゅ コ【皇寿】名〔「皇」を「白」と「王」に分解し、「白」を「九十九」、「王」を「一」と「十」として、それを足すと「百十一」になることから〕百十一歳の祝い。⇩賀の祝い(表)。

こう-じゅ コ【×鴻儒】名〔文章語〕❶儒学の大学者。❷大学者。

こう-じゅ コ【口授】名他サ 口で言って教えなどをさずけること。くじゅ。「秘伝の―」↕筆授。

ごう-しゅ ゴ【強酒・豪酒】名 大ざけを飲むこと。また、そういう人。

こう-しゅう 0【口臭】名 口中のくさいにおい。

こう-しゅう 0【公衆】名 世間一般の人々。大衆。 **―衛生**(えいせい) エ名 社会の組織的な努力によって、病気を予防し、健康な社会にしようとすること。 **―電話**(でんわ) デ名 公衆が料金を入れて自由に利用できるように、街頭や店先などにもうけられた電話。 **―道徳**(どうとく) ド名 公衆が、たがいに迷惑をかけないために守るべき道徳。 **―便所**(べんじょ) ベ名 公衆が利用するための、街頭や公園に設置された便所。公衆トイレ。

こう-しゅう 0【講習】名他サ 人が集まって学問・技芸を学びならうこと。また、人を集めて教えならわせること。

こうしゅう《甲州》⬇かい(甲斐)。

こう-じゅう コ【講中】名 ❶神仏の信者のつくった団体。❷たのもし講・無尽講の仲間。

ごうしゅう《江州》⬇おうみ(近江)。

ごうしゅう《豪州・濠州》オーストラリア。

ごうしゅう-あきんど キ【江州▲商▲人】名 江州出身の商人。大商人が多い。近江(おうみ)商人。

こうしゅう-かいどう《甲州街道》江戸時代の五街道の一つ。江戸日本橋から甲斐(かい)の甲府(こうふ)に通じたもの。⇩五街道(図)。

こうじゅうじ ジュ【紅十字】名 中国の赤十字。

こうしゅうは シュ【高周波】名 ある基準・範囲よりも振動数の大きい電波・電流。↕低周波。 **―ミシン** ミ名 高周波の加熱作用でプラスチック材料を接着する機械。

こう-じゅく 0【紅熟】名自サ まっかに熟すること。

こう-じゅく 0【黄熟】名自サ ⬇おうじゅく。

こう-しゅつ 0【後出】名 文章で、そこよりうしろに出てくること。後掲。後述。↕前掲・前述・上述・先述。

こう-じゅつ 0【公述】名自サ 公聴会などで意見を述べること。

こう-じゅつ 0【口述】名他サ 口で述べること。「―書」↕筆述。 **―試験**(しけん) シ/ケ名 口で答えさせる試験。↕筆記試験。

こう-じゅつ 0【後述】名他サ あとで述べること。↕前述・先述。

こうじゅ-ほうしょう ホ【紅×綬褒章】名 人命を助けた人をたたえて、国があたえる赤いリボンのついた記章。

こう-じゅん[0]【降順】[名] コンピューターでデータを並べ替えるときに、文字コードの大きいほうから小さいほうへ順に並べること。↕昇順。

こう-じゅん[0]【孝順】[名][形動][文章語] 親につかえてよくしたがうこと。

こう-しょ[コ]【公署】[名] 市区役所・町村役場・警察署・消防署など、地方公共団体の役所。

こう-しょ[コ]【向暑】[名][文章語] 暑い季節に近づくこと。

こう-しょ[コ]【×苟▲且】[名][文章語] かりそめ。一時のまにあわせ。「—の砌(みぎり)」

こう-しょ[コ]【高所】[名] ❶たかい場所。↕低所。❷ひろく見わたす立場。「大所—から指導する」

こう-しょ[コ]【高書】[名][文章語] 相手の手紙・著作の尊敬語。手紙に使う。

こう-しょ[コ]【講書】[名][自他サ] 書物を講義すること。**—始(はじ)め**[ハ][名] 宮中の年中行事の一つ。毎年一月、天皇・皇族の前でおこなわれる学問始めの儀式。[新年]

こう-じょ[コ]【公助】[名] 大きな災害などで、政府や地方自治体から被害地に与えられる援助。地域コミュニティーにおける共助よりも規模の大きなもの。

こう-じょ[コ]【公序】[名] 世間一般の守るべき秩序。「—良俗」

こう-じょ[コ]【孝女】[名] 孝行な娘。

こう-じょ[コ]【皇女】[名] 天皇のむすめ。内親王。おうじょ。

こう-じょ[コ]【高女】[名] 旧制の「高等女学校」の略。

こう-じょ[コ]【控除】【×扣除】[名][他サ] 金銭・数量などをさしひくこと。「扶養—」「基礎—」

ごう-しょ[ゴ]【×劫初】[名]〔仏〕この世のはじめ。

こう-しょう[0]【口証】[名] 口で言う証明。↕物証。

こう-しょう[0]【工匠】[名][文章語] 大工・職人などを芸術家とみなした呼び方。

こう-しょう[0]【工×廠】[名] 兵器・弾薬をつくる、軍の工場。

こう-しょう[0]【公×娼】[名] 昔、おおやけに営業を認められていた売春婦。「—廃止」↕私娼。

こう-しょう[0]【公証】[名] ❶おおやけの証拠。❷国家または地方公共団体の公務員が、職権によっておこなう証明。**—人(にん)**[0][名] 民事に関する公正証書をつくり、一般の人が署名した証書に認証をあたえる権限をもつ人。法務大臣が任命し、地方法務局などに属する。**—役場(やくば)**[ヤ][名] 公証人が事務を取り扱うところ。公証人役場。

こう-しょう[0]【公傷】[名] 公務のためにうけたきず。↕私傷。

こう-しょう[0]【好尚】[名] このみ。はやり。「時代の—にあう」

こう-しょう[0]【行賞】[名][文章語] ほうびをあたえること。「論功—」

こう-しょう[0]【×咬傷】[名] かまれたきず。かみきず。

こう-しょう[0]【校章】[名] 学校の記章。

こう-しょう[0]【降将】[名][文章語] 敵に降参した大将。

こう-しょう[0]【高商】[名] 旧制の「高等商業学校」の略。

こう-しょう[0]【鉱床】[名] 有用鉱物をふくむ岩石のあつまっている場所。

こう-しょう[0]【公称】[名][自サ] ❶おおやけの名称。❷おもてむきに言うこと。「発行部数—十万部」

こう-しょう[0]【交渉】[名][自サ] ❶問題を解決するために相手と話し合うこと。「団体—」❷かかりあい。つきあい。「かれとは何の—もない」

こう-しょう[0]【考証】[名][自サ] 文献などをしらべて、古い事実を明らかにすること。「年号のいわれを—する」

こう-しょう[0]【×哄笑】[名][自サ] 大声でわらうこと。

こう-しょう[0]【口承】[名][他サ] 口から口へとつたえること。**—文芸(ぶんげい)**[ブ][名] 文字に書かれず、人々の口から口へと受けつがれた文芸。民謡・伝説・説話など。伝承文芸。

こう-しょう[0]【口×誦】[名][他サ] 声を出してよむこと。口にとなえること。

こう-しょう[0]【高唱】[名][他サ] 声高くとなえ、うたうこと。高吟。↕低唱。

こう-しょう[0]【高尚】[形動]〔ダロ・ダッ・デ・ニ／ダ・ナ・ナラ・○〕 俗っぽくなくて、りっぱなようす。程度が高いようす。「—な趣味」↕低劣。

こう-じょう[0]【口上】[名] ❶口で言うこと。あいさつ。❷芝居(しばい)などで、襲名や出しものの説明をのべること。**—書(がき)**[0][名] 口上を文章にしたもの。**—書(しょ)**[0]/[ジョ][名] 外交文書の一つ。相手国との討議の記録。また、相手国へ問題を提示するための文書。

こう-じょう[ジョ]【工場】[名] 機械を使って物をつくりだす所。また、その建物。こうば。「自動車—」[参考]「こうじょう」と「こうば」の違いは、もっぱら規模の大小と現代的な設備の有無による。

こう-じょう[0]【交情】[名] つきあいで感じるしたしみの気持ち。「こまやかな—」

こう-じょう[0]【江上】[名][文章語] ❶大きな川の上。❷大きな川のほとり。「—のわびずまい」

こう-じょう[0]【厚情】[名] しんせつな心。厚志。厚意。⇩高配[参考]。

こう-じょう[0]【恒常】[名] いつもかわらないこと。つね。**—心(しん)**[ジョ][名] つねにおちついて動揺しない心。

こう-じょう[0]【荒城】[名][文章語] あれはてたしろ。

こう-じょう[0]【向上】[名][自サ] よりよい方向にむかうこと。進歩。「成績が—する」**—心(しん)**[ジョ][名] 進歩しようとする心。

ごう-しょう[0]【豪商】[名] 大商人。

ごう-じょう[0]【強情】[名][形動] かたくなで、意志をまげないこと。「—を張る」[参考]「剛情」と書くのはあやまり。

こうじょう-せん[0]【甲状腺】[名] のどの下にある内分泌腺。発育・新陳代謝に関するホルモンを分泌する。

こう-しょく[0]【公職】[名] 国や公共団体の職務。おおやけの職務。公務員・議員などの職。**—選挙法(せんきょほう)**[0]/[キョ][名] 国会議員と地方公共団体の長・議員の選挙に関する法律。

こう-しょく[0]【交織】[名] たてとよこに種類のちがう糸を使って織ること。また、その布地。まぜおり。

こう-しょく[0]【黄色】[名] きいろ。おうしょく。「—人種」

こう-しょく[0]【×曠職】[名][文章語]〔「曠」はおろそかにするの意〕職務の責任をつくさないこと。「—のそしり」

こう-しょく[0]【降職】[名][他サ] 職務上の地位をさげること。降任。

こう-しょく[0]【好色】[名][形動] いろごとをこのむこと。いろごのみ。「—な人」

こうしょくいちだいおとこ《好色一代男》〔—をとこ〕 江戸時代前期の浮世草子(うきよぞうし)。井原西鶴(いはらさいかく)の作。町人世之介(よのすけ)の一代の愛欲生活をえがいたもの。

こうしょくごにんおんな《好色五人女》〔—をんな〕 江戸時代前期の浮世草子(うきよぞうし)。井原西鶴(いはらさいかく)の作。実際の事件にもとづいた五編の恋愛小説よりなる。

こう・じる[0]【▲困じる】[自上一]〔ジ・ジ・ジル・ジル・ジレ・ジロ・ジヨ〕〔「こんじる」の変化〕❶こまる。「手段に—」❷くるしむ。なやむ。「貧乏に—」**こう・ず**[文語サ変]

こう・じる [0]/[ジ]【高じる】【×嵩じる・×昂じる】自上一 ジ－ジ－ジル－ジル－ジレ－ジロ・ジヨ ⇒こうずる。

こう・じる [0]/[ジ]【講じる】他上一 ジ－ジ－ジル－ジル－ジレ－ジロ・ジヨ ⇒こうずる。

こう-しん [0]【口唇】名〔文章語〕くちびる。

こう-しん [0]【功臣】名 てがらのあるけらい。

こう-しん [0]【孝心】名 親にまごころをつくす心。

こう-しん [0]【×庚申】名 ❶干支(えと)の一つ。かのえさる。❷庚申待ち。**―塚**(づか) [シ]/[0] 名 悪霊を追いはらうために、道ばたに石碑を立て青面金剛(しょうめんこんごう)をまつったもの。**―×薔×薇**(ばら) [シ] 名 バラ科の常緑低木。紅・白の花が四季に咲く。㊗春 **―待**(ま)**ち** [0] 名 かのえさるの晩に、物語などをして夜を明かすこと。その夜眠るとよくないことがあるという俗信による。

こう-しん [0]【後身】名 境遇がすっかりかわった以後の身のうえ。「貴族の―が、商人となっている」↕前身。

こう-しん [0]【後進】㊀名 あとからすすんでくる人。後輩。「―に道をゆずる」↕先進。㊁名 自サ うしろへすすむこと。すすみかたがおそいこと。後退。「―性」↕先進・前進。

こう-しん [0]【恒心】名〔文章語〕いつも変わらない、しっかりした心。

こう-しん [0]【紅唇】名〔文章語〕赤いくちびる。女の、紅をつけたくちびる。朱唇。

こう-しん [0]【交信】名 自サ 無線などで通信しあうこと。

こう-しん [0]【行進】名 自サ 多数の人・車などが列を組んですすんで行くこと。**―曲**(きょく) [ジ] 名 行進用として使われる二拍子または四拍子の楽曲。マーチ。

こう-しん [0]【航進】名 自サ 船や航空機がすすんで行くこと。

こう-しん [0]【高進】【×亢進・×昂進】名 自サ たかぶっていくこと。ひどくなること。「心悸(しんき)―」

こう-しん [0]【更新】名 自他サ 従前のものがあらたまること。従前のものをあらためること。「世界記録を―した」**―世**(せい) [ジ] 名 地質時代で、新生代の最末期の第四紀の大部分。氷期と間氷期をくりかえした。氷河時代。人類が出現し、現在の火山ができた時代。洪積世(こうせきせい)。

こう-じん [0]【公人】名 公職にある人。「―としての立場」↕私人。

こう-じん [0]【行人】名〔文章語〕旅人。

こう-じん [0]【後人】名〔文章語〕のちの世の人。「―の批判にまかせる」↕前人・先人。

こう-じん [0]【後×塵】名〔文章語〕人・車馬などが走りすぎたあとにたちのぼる土けむり。**―を拝**(はい)**する** ❶地位・権勢のある人につき従う。❷他人に先んじられる。

こう-じん [0]【紅×塵】名 ❶あかみがかった土ぼこり。❷〔文章語〕世間のわずらわしさ。「―をさけて山中でくらす」

こう-じん [コ]【荒神】名 かまどの神。三宝荒神。

こう-じん [0]【黄×塵】名 黄色の土けむり。㊗春 **―万丈**(ばんじょう) [0] 黄色の土けむりが、高くたちのぼるようす。

こう-じん [0]【幸甚】形動 ダロ－ダッ・デ・ニ－ダ－ナ－ナラ－○〔文章語〕非常なしあわせ。「ご賛成いただければ―です」

こうしん-じょ [0]【興信所】名 依頼をうけて、人の素行・信用・財産などを、秘密に調査する機関。

こうじん-ぶつ [ジ]【好人物】名 わるぎのない人。お人よし。

こうしん-りょう [ジ]【香辛料】名 食物にから味や香気をつける調味料。からし・こしょうなど。

こうしん-りょく [ジ]【向心力】名 求心力。↕遠心力。

こうしん-ろく [ジ]【興信録】名 個人・法人の信用程度を明らかにするため、財産・営業状態などの調査の記録をまとめた本。

こう・す【貢す】他サ〔古語〕みつぎ物をたてまつる。

こう-ず [コ]【好事】名（「こうじ」と読めば別語）かわったことを好むこと。**―家**(か) [0] 名 めずらしいことやかわったことを特に好む人。ものずき。

こう-ず [0]【構図】名 ❶構成された図形。❷絵画・写真などの対象となる素材の配置。コンポジション。

こう・ず【▲困ず】自サ〔古語〕（「こんず」の変化）くたびれる。「暑く苦しきに困ずるほどに」〈枕〉

こう-すい [0]【香水】名 香料をアルコールにとかした化粧品。㊗夏

こう-すい [0]【降水】名 雨・雪・あられなど、地上に降った水。**―確率**(かくりつ) [カ] 名 雨や雪の降る可能性を百分率で一〇パーセントきざみで表したもの。**―量**(りょう) [ス] 名 降水の量。ミリメートルでしめす。

こう-すい [0]【硬水】名 カルシウム・マグネシウムなどの塩(えん)が多量にとけている自然の水。飲料・せんたくに適しない。↕軟水(なんすい)。

こう-すい [0]【鉱水】名 ❶鉱物質を多量にふくむ水。❷鉱山・精錬所などから出る水。鉱毒をもつ。

こう-ずい [0]【洪水】名 ❶おおみず。㊗秋 ❷ものがあふれるほどたくさんあること。「電気製品の―」

こう-ずい [0]【香水】名〔仏〕仏前にそなえる水。

こう-すう [ス]【口数】名 ❶人口。❷項目・品物のかず。くちかず。

こう-すう [ス]【恒数】名 ⇒ていすう(定数)。

ごう-すう [ス]【号数】名 大きさ・順番などの番号をあらわす数。「活字の―」

こうずけ《上野》昔の東山道の国の一つ。今の群馬県。上州。

こう・する [ス]【抗する】自サ シ・セ・サ－シ－スル－スル－スレ－シロ・セヨ さからう。抵抗する。「圧迫に―」**かう・す** 文語サ変

こう・する [ス]【航する】自サ シ・セ・サ－シ－スル－スル－スレ－シロ・セヨ〔文章語〕❶船で水上を行く。❷航空機で空を行く。**かう・す** 文語サ変

こう・する [ス]【校する】他サ シ・セ・サ－シ－スル－スル－スレ－シロ・セヨ〔文章語〕❶写本の本文などの正否をかんがえくらべる。❷校正する。**かう・す** 文語サ変

こう・ずる [0]【高ずる】【×嵩ずる・×昂ずる】自サ ジ・ゼ－ジ－ズル－ズル－ズレ－ジロ・ゼヨ ひどくなる。たかぶる。高じる。「病気が―」**かう・ず** 文語サ変

こう・ずる [0]【×薨ずる】自サ ジ・ゼ－ジ－ズル－ズル－ズレ－＊〔文章語〕皇族・三位(さんみ)以上の人が死ぬ。**こう・ず** 文語サ変

こう・ずる [0]【講ずる】他サ ジ・ゼ－ジ－ズル－ズル－ズレ－ジロ・ゼヨ ❶講義をする。「万葉集を―」❷詩や歌の会で、詩歌(しいか)をよみあげる。❸かんがえる。くふうする。「対策を―」❹はなしあってとりきめる。「和を―」参考「てだてを講じる」のように、上一段活用として使うこともある。

ごう・する [ス]【号する】自サ シ・セ・サ－シ－スル－スル－スレ－シロ・セヨ ❶言いふらす。となえる。「人口百万と―」❷号(ペンネーム)を名のる。「山陽と―」**がう・す** 文語サ変

こう-せい [0]【向性】名 ❶外向性・内向性をまとめた言い方。「―検査」❷生物、とくに植物が外からの刺激によってある方向に動く性質。屈地性・屈光性など。

こう-せい [0]【好晴】名 気持ちよく晴れた天気。快晴。

こう-せい [0]【攻勢】名 攻めかかっていくかまえ。「―に転ずる」↕守勢。

こう-せい [0]【厚生】名 人々の暮らしをゆたかにし、健康を増進すること。**―省**(しょう) [セ] 名 もと、国民の保健・社会福祉・社会保険などに関する事務をとり扱った中央官庁。**―年金**(ねんきん) [ネ] 名（「厚生年金保険」の略）社会保険の一つ

で、勤労者がその給与から一定額をおさめ、けが・病気をしたときや、死亡・退職後などに受け取るしくみの年金。 **ー労働省**(ろうどうしょう)[ド][名] 社会福祉・社会保障・公衆衛生・職業の確保などを担当する国の行政機関。二〇〇一年に厚生省と労働省を統合して発足。

こう-せい[コ]【後世】[名] 自分たちの死んだのちの時代。「ーに名をのこす」

こう-せい[コ]【後生】[名][文章語] あとから生まれる人。また、まなぶ人。後輩。後進。 **ー畏**(おそ)**るべし** 後進の者はどのように立派に成長するかわからないから、おそれなければならない。

こう-せい[0]【恒星】[名] 自分で光を出し、天球上の互いの位置をほとんどかえない天体。太陽は恒星の一つ。↕惑星・遊星。

こう-せい[0]【高声】[名][文章語] 大きな声。高い声。↕低声。

こう-せい[0]【硬性】[名] かたい性質。↕軟性。

こう-せい[0]【鋼製】[名] 鋼鉄でつくること。「ーの金庫」

こう-せい[0]【×曠世】[名][文章語] 世にまれなこと。「ーの英雄」

こう-せい[0]【更生】【×甦生】[一][名][自サ] ❶いきかえること。蘇生(そせい)。❷生活の態度・精神がたちなおること。「ーをちかう」[二][名][他サ] 使えなくなった品物に手をくわえて、また使えるようにすること。再生。「廃品のー」

こう-せい[0]【更正】[名][他サ] 税・登記などの誤りを修正・訂正すること。

こう-せい[0]【校正】[名][他サ] 校正刷りと原稿とを比べあわせて、いろいろの誤りをなおすこと。 **ー刷**(ず)**り**[0][名] 校正用に刷った印刷物。ゲラずり。[参考] 表記は「校正刷」でもよい。

こう-せい[0]【構成】[名][他サ] いくつかの部分を合わせて、全体としてひとつのまとまったものに作り上げること。また、そのもの。構造。組み立て。「番組のー」「組織をーする」⇨構造[参考]。 **ー員**(いん)[セ][名] 組織や集団に属し、成り立たせている人。構成メンバー。「機構のー」

こう-せい[0]【公正】[名][形動] 公平でただしいこと。「ーな処置」 **ー証書**(しょうしょ)[ジョ][名] 公証人がつくる民事上の法律行為や権利に関する証明書。 **ー取引**(とりひき)**委員会**(いいんかい)[イ]3[名] 独占禁止法の目的を達するための組織。内閣府の外局。公取委。

ごう-せい[0]【剛性】[名] 物体の、形の変化に対する弾性。まげたり、ねじったりしてもゆがまない性質。

ごう-せい[0]【合成】[名][他サ] ❶二つ以上の物をあわせて一つにすること。❷いろいろな元素から化合物をつくること。また、簡単な化合物から複雑な化合物をつくりだすこと。 **ー語**(ご)[0][名] 「小川」「山道」など、二つ以上の単語が組み合わさってできた語。複合語と派生語をあわせた言い方。↕単純語。 **ー酒**(しゅ)[セ][名] アルコールに日本酒のような味をつける成分を加えてつくった酒。↕醸造酒・清酒。 **ー樹脂**(じゅし)[ジュ][名] 化学的に合成してつくった、樹脂に似たもの。熱・圧力によっていろいろの形の器具をつくる。プラスチックなど。 **ー繊維**(せんい)[セ]2[名] 石炭・石油・水・石灰石などを原料として、化学的に合成してつくった繊維。化学繊維。ナイロン・ビニロンなど。 **ー洗剤**(せんざい)[セ]2[名] 石油系合成物質や高級アルコールからつくった洗剤。石けん以外の人造洗剤。

ごう-せい[ゴ]【豪勢】[形動] ダロ・ダッ・デ・ニ ダ・ナ・ナラ・○ ひどくぜいたくで威勢のいいようす。「ーな生活」

こうせい-しんやく[シ]【向精神薬】[名] 中枢神経系に作用して、精神状態に影響を与える薬物。

こうせい-せき[セ]【好成績】[名] よい成績。↕不成績。

こうせい-ぶっしつ[ブ]【抗生物質】[名] 微生物から分泌される物質で、他の微生物の発育・繁殖をおさえるもの。抗菌性物質。ペニシリン・ストレプトマイシンなど。

こう-せき[0]【口跡】[名] 言い方。ことばづかい。とくに役者などのせりふの言い方。

こう-せき[0]【功績】[名] てがら。「ーをたたえる」

こう-せき[コ]【後席】[名] (「ごせき」と読めば別語)↕前席(ぜんせき)。❶乗用車の運転席のうしろ側の席。❷茶事で終わりのほうでおこなわれる行事。

こう-せき[0]【航跡】[名] 船の通ったあとに、水面にのこる波のあと。

こう-せき[0]/[コ]【鉱石】[名] 有用な金属などを多くふくんだ鉱物や岩石。

こうせき-うん[キ]【高積雲】[名] 中層雲の一種で、高さ二〜七キロメートルの空にうかぶ、白色・灰色のまるみのある雲。

こうせき-せい[キ]【洪積世】[名] ⬇更新世(こうしんせい)

こうせき-そう[キ]【洪積層】[名] 洪積世(更新世)に土砂がつみかさなってできた地層。現在の渓谷や海岸の段丘を作っている。

こう-せつ[0]【公設】[名] 国家または地方公共団体が設置すること。「ー市場(いちば)」↕私設。

こう-せつ[0]【巧拙】[名] うまいことと、へたなこと。じょうずへた。「文章のー」

こう-せつ[0]【×巷説】[名][文章語] 世間のうわさ。巷談。「ーにまどわされるな」

こう-せつ[0]【降雪】[名] ゆきが降ること。降ったゆき。[冬]「ー量」

こう-せつ[0]【高節】[名][文章語] 節操を守るりっぱな態度。「ーの士」

こう-せつ[0]【高説】[名][文章語] 相手の意見の尊敬語。「ごーをうけたまわる」

こう-せつ[0]【交接】[名][自サ] 動物が性交すること。交尾。

こう-せつ[0]【講説】[名][他サ] 講義して説明すること。

こう-ぜつ[0]【口舌】[名][文章語] (「くぜつ」と読めば別語) くちさきだけのことば。 **ーの徒**(と) ことばをうまくあやつる人。くちだっしゃ。

ごう-せつ[0]【豪雪】[名] ひどい大雪。[冬]

こう-せん[コ]【口銭】[名] 手数料。コミッション。

こう-せん[0]【工船】[名] とれた魚などをすぐかんづめなどに加工する設備のある船。「かにー」

こう-せん[コ]【工銭】[名] 仕事の報酬。手間賃(てまちん)。

こう-せん[0]【光線】[名] ひかり。光が進行する道筋をあらわす線。

こう-せん[0]【好戦】[名] 戦争をこのむこと。「ーの気風」↕反戦。

こう-せん[0]【香煎】[名] 麦などをいって粉にしたもの。むぎこがし。はったい。

こう-せん[0]【高専】[名] ❶旧制の「高等学校」と「専門学校」の総称の略。❷「高等専門学校」の略。

こう-せん[0]【黄泉】[名][文章語] (地下の水の意)あの世。よみじ。冥土(めいど)。 **ーの客**(きゃく) 死んだ人。

こう-せん[0]【鉱泉】[名] 鉱物質を多量にふくむわきみず。[参考] 摂氏二五度以下の冷泉をさして言うことが多い。

こう-せん[0]【鋼線】[名] 鋼鉄でつくったはりがね。

こう-せん[0]【交戦】[名][自サ] たたかいをまじえること。たがいにたたかうこと。

こう-せん[0]【抗戦】[名][自サ] てむかい、たたかうこと。「徹底ー」

こう-せん[0]【公選】[名][他サ] ❶一般国民による選挙。❷

政党・団体などで、代表者などを公開の選挙で選ぶこと。「党代表の―」

こう-ぜん [0]【公然】名 と副 たる連体 おもてむき。おおっぴら。 **―の秘密**(ひみつ) おもてむきには秘密であるといわれながら、世間によく知れわたっていること。

こう-ぜん [0]【×浩然】名 と副 たる連体〔文章語〕心の大きくゆったりしているようす。 **―の気**(き) わずらわしい物事から解放されて、のびのびとした気持ち。「―を養う」

こう-ぜん [0]【×昂然】と副 たる連体 自信をもち、意気のさかんなようす。「―と胸を張る」

ごう-ぜん [0]【傲然】と副 たる連体 おごりたかぶるようす。「―と人を見くだす」

ごう-ぜん [0]【×轟然】と副 たる連体 大きな音がとどろくようす。「―と爆発する」

こう-そ [1]【公租】名 国税・地方税の総称。

こう-そ [1]【公訴】名 検察官が裁判所に、刑事事件について刑の適用をもとめること。

こう-そ [1]【皇祖】名 天皇の先祖。「―天照大神(あまてらすおおみかみ)」

こう-そ [1]【皇×祚】名〔文章語〕天皇の位。皇位。

こう-そ [1]【高祖】名 ❶遠い祖先。❷祖父母の祖父母。❸中国で、王朝の初代皇帝。「漢の―」❹仏教で一宗派を開いた高僧。

こう-そ [1]【酵素】名 生物の体内におこる化学反応の触媒となるたんぱく質性の物質。ペプシン・アミラーゼなど。

こう-そ [1]【控訴】名 自サ 第一審の判決に不服のとき、その取り消し・変更をさらに上級裁判所にもとめること。

こうぞ [0]【×楮】(かうぞ) 名 クワ科の落葉低木。葉・実(み)とも、くわに似る。木の皮は日本紙の原料。花は春

こうぞ

ごう-そ [1]【強訴】名 自サ 集団をつくってうったえること。中世の僧兵や近世の農民などが行った。

こう-そう [0]【公葬】名 官庁や公共団体が喪主となり、費用を受け持っておこなう葬儀。

こう-そう [0]【皇宗】名〔文章語〕天皇家の代々の祖先。「皇祖―」

こう-そう [0]【香草】名 ⇒ハーブ。

こう-そう [0]【×倥×偬】名〔文章語〕いそがしいようす。「兵馬―の間」

こう-そう [0]【校葬】名 学校がとりおこなう葬儀。学校葬。

こう-そう [0]【降霜】名〔文章語〕しもがおりること。また、おりたしも。冬

こう-そう [0]【高僧】名 ❶知徳のそなわった僧。❷位のたかい僧。

こう-そう [0]【高層】名 ❶空の上方の層。❷高くかさなっていること。「―建築」 **―雲**(うん) [ソ]名 高さ二〜七キロメートルの空にかかる厚い灰色の雲。おぼろ雲。 **―気象**(きしょう) [キ]名 大気の上層での気象。天気予報や航空のために観測する。

こう-そう [0]【好走】名 自サ うまくはしること。とくに、野球の走塁についていう。

こう-そう [0]【抗争】名 自サ さからい、あらそうこと。

こう-そう [0]【航走】名 自サ 船で水上を早くすすむこと。

こう-そう [0]【後送】名 他サ ❶後方へおくること。「負傷者を前線から―する」❷あとからおくること。

こう-そう [0]【構想】名 他サ ❶全体の内容について考え、組みたてること。また、その組みたて。「事業の―」❷芸術作品を作るとき、主題・表現形式・すじなどの組みたてを考えること。また、その組みたて。「―がまとまる」

こう-そう [0]【高燥】名 形動 土地が高く湿気の少ないこと。↔低湿。

こう-そう [0]【広壮】【×宏壮】形動 ダロ・ダッ・デ・ニ／ダナ・ナラ・〇 建物などがひろくてりっぱなようす。「―な邸宅」

こう-ぞう [0]【行蔵】名〔文章語〕世間で活動することと、世間からかくれること。出処進退。「―をいさぎよくする」

こう-ぞう [0]【構造】名 全体を形づくっている各部分の関係。また、関係のしかた。構成。組み立て。「自動車の―」「二重―」参考「構成」は物事がどのような部分の組み合わせから成り立つかを問題にするときに用いられ、「構造」は、それぞれの部分がどのような関係で組み合わさっているかを問題にする場合に用いられる。 **―式**(しき) [ソ]名〔化〕分子式を図式的にあらわし、各原子の結合のようすが一目でわかるようにした化学式。 **―主義**(しゅぎ) [シュ]名 社会的、文化的な諸現象を結びつけている構造を研究しようとする思想的立場。スイスの言語学者ソシュールの言語理論の影響のもと、レヴィ-ストロースが人類学に導入して以来、人文・社会科学に大きな影響を与えた。

ごう-そう [0]【豪壮】形動 ダロ・ダッ・デ・ニ／ダナ・ナラ・〇 ❶力強くさかんなようす。❷建物などの構えが大きくてりっぱなようす。「―な邸宅」

こうそう-るい [ソ]【紅藻類】名 紅色の色素たんぱく質をふくみ、赤または紫色に見える海藻類。てんぐさ・あさくさのりなど。

こう-そく [0]【光速】名 ⇒光速度。

こう-そく [0]【校則】名 学校の規則。

こう-そく [0]【高足】名〔文章語〕特にすぐれたでし。高弟。

こう-そく [0]【高速】名 ❶非常に速度がはやいこと。高速度。❷高速道路。「首都―」 **―増殖炉**(ぞうしょくろ) [ク2]名 高速の中性子をもちいて、核分裂しないウラン二三八を核分裂性のプルトニウム二三九に変え、使った燃料より多くの新しい燃料を生み出す方式の原子炉。 **―道路**(どうろ) [ド]名 自動車が高速度で走るための専用道路。ハイウエー。

こう-そく [0]【梗塞】名（「梗」も「塞」もふさぐの意）ふさがって通じないこと。「心筋―」

こう-そく [0]【拘束】名 他サ つなぎとめて、自由に行動させないこと。「身がらを―する」 **―時間**(じかん) [ジ]名 休みの時間をふくむ労働時間。

こう-ぞく [0]【後続】名 あとにつづくこと。また、そのもの。

こう-ぞく [0]【皇族】名 天皇を除いた天皇家の一族。現在は、皇后・太皇太后・皇太后・親王・親王妃・内親王・王・王妃・女王の範囲をいう。

こう-ぞく [0]【航続】名 船や航空機が、燃料の補給なしにつづけて進むこと。「―距離」 **―力**(りょく) [ク]名 船や航空機の、一度積んだ燃料で航行する能力。

ごう-ぞく [0]【豪族】名 勢いの強大な一族。

こう-そくど [ソ]【光速度】名 真空の中をひかりが進むはやさ。一秒間におよそ三〇万キロメートル。光速。

こう-そくど [ソ]【高速度】名 速度がはやいこと。 **―鋼**(こう) [ド/0]名 高速度で金属を切りけずることのできる特殊鋼。 **―撮影**(さつえい) [サ]名 映画のカメラのフィルムを送る速度をはやめてする撮影。

こう-そつ [0]【高卒】名 高等学校を卒業したこと。また、その卒業者。

ごう-そっきゅう [ソ]【剛速球・豪速球】名 野球で、威力のある速い球。

こう-そふ [ソ]【高祖父】名 祖父母の祖父。曽祖父(そうそふ)の父。

こう-そぼ ソ【高祖母】名 祖父母の祖母。曽祖母（そうそぼ）の母。

こう-そん 0【公孫】名 ❶王侯のまご。❷貴族の子孫。**—樹**（じゅ） ソ 名〔まごの代に実がなるの意〕いちょう。

こう-そん 0【皇孫】名 ❶天皇のまご。❷天皇の子孫。

こ-うた 0【小唄】名 江戸時代の末にはじまった三味線にあわせてうたう俗曲。

こう-だ コ【好打】名 自他サ 野球で、うまくたまをうつこと。

こ-うたい ウ【小謡】（うたひ） 名 謡曲で、一曲のなかの聞きどころを抜きだしてうたうもの。

こう-たい 0【抗体】名 動物の体内にはいってきた抗原に対して、体内にできる抵抗物質。再度の発病をふせぐ。免疫体。↕抗原。

こうだ-あや《幸田文》一九〇四―九〇。小説家・随筆家。幸田露伴（ろはん）の次女。歯切れのよい文体で知られ、露伴に関わる随筆も多い。小説「黒い裾」「流れる」など。

こう-たい 0【交代】名 自サ ❶【交替】仕事や勤務がいれかわること。「三—制の作業」❷別の人がその仕事や地位につくこと。「投手の—を告げる」「会長が—する」 参考 国会などで一時的に正議長と副議長がかわる場合は「交替」、新議長が選出される場合は「交代」ということになる。新聞・放送では「交代」に統一している。

こう-たい 0【後退】名 自サ ❶あとへしりぞくこと。↕前進。❷勢いがおとろえること。「病勢の—」

こう-だい 0【工大】名「工業大学」「工科大学」の略。

こう-だい コ【後代】名 のちの世。↕前代。

こう-だい 0【高台】名〔「たかだい」と読めば別語〕㊀名 ❶たかい建物。❷茶わんなどの底にある台の部分。㊁代 文章語 相手を高めて言う語。貴台。

こう-だい 0【広大】【×宏大】形動 ダロ・ダッ・デ・ニ／ダ・ナ・ナラ・〇 ひろくて大きいようす。「—な土地」「—無辺」↕狭小。

こう-だい 0【高大】形動 ダロ・ダッ・デ・ニ／ダ・ナ・ナラ・〇 たかくて大きいようす。

ごう-たい 0【剛体】名 どんなに力を加えても、たやすくは形のかわらない物体。

こう-たいごう タ／コ【皇太后】名 先帝の皇后。

こう-たいし タ【皇太子】名 天皇の位をうけつぐ皇子。

こう-たいしょう タ【好対照】名 形動 違いがはっきりしていて、あざやかな対照をなしていること。「—の二人」

こうたいじんぐう《皇大神宮》天照大神（あまてらすおおみかみ）をまつる、伊勢神宮の内宮（ないくう）。

こうたいそん タ【皇太孫】名 皇太子がいない場合に、皇位をうけつぐことになっている天皇の孫。

こう-だか 0【甲高】名 形動 ❶手足の甲のたかいこと。❷くつなどで、甲に当たる部分が特にたかいもの。

こう-たく 0【光沢】名 表面のつや。

こう-たつ 0【公達】名 官庁からの通知。

こう-たつ 0【口達】名 他サ ことばでつたえること。

ごう-だつ 0【強奪】名 他サ むりにうばうこと。

こうだろはん《幸田露伴》一八六七―一九四七。小説家・随筆家・考証家。本名は成行（しげゆき）。西鶴ふうの擬古文体で理想主義的な主人公をえがいたが、後年史伝に転じた。「五重塔（ごじゅうのとう）」「風流仏（ふうりゅうぶつ）」「運命」など。

こう-たん 0【降誕】名 自サ 身分の尊い人が生まれること。**—会**（え） タ 名 釈迦（しゃか）・宗祖（しゅうそ）の誕生日をいわう法会（ほうえ）。**—祭**（さい） タ 名 ❶偉人・聖人などの誕生をいわうまつり。❷キリストの誕生をいわうまつり。クリスマス。冬

こう-たん 0【荒誕】名 形動 文章語〔「荒」はおおげさ、「誕」はうそ〕大げさででたらめなこと。また、その言説。

こう-だん 0【公団】名 政府・地方公共団体の出資により、公共的事業をうけもつ公共企業体。住宅・都市整備公団、日本道路公団などがあったが、現在は独立行政法人などに改組された。**—住宅**（じゅうたく） ジュ 名 公団によって建設された共同住宅。

こう-だん 0【×巷談】名 文章語 世間のうわさ。巷説。

こう-だん 0【後段】名 文章・話などののちの段階・部分。↕前段。

こう-だん 0【高段】名 柔道・剣道・碁・将棋などで、段位のたかいこと。「—者」

こう-だん 0【講談】名 史実や事件を素材として脚色した内容を、独特のはりのある調子で語る、伝統話芸の一つ。軍書物、記録物、世話物などがある。参考 明治時代以前は「講釈」というのが普通だった。

こう-だん 0【講壇】名 講義・講演・説教などをする壇。**—に立**（た）**つ** 大学で講義をする。「母校の—」

こう-だん 0【降壇】名 自サ 壇からおりること。↕登壇（とうだん）。

こう-だん 0【高談】㊀名 自他サ 声たかく話すこと。㊁名 文章語 相手の話を高めて言う語。手紙に使う。「—拝聴」

ごう-たん タ／0【豪胆・剛胆】形動 ダロ・ダッ・デ・ニ／ダ・ナ・ナラ・〇 きもったまの大きいようす。大胆。「—な作戦」

ごう-だん 0【強談】名 自サ 文章語 つよい態度・調子の談判。

こう-ち コ【×狡知・×狡×智】名 ずるがしこい知恵。「—にたけた男」

こう-だんし タ【好男子】名 男ぶりのいい男子。

こう-ち コ【校地】名 学校の敷地。

こう-ち コ【耕地】名 農作物をつくる土地。耕作地。**—整理**（せいり） セ 名 田畑の形や道・みぞなどをととのえ、ひとりの所有地をなるべく同じ所に集めなどすること。

こう-ち コ【高地】名 ❶高度の高い土地。↕低地。❷小高く丘になっている土地。

こう-ち コ【拘置】名 他サ 被疑者・刑事被告人・受刑者などを拘置所・刑務所などの施設に拘禁すること。**—所**（しょ） 0／ショ 名 刑事被告人・死刑囚などを収容する施設。

こう-ち コ【巧遅】名 形動 じょうずだが、できあがりのおそいこと。↕拙速。

こう-ち コ【巧緻】名 形動 じょうずで、手のこんでいること。「—な手芸品」

こ-うちき ウ【小×袿】名 平安時代、上流階級の女性の略式の礼服。こうちぎ。

小うちき

こう-ちく 0【構築】名 他サ 組みたて、きずきあげること。「橋げたを—する」「理論を—する」

こうち-けん《高知県》四国地方南部の県。県庁所在地は高知市。

こうち-せい 0【向地性】名 植物の根が、地球の中心にむかってのびる性質。↕背地性・横地性。

こう-ちゃ 0【紅茶】名 茶の葉をはっこうさせて、かわかしたもの。紅褐色の茶。↕緑茶。

こう-ちゃく 0【×膠着】名 自サ ❶ねばりつくこと。❷ある状態が固定して動きの少ないこと。「—状態」**—語**（ご） 0 名 言語の形態上の類型の一つ。独立しては使われない語（日本語の助詞・助動詞など）を、ある語に結びつけて文法上の関係をしめす言語。↕屈折語・孤立語。

こう-ちゅう コ【口中】名 くちのなか。

こう-ちゅう 0【甲虫】名 かたいよろいのような皮膚に包

まれている昆虫。かぶとむし・ほたるなど。

こう-ちゅう ⓪【校注】【校×註】名 古典文学の諸本の字句をくらべ、誤りをなおし、注釈をくわえること。また、その注釈。

こうちゅう【甲冑】「かっちゅう」のあやまり。

こう-ちょ [コ]【皇×儲】名〔文章語〕〔「儲」はひかえ〕天皇のあとつぎ。皇太子。

こう-ちょ [コ]【高著】名〔文章語〕相手の著書の尊敬語。おもに手紙に使う。

こう-ちょう [コ]【公庁】名 地方公共団体の役所。

こう-ちょう ⓪【候鳥】名 わたりどり。↕留鳥(りゅうちょう)。

こう-ちょう ⓪【校長】名 学校の代表者・責任者。

こう-ちょう ⓪【高潮】名〔「たかしお」と読めば別語〕❶満潮のさかり。❷物ごとの勢いのたかまった状態。

こう-ちょう ⓪【黄鳥】名〔文章語〕うぐいす。

こう-ちょう ⓪【硬調】名 ❶かたい感じや調子。❷写真で画面の明暗の対照がはっきりしていること。↕軟調。

こう-ちょう ⓪【紅潮】名 自サ 顔に赤みがさすこと。「ほおを—させる」

こう-ちょう ⓪【高調】名 自サ 調子の高まること。

こう-ちょう ⓪【好調】名 形動 調子がいいこと。快調。「—な滑り出し」

こうちょう-かい [チョ]【公聴会】名 国会などで、重要な法案を審議するとき、利害関係者のほかに中立者・学識経験者などをあつめて意見を聞く会。

こうちょう-どうぶつ [ド]【×腔腸動物】名 円筒形、またはつぼの形をして、腔腸(体の中の空所)をもつ下等の水中動物。いそぎんちゃく・くらげ・さんごなど。

こうちょう-りょく [チョ]【抗張力】名 物体がひっぱられるとき、たえられる最大の力の値。

こう-ちょく [コ]【交直】名 電流の交流と直流。「—両用」

こう-ちょく ⓪【硬直】名 自サ からだなどが、かたくなってまがらなくなること。「手足が—する」「死後—」

ごう-ちょく ⓪【剛直】形動 ダロ・ダッ・デ・ニ ダ・ナ・ナラ・⓪ 気がつよくて信念をまげないようす。「—な男」

こう-ちん [コ]【工賃】名 工作の手間に対して払うかね。

ごう-ちん ⓪【×轟沈】名 自他サ 砲撃・爆撃・雷撃などで艦船がわずかな時間に沈むこと。また、沈めること。

こう-つう ⓪【交通】名 人や物資が乗り物を使って異なる土地とのあいだを陸路・水路・空路でゆききすること。「—費」「—事故」 **—機関**(きかん) [キ][カ] 名 電車・飛行機・船などの乗り物と道路・鉄道・橋などの施設の総称。「大雪で—に影響が出る」参考 広義では、郵便・電信・電話などの通信手段・施設を含めることがある。 **—網**(もう) [ツ] 名 各種交通機関が網(あみ)の目のように広がっているようす。

ごう-つくばり ⓪[ク]【業(強)突(く)張(り)】名 形動 私欲でかたまり、ごうじょうで人のことばをきかぬこと。また、その人をののしっていう語。

こう-つごう [ツ]【好都合】名 形動(の) つごうがよいこと。「—な話」↕不都合。

ごうっ-と [ゴ] 副 水や風などの大きな動きで、あたりの空気をふるわせるようにとどろく重くて低い音をあらわす語。「飛行機のエンジン音が—とどろいた」

こう-てい ⓪【工程】名 作業のはかどりかたや作業の順序。「一日の—」

こう-てい ⓪【公定】名 政府がとりきめること。「—価格」 **—歩合**(ぶあい) [テ] 名 国の中央銀行が定めた金利。日本では日本銀行が定める。

こう-てい ⓪【公邸】名 公式の仕事に使う、高級公務員の宿舎。「知事—」↕私邸。

こう-てい ⓪【行程】名 ❶進むみちのり。❷〔物〕ピストンなどの往復の距離。

こう-てい ⓪【孝×悌】名〔文章語〕父母に孝行であることと、兄弟の仲がいいこと。

こう-てい ⓪【皇帝】名 帝国の君主。「ナポレオン—」

こう-てい ⓪【校庭】名 学校の運動場や庭園。

こう-てい ⓪【航程】名 汽船・航空機などのすすむみちのり。

こう-てい [コ]/⓪【高低】名 ❶たかいことと、ひくいこと。❷あがりさがり。高下。「ねだんの—」

こう-てい ⓪【高弟】名 特にすぐれた弟子。高足。

こう-てい ⓪【考訂】名 他サ 誤った史料などを、かんがえて正しくなおすこと。

こう-てい ⓪【更訂】名 他サ あらためなおすこと。「規約を—する」

こう-てい ⓪【肯定】名 他サ そうだと認めること。↕否定。 **—的**(てき) ⓪ 形動 賛成するようす。「—な態度」↕否定的。

こう-てい ⓪【校定】名 他サ 〔「校」はくらべるの意〕書物の字句などをくらべて、正しいものをきめること。

こう-てい ⓪【校訂】名 他サ 書物の字句をくらべて、誤りをなおすこと。

こう-でい ⓪【拘泥】名 自サ 小さなことに心がとらわれること。こだわること。「試験の点数に—するな」

ごう-てい ⓪【豪邸】名 大きくてりっぱな屋敷。豪壮な邸宅。

こうてい-えき [テ]【口×蹄疫】名 牛・羊・やぎ・豚などがウイルスに感染し、口腔(こうこう)の粘膜・ひづめの間の皮膚などに水疱を生じる、家畜の法定伝染病。

こう-てき ⓪【公的】形動 ダロ・ダッ・デ・ニ ダ・ナ・ナラ・⓪ 社会一般に関わるようす。誰に知られてもよいようす。「—な集会」「—支援」参考「公的年金」「公的機関」などは、国や公共団体に関する事柄を指す。↕私的。

こう-てき ⓪【好適】形動(の) ダロ・ダッ・デ・ニ ダ・ナ・ナラ・⓪ ふさわしいようす。ぴったりするようす。「遠足に—な場所」

ごう-てき ⓪【号笛】名 あいずのふえ。

こうてき-しゅ [テ]【好敵手】名 よい競争相手。

こう-てつ ⓪【鋼鉄】名 ❶炭素の含有量が少ない、ねばりのあるかたい鉄。はがね。こう。スチール。❷かたいもののたとえ。「—の意志」

こう-てつ ⓪【更迭】名 自他サ 〔「迭」はかわるの意〕ある役目・地位の人があらたまりかわること。ある役目・地位の人をあらためかえること。「大臣の—」参考「交迭」と書くのはあやまり。

こう-てん [コ]【交点】名 ❶たがいにまじわる点。❷〔数〕線と線、また、面と線がまじわる点。

こう-てん ⓪【好天】名 気持ちよく晴れたいい天気。好天気。↕悪天。

こう-てん ⓪【後天】名 生まれてからのちに身についたこと。↕先天。 **—的**(てき) ⓪ 形動 後天のものであるようす。「—性格」↕先天的。

こう-てん ⓪【荒天】名 風雨のはげしい天候。

こう-てん ⓪【高点】名 たかい点数。多い得点。

こう-てん ⓪【公転】名 自サ 一つの天体が、別の天体のまわりを周期的にまわる運動。↕自転。

こう-てん ⓪【好転】名 自サ いいほうへかわること。「景気が—する」

こう-てん ⓪【後転】名 自サ 体操で、後方に回転すること。↕前転。

こう-でん ⓪【公電】名 官庁からだす公務の電報。

こ

こう-でん [0]【香典】【香×奠】[名] 死者の霊前にそなえ、香のかわりとする金銭。また、その品物。 **―返し** [ガ][名] 香典の返礼として品物をおくること。また、その品物。

こうでん-かん [0]【光電管】[名] 光の強弱を電流の強弱に変える真空管。テレビ・電送写真などに使う。

ごう-てんじょう [テ]【▲格天井】[名] こうし形に組んだ天井。

こう-でんち [テ]【光電池】[名] 光を電流にかえる装置。

こう-と [コ]【後図】[名]〔文章語〕のちのちのためのはかりごと。

こう-と [コ]【×狡×兎】[名] すばしこいうさぎ。 **―死して走×狗×烹らる**〔うさぎが死ねば、もはや猟犬はいらなくなり、煮てくわれる〕敵国がほろびた後は、戦争でてがらのあったけらいでも見すてられることのたとえ。

こう-ど [コ]【光度】[名] ❶国際単位系の七つの基本量の一つ。発光体から出る光の強さの程度。単位はカンデラ。記号は「cd」。❷〔天〕星の明るさ。普通は等級で示す。

こう-ど [コ]【荒土】[名] あれた土地。

こう-ど [コ]【耕土】[名] ❶農作物をつくるのに適した土地。❷やわらかくたがやされた田畑の表層の土。

こう-ど [コ]【高度】㊀[名] ❶海水面からの高さ。「―三千メートル」❷〔天〕地平線から天体への角距離。㊁[形動(の)] 程度の高いようす。「―の発達をとげる」

こう-ど [コ]【黄土】[名] ❶黄色い土。❷〔文章語〕めいど。黄泉。

こう-ど [コ]【硬度】[名] ❶かたさの程度。❷〔化〕水がカルシウム塩・マグネシウム塩をふくむ程度。

こう-とう [0]【口答】[名] 口でこたえること。↕筆答。

こう-とう [0]【口頭】[名] 口で言うこと。「―で説明する」 **―語** [0][名] 口で言うことば。はなしことば。口語。 **―試問** [シ][名] 口でこたえさせる試験。口述試験。[参考]「口答試問」と書くのはあやまり。 **―弁論** [ベ][名]〔法〕民事訴訟で、裁判官の面前で口頭により行われる当事者または代理人の弁論。

こう-とう [0]【公党】[名] 公然と一般から認められている政党。↕私党。

こう-とう [0]【勾当】[名] ❶「勾当の内侍」の略。内侍のじょう四人のうち第一位にある者。❷摂政・関白家や、真言宗・天台宗などの寺で、別当の下にいて事務をとる役。❸昔の盲人の官名。検校の下、座頭の上。

こう-とう [0]【光頭】[名] はげあたまのこと。

こう-とう [0]【江東】[名]〔「川の東」の意〕東京の隅田川の東がわ。

こう-とう [0]【後頭】[名] 頭のうしろのほうの部分。後頭部。↕前頭。

こう-とう [0]【皇統】[名] 天皇のちすじ。

こう-とう [0]【紅灯】[名]〔文章語〕あかいともしび。 **―の×巷** はなやかなあかりのついている花柳界。歓楽街。

こう-とう [0]【高踏】【高×蹈】[名] 俗世間を下に見て上品にかまえること。 **―的** [0][形動] 自分ひとり世俗からぬけ出て高尚だとしているようす。 **―派** [0][名] 一九世紀後半のフランスの唯美主義的詩人の一派。パルナシアン。

こう-とう [0]【喉頭】[名] 呼吸器の一部で、咽頭と気管の間の部分。

こう-とう [0]【×叩頭】[名][自サ]〔文章語〕あたまを地につけて、ていねいにおじぎすること。叩首。

こう-とう [0]【高騰】【×昂騰】[名][自サ] 物価などが急にあがること。「原油価格の―」↕低落。

こう-とう [0]【好投】[名][他サ] 野球で、投手が巧みな投球で相手をおさえること。

こう-とう [0]【高等】[名][形動(の)] 程度・等級のたかいこと。↕初等・中等。 **―学校** [ガ][名] ❶中学校卒業者が入学できる三年制の学校。高等普通教育および専門教育をほどこす。定時制は四年制。高校。❷旧制で、中学校四年修了者から入学できた三年制の学校。高等普通教育をおこなった。 **―官** [ト][名] もと、奏任官以上の官吏。 **―教育** [キョ][名] 大学・大学院・高等専門学校などの教育。↕初等教育・中等教育。 **―検察庁** [ツ/サ][名] 高等裁判所に対する検察事項をあつかう官庁。高検。 **―裁判所** [0/ショ][名] 地方裁判所の上位の裁判所。もとの、控訴院。高裁。 **―専門学校** [ガ][名] 中学校卒業者が入学できる五年制の学校。専門の学芸を教授し、職業に必要な能力を育成することを目的とする。高専。

こう-どう [0]【公道】[名] ❶正しい道理。「天地の―」❷国家や地方公共団体が建設し管理する道路。↕私道。

こう-どう [0]【坑道】[名] 鉱山などの坑内につくった通路。

こう-どう [0]【孝道】[名] 親につかえるみち。

こう-どう [0]【香道】[名] 香木をたいてたのしむわざ。香合わせなど。

こう-どう [0]【黄道】[名] ❶地球から見て、太陽が天球上をまわってえがくように見える軌道。おうどう。⇩黄経〔図〕。❷黄道吉日。 **―吉日** [キチ・ジツ][0][名] 陰陽道で、いろいろな事をするのによいとする日。 **―光** [ド][名] 日の出前の東の空、日没後の西の空の地平線上に見えるうす光の帯。

こう-どう [0]【講堂】[名] ❶学校などで儀式・講演などをおこなう建物・へや。❷寺院の七堂伽藍の一つ。講話をする建物。

こう-どう [0]【高堂】[名][代]〔文章語〕相手、また、その家の尊敬語。手紙に使う。⇩貴家[参考]。

こう-どう [0]【行動】[名][自サ] ふるまい。おこない。「過激な―」 **―主義** [シュ][名] ❶アメリカの心理学の一学派。主観的な意識心理学に対して、刺激によっておこる客観的な行動を研究しようとする立場に立つ。❷議論よりも行動を第一とする考え方。 **―的** [0][形動] すぐに行動を起こすようす。「―な青年」 **―派** [0][名] 理論を考えるよりも、すぐさま実地に行動をする人々。↕理論派・書斎派。 **―半径** [ハ][名] ❶軍艦や軍用機などが、燃料の補給なしに往復できる最大距離の片道。航続距離の二分の一を半径と考えたもの。❷ふだん動きまわっている範囲。「―の広い人」 **―様式** [ヨ][名] 一部の人々の行動に共通している型。「サラリーマンの―」

ごう-とう [0]【強盗】[名] らんぼうしたりおどかしたりして、他人の財産をうばうこと。また、その人間。

ごう-とう [0]【×鼇頭】[名] 書物の本文の上の空白部。また、そこに書き入れられた注。頭注。

ごう-とう [0]【豪×宕】[名][形動]〔文章語〕〔「豪」はつよい、「宕」はおおまか〕心が大きく、小さなことにこだわらず、大胆にするようす。

ごう-どう [0]【合同】㊀[名][自他サ] 二つ以上のものが一つになること。また、一つにすること。「両社の―経営」㊁[名][形動(の)]〔数〕二つの図形がぴたりと一致すること。

こうとう-ぶ [ト]【後頭部】[名] あたまのうしろの部分。↕前頭部。

こうとう-むけい [0]【荒唐無稽】[形動] ダロ・ダッ・デ・ニ／ダ・ナ・ナラ・〇〔「荒」は大、「唐」は空、「無稽」はでたらめの意〕とりとめがなく、よりどころがないようす。でたらめ。「―な話」

こう-とく [0]【公徳】[名] 社会生活をよくするために守りおこなうべき道徳。 **―心** [ト/ク][名] 公徳を重んじる気持ち。

こう-とく [0]【高徳】[名] すぐれてたかい人徳。

こう-どく [0]【鉱毒】[名] 鉱物の採掘・精錬の際できる毒物。

こう-どく [0]【講読】[名][他サ] 書物を読み、その意味を説明すること。「源氏物語の―」

こう-どく [0]【購読】[名][他サ] 書籍・新聞などを買って読むこと。「定期―」

こう-どくそ [ド]【抗毒素】[名] 体内にはいってきた毒素を中和して無毒にするはたらきのある物質。

こうとり-い [リ]【公取委】[名]「公正取引委員会」の略。

こう-ない [コ]【口内】[名] くちの中。**―炎**(えん) [ナ]/[0][名] 口の中の粘膜の炎症。

こう-ない [コ]【坑内】[名] 炭坑や鉱坑の中。↕坑外。**―掘り**(ぼり) [0][名] 坑道をつくり鉱物を掘りとること。↕露天掘り。

こう-ない [コ]【校内】[名] 学校の構内。↕校外。

こう-ない [コ]【港内】[名] みなとの中。↕港外。

こう-ない [コ]【構内】[名] かこいのうち。敷地・建物の中。「駅の―」↕構外。

こうなご [0]【小▲女子】[名] いかなご。[春]

こう-なん [0]【後難】[名] 後日、自分の身にふりかかる災難。「―をおそれる」

こう-なん [コ]【硬軟】[名] ❶かたいこと・ものと、やわらかいこと・もの。❷硬派と軟派。

こう-なん《江南》中国で、長江(ちょうこう)の中・下流域の地方。

こう-にち [0]【抗日】[名] 日本に抵抗すること。↕親日。

こう-にゅう [0]【購入】[名][他サ] 買い入れること。

こう-にん [0]【後任】[名] 前の人のあとに任ぜられること。また、その人。「―の校長」↕前任・先任。

こう-にん [0]【高認】[名]「高等学校卒業程度認定試験」の略。二〇〇五年度より「大検」にかわって実施。

こう-にん [0]【公認】[名][他サ] ❶国・公共団体・政党などが正式にみとめること。「―候補」❷権力者などが公然とみとめること。「社長―」**―会計士**(かいけいし) [ケ][名] 法律によって定められた資格を持ち、会社などの財務書類の監査・証明を行うことを業とする人。**―心理師**(しんりし) [リ][名] 心理学の専門知識をもち、心に問題をかかえる人の援助をおこなう、国家資格の専門職。

こう-にん [0]【降任】[名][他サ] 地位・役職をさげること。降職。↕昇任。

こう-ねつ [0]【口熱】[名] くちの中の熱。

こう-ねつ [0]【光熱】[名] あかりと熱。電灯や燃料。**―費**(ひ) [ツ]/[ネ][名] 電気代・ガス代など照明や燃料にかかる費用。

こう-ねつ [0]【高熱】[名] たかい熱。

こう-ねん [0]/[コ]【光年】[名] 光が一年間に達する距離で、天体間の距離をあらわす単位。

こう-ねん [0]【行年】[名] 生きていた年数。ぎょうねん。享年(きょうねん)。

こう-ねん [0]【後年】[名] そのことがあってずっとのち。

こう-ねん [0]【荒年】[名]〔文章語〕農作物の不作の年。凶年。

こう-ねん [0]【高年】[名] 多くとしをとっていること。高齢。

こうねん-き [ネ]【更年期】[名] 女性の、成熟期から老年期へと移行する時期。閉経期を中心とする前後数年間をいう。**―障害**(しょうがい) [ショ][名] 更年期におこる心身の不調。

こう-のう [0]【行×嚢】[名]「郵袋(ゆうたい)」の旧称。

こう-のう [0]【効能】[名] 作用の有効性。ききめ。**―書き**(がき) [0][名] 効能を書いたもの。能書き。「薬の―」[参考] 表記は「効能書」でもよい。

こう-のう [0]【後納】[名][他サ] 料金などを後からおさめること。「料金―郵便」↕前納。

ごう-のう [0]【豪農】[名] 財産や勢力のある農家。大農。↕小農。

こうの-たえこ《河野多恵子》一九二六―二〇一五。小説家。本姓、市川。谷崎潤一郎(たにざきじゅんいちろう)の作風を継ぐ作家として評価が高い。「蟹(かに)」「みいら採り猟奇譚(りょうきたん)」など。

こうの-との【▲守の殿・▲督の殿・▲頭の殿】(かう)―[名]〔「かみのとの」の変化〕〔古語〕左馬寮(さまりょう)・右馬寮・衛門府(えもんふ)・兵衛府(ひょうえふ)の長官および国守(くにのかみ)の尊敬語。

こうの-とり [ノ]【×鸛】(こふ)―[名] コウノトリ科の大形の鳥。体は白、翼のふちは黒、足は赤い。特別天然記念物。西欧では赤ん坊を運んでくるとされる。

こうのとり

こう-の-もの [0]/[ノ][1]【香の物】[名] つけものの呼びかたのうち代表的なもの。こうこう・こうこ・おこうこなどの総称。

ごう-の-もの [ゴ]【剛の者】[名] すぐれて強い人。あることにずばぬけた者。[参考] ふるく江戸時代のはじめごろまで「かうのもの」と清音であった。

こう-は [コ]【光波】[名]〔物〕ひかりの波動。

こう-は [コ]【硬派】[名] ❶強硬に主義・主張をおし通す党派。❷腕力や男らしさを強調し、女性関係や服装には興味をもたない者。↕軟派。❸新聞社で、政治・経済などの記事をあつかう記者・部門。

こう-ば [バ]【工場】[名] ➡こうじょう。

こう-はい [0]【光背】[名] 仏像のうしろにつける、光や火炎にかたどったかざりもの。後光。御光。

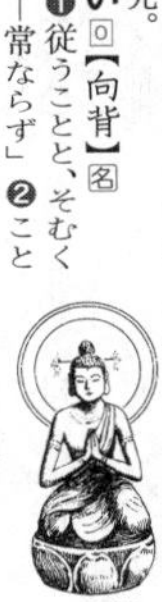

光背

こう-はい [0]【向背】[名]〔文章語〕❶従うことと、そむくこと。「―常ならず」❷ことのようす・なりゆき。「天下の―を決する一戦」

こう-はい [0]【好配】[名] ❶〔文章語〕よい配偶。よいつれあい。❷株などの配当のよいこと。

こう-はい [0]【後背】[名] うしろ。背後。**―地**(ち) [ハ][名] 都市・港の周辺にあって、物資の需要・供給関係の上で、その都市・港と密接なつながりがある地域。ヒンターランド。

こう-はい [0]【後輩】[名] ↕先輩・同輩。❶年齢が下の人。後進。❷学問・技能などが下の人。❸同じ学校・会社などにあとからはいった人。

こう-はい [0]【降灰】(はひ)―[名] 火山の噴火(ふんか)により地上に灰がふること。また、その灰。[参考] 音読みは「こうかい」だが、学術用語などは「こうはい」に統一。

こう-はい [0]【高配】[名] ❶〔文章語〕相手の配慮を高めて言う語。「ご―をたまわる」[参考] 手紙で、相手に感謝の意をあらわす場合に、「ご高配に浴し」「ご高配かたじけなく」「ご高配にあずかり」「ご高配深く御礼申し上げます」などという。「高配」のほか「厚志・厚情・芳志・芳情・芳心・懇情・高庇」なども使う。❷〔経〕額の高い配当。高配当。

こう-はい [0]【興廃】[名] 盛んになることと、すたれること。

こう-はい [0]【荒廃】[名][自サ] ❶建物や土地などがあれはてること。「―した国土」❷荒れすさむこと。「人心が―する」

こう-はい [0]【交配】[名][他サ] ❶生物の個体を受粉あるいは受精させ、次の世代の子孫をつくること。❷交雑。**―種**(しゅ) [ハ][名] 交配によってつくられた品種。

こう-ばい [0]【勾配】[名] ❶水平面に対するかたむきの程度。かたむき。傾斜。「屋根の―」❷斜面。「―をすべりおちる」**―織り**(おり) [0][名] たて糸またはよこ糸の太さをかえて、高低を織りだした織物。

こう-ばい [0]【紅梅】[名] 濃いもも色の花の咲くうめ。[春]

↕白梅(はくばい)。

こう-ばい [0]【公売】[名][他サ]〔法〕公告して差し押さえになった品物などを、入札・競売によって売りはらうこと。

こう-ばい [0]【購買】[名][他サ] 買いいれること。**━組合(くみあい)** [ク][名] 日用品を生産者から直接に買いいれて組合員に安く売る組織。

こうばい-すう [バ]【公倍数】[名] 二つ以上の正の整数に共通の倍数。↕公約数。

こう-はく [0]【工博】[名]「工学博士」の略。

こう-はく [コ]【厚薄】[名] あついことと、うすいこと。

こう-はく [コ]【紅白】[名] 赤と白。**━戦(せん)** [0][名] 紅白の二組に分けて勝ち負けをあらそうこと。紅白試合(じあい)。

こう-はく [コ]【黄白】[名] ❶黄色と白色。❷金と銀。❸〔文章語〕かねのこと。金銭。

こう-ばく [0]【広漠】[と副][たる連体] ひろびろとして果てしないようす。「━とつづく平原」

こう-ばく [0]【荒漠】[と副][たる連体] 一面に荒れはてているようす。「━たる大草原」

こう-ばこ [0]【香箱】[名] 香を入れる箱。香合(こうごう)。

こうばし・い【香ばしい】(かうばしい) ━[シ][形](カロ・カッ・ク/イ・イ・ケレ・○) においがよい。「━お茶」 **香ばしさ** [名] **かうば・し** [文語シク] ━[形シク]〔古語〕美しい。好ましい。りっぱだ。「いとかうばしき高僧おはします」〈御伽草子〉[参考]「かぐわしい」の古語「かぐはし」(香(か)+精(くは)し)の「ぐ」がウ音便化してできたことば。

こう-はつ [0]【後発】[名][自サ] ↕先発。❶おくれて出発すること。❷産業などの開発がおくれること。「━の製品」 **━医薬品(いやくひん)** [0][名] ⬇ジェネリック。

ごう-はつ [0]【×毫髪】[名]〔文章語〕(ほそい毛)ごくわずかなこと。「━の過ちも許されない」

ごう-ばつ [0]【×劫罰】[名] きわめて長い時間与えられ続ける苦しい罰。「━を背負う」

こう-ばな [コ]【香花】[名] 仏にそなえる香と花。こうげ。

ごう-はら [0]【業腹】[形動](ダロ・ダッ・デ・ニ/ダ・ナ・ナラ・○) はらがたつようす。ひどくしゃくにさわるようす。「あいつに負けて━だ」

こう-はん [0]【公判】[名] 公開の法廷で、事件をさばくこと。

こう-はん [0]【孔版】[名] とうしゃ版。ガリ版。「━印刷」

こう-はん [0]【甲板】[名] ⬇かんぱん。

こう-はん [0]【江畔】[名]〔文章語〕大きい川のほとり。

こう-はん [0]【後半】[名] あとの半分。↕前半。**━戦(せん)** [0]/[八][名] 競技・試合の後半の部分。

こう-はん [0]【紅斑】[名] 赤色のまだら。

こう-はん [0]【[×攪×拌]】[名][他サ]〔「かくはん」は慣用読み〕かきまわすこと。かきまぜること。

こう-はん [0]【広範】【広汎】[形動](ダロ・ダッ・デ・ニ/ダ・ナ・ナラ・○) 範囲がひろいようす。「━な知識」「━な地域」

こう-ばん [0]【交番】[名] ❶かわりあって番にあたること。❷交番所。巡査派出所。

こう-ばん [0]【香盤】[名] ❶香炉のうち火炉が盤状のもの。❷演劇で、俳優の名と役とを場面ごとに書いた表。❸寄席演芸で、芸人の序列。❹歌舞伎(かぶき)などで、劇場の座席表。

こう-ばん [0]【降板】[名][自サ] ❶野球で、投手が不出来だったり、故障を起こしたりして、マウンドを去ること。↕登板。❷テレビ番組などの出演を途中でやめること。また、役職をやめること。

ごう-はん [0]【合板】[名] 材木をうすく切って、その木目が交差するように何枚もはりあわせたもの。とくにベニヤ板をさすことが多い。ごうばん。

こう-はんい [八]【広範囲】[名] ひろい範囲。「━におよぶ」

こう-はんせい [八]【後半生】[名] 半ばをすぎたあとの人生。↕前半生。

こう-ひ [コ]【口碑】[名]〔文章語〕言いつたえ。

こう-ひ [コ]【工費】[名] 工事の費用。

こう-ひ [コ]【公妃】[名]「…公」と呼ばれる身分の人の妻。

こう-ひ [コ]【公費】[名] 官庁・公共団体の費用。↕私費。

こう-ひ [コ]【后妃】[名]〔文章語〕皇后と中宮。きさき。

こう-ひ [コ]【校費】[名] 大学が各研究室に研究費として支給するお金。

こう-ひ [コ]【高×庇】[名]〔文章語〕相手の庇護(ひご)を高めて言う語。おたすけ。おかげ。手紙に使う。⇩高配[参考]。

こう-ひ [コ]【高批】[名]〔文章語〕相手の批評を高めて言う語。高評。手紙に使う。

こう-び [コ]【後尾】[名] 列のうしろのほう。「行列の━」

こう-び [コ]【交尾】[名][自サ] 動物の性交。

ごう-ひ [ゴ]【合否】[名] 合格と不合格。「━をわける」

こうヒスタミン-ざい [ミ]【抗ヒスタミン剤】[名] 体内のヒスタミンのはたらきをおさえる薬。アレルギー性の病気に使われる。

こう-ひつ [0]【硬筆】[名] ペン・鉛筆などのこと。↕毛筆。

こう-ひょう [0]【好評】[名] いい評判。「━を博する」↕悪評。

こう-ひょう [0]【降×雹】[名] ひょうが降ること。[夏]

こう-ひょう [0]【高評】[名]〔文章語〕相手の批評を高めて言う語。高批。手紙に使う。

こう-ひょう [0]【公表】[名][他サ] ひろく世間に発表すること。

こう-ひょう [0]【講評】[名][他サ] 理由をあげ、説明を加えながら批評すること。

ごう-びょう [0]【業病】[名] 前世でのわるいおこないのむくいとされる、なおりにくい病気。

こうびょう-りょく [ビョ]【抗病力】[名] 病気にたえる力。

こう-ひん [0]【公賓】[名] 政府が公式にもてなす外国からの客。国賓より下で、王族・閣僚・特使などが多い。

こう-びん [0]【幸便】[名] ❶よいついで。つごうのよいたより。「━に託する」❷手紙を人にことづけるとき、あて名のわきにしるす語。[参考] ふつう、あて名あるいは外わきづけの左ななめ下に書く。「託幸便」あるいは「○○氏持参」のようにも書く。

こう-びん [0]【後便】[名] あとで出すたより。「委細━で」↕前便・先便。

こう-ふ [コ]【工夫】[名]〔「くふう」と読めば別語〕工事をする労働者。作業員。

こう-ふ [コ]【坑夫】[名] 炭鉱・鉱山の労働者。炭鉱員。

こう-ふ [コ]【鉱夫】[名] 鉱山の労働者。

こう-ふ [0]/[コ]【公布】[名][他サ] ❶一般に広く知らせること。❷成立した法令・条約などを、官報によって国民につげ知らせること。

こう-ふ [0]/[コ]【交付】[名][他サ] 役所などがお金や書類などを渡すこと。**━金(きん)** [0][名] 国や地方公共団体が、団体などにあたえるかね。

こう-ぶ [コ]【公武】[名] 公家(くげ)と武家。朝廷と幕府。

こう-ぶ [コ]【後部】[名] うしろのほう。また、うしろの部分。「━座席」↕前部。

こう-ぶ [コ]【荒×蕪】[名]〔文章語〕土地があれて雑草がしげっていること。「━地」

ごう-ふ [ゴ]【豪富】[名] 非常なとみ。大がねもち。富豪。

こうふあん-やく [ア]【抗不安薬】[名] 精神的な不安・緊張をしずめるための薬。睡眠薬など、広い意味での精神安定剤。

こう‐ふう[0]【校風】[名] 学校の伝統的な気風。

こう‐ふう[0]【高風】[名]〔文章語〕けだかい、すぐれた人柄。

こうふう‐せいげつ[セ]【光風×霽月】[名]〔文章語〕〔気持ちのよい風と、晴れてかがやく月〕さっぱりとして心にくもりのないこと。「―の心境」

こう‐ふく[0]【口福】[名] おいしいものを食べて感じる幸せ。「―を得る」

こう‐ふく[コ]【口腹】[名]〔文章語〕❶くちとはら。「―を満たす」❷言うことと思っていること。「―が相違する」

こう‐ふく[0]【降伏・降服】[名][自サ] 戦いに負けて相手にしたがうこと。降参。「無条件―」

こう‐ふく[0]【幸福】[名][形動] 望むことがすべてかない、不満がないこと・ようす。しあわせ。さいわい。「―な人生」↕不幸。

ごう‐ふく[0]【剛×愎】[名][形動]〔文章語〕ダロ・ダッ・デ・ニ ダナ・ナラ・ニ○ 強情でひねくれていること。自信が強くて、なかなか人に従わないようす。

ごう‐ふく[0]【剛腹】[名][形動] 度胸があってこせこせしないようす。ふとっぱら。

ごう‐ぶく[0]【▲降伏】[名][他サ]〔「こうふく」と読めば別語〕〔仏〕悪魔や敵をとりしずめること。

こう‐ふちょう[コ]【好不調】[名] 調子がいいことと、わるいこと。好調と不調。

こう‐ぶつ[コ]【好物】[名] すきな食べ物。「―のカステラ」

こう‐ぶつ[コ]【鉱物】[名] 地中にある無機物で、一定の化学的成分をもち、多くは結晶の形をしているもの。

こう‐ふん[0]【口×吻】[名] ❶くちさき。❷くちぶり。話しぶり。―**を漏**(も)**らす** 話しぶりに、それとなく気持ちをあらわす。

こう‐ふん[0]【公憤】[名] 社会の悪についての私情を越えたいきどおり。正義のいかり。義憤。↕私憤。

こう‐ふん[0]【紅粉】[名]〔文章語〕べにとおしろい。化粧。「―を粧(よそお)う」

こう‐ふん[0]【興奮】【×昂奮・×亢奮】[名][自サ] ❶刺激によって生物の器官の機能がふつうより高まること。❷感情がたかぶること。↕沈静。―**剤**(ざい)[フ]/[0][名] 精神や心臓のはたらきを一時的に強くさせる薬。カンフルやカフェインなど。

こう‐ぶん[0]【公文】[名] ⬇こうぶんしょ。

こう‐ぶん[0]【行文】[名] 文章の書きぶり。「流麗な―」

こう‐ぶん[0]【高文】[名] もとの、「高等文官試験」の略。

こう‐ぶん[0]【構文】[名] 文の構造。シンタックス。

こう‐ぶんし[ブ]【高分子】[名] 分子量の非常に大きな分子。「―化学」―**化合物**(かごうぶつ)[ゴ][名] 分子量の大きな化合物。たんぱく質・繊維・ゴム・ビニールなど。

こう‐ぶんしょ[ブ]【公文書】[名] 官庁・公共団体がつくった文書。公文。↕私文書。

こう‐ぶんぼ[ブ]【公分母】[名] 二つ以上の分数に共通な分母。

こうべ[ベ]【▲頭・▲首】(かうべ)[名]〔文章語〕くびから上の部分。あたま。かしら。―**を垂**(た)**れる** 頭を下げる。うつむく。「こうべを垂れて祈る」―**を▲回**(めぐ)**らす** ❶うしろをふり向く。❷昔をふりかえる。

こう‐へい[コ]【工兵】[名] もと陸軍で、築城・架橋、構築物や陣地の破壊などの任務にあたった兵科。

こう‐へい[0]【公平】[名][形動] かたよらなくて平等なこと。「―な裁判」↕不公平。

こう‐へん[0]【口辺】[名]〔文章語〕口のあたり。口もと。

こう‐へん[0]【後編】【後×篇】[名] 二分冊、または、三分冊になっている書物などで、あとの編。↕前編・中編。

こう‐べん[0]【口弁】[名] おしゃべり。弁口。

こう‐べん[コ]【抗弁】[名][自サ] 相手の主張にはりあって意見を述べること。「まけずに強く―する」

ごう‐べん[0]【合弁】【合×辦】[名] 事業の共同経営。また、外国資本との共同経営。―**会社**(がいしゃ)[ガ][名] いくつかの国が資本を出しあってつくる会社。

ごうべん‐か[ベ]【合弁花】[名] あさがおの花のように花びらが一つにあわさっている花。

こう‐ほ[コ]【候補】[名] ある地位・資格などを得る可能性のあるもの・人。ある地位・資格を得ようと自らのぞみ、または、人に推されていること。また、その人。「―者」

こう‐ほ[コ]【好捕】[名][他サ] 野球で、打者の打ったむずかしい球をうまく取ること。

こう‐ぼ[コ]【酵母】[名] こうぼきん。―**菌**(きん)[0]/[ボ][名] 糖類をはっこうさせて、アルコールと二酸化炭素をつくる菌。酒・パンなどの製造に用いる。酵母。イースト菌。

こう‐ぼ[コ]【公募】[名][他サ] ひろく世間からつのること。

こう‐ほう[コ]【工法】[名] 工事のやり方。

こう‐ほう[コ]【公法】[名] 国家・地方公共団体相互間の関係、または、それらと個人との間の権力関係をきめた法律や規則。憲法・行政法・刑法など。↕私法。

こう‐ほう[コ]【公報】[名] ❶官庁から国民にいろいろ知らせるために発行する文書。特に、地方公共団体の発行する文書。「選挙―」❷官庁から国民個人への公式の知らせ。⇩広報[参考]。

こう‐ほう[コ]【広報】【×弘報】[名] 世間にひろく知らせること。また、その知らせ。「―車」[参考]「広報」は宣伝活動をさすことが多い。「公報」は公告の刊行物についていう。

こう‐ほう[0]【後方】[名] うしろの方。↕前方。

こう‐ほう[0]【後報】[名] あとからのしらせ。「―を待つ」

こう‐ほう[0]/[コ]【航法】[名] 船や航空機の航行技術。

こう‐ほう[0]【高峰】[名] たかいみね。高山。

こう‐ぼう[0]【工房】[名] 美術家・工芸家の仕事場。アトリエ。

こう‐ぼう[0]【広×袤】[名]〔文章語〕〔「広」は東西の長さ、「袤」は南北の長さ〕土地の広さ。「―一万ヘクタール」

こう‐ぼう[0]【光×芒】[名]〔文章語〕ひかりのほさき。ひかりのすじ。ひかり。「一条の―」

こう‐ぼう[0]【好望】[名]〔文章語〕みこみの多いこと。有望。

こう‐ぼう[0]【攻防】[名] 攻めることと、ふせぐこと。「―戦」

こう‐ぼう[0]【興亡】[名] おこりさかえることと、ほろびること。興廃。「国家の―」

こうぼう《弘法》弘法大師。⇩空海(くうかい)。―**にも筆**(ふで)**の誤**(あやま)**り**〔弘法大師は書(しょ)の名人〕どんなにすぐれたものでも、ときには誤りをおかすことがあるというたとえ。さるも木から落ちる。かっぱの川流れ。―**筆**(ふで)**を選**(えら)**ばず** すぐれた人は道具のよしあしなど問題にしないということのたとえ。

ごう‐ほう[0]【号俸】[名] 職階によってきめられた、公務員の給料の等級。

ごう‐ほう[0]【号砲】[名] 合図のためにうつ砲。「―一発」

ごう‐ほう[0]【業報】[名]〔仏〕前世の悪業(あくごう)のむくい。

ごう‐ほう[0]【豪放】[名][形動] きもったまが大きくてこせこせしないこと。「―をもって鳴る」「―磊落(らいらく)」

ごう‐ほう[0]【合法】[名][形動(の)] 法律にかなうこと。法律にそむいていないこと。↕非合法・違法。

こう‐ほうじん[ホ]【公法人】[名] 特定の行政目的をなしとげるためにつくられた法人。地方公共団体・公社・公団・公庫などの公共団体。↕私法人。

こう‐ぼく[0]【公僕】[名]〔社会に奉仕する人の意から〕公務員のこと。

こう-ぼく [0]【坑木】名 坑道のくずれるのをふせぎささえる木。

こう-ぼく [0]【香木】名 よいにおいを立たせるためにたく、かおりのいい木。

こう-ぼく [0]【校僕】名 もと、学校の用務員をいった語。

こう-ぼく [0]【高木】名 幹がかたくまっすぐに立ち、三メートル以上に生長する木。すぎ・ひのきなど。喬木。↕低木・灌木。 **—帯** [0]名 植物の垂直分布で、丘陵帯につい で高い所。こめつが・ぶな・くりなどがしげる。喬木帯。

こう-ほね [0]【河骨】— 名 スイレン科の多年生植物。沼地にはえ、七・八月ごろ黄色五弁の花が咲く。かわほね。㊗

こう-ほん [0]【校本】名 古典などの多くの伝本の本文の相違を一覧できるようにまとめた本。

こう-ほん [0]【稿本】名 したがき。原稿。

こう-ま [1]【黄麻】名 ➡おうま。

ごう-ま [1]【降魔】名〘仏〙悪魔を降伏させること。さとりをさまたげるものを払いのけること。「—の利剣」

こう-まい [0]【高×邁】名 形動 たかくすぐれていること。「—な識見」

ごう-まつ [0]【×毫末】名〔文章語〕〔毛すじの先〕ほんのわずか。「—も不正なし」

こう-まん [0]【高慢】名 形動 自分がすぐれているとうぬぼれていて、人をあなどること。 **—ちき** [マ] 形動〔俗語〕高慢な人物をののしって言うことば。

ごう-まん [0]【傲慢】名 形動 おうへいにかまえて人をあなどること。「—な態度をとる」↕けんきょ。

こう-み [1]【香味】名 食べ物のかおりとあじわい。 **—野菜** [ヤ]名 料理にかおりを添えるために用いる野菜。しょうが・にんにく・ねぎ・セロリなど。 **—料** [ミ]名 食べ物に、かおりやあじをつける材料。

こう-みゃく [0]【鉱脈】名 鉱床の一種で、岩石のすきまに板のようにかたまっている鉱物の層。

こう-みょう [0]【功名】名 てがらをたて、名をあげること。

こう-みょう [0]【光明】名 ❶あかるい光。❷希望。「前途に—を見いだす」 **—遍照** [ヘ]名 阿弥陀如来の広大な慈悲を、あます所なく照らす光にたとえた語。

こう-みょう [0]【高名】㊀名 形動(の) 評判のたかいこと。こうめい。「—な画家」㊁名 戦場で立てた手がら。

こう-みょう [0]【巧妙】形動 たいそうじょうずなようす。「—な手段」

こう-みん [0]【公民】名 国や地方公共団体の政治に参加する権利と義務をもつ国民。参政権をもつ国民。 **—館** [ミ]名 住民の教養・文化をたかめるため市町村が設けた集会所。 **—権** [ミ]名 公民としての権利。参政権。

こう-む [1]【工務】名 土木工事・建築の仕事。「—店」

こう-む [1]【公務】名 国・地方公共団体などの事務・職務。公用。「—の出張」 **—員** [ム]名 国・地方公共団体の事務・職務に従事する人。

こう-む [1]【校務】名 学校の事務。「—主任」

こうむ・る [ム]【被る】【×蒙る】他五 ❶身にうける。「恩恵を—」「損害を—」❷〔「ご免を被る」の形で〕お許しをいただく。おことわりする。

こう-めい [0]【校名】名 学校のなまえ。

こう-めい [0]【高名】㊀名 形動(の) 評判のたかいこと。こうみょう。㊁名 相手の名を高めて言う語。おなまえ。おもに手紙に使う。

こう-めい [0]【公明】形動 公正で明白なようす。公平でかくしだてのないようす。「—な処置」 **—正大** [0] 形動 心が公明ですこしもはじるところがないようす。 **—選挙** [セ]名 違反のない、あかるく公正な選挙。

こうめい [光明]「こうみょう」のあやまり。

ごう-めい [0]【合名】名 力をあわせて責任をおうために、名を書きつらねること。 **—会社** [ガ]名 社員全員が債務に対して共同で無限責任をおう組織の会社。

ごう-も [1]【×毫も】副 すこしも。「—おどろかない」参考 下に打ち消しの語がくる。

こう-もう [0]【紅毛】名 ❶あかい髪の毛。❷紅毛人。 **—人** [モ]名〔江戸時代の語〕❶オランダ人。参考 スペイン人・ポルトガル人を南蛮人と呼んだのに対して。❷西洋人。 **—×碧眼** [0]名〔あかい髪とあおい目〕西洋人のこと。

こう-もう [0]【×膏×肓】名〔「膏肓」の「肓」を「盲」に見あやまったことによる読み方〕➡こうこう。

こう-もう [0]【×鴻毛】名〔文章語〕〔おおとりの羽毛〕たいそう軽いもののたとえ。「命を—よりも軽しと考える」

こう-もう《孔孟》孔子と孟子。「—の道」 **—の教え** 孔子・孟子の説いた教え。儒教。

ごう-もう [0]【剛毛】名 かたい毛。↕柔毛。

ごう-もう [0]【×毫毛】名〔文章語〕❶ごく細い毛や髪。❷きわめてわずかなこと。「—の差」

こう-もく [0]【項目】名 一定の基準による内容の小分け。箇条。

こう-もく [0]【綱目】名 大綱(あらすじ)と細目。

ごう-もくてき [モ]【合目的】名 目的にかなっていること。 **—的** [0] 形動 目的にかなっているようす。「—行動」

こうもくてん《広目天》西方を守護する神で、四天王、また、十六善神の一つ。

こう-もと [ト]【講元】名 ➡こうおや。

こう-もり [1]【×蝙×蝠】— 名 ❶翼手目の哺乳類の総称。顔はねずみに似て、前足から変化したつばさをもつ。ほら穴にすみ、虫をとって食う。かわほり。㊗ ❷こうもりがさ。 **—傘** [ガ]名 金属の骨に布などを張ったかさ。ようがさ。こうもり。

こう-もん [0]【×肛門】名 直腸のおわる所で大便を出す穴。しりの穴。

こう-もん [0]【校門】名 学校の門。

こう-もん [0]【黄門】名 中納言の中国ふうの呼び方。

こう-もん [0]【×閘門】名 ❶高低の差のある二つの水面間に、船をすすませる設備の水門。❷運河・河川の水量を調節するための水門。

ごう-もん [0]【拷問】名 他サ からだに苦しみをあたえて、むりに白状させること。

こう-や [1]【広野】【×曠野】名 ひろい野原。広野。

こう-や [1]【荒野】名 あれた野原。あれの。

こう-や [1]【郊野】名〔文章語〕町はずれの野原。

こう-や [0]/[ヤ]【紺屋】〔「こんや」の変化〕名 そめものや。 **—の▲明▲後▲日** 〔紺屋でそめもののできあがりの期日をあさってと約束しても、天気次第でのびのびになりやすいことから〕約束した期日があてにならないたとえ。 **—の白×袴** 〔紺屋が人の染物ばかりして自分は白ばかまをはいているの意〕人のことばかりして、自分のことをするひまがないことのたとえ。また、人にはうるさく言うが、自分のことはなにもできていないことのたとえ。医者の不養生。

こう-や [1]【甲夜】— 名〔古語〕午後七時ごろから午後九時ごろまで。初更。参考 古く中国で、夜(日没から日の出まで)を五等分して、甲・乙・丙・丁・戊の五つとした、その第一。

こうや《高野》和歌山県西北部の地名。真言宗の総本

こ

山金剛峰寺(こんごうぶじ)がある。高野山。

ごうやあ ⓪名 (沖縄の方言)にがうり。参考「ゴーヤー」と書く。 **ーちゃんぷる(う)** チャ名 (「ちゃんぷる」は油いため料理の意)沖縄の家庭料理の一つ。ごうやあの薄切りをくずした豆腐、豚肉、卵などと炒(いた)めた料理。参考「ゴーヤーチャンプル(ー)」と書く。

こうやく ⓪【×膏薬】名 くすりとあぶらを練りあわせた外用薬。 **ー張(ば)り** ⓪名 障子やふすまの破れを、こうやくを張ったように紙片でつくろうこと。

こうやく ⓪【口約】名自他サ 口頭でとりかわす約束。くち約束。

こうやく ⓪【公約】名自他サ 世間に対して約束すること。「選挙ー」

こうやくすう クヤ【公約数】名 二つ以上の正の整数に共通な約数。たとえば、2と4と6と8の公約数は1と2である。↕公倍数。

こうやさい ヤ【後夜祭】名 学園祭などの終わりの晩に行う名ごりの行事。↕前夜祭。

こうやどうふ ド【高野豆腐】名 豆腐をこおらせて、かわかしたもの。こおりどうふ。しみどうふ。

こうやひじり ヒ【高野▲聖】名 寄付をあつめるために高野山から諸国行脚に出る僧。

こうやひじり《高野聖》泉鏡花(いずみきょうか)の小説。一九〇〇年発表。旅僧が経験した奇怪な一夜のできごとを描く。

こうゆ ⓪【香油】名 髪につけるかおりのいいあぶら。

こうゆ ⓪【鉱油】名 鉱物性のあぶら。

こうゆう ⓪【交友】名 友人としてのつきあい。つきあっているともだち。「ー関係」

こうゆう ⓪【交遊】名 つきあい。交際。「ーが広い」

こうゆう ⓪【校友】名 同じ学校の卒業生。「ー会」

こうゆう ⓪【公有】名他サ 国家・公共団体などが所有すること。↕私有・民有。

ごうゆう ⓪【豪遊】名自サ かねをはでに使ってあそぶこと。

ごうゆう ⓪【剛勇・豪勇】名形動 強くて勇気があること。

こうよう ⓪【公用】名 ❶国家・公共団体の用務。公務。↕私用。❷国家・公共団体が使用すること。 **ー語(ご)** ⓪名 複数の言語が使われている国や連盟などの組織で正式に使用が認められている、一つまたは複数の言語。「国連のー」 **ー人(にん)** ⓪名 江戸時代、大小名の家で主君の幕府に関する用務をつとめた人。 **ー文(ぶん)** ヨ⓪名 国家・公共団体の出す文書や法令の文章。

こうよう ⓪【効用】名 ❶使いみち。用途。「古新聞のー」❷ききめ。効能。「くすりのー」

こうよう ⓪【後葉】名〔文章語〕❶あとの年代。「平安時代のー」❷子孫。

こうよう ⓪【綱要】名 基本となるたいせつな点。要点。

こうよう ⓪【孝養】名自サ (古語では「きょうよう」と読む)まごころをつくして親をやしなうこと。「ーをつくす」

こうよう ⓪【紅葉】名自サ 秋、落葉樹の葉が赤くなること。また、その葉。もみじ。㊎

こうよう ⓪【黄葉】名自サ 秋、落葉樹の葉が黄色くなること。また、その葉。もみじ。㊎

こうよう ⓪【高揚】【×昂揚】名自他サ 気分がたかまりあがること。気分をたかめあげること。「士気が(を)ーする」

こうようじゅ ヨ【広葉樹】名 ひらたくて面のひろい葉をもつ樹木。かつようじゅ。↕針葉樹。

ごうよく ⓪【強欲】【強×慾】名形動 あきることを知らない欲心。あくどい欲張り。

こうら ⓪【甲羅】名 (「ら」は接尾語)❶かめ・かになどの外部をおおうかたいから。甲。❷背。せなか。「ー干し」❸年功。 **ーを経(へ)る** 年功を積む。長い経験を重ねる。

こうらい ⓪【光来】名〔文章語〕(ふつう「ご」をつけて)人がたずねてくることの尊敬語。おいで。⇩来る 参考

こうらい ⓪【後来】名〔文章語〕こののち。ゆくすえ。

こうらい《高麗》❶朝鮮の王朝の一つ。こま。[九一八ー一三九二]❷もと、一般的にいっていた、朝鮮半島の称。

こうらいにんじん ニ【高▲麗人▲参】名 ➡朝鮮人参。

こうらいべり ⓪【高▲麗▲縁】名 白地に大小の紋を黒く織りだした、寺院などで用いる畳のへり。

こうらく ⓪【行楽】名 遠足・旅行などの外歩きをしてたのしむこと。 **ー地(ち)** クラ名 景勝地や遊園地などがあって、行楽に適した土地。

こうらく ⓪【攻落】名他サ 攻めおとすこと。

こうらん ⓪【勾欄】名 端にそりのある欄干。

こうらん ⓪【高覧】名〔文章語〕相手が見ることを高めて言う語。手紙に使う。「ごーをたまわる」

こうらん ⓪【高欄】名 宮殿などの周囲、橋・渡りろうかなどの両がわにつくった欄干。

こうらん ⓪【×攪乱】名他サ (「かくらん」は慣用読み)かきみだすこと。「平和をーする」

こうり ⓪【小売(り)】名 おろし商から仕入れた品物を消費者に売ること。「ー店」↕おろし売り。参考表記は「小売店」「小売業」などは送りがなをはぶく。 **ー商(しょう)** リ名 小売りをする商店・商人。↕卸商。参考「小売商」と書く。

こうり コ【公吏】名 地方公務員の旧称。

こうり コ【公理】名 ❶ひろく世間に通じる道理。❷〔数〕〔論〕論証がなくても真とみとめられ、推理・判断などの根本となる仮定。

こうり コ【功利】名 ❶功名と利益。❷幸福と利益。福利。参考「巧利」と書くのはあやまり。 **ー主義(しゅぎ)** シュ名 幸福と利益を人間活動の目的とし判断のもととする立場。実利主義。 **ー的(てき)** ⓪形動 功名と利益を第一に考えるようす。

こうり コ【行×李】名 衣類などを入れる、竹・やなぎで編んだ入れ物。

行李

こうり コ【高利】名 ❶たかい利息。↕低利。❷たかい利益。↕薄利。 **ー貸(が)し** リ名 たかい利息をとって金銭を貸すこと。また、その人。

ごうり ゴ【合理】名 道理にかなっていること。論理にあっていること。↕不合理・非合理。 **ー化(か)** ⓪名他サ ❶むだをはぶき能率のあがるようにすること。「産業のー」❷正しいものとして、その理由づけをすること。「行為のーをはかる」 **ー主義(しゅぎ)** シュ名 ❶神秘的なものや、感覚による経験的知識をみとめず、人間の理性を認識の根本とする立場。理性論。❷理くつにあうかあわないかを思考・行動の基準とする立場。 **ー的(てき)** ⓪形動 理論・道理にかなっているようす。

ごうりき ⓪【合力】㊀名自サ ❶力をあわせること。❷力をそえてたすけること。ごうりょく。㊁名 金品をめぐみあたえること。また、それを受ける人。

ごうりき ⓪【強力】名形動 ❶【剛力】つよい力。また、その持ちぬし。❷登山者の荷物をかつぎ、道案内をする人。 **ー犯(はん)** キ名 暴力をともなう犯罪。殺人・強盗など。↕知能犯。

こうりつ ⓪【工率】名 機械が単位時間ごとにする仕事

の能率。ワット・馬力であらわす。仕事率。

こう‐りつ [0]【公立】[名] 地方公共団体によりつくられ、維持・管理されること。また、その施設。↕国立・私立。

こう‐りつ [0]【効率】[名] 機械によってなされた仕事の量と、消費された力との比。仕事の能率。「―がいい」

こう‐りつ [0]【高率】[名][形動](の) 比率のたかいこと。高い率。「―の利息」↕低率。

こう‐りゃく [コ]【後略】[名] 文章や話で、あとの部分をはぶくこと。↕前略・中略。

こう‐りゃく [0]【攻略】[名][他サ] ❶敵地や敵陣を攻めとること。❷打ち負かすこと。また、説得して、相手の意思を変えさせること。

コウリャン [コ]/[0]【中高×粱】[名] ➡コーリャン。

こう‐りゅう [0]【×亢竜】[名]〔文章語〕➡こうりょう。

こう‐りゅう [0]【×蛟竜】[名]〔文章語〕➡こうりょう。

こう‐りゅう [0]【交流】㊀[名][自サ] 異なる組織・系統に属するものが、たがいにまじわり、いれかわること。「文化の―」「人事の―」㊁[名]〘物〙一定の時間ごとに流れる方向をかえる電流。↕直流。

こう‐りゅう [0]【興隆】[名][自サ] 勢いがおこり、さかんになること。

こう‐りゅう [0]【勾留】[名][他サ]〘法〙とりしらべのため、刑事被告人や被疑者を一定の場所にとどめおくこと。⇩拘留[参考]。

こう‐りゅう [0]【拘留】[名][他サ]〘法〙犯罪人を一日以上三〇日未満、拘留場に拘置すること。[参考]「拘留」は自由刑の一つ。「勾留」は、有罪無罪が決まっていない者に対する処置。

ごう‐りゅう [0]【合流】[名][自サ] ❶二つ以上の川が一つになること。❷二つ以上の組織が一つに合して行動を共にすること。「両野党が―する」

こう‐りょ [コ]【行旅】[名]〔文章語〕たびをすること。また、たび人。

こう‐りょ [コ]【考慮】[名][他サ] よく考えること。「―に入れる」

こう‐りょう [0]【×亢▲竜】[名]〔文章語〕天に高くのぼりつめた竜(りゅう)。こうりゅう。**―悔(く)いあり**〔天にのぼりつめた竜は、もはや下るだけであるから後悔する〕栄華をきわめつくした者は、必ず衰える心配があるからつつしめとのたとえ。

こう‐りょう [0]【香料】[名] ❶食料品・化粧品などに、よいにおいを付けるために加える物質。❷香典。

こう‐りょう [0]【校了】[名] 校正がすっかりおわること。

こう‐りょう [コ]/[0]【高×粱】[名] ➡コーリャン。

こう‐りょう [0]【×蛟▲竜】[名]〔文章語〕❶想像上の動物。水中にかくれ、雨や雲にあうと天にのぼって竜になるという。❷まだ時をえない英雄・豪傑のたとえ。

こう‐りょう [0]【綱領】[名] ❶要点。眼目。❷政党・組合などの根本方針の要約。

こう‐りょう [コ]【稿料】[名] 原稿料。

こう‐りょう [0]【考量】[名][他サ] あれこれ考え合わせて判断すること。「利害・損得を―する」

こう‐りょう [0]【広量】【×宏量】[形動] ダロ・ダッ・デ・ニ/ダ・ナ・ナラ・〇 心のひろいようす。「―な人物」↕狭量。

こう‐りょう [0]【荒涼】【荒×寥】[と副][たる連体] あれはててさびしいようす。「―たる原野」

こう‐りょく [コ]【効力】[名] はたらき。ききめ。効能。

ごう‐りょく [ゴ]【合力】㊀[名]〘物〙一点に同時に働く二つの力と同じ効果の他の一つの力。㊁[名][自サ] ➡ごうりき㊀。

こう‐りん [0]【光臨】[名]〔文章語〕客などがたずねてくることの尊敬語。「―をあおぐ」

こう‐りん [0]【後輪】[名] 車のうしろの輪(わ)。↕前輪。

こう‐りん [0]【降臨】[名][自サ] 神仏があまくだってこの世に姿をあらわすこと。「天孫―」

こうりん‐まきえ [マ]【光×琳×蒔絵】[名] 江戸時代、画家の尾形光琳(おがたこうりん)のはじめたまきえ。漆器に金属・青貝などをはめこんだもの。

こう‐るい [0]【紅涙】[名]〔文章語〕女性のなみだ。「―をしぼる」

こ‐うるさ・い [サ]【小うるさい】[形] カロ・カッ・ク/イ・イ・ケレ・〇 〔「こ」は接頭語〕なんともうるさくて、いやな感じだ。**こうるさ・し** [文語ク]

こう‐れい [0]【交霊】[名] 死者の霊魂と生きている者とが気持ちを通じあうこと。

こう‐れい [0]【好例】[名] あてはまるよい例。好適な例。

こう‐れい [0]【恒例】[名] いつもきまっておこなわれる行事。

こう‐れい [0]【皇霊】[名] 代々の天皇の霊。

こう‐れい [0]【高冷】[名] 土地が高くて気温が低いこと。

こう‐れい [0]【高齢】[名] としを多くとっていること。高年。老年。老齢。**―化(か)社会(しゃかい)** [シャ][名] 総人口に占める高齢者の比率が高まりつつある社会。**―者(しゃ)** [レ][名] 年齢の高い人。「後期―」

ごう‐れい [0]【号令】㊀[名] 多くの人に大声で行動を命じることば。㊁[名][自サ] 命令・さしずをすること。「天下に―する」

こう‐れつ [コ]【後列】[名] うしろの列。↕前列。

こう‐ろ [コ]【行路】[名]〔文章語〕❶道を行くこと。また、行く道。❷世わたり。**―難(なん)** [ロ][名]〔文章語〕世わたりがむずかしいこと。**―病者(びょうしゃ)** [ヒョ][名] 空腹や疲れのため、道路上でたおれた人。ゆきだおれ。

こう‐ろ [コ]【香炉】[名] 香をたくうつわ。

こう‐ろ [コ]【航路】[名] 船や航空機が通るみち。**―標識(ひょうしき)** [ヒョ][名] 航海の安全のために、海面や陸上にもうけた目じるし。

こう‐ろ [コ]【高炉】[名] 鉱石をとかす炉。溶鉱炉。

こう‐ろう [0]【功労】[名] てがらとほねおり。「―をたたえる」

こう‐ろう [0]【高楼】[名] たかくつくった建物。たかどの。

こうろう‐き [0]【向老期】[名] 老年に向かう時期。壮年期と老年期の間で、五十五歳から六十五歳の間とされる。

こうろう‐しょう [ロ]【厚労省】[名]「厚生労働省」の略。

こう‐ろく [0]【厚×禄】[名] てあつい給料。「―を与えられる」

こう‐ろく [0]【高×禄】[名] 多額の禄高(ろくだか)・給料。

こう‐ろん [0]【公論】[名] ❶世間一般の議論。「天下の―」❷公平な議論。正論。

こう‐ろん [0]【高論】[名]〔文章語〕相手の議論の尊敬語。手紙に使う。

こう‐ろん [0]【硬論】[名] 強硬な意見・議論。「―を吐いてゆずらない」↕軟論。

こう‐ろん [コ]【口論】[名][自サ] 言いあらそうこと。くちげんか。「―が絶えない」

こう‐ろん [コ]/[0]【抗論】[名][自サ] 反抗して論じること。

こうろん‐おつばく [0]【甲論乙×駁】[名]〔甲の説に対し乙が反対する〕議論がまちまちで、まとまらないこと。

こう‐わ [0]【口話】[名] 聴覚障害者が、口の形の変化でことばをよみとる方法。↕手話。

こう‐わ [0]【高話】[名]〔文章語〕相手のはなしの尊敬語。手紙に使う。「―拝聴」

こう‐わ [0]【講和】【×媾和】[名][自サ] 交戦国が戦争をやめ、平和を回復すること。「―会議」

こう-わ ０【講話】名自サ わかりやすく説明して聞かせること。また、そのはなし。

こうわか-まい カ【幸若舞】―まひ 名 室町時代、桃井幸若丸（もものいこうわかまる）がはじめたという、うたいに合わせてまう舞。

こう-わん ０【港湾】名 船がとまったり、乗客・貨物をあげおろしたりする設備のある入り海。

ごう-わん ０【豪腕・剛腕】㊀名 相手をねじふせるほどの腕力。「―投手」㊁名形動 自分の意見を強引に通す能力。「―な幹事長」

ご-うん ０【五×蘊】名〘仏〙存在を構成する物質的・精神的な五つの要素。色(肉身)・受(感覚)・想(想像)・行(心の作用)・識(意識)。

こえ コ【声】こゑ 名 ❶人間・動物が発音器官を使って出す音。音声。「大きな―で読む」「犬の鳴く―」「―がする」「―が通る」❷人々の意見・要求。「民衆の不満の―」「賃上げを求める―が高い」❸うわさ。「大地震が起こるという―におびえる」❹神仏などが人間に告げることば。「天の―」❺けはい。「近づく冬の―」参考 虫が羽などを使って出す音や「風・鐘の―」のように擬人的に物の立てる音に使うこともある。⇩ね(音) 参考。**―が掛かる** ❶よばれる。「客席から―」❷まねかれる。上位のものから、特別のはからいをうける。「社長から―」**―無き声** 表だって表れない、大衆の意見。「―をくみ上げる」**―の下から** ことばがおわるかおわらないうちに。「やめたという―またすぐ始める」**―を落とす** 声を小さくする。**―を限りに** できるだけの大声で。「―叫ぶ」**―を掛ける** ❶はなしかける。よびかける。❷誘う。❸掛け声をかける。**―を聞く** 〔「…の―」の形で〕時期が近づく。その時になる。「秋の―」「四十の―」**―を×揃える** みながいっしょに言う。**―を大にする** (声を大きくすることから)意見を強く主張する。**―を詰まらせる** 悲しみや緊張、感動などで、声が出せなくなる。**―を×呑む** あまりに感動・緊張したために声がでない。

こえ エ【肥】名 肥料。特に、しもごえ。こやし。

ごえ【越え】造 ❶国の境や峠をこえること。また、その道すじ。「山―」「ひよどり―」❷【超え】めやすとなる数値や水準をこえること。「感染者一万人―」「K点―」

こ-えい ０【孤影】名 文章語 ひとりぼっちのかげ・姿。「―悄然(しょうぜん)」

ご-えい ０【護衛】名他サ つきそってまもること。また、その人。**―艦** ０/エ 名 海上自衛隊の艦船の一つ。

ご-えいか エ【御詠歌】名 巡礼や仏教信者がうたう、仏の徳をほめたうた。

こえ-がかり ガ【声掛(か)り】こゑ― 名 ➡おこえがかり。

こえ-かけ ０【声掛け】こゑ― 名 ❶声をかけること。話しかけてようすをたずねること。「―運動」参考 店員の客への呼びかけ、地域のコミュニティーの保持など、種々の目的がある。❷誘いや打診をすること。「部長からお―をいただきました」参考 多くは目上の者から下の者に対するものをいい、「おこえがけ」と言うこともある。

こえ-がら ０【声柄】こゑ― 名 声の性質・ようす。

こえ-がわり ガ【声変(わ)り】こゑがはり 名 男性が少年期から青年期にはいるころ、声帯の変化により声がかわること。

こえ-ごえ エ/ゴ【声声】こゑごゑ 名 めいめいが声を出すこと。くちぐち。「―に呼ぶ」

こえ-たご ０【肥たご】【肥×桶】名 こえを入れてはこぶおけ。こえおけ。

こえ-だめ ０【肥×溜め】名 肥料にする糞尿(ふんにょう)をためておくところ。

ご-えつ《呉越》中国の春秋時代、仲のわるかった呉の国と越の国。

ごえつ-どうしゅう ゴ【呉越同舟】名 仲のわるいものどうしが同じ所にいること。

ごえもん-ぶろ テ【五▲右▲衛門風呂】名 かまどの上に鉄の湯ぶねをとりつけたふろ。浮き板をふみ沈めて底板にする。長州ぶろ。参考 石川五右衛門(いしかわごえもん)の処刑に用いたという説から。

こ・える エ【肥える】自下一 エエ・エル・エレ・エロ・エヨ ❶からだがふとる。「丸々と肥えた豚」↕やせる。❷地味がゆたかになる。「肥えた土地」↕やせる。❸よしあしを判断する力がゆたかになる。「目が―」**こ・ゆ** 文語ヤ下二

こ・える ０【越える】自下一 エエ・エル・エレ・エロ・エヨ ❶上を通り過ぎて行く。越す。乗り越える。「国境を―」「いくつもの山を―」❷ある時間・時期をすぎる。越す。「年を―」「七十の坂を―」❸【超える】ある基準を上回る。超す。「賛成が半数を―」「試合時間が三時間を―」❹【超える】まさる。超す。「兄を―腕まえ」❺【超える】ある枠・限界の外に出る。超越する。「党派を―集まり」「主義主張を超えて協力する」**こ・ゆ** 文語ヤ下二

ご-えん ０【誤×嚥】名自他サ 食べ物や唾液などが気管の方へ入ること。「―性肺炎」

コエンドロ エ〈ポ coentro〉名 ➡コリアンダー。

ゴー ゴ〈go〉名 行くこと。進むこと。↕ストップ。

ゴーイング-マイ-ウエー エ〈going my way〉名 他人の動きにまどわされず、自分のよいと思う方針で進むこと。

こ-おう ０【呼応】名自サ ❶呼べばこたえること。❷たがいに気ごころを通じあって事を行うこと。❸文章中で、前後の語句が一定の語法で関係しあうこと。「決して」は「ない・ぬ」など、打ち消しの語と呼応するなど。

ご-おう ０【五黄】名 九星の一つ。土星にあたり、方位は中央。

こおう-こんらい コ-/コ2【古往今来】副 文章語 昔から今まで。

ゴー-カート カ〈go-cart〉名 遊戯用の簡単な自動車。商標名。

コーカソイド ソ〈Caucasoid〉名 白色人種。

コーキング ０〈caulking〉名 雨もり・水もれなどのしないように、すき間をうめること。また、それに使う材料。

コークス コ〈ドKoks〉名 石炭を高熱でむしやきにして石炭ガスなどをとったかす。無煙で火力のつよい燃料。

ゴーグル ゴ〈goggles〉名 スポーツなどで、風よけや水中にもぐるときに使うめがね。

ゴーゴー ゴ2〈gogo〉名 (踊るときのかけ声から)ロックンロールのリズムにあわせて踊る、動きのはげしいダンス。

ゴー-サイン サ〈go sign〉名 計画・企画を実行するようにという指示。「社長の―が出る」

こお・し【▲恋ほし】こほ― 形シク 古語 (「こひし」の古い形)恋しい。「こほしくありけむ松浦佐用姫(まつらさよひめ)」〈万葉〉

ゴージャス ゴ〈gorgeous〉形動 ダロ・ダッ・デ・ニ・ダ・ナ・ナラ・○ 豪華なようす。「―な装い」

コース コ〈course〉名 ❶みちすじ。進路。「―を北にとる」❷競走路。競泳路。❸方針。「将来の―」❹学課。課程。「英語中級―」❺料理などの順序。「フル―」

コースター コ〈coaster〉名 ❶遊園地などで起伏の急なレールの上を走る乗り物。「ジェット―」❷コップ敷き。

ゴースト ゴ〈ghost〉名 ❶幽霊。❷テレビの、影のようにずれた画像。**―タウン** タ〈ghost town〉名 (鉱山町などで)以前はにぎわったが現在はさびれて人が住まなくなった町。**―ライター** ラ〈ghost writer〉名 名まえを隠して有名人の代筆をする作家。

こ

ゴーストップ [ト]〈go stop〉[名]〔和製英語〕十字路などにおかれた、交通整理の進め・止まれの信号。

コーダ [コ]〈イ coda〉[名] 楽曲の終わりの部分。結句。

コーチ [コ]〈coach〉❶ [名][他サ] 指導すること。「—をたのむ」❷ [名] 指導する人。コーチャー。「野球の—」

コーチゾン [チ]〈cortisone〉[名] 副腎(ふくじん)皮質から出るホルモン。リューマチやぜんそくにきく。

コーチャー [コ]〈coacher〉[名] ➡コーチ。

コーチン [コ]〈cochin〉[名] 中国原産の、にわとりの品種の一つ。

コーディネーター [ネ]〈coordinator〉[名] ❶物事がうまく運ぶように調整する人。調整役。❷テレビ番組の製作進行責任者。❸服飾・室内装飾などで、全体が調和するように、とりあわせなどを考える人。「インテリア—」

コーディネート [ネ]〈coordinate〉[名][他サ] ❶色・材質・デザインなどの調和を考えて全体を統一すること。❷人や組織の間に立って、取り決め・日程などの調整をすること。

コーティング [○]〈coating〉[名][自他サ] 防水・耐熱・腐食防止・つや出しなどのために、物の表面を合成樹脂などの薄いまくでおおうこと。「ビニールで—した布」

コーテーション-マーク [マ]〈quotation mark〉[名] ➡クオーテーションマーク。

コーデュロイ [デュ]〈corduroy〉[名] ➡コールテン。

コート [コ]〈coat〉[名] ❶背広などの上着。❷洋服用外套(がいとう)。オーバーコート。[冬] ❸婦人の和服用外套。「あずま—」

コート [コ]〈court〉[名] テニス・バスケットボール・バレーボールなどの競技場。

コード [コ]〈code〉[名] ❶規則。❷数字や記号を組み合わせてある情報を表すようにしたもの。「JIS—」

コード [コ]〈cord〉[名] ゴムなどで絶縁した室内用の電線。**—レス** [コ]〈cordless〉[名] 無線や電池を使用するためコードがなかったり不要だったりすること。「—の電話機」

コートジボワール《Côte d'Ivoire》アフリカ西海岸にある、ギニア湾に面した共和国。一九六〇年に独立。首都はヤムスクロ。

コードバン [○]〈cordovan〉[名] うまのしりの皮から作った上質のなめしがわ。細かい山羊(やぎ)皮がもと。[参考] スペインのコルドバの名産のきめ

こ-おどり [オ]【小躍り】【×雀躍り】(をどり) [名]〔「こ」は接頭語〕うれしくておどりあがること。「—してよろこぶ」

コーナー [コ]〈corner〉[名] ❶かど。すみ。❷競走に使うコースで、曲線状に曲がるところ。「第四—」❸デパートなどの売り場の一区画。❹放送などの一場面。「クイズの—」❺写真をアルバムにはるとき、四隅をとめるもの。**—ワーク** [ワ]〈corner work〉[名] ❶野球で、投手が内角・外角に投げ分ける技術。❷トラック競技やスケートで、巧みにコーナーを回る技術。

コーパス [コ]〈corpus〉[名] 言語研究のための資料。特に電子化された大規模データベースを指す。

コーヒー [ヒ]〈coffee〉[名] コーヒーの木の種子をいって、こなにしたもの。また、それを使った飲み物。**—ブレーク** [レ]〈coffee break〉[名] 仕事や会議の途中でとる短い休憩時間。コーヒーブレイク。**—ポット** [ポ]〈coffee pot〉[名] コーヒーを入れてわかす、ふたつきのうつわ。

コープ [コ]〈co-op〉[名]〔cooperative society から〕生活協同組合。生協(せいきょう)。

コーポ [コ] [名] ➡コーポラス。

コーポラス [コ] [名]〔corporate house から。和製英語〕アパート形式の中高層の集合住宅。コーポ。

コーポレーション [レ]〈corporation〉[名] 会社。法人。[参考] 会社名に使われることが多い。

ごおやあ [○] [名] ➡ごうやあ。

コーラ [コ]〈cola〉[名] 熱帯アフリカ原産のコーラの木の種子に含まれる成分を主原料とした清涼飲料水。

コーラス [コ]〈chorus〉[名] 合唱。合唱隊。合唱曲。

こおら・せる [○]【凍らせる】(こほらせる) [他下一]〔セ・セ・セル・セル・セレ・セロ/セヨ〕こおった状態にする。「身を—ような冷たい風」

コーラン [コ]〈Koran〉[名] イスラム教の聖典。

こおり [○]【氷】(こほり) [名] ❶水が氷点下の温度でかたまったもの。[冬] ❷こおりみず。**—の刃**(やいば) 氷のようにとぎすまされた刀の刃。「抜けば玉散る—」

こおり [コ/○]【郡】(こほり) [名] 昔、国を小分けしたものの一つ。村・里などをふくむもの。

こおり-がし [ガ]【氷菓子】(こほり) [名] 果汁や牛乳などに香料や糖蜜を加えてこおらせた食べ物。アイスクリーム・アイスキャンデーなど。[夏]

こおり-ざとう [ザ]【氷砂糖】(こほり) [名] 純良な砂糖を大きく結晶させたもの。

こおり-つ・く [ツ]【凍り付く】(こほり) [自五]〔カ・コ/キ・イ/ク・ク・ケ・ケ〕❶凍ってくっつく。❷凍ってかちかちになる。❸緊張や恐怖のあまり、身動きはおろかことばを発することもできなくなる。「表情が—」

こおり-どうふ [ド]【凍り豆腐】【氷豆腐】(こほり) [名] ➡こうやどうふ。

こおり-ぶくろ [ブ]【氷袋】(こほり) [名] ひょうのう。

こおり-まくら [マ]【氷枕】(こほり) [名] 氷や水を入れて頭をひやすゴム製のまくら。水まくら。

氷枕

こおり-みず [リ]【氷水】(こほりみづ) [名] ❶氷でつめたくした水。❷こまかくけずった氷に蜜(みつ)やシロップなどをかけたもの。[夏]

コーリャン [コ/○]【中高×粱】[名] イネ科の一年生植物。もろこしの一種。中国の北部に産し、種子を主食や飼料にする。こうりょう。[秋]

コール [コ]〈call〉[名][自サ] ❶呼ぶこと。呼びかけ。声援。宣告。「ラブ—」❷短期の融資。コールローン。❸電話をかけること。通話。**—ガール** [ガ]〈call girl〉[名] 電話などで、呼び出しに応じる売春婦。**—サイン** [サ]〈call sign〉[名] 各放送局の電波呼び出し符号。

こお・る [○]【凍る】【氷る】(こほる) [自五]〔ラ・ロ/リ・ッ・ル・ル・レ・レ〕水が寒さのために固体になる。[冬]

ゴール [ゴ]〈goal〉❶ [名] ❶決勝点。決勝線。❷球技で、ボールを入れると得点になる所。❷ [名][自サ] ゴールイン。**—イン** [ル]〈goal in〉[名][自サ]〔和製英語〕❶決勝点にとびこむこと。❷球技で、ボールをゴールに入れて得点すること。❸目的を達すること。「結婚に—する」**—キーパー** [キ]〈goalkeeper〉[名] サッカー・ホッケーなどで、ゴールを守って相手の得点をはばむ人。**—ボール** [ボ]〈goalball〉[名] 視覚障害者を対象とした球技。一チーム三名の選手がアイシェード(目隠し)をつけて、鈴の入ったボールを転がすように投げ、相手のゴールに入れて得点を競う。

コールスロー [ロ]〈coleslaw〉[名] キャベツを細かく切り、マヨネーズやフレンチドレッシングなどであえたサラダ。

コール-タール [タ]〈coal tar〉[名] 石炭をむしやきにするときにできる、黒いねばりのある液。防腐用塗料。また、染料・爆薬・医薬などの原料。タール。

コール-テン [○] [名]〔corded velveteen から。「コール天」は当て字〕うねの形のすじを織りだした織物。コーデュロイ。

ゴールデン〈golden〉造 金(きん)のようにねうちのあるの意。**ーアワー** ア〈golden hour〉名〔和製英語〕ゴールデンタイム。**ーウイーク** イ〈golden week〉名〔和製英語〕一年じゅうでいちばん休日の多い週。四月末から五月初め。黄金週間(おうごんしゅうかん)。春 **ーエージ** エ〈golden age〉名 黄金時代。**ータイム** タ〈golden time〉名〔和製英語〕一日のうちで、テレビ等の視聴率が最も高い時間帯。通例、午後七時から九時または一〇時頃。ゴールデンアワー。プライムタイム。

コールド〈cold〉造「冷たい」の意。**ーウォー** ウォ〈cold war〉名 冷たい戦争。武力行使にはいたらないが、敵対状態にある国家間のあり方。**ークリーム** リ〈cold cream〉名 洗顔・マッサージに使う油性クリーム。**ーチェーン** チェ〈cold chain〉名 新鮮な肉・魚・野菜などを低温のまま保って、生産地から消費地まで届ける一連の組織。低温流通機構。**ーパーマ** パ 名〔cold permanentから。和製英語〕熱を使わず、薬液だけで毛髪にウエーブ(波形)をつけること。

ゴールド ゴ〈gold〉名 金(きん)。**ーラッシュ** ラ〈gold rush〉名 金の発見された所へ大ぜいが押しかけること。

コールド-ゲーム ゲ〈called game〉名 野球で、五回終了後、日没・降雨などにより最後まで試合のできないとき、または点差が大きすぎるとき、それまでの得点で勝負をきめること。また、その試合。

こおろぎ コ【×蟋×蟀・×蛼】名 ❶コオロギ科の昆虫の総称。体長二〜三センチメートル内外。黒褐色で触角は長い。秋、よい声で鳴く。秋 ❷〔古語〕きりぎりすの古名。参考 中古・中世の「こおろぎ」は現在の「きりぎりす」を指し、上代の「こおろぎ」は、秋に鳴く虫の総称ともいわれる。⇩きりぎりす 参考。

コーン コ〈cone〉名 ❶アイスクリームを入れる円すい形のウエハース。❷円すい形のスピーカー。❸工事中の場所に置く円すい形の標識。

コーン コ〈アcorn〉名 とうもろこし。「ースープ」 **ーフレークス** レ〈cornflakes〉名 蒸したとうもろこしの粒を平たくのばして乾かした食品。牛乳・砂糖をかけて食べる。

ご-おん 0 ゴ【呉音】名 日本の漢字音の一つ。上代に、中国の南方からつたわった漢字音。「行」を「ぎょう」、「金」を「こん」と読む類。↕漢音・唐音。⇩字音(表)。

ご-おん 0【語音】名 単語の音。

こ-おんな オ【小女】名 ❶体格の小さい女。❷年わかいお手伝いさん。

コーン-ビーフ ビ〈corned beef〉名 ⬇コンビーフ。

こ-か コ【古歌】名 ふるい歌。昔の人のつくった歌。

コカ コ〈coca〉名 コカノキ科の低木。南米ペルー原産。熱帯地方でつくられ、葉からコカインをとる。

こ-が コ【個我】名 個人としての自分。他と区別された自我。全我。

こ-が コ【古雅】形動 ダロ・ダッ・デ・ニ／ダ・ナ・ナラ・〇 古風で上品なこと。

ご-か ゴ【呉下】名 中国の、呉の国のうち。**ーの×阿×蒙(あもう)** 昔のままで進歩しない人物。呉下の旧阿蒙(きゅうあもう)。参考 呉の国の武将呂蒙(りょもう)に久しぶりに会った魯粛(ろしゅく)が、呂蒙が以前にくらべると学問も上達し、すぐれた人物になっていたので、かつて呉にいたときの君ではないと驚いたという故事から。

こ-がい 0【子飼い】名 ❶ひなからそだてること。❷こどものときからめんどうをみて、一人前に育て上げること。

こ-がい 0【蚕飼い】名 かいこを飼うこと。養蚕。春

こ-がい 0【戸外】名 戸のそと。家のそと。屋外。

ご-かい 0【▲沙▲蚕】名 ゴカイ科の環形動物。浅い海のどろの中にすむ。魚つりのえさとなる。

ご-かい 0【五戒】名〔仏〕殺生(せっしょう)・偸盗(ちゅうとう)・邪淫(じゃいん)・妄語(もうご)・飲酒(おんじゅ)の五つのいましめ。↕五悪。

ご-かい 0【碁会】名 碁をうつための集まり。

ご-かい 0【誤解】名 他サ あやまって解釈すること。思いちがい。「ーをまねく」

こ-がいしゃ ガ【子会社】名 他の会社の支配下にある会社。↕親会社。

ご-かいしょ 0【碁会所】名 料金をとって碁をうたせる所。

こ-かいどう カ【古街道】名 古い街道。特に、戦国時代以前の街道の総称。

ご-かいどう カ【五街道】名 江戸を起点とした昔の五つの街道。東海道・中山道(なかせんどう)・奥州街道・甲州街道・日光街道の五つ。

五街道

こ-がいもの ガ【小買(い)物】名 日用品などを求めるちょっとした買い物。こかいもの。

コカイン カ〈cocaine〉名 コカの葉の中にふくまれるアルカロイド。麻薬の一種。局所麻酔用薬品とする。

ご-かう【五更】名〔古語〕⬇ごこう。

ご-かう【御幸】名〔古語〕⬇ごこう。

こ-がお 0【小顔】名 顔が小さいこと。「ー効果」

こ-がき 0【小書き】名 ❶文章の中に注などをこまかい字で書きいれること。❷能楽の番組で、曲名の左方に小さい文字で書きそえる特殊な演出。

こ-かく 0【古格】名 ふるい格式。昔のしきたり。

こ-かく 0【孤客】名〔文章語〕ひとりたびの人。

こ-かく 0【顧客】名 ひいきの客。おとくい。こきゃく。

こ-がく コ【古学】名 ❶朱子学・陽明学などの注釈にたよらないで、直接に、経書(けいしょ)の本文を理解しようとする、江戸時代の儒学(じゅがく)の一派。❷国学のこと。

こ-がく コ【古楽】名 ❶古代の音楽。❷バロック期以前の西洋音楽。

ご-かく 0【互角】名 たがいの力量にまさりおとりがないこと。五分五分(ごぶごぶ)。「ーの勝負」「ーにわたりあう」

ご-がく ゴ【語学】名 ❶言語学。❷外国語の学習。

こ-がくれ ガ【木隠れ】名 木のかげにかくれること。

こ-かげ 0【小陰】【小×蔭】名 ちょっとしたものかげ。

こ-かげ 0【木陰】【木×蔭】名 木の下かげ。夏「ーに休む」

ごかし 接尾 その事にかこつけて自分の利益をはかること。「おためー」「親切ー」

こ-がしら ガ【小頭】名 作業の小さな一組のかしら。「消防のー」

五箇条(ごかじょう)の御誓文(ごせいもん) 明治新政府の設立にともない、明治天皇が一八六八年に公布した五か条の根本方針。

こか・す カ【▲転す】他五 サ・ソ・シ・ス・ス・セ・セ たおす。ころがす。

こが・す ガ【焦(が)す】他五 サ・ソ・シ・ス・ス・セ・セ ❶焼いて黒くする。❷切ない思いで心をくるしめる。「思いをー」

こ-かた 0【子方】名 ❶子分(こぶん)。❷能楽・しばいで、こどもする役。

こ-がた 0【小形】名 似た形のものの中で小さいもの。↕大形。

こ-がた 0【小型】名 形や規模が小さいこと。「ー自動車」↕大型。

ご-がたき ガ【碁敵】名 碁のよい相手。

こ-がたな ガ/ナ【小刀】名 ❶小さいはもの。ナイフ。❷

小づか。―細工 ザ名 ❶小刀で木に細工すること。❷こせこせと策略をめぐらすこと。

こ-かつ ◎【枯渇】【×涸渇】名自サ ❶水がかれること。❷物がとぼしくなること。「資金が―する」

ご-がつ ゴ【五月】名 一年の第五番目の月。夏 ―人形 ヨ名 五月五日の端午の節句にかざる武者人形。夏 ―病 ◎名 新入生や新入社員が、環境に適応できずに五月ごろから意欲を失い、無気力になること。

こかつじばん ◎【古活字版】名 室町時代の末から江戸時代のはじめにかけて、朝鮮の活字版印刷術を取り入れて出版された、活字版の本。

こ-がね ◎【小金】名 ❶わずかなかね。❷少しまとまったかね。「―をためる」

こ-がね ◎【黄金】名 ❶きん。おうごん。❷金貨。❸こがね色。金色。―造り ヅ名 金で造ったり飾ったりすること。また、その作品。「―の太刀」―虫 ネ名 コガネムシ科の昆虫。金色に光る緑色で、成虫は葉を、幼虫のジムシは根をくう害虫。夏

こ-かぶ ◎【子株】名↕親株。❶植物の親株からわかれた新しい株。❷『経』増資のため発行する新しい株券。新株。

ご-かぼう ◎【五家宝】名 もち米をむし、水あめなどで固めて棒状にして、青きなこなどをまぶした菓子。埼玉県熊谷市の名産。

こ-がら ◎【小×雀】名 シジュウカラ科の小鳥。頭が黒く、きれいな声で鳴く。夏

こ-がら ◎【小柄】形動 ↕大柄。❶体格が小さいこと。こづくり。❷模様や、しまがらがこまかいこと。

こ-がらし ガ【木枯(ら)し】【×凩】名 (木を枯らすの意) 秋の終わりごろから初冬にかけて吹く強風。冬

こがれ-じに ◎【焦(が)れ死に】名 恋いこがれるあまりに病気になって死ぬこと。

こが・れる レ【焦(が)れる】自下一 ❶ひどくのぞむ。「名誉に―」❷つよく恋いしたって、思いなやむ。「―思い」 こが・る 文語下二

こ-がわせ ガ【小為替】名 手軽な方法を特徴とする、郵便為替の一つ。参考 一九五一年、廃止。現在は、「定額小為替」という。

こ-かん ◎【股間】【×胯間】名 またのあいだ。「―を抜けたボール」

こ-がん ◎【孤×雁】名 文章語 一羽だけで飛んで行く、連れのないがん。秋「―さびしく北にかえる」

こ-がん ◎【湖岸】名 みずうみのきし。

ご-かん ◎【五官】名 目・耳・鼻・舌・皮膚の五つの感覚器官。

ご-かん ◎【五感】名「みる・きく・かぐ・あじわう・ふれる」の五つの感覚。「―をとぎすます」

ご-かん ◎【互換】名 相互に取りかえること。取りかえがきくこと。「―性」

ご-かん ◎【語幹】名 活用語で、変化しない部分。「よむ」では「よ」が語幹。↕語尾。

ご-かん ◎【語感】名 ❶ことばから受ける感じ。また、ことばのもつ感じ。ことばのニュアンス。❷ことばに対する感覚。

ご-がん ◎【護岸】名 海岸・河岸などを、水害などにそなえ補強すること。また、その構築物。「―工事」

ごがん-じ ◎【御願寺】名 天皇・皇后などが願をかけて建てた寺。東大寺など。

こかんじゃ カ【小冠者】名 元服して間もない若者。「なまいきな―め」

こ-かんせつ カ【股関節】名 またのつけ根の所の関節。「―脱臼」⇩骨格(図)。

こ-き コ【子機】名 電話機やファクシミリの本体の機器に付属している、コードレスの小型電話機。↕親機。

こ-き コ【古希】【古×稀】名 七十歳のこと。「―の祝い」参考 杜甫の詩の「人生七十古来稀なり」の句から。⇩賀の祝い(表)。

こ-き コ【古記】名 ふるい記録。旧記。

こ-き コ【呼気】名 はきだす息。↕吸気。

こ-ぎ コ【×狐疑】名自サ 文章語 (狐はうたがいぶかい性質をもつといわれている) うたがい、ためらうこと。「―逡巡」

ご-き ゴ【御忌】名 貴人や祖師の年忌。

ご-き ゴ【語気】名 ことばつき。語勢。語調。「―が荒い」

ご-き ゴ【語基】名 単語の中心となる意味をあらわし、それだけで、または、ほかの語基や接辞と結合して単語を構成する言語単位。「鉄道」「若さ」の「鉄」「道」「若」など。↕接辞。参考「語基」は現代人の意識として分析することができる単位であるが、「語根」は時代をさかのぼって言語学的な手続きで抽出される単位を言う。この辞典では「語基」を「造語成分」とよぶことがある。

ご-き ゴ【誤記】名他サ まちがって書くこと。書きあやまり。

ご-ぎ ゴ【語義】名 単語の意味。単語を意味と音声からみたときの意味的な側面。語意。

コキール キ〈フ coquille〉名 貝がらに、肉・貝・野菜などをつめて、オーブンでやいた料理。

こき-おろ・す ◎【こき下ろす】【▲扱下ろす】他五 ❶しごいて落とす。こきおとす。❷ひどくつまらぬことのように言う。ひどくけなす。「相手の研究を―」

ご-きげん ◎【御機嫌】㊀名「きげん」の尊敬の言い方。「きょうは―だね」「―はいかが」㊁形動 きげんのよいようす。上きげん。―伺い ウ名 ❶目上の相手の安否や近況などを気にして訪問すること。❷気に入られるために、相手の心理状態をさぐること。―斜め きげんがよくないこと。―よう ヨ あいさつ (「よう」は「良く」の変化) 人と出会ったり、わかれたりするときのあいさつの語。

こ-きざみ キ【小刻み】名形動 ❶こまかくはやく刻むこと。また、そのようす。「―にふるえる」❷すこしずつ、つづけてすること。「―にこづかい銭をわたす」

ごき-しちどう《五畿七道》律令制下の地方行政区画。全国を都を中心とした畿内五か国と、東海道・東山道・北陸道・山陰道・山陽道・南海道・西海道の七つの地域に分けたもの。

こ-ぎたな・い ナ【小汚い】形 (「こ」は強めの接頭語) きたなくて、いやな感じだ。小汚さ 名

こき-つか・う コ/カ【こき使う】【▲扱使う】他五 なさけも遠慮もなく、人を使う。こき使える 自下一 […できる]

こぎ-つ・ける ケ【こぎ着ける】【×漕着ける】他下一 ❶船をこいで到着させる。❷努力して目的に達する。「完成に―」こぎつ・く 文語下二

こ-ぎって ギ【小切手】名 ある銀行に当座預金をもつ人が一定の金額を受取人に支払うことをその銀行に委託する有価証券。

こき-でん《弘徽殿》宮中の清涼殿の北にあった建物で、皇后・中宮などのすまい。

ご-きない《五畿内》畿内の五か国。山城・大和・河内・和泉・摂津の五つの国。

ごきぶり ◎名 ゴキブリ目の黒褐色の昆虫の総称。体長

三内外。台所などにすみ、繁殖力が強い。あぶらむし。[夏]

こき-ま・ぜる[ゼ]【こき混ぜる】【扱混ぜる】[他下一] 混ぜあわせる。かき混ぜる。**こきま・ず**[文語下二]

こ-きみ[0]【小気味】[名]（「こ」は接頭語）気持ち。こきび。**—よ・い**[3][形] 行動やり方があざやかで、好感がもてる。「仕事を小気味よくかたづける」 **小気味よさ**[名]

こ-きゃく[0]【顧客】[名]➡こかく。

ごぎゃく-ざい[ク]【五逆罪】[名]〘仏〙五つの罪悪。父を殺すこと、母を殺すこと、阿羅漢を殺すこと、僧の和合を破ること、仏身を傷つけること。五逆。

コキュ[コ]〈フcocu〉[名]妻を他人にうばわれた夫。

こ-きゅう[0]【故旧】[名][文章語]前からの知りあい。

こ-きゅう[0]【鼓弓】【×胡弓】[名]馬の尾毛の弓で弦をこすってひく、三味線に似た弦楽器。

鼓弓

こ-きゅう[0]【呼吸】[名][自他サ]❶生物が、酸素と炭酸ガスを体内で入れかえて、生命を維持するはたらき。❷息を吸ったり、はいたりすること。「荒い—」❸物事をする微妙な調子。こつ。「運転の—をのみこむ」❹人と人との間の気分。「—の合った同志」 **—器**[キュ][名]鼻・のど・気管支・肺など、呼吸をいとなむ器官。

こ-きょう[コ]【故京・古京】[名][文章語]もとのみやこ。旧都。

こ-きょう[コ]【故郷】[名]自分の生まれた土地。ふるさと。郷里。**—へ錦を飾る** 立身出世をしたり成功したりして故郷へ帰る。

こ-きよう[ギ]【小器用】[形動]（「こ」は接頭語）ちょっと器用であるようす。こきよう。「—な人」

ご-きょう[ゴ]【五経】[名]儒学で尊重される、易経・詩経・書経・春秋・礼記の五つの書物。「四書—」

ご-ぎょう[0]【五行】[名]古代中国の思想で、宇宙万物を造るもととなる五元素。木・火・土・金・水の五つ。

ご-ぎょう[0]【御形】[名]ははこぐさ。[新年]

こ-きょく[コ]【古曲】[名]❶新曲に対して、ふるい曲。❷河東節・一中節・宮薗節・荻江節の三味線音楽のこと。

こぎ-よ・せる[セ][0]【こぎ寄せる】【×漕寄せる】[自他下一] ふねをこいで、場所やものに近づく。また、近づける。**こぎよ・す**[文語下二]

こ-ぎ・る[ギ]【小切る】[他五] ❶こまかく切る。❷値切る。

こ-ぎれ[0]【小切れ】[名]❶布のきれはし。❷しばいで、役者の衣装につく小物。手ぬぐい・たびなど。

こ-ぎれい[ギ]【小ぎれい】【小×綺麗】[形動]（「こ」は接頭語）はでではないがきちんとして、きれいなようす。

こ-きろく[キ]【古記録】[名]昔の記録や文書。

こきんわかしゅう《古今和歌集》平安時代前期の勅撰和歌集。紀貫之らの編集。勅撰集として最初のもの。

こく【克】[造]❶かつ。たえる。「克己・克服・相克・超克・下克上」❷よく。じゅうぶんに。「克似・克明」

こく【告】[造]❶つげる。しらせる。「告示・告知・告白・警告・報告・予告」❷もうしでる。「申告」❸うったえる。「告訴・告発・原告・上告・被告」

こく【谷】[造]たに。「峡谷・空谷・渓谷・幽谷」

こく【国】[造]❶くに。「国王・国語・国籍・外国・建国・祖国・共和国・先進国・発展途上国」❷わが国の。日本の。「国学・国字・国文」❸「国際」「国民」などの略。「国体・国連」

こく【×哭】[造]声をあげてなく。「号哭・痛哭・慟哭」 **—哭する**[自サ]

こく【黒】[造]くろいこと・もの。「黒煙・黒点・黒板・暗黒・漆黒」

こく【穀】[造]主食になる作物。米・麦・豆・あわ・きびなど。「穀倉・穀物・穀類・五穀・雑穀・米穀」

こく【×鵠】[造]❶くぐい。大形の水鳥。「鴻鵠」❷弓のまと。「正鵠」

こく[コ]【石】[名][造][接尾]❶穀物や液体の容積をはかる単位。一石は一斗の一〇倍。約一八〇リットル。❷和船の積載量、材木などの容積量の単位。一石は一〇立方尺。❸大名・武家の禄高(給与)の単位。「石高・五百石・百万石」[別音せき|石]

こく[0][名]❶濃い味わい。「—のある酒」❷深みのある内容。「—のある話」

こく【刻】[一][コ][名]❶漏刻の目もりで、一日を四十八に分けたうちの一つ。❷一日を十二支にあてはめていう時刻の名。だいたい二時間が一刻にあたる。さらに、三つにわけ、それぞれを上刻・中刻・下刻といった。[二][造]❶きざむ。ほりつける。「刻印・印刻・彫刻・翻刻」❷きびしい。「刻苦・残刻・深刻」❸時。「刻限・時刻・即刻・遅刻」

こ-く[コ]【古句】[名]昔の詩句。昔の人の俳句。

こ・く[コ][他五][俗語]❶「はなつ」の下品な言い方。「屁を—」❷「言う」の卑しい言い方。ぬかす。「何を—か」

こ・く[コ]【×扱く】[他五] かきおとす。むしりおとす。しごく。「稲を—機械」 **こける**[自下一][…できる]

こく【酷】[一][コ][形動][造]❶扱いのむごいようす。「—な処置」「過酷・残酷・冷酷」❷度をこしてきびしすぎるようす。「—なことを言うな」「酷税・酷評」[二][造]はなはだしい。「酷似・酷暑」

こ・ぐ[コ]【×扱ぐ】[他五] 根のついたまま引き抜く。「苗木を—」 **こげる**[自下一][…できる]

こ・ぐ[コ]【×漕ぐ】[他五]❶ろ・かいで、船を進める。❷ブランコや自転車を、ひざをまげのばしてうごかす。**こげる**[自下一][…できる]

ごく【獄】[一][ゴ][名][造]ろうや。刑務所。「—につながれる」「獄死・獄中・出獄・投獄」[二][造]うったえる。「疑獄・大獄」

ご-く[ゴ]【語句】[名]語と句。ことば。「—の解釈」

ごく【極】[一][ゴ][副][造]この上もなく。きわめて。たいそう。「—簡単な問題」「極悪・極寒・極秘」[二][造]❶きわまる。きわめる。きわみ。「極意・極月・極道・至極」❷きめる。きめつける。「極印」[別音きょく|極]

ごく-あく[0]【極悪】[名][形動]性質やおこないがこの上なくわるいこと。「—非道」

こく-あんあん[コ]【黒暗暗】[名][文章語]まっくらなようす。

こく-い[コ]【国威】[名]国家の威光・威勢。「—の発揚」

こく-い[コ]【黒衣】[名]❶くろい着物。❷僧のすみぞめのころも。‖こくえ。

ごく-い[ゴ]【極意】[名]武道や芸道のおくのて。奥義。

ごく-い[ゴ]【獄衣】[名]囚人の衣服。

こく-いっこく[コ]-[コ]【刻一刻】[副]時がしだいにうつるようす。刻々。「—と増水する」

こく-いん[0]【刻印】[名]印にきざむこと。また、その印。

ごく-いん[0]【極印】[名]❶金銀貨・器物などに品質証明のためにきざんだ印。❷たしかな証拠。‖こくいん。 **—付っ**

こ

き ⓪ 名 極印のついていること。また、そのもの。たしかなもの。 —を押す そうときめつける。「なまけ者の—」

こ-くう ⓪【虚空】名 なにもない空間。そら。おおぞら。

こく-う [コ]【穀雨】名（春雨、百穀をうるおす意）二十四節気の一つ。四月二十日ごろ。㊗春 ⇩二十四節気(表)。

ご-くう [ク]【御▲供】名 神仏にそなえるもの。くもつ。「人身—」

こくうぞう-ぼさつ《虚空蔵菩薩》広大な知恵と慈悲をもち、衆生のあらゆる願いをかなえるというぼさつ。虚空蔵。こくぞうぼさつ。

こく-うん ⓪【国運】名 ❶国家の運命。❷国の勢い。「—隆昌」

こく-うん ⓪【黒雲】名 くろくも。

こく-え [コ]【黒▲衣】名 ➡こくい。

こく-えい ⓪【国営】名 国家による事業などの経営。官営。↔民営。

こく-えき ⓪【国益】名 国家の利益。「—を損なう」

こく-えん ⓪【黒煙】名 くろいけむり。↔白煙。

こく-えん [ク]【黒鉛】名 ➡せきぼく。

こく-おう [オ]【国王】名 王の称号のある、国の統治者。

こく-おん ⓪【国恩】名 国家からうけるめぐみ。

こく-がい [ク]【国外】名 その国の領土のそと。「—追放」↔国内。

こく-がく ⓪【国学】名 江戸時代におこった、古事記・日本書紀などの古典研究をもとに、わが国固有の精神を明らかにしようとした学問。↔漢学・洋学。

こく-かっしょく [カ]【黒褐色】名 ➡こっかっしょく。

こく-かん ⓪【国漢】名 ➡こっかん。

こく-ぎ [コ]【国技】名 その国固有の技芸・武芸・スポーツ。日本の国技は相撲。

こく-ぐう ⓪【酷遇】名 他サ〔文章語〕むごくあつかうこと。ひどいもてなし。冷遇。↔優遇・厚遇。

こく-ぐら ⓪【穀倉】名 ❶穀物をたくわえる倉。こくそう。❷穀物の多くできる地方のこと。

こく-ぐん ⓪【国軍】名 国家の軍隊。自分の国の軍隊。

こく-げき ⓪【国劇】名 その国固有の演劇。日本の能楽・歌舞伎など。

ごく-げつ [ク]【極月】名〔文章語〕十二月のこと。しわす。㊗冬

こく-げん [ク]/[ゲ]【刻限】名 ❶きめられた時刻。定刻。「約束の—」❷時刻。時。「子の—」

こく-ご ⓪【国語】名 ❶それぞれの国でおおやけに使用される言語。国家語。❷日本で普通に使用される言語。日本語 参考。❸学校の教科の一つ。日本人として必要な、読む・書く・話す・聞く能力を身につけることを目的とする科目。国語科。 —学 [ゴ] 名 日本語の音韻・語彙・語法などの体系や歴史を研究する学問。日本語学。 —辞典 [ジ] 名 日本語で使われる単語を一定の順序で並べ、発音・表記・意味・用法などを記した書物。五十音順のほか、意味分野別に掲げたものもある。 —審議会 [ギ] 名 文部科学大臣の諮問に応じ、国語問題の解決をめざして審議を行う組織。二〇〇一年に廃止。現在は、文化審議会の一部となる。 —政策 [セ] 名 国語問題・国語教育に関する政府の方針。国語施策。 —問題 [モ] 名 国語や国字の改良整理についての解決しなければならない問題。漢字制限・仮名遣いの統一など。

こく-ごう ⓪【国号】名 国の名まえ。

こく-こく ⓪【刻刻】名 副 ➡こっこく。

ごく-ごく [ゴ]1（と）副 いきおいよく飲むようす。「スポーツドリンクを—飲む」

ごく-ごく [ゴ]1 [ゴ]2【ごくごく・極極】副（「ごく」の強め）きわめて。この上もなく。「—上等の品」

こく-さい【国際】造 国と国とのあいだで行われること。多数の国家に関係すること。 —オリンピック委員会 [イ]3 名 一八九四年に創設。オリンピック大会のいっさいを決める国際機関。IOC。 —河川 [カ] 名 数か国の国境をなすか、または数か国を通って流れる河川で、自由航行をみとめられたもの。ライン川など。 —空港 [ク]2 名 各国の民間航空機の発着場として国から指定された大規模な飛行場。 —結婚 [ケ] 名 外国人と結婚すること。 —語 ⓪ 名 国語のちがう民族や国家の間で、共通に使う言語。エスペラントや、英語など。 —公法 [コ]2 名 国際社会の法。国と国とのたがいの権利・義務をきめる法。条約や国際慣習など諸国家間の合意によって成立する。国際法。 —私法 [シ] 名 各国の私法のくいちがいを解決するために、それぞれの問題について、よりどころにする国の法律を定めた法。 —社会 [シャ] 名 たくさんの国や地域が互いにかかわりあっている社会。「—の一員」 —収支 [シュ] 名 外国と取り引きした一定期間の受け取り高と支払い高。 —色 [サ] 名 諸国の人々がいりまじって生み出される場。 —場裏(▲裡) [ジョ] 名 国際的な交流の場。 —単位系 ⓪ 名 メートル法による単位系を改良した、一量一単位を原則とする一貫性のある単位系。一九六〇年に国際的に採用された。基本単位としてメートル(長さ)・キログラム(質量)・秒(時間)・アンペア(電流)・ケルビン(熱力学温度)・モル(物質量)・カンデラ(光度)の七つをとりあげている。略称はSI(フランス語 système international d'unités から)。SI単位系。 —通貨基金 [キ]1/[キ]2 名 一九四四年に設立された国際金融機関。かわせ相場の安定化と、かわせ取り引きの自由化を目的とする。IMF。 —的 ⓪ 形動 国内だけにとどまらないようす。世界的であるようす。「—な名声」 —電話 [デ] 名 諸外国との電話通信。 —標準化機構 [キ] 名 国際的な単位・用語などの規格統一をはかる機関。ISO。 —標準図書番号 [バ] 名 図書・資料の整理・流通に便利なように、国際的に通用するように定めた番号。ISBN。 —法 ⓪/[サ] 名 国際公法。 —見本市 [ホ] 名 世界各国の産業製品を展示し、国際的な取り引きの場となる市場。日本では毎年東京と大阪で交互に開かれる。 —問題 [モ] 名 国と国との間に起こり、交渉・解決されるべき事がら。 —連合 [レ] 名 第二次世界大戦後の一九四五年に成立した、国際平和を目的とする諸国家の組織。国連。 —連盟 [レ] 名 第一次大戦後の一九二〇年に成立した、国際平和の確保と、国際協力の促進とを目的にした諸国家の組織。一九四六年に解散。 —労働機関 [キ]/[カ] 名 国際連合の専門機関の一つ。国際労働条約の作成や、各国政府への労働問題についての勧告をおこなう。一九一九年成立。ILO。

◆国際単位系の接頭語

接頭語	記号	乗数
テラ〈tera〉	T	10^{12}
ギガ〈giga〉	G	10^{9}
メガ〈mega〉	M	10^{6}
キロ〈kilo〉	k	10^{3}
ヘクト〈hecto〉	h	10^{2}
デカ〈déca〉	da	10
デシ〈déci〉	d	10^{-1}
センチ〈centi〉	c	10^{-2}
ミリ〈milli〉	m	10^{-3}
マイクロ〈micro〉	μ	10^{-6}
ナノ〈nano〉	n	10^{-9}
ピコ〈pico〉	p	10^{-12}

こく-さい⓪【国債】名 国が経費の不足を補うために発行する公債。

ごく-さいしき サ【極彩色】名 きわめて濃くはなやかで、こまかないろどり。「—の絵」

こく-さく⓪【国策】名 国家の政策。

こく-さん⓪【国産】名 ❶国の産物・生産。❷日本の産物。↔舶来(はくらい)。

こく-し コ【国司】名 奈良・平安時代、諸国におかれた地方官。

こく-し コ【国士】名 ❶〔文章語〕国内のとくにすぐれた人物。❷一身を投げだして国の事を心配する人。

こく-し コ【国師】名 昔、朝廷から高僧にたまわった称号。「夢窓(むそう)—」

こく-し コ【国史】名 ❶国の歴史。❷日本史。

こく-し コ【酷使】名 他サ ひどく、こきつかうこと。

こく-じ⓪【告辞】名 告げさとすことば。「学長の—」

こく-じ⓪【国字】名 ❶ある国語を表記するのに用いられる文字。❷日本のかな文字。↔漢字。❸日本でつくった漢字。和字。「働(どう)・峠(とうげ)・榊(さかき)」など。↔漢字。—**問題**(もんだい) モ 名 国語問題のうちの、文字に関すること。

こく-じ コ【国事】名 国の政治に関係のある事がら。—**行為**(こうい) コ² 名 天皇の、国事に関する儀礼的または形式的な行為。—**犯**(はん) ジ 名 国家の政治に関係した犯罪。政治犯。

こく-じ⓪【国璽】名 国家の証としておす印。国の印。—**尚書**(しょうしょ) ショ 名 イギリスで、国璽を保管する役の大臣。

こく-じ⓪コ【酷似】名 自サ ひどく似ていること。そっくりであること。「人相が—している」

こく-じ⓪【告示】名 他サ 公の機関が、その決定した事項などをひろく世間に知らせること。また、その内容。

ごく-し⓪【獄死】名 自サ 獄中で死ぬこと。

こくし-びょう⓪【黒死病】名 ペスト。

ごく-しゃ ゴ【獄舎】名 ろうや。刑務所。獄屋。

こく-しゅ コ【国手】名〔文章語〕❶医者の敬称。名医。参考 国を医する手の意から。❷碁の名人。

こく-しゅ コ【国主】名 一国の君主。国君。—**大名**(だいみょう) ダ 名 一国以上を領土としていた大名。国守。

こく-しゅ コ【国守】名 ❶国司の長官。くにのかみ。❷国主大名(こくしゅだいみょう)。

ごく-しゅう⓪【獄囚】名 囚人。

ごくじゅう-あくにん ア【極重悪人】名 いちばんおもい罪をおかした悪人。

こく-しょ コ【酷暑】名 ひどく暑いこと。極暑。㊎夏 「—の候」

こく-しょ コ【国初】名 一国のできたはじめ。

こく-しょ コ【国書】名 ❶国の名で出す外交文書。❷日本語で書かれた記録・書物。和書。↔漢書・洋書。

ごく-しょ ゴ【極暑】名 酷暑。㊎夏

こく-じょう⓪【国情】【国状】名 一国の事情。国内の状態。「—が安定する」

ごく-しょう⓪【極小】名 きわめて小さいこと。

ごく-じょう⓪【極上】名 いちばん上等。「—の酒」

こく-しょく⓪【黒色】名 黒い色。—**人種**(じんしゅ) ジ 名 皮膚の色が黒色、または濃い褐色の人種。↔白色人種・黄色人種。

こく-じょく⓪【国辱】名 国家の恥。国恥(こくち)。

こく-しょく⓪【穀食】名 自他サ 穀物を常食とすること。

こく-じん⓪【国人】名〔文章語〕その国の人。国民。

こく-じん⓪【黒人】名 黒色人種の人。

こく-すい⓪【国粋】名 その国固有の長所・美点。—**主義**(しゅぎ) シュ 名 外国の影響をしりぞけ、自国の固有の長所を受けつたえ、また、発展させようとする主義。

こ-ぐすり グ【粉薬】名 ↓こなぐすり。

こく・する ス【×哭する】自サ (シ・セ・サ—シ—スル—スル—スレ—シロ・セヨ)〔文章語〕大声をあげて泣く。こく・す 文語サ変

こく・する ス【刻する】他サ (シ・セ・サ—シ—スル—スル—スレ—シロ・セヨ)〔文章語〕きざむ。彫刻する。こく・す 文語サ変

こく-ぜ コ【国是】名 国家・世論がよいとみとめた政治上の方針。

こく-せい⓪【国政】名 国家の政治。

こく-せい⓪【国勢】名 人口・産業・財政など、国のいきおいを示す総合的状態。「隆々たる—」—**調査**(ちょうさ) チョ 名 国の人口状態を、全国いっせいに一定の時期にしらべること。人口センサス。参考 日本では一九二〇年に第一回調査が行われ、以後五年ごとに簡易調査が、十年ごとに本調査が行われる。

こく-ぜい⓪【国税】名 国家の経費をまかなうために国民にわりあてる税金。所得税・法人税など。↔地方税。

こく-ぜい⓪【酷税】名 きびしくとりたてる重税。

こく-せき⓪【国籍】名 ❶一定の国の国民としての身分。❷船・航空機などの法律的所属国。「—不明の船」

こくせん-べんごにん⓪【国選弁護人】名 刑事裁判で、弁護人をたのむ費用のない被告人に、国費でつける弁護人。↔私選弁護人。

こくせんやかっせん《国性爺合戦》江戸時代前期の浄瑠璃(じょうるり)。近松門左衛門(ちかまつもんざえもん)の作。明(みん)の国の義士、鄭成功(ていせいこう)の史実を脚色したもの。

こく-そ コ【告訴】名 他サ 犯罪被害者が検察官または司法警察員に被害事実を申したて、捜査及び訴追を求めること。

こく-そう⓪【国喪】名 天皇・皇后・皇太后の喪(も)。

こく-そう⓪【国葬】名 国に大きな功労のあった人につき、国の行事として国の費用をもっておこなう葬儀。

こく-そう⓪【穀倉】名 ↓こくぐら。—**地帯**(ちたい) チ/タ 名 穀物がたくさんとれる地方。「新潟県は日本の—だ」

ごく-そう⓪【獄窓】名 獄舎のまど。刑務所のうち。

こくぞう-ぼさつ《虚空蔵菩薩》↓こくうぞうぼさつ。

こくぞう-むし ジ【穀象虫】名 オサゾウムシ科の昆虫。体長約三ミリメートル。穀物の害虫。㊎夏

こく-ぞく⓪【国賊】名 国家に害をなす者。

こ-ぐそく グ【小具足】名 よろいのこて・すねあてなどのこと。また、それをつけた服装。

ごく-そく⓪【獄則】名 獄舎における規則。

ごく-そつ⓪【獄卒】名 ❶もと、囚人をとりしまった下級の職員。❷地獄で、亡者(もうじゃ)をくるしめるという鬼。

こく-たい⓪【国体】名 ❶くにがら。「ほこるべき—」❷主権がだれにあるかによってわける、国家の根本的特質。❸「国民体育大会」の略。㊎秋

こく-だか ク【石高】名 ❶米穀の数量。❷武士の扶持(ふち)の量。禄高(ろくだか)。「—二千石」

こく-だち チ/⓪【穀断ち】名 神仏に祈願のため、ある期間、米・麦などの穀物を食べないこと。

こく-たん タ【黒炭】名 無煙炭とかっ炭との中間の石炭。純黒色でつやがある。瀝青炭(れきせいたん)。

こく-たん タ【黒×檀】名 カキノキ科の常緑高木。東南アジア原産。材はかたく黒光りして美しい。装飾品・家具用。

こく-ち⓪【告知】名 他サ つげしらせること。「—板」

こ-ぐち⓪【個口】接尾 ❶いくつかの荷物に分けて送るとき、その数をかぞえることば。「五十—の荷物」❷電源タップ

こ

のコンセントの数をかぞえることば。

こ-ぐち [0]【小口】名 ❶切り口。横断面。❷いとぐち。かたはし。❸小額。少量。「—の取引」↕大口。❹書物の背の部分以外の三方。とくに、背と反対の部分。↕のど。**—扱**(あつか)**い** [ア]名 貨車一両に満たない少量の荷物の運送。**—書**(が)**き** [0]名 書物のせなか・表紙以外の側面・上下に、題名・巻号などを書くこと。

こ-ぐち [コ]【木口】名 木材の切り口。

ごく-ちゅう [0]【獄中】名 獄舎のなか。刑務所のなか。獄内。↕獄外。

こく-ちょう [0]【国鳥】名 その国を代表するものとして選ばれた鳥。日本では、きじ。

こく-ちょう [0]【黒鳥】名 はくちょうに似て、やや小さい鳥。全身は黒茶色で、くちばしが赤い。

ごく-ちょうたんぱ [タ]【極超短波】名 波長が一メートル以下の電波。マイクロウエーブ。

ごくっ-と [ク]副 ⬇ごくり。

こく-つぶ [ツ]【穀粒】名 米・麦など、穀物の粒。

ごく-つぶし [ツ]【▲穀潰し】名（働きのない人をののしっていう語）めしを食べるだけで、はたらかずにあそびくらす人。

こく-てい [0]【国定】名 国家が制定すること・もの。**—公園**(こうえん) [コ2]名 都道府県が管理をうけもつ、国立公園に準ずる公園。琵琶湖(びわこ)・日南海岸など。↕国立公園。

コクテール [テ]〈cocktail〉名 ⬇カクテル。

こく-てつ [0]【国鉄】名（「日本国有鉄道」の略）国で経営する鉄道。一九八七年に分割・民営化された。⇩JR(ジェーアール)

こく-てん [0]【国典】名〔文章語〕❶国家の法典。❷国家の儀式。❸わが国の典籍。

こく-てん [0][テ]【黒点】名 ❶くろい点。❷太陽面にあらわれる、くろいはん点。↕白斑。❸楽譜の音符の付点。

こく-でん [0]【国電】名 旧日本国有鉄道の電車・電車線。

こく-と [コ]【国都】名 一国の首都。首府。

こく-ど [コ]【国土】名 一国の領土である地域。**—計画**(けいかく) [ケ]名 国土を産業・交通・文化などあらゆる面から利用・開発する計画。**—交通省**(こうつうしょう) [ツ]名 国土の利用・保全、社会資本の整備、交通政策の推進などを担当する国の行政機関。二〇〇一年に建設省・運輸省・国土庁などを統合して発足。**—庁**(ちょう) [ド]名 日本の土地を適正に利用するための行政官庁。二〇〇一年、国土交通省に統合。

こく-ど [コ]【国×帑】名〔文章語〕国家の金銭・財貨。

こく-ど [コ]【黒土】名 腐植質をふくむ黒茶色の、農作に適した土。くろつち。

こく-ど [コ]【黒奴】名 黒人のどれい。

こく-とう [0]【黒陶】名 中国の新石器時代の黒色土器。表面は研磨されて光沢をもつ。

こく-とう [0]【黒糖】名 サトウキビの絞り汁を煮詰めてつくる黒色の砂糖。黒砂糖。

こく-どう [0]【国道】名 国家がつくり、管理・維持する主要道路。↕県道・市道・町道・村道。

ごく-どう [ク]【極道】名形動 悪事をし、身持ちのおさまらぬこと。また、その人。ほうとうもの。人をののしるのにも使う。「この—めが」

こく-ない [ク]【国内】名 くにの中。↕国外。**—総生産**(そうせいさん) [セ]名 一定の期間に国内であらたに生産された財貨・サービスの価値額を合計したもの。国民総生産から海外での純所得を引いた額。GDP(ジーディーピー)。

ごく-ない [0]【極内】名 たいそう内密であること。極秘。

ごく-ない [ク]【獄内】名 ⬇ごくちゅう。

こく-ないがい [ナ]【国内外】名 くにの中と外。

こく-ないしょう [0]【黒内障】名 くろそこひ。

こく-なん [0]【国難】名 国の危難。「未曽有の—」

こく-ねつ [0]【酷熱】名 酷暑。(夏)

ごく-ねつ [0]【極熱】名 熱さのひどいこと。(夏) **—地獄**(じごく) [ジ]名 八大地獄の一つで、熱さのはげしい地獄。

こく-はく [0]【告白】名他サ 心中にかくしていたことを、うちあけて言うこと。「愛の—」

こく-はく [0]【酷薄】名形動 むごくて薄情なこと。「—な男」

こく-はつ [0]【告発】名他サ ❶加害者・被害者以外の第三者が、検察官または司法警察員に犯罪事実を申したて、捜査と処罰を求めること。❷一般にひろく告げ知らせて、世間の糾弾を求めること。「公害を—する」

こく-はん [0]【黒斑】名 くろいまだら。**—病**(びょう) [0]名 野菜・果樹などの葉・茎・根などに菌類が寄生して、黒色の斑点ができる病気。

こく-ばん [0]【黒板】名 白ぼくで書くためのくろい板。ボールド。

こく-ひ [コ]【国費】名 国庫からだす経費。「—で賄う」

こ-くび [0]【小首】名（「こ」は接頭語）首。頭。**—をかしげる** ❶ちょっと首を傾ける。❷ちょっと首をひねって考える。

ごく-ひ [0]【極秘】名形動 きわめて秘密であること。

ごく-び [ゴ]【極微】名形動 ⬇きょくび。

こく-びゃく [0]【黒白】名 ❶くろとしろ。❷正と邪。善と悪。「—を法廷で決する」**—を弁**(べん)**ぜず** 物事の是非善悪の区別がつかない。

こく-ひょう [0]【酷評】名他サ 手ひどく批評すること。また、その批評。苛評(かひょう)。

こく-ひん [0]【国賓】名 国家から正式の客としてもてなしをうける外国の元首・皇族など。「—の待遇」

ごく-ひん [0]【極貧】名形動(の) ひどくまずしいこと。赤貧。「—生活」

こく-ふ [コ]【国父】名 国民が父として尊敬する統治者。

こく-ふ [コ]【国府】名 ❶昔、国司の役所。また、その所在地。❷「国民政府」の略。中国国民党の指導下で、広東(カントン)に成立した政府。

こく-ふ [コ]【国富】名 国家の富力・財力。

こく-ふう [0]【国風】名 ❶その国特有の風俗・習慣。❷古く、その地方の風俗をあらわした詩歌(しいか)・俗謡(ぞくよう)。

こく-ふく [0]【克服】名他サ〔文章語〕困難にうちかつこと。「病気を—する」

こく-ふく [0]【克復】名他サ 戦いなどに勝って、もとの状態をとりもどすこと。「平和を—する」

ごく-ぶと [0]【極太】名 いちばん太いこと・もの。また、毛糸で、もっとも太いもの。↕ごく細。

こく-ふん [0]【穀粉】名 穀物のこな。

こく-ぶん [0]【告文】名 ❶上告の文書。❷神霊につげる文。こうもん。

こく-ぶん [0]【国文】名 ❶国語で書いた文章。❷「国文学」「国文(学)科」の略。↕漢文。**—学**(がく) [ガ]名 ❶日本の文学。日本文学。↕外国文学。❷日本の文学を研究する学問。**—学史**(がくし) [ク2]名 日本の文学のうつりかわり。日本文学史。

こくぶん-じ [0]【国分寺】名 奈良時代に、国家の平安をいのるため諸国に建てられた寺。

こくぶん-にじ [三]【国分尼寺】名 奈良時代に、国分寺とともに建てられたあまでら。

こく-ぶんぽう [フ]【国文法】名 日本語の文法。

こくへい-しゃ [ヘ]【国幣社】[名] もと、国から供物をささげた神社。官幣社につぐ、神社の社格。↕官幣社。

こく-べつ ⓪【告別】[名][自サ] わかれのあいさつをすること。**―式** [ツ][名] ❶死者にわかれをつげる儀式。❷送別の式。

こく-べり ⓪【穀減り】[名] 穀物をついたあと、また、その運搬中に穀物の量が減ること。

こく-ほ [コ]【国歩】[名]〔文章語〕国の進んでゆく歩み。国家の運命。

こく-ほ [コ]【国保】[名]「国民健康保険」の略。

こく-ぼ [コ]【国母】[名]〔文章語〕❶皇后。❷天皇の母。皇太后。

こく-ほう ⓪【国宝】[名] ❶国のたから。❷国の指定を受け保護管理される、価値の高い建造物・美術工芸品など。

こく-ほう ⓪【国法】[名] 国家の法律。

こく-ぼう ⓪【国防】[名] 外敵に対する国のまもり。「―を担う」

ごく-ぼそ ⓪【極細】[名] きわめて細いこと・もの。また、ごく細い毛糸。↕ごく太。**―色** [ボ][名] カーキいろ。

こく-ほん ⓪【国本】[名]〔文章語〕国のいしずえ。

こく-みん ⓪【国民】[名] 一国の統治権のもとに国家を構成する人民。同じ国籍をもつ人民。**―栄誉賞** [ヨ][名] 広く国民に敬愛され、すぐれた業績をあげて国民に希望を与えた人物に贈られる賞。**―学校** [ガ][名] 一九四一年から四七年までおこなわれた小学校の呼び名。**―休暇村** ⓪[名] 厚生労働省が国立公園・国定公園内に国民が安い費用で自然に親しめるよう整えた施設。**―健康保険** [ホ][名] 一般の健康保険に加入できない農民・市民などを対象とした社会保険。国保。**―宿舎** [ク]2[名] 地方公共団体もしくは国民宿舎協会が、観光地に設置・運営する旅館。**―審査** [シ][名] 最高裁判所の裁判官として、適当であるか否かを国民投票により直接きめること。**―性** ⓪[名] 国民一般の特徴をなす性情。**―総生産** [セ][名] その国で、一年間に生産されたものによる価格の総額。GNP。**―体育大会** [タ]2[名] 毎年おこなわれるスポーツの全国大会。一九四六年にはじまった。国体。[秋] **―投票** [ト][名] 憲法改正など全国民にとってたいせつなことをきめるため、国民が直接におこなう投票。**―年金** [ネ][名] 老齢・病気・死亡などのとき、加入者の積立てと国の支出とをもとにした年金によって生活を保障しようとする制度。**―の祝日** 一九四八年に制定され、その後いくつか追加された、国民がいっせいに祝う日。一月一日(元日)、一月の第二月曜日(成人の日)、二月十一日(建国記念の日)、二月二十三日(天皇誕生日)、三月二十一日ごろ(春分の日)、四月二十九日(昭和の日)、五月三日(憲法記念日)、五月四日(みどりの日)、五月五日(こどもの日)、七月の第三月曜日(海の日)、八月十一日(山の日)、九月の第三月曜日(敬老の日)、九月二十三日ごろ(秋分の日)、十月の第二月曜日(スポーツの日)、十一月三日(文化の日)、十一月二十三日(勤労感謝の日)がこれにあたる。

こく-む [コ]【国務】[名] 国の政治上の事務。**―相** [ム][名] 国務大臣。**―省** [ム][名] アメリカの外務省。**―大臣** [ダ][名] ❶内閣を構成し、国務にたずさわる大臣。❷無任所大臣。**―長官** [チョ][名] アメリカの国務省の長官。外務大臣にあたる。

こく-めい ⓪【刻銘】[名] 金属器などに彫刻された文字・語句。

こく-めい ⓪【国名】[名] 国の名まえ。

こく-めい ⓪【克明】[形動] 一つ一つこまかく念をいれるようす。たんねん。「―な描写」

こく-もつ [ク]【穀物】[名] 人類の主食とする、米・麦・あわ・ひえ・豆の類。

ごく-もん ⓪【獄門】[名] ❶ろうやの門。❷江戸時代の、さらしくびの刑。

ごく-や [ゴ]【獄屋】[名] 獄舎。ろうや。

こく-やく ⓪【国訳】[名][他サ] 外国文を日本文に翻訳すること。邦訳。和訳。

ごく-やす ⓪【極安】[名] たいそう値段が安いこと。「―の品」

こく-ゆ ⓪/[コ]【告諭】[名][自サ]〔文章語〕目下の者などに言いきかせること。

こく-ゆう ⓪【国有】[名] 国の所有であること。「―地」↕私有・民有。

こくよう-せき [ヨ]【黒曜石】[名] ガラスのようなつやのある黒色の火山岩。装飾・印材・文具用。

こ-ぐら・い [ラ]【小暗い】[形] 少し暗い。うすぐらい。おぐらい。**こぐら・し** [文語ク]

こ-ぐら・い [ラ]【木暗い】[形] 木がしげりあって暗い。**こぐら・し** [文語ク]

こくら-おり ⓪【小倉織】[名] 福岡県小倉地方でできる、地の厚いもめん織物。帯・はかま・学生服用。

こぐらか・る [カ][自五] もつれる。こんがらかる。

ごく-らく ⓪【極楽】[名] ❶ごくらくじょうど。❷たいそう安楽で心配のない場所・境遇。↕地獄。**―往生** [オ][名][自サ] ❶死んで極楽浄土に生まれること。❷安楽に死ぬこと。**―浄土** [ジョ][名] 浄土の中で、あみだ仏のいる、苦しみがなく、楽しみだけがあるという世界。西方浄土。安楽浄土。**―鳥** ⓪[名] フウチョウ科の鳥の総称。約四十種がニューギニアなどの森林に分布。雄の羽が美しい。**―×蜻×蛉** [ト][名] 気楽なのんき者をさげすんでいう語。

こく-り [コ]【国利】[名] 国家の利益。国益。「―民福」

ごく-り [ゴ]【獄吏】[名] 監獄(今の刑務所)の役人。

ごくり [ク][と副] 液体や小さな固形物がのどを通りすぎるようす。「ビールを―と飲む」「緊張して―とつばを飲む」

こく-りつ ⓪【国立】[名] 国家が設立し管理すること。「―大学」↕公立・私立。**―劇場** [ゲ][名] 古典芸能などの公開・伝承などを目的として国家が経営する劇場。**―公園** [コ]2[名] すぐれた風景地を国家が保護し管理する公園。日光・瀬戸内海・霧島屋久など。↕国定公園。

こく-りょく [ク]1【国力】[名] 国家の勢力・財力。

こくる [接尾]〔動詞連用形について、五段活用動詞をつくる〕ひきつづき、強く…する。「だまり―」

こく-るい [ク]【穀類】[名] 穀物。

こく-れつ ⓪【酷烈】[形動]〔文章語〕きわめてきびしいようす。「―な気候」

こく-れん ⓪【国連】[名]「国際連合」の略。**―大学** [ダ][名] 国連憲章の目的を追求し、その実現を図るために、国連が設置した研究・研修機関。

こく-ろう ⓪【国老】[名] 武家時代、大名の家老。

ご-くろう [ク]【御苦労】[名] ❶「苦労」をした人を高める言い方。「長年の―に感謝します」❷上位の者が下位の者に、ほねおりをねぎらった語。[参考] 現代でも目上から目下に対して言うのが普通。**―様** [ク][あいさつ] 他人のほねおりをねぎらい、感謝することば。

こく-ろん ⓪【国論】[名] 国民一般の議論。世論。「―を統一する」

こ-くん ⓪【古訓】[名] ❶古人の教え。❷漢字・漢文のふるい読み方。↕新訓。

こ-ぐん コ【孤軍】名 助けるものがない、味方からはなれた軍隊。**―奮闘**（ふんとう）コ 名 自サ 助けがなく、ひとりでがんばること。

ごくん ク と副 液体や小さな固形物を勢いよく飲みこむようす。「薬を―と飲む」

こけ ケ【×苔】名 コケ植物と地衣類の総称。山林・湿地・石などにはえる。**―の衣**（ころも）⓪ 名 こけで作ったような、世すてびとの粗末な衣服。

こけ ケ【×鱗】名 うろこ。こけら。

こ-け ケ【虚仮】名 ❶〖仏〗真実でないこと。「世間―、唯仏是真」❷思慮分別のたりないこと。また、その人。ばか。「人を―にするな」 **―▲威**（おど）**し** ⓪/オ 名 おろか者をおどかすにすぎない、ばからしいやり方。

ご-け ⓪【後家】名 夫をなくして、ひとりでくらしている女性。未亡人。**―を立**（た）**てる** 夫に死別した女性が、再婚しないでくらす。

ご-け ゴ【碁×笥】名 碁石を入れる丸い入れ物。

こ-けい ⓪【固形】名 かたくて一定の形をもったもの。「―燃料」 **―食**（しょく）ケ 名 かたまった形をもつ食物。↕流動食。 **―物**（ぶつ）ケ 名 ❶かたまった形をもっているもの。↕流動物。❷固形食。

こ-けい ⓪【孤×閨】名〔文章語〕人妻がひとりで寝るへや。**―を守**（まも）**る** 夫の不在中、妻がひとりさびしくるす居をする。

ご-けい ⓪【五刑】名 日本の律で定められた、笞（ち）・杖（じょう）・徒（ず）・流（る）・死の五つの刑罰。

ご-けい ⓪【互恵】名 たがいに特別の便益・めぐみをうけること。「―条約」

ご-けい ⓪【語形】名 単語を音声と意味からみたときの、音声的な側面。

こげ-くさ・い サ【焦（げ）臭い】形 カロ・カッ・ク／イ・イ・ケレ・○ 物のこげるにおいがする。**焦げ臭さ** 名 **こげくさ・し** 文語ク

こ-けし ⓪ 名 おもに東北地方でつくられる木製の郷土人形。

こけ-しみず シ【×苔清水】名 こけにおおわれた岩のあいだを流れるしみず。

こげちゃ-いろ ⓪【焦（げ）茶色】名 黒っぽい茶色。焦げ茶。

こ-けつ ⓪【虎穴】名 とらのすんでいる穴。**―に入**（い）**らずんば虎児**（こじ）**を得**（え）**ず** 危険をおかさなければ、すばらしい結果は得られない。

こげ-つ・く ⓪【焦（げ）付く】自五 カ・コ・キ・イ／ク・ク・ケ・ケ ❶焦げてくっつく。「ごはんがかまに―」❷貸したかねがとりもどせなくなる。「貸し金が―」 **焦げ付き** 名

コケットリー ケ〈coquetry〉名 女性のことば・動作・表情などのいろっぽいこと。こび。

こけつ-まろびつ 連語〔文章語〕ころんだり、たおれたり。あわてて走るようす。

コケティッシュ ティ〈coquettish〉形動 ダロ・ダッ・デ・ニ／ダ・ナ・ナラ・○ コケットリーなようす。

ご-けにん ⓪【御家人】名 ❶鎌倉（かまくら）・室町（むろまち）時代、将軍直属の臣。❷江戸時代、将軍直属の臣で、おめみえ以下の者。↕旗本。

こけ-む・す ム【×苔▲生す】自五 サ・ソ・シ・ス／ス・セ・セ ❶こけがはえる。「―いわ」❷年月を経て、古くなる。「―寺」

こげ-め ヌ/⓪【焦（げ）目】名 焦げたあと。「―がつく」

こけ-もも ⓪【×苔桃】名 ツツジ科の常緑小低木。高山にはえ、小つぶの赤い実をつける。㊙

こけら ⓪【×柿】名 ❶材木をけずったくず。❷屋根をふくのに使ううすい板。こば。参考「柿（かき）」とは別字。

こけら ⓪【×鱗】名 うろこ。

こけら-おとし オ【こけら落とし】【×柿落とし】名 劇場の新築落成をいわう初興行。

こける 接尾（動詞連用形に付き、下一段活用動詞を作る）その動作が長く激しくつづく。「笑い―」「眠り―」

こ・ける ケ【▲転ける】自下一 ケ・ケ・ケル・ケル・ケレ・ケロ・ケヨ たおれる。ころぶ。「すべって―」

こ・ける ケ【▲痩ける】自下一 ケ・ケ・ケル・ケル・ケレ・ケロ・ケヨ やせて肉がおちる。「ほおが―」

こ・げる ゲ【焦げる】自下一 ゲ・ゲ・ゲル・ゲル・ゲレ・ゲロ・ゲヨ 焼けて黒くなる。

こ-けん コ【古賢】名〔文章語〕昔の賢人。

こ-けん ⓪【×沽券】名（土地の売り渡しの証券の意から）品位。体面。**―にかかわる** 品位・体面にきずがつく。

こ-けん ⓪【孤剣】名〔文章語〕たった一本の刀。また、それを身につけること。

こ-げん ⓪【古×諺】名〔文章語〕ふるいことわざ。

ご-けん ⓪【護憲】名 憲法をまもること。「―運動」

ご-げん ⓪【五弦】【五×絃】名 弦楽器の五本の糸。

ご-げん ⓪【語源・語原】名 単語がそのような形や意味になるもとの形や意味のありかた。

こ-こ コ1【戸戸】名 家ごと。一軒ごと。戸ごと。

こ-こ コ1【個個】名 ひとつひとつ。おのおの。「―の性質」 **―人**（じん）コ2 名 ひとりひとり。 **―別別**（べつべつ）コ1 名 それぞれちがっていること。「―の意見」

こ-こ コ1【×呱×呱】名 副〔文章語〕あかんぼうの泣き声。**―の声**（こえ）**をあげる** うまれる。

こ-こ ⓪【ここ】【×此▲所・×此▲処・▲是】代 ↕そこ・あそこ。❶自分がいる所およびその近くを指す語。「―にある」❷自分が話題や問題にしている場面・状況・箇所。「―だけの秘密」「問題は―にある」「事―にいたる」❸（時間を示す語について）それが現在に近い時間であることを示す。「―しばらく会っていない」「―十日ばかりが勝負だ」⇩これ。 **―一番**（いちばん） ここは大いにがんばらなければならない。「―という大事な時」 **―かしこ** カ 代 この所あの所。あちこち。 **―だけの話**（はなし） 口外されては困る、秘密の話。「―にしておいてください」参考 秘密の話を切り出すときの前置きとして使われることがある。「―だが、実は…」 **―に於**（お）**いて** ❶この時にあたって。❷こんなわけで。「―あきらめざるを得なかった」 **―のところ** ここしばらく。しばらくひきつづき。このところ。「―調子がいい」 **―を先途**（せんど） ここが最後だと思い、いっしょうけんめいになるようす。「―と戦う」 **―を以**（もっ）**て** こういうわけで。「―事件は解決した」

こ-ご コ【古語】名 ❶昔つかわれたことば。↕現代語。❷昔の人の言ったことば。「―にいわく」

ご-ご コ1【午後】名 昼の零時（正午）から、夜の零時まで。↕午前。

ココア コ1〈cocoa〉名 カカオの種子をいってこなにしたもの。また、それを湯にとかした飲み物。

こ-こう ⓪【戸口】名 戸数と人口。**―調査**（ちょうさ）チョ 名 家ごとに住民をしらべること。戸別調査。

こ-こう コ1【股▲肱】名〔文章語〕（「股」はもも、「肱」はひじ）いちばんたよりとする部下。腹心。「―とたのむ部下」

こ-こう ⓪【虎口】名 とらの口。**―を脱**（だっ）**する** たいそうあぶない場所・状態からのがれる。

こ-こう コ1【弧光】名 アーク灯。

こ-こう ⓪【×糊口】名〔文章語〕くちすぎ。生計。**―を×凌**（しの）**ぐ** まずしくくらす。どうにかして、やっとくらしていく。

こ-こう ⓪【孤高】名 形動（の） 周囲からひとりかけ離れて高尚（こうしょう）な理想をもつこと。「―をたもつ」

こ-ごう⓪【古豪】名 経験を積んだすぐれた人。ふるつわもの。「―どうしの対戦」

こ-ごう⓪【呼号】名 自サ〔文章語〕大いに言いたてること。「資本金五億円と―する」

ご-こうゴ【後光】名 仏・ぼさつのうしろからさすという光。

ご-こう【五更】ゴ｜名〔古語〕❶一夜を初更から五更までに分けた称。❷❶の第五番めの区分。今の午前三時ごろから五時ごろまで。

ご-こう【御幸】ゴ｜名〔古語〕上皇・法皇・女院(にょういん)などの外出。みゆき。「女院はいづくへ御幸なりぬるぞ」〈平家〉

ごこう-ごみん⓪【五公五民】名 江戸時代におこなわれた税のきまりで、とりいれ高の半分を年貢(ねんぐ)として領主などにおさめ、半分を農民が自分のものとしたこと。

こ-ごえ⓪【小声】ゴ｜名 ちいさなこえ。「―ではなす」

こごえ-じに⓪【凍え死に】名 寒さに凍えて死ぬこと。凍死(とうし)。

こご・える⓪【凍える】自下一 エ・エ・エル・エル・エレ・エロ・エヨ 寒さのために感じがなくなる。(冬) **こご・ゆ** 文語ヤ下二

こ-こく【故国】コ｜名 ❶自分の生まれた国。母国。❷ふるさと。

こ-こく【×胡国】コ｜名〔文章語〕❶古代中国で、北方の異民族の国。❷野蛮な国。

ご-こくゴ【五穀】名 ❶米・麦・あわ・きび・豆の五種の穀物。❷重要な穀物。「―豊穣(ほうじょう)」

ご-こくゴ【後刻】名 のちほど。「―知らせます」↕先刻。

ご-こくゴ【護国】名 国をまもること。**―神社**(じんじゃ) ジ 名 戦争その他で、国家のためにつくして死んだ人をまつる神社。

こ-ごし⓪【小腰】名 (「こ」は接頭語)こし。腰部(ようぶ)。**―をかがめる** 腰をちょっとかがめて、あいさつする。

ここ-だ 副〔古語〕(動作や状態をあらわす語を修飾して)こんなにも。ひどく。「ここだも騒(さわ)く鳥の声かも」〈万葉〉

ここ-だく 副〔古語〕⬇ここだ。

ここ-ち⓪【心地】名 ❶心持ち。気分。「―がよい」❷〔古語〕心。考え。❸〔古語〕ようす。感じ。「なよ竹の(ヨウナ)心地して、さすがに折るべくもあらず」〈源氏〉❹〔古語〕気分がよくないこと。病気。「一品の宮の御心地のほどにさぶらひたまへるに」〈源氏〉 **―よい** ヨ 形 気持ちがいい。こころよい。

こ-こつコ｜【枯骨】名〔文章語〕死後、時を経てくちたほね。死者。

こ-ごと⓪【小言】【▲叱言】名 ❶注意したり、しかったりすることば。❷ぶつぶつ不平を言うこと。また、そのことば。**―幸▲兵▲衛**(こうべえ) コ² 名 (落語の主人公の名から)口うるさく小言を言う人。

こ-ごとゴ【戸ごと】【戸▲毎】名 戸々。家ごと。「―に国旗を立てる」

ここ-な【×此▲処な】連体〔古語〕(「ここなる」の変化)ここにいる。この。「ここな人は身共をおなぶりやるか」〈狂・萩大名〉

ココ-ナッツ コ｜ナ〈coconut〉＝**ココナツ** 名 ココやしの実。やしのみ。**―ミルク** ミ〈coconut milk〉名 ココナッツからとれる乳白色の液汁。甘みがあり、調味料やデザートに用いられる。

ここ-に⓪【×茲に・×爰に】〔文章語〕㊀副 この時に。この場合に。㊁接続 さて。そこで。ところで。

ここの【九】造 九つの。「九たび」

ここの-え ノ【九重】ヘ｜名 ❶九つのかさなり。❷(門を九重につくったから)宮中。「―の中(うち)(宮中)」

ここの-か カ【九日】名 ❶月の第九日。❷一日の九倍。

ここの-つ コ²【九つ】名 ❶九番めの数。❷一の九倍。❸〔古語〕昔の時刻の名称。いまの午前・午後の十二時。

こ-こまい⓪【古古米】名 収穫してから貯蔵されたまま、二年たった米。

こごみ⓪ 名 クサソテツ(オシダ科のシダ植物)の別名。特に、食用とする、うずまき状の新芽をいう。

こご・む⓪【▲屈む】自五 マ・モ・ミ・ム・ム・メ・メ かがむ。「道ばたに―」

こ-ごめ⓪【小米・粉米】名 くだけた米。**―花**(ばな) メ 名 しじみばな。

こご・める⓪【▲屈める】他下一 メ・メ・メル・メル・メレ・メロ・メヨ かがめる。「身を―」

ここ-もと【×此▲許】代〔古語〕❶このあたり。すぐ近く。「波、ただここもとに立ち来る心地して」〈源氏〉❷自分のところ。当方。わたくし。「ここもとにただ一言きこえさすべきことなむはべるを」〈源氏〉

ココ-やし ヤ【ココ×椰子】名 (「ココ」は coconut から)ヤシ科の常緑高木。熱帯地方の産。果実は食用とするほか、食用油・マーガリン・せっけんなどの原料となる。

ここ-ら コ²【ここら】【×此▲処ら】代 このへん。このあたり。

ここ-ら 副〔古語〕❶ひどく。はなはだしく。「木伝へばおのが羽風に散る花を誰におほせてここら鳴くらむ」〈古今〉❷(「ここらの」の形で)たくさんの。数多くの。「ここらの年ごろつかうまつりはべりて」〈落窪〉

こご・る⓪【▲凝る】自五 ラ・ロ・リ・ッ・ル・ル・レ・レ かたまる。冷えて、かたくなる。

こごり⓪【▲凝り】名 ❶こごること。こごったもの。❷魚を煮たしるのかたまったもの。煮こごり。

こころ【心】㊀ コ²/ロ 名 ❶人間の体内に宿り、人としての感情や意志などの精神活動をおこさせるもとになると考えられているもの。「―とからだ」「―が広い」「―が乱れる」❷本当の気持ち。本心。まごころ。「―から感謝する」❸考え。意向。「―を決める」❹思いやり。気持ち。「―のこもった手紙」❺深い意味。奥義(おうぎ)。「詩の―」❻なぞなぞで、その答えが成り立つわけ。㊁造(「ごころ」と変化することが多い)❶それらしいものの感じかた。「子ども―」「母―」❷ある方向に強くひかれる気持ち。「里―」「旅―」❸技芸を理解する力。「絵―」「歌―」 **―暖**(温)(あたた)**まる** 人情の美しさに触れて、しみじみと暖かな気持ちになる。「―もてなし」 **―が動**(うご)**く** ❶愛情・欲望などがおこる。❷気持ちがそのほうに向かう。 **―が折**(お)**れる** 困難に見舞われ、意欲がなくなる。挫折する。「仕事で失敗がつづき、心が折れそうになる」参考 近年の用法。 **―が通**(かよ)**う** 気持ちが通じあう。 **―が弾**(はず)**む** よろこびや期待でうきたつような気持ちになる。 **―に浮**(う)**かぶ** 思いだす。思いおこす。 **―に掛**(か)**ける** ❶わすれないようにする。注意する。❷心配する。 **―に▲適**(かな)**う** ❶思いどおりになる。❷気にいる。 **―に刻**(きざ)**む** つよく、心にとめる。 **―に染**(そ)**まぬ** 自分の気持ちにしっくり合わない。「―縁談」 **―に留**(と)**める** 気にかける。わすれないでおく。 **―に任**(まか)**せぬ** 思うようにならない。 **―に銘**(めい)**する** 深く心にとめてわすれないでいる。 **―にもない** 本心ではない。 **―の丈**(たけ) 心・愛情の深さ。「―を書きしるす」 **―の旅路**(たびじ)〔俗語〕記憶を失ってしまう病気。 **―の闇**(やみ) 理性をうしなうこと。愛情などで心がふかく迷うこと。「子を思う―」 **―を合**(あ)**わせる** 協力する。 **―を致**(いた)**す** ❶まごころをこめてつくす。❷気をつける。 **―を痛**(いた)**める** どうしたらよいかと悩む。心配する。 **―を入**(い)**れ替**(か)**える** 考えをあらためる。 **―を動**(うご)**かす** ❶愛情・欲望などを感じる。❷感動する。 **―を打**(う)**つ** 感動・感心させる。 **―を奪**(うば)**う** 我をわすれさせる。うっとりさせる。 **―を鬼**(おに)**にする** かわいそうとは思いながら

も、やむをえずきびしくする。―を砕く❶心配する。❷苦心する。―を配る まわりのことに気をつける。気を配る。―を汲む 心中・事情を思いやる。―を込める 相手を思う気持ちを中にふくめる。「心を込めたあいさつ」―を引く❶相手の心をためしてみる。❷興味をひきつける。―を向ける 気にかける。注意する。―を用いる 心配する。気をつかう。―を遣る 気ばらしをする。―を許す❶うちとける。❷ゆだんする。気を許す。「小さな成功に―な」―を寄せる❶仲間になる。好意をもつ。❷関心をもつ。

こころ《こゝろ》夏目漱石の長編小説。一九一四年発表。学生である「私」の目を通して「先生」とよぶ人の悲劇的な過去が明かされるが、そこから孤独な明治の一知識人の内面が明らかになっていく。

こころ-あたり ア【心当(た)り】名 ❶心におもいあたること。「―がない」❷けんとうをつけたところ。「―をさがす」

こころ-あて 0【心当て】名 ❶あてずいりょう。「―に言ってみる」❷予期。心だのみ。「―にする」

こころ-あ・り【心あり】自ラ変〔古語〕❶思いやりがある。分別がある。「三輪山を然も(ソンナニモ)隠すか雲だにもこころあらなも(アッテホシイ)隠さふべしや(テヨイモノダロウカ)〈万葉〉❷情趣がある。風流だ。「庭の草もこころあるさまに」〈徒然〉

こころ-ある ア/コ2【心有る】連体 ❶思慮・分別がある。「―市民の怒りを買う」❷思いやりがある。「―人の援助」❸ものの情趣がわかる。↕心無い。

こころ-いき 0【心意気】名 積極的に事にむかういさぎよい気だて。「男の―を見せる」

こころ-いれ 0【心入れ】名 配慮がこもっていること。心づかい。

こころ-いわい イ【心祝(い)】名 大げさでない、心ばかりの祝い。「―の品」

こころ-う・し【心憂し】形ク〔古語〕つくづくなさけない。どうにもつらくて、いやだ。「いとこころうき事と思ひ懲りにしかば」〈源氏〉

こころ-え 0【心得】名 ❶心得ていること。身につけていること。たしなみ。「いけ花の―」❷あることをするにあたっての注意。「休暇中の―」❸下級の者が上級の職務をおこなうときの職名。「課長―」―顔 0 名 形動 いかにもよくのみこんでいるという顔つき・ようす。「―に説明する」―難い 理解しにくい。のみこめない。―違い チ 名 ❶考えちがい。誤解。❷道理にはずれた考え。

こころ-え・る エ【心得る】他下一 ❶理解する。のみこむ。「事情を―」❷承知する。ひきうける。「よし、心得た」❸よくなれる。身につける。「車の運転なら心得たものだ」こころ・う 文語下二

こころ-おきて【心×掟】名〔古語〕❶心の持ち方。心構え。❷気立て。性質。「おいらかに大きなる心おきてと見ゆれど」〈源氏〉❸もともと思い決めている考え。意向。配慮。「御裳着の事おぼしいそぐ御心おきて、世の常ならず」〈源氏〉

こころおき-なく【心置きなく】連語 心づかいなく。心配なく。遠慮なく。「―お休みください」

こころ-おくれ オ【心後れ】名 気勢がくじけること。気おくれ。

こころ-おとり【心劣り】名〔古語〕❶予想よりも劣って感じられること。見劣り。幻滅。「いとみにくき人どもなれば、御覧ぜむから御心おとりやせむ」〈宇津保〉❷気が引けてしまうこと。気おくれ。「昔の心ならましかば、うたて心おとりせましを」〈源氏〉

こころ-おぼえ オ【心覚え】名 ❶心におぼえていること。記憶。「そういう―がない」❷忘れないためのしるしとするもの。メモ。

こころ-がかり ガ【心懸(か)り】名 形動 気がかり。心配。

こころ-がけ 0/ケ【心掛け】名 心がけること。心の用意。日常の心がまえ。「ふだんの―がいい」

こころ-が・ける ケ【心掛ける】他下一 心にとめる。気をつける。「ふだんから―」こころが・く 文語下二

こころ-がまえ ガ【心構え】名 心の用意。心ぐみ。かくご。「試験に対する―」

こころ-から 0【心から】副 本心であるようす。心の底から。「子どもの幸せを―祈る」

こころ-がら 0【心柄】名 心のもちかた。気だて。

こころ-がわり ガ【心変(わ)り】名 あるものに対してもっていた心が変化すること。変心。「―を責める」参考 友情・愛情・忠誠心などに関して使われるが、とくに男女間の愛情に関して多く使われる。

こころ-きいた 0【心利いた】連体 気のきいた。また、機転のきいた。「―部下」

こころ-くばり ク【心配り】名 心をつかうこと。配意。配慮。「こまかい―」

こころ-ぐみ 0【心組み】名 こころがまえ。

こころぐる・しい【心苦しい】㊀シ形 きのどくだ。すまない。「そこまでしてもらっては―」心苦しげ 形動 心苦しさ 名 こころぐる・し 文語シク ㊁形シク〔古語〕❶気がかりだ。つらくてやりきれない。「御心のうちにこころぐるしとおぼすことありて」〈源氏〉❷気の毒だ。「思はむ子(愛児)を法師になしたらむこそ心苦しけれ」〈枕〉

こころ-ごころ ゴ【心心】名 それぞれの心。思い思い。

こころ-ざし 0【志】名 ❶心にきめたこと。こうしようと思いたったこと。「―を達する」❷厚意。親切。「お―はありがたい」❸感謝などの気持ちをこめたおくりもの。❹香典返しや、お布施の包み紙の上に書くことば。

こころざ・す ザ【志す】自五 ある方向に心をむける。めざす。思いたつ。「学問に―」志せる 自下一[…できる]

こころ-ざま 0【心様】【心▲状】名 ❶心の様子。心のもちかた。❷気だて。性格。

こころ-しずか シ【心静か】形動 こころがおだやかで落ち着いているようす。「―に結果をまつ」

こころ-して ロ/コ2【心して】副 十分に注意して。気持ちを引きしめて。「―聞きなさい」

こころ-じょうぶ ジョ【心丈夫】形動 心づよいようす。気じょうぶ。

こころ-しらい シ【心しらい】名〔文章語〕心づかい。心づくし。「あたたかい―」

こころ-・する コ2【心する】自サ 気をつける。注意する。「心して行け」こころ・す 文語サ変

こころ-ぞえ 0【心添え】名 忠告。注意。「お―かたじけない」

こころ-だのみ ダ【心頼み】名 心の中でたのみに思うこと。「―にする」

こころ-づかい ヅ【心遣い】名 あれこれと気をくばること。配慮。「―をする」

こころ-づ・く【心付く】㊀ヅ自五 ❶気がつく。考えつく。❷ものごころがつく。㊁自四〔古語〕❶気が付く。「(ソノ場ニ)ある人々は心づきたる(人)もあるべし」〈堤中

納言〉❷分別がつく。「やうやう、声も調子にかかり(調子ニ合ウヨウニナリ)、能も心づくころなれば」〈風姿花伝〉㊂他下二〔古語〕❶注意する。気づかせる。「若き人に見ならはせ、心づけむためなり」〈徒然〉❷心を向ける。心を寄せる。「(ソノ女ニ)年ごろ心づけてあらむを」〈源氏〉

こころ-づくし ツ【心尽(く)し】名 ❶心のこもっていること。「—の品々」❷〔古語〕気をもむこと。いろいろ物思いをすること。「心づくしの秋は来にけり」〈古今〉

こころ-づけ ◎【心付(け)】名 祝儀。チップ。

こころ-づま ヅ【心妻】名〔文章語〕自分が心の中で妻と決めた女性。

こころ-づもり ヅ【心積(も)り】名 心の中であらかじめ考えておくこと。予定。

こころ-づよ・い ヨ【心強い】形 カロ|カッ・ク|イ|イ|ケレ|○ たよりになって安心だ。心じょうぶだ。「ふたりだから—」↔心細い。**心強さ** 名 **こころづよ・し** 文語ク

こころな・い【心無い】㊀ナ形 カロ|カッ・ク|イ|イ|ケレ|○ 分別がない。思いやりがない。「桜の枝を折る—人々」↔心有る。**こころな・し** 文語ク ㊁形ク〔古語〕情趣がわからない。人らしい感情がない。「心なき身にもあはれは知られけり」〈新古今〉

こころ-なし ◎【心なし】【心成(×做)し】名 気のせい。そう思うせい。「—か元気がないようだ」

こころ-なし【心無し】名〔古語〕(形容詞「こころなし」の名詞化した用法)人でなし。ばか者。「例の心なしのかかるわざをしてさいなまるるこそ」〈源氏〉

こころ-ならずも【心ならずも】連語 (「も」は強めの助詞)望んでするのでなく、しかたなく。不本意ながら。「—中途退学する」

こころ-にく・い【心憎い】㊀ク形 カロ|カッ・ク|イ|イ|ケレ|○ ❶おくゆかしい。心がひかれる。❷つくづく感心させられるようす。「—ばかりの冴えた技」**こころにく・し** 文語ク ㊁形ク〔古語〕❶(中世からの用法で)敬い恐るべきだ。警戒しなければならない。「その者(木曽義仲)、こころにくからず」〈平家〉❷(近世の用法で)いかにもあやしい。いぶかしい。「心にくし。重き物を軽う見せたるは」〈世間胸算用〉

こころ-ね ◎【心根】名 ❶心の奥底。真情。❷根性。性根。「—をあらためよ」

こころ-のこり ノ【心残り】名 形動 あとに思いがのこって、心が晴れないこと。残念。みれん。

こころ-ばえ【心ばへ】名〔古語〕❶気だて。心がけ。「心ばへなど貴やかに美しかりつる事を見慣らひて」〈竹取〉❷詩歌・工芸品・庭園などにこらされた趣向・風情。「春の心ばへある歌」〈伊勢〉「水(泉水)の心ばへなど、さる方にをかしくなしたり」〈源氏〉

こころ-ばかり バ【心ばかり】【心▲許り】副 心の一端をあらわしただけであるようす。ほんの少し。「—のお祝い」

こころ-ばせ ◎【心ばせ】【心×馳せ】名〔文章語〕心のはたらき。心くばり。

こころひそか-に ソ/ヒ【心ひそかに】【心▲密かに】副 ごくないしょに。人知れず心の中で。内心。「—よろこぶ」

こころ-ぼそ・い【心細い】㊀ソ形 カロ|カッ・ク|イ|イ|ケレ|○ たよりなく不安だ。↔心強い。**心細がる** 自五 **心細げ** 形動 **心細さ** 名 **こころぼそ・し** 文語ク ㊁形ク〔古語〕ものさびしい。「松の梢吹く風の音、こころぼそくて」〈源氏〉

こころ-まかせ マ【心任せ】名 思うようにすること。心のまま。随意。「—にくらす」

こころ-まち ◎【心待ち】名 心のなかで期待すること。

こころみ ◎/ミ【試み】名 ❶こころみること。ためし。❷計画。「おもしろい—」**—に** ◎ 副 ためしに。

こころ・みる ミ【試みる】他上一 ミ|ミ|ミル|ミル|ミレ|ミロ・ミヨ ためす。実際にやってみる。「写生を—」**こころ・む** 文語上二

こころ-もち ◎【心持(ち)】㊀名 快・不快などをおぼえる、心の状態。気持ち。ここち。「いい—」㊁副〔かながき〕ほんのすこし。「—右へ寄せる」

こころもと-な・い【心もとない】【心▲許無い】㊀ナ形 カロ|カッ・ク|イ|イ|ケレ|○ 確かなよりどころがなくて、不安だ。「資金が少なくて、なんとも—」**心もとなげ** 形動 **心もとなさ** 名 **こころもとながる** 自五 **こころもとな・し** 文語ク ㊁形ク〔古語〕❶待ち遠しい。じれったい。いらいらする。「宵すぐるまで待たるる月の、心もとなきに」〈源氏〉❷ほんのりしている。はっきりとわからない。「(梨ノ花ハ)花びらの端に、をかしき匂ひ(色)こそ心もとなうつきためれ」〈枕〉

こころ-やす・い ス【心安い】形 カロ|カッ・ク|イ|イ|ケレ|○ ❶気やすい。したしい。「—間がら」❷安心だ。「きみがいてくれれば—」**心安げ** 形動 **心安さ** 名 **こころやす・し** 文語ク

こころやす-だて ◎【心安だて】名 したしさになれて、遠慮のないこと。「—に言ったことだ」

こころ-やり ◎【心やり】【心▲遣り】名 ❶気ばらし。「—に旅行をする」❷思いやり。

こころ-ゆ・く ◎/ユ【心行く】自五 カ|コ・キ|ク|ク|ケ|ケ* 気がはれる。満足する。「—までやろう」参考 主として連体形が使われる。

こころよ・い ヨ【快い】㊀形 カロ|カッ・ク|イ|イ|ケレ|○ ❶気持ちがよい。「—一日をすごした」❷ゆかいである。たのしい。「—ねざめ」❸病気がよくなる。**快げ** 形動 **快さ** 名 **こころよ・し** 文語ク ㊁形ク〔古語〕気だてがいい。お人よしである。「(右近ノ性質ハ)快くかいひそめたる(物静カナ)ものに女君も思したれど」〈源氏〉

こ-こん コ1【古今】名 ❶昔と今。❷昔から今まで。「—にまれな傑作」**—東西** コ1-ト 名 昔から今までと、すべての土地と。「—に類のない傑作」**—独歩** コ1-ド 名 昔から今まで、それに比べるものがないこと。**—未曽有** コ1 名 昔から今までにないこと。「—の事件」

ご-こん ゴ【五根】名〔仏〕目・耳・鼻・舌・身の五つの器官。また、それらの働き。

ご-こん ◎【語根】名 単語を語源にさかのぼって分析して取り出すことができる、最小の言語単位。「まど(窓)」の「ま(目)」「と(門)」など。⇩語基 参考。

ご-ごん ◎【五言】名 一句が五言(五字)からなっている漢詩の句。また、その詩体。**—絶句** ゼ 名 五言四句の漢詩。**—律詩** リ 名 五言八句の漢詩。五言律。五律。

ここんちょもんじゅう《古今著聞集》鎌倉時代の説話集。二十巻。編集は橘成季。当時の説話など約七百をのせる。

こ-ざ コ【×胡×坐】名 自サ〔文章語〕あぐら。

ご-さ ゴ【誤差】名 ❶ちがい。「計算の—」❷真の数値と測定・計算によって求めた近似値との差。

ご-ざ ザ【×茣×蓙・×蓙】名 (御座に敷く意から)いぐさの茎で編んだ敷物。ござむしろ。うすべり。

ご-ざ【御座】名〔古語〕身分の高い人のいるところ。**—有り** 自ラ変〔古語〕(「ござる」のもとの形)ござる。↔ござない。「(法皇ハ)…錦張近く御座って」〈平家〉**—所** ザ/◎ 名 天皇・貴人のいる場所。**—無い** 形〔古語〕↔ござる。❶(「ござなし」の変化)「居ず・有らず」の尊敬の言い方。いらっしゃらない。「そうてゐるほどに、苦しう御座ない」〈狂言・猿座頭〉❷「なし」のていねいな言い方。ございません。ありません。「さだめて勧進帳の御座なきことはさうらふまじ」〈謡・安宅〉**—船** ◎/フ 名 貴人の乗る船。

コサージュ [サ]〈corsage〉[名] 洋服の胸・えりなどにつける小さな花や花飾り。

こ-さい [0]【小才】[名] ちょっとした事に気のきく才能や知恵。「—のきく人間」

こ-さい [0]【▲巨細】[名] ❶[文章語] 大きなことと小さなこと。細大。❷大きなことも小さなこともすべて。一部始終。詳細。「—にわたって報告する」

ご-さい [0]【五彩】[名] ❶ごしき。❷上絵に種々の顔料を使った陶磁器。

ご-さい [0]【後妻】[名] つまと死別または離別した男が、そのあとに結婚したつま。↕先妻。

こ-ざいく [ザ]【小細工】[名] ❶ちょっとした細工。❷すぐばれるような、つまらない策略。けちな計略。

ござい-ます【ございます・御座います】[連語]〔「ござります」の変化〕❶「ある」の丁寧語。「京都に、母の実家が—」❷〔補助動詞的に、「(お)…ございます」の形で〕丁寧の意味をあらわす言い方。「お暑う—」「楽しう—」❸〔補助動詞的に、「…でございます」の形で〕「だ」「である」の丁寧語。「ネクタイ売場は二階で—」[参考]❶の意味では、相手のがわのことには普通使わない。「お子さんはございますか」よりも、「お子さんはおありですか」のほうがよい。❸の使い方では、「山口さんでございますね」より、「山口さんですね」「山口さんでいらっしゃいますね」がよい。

こさ-える [0]【×拵える】(こさへる)[他下一] エエ・エル・エレ・エロ・エヨ [俗語] こしらえる。

こざかし-い [シ]【小▲賢しい】[形] カロ・カッ・ク・イ・イ・ケレ・○ ❶なまいきだ。りこうぶっている。「—口をきく」❷わるがしこい。ずるい。「—男でゆだんがならぬ」**こざかしげ** [形動] **こざかしさ** [名] **こざか-し** [文語シク]

こ-ざかな [ザ]【小魚】[名] 小さな魚。まだ成長しない幼魚で小さいものと、成長しても大きくならない小形の魚との両方をいう。

こ-さく [0]【小作】[名] ❶他人の土地を借地料をはらって借りうけ、耕作すること。また、その人。↕自作。❷小作料。**—争議**(そうぎ) [ソ][名] 小作人と地主との間におこる小作料などについての争い。**—人**(にん) [0][名] 小作の農民。**—農**(のう) [ク][名] ↕自作農。❶小作による農作。❷小作人。**—料**(りょう) [ク][名] 小作人が地主にはらう土地の借り賃。

こ-さじ [0]【小×匙】[名] ❶小さいさじ。❷五ミリリットルをはかる計量スプーン。

こ-ざしき [ザ]【小座敷】[名] ❶小さい座敷。せまい座敷。❷おもやから外へつけて建てた建物。放出(はなちいで・はなちで)。

こ-さつ [0]【古刹】[名][文章語] 由緒あるふるい寺。古寺。

こ-さつ [0]【故殺】[名][他サ] 旧刑法で、計画的でなく、かっとなって、人をころすこと。↕謀殺。

コサック [サ]〈Cossack〉=**コザック・カザック** [名] 南ロシアやウクライナに住む種族。騎馬にすぐれ、勇敢さで名高い。

こ-ざっぱり [バ][と副][自サ]〔「こ」は接頭語〕なんとなく、さっぱりしているようす。「—した服装」

ご-さどう [サ]【誤作動】[名][自サ] 機械が、指示どおりにならず、誤った動きをすること。誤動作。

こざと-へん [0]【こざと偏】[名] 漢字の部首の一つ。「隠」「陸」などの「阝」。

こ-さめ [0]【小雨】[名] こまかに降る雨。小降りの雨。「—がぱらつく」↕大雨。

ござ-る【御座る】[自四][古語]〔「ござある」の変化〕↕ござない。❶「ある」「居る」「来る」「行く」の尊敬の言い方。おいでになる。いらっしゃる。「こなたは先へござれ」〈狂言・宗論〉❷「ある」のていねいな言い方。あります。「ここに傘がござるによって」〈狂言・末広がり〉

こ-さん [0]【古参】[名] ふるくからその仲間や職場にいること。また、その人。ふるがお。「—の職人」↕新参。

こ-ざん [コ]【故山】[名][文章語] ふるさと。故郷。

ご-さん [ゴ]【五山】[名] 禅宗の五大寺。京都では、天竜(てんりゅう)寺・相国(しょうこく)寺・建仁(けんにん)寺・東福(とうふく)寺・万寿(まんじゅ)寺。鎌倉(かまくら)では、建長(けんちょう)寺・円覚(えんがく)寺・寿福(じゅふく)寺・浄智(じょうち)寺・浄妙(じょうみょう)寺。ござん。**—文学**(ぶんがく) [ブ][名] 鎌倉(かまくら)・室町(むろまち)時代、京都・鎌倉五山を中心とする禅宗の僧のつくった漢詩文。

ご-さん [0]【午×餐】[名] ひるめし。昼餐。「—会」

ご-さん [0]【誤算】[名] ❶計算ちがい。❷みこみちがい。違算。「計画に—があった」

ご-さんけ [サ]【御三家】[名] ❶徳川家の一族のうち、家康(いえやす)の子を先祖とする尾張(おわり)・紀伊(きい)・水戸(みと)の三家。❷[俗語] ある方面で有力な三つの存在。「歌謡界の—」

ござん-す【ござんす・御座んす】[連語] ございます。「さようで—」

ござん-なれ [連語][古語]〔「ごさんなれ」の変化〕じゅうぶんに用意してまちうける気持ちを表す。さあこい。さあきた。「望む讐敵(かたき)ぞ。ござんなれ」〈読本・南総里見八犬伝〉

こし【腰】[一][0][名] ❶胴体の下部で、くびれている部分から尻(しり)の上部まで。人体では体が折れ曲がるときの基点となる部分をさす。「—が曲がる」「—を掛ける」❷その状態をもちこたえようとする力。粘り。弾力。「—のあるうどん」❸物事をしようとする勢いや調子。「話の—を折る」❹物の中央よりやや下の部分。「障子の—板」❺和歌における第三句。[二][接尾] 刀などをかぞえることば。「太刀一—」**—がある** 織物・紙・めん類・もちなどに、しっかりした手ごたえ・歯ごたえがある。**—が重**(おも)**い** ❶慎重でなかなか気軽に行動しない。❷相撲で、なかなか体勢がくずれない。**—が軽**(かる)**い** 気軽に動き出すようす。軽率に動き回るようす。**—が砕**(くだ)**ける** ❶腰のささえる力がなくなってたおれる。❷物事が途中でつづけられなくなる。**—が据**(す)**わる** 一つのことに集中してとりくむ。**—が強**(つよ)**い** ↕腰が弱い。❶気が強く、容易に人に屈しない。❷ねばりけが強い。「このもちは—」❸しなやかで折れにくい。**—が入**(はい)**る** ❶本気で取り組む。❷相撲で、相手に腰を寄せ過ぎる。**—が低**(ひく)**い** 他人に対してへりくだる。あいそがよい。**—が引**(ひ)**ける** 自信がなく、積極的になれない。および腰になる。**—が弱**(よわ)**い** ↕腰が強い。❶がんばりがきかない。いくじがない。❷(もちなどの)ねばりけがない。❸弾力性がなく折れやすい。**—の物**(もの) ❶腰にさす刀。❷こしまき。**—を上**(あ)**げる** 立ち上がる。動き出す。**—を入**(い)**れる** ❶腰に力をいれてふんばる。❷しっかりとかまえる。本気になる。**—を折**(お)**る** ❶腰をかがめる。❷中途で勢いをくじく。「話の—」**—を据**(す)**える** 十分な心がまえで事にあたる。**—を抜**(ぬ)**かす** ❶腰の関節がはずれたり、力が抜けたりして立てなくなる。❷びっくりして元気を失う。**—を割**(わ)**る** ❶相撲で、足を開いて十分に腰を低くかまえる。

こし [コ]【×輿】[名] ❶やかたの中に人をのせ、その下にある二本のながえをかついだり、腰のあたりにさげもったりして行く乗り物。❷みこし。

こ-し [コ]【古史】[名] 古代の歴史。

こ-し [コ]【古×址・古×趾】[名][文章語] 昔の建造物のあった跡。また、その土台石。

こ-し [コ]【古×祠】[名][文章語] ふるいほこら。

こ-し [コ]【古詩】[名] ❶古代の詩。古人の詩。❷漢詩の一体。隋(ずい)・唐(とう)以前の詩。平仄(ひょうそく)・句

こし❶

数に制限がない。

こし [コ]【故紙・古紙】[名] 一度使って古くなった紙。ほご。

こし [コ]【枯死】[名] [自サ] 草木がかれてしまうこと。

こし《越・高志》 北陸道のふるいよび名。こしぢ。

こじ [コ]【古寺】[名] 古い寺。

こじ [コ]【居士】[名] ❶学徳はあるが民間にあって、官につかえない人。処士。❷㋐仏門にはいっているが僧にはならず、家にいる男子。㋑仏教で、男子の死後、その戒名の下につける称号。↕大姉。[参考] 浄土真宗ではつけない。❸〔接尾語的に〕あることで特徴のある人。「慎重―」

こじ [コ]【孤児】[名] 親のない子。みなしご。**―院**(いん) [ジ][名] 孤児を収容し、そだてる施設。

こじ [コ]【故事】[名] ❶昔あったこと。❷ことばなどについて、昔からつたわっている、いわれ。**―成語**(せいご) [コ][名] 故事に基づいてできた熟語。特に、中国古典に出典をもつ語をいう。「矛盾」「五十歩百歩」など。**―来歴**(らいれき) [コ][名] 物事についてのいわれと歴史。

こじ [コ]【固持】[名] [他サ] 意見などをかたくもち続けること。固執。「信念を―する」

こじ [コ]【固辞】[名] [他サ] かたく辞退すること。「委員長就任を―する」

こじ [コ]【誇示】[名] [他サ] ほこらしげに見せびらかすこと。「権力を―する」

ごし【越し】[接尾] ❶物をへだててすること。「ふすま―」❷ある年月にわたってつづけること。「三年―の事業」

ごし [ゴ]【五指】[名] 五本のゆび。**―に余**(あま)**る** すぐれたものが五つより多い。「―有力候補」**―に入**(はい)**る** すぐれたものの五つの中にえらばれる。

ごし [ゴ]【互市】[名]〔文章語〕貿易。交易。

ごし [ゴ]【語史・語誌】[名] 語の由来、歴史、使用の場、類義語との関係などを書いたもの。[参考] 史的変遷に重点を置く場合は「語史」と書く。

ごじ [ゴ]【誤字】[名] まちがいの文字。

ごじ [ゴ]【護持】[名] [他サ] しっかりと守りたもつこと。「仏法を―する」「家名を―する」

こし-あげ [0]【腰上げ】[名] 子どもの着物の腰の所の縫いあげ。↕肩上げ。

こじ-あ・ける [ケ]【こじ開ける】【×抉開ける】[他下一] (ケ|ケ|ケル|ケル|ケレ|ケロ・ケヨ) 閉じてあるものを、すきまに物をさしこんだりして、むりにあける。「戸を―」**こじあ・く** [文語下二]

こし-あん [0]【×漉×餡】[名] 煮たあずきをすりつぶし、こして皮などをのぞいたあん。↕つぶしあん。

こし-いた [0]【腰板】[名] ❶はかまの腰につける、布でくるんだうすい板。❷障子・壁などの下部にはった板。

こし-いれ [0]【×輿入れ】[名]〔嫁の乗った輿をむこの家にかつぎこむこと〕よめいり。婚礼。

こ-しお [0]【小潮】(しほ)[名] 潮の満ち干の差が、もっとも少ないこと。また、その日。↕大潮。

こし-おび [0]【腰帯】[名] ❶おび。❷腰ひも。

こし-おれ [0]【腰折れ】(をれ)[名] ❶年をとって腰がまがること。また、そういう人。❷こしおれうた。❸こしおれぶみ。**―歌**(うた) [レ][名] ❶短歌の上の句と下の句との接続が悪いもの。へたな歌。❷自作の歌をけんそんしていう語。**―文**(ぶみ) [0][名] ❶へたな文章。❷自分の文章をけんそんしていう語。

こし-がき [シ]【腰垣】[名] 腰の高さのかき。

こし-かけ [カ/ケ]【腰掛(け)】[名] ❶腰かける台。いす。❷本来望む職業・地位につくまでの間、一時、かりに身をおく職業・地位。「―の仕事」

こし-か・ける [ケ]【腰掛ける】[自下一] (ケ|ケ|ケル|ケル|ケレ|ケロ・ケヨ) いすや台などに腰をおろす。

こし-かた [コ]【来し方】[名]〔文章語〕❶過去。❷過ぎてきたところ。‖きしかた。**―行**(ゆ)**く末**(すえ) 過去と未来。

こし-がたな [ガ]【腰刀】[名] 昔、武士がいつも腰にさしていた小刀。わきざし。

こしき [0]【×轂】[名] 車輪の「や」があつまる中心の部分。⇩ぎっしゃ(図)。

こ-しき [コ]【古式】[名] 昔の方式。ふるい方法。「―にのっとる」「―ゆかしい行事」[参考]「古式ゆたかに」という言い方はあやまり。

こしき【×甑】[名]〔古語〕米などをむす素焼きの器具。今のせいろうにあたる。

こ-じき [キ]【▲乞食】[名] 人からかねや品物をもらって生活すること。また、その人。**―根性**(こんじょう) [コ][2][名] 自分ではたらかずに物をもらおうとするあさましい性質。

こじき《古事記》 奈良時代前期の神話的歴史書。稗田阿礼(ひえだのあれ)の暗唱したものを、太安万侶(おおのやすまろ)が記録した。神話・伝説・歌物語を織りこみながら、天地のはじめから推古天皇時代までを述べる。

ご-しき [ゴ]【五色】[名] ❶青・赤・黄・白・黒の五つのいろ。❷五種類のいろ。❸各種のいろ。「―のテープ」**―揚**(あ)**げ** [キ][名] 野菜類のあげもの。しょうじんあげ。

ご-しき [ゴ]【五識】[名]〔仏〕五根、つまり目・耳・鼻・舌・身による色・声・香・味・触の五つの知覚。

こじきでん《古事記伝》 江戸時代中期の「古事記」の注釈書。本居宣長(もとおりのりなが)の作。「古事記」の実証主義的な研究により国学の規範を示した。

こし-ぎんちゃく [ギ]【腰巾着】[名] ❶腰につけるきんちゃく。❷その人のそばを離れないで従っている者のこと。「社長の―」

こし-くだけ [0]【腰砕け】[名] ❶〔相撲などで〕腰の力がぬけて体勢がくずれること。❷物事が途中で続けられなくなること。「資金が切れて―となる」

こし-ぐるま [グ]【腰車】[名] ❶柔道のわざで、自分の腰に相手をのせて投げること。❷ながえを腰にあててひく車。

こし-け [0]【▲白▲帯▲下】[名] 成人女性の生殖器の異常な分泌物。白帯下(はくたいげ)。

ごし-ごし [ゴ][1] [(と)副] 強く何度もこするようす。「窓の汚れを―とこする」

こし-じ《越路》(ぢ) ❶北陸道のふるい呼び名。こし。❷北陸道へ行く道。

こじじゅんれい《古寺巡礼》 和辻哲郎(わつじてつろう)の評論。一九一九年刊。日記体であらわした印象記。

こし-だか [0]【腰高】➊[名] ❶腰の部分の高い器物の総称。❷たかつき。❸高さ約六〇～九〇(センチメートル)の腰板のある障子。腰高障子。➋[名][形動]〔腰が高いこと〕❶相撲のしきりのとき、腰を十分におろさず、姿勢が安定しないこと。❷態度がおうへいなこと。

こし-だめ [0]【腰だめ】[名] ❶小銃の台じりを腰にあて、大まかなねらいでうつこと。❷大体の見当でことをすること。

こし-たんたん [コ]【虎視×眈×眈】[(と)副] [たる連体]〔「眈眈」は見おろすようす〕とらがえものをねらうように、機会をねらってつけいろうとするようす。

ごしち-ちょう [0]【五七調】[名] 和歌や詩で、語句を五音・七音の順にくりかえす組み立て。↕七五調。

ごしち-にち [チ][1]【五七日】[名] 人の死後三十五日めの法要。

こ-しつ [0]【個室】[名] 一人用のへや。

こ-しつ [0]【×痼疾】[名] 長い間、なおらない病気。持病。

こしつ【固執】名他サ かたく自分の意見を主張して、かえないこと。こしゅう。

こじつ【故実】名 儀式・法令・作法・服飾などの、ふるいしきたりや事例。「有職—」 **—家** 名 故実にくわしい人。

ごじつ【後日】名 ❶のちの日。将来。「—に譲る」❷ある事件がすんだのち。 **—談** 名 後日物語。 **—物語** 名 ある物語・事件などが一段落ついて、そのあとどうなったかの話。

こしつき【腰つき】名 腰のかっこう。「ふらついた—」

ゴシック〈Gothic〉名 ❶＝ゴチック 肉太の活字書体。ゴチ。⇩書体（図）。❷一二世紀から一五世紀にかけて、フランスを中心にヨーロッパではやった建築様式。さきのとがった塔、弓形の天井などが特徴。ゴシック式。

ゴシック❷

こじつける 他下一（故事がないのに、いかにもあるようにいう意）むりに理屈や理由をつける。**こじつけ** 名 **こじつ・く** 文語下二

ゴシップ〈gossip〉名 うわさ。「—記事」「—欄」

ごじっぽ-ひゃっぽ【五十歩百歩】名 少しのちがいはあるが、ほとんど同じであること。似たり寄ったり。参考 戦場で五十歩逃げた者が百歩逃げた者を笑ったが、逃げたことに変わりはないという、中国の「孟子」の中の話から。

こじとみ【小×蔀】名「しとみ」のついている小さい窓。

こしなわ【腰縄】名 ❶腰につけて持ち歩く縄。❷軽い罪人の腰に縄をかけること。また、その縄。「—を打つ」

こしぬけ【腰抜け】名 ❶腰の力がぬけて立てないこと。また、そうなった人。❷いくじのないこと・人。

こしばい【小芝居】名 江戸時代、幕府公認以外の小規模な劇場。また、そこで行う芝居。↕大芝居❶。

こしばり【腰張(り)】【腰貼】名 かべ・ふすまなどの下の部分に紙や布をはること。また、その紙や布。

こしひも【腰ひも】【腰×紐】名 女性が和服を着るとき、着くずれしないように結ぶひも。腰帯。

こしびょうぶ【腰びょうぶ】【腰×屏風】名 腰の高さぐらいの低いびょうぶ。まくらびょうぶ。

こしべんとう【腰弁当】名 ❶腰に弁当をさげること。また、その弁当。腰弁。❷毎日弁当を持って通勤するような安月給とり。

こしぼね【腰骨】名 ❶腰の骨。❷物事をやりとおす気力。

こじま【小島】名 小さな島。

こしまき【腰巻(き)】名 ❶古語 女性が夏、小袖の上から腰に巻いた衣服。❷女性の和装で下半身をおおう下着。ゆもじ。おこし。❸土蔵の外まわりの下を一段と厚く塗った部分。

こじまのぶお《小島信夫》一九一五—二〇〇六。小説家。戦後文学の「第三の新人」の一人とされる。「アメリカン・スクール」「抱擁家族」「別れる理由」など。

こしまわり【腰回り】名 腰のまわり。また、その寸法。ヒップ。

こしみの【腰みの】【腰×蓑】名 腰につけるみじかいみの。

こしもと【腰元】名 ❶腰のあたり。❷昔、貴人のそばにつかえて雑用をした女性。

ごしゃ【誤写】名他サ 文章を書きうつすとき、うつしまちがえること。

ごしゃ【誤射】名他サ 銃砲などをあやまって発射すること。

こしゃく【小×癪】形動 なまいきで、しゃくにさわるようす。「—なことを言う」

ごしゃく【語釈】名 語句の意味の解釈。

ごしゃ-ごしゃ 副形動自サ ものがたくさんこみあっているようす。「雑草が—生える」参考 形容動詞として使うときは◎。

こしゃほん【古写本】名 昔の写本。昔の人の書きうつした本。

こじゃ・れる【小×洒▲落る】自下一 俗語（多く「こじゃれた」「こじゃれている」の形で）ちょっと気がきいている。「こじゃれたカフェ」

こしゅ【戸主】名 ❶一家の主人。❷旧民法で、一家の長として家を支配する権利をもち、家族をやしなう義務のある者。

こしゅ【古酒】名 つくってから月日のたった酒。秋 ↕新酒。

こしゅ【故主】名 文章語 もとの主人。旧主。

こしゅ【鼓手】名 たいこをたたく役の人。

こしゅ【固守】名他サ かたくまもること。堅守。「陣地を—する」

こしゆ【腰湯】名 腰から下を湯につけること。

ごしゅ【五種】名 ❶五つの種類。❷五種競技。 **—競技** 名 陸上競技の一つ。ひとりで五種目の競技、男子では、走り幅跳び・やり投げ・二〇〇メートル競走・円盤投げ・一五〇〇メートル競走、女子では砲丸投げ・走り高跳び・二〇〇メートル競走・一〇〇メートル障害・走り幅跳びを行い、総合点を争うもの。

ごしゅ【御酒】名「酒」の丁寧な言い方。

ごしゅ【語種】名 単語がもともとの言語に属していたかという観点からの区別。日本語では、和語・漢語・外来語の三種をいう。

ごしゅいん-せん【御朱印船】名 昔、豊臣秀吉や徳川将軍などの、朱印のある許可証をもって外国貿易をした船。

こしゅう【孤舟】名 文章語 ただ一つ浮かんでいる舟。

こしゅう【孤愁】名 文章語 ひとりぼっちのもの悲しさ。

こしゅう【呼集】名他サ 呼びあつめること。招集。

こしゅう【固執】名他サ ⇩こしつ。

こしゅう【×扈従】名自サ 文章語（「扈」はともをするの意）貴人につきしたがうこと。また、その人。こしょう。

ごじゅう【五十】名 ❶十の五倍。❷五十歳。 **—腕** 名 五十歳ごろになってよく起こる腕の痛み。ごじゅうかいな。⇩四十肩五十腕。 **—音** 名 かな文字であらわした日本語の五十個の音節。現代語では、ンを除いて四十四音節。 **—音図** 名 五十音のかな文字を母音・子音の種類に従って、たてよこにならべた図表。アイウエオ・カキクケコ…の図表。 **—肩** 名 五十歳ごろになってよく起こる肩の痛み。⇩四十肩五十腕。

ごじゅう【五重】名 五つのかさなり。 **—奏** 名 西洋音楽で、五種の楽器でする合奏。クインテット。 **—の塔** 名 仏教寺院に建てる地・水・火・風・空の五大にかたどった五階だての塔。

ごじゅう【後住】名 寺の後任の住職。↕先住。

ごしゅういわかしゅう《後拾遺和歌集》平安時代後期の勅撰和歌集。藤原通俊の編。勅撰和歌集の四番目のもの。後拾遺集。

ごじゅうさん-つぎ サ【五十三次】名 東海道五十三次。

ごしゅうしょう-さま ⓪【御愁傷様】あいさつ 人が死んだとき、その死をいたんで家族に対してのべるあいさつのことば。

こじゅうと ジュ【小じゅうと】名 ❶【小×舅】夫、または、妻の兄弟。❷【小×姑】小じゅうとめ。**―は鬼千匹**(おにせんびき) 小じゅうとひとりは鬼千匹にもあたるほど、嫁にとっては、恐ろしく感じられるものだ。

こじゅうとめ ジュ【小じゅうとめ】【小×姑】名 夫、または、妻の姉妹。小じゅうと。参考 ふだんの話しことばでは、「こじゅうと」と言うことが多い。

ごじゅうのとう《五重塔》幸田露伴(こうだろはん)の中編小説。一八九一年から翌年にかけて発表。名人かたぎの大工を主人公に、芸術の永遠性をうたったもの。

こじゅけい ジュ【小×綬鶏】名 キジ科の鳥。背は褐色に黒のぶちがあり、腹は黄褐色で胸は青灰色。春

ごしゅでん ジュ【御守殿】名 江戸時代に、三位以上の大名に嫁いだ将軍家の娘。また、その居所。

ごじゅん ⓪【語順】名 文で、主語・述語・修飾語・独立語などの語句のならびかた。語序。

こしょ コ【古書】名 ❶昔の書物。❷古本(ふるほん)。「―店」

ごしょ コ【御所】名 ❶天皇・上皇・三后のすまいを尊敬していう語。また、それらの人。❷親王・将軍・大臣のすまいを尊敬していう語。また、それらの人。**―車**(ぐるま) ク名 牛車(ぎっしゃ)。**―人形**(にんぎょう) ニ名 もと、京都の公卿(くぎょう)の間ではやった、頭の大きな幼児の人形。

ごじょ ゴ【互助】名 個人の力をこえて、たがいにたすけあうこと。共助。参考 近隣の援助システムなどについて言うことが多い。

ごじょ ゴ【語序】名 ➡語順。

こしょう ショ【小姓】名 武家で、主君の身のまわりの雑用をつとめた少年。

こしょう ⓪【古称】名 昔からの呼び名。ふるい名称。

こしょう ショ【×胡×椒】名 コショウ科の熱帯植物。果実をこなにして、香辛料とする。また、そのこな。

こしょう ⓪【湖沼】名 みずうみとぬま。

こしょう ⓪【故障】㊀名自サ 機械やからだの一部に異常が起こって正常にうごかないこと。「エンジンの―」㊁名 ❶さしさわり。さしつかえ。「遂行になんの―もない」❷異議。苦情。「―が出る」

こしょう ⓪【×扈従】名自サ〔文章語〕➡こじゅう。

こしょう ⓪【呼称】㊀名他サ 物事に名づけてよぶこと。また、そのよび名。「正式の―」㊁名 体操するときなどの、「一、二、三、四」などのかけごえ。

こしょう ⓪【誇称】名他サ じまんして大げさに言うこと。「日本一だと―する」

こじょう ⓪/コ【古城】名 ふるい城。

こじょう コ【孤城】名〔文章語〕❶ほかからはなれてぽつんと立っている城。❷味方のたすけがなく孤立した城。**―落日**(らくじつ) コ/⓪名〔孤立した城と入り日〕勢いがおとろえて心ぼそいようす。

こじょう ⓪【弧状】名〔文章語〕弓がた。

こじょう ⓪【湖上】名 みずうみの上。湖面。「―の小舟」

ごしょう ⓪【五障】名〔仏〕❶女性は梵天(ぼんてん)・帝釈(たいしゃく)・魔王(まおう)・転輪聖王(てんりんじょうおう)・仏になることができないということ。❷仏道修行(しゅぎょう)のじゃまとなる、五つのもの。煩悩(ぼんのう)・業(ごう)・生・法・所知の五つ。

ごしょう ゴ【後生】名 ❶〔仏〕死後に生まれかわっていくとされている所。↕前生。❷死後の安楽。「―をねがう」❸おりいってたのむときの語。「―だから」**―一生**(いっしょう) ゴ名 後生にも現世にもただ一度。一生に一度。「―のお願い」**―気**(ぎ) ショ名 来世の安楽をねがう心。**―嫌い**(ぎらい) ギ名 仏の教えをけいべつすること。また、その人。**―大事**(だいじ) ❶死後の安楽をねがって、仏教の信仰にはげむさま。❷なにかをだいじに持ちつづけるさま。**―楽**(らく) ショ名 ❶仏にすがっているので死後は安楽と安心しきっていること。❷苦労なく、のんびりしていること。**―を願**(ねが)**う** 死後の安楽をねがう。

ごじょう ⓪【五常】名〈儒教で、人の守るべき五つの道〉❶仁・義・礼・智(ち)・信の五つ。❷➡五倫(ごりん)。

ごじょう ⓪【互譲】名 たがいにゆずりあうこと。

ごじょう ゴ【御×諚】名〔文章語〕貴人のことば・命令の尊敬語。おおせ。おことば。

こしょうがつ ショ【小正月】名 陰暦で、正月十五日、または、正月十四日から十六日までの称。新年

ごしょ-がき ショ【御所柿】名 かきの一品種。大きくてあまい。食用。秋

こしょく コ【古色】名 ふるめかしい色つや・ありさま。「―を帯びる」**―×蒼然**(そうぜん) コ と副 たる連体 長い年月がたって、色つやがふるびているようす。いかにもふるめかしいようす。

こしょく ⓪【孤食】名 一人で食事をすること。特に、子どもや高齢者や単身者が一人で食事をすること。個食。↕共食❷。

こしょく ⓪【個食】名 ❶家族がそれぞれ別のものを食べること。また、その一人分の食事。「―パッケージ」❷➡孤食。

ごしょく ⓪【誤植】名 印刷物で、文字のくみちがい。ミスプリント。「―の多い本」

こし-よわ ⓪【腰弱】名 形動 ❶腰のよわいこと。また、その人。❷がんばり・ねばりのないこと。また、その人。

こしらえ ⓪【×拵え】(こしらへ) 名 ❶こしらえること。つくったようす。つくり。「―がしっかりしている」❷したく。服装。用意。「りっぱな―」❸けしょう。メーキャップ。「役者の―」

こしらえ-ごと ⓪【こしらえ事】【×拵え事】(こしらへ) 名 つくりごと。うそ。

こしらえ-もの ⓪【こしらえ物】【×拵え物】(こしらへ) 名 ほん物をまねたもの。模造品。

こしら・える ㊀⓪【×拵える】(こしらへる) 他下一 (エ・エ・エル・エル・エレ・エロ・エヨ) ❶つくる。製造する。「箱を―」❷かざる。よそおう。化粧する。「顔を―」❸用意する。そろえる。調達する。「資金を―」❹ないことをあるようにつくりあげる。ごまかす。「話を―」**こしら・ふ** 文語ハ下二 ㊁【▲慰ふ・▲喩ふ・▲誘ふ】他下二〔古語〕❶なだめ、なぐさめる。あれこれ言って、きげんをとる。「やがて帰らうずるぞとこしらへ置きしが」〈平家〉❷話してその気にさせる。だます。「あやしみ思ひは、こしらへられたるにこそは」〈宇津保〉❸いいようにとりつくろう。「さまよくこしらへきこえたまふ」〈源氏〉

こじら・す ラ【×拗らす】他五 (サ・ソ・シ・ス・ス・セ・セ) ❶事をめんどうにする。もつれさせる。「話を―」❷病気をなおしそこねて長びかせる。「かぜを―」参考「病気をこじらせる」のように下一段活用として使うこともある。

こしら・ふ【▲慰ふ・▲喩ふ】他下二〔古語〕➡こしらえる㊁。

こじり ⓪【×鐺】名 ❶刀剣のさやの端。また、そこにつける金属製のかざり。❷たるきの端。また、そこにつけるかざり。

こじ・る ジ【×抉る】他五 (ラ・ロ・リ・ッ・ル・ル・レ・レ) すきまに細長い物などを入れてえぐる。

ご-じる[0]【▲豆汁・▲呉汁】[名] 水につけただいずをすりつぶして入れたみそしる。

こじ・れる[レ]【×拗れる】[自下一] (レ・レ・レル・レル・レレ・レロ・レヨ) ❶心がねじける。ひねくれる。「性質が—」 ❷事がらがもつれてうまくいかない。「友だちとの間が—」 ❸病気がなおりそこなって重くなる。「かぜが—」 **こじれ**[名] **こじ・る**[文語下二]

こ-じわ[0]【小じわ】【小×皺】[名] 皮膚や衣類などに出来るこまかいしわ。

こ-しん[0]【湖心】[名] みずうみのまん中。「—にこぎだす」

こ-じん[コ]【古人】[名] 昔の人。

こ-じん[コ]【故人】[名] ❶[文章語] ふるい友だち。 ❷死んだ人。「—をしのぶ」

こ-じん[コ]【個人】[名] ❶ひとりの人。私人。 ❷社会の中のひとりひとりの人間。 **—差**(さ)[ジ][名] 個人個人の精神的・身体的なちがい。 **—主義**(しゅぎ)[シュ][名] 個人の意義と価値、権利と自由を主張し、尊重する主義。↕全体主義。 **—情報**(じょうほう)[ジョ][名] 特定の個人を識別できる、氏名、住所、年齢などの情報。「—の保護」 **—的**(てき)[0][形動] 個人として行動するようす。他の人と関わりのないようす。「—なつき合い」⇩私的[参考]。

ご-しん[0]【護身】[名] からだを守ること。「—術」

ご-しん[0]【誤信】[名][他サ] まちがって信じること。

ご-しん[0]【誤診】[名][他サ] 診断をあやまること。あやまった診断。「医者の—」

ご-しん[0]【誤審】[名][他サ] 審判をあやまること。あやまった審判。

ご-じん[0]【後陣】[名] 本陣の後方にかまえた陣。ごづめ。↕先陣。

ご-じん[ジ/ゴ]【御仁】[名]「人」の尊敬語。おひと。「あきれた—だ」[参考] 古めかしい言い方。

ご-じん[ゴ]【×吾人】[代][文章語] われわれ。われら。「—の信念」

ご-しんえい[0]【御真影】[名] 天皇・皇后の写真。

ご-じんか[ジ]【御神火】[名] けがれのない神聖な火。特に、火山の噴火を神聖なものとして崇拝していう語。

ごしん-さま[シ]【御新様】[名]「ご新造様」の略。奥様。

ご-しんぞう[シ]【御新造】[名] ❶中流家庭の人妻をうやまった言い方。 ❷他人の妻をうやまった言い方。

ご-しんとう[0]【御神灯】[名] ❶神前にともすあかり。みあかし。 ❷職人・芸人などが縁起をかついで戸口につるしたちょうちん。 ＝ごじんとう。

ご-しんぷ[シ]【御親父】[名] 相手の父親をうやまった言い方。ご尊父。

ご-じんまり[マ][と副][自サ] ➡こぢんまり。

こ・す[0]【越す】[自五] (サ・ソ・シ・ス・ス・セ・セ) ❶その物の上を通りすぎて行く。越える。「峠を—」「難関を—」 ❷ある時間・時期を過ぎる。越える。「冬を—」 ❸【超す】ある基準・数量を上回る。越える。「三十度を—暑さ」 ❹追いこす。「先を—」 ❺(「…に越したことはない」の形で)まさる。「お金はあるに越したことはない」 ❻他の場所へ移り住む。引っ越す。「新居に—」 ❼(「お越し…」のかたちで)㋐「行く」「去る」の尊敬表現。「どちらへお越しですか」㋑「来る」の尊敬表現。「間もなく先生がここへお越しになる」 **こせる**[自下一][…できる]

こ・す[コ]【鼓す】[他五] (サ・ソ・シ・ス・ス・セ・セ)[文章語] ➡こする。

こ・す[0]【×漉す・×濾す】[他五] (サ・ソ・シ・ス・ス・セ・セ) 布などのこまかなすきまを通して、液体のまじりものをとりのぞく。 **こせる**[自下一][…できる]

こ-すい[0]【湖水】[名] みずうみ。「—に遊ぶ」

こ-すい[0]【鼓吹】[名][他サ] (たいこをうち、ふえを吹くこと) ❶元気づけ、はげますこと。鼓舞。「士気を—する」 ❷思想・意見などをさかんに宣伝し、相手に共鳴させようとすること。「民主主義を—する」

こす・い[ス]【×狡い】[形] (カロ・カッ・ク・イ・イ・ケレ・○)[俗語] ❶人をごまかして利益を得ようとして、わるがしこい。ずるい。 ❷けちけちしている。 **こすさ**[名]

ご-すい[0]【午睡】[名] ひるね。[夏]

こ-すう[ス]【戸数】[名] 家のかず。 **—割**(わり)[0][名] 太平洋戦争以前、独立して生活している者に対し、その所得や資産に応じて課した地方税。一九四〇年に廃止。

こ-すう[ス]【個数】【▲箇数】[名] 物のかず。「茶わんの—をそろえる」

こ-ずえ[0]【×梢】(ずゑ)[名] (木の末の意)幹や枝の先。

こすぎ-てんがい《小杉天外》一八六五—一九五二。小説家。本名は為蔵(ためぞう)。フランスのエミール・ゾラの手法に学んだ写実小説を書いた。「魔風恋風(まかぜこいかぜ)」など。

コスタリカ《Costa Rica》中央アメリカの共和国。首都はサンホセ。

コスチューム[コ]〈costume〉[名] ❶衣装。 ❷特定の国・時代・地方の風俗をあらわす服装。

こすっ-から・い[ラ][形] (カロ・カッ・ク・イ・イ・ケレ・○)[俗語] ぬけめがなく、けちで、ずるい。こすい。 **こすっからさ**[名]

コスト[コ]〈cost〉[名] 費用。特に商品を生産するのに必要な費用。原価。「生産—」「仕入れの—が高い」 **—パフォーマンス**[フォ]〈cost performance〉[名] 要した費用と得られる成果や満足度の割合。費用対効果。コスパ。

コス-パ[0/コ][名]「コストパフォーマンス」の略。

コス-プレ[0][名] (コスチュームプレー(costume play)の略) ❶その時代の衣装をつけて演じる歴史劇や時代劇。 ❷漫画やアニメなどの登場人物の衣装やヘアスタイルをまねて変装すること。

ゴスペル[ゴ]〈gospel〉[名] ❶新約聖書の四つの福音書。また、その総称。 ❷黒人霊歌にジャズやブルースの要素が加わった福音賛美歌。ゴスペルソング。

こ-ずみ[コ]【粉炭】[名] ➡こなずみ。

ごず-めず[0]【▲牛頭▲馬頭】[名]〘仏〙からだは人間で、頭が牛や馬になっているという地獄の番人。

コスメチ(ティ)ック[チ]〈cosmetic〉[名] ❶化粧品。 ❷整髪用の、棒の形にかためた油。チック。

コスモス[コ]〈cosmos; ギ kosmos〉[名] ❶(秩序のある世界の意)宇宙。↕カオス。 ❷キク科の一年生植物。秋、白・淡紅・深紅の中形の花を開く。あきざくら。[秋]

コスモポリタン[ポ]〈cosmopolitan〉[名] ❶国籍や民族という意識にとらわれないで行動する人。世界主義者。 ❷世界じゅうを歩きまわる人。国際人。

こす・る[ス]【▲擦る】[他五] (ラ・ロ・リ・ッ・ル・ル・レ・レ) おしつけて、する。「目を—」

こ・する[ス]【鼓する】[他サ] (シ・セ・サ・シ・スル・スル・スレ・シロ・セヨ)[文章語] ❶打ち鳴らす。「つづみを—」 ❷気分をふるいたたす。鼓す。「勇を—」 **こ・す**[文語サ変]

ご・する[ス]【×伍する】[自サ] (シ・セ・サ・シ・スル・スル・スレ・シロ・セヨ) ならぶ。仲間にはいる。「一流人に—実力」 **ご・す**[文語サ変]

ご・する[ス]【期する】[他サ] (シ・セ・サ・シ・スル・スル・スレ・シロ・セヨ)[文章語] ❶まえもって予想して、心に準備する。 ❷期待する。 **ご・す**[文語サ変]

こす・れる[レ]【▲擦れる】[自下一] (レ・レ・レル・レル・レレ・レロ・レヨ) すれあう。「いすの脚が床に—」

ごすん-くぎ[ス]【五寸くぎ】【五寸×釘】[名] 普通のくぎの中で、いちばん長くて太いくぎ。五寸は約一五センチメートル。

ご-せ[ゴ]【後世】[名] 後生(ごしょう)。来世(らいせ)。↕前世(ぜんせ)・現世(げんせ)。

ごぜ【御▲前】[接尾]〔古語〕女性を尊敬して、よび名にそえることば。御こ。「母—」

ごぜ[コ]【×瞽▲女】[名]三味線などをひき、歌をうたいながら物ごいをした盲目の女性。

こ-せい[0]【古制】[名]古代の制度。

こ-せい[コ]【個性】[名]個人あるいは個々の事物において、それを特徴づけ、他と区別するような性質。性格。「—が強い」 **—的**[0][形動]個性のあらわれているようす。他とはちがっているようす。「—な作品」

こ-ぜい[0]【小勢】[名]少ない人数。↔大ぜい。

ご-せい[ゴ]【悟性】[名]〔哲〕物ごとを判断し、考える能力。思考力。知性。↔感性・理性。

ご-せい[0]【語勢】[名]ことばのいきおい。語気。語調。

ご-せい[0]【互生】[名][自サ]植物の葉が、たがいちがいに茎から出ていること。↔対生・輪生。

こせい-だい[セ]【古生代】[名]地質時代区分の一つで、原生代のつぎの時代。今から約五億七千万年～二億四千万年前。

こせい-ぶつ[セ]【古生物】[名]地質時代に存在していた生物。「—の化石」

こ-せがれ[セ]【小せがれ】【小×倅】[名]❶自分の男の子をへりくだっていう語。❷若者をののしっていう語。

こ-せき[0]【戸籍】[名]国民各人の氏名・本籍地・親族との続き柄などを登録した公文書。戸籍簿。 **—抄本**[ショ][名]戸籍原本のうち、ある人に関係のある部分だけをうつした文書。 **—謄本**[ト][名]戸籍原本の全部をうつした文書。

こ-せき[コ]【古昔】[名]〔文章語〕むかし。

こ-せき[0]【古跡】【古×蹟】[名]歴史上のできごとのあった場所。旧跡。

ご-せき[0/ゴ]【後席】[名]（「こうせき」と読めば別語）講談・浪曲の会で、前の演題に対する後の演題。同一の演者でない場合もある。↔前席。

こせ-こせ[コ]【と】[副][自サ]心にゆとりがなく、つまらないことを気にして、落ち着きのないようす。

ご-せち[ゴ]【五節】[名]〔古語〕❶昔、朝廷で、大嘗会・新嘗会のときに行われた五節の舞を中心とする儀式。❷五節の舞。❸五節の舞をする女性。 **—の舞** 五節に五人の舞姫によって舞われた舞楽。[冬]

こ-せつ[0]【古拙】[名][形動]〔文章語〕技術的には劣っているが、古風で、そぼくな捨てがたい味わいのあること。「—な書体」

こ-ぜつ[0]【孤絶】[名][自サ]〔文章語〕ひとりだけ取り残されて、他との連絡がなくなること。「—した城」

こせ-つ・く[0][自五]〔カ・コ・キ・イ・ク・ク・ケ・ケ〕〔俗語〕こせこせする。

ご-せっく[セ]【五節句（供）】[名]五つの節句。人日（一月七日）・上巳（三月三日）・端午（五月五日）・七夕（七月七日）・重陽（九月九日）。

ご-せっけ[セ]【五摂家】[名]摂政・関白となる資格のあった五つの家。近衛・九条・二条・一条・鷹司の五家。

こ-ぜに[0]【小銭】[名]少額のかね。「—入れ」

こ-ぜりあい[ゼ]【小競（り）合い】[名]❶小部隊の衝突・戦闘。❷小さいもめごと。

こ-ぜわし・い[シ]【小▲忙しい】〔ぜはしい〕[形]〔カロ・カッ・ク・イ・イ・ケレ・○〕おちつきがなく、いそがしいようす。「こぜわしく動き回る」

こ-せん[0]【古銭】[名]❶昔、通用したかね。❷江戸時代、寛永通宝以前のふるいかね。

こ-せん[0]【弧線】[名]弓の形の線。

ご-せん[0]【五線】[名]楽譜を書きこむための五本の平行線。 **—紙**[セ][名]五線の引いてある紙。 **—譜**[セ][名]五線紙に書きこんである楽譜。

ご-せん[0]【互選】[名][他サ]特定の人々がたがいに選挙して、中から選び出すこと。「委員長を—する」

ご-ぜん[ゴ]【午前】[名]（「午」はうまの刻。正午のこと）夜中の零時から正午まで。↔午後。 **—様**[マ/サ][名]〔俗語〕（「御前様」をもじったことば）酒などを飲んで夜中の零時すぎに帰宅する人。

ご-ぜん【御前】[一][0][名]貴人・主君などのまえ。面前。[二][0][代]高貴な人を高めて言った語。[三][接尾]〔古語〕女性を尊敬して、よび名の下にそえる語。「静—」

ご-ぜん[ゴ]【御膳】[名]食事・めしの美化語。 **—汁粉**[ジ][名]こしあんのしるこ。 **—×蕎▲麦**[ソ][名]精製した上等のそば粉で打ったそば。

こせん-きょう[0]【×跨線橋】[名]鉄道線路の上にかけわたした橋。

こせん-じょう[0]【古戦場】[名]昔、戦いのあった場所。

こ-せんりゅう[セ]【古川柳】[名]江戸時代に行われた川柳。[参考]明治後期に復興した新川柳に対する語。

ごせんわかしゅう《後撰和歌集》平安時代中期の勅撰和歌集。二十巻。清原元輔ら五人の編。二番目の勅撰和歌集。後撰集。

こそ[助]❶〈係助詞。体言、活用語の連用形、また格助詞、接続助詞などにつく〉㋐取り立てて強調する。「今度—やるぞ」㋑〔古語〕〈文末の活用語は已然形となる。「ぞ」「なむ」より強い〉多くの事物の中から、一つを取り出して強める。「われ—行かめ」㋒〔古語〕「こそ」を受けて已然形で応じ、さらに逆接の関係で続ける。「梅の花、色こそ見えね、香やはかくるる〈色コソハ見エナイケレドモ、香ハカクレヨウカ、イヤ、明ラカダ〉」〈古今〉❷〈終助詞。用言の連用形について〉他への希望を表す。…てほしい。「鶯の待ちかてにせし梅の花散らずありこそ」〈万葉〉❸〈間投助詞。人名・呼称について〉敬意のこもった呼びかけをしめす。「右近の君こそまず物見たまへ」〈源氏〉

こぞ[コ]【去▲年】[名]〔古語〕きょねん。昨年。[新年] **—今年** 新年にあたり、過ぎゆく年から迎える年へと移るさまに感慨をこめた語。[新年][参考]高浜虚子の句「—貫く棒の如きもの」が有名。

こぞ【▲昨▲夜】[名]〔古語〕さくや。昨晩。きぞ。

こ-そ-あ-ど[0][名]代名詞・形容動詞・副詞・連体詞の中の指し示すことばをまとめた呼び方。「これ・それ・あれ・どれ」（代名詞）、「こんな・そんな・あんな・どんな」（形容動詞）、「こう・そう・ああ・どう」（副詞）、「この・その・あの・どの」（連体詞）など。

こ-ぞう[ゾ]【小僧】[名]❶寺で、僧になるための修行をしているこども。❷少年店員。❸若い者をののしっていうことば。「こんな—に負けるものか」

ご-そう[0]【護送】[名][他サ]❶つきそいまもっておくること。❷囚人・容疑者などをみはりながらおくること。

ごぞう-ろっぷ[0]【五臓六×腑】[名]❶漢方で、五臓（肝・心・脾・肺・腎）と六腑（大腸・小腸・胆・胃・三焦・膀胱）。❷はらの中。「—にしみわたる」❸心の中。

こ-そく[0]【×姑息】[形動]〔ダロ・ダッ・デ・ニ・ダ・ナ・ナラ・○〕一時のまにあわせにするようす。一時のがれ。「—な手段」「因循—」[参考]近年「ひきょう（卑怯）」と同じ意味に使うことがあるが、本来的ではない。

こそ・ぐ[0/ソ][他五]〔ガ・ゴ・ギ・イ・グ・グ・ゲ・ゲ〕こそげる。

こ-ぞく[コ]【古俗】[名]〔文章語〕昔の風俗。ふるくからのしきたり。

ご-ぞく[ゴ]【語族】[名] 同じ系統とされる言語の一群。印欧語族・アルタイ語族など。

ご-そくろう[ソ]【御足労】[名] 相手に来てもらう、また、行ってもらうことを高めて言う語。「—をわずらわす」

こそ・げる[ゲ][他下一] ゲ-ゲ-ゲル-ゲル-ゲレ-ゲロ・ゲヨ こすりけずる。けずりおとす。「かまの底を—」 **こそ・ぐ**[文語下二]

こそ-こそ[コ1]〔と〕[副][自サ] ❶物がふれあって出す、かすかな音をあらわす語。[参考]「ごそごそ」にくらべて音の小さい感じ。❷ささやく声をあらわす語。❸人目にかくれてするようす。「—逃げまわる」

ごそ-ごそ[ゴ1]〔と〕[副][自サ] こわばったものがふれあって出る音をあらわす語。「かごの中を—かき回す」⇩こそこそ[参考]。

こ-そだて[ソ]【子育て】[名] 子どもを育てること。育児。

こぞ-っ-こ[コ2]【小▲僧っ子】[名] 年の若い男子をけいべつしていう語。「なまいきな—だ」

こぞ-って[ゾ]【こぞって】【▲挙って】[副] 一人残らず。みんな。「全員—加入する」

ごそっ-と[ソ][副] いっぺんにたくさんのものを動かすようす。ごっそり。「—持って行かれた」

こ-そで[0]【小袖】[名] ❶そでのちいさな、着物。❷絹の綿入れ。

こそ-どろ[0]【こそ泥】[名] わずかの物をぬすんで、こそこそと逃げるどろぼう。

こそ-ばゆ・い[ユ][形] カロ-カッ・ク-イ-イ-ケレ-○ くすぐったい。**こそばゆがる**[自五] **こそばゆげ**[形動] **こそばゆさ**[名] **こそばゆ・し**[文語ク]

コソボ《Kosovo》バルカン半島中央部にある共和国。首都はプリシュティナ。

こ-ぞめ[0]【濃染(め)】[名] 濃く染めること。また、染めたもの。

ご-ぞんじ[ゾ]【御存じ】[名] 相手が知っていることを高めて言う語。ご承知。「—のとおり」[参考]「御存知」と書くのはあやまり。⇩存ずる[参考]。

こ-たい[0]【古体】[名] ❶昔の姿・ようす。❷漢詩で、律詩・絶句以外の詩体。古詩・楽府(がふ)など。唐以前に行われたもの。↕近体。

こ-たい[0]【固体】[名] 一定の形と体積とをもち、変形しにくい物体。↕気体・液体。

こ-たい[0]【個体】[名] ❶他と区別され独立して存在するもの。❷独立して生活する一つ一つの生物。**—発生**(はっせい)[八][名] 生物が卵から成体になるまでの変化。↕系統発生。

こ-だい[コ]【古代】[名] ❶昔。ふるい時代。❷歴史の時代区分(古代・中世・近世・近代)の一つ。**—紫**(むらさき)[ラ][名] あかみがかった紫色。↕江戸紫。

こ-だい[0]【誇大】[形動] ダロ-ダッ・デ・ニ-ダ-ナ-ナラ-○ おおげさなようす。「—な広告」 **—妄想**(もうそう)[モ]/[0][名] 自分の身分や現在の能力などを、事実とかけはなれて大げさに考えること。

ご-たい[ゴ]【五体】[名] ❶頭・くび・胸・手・足。また、頭と両手両足。❷全身。「—を震わせて泣く」

ご-だい[0]【五大】[名]〔仏〕すべての物をつくるもと。地・水・火・風・空の五つ。五輪。

こ-だいこ[ダ]【小太鼓】[名] 小型の太鼓。

ご-だいしゅう[ダ]【五大州】[名] アジア・アフリカ・ヨーロッパ・アメリカ・オセアニアの五つの大陸。五大陸。

ご-たいそう[タ]【御大層】[形動] ダロ-ダッ・デ・ニ-ダ-ナ-ナラ-○〔俗語〕おおげさなようす。皮肉をこめた言いかた。「—なあいさつだ」

ご-たいよう[タ]【五大洋】[名] 世界の五つの大きな海。太平洋・大西洋・インド洋・北極海・南極海のこと。

ご-たいりく[タ]【五大陸】[名] 五大州。

こたえ(こたへ) ㊀[タ]【答え】[名] ↕問い。❶返事。返答。「—が返る」「受け—」 ❷解答。答案。「—を記入する」[参考] 試験用紙などで記号的にもちいる場合の表記は「答」でもよい。㊁【応え】[造]〔「…ごたえ」の形で〕働きかけに見合う反応。「手—」「読み—」

こたえ-られ-ない【▲堪えられない】(こたへ)[連語] がまんができないほどすばらしい。たまらない。

こた・える[エ](こたへる)[自下一] エ-エ-エル-エル-エレ-エロ・エヨ ㊀【答える】❶呼びかけや問いかけなどに、ことばや身ぶりなどで反応する。「あいさつに—」「質問に—」❷問題を解いて結果を示す。解答する。「次の問いに答えよ」㊁【応える】❶期待や要求などの働きかけに応ずる。むくいる。「励ましに—」「期待に—」❷心身への刺激を強く感じる。「寒さが—」「母の小言は—」 **こた・ふ**[文語ハ下二]

こた・える[エ]【▲堪える】(こたへる)[自下一] エ-エ-エル-エル-エレ-エロ・エヨ ❶がまんする。こらえる。「こたえられないうまさだ」❷その状態をささえる。「もち—」 **こた・ふ**[文語ハ下二]

こ-だか・い[カ]【小高い】[形] カロ-カッ・ク-イ-イ-ケレ-○ すこし高い。「—丘に登る」 **こだか・し**[文語ク]

こ-だから[0]/[ダ]【子宝】[名] 子という宝。たいせつな子ども。「—に恵まれる」

ご-たく[0]【御託】[名]〔俗語〕〔「御託宣」の意〕くどくど言うことば。**—を並**(なら)**べる** しつこくあれこれと言いたてる。

こ-だくさん[ダ]【子だくさん】【子沢山】[名][形動] 夫婦の間にこどもが多いこと。

ご-たくせん[0]【御託宣】[名] ❶神仏のお告げ。❷〔ふざけた言い方〕人の言うこと。言い分。「それが彼の—かね」

ごた-ごた[0][名][自サ] ❶混雑すること。また、そのようす。❷もめごと。紛争。「—がおこる」[参考] 動詞として使うときは[ゴ1]。

こ-だし[0]【小出し】[名] すこしずつ出すこと。「—にする」

こ-だち[コ]【木立】[名] かたまって立っている樹木。

こ-だち[コ]【小太刀】[名] ❶小さい太刀。わきざし。❷小さな刀でする剣術。「—を習う」

こ-たつ[0]【▲火×燵・×炬×燵】[名] 小さな炉などの上にやぐらをおき、ふとんをかけてからだをあたためるもの。掘りごたつ・置きごたつなど。㊄

ご-だつ[0]【誤脱】[名] 誤字と脱字。

ごた-つ・く[0][自五] カ-コ-キ・イ-ク-ク-ケ-ケ ❶乱雑になる。混乱する。「家が—」「説明が—」❷もめる。あらそいあう。「会社が—」

こ-だて[0]【戸建て】[名] 一軒ずつ独立した家の建て方。また、その家。

こ-だね[0]【子種】[名] ❶子となるべきもとのもの。精子。❷家をつぐべきこども。「—に恵まれない」

こ-たび【×此度】[名][副]〔古語〕このたび。今回。

ご-たぶん[0]【御多分】[名] 多数の人の意見や行動。**—に×洩**(も)**れず** 世間一般の例と同様に。例外ではなく。[参考] いい意味にはあまり使われない。

こ-だま[0][名] ❶【木霊】樹木の魂。木の精。❷【×谺】やまびこ。反響。

ごた-まぜ[0][名][形動(の)] ⬇ごちゃまぜ。

こだわり[0]【▲拘り】(こだはり)[名] ❶こだわること。❷商品の製作や購入についての強い自己主張。「—の一品」

こだわ・る[ワ]【▲拘る】(こだはる)[自五] ラ・ロ-リ・ッ-ル-ル-レ-レ ❶それほど重要とは思われない、ひとつのことに心がとらわれる。拘泥(こうでい)する。「形式に—」「アナウンサーの言い間違いに—」❷好みをかえないで主張を通しつづける。「ネクタイの柄に—」

こ-たん[0]【枯淡】[名] 俗っぽくなく、あっさりしている中に味わいがあること。「—の山水画」

コタン [コ] [名]（アイヌ語）集落。村落。

ご-だん [0]【誤断】[名] [自他サ]〔文章語〕判断をまちがえること。まちがった判断。

ごだん-かつよう [カ]【五段活用】[名] 口語動詞の活用の一つで、語尾がア・イ・ウ・エ・オの段に変化するもの。文語の四段活用にあたる。⇨（付）語の活用

こち [コ]【×鯒】[名] コチ科の海水魚。沿岸の砂底にすむ。頭が大きく、からだはひらたくてほそい。食用。[夏]

こち [コ]【▲東風】[名]〔古語〕ひがしかぜ。春風。[春]「東風(こち)吹かばにほひおこせよ（送リ届ケテホシイ）梅の花主(あるじ)なしとて春を忘るな」〈拾遺〉

こ-ち [コ]【故知】【故×智】[名]〔文章語〕昔の人の知恵。「―にならう」

こ-ち【×此▲方】[代]〔古語〕❶こちら。❷わたくし。わたくしども。

ゴチ [ゴ] [名]「ゴチック」の略。

こ-ぢから [チ]【小力】[名] ちょっとした力。「―のある男」

こち-こち ㊀[コ]-［（と）副］堅いものが軽くふれあって出す音をあらわす語。「時計が―と時を刻む」㊁[0] [形動(の)] ❶かたまったようす。「―に凍る」❷緊張してかたくなったようす。「―にあがる」❸がんこで、ゆうずうがきかないようす。「―のがんこ者」

ご-ちそう [0]【御×馳走】[名] おいしい料理。「ちそう」の美化語。「―をいただきました」**―様**(さま) [0] [マ] [あいさつ] ❶ちそうになったお礼のことば。❷のろけを聞かされたり、異性と仲のいいところを見せつけられたりしたときの、からかいのことば。

こちた・し [形ク]〔古語〕❶うるさい。わずらわしい。「人言(ひとごと)はまことこちたくなりぬれど」〈万葉〉❷おおげさだ。ぎょうぎょうしい。「（桐ノ木ハ）葉の広ごりざまぞ、うたてこちたけれど」〈枕〉❸はなはだ多い。「菊の露もこちたく」〈枕〉

ゴチック [チ][ゴ]〈ドGotik〉[名] ➡ゴシック。

こち-とら [0][ト] [代]〔俗語〕おれたち。おれ。ぞんざいな言いかた。「―の知ったことじゃない」

こち-な・し【▲骨無し】[形ク]〔古語〕❶無礼だ。無作法だ。「強ひていふもいとこちなし」〈源氏〉❷無風流だ。ぶこつだ。「こちなくも聞こえおとしてけるかな」〈源氏〉

こち-の-ひと【×此▲方の人】[代]〔古語〕❶妻が夫に呼びかけることば。❷妻が夫をさしていうことば。

こ-ちゃく [0]【固着】[名] [自サ] ❶かたくつくこと。こびりつくこと。「びんの底に水あかが―する」❷一定の場所にとどまって、はなれないこと。

ごちゃ-ごちゃ [ゴ]-［（と）副］[形動(の)] [自サ] 乱れてきちんと整っていないようす。多くの物が無秩序に集まっているようす。[参考] 形容動詞として使うときは[0]。

ごちゃ-まぜ [0] [名] [形動(の)] いろいろなものが秩序なくいりまじること。ごたまぜ。

こ-ちゅう [0]【古注】【古×註】[名] 昔の人の加えた注釈。⇔新注。

こ-ちゅう [コ]【×壺中】[名] つぼの中。**―の天地**(てんち) 俗界とかけはなれた別天地。別世界。

こ-ちゅう [0]【湖中】[名] みずうみの水面下。「―にしずむ」

コチュ-ジャン [チュ]〈朝▲苦×椒×醬〉[名] 朝鮮料理に用いられる唐辛子みそ。

こ-ちょう [コ]【戸長】[名] 明治初期、町村にあって行政事務をとりおこなった役人。いまの町村長にあたる。

こ-ちょう [0]【古調】[名]〔文章語〕歌などのふるいしらべ。古代の調子。

こ-ちょう [コ]【×胡×蝶・×蝴×蝶】[名] ちょう。[春] **―×蘭**(らん) [チョ] [名] 観賞用の洋蘭(ようらん)の一種。葉はだ円形で、白い花をつける。[夏]

こ-ちょう [0]【鼓腸】[名] 腸の中にガスがたまって、腹がふくれること。また、その病気。

こ-ちょう [0]【誇張】[名] [他サ] おおげさに言うこと。「―して報告する」

ご-ちょう [ゴ]【×伍長】[名] もと、陸軍下士官の階級の一つ。兵長の上、軍曹の下。

ご-ちょう [0]【語調】[名] ことばの調子。ことばつき。語気。語勢。「―を強める」

こちょ-こちょ [コ]- [副] [自サ] ❶軽くくすぐるようす。「脇下を―くすぐる」❷細かい動作をくりかえすようす。「模型を―いじる」

こち-ら [0]【こちら】【×此▲方】[代]（「こっち」のていねいな言い方）⇔そちら・あちら。❶自分に近いほう。こなた。❷これ。この物。❸ここ。❹自分や自分の側をさすことば。「―の言うことも聞いてください」❺その場にいる人をさすことば。この方。「―はどなたさまですか」❻相手の側や家をさすことば。おたく。「―ではどうされていますか」[参考]「こちらさま」の形をとると、尊敬の言い方になる。

こちん [チ] [と副] ❶かたいものが軽くぶつかりあって出す音の形容。❷相手の言葉を腹立たしく感じるようす。かちん。**―と来**(く)**る** 不愉快に思う。しゃくにさわる。気にさわる。「相手の態度に―ものがあった」

こちん-こちん [0] [形動(の)]〔ダロ・ダッ・デ・ニ／ダ・ナ・ナラ・○〕❶かたいようす。「―に凍る」❷緊張しているようす。「―に緊張している」

こ-ぢんまり [マ]［（と）副］[自サ] 小さいなりに、まとまっておちついているようす。「―した家」

こつ【▲乞】[造] こう。もとめる。「乞食(こつじき／こじき)」

こつ【×惚】[造] うっとりする。ぼんやりする。「恍惚(こうこつ)」

こつ【滑】[造] 口がたっしゃである。「滑稽(こっけい)」［別音 かつ｜滑］

こつ【骨】㊀[ツ] [名] [造] ❶ほね。「骨髄・骨折・骸骨・筋骨」❷火葬にした死者のほね。「遺骨・散骨・納骨」㊁[0] [名]〔かながき〕物ごとの要領。「仕事の―」㊂[造] ❶たいせつな所。「骨子・骨法(こっぽう)・鉄骨」❷からだ。「心骨・老骨」❸ひとがら。気風。「骨柄(こつがら)・気骨・反骨・凡骨」**―を拾**(ひろ)**う** 火葬にした死者の骨を拾いあげる。骨揚げする。

こつ【×忽】㊀[コ] [名] 数の単位で、一の十万分の一。㊁[造] ❶たちまち。にわか。「忽焉(こつえん)・忽然」❷ゆるがせ。おろそか。なおざり。「粗忽」

こつ-あげ [0]【骨揚(げ)】[名] 火葬にした人の骨を近親者がひろうこと。こつひろい。

ごつ・い [ツ] [形]〔カロ・カッ・ク／イ・イ・ケレ・○〕〔俗語〕❶かどばっている。ぶこつだ。「―顔」❷がんこだ。やわらかみがない。「―おやじ」❸手ごわい。「―相手だ」

こつ-えん [0]【×忽×焉】[と副] [たる連体]〔文章語〕急に。たちまち。こつぜん。

こっ-か [コ]【刻下】[名]〔文章語〕（「こくか」の変化）いまのいま。ただいま。現下。「―の急務」

こっ-か [コ]【国花】[名]（「こくか」の変化）その国を代表する花。日本では桜。

こっ-か [コ]【国家】[名]（「こくか」の変化）一定の土地と多数の人民からなり、主権をもつ社会集団。また、その政府。くに。邦家。**―語**(ご) [0] [名] その国でおおやけに使用される言語。国語❶。**―公安**(こうあん)**委員会**(いいんかい) [コ]-[イ] [名] 警察庁長官を任命するほか、国の公安にかかわる警察行政を担当する機関。**―公務員**(こうむいん) [ム] [名] 国家の公務を担当する役人。⇔地方公務員。**―試験**(しけん) [ケ]/[シ] [名] 国家が特定の資格を認定するためにおこなう試験。医師試験・薬剤師試験など。**―社会主義**(しゃかいしゅぎ) [シュ] [名] 国家権力によって社会主義の実現をはかる主義。**―主義**(しゅぎ) [シュ] [名] 国家

に最高の価値をおき、そのために個人の自由をぎせいにする考え方。 ―神道{とう} [シ] [名] 日本で、天皇を神としてあがめ、国家権力によってその祭事を行った神道。一九四五年に禁止された。↕教派神道。

こっか [コ]【国歌】[名]〔「こくか」の変化〕❶国家を代表する儀式用の歌曲。日本では「君が代」がそれに当たる。❷和歌。

こ-づか [0]【小づか】【小▲柄】[名] わきざしのさやの外がわにさしておく小刀。

こっかい [0]【国会】[名]〔「こくかい」の変化〕国の議会。国民が選挙した議員で構成される国権の最高機関で、衆議院と参議院からなり、立法にたずさわる。 **―議員**{ぎいん} [ギ] [名] 国会を構成する議員。衆議院議員と参議院議員。 **―議事堂**{ぎじどう} [0] [名] 国会がひらかれる議事堂。 **―図書館**{としょかん} [シヨ] [名]〔正式には「国立国会図書館」〕国会や中央官庁のための図書館であるが、一般の人々のための国民図書館としての性格も持つ。

こっかい [0]【骨灰】[名] 動物のほねを焼いて得た粉末。燐{りん}・燐酸の原料、また肥料にする。こつばい。

こ-づかい [コ]【小使】{づかひ} [名] 学校・官庁・会社などで、雑用をする人。今は「用務員」という。

こ-づかい [コ]【小遣(い)】{づかひ} [名] こづかいせん。 **―稼ぎ**{かせぎ} [カ2] [名] わずかな副収入を得るために仕事すること。また、その仕事。「―の内職」 **―銭**{せん} [0]/[カ] [名] 日常の雑費にあてるかね。 **―取り**{とり} [カ] [名] こづかい銭ほどのわずかなかせぎ。

こっかく [0]【骨格】【骨×骼】[名] ほねぐみ。

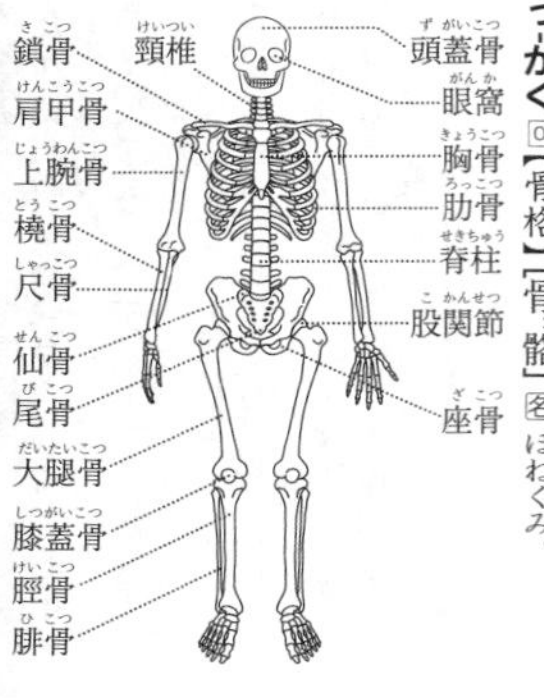

鎖骨(さこつ)　頸椎(けいつい)　頭蓋骨(ずがいこつ)　肩甲骨(けんこうこつ)　眼窩(がんか)　上腕骨(じょうわんこつ)　胸骨(きょうこつ)　肋骨(ろっこつ)　橈骨(とうこつ)　脊柱(せきちゅう)　尺骨(しゃっこつ)　股関節(こかんせつ)　仙骨(せんこつ)　尾骨(びこつ)　座骨(ざこつ)　大腿骨(だいたいこつ)　膝蓋骨(しつがいこつ)　脛骨(けいこつ)　腓骨(ひこつ)

骨格

こっかっしょく [カ]【黒褐色】[名]〔「こくかっしょく」の変化〕黒っぽい褐色。

こつ-がら [0]【骨柄】[名] ❶ほねぐみ。からだつき。❷ひとがら。「人品{じんぴん}―」

こっかん [0]【国漢】[名]〔「こくかん」の変化〕国語と漢文。こくかん。

こっかん [0]【骨幹】[名]〔文章語〕ほねぐみ。骨格。

こっかん [0]【酷寒】[名]〔「こくかん」の変化〕きびしい寒さ。㊅「―の候」

ごっかん [0]【極寒】[名]〔「ごくかん」の変化〕ひどい寒さ。㊅「―の地」

こっき [0]【国旗】[名]〔「こくき」の変化〕国家を代表する旗。日本では、日の丸の旗が、これにあたる。

こっき [コ]【克己】[名] [自サ]〔「こくき」の変化〕理性と意志の力で自分の欲望や感情にうちかつこと。「―心」

こづき-まわ・す [ワ]【小突き回す】{まはす} [他五] サ・ソ・シ・ス・セ・セ いじわるくつついて苦しめる。

こっきょう [0]【国教】[名]〔「こくきょう」の変化〕国家が指定し保護を加えて、国民に信仰させる宗教。

こっきょう [0]【国境】[名]〔「こくきょう」の変化〕国と国とのさかい。くにざかい。

こっきり [接尾]〔俗語〕それだけの意をあらわす。「一度―」

こっきん [0]【国禁】[名]〔「こくきん」の変化〕国法で禁じられていること。「―の書」

コック [コ]〈cock〉[名] 管・容器などにとりつける、取っ手のついた栓。「消火器の―」「―をひねる」

コック [コ]〈オ kok〉[名] 料理人。

こっく [コ]【刻苦】[名] [自サ]〔「こくく」の変化〕ひどく苦労し、ほねおること。「―勉励」

こ-づ・く [ヅ]【小突く】[他五] カ・コ・キ・イ・ク・ク・ケ・ケ ❶ちょっと突く。❷いじわるくいじめる。

コックス [コ]〈cox〉[名] ボートレースのときのかじとり役。

コック-ピット [ピ]〈cockpit〉[名] 飛行機・レーシングカーなどの操縦室(席)。

こっくり ㊀ [コ] [名] ❶居眠り。「―を始めた」❷幼児などが頭をたてにふってうなずく動作。㊁ [ク] [副] [自サ] ❶味などの濃く深みのあるようす。「―した味」❷大きくうなずくようす。居眠りをして頭を急に下げるようす。❸すっかり。きれいに。「―わすれていた」「―だまされた」

こ-づくり [ヅ]【子作り】[名]〔俗語〕夫婦が子どもをもうけようとすること。「―にはげむ」

こ-づくり [ヅ]【小作り】[名] [形動] ❶物の作りが小さいこと。❷からだつきが小さいこと。小がら。「―な人」

こっくん [0]【国訓】[名]〔「こくくん」の変化〕❶漢字に、その意味にあたる国語をあてて読むこと。訓。❷その漢字本来の意味と異なる国語をあてて読むこと。「互いに善をすすめあう」の意味の「偲」を「しのぶ」と読むなど。

こ-づけ [0]【小付け】[名] ❶大きな荷物の上に、さらにつけ加える小さな荷物。❷おもい負担の上に、さらに負担をかけること。「重荷に―」❸料理屋で最初に出される小鉢。

こっけい [0]【酷刑】[名]〔「こくけい」の変化〕残酷な刑罰。

こっけい [0]【滑稽】[名] [形動] ❶おもしろおかしいこと。「―なしぐさ」❷ばかばかしくて本気で相手になれないこと。「あいつが委員長とは―だ」 **―本**{ぼん} [0] [名] 江戸時代後期に流行した、こっけいを目的とした読み物。庶民の生活を、会話を中心にえがいたもの。

こっけい-せつ《国慶節》〔「こくけいせつ」の変化〕中華人民共和国の建国記念日。十月一日。

こっけん [0]【国権】[名]〔「こくけん」の変化〕国の統治権。国家権力。「―の発動」

こっけん [0]【国憲】[名]〔「こくけん」の変化〕国の基本法。憲法。

こっけん [0]【黒鍵】[名]〔「こくけん」の変化〕ピアノやオルガンなど鍵盤楽器の黒い鍵。↕白鍵。

こっ-こ [コ1]【国庫】[名]〔「こくこ」の変化〕❶財産権の主体としての国家。❷国に属する現金・有価証券を出納・保管する所。「―の収入」 **―債券**{さいけん} [サ] [名] 国債。

ごっこ [接尾]〔「こと(事)」の変化〕あるもののまねをして、あそぶこと。「鬼―」

こっこう [0]【国交】[名]〔「こくこう」の変化〕国と国との交際。「―断絶」

ごつごう-しゅぎ [シュ]【御都合主義】[名] 態度に一貫性がなく、その時その時の都合によって、やり方をかえること。

こっこう-しょう [コ2]【国交省】[名]「国土交通省」の略。

こっこう-りつ [コ2]【国公立】[名] 国立と公立。「―大学」

こっ-こく [0]【刻刻】[名] [副]〔「こくこく」の変化〕時間の迫るようす。刻一刻。「―と決戦の時がせまる」

こつ-こつ [コ1]〔と〕[副] ❶固いものをくり返してたたくよう

す。「戸を―たたく」❷なまけず、じみちに努力するようす。「―勉強する」

ごつ-ごつ ゴ ⟨と⟩副 自サ ❶手ざわりのあらいようす。でこぼこのはげしいようす。「―とした岩山」❷あらあらしく粗野なようす。「―した男」

こつ-し ヨ【骨子】名 要点。中心。「説明の―」

こつ-じき ◎【▲乞食】名 ❶僧が仏法修行のために、人家の門に立ち、食をもとめること。托鉢(たくはつ)。❷こじき。参考 古めかしい言い方。

こつ-しょ ヨ【×忽諸】名〔文章語〕たちまちに滅びること。 **―に付(ふ)する**〔文章語〕おろそかにする。いいかげんにする。

こつ-ずい ツ【骨髄】名 ❶ほねの中の空洞にある、やわらかい造血組織。❷心のそこ。❸主眼。要点。「この宗旨の―」 **―に徹(てっ)する** ほねみにこたえる。心底深くしみこむ。

こっ-せつ ◎【骨折】名 自他サ からだのほねがおれること。

こつ-ぜん ◎【×忽然】⟨と⟩副 たる連体 たちまち。急に。こつえん。こつねん。「―と消えうせた」

こっ-そう ◎【骨相】名 その人の性格・運命などがあらわれるとされる、頭や顔の骨組みのようす。

こつそしょう-しょう ショー/ヨ【骨粗×鬆症】名 骨の成分であるカルシウムが少なくなり、もろく折れやすくなる病気。老人や出産後の女性に多い。

こっそり ソ ⟨と⟩副 他人に知れないように物事をするようす。ひそかに。「―忍び込む」

ごっそり ソ ⟨と⟩副 残らず。根こそぎ。「―盗まれた」

ごった ◎ 形動 ダロ・ダッ・デ・ニ/ダ・ナ・ナラ・○ 乱雑なようす。ごっちゃ。「寄せ鍋に具を―に入れる」

ごった-がえ・す ガ【ごった返す】(がへす) 自五 ひどく混雑する。「見物人で―」

ごった-に ◎【ごった煮】名 いろいろの材料をいっしょに入れて煮た食べ物。

こつ-たん ◎【骨炭】名 動物の骨をむし焼きにして得た炭素質の粉。主成分は、りん酸カルシウム。砂糖の脱色剤、肥料用。

こっ-ち チ【こっち】【×此▲方】代「こちら」のくだけた言い方。↔そっち・あっち。 **―の物(もの)** わが物。自分の思うままになるもの。「こうなったら―だ」

ごっ-ちゃ ◎ 形動(の) ダロ・ダッ・デ・ニ/ダ・ナ・ナラ・○ 異質のものが、秩序なく入りまじるようす。「色々の材料を―にまぜる」

こっ-ちょう ◎【骨頂】名 この上ないこと。随一。最上。「愚の―」参考 多くは悪いことにいう。

ごっ-つぁん ◎ あいさつ〔「ごちそうさま」から〕おもに力士が、感謝のあいさつに用いることば。「―です」

こつ-つぼ ◎ツー【骨つぼ】【骨×壺】名 火葬にした死者のほねを入れるつぼ。

こ-つづみ ツ【小鼓】名 能楽・長唄(ながうた)などのはやしに使う小さい鼓。肩にのせて打つ。

こ-づつみ ツ【小包】名 ❶小さなつつみ。❷「小包郵便」の略。 **―郵便(ゆうびん)** ヨ 名 比較的小さな物品を荷づくりして送る郵便物。国内郵便では二〇〇七年に「ゆうパック」に移行した。

凝(こ)っては思案(しあん)に余(あま)る 熱中しすぎるとゆとりがなくなり、かえってよい考えが出ないものだ。凝っては思案のほか。

こってり テ ⟨と⟩副 自サ ❶味・色などの濃く、しつこいようす。「―と甘い」❷いやというほど。「―やっつけてやった」

こつ-でんどう テ【骨伝導】名 空気の振動を介さず、頭蓋骨などの骨が振動することによって音が聞こえる仕組み。「―イヤホン」

ゴッド ゴ〈God〉名 神。特に、キリスト教の神。 **―ファーザー** ファ〈godfather〉名〔「洗礼名の名付け親」の意から〕❶アメリカの犯罪組織マフィアのボス。❷ある分野で大きな影響力をもつ、指導的立場の人物。

こっ-とう ◎【骨×董】名〔「董」は大切な物の意〕収集家に珍重される古道具・古美術品。骨董品。 **―品(ひん)** ◎ 名 ❶こっとう。❷古くさくて役にたたないもの・人。

コットン コ〈cotton〉名 ❶わた。もめん製品。❷カタン糸。❸コットン紙。 **―紙(し)** ト 名 わたの繊維からつくった、厚くてやわらかいかみ。

こつ-にく ◎【骨肉】名〔ほねと肉〕親子・兄弟などの血縁関係にある者。「―の間がら」 **―相(あい)▲食(は)む** 血縁関係にある者どうしがあらそうこと。

こつ-にくしゅ ク【骨肉腫】名 骨にできる悪性腫瘍(しゅよう)。大腿骨、上腕骨などに発生することが多い。

こつ-ねん ◎【×忽然】⟨と⟩副 たる連体〔文章語〕⇒こつぜん。

こっ-ぱ ヨ【木っ端】名 ❶木のけずりくず。❷〔名詞の前に付いて〕取るにたりないつまらないもの。「―役人」 **―▲微×塵(みじん)** ヨ 名 こなごなにくだけるようす。

こっ-ぱずかし・い シ【こっ恥ずかしい】(ぱづかしい) 形 カロ・カッ/クイ・イ・ケレ・○〔俗語〕〔「こはずかしい」の変化〕すこし恥ずかしい。ちょっときまりがわるい。てれくさい。

こつ-ばん ◎【骨盤】名 腰にあって、腹部をささえる大きなほね。

こっ-ぴど・い ド【こっ▲酷い】形 カロ・カッ・ク/イ・イ・ケレ・○ たいへんひどい。「―目にあった」

こつ-ひろい ヒ【骨拾い】(ひろひ) 名 こつあげ。

こ-つぶ ◎【小粒】一 名 形動 ❶つぶが小さいこと。小さなつぶ。❷小がら。小がらな人。❸人がらや能力がおとること。「かれは人間が―だ」二 名 こつぶぎん。 **―銀(ぎん)** ◎ 名 ⇒まめいたぎん。↕丁銀。

コップ コ〈COP〉名〔Conference of the Parties から〕条約を批准した国が集まる会議。条約締約国会議。気候変動枠組条約締約国会議など。「COP3」のように末尾に開催回数をつけてあらわす。

コップ ◎〈オ kop〉名 ガラスの水飲み。グラス。 **―酒(ざけ)** ヲ 名 コップで日本酒を飲むこと。 **―の中(なか)の嵐(あらし)** 全体には影響のない小さい範囲内のもめごと。

こっ-ぷん ◎【骨粉】名 動物のほねをくだいたこな。肥料や飼料用。

コッペ-パン ペ 名〔フ coupé と ポ pão の和製洋語〕やや細長い小山形のパン。

コッヘル コ〈ド Kocher〉名 登山用の組立て式の炊事用具。

こっ-ぽう ◎【骨法】名〔文章語〕❶ほねぐみ。❷芸道の上の呼吸。こつ。「―を会得(えとく)する」

こつ-まく ◎【骨膜】名 ほねをおおい包む膜。「―炎」

こつ-みつど ミ【骨密度】名 骨の中にあるカルシウム・マグネシウムなどのミネラル成分の量。骨の強さをあらわす。

こ-づめ ◎ヨ【小爪】名 つめのはえぎわの白い部分。

ご-づめ ◎【後詰(め)】名 後陣(ごじん)。

こづらにく・い ク【小面憎い】形 カロ・カッ・ク/イ・イ・ケレ・○〔「つらにくい」の強め〕顔を見るのさえ憎らしい。 **小面憎さ** 名 **こづらにく・し** 文語ク

こ-づれ ◎【子連れ】名 子どもをともなっていること。子ども連れ。

こつん ツ ⟨と⟩副 小さく固いものが軽く当たる音やようす。「小石が―と窓ガラスに当たる」

ごつん ツ ⟨と⟩副 固いものが強く当たる音やようす。「げんこ

つで―とやられる」

こて ⓪【×鏝】名 ❶かべ土・しっくい・セメントなどを塗りつけるのに使う鉄製のへら。❷調髪に使う、はさみの形をした道具。❸布地のしわのばし・折り目つけなどのために、熱して使う鉄製の裁縫用具。❹熱してはんだづけに使う道具。

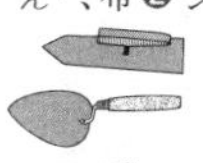

こて❶

こ-て ⓪【小手】名 ❶手のひじから先の部分。てさき。「―をかざす」❷剣道で「籠手❸」の部分をうつこと。**―先** ⓪ 名 てさき。小器用にすること。「―の仕事」**―調べ** シ 名 物ごとをはじめる前に、ちょっとためしにやってみること。**―投げ** ⓪ 名 相撲で、相手の腕をまきかかえて投げるわざ。**―回し** マ 名 ❶かねての準備。❷その場の機転。

こ-て ⓪【▲籠手】名 ❶弓を射るときに左の手首にかける革製のおおい。❷よろいの付属具で、腕をおおうもの。❸剣道で手先から、ひじのあたりまでをおおう防具。

ご-て ⓪【後手】名 ↕先手。❶先をこされて受け身になること。「―になる」「―にまわる」❷碁・将棋などであとから攻める順番。

こ-てい ⓪【湖底】名 みずうみのそこ。

こ-てい ⓪【固定】名 自他サ ❶ひとところにさだまって動かないこと。また、動かないようにすること。「ロープで積み荷を―する」❷変化しないこと。「―金利制」**―観念** カ 名 頭にこびりついてはなれない観念。**―給** テ 名 仕事の出来高などにかかわらず支払われる定額の給料。**―資産** シ 名 財産としての土地・建物など。特許権・営業権などをふくめることもある。↕流動資産。**―資産税** サ 名 宅地・田畑・山林・建物などにかける地方税。**―資本** シ 名 土地・建造物・機械などの耐久性のある資本。↕流動資本。**―電話** テ 名 (携帯電話に対して)設置場所が固定された電話。**―票** ⓪ 名 ある特定の政党や人を、いつも変わらずに支持する人々の投票。↕浮動票。

こ-てい ⓪【小体】形動 ダロ・ダッ・デ・ニ／ダ／ナ／ナラ／○ こぢんまりして、質素なようす。「―な暮らし」

コテージ コ〈cottage〉名 西洋風の小さな別荘。

こ-てき コ【×胡×狄】名〔文章語〕(昔、中国で、「胡」は西方の野蛮人、「狄」は北方の野蛮人)えびす。野蛮人。

こ-てき ⓪【鼓笛】名 太鼓とふえ。**―隊** ⓪ 名 太鼓とふえを中心に編成された合奏楽隊。

こて-こて コ (と)副 濃く、または厚く塗りつけるようす。「おしろいを―塗る」

ごて-ごて ゴ (と)副 ❶たくさんのものが乱雑にあるようす。「―飾りつける」❷しつこく述べるようす。「―ぬかすな」

ごて-つ・く ⓪ 自五 カ・コ／キ・イ／ク／ク／ケ／ケ ⬇ごたつく。

ごて-どく ⓪【ごて得】名 ごねどく。

こ-でまり デ【小手×毬】名 バラ科の落葉小低木。春、白色の小花がたまのようにかたまって咲く。㊮春

ご・てる テ 自下一 テ／テ／テル／テル／テレ／テロ・テヨ 〔俗語〕❶ことが順序よく運ばず、ごたごたする。❷文句や不平をぐずぐず言う。ごねる。

こ-てん ⓪【古典】名 ❶古代の書物。❷ながい年月を経て現在まで高い文化的価値をもっている作品。ながく価値をもつ作品。文学・音楽・舞踊・芸能などについていわれる。**―仮名遣い** ヅ 名 旧かなづかい。歴史的かなづかい。↕現代かなづかい。**―語** ⓪ 名 ❶ギリシャ語とラテン語。❷古典の中で使われていることば。**―主義** シュ 名 古代ギリシャ・ローマの芸術をもとにして、伝統的な秩序・形式・理知性をたっとぶ芸術上の立場や流派。クラシシズム。**―的** ⓪ 形動 ❶古典をまね、たっとぶようす。「―な色彩」❷古典としてたっとばれるようす。「―な価値」

こ-てん ⓪【個展】名 個人の作品の展覧会。

こ-でん ⓪【古伝】名 ❶昔からの言いつたえ。❷昔の記録。

ご-てん ゴ【御殿】名 ❶貴人の住宅を尊敬してよぶ語。❷豪華な住宅。**―医** テ 名 将軍家、または、諸侯の家につかえた医者。**―女中** ジョ 名 昔、宮中・将軍家・大名家の奥向きにつかえた女性。

ご-でん ⓪【誤電】名 まちがった電報。

ご-でん ⓪【誤伝】名 自他サ あやまってつたえること。また、つたわること。まちがったつたえ。

こ-てんぐ テ【小天×狗】名 ❶小さなてんぐ。❷からだの小さい若者で、武芸にすぐれた者のこと。

こてん-こてん ⓪ 形動(の) ダロ・ダッ・デ・ニ／ダ／ナ／ナラ／○〔俗語〕⬇こてんぱん。

こてん-ぱん ⓪ 形動(の) ダロ・ダッ・デ・ニ／ダ／ナ／ナラ／○〔俗語〕手いたい目にあわせる、また、あわせられるようす。「―の目にあう」

こと ト【言】名 造 心に思うことを口にする。行動。また、そのかたち。ことば。「―魂」「泣き―」「ひとり―」

こと ト【事】名 ❶意識や思考の対象となるもののなかで、「もの」と「もの」との関係や、時間の経過に伴う「もの」の変化など、形にあらわれにくいことがら。「―のなりゆき」❷生活のなかで、見聞きしたり自分でおこなったりすることがら。出来事。「―を始める」「それは―だ」「世間によくある―」❸ある対象に関係することがら。「他人の―は言うな」❹言葉であらわされる内容。意味。わけ。「何の―を言っているのか」❺(体言について)それについて言う意味をあらわす。「私―この度転勤を命ぜられ」❻(通称や雅号と本名との間にはさんで)同じものであることを示す。「漱石―夏目金之助」❼(活用語の連体形について)その内容を名詞化する。「書く―が苦手だ」「わからない―を調べる」㋐場合。「たまに遅刻をする―もある」㋑経験。「聞いた―がある」㋒必要。「答える―はない」㋓習慣。「毎朝体操をする―にしている」㋔伝聞。「すぐに帰ってくるという―だ」㋕最善の方法。「上達の早道はよく練習する―だ」㋖間接の命令。「むだ話をしない―」❽(形容詞の連体形について)副詞のように述語を修飾する。「長い―すわっていた」参考「物」が、目で見たり手で触れたりできる具体的な対象であるのに対して、「事」は、より抽象的な対象をさす。❶❷などの出来事、事件の意味の場合は、漢字で「事」と書くが、❼❽など形式的な用法の場合は、かな書きで「こと」と書く。**―改めて** ことさら。わざわざ。「―問題にするようなことではない」**―ある時** 事件がおこった時。**―あれかし** 事件を待ちのぞむようす。**―ここに至る** 事態が悪化してどうにもならない状態になる。**―志と▲違う** 物ごとが思ったとおりにいかない。意図したところと結果がくいちがう。**―とする** ❶仕事とする。❷それぱかりをする。「遊芸を―」**―ともせず** (副詞的に用いる)なんとも思わないで。ものともしないで。「世の非難を―」**―無きを得る** 無事ですむ。**―無く** ぶじに。難なく。事もなく。「―終了した」**―に触れて** なにかにつけて。「―昔を思いだす」**―によると** 事がらのようすによっては。ひょっとすると。**―のついで** あることをするついで。「―にしてもらう」**―の由** 理由。「―を聞く」**―程さように** 今まで述べてきたように。それほど。「―困難だ」**―もあろうに** ほかにやるべき方法・事があったろうに。よりによって。「―こんなときに財布を忘れるとは」**―も愚か**〔文章語〕もちろんのこと。**―もなく** ❶これということもなく。事なく。「―済ん

だ」❷簡単に。らくらくと。「―解いて見せる」―を起(お)こす 事件をしでかす。―を構(かま)える もめごと・騒ぎをおこす。―を好(この)む 事件がおこるのを望んでいる。騒ぎをおこしたがる。「―人たち」―を運(はこ)ぶ 物事を手順を踏んで実行する。「慎重に―」―を分(わ)ける すじみちをたてる。わけをくわしく話す。「事を分けて説明する」

こと【異】㊀ト/コ 名 ちがっていること。別であること。㊁ なり形動〔古語〕❶普通とはちがうようす。「枯れ枯れに様(さま)ことに咲きて」〈枕〉❷特別なようす。格別すぐれているようす。「かくことなることなき人を率(ゐ)ておはして」〈源氏〉

こと コ【琴】名 弦楽器の一つ。きりの木の板をはりあわせて空洞にし、その面に弦をはったもの。いくつかの種類がある。―の緒(お) 琴にはったつる。琴の糸。

琴柱(ことじ)

琴

こ-と コ【古都】名 昔のみやこ。旧都。

こ-と コ【×糊塗】名 他サ その場しのぎにごまかすこと。「その場を―する」

こと 助〔終助詞。活用語の連体形につく。形容動詞には終止形につく〕❶〔女性語〕感動を表す。「まあ、元気だ―」❷〔女性語〕問いかけの気持ちをやわらかく表す。「食べてもいい―？」❸命令を表す。「宿題を忘れない―」

ごと 接尾 …もいっしょに。「皮―食べる」

ごと【ごと】【▲毎】接尾 そのものひとつひとつ。その時その時。そのたび。「一年―に発展する」

ごと【▲如】〔古語〕〔助動詞「ごとし」の語幹〕ごとく。のように。「海は鏡の面(おも)のごとなりぬれば」〈土佐〉

こと-あげ 0【言挙げ】名 ことばに出して、言いたてること。ことだて。

こと-あたらし・い シ【事新しい】形 カロ―カッ・ク|イ―イ―ケレ|○ ❶今までのものとちがって新しい。❷わざとらしい。**事新しげ** 形動 **ことあたら・し** 文語シク

こと-いみ【言忌み・事忌み】名〔古語〕はばかり慎しんで、不吉なことを言ったりしたりしないようにすること。「今年だにいかで言忌みなどして世の中試みむ」〈蜻蛉〉

こ-とう 0【古刀】名 ふるいかたな。特に、慶長年間（十七世紀初め）以前につくられた日本刀。↕新刀。

こ-とう 0【孤灯】名〔文章語〕一つだけともっているともしび。

こ-とう 0【孤島】名 海上にぽつんとある小島。絶島。「絶海の―」

こ-どう コ【古道】名 ❶昔の道路。旧道。↕新道。❷昔の人の守りおこなったやり方。また、昔の道義。

こ-どう 0【鼓動】名 自サ 心臓が脈うつこと。また、そのひびき。

ご-とう ゴ/0【×梧×桐】名 あおぎり。ごどう。㊦夏

ご-とう 0【語頭】名 単語のはじめ。「―の子音」↕語尾・語末。

ご-とう 0【誤答】名 自サ まちがってこたえること。まちがったこたえ。↕正答。

ご-どう ゴ【悟道】名〔仏〕仏道をおさめ、真理をさとること。

こ-どうぐ ド【小道具】名 ❶こまごました器具。❷演劇で使うこまかな道具。↕大道具。

こと-うけ【言▲承け・言請け】名〔古語〕承諾の返事。受け答え。「都の人は言承けのみよくてまこと少なし」〈徒然〉

ご-どうさ ド【誤動作】名 自サ ➡ごさどう。

ごとう-しゃく ト【五等爵】名 もとの華族の階級。公・侯・伯・子・男の、五等級の爵位。

ご-とうしょ ト【御当所】名 よその土地の人間が、相手の土地のことを敬意をこめてよぶ語。御当地。

こと-うた ト【琴歌】名 琴にあわせてうたう歌。

ご-とうち【御当地】㊀ト 名 他の土地の者が、訪問したり話題にしたりしている土地を敬意をこめていうことば。㊁造 その土地特有の。「―グルメ」「―ソング」

こと-おさめ オ【事納め】(ことをさめ) 名 ↕事はじめ。❶物事のしおさめ。❷江戸時代、十二月八日にその年の農事がおわったのを祝った行事。㊦冬

ごとお-び ト【五十日】(ごとをび) 名 商取引で代金の支払い日となっている、五、十のつく日。交通渋滞が激しい日といわれる。十日・二十五日など。

こと-か・く カ/ト【事欠く】自五 カ・コ―キ・イ―ク―ク―ケ―ケ ものごとに不自由する。「食べるにも―生活」

こと-がら 0【事柄】名 物事。また、物事のようす・ありさま・内容。「―をくだいて説明する」

ごとき【ごとき】【▲如き】〔助動詞「ごとし」の連体形〕…のようなもの。「私―の及ぶところではない」

こと-き・れる レ【事切れる】他下一 レ―レ―レル―レル―レレ―レロ・レヨ 息がたえる。絶命する。死ぬ。**ことき・る** 文語下二

こ-どく 0【孤独】名 形動(の) ひとりぼっちでさびしいこと。「―な身」―死(し) ク 名 自サ だれにもみとられずに、自宅で一人で死ぬこと。

ご-とく 0【五徳】名 ❶儒教(じゅきょう)でいう、人のそなえるべき五つの徳。温(おん)・良(りょう)・恭(きょう)・倹(けん)・譲(じょう)の五つ。❷火ばちや炉の中に置き、やかんなどをのせる三脚か四脚の鉄製の輪。

五徳❷

ご-とく 0【悟得】名 他サ〔文章語〕さとって真理を会得すること。

ごとく【ごとく】【▲如く】〔助動詞「ごとし」の連用形〕…ように。…よう。「風の―去る」

ご-どく 0【誤読】名 他サ まちがった読み方。まちがって読むこと。

ごとく-なり【▲如くなり】助動 ゴトクナラ―ゴトクナリ・ゴトクニ―ゴトクナリ―ゴトクナル―ゴトクナレ―ゴトクナレ〔古語〕❶比況(ひきょう)をあらわす。…のようだ。「水のくだれるにしたがふがごとくなるべし」〈徒然〉❷類似する意をあらわす。…とおなじだ。「また、もとのごとくに、帰りたまふべきさまになど」〈源氏〉

こと-こと コ¹ (と)副 ❶軽く音をたてて煮えるようす。「カレーを―煮込む」❷かたくて軽いものがぶつかった音の形容。また、何度も軽くたたく音の形容。「風で木戸が―音をたてる」

ことごと-く ゴ【ことごとく】【×悉く・▲尽く】副 すべて。のこらず。

ことごとし・い シ【事事しい】形 カロ―カッ・ク|イ―イ―ケレ|○ おおげさだ。「―宣伝」**事事しさ** 名 **ことごと・し** 文語シク

ことごと-に ゴ【事ごとに】【事▲毎に】副 事があるたび。すべてのことにつけて。「―もんくを言う」

こと-こまか マ/コ²【事細か】形動 ダロ―ダッ・デ・ニ|ダ―ナ―ナラ|○ ことこまやか。「―な指示」

こと-こまやか マ【事細やか】形動 ダロ―ダッ・デ・ニ|ダ―ナ―ナラ|○ こまごまとくわしく、いきとどいているようす。ことこまか。「―に説明する」

こと-さら 0【殊更】(に)副 ❶わざと。故意に。「―知らぬ顔をする」❷〔古語〕とりわけ。かくべつに。「ことさらに感じ仰せ下されけるよし」〈徒然〉―めく ㋹ 自五 わざとらしくみえる。

こ-とし 0【ことし・今年】名 いまのとし。いま過ぎつつ

ある一年。「―は桜の開花が早いらしい」「―もあと十日となりました」参考「ことし」は「去年・ことし・来年」というセットで使われる基本的な和語である。このセットでは「今年(こんねん)」がその位置を占めるはずだが、「去年」「来年」よりもかたい感じをともなう。「本年」も改まった言い方である。

こと-じ ⓪【琴▲柱】(ぢ) 名 琴の胴の上に立てて弦をささえ、また、その位置をかえて音の高低の調子をかえるのに使う木製の具。⇩琴(図)。**―に×膠(にかわ)す**〔琴柱をにかわでくっつけてしまえば、動かして調子をととのえることができない〕ゆうずうのきかないたとえ。

ごとし【▲如し】助動〔○|ゴトク|ゴトシ|ゴトキ|○|○〕古語〔活用語の連体形や、助詞「の・が」などにつく〕❶くらべ、たとえる意をあらわす。たとえば…のようだ。「おごれる人も久しからず、ただ春の夢のごとし」〈平家〉❷類似の意をあらわす。…と同じだ。…のとおりだ。「つひに本意(ほい)のごとく〔願イドオリニ〕あひにけり〔結婚シタ〕」〈伊勢〉❸例示の意をあらわす。たとえば…などの。「義経のごとき武将」

こと-だま ⓪【言霊】名 昔、ことばの中にこもっていると思われたふしぎな力。**―の▲幸(さき)わう国(くに)** ことだまの力で幸福のもたらされる国。昔、日本の国の美称。

こと-た・りる ⓪/ト【事足りる】自上一〔リ|リ|リル|リル|リレ|リロ・リヨ〕用がたりている。じゅうぶんである。「これで―」**ことた・る** 文語四

こと-づか・る カ【言付かる】【▲託る】他五〔ラ・ロ|リ・ッ|ル|ル|レ|レ〕ことづけられる。「荷物を―」

こと-づけ ⓪【言付け】【▲託け】名 伝言。依託。ことづて。「―を頼まれる」

こと-づ・ける ケ【言付ける】【▲託ける】他下一〔ケ|ケ|ケル|ケル|ケレ|ケロ・ケヨ〕❶人にたのんで先方につたえてもらう。❷人にたのんで先方にわたしてもらう。「手紙を―」**ことづ・く** 文語下二

こと-づて ⓪【言づて】【言▲伝】名 ❶ことづけること。ことづけ。伝言。❷間接につたえ聞くこと。

こと-づめ ト【琴爪】名 琴をひくとき指にはめる、象牙(ぞうげ)などでつくったつめ。

こと-てん ⓪【事典】名 ➡じてん(事典)。

こと-どい ⓪【言問ひ】(どひ) 名 古語 ことばをかわすこと。特に、恋人に思いをつたえること。ことどい。

こと-と・う【言問ふ】(とふ) 自四 古語 ❶話す。言う。「言問はぬ木にはありとも」〈万葉〉❷話しかける。「神代を経たる松に言問ふ」〈源氏〉❸問う。たずねる。「名にしおはばいざ言とはむ都鳥」〈伊勢〉❹おとずれる。訪問する。❺〔男女が〕言いかわす。

ことなかれ-しゅぎ シュ【事無かれ主義】名 ぶじにことがすみさえすればよいというやりかた・考えかた。消極主義。

ことなり ⓪【異なり】名 ❶ことなること。❷同じものを一つとかぞえたときの数。「二日間の入場者は延べで百人―で六十人」↕延べ。

こと-な・る ナ【異なる】自五〔ラ・ロ|リ・ッ|ル|ル|レ|レ〕❶ちがう。ちがっている。「両者の意見が―」❷まちがっている。「答えが正解と―」

こと-に コ【殊に】副 とりわけて。とくに。

異(こと)にする〔多く、「…と」「…を」に続けて〕ちがっている。別である。「我が国と趣を―文化」「彼とは立場を―」

こ-どねり ド【小舎人】名 ❶宮中の雑用に使われた者。❷近衛(このえ)の中・少将などに使われた少年。「―童(わらわ)」

こと-の-は【言の葉】名 古語 ❶ことば。❷和歌。

こと-の-ほか ⓪/ノ【殊の外】副 おもいのほか。たいへんに。とくべつに。「―成績がよかった」

こと-ば バ【ことば・言葉】名〔「言(こと)の端(は)」の意からという〕❶人間が意志や感情を伝えるために用いる、音声を中心とする、意味をもった記号。また、その集まり。⇩言語。❷語。単語。語句。「―の意味を調べる」❸【▲辞】ひとまとまりの内容をもった話。文章。「推薦の―」❹音声を用いた表現活動。「―をかける」「―がきれいだ」❺【▲詞】物語や小説で、人のいうことばのままにしるした部分。↕地(じ)。❻【▲詞】かたり物・うたい物で、ふしをつけずに話をするようにかたる部分。**―書(が)き**【▲詞書】⓪名 ❶和歌の前書き。❷絵巻物(えまきもの)の説明文。❸絵本の中の会話を書いたもの。**―掛(か)け** ⓪名 話しかけること。特に、子どものようすをうかがうために大人が話しかけること。ことばがけ。**―数(かず)** ⓪名 ➡くちかず❶。**―が過(す)ぎる** 相手が不快になるほど言うべきでないことを言う。**―狩(が)り** ⓪名 ある語を、社会的にふさわしくないものとして使用を禁じること。また、そうした風潮。**―質(じち)** ⓪名 人の言ったことばを証拠にすること。言質(げんち)。「―をとる」**―尻(じり)** ⓪名 ❶ことばの終わり。❷ことばのはしばし。また、言いそこないの部分。「―をとらえて難くせをつける」**―少(すく)な** ス 形動 くちかずの少ないようす。「―に語る」**―遣(づか)い** ヅ 名 話をするときのことばの使い方。「―が乱暴だ」**―つき** ⓪名 ものの言い方。「―がきつい」**―典(てん)** ⓪名 ➡じてん(辞典)。**―に甘(あま)える**〔ふつう「お」をつけて〕相手の好意ある申し出にしたがう。**―に余(あま)る** ことばでは言いつくせない。**―の×綾(あや)** ことばをかざってうまく言うこと。**―を失(うしな)う** 衝撃が大きすぎて、何も言えなくなる。「突然の訃報に―」**―を返(かえ)す** ❶答える。❷口ごたえをする。**―を尽(つ)くす** あるかぎりのことばを使っていろいろに言う。**―を濁(にご)す** はっきり言わない。

こと-はじめ ハ【事始め】名 ↕事おさめ。❶物事のはじめ。また、新しく物をはじめること。❷江戸時代、陰暦二月八日に農事をはじめたこと。(冬)

こと-びと【異人】名 古語 別の人。他人。ことひと。

こと-ぶき ト【寿】名 長命やめでたいことを祝うこと。お祝い。「喜の字の―」

こと-ふ・る【事(言)▲古る】自上二 古語 ふるくなる。言いふるされる。「言ひつづくれば、みな源氏物語、枕草子などにことふりにたれど」〈徒然〉

こと-ぶれ ⓪【事触れ・言触れ】名 物事をひろく告げて知らせること。また、その人。

こと-ほぎ ギ【▲寿ぎ・言▲祝ぎ】名 文章語 ことほぐこと。祝いのことば。祝い。祝賀。「新年の―」

こと-ほ・ぐ ホ【▲寿ぐ・言▲祝ぐ】他五〔ガ・ゴ|ギ・イ|グ|グ|ゲ|ゲ〕文章語 よろこびや祝いのことばを言う。

こと-む・く【言向く】他下二 古語 そむいた者を服従させる。「荒ぶる蝦夷(えみし)どもを言向け」〈古事記〉

こ-ども ⓪【子ども・子供】名 ❶自分の子。「―ができる」「―を失う」❷年齢のおさない人。児童。↕大人(おとな)。❸考えがたりないこと。また、その人。「考えることが―だ」↕大人(おとな)。参考 一般に、幼稚園に行く年ごろの子どもを「幼児」、小学校に行く子どもを「児童」、中学・高校に行く子どもを「生徒」という。**―心(ごころ)** ゴ名 物事が深く理解できない子どもの心。「―にもよくわかる」**―子(こ)どもした** いかにも子どもっぽいようすをした。**―食堂(しょくどう)** ジョ名 おもに貧困家庭の子どもに無料または低価格で食事を提供し、地域住民との交流の場とする活動。**―×騙(だま)し** ダ名 子どもをだますような、簡単でみえすいたこと。また、そのもの。「―の説明」**―の使(つか)い** 言われたとおりに伝えるだけで、それ以上のことのできない使者。**―の日(ひ)** 国民の祝日の一つ。五月五日。端午(たんご)の節句の日。子どもの

人格を重んじ、その幸福をねがう。夏 参考 法令では「こどもの日」。 **―は風の子** 子どもは寒い風の中でも、平気で遊ぶことを言う。

こと-も-なげ ナ/ゲ【事も無げ】形動 ダロ・ダッ・デ・ニ・ダ・ナ・ナラ・○ 重大なことをなんとも思わないようす。むぞうさ・平気なようす。

こどものしき《子供の四季》坪田譲治の長編小説。一九三八年発表。子どもの無限の活力をえがく。

こと-よ・せる 0【事寄せる】自下一 セ・セ・セル・セル・セレ・セロ・セヨ かこつける。口実にする。「見舞いに事寄せてようすを探る」 **ことよ・す** 文語下二

こ-とり 0【小鳥】名 小形の鳥。すずめ・うぐいすなどの類。

こと-わけ 0【事訳】名 事の理由。

こと-わざ 0【×諺】名 ひろく世間に言いならわしてきた警句や風刺の文句。

こと-わり 0/リ【断り(断わり)】名 ❶まえもって知らせておくこと。予告。「―なしに行く」「―書き」❷辞退。拒絶。「―の返事」❸わびること。また、言いわけ。⇩ことわる 参考。 **―状** 0/リ 名 ❶不承知の手紙。拒絶状。❷わびの手紙。謝罪状。

こと-わり 0/リ【▲理り】名〔文章語〕❶すじみち。道理。「―をさとる」❷当然。「よろこぶのも―だ」

こと-わ・る【断る(断わる)】㊀ ワ 他五 ラ・ロ・リ・ッ・ル・ル・レ・レ ❶あらかじめ知らせておく。「欠席を前もって―」❷辞退・拒絶する。「会長就任を―」「面会を―」❸念のため言う。また、注記する。「―までもなく、だれでも知っていることだ」 参考「招待を断わった」のように「わ」から送ることもできる。 **断れる** 自下一〔…できる〕 ㊁【▲理る】他四〔古語〕❶事の是非を判断する。「(相手ノ状態ヲ)とりどりにことわりて、中の品(中流階層)にぞ置くべき」〈源氏〉❷理由をのべる。「はかばかしからぬ身を、まいて、なつかしく(ヤサシク)ことわるべき人さへなければ」〈源氏〉

ことん ト (と)副 軽くかたいものが、こもった音をたててぶつかるようす。「消しゴムが―と落ちた」

ごとん ト (と)副 重くて大きいものがぶつかったり、音を立てて落ちたりするようす。「列車が―と動きだす」

こな ナ【粉】名 きわめてこまかくくだいたもの。こ。粉末。「干しがきが―をふいている」

こないだ ダ【×此▲間】名〔「このあいだ」の変化〕先日。最近。副詞的にも用いる。「―はありがとう」「―久しぶりに彼に会ったよ」

こ-なから 0【小▲半】名 一升の四分の一。二合半。おもに酒・米について言う。

こな-ぐすり グ【粉薬】名 粉状のくすり。こぐすり。

こな-ごな 0【粉粉】名 たいそうこまかくくだけたようす。粉みじん。「―に散る」

こな-さま【×此▲方様】代〔古語〕(近世の女性語。「こなたさま」の変化)あなたさま。「こなさん」とも。

こな-さん【×此▲方▲様】代〔古語〕〔「こなたさま」の変化〕あなた。

こなし 0 名 ❶こなすこと。「腹ごなし」「着―」❷からだの動かし方。しぐさ。物腰。「身の―」

こな・す 0 他五 サ・ソ・シ・ス・ス・セ・セ ❶こまかにくだく。❷食べ物を消化する。❸習得して自由にとりあつかう。「ドイツ語を―」❹とりさばく。処理する。「仕事を―」 **こなせる** 自下一〔…できる〕

こな-ずみ ナ【粉炭】名 くだけて粉になった木炭。こずみ。冬

こなた コ【こなた】【×此▲方】㊀名 ❶〔文章語〕以後。以来。「明治維新―」❷〔古語〕以前。前。㊁代 ❶〔古語〕こちら。こちらの方角。↕かなた。❷わたくし。❸あなた。「―さま」

こなた-かなた カ【こなたかなた】【×此▲方▲彼▲方】代〔文章語〕こちらやあちら。あちこち。

こ-なべ 0【小鍋】名 小さいなべ。 **―立て** 0 名 小鍋で手軽な料理をつくること。また、その料理。

こ-なまいき マ/ナ【小生意気】形動 ダロ・ダッ・デ・ニ・ダ・ナ・ナラ・○ いかにもなまいきなようす。

こな-みじん 0【粉みじん】【粉▲微×塵】名 こなごなになること。

こな-ミルク ミ【粉ミルク】名 牛乳を乾燥して粉状にしたもの。粉乳。

こな-や ナ【粉屋】名 穀物の粉をつくり売った店・人。

こな-ゆき ナ【粉雪】名 粉のようにこまかく、さらさらした雪。こゆき。冬 ↕ぼたん雪。

こな・れる 0 自下一 レ・レ・レル・レル・レレ・レロ・レヨ ❶こまかにくだける。❷食べ物が消化する。❸世事になれて、かどがとれている。❹物事になれて上達している。「よくこなれたわざ」 **こな・る** 文語下二

ご-なん ナ【御難】名「難儀」「災難」のあらたまった言い方。参考 もとは他人のことについて言ったが、「御難つづきで参った」など自分のことについても言う。

こ-にくらし・い シ/コ【こ憎らしい】形 カロ・カッ・ク・イ・イ・ケレ・○「憎らしい」の強め。なまいきで、にくらしく、しゃくだ。「―顔つき」 **こ憎らしさ** 名 **こにくらし** 文語シク

こ-にだ 三【小荷駄】名 馬になわせる荷物。

ご-にち ゴ【後日】名 ➡ごじつ。

こ-にもつ 三【小荷物】名 ❶持ってはこべるほどの少しの荷物。❷鉄道であつかう、容積・重量の小さな貨物。

コニャック ニャ/コ〈フcognac〉名 フランスのコニャック地方で産する上質のブランデー。白ぶどう酒からつくる。

ご-にゅう 0【悟入】名 自サ 〖仏〗さとりの境地にはいること。

ごにょ-ごにょ ゴ― (と)副 小声で不明瞭に話すようす。「彼は理由を問われて、なにやら―と答えていた」

ご-にん 0【誤認】名 他サ まちがって、それとみとめること。「味方を敵と―する」

ごにん-ぐみ 0【五人組】名 ❶五人からなりたつ一組。「なかよし―」❷江戸時代、百姓・町人を統制するためにつくった組織。五戸を一組とし、そのひとりをかしらとして、たがいにとりしまらせ、連帯責任をもたせた。

こ-にんずう 三【小人数】名 わずかな数の人。こにんず。「―の集まり」

ごにん-ばやし バ【五人ばやし】【五人×囃子】名 ❶地謡と笛、大かわ・小つづみ、たいこの五人でするはやし。❷「五人ばやし❶」をかたどったひな人形。春

コネ コ 名「コネクション」の略。「―で採用される」

こ-ぬか 0【小ぬか】【小×糠】名〔「こ」は接頭語〕ぬか。 **―雨** ア/カ 名 しずかに降るこまかな雨。

こ-ぬれ【木×末】名〔古語〕〔「このうれ」の変化〕こずえ。

こね-かえ・す カ【こね返す】【×捏返す】他五 サ・ソ・シ・ス・ス・セ・セ ❶幾度もこねる。こねまわす。❷もめごとをいっそうひどくする。 **こね返し** 名

コネクション ネ〈connection〉名 人のつながり。手づる。縁故。コネ。

コネクタ(ー) 0/ネ〈connector〉名 電線と電線、電線と電気器具とを接続するための部品。

こね-く・る ク【こねくる】【×捏ねくる】他五 ラ・ロ・リ・ッ・ル・ル・レ・レ こねる。

こ-ねこ ネ【子猫】【×仔猫】名 ねこの子。

こ-ねこ ネ【小猫】名 小さなねこ。

こ

ごね-どく[0]【ごね得】[名] 文句や不平を言って相手に譲歩させ、それだけ得をすること。ごて得。

こね-どり[0]【こね取り】【×捏取】[名] もちをつく人のわきにいて、もちをこねかえすこと。また、その人。

こね-まわ・す[ワ]【こね回す】【×捏回す】[他五] ❶こねかえす。❷さんざんいじくりまわす。こね回し [名]

こ・ねる[ネ]【×捏ねる】[他下一] ❶粉・土などに水をまぜて練る。「小麦粉を―」❷むりなことをしつこく言う。「へりくつを―」こ・ぬ [文語下二]

ご・ねる[ネ] [自下一]〔俗語〕❶〔御涅槃(ごねはん)の変化〕死ぬ。❷〔「ごてる」と混同、誤用して〕文句をつける。すねる。ごてる。

ご-ねん[ネ]【御念】[名] 心にかけることの尊敬の言い方。「―の入ったこと」

この[0]【この】【×此の】[連体] ↕その・あの。❶自分に近いものをさす語。「―本はいい本だ」❷自分や自分たちに属するものごとをさす語。「―かっこうでは行けない」「―気分でやろう」❸自分が直前に述べたこと、または、これから述べることをさす語。「―問題はまだ検討を要することだが」❹〔時間を表す語について〕直前・直後であることを示す。「―一か月はつらかった」「―一週間が勝負だ」

この-あいだ[0]【この間】【×此の間】[名] 先日。さきごろ。こないだ。

ご-のう[0]【御悩】[名]〔文章語〕「病気」の尊敬の言い方。

この-うえ[0]【この上】【×此の上】[名] これ以上。「―迷惑をかけるな」―とも [ト][副] 今後ともいっそう。「―よろしく」―無い これ以上のことはない。最上の。非常な。「―喜び」

この-え[コ]【近衛】[名]〔「こんゑ」の変化〕❶近衛府。❷近衛兵。―府(ふ) [エ][名] 昔、左右にわかれ、皇居を守護し、行幸のおともをした武官の役所。―兵(へい) [エ][名] 近衛府に属し、宮中の護衛にあたった兵士。明治以降は近衛師団となったが、一九四五年廃止。

この-かた[ノ]【この方】【×此の方】[名] その事・時からあとずっと。以後。以来。「明治―」

この-かた[タ][カ]【この方】【×此の方】[代] 「この人」の尊敬語。⇩かた(方)[参考]。

こ-の-かみ【×兄】[名]〔古語〕❶あに、または、あね。❷年長者。❸かしら。

この-かん[カ]【この間】【×此の間】[名] このあいだじゅう。このうち。「―の事情」

こ-の-くれ【木の×暗】[名]〔古語〕木がしげってその下がくらいこと。また、その場所。―闇(やみ) [名]〔古語〕⬇このしたやみ。

この期(ご)に及(およ)んで 変更・中止などのできないこの時期になって。「―何を言うか」

この-ごろ[0]【この頃】【×此の頃】[名]〔「このころ」と読めば、話し手が話題にしている出来事の起こっている時期を示す〕ある状態や傾向が続いている、現在を含めた少し前までの時間。最近。「―は暗くなるのが早い」「―野菜の値段が不安定だ」⇩近頃 ■[参考]。

この-さい[サ]【この際】【×此の際】[副] 今のばあい。「―あきらめたほうがいい」

この-さき[0]【この先】【×此の先】[名] ❶これから進もうとする方向。❷今後。将来。「―どうしたものか」

この-した-かげ[カ][タ]【木の下陰】[名]〔文章語〕木の下の陰になっているところ。こかげ。

この-した-やみ[0]【木の下闇】[名]〔文章語〕木がしげって、その下がうすぐらいこと。また、その場所。このくれやみ。(夏)

この-じゅう[0]【×此の中】[名] ❶このごろ。ちかごろ。こしばらく。❷せんだって。さきごろ。[参考]手紙などで使うやや古風な言い方。

この-しろ[0][ノ]【×鮗・×鰶】[名] ニシン科の海水魚。体長、約二〇センチメートル。せなかは青黒く、黒いはん点がある。腹は銀白色。小形のものを「こはだ」という。食用。(秋)

この-せつ[セ][ノ]【この節】【×此の節】[名] このごろ。ちかごろ。「―は不景気だ」

この-たび[ノ]【この度】【×此の度】[名] こんど。今回。

この-て-がしわ[ガ]【×児の手×柏】[名] ヒノキ科の常緑小高木。枝は鋭角に斜上し、ひのきに似た葉が、てのひらを立てた形の小枝につく。庭木用。

この-ところ[0]【この所】【×此の所】[名] 今のところ。このごろ。「―痛みはおさまっている」

こ-の-は[コ]【木の葉】[名] 樹木の葉。(冬) ―×木×菟(ずく) [ハ][名] ふくろう類の中で、最小の鳥。初夏に渡来する。ブッポーソーと鳴く。(夏) ―×鰈(がれい) [ガ][名] めいたがれい。―×蝶(ちょう) [ハ][名] タテハチョウ科の昆虫。羽の裏が枯れ葉の色をしており、それが保護色となる。沖縄(おきなわ)・台湾(たいわん)にすむ。(春) ―天×狗(てんぐ) [テ][名] 小さな弱いてんぐ。

こ-の-はな【木の花】[名]〔古語〕❶木に咲く花。❷さくら・うめの花。

この-ぶん[ブ]【この分】【×此の分】[名] 現在の状態・ようす。

この-へん[0]【この辺】【×此の辺】[名] ❶このあたり。この近所。「―は家がない」❷この程度。「―で終わろう」

この-ほう[ホ]【この方】【×此の方】[代] 男性が目下に対して、自分をさす、古めかしい言い方。↕そのほう。

この-ほど[ノ]【この程】【×此の程】[名] このごろ。ちかごろ。「―完成した」

こ-の-ま[コ]【木の間】[名] 木と木とのあいだ。「―もる月の光」

この-まえ[マ]【この前】【×此の前】[名] このあいだ。前回。「―は失礼」

このまし・い【好ましい】■[シ][形] ❶いい感じがして、好きだ。理想的で、心がひかれる。このもしい。「―青年たち」❷のぞましい。好つごうだ。「そうするほうが―」好ましげ [形動] 好ましさ [名] このま・し [文語シク] ■[形シク]〔古語〕色ごのみだ。「殿上人どものこのましきなどは、朝夕の露分けありくを〈野宮(ののみや)へ通ウコトヲ〉」〈源氏〉

このみ[コ]【好み】[名] ❶このむこと。嗜好(しこう)。「ぼくの―にあう」❷注文。希望。「お―に応じる」

こ-の-み[コ]【木の実】[名] 木になる実。きのみ。(秋)

この・む[ノ]【好む】[他五] ❶すく。愛する。「スポーツを―」❷望む。ほしいと思う。「―と好まざるとにかかわらず」

こ-の-め[コ]【木の芽】[名] 樹木の芽。特にさんしょうの芽。(春) ―時(どき) [0][名] 春、木々の芽の出るころ。三、四月ごろ。(春)

こ-の-も【×此の×面】[名]〔古語〕こちらがわ。こちら。↕かのも。―彼(か)の面(も) [名]〔古語〕❶こちらと、あちら。両側。「筑波嶺(つくばね)のこのもかのもに陰はあれど」〈古今〉❷あちこち。ほうぼう。「このもうちよろぼひて」〈源氏〉

このもし・い[シ]【好もしい】[形] ⬇このましい。このも・し [文語シク]

この-よ[0][ヨ]【この世】【×此の世】[名] 生きている世界。現世。↕あの世。―ならず〔古語〕❶ほとんど死ぬほどに。「小式部内侍この世ならずわづらひけり」〈著聞集〉❷この世のものとも思われないほどすばらしく。「〔コノ犬ハ〕…我がためのこの世ならぬ財にこそありけれと」〈今昔〉―の思

い出で 現世に生きたかいのあることがら。**―の限かぎり** 一生の終わり。**―の別わかれ** 死ぬこと。死別。**―の外ほか** ❶あの世。来世。❷俗世間のそと。

この-よう ヨ【この様】【×此の様】形動〔ダロ・ダッ・デ・ニ/ダ・ナ・ナラ・○〕こういうふう。「―な事態」

この-わた ノ【▲海×鼠▲腸】名 なまこのはらわたの塩辛しおから。冬

このんで ノ【好んで】副 ❶すきで。「―バナナを食べる」❷しばしば。「―郊外を散歩する」

ご-ば ゴ【後場ごば】名 取引所で、午後のたちあい。↕前場ぜんば

こ-ばい ⓪【故買】名 ぬすんだ品物だと知っていて買うこと。⇩けいずか(窩主買)い 参考。

ご-はい ⓪【誤配】名 他サ 郵便物や配達の品を、まちがって配達すること。

こは▲如何いかに これはまあ、どうしたことだろう。

ごばい-し バ【五倍子】名 ⇒ふし(付子)。

こは-いひ バ【▲強▲飯】名〔古語〕⇒こわいい。

こばか-にする 連語 軽く見た扱いをする。軽べつする。

こ-はく ⓪【×琥×珀】名 地質時代の植物の樹脂が地中で化石となったもの。ふつう黄色で、半透明。装飾品用。

ご-ばく ⓪【誤爆】㊀名 他サ 目標をまちがえて爆撃すること。㊁名 自サ 実験などで手順をまちがえて、爆発すること。

ご-はさん ⓪【御破算】名 ❶そろばんで、たまを全部払って、あたらしい計算の用意をすること。「―で願いましては…」❷計画などを破棄して、初めの状態にもどすこと。「移転の話は―になった」

こ-ばしら バ【小柱】名「ばかがい」の貝柱。食用。

こ-ばしり バ【小走り】名 小またで急いで歩くこと。

こ-はずかし・い シ【こ恥ずかしい】〈はづかしい〉形〔カロ・カッ・ク/イ・イ・ケレ・○〕ちょっと、きまりがわるい。**こはづか・し** 文語シク

こ-はぜ ⓪【小×鉤・×鞐】名 たび・きゃはん・帙ちつなどの合わせめをとめる、つめのようなもの。

こ-はだ ⓪【小×鰭】名「このしろ」の若魚。すしの材料に使う。秋

こ-ばち コ【小鉢】名 小形の鉢。食器も植木鉢もいう。

ご-はっと ハ【御法度】名 禁じられていること。「不義はお家の―」

こ-ばな ⓪/バ【小鼻】名 鼻の先の左右のふくらんだ所。**―を動うごかす** 小鼻をひくひくと動かす。得意そうなようすの形容。

こ-ばなし バ【小話】【小×咄】名 しゃれやお色気で人を笑わせるみじかい話。

こ-ばなれ バ【子離れ】名 親が子どもの精神的な成長を認めて、必要以上に口を出したり世話を焼いたりしなくなること。↕親離れ。

こ-はば ⓪【小幅】名 ❶ふつうより幅が小さいこと、また、そのようす。❷織物のはばで、約三六センチメートルのもの。なみはば。↕大幅。

こば・む バ【拒む】他五〔マ・モ/ミ・ン/ム/ム/メ/メ〕❶しりぞける。承知しない。ことわる。「申し出を―」❷さまたげる。はばむ。「相手の進出を―」**拒める** 自下一〔…できる〕

こばやし-いっさ《小林一茶》一七六三―一八二七。江戸時代後期の俳人。通称弥太郎、名は信之。特異な境遇と生活苦の一生を句にした。句文集に「おらが春」「父の終焉しゅうえん日記」など。

こばやし-たきじ《小林多喜二》一九〇三―三三。小説家。プロレタリア文学者として活躍し、官憲の拷問ごうもんにより虐殺された。「蟹工船かにこうせん」「党生活者」など。

こばやし-ひでお《小林秀雄》一九〇二―八三。評論家。自己表現としての近代批評を作りあげた。「無常といふ事」「モオツアルト」「本居宣長もとおりのりなが」など。

こ-ばら ⓪【小腹】名 はら。また、腹についてのちょっとしたことにいう。「―が痛い」「―が空すく」**―が立つ** ちょっと腹が立つ。すこししゃくにさわる。

ご-ばらい バ【後払い】〈ばらひ〉名 あとから支払うこと。↕前払い・先払い。

こ-はる ⓪【小春】名 陰暦十月の異称。小六月。冬 **―日和びより** ビ 名 陰暦十月ごろの、春に似た、冬の初めのあたたかい気候。小春日。冬

コバルト ⓪〈cobalt〉名 元素記号Co 原子番号27 原子量58.9332 銀白色のつやのある金属元素。酸化物はガラスや陶磁器の青色染料に使う。**―爆弾ばくだん** バ2 名 原子爆弾・水素爆弾の外側をコバルトで包んだもの。強い放射能が長期間残るので威力が大きい。**―ブルー** ル2〈cobalt blue〉名 ❶酸化コバルトとアルミナで作った濃い青色のえのぐ用のこな。❷あざやかな青色。「―の海」

こ-はん ⓪【古版】名 昔の出版物。古い版木。**―本ぼん** ⓪ 名 古版の本。

こ-はん ⓪【孤帆】名〔文章語〕ただ一そうのほかけ舟。

こ-はん ⓪【湖畔】名 みずうみのほとり。

こ-ばん コ【小判】名 ❶紙などの型の小さいもの。↕大判・中判。❷江戸時代の、長円形の金貨。一枚一両。↕大判。**―×鮫ざめ** バ 名 コバンザメ科の海魚。さめ類ではない。頭部に小判形の吸盤があり、さめ・くじらなどに吸い着く。こばんいただき。

ご-はん ゴ【御飯】名「めし」「食事」の美化語。⇩めし 参考。**―蒸むし** ハ 名 冷たくなった飯を蒸して暖める用具。

ご-はん ⓪【誤判】名 あやまった判断・審判。

ご-ばん ⓪【碁盤】名 碁をうつときに使う正方形の盤。たて、よこ各十九本の線をひく。**―×縞じま** ⓪ 名 碁盤の目のような着物の柄。**―の目め** メ 名 ❶碁盤のたてよこ各十九本の線が交差するところ。三百六十一あり、そこに碁石を置く。❷❶のようにたてよこの平行線が規則正しく引かれているように見えること。「―のような町」**―割わり** ⓪ 名 市街などを碁盤の目のような四角の区画に分けること。

こ-はんとき ハ【小半時】名 ❶一時いっとき(二時間)の四分の一。三〇分。❷およそ半時(一時間)。

こ-はんにち ハ【小半日】名 ほとんど半日。

こび コ【×媚】名 こびること。いろっぽさ。「―を示す」**―を売うる** ❶こびてきげんを取ろうとする。へつらう。❷商売女などが客の気を引くために色っぽいようすを見せる。

ご-び ゴ【語尾】名 ❶ことばの終わり。「―をはっきり言う」↕語頭。❷活用語の変化する部分。↕語幹。

コピー コ〈copy〉㊀名 他サ うつし。模写。複写。「―をとる」㊁名 広告や宣伝の文章。人をひきつける文句。**―アンドペースト** ペ〈copy and paste〉名 他サ 主にコンピューターの入力作業で、文章や画像などの必要な部分を複写して、他の部分にはりつけること。コピペ。**―ガード** ガ〈copy guard〉名 違法な複製を防ぐために、ソフトウエアに組み込まれた特殊な信号。また、その技術。**―ライター** ラ〈copywriter〉名 広告などの文案を作る人。**―ライト** ラ〈copyright〉名 著作権。版権。©と略記される。

こ-びき ⓪【木×挽】名 材木をのこぎりでひくことを職業とする人。

こ-ひざ ⓪【小膝】名〔「こ」は接頭語〕ひざ。**―を打うつ** ひざを軽くたたく。「小膝を打って感心する」

こ-ひつ [0]【古筆】名 古人の筆跡。**―切れ** [0] 名 主として平安時代中期から鎌倉時代初期にかけて書きうつされた、歌集や物語などのきれはし。

こ-びと [0]【小人】名 ❶おとぎ話などに出てくるからだの小さい人。❷背がたいそう低い人。❸武家時代、雑役にたずさわった人。

コピ-ペ [0] 名 他サ「コピーアンドペースト」の略。

こび-へつら・う [コ]=[ラ]【×媚×諂う】自五 相手の気にいるようにきげんをとる。

こ-びゃくしょう [ビャ]【小百姓】名 まずしい農家。小農。

ごひゃく-らかん [ラ]【五百羅漢】名 釈迦の入滅後、経典結集に集まったという徳のそなわった五百人の学者。

ご-びゅう [0]【誤×謬】名〔「誤」も「謬」も、あやまりの意〕まちがい。あやまり。「―をおかす」

こ-ひょう [0]【小兵】名 ❶からだの小さいこと。また、その人。小がら。↕大兵。❷〔古語〕弓をひく力の弱いこと。↕精兵。

こ-ひょう [0]【個票】名 アンケート調査などに用いる個別の記入用紙。「―データ」

こ-びょうし [ビョ]【小拍子】名 上方落語で、はなしの中で小道具としたり、場面がかわるときに見台を打ったりする、小ぶりの拍子木。

こびりつ・く [ツ]【こびり着く】自五 かたくついてはなれない。くっつく。「心配が頭に―」「めし粒が―」

こ-びる [0]【小昼】名 ❶朝食と昼食との間にする食事。❷おやつ。‖こひる。

こ・びる [ビ]【×媚びる】自上一 ❶相手のきげんをとる。人の気にいるようにする。「社長に―」❷女がいろっぽい態度をする。**こ・ぶ** 文語上二

こ-びん [0]【小びん】【小×鬢】名〔「こ」は接頭語〕びん。

こ-ふ [コ]【誇負】名 他サ〔文章語〕誇りに思って、じまんすること。

こぶ [フ]【×瘤】名 ❶筋肉や脂肪がかたまり、皮膚の一部がもりあがったもの。❷物の表面のもりあがったもの。❸じゃまもの。やっかいもの。「目の上の―」❹ひもなどの結び目。

こ-ぶ [コ]【昆布】名 こんぶ。(夏) **―締め** [0] 名 うすく切った魚をこんぶの間にはさんで、風味を魚に移すようにした料理。こんぶじめ。「たいの―」 **―茶** [チ] 名 粉にしたこんぶに熱湯をそそいだ飲み物。**―巻き** [マ]/[0] 名 ごぼう・魚などをこんぶで巻いて、中央をかんぴょうなどでしばり、甘からく煮た食べ物。こんぶまき。

こ-ぶ [コ]【鼓舞】名 他サ〔つづみをうって舞うこと〕元気づけ、はげますこと。「士気を―する」

ご-ふ [0]【護符】名 神仏のおまもりふだ。ごふう。

ご-ぶ [ゴ]【五分】名 ❶一寸の半分。かね尺では約一・五センチメートル。❷一割の半分。百分の五。❸物事の半分。「―咲き」❹「五分五分」の略。「双方―にわたりあう」 **―五分** [0] 名 両方優劣のないこと。どちらも同じくらいのこと。「―の実力」

こ-ふう [コ]【古風】❶名 昔のすがた。ふるいならわし。❷名 形動 現代ふうでなくふるくさいこと。「―な人」

ごふう-じゅうう [ジュ]【五風十雨】名〔文章語〕〔五日に一度風が吹き、十日ごとに雨が降る〕天候が順調なこと。

こ-ぶか・い [カ]【木深い】形〔文章語〕多くの木がしげっているようす。**こぶか・し** 文語ク

ご-ふく [0]【呉服】名 ❶織物の総称。反物。↕太物。❷絹の織物。参考 古代中国の呉の国から織物の技法がつたわったから。

こふく-げきじょう [コ]【鼓腹撃壌】名〔文章語〕〔じゅうぶんに食べてはらつづみをうち、大地をたたいてうたうこと〕世の中の平和をたのしむようす。

こぶく-しゃ [ク]【子福者】名 こどもがたくさんある人。

こ-ぶさ [0]【小房】名 小さいふさ。「ブロッコリーを―に分ける」

ご-ぶさた [0]【御無沙汰】名 自サ「ぶさた」のあらたまった言い方。久しく訪問や文通をしないこと。または、それを相手にわびるときのあいさつのことば。

こぶし [0]【拳】名 手の指を全部折りまげてにぎりしめた形。げんこつ。「―を振るう」「―を握る」

こ-ぶし [0]【小節】名 民謡・演歌などで、声をのばしながら、こまかくふるわせる歌い方。

こぶし [0]【▲辛×夷】名 モクレン科の落葉高木。山地に自生する。早春、葉に先だって白色六弁の大輪の花を開く。つぼみはにぎりこぶしに似る。(春)

こぶし

こ-ぶし [ブ]【古武士】名 信義をおもんじた昔の武士。

ご-ふじょう [0]【御不浄】名〔女性語〕便所のこと。

こ-ぶつ [0]【古仏】名 古代の仏像。

こ-ぶつ [0]/[コ]【古物】名 使いふるした品。ふるもの。「―商」

こ-ぶつ [コ]【個物】名 感覚で認識される一つ一つのもの。

こぶ-つき [0]【×瘤付】名〔俗語〕じゃまになるやっかい者、特に、こどもを連れていること。また、その人。

ご-ぶつぜん [0]【御仏前】名 ❶「仏前」の尊敬語。❷香典や仏への供物に書きそえることば。

こ-ぶとり [ブ]【小太り】【小▲肥り】名 形動 ややふとっていること。

ご-ふない [フ]【御府内】名〔「府」は江戸のこと〕江戸の市内。

こ-ぶね [0]【小船・小舟】名 小さなふね。ふつう、エンジンをつけないような大きさのものをいう。↕おおぶね。

こぶら [0]【×腓】名 ➡こむら。

コブラ [コ]〈cobra〉名 コブラ科の毒蛇。アフリカ・インド・東南アジアに分布。めがねへび。

コプラ [コ]〈copra〉名 ココやしの実の中の肉質をくだいてほしたもの。乳白色で脂肪が多く食用油などをとる。

こぶら-がえり [ガ]【こぶら返り】【×腓返り】名 ➡こむらがえり。

ゴブラン [ゴ]〈フ Gobelins〉名 はじめパリのゴブラン工場でつくられた、はなやかな、かべかけ・じゅうたん用の織物。ゴブラン織り。

こ-ぶり [0]【小降り】名 雨・雪がすこし降ること。降り方がはげしくないこと。↕大降り・本降り。

こ-ぶり [0]【小ぶり】【小振】名 形動 形がすこし小さいこと。「―の茶碗」↕大ぶり。

こ-ふん [0]【古墳】名 ❶古代の塚や墓。❷古代の、土をもりあげてきずいた墓。円墳・方墳・前方後円墳など。

方墳

円墳

前方後円墳

古墳❷

こ-ぶん [コ]【子分】名 ↕親分。❶かりに子としてあつかうもの。義子。❷【▲乾▲児・▲乾分】手下。部下。配下。

こ-ぶん [コ]【古文】名 ❶昔の文章。特に江戸時代までの文章。❷中国で、篆書よりもふるい書体の文字。❸中国で、秦・漢以前の散文。

ご-ふん[0]【×胡粉】[名] 貝がらを焼いてつくった白いこな。えのぐ・塗料用。
ご-ぶん[0]【誤聞】[名] あやまって聞くこと。聞きちがい。
こぶんしょ【古文書】「こもんじょ」のあやまり。
こ-へい[コ]【古兵】[名] 以前から隊にいる兵士。古参兵。↕新兵。
ご-へい[0]【御幣】[名] 神祭用具の一つ。白色・金銀・五色などの紙を切ってくしにはさんだもの。**―担**かつ**ぎ**[カ][名]〔「ごへい」をかついで不吉なものをはらうことから〕つまらないえんぎや迷信を気にかける人。

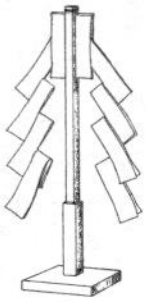
御幣

ご-へい[0]【語弊】[名] 不適当なことばづかい。また、そのために起こる不都合。「へたといっては―がある」
こ-べつ[0]【戸別】[名] 家ごと。一軒一軒。「―訪問」 **―割**わ**り**[0][名] 都市町村税や寄付などを世帯別にわりあてること。
こ-べつ[0]【個別】[名] 一つ一つ。べつべつ。 **―折衝**せっしょう[セ][名] 全体の中の各単位ごとに別々に交渉すること。
コペルニクスてき-てんかい[0]【コペルニクス的転回】[名] 天動説に対して、地動説をとなえたコペルニクスCopernicus の場合のように、今までとはまったく反対の重大な変化をすること。一八〇度の転換。
こ-へん[0]【子偏】[名] 漢字の部首の一つ。「孤」「孫」などの「孑」。
ご-へん【御辺】[代]〔古語〕〔同じ程度の人に対して〕あなた。
こ-ほう[0]【孤峰】[名]〔文章語〕一つだけかけはなれていてそびえ立つ山。
ご-ほう[0]【午砲】[名] もと、正午を知らせた号砲。どん。
ご-ほう[0]【御報】[名]「知らせ」の相手を立てた言い方。 **―参上**さんじょう お知らせくだされば、こちらからうかがいますの意。
ご-ほう[0]【語法】[名] ことばづかいの規則。文法。
ご-ほう[0]【誤報】[名] まちがった知らせ。
ご-ほう[0]【護法】[名] ❶〔文章語〕法律を擁護すること。❷仏法を守ること。❸ばけものや病気を退散させる法力ほうりき。
ご-ぼう[0]【▲牛×蒡】[名] キク科の二年生植物。夏、むらさき色の花を開く。地中に長くのびた根は食用。花は[夏] **―抜**ぬ**き**[0][名]〔ごぼうを抜くように〕❶草木の根を、土の中からすっぽりとひき抜くこと。❷すわりこんでいる人たちを、ひとりずつひっぱり出すこと。❸おおぜいの中から、すぐれた人をえらび出して用いること。❹競走などで、数人の競争者を一気に追いぬくこと。
ご-ぼう[ゴ]【御坊】[名] 僧を立てた言い方。
こ-ぼうず[ボ]【小坊主】[名] ❶若い僧。❷男の幼児。
こ-ぼく[コ]【古木】[名] 年を経た樹木。老木。「梅の―」
こ-ぼく[コ]【枯木】[名]〔文章語〕かれた木。かれき。
ごほ-ごほ[ゴ1]〔と〕[副] いがらっぽいせきをするようす。
こほ・し【▲恋ほし】[形シク]〔古語〕⬇こおし。
こぼし[シ][名] ⬇みずこぼし。
こぼ・す[ボ]【▲零す】[他五] サ・ソ｜シ｜ス｜ス｜セ｜セ ❶もらしおとす。「涙を―」❷液体や粒状のものを外にあふれ出させる。❸不平を人にうったえる。ぐちを言う。「ぐちを―」
こぼ・つ[ボ]【▲毀つ】[他五] タ・ト｜チ・ッ｜ツ｜ツ｜テ｜テ〔文章語〕こわす。やぶる。
こ-ぼね[0]【小骨】[名] こまかくて、ほそい骨。 **―が折**お**れる** ちょっと苦労する。
こぼれ-ざいわい[ザ]【こぼれ幸い】【▲零れ幸い】[名] おもいがけない幸福。僥倖ぎょうこう。まぐれざいわい。―ざいはひ
こぼれ-だね[ダ]【こぼれ種】【▲零れ種】[名] ❶しぜんと地面におちた種。❷おとしだね。❸こぼれ話。
こぼれ-だま[0]【こぼれ球】【▲零れ球】[名] 球技で、ミスにより選手の支配から外れた状態のボール。「はじかれた―をヘディングで押し込む」
こぼれ-ばなし[バ]【こぼれ話】【▲零れ話】[名] 本筋からはずれた、ちょっとした話。余話よわ。こぼれ種。
こぼ・れる[レ]【▲毀れる】[自下一] レ｜レ｜レル｜レル｜レレ｜レロ・レヨ 欠けておちる。「刀の刃が―」 **こぼれ**[名] **こぼ・る**[文語下二]
こぼ・れる[レ]【▲零れる】[自下一] レ｜レ｜レル｜レル｜レレ｜レロ・レヨ ❶液体や粉状・粒状のものが、あふれて落ちる。「涙が―」❷あふれるように表にあらわれる。「色けが―」 **こぼれ**[名] **こぼ・る**[文語下二]
ごほん[ホ]〔と〕[副] せきをする音をあらわす語。「―とせき払いをする」
こほんせつわしゅう《古本説話集》平安時代後期の説話集。編著者未詳。和歌物語・仏教説話を約七十話集めてある。
こ-ぼんのう[ボ/ノ]【子煩悩】[名][形動] 子どもをひどくかわいがるようす。また、その人。
こま[コ/0]【細・小間】[名][造] こまぎれ。「牛ぎゅう―」
こま[コ]【駒】[名] ❶「馬」の古めかしい言い方。❷将棋で使う一組の小木片。❸しゃみ線・バイオリンなどで、胴と弦の間にはさんで、弦をささえるもの。❹糸を巻く具。 **―を進**すす**める** 戦いの場所に進み出る。「甲子園に―」
こま[0]【×齣】[名] ❶映画フィルムの一場面。「―送り」❷映画・戯曲などの一くぎり。一場面。「青春のひと―」❸あるものの一くぎり。「週に三―の授業がある」
こ-ま[0]【小間】[名] ❶小さいあいだ。すきま。❷小さなへや。❸日本の木造建築で、たる木とたる木、ねだとねだとのあいだ。❹和船で、船首にいちばん近い部分。
こま[コ]【▲独▲楽】[名] 木などを円形につくり、心棒を通したおもちゃ。軸を中心にして回す。[新年]

独楽

こま《高麗》高句麗こうくり。また、高麗こうらい。
ご-ま[0]【×胡麻】[名] ゴマ科の一年生植物。高さ、約一メートル。夏、うす紫の花が開き、多数の白・黒・茶色の種子がなる。種子は食用、また、油をとる。[秋] **―▲和**あ**え**[0][名] ごまをいってすりつぶし、みそなどで味をつけ、野菜などにまぜあわせた料理。 **―塩**しお[0][名] ❶いったごまと焼き塩とをまぜたもの。❷しらがまじりの髪の毛。「―頭」 **―×摺**す**り**[0/リ][名] 他人のきげんをとって、自分の利益をはかること。また、その人。 **―垂**だ**れ**[0][名] 醤油とみりんなどを煮つめて、すりごまや切りごまをまぜたたれ。 **―味×噌**みそ[0][名] いったごまを、みそとさとうにすりあわせたもの。 **―を×摺**す**る** 自分の利益のために他人のきげんをとる。
ごま[ゴ]【護摩】[名] 仏前でぬるでの木などをもやして、仏に供養祈願する密教の秘法。 **―壇**だん[0/マ][名] 護摩をたくための炉をきずき修法ずほうをする壇。 **―の灰**はい[0][名] 旅先で道づれになった客をだまして持ち物をぬすみとる人。[参考] 弘法大師の護摩でできた灰だ、といって、押し売りしたことからともいう。
コマーシャリズム[リ]〈commercialism〉[名] 商業主義。もうけ主義。
コマーシャル〈commercial〉㊀[マ][名] テレビやラジオで伝えられる商業広告。また、その文言。コマーシャルメッセージ。CMシーエム。「ここで―です」㊁[造] 商業上の。商業活動に関する。「―ベース」 **―ソング**[ソ]〈commercial song〉[名]〔和製英語〕商業放送で、会社名や商品名を織りこんだみじかい宣伝の歌。 **―ペーパー**[ペ]〈commercial paper〉[名] 企業が短期の資金を調達するために振り出す

無担保の約束手形。**―メッセージ** メ〈commercial message〉名 ➡コマーシャル。

こ-まい 0【木舞・小舞】まひ 名 軒のたる木にわたす細長い木。または、壁の下地にはる細い竹や木。

こ-まい 0【古米】名 収穫してから貯蔵されたまま、一年以上たったこめ。ふるごめ。↕新米。

こま-いぬ 0【×狛犬】名 神社の社殿の前におかれ、かざり・魔よけとする、一対(いっつい)の獅子(しし)に似た犬の像。高麗(こま)から伝わったといわれる。

こま犬

こ-まえ コ【小前】まへ 名 ❶小規模な商売。❷小規模な農業。小作人。

こま-おち 0【駒落ち】名 将棋で、強いほうが、ある種のこまを最初にのぞいて指すこと。

こまか マ【細か】形動 ダロ・ダッ・デ・ニ／ダ・ナ・ナラ・○ ❶たいそう小さいようす。「―にくだく」❷くわしいようす。「―な説明」↕おおまか。❸行きとどいているようす。「―な気くばり」↕おおまか。

こまか・い カ【細かい】形 カロ・カッ・ク／イ・イ・ケレ・○ ❶集まって一まとまりになるものの、一つ一つがごく小さい。「―雨」「―字で書く」「目の―網」「細かく刻む」↕あらい。❷くわしい。「―事情」「細かく説明する」↕あらい。❸行き届いて、ていねいだ。「―心づかい」「芸が―」↕あらい。❹取るに足らない。ささいだ。「―事を気にするな」❺勘定高い。けちだ。「お金に―」**細かさ** 名 **こまか・し** 文語ク

ごまか・す カ【誤魔化す】他五 サ・ソ・シ・ス／ス・セ・セ ❶人目をまぎらす。うそをつく。「話を―」❷人目をまぎらせて、不正な利益を得る。「公金を―」参考「誤魔化す」は当て字。**ごまかし** 名 **ごまかせる** 自下一〔…できる〕

こま-ぎれ 0【細切れ・小間切れ】名 こまかい切れはし。こまかく切ったもの。「―をつなぎあわせる」「牛(ぎゅう)の―」

こ-まく 0【鼓膜】名 耳の奥にあって、空気の振動につれ、こまかく振動して音をつたえるうすい膜。⇩耳(図)。

こま-ぐみ 0【駒組み】名 将棋で、駒を動かして陣形を組み立てること。

こま-げた 0【駒下▲駄】名 一つの材をくりぬいてつくったげた。

こま-ごま ゴ【こまごま】【細細】(と)副 自サ ❶こまかいようす。「―した道具」❷くわしいようす。「―と話す」❸ていねいなようす。「―と世話をする」

こまごまし・い シ【細細しい】形 カロ・カッ・ク／イ・イ・ケレ・○ ❶たいそうこまかい。❷くわしい。❸わずらわしい。**細細しさ** 名 **こまごま・し** 文語シク

こましゃく・れる レ 自下一 レ・レ・レル・レル／レレ・レロ・レヨ 子どもがませていて、子どもらしくないふるまいをする。こまっちゃくれる。参考「こましゃくれている」「こましゃくれた」の形で使うことが多い。

こませ 0 名 釣りで、魚をあつめるためにまくえさ。

こ-また 0【小股】名 ❶また。「―をすくう」❷またを狭く開くこと。「―に歩く」↕大また。**―が切(き)れ上(あ)がる** 和服を着た女性の姿がすらりと、いきなようす。**―×掬(すく)い** ス 名 相撲で、相手のからだを引きつけながら、内またをすくって倒すわざ。

こまち コ【小町】名〔小野小町(おののこまち)がきれいだったことから〕美しいむすめ。**―糸(いと)** イ／チ 名 ガス糸を二本より合わせたもの。**―針(ばり)** バ 名 待ち針。**―娘(むすめ)** ム 名 美しいむすめ。

こ-まつ 0【小松】名 小さな松。若松。**―引(ひ)き** ツ 名 昔の年中行事の一つ。正月の最初の子(ね)の日に、野に出て小松を引き抜いてあそんだ行事。新年

ご-まつ 0【語末】名 ことばの終わり。語尾。↕語頭。

こま-づかい ヅ【小間使】づかひ 名 主人や主婦の身のまわりの雑用をつとめた女性。

こまっちゃく・れる レ 自下一 レ・レ・レル・レル／レレ・レロ・レヨ〔俗語〕➡こましゃくれる。

こまつ-な 0【小松菜】名 アブラナ科の一年生植物。春さきの野菜。うぐいすな。冬 参考 東京都江戸川区小松川あたりに産したから。

こま-どり マ【駒鳥】名 ヒタキ科の小鳥。すずめよりやや大きく、背は赤褐色。鳴き声が美しい。ロビン。夏

こま-にしき【▲高▲麗錦】一 三 名 昔、高麗から輸入したにしき。また、それをまねた織物。二 枕「ひも」にかかる。

こまぬ・く ヌ【×拱く】他五 カ・コ・キ・イ／ク・ク・ケ・ケ ❶うでぐみをする。❷何もしないでいる。「手をこまぬいて見ている」

こまね・く ネ【×拱く】他五 カ・コ・キ・イ／ク・ク・ケ・ケ 「こまぬく」のなまり。参考 現在では「こまねく」のほうが、ふつうに使われる。

こま-ねずみ ネ【▲独▲楽×鼠】名 小形のはつかねずみ。輪をかいて走りまわる性質がある。休みなくうごきまわるもののたとえに用いる。「―のように働く」

こま-むすび ム【こま結び】名 ひもの両端を二度からませて、かたくむすぶ結び方。かたむすび。

こ-まめ コ 形動 ダロ・ダッ・デ・ニ／ダ・ナ・ナラ・○ まめまめしくはたらくようす。「―に換気する」

ごまめ 0 名 かたくちいわしを干したもの。祝賀用。たづくり。新年 **―の▲魚(とと)交(ま)じり** つまらない者が、りっぱな人々の中にまじること。**―の歯(は)ぎしり** 力量のない者が、いたずらにいきりたつことのたとえ。

こま-もの 0／マ【小間物】名〔こまごました物の意〕化粧品や装身具など。**―屋(や)を開(ひら)く** 食べたものをもどす。へどをはく。

こま-やか【細やか】【▲濃やか】一 マ 形動 ダロ・ダッ・デ・ニ／ダ・ナ・ナラ・○ ❶こまかいようす。「―に説明する」❷情が厚いようす。「人情が―だ」❸色の濃いようす。「―な松の緑」❹味・趣の深いようす。「―な味」二 なり形動 古語 ❶小さく、細かいさま。「くろぼうをたきものの炭のやうにして…こまやかに美しげに入れて」〈宇津保〉❷きめが細かい。「身なり肌つきのこまやかに美しげなるに」〈源氏〉❸こまごまと詳しいさま。「いとこまやかに有り様を問はせ給ふ」〈源氏〉❹色が濃いさま。「墨染の色、こまやかにて」〈源氏〉❺上品で美しいさま。「贈りたまへる物のこまやかに殊(こと)なるを」〈夜の寝覚〉

こまり-き・る キ【困りきる】自五 ラ・ロ・リ・ッ／ル・ル・レ・レ この上なく困る。ほとほと困る。困りぬく。困りはてる。

こまり-ぬ・く ヌ【困り抜く】自五 カ・コ・キ・イ／ク・ク・ケ・ケ 困りきる。

こまり-は・てる テ【困り果てる】自下一 テ・テ・テル・テル／テレ・テロ・テヨ 困りきる。「万策尽きて―」**こまり-は・つ** 文語下二

こまり-もの 0【困り者】名 やっかいもの。手におえない人。「一家の―」

こま・る マ【困る】自五 ラ・ロ・リ・ッ／ル・ル・レ・レ ❶好ましくないことが起こり、どうしてよいかわからなくてなやむ。「食欲がなくて―」「むずかしい要求で、返事に―」❷生活が困難で、苦しむ。「当分暮らしには困らない」❸人の行為・態度に迷惑する。「彼の傍若無人(ぼうじゃくぶじん)ぶりには全く―」

こ-まわり マ【小回り】まはり 名 小さく回ること。**―が利(き)く** ❶せまいところでも自由に回れる。「小型車は―」❷状況の変化に応じて、すぐに適当な処置がとれる。「中小会社のよさは―点にある」

コマンド 0〈command〉名〔「命令」の意〕コンピューターに仕事を実行させるための命令言語。

コマンド [0]〈commando〉[名] 突撃隊員。ゲリラ隊員。
ごまん-と [マ] [副]〔俗語〕たくさん。山ほど。「―ある」
こみ [ミ]【込み】[名] ❶〔混み〕いろいろとりまぜてあること。他のものがふくめてあること。「この品、―で千円」❷碁で、先手の人につけるハンディキャップ。
ごみ [ミ]【×塵・×芥】[名] こまごまとしたきたないもの。ちり。あくた。「可燃―」⇩ちり [参考]。
ご-み [ゴ]【五味】[名]「あまい・すい・しおからい・にがい・からい」の五種のあじ。
こみ-あ・う [ア]【混み合う】―あふ [自五] (ワ・オ―イ・ッ―ウ―ウ―エ―エ) 多数の人が一か所に入りまじる。混雑する。「週末で列車が―」
こみ-あ・げる [ゲ]【込(み)上げる】[自下一] (ゲ―ゲ―ゲル―ゲル―ゲレ―ゲロ・ゲヨ) ❶抑えようとしても内から外へあふれ出てくる。「涙が―」「怒りが―」❷胃の中の物を吐きそうになる。吐きけをもよおす。**こみあ・ぐ** [文語下二]
こみ-い・る [イ]【込(み)入る】[自五] (ラ・ロ―リ・ッ―ル―ル―レ―レ) ものの仕組みや事柄の要素などが複雑にからみ合う。「込み入った事情」
コミカル [コ]〈comical〉[形動] (ダロ―ダッ・デ・ニ―ダ―ナ―ナラ―○) こっけいなようす。喜劇的。
こみ-こみ [0]【込み込み】[名] 支払いで、税や手数料・サービス料などをふくむこと。「―で一万円」
ごみ-ごみ [ゴ]1 (と)[副] [自サ] 家などがたてこんで、雑然としているようす。「―した裏町」
こ-みだし [ミ]【小見出し】[名] 文章中につける小さな見出し。↕大見出し。
ごみ-だし [0]【×塵出し】[名] 回収してもらうために、ごみを指定された場所に出すこと。
ごみ-ため [0]【×塵×溜】[名] ごみを捨てる所。ごみ捨て。
こ-みち [0]【小道】[名] せまい道。
コミック [コ]〈comic〉㊀ [形動] 喜劇的。コミカル。「―な話題」㊁ [名] ❶コミックオペラ。❷漫画。また、漫画本や漫画雑誌。 **―オペラ** [オ]〈comic opera〉[名] 喜歌劇。
コミッショナー [ミ]〈commissioner〉[名] プロ野球・プロボクシングなどを統制する最高責任者・最高機関。
コミッション [ミ]〈commission〉[名] ❶手数料。周旋料。❷わいろ。
コミット [ミ]〈commit〉[名] [自サ] ❶関係すること。参加すること。「市政革新運動に―する」❷約束すること。「経済支援を―する」
コミットメント [ミ]〈commitment〉[名] ❶深い関わり。❷確約。
ごみ-とり [ト]【ごみ取り】〔×芥取り・×塵取り〕[名] はき集めたごみをすくい取る道具。ちり取り。
こ-みみ [0]【小耳】[名]〔「こ」は接頭語〕みみ。 **―に挟(はさ)む** ちらっと聞く。ちょっと耳にする。
コミューター [ミュ]〈commuter〉[名] 近距離の移動に使う乗り物。「―バス」「へリー」
コミュニケ [ミュ]〈ᶠcommuniqué〉[名] 国際会議で、その経過を発表する声明書。
コミュニケーション [ケ]〈communication〉[名] ことば・文字や身ぶりなどによって意思や感情を伝達し合うこと。「―を深める」「マス―」[参考]「コミニュケーション」と言うのはあやまり。
コミュニケート [ケ]〈communicate〉[名] [他サ] 考えを伝え合うこと。「英語で―する」
コミュニスト [ニ]〈communist〉[名] 共産主義者。共産党員。
コミュニズム [ニ]〈communism〉[名] 共産主義。
コミュニティ(ー) [ミュ]〈community〉[名] 共通の意識や行動のしかたを持つ人々によって作られる、地域的な集団。地域社会。 **―センター** [セ]〈community center〉[名] 地域社会の教育・文化的な活動を盛んにするためにもうけた施設。 **―バス** [バ]〈community bus〉[名]〔和製英語〕地域の交通手段を確保するために、多く地方自治体が運営する乗り合いのバス。
こ-みんか [ミ]【古民家】[名] 建ててから相当な年数が経つが、なお使用ができる民家。
コミンテルン [テ]〈ᵈKomintern〉[名] 一九一九年に創設された国際的な共産主義組織。一九四三年解散。共産主義インターナショナル。第三インターナショナル。
コミンフォルム [フォ]〈Cominform〉[名] ヨーロッパにあった国際共産党情報機関。一九四七年に設立、一九五六年に解散。
こ・む [コ]【込む】[自五] (マ・モ―ミ・ン―ム―ム―メ―メ) ❶㋐たくさんの物事が集中する。「仕事が立て―」㋑【混む】多数の人で一杯になる。混雑する。「劇場は混んでいた」❷こまかく入り組んでいる。「手の込んだ細工」❸〔動詞の連用形について〕㋐いちずにする。徹底的にする。「考え―」「教え―」㋑すっかりそうなる。「老い―」㋒中に入れる。「かかえ―」「積み―」㋓中にはいる。「とび―」「逃げ―」
ゴム [ゴ]〈ᵒgom〉【護×謨】[名] ゴムの木の樹皮から出る液を原料にしてつくった、弾力性の強い物質。石油などからつくる合成ゴムもある。
ゴム-あみ [0]【ゴム編み】[名] ゴムのようにのびちぢみのする、毛糸やレースの編み方。
ゴム-いん [0]【ゴム印】[名] ゴムでつくったはんこ。
こ-むぎ [0]【小麦】[名] イネ科の二年生植物。種子は、粉にしてパン・うどんの原料。つぶのまま、みそ・しょうゆの原料。[夏] **―色(いろ)** [0][名] 収穫期の小麦のような色。日に焼けた健康的な肌色に言う。 **―粉(こ)** [0][名] こむぎをひいてつくったこな。メリケン粉。うどん粉。
こ-むずかし・い [シ]【小難しい】―むづかしい [形] (カロ―カッ・ク―イ―イ―ケレ―○) ❶なんとなく、めんどうだ。「―りくつはよせ」❷きげんが悪い。「―顔」 **こむづか・し** [文語シク]
こ-むすび [ム]【小結】[名] 相撲の階級の一つ。三役の最下位で、関脇(せきわけ)の次位。
こ-むすめ [ム]【小娘】[名] まだ心身ともに一人前になっていない女。少女。[参考] 時に、いくぶんあざけりの気持ちをこめて言う。
こむ-そう [0]【虚無僧】[名] 禅宗の一派の、普化宗(ふけしゅう)の僧。僧衣をつけず、けさをかけ、髪はのばして、深いあみがさをかぶり、尺八を吹いて諸国をまわる。

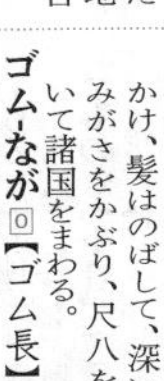

虚無僧

ゴム-なが [0]【ゴム長】[名] ゴム製の長ぐつ。
ゴム-の-き [ゴ]【ゴムの木】[名] ゴムの原料となる植物の総称。
ゴム-のり [ム]【ゴムのり】〔ゴム×糊〕[名] アラビアゴムをとかしたのり。
ゴム-ボート [ボ][名]〔ᵒgomとboatからの和製洋語〕ゴム製の小型ボート。
こ-むら [0]【木むら】〔木×叢〕[名]〔文章語〕木のよくしげった所。
こむら [0]【×腓】[名] すねの後部で肉のふくれた部分。ふくらはぎ。こぶら。⇩足(図)。
こむら-がえり [ガ]【こむら返り】〔×腓返り〕―がへり [名] こむらの筋肉が急にひきつること。こぶらがえり。
こ-むらさき [ラ]【濃紫】[名] 黒みがかった、濃い紫色。

こ

ごむり-ごもっとも【御無理ごもっとも】[御無理御×尤も] 連語 相手の言うことがどんなに無理でも、さからわずに従うこと。

ゴム-わ 0【ゴム輪】名 ❶外がわにゴムをつけた車輪。❷輪になっているゴム。わゴム。

こめ メ【米】名 稲の実の、もみがらを取りのぞいたもの。日本人の主食とする穀物。うるちともちとがある。 **―の虫** ❶こくぞうむし。❷人間のこと。

こめ-あぶら ア【米油】名 米のぬかからとった油。

ごめいさん 0【御名算・御明算】名 珠算で、ほかの人の計算が合っているときに言う語。

こめ-かみ 0【×顳×顬】名 耳の前、目のわきの髪のはえぎわで、物をかむと動く所。

こめくい-むし ク【米食(い)虫】名 ❶こくぞうむし。❷〔俗語〕はたらかない人のこと。ごくつぶし。

こめ-ぐら 0【米蔵】名 米を貯蔵する倉庫。

こめ-こ 0【米粉】名 米を粉にしたもの。こめのこ。べいふん。

こめ-さし シ【米刺(し)】名 米のよしあしをしらべるために、米だわらにさしこんで米をとり出す、竹または金属製の先のとがった筒。

こめ-じるし ジ【米印】名 注記などを示すのに用いる、米の字に似た「※」の記号。

こめ-ず 0【米酢】名 こめを原料にしてつくった酢。よねず。こめす。

こめ-そうどう ソ【米騒動】名 一九一八年(大正七)、米価の急な値上がりに怒った民衆が、米屋・金持ちなどをおそった事件。富山県に始まり、全国にひろがった。

こめ-そうば ソ【米相場】名 ❶米の値段の高低。❷米の投機。「―に手を出す」

こめ-だわら ダ【米俵】名 米を入れるための、わらを編んで作った袋。「―十俵」

こめ-つき キ/メ【米つき】[米×搗] 名 玄米をついて白くすること。また、その人。 **―ばった** バ 名 ❶(動作が米つきに似ているから)しょうりょうばったの別名。秋 ❷頭をぺこぺこさげる人のこと。 **―虫** キ 名 コメツキムシ科の昆虫。おさえると米をつくかっこうをする。夏

コメディアン メ〈comedian〉名 喜劇俳優。

コメディー コ〈comedy〉名 喜劇。「―番組」

こめ-どころ ド【米所】名 よい米の多くとれる地方。

こめ-ぬか 0【米ぬか】[米×糠] 名 玄米を白米にするときできる、米の外皮が粉になったもの。飼料・肥料・つけ物・製油原料用。

こめ-びつ 0【米びつ】[米×櫃] 名 ❶米を入れておく箱。❷〔俗語〕生活費をかせいでくれる人・もの。

こめ-へん 0【米偏】名 漢字の部首の一つ。「精」「粉」などの「米」。

こめ-もの メ【込(め)物】名 ❶物と物との間につめる物。❷活版印刷で、字間・行間などにつめるもの。

こ-める メ【込める】[×籠める] ㊀ 他下一 ❶中にしっかり入れる。詰める。「銃に弾を―」❷いっしょにして一まとまりとして扱う。計算に含める。入れる。❸気持ちを注ぎ込む。「心を込めて忠告する」「願いを込めて合掌する」❹集中する。「思いを目に―」 ㊁ 自下一 一面にたちこめる。「霧が―」 **こ・む** 文語下二

こ-めん 0【湖面】名 みずうみの表面。湖上。

ごめん 0【御免】㊀ 名 ❶「免許」「免職」の尊敬語。「お役―になる」「天下―」❷ゆるすことの尊敬語。「―なさいとあやまる」 ㊁ あいさつ 訪問・辞去・ことわり・あやまりなどのあいさつ語。「―と言って通りぬける」 参考 ふつう「御免ください」「御免なさい」の形で使う。 **―×蒙る** ゆるしてもらう。失礼する。「お先に―」

ごめんそう 0/メ【御面相】名 顔つき。「奇妙な―」 参考 よくない顔つきをからかうばあいに言う。

コメンテーター テ〈commentator〉名 ❶評論や解説をくわえるひと。❷テレビやラジオのニュース解説者。

コメント 0〈comment〉名 ❶論評。解説。「ノー―」❷注釈。説明。❸インターネットで、他者の文章に対する意見。

こも 0【×薦】名 ❶目のあらいむしろ。参考 もとは、「まこも」という草で作った。❷(「こも」を着ていたから)こじき。

こも-かぶり カ【×薦×被り】名 ❶こもで包んだ四斗(約七二リットル)入りの酒だる。❷⬇こも❷。

ごもく 0【×芥】名 ❶ちり。あくた。❷ごみため。

ごもく 0【五目】名 (五つのしなの意)❶いろいろのものが入りまじっていること。「―そば」❷五目並べ。 **―×鮨** ク 名 味つけをした魚肉・野菜などを、いろいろまぜたすし。夏 **―並べ** ナ 名 碁盤の上で碁石を使ってする遊び。早く五個をつないで並べた方を勝ちとする。連珠。 **―飯** ク/0 名 魚肉・野菜などをまぜて、味をつけてたいた飯。

こも-ごも モ【こもごも】[×交×交] 副 かわるがわる。「―語る」「悲喜―」

こ-もじ 0【小文字】名 ❶小さな字。❷ローマ字で、字体の小さなもの。↔大文字。

こ-もち 0【子持(ち)】名 ❶こどもがあること。また、こどものある人。❷魚などが卵をはらんでいること。「―あゆ」 **―×罫** 0/チ 名 印刷用の罫線で、ふとい線と細い線がならんでいるもの。

ご-もつ ゴ【御物】名 〔文章語〕天皇・皇室の持ち物。ぎょぶつ。

ご-もっとも モ【御×尤も】形動 相手の言うことを道理にかなっていると肯定するようす。「―なご意見」

こ-もの 0【小物】名 ❶こまごまとした付属品類。「―入れ」❷小人物。↔大物。

こ-もの 0【小者】名 ❶若い者。❷したっぱ。❸昔、武家の雑役に使われた者。下男。

こ-もむしろ ム【×菰×筵・×菰×蓆】名 こもの茎・葉でつくったむしろ。

こもり リ【籠(も)り】[×隠り] 名 ⬇おこもり。

こ-もり リ【子守】名 子どものもりをすること。また、その人。

こも・る モ【籠(も)る】[×隠る] 自五 ❶かくれる。「山に―」❷内にはいっている。ふくまれる。「真心が―」❸ある所にはいって、外にでない。たてこもる。参籠する。籠城する。「寺に―」「城に―」❹中にいっぱいにみなぎる。「煙がへやに―」❺物の中にはいったような状態で、はっきりしない。「声が―」 **こもれる** 自下一〔…できる〕

こもれ-び レ【木漏(れ)日】名 木々の枝のすきまからさしこむ日光。

コモロ《Comoros》アフリカ東海岸とマダガスカルにはさまれたインド洋上にあるコモロ諸島からなる国。一九七五年コモロ共和国として独立。正式名称はコモロ連合。首都はモロニ。

こ-もん コ【小紋】名 和服用の布地で、一面に、こまかい模様を型染めしたもの。小紋染め。

こ-もん コ【顧問】名 相談をうけて意見を言う地位。また、その人。「生徒会―」

こもんじょ 0【古文書】名 ふるい書き物。古記録。

コモンセンス セ〈common sense〉名 常識。

こ-や ヤ【小屋】名 ❶小さくてそまつな家。❷かりに造った建物。❸しばいなど興行用の建物。劇場。「見せ物―」 ―**掛け**(が) 0/ケ 名 仮小屋をつくること。 ―**組み**(ぐ) 0 名 建物の屋根の重みをささえる骨組み。

ご-や ゴ【後夜】名 ❶夜を初・中・後の三つに分けた三番目で、夜なかから朝までの間。↔初夜。❷後夜に行う仏前のおつとめ。

こ-やかまし・い シ【小×喧しい】形 カロ・カッ・ク イ・イ・ケレ・○ くどくどと、口やかましい。**こやかま・し** 文語シク

こ-やく 0【子役】名 演劇・映画などで、子どもとして出演する役。また、その役の子ども。

ご-やく 0【誤訳】名 他サ まちがって訳すこと。また、その訳。

こ-やくにん ヤ【小役人】名 下級の役人。また、下級の役人をののしる語。

こやし シ【肥(やし)】名 ❶地味(ちみ)を肥やすもの。こえ。肥料。❷あるものの成長の糧(かて)となるもの。「芸の―」

こ-やす 0【子安】名 安らかに子をうむこと。安産。 ―**貝**(がい) ヌ 名 タカラガイ科のまきがい。安産のお守りとする。(春) ―**地蔵**(じぞう) ジ 名 安産を守るという地蔵尊。

こや・す ヤ【肥(や)す】他五 サ・ソ・シ・ス・ス・セ・セ ❶ふとらせる。❷肥料をあたえて地味(ちみ)をよくする。「畑を―」❸ゆたかにさせる。「批評眼を―」❹利益をあげる。「私腹を―」

こ-やつ コ【こやつ】【×此×奴】代 こいつ。

こ-やま 0【小山】名 小さな山。低い山。丘。

こ-やみ 0【小やみ】【小▲止み】名 雨や雪がしばらくやむこと。ちょっとやむこと。おやみ。「―なく降る雨」

こ-ゆう 0【固有】形動(の) ダロ・ダッ・デ・ニ ダ・ナ・ナ・ラ・○ そのものにもともと備わっているようす。特有。「金属―の光沢」参考「個有」と書くのは誤り。⇩特有 参考 ―**名詞**(めいし) ヌ 名 そのものと同じような特徴をもつ他のものと区別するためにつけた、名前を表す名詞。人名・地名・商品名など。↔普通名詞。

こ-ゆき 0【小雪】名 少しの雪。雪が少しふっていること。「―がちらつく」↔大雪。

こ-ゆき 0【粉雪】名 ⬇こなゆき。(冬)

ご-ゆっくり ク【ごゆっくり】あいさつ ホテルやレストランの客に店側の者が時間を気にしないで過ごすようにすすめる語。「どうぞ―」参考 接頭語の「ご(御)」は漢語に付くのが普通だが、「ごゆっくり」は「ごもっとも」とともに和語に付く例外的な用法である。

こ-ゆび 0【小指】名 五指の中で、いちばん小さな指。

こ-ゆるぎ コ【小揺るぎ】名 少しゆれうごくこと。

こ-よい 0【▲今宵】(よひ) 名 文章語 この夜。今夜。

こ-よう 0【小用】名 ❶ちょっとした用事。❷小便。しょうよう。「―をたす」

こ-よう 0【古謡】名 ふるくから伝わる歌・うたいもの。

こ-よう 0【雇用】【雇×傭】名 他サ やとって仕事をさせること。「非正規―」 ―**保険**(ほけん) ホ 名 失業給付のほかに、雇用改善事業・能力開発事業・雇用福祉事業に対する助成を行う保険。一九七五年、旧来の失業保険に代わって創設された。

ご-よう ヨ【御用】名 ❶相手の「用事・入用」に対するあらたまった言い方。「なにか―ですか」❷宮中・官庁の用務。❸権力にこびへつらい、その言いなりになること。「―学者」❹官命によって罪人をとらえること。「―だ、神妙にしろ」 ―**納め**(おさ) オ 名 十二月二十八日、官庁が年内の仕事を終わりにすること。(冬) ↔御用始め。 ―**学者**(がくしゃ) ガ 名 時の政府や権力者にくっついて、その言いなりになる学者。 ―**聞き**(き) ヨ 名 ❶とくい先の注文を聞いてまわること。また、その人。❷江戸時代、与力(よりき)・同心を助けて、事件の捜査などをした町人。 ―**金**(きん) 0/ヨ 名 江戸時代、幕府や大名が臨時の費用にあてるため、金持ちから徴収したかね。 ―**組合**(くみあい) ク 名 使用者がわの考えに従って動く、自主性のない労働組合。 ―**商人**(しょうにん) ショ 名 宮中・官庁などへ品物をおさめる商人。ごようたし。 ―**新聞**(しんぶん) シ 名 中正を欠いて、時の政府につごうのよい論説・報道をする新聞。 ―**▲達**(たし) 0/ヨ 名 御用商人。参考「ごようたつ」と読むのは本来はあやまり。 ―**邸**(てい) 0 名 皇室の別邸。 ―**始め**(はじ) ハ 名 官庁が一月四日に、その年の仕事をはじめること。(新年) ↔御用納め。

ご-よう 0【誤用】名 他サ まちがえて使うこと。まちがった使い方。「敬語の―」

こ-ようじ ヨ【小ようじ】【小×楊枝】名 つまようじ。

ごよう-まつ ヨ【五葉松】名 マツ科の常緑高木。葉は五本ずつかたまってはえる。庭木・盆栽(ぼんさい)用。

ごよう-ろん ヨ【語用論】名 言語の形式や表面上の意味よりも、それを使用する話し手の意図や効果の分析を重視する、言語学の一分野。

ご-よく ゴ【五欲】名〖仏〗色・声・香・味・触の五つに対して起こす人間の欲望。

こよな・い ヨ ❶ ナ 形 カロ・カッ・ク イ・イ・ケレ・○ 文章語 この上ない。最高だ。「―ほまれ」「こよなく晴れ渡る」 **こよな・し** 文語ク ❷ 形ク〔古語〕程度や違いがはなはだしい。この上ない。「貴(あて)なるところは、かれは、いとこよなし」〈源氏〉参考 優劣どちらにも使う。

こよみ ミ【暦】名(「日(か)読み」の変化)一年中の月日・週・祝日・日の出入・月齢などを、日を追ってしるしたもの。

こよみ-どおり ド【暦通り】(どほり) 名 年末年始、盆休み、ゴールデンウィークなど、曜日や祝祭日にかかわらず臨時休暇をとりやすい時期でも、暦に記されたとおりに日常生活を送ること。カレンダーどおり。「―に出勤する」

こ-より 0【▲紙×縒】名 細長く切った紙をよって糸やひものようにほそくしたもの。かんぜより。

こら ヨ 感 しかったり、とがめたりするときのことば。

コラーゲン ラ〈collagen〉名 動物の組織をつくるたんぱく質の一つ。骨、軟骨、腱(けん)、皮膚などに多く含まれる。

コラージュ ラ〈フ collage〉名 新聞の切り抜き、布、写真などをはりつけ、筆を加えて画面を構成する手法。また、そうして作った絵。

コラール ラ〈chorale〉名 聖歌。また、その合唱曲。

こ-らい ヨ【古来】名副 昔から。「―の風習」参考「古来」にもともと「から」の意味が含まれているので、「古来から」というと意味が重複する。

ご-らいこう 0【御来光】名 高山で見る日の出。御来迎(ごらいごう)。「―をおがむ」(夏)

ご-らいごう 0【御来▲迎】名 ❶「来迎❶」の尊敬語。❷高山で、雲にうつった自分の影のまわりに光の環がみえること。ブロッケン現象。❸御来光。(夏)

こらいふうていしょう ョ《古来風躰抄》鎌倉(かまくら)時代前期の歌論書。藤原俊成(ふじわらのとしなり)の作。「万葉集」以来の和歌の歴史を説き、例歌を多数示したもの。

こらえ-しょう 0【こらえ性】【▲堪え性】(こらへ) 名 がまんのできる力。「―がない」

こら・える エ【▲堪える】(こらへる) 他下一 エ・エ・エ・エル・エル・エレ・エロ・エヨ ❶苦しみや感情をおさえて、がまんする。しんぼうする。「じっと―」❷ゆるす。**こら・ふ** 文語ハ下二

ご-らく 0【娯楽】名 たのしみ。なぐさみ。「―施設」

こらしめ 0【懲らしめ】名 悪いことをした者に対するいましめ。懲罰。

こらし・める [メ]【懲らしめる】[他下一]（メ・メ・メル・メル・メレ・メロ・メヨ） 罰を加え、懲りて再びしないようにさせる。懲らす。「悪党を―」 **こらし・む** [文語下二]

こら・す [ラ]【凝らす】[他五]（サ・ソ・シ・ス・ス・セ・セ） ❶凝りかたまらせる。凝らせる。❷一点に集中させる。「ひとみを―」❸一心に考えをめぐらす。「工夫を―」

こら・す [ラ]【懲らす】[他五]（サ・ソ・シ・ス・ス・セ・セ） 懲らしめる。懲りさせる。

コラボレーション [レ]〈collaboration〉[名][自サ] 異分野・業種間で、互いの利点を生かしながら行う共同作業。コラボ。

コラム [コ]〈column〉[名] 新聞・雑誌などで、囲み物の短い記事。

コラムニスト [ニ]〈columnist〉[名] コラムの執筆者。

ご-らん [0]【御覧】❶[名]「見ること」の尊敬語。「けさの新聞を―になりましたか」❷〔かながき〕〔補助動詞として、「…てごらん…」の形で〕「…てみる」の尊敬語。「ちょっと来て―なさい」[参考]「になる」「なさる」「くださる」などとともに用いられる。「…(し)てごらん」は、親しいあいだでしか使えない。**―に入**(い)**れる**「見せる」の謙譲語。

ごらん・じる [0]【御覧じる】[他上一]（ジ・ジ・ジル・ジル・ジレ・ジロ・ジヨ） ご覧になる。ごろうじる。ごらんずる。**ごらん・ず** [文語サ変]

こり【×梱】❶[コ][名] ❶荷づくりした貨物。❷行李(こうり)。❷[接尾] 貨物の個数にそえる語。「にもつ五十三―」

こり [リ]【凝り】[名] 血液の循環がとどこおって、筋肉がかたくなり、痛む状態。「肩の―」

こり [コ]【×垢離】[名] 神仏に願(がん)をかけるとき、冷たい水をあびて心身を清めること。水ごり。

こ-り [コ]【×狐×狸】[名] ❶〔文章語〕きつねとたぬき。❷人をだましたり、かげで悪事をしたりするもの。

ごり [ゴ]【×鮴】[名] 淡水魚の一種、かじかの別名。また、淡水産の小形のはぜの総称。(夏)

コリア [コ]〈Korea〉[名] 朝鮮。また、朝鮮半島に存在する国家。「―タウン」

コリアンダー [ア]〈coriander〉[名] セリ科の一年草。果実をスパイスや薬用に、若葉を食用にする。コエンドロ。シャンツァイ。香菜。パクチー。

コリー [コ]〈collie〉[名] 英国原産の牧羊犬。顔が細長く、毛が長い。

ごり-おし [0]【ごり押し】[名][他サ]〔俗語〕むりやりに主張や要求を通そうとして相手を圧迫すること。

こり-かたま・る [マ]【凝り固まる】[自五]（ラ・ロ・リ・ッ・ル・ル・レ・レ） ❶凝って固まる。❷一つのことにとらわれる。夢中になる。「信仰に―」

こ-りくつ [リ]【小理屈・小理窟】[名] つまらない理屈。

こ-りこう [リ]【小利口】【小×悧巧】[形動]（ダロ・ダッ・デ・ニ・ダ・ナ・ナラ・○） 目先のことに気がきいて要領のいいようす。[参考] ほめた意味には使わない。

こり-こり [コ]（と）[副] 少し固い物をかむ音をあらわす語。

こり-ごり [ゴ]【懲り懲り】[名][形動] すっかり懲りること。「もう―だ」

ごり-ごり ❶[ゴ]（と）[副] 固い物にすりつけて押し動かすようす。また、その音をあらわす語。「やすりで―こすってさびを落とす」❷[0][形動(の)] かたく信念をいだくようす。「―の菜食主義者」

こり-しょう [リ]【凝り性】[名][形動] 物ごとに熱中する性質。

ご-りしょう [リ]【御利生】[名]〔文章語〕ごりやく。

こりずまに【懲りずまに】[副]〔古語〕こりないで。

こ-りつ [0]【孤立】[名][自サ] ひとりだけで、仲間や助けのないこと。「―無援」「災害で―した村」**―語**(ご) [0][名] 言語の形態による分類の一つ。単語に語形変化がなく、文中の位置により、そのはたらきをあらわす。中国語・チベット語など。↔屈折語・膠着(こうちゃく)語。

ごりむ-ちゅう [ゴ]【五里霧中】[名]〔五里四方、深いきりにつつまれ、方角のわからぬこと〕❶まよって方角がわからないこと。❷どうしていいか判断がつかないこと。「研究方法もわからず、―だ」[参考]「五里夢中」と書くのはあやまり。

こり-や [リ]【凝り屋】[名] 物ごとに凝る人。

ご-りやく [リ]【御利益】[名] 神仏のめぐみ。ご利生(りしょう)。

こ-りゅう [コ]【古流】[名] ❶古来の流儀。❷いけばな・茶道の一流派。

こ-りょ [コ]【顧慮】[名][他サ] 気にかけて考えること。配慮。懸念。「人の迷惑を―しない」

ご-りょう [ゴ]【御料】[名] 皇室の財産。「―地」「―林」

ご-りょう [ゴ]【御陵】[名] みささぎ。陵墓。

ご-りょう [0]【悟了】[名][他サ]〔文章語〕すっかりさとること。

ご-りょうしょ [リョ]【御両所】[名] おふたり。

ご-りょうにん [リョ]【御寮人】[名] ❶〔関西で〕若妻・むすめを呼ぶ尊敬語。[参考] 実地の話しことばでは「ごりょんさん」と言う。❷〔古語〕他人の妻・むすめを呼ぶ尊敬語。

こ-りょうり [リョ]【小料理】[名] 簡単な料理。**―屋**(や) [リ][名] 小料理と酒をだす、小さな和風の飲み屋。

ゴリラ [ゴ]〈gorilla〉[名] ショウジョウ科の哺乳(ほにゅう)類。雄は体長二メートルに達する。体毛は黒褐色。アフリカに住む。おおしょうじょう。

こ・りる [リ]【懲りる】[自上一]（リ・リ・リル・リル・リレ・リロ・リヨ） あやまちや失敗を悔いて、ふたたびくりかえすまいと思う。**こ・る** [文語上二]

ご-りん [0]【五倫】[名] 儒教(じゅきょう)の「君臣の義、父子の親、夫婦の別、長幼の序、朋友(ほうゆう)の信」の五つの道。五常。

ご-りん [0]【五輪】[名] ❶〔仏〕地・水・火・風・空の五大。❷〔仏〕五輪塔。❸五輪大会。[参考] 一九三六年のベルリンオリンピックの際に、新聞記者が用いた語とされる。**―大会**(たいかい) [タ][名]〔オリンピックマークの五つの輪から〕国際オリンピック大会。**―塔**(とう) [0][名] 五輪にかたどった五つの石を積んだ塔。五輪。

五輪塔

コリント-しき [0]【コリント式】〈Corinth〉[名] 古代ギリシャ建築の一様式。コリント市からおこった。柱頭にアカンサスの葉のはなやかな彫刻がある。⇩ドーリア式(図)。

コル [コ]〈フ col〉[名] 山の尾根のU字形にくぼんだ所。鞍部(あんぶ)。

こ・る [コ]【凝る】[自五]（ラ・ロ・リ・ッ・ル・ル・レ・レ） ❶ふける。熱中する。「ゴルフに―」❷くふうをつくす。「凝った細工」❸筋肉がはってかたくなる。「肩が―」

こ・る [コ]【×梱る】[他五]（ラ・ロ・リ・ッ・ル・ル・レ・レ） 荷づくりをする。

こ・る [コ]【×樵る】[他五] 立ち木を切る。

こ-るい [0]【孤塁】[名] 孤立したとりで。孤立無援の状態のなかで、ひとりでがんばるたとえ。「―を守る」

コルク [コ]〈オ kurk〉＝**キルク** [名] コルクがしの樹皮。かるくて弾力に富み、薬品におかされにくく、熱をつたえないので、びんのせん、保温材などに使う。

ゴルゴンゾーラ [ゾ]〈イ Gorgonzola〉[名] イタリアの代表的なチーズの一つ。青かびを用いてつくるブルーチーズで、独特のにおいがある。

ゴルジ-たい [0]【ゴルジ体】[名]〔発見者のイタリアの病理学者 Golgi の名から〕細胞の細胞質内に見られる複雑

な網状、または、粒状の構造。分泌物・排出物・脂肪・色素の形成に関係する。

コルセット コ〈corset〉名 ❶婦人洋装の下着の一種。腹・腰をしめて形を整えるのに使う。❷⬇ギプスコルセット。

コルト コ〈Colt〉名〔商標名〕連発式ピストルの名。参考 発明者、アメリカ人サミュエル=コルトの名から。

コルネット ネ〈cornet〉名 金管楽器の一種。三つの弁を持ち、トランペットに似ているが音がやわらかい。

コルネット

ゴルフ ゴ〈golf〉名 広い野外で、ボールをクラブで打って順次に一八の穴に入れ、打った回数のすくないほうを勝ちとする競技。 **ーリンクス** リ〈golf links〉名 ゴルフ競技場。

ゴルファー ゴ〈golfer〉名 ゴルフをする人。

コルホーズ ホ〈ロ kolkhoz〉名 旧ソ連で制度化された協同組合形式の集団農場。↕ソフホーズ。

これ【これ】【×此・▲是・×之】㊀⓪代 ↕それ・あれ。❶自分が指をさしたり、手に持ったりしている物を指して言う語。「ーをください」❷前に述べたことや話題になっていること、あるいは今から言うことを指して言う語。「ーが私の感想だ」「ーは大変なことになった」「ーは内密の話ですが」参考 法令文などで、文頭に提示した語を受けても用いる。「検閲は、ーをしてはならない」❸自分の身内や目下の者を指して言う語。「ーの言うことを聞いてやってくれ」参考 古文では、自分のことをも指す。「これはこのあたりに住まひいたす者でござる」〈狂言・附子〉❹自分が今いる時と場所を指して言う語。いま。ここ。「ーからが大変だ」「ーより先、立ち入り禁止」❺文章語 直前の語を強調する語。「右の者、不都合ーあり」参考「これ」「この」「ここ」などは、広く自分に属する物事を指す場合に使う。㊁コ 感 呼び掛けたり、注意したりするときにいう語。おい。こら。「ー、やめなさい」 **ー幸い** 偶然の機会を逃さないようす。これはちょうどよい。「ーと便乗する」 **ーと言う** とくに取り立てて言うほどの。「ー手柄もない」 **ーはしたり** 自分の過失に気づいたり、意外なことにおどろいたときに言う語。これはしまった。とんでもない。 **ーまで** ❶今まで。このときまで。「ーの縁」❷覚悟を決めるとき。最期。「もはやー」 **ー見よがし** あてつけがましく見せるようす。 **ーやこの・ーぞこの** 古語〔かねて聞き知っていたものを実際に見て感嘆するときに用いる和歌特有の表現〕これがあの有名な…かなあ。これがうわさの、あの。「これやこの倭にしては我が恋ふる紀路にありといふ名に負ふ背の山」〈万葉〉

こ-れい ⓪【古礼】名 ふるくからの礼法・礼式。

こ-れい ⓪【古例】名 ❶昔からのしきたり。❷昔の先例。

ご-れい ⓪【語例】名 ことばの例。例としてあげることば。

ご-れいぜん ⓪【御霊前】名 ❶死んだ人の霊の前。❷香典や供物に書くことば。

これ-から ラ名副 今から。「ーという大事な時」

コレクション レ〈collection〉名 趣味として美術品ほか、いろいろの物をあつめること。また、あつめたもの。収集。「切手のー」

コレクター レ〈collector〉名 収集家。

コレクト-コール コ2〈collect call〉名 電話で、料金を相手に払ってもらう通話。

コレクト-マニア マ〈collect mania〉名〔和製英語〕趣味として、一定のものを夢中になって集める人。

これ-これ【これこれ】【×此×此】㊀レ1 名 多くの物事をまとめていう語。これとこれと。「ーと説明する」㊁コ1 感 注意をうながし、また、とがめる語。「ー、なにしているのだ」

これ-しき ⓪【▲是式・×此式】名 これぐらい。これほど。「なんのー、やってしまおう」

コレステリン ⓪〈ド Cholesterin〉名 ⬇コレステロール。

コレステロール ロ〈cholesterol〉名 動物の細胞内にふくまれる有機化合物の一種。体内の機能を維持する物質を合成する。少なすぎても多すぎても有害。コレステリン。

これっきり リ【×此れっ切り・▲是っ切り】名副〔「これきり」を強めた語〕❶最後であること。「二人の仲もーだ」❷限度であること。それに限定されること。「もらった金はー」

これっ-ぽっち ポ名 ❶こればかり。たったこれだけ。「ーしかないのか」❷ほんのわずか。「欠点はーもない」

これは-これは ⓪感 感動したり、おどろいたりしたとき発する語。「ー、よくおいでくださいました」

これ-ほど ⓪【これほど】【▲是程】副 これくらい。こんなに。「ー頼んでもだめか」

コレラ コ〈オ cholera〉【虎▲列×剌】名 コレラ菌によって小腸がおかされて起こる急性感染症。夏

これ-を-もって 連語 これで。「ー終わりとします」

ころ コ名 大きなものや重いものを動かしやすくするために、下に敷くまるい棒。ころばし。

ころ【頃】㊀コ名 おおよその時期・時刻をあらわす。時分。「そろそろ土用波が立つーだ」「ーを見はからって司会者が発言した」「もうすぐ最終列車が駅に着くーだ」㊁造〔「ごろ」と変化することが多い〕❶〔時をあらわす語について〕だいたいの時間をあらわす。「父の帰宅はたぶん十時ーだ」「三月末ーの暖かさだ」参考「三月末ぐらいの暖かさだ」の「ぐらい」は「ごろ」に似ているが、「三月末ごろ」がかなり幅のある言いかたなのに対し、「三月末ぐらい」は目安としてあげる例という違いがある。❷〔動詞について〕そのことをするのによい時分であることをあらわす。「つつじがちょうど見ーだ」「すいかも食べーになった」

ごろ ゴ名「ごろつき」の略。「会社ー」

ご-ろ ⓪【語呂】名 ❶声に出して言うときの、ことばの調子。「ーがいい」❷ごろあわせ。 **ー合わせ** ア名 ある文句の口調にあわせて、別の文句をつくることばの遊び。「巧言令色すくないかな仁」から「そうめん冷食涼しいかな縁」など。

ゴロ ゴ名〔ア grounder から〕野球で、地面をころがっていく打球。参考 擬声語の「ごろごろ」を連想した造語とも。

ゴロ ゴ【呉×絽】名〔「ゴロフクレン」の略〕近世舶来のあらい毛織物。

ころ-あい ⓪【頃合(い)】名 ❶ちょうどよい時期。チャンス。しおどき。「ーを見る」❷程度が適当であること。手ごろ。「ーの品」

コロイド ⓪〈colloid〉名 ある物質が微粒子となって他の物質中にこまかく分散している状態。かんてん・のり・ゼラチンなど。

こ-ろう ⓪【古老・故老】名 ❶としより。❷昔のことをよくおぼえている老人。「土地のーの話」

こ-ろう ⓪【虎×狼】名 文章語 ❶とらとおおかみ。❷欲ふかくて残忍な者のこと。

こ-ろう ⓪【×狐×狼】名 文章語 ❶きつねとおおかみ。❷ずるくて人に害を与える心のある者のこと。

こ-ろう ⓪【鼓楼】名 昔、時刻を知らせる太鼓を置いた高い建物。

こ-ろう [0]【固×陋】形動(ダロ・ダッ・デ・ニ・ダ・ナ・ナラ・○)〔文章語〕〔「陋」はせまいの意〕❶がんこで見聞がせまいようす。「頑迷—」❷ふるい考えや習慣をまもって、新しいことをきらうようす。「—な年より」

ごろう・じる [ジ]【御▲覧じる】他上一(ジ・ジ・ジル・ジル・ジレ・ジロ・ジヨ)〔文章語〕〔「ごらんじる」の変化〕ごらんになる。ごろうずる。参考 命令形の「ごろうじろ」は、「よく見てごろうじろ」のように、冗談まじりに言うときに、近年まで話しことばでも使われた。**ごらう・ず** 文語サ変

ころ-おい [0/オ]【頃おい】(—ほひ) 名 ころ。時節。

ころ-がき [ロ]【枯露柿】名 しぶがきの皮をむいて、陰干ししたもの。ほしがき。つるしがき。秋

ころが・す [0]【転がす】他五(サ・ソ・シ・ス・ス・セ・セ)❶ごろごろまわして送る。「ボールを—」❷横にたおす。「材木を—」＝ころばす。**転がせる** 自下一〔…できる〕

ころがり-こ・む [コ2]【転がり込む】自五(マ・モ・ミ・ン・ム・ム・メ・メ)❶ころがってはいり込む。ころげ込む。❷あわててはいり込む。❸他人の家にやっかいになる。「おじの家に—」❹思いがけないものがやってくる。「大金が—」

ころが・る [0]【転がる】自五(ラ・ロ・リ・ッ・ル・ル・レ・レ)❶丸い物がまわりながら進む。❷たおれる。ころぶ。❸からだを横にする。「たたみの上に—」参考 ❷の意味では、「転げる」ということもある。**転がれる** 自下一〔…できる〕

ご-ろく [ゴ]【語録】名 学者・僧・指導者などのことばの記録。「朱子—」

こ-ろくがつ [ロ]【小六月】名 ⬇こはる(小春)。

ころげ-こ・む [コ2]【転げ込む】自五(マ・モ・ミ・ン・ム・ム・メ・メ)⬇ころがりこむ。

ころげ-まわ・る [ワ]【転げ回る】(—まはる) 自五(ラ・ロ・リ・ッ・ル・ル・レ・レ) ころがって動き回る。「芝生の上で—」

ころ・げる [0]【転げる】自下一(ゲ・ゲ・ゲル・ゲル・ゲレ・ゲロ・ゲヨ) ころがる。

ころ-ころ [コ1] 一 (と)副 ❶小さな物がころがるようす。❷若い女性が明るく笑うようす。「—とよく笑う」❸次々と変わるようす。「—と方針が変わる」二 (と)副 自サ 丸く太っているようす。「—と太った赤ん坊」「—した子犬」

ごろ-ごろ [ゴ1] (と)副 自サ ❶大きな音がするようす。「雷が—鳴る」「猫が—とのどを鳴らす」❷大きな物がちらばっているようす。「川原には石が—している」❸重い物がころがるようす。また、その音を表す。❹かたい物があるのが気になるようす。「目が—する」❺何もしないでぶらぶらしているようす。「家の中で—する」❻似たものがいくらもあるようす。「そんな話は世間に—している」

ころし [0]【殺し】名〔俗語〕人殺し。

コロシアム [ロ/シ] ＝**コロセウム** 名 ❶〈Colosseum〉帝政ローマ時代につくられた壮大な野外円形劇場。❷〈colosseum〉まわりに観客席のついた競技場。

コロシアム❶

ころ-しも 連語〔文章語〕ちょうどそのころ。「—山は花ざかり」

ころし-もんく [モ]【殺し文句】名 その一言で相手の気持ちを自分の方へひきつける、きめ手となる言葉。

ころし-や [0]【殺し屋】名〔俗語〕おかねをもらって人を殺すことを職業とする人。

ころ・す [0]【殺す】他五(サ・ソ・シ・ス・ス・セ・セ)❶人や動物の命を取る。死なせる。殺害する。「虫も殺せない」↕生かす。❷不注意で、また、どうすることもできないで、死ぬにまかせる。死なせる。「事故で惜しい人を殺した」❸おさえて小さく、または弱くする。「声を—」「感情を—」❹ものをおさえ、役に立たないようにする。「才能を—」↕生かす。❺野球で、アウトにする。↕生かす。**殺せる** 自下一〔…できる〕

コロセウム [セ]〈ラ colosseum〉名 ⬇コロシアム。

コロタイプ [タ]〈collotype〉名 平版印刷の一つ。ゼラチンと重クロム酸カリの混合物をガラス板に塗り、これに写真を焼きつけて印刷する。絵画・古書などの複製用。

ごろ-つき [0]【▲破▲落▲戸】名 きまった職業や住所がなく、うろつきまわって悪事をする者。ごろ。

コロッケ [コ] 名〔フ croquette から〕ひき肉や野菜などを、ためのホワイトソース、または、ゆでてつぶしたじゃがいもにまぜ、パン粉をまぶして油であげたもの。

ころっ-と [ロ] 副 ❶ものが軽く転がるようす。「ビー玉が—転がる」❷ものの固まりが丸みをおびているようす。「—したぬいぐるみ」❸ことが簡単におこなわれるようす。「—死ぬ」「—だまされる」「—まいる(＝魅了される)」❹急にすっかり変わるようす。「—忘れる」

ごろっ-と [ロ] 副 ❶重くて大きいものが転がるようす。「たるを—転がす」❷重くて大きいものが丸みをおびているようす。❸重くて大きいものが無造作に横たえられるようす。「—荷物を置く」「—寝ころがる」

コロップ [ロ] 名〔オ prop のなまり〕コルク製の、びんのせん。

コロナ [コ]〈corona〉名〔「クラウン(crown)」と同語源〕❶太陽をとりまく気体のもっとも外側の層。一〇〇万度をこえる高温で、皆既日食のときに、銀白色の光の輪のように見える。❷コロナウイルス。また、それにより引き起こされる感染症の俗称。 **—ウイルス** [ウ]〈coronavirus〉名〔形状がコロナ❶に似るところから〕ヒトに感染し、呼吸器感染症を引き起こすウイルス。参考 従来のコロナウイルスによる症状に比べ、重症化し、致死率も高い新種のコロナウイルスを「新型コロナウイルス」と言う。

コロニー [コ]〈colony〉名 ❶植民地。植民者の集落。❷動植物・細菌などの群落。❸長期療養者・身体障害者などを集めて保護したり、訓練をしたりする施設。

ごろ-ね [0]【ごろ寝】名 ねまきに着かえないで、また、ふとんを敷かないで寝ること。

ころば・す [0]【転ばす】他五(サ・ソ・シ・ス・ス・セ・セ) ⬇ころがす。

ごろはち-ちゃわん [チャ]【五▲郎八茶×碗】名〔「五郎八」は陶工の名という〕そまつで大きな、めしぢゃわん。

転ばぬ先の×杖 失敗しないように、まえまえから用心しろの意。

ころ・ぶ [0]【転ぶ】自五(バ・ボ・ビ・ン・ブ・ブ・ベ・ベ)❶ころころまわって進む。「ボールが—」❷たおれる。「すべって—」❸江戸時代、キリシタンの信者が他の宗旨にかわる。❹芸者が金のために身をまかせる。**転び** 名 **転べる** 自下一〔…できる〕

ころも [0]【衣】名 ❶着物。衣服。❷僧の衣服。法衣。❸あげもの・菓子の外皮。**—片敷く**〔古語〕着物の片そでをしいて、ひとりさびしく寝る。

ころも-がえ [0]【衣替え】【衣▲更】(—がへ) 名 ❶着物を着かえること。季節のかわりめに衣服を着かえること。夏 ❷すっかりようすを変えること。「店の—」

ころも-で [0]【衣手】名〔古語〕そで。たもと。

ころも-へん [0]【衣偏】名 漢字の部首の一つ。「袖」「裕」などの「ネ」。

コロラチュラ-ソプラノ [ソ]〈イ coloratura soprano〉名 歌劇のソプラノ独唱などで用いる、玉をころがすような技巧的なうたいかた。

ころり-と [ロ] 副 ❶ものが軽く転がるようす。ころんと。「パンダが—転ぶ」❷ものの固まりが丸みをおびているようす。ころんと。「—した里芋」❸簡単に負けたり死んだりする

ようす。

ごろり-と ⓪ リ 副 ❶重くて大きいものがゆっくり転がるようす。「庭石を―動かす」❷重くて大きいものが丸みをおびているようす。「―したスイカ」❸無造作にものを横たえるようす。「―寝がえりをうつ」‖ごろんと。

コロン コ 〈colon〉 名 欧文の句読点の一つ。「:」。

転んでもただは起きぬ 欲が深くて、どんなときにもなにか得をしようとすること。

ころん-と ⓪ 副 ⇒ころりと❶❷。

ごろん-と ⓪ 副 ⇒ごろりと。

コロンビア 《Colombia》 南アメリカ北西部の共和国。首都はボゴタ。

コロンブスの卵 何ごとも、初めにおこなうのはむずかしいが、人のしたあとはたやすいということのたとえ。参考 アメリカ大陸発見などたいしたことではないと言った人に、コロンブスは卵を机の上に立ててみろと言い、できないと答えると、卵をつぶして立ててみせたということから。

こわ・い ワ 【怖い】【▲恐い】 形 心に不安や危険を感じる。おそろしい。「―顔」「夜道が―」参考「怖い」は「恐ろしい」よりも話しことばで使われる。**こわがる** 自五 **こわさ** 名 **こは・し** 文語ク **―もの知らず** 自信にあふれ、不安も恐れもないようす。「―の若者」 **―もの見たさ** こわいものは、好奇心をかきたてるので、かえって見たくなること。「―に近寄ってみる」

こわ・い ワ 【▲強い】 こはい ━ 形 ❶かたい。ごわごわしている。「―麻の布」❷つよい。はげしい。「―相手」「手ごわい」❸意地っぱりだ。「情が―」❹歯ごたえがある。「―ご飯」 **こわげ** 形動 **こわさ** 名 **こは・し** 文語ク ━ 形ク 古語 ❶(坂道などが)けわしい。「幼きほどにて坂のこはきを登りはべりしかば」〈大鏡〉❷がんこだ。強情だ。「この幼き者は、こはくはべる者にて」〈竹取〉

こわ-いい イ 【▲強▲飯】 こはいひ 名 古語 ❶米をむしてたいた、かためし。❷もち米で作ったねばりけの強いめし。こわめし。おこわ。

こわ-いけん イ 【こわ意見】【▲強意見】 こは 名 きびしい忠告。

こわ-いろ ⓪ 【声色】 名 ❶声の調子。こわね。「―を変える」❷役者・芸人などのせりふをまねること。声帯模写。

こわ-がり ガ 【怖がり】 こはがり 名 ちょっとした事でもこわがる性質。また、その人。

こ-わかれ ワ 【子別れ】 名 親が子と生き別れすること。

こ-わき ⓪ 【小脇】 名 (「こ」は接頭語)わき。わきの下。**―に抱える** わきにちょっとかかえる。

こ-わく ⓪ 【×蠱惑】 名 他サ 〔文章語〕 (「蠱」も「惑」もまどわすの意)人をまよわすこと。

こ-わけ ⓪ 【小分け】 名 一つの物を小さく分けること。また、分けたもの。

こわ-ごわ ゴ 【こわごわ】【怖怖・▲恐▲恐】 こはごは 副 おそるおそる。おっかなびっくり。「―近よってみる」

ごわ-ごわ ゴ ⓵ (と)副 自サ 形動(の) 紙や布・革などがやわらかさをうしない、こわばっているさま。「―したタオル」 参考 形容動詞として使うときは⓪。

こ-わざ ⓪ 【小技】 名 相撲・柔道で、動きの小さい、ちょっとした技。↕大技。

こわ-ざし ⓪ 【声差し】 名 声のようす。声の調子。

こわ・す ワ 【壊す】【▲毀す】 こはす 他五 ❶完全であった物をいためる。❷使えなくする。くだく。やぶる。❸だめにする。つぶす。「話を―」❹調子をわるくする。「からだを―」 **こわせる** 自下一 〔…できる〕

ごわ・す 自五 〔方言〕 (鹿児島で)ございます。あります。

こわ-だか ⓪ 【声高】 形動 声を高く大きくするようす。「―に話す」

こ-わたり ワ 【古渡り】 名 室町時代、または、それ以前に外国から渡ってきたこと。また、その物。↕新渡。

こわ-だんぱん ダ 【こわ談判】【▲強談判】 こは 名 自分の言い分を強硬に通そうとする談判。

こわ-づかい ヅ 【声遣い】 づかひ 名 声の出し方のぐあい。

こわ-づく・る 【声作る】 自四 古語 ❶つくり声をする。「こわづくり気色どりて御消息きこゆ」〈源氏〉❷わざとせきばらいをする。「うちしはぶきたまへれば、『中将のこわづくるにぞあなる。…』」〈源氏〉

こ-わっぱ ワ 【小わっぱ】【小▲童】 名 こどもや未熟者をばかにしていう語。

こわ-ね ⓪ 【声音】 名 声の調子。こわいろ。

こわ-ば・る バ 【▲強張る】 こは 自五 やわらかだったものが、かたくなる。「こわばった表情」

こわ-めし ⓪ 【こわ飯】【▲強飯】 こは 名 もちごめをむした飯。多くはあずきをまぜて赤飯とする。おこわ。

こわ-もて ⓪ こは ━ 【▲強持て・▲恐持て】 名 おそれられて、かえってていねいにあつかわれること。━ 【▲強▲面】 名 形動 (「こわおもて」の変化)こわい顔つき。また、相手に対して強い態度に出ること。「―に出る」

こわれ-もの ⓪ 【壊れ物】【▲毀れ物】 こはれ 名 ❶こわれたもの。❷こわれやすいもの。「―注意」

こわ・れる レ 【壊れる】【▲毀れる】 こはれる 自下一 ❶完全であったものがいたむ。❷くだける。破れる。「箱が―」❸だめになる。「縁談が―」❹故障する。「テレビが―」 **こは・る** 文語下二

こをつれて 《子をつれて》 葛西善蔵の短編小説。一九一八年に発表。子どもを連れて放浪する小説家の姿をえがいた作品。大正時代の私小説の代表作。

こん 【今】 造 ❶いまの。「今後・今日・今学期・今シーズン・昨今・当今」❷きょうの。ことしの。「今秋・今夜・今八日・今夜半・今早朝」❸この。このたびの。「今回・今度・今国会・今総会」〔別音きん｜今〕

こん 【困】 造 こまる。くるしむ。なやむ。つかれる。「困窮・困苦・困難・困惑・貧困」

こん 【×坤】 造 ❶つち。大地。易の卦の一つ。「乾坤」❷ひつじさる。南西の方角。

こん 【×昏】 造 ❶ひぐれ。夕ぐれ。「黄昏」❷目がくらむ。意識を失う。「昏昏・昏睡・昏倒・昏迷」

こん 【昆】 造 多い。たくさん。むれ。「昆虫」

こん 【金】 造 ❶こがね。金属元素の一つ。「金色・黄金」❷きわめてかたい。「金剛石」❸すぐれている。りっぱ。「金堂」〔別音きん｜金〕

こん 【建】 造 たてる。つくる。「建立・再建」参考 寺院の建築について言う。〔別音けん｜建〕

こん 【恨】 造 うらむ。うらめしい。くやむ。「恨事・遺恨・怨恨・悔恨・痛恨」

こん 【婚】 造 夫婦になる。「婚姻・婚礼・求婚・結婚・離婚・冠婚葬祭」

こん 【×梱】 造 しばる。ひもやなわをかける。「梱包・開梱・同梱」

こん 【混】 造 ❶まぜる。いっしょにする。「混合・混成・混同・混紡」❷まざる。まじる。いりみだれる。「混在・混雑・混戦・混線・混濁・混沌・混入・混迷・混乱」 **混ずる** 自他サ

こん 【痕】 造 あと。きずあと。「痕跡・血痕・弾痕・墨痕」

こん 【×渾】 造 ❶水のわき出る音。水が流れるさま。「渾渾・雄渾」❷にごる。まざる。「渾沌・渾然一体」❸す

こ

べて。「渾身」

こん【献】 造 料理や酒を人にすすめる。「献立(こんだて)・一献・九献(くこん)・数献」[別音けん|献]

こん【魂】 造 ❶たましい。死者の霊。「招魂・鎮魂・亡魂・霊魂」❷こころ。気質。「魂胆・商魂・闘魂・入魂・和魂洋才」

こん【墾】 造 きりひらく。たがやす。「墾田・開墾・未墾」

こん【懇】 造 ❶ねんごろ。心をつくす。「懇願・懇情・懇切・懇談」❷したしくする。「懇意・懇親・懇話・昵懇(じっこん)」

こん【根】 ㊀ 0 名 造 ❶物ごとにたえうる気力。「―が尽きる」「根性(こんじょう)・根負け・気根・精根」❷方程式を解いて得た答え。❸ある数を何乗かしたとき、その乗数に対して、もとの数。「根号・平方根・立方根」㊁ 造 ❶ね。「根菜・球根・大根」❷もと。みなもと。「根幹・根拠・根源・禍根」 **―を詰める** ひとつの事に集中して続けて取り組む。「根を詰めて作業をつづける」

こん【紺】 コ 名 造 青と紫とをあわせた色。紺色。「紺碧(こんぺき)・紫紺・濃紺」

ごん【権】 ㊀ 造 かり。姿をかりる。「権化・権現」㊁ 接頭 ❶定員のほか。「―大納言」❷副。「―宮司(ぐうじ)」[別音けん|権]

ごん【言】 造 ❶ことば。「遺言(ゆいごん)・伝言・無言」❷はなす。のべる。「言上・他言・二言」[別音げん|言]

ごん【×欣】 造 よろこぶ。「欣求(ごんぐ)」[別音きん|欣]

こん-い コ【懇意】名 形動 仲のよいこと。こころやすいこと。

こん-いん 0【婚姻】名 自サ 二人の合意により、新しい戸籍をつくること。「結婚」の法律上の用語。⇩結婚 参考

こん-か コ【今夏】名 文章語 ことしの夏。この夏。↕昨夏・来夏。

こん-か コ【婚家】名 よめ・むこになって行った先の家。↕実家。

こん-かい コ【今回】名 このたび。こんど。↕前回・次回。

こんがい-し ガ【婚外子】名 戸籍上の婚姻関係にない男女の間に生まれた子。非嫡出子。

こん-かぎり カ【根限り】副 根気のつづくかぎり。「―努力する」

こん-がすり ガ【紺がすり】【紺▲飛▲白・紺×絣】名 紺色の地(じ)に白いかすりもようのあるもめんの織物。↕白がすり。

こん-かつ 0【婚活】名 自サ 結婚相手を探す活動。

こんがら-か・る 0 カ 自五 ラ・ロ・リ・ッ / ル・ル・レ・レ もつれる。からまりあう。こんぐらかる。「話が―」

こんがり ガ (と) 副 適当に色がついて焼けるようす。

こん-かん 0【根幹】名 (根とみき)物事の大もと。「活動の―をなす思想」

こん-がん 0【懇願】名 他サ 心からの頼み・願い。「協力を―する」

こん-き コ【今季】名 この季節。このシーズン。

こん-き コ【今期】名 いまの時期・期間。↕前期・次期・来期。

こん-き 0【根気】名 がまんづよくつづける気力。「―よく教える」「―強い子」 **―負け** 0 名 自サ 根気がつづかず中止すること。

こん-き コ【婚期】名 結婚によい年ごろ。「―を逸する」

こん-ぎ コ【婚儀】名 文章語 結婚式。婚礼。

こん-きゃく 0【困却】名 自サ すっかりこまること。

こん-きゅう 0【困窮】名 自サ ❶ひどくこまること。❷貧乏にくるしむこと。貧困。「―の生活」

こん-きょ コ【根拠】名 ❶よりどころ。「―のない説」❷ねじろ。本拠。「―地」

こん-ぎょう 0【今暁】名 文章語 きょうの明けがた。↕昨暁。

ごん-ぎょう 0【勤行】名 [仏]仏前で、読経(どきょう)・礼拝(らいはい)・焼香などをすること。おつとめ。

こん-く コ【困苦】名 つらくくるしいこと。困難。苦労。「―にたえる」

ゴング ゴ〈gong〉名 どら。特に、ボクシングでラウンドの開始・終了の合図のかね。

ごん-ぐ ゴ【×欣▲求】名 他サ [仏]よろこんでさとりの道をもとめること。 **―浄土(じょうど)** ジョ|ゴ=ジョ 名 死後、極楽浄土へ行けるようにと心からねがうこと。↕厭離穢土(えんりえど)。

コンクール ク〈ﾌ concours〉名 美術・音楽・芸能などの競技会。

こん-ぐらか・る 0 カ 自五 ラ・ロ・リ・ッ / ル・ル・レ・レ ⬇こんがらかる。

こん-くらべ ク【根比べ】【根▲競べ】名 どちらが根気がつづくか競争すること。

コンクリート リ〈concrete〉名 セメント・砂・じゃり・水をまぜあわせて、かたまらせたもの。土木・建築用。 **―ブロック** ロ〈concrete block〉名 コンクリートを箱形にかためた建築用材。 **―ミキサー** ミ〈concrete mixer〉名 セメント・砂・じゃり・水をまぜあわせてコンクリートの原料をつくる機械。

コングロマリット マ〈conglomerate〉名 各種の分野の企業をつぎつぎと合併吸収し、巨大化した大企業。複合企業。

ごん-げ ゴ【権化】名 (「権」は、仮の意)❶仏・菩薩(ぼさつ)が衆生(しゅじょう)を救うために、かりに姿をかえて、この世にあらわれること。また、そのあらわれたもの。化身(けしん)。❷ある思想・精神などが具体的に人間の形をとったもの。「悪の―」

こん-けい 0【根茎】名 竹・はすなどにあるような地下茎。

こん-けつ 0【混血】名 人種のちがう男女のあいだに生まれた子どもに、両方の特徴がまじること。↕純血。 **―児(じ)** ツ|ケ 名 人種のちがう父母から生まれた子。

こん-げつ 0【今月】名 いまのつき。本月。当月。↕先月・来月。

こん-げん ゲ【根元・根源】名 大もと。根本。本源。

ごん-げん ゴ【権現】名 仏が、かりに日本の神に姿をかえてあらわれること。また、その神。 **―様(さま)** マ|サ 名 徳川家康(いえやす)をとうとんでいう語。参考 死後、朝廷から東照大権現の名をおくられたから。 **―造り(づくり)** ヅ 名 神社建築様式の一つ。桃山時代にはじまる。拝殿・本殿の間に中殿がある。参考 表記は「権現造」でもよい。

(側面) 中殿 拝殿 本殿

権現造り

こん-ご 0|コ【今後】名 副 今からのち。これからさき。以後。

コンゴ《Congo》アフリカ中央部にある共和国。旧フランス領で、一九六〇年に独立。首都はブラザビル。正式国名はコンゴ共和国。

コンゴ《Congo》アフリカ中央部にある共和国。旧ベルギー領で、一九六〇年に独立。国名を一九七一年ザイール共和国と改称したが、一九九七年コンゴ民主共和国に戻した。首都はキンシャサ。

ごん-ご ゴ【言語】名 文章語 ことば。げんご。 **―道断(どうだん)** ゴ 名 〔仏教の奥深い真理はことばでは説明しつくせない

の意から)もってのほか。とんでもないこと。

こん-こう 0【混交】【混×淆】名 自サ いりまじること。「玉石—」

こん-ごう コ【金剛】名 ❶金剛石。❷たいそうかたくて、こわれないこと。また、そのもの。「—心」 **—砂**(しゃ) ゴ 名 ざくろ石の細粉。石材・ガラスなどをみがくのに使う。エメリー。 **—心**(しん) ゴ 名 ほとけに対するかたい信仰の心。 **—石**(せき) ゴ 名 ダイヤモンド。 **—×杖**(づえ) ヅ 名 修験者(しゅげんじゃ)または登山者などのもつ、八角または四角の白木のつえ。 **—不▲壊**(ふえ) フ 名〔文章語〕たいそうかたくてこわれないこと。 **—力**(りき) ゴ 名 金剛力士のような強いちから。 **—力士**(りきし) リ 名 仏法を守る、大力の仏神。寺の門の左右におかれている。仁王(におう)。

こん-ごう 0【根号】名 数学で、開平・開立(かいりゅう)などの根(こん)を表す符号。ルート。「√」。

こん-ごう 0【混合】名 自他サ まじりあうこと。まぜあわせること。「—水栓」「—ダブルス」 **—診療**(しんりょう) シ 名 保険診療と自由診療を併用した診療。 **—物**(ぶつ) ゴ 名 ❶二種以上の物質がもとの化学的性質を失わずにまざっているもの。↕化合物。❷二種類以上のものがまじって一つになったもの。

コンコース コ²〈concourse〉名 駅・空港などの、通路をかねた中央ホール。

こん-こん コ¹〔と〕副 ❶軽くせきをするようす。❷ドアをノックする音をあらわす語。❸きつねの鳴き声をあらわす語。❹雪や雨などがさかんに降るようす。

こん-こん 0【×昏×昏】と副 よく眠るようす。

こん-こん 0【×滾×滾】と副 水がたえずわきでるようす。「—とわきでる泉」

こん-こん 0【懇懇】と副 ていねい親切にくり返して言うようす。「—とさとす」

こん-サージ サ【紺サージ】名 紺色のサージ。サージ。

コンサート コ〈concert〉名 ❶オーケストラ・合唱団による公開の演奏会。❷演奏団体。 **—マスター** マ〈concertmaster〉名 オーケストラの首席演奏者。ふつう、第一バイオリン部の首席演奏者がなる。

こん-さい 0【根菜】名 だいこん・にんじん・いも類など、おもに根の部分を食べる野菜。根物(ねもの)。↕花菜・果菜・葉菜。

こん-ざい 0【混在】名 自サ いりまじってあること。「さまざまな要素が—する」

ごん-さい 0【権妻】名〔文章語〕(「権」はかりそめの意)めかけ。↕正妻。参考 明治前半期に使われた語。

こん-さく 0【混作】名 他サ 同じ耕地に同時に二種以上の農作物をつくること。

こん-ざつ コ【混雑】名 自サ こみあって、ごたごたすること。「—を避ける」

コンサバ 0 形動 〔ダロ・ダッ・デ・ニ／ダ・ナ・ナラ・○〕〔俗語〕(conservativeから)考え方や好みが保守的なようす。「—なファッション」

コンサルタント サ〈consultant〉名 ❶企業の経営・管理の技術についての相談役。マネジメントコンサルタント。経営士。❷専門的知識をもつ相談役。「結婚—」

コンサルティング サ〈consulting〉名 客の相談に対して専門的な立場から助言を行うこと。「—会社」

こん-じ コ【今次】名〔文章語〕このたび。今回。

こん-じ コ【恨事】名〔文章語〕うらめしいこと。残念なこと。「千秋の—」

こん-じ コ【根治】名 自他サ 病気が根本からなおること。病気を根本からなおすこと。こんち。

コンシェルジュ シエ〈フconcierge〉＝コンシェルジェ 名 ❶(アパートの管理人の意から)ホテルで宿泊客に幅広く情報を提供したり、旅行の手配をしたりするスタッフ。❷特定の分野に精通し、ガイドとしての役割を果たす人。「落語—」

こん-じき 0【金色】名 きんいろ。「—の光」

こんじきやしゃ《金色夜叉》尾崎紅葉(おざきこうよう)の長編小説。一八九七年から一九〇三年にかけて発表されたが未完。いいなずけを金持ちにうばわれた男が、高利貸しとなって社会に復讐(ふくしゅう)しようとする物語。

こん-じゃく 0/コ【今昔】名 いまとむかし。 **—の感**(かん) いまとむかしのかわりかたのはげしさに、心をうたれること。

こんじゃくものがたりしゅう《今昔物語集》平安時代後期の説話集。編者は源隆国(みなもとのたかくに)といわれる。インド・中国・日本の各種説話約一千をのせている。

こん-しゅう 0【今秋】名〔文章語〕ことしの秋。この秋。↕昨秋・来秋。

こん-しゅう 0【今週】名 いまの週。この週。「—の火曜」↕先週・前週・来週。

こんしゅ-ご 0【混種語】名 和語と漢語、和語と外来語、漢語と外来語が結びついてできた語。「格下げ・ペン先・食パン」など。

こんじゅ-ほうしょう ホ【紺×綬褒章】名 公共のために財産を寄付した人に国が与える、紺のリボンのついた褒章。

こん-しゅん 0【今春】名〔文章語〕ことしの春。この春。↕昨春・来春。

こん-しょ コ【懇書】名〔文章語〕❶ていねいな、親切さのあふれた手紙。❷相手の手紙のていねいな言い方。手紙に使う。「ご—拝受」

こん-じょう 0【今生】名 この世にいきている間。この世。「—の思い出」

こん-じょう コ【根性】名 ❶その人の性質をつらぬく根本的な気質。「—を改める」❷強い性質。「—のある男」❸いやしい精神。「役人—」参考「根情」と書くのはあやまり。

こん-じょう 0【紺青】名 うつくしくあざやかな、あい色。

こん-じょう 0【懇情】名〔文章語〕親切な心づかい。参考「ご」をつけて、相手の心づかいに対し、尊敬・感謝の気持ちをもって言うことが多い。⇩高配 参考。

ごん-じょう 0【言上】名 他サ 申しあげること。

こん-しょく 0【混織】名 二種以上の繊維をまぜて織ること。また、織ったもの。交織。

こん-しょく 0【混食】名 自サ ❶米に他の穀物をまぜて主食とすること。❷草食も肉食もすること。

こん・じる 0【混じる】自他上一 〔ジ・ジ・ジル・ジル・ジレ・ジロ・ジヨ〕➡こんずる。

こん-しん 0【×渾身】名 (「渾」はすべての意)からだ全体。「—の力をふりしぼる」

こん-しん 0【懇親】名 仲よくうちとけること。「—会」

こん-しん 0【混信】名 自サ 電信・放送などで、他の局のものがまじって聞こえること。

こん-じん 0【今人】名〔文章語〕いまの時代の人。↕先人・古人・後人(こうじん)。

こん-じん 0【金神】名 陰陽道(おんようどう)で祭る方角の神。その方角にむかっての建築・外出・移転・嫁とりなどをきらう。

コンス コ【中▲公▲司】名 中国語で、会社。

こん-すい 0【×昏睡】名 自サ 病気・重傷などのため、意識不明になること。「—状態」

ごん-すけ ゴ【権助】名 下働きの男。参考 昔、飯たきなどの雑用をした男にこの名が多かったことから。

コンスターチ [タ]〈ァcornstarch〉＝**コーンスターチ** [名] とうもろこしのでんぷん。食品・洗濯のりなどに使う。

コンスタント [コ]〈constant〉㊀[名] 数学・物理学で、常数。㊁[形動] 一定しているようす。「―な成績」

コンストラクション [ラ]〈construction〉[名] 組み立て。構造。

こん・ずる [0]【混ずる】[自他サ] (ジ・ゼ［ジ］ズル［ズ］ズレ・ジロ・ゼヨ) まじる。まざる。まぜる。混(こん)じる。「異質のものが―」「薬液を―」 **こん・ず** [文語サ変]

こん-せい [0]【混声】[名] 混声合唱。 **―合唱**(がっしょう) [ガ][名] 男声と女声とをまぜた合唱。

こん-せい [0]【混生】[名][自サ] (植物などが)まじりあってはえること。

こん-せい [0]【懇請】[名][他サ] 心をつくして、たのみこむこと。「援助を―する」

こん-せい [0]【混成】[名][自他サ] 二種以上のものがまじりあって、なりたつこと。まぜあわせて作ること。「―チーム」

こん-せき [コ]【今夕】[名]〔文章語〕きょうの夕刻(ゆうこく)。こよい。こんゆう。本夕。

こん-せき [0]【痕跡】[名] あと。あとかた。「―をとどめない」

こん-せつ [コ]【今節】[名]〔文章語〕このごろ。いまどき。

こん-せつ [0]【懇切】[形動] (ダロ・ダッ・デ・ニ ダ・ナ・ナラ・○) 親切でいろいろと気を使うようす。ねんごろ。「―ていねい」

こん-ぜつ [0]【根絶】[名][他サ] 根本からなくなってしまうこと。根本からなくしてしまうこと。「禍根を―する」

コンセプト [コ]〈concept〉[名] (「概念」の意から)思想。考え。特に、企画や宣伝の中心となる考え方。

こん-せん [0]【混戦】[名] 両方がいりみだれて戦うこと。また、勝敗の予想がつかないような戦い。「―模様」

こん-せん [0]【混線】[名][自サ] ❶故障のため、電信・電話の通信がまじること。❷会話などで、二つ以上の話がまじりあって、話がわからなくなること。

こん-ぜん [0]【婚前】[名] 結婚する前。「―交渉」

こん-ぜん [0]【混然】【×渾然】[(と)副][たる連体]〔文章語〕すっかりとけあって区別がないようす。「―一体」

コンセンサス [セ]〈consensus〉[名] 意見が合うこと。合意。

コンセント [コ][名] (concentric plug から)❶電気器具のプラグのさしこみぐち。❷ガス器具をかんたんにつなげられるようにしたガス栓。ガスコンセント。

コンソーシアム [ソ]〈consortium〉[名] ある目的のために企業や組織が共同で事業を行う連合体。「大学―」「国際協力―」

コンソール [ソ]〈console〉[名] ❶機能的にまとめて収める装置。「―ボックス」❷コンピューターや航空機などの操作用の台。制御卓。

コンソメ [0]〈フconsommé〉[名] 西洋料理で、すんだスープ。↕ポタージュ。

こん-だく [0]【混濁】【×溷濁】[名][自サ] にごること。また、意識がもうろうとすること。「意識が―する」

コンダクター [ダ]〈conductor〉[名] ❶オーケストラの指揮者。❷添乗員。案内人。

コンタクト [コ]〈contact〉[名] (「接触」の意)人と近づきになること。交際。「―をとる」 **―レンズ** [レ]〈contact lens〉[名] プラスチック製の小さなレンズで、目の角膜の上に直接かぶせるもの。めがねのかわりに使う。

こん-だて [0]【献立】[名] ❶料理の種類・組み合わせなど。メニュー。❷準備。用意。「大会の―役」

こん-たん [コ]【魂胆】[名] たくらみ。かんがえ。「どんな―があるのか」

こん-だん [0]【懇談】[名][自サ] うちとけて話しあうこと。「―会」

こん-ち [コ]【根治】[名][自他サ] ➡こんじ。

コンチェルト [コ]〈イconcerto〉＝**コンツェルト** [名] 協奏曲。

こん-ちくしょう [ショ]【こん畜生】[感]〔俗語〕(「こん」は「この」の変化)腹を立てたり、相手をののしったりするときに発することば。こんちきしょう。

コンチネンタル [ネ]〈continental〉[形動] (ダロ・ダッ・デ・ニ ダ・ナ・ナラ・○) ヨーロッパ大陸ふう。「―タンゴ」

こん-ちゅう [0]【昆虫】[名] 節足動物の一つ。成虫では、からだが頭・胸・腹の三部にわかれ、複眼・触角、ふつう二対の羽、三対の足をもつ。卵生。

こん-ちょう [0]【今朝】[名]〔文章語〕けさ。↕昨朝・明朝。

コンツェルト [コ]〈ドKonzert〉[名] ➡コンチェルト。

コンツェルン [コ]〈ドKonzern〉[名] いくつかの企業が、ある大資本に支配・統制されて結合したかたち。企業結合。独占企業形態の最高のものとされる。

コンテ [コ][名] (continuity から)映画などの台本。

コンテ [コ]〈フconté〉[名] (商標名)クレヨンの一種。写生・デッサン用。

こん-てい [0]【根底】【根×柢】[名] 大もと。基礎。土台。

こん-でい [0]【金泥】[名] ➡きんでい。

コンディショナー [ディ]〈conditioner〉[名] ❶調整するための装置。「エア―」❷毛髪や肌を整えるための溶液剤。リンス。「ヘア―」

コンディショニング [ディ]〈conditioning〉[名] 調整。調節。「エア―」

コンディション [ディ]〈condition〉[名] ❶条件。❷物ごとや健康の状態。「グランド―」「今日は―がいい」

コンテキスト [コ]/[キ]〈context〉[名] 文の前後のつながり。文脈。

コンテスト [コ]〈contest〉[名] 競技会。競演会。「写真―」

コンテナ(ー) [コ]〈container〉[名] 荷物を入れてはこぶ箱。特に、貨物車にそのまま載せられるものをいう。荷送り箱。

コンデンサ(ー) [デ]〈condenser〉[名] ❶蓄電器。❷蒸気機関などで使用ずみの水蒸気を液体にもどすしくみ。❸集光器。

コンデンス [デ]〈condense〉[名][他サ] 圧縮すること。おしちぢめること。かたまらせること。 **―ミルク** [ミ]〈condensed milk〉[名] 牛乳にさとうを加えて、煮つめたもの。練乳。

コンテンツ [コ]〈contents〉[名] ❶中身、内容。❷書籍の目次や内容。❸情報内容。放送の音声、映像やコンピューターのデータやプログラムなど。「―産業」

コンテンポラリー [テ]〈contemporary〉[形動] (ダロ・ダッ・デ・ニ ダ・ナ・ナラ・○) 現代的なようす。「―ダンス」

コント [コ]〈フconte〉[名] ❶風刺と機知のあふれた短編小説。❷こっけいを中心とした寸劇ふうの演芸。

こん-ど [コ]【今度】[名] ❶このたび。「―こられた新任の先生です」❷このつぎ。「―持ってこよう」

こん-とう [0]【今冬】[名]〔文章語〕ことしの冬。この冬。

こん-とう [0]【×昏倒】[名][自サ] 目がくらんでたおれること。

こん-どう [0]【金堂】[名] 寺院の本尊をまつる堂。本堂。

こん-どう [0]【金銅】[名] 銅に金(きん)めっきしたもの。「―仏」

こん-どう [0]【混同】㊀[名][自サ] いりまじって一つになること。「異質の要素が―している」㊁[名][他サ] 区別をなくすること。別のものをそのものといっしょにすること。「事実と意見とを―する」

コンドーム [ド]〈condom〉[名] 男性の用いる避妊・性病予防のための薄いゴム製の袋。

こん-とく [0]【懇篤】[形動] (ダロ・ダッ・デ・ニ ダ・ナ・ナラ・○) ていねいでゆきとど

くようす。「ご—なご説明をいただいた」

コンドミニアム [ミ]〈condominium〉[名] ❶分譲マンション。❷キッチンや洗濯機などの設備が備えられた宿泊施設。

ゴンドラ [0]〈イ gondola〉[名] ❶イタリアの水の都ベネチアで使う小舟。❷飛行船・気球・空中ケーブルなどにとりつけた、人の乗るつりかご。

ゴンドラ❶

コントラスト [ラ]〈contrast〉[名] 対照。対比。「色の—がみごとだ」

コントラバス [バ]〈contrabass〉[名] バイオリンの同類で、いちばん低音の大型の弦楽器。ダブルベース。ベース。バス。

コントラバス

コントラルト [ラ]〈イ contralto〉[名] アルト。

コンドル [コ]〈condor〉[名] コンドル科の鳥。南米の高山にすみ、動物の死がいをくう。

コントローラー [ロ]〈controller〉[名] ❶制御装置。❷企業の経営管理者。また、管理部門。

コントロール [ロ]〈control〉[名][他サ] ❶統制。制御。調節。❷野球で、制球力。 **—タワー** [タ]〈control tower〉[名] 空港の管制塔。離着陸する航空機に必要な指示をあたえる所。

こん-とん [0]【混×沌・×渾×沌】[名][と副][たる連体] ❶大昔、天と地とがもやもやとして別れていなかった状態。❷物ごとの区別が入りまじってはっきりしないようす。「—たる国際情勢」

こん-な [0][形動] ダロ・ダッ・デ・ニ / ダ・○・○・○ このような。↕そんな・あんな。[参考] 連体形は、体言につづくときは、「こんな姿」のように、語幹が用いられる。このような用法を連体詞とみる説もある。助詞「のに・ので」につづくときは「こんなな」という活用語尾のある形が使われる。

こん-なん [コ]【困難】[名][形動] むずかしくて苦しいこと。「—を乗り越える」「呼吸—」

こん-にち [コ]【今日】[名] ❶いまの日。この日。きょう。↕昨日(さくじつ)・明日(みょうにち)。[参考] あらたまった場面では、「きょう」といわず、「こんにち」「ほんじつ」と言う。❷現今。いま。「—の世界」 **—様**(さま) [コ][名] 「太陽」の古めかしい言い方。おてんとうさま。 **—的**(てき) [0][形動] 現代の状況にふさわしいようす。「—感覚」「—な課題」

こんにち-は [ハ]【こんにちは・今日は】[ワ]—[あいさつ] ひるま、人をたずねたり、人に会ったりしたときのあいさつのことば。

こんにった【今日た】[連語][古語] きょうは。本日は。「今日た天気もよいによって」〈狂言・靫猿〉[参考]「こんにちは」が変化してできた語で、謡曲・狂言で用いられる。

こん-にゃく [ニャ]【×蒟×蒻・×菎×蒻】[名] ❶サトイモ科の多年生植物。花は[夏] ❷こんにゃく玉の粉にあくを加えてかたまらせた食品。 **—玉**(だま) [0][名]「こんにゃく❶」の地下球茎。 **—版**(ばん) [0][名] 謄写版の一種。ゼラチン、または、かんてんでつくった版。[参考] もと、こんにゃくでつくったから。 **—問答**(もんどう) [モ][名]〔落語の題名から〕とんちんかんな問答や、意味をなさない返事などをすること。

こん-にゅう [0]【混入】[名][自他サ] まじってはいること。また、まぜて入れること。「薬物の—」

こん-ねん [コ]【今年】[名] ことし。いまのとし。「—もよろしくお願い申し上げます」[参考]「ことし」に比べかたい感じで、「本年」とともにかなり改まった場面や書きことばで使われる。

こん-ねんど [ネ]【今年度】[名] いまの年度。現在の年度。「—の事業計画についてご報告いたします」[参考]「昨年度」と「今年度」とは対応するが、書きことばや改まった言い方としては「本年度」のほうがよく使われる。

コンパ [コ][名]〔「コンパニー(company)」の略〕学生などが、会費を出しあっておこなう懇親会。

コンバーター [バ]〈converter〉[名] エネルギーや信号を変換する装置。電流や電圧、電波の周波数を変換するものなど。

コンバート [バ]/[コ]〈convert〉[名][自サ] ❶ラグビーで、トライの後にけったボールがゴールにはいること。❷野球で、選手の専門とする守備位置を変更させること。「捕手から外野手へ—する」

コンパートメント [パ]〈compartment〉[名] しきり。特に、客車・料理店などの、しきった席・客席。コンパート。

こん-ぱい [0]【困×憊】[名][自サ]〔文章語〕〔「憊」はつかれる・よわるの意〕苦しみつかれること。「疲労—」

コンバイン [バ]〈combine〉[名] 作物の刈り取りと脱穀を一台でする農業機械。

こん-ぱく [コ]【魂×魄】[名]〔文章語〕たましい。霊魂。

コンパクト [コ]〈compact〉㊀[名] おしろい・ほおべに・パフなどを入れる、鏡のついた携帯用の容器。㊁[名][形動] 小型で、内容が充実していること。「—カー」 **—ディスク** [ディ]〈compact disc〉[名] ➡CD(シーディー)。

コンパス [コ]〈オ kompas; compass〉[名] ❶自由に角度のかわる二本足の製図用具。円などを描くために使う。ぶんまわし。❷らしんばん。❸〔俗語〕足。「—の長い人」

コンパニー [コ]〈company〉[名] ➡カンパニー。

コンパニオン [パ]〈companion〉[名] 博覧会・展示会・宴会などで、来客を接待する役の女性。

こん-ばん [コ]【今晩】[名] きょうの晩。今夕。今夜。↕昨晩・明晩(みょうばん)。

こん-ぱん [コ]【今般】[名]〔文章語〕このたび。今回。↕先般。

こんばん-は [ハ]【こんばんは・今晩は】[ワ]—[あいさつ] 夜、人をたずねたり、人と会ったりした時にするあいさつのことば。

コンビ [コ][名]〔「コンビネーション」の略〕組み合わせ。二人組。「—を組む」「名—」

コン-ビーフ [ビ]〈corned beef〉[名] 塩味の牛肉の缶詰。

コンビナート [ナ]〈ロ kombinat〉[名] 生産過程において相関連する産業の諸部門が、生産を合理化するため、同じ場所にあつまり協力しあう生産形態。

コンビニエンス-ストア [ト]〈convenience store〉[名] 深夜営業など、地域の利用者の便宜を図ることに重点を置いた小型のスーパーストア。コンビニ。

コンビネーション [ネ]〈combination〉[名] ❶二人、または、二つのものの組み合わせ。❷シャツとパンツが一つにつながった婦人・子ども用のはだぎ。コンビ。❸色のちがう革や、革と布とをはりあわせて作ったくつ。コンビ。❹一つのチームの選手間の連係動作。「—プレー」❺野球で、投手が種類のちがう投球法を組み合わせる技術。

コンピュータ(ー) [ピュ]〈computer〉[名] 電子計算機。 **—ウイ(ヴィ)ルス** [イ]〈computer virus〉[名] 通信回線や記憶媒体を通じてコンピューターの中に入り込み、データを消したりこわしたりする、いたずらをねらったプログラム。 **—グラフィックス** [フィ]〈computer graphics〉[名] コンピューターを利用した図形や画像などの作成と表示の技術。また、その図形や画像。 **—ゲーム** [ゲ]〈computer game〉[名] ゲーム機やパソコンなどを用いて遊ぶゲーム。 **—ネットワーク** [ワ]〈computer network〉[名] 複数のコンピューターを通信回線で結び、相互に情報のやりとりをできるようにしたもの。

こんぴら ⓪【金×毘羅】名 航海の安全をまもるとされる神。

こん-ぶ ①【昆布】名 褐藻(かっそう)類、コンブ科の海藻。種類が多い。食用・祝賀用・ヨード製造用。こぶ。㊇夏 **―巻(ま)き** ⓪名 ⇩こぶまき。

コンファレンス コ〈conference〉名 特定の課題を検討する会議。協議会。カンファレンス。「―ルーム」「経済政策―」参考 学術やビジネスに関して使われることが多い。医療分野で、医師らが行う治療方針などの事前打ち合わせでは、「カンファレンス」の形で使われることが多い。

コンフィデンシャル デ〈confidential〉名 形動 非公開であること。機密。「―レター」「―な資料」

コンプライアンス ラ〈compliance〉名 ❶命令や要求に応じること。❷企業活動で、法令や社会規範を遵守すること。「―違反」「―を徹底する」

コンプリート リ〈complete〉❶形動 すべてそろっているようす。完全な。「―カー」❷名 他サ すべてそろえること。また、完了すること。「ミッション―」

コンプレックス レ〈complex〉名 ❶〖心〗抑圧されていて、意識にのぼらなくなっている、強い情緒によってゆがめられた観念・記憶の群。❷「インフェリオリティーコンプレックス」の略。劣等感。❸さまざまな組織や機能を合わせて一つにまとめたもの。複合体。「シネマ―」

コンプレッサー レ〈compressor〉名 空気・ガスの圧縮機。圧縮機。

コンペ ①名〔「コンペティション(competition)」の略〕❶ゴルフなどの競技会。❷業者などをきそわせて、もっともよい案を出したものに仕事を発注するやり方。

コンペートー ⓪〈ポ confeito〉【金▲米糖】名 炒(い)った芥子(けし)のみに、かんろみつに小麦粉を加えたものをまぶした、とげ状の突起のある小さな砂糖菓子。

こん-ぺき ⓪【紺×碧】名 やや黒みがかった青色。「―の空」

コンペティション ティ〈competition〉名 競技。競争。競技会。コンペ。

コンベヤ(ー) ベ〈conveyor〉=**コンベア(ー)** 名 工場・作業場などで貨物・材料などを、自動的・連続的に移動させる、帯状の装置。伝送帯。「ベルト―」

ごん-べん ⓪【言偏】名 漢字の部首の一つ。「語」「許」などの「言」。

コンベンショナル ベ〈conventional〉形動 ダロ・ダッ・デ・ニ/ダ・ナ・ナラ・〇 ありきたりの。きまりきった。因襲的。

コンベンション ベ〈convention〉名 集会。会議。多くの人が集まる催し物。「―ホール」「―センター」

コンボ コ〈combo〉名 小編成のジャズ楽団。

コンポ コ名「コンポーネント」の略。「ミニ―」

こん-ぼう ⓪【こん棒】【×棍棒】名 ❶丸木の棒。❷とっくりの形をした棒。新体操の用具。

こん-ぼう ⓪【混紡】名 他サ 二つ以上のちがった繊維をまぜてつむぐこと。「毛と化繊の―」 **―糸(し)** ボ名 毛と人造繊維、綿と人造繊維など、種類の異なる繊維をよりあわせてつくった糸。

こん-ぼう ⓪【懇望】名 他サ ⇩こんもう。

こん-ぽう ⓪【×梱包】名 他サ 物を箱に入れたり、つつんだり、ひもで結んだりして荷造りすること。

コンポート ポ〈compote〉名 ❶くだものの砂糖煮。❷菓子やくだものを盛る足つきのうつわ。

コンポーネント ポ〈component〉名 ステレオを構成する、プレーヤー・スピーカー・アンプなどのシステム。また、それぞれの部品。コンポ。

コンポジション ジ〈composition〉名 ❶組み立て。構成。❷絵画・写真などの構図。❸作曲。❹作文。

こん-ぽん ⓪【根本】名 物事がなりたつ大もと。「―的な改革」「―から間違っている」⇩基本 参考。

コンマ コ〈comma〉名 ❶欧文の句読点の一つ。カンマ。「,」。❷小数点。 **―以下(いか)** イ名 ❶小数点以下の小さな数。❷ふつう以下のこと・もの。つまらないこと・もの。

こん-まけ ⓪【根負け】名 自サ ❶根気がつづかず、あきらめること。「―して中止する」❷根比べして負けること。

こん-みょうにち ミョ【今明日】名 きょうかあす。「―のうち伺います」

こん-めい ⓪【懇命】名〔文章語〕親切な言いつけ。参考 他人の命令を高めて言う語。

こん-めい ⓪【混迷】【×昏迷】名 自サ ❶道理がわからなくてまようこと。分別がつかないこと。❷物事が複雑に入りまじって、わけがわからないこと。「―する政局」

こん-もう ⓪【根毛】名 植物の根の先の糸状の部分。養分を吸収する。

こん-もう ⓪【懇望】名 他サ 切に頼み望むこと。こんぼう。

こんもり モ〔と〕副 自サ ❶木などがしげって、うすぐらいようす。「―しげった森」❷丸くもりあがっているようす。「―した小高い丘」

こん-や コ【今夜】名 きょうの夜。今晩。↕昨夜・明夜(みょうや)。

こん-や ⓪【紺屋】名 ⇩こうや。

こん-やく ⓪【婚約】名 自サ 結婚の約束。「―指輪」 **―者(しゃ)** ヤク名 婚約した相手。いいなずけ。

こん-ゆう ⓪【今夕】ゆふ 名 きょうの夕方。今晩。こんせき。↕昨夕(さくゆう)・明夕(みょうせき)。

こん-よう ⓪【混用】名 他サ まぜて使うこと。

こん-よく ⓪【混浴】名 自サ 男女がいりまじって入浴すること。「男女―」

こん-らん ⓪【混乱】名 自サ いりみだれて、秩序がなくなること。「頭の中が―する」

こん-りゅう ⓪【根粒】【根×瘤】名 マメ科植物の根にできるこぶ。 **―バクテリア** ⓪名 主としてマメ科植物の根に根粒をつくらせる細菌。

こん-りゅう ⓪【建立】名 他サ 寺や塔などをたてること。「五重の塔を―する」

こん-りょう ⓪【×袞▲竜】名〔天子の着る衣服の竜のもようから〕天子。こんりゅう。 **―の袖(そで)に隠(かく)れる** 天子の特別の庇護(ひご)にすがり、かってなことをする。

こん-りん ⓪【金輪】名〖仏〗大地の上層。この世界の地下にあって世界をささえているという三輪(金輪・水輪・風輪)の最上層。 **―際(ざい)** リ副 絶対に。決して。「―弱音ははかない」参考 下に打ち消しの語がくる。

こん-る ⓪【近流】名 昔の刑罰で、京都から近国への流罪(ざい)。きんる。↕遠流(おんる)。

こん-れい ⓪【婚礼】名 結婚式。「―をあげる」

こん-ろ コ【×焜炉】名 もちはこびのできる炊事用の炉。参考「コンロ」と書くことが多い。

こん-わ ⓪【懇話】名 うちとけて、したしく話しあうこと。懇談。「交通問題―会」

こん-わ ⓪【混和】名 自他サ まじりあうこと。まぜあわせること。

こん-わく ⓪【困惑】名 自サ どうしてよいかわからなくて、こまること。「―した表情」

さ サ

さ：「左」の草体。
サ：「散」の左の上部。

さ 接頭〔古語〕❶五月(さつき)の意味を表す。陰暦五月の。「―蠅(ばえ)」❷【▲小】ことばの調子をととのえる。「―夜」❸【▲早】はやい、いきいきした、新鮮な、の意を表す。「―わらび」

さ 接尾 形容詞・形容動詞の語幹につき、名詞を作る。「さむ―」「うれし―」「豊か―」

さ【×叉】造❶ふたまた。またのかたち。「音叉(おんさ)」❷まじわる。まじえる。「交叉・五叉路」

さ【佐】造❶たすける。たすけ。「佐幕・補佐」❷軍隊などの将校の階級。将官と尉官の間。「佐官・海佐・大佐・中佐」❸「佐渡(旧国名)」の略。「佐州・越佐」

さ【作】造❶はたらきかける。うごきはじめる。「作業・作動・作用・操作・造作・発作(ほっさ)」❷からだをうごかす。ふるまう。「作法・動作」[別音さく|作]

さ【沙】造❶すな。「沙丘・沙塵(さじん)・沙漠」❷こまかいものを洗い、よりわける。「沙汰(さた)」

さ【×些】造 いささか。すこし。わずか。「些細・些事・些少・些末」

さ【査】造 しらべる。あきらかにする。「査察・査定・査問・検査・捜査・調査」

さ【砂】造 すな。「砂丘・砂糖・砂漠・砂防・熱砂・白砂・防砂林」[別音しゃ|砂]

さ【茶】造❶ちゃ。「茶菓・茶房・茶飯事・茶話会・喫茶」❷茶をのむ作法。「茶道(さどう)」[別音ちゃ|茶]

さ【唆】造 そそのかす。ほのめかす。「教唆・示唆(しさ)」

さ【詐】造 いつわる。だます。「詐欺・詐取・詐術・詐称」

さ【×瑣】造❶ちいさい。こまかい。「瑣細・瑣事・瑣末」❷わずらわしい。「煩瑣」

さ【鎖】造❶くさり。「鉄鎖」❷とざす。とじる。「鎖国・封鎖・閉鎖」❸つなぐ。つないだもの。「鎖骨・連鎖」

さ サ【左】名 造❶ひだり。↕右。「―の図」「左折・左右・左腕」❷低い地位。「左遷」❸ささえ。しょうこ。「証左」❹急進的な傾向。「左傾・左派・極左」

さ【差】㊀〔〇〕名 造❶へだたり。ちがい。「甲・乙の―」「差異・差別・格差・性差・落差・地域差」❷ある数から、別の数をさしひいたのこり。「差益・差額・差損」↕和。㊁造❶つかわす。「差遣」❷とりしまる。「差配」

さ【▲然】副〔古語〕そのよう。そう。「―あり」―にあらず そうではない。「事実は―」

さ 助❶〔終助詞〕㋐軽い気持ちで断定する。「それでいい―」㋑引用の「と」について、伝聞を表す。「だめだと―」㋒疑問のことばと呼応して、抗議や反ばくの気持ちを表す。「何をぐずぐずしてるの―」「どうすればいいの―」❷〔間投助詞〕文節の切れ目につけて調子をととのえる。「ところで―、きのう―」

ざ【×坐】造❶すわる。「坐禅・坐像・円坐・対坐・鎮坐」❷いながらに。なにもせずに。「坐視・坐食」❸罪にふれる。「連坐」参考「座」で代用することが多い。

ざ【挫】造❶くじく。「挫傷・捻挫(ねんざ)」❷くじける。中途でおわる。「挫折・頓挫(とんざ)」

ざ【座】㊀〔〇〕名 造❶すわる場所。席。「―をしめる」「座席・座右・上座(かみざ|じょうざ)」❷地位。「チャンピオンの―」❸大ぜい集まっている席・所。「―のふんいき」「座興・座長・講座・中座」❹すえておく台。「仏の―」「座金(ざがね)・台座」❺能楽や演劇の団体。「旅の一―」「座頭(ざがしら)・座長(ざちょう)」❻鎌倉(かまくら)・室町(むろまち)時代、朝廷や社寺にまもられた、商工業者・芸能者の同業組合。❼江戸時代、貨幣や特殊免許品の製造にあたった役所。「銀―」㊁造❶すわる。「座業・座禅・正座・土下座」参考 熟語は【×坐】も参照。❷星の集まり。「星座・オリオン座」㊂接尾❶劇場や劇団の名につける語。「歌舞伎座・文学座」❷仏像・劇場・山などを数える語。「三―の仏像」「五―からなる連山」

座す 自五 座する 自サ ―が白(しら)ける その場の感興がそがれる。その座の高まっていた気分がこわれる。

さあ サ 感❶人をさそうときのことば。「―帰ろう」❷こまったときのことば。「―弱った」❸はっきり答えられないときのことば。「(行くのか行かないのかと言われて)―」

サー サ〈Sir〉名 英国で、準男爵やナイトの名の上につける敬称。卿(きょう)。

サーカス サ〈circus〉名 曲芸や動物の芸などの見せ物。また、その一座。曲馬団・曲芸団。

サーキット サ〈circuit〉名❶電気などの回路。❷自動車が走ってまわる競走用コース。「―を七周する」―ブレーカー レ〈circuit breaker〉名 電気回路に必要以上の電流が流れたときに自動的にそれを遮断する装置。ブレーカー。参考 比喩的に、先物取引の市場に一定以上の価格の変動が生じたときに取り引きを停止する措置など種々の意味に用いられる。

サーキュレーター レ〈circulator〉名 空気・液体などの循環装置。

サークル サ〈circle〉名❶円。円形。❷なかま。同好会。「テニスの―」参考❷の意で使うときは、多く〇。―活動(かつどう) カ 名 読書・音楽・映画・演劇などの、同好者が集まって、研究や鑑賞をすること。

さあさあ サ 感 人を強くさそったり、うながしたりするときのことば。「―、どうぞ召し上がれ」

ざあざあ ザ 副❶雨がはげしく降ったり、水が勢いよく流れたりする音。「―水を浴びる」❷ラジオなどの電気機器が発する雑音。

ザーサイ〔〇〕〈中 搾菜〉名 中国の漬物の一種。四川省産のからし菜の根の塩づけ。

サージ サ〈serge〉名 ななめの織りめをだした無地(むじ)の毛織物や交織物。セル。

サージカルマスク マ〈surgical mask〉名〔surgical は、外科医の、の意〕使い捨ての医療用マスク。

サーチ〈search〉造 さがすこと。―エンジン エ〈search engine〉名 インターネット上の情報を検索するためのシステム。検索エンジン。―ライト ラ〈searchlight〉名 探照灯。照空灯。照海灯。

サーチャージ チャ〈surcharge〉名❶追加料金。割増料。❷航空会社や運輸会社などが、燃料費の高騰分などを運賃とは別に請求する料金。燃油特別付加運賃。燃油サーチャージ。

さあっと ア 副❶風雨などが軽く吹きつけるようす。❷急に変わるようす。「―血の気がひく」❸すばやく動作が終わるようす。さらっと。「―新聞を読む」

ざあっと ア 副 急に大雨が降るようす。「夕立が―通り過ぎた」

サーディン サ〈sardine〉＝サージン 名 いわし。特に、オリーブ油につけこんだ小さいいわし。また、そのかん詰。「オイル―」

サード サ〈third〉名❶第三。❷野球で、三塁・三塁手。

サードニックス ニ〈sardonyx〉名 宝石の一つ。紅しまめのう。八月の誕生石。

サーバー 〔サ〕〈server〉〔名〕❶テニス・バレーボールなどで、ボールを打ちはじめる人、また、打つがわ。↕レシーバー。❷洋食で、料理を取り分けるための大型のスプーンとフォーク。❸コーヒー・紅茶などをめいめいのカップに分配するための容器。❹〔この用法では〔0〕〕コンピューターのネットワークで、種々の機能を共有し提供する仕組み。また、その中心となるコンピューター。サーバ。

サービス 〔サ〕〈service〉㊀〔名〕〔自サ〕❶客をもてなすこと。接待。「気のきいた―」❷無料の奉仕・案内・世話。「アフター―」❸値びきすること。㊁〔名〕〔他サ〕景品としてそえること。㊂〔名〕サーブ。 **―エース** 〔エ〕〈service ace〉〔名〕バレーボール・テニス・卓球で、相手が打ち返すことのできないサーブ。また、それによる得点。 **―エリア** 〔エ〕〈service area〉〔名〕❶高速自動車道路で、給油・飲食・休息などの施設のある所。❷バレーボールでサービスを行う区域。❸ラジオ・テレビの電波がとどく範囲。 **―業** 〔ス〕〔名〕直接生産に関係しない職業。旅館・飲食店・理容・広告・医療・娯楽・教育など。 **―残業** 〔ザ〕〔名〕時間外手当の支払われない残業。また、会社に申告しないで行う時間外労働。 **―ステーション** 〔テ〕〈service station〉〔名〕❶案内その他いろいろのサービスをするところ。❷自動車の給油所。❸商品の故障修理所。

サーブ 〔サ〕〈serve〉〔名〕〔自サ〕テニス・バレーボールなどで、最初に攻撃のがわが球を打ちこむこと。また、そのボール。サービス。↕レシーブ。

サーファー 〔サ〕〔0〕〈surfer〉〔名〕サーフィンをする人。サーフライダー。「プロ―」

サーフィン 〔サ〕〈surfing〉〔名〕サーフボードを使って波に乗るスポーツ。〔夏〕

サーフボード 〔ボ〕〈surfboard〉〔名〕サーフィンに使う長円形の木製、またはプラスチック製の板。

サーベイランス 〔ベ〕〈surveillance〉〔名〕監視すること。また、定期的に監査を行うこと。

サーベル 〔0〕〈オ sabel〉〔名〕西洋ふうの長い刀。洋剣。

ざあ-ます 〔連語〕〔女性語〕〔「でございます」の変化〕「である」の丁寧な言い方。「そう―のよ」

ざあます-ことば 〔コ〕【ざあます言葉】〔名〕「ざあます」を多く使う話し方。東京の山の手地域の一部の女性が気取って使ったとされる。

ザーメン 〔ザ〕〈ド Samen〉〔名〕精液。

サーモグラフィー 〔グ〕〈thermography〉〔名〕物の表面温度を測定し、画像によって熱分布を可視化する装置。また、その画像。

サーモスタット 〔タ〕〈thermostat〉〔名〕温度を、自動的に一定の範囲にたもつためのしくみ。常温装置。

サーモン 〔サ〕〈salmon〉〔名〕魚の、さけ。「キング―」 **―ピンク** 〔ピ〕〈salmon pink〉〔名〕さけ(魚)の身のような色をした桃色。

さ-あらぬ 〔連語〕なにげない。そんなふうには見えない。「―ようす」「―顔」

サーロイン 〔ロ〕〈sirloin〉〔名〕牛の腰の上部のやわらかい肉。「―ステーキ」

さい【再】 〔造〕二度めの。ふたたびの。「再建・再考・再生・再選・再発見・再放送・再スタート」

さい【西】 〔造〕にし。「西域・西国・東西・関西」〔別音せい|西〕

さい【災】 〔造〕わざわい。悪いできごと。「災禍・災害・災難・震災・天災・防災」

さい【采】 〔造〕❶合戦のさしずをするのに使う道具。「采配」❷さいころ。「喝采」❸すがた。「風采」

さい【砕】 〔造〕くだく。くだける。「砕身・砕石・砕氷・玉砕・破砕・粉砕」

さい【宰】 〔造〕つかさどる。とりおこなう。「宰相・宰領・家宰・主宰」

さい【栽】 〔造〕うえる。うえこみ。にわ。「栽培・前栽・盆栽」

さい【×柴】 〔造〕❶しば。雑木。「柴門」❷かきね。「鹿柴」

さい【殺】 〔造〕なくす。へらす。「減殺・相殺」〔別音さつ|殺〕

さい【彩】 〔造〕いろどる。あや。つや。「彩色・彩度・色彩・生彩・水彩画」

さい【採】 〔造〕❶とる。あつめる。「採掘・採光・採算・採集・伐採」❷えらぶ。「採択・採否・採用」

さい【済】 〔造〕❶すむ。すます。「決済・返済・弁済」❷すくう。「済度・済民・救済・共済」❸盛んな様子。「多士済済」

さい【×猜】 〔造〕そねむ。ねたむ。「猜疑心」

さい【×砦】 〔造〕とりで。「山砦・城砦」

さい【祭】 〔造〕❶まつる。まつり。「祭日・祭壇・祭礼・祝祭・葬祭・感謝祭・地鎮祭」❷学校や団体の記念行事。「学園祭・芸術祭・前夜祭・体育祭」

さい【細】 〔造〕❶ほそい。「細腰・細流・毛細管」❷こまかい。ちいさい。「細菌・細工・細大・細部・些細・繊細」❸くわしい。つぶさ。「細密・委細・子細・詳細」❹とるにたらない。まずしい。「細君・細民・零細」

さい【斎】 ㊀〔造〕❶ものいみ。きよめる。「斎宮・斎主・斎場・潔斎」❷読み書きをするへや。「書斎」㊁〔接尾〕文人などの雅号につける語。「一刀斎・有楽斎」

さい【最】 〔造〕程度がもっとも高い。いちばん。ひじょうに。「最愛・最古・最高・最下位・最年長・最優秀」 **最たる** 〔連体〕

さい【裁】 〔造〕❶たつ。したてる。「裁断・裁縫・洋裁・和裁」❷さばく。とりはかる。「裁決・裁定・裁判・制裁・仲裁・独裁」❸ようす。「体裁」❹「裁判所」の略。「家裁・高裁・地裁」

さい【債】 〔造〕❶かり。借金。「債券・債務・外債・国債・負債」❷とりたてる。「債鬼・債権・債主」

さい【催】 〔造〕❶もよおす。おこなう。「催事・開催・共催・主催」❷うながす。さそう。「催告・催促・催眠薬・催涙弾」

さい【塞】 〔造〕とりで。「山塞・防塞・要塞」〔別音そく|塞〕

さい【歳】 ㊀〔造〕❶年。年月。「歳月・歳出・歳費・歳時記」❷年齢。「当歳」㊁〔接尾〕年齢をあらわす語。「十八歳」〔参考〕「才」で代用することもある。

さい【載】 〔造〕❶のせる。のる。つむ。「艦載・積載・搭載・満載」❷書きしるしてのせる。「載録・記載・休載・掲載・連載」❸とし。「千載」

さい【×截】 〔造〕きる。たつ。「截断」⇩せつ〔截〕

さい【才】 ㊀〔サ〕〔名〕〔造〕うまれつきの能力。才能。「文学の―」「―はじける」「才覚・才知・才能・学才・商才・文才」㊁〔造〕すぐれた人。「鬼才・秀才・天才」㊂〔接尾〕年齢をあらわす語。「歳」の代用として使う。「八十才」

さい 〔サ〕**【妻】** 〔名〕〔造〕つま。女房。「妻子・妻女・妻帯・愛妻・夫妻・良妻」〔参考〕他人に対して自分のつまを言うのに使う。古めかしい言い方。⇩つま(妻)〔参考〕

さい【菜】 ㊀〔0〕〔名〕〔造〕おかず。「一汁一―」「菜館・前菜・惣菜」㊁〔造〕な。食べられる草の総称。「菜園・菜食・山菜・野菜」

さい【際】 ㊀〔サ〕〔名〕〔造〕とき。おり。機会。「この―」「実際」㊁〔造〕❶あうこと。まじわること。「際会・交際」❷はて。かぎり。「際限・分際」❸あいだ。境界。「学際・国際」

さい【×犀】㊀[サ][名] サイ科の哺乳(ほにゅう)類。インド・アフリカにすむ草食獣。陸上では象に次ぐ巨獣。皮膚はかたく、鼻の上に一本または二本の角がある。㊁[造] かたい。するどい。「犀利」

さい【×賽】㊀[サ][名] すごろく・ばくちなどで使う小さな立方体の道具。各面に一から六までの数がしるしてある。さいころ。㊁[造] 神仏へのお礼。「賽銭」 **―は投(な)げられた** 結果はどうなろうとも、事はすでにはじめられた。

さ-い[サ]**【差異・差違】**[名] ちがい。差。「両者の―を明らかにする」

ざい【剤】[造] 調合した薬。「下剤・錠剤・調剤・薬剤・清涼剤・防虫剤・精神安定剤」

ざい【罪】[造] つみ。法律・道徳に反するおこない。「罪悪・罪状・罪人・原罪・重罪・犯罪・背任罪・家宅侵入罪」

ざい【在】㊀[ザ][名][造] 都市の周辺地域。いなか。「浜松の―」「在郷(ざいごう)・在所・近在」㊁[造][接頭] …にある。…にいる。「在宅・在京・在庫・在日・介在・存在」「在沖縄・在ロンドン」

ざい[ザ]**【材】**[名][造] ❶建築用の木。「材木・角材・製材・木材」❷もと。原料。「材質・材料・画材・取材・題材」❸才能。才能ある人。「偉材・人材・適材適所」

ざい[ザ]**【財】**㊀[名][造] ❶ねうちのある品物。たから。「財物・文化財」❷金銭・富。「―をなす」「財産・散財・私財」㊁[名]〔経〕人間の精神的・物質的欲望をみたすもの。

ざ-い[ザ]**【座位】**[名] ❶座席の位置。席順。❷すわった姿勢。

さい-あい[0]**【最愛】**[名] もっとも愛すること。「―の子」

さい-あく[0]**【最悪】**[名][形動(の)] もっとも悪いこと。「―の事態」↔最善・最良。

ざい-あく[ザ]**【罪悪】**[名] 道徳・宗教・法律などにそむく悪いおこない。 **―感(かん)**[クァ][名] 自分が罪を犯したという意識。「―にさいなまれる」

ざい-い[ザ]**【在位】**[名][自サ] ❶帝王の位についていること。❷その位についていること。「横綱―三年」

さい-いき[0]**【西域】**[名] 古代、中国の西方にあった諸国。せいいき。

さい-いん[0]**【斎院】**[名] 平安時代、京都の賀茂神社につかえた未婚の内親王、または女王。いつきのみや。↔斎宮。

さい-う[サ]**【細雨】**[名]〔文章語〕こまかい雨。きりさめ。微雨。

さい-うよく[ウ]**【最右翼】**[名] ❶もっとも強硬な保守的・国粋的な思想傾向。極右。❷あるグループ内の筆頭の位置。また、その位置の人。「部長候補の―」

さい-うん[0]**【彩雲】**[名]〔文章語〕うつくしい色のくも。

ざい-えい[0]**【在営】**[名] 兵士として兵営にいること。

ざい-えき[0]**【在役】**[名][自サ] ❶刑務所にはいっていること。❷軍隊にはいっていること。

さい-えん[0]**【才媛】**[名]（「媛」は美しくしとやかな女性）才能・学問のある女性。才女。

さい-えん[0]**【菜園】**[名] やさいをつくるはたけ。

さい-えん[0]**【再縁】**[名][自サ] 配偶者と死別、または離婚した人がふたたび結婚すること。再婚。

さい-えん[0]**【再演】**[名][他サ] ふたたび、上演・出演・演奏すること。「―を重ねる」↔初演。

サイエンス[サ]〈science〉[名] 科学。

さい-おう[0]**【再往・再応】**[名]〔文章語〕二度。ふたたび。

ざい-おう[0]**【在欧】**[名] 欧州にいること。また、住むこと。

塞翁(さいおう)が馬(うま) 人間の運命・幸不幸は、いろいろとかわるもので、前もって知ることができないというたとえ。人間万事塞翁が馬。[参考] 昔、中国の北辺の塞(とりで)の近くに住んでいた老人が馬に逃げられ、それにつづいて幸不幸がいろいろに転じておこったという故事から。

さい-か[サ]**【才華】**[名]〔文章語〕才能・学識のすぐれていること。

さい-か[サ]**【災禍】**[名] わざわい。災難。

さい-か[サ]**【再嫁】**[名][自サ] 再縁。再婚。

さい-か[サ]**【西下】**[名][自サ] 東京方面から関西方面に行くこと。↔東上。

さい-か[0]**【採火】**[名][自サ] 競技会などの聖火を、自然界のエネルギーを利用して発火させること。[参考] オリンピックでは、太陽光を凹面鏡(おうめんきょう)で集め、発火させる。

さい-か[サ]**【裁可】**[名][他サ] 君主が臣下のさしだす議案を裁決・許可すること。「―を仰ぐ」

ざい-か[ザ]**【財貨】**[名] ❶金銭と品物。「―をたくわえる」❷〔経〕人間の欲望をみたすもの。財。

ざい-か[ザ]**【罪科】**[名]〔文章語〕❶つみ。とが。❷法律により、処罰すること。

ざい-か[ザ]**【罪過】**[名]〔文章語〕つみとあやまち。

ざい-か[0]**【在貨・在荷】**[名][自サ] 店・倉庫などに現在、荷物・商品があること。また、その荷物・商品。

さい-かい[0]**【西海】**[名] ❶西のほうの海。❷西海道。

さい-かい[カ]**【最下位】**[名] 地位・順位・序列・品質などが最も下であること。「―に転落する」↔最上位。

さい-かい[0]**【再会】**[名][自サ] 離れていた者どうしがふたたび出あうこと。「―を喜び合う」

さい-かい[0]**【斎戒】**[名][自サ] 神聖な仕事に従う場合に、飲食や行動をつつしんで、心身をきよめること。「―沐浴(もくよく)」

さい-かい[0]**【際会】**[名][自サ] でくわすこと。「めでたい時世に―する」

さい-かい[0]**【再開】**[名][他サ] 中断していた物事を、ふたたび始めること。「交渉を―する」「攻撃を―する」

さい-がい[0]**【災害】**[名] 暴風雨・地震・大火・伝染病などのわざわい。また、それによる損害。

さい-がい[0]**【際涯】**[名] はて。かぎり。「―のない広野」[参考]「ない」を伴って使われることが多い。

ざい-かい[0]**【財界】**[名] 経済界。

ざい-がい[0]**【在外】**[名] 外国にいること。外国にあること。「―邦人」 **―公館(こうかん)**[コ][名] 外国においてある外務省の出先機関。大使館・公使館・総領事館など。

さいかい-どう《西海道》 昔の七道の一つ。今の九州地方。

さいか-う[カ]**【催花雨】**[名] 春先、花が咲くことをうながすように降る雨。(春)

さい-かく[0]**【才覚】**㊀[名] ❶ちえのはたらき。「―がきく」❷くふう。「うまい―はないか」㊁[名][他サ] 苦心して金をあつめること。くめん。「資金の―がつかない」

ざい-がく[0]**【在学】**[名][自サ] 学生・生徒・児童として、学校に籍をおいて学んでいること。「―証明書」

さいかくしょこくばなし《西鶴諸国ばなし》 江戸時代前期の浮世草子(うきよぞうし)。井原西鶴の作。日本国内諸国の怪談・奇談三十五編を作りかえたもの。

ざい-かた[0]/[タ]**【在方】**[名] いなか。在所。古めかしい言い方。

さいかたんでん【臍下丹田】「せいかたんでん」のあやまり。

さい-かち[0]**【×皂×莢】**[名] ❶マメ科の茎・枝にとげがある落葉高木。さや・種は薬用。(秋) ❷さいかちむし。かぶとむし。

さい-かん[0]**【才幹】**[名]〔文章語〕才能。はたらき。「―を認

さ

められる」

さい-かん ◎【彩管】名〔文章語〕絵をかく筆。えふで。**―を▲揮ふるう** 絵をかく。

さい-かん ◎【菜館】名〔中国で〕料理店。店の名につけて使う。

さい-かん ◎【再刊】名 他サ ❶ふたたび、同じ本を発行すること。再版。❷中止していた定期刊行物の刊行を、ふたたびはじめること。

ざい-かん ◎【在官】名 自サ 官職についていること。

さい-き サ【才気】名 心の活発なはたらき。気がきくこと。「―煥発かんぱつ」

さい-き サ【債鬼】名 借金とりのこと。「―に追われる」

さい-き ◎【再帰】名 自サ ふたたび帰ること。

さい-き サ【再起】名 自サ 力を盛りかえして、ふたたび活動をはじめること。「―をはかる」

さい-ぎ サ【祭儀】名 まつりの儀式。まつり。

さい-ぎ サ【再議】名 他サ 会議で一度決めたことを、ふたたび相談すること。「一事不―」

さい-ぎ サ【×猜疑】名 他サ 他人の言動などをすなおに受け取らず、ねたんだり、うたがったりすること。「―心が強い」

さい-きどう キ【再起動】名 自他サ コンピューターを起動しなおすこと。リブート。

さい-きょ サ【再挙】名 一度失敗した事業などを、もう一度おこすこと。「―をはかる」

さい-きょ サ【裁許】名 他サ 役所などで、審査して許可すること。「申請を―する」

さい-きょう ◎【西京】名 ❶西のみやこ。❷京都のこと。**―焼やき** ◎名 京都で作られる甘みのある白みそ(西京みそ)に酒・みりんなどを加え、魚の切り身などを漬け込んで焼いた料理。

さい-きょう ◎【最強】名 いちばんつよいこと・もの。

さいぎょう《西行》一一一八～九〇。平安後期の歌人・僧。俗名ぞくみょうは佐藤義清のりきよ。はじめ北面の武士、出家後は旅と草庵の人生を送り、述懐の歌を多く残した。家集は「山家さんか集」。

ざい-きょう ◎【在京】名 自サ みやこにいること。東京・京都にいること。

ざい-きょう ◎【在郷】名 自サ 郷里にいること。ざいごう。「―の名士」

さい-きん ◎【細菌】名 肉眼では見えない、単細胞微生物。分裂してふえる。病原菌・有用菌など種類が多い。バクテリア。

さい-きん ◎【細×瑾】名〔文章語〕ちょっとしたきず・欠点。「大行たいこうは―を顧みず」

さい-きん ◎【最近】名 ❶現在からいちばん近いとき。至近。直近。「これがその人の―の情報です」❷現在を含めてかなり長い幅の時間。「弟は―勤めに行っていない」「―十年間に起こった地震」⇩近頃㊀参考。

ざい-きん ◎【在勤】名 自サ ある勤務についていること。

さい-く ◎【細工】㊀名 こまかな物の製作。㊁名 他サ ❶こまかいくふうをすること。❷人目をごまかそうとたくらむこと。「あいつの―にちがいない」**―は流流りゅうりゅう仕上しあげをごろうじろ** やり方はいろいろあるが、念を入れているから、できあがりを見て批判してくれという気持ち。

さい-ぐう ダ【斎宮】名 昔、伊勢神宮につかえた未婚の内親王、または女王。いつきのみや。⇔斎院。

さい-くつ ◎【採掘】名 他サ 鉱物や化石などを掘りだすこと。「石油を―する」

サイクリング サ〈cycling〉名 自転車の遠乗り。自転車旅行。

サイクル サ〈cycle〉名 ❶周期。❷自転車。「モーター―」❸電波・音波の一秒間あたりの振動数。サイクル毎秒を略したもの。ヘルツ。**―ヒット** ヒ〈cycle hit〉名 野球で、ひとりの選手が、一試合のうちに、単打・二塁打・三塁打・本塁打のすべてを打つこと。サイクル打。

サイクロトロン ト〈cyclotron〉名 電磁石を用いて、イオンを加速する装置。原子核の人工破壊などに利用。

サイクロン サ〈cyclone〉名 インド洋に発生する大型の熱帯低気圧。

さい-くん サ【細君】名(「妻君」は当て字)❶親しい人に対し、自分のつまをさす語。❷同輩以下の他人のつまをさす語。

ざい-け ◎【在家】名〖仏〗僧ではないふつうの人。在俗。⇔出家。

さい-けい ◎【歳計】名 一会計年度における収入・支出の総計。

さい-げい ◎【才芸】名 才能と技芸。「―にすぐれる」

ざい-けい ◎【財形】名「勤労者財産形成促進制度」の略。勤労者の預貯金課税や住宅建設融資などを優遇する制度。「―貯蓄」

さいけい-こく ケ【最恵国】名 通商条約で、もっとも有利なとりあつかいを受ける国。「―待遇」

さいけい-れい ケ【最敬礼】名 自サ もっともていねいな敬礼。

さい-けつ ◎【採血】名 自サ 検査・輸血などのために、からだから血をとること。

さい-けつ ◎/サ【採決】名 他サ 議案の採否を、賛否をたずねてきめること。「議長が―する」参考「採決」は議会や会議で議案の賛否を問う場合、「裁決」は、行政機関が訴えなどに対して判断をくだす場合にいう。

さい-けつ ◎/サ【裁決】名 他サ 上級の人がいいかわるいかをさばいてきめること。また、それを申し渡すこと。「―を仰ぐ」⇩採決 参考。

さい-げつ サ【歳月】名 としつき。年月ねんげつ。**―人ひとを待またず** 年月は人がどうしようとおかまいなしに、どんどん過ぎ去ってしまう。

サイケデリック リ〈psychedelic〉形動 ダロ・ダッ・デ・ニ／ダナ・ナラ・◎ 幻覚の世界にあらわれるような、けばけばしい色や強烈な音のようす。サイケ。「―な服装」

さい-けん ◎【細見】名 ❶くわしく見ること。❷くわしい絵図・地図。❸江戸時代、吉原よしわら遊郭の案内書。

さい-けん サ【債券】名 国家・地方公共団体・会社などが、必要な資金を借り入れるために発行する有価証券。

さい-けん サ【債権】名 相手方に、ある財物・金銭などの供給を請求することのできる法律上の権利。⇔債務。**―者しゃ** ケ名 債権をもっている人。債主。⇔債務者。

さい-けん ◎【再見】名 他サ〔文章語〕もう一度同じものを見ること。見直すこと。

さい-けん ◎【再建】名 他サ(「さいこん」と読めば別語)❶建造物をたてなおすこと。「校舎の―」❷おとろえたり滅びたりしたものをふたたび築き起こすこと。再興。「会社の―をはかる」

さい-げん ゲ【際限】名 かぎり。きり。「欲望には―がない」

さい-げん ◎【再現】名 自他サ ❶失われた物をもう一度つくり上げること。「焼失した五重の塔を―する」❷映像の活用などにより過去の体験をよみがえらせること。「津波の恐ろしさを―する」

ざい-げん ◎【財源】名 かねの出どころ。

さ

さい‐けんとう ケ【再検討】名 他サ 前におこなった検討の方法や結論をもう一度見直すこと。「答申案の―」

サイコ〈psycho〉㊀サ 形動 精神や行動が異常であるようす。「―なドラマ」㊁造 精神の。心理の。「―セラピー」 **―アナリシス** ナ〈psychoanalysis〉名 精神分析。

さい‐こ サ【最古】名 形動(の) もっともふるいこと。「日本―の木造建築物」↔最新。

さい‐ご サ【最後】名 ❶いちばんあと。最終。↔最初・最前。❷死にぎわ。⇨最期 参考。❸それで終わりで、どうにもならないこと。「怒らせたら―」 **―通告** ツ 名〔「最後通牒」の言い換え〕❶話し合いをうちきって、最終的な要求を相手国に示し、それが認められなければ実力行使や自由行動をとることをのべた、外交上の文書。❷話し合いをうちきって相手につきつける、最終的な要求・通告。 **―通×牒** ツ 名 ⇒最後通告。 **―っ×屁** ゴ 名 ❶逃げ場のなくなったいたちが、苦しまぎれに出す悪臭。❷せっぱつまった最後の悪あがき。 **―の審判** キリスト教で、世界の終わりの日に神が全人類にくだすというさばき。

さい‐ご サ【最期】名 死にぎわ。「壮烈な―」 参考 死にぎわの意味で「最後」を使うこともあるが、「最期」が一般的。

ざい‐こ 0【在庫】名 品物がくらにあること。また、その品。「―がきれる」

さい‐こう 0【再校】名 二度目の校正。↔初校。

さい‐こう 0【最高】名 形動(の) ↔最低。❶いちばん高いこと。「北米―の山」❷いちばんすぐれていること。「―の価値」 **―学府** ガ 名 学問をまなぶ最高の場所。大学。 **―検** コ 名「最高検察庁」の略。 **―検察庁** ツ/サ2 名 最高裁判所に対応して設置されている検察庁。最高検。 **―裁** コ 名「最高裁判所」の略。 **―裁判所** 0/ショ 名 憲法でその設置がきめられている最高の司法機関。上告・特別抗告についての裁判をする、民事・刑事・行政事件の訴訟についての終審裁判所。最高裁。 **―潮** コ 名 いちばん高まること。また、その状態・場面。クライマックス。「感動の―」 参考「最高調」と書くのはあやまり。 **―点** コ 名 ❶競技や試験で評価として参加者にあたえられたいちばん高い得点。「鉄棒で―をとる」❷山地でいちばん標高の大きいところ。❸月や人工衛星の軌道で、地球からいちばん遠く離れたところ。 **―峰** コ 名 ❶いちばん高いみね。「アルプスの―」❷ある分野でいちばんすぐれた物・人。「物理学界の―」

さい‐こう 0【砕鉱】名 自サ 鉱石をこまかくくだいて、鉱物の成分を分離させること。

さい‐こう 0【採光】名 自サ 戸外の明るさを室内にとりいれること。

さい‐こう 0【採鉱】名 自サ 鉱石を掘りとること。

さい‐こう 0【再考】名 他サ もう一度考えなおすこと。

さい‐こう 0【再構】名 他サ 一度くずれたものを元どおりに組み立てること。「旧跡を―する」

さい‐こう 0【催行】名 他サ 業者が企画した旅行などのもよおしを実施すること。

さい‐こう 0【再興】名 自他サ ふたたび勢いが強くなること。おとろえていたものを、また盛んにすること。「お家の―」

ざい‐こう 0【在校】名 自サ ❶在学。「―生」❷学校の中にいること。「一日じゅう―する」

ざい‐ごう 0【在郷】名 ❶ざい。いなか。❷郷里にいること。ざいきょう。 **―軍人** グ 名 ふだんは民間におり、戦時には召集されて国防にあたる軍人。

ざい‐ごう 0【罪業】名〘仏〙❶罪となる悪のおこない。❷罪のむくい。

さい‐こうび コ【最後尾】名 列やまとまりなど、長くつづいているもののいちばん後ろ。「隊列の―」

さい‐こく 0【催告】名 他サ〘法〙相手方に対しある行為の実行を請求すること。債務の履行の請求など。

さい‐ごく 0【西国】名 ❶西のほうの国。❷九州地方。❸西国三十三所。西国巡礼。≒さいこく。 **―三十三所** サ―/サ2 名 関西地方にある、三十三の観音の霊場。 **―巡礼** 0/ジュ 名 西国三十三所の観音霊場を巡礼すること。また、その人。

ざい‐こく 0【在国】名 自サ ❶江戸時代、大名やけらいが自分の領国にいたこと。↔在府。❷郷里にいること。在郷。

さい‐ころ コ/ロ【×賽▲子・×骰▲子】名 ⇒さい(賽)㊀。

サイコロジー コ〈psychology〉名 心理学。

さい‐こん 0【再婚】名 自サ 配偶者と別れた人が、別の人と結婚をすること。↔初婚。

さい‐こん 0【再建】名 他サ〔「さいけん」と読めば別語〕焼失などした神社・寺院などをふたたびたてること。

さい‐さい 0【歳歳】名〘文章語〙毎年。年ごと。「年年―」

さい‐さい 0【再再】副 たびたび。「―注意を受ける」

さい‐さき 0【さい先】【▲幸先】名〔「さちさき」の変化〕❶何かよいことがあるように思えるできごと・しるし。❷事をはじめる際の前じらせ。「―がいい」

さい‐さく 0【細作】名 しのびの者。間者。間諜。「―を放つ」

さい‐さん 0【採算】名 商売などで、収入と支出を計算すること。 **―が合う** 利益がある。 **―が取れる** 利益がある。 **―割れ** 0 名 商品の売値が、仕入れ値より安くなること。あきないが引き合わないこと。

さい‐さん 0【再三】名 副 二度三度。たびたび。「―忠告した」 **―再四** サ3 名 副 たびたび。「再三」を強めて言う語。「―の警告」

ざい‐さん ザ【財産】名 所有する土地・かね・品物など。身代。資産。「―を残す」 **―家** 0 名 金持ち。 **―刑** ケ サ 名 財産を取りあげる刑罰。罰金・科料・没収の三種がある。↔体刑。

さい‐し サ【才子】名 ❶才知のすぐれた人。気のきく人。❷(悪い意味で)ぬけめのない人。 **―才に倒れる** 才子は自分の才能に自信をもちすぎて、かえって失敗するものだ。 **―多病** サ 名 才子はとかく病気がちだ。

さい‐し サ【妻子】名 妻と子。つまこ。

さい‐し サ【祭司】名 ❶ユダヤ教で、宗教上の職務を受けもつ人。❷まつりをとりおこなう人。神官。

さい‐し サ【祭×祀】名 まつり。祭典。

さい‐じ サ【祭事】名 まつり。神事。

さい‐じ 0【細字】名 こまかな文字。↔太字。

さい‐じ サ【細事】名 ❶こまかなこと。「―にこだわる」❷くわしいこと。

さい‐じ サ【催事】名 デパートなどで、大売り出しや展示会などの特別の催し物をすること。「―場」

さい‐じ サ【歳次】名〘文章語〙としまわり。とし。

さい‐しき 0【才識】名〘文章語〙才知と識見。「―ゆたかな人」

さい‐しき 0【祭式】名 ❶まつりの儀式。❷まつりの作法。

さい‐しき 0【彩色】名 他サ 色をつけること。いろどり。着色。 参考「さいしょく」は近年の言い方。

さい‐じき ジ【歳時記】名 ❶一年じゅうの行事・生活などを書きつけた本。❷俳句の季語を集めて解説し、例句がのせてある本。季寄せ。俳諧歳時記。

さ

さい-しつ ⓪【妻室】名〔文章語〕つま。家内。

さい-じつ ⓪【祭日】名 ❶祭りを行う日。❷〔大日本帝国憲法で〕皇室の祭典を行う日。

ざい-しつ ⓪【材質】名 ❶木材の性質。❷材料の性質。

ざい-しつ ⓪【在室】名自サ へやにいること。

さいし-て【際して】連語〔「…に際して」の形で〕…にあたって。「出発に―」

ざい-しゃ ⓪【在社】名自サ 会社にいること。

さい-しゅ [サ]【祭主】名 ❶祭事を中心となっておこなう人。❷伊勢神宮の神官の長。

さい-しゅ [サ]【斎主】名 神道の祭りの儀式の主催者。

さい-しゅ [サ]【債主】名〔文章語〕貸し主。債権者。

さい-しゅ [サ]【採種】名自サ 植物のたねをとること。

さい-しゅ [サ]【採取】名他サ ❶とること。あつめること。「指紋を―する」❷研究などのために、必要なものをひろい集めること。「貝を―する」

さい-しゅう ⓪【最終】名 いちばん終わり。↕最初。―**回**〔かい〕[シュ]名 放送・連載・講座など、計画されたひと続きの企画が終わる回。「連続ドラマの―」

さい-しゅう ⓪【採集】名他サ 研究・調査の資料などにするため、とりあつめること。「植物を―する」

ざい-じゅう ⓪【在住】名自サ 住んでいること。「東京―の外国人」

ざい-しゅく ⓪【在宿】名自サ 家にいること。在宅。

さい-しゅつ ⓪【歳出】名 一会計年度における支出の総計。↕歳入。

さい-しゅっぱつ [シュ]【再出発】名自サ もう一度出なおすこと。「人生の―」

さい-しょ ⓪【最初】名 いちばんはじめ。↕最終・最後。

さい-しょ ⓪【細書】名他サ 細字。また、細字で書くこと。

さい-じょ [サ]【才女】名 頭のよく働く、才能のすぐれた女性。才媛〔さいえん〕。

さい-じょ [サ]【妻女】名 ❶〔文章語〕つまと娘。❷他の人のつま。

ざい-しょ [ショ]【在所】名 ❶すみか。❷いなか。在。❸郷里。くにもと。

さい-しょう ⓪【妻×妾】名 つまとめかけ。

さい-しょう ⓪【宰相】名 ❶総理大臣。首相。「一国の―」❷〔古語〕中国で、天子をたすけて政治をおこなった官職。❸参議の中国ふうのよび方。

さい-しょう ⓪【最小】名 いちばん小さいこと。↕最大。―**限**〔げん〕[ショ]名 いちばん小さい程度。最小限度。「―の要求」↕最大限。参考「最少限」と書くのはあやまり。―**公倍数**〔こうばいすう〕[バ]/[ス]名 二つ以上の正の整数に共通な倍数の中で、0を除いていちばん小さいもの。たとえば、6と9の最小公倍数は18。↕最大公約数。

さい-しょう ⓪【最少】名 ❶いちばん少ないこと。↕最多。❷〔文章語〕いちばん若いこと。最年少。↕最長。

さい-じょう ⓪【祭場】名 ⬇さいじょう(斎場)❷。

さい-じょう ⓪【斎場】名 ❶葬式をおこなう場所。葬儀場。❷神仏をまつる場所。

さい-じょう ⓪【最上】名 ❶いちばんうえ。「―階」❷いちばんすぐれていること。「―の品」

さい-じょう ⓪【催場】名 公開行事や展示会など、特別な催しが行われる場所。催事場。「デパートの―」

ざい-しょう ⓪【罪障】名〔仏〕悟りのじゃまとなるわるいおこない。極楽往生のさまたげとなる罪。

ざい-じょう ⓪【罪状】名 犯罪の内容。「―をしるす」

さい-じょうい [ジョ]【最上位】名 地位・順位・序列・品質などが最も上であること。↕最下位。

さい-しょく ⓪【才色】名 女性の才知と、きりょう。―**兼備**〔けんび〕[ケ]名 女性が、才知がすぐれ、顔だちがきれいなこと。

さい-しょく ⓪【彩色】名 ⬇さいしき。

さい-しょく ⓪【菜食】名自サ やさいなど、植物性食品だけを食べること。↕肉食。

ざい-しょく ⓪【在職】名自サ 職務についていること。在勤。「―三十年」

さい-しん ⓪【最深】名 いちばんふかいこと。

さい-しん ⓪【再診】名他サ 二度目以降におこなう診察。↕初診。

さい-しん ⓪【再審】名他サ ❶もう一度審査すること。再審査。❷判決の確定した事件について、その裁判にあやまりがあったとして、裁判所が審理しなおすこと。「―を請求する」⇩さしもどす 参考。

さい-しん ⓪【細心】名形動 こまかく気をつけるようす。「―の注意をはらう」

さい-しん ⓪【最新】名形動(の) いちばんあたらしいこと。「―の技術」↕最古。

さい-じん ⓪【才人】名 才知・文才のすぐれた人。

さい-じん ⓪【祭神】名 神社にまつってある神。

サイズ [サ]〈size〉名 衣服・器物などの大きさ。寸法。「キングー」「―が合わない」

ざ-いす ⓪【座椅子】【×坐椅子】名 すわってよりかかれるように作られた、あしのないいす。日本間用。

さい・する [ス]【際する】自サ 〔シ・セ・サ(シ)・スル・スル・スレ・*〕ある事がらに出あう。当たる。「非常時に―心得」**さい・す** 文語サ変

さい-すん ⓪【採寸】名自サ 洋裁などで、からだの寸法をはかること。

さい-せい ⓪【済世】名 世の中をすくうこと。済民。

さい-せい ⓪【祭政】名 祭事と政治。―**一致**〔いっち〕⓪/[イ]3 名 神をまつることと、政治とは一致するとする思想。また、そのような政治。古代社会に、多く見られた。

さい-せい ⓪【再生】㊀名自サ ❶死にかかったものがいきかえること。❷心をいれかえて正しい生活をすること。更生。「―の道に入る」❸生物体の失われた部分がまた作り出されること。㊁名他サ ❶くず・古物を利用して再び新しいものを作り出すこと。「牛乳パックをトイレットペーパーに―する」⇩再製 参考。❷録音・録画したテープなどから音や映像を出すこと。❸〔心〕前に知覚したことをもう一度意識に再現すること。―**医療**〔いりょう〕[イ]3 名 病気や事故で失った体の一部を、細胞を培養して作った組織で、修復し再生する医療。―**紙**〔し〕[セ]名 一度利用した紙から作った再生パルプを主な原料とした紙。

さい-せい ⓪【再製】名他サ 一度加工したものを、さらに別の製品に作りかえること。「プラスチックから―した作業服」参考「再生」は、同じ物を作りなおす意味。「再製」は、別種の品を作る意味。

ざい-せい ⓪【財政】名 ❶国家・地方公共団体の収入・支出に関する、経済上の行為。「地方―の行きづまり」❷個人のかねまわり。「わが家の―」―**投融資**〔とうゆうし〕[ユ]名 国が財政資金を、住宅・道路・地域開発などに向けて投資または融資するものの総称。

ざい-せい ⓪【在世】名自サ この世に生きていること。存命。ざいせ。「祖父の―中」

さいせい-き [セ]【最盛期】名 物事のいちばんさかんな時期。「みかんの出荷の―」

さい-せいさん [セ]【再生産】名他サ〔経〕生産されたものから生まれた利益をもとにして、また新たな生産が行われ

ることが、くりかえされること。

さい-せき⓪【砕石】名 自サ 岩石をくだくこと。また、くだかれた岩石。

さい-せき⓪【採石】名 自サ 山から石を切り出すこと。

ざい-せき⓪【材積】名〔文章語〕木材・石材の体積。

ざい-せき⓪【罪責】名 犯罪を犯した責任。「—感」

ざい-せき⓪【罪跡】名〔文章語〕犯罪のあとに残るしるし。犯跡。「—をくらます」

ざい-せき⓪【在席】名 自サ 勤務先などで所定の席にすわっていること。「—確認電話」

ざい-せき⓪【在籍】名 自サ 学校・団体などに籍があること。「—生徒数」 **—専従**(せんじゅう) セ2 名 社員や公務員が、その身分をもったままで労働組合の専従職員になること。

さい-せつ⓪【再説】名 他サ くりかえして説明すること。

さい-せつ⓪【細説】名 他サ こまかく説明すること。

さい-せん⓪【×賽銭】名 神仏にそなえる、かね。

さい-せん⓪【再選】一 名 他サ 二度めも同じ人をえらぶこと。二 名 二度めの当選。「—を祝う」

さい-ぜん⓪【最前】名 ❶いちばんまえ。↕最後。❷さきほど。「—の話」

さい-ぜん⓪【最善】名 ❶いちばんよいこと。最良。「—の方法」↕次善・最悪。❷全力。「—をつくす」

さい-ぜん【截然】「せつぜん」のあやまり。

さい-ぜんせん セ【最前線】名 ❶いちばん敵側に近い所にある陣地。❷直接その仕事をする所。第一線。「研究の—」

さい-せんたん セ【最先端】名 ❶物事のいちばん先頭。❷時代や流行のいちばん進んでいるところ。

さい-そう⓪【才藻】名〔文章語〕「「藻」は詩や文章」詩や文章をつくる才能。文才。

さい-そう⓪【再送】名 他サ 再び送ること。送りなおすこと。

さい-そう⓪【採草】名 草を刈りとること。くさかり。

さい-そう⓪【×洒掃】名 他サ〔文章語〕水をそそぎ、はききよめること。そうじ。

ざい-ぞう⓪【才蔵】名 ❶三河万歳(みかわまんざい)で、太夫(たゆう)の相手をするこっけいな役。新年 ❷うまく調子を合わせて、あいづちばかり打つ人をいやしめていう語。

さい-そく⓪【細則】名 総則にもとづいて、こまかな事がらについてきめた規則。「施行—」↕総則。

さい-そく サ【催促】名 他サ うながすこと。せきたてること。「送金の—」 **—がましい** シ 形 いかにも、さいそくするようなようすだ。「—顔」

ざい-ぞく⓪【在俗】名 出家(しゅっけ)しないでいること。また、その人。在家。↕出家。

さい-た⓪【最多】名 いちばん多いこと。↕最少。

サイダー サ〈cider〉名〔「りんご酒」の意〕清涼飲料水の一つ。砂糖・香料・炭酸水などを材料とする。夏

さい-たい⓪【×臍帯】名 へその緒(お)。せいたい。 **—血**(けつ) タ 名 へその緒に含まれる血液。造血細胞を多く含むため、白血病などの治療に活用する。

さい-たい⓪【妻帯】名 自サ つまをもつこと。

さい-だい⓪【細大】名 こまかなことと、大きなこと。巨細(こさい)。「—もらさず説明する」

さい-だい⓪【最大】名 いちばん大きいこと。↕最小。 **—限**(げん) タ 名 ある範囲のなかでいちばん大きいこと。最大限度。「—に見つもる」↕最小限。 **—公約数**(こうやくすう) ヤ/ク 名 二つ以上の正の整数の共通な約数のなかで、いちばん大きいもの。たとえば、18と12の最大公約数は6。↕最小公倍数。

ざい-たい⓪【在隊】名 自サ 軍隊に在籍していること。

さい-たく⓪【採択】名 他サ 案などを、よいものとしてとりあげること。「意見を—する」

ざい-たく⓪【在宅】名 自サ 自分の家にいること。「先生はご—ですか」 **—介護**(かいご) カ 名 他サ 高齢者や病人を、施設に入れずに家庭で介護すること。 **—勤務**(きんむ) キ 名 自サ 職場に行かずに、自宅で仕事をすること。 **—ケア** ケ 名 援助を必要とする高齢者や病人などに対して、施設に入れずに在宅のままで福祉・医療サービスを提供すること。

さいたまけん《埼玉県》関東地方中央部の県。県庁所在地は、さいたま市。

さい-たる サ【最たる】連体 最上の。いちばんの。「中でも—ものは…」

さい-たん⓪【最短】名 距離や時間が、いちばんみじかいこと。「—の経路」↕最長。

さい-たん⓪【歳旦】名〔文章語〕「「旦」は朝」一月一日の朝。元朝。元旦。新年

さい-たん⓪【採炭】名 自サ 石炭を掘りとること。

さい-だん⓪【祭壇】名 祭事のためにもうけた高い場所。

さい-だん⓪【細断】名 他サ 紙などをこまかく切りきざむこと。「—機」

さい-だん⓪【裁断】名 他サ ❶【×截断】紙などを切りそろえること。「—機」参考「截断(せつだん)」を「さいだん」と読むのは慣用読み。❷洋服の型紙どおりに布をたつこと。カッティング。❸物事の是非を判断してきめること。裁定。「議長の—を求める」

ざい-だん⓪【財団】名 ❶一定の目的のために結合された財産の集合。❷財団法人。 **—法人**(ほうじん) ホ 名 一定の目的のために寄付された財産を基礎とし、法律によって設立をみとめられた法人。

さい-ち サ【才知】【才×智】名 心のはたらき。ちえ。「—にたけた人」

さい-ち サ【細緻】形動 ダロ・ダッ・デ・ニ ダナ・ナラ・ニ〇〔文章語〕くわしくて、てぬかりのないようす。「—な計画」

さい-ちゅう⓪【細注】名 こまかで、くわしい注釈。

さい-ちゅう サ【最中】名 物事のまっさかり。「会の—」

ざい-ちゅう⓪【在中】名 封筒・つつみのなかに、ある物がはいっていること。「写真—」⇩外脇付け参考。

さい-ちょう⓪【最長】名 ❶距離または時間が、いちばん長いこと。「日本—のトンネル」↕最短。❷〔文章語〕いちばん年上のこと。最年長。↕最少。 **—不倒距離**(ふとうきょり) キヨ 名 ❶スキーのジャンプ競技で転倒せずに着地した最も長い距離。❷役職や地位に就いた者のうち、継続して最も長く勤めたその期間のたとえ。

さいちょう《最澄》七六七-八二二。平安時代前期の僧。桓武(かんむ)天皇の命を受けて唐にわたり、帰国後、天台宗を開いた。伝教大師(でんぎょうだいし)。

ざい-ちょう⓪【在朝】名〔文章語〕朝廷につかえていること。官吏としてつとめていること。↕在野。

ざい-ちょう⓪【在庁】名 自サ 役所にいること。「—時間」

さい-ちょうさ チョ【再調査】名 他サ あらためて調べなおすこと。「—の申し入れ」

さいちょう-ほたん⓪【採長補短】名〔文章語〕他人の長所をとりいれて、自分の短所をおぎなうこと。

さい-づち ヅ【才×槌】名 小形の木のつち。 **—頭**(あたま) ア 名 ひたいと後頭部がつき出して、木づちのような形をした頭。

さい-てい⓪【最低】名 形動(の) ↕最高。❶いちばんひくいこと。いちばん少ないこと。「—気温」「—三か月はかかる」❷程度がひどくわるいこと。もっとも望ましくないこ

と。「―の条件」「―な人物」 ―限(げん)[テ]名 いちばんひくい限界。「―の生活」 ―賃金制(ちんぎんせい)⓪名 賃金労働者の生活を安定させるため、国家が最低限の賃金を決定し法律で定める制度。最賃制。

さい-てい⓪【再訂】名他サ 書物の文字・文章などのまちがいや、わかりにくいところをもう一度たしかめ、なおすこと。

さい-てい⓪【裁定】名他サ よしあしをさばいてきめること。裁断。「委員会の―に従う」

ざい-てい⓪【在廷】名自サ ❶朝廷につかえていること。在朝。❷法廷に出ていること。

さい-てき⓪【最適】名形動(の) いちばん適していること。 ―化(か)⓪名他サ 目的や条件に対して、いちばんよい状態に整えること。

ざい-テク⓪【財テク】名〔「財務テクノロジー」から〕株式や不動産に投資して、効率よく資金を運用すること。

さい-てん⓪【祭典】名 まつりの儀式。「民族の―」

さい-てん⓪【再転】名自サ ふたたびかわること。「状況が―する」

さい-てん⓪【採点】名他サ 点数をつけること。「―があまい」

さい-でん⓪【祭殿】名 まつりの儀式をおこなう建物。

ざい-てん⓪【在天】名〔文章語〕天にいること。「―の神」

サイト⓪[サ]〈site〉名 ❶用地。敷地。「ダム―」 ❷インターネットで、情報提供者に割り当てられた場所。「ウェブ―」「ポータル―」

さい-ど[サ]【彩度】名 色の三要素の一つで、色のあざやかさの程度。↕明度・色相。

サイド〈side〉㊀[サ]名 ❶側面。横の方。「―から声がかかる」「プール―」 ❷方面。あるがわに立つこと。「市民の―から考える」「消費者―の意見」 ㊁造 主ではないもの。副。「―ギター」「―メニュー」 ―アウト[ア]〈side out〉名 ❶テニスで、ボールがサイドラインの外へ出ること。❷バレーボールで、相手方へサーブ権が移ること。 ―カー[ド]〈sidecar〉名 横に車輪一つの車両をつけたオートバイ。 ―スロー⓪〈side throw〉名〔和製英語〕野球で、投手が球を横から投げる投げ方。横手投げ。 ―テーブル[テ]〈side table〉名 横にそなえる小さな机。わき机。 ―ビジネス[ビ]〈side business〉名〔和製英語〕副業。サイドワーク。 ―ブレーキ[レ]〈side brake〉名〔和製英語〕自動車で、運転席のそばにある、手で引くブレーキ。ハンドブレーキ。 ―ボード[ボ]〈sideboard〉名 装飾的な洋ふうの戸だな。食器だな・脇だななどに用いる。 ―ミラー[ミ]〈side mirror〉名 自動車の車体前部の両側にとりつけられた鏡。運転者が側面・後方を見るためのもの。 ―メニュー[メ]〈side menu〉名〔和製英語〕飲食店で、メインの料理以外に注文する料理。 ―ライン[ラ]〈sideline〉名 ❶球技のコートなどで、長いほうの区画線。❷傍線。 ―リーダー[リ]〈side reader〉名〔和製英語〕外国語の副読本。 ―ワーク[ワ]〈side work〉名〔和製英語〕副業。内職。サイドビジネス。

さい-ど[サ]【済度】名他サ〔「済」はすくう、「度」はわたす〕❶仏が、迷いくるしんでいる人間をすくって、極楽の彼岸にわたすこと。❷迷いからすくうこと。「―しがたい人物」

さい-ど[サ]【再度】名副 もう一度。「―のお願い」

さい-とう⓪【彩陶】名 中国の先史時代に見られる素焼きの土器で、表面に紅・黒などで幾何学文・動物文などの文様をつけたもの。彩文(さいもん)土器。

さい-どう⓪【細動】名 心臓の筋肉が不規則にふるえて、全身に血液を送れない状態。「心房―」

さいとう-もきち《斎藤茂吉》 一八八二―一九五三。歌人・精神科医。強烈な人間感情を歌いあげた、アララギ派の中心的存在。「実相観入」を主張。歌集に「赤光(しゃっこう)」「あらたま」「白き山」など。評論も多い。

さい-とく⓪【才徳】名 才知と人徳。

さい-どく⓪【再読】名他サ 一度読んだものをもう一度読むこと。 ―文字(もじ)[モ]名 漢文の訓読で二度読む字。「当」を「まさに…べし」と読むなど。

さい-とり[リ]【才取】名 取引所の中で、売買のなかだちをして手数料をかせぐ職業。また、その人。

さいな・む[ナ]【苛む】他五 マ・モ|ミ・ン|ム|ム|メ|メ ❶しかる。責める。「われとわが心を―」 ❷いじめる。なやます。くるしめる。「悪夢にさいなまれる」

さい-なん[ナ]【災難】名 ふいに身の上におこる不幸。わざわい。災厄(さいやく)。災禍。「―にあう」

ざい-にち⓪【在日】名自サ 海外から日本に来て、在住していること。「―外国人」

さい-にゅう⓪【歳入】名 一会計年度における収入の総計。↕歳出。

さい-にょう⓪【採尿】名自サ 検査するために尿をとること。

さい-にん⓪【再任】名自他サ もう一度、前の職につくこと、また、つけること。「議長に―された」

ざい-にん⓪【罪人】名 つみをおかした人。

ざい-にん⓪【在任】名自サ 任務についていること。「―中の苦労」

さい-にんしき[ニ]【再認識】名他サ あらためて認識すること。「重要性を―する」

サイネリア[ネ]〈cineraria〉名 ➡シネラリア。

さい-ねん⓪【再燃】名自サ ❶ふたたび燃えだすこと。❷一時おさまっていたものごとが、また問題になること。「紛争が―する」

さい-ねんしょう[ネ]【最年少】名 いちばんとしの若いこと。「―で受賞」

さい-ねんちょう[ネ]【最年長】名 いちばんとし上のこと。

さい-のう⓪【才能】名 才知のはたらき。能力。

さい-のう⓪【採納】名他サ よいものとしてとりいれること。採用すること。

ざい-のう⓪【財×嚢】名〔文章語〕〔「嚢」はふくろ〕❶さいふ。❷さいふにあるかね。「―をかたむける」

さい-の-かみ[ノ]【塞の神】名 ➡さえのかみ。

さい-の-かわら[サ]|[カ]【さいの河原】【×賽の河原(かはら)】名 ❶親に先立って死んだ子どもが父母供養のため、石を積んで塔をつくっても、すぐ鬼にくずされるという三途(さんず)の河原。❷いくらつんでもくずされる、むだな努力。

さい-の-め⓪|[メ]【×賽の目】名 ❶さいころの面にしるされた数。❷さいころの形。立方体。「とうふを―に切る」

さい-のろジー[ノ]名〔俗語〕夫が妻にひどくあまく、言いなりになること。参考 妻にのろい(甘い)ことをサイコロジー(心理学)にかけて、もじったことば。昭和初期の流行語。

サイバー〈cyber〉造 コンピューターネットワークに関する。「―スペース」「―ビジネス」 ―スペース[ペ]〈cyberspace〉名 コンピューターネットワーク上の仮想の空間。サイバー空間。 ―テロ[テ]名〈cyberterrorism から〉コンピューターネットワークに不正に侵入し、社会的混乱を生じさせる破壊行為。サイバー攻撃。

さい-はい⓪【采配】名 ❶軍陣をさしずするとき、大将が手に持つもの。❷さしず。「社長の―で運営される」

采配❶

ーを振る さしずをする。

さい-はい ⓪【×儕輩】名〔文章語〕同じ仲間。同輩。せいはい。

さい-はい ⓪【再拝】㊀名 他サ 二度拝礼すること。㊁〔あいさつ〕〔文章語〕手紙の結びにつかう語。「頓首―」⇩敬具〔参考〕。

さい-ばい ⓪【栽培】名 他サ 植物を植えてそだてること。「ゴムの木の―」↕自生。〔参考〕近年は、魚介類の卵を稚魚になるまで育てるとりくみを「栽培漁業」と言う。また、「裁培」と書くのはあやまり。

さい-ばし [バ]【菜箸】名 料理をしたり、おかずを取り分けたりするのに使うはし。

さい-はじ-ける [ケ]【才はじける】【才▲弾ける】自下一 〔ケ・ケ・ケル・ケル・ケレ・ケロ・ケヨ〕❶ちえのはたらきがすばやい。才知がするどい。❷こましゃくれている。小利口でなまいきにふるまう。

さい-ばし-る [シ]【才走る】自五〔ラ・ロ・リ・ッ・ル・ル・レ・レ〕❶才能がはたらきすぎる。利口すぎる。❷才気にあふれる。

さい-はつ ⓪【再発】名 自サ ふたたび発病・発生すること。「事故の―を防ぐ」

ざい-ばつ ⓪【財閥】名 ❶大資本・大企業を運営・支配する一族。また、一団。❷〔俗語〕金持ち。

さい-はっけん [ハ]【再発見】名 他サ それまで意識していなかったことに、改めて気づくこと。「日本美の―」

さい-はて ⓪【最果て】名 いちばんはずれ・はし。「―の地」

サイバネティックス [テ]〈cybernetics〉名 情報理論と自動制御理論を中心とした総合科学。コンピューターなどの工学的部門から、人間の神経系統などの生理学的部門にいたる広い範囲の制御や通信の理論をあつかうもの。

さいばら ⓪/[サ]【催馬▲楽】名 奈良時代の民謡が、平安時代雅楽にとり入れられてできた歌謡。また、その曲調。

さい-はん ⓪【再犯】名 ふたたび罪をおかすこと。↕初犯。

さい-はん ⓪【再販】名〔「再販売価格維持契約」の略〕生産者が商品の卸売・小売価格を指定し、販売者がそれを守り値引きしない契約。「―制度」

さい-はん ⓪【再版】名 他サ 同じ本の二度めの出版。また、その本。↕初版。

さい-ばん ⓪【歳晩】名〔文章語〕としのくれ。年末。歳末。㊄「―風景」

さい-ばん [サ]【裁判】名 他サ 裁判所が、争いや訴訟に対して法規にもとづいて判断をくだすこと。ー員[バ]名 裁判員制度において選ばれ、重大な刑事裁判に参加する一般市民。ー員制度[セ]名 裁判官とともに、一般市民から選ばれた裁判員が刑事事件の審議を行う制度。二〇〇九年より実施。ー官[バ]名 裁判所で、訴訟の裁判をおこなう国家公務員。判事。ー所⓪/[ショ]名 民事や刑事の訴訟の裁判をおこなう国家機関。

さい-ひ [サ]【採否】名 採用と不採用。「応募者に―を通知する」

さい-ひ [サ]【歳費】名 ❶一年間の費用。❷国会議員の一年間の給与。

さい-び [サ]【細微】形動〔ダロ・ダッ・デ・ニ・ダ・ナ・ナラ・〇〕❶ごくこまかなようす。微細。「―な観察」❷身分の低いこと。

さい-ひつ ⓪【才筆】名 うまい文章。「―をふるう」

さい-ひつ ⓪【細筆】名 ほそいふで。

さい-ひょう ⓪【細氷】名 非常に気温の低いときに、小さな氷の結晶が大気中を落ちたり飛んだりする現象。日光にあたると、きらきら反射する。ダイヤモンドダスト。

さい-ひょう ⓪【砕氷】名 自サ 氷をくだくこと。また、くだいた氷。「―船」

さい-ひょう ⓪【細評】名 他サ こまかい批評。こまごまと批評すること。↕概評。

さい-ふ ⓪【財布】名 携帯用のかねいれ。**ーの口を締める** かねをむだに使わないようにする。倹約する。**ーの底をはたく** もっているかねを全部使ってしまう。**ーの×紐が堅い** むやみにかねを使わない。

さい-ふ ⓪【採譜】名 他サ 楽譜に書かれていない曲を楽譜にかきとること。

さい-ぶ [サ]【細部】名 こまかな部分。「―にわたる検査」

ざい-ふ ⓪【在府】名 自サ 江戸時代、大名やそのけらいが江戸で勤務したこと。↕在国。

サイフォン [サ]〈siphon; syphon〉名 ⇨サイホン。

さい-ふく ⓪【祭服・斎服】名 祭典のとき、祭主や神官が着る衣服。

さい-ぶつ ⓪【才物】名 才能のある人。

ざい-ぶつ [ザ]【財物】名 かねと品物。たから。ざいもつ。

さい-ぶん ⓪【祭文】名 まつりのとき、神霊に告げる文章。さいもん。

さい-ぶん ⓪【細分】名 他サ こまかく分けること。「組織を―化する」

ざい-べい ⓪【在米】名〔「ざいまい」と読めば別語〕アメリカにいること、また、住んでいること。「―十年」

さい-べつ ⓪【細別】名 他サ こまかに区別すること。↕大別。

さい-へん ⓪【砕片】名 くだけたかけら。破片。

さい-へん ⓪【細片】名 こまかいかけら。

さい-へん ⓪【再編】名 他サ 編成しなおすこと。再編成。「事業―」「組織―」

さい-ぼ ⓪【歳暮】名 としのくれ。せいぼ。

さい-ほう ⓪【西方】名 ❶西の方角。せいほう。❷〔仏〕西方にあるといわれる、あみだ仏の極楽浄土。西方極楽。**ー極楽** ⓪名 西方極楽。**ー浄土** [ジョ]名 極楽浄土。西方極楽。

さい-ほう ⓪【裁縫】名 自サ 布地をたちきり、着物や洋服などを縫って仕立てること。

さい-ほう ⓪【再訪】名 他サ ふたたび訪れること。もう一度訪問すること。「―を約束する」

さい-ほう ⓪【採訪】名 他サ 民俗学などで、ある土地を訪れて研究資料を採集すること。

さい-ぼう ⓪【才望】名〔文章語〕才知と人望。

さい-ぼう ⓪【細胞】名 ❶生物体を構成する基礎的な小体。核をふくむ原形質のかたまり。❷共産党などの活動の根本となる最小の単位。‖さいほう。**ー組織** [ソ]名 ❶同じような細胞のあつまりからなる組織。❷基本単位の小団体の活動によって、つぎつぎに仲間をふやしていく組織。**ー分裂** [ブ]名 一つの細胞が増殖するため、二つに分かれること。

ざい-ほう ⓪【財宝】名 財産と宝物。たからもの。

サイボーグ [ボ]〈cyborg〉名 ❶特殊な生理的機能をもった機械を体の一部に移植した生物・人間。❷人造人間。

サイホ(フォ)ン [サ]〈siphon; syphon〉名 ❶大気圧を利用して液体を高い所に上げてから低い所へ移すのに使う逆U字形の管。❷ガラス製のコーヒーわかし器。

ざい-まい ⓪【在米】名〔「ざいべい」と読めば別語〕現在、倉庫などにあるこめ。ありまい。

さい-まつ ⓪【歳末】名 としのくれ。年末。歳晩。㊄「―放送」「―出版」

サイマル [造]〔simultaneous から〕同時であること。

さい-みつ ⓪【細密】形動〔ダロ・ダッ・デ・ニ・ダ・ナ・ナラ・〇〕こまかいようす。綿密。「―な描写」

さい-みん ⓪【済民】名 世の人々をすくうこと。「経世―」

さい-みん [0]【細民】[名] 恵まれない暮らしの人々。

さい-みん [0]【催眠】[名] ねむくなること。ねむくさせること。 **―剤**(ざい) [ミ][名] ねむりぐすり。睡眠剤。 **―術**(じゅつ) [ミ][名] 暗示によって催眠状態にさせる技術。

さい-む [サ]【債務】[名] ❶借金を返す義務。❷相手方の要求に応じて、財物・金銭などを供給すべき法律上の義務。⇔債権。 **―者**(しゃ) [ム][名] 債務をもっている人。⇔債権者。

ざい-む [ザ]【財務】[名] 財政上の事務。 **―省**(しょう) [ム][名] 財政・税制・国庫管理・通貨などに関する事務を担当する国の行政機関。二〇〇一年に大蔵省を改組して発足。

ざい-めい [0]【在銘】[名] 刀剣・器物などに作者名が入れてあること。⇔無銘。

ざい-めい [0]【罪名】[名] ❶犯罪の種類・名まえ。「殺人罪という―」❷罪をおかしたという評判。「―をそそぐ」

さい-もく [0]【細目】[名] こまかな箇条・事がら。「規則の―を定める」⇔大綱(たいこう)。

ざい-もく [0]【材木】[名] 建築物・器物などの材料となる製材した木。木材。

ざい-もつ [0]【財物】[名] ➡ざいぶつ。

さい-もん [0]【祭文】[名] ❶➡さいぶん。❷江戸時代、世間の事件を、ほら貝またはしゃみせんの伴奏で語ったもの。歌祭文(うたざいもん)。❸祭文かたり。 **―語り**(かたり) [カ][名] 歌祭文をかたる職業の人。

ざい-や [ザ/0]【在野】[名] ❶官庁につとめないで、民間にいること。⇔在朝。❷野党であること。「―の諸党」

さい-やく [0]【災厄】[名] わざわい。災難。

さい-ゆ [0]【採油】[名][自サ] ❶石油を掘り取ること。❷植物の種などから油をしぼること。

さい-ゆう [0]【再遊】[名][自サ]〔文章語〕同じところへふたたび遊びに行ったり、旅行したりすること。

さい-ゆう [0]【西遊】[名][自サ] ➡せいゆう。

さいゆうき《西遊記》中国、明(みん)代の長編小説。呉承恩(ごしょうおん)の作とされる。唐の玄奘(げんじょう)三蔵が孫悟空(そんごくう)・沙悟浄(さごじょう)・猪八戒(ちょはっかい)を供にして、仏教の経典(きょうてん)を求めてインドへの旅をする空想物語。

さい-よう [0]【細腰】[名]〔文章語〕❶女性の、ほそくてしなやかな腰。❷腰のほそいすらりとした美人。

さい-よう [0]【採用】[名][他サ] ❶よいと思うものをとりあげてつかうこと。「意見を―する」❷人をやといいれること。「職員の―試験」

さい-らい [0]【再来】[名][自サ] ❶もう一度くること。❷もう一度うまれでること。再生。「キリストの―か」

ざい-らい [0]【在来】[名] ❶これまであったこと・もの。「―工法の伝承」❷いままでどおりのこと。「―の方法でよい」 **―種**(しゅ) [ラ][名] ある地域に長く定着し、他の品種と交配されずに栽培・飼育されている生物種。⇔外来種。 **―線**(せん) [0][名] 同じ区間に新しく作られた鉄道線に対して、従来からある鉄道線。特に、新幹線に対する従来の鉄道線。

さい-らん [0]【採卵】[名][自サ] ❶たまごをとること。❷卵子を取り出すこと。

さい-り [サ]【×犀利】[形動] ダロ・ダッ・デ・ニ／ダ・ナ・ナラ・〇〔文章語〕(「犀」はかたい、するどいの意) ❶刃物のするどいようす。❷頭脳・観察・文章などのするどいようす。

さい-りゃく [0]【才略】[名] ❶〔文章語〕才知とはかりごと。❷知略。

さい-りゅう [0]【細流】[名] ほそいながれ。小川。

ざい-りゅう [0]【在留】[名][自サ] 一時、とどまって住むこと。特に、外国に住むこと。「―邦人」

さい-りょう [リョ/サ]【宰領】[名][他サ] ❶とりしまること。❷荷物の管理や作業員の指揮・監督をすること。また、その人。❸団体旅行の世話や監督をすること。また、その人。「九州観光団を―する」

さい-りょう [0/リョ]【裁量】[名][他サ] 自分の意見で処理すること。「きみの―にまかせる」 **―労働**(ろうどう) [ロ][名] 労働時間が労働者の裁量にゆだねられている労働形態。

さい-りょう [0]【最良】[名][形動(の)] いちばんよいこと。最善。「―の方法」⇔最悪。

ざい-りょう [リョ]【材料】[名] ❶その物をつくるもとになっているもの。「料理の―」⇩原料[参考]。❷物事の判断や証明をするもとになるもの。データ。資料。「反論の―」❸芸術作品のもとになるもの。題材。「小説の―」

さい-りょく [サ]【才力】[名] 才知のはたらき。

ざい-りょく [ザ]【財力】[名] ❶財産があることから生じる勢力。金力。「―にものをいわせる」❷費用をもつことができる力。「―はじゅうぶんだ」

さい-りん [0]【再臨】[名][自サ] ❶ふたたびその場にのぞむこと。❷キリスト教で、世界の終わりの日に、最後の審判をくだすため、ふたたびイエス=キリストがこの世にあらわれるということ。

ザイル [ザ]〈ドSeil〉[名] 登山用のつな。ロープ。(夏)

さい-るい [0]【催涙】[名] 涙を出させること。「―弾」 **―ガス** [ガ][名] 涙を出させて一時的に目を見えなくさせる毒ガス。 **―スプレー** [プ][名] 催涙性の成分を含んだ護身用のスプレー。

さい-れい [0]【祭礼】[名] まつりの儀式。まつり。(夏)

さいれ-ことば [コ]【さ入れ言葉】[名] 五段活用動詞に使役の助動詞を接続する際に、「せる」ではなく「させる」を用いる誤用の俗称。「送らせていただきます」を「送らさせていただきます」というたぐい。

サイレン [サ]〈siren〉[名] 警報や時報の音を発する装置。また、それの出す音。「―を鳴らす」

サイレンサー [レ]〈silencer〉[名] 消音器。消音装置。特に、拳銃の発射音を小さくするために付ける器具。

サイレント [サ]〈silent〉[名] ❶無声映画。⇔トーキー。❷英語のつづりの中で、発音しない字。knife の k など。

サイロ [サ]〈silo〉[名] 冬季の家畜飼料を、発酵させて貯蔵するための、円筒形の倉庫。寒冷地の牧場などにある。

サイロ

さい-ろう [0]【×豺×狼】[名]〔文章語〕(やまいぬとおおかみ)むごくて欲ふかい人のたとえ。

さい-ろく [0]【再録】[名][他サ] ❶一度雑誌などに発表された作品・記事などを、もう一度別の本などに収録すること。また、そのもの。❷もう一度録音・録画しなおすこと。また、そのもの。

さい-ろく [0]【採録】[名][他サ] ❶とりあげて書きしるすこと。また、そのもの。❷録音すること。「方言を―する」

さい-ろく [0]【載録】[名][他サ]〔文章語〕書物・記録などに書いてのせること。

さい-ろん [0]【再論】[名][他サ] もう一度論じること。

さい-ろん [0]【細論】[名][他サ] こまかに論じること。また、その論。

さい-わ [0]【再話】[名][他サ] ❶伝説・民話・文学作品などを、現代人や子どもがわかるように書き直すこと。また、その作品。「―文学」❷国語教育や外国語教育において、読んだり聞いたりした内容を、自ら話したり書いたりして再現する活動。

さいわい [0]【幸い】(さいはひ) ㊀[名][形動] 精神的・物質的にみちたりた状態。しあわせ。幸福。「不幸中の―」「―にして、けがはなかった」「お許しいただければ―です」 ㊁[副] 運よく。

「―一命をとりとめた」 ―する⓪ 自サ そのもののために、つごうのよい結果となる。うまくゆく。「不景気は革新党に幸いした」

さい-わん ⓪【才腕】名 頭がよく働き、物事をうまく処理するすぐれたうでまえ。「―をふるう」

サイン サ〈sign〉名 自サ ❶合図。「―を送る」❷名前をしるすこと。署名。「契約書に―する」

ざ-いん ⓪【座員】名 しばいなどの一座の人。

ザイン ザ〈ドSein〉名 ↕ゾルレン。❶実在。❷本体。

ざ-う ザ【座右】名 ➡ざゆう。

さう-ざう・し 形シク〔古語〕➡そうぞうし。

ざうし【曹司】名〔古語〕➡ぞうし。

サウジアラビア《Saudi Arabia》アラビア半島の大半を占める王国。首都はリヤド。

サウスポー ス〈southpaw〉名 ❶野球で、左ききの投手。❷ボクシングで、左がまえの選手。❸左ききの人。

さう-ぞ・く【装束く】自四〔古語〕➡そうぞく。

さう-な 助動〔古語〕➡そうな㊁。

さう-な・し【双無し】形ク〔古語〕➡そうなし。

さう-な・し【左右無し】形ク〔古語〕➡そうなし。

サウナ-ぶろ フ【サウナ風呂】〈フィンランドsauna〉名 熱気と蒸気を浴室にみちびき、その中で汗をながす形式のむしぶろ。サウナ。

さうら・ふ【候ふ】自四〔古語〕➡そうろう。

サウンド ⓪サ〈sound〉名 音。ひびき。 **―トラック** ラ〈sound track〉名 ❶映画用フィルムで、録音・再生する片側の帯状部分。❷➡サントラばん。 **―ボックス** ボ〈soundbox〉名 ❶ギター・バイオリン・しゃみ線などの弦楽器の胴体。共鳴箱。❷蓄音器で、針の振動をうけて、音を再生する小さな箱。

さえ エ【冴え】名 ❶音・光・色などがすんでいること。❷頭脳・感覚が鋭いこと。❸技術が見事なこと。

さえ さへ 助（副助詞）❶極端な例をあげて、他を当然のこととおしはからせる。「犬―恩を知る」⇩すら 参考。❷すでにあるうえに、さらにつけ加わる意味をあらわす。「風がはげしいのに雨―降ってきた」❸（「…さえ…ば」の形で）そのことだけでじゅうぶんになる意味をあらわす。「これ―あればよい」

ざえ【才】名〔古語〕❶学問、特に、漢学。❷芸能。技芸。

さえ-かえ・る ⓪カ【さえ返る】【冴返る】かへる 自五 ラ・ロ―リ・ッ―ル―ル―レ―レ ❶光・音などがよくさえる。「月が―」❷よく晴れて寒さがきびしくなる。「―空」❸春になって寒さがぶりかえす。㊮春

さ-えき ⓪【差益】名 売買の結果、為替レートの変動、価格の改定などによって生じる、収支のさしひきの利益。「円高―」↕差損。

さえぎ・る ギ【遮る】さへぎる 他五 ラ・ロ―リ・ッ―ル―ル―レ―レ ❶途中でおしとめる。じゃまをする。さまたげる。「ことばを―」❷向こうが見えないように間をへだてる。しきる。「幕で―」 **遮れる** 自下一〔…できる〕

さえ-ざえ ザ【さえざえ】【冴冴】と副 自サ あざやかに、すみきっているようす。「―とした冬の空」

さえずり ⓪/リ【囀り】さへづり 名 小鳥などがさえずること。また、その声。「ひばりの―を聞く」㊮春

さえず・る【囀る】さへづる ㊀ ズ 自五 ラ・ロ―リ・ッ―ル―ル―レ―レ ❶小鳥がしきりに鳴く。㊮春 ❷やかましくしゃべることをけいべつして言う語。㊁ 自四〔古語〕卑しい者たちや異国の人が、聞きとりにくく早口にまくしたてる。「唐人すべきやうもなくて…さへづりければ」〈宇治拾遺〉

さ-えだ ⓪【さ枝】【小枝】名〔文章語〕小さい枝。こえだ。

さ-えつ ⓪【査閲】名 他サ ❶実地に見て検査すること。❷軍事教育の成績を実地に調べること。

さえ-の-かみ ノ【塞の神】さへ― 名 路上の悪魔をふせいで通行人をまもるという神。道祖神どうそじん。さいのかみ。

さ・える エ【冴える】自下一 エ―エ―エル―エル―エレ―エロ・エヨ ❶きびしくひえる。「冬の朝は―」㊮冬 ❷光・音・色などがすんではっきりする。「さえた音」❸あざやかだ。するどい。「さえたうでまえ」「頭がさえている」❹神経などがたかぶる。「目がさえて眠れない」❺（「さえない」の形で）引きたたない。ぱっとしない。「さえない顔」 **さえ** 名 **さ・ゆ** 文語ヤ下二

さえ-わた・る タ【さえ渡る】【冴渡る】自五 ラ・ロ―リ・ッ―ル―ル―レ―レ あたり一面にさえる。㊮冬「月が―」

さ-えん ⓪【茶園】名〔文章語〕ちゃばたけ。ちゃえん。

ザ-エンド エ〈the end〉名〔俗語〕おしまい。おわり。ジ-エンド。

さお【竿・棹】さを ㊀ オ 名 ❶竹の幹から枝や葉をとりさった細長い棒。❷間数けんすうをはかる目もりのある棒。けんざお。❸水底につっぱって舟を進ませる棒。みさお。❹はかりの目もりをきざんだ棒。「―ばかり」❺三味線しゃみせんの胴から上の棒状の部分。また、三味線のこと。㊁ 接尾 たんす・はた・ようかんなどをかぞえる語。「たんす五いっ―」

さ-おう《沙翁》イギリスの文豪シェークスピアのこと。しゃおう。

さお-さ・す サ2/オ【棹さす】さを― 自五 サ・ソ―シ―ス―ス―セ―セ ❶さおをつかって舟を進める。「流れに―」❷流行にのってうまくたちはたらく。乗じる。「時勢に―」⇩流れに棹さす 参考。

さ-おしか【小男鹿・小牡鹿】をしか― 名〔古語〕（「さ」は接頭語）おすのしか。㊮秋

さお-だけ ⓪/オ【さお竹】【竿竹】さを― 名 物ほしざおなどにする竹。

さお-だち ⓪【さお立ち】【竿立ち】さを― 名 馬が驚いたときに、前足を高く上げてまっすぐに立つこと。

さ-おとめ ⓪【早乙女】【早少女】をとめ― 名（「さ」は接頭語）❶田うえをする少女。㊮夏 ❷〔古語〕少女。おとめ。

さお-ばかり ハ【竿秤・棹秤】さを― 名 目もりのあるさおのはしに物をかけ、一方で分銅ふんどうの位置を調節して物の重さをはかるはかり。↕さらばかり。

さお-ひめ《佐保姫》さほ― 奈良ならの東にある佐保山にすむ春の女神めがみ。㊮春 ↕竜田姫たつたひめ。

さか【酒】造 酒に関することをあらわす。「―樽だる」「―盛り」「―蒸し」

さか カ【坂】名 ❶のぼり・くだりのある道。「ゆるやかな―を上る」❷かたむき。傾斜。「―になる」❸年齢ののぼりからくだりへのさかい目。「六十の―を越す」

さ-か サ【茶菓】名 茶とかし。ちゃか。「―でもてなす」

さが サ【性】名〔文章語〕❶うまれつき。性質。「おろかな―」❷ならわし。習慣。「浮世の―」

ざ-か ザ【座下】名〔文章語〕❶座席のそば。❷手紙で、わきづけの語。机下。

ざ-が ザ【座臥・坐臥】名 自サ〔文章語〕（すわることと、寝ること）日常の起きふし。「行住―」「常住―」

さか-あがり ア【逆上（が）り】名 鉄棒で、足を前に上げて、腕の力を使ってからだを逆さに引き上げる技。

さかい カ【境】さかひ 名 ❶物と物とが接するところ。しきり。くぎり。さかいめ。「東京都と千葉県の―」❷状態などの変わりめ。「生死の―をさまよう」❸場所。境地。境遇。「安心立命の―」

さかい-め ③【境目】さかひ― 名 さかい。わかれめ。「生死の―」「隣県との―」

さか-うらみ ⓪【逆恨み】【逆怨み】名 ❶恨まれるはず

さ

の人が、反対に相手を恨むこと。❷人の好意を逆にとってうらむこと。❸自分の方に失敗や手おちがあるのに、かえって他人を恨むこと。

さか・える エ【栄える】自下一 エ・エ・エル・エル・エレ・エロ・エヨ さかんになる。はんじょうする。はんえいする。「店が―」↕衰える。 **栄え** 名 **さか・ゆ** 文語や下二

さか-おとし オ【逆落(と)し】名 ❶まっさかさまに落とすこと。❷絶壁などを一気にかけおりること。「ひよどり越えの―」

さか-き ⓪【×榊】名 ❶神域に植えられるときわ木の総称。❷ツバキ科の常緑小高木。葉は長円形。枝葉は神にそなえる。花＝㊰

さ-がく ⓪【差額】名 さしひいた残りの金額・数量。 **―ベッド** ベ 名 健康保険による入院料金のほかに、差額を出して利用する高い料金の病院のベッド。

ざ-がく ⓪【座学】【×坐学】名 〔もと軍隊で実技や演習に対して〕講義形式の科目。

さかぐち-あんご《坂口安吾》一九〇六―五五。小説家。本名は炳五へいご。文明批評的な作品を書いた。「桜の森の満開の下」「白痴」「堕落論」など。

さか-ぐら ⓪【酒蔵】名 ❶つくった酒をためておく蔵。❷酒をつくる工場。

さか-げ ⓪【逆毛】名 ❶逆立っている毛。❷髪の毛にふくらみをもたせるため、根もとの方に逆さにくしけずること。「―を立てる」

さが-けん《佐賀県》九州地方北西部の県。県庁所在地は佐賀市。

さか-ご ⓪【逆子】【逆▲児】名 ふつうとは反対に、足の方から生まれてくること。また、その子。

さか-さ ⓪【逆さ】名 さかさま。ぎゃく。「―につるす」 **―言葉**ことば コ 名 ❶下の音を上にして言うことば。「たね」を「ねた」という類。❷反対の意味で使うことば。「かわいい」を「にくい」という類。 **―まつ毛**げ マ 名 眼球の方に向かって生えたまつげ。

さか-さま ⓪【逆さま】【逆様】名 形動 ❶上下が逆であること。❷物事の位置や順序が逆であること。反対であること。「考え方が―だ」‖さかしま。

さか・し【▲賢し】形シク 古語 ⬇さかしい㊁。

さが・し【×嶮し・×峻し】形シク 古語 〔「さかし」とも〕❶けわしい。「さがしき山越え果てて」〈源氏〉❷あぶない。危険だ。「この葛城かづらきの神こそ(打チ橋ヲ)さがしうしおきたれ」〈源氏〉

さがし-あ・てる テ【探(捜)し当てる】他下一 テ・テ・テル・テル・テレ・テロ・テヨ さがしまわって、みつける。「宝物を―」 **さがしあ・つ** 文語下二

さかし・い【▲賢しい】㊀ シ 形 カロ・カッ・ク・イ・イ・ケレ・○ ❶かしこい。気がきいている。❷利口ぶっていて、なまいきだ。こざかしい。「―ことをぬかすな」 **さかしげ** 形動 **さかしさ** 名 **さか・し** 文語シク ㊁ 形シク 古語 ❶しっかりしている。気がつよい。威勢がいい。「なかに、心さかしき者、念じて(矢ヲ)射むとすれども」〈竹取〉❷めでたい。「さかしき世にしもなむよからぬ事どももはべりける」〈源氏〉❸上手だ。巧みだ。「こと人々の(歌)もありけれど、さかしきも無かるべし」〈土佐〉

さか-しお ⓪【酒塩】しお 名 料理の味をよくするために酒を入れること。また、その酒。

さがし-だ・す タ【探(捜)し出す】他五 サ・ソ・シ・ス・ス・セ・セ 所在がわからなくなったものを見つける。「真犯人を―」 **さがし出せる** 自下一〔…できる〕

さか-しま ⓪【逆しま】名 形動 ⬇さかさま。

さがし-まわ・る ワ【探(捜)し回る】まわる 他五 ラ・ロ・リ・ッ・ル・ル・レ・レ いろいろな場所をさがして歩く。「家じゅうを―」

さがし-もと・める メ【探(捜)し求める】他下一 メ・メ・メル・メル・メレ・メロ・メヨ 見つけるためにさがしつづける。「古民具を―」 **さがしもと・む** 文語下二

さがし-もの ⓪【捜し物】名 なくしたもの、見当たらないものをさがすこと。「今―をしている」

さかし-ら【▲賢しら】㊀ ⓪ 名 形動 かしこそうにふるまうこと。かしこだて。「―に口出しする」㊁ 名 なり形動 古語 よけいなことをすること。でしゃばること。さしでぐち。「さかしらする親ありて」〈伊勢〉

ざ-がしら ガ【座頭】名 〔「ざとう」と読めば別語〕❶最上位の席にすわっている人。❷しばいなどの一座のかしら。

さが・す ⓪ 他五 サ・ソ・シ・ス・ス・セ・セ ㊀【探す】ほしいものをたずねもとめる。「犬の飼えるマンションを―」「仕事を―」㊁【捜す】見えなくなったものを見つけようとする。「迷子を―」「財布をなくして家の中を―」 **さがせる** 自下一〔…できる〕

さか-ずき ⓪【杯】【×盃】づき 名 ❶酒をついで飲むうつわ。❷さかずきごと。参考「さかづき」のように「づ」を用いて書いてもよい。 **―事**ごと ⓪/ト 名 ❶結婚式で新郎・新婦が同じ杯で酒を飲みかわして、夫婦の約束をかためること。❷親分・子分・兄弟分などの約束をするために、杯を取りかわすこと。 **―を返**かえ**す** ↕杯をもらう。❶さされた杯の酒を飲んで、杯を相手にもどす。返杯する。❷子分が親分と縁を切る。 **―を含**ふく**む** 酒を少量口に入れて飲む。 **―を×貰**もら**う** ↕杯を返す。❶相手の使っている杯を受け取って、それで酒を飲む。❷子分になる。

さか-ぞり ⓪【逆ぞり】【逆×剃】名 ひげや毛の、はえている方向と反対に、かみそりの刃をあててそること。

さか-だい ⓪【酒代】名 ❶酒の代金。❷酒手さかて。

さか-だち ⓪【逆立ち】名 自サ ❶上下が反対になっていること。❷両手を下につけ、足を上にあげて立つこと。倒立とうりつ。 **―をしても**〔下に打ち消しの語を伴って〕どんなにがんばっても。さかだちしても。「彼女には―かなわない」

さか-だ・つ タ【逆立つ】自五 タ・ト・チ・ッ・ツ・ツ・テ・テ さかさまに立つ。「髪の毛が―ほどに激怒した」

さか-だ・てる テ【逆立てる】他下一 テ・テ・テル・テル・テレ・テロ・テヨ さかさまに立てる。「髪を―」 **さかだ・つ** 文語下二

さか-だる ⓪【酒だる】【酒×樽】名 酒を入れておくたる。

さか-て ⓪【逆手】名 〔「ぎゃくて」と読めば別語〕❶刀などを、刃のほうが自分のからだのほうに向くように持つこと。❷鉄棒などで、手のひらを手前に向けて下から握る握り方。↕順手。❸⬇ぎゃくて❷。

さか-て ⓪【酒手】名 ❶酒を買うかね。❷人夫・使用人などに、きまった賃金のほかにあたえる金銭。「―をはずむ」

さか-とうじ ト【酒×杜氏】名 酒をつくる職人。とうじ。

さか-とんぼ ト【逆とんぼ】【逆×蜻×蛉】名 背中側からまっさかさまにひっくりかえること。「―を切る」

さか-な ⓪ 名 ㊀【魚】うお。「―屋」㊁【×肴】〔「酒菜」の意〕❶酒を飲むときに、そえて食べるもの。❷酒の座に、おもしろみをそえるもの。「―に一曲うたう」

さが-な・い ㊀ ナ 形 カロ・カッ・ク・イ・イ・ケレ・○ 〔やや古めかしいことば〕たちがわるい。思いやりがない。 **さがな・し** 文語ク ㊁ 形ク 古語 いたずらだ。やんちゃで手に負えない。「(獅子、狛犬こまいぬガ後ロ向キナノハ)さがなき童わらわべどものつかまつりける」〈徒然〉

さか-なで ⓪【逆なで】【逆×撫で】名 他サ ❶毛のはえている方向や普通と反対の方向になでること。❷わざわざ人の気持ちに逆らうような言動をすること。「庶民感情を―する」

さか‐なみ ⓪【逆波】名 流れにさからってうつ波。

さかな‐や ⓪【魚屋】名 魚や貝など水産物を売る店。また、それを職業とする人。

ざ‐がね ⓪【座金】名 ❶めねじの下にしく金物。❷突き出た金具のねもとにつける金物。❸器具の表面を保護したり、くぎの頭をかくしたりするのにとりつける、飾り用の金具。

さか‐ねじ ⓪【逆ねじ】【逆×捩じ】—ねぢ 名 ❶ぎゃくにねじること。❷相手の非難などに対して、反対に攻撃しかえすこと。「—をくわせる」

さか‐のぼ・る ④【遡る】【×溯る】自五 ❶流れと反対の方向に進む。「江戸川を—」❷過去や根本を求めて以前のことをたどっていく。「日本の歴史を—」 **さかのぼれる** 自下一[…できる]

さか‐ば ⓪【酒場】名 酒を飲ませる店。居酒屋・バーなど。

さか‐ばやし パ【酒林】名 ⇒すぎだま。

さか‐ぶね ⓪【酒槽】名 酒をためておく大きな木の器。

さか‐ほがい【酒祝】ほがひ 名【古語】酒を飲んで祝うこと。

さかほがい《酒ほがひ》 吉井勇よしいいさむの歌集。一九一〇年に刊行。酒と恋にひたった青春の歌集。

さか‐まい ⓪【酒米】名 日本酒の原料となるこめ。

さか‐ま・く マ【逆巻く】自五 流れにさからって荒波がたつ。水底からわきあがるように、はげしく波立つ。「—大波」

さがみ《相模》 昔の東海道の国の一つ。今の神奈川かながわ県の大部分。相州。

さか‐みち カ【坂道】名 のぼり・くだりのある道。

さか‐むけ ⓪【逆むけ】【逆剝け】名 つめのきわの皮が、指の付け根の方に向かってむけること。さかくれ。

さか‐むし ⓪【酒蒸(し)】名 塩味をつけた魚介類などを酒で蒸した料理。「あさりの—」

さか‐もぎ ⓪【逆茂木】名 敵がはいりにくいように、先をとがらせた枝を外に向けて柵のように組み合わせたもの。

さか‐もり ⓪【酒盛(り)】名 酒を飲みあってたのしむこと。宴会。

さか‐や ⓪【酒屋】名 酒をつくる店。また、酒を売る店。さかみせ。**—へ三里さんり豆腐屋とうふやへ二里にり** 非常に不便な場所であることのたとえ。

さか‐やき ⓪【月代】名 ❶平安時代、男子の、冠のあたるひたいぎわの頭髪が半月形に抜けあがった部分。❷江戸時代、男子がひたいから頭の中央にかけて、頭髪をそったこと。また、その部分。

さかやき❷

さか‐やけ ⓪【酒焼け】名 いつも酒を飲んでいるため、顔などが日焼けしたように赤くなること。「—した顔」

さか‐ゆめ ⓪【逆夢】名 現実は、その夢で見たのと反対の結果になる夢。↕まさゆめ。

さか‐ら・う ラ【逆らう】—らふ 自五 ↕従う。❶反対の方向に進もうとする。逆行する。「時勢に—」「運命に—」❷はむかう。反抗する。「親に—」 **逆らえる** 自下一[…できる]

さかり【盛り】㊀⓪名 ❶さかえていること、また、その時期。❷盛んなこと、また、その時期。「花の—」❸はたらきざかりの年齢。壮年。「—の年ごろ」❹鳥獣の発情。「—がつく」㊁造[「…ざかり」の形で]いちばんさかんなこと、また、その時期。「花—」「働き—」

さがり リ【下がり】名 ❶さがること。位置がひくくなること。「右—の文字」↕上がり。❷たれ下がること。「—藤ふじ」❸退出すること。「宿—」❹値段が安くなること。「株の上がり—」「値—」↕上がり。❺一定の時刻を少しすぎること。また、その時刻。「昼—」❻[この用法では サ]力士が、まわしの下にさげるすだれのようなかざり。❼⇒おさがり。

さかり‐ば ⓪【盛り場】名 人が多くあつまりにぎわう場所。繁華街。

さがり‐め ⓪【下がり目】名 ↕上がり目。❶ リ/メ 目じりのさがった目。❷ ⓪ 物価などの安くなりはじめたとき。❸ ⓪ 勢いのおとろえかけたとき。落ち目。「景気の—」

さか・る ⓪【盛る】自五 ❶勢いが盛んになる。「火がもえ—」❷さかえる。繁盛する。「店が—」❸はやる。流行する。❹たけなわになる。❺交尾する。

さか・る【放る・離る】自四【古語】へだたる。はなれる。「大和やまとをもとほくさかりて」〈万葉〉 参考「さく(離く・放く)」の自動詞で、「天あまざかる」「鄙ひなざかる」などの枕詞まくらことばや現代語「遠ざかる」の構成要素となっている。

さが・る ガ【下がる】自五 ❶高い方から低い方へ移る。おちる。↕あがる。㋐物理的に高い所から低い所へ移る。「遮断機しゃだんきが—」㋑地位や程度が低くなる。「順位が—」「格が—」㋒物の質や値段が低くなる。「品質が—」「値が—」㋓数量的度合いがへる。少なくなる。「温度が—」↕あがる。❷物の先の方が低くなる。㋐下を向く。「機首が—」㋑上の端が固定されて、反対の端が下になる。垂れる。ぶらさがる。「つららが—」❸あるものから遠くへ移る。㋐目上の人のいる所からしりぞく。退出する。「校長室を—」↕あがる。㋑役所・奉公先などから家へ帰る。↕あがる。㋒うしろの位置へ移る。「一歩—」↕進む。❹役所などから、金や許可が与えられる。おりる。「営業許可が—」❺時代が後になる。くだる。「江戸時代に—と…」↕のぼる・あがる。❻京都市で、南(御所と反対の方向)へ行く。「寺町三条—」↕あがる。

さか‐ろ ⓪【逆×艪】名 舟が前後どちらにも進めるように、船首・船尾ともにろをつけること。

さ‐かん サ【▲主典・佐官】名 律令制で、四等官の最下位。

さ‐かん ⓪【左官】名 かべを塗る職人。しゃかん。

さ‐かん サ【佐官】名 軍人の階級で、大佐・中佐・少佐の総称。↕尉官・将官。

さ‐かん サ/⓪【茶館】名 中国茶や点心(中国料理の軽食)などを出す喫茶店・飲食店。ちゃかん。

さかん ⓪【盛ん】形動 [「さかり」の変化] ❶勢いがよいようす。「—な声援」❷熱心におこなうようす。「—に読書する」❸元気がよいようす。「老いてますます—だ」

さ‐がん ⓪/サ【左岸】名 川の下流に向かって左がわの岸。↕右岸。

さ‐がん サ【砂岩】名 すなの粒が粘土や石灰とともに水底に沈み、かたまってできた岩石。しゃがん。堆積岩の一つ。

さき ⓪【先】名 ❶空間的に前方の部分。㋐突き出たはしの部分。「鉛筆の—」㋑いちばん前。先頭。トップ。「人の—に立って歩く」❷物・作用・行為などが向かう方。㋐進行方向の場所。前方。向こう。「ここから—は下り坂だ」「二つ—の駅で降りる」↕手前。㋑行き着く目的地。到着場所。「旅行—」「長い研究も—が見えてきた」㋒商売や交渉の相手。「—様の意向を伺う」❸時間的に早い方。まえ。↕あと・のち。㋐現在より以前。過去の時。「—にうわさは聞いていた」㋑あることよりも前。「生徒より—に先生が教室に来た」㋒順序が早いこと。優先的である

さ

こと。「費用の問題が何より—だ」「女性からお—に」❹未来に向かうところ。㋐将来。「三年—にまた会おう」「これから—どうするか」㋑物事の続き。残りの部分。「—を続けて読んでください」「その—が思い出せない」**—に立つ** ❶先頭に立つ。率先しておこなう。「先に立って案内する」❷順番が先になる。特に、ある感情が他のことよりも先に心をしめる。「子どもの気持ちよりも親のエゴが—」「恐怖が—」**—の日** 過ぎた日。このあいだ。先日。**—の世** ❶前の世。前世。❷死んでから行く世。あの世。後世。**—を争う** われさきにと進む。**—を越す** 相手より先を行く。せんをこす。

さき [0]【崎】名 ❶みさき。❷突きでた山の先端。

さ‐き [サ]【左記】名 左に書いてあること。「—のとおり」

さぎ [0]【×鷺】名 サギ科の鳥の総称。くちばし・首・あしが長く、水辺にすむ。ごいさぎ・こさぎ・だいさぎなど。**—を×烏と言いくるめる** 正しいことを正しくないように、また、正しくないことを正しいかのように言い曲げる。

さぎ

さ‐ぎ [サ]【詐欺】名 ❶人をだまして、かねや品物を取ること。❷詐欺師。**—師** [ギ]名 人をだましてかねや品物などをまきあげる人間。ぺてん師。

さき‐いか [キ]【裂き×烏×賊】名 いかをあぶり焼きにして裂いた食品。

さき‐おくり [0]【先送り】名 後にのばすこと。「問題を解決せずに—する」

さき‐おととい [ト2]【▲一▲昨▲昨日】(をととひ) 名 おとといの前の日。さきおとつい。

さき‐おととし [ト1]【▲一▲昨▲昨年】(をとし) 名 おととしの前の年。さきおとどし。

さき‐がい [0]【先買い】(がひ) 名 ❶値上がりや必要性を見こして、他の者や必要な時期よりも先に買うこと。「増税前の—」❷先物を買うこと。↔先売り。

さき‐がけ [0]【先駆け】【×魁】名 ❶まっ先に事を始めること。「改革の—」❷まっ先であること。「春の—」❸まっ先に敵中に攻めいること。「—の功名」

さき‐が・ける [ケ]【先駆ける】【先×駈ける】自下一 ❶他のものより先になる。先んじる。「他に先駆けて完了した」❷まっ先に敵中に攻め入る。**さきが・く** 文語下二

さき‐がし [0]【先貸(し)】名 支払い期日前に、賃金などを支払うこと。まえがし。↔先借り。

さき‐かた [0]【先肩】名 ふたりでかごなどをかつぐとき、棒の前をかつぐ人。↔後肩。

さき‐がり [0]【先借(り)】名 受けとり期日より前にかねを受けとること。まえがり。前借。↔先貸し。

さき‐ぎり [0]【先ぎり】【先▲限】名 取引市場で、受け渡しまたは清算の期日が最もあとである契約のもの。↔当ぎり・中ぎり。

さき‐く【▲幸く】副[古語](「さけく」とも)変わらずに、そのまま。つつがなく無事に。「ささなみの(枕詞)志賀の辛崎さきくあれど大宮人の船待ちかねつ(イツマデタッテモヤッテ来ナイヨ)」〈万葉〉

さき‐くぐり [ク]【先くぐり】【先▲潜り】名 ❶さきまわり。❷思いすごし。邪推。

さき‐くさ【▲三▲枝・先草】名[古語] 茎が三つにわかれている草。**—の** 枕「三」「なか」などにかかる。

さき‐こぼ・れる [レ]【咲きこぼれる】【咲×溢れる】自下一 いっぱいに咲く。咲きみだれる。**さきこぼ・る** 文語下二

さき‐ごろ [キ]【先頃】名 このあいだ。先日。⇩ちかごろ 参考。

さき‐ざき [キ]【先先】名 ❶過去。前々。「—からたのんでいたこと」❷将来。「—世話になることだろう」❸行く所行く所。「行く—で歓迎された」

さき‐さま [0]【先様】名 先方の人の尊敬語。「—はどうお考えでしょう」

さき‐ぞなえ [ゾ]【先備え】(そなへ) 名 先頭に立つ軍隊。先鋒。

サキソホ(フォ)ン [ゾ]〈saxophone〉＝**サクソホン** 名 木管楽器の一つ。やわらかく甘美な音をだす。サックス。

サキソホン

さき‐そ・める [メ]【咲(き)初める】自下一 花が咲きはじめる。「梅が—」**さきそ・む** 文語下二

さき‐そろ・う [ロ]【咲きそろう】【咲×揃う】(そろふ) 自五 花がいっせいに咲く。

さき‐だか [0]【先高】名 将来、株などの値段が高くなりそうな状態。↔先安。

さき‐だ・つ [ダ]【先立つ】自五 ❶先頭に立つ。❷あることの前におこる。「春に先だって梅が咲く」❸先に死ぬ。「親に—不孝」❹まっ先に必要である。「—ものはかね」

さき‐だ・てる [テ]【先立てる】他下一 ❶先に行かせる。先にする。「いとこを案内に—」❷先に死なれる。「妻を—」**さきだ・つ** 文語下二

さ‐ぎちょう [0]【左義長】【▲三×毬×杖】名 ❶宮中で正月十五日・十八日におこなわれた火祭りの行事。❷民間で、正月十五日に門松・しめなわ・書き初めなどを焼く行事。どんど。どんどやき。新年

さき‐づけ [0]【先付(け)】名 ❶その日以降の時点での日付。❷料理屋などで最初に出す簡単な肴。突き出し。

さき‐っぽ [0]【先っぽ】名[俗語] ものの先端。さきっちょ。

さき‐て [0]【先手】名(「せんて」と読めば別語)さきぞなえ。先陣。先鋒。

さき‐どり [0]【先取(り)】名 他サ ❶他人より先に自分のものにすること。「アイディアを—する」❷代金・利子などを先に受けとること。前取り。

さき‐に [サ]【先に】【×嚮に】副 以前に。「—お手紙を差し上げましたが」

さき‐にお・う [オ]【咲(き)匂う】(にほふ) 自五 いろ美しく咲く。みごとに咲く。「梅の花の—ころ」

さき‐のこ・る [コ]【咲(き)残る】自五 ❶他の花が散ったあとも咲いている。❷他の花が咲いても、咲かずにいる。❸他の花よりおくれて咲く。

さき‐のばし [0]/[ノ]【先延ばし】名 やるべきことや予定されていたことなどを先にのばすこと。先送り。「決定を—にする」

さき‐のり [0]【先乗り】名 ❶行列の先頭を行く馬に乗った人。前駆。先駆。↔後乗り。❷旅まわりの劇団などで、準備のため一行より先に目的地へ行くこと。また、その人。

さき‐ばこ [0]【先箱】名 江戸時代、将軍や大名の行列で、先頭にになわせたはさみ箱。「金紋—供ぞろえ」

さき‐ばし・る [シ]【先走る】自五 他人より先にことをしようと、でしゃばる。「先走ったことをする」**先走り** 名

さき‐はひ【▲幸】名[古語] ➡さきわい。

さき-は・ふ【▲幸ふ】名〔古語〕➡さきわう。

さき-ばらい【先払(い)】―ばらひ 名 ❶運賃・通信料金などを、受けとった先方で支払うこと。❷品物を受けとるまえに代金を払うこと。前払い。↕後払い。❸〔古語〕貴人が通るとき、その道の前方にいる人を退かせること。また、その役目の人。さきおい。

さき-ぶれ【先触れ】名 まえぶれ。❶前もってしらせること。また、その人。❷きざし。前兆。「台風の―」

さき-ぼう【先棒】名 ❶さきかた。↕後棒。❷（「お先棒をかつぐ」の形で）人の手先となって動きまわること。

さき-ほこ・る【咲(き)誇る】自五 ラ・ロ｜リ・ッ｜ル｜ル｜レ｜レ いまを盛りと、いっぱいに咲く。

さき-ぼそり【先細り】名 ❶棒などの先の方が細くなっていること。❷勢いがしだいにおとろえていくこと。

さき-ほど【先程】副 今からすこし前の時刻。「―部長に社長からお電話がありました」参考 改まった言い方として使われる。「さっき」は「先程」よりかなりくだけた感じをあたえるが、普通の言い方としても用いられる。「先刻」は「先程」よりもさらにかたい感じがともなう。

さき-まわり【先回り】―まはり 名 自サ ❶他人より先に行っていること。「―して待ちうける」❷すばやく先にやってのけること。「話の―をする」

さき-みだ・れる【咲(き)乱れる】自下一 レ｜レ｜レル｜レル｜レレ｜レロ・レヨ 花がいちめんに、たくさん咲く。**さきみだ・る** 文語下二

さき-もの【先物】名〔経〕ある一定期間ののちに引きわたす約束で、売買契約をする商品。↕現物げんぶつ。**―買い** 名 商品の価格が将来よくなることを見こんで手に入れること。比喩的に人物についても言う。**―取引**とりひき 名 将来の一定の期日に現物の受け渡しをすることを約束する売買取引。↕実物取引。

さき-もり【▲防▲人】名 上代、東国からおくられて、九州の要地をまもった兵士。**―の歌**うた 名 さきもりやその家族たちがよんだ和歌。多く東国方言を交える。「万葉集」に収められている。

さき-やす【先安】名 将来、株などの値段が安くなりそうな状態。↕先高。

さき-やま【先山】【▲前山】名 鉱山などの切羽きりはで、石炭や鉱石を掘る老練な労働者。↕後山。

さ-きゅう【砂丘】名 風にはこばれた砂が積もってできたおか。砂ばく・海浜などにできる。

さき-ゆき【先行き】名 ゆくすえ。将来。「―の不安」

さ-きょう【左京】名 ↕右京。❶昔、平城京・平安京における、朱雀大路すざくおおじから東の地域。❷京都市北東部の地名。

さ-ぎょう【作業】名 自サ 実際に仕事をすすめること。仕事。「―場」「徹夜の復旧―」

ざ-きょう【座興】名 ❶その場に興をそえるための芸。❷一時のたわむれ。その場のじょうだんごと。「―で言ったまでのことだ」

ざ-ぎょう【座業】【×坐業】名 すわってする仕事。

さぎょう-へんかくかつよう【サ行変格活用】名 動詞「する」（文語は「す」）の活用。サ変。参考 口語「し(せ・さ)・し・する・する・すれ・しろ(せよ)」、文語「せ・し・す・する・すれ・せよ」⇩(付)語の活用

さき-よみ【先読み】名 これから起こることを予測すること。「―が難しい局面」

さ-ぎり【さ霧】【▲狭霧】名〔文章語〕（「さ」は接頭語）きり。秋

さき-わい【▲幸】―はひ 名〔古語〕幸福。さいわい。

さき-わ・う【▲幸ふ】―はふ〔古語〕㊀ 自四 よい運にあう。さかえる。「そらみつ(枕詞)大和の国は言霊ことだまのさきはふ国」〈万葉〉㊁ 他下二 さかえさせる。「いかし(勢イ盛ンナ)の御世みよにさきはへまつれ」〈祝詞〉

さき-わけ【咲(き)分け】名 同じ株から出た枝に、ちがった色の花が咲くこと。また、その草木。「―のつつじ」

さき-わたし【先渡し】名 ❶売買取引で、契約後一定期間ののちに商品を引き渡すこと。❷貨物を到着先で相手に渡すこと。❸商品・代金・賃金などを、それとひきかえになる代金・商品・仕事などの受領前に相手に渡すこと。まえわたし。「賃金―」

さきわれ-スプーン【先割れスプーン】名 物を突き刺せるように先端の割れたスプーン。

さ-きん【砂金】名 粒になって、砂・小石の中にある金。

さ-きん【差金】名 差し引きして残ったかね。差額。残金。

さきん・ずる【先んずる】自サ ジ・ゼ｜ジ｜ズル｜ズル｜ズレ｜ジロ・ゼヨ （「先にする」の変化。「さきんじる」(上一段活用)とも）先に行く。先におこなう。先にたつ。先んじる。「一行に―」**さきん・ず** 文語サ変

先さきん**ずれば人**ひと**を制**せい**す** 相手よりも先にすれば、こちらが有利になる。

さく【昨】造 接頭 ひとつ前の。すぎさった。「昨日・昨晩・昨年・昨秋」「昨十五日・昨二〇二〇年の春」

さく【削】造 ❶けずる。のぞく。「削減・削除・添削」❷土をとりのぞく。「開削・掘削」

さく【×朔】造 ❶ついたち。陰暦で、月の第一日。「朔日さくじつ・ついたち・朔望・八朔」❷北。「朔風」

さく【×窄】造 すぼめる。せばめる。せまい。「狭窄」

さく【索】造 ❶なわ。つな。「索道・鉄索」❷もとめること。さがすこと。「索引・検索・思索・捜索・探索」❸あじけない。「索然・索漠」

さく【酢】造 す。「酢酸」

さく【搾】造 しぼる。しめる。「搾取・搾乳・圧搾」

さく【錯】造 ❶まじる。みだれる。「錯簡かん・錯雑・錯乱・交錯・倒錯」❷まちがえる。「錯覚かく・錯誤・失錯」

さく【×鑿】造 のみでうがつ。穴をほる。「鑿岩機・掘鑿・穿鑿せんさく」

さく【作】㊀ 名 造 ❶制作。著作。作品。「A氏の―」「旧作・名作・処女作・代表作」❷農作物のできばえ。収穫。「今年の―」「作柄がら・作況きょう・凶作・豊作・平年作」㊁ 造 ❶つくる。こしらえる。「作成・作文・制作・代作」❷はたらき。はたらきかけること。「作為・作戦」❸農作物をつくる。「作物もつ・稲作いな・耕作・畑作はた」〔別音さ｜作〕

さく【策】㊀ 名 造 はかりごと。計略。計画。「―をめぐらす」「策士・策略・奇策・失策・政策・方策・善後策・対抗策」㊁ 造 むち。つえ。「散策」 **策する** 他サ **―を弄**ろう**する** あれこれと必要以上に策略をめぐらす。「小手先の―」

さく 名 くわで掘りかえした畑のみぞ。うね。「―を切る」

さく【冊】㊀ 名 刺し身につくるために、まぐろなどの肉をようかんに似た直方体に切ったもの。㊁ 造 ものを書く細長い紙。「短冊たん」〔別音さつ｜冊〕

さく【柵】名 ❶材木をあらく立てならべ、横板を通して造った、かき。「―を立て回す」「鉄柵」❷昔、木を立てめぐらして造った陣地。

さ・く【咲く】自五 カ・コ｜キ・イ｜ク｜ク｜ケ｜ケ 花のつぼみが開く。「梅の花が―」「話に花が―」

さ・く 他五 カ・コ｜キ・イ｜ク｜ク｜ケ｜ケ ㊀【裂く】❶ひきやぶる。❷刃物で切って開く。「うなぎを―」❸人と人との仲を引きはなす。

さ

「仲を―」㊁【割く】一部を分けて他の用に当てる。「話し合いのために時間を―」「人手を―」 さける [自下一] [...できる]

さ・く【▲放く・▲離く】[他下二]〔古語〕❶遠くはなす。へだてる。また、仲を引きはなす。「倭文しつぬさを手に取り持ちてなさけそと吾は祈れど」〈万葉〉❷すっかり…する。…し放す。「夜の紐ひもだに解きさけずして」〈万葉〉❸遠くはるかに…する。「しばしばも見さけむ山を」〈万葉〉❹じゅうぶんに…する。…して心を慰める。「語りさけ見さくる人目乏ともしみと」〈万葉〉[参考]❷～❹は動詞連用形について複合語のように用いられたもの。なお、「さく」には、ごく例外的に「見もさかず来きぬ」〈万葉〉のような四段活用の例もあった。

ざく [ザ] [名]〔俗語〕すき焼きに入れて煮る、ねぎなどの野菜。

さく-い [サ]【作意】[名] ❶たくらみの心。「―があってしたこと」❷制作の意図・くふう。「―がわく」

さく-い [サ]【作為】[名] [自サ] ❶こしらえごと。つくりごと。「―を感ずる」❷〔法〕積極的な行為。

さく・い [ク] [形] カロ・カッ・ク・イ・イ・ケレ・○ ❶気持ちなどが、あっさりしている。気さくである。❷もろい。こわれやすい。

さく-いん [0]【索引】[名] 書物の中の事項・語句などを一定の順序に並べ、そのあり場所を示した表。インデックス。

ザクースカ [ク]〈ロ zakuska〉[名] ロシア料理の前菜ぜんさい。

さく-おう [0]【策応】[名] [自サ]〔文章語〕二人以上がたがいにしめしあわせて事をたくらむこと。

さく-おとこ [オ]【作男】をとこ― [名] 雇われて農作業に従った男。

さく-か [サ]【昨夏】[名] ⬇さっか。

さく-がら [0]【作柄】[名] 農作物のできぐあい。「―概況」

さくがん-き [ガ]【×鑿岩機】[名] 電気や圧搾空気の力で岩石に穴をあける機械。[参考]新聞・放送では「削岩機」と書く。

さく-ぎょう [0]【昨暁】[名] きのうの夜明け。↕今暁。

ざく-ぎり [0]【ざく切り】[名] 葉菜類を大まかに切ること。「キャベツの―」

さく-ぐ [サ]【索具】[名] 帆綱など、船で使う綱の類。

さく-げき [0]【作劇】[名] 劇の脚本を作ること。「―術」

さく-げん [0]【×溯源・▲遡源】[名]〔文章語〕(「そげん」の慣用読み)もとにさかのぼること。

さく-げん [0]【削減】[名] [他サ] 金額や人員をけずりへらすこと。「予算を―する」

さくげん-ち [ゲ]【策源地】[名] 戦地で、前線の軍隊に物資・戦力を供給する後方の基地。

さく-ご [サ]【錯誤】[名] ❶まちがい。あやまり。「―をおかす」❷人の認識と事実とが一致しないこと。「時代―」

さく-さく [サ1] [(と)副] ❶野菜などを切ったり歯でかんだりするときの軽快な音をあらわす語。「キャベツを―切る」「―した歯ざわり」❷雪や霜を踏む音をあらわす語。❸〔俗語〕手際よくこなすようす。軽々と作業を進めるようす。「仕事を―かたづける」

さく-さく [0]【×嘖×嘖】[と副] [たる連体]〔文章語〕口々にほめそやすようす。「―たる好評」

ざく-ざく [ザ1] [(と)副] ❶たくさんの小さく堅いものがふまれたり、すくわれたりしてたてる音をあらわす語。「大判小判が―」❷菜っ葉などを包丁で切るときの音をあらわす語。「キャベツを―と切る」❸手ざわりがあらいようす。「―した手ざわりの布」

さく-ざつ [0]【錯雑】[名] [自サ] いりまじること。らんざつ。錯綜。「―した事情」

さく-さん [0]【×柞蚕】[名] ヤママユガ科の茶色の大形の蛾が。茶色のまゆをつくる。

さく-さん [0/サ2]【酢酸】【×醋酸】[名] 有機酸の一つで、無色透明、刺激臭のある液体。食用酢のおもな成分。溶媒・医薬・工業薬品の原料。

さく-し [サ]【策士】[名] はかりごとのうまい人。**―策さくに溺おぼれる(倒たおれる)** 策士は、はかりごとを用いすぎてかえって失敗する。

さく-し [0/サ]【錯視】[名] ものを見る働きにあやまりを起こさせること。

さく-し [0]【作詞】[名] [自サ] 歌曲のことばをつくること。↕作曲。

さく-し [0]【作詩】[名] [自サ] 詩をつくること。また、つくった詩。

さく-じつ [ク]【昨日】[名] きょうのすぐ前の日。きのう。「―は大変お世話様でございました」[参考]「昨日・本日・明日みょうにち」は、改まった会話や文章に用いる漢語表現である。「きのう・きょう・あした/あす」はそれよりもくだけた和語の系列である。

さく-じつ [0]【×朔日】[名]〔文章語〕ついたち。月の第一日。朔。

さくじ-ば [0]【作事場】[名] 土木建築の現場。工事場。ふしん場。

さく-しゃ [サ]【作者】[名] ❶作品をつくった人。❷歌舞伎かぶきなどの脚本をつくる人。

さく-しゅ [サ]【搾取】[名] [他サ] ❶しぼりとること。❷資本家・地主が労働者・農民の労働によって生み出される利益の多くを独占すること。「中間―」

さく-しゅう [0]【昨秋】[名]〔文章語〕昨年のあき。去秋。↕今秋・来秋。

さくしゅう《作州》⬇みまさか(美作)。

さく-しゅん [0]【昨春】[名]〔文章語〕昨年のはる。去春。↕今春・来春。

さく-じょ [サ]【削除】[名] [他サ] 書いてあるものから、ある部分をけずりとること。「名簿から―する」

さく-じょう [0]【作条】[名] 作物を植えつけるために、畑に一定の間隔で平行に掘ったみぞ。うね。さく。

さく-ず [0]【作図】[名] [他サ] ❶図をつくること。❷幾何学で、定規とコンパスを使って、あたえられた条件にあった図形をつくること。

さく・する [ス]【策する】[他サ] シ・セ・サ／シ―スル―スル／スレ―シロ・セヨ くわだてる。「市政の改革を―」 さく・す [文語サ変]

さく-せい [0]【×鑿井】[名] [自サ]〔文章語〕地下水・石油をとるため、地中にたてあなを掘ること。井戸を掘ること。

さく-せい [0]【作成】[名] [他サ] 文章や書類、また計画などを作ること。「報告書を―する」「ホームページの―」

さく-せい [0]【作製】[名] [他サ] 物品や図面などをつくること。製作。「案内図を―する」

サクセス [サ]〈success〉[名] 成功。また、出世。**―ストーリー** [ト]〈success story〉[名] ある人物が成功を手にするまでのいきさつ。出世物語。

さく-せん [0]【作戦】【策戦】[名] ❶敵に勝つためのはかりごと。「―を練る」❷軍隊が、ある期間にわたって敵に対してとる行動。

さく-ぜん [0]【索然】[と副] [たる連体] 興ざめするようす。

さく-そう [0]【錯×綜】[名] [自サ] 複雑にいりくむこと。錯雑。「―した人間関係」

サクソホ(フォ)ン [ソ]〈saxophone〉[名] ⬇サキソホ(フォ)ン。

さく-ちょう [0]【昨朝】[名] きのうのあさ。↕今朝・明朝。

さく-つけ [0]【作付(け)】[名] 農作物を植えつけること。さくづけ。「―面積」

さくっ-と ク 副 自サ ❶軽くあっさりしたようす。「―した歯ざわり」❷食べ物を切ったりすくったりする音。❸[俗語]すばやく。簡単に。「―かたづける」

さく-てい ０【策定】名 他サ [文章語] 考えて、きめること。「環境保護計画を―する」

さく-てき ０【索敵】名 自サ 敵をさがしもとめること。

さく-とう ０【作陶】名 陶磁器を作ること。主に鑑賞用のものをいう。

さく-とう ０【昨冬】名 [文章語] 昨年のふゆ。旧冬。客冬。

さく-どう ０【索道】名 「架空索道」の略。ロープウエー。

さく-どう ０【策動】名 自サ ひそかにはかりごとをたてて、行動すること。

さく-にゅう ０【搾乳】名 自サ うし・やぎなどのちちをしぼりとること。

さく-ねん ０【昨年】名 ことしのすぐ前のとし。「先生が亡くなったのは―のことでした」「―より本社に勤務しております」参考「去年」は普通の会話に、「昨年」は改まった会話や文書などで使われる。

さく-ねんど ネ【昨年度】名 今年度のひとつ前の年度。「―の収支決算報告」参考「昨年度」と「今年度」とは対応するが、「今年度」と同義の語に「本年度」がある。「今年度」「本年度」のひとつ前は「昨年度」であり、「去年度」とはふつう言わない。その次の年度は、「来年度」「明年度」と言う。つまり、「昨年度」はふつうの言い方の「昨年度・今年度・来年度」というセットと改まった「昨年度・本年度・明年度」というセットの両方の要素になっている。

さく-ばく ０【索漠】【索×莫・索×寞】と副 たる連体 味気なく、ものさびしいようす。「―とした空虚な思い」

さく-ばん ク【昨晩】名 きのうの晩。ゆうべ。昨夕。昨夜。↕今晩・明晩。⇩昨夜 参考。

さくひ-こんぜ サ-コ【昨非今是】名 [文章語] 境遇や考え方が一変して、きのうは悪いと思われたことが、きょうはよいと思われること。

さく-ひょう ０【作表】名 自サ パソコンやワープロで、表を作ること。「―機能」

さく-ひん ０【作品】名 ❶つくったもの。製作物。❷芸術としてつくったもの。創作物。

さく-ふう ０【作風】名 芸術作品にあらわれた作者の傾向や特徴。「―が変わる」

さく-ふう ０【×朔風】名 [文章語] きたかぜ。冬

さく-ぶつ ク【作物】名 (「さくもつ」と読めば別語) 製作物。作品。

さく-ぶん ０【作文】名 自他サ (「さくもん」と読めば別語) ❶文章をつくること。また、その文章。❷形だけ整っていて内容のない文章を書くこと。また、その文章。「お役所の―のような報告書」

さく-ほう ０【作法】名 (「さほう」と読めば別語) 詩歌(しいか)・文章などの作り方。「俳句―」

さく-ほう ０【昨報】名 [文章語] きのうの報道。

さく-ぼう ０【策謀】名 自他サ はかりごとをめぐらすこと。はかりごと。「―をめぐらす」

さく-ほく ０【×朔北】名 [文章語] 北方。特に、中国の北方の辺境。

ざ-ぐみ ０【座組(み)】名 ❶(演劇や寄席などの舞台用語で)出演者の顔ぶれや役柄など、一座の構成。❷(❶から転じて)同じ仕事をするときの構成員。

さく-もつ ク【作物】名 (「さくぶつ」と読めば別語) 田畑につくる植物。農さくぶつ。

さく-もん 【作文】名 [古語] (「さくぶん」と読めば別語) 漢詩をつくること。

さく-もん ０【作問】名 自他サ 試験問題などをつくること。

さく-や ク【昨夜】名 きのうの夜。ゆうべ。昨晩。↕今夜・明夜。参考「昨夜・昨晩・昨夕」は、あらたまった言い方。

さく-やく ０【×炸薬】名 弾丸・爆弾の中につめ、爆発させる火薬。

さく-ゆ ０【搾油】名 自サ 原料からあぶらをしぼり取ること。

さく-ゆう ０【昨夕】ゆふ｜名 きのうの夕方。ゆうべ。⇩昨夜 参考。

さく-よう ０【×腊葉】名【植】(「せきよう」の慣用読み) 押してつくった植物標本。おしば。

さくら ０【桜】名 ❶バラ科の落葉高木。春、白・淡紅色の花が咲く。種類が多い。日本の国花。木材は建築・家具用。春 ❷桜色。❸桜肉。❹[かながき]金をもらって、出演者にわざと声援や拍手をおくる人。❺[かながき]客のふりをして品物をほめたり買ったりして、客に買わせようとする大道商人の仲間。参考 ❹❺は「桜丸(「菅原伝授手習鑑」の登場人物)」が切腹をするところから、「自腹(じばら)を切る」意味の芝居の隠語から出たという。

さくら-いろ ０【桜色】名 うすもも色。淡紅色。

さくら-えび ラ【桜×蝦・桜▲海▲老】名 サクラエビ科の小形のえび。約五センチメートルで、すきとおった桜色をしている。駿河湾(するがわん)に産する。食用。春

さくら-がい ラ【桜貝】ーがひ 名 ニッコウガイ科の二枚貝。殻は、白色または淡紅色で光沢がある。春

さくら-がみ ラ【桜紙】名 やわらかくて、うすいちり紙。

さくら-がり ０ラ【桜狩(り)】名 さくらの花の見物に、歩きまわること。春

さくら-ぜんせん ゼ【桜前線】名 (天気図の前線に似ていることから)桜のソメイヨシノが開花した日の等しい地点を結んだ線。三月から五月にかけて北上する。

さくら-そう ０【桜草】名 サクラソウ科の多年生植物。春、さくらに似た小さい花が咲く。春

さくらそう

さくら-だい ラ【桜×鯛】ーだひ 名 ❶ハタ科の海水魚。雄は紅色に白いはん点がある。❷さくらの咲くころ、産卵のために内海の浅いところにあつまるたい。美味。春

さくら-なべ ナ/ラ【桜鍋】名 桜肉(馬肉)を主な材料としたなべ料理。冬

さくら-にく ラ【桜肉】名 馬の肉。桜色をしているために言う。さくら。

さくら-ふぶき ラ【桜吹雪】名 さくらの花びらが散り乱れるようすをふぶきにたとえた語。春

さくら-めし ラ【桜飯】名 しょうゆ・酒を加えてたいた飯。色が赤みをおびるために言う。

サクラメント ×〈ポ・ス sacramento〉名 キリスト教の教会で、神のめぐみをあたえる儀式。秘跡(ひせき)。

さくら-もち ラ【桜餅】名 小麦粉をねってうすく焼いた皮、また、もち米を蒸した皮であんをまき、塩づけの桜の葉でつつんだ和菓子。春

さくら-ゆ ラ【桜湯】名 さくらの花の塩づけを湯に入れたもの。おめでたいときの飲みもの。春

さく-らん ０【錯乱】名 自サ いりまじってみだれること。こんがらかること。「精神が―する」

さくらん-ぼ ０【桜ん坊・桜▲桃】名 ❶さくらの実(み)の総称。❷桜桃(おうとう)の実。夏 ‖さくらんぼう。

さぐり ０【探り】名 ❶さぐること。「―を入れる」❷印

鑑の印字面の位置の見当をつけるために軸の中央部につけるしるし。

さぐり‐あし リ【探り足】名 足でさぐりながら行くこと。また、その歩き方。

さぐり‐あ・てる ⓪【探り当てる】他下一 ❶いろいろとさがして見つける。「ようやく原因を―」❷手足などで物をさがしあてる。「暗やみで戸口を―」**さぐりあ・つ** 文語下二

さぐり‐だ・す ダ【探り出す】他五 さがし出す。「秘密を―」**探り出せる** 自下一 […できる]

さく‐りつ ⓪【冊立】名 他サ 勅命によって、皇后・皇太子を立てること。

さく‐りゃく ⓪【策略】名 はかりごと。計略。「たくみに―をめぐらす」

さぐ・る ⓪【探る】他五 ❶たずねもとめる。さがす。「原因を―」❷手や足などでさわってさがす。「ふところを―」❸こっそりとようすを調べる。「敵状を―」❹美しい風景などをたずねてたのしむ。「春のおもむきを―」**探れる** 自下一 […できる]

さく‐れい ⓪【作例】名 ❶詩歌・文章などの作り方の手本としての実例。❷辞書などで、編著者の作った用例。

さく‐れつ ⓪【×炸裂】名 自サ 砲弾などが破裂すること。

ざくろ ザ【▲石×榴・×柘×榴】名 ザクロ科の落葉高木。六月ごろ、赤色の花を開く。実は球状で、熟すと裂けて紅色の肉のある多数の種子があらわれる。根・皮は薬用。㊙ **―石** ロ 名 アルミニウム・鉄などの珪酸塩鉱物。良質のものは宝石とし、粗悪なものは、くだいて金剛砂とする。一月の誕生石。ガーネット。**―口** ロ 名 江戸時代の浴場で、洗い場から湯ぶねへの出入り口。体をかがめてはいる。

ざくろ口

さけ ⓪【酒】名 ❶アルコール分をふくんだ飲料。「父は―に強い」「―の中ではウイスキーが好きだ」❷米のこうじでつくる、わが国特有のアルコール飲料。清酒。日本酒。「―の燗がついた」**―に飲まれる** 酒を飲みすぎて、酔いつぶれたり、本心をうしなったりする。**―は憂いの玉×箒** 酒は心配・なやみなどをとりさるのに役だつものだ。**―は百薬の長** 酒は、ほどよく飲めば健康のためにはいちばんよいくすりである。

さけ サ【×鮭】名 サケ科の大形の魚。北の海に産する。秋から冬にかけて川をさかのぼって産卵する。稚魚は海に下り、四、五年で成熟する。食用。卵はすじこ。しゃけ。㊙

さげ ゲ【下げ】名 ❶下げること。下げたもの。↕上げ。❷相場の下落。❸刀の下げ緒。❹落語のおち。

さげ‐お ゲ【下げ緒】―を 名 刀のさやに結びつける組みひも。下げ。

さ‐けい ⓪【左傾】名 自サ ↕右傾。❶ひだりにかたむくこと。❷左翼的な思想をもつこと。

さげ‐かじ ゲ【下げかじ】【下げ×舵】―かぢ 名 航空機の機首を下にむける、かじのとりかた。↕上げかじ。

さけ‐かす ⓪【酒かす】【酒×粕・酒×糟】名 酒をしぼりとったあとにのこるかす。㊁

さげ‐がみ ゲ【下げ髪】名 ❶おさげ。❷江戸時代、貴婦人・官女の髪形で、頭髪をうしろでたばねて下げたもの。

さけ‐くせ ⓪【酒癖】名 酒に酔ったときに出る癖。さけぐせ。「―が悪い人」

さけ‐くらい ク【酒食らい】―くらひ 名 酒飲みをののしって言う語。

さけ‐じ ケ【裂×痔】名 肛門のふちが裂けるじ。切れじ。

さげ‐しお ⓪【下げ潮】―しほ 名 ひきしお。↕上げ潮。

さげ‐じゅう ゲ【提(げ)重】名 手にさげてもつ重箱。

さげす・む ス【蔑む】【×貶む】他五 みさげる。けいべつする。ばかにする。「―ような目つきで見る」**さげすみ** 名

さけ‐てん ケ【酒店】名 酒を売る店。酒屋。

さげ‐どま・る マ【下げ止まる】自五 地価や株価などの下落がおさまる。**下げ止まり** 名

さけ‐のみ ノ【酒飲み】名 酒をたくさん飲む人。酒の好きな人。

さけ‐びたり ⓪【酒浸り】名 いつも酒を飲んでいること。

さけ・ぶ ケ【叫ぶ】自五 ❶大声をだす。「助けを求めて―」❷つよく主張する。「政界の浄化を―」**叫べる** 自下一 […できる]

さけ‐ぶとり ⓪【酒太り】名 酒をたくさん飲んだために太ること。

さげ‐まえがみ エ【下げ前髪】―まへがみ 名 少女などの前髪をひたいにたらした髪形。

さけ‐め メ【裂(け)目】名 裂けた所。われ目。

さげ‐もどし ⓪【下げ戻し】名 官庁や上役にさし出した書類などをそのまま本人にもどすこと。

さ・ける ケ【裂ける】自下一 やぶれてわかれる。切れてわかれる。「裂けた布」「口が裂けても言えない」**さ・く** 文語下二

さ・ける ケ【避ける】他下一 ❶好ましくない人・物事・場所とかかわりをもたないようにする。よける。「人目を―」「車を避けて歩く」「混雑を避けて遠回りする」❷都合が悪くなるような言動を取らないようにする。さしひかえる。「言明を―」「深追いを―」**さ・く** 文語下二

さ・げる ゲ【下げる】他下一 ❶高い方から低い方へ移す。おろす。おとす。↕あげる。㋐物理的に高い所から低い所へ移す。「たなから―」㋑地位を低くする。「課長を係長に―」㋒物の質や値段を低くする。「品質を―」「売り値を―」㋓数量的度合いをへらす。少なくする。「室温を―」❷物の先の方を低くする。↕あげる。㋐下に向ける。「機首を―」㋑上の端を固定して、反対の端を下にする。つるす。ぶらさげる。「軒に風鈴を―」㋒【提げる】肩に掛けたり、腰につけたり、手に持ったりして、携帯する。ぶらさげる。「かばんを―」❸あるものから遠くへ移す。㋐しりぞける。「気に入らない部下を―」㋑目上の人や神仏の前からかたづける。「おぜんを―」↕あげる。㋒うしろの位置へ移す。「机を―」❹目上から目下へ物を渡す。さげ渡す。「愛用の万年筆を―」❺一度出した物をひきもどす。「要求を―」❻銀行などから金を引き出す。おろす。「貯金を―」**さ・ぐ** 文語下二

さげ‐わた・す タ【下げ渡す】他五 官庁から民間へ、また、目上の者から目下の者へ物品などをあたえる。払い下げる。

さ‐けん ⓪【差遣】名 他サ 使者などを、つかわすこと。派遣。

さ‐げん サ【左舷】名 船尾から船首に向かってひだりのふなべり。↕右舷。

ざ‐こ ザ【雑魚】名 ❶いろいろのこざかな。❷下っぱ。つまらないもの。**―寝** ⓪ 名 大ぜいの者が入りまじってごろ寝すること。**―の▲魚交じり** 大ものの中に、小ものがはいりこんでいることのたとえ。

さ‐こう ⓪【鎖港】名 文章語 ❶みなとを閉鎖すること。❷

外国との交通をやめ、外国船の入港を禁じること。

ざこう ⓪【座高】【×坐高】名 いすにかけたときの、いすの面から頭の上までの高さ。

さこうべん 【左顧右×眄】名自サ〔文章語〕⇩うこさべん。

さこく ⓪【鎖国】名自サ 外国との交通・通商をさしとめること。特に、江戸幕府が、外国との交通・通商をさしとめたことからおこった、国際的孤立状態。↔開国。

さこそ ㊀連語〔古語〕〔「さ」を強めた言い方〕そのように。「それは―おぼすらめど」〈徒然〉㊁副 さだめし。さぞや。「―お喜びでしょう」

さこつ ⓪【鎖骨】名 前胸部の上方で水平にのび、胸骨と肩胛骨とをつなぐ左右一対のほね。⇩骨格(図)。

ざこつ ⓪【座骨】【×坐骨】名 しりの下部にあって、すわったときからだをささえる左右一対のほね。骨盤を組みたてるほねの一つ。⇩骨格(図)。

ざこつ ⓪【挫骨】名〔文章語〕ほねをくじくこと。

さごろもものがたり《狭衣物語》平安時代後期の物語。禖子内親王宣旨の作とされる。「源氏物語」の影響が大きく、主人公狭衣の恋の苦悩を描く。

ささ【ささ】【▲細・▲小】接頭〔下につく語によっては「さざ…」ともなる〕わずかな。こまかい。「―波」「―にごり」

ささ ⓪【×笹】名 丈の低い竹類の総称。

ささ【▲酒】名〔古語〕〔女房ことばから〕さけ。

ささ【×些×些】と副 たる連体〔文章語〕ほんのすこし。わずか。「―たる金額」

ささ【×瑣×瑣】と副 たる連体〔文章語〕つまらないようす。こまかいようす。「―たる俗事」

ささ ⓪感 人をうながす語。さあさあ。

ざさ【座作】【×坐作】名 すわることと、たつこと。たちい。―進退 名 たちいふるまい。「―に気をつける」

ささい【×些細】形動 とるにたりないようす。いささか。わずか。「―なことに文句をつける」

ささいろ ⓪【ささ色】【×笹色】名 濃いべに色がかわいて、青光りする色。

ささえ【支え】名 ささえること。また、そのもの。「―を必要とする暮らし」

さざえ【▲栄×螺】名 リュウテンサザエ科の大形の巻き貝。日本近海に多く産する。美味。㊡春 ―の壺焼き さざえを殻のまま火にかけ、しょう油などで味つけしたもの。また、殻のままゆで、肉をとりだして切り、みつば・しいたけなどとともに、もう一度殻にいれて火にかけた食べ物。㊡春

ささえる ⓪【支える】他下一 ❶たおれたり、くずれたりしないようにつっぱる。❷もちこたえる。維持する。「家計を―」❸ふせぐ。くいとめる。「相手の攻撃を―」 ささ・ふ 文語ハ下二

ささがき ⓪【×笹×掻】名 ごぼうなどを、ささの葉のように斜めにうすくけずること。また、そのけずったもの。

ささがに【▲細×蟹・×笹×蟹】名〔古語〕〔小さな蟹。形が似ているところから〕くも。また、くもが張る糸・巣。「風吹けばまづぞ乱るる色かはる浅茅が露にかかるささがに」〈源氏〉―の 枕「くも」「い」「いと」にかかる。「わが背子が来べきよひなりささがにのくもの振舞ひかねて著しも(前モッテハッキリシテイルカラ)」〈古今〉

ささきのぶつな《佐佐木信綱》一八七二―一九六三。歌人・国文学者。主著「思草」「歌学論叢」「校本万葉集」など。

ささぐり【▲小×栗】名 実の小さなくり。しばぐり。㊡秋

ささくれだつ【ささくれ立つ】自五 ささくれた状態になる。「気分が―」

ささくれる 自下一 ❶先がこまかく裂けて割れる。「棒の先が―」❷さかむけになる。「指先が―」❸気分がすさんで、とげとげしくなる。「神経が―」 ささくれ 名

ささげ ⓪【▲大▲角▲豆】名 マメ科の一年生植物。種子は赤むらさき色で、あずきよりやや大きい。若いうちは、さやも食用。ささぎ。㊡秋

ささげつつ【×捧げ▲銃】名感 軍隊における敬礼の一種。また、その際の号令。からだの前で、銃を垂直にささげ持つ。

ささげもつ【ささげ持つ】【×捧げ持つ】他五 うやうやしく両手で高く上げて持つ。

ささげもの ⓪【ささげ物】【×捧げ物】名 神社・皇室などにさしあげる品物。献上品。

ささげる ⓪【×捧げる】他下一〔「さしあげる」の変化〕❶両手で持ち、目の高さぐらいまであげる。「賞状を―」❷たてまつる。献上する。「神に―」❸相手につくす。「誠意を―」 ささ・ぐ 文語下二

ささたけ ⓪【ささ竹】【×笹竹】名 小さい竹。

ささつ ⓪【査察】名他サ 調査・視察すること。実地にあたって調べること。

ささなき ⓪【ささ鳴き】【×笹鳴き】名 冬、うぐいすが舌つづみを打つようにチッと鳴くこと。㊡冬

さざなみ ⓪【×細波・▲小波・×漣】名 小さな波。さざれなみ。さざなみ。―の 枕「志賀」「大津」にかかる。

ささにごり【ささ濁り】【▲細濁り】名 少しにごること。うすにごり。

ささはら ⓪【ささ原】【×笹原】名 ささのはえている原。ささわら。

ささぶき ⓪【×笹×葺】名 ささの葉で屋根をふくこと。また、その屋根。

ささぶね ⓪【ささ舟】【×笹船】名 ささの葉を船の形にしてうかべるもの。

ささべり ⓪【×笹▲縁】名 衣服・敷物などの端を、布や組みひもで細くふちどりしたもの。

ささみ ⓪【ささ身】【×笹身】名 にわとりの胸の肉。参考 ささの葉の形をしているところから。

ささめく 自四〔古語〕ひそひそと話す。「まづあやしきことなんとささめきて」〈源氏〉ささめき 名

さざめく 自五 大ぜいが声をたててにぎやかにさわぐ。さざめき 名

ささめごと ⓪【▲私▲語】名〔文章語〕ひそひそばなし。ささめきごと。

ささめごと《ささめごと》室町時代中期の連歌論書。心敬の作。一四六三年成立。

ささめゆき【ささめ雪】【▲細雪】名〔文章語〕こまかに、まばらにふる雪。㊡冬

ささめゆき《細雪》谷崎潤一郎の長編小説。一九四三―四八年に発表。大阪の旧家の美しい四人姉妹の生活を描く。

ささやか 形動 ❶小さいようす。こまか。「―な願い」❷そまつなようす。わずかなようす。「―な贈り物」❸ほそぼそとして目だたないようす。「―な生活」

ささやく【×囁く】自五 声をひそめて話す。「耳もとで―」 ささやき 名

ささやぶ ⓪【×笹×藪】名 ささが一面にしげった所。

ささら【▲細】接頭〔古語〕こまかく美しいこと。さざれ。「―波」「―荻」

ささら ⓪【×簓】名 ❶田楽（でんがく）・歌祭文（うたざいもん）・説経節（せっきょうぶし）などに使う楽器の一種。三〇センチメートルほどの竹の一方をほそく割ったものと、きざみめをつけた竹とをこすりあわせて音を出す。❷こまかに割った竹をたばねた、めしびつなどを洗う道具。❸先がこまかにくだけ割れたこと。また、そのもの。「さおの先が―になる」

ささら❶❷

ささ・る サ2【刺さる】自五（ラ・ロ（リ・ッ）・ル・ル・レ・レ）❶先のとがったものがつきたつ。「とげが―」❷（比喩的に）強い印象・衝撃をあたえる。「胸に―言葉」

さざれ-いし レ【さざれ石】名〔文章語〕小さな石。さざれ。

さざれ-なみ レ【さざれ波】名〔文章語〕さざなみ。

ささ-わら ⓪【ささ原】【×笹原】（はら）名 ⬇ささはら。

さ-さわり ⓪【▲障り】（さはり）名〔上の「さ」は接頭語〕さわり。❶さしつかえること。❷じゃま。

さざん-か ザ【▲山▲茶花】名 ツバキ科の常緑低木。暖地にはえ、秋から冬にかけて、白・うす紅色の花を開く。実（み）から油をとる。㊄冬

さし【▲止し】接尾〔接尾語「さす」の連用形で、動詞の連用形について名詞をつくる〕動作が中止の状態になっていることをあらわす。「もえ―の木ぎれ」

さし シ 名 ㊀【差し】❶【▲尺】「ものさし」の略。❷【×緡】穴のあいた銭（ぜに）を通してまとめておくほそいなわ。㊁【刺し】❶「米刺し」の略。❷「刺し身」の略。「いか―」

さし シ【指し】名 謡曲で、拍子にあわせず、すらすらとうたう部分。さし声。

さし【差し】㊀シ 名 ❶ふたりだけでいること。さしむかい。「―で話す」❷ふたりでかつぐこと。さしにない。㊁接頭〔動詞につく〕意味を強める、あるいは語調を整える。「―迫る」㊂接尾 舞の曲数をかぞえることば。「ひと―舞う」㊃造 そそぐための容器。「しょうゆ―」「水―」

さ-し サ【×蠁子】名 ❶魚の頭などで繁殖させたきんばえなどの幼虫。魚つりのえさにする。❷ぬかみそなどにわく小さなうじ。しょうじょうばえの幼虫。㊄夏

さ-し サ【砂×嘴】名〔「嘴」は、くちばし〕潮流・風などの作用で、砂地が海岸から細長く突きだしたもの。

さ-し サ【×渣×滓】名〔文章語〕液体の底にたまったかす。おり。

さ・し【▲狭し】形ク〔古語〕せまい。「天地（あめつち）は広しと言へど吾（あ）がためはさくやなりぬる」〈万葉〉

さ-じ サ【×匙】名 液体やこなをすくいとる小さな道具。スプーン。**―を投（な）げる** ❶病人を、なおるみこみがないと医者が見はなす。❷解決のみこみがないとあきらめる。

さ-じ サ【×瑣事・×些事】名〔文章語〕わずかなこと。小さいこと。

ざし 接尾 状態やようすをあらわす。「おも―」「まな―」

ざ-し ザ【座視】【×坐視】名 他サ 手出しせずにながめていること。黙視。「―するにしのびない」参考 ふつう、否定の意味の文で用いる。

さし-あい ⓪【差（し）合（い）】（あひ）名 さしさわり。❶さしつかえ。支障。❷人前で遠慮しなければならない言動。

さし-あ・う ア【差（し）合う】（あふ）自五（ワ・オ（イ）・ウ・ウ・エ・エ）さしつかえる。

さし-あ・げる ⓪【差（し）上げる】他下一（ゲ・ゲ・ゲル・ゲル・ゲレ・ゲロ・ゲヨ）〔「さし」は接頭語〕❶もちあげる。高く上げる。「ダンベルをたかだかと―」❷「あたえる・やる」の謙譲語。自分や自分の側の動作が及ぶ相手を立てる表現。「あとでお手紙を差し上げます」「これをあなたからお母さまに差し上げてください」❸（補助動詞として、「…てさしあげる」の形で）「…てやる」の謙譲語。「わたしが読んで差し上げましょう」「息子の運転でお送りして差し上げましょう」参考「あげる」よりも、あらたまった程度の高い言い方。**さしあ・ぐ** 文語下二

さし-あし シ【差（し）足】名 音をたてないように、つまさきからそっと足をおろして歩くこと。「ぬきあし―」

さし-あたって ⓪【差（し）当（た）って】副 ただいまのところ。さしあたり。「―困ることはない」

さし-あたり ⓪【差（し）当（た）り】副 さしあたって。さしずめ。「―これでまにあうだろう」

さし-あみ ⓪シ【刺（し）網】名 魚の通り道に網を張りめぐらし、魚を網の目にからめるようにして捕らえる方法。

さし-い・ず【差し▲出づ】（いづ）〔古語〕㊀自下二 ❶出る。あらわれる。「かたいなかより、さし出でたる人」〈徒然〉❷でしゃばる。「こと人を呼ぶに、われぞとてさし出でたる」〈枕〉㊁他下二 さしだす。さしいだす。「すすけたる几帳（きちょう）さし出でて」〈源氏〉

さし-い・る イ【差（し）入る】【▲射入る】自五（ラ・ロ（リ・ッ）・ル・ル・レ・レ）光がはいりこむ。さしこむ。

さし-いれ ⓪【差（し）入れ】名 ❶留置場などに入っている人に外部から食物や品物を届けること。また、その食物や品物。❷激励や慰労などのために、食物を届けること。また、その食物。

さし-い・れる レ【差（し）入れる】他下一（レ・レ・レル・レル・レレ・レロ・レヨ）❶なかに入れる。❷差し入れをする。**さしい・る** 文語下二

さし-うつむ・く ム【差×俯く】自五（カ・コ（キ・イ）・ク・ク・ケ・ケ）〔「さし」は接頭語〕じっとうつむく。

さし-え ⓪シ【挿（し）絵】名 小説などの本文のなかに入れてある、内容と関係のある絵。挿画（そうが）。

サジェスチョン ジェ〈suggestion〉＝**サゼスチョン** 名 それとなく示すこと。暗示。示唆（しさ）。サゼッション。

さし-お・く オ【差（し）置く】【差▲措く】他五（カ・コ（キ・イ）・ク・ク・ケ・ケ）〔「さし」は接頭語〕❶他のことを先にするために、当面のことをそのままにしておく。「その話は一応―」❷人を無視してする。「先輩を差し置いてする」

さし-おく・る ⓪【差（し）送る】自五（ラ・ロ（リ・ッ）・ル・ル・レ・レ）〔「さし」は接頭語〕送りやる。「手紙を―」

さし-おさえ ⓪【差（し）押（さ）え】（おさへ）名 ❶国家の権力で債務者・税金滞納者などのもつ財産、または権利について、その人の自由な処分をさしとめる行為。❷証拠物件を国家の権力で強制的に取り上げること。

さし-おさ・える エ サ【差（し）押（さ）える】（おさへる）他下一（エ・エ・エル・エル・エレ・エロ・エヨ）〔「さし」は接頭語〕❶おさえ、とどめる。「相手の発言を―」❷差し押さえをする。**さしおさ・ふ** 文語ハ下二

さし-か・える エ カ【差（し）替える】（かへる）他下一（エ・エ・エル・エル・エレ・エロ・エヨ）❶いれかえる。とりかえる。「カードを―」❷とりかえて差す。「刀を―」**差し替え** 名 **さしか・ふ** 文語ハ下二

さし-かか・る カ2【差（し）掛（か）る】自五（ラ・ロ（リ・ッ）・ル・ル・レ・レ）〔「さし」は接頭語〕❶上からかぶさる。「池に柳が―」❷その場にくる。「坂道に―」❸まぎわになる。「期日に―」

さし-かけ ⓪【指（し）掛け】名 将棋で、勝敗がきまらないまま、いったん中断すること。

さし-かけ ⓪【差（し）掛け】名 家のひさしをさし出してつくった小屋。

さし-か・ける ケ【差（し）掛ける】他下一（ケ・ケ・ケル・ケル・ケレ・ケロ・ケヨ）❶上からおおいかぶせる。「かさを―」❷さし出してつくりつける。「ひさしを―」**さしか・く** 文語下二

さじ-かげん カ【さじ加減】【×匙加減】名 ❶〔くすりを

さじで盛るので〕くすりを調合する加減。❷配慮のしかた。手かげん。手ごころ。「予算の配分に―を加える」

さし-かざ・す [ザ]【差×翳す】[他五]（サ・ソ・シ・ス・セ・セ）〔「さし」は接頭語〕手やおうぎ、花の枝などを手に持って頭の上にあげる。「さくらを―」

さし-かた・める [0][メ]【差(し)固める】[他下一]（メ・メ・メル・メル・メレ・メロ・メヨ）❶門などをかたくとじる。❷出入り口などをきびしく警戒する。「大手門を―」 **さしかた・む** [文語下二]

さし-がね [0]【差(し)金】[名] ❶大工の使う、直角にまがったものさし。かね尺。❷人形浄瑠璃(じょうるり)で、人形の手足を動かすための金属の棒。❸芝居の小道具の一つ。かげから、ちょう・小鳥などをあやつる針金。❹（❷または❸から）こっそりと人をあやつり、そそのかすこと。「親の―で子どもがやったのだ」

さしがね❸

さし-がみ [0]【差(し)紙】[名] 江戸時代に、奉行所(ぶぎょうしょ)が出した呼び出し状。

さし-かわ・す [0][ワ]【差(し)交(わ)す】(かはす)[他五]（サ・ソ・シ・ス・セ・セ）両方からさし出す。「槍(やり)を―」

さし-き [キ]【挿(し)木】[名] 草木の茎・枝などを地中にさしこんで、根をださせること。(春)

さ-じき [0]【桟敷】[名] 高くつくった見物席。⇩歌舞伎(図)。

ざ-しき [キ]【座敷】[名] ❶畳をしいたへや。特に、客間。「―に通す」❷宴会の席。「にぎやかな―」❸芸人や芸者が客によばれること。「お―がかかる」 **―×牢**(ろう) [キ][名] 昔、格子などで厳重にしきり、牢屋のかわりとした座敷。 **―▲童**(わらし) [ワ][名] 東北地方で、旧家の奥座敷に住むといわれる子どもの姿をした精霊。その家の繁栄を守ると伝えられる。

さし-きず [シ]【刺し傷】[名] とがったものがささってできた傷。

さし-き・る [キ][0]【指(し)切る】[自他五]（ラ・ロ・リ・ッ・ル・ル・レ・レ）将棋で、駒を使いきって攻めが続かなくなる。 **指し切り** [名]

さし-き・る [0][キ]【差(し)切る】[自他五]（ラ・ロ・リ・ッ・ル・ル・レ・レ）競馬で、先行する馬をゴール直前で追い抜いて勝つ。 **差し切り** [名]

さし-ぐし [シ]【挿しぐし】【挿×櫛】[名] 女性が、かざりとして髪にさすくし。

さし-ぐすり [グ]【差(し)薬】[名] 目に差すくすり。

さし-ぐすり [グ]【挿(し)薬】[名] ざやく。

さし-ぐ・む [グ]【差▲含む】[自五]（マ・モ・ミ・ン・ム・ム・メ・メ）なみだぐむ。なみだが出そうになる。

さし-く・る [ク]【差(し)繰る】[他五]（ラ・ロ・リ・ッ・ル・ル・レ・レ）〔「さし」は接頭語〕つごうをつける。「日程を―」

さし-くわ・える [0]【差(し)加える】(くはへる)[他下一]（エ・エ・エル・エル・エレ・エロ・エヨ）〔「さし」は接頭語〕つけ加える。 **さしくは・ふ** [文語ハ下二]

さし-げ [シ]【差(し)毛】[名] 動物の毛に別な色の毛がまじること。また、その毛。

さし-こ [コ]【刺(し)子】[名] 綿布をかさねあわせて、こまかく刺し縫いにしたもの。じょうぶで、剣道着・柔道着などに使う。さしぬい。 **―半×纏**(ばんてん) [バ][名] 刺し子でつくった、火消しが着るはんてん。

刺子

さし-こ・える [エ]【差(し)越える】[自下一]（エ・エ・エル・エル・エレ・エロ・エヨ）〔「さし」は接頭語〕人をさしおいて、先に出る。でしゃばる。 **さしこ・ゆ** [文語ヤ下二]

さし-こ・す [コ]【差(し)越す】[他五]（サ・ソ・シ・ス・セ・セ）〔「さし」は接頭語〕❶越えて前へ出る。❷きまった順序・手続きをとらないでする。❸送ってよこす。「お差し越しの品」

さし-こみ [0]【差(し)込み】[名] ❶さしこむこと、また、そのもの。❷胃などに急に起こるはげしい痛み。しゃく・胃けいれんの類。❸電気のプラグ。また、コンセント。

さし-こ・む [0][コ]【差(し)込む】（マ・モ・ミ・ン・ム・ム・メ・メ）㊀[他五] 物の中やすきまに差して入れる。㊁[自五] ❶急に胃・腸などがはげしくいたむ。❷【▲射込む】光がはいりこむ。「朝日が―」

さし-こ・む【▲鎖し▲籠む】[古語] ㊀[自四] 中にとじこもる。「女房もさしこみて臥(ふ)したる」〈源氏〉㊁[他下二] 戸などをかたくとじる。「門(かど)さしこめて」〈徒然〉

さし-こ・める [メ]【▲鎖し▲籠める】[他下一]（メ・メ・メル・メル・メレ・メロ・メヨ）中に入れて、とじこめる。 **さしこ・む** [文語下二]

さし-ころ・す [ロ]【刺し殺す】[他五]（サ・ソ・シ・ス・セ・セ）つき刺して殺す。刺殺(しさつ)する。 **刺し殺せる** [自下一]〔…できる〕

さし-さわり [0]【差(し)障り】(さはり)[名] つごうのわるいこと。さしつかえ。支障。「そういう批評は―がある」

さし-さわ・る [0][ワ]【差(し)障る】(さはる)[自五]（ラ・ロ・リ・ッ・ル・ル・レ・レ）〔「さし」は接頭語〕さしつかえる。さわる。「健康に―」

さし-しお [0]【差(し)潮】(しほ)[名] みちてくる潮。あげしお。みちしお。↕ひきしお。

さし-しめ・す [メ]【指し示す】[他五]（サ・ソ・シ・ス・セ・セ）❶指でさして示す。❷それと、はっきり示す。指摘する。「問題のありかを―」 **指し示せる** [自下一]〔…できる〕

さし-ず [サ]【指図】[名][他サ] 命じてさせること。指示。言いつけ。「親方の―で作業を始める」

さし-ずめ [0]【さしずめ】【差詰】(づめ)[副] ❶要するに。つまり。「―そういう結論になるね」❷さしあたり。「―こまる」[参考]「さしづめ」のように「づ」を用いて書いてもよい。

さし-せま・る [マ]【差(し)迫る】[自五]（ラ・ロ・リ・ッ・ル・ル・レ・レ）〔「さし」は接頭語〕まぢかになる。せまる。切迫する。「期日が―」

さしだし-にん [0]【差出人】[名] 郵便物・荷物などを送り出す人。↕受取人。

さし-だ・す [ダ]【差(し)出す】[他五]（サ・ソ・シ・ス・セ・セ）〔「さし」は接頭語〕❶つきだす。「手を―」❷送りだす。つかわす。「代理人を―」❸提出する。「書類を―」 **差し出せる** [自下一]〔…できる〕

さし-た・てる [0][テ]【差(し)立てる】[他下一]（テ・テ・テル・テル・テレ・テロ・テヨ）〔「さし」は接頭語〕❶立てる。「はたを―」❷つかわす。「使者を―」 **さした・つ** [文語下二]

さ-したる【▲然したる】[連語] ❶[文章語] これといった。かくべつの。たいした。「―支障もない」[参考]下に打ち消しの語がくる。❷[古語] これと思いこんだ。決心した。「さしたる事なん言はんと思ふ」〈宇治拾遺〉

さし-ちが・える [エ][ガ]【刺(し)違える】(ちがへる)[自下一]（エ・エ・エル・エル・エレ・エロ・エヨ）たがいに刀で胸などを刺しあう。刺しあって死ぬ。 **刺し違え** [名] **さしちが・ふ** [文語ハ下二]

さし-ちが・える [エ]【差(し)違える】(ちがへる)[他下一]（エ・エ・エル・エル・エレ・エロ・エヨ）❶まちがって差す。❷相撲で、行司(ぎょうじ)が勝負の判定をまちがえる。 **差し違え** [名] **さしちが・ふ** [文語ハ下二]

さし-つかえ [0]【差(し)支え】(つかへ)[名] 都合が悪いこと。支障。さしさわり。「―がなければお話し下さい」

さしつかえ-ない【差(し)支えない】(さしつかへ)[連語] 問題ない。かまわない。「午後からの出社で―」

さし-つか・える [エ][カ]【差(し)支える】(つかへる)[自下一]（エ・エ・エル・エル・エレ・エロ・エヨ）ぐあいの悪いことになる。さしさわりがある。 **さしつか・ふ** [文語ハ下二]

さし-つかわ・す [ワ]【差(し)遣わす】(つかはす)[他五]（サ・ソ・シ・ス・セ・セ）〔「さし」は接頭語〕命じて人を行かせる。派遣する。

さし-つ・ける [0][ケ]【差(し)付ける】[他下一]（ケ・ケ・ケル・ケル・ケレ・ケロ・ケヨ）

❶おしあてる。❷目のまえにつきつける。「絶交状を―」

さしつ・く 文語下二

差しつ差されつ 相手にさかずきを差し出して酒をすすめたり、すすめられたりするようす。

さ-しっ-たり 連語 古語 〔「さ知ったり」の意〕❶しまった。❷こころえた。よしきた。

さし-て シ【指(し)手】名 ❶将棋のさしかた。「―を研究する」❷将棋のうまい人。「なかなかの―」

さし-て テ【差(し)手】名 相撲で、自分の手を相手のわきの下に差し込むこと。また、その手。「―を争う」

さ-して サ【さして】【▲然して】副 これといって。たいして。べつに。「―かわりはない」参考 下に打ち消しの語がくる。

さしで-がまし・い シ2【差(し)出がましい】形 カロ・カッ/ク・イ/イ・ケレ/○ いかにも出しゃばるようだ。「―言い方ですみませんが」**差し出がましさ** 名 **さしでがま・し** 文語シク

さしで-ぐち テ【差(し)出口】名 でしゃばって言うことば。口だし。「―をするな」

座して食らえば山も空し はたらかないで食べるばかりでは、山ほどの財産もやがてはなくなる。

さし・でる テ【差(し)出る】自下一 デ・デ・デル/デル・デレ・デロ・デヨ 〔「さし」は接頭語〕❶前へ出る。ぬっと出る。❷でしゃばる。

さし-とお・す ト【刺(し)通す】他五 サ・ソ・シ・ス/ス・セ・セ とがったものでつき通す。**刺し通せる** 自下一〔…できる〕

さし-と・める メ【差(し)止める】他下一 メ・メ・メル/メル・メレ・メロ・メヨ 〔「さし」は接頭語〕おさえ止める。禁止する。「記事の掲載を―」**差し止め** 名 **さしと・む** 文語下二

さし-にない ◎【差(し)担い】名 前後をふたりでかつぐこと。さし。「もっこの―」

さし-ぬい ◎【刺(し)縫い】名 ❶布を幾枚もかさねて、ひとはりごとにはりを抜き通して縫うこと。また、縫ったもの。さしこ。❷刺繡の一種。外がわだけ、りんかくのとおりに針目をそろえて縫いつぶすこと。

さし-ぬき ◎【指▲貫】名 衣冠・直衣・狩衣などを着るときにはいた、すそにくくりのあるはかま。⇩衣冠(図)。

さし-ね シ【指(し)値】名〔経〕取引所で、客が売買の値段を前もって指定すること。また、その値段。

さし-のぞ・く ◎【差×覗く】他五 カ・コ・キ・イ/ク・ク・ケ・ケ 〔「さし」は接頭語〕のぞく。「窓から―」

さし-の・べる べ【差(し)伸べる】他下一 べ・べ・べル/べル・べレ・べロ・べヨ 〔「さし」は接頭語〕手をある方向にのばす。「救いの手を―」**さしの・ぶ** 文語下二

さし-のぼ・る ボ【差(し)昇る】自五 ラ・ロ・リ・ッ/ル・ル・レ・レ 〔「さし」は接頭語〕日や月がのぼる。

さし-ば シ【差(し)歯】名 ❶歯の一部がかけ落ちたとき、かわりに人造の歯をつぎたすこと。また、その歯。❷足駄の台にはめこむ歯。

さし-はさ・む サ2【差(し)挟む】他五 マ・モ・ミ・ン/ム・ム・メ・メ 〔「さし」は接頭語〕❶間に入れる。はさみこむ。「口を―」❷含みもつ。持つ。「疑いを―」

さし-ばな シ【挿(し)花】名 花びんなどにさした花。いけ花。

さし-ひか・える エ/カ【差(し)控える】他下一 エ・エ・エル/エル・エレ・エロ・エヨ 〔「さし」は接頭語〕❶ ❶うちわにする。ひかえめにする。「酒を―」❷やめる。遠慮する。「訪問を―」❷ 自下一 そばにいる。ひかえる。「うしろに―」**さしひか・ふ** 文語ハ下二

さし-ひき シ【差(し)引(き)】名 ❶ある数から別の数を引きさること。「―一万円のもうけ」❷精算すること。❸しおの満ち干。**―勘定** カ 名 収入と支出の差額を計算すること。「―ゼロ」

さし-ひ・く ヒ【差(し)引く】カ・コ・キ・イ/ク・ク・ケ・ケ ❶ 他五 ❶ある数から別の数を引きさる。「売り上げから経費を―」❷損得・過不足などを計算する。「差し引いて考えれば、おあいこだ」‖さっぴく。❷ 自五 海水がみちひきする。

さし-ひび・く ビ【差(し)響く】自五 カ・コ・キ・イ/ク・ク・ケ・ケ 〔「さし」は接頭語〕他に関係が及ぶ。影響する。「疲労は運転に―」**差し響き** 名

さし-まね・く ネ【差(し)招く】他五 カ・コ・キ・イ/ク・ク・ケ・ケ 〔「さし」は接頭語〕手でまねく。

さし-まわ・す ◎/ワ【差(し)回す】他五 サ・ソ・シ・ス/ス・セ・セ 〔「さし」は接頭語〕つかわす。さし向ける。「迎えの車を―」**差し回せる** 自下一〔…できる〕

さし-み ミ【刺(し)身】名 なまの魚肉などをうすく切って、醬油・わさびなどをつけて食べる料理。**―のつま** ❶さしみに添える、海藻や細く切った大根・きゅうりなど。❷あってもなくてもいいような添えもの。「どうせおれは―さ」

さし-み ミ【差(し)身】名 相撲で、自分の得意のほうの差し手(右または左)を、早くさすこと。

さし-みず シ【差(し)水】名 ❶井戸に外からわるい水がはいること。また、その水。❷水をつぎたすこと。また、その水。「煮えたったら―をする」

さし-むかい ◎【差(し)向(か)い】名 ふたりが向かいあいになること。対座。「夫婦―の食事」

さし-むき ◎【差(し)向き】副 さしあたり。さしずめ。「―なにもすることがない」

さし-む・ける ケ【差(し)向ける】他下一 ケ・ケ・ケル/ケル・ケレ・ケロ・ケヨ 〔「さし」は接頭語〕❶その方へ向ける。❷つかわす。さしまわす。「車を―」**さしむ・く** 文語下二

さ-しも サ【さしも】【▲然しも】副 ❶〔文章語〕あのように。そのように。「―ひどかった風もおさまった」❷〔古語〕〔打ち消しを伴って〕そうとは。そうも。「かくとだにえやは伊吹のさしも草（コレホド思イコガレテイルノダトスラ申シ上ゲラレマセンカラ、マシテ伊吹山ノサシモ草ノヨウニ）さしも知らじな（知ラナイダロウナア）燃ゆる思ひを」〈後拾遺・百人一首〉**―の** 〔程度のはなはだしさをいう〕あれほどの。「―彼もしりごみした」

さし-もど・す ド【差(し)戻す】他五 サ・ソ・シ・ス/ス・セ・セ 〔「さし」は接頭語〕❶書類などを受け付けないでもとに返す。❷上級裁判所が下級裁判所の判決を破棄して、もう一度審理をやり直させる。参考「再審」は、いったん裁判がおわったあと、別の裁判として、あらためて審理をすること。「差し戻し裁判」は、継続している場合。**差し戻し** 名

さし-もの シ【指物】【差物】名 ❶机・たんすなど、板を組みたててつくる家具・器具。❷戦場での目じるしのため、武士が身につけ、または従者に持たせた旗やかざりもの。「旗―」**―師** ノ 名 机・たんすなどの家具をつくる職人。

さしゃん・す 自サ〔古語〕❶〔江戸時代の女性語〕なさる。❷〔補助動詞として、未然形につく〕尊敬の気持ちをあらわす。…なさる。「どこに何して、いさしゃんした」〈浄瑠璃・女殺油地獄〉

さ-しゅ サ【詐取】名 他サ だましとること。「土地を―する」

さし-ゆ シ【差(し)湯】名 自サ ❶湯をさし足すこと。また、その湯。「風呂の―」❷茶の湯で、少ない湯で点てた茶に湯をさし足すこと。また、その湯。

さ-しゅう ◎【査収】名 他サ〔文章語〕しらべて受けとること。「ご―ください」

さ-しゅう《佐州》⬇さど(佐渡)。

さ-じゅつ サ【詐術】名〔文章語〕ごまかしの手段。人をだま

すはかりごと。

さし-ゆる・す【差(し)許す】他五 サ・ソ|シ|ス|ス|セ|セ 〔「さし」は接頭語〕ゆるす。ゆるしてやる。許可する。

さ-しょう⓪【査証】名他サ 旅券(パスポート)をしらべて証明すること。また、その証明。ビザ。

さ-しょう⓪【詐称】名他サ いつわっていうこと。「学歴を—する」

さ-しょう⓪【×些少】名形動(の) わずか。すこし。

さ-じょう⓪【砂上】名すなの上。**—の楼閣**(ろうかく)〔「楼閣」は高い建物〕土台が不安定でくずれやすいことのたとえ。また、実現できないことのたとえ。

さ-じょう⓪【鎖錠】名自サ かぎをかけること。施錠。

ざ-しょう⓪【挫傷】名 打撲などで皮膚の下の組織がきずつくこと。うちみ。くじき。

ざ-しょう⓪【座礁】【×坐礁】名自サ 船が暗礁にのりあげること。↕離礁。

ざ-じょう⓪【座乗】【×坐乗】名自サ 司令官が軍艦にのりこみ、指揮をとること。「司令官の—する旗艦」

ざ-しょく⓪【座食】【×坐食】名自サ 無職のままでくらすこと。居食い。徒食。「無為—」

さし-りょうシ【差(し)料】名 腰に差す刀。「—を買う」

さし-わけ⓪【指(し)分け】名 将棋で、勝ち負けの数が同じであること。

さし-わたし⓪【差(し)渡し】名 直径。

さ-じん⓪【左×衽】名文章語 〔「衽」はえり〕左えりを下にして着ること。ひだりまえ。参考 昔、中国で夷狄(いてき)(野蛮人)の風俗とされた。

さ-じん⓪【砂×塵】名 すなぼこり。

さす 接尾 〔動詞の連用形について五段活用動詞をつくる〕動作をしかけて途中でやめる意をあらわす。「読み—」

さ-す⓪【砂州】【砂×洲】名 ❶潮流・風などの作用で、入り江の口の海岸の砂地が、長くのびでたもの。❷河口に近い海岸にできる、ほそ長い砂・小石の中州(なかす)。

さ・すサ【▲射す】【差す】サ・ソ|シ|ス|ス|セ|セ 一 自五 ❶潮がみちてくる。❷光が照りこむ。「朝日が—」❸あらわれる。生じる。「赤みが—」「いやけが—」❹とがめる。「気が—」 二 他五 ❶さおを使って船を動かす。「流れにさおを—」❷さしはさむ。「刀を腰に—」❸かざす。高く持ち上げる。「かさを—」❹さかずきに酒を入れてすすめる。「杯を—」❺舞で、手を前にのばす。❻相撲で、手を相手のわきの下に入れる。「右を—」 **させる** 自下一[…できる] **—手(て)引(ひ)く手(て)**〔さしだす手とひっこめる手〕舞の手ぶり。

さ・すサ【刺す】他五 サ・ソ|シ|ス|ス|セ|セ ❶つき通す。つっこむ。「針を—」❷毒虫などが針をつき立てる。「はちが—」❸ひと針ひと針ぬう。「ぞうきんを—」「畳を—」❹とりもちのさおで、小鳥や虫をとらえる。❺野球で、走者をアウトにする。❻刃物で人をきずつける。「短刀で—」❼目・耳・舌・皮膚などを刺激する。「この塩さばは舌を—」❽心に刺激を与える。「胸をさされた一言」 **刺せる** 自下一[…できる]

さ・すサ【▲注す・▲点す】他五 サ・ソ|シ|ス|ス|セ|セ ❶水や油をそそぎ入れる。「機械に油を—」「目薬を—」❷べにをつける。「口紅を—」 **させる** 自下一[…できる]

さ・すサ【指す】他五 サ・ソ|シ|ス|ス|セ|セ ❶ゆびで方向を示す。ゆびさす。❷名を示す。指名する。❸めざす。心ざす。「南を指して行く」❹物さしで寸法をはかる。さしものの細工をする。❺将棋をする。「一局—」 **指せる** 自下一[…できる]

さ・すサ【挿す】他五 サ・ソ|シ|ス|ス|セ|セ ❶さしはさむ。はさみこむ。「かんざしを—」❷さし木をする。「きくを—」❸花をいける。 **挿せる** 自下一[…できる]

さ・すサ【▲鎖す】他五 サ・ソ|シ|ス|ス|セ|セ 戸をしめる。錠をかける。

さす 助動 古語 サセ|サセ|サス|サスル|サスレ|サセヨ 〔一、二段活用・サ変・カ変動詞の未然形につく〕❶他に動作をさせる意(使役)を表す。…させる。❷〔他の尊敬語とともに用いられて〕尊敬の意を強める。「受けさせたまふ(オ受ケニナル)」❸〔鎌倉・室町時代ごろの軍記物語で〕受け身の意を表す。他の人のするのにまかせる意を表す。…られる。「内甲(うちかぶと)を射させて引き退く〈保元〉」

ざ-すザ【座主】名 ❶一山を支配する首席の僧。❷延暦(えんりゃく)寺の首席の僧。天台座主。

ざ-すザ【座州】名自サ 船が浅瀬に乗り上げること。

ざ・すザ【座す】【×坐す】自五 サ・ソ|シ|ス|ス|セ|セ 文章語 ➡ざする。

さすが⓪【さすが】【▲流▲石】形動(の) 副 ❶評判や話し手の期待に合うようす。評判どおり。やはり。「—有名な芸術家だ」「横綱は—に強い」❷普通とちがうと見られていたものも、結局は普通のものと同じになるようす。「—の英雄も子どもには弱い」❸否定しきれないようす。なんと言っても。「定職のない生活は—に苦しい」

さずかり-もの⓪【授(か)り物】(さずかりもの) 名 神仏などからいただいたもの。たまわりもの。さずけもの。

さずか・るカ【授(か)る】(さずかる) 他五 ラ・ロ|リ・ッ|ル|ル|レ|レ 授けられる。たまわる。「こどもを—」

さず・けるケ【授ける】(さずける) 他下一 ケ|ケ|ケル|ケル|ケレ|ケロ・ケヨ ❶下位の者に渡しあたえる。取らす。「賞を—」❷おしえる。「秘法を—」 **さづ・く** 文語下二

さす-てサ【差す手】名 舞の所作で、手を前に差し出すこと。↕引く手。

サスティナブルテ〈sustainable〉=**サステナブル** 形動 ダロ|ダッ・デ・ニ|ダ|ナ|ナラ|○ 持続可能であるようす。特に、地球の環境を維持するための産業や開発などについていう。

サス-プロ⓪名〔sustaining program から〕民間放送で、放送局自身が経費を出してつくる、スポンサーのついていない番組。自主番組。

サスペンションペ〈suspension〉名 振動や衝撃をおさえ、乗り物の走行を安定させるための装置。

サスペンスサ〈suspense〉名 映画・文学などが、観客・読者にあたえる、手に汗をにぎるような緊張感や不安。

サスペンダーペ〈suspenders〉名 ❶ズボンつり。❷くつしたどめ。ガーター。

サスペンデッド-ゲームゲ〈suspended game〉名 野球で、時間不足などのため、後日その続きをおこなう約束で中止される試合。一時停止試合。

さす-また⓪【刺股】名 長い柄(え)の先にふたまたの鋭利な鉄の棒をつけたもの。江戸時代、犯人や乱暴者などをとりおさえるのに使った。

さすまた

さすら・うラ【▲流▲離う】(さすらふ) 自五 ワ・オ|イ・ッ|ウ|ウ|エ|エ あてもなくさまよう。流浪(るろう)する。「荒野を—」 **さすらい** 名

さす・る⓪【▲摩る】他五 ラ・ロ|リ・ッ|ル|ル|レ|レ かるくこする。なでる。 **さすれる** 自下一[…できる]

ざ・するス【座する】【×坐する】自サ シ・セ・サ|シ|スル|スル|スレ|シロ・セヨ 文章語 座す。❶すわる。❷何もせずにいる。「座して幸運をまつ」❸かかりあいになる。まきぞえになる。 **ざ・す** 文語サ変

さ-すれ-ばス【さすれば】【▲然▲為れば】接続 文章語 ❶だから。❷それならば。

ざ-せき⓪【座席】名 すわる席。すわる場所。

サゼスチョンゼ〈suggestion〉名 ➡サジェスチョン。

させ-たまう【させ▲給ふ】(させたまふ) 連語 古語 〔尊敬の助動詞「さす」の連用形と補助動詞「たまふ」。四段・ナ変・ラ変

以外の動詞の未然形について〕高い尊敬を表す。お…なさる。「尋ねさせたまひても、御心劣りせさせたまひぬべし」〈源氏〉[参考]四段・ナ変・ラ変動詞につく場合は「せたまう」となる。

さ‐せつ [0]【左折】[名][自サ] ひだりへまがってすすむこと。↕右折。

ざ‐せつ [0]【挫折】[名][自サ] はじめたことが、途中で失敗し、だめになること。くじけること。頓挫(とんざ)。「―感を味わう」

させ‐て‐いただく [連語] ❶〔相手が自分に何かをさせることを自分が受け入れるという形をとって〕相手の許可を得て何かをする場合にその相手を立てる言い方。「させてもらう」のさらに改まった表現。「秘仏を拝観―」「ご講演を録音させていただいてよろしいでしょうか」[参考]五段動詞に接続する場合は未然形に「せる」をつけて「休ませていただく」のような形になる。「させる」をつけた「休まさせていただく」は「さ入れことば」と呼ばれる一種の誤り語形。❷「する」の改まった言い方。いたす。許可を得る意識のないまま使われる。「休業―」[参考]従来の「休業いたします」などの代わりに用いる例が昭和前期から見られる。関西の言い方が広まったとされる。「わたくしは三十年にわたり当市役所で勤務させていただいております」のように許可の意識のあまり強くない場合は、わずらわしさを感じさせることもある。

さ・せる [0][他下一] (セ‐セ‐セル‐セル‐セレ‐セロ・セヨ) ❶やらせる。「勉強を―」❷することをゆるす。「休憩を―」❸するにまかせる。「好きに―」

さ‐せる [セ][連体]〔文章語〕格別の。たいした。「―こともない」

させる [助動] (サセ‐サセ‐サセル‐サセル‐サセレ‐サセロ・サセヨ)〔上一段・下一段・カ変動詞の未然形につく〕❶他のものにさせること(使役)をあらわす。「人に調べ―」❷〔「られる」をつけて〕特別に高い尊敬の意味をあらわす。お…なさる。…あそばす。「殿下には祝辞をうけさせられる」❸〔「させてもらう」「させていただく」「させてやる」などの形で〕許しを得たり、思いどおりにさせたりする意味をあらわす。「理由を述べさせていただきます」[参考]「質問をお受けします」を「質問を受けさせていただきます」とするような乱用は望ましくない。⇩させていただく❷[参考]。

さ‐せん [0]【左遷】[名][他サ]〔「左」はさげる、「遷」はうつす〕低い官位・地位にうつすこと。↕栄転。

ざ‐ぜん [0]【座禅】【×坐禅】[名] おもに禅宗でおこなう修行で、静座して迷いの心を去り、さとりを求めること。

さ‐ぞ [サ]【さぞ】【×嘸】[副] たしかにそうであることを推量するようす。きっと。「父上も―およろこびでしょう」[参考]下に推量の言い方がくる。「たぶん」よりも確実性が強い。「さぞかし」「さだめし」も同じ。

さそい [0]【誘い】(さそひ) [名] すすめたり、そそのかしたりすること。「―に乗る」 **―を掛(か)ける** 誘ってみる。

さそい‐だ・す [ダ]【誘い出す】(さそひ―) [他五] (サ・ソ‐シ‐ス‐ス‐セ‐セ) ❶誘っていっしょに外出させる。❷うまく仕向けてつり出す。「話を―」 **誘い出し** [名] **誘い出せる** [自下一]〔…できる〕

さそい‐みず [イ]【誘い水】(さそひみづ) [名] ❶井戸・ポンプから水が出ないとき、水をみちびき出すために上からそそぎ入れる水。呼び水。❷あることの実現をうながすきっかけ。

さそ・う [0]【誘う】(さそふ) [他五] (ワ・オ‐イ・ッ‐ウ‐ウ‐エ‐エ) ❶いっしょに行くことを、また、同じようにすることをすすめる。いざなう。❷そそのかす。「悪事に―」❸うながす。ひきだす。「涙を―」 **誘える** [自下一]〔…できる〕

ざ‐ぞう [0]【座像】【×坐像】[名] すわっている姿の像。↕立像。

さぞ‐かし [サ]【さぞかし】【×嘸かし】[副]〔「かし」は強め〕さぞや。さぞ。「―お困りでしょう」⇩さぞ[参考]。

さ‐そく [0]【左側】[名] ひだりがわ。「―通行」↕右側(うそく)。

さぞ‐や [サ]【さぞや】【×嘸や】[副]〔「や」は強め〕さぞかし。さぞ。「―うれしかろう」

さそり [0]【×蠍】[名] サソリ目の節足動物の総称。大きなはさみと四対の足があり、腹部の末端に毒針がある。熱帯にすむ。[夏]

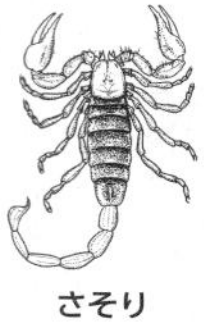

さそり

さ‐そん [0]【差損】[名] 売買の結果、為替レートの変動、価格の改定などによって生じる、収支のさしひきの損失。↕差益。

さ‐た【沙汰】[名][自他サ]〔「沙」は「あらう」、「汰」は「よりわける」意〕[一][タ/サ] ❶さしず。指令。「おって―をする」❷しらせ。「何の―もない」❸評判。うわさ。❹ことがら。事件。「けんかざた」❺おこない。「正気の―でない」❻物事の是非を論じ定めること。[二]〔古語〕❶とりはからい。処置。「同じくは(ドウセ同ジナラ)、かの事沙汰しおきて」〈徒然〉❷是非の判定。評議。「いまだ庭の乾かざりければ、いかがせんと沙汰ありけるに」〈徒然〉 **―の限(かぎ)り** もってのほか。言語道断(ごんごどうだん)。 **―▲止(や)み** [0][名] 計画の中止。

とりやめ。「―になる」

さ‐だ [サ]【×蹉×跎】[と副][たる連体]〔文章語〕❶つまずいて進まないようす。❷不遇で思うようにいかないようす。

さ‐だいじん [ダ]【左大臣】[名] 太政(だじょう)官の長官で太政大臣の次、右大臣の上の官職。いちのかみ。

さた‐いねこ《佐多稲子》一九〇四‐九八。小説家。本名、イネ。プロレタリア文学運動から出発した。作品に「キャラメル工場から」「くれなゐ」「時に佇(た)つ」など。

さだ‐か [サ]【定か】[形動] (ダロ‐ダッ・デ・ニ‐ダ‐ナ‐ナラ‐〇) はっきりとしたようす。たしか。「―には見分けにくい」

ざ‐たく [0]【座卓】[名] たたみの部屋ですわって使う机。

さだ‐す・ぐ【さだ過ぐ】[自上二]〔古語〕〔「さだ」は時の意。多く「―過ぐ」の形で用いる〕❶時。時機。「このさだ過ぎてのち恋ひむかも(モウ逢エナイノデハナカロウカ)」〈万葉〉❷さかりの年齢がすぎる。「さだすぎたる人」〈源氏〉

さだま・る [マ]【定(ま)る】[自五] (ラ・ロ‐リ・ッ‐ル‐ル‐レ‐レ) ❶きまる。たしかになる。決定する。「情勢が―」❷おちつく。おさまる。「天気が―」「天下が―」

さだめ [メ]【定め】[名] ❶きまり。おきて。「―をまもる」❷前世からの運命。宿命。「この身の―」 **―ない** [連語] ❶一定しない。「―空模様」❷はかない。「―世(よ)」

さだめ‐し [ダ]【さだめし】【定めし】[副] さぞかし。多分。さだめて。「―寒かろう」⇩さぞ[参考]。

さだめ‐て [ダ]【さだめて】【定めて】[副] さだめし。

さだ・める [メ]【定める】[他下一] (メ‐メ‐メル‐メル‐メレ‐メロ・メヨ) ❶きめる。「法律を―」❷おさめる。しずめる。「天下を―」❸動かないようにおちつかせる。「ねらいを―」 **さだ・む** [文語下二]

さ‐たん [0]【左端】[名]〔文章語〕ひだりのはし。↕右端。

サタン [サ]〈Satan〉[名] 悪魔。魔王。

さ‐たん [0]【左×袒】[名][自サ]〔文章語〕〔左のそでをぬいで肩を出すこと〕❶みかたをすること。❷賛成すること。[参考]古代中国、漢の周勃(しゅうぼつ)の軍勢が、全員左袒して忠誠をちかったことから。

さ‐たん [0]【×嗟嘆・×嗟×歎】[名][自他サ]〔文章語〕〔「嗟」も「嘆」もなげくの意〕❶なげくこと。❷感心してほめること。「―の声をあげる」

ざ‐だん [0]【座談】[名][自サ] すわって気楽に話しあうこと。また、その話。 **―会(かい)** [ダ][名] 数人があつまり、ある問題について気楽に意見をのべあう会合。

さち [サ]【幸】[名]〔文章語〕❶さいわい。「―多かれと祈る」❷

さ

えもの。「海の―、山の―」

ざ-ちゅう ⓪【座中】名 ❶集会の席。座上。席上。❷芸人一座の仲間。

ざ-ちょう ⓪【座長】名 ❶劇団をひきいる長。❷会議などで、話を進行させ、まとめる人。

さつ【冊】㊀造 紙をとじた本。書物。「冊子・分冊・別冊」㊁接尾 書物を数える語。「数―・辞書三―」[別音さく｜冊]

さつ【刷】造 ❶ぬぐう。「刷新」❷する。「印刷・重刷・縮刷・増刷」

さつ【刹】造 てら。「古刹・名刹」[別音せつ｜刹]

さつ【拶】造 せまる。すりよる。おしよせる。「挨拶」

さつ【殺】造 ❶ころす。「殺害・殺菌・殺人・暗殺・他殺」❷あらあらしい。すごい。「殺気・殺到・殺伐」❸けずりとる。「抹殺」❹なくす。へらす。「殺風景・抹殺」❺意味をつよめるために添える語。「笑殺・悩殺・忙殺・黙殺」❻野球でアウトのこと。「挟殺・併殺・三重殺」[別音さい｜殺]

さつ【察】造 ❶みる。しらべる。「観察・警察・診察」❷おしはかる。「察知・賢察・推察・洞察・拝察」**察する** 他サ

さつ【×颯】造 ❶風がさっと吹くようす。「颯颯・颯然」❷気持ちよい。「颯爽」

さつ【撮】造 ❶つまみとる。「撮要」❷写真をうつす。「撮影」❸撮影。「空撮・特撮」

さつ【×撒】造 まく。「撒水・撒布」

さつ【擦】造 する。すれる。こする。「擦過傷・塗擦・摩擦」

さつ【×薩】造 ❶梵語の音訳に用いる。「菩薩」❷「薩摩（旧国名）」の略。「薩英・薩長・薩南・肥薩」

さつ【札】㊀⓪名造 ❶ふだ。「入札・表札・標札」❷紙幣。「札入れ・札束・偽札・千円札」㊁造 きっぷ。「改札・検札」

さつ サ 名〔俗語〕警察。参考「サツ」と書くことが多い。

ざつ ⓪【雑】形動 造 ❶やりかたが丁寧でないようす。細かいところまで行きとどかないようす。おおざっぱ。「―な仕事」「―な説明」「―に目を通す」「雑駁・粗雑・蕪雑」❷いりまじっていて、はっきり分類がしにくい。「雑音・雑居・雑多・雑所得・混雑・複雑・乱雑」❸いろいろの。こまごました。「雑貨・雑学・雑費・雑用」❹たいせつでない。とるにたらない。「雑穀・雑草」[別音ぞう｜雑]

さつ-い サ【殺意】名 ころそうとする心。「―をいだく」

さつ-いれ レ【札入れ】名 紙幣を入れるための小物。財布。

さつ-えい ⓪【撮影】名 他サ 写真・映画をとること。**―所** ⓪〈ジョ〉名 映画の撮影・製作をおこなう所。スタジオ。

ざつ-えい ⓪【雑詠】名 特別な題によらず、いろいろの事物をよんだ詩歌。

ざつ-えき ⓪【雑役】名 からだを使ってする、こまごました仕事。

ざつ-えき ⓪【雑益】名 こまごました、さまざまな収益。↔雑損。

ざつ-おん ⓪【雑音】名 ❶不快を感じさせるいろいろのさわがしい音。❷ラジオ・電話などを聞きとりにくくするよけいな音。❸まわりの人の無責任なさしで口。人を惑わせるうわさ。「―を入れるな」

さっ-か ⓪【作家】名（「さくか」の変化）❶小説・戯曲などを書く人。小説家。劇作家。文士。❷芸術作品をつくる人。「陶芸―」

さっ-か サ【昨夏】名〔文章語〕（「さくか」の変化）昨年のなつ。↕今夏・来夏。

さっ-か ⓪【擦過】名 かすること。**―傷** カ⓪名 かすりきず。すりむききず。

さっ-か ⓪【作歌】名 自他サ（「さくか」の変化）和歌をつくること。また、その和歌。

ざっ-か ⓪【雑貨】名 いろいろのこまごました日用品。

サッカー サ〈soccer〉名 十一人ずつの二組が、手を使わずにたがいにボールを相手のゴールへけりこむなどして、得点をあらそう競技。(冬) 参考 現在のサッカーは、一九世紀にイギリスで協会組織に基づく学生スポーツ（association football）として普及したものを母体とする。以前「ア式蹴球」と呼んだことがあるのはそのためである。

サッカー サ 名〈seersucker から〉縞状にしわを寄せたように織った生地。主に夏服に使われる。シアサッカー。

さつ-がい ⓪【殺害】名 他サ 人をころすこと。せつがい。

さっ-かく ⓪【錯角】名〔数〕二直線に一直線がまじわるとき、二直線の内側にあり、一直線の反対がわで相対する角。

さっ-かく ⓪【錯覚】名 自サ（「さくかく」の変化）❶目・耳などの知覚のまちがい。❷思いちがい。勘ちがい。「一九世紀の古都と―するような町並み」

同位角・錯角

ざつ-がく ⓪【雑学】名 専門的でない、いろいろの方面についてのまとまりのない知識・学問。

ざっかけ-な・い サ 形 カロ・カッ・ク/イ・イ・ケレ・○（東京の下町で近年まで使われた）洗練されず粗野なようす。「お茶も差し上げず―ことで」

ざつ-かぶ ⓪【雑株】名〔経〕仕手株以外の、あまり人気がなく、売買も少ない株式。

サッカリン ⓪〈saccharin〉名 白色半透明の結晶で、砂糖の数百倍ほどあまい人工甘味料。

さっ-かん ⓪【錯簡】名（「さくかん」の変化）書物のとじちがいで、ページの順序がみだれていること。

ざっ-かん ⓪【雑感】名 いろいろの、とりとめのない感想。

ざっ-かん ⓪【雑観】名 いろいろな観察をとりあつめたもの。

さっ-き ⓪【殺気】名 ❶おそろしくあらあらしい気分。緊迫したけはい。「―を含む」❷〔古語〕草木をからす寒気。**―立つ** ダ 自五 興奮してあらあらしい気分になる。

さっ-き サ【×箚記】名〔文章語〕読書の意見や感想などを書いたもの。「読書―」

さっ-き サ【▲数奇】名 形動 ⇒すうき。

さっ-き サ【さっき】【▲先】名 副（「さき」の変化）今から少し前の時刻。先刻。「―はごめんね」「部長は―お帰りになりました」⇩先程 参考

さ-つき ⓪【五月】【×皐月】名 ❶〔古語〕陰暦五月。(夏) ⇩月（表）。❷さつきつつじ。(夏) **―雨** キア名 さみだれ。梅雨。(夏) **―×躑×躅** ツ2|ツ3 名 ツツジ科の常緑低木。つつじの一種。六月ごろ紅紫色などの花を開く。(夏) **―の×鯉の吹き流し** 心にわだかまりやたくらみがなく、さっぱりしているようす。「江戸っ子は―」**―晴れ** ⓪名 ❶五月の空の晴れわたること。(夏) ❷梅雨のはれま。**―闇** ⓪キ名 五、六月ごろ梅雨のため、特にくらいやみ。(夏)

ざっ-き ⓪【雑記】名 いろいろのことを書きつけること。また、書きつけたもの。「―帳」

ざっ-き ⓪【雑器】名 ふだんの生活の中で使う器具。特に、陶器。

ざ-つき ⓪【座付（き）】名 ある劇団の専属であること。また、その俳優・作者。**―作者** サ名 ある劇団に専属して脚本を書く人。

ざつ-ぎ サ【雑技】名 ❶種々の技芸。❷つまらない技芸。

さっ-きゅう ⓪【▲遡及】名 自サ〔文章語〕⇒そきゅう。

さっ-きゅう ⓪【早急】[に副][形動(の)] ひどくいそぐようす。そうきゅう。「—の用事」

ざっ-きょ ⓪【雑居】[名][自サ] ❶さまざまの人がいっしょに住むこと。㋐一軒の家にちがった家族がいっしょに住むこと。㋑ある地域にいろいろの人種がまじって住むこと。❷種類のちがうものが一か所にあること。「—ビル」

さっ-きょう ⓪【作況】[名]〔「さくきょう」の変化〕農作物のできぐあい。さくがら。「—指数」

ざつ-ぎょう ⓪【雑業】[名] ❶いろいろの仕事・職業。❷はっきりした分類がしにくい職業。

さっ-きょく ⓪【作曲】[名][自他サ]〔「さくきょく」の変化〕音楽の曲をつくること。また、その曲。↕作詞。

さっ-きん ⓪【殺菌】[名][他サ] 熱や薬品などで、細菌などの微生物を死滅させること。[参考]「殺菌」も「滅菌」も菌を殺す点では同じだが、「滅菌」は、一時的にもせよ、対象となる範囲にいる菌をできる限り殺す点で徹底的である。「除菌」は菌の数を減らすことに目的がある。「抗菌」は菌が増えるのをとどめることに重点を置く。

ざっ-きん ⓪【雑菌】[名] ❶いろいろな細菌。❷純粋培養している微生物に、まじってはいった別の菌。

サック [サ]〈sack〉[名] ❶ふくろ。さや。「指—」❷コンドーム。 **—コート** [コ]〈sack coat〉[名] あかんぼう用のゆったりした上着。

ザック [サ]〈ド Sack〉[名] リュックサック。

さつ-ぐう《薩隅》 薩摩(さつま)の国と大隅(おおすみ)の国の総称。今の鹿児島(かごしま)県にあたる。「—方言」

サックス [サ]〈sax〉[名] サキソホン。

ざっく-ばらん [ザ][形動] ダロ・ダッ・デ・ニ／ダ・ナ・ナラ・○ 〔俗語〕思ったことを、遠慮などせず、あけすけにさらけ出すようす。「—な性格」

さっくり [ク][(と)副][自サ] ❶軽いようす。「—とした食感」❷あっさりしたようす。さっぱり。「—した性格」

ざっくり [ク] ㊀[(と)副] ❶切り口が大きく割れるようす。❷衣服をむぞうさに着るようす。㊁[(と)副][自サ] ❶大ざっぱなようす。「—した説明」❷織物や編物などの目があらいようす。「—した布地」

ざっ-けん ⓪【雑犬】[名] 血統の純粋でない犬。雑種の犬。

ざっ-けん ⓪【雑件】[名] いろいろのこまかい用件。

さっ-こう ⓪【作興】[名][自他サ]〔文章語〕〔「さくこう」の変化〕ふるいたつこと。ふるいたたせること。「精神の—」

ざっ-こう ⓪【雑考】[名] 系統だっていない、いろいろの考察・考証。

ざっ-こく ⓪【雑穀】[名] 米・麦以外の穀類。豆・そば・きびなどの総称。

さっ-こん [サ]【昨今】[名]〔「さくこん」の変化〕このごろ。きのうきょう。「—の情勢」

さっ-さつ ⓪【×颯×颯】[と副][たる連体]〔文章語〕風の吹く音。また、そのようす。「—たる秋風」

さっさ-と [サ-][副] ぐずぐずしないで、てばやくするようす。「—仕事をする」

ざっ-さん ⓪【雑×纂】[名]〔「纂」はあつめるの意〕系統だてずにいろいろの記録・文書をあつめること。また、そのあつめた書物。

さっ-し ⓪【察し】[名] 察すること。推察。「—がわるい」

さっ-し [サ]【冊子】[名] とじた本。また、書物。↕巻子(かんす)本。

サッシ [サ]〈sash〉[名] 窓わく。「アルミ—」

ざっ-し ⓪【雑誌】[名] 定期的に編集して発行する出版物。マガジン。「月刊—」「学術—」

ざつ-じ [ザ]【雑事】[名] いろいろのこまごました用事。

さっしゃ・る [自他四][自下二]〔古語〕(室町(むろまち)時代末期から江戸時代に使われた) ❶なさる。「これはなんと—」〈狂言・末広がり〉❷(補助動詞として)尊敬の意味をあらわす。なさる。「なんとまた切られさっしゃる」〈浄瑠璃(じょうるり)・堀川夜討〉

サッシュ [サ]〈sash〉[名] ❶幅の広い飾りベルト。ドレスの胴回りや帽子などに使う。❷⇒サッシ。

ざっ-しゅ ⓪【雑種】[名] ❶いろいろ入りまじった種類。❷動植物で、ちがう品種の交配によって生まれたもの。

さっ-しゅう《薩州》⇒さつま(薩摩)。

ざっ-しゅうにゅう [シュ]【雑収入】[名] おもな収入以外のいろいろの収入。

ざっ-しょ [ザ]【雑書】[名] ❶どの部門にもはいらない書物。❷雑多なつまらない本。❸雑多なことを書いた本。

さっ-しょう ⓪【殺傷】[名][他サ] ころしたり、きずつけたりすること。「—事件」

ざっ-しょく ⓪【雑色】[名]〔「ぞうしき」と読めば別語〕種々の色のまじった色。

ざっ-しょく ⓪【雑食】[名][他サ] 動物が、動物性のものも植物性のものも食べること。

さっ-しょぶん [ショ]【殺処分】[名][他サ] 人間に危害をおよぼすおそれのある動物、また不要となった動物をころして処分すること。

さっ-しん ⓪【刷新】[名][他サ] よくない点を改めて、すっかり新しくすること。「校風の—」

さつ-じん ⓪【殺人】[名] 人をころすこと。 **—鬼**(き) [ジ][名] 平気で人をころす、おにのようにおそろしい人間。 **—的**(てき) ⓪[形動] 人命にかかわるほど、はげしくひどいようす。「—な暑さ」

さつ-じん ⓪【殺陣】[名] 映画・芝居などで、きりあいの場面。たちまわり。たて。

さっ-すい ⓪【×撒水】[名][自サ]〔「さんすい」は慣用読み〕水をまくこと。

さっ-すう [ス]【冊数】[名] 書物・帳面などの数。

さっ・する ⓪【察する】[他サ] シ・セ・サ・シ・スル・スレ・シロ・セヨ ❶おしはかる。推量する。「原因を—」❷おもいやる。「気持ちを—」「—に余りある」 さっ・す [文語サ変]

ざっ-せつ ⓪【雑節】[名] こよみのうえで、二十四節気以外に季節の変化のめやすとなる日の総称。節分・八十八夜・入梅・半夏生(はんげしょう)・土用・二百十日・彼岸など。

◆**雑節**

土用(どよう)	立春・立夏・立秋・立冬の前の十八日間
節分(せつぶん)	立春・立夏・立秋・立冬の前日
彼岸(ひがん)	春分・秋分を中日(ちゅうにち)とする前後各三日間
八十八夜(はちじゅうはちや)	立春から八十八日め
入梅(にゅうばい)	六月十一日ごろ
半夏生(はんげしょう)	夏至から十一日め
二百十日(にひゃくとおか)	立春から二百十日め

ざつ-ぜん ⓪【雑然】[と副][たる連体] ごたごたしているようす。まとまっていないようす。「室内が—としている」

さっ-そう ⓪【×颯爽】[と副][たる連体] 姿・ふるまいがきりっとして勇ましく、気持ちのよいようす。「—と進みでる」

ざっ-そう ⓪【雑草】[名] しぜんにはえた、いろいろな草。「畑の—を取る」

さっ-そく ⓪【早速】[副] 時をおかず、すぐ。

さっそ-ざい [ソ]【殺×鼠剤】[名] ねずみをころす毒薬。

ざっ-そん ⓪【雑損】[名] こまごました、さまざまな損失。「—控除」↕雑益。

ざっ-た ⓪【雑多】[形動] ダロ・ダッ・デ・ニ／ダ・ナ・ナラ・○ いろいろ入りまじっているようす。「—な道具」

ざつ‐だい ⓪【雑題】名 いろいろのものを含み、一つの部門に入らない問題・題目。
さつ‐たば ⓪【札束】名 紙幣をたばねたもの。
ざつ‐だん ⓪【雑談】名 いろいろなまとまりのない談話。とりとめのない話。「―に花を咲かせる」
さっ‐ち ⓪【察知】名 他サ おしはかって知ること。
さっ‐ちゅう ⓪【殺虫】名 害虫をころすこと。**―剤**(ざい) チュ ⓪名 害虫をころす毒薬。
さっ‐ちょう《薩長》 薩摩(さつま)と長門(ながと)。薩摩藩(はん)と長州藩。今の鹿児島(かごしま)県と山口県。「―の武士」参考 幕末から明治初年にかけて、ここの出身者が討幕や明治政府樹立のために中心になってはたらいた。
さっ‐と サ【さっと】【×颯と】副 ❶風がとつぜんに吹くようす。❷雨が急に降ってくるようす。❸すばやく動作するようす。「―ひきあげる」
ざっ‐と ⓪副 あらまし。おおよそ。「―説明する」
さっ‐とう ⓪【殺到】名 自サ 一度にどっとおしよせること。「注文が―する」参考「殺倒」と書くのはあやまり。
ざっ‐とう ⓪【雑踏】【雑×沓】名 自サ 多人数が雑然とうごきまわっていて、こみあうこと。人ごみ。「盛り場の―」
ざつ‐ねん ⓪【雑念】名 心をまとめるのにじゃまになる、いろいろな考え。「―をはらいのける」
ざつ‐のう ⓪【雑×嚢】名 いろいろの物を入れて肩から下げる袋。
ざっ‐ぱい ⓪【雑俳】名 江戸時代の中ごろから流行した、前句付(まえくづけ)・冠付(かむりづけ)・川柳(せんりゅう)などの、俳諧(はいかい)から出た通俗文芸の総称。
ざっ‐ぱく ⓪【雑×駁】形動 ダロ・ダッ・デ・ニ/ダ・ナ・ナラ・○ 雑然としてまとまりのないようす。「―な講演」
さつ‐ばつ ⓪【殺伐】と副 たる連体 気分やふんいきにうるおいがなく、殺気立ってあらあらしいようす。
さっぱり バ 副 自サ ❶さわやかなようす。「―した味」❷あっさりしたようす。「―した」❸まったく。まるで。一向に。「―わからない」参考 下に打ち消しの語がくる。❹まったくだめなようす。「売り上げが―だ」
ざっ‐ぴ ⓪【雑費】名 こまごまとした雑多な費用。
さっ‐ぴ・く ピ【さっ引く】他五 カ・コ・キ・イ/ク・ク・ケ・ケ 「さしひく」の変化。**さっ引ける** 自下一〔…できる〕
ざっ‐ぴつ ⓪【雑筆】名 雑多な事を書き記したもの。雑録。

さつ‐びら ⓪【札▲片】名 俗語 紙幣のこと。**―を切**(き)**る** 気前よくかねを使う。惜しげもなくかねを使う。
ザッピング ⓪〈zapping〉名 他サ テレビの視聴時に、チャンネルをひんぱんに切りかえること。
さっ‐ぷ サ【×撒布】名 他サ 〔「さんぷ」は慣用読み〕ふりまくこと。まきちらすこと。「農薬を―する」**―剤**(ざい) ⓪名 消毒・殺虫などのためにふりまく薬剤。
さっ‐ぷうけい プ【殺風景】形動 ダロ・ダッ・デ・ニ/ダ・ナ・ナラ・○ おもむきがないようす。なんのかざりも、おもしろみもないようす。
ざつ‐ぶつ ⓪【雑物】名 ❶いろいろのくだらないもの。「―を始末する」❷まじりもの。「―をのぞく」
ざつ‐ぶん ⓪【雑文】名 これといった、まとまった内容のない文章。
ざっ‐ぽう ⓪【雑報】名 ❶いろいろのできごとの報道。❷新聞の社会面記事の旧称。
ざつ‐ぼく ⓪【雑木】名 ❶いろいろの木。❷材木とならない木。雑木(ぞう)。
さつま《薩摩》 ❶昔の西海道の国の一つ。今の鹿児島(かごしま)県の西部。薩州。❷さつまいも。❸さつまがすり。❹さつまじょうふ。
さつま‐あげ マ【×薩摩揚(げ)】名 魚の肉をすり、ごぼう・にんじん・ひじきなどを切って加え、油であげた食品。
さつま‐いも ⓪【×薩摩芋】名 ヒルガオ科の多年生植物。中南米の原産。地下の塊根は食用、また、でんぷん・アルコールの原料。かんしょ。(秋)
さつま‐がすり ガ【×薩摩×絣】名 薩摩産の、紺地に白のかすり模様のある綿布。
さつま‐じょうふ ジョ【×薩摩上布】名 沖縄(おきなわ)産の上等の麻布。参考 薩摩を経て諸国に伝わったため、こう呼ばれる。
さつま‐じる ジ【×薩摩汁】名 鳥肉または豚肉に、だいこん・ごぼう・いも・こんにゃくなどをまぜて煮こんだしる。もと薩摩の郷土料理。(冬)
さつまの‐かみ ノ【×薩摩▲守】名 俗語 汽車や電車のただ乗り。また、ただ乗りをする人。参考 平家の武将、薩摩守忠度(ただのり)の名を「ただ乗り」にかけて言う。
さつま‐はやと ハ【×薩摩×隼▲人】名 勇敢な薩摩の国の武士。参考 上代、薩摩地方に住んでいた勇猛なはやと族に擬して言う。
さつま‐びわ ビ【×薩摩×琵×琶】名 室町(むろまち)時代の末、薩摩の国におこったびわと、その歌曲。

ざつ‐み ⓪【雑味】名 飲食物に混じって、本来のあじを損なうよけいなあじ。「―の少ないコーヒー」
ざつ‐む サ【雑務】名 いろいろのこまかな事務。
さつ‐よう ⓪【撮要】名 文章語 要点をまとめて書いた本。「哲学―」
ざつ‐よう ⓪【雑用】名 こまごまとした雑多な用事。つまらない用事。「―に追われる」
さつ‐りく ⓪【殺×戮】名 他サ 〔「殺」も「戮」もころすの意〕多くの人をむごたらしくころすこと。
ざつ‐ろく ⓪【雑録】名 ❶いろいろのことを書いた記録。❷一定の題目や、すじのない記録。
ざつ‐わ ⓪【雑話】名 いろいろの話。とりとめのない話。
さ‐て ①【さて】【×扠・×扨・×偖】㊀サ 接続 そして。それから。そこで。参考 手紙の前文から本文にうつる書きおこしのことばには、「さて・ところで・実は・早速ながら・突然ですが・承れば・のぶれば」などを用いることが多い。「のぶれば」は、特にあらたまった言い方。㊁サ 感〔何かを始めるときにいう〕さあ。「―新聞でも見るか」㊂副 古語 そのまま。そういう状態で。「し残したるをさてうち置きたるは」〈徒然〉
さ‐で デ【×叉手】名 魚をすくいとる、曲げた竹や木に張った網。さであみ。

さで

さ‐てい ⓪【査定】名 他サ 合否や金額の適否などの審査・判定をすること。「税額の―」「給与の―」
サディズム ディ〈sadism〉名 相手を残酷にいためつけて喜ぶ変態性欲。↔マゾヒズム。参考 フランスの作家サドがこの性質をえがいたことから。
さて‐お・く サ【×扠置く・×偖▲措く】他五 カ・コ・キ・イ/ク・ク・ケ・ケ そのままにしておく。「そのことはさておいて」
さて‐こそ サ 副 文章語〔「こそ」は強め〕思ったとおり。やっぱり。
さて‐さて サ 感 つよく感じ、また、おどろいたときの語。ほんとにまあ。はてさて。「―困ったことだ」
さ‐てつ ⓪【砂鉄】名 砂状になっている磁鉄鉱。しゃてつ。
さ‐てつ ⓪【×蹉×跌】名 自サ 〔「蹉」も「跌」も、つまずくの意〕障害や失敗があって、行きづまること。つまずき。
さて‐は サワ ㊀接続 ❶あるいは。または。「すかしたり、なだめたり、―しかったり」❷古語 それでは。「悪(あ)しくたば

さ

かりて取らせ給ふなり。さてはえ取らせ給はじ」〈竹取〉❸[古語]それから。「清げなる大人(女房ガ)二人ばかり、さては童べぞ出で入り遊ぶ」〈源氏〉㊁[感]それなら。それでは。「—やられたかな」

さて-また [サ]【さてまた】【×扠又・×偖又】[接続] そうして、また。

さて-も ㊀[副][古語]それでも、やはり。そんなありさまでも。「さてもやは、(ソノ家ニ)ながらへ住むべき」〈徒然〉㊁[サ][接続]〔話をはじめるとき、話題をかえるときなどに使う〕それにしても。ところで。㊂[サ][感] さてさて。ほんにまあ。「—、あさましいこと」

さ-てん [0]【茶店】[名][俗語]喫茶店。

サテライト [ラ]〈satellite〉[名]〔衛星の意〕サテライトスタジオ。**—局**(きょく) [ト][名] 親局の電波を受信し、別な周波数を使って再放送するテレビの中継局。**—スタジオ** [タ]〈satellite studio〉[名] 街頭などにおかれ、放送の実況を客に見せながら番組を親局に送る小スタジオ。

サテン [サ]〈satin〉[名] しゅす。

さと [0]【里】[名] ❶人家の集まっている所。村落。❷律令制で、地方行政区画の一つ。里(り)。❸平安京で、市中を皇居と区別していう語。↕うち。❹いなか。❺配偶者・養子・奉公人の実家。「—帰り」❻子どもをあずけ、そだててもらう家。❼遊里。くるわ。❽⬇おさと。

サド [サ][名]〔sadistから〕サディズムの傾向をもつ人。サディスト。↕マゾ。

さど《佐渡》昔の北陸道の国の一つ。日本海にある島で、今の新潟県の一部。佐州。

さと・い [ト]【×聡い】㊁[ト][形] カロ・カッ・クイ・イ・ケレ・○ ❶かしこい。りこうだ。❷敏感である。「利に—」「耳が—」❸〔とくに「目がさとい」のかたちで〕ちょっとした物音にもすぐ目が覚めるようす。**さと・し** [文語ク] ㊁[形ク][古語] しっかりとしている。理性的で落ちついている。「大夫(ますら)をのさとき心も今は無し恋の奴に我は死ぬべし」〈万葉〉

さと-いも [0]【里芋】[名] サトイモ科の多年生植物。地下茎は食用。ある種のものは葉柄(へい)も食べる。ずいきいも。㊀秋

さ-とう [0]【左党】[名] ❶左翼の政党。↕右党。❷酒飲み。ひだりきき。

さ-とう [ト]【砂糖】[名] さとうきび・さとうだいこんなどからとる甘味料。**—×黍**(きび) [ト][キ][名] イネ科の多年生植物。茎のしるから砂糖をとる。熱帯地方の産。甘蔗(かんしょ・かんしゃ)。㊀秋 **—大根**(だいこん) [ダ][名] アカザ科の二年生植物。根のしるから砂糖をとる。寒地の産。甜菜(てんさい)。ビート。㊀秋

さ-とう [0]【差等】[名] ちがい。差。「賞与に—をつける」

さ-どう [サ]【茶道】[名] ⬇ちゃどう。

さ-どう [0]【作動】[名][自サ] 機械などが動くこと。「エンジンが—を始めた」

ざ-とう [0]【座頭】[名]〔「ざがしら」と読めば別語〕❶昔の盲人の官位で、最下位。❷江戸時代、頭をそった盲人で、あんま・はりをしたり、びわ・琴などをひくことを職としたりした者。❸盲人。

さとう-はるお《佐藤春夫》〔一八九二―一九六四〕詩人・小説家。古典的格調の叙情詩を作り、耽美(たんび)的な小説を書いた。詩集に「殉情(じゅんじょう)詩集」、小説に「田園の憂鬱(ゆううつ)」など。

さと-おさ【里▲長】〔—をさ〕[名][古語] さとのかしら。むらおさ。

さと-おや [0]【里親】[名] 他人の子をあずかり、親代わりとなってそだてる人。養い親。↕里子・実親(じつおや)。

さと-がえり [ガ]【里帰り】〔—がへり〕[名] ❶結婚後、女性がはじめて実家に帰ること。❷しばらくの間、生家やもとの場所に帰ること。「盆で—する人々」❸放牧されていた家畜が秋の終わりに山をおりること。

さと-かぐら [カ]【里神楽】[名] 宮中以外の諸神社や民間でおこなうかぐら。㊀冬

さと-かた [0]【里方】[名] よめ・養子などの実家やその親類。

さ-どく [0]【査読】[名][他サ] 投稿された学術論文を読んで内容や水準の審査をすること。

さと-ご [0]【里子】[名] よその家にあずけ、育ててもらう子。↕里親。

さと-ごころ [ゴ]【里心】[名] よそに出ている人が実家・親・郷里をこいしがる心。「—がつく」

さと-ことば [コ]【里言葉】[名] ❶【×廓▲詞】江戸時代、遊女の使った特別なことば。「ありんす」「ざます」など。くるわことば。❷いなかのことば。

さとし [0]【諭し】[名] ❶さとすこと。教え。❷神仏のおつげ。

さと・す [ト]【諭す】[他五] サ・ソ・シ・ス・セ・セ よくわかるように言いきかせる。「懇々と—」 **諭せる** [自下一][…できる]

さと-びと [0]【里人】[名] ❶[古語]宮づかえをしないで里にいる人。また、宮づかえしている女房で、一時自宅にさがっている者。↕宮人(みやびと)。❷里に住む人。土地の人。

さとみ-とん《里見弴》〔一八八八―一九八三〕小説家。本名は山内英夫(ひでお)。有島武郎(ありしまたけお)の弟。白樺(しらかば)派の一人。「多情仏心」「極楽(ごくらく)とんぼ」など。

さと-やま [0]【里山】[名] 人里に近い、生活と結びついた山。

さと-ゆき [0]【里雪】[名] 平野部に降る雪。↕山雪。

さとり [0]【悟り】[名] 迷いを去って真理を知ること。「—を開く」

さとりすま・す [マ]【悟り澄ます】[自他五] サ・ソ・シ・ス・セ・セ すっかりさとったような表情をする。「悟り澄ました顔」

さと・る [0][ト]【悟る】[他五] ラ・ロ・リ・ッ・ル・ル・レ・レ ❶あきらかに理解する。「極意(ごくい)を—」❷【▲覚る】感づく。察知する。「敵の計画を—」❸〔仏〕迷いを去って真理を知る。**さとれる** [自下一][…できる]

サドル [0]〈saddle〉[名]〔「鞍(くら)」の意〕自転車・オートバイなどのこしかけ台。

サドン-デス [ド]〈sudden death〉[名]〔「突然の死」の意から〕スポーツの延長戦で、先に勝ちこしたものをその時点で勝者とする方式。

さ-なえ [0]【早苗】〔—なへ〕[名]〔「さ」は接頭語〕なわしろから田にうつしうえる稲の苗。㊀夏 **—歌**(うた) [エ][名] 稲の苗を植えるときうたう労働歌。田植え歌。

さ-なか [サ]【▲最中】[名]〔「さ」は接頭語〕物事・状態のもっとも盛んな時。さいちゅう。「台風の—に飛び出す」

さ-ながら [0]【さながら】【▲宛ら】[副] ❶まるで。ちょうど。あたかも。「—花の咲いたよう」❷〔「さながらに」「さながらの」の形で〕そっくりそのままに(の)。「本番—に行われた避難訓練」❸[古語]もとのとおりに。変わらずに。「出でし日使ひし泔坏(ゆするつき)の水はさながらありけり」〈蜻蛉〉❹[古語]すべて。みな。すっかり。「七珍万宝さながら灰燼(かいじん)となりにき」〈方丈記〉❺[古語]〔下に打ち消しの表現を伴って〕ちっとも。全然。「さながら(自分ノ)心にあらず」〈徒然〉

さなぎ [0]【×蛹】[名] 完全変態をおこなう昆虫が、成虫になる前に食物をとらず静止状態にあるもの。

さ-なき-だに [連語][古語] そうでなくてさえ。ただでさえ。

さ-なく-とも [連語][古語] そうでなくても。

さ-なく-ば [連語][古語] そうでなければ。

さなだ [0]【▲真田】[名] ❶姓氏の一つ。❷さなだひも。

さなだ-ひも [ダ]【▲真田×紐】[名] 太いもめん糸で、ひらた

く、厚く編んだひも。参考 安土桃山時代の武将真田昌幸(まさゆき)が刀の柄(つか)を巻くのに用いたからという。

さなだ-むし ダ【▲真田虫】名 条虫(じょうちゅう)類の俗称。さなだひものような形をしている。腸内に寄生する。

サナトリウム リ〈sanatorium〉名 療養所。特に、高原・林間などにある結核療養所。

さな-ぶり ０【▲早▲苗×饗】名 田うえを終えた祝い・祭り。夏

さ-なり 連語［古語］〈副詞「さ」と、断定の助動詞「なり」〉そうだ。そうあるべきだ。「さなり。よく宣(のたま)へり」〈宇津保〉

ざ-なり 連語［古語］〈「ざるなり」の変化した「ざんなり」の「ん」を表記しない形〉…ないようだ(ないそうだ)。…ないのだ。「この人、国に必ずしも言ひ使ふ者にもあらざなり」〈土佐〉

さ-に-あら-ず 連語［文章語］そうではない。

サニー-レタス レ〈sunny lettuce〉名〈和製英語〉葉がちりめん状で結球せず、上部が赤紫色をしたレタス。

サニタリー サ〈sanitary〉名 ❶衛生的であること。「—用品」❷浴室や洗面所など、台所以外の水回り。

さぬき《讃岐》昔の南海道の国の一つ。今の香川県。讃州(さんしゅう)。

さぬきのすけにっき《讃岐典侍日記》平安時代後期の日記。讃岐典侍(藤原長子)の著。堀河天皇の発病・崩御(ほうぎょ)などをえがいている。

さね サ【▲札】名 とじ合わせて、よろいをつくる鉄・革の小さい板。

さ-ね サ【▲実・▲核】名 果実の中のかたいもの。たね。

さね-かずら カ【▲真▲葛】— 名 マツブサ科のつる性常緑低木。山野に自生。実(み)は紅色球状。茎の粘液は製紙用ののり。びなんかずら。秋

さね-さし 枕「相模(さがみ・さがむ)」にかかる。

さ-のう ０/サ【左脳】名 大脳の左半分。右半身を動かす神経とつながっている。論理的な思考能力にかかわるとされる。ひだりのう。左大脳半球。↔右脳(うのう)。

さ-のう ０【砂×嚢】名 ❶砂を入れたふくろ。すなぶくろ。❷鳥類の胃の一部で、砂がはいっているところ。食物をこまかくくだくはたらきをする。すなぎも。

さ-のみ 連語［古語］〈副詞的に用いる〉❶そんなに。そうむやみやたらに。「よき人は、知りたる事とて、さのみ知り顔にやは言ふ(イヤ言ウハズガナイ)」〈徒然〉❷〈下に打ち消しの表現を伴って〉それほど。たいして。「世の人数(ひとかず)もさのみは多からぬにこそ」〈徒然〉

さ-は サ【左派】名 左翼的・急進的傾向をもったものの仲間。↔右派。

さは【▲多】なり形動［古語］⇒さわ。

さ-は ワ［古語］㊀副 そうは。そのようには。「例のうるさき御心とは思へど、さは申さで」〈源氏〉㊁接続 それでは。「さは、この度(たび)は帰りて、後に迎へに来む」〈更級〉

さば ０【×鯖】名 サバ科の海水魚。背部は青緑色で黒い模様がある。体長約三〇(センチメートル)〜五〇。食用。夏 **—の生(い)き腐(ぐさ)れ** さばは新鮮に見えても、いたみ始めていることがあることを言うことば。**—を読(よ)む** 数をごまかして自分の利益をはかる。

さ-はい サ【差配】名 他サ ❶とりしきり、さしずすること。いろいろ世話をすること。また、その人。❷持ち主にかわって、貸家・貸地を管理すること。また、その人。

サバイバル バ〈survival〉名 きびしい状況にたえて、生き残ること。「—ゲーム」「大学間の—競争」**—ナイフ** ナ〈survival knife〉名 刃が柄(え)に固定された大型のナイフ。

さ-ばえ【▲五▲月×蝿】— 名 枕 夏の蝿。うるさく騒ぎ群がるもののたとえに用いられる。**—なす** 枕〈夏のハエのように の意で〉「騒ぐ」に掛かる枕詞。「さばへなす騒ぐ子どもを」〈万葉〉

さば-おり ０【さば折り】【×鯖折】— 名 相撲の決まり手で、相手のまわしを引きつけ、両ひざをつかせるわざ。

さ-ばかり 連語［古語］❶それほど。それくらい。「さばかりの人の、無下にこそ心弱き気色を」〈徒然〉❷非常に。「さばかり寒き夜もすがら」〈徒然〉

さばき サ【裁き】名 ❶裁くこと。裁判。「法の—を受ける」❷キリスト教で、神の審判。

さ-ばく ０【佐幕】名〈「佐」は、たすける〉江戸時代の末、幕府に味方したこと。

さ-ばく ０【砂漠】【沙漠】名 雨が少なく草木のほとんど育たない、岩石や砂でおおわれている地域。

さば・く バ【×捌く】他五 ❶いりくんだ物事をきちんと処理する。「混乱を—」❷商品を売りつくす。❸うまくあつかう。「たづなを—」❹からまったり、くっついたりしているものを解き分ける。「髪を—」❺料理で、包丁を入れて切りはなす。「魚を—」**さばける** 自下一〈…できる〉

さば・く バ【裁く】他五 正邪・善悪をきめる。裁判する。**裁ける** 自下一〈…できる〉

さば-ぐも ０【さば雲】【×鯖雲】名 さばの背中の模様のような雲。秋によく出る。うろこ雲。巻積雲(けんせきうん)。秋

さば・ける ケ【×捌ける】自下一 ❶さばくことができる。❷乱れたものが、とけわかれる。❸売れる。「商品がよく—」❹ものわかりがいい。「さばけた人」**さば・く** 文語下二

さば-さば サ〈と〉副 自サ ❶気分がさっぱりするようす。「思う存分言って—した」❷さっぱりしていて物事にこだわらないようす。「気性の—した人」

サバティカル バ 名〈sabbatical〉大学教授などに、一定期間勤務した後に与えられる、長期の有給休暇。

さば-ぶし ０【×鯖節】名 さばを蒸して、干しかためたもの。かつおぶしと同様にだしをとるのに使う。

さ-ばへ【▲五▲月×蝿】名［古語］⇒さばえ。

さ-はれ サワ［古語］〈「さはあれ」の変化〉㊀感 えい、しかたがない。ままよ、どうともなれ。「そこはかとなく、いと苦しけれど、さはれとのみ思ふ」〈蜻蛉〉㊁接続 そうはいっても。しかし。「さはれ、しばしこの事漏らしはべらじ」〈源氏〉‖さばれ。

さはん-じ ハ【茶飯事】名〈飯を食べ、茶を飲むことの意〉ごくふつうのこと。ありふれたこと。「日常—」

サバンナ バ〈savanna〉名 雨の少ない熱帯地方にみられる、高い木のはえていない平原。熱帯草原。サバナ。

さび ビ 名 俗語 すし屋で、わさび。

さび ビ【さび・寂】名 ❶ふるびておもむきのあること。枯れたものしずかなおもむき。❷声が低くじみでおもむきのあること。「—のある声」❸俗語 歌の聞かせどころの部分。さわり。❹謡曲・語り物などで、渋みのある低い声。❺蕉風俳諧(しょうふうはいかい)の理念で、古びてものしずかなおもむきが練られて、芸術化されたもの。

さび ビ【×錆・×銹】名 ❶金属の表面にできる赤茶色・黒色などの酸化物。❷砥(と)の粉をねって生漆(きうるし)をまぜたもの。蒔絵(まきえ)用。さびうるし。❸わるい結果。「身から出た—」

さび-いろ ０【さび色】【×錆色】名 鉄のさびたような赤茶色。

さびし・い シ【寂しい】【×淋しい】形 カロ・カッ・ク／イ・イ・ケレ・○ ❶孤独で心細い。親しいものがいなくなって、心が浮きたたない。「—一人暮らし」「愛犬が死んで—」❷あって当然のもの

がなくても足りない。「アンコール演奏がなくて―」「彼が来ないのは―」❸人けがなく、ひっそりしている。「―山道」❹不足している。とぼしい。「ふところが―」❺ものたりない。「口が―」‖さみしい。**さびしがる**[自五] **さびしげ**[形動] **さびしさ**[名] **さびし・し**[文語シク]

さび-つ・く[0]【さび付く】【×錆付く】[自五](カ・コ・キ・イ・ク・ク・ケ・ケ) 金物がさびて他のものにくっつき、動かなくなる。「ねじが―」

さび-どめ[0]【さび止め】【×錆止め】[名] 金属がさびないように、その表面に塗料や油をぬること。また、ぬる材料。

さ-びょう[0]【詐病】[名] 病気のふりをすること。仮病。

ざ-ひょう[0]【座標】[名]〔数〕直線・平面上や空間中の点の位置を基準の位置から距離や角度などの組み合わせで示すときの、その数値。**―軸**(じく)[ヒョ][名]〔数〕座標をきめるとき、その基準となる直線。

さ・びる[ビ]【×寂びる】[自上一](ビ・ビ・ビル・ビル・ビレ・ビロ・ビヨ) ❶ものしずかなおもむきがある。「さびた山里」❷じみで落ち着いている。「さびた色」❸老熟した味わいがある。「さびた芸風」❹〔接尾語的に用いて、上一段活用動詞をつくる〕それらしくなる。「神―」「おきな―」 **さ・ぶ**[文語上二]

さ・びる[ビ]【×錆びる】[自上一](ビ・ビ・ビル・ビル・ビレ・ビロ・ビヨ) さびが出る。「さびた鉄」 **さ・ぶ**[文語上二]

さび・れる[レ]【寂れる】【×淋れる】[自下一](レ・レ・レル・レル・レレ・レロ・レヨ) おとろえてさびしくなる。「町が―」 **さび・る**[文語下二]

さ-ふ[サ]【左府】[名] 左大臣の中国ふうの呼び方。↔右府。

サブ[サ]〈sub〉[名] 副。補助。控えのもの。↔メイン。

サファイア[ファ]〈sapphire〉[名] 鋼玉の一種で、濃青色のすきとおった宝石。九月の誕生石。青玉。コランダム。

サファリ[サ]〈safari〉[名] 野生動物を観察したり、狩りをしたりするための旅行。特に、アフリカ大陸で行うものをいう。「―ルック」「―パーク」

サブ-ウエー[エ]/[サ]〈ˀsubway〉[名] 地下鉄。

サブ-カルチャー[カ]〈subculture〉[名] ある時代の主流となる文化に対して、少数の人々に支えられる文化。たとえば、若者文化。サブカル。

サブスクリプション[リ]〈subscription〉[名] 一定の期間中、定額料金を支払ってサービスや製品を利用すること。定額制。サブスク。

サブ-タイトル[タ]〈subtitle〉[名] 書籍・論文などの副題。

ざ-ぶとん[ブ]【座布団】【座×蒲団】[名] 敷いてすわるふとん。

サブマリン[リ]〈submarine〉[名] 潜水艦。

さぶらい【▲侍】(さぶらひ)[名]〔古語〕⬇さむらい。

サプライ[ラ]〈supply〉[名] 供給。「マネー―」 **―チェーン**[チェ]〈supply chain〉[名] ある製品が、原材料の段階から消費者に販売されるまでの一連のつながりのこと。

サプライズ[ラ]〈surprise〉[名] 驚き。また、驚かせること。特に、思いがけない贈り物や催しなどに言う。

さぶら・う【▲候ふ・▲侍ふ】(さぶらふ)〔古語〕〔奈良時代語「さもらふ」の変化〕㊀[自四] ❶貴人に伺候する。仕える。「女御・更衣あまたさぶらひたまひけるなかに」〈源氏〉❷「行く・来る」の謙譲語。「女官はいまださぶらはじ」〈紫式部日記〉❸「ある・居る」の謙譲語、また丁寧語。「いかなる所にか、この木は、さぶらひけむ」〈竹取〉㊁〔補助動詞として、動詞・形容詞の連用形、助詞「て」などについて丁寧の意を添える〕…ます。…(で)ございます。「からい目を見さぶらひて」〈枕〉

さふら・ふ【▲候ふ】[自四]〔古語〕⬇そうろう。

サフラン[フ]/[サ]〈オ saffraan〉【×泊夫藍】[名] アヤメ科の多年生植物。秋、紫色の花をつける。めしべの花柱は薬用・染料。花は(秋)

サフラン

ざぶり[ブ][と][副] ⬇ざぶん。

サブリミナル[リ]〈subliminal〉[名]〔「潜在意識の」の意から〕映像や音を通じて、無意識のうちに考え方や行動などに影響を与えること。「―効果」

サプリメント[サ]〈supplement〉[名] 食事だけでは不足しがちな栄養素を補う食品。栄養補助食品。

サブレ(ー)[サ]〈フ sablé〉[名]〔sabléは砂をまいた意〕小麦粉・バター・卵黄・砂糖などを練り、型抜きして焼いた菓子。クッキー。

さぶ-ろう[0]【三郎】[名] 兄弟の三番め。三男。

ざぶん[ブ][と][副] 水にとびこんだり、水をかけたりする音。ざぶり。「―と川に飛びこむ」

さ-べつ[サ]【差別】[名][他サ] ↔無差別。❶同じようなものの違いを何かの基準によって分けること。区別。「品質で―する」「無―級の決勝戦」❷ある種の特徴をもったグループを対象として不当な扱いをすること。「―と偏見」「人種―」 **―化**(か)[0][名][他サ] 他の同種のものと異なる特徴を強調すること。「他社製品との―を図る」

さ-へん[サ]【サ変】[名]「サ行変格活用」の略。

サボ[サ][名]「サボタージュ」の略。

サボ[サ]〈フ sabot〉[名] 木ぐつ。

さ-ほう[サ]【作法】[名]〔「さくほう」と読めば別語〕❶やりかた。しかた。❷起居・動作の一定のきまり。「礼儀―」

さ-ぼう[0]【砂防】[名] 山地・海岸・河岸などの、土砂のくずれや流れをふせぐこと。また、その設備。「―工事」

さ-ぼう[0]【茶房】[名] 喫茶店(きっさてん)。

さ-ぼう[0]【詐謀】[名]〔文章語〕だますための計略。

サポーター[0]/[ポ]〈supporter〉[名] ❶運動するときに付ける、手足の関節や筋肉を保護するためのゴムを織りこんだ布製のほうたい。❷支援者。特に、サッカーで、あるチームを熱心に応援する人。

サポート[ポ]〈support〉[名][他サ] 援助すること。支持すること。「友人の計画を―する」

サボタージュ[タ]〈フ sabotage〉[名][自サ] ❶労働者が争議の手段として、仕事の能率をおとし、経営者に損害を与えること。サボ。❷なまけること。ずる休み。

サボテン[0]【▲仙▲人▲掌・▲覇▲王▲樹】=**シャボテン**[名]〔ポ sabão と「手」との複合語からか〕サボテン科の常緑多年生植物の総称。アメリカ大陸原産。葉はとげにかわり、茎はうちわ・円柱・球などの形をし、美しい花を開くものがある。(夏)

さ-ほど[0][副]〔あとに打ち消しの言い方がくる〕それほど。たいして。「―わるくない点数だ」

サボ・る[ボ][他五](ラ・ロ・リ・ッ・ル・ル・レ・レ)〔俗語〕〔「サボタージュ」の「サボ」を活用させたもの〕なまける。ずる休みする。「学校を―」 **サボり**[名] **サボれる**[自下一]〔…できる〕

ザボン[0]〈ポ zamboa〉[名] ミカン科の常緑小高木。暖地の産。みかんの木に似て、初夏白い花を開く。実(み)は大形で甘く、皮は砂糖づけにする。ジャボン。文旦(ぶんたん)。(冬)

さま【様】㊀[マ][名] ❶物事のあり方・様子・状態。ありさま。「木々のゆれ動く―」❷見苦しくない姿・かっこう。「―にならない」㊁[代]〔古語〕❶あなた。❷あのかた。㊂[接尾]❶人名などにそえて高めて言う語。「松田―」❷物ごとをていねいにいう語。「お気の毒―」[参考] 手紙のあて名では、一般に「様」を使う。公用や事務用では「殿」が使われることが多い。団体や組織の場合は「御中」、多人数のときは「各位」を使う。恩師やものを教える人には「先生」、「君」「兄」は男性が同輩や友人に使う。学問上の同輩・友人には、「学兄」を用いることがある。 **―になる** ふさわしいかっこうになる。「制服姿が―」

ざま ㊀ マ 名【▲様・▲態】（ののしることば）ようす。かっこう。「なんという―だ」㊁ 接尾 ❶【▲方】ほう。むき。「うしろ―」❷とき。おり。…と同時に。「ふりかえり―切りつけた」❸【▲様】動作のしかた。「書き―」 **―を見みろ** 人が失敗したときなどに、それみたことか、いい気味だとののしることば。

サマー〈summer〉造 夏。**―ウール** ウ〈summer wool〉名（和製英語）夏服用の薄く織ったウール地。**―コート** コ〈summer coat〉名 婦人用の地のうすい夏がいとう。夏 **―スクール** ク〈summer school〉名 夏期学校。夏期講習。夏 **―タイム** タ〈summer time〉名 夏の間だけ時計の針を一時間すすめて、朝の時間を有効に使うやり方。夏時間。夏 **―ハウス** ハ〈summer house〉名 避暑地などにある別荘。夏

さま-かた【様方】接尾（手紙のあて名で「方」に「様」を加えた語）あて名人が同居する他人の名にそえることば。⇩気付きづけ 参考。

さま-がわり ガ【様変(わ)り】―がはり 名 様子・情勢が変わること。特に、取引市場で相場の動きが急に変わること。

さま-さま【様様】接尾（「さま」を重ねた語）その存在が自分にとって、とてもありがたいという気持ちをあらわす語。「大学近くの商店街では学生―だろう」

さま-ざま マ1【さまざま・様様】形動(の) ダロ―ダッ・デ・ニ―ダ―ナ―ナラ―○ 物事が多くの異なる状態を示すようす。種類が多いようす。いろいろ。種種。「―な服装の女性」「人―の考え方」参考「さまざま」は、ひとつひとつが異なることに重点を置いた言い方で、「いろいろ」は数の多さに中心がある。「いろいろお世話になりました」のような言い方は、「さまざま」にはない。

さま・す マ【冷ます】他五 サ・ソ―シ―ス―ス―セ―セ ❶熱かったものの温度を下げる。ひやす。「湯を―」❷高ぶっていた気持ちを冷静にさせる。「興奮を―」「興を―」参考「さます」は「ひやす」に比べて、もとの温度が高い場合に使う。熱湯は「ひやす」より「さます」が普通。**冷ませる** 自下一〔…できる〕

さま・す マ【覚(ま)す】【▲醒す】他五 サ・ソ―シ―ス―ス―セ―セ ❶眠りからさめるようにする。「目を―」❷心の迷いをとく。「邪教の迷いを―」❸酒などの酔いやほとぼりをなくする。**覚ませる** 自下一〔…できる〕

さまた・げる ゲ【妨げる】他下一 ゲ―ゲ―ゲル―ゲル―ゲレ―ゲロ・ゲヨ じゃまをする。**妨げ** 名 **さまた・ぐ** 文語下二

さ-まつ ◎【×瑣末・×些末】形動 ダロ―ダッ・デ・ニ―ダ―ナ―ナラ―○ 重要でないようす。わずか。「―な現象」

さ-まで サ 副〔文章語〕それほど。そんなに。さほど。「―むずかしい問題ではない」

さ-まよ・う ヨ【さ迷う】【×彷×徨う】―まよふ 自五 ワ・オ―イ・ッ―ウ―ウ―エ―エ（「さ」は接頭語）あてどなく歩きまわる。さすらう。

サマリー サ〈summary〉名 文章や発言を短くまとめたもの。要約。

さみし・い シ【×淋しい・▲寂しい】形 カロ―カッ・ク―イ―イ―ケレ―○ ⬇さびしい。

さみ-せん ◎【▲三味線】名 ⬇しゃみせん。

さみだれ ◎【五月雨】名 陰暦五月の雨。つゆ。梅雨。夏

サミット サ〈summit〉名（頂上の意）各国の最高首脳会議。特に日本を含む主要国の首脳会議。

さ-みどり ミ【さ緑】名〔文章語〕（「さ」は接頭語）若草や若葉の緑色。

さむ・い ム【寒い】形 カロ―カッ・ク―イ―イ―ケレ―○ ❶ここちよさの程度をこえるほどに気温が低い。「―朝」↕暑い。❷（ふつう「お寒い」の形で）貧弱である。粗末だ。「お―空調設備」❸お金がとぼしい。「ふところが―」↕暖かい。❹〔俗語〕しゃれが通じなくて白けたふんいきになる。**寒がる** 自五 **寒げ** 形動 **さむ・し** 文語ク

さむ-え ム【作務▲衣】名 上着は和服形で筒そで、下はズボン形の木綿や麻の家庭着。禅僧が清掃作業に着用。

さむ-け ケ【寒気】名 ❶寒さ。❷病気のために、からだにいやな寒さを感じること。悪寒おかん。「―がする」**―立だつ** ダ 自五 ❶寒さを感じる。❷おそろしく感じてぞっとする。

サムゲ-タン ゲ【朝▲参▲鶏▲湯】名 朝鮮料理で、鶏の腹にもち米・朝鮮にんじん・なつめなどをつめて煮込んだもの。

さむ-さ サ1【寒さ】名 ↕暑さ。❶寒いこと。寒い度合い。❷冬ごろの寒い季節。冬「―を越す」

さむ-ざむ ザ【寒寒】(と)副 自サ ❶ひどく寒そうなようす。「―とした冬空」❷殺風景なようす。「―としたあき家」

さむざむ-し・い シ【寒々しい】形 カロ―カッ・ク―イ―イ―ケレ―○ ❶とても寒そうである。「―冬の朝」❷何もなくて殺風景である。「―部屋」**寒々しさ** 名

さ-むしろ【▲狭×筵】名〔古語〕❶せまいむしろ。❷（「さ」は接頭語）むしろ。「きりぎりす鳴くや霜夜のさむしろに衣片敷きひとりかも寝む」〈新古今・百人一首〉

さむ-ぞら ソ【寒空】名 ❶冬のさむざむとした空。❷冬の寒い時候。冬「この―にどこをうろついていることか」

サム-ターン タ〈thumb turn〉名 ドアに取りつけられたシリンダー錠を内側から開閉するためのつまみ。

サムネイル ネ〈thumbnail〉＝**サムネール** 名 コンピューターで、画像や文書のファイルのイメージを縮小して一覧表示したもの。サムネ。

さむらい ◎【侍】【▲武▲士】さむらひ 名 ❶武士。❷公家くげにつかえ、雑務をとった者。❸〔俗語〕なかなかの人物。「彼は相当な―だ」

さむらい-だいしょう ダ【侍大将】さむらひ― 名 ❶侍で、大将軍の下にあって一軍をひきいるもの。❷室町むろまち時代以後、侍一組をさしずしたもの。

さむらい-どころ ド【侍所】さむらひ― 名 ❶院・親王しんのう・摂関せっかん家などで、その家の事務をつかさどった所。❷鎌倉かまくら・室町むろまち幕府の役所。御家人統制のため設置され、裁判・軍事などを担当した。

さむら・う ラ【▲侍ふ】さむらふ 自四〔古語〕⬇さぶらう。

さめ ◎【×鮫】名 サメ目の軟骨魚の総称。種類が多く、ほとんどは海にすむ。体形は紡錘形。ひれと肉は食用にし、皮も使われる。ふか。冬

さめ-ざめ ザ (と)副 ひどくなみだを流して泣くようす。

さめ-はだ ◎【さめ肌】【×鮫肌・×鮫▲膚】名 さめの皮のようにざらざらしたはだ。

さめ-やら-ぬ【覚めやらぬ】【▲醒め▲遣らぬ】連語 まだ完全には覚めていない。「―興奮」

さ・める メ【冷める】自下一 メ―メ―メル―メル―メレ―メロ・メヨ ❶高かった温度が下がる。「スープが―」❷高ぶっていた感情が静まる。「興奮が―」**さ・む** 文語下二

さ・める メ【覚める】【▲醒める】自下一 メ―メ―メル―メル―メレ―メロ・メヨ ❶眠りからおきる。❷心の迷いがはれる。❸酒の酔いがなくなる。**さ・む** 文語下二

さ・める メ【×褪める】自下一 メ―メ―メル―メル―メレ―メロ・メヨ 色が失われ、うすくなる。はげる。あせる。**さ・む** 文語下二

さ-も サ 副 ❶〔文章語〕そのようにも。そうも。「―あろう」❷いかにも。まるで。「―自分がほめられたかのようだ」「―彼がやったみたいだ」参考 下に、「ようだ」「みたいだ」という言い方がくることが多い。「さも…そうだ」の「…」に形容詞の語幹がはいる言い方もある。

サモア《Samoa》南太平洋、ポリネシアのサモア諸島にあ

る立憲君主国。英連邦の一員。一九六二年、西サモアとして独立。一九九七年、国名をサモア独立国と改称。首都はアピア。

さ-も-あら-ば-あれ【▲遮×莫】連語〔古語〕それならそれでしかたがない。どうにでもなれ。ままよ。「思ふには忍ぶることぞ負けにける逢ふにしかへば(アナタトオ逢イスルコトト引キ換エナラバ)さもあらばあれ」〈伊勢〉

さ-も-あり-なん 連語〔「なん」は文語推量の複合助動詞〕そうでもあろう。もっともである。「—と同情する」

さ-も-ある-べき 連語 いかにも、そうありそうな。「—こと」

さもし・い シ 形 カロ-カッ・ク-イ-イ-ケレ-〇 心がきたなく、いやしい。あさましい。「人をおとしいれようなどという—考え」 **さもしげ** 形動 **さもしさ** 名 **さも・し** 文語シク

さ-も-そうず 連語〔古語〕❶〔「さもさぶらはず」の略〕そうでもありません。とんでもない。「さもさうず、入道殿こそ過分のことをば宣へば」〈平家〉❷〔「さもさうらはんず」の略〕いかにもそうでしょう。「『喜ばせんがためにて候ふぞ』と言ひければ、さもさうずと申す」〈義経記〉

ざ-もち ⓪【座持ち】名 一座のとりもち。その座に、おもしろみをそえること。「—がうまい」

ざ-もと ト【座元】名 興行主。

さ-も-ない-と 連語 そうでないと。

さ-も-なけれ-ば 連語 もし、そうでなければ。さもないと。

さもら・う【▲候ふ・▲侍ふ】自四〔古語〕「さぶらふ」の古い形。奈良時代の語。⇩さぶらう。

サモワール ワ〈ロ samovar〉名 ロシア特有の、茶を飲むために使う湯わかし器。

サモワール

さ-もん ⓪【査問】名 他サ 事件の関係者を呼んで、しらべたずねること。「—委員会」

さや サ【×莢】名 マメ科植物などの実がはいっている殻。

さや サ【×鞘】名 ❶刀剣の身を入れるつつ。⇩太刀(図)。❷筆・鉛筆の先にかぶせるつつ。❸堂・くらなどをまもるための外がこいの建物。さや堂。❹ある相場と他の相場とのちがい。売値と買値との値段のちがい。「—をかせぐ」

さや-あて ⓪【さや当て】【×鞘当】名 ❶昔、武士がすれちがいざまに、たがいの刀のさやがふれたのをとがめだてしたこと。❷ひとりの女性を手にいれようと、ふたりの男性があらそうこと。「恋の—」

さや-いんげん イ【さや隠元】【×莢隠元】名 豆が熟さないうちに、さやごと食べるいんげん。㊇夏

さや-えんどう エ【×莢×豌豆】名 豆が熟さないうちに、さやごと食べるえんどう。㊇夏

さや-か サ【▲清か】形動 ダロ-ダッ・デ-ニ ダ-ナ-ナラ-〇 はっきりしてきよらかなようす。「—な月の光」

さや・ぐ 自四〔古語〕❶〔木や竹などの葉が〕風に吹かれてざわざわと音をたてる。「笹の葉のさやぐ霜夜を」〈古今〉❷騒動が起こる。乱れる。「葦原の中つ国はいたくさやぎてありなり」〈古事記〉

ざ-やく ⓪【座薬】【×坐薬】名 肛門などに入れるくすり。

さやけ-さ【▲清けさ】名〔古語〕きよらかですんでいること。

さやけ・し【▲清けし】形ク〔古語〕❶はっきりしている。あかるい。「星の光ばかり、さやけく」〈源氏〉❷きよらかである。「山河のさやけき見れば」〈万葉〉

さや-さや サ1 (と)副 物が軽くふれ合って立てる音をあらわす語。「木の葉が—と鳴る」

さや-どう ⓪【さや堂】【×鞘堂】名 堂をまもるための、外がこいの建物。さや。

さや-とり ⓪/ヤ【さや取(り)】【×鞘取】名〔経〕株などの売値と買値との差をもうけるための取引。さや取引。

さやばし・る シ【さや走る】【×鞘走る】自五 ラ・ロ-リ・ッ-ル-ル-レ-レ ❶刀身がさやからしぜんに出る。❷出すぎたことをする。

さや-まき ヤ【さや巻き】【×鞘巻】名 つばのない短刀。

さ-ゆ サ【▲白湯】名 何もまぜない、飲用の湯。

さ-ゆう サ【左右】㊀名 ❶みぎとひだり。みぎやひだり。❷そば。かたわら。側近。「—に気をくばる」❸態度をあいまいにすること。「言を—にする」㊁名 他サ 物事を思うようにする。支配する。「運命を—する事件」 **—相称** サ 名 左右の各部分がたがいにひとしい関係にあること。シンメトリー。

ざ-ゆう ⓪【座右】名 ❶身ぢか。身辺。ざう。❷〔文章語〕手紙のわき付けのことば。⇩わき付け 参考。 **—の銘** 身ぢかに記しておいて、戒めとすることばや文。

さ-ゆり ⓪【▲小▲百▲合】名〔文章語〕〔「さ」は接頭語〕ゆり。㊇夏

さ-よ サ【▲小夜】名〔文章語〕〔「さ」は接頭語〕よる。 **—嵐** ア 名〔文章語〕夜のあらし。 **—曲** ヨ 名 ⇒セレナード。 **—時雨** シ 名〔文章語〕よる降るしぐれ。㊇冬 **—千鳥** チ 名〔文章語〕よる鳴くちどり。㊇冬

さ-よう サ【作用】名 自サ あるものの働きが他のものに影響をおよぼすこと。また、その働き。 **—点** ヨ 名〔物〕ここで、動かそうとする物の重さのかかる点。↔支点・力点。

さ-よう ⓪【さよう】【▲然様・左様】㊀名 副 形動 そのよう。そのとおり。「—なことは存じません」⇩そう 参考。㊁感 そうだ。「—、わたしのものです」 **—▲然らば** かたくるしいことばづかいのこと。「—で話す人だ」

さよう-なら ナ/ラ【▲然(左)様なら】あいさつ〔「さようならば」から〕わかれるときのあいさつの語。さよなら。

さよう-なら-ば【▲然(左)様ならば】連語〔文章語〕そうであるならば。それならば。それでは。

さ-よく サ【左翼】名 ↕右翼。❶左のつばさ。❷軍の陣形・座席・建物などの左の部分。❸急進的・社会主義的・共産主義的な思想傾向。また、その団体・人。参考 フランス議会で急進的な党派が、左方の席にいたことから。❹野球で、本塁から向かって左側の外野。また、そこを守る人。レフト。

ざ-よく ⓪【座浴】【×坐浴】名 腰から下だけ湯につかること。腰湯。

さ-よなら ナ/ラ あいさつ さようなら。

さより ⓪【▲細▲魚・▲針▲魚・×鱵】名 サヨリ科の海水魚。沿岸にすむ。体長約四〇センチメートル。青緑色で、下あごが長くとがっている。食用。㊇春

サラ 造 ❶サラリー。「安—」❷サラリーマン。「脱—」

さら ⓪【皿】名 ❶あさくてひらたい食器・容器。❷皿にもって出す料理。❸皿に似た形のもの。「ひざの—」

さら サ【新】名 あたらしいこと・もの。「—湯」

さ-ら サ【×娑羅・沙羅】名 ❶ツバキ科の落葉高木。ナツツバキの異名。❷さらそうじゅ。＝しゃら。 **—双樹** ソ 名 フタバガキ科の常緑高木。インド原産。花はうす黄色で、小さい。釈迦は、四方に二本ずつある娑羅樹(すなわち娑羅双樹)の林の中で入滅したという。

さらそうじゅ

さら【更】なり形動〔古語〕いうまでもない。もちろんだ。「夏は夜、月のころはさらなり」〈枕〉

ざら ⓪ 形動 ダロ-ダッ・デ-ニ ダ-ナ-ナラ-〇 多くあって、めずらしくないようす。「—にある」

さら-あらい ア【皿洗い】あらひ— 名 よごれた皿を洗うこと、また、人。特に、レストランなどでそれを仕事にする人。

さら-い【再来】造 次の次の。「—年」「—週」

さら・う ◎【×浚う】さら 他五 ワ・オイ・ッ ウ・ウ・エ・エ ❶みぞや井戸の底の土砂をとる。さらえる。❷すっかりかたづける。

さら・う ◎【×攫う】さら 他五 ワ・オイ・ッ ウ・ウ・エ・エ ❶すきをみて、うばいさる。「とんびが油あげを—」❷すっかり持ちさる。「人気を—」

さら・う ◎【▲復▲習う】ふさら 他五 ワ・オイ・ッ ウ・ウ・エ・エ くりかえしならう。復習する。**さらえる** 自下一 […できる]

さら-うどん ウ【皿うどん】【皿×饂×飩】名 長崎の郷土料理。揚げたりいためたりした麺を皿に盛り、肉・野菜・魚介類をいためたものを水溶き片栗粉とからめてあんにし、これを上にかけた食べ物。

さら・える ◎【×浚える】さらへる 他下一 エ・エ・エル・エル・エレ・エロ・エヨ ➡さらう。**さら・ふ** 文語ハ下二

ざら-がみ ◎【ざら紙】名 ざらざらした良質でない紙。わら半紙。

サラ-きん ◎【サラ金】名 (「サラリーマン金融」の略)一般の利用者に対して、無担保で高利の金を融資する信用貸し付け。

さらけ-だ・す ダ【さらけ出す】他五 サ・ソ・シ・ス・ス・セ・セ すっかりあらわす。ありのままに言う。「恥を—」

サラサ サ〈ポ saraça〉【更×紗】名 人物・花鳥・幾何(きか)模様(もよう)などをおしぞめした綿布。

さら-さら ◎【さらさら】【更更】副 ❶少しも。決して。さらに。「—苦労とは思わない」参考 下に打ち消しの語がくる。❷古語 いっそう。ますます。「多摩川にさらす手作り(多摩川ノ水ニサラス手作リノ布デハナイガ)さらさらに何ぞこの児(こ)のここだ愛(かな)しき(コンナニモイトシイノカ)」〈万葉〉

さら-さら サ ㊀(と)副 自サ しめりけや、ねばりけのないようす。「—した土」↔べとべと・ねばねば。㊁(と)副 ❶水・砂などが、軽快に流れるようす。「砂が—とこぼれる」❷紙や布などが物にふれてかすかにたてる音をあらわす語。

ざら-ざら ザ ㊀(と)副 自サ 表面にこまかい凹凸があったり、砂などが付いたりして、さわった感じがなめらかでないようす。「—した肌」㊁(と)副 小石などがたがいに触れあって落ちる音をあらわす語。

さらし ◎【×晒し】名 ❶さらすこと。さらしたもの。❷さらしもめん。夏 ❸江戸時代、罪人を市中でみせものにした刑罰。❹さらし首。

さらし-あめ シ【×晒×飴】名 水あめのまじり物や水分を少なくして色を白くしたあめ。

さらし-あん ◎【×晒×餡】名 なまのこしあんを日にさらしてかわかした、こなのあん。ほしあん。

さらし-くじら ク【さらし鯨】【×晒鯨】くぢら 名 くじらの尾のあぶら身をゆでて脂肪をぬき、水でさらして白くした食品。夏

さらし-くび シ【さらし首】【×晒首】名 江戸時代、罪人の首を獄門にさらして世人に見せたこと。また、その首。

さらし-こ ◎【さらし粉】【×晒粉】名 ❶水にさらした米のこな。❷消石灰に塩素を吸収させてつくる白いこな。漂白・消毒用。クロールカルキ。

さらしなにっき《更級日記》平安時代後期の日記。菅原孝標女(すがわらのたかすえのむすめ)の作。少女時代から五十歳すぎまでの半生を振り返ったもの。

さらし-もの ◎【さらし者】【×晒者】名 ❶「さらし❸」の刑にされた罪人。❷多くの人に嘲笑(ちょうしょう)される人。人前で恥をかく人。「—になる」

さらし-もめん モ【さらし木綿】【×晒木綿】名 白くさらしたもめん。さらし。夏

さら・す ◎【×晒す・×曝す】他五 サ・ソ・シ・ス・ス・セ・セ ❶日光にあてる。❷雨風にあてる。❸水であらったり日に当てたり薬をつかったりして白くする。「布を—」❹人々の目にひろく見せる。「恥を—」❺さらしの刑にする。**さらせる** 自下一 […できる]

さら-ず【▲然らず】連語 古語 (「さあらず」の変化)そうではない。「聖法師の交じりて、言ひ入れ、たたずみたるこそ、さらずともみゆれ」〈徒然〉

さら-ずは【▲然らずは】ワ— 連語 古語 (「さあらずは」の変化)そうでなければ。「都の外(ほか)へ出(い)だざるるか、さらずは命を召さるるか」〈平家〉

サラセン《Saracen》❶アラビア人。❷中世のヨーロッパにおけるイスラム教徒の総称。—**帝国**(ていこく) イスラム教徒が西アジアを中心に建設した諸帝国の総称。イスラム帝国。

サラダ サ〈salad〉名 生野菜を主にし、肉・くだものなどをまぜて酢と油などであえたもの。—**オイル** オ〈salad oil〉名 サラダなどに使う精製度の高い植物性油。サラダ油。—**菜**(な) ◎ ダ 名 サラダに使う菜。レタスの一種。ちしゃ。—**ボウル** ボ〈salad bowl〉名 サラダをまぜ合わせるための底の深い鉢。—**油**(ゆ) ダ 名 サラダオイル。

さら-ち ◎【更地】【▲新地】名 ❶手いれをしない土地。❷地上に建物などのないあき地。

ざら-つ・く ◎ 自五 カ・コ・キ・イ・ク・ク・ケ・ケ ざらざらする。

さらっ-と ラ 副 自サ ➡さらりと。

さら-で-だに【▲然らでだに】連語 古語 (「さあらでだに」の変化)そうでなくてさえ。「さらでだにあやしきほどの夕暮れに(不思議ナクライ人恋シイ夕暮レニ)荻(をぎ)吹く風の音ぞ聞こゆる」〈後拾遺〉

さら-で-も【▲然らでも】連語 古語 (「さあらでも」の変化)そうでなくても。「霜のいと白き(朝)も、またさらでもいと寒きに」〈枕〉

さら-なる サ【更なる】連体 これまで以上の。ますますの。「—進化」「—努力」

さら-に サ【更に】副 ❶かさねて。その上に。❷ますます。いっそう。「風は—ひどくなった」❸少しも。けっして。「—異存はない」参考 ❸は下に打ち消しの語がくる。—**も言**(い)**わず** かさねて言う必要はない。無論だ。

さら-ぬ ラ【▲然らぬ】連体 (「さあらぬ」の変化)❶古語 そうでない。それ以外の。「鳥辺野(とりべの)、舟岡(ふなおか)、さらぬ野山にも」〈徒然〉❷なんでもない。平気な。「—顔」—**だに** 古語 そうでなくてさえ。「さらぬだに秋の旅寝は悲しきに」〈新古今〉—**体**(てい) なんでもないようす。「—をよそおう」

さら-ぬ【▲避らぬ】連語 古語 (「さら」は動詞「避る」の未然形)さけられない。—**別**(わか)**れ** 死別。「世の中にさらぬ別れの無くもがな千世もと祈る人の子のため」〈伊勢〉

さら-ば【▲然らば】(「さあらば」の変化)㊀ サ 感 あいさつ 文章語「さようなら」の意の古めかしい言い方。「武器よ—」㊁ 接続 古語 (順接・仮定条件)❶それならば。それでは。「さらば、さるよしをこそ奏し侍らめ」〈源氏〉❷(逆接・確定条件。あとに打ち消しをともなう)それなのに。しかし。「法皇さらばしかるべき(ソレニフサワシイ)武士には仰せで」〈平家〉

さら-ばかり バ【皿ばかり】【皿×秤】名 ❶品物をのせるさらのある計量器。↔さおばかり。❷てんびん。

サラファン サ〈ロ sarafan〉名 ロシアの女性が着る民族衣装。袖がなく、ジャンパースカートふうのもの。

サラファン

サラブレッド レ〈thoroughbred〉名 ❶〔純血種の意〕イギリス産の馬にアラビア系の馬を配してつくりあげた馬の品種。競走用。❷ある分野で名門やすぐれた系列に属する人のたとえ。「政界の―」

さら-まわし マ【皿回し】【皿×廻し】(まはし) 名 さらを、棒などの先でまわす曲芸。

サラミ サ〈イ salami〉名 牛やぶたの肉を薫製(くんせい)にして、にんにくなどで風味をつけたイタリアふうのソーセージ。

ざら-め 0【ざら目】【▲粗目】名 結晶のあらい砂糖。

さら-ゆ 0【さら湯】【▲新湯】名 わかしたてで、まだだれも入っていないふろの湯。

サラリー サ〈salary〉名 給料。賃金。 **―マン** リ〈salary man〉名 給料で生活する人。月給とり。参考 和製英語とする説があるが、英語では十九世紀の使用例がある。

さらり-と ラ 副 自サ ❶こだわりなく。さっぱりと。「うらみを―水にながす」❷渋滞なく。故障なく。「―ぶじに通過する」❸感触がすべすべしているようす。「―したはだざわり」‖さらっと。

サラン サ〈Saran〉名〔商標名〕合成繊維の一つ。燃えにくくじょうぶで、さまざまな用途に用いられる。

さ・り 自ラ変〔古語〕〔「さあり」の変化〕❶そのようである。そうである。「京に思ふ人なきにしもあらず。さる折しも」〈伊勢〉❷〔うけこたえのことば〕そうだ。「『おい(アア)、さり。おい。さり』とうなづきて」〈源氏〉

ざ-り 0【▲砂利】名 ➡じゃり。

ざり 助動 (ザラ|ザリ|○|ザル|ザレ|(ザレ))〔古語〕〔「ずあり」の変化。終止形は用いない〕動作・状態を打ち消す。…ぬ。…ない。「ただ人にはあらざりけりとおぼして」〈竹取〉

サリー サ〈sari〉名〔もとはヒンディー語〕インドの女性が用いる衣服。細長い布で、胸・腰にまきつけ、残りを肩・頭からたらす。

さり-がたし【去り難し・▲避り難し】連語〔古語〕❶さけられない。「さりがたく心にかからん事」〈徒然〉❷すてておけない。「(社交上ノ儀礼ハ)いづれの事か、さりがたからぬ」〈徒然〉❸はなれられない。

ざり-がに 0【×蜊×蛄】名 かにのようなはさみをもつ、淡水産のえび。アメリカ産の種類のものは、関東地方を中心に広く分布し、稲作に害をなす。えびがに。

さりげ-な・い 一 ナ 形 (カロ|カッ・ク|イ|イ|ケレ|○) あっさりとしていて、わざとらしさがない。自然で、なにげない。「―心づかい」 **さりげなさ** 名 **さりげな・し** 文語ク 二 形ク〔古語〕〔「さりげ」は「さありげ」の変化。そうであるようすの意〕そのようなけはいがない。平気だ。「こころぐるしければ、さりげなく紛らはして」〈源氏〉

さり-じょう 0【去り状】名〔文章語〕縁を切るてがみ。離縁状。

サリチル-さん 0【サリチル酸】名 無色の結晶。医薬・防腐剤・染料・香料用。サルチルさん。

さり-とて サ【▲然りとて】接続〔「さありとて」の変化〕そうだといって。だからといって。「―知らないともいえない」

さり-とは サ【▲然りとは】(トワ) 接続〔「さありとは」の変化〕❶そうとは。それは。「―つらいことだ」❷それはまた。「―ひどい話だ」

サリドマイド マ〈thalidomide〉名 催眠薬の一種。妊娠初期にのむと胎児の奇形の原因になることがわかり、一時、製造・販売が禁止されていた。

さり-とも サ【▲然りとも】接続〔「さありとも」の変化〕❶〔文章語〕そうだとしても。それでも。❷〔古語〕よもや。まさか。「さりとも知らぬやうあらじ」〈枕〉

さり-ながら サ/ナ【▲然りながら】接続〔文章語〕〔「さありながら」の変化〕そうではあるが。しかしながら。

さり-ぬ-べし【▲然りぬべし】連語〔古語〕〔「さありぬべし」の変化〕❶適当である。そうしてもよい。「これに候ふ巻物のうちに、さりぬべき(勅撰集ノ歌トシテ適当ナ)もの候はば」〈平家〉❷りっぱだ。相当だ。「なほ(ヤハリ)さりぬべからむ人の娘などは、さしまじらはせ(宮仕エヲサセ)」〈枕〉

さ-りょう 0【茶寮】名 ❶茶室。❷料理店・喫茶店の名に添えて使う。

サリン サ〈ド Sarin〉名〔開発者の頭文字から〕有機リン化合物で、無色無臭の液体。毒性が強く、神経機能を破壊する。

さる サ【▲申】名 ❶十二支の第九番め。⇩十干(表)。❷〔古語〕方角について西南西を、時刻について午後四時、またその前後二時間を、また一説に午後四時からの二時間をいう。⇩方位(図)・時(図)。

さる サ【猿】名 ❶哺乳(ほにゅう)類霊長目のヒト科をのぞいた動物の総称。ヒトにもっとも似た動物で、群れをなしてすむ。❷ずるくて小才のきく者のこと。❸雨戸の上下につけ、かもい・しきいの穴にさしこみ、戸じまりをするもの。❹自在かぎをつるす竹にとりつけて、自在かぎをとめるもの。 **―も木(き)から落(お)ちる** その道にすぐれた者でも、時には失敗することがある。弘法(こうぼう)にも筆のあやまり。

さ・る サ【去る】(ラ・ロ|リ・ッ|ル|ル|レ|レ) 一 自五 ❶はなれて行く。「故郷を―」❷時が過ぎてゆく。「夏が―」❸過去にさかのぼる。「今を―三年前」❹距離がへだたる。「町を―こと五キロ」❺なくなる。「痛みが―」❻死ぬ。「この世を―」 二 他五 ❶離別する。「妻を―」❷とおざける。「人を去って密談する」 **―者(もの)は追(お)わず** 去って行くものは、むりにとめない。「―来たる者はこばまず」 **―者(もの)は日日(ひび)に疎(うと)し** ❶死んだ人は日がたつにつれてわすれられる。❷したしかったものも、はなれてしまうとしだいに親しみがうすくなる。

さる サ【去る】連体 すぎさった。「―十五日」⇔きたる。

さる サ【▲然る】連体〔文章語〕❶そのような。❷ある。「―人のはなし」❸〔古語〕かなりの。それ相応の。「別当入道、さる人にて(ナカナカノ人物デ)」〈徒然〉

ざる ル【×笊】名 ❶竹・針金・ビニールなどでつくった、細かい目のある器。❷〔水を切るために使うことから〕漏れや抜けの多いことのたとえ。「―法」「―碁(ご)」❸ざるそば。

ざ・る【▲戯る】自下二〔古語〕➡ざれる一。

さる-おがせ オ【猿▲麻×桛】(がせ) 名 深山の樹木に寄生してたれさがる、地衣類の一種。さがりごけ。

さる-がく 0【猿楽】【▲散楽・▲申楽】名 古代の雑芸。こっけいなものまね・曲芸・奇術などの総称。後世の能・狂言のもと。

さる-ぐつわ グ【猿ぐつわ】【猿×轡】名 声をたてさせないために口にかませ、後頭部へまわしてしばるもの。「―をかませる」

ざる-ご 0【ざる碁】【×笊碁】名 へたな碁。

さる-ごう【猿▲楽】(がう) 名〔古語〕❶さるがく。❷おどけること。たわむれ。「口ひき垂れて、知らぬことよとて、さるがうしかくるに」〈枕〉 **―言(ごと)** 名〔古語〕こっけいなことば。じょうだん。「日一日、ただ、さるがうごとをのみして分子ほどに」〈枕〉

サルコペニア ペ〈sarcopenia〉名 加齢や病気によって筋肉量が減り、筋力・身体能力が低下すること。筋肉減弱症。

サルサ サー〈ス salsa〉名 ❶キューバの民族音楽を起源としたラテン音楽。また、そのダンス。一九六〇年代から七〇年代にかけてアメリカで流行した。❷メキシコ料理などで、トマト・とうがらし・たまねぎなどから作るソース。サルサソース。

さる-しばい シ【猿芝居】名 ❶さるにしばいのまねをさせること。❷へたなたくらみ、あさはかな企てをあざわらって言うことば。「彼のやることは―だ」

さる-すべり ス【百日紅】名 ミソハギ科の落葉高木。夏、紅・白色の小花を円錐状に開く。ひゃくじつこう。夏 参考 幹がなめらかで、さるもすべるという意。「百日紅」と書くのは、花が長く咲くことから。

ざる-そば ０【×笊×蕎麦】名 ざる・せいろなどに盛ったそば。ざる。参考 現在は、それに細かくちぎったやきのりをふりかけたものをも言う。

サルタン サ〈sultan〉名 ⇩スルタン。

さる-ぢえ ０【猿知恵】名 こざかしい知恵。あさはかな知恵。

サルチル-さん ０【サルチル酸】名 ⇩サリチルさん。

さる-ど ル【猿戸】名 ❶庭の入り口の簡単な木戸。❷内側にとりつけた横木を、柱の穴にさし込んでしめるしくみの戸。

さるの-こしかけ サ【猿の腰掛】名 サルノコシカケ科の菌類。木に寄生するかたいきのこ。木材をくさらせる。秋

サルバルサン ０〈ド Salvarsan〉名〔商標名〕砒素化合物で、梅毒のくすり。参考 現在は使用されない。発見者の試薬中、第六〇六号として発見されたことから「六〇六号」ともいう。

サルビア ０〈salvia〉名 ❶シソ科の多年生植物。秋、濃い朱色の花を穂の形に開く。観賞用。べにばなサルビア。夏 ❷シソ科の多年生植物。夏、紫色などの花が咲く。葉は薬用、香辛料。セージ。夏

さる-ひき ル【猿引(き)】【猿×曳】名 さるまわし。新年

サルファ-ざい ファ【サルファ剤】名〈sulfa drug の訳語〉スルファニールアミド化合物をふくむ合成化学薬品。肺炎・化のう性疾患など、細菌性感染疾患に有効な医薬。スルファ剤。スルフォンアミド。スルファミン。

さるのこしかけ

サルビア❶

サルベージ ベ〈salvage〉名 ❶海難救助。❷沈没船のひきあげ作業。

ざる-べ-からず 連語〔文章語〕〔二重否定で、意味を強める〕…なければならない。「さらに努力せ―」「行か―」

さる-べき【然るべき】連語〔古語〕〔「さあるべき」の変化〕❶しかるべき。ちゃんとした。りっぱな。「さるべき人は、疾うより(早クカラ)御心魂の猛く」〈大鏡〉❷当然である。そうあるべきだ。「さるべき日ばかり詣でつつ」〈徒然〉

ざる-ほう ０【ざる法】【×笊法】名 ざるの目のように粗く、抜け道がたくさんある不備な法律。

さる-ほどに【然る程に】連語〔古語〕〔「さあるほどに」の変化〕❶そうしているうちに。やがて。「さるほどに、寿永二年になりにけり」〈平家〉❷さて。

さる-また ０【猿股】名 男性用の、半ズボンの形をした短い下着。

さる-まね ０【猿まね】【猿真×似】名 しっかりした考えもなしに他人をまねること。うわべだけをまねること。

さる-まわし マ【猿回し】【猿×廻し】名 さるに芸をさせて見せ物にする人。また、その芸。さるひき。新年

さるみの《猿蓑》江戸時代前期の俳諧の選集。去来・凡兆編。芭蕉の俳諧七部集の一つ。蕉風円熟期の代表的選集。

さる-めん ０【猿面】名 ❶さるのような顔。❷さるの顔にかたどった仮面。**―冠者** カ 名 ❶さるの顔に似た若者。❷豊臣秀吉のあだな。

サルモネラ-きん ０【サルモネラ菌】名 腸チフス・パラチフス・食中毒の原因となる病原菌の総称。桿菌の一種で、ねずみによってはこばれることが多い。

さる-もの【然る者】㊀連語〔古語〕そのような者。ある人。㊁サ 名 相当の者。「敵も―」

さる-わか ０【猿若】名 江戸時代初期、中村勘三郎のはじめた、こっけいなしぐさの歌舞伎。猿若狂言。

ざる-を-え-ない【ざるを得ない】連語〔動詞未然形に付く〕しないわけにはいかない。「豪雨のため先に進むことは断念せ―」

ざ-れい ０【座礼】【×坐礼】名 すわっていてするおじぎ。⇔立礼。

ざれ-うた レ【ざれ歌】【戯歌】名 こっけいな歌。狂歌。

ざれ-え レ【ざれ絵】【戯絵】名 ❶こっけいな絵。❷まんが。❸略画。

ざれ-がき ０【ざれ書き】【戯書き】名 たわむれに書いた文章や書画。

されき ０【砂×礫】名〔文章語〕すなと小石。しゃれき。

されこうべ コ【×髑×髏・×曝頭】名 風雨にさらされた、人のずがいこつ。しゃれこうべ。

ざれ-ごと ０【ざれ言】【戯言】名〔文章語〕じょうだんのことば。

ざれ-ごと ０【ざれ事】【戯事】名 ふざけてすること。

されど サ【然れど】接続〔文章語〕〔「さあれど」の変化〕そうであるが。しかし。

されば【然れば】〔文章語〕〔「さあれば」の変化〕㊀サ 接続 ❶〔古語〕だから。「さればなむ、かの翁、さらにここをめでて」〈伊勢〉❷〔古語〕それでは。さて。「されば、人の後世ほどさまざまなる物はなし」〈西鶴・織留〉❸〔古語〕そもそも。いったい。「さればこは何事ぞ」〈平家〉㊁感〔古語〕〔答えるときの語〕さあ。だからさ。**―こそ**〔古語〕そうだからこそ。思ったとおり。「さればこそ異物の皮なりけり」〈竹取〉

さ-れる ０ 自他下一〔「する」の未然形「さ」に「れる」が付いた「せられる」の変化した形とも、同じく未然形の「せ」に「られる」が付いた「される」が独立したものとも見られる〕❶「する」の尊敬語。なさる。「旅行はよくされますか」「何年に卒業されたのですか」参考 サ変動詞を構成する場合に「ご卒業された」のように「ご」を付けるのは謙譲形式の「ご…する」との混用で誤り。❷〔「…とされる」の形で〕一般にそのような理解がいきわたっている。「スコーンという菓子はスコットランドが発祥の地だと―」参考 このような表現は受け身の一用法だが、近代に発達した自然可能の用法である。形容動詞・名詞では「重要とされる」「発祥の地とされる」など「だ」「である」をつけない形で用いられることも多い。

ざ-れる【戯れる】㊀レ 自下一 たわむれる。ふざける。じゃれる。**ざ・る** 文語下二 ㊁ 自下二〔古語〕❶しゃれる。趣がある。「程なき(狭イ)庭に、ざれたる呉竹」〈源氏〉❷世なれる。気がきく。「帯刀とて、いとざれたるもの」〈落窪〉

サロン サ〈フ salon〉名 ❶客間。応接間。❷フランスなどの上流社会の社交的集会。また、集会の場所。❸美術展覧会。❹美容院、喫茶店、洋風の酒場などの店。

サロン サ〈マライ sarong〉名 東南アジア諸国の人々がつける筒形の腰に巻く衣料。

さ

さわ〔ワ〕【沢】さは 名 ❶草のはえている湿地。❷山あいの谷。

さ-わ〔サ〕【茶話】名〔文章語〕茶を飲みながらする話。ちゃのみばなし。ちゃわ。**―会**かい〔ワ〕〔0〕名 茶を飲み、菓子を食べながら気楽に話しあう会。

さわ【多】さは なり形動〔古語〕多く。たくさん。「国はしもさはにあれども」〈万葉〉

サワー〔サ〕〈sour〉名 焼酎しょうちゅう・ウイスキー・ジンなどにレモン、ライムなど酸味のある果汁や炭酸水を加えた飲み物。

ザワークラウト〔ラ〕〈ドSauerkraut〉＝**ザウアークラウト** 名 せん切りにしたキャベツを塩漬けにして発酵させた、酸味のあるドイツ料理。

さわがし・い【騒がしい】一〔シ〕形 カロ・カッ・ク／イ・イ・ケレ・○ ❶大きい物音や人声がして、そうぞうしい。❷おだやかでない。不穏だ。「―世の中」**騒がしさ** 名 **さわが・し** 文語シク 二 形シク〔古語〕身のまわりに用事が多い。忙しい。「いで、この御返りはさわがしくとも我せむ」〈源氏〉

さわが・す〔ガ〕【騒がす】他五 サ・ソ／シ／ス／ス／セ／セ やかましくする。みだれさす。うるさくする。さわがせる。「世間を―」

さわが・せる〔セ〕【騒がせる】他下一 セ／セ／セル／セル／セレ／セロ・セヨ ↓さわがす。

さわ-がに〔0〕【沢×蟹】さは 名 体長二、三センチメートルの小さなかに。谷川にすみ、つやのある紫かっ色の甲をもつ。食用。夏

さわぎ〔サ〕【騒ぎ】名 ❶さわぐこと。「大―」❷いそがしくてごたごたすること。とりこみ。「引っ越し―」❸騒動。騒乱。「反対派が―をおこす」❹そんな程度のこと。「痛いどころの―ではない」参考 ❹は、「…どころの」を受け、下に打ち消しの語がくる。

さわぎ-た・てる〔テ〕【騒ぎ立てる】自下一 テ／テ／テル／テル／テレ／テロ・テヨ あれこれ言いたてて大騒ぎする。

さわ・ぐ〔ワ〕【騒ぐ】自五 ガ・ゴ／ギ・イ／グ／グ／ゲ／ゲ ❶やかましくする。「飲んで―」❷おだやかでなくなる。みだれる。「胸が―」❸あわてる。「―な、落ちつけ」❹人々がもてはやす。評判にする。「マスコミが―」**騒げる** 自下一〔…できる〕

さわ-さわ〔サ〕さはさは (と)副 自サ 草の葉などをそよがせて、風がさわやかに吹くようす。「秋風が―と吹きわたる」

ざわ-ざわ〔ザ〕(と)副 自サ ❶たくさんの人が、話したり、動いたりして落ち着かないようす。「教室が―する」❷木や草などが大きな音をたててゆれるようす。

さわし-がき〔シ〕【×醂柿】さはし 名 しぶを抜いたかきの実み。たるがき。秋

さわ・す〔0〕〔ワ〕【×醂す】さはす 他五 サ・ソ／シ／ス／ス／セ／セ ❶かきの実みのしぶをとる。あわす。❷水にさらす。❸黒うるしをうすく、つやが出ないように塗る。

さわち-りょうり〔リョ〕【×皿×鉢料理】名 高知の郷土料理。大皿にさしみやすし・煮物などを盛り合わせたもの。さはちりょうり。

ざわ-つ・く〔0〕自五 カ・コ／キ・イ／ク／ク／ケ／ケ ❶ざわざわする。ざわめく。「観衆が―」❷落ち着かなくなる。「心が―」❸〔俗語〕(インターネットのSNSなどで)話題になる。「ツイッターをざわつかせる」**ざわつき** 名

さわ-に〔0〕【沢煮】さは 名 たっぷりの煮汁で煮たうす味の煮物。「―椀わん」

さわ-のぼり〔ノ〕【沢登り】さは 名 登山で、渓流にそって道のないところをのぼること。

さわ-べ〔0〕【沢辺】さは 名 沢のほとり。「―の景色」

ざわ-め・く〔×〕自五 カ・コ／キ・イ／ク／ク／ケ／ケ ざわざわする。動揺する。ざわつく。「会場が―」**ざわめき** 名

さわ-やか【爽やか】さは 一〔ワ〕形動 ダロ・ダッ・デ・ニ／ダ／ナ／ナラ／○ ❶気分がさっぱりするようす。秋「―に目覚める」❷声などが、はっきりして軽快なようす。「弁舌―」❸笑顔ではきはきと受けこたえをし、清潔感があるようす。「―な青年」**さわやかさ** 名 二 なり形動〔古語〕ものの形や色などがあざやかできれいなようす。「馬、物具まことにさはやかに、勢あって出で立たれたり」〈太平記〉

さわら〔0〕【×椹】さはら 名 ヒノキ科の常緑高木。樹皮は赤かっ色、葉はうろこ形。材は建具用。

さわら〔0〕【×鰆】さはら 名 サバ科の海水魚。春季に群集する。からだは細長く、背部は青緑色。食用。春

触さわらぬ神かみに×祟たたりなし こちらから手を出さなければ害を受ける心配もない。めんどうなことによけいな手出しをするなの意味。

さ-わらび〔ワ〕【早×蕨】名〔文章語〕(「さ」は接頭語)芽を出したばかりのわらび。春

さわり〔0〕【触り】さはり 名 ❶さわった感じ。人に接したときの感じ。「―のやわらかな人」❷浄瑠璃じょうるりで、曲中でいちばんの聞きどころ。転じて、講演などで、聞き手をもっとも感動させるところ。❸歌謡曲・ポップスなどで、いちばんの聞かせどころ。「―集」❹曲などの出だしの部分。参考 ❹は、最近の用法。❷❸❹は「さわり」と書く。

さわり〔0〕【障り】さはり 名 ❶さしつかえ。故障。「―がある」❷じゃま。「目ざわり」❸病気など、からだの故障。「お―もなくお過ごしですか」❹月経。「月の―」

さわ・る〔0〕【触る】さはる 自五 ラ・ロ／リ・ッ／ル／ル／レ／レ ❶体の一部と物とがくっつく。ふれる。接触する。㋐体の一部が軽く物にくっつく。手でふれる。「作品には触らないでください」㋑体の一部に物が軽くくっつく。「何か足に触った」❷かかわりをもつ。ふれる。「だれも触りたがらない問題」❸短所や欠点をつく。「あまり痛いところに―な」**さわれる** 自下一〔…できる〕

さわ・る〔0〕【障る】さはる 自五 ラ・ロ／リ・ッ／ル／ル／レ／レ よくない影響が出る。害になる。「風邪薬は空腹時に飲むとおなかに―」「気に―」「しゃくに―」

さ-わん〔サ〕【左腕】名 ❶ひだりうで。↔右腕。❷左腕投手。サウスポー。↔❶。

さん 接尾 (「さま」の変化)名前や役職について、軽い敬意をあらわす。「山田―」「課長―」参考 現代語では、もっとも標準的な呼び方。話しことばで、「さま」を使うのは、特にていねいな呼び方になる。近年、小学校では男女を問わず、教師から児童に対して、また、児童どうしで、「さん」づけで呼ぶことが多くなっている。

さん【山】造 接尾 ❶やま。「山上・山脈・山積・火山かざん・鉱山こうざん・登山とざん」「富士山・六甲山」❷寺。「山号・山門・開山かいさん・入山にゅうざん・本山ほんざん」「高野山こうやさん・比叡山ひえいざん」

さん【参】造 ❶まいる。もうでる。うかがう。「参勤・参詣さんけい・参上・参拝・墓参」❷あつまる。まじわる。くわわる。「参加・参列・帰参・古参」❸あずかる。関係する。「参謀・参与」❹くらべる。「参考・参照」❺「三」の大字。書類の数字の記入に用いる。「金参万円也」**参ずる** 自サ

さん【蚕】造 かいこ。「蚕糸・蚕食・育蚕・養蚕」

さん【惨】造 みじめ。むごい。いたましい。「惨禍・惨劇・惨状・陰惨・悲惨」〔別音ざん｜惨〕

さん【傘】造 かさ。「傘下・銀傘・落下傘」

さん【散】一 造 ❶ちる。ちらす。ちらかる。「散逸・散在・散漫・散乱・解散・発散」❷液体をふりまく。「散水・散布」参考「撒」の代用。❸自由な。気まま。「散策・散文・散歩」❹ひま。「閑散」二 造 接尾 こなぐすり。こなぐすりの名にそえることば。「散薬・胃散・実母散」

さん【×餐】造 食事。ごちそう。「加餐・素餐・晩餐」

さん【×纂】造 あつめる。まとめる。「編纂・類纂・論纂」

さん【×讃】造 ❶ほめる。たたえる。「讃嘆・讃美・賞讃・礼讃（らいさん）・和讃」❷絵に添える詩文。「画讃・自讃」❸「讃岐（さぬき）（旧国名）」の略。「讃州」

さん【×鑽】造 ❶穴をあける。きり。「鑽孔（さんこう）」❷物事をきわめる。「研鑽」❸うやまう。「鑽仰（さんぎょう）（さんごう）」

サン〈sun〉造 太陽。「—ライト」

さん【三】㊀0名造 ❶みっつ。「三角・三振・三役」❷三番め。「三塁」㊁0名 三味線（しゃみせん）の糸のうち、いちばん調子の高いもの。いちばん細い糸。三の糸。㊂造 ❶たび。「三省・再三」❷「三河（みかわ）（旧国名）」のこと。「三州」

さん サ【産】名造 ❶子をうむこと。「産後・産婦・安産・出産・難産」❷つくる。できる。「静岡—の茶」「産業・産地・産物・生産・特産・農産・量産」❸生活のもとで。「—をなす」「財産・資産・倒産・不動産」❹うまれ。とれる。とれたもの。「四国の—」「国産・アフリカ産」 **産する** 自他サ **—を傾（かたむ）ける** 財産をうしなう。破産する。

さん【算】㊀サ名造 ❶和算に使う道具。「珠算・御破算」❷かぞえる。「算出・算術・決算・通算」❸計算。「足し算・割り算」❹見込み。「成功の—大なり」「公算・成算」㊁サ名 占いにつかう道具。「算木（さんぎ）」㊂造 はかる。かんがえる。「算段・誤算・打算」 **算する** 他サ **—を乱（みだ）す** 算木を乱したように、ちりぢりばらばらになる。

さん【酸】㊀サ名造 ❶すっぱい味・もの。「酸味（さんみ）」❷水にとけて酸性反応をしめす化合物。「酸性・塩酸・乳酸・硫酸」↕アルカリ。㊁造 ❶酸素。「酸化・酸欠」❷つらい。いたましい。「酸鼻・辛酸」

さん【桟】㊀サ名 ❶板のそるのを防ぐためにうちつけた細い木材。❷戸・障子の骨。「窓の—」㊁造 かけはし。板をわたしてかりに作ったところ。「桟道・桟橋（さんばし）」

さん【賛】【×讃】㊀サ名 ❶漢文の文体の一つ。人・事物をほめる文章。❷書・画のかたわらに書くことば。「画の—」㊁造 ❶すすめる。たすける。「賛助・協賛」❷同意すること。「賛成・賛同・賛否」❸ほめたたえる。「賛辞・賛嘆・賛美・絶賛」 **賛する** 自他サ

さん サ【×燦】と副 たる連体 造 かがやくようす。「—と輝く」「—たる優勝旗」「燦燦・燦然・燦爛（さんらん）」

ざん【惨】造 みじめ。むごい。いたましい。「惨殺・惨死・惨敗・無惨」［別音 さん｜惨］

ざん【斬】造 ❶きる。「斬奸（ざんかん）・斬殺・斬首・腰斬（ようざん）」❷きわだつ。「斬新」

ざん【×慙】造 はじる。「慙愧（ざんき）・慙死・無慙」

ざん【暫】造 しばらく。かりに。「暫時・暫定」

ざん【×懺】造 くいる。「懺悔（ざんげ）（さんげ）」

ざん ザ【×讒】名造 そしる。悪くいう。「—にあう」「讒言・讒訴・讒謗（ざんぼう）」 **讒する** 他サ

ざん【残】㊀ザ名 のこり。「二万円の—」㊁造 ❶のこる。のこすこと。「残額・残業・残金・残雪・残高（ざんだか）」❷むごい。ひどい。「残虐・残酷・残忍」

さん-あくどう ク【三悪道】名〔仏〕悪人が死んだ後に堕（お）ちていき、苦しみを受けるという三つの世界。地獄道・餓鬼（がき）道・畜生道。さんなくどう。さんまくどう。

さん-い サ【賛意】名 賛成する気持ち。「—をあらわす」

さん-いつ 0【散逸】【散×佚】名自サ まとまっていたものが、ちらばってなくなること。「資料が—する」

さん-いん 0【山陰】名 ↕山陽。❶山かげ。山の北。❷山陰道。

さん-いん 0【参院】名「参議院」の略。↕衆院。

さん-いん 0【産院】名 出産をたすけ、妊産婦・産児の世話をする医院。

さんいん-どう《山陰道》昔の七道の一つ。今の京都府の丹波（たんば）から島根県の石見（いわみ）にかけての、日本海沿いの旧八か国。

さん-う サ【山雨】名〔文章語〕山中であう雨。山から降りはじめる雨。**—来（き）たらんと欲（ほっ）して風（かぜ）楼（ろう）に満（み）つ**〔雨が降りそうになって、風が高殿に吹きつけてくるの意〕変事がおこる前の、なんとなくようすのおだやかでないことのたとえ。

ざん-えい 0【残映】名〔文章語〕❶夕ばえ。夕焼け。❷かつて栄えたもののなごり。「江戸文化の—」

ざん-えい 0【残影】名 ❶見たあとも目に残るその姿。残像。❷おもかげ。「古都の—」

さん-えん 0【三猿】名〔文章語〕両手でそれぞれ、両眼・両耳・口をふさいでいる三匹のさる。「見ざる・聞かざる・言わざる」の三びきのさる。さんざる。

さんおん-とう 0【三温糖】名 白砂糖をつくった後に残る糖蜜をさらに濃縮してできる砂糖。褐色で、煮物などに使用される。

さん-か サ【山河】名 やまとかわ。また、自然。さんが。「国破れて—あり」 **—襟帯（きんたい）** 山がえりのように取りかこみ、河が帯のようにまわりをめぐって、自然の要害をなしていること。

さん-か サ【山×窩】名 山地や河原などを移動し、竹細工・狩猟などをして生活をしていた人々。

さん-か サ【参稼】名 組織・団体に所属し、自分の特殊な技能を生かして活動すること。「—報酬」

さん-か サ【惨禍】名 いたましい災害。

さん-か 0【産科】名 妊娠・出産・新生児に関する医学・医術の部門。

さん-か サ【傘下】名 ある勢力の下。所属。配下。翼下。「—に入る」

さん-か サ【賛歌】【×讃歌】名 ほめたたえるうた。「青春—」

さん-か 0【参加】名自サ 仲間にくわわること。

さん-か 0【酸化】名自サ 物質が酸素と化合すること。または、水素を失うこと。↕還元。

さん-が サ【参賀】名自サ 新年 新年や祝い事のときに、宮中に参上して、祝いのことばを申しあげたり、また、記帳したりすること。

さん-かい 0【山海】名 やまとうみ。**—の珍味（ちんみ）** 陸と海からとれる、いろいろのめずらしい食べ物。

さん-かい 0【山塊】名 山脈からはなれてある一群の山岳。

さん-かい 0【参会】名自サ 会合に出席すること。

さん-かい 0【散会】名自サ 会合がおわってわかれること。「五時に—となった」

さん-かい 0【散灰】名他サ 遺灰を海や山にまいて、ほうむること。参考「さんぱい」は通俗的な読み方。

さん-かい 0【散開】名自サ ❶広くちらばること。❷戦闘で、敵の銃砲からの損害を少なくするため、兵が、ちらばること。

さん-がい 0【三界】名〔仏〕❶欲界（よくかい）・色界（しきかい）・無色界（むしきかい）の三つの迷いの世界。いっさいの衆生（しゅじょう）はこの世界を生きかわり、死にかわりし、輪廻（りんね）するという。❷過去・現在・未来。❸広い世界。三千世界。「南極—まで行く」❹〔接尾語的について〕遠くはなれた所。「女—に家なし」 **—の首×枷（くびかせ）** この世の愛着や苦悩からのがれられず、安楽が得られないこと。「子は—」

さん-がい 0【惨害】名 いたましい損害。

ざん‐がい [0]【残骸】名 ❶捨て置かれた死体。❷ひどく破壊されてのこっている物。「鉄骨だけの―をさらす」

さん‐かいき [カ]【三回忌】名 死亡した年の翌翌年の忌日。

さん‐かう【三更】名 古語 ⇒さんこう。

さん‐かく [0]【参画】名自サ 計画にくわわること。

さん‐かく [サ]【三角】名形動 三つのかどがあること。また、そのような形。三角形。―関係 [カ2] 名 三人の間における恋愛関係。―関数 [カ2][ス] 名 直角三角形の、直角でない角の大きさによって定まる関数。サイン・コサインなど六種ある。―巾 [カ]/[ク] 名 正方形を二つに折って三角にした、ほうたい用の布。―形 [カ]/[ク] 名 三つの直線でかこまれた平面図形。―州 [カ]/[ク] 名 河水にはこばれた砂がつもって、河口に生じる三角形の砂地。デルタ。―測量 [ソ] 名 三角法を応用し、地上の三地点を頂点として測量する方法。三角量法。―点 [カ]/[ク] 名 三角測量の基準となるきまった点。―波 [ク] 名 方向のちがう二つ以上の波が重なりあってできる、とがった高い波。―法 [0] 名 三角関数の性質を応用し、さまざまな問題を解く数学の部門。

さん‐がく [0]【山岳】名 やまの改まった言い方。―病 [0] 名 ⇒こうざんびょう(高山病)。

さん‐がく [0]【産額】名 産出・生産する量や金額。

さん‐がく [0]【散楽】名 古代中国で、てじな・かるわざ・こっけいわざなどの総称。奈良時代、日本につたわり、田楽・猿楽を生み、能・狂言のもととなった。

ざん‐がく [0]【残額】名 のこりの金額。残金。

さんがく‐きょうどう [サ]【産学協同】名 産業界と大学が協力して、技術教育や技術開発をおこなうこと。

さんかしゅう《山家集》西行の個人歌集。編者・成立年未詳。自然をよんだ歌と叙情の歌に秀作が多い。

さん‐が‐にち [ガ]【三が日】【三箇日】名 ❶三日間。❷正月の一日から三日間。新年

さんか‐めいちゅう [×]【三化×螟虫】名 さんかめいがの幼虫。いねの茎の中にはいり、いねを枯らす害虫で、夏から秋にかけて三回発生するもの。ずいむし。

さん‐かん [0]【三冠】名 スポーツなどの競技で、三つの栄冠。三つの最高賞。「―馬」「―を達成する」―王 [カ] 名 野球で、打率・打点数・本塁打数の三つがリーグで第一位の選手。―馬 [カ] 名 競馬で、クラシックレースのうち、皐月賞・日本ダービー・菊花賞のすべてに優勝した馬。

さん‐かん [0]【三関】名 ❶昔、京都を守る重要な関所とされた伊勢の鈴鹿・美濃の不破・越前の愛発の三つの関。のち、愛発をのぞき、近江の逢坂をくわえた。❷東北地方の勿来・白河・念珠の三つの関所。

さん‐かん [0]【三韓】名 (昔、朝鮮半島の南部にあった三つの部族(国)) ❶馬韓・弁韓・辰韓。❷新羅・百済・高句麗。

さん‐かん [0]【山間】名 山の中。また、山と山とのあいだ。「―の地」―部 [カ] 名 山と山の間にある地域。↕平野部。

さん‐かん [0]【参看】名他サ 文章語 照らしあわせて見ること。

さん‐かん [0]【参観】名他サ その場に行って見ること。「授業の―」

さんかん‐しおん [シ]【三寒四温】名 三日寒さがつづくと次の四日間はあたたかいという、主に中国北部・朝鮮半島の冬の気候。冬

ざんかん‐じょう [0]【斬×奸状】名 悪者をきりころす理由を書いた文書。

さん‐き [サ]【山気】名 山中のさわやかな空気。山のふんいき。

さん‐ぎ [サ]【参議】名 ❶政治に関する議事に参与すること。また、その人。❷昔の太政官の職員で、大納言・中納言についだ重職。❸明治初年、太政官の左右両大臣のつぎで、正三位相当の職。―院 [ギ] 名 衆議院とともに国会を構成し、衆議院の審議を補正し、行きすぎの抑制にあたるもの。参院。↕衆議院。

さん‐ぎ [0]/[ギ]【算木】名 ❶和算で計算につかう角柱状の木。❷易のうらない用の、四角い六本の木。

ざん‐き [ザ]【×慚×愧・×慙×愧】名自サ (「慚」も「愧」も、はずかしく思う意) はじること。心にはずかしく思うこと。「―にたえない」

ざん‐ぎく [ザ]【残菊】名 秋の終わりまで咲きのこった菊。のこんのきく。秋

さん‐きゃく [0]【三脚】名 ❶三脚架。❷三脚几。カメラ・キャンバスなどをのせる。―架 [ク]/[キャ] 名 三本足の台。―×几 [キャ]/[ク] 名 折りたたみ式の三本足のこしかけ。

ざん‐ぎゃく [0]【残虐】名形動 むごたらしく殺したり、いじめたりするようす。「世にも―な行為」

さん‐きゅう [0]【産休】名 (「出産休暇」の略) 女性労働者が、出産のためにとる休暇。

サンキュー [サ]〈thank you〉あいさつ ありがとう。

さん‐きょ [サ]【山居】名自サ 文章語 山中に住むこと。また、その家。

さん‐きょう [0]【山峡】名 山と山との間。やまかい。谷間。

さん‐ぎょう [0]【三業】名 (「さんごう」と読めば別語) 料理屋・待合・芸者屋の三つの商売。

さん‐ぎょう [0]【蚕業】名 かいこを飼い、まゆから生糸を取る産業。

さん‐ぎょう [0]【産業】名 牧畜・農業・林業・鉱業・工業・漁業など、物を生産する事業。また、商業・運輸・金融業なども含めていう。―医 [ギョ] 名 企業で労働者の健康管理にあたる医師。―遺産 [イ] 名 産業の発展に重要な役割を果たし、保存すべきものとされた建造物や機械類。「近代化―」―革命 [カ] 名 一八世紀末からイギリスを中心におこった、手工業から機械工業への変化。―組合 [ク] 名 中小企業などの発達をはかるために、同業者の協力によってできた社団法人。協同組合。―資本 [シ] 名 商品の生産にあてられる資本。鉱業・工業などの企業の運用する資本。―スパイ [パ] 名 競争相手の企業の秘密情報をさぐる人。―廃棄物 [キ] 名 事業活動にともない生じたごみのうち、汚泥や金属のくずなど、法律で特に指定されたもの。産廃。

さん‐ぎょう [0]【賛仰】【×鑽仰・×讃仰】名他サ 文章語 聖人・偉人の学徳をあおぎうやまうこと。

ざん‐きょう [0]【残響】名 音を出すものが振動をやめても、反射などによって、あとまでのこるひびき。

ざん‐ぎょう [0]【残業】名自サ 規定の勤務時間のあとまでのこって仕事をすること。また、その仕事。「―手当」

さん‐きょく [サ]【三曲】名 邦楽で、三味線・琴・尺八(または胡弓)の合奏。

ざん‐ぎり [0]【▲散切】名 男が髪をゆわないで長くのばし、端を切りそろえた髪形。特に、明治初期の、ちょんまげを切って、なでつけにした髪形。「―頭」

さん‐きん [0]【参勤】【参×覲】名自サ 出勤して、主君に

つかえること。―**交代**(替)だいこう [0]/[コ] [名] 江戸幕府が、諸大名を一年おきに江戸につめさせたこと。

ざん-きん [ザ]【残金】[名] のこったかね。残額。

さん-く [サ]【惨苦】[名] むごたらしいくるしみ。ひどい苦労。「―をなめる」

さん-く [0]【産▲駒】[名] ある父馬または母馬からうまれた競走馬。「オグリキャップの―」

さん-ぐう [0]/[グ]【参宮】[名] [自サ] 神社、特に伊勢神宮におまいりすること。

サンクチュアリ [サ]/[チュ]〈sanctuary〉[名] ❶聖域。聖地。❷鳥獣の保護区域。

サン-グラス [サ]〈sunglasses〉[名] 太陽の直射光線をふせぐための色のついためがね。日よけめがね。[夏]

サングリア [グ]〈スsangría〉[名] 赤ワインにきざんだレモンやオレンジなどを入れて風味をつけ、甘口にしたスペインの飲み物。

さん-ぐん [0]【三軍】[名]（昔、中国で、大国の出す上軍・中軍・下軍、あわせて三万七千五百人の軍隊の意）❶〔文章語〕全軍。大軍。❷陸・海・空軍の総称。

さん-け [0]【産気】[名] こどもが生まれそうなけはい。―**付**づく [ヅ] [自五] こどもが生まれそうになる。

さん-げ [サ]【散華】[名] [自サ] ❶仏を供養して仏前に花をまき散らすこと。特に、法会ほうえで読経どきょうの行列のとき、紙でつくったはすの花びらをまき散らすこと。❷〔文章語〕（「花と散る」の意）はなばなしく戦死すること。

さん-げ [サ]【×懺▲悔】[名] [他サ]〔仏〕仏の前で、今までの罪をのべて改心すること。ざんげ。

ざん-げ [ザ]【×懺▲悔】[名] [他サ] ❶自分の罪をくいて他人に告白すること。❷さんげ。

さん-けい [0]【山系】[名] 一つのつながりになる二つ以上の山脈。「ヒマラヤ―」

さん-けい [0]【参詣】[名] [自サ] 神社や寺にまいること。⇨参拝 [参考]

さん-げき [0]【惨劇】[名] むごたらしい事件。

さん-けつ [0]【三傑】[名] その道で、もっともすぐれた三人。

さん-けつ [0]【酸欠】[名]「酸素欠乏」の略。ある場所の空気中・水中の酸素が足りなくなること。

さん-げつ [ゲ]【山月】[名] 山の上に見える月。山で見る月。

ざん-けつ [0]【残欠】【残×闕】[名]〔文章語〕一部分かけていること。

ざん-げつ [ザ]【残月】[名]〔文章語〕あけがた、空にのこっている月。ありあけの月。[秋]

さんげつき《山月記》中島敦なかじまあつしの短編小説。一九四二年発表。中国の唐時代の話。秀才の李徴りちょうが才能をじゅうぶんに認められないまま虎とらに変身し、自己の不遇を物語る。

さん-けん [0]【三権】[名] 立法・司法・行政の三つの統治権。―**分立**ぶんりつ [0]/[サ] [名] 国民の政治的自由の保障のために、国家権力を立法・司法・行政の三権に分け、それぞれ独立させる原則。

さん-けん [0]【散見】[名] [自サ] ちらほらと見えること。あちこちで見かけること。「新聞紙上に―する」

さん-げん [0]【三弦】【三×絃】[名] しゃみせん。

ざん-げん [0]【×讒言】[名] [他サ] 事実をまげて、他人を悪く言うこと。中傷。ざん。「―にあう」

さん-げんしょく [ゲ]【三原色】[名] あらゆる色のもととなる三つの色。絵の具では赤・青・黄、光線では赤・青・緑。

さん-こ [サ]【三顧】[名] 三度たずねること。―**の礼**れい 目上の人が何度も訪問し、礼をつくしてたのむこと。[参考] 中国の三国時代に、蜀しょくの劉備玄徳りゅうびげんとくが諸葛孔明しょかつこうめいを味方にまねくため、三度たずねていった故事から。

さん-ご [サ]【三五】[名]（「三×五、十五」のかけ算から）陰暦の十五日の夜。特に八月十五日夜。三五夜さんごや。[秋] ―**の月**つき 陰暦十五日の夜の月。特に八月十五日の夜の月。[秋]

さん-ご [サ]【×珊×瑚】[名] サンゴ科の腔腸こうちょう動物の総称。樹木の形の群体をつくる。あかさんご・ももいろさんごなどの骨格は装飾品となる。―**珠**じゅ [ジュ] [名] さんごでつくった玉。装飾品。―**樹**じゅ [ジュ] [名] ❶木の枝の形をしたさんご。❷スイカズラ科の常緑高木。あたたかい地方の海岸に自生する。初夏、白い小花が咲き、秋にさんごに似た赤い実をつける。[秋] ―**礁**しょう [ショ] [名] 主として石灰質の骨格をもつさんごが、海面下に大群体をつくってできた岩礁。―**虫**ちゅう [チュ] [名] さんごの群体を構成している個々の動物。いそぎんちゃくに似ている。

さん-ご [0]【産後】[名] 子どもを生んだあと。「―の肥立ち」↔産前。

さん-こう [0]【三公】[名] 太政だじょう大臣・左大臣・右大臣。のちに左大臣・右大臣・内大臣。

さん-こう [0]【三后】[名] 太皇太后たいこうたいごう・皇太后・皇后。

さん-こう [0]【三皇】[名] 中国古代の伝説上の、三人のすぐれた皇帝。伏羲ふっき・神農・黄帝。―**五帝**ごてい [0]/[ゴ] [名] 三皇と少昊しょうこう・顓頊せんぎょく・帝嚳ていこく・唐堯とうぎょう・虞舜ぐしゅんの五人の聖君。

さん-こう [0]【三綱】[名]〔文章語〕儒教でいう、君臣・父子・夫婦の道。

さん-こう [0]【参考】[名] 他の物事を照らしあわせて、自分の考えを決めるための足しにすること。「前例を―にする」―**書**しょ [0]/[ショ] [名] 学習・研究・調査などの参考にする書物。―**人**にん [0] [名] ❶警察など捜査機関で取調べを受ける者のうち、被疑者以外の者。❷国会の委員会で、審議の参考となる意見をのべる人。―**文献**ぶんけん [ブ] [名] 研究・調査などの参考資料とする論文や図書。

さん-こう [0]【散光】[名] でこぼこの面にあたって乱反射する光。

さん-こう【三更】[名]〔古語〕五更の一。今の午後十一時ごろから午前一時ごろまで。

さん-こう [0]【山行】[名] [自サ] 山登りに出かけること。「八ケ岳―」

さん-こう [0]【参向】[名] [自サ] 出むいて行くこと。参上。

さん-こう [0]【×鑽孔】[名] [自サ] 打ちぬいて、あなをあけること。

さん-ごう [0]【三業】[名]（「さんぎょう」と読めば別語）〔仏〕からだの動作、ことばによる表現、心の動きの三つ。身口意しんくい。

さん-ごう [ゴ]【山号】[名] 寺の名にかぶせる称号。「金竜山浅草寺」の「金竜山」など。

ざん-こう [0]【残光】[名]〔文章語〕夕方、くらくなって、なおのこっている光。夕日の光。残照。余光。余映。

ざん-ごう [0]【×塹×壕】[名] 砲台などのまわりや、歩兵の守備線に掘ったほり。

さんこうしゃ-ごげんぎょう [コ]‐[ゲ]【三公社五現業】[名] かつて、日本国有鉄道・日本電信電話公社・日本専売公社の三公社と郵便・国有林野・印刷・造幣・アルコール専売の五現業官庁を言ったもの。

さんこう-すいしょく [0]【山光水色】[名]〔文章語〕山や川の風景。

さん-ごく [サ]【三国】[名] ❶三つの国。❷天竺てんじく（インド）・唐から（中国）・日本。[参考] かつては、これで全世界を意味した。―**一**いち [ク]/[チ] [名]「三国❷」の中でいちばんすぐれていること。世界一。「―のむこ」 ―伝来(でんらい) [サ] [名] インドから中国をへて日本につたわったこと。

ざん-こく ◎【残酷】[名] [形動] むごたらしいこと。「―な行為」「―きわまりない」

さんごくし《三国志》 中国西晋(せいしん)時代の陳寿(ちんじゅ)による歴史書。魏(ぎ)・呉(ご)・蜀(しょく)三国の歴史を記す。この史実を羅貫中(らかんちゅう)が物語ふうに書き直したものが「三国志演義(えんぎ)」で、劉備(りゅうび)・曹操(そうそう)・孔明(こうめい)らが活躍する。

さん-こつ ◎【山骨】[名] [文章語] 山の地はだの下にある岩石。

さん-こつ ◎【散骨】[名] [自サ] 遺骨をこまかく砕き、海や山にまいて、ほうむること。粉状になった遺灰の場合は「散灰(さんかい)」ともいう。

ざん-こん ◎【残痕】[名] のこったあとかた。

さん-さ [サ]1【三×叉】[名] 三つにわかれること。 **―神経**(しんけい) [シ] [名] 脳神経の一つで、頭部の知覚運動をうけもち、眼・上顎(じょうがく)・下顎(かがく)の三つの神経にわかれるもの。 **―路**(ろ) [サ]2 [名] 道路のみつまたになっているところ。丁字路。[参考]「三差路」とも書く。

さん-ざ ◎ [副] [俗語] さんざん。「―苦労した」 **―っぱら** ◎ [副] [俗語] さんざん。

ざん-さ [ザ]【残×渣】[名] [文章語] 濾過(ろか)したあとの、のこりかす。

さん-さい ◎【三才】[名] [文章語] ❶天・地・人。❷宇宙間の万物。

さん-さい ◎【三彩】[名] 三種の色で焼きつけた陶磁器。「唐(とう)―」

さん-さい ◎【山妻】[名] [文章語] 自分の妻をへりくだっていう語。

さん-さい ◎【山菜】[名] 山でとれる食用の草。わらびなど。

さん-さい ◎【山塞】【山×砦】[名] [文章語] ❶山中のとりで。❷山賊のすみか。

さん-ざい ◎【散剤】[名] こなぐすり。散薬。↕錠剤・液剤。

さん-ざい ◎【散在】[名] [自サ] ちりぢりに、また、あちこちにあること。散点。点在。「わらぶきの家が―する」

さん-ざい ◎【散財】[名] [自サ] 多くのかねをつかうこと。

ざん-さい ◎【残×滓】[名] [文章語] ↓ざんし。

ざん-ざい ◎【斬罪】[名] 首をきる刑罰。

さん-さがり ◎【三下がり】[名] 三味線(しゃみせん)の調子の一つ。いちばん高い音を出す三の糸の調子を、本調子よりも一音さげたもの。↕二上がり・本調子。

さん-さく ◎【散策】[名] [自サ] ぶらぶら歩くこと。そぞろあるき。散歩。「川べりを―する」

さん-ざし ◎【山査子】[名] バラ科の落葉低木。春、白色の、梅に似た花がむらがり咲く。果実は薬用。(春)

ざん-さつ ◎【惨殺】[名] [他サ] むごたらしくころすこと。

ざん-さつ ◎【斬殺】[名] [他サ] きりころすこと。

さんざ-め-く [メ] [自五] (カ・コ キ・イ ク ク ケ ケ)（「さざめく」の変化）にぎやかにさわぐ。**さんざめき** [名]

さん-さん ◎【×潸×潸】[と] [副] [たる連体] [文章語] ❶さめざめと涙をながすようす。❷雨の降るようす。

さん-さん ◎【×燦×燦】[と] [副] [たる連体] 太陽などがあかるく光りかがやくようす。「―と降り注ぐ陽光」

さん-ざん ◎【さんざん・散散】[副] [形動] ❶はなはだしいようす。「―あそびまわる」❷ひどくやっつけられるようす。「―な目にあう」[参考]よくない意味で使う。形容動詞として使うときは[ザ]。

さんさん-くど [ク]【三三九度】[名] 結婚式のとき、夫婦になる男女が一つの杯で酒を三度ずつ、三つ組の杯で、合計九度飲みあうこと。[参考]三はめでたい数。

さんさん-ごご [ゴ]1【三三五五】[副] 三人、五人というように、少しずつ集まっていたり、歩いたりするようす。「―つれだって帰る」

さん-し [サ]【三枝】[名] 三本のえだ。 **―の礼**(れい)（はとは親鳥のとまっている枝から、三本下の枝にとまるということから）親に対する礼儀をわきまえていることのたとえ。

さん-し [サ]【蚕糸】[名] ❶かいこのまゆからとったいと。きぬいと。❷養蚕と製糸。

さん-し [サ]【蚕紙】[名] かいこの卵を生みつけたかみ。たねがみ。蚕卵紙。(春)

さん-し [サ]【散史・散士】[名] [文章語]（ひまな人の意）文学者などが、雅号にそえる語。「東海―」

さん-し [サ]【三思】[名] [他サ] [文章語] 何度もよく考えること。

さん-じ [サ]【三時】[名] ↓おさんじ。

さん-じ [サ]【参事】[名] ある事務にたずさわる職。また、その職の人。

さん-じ [サ]【蚕児】[名] [文章語] かいこ。

さん-じ [サ]【惨事】[名] むごたらしい、いたましいできごと。

さん-じ [サ]【産児】[名] ❶子をうむこと。❷うまれた子。うまれる子。 **―制限**(せいげん) [セ] [名] [自サ] 貧困防止・母体保護・人口政策などのために、こどもを少なくうむようにすること。バースコントロール。

さん-じ [サ]【賛辞】【×讃辞】[名] ほめことば。褒詞(ほうし)。「―を呈する」

ざん-し [ザ]【残×滓】[名] [文章語]（「ざんさい」は慣用読み）のこりかす。「封建制の―」

ざん-し ◎【惨死】[名] [自サ] むごたらしい死にかたをすること。

ざん-し ◎【×慙死・×慚死】[名] [自サ] [文章語] 恥じて死ぬこと。また、死ぬほど深く恥じること。愧死(きし)。

ざん-じ [ザ]【暫時】[名] [副] しばらくの間。「―お待ちください」[参考]あらたまった言い方。

ざんじ【漸次】「ぜんじ」のあやまり。

サンジカリスム [リ]〈フ syndicalisme〉[名] ↓サンディカリスム。

さん-しき ◎【算式】[名] 「＋」「－」「×」「÷」などの符号によって、計算の順序・方法を示す式。

さんしき-すみれ [ス]【三色×菫】[名] スミレ科の一、二年生植物。春、黄・むらさき・白などの花を開く。さんしょくすみれ。パンジー。(春)

さん-じげん [ジ]【三次元】[名] 空間をはかる縦・横・高さの三つの要素。縦・横・高さの三つの方向の広がりをもつこと。立体的空間。

さんし-すいめい [サ]【山紫水明】[名] [文章語] 山や水のけしきの美しくきよらかなこと。

さんした-やっこ [ヤ]【三下▲奴】[名] ばくち打ちなどの仲間の下っぱ。さんした。

さんしち-にち [チ]1【三七日】[名]（「三七、二十一」のかけ算から）❶二十一日の間。二十一日め。❷人の死後二十一日。また、その日の法事。みなぬか。「―忌」

さん-しつ ◎【蚕室】[名] かいこをそだてるへや。

さん-しつ ◎【産室】[名] 子どもをうむへや。

さん-しゃ [サ]【三社】[名] 伊勢(いせ)神宮・石清水(いわしみず)八幡宮・賀茂(かも)神社または春日(かすが)大社。

さん-しゃ [サ]【三舎】[名]（一舎は、三十里）中国で、軍隊の三日の行程のこと。 **―を避**(さ)**ける**（三日の行程九十里だけ退く意）おそれて近づかない。相手を避ける。

さん-しゃ [サ]【三者】[名] ❶三人。三つのもの。「―会談」❷関係のない者。第三者。 **―面談**(めんだん) [メ] [名]（進路相談などで〕教師、生徒、その保護者の三人による学校での面談。

さん-しゃく ⓪【参酌】名 他サ 照らしあわせて参考にすること。斟酌(しんしゃく)。「事情を―する」

さん-じゃく【三尺】名 ❶ サ 一尺の三倍。約九一センチメートル。❷ ジャ 三尺おび。もと鯨尺三尺(約一一四センチメートル)ほどの簡単な帯。のちに少し長くした男性・子どもの帯。へこおび。**―の秋水**(しゅうすい)〔「秋水」はとぎすました刀の色〕長さ三尺ぐらいの刀剣。**―の童子**(どうじ) ❶背たけが三尺くらいの小さな子ども。幼児。❷無知な者のたとえ。

さんじゃ-まつり マ【三社祭】名 東京都台東区にある浅草神社の祭礼。例年五月に行われる。参考 浅草神社をもとは三社権現、三社明神社といい、「三社様」として親しまれた。夏

さん-しゅ サ【三種】名 ❶三つの種類。❷第三種郵便物。定期刊行の新聞・雑誌など。**―の神器**(じんぎ) ❶天皇の位のしるしとして、皇室につたわる三つの宝物。八咫(やた)の鏡(かがみ)・天叢雲(あめのむらくも)の剣(つるぎ)・八坂瓊(やさかに)の勾玉(まがたま)。❷〔俗語〕家庭生活・社会生活で用いる三つの貴重な物。

さん-しゅ サ【蚕種】名 かいこの卵。

さん-じゅ サ【傘寿】名〔「傘」の略字「仐」が八十と読めることから〕八十歳の祝い。⇩賀の祝い(表)。

ざん-しゅ ザ【斬首】名 他サ くびを切ること。また、切ったくび。

さん-しゅう ⓪【三秋】名 ❶〔文章語〕秋の三か月。初秋・仲秋・晩秋。秋 ❷秋を三度迎えること。三か年。**―の思**(おも)**い**〔一日が三年にも感じられる〕たいそう会いたく思うこと。待ちこがれること。一日千秋の思い。

さん-しゅう ⓪【参集】名 自サ 人々があつまってくること。「遠近から―する」

さんしゅう《三州》⇩みかわ(三河)。

さんしゅう《讃州》⇩さぬき(讃岐)。

さん-じゅう ⓪【三重】名 三つかさなること、また、かさねること。**―殺**(さつ) ジュ名 トリプルプレー。**―唱**(しょう) ジュ名 声部のちがう三人でうたう重唱。トリオ。**―奏**(そう) ジュ名 種類のちがう三つの楽器で演奏する合奏。ピアノ・バイオリン・チェロによるピアノ三重奏など。トリオ。

さんじゅういち-もじ サ＝チ【三十一文字】名〔その音の数から〕和歌。短歌。みそひともじ。

さんじゅうご-ミリ サ＝ゴ【三十五ミリ】名 三十五ミリメートル幅(はば)の、写真(映画)のフィルム。

さんじゅうさん-しょ サ＝サ【三十三所】名 観世音をまつった三十三か所の霊場。「西国(さいごく)―」

さんじゅうに-そう サ＝ニ【三十二相】名 ❶仏のそなえた、三十二種類のすぐれた顔つき。❷女性の顔・姿の美しさのすべて。

三十六計(さんじゅうろっけい)**逃**(に)**ぐるに▲如**(し)**かず**〔「三十六計」は兵法で、三十六種の計略〕こまったときには、あれこれするよりも逃げるのがいちばんよい。

さん-しゅつ ⓪【産出】名 他サ ある土地から産物をうみ出すこと。産物をつくり出すこと。「石油―国」

さん-しゅつ ⓪【算出】名 他サ 計算して数をだすこと。「平均値を―する」

さん-じゅつ ⓪【算術】名 ❶計算のしかた。❷もと、小学校の教科の一つ。正数の四則計算などをあつかう数学の初歩的部門。「算数」のふるいよび方。**―平均**(へいきん) ヘ名 数個の数の和をその個数で割った平均値。相加平均。

さん-しゅん ⓪【三春】名〔文章語〕❶春の三か月。初春・仲春・晩春。春 ❷春を三度むかえること。三か年。

さん-じょ ⓪【産所】名 うぶや。産室。

さん-じょ サ【賛助】名 他サ その事業に賛成してたすけること。「―会員」

ざん-しょ ザ【残暑】名 秋になってもまだのこっている暑さ。立秋ののちの暑さ。秋 **―見舞**(みま)**い** ミ名 残暑のころに相手の安否などを問う手紙。⇩暑中参考。

さん-しょう ⓪【三焦】【三×膲】名 漢方で、六腑(ろっぷ)の一つ。胃の上、胃の中、膀胱(ぼうこう)の上にある三つの器官の総称。

さん-しょう ⓪【山×椒】名 ミカン科の落葉低木。幹・枝にとげがある。葉は芳香をはなち、わか葉と果実は、食用・薬用・香辛(こうしん)料。はじかみ。芽は春、花は夏、実は秋 **―は小粒**(こつぶ)**でもぴりりと辛**(から)**い** からだは小さくても、気性や才能が鋭く、しっかりしていることのたとえ。

さん-しょう ⓪【三唱】名 他サ 三度となえること。「万歳―」

さん-しょう ⓪【参照】名 他サ ひきあわせて見て、参考にすること。「文献を―する」

さん-じょう ⓪【山上】名 山のうえ。**―の垂訓**(すいくん) キリストがガリラヤ湖畔の山の上で行った説教。山上の説教。

さん-じょう ⓪【惨状】名 みじめな、また、むごたらしいようす。

さん-じょう ⓪【参上】名 自サ まいること。行くことのかしこまった言い方。「明日―いたします」

さん-じょう ⓪【三乗】名 他サ 同じ数を三回かけあわせること。

ざん-しょう ⓪【残照】名〔文章語〕❶日が沈んだあと、山頂や空の一部に残っている夕日の光。❷比喩的に、過ぎ去った物事の影響として残っているもの。なごり。「ルネサンスの―をとどめる一六世紀末」

さんしょう-うお ショ【山×椒魚】名 両生類有尾目に属する動物の総称。山間の谷川にすみ、からだはほそ長く、四足はみじかい。おおさんしょううおは「はんざき」ともいわれ、特別天然記念物。夏

さんしょううお《山椒魚》井伏鱒二(いぶせますじ)の短編小説。一九二九年発表。岩屋から出られなくなった山椒魚を主人公とした寓話(ぐうわ)的作品。

さんしょう-だゆう《山椒太夫》森鷗外(もりおうがい)の歴史小説。一九一五年発表。人買いにさらわれた安寿(あんじゅ)と厨子王(ずしおう)の姉弟を主人公とする長者伝説にもとづく作品。

さん-しょく サ【三色】名 ❶三種類の色。❷三原色。**―旗**(き) ショ/ク名 ❶三色にそめわけたはた。❷青・白・赤にそめわけたフランスの国旗。**―×菫**(すみれ) ス名 ⇩さんしきすみれ。春

さん-しょく サ【三食】名 一日の三度の食事。

さん-しょく ⓪【山色】名〔文章語〕山のいろ。山のけしき。

さん-しょく ⓪【蚕食】名 他サ かいこがくわの葉をたべるように、だんだんに侵略すること。「領土を―される」

さん-じょく ⓪【産×褥】名 こどもをうむためのねどこ。**―熱**(ねつ) ク名 出産のときに病原菌が産婦の体内にはいっておこる、発熱をともなう病気。

さん・じる ⓪ジ【参じる】自上一 ジ/ジ/ジル/ジル/ジレ/ジロ・ジヨ ⇩さんずる。

さん・じる ⓪ジ【散じる】自他上一 ジ/ジ/ジル/ジル/ジレ/ジロ・ジヨ ⇩さんずる。

さんしろう《三四郎》夏目漱石(そうせき)の長編小説。一九〇八年に発表。明治末期の大学生、小川三四郎を主人公とした青春小説。

さん-しん ⓪【三▲線】名 沖縄県を中心に用いられる弦楽器。形は三味線に似ている。

さん-しん ⓪【三振】名 自サ 野球で、打者がストライクを三つとられて、アウトになること。

さん‐しん [0]【参進】名自サ〔文章語〕神前や貴人の前などへ、すすみ出ること。

さん‐じん [0]【山人】名 ❶〔文章語〕山中にかくれすむ人。❷文学者などが雅号にそえる語。「紅葉―」

さん‐じん [0]【散人】名 ❶〔文章語〕世間のわずらわしさからはなれてひまな人。❷文学者などが雅号にそえる語。「荷風(かふう)―」

ざん‐しん [0]【残心】名 武道で、攻撃の動作を終えたあと、相手の反撃に十分に心をくばること。

ざん‐しん [0]【斬新】形動 ダロ・ダッ・デ・ニ|ダナ|ナラ|○ 趣向がすこぶるあたらしいようす。「―な意匠」

さん‐しんとう [シ]【三親等】名 親族関係のつながりが三番目であるもの。ある人とその曽祖父母(そうそふぼ)・曽孫(そうそん)・おじ・おば・おい・めいの間がら。三等親。⇩親等(図)。

さんす 助動〔古語〕(「しゃんす」の変化。江戸時代の女性語)尊敬の気持ちをあらわす。…なさる。「まづやはり着てゐさんせ」〈浄瑠璃(じょうるり)・曽根崎心中〉

ざんす 助動〔古語〕(「ござんす」の略)ございます。あります。「そう―」「ようざんした」参考 江戸時代後期、江戸吉原(よしわら)の遊女のことば。今日、一部の女性語とされるが、きわめて特殊である。

さん‐すい [サ]【山水】名 ❶山と水のある自然のけしき。❷つき山と池のある庭園。❸山水画。―画(が) [0]名 山水のけしきをかいた東洋画。

さん‐すい [0]【散水】【×撒水】名自サ (「撒水(さっすい)」の誤読からできた語)水をまくこと。「―車」

さん‐ずい [0]【三水】名 漢字の部首の一つ。「河」「海」などの「氵」。

さん‐すう [ス]【算数】名 ❶かず。❷計算。❸小学校でおしえる教科の一つ。数学のごく初歩的な部門をあつかう。

さん‐すくみ [ス]【三すくみ】【三×竦み】名 (へびはなめくじを、なめくじはかえるを、かえるはへびを、それぞれ恐れることから)三者がそれぞれに恐れて、自由にうごけないこと。

サンスクリット [リ]〈Sanskrit〉名 古代インド語。梵語(ぼんご)。参考 日本語には、中国語を介して多くの仏教語が移入された。

さん‐すけ [サ]【三助】名 もと、銭湯で、ふろをたいたり、客のからだをあらったりすることを仕事とした男。

さんず‐の‐かわ [ワ]【三▲途の川】(かは) 名 人が死んであの世へ行く途中でわたるという川。

さん・する [ス]【参する】自サ シ・セ・サ|シ|スル|スル|スレ|シロ・セヨ〔文章語〕加わりたずさわる。関係する。「企画に―」さん・す 文語サ変

さん・する [ス]【産する】シ・セ・サ|シ|スル|スル|スレ|シロ・セヨ ㊀自サ 出る。産出される。「静岡県に―」㊁他サ うみだす。物品を産出する。「みかんを―」さん・す 文語サ変

さん・する [ス]【賛する】【×讚する】シ・セ・サ|シ|スル|スル|スレ|シロ・セヨ ㊀自サ ❶力をそえてたすける。❷同意する。「趣旨に―」❸賛のことばを書く。「画に―」㊁他サ ほめる。「故人の徳を―」さん・す 文語サ変

さん・する [ス]【算する】他サ シ・セ・サ|シ|スル|スル|スレ|*〔文章語〕かぞえる。ある数に達する。「人出は十万を算した」さん・す 文語サ変

さん・ずる [0/ス]【参ずる】自サ ジ・ゼ|ジ|ズル|ズル|ズレ|ジロ・ゼヨ〔文章語〕(「参じる」(サ変活用)とも)❶「行く」「来る」の謙譲語。まいる。「急を聞いて―」❷参禅する。❸参加する。「集会に―」さん・ず 文語サ変

さん・ずる [0/ス]【散ずる】ジ・ゼ|ジ|ズル|ズル|ズレ|ジロ・ゼヨ〔文章語〕(「散じる」(サ変活用)とも)㊀自サ ❶ちる。❷なくなる。㊁他サ ❶ちらす。❷なくする。「痛みを―」❸はらす。「うっぷんを―」さん・ず 文語サ変

ざん・する [ス]【×竄する】他サ シ・セ・サ|シ|スル|スル|スレ|シロ・セヨ〔文章語〕流罪(るざい)にする。遠い所へ追放する。

ざん・する [ス]【×讒する】他サ シ・セ・サ|シ|スル|スル|スレ|シロ・セヨ〔文章語〕事実をまげて他人の悪口を言う。ざんげんする。ざん・す 文語サ変

さん‐ぜ [サ]【三世】名 ❶〖仏〗前世・現世・来世。❷親・子・孫の三代。―相(そう) [ゼ/0]名 人の生年月日・人相などによって、過去・現在・未来の因縁(いんねん)・吉凶などを説くこと。また、それを書いた本。―の縁(えん) 主人とけらいとのふかいつながり。参考 昔の日本には、「親子は一世、夫婦は二世、主従は三世」という考えがあった。

さん‐せい [0]【三聖】名 三人の聖人。釈迦(しゃか)・孔子(こうし)・キリスト。

さん‐せい [0]【参政】名 政治に参加すること。―権(けん) [セ]名 基本的人権の一つで、国民が国の政治にたずさわる権利。選挙権、被選挙権、公務員となる権利など。

さん‐せい [0]【産制】名「産児制限」の略。

さん‐せい [0]【酸性】名 酸の性質。↕アルカリ性。―雨(う) [セ]名 大気中の硫黄酸化物や窒素酸化物が大量に溶けこんだ酸性度の強い雨。森林・農作物・飲料水などに被害を与える。―紙(し) [セ]名 インクのにじみ止めに酸性化合物の硫酸アルミニウムを使った洋紙。―土壌(どじょう) [ド]名 酸性反応をしめす土。作物がよくできない。―反応(はんのう) [ハ]名 酸の性質をもつことをしめす反応。青色リトマス液(紙)を赤色にかえる。↕アルカリ性反応。

さん‐せい [0]【賛成】名自サ 同意すること。↕反対。

さん‐せい [0]【三省】名他サ〔文章語〕なん度となく反省すること。よく反省すること。参考 論語の「われ、日に三たびわが身を省みる」から。

ざん‐せい [0]【残生】名 年をとって、のこり少ない人生。余生。残年。

さん‐せき [サ]【三×蹟】名 平安時代中期の三人の書道の大家。小野道風(おののとうふう)・藤原佐理(ふじわらのすけまさ)・藤原行成(ふじわらのゆきなり)。↕三筆。

さん‐せき [0]【山積】名自サ ❶物がうず高くつもること。❷事がたくさんたまること。「難問が―する」「―する土砂」

ざん‐せき [0]【残席】名 まだ予約や申し込みがされずに残っている座席。「―状況」

ざん‐せつ [0]【残雪】名 暖かくなっても、消えのこっているゆき。㊗春

さん‐せん [0]【山川】名 やまとかわ。「―草木」

さん‐せん [0]【参戦】名自サ 戦争にくわわること。

さん‐ぜん [0]【産前】名 こどもをうむまえ。↕産後。

さん‐ぜん [0]【参禅】名自サ ❶禅の道を修行すること。❷座禅をくむこと。

さん‐ぜん [0]【×潸然】と副 たる連体〔文章語〕さめざめと涙をながして泣くようす。

さん‐ぜん [0]【×燦然】と副 たる連体 光りかがやくさま。

ざん‐ぜん [0]【残×喘】名〔文章語〕長くもたない命。余生。残生。「ようやく―を保つ」

ざん‐ぜん [0]【×嶄然】(と)副 たる連体〔文章語〕高くぬきでたようす。―頭角(とうかく)を現(あらわ)す 仲間のうちでずばぬけてすぐれる。

さんぜん‐せかい [セ]【三千世界】名〖仏〗全世界。広い世界。三千大千世界。

さん‐そ [サ]【酸素】名 元素記号O 原子番号8 原子量15.9994の気体元素。無色・無臭・無味。空気の体積の五分の一を占める。―吸入(きゅうにゅう) [キュ]名 呼吸困難や大手

術のとき、また、空気中の酸素が少ないとき、ボンベに圧縮してつめた酸素ガスを吸わせること。

ざん-そ ザ【×讒訴】名 他サ 他人をおとしいれるために、目上の者に、ありもしない告げ口をすること。

さん-そう ⓪【山相】名〔文章語〕山のすがた。

さん-そう ⓪【山草】名 山にはえる草。野にはえる草と区別する言い方。↕野草。

さん-そう ⓪【山荘】名 山の中にある別荘。

さん-ぞう ⓪【三蔵】名〔仏〕❶仏教の聖典を、経・律・論の三種に分類したときの、聖典の総称。❷「三蔵❶」に深く通じた高僧。

ざん-そう ⓪【×讒奏】名 他サ〔文章語〕天皇などに他人のことをわるく言うこと。

ざん-ぞう ⓪【残像】名〔心〕物を見たあとも、なおしばらく映像がのこって見える感覚。

さんぞうし《三冊子》江戸時代前期の俳論書。服部土芳(はっとりどほう)の著。師の松尾芭蕉(まつおばしょう)のことばを記録したもの。

さん-ぞうろう【▲然ん候】(ざうらふ) 連語〔古語〕(「さに候ふ」の変化。返事に用いる)さようでございます。「『いかい大串(おおぐしか)』『さん候ふ』」〈平家〉

さん-ぞく ⓪【山賊】名 山中に根城をおいて人をおそう盗賊。↕海賊。

さん-そん ⓪【山村】名 山の中にある村。↕漁村・農村。

さん-そん ⓪【散村】名 人家があちこちにちらばっている村。↕集村。

さん-ぞん サ【三尊】名 中心となる仏像と、その左右の脇立(わきだち)との総称。「釈迦(しゃか)—」

ざん-そん ⓪【残存】名 自サ のこっていること。「—勢力」

サンタ サ〈ポ・スィSanta〉名「サンタークロース」の略。

さん-たい ⓪【三体】名 ❶書道で、真・行(ぎょう)・草の三つの書体。❷華道で、真・行・草の三種の生け方。❸能楽で、ものまねの基本となる老体・女体・軍体の三つの風体。

さん-だい サ【三代】名 ❶君主が三人在位する間。❷親・子・孫の三つの世代。❸古代中国の、夏(か)・殷(いん)・周(しゅう)の三王朝。**—集**(しゅう) ダ名(「代」は勅撰の天皇の御代(みよ)の意)勅撰(ちょくせん)和歌集のうちで、古今(こきん)集・後撰(ごせん)集・拾遺(しゅうい)集の三集。**—相恩**(そうおん) サ名〔文章語〕祖父・父・自分と三つの世代にわたって、ずっとつかえて主君の恩を受けてきたこと。「—の主君」

さん-だい ⓪【参内】名 自サ 宮中に参上すること。参朝。

さん-だい ⓪【散大】名 自サ 瞳孔(どうこう)がひろがること。死にかけたとき、精神病・麻薬中毒のときなどにおこる。

さんだい-ばなし バ【三題×噺(×咄)】名 落語の一種。客から三つの題を出させ、その場でこれをうまく織りこんで一つの落語にまとめたもの。

ざん-だか ザ【残高】名 収入から支出を差し引いたり、貸し借りを決済したりしたのこり。残額。「—照会」

サンタ-クロース ⓪〈Santa Claus〉＝**サンタクローズ** 名 クリスマスの前夜、煙突からはいってきて、こどもたちに贈り物をするという、ヨーロッパの伝説上の老人。サンタ。冬

さん-だつ ⓪【×簒奪】名 他サ〔文章語〕(「簒」はよこどりする意)帝王の位をうばいとること。

さん-たて ⓪【三立て】名〔俗語〕プロ野球で、同一チーム相手の三連戦で三連敗すること。最近は、相手に三連敗させる意味にも使う。

サンタ-マリア マ〈ポSanta Maria〉名 キリストの母の敬称。聖母。マリア。

さん-だゆう サ【三太▲夫】名 もと、華族や金持ちの家で、家事や会計をつかさどった者。執事(しつじ)。

さんだら-ぼっち ポ【桟▲俵▲法▲師】名 さんだわら。さんだらぼうし。

サンダル ⓪〈sandal〉名 ❶昔、ギリシャ・ローマ人がはいた、底とひもだけのわらじのようなくつ。❷「サンダル❶」の形に似せた婦人ぐつ。❸つっかけ型の簡単なはきもの。

さん-たろう ⓪【三太郎】名 愚か者をけいべつして呼ぶ語。「大ばか—」

さんたろうのにっき《三太郎の日記》阿部次郎の評論感想集。一九一四年刊。理想主義精神につらぬかれた、著者の青春の記録。

さん-だわら ダ【桟俵】(だはら) 名 米俵の、丸く、平たいわらのふた。さんだらぼうし。さんだらぼっち。

さん-たん ⓪【賛嘆】【×讃×歎】名 他サ たいそう感心して、ほめること。「みごとな歌声に—する」

さん-たん ⓪【三嘆】【三×歎】名 自他サ〔文章語〕❶なん度も、声をあげてほめること。❷深く感心すること。「一読—」

さん-たん ⓪【惨×憺・惨×澹】名 たる連体 ❶見るにたえないほどひどいようす。「—たる光景」❷心をくだくこと。また、そのようす。「苦心—」

さん-だん ⓪【三段】造 三つの段階・過程。「—構えの対策」**—跳**(と)**び** ⓪ダ名 陸上競技の一つ。走ってまず片足でふみきり、次に同じ足でとび、三歩めには反対の足でとび、両足をそろえて着地するもの。トリプルジャンプ。**—目**(め) ダ名 相撲で、序の口から三段目の階級。幕下の下、序二段の上。**—論法**(ろんぽう) ⓪名 三つの概念と大小二つの前提から結論をみちびきだす、形式論理学における代表的な推理の方式。参考(例)A「私は日本人だ」、B「日本人は人間だ」から、C「私は人間だ」が出てくる。Aを大前提、Bを小前提、Cを結論という。また、「人間」を大概念、「私」を小概念、「日本人」を媒概念という。

さん-だん ⓪【散弾】【×霰弾】名 発射すると、多数のこまかい弾丸があられのように飛びだすもの。ばらだま。**—銃**(じゅう) ダ名 散弾を発射する銃。鳥獣の狩猟やクレー射撃などに用いられる。ショットガン。

さん-だん サダ【算段】名 他サ ❶手段を考えること。くふう。「うまい—はないか」❷かねのくめん。「やっと—がついた」

さん-ち サ【山地】名 ↕平地。❶山になっている土地。山脈・高地・高原・丘陵の総称。❷山中の土地。

さん-ち サ【産地】名 品物がつくりだされる土地。生産地。「織物の—」

サンチ サ〈フcenti〉【×糎】名 ⇒センチ。

ざん-ち ザ【残置】名 他サ のこしておくこと。「旧跡を—する」

さん-ちゃく ⓪【参着】名 自サ〔文章語〕まいりつくこと。到着。

さん-ちゅう サ【山中】名 山のなか。**—暦日**(れきじつ)**なし** 世間をはなれて住めば、月日のたつのをわすれる。

さん-ちょう ⓪【三鳥】名 古今伝授(こきんでんじゅ)(「古今集」の難解な歌・語句についての解説を、秘伝として伝えること)の中の三種の鳥。よぶこどり・ももちどり(または、みやこどり)・いなおおせどり。

さん-ちょう ⓪【山頂】名 山のいただき。頂上。「—をきわめる」↕山腹・山麓(さんろく)。

さん-ちょう ⓪【参朝】名 自サ 朝廷に参上すること。参内。

さん-ちょく ⓪【産直】名「産地直結」「産地直送」の略。「—野菜」

さん-つくり ツ【彡×旁】名 漢字の部首の一つ。「彩」「形」などの「彡」。さんづくり。

さん-づけ 0【さん付け】名 人の名の下に「さん」をつけて呼ぶこと。

さん-てい 0【算定】名 他サ 計算してきめること。「経費を―する」

ざん-てい 0【暫定】名 一時的にきめること。「―予算」

サンディカリスム リ〈フ syndicalisme〉= **サンジカリスム** 名 一九世紀末から二〇世紀初めにかけて、フランス・イタリアにおこった、無政府主義的傾向の急進的労働組合主義。

サンデー サ〈sundae〉名〔「アイスクリームサンデー」の略〕アイスクリームの上に、くだものやチョコレートなどをのせたもの。クリームサンデー。

サンデー サ〈Sunday〉名 日曜。日曜日。

ざん-てき 0【残敵】名 討ちもらした敵の兵。「―を掃討する」

さん-てん 0【山×巓】名〔文章語〕山のいただき。山頂。

さん-てん 0【散点】名 自サ〔文章語〕あちこちにちらばること。散在。

さん-でん 0【産殿】名 産室にした御殿。

さん-でん 0【参殿】名 自サ 御殿に参上すること。

さん-と サ【三都】名 京都・大阪(大坂)・東京(江戸)。

さん-ど サ【三度】名 三回。「―の御飯」 **―×笠**(がさ) ガ 名 江戸時代、旅人が使った、丸く深いすげがさ。かぶると顔が見えない。参考 江戸と京都・大坂間を毎月三度往復した、三度飛脚(びきゃく)がかぶったところからいう。 **―目**(め)**の正直**(しょうじき) 一度目・二度目はうまくいかなくても、三度目には必ず成功するものだということ。

三度笠

サンド サ 名「サンドイッチ」の略。「ハム―」

ざん-ど ザ【残土】名 土木工事で、穴をほったりして出た、いらない土。

サンドイッチ イ〈sandwich〉名 うすく切ったパンの間に、ハム・肉・野菜・卵などの具をはさんだ食品。 **―マン** チ〈sandwich man〉名 からだの前後に、広告板や広告びらをぶらさげてあるく人。

さん-とう 0【三冬】名〔文章語〕❶冬の三か月。初冬・仲冬・晩冬。(冬) ❷冬を三度迎えること。三年間。

さん-どう 0【山道】名 山の中のみち。やまみち。↕海道。

さん-どう 0【参道】名 社寺におまいりに行くための道。

さん-どう 0【桟道】名 がけに、板・丸太などでたなのようにかけわたした道。かけはし。

さん-どう 0【産道】名 出産のときに、胎児が母親の体外に出る経路。

さん-どう 0【参堂】名 自サ ❶神仏をまつった堂におまいりすること。❷〔文章語〕人の家を訪問することの謙譲語。

さん-どう 0【賛同】名 自サ 同意すること。賛成。

ざん-とう 0【残党】名 討ちもらされた仲間。「平家の―」

さんとう-きょうでん《山東京伝》一七六一～一八一六。江戸時代後期の黄表紙・洒落(しゃれ)本の作者。「江戸生艶気樺焼(えどうまれうわきのかばやき)」「通言総籬(つうげんそうまがき)」など。

さんとう-しん ト【三等親】名 ⇒さんしんとう。

さんとう-せいじ セ【三頭政治】名 古代ローマでおこなわれた、三人のおもだった者がおこなう政治。

さんとう-な ト【山東菜】名 はくさいの一種。中国山東省地方の原産。さんとうはくさい。さんとうさい。(冬)

さん-とく サ【三徳】名 三つの徳目。知・仁・勇など。

さん-と-して【×燦として】連語 きらきらとして。「―輝く星」

サントニン 0/サ〈ド Santonin〉名 体内から回虫をくだすための薬。みぶよもぎなどから抽出。

サンド-バッグ バ〈sandbag〉名 ボクシングの練習などに使う砂を入れた袋。

サンド-ペーパー ペ〈sandpaper〉名 ガラス・金剛砂などのこなをぬった紙やすり。

サントメ 0〈ポ são thomé〉【桟留】名 ❶サントメ皮。❷サントメじま。 **―革**(がわ) 0 名 インドのサントメ(現在のチェンナイ付近)からわたってきた、しわ模様のあるなめしがわ。 **―×縞**(じま) 0 名 インドのサントメからわたってきた、たてじまの綿織物。

サントメ-プリンシペ《Sao Tome and Principe》アフリカ西海岸、ギニア湾のサントメ島とプリンシペ島からなる民主共和国。一九七五年独立。首都はサントメ。

サントラ 0 名「サウンドトラック」の略。 **―盤**(ばん) 0 名 サウンドトラックの音楽を録音したレコード、ディスク。

さん-ない サ【山内】名 ❶山の中。山中。❷寺の境内(けいだい)。

さん-なくどう ク【三×悪道】名〔仏〕⇒さんあくどう。

さん-にゅう 0【参入】名 自サ ❶高貴な人のいるところへ行くこと。「御殿に―する」❷市場などに新たにはいってくること。参加してくること。「介護福祉事業に―する」

さん-にゅう 0【算入】名 他サ かぞえいれること。

ざん-にゅう 0【×竄入】名 自サ〔文章語〕❶逃げこむこと。❷本文に、注や書き入れの文句がまぎれこむこと。

ざん-にょう 0【残尿】名 排尿しきれずに膀胱(ぼうこう)内に残っている尿。「―感」

ざん-にん 0【残忍】名 形動 平気でむごたらしいことをするようす。「―な性格」

さんにんきちさくるわのはつがい《三人吉三廓初買(はつがい)》江戸時代後期の歌舞伎(かぶき)脚本。作者は河竹黙阿弥(かわたけもくあみ)。三人の吉三(和尚(おしょう)・お坊・お嬢)という名の悪人を主人公とした世話物。

さんにん-しょう 三【三人称】名 話し手と聞き手以外の人をさす代名詞。第三人称。他称。「かれ・あれ」など。

三人(さんにん)**寄**(よ)**れば文殊**(もんじゅ)**の知恵**(ちえ)〔「文殊」は、ちえをつかさどる文殊菩薩(ぼさつ)〕三人もあつまって相談すれば、すばらしい考えが出るものだ。

さん-ぬる【去んぬる】連体〔古語〕〔「去りぬる」の変化〕すぎさった。前の。「去んぬる安元三年四月二十八日かとよ〈方丈記〉」

ざん-ねい 0【×讒×佞】名〔文章語〕〔「讒」はへつらう、「佞」は口先がうまい〕目上の人にとりいって、人をおとしいれること。「―のやから」

ざん-ねん 0【残年】名〔文章語〕残生。余命。余生。

ざん-ねん ネ【残念】形動 ダロ・ダッ・デ・ニ／ダナ・ナラ・ニ〇 ❶心のこりなようす。「お会いできず―でした」❷くやしく思うようす。無念。「―ながら負けた」 **―賞**(しょう) ネ 名 競争・クイズなどで、入賞しなかった人にあたえられる賞。

さん-の-きり リ【三の切(り)】名 義太夫(ぎだゆう)で、三段目の終わりの場。もっとも盛りあがりのある場面で、聞く人を感動させるところ。

さん-の-ぜん ノ【三の膳】名 本式の日本料理で、二のぜんの次に出るぜん。ふつうは、焼きざかな。↕一のぜん・二のぜん。

さん-の-とり 0【三の×酉】名 十一月の第三のとりの日。また、その日にたつ市(いち)。(冬) ↕一のとり・二のとり。

さん-の-まる 0【三の丸】名 城の二の丸の外がわをかこ

む建物。↕本丸・二の丸。

さん-ば [0]【産婆】[名]「助産師」の旧称。

サンバ [サ]〈ポ samba〉[名] ブラジルにはじまった、四分の二拍子の、速度のはやいダンス音楽。

さん-ぱい [0]【惨敗】[名] ⬇ざんぱい。

さん-ぱい [0]【産廃】[名] ⬇さんぎょうはいきぶつ。

さん-ぱい [0]【散灰】[名] ⬇さんかい。

さん-ぱい [0]【参拝】[名][自サ] 社寺、特に神社にまいっておがむこと。[参考] 寺にまいることは、ふつう「参詣」という。

さん-ぱい [0]【酸敗】[名][自サ][文章語] 酒類や脂肪類が酸化して、すっぱくなること。食べ物がくさってきて、すっぱくなること。

ざん-ぱい [0]【惨敗】[名][自サ] みじめな成績で負けること。また、その負けかた。さんぱい。「—を喫する」

さんぱい-きゅうはい [0]【三拝九拝】[名][自他サ] 人に物事を頼むとき、なん度もおがんで敬意をあらわすこと。おがみたおすこと。

サン-バイザー [バ]〈sun visor〉[名] ❶自動車などのフロントガラスについている日よけ。❷日よけ用の前つば部分だけでできた帽子。

さんばい-ず [バ]【三杯酢】[名] 和風料理の調味料の一つ。みりん、または砂糖と、しょうゆ・酢とを、適量にまぜあわせたもの。

さんば-がらす [ガ]【三羽がらす】【三羽×烏】[名] 三人のすぐれた弟子・部下・人たち。「門下の—」

さんぱく-がん [ク]【三白眼】[名] 黒目が上にかたよっていて、ひとみの左右と下の三方が白く見える目。人相学では悪いとされる。

さん-ばし [0]【桟橋】[名] ❶船をつなぎ、貨物のあげおろしや客の乗りおりに使う、岸からつきでた港の設備。❷建築現場などで、高い所にのぼるための、傾斜のついた板の足場。

さんば-そう [0]【三▲番×叟】[名] ❶能楽の式三番で、千歳・翁のあとに出て舞う老人の舞。❷歌舞伎の幕あけにおこなう祝儀の舞。

さん-ぱつ [0]【散髪】[名][自サ] 髪を刈ってととのえること。

さん-ぱつ [0]【散発】[名][自他サ] ❶ぽつんぽつんと、間をおいて出ること。また、出すこと。「—三安打の完封」❷物事がときどきおこること。「事件が—する」

ざん-ぱつ [0]【斬髪】[名] ざんぎり。

ざんばら-がみ [0]/[ラ]【ざんばら髪】[名] 長く振り乱した髪。さんばらがみ。

さん-ばん [0]【三ばん】[名][俗語]〔「—ばん」という語形をもつことから〕選挙で勝つのに必要とされる、地盤・看板(知名度)・カバン(資金)の三つ。

サンパン [0]/[パ]【中三板・×舢×舨】[名] 中国・東南アジアで用いられる、小型の甲板のない木造船。港内や川の交通用。

ざん-ぱん [0]/[パ]【残飯】[名] 食べのこりのめし・料理。

さん-はんきかん [キ]【三半規管】[名] ⬇はんきかん。

さん-び [サ]【酸鼻】[名] むごたらしいこと。「—のきわみ」

さん-び [サ]【賛美】【×讃美】[名][他サ] ほめたたえること。—**歌** [0][名] プロテスタントのキリスト教で、神をほめたたえるうた。[参考] カトリックでは「聖歌」とよぶ。

さん-ぴ [サ]【賛否】[名] 賛成と反対。「—両論」

ザンビア《Zambia》アフリカ南部にある共和国。一九六四年独立。首都はルサカ。

さん-ぴつ [サ]【三筆】[名] 平安時代前期の三人の書道の大家。嵯峨天皇・橘逸勢・空海。↕三蹟。

さんびゃく-だいげん [ダ]【三百代言】[名]〔「三百」は三百文で、価値のひくいこと〕❶明治初期の、無資格の代言人(弁護士)のこと。❷いいかげんな弁護士をののしっていう語。❸詭弁をろうする人。

さん-ぴょう [0]【散票】[名] 投票がひとりの候補者にあつまらず、多くの候補者にちらばること。また、その票。

さん-びょうし [ビョ]【三拍子】[名] ❶音楽で、一小節が強・弱・弱の三拍で一つ単位となっているもの。❷小つづみ・大つづみ・太鼓の三種の楽器の拍子。❸三つの条件。—×**揃う** 必要な三つの条件がそろう。すべての大事な条件がそなわる。

さん-ピン [ピ]【三▲一】[名][俗語] ❶二個のさいころをふったとき、三と一とがでること。[参考]「ぴん」はポルトガル語pintaのなまりで、「一」の意。❷さんぴんざむらい。—**侍** [ザ][名] 江戸時代、身分のひくい武士をけいべつして呼んだ語。[参考] 一年の扶持が三両一分であるという意から。

さん-ぴん [0]【産品】[名] 生産される品物。

ざん-ぴん [0]【残品】[名] 売れのこった品物。

さん-ぶ [サ]【三部】[名] 三つの部分・部類・部数。—**合唱** [ガ][名] 三つの声部による合唱。—**合奏** [ガ][名] 三種の楽器による合奏。三重奏。—**曲** [プ][名] 三部作の楽曲。—**作** [プ][名] 三つの部分にわかれながら、全体の統一がとれた作品。

さん-ぷ [サ]【産婦】[名] 出産前後の女性。

さん-ぷ [サ]【散布】【×撒布】[名][他サ]〔「撒布」の誤読からできた語〕ふりまくこと。「消毒薬の—」

ざん-ぶ [ザ]【残部】[名] ❶のこりの部分。❷売れのこっている本の部数。「—僅少」

サンフォライズ [ラ]〈Sanforized〉[名]〔商標名〕綿製品に加工して、洗っても、ちぢまないようにすること。また、そのように加工した綿製品。

さん-ぶぎょう [プ]【三奉行】[名] 江戸幕府の寺社奉行・町奉行・勘定奉行。

さん-ぷく [0]/[サ]【三伏】[名][文章語] 暑いさかり。[夏]「—の候」[参考] 夏至のあとの第三・第四の、また、立秋のあとの第一の庚の日を、それぞれ初伏・中伏・末伏ということから。

さん-ぷく [0]【山腹】[名] 山の頂上と、ふもととの中間。↕山頂・山麓。

さんぷく-つい [ク]/[プ]【三幅対】[名] ❶三つで一組のかけもの。❷三つで一組のもの。

さん-ふじん-か [0]【産婦人科】[名] 産科と婦人科とを扱う医学の一部門。

さん-ぶつ [0]【産物】[名] その土地に産するもの。物産。

ざん-ぶつ [0]【残物】[名] 使いのこり。のこりもの。

サンプラ [0][名]〔商標名〕「サンプラチナ」の略。クロムをふくむニッケル合金。銀白色で義歯などに使う。

サンプリング [0]〈sampling〉[名][自他サ] たくさんの中から見本をぬき出すこと。標本抽出。「—調査」

サンプル [サ]〈sample〉[名] 見本。標本。

さん-ぶん [0]【散文】[名] 語数や調子にとらわれずに自由に書かれた、ふつうの文章。↕韻文。—**詩** [プ][名] 散文で書かれた詩。—**的** [0][形動] ❶散文のようなおもむきであるようす。↕詩的。❷散漫・平凡でおもしろくないようす。「—な説明」

さん-ぺい [0]【散兵】[名] 兵を適当な間隔に配置すること。また、その兵。「—線」

さん-ぺき [サ]【三×碧】[名] 九星の一つ。木星にあたる。方位は東。

ざん-ぺん [0]【残片】[名] のこったかけら。

さん-ぽ [0]【散歩】[名][自サ] 用事をもたずに屋外に出て、気ままにあるくこと。そぞろあるき。漫歩。散策。

さん-ぼう [0]【三方】[名] 神仏や貴人にささげる物をのせる、四角な台。台の三面に穴がある。

三方

さん-ぼう【三宝】[一][0][名]〔仏〕❶三種のたから。仏・法・僧のこと。❷仏のこと。[二][接尾] なるがまま。「人の言いなり—」 **—荒神**(こうじん) [コ][名] ❶仏・法・僧のまもり神。❷かまどの神。

さん-ぼう [0]【参謀】[名] ❶計画・はかりごとをたてる人。「選挙—」❷指揮官のもとで、作戦・用兵などの計画・指導にあたる将校。 **—本部**(ほんぶ) [ホ][名] ❶軍隊の作戦・用兵などを計画・指導する最高本部。❷もと日本陸軍で、軍事計画をたてた軍令機関。

さん-ぽう [ポ]【三方】[名] 三つの方向。さんぼう。「—から山がせまる地形」 **—一両損**(いちりょうぞん) [リョ][名] 対立する立場の三者がそれぞれ少しずつ損をすることで了解すること。[参考] 三両の金が入った財布を落とした者と拾った者に、奉行が一両を加え、各二両を渡して納得させたという落語が出典。

さん-ぽう [サ]【山砲】[名] 山岳地帯の戦闘に使えるよう、分解してはこべる小型の大砲。

さん-ぽう [0][サ]【算法】[名] 計算のしかた。算術。

ざん-ぼう [0]【×讒×謗】[名][他サ]〔文章語〕〔「讒」も「謗」も、そしるの意〕そしること。悪口を言うこと。「罵詈(ばり)—」

さんぼうえことば《三宝絵詞》平安時代中期の仏教説話集。編者は源為憲(みなもとのためのり)。

さんぼう-かん [0]【三宝×柑】[名] みかん類の一つ。三、四月ごろ熟し、だるま形で、果皮が厚く、果肉は水分が多くて甘い。[春]

サンボリスム [リ]〈フsymbolisme〉[名] 象徴主義。シンボリズム。

ざん-ぽん [0]【残本】[名] 売れのこった本。

さんぼん-じめ [0]【三本締め】[名] 宴会や口上(こうじょう)などで行う手締めの一種。三・三・三・一の調子で三回くりかえす。

さんぼん-じろ [0][ボ]【三盆白】[名] 白砂糖をさらに精製した、まっしろな砂糖。

さんま [0]【▲秋▲刀▲魚】[名] サンマ科の海水魚。形は細長く、背は青黒く、腹は銀白色。秋、北海から南下する。食用。[秋]

さん-まい [サ]【三枚】[名] ❶一枚の三倍。❷魚を料理するとき、頭をきり、せぼねの両側の身をそいで二枚の肉と中骨の三つにすること。三枚おろし。「—におろす」[参考]❷の意で使うときは[0]。 **—目**(め) [メ][名] ↔二枚目。❶演劇・映画で、こっけいな役。また、その役者。道化役。❷こっけいなことをしたり、言ったりする人。[参考]❶は歌舞伎(かぶき)の番付けで、三番目の位置に書かれたことから。

さん-まい【三昧】[一][0][名]〔仏〕精神を集中してみだされないこと。[二][接尾] ⬇ざんまい。 **—境**(きょう) [0][名] ある物ごとに心を集中し、他念のない状態。 **—堂**(どう) [0][名] 法華三昧(ほっけざんまい)、念仏三昧をする堂。

さん-まい [0]【産米】[名] 生産されたこめ。「今年度—」

さん-まい [0]【散米】[名] 神事のとき神前にまきちらすこめ。

ざんまい【三昧】[接尾]〔「さんまい」の変化〕❶物ごとに一心になること。「読書—」❷心のままにすること。「ぜいたく—」❸とかく、それをしたがるようす。「刃物—におよぶ」

さん-まくどう [マ]【三▲悪道】[名]〔仏〕⬇さんあくどう。

サンマリノ《San Marino》イタリア半島北東部にある、ヨーロッパ最古の共和国。首都はサンマリノ。

さん-まん [0]【散漫】[形動] ダロ・ダッ・デ・ニ ダ・ナ・ナラ・[0] まとまりがないようす。しまりがないようす。「—な文章」「注意—」

さん-み [サ]【三位】[名] ❶位階の第三位で、正(しょう)三位と従(じゅ)三位。❷キリスト教で、父(天帝)・子(キリスト)・聖霊。 **—一体**(いったい) [サ][名] ❶キリスト教の基本原理で、三位は一つの神のあらわれであるという考え。❷三つのものが一つになること。

さん-み [0][ミ]【酸味】[名] すっぱいあじ。

さん-みゃく [0]【山脈】[名] 多くの山々がつらなって、帯のようになった地形。「ロッキー—」

さんみん-しゅぎ [シュ]【三民主義】[名] 一九〇五年に、中国の孫文がとなえた中国革命の三大理想。民族・民生・民権の三つの主義。

ざん-む [ザ]【残務】[名] のこっている事務。「—を整理する」

ざん-む [ザ]【残夢】[名]〔文章語〕見のこしたゆめ。

さん-めん【三面】[名] ❶[0][×]三つの面・方面。❷[0]新聞の社会面。[参考] 新聞が四ページだったころ、第三面(ページ)に社会記事をのせたところから言う。 **—記事**(きじ) [キ][名] 新聞の社会面の記事。 **—鏡**(きょう) [0][名] 正面・右・左と三枚のかがみを取りつけた鏡台。 **—六×臂**(ろっぴ) [ロ][名] ひとりで何人分もの働きをすること。八面六臂(はちめんろっぴ)。「—の活躍」[参考] 顔が三つ、腕が六本ある仏像から。

さんもう-さく [モ]【三毛作】[名] 同じ土地で一年間に三種の作物を次々につくること。↔一毛作・二毛作・多毛作。

さん-もん [サ]【三文】[名] 一文の三倍。わずかのかね。「二束(にそく)—で売る」 **—文士**(ぶんし) [ブ][名] 小説家をばかにしていう語。 **—判**(ばん) [0][モ][名] 安いそまつな、できあいの印鑑。

さん-もん [0]【三門】[名] ❶中央の大きな門と左右の小さな門。❷寺の本堂の前の楼門。山門。

さん-もん [0]【山門】[名] ❶寺の門。三門。❷延暦(えんりゃく)寺。↔寺門。

さん-や [サ]【山野】[名] 山と野原。のやま。 **—草**(そう) [ヤ][名] 山野に生える野生の草花。さくらそう・すずらんなど。

さん-やく [サ]【三役】[名] ❶三つのおもな役職。❷相撲で、大関・関脇・小結。現在は、横綱を含め、小結以上の役力士を指すことが多い。❸能楽で、ワキ方・はやし方・狂言方。 **—×揃い踏み**(そろいぶみ) [サ][名] ⬇そろいぶみ。

さん-やく [サ]【散薬】[名] こなぐすり。散剤。↔水薬・丸薬。

さん-ゆ [0]【産油】[名] 石油がとれること。石油を製品として生産すること。「—国」

さん-よ [サ]【三余】[名]〔文章語〕読書に適するという三つの余暇。年の余の冬、日の余の夜、時の余の雨降りをさす。

さん-よ [サ]【参与】[一][名][自サ] ある事に加わり、たずさわること。「新企画に—する」[二][名] 学識経験者に、行政事務について協力してもらうときの職名。

ざん-よ [ザ]【残余】[名]〔文章語〕のこり。あまり。

さん-よう [0]【山容】[名]〔文章語〕山のかたち。「—あらたまる」

さん-よう [0]【山陽】[名] ↔山陰。❶山の南。❷山陽道。 —

さん-よう [0]【算用】[名][他サ] 数の計算。かんじょう。 **—数字**(すうじ) [ス][名] アラビア数字。0・1・2・3…9など。

さんようどう《山陽道》昔の七道の一つ。今の兵庫県内の播磨(はりま)から山口県内の長門(ながと)にかけての、瀬戸内海沿いの旧八か国。

さん-らく [0]【惨落】[名][自サ] 相場がひどく下落すること。

さん-らん[0]【産卵】名自サ 卵をうむこと。

さん-らん[0]【散乱】名自サ 乱雑にちらばること。

さん-らん[0]【×燦×爛】と副 たる連体 きらきらかがやくようす。

さんらん-し[ラ]【蚕卵紙】名 かいこに卵を産みつけさせた紙。蚕紙。種紙。春

さん-り[サ]【三里】名 ❶一里の三倍。約一二キロメートル。❷灸点で、ひざがしらの下の、外がわのくぼんだ所。足三里。

さん-りく《三陸》陸前・陸中・陸奥の総称。今の宮城県・岩手県・青森県の太平洋岸地方。「—海岸」

さん-りつ[0]【×簒立】名[文章語]（「簒」はよこどりするの意）臣下が天子の位をうばって、その位につくこと。

さん-りゅう[0]【三流】名 ❶三つの流派。❷第三等の階級。「—会社」参考 いちばん低い意味で使うことが多い。

ざん-りゅう[0]【残留】名自サ のこり、とどまること。あとにのこること。「農薬が—する」

さん-りょう[0]【山陵】名[文章語] みささぎ。

さん-りょう[0]【山×稜】名[文章語] 山と山の頂上の間をつなぐ高い部分。尾根。

ざん-りょう[リョ]【残量】名 使って残っている量。「バッテリーの—」

さん-りん[0]【三輪】名 ❶三つの車のわ。❷三輪車。—車[リ]名 ❶三つの車輪のついた自動車。三輪。「オート—」❷子どもが乗ってあそぶ、車輪の三つついた自転車。

さん-りん[0]【山林】名 山中のはやし。山とはやし。

さんりん-ぼう[リ]【三隣亡】名 俗信で、凶日の一つ。この日に建築をすると火事が起こり、近隣をほろぼすという。

さん-るい[サ]【三塁】名 野球で、第三のベース。また、そこをまもる人。サード。—打[ル]名 野球で、打者が三塁まで進むことができる安打。

ざん-るい[0]【残塁】名 ❶[文章語] 攻め落とされないで、のこったとりで。❷野球で、走者をベースにのこしたまま攻撃をおえること。

サンルーフ[ル]〈sunroof〉名 天窓のついている自動車の屋根。

サン-ルーム[ル]〈sunroom〉名 日光浴をするためのガラスばりのへや。

さん-れい[0]【山霊】名 山の神。

さん-れい[0]【山×嶺】名[文章語] 山のみね。

さん-れつ[0]【参列】名自サ 式などに参加すること。

さん-れつ[0]【惨烈】名形動 ひどくむごたらしいこと。「—をきわめた戦闘」

さん-ろう[0]【参籠】名自サ 社寺にこもって祈願すること。

さん-ろく[0]【山麓】名 山のふもと。↕山腹・山頂。

し シ

し：「之」の草体。
シ：「之」の変形。

し【支】造 ❶ささえる。「支援・支持・支柱・支点」❷わかれる。「支局・支線・支店・支部・気管支」❸つかえる。さしさわる。「支障」❹はらう。わけあたえる。「支給・支出・支弁・収支」❺はかる。手配する。「支度・支配」❻「支那」の略。「日支・北支」❼方角や時刻をあらわす一組の名称。「干支・十二支」

し【止】造 ❶とまる。とどまる。「止宿・止水・終止・静止・黙止」❷とめる。やめる。「止血・止揚・休止・禁止・中止」❸ふるまい。「挙止・容止」

し【仕】造 ❶つかえる。「仕官・出仕・奉仕」❷する。「仕方・仕事・仕組み・仕立て」参考 ❷の「仕」は当て字。

し【×仔】造 こまかい。「仔細」

し【史】造 過去の事実をしるした文書。それらにもとづく過去のとらえかた。「史学・史観・史跡・史料・戦史・通史・秘史・歴史・経済史・世界史・文学史」

し【司】造 ❶つかさどる。とりあつかう。「司会・司書・司法・司令」❷役。つかさどる人。「行司・宮司・上司」❸社会的な役目をもつ人。「保護司・児童福祉司」

し【矢】造 や。「一矢・嚆矢」

し【示】造 しめす。おしえる。「示唆・示教・図示・黙示録」［別音じ｜示］

し【×弛】造 ゆるむ。たるむ。「弛緩（しかん・ちかん）」

し【旨】造 むね。わけ。考え。「主旨・趣旨・要旨・論旨」

し【次】造 順序。「次第」［別音じ｜次］

し【×此】造 ここ。これ。この。「此岸・彼此」

し【自】造 おのずから。ひとりでに。「自然」［別音じ｜自］

し【至】造 ❶いたる。とどく。「乃至・必至」❷この上ない。「至急・至高・至上・至誠」❸日の最も長い日と短い日。「夏至・冬至」

し【伺】造 うかがう。まかりでる。「伺候」

し【×址】造 建物などのあと。「旧址・城址」

し【志】造 ❶こころざし。のぞみ。「意志・初志・大志・同志・有志」❷こころざす。「志願・志向・志望」❸気持ち。「厚志・寸志・闘志・篤志・薄志」❹書き記したもの。「三国志」❺「志摩（旧国名）」の略。「志州」

し【私】造 ❶わたくし。個人の。個人的な。「私学・私事・私有・私生活・公私・無私・滅私」❷ひそか。こっそり。「私刑・私語・私淑」

し【使】造 ❶つかう。「使役・使途・使用・駆使・行使・酷使」❷つかいをする。また、その人。「使者・使命・公使・大使・特使・遣唐使」

し【始】造 ❶はじめ。おこり。「始祖・原始・終始・年始」❷はじまる。はじめる。「始業・始発・開始・創始」

し【姉】造 ❶あね。「姉妹・義姉・次姉」❷女性の名にそえる敬称。「諸姉」

し【枝】造 ❶えだ。「枝葉・一枝・楊枝」❷分かれる。分かれ出たもの。「連枝」

し【×祉】造 さいわい。しあわせ。「福祉」

し【肢】造 ❶手と足。「肢体・下肢・義肢・四肢」❷分かれ出たもの。「選択肢」

し【姿】造 すがた。外見のようす。「姿勢・姿態・勇姿・雄姿・容姿」

し【×屍】造 しかばね。死体。「屍骸・検屍・死屍累累」

し【思】造 ❶おもう。かんがえる。「思考・思索・思想・意思・熟思・沈思」❷したう。好く。「思慕・相思」

し【指】造 ❶ゆび。「指圧・指紋・屈指・食指」❷さす。さしずする。「指示・指針・指導・指名・指令」

し【施】造 おこなう。ゆきわたらせる。「施行・施政・施設・施策・実施」［別音せ｜施］

し【▼柿】造 かき。「熟柿」

し【恣】造 ほしいまま。気まま。思いつき。「恣意・放恣」

し【×祠】造 ❶まつる。「合祠」❷ほこら。やしろ。小さな神社。「淫祠」

し【紙】造 ❶かみ。「紙幣・紙片・色紙・製紙・和紙・再生紙・西洋紙・包装紙」❷新聞。「紙上・紙面・全国紙・日刊紙」

し【×翅】造 はね。「鱗翅目」

し【脂】造 ❶あぶら。動物性のあぶら。「脂肪・牛脂・獣脂・油脂・脱脂綿」❷やに。「樹脂」❸べに。「脂粉・臙脂」

し【×疵】造 きず。欠点。「瑕疵」

し【視】㊀造 ❶みる。「視界・視覚・視察・視力・監視・注視」❷みるちから。「遠視・近視・弱視・乱視」❸かんがえる。「重視・無視」㊁接尾（サ変動詞の語幹をつくる）…と見る。「敵視・絶対視・度外視・有望視」

し【×斯】造 この。これ。かく。「斯界・斯道」

し【紫】造 ❶むらさき。「紫雲・紫煙・紫外線・暗紫色・山紫水明」❷天子に関すること。「紫禁城・紫宸殿」

し【歯】造 ❶は（歯）。「歯牙・歯痛・義歯・乳歯・永久歯」❷よわい。年齢。「尚歯・年歯」

し【×嗜】造 たしなむ。このむ。むさぼる。「嗜虐・嗜好」

し【×滓】造 かす。おり。「鉱滓・残滓」

し【×獅】造 ライオン。「獅子」

し【×肆】造 ❶店。「書肆」❷わがまま。「放肆」

し【試】造 ❶こころみる。ためす。「試験・試作・試食・試運転」❷「試験」の略。「追試・入試・模試」

し【飼】造 かう。やしなう。「飼育・飼料」

し【誌】造 ❶書きしるす。書きしるしたもの。「語誌・日誌・地誌」❷雑誌。「誌上・誌面・会誌・機関誌・月刊誌・タウン誌」

し【雌】造 めす。め。「雌伏・雌雄」

し【幟】造 のぼり。はたじるし。「旗幟鮮明」

し【摯】造 まじめ。てあつい。「真摯」

し【賜】造 たまわる。たまもの。「賜暇・賜金・恩賜・下賜」

し【×熾】造 さかん。「熾烈」

し【諮】造 はかる。相談する。「諮詢・諮問」

し シ【士】名造 ❶教養のある立派な男子。「同好の—」「士人・名士」❷武人。軍人。「—、農、工、商」「士官・士気・騎士・戦士・武士・兵士」❸学問人。「篤学の—」「学士・博士」❹才能のある人。「棋士・文士・弁士・力士」❺公的な資格や技術のある人。「計理士・航海士・弁護士・介護福祉士・不動産鑑定士」

し【子】㊀シ名造 ❶五等爵の一つ。「公・侯・伯・—・男」「子爵」❷学徳がある人物に対する敬称。特に、孔子のこと。「—曰く、…」「君子・夫子・孟子・老子」㊁造 ❶こども。「子宮・子息・子孫・妻子・養子」❷物資やその構成要素となるちいさなもの。「原子・種子・電子・粒子・遺伝子・中性子」㊂接尾 ❶あることをする人。「受付子・校正子・読書子」❷下にそえる語。「菓子・格子・帽子・銚子」〔別音す|子〕

し シ【四】名造 ❶よん。よっつ。「四角・四季・四方・四天王」❷四番め。第四位。

し【市】㊀シ名造 地方公共団体の一つ。人口五万以上。都市的職業の従事者が一定の割合をしめる。「—・町・村」「市制・市電・市立・横浜市」㊁造 ❶まち。「市街・市井・市民・都市」❷いち。売り買いするところ。「市場・市況」

し【死】㊀シ名造 ❶死ぬ。生命をおえる。「死刑・死罪・死体・急死・病死・変死・自然死・尊厳死」↕活・生。❷野球で、アウト。「二死満塁」㊁造 ❶いのちがけ。「死守・死闘・死力・必死」❷あぶない。「死地・死中・死病」**死する** 自サ **—一等を減ずる** 死罪を許し、つぎに重い刑にする。**—の商人** 武器の製造、販売を行うことによって利益を得る資本家。**—の灰** 核兵器の爆発や原子炉などの核分裂のときにできる放射能を含んだ物質。人体に害をおよぼす。**—を賜る** 自殺・切腹を言いつけられる。

し【刺】㊀シ名造 なふだ。「名刺」㊁造 ❶さす。「刺殺・刺繍」❷痛みを感じさせる。なじる。「刺激・風刺」❸とげ。「有刺鉄線」**—を通じる** 名刺を出して面会をもとめる。

し【師】㊀シ名造 ❶学問・技術をおしえる人。「—とあおぐ」「師事・師匠・師弟・恩師・教師・講師」❷伝道・説教をする人。「導師・牧師」❸軍隊。「師団・出師」㊁造 技術・技芸など、その道の専門家であることをあらわす語。「医師・技師・庭師・看護師・美容師・薬剤師」㊂接尾 僧・講談師・落語家などの名にそえる敬称。「柳家小さん師」

し シ【×梓】名造 版木。あずさの木で作る。「上梓」**—に上す** 出版する。

し シ【嗣】名造〔文章語〕あとつぎ。よつぎ。「—をもうける」「嗣君・嗣子・継嗣・後嗣」

し ◎【詩】名造 ❶自然や人事について起こる感動などを圧縮した形で表現した文学。定型のリズムをもつものと、もたないものとがある。「詩人・詩情・詩論・叙事詩・象徴詩・風物詩」❷漢詩。「詩吟・唐詩・律詩」

し シ【資】名造 ❶もとで。資金。「事業の—」「資源・資本・外資・学資・出資・融資」❷材料。データ。「資材・資料」❸うまれつき。性質。「英俊の—」「資格・資質・資性・英資」❹資本家。「労資」**資する** 自サ

し【糸】㊀シ名 数の単位で、一毛の十分の一。一の一万分の一。㊁造 ❶いと。「絹糸・抜糸」❷弦楽器。「糸竹」

し【詞】㊀シ名 ❶ことば。とくに歌詞。「—に合ったメロディー」❷独立して文節を作ることのできる語。名詞・動詞など。自立語。↕辞。㊁造 ❶ことば。文章。「詞章・詞藻・作詞・祝詞・誓詞」❷文法で、単語のグループ。「助詞・品詞・形容詞・指示詞・接続詞」

し【氏】㊀シ代 第三者を高めて言う語。「—は旅行中」参考 おもに書きことばで使う。㊁造 ❶うじ。姓。家柄。「氏族・氏名」❷人。おもに男子をさす語。「某氏・両氏・無名氏」㊂接尾〔文章語〕❶姓・姓名にそえて、その人を高めた言い方。「田中一郎—」参考 第三者についてのみ使う。❷「人」の改まった言い方。「五—」

し【×其】代〔古語〕❶それ。「さしぶの木しが下に生ひ立てる」〈古事記〉❷自分。「老人・女童もしが願ふ」〈万葉〉❸おまえ。「愛しくしが語らへば」〈万葉〉

し 助 ❶〔接続助詞。活用語の終止形につく〕㋐事がらをならべあげて示す。「雨は降る—、風は吹く—、ひどい天気だった」㋑くいちがった事がらをならべる。「遊びに行きたい—、かねはない—」㋒一つの条件だけをあげて、あとをほのめかす。「もうこどもでもあるまい—、自分でやりなさい」参考「二十代の青年ではあるまいし」のように、言いさしの形で終助詞のように使うこともある。❷〔古語〕〔副助詞〕上の語の意味を強め、または、語調を整える。「生きと—生けるもの」参考 ❶は、本来文語の形容詞の活用語尾「し」から転じたもので、❷とはまったくの別語。

じ【路】造 ❶みち。地名につき、そこをとおるみち。「山—」「四国—の旅」❷十歳ごとの年齢の区分。「五十—に差しかかる」

じ【次】㊀造 ❶つぎ。第二。「次官・次兄・次席・次点・次回」❷順序。位置。「次元・席次・逐次」㊁接尾 段階・回数をあらわす。「第三次会議」〔別音し|次〕

じ【寺】㊀造 てら。「寺院・寺社・本寺・菩提寺」㊁接尾

てらの名。「東大―・法隆―」

じ【示】 造 しめす。おしえる。「示威・示談・暗示・開示・掲示」[別音し|示]

じ【×而】 造 そうして。…て。…して。前後の語句をつなぐことば。「而立(じりつ)・形而下(けいじか)」

じ【耳】 造 みみ。「耳順・耳目・耳鼻科・外耳・俗耳・馬耳東風」

じ【自】 造 ❶おのれ。自分。「自我・自己・自国・各自・独自」❷みずから。自分で。「自治(じち)・自筆・自慢・自立」❸おのずから。ひとりでに。「自生・自動・自明」❹こころのまま。「自在・自由」❺…より。…から。「自後・自今・自来・出自」[別音し|自]

じ【似】 造 にる。同じように見える。「酷似・相似・類似」

じ【児】 造 ❶こども。「児童・愛児・育児・胎児・新生児・未熟児・健康優良児」❷特徴のある人物。「反逆児・風雲児・問題児」

じ【事】 造 ❶こと。ことがら。「事項・事情・記事・私事・万事」❷できごと。「事件・事故・火事・惨事・無事」❸しごと。「事業・事務・工事・人事・用事」❹あるしごとをする人。「幹事・検事・知事・理事」❺つかえる。「事大主義・兄事(けいじ)・師事」

じ【侍】 造 つかえる。そばで用をする。「侍医・侍女・近侍」

じ【治】 造 ❶おさめる。おさまる。「政治・退治・文治」❷なおす。なおる。「根治(こんじ)・主治医・療治・湯治」[別音ち|治]

じ【×恃】 造 たのむ。自負する。「矜恃(きょうじ)・自恃」

じ【時】 ㊀造 ❶とき。時間。「時刻・時差・時点・同時・日時」❷ころ。おり。「時期・時代・当時」❸何かをする、あるいは何かの状態にあるとき。「退出時・非常時・肉体疲労時」❹いまの。現在の。「時価・時局・時事」❺時間の単位。一時間。六十分。「時速・時給・時報・毎時」㊁接尾 時刻をあらわす。「午前六―に起きる」

じ【滋】 造 うるおす。やしなう。からだによい。「滋雨・滋味・滋養」

じ【慈】 造 いつくしむ。あわれむ。「慈愛・慈善・慈悲・慈母・仁慈」

じ【×爾】 造 ❶それ。その。「爾後・爾来」❷そういうようす。「莞爾(かんじ)・卒爾・徒爾」

じ【磁】 造 ❶かたい焼き物。瀬戸物。「磁器・青磁・白磁・陶磁器」❷鉄を引きつける性質。「磁気・磁石(じしゃく)・磁性・電磁波」

じ【餌】 造 ❶食物。「食餌・薬餌」❷えさ。え。「擬餌・好餌」

じ【璽】 造 天子の印。「印璽・国璽」

じ ジ **【地】** 名造 ❶土地。地面。大地。「雨降って―固まる」「地獄・地震・地主」❷その地方。「―の人」「地酒(じざけ)・地卵(じたまご)・地元(じもと)」❸それが本来もっている性質。「つい―が出る」「地声・地肌(じはだ)・意地・意気地(いくじ)」❹何かが付け加えられる場合、そのもとになるものの意。㋐織物の生地。「裏地(うらじ)・服地」㋑素肌。㋒地謡(じうたい)。㋓地の文。❺囲碁で、囲み取った領分。❻日本舞踊で、伴奏の音楽や歌。[別音ち|地] **―の文(ぶん)** 小説などの文章で、会話文や引用文をのぞいた部分。↕会話文。

じ【字】 ㊀ジ名造 もじ。もんじ。「字句・字体・識字・数字・点字・ローマ字」㊁ジ名 筆跡。「みごとな―」㊂造 漢字。「字音・字画・字訓・俗字・本字」

じ 0 **【×痔】** 名造 肛門(こうもん)の病気。「痔核・痔疾(じしつ)・切れ痔」

じ【辞】 ㊀ジ名造 ことば。文章。「送別の―」「辞書・辞典・賛辞・祝辞・答辞」㊁ジ名 独立して文節を作ることのできない語。助動詞・助詞など。付属語。↕詞。㊂造 ❶やめる。ことわる。「辞意・辞退・辞任・固辞」❷たちさる。「辞去・辞世・拝辞」 **―を低(ひく)くする** ことばづかいを丁寧にする。へりくだる。

じ【持】 ㊀ジ名 歌合わせ・碁・将棋などで引き分け。あいこ。もちあい。㊁造 ❶もつ。手にする。「持参・持病・所持」❷たもつ。もちこたえる。「持久・持続・維持・支持・保持」 **持する** 他サ

じ 助動 ○|○|ジ|ジ|ジ|○ [古語] (活用語の未然形につく) ❶打ち消しの推量をあらわす。…ないだろう。…まい。「月ばかり面白きものはあらじ」〈徒然〉❷打ち消しの意志をあらわす。…ないつもりだ。…まい。「寝殿に鳶(とび)ゐさせじ(トマラセマイ)とて」〈徒然〉

し-あい 0 **【試合】【仕合】** (あひ)―名 (「し」は動詞「する」の連用形)たがいにたたかって、わざを競うこと。「剣道の―」

じ-あい 0 **【地合(い)】** (あひ)―名 ❶布の地質。おりじ。❷相場の全体のようす。❸碁で、白黒両者の占める地の大きさの比較。

じ-あい 0 **【慈愛】** 名 いつくしみ愛すること。だいじにして、かわいがること。「―に満ちる」

じ-あい 0 **【自愛】** 名自サ 自分のからだを、たいせつにすること。「ご―を祈る」「自重―する」

し-あがり 0 **【仕上(が)り】** 名 できあがり。完成。

し-あが・る ガ **【仕上(が)る】** 自五 ラ・ロ|リ・ッ|ル|ル|レ|レ ❶できあがる。完成する。❷調整ができあがる。

し-あげ 0 **【仕上げ】** 名 ❶できあがり。完成。「―を見てくれ」❷仕事の最後の部分。「―に念を入れる」

じ-あげ 0 **【地上げ】【地揚】** 名 ❶土を盛って土地を高くすること。❷不動産業者が土地の再開発のために、持ち主のことなる小さな土地を買い上げて、所有権を一つにまとめること。俗に、そのためになかば強制的な手段を用いることにも言う。

し-あ・げる ゲ **【仕上げる】** 他下一 ゲ|ゲ|ゲル|ゲル|ゲレ|ゲロ・ゲヨ 仕事を完成する。しとげる。 **しあ・ぐ** 文語下二

し-あさって サ **【▲明▲明▲後▲日】** 名 あさっての次の日。⇩やのあさって 参考。

ジアスターゼ タ 〈ドDiastase〉名 ❶でんぷんを糖分にかえる酵素。消化液や、麦芽などにふくまれる。アミラーゼ。❷ジアスターゼをふくむ消化剤。

シアター シ 〈theater〉名 劇場。

じ-あたま ア **【地頭】** 名 (「じとう」と読めば別語)❶自分の頭で考える力。知識量ではなく、発想力・応用力など。もとからもっている頭のよさ。「―がいい」❷かつらなどではない、もとの頭。地髪(じがみ)。

し-あつ 0 **【指圧】** 名他サ 治療のために、てのひら・指などで人体を押すこと。 **―療法(りょうほう)** リョ名 指圧によって病気をなおす方法。

じ-あまり ア **【字余り】** 名 和歌・俳句・連歌などで、音節の数がきまりより多いこと。また、その作品。

じ-あめ 0 **【地雨】** 名 おなじ強さで長く降りつづく雨。

し-あわせ 0 (あはせ)― ㊀**【仕合(わ)せ】** 名 めぐりあわせ。運。「―が悪い」㊁**【幸せ】** 名形動 物事が望む方に向かっていて、満足できる状態。幸福。さいわい。「―をつかむ」「―な毎日」↕不幸せ。

し-あん 0 **【私案】** 名 その人の個人としての考え。「委員長の―」

し-あん 0 **【試案】** 名 ためしに出した、かりの案。

シアン シ 〈オcyaan〉名 ❶炭素と窒素の化合した、無色で特有の臭気のある有毒な気体。❷絵の具や印刷インクなどの色の名。青緑色。明るい青。

し-あん シ **【思案】** ㊀名自サ 考えをめぐらすこと。「よく―

する」❷名 心配。ものおもい。「—顔」—投げ首 思案にくれて、首をかたむけること。—に余る いくら思案しても、よい考えがうかばない。—に暮れる どうしてよいか、考えにまよう。—に沈む 深く考えこむ。

じ-あん ⓪【事案】名 問題になっていることがら。

しい 接尾〔形容詞をつくる〕…のようすだ。「たどたど—」「ばかばか—」

シー〈sea〉造 海。「—サイド」

しい シ【▲椎】名 ブナ科の常緑高木の総称。実は食用。材は建築・器具・薪炭用。樹皮は染料。しいのき。実=秋

し-い シ【×尸位】名〔文章語〕その位にいながら、その責任をはたさないこと。—素×餐 シ名〔文章語〕徳がないのに位につき、職責をはたさないで給料をうけること。禄ぬすびと。

し-い シ【四囲】名 まわり。あたり。周囲。「—をかこむ」

し-い シ【私意】名 ❶自分だけの気持ち・意見。私見。❷自分の利益をはかる心。私心。❸自分かってな考え方。私心。「—をさしはさむ」

し-い シ【恣意】名〔文章語〕〔「恣」はわがままかっての意〕かってな考え。気ままな心。—的 ⓪ 形動 ❶気ままにふるまうようす。❷必然的な関係のないようす。「ことばの音声と意味との結びつきは—だ」

し-い シ【紫衣】名 高僧の着る、むらさき色の僧衣。しえ。

し-い シ【×緇衣】名〔文章語〕〔「緇」は黒色の意〕すみぞめのころも。僧衣。しえ。

シー シ〈C〉名〔Celsius の略〕セ氏温度計の記号。↕F

し-い シ【思×惟】名 自サ ❶考えおもうこと。思考。❷しゆい。

じ-い ジ【字彙】名 漢字をあつめた字引。字書。

じ-い ジ【事彙】名 事典。百科事典の類。

じ-い ジ【侍医】名 天皇や皇族を診療する医師。

じ-い ジ【辞彙】名 ことばをあつめて分類した書物。辞書。

じ-い ジ【辞意】名 辞退・辞職の気持ち。「—をもらす」

じ-い ジ【自慰】名 自サ ❶自分をなぐさめること。❷オナニー。

じ-い ジ【示威】名 自他サ 威力・気勢をしめすこと。—運動 ウ名 大ぜいでする、示威のための行動。デモンストレーション。

ジー-アイ ア〈GI〉名〔Government Issue から〕アメリカ兵の俗称。

シー-アイ-エー エ〈CIA〉名〔Central Intelligence Agency から〕アメリカ中央情報局。

シー-イー-オー オ〈CEO〉名〔chief executive officer から〕企業の最高経営責任者。経営に関する意思決定を行う。

シー-エー-アイ ア〈CAI〉名〔computer assisted instruction から〕コンピューターを利用した学習システム。

シー-エー-ティー-ブイ テ〈CATV〉名〔community antenna television または cable television から〕光ファイバーケーブルを通して送受信する方式のテレビ放送。有線テレビ。

シー-エス ⓪〈CS〉名〔communication satellite から〕通信衛星。「—放送」

ジー-エス ⓪〈GS〉名 ❶〔和製英語 group sounds から〕⬇グループサウンズ。❷〔和製英語 gasoline stand から〕⬇ガソリンスタンド。

ジー-エヌ-アイ ア〈GNI〉名〔gross national income から〕国民総所得。

ジー-エヌ-ピー ピ〈GNP〉名〔gross national product から〕その国において、ある期間に生産された財貨・サービスの価格の総額。国民総生産。

シー-エフ エ〈CF〉名〔commercial film から〕テレビコマーシャルに用いる、短い映画。

シー-エム ⓪〈CM〉名〔commercial message から〕広告宣伝の文句。コマーシャル。

シー-オー オ〈CO〉名〔化学式COから〕一酸化炭素。

シー-オー-ツー ツ〈CO2〉名〔化学式CO_2から〕二酸化炭素。

しい-か シ【詩歌】名〔「しか」の変化〕❶詩やうた。❷漢詩と和歌。

シーがた-かんえん カ【C型肝炎】名 C型肝炎ウィルス(HCV)により肝臓に炎症がおこる病気。かつて輸血や注射針で感染が広がったことがある。

しい-ぎゃく ⓪【×弑逆】名 他サ 君主や父をころすこと。

シー-キュー キュ〈CQ〉名〔call to quarters から〕アマチュア無線通信家(ハム)の呼び出しの合図。

し-いく ⓪【飼育】名 他サ 動物をかいそだてること。「馬を—する」

シークエンス シ〈sequence〉=シーケンス 名〔連続するもの・順序の意〕❶映画で、一つづきの画面。❷学習の系列。いくつかの単元がつながり、発展していく順序。

シークレット シ〈secret〉名 秘密。機密。—サービス サ〈secret service〉名 ❶要人の警護などを行う米国政府の機関。❷私服で要人の警護にあたる人。エスエス(SS)。

しいくわあさあ ワ名〔沖縄方言から〕沖縄で栽培されるミカン科の木。ヒラミレモン。果汁は料理に酸味を加えたり、ジュースにしたりして使われる。参考 ふつう、「シークヮーサー」「シークワーサー」と書かれる。

しい-さあ ⓪名 沖縄でみられる、唐獅子に似た像。屋根や門柱の上に魔よけにすえられる。参考 沖縄方言で「獅子さん」の意。ふつう、「シーサー」と書かれる。

シーザー-サラダ サ〈caesar salad〉名 フレンチドレッシングであえたレタスに、クルトンや粉チーズなどをかけたもの。

しいさあ

シー-サイド サ〈seaside〉名 海岸。海辺。「—パーク」

しい-ざかな ザ【強い×肴】名 懐石料理で、もとの献立にはない肴の一品。

じい-さん ジ名 ↕ばあさん。❶【▲祖▲父さん】祖父のややくだけた言い方。❷【×爺さん】老年の男性のややくだけた言い方。

しい-じ シ【四時】名〔文章語〕〔「しじ」の変化〕❶四季。春夏秋冬。しじ。❷つね。ふだん。

じいじ ジ名〔幼児語〕〔「じじ(祖父)」の変化〕祖父を親しんで言う語。↕ばあば。

シー-シー シ2〈CC〉名〔carbon copy から〕⬇カーボンコピー❷。

シー-シー シ2〈cc〉名〔cubic centimeter から〕立方センチメートル。「五〇〇—の水」

シー-ジー ジ〈CG〉名〔computer graphics から〕⬇コンピューター(ー)グラフィックス。

シー-ジー-エス-たんいけい ⓪【CGS単位系】名〔centimeter, gram, second から〕長さ・質量・時間の基

本単位として、それぞれセンチメートル・グラム・秒を採用した単位の体系。現在は国際単位系が広く使われる。

じ-いしき【自意識】 名 自我の意識。自分自身についての意識。自己意識。自覚。 **―過剰** 名 他人の自分をみる目を考えすぎる不安定な精神状態。

シース〈sheath〉名 万年筆・鉛筆などをさす、入れ物。

しい・する【×弑する】 他サ 君主や、父をころす。**しい・す** 文語サ変

シースルー〈see-through〉名 内部が透けて見えること。特に、透けて見える生地を使った衣服。

シーズン〈season〉名 ❶季節。時期。❷ある物事の盛んに行われる時期。スポーツなどに適当な時期。好季節。「野球の―」 **―オフ**〈season-off〉名〔和製英語〕あるスポーツなどの行われない時期。季節はずれ。

ジー-セブン〈G7〉名〔Group of Sevenから〕主要七か国の財務相・中央銀行総裁による会議。アメリカ・イギリス・ドイツ・日本・フランス・イタリア・カナダの七か国が参加する。

ジーゼル-エンジン〈diesel engine〉名 ⬇ディーゼルエンジン。

シーソー〈seesaw〉名 長い板の中心をささえ、その両端に人が乗り、たがいに上下する遊び。また、その道具。ぎっこんばったん。 **―ゲーム**〈seesaw game〉名 追いつ追われつの、白熱した大接戦。

しい-たけ【椎×茸】 名 キシメジ科のきのこ。しい・ならの木などにはえ、栽培もする。食用。秋

しいた・げる【虐げる】 他下一 むごくあつかう。いじめる。「虐げられた民衆の怒り」 **しひた・ぐ** 文語下二

シー-チキン〈Seachicken〉名〔和製英語〕〔商標名〕ビンナガマグロの肉。参考 鶏肉と同じく脂肪が少なく低カロリー・高たんぱく質であることから。

シーツ〈sheet〉名 夜具・しきぶとんなどのしきふ。

しい-て【強いて】 副 むりやりに。むりに。「彼は好人物だが、―言えばおとなしすぎるのが欠点だ」

シー-ティー〈CT〉名〔computed tomographyから〕X線装置とコンピューターを組み合わせた体内の断層撮影法。 **―スキャナー**〈CT scanner〉名 断層撮影をするための装置。CTスキャン。

シー-ディー〈CD〉名 ❶〔compact discから〕コンパクトディスク。❷〔cash dispenserから〕銀行の現金自動支払機。 **―アール**〈CD-R〉名〔compact disc recordableから〕一度だけデータの書き込みが可能なコンパクトディスク。書き込んだデータの書きかえ・消去はできない。 **―ロム**〈CD-ROM〉名〔compact disk read only memoryから〕コンピューターを使って記憶内容を読み出すことだけを目的としたコンパクトディスク。

シー-ティー-エス〈CTS〉名〔computerized typesetting systemから〕コンピューターを使った組み版による印刷方法。

シー-ティー-シー〈CTC〉名〔centralized traffic controlから〕列車の運行を中央指令室で一括して管理する方式。列車集中制御装置。

ジー-ディー-ピー〈GDP〉名〔gross domestic productから〕⬇国内総生産。

シート〈seat〉名 ❶座席。❷野球で、守備位置。 **―カバー**〈seat cover〉名 座席の背などにかけるおおい。 **―ノック**〈seat knock〉名〔和製英語〕野球で、選手が守備位置についてノックを受ける守備練習。 **―ベルト**〈seat belt〉名 からだを固定するために自動車・飛行機などの座席に取り付けた安全用のベルト。

シート〈sheet〉名 ❶一枚の紙。「切手の―」 ❷うすい板。❸おおいに使う防水した布。

シード〈seed〉名 他サ 勝ち抜き試合で、強いと思われる選手・チームどうしが、初めからぶつからないように組み合わせること。「―校」

しいな【×粃】 名 ❶からばかりで実のはいっていないもみ。❷じゅうぶんにみのらない実。

しいな-りんぞう《椎名麟三》〔一九一一―七三〕小説家。実存主義的作風から出発し、キリスト教作家として大成した。作品に「深夜の酒宴」「自由の彼方で」など。

ジー-パン 名〔和製英語 jeans pantsから〕あやおりの厚手の綿布でつくったズボン。作業用から普段着用など、広く使われる。ジーンズ。参考 俗に「Gパン」と書く。

ジー-ピー-エス〈GPS〉名〔global positioning systemから〕人工衛星を利用して現在の位置を知るしくみ。全地球測位システム。

シー-ピー-ユー〈CPU〉名〔central processing unitから〕演算など、コンピューターの主要な機能をはたす装置。中央処理装置。

ジープ〈jeep〉名 アメリカで軍用に開発された、小型で強力な四輪駆動の自動車。参考 Jeepは、軍用のジープに似た自動車の商標名。

シー-フード〈seafood〉名 海でとれる食用の魚や貝。また、それらを使った（洋風の）料理。「―カレー」「―サラダ」

シーベルト〈sievert〉名〔スウェーデンの放射線学者Sievertの名から〕放射線による人体への影響を表す単位。

ジー-マーク〈G-mark〉名 ⬇グッドデザインマーク。

シーム-レス〈seamless〉名 ❶継ぎ目のないこと。また、そのもの。❷衣服、女性用のストッキングなどで、縫い目のないこと。また、そのもの。

ジー-メン〈G-men〉名〔Government menから〕アメリカの連邦捜査局（FBI）直属の捜査係の警官。

じい-や【×爺や】 名 年とった下男。また、その人を親しみをもって呼びかける語。↕ばあや。

シーラカンス〈coelacanth〉名 古生代にさかえた魚類。白亜紀に絶滅したと考えられていたが、アフリカ東南部の深海で発見され、生きた化石といわれる。

シーリング〈ceiling〉名〔「天井」の意から〕各省庁が来年度の予算要求をする上で、政府から示される、要求額のわく。「ゼロ―」 参考 政府では「概算要求基準」という。

シール〈seal〉名 ❶封印のためにはる紙。封緘紙。❷絵や文字などを印刷し、うらにのりをつけた紙。

シール〈seal〉名 ❶あざらし。❷〔あざらしの毛皮を使ったことから〕登山用のスキー板の裏にすべり止めのためにはりつける帯状のもの。シールスキン。

し・いる【強いる】 他上一 むりにすすめる。強制する。おしつける。**し・ふ** 文語ハ上二

し・いる【×誣いる】 他上一 ❶相手を陥れるために、つくりごとを言う。❷ざんげんする。**し・ふ** 文語ハ上二

シールド〈shield〉名 ❶盾。盾のように守ったり、防いだりするもの。「フェース―」「フロントウインド―」 ❷電磁場や放射線の影響を遮断するおおいや防御壁。❸トンネルを掘るときに使用する、刃口のついた鋼製の円筒。シールドマシン。 **―工法** 名 シールド❸を用いて、トンネルを円筒型に掘る工法。地面を掘り返す必要がないた

め、軟弱地盤の工事に適している。

シーレーン レ〈sea lane〉名 海上交通路。参考 国家の防衛上、必要となる航路の意味で使うことが多い。

し-い・れる レ【仕入れる】他下一 レ・レ・レル・レル・レレ・レロ・レヨ ❶販売のために商品を、生産のために原料を、買い入れる。しこむ。❷新しく取り入れる。「新知識を—」 **仕入れ** 名 **しい・る** 文語下二

じ-いろ 0【地色】名 布や紙の、きじの色。「—は青」

し-いん 0【子音】名 唇・歯・舌・口腔などの発音器官によって、息の流れをさえぎって出す音。p,k,s,h など。しおん。↕母音。

し-いん 0【死因】名 死亡の原因。

し-いん 0【私印】名 個人の印章・印鑑。↕公印・職印。

し-いん 0【試飲】名 他サ (酒や飲料などを)ためしに飲んで、味やかおりをみること。「—会」「新酒を—する」

シーン シ〈scene〉名 映画・演劇で、場面・情景。小説や事件の場面。

じ-いん ジ【寺院】名 てら。

ジーンズ ジ〈jeans〉名 ❶あやおりにした厚手のもめん織物。デニム。❷ジーパン。

じいん-と 0 副 強い感動を受けて、からだがうずくような感じがするようす。「—来る」

じ-う ジ【慈雨】名 ❶ものをうるおし、そだてる雨。❷ひでりに降る雨。「干天の—」

じ-うた 0 名 ❶【地歌】その土地でうたわれる俗謡。❷【地唄】上方でうたわれる、三味線唄。**—舞** 0/タ 名 上方に発達した舞の一種。京舞。上方舞。

じ-うたい ウ【地謡】名 能楽で、謡曲の地の文をうたうこと。また、その文句。また、それをうたう一団。

し-うち 0【仕打ち】名 やりかた。ふるまい。とりあつかい。「ひどい—」参考 多く、わるい意味で使う。

し-うん 0【紫雲】名〔文章語〕むらさき色の雲。めでたい雲。参考 仏がこの雲に乗って現れるという。

じ-うん ジ【時運】名 時節のまわりあわせ。その時どきの世のなりゆき。「—に乗る」

し-うんてん ウ【試運転】名 他サ 調子をみるために、運転してみること。「新車の—」

し-え シ【紫▲衣】名 ➡しい。

し-え シ【×緇▲衣】名〔文章語〕➡しい。

シェア シエ〈share〉一 名 〔「マーケットシェア」の略〕市場占有率。二 名 他サ 分けること。分配。また、共有すること。「数人で—して食べる」「情報を—する」 **—ハウス** ハ〈share house〉名 〔和製英語〕一つの住宅に複数の人で住むこと。また、その住宅。ハウスシェアリング。 **—ルーム** ル〈share room〉名 〔和製英語〕➡ルームシェア。

シェア-ウエア エ〈shareware〉名 コンピューターのソフトウエアで、一定の試用期間後に代金を支払って購入するもの。

し-えい 0【市営】名 市が経営していること。「—バス」

し-えい 0【私営】名 個人・民間会社が経営すること。民営。↕公営。

じ-えい 0【自衛】名 自サ 他からの攻撃・侵略などに対して、自分の力でふせぎまもること。「暴力に対して—する」 **—官** エ 名 防衛省の職員のうち、陸上・海上・航空自衛隊に勤務する者。 **—艦** 0/エ 名 海上自衛隊の保有する大型の船舶。護衛艦、潜水艦など。 **—権** エ 名 他国から武力の攻撃を受けたとき、国家がそれを正当にふせぎまもるために、必要やむをえない限度内で武力を行使する権利。 **—隊** 0 名 日本の独立・平和をまもり、他国の侵略をふせぐために作られた組織。

じ-えい 0【自営】名 他サ 独立して自力で経営すること。「—業」

ジェー-アール ア〈JR〉名 〔Japan Railway から〕日本国有鉄道の分割・民営化にともない、一九八七年四月一日に発足した会社の共通の略称。

ジェー-エー エ〈JA〉名 〔Japan Agricultural Cooperatives から〕農業協同組合。農協。

ジェー-オー-シー シ〈JOC〉名 〔Japanese Olympic Committee から〕日本オリンピック委員会。

シェーカー シエ〈shaker〉名 カクテルをつくるために氷・酒などをまぜあわせる金属製の容器。

シェーク-ハンド ハ〈shake hands〉名 ❶握手。❷シェークハンドグリップ。 **—グリップ** リ〈shake-hands grip〉名 卓球で、握手するようにラケットを持つにぎり方。

シェード シエ〈shade〉名 ❶日よけ。ひさし。❷電灯のかさ。

シェーバー シエ〈shaver〉名 電気かみそり。

シェービング-クリーム リ〈shaving cream〉名 ひげそりのとき、はだに塗るクリーム。

シェープ-アップ ア〈shape up〉＝シェイプアップ 名 自サ 美容のために体型をととのえること。

ジェーペグ 0〈JPEG〉＝ジェイペグ 名 〔Joint Photographic Experts Group から〕静止画像のデータを圧縮する方式の一つ。デジタル写真などに用いられる。

ジェーポップ ポ〈J-POP〉＝ジェイポップ 名 〔和製英語 Jは Japan から〕日本で作られた現代風ポップス。

シェーマ シエ〈ドSchema〉名 図式。

ジェーリーグ リ【Jリーグ】名 〔Japan Professional Football League から〕日本プロサッカーリーグ。

し-えき 0【私益】名 個人の利益。↕公益。

し-えき 0【使役】一 名 他サ 人や動物を使ってあることをさせること。二 名 他人に動作をさせる意味をあらわす言い方。動詞に「せる」「させる」をつける。「行かせる」「見させる」など。

ジェスチャー ジエ〈gesture〉＝ゼスチャー・ゼスチュア 名 ❶みぶり。てまね。「—たっぷりの話し方」❷意思表示。態度。「賛成の—」❸みせかけの態度。「ただの—だ」

ジェット ジエ〈jet〉名 ❶ガス体や液体を穴から噴出させること。❷ジェット機。 **—エンジン** エ〈jet engine〉名 ジェット作用によって動力をおこす機関。 **—機** ト 名 ジェットエンジンによって進む飛行機。 **—気流** キ 名 緯度三〇〜四〇度の一万㍍ぐらいの上空を、東へ海流のように流れている、強い空気の流れ。 **—コースター** コ〈jet coaster〉名 遊園地で、車が起伏するレールを高速で走る娯楽用の乗り物。

圧縮機
ファン駆動軸
排気筒
タービン
燃焼室
ファン
(ボーイング747)

ジェットエンジン

ジェトロ ジエ〈JETRO〉名 〔Japan External Trade Organization から〕日本貿易振興機構。日本の貿易をさかんにするための事業をおこなう。

ジェネリック ジエ リ〈generic〉名 〔「(商標名でない)一般名」の意から〕特許の切れた新薬と同一成分で製造された他社の薬。効能も変わらず価格が安い。ジェネリック医薬品。後発医薬品。

ジェネレーション レ〈generation〉＝**ゼネレーション** 名 世。時代。その世代の人々。

ジェノサイド サ〈genocide〉名 ある人種や民族を破壊する意図で行われる集団殺戮(さつりく)。

ジェノベーゼ ベ〈ィ genovese〉名〔バジリコの産地であるイタリアのジェノバから〕バジリコににんにく・松の実・チーズ・オリーブオイルなどを加えてすりつぶした緑色のソース。

シェパード パ/シェ〈shepherd〉＝**セパード** 名 ドイツ原産の大型犬。りこうで警戒心が強い。番犬・軍用犬・警察犬。

シェフ シェ〈フ chef〉名 料理人の責任者。コック長。

ジェラート ラ〈ィ gelato〉名 イタリアふうのアイスクリーム。イタリアンジェラート。

ジェラシー ジェ〈jealousy〉名 ねたみ。しっと。

シエラレオネ《Sierra Leone》アフリカ西海岸の大西洋に面した共和国。一九六一年に独立。首都はフリータウン。

シェリー シェ〈sherry〉名 スペイン産の白ぶどう酒。

ジェル ジェ〈gel〉名 ゼリー状になっているもの。ゲル。また、ゼリー状になっている化粧品・整髪料。

シェルター シェ〈shelter〉名 避難所。防空壕(ごう)。特に、核攻撃に対する避難壕。

シェルパ シェ〈Sherpa〉名 ❶ヒマラヤ地方に住む一種族。特にヒマラヤ登山の案内・荷あげなどを職業とする人。❷国際会議で、首脳を助ける補佐官。

シェルフ シェ〈shelf〉名 棚。「ブック―」

し-えん 0【私怨】名 個人的なうらみ。

し-えん 0【紫煙】名 たばこのむらさき色のけむり。「―をくゆらす」

し-えん 0/シ【支援】名 他サ 力をそえてたすけること。「環境保護運動を―する」参考「支援」は類義語の「援助」に比べると、助けを求める人に部分的に力を貸すニュアンスがある。介護を必要とする人の認定で「要介護」の前に「要支援」というステップがあるのは、そのためである。

し-えん 0【試演】名 他サ 演劇などを、本格的に上演する前に演じてみること。プレビュー。

じ-えん 0【自演】名 他サ 自分で演じて見せること。「自作―」

じえん《慈円》一一五五―一二二五。平安時代後期の僧・歌人。史論「愚管抄(ぐかんしょう)」、歌集「拾玉集」の著者。

ジェンダー ジェ〈gender〉名 社会的・文化的・歴史的に形成される男女の性差。「―ギャップ」 **―アイデンティティー** デ〈gender identity〉⇒せいじにん。 **―フリー** リ〈gender-free〉名 性差による社会的制約にとらわれず、個人として生き方を決定できることをめざす考え方。 **―ベリフィケーション** ケ〈gender verification〉名 女子スポーツ選手が女性であることを確かめる検査。

ジェントルマン ジェ〈gentleman〉＝**ゼントルマン** 名 ↕レディー。❶紳士(しんし)。❷男子を尊敬してよぶ語。

しお【▲入】しほ 接尾 染め物で染め汁にひたす度数を表す語。

しお オ【塩】しほ 名 ❶食塩。❷塩け。塩かげん。 **―をする** 魚や野菜に塩をまぶす。

しお オ【潮】〔×汐〕しほ 名 ❶海水の満ち引き。海水。うしお。❷しおどき。「電話を―に立ち上がる」

しお-あい 0【潮合(い)】しほあひ 名 ❶潮の満ち干の間。❷ころあい。しおどき。

しお-あじ オ【塩味】しほあぢ 名 塩を用いてつけた味。

しお-いり 0【潮入(り)】しほ― 名 ❶海の近くの湖や川に、海水の出入りすること。また、その湖・川。「―の池」❷船の積荷が海水につかること。

しお-おし 0【塩押し】〔塩▲圧し〕しほ― 名 魚や野菜に塩をふりかけて、おもしをのせること。

し-おお・せる セ ―おほせる 他下一 セ―セ―セル―セル―セレ―セロ・セヨ 仕事をすっかりしとげる。**しおほ・す** 文語下二

しお-かげん カ【塩加減】しほ― 名 食べ物に塩をくわえる程度。

しお-かぜ オ【潮風】しほ― 名 海上を吹く風。海から吹く風。

しお-がま オ【塩釜】〔塩×竈〕しほ― 名 ❶海水を煮つめて、塩をつくるのにつかうかま。❷菓子の一種。もち米の粉と砂糖とをまぜ、押しかためたもの。参考❷は宮城県の塩釜(しおがま)で作りだしたものという。

しお-から 0/カ【塩辛】しほ― 名 魚・いかなどの内臓・肉などを塩づけにして発酵させた食べ物。 **―声**(ごえ) ゴ 名 かすれた声。しわがれた声。 **―×蜻×蛉**(とんぼ) ト 名 とんぼの一種。中形。おすの胴は青白色。めすの胴は黄色なので、むぎわらとんぼともいう。秋

しお-から・い ラ【塩辛い】しほ― 形 カロ―カッ・ク―イ―イ―ケレ―○ 塩けがつよい。しょっぱい。**塩辛さ** 名 **しほから・し** 文語ク

し-おき 0【仕置(き)】名 ❶処罰。刑罰。❷子どもに加えるきびしい罰。おしおき。❸〔古語〕死刑。 **―場**(ば) 0 名 処刑をおこなう場所。刑場。

しお-くみ ク【潮くみ】〔潮×汲・×汐×汲〕しほ― 名 塩をつくるための海水をくむこと。また、その人。

しお-ぐもり グ【潮曇(り)】しほ― 名 潮が満ちてくるとき、その水蒸気で空がくもること。

し-おくり 0【仕送り】名 他サ 生活費や学資などをおくること。「むすこに―する」

しお-け ケ【塩気】しほ― 名 塩分。しおあじ。

しお-けむり ケ【潮煙】しほ― 名 海水のしぶき。しおけぶり。

しお-こうじ コ【塩こうじ】〔塩×麹〕しほかうぢ 名 こうじに塩と水を加えて発酵させた調味料。

しお-こしょう ショ/コ【塩こしょう】〔塩×胡×椒〕しほ― 名 自サ 塩とこしょうで味付けをすること。「―した肉」

しお-さい 0【潮さい】〔潮▲騒〕しほさゐ 名 波の音。特に、潮が満ちてくるときにたつ波の音。しおざい。

しおさい《潮騒》しほさゐ 三島由紀夫(みしまゆきお)の中編小説。一九五四年刊。美しい小島を舞台にした、健康な漁師の青年と少女の牧歌的な恋の物語。

しお-ざかい ザ【潮境】しほざかひ 名 海で、暖流と寒流とが接する境。

しお-ざかな ザ【塩魚】〔塩×肴〕しほ― 名 塩づけにしたり、塩をふりかけたりした、さかな。

しお-さき 0【潮先】しほ― 名 ❶さしてくる満潮のさき。❷物ごとのはじまり。

しお-ざけ ザ【塩ざけ】〔塩×鮭〕しほ― 名 塩づけにしたさけ。あらまき。塩びき。しおじゃけ。冬

し-おさめ 0【仕納め】―をさめ 名 仕事を終わること。最後にもう一度だけすること。「今年の水泳の―」↕しはじめ。

しお-じ 0/オ【潮路】しほぢ 名 ❶潮のさしひきするみちすじ。❷〔文章語〕海上の通路。海路(かいろ)。「八重の―」

しお-しお シ1【しおしお】〔×悄×悄〕しをしを (と)副 自サ うちしおれて元気のないようす。「―と帰る」

しお-じゃけ ジャ【塩じゃけ】〔塩×鮭〕しほ― 名 ⇒しおざけ。

しお-ぜ シ【塩瀬】しほ― 名 はぶたえに似た厚地の、横うねのある絹織物。多く帯地用。

しお-せんべい セ【塩煎餅】しほ― 名 米の粉をこねてうすくのばし、しょうゆをつけて焼いた和菓子。

しお-だし 0/シ2【塩出し】しほ― 名 塩づけの食物を水や湯

にっけて塩けをぬくこと。塩抜き。「たくあんの―」

しお-だち [0]/[チ]【塩断ち】しほ [名] 神仏に願をかけ、または病気のため、ある期間、塩けのあるものを食べないこと。

しお-だまり [ダ]【潮だまり】【潮×溜まり】しほ [名] 潮が引いたあとも海水が残っている、いそのくぼみ。

しお-た・れる【潮垂れる】しほ [一] [0]/[レ] [自下一] (レ・レ・レル・レル・レレ・レロ・レヨ) ❶海の水にぬれてしずくがたれる。❷元気なく、しょんぼりする。❸みすぼらしく、みじめったらしい様子になる。**しほた・る** [文語下二] [二] [自下二] [古語] ❶泣く。涙で袖がぬれそぼつ。「いと悲しうて、人知れず、しほたれけり」〈源氏〉❷びっしょりぬれて、しずくがたれる。「露霜にしほたれて」〈徒然〉

しお-づけ [0]/[ケ]【塩漬(け)】しほ [名] くさるのをふせいだり、味付けのために、野菜・魚・肉などを塩につけること。また、そうした食べ物。

しお-どき [0]【潮時】しほ [名] ❶潮の満ち干のとき。❷ころあい。よい時期。「―をみはからう」

しお-なり [0]【潮鳴り】しほ [名] 潮の寄せては返す音。

シオニズム [三]〈Zionism〉[名] ユダヤ人の国家再建運動。イスラエル建国の原動力となった。

しお-ぬき [0]【塩抜き】しほ [名] ➡しおだし。

ジオ-パーク [パ]〈geopark〉[名] 〔geology(地質学)+park(公園)からの造語〕科学的・文化的に貴重な地質遺産を含む自然公園。

しお-ばな [オ]【塩花】しほ [名] ❶白くとびちる海水。しらなみ。❷けがれをきよめるためにまく塩。❸料理屋などの入り口に、小さく山形に盛っておく塩。もりじお。

しお-はま [0]【塩浜】しほ [名] 塩田(えんでん)。

しお-ひ [ヒ]【潮干】しほ [名] ❶潮がひくこと。❷しおひがり。[春] **―潟**(がた) [ヒ] [名] 潮がひいてあらわれた海底。[春] **―狩**(がり) [ヒ] [名] 潮のひいたあとの浜べで、貝などをとること。[春]

しお-びき [0]/[キ]【塩引(き)】しほ [名] さけ・ますなどの塩づけ。[冬]

しお-ふき [キ]/[フ]【潮吹(き)】しほ [名] ❶くじらなどが海水をふきだすこと。❷バカガイ科の二枚貝。海産で、はまぐりに似てやや大形。食用。しおふきがい。[春]

ジオプトリー [オ]〈ド Dioptrie〉=**ディオプトリー** [名] めがねのレンズの度をあらわす単位。メートルではかった焦点距離の逆数でしめす。

しお-ぼし [0]【塩干(し)】しほ [名] 塩づけにしてかわかすこと。また、そうした食べ物。

しお-ま [0]/[マ]【潮間】しほ [名] 潮のひいているあいだ。

しお-まち [チ]【潮待ち】しほ [名] ❶舟を出すために、みち潮を待つこと。❷しおどき(よい時期)を待つこと。

しお-まねき [マ]【潮招】しほ [名] 〔はさみを上下するかっこうから〕海浜にすむスナガニ科の小さなかに。[春]

しお-まめ [オ]【塩豆】しほ [名] 塩味をつけた、いり豆。

しお-みず [オ]【塩水】しほみづ [名] 塩分をふくんだ水。食塩水。↕まみず。

しお-みず [オ]【潮水】しほみづ [名] 海の水。うしお。

しお-むし [0]【塩蒸し】しほ [名] 塩を加えて蒸すこと。また、そうした食べ物。

しお-め [メ]【潮目】しほ [名] しおざかい。

しお-もの [オ]【塩物】しほ [名] 塩づけの魚。

しお-もみ [0]/[ミ]【塩もみ】【塩×揉】しほ [名] 塩をつけて、野菜などをもんで柔らかにすること。また、そうした食べ物。「きゅうりの―」

しお-やき [0]/[キ]【塩焼(き)】しほ [名] 塩をつけて、魚・肉などを焼くこと。また、そうした料理。

しお-やけ [0]/[ケ]【潮焼け】しほ [名] ❶海上の水蒸気が日光によって赤くみえること。❷潮風と日光のために皮膚が赤黒くなること。[夏]

しお-ゆ [オ]【塩湯】しほ [名] ❶塩を湯にとかしたもの。❷塩分をふくむ温泉。

しお-ゆ [オ]【潮湯】しほ [名] 海の水をわかしたふろ。

しおらし・い [シ] [形] (カロ・カッ・クイ・イ・ケレ・〇) おとなしく、つつしみ深く、かわいらしい。ひかえめで、従順である。「―態度」**しおらしげ** [形動] **しおらしさ** [名] **しをら・し** [文語シク]

ジオラマ [0]〈フ diorama〉=**ディオラマ** [名] ❶立体模型。ミニチュアの人物や物や風景を組み合わせ、ある場面を表現したもの。❷長い布に風景などをかき、半円形に張り巡らし、暗室内の窓から見せたもの。明治後期に流行した。

しおり [0]【枝折・×栞】しをり [名] ❶山道などで、そこを通ったというしるしに木の枝を折ること。❷読みかけの書物にはさむもの。❸入門書。案内書。「旅の―」

しおり [0]【×撓り】しをり [名] 芭蕉(ばしょう)の俳諧(はいかい)の美的理念の一つ。こまやかな余情が、自然に句の上にあらわれたもの。

じ-おり [0]【地織(り)】[名] おもに自家用としてその土地で織る織物。

しおり-ど [リ]【枝折戸】しをり [名] 木の枝や竹などでつくった、そまつな戸。庭の出入り口などに使う。

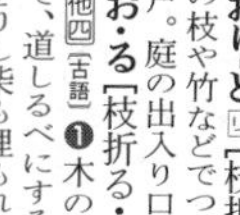

しおり戸

しお・る【枝折る・×栞る】しをる [他四] [古語] ❶木の枝をたわめ折って、道しるべにする。「降る雪にしをりし柴も埋もれて思はぬ山に冬ごもりぬる」〈山家集〉❷道案内をする。「梅咲きぬやと知らぬ山路にたづね入る我をば花のしをるなりけり」〈千載集〉

しお・れる【×萎れる】しをれる [一] [0] [自下一] (レ・レ・レル・レル・レレ・レロ・レヨ) ❶植物が水分が少なくなったりして弱る。なえる。❷元気がなくなる。**しを・る** [文語下二] [二] [古語] [一] [自下二] 悲しみにうちひしがれる。「たとしへなく眺めしをれさせたまへる夕暮れに」〈増鏡〉[二] [他四] たわませる。しぼませる。弱らせる。「木枯らしの隠岐(おき)の杣山(そまやま)吹きしをり」〈増鏡〉

し-おん [0]【子音】[名] ➡しいん。

し-おん [シ]【四恩】[名] 〔仏〕天地(または三宝)・国王・父母・衆生(しゅじょう)から受ける恩。

し-おん [シ]【師恩】[名] 先生から受ける恩。

し-おん [シ]【紫×苑】[名] キク科の多年生植物。高さ約二メートル。秋に、うすむらさき色の花をつける。[秋]

し-おん [シ]【歯音】[名] 舌のさきと上の歯、または歯ぐきとで出す子音(しいん)。t.d.s.z など。

じ-おん [0]【字音】[名] 漢字の音が中国からつたわり、日本語化したもの。呉音・漢音・唐音などがある。漢字音。音。↕字訓。**―仮名**(がな)**遣**(づか)**い** [ヅ] [名] かなで字音を書きあらわすときのかなづかい。**―語**(ご) [0] [名] 漢字を音読みすることば。特に、日本で漢語をまねてつくった語。「火事」「出張」「水泳」「野球」など。

◆**字音の例**

	行	経	請	明	頭
呉音	修行(しゅぎょう)	読経(どきょう)	起請(きしょう)	光明(こうみょう)	頭脳(ずのう)
漢音	行為(こうい)	経済(けいざい)	請求(せいきゅう)	文明(ぶんめい)	頭角(とうかく)
唐音	行灯(あんどん)	看経(かんきん)	普請(ふしん)	明朝(みんちょう)	饅頭(まんじゅう)

しか [カ]【鹿】[名] シカ科の哺乳(ほにゅう)類。夏は白いまだらのある茶色、冬は灰かっ色。おすにはつのがある。[秋] **―を追**(お)**う** 帝位・政権などを求めてあらそう。**―を追**(お)**う者**(もの)(は)**猟師**(りょうし)**山**(やま)**を見**(み)**ず** 一つのことに夢中になるものは、周囲の状況をかえりみるゆとりがないことのたとえ。**―を指**(さ)

して馬と為す 誤りを強引におし通すことのたとえ。また、道理にはずれたことをして人をだますことのたとえ。さぎをからすと言いくるめる。

し-か【史家】シ/カ 名 歴史を研究する人。歴史家。

し-か【市価】シ/カ 名 ❶市場で売買される値段。❷その時の、ふつうの値段。「—で買おう」

し-か【私家】シ/カ 名 ❶自分の家。❷個人の家。**—集**(しゅう) カ名 個人の詩歌集。家集。**—版**(ばん) 0名 個人の費用による、利益を目的としない出版物。

し-か【師家】シ/カ 名〔文章語〕❶先生のいえ。❷先生。

し-か【紙価】シ/カ 名 紙のねだん。

し-か【歯科】シ/カ 名 歯に関する病気の治療、予防をする医学の一分野。**—医**(い) カ名 歯医者。**—衛生士**(えいせいし) セ名 歯科医の指導のもとで、歯および口腔に関する病気の予防や衛生指導を行う専門職。

し-か【詩歌】シ 名 ⬇しいか。

し-か【賜暇】シ 名 昔、官吏が休暇を許されたこと。

しか【▲然】副〔古語〕そのように。さように。「われは—思ふ」

しか 助〔係助詞。いつも下に打ち消しを伴って〕それとかぎる意味をあらわす。「十メートル—泳げない」参考「きり」や「だけ」も同じく限定の意味をあらわすが、肯定の言い方にも使うことができる点で「しか」と異なる。「きりしか」「だけしか」となって、さらに強い限定をあらわすことがある。

し-が【歯牙】シ 名〔文章語〕❶歯と、きば。❷歯。「—検査」**—にも掛**(か)**けない** まったく問題にしない。相手にしない。

し-が 助〔古語〕〔終助詞。完了の助動詞「つ」の連用形「て」や、動詞の連用形につく。奈良(なら)時代は「しか」と清音〕実現しそうもないことへの願望をあらわす。…したらいいのになあ。「そこともいはぬ旅寝してしが」〈古今〉

じか【▲直】造〔「直」の字音「じき(ぢき)」の変化〕ほかのものをへだてないこと。直接。「—談判」「—に言う」〔別音じき・ちょく|直〕

じ-か【自火】ジ 名〔文章語〕自分の家から出した火事。

じ-か【自家】ジ 名 ❶自分のいえ。❷自分自身。「—受精」**—製**(せい) 0名 自分のいえで作ること。また、作ったもの。「—のケーキ」**—中毒**(ちゅうどく) チユ名 自分の体内に発生した毒素にあたること。**—×撞着**(どうちゃく) ド名 同一人の言うことやすることが、前後でくいちがうこと。自己矛盾(むじゅん)。**—発電**(はつでん) ハ名 発電所から送電を受けないで自分のところで電気を起こすこと。**—薬籠中**(やくろうちゅう)**の物**(もの)〔「薬籠」は、くすりばこ〕自分の思うままに使えるもの。**—用**(よう) 0名 自分のいえで使うこと。また、使うもの。「—の米」**—用車**(ようしゃ) ヨ名 自分のいえで使う自動車。マイカー。

じ-か【時下】ジ 名〔文章語〕今のとき。このごろ。目下。「—春暖の候」参考 主として手紙の冒頭に使う。

じ-か【時価】ジ 名 その当時の市価。そのときの相場。

じ-か【磁化】ジ 名 自他サ 物質が磁石としての性質をもつようになること。物質に磁石としての性質をもたせること。

じ-が【自我】ジ 名 ❶自己。自分。↕非我。❷〔哲〕宇宙間の一切の他のものから区別したものとしての自己。❸〔心〕各個人の、自分自身についての意識・観念。また、意識をつかさどるとみなされるもの。

じ-が【自画】ジ 名 自分のかいた絵。**—自賛**(じさん) ジ1名 自サ ❶自分のかいた絵に自分で賛を書きつけること。❷自分で自分をほめること。参考「自我自賛」と書くのはあやまり。**—像**(ぞう) ガ/0名 自分で自分をかいた肖像画。

シガー シ〈cigar〉名 葉巻たばこ。

し-かい【四海】カ 名 ❶その国をとりまく四方の海。❷天下。世界。**—兄弟**(けいてい・きょうだい) シ=ケ/シ 世界じゅうの人が、わけへだてなく兄弟のようにしたしいこと。**—波**(なみ)**静**(しず)**か** 全世界が平和なこと。天下太平。

し-かい【市会】0 名「市議会」の略。市の議決機関。

し-かい【死灰】0 名〔文章語〕❶火のけのない灰。❷生気・活気を失った物ごとのたとえ。

し-かい【視界】0 名 目に見える範囲。「—良好」

し-かい【×斯界】0 名〔文章語〕この社会。その方面。「—の権威」

し-かい【司会】0 名 自他サ 会合・会議の進行をつかさどること。また、その人。

し-がい【市外】シ 名 市のそと。まちのそと。↕市内。

し-がい【市街】シ 名 ❶まちなかの道。街路。❷人家が多くあつまっているところ。まち。

し-がい【死骸】【×屍骸】0 名 命のなくなった体。⇩死体 参考。

じ-かい【字解】0 名 文字、特に漢字の解釈。

じ-かい【次回】ジ 名 つぎの回。↕前回・今回。

じ-かい【持戒】0 名 仏教の戒律をまもること。↕破戒。

じ-かい【磁界】0 名 ⬇じば(磁場)。

じ-かい【自戒】0 名 自サ 自分で自分をいましめること。

じ-かい【自壊】0 名 自サ ひとりでにこわれること。自分のなかに原因があって、しぜんにくずれてゆくこと。「—作用」

じ-がい【自害】ジ 名 自サ 自らを傷つけて死ぬこと。自刃。

しがい-せん【紫外線】0 名 日光をスペクトルに分析するとき、紫色の外がわにあらわれる、目に見えない光線。

し-かえし【仕返し】0 名 ❶やりなおし。「—がきかない」❷報復。返報。「敵に—をする」

じ-がお【地顔】0 名 化粧をしていない顔。すがお。

し-かく【死角】0 名 角度の関係で、射撃したり見たりできない範囲。「—にはいる」

し-かく【刺客】0 名〔「せっかく」の慣用読み〕暗殺者。しきゃく。

し-かく【視角】0 名 ❶物体の両端から目までの二直線のなす角度。❷ものを考える立場。視点。「—を変えて考える」

し-かく【視覚】0 名 光の刺激を目で受ける感覚。目で見る感覚。**—言語**(げんご) ゲ名 手話や標識など、視覚を利用した伝達手段。

し-かく【資格】0 名 ❶身分。地位。❷ある職業・任務につくのに必要な条件。「出場—」

し-かく【四角】ク 名 形動(の) ❶四つのかどがあること。また、その形。方形。❷きちんとしていること。かどばっていること。**—四面**(しめん) シ2 形動(の) ひどく四角張っているようす。かたくるしいようす。「—なあいさつ」**—張**(ば)**る** バ 自五 ❶四角に似た形をしている。❷かたくるしく、まじめくさっている。「四角張ったあいさつ」

しか-く【×爾く・▲然く】副〔古語〕そのように。

し-がく【史学】シ 名 歴史の学問。歴史学。

し-がく【志学】シ 名〔文章語〕十五歳のこと。参考「論語」の「われ十有五にして学に志す」から。⇩年齢(表)。

し-がく【私学】シ 名 私立学校。↕官学。

し-がく【視学】シ 名 旧制で、学校教育の視察・指導をした地方教育行政官。**—官**(かん) ク/ガ名 文部科学省で、教育行政の連絡や指導・助言を担当する人。

し-がく【×斯学】シ 名〔文章語〕この学問。その方面の学問。「—の権威」

し-がく【歯学】シ 名 歯および歯の病気の治療や加工など

に関する学問。

し-がく シ【詩学】名 詩を研究する学問。

じ-かく 0【字画】名 漢字を構成する点や線。また、その数。

じ-かく 0【寺格】名 てらの格式。寺院の階級。門跡(もんぜき)・本山(ほんざん)・別院(べついん)・末寺(まつじ)など。

じ-かく 0【耳殻】名 みみの穴の外、頭の両がわにある貝がらの形のもの。みみ。

じ-かく 0【×痔核】名 痔の一種。肛門(こうもん)のまわりの静脈がはれてこぶのようになるもの。いぼじ。

じ-かく 0【自覚】一 名 自サ 自分の状態をわきまえること。「学生としての—」二 名 他サ ❶みずからさとること。「病気を—しない」❷自分でわかること。「責任を—する」 **—症状**(しょうじょう) ショ 名 患者が感じる自分の病気のようす。

じ-がく ジ【自学】名 自他サ 自分ひとりで学習すること。 **—自習**(じしゅう) ジ 名 自サ 学校などでならわないで、自分ひとりでまなび、練習すること。

し-かけ 0【仕掛(け)】名 ❶しはじめて中途になっているもの。やりかけ。❷全体がうまく働くように、くふうして作った装置。しくみ。からくり。「種も—もない」「ばね—」❸仕掛け花火。⇩仕組み 参考。 **—人**(にん) 0 名 (時代小説作家、池波正太郎の造語)❶殺し屋。暗殺者。❷ブームや事件を起こすのに積極的な役割をはたす人。 **—花火**(はなび) ハ 名 地上に装置しておいて、いろいろな形があらわれるように作った花火。夏 ↕打ち上げ花火。

し-か-ける ケ【仕掛ける】他下一 ケ|ケ|ケル|ケル|ケレ|ケロ・ケヨ ❶しはじめる。❷しむける。はたらきかける。「けんかを—」❸とりつける。装置をする。「わなを—」❹途中までする。やりかける。 しか・く 文語下二

しが-けん《滋賀県》近畿(きんき)地方北東部の県。中央に琵琶湖(びわこ)がある。県庁所在地は大津市。

し-かざん カ【死火山】名 有史以後、活動の記録がない火山。↕活火山・休火山。参考 今はこの語は用いられない。

しかし カ【しかし】【▲然し・▲併し】接続 前の事がらと反対のことやふつりあいなこと、また、一部ちがうことなどが次にくることをあらわす。「約束の時間になった。—、かれは来なかった」参考「しかし・けれど(も)・が・だが・ところが」は、反対の事がらを客観的にみちびくのに用いられる。「しかし・ところが」は論理的な文章に多く使われる。「ところが」は、意外性を強調する意味もある。「が」は、軽い感じであとにつづく。

しか-じか カ1【▲然▲然】副 長い話をはぶくときの語。かくかく。うんぬん。「これこれ—と語る」

しか-し-て カ【▲然(×而)して】接続 文章語 そうして。そして。しこうして。参考 もと、漢文訓読文に用いた語。

しかし-ながら【しかしながら】【▲然し×乍ら】一 ナ 接続 しかし。二 副 古語 ❶すべて。全部。「さながら。京都のさはぎ、国々のみだれ、しかしながら当家(平家一門)の身の上の事に候間(あひだ)」〈平家〉❷つまり。要するに。「人のために恨み残すは、しかしながらわが身のためにてこそありけれ」〈宇治拾遺〉

しか-しゅう カ【詞花(華)集】名 美しい詩文を集めた書物。アンソロジー。

しか-ず 連語 (「しく」の未然形と打ち消しの助動詞「ず」)およぶものはない。…がいちばんよい。…に越したことはない。「危ない時は逃げるに—」

じか-せん 0【耳下腺】名 耳の下前方の唾液腺(だえきせん)。 **—炎**(えん) セ 名 耳下腺がはれる病気。流行性のものを「おたふくかぜ」という。

し-かた 0【仕方】名 (「し(する)」と「かた(方法)」。「仕」は当て字)どうすればよいかという手だて。しよう。やりかた。「別の—を考えてみよう」 **—が無**(な)**い** ❶ほかに方法がなく、やむをえない。「資金が底をついては倒産も—」❷手のほどこしようがない。あきれてしまう。「そんな字も読めないようでは—」❸がまんができない。「膝が痛くて—」参考「しようがない」よりも普通の場面で使われやすい。話し言葉では「しょうがない」に言い換えられる用法が多い。 **—無**(な)**しに** ナ 副 どうしようもなく。やむをえず。「—とりやめる」 **—×噺**(ばなし) バ 名 みぶりを多く加えてする落語の一種。また、そのような話し方。

じ-かた 0【地方】名 ❶日本舞踊で、伴奏の音楽を受けもつ人々。↕立方(たちかた)。❷古語 いなか。地方(ちほう)。↕町方。

じか-たび 0【地下足袋】【▲直足袋】名 (「地下」は当て字)労働用の、ゴムぞこのたび。

じ-がため ガ【地固め】名 ❶建築をする前に地面をかためること。地形(じぎょう)。❷基礎をしっかりかためること。

じか-だんぱん ダ【▲直談判】名 自サ 直接に相手とかけあうこと。じきだんぱん。

し-かつ 0【死活】名 死ぬことと生きること。死ぬか、生きるか。「—にかかわる」 **—問題**(もんだい) モ 名 人間の生死や、組織が存続するかしないかに関係する重要な問題。

じ-かつ 0【自活】名 自サ 自分の力で暮らしをたてること。

しがつ-ばか バ【四月ばか】【四月馬鹿】名 ⬇エープリルフール。春

しかつめらし・い シ2 形 カロ|カッ・ク|イ|イ|ケレ|○ ❶堅苦しく、形式ばっている。「—話」❷緊張してまじめくさっている。「—顔」 **しかつめらしさ** 名 **しかつめら・し** 文語シク

しかと 0 名 自他サ 俗語 相手を無視すること。参考 花札の紅葉の札に描かれた鹿(しか)の頭が向こうを向き、知らん顔をしているようにみえることからという。鹿の札は十(じっ=と)点に相当する。

しか-と カ/シ 副 ❶たしかに。かならず。「—そうか」❷はっきり。しっかりと。「—見きわめる」

し-かな 助 古語 (終助詞。動詞の連用形、完了の助動詞「つ」「ぬ」の連用形「て」「に」につく。「しがな」とも)強い願望をあらわす。…たいものだ。「秋ならで妻呼ぶ鹿を聞きしかな」〈金葉和歌集〉

しが-ない ナ 連体 ❶とるにたらない。つまらない。「—平社員」❷まずしい。みすぼらしい。「—暮らし」

しが-なおや《志賀直哉》一八八三—一九七一。小説家。白樺(しらかば)派の代表作家。強い個性と簡潔な文体をもって、完成度の高い作品を書いた。「暗夜行路」「和解」「城(き)の崎(さき)にて」など。

じか-に ジ【じかに】【▲直に】副 ❶あいだに何もへだてずにふれるようす。直接。「荷物を地面に—置く」❷段階をふまずに行動するようす。いきなり。「就職希望の会社を—訪問する」

じ-がね 0【地金】名 ❶金属製品の材料の金属。加工していない金属。❷生まれつきの性質。本性(ほんしょう)。 **—を出**(だ)**す** 本性をあらわす。

しか-のみ-ならず カ/ナ【▲加×之】接続 文章語 その上に。そればかりでなく。

しか-は-あれ-ど ワ 連語 文章語 そうではあるけれども。

じか-ばき 0【▲直×穿・▲直履】名 くつなどを、す足に直接はくこと。

じか-ばし 0【▲直箸】名 盛り合わせた料理を、取りばしを使わずに自分のはしで直接取ること。

じが-ばち ガ【似我蜂】名 はちの一種。体長約二センチメートル。

黒色。地中に穴を掘り、しゃくとりむしなどをとらえて入れ、それに産卵する。古名「すがる」。[春]

し-かばね[0]【×屍・×尸】[名] 死体。死がい。**—に×鞭打(むちう)つ** 死んだ人の悪口を言う。故人を責める。

しかばね-かんむり[カ2]【しかばね冠】【×尸冠】[名] 漢字の部首の一つ。「屍」「展」などの「尸」。

じか-び[0]【じか火】【▲直火】[名] 天火(てんぴ)などを使わず、直接その物に火を当てて焼くこと。

じか-まき[0]【▲直×蒔・▲直×播】[名] 苗にしたてず、直接、田畑にたねをまくこと。じきまき。

じ-がみ[0]【地紙】[名] ❶せんす・かさなどにはる紙。❷金や銀の箔(はく)をはりつける下地の紙。

じ-がみ[0]【地髪】[名] 入れ毛といっしょに髪を結うときの自分の髪の毛。地毛。↕入れ髪。

しがみ-つ・く[ツ][自五] (カ・コーキ・イー クークーケーケ) しっかりと、とりつく。むしゃぶりつく。かじりつく。

しかめ-づら[0]【×顰面】[名] 苦痛や不快で、しかめた顔つき。しかめっつら。

しか・める[メ]【×顰める】[他下一] (メーメーメルーメルー メレーメロ・メヨ) 苦痛や不快で、表情をゆがめて、顔にしわをよせる。**しか・む**[文語下二]

しか-も【しかも】【▲然も・×而も】㊀[カ][接続] ❶その上に。おまけに。「日は暮れて、—雨まで降ってきた」❷それでもなお。それにもかかわらず。「あれほど頼んだのに、—返事もよこさない」㊁[副]〔古語〕(「も」は感動をあらわす)そのようにも。そんなにまで。「三輪(みわ)山をしかもかくすか」〈万葉〉

しから-し・める[メ]【▲然らしめる】[他下一] (メーメーメルーメルー メレー*) そうさせる。そのようにならせる。「実力の—ところ」 **しから-し・む**[文語下二]

しから-ずんば[ズ]【▲然らずんば】[接続]〔文章語〕そうでなければ。しからずば。「生か—死」

しから-ば[カ]【▲然らば】[接続]〔文章語〕そうであるならば。それでは。「—ごめん」

しがらみ[0]【▲柵】[名] ❶くいを打ち並べ、それに木や竹を横にとりつけて水の流れをせきとめるもの。❷転じて、まといついてはなれないもの。「愛の—」

しか-り[カ]【▲然り】[感]〔「しかあり」の変化〕〔文章語〕そのとおりだ。そうだ。「『賛成か』『—』」↕いな。

しかり-しこうして[カ][コ]【▲然り×而して】(—しかうして) [接続]〔文章語〕そうして。その上に。しかも。

しかりつ・ける[ケ]【叱り付ける】[他下一] (ケーケーケルーケルー ケレーケロ・ケヨ) 強くしかる。**しかりつ・く**[文語下二]

しかりとば・す[バ]【叱り飛ばす】[他五] (サ・ソーシースー スーセーセ) はげしい勢いでしかる。**叱り飛ばせる**[自下一]〔…できる〕

しか・る[0]【叱る】[他五] (ラ・ローリ・ッー ルールーレーレ) 声をあらだててとがめる。**叱れる**[自下一]〔…できる〕

しかる-あいだ【▲然る間】(—あひだ) [連語]〔文章語〕❶そうしている間に。❷そんなわけで。

しかる-に[カ]【▲然るに】[接続]〔文章語〕それなのに。ところが。

しかる-べき[ベ]【▲然る▲可き】[連体]〔「しかるべし」の連体形から〕適当な。ふさわしい。「—処置」

しかる-べく[ベ]【▲然る▲可く】[副] 適当に。いいように。「—答えておいた」

シガレット[シ]〈cigarette〉[名] 紙巻きたばこ。巻きたばこ。**—ケース**[ケ]〈cigarette case〉[名] 巻きたばこの入れ物。

しかれ-ども【▲然れども】[接続]〔古語〕そうだけれども。

しかれ-ば【▲然れば】[接続]〔古語〕❶だから。❷そこで。

しかわかしゅう《詞花和歌集》平安時代後期の勅撰(ちょくせん)和歌集。撰者は藤原顕輔(ふじわらのあきすけ)。六番めの勅撰和歌集。

し-かん[シ/カ]【士官】[名] 兵を指揮する将校。

し-かん[カ]【子×癇】[名] 妊婦が妊娠末期、特にお産のとき、突然全身けいれんをおこして失神する、一種の妊娠高血圧症候群。

し-かん[0]【止観】[名]〔仏〕❶天台宗で、雑念をすて、しずかな心で仏法を会得(えとく)すること。❷天台宗のこと。

し-かん[カ]【史観】[名] 歴史上のできごとを解釈する立場。歴史を見る基本的な考え。

し-かん[0]【私感】[名] 個人的な感想。

し-かん[0]【師管】【×篩管】[名] 植物の維管束(いかんそく)の師部を構成する主要部で、葉でつくられた同化物質を水にとかして移動させるくだ。⇩維管束(図)。

し-かん[0]【×祠官】[名]〔文章語〕神官。かんぬし。

し-かん[0]【歯間】[名] 歯と歯のあいだ。「—ブラシ」

し-かん[0]【詩巻】[名]〔文章語〕詩集。

し-かん[カ/シ]【仕官】[名][自サ] ❶官吏になること。❷武士が主君につかえること。

し-かん[0]【×弛緩】[名][自サ]〔「ちかん」は慣用的な読み方〕筋肉や精神などの張りつめた力がぬけて、ゆるむこと。緩和。「—した気分を戒める」↕緊張。

し-がん[シ]【×此岸】[名]〔仏〕なやみや迷いのあるこの世。↕彼岸(ひがん)。

し-がん[シ]【詩眼】[名] 詩のよしあしを見極める見識。

し-がん[シ]【志願】[名][自他サ] 希望し、ねがうこと。志望。「—者」「—兵」

じ-かん[ジ]【次官】[名] ❶もと、各省で大臣の次の位の官職。❷事務次官。

じ-かん[0]【字間】[名] 文字と文字のあいだ。また、その間隔。「—をつめる」

じ-かん[0]【時間】[名] ❶とき。時刻と時刻の間。時の量。「—がかかる」❷時刻。「開会の—」❸ときの経過をかぞえる単位。一日の二十四分の一。❹〔哲〕過去・現在・未来とひきつづき、物体界を成立させる基礎形式。↕空間。[参考] 一般に、「時間」は時の長さ、「時刻」は瞬間的な時をあらわすが、「約束の時刻(時間)におくれる」のようにも使われ、「時間」のほうが用法が広い。**—外**(がい)[カ][名] 仕事や作業で、定められた範囲の時間以外。「—手当」**—給**(きゅう)[カ/0][名] 仕事をした時間数により、支給される給料。時給。**—切れ**(ぎれ)[0][名] 何かをしている途中で、与えられた時間が終了してしまうこと。**—芸術**(げいじゅつ)[ゲ][名] 時間の流れに即して表現される芸術。文学・音楽など。↕空間芸術。**—講師**(こうし)[コ][名] 一定の時間だけ授業を担当する契約のもとに勤務する教員。**—帯**(たい)[0][名] 一日のうちの、ある一定の時間。「車の込む—」**—表**(ひょう)[0][名] ❶時刻表。❷仕事や授業を時刻別にわりふって書きならべた表。時間割り。**—割り**(わり)[0][名] 時間表❷。[参考] 表記は「時間割」でもよい。

じ-かん[0]【時×艱】[名]〔文章語〕その時代の苦しみや困難。「—を克服する」

じ-がん[0]【慈眼】[名] ⬇じげん。

じ-がん[0]【慈顔】[名] いつくしみ深い顔。

しき[接尾]〔「これ・それ・あれ」につけて〕ほど。くらい。ぽっち。「これ—のこと」[参考] 副助詞とする説もある。

しき【織】[造] くみたてる。構成する。「組織」〔別音しょく｜織〕

しき【識】[造] ❶物ごとの道理を知っていること。「識見・識者・学識・眼識・見識」❷しりあい。「旧識・相識・面識」❸しる。さとる。見分ける。「識字・識別・意識・認識」❹めじるし。書きつける。「識語・標識」

しき【敷（き）】名 ❶敷くもの。「なべ―」❷敷金。

しき【式】㊀名造 ❶決まった型をもつ行事。「―を始める」「式辞・式場・式典・儀式・挙式・葬式・開会式・始球式・入学式」❷一定の型・形状・きまり。「式目・格式・形式・正式・方式・様式・略式」❸平安時代の律令の施行細則。「延喜式」❹計算や論理の過程を、数字・文字・符号を使ってあらわしたもの。「式を立てる」「数式・分子式・方程式」㊁造接尾 ❶しかた・方法などをあらわす。「洋式・和式・日本式・自動式・連勝式」❷…に当てはまる。…タイプの。「織田信長式の行動力」「なせばなる式の人生観」

しき【色】㊀名〘仏〙宇宙間のいっさいの物のすがた。「―即是空」㊁造 ❶いろ。「色彩・色紙・色調・彩色」❷ようす。「景色」❸性的な欲情。「色情・色欲」［別音しょく｜色］

しき【士気】名 ❶兵士の意気ごみ。❷人々の意気ごみ。「―を鼓舞する」

しき【子規】名〔文章語〕ほととぎす。

しき【四季】名 春・夏・秋・冬の、四つの季節の総称。四時。**―咲き** 名 四季にかかわりなく、いつでも花が咲くこと。また、その植物。

しき【死期】名 死ぬとき。死ぬべきとき。「―がせまる」

しき【志気】名 ことをなそうとする意気ごみ。

しき【私記】名 個人の記録。

しき【始期】名 はじまるとき。はじめの期間。↕終期。

しき【紙器】名 紙でつくった器具や容器。

しき【指揮】名他サ ❶多数の人々をさしずしてまとまりのある行動をさせること。さしず。❷合奏や合唱をひきいて、演奏をまとめること。**―官** 名 軍隊を指揮する武官。**―権** 名 検察官を指揮監督することのできる、法務大臣の権限。**―者** 名 ❶さしずする人。❷合奏や合唱の指揮をする人。コンダクター。**―棒** 名 合奏や合唱の指揮者が、手に持ってふる棒。タクト。

しき《史記》中国の前漢の歴史書。著者は司馬遷。

しぎ【×鴫】名 シギ科のわたり鳥の総称。長いくちばし・あし・あしゆびをもつ。水辺にすみ、小魚・貝類を食べる。やましぎ・いそしぎなど、種類が多い。秋

しぎ【仕儀】名 事のしだい。なりゆき。「かような―となりました」

しぎ【市議】名「市議会議員」の略。

しぎ【試技】名 ❶重量挙げや跳躍競技など、一定回数の演技が許される種目で、一回一回の演技のこと。「二回目の―」❷試合の前の予備的な演技。トライアル。

しぎ【私議】㊀名他サ〔文章語〕かげで悪口を言うこと。㊁名 自分ひとりだけの意見。

しぎ【思議】名他サ〔文章語〕あれこれ考えること。「―すべからず」

じき【敷】接尾 畳の数をあらわす。「百畳―の大広間」

じき【次期】名 つぎのとき。つぎの時期。↕前期・今期。「―首相候補」

じき【自棄】名 やけ。すてばち。「自暴―」

じき【時期】名 ❶ある物事の行われる、幅をもったとき。期間。「大会開催にふさわしい―」「―尚早」❷【時季】名 時節。季節。「行楽の―」

じき【時機】名 適当なチャンス。機会。しお。「―をうかがう」「―を失する」

じき【磁気】名 磁石が鉄などをひきつける作用。磁性。**―嵐** 名 地球の磁場が急激に、または、周期的に変化すること。**―カード** 名 預金の自動引き出しなどで使用する、磁気を帯びたプラスチック製カード。情報を記憶することができる。**―機雷** 名 磁石のはたらきを応用して、艦船が近づくと自動的に爆発する機械水雷。**―ディスク** 名 磁気に感じる物質をぬった、円盤状の情報記憶装置。**―テープ** 名 磁気に感じる粉末をポリエステルのテープにぬったもの。録音・録画・コンピューターなどに用いる。

じき【磁器】名 焼きものの一種。高温で焼いたもの。白色半透明で、表面はガラス化し、かたい。↕陶器。

じき【自記】名他サ ❶自分でしるすこと。❷器械が自動的に記録すること。**―雨量計** 名 雨量を長時間にわたって自動的に記録する器械。

じき【直】㊀（に）副 時間・距離がそれほどないようす。まもなく。すぐ。「医者が―に来る」「山頂まで―だ」⇩すぐ㊁❶参考。㊁造 ❶まっすぐ。すなお。「正直」❷あいだをへだてないようす。じか。「直訴・直談・直伝・直筆・直弟子」❸ねだん。「高直」［別音じか・ちょく｜直］

じぎ【字義】名 漢字の文字そのものが有する意味。

じぎ【児戯】名 こどもの遊び、または、いたずらごと。「―にひとしい」**―に類する** こどもの遊びのように、幼稚である。

じぎ【時宜】名 時がちょうどよいこと。「―にかなった処置」

じぎ【辞儀・辞宜】名自サ ❶頭を下げて礼をすること。おじぎ。あいさつ。❷遠慮すること。辞退すること。「―には及ばない」

しきい【敷居】名 戸・障子・ふすまなどの下の、みぞのある横木。しきみ。↕かもい。**―が高い** 不義理をしていて、その人の家へ行きにくい。**―越し** 名 貴人に接する時などに、座敷の中へ入らず、敷居の外から物を言うなどすること。

しきいき【識域】【識×閾】名〘心〙ある刺激によって意識作用の起こるのと、消えるのとのさかい。

しきいし【敷石】名 地面に敷きならべた石。

しきいた【敷（き）板】名 ❶物の下に敷く板。❷ねだ板。ゆか板。❸便所のふみ板。

しきいち【×閾値】名 科学で、それを境として何らかの変化が顕著である数値。閾値。参考 生理学や心理学では「いきち」が用いられる。

しきうつし【敷（き）写し】名 ❶書画を紙の下に敷いて写しとること。❷人の文章をそっくりまねて書くこと。

しきかい【色界】名〘仏〙三界の一つ。無色界と欲界の間にある。色界天。色天。↕無色界・欲界。

しきかく【色覚】名 色を見わける感覚。色感。色神。**―障害** 名 ある種の色を識別する能力が失われている状態。ふつうは先天性のもので、赤と緑の区別がつかないものが多い。日常生活で困難を感じることはない。

しきがみ【敷（き）紙】名 ❶物の下に敷く紙。❷しぶ紙などでつくった敷物。

しきがわ【敷（き）皮】名 ❶毛皮の敷物。❷【敷（き）革】くつの中に敷くかわ。

しきかん【色感】名 ❶色彩から受ける感じ。❷色覚。「―が鋭い」

しききぎょう【私企業】名 民間人が経営する企業。↕公企業。

しききん【敷金】名 ❶家や部屋の借り主が家主にあずける保証金。「家賃三か月分の―」❷取引所で、売買または委託の証拠金。

しき-けん◎【識見】名 物事に正しい判断を下す能力。見識。しっけん。

しき-ご◎【識語】名（「しご」の慣用読み）写本などの本文のあとや前に、写した年月などを書きくわえたもの。

しき-さい◎【色彩】名 ❶いろ。いろどり。❷物ごとの傾向。「官僚的―」

じき-さん◎【直参】名 主君に直接つかえる人。特に、江戸時代、将軍に直属した一万石以下の武士。旗本・御家人など。↔陪臣。

しき-さんばサ【式三番】名 ❶能楽の「翁」。千歳・翁・三番叟の三人で舞う正式の舞。❷歌舞伎で能の式三番を舞踊化したもの。正月・開場祝いなどにおこなう。式三番叟。

しき-し◎【色紙】名 和歌・俳句・サイン・寄せ書きなどを書くのに用いる四角な厚手の紙。

しき-じ◎【式次】名 儀式の順序。式次第。

しき-じ◎【式辞】名 儀式のときのあいさつ。

しき-じ◎【識字】名 文字の読み書きができること。「―能力」

じき-じき◎【直直】形動(の)に副 本人が直接するようす。じか。自分から。「―のごあいさつ」

しき-しだいシ2【式次第】名 儀式を行っていく順序。式次。

しき-じつ◎【式日】名 ❶儀式のある日。❷祝日。祭日。

しきし-ないしんのう《式子内親王》?-一二〇一。鎌倉時代前期の歌人。「しょくしないしんのう」とも。後白河天皇の皇女。家集に「式子内親王集」。

しき-しま【敷島】名〔古語〕（崇神・欽明天皇の都がおかれた奈良県磯城郡の地名から）大和の国（奈良県）。また日本国。**―の** 枕「やまと」にかかる。「敷島の大和心を人問はば朝日ににほふ山ざくら花」〈本居宣長・肖像自賛〉**―の道** 和歌の道。歌道。

しき-しゃキ【識者】名 知識・見識をもっている人。物事について正しい判断のできる人。

しき-じゃく◎【色弱】名 色覚異常の程度のかるいもの。

じき-しょ◎【直書】一名他サ 本人が直接に書くこと。自筆の文書。二名 主君から直接臣下にあてた書状。

しき-じょう◎【式場】名 儀式をする所。「結婚式の―」

しき-じょう◎【色情】名 性的な欲情。色欲。**―狂** ◎名 ❶色情にかられて、常軌を逸した言動をとること・人。❷性欲が異常に高まる病気。

しき-しん◎【色神】名 色彩を見わける能力。色覚。

しき-せ◎【仕着せ】【四季施】名 ⬇おしきせ。

しき-そキ【色素】名 物体に色をあたえるもとの成分。

じき-そシ【直訴】名他サ 定められた手続きをふまずに、上役・君主などに直接うったえること。

しき-そう◎【色相】名 色の三要素の一つ。色あい。↔彩度・明度。

じき-そう◎【直奏】名他サ 直接に天皇に申しあげること。

しき-そく-ぜ-くうゼ【色即是空】名〔仏〕（色は形ある万物のこと）万物は形をそなえているが、すべて仮の姿であって本体はないということ。↔空即是色。

しき-だい◎【式台】名 玄関の上がりぐちのいたじき。

しき-たえ◎【敷妙・敷×栲】名 栲などの繊維を織った布で、寝床に敷いて用いたもの。**―の** 枕「衣」「床」「枕」「袖」「黒髪」などにかかる。「吾が恋を人知るめやしきたへの枕のみこそ知らば知るらめ」〈古今〉

しき-たり◎【しきたり】【仕来り・為来り】名 以前からのならわし。先例。慣例。「―に従う」

ジギタリスタ〈digitalis〉名 ゴマノハグサ科の多年生植物。有毒。葉は心臓病の薬になる。きつねのてぶくろ。夏

じき-だん◎【直談】名自サ 直接にあって話しあうこと。

じき-だんぱんダ【直談判】名自サ ⬇じかだんぱん。

しき-ち◎【敷地】名 建物を建てるための土地。

しき-ちょう◎【色調】名 色彩の調子。いろあい。

しき-つ・めるメ【敷(き)詰める】他下一 メ・メ・メル・メル・メレ・メロ・メヨ いちめんに敷く。すきまのないように敷く。「砂利を―」**しきつ・む** 文語下二

しきてい-さんば《式亭三馬》一七七六-一八二二。江戸時代後期の滑稽本作家。本名は菊地久徳。江戸言葉にもとづく会話を主にした文体で庶民生活の種々相を描いた。「浮世風呂」「浮世床」など。

じき-でし◎【直弟子】名 直接の門弟。直門。↔まごでし。

しき-てん◎【式典】名 儀式。

じき-でん◎【直伝】名 直接に伝授を受けること。また、直接に受けた伝授。

しき-どうキ【色道】名 情事に関すること。色ごとのみち。

じき-とう◎【直答】名自サ 直接にこたえること。

じき-どう◎【食堂】名 寺の食堂。

しき-ねん◎【式年】名 祭りをおこなうことに定められている年。「―祭」

しき-のうキ【式能】名 儀式としておこなう能楽。

しき-び◎/キ【式微】名〔文章語〕ひどくおとろえること。

じき-ひ◎【直披】名〔文章語〕⬇ちょくひ。

じき-ひつ◎【直筆】名（「ちょくひつ」と読めば別語）手紙などを他人に書かせないで自分で書くこと。自筆。

しき-ふ◎【敷布】名 敷きぶとんの上に敷く布。シーツ。

しき-ぶキ【式部】名 ❶式部省、また、その職員。❷女官の呼び名。「紫―」**―省** フ名 太政官八省の一つ。儀式・法式、官吏の選任・考課などを扱った役所。

しき-ふく◎【式服】名 儀式に着る衣服。礼服。

しき-ぶとんフ【敷(き)布団】【敷×蒲団】名 寝るとき下に敷くふとん。冬 ↔掛けぶとん。

しき-べつ◎【識別】名他サ 物事の種類・性質などをみわけること。みわけ。

しき-まキ【色魔】名 多くの女性をだまし、もてあそぶ男。女たらし。

じき-まき◎【直まき】【直×蒔・直×播】名 ⬇じかまき。

しき-み◎キ【×樒・×梻】名 シキミ科の常緑小高木。山地に自生し、春、うすい黄白色の花を開く。実は有毒。仏前にそなえる。葉・樹皮は抹香・線香の材料。花は春

じき-みや◎【直宮】名 天皇の子ども・きょうだい。皇子・皇女・皇弟など。

しき-もう◎【色盲】名「色覚異常」の古い言い方。

しき-もく◎【式目】名 ❶中世、法令を箇条書きにしたもの。「貞永―」❷連歌・俳諧の規則。

しき-もの◎【敷物】名 ゆかの上に敷くもの。また、物の下に敷くもの。じゅうたん・うすべり・花瓶敷きなど。

じき-もん◎【直門】名 先生に直接教えを受けること。また、その人。じきでし。

しぎ-やき◎【しぎ焼き】【×鴫焼】名 なすに油をつけて焼き、味付けみそをつけた料理。夏

しき-やく◎【刺客】名 ⬇しかく。

し-ぎゃく◎【×嗜虐】名〔文章語〕残虐なことをこのむこと。

じ-ぎゃく◎【自虐】名 自分で自分をいじめること。

し-きゅう◎【子宮】名 哺乳類の動物のめすにある器官で、胎児のやどるところ。

しきゅう ◎【四球】名 野球で、フォアボール。

しきゅう ◎【死球】名 野球で、デッドボール。

しきゅう ◎【支給】名他サ 払い渡すこと。「給与の―」

しきゅう ◎【至急】名副 非常にいそぐこと。

じきゅう ◎【時給】名 一時間単位の給料。時間給。

じきゅう ◎【持久】造 長くもちこたえること。**―走**（そう）キュ名 小・中・高等学校の体育で、長時間または長距離を走ること。**―戦**（せん）◎名 長い間にわたるたたかい。長期戦。**―力**（りょく）キュ名 長時間持ちこたえる力。特に、長く運動しつづけられる体力。スタミナ。

じきゅう ◎【自給】名他サ 自分に必要な物を自分でつくること。**―自足**（じそく）◎名他サ 自分に要る物は自分でつくって、必要をみたすこと。**―肥料**（ひりょう）ヒ名 農家が自分でつくりだす肥料。たいひ・しもごえなど。

しきゅう-しき キュ【始球式】名 野球の試合をはじめるとき、ゲストが第一球を投げる行事。

しきょ シ|キョ【死去】名自サ 人が死ぬこと。改まった言い方。⇩死ぬ 参考。

しぎょ シ【×仔魚】名 魚類の発育段階の一つ。孵化（ふか）してからすべてのひれが完成するまで。稚魚の前段階。

じきょ ジ【辞去】名自サ あいさつをしてその場を去ること。

しきょう キョ【司教】名 カトリック教会の僧職の一つ。大司教の下、司祭の上に位する。

しきょう ◎【市況】名 商品や株式の取引の状況。

しきょう ◎【至境】名〔文章語〕最高の境地。「芸術の―」

しきょう ◎【思郷】名〔文章語〕ふるさとを思うこと。望郷。

しきょう ◎【詩境】名 詩によみ上げられた境地。

しきょう ◎【詩興】名 ❶詩をつくりたいと思う感興。「―がわく」❷詩のおもしろみ。

しきょう ◎【示教】名他サ しめしおしえること。教示（きょうじ）。

しきょう《詩経》中国の最古の詩集で、五経の一つ。孔子が編者といわれる。殷（いん）の時代から春秋（しゅんじゅう）時代までの詩三〇五編をあつめたもの。毛詩（もうし）。

しぎょう シ【士業】名「…士」とつく資格をもつ職業。弁護士・税理士・行政書士など。

しぎょう シ【×斯業】名〔文章語〕この事業。その道の事業。「―につくす」

しぎょう ◎【詩業】名 ❶詩をつくる仕事。「―にはげむ」❷詩の業績。「大きな―をのこす」

しぎょう ◎【始業】名自サ ❶その日の仕事などをはじめること。「―のベル」❷その学期・学年の授業をはじめること。⇔終業。

じきょう ◎【自×彊】名〔文章語〕（「彊」はつとめるの意）みずからはげみ、努力すること。「―やまず」

じきょう ◎【持経】名 ❶いつも身から離さずに、つねによむ経文（きょうもん）。❷法華経（ほけきょう）のこと。

じきょう ◎【自供】名自他サ 犯人などが取り調べに対し、自分の罪の事実を、申しのべること。また、その申しのべた事がら。自白。白状。

じぎょう ◎【地形】名（「ちけい」と読めば別語）❶建築する前に地面をならし、かためること。じがため。❷建築物の基礎工事。

じぎょう ジ【事業】名 ❶社会に影響のある大がかりな仕事。「社会―」「治水―」❷営利・生産を目的とする仕事。実業。企業。「―を経営する」**―家**（か）◎名 事業をおこなう人。実業家。経営者。

しきょう-ひん ◎【試供品】名 薬品などで、ためしに使ってもらうため、客にわたす見本。

しきょく キョ【支局】名 本局からわかれた、業務の取扱所。「新聞社の―」⇔本局。

しきょく ◎【私曲】名〔文章語〕よこしまなこと。自分の不正な利益をはかること。

しきよく ◎【色欲】【色×慾】名 性的な欲望。情欲。また、情欲と利欲。

じきょく ジ【時局】名 時勢のなりゆき。「重大な―」

じきょく ◎|ジ【磁極】名 磁石の両端。N極とS極。

じきらん ◎【直覧】名 ❶〔文章語〕したしく見ることの尊敬語。「―に供する」❷自分で直接ご覧になってくださいの意味で手紙のあて名に書きそえる語。親展。

しきり ◎【仕切（り）】名 ❶仕切ること。仕切ったもの。境。「―のつい立て」❷取引や帳簿を、ある時点でしめくくること。決算。❸仕切り金。❹相撲で、両力士が土俵上で立ち合いの身構えをすること。**―金**（きん）◎名 取引の決算で売り主が買い主から受け取る金。**―書**（しょ）◎|ショ名 ❶仕切り金の明細をしるして貨物とともに買い主に送る書類。送り状。❷売り上げの計算書。**―線**（せん）◎名 相撲の土俵の中央に引いてある、力士が仕切りをするための二本の白線。⇩土俵（図）。**―直**（なお）**し** ◎名 ❶相撲で、仕切りをやり直すこと。❷ものごとを、最初からやり直すこと。「戦略の―」**―値段**（ねだん）ネ名 なりゆきの値段で売買の成立する値段。

しきりに ◎【しきりに】【×頻りに】副 ❶たびたび。❷熱心に。「―頼む」❸ひっきりなしに。「―風が吹く」

しき・る【×頻る】■キ自五〔ラ・ロ(リ・ッ)・ル・ル・レ・レ〕〔動詞の連用形について補助動詞的に用いられて〕しきりに…する。さかんに…する。「降り―」「鳴き―」■自四〔古語〕数多くおこる。たびかさなる。「二たび三たびと、しきりて申したまふことは」〈落窪〉

しき・る キ【仕切る】〔ラ・ロ(リ・ッ)・ル・ル・レ・レ〕■他五 ❶くぎりをつける。「へやを―」❷決算する。「月末に―」❸とりしきる。「宴会を―」■自五 相撲で、立ち合いの姿勢をとる。**仕切れる** 自下一〔…できる〕

しきれつ ◎【熾烈】「しれつ」のあやまり。

じきわ ◎【直話】名 直接にする話。直接に聞いた話。「会長の―」

しき-わら ◎【敷きわら】【敷×藁】名 作物の根もとや、家畜小屋などに敷くわら。

しきん ◎【至近】名 もっともちかいこと。きわめてちかいこと。「―距離」

しきん キ【資金】名 事業につかう費用。もとでのかね。もときん。「育英―」**―繰**（ぐ）**り** ◎名 事業の経営のために行う資金の調達や運用。

しぎん ◎【市銀】名「市中銀行」の略。

しぎん ◎【歯×齦】名 はぐき。「―炎」

しぎん ◎【詩吟】名 漢詩にふしをつけてうたうこと。

しきん-せき キ|ー【試金石】名 ❶黒くてかたい岩石で、貴金属をこすりつけ、その純度をしらべるのに使うもの。❷人の才能や物の値うちをためす物事。

し-く シ【市区】名 ❶市街の区画。「―改正」❷市と区。

し-く ◎【詩句】名 詩の句。詩の一部。

し・く ク|◎【×如く・×若く】自五〔カ・コ(キ・イ)・ク・ク・ケ・ケ〕およぶ。かなう。匹敵する。「かれに―者はない」参考 下に打ち消しの語がくる。**―はない** およぶものはない。匹敵するものはない。「たのしみといえば酒に―」

し・く ◎【敷く】〔カ・コ(キ・イ)・ク・ク・ケ・ケ〕■他五 ❶ものの下におく。下じきにする。「コップの下にコースターを―」❷たいらにおく。のべひろげる。「ふとんを―」「石畳を―」❸【×布く】配置する。また、敷設（ふせつ）する。「背水の陣を―」「鉄道を―」

「—」❹【▲布く】広くゆきわたらせる。「戒厳令を—」❺下におさえつける。「尻(しり)に—」㊁自五 地面にひろがる。「地に散り—」 **敷ける** 自下一[…できる]

じく ク【軸】名造 ❶車の心棒。「車軸」❷巻物など丸いものの中心の棒。マッチや筆の手に持つところ。「軸木(じくぎ)・ペン軸」❸巻物。かけ物。「軸装・軸物(じくもの)・掛(かけ)軸」❹物事の中心となるもの。「基軸・機軸・枢軸・中軸」❺回転運動の中心となる線。回転軸。「地軸」❻対称図形や座標の基準となる線。「X軸・座標軸」

じ-く ジ【字句】名 文字と語句。「—を修正する」

ジグ ジ〈jig〉名〔「治具」は当て字〕工作機械の刃物を正しく当てる働きをする道具。

じく-あし ◎【軸足】名 ❶からだをささえる軸になるほうの足。「投手の—」❷行動・方策などの重点。「生産の—を海外へ移す」

じ-くう ◎【時空】名 時間と空間。「—を超越する」

じく-うけ ◎【軸受(け)】【軸▲承】名 ❶回転軸をささえるもの。ベアリング。❷とびらなどの軸を受けささえる部分。

しく-かつよう カ【シク活用】名 文語形容詞活用の一つ。語尾が「しく・しく・し・しき・しけれ」と変化するもの。「楽し・うれし」などの活用。↕ク活用。⇩(付)**語の活用**

じく-ぎ ◎【軸木】名 ❶かけものの軸に使う木。❷マッチの棒。

し-ぐさ シ【しぐさ】【仕草・仕▲種】名 ❶しかた。しうち。「いじわるな—」❷役者の動作。身ぶり。所作。「女の—」

ジグザグ ◎ジ〈zigzag〉名 形動(の) Z字のように折れまがっているようす。また、そのような形・線。いなずまの形。「—に行進する」

じく-じ ジー【×忸×怩】と副 たる連体〔「忸」も「怩」も恥じるの意〕恥じいるようす。「内心—たる思い」

しく-しく【▲頻▲頻】副古語 しきりに。たえまなく。「うるはしと我(あ)が思(も)ふ君はしくしく思ほゆ」〈万葉〉

しく-しく ク―シ― と副 自サ ❶よわよわしく泣くようす。❷あまり強くない、さすような痛みがつづくようす。「腹が—痛む」

じく-じく ジ― と副 水分が、たえずにじみ出るようす。

しくじ・る ジ 他五 ラ・ロ|リ・ッ|ル|ル|レ|レ ❶失敗する。❷過失などのため解雇される。出入りをさしとめられる。「会社を—」「得意先を—」 **しくじり** 名

じ-くずれ ク【地崩れ】―くづれ 名 地震や豪雨などで地盤がゆるみ、斜面やがけがくずれること。

ジグソー-パズル パ〈jigsaw puzzle〉名 一枚の写真や絵を不規則な形に切り抜いてばらばらにし、その小片をつなぎ合わせて元の形に仕上げる玩具(がんぐ)。

じ-ぐち ◎【地口】名 ことわざ・成語などと発音の似た文句をつくって言うしゃれ。語呂(ごろ)あわせ。たとえば、「いつも遊べば食うにこまる(犬も歩けば棒にあたる)」など。

し-くつ ◎【試掘】名 他サ 鉱山・油田などを、採掘の価値の有無を調べるために掘ってみること。

シグナル シ〈signal〉名 ❶信号。あいず。❷交通の信号機。

しく-はっく ハ【四苦八苦】名 自サ〔仏教で、四苦は生(しょう)・老・病・死。八苦は四苦に愛別離苦(あいべつりく)・怨憎会苦(おんぞうえく)・求不得苦(ぐふとっく)・五蘊盛苦(ごうんじょうく)を加えたもの〕ひどいくるしみ・なんぎ。「宿題が多くて—だ」

じ-くばり ク【字配り】名 文字のならべかた。文字の配置。「ポスターの—」

し-くみ ◎【仕組(み)】名 ❶全体がつながりをもって、ひとつのまとまった働きができるようにすること。また、そのもの。組織。組み立て。仕掛け。「簡単な—の機械」❷くふうして組み立てた計画や方法。くわだて。「奇抜な—で人を驚かせる」参考「仕組み」と「仕掛け」はほぼ同じ意味だが、目に見えない物の構造を言うときは「仕組み」のほうが使われる。

し-く・む ク【仕組む】他五 マ・ミ|ミ・ン|ム|ム|メ|メ ❶くふうして組みたてる。ある装置をつくる。❷くわだてる。「わるさを—」❸趣向を考える。**仕組める** 自下一[…できる]

じ-ぐも ◎【地×蜘×蛛】名 ジグモ科の節足動物。土中にくだ状の巣をつくる。体長約一・五センチメートル。つちぐも。ふくろぐも。あなぐも。

じく-もの ◎【軸物】名 書画のかけもの。

シクラメン ラ〈cyclamen〉名 サクラソウ科の多年生植物。春、白色または紅色の花が咲く。観賞用。サイクラメン。かがりびばな。春

シクラメン

しぐれ ◎【時雨】名 秋から冬にかけて、断続的に降る小雨。冬「—が通り過ぎる」

しぐれ-き レ【時雨忌】名 芭蕉(ばしょう)忌。冬 参考 しぐれの季節、旧暦の十月十二日に死んだところから名づけられた。

しぐれ-に ◎【時雨煮】名 はまぐり・かきのむきみなどに、しょうがを入れたつくだ煮。

しぐ・れる レ【時▲雨れる】自下一 レ・レ|レ|レル|レル|レレ|レロ・レヨ ❶しぐれが降る。冬 ❷涙ぐむ。涙をながして泣く。**しぐ・る** 文語下二

じくろ ジ【×舳×艫】名〔「舳」は船首、「艫」は船尾〕船のへさきと、とも。**―相(あい)×銜(ふく)む** 多くの船がすきまなくつづいて進むようす。

じ-くん ◎【字訓】名 漢字の日本語での読み。くん。↕字音。

し-くんし ク【士君子】名 文章語 学問があり、おこないの正しい人。君子。

し-くんし ク【四君子】名 中国の絵で、らん・たけ・うめ・きくの四つ。参考 上品で清らかな姿を君子にたとえていう。

し-け ケ【▲時化】名 ❶暴風雨のため海上が荒れること。❷暴風雨のため魚類がとれないこと。不漁。❸しばい・映画・みせものなどの不入り。

じ-げ ◎【地毛】名 かつらに対して、自分の髪の毛。地髪(じがみ)。

じ-げ【地下】名古語 ❶殿上(てんじょう)の間に昇殿をゆるされなかった六位以下の人。↕殿上人(てんじょうびと)・堂上。❷宮中につかえる人が、それ以外の人をさしていう語。❸民間の人。**―人(にん)** 名古語 ❶地下(じげ)の人。❷身分のひくい人。❸土着の人。

し-けい ケ【死刑】名 犯罪者の生命をうばう刑罰。**―囚(しゅう)** ケ 名 死刑の判決が確定した囚人。

し-けい ◎ケ【私刑】名 個人が、法によらずかってに加える制裁。リンチ。

し-けい ◎【紙型】名 活版印刷で、活字を組んだものに押しつけて取った紙のかた。印刷用の鉛版をつくる。

し-けい ◎【詩形・詩型】名 詩の形式。「五七五の—」

し-げい ◎【至芸】名 最高の芸。芸の極致。

しげ・い ◎【▲繁い】形 カロ|カッ・ク|イ|イ|ケレ|○ ❶多い。はげしい。「雨がしげく降る」❷間をおかずにくり返すようす。「しげく催促する」参考 ふつう「しげく」の形で使われ、終止形・連体形の「しげい」の形は、あまり使われない。「しげく」の形で使うときは シ。 **しげ・し** 文語ク

じ‐けい ⓪【字形】名 具体的に見える、文字のかたち。「複雑な―」↔字体。

じ‐けい ⓪/ジ【次兄】名 二番めの兄。↔長兄。

じ‐けい ⓪【自警】名自他サ 自分たちの力で、自分たちの生活をまもること。「町を―する」「―団」

しけ‐いと ⓪【しけ糸】【×絓糸】名 まゆの外皮からとった質のわるい糸。くず糸。**―織(お)り** ⓪名 しけ糸を横糸に使って織った織物。くず糸織り。

じけい‐れつ ケ【時系列】名 ❶時間の経過とともに変化する現象について、継続して観測して得た値を並べたもの。❷(❶から転じて)時間の流れにそって並べること。「―順に説明する」

し‐げき シ【史劇】名 歴史上の事実に材をとった演劇。

し‐げき シ【詩劇】名 詩の形式で書かれた劇。韻文劇。

し‐げき ⓪【刺激】【刺×戟】名他サ ❶人の心をたかぶらせること・もの。「病人を―する」❷感覚に作用して、ある反応をおこさせること・もの。「皮膚を―する」↔反応。

しげく シ【▲繁く】(形容詞「しげい」の連用形)⇒しげい。

しけ‐こ・む ⓪自五 マ・モ・ミ・ン ム・ム・メ・メ [俗語] ❶遊郭・料理屋などにはいりこんで遊興する。❷男女がいっしょに泊まる。❸かねがなくて家にこもっている。

しげ‐しげ シ【▲繁▲繁】と副 ❶しきりに。何度も。「―と足をはこぶ」❷よくよく。じっと。「―と見つめる」

し‐けつ ⓪【止血】名自サ 出血をとめること。「―帯」

じ‐けつ ⓪【自決】名自サ ❶自分の進退・去就などを、自身できめること。「民族―主義」❷責任を取るために自殺すること。自害。

しげ‐どう ゲ【▲重×籐・▲滋×籐】名 弓の幹の下地を黒うるしで塗り、その上に籐(とう)をぎっしりと巻いたもの。しげとう。「―の弓」

しげ‐み ⓪【茂み】【▲繁み】名 草木のしげっているところ。㊆「森の―」

し・ける ケ【▲時化る】自下一 ケ・ケ・ケル・ケル・ケレ・ケロ・ケヨ ❶暴風雨のため海がひどく荒れる。❷暴風雨のため魚類がとれない。❸[俗語]かねまわりが悪く、不景気だ。「しけた店だ」

し・ける ケ/⓪【▲湿気る】自下一 ケ・ケ・ケル・ケル・ケレ・ケロ・ケヨ 湿気をおびる。しめる。しっける。「長雨で畳が―」

しげ・る ゲ【茂る】【▲繁る】自五 ラ・ロ・リ・ッ・ル・ル・レ・レ 枝や葉がおいかさなる。㊆「青葉が―」

し‐けん ⓪【私見】名 自分ひとりの意見。

し‐けん ⓪【私権】名 個人のもつ権利。↔公権。

し‐けん ケ【試験】名他サ ❶物の性質や力などをためし調べること。❷問題を出して答案を求め、及落や採否をきめること。**―官(かん)** ⓪/ケ名 試験の監督や、面接などを行う人。**―管(かん)** ⓪/ケ名 化学実験などに使う細長いガラス管。**―管(かん)ベビー** ベ名 体外授精を経て生まれた子ども。**―紙(し)** ケ名 溶液中の物質の存在をたしかめるための、試薬を塗った紙。リトマス試験紙など。**―地獄(じごく)** ジ名 競争のはげしい入学試験などをうける、苦しみの状態。**―的(てき)** ⓪形動 ためしにおこなうようす。

し‐げん ⓪【至言】名 もっとも当を得たことば。

し‐げん ⓪【始原】名 はじめ。もと。

し‐げん シ【資源】名 生産活動のもとになる物質で、自然界に存在するもの。「地下―」参考「人的資源」のように、労働力や技術などの意味に使うこともある。

じ‐けん ジ【事件】名 世間の話題になるような出来事。「殺人―」**―記者(きしゃ)** キ名 警察関係の事件の報道にあたる記者。**―簿(ぼ)** ケ名 〔多くフィクションの題名で〕探偵や刑事が書き残した事件の記録。「明智小五郎(あけちこごろう)の―」

じ‐げん ⓪【字源】名 ❶一つ一つの文字のおこり。「かなの―」❷漢字の構成原理や、かなのもとの形。

じ‐げん ⓪【次元】名 ❶[数]幾何学(きかがく)的な図形・物体・空間のひろがりをしめす概念。それをきめる座標(ざひょう)の数によって、一次元・二次元・三次元とよぶ。ディメンション。❷程度。立場。「―のちがう議論」

じ‐げん ⓪【時言】名[文章語] そのときの世の中の事がらについて意見をのべたことば。

じ‐げん ⓪【時限】名 ❶時間の限界。❷授業時間の単位。「一日六―の授業」**―ストライキ** ラ名 時間を限っておこなう短時間のストライキ。**―爆弾(ばくだん)** バ名 ある時間がくると、しぜんに爆発するように仕掛けてある爆弾。**―立法(りっぽう)** リ名 一時的事情の必要から有効期限をきめて法律を定めること。また、その法律。

じ‐げん ⓪/ジ【慈眼】名 仏・菩薩(ぼさつ)が衆生(しゅじょう)をあわれんでみる目。じがん。

じ‐げん ⓪【示現】名自サ[文章語] ❶神仏がそのふしぎな力をあらわすこと。❷仏・菩薩(ぼさつ)がいろいろに姿をかえて、この世にあらわれること。

しこ【▲醜】名 一[古語] ❶つよいもの。❷みにくいもの。けがらわしいこと。❸自分をへりくだっていう語。二コ【四股】名 相撲で、力士が高くあげた足を力づよくおろす基本動作。「―を踏む」参考「四股」はあて字。

し‐こ シ【四顧】名他サ あたりを見まわすこと。

し‐こ コ/シ【指呼】名他サ[文章語] ゆびさして呼ぶこと。**―の間(かん)** ゆびさして呼べば答えるほどの近い距離。「―に望む」

し‐ご シ【死後】名 死んだあと。没後。↔生前。**―硬直(こうちょく)** コ名 死んでからしばらくして、生物の筋肉がかたくなること。

し‐ご シ【死語】名 昔使われていて、今では使われなくなったことば。廃語。

し‐ご シ【詩語】名 詩に使われる優美な語。「蛙(かえる)」を「かわず」と言うなど。

し‐ご シ【私語】名自サ ささやくこと。ささやき。ひそひそ話。「―を慎む」

じ‐こ ジ【自己】名 ❶おのれ。自分。自身。❷自我。**―暗示(あんじ)** ア名 無意識のうちに、自分自身で心にある観念をあたえること。「―にかかる」**―嫌悪(けんお)** ケ名 自分で自分自身がいやになること。**―顕示(けんじ)** ケ名 自分の存在をことさら際立たせ、目立たせようとすること。「―欲」**―紹介(しょうかい)** ショ名自サ 人に対して、自分の名まえや職業などを言って知らせること。**―責任(せきにん)** セ名 自分の行動に自分自身で責任をもつこと。**―疎外(そがい)** ソ名[哲]❶自分を他者のようにみなすこと。❷資本主義社会のなかで、人間が人間性をうしなうこと。**―破産(はさん)** ハ名 債務者がみずから裁判所に申し立てて、破産宣告を受けること。**―批判(ひはん)** ヒ名自サ 自分で自分を批判すること。**―流(りゅう)** ⓪名 他人に教わったのではない、自分なりのやりかた。我流。

じ‐こ ジ【事故】名 偶然・不注意などによって起こる、悪い出来事。「交通―」参考もとは、事の起こる原因の意味。

じ‐ご ジ【事後】名 事がおわったあと。「―処理」↔事前。**―承諾(しょうだく)** ショ名 事前に承諾を得るべきことを、事のすんだあとで承諾を求めること。

じ‐ご ジ【持碁】名 ひきわけの碁。

じ‐ご ジ【耳語】名他サ[文章語] 口を人の耳にあててささやくこと。みみうち。

じ‐ご ジ【×爾後】名副[文章語] ❶こののち。今後。自今。

「―一層の努力を望む」❷そののち。以後。「―十年に及ぶ」

しこう〔0〕【至孝】名〔文章語〕この上もない孝行。

しこう〔0〕【至高】名〔文章語〕この上なくたかいこと。最高。「―の芸」

しこう〔0〕【私行】名 個人としての行動。「―をあばく」

しこう〔0〕【歯×垢】名 歯並びのくぼみなどにたまった食物のかすを栄養とする微生物が、歯の表面に着いたもの。プラーク。

しこう〔0〕【詩稿】名 詩の下書き。

しこう【四更】―かう 名〔古語〕五更の一。今の午前一時ごろから三時ごろまで。

しこう〔0〕【伺候】名自サ ❶【×祇候】貴人のそばにつかえること。❷ごきげんをうかがいにまいること。

しこう〔0〕【志向】名他サ ❶心がある方向にむかうこと。意向。❷ある目的をめざすこと。指向。「化学者を―する」

しこう〔0〕【思考】名他サ 人間の頭の中での知的な働き。論理的に考えること。

しこう〔0〕【指向】名他サ ある方向をめざすこと。―性アンテナ〔ア〕名 電波を発したり受けたりする働きが、あるきまった方向に対して特に高いアンテナ。

しこう〔0〕【施行】名他サ 実地におこなうこと。実施。「―規則」参考 法規に関しては「せこう」ともいう。「施行」は、公共機関の事業について使うことが多い。「施工」は、工事に関することのみ。区別するために「施行(しこう)」「施工(せこう)」と言い分けることが多い。

しこう〔0〕【×嗜好】名他サ たしなみこのむこと・もの。このみ。―品〔0〕名 栄養のためではなく、たのしむためにとる飲食物。酒・コーヒーなど。

しこう〔0〕【試行】名他サ ためしにおこなうこと。―錯誤〔サ〕名 ❶学習様式の一つ。本能・習慣などのままにやってみて失敗をかさね、だんだんに適応するようになること。❷失敗をかさねながら解決に近づいていくこと。

しこう〔0〕【施工】名自他サ 工事をおこなうこと。せこう。⇩施行 参考。

しごう〔シ〕【師号】名 朝廷から高僧に与えられた大師・禅師・国師の称号。

しごう〔0〕【×諡号】名〔文章語〕貴人や僧侶などに死後におくる名。おくりな。

じこう〔ジ〕【事項】名 一つ一つのことがら。箇条。

じこう〔0〕【侍講】名 君主に学問の講義をすること。また、その人。

じこう〔0〕【時好】名〔文章語〕そのときの流行。時代の好み。―に投ずる 時代の好みにあう。流行にあう。

じこう〔0〕【時効】名 ある状態が一定期間継続したことによって、権利が生じたり、なくなったりすること。「―が成立する」

じこう〔0〕【時候】名 四季の陽気。気候。「―のあいさつ」

じごう〔ジ〕【寺号】名 寺院の名称。

じごう〔ジ〕【次号】名 新聞・雑誌などで、つぎの号。↔前号。

しこうして〔コ〕【×而して】―しかう 接続〔文章語〕しかして。そして。

じごうじとく〔0〕〔ジ〕【自業自得】名〔業は、仏教で善悪のむくいのもとになるおこない〕自分のおこないの結果を、自分に受けること。参考 ふつう、わるい結果についていう。

しこうしへい〔0〕【至公至平】名形動 きわめて公平なこと。

しこうひん〔0〕【紙工品】名 かみでつくった品物。

じごえ〔0〕【地声】―ごゑ 名 自然な発声で出す声。↔つくり声。

しこお【▲醜▲男】―を 名〔古語〕❶みにくい男。↔しこめ。❷強くたくましい男。

しごき〔キ〕【▲扱き】名 ❶しごきおび。❷〔俗語〕きびしい訓練。

しごきおび〔オ〕【しごき帯】【▲扱き帯】名 女性が着物をはしょるのに使う一幅の布地。腰ひもの一つ。しごき。

しこく《四国》〔阿波・讃岐・伊予・土佐の四つの国〕四国地方。香川・徳島・愛媛・高知の四県。

しごく〔ゴ〕【▲扱く】他五 ❶細長いものをにぎりしめ、そのまま強くこするように引っぱる。「ひもを―」❷〔俗語〕きびしく訓練する。「後輩を―」

しごく〔ゴ〕【至極】❶〔シ〕副 この上もなく。「―よい天気」❷接尾〔名詞や形容動詞語幹をつくる〕きわめて。この上もない。「めいわく―」

じこく〔ジ〕【▲二黒】名 九星の一つ。土星にあたり、方位は南西。

じこく〔0〕【自国】名 自分のくに。「―の利益」↔他国。

じこく〔ジ〕【時刻】名 ❶移りゆく時の瞬間的な一点。「―を知らせるベル」❷とき。時間。「―がたつ」⇩時間 参考。―表〔0〕名 定期的に運行する交通機関の発着時間を記入した表。また、その本。

じごく〔ク〕【地獄】名 ❶六道の一つ。罪をおかした者が死後に行って罰を受ける所。↔極楽浄土。❷キリスト教で、神に背き罪をおかした魂がおちいる世界。↔天国。❸苦痛にあう所。ひどい苦しみ。「この世の―」「交通―」❹噴火山の火煙や、温泉地の熱湯などの、たえずふきだすところ。―で仏に会ったよう くるしくあぶないときや困っているとき、思わぬ助けにあった喜びをたとえていう。―の釜の蓋もあく 正月と盆の十六日には、地獄の鬼たちが亡者たちを責めさいなむのを休むということ。参考 この両日は、商店も休日となり、やぶ入りといって使用人の帰宅をゆるした。―の沙汰も金次第 地獄の裁判さえもかねの力で自由になる。かねの力は強大だということのたとえ。―変相〔ヘ〕名 地獄でくるしめられる亡者のようすをえがいた絵。―耳〔ク〕〔0〕名 ❶一度聞いたことをいつまでもわすれない人。❷人の秘密などをすばやく聞きこむ人。

しこくじゅんれい〔コ〕〔ジュ〕【四国巡礼】名 四国八十八か所を巡拝すること。また、その人。四国遍路。春

じこくてん《持国天》四天王の一つ。東方を守る神。

しこくはちじゅうはっかしょ〔コ〕〔カ〕【四国八十八箇所】名 四国にある八十八か所の、弘法大師の霊場。

じごくへん《地獄変》芥川龍之介の短編小説。一九一八年発表。地獄のありさまをびょうぶにかくため、自分の娘を火にかける、異常な天才絵師をえがく。

しこくへんろ〔ヘ〕【四国遍路】名 四国巡礼。春

じこさく〔コ〕【自小作】名 ❶自作を主として、小作もする農家。❷自作農と小作農。

しこしこ〔コ〕〔シ〕副自サ ❶食べ物に弾力があって、歯ごたえのあるようす。「―した歯ざわり」❷〔俗語〕こつこつと努力するようす。

しごせん〔ゴ〕【子午線】名〔「子午」は方角を十二支であらわしたときの「子」(北)と「午」(南)のこと〕❶天球上で、天の南北両極と天頂をとおる線。❷地球の南極と北極をむすぶ大円。経線。

しこたま ０ 副〔俗語〕たくさん。どっさり。「—もうける」「—つめこむ」

し‐ごと ０【仕事】名〔「為する」の連用形「し」と「こと」とが結合したもの。「仕」は当て字〕❶するべきつとめを果たすために働くこと。業務。事務。「山のような—」❷生活をしていくための金を得る手段。職業。「—を探す」❸〔物〕物体が外部からの力によって移動すること。移動した方向の力と距離との相乗積によって、その量をはかる。単位はジュール。 —納(おさ)め オ 名 年末にその年の仕事を終えること。冬 —師(し) ト 名 ❶土木工事の労働者。とび職。❷事業を計画・経営することのじょうずな人。やりて。 —始(はじ)め 八 名 新年にその年の仕事を始めること。新年 —率(りつ) ト 名〔物〕単位時間にする仕事の量。ワットであらわす。記号は「W」。

しこ‐な ０/コ【しこ名】【醜名】名 ❶〔古語〕あだな。自分の名をへりくだっていう語。❷相撲の力士の呼び名。 参考「四股名」はあて字。

し‐こな‐す ナ 他五 サ・ソ・シ・ス・ス・セ・セ うまくやりとげる。「むずかしいことを—」 しこなせる 自下一 …できる

し‐こみ【仕込(み)】━ ０ 名 ❶商品・材料を仕入れること。また、飲食店などで、料理の下ごしらえをすること。❷酒・しょうゆなどの原料を調合して、おけなどに入れること。❸おしえこむこと。訓育。「先生のお—のおかげ」❹しこみづえ。━ 造〔「じこみ」の形で〕その場所や方法でしこんだこと。「本場—の英語」 —桶(おけ) オ 名 ❶酒などの原料をしこむのに使うおけ。❷つけ物をつけるのに使うおけ。 —×杖(づえ) ツ 名 中に刀をかくし入れたつえ。

し‐こ‐む コ【仕込む】他五 マ・モ・ミ・ミ・ム・ム・メ・メ ❶中に入れこむ。「つえに刀を—」❷買いいれる。仕入れる。また、飲食店などで、料理の下ごしらえをする。「食糧を—」❸酒・しょうゆなどの原料を調合して、おけなどに入れる。「こうじを—」❹おしえこむ。しつける。訓練する。「犬に芸を—」 仕込める 自下一 …できる

しこ‐め【醜女】名〔古語〕❶みにくい女。↕しこお。❷あの世にいたという、みにくい女の鬼。

しこり ０【×痼り・凝り】名 ❶筋肉がこってかたくなること。また、そのかたまり。❷物事がかたづいた後まで残った、気まずい気分。「感情の—」

しこ‐る ０/コ【×痼る・凝る】自五 ラ・ロ・リ・ッ・ル・ル・レ・レ しこりができる。

じこ‐る コ【事故る】自五 ラ・ロ・リ・ッ・ル・ル・レ・レ〔俗語〕〔「事故」を動詞化した語〕交通事故を起こす。

しころ ０【×錣】名 かぶと・ずきんの左右・後方にたれて、首すじをおおう部分。

ジゴロ ジ〈フ gigolo〉名 女にやしなわれる男。男めかけ。ひも。

し‐こん コ【士魂】名 武士のたましい。

し‐こん ０【紫根】名 むらさきぐさの根をかわかしたもの。薬用・染料用。 —色(いろ) ０ 名 紫根で染めた色。濃い暗紫色。

し‐こん ０【紫紺】名 紺色のかかったむらさき色。

し‐こん ０【歯根】名 歯の、歯ぐきにおおわれている部分。

し‐こん ０【詩魂】名 詩をつくる心。詩情。「—をかきたてる」

じ‐こん ジ【自今】副〔文章語〕〔「自」は「より」の意〕今から後。以後。今後。「—じゅうぶんに注意せよ」

し‐さ シ【視差】名 ❶〔天〕天体の一点を二地点からながめてくらべたときの方向のちがい。❷カメラのファインダーの視野と、フィルムに写る画面とのずれ。

し‐さ シ【示唆】名 他サ それとなくおしえること。サジェスチョン。じさ。「研究方法を—する」「—に富む話」

し‐ざ シ【視座】名 ものを見る基礎となる立場。視点。観点。

じ‐さ ジ【時差】名 各地方標準時によってちがう時刻の差。「東京とワシントンとの—」 —出勤(しゅっきん) シュ・—通学(つうがく) ツ 名 大都市の朝の交通機関の混雑を避けるため、出勤・通学の時刻をずらすこと。 —ぼけ ０ 名 時差によって生活のリズムがくるい、体調に変化をきたすこと。

じ‐ざ ジ【侍座】名 自サ〔文章語〕貴人のそばにすわること。

し‐さい ０【子細】【×仔細】名 ❶事のわけ。くわしい事情。いわれ。「事の—を説明する」❷さしつかえとなることがら。「—はない」 —顔(がお) ０ 名 わけのありそうな顔つき。 —に ０ 副 こまかく。くわしく。 —に及(およ)ばず かれこれいうまでもない。 —らしい シ2 形 ❶事情がありそうに見える。❷もったいぶっている。

し‐さい シ【司祭】名 カトリック教会などの僧職。司教の下。

し‐さい ０【詩才】名 詩をつくる才能。

し‐ざい シ【死罪】名 ❶死刑。❷〔文章語〕書簡文や上表文の結びに書く語。失礼が死に値するほどであるの意。「死罪死罪」「頓首(とんしゅ)死罪」などの形で用いる。

し‐ざい シ【私財】名 個人の財産。「—をなげうって研究する」

し‐ざい シ【資材】名 材料となる物資。「建築—」

し‐ざい シ【資財】名 ❶財産。❷資本となる財産。

じ‐ざい ０【自在】名 形動 ❶しばられないこと。思うままになること。「自由—」❷自在かぎ。 —画(が) ０ 名 定規・コンパスなどを使わないでえがく絵。↕用器画。 —×鉤(かぎ) ザ 名 いろりの上からつるし、なべ・てつびんなどをかけ、自由に高さを調節できるかぎ。

自在かぎ

じ‐ざかい ザ【地境】名 土地のさかいめ。

じ‐ざかな ザ【地魚】名 その地方の近海で取れた魚。

じ‐さき ０【地先】名 ↓ちさき。

し‐さく ０【施策】名 国・官庁などが現実の事がらについてほどこす対策。「—を講じる」 参考「せさく」は慣用読み。放送では「しさく」。

し‐さく ０【詩作】名 自サ 詩をつくること。

し‐さく ０【思索】名 他サ すじみちをたどって、考えること。「—にふける」

し‐さく ０【試作】名 他サ ためしにつくってみること。ためしにつくったもの。「—品」

じ‐さく ０【自作】━ ０ 名 他サ 自分でつくること。また、つくったもの。━ 名 自作農。↕小作。 —自演(じえん) ０ 名 自サ 自分の書いた脚本・シナリオによる芝居や映画に、俳優となって出ること。 —農(のう) ク 名 自分の所有地を自分で耕作する農家。↕小作農。

じ‐ざけ ０【地酒】名 その土地でできる酒。

し‐さつ ０【刺殺】名 他サ ❶はものでさしころすこと。❷野球で、飛球をとったり、走者にタッチしたりして、打者や走者をアウトにするプレー。

し‐さつ ０【視察】名 他サ 現地に行ってようすを見ること。「被災地を—する」

じ‐さつ ０【自殺】名 自サ 自分で自分の命をたつこと。↕他殺。 —的(てき) ０ 形動 失敗する危険のあることを、あえておこなうようす。「—行為」 —×幇助(ほうじょ) ホ 名 他人の自殺を手つだうこと。

じさ-ない【辞さない】 連語 ひるまない。おそれない。「死をも―」

しざま ⓪【ˆ為様】名 しかた。やりかた。

しさ・る サ【ˆ退る】自五 ラ・ロ・リ・ッ／ル・ル・レ・レ しりぞく。あとへひきさがる。しざる。すさる。「うしろへ―」

し-さん ⓪【私産】名 私有の財産。私財。

し-さん シ【資産】名 ❶財産。身代(しんだい)。「―家」❷〔法〕金銭にかえられる財産。資財。

し-さん ⓪【賜×餐】名〔文章語〕天皇から食事をたまわること。また、その食事。

し-さん ⓪【四散】名 自サ 四方に散ること。ちりぢりになること。

し-さん ⓪【試算】名 他サ ❶ためしに計算すること。「工事費の―」❷計算の誤りの有無を確かめること。検算。

し-ざん シ【死産】名 自サ 胎児が死んで生まれること。しさん。

じ-さん ⓪【持参】名 他サ もって行くこと。もってくること。参考 もとは謙譲語だったが、今は「当日は雨具をご持参ください」のように、改まった表現として使われる。ただし、自分の側に対して「必ず案内状を持参してください」のように言うのに抵抗を感じる人は多く、ただ「お持ちください」とするだけでよい。**―金**(きん) ⓪ 名 よめ・むことなる人が結婚するとき、実家からもって行くかね。

じ-さん ⓪【自賛】【自×讃】名 自他サ ❶自分の絵に、自分で賛を書きつけること。「自画―」❷自分をほめること。

しし シ1【ˆ獣】名 ❶〔古語〕けだもの。けもの。❷いのししやしかなどの食用の肉のこと。**―食**(く)**った報**(むく)**い**〔けものの肉を食べることを、昔は、いみきらった〕悪事をしたために、身に受けるむくい。

しし【ˆ肉】名〔古語〕にく。筋肉。「―置き」

し-し シ1【史詩】名 歴史上のできごとを題材とした詩。

し-し シ1【四肢】名 両手と両足。手足。

し-し シ1【死×屍】名〔文章語〕しかばね。しがい。死体。**―に×鞭打**(むちう)**つ** 死んだ人を責める。死者の悪口を言う。死者に鞭打つ。

し-し シ1【志士】名 国家・社会のために身をなげ出そうという、りっぱな志をもった人。「幕末の―」

し-し シ1【刺史】名 昔の中国で、州の長官。

し-し シ1【嗣子】名 あととりの子。よつぎ。

し-し シ1【×獅子】名 ❶ライオン。❷ライオンに似た想像上の動物。唐獅子(からじし)。**―頭**(がしら) ガ 名 ❶ししの頭に似せた木製の面。しし舞いに使う。❷金魚の一品種。❸シシガシラ科のしだ。**―×吼**(く) シ2 名 自サ〔文章語〕❶声をはりあげ、熱をこめて演説すること。❷外道(げどう)・悪魔(あくま)をおそれ従わせた、仏の説法。**―身中**(しんちゅう)**の虫**(むし)〔ししの体内にすむ虫が、恩をあだでかえして、ししの肉をくい、害をなすということから〕❶仏のでしでありながら、仏法に害をなすもの。❷ある組織の中にいて、内部からわざわいをなすもの。**―鼻**(ばな) ⓪シ2 名 低くて小鼻の開いた鼻。ししっぱな。**―奮迅**(ふんじん) シ1 名 勢いはげしく奮闘するようす。「―の働き」**―舞**(まい) ⓪シ2 名 ❶正月などに、ししの面をかぶってする舞。新年 ❷能楽で、ししの舞いくるうようすをまねた、調子のはやい舞。

獅子頭❶

し-し シ1【詩史】名 ❶詩の歴史。❷詩の形でのべた歴史。

し-し シ1【×孜×孜】と副〔文章語〕いっしょうけんめいに努力してやすまないようす。せっせと。「―してはげむ」

し-じ シ【四時】名 ❶四季。春・夏・秋・冬。しいじ。❷〔仏〕一日の四つの時。旦(たん)(朝)・昼・暮・夜。

し-じ シ【死児】名 死んだ子。**―の×齢**(よわい)**を数**(かぞ)**える** とりかえしのつかないできごとのぐちを言うたとえ。参考「死んだ子の年を数える」ともいう。

し-じ シ【私事】名 ❶個人的な事がら。「話が―にわたる」↔公事(こうじ)。❷秘密の事がら。ないしょごと。「―をあばく」

し-じ シ【指事】名 漢字の六書(りくしょ)の一つで、位置・数量などの抽象的概念を、ある約束で示す漢字のつくりかた。一・二・上・下など。

し-じ シ【師事】名 自サ〔「事」はつかえるの意〕ある人を先生として教えを受けること。

し-じ シ【支持】名 他サ ❶ささえ、もちこたえること。❷意見・政策などに賛成し、後援すること。「世論の―を得る」

し-じ シ【指示】名 他サ ❶さししめすこと。❷さしず。「上司の―をあおぐ」**―語**(ご) ⓪ 名 人・物・場所・方角などを表すのに、具体的な言葉の代わりに、話し手と聞き手との位置関係によってしめす語。「これ・それ・あれ・ここ・そこ・あそこ」等。**―代名詞**(だいめいし) 区 名 事物・場所・方角をしめす代名詞の総称。↔人称代名詞。**―薬**(やく) ジ 名 溶液の酸性・アルカリ性・水素イオン濃度などをみわける薬品。

じ-し ジ【次子】名 二番めの子。また、次男・次女。

じ-し ジ【侍史】名 ❶貴人のそばにはべる書記。祐筆(ゆうひつ)。❷手紙のわきづけの語。参考「侍史❶」を通じて手紙をさしあげるという意。⇩脇付け 参考

じ-し ジ【自死】名 自サ 自殺。

じ-じ ジ【次次】造 つぎのつぎの。「―年度」

じじ ジ1 名 ↕ばば。❶【ˆ祖ˆ父】父母の父親。そふ。❷【×爺】年老いた男性。

じ-じ ジ1【事事】名〔文章語〕このこと、かのこと。ことごと。**―物物**(ぶつぶつ) ジ1 名〔文章語〕あらゆる物事。

じ-じ ジ1【時事】名 現代のできごと。現代の社会事象。「―問題」

じじい ジ2【×爺】名〔ぞんざいな言い方〕年寄りの男。じいさん。↕ばばあ。

ししい-でん【紫宸殿】平安京内裏の正殿。新年の朝賀・即位・節会(せちえ)などの儀式が行われた。ししんでん。

しし-おき ⓪【しし置き】【ˆ肉置き】名 肉づき。

しし-おどし オ【ˆ鹿ˆ威し】名 竹筒に水を注ぎ入れ、一定の重さになると、反動で下に置いた石をたたいて高い音を発する仕掛け。もと、田畑を荒らすいのししや鹿(しか)をおどすためのもの。添水(そうず)。秋

ししおどし

し-しき ⓪【司式】名 自他サ 儀式の進行を受けもつこと。

しし-きゅう シ2【四死球】名 野球の四球(しきゅう)および死球(しきゅう)。

じ-じげん ジ【四次元】名 よじげん。

じじ-こっこく ジ1【時時刻刻】と副 ときとともに。時間がたつに応じて。刻一刻。「―増水する」

しし-そうしょう シ1【師資相承】名〔文章語〕師匠からでしへ、代々つたえること。

しし-そんそん シ1【子子孫孫】名 子孫のすえずえ。子孫の代々。「―に伝える」

し-しつ ⓪【私室】名 個人のへや。

し-しつ ⓪【紙質】名 紙の性質や品質。

し-しつ ⓪【脂質】名 脂肪分。

し-しつ ⓪【資質】名 生まれつきの(よい)素質。天性。「すぐれた―」

し-じつ シ【史実】名 歴史上の事実。

し

じ-しつ ⓪【地質】名 生地の性質や品質。

じ-しつ ⓪【×痔疾】名 肛門部の病気。じ。

じ-しつ ⓪【自失】名自サ ぼんやりすること。気ぬけすること。「呆然—」

じ-じつ ジ【事実】㊀名 実際に起こった、あるいは存在する事柄。真実。「—に反する報道」㊁副 実際にそのとおりになるようす。本当に。「—予想通りの結果に終わった」参考「事実」と「真実」は、ともに「本当のこと」という意味をもつが、「真実」が主観的にとらえられた事柄であるのに対し、「事実」は客観的な事柄をさす。**—婚** ツ名 婚姻届を出し新しい戸籍をつくらないまま、実際は夫婦として生活を送ること。**—上** ⓪副 見かけとはちがって。本当のところは。「会社更生法の適用を申請して、—倒産した」**—無根** ジ名 まったく事実にもとづいていないこと。でたらめ。

じ-じつ ジ【時日】名 ❶何日かの時間。つきひ。「—の経過」❷予定された日時。「到着の—を知らせよ」

死して後×已む 死ぬまでしつづける。命のあるかぎり努力する。

しし-とう ⓪【×獅子唐・×獅子頭】名 〔「ししとうがらし」の略〕ピーマンの小形の品種。

しし-ぶんろく《獅子文六》 一八九三〜一九六九。演出家・小説家。本名は岩田豊雄。「自由学校」「娘と私」「胡椒息子」など、ユーモア小説に活躍。

しじま ⓪名 ❶〔古語〕ものを言わないこと。無言。❷〔文章語〕しずまりかえっていること。「夜の—」

しじみ ⓪【×蜆】名 シジミ科の二枚貝の総称。貝殻は多く黒色で小さい。川や湖などにすむ。食用。㊗春

しじみ-ばな ③【×蜆花】名 バラ科の落葉低木。枝を多く出す。春、八重咲きの白い球状の花をたくさんつける。こごめばな。

じじ-むさ・い サ【×爺むさい】—形 カロ・カッ・ク/イ・イ・ケレ・○ 男性の容姿が年寄りじみてきたならしい。**じじむさ-さ** 名

しし-むら ⓪【▲肉×叢】名〔文章語〕❶肉のかたまり。❷肉体。

し-しゃ シ【支社】名 ❶神社の分社。末社。❷公社・会社などで、本社からわかれた事業所。↕本社。

し-しゃ シ【死者】名 死んだ人。死人。↕生者。**—に×鞭打つ** ➡死屍に鞭打つ。

し-しゃ シ【使者】名 命令やたのみを受けて使いをする者。「—を立てる」

し-しゃ シ【詩社】名 詩人の仲間の団体。

し-しゃ ⓪【試写】名他サ 公開する前に一部の人々にその映画をうつして見せること。「—会」

し-しゃ シ【試射】名他サ 銃・大砲などをためしに撃つこと。

じ-しゃ ジ【寺社】名 寺と神社。社寺。**—奉行** ブ名 武家時代、神社と寺に関する事務や訴訟などを受けもった職。

じ-しゃ ジ【侍者】名〔文章語〕貴人のそばにつかえて雑用をつとめる者。おつき。

し-しゃく シ【子爵】名 もと、華族の位である五等爵の第四位。伯爵の下。

じ-しゃく ジ【磁石】名 ❶磁鉄鉱。❷鉄を吸いつける性質をもつ物体。マグネット。❸「磁石❷」を利用した、方角を知るための道具。磁針。羅針。コンパス。

じ-じゃく ⓪【示寂】名自サ〔文章語〕菩薩・高僧の死ぬこと。

じ-じゃく ⓪【自若】と副 たる連体〔文章語〕〔「若」は状態を表す〕非常の際にもおちついていて、ふだんと変わらずあわてないようす。「泰然—」

ししゃ-ごにゅう ジ【四捨五入】名他サ 端数の第一のけたの、四以下は切りすて、五以上は切りあげること。たとえば、六・三は「六」にし、六・五は「七」にする。

ししゃのしょ《死者の書》 折口信夫の小説。一九三九年発表。当麻寺の中将姫伝説を題材にして、古代人の生活や心情を描いたもの。

シシャモ ⓪【▲柳▲葉▲魚】名〔アイヌ語から〕キュウリウオ科の海水魚。北海道南東部の沿岸に分布する小形の魚。味は淡泊。多く干物にして食べる。㊗冬

し-しゅ シ【旨趣】名 ❶事のわけ。むね。趣旨。「発会の—」❷〔文章語〕心中のおもい。‖しいしゅ。

し-しゅ シ【詩趣】名 ❶詩にあらわれた味わい。❷詩のような味わい。「—に富む京の秋」

し-しゅ シ【死守】名他サ 命がけでまもること。「孤塁を—する」

じ-しゅ ジ【字種】名 ❶文字体系や文字集合を構成する文字の一つ一つ。❷漢字の所属する集合による区別。常用漢字や人名用漢字など。

じ-しゅ ジ【自主】名 ❶独立して、他の保護干渉を受けないこと。❷自主権をもつこと。**—権** ジュ名 ❶自分のことを自分でする権利。❷地方公共団体がもっている自治立法権。**—性** ⓪名 自分のことを、自分でする態度や性質。**—的** ⓪形動 他からの干渉や命令によるものでなく、自分のことを自分で決定しておこなうようす。

じ-しゅ ⓪【自首】名自サ〔「首」は言うの意〕自分の犯罪を、警察へ申し出ること。自訴。

し-しゅう ⓪【四周】名 まわり。四方。周囲。「—を海にかこまれる」

し-しゅう ⓪【死臭】【×屍臭】名 死体から出るにおい。

し-しゅう ⓪【詩集】名 詩をあつめた書物。

し-しゅう ⓪【刺×繡】名他サ〔「刺」は針で縫う、「繡」は布に模様をつけるの意〕糸を針で布にさし通して、絵や模様をあらわすこと。ぬいとり。ぬい。

し-しゅう《志州》➡しま(志摩)。

し-じゅう ジュ【四十】名 ❶十の四倍。❷四十歳。**—腕** ジュ名 四十歳ごろになると起こりやすい慢性的な腕の痛み。しじゅうかいな。**—肩** ジュ名 四十歳ごろになると起こりやすい慢性的な肩の痛み。**—肩五十腕** ジュ-ジュ 名 四十歳から五十歳ごろにかけて起こりやすい慢性的な体の不調。参考「四十肩五十肩」「四十腕五十腕」など、いろいろな言い方がある。

し-じゅう シ【始終】㊀名 ❶はじめとおわり。❷はじめからおわりまで全部。「ことの—を話す」㊁副 いつも。「—本を読んでいる」

じ-しゅう ジ【次週】名 次の週。来週。↕前週。

じ-しゅう ⓪【自修】名自他サ 自分で学問・技術を身につけること。

じ-しゅう ⓪【自習】名自他サ 自分で学習すること。「自学—」

じ-しゅう《時宗》 浄土教系の仏教の一派。鎌倉時代に一遍上人がひらいた。

じ-じゅう ⓪【自重】名〔「じちょう」と読めば別語〕機械・自動車などの、それ自体の重さ。

じ-じゅう ⓪【侍従】名 ❶君主のそばにつかえること。また、その人。❷宮内庁侍従職〔天皇のそばにつかえて事務をあつかう役所〕の職員。

しじゅう-から ジュ【四十×雀】名 シジュウカラ科の小鳥。ほおは白く、頭とのどは黒色。背は青みのある灰色。㊗夏

しじゅうく-にち ク/ジュ【四十九日】名 人の死後の四

十九日目。また、その日に行う法要。七七日（しちしちにち）。

しじゅう-しょう ジュ【四重唱】名 四人の歌手による重唱。混声と同声とがあり、混声はソプラノ・アルト・テノール・バスの四部からなる。カルテット。

しじゅう-そう ジュ【四重奏】名 四個の楽器による重奏。カルテット。「弦楽—」

しじゅうはっ-て 八【四十八手】名 相撲で、相手をたおす四十八種のわざ。参考 現在は、八十二種のきまり手がある。**—の裏表**（うらおもて） ❶相撲の四十八手に裏と表との変化があること。❷あらゆる手段。

ししゅう-びょう ◎【歯周病】名 歯茎など歯のまわりにある組織におこる病気。

し-しゅく ◎【止宿】名 自サ 文章語 とまること。やどること。

し-しゅく ◎【私淑】名 自サ（「私」はひそかに、「淑」はしたうの意）直接教えは受けないが、尊敬する人を先生としてしたい、まなぶこと。

し-じゅく シ【私塾】名 私立の塾。

じ-しゅく ◎【自粛】名 自サ みずから行い・態度をつつしむこと。「ぜいたくな宴会を—する」

じ-しゅく ◎【自祝】名 自他サ 自分にとって喜ばしいことを、自分自身で祝うこと。

し-しゅつ ◎【支出】名 他サ 金銭や物品を支払うこと。「今月は—が多い」↔収入。

し-じゅつ シ【施術】名 自サ 手術をおこなうこと。参考「しゅじゅつ（手術）」と区別するため「せじゅつ」ということもある。

しじゅ-ほうしょう ホ【紫×綬褒章】名 学問や芸術のうえで功績のあった人に国があたえる、むらさき色のリボンのついた褒章。

ししゅん【示唆】「しさ」のあやまり。

し-じゅん ◎【諮×詢】名 他サ 文章語（「諮」も「詢」も相談するの意）参考として意見をたずねること。諮問。

し-じゅん ◎【至純】形動(の) きわめて純粋なようす。

じ-じゅん ◎【耳順】名 文章語 六十歳のこと。参考 論語の「六十にして耳（みみ）順（したが）う」（孔子は六十歳のときには耳に聞くことが、すべてさまたげなく理解できた）から。⇩年齢（表）。

ししゅん-き ジュ【思春期】名 第二次性徴があらわれる時期。十二歳から十七歳ごろまで。

しじゅん-せつ ジュ【四旬節】名 キリスト教で、キリスト復活の日の前日までの、日曜日をのぞく四十日間の斎戒期。キリストの四十日間にわたる荒野の断食（だんじき）修行を記念するもの。春

し-しょ シ【支所】名 会社・官庁などの出張所。

し-しょ シ【支署】名 本署からわかれた役所。↔本署。

し-しょ シ【司書】名 図書館で、図書の整理・保存・閲覧などの専門的業務に従事する職員。**—教諭**（きょうゆ） キョ 名 小学校・中学校・高等学校などで、学校図書館の司書の仕事をする教員。

し-しょ シ【史書】名 歴史の書物。

し-しょ シ【四書】名 儒学（じゅがく）で尊重される、大学・中庸（ちゅうよう）・論語・孟子（もうし）の四つの書物。「—五経」

し-しょ シ【私書】名 文章語 個人の手紙。私信。**—箱**（ばこ） ジョ 名 郵便局長の承認を得て郵便局に設置する、受取人専用の郵便受け。

し-しょ シ【死所】【死処】名 死ぬ場所。死ぬべき場所。

し-しょ シ【詩書】名 ❶詩集。❷詩経（しきょう）と書経。

し-じょ シ【士女】名 文章語 男女。紳士と淑女。

し-じょ シ【子女】名 ❶むすことむすめ。子ども。「—の教育」「帰国—」❷女の子。女子。「良家の—」

じ-しょ ジ【地所】名 財産としての土地。地面。

じ-しょ ジ【字書】名 ❶漢字を一定の順序にならべて、発音・意味・用法などを説明した書物。字引。字典。❷辞書。

じ-しょ ジ【辞書】名 辞典。字引。参考「辞典」よりややくだけた言い方。

じ-しょ ジ【自署】名 自サ 自分で自分の名を書くこと。また、書いたもの。

じ-しょ ジ【自書】名 他サ 自分で書くこと。また、書いたもの。自筆。

じ-じょ ジ【次女】名 二番めの女の子。参考 法律では、「二女（じじょ）」と書く。

じ-じょ ジ【次序】名 文章語 次第。順序。

じ-じょ ジ【自助】名 他人の力をあてにせず、自分の力だけで事をおこなうこと。「—の精神」**—具**（ぐ） ジョ 名 身体障害者が他者の力を借りずに、失われた機能を補って行動することを助けるための道具。

じ-じょ ジ【自序】名 自分の著書に自分で書く序文。

じ-じょ ジ【自叙】名 自分で自分の事について述べること。**—伝**（でん） ジョ 名 自分で書いた自分の伝記。自伝。

じ-じょ ジ【児女】名 文章語 ❶女と子ども。❷女の子。❸男の子と女の子。

じ-じょ ジ【侍女】名 貴人のそばにつかえる女。こしもと。↔侍僕。

し-しょう ◎【支障】名 さしさわり。さしつかえ。故障。

し-しょう ◎【死傷】名 死ぬこととけがをすること。「—者」

し-しょう ◎【私×娼】名 おおやけの許可なしで営業していた売春婦。↔公娼。**—窟**（くつ） ジョ 名 私娼たちのいるところ。

し-しょう ◎【私傷】名 公務中でないときに受けたきず。↔公傷。

し-しょう シ【師匠】名 ❶学問・技術などをおしえる人。先生。❷落語家・浪曲家・講談師などを尊敬してよぶ語。

し-しょう ◎【視床】名 脳の中心部にある間脳の一部。視覚などの感覚情報を大脳へ中継するはたらきがある。「—下部」

し-しょう ◎【詞章】名 ❶文章や詩歌（しいか）。❷浄瑠璃（じょうるり）や謡曲などの文章。

し-しょう ◎【刺傷】名 他サ 刃物などで人を刺して傷つけること。また、その傷。

し-しょう ◎【師承】名 他サ 文章語 師から受けつたえること。師伝。

し-じょう ◎【史上】名 歴史のうえ。歴史にあらわれているところ。

し-じょう ◎【史乗】名 文章語（「乗」は記録の意）史実の記録。歴史。

し-じょう ◎【市場】名 ❶いちば。❷売買取引のおこなわれるところ。「株式—」❸商品を売りこめる範囲。「新しい—を開拓する」**—原理**（げんり） ゲ 名 自由な市場での取引きによって、適正な価格や生産量が決まるという考え方。**—占有率**（せんゆうりつ） コ 名 ある商品の生産・販売総額に対して、ある一つの企業の製品が占めている割合。シェア。**—調査**（ちょうさ） チョ 名 商品の需要と供給の関係を、科学的に研究調査すること。マーケティングリサーチ。

し-じょう ◎【至上】名 この上もないこと。最上。**—命令**（めいれい） メ 名 絶対にしたがわなければならない命令。

し-じょう ◎【至情】名 ❶まごころ。「憂国の—」❷きわめて自然な人情。「人の—」

し-じょう [0]【私情】[名] ❶個人としての感情。「―にかられる」 ❷利己的な気持ち。
し-じょう [0]【紙上】[名] 新聞の記事面。「―討論」
し-じょう [0]【詩情】[名] ❶詩にあらわれているおもむき。詩的な気分。詩趣。「―を味わう」 ❷詩をつくろうとする心。「―が動く」
し-じょう [0]【誌上】[名] 雑誌の記事面。
し-じょう [0]【試乗】[名][自サ] 調子をみるために車に乗ること。試運転の車に乗ること。
じ-しょう [0]【自照】[名] 自分を観察し、反省すること。―**文学**(ぶんがく) [ブ][名] 日記・随筆などの、自分自身を反省する精神から生まれる文学。
じ-しょう [0]【事象】[名] 観察の対象となる物事や現象。
じ-しょう [0]【自称】 ❶[名][自サ] 自分で名のること。「―日本一」 ❷[名] 人称代名詞の一種で、自分をさすもの。「わたし・ぼく」など。第一人称。一人称。↕対称・他称。
じ-しょう [0]【自傷】[名][自サ] 自分の からだを切ったりひっかいたりして傷つけること。
じ-じょう [0]【自浄】[名] 海や川などが、それ自体の働きで不純物質を分解して、きれいになること。「―作用」 [参考] 組織や団体などにも、比喩(ひゆ)的につかう。
じ-じょう [0]【事情】[名] ❶いろいろな事実から総合される物事のようす。状況。「現地の―に明るい」「交通―」 ❷ある物事がそういう状態になった理由。「―を説明する」
じ-じょう [0]【磁場】[名] ⬇じば(磁場)。
じ-じょう [0]【治定】[名][自サ] [文章語] おさまり、さだまること。
じ-じょう [0]【自乗】[名][他サ]『数』⬇にじょう(二乗)。
じじょう-じばく [0]【自縄自縛】[名] (自分のなわで自分をしばる)自分の言動によって、動きがとれなくなること。
し-しょうせつ [ショ]【私小説】[名] 作者の身のまわりの事実を素材として書きつづった小説。わたくし小説。
し-しょく [ク]【紙×燭・脂×燭】[名] ⬇しそく。
し-しょく [0]【試食】[名][他サ] 食べ物の味や調理のよしあしをしらべるため、食べてみること。
じ-しょく [ジ]【辞色】[名] [文章語] ことばつきと顔いろ。「―をやわらげる」
じ-しょく [0]【辞職】[名][自サ] 自発的に職をやめること。
しじら-おり [0]【しじら織り】【×縮織】[名] 縮み織りの一種。布の表面にしわをあらわすように織った生地。徳島の阿波しじらなど。

し-しん [0]【至心】[名] [文章語] まごころ。至情。
し-しん [0]【私心】[名] ❶自分だけの利益を考えるこころ。利己心。 ❷自分かってな考え方。
し-しん [0]【私信】[名] 個人としての手紙。私書。
し-しん [0]【使臣】[名] 君主や国家の命を受け、その使いとして外国に出かけていく者。大使・公使など。
し-しん [0]【指針】[名] ❶磁石やメーターの針。 ❷とるべき方法や方向をしめすもの。手引き。「処世の―とする」
し-しん [0]【詩心】[名] 詩をつくりたくなる気持ち。「―を動かされる」
し-しん [0]【視診】[名][他サ] 医者が病人の顔いろなどを見て病気のようすを診察すること。↕聴診・触診・打診・問診。
し-じん [シ]【士人】[名] [文章語] ❶身分と教養のある人。人士。 ❷さむらい。
し-じん [0][シ]【四神】[名] 中国の伝説で、天の四方をつかさどる神獣。東の青竜(せいりょう)・南の朱雀(すざく)・西の白虎(びゃっこ)・北の玄武(げんぶ)のこと。
し-じん [0]【至人】[名] [文章語] 高い道徳を身につけた、すぐれた人格の人。達人。
し-じん [0]【私人】[名] おおやけの地位や資格をぬきにした一個人。↕公人。
し-じん [0]【詩人】[名] 詩をつくる人。詩をつくることを職業としている人。↕歌人・俳人。
じ-しん [0]【地震】[名] 地球の内部の変動によっておこる、地面の急激な震動。―**雷**(かみなり)**火事**(かじ)**おやじ** ふだん人々のおそれるものを、その順にならべたことば。―**計**(けい) [0][名] 地震のゆれの程度を記録する計器。
じ-しん [ジ]【自身】[名] ❶自分。 ❷そのもの自体。「それ―」 ❸自身番。―**番**(ばん) [0][名] 江戸時代、江戸市中警戒のため市内の所々に町内で設置した番所。↕つじ番。
じ-しん [0]【自信】[名] 自分の能力・値うちなどを信じること。「―満々」
じ-しん [0][ジ]【侍臣】[名] 君主のそばにつかえるけらい。近侍。
じ-しん [0]【時針】[名] 時(じ)をしめす、とけいの短針。↕分針・秒針。
じ-しん [0]【磁針】[名] 水平に自在に回転して南北をしめす、針の形をした磁石。

じ-じん [0]【自陣】[名] 自分の陣地・陣営。↕敵陣。
じ-じん [ジ1]【時人】[名] [文章語] 当時の人々。その時の人々。
じ-じん [0]【自刃】[名][自サ] 刀で自殺すること。自害。
じ-じん [0]【自尽】[名][自サ] [文章語] 自殺。自決。
し-しんけい [シ2]【視神経】[名] 末端部分が目の網膜に分布していて、網膜の受けた刺激を大脳に伝える神経。⇩眼球(図)。
ししん-でん《紫宸殿》⬇ししいでん。
し・す [シ]【資す】[自五] (サ・ソ|シ|ス|ス|セ|セ) ⬇しする。
しず【×賤】しづ [名] [古語] いやしいこと・者。「―が家」 ―**の▲男**(お) [名] [古語] 身分のひくいおとこ。―**の女**(め) [名] [古語] 身分のひくいおんな。
しず【×倭▲文】しづ [名] [古語] みだれ模様を織りだした織物。―**の×苧▲環**(おだまき) [古語] しずを織るときに使う、麻糸を巻いたたま。―**機**(はた) [名] [古語] しずを織る織り機。また、その布。
ジス [ジ]〈JIS〉[名]〔Japanese Industrial Standard から〕鉱工業製品や、データ・サービスなどに関する全国的統一規格。日本産業規格。もと日本工業規格。
じ・す [ジ]【辞す】[自他五] (サ・ソ|シ|ス|ス|セ|セ) ⬇じする。
し-すい [0]【止水】[名] [文章語] 流れずにたまっている水。「明鏡―」↕流水。
し-ずい [シ]【歯髄】[名] 歯の内部のやわらかな結合組織。血管や神経がある。
し-ずい [シ]【雌×蕊】[名] めしべ。↕雄蕊(ゆうずい)。
じ-すい [0]【自炊】[名][自サ] 自分で食事を作ること。

エナメル質
ぞうげ質
歯髄
セメント質

歯髄

し-すう [ス]【指数】[名] ❶『数』ある数または文字の右肩にしるしてその数を何度かけあわせるかを示す数字。 ❷基準とする時の値を一〇〇として、物価・賃金などの変動をそれと比較して表した数。「物価―」
じ-すう [ス]【次数】[名]『数』単項式の中の文字因数を、何度かけあわせるかを示す数。
しず-え【▲下▲枝】しづ [名] [古語] したのえだ。↕ほつえ。
しずおか-けん《静岡県》しづをか 中部地方の太平洋がわにある県。県庁所在地は静岡市。
しずか [シ]【静か】しづか [形動] (ダロ|ダッ・デ・ニ|ダ|ナ|ナラ|〇) ❶物音や声が聞こえず、ひっそりしているようす。「―な住宅街」 ❷動きが少

なく、おだやかなようす。「—な海」「—な表情」❸おちついているようす。「—に考える」❹口数が少なく、おとなしいようす。「—な人」 **静かさ** 名

ジス-かんじ カ【ジス漢字】名 日本産業規格で定めた、情報交換・情報処理に用いられる漢字集合および漢字コードの通称。

しずく ク【滴】【×雫】名 水のしたたり。

しずけさ ケ【静けさ】名 しずかなこと、また、その程度。しずかさ。

しず-ごころ【静心】名〔古語〕しずかにおちついた心・気持ち。「しづごころなく花の散るらむ」〈古今〉

シスジェンダー ジエ〈cisgender〉名 からだの性と心の性が一致している人。↔トランスジェンダー。

しず-しず シ【静静】と副 しずかに行動するようす。「—と歩く」

シスター シ〈sister〉名 ❶女きょうだい。❷カトリック教会で尼僧。修道女。

システマチ(テ)ィック テ〈systematic〉形動 ダロ|ダッ・デ・ニ|ダ|ナ|ナラ|○ 組織的。体系的。系統的。

システム シ〈system〉名 ❶ある規則に従って組み立てられた全体。体系。「—工学」❷きちんと組み立てられたまとまり。組織。「大会の運営—」 **—アドミニストレーター** レ〈system administrator〉名 コンピューターのシステム管理者。シスアド。 **—エンジニア** ジ〈systems engineer〉名 コンピューターを使った情報処理方法の設計を行う、専門技術者。 **—キッチン** キ〈system kitchen〉名（和製英語）流し・調理台・ガステーブルなど、台所の装置を広さに応じて組み合わせた設備の一式。 **—コンポ** コ 名（和製英語 system component から）チューナー・プレーヤー・スピーカーなどを好みで自由に組み合わせ、一つにまとめたステレオ装置。

ジステンパー テ〈distemper〉名 子犬に多い、急性の伝染病。テンパー。

ジストマ ０〈ド Distoma〉名 扁形(へんけい)動物の一種。いろいろな動物の肺や肝臓(かんぞう)に寄生して害をなす。

じ-すべり ス【地滑り】【地×辷り】名 傾斜した土地の地面の一部がすべりおちる現象。 **—的**(てき) ０ 形動 ❶きわめて著しいようす。圧倒的。「—大勝利」❷少しずつ、確実に進むようす。「—変化」

ジス-マーク マ〈JIS mark〉名 日本産業規格に合格した製品・データ・サービスなどにつけられるマーク。

しずまり-かえ・る カ【静まり返る】自五 ラ・ロ|リ・ッ|ル|ル|レ|レ すっかりしずかになる。

しずま・る マ【静まる】自五 ラ・ロ|リ・ッ|ル|ル|レ|レ ㊀【静まる】❶動きがなくなる。静かになる。「場内が—」「あらしが—」❷おちつく。おさまる。「心が—」 ㊁【鎮まる】❶神などが鎮座する。❷乱れがおさまる。「暴動が—」

しずみ ０【沈み】名 網のすそや、つり糸につけるおもり。

しずみ-うお ミ【沈み魚】名 つねに水の底にすむ魚。かれい・ひらめなど。底魚(そこうお)。↔浮き魚。

しず・む ０【沈む】自五 マ・モ|ミ・ン|ム|ム|メ|メ ❶低い所へ移動して見えなくなる。㋐水面から水中にかくれる。また、水底に着く。沈没する。「船が—」↔浮く・浮かぶ。㋑地平線の下にかくれる。「夕日が—」↔のぼる。㋒全体が低くなる。さがる。「地盤が—」㋓みじめな境遇に落ちこむ。「不幸な生活に—」❷気分が落ちこむ。㋐思いなやむ。気がふさぐ。「悲しみに—」↔浮く。㋑元気がない。活気に欠ける。「沈んだ声」↔浮く。❸色・音などがはなやかでなく、おちついた感じがする。「沈んだ色あい」❹ボクシングで、ノックアウトされる。「マットに—」 **沈める** 自下一〔…できる〕

しずめ ３【鎮め】名 しずめること・もの。「国の—」

しず・める ３ 他下一 メ・メ|メ|メル|メル|メレ|メロ・メヨ ㊀【静める】❶物音などをたてないようにする。静かにならせる。「鳴りを—」❷感情をおさえる。「胸を—」 ㊁【鎮める】❶乱れをおさめる。鎮定する。「動乱を—」❷おだやかにする。「痛みを—」❸神を鎮座させる。 **しづ・む** 文語下二

しず・める ０|３【沈める】他下一 メ・メ|メ|メル|メル|メレ|メロ・メヨ しずませる。しずむようにする。「船を—」↔浮かす。 **しづ・む** 文語下二

しずり ０ 名 雪が木からおちること。また、その雪。㊇

し・する ス【死する】自サ シ・セ・サ|シ|スル|スル|スレ|シロ・セヨ〔文章語〕死ぬ。 **し・す** 文語サ変

し・する ス【資する】自サ シ・セ・サ|シ|スル|スル|スレ|シロ・セヨ たすけとなる。役に立つ。「学術の発展に—」 **し・す** 文語サ変

シズル ０〈sizzle〉名〔油で揚げたり、焼いたりしたときにじゅうじゅう音を立てるようすの意〕映像や画像にうつし出される食べ物がいかにもおいしそうな感じ。「—感」 参考 消費者の感覚を刺激して購買意欲を喚起するための広告手法として用いられる。

じ・する ス【侍する】自サ シ・セ・サ|シ|スル|スル|スレ|シロ・セヨ〔文章語〕そば近くつかえる。 **じ・す** 文語サ変

じ・する ス【治する】シ・セ・サ|シ|スル|スル|スレ|シロ・セヨ〔文章語〕㊀ 自サ 病気がなおる。㊁ 他サ ❶病気をなおす。❷国をおさめる。‖ちする。 **ぢ・す** 文語サ変

じ・する ス【辞する】シ・セ・サ|シ|スル|スル|スレ|シロ・セヨ〔「辞す」(五段活用)とも〕㊀ 自サ 退出する。「訪問先を—」㊁ 他サ ❶辞職する。「大臣の職を—」❷辞退する。ことわる。「おくりものを—」 **じ・す** 文語サ変

じ・する ス【持する】他サ シ・セ・サ|シ|スル|スル|スレ|シロ・セヨ〔文章語〕❶もつ。たもつ。「首位を—」❷まもる。「戒を—」「身を—」 **ぢ・す** 文語サ変

し-せい ０【司政】名 政治・行政をつかさどること。「—官」

し-せい シ【氏姓】名 ➡せいし。 **—制度**(せいど) セ２ 名 大和(やまと)時代の、血縁的な氏族を単位とする政治社会制度。

し-せい シ【四声】名 中国で、漢字の声音の平声(ひょうしょう)・上声(じょうしょう)・去声(きょしょう)・入声(にっしょう)の四つの声調。四韻。

し-せい シ【四姓】名 ❶源(みなもと)・平(たいら)・藤原(ふじわら)・橘(たちばな)の四氏。❷昔の、インドの婆羅門(バラモン)(僧)・刹帝利(クシャトリヤ)(王・武士)・吠舎(バイシャ)(平民)・首陀羅(シュドラ)(奴隷)の四つの階級。

し-せい ０【四聖】名 釈迦(しゃか)・キリスト・孔子・ソクラテスの四人の聖人。

し-せい ０|シ【市井】名〔文章語〕〔井戸のあるところに町が発達することから〕❶人家のあつまっている所。まち。市中。❷世間。俗世間。「—にまじわる」

し-せい ０【市制】名 市としての制度。

し-せい ０【市政】名 市の行政。

し-せい ０【市勢】名 市の人口・産業・財政などのようす。

し-せい シ【死生】名 死ぬことと生きること。生死。 **—観**(かん) セ 名 死と生についての考え方。 **—の間**(かん)**をさまよう** 生きるか死ぬかわからない状態にある。 **—命**(めい)**あり** 生死は天命によるもので、人力ではどうすることもできない。

し-せい ０|シ【至誠】名 純粋なまごころ。 **—天**(てん)**に通**(つう)**ず** 至誠は神をも動かして、よい結果がうまれる。

し-せい ０【私製】名 個人の製作。民間でつくること。「—はがき」↔官製。

し-せい ０【刺青】名 いれずみ。

し-せい ０【姿勢】名 ❶体の構えや形。「—が悪い」「—をくずす」❷事にのぞもうとする心がまえ。「協力的な—」 参考 ❷の意味では、「態度」と共通する。ただし、「姿勢を

正す」のような言い方は、❶の体の構えの意味から生まれたものである。**ーを正(ただ)す** 態度や考え方をまじめにする。「政治のー」

し-せい ⓪【施政】[名] 政治をおこなうこと。「ー方針」

し-せい ⓪【詩聖】[名] すぐれた大詩人。

し-せい [シ]【資性】[名] うまれつきの性質。天性。「ー俊敏」

し-ぜい [シ]【市税】[名] 地方税の一つで、市が徴収する税金。

じ-せい [ジ]【時世】[名] 時代。ときよ。「平和なー」

じ-せい ⓪【時制】[名] 文法で、過去・現在・未来・完了など、時に関するいいあらわし方。時相。テンス。

じ-せい [ジ]【時勢】[名] 時代のいきおい。世のなりゆき。「ーに逆らう」

じ-せい ⓪【辞世】[名] (この世にわかれること)死ぬまぎわにつくる詩歌(しいか)。「ーの句」

じ-せい ⓪【磁性】[名] 磁石が鉄を引きよせる性質。

じ-せい ⓪【自生】[名][自サ] ひとりでにはえること。↕栽培。

じ-せい ⓪【自省】[名][自サ] 自分で反省すること。

じ-せい ⓪【自制】[名][他サ] 自分の感情や欲望をおさえること。

じ-せい ⓪【自製】[名][他サ] 自分でつくること。また、つくったもの。

し-せいかつ [セ]【私生活】[名] 生活の中の個人的な面。個人の生活。「ーには干渉しない」↕公生活。

しせい-し [セ]【私生子】[名] 旧民法で、法律上夫婦でない男女の間に生まれ、父親の認知の得られない子。現行民法では庶子とあわせて「嫡出でない子」という。

しせい-じ [セ]【私生児】[名]「私生子」の通称。

し-せき ⓪【史跡】【史×蹟】[名] 歴史上の事件のあった所。

し-せき ⓪【史籍】[名] 歴史の書物。史書。

し-せき [シ]【×咫尺】(文章語)(「咫」は八寸の意)㊀[名] きわめて近い距離。「ーの間」㊁[名][自サ] 貴人に近づき、お目にかかること。「陛下にーする」

し-せき ⓪【歯石】[名] 唾液(だえき)にふくまれている石灰分などが歯についてかたまったもの。

じ-せき ⓪【次席】[名] 次の席。二番めの席次。また、その人。↕首席。

じ-せき ⓪【自席】[名] 自分の座席。

じ-せき ⓪【事跡】【事×蹟】[名] 事件のあと。

じ-せき ⓪【事績】[名] なしとげた仕事。てがら。「先人のー」

じ-せき ⓪【自責】[名][自サ] 自分で自分をとがめること。「ーの念」 **ー点(てん)** [キ][名] 野球で、投手が責任をおわなければならない失点。

じせ-ず【辞せず】[連語] いとわない。ひるまない。「水火をもー」

じ-せだい [セ]【次世代】[名] ❶次の世代。「ーをになう若者」❷次の時代。製品などの性能が大きく進歩した段階。「ー自動車」「ー型」

し-せつ ⓪【私設】[名] 個人が私的に設立すること。「ー道路」↕公設・官設。

し-せつ [シ]【使節】[名] 国家の代表として外国につかわされる人。

し-せつ [シ]【施設】[名][他サ] ❶ある目的のために、建物などを設立すること。また、その建物・設備。「体育ー」❷「児童福祉施設」「老人福祉施設」などの略。

じ-せつ ⓪【自説】[名] 自分の説。自分の意見。↕他説。

じ-せつ ⓪【持説】[名] 常にもっている自分の意見。持論。

じ-せつ [ジ]【時節】[名] ❶時候。季節。❷時。時世。❸よい機会。「ーをまつ」 **ー柄(がら)** ⓪[副] 時節にふさわしいこと。時分柄。「ーおからだお大事に」

し-せん ⓪【支線】[名] 鉄道の本線からわかれた線。↕本線・幹線。

し-せん ⓪【死線】[名] ❶牢獄(ろうごく)などの周囲に設け、それを越えて逃げようとすると銃殺される限界の線。❷死ぬか生きるかのさかいめ。「ーをさまよう」 **ーを越(こ)える** ❶死ぬほどのくるしい所・状態を通りぬける。❷生死を考えない。死を覚悟する。

し-せん ⓪【私×撰】[名] 詩歌(しいか)などを、個人が選び、編集すること。↕勅撰。 **ー集(しゅう)** [セ][名] 私撰の詩歌集。↕勅撰集。

し-せん ⓪【視線】[名] 目のむき。見ている方向。「ーをそらす」 **ーを浴(あ)びる** 大勢の人から注目される。

し-せん ⓪【詩仙】[名] 詩の天才。

し-ぜん ⓪【自然】㊀[名] ❶人工の加わらない、そのままの状態や環境。↕人工・人為・文化。❷本性。天性。❸〔哲〕認識の対象となる、外界のいっさいの現象。❹天地間の万物。宇宙。㊁[(と)副][形動(の)] わざわざ手を加えなくても、ひとりでに、そうなるようす。おのずから。おのずと。「ーと悲しくなる」「ーな態度」↕不自然。 **ー界(かい)** [ゼ][名] ❶認識の対象となる外界。❷天地万物の存在する範囲。宇宙。❸人間界を取り巻く他の生物・無生物の世界。❹人間界・生物界以外の世界。 **ー科学(かがく)** [カ][名] 自然現象を研究する学問。天文学・物理学・化学・地学・生物学など。科学。↕人文科学・文化科学・社会科学。 **ー言語(げんご)** [ゲ][名] 人間が日常の会話や読み書きに用いる、自然発生的な言語。↕人工言語。 **ー現象(げんしょう)** [ゲ][名] 自然界で起こるさまざまな現象。 **ー死(し)** [ゼ][名] 病気・事故などではなく、老衰で死ぬこと。 **ー児(じ)** [ゼ][名] 世間の常識にとらわれず自由に生きる純粋な人。 **ー主義(しゅぎ)** [シュ][名] ❶〔哲〕自然をただ一つの実在と考え、精神をふくむすべての現象を自然の産物と考える立場。❷〔倫〕道徳現象を人間の本能・欲望・素質などから説明する立場。❸一九世紀後半にフランスを中心におこった文芸上の考え方。人生の現実をありのままに写そうとする立場。日本では、明治末期の文学に大きな影響をあたえた。 **ー食品(しょくひん)** [ショ][名] 農薬や化学肥料を使わずに作った農作物と、食品添加物を含まないそれの加工食品。 **ー人(じん)** [ゼ][名] ❶生まれたままの本性をうしなわず、社会や文化の影響を受けない人。❷〔法〕権利・義務の主体となる個人。↕法人。 **ー数(すう)** [ゼ][名] 正の整数。 **ー選択(せんたく)** [セ][名] 生物は生存に有利な形質をもつものが生き残り、適さないものは滅びる、という考え方。自然淘汰。 **ー葬(そう)** [ゼ][名] 遺骨・遺灰を墓におさめず、海や山など自然の中に返す埋葬方法。 **ー体(たい)** ⓪[名] ❶柔道で、無理な形をとらずごく自然に立った姿勢。❷ものごとに特定の意図をもたずに対処すること。 **ー×淘汰(とうた)** [ト][名] ➡自然選択。 **ー法(ほう)** ⓪[名] ❶〔哲〕自然界のいっさいの事物を支配すると考えられる法則。❷人為的に定めたものでなく、自然に存在すると考えられる法律。↕実定法。 **ー保護(ほご)** [ホ][名] 科学技術の進歩や産業の発展を優先することによって破壊された自然環境を、これ以上悪化させず、元の状態にもどそうとすること。

し-ぜん ⓪【至善】[名] この上もない善。「ーの道」

じ-せん ⓪【自選】㊀[名][自サ] 自分で自分をえらぶこと。㊁[名][他サ] 自分の作品の中から、気に入ったものをえらぶこと。「ー歌集」

じ-せん ⓪【自薦】[名][自サ] ある地位に自分を推薦すること。「ーの候補者」↕他薦。

じ-ぜん ⓪【次善】[名] 最善の次によいこと。「ーの策」↕最善。

じ-ぜん ⓪【事前】名 その事のおこるまえ。また、行われるまえ。「—に知る」↕事後。**—運動**(うんどう) ④-名 きめられた運動期間の前にする選挙運動。参考 公職選挙法違反になる。

じ-ぜん ⓪【慈善】名 あわれみ、めぐむこと。孤児・病人やまずしい人たちを救済すること。**—市**(いち) ⑤名 慈善のために品物を持ちよって開く市。バザー。**—鍋**(なべ) ⑤/④名 社会なべ。㊅冬

しぜんとじんせい《自然と人生》 徳富蘆花(とくとみろか)の随筆集。一九〇〇年刊行。自然を独自の観察でえがく。

し-そ ①【始祖】名 ❶先祖。元祖。❷禅宗をはじめた達磨(だるま)大師のこと。**—鳥**(ちょう) ⓪名 鳥類の祖先といわれる動物。化石として発見された。

し-そ ⓪【紫×蘇】名 シソ科の一年生植物。葉や茎がむらさき色のあかじそと、緑色のあおじそとがある。実・花・葉ともに食用。あかじその葉は、うめぼしの着色用。㊇夏

し-そ ①【×緇素】名〔文章語〕〔緇衣(しい)と素衣(そい)〕❶黒い衣と白い衣。❷僧侶(そうりょ)と俗人。僧俗。

じ-そ ①【自訴】名 自サ 自首。

し-そう ⓪【死相】名 ❶死に顔。❷近く死ぬようすのあらわれている人相。

し-そう ⓪【志操】名 心にかたく守って、変えないこころざし。みさお。「—堅固」

し-そう ⓪【思想】名 ❶おもうこと。かんがえ。❷〔心〕思考作用によって生じた意識の内容。❸社会・人生に対する一定の見解。「—穏健」**—犯**(はん) ②名 ⇩せいじはん。

し-そう ⓪【詞宗】名〔文章語〕詩や文章の大家。

し-そう ⓪【歯槽】名 上下のあごにある、歯根のはまっている穴。**—×膿漏**(のうろう) ⑤名 歯ぐきがはれて歯がうごき、歯槽にうみがたまって、ついには歯が抜けおちる慢性の病気。

し-そう ⓪【詩宗】名〔文章語〕すぐれた詩人。

し-そう ⓪【詩想】名〔文章語〕❶詩の着想。「—がわく」❷詩によみこまれている思想や感情。

し-そう ⓪【詩藻・詞藻】名〔文章語〕❶〔「藻」は文章の意〕詩や文章のうつくしいことば。また、その言いまわし。❷文章、または詩歌(しいか)。❸詩文の才能。「—ゆたかな人」

し-そう ⓪【指×嗾】名 他サ〔文章語〕〔「嗾」は、そそのかすの意〕そそのかすこと。けしかけること。

し-ぞう ⓪【死蔵】名 他サ 使わないで、しまっておくこと。↕活用。

し-ぞう ⓪【私蔵】名 他サ 個人が所有すること。

じ-そう ①/⓪【寺僧】名 てらの僧。

じ-そう ⓪【児相】名「児童相談所」の略。

じ-そう ⓪【事相】名〔文章語〕ことのようす。

じ-そう ①【侍曹】名〔文章語〕手紙のわきづけのことば。侍史。

じ-そう ⓪【自走】名 自サ 外部の動力ではなく、それ自体の動力で走ること。

じぞう《地蔵》「じぞうぼさつ」の略。

じ-ぞう ⓪【自蔵】名 他サ 機械の内部に付属品をおさめていること。内蔵。

じぞう-がお ⓪【地蔵顔】(—がお) 名 ❶地蔵に似た、まるいやさしそうな顔。❷うれしそうな顔つき。

じぞう-ぼさつ《地蔵菩薩》 釈迦(しゃか)の死後から、みろくぼさつのあらわれるまで、六道の衆生(しゅじょう)をみちびき救うぼさつ。

シソーラス ②〈thesaurus〉名 ❶語を意味の上から分類・配列した辞書。❷情報検索のために、術語の類義・対義、上位・下位などの関係を明確に定義した辞書。

し-そく ①/②【子息】名 他人のむすこをよぶ尊敬語。⇩むすこ 参考。

し-そく ①【四足】名 ❶四本のあし。❷けもの。

し-そく ①【四則】名 加(たす)減(ひく)乗(かける)除(わる)の四つの計算法。

し-そく ③/①【紙×燭・脂×燭】名 宮中などで用いた照明具の一つ。松の木をけずった四〇〜五〇センチメートルの棒の先に油をぬったもの。手もとを紙で巻く。

し-ぞく ①【士族】名 ❶武士の家柄。❷明治維新のとき、もとの武士階級のものにあたえられた族称。華族の下。一九四七年、日本国憲法施行により廃止。↕華族・平民。**—の商法**(しょうほう)〔明治の初期、禄(ろく)をうしなった武士が、なれない商売をして失敗したことから〕商売になれない人が、へたな商売をして失敗すること。

し-ぞく ①【氏族】名 共通の祖先をもっている人々の社会集団。血族。

しぞく【指嗾】「しそう」のあやまり。

じ-そく ①/⓪【時速】名 一時間あたりの進行距離で表した速度。「—百キロ」

じ-そく ⓪【自足】名 自サ ❶自分で必要をみたすこと。「自給—」❷自分で満足すること。

じ-ぞく ⓪【持続】名 自他サ もちこたえること。いつまでもつづくこと。「—可能性」

し-そこな・う ④【し損なう】【×為損なう】(—そこなう) 他五 やりそこなう。失敗する。**し損ない** 名

し-そつ ①【士卒】名 ❶士官と兵卒。❷兵士。

し-そん ①【子孫】名 ❶子や、まご。❷おなじ血筋で、あとに生まれる人。↕祖先。

し-そん ⓪【至尊】名〔文章語〕❶もっともとうといこと。また、そのもの。❷天皇をよぶ尊敬語。

じ-そん ⓪【自尊】名 ❶自分をえらいと思うこと。❷自分を尊重し、品位をたもつこと。「独立—」**—心**(しん) ②名 自分を誇りたかくたもとうとする心。プライド。

じ-そん ⓪【自損】名 自分のあやまちで物理的・身体的な損害を受けること。「—事故」

じ-そん ①【児孫】名〔文章語〕❶子や、まご。❷子孫。**—の為**(ため)**に美田**(びでん)**を買**(か)**わず** 子孫が安易な生き方におちいらないためには財産を残す必要はない。参考 西郷隆盛(さいごうたかもり)の詩の中にあることば。

じ-そん ⓪【自存】名 自サ 自分の力で生きること。また、暮らすこと。「自立—」

し-そん・じる ①【し損じる】【×為損じる】他上一 文語上二 しそこなう。**し損じ** 名 **しそん・ず**

した ⓪【下】㊀名 ❶低い位置・場所。「山頂から—を見る」「アパートの—の部屋」↕上。❷かくれて見えない所。内側。「布団の—」「セーターの—にシャツを二枚着る」↕上。❸程度・能力・地位などが他よりも低いこと。「—からの声」「—のクラス」↕上。❹年齢が少ないこと。年下。「—の子は社交的だ」↕上。❺その人の支配の及ぶ所。「先生の—で五年間助手をつとめる」❻すぐあと。「あやまる—から同じ失敗をしている」❼支払う代金の一部や抵当にあてる品物。「カメラを—に金を借りる」㊁接頭 あらかじめすること。「—しらべ」「—ごしらえ」**—に出**(で)**る** へりくだる。下手(したで)に出る。**—にも置**(お)**かない** たいそうていねいにもてなすようす。

した ②【舌】名 ❶動物の口中にあり、筋肉性で粘膜でおおわれた器官。味を感じ、ものをのみくだし、声を出すのにも役だつ。べろ。❷声を出すこと。話すこと。「—がよく回る」「—がなめらかだ」❸〔×簧〕名 木管楽器や、リードオルガンなどにつけ、その振動で音をだす、金属・竹などの薄片。リード。**—が回**(まわ)**る** よくしゃべる。**—の先**(さき) ❶舌

のはし。❷心のともなわないことば。くちさき。「―でまとめる」 **―の根ねの乾かわかぬうち** ものを言ったすぐあと。［参考］前のことばと矛盾した言動をしたばあいに、非難して言う。 **―を出だす** ❶自分の失敗をきまりわるがるしぐさ。❷かげで人をけいべつするようす。 **―を巻まく** ひどくおどろく。ひどく感心する。

し-だ［シ］【▲羊▲歯・歯×朶】［名］❶わらび・ぜんまい・しのぶなど、シダ植物の総称。❷うらじろ。㊟新年 **―類るい**［ダ］［名］シダ植物中の一類。葉の裏側に胞子をつけるものの総称。

じ-た［ジ］【自他】［名］❶自分と他人。❷自動詞と他動詞。 **―共ともに許ゆるす** 自分も他人もともにみとめる。「―名人」

じ-だ［ジ］【耳×朶】［名］〔文章語〕❶みみたぶ。❷みみ。「するどい音が―を打つ」

した-あじ［0］【下味】(あぢ)［名］料理にかかる前に、あらかじめ調味料や香辛料でつけておく味。

した-あらい［ア］【下洗い】(あらひ)［名］［他サ］よごれのひどいせんたく物を、前もってざっと洗うこと。

シタール［タ］〈ヒンディー sitār〉［名］北インドの弦楽器。指にはめた金属製の爪で、はじいて音を出す。

し-たい［0］【支隊】［名］本隊からわかれた独立部隊。↕本隊。

し-たい［0］【四▲諦】［名］〔仏〕⇒くじゅうめつどう。

し-たい［0］【死体】【×屍体】［名］生命のなくなったからだ。［参考］「死体」「死骸しがい」は人だけではなく動物にも使える。「遺体」はやや改まった言い方で、「遺骸いがい」はさらに丁重さが加わる。

し-たい［0］【肢体】［名］❶手足。❷手足とからだ。 **―不自由児ふじゆうじ**［コ］［名］病気などのために、手足やからだの不自由な子ども。

し-たい［0/タ］【姿態】［名］からだつき。すがた。

し-だい［シ］【四大】［名］❶〔仏〕すべての物を構成する地・水・火・風の四元素。❷〔仏〕地・水・火・風からなる人のからだ。❸宇宙間にある四つの大きなもの。道・天・地・王のこと。［参考］老子のことばから。

し-だい［0］【次第】㊀［0］［名］❶順序。「式の―」❷事情。わけ。「ことの―」㊁［接尾］❶…によってどうにでもなること。「成功は努力―だ」❷〔動詞の連用形につく〕…したらすぐ。「わかり―報告する」❸なりゆきにまかせる。「いいなり―になる」 **―書がき**［0］［名］由来、または順序を書いた文書。 **―に**［0］［副］〔かながき〕順々に。だんだんに。

し-だい［0］【私大】［名］「私立大学」の略。

し-だい［シ］【紙代】［名］新聞の代金。

し-だい［0］【歯大】［名］「歯科大学」の略。

し-だい［シ］【誌代】［名］雑誌の代金。

し-だい［0］【至大】［形動］ダロ・ダッ・デ・ニ／ダ・ナ・ナラ・○〔文章語〕この上もなく大きいようす。「―至高」

じ-たい［0］【字体】［名］❶文字を構成する点や線の集まりからなる抽象的な形。↕字形。❷俗に、書体。

じ-たい［ジ］【自体】㊀［名］❶自分のからだ。❷そのもの。それ自身。「教育―の責任だ」㊁［副］いったい。そもそも。「―、そんなにするのがよくない」

じ-たい［ジ］【事態】［名］物事のようす。成り行き。「非常―」［参考］望ましくない状態について言うことが多い。

じ-たい［ジ］【辞退】［名］［他サ］ことわること。遠慮すること。

じ-だい［ジ］【地代】［名］❶土地の借り賃。❷土地の値段。

じ-だい［ジ］【次代】［名］つぎの時代・世代せだい。

じ-だい［0］【自大】［名］〔文章語〕みずから、ほこりたかぶること。じまんすること。「夜郎やろう―」

じ-だい［0］【事大】［名］力の弱い者が、勢力のある者に従うこと。「―主義」

じ-だい［0］【時代】［名］❶歴史上の、一定の年代・期間。「平安―」❷その当時。今の世。「―の流行」❸ふるめかしい感じ。「―がつく」 **―絵巻えまき**［エ］［名］時代による風俗の移り変わりがよくわかるパレードや催しを、絵巻にたとえていう語。 **―遅おくれ**［オ］［名］［形動(の)］その時代のやり方・傾向などにおくれ、古い傾向をもっていること。「―の服装」 **―がかる**［カ］［自五］古くさくなる。現代的でなくなる。「時代がかったストーリー」 **―劇げき**［ダ］［名］「時代物❷」の演劇・映画。まげもの。↕現代劇。 **―考証こうしょう**［コ］［名］演劇や映画などで、衣装・道具・作法などが当時のものとしてふさわしいかどうかを考証すること。 **―錯誤さくご**［サ］［名］❶異なった時代のものを混同すること。❷時代おくれであること。アナクロニズム。 **―思潮しちょう**［シ］［名］時代精神。 **―色しょく**［ダ］［名］その時代特有の風潮・傾向。 **―精神せいしん**［セ］［名］その時代を代表するものの考えかた。時代思潮。 **―相そう**［ダ］［名］その時代の世相。 **―祭まつり**［マ］［名］京都市の平安神宮の祭礼。毎年十月二十二日に行われる。各時代の風俗をあらわす仮装行列で有名。㊟秋 ⇩葵あおい祭［参考］。 **―物もの**［0］［名］❶長い時代をへてきたもの。年代物。「―のウイスキー」❷歌舞伎かぶき・浄瑠璃・映画・小説などで、江戸時代以前に題材を取ったもの。↕世話物・現代物。

した・う［0/タ］【慕う】(ふ)［他五］ワ・オ・イ・ッ／ウ・ウ・エ・エ ❶恋しく思う。❷あとを追う。「母親のあとを―」❸うやまい近づこうとする。敬慕する。「学風を―」

した-うけ［0］【下請(け)】［名］請け負った仕事の全部または一部をさらに他の人が請け負うこと。また、その人。「―仕事」

した-うち［チ/ウ］【舌打ち】［名］物事が思うようにならないときなどに、舌で上あごをはじいて、チェッと音をたてること。

した-うちあわせ［ウ］【下打ち合わせ】(うちあはせ)［名］まえもってしておく打ちあわせ。下相談。

した-え［0］【下絵】［名］❶下がきの絵。❷ししゅう・彫刻などで、材料の上にかくりんかくの絵。

した-おび［0］【下帯】［名］❶昔、小袖こその下にしめた帯。❷ふんどし。❸こしまき。

したが・う［0］【従う】(ふ)［自五］ワ・オ・イ・ッ／ウ・ウ・エ・エ ❶あとについて行く。「行列に―」❷相手の言うことや命じられたことを、素直にきいてその通りにする。「上司の意見に―」❸一定の傾向や定まっている物事をよりどころとする。「コースに従って走る」「習慣に―」❹(「…に従って」の形で)…するにつれて。…するとともに。「登るに従って視野が開けてきた」 **従える**［自下一］〔…できる〕

したが・える［0/エ］【従える】(へる)［他下一］エ・エ・エル・エル・エレ・エロ・エヨ ❶つれてゆく。「ともを―」❷服従させる。征服する。「敵を―」 **したが・ふ**［文語ハ下二］

した-がき［0］【下書(き)】［名］❶清書する前に、練習に書くこと。また、そのもの。❷書いただけで手入れをしていない文章。完成していない原稿。

した-かげ［0］【下陰】［名］もののかげ。「木の―」

したがっ-て［0］【したがって・従って】［接続］それゆえに。だから。⇩だから［参考］。

した-がり［0］【下刈り】［名］木の下の草を刈ること。

した-がわ［0］【下側】(がは)［名］物の下になっているほう。下の部分。↕上側うえがわ。したかわ。したっかわ。

した-ぎ［0］【下着】［名］❶上着の下に着る衣類。↕上着。❷シャツやパンツのように、肌に直接つける衣類。

し-たく［0］【私宅】［名］❶個人の家。❷自分の家。自宅。

し-たく［0］【支度・仕度】㊀［名］［自他サ］準備すること。用意すること。㊁名 自サ みなりをととのえること。「外出の―」 ―金 ⓪名 就職・結婚などにあたって、準備に要するかね。 ―料 ［ク］名 支度金として支払われるかね。

しだ・く ［ダ］ 他五 〔動詞の連用形について補助動詞的に用いられて〕❶あらす。にじる。「ふみ―」❷くだく。ひしぐ。「かみ―」

じ-たく ⓪【自宅】名 自分の家。私宅。

した-くさ ⓪【下草】名 木の下かげにはえる雑草。林の中にはえる草。したばえ。

した-ぐみ ⓪【下組(み)】名 前もってしておく用意・準備。

した-げいこ ［ゲ］【下稽古】名 あらかじめしておくけいこ。

した-けんぶん ［ケ］【下検分】名 他サ あらかじめしらべること。「式場の―」

した-ごころ ［ゴ］【下心】名 ❶心のそこ。かくしている心の中。「―が見え見えの態度」❷かねてからのたくらみ。「そんな―があるとは知らなかった」❸漢字の部首の一つ。「思」「恭」「慕」などの「心・⺗」。

した-ごしらえ ［ゴ］【下ごしらえ】【下×拵え】名 あらかじめととのえておくこと。また、そのもの。下準備。

した-さき ⓪【舌先】名 ❶舌の先。❷くちさき。ことば。「―でごまかす」 ―三寸 ［サ］2 〔「三寸」は舌の長さ〕ことばをたくみにあやつること。

した-さく ⓪【下作】名 小作。

した-ざさえ ⓪【下支え】名 自サ 経済や政策を、間接的に支えること。「財政で景気を―する」

した-ざわり ［ザ］【舌触り】名 食べ物などが舌にさわったときの感じ。

した-じ ⓪【下地】名 ❶下ごしらえ。準備。基礎。「事業の―」❷本来の性質。素質。「悪に走る―がある」❸しょうゆ。❹仕上げ塗りの土台となる壁。壁下地。

し-だし ⓪【仕出し】名 ❶料理をつくって配達すること。でまえ。「―屋」参考「仕出屋」「仕出弁当」などは、送りがなをはぶいてもよい。❷芝居で、通行人などを演ずるごく軽い役。端役。

したし・い【親しい】㊀ ［シ］2 形 仲がよい。こころやすい。「―間柄」↕うとい。**親しげ** 形動 **親しさ** 名 **した・し** 文語シク ㊁ 形シク〔古語〕血のつながりが深い。「したしき者、老いたる母など枕上によりゐて」〈徒然〉

した-じき ⓪【下敷(き)】名 ❶ものの下に敷かれること。また、そのもの。「車の―になる」❷筆記をするとき、紙の下に敷くセルロイドなどでつくったうすい板。❸手本。よりどころ。「他人の計画を―にする」

親しき仲にも礼儀あり どれほど仲がよくても礼儀はわきまえなければならない、という教え。

したし-く ［タ］【親しく】副 ❶自分で。みずから。「―世話をする」❷直接に。「―見聞する」

した-しごと ［シ］2【下仕事】名 ❶準備的な仕事。下ごしらえ。❷下うけの仕事。

したし-み ⓪【親しみ】名 したしむこと。したしい感じ。

したしみ-ぶか・い ［カ］【親しみ深い】形 したしみを深く感じるようす。

したし・む ［シ］2【親しむ】自五 ❶したしくする。仲よくする。「友に―」↕うとんずる・うとむ。❷近づく。なじむ。「書画に―」 **親しめる** 自下一〔…できる〕

した-しょく ⓪【下職】名 下うけの仕事。また、その仕事をする職人。したじょく。

した-しらべ ［シ］2【下調べ】名 まえもってしらべること。予習。

した-ず ⓪【下図】名 下がきの絵・図面。

した-そうだん ［ソ］【下相談】名 まえもってしておく相談。

した-だい ⓪【舌代】名 〔話すかわりに紙に書くの意〕口上。口上がき。ぜつだい。

したた-か【▲強か】㊀ ［タ］1/⓪ 形動 つよくて、てごわいようす。「―な相手」㊁ なり形動〔古語〕しっかりしているようす。たしかだ。「したたかなる御後ろ見(後見人)」〈源氏〉㊂ ［タ］1/⓪ 副 大いに。ひどく。「―食べた」「―頭をぶつけた」

したたか-もの ⓪/［ノ］【したたか者】【▲強か者】名 てごわい者。ひとすじなわではいかない者。

したた・める ［メ］【▲認める】他下一 ❶書きしるす。「手紙を―」❷食事する。「夕食を―」参考 古めかしい言い方。 **したた・む** 文語下二

した-たらず ［タ］2【舌足らず】名 形動 ❶舌の動きがわるく、発音がはっきりしないこと。❷ことばや文章などの表現が、じゅうぶんでないこと。「―の文章」

したた・る ［タ］2【滴る】自五 水などがたれて落ちる。しずくになって落ちる。㊕夏 **滴り** 名

した-たる・い ［ル］【舌たるい】形 言いかたがあまえた調子で、ことばがはっきりしない。

じ-たつ ⓪【示達】名 他サ 上級官庁から下級官庁などに命令・通知などを知らせること。

した-つ-くに【下つ国】名〔古語〕〔「つ」は「の」の意〕よみの国。あの世。死者の国。

した-つづみ ［ツ］【舌鼓】名 うまいものを食べるときに、舌を鳴らすこと。したづつみ。「―をうつ」

した-っぱ ⓪【下っ端】名 身分・地位の低い者。

した-づみ ⓪【下積み】名 ❶積まれた物の下になること。↕上積み。❷能力を発揮できずに、人の下に使われて低い地位にいること。また、その人。「―の生活」

した-つゆ ⓪【下露】名 木から落ちる露。㊙秋「木の―」

した-て ⓪【下手】名 ❶下のほう。しも。↕うわて。❷↓したで。❸相撲で、相手の腕の内がわに腕をさしこむこと。↕上手。 ―投げ ⓪名 ❶相撲で、下手で相手のまわしをつかんでたおすわざ。↕上手投げ。❷野球で、ボールを肩よりも下から投げる投げ方。アンダースロー。

し-たて ⓪【仕立(て)】名 ❶仕立てること。こしらえること。特に、さいほう。「―のよい服」❷教えこむこと。しこみ。「兄の―がいい」❸準備してさしむけること。 ―下ろし ［オ］名 新調の衣類。また、それを身につけること。 ―券 ［テ］名 シャツなどの布地にそえて、その布地の仕立てを約束する券。 ―直し ⓪名 衣服をほどいて、新しい衣服に作り替えること。また、その物。 ―物 ⓪名 ❶縫いもの。さいほう。❷仕立てた衣服。 ―屋 ⓪名 さいほうを職業とする家や人。参考 表記は「仕立屋」と送りがなをはぶいて書く。

した-で ⓪【下手】名 へりくだった態度。したて。↕うわて。 ―に出る へりくだった態度をとる。

し-た・てる ［テ］【仕立てる】他下一 ❶つくる。❷布地をたち、縫って衣服をつくる。❸そだてあげる。「一人前に―」❹乗り物などの用意をする。「つり舟を―」 **し-た・つ** 文語下二

した-どり ⓪【下取(り)】名 新品を売るとき客の持つ同種の中古品を引きとり、その分だけ値引きすること。

した-なが ⓪【舌長】名 形動 大きなことを言うようす。えらそうにしゃべるようす。

した-なめずり ［ナ］/［メ］【舌なめずり】[舌×舐り] 名 自サ ❶くちびるを舌でなめること。❷えものを待ちかまえるようす。

した-に ⓪【下煮】名 他サ 煮えにくい材料を、ほかの物よ

り先に煮ておくこと。

した-ぬい◎【下縫(い)】ーぬひ 名 本縫いの前に、かりに縫うこと。また、縫ったもの。かりぬい。

した-ぬり◎【下塗(り)】名 上塗りの前に、下地を塗ること。また、塗ったもの。「壁の—」↕上塗り・中塗り。

した-ね◎【下値】名 相場で今までよりも安い値段。安値。↕うわね。

した-ば◎【下葉】名 草木の下のほうにある葉。

した-ばえ◎【下生え】名 下草。

した-ばき◎【下ばき】【下×穿】名 腰部にじかにつける衣類。パンツなど。古い言い方。

した-ばき◎【下履(き)】名 戸外ではく履きもの。↕うわばき。

じた-ばた ジ 副 自サ ❶手足をばたばた動かして、あばれるようす。❷あわてて、もがくようす。「今更—するな」

した-ばたらき バ【下働き】名 ❶他人の下ではたらくこと。また、その人。❷炊事や雑用をすること。また、その人。下まわり。

した-はら◎【下腹】名 腹の下部。したっぱら。したばら。

した-ばり◎【下張(り)】【下貼り】名 ふすま紙などの、下地を張ること。また、そのもの。↕上張り。

した-び◎【下火】名 ❶火勢のおとろえること。「火の手が—になる」❷勢いの弱くなること。「流感が—になる」❸料理で、下からあてる火。↕上火。❹茶道の炭手前で、あらかじめ風炉や炉に入れておく火。

した-びらめ ビ【舌平目・舌×鮃】名 カレイ目ウシノシタ科の海水魚の総称。からだは偏平で目は二つとも体の左にある。砂やどろの底にすむ。食用。夏

した-ぶれ◎【下振れ】名 自サ 予想した数値や指標よりも下まわること。「景気の—」↕上振れ。

した-へん◎【舌偏】名 漢字の部首の一つ。「舐」などの「舌」。

した-まえ◎【下前】ーまへ 名 衣服の前を合わせて着るとき、下になる方。↕うわまえ。

じ-たまご タ マ【地卵】名 その土地に産する、にわとりの卵。じたま。

した-まち◎【下町】名 都市の中で、土地が低く、おもに商工業のおこなわれている地域。↕山の手。参考 主として東京について言い、JRの上野駅と品川駅を結ぶ線のほぼ東側の地域を言う。—言葉ことば コ 名 東京語のうち、下町育ちの人が使う、江戸の町人ことばの流れをひくことば。「おしるこ(汁粉)」を「おしろこ」と言うなど。↕山の手ことば。—風ふう◎名 ❶下町の人のいなせで、いきな気風。❷下町の風俗。

した-まわり マ【下回り】【下×廻り】ーまはり 名 ❶下ばたらき❷。❷地位の低い役者。

した-まわ・る ワ【下回る】【下×廻る】ーまはる 自五 ラ・ロ|リ・ッ|ル|ル|レ|レ ある程度より下になる。「予想を—」↕うわまわる。

した-み◎【下見】名 ❶前もってしらべること。下検分。「会場の—」❷したみいた。—板いた イ 名 家の外壁に、横に長い板を少しずつ重なりあうように打ちつけたもの。

したみ-ざけ◎【したみ酒】【×湑み酒】名 ますなどから、したたりたまった酒。したみ。

した-むき◎【下向き】名 ↕うわ向き。❶下を向くこと。❷勢いがおとろえてくること。「景気が—になる」❸相場・物価がさがる傾向のこと。

した-め◎【下目】名 顔を動かさずに下を見る目つき。↕上目。—に見みる 人をあなどって見さげる。

した-もえ【下×萌え】名 古語 草木の芽が地中から出ること。また、その芽。春

した-やく◎【下役】名 ❶下級の役人。❷部下の役人。部下。↕うわ役・同役。

した-よみ◎【下読み】名 書物・原稿などを前もって読んでおくこと。予習。

じ-だらく ダ【自堕落】名 形動 だらしないこと。ふしだら。「—な生活」

したり タ 感 ❶古語 あっぱれ。うまくやった。❷しまった。「これは—」

しだり-お【▲垂尾】ーを 名 古語 長くたれた尾。

したり-がお◎【したり顔】ーがほ 名 形動 とくいげな顔つき。「—で話す」

しだれ-ざくら ザ【▲垂桜・枝垂桜】名 さくらの一種。枝のたれさがるもの。いとざくら。春

しだれ-やなぎ ヤ【▲垂柳・枝垂柳】名 ヤナギ科の落葉高木。枝がたれさがる。いとやなぎ。春

しだ・れる レ【▲垂れる】自下一 レ|レ|レル|レル|レレ|レロ・レヨ 枝などが長くたれる。**しだ・る** 文語下二

したわし・い シ2【慕わしい】したはーしい 形 カロ・カッ・ク|イ|イ|ケレ|○ ある人に心がひきつけられ、そばに寄りたい気持ちだ。**慕わしげ** 形動 **慕わしさ** 名 **したは・し** 文語シク

し-たん タ シ【紫×檀】名 マメ科の常緑高木。熱帯に産し、高さ一〇メートルに達する。材質は堅く、暗赤色でうつくしく、家具・装飾材用。

し-だん◎シ【史談】名 歴史についての話。歴史上の話。

し-だん シ【師団】名 陸軍編制の単位。司令部があり、独立して作戦をたてるもの。

し-だん◎【詩壇】名 詩人の社会。

し-だん◎【指弾】名 他サ つまはじきすること。非難すること。「世の—を受ける」

じ-たん◎【事端】名 文章語 事件の起こったいとぐち。

じ-たん◎【時短】名 「時間短縮」の略。労働時間や営業時間を短縮すること。「—勤務」

じ-だん ジ【示談】名 争いごとを、裁判にかけないで話しあいで解決すること。「交通事故を—ですます」—屋や◎名 自動車事故などのときに、当事者のあいだにはいって示談を成立させ、礼金をとるのを仕事にする人。

したん-かい タ【試胆会】名 人々が集まって、勇気があるかどうかをためす会。きもだめしの会。

じ-だんだ ダー【地団太・地団駄】名 (「じだたら」(足でふむふいご)の変化)くやしがって、両足を交互にふみならすこと。—を踏ふむ 大いにくやしがる。

しち 接頭 (形容詞・形容動詞につく)程度を強める。「—めんどうだ」「—むずかしい」

しち チ【七】名 造 ❶ななつ。「七難・七宝しっぽう・北斗七星」❷七番め。第七位。

しち チ【質】名 造 ❶かならず約束を守るというしるしに、相手にあずけておくもの。「人—ひとじち」❷質屋に物をあずけてかねを借りること。また、あずけるもの。「時計を—に入れる」「質草しちぐさ・質権・質屋」[別音しつ|質]

し-ち シ【死地】名 ❶生きる望みのないあぶない所。また、そういう状態。「—におもむく」❷死に場所。死ぬべき場所。

じ-ち ジ【自治】名 ❶自分で自分の問題を処置すること。❷地方公共団体や大学が、自主的に行政・事務をおこなうこと。—会かい チ 名 学生・生徒や住民が、学校生活や地域の生活を自主的にはこんでいくための組織。—省しょう チ 名 地方自治・公職選挙などをあつかった行政機関。二〇〇一年に総務省に統合された。—体たい◎名 自治団体。—団体だんたい ダ 名 自治行政の権能を国家から与え

られた公共の団体。都・道・府・県・市・町・村など。地方公共団体。自治体。**—領** [チ][名] 独立国と同じ機能をもつ、ある国家の領土。独立前の英連邦内のカナダ・オーストラリアなど。

しち-いれ [0/レ]【質入れ】[名] かねを借りるために、品物を質屋にあずけること。

しちかい-き [カ]【七回忌】[名] 死亡してから満六年が過ぎ、七回目の忌日。

し-ちく [0]【糸竹】[名]〔文章語〕➡いとたけ。

しち-ぐさ [0/チ]【質草】【質▲種】[名] 質入れする品物。

しち-くど・い [ド][形] カロ―カッ・ク―イ―イ―ケレ―○ やたらにくどい。非常にしつこい。「—説明」 **しちくどさ** [名]

しち-けん [チ]【質券】[名] しちふだ。

しち-けん [チ]【質権】[名] おかねを返してもらうまで、担保の品物を預かっておく権利。

しち-ご-さん [0]【七五三】[名] ❶祝いごとに使うめでたい数。❷しめなわ。❸本膳に七菜、二の膳に五菜、三の膳に三菜をつけた、りっぱな祝宴。❹七五三の祝い。(冬) **—の祝い** 男子は三歳と五歳、女子は三歳と七歳の十一月十五日に神社にまいって成長をいのる祝い。(冬)

しちご-ちょう [0]【七五調】[名] 七音節と五音節の句をくりかえす韻文の形式。↕五七調。

しち-ごん [0/チ]【七言】[名] 漢詩で一句が七字からなるもの。**—絶句** [ゼ][名] 七言四句からなる漢詩。七絶。**—律詩** [リ][名] 七言八句からなる漢詩。七言律。七律。

しち-さん [0]【七三】[名] ❶七と三の割合。❷七分三分にわけた頭髪のかた。❸歌舞伎劇場の花道で、揚げ幕から七分、舞台から三分の所。ここで、役者が見得をきる。

しち-しちにち [チ][2]【七七日】[名]〔七七、四九のかけざんから〕死亡の日から(死亡の日をふくむ)四九日めの日。また、その日の法事。四十九日。なななぬか。

しち-しょう [チ]【七生】[名] 七度生まれかわること。**—報国** [チ][名] 七度生まれかわって、国のためにつくすこと。

しち-しょく [チ]【七色】[名] ❶七種類のいろ。なないろ。❷太陽光線をプリズムなどで分散させ、スペクトルにわけたときの、赤・だいだい・黄・緑・青・あい・むらさきの七種類のいろ。

しち-せき [チ]【七赤】[名] 九星の一つ。金星にあたり、方位は西。

しち-ぜつ [0]【七絶】[名]「七言絶句」の略。

しち-てん [チ]【質店】[名] ➡しちや(質屋)。

しちてん-はっき [ハ]【七転八起】【七×顛八起】[名][自サ]〔文章語〕いくど失敗しても、勇気を出して立ちあがること。なころびやおき。

しちてん-ばっとう [0/テ]【七転八倒】【七×顛八倒】[名][自サ]〔いくどもころびたおれる〕ころげまわって苦しむこと。しちてんばっとう。しってんばっとう。「—の苦しみ」

しち-どう [チ]【七道】[名] 律令制下の地方区分。東海道・東山道・北陸道・山陰道・山陽道・南海道・西海道の総称。➡五畿七道。

しちどう-がらん [ガ/チ]【七堂×伽藍】[名] 寺で、金堂・講堂・塔・鐘楼・経蔵・僧房・食堂の七つの建物。寺としてそなえるべき建物のそろっていること。

(薬師寺)

七堂伽藍

しち-ながれ [ナ]【質流れ】[名] 質屋から借りたかねを返さないために、あずけた品物が質屋のものになること。また、その品物。「—の洋服」

しち-なん [チ]【七難】[名] ❶多くの難点・欠点。「色の白いは—かくす」❷〘仏〙火難・水難など、七種の災難。

しち-ふくじん [ク]【七福神】[名] 俗に福徳の神として信仰される七人の神。大黒天・恵比須・弁財天・毘沙門天・福禄寿・寿老人・布袋。

七福神

しち-ふだ [チ]【質札】[名] 質屋が出す、品物のあずかり証。質券。

しちぶ-づき [0]【七分づき】【七分×搗】[名] 玄米をついて、外皮やはい芽を七分どおりとること。また、その米。

しち-へんげ [ヘ]【七変化】[名] ❶一人の踊り手が七つの役を連続して早変わりで踊り分けること。❷あじさいの別名。(夏)

しち-み [チ]【七味】[名] なないろとうがらし。

しちめん-ちょう [0]【七面鳥】[名] シチメンチョウ科の鳥。アメリカ大陸原産。頭から首に羽毛がなく、色がかわる。食用。特に、クリスマス料理に使う。

しち-めんどう [ド]【七面倒】[形動] ダロ―ダッ・デ・ニ―ダ―ナ―ナラ―○〔俗語〕〔「めんどう」を強めた語〕ひどくめんどうなようす。

しち-もつ [チ]【質物】[名] 質に入れる品物。しちぐさ。

しち-や [チ]【七夜】[名] ❶七日間の夜。七日めの夜。❷➡おしちや。

しち-や [チ]【質屋】[名] 品物をあずかってかねを貸す職業の店。

し-ちゃく [0]【試着】[名][他サ] 服などを買う前に、からだに合うかどうかを見るために、身につけてみること。

し-ちゅう [0]【支柱】[名] ❶ものをささえるはしら。つっかいぼう。❷物ごとのささえとなるもの。「一家の—を失う」「精神的—」

し-ちゅう [チュ]【市中】[名] 市のうち。まちなか。**—銀行** [ギ][名] 中央銀行に対する民間の銀行。狭義には都市銀行をさす。↕地方銀行。

し-ちゅう [0/シ]【死中】[名] 死をまつほかはない窮地。**—に活(生)を求める** 絶望的な困難を切りぬけて、生きる道をみつける。

シチュー [チュ]〈stew〉[名] バターでいためた肉と野菜を、調味料を加えてとろ火でゆっくり煮た料理。

じ-ちゅう [ジ]【寺中】[名] ❶寺院のなか。❷大きな寺の地域内にある子寺。塔頭。

じ-ちゅう [0]【自注】【自×註】[名] 自分の書いた本などに自分でくわえた注釈。

シチュエーション [エ]〈situation〉[名] ❶状況。場面。境遇。❷映画・小説・戯曲などの場面。主人公のおかれた境遇。

じ-ちょ [ジ]【自著】[名] 自分の書いた書物。

し-ちょう [チョ/シ]【支庁】[名] 都道府県庁の出先の役所。交通不便の地などにおかれる。「大島—」↕本庁。

し-ちょう [チョ/シ]【市庁】[名] 市役所。

し-ちょう [チョ/シ]【市長】[名] 市の行政の責任者で、市を代表する人。

し-ちょう [0]【思潮】[名] ある時代の思想の傾向。「文芸—」

し-ちょう [シ]【師長】[名]〔文章語〕先生と、目上の人。

しちょう⓪【紙帳】名 かみで作ったかや。夏
しちょう⓪【視聴】名 ❶見ることと、聞くこと。❷注意。注目。「世の―を集める」 **―覚** チョ 名 視覚と聴覚。 **―覚教育** キョ 名 映画・テレビ・スライド・録音材料・図表・写真などにより、直接、目や耳を通して知識をあたえる教育法。 **―者** チョ 名 テレビ放送を視聴する人。 **―率** チョ 名 テレビ放送番組の視聴される割合。
しちょう チョ シ【×輜重】名「輜」は衣服をはこぶ車、「重」は貨物をはこぶ車の意）軍隊で、糧食・被服・武器・弾薬の総称。 **―兵** チョ 名 輜重をはこぶことを任務とした兵。
しちょう⓪【試聴】名 他サ レコードやCDなどをためしに聞くこと。
しちよう⓪【七曜】名 ❶日・月と火・水・木・金・土の五つの星。❷一週七日の各日に七曜の名をあてはめたものの総称。 **―星** ヨ 名 北斗七星。
じちょう ジ【次長】名 官庁・会社などで、長の次の職。また、その職の人。
じちょう⓪【自重】名 自サ〔「じじゅう」と読めば別語〕❶みずから品位を保って、かるがるしい行為をつつしむこと。❷からだをそこなわないように気をつけること。
じちょう⓪【自嘲】名 自サ 自分で自分をあざけること。「―気味に語る」
しちょうそん チョ【市町村】名 ❶市と町と村。❷一定区域を基礎に、その地域内の住民を構成員とし、一定の自治権を持つ地方公共団体。
しちょく⓪ チョ【司直】名 法律によって裁判をする人。裁判官。「―の手にゆだねる」
しちりけっかい チ【七里結界】名 ❶仏道修行をさまたげる悪魔が近よらないように、道場の七里四方にさかいをつくること。❷〔俗語〕人をきらって、よせつけないこと。しちりけっぱい。
しちりけっぱい チ【七里結▲界】名〔俗語〕「しちりけっかい」のなまり。
しちりつ チ【七律】名「七言律詩」の略。
しちりん チ【七輪】名 土でつくったこんろ。参考 あたい七厘ほどの炭で、煮物ができる意からという。
じちん⓪【自沈】名 自サ 艦船を乗組員がみずからしずめること。

七輪

じちんさい チ【地鎮祭】名 土木・建築工事の前に、その土地の神をまつって、無事をいのる儀式。
しっ シ 感 ❶人をしずかにさせるときに発する声。❷動物や虫などを追いはらうときに発する声。
しつ【叱】造 しかる。とがめる。「叱正・叱責・叱咤」
しつ【室】㊀造 ❶外気からへだてられたへや。「温室・石室」❷建物の中の区切られた空間。「室温・室内・教室・浴室・和室・会議室・診察室・図書室」❸機関の中の少人数の組織。「室員・室長・研究室・相談室」❹家族。一族。「王室・皇室」㊁ツ 名 造 身分の高い人の妻。「家康の―」「後室・正室・側室」㊂接尾 ホテルや旅館で部屋の数を数えるときに使うことば。「宴会場が三―あるホテル」
しつ【疾】造 ❶やまい。病気。「疾患・疾病・悪疾・眼疾」❷はやい。「疾駆・疾走・疾風」
しつ【執】造 ❶とる。手にもつ。「執刀・執筆」❷あつかう。つかさどる。「執権・執行・執務」❸こだわる。とりつく。「執拗・確執・固執」〔別音しゅう｜執〕
しつ【×悉】造 ことごとく。すべて。「悉皆・知悉・不悉」
しつ【湿】造 しめる。しめす。「湿地・湿度・陰湿・乾湿・多湿・吸湿剤」
しつ【嫉】造 ねたむ。そねむ。やきもちをやく。「嫉視・嫉妬」
しつ【漆】造 うるし。「漆器・漆黒・乾漆・膠漆」
しつ【▲膝】造 ひざ。「膝下・膝蓋骨・膝行」
しつ ツ【失】名 造 ❶うしなうこと。「得少なく―多し」「失意・失格・損失・紛失・焼失」↕得。❷あやまち。欠点。「―をおぎなう」「失言・失策・失敗・過失」 **失する** 自他サ
しつ【質】㊀⓪名 造 ❶そのものにもともと備わっている、形・色・働きなどの傾向。性質。「蒲柳の―」「素質・性質・体質・神経質・粘液質」❷そのものを形づくっている中身や内容。「―より量」「質量・質料・形質・実質・物質・象牙質・蛋白質」↕量。㊁造 ❶かざりけがないこと。「質実・質素・質朴」❷ただす。たずねる。「質疑・質問」〔別音しち｜質〕
しづ【×賤】名〔古語〕➡しず。
しづ【×倭▲文】名〔古語〕➡しず。
じっ【十】造 じゅう。「十歳・十本」➡じゅっ（十）参考。
じつ【日】造 ❶太陽。「日月・夕日・落日・烈日」❷ひ。一昼夜。「元日・期日・休日・昨日・春日・祝日」❸ひる。朝から晩まで。「終日・短日」〔別音にち｜日〕
じつ ツ【実】名 造 ❶まこと。まごころ。「―のある人」「実意・実直・確実・虚実・事実・真実・誠実・忠実」↕虚。❷中身。「名よりも―を取る」「実質・実体・充実・有名無実」❸草や木のみ。「果実・結実」❹いま。目のまえのようす。「実際・実情・実態・実社会・実生活・現実・写実・着実」❺〔「の」を伴い、または単独で〕ほんとう。ほんもの。「―のところ」「―の親子」「実印・実益・実在・実物・実例・実力・実時間・実年齢」 **実に** 副 **実は** 副
じつあく⓪【実悪】名 歌舞伎で代表的な悪人の役。
しつい ツ【失意】名 思うようにならず悲観していること。失望。↕得意。
じつい ツ ジ【実意】名 ❶本意。「―をただす」❷まごころ。「―を見せる」
しついん⓪【室員】名 研究室・調査室・寮などの、それぞれのへやに所属する人。
じついん⓪【実印】名 印鑑登録をしておき、重要書類などに使う印。↕みとめ印。
じついん⓪【実員】名 実際の人数。実人員。↕定員。
しつう⓪【止痛】名 いたみをとめること。「―剤」
しつう⓪【歯痛】名 歯がいたむこと。歯いた。
しつう⓪【私通】名 自サ〔文章語〕配偶者以外の人とひそかに情を通じること。密通。
しつうはったつ ツ【四通八達】名 自サ 道路が四方八方に通じていること。
しづえ【▲下▲枝】名〔古語〕➡しずえ。
じつえき⓪【実益】名 実際の利益。
じつえん⓪【実演】名 他サ ❶実際にやってみせること。「―販売」❷劇場で、俳優・歌手などが舞台に出て演じること。参考 映画・テレビなどの出演と区別していう。
じつおや⓪【実親】名 生みの親。じっしん。↕里親・養い親。
しつおん⓪【室温】名 へやの中の温度。
しっか⓪【失火】名 あやまっておこした火災。冬
しっか シ【▲膝下】名〔文章語〕❶ひざもと。ひざの下。「―に組み伏せる」❷父母のもと。親もとで暮らすこと。「父母の―をはなれる」❸父母などへの手紙のわきづけの語。
じっか⓪【実科】名 実用的なことを教える教科。
じっか⓪【実家】名 ❶その人の生まれた家。生家。❷

婚姻・養子縁組などで他家へ出た人の、もとのいえ。さと。↕婚家。

しっ-かい ⓪【×悉皆】副 すべて。ことごとく。「―できあがった」 **―屋** ⓪名 衣服・布地の染め物・洗いはりを職業とする人。また、その店。

しつ-がい ⓪ツ【室外】名 へやの外。↕室内。

じっ-かい ⓪【十戒】名 ❶仏道修行上守るべき十の戒律。不殺生・不偸盗・不邪淫・不妄語・不飲酒など。❷【十×誡】キリスト教で、モーゼが神からあたえられたという、十か条の啓示。モーゼの十戒。

じっ-かい ⓪【十界】名 まよい・さとりの両界を、十の世界にわけたもの。仏・菩薩・縁覚・声聞・天上・人間・修羅・畜生・餓鬼・地獄界。

じつ-がい ⓪【実害】名 実際の害悪や損害。

しつがい-こつ ガ【×膝蓋骨】名 ひざがしらの、ひらたいさらの形をした骨。ひざざら。⇨骨格(図)。

しっ-かく ⓪【失格】名自サ 資格をなくすること。「反則をして―する」

じつ-がく ⓪【実学】名 実際生活に役だつ学問。

しっか-と カ【×確と】副 しかと。しっかりと。

じつ-かぶ ⓪【実株】名 取引で実際に売買の対象とされる株式。↕空株。

しっかり カ【しっかり】【×確り】(と)副自サ ❶かたく。「―しばる」❷確実に。まちがいなく。「―おぼえる」❸心をひきしめるようす。「―せよ」❹気性が強く、考え方が堅実なようす。「―者」「―したむすめ」❺相場に下落のようすの見えないこと。

シッカロール ロ名〔商標名〕亜鉛華、または、亜鉛華でんぷんでつくった、あせも・ただれにつけるこなぐすり。夏

しっ-かん ⓪【疾患】名 病気。やまい。「胸部―」

しっ-かん ⓪【失陥】名自サ 攻めおとされて、土地を失うこと。

しつ-かん ⓪【質感】名 材質のちがいから受ける感じ。「素材の―を生かす」

じっ-かん ⓪カ【十干】名 木・火・土・金・水の五行を兄・弟にわけたもの。甲・乙・丙・丁・戊・己・庚・辛・壬・癸の十。十二支と組みあわせて年・月・日をあらわす。

◆十干十二支

＊数字は順序。甲子から始まって癸亥の六十まで数えたら、六十一はまた甲子にもどる。

五行							
木	兄	1 甲子	11 甲戌	21 甲申	31 甲午	41 甲辰	51 甲寅
	弟	2 乙丑	12 乙亥	22 乙酉	32 乙未	42 乙巳	52 乙卯
火	兄	3 丙寅	13 丙子	23 丙戌	33 丙申	43 丙午	53 丙辰
	弟	4 丁卯	14 丁丑	24 丁亥	34 丁酉	44 丁未	54 丁巳
土	兄	5 戊辰	15 戊寅	25 戊子	35 戊戌	45 戊申	55 戊午
	弟	6 己巳	16 己卯	26 己丑	36 己亥	46 己酉	56 己未
金	兄	7 庚午	17 庚辰	27 庚寅	37 庚子	47 庚戌	57 庚申
	弟	8 辛未	18 辛巳	28 辛卯	38 辛丑	48 辛亥	58 辛酉
水	兄	9 壬申	19 壬午	29 壬辰	39 壬寅	49 壬子	59 壬戌
	弟	10 癸酉	20 癸未	30 癸巳	40 癸卯	50 癸丑	60 癸亥

じっ-かん ⓪【実感】名他サ 現実のこととしてそう感じること。また、その感じ。「優勝の―がまだわかない」「社会の厳しさを―する」

しっ-き ⓪【湿気】名 ⬇しっけ。

しっ-き ⓪【漆器】名 うるしぬりの器物。

しつ-ぎ ツシ【質疑】名自サ 疑問のあるところを問いただすこと。「―応答」

じっ-き ⓪【実記】名 事実を書きしるしたもの。実録。

じっ-き ジ⓪【実機】名〔仮想の環境や装置に対して〕実物の機械や飛行機。「―による飛行訓練」

じ-つき ⓪キ【地付き】名 ❶その土地や業界にずっといること。その土地に昔からずっとあること。「村の―の老人」「―の企業」❷季節にかかわらず、魚がある一定の海域に住みついていること。「―のアジ」

じ-つき キ⓪【地突(き)】名 建築にかかる前に土台となる地面をつきかためること。地がため。地形。

じつ-ぎ ジ【実技】名 実地の技術・技芸。

しっ-きゃく ⓪【失脚】名自サ 地位・立場をうしなうこと。

しつ-ぎょう ⓪【失業】名自サ ❶職業をうしなうこと。❷職業につけないこと。 **―保険** ホ名「雇用保険」の旧称。

じっ-きょう ⓪【実況】名 実際のありさま。「―放送」 **―見分** ケ名 警察が裁判所から令状をとる前に、任意で犯罪の現場を調べること。参考「検分」は使わない。

じつ-ぎょう ⓪【実業】名 生産・経営など経済的な事業。農・工・商業など。 **―家** ⓪名 生産・経営など経済的な事業をいとなむ人。 **―学校** ガ名 旧制の中等学校のうち、卒業後すぐ実業に従事できるような教育をした、農業学校・工業学校・商業学校など。

しっ-きん ⓪【失禁】名自サ 抑制力をうしなって、大小便をもらすこと。

じっ-きん ⓪【×昵近】名形動 身近で親しいつきあいがあること。昵懇。「―の仲」

じっきんしょう《十訓抄》鎌倉時代中期の説話集。六波羅二﨟左衛門の編といわれるが未詳。教訓にする目的で日本・中国の説話を集めたもの。じっくんしょう。

しっ-く シ【疾駆】名自サ はやく走ること。疾走。

シック シ〔chic〕形動 しゃれているようす。いきであかぬけているようす。「―な装い」

しっ-くい ⓪【漆×喰】名 石灰・ふのり・にがり・粘土などをねりあわせたかべの材料。

シックス シ〔six〕名 六。 **―判** ⓪名 写真で、たてよこ六センチメートルの大きさ。六六判。

シックハウス-しょうこうぐん コ【シックハウス症候群】名〔sick-house syndrome から〕新築の建物で起こる頭痛や呼吸器疾患などの健康被害。建材などに含まれる化学物質が原因とされる。

しっくり ク(と)副自サ よく合うようす。「気分が―あう」「解釈が―こない」

じっくり ク(と)副 おちついて念入りにするようす。「―考える」

しっ-け ⓪【湿気】名 しめっていること。しめりけ。しっき。

し-つけ ⓪【仕付(け)】名 ❶田うえ。いねの植え付け。❷【×躾】礼儀・作法をおしえこむこと。また、身についた礼儀作法。❸裁縫で、折り目がくずれないように、または、縫い目をととのえるため、糸であらく縫うこと。 **―糸** イ名 しつけ❸に使われるほそくよわい糸。

しっ-けい ケ【失敬】㊀名形動自サ 礼儀やうやまう気持ちを欠くこと。無礼。失礼。㊁名他サ〔俗語〕ぬすむこと。「ちょっと―してきた」㊂名自サ 人と別れること。「これで―する」㊃〔あいさつ〕別れるとき、あやまるときのあいさ

つ。失礼。「やあ―」⇩しつれい 参考。

じっ・けい ◎【実兄】名 同じ父母から生まれた兄。↕義兄。

じっ・けい ◎【実刑】名 執行猶予がなく、実際に執行される体刑。

じっ・けい ◎【実景】名 実際のけしき。

しっ・けつ ◎【失血】名自サ 出血によって多量の血液を一時に失うこと。

じつ・げつ ◎【日月】名 ❶太陽と月。❷つきひ。

しっ・ける ◎【湿気る】自下一 ケ・ケ・ケル・ケレ・ケロ・ケヨ 湿気をふくむ。しめる。しける。「せんべいが―」

し・つ・ける ◎【仕付ける】他下一 ケ・ケ・ケル・ケレ・ケロ・ケヨ ❶作物をつくりつける。特に、いねの植え付けをする。❷しなれる。やりつける。❸【×躾る】礼儀・作法をおしえこむ。❹着物に糸でしつけをする。

しっ・けん ◎【執権】名 ❶院政時代、院の庁の別当。❷鎌倉時代、将軍をたすけ政治の実権をにぎっていた最高職。❸室町時代の管領。

しっ・けん ◎【識見】名 ⬇しきけん。

しっ・けん ◎【失権】名自サ 権利・権力をうしなうこと。

しっ・げん ◎【湿原】名 池や水たまりのあるじめじめした草原。

しっ・げん ◎【失言】名自サ 言ってはならないことを、うっかり言うこと。また、そのことば。いいそこない。

じっ・けん ◎【実権】名 実際の権力。「―をにぎる」

じっ・けん ◎【実見】名他サ 実際に見ること。

じっ・けん ◎【実検】名他サ ほんとうかどうか、検査すること。「首―」

じっ・けん ◎【実験】名他サ ❶実際にこころみること。「効果を―する」❷理論や仮説が、実際にそうであるかどうかを実地にためすこと。**―科学** カ名 実験を研究のおもな方法とする科学。**―学校** ガ名 あたらしい教育の方法などを開発し、それを実践して、その効果をしらべてみるための学校。**―式** ケ名 物質をつくっている原子の数のもっとも簡単な比を、原子記号であらわした化学式。たとえば、水の実験式はH_2O。**―小説** ショ名 科学者が実験を行うような態度で人生を観察し、客観的に描こうとする小説。**―台** ◎名 ❶その上で実験をする台。❷実験の材料になる物や人。「入院して―にされる」

じつ・げん ◎【実現】名自他サ 実際にあらわれること。また、あらわすこと。「理想が―する」**―性** ◎名 物ごとの実現できる見込み。

しっ・こ シ【疾呼】名自サ〔文章語〕早口に呼ぶこと。はげしく呼びたてること。

しつこ・い ③形 カロ・カッ・ク・イ・イ・ケレ・○ ❶程度がつよい。くどい。「―味」❷しゅうねんぶかい。うるさい。「しつこく聞く」**しつこさ** 名 **しつこ・し** 文語ク

しっ・こう ◎【失効】名自サ 約束・規則などが効力をうしなうこと。↕発効。

しっ・こう ◎【▲膝行】名自サ〔文章語〕神前や貴人の前などで、いざって進退すること。

しっ・こう ◎【執行】名他サ 実際におこなうこと。とりおこなうこと。**―委員** イ名 政党・労働組合などの執行機関である委員会の委員。**―官** コ名 地方裁判所に配置されて、差し押え・競売・書類の送達などをする職員。執達吏。**―機関** キ・カ名 ❶法人・団体の議決や意思決定を、実際に施行する機関。❷行政官庁の命令により、実力をもってその意思を執行する機関。警官・税関吏など。**―部** コ名 執行機関。**―猶予** ユ名 有罪の判決を受けた人に対して、一定の期間、刑の執行を延期し、その間に問題を起こさなければ刑の言い渡しを無効にする制度。

じっ・こう ◎【実効】名 実際の効果。「―が期待できない」**―支配** シ名他サ ある領域を国際的な承認を経ないまま、実質的に支配すること。

じっ・こう ◎【実行】名他サ 実際にやってみること。「計画を―する」「公約を―に移す」**―力** コ名 計画や案を実際におこなう能力。「口だけで―がない」

しっ・こく ◎【×桎×梏】名〔文章語〕(「桎」は足かせ、「梏」は手かせの意)行動の自由を束縛するもの。

しっ・こく ◎【漆黒】名 うるしのように黒くてつやのあること。「―の髪」

しづ・ごころ 【静心】名〔古語〕⬇しずごころ。

しっ・こし ◎【▲尻腰】名 (「しりこし(尻腰)」の変化)度胸。根気。忍耐力。**―がない** いくじがない。しっかりしたところがない。

しつご・しょう ◎/ゴ【失語症】名 大脳の損傷により、聴覚や発声器官には異常がないのに、ことばの使用や理解が十分にできなくなる状態。

じつ・ごと ◎【実事】名 歌舞伎で、善良・誠実で、分別のある人物を写実的に演ずるもの。↕和事・荒事。

じっ・こん ◎【×昵懇・▲入魂】名形動 (「昵」はなれしたしむ、「懇」はねんごろの意)したしいこと。こんいなこと。じっきん。別懇。「―の間柄」

じっ・さい ◎【実際】㊀名 ❶頭の中で考えたことではなく、現実にその場に臨んだ場合。「―に試してみる」↕理論。❷本当の状態。事実。「農村生活の―を報告する」㊁(に)副 本当にそうであるようす。「―こわかった」「(感動詞のように)むずかしいものですよ、―」**―家** ◎名 理論よりも経験を重んじ、実行能力に富んだ人。**―的** ◎形動 実地や事実によくあてはまるようす。「―な考え方」

じつ・ざい ◎【実在】名自サ ❶実際に存在すること。実存。「―の人物」↕架空。❷〔哲〕主観をはなれて客観的に独立して存在するもの。**―論** ザ名 事物は観念・主観とは別に、独立して存在するものであるという立場。リアリズム。↕観念論。

しっ・さく ◎【失策】【失錯】名自サ やりそこなうこと。しくじり。エラー。ミス。

じっ・さく ◎【実作】名他サ 芸術作品などを実際に作ること。「俳句の―」

しっ・し シ【嫉視】名他サ にくみそねんで見ること。

しつ・じ ツ/シ【執事】名 ❶貴人の家で、その家の事務をとる人。❷〔文章語〕貴人への手紙のわきづけの語。⇩わき付け 参考。

じっ・し ジ【十指】名 十本のゆび。**―に余る** 十本の指でかぞえきれない。十より多い。**―の指すところ** 多くの人の意見が一致すること。十目の見るところ。

じっ・し ◎【実子】名 自分の生んだ子。ほんとうの子。↕養子・義子・継子。

じっ・し ◎【実姉】名 同じ父母から生まれた姉。↕義姉。

じっ・し ◎【実施】名他サ 実際におこなうこと。

じつ・じ ◎【実字】名 ❶形のあるものを表す漢字。木・草・人など。❷漢文で形式的意味を表す文字に対し、実際の意味を表す文字。名詞・動詞・形容詞など。↕虚字。

しっ・しき ◎【湿式】名 工業や機械などで、液体や溶剤などを使うやり方。「―印刷」↕乾式。

しつ・じつ ◎【質実】名形動 かざりけがなくて、まじめなこと。「―剛健」

じっ・しつ ◎【実質】名 物事を、形の上ではなく本当に構成・成立させている事柄。内容。「外見よりも―を重視す

る」 **―賃金**ちんぎん チ 名 その金額で実際にどれほどの生活物資が買えるかを考えたときの賃金。↕名目賃金。 **―的**てき ⓪ 形動 形式よりも、実質を重んじるようす。中身のすぐれているようす。↕形式的・表面的。

しっ-しゃ ⓪【▲膝射】名 他サ 片ひざを立ててすわり、ひじをひざにのせた姿勢で銃をうつこと。ひざうち。↕伏射・立射。

じっ-しゃ ⓪【実車】名 タクシーが客を乗せて走っていること。「―率」↕空車。

じっ-しゃ ⓪【実写】名 他サ 実際のことを、写真・映画にうつすこと。また、その写真・映画。「―映画」

じっ-しゃ ⓪【実射】名 他サ 実弾を実際に発射すること。

じっ-しゃかい シャ【実社会】名 実際の社会。現実に経験する社会生活。実世間。「―の荒波にもまれる」

じっ-しゅう ⓪【実収】名 実際の収入。実際の収穫量。

じっ-しゅう ⓪【実習】名 他サ 技術を実地にならうこと。

じっしゅ-きょうぎ キョ【十種競技】名 陸上男子競技の一つ。百メートル競走・走り幅跳び・砲丸投げ・走り高跳び・四百メートル競走(以上第一日)百十メートルハードル・円盤投げ・棒高跳び・やり投げ・千五百メートル競走(以上第二日)の十種を一人で行い、総得点を争うもの。デカスロン。

しっ-じゅん ⓪【湿潤】形動 ダロ・ダッ・デ・ニ ダ・ナ・ナラ・〇 しめっているようす。「―な地帯」

しっ-しょう ⓪【失笑】名 自サ 相手のおろかさや程度の低さに、思わずわらってしまうこと。「聴衆の―を買う」

じっ-しょう ⓪【実証】㊀名 たしかな証拠。「―をしめす」㊁名 他サ 事実により証明すること。「無実を―する」 **―主義**しゅぎ シュ 名 事実・現象の観察から、理論や法則を明らかにしようとする立場。

じっ-しょう ⓪【実正】名 形動 まちがいないこと。真実。参考 古めかしい言い方。

じつ-じょう ⓪【実情】名 ❶【実状】今、実際にそうである状況。「―に見合う処置」⇩実態 参考。❷本当の気持ち。真情。

しっ-しょく ⓪【失職】名 自サ 職を失うこと。職につけないこと。失業。「会社の倒産で―する」↕就職。

じっ-しょく ⓪【実食】名 他サ 実際に食べてみること。「新商品の―」「―モニター」

しっ-しん ⓪【湿×疹】名 皮膚表面の炎症の一種。あせも・ただれ・かぶれ・くさなど。

しっ-しん ⓪【失神】【失心】名 自サ 気をうしなうこと。喪神そうしん。

じっ-しん ⓪【実親】名 ⬇じつおや。

じつ-じんせい ジ2【実人生】名 現実の人間の人生や生き方。「―からくみとられた知恵」

じっしん-ぶんるいほう ⓪【十進分類法】名 図書分類法で、番号に算用数字を使い、すべてを十等分に細分してゆく方法。デューイの十進分類法(DC)、国際十進分類法(UDC)、日本十進分類法(NDC)などがある。

じっしん-ほう ⓪/シ【十進法】名 十倍ごとにけたを一つあげる数えかた。

じっ-すう ス【実数】名 ❶有理数と無理数の総称。↕虚数。❷実際の数。

しっ-する ⓪/ス【失する】シ・セ・サ̣ン/スル・スル/スレ・シロ・セヨ ㊀他サ うしなう。なくする。「機会を―」㊁自サ (「…に」を受けて)程度がすぎる。すぎる。「おそきに―」 しっ・す 文語サ変

じっ-すん ⓪【実寸】名 実際にはかった寸法、長さ。

しっ-せい ⓪【叱声】名 文章語 しかりつける声。非難。「厳しい―を浴びる」

しっ-せい ⓪【失政】名 政治をあやまること。わるい政治。

しっ-せい ⓪【執政】名 ❶政務をとること。また、その人。❷江戸時代の老中・家老。

しっ-せい ⓪【叱正】名 他サ 文章語 しかって不備な箇所をなおさせること。論文・作品の批評・修正をたのむときの語。「ご―を請う」

じっ-せい ⓪【実勢】名 見かけではない実際の情勢。「―価格」「―レート」

じっ-せいかつ セ【実生活】名 実際の生活。理論や空想でない現実の生活。

しっせい-しょくぶつ ク【湿生植物】名 池や沼の岸など、しめりけの多い所にはえる植物。せり・みずごけなど。

しっ-せき ⓪【失跡】名 自サ ゆくえをくらますこと。失踪しっそう。

しっ-せき ⓪【叱責】名 他サ 過失などをしかりとがめること。「部下を厳しく―する」

じっ-せき ⓪【実績】名 実際の成績・業績。

じっ-せけん セ【実世間】名 理論や空想でない、現実の世の中。実社会。

しつ-ぜつ ⓪【湿舌】名 南方の水蒸気を多くふくんだ空気が日本に流れこみ、集中豪雨の原因となる気流。参考 天気図に表すと、舌をのばした形になるのでいう。

じっ-せつ ⓪【実説】名 実際にあった話。実話。

じっ-せん ⓪【実戦】名 (実演・練習でない)実際のたたかい。実際の試合。

じっ-せん ⓪【実線】名 製図などで、とぎれないふつうの線。↕点線・破線。

じっ-せん ⓪【実践】名 他サ 実際におこなうこと。実行。↕理論。 **―×躬行**きゅうこう ⓪ 名 他サ (「躬」はみずからの意)実際に自分が行うこと。

しっ-そ シ【質素】名 形動 ぜいたくをせず、つつましやかなこと。「―な身なり」

しっ-そう ⓪【失踪】名 自サ (「踪」は足あとの意)人のゆくえがわからず、生死が不明となること。失跡。 **―宣告**せんこく セ 名 七年間(特別の危難にあったときは一年間)所在および生死の不明な者を、死亡とみなす家庭裁判所の宣告。

しっ-そう ⓪【疾走】名 自サ はやく走ること。疾駆。

しっ-そう ⓪【執奏】名 他サ 文章語 とりついで天子に申しあげること。また、その人。

じっ-そう ⓪【実相】名 ❶実際の様子。実態。「生活の―」❷〔仏〕万有の真実の相。 **―観入**かんにゅう ⓪ 名 表面だけの写生でなく、自然の真実の相をとらえ、自分と自然が一つになった境地を写し出すこと。参考 アララギ派の短歌の中心理念の一つ。

じっ-そう ⓪【実装】名 他サ ❶銃や砲に弾丸をこめておくこと。❷機器などに部品や新しい機能を組みこむこと。

じつ-ぞう ⓪【実像】名 ❶レンズを通したり、球面鏡で反射した光が、実際に集まってつくる像。↕虚像。❷実際の姿。ありのままの姿。「現代っ子の―」

しっ-そく ⓪【失速】名 自サ ❶航空機が速度・揚力をうしなうこと。❷急に勢いをなくすこと。「世界経済の―」

じっ-そく ⓪【実測】名 他サ 距離・面積などを、計器を使って実際に測ること。

じっ-そん ⓪【実損】名 実質上の損失。

じつ-ぞん ⓪【実存】名 自サ ❶実際にあること。実在。❷〔哲〕神・絶対者にささえられない人間の自覚的存在。 **―主義**しゅぎ シュ 名 すべての思惟しい形式を思惟者の存在様式によるものとみなし、本質に先行する実存を中心概念とする哲学、または、思想上の立場。実存哲学。

じつぞん-めいぼう ⓪【実存名亡】名 体面を捨てて実益をとること。↕名存実亡。

しった ㋛【叱×咤】名 他サ（「叱」も「咤」も、しかるの意）大声でしかりつけること。「—激励する」

しったい ⓪【失態】名 みっともない状態になること。しくじること。「—を演じる」

じったい ⓪【実体】名（「じってい」と読めば別語）❶外見からはわからない、そのものの実質的な内容。本体。❷〘哲〙表面上はいろいろ変化するものの根底にある、本質的で普遍的な存在。

じったい ⓪【実態】名 実際のありさま。ありのままの状態。実情。「失業者の—を調査する」参考「実情」は物事の内面にまで立ち入ることが多いのに対し、「実態」は外からとらえられた事柄をさすことが多い。

しったかぶり ⓪【知ったかぶり】名 知らないのに知っているふりをすること。また、その人。

しったつ ⓪【執達】名 他サ 上部の意を下部に伝えること。**—吏** ㋡ 名「執行官」の古いよび名。

シッタン ⓪【×悉▲曇】〈梵 siddham〉名 ❶梵語の字母。❷梵語学。

じつだん ⓪【実弾】名 ❶ほんものの弾丸。実包。❷〘俗語〙わいろ・買収などに使う現金のこと。

しっち ⓪/㋛【失地】名 ❶うしなった土地。うばわれた土地。❷うしなった地位や権力。「—回復」

しっち ⓪【湿地】名 湿気の多い土地。

じっち ⓪【実地】名 ❶実際の場所。現場。❷実際。「—に確かめる」**—検証** ㋘ 名 犯罪や事件の発生した現場で、実際の状況をとりしらべること。現場検証。

しっちゃか-めっちゃか ⊠ 形動 ダロ・ダッ・デ・ニ ダナ・ナラ・○ 〘俗語〙「めちゃくちゃ」の強めた言い方。

じっちゅう-はっく ㋩【十中八九】名 副（十のうち、八か九）おおかた。大部分。十に八、九。じゅうちゅうはっく。「—まちがいない」「—確実だ」

しっちょう ⓪【失調】名 調子がくるうこと。つりあいのくずれること。「栄養—」

しっちょう ⓪【失聴】名 自サ 病気や事故などで耳が聞こえなくなること。「中途—者」

しつちょう ⓪/㋡【室長】名 研究室・調査室・寮などの室の長として責任をおう人。

じっちょく ⓪【実直】名 形動 まごころがあり、正直なこと。実体。「—な人」

しっちん ⓪【七珍】名（「しちちん」の変化）七つのめずらしいたから。七宝。**—万宝** ⓪ 名 あらゆるたから。

しっつい ⓪【失墜】名 自他サ うしないおとすこと。「権威が—する」

じ-つづき ㋡【地続き】名 土地つづき。

じって ⓪/㋢【十手】名 江戸時代、捕り手が持っていた道具。長さ四五センチメートルほどで、手もと近くにかぎのある鉄棒。

十手

じってい ⓪【実弟】名 同じ父母から生まれた弟。↕義弟。

じってい ⓪【実体】名 形動（「じったい」と読めば別語）まじめで正直なこと。実直。「—な人」

じってい-ほう ⓪【実定法】名 人間が現実社会の中でつくり、現実に行われている法律。↕自然法。

しつてき ⓪【質的】形動 ダロ・ダッ・デ・ニ ダナ・ナラ・○ 質に関するようす。質のうえの。「—な変化」↕量的。

じってつ ⓪【十哲】名 十人のすぐれた人物。「芭蕉門下の—」

しってん ⓪【失点】名 点数を他にとられること。また、とられた点数。↕得点。

しつでん ⓪【湿田】名 水はけがわるく、水の抜けることのない水田。↕乾田。

しってん-ばっとう ㋢【七転八倒】【七×顛八倒】名 自サ ↓しちてんはっとう。

しっと ⓪/㋣【嫉妬】名 他サ 愛情や幸せなどが、他に向くのをねたみうらむ感情。やきもち。りんき。**—深い** ㋕ 形 ひどくやきもちをやくようす。「—男」

しつど ㋡/㋛【湿度】名 空気中にある水蒸気の量の度合い。**—計** ⓪ 名 湿度をはかる器具。

じっと ⓪ ㊀ 副 自サ 静かにおちついているようす。からだや視線を動かさずにいるようす。「—していられない」㊁ 副 ❶心を集中するさま。つくづく。しみじみ。「—考える」❷がまんするようす。「—痛さをこらえる」

しっとう ⓪【失投】名 自サ 野球で、投手が投げそこなうこと。特に、打者の打ちやすいたまを投げること。

しっとう ⓪【執刀】名 自サ 手術・解剖をすること。また、手術・解剖などのためにメスを持つこと。「—医」

しっとう ⓪【失当】名 形動(の) 人の行いなどが道理にかなわないこと。不当。「—の処理」↕正当。

じつどう ⓪【実動】名 自サ 実際に活動すること。車や機械が実際に動くこと。「—部隊」「—台数」

じつどう ⓪【実働】名 自サ 実際に労働すること。「—六時間半」**—時間** ㋙² 名 休憩時間をのぞいた正味の労働時間。

じっとく ⓪【十徳】名 江戸時代に、漢学者・医者・絵かきなどが着た、すおうに似た羽織のような衣服。

十徳

しっとり ㋣ (と) 副 自サ ❶少ししめりけがあるようす。「—ぬれる」❷しとやかで、おちついた気分のあるようす。「—した作品」

じっとり ㋣ (と) 副 自サ じわじわと、しめってくるようす。「—汗ばむ」

しつない ㋡【室内】名 へやの中。↕室外。**—楽** ㋤ 名 洋楽で、数個の楽器からなる小編成の合奏。また、その曲。

じつに ㋡【実に】副 事実に感動するようす。「県予選突破とは—よく頑張った」「—美しい歌声だ」「海底トンネルの開通には—二十年かかった」参考「実に」「本当に」「まことに」は、話し手が真実と信じて述べる点で共通するが、具体的な内容を伴って（→実に）、事実か否かに即して（→本当に）、心からそう思って（→まことに）といった違いがある。このうち「実に」「本当に」は「全く❷」と重なるところがある。⇩全く 参考。

しつねん ⓪【失念】名 他サ うっかりしてわすれること。「申し訳ありません、—しておりました」

じつねん ⓪【実年】名 中年より上だが、老年と呼ぶには早すぎる年齢。熟年。参考 五十代・六十代の人の呼び方として造られた語。充実した年齢の意。

じつは ㋡【実は】副 ❶表向きでなかったことを明らかにするようす。「—入院中の社長は回復の見込みがない」❷意外なことをこれから話したり依頼したりするときの前置き。「—来月転勤をすることになった」「—、お願いがあって、うかがいました」⇩さて 参考。

ジッパー ㋙〈zipper〉名（商標名）ファスナー。チャック。

しっぱい ⓪【失敗】名 自サ やりそこなうこと。しくじり。

じつばい ⓪【実売】名 実際に販売すること。「—価格」

じっぱ-ひとからげ ㋙-㋣【十把一からげ】【十把一▲絡げ】名 多くのものを、いっしょにしてそまつにあつかうようす。

しっ-ぴ [0]【失費】[名] ついえ。ものいり。

しっ-ぴ [シ]【×櫛比】[名][自サ]〔文章語〕(「比」はならぶの意)くしの歯のようにぎっしりとならぶこと。「―する家なみ」

じっ-ぴ [ジ]【実否】[名] ほんとうかうそか。事実か事実でないか。「ことの―をただす」

じっ-ぴ [0]【実費】[名] もうけや手数料をふくまない、実際にかかる費用。「―で希望者に分ける」

しっ-ぴつ [0]【執筆】[名][自他サ] (「しゅひつ」と読めば別語)文章などを書くこと。

しっ-ぷ [0]【湿布】[名][自他サ] 布を薬液・湯・水でしめして患部にあて、炎症を治療すること。

じっ-ぷ [0]【実父】[名] 血のつながる父。↕継父・養父・義父。

しっ-ぷう [0]【疾風】[名] (「疾」は、はやいの意) ❶はげしい風。はやて。❷樹木がゆれ動き、水面に波がしらがたつ程度の風。風速は毎秒八〜一〇・七メートル。 **―迅雷**(じんらい) [0][名] つよい風とはげしいかみなり。また、そのようにはやく、はげしいようす。「―の攻撃」 **―怒×濤**(どとう) [0][名] ❶はげしい風とあれくるう波。❷「シュトゥルム-ウント-ドランク」の訳語。

しっぷう-もくう [モ]【×櫛風×沐雨】[名]〔文章語〕(風で髪をくしけずり、雨でからだをあらうこと)外に出て苦労し、奔走すること。

じつ-ぶつ [0]【実物】[名] 実際のもの。本物。「―と写真を比べる」 **―大**(だい) [0][名] 実物と同じ大きさ。

しっ-ぺい [ベ]【▲竹×篦】[名] ❶禅宗で、参禅者をいましめるための竹の棒。❷ひとさしゆびと中ゆびをそろえて相手の手首を打つこと。しっぺ。 **―返**(がえ)**し** [ガ][名] ある仕打ちをうけて、すぐにやりかえすこと。報復。しっぺがえし。

しっ-ぺい [0]【疾病】[名] 病気。

じっぺんしゃ-いっく《十返舎一九》一七六五〜一八三一。江戸時代後期の滑稽(こっけい)本作者。本名は重田貞一(しげたさだかず)。弥次郎兵衛(やじろべえ)・喜多八(きたはち)の旅中失敗談に風俗などを交えた「東海道中膝栗毛(ひざくりげ)」が代表作。

しっ-ぽ [ポ]【しっぽ・尻尾】[名] ❶動物の尾。しりお。❷たれさがったものや、細長いもののはし。「たくあんの―」❸ごまかしがあらわれるきっかけ。 **―を出**(だ)**す** ごまかしがばれる。 **―を×掴**(つか)**む** ごまかしの証拠をにぎる。 **―を振**(ふ)**る** ごきげんを取る。 **―を巻**(ま)**く** 降参する。

じ-つぼ [ジ]【地坪】[名] 地面の坪数。↕建て坪。

じつ-ぼ [ジ]【実母】[名] 血のつながる母。うみの母。生母。↕継母・養母・義母。

しつ-ぼう [0]【失望】[名][自サ] 希望や期待を失うこと。がっかりすること。「―落胆」

しっ-ぽう [0]【七宝】[名](「しちほう」の変化) ❶金・銀・るり・はり・しゃこ・さんご・めのうの七種のたからもの。七珍(しっちん)。❷七宝焼き。 **―焼**(や)**き** [0][名] 銅・銀などの下地に、種々の色のほうろうを焼きつけて、模様をあらわしたもの。 [参考] 表記は「七宝焼」でもよい。

じっ-ぽう [ポ]【十方】[名] ❶四方・四すみ・上下の総称。❷あらゆる方角・場所。

じっ-ぽう [0]【実包】[名] 実弾。↕空包。

しつ-ぼく [0]【質朴】【質×樸】[名][形動] かざりけがなく、りちぎなこと。

しっ-ぽく [0]【▲卓×袱】[名] ❶中国ふうの食卓。❷そば・うどんの上に、かまぼこ・きのこ・のり・野菜などをのせた料理。 **―料理**(りょうり) [リョ][名] 長崎地方の郷土料理で、中華料理の日本化したもの。魚肉を多く使う。

しっぽり [ポ]〔と〕[副] ❶しめりけをじゅうぶんにふくんでいるようす。「―ぬれる」❷男女が仲むつまじいようす。

じつ-まい [0]【実妹】[名] 同じ父母から生まれた妹。↕義妹。

じつ-みょう [0]【実名】[名] ⬇じつめい。

しつ-む [ツ]【執務】[名][自サ] 事務をとること。「―中」

じつ-む [ジ]【実務】[名] 実際の業務。「―にたずさわる」

じ-づめ [0]【字詰(め)】[名] 一枚の紙、またはその一行の文字の数。「―一行二十字」

しつ-めい [0]【失名】[名][自サ] 氏名のわからないこと。「―氏」

しつ-めい [0]【失明】[名][自サ] 視力をうしなうこと。盲目になること。

じつ-めい [0]【実名】[名] 本当の名まえ。本名。じつみょう。↕仮名(かめい)・虚名。

じつ-もって [モ]【実▲以て】[副]〔文章語〕じつに。まったく。実際。はなはだ。

しつ-もん [0]【質問】[名][自他サ] 疑問などをたずねること。

しつ-よう [0]【執×拗】[形動]〔ダロ・ダッ・デ・ニ／ダ・ナ・ナラ・〇〕 しつこいようす。いつまでもこだわるようす。「―につきまとう」

じつ-よう [0]【実用】[名] 実際に役だつこと。実際に使うこと。 **―主義**(しゅぎ) [シュ][名] 実生活への効用の多いものほど、真理に近いとする哲学、または思想上の立場。プラグマチズム。 **―新案権**(しんあんけん) [ア][名] すでにある物品の形・構造などについて新規の考案をした場合に、その品の製作・販売を独占できる権利。登録によって発生する。俗に、新案特許という。 **―的**(てき) [0][形動] 実際に役だつようす。

じ-づら [0]【字面】[名] 文字や字くばりなどの見た目の感じ。

しつらい [0]【▲設い】(しつらひ)[名] もうけととのえること。したく。設備。かざりつけ。装置。しつらえ。

しつら・える [エ]【▲設える】(しつらへる)[他下一]〔エ・エ・エル・エル・エレ・エロ・エヨ〕 もうけととのえる。用意する。かざりつける。しつらう。 **しつら・ふ**〔文語八下二〕

しつらくえん《失楽園》イギリスの詩人ミルトンの長編叙事詩。一六六七年刊。旧約聖書に取材し、アダムとイブの楽園追放を主題に、人間の原罪を描く。

じつ-り [ジ]【実利】[名] 実際の利益・効用。 **―主義**(しゅぎ) [シュ][名] ある行為の価値は、それから生ずる現実の利益の大きさによって定まるとする考えかた。功利主義。

じつ-り [ジ]【実理】[名] 実際の体験から得た道理。↕空理。

しつ-りょう [ツ]【室料】[名] 部屋を借りるときの料金。部屋代。

しつ-りょう [ツ]【質料】[名]〔哲〕形式をとって現れることにより一定の物となる素材。内容。実質。↕形式。

しつ-りょう [ツ]【質量】[名] ❶物体が有する物質の量。重量とは区別される。❷国際単位系における七つの基本量の一つで、国際キログラム原器の質量を一キログラムとする単位。

じつ-りょく [0]【実力】[名] ❶見せかけではない実際の力量。「―テスト」❷腕力。武力。「―に訴える」 **―行使**(こうし) [コ][名] ある目的を達するために、「実力❷」をつかうこと。特に、労働争議におけるストライキなどをさす。 **―者**(しゃ) [リョ][名] 実際に権力をもっている人。「かれはかげの―だ」 **―派**(は) [0][名] 見かけではなく、内容的にすぐれた能力をもっている人。「―の俳優」

しつ-れい [ツ]【失礼】㊀[名][形動][自サ] 礼儀にかなわないこと。不作法。無礼。㊁[名][自サ] わかれること。いとまをこうこと。失敬。「すぐに―します」㊂[あいさつ] あやまるとき、別れるときのあいさつのことば。「では、―」[参考]「失礼です

し

が」はていねいに物をたずねるときの前置きの言い方。「失礼いたしました」は、話の終わりのあいさつの言い方。「失礼」は男女ともに使うが、「失敬」は男だけが使う。

じつ-れい ⓪【実例】[名] 実際の例。

じつ-れき ⓪【実歴】[名] 実際の経歴。

しつ-れん ⓪【失恋】[名][自サ] 恋が思いどおりにならずにおわること。恋にやぶれること。

じつ-ろく ⓪【実録】[名] ❶事実の記録。実記。❷実録物。 **—物**(もの) ⓪[名] 江戸時代の講談・小説などで、事実の記録をもととし、おもしろくつくりなおした作品。

じつ-わ ⓪【実話】[名] 事実のはなし。実際にあったはなし。

し-て ⓪【仕手】[名] ❶する人。やる者。❷〔この用法では[テ]〕能・狂言の主人公。↕アド・ツレ・ワキ。❸うまくやる人。やりて。[参考] ふつう「シテ」とかたかな書き。❹投機を目的として、株を大きく売買する人。 **—株**(かぶ) ⓪[名] 株価の変動を予想して、おもわくで大量に売買される株式。

して ⓪[接続] そうして。そして。それで。「—、その後は…」

して [助] ❶〔格助詞〕㋐人数を示す語について、いっしょに動作をする人を表す。…で。「ふたり—行く」㋑〔文章語〕〔「をして」の形で〕使役させられる人を表す。…に命じて。「人を—言わしめる」㋒〔古語〕〔「にして」の形で〕場所を表す。…で。「鴨ぞ鳴くなる山陰(やまかげ)にして」〈万葉〉㋓〔古語〕手段・方法を示す。…で。「小刀して切りまはしつつ」〈徒然〉❷〔古語〕〔接続助詞。形容詞・形容動詞・打ち消しの助動詞「ず」の連体形などにつく〕㋐単純に、また並列的に前後をつなぐ。「空高く—青し」㋑逆接を示す。「愚かにして慎めるは」〈徒然〉㋒理由を示す。…のために。「喜びにたへずして言へるなるべし」〈土佐〉

し-で [シ/テ]【四手】[名] ❶神道で、玉ぐし・しめなわなどにさげるかざり。⇩しめなわ(図)。❷やりの柄につける毛のかざり。❸カバノキ科の落葉高木の総称。

し-てい [テ/シ]【子弟】[名] ❶子やおとうと。↕父兄。❷年少者。

し-てい ⓪【私邸】[名] 個人のやしき。私宅。↕公邸・官邸。

し-てい ⓪【使丁】[名] やとわれて雑用をする人。

し-てい [テ/シ]【師弟】[名] 師と、でし。先生と生徒。

し-てい ⓪【視程】[名] 見通しのきく距離。大気汚染の程度を示す尺度の一つ。

し-てい ⓪【指定】[名][他サ] それとさし定めること。 **—席**(せき) [テ][名] あらかじめ座る人が決められた座席。↕自由席。

じ-てい ⓪【自邸】[名] 自分のやしき。自宅。

シティ(ー)〈city〉[造] 都会。都会的な要素をもつこと。 **—ポップ** [ポ]〈city pop〉[名]〔和製英語〕都会的に洗練された歌詞や洋楽志向の曲調を特徴とする日本の音楽。一九七〇年代から八〇年代にかけて流行した。シティーポップス。 **—ホテル** [ホ]〈city hotel〉[名]〔和製英語〕都市にあり、会議・婚礼・宴会などもできるホテル。

し-でか・す [カ]【仕(▲為)出かす】[他五](サ・ソ/シ・ス/ス・セ/セ) やってしまう。「えらいことをしでかした」[参考] 主として、悪いこと、並みでないことをしたときに使う。

し-てき ⓪【指摘】[名][他サ] それとさして、しめすこと。「短所を—する」

し-てき ⓪【史的】[形動](ダロ/ダッ・デ・ニ/ダ/ナ/ナラ/○) 歴史に関係したようす。歴史上の。「—事実」 **—現在**(げんざい) [ゲ][名] 過去や歴史上の事実を現在形でのべる方法。歴史的現在。 **—唯物論**(ゆいぶつろん) [ツ][名] 物質的生産力を基礎とした社会的生産関係の変化を、歴史の発展のもととする考えかた。マルクスとエンゲルスによってとなえられた。唯物史観。

し-てき ⓪【私的】[形動](ダロ/ダッ・デ・ニ/ダ/ナ/ナラ/○) 社会一般とは関わりのないようす。自分ひとりだけのことであるようす。「—な会合」「—な署名活動」↕公的。[参考]「私的」と「個人的」とは用法が重なるが、「私的」は行動の場面に重点があり、「個人的」は多数の中の一人の行為というところに特徴がある。

し-てき ⓪【詩的】[形動](ダロ/ダッ・デ・ニ/ダ/ナ/ナラ/○) 詩のおもむきがあるようす。「—な美しさ」↕散文的。

じ-てき ⓪【自適】[名][自サ] 他にしばられず、思うままにたのしむこと。「悠悠—の生活」

し-てつ ⓪【私鉄】[名] 民間会社経営の鉄道。民鉄。

じ-てっこう [テ]【磁鉄鉱】[名] 黒くて、つやのある結晶性の鉱物。磁性が強い。製鉄の原料。

しで-の-たび [シ]【死出の旅】[名]〔死出の山に出かけること〕死ぬこと。

しで-の-やま [シ]【死出の山】[名] 死後の世界にあるというけわしい山。

して-は [ワ]— [連語]〔「にしては」「としては」の形で〕…のわりには。…ということを考えに入れると。「彼の計画に—上できだ」

して-みる-と [ミ][接続] そうだとすると。してみれば。「—あれはほんとうの話だったのか」

して-も [連語]〔「にしても」「としても」の形で〕…であっても。…にとっても。「いずれに—文句はあるまい」「彼に—満足だろう」

して-やられる [連語] うまく計略にひっかかる。だまされる。

して-やる [連語] しとげる。うまく処理する。「してやったりと満足顔だ」

し-てん ⓪【支店】[名] 本店からわかれたみせ。でみせ。↕本店。

し-てん ⓪【支点】[名] てこをささえる固定した点。

し-てん ⓪【始点】[名] 物事や動作のはじまるところ。起点。↕終点。

し-てん ⓪【視点】[名] ❶見る立場。観点。見地。「—をかえて考える」❷視線のそそがれる点。❸絵画の遠近法で、視線と直角をなす画面上の一点。

し-てん ⓪【史伝】[名] ❶歴史と伝記。❷歴史の記録に基づいて作られた伝記。

し-でん ⓪【市電】[名] 市営の電車。また、市街電車。

し-でん ⓪【師伝】[名]〔文章語〕師匠からの伝授。

し-でん ⓪【紫電】[名]〔文章語〕❶むらさき色の電光。いなずま。❷刀剣などのするどい光。 **—一×閃**(いっせん) ⓪[名] とぎすました刀を、一振りするときの光。

じ-てん ⓪【字典】[名] ⬇字書。

じ-てん ⓪【次点】[名] ❶最高点のつぎの点数。また、それをとった人。❷選挙で当選者のつぎの者。

じ-てん ⓪【事典】[名] いろいろな事がらを一定の順序にならべて解説した書物。エンサイクロペディア。「百科—」[参考] 発音が同じになる「辞典」と区別して、「ことてん」とも言う。

じ-てん [ジ]【時点】[名] 時間の流れの上の一点。「現在の—では未解決だ」

じ-てん ⓪【辞典】[名] ことばを一定の順序にならべ、発音・意味・用法などを説明した書物。辞書。「国語—」[参考] 発音が同じになる「事典」と区別して「ことばてん」とも言う。

じ-てん ⓪【自転】[名][自サ] ❶自分でまわること。❷天体が自身の中にある軸を中心に回転すること。↕公転。 **—車**(しゃ) [テ][名] 乗った人が、足で車輪をまわして走るしくみの二輪車。 **—車操業**(しゃそうぎょう) [ソ][名] 止まればたおれる自転車のように、無理にでも仕事を続けて、資金のやりくりをしな

ければつぶれてしまうような不安定な経営状態。

じ-でん 0【自伝】名 自分で書いた自分の伝記。自叙伝。

してん-のう ノ【四天王】名 ❶仏教で、帝釈天につかえて四方をまもる持国天・増長天・広目天・多聞天の神。❷あることについてもっともすぐれた四人。「〇〇門下の―」 参考 三人のときは「三羽がらす」「御三家」「三傑」などという。

し-と シ/ト【使徒】名 ❶キリストが教えをつたえるためにえらんだ十二人のでし。十二使徒。❷身命を投げうってある物ごとに努力する人。「真理探究の―」

し-と シ/ト【使途】名 かね・物資のつかいみち。「税金の―を明確にする」

しと【▲尿】名 古語 小便。「蚤虱馬の尿する枕もと」〈奥の細道〉

し-ど シ【示度】名 気圧計がしめす気圧の高さ。

じ-ど ジ【磁土】名 陶磁器の原料となる白い良質の粘土。

し-とう 0【私党】名 個人的な目的のために組んだ集団。↕公党。

し-とう 0【私闘】名 個人的な争いごと。

し-とう 0【指頭】名 文章語 ゆびの先端。ゆびさき。

し-とう 0【死闘】名 自サ 死にものぐるいでたたかうこと。

し-とう 0【至当】形動 きわめて当然で適切なようす。「―な処置」「―な意見」

し-どう シ【士道】名 武士として、りっぱな男子として、まもりおこなうべき道義。武士道。紳士道。

し-どう 0【私道】名 個人が自分の私有地につくった道路。↕公道。

し-どう シ【師道】名 師としてとるべき道。

し-どう 0【×祠堂】名 文章語 ❶家の中の祖先の霊をまつる堂。みたまや。❷ほこら。小さなやしろ。

し-どう シ【×斯道】名 文章語 この道。この方面。「―の権威者」 参考 学問・芸道についていう。

し-どう 0【指導】名 他サ 官庁・会社・学校などで、望ましい方向に進むように、適切な指示をあたえること。―**主事** シュ 名 現場の教員への助言と指導とを任務とする、教育委員会の職員。―**要領** ヨ 名 学習指導要領。―**要録** ヨ 名 小・中・高等学校で、教師が一人一人の児童・生徒について行った観察・検査などの記録を書き込んでゆくもの。もと「学籍簿」と言った。

し-どう 0【始動】名 自他サ うごきはじめること。うごかしはじめること。

じ-とう 0【地頭】名 〔その土地の頭(かしら)の意〕鎌倉幕府が、荘園・公領の管理、租税の徴収などの目的で全国に置いた職の名。「泣く子と―には勝てぬ」

じ-どう 0【自動】名 機械などが、人間の力をかりないでひとりでに動くこと。「―ドア」↕手動。―**詞** ド 名 目的語がなくて、完全にその役目をはたすはたらきをもつ動詞。「鳥が鳴く」「水が流れる」の「鳴く・流れる」など。↕他動詞。―**車** ド 名 原動機の動力で車輪をまわして、レールによらずに地上を自由に走るしくみの車。―**小銃** ショ 名 発射すると次の弾丸がひとりでにこめられ、連続して発射できる小銃。―**織機** ショ 名 たて糸切断のときの運転停止や、よこ糸の供給などが、人手を用いずにおこなわれるはたおり機。―**制御** セ 名 機械がひとりでに条件の変化に応じて作業を調節すること。自動操作。オートメーション。オートマチック。―**的** 0 形動 ひとりでに動き、働くようす。―**販売機** バ 名 硬貨・紙幣・カードを入れると、物品やつり銭などが自動的に出てくるしくみの機械。―**翻訳** ホ 名 コンピューターを応用して、翻訳すること。

じ-どう ジ【児童】名 子ども。特に小学生。↕生徒・学生。―**劇** ド 名 児童のためにつくられ、上演される演劇。児童が上演する演劇。―**憲章** ケ 名 子どもの幸福をまもるために設けられた規定。―**自立支援施設** シ 名 不良行為をおこなったり、また、そのおそれのある児童に対して、入所や通所によって指導をおこない、自立を支援することを目的とする施設。もと「教護院」といった。―**相談所** ジョ 名 児童の生活相談を受け付け、調査・指導・一時保護などの業務をおこなう行政機関。―**福祉法** 0 名 子どもがすこやかに生まれ、よくそだてられることを保障するためにきめられた法律。―**文学** ブ 名 子どものために書かれた文学作品。童話・童謡など。―**遊園** ユ 名 児童のために、遊具や便所などを備え、指導員のもとで安全に遊べるようにした施設。―**養護施設** シ/セ 名 恵まれない児童を入所させて養護し、自立を支援する福祉施設。

じ-どう 0【侍童】名 貴人のそばにつかえる少年。

しとう-かん ト【四等官】名 律令制で、各官職の四等級。長官・次官・判官・主典。

し-とく 0【至徳】名 文章語 最高のすぐれた徳。

し-どく 0【死毒】【×屍毒】名 動物の死体に発生する有毒物。

じ-とく 0【自×瀆】名 自サ 〔自分自身をけがす意〕自慰。オナニー。

じ-とく 0【自得】㊀名 他サ 自分の体験を通してさとること。「真理を―する」㊁名 ❶自分で満足して得意になること。❷自分に報いを受けること。「自業―」

じ-どく 0【侍読】名 天皇につかえて、学問を教えた学者。のちの、侍講。

しどけ-な・い ㊀ ナ 形 身なり・態度がしまりがない。だらしない。「―かっこう」 **しどけなさ** 名 **しどけな・し** 文語ク ㊁ 形ク 古語 くつろいで気楽な感じだ。無造作で、ゆったりとしている。「しどけなき大君姿いよいよたとへむものなし」〈源氏〉

し-と・げる ゲ【▲為遂げる】他下一 なしとげる。やりおおせる。 **しと・ぐ** 文語下二

し-どころ 0【▲為所】名 なすべき場合。「我慢の―」

しと-しと ト/シ【と】副 雨などのしずかに降るようす。

じと-じと ジ 副 自サ ひどく湿気をふくんでいるようす。じっとり。「汗でシャツが―している」

じとっ-と ト 副 ❶湿気がひどくて不快なようす。「―してすごしにくい」❷うらめしい目つきで見るようす。≒じとりと。

しと-ど 副 古語 ❶雨・露などにびっしょりぬれる。「蓑も笠もとりあへて、しとどにぬれて」〈伊勢〉❷汗、涙などにひどくぬれるようす。びっしょり。「汗も、しとどになりて」〈源氏〉

しとね 0【×茵・×褥】名 文章語 しきもの。ふとん。

しとみ 0【×蔀】名 こうしぐみの裏に板を張った戸。

しとみ

し-と・める メ【仕留める】他下一 うちとめる。うちはたす。殺す。 **しと・む** 文語下二

しと-やか ト【▲淑やか】形動 上品でおちついているようす。しずかでたしなみ深いようす。「―な動作」 **しとやかさ** 名

じ-どり リ【地取り】名 土地の区画を定めること。―**捜査** ソ 名 犯罪事件の捜査で、警察官が分担範囲を決めて、戸別に聞き込みをすること。

じ-どり ⓪【地どり】【地▲鶏】[名] その土地で飼育される在来種のにわとり。

じ-どり ⓪【自撮り】[名][自サ] デジタルカメラやスマートホンなどで自分自身を撮影すること。自画撮り。自分撮り。セルフィー。「―棒」

じとり-と [ト1][副] ⬇じとっと。

しと・る ⓪【▲湿る】[自五] ラ・ロ・リ・ッ ル・ル・レ・レ じとじとする。しめる。うるおう。 しとり [名]

しどろ-もどろ [モ][形動] ダロ・ダッ・デ・ニ ダ・ナ・ナラ・○ 言葉がひどくみだれて、ととのわないようす。「―な説明」

シトロン [ト]〈citron〉[名] ❶ミカン科の常緑小高木。また、その果実。❷レモンなどで味をつけた清涼飲料。(夏)

しな [接尾] ❶そうするとき。そのおり。「寝―に酒を飲む」❷ついで。「行き―に買い物をする」

しな ⓪【品】[名] ❶品物。もの。❷たぐい。種類。「―分け」❸等級。地位。❹性質。品質。「―が落ちる」❺ひとがら。人品。品格。「話し方で―がわかる」❻〔かながき〕あだっぽいようす。身ぶり。「―をつくる」

しな《支那》〔秦(しん)の変化といわれる〕第二次世界大戦まで日本人が用いた中国の古いよび方。[参考]「支那」という表記は漢訳仏典に見られる。

しない [シ]【竹刀】(しない) [名] 〔撓竹(しないだけ)の意〕剣道につかう割り竹の刀。

し-ない [シ]【市内】[名] 市の中。まちの中。↕市外。

じ-ない [ジ]【地内】[名] ⬇ちない。

じ-ない [ジ]【寺内】[名] 寺のけいだい。

しな・う [ナ]【×撓う】(しなふ) [自五] ワ・オ・イ・ッ ウ・ウ・エ・エ しなやかにまがる。たわむ。「やなぎの枝が―」

しな-うす ⓪【品薄】[名][形動(の)] 商品がじゅうぶんにないこと。

しな-がき ⓪【品書(き)】[名] 品物の名を書きならべること。また、書きならべたもの。

しな-かず ⓪【品数】[名] 品物の種類。「―が少ない」

しな-がら ⓪【品柄】[名] 品物の性質・状態。品質。

しな-がれ ⓪【品枯れ】[名] 品物が市場にゆたかに出ないこと。

じ-なき ⓪【地鳴き】[名] 繁殖期のさえずりのはっきりしている鳥の、繁殖期ではない、ふだんの鳴き声。

しな-ぎれ ⓪【品切(れ)】[名] 商品が売りきれてなくなること。

しな-さだめ [サ]【品定め】[名] 批評して、まさり・おとりを定めること。品評。

シナジー [シ]〈synergy〉[名] 相乗作用。「―効果」

しな-しな [シ1][副] ❶弾力があって、しなるようす。「―とした柳の枝」❷やわらかく、やさしげに動くようす。「着物姿で―と歩く」

しな-じな [ナ1]【品品】[名] いろいろの品物や種類。

しな・す ⓪【死なす】[他五] サ・ソ・シ・ス ス・セ・セ 死ぬようにする。死なせる。

しな-そば ⓪【支那×蕎▲麦】[名] ⬇中華そば。

しな-だま ⓪【品玉】[名] ❶玉を空中に投げあげてする曲芸。たまとり。❷てじな。

しな-だ・れる ⓪ [自下一] レ・レ・レル・レル・レレ・レロ・レヨ あまえて人によりかかる。

しな-ちく ⓪【支那竹】[名] 中華料理に使う乾物のたけのこ。メンマ。

しな-な・し【品無し】[形ク][古語] ❶あいきょうがない。ぶあいそうである。❷品格がない。下品である。「そばの木、しななき心地すれど」〈枕〉

しなの《信濃》昔の東山道の国の一つ。今の長野県。信州。

しな・びる ⓪【▲萎びる】[自上一] ビ・ビ・ビル・ビル・ビレ・ビロ・ビヨ 水分をうしなってしおれる。 しな・ぶ [文語上二]

しな-もの ⓪【品物】[名] しな。物品。

シナモン [シ]〈cinnamon〉[名] にっけいの樹皮を乾燥させた香辛料。

しな-やか [ナ]【×撓やか】[形動] ダロ・ダッ・デ・ニ ダ・ナ・ナラ・○ ❶弾力があってまがるようす。「―な竹」❷動きのやわらかなようす。「―な立ちいふるまい」 しなやかさ [名]

じ-ならし [ナ]【地ならし】【地▲均し】[名] ❶地面をたいらにすること。地形(じぎょう)。❷物事がうまくゆくように、事前工作をすること。❸地面をならすのに使う農具やローラー。

じ-なり ⓪【地鳴り】[名] 大地がゆれて、鳴りひびくこと。地ひびき。

シナリオ ⓪〈scenario〉[名] ❶映画・テレビなどの脚本・台本。❷意図されたすじがき。 ―ライター [ラ]〈scenario writer〉[名]〔和製英語〕シナリオを書く人。脚本家。

しな・る [ナ]【×撓る】[自五] ラ・ロ・リ・ッ ル・ル・レ・レ しなう。たわむ。「釣りざおが―」[参考]「しなう」をラ行に活用させてできた語。

しな-わけ ⓪【品分け】【品▲別】[名] 品物を種類によって区別すること。

し-なん [シ]【指南】[名][他サ] おしえみちびくこと。また、その人。 ―車(しゃ) [ナ][名] どの方向を向いても、車上の人形の手が、つねに南をさすような仕掛けの車。昔、中国で戦争のときなどに使った。 ―番(ばん) [ナ][名] 昔、大名に仕えて武芸をおしえた人。指南役。

し-なん [シ]【至難】[名][形動(の)] ひどくむずかしいこと。「―のわざ」

じ-なん [ジ]【次男】[名] 二番めに生まれた男の子。[参考] 法律では「二男(なん)」と書く。

シニア [シ]〈senior〉[名] ❶年長者。先輩。❷上級生。↕ジュニア。

しに-いそ・ぐ [ソ]【死に急ぐ】[自五] ガ・ゴ・ギ・イ・グ・グ・ゲ・ゲ あえて死期を早めようとする。

しに-おく・れる [レ]【死に後れる】[自下一] レ・レ・レル・レル・レレ・レロ・レヨ ❶死ぬべき時をうしなう。❷人が死んだあとに自分だけが生きのこる。「子に―」 しにおく・る [文語下二]

しに-がお ⓪【死(に)顔】(がほ) [名] 死んだときの顔。死んだ人の顔。

しに-がくもん [ク]【死(に)学問】[名] 役にたたない学問。

しに-がね ⓪【死(に)金】[名] ❶ためるばかりで、活用しないかね。❷むだについやすかね。❸自分が死んだ時の葬式の費用にあてる用意のかね。

しに-がみ ⓪【死(に)神】[名] 人を死にさそうという神。

シニカル [シ]〈cynical〉[形動] ダロ・ダッ・デ・ニ ダ・ナ・ナラ・○ 冷笑するようなようす。皮肉なようす。「―な言い方」

しに-かわ・る [ワ]【死に変(わ)る】(かはる) [自五] ラ・ロ・リ・ッ ル・ル・レ・レ 死んで、この世にふたたび生まれてくる。生まれ変わる。

しに-ぎわ ⓪【死(に)際】(ぎは) [名] 死ぬ時。死ぬまぎわ。臨終。

し-にく ⓪【死肉】【×屍肉】[名] 死体の肉。

しにく-えん [ク]【歯肉炎】[名] 歯茎の炎症。

しに-げしょう [ゲ]【死(に)化粧】[名] 死者の顔にほどこす化粧。

しに-ざま ⓪【死にざま・死(に)様】[名] 死ぬ時のありさま。死にかた。↕生きざま。

シニシズム [シ2]〈cynicism〉[名] ふつうの考え方をひややかにながめる見方。シニスム。

しに-しょうぞく [ショ]【死(に)装束】[名] ❶死人に着せ

る服装。❷自殺・切腹のときの服装。

し-にせ◎【しにせ・老舗】名 何代もつづいてさかえ、有名になっている店。長くつづいて信用のある店。

しに-そこない◎【死に損(な)い】―そこなひ 名 ❶死にそこなうこと。死にそこなった人。❷生きのこった人や老人をののしっていう語。‖しにぞこない。

しに-そこな・うナ【死に損(な)う】―そこなふ 自五 ワ・オ―イ・ッ―ウ―ウ―エ―エ ❶死ぬべきときに死ねずに生きのこる。❷死のうとして失敗する。❸もうすこしで死ぬところである。

しに-たい◎【死に体】名 相撲で、姿勢がくずれ、立ち直れないと判断された状態。

しに-た・えるエ/タ【死に絶える】自下一 エ―エ―エル―エル―エレ―エロ・エヨ 一家・一族の人がみな死んでしまって、その血すじがきれる。断絶する。**しにた・ゆ** 文語ヤ下二

しに-どき◎【死(に)時】名 死ぬ時。死ぬべき時。

しに-どころ◎【死(に)所】名 死に場所。「―を得る」

しに-はじ◎【死(に)恥】―はぢ 名 死ぬ時の恥。死後に残る恥。「―をさらす」↕生き恥。

しに-ばしょ◎【死(に)場所】名 死ぬところ。死ぬべき場所。死にどころ。死所しょ。

しに-は・てるテ【死に果てる】自下一 テ―テ―テル―テル―テレ―テロ・テヨ ❶死んでしまう。❷死に絶える。**しには・つ** 文語下二

しに-ばな◎【死(に)花】名 死にぎわや、死後の名誉。**―を咲かせる** 死にぎわがりっぱで、名誉を後にのこす。

しに-み◎【死(に)身】名 決死の気持ち。捨て身。

しに-みず◎【死(に)水】―みづ 名 死にぎわの人の口に注ぎ入れる水。末期まつごの水。**―を取る** ❶末期の水を死者の口にそそぐ。❷死ぬまでせわをする。

しに-め◎【死(に)目】名 死にぎわ。臨終。「―にあえない」

しに-ものぐるいク【死に物狂い】―ものぐるひ 名 死ぬ覚悟でがんばること。必死。「―で走った」

し-にょう◎【×之×繞】名 ↓しんにょう。

し-にょう◎【×屎尿】名 大小便。ふんにょう。「―処理」

しに-よく◎【死(に)欲】名 死に近づいて、急に欲が深くなること。「―がでてきた」

しに-わか・れるレ【死に別れる】自下一 レ―レ―レル―レル―レレ―レロ・レヨ 親しい間がらの一方が死に、他方が生きのこったため永遠の別れとなる。**しにわか・る** 文語下二

し-にん◎【死人】名 死んだ人。死者。**―に口くち無なし** (死んだ人は口をきかない)死人を証人にたてることはできない。参考 死人に無実の罪をきせる場合などにいう。

じ-にん◎【自認】名 他サ 自分でみとめること。「失敗を―している」

じ-にん◎【自任】名 自他サ ❶自分の任務とみとめること。「指導者をもって―する」❷自分にそのねうちがあると思いこむこと。「ベテランだと―する」

じ-にん◎【辞任】名 自他サ 任務を辞退してやめること。

し・ぬ◎【死ぬ】自五 ナ・ノ―ニ・ン―ヌ―ヌ―ネ―ネ ↕生きる。❶生物の生命がなくなる。息がたえる。↕生まれる。参考 人の死を言う語に「逝去」「死去」「死亡」「亡くなる」などがある。これらは「死ぬ」よりはあらたまった言い方だが、敬語としての尊敬の言い方ではない。「ご逝去になる」「死去される」「お亡くなりになる」などとすれば、尊敬語と言える。特例として、天皇などに対する「崩御」は尊敬語である。人以外のペットなどを「死亡する」と言えるかどうかは問題になるが、人に限るのが無難である。❷自分で命を絶つ。自殺する。「川に身を投げて―」❸動き・働き・活気などが感じられない状態にある。「風が死んでいる」「色彩が死んでいる」❹活用されていない。「せっかくの金が―」❺囲碁で、相手の石に囲まれて取られる。❻野球で、アウトになる。**死ねる** 自下一「…できる」**し・ぬ** 文語ナ変

じ-ぬし◎【地主】名 土地の所有者。

シネ-スコ◎名「シネマスコープ」の略。

じ-ねずみネ【地×鼠】名 トガリネズミ科の哺乳ほにゅう類。形はもぐらに似て口がとがり、昼は地中にすみ、夜、出て昆虫などを食べる。

じ-ねつ◎【地熱】名 ↓ちねつ。

シネマシ〈ᶠcinéma〉名 映画。キネマ。**―コンプレックス**レ〈cinema complex〉名 一つの施設内に複数のスクリーンを備える映画館。シネコン。**―スコープ**コ〈Cinema Scope〉名〔商標名〕特殊レンズで横幅を圧縮して撮影した画像を、弓なりの、横に長いスクリーンに映写する映画。シネスコ。

シネラマ◎〈Cinerama〉名〔商標名〕三台の映写機を使って、横長で弓なりの大きなスクリーンにうつしだし、画面・音響ともに立体感をだす映画。シネマスコープをさらに大型化したもの。現在は、七〇ミリフィルムを一台の映写機で上映する方式に改良。

シネラリアラ〈cineraria〉名 キク科の二年生植物。早春、赤・紫・青・白色などの花が咲く。観賞用。サイネリア。㊍春

し-ねんシ【思念】名 他サ〔文章語〕心におもうこと。

じ-ねん【自然】名 に副〔古語〕❶本来そうであること。ひとりでに、そうなること。「人の品高く生まれぬれば、…じねんに、そのけはひ、こよなかるべし」〈源氏〉❷天然のままであること。**―×薯じょ**◎名 やまのいも。㊍秋

し-ねんごうネ【私年号】名 朝廷で定めたものでなく、民間で使った年号。また、正史にもれた年号。「白鳳はくほう」など。

しのシ/ノ【×篠】名 ❶しの竹。細い茎が群がりはえる竹。❷しのぶえ。**―突っく雨あめ**(しの竹をたばねて地上につきおろすように)はげしい勢いで降る雨。

し-のう◎【子×嚢】名 子のう菌類やしだ類にある、胞子ほうしのはいったふくろ。

し-のう◎【詩×嚢】名〔文章語〕詩の下がきを入れるふくろ。**―を肥こやす** 作詩のもとになる思想・感情をゆたかにする。

し-のう-こう-しょうシ【士農工商】名 (江戸時代の社会の階級(の順序))武士と農民と職人と商人。

しのぎシ/◎【×凌ぎ】❶名造 苦しさや困難をきりぬけること。また、その手段や方法。「当座の―」「一時―」「退屈―」❷名 (「一時しのぎ」の意から)会席料理で出る食事とは言えない簡単な料理。おしのぎ。

しのぎギ【×鎬】名 刀の刃と背、また、剣の両刃の中間に、小高くもりあがっている部分。**―を削けずる** ❶はげしく切りあう。❷はげしく争う。

しの・ぐノ【×凌ぐ】他五 ガ・ゴ―ギ・イ―グ―グ―ゲ―ゲ ❶のりこえる。きりぬける。「困難を―」❷たえしのぶ。がまんする。「飢えを―」❸ふせぐ。「雨つゆを―」❹他にすぐれる。「富士山を―高さ」**しのげる** 自下一「…できる」

し-の-ご-の◎【四の五の】連語 めんどうなことを言うようす。なんのかのと。「―文句を言う」

じ-のし◎【地のし】【地▲伸し】名 布を裁断するまえに、アイロンをかけたりして地質をたいらにすること。

しの-すすきス【×篠▲薄】名 まだ、穂の出ていないすすき。㊍秋

しの-だけノ【しの竹】【×篠竹】名 細くて、むらがりはえる竹。めだけ・やだけなど。しの。

しのだ-ずしダ【▲信田×鮨・▲信太×鮨】名 いなりずし。

参考 泉州信田(しのだ)の森に白狐(びゃっこ)が住んでいたという伝説と狐(きつね)の好物とされた油揚げとを結びつけたもの。

しのだ-まき ⓪【▲信田巻・▲信太巻】名 油揚げの中にいろいろのものを詰めた食べ物。

シノニム シ〈synonym〉名 同意語。同義語。類義語。

しののめ ⓪【▲東▲雲】名〔文章語〕あけがた。あかつき。**―の** 枕 「ほがらほがら」「明く」にかかる。

しのば・せる セ【忍ばせる】他下一 セ・セ・セル・セル・セレ・セロ・セヨ 〔「忍ばす」(五段活用)とも〕❶そっとかくし持つ。「短刀をふところに―」❷人に知られないように、そっとする。「足音を―」 **しのば・す** 文語下二

しのば・せる セ【×偲ばせる】他下一 セ・セ・セル・セル・セレ・セロ・セヨ なつかしく思わせる。過去に思いをはせさせる。「往時を―城跡」

しの-はら ノ【しの原】【×篠原】名 しの竹の原。ささはら。

しのび ⓪【忍び】名 ❶しのぶこと。ひそかにすること。内密。❷忍びの術。忍びの者。❸窃盗。❹⬇おしのび。 **―の術**(じゅつ) ひそかに敵陣や人家にはいりこむ術。忍術(にんじゅつ)。 **―の者**(もの) 忍者。スパイ。間者(かんじゃ)。

しのび-あい ⓪【忍び会い】【忍び×逢い】(あひ) 名 恋人どうしがひそかに会うこと。

しのび-あし ビ【忍び足】名 足音をしのばせて歩くこと。ぬきあしさしあし。

しのび-あるき ア【忍び歩き】名 ❶貴人などが人に知られないように、姿をかえて出あるくこと。おしのび。微行(びこう)。❷しのび足。

しのび-がえし ガ【忍び返し】(がへし) 名 どろぼうよけに、へいの上などに、とがった木・竹・鉄片などをならべたもの。

しのびがえし

しのび-こ・む コ【忍び込む】自五 マ・モ・ミ・ン・ム・ム・メ・メ ひそかにはいりこむ。しのび入る。 **忍び込める** 自下一〔…できる〕

忍(しの)**びない** がまんができない。つらい。「聞くに―」

しのび-なき ⓪【忍び泣き】名 声をひそめて泣くこと。

しのび-ね ⓪【忍び音】名 ❶ひそひそごえ。しのび泣きの声。❷陰暦四月ごろのほととぎすの初音(はつね)。

しのび-やか ビ【忍びやか】形動 ダロ・ダッ・デ・ニ・ダ・ナ・ナラ・⓪ こっそりと、ひそかなようす。「―に話す」

しのび-よ・る ヨ/⓪【忍び寄る】自五 ラ・ロ・リ・ッ・ル・ル・レ・レ そっと近よる。「―秋」

しのび-わらい ワ【忍び笑い】(わらひ) 名 声をひそめて、わらうこと。

しのぶ シ【忍】名 ❶シノブ科のシダ植物。茎は地上をはい、根・茎に茶色の毛を生じる。根・茎をからみあわせてしのぶ玉を作り、のき下などにつるして観賞用とする。しのぶぐさ。夏 ❷〔古語〕かさねの色目(いろめ)の名。表はうすいもえぎ、裏は青。秋に用いる。

しの・ぶ ノ【忍ぶ】バ・ビ・ブ・ブ・ベ・ベ ㊀自五 人目をさける。かくれる。「山里深く―」「―恋」 ㊁他五 がまんする。「飢えを―」 **忍べる** 自下一〔…できる〕

しの・ぶ ノ【×偲ぶ】㊀ノ 他五 バ・ボ・ビ・ン・ブ・ブ・ベ・ベ 恋しく思う。慕いなつかしむ。「亡き母を―」 ㊁他四〔古語〕ほめる。めでる。「黄葉(もみち)をば取りてぞしのふ」〈万葉〉参考 奈良時代には「しのふ」と発音し、上二段にも活用した。

しの-ぶえ ⓪テ【しの笛】【×篠笛】名 ししまい・長唄(ながうた)などにつかう、しの竹で作った七つ穴の横笛。しの。

しのぶ-ぐさ テ【忍草】名 ❶⬇「しのぶ(忍)❶」❷「のきしのぶ」の異名。秋 ❸ユリ科の多年生植物。わすれぐさ。

シノプシス ノ〈synopsis〉名 概要。演劇や映画のあらすじ。

しのぶずり【忍×摺】名〔古語〕昔、陸奥国(むつのくに)の信夫(しのぶ)から産したというすりぎぬの一種。しのぶぐさの茎・葉などで、模様をすりだした。しのぶもじずり。「その男しのぶずりの狩衣をなむ着たりける」〈伊勢〉

しのぶもじずり【忍×捩×摺】(もぢずり) 名〔古語〕⬇しのぶずり。

シノワズリ ワ〈ᶠchinoiserie〉名 中国ふうの美術工芸品。また、それらを珍重する中国趣味。

しば ⓪【芝】名 イネ科の多年生植物。根茎は地上をはい、ふしから細い根が出て地面をおおう。葉は細く、やわらかい。庭などに植える。しばくさ。

しば ⓪【×柴】名 山野に生ずる小さな雑木や、その小枝。そだ。 **―の×庵**(いお) ❶屋根をしばでふいた、そまつな小屋。❷自分の家をへりくだっていう語。 **―の戸**(と) ❶しばでつくった門。❷そまつな家のこと。

し-ば シ【死馬】名〔文章語〕死んだうま。 **―の骨**(ほね)**を買**(か)**う** あまり才能のない人でも優遇すれば、そのうちすぐれた人が自然にあつまってくる。

じ-ば バ【地場】名 ❶地元。❷その土地の取引所、また、そこにいつも出入りする人たち。 **―産業**(さんぎょう) サ 名 その土地に昔からあって、その土地を特徴づける産業。

じ-ば ジ【磁場】名 磁力の作用する空間。磁界。磁場(じじょう)。

し-はい シ【紙背】名 ❶紙の裏。文書などの背面。❷文章のおくにふくまれた深い意味。「眼光―に徹する」

し-はい シ【賜杯】名 天皇・皇族などからおくられる優勝杯。「天皇―」

し-はい シ【支配】名 他サ 自己の勢力下において、おさめること。 **―階級**(かいきゅう) カ 名 社会の上部にたって人民を支配する権力をもつ階級。 **―的**(てき) ⓪ 形動 ある勢力や傾向が全体の動きを左右するようす。 **―人**(にん) ハ 名 主人にかわって一切のことをとりしきる使用人。マネージャー。

しばい ⓪【芝居】(ゐ) 名〔中世に芝生の上に仮の見物席を設けたことから〕❶演劇。特に、歌舞伎を主とする伝統的な大衆演劇。❷芝居の興行。また、そのための劇場。芝居小屋。「―に行く」❸つくりごとをして人をだますこと。「あいつは―がうまい」「―を打つ」 **―掛**(が)**かる** カ 自五 大げさなふるまいをする。わざとらしいことをする。 **―心**(ごころ) ゴ 名 ❶芝居の役を演じようという心がまえ。❷芝居掛かりで、人を喜ばせたりかついだりするのを好む心。芝居気(ぎ)。 **―茶屋**(ぢゃや) バ 名 昔、劇場に付属して、芝居見物の案内や食事の世話などをした茶屋。 **―っ気**(け) ⓪ 名 思いもよらないことをして人をおどろかすことをおもしろがる心。芝居気(ぎ)。「―たっぷりの人」

じ-ばいせき バ【自賠責】名〔「自動車損害賠償責任保険」の略〕事故の被害者に支払う賠償金を補うために、自動車の保有者が強制的に加入させられる保険のこと。

しば-いぬ ⓪【芝犬・×柴犬】名 日本犬の一種。小形で、毛色は褐色が多い。耳は立ち、尾は巻く。

しば-えび バ/⓪【芝×蝦】名 えびの一種。くるまえびに似て、体長約一五センチメートル。食用、つりのえさ用。

しば-がき バ【しば垣】【×柴垣】名 しばでつくったかきね。

しば-かり カ【しば刈り】【×柴刈り】名 たきぎにする小枝を切り取ること。また、その人。

しば-かり カ【芝刈(り)】名 芝生の芝を刈り込むこと。

しば・く バ 他五〔俗語〕強く打つ。たたく。

じ-はく [0]【自白】[名][他サ] ❶自分から罪を白状・告白すること。❷〔法〕相手の主張を受けいれ、自分に不利益な事実を認めること。また、自分の犯罪事実を認める供述。

じ-ばく [0]【自爆】[名][自サ] ❶乗組員がみずからその艦船・飛行機などを爆破させること。また、飛行機もろとも敵陣・敵艦などに体当たりすること。❷いきおいよくぶつかって、こわれること。

しば-くさ [0]【芝草】[名] 芝。

しば-ぐり [バ]【×柴×栗】[名] 実の小さいくり。ささぐり。(秋)

しば-ざくら [ザ]【芝桜】[名] ハナシノブ科の多年草。芝のように地をはって、春に白・紅・淡紅などの花をつける。はなつめくさ。(春)

しばし [シ]1【しばし】【▲暫し】[副] すこしの間。ちょっとの間。しばらく。

しば-しば [シ]1【しばしば】【×屢】[副] 同じことが傾向として起こりやすいようす。たびたび。「夏休みになると深夜の青少年の非行が━問題になる」「ハワイには━遊びに行ったものだ」⇩たびたび[参考]。

し-はす [0]【師走】[名] ➡しわす。

じ-はだ [ジ]【地肌】【地▲膚】[名] ❶大地の表面。❷化粧をしていない肌。すはだ。

しば-た・く [タ]【▲瞬く】[他五] 〔「しばたたく」の変化〕しきりにまばたきをする。

しば-たた・く [タ]2【▲瞬く】[他五] しきりにまたたきをする。しばたく。「目を━」

じ-ばち [0]/[ジ]【地蜂】[名] スズメバチ科のはち。体色は黒色で、白の横じまがある。地中に大形の巣をつくる。幼虫は食用。くろすずめばち。(春)

し-はつ [0]【始発】[名] ❶最初の地点を出発すること。「━駅」↕終着。❷その日のうちでいちばん早く出発すること。「━電車」↕終発。

じ-はつ [ジ]【次発】[名] いま出発しようとしている列車・電車のつぎに発車する列車・電車。

じ-はつ [0]【自発】[名] ❶自分から進んでするこ と。「━性」❷しぜんにそうなること。「━の助動詞」 **━的** [0][形動] 自分から進んでするようす。「━に参加する」

しば-づけ [0]【しば漬(け)】【×柴漬】[名] なす・きゅうり・みょうがなどと赤じその葉をきざんで塩漬けにしたもの。京都の名産。

しば-はら [0]【芝原】[名] 芝のはえた野原。

しば-ふ [0]【芝生】[名] 芝のはえているところ。芝の植えこんであるところ。

しば-ぶえ [0]【しば笛】【×柴笛】[名] かしなどの若葉を口にあてて鳴らすもの。

しば-やま [0]【しば山】【×柴山】[名] 小さな雑木のはえている山。雑木山。

じ-ばら [0]【自腹】[名] 自分のかね。**━を切る** 払わなくてもいいはずの金銭を、自分で払う。身銭を切る。

し-はらい [0]【支払い】[名] 金を払うこと。「━を済ます」

し-はら・う [ラ]【支払う】[他五] 〔「し(支)」は「する」の連用形〕金銭を払いわたす。支弁する。「水道料金を━」 **支払える** [自下一]〔…できる〕

しばらく【しばらく】【▲暫く】[副] ㊀[バ] ❶すこしの時間。しばし。[参考]「ちょっと」は、くだけた言い方で、あらたまった場面では、「しばらく」を使う。よりあらたまると「いましばらくお待ちください」のような言い方をする。「少々」は、「しばらく」と同じ。❷ひさしぶり。㊁〔古語〕かりそめに。「にほひなどは仮のものなるに、しばらく衣裳に薫物すと知りながら」〈徒然〉

しばらく-ぶり [0]【▲暫く振り】[名][形動(の)] ひさしぶり。「━の休日」

しばり [リ]【縛り】[名] 事前の取り決めなどによって、ものごとの範囲を制限すること。制約。束縛。「━をかける」「法的な━」

しばり-あ・げる [ゲ]【縛り上げる】[他下一] きびしくしばる。くくりあげる。**しばりあ・ぐ** [文語下二]

しばり-くび [リ]【縛り首】[名] ❶昔、両手をうしろでしばって首をきった刑罰。❷絞首刑。

しばり-つ・ける [ケ]【縛り付ける】[他下一] ❶なわ・ひもなどで、はなれないようにしばる。「柱に━」❷行動の自由を奪う。拘束する。「会議に━」 **しばりつ・く** [文語下二]

しば-りょうたろう《司馬遼太郎》一九二三—九六。小説家。本名、福田定一。新しい視点に立った長編歴史小説を多数執筆した。作品に「竜馬が行く」「国盗り物語」「坂の上の雲」など。

しば・る [バ]【縛る】[他五] ❶なわ・ひもなどで結び、動いたり離れたりしないようにする。ゆわえる。ゆわく。「両手をなわで━」「泥棒を━」❷自由を制限する。拘束する。「法律で━」「時間に縛られる」 **縛れる** [自下一]〔…できる〕

じ-ばれ [0]【地腫れ】[名] できものや、きずぐちのまわりなどの皮膚が、一面にはれること。

しば・れる [自下一]〔方言〕(北海道・東北地方で) ❶はげしい寒さで凍る。❷きびしく冷え込む。(冬)「けさは━」

し-はん [0]【四半】[名] ❶正方形にきった布。❷四分の一。四半分。❸四半敷き。**━期** [ハ][名] 一年を四等分した三か月ずつの期間。**━敷き** [0][名] 正方形の石をななめに敷きつめた石だたみ。四半石。**━世紀** [セ][名] 一世紀の四分の一の期間。二十五年間。**━分** [ハ][名] 四分の一。

し-はん [0]【死斑】【×屍斑】[名] 死後一〜一〇時間で、死人の皮膚にできるむらさき色の斑点。

し-はん [0]【私版】[名] ❶民間の出版。↕官版。❷個人が自費で出版すること。自家版。

し-はん [シ]【師範】[名] ❶てほん。模範。「世の━となる」❷学問・技術をおしえる人。「柔道の━」❸師範学校。**━学校** [ガ][名] 教員の養成を目的とした旧制の学校。**━代** [ハ][名] 師範にかわって、でしに教授する人。

し-はん [0]【紫斑】[名] 内出血のため皮膚にあらわれた、むらさき色の斑点。**━病** [0][名] 皮膚に紫斑のできる病気の総称。がん・白血病・敗血症などに合併してくるもの、先天性のものなど原因はいろいろある。

し-はん [0]【市販】[名][他サ] 小売店で一般に売っていること。

じ-はん [0]【事犯】[名]〔法〕処罰されるはずの行為・ことがら。

じ-ばん [0]【地盤】[名] ❶地の表面。地殻。❷工作物・建物などの基礎となる土地。「━がゆるむ」❸事をおこなう根拠地。勢力範囲。「選挙━」 **━沈下** [チ][名][自サ] ❶地表面が沈下すること。地殻運動や過剰な地下水のくみ上げなどで起こる。❷それまでの勢いや水準が低下すること。「地域経済の━」

ジバン [0]【×襦×袢】〈ポ gibão〉[名] ➡ジュバン。

し-ひ [シ]【市費】[名] 市の経費。市がまかなう費用。

し-ひ [シ]/[0]【私費】[名] 費用を個人がまかなうこと。個人出資のかね。自費。「━留学」↕国費・公費・官費。

し-ひ [シ]【詩碑】[名] 詩をほりこんだ石碑。「白秋の━」

しび [シ]【×鮪】[名] まぐろの異名。(冬)

し-び [0]【詩美】[名] 詩らしいうつくしさ。詩のうつくしさ。

し-び [シ]【×鴟尾・×鵄尾】名 宮殿・仏殿などのむねの両端にとりつける、魚の尾の形のかざり。

しび

じ-ひ [ジ]【自費】名 費用が自分もちであること。私費。「—出版」

じ-ひ [ジ]【慈悲】名 ❶ほとけが人々に楽をあたえ、苦をのぞくこと。❷いつくしみ。なさけ。「親の—」 **—心鳥**(しんちょう) [シ] 名「じゅういち」の別名。夏 **—深**(ぶか)**い** [カ] 形 慈悲の心にあふれている。

じ-び [ジ]【耳鼻】名 みみと、はな。「—科」 **—咽喉科**(いんこうか) [0] 名 耳、鼻、のどなどの病気に関する医学分野。

シビア [ビ]〈severe〉形動 ダロ・ダッ・デ・ニ・ダ・ナ・ナラ・○ きびしいようす。容赦のないようす。「—な批評」

じ-ビール [ビ]【地ビール】名 その土地で製造するビール。

ジビエ [ジ]〈フ gibier〉名 食用となる野生の鳥獣。いのしし・きじ・うさぎなど。

じ-びき [0]【地引(き)】【地×曳】名 ❶地引き網をひくこと。❷地引き網。 **—網**(あみ) [キ] 名 引き網の一種。沖にはりまわし、ひきづなによって陸上にひきあげて魚類をとる網。

じ-びき [キ]【字引】名 ❶漢字を一定の順序にならべ、読み・意味などを説明した書物。字書。字典。❷辞書。辞典。参考「辞書」「辞典」よりくだけた言い方で、かつ古めかしい印象。

し-ひつ [0]【史筆】名〔文章語〕歴史をしるす表現法・表現態度。

し-ひつ [シ]【紙筆】名 かみと、ふで。 **—に上**(のぼ)**せる** 文章に書きあらわす。

し-ひつ [0]【試筆】名〔文章語〕書きぞめ。「元日の—」

じ-ひつ [0]【自筆】名 自分で書くこと。また、書いたもの。自書。「—の原稿」↔代筆。

し-びと [0]【死人】名 死んだ人。しにん。

じ-ひびき [ビ]【地響き】名 地面がひびいて音のすること。地盤の鳴りひびくこと。地鳴り。

しひゃくし-びょう [シ2]【四百四病】名 人間のかかる、あらゆる病気。

しひゃくよ-しゅう [ヨ]【四百余州】名 中国全土のこと。

し-ひょう [0]【死票】名 選挙で、落選した候補者に投じられた票。しにひょう。

し-ひょう [0]【指標】名 ❶物ごとをさだめるうえの目じるし。❷【数】ある数の対数の整数の部分。

し-ひょう [0]【師表】名〔文章語〕人々の手本となること。また、その人。「世の—と仰がれる」

し-びょう [0]【死病】名 かかったら、かならず死ぬ病気。

じ-ひょう [0]【時評】名 その時々のでき事についての評論。「文芸—」

じ-ひょう [0]【辞表】名 辞職の旨を書いてだす文書。

じ-びょう [0]【持病】名 ❶いつも苦しんでいる病気。❷身についたわるいくせ。「—のなまけぐせが出た」

し-びょうし [ビョ]【四拍子】名 ❶能のはやしで、笛・太鼓(たいこ)・大つづみ・小つづみの四種の楽器。❷楽曲の小節の拍子が四つあるもの。よんびょうし。強・弱・中強・弱の順。

シビリアン-コントロール [ロ]〈civilian control〉名 政治的・軍事的問題の決定権を、軍人でなく文民に与える原則。文民優位。

しびれ [レ]【×痺れ】名 しびれること。 **—を切**(き)**らす** ❶長時間すわったため、足がしびれる。❷待ちくたびれる。待ちきれなくなる。

しびれ-うなぎ [ウ]【×痺れ×鰻】名 でんきうなぎ。

しびれ-えい [レ]【×痺れ×鱏】(えい)名 シビレエイ科の海水魚。体長約四〇センチメートルで、ほぼ円形。本州中部以南の浅海にすむ。からだの両がわに発電器官をもつ。

しびれ-ぐすり [グ]【しびれ薬】【×痺れ薬】名 からだの感覚をうしなわせる薬。麻酔薬。

しび-れる [レ]【×痺れる】自下一 レレ・レ・レル・レル・レレ・レロ・レヨ ❶感覚がなくなり、運動の自由がきかなくなる。❷電気などに感じて、びりびりとする。❸〔俗語〕ひどく興奮する。陶酔する。 **しび・る** 文語下二

し-びん [0]【×溲瓶・▲尿瓶】名（「しゅびん」の変化）病人などが、寝たまま小便をするための器具。

し-ふ [シ]【師父】名〔文章語〕❶師と父。❷父のように敬愛する師匠。

し-ふ [シ]【師×傅】名〔文章語〕貴人の子をまもりそだてながら、おしえみちびく役。もりやく。

し-ふ [シ]【詩賦】名〔文章語〕詩と賦。中国の詩。

しぶ [ブ]【渋】名 ❶渋い味。❷かきしぶ。❸ものからしみ出る赤黒い液。

し-ぶ [シ]【支部】名 本部からわかれて、その地方の仕事を受けもつところ。「日本赤十字社の—」↔本部。

し-ぶ [シ]【四部】名 四つの部分。 **—合唱**(がっしょう) [ガ] 名 混声、または同声の四つの声部からなる合唱。

し-ぶ [シ]【市部】名 市に属する部分。↔郡部。

じ-ふ [ジ]【慈父】名 ↔慈母。❶慈愛のふかい父。やさしい父。❷父を敬愛していう語。

じ-ふ [ジ]【自負】名 自サ 自信をもち、自分で誇りとすること。「秀才と—する」 **—心**(しん) [フ] 名 自信をもち、誇るこころ。

しぶ-い [ブ]【渋い】形 カロ・カッ・ク・イ・イ・ケレ・○ ❶しぶがきのような味がする。❷けちである。❸じみで、おちついている。「—色」❹不愉快らしいようだ。にがりきっている。「—顔」 **渋さ** 名 **しぶ・し** 文語ク

しぶ-いた [0]【四分板】名 厚さが四分（約一二ミリメートル）ぐらいの板。

しぶ-いろ [0]【渋色】名 柿渋(かきしぶ)のような色。柿色。

し-ふう [シ]【士風】名 武士の気風。「土佐藩の—」

し-ふう [0]【詩風】名 詩の作り方の特色。

しぶ-うちわ [チ][ウ]【渋うちわ】【渋▲団▲扇】(うちは)名 柿渋(かきしぶ)を塗ったじょうぶなうちわ。台所などで使う。夏

しぶえちゅうさい《渋江抽斎》森鷗外(もりおうがい)の史伝小説。一九一六年発表。江戸時代の医官渋江抽斎の生涯を描いたもの。

シフォン [シ]〈フ chiffon〉名 強くよった絹糸を平織りにした、薄手のやわらかい織物。 **—ケーキ** [ケ]〈chiffon cake〉名 泡立てた卵白を加えて焼くことにより、ふんわりとふくらませたスポンジケーキの一種。

しぶ-おんぷ [オ]【四分音符】名 ➡しぶんおんぷ。

しぶ-がき [ガ]【渋柿】名 実(み)の渋いかき。秋 ↔甘柿。

しぶ-がみ [0][ガ]【渋紙】名 柿渋(かきしぶ)を塗った紙。しぶかみ。

しぶ-かわ [0]【渋皮】(かは)名 樹木・果実の表皮のうちがわのうすい皮。あまかわ。 **—が▲剝**(む)**ける** あかぬけしてきれいになる。

しぶき [キ][シ]【▲飛×沫】名 こまかくとびちる水。「波の—」

し-ふく [0]【至福】名 この上もない幸福。「—のひととき」

し-ふく [0]【私服】名 ❶制服でない衣服。↔官服・制服。❷私服刑事。私服巡査。 **—刑事**(けいじ) [ケ] 名 職務の関係で、私服を着ている刑事。

し-ふく [0]【私腹】名 自分の財産。私利。 **—を肥**(こ)**やす** 地位・職権などを利用して、自分の利益をむさぼる。

し-ふく [0]【紙幅】名 ❶紙のはば。❷きめられた原稿の枚数。「—がつきた」

し

しーふく ⓪【雌伏】名自サ 活動の機会を待って、じっと時をすごすこと。「―五年」↕雄飛。

しぶ・く ② 自五 (カ・コ・キ・イ・ク・ク・ケ・ケ) ❶雨が風に吹かれて降りそそぐ。❷しぶきがあがる。

じーふく ①【時服】名〔文章語〕❶時候にあった衣服。❷昔、朝廷や将軍からくだされた衣服。

じーぶくろ ②【地袋】名 床の間のわきの違いだなの下などにある袋戸だな。↕天袋。⇩違い棚(図)。

しぶーごのみ ③【渋好み】名 じみで、落ちついた趣を好むこと。「―のネクタイ」

ジプシー ①〈Gypsy〉名 かつてロマ民族をさした呼称。⇩ロマ。

しぶーしぶ ①【しぶしぶ・渋渋】(と)副 いやいやながら。ふしょうぶしょう。「―ひきうける」

しぶーぞめ ⓪【渋染】名 渋色に染めること。また、染めたもの。

ジブチ《Djibouti》アフリカの東部、紅海の入り口に面した共和国。一九七七年独立。首都はジブチ。

しぶーちゃ ⓪②【渋茶】名 味の渋い茶。濃く出した煎茶(せんちゃ)。

しぶーちん ⓪【渋ちん】名〔俗語〕けちなこと。また、その人。

しーぶつ ⓪【死物】名 ❶命のないもの。❷役にたたないもの。

しーぶつ ⓪【私物】名 個人のもの。↕官物。

じーぶつ ①【事物】名 形のあるすべての存在。「具体的な―」参考「物事(ものごと)」に対して「事物」は「事」よりも「物」に重点が置かれた言い方。

じーぶつ ①【持仏】名 つねにそばにおいて信仰する仏像。**―堂**(どう) ⓪名 持仏や位牌(いはい)などをまつる堂、また、へや。

しぶーつら ⓪【渋面】名 ❶にがにがしい顔つき。しかめつら。じゅうめん。❷渋色をした顔。

ジフテリア ⓪〈diphtheria〉名 感染症の一つ。ジフテリア菌のため、のどの粘膜に白い義膜ができる。こどもが多くかかる。

シフト ①〈shift〉名自他サ ❶体制や組織を別のものに移行すること。「生産拠点を海外に―する」❷自動車のギアの入れ替え。❸野球で、特定の打者に備えて守備位置をかえること。❹交代勤務制。また、その勤務時間割。「―を組む」**―キー** ④〈shift key〉名 パソコンなどのキーボードで、大文字・小文字・記号などを切り替えるためのキー。

しぶと・い ③ 形 (カロ・カッ・ク・イ・イ・ケレ・○) しつこくてごうじょうだ。なかなかへこたれない。**しぶとさ** 名 **しぶと・し** 文語ク

じぶーに ⓪【治部煮】名 かも肉などに粉をまぶし、味付けした汁で野菜とともに煮込んだ金沢の郷土料理。

しぶーぬき ⓪【渋抜き】名他サ かきの渋みをぬき去ること。また、渋みをぬき去ったかき。

じーふぶき ②【地吹雪】名 つよい風が、積もった雪を巻きあげること。㊇

しぶーみ ③【渋み・渋味】名 ❶しぶいあじ。❷くすんだおもむき。じみなあじわい。

しーぶり ⓪【仕振り】名 物事をするようす。やりかた。

しぶりーばら ⓪【渋り腹】名 下痢(げり)の一種。大便がしたくなるのに、少ししか出ないもの。

しぶ・る ②【渋る】(ラ・ロ・リ・ッ・ル・ル・レ・レ) ㊀自五 ❶すらすらと事がはこばない。❷渋り腹になる。便が気持ちよく出ない。㊁他五 ためらう。いやがる。「返事を―」「支払いを―」

しぶーろく ⓪【四分六】名 四分と六分の割合。四割と六割の割合。「―に分ける」

しーふん ⓪【私憤】名 個人的ないきどおり。↕公憤・義憤。

しーふん ⓪【脂粉】名 ❶べにとおしろい。❷けしょう。**―の香**(か) べにやおしろいのにおい。女のなまめかしさをいう。

しーぶん ①【士分】名 武士の身分。「―に取り立てる」

しーぶん ①【死文】名 ❶実際には効力のない法令や規則。❷内容のない、つまらない文章。

しーぶん ①【×斯文】名〔文章語〕この学問。特に、儒学。

しーぶん ⓪【詩文】名 詩と文章。

しーぶん ⓪【四分】名自他サ 四つにわけること。四つにわかれること。**―音符**(おんぷ) ③名 楽譜で、全音の長さの四分の一をしめす符号。しぶおんぷ。「♩」**―五裂**(ごれつ) ②名自サ ちりぢりばらばらに分裂すること。「会は―のありさまだ」

じーふん ⓪【自×刎】名自サ〔文章語〕自分で自分の首をはねて死ぬこと。

じーぶん ⓪【自分】㊀名 その人自身。自己。おのれ。㊁代 わたくし。ぼく。参考自称の代名詞は軍隊用語として使われたもの。**―勝手**(かって) ④名形動(の) 自分のつごうだけしか考えないこと。身がって。**―史**(し) ②名 庶民が自分の一生を記録した文章。地方文化運動から生まれたことば。**―自身**(じしん) ②₂名「自分」を強めて言う語。**―持**(も)**ち** ⓪名 自分が費用を負担すること。自弁。

じーぶん ①【時分】名 とき。ころあい。時期。**―柄**(がら) ⓪名 副 時節がら。「―ご自愛ください」**―時**(どき) ⓪名 食事の時刻。

しぶんーしょ ②【私文書】名 私人が作成した文書。私書。↕公文書。

しーべ ①【×稭】名 稲のわらのしん。わらしべ。

しべ ①【×蕊・×蘂】名 ❶花のなかにある生殖器官。めしべとおしべ。❷ふさのはしにつけるかざり。

しーへい ⓪【私兵】名 個人が養成している兵。

しーへい ①【紙幣】名 紙の貨幣。さつ。「千円―」↕硬貨。

じーへい ⓪【時弊】名〔文章語〕その時代の弊害・悪習。

じへいーしょう ⓪【自閉症】名 ❶発達障害の一つ。物事への反応がにぶい、言語能力の発達が遅いなどの症状を示す。早期幼児自閉症。❷統合失調症の症状の一つ。

じーべた ①【地べた】名 地面。大地。「―にすわりこむ」

しーべつ ⓪【死別】名自サ 死にわかれ。↕生別。

シベリア《Siberia》(「西比利亜」とも書いた)ウラル山脈から東のアジア大陸北部の地域。ロシア領。

ジベレリン ⓪〈gibberellin〉名 植物ホルモンの一種。農作物の生長促進のほか、種なしぶどうの栽培などに利用される。

しーへん ①【四辺】名 ❶四方。四面。周囲。❷あたり。近所。❸多角形の四つの辺。**―形**(けい) ④名 四つの直線でかこまれた平面図形。四角形。

しーへん ①【紙片】名 かみきれ。

しーへん ⓪【詩編】【詩×篇】名 ❶詩。❷詩をあつめた書物。❸旧約聖書の、神への賛歌をあつめた部分。

しーべん ⓪【思弁】名〔哲〕経験によらず、対象を論理的・概念的にとらえることによって、ある認識に到達すること。直観的認識。知的直観。**―的**(てき) ⓪形動 ❶〔哲〕経験によらず、純粋な思考によって認識に達するようす。❷実行しないで、頭の中だけで考えるようす。↕経験的。↕実践的。

しーべん ⓪【支弁】名他サ 金銭などを支払うこと。

しーべん ⓪【至便】形動(の)(ダロ・ダッ・デ・ニ・ダ・ナ・ナラ・○) きわめて便利なようす。「交通―の地」

じーへん ①【事変】名 ❶ただごとでないできごと。変事。❷警察力ではしずめることのできない動乱。❸宣戦布告

なしの国家間の戦闘行為。

じ-べん ⓪【自弁】名 他サ 自分で費用をだすこと。「交通費は—だ」

し-ほ シ【試補】名 官庁で、本官になる前の事務見習いの地位。「司法官—」↕本官。

しぼ シ 名 織物・皮革などにつけたこまかいちぢれ・しわ。「ちりめんの—」

し-ぼ シ【思慕】名 他サ おもいしたうこと。恋いしたうこと。

じ-ぼ ジ【字母】名 ❶ことばの音をつづる文字の一つ一つ。❷活字の鋳型。活字母型。

じ-ぼ ジ【慈母】名 ↕慈父。❶慈愛のふかい母。やさしい母。❷母を敬愛していう語。

し-ほう シ【司法】名 法律によってなされる民事・刑事の裁判と、それに関連した国家の行為。↕立法・行政。—**解剖** カ 名 他サ 犯罪に関係があると思われる死体を解剖し、死因などを明らかにすること。—**官** ホ 名 裁判官。—**権** ホ 名 国家統治権の一つで、司法をおこなう権能。↕立法権・行政権。—**裁判** サ 名 民事・刑事についての裁判。↕行政裁判。—**試験** シ2/ケ 名 裁判官・検察官・弁護士になるための学識や能力を問う国家試験。—**書士** ショ 名 裁判所・検察庁・法務局などに提出する書類を、本人に代わって作ることを職業とする人。もと、司法代書人。—**取引** リ 名〔法〕被告人側が犯罪の解明に協力する見返りとして、検察官が不起訴や量刑の軽減を行う司法上の取引。「—に応じる」

し-ほう ホ【四方】名 ❶四つの方角。東・西・南・北。❷まわり。周囲。❸諸方。諸国。天下。世界。「—に号令する」❹〔古語〕四角。よほう。—**拝** ホ 名 元日の朝に行われる宮中の行事。天皇が天地四方を拝し、一年の無事をいのる。新年 —**八方** ホ=ポ 名 あらゆる方向。「—手を尽くす」

し-ほう ⓪【至宝】名 ❶この上なくたいせつなたから。❷きわめて高い値うちのあるもの。また、その人。「学界の—」

し-ほう ⓪/シ【私法】名 個人の権益・関係についてきめられた法律の総称。民法・商法など。↕公法。

し-ぼう ⓪【子房】名 めしべの下の端のふくれた部分。受精の後、実となるもの。

し-ぼう ⓪【脂肪】名 動・植物体にふくまれる、常温では固体をなすあぶら。栄養素の一つ。—**肝** ポ 名 肝臓に中性脂肪が異常に蓄積した状態。また、その肝臓。—**太り** ブ 名 脂肪が多く身について太ること。あぶら太り。—**油** ポ 名 脂肪のうち、常温で液状をしているもの。

し-ぼう ⓪【死亡】名 自サ 人が死ぬこと。改まった言い方。⇩死ぬ 参考。—**率** ポ 名 一定期間中に死んだ人の総人口に対する割合。「心臓病の—」

し-ぼう ⓪【志望】名 他サ こうなりたい、こうしたいとのぞむこと。こころざし。のぞみ。志願。「第一—の大学」

じ-ほう ⓪【寺宝】名 その寺の宝物。

じ-ほう ⓪【時報】名 ❶そのときどきのしらせ。「経済—」❷時刻をしらせること。「正午の—」

じぼう-じき ジ2【自暴自棄】名 自分を粗末にあつかい、なげやりになること。やけになること。「—におちいる」

し-ほうじん ホ【私法人】名 私法上、法人格をもつ団体。会社・社団法人・財団法人など。↕公法人。

しほ-た・る【潮垂る】自下二〔古語〕⬇しおたれる 二。

し-ぼち ⓪【▲新▲発▲意】名 ⬇しんぼち。

し-ぼつ ⓪【死没】【死×歿】名 自サ 人が死ぬこと。死亡。

しぼ・む ⓪【▲萎む・×凋む】自五 マ・モ・ミ・ン・ム・ム・メ・メ 勢いよく張っていたものが、おとろえ小さくなる。「ゴム風船が—」

しぼり リ【絞り】名 ❶しぼること。❷しぼりぞめ。❸花びらの色のまだらになっているもの。❹写真機にはいる光の量を調節する装置。また、その調節の程度。❺⬇おしぼり。

しぼり-あ・げる ゲ【絞り上げる】他下一 ゲ・ゲ・ゲル・ゲル・ゲレ・ゲロ・ゲヨ ❶幕などを、絞りながらひき上げる。❷絞りおわる。❸無理に出させる。「声を—」「金を—」❹きびしくきたえる。ひどく責める。「部員を—」 しぼりあ・ぐ 文語下二

しぼり-こ・む コ【絞り込む】他五 対象となるものの数や範囲を限定する。「被疑者を数人に—」

しぼり-ぞめ ⓪【絞り染(め)】名 布地を糸でくくって地の色を残す染めかた。

しぼり-だし ⓪【絞り出し】名 くだのはしを押すと、他方の口から中身の出るようにしたもの。「—の歯みがき」

しぼ・る ポ【絞る】他五 ラ・ロ・リ・ッ・ル・ル・レ・レ ❶【搾る】ねじったり押したりして水分をとりだす。「ぞうきんを—」「牛の乳を—」❷中にあるものがすべて出るように力を加える。「声を—」「知恵を—」❸ひろがっているものを小さくまとめる。「問題の範囲を—」❹写真で、しぼりを小さくする。❺きびしくきたえる。ひどくしかる。「下級生を—」 しぼれる 自下一〔…できる〕

し-ほん ⓪【紙本】名 書・画などで、紙に書かれたもの。↕絹本。

し-ほん ⓪【資本】名 ❶もとで。もときん。資金。❷利子・利益を得るもととなる財貨。—**家** ⓪ 名 ❶資本を出す人。❷企業を経営する人。—**金** ⓪ 名 ❶もとでのかね。資金。❷企業の所有主が、あらかじめ準備したかね。「—一億円の会社」—**主義** シュ 名 資本家が、労働者の労働力を買いとり、商品の生産活動によって、利益を追求しようとする経済体制。↕社会主義・共産主義。

しほん-ばしら バ【四本柱】名 相撲で、土俵の四すみにたてた四本の柱。また、そこにすわった検査役。参考 いまの大相撲の土俵には柱はなく、代わりに四色のふさがさがっている。

しま マ【島】名 ❶周囲を水でかこまれた陸地。↕本土。❷本体から分離しているもの。「方言の—」❸なわばりとする土地。❹頼りや助けとなる物事。「取りつく—もない」❺罪人の送られた遠隔の地。「—流し」

しま マ【×縞】名 ❶織物に、たて・よこ、または、ななめに別の色で入れたすじ。❷しま織物の筋に似た模様。

し-ま シ【死魔】名 死という魔物。死。

し-ま シ【×揣摩】名〔文章語〕(「揣」も「摩」も、おしはかる意)事情をおしはかること。—**臆測** シ 名 他サ〔文章語〕いいかげんにおしはかること。あてずいりょう。「—をたくましくする」

しま《志摩》昔の東海道の国の一つ。今の三重県の一部。志州。

しま-あい ⓪【×縞合】名 しまの色あい。

しまい ⓪【しまい】【仕舞・終い】名 ❶しまうこと。おわり。❷⬇おしまい。—**湯** ⓪ 名 みんなが入ったあと、最後に入るふろ。しまいぶろ。

し-まい シ【仕舞】名 装束をつけないでする、能楽の舞。

し-まい シ【姉妹】名 ❶あねといもうと。↕兄弟。❷同系統に属している二つ以上のもの。「—雑誌」—**都市** ト 名 文化交流を目的として、国際的に友好関係を結んでいる二つの都市。東京とニューヨーク、京都とパリなど。

じまい【じまい】【仕舞】接尾 造 ❶続いていたものを終わりにすること。「店—」「仕事—」参考 近年は「墓—」「家—」など物を処分することにも用いる。❷(「…ずじまい」の形で)したかったことをせずに終わること。「会わず

—」

しーまう ⓪【しまう】[仕舞う・▲終う] ワ・オ/イ・ッ/ウ・ウ/エ・エ 他五 ❶仕事をやめる。㋐おわりにする。「今日の仕事を—」㋑廃業する。「不況で店を—ことにした」❷中へ入れ納める。㋐納めるべき所に物を納める。かたづける。「おもちゃをしまいなさい」㋑物を、入れ物の中に入れる。「預金通帳を金庫に—」「秘密を胸にしまっておく」❸〔「…てしまう」の形で〕㋐動作・作用をやりおえる。「宿題をやってしまった」㋑動作・状態を強調する。「驚いて—」「大変なことを聞いてしまった」参考 強調、詠嘆、不本意な気持ち、残念な気持ちなどを表すことが多い。なお、くだけた言い方では、「てしまう」が「ちまう」「ちゃう」となる。**しまえる** 自下一〔…できる〕

しまうた マ【島唄】名 南西諸島に伝わる民謡。参考 この唄の名手を唄者(うたしゃ)と呼ぶ。「しま」は集落の意で、「シマ唄」とも書く。

しまうま ⓪【×縞馬】名 ウマ科の哺乳(ほにゅう)類。体は白地に黒のしまもようがある。アフリカの草原にすむ。ゼブラ。

じまえ ⓪【自前】(まへ) 名 ❶費用を自分でまかなうこと。自弁。「交通費は—だ」❷芸者が独立して開業すること。↕かかえ。

しまおとしお《島尾敏雄》一九一七—八六。小説家。私小説的題材を、独自の感受性を通して描いた。作品に「死の棘(とげ)」「魚雷艇学生」など。

しまか マ【×縞蚊】名 蚊の一種。腹・胸部に黒地に白のしまがある。やぶか。夏

しまがくれ ガ【島隠れ】名 島のかげにかくれること。

しまかげ ⓪【島影】名 島のすがた。「—が見える」

しまがら ⓪【しま柄】【×縞柄】名 織物のしまの模様。

しまきあかひこ《島木赤彦》一八七六—一九二六。歌人。本名は久保田俊彦(くぼたとしひこ)。雑誌「アララギ」を編集。自然を詠んだ歌が多い。「太虚(たいきょ)集」など。

しまきけんさく《島木健作》一九〇三—四五。小説家。本名は朝倉菊雄(あさくらきくお)。代表作は「癩(らい)」「生活の探求」など。

じまく ⓪【字幕】名 映画・テレビなどで、題・配役・説明・せりふなどを文字でうつしだしたもの。

しまぐに マ【島国】名 周囲を海にかこまれた国。**—根性**(こんじょう) コ 名 島国の国民に多い、視野がせまくかたよった性質。**—的**(てき) ⓪ 形動 スケールが小さくて、こせこせしたようす。「—な人物」↕大陸的。

しまざきとうそん《島崎藤村》一八七二—一九四三。詩人・小説家。本名は春樹(はるき)。浪漫派の詩人として出発し、のち自然主義文学を代表する小説家となった。詩集に「若菜集」、小説に「破戒」「夜明け前」など。

しまし【▲暫し】副 古語 すこしの間。しばし。「なごの海に船しまし借せ」〈万葉〉

しまだ ⓪【島田】名 島田まげ。**—崩**(くず)**し** ク 名 島田まげの変形。芸者がゆう。また、忌中にゆう。**—×髷**(まげ) ダ 名 日本髪の一種。おもに未婚女性や花嫁がゆう髪形。文金(ぶんきん)高島田・つぶし島田など。

島田まげ

島台

しまだい マ【島台】名 蓬莱山(ほうらいさん)をかたどった飾りもの。婚礼などの祝儀用。

しまつ シ【始末】㊀名 ❶はじめとおわり。首尾。始終。「事の—を話す」❷わるい結果の状態。「あの—では、どうにもならない」㊁名 自他サ ❶かたづけること。しめくくり。処理。「ちゃんと—する」❷むだづかいをしないこと。倹約。節約。参考「仕末」と書くのはあやまり。**—が悪**(わる)**い** 手に余る状態だ。「いたずらで—」**—書**(しょ) ⓪ 名 あやまちをわびるために、事情を書きしるして出す書類。**—に負**(お)**えない** 処理できない。手に負えない。**—屋**(や) ⓪ 名 しまりや。倹約家。

しまった マ 感 失敗したときのことば。

しまづたい ヅ【島伝い】(づたひ) 名 島から島へつたわっていくこと。

しまながし ナ【島流し】名 ❶昔、罪人を、島または遠方の地に移した刑罰。流罪(るざい)。遠島(えんとう)。❷俗語 不便な土地に勤務させること。左遷。

しまぬけ ケ【島抜け】【島▲脱】名 島流しの罪人が、その島をひそかに逃げだすこと。また、その罪人。島やぶり。

しまね【島根】名 古語 島。島国。「やまと—」

しまねけん《島根県》中国地方北西部の日本海がわの県。県庁所在地は松江市。

しまへび ⓪【×縞蛇】名 ナミヘビ科の爬虫(はちゅう)類。日本だけにすむ。体長、約一五〇センチメートル。かっ色の背に、黒色のしまが四本ある。無毒。夏

じまま ⓪【自まま】【自×儘】名 形動 わがまま。かって。気まま。「—に暮らす」

しまむらほうげつ《島村抱月》一八七一—一九一八。評論家・演劇指導者。本名は滝太郎。雑誌「早稲田文学」で自然主義文学の理論を展開し、のち新劇運動に力を注いだ。

しまめ ⓪/メ【しま目】【×縞目】名 しまの、色と色のさかいめ。

しまもの ⓪【しま物】【×縞物】名 しま模様の織物。しま織物。

しまもり マ【島守】名 島の番人。

しまやぶり ヤ【島破り】名 島ぬけ。

しまやま ⓪【島山】名 ❶島にある山。❷山でできた島。

しまらない【締らない】連語 俗語 ❶しまりがない。「—顔だ」❷きりっとしたところがない。「—話だ」

しまり シ【締(ま)り】名 ❶しまること。ゆるみのないこと。「—のわるいねじ」❷しめくくり。「—をつける」❸おこないをきちんとすること。「—のない人」❹倹約。❺戸じまり。

しまりや ⓪【締(ま)り屋】名 倹約家。けちんぼう。

しまる マ【締(ま)る】ラ・ロ/リ・ッ/ル・ル/レ・レ 自五 ❶細長い物がしっかりと巻きつく。「ひもが—」❷ねじられたり押さえつけられたりして動かなくなる。「ねじがかたく—」❸【絞(ま)る】周りから強く押さえつけられて苦しくなる。「シャツがきゅうくつで首が—」❹体のむだなたるみがなくなる。「胴が—」❺精神のゆるみ・たるみがなくなる。「身の—思い」❻余分な支出をなくして節約するようになる。❼【閉(ま)る】戸・窓・門・ふたなどがとじられる。「カーテンが—」↕あく。❽市場の取り引きが堅実になる。「相場が—」

じまわり マ【地回り】【地×廻り】(まはり) 名 ❶近郷を商売してあるくこと。また、その人。❷近郷から出まわること。また、そのもの。「—の米」❸その盛り場をなわばりとする、ならずもの。

じまん ⓪【自慢】名 他サ 自分のことをいばること。**—たらしい** シ 形 いかにも自慢らしいようすだ。

しまんろくせんにち マ【四万六千日】名〔仏〕観音菩薩(かんのんぼさつ)の七月十日の縁日(えんにち)。この日参詣(さんけい)すると、その効果はふだんの日の四万六千日分に当たるという。夏

しみ ⓪【染み】名 ❶しみてよごれがつくこと。よごれ。汚

点(はんてん)。❷老人などの皮膚に、しぜんとあらわれる茶色の斑点。

しみ [0]【▲凍み】[名] ❶きびしい寒さ。(冬)「けさは―がひどい」❷こおること。「―豆腐」

しみ [0]【▲衣▲魚・紙▲魚】[名] シミ科の昆虫の総称。体長は、約一〇ミリメートル。銀色のうろこにおおわれている。衣服・紙類をくいあらす。(夏)

しみ

し-み [シ]【至味】[名]〔文章語〕この上もないよい味。また、その食べ物。

じ-み [ジ]【滋味】[名] ❶うまいあじわい。❷滋養になる、うまい食べ物。

じ-み [ミ]【地味】[形動] ダロ―ダッ・デ・ニ／ダ―ナ―ナラ―○〔「ちみ」と読めば別語〕❶はなやかでなく、落ちついていること。「―な着物」↕はで。❷質素なこと。「―に暮らす」❸おとなしくて、目立たないこと。「―な性格」

シミーズ [ミ]〈フ chemise〉[名] ⬇シュミーズ。

しみ-い・る [イ]【染(み)入る】[自五] ラ・ロ―リ・ッ―ル―ル―レ―レ しみ込む。「胸に―話だ」

しみ-こ・む [コ]【染(み)込む】[自五] マ・モ―ミ・ン―ム―ム―メ―メ 奥まで深くしみる。しみとおる。

しみ-じみ [ジ] (と)[副] ❶深く心にしみいるようす。つくづく。「―反省する」❷落ちついてもの静かなようす。「―と話す」

し-みず [0]【清水】(みづ) [名] 地下からわきでる、つめたい澄んだ水。(夏)

じ-みち [0]【地道】[形動] ダロ―ダッ・デ・ニ／ダ―ナ―ナラ―○ かけひきのないようす。着実な行動によるようす。「―に商売する」「―な研究」

しみ-つ・く [ツ]【染(み)着(付)く】[自五] カ・コ―キ・イ―ク―ク―ケ―ケ ❶そまりつく。❷しみこむ。「くせが―」

しみ-つ・く [ツ]【▲凍み付く】[自五] カ・コ―キ・イ―ク―ク―ケ―ケ こおりつく。

しみっ-たれ [0] [名][形動]〔俗語〕けちなこと。また、その人。

しみった・れる [レ] [自下一] レ―レ―レル―レル―レレ―レロ・レヨ〔俗語〕けちなことをする。

しみ-・でる [デ]【染(み)出る】[自下一] デ―デ―デル―デル―デレ―デロ・デヨ しみて内がわから表面へ出る。

しみ-どうふ [ド]【しみ豆腐】【▲凍豆腐】[名] 豆腐をこおらせ、かわかした食品。こおりどうふ。こうやどうふ。(冬)

しみ-とお・る [ト]【染(み)通る】【染▲透る】(とほる) [自五] ラ・ロ―リ・ッ―ル―ル―レ―レ ❶深くしみる。❷深く感じる。「心に―」

しみ-ぬき [0][ヌ]【染(み)抜き】[名] 衣服についたしみをとること。また、そのくすり。

し-みゃく [0]【支脈】[名] 山脈・鉱脈・葉脈などで、本すじからわかれたもの。↕主脈。

し-みゃく [0]【死脈】[名] ❶死に近づき、たいそうよわく打つ脈はく。❷鉱石が掘りつくされてなくなった鉱脈。

シミュレーション [レ]〈simulation〉[名]〔「模倣」の意〕将来の予測や過去の出来事の再現を目的として、できるだけ近似した条件を与え、コンピューターを使うなどして実験すること。

シミュレーター [レ]〈simulator〉[名] シミュレーションを行うための装置やソフトウエア。飛行機の操縦や自動車の運転を本物と同じように体験できる装置など。

し-みょう [0]【至妙】[形動(の)] ダロ―ダッ・デ・ニ／ダ―ナ―ナラ―○〔文章語〕この上なくすぐれているようす。「―のわざ」

し・みる [0]【染みる】[自上一] ミ―ミ―ミル―ミル―ミレ―ミロ・ミヨ ❶液体・においがにじみこむ。しみこむ。❷影響を受けてそうなる。「悪習に―」❸深く感じる。強い印象をうける。「教訓が身に―」❹からだに強い刺激を感じる。「はだに―寒さ」[参考] ❸❹の意味では「身に染む」のように五段活用としても用いることがある。 し・む [文語上二]

し・みる [0]【▲凍みる】[自上一] ミ―ミ―ミル―ミル―ミレ―ミロ・ミヨ ❶こおる。❷こおるほど冷たく感じる。(冬) し・む [文語上二]

じみる【染みる】[接尾]〔名詞について上一段活用動詞をつくる〕❶しみついてきたならしくなる。「あか染みたシャツ」❷…のようになる。「年寄り―」

しみ-わた・る [タ]【染(み)渡る】[自五] ラ・ロ―リ・ッ―ル―ル―レ―レ すみずみまで、しみてひろがる。

し-みん [シ]【士民】[名]〔文章語〕❶武士と一般の人。❷旧憲法のもとで、士族と平民のこと。

し-みん [シ]【四民】[名] 江戸時代の士・農・工・商の階層。転じて、すべての人々。

し-みん [シ]【市民】[名] ❶市の住民。❷国政に参加する国民。公民。❸市民階級の人。―**運動**(うんどう) [ウ][名] 一般市民が中心となった政治・社会運動。―**階級**(かいきゅう) [カ][名] 中産階級。ブルジョア。―**権**(けん) [ミ][名] 市民としての行動・思想・財産の自由が保障され、国政に参与できる権利。―**社会**(しゃかい) [シャ][名] 市民階級を中心として成立した社会。

し-みん [0]【×嗜眠】[名]〔文章語〕高熱・衰弱のため、眠りつづけて、さめないこと。―**性脳炎**(せいのうえん) [ノ][名] 伝染性の脳炎で、眠りつづける病気。流行性脳炎。ねむり病。

し・む [0]【染む】[自五] マ・モ―ミ・ン―ム―ム―メ―メ〔古語〕⬇しみる。

しむ [助動] シメ―シメ―シム―シムル―シムレ―シメヨ〔活用語の未然形につく〕❶他のものに動作をさせる意(使役)をあらわす。…せる。…させる。❷〔他の尊敬語とともに用いて〕尊敬の意を強める。お…なさる。「行かしめたまふ(イラッシャル)」

じ-む [ジ]【寺務】[名] 寺院の事務。また、それをあつかう僧。

じ-む [ジ]【事務】[名] とりあつかう仕事。おもに机上でする仕事。ビジネス。「―をとる」―**員**(いん) [ム][名] 事務をとる人。―**方**(かた) [0][名] 事務作業の担当者。また、その部署。―**官**(かん) [ム][名] 一般事務をとりあつかう国家公務員の官職名の一つ。「財務―」―**局**(きょく) [ム][名] 病院・大学・学会・議会・組合などの組織で、事務関係の仕事をする所。―**次官**(じかん) [ジ]2[名] 各省の大臣をたすけ、その省の事務をとりしまる国家公務員。―**室**(しつ) [ム][名] 事務をとりあつかうへや。―**所**(しょ) [ム][名] 事務をとりあつかうところ。―**的**(てき) [0][形動] ❶書類の作成や管理などを、規定にしたがって行うようす。「―な問題」❷事務を処理するように感情をまじえないでするようす。「―な対応」―**取扱**(とりあつかい) [ジ][名] 官庁・会社などで、役職の人が欠けたとき、一時的にその職務をすることを命ぜられるもの。「総務部長―」

じ-む [ジ]【時務】[名] その時に必要な仕事。その時の急務。

ジム [ジ][名]〔「ジムナジウム gymnasium」の略〕❶体育館。❷ボクシング場。ボクシングの練習場。

し-むけ [0]【仕向け】[名] ❶しむけること。扱い。「つめたい―」❷商品を先方へあてて送ること。「―先」

し-む・ける [ケ]【仕向ける】[他下一] ケ―ケ―ケル―ケル―ケレ―ケロ・ケヨ ❶人に対しておこなう。動作をしかける。「いじわるを―」❷あることをする気持ちにならせる。「努力するように―」❸商品を先方へ送りつける。 しむ・く [文語下二]

じ-むし [0]【地虫】[名] ❶こがねむし・くわがたむしなどの幼虫。いもむしに似て、土中にすみ、作物の根をくいあらす。ねきりむし。❷土中にすむ虫の総称。

しめ [メ]【▲標・▲注▲連】[名] ❶〔古語〕場所をかぎるため、木を立て、なわをはりまわしたりなどしたもの。❷しめなわ。

しめ [0]【締め】【×〆】━ [メ][名] ❶締めること。「―のあいさつ」❷合計。❸和食のコース料理の最後に出る軽い食事。「―はお茶漬けかおそばになります」❹手紙の封じめに書く〆の字。[参考] ふつうの手紙では、封筒の封じめに

「〆」と書くことが多い。「緘・封」も使われる。「賀・寿」は結婚式の招待状など祝いの場合に使う。若い女性は「蕾(つぼみ)」なども書く。㊁接尾 ❶半紙をかぞえる語。二千枚のこと。❷たばねたものをかぞえる語。たば。

しめ-あ・げる ゲ回【締(め)上げる】他下一 ゲ・ゲ・ゲル・ゲル ゲレ・ゲロ・ゲヨ ❶首などをしめながら上へ上げる。❷ゆるんだひもなどを強くしめる。❸強くせめる。きびしく取りしまる。**締め上げ** 名 しめあ・ぐ 文語下二

しめい シ【氏名】名 みょうじとなまえ。姓名。

しめい シ【死命】名 死と、いのち。**―を制**せいする 他人の生死の急所をおさえる。他人の運命をにぎる。

しめい シ【使命】名 ❶使者としてのつとめ。❷自分にあたえられたつとめ・仕事。天職。「―をさとる」**―感**かん 〆 名 自分に与えられたつとめをやりとげようとする責任感。「社会奉仕の―を抱く」

しめい シ【師命】名 先生のいいつけ。

しめい 回【指名】名他サ 物事にあたる人を、名をあげて指定すること。なざし。「委員に―される」**―打者**だしゃ ダ 名 プロ野球で、投手の打順のとき、代わりに打つよう指定されている打撃専門の選手。DHディーエイチ。**―通話**つうわ ツ 名 国際電話で、指名した相手が電話口に出た場合にだけ料金を払う方式の通話。パーソナルコール。**―手配**てはい テ 名他サ 警察が、被疑者の名をあげて、とらえるように手くばりすること。「全国に―する」

じ-めい 回【自明】形動(の) ダロ・ダッ・デ・ニ ダ・ナ・ナラ・○ 証明するまでもなく、あきらかであるようす。「―の理」

しめ-かざり カ【しめ飾り】【注連飾り・標飾り・七五三飾】名 正月のしめなわをはった飾りもの。新年

しめ-かす カ【搾×滓・×〆×粕】名 魚・豆・なたねなどから、油をしぼりとったかす。しぼりかす。肥料用。

しめ-がね 回【締(め)金】名 ひもなどのはしにつけて、ものを締める金具。尾錠びじょう。

しめ-ぎ 回【締(め)木】【搾木】名 原料を締めつけて油をとる、木製の道具。

しめ-きり 回【締(め)切(り)】【×〆切】名 ❶応募書類や原稿などを提出する期限。「―が迫る」❷【閉め切り】いつもしめてあること。「―の窓」

しめ-き・る キ【閉(め)切る】他五 ラ・ロ・リ・ッ ル・ル・レ・レ しめたままにしておく。「雨戸を―」**閉め切り** 名

しめ-き・る キ【締(め)切る】他五 ラ・ロ・リ・ッ ル・ル・レ・レ ❶全部締める。❷期限・人数が過ぎたので受け付けをやめる。「申し込みを―」

しめ-くく・る ク2/回【締めくくる】【締×括る】他五 ラ・ロ・リ・ッ ル・ル・レ・レ ❶たばねてくくる。❷物事の結末をつける。「新郎の謝辞で結婚披露宴を―」❸かんとくする。「部下を―」**締めくくり** 名 **締めくくれる** 自下一 […できる]

しめこの×兎うさぎ 物事がうまくいった、しめた、の意。参考「しめた」を、うさぎを「絞しめる」にかけたしゃれ。

しめ-こみ 回【締(め)込(み)】名 相撲をとるときに締めるふんどし。まわし。

しめ-ころ・す 回【絞(め)殺す】他五 サ・ソ・シ・ス ス・セ・セ 首を絞めて殺す。

しめ-さば 〆【締め×鯖】名 酢で身をしまらせたさば。

しめし シ2【示し】名 模範を示すこと。**―が付**つかない みせしめとならず、わるい前例となる。

しめじ 回/シ しめぢ 名 キシメジ科のきのこ。また、しめじ類の総称。白色や灰色で、林に群がりはえる。ほんしめじ。食用。秋

しめし-あわ・す ワ【示し合(わ)す】あはす 他五 サ・ソ・シ・ス ス・セ・セ ⇒しめしあわせる。

しめし-あわ・せる セ【示し合(わ)せる】あはせる 他下一 セ・セ・セル・セル セレ・セロ・セヨ ❶あらかじめ相談する。「集合場所を―」❷合図して知らせあう。「目で―」**しめしあは・す** 文語下二

しめ-しめ シ1 感 ことがうまくいって喜ぶときのことば。しめた。「―、うまくいったぞ」

じめ-じめ ジ1 (と)副自サ ❶湿気が多くてうっとうしいようす。「雨で―している」❷沈んで陰気なようす。「―した話」

しめ・す 〆【示す】他五 サ・ソ・シ・ス ス・セ・セ ❶出して見せる。表して知らせる。「免許証を―」❷指さして教える。「目標を―」❸ある記号・信号が、ある物事を表す。「赤はストップを―」❹ある気持ちを表して見せる。「誠意を―」❺物事がある様態を表す。「今後の可能性を―」**示せる** 自下一 […できる]

しめ・す 回【湿す】他五 サ・ソ・シ・ス ス・セ・セ 水分をもたせる。

しめす-へん 回【示偏】名 漢字の部首の一つ。「神(神)」「社(社)」などの「ネ(礻)」。

しめ-た シ 感 うまくいって喜ぶときのことば。

しめ-だか 〆【締(め)高】【×〆高】名 合計の数量。合計。

しめ-だ・す ダ【締(め)出す・閉(め)出す】他五 サ・ソ・シ・ス ス・セ・セ ❶戸外に追いだす。「のら犬を―」❷門戸をとじて入れない。仲間からはずす。排斥する。「違反者を―」**しめ出し** 名

し-めつ 回【死滅】名自サ 死んでほろびること。絶滅。

じ-めつ 回【自滅】名自サ ❶しぜんにほろびること。❷自分のやり方が原因でほろびること。

しめ-つ・ける ケ/回【締(め)付ける】他下一 ケ・ケ・ケル・ケル ケレ・ケロ・ケヨ ❶強く締める。かたく締める。「おびを―」❷きびしく管理、または監督して、自由にできないようにする。「下請け業者を―」**締め付け** 名 **しめつ・く** 文語下二

しめっぽ・い ポ【湿っぽい】形 カロ・カッ・ク イ・イ・ケレ・○ ❶湿気がある。じめじめする。❷気分がしずんでいる。気持ちが浮かない。「―ふんい気」**湿っぽさ** 名

しめ-て シ【締めて】【×〆て】副 全部で。合計して。「―一万円になる」

しめ-なわ 回【しめ縄】【注連縄・標縄・七五三縄】なは 名 不浄をはらうために、神前や神事の場などにはりめぐらすなわ。また、新年に家の入り口にはるなわ。なわを左よりにし、その間に三本・五本・七本のわらをたらし、紙四手かみしでを下げる。しめ。

しめなわ

しめ-やか 〆 形動 ダロ・ダッ・デ・ニ ダ・ナ・ナラ・○ ❶ものしずかなようす。ひっそり。「―に雨が降る」❷しんみりとしたようす。「―に話しあう」「葬儀が―にとりおこなわれる」**しめやかさ** 名

しめら・す 回【湿らす】他五 サ・ソ・シ・ス ス・セ・セ 水分を含ませる。湿す。「のどを―」

しめり 回【湿り】名 ❶しめること。湿気。「―をおびる」❷⇒おしめり。

しめり-け 回【湿り気】名 湿気。水分。

しめり-ごえ ゴ【湿り声】ごゑ 名 なみだ声。しずんだ声。

しめり-ばん 回【湿り半】名 火事が消えたことを知らせる半鐘はんしょうのたたき方。

しめ・る 回【湿る】自五 ラ・ロ・リ・ッ ル・ル・レ・レ ❶水分をおびる。うるおう。❷気分がめいる。

し・める 〆【占める】他下一 メ・メ・メル・メル メレ・メロ・メヨ ❶自分のものとする。領有する。「勝ちを―」❷範囲がおよぶ。割合をとる。「反対が三分の一を―」**し・む** 文語下二

し・める 〆【締める】他下一 メ・メ・メル・メル メレ・メロ・メヨ ❶細長い物をし

っかりと巻きつける。「帯を―」「ネクタイを―」↕ゆるめる。❷ねじったり押さえつけたりして動かなくする。「ドライバーでねじを―」↕ゆるめる。❸【絞める】周りから強く押さえつけて苦しくさせる。「首を―」「鶏を―」❹精神のゆるみ・たるみをなくす。「監督が選手の気持ちを―」❺余分な支出をなくして節約する。きりつめる。「出費を―」❻【閉める】戸・窓・門などをとじる。「ドアを―」↕あける。❼【×〆る】ある時点で打ち切って、合計を出す。「売り上げを―」❽物事にしめくくりをつける。また、それを祝って手を打つ。「このへんで締めようか」❾酢や塩などで魚肉をかたくする。**し・む** 文語下二

しめる 助動 シメ・シメ・シメル・シメル・シメレ・シメロ・シメヨ 文章語 （動詞の未然形につく）他のものにさせる意味（使役）をあらわす。せる。させる。「私をして言わしめれば」

し-めん シ【四面】名 ❶四方の面。四つの面。❷四方。四周。周囲。まわり。 **―×楚歌**(そか) ソ 名 まわりがすべて敵で孤立すること。参考 楚の項羽(こうう)が漢の軍にかこまれたとき、漢の軍がまわりで楚の歌をうたったので、楚の民が漢にくだったかとおどろいたという故事から。 **―体**(たい) ⓪ 名 四つの面でかこまれた立体。

し-めん シ【紙面】名 ❶新聞の記事面。紙上。❷文書や手紙。書面。

し-めん シ【誌面】名 雑誌の記事ののっている面。誌上。

じ-めん ジ【地面】名 ❶土地の表面。地上。❷土地。地所。 **―師** シ 名 他人の土地を、ごまかして売りつけるさぎ師。

しも モ【下】名 ❶ひくい所。した。下部。↕上(かみ)。❷すえ。下流。↕上(かみ)。❸末座。末席。❹臣下。人民。部下。↕上(かみ)。❺身分のひくいもの。↕上(かみ)。❻からだの腰から下の部分。❼陰部や大小便などのことをそれとなくいう語。「―のせわ」 **―の句**(く) 短歌の第四、五句。↕上(かみ)の句。

しも モ【霜】名 ❶空気中の水蒸気が地面や地上の物にこおりついたもの。冬「―がおりる」❷しらがをたとえていう語。❸冷蔵庫の中に付着する氷。

し-も 助（副助詞）❶強めをあらわす。「だれ―そう思う」❷例外のあることを示す。「必ず―うまくいかない」

しもいちだん-かつよう カ【下一段活用】名 動詞の活用の一つ。語尾が五十音図のエ段だけに変化するもの。「出る」「寝る」などの活用。⇩**(付)語の活用**

しもうさ(しもふさ)《下総》昔の東海道の国の一つ。今の千葉県の北部と茨城県の南部。

しも-がか-る カ【下掛(か)る】自五 ラ・ロ・リ・ッ・ル・ル・レ・レ 話が下品になる。みだらな話になる。

しも-がこい ガ【霜囲い】(がこひ) 名 霜よけ。冬「そてつの―をする」

しも-がれ ⓪【霜枯(れ)】名 ❶しもがれること。冬 ❷しもがれどき。 **―時**(どき) ⓪ 名 ❶草木がしもがれる時節。晩秋から冬。❷冬、商売の景気のわるいとき。霜枯れ。

しも-が・れる レ【霜枯れる】自下一 レ・レ・レル・レル・レレ・レロ・レヨ 霜をうけて草木が枯れる。冬 **しもが・る** 文語下二

しも-き モ【下期】名 しもはんき。↕上期(かみき)。

じ-もく ジ【耳目】名 ❶みみと、め。聞くことと見ること。❷人の注意や関心。「―をおどろかす」 **―を集**(あつ)**める** 多くの人の注意をひく。

じ-もく ジ【除目】名 平安時代以降、大臣以外のいろいろな官職を任命した儀式。

しも・げる ゲ【霜げる】自下一 ゲ・ゲ・ゲル・ゲル・ゲレ・ゲロ・ゲヨ 寒さのため野菜などが変質する。冬

しも-ごえ ⓪【下肥】名 人のふん尿を肥料としたもの。

しも-ざ ⓪【下座】名 下位の座席。末座。↕上座(かみざ)。

×駟(し)**も舌**(した)**に及**(およ)**ばず** （四頭だての馬車も、ひとたび口から出したことばのひろがる速さには追いつけない）ことばは、つつしまなければいけないということ。

しも-じも モ【下下】名 下層の人たち。また、一般の庶民。「―の生活」

しも-じょちゅう ジョ【下女中】名 主に、台所仕事などをしたお手伝いさん。↕上女中。

しも-せき ⓪【下席】名 寄席(よせ)などで、その月の下旬の興行。↕上席・中席。

しもた-や ⓪【しもた屋】【仕▲舞屋】名 （「しもうたや」の変化）❶商売をやめた家。❷商売をしないで暮らしているふつうの家。

しも-づかえ ヅ【下仕え】(づかへ) 名 ❶古語 雑用をつとめる女官。❷下女中(しもじょちゅう)。

しも-つ-かた【下つ方】名 古語 （「つ」は「の」の意）↕上(かみ)つ方。❶下の方。❷しもじも。身分のひくい人々。「―の意見」❸下旬。「ころは、やよいの―」

しも-つき ⓪【霜月】名 古語 陰暦十一月。冬 ⇩月(表)。

しもつけ《下野》昔の東山道の国の一つ。今の栃木県。野州(やしゅう)。

しも-て ⓪【下手】名 ↕上手(かみて)。❶下の方。下流。❷見物席から見て舞台の左のほう。⇩歌舞伎(図)。

しもと【×笞】名 古語 罰として罪人を打つためのほそい木のむち。つえ。

じ-もと ⓪【地元】名 その人や事に直接関係ある地区・土地。「―チーム」

しも-どけ ⓪【霜解け】【霜▲融け】名 温度が上がって、霜や霜柱がとけること。冬「―の小道」

しも-とり ト【霜取り】名 冷蔵庫・冷凍庫の内側についた霜を取り除くこと。「―装置」

しもにだん-かつよう カ【下二段活用】名 文語動詞の活用の一つ。語尾が五十音図のウ・エの二段に変化するもの。「出(い)づ・受く・消ゆ」などの活用。参考 口語では下一段活用となる。⇩**(付)語の活用**

しも-ねた ⓪【下ねた】名 性に関する下品な話題。

じ-もの ⓪【地物】名 その土地に産する物。

しも-ばしら バ【霜柱】名 土の中の水分がこおって、柱状の結晶になったもの。冬「―が立つ」

しも-はんき ハ【下半期】名 会計年度などの一年のうちの、あとの半分の期間。下期。「―の決算」↕上半期(かみはんき)。

しも-ぶくれ ⓪/フ【下膨れ】【下×脹れ】名 ❶下のほうがふくらんでいること。❷ほおのゆたかにふくらんだ顔。

しも-ふり ⓪【霜降り】名 ❶霜がおりたように、白い斑点(はんてん)のあるもの。こまかな白い斑点の模様のある織物・染め物。「―の洋服」❷魚や鶏(とり)肉などを熱湯に通したもの。❸牛肉で、脂肪が網の目のようにはいっているもの。

しも-べ ⓪【下▲部・▲僕】名 文章語 雇われて雑事をする人。召使い。

しもむら-こじん《下村湖人》一八八四—一九五五。小説家・教育家。本名は虎六郎(ころくろう)。著書に「次郎物語」「論語物語」など。

しも-やけ ⓪【霜焼け】名 寒さで、手足や耳などの血のめぐりがわるくなり、赤くはれること。冬

しも-やしき ヤ【下屋敷】名 郊外などにある別邸。↕上(かみ)屋敷。参考 主に江戸時代、大名の家についていう。

しも-よ モ【霜夜】名 霜のおりるようなさむい夜。冬

しも-よけ ⓪【霜よけ】【霜▲除】名 草木が霜にあたらないように、わらなどでおおいをすること。霜がこい。冬

し-もん ⓪【指紋】名 ゆびさきの内がわの皮膚にある弓状・

し

渦状のすじ。また、それが物にふれたあと。

し-もん ⓪【試問】名 他サ 質問して試験すること。「口頭―」

し-もん ⓪【諮問】名 他サ 上の者が下の者や機関に意見を求めること。「―機関」

じ-もん ⓪【地紋】名 布地に織りだした、または、染めだした模様。

じ-もん ジ【寺門】名 ❶寺院の門。❷園城寺。↕山門。

じ-もん ⓪【自問】名 他サ 自分の心にたずねること。**―自答** ⓪ 名 自サ 自分でといをだして、自分でこたえること。「―しても答えがみつからない」

しゃ【写】造 ❶うつす。「写経・写実・写生・描写・複写・模写」❷フィルムにうつす。「写真・映写・実写・接写・被写体」

しゃ【社】㊀造 ❶やしろ。ほこら。「社殿・社務所・神社・大社」❷あつまり。なかま。組織。「社会・社交・社中・会社・結社」㊁接尾 ❶団体名につける語。「同志社・赤十字社」❷神社・会社など、「社」のつくものを数える。「五〇―を傘下に収める企業」㊂ジャ 名 造 法人格をもつ団体。会社。「―の方針」「社債・社用・公社・商社・出社・退社・本社・新聞社・通信社・旅行社」

しゃ【車】造 ❶くるま。「車軸・滑車・水車・拍車・風車」❷車輪で動くのりもの。「車庫・車種・車体・汽車・駐車・自動車・輸送車・四輪車」

しゃ【×炙】造 ❶あぶる。焼いた肉。「膾炙」❷親しむ。「親炙」

しゃ【者】造 ❶…をするもの。人。「医者・学者・勝者・読者・役者・技術者・第三者・当事者・被害者・未成年者」❷ことがら。事物。「前者・二者択一」

しゃ【×洒】造 さっぱりしている。洗練されている。「洒脱・洒落・瀟洒」

しゃ【砂】造 すな。「土砂・白砂」[別音さ|砂]

しゃ【捨】造 ❶すてる。「捨象・捨身・取捨・用捨・四捨五入」❷ほどこしをする。「喜捨」

しゃ【赦】造 ゆるす。「赦罪・赦免・恩赦・特赦・容赦」

しゃ【×奢】造 おごる。ぜいたくをする。「奢侈・華奢・驕奢・豪奢」

しゃ【煮】造 にる。にえる。「煮沸」

しゃ【遮】造 さえぎる。おおう。「遮光・遮断・遮蔽」

しゃ【謝】造 ❶ことわる。たつ。「謝絶・謝肉祭」❷礼をのべる。むくいる。「謝金・謝辞・謝礼・感謝・月謝・深謝」❸あやまる。わびる。「謝罪・陳謝」❹さる。おとろえる。「新陳代謝」**謝する** 自他サ

しゃ【×瀉】造 ❶そそぐ。流し出す。「瀉血・一瀉千里」❷はく。「吐瀉」

しゃ【×藉】造 ❶かこつける。「藉口」❷いたわる。「慰藉」[別音せき|藉]

しゃ シャ【舎】名 造 ❶建物。「駅舎・官舎・校舎・宿舎・兵舎・寄宿舎」❷自分の兄弟をへりくだっていう語。「舎兄・舎弟」❸梵語の音訳に使う。「舎利」

しゃ【射】㊀シャ 名 造 弓をいること。弓術。「騎射」㊁造 ❶たまをうつ。「射撃・発射・乱射」❷いきおいよく出る。「射出・射精・注射・放射」❸ねらう。「射幸心」

しゃ ⓪【×紗】名 造 生糸をからみあわせ、うすくすきとおるように織った織物。「金紗・羅紗」

しゃ ⓪【斜】名 造 ななめ。「斜線・斜面・斜陽・傾斜」**―に構える** ❶武器をななめに持ってかまえる。❷あらたまった態度をとる。❸物ごとにまともに対処しないで、皮肉や遊びの態度で対する。はすにかまえる。

し-や シ【視野】名 ❶目に見える範囲。「―がひらける」❷顕微鏡・望遠鏡などで一度に見える範囲。❸ものを見たり、かんがえたりする範囲。識見。「―のひろい人」

じゃ ジャ【邪】名 造 正しくないこと・もの。不正。「邪悪・邪心・邪道・無邪気」↕正。

じゃ ジャ【蛇】名 造 大きなへび。「蛇腹・大蛇・毒蛇」[別音だ|蛇] **―の道は蛇** 同類のもののすることは、その同類のものがよく知っているものだ。

じゃ ㊀ジャ 接続 では。それでは。「―さようなら」㊁助 …では。「これ―まにあわない」

じゃ 助動 〔ジャロ・ジャッ・ジャ・ジャ・〇・〇〕〔室町時代以降、「である」の変化「であ」から成立〕❶断定をあらわす。…だ。…である。「そう―」「わし―。いま帰った」参考 文学作品やドラマなどでは、古風なあるいは登場人物が高齢者であることを示す言い方としても用いられる。❷古語 親族の続柄や資格などを示す。「兄―人」「親―人」参考 ❷は連体形「ぢゃ」だけの用法。

ジャー ジャ〈jar〉名 〔「壺」の意〕広口の魔法びん式の容器。二重びんの間に真空の層をつくって、内部の温度を長時間一定に保たせる。

ジャーク ジャ〈jerk〉名 重量挙げの一種目。バーベルをいったん胸の上に引き上げ、その後反動をつけて一気に持ち上げる。↕スナッチ。

じゃ-あく ⓪【邪悪】形動 〔ダロ・ダッ・デ・ニ・ダ・ナ・ナラ・〇〕 ひねくれていて、わるいようす。「―な心」

シャーク-スキン キ〈sharkskin〉名 〔サメの皮の意〕さめの皮のような手ざわりに仕上げた織物。

ジャーゴン ジャ〈jargon〉名 特定の集団で使われることば。職業語。

ジャージ(ー) ジャ〈jersey〉名 ❶乳牛の一種。❷メリヤス編みに編んだ柔らかくて伸び縮みのする洋服地。❸〔この用法では多く⓪〕ラグビー・サッカーなどのユニホームのシャツ。

しゃあ-しゃあ シャ2 (と)副 自サ あつかましくて恥を知らないようす。「おこられても―している」

ジャージャーメン ジャ2【中×炸×醬麺】名 中国山東省を起源とする中国料理。野菜と、甘みのある肉味噌を麺にのせて食べる。

ジャーナリスティック ティ〈journalistic〉形動 〔ダロ・ダッ・デ・ニ・ダ・ナ・ナラ・〇〕 新聞・雑誌・放送などに関係するようす。

ジャーナリスト リ〈journalist〉名 新聞・雑誌などの記者・編集者や、報道機関の仕事をする人。

ジャーナリズム リ〈journalism〉名 新聞・雑誌・放送などの報道事業。

ジャーナル ジャ〈journal〉名 新聞・雑誌などの定期刊行物。

シャープ シャ〈sharp〉㊀形動 するどいようす。鋭敏。㊁名 ❶楽譜で、音を半音高くする記号。嬰記号。「#」↕フラット。❷「シャープペンシル」の略。**―ペンシル** ペ〈sharp pencil〉名 〔和製英語〕細いしんを中からくり出して使う鉛筆。シャーペン。

シャーベット シャ〈sherbet〉名 果汁に香料・甘味料を加えてこおらせたもの。冷菓。(夏)

シャーマニズム 三〈shamanism〉名 祈禱やまじないを中心とする原始宗教。アジア北部に多い。巫術。

シャーマン シャ〈shaman〉名 神、精霊などと直接交渉を行い、予言や治療を行う能力を持つ人。

ジャーマン〈German〉造 ドイツの。ドイツ風の。「―シェパード」「―ポテト」

シャーレ シャ〈ドSchale〉名 検査や実験のときに使う、ふた

つきの丸く浅いガラス皿。

しゃ-い [シャ]【謝意】[名] ❶感謝の気持ち。❷謝罪の心。「―を表す」

シャイ [シャ]〈shy〉[形動] [ダロ―ダッ・デ・ニ ダ―ナ―ナラ―〇] 内気なようす。はにかみやすいようす。

ジャイアント [ジャ]〈giant〉[名] ❶巨人。大男。❷偉人。

ジャイロコンパス [コ]〈gyrocompass〉[名] ジャイロスコープの性質を利用した、磁石を使わない羅針盤。

ジャイロスコープ [コ]〈gyroscope〉[名] 回転儀。

しゃ-いん [0]【社印】[名] ❶会社が公式に使用する、会社名の入った印判。社判。❷神社の印判。

しゃ-いん [シャ]【社員】[名] ❶その会社につとめている人。会社員。❷社団法人の構成員。 **―食堂** [ショ][名] 社員用の食堂。社食。

じゃ-いん [0]【邪淫】[名]〘仏〙男女間の不正で、みだらな情欲。「不―戒」

しゃ-うん [0]【社運】[名] 会社の運命。「―を賭けた事業」

しゃ-えい [0]【射影】[名] ❶物体のうつったかげ。投影。❷〘数〙平面上の一つの図形のすべての点と、図形外の一点とをむすぶ直線。「―幾何学」

しゃ-えい [0]【斜影】[名] ななめにうつったかげ。

しゃ-おく [シャ]【社屋】[名] 会社がはいって、業務をとっている建物。

しゃ-おん [0]【謝恩】[名] 受けた恩に感謝すること。 **―会** [オ][名] 卒業時に生徒が教師への感謝を表して開く会。

しゃか《釈迦》〈ボン Sakya〉❶仏教の祖。釈迦牟尼。釈尊。❷古代インドの種族の名。 **―に説法** その道を知りつくしている人に対して、その道の講義をすること。説く必要のないことのたとえ。

しゃ-が [シャ]【車×駕】[名]〔文章語〕❶くるま。のりもの。❷天皇の乗るくるま。

しゃ-が [シャ]【射▲干・×胡×蝶▲花】[名] アヤメ科の常緑多年生植物。剣状の葉をむらがりだし、五月ごろ、黄色い斑点のあるむらさき色をおびた白色の花をつける。

ジャガ【じゃが】[造] じゃがいも。「―バター」「新―」「肉―」

ジャガー [ジャ]〈jaguar〉[名] メキシコから中央・南アメリカにすむネコ科の猛獣。アメリカひょう。

ジャカード [カ]〈jacquard〉[名] ジャカード織機で織られる、厚みのある紋織りの布。ジャカード織り。

しゃ-かい [シャ]【社会】[名] ❶組織を作り、互いに結びつきをもちながら生活している人間の集まり。「現代―」「地域―」 [参考] 集団生活をする動物についても、「猿の―」のように使う。❷共通の身分と仲間意識をもった人々が作っている集まり。「芸人の―」「貴族―」 [参考] この「社会」は「世界」に近いが、「世界」が他から区別され独立したものというふうにとらえられるのに対し、「社会」はそれ独自の組織をもったものというふうに、内部的にとらえられる。「子どもの世界」と「子どもの社会」とはちがう。❸学校や家庭の外において、一般の人々が作っている組織。世の中。世間。「卒業して―に出る」「―の風は冷たい」 **―悪** [カ][名] 社会生活に伴ってどうしても起こる害悪。貧困・犯罪など。 **―運動** [ウ1][名] 社会の進展・改革をめざす運動。 **―科** [0][名] 社会人としての知識・能力をつけるため、政治・経済・地理・歴史などをまなぶ小・中・高等学校の教科目。 **―科学** [カ2][名] 社会のいろいろな現象を研究する学問の総称。政治学・経済学・法律学・社会学・教育学など。↕自然科学・人文科学。 **―学** [カ][名] 人間の共同生活にみられるいろいろな現象の原理・法則・歴史などを研究する学問。 **―教育** [キヨ][名] 学校・家庭以外の場でおこなわれる組織的な教育活動。↕学校教育・家庭教育。 **―言語学** [ゴ][名] 言語が社会や集団の中でどのように使われているかということを研究する学問。 **―現象** [ゲ][名] 社会の多くの人びとから注目され、話題となるできごと。ブーム。 **―事業** [ジ][名] 社会の人々の生活改善のためにおこなわれる事業。 **―主義** [シュ][名] 生産手段を共有し、その民主的な経営によって自由平等な社会をつくろうとする政治理論。↕資本主義。 **―人** [カ][名] 学校を出て、社会の一員として働いている人。 **―性** [0][名] 社会に適応する性格。社会一般に通じる性質。「―のある放送番組」 **―生活** [セ][名] 社会の一員としての生活。職業をもつ社会人としての生活。↕家庭生活・学校生活。 **―正義** [セ][名] 社会全般に通用する正義。 **―政策** [セ][名] 労働者の生活の改善および労使関係の合理化を目的として、国家がおこなう政策。 **―通念** [ツ][名] 社会全般に通用する、あたりまえの判断・常識。 **―的** [0][形動] 社会の制度や生活と密接にかかわるようす。「―責任」 **―的費用** [ヒ][名] ⬇ソーシャルコスト。 **―鍋** [ナ][名] 救世軍が年末などに、まずしい人を救うための献金を受けるなべ。また、その募金活動。慈善なべ。㊇ **―の窓** 〔俗語〕〔主に男性の〕はいているズボンの前にあるファスナー。「―があいている」 **―福祉** [ク][名] ❶社会の人々の幸福。❷国の生活扶助を受けている人・身体障害者・児童などに対して、自立を助け援護の手をさしのべること。 **―福祉士** [シ1][名] 心身や環境上の理由によって日常生活を送るのに支障がある人の相談に応じ、助言や指導を行う専門職。 **―復帰** [フ][名] 病気・けがなどで働くことができなかった人が、治療をし、職業訓練などを受けて、再び就職し、社会生活を営むようになること。 **―奉仕** [ホ][名] 報酬をもとめないで社会の利益・幸福をはかるおこない。 **―保険** [ホ][名] 社会政策上、労働者などの損害の補償や生活の保護を目的とする保険。社保。 **―保障** [ホ][名] 社会保険などによって個人の生活を国家がまもること。 **―民主主義** [シュ2][名] 民主主義的な手段によって、社会主義社会の実現をはかる政治理論や行動。 **―面** [カ][名] 新聞で、主として世間のできごとをのせている紙面。三面。 **―問題** [モ][名] 社会の矛盾や欠陥からおこる問題。

しゃ-がい [シャ]【社外】[名] 会社の外部。↕社内。

ジャガ-いも [0]【じゃが芋】[名]〔「ジャガタラいも」の略〕ナス科の多年生植物。地下茎の変形したいもは食用。ばれいしょ。㊙

じゃ-かご [0/ジャ]【蛇籠】[名] 鉄線・竹・やなぎの枝などで編んだ、まるくて細長いかごに石をつめたもの。河川工事などにつかう。

しゃか-さんぞん [シャ/サ]【▲釈×迦三尊】[名] 釈迦の像を中心にして、その両側に文殊・普賢の両菩薩、あるいは薬王・薬上の両菩薩を配した仏像配置の形式。

ジャガタラ [0]〈オ Jacatra〉[名] ❶インドネシア共和国の首都ジャカルタの古称。また、ジャワ島。❷ジャガタラいも。㊙ **―芋** [ラ][名]〔江戸時代の初めにジャガタラから伝えられたことから〕ジャガいも。㊙

しゃ-かっこう [カ]【斜滑降】[名] スキーで、斜面をななめにすべりおりること。

しゃか-にょらい《釈迦如来》釈迦の尊称。如来は真理を体現した人の意。

しゃがみ-こ・む [コ]【[×]蹲み込む】[自五] [マ・モ―ミ・ン ム―ム―メ―メ] しゃがんでその場にじっとしている。「貧血を起こして―」

しゃが・む [0]【[×]蹲む】[自五] [マ・モ―ミ・ン ム―ム―メ―メ] うずくまる。かがむ。

しゃがめる 自下一「…できる」
しゃかむにぶつ《釈迦牟尼仏》釈迦の尊称。
しゃかりき 0 名 形動〔俗語〕大車輪。一生懸命。「―になる」
しゃが・れる 0【×嗄れる】自下一 声がかすれる。しわがれる。
しゃ・かん 0【左官】名 ⇨さかん。
しゃ・かん 0【車間】名 前後して走っている自動車と自動車の間。「―距離」
しゃ・かん 0【舎監】名 寄宿舎の監督者。
しゃ・がん シャ【砂岩】名 ⇨さがん。
しゃ・がん 0【斜眼】名〔文章語〕❶顔を正面に向けたまま、横の方を見る目つき。ながし目。横目。❷斜視。
しゃ・がん 0【×赭顔】名〔文章語〕あからがお。
じゃ・かん 0【蛇管】名 ❶らせん状のくだ。❷ゴム・ズックなどの長いくだ。ホース。
しゃ・ぎ シャ【謝儀】名 謝礼。謝礼の気持ちをあらわす贈り物。お礼。
じゃ・き シャ【邪気】名 ❶病気や不幸をまねくという気。「―をはらう」❷悪意。わるぎ。「―はない」↔無邪気。
シャギー シャ〈shaggy〉名（「毛むくじゃら」の意）❶毛足の長い毛織物。❷毛先をわざとふぞろいにして、髪に動きを持たせるヘアスタイル。
しゃき・しゃき シャ（と）副 自サ ❶食べ物をかんだとき、歯切れのよい感覚。また、そのときに出る音。「―したセロリの食感」❷元気で活発に行動するようす。
しゃきっ・と キ 副 自サ ❶元気よく、いきいきしたようす。しゃっきり。「―背筋をのばす」❷歯切れがよくて、しまりのあるようす。「―した歯ごたえ」
しゃ・きゅう 0【砂丘】名 ⇨さきゅう。
しゃ・きょう 0【写経】名 経文を書きうつすこと。また書きうつした経文。
しゃ・ぎょう シャ【社業】名 会社の事業。
じゃ・きょう 0|シャ【邪教】名 人心をまどわしたり、社会道徳を乱すような宗教。↔正教。
じゃ・きょく シャ【邪曲】名〔文章語〕まちがったこと。不正。
しゃ・きょり キョ【射距離】名 射程。
しゃ・きん 0【砂金】名 ⇨さきん。
しゃ・きん 0【謝金】名 お礼のかね。礼金。
しゃく【×灼】造 やく。やける。あかくなる。「灼然・灼熱・焼灼」
しゃく【赤】造 あか。あかい。あからむ。「赤光・赤銅」〔別音せき|赤〕
しゃく【借】造 ❶かりる。「借金・借地・借用・貸借・拝借」❷みのがす。かす。「仮借」
しゃく【釈】㊀造 ❶とく。説明する。「釈明・釈然・解釈・注釈・通釈」❷ゆるす。自由にする。「釈放・保釈」❸とける。とかす。「希釈」㊁接頭 僧や法名の上につける語。「釈空海」
しゃく【爵】造 貴族の階級。「爵位・公爵・伯爵」
しゃく シャ【×勺】名造 ❶尺貫法の容積の単位。一升の百分の一。約〇・〇一八リットル。「二合五勺」❷尺貫法の面積の単位。坪の百分の一。約〇・〇三三平方メートル。
しゃく【尺】㊀ク 名造 ❶尺貫法の長さの単位。一尺は一寸の十倍。約三〇・三センチメートル。「尺八・尺貫法・寸尺」❷長さ。たけ。「―をつめる」「尺度・縮尺」❸ものさし。「鯨尺・曲尺」㊁造 わずか。すこし。「尺寸・尺地」〔別音せき|尺〕 ―を取・る ものさしで長さをはかる。
しゃく シャ【×杓】名造 ひしゃく。「杓子・茶杓・柄杓」
しゃく【酌】㊀0 名造 酒をさかずきにつぐこと。「―をする」「酌婦・独酌・媒酌・晩酌」㊁造 事情をくみとること。「酌量・参酌・斟酌」
しゃく シャ【×錫】名造 すず。銅。それでつくったつえ。「錫杖・巡錫」
しゃく 0【×癪】㊀名造 ❶胃けいれん・胆石などによる、胸・腹部の痛み。さしこみ。「―を起こす」❷かんしゃく。いかり。「癇癪・小癪」㊁形動 腹の立つようす。「―なやつ」 ―に障・る 気分を害する。いらいらさせられる。 ―の種 腹の立つ原因。
しゃく シャ【×笏】名 束帯のとき、右手にもつもの。長さ約三七センチメートル、はば約六センチメートルのうすい板。
し・やく 0|シ【試薬】名 化学分析で、ある物質を検出するのに使う薬品。
じゃく【若】造 ❶わかい。「若年・若輩・若齢」❷いくらか。「若干」❸状態を表す。「自若・瞠若」❹「若狭（旧国名）」の略。「若州」
じゃく【×雀】造 すずめ。「雀躍・雀羅・燕雀」
じゃく【×惹】造 ひく。まねく。「惹起・惹句」
じゃく【弱】㊀ジャ 名造 ↔強。❶弱いこと。また、そのもの。「強をくじき、―をたすける」「弱視・弱震・弱体・衰弱・軟弱・貧弱」❷その数よりは、すこし足りないことを示す語。「五十八人」を「六十人弱」という類。㊁造 わかい。「弱冠・弱年・弱輩」
じゃく シャ【寂】㊀名造 仏教で涅槃の境地。僧の死去。「寂滅・入寂」㊁（と）副 造 ひっそりとしているようす。「―として声なし」「閑寂・静寂・幽寂」 寂・する 自サ〔別音せき|寂〕
じ・やく 0【持薬】名 ふだん飲んでいるくすり。
しゃく・い シャ【爵位】名 貴族の階級。爵。公・侯・伯・子・男の五階級があった。
しゃく・う 0【×杓う】他五 すくう。しゃくる。「ひしゃくで水を―」
ジャクージ ク〈jacuzzi〉＝ジャクジー 名（商標名）気泡の出てくる風呂。参考 しばしば「ジャグジー」と表記・発音される。
じゃく・おん 0【弱音】名 よわい音。小さな音。 ―器 オ 名 弦・管楽器にとりつけて、その音をよわくし、また独特の音色を出させる器具。ミュート。
しゃく・ぎ シャ【釈義】名 意義を説明すること。解釈。
しゃく・ざい 0【借財】名 自サ 人からかねをかりること。また、かりたかね。借金。負債。借銭。
しゃく・し シャ【×杓子】名 飯やしるをすくう器具。しゃもじ。 ―定規 ジョ 名 形動 形式にとらわれて、ゆうずうのきかないこと。「―なやり方」
しゃく・し シャ【釈氏】名〔文章語〕❶釈迦。❷僧のこと。釈門。
しゃく・じ 0【借字】名 漢字の意味にかかわらず音や訓の読みを借りて書き表す方法。万葉仮名など。
じゃく・し 0【弱志】名 意志の弱いこと。
じゃく・し 0【弱視】名 めがねでおぎなうことのできないほど視力の弱いこと。
しゃく・じめ 0【尺じめ】【尺×〆】名 木材の体積の単位。ふつう一尺角の二間材の体積。約〇・三三立方メートル。
じゃく・しゃ ジャ【弱者】名 弱くて、力のないもの。↔強者。
しゃく・しゃく 0【×綽×綽】（と）副 たる連体 ゆとりのある

ようす。ゆったりしたようす。「余裕—」

じゃく-じゃく [0]【寂寂】[と副][たる連体]〔文章語〕❶ひっそりとしたようす。❷何も考えないようす。無念無想のさま。「空々—」

じゃく-しゅう《若州》➡わかさ(若狭)。

しゃく-しょ [ヤ]【市役所】[名] 市の行政事務をとる役所。市庁。

しゃく-じょう [0]/[ク]【×錫×杖】[名] ❶僧・修験者(しゅげんじゃ)の持つつえ。しゃく。❷祭文(さいもん)語りが持って、調子をとる道具。

しゃくじょう❶

じゃく-しょう [0]【弱小】[名][形動(の)] ❶弱くて小さいこと。「—な企業」↔強大。❷としが若いこと。弱年。「—の身」

じゃく-じょう [0]【寂静】㊀[名][形動]〔文章語〕ものしずかなようす。ひっそりとしたようす。㊁[名]〔仏〕煩悩(ぼんのう)を離れ、苦しみを絶った解脱(げだつ)の境地。

じゃく-しん [0]【弱震】[名] ❶弱い地震。❷地震の強さの旧階級。家がゆれ、戸・障子などが音をたてる程度の地震。震度3。

じゃく・する [ス]【寂する】[自サ]〔シ・セ・サ—シ—スル—スル—スレ—シロ・セヨ〕〔文章語〕僧が死去する。入寂する。**じゃく・す** [文語サ変]

しゃく-すん [0]【尺寸】[名] ほんのわずかばかり。せきすん。「—の地」

しゃく-せん [セ]【借銭】[名] 人からかねを借りること。借りたかね。借金。借財。

しゃく-ぜん [0]【釈然】[と副][たる連体] 疑いや、恨みがとけて晴れ晴れするようす。「あの説明では—としない」

じゃく-そつ [0]【弱卒】[名] 弱い兵士。弱兵。「勇将のもとに—なし」

しゃく-そん《釈尊》 釈迦(しゃか)の尊称。

しゃく-だい [0]【釈台】[名] 講釈師の前に置く台。

じゃく-たい [0]【弱体】[名][形動(の)] ❶弱いからだ。❷組織・体制などの弱いようす。「あの組合は—だ」「—化」

しゃく-ち [シャ]【尺地】[名]〔文章語〕➡せきち。

しゃく-ち [0]【借地】[名] 借りた土地。

じゃ-ぐち [0]【蛇口】[名] 水道管などの先にとりつけた、くちがね。

しゃく-ちょうくう《釈迢空》➡おりくちしのぶ。

じゃく-てき [0]【弱敵】[名] 弱い敵。弱い相手。↔強敵。

じゃく-てん [テ]【弱点】[名] 不完全な、または不十分なところ。問題にされると困るところ。欠点。短所。弱み。「敵の—を攻める」「—を握られる」⇩欠点[参考]。

じゃく-でん [0]【弱電】[名]↔強電。❶通信用・家庭用のよわい電流。❷弱電を使う電気機器。「—メーカー」

しゃく-ど [シャ]【尺度】[名] ❶ものさし。❷長さ。❸ものをはかる基準。「価値の—」

しゃく-どう [0]/[ク]【赤銅】[名] 銅に、金を二(パーセント)〜八(パーセント)加えた黒紫色の合金。「—色」

しゃくとり-むし [リ]【尺取虫】[名] シャクガ科のがの幼虫。人が親指と人差し指で長さをはかるような歩行をする。しゃくとり。すんとりむし。(夏)

しゃく-なげ [0]【▲石×楠▲花】[名] ツツジ科の常緑低木。初夏、淡紅色の花をつける。山地にはえ、また観賞用につくる。(夏)

しゃくなげ

じゃくにく-きょうしょく [0]【弱肉強食】[名] 弱いものが強いものの犠牲になること。

しゃく-ねつ [0]【×灼熱】[名][自サ] 焼けてあつくなること。焼けるようにあついこと。「—の太陽」(夏)

じゃく-ねん [0]【若年・弱年】[名] としがわかいこと。また、その人。弱齢。[参考]「弱年」「弱輩」がもとの書きかた。

じゃく-ねん [0]【寂然】[と副][たる連体]〔文章語〕ひっそりとしずかなようす。せきぜん。「—たる神域」

じゃく-はい [0]【若輩・弱輩】[名] ❶としのわかい人。年少者。❷未熟者。あおにさい。⇩若年[参考]。

しゃく-はち [0]【尺八】[名] 竹でつくった楽器の一つで、長さ一尺八寸(約五十四センチメートル)くらいのたてぶえ。

尺八

しゃく-ふ [シャ]【酌婦】[名] 下級の料理屋などで、客の接待をする女。

しゃく-ぶく [0]【▲折伏】[名][他サ] 邪悪な心や煩悩をくじいて仏に心服させること。

じゃく-へい [0]【弱兵】[名] 弱い兵士。弱卒。

しゃく-ほう [0]【釈放】[名][他サ] とらえていたものをゆるして自由にすること。「仮—」

しゃく-ま [0]【借間】[名] 借りて住むへや。

しゃ-ぐま [0]【▲赤熊・×赭熊】[名] ❶あかく染めたやくの尾の毛で、払子(ほっす)などに使うもの。❷ちぢれ毛でつくった入れ毛。また、それを用いた日本髪の結い方。

じゃく-まく [0]【寂×寞】[名][と副][たる連体]〔文章語〕ものさびしく、静かなこと。せきばく。

しゃく-めい [0]【釈明】[名][他サ] 事情を説明して理解を求めること。「—を求める」

じゃく-めつ [0]【寂滅】[名]〔仏〕❶なやみをはなれて、さとりの境地にはいること。❷死ぬこと。**—為楽**(いらく) [イ][名]〔仏〕寂滅の境地を真の安楽とすること。

しゃく-もち [0]/[チ]【しゃく持ち】【×癪持】[名] しゃくが持病であること。また、その人。

しゃく-もん [0]【釈門】[名]〔文章語〕僧。釈氏。

しゃく-もん [0]【借問】[名][他サ]〔文章語〕➡しゃもん。

しゃく-や [0]【借家】[名] 借りて住む家。借りや。「—ずまい」↔貸家。

しゃく-やく [0]【×芍薬】[名] ボタン科の多年生植物。高さ、約六〇(センチメートル)。初夏に赤・白などの大きな花をつける。観賞用。根は薬用。えびすぐさ。(夏)

じゃく-やく [0]【×雀躍】[名][自サ] よろこんでこおどりすること。「欣喜(きんき)—」

しゃく-よう [0]【借用】[名][他サ] 借りて使うこと。

しゃく-らん [0]【借覧】[名][他サ] 本を借りて読むこと。

しゃくり [シャ]【×吃▲逆・×噦】[名] ➡しゃっくり。

しゃくりあ・げる [0]/[ゲ]【しゃくり上げる】[自下一]〔ゲ・ゲ—ゲル—ゲル—ゲレ—ゲロ・ゲヨ〕声を吸いこむような動作をくり返しながら泣く。**しゃくりあ・ぐ** [文語下二]

しゃくり-なき [0]【しゃくり泣き】[名] しゃくりあげて泣くこと。

しゃく-りょう [ク]【借料】[名] ものを借りてはらうかね。かりちん。

しゃく-りょう [0]【酌量】[名][他サ] 事情をくみとること。斟酌(しんしゃく)。「情状—の余地なし」

ジャグリング [0]〈juggling〉[名] 複数の球・棒・ナイフなどを空中に投げたり受けたりする曲芸。

しゃく・る [0][他五]〔ラ・ロ—リ・ッ—ル—ル—レ—レ〕❶くぼむようにえぐる。❷すくい取る。しゃくう。❸すくうようにして上げる。「あごを—」

しゃくれる [自下一]〔…できる〕

じゃく-れい ⓪【弱齢】名〔文章語〕弱年。若年。

じゃく-れる ⓪ 自下一 (レレ・レレ・レル・レル・レレ・レレ*) 中ほどが、くぼんでいる。

じゃくれん《寂蓮》一一三九?-一二〇二。平安時代後期の僧・歌人。「新古今和歌集」の編者のひとり。家集「寂蓮法師集」がある。

しゃく-ろく ⓪【爵×禄】名〔文章語〕爵位と俸禄ほうろく。

しゃ-くん ⓪【社訓】名 社員が職務を果たす指針として定められたことがら。

しゃけ シャ【×鮭】名 ⇩さけ。

しゃ-け シャ【社家】名 代々、神職の家がら。

しゃ-けい ⓪【舎兄】名 他人に対して自分の兄をさしていう語。↕舎弟。

しゃ-げき ⓪【射撃】名 他サ 銃砲をうつこと。「一斉—」

しゃ-けつ ⓪【×瀉血】名 自サ 高血圧・脳出血などの治療のために、静脈じょうみゃくから血を流し出させること。

ジャケツ ⓪ 名 毛糸で編んだ上着。㊁冬 参考「ジャケット❶」がなまり、意味も限られた語。

ジャケット ジャ/ケ〈jacket〉名 ❶替え上着をふくむ、洋服の上着の総称。❷レコード・CDの外側のカバー。

しゃ-けん ⓪【車券】名 競輪で、優勝者にかけて買う券。

しゃ-けん ⓪【車検】名 法律に基づき期限をきめておこなう自動車の車体検査。

じゃ-けん ⓪【邪見】名〔文章語〕まちがった見かた。よこしまな考えかた。正しくない見かた。「—をすてよ」

じゃ-けん ジャ【邪険・邪×慳】形動 (ダロ・ダッ・デ・ニ・ダ・ナ・ナラ・〇) 人に対し、意地わるく冷たいようす。「—にする」

しゃ-こ シャ【車庫】名 電車・自動車などの車両を入れておく建物・場所。

しゃ-こ シャ【×硨×磲】名 シャコガイ科の最大の二枚貝。貝がらの長さは五〇～一〇〇センチメートル、内面は真珠光沢があり、装飾品・印材用。肉は食用。しゃこがい。

しゃ-こ シャ【×蝦×蛄】名 シャコ科の節足動物。えびに似る。海岸の砂やどろに穴を掘ってすむ。食用。㊁夏

しゃ-こ シャ【×鷓×鴣】名 キジ科の一群の鳥の総称。うずらに似る。

じゃ-こ ジャ【▲雑▲魚】名〔「ざこ」の変化〕いろいろのこざかな。「ちりめん—」

しゃ-こう ⓪【社交】名 人々がたがいにつきあうこと。世の中のつきあい。**—界**かい コ名 上流の人たちの交際の社会。**—辞令**じれい ジ名 社交のための、あいそうのよい応対のことば。おせじ。外交辞令。**—性**せい ⓪名 人づきあいのうまい性質。**—ダンス** ダ名 宴会・ダンスホールなどで男女ふたりが組んでおどるダンス。ソシアルダンス。**—的**てき ⓪形動 人づきあいのうまいようす。「—な性格」

しゃ-こう ⓪【車高】名 自動車のタイヤの接地面から屋根の最上部までの高さ。「—制限のあるガード」

しゃ-こう ⓪【射幸】【射×倖】名〔文章語〕偶然の利益を得ようとすること。**—心**しん コ名 まぐれあたりをねらうこころ。「—をあおる」

しゃ-こう ⓪【斜光】名 ななめにさす光。

しゃ-こう ⓪【斜坑】名 鉱山や炭坑で、ななめに掘った坑道。↕立て坑・横坑。

しゃ-こう ⓪【遮光】名 自サ 光をさえぎること。「—栽培」

しゃ-こう ⓪【×藉口】名 自サ〔文章語〕〔「藉」は借りる、かこつけるの意〕口実にすること。かこつけ。

じゃ-こう ⓪【×麝香】名 薬料・香料の名。じゃこう鹿のおすの分泌物を乾燥したもの。**—鹿**じか コ名 ジャコウジカ科の哺乳ほにゅう類。おすは腹部に麝香腺じゃこうせんをもつ。アジア東部に分布。**—猫**ねこ ネ名 ジャコウネコ科の哺乳類。いたちに似て、めす・おすともに麝香腺をもつ。東南アジアに分布。

しゃ-こく ⓪【社告】名 会社・新聞社などが出すしらせ。

シャコンヌ コ〈フ chaconne〉名 スペインの舞曲を起源とする、ゆるやかな三拍子の器楽曲。

しゃ-さい ⓪【社債】名 会社が資金を一般の人々から借りるために発行する債券。

しゃ-さい ⓪【車載】名 他サ 荷物や設備などを車にのせること。「—カメラ」「工具を—する」

しゃ-ざい ⓪【謝罪】名 自他サ つみや、あやまちをわびること。

しゃ-さつ ⓪【射殺】名 他サ 銃でうって殺すこと。

しゃ-し シャ【社史】名 会社の歴史。また、それを記した書物。

しゃ-し シャ【斜視】名 一方の眼の視線が正しく目標を向いていない、目の異常。

しゃ-し シャ【×奢×侈】名 形動〔「奢」も「侈」も、ぜいたくの意〕身分以上におごること。ぜいたく。

しゃ-じ シャ【社寺】名 神社と、てら。寺社。

しゃ-じ シャ【謝辞】名 お礼のことば。

しゃ-じく ⓪【車軸】名 車の軸・心棒。**—を流**ながす 大雨の降るようす。「—ような豪雨」

しゃ-じつ ⓪【写実】名 実際の姿をありのままにうつしだすこと。**—主義**しゅぎ シュ名 物ごとをありのままにえがき出そうとする、芸術創作上の立場。リアリズム。

じゃじゃ-うま ⓪【じゃじゃ馬】名 ❶あばれうま。はねうま。❷わがままで人の言うことを聞かない人。特に、女性についていう。

しゃしゃ-らくらく シャー【×洒×洒落落】(と)副 たる連体〔文章語〕物事にこだわらないようす。性質などがさっぱりしているようす。

しゃしゃり-でる デ【しゃしゃり出る】自下一 (デレ・デレ・デル・デル・デレ・デロ・デヨ)〔俗語〕出なくてもいい場へ、あつかましく出しゃばる。「しゃしゃりでて、よけいなことを言う」

しゃ-しゅ シャ【社主】名 会社の持ち主。

しゃ-しゅ シャ【車種】名 自動車の種類。

しゃ-しゅ シャ【射手】名 ❶弓をいる人。いて。❷銃砲を発射する人。射撃手。

じゃ-しゅう ⓪【邪宗】名 人をまどわす、不正な宗教。参考 江戸時代、キリスト教をさして言った。

じゃしゅうもん《邪宗門》北原白秋きたはらはくしゅうの詩集。一九〇九年刊。異国情緒を盛った官能的、感覚的な象徴詩集。

しゃ-しゅつ ⓪【射出】㊀名 他サ 矢・弾丸などをうちだすこと。㊁名 自他サ 水などがいきおいよく出ること、出すこと。

しゃ-しょう ⓪【社章】名 会社・結社などの記章。

しゃ-しょう ⓪【車掌】名 列車・電車・バスなどで、車内の事務をあつかう乗務員。

しゃ-しょう ⓪【捨象】名 他サ〔哲〕いろいろな事物・現象を抽象するとき、必要以外の要素をすてること。

しゃ-じょう ⓪【写場】名 写真をうつす部屋。スタジオ。また、写真館。

しゃ-じょう ⓪【車上】名 くるまの上。くるまに乗っていること。「—の人となる」**—荒**あらし ア名 駐車中の車の中の金品を盗むこと。また、それをする人。車上ねらい。

しゃ-じょう ⓪【射場】名 ❶弓をいる場所。矢場やば。❷銃砲を、練習や試験のためにうつ所。射撃場。

しゃ-じょう ⓪【謝状】名 ❶お礼の手紙。感謝状。❷お

わびの手紙。陳謝状。

しゃ-しょく ⓪【写植】名「写真植字」の略。

しゃ-しょく ⓪【社食】名「社員食堂」の略。

しゃ-しょく ⓪ シャ【社×稷】名〔文章語〕〔「社」は土地の神、「稷」は穀物の神。昔、天子は宮殿の右にこの二神をまつった〕国家。—**の臣** 国家の運命をせおう重要な家臣。

しゃ-しん【車身】接尾 自転車・自動車のレースなどで、車一台分の長さ。「一—の差をつけた」

しゃ-しん ⓪【写真】名 写真機でうつした印画。—**機** シ 名 写真をとる機械。本体・レンズ・シャッターなどからなる。写真フィルムを使うものと、使わないデジタルカメラがある。カメラ。—**植字** シヨ 名 活字を使わず一字ずつ文字の母型をうつした写真を使って印刷の版を組む方法。写植。—**電送** デ 名 電波によって写真をおくるしくみ。—**版** ⓪ 名 ❶原画の濃淡を、点の大小によってあらわした凸版の総称。写真銅版・写真亜鉛版など。❷出版物に印刷された写真。

しゃ-しん ⓪【捨身】名 ❶修行・報恩のために出家すること。❷身命をすてること。—**成道** ジョ 名 身命をすてて仏道を体得すること。

しゃ-じん ⓪【砂×塵】名 ⬇さじん。

じゃ-しん ⓪【邪心】名 よこしまな心。不正な心。「—を抱く」

じゃ-しん ⓪【邪神】名 よこしまな神。わざわいの神。

しゃ・す シャ【謝す】自他五 サ(ソ)・シ・ス・ス・セ・セ ⬇しゃする。

ジャス ジャ〈JAS〉名〔Japanese Agricultural Standardから〕農産・林産・畜産・水産の製品の全国的統一規格。日本農林規格。

ジャズ ジャ〈jazz〉名 アメリカで、黒人の音楽から発達した、軽快な音楽。

しゃ-すい ⓪【遮水】名 自サ 水が漏れないようさえぎること。特に、汚水などが外部に漏れるのを防ぐこと。「—シート」

じゃ-すい ⓪【邪推】名 他サ 他人の言動を、ひがんで悪い意味・方向に推測すること。「友だちに—された」

ジャズ-シンガー シ〈jazz singer〉名 ジャズの歌手。

ジャズ-ソング ソ〈jazz song〉名 ジャズのうた。

ジャズ-ダンス ダ〈jazz dance〉名 ジャズ音楽のリズムに合わせ、踊るダンス。

ジャスティファイ ジャ〈justify〉名 他サ 正当化すること。

ジャスト ジャ〈just〉副 ちょうど。きっかり。「三時—」—**ミート** ミ〈just meet〉名 他サ〔和製英語〕野球で、タイミングよくバットのまん中にボールを当てること。

ジャズ-バンド バ〈jazz band〉名 ジャズを演奏する楽団。

ジャス-マーク マ〈JAS mark〉名 農産製品などにつける、日本農林規格合格のしるし。一般JAS規格を満たす食品や特産物に付されるもの以外に、特定JASマーク、有機JASマークなどがある。

ジャスミン ジャ〈jasmine〉名 ❶そけい。㊮ ❷ジャスミンの花からとった香料。

しゃ・する ス【謝する】シ・セ・サ・シ・スル・スル・スレ・シロ・セヨ〔文章語〕〔「謝す(五段活用)」とも〕㊀ 自サ いとまごいをして帰る。㊁ 他サ ❶あやまる。わびる。「失礼を—」❷礼を言う。感謝する。「厚情を—」❸ことわる。「面会を—」 **しゃ・す** 文語サ変

しゃ-ぜ シャ【社是】名 会社の基本的精神。また、その主張。

しゃ-せい ⓪【射精】名 自サ 雄の生殖器から、精液を外部へ排出すること。

しゃ-せい ⓪【写生】名 他サ 物事の姿・ようすをありのままに、うつしとること。—**画** ガ 名 じかに実物をみてうつした絵。スケッチ。↕臨画。—**文** セ 名 物事を見たとおりうつしだそうとする文章。

しゃせい-ご ⓪【写声語】名 擬声語。

しゃせきしゅう《沙石集》鎌倉時代中期の仏教説話を中心とした、通俗説話集。編者は無住。

しゃ-せつ ⓪【社説】名 新聞・雑誌で、その社の主張としてのせられる論説。

しゃ-ぜつ ⓪【謝絶】名 他サ ことわること。「面会—」

じゃ-せつ ジャ【邪説】名 よこしまな説。不正な論。

しゃ-せん ⓪【社線】名 私鉄・私営バスの路線。会社線。

しゃ-せん ⓪【車線】名 自動車走行用に、道路上に自動車一台分の幅で作られた区分。レーン。「三—の国道」

しゃ-せん ⓪【斜線】名 ななめに引いた直線。

しゃ-そう ⓪【社葬】名 会社が施主となっておこなう葬儀。

しゃ-そう ⓪【車窓】名 列車・電車・自動車などのまど。

しゃ-そく ⓪【社則】名 会社の規則。

しゃ-たい ⓪【車体】名 車で、人や荷物をのせる部分。ボディー。

しゃ-だい ⓪【車台】名 車体をささえ、車輪をつけるわく。

しゃ-たく ⓪【社宅】名 会社がもっている、社員を住まわせるための住宅。

しゃ-だつ ⓪【×洒脱】形動 ダロ・ダッ・デ・ニ／ダナ・ナラ・〇 俗気がぬけて、さっぱりしているようす。「—な人がら」

しゃ-だん ⓪【社団】名 一定の目的のためにつくられ、それ自身が一個の単一体として存在している団体組織。—**法人** ホ 名 一定の目的を持った人の集団で、法律上の権利・義務の主体であることをみとめられている社団。一般社団法人・公益社団法人・営利社団法人がある。

しゃ-だん ⓪【遮断】名 他サ さえぎりとめること。—**機** ダ 名 鉄道線路のふみきりなどで、人・車の交通をとめる機具。

しゃち シャ【×鯱】名 ❶イルカ科の哺乳類。体長九メートル内外。くじら・あざらしなどを鋭い歯でおそう。さかまた。❷しゃちほこ。

じゃ-ち ジャ【邪知】【邪×智】名〔文章語〕正しくないちえ。わるぢえ。

しゃちこ-ば・る バ 自五 ラ・ロ・リ・ッ・ル・ル・レ・レ ⬇しゃちほこばる。

しゃち-ほこ ⓪【×鯱】名 想像上の動物。海にすむという。しゃち。火よけのまじないとして、宮殿・城郭などの、屋根のむねのはしにしゃちほこをかたどった飾りをつける。—**立ち** ⓪ 名 ❶さかだち。倒立。❷無理算段をすること。無理に力をだしきること。しゃちょこだち。「—してもできない」—**張る** バ 自五 いかめしく構える。緊張してかたくなる。しゃっちょこばる。しゃちこばる。

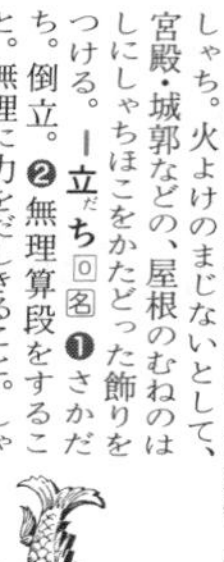

しゃちほこ

しゃ-ちゅう シャ【社中】名 ❶会社の中。社内。❷同門・結社の仲間。

しゃ-ちゅう シャ【車中】名 くるまの中。車内。—**談** チュ 名 政治家などが旅の車の中などでおこなう非公式の談話。

しゃ-ちょう ⓪【社長】名 会社を代表する役。また、その人。参考 ふつう、代表取締役の一人に与えられる肩書き。法定の名称ではない。

シャツ シャ〈shirt〉名 ❶上半身につける西洋ふうのはだ着。❷洋服の上着の下に着る衣類。ワイシャツ。

しゃっ-か ⓪【借家】名〔「しゃくか」の変化〕借りているいえ。しゃくや。

じゃっ-か ⓪【弱化】名 自他サ〔「じゃくか」の変化〕弱くなること。弱くすること。弱体化。↕強化。

ジャッカル ジャ〈jackal〉名 西南アジア・アフリカにすむイヌ科の哺乳(ほにゅう)類。夜行性で、腐肉・小動物などを食べる。

しゃっ-かん ⓪【借款】名〔「しゃくかん」の変化〕国際間の資金のかしかり。

じゃっ-かん ⓪【弱冠】名〔文章語〕〔「じゃくかん」の変化〕❶二〇歳の男子。❷年の若いこと。参考 昔、中国で、二〇歳を「弱」といい、男子が元服して冠をかぶったことから。「若冠」と書くのはあやまり。⇩年齢(表)。

じゃっ-かん ⓪【若干】名 副〔「じゃくかん」の変化〕いくらか。そこばく。「—の貯金」

しゃっかん-ほう ⓪【尺貫法】名〔「しゃくかんほう」の変化〕わが国の昔からの度量衡法。長さは「尺」、重さは「貫」、体積は「升(しょう)」が基本単位。↕メートル法。

ジャッキ ジャ〈jack〉名 小さい力で、重い物を垂直上方に持ち上げる機械。ジャック。

〔断面図〕 受け台 レバー ねじ棒

ねじジャッキ

じゃっ-き ⓪【×惹起】名 他サ〔「じゃくき」の変化〕事件などをひきおこすこと。「問題を—する」

じゃっ-きゅう ⓪【若朽】名〔「じゃくきゅう」の変化〕わかいのに、はやくも役にたたないこと。また、その人。参考「老朽」にごろを合わせて作られた語。

しゃっ-きょう ⓪【釈教】名〔「しゃくきょう」の変化〕釈迦(しゃか)の教え。仏教。

しゃっきり キ〔と〕副 自サ ❶からだが緊張してゆれ動かないようす。「—と立ちなさい」❷気持ちが緊張してはっきりしているようす。しきっと。

しゃっ-きん キ【借金】名 自サ〔「しゃくきん」の変化〕❶かねをかりること。かりたかね。借銭。借財。「—取り」❷〔俗語〕スポーツ、特に野球で、負け越すこと。負け数から勝ち数を引いた数。

しゃっ-く シャ【赤口】名 陰陽道(おんようどう)で、万事に大凶であるという日。赤日(しゃくにち)。しゃっこう。赤舌日(しゃくぜつにち)。

じゃっ-く ジャ【×惹句】名 客を引きつける宣伝文句。キャッチフレーズ。

ジャック ジャ〈jack〉名 ❶水兵。❷トランプの絵札の一種。若い兵士の絵がかいてあるもの。❸電気器具の差し込み口。「イヤホン—」❹ジャッキ。❺場所や権利を占有すること。「電波—」「バス—」❻⬇ハイジャック。**—ナイフ** ナ〈jackknife〉名 大型で折りたたみ式のナイフ。参考 もと、水兵が持っていたところからいう。

しゃっくり シャ【×吃▲逆・×噦】名 横隔膜のけいれんからおこる急な吸気で声が出ること。

ジャッグル ジャ〈juggle〉名 他サ 野球で、たまをとりそこなってお手玉すること。

しゃっ-けい ⓪【借景】名〔「しゃくけい」の変化〕日本式庭園で、庭の外の山・木などを背景として借り、それをふくめて全体の構図を作りあげるもの。

しゃっこう《赤光》斎藤茂吉(さいとうもきち)の第一歌集。一九一三年刊。強烈な生命感情を格調高いしらべでうたう。

じゃっ-こう ⓪【寂光】名〔仏〕〔「じゃくこう」の変化〕❶煩悩(ぼんのう)を離れた境地と真理から発する真知の光。すべての人が悟りを開いた境地。❷寂光土。寂光浄土。**—浄土**(じょうど) ジョ 名 寂光土。**—土**(ど) ヨ 名 仏のすむ浄土。

じゃっ-こく ⓪【弱国】名〔「じゃくこく」の変化〕国力の弱い国。↕強国。

しゃっ-こつ ⓪【尺骨】名 前腕の支柱をなす二本の骨のうち、小指がわにある骨。⇩骨格(図)。

ジャッジ ジャ〈judge〉㊀名 他サ 審判。判定。㊁名 ❶審判者。❷レスリングやボクシングの副審。

シャッター シャ〈shutter〉名 ❶よろい戸。❷写真機で、感光材料に光をあてるために、撮影のときだけ開くようにした装置。デジタルカメラではセンサーに光をあてる。「—を押す」**—チャンス** チャ〈shutter chance〉名〔和製英語〕シャッターを切るのに最もよい瞬間。「—を逃す」

しゃっちょこ-だち ⓪【×鯱立ち】名〔俗語〕⬇しゃちほこだち。

しゃっちょこ-ば・る バ【×鯱張る】自五〔俗語〕⬇しゃちほこばる。

シャット-アウト ア〈shutout〉名 他サ ❶さえぎって内部に入れないこと。しめだし。閉鎖。❷野球などで、相手に得点させずに勝つこと。

シャット-ダウン ダ〈shutdown〉名 他サ コンピューターのシステムを停止させ、安全に電源を切れる状態にすること。

ジャップ ジャ〈Jap〉名〔俗語〕英語で、日本人を見下げて呼ぶ語。

シャッフル シャ〈shuffle〉名 他サ ❶トランプのカードをよく切り交ぜること。❷順番をばらばらにしてまぜること。「曲順を—して再生する」

シャッポ シャ〈フ chapeau〉名 帽子、特に、つばのついたラシャ製のもの。**—を脱**(ぬ)**ぐ** 降参する。まいる。かぶとをぬぐ。

しゃ-てい ⓪【舎弟】名 ❶他人に対して自分の弟をさしていう語。他人の弟をいうこともある。↕舎兄。❷弟分。

しゃ-てい ⓪【射程】名 銃砲の弾丸のとどく距離。射距離。

しゃ-てき ⓪【射的】名 ❶まとをねらって銃でうつこと。❷小さな空気銃で、まとをねらいうちする遊び。

しゃ-てつ ⓪【砂鉄】名 ⬇さてつ。

しゃ-でん ⓪【社殿】名 神社で、神体をまつった建物。

しゃ-ど シャ【×赭土】名 酸化鉄をふくみ赤い色をした土。良質のものは着色原料。あかつち。

しゃ-とう ⓪【社頭】名 神社のあたり。

しゃ-どう ⓪【車道】名 道路の、車の通行する部分。↕歩道。

じゃ-どう ⓪【邪道】名 正しくないやりかた。↕正道。

シャトー シャ〈フ château〉名〔「城・大邸宅」の意から〕❶高級マンションなどの名まえにつけることば。❷ワイン醸造所をもつフランスのぶどう園。

シャドー シャ〈shadow〉名 影。影の部分。**—キャビネット** キャ〈shadow cabinet〉名 議院内閣制の議会で、野党が与党にならって、首相以下の仮の閣僚を決め、政策の立案などを行うこと。影の内閣。**—ボクシング** ボ〈shadow boxing〉名 ボクシングで、相手が前にいると仮定してひとりでする練習。

シャドーイング ⓪〈shadowing〉名 外国語の学習で、文章や単語の音声を聞いた直後に復唱する学習方法。

シャトル シャ〈shuttle〉名 ❶バドミントンの羽根。❷バス・列車などの定期往復便。❸スペースシャトル。**—バス** バ〈shuttle bus〉名 近距離間を往復運行するバスの便。

しゃ-ない シャ【社内】名 ↕社外。❶会社の建物の中。❷会社の内部。「—の秘密」❸神社の境内や建物のなか。**—報**(ほう) ナ 名 社内の情報を従業員に知らせるために、

し

会社が発行する定期刊行物。社報。

しゃ-ない シャ【車内】名 自動車・電車などの中。「―広告」↔車外。

じゃ-ない-です-か 連語 ❶〔末尾を上げて言う〕相手への確認に用いることば。ではありませんか。「このペンはあなたのもの―」❷〔末尾を下げて言う〕相手への念押しに用いることば。でしょう。「冬って空気が乾燥する―」❸〔俗語〕〔末尾を下げて言う〕自分に関することを主張するのに用いることば。なのです。「わたしって几帳面―」

しゃなり-しゃなり シャ―シャ―ナ―ナ (と)副 自サ 気取って、しなやかに歩くようす。「―と出てくる」

しゃにく-さい ク三【謝肉祭】名 カトリック教で四旬節に先だち、三〜七日間おこなう祭り。カーニバル。春

しゃ-にち ◎【社日】名 春分・秋分にいちばん近い、つちのえの日。土地の神をまつる。春 参考 春は「春社」、秋は「秋社」という。

しゃに-むに ◎【遮二無二】副 むやみに。がむしゃらに。ごういんに。「―やりとげる」

じゃ-ねん ◎【邪念】名 正しくない考え。不純な気持ち。「―をはらう」

じゃ-の-ひげ ◎【蛇の×髭】名 りゅうのひげ。

じゃ-の-め ◎【蛇の目】名 ❶ふとい輪の形。また、その形の紋章。❷じゃのめがさ。**―傘** ガ名 紺などの地に白いふとい輪を染めぬいたからかさ。じゃのめ。

しゃ-ば シャ【車馬】名 ❶くるまとうま。❷乗り物。**―代** ◎名 交通費。また、交通費の名目で支払う礼金。車代。車馬賃。**―賃** バ名 車馬代。

しゃ-ば ◎【×娑婆】名 ❶〔仏〕種々の苦しみの多いこの世。人間界。❷世間。世の中。❸軍隊・牢獄などの自由を束縛された世界に対して、その自由な世界のこと。**―気** ◎名 現世の名誉や利益に執着する心。俗念。しゃばっけ。**―塞ぎ** フ名 ただ生きているだけで、人のじゃまになること。また、その人。ごくつぶし。しゃばふさげ。

しゃ-ばく ◎【射爆】名 軍隊などがおこなう射撃・爆撃。「―場」

ジャパニーズ 三〈Japanese〉名 ❶日本人。❷日本語。

ジャパノロジー ノ〈Japanology〉名 日本の政治・経済・社会・歴史・文化などを研究する学問。日本学。参考 外国から見た日本を対象とする研究をいう。

しゃ-はば ◎【車幅】名 自動車の幅。しゃふく。

じゃ-ばら ◎【蛇腹】名 革や紙でつくり、自由にのびちぢみする、中が空洞になっている部分。写真機のレンズと暗箱をつなぐものなど。

蛇腹

しゃ-はん シャ【×這般】名〔文章語〕これら。この辺。「―の事情」

しゃ-ひ シャ【舎費】名 寄宿舎の維持のためにおさめるかね。

しゃ-ひ シャ【社費】名 ❶会社が支出する費用。会社のために使う費用。❷神社の費用。

ジャパン パ〈Japan〉名 日本。

じゃ-ひ ジャ【邪飛】名〔文章語〕野球で、ファウルのフライ。

じゃび-せん ◎【蛇皮線】名 「三線」の俗称。琉球音楽の楽器。長い柄のついた胴に張った三本の糸を、つめをはめた指ではじく。胴にはへびの皮を張る。

しゃ-ふ シャ【車夫】名 人力車をひくことを職業とした人。

しゃ-ふ ◎【写譜】名 自他サ 楽譜などを書き写すこと。また書き写した譜面。

しゃぶ シャ名〔俗語〕覚醒剤の隠語。

ジャブ ジャ〈jab〉名 ボクシングで、相手の体勢をくずすために、腕をこきざみに動かしてかるく打つわざ。

しゃ-ふう ◎【社風】名 その会社のならわしや気風。

しゃ-ふく ◎【車幅】名 ⬇しゃはば。

しゃぶ-しゃぶ ◎名 鍋料理の一つ。うすく切った牛肉を熱湯の中でふり動かすようにして煮て、つけじるなどにつけて食べるもの。

しゃ-ふつ ◎【煮沸】名 他サ 煮たたせること。「―消毒」

シャフト シャ〈shaft〉名 ❶動力を伝える回転軸。心棒。軸。❷長い柄。

しゃぶ-る ◎ 他五 ラ・ロ・リ・ッ・ル・ル・レ・レ 口の中に入れて、なめたり吸ったりする。**しゃぶれる** 自下一〔…できる〕

しゃ-へい ◎【遮蔽】名 他サ 外から見えないように、さえぎりおおうこと。「―幕」

しゃべ-く-る ク 自他五 ラ・ロ・リ・ッ・ル・ル・レ・レ〔俗語〕しゃべりまくる。**しゃべくり** 名

シャベル シャ〈shovel〉＝ショベル 名 土砂をすくったり、穴を掘る道具。スコップ。

しゃべ-る ベ【×喋る】他五 ラ・ロ・リ・ッ・ル・ル・レ・レ あまりまとまりのない内容を口数多く伝える。「気の合った友だちと―」⇩言う 参考。**しゃべれる** 自下一〔…できる〕

しゃ-へん シャ【斜辺】名 ❶傾斜した辺。❷直角三角形の直角に向かいあった辺。

しゃ-ほ シャ【社保】名 「社会保険」の略。

じゃ-ほう ◎【邪法】名 ❶人をまどわせる不正な教え。❷魔法。

シャボテン ◎【▲仙▲人▲掌・▲覇▲王▲樹】名 ⬇サボテン。

ジャポニスム 三〈フ japonisme〉名 一九世紀後半からヨーロッパ美術で起こった日本趣味。特に、日本の美術品がヨーロッパの芸術に与えた影響。

しゃ-ほん ◎【写本】名 本を書きうつすこと。また、書きうつした本。↔版本・刊本・活字本・木版本。

シャボン ◎〈ポ sabão〉名 せっけん。**―玉** ◎名 せっけん水をほそいくだの先につけ、くだの他方の口から吹いてつくる気泡。春

じゃ-ま ◎【邪魔】一名 仏法の修行をさまたげる悪魔。二名 他サ 形動 さわりになること・もの。さまたげ。「勉強の―をする」**―っ気** ◎形動 じゃまになるようす。「あいつが―だ」**―立て** ◎名 わざとじゃまをすること。

ジャマイカ《Jamaica》カリブ海の大アンチル諸島南部にある国で、英連邦の一員。一九六二年に独立。首都はキングストン。

しゃ-まく ◎【×紗幕】名 光の当て方によって、内側が透けて見えるうすい生地の幕。演劇の舞台などで用いる。

しゃ-み シャ【三味】名 しゃみせん。**―線** ◎名 日本の楽器の一つ。長い柄のついた胴に張った三本の糸を、ばちではじく。胴にはねこなどの皮を張る。三弦。

ばち

三味線

しゃ-み シャ【▲沙▲弥】名 仏門にはいったばかりの、修行のあさい僧。さみ。

しゃ-む シャ【社務】名 ❶神社の事務。❷会社の事務。**―所** ム名 神社の事務をとりあつかうところ。

シャム《Siam》〔「暹羅」とも書いた〕「タイ」（国名）のもとの名。

ジャム ジャ〈jam〉名 いちご・りんごなど、果物に砂糖を加えて煮つめた食べ物。パンなどにつけて食べる。

ジャム-セッション セ〈jam session〉名 ジャズ演奏者が

集まり、自らの楽しみのために行う即興演奏。

シャム-ねこ ⓪【シャム猫】名 愛玩用の猫の一品種。目は青く、からだはクリーム色で、顔・耳・足・尾は暗褐色。

しゃ-めい ⓪【社命】名 会社の命令。「—による出張」

しゃ-メール メ【写メール】名（商標名）カメラつきの携帯電話でとった写真を送る電子メール。写メ。

しゃ-めん シャ【斜面】名 水平でも垂直でもない平面。傾いている面。↕水平面・垂直面。

しゃ-めん ⓪【赦免】名 他サ 罪をゆるすこと。

シャモ シャ【▲軍▲鶏】名（タイ国の旧称「シャムロ（暹羅）」から）にわとりの一種。からだが大きく、勇敢。闘鶏用、また、食用。参考 江戸初期にタイから輸入されたとされる。「シャムロけい」「シャムロどり」とも。

しゃ-もじ シャ【×杓文字】名（女房ことば）めし・しるをすくう器具。しゃくし。

しゃ-もん シャ【▲沙門】名〔文章語〕出家。僧。

しゃ-もん ⓪【▲借問】名 他サ〔文章語〕かりに質問すること。ちょっとたずねること。しゃくもん。

じゃ-もん ⓪【蛇紋】名 へびの胴体のまだらに似た模様。

—石 モ 名 マグネシウムと珪酸からなる含水鉱物。石材用。

しゃ-ゆう ⓪【社友】名 社員以外で、その社に関係がふかく特別の待遇をうける人。

しゃ-よう ⓪【社用】名 ❶会社の用事。❷神社の用務。

—族 ヨ 名〔俗語〕社用にかこつけ、会社のかねであそぶ人々。参考「斜陽族」と語呂を合わせたもの。

しゃ-よう ⓪【斜陽】名〔文章語〕❶夕日。入り日。❷新興のものにおされて、しだいに没落していくこと。「—産業」

—族 ヨ 名 第二次世界大戦後没落した上流階級の人々。参考 太宰治の小説「斜陽」から。

しゃよう《斜陽》太宰治の小説。一九四七年発表。時流におしながされてゆく貴族の悲劇をえがき、「斜陽族」のことばをうんだ。

じゃ-よく ジャ【邪欲】名 正しくない欲望。みだらな欲望。

しゃら シャ【×娑羅・▲沙羅】名 ⇒さら。

しゃ-らく ⓪【×洒落】形動 ダロ・ダッ・デ・ニ／ダナ・ナラ・○ さっぱりしているようす。あっさりしていて、こだわりのないようす。

しゃらくさ・い サ【×洒▲落臭い】形 カロ・カッ・ク／イ・イ・ケレ・○ なまいきだ。こしゃくだ。

じゃら-じゃら ジャ 副 自サ ❶小石や硬貨など、たくさんのかたい小さなものがふれあって出す音をあらわす語。❷いろっぽく、いやらしくたわむれるようす。

じゃら・す ラ 他五 サ・ソ・シ・ス／ス・セ・セ じゃれるようにしむける。じゃれさせる。「ねこを—」 **じゃらせる** 自下一〔…できる〕

しゃ-り ⓪【舎利】名 ❶シャ 仏陀・聖者の遺骨。仏舎利。❷シャ 火葬にしたほね。❸⓪〔俗語〕白米のこと。 **—塔** ⓪ 名 仏舎利をおさめる小さな塔。

しゃ-り シャ【射利】名〔文章語〕利益を得ようとして事を行うこと。

じゃ-り ⓪【砂利】名 ❶かどのない小石。また、その集まり。❷〔俗語〕こども。

しゃ-りき シャ【車力】名 荷車で荷物をはこぶ職業の人。また、その荷車。

しゃり-しゃり シャ（と）副 形動(の) 自サ 氷や果物など、かたくて水分の多いものをかきまぜたり、かみくだいたりするようす。「りんごの—とした食感」参考 形容動詞として使うときは⓪。

じゃり-じゃり ジャ（と）副 形動(の) 自サ 砂や小石の粒が触れ合って音をたてるようす。「砂ぼこりで口の中が—する」参考 形容動詞として使うときは⓪。

シャリベツ リ【舎利別】名（オランダ語 siroop の音訳）シロップ。

しゃ-りょう ⓪【車両】【車×輛】名 乗客や貨物を輸送するくるま。

しゃ-りん ⓪【車輪】名 くるまのわ。

しゃる 助動〔古語〕（「せらる」の変化）尊敬をあらわす。…なさる。「また泣かしゃる」〈浄瑠璃・心中天網島〉

しゃれ ⓪【×洒▲落】名 ❶同じ口調のことばを利用した、こっけいな文句。「—がうまい」❷⇒おしゃれ。 **—がきつい** しゃれの内容が鋭すぎるために、しゃれとしての適切さを欠く。

しゃ-れい ⓪【謝礼】名 感謝をあらわすことば。また、かねや品物。お礼。

しゃ-れき ⓪【社歴】名 ❶入社してのちの年数。❷その会社の歴史。

しゃ-れき ⓪【砂×礫】名〔文章語〕⇒されき。

しゃれ-こうべ コ【×髑×髏・×曝▲首】名 ⇒されこうべ。

しゃ-れつ ⓪【車列】名 同じ方向に走る車の列。「長い—ができる」

しゃれ-っけ ⓪【×洒▲落っ気】名 ❶おしゃれをしたいという気持ち。❷気のきいた言動をして人を驚かそうという気持ち。❸しゃれを言って人を笑わそうという気持ち。

しゃれ-のめ・す メ【×洒▲落のめす】自五 サ・ソ・シ・ス／ス・セ・セ 初めから終わりまで、しゃればかり言う。徹底的にしゃれを言う。

しゃれ-ぼん ⓪【×洒▲落本】名 江戸時代中期から後期にかけて流行した、遊里の遊びとこっけいをえがいた読み物。

しゃれ-もの ⓪【しゃれ者】【×洒▲落者】名 ❶おしゃれをする人。❷さっぱりとして、気のきいた人。

しゃ・れる ⓪【×洒▲落る】自下一 レ・レ・レル・レル／レレ・レロ・レヨ ❶身なりをかざる。❷気がきいて、あかぬけしている。❸気のきいたことをする。❹しゃれを言う。

じゃ・れる レ 自下一 レ・レ・レル・レル／レレ・レロ・レヨ（「ざれる」の変化）まつわりついてたわむれる。「飼い主に—小犬」

じゃ-れん ⓪【邪恋】名 道にはずれたこい。

シャワー シャ〈shower〉名 じょうろのような噴水口から水・湯を出してあびる装置。シャワーバス。夏

ジャワ-げんじん ゲ【ジャワ原人】名 ⇒ピテカントロプス。

シャン シャ〈ドschön〉名 形動 美しいこと。また、美人。参考 第二次大戦前に主として学生が使った。

ジャン 造 ジャンパー❷。「革—」「スター—」

ジャン【中×雀】造 マージャン。「—荘」「—卓」

じゃん 助〔俗語〕（終助詞「…じゃないか」の変化）軽く同意を求めたり、疑問の気持ちをあらわしたりする言い方。…ではないか。「そう—」「これ、いい—」

ジャンキー ジャ〈junkie〉名 麻薬中毒者。また、あることに病みつきになり、中毒になる人。「ネット—」

ジャンク〈junk〉造 質の悪いもの。 **—フード** フ〈junk food〉名 栄養価の低いファーストフードやインスタント食品、スナック菓子のこと。 **—メール** メ〈junk mail〉名 ⇒スパムメール。

ジャンク ジャ【×戎▲克】〈junk〉名 中国の帆船の一種。運送に用いる。

ジャンク

ジャンクション ジャ〈junction〉名 複数の高速道路の合流地点。「藤岡—」

ジャングル ジャ〈jungle〉名 草木でおおわれた、熱帯地方の原始林。密林。 **―ジム** ジ〈ァjungle gym〉名〔もと商標名〕遊園地などにある、金属のくだを組みあわせてつくった、こどもの遊具。のぼったり、ぐったりして遊ぶ。

じゃん-けん ケ【じゃん拳】名 たがいに片手で、いし・かみ・はさみの形をだしあって、勝ち負けをきめる遊び。いしけん。 **―ぽん** ケ ポ 名 じゃんけん。また、その掛け声。

しゃん-しゃん シャ ❶ (と)副 自サ たっしゃで、よくたちはたらくようす。「年よりだが―している」 ❷ (と)副 ❶鈴がリズミカルに鳴る音をあらわす語。「馬車の鈴が―と鳴る」 ❷大ぜいの手拍子の音をあらわす語。

じゃん-じゃん ジャ (と)副 ❶〔俗語〕積極的にさかんにするようす。どしどし。「―食べてくれ」 ❷半鐘をたて続けに鳴らす音をあらわす語。

ジャン-そう ０【×雀荘】名〔俗語〕マージャン屋。

シャンソン シャ〈フchanson〉名 フランスの大衆的な歌曲。

シャンツァイ ０【中▲香▲菜】名 ⇒コリアンダー。

シャンツェ シャ〈ドSchanze〉名 スキーのジャンプ台。冬

シャンデリア デ〈フchandelier〉名 天井からつるすかざり電灯。

しゃん-と シャ 副 自サ ❶からだを起こし、姿勢をよくするようす。「―立て」「年とっても―している」 ❷態度や内容がしっかりしているようす。「あの学校の生徒はみんな―している」「―した文章」

ジャンパー ジャ〈jumper〉名 ❶陸上競技やスキーのジャンプ種目の選手。 ❷運動・作業・防寒用に、そで口や腰をしめつけるように作ったゆったりした上着。参考 なまって「ジャンバー」とも言う。 **―スカート** カ〈jumper skirt〉名〔和製英語〕ブラウス・セーターの上に着る、上着とスカートがつながった、そでなしの婦人・女児服。

シャンパン パ〈フchampagne〉＝シャンペン 名 フランスのシャンパーニュ地方産の白ぶどう酒。炭酸ガスをふくむ。

シャンピニオン ピ〈フchampignon〉＝シャンピニョン 名 きのこのこと。特に、マッシュルーム。

ジャンプ ジャ〈jump〉名 自サ ❶とぶこと。 ❷陸上競技やスキーの跳躍競技。

シャンプー シャ〈shampoo〉❶ 名 自サ 頭髪をあらうこと。 ❷ 名 髪あらいの粉、または、液。洗髪剤。

シャンペン ペ〈champagne〉名 ⇒シャンパン。

ジャンボ ジャ〈jumbo〉❶ 名 形動 大きさ・規模が非常に大きいこと。「―サイズ」 ❷ 名 ❶写真の引き伸ばし、焼き付けを自動的にする機械。また、それでつくった写真の印画。 ❷大型の坑道掘進機。 **―ジェット** ジェ〈jumbo jet〉名 超大型のジェット旅客機。

ジャンボリー ジャ〈ァjamboree〉名〔どんちゃんさわぎの意〕ボーイスカウトの全国大会、または、世界大会。

ジャンル ジャ〈フgenre〉名 ❶種類。 ❷芸術・文芸の種類・様・部門・分野。

しゅ【手】 造 ❶て。「手芸・手術・手中・握手・挙手・拍手」 ❷てだて。てなみ。「手段・手法・手腕・妙手」 ❸人。仕事・役割の人。「歌手・助手・選手・名手・運転手・交換手」 ❹ずから。「手記・手交」

しゅ【守】 造 ❶まもる。「守衛・守護・守備・死守・保守」 ❷地方の長官。領主。「国守・太守」

しゅ【取】 造 とる。わがものとする。「取材・取捨・取得・詐取・搾取・聴取」

しゅ【狩】 造 かり。かる。「狩猟」

しゅ【首】 ❶ 造 ❶くび。あたま。「首肯・首級・鶴首・絞首刑」 ❷かしら。第一人者。「首相・首脳・元首・党首」 ❸最初。第一番。「首位・首席・首都・首尾・船首・巻首」 ❷ 接尾 和歌・漢詩をかぞえることば。「短歌二十首」

しゅ【▲株】 ❶ 造 きりかぶ。「守株」 ❷ 接尾 草や木をかぞえることば。「さくら一株」

しゅ【殊】 造 とくに。かくべつ。「殊勲・殊勝・特殊」

しゅ【珠】 造 たま。まるいもの。「珠玉・珠算・真珠・念珠」

しゅ【酒】 造 さけ。「酒宴・酒造・飲酒・禁酒・美酒・洋酒・果実酒・日本酒・蒸留酒」

しゅ【衆】 造 多くのひとびと。「衆生」〔別音しゅう｜衆〕

しゅ【腫】 造 ❶はれる。むくみ。「腫脹・水腫・浮腫」 ❷できもの。「腫瘍・筋腫・肉腫」

しゅ【趣】 造 ❶おもむき。おもしろみ。「趣向・趣味・詩趣・情趣・野趣」 ❷わけ。意味。「趣意・趣旨」

しゅ シュ【主】名造 ❶ぬし。あるじ。「主人・主格・店主・喪主・民主・先入主」↕客。 ❷きみ。つかえている人。「主君・主従・英主・故主・領主」 ❸おも。おもだった。中心となる。「―として学生を対象に開催する企業説明会」「来日の―たる目的は何か」「主演・主食・主流・主産地・主治医・主目的」↕従・副。 ❹かしら。統率者。「主幹・主将・主席・主謀」 ❺(キリスト教で)神。キリスト。「―は来ませり」「天主・救世主」〔別音しゅう｜主〕

しゅ ０【朱】❶ 名造 ❶赤色。黄色がかった赤色。「朱印・朱肉・朱筆」 ❷江戸時代の貨幣の単位。一両の十六分の一。一分の四分の一。 ❷ 名 ❶硫化第二水銀を成分とする赤色顔料。辰砂。 ❷朱ずみ。 ❸朱筆で詩文にいれた訓点・添削。 **―に交われば赤くなる** 人は、つきあっている友によって、よくもわるくもなることのたとえ。 **―を入れる** 赤い色で訂正や書きこみなどをする。

しゅ【種】 ❶ シュ 名造 ❶なかま。たぐい。グループ。「この―の問題」「種別・種目・種類・異種・人種・同種」 ❷生物分類の基礎単位。「種名・新種・品種・変種」 ❷ 造 たね。たねをまく。「種子・種痘・採種・接種・播種」

じゅ【従】 接頭 同じ位階で、正の次の等級。「従五位」〔別音じゅう｜従〕

じゅ【×戍】 造 まもる。「衛戍」

じゅ【受】 造 うける。あたえられる。「受験・受賞・受諾・甘受・享受・傍受」

じゅ【呪】 造 ❶のろう。「呪詛」 ❷まじない。「呪術・呪縛・呪文」

じゅ【授】 造 さずける。あたえる。「授業・授受・授乳・授与・教授・伝授」

じゅ【就】 造 なす。おえる。「成就」〔別音しゅう｜就〕

じゅ【×聚】 造 あつまる。むらがる。「群聚・類聚」

じゅ【需】 造 もとめる。必要とする。「需給・需要・応需・軍需・特需・必需」

じゅ【樹】 造 ❶き。植わっている木。「樹海・樹氷・樹木・果樹・街路樹・針葉樹」 ❷たてる。「樹立」

じゅ ジュ【寿】名造 ❶ながいき。いのち。とし。「百年の―」「寿齢・長寿・天寿・福寿」 ❷長命の祝い。「古稀の―」「喜寿・白寿・米寿」

じゅ ジュ【×綬】名造 官職の印や勲章などをさげる組みひも。「―を帯びる」「印綬・略綬・紫綬褒章」⇩締め 参考。

じゅ【儒】 ❶ ジュ 名造 ❶孔子の教え。「儒学・儒教・儒者」 ❷孔子の教えに従う学者。「儒家・大儒」 ❷ 造 こびと。「侏儒」

じゅ ジュ【×頌】名 四句の韻文体の経文。偈。〔別音しょう｜頌〕

シュア シュ〈sure〉形動 ダロ・ダッ・デ・ニ／ダ・ナ・ナラ・○ 信頼できるようす。確実にできるようす。「―な打撃」

しゅ-い シュ【主位】名 おもな地位。たいせつな位置。↔客位・賓位。

しゅ-い シュ【主意】名 ❶意志を主とすること。↔主情・主知。❷中心となる意味。主眼。**―主義** シュ2 名 感情や知性より意志を重んじる立場。↔主情主義・主知主義。

しゅ-い シュ【首位】名 第一位。首席。「―を占める」

しゅ-い シュ【趣意】名 ある事をするときの考え・目的。趣旨。「会を設立した―」 **―書** イ名 その事をおこなう趣意を書いた文書。

し-ゆい ロシ【思×惟】名〔仏〕ちえをはたらかせて、物ごとをよく見分けること。

じゅ-い ジュ【樹医】名 弱っている古木を診断し、樹勢の回復に当たる技術者。樹木医。

しゅ-いん ロ【手淫】名 ⬇オナニー。

しゅ-いん ロ【主因】名 おもな原因。↔副因。

しゅ-いん ロ【朱印】名 ❶朱色の印。朱肉でおした印。❷朱印状。**―状** ロ名 武家時代、将軍の朱印をおした公文書。**―船** ロ名 江戸時代初期、朱印状によって外国との貿易をゆるされたふね。朱印ぶね。

じゅ-いん ロ【樹陰】名〔文章語〕こかげ。

しゅう【収】造 ❶おさめる。とる。いれる。「収益・収穫・収容・回収・吸収・没収」❷収入。「収支・月収・減収・税収・年収」

しゅう【囚】造 とらえられる。とらわれびと。「囚人・女囚・死刑囚・脱獄囚」

しゅう【舟】造 ふね。こぶね。「舟行・舟艇・軽舟・孤舟・呉越同舟」

しゅう【拾】造 ひろう。手にとる。「拾遺・拾得・収拾」

しゅう【×洲】造 大陸。「欧洲・五大洲」

しゅう【祝】造 いわう。よろこぶ。「祝儀・祝言・祝着」［別音しゅく｜祝］

しゅう【秋】造 ❶あき。「秋思・秋分・錦秋・初秋・麦秋・立秋・春夏秋冬」❷とし。とき。「春秋・千秋」

しゅう【臭】造 ❶におう。におい。「臭気・悪臭・消臭・体臭・防臭・刺激臭」❷いかにもそれらしい感じ。「学者臭・政治家臭」

しゅう【×酋】造 部族のかしら。「酋長」

しゅう【修】造 ❶おさめる。身につける。「修業・修身・修養・修練・必修・履修」❷かざる。ととのえる。「修辞・修飾」❸なおす。つくろう。「修正・修繕・修理・改修」❹書物を作る。「修史・監修・撰修」

しゅう【袖】造 そで。「袖手傍観・袖珍・長袖・領袖」

しゅう【執】造 こだわる。とりつく。「執着・執心・執念・我執・妄執・偏執狂」［別音しつ｜執］

しゅう【終】造 ❶おわる。おえる。おわり。「終結・終点・終了・最終・始終」❷そのあいだじゅう。「終始・終日・終生・終夜」❸死ぬ。「終焉・臨終」

しゅう【羞】造 はじる。はずかしがる。「羞恥心・含羞」

しゅう【習】造 ❶ならう。けいこする。「習字・習得・学習・講習・練習」❷ならわし。しきたり。くせ。「習慣・習性・慣習・旧習・風習」❸かさなる。「習合」

しゅう【就】造 つく。したがう。とりかかる。「就業・就職・就寝・就任・去就」［別音じゅ｜就］

しゅう【愁】造 うれい。うれえる。かなしむ。「愁思・愁傷・哀愁・郷愁・春愁・旅愁」

しゅう【酬】造 むくいる。こたえる。「応酬・報酬」

しゅう【×蒐】造 値うちのあるものをあつめる。「蒐集・蒐書」

しゅう【×輯】造 あつめる。あわせる。「編輯」

しゅう【×繡】造 ぬいとり。「錦繡・刺繡」

しゅう【蹴】造 ける。けとばす。「蹴球・一蹴」

しゅう【襲】造 ❶おそう。せめる。「襲撃・襲来・奇襲・逆襲・空襲」❷うけつぐ。同じことをかさねる。「襲名・因襲・世襲・踏襲」

しゅう【×讐】造 あだ。うらみ。「恩讐・復讐」

しゅう シュ【▲主】名造 主人。主君。「主従」［別音しゅ｜主］

しゅう シュ【州】名造 ❶国。「六十余―」「奥州・九州・本州」❷アメリカ・オーストラリアなど、連邦国家を構成する行政区画の一つ。「州兵・州立・カリフォルニア州」❸［×洲］地球上を、大陸を中心として六つの区域にわけたもの。「欧州・五大州・アジア州」

しゅう【周】㊀ シュ 名造 ❶まわり。めぐる。「―六キロ」「周囲・周期・周航・半周・円周」❷周囲をかぎられた平面図形をかこむ線の全長。❸古代中国の王朝の名。❹「周防(旧国名)」の略。㊁造 ❶ゆきとどく。「周知・周到」❷あわてる。「周章」㊂接尾 まわりをまわる回数をかぞえる語。「グランドを三―する」「地球一―」

しゅう【宗】㊀ シュ 名造 信仰をともにする集まり。宗門。「わが―の祖」「宗教・宗旨・改宗・邪宗」㊁接尾 宗門の分派。宗派。「禅―・日蓮―・浄土真―」［別音そう｜宗］

しゅう シュ【週】名造 七日間を一期としたこよみの上の単位。一週間。「次の―の初め」「週刊・週末・今週・毎週・来週・最終週」

しゅう シュ【衆】名造 ❶人数の多いこと。多勢。「―をたのむ」「衆人・衆目・観衆・公衆・大衆・聴衆」❷なかま。「若い―」❸複数の人に対する、軽い敬意をあらわす語。「皆の―」「旦那衆」［別音しゅ｜衆］

しゅう【集】㊀ シュ 名造 詩歌・文章をあつめた書物。「和歌の―」「歌集・画集・詩集・論集・写真集」㊁造 ❶あつめる。あつまる。「集金・集計・結集・採集・収集・募集」❷もよおしを目当てにつどう。「集会・参集」

しゅう シュ【醜】名造 ❶みにくいこと。「醜悪・美醜・老醜」↔美。❷はじ。欠点。みっともないこと。「―をさらす」「醜態・醜聞」

しゅう【秀】㊀ シュ 名 成績の評語の一つ。最上位。「―・優・良・可」㊁造 ひいでる。すぐれた人。「秀逸・秀才・俊秀・優秀」

し-ゆう ロ【市有】名 市の所有。「―地」

し-ゆう シ【師友】名〔文章語〕❶先生と友人。❷師としてうやまう友人。

し-ゆう シ【雌雄】名 ❶めすとおす。「―同株」❷優劣。かちまけ。「―を決する」

し-ゆう ロ【私有】名他サ 私人・個人の所有。↔公有・国有・官有。

じゅう【中】接尾 ❶…のうち。すべて。「町―」「世界―」❷そのあいだ。「今年―」参考 仮名で表記するときは、「せかいぢゅう(世界中)」のように「ぢ」を用いて書いてもよい。「会議中」の「ちゅう(中)」のような場合は、別項を参照。⇩ちゅう(中)。［別音ちゅう｜中］

じゅう【×什】造 ❶日常の道具。「什器・什物」❷大切にしている物。「什宝」

じゅう【汁】造 しる。液状のもの。「汁液・一汁一菜・果汁・苦汁・肉汁・墨汁」

じゅう【充】造 ❶あてる。ふさぐ。「充塡・充当・充用・補充・汗牛充棟」❷みたす。みちる。「充血・充実・充満・拡充」

じゅう【×戎】造 ❶つわもの。いくさ。兵器。「戎衣・戎馬」❷えびす。異民族。「戎夷・西戎」

し

じゅう【渋】[造] しぶる。とどこおる。ゆきなやむ。「渋滞・渋面・苦渋・晦渋(かいじゅう)・難渋」

じゅう【獣】[造] けもの。けだもの。「獣医・獣欲・獣類・怪獣・猛獣・野獣・肉食獣」

じゅう【縦】[造] ❶たて。「縦横・縦貫・縦走・縦断」❷ほしいまま。思うとおり。「縦覧・操縦」

じゅう [ジュ]【十】[名][造] ❶とお。「十代・十五夜・十字路」❷十番め。第十位。❸すべて。完全。「一を聞いて—を知る」「十全・十分」[別音じっ・じゅっ|十]

じゅう【柔】❶ [ジュ][名][造] やわらか。おとなしい。「—よく剛を制す」「柔軟・柔毛・内柔外剛・優柔不断」↔剛。❷[造] ❶やわらげる。「懐柔」❷やわら。武道の一つ。「柔術・柔道」[別音にゅう|柔]

じゅう【重】❶ [ジュ][名][造] ❶大切なこと。「責任は—かつ大だ」「重視・重職・重責・重大・重役・重要」❷重箱(じゅうばこ)。また、それに入れた食べ物。「お重・鰻重(うなじゅう)・天重」❷[造] ↔軽。❶おもさ。「重量・重力・体重・比重」❷大型。強力。「重砲・重機械・重工業・重電機」❸おもおもしい。「重厚・厳重」❹程度が大きい。「重罪・重傷・重税・重体・重過失・重労働」❺かさねる。かさなる。くりかえし。ふたたび。「重層・重箱(じゅうばこ)・重犯・重版・重複(じゅうふく/ちょうふく)・多重」❻物質の比重が大きい。「重油・重金属」❸[接尾] かさなったものをかぞえる語。「五重の塔」[別音ちょう|重]

じゅう [ジュ]【銃】[名][造] 小銃・ピストル・機関銃の総称。「銃器・銃撃・銃殺・拳銃(けんじゅう)・猟銃・空気銃」

じゅう【住】❶ [ジュ][名] すまい。「—の問題」↔衣・食。❷[造] すむ。とどまる。生活する。「住居・住宅・住民・安住・移住・定住」

じゅう【従】❶ [ジュ][名] 付属のもの。中心的でないほうのもの。↔主。❷[造] ❶したがう。「従軍・従順・服従・盲従」❷けらい。「従者・侍従・主従」❸たずさわる。「従業・従事」❹…より。…から。「従前・従来」[別音じゅ|従]

ジュー [ジュ]〈Jew〉[名] ユダヤ人をさげすんでよんだ語。

じ-ゆう [0]【事由】[名]〔文章語〕事のおこった理由・原因。

じ-ゆう [ジュ]【自由】[名][形動] 他から束縛されないこと。思いどおりに行動できること。**—化**(か) [0][名] 貿易・かわせ・資本取引などに対する、国家の統制や制限をなくすること。↔統制化。**—画**(が) [0][名] 児童が、形式にしばられないで思いのままにえがく絵。**—形**(がた) [0][名] 競泳で泳ぐ形に制限のないもの。一般にクロールが選ばれる。フリースタイル。[参考]「自由型」と書くのはあやまり。**—業**(ぎょう) [コ][名] 勤務時間などにしばられずに独立してはたらく職業。医者・弁護士・著述業など。**—経済**(けいざい) [ケ][名] 国家の統制を受けることなく、当事者の自由意志にまかせられる経済。↔統制経済。**—契約**(けいやく) [ケ][名] ❶特定の企業や団体に所属せずに、自由に相手をえらんで仕事をすること。フリーランス。❷プロ野球などで、選手が所属していたチームから契約を解除され、どのチームとも自由に契約をむすべるようになること。**—研究**(けんきゅう) [ケ][名] 小・中学校で、夏休みなどに、課題の設定を生徒の自主性にゆだねる宿題。**—港**(こう) [コ][名] 輸出・輸入ともに関税を課することなく、船の出入りの自由な港。**—詩**(し) [コ][名] 伝統的な韻律にとらわれない詩。↔定型詩。**—自在**(じざい) [コ][名][形動] 思いのまま。心のまま。**—主義**(しゅぎ) [ジュ][名] 国家・社会などの制約を否定し、各個人の思想・行動の自由を主張する思想。近代社会の思想的原理。リベラリズム。**—診療**(しんりょう) [シ][名] 公的医療保険が適用されない診療。自費診療。↔保険診療。**—席**(せき) [コ][名]（劇場・列車などで）客ならばだれがどこに座ってもよい座席。↔指定席。**—貿易**(ぼうえき) [ボ][名] 国家が外国貿易に禁輸・関税などの制限をいっさいかけないこと。**—民権論**(みんけんろん) [コ][ケ][名] 明治時代のはじめに、藩閥政治に反対し、国民の民主的な権利と自由を確立しようとした政治的主張。**—律**(りつ) [コ][名] 短歌・俳句などで、伝統的な韻律にしたがわない、自由な様式。↔定型詩。

しゅう-あく [0]【醜悪】[形動] ダロ・ダッ・デ・ニ／ダ・ナ・ナラ・○ 顔のかたちや行いが、きわめてみにくく不快なようす。「—な権利争い」

じゅう-あく [ジュ]【十悪】[名]〔仏〕身(しん)・口(く)・意(い)の三業(さんごう)がつくる十種の罪悪。殺生(せっしょう)・偸盗(ちゅうとう)・邪淫(じゃいん)・妄語(もうご)・綺語(きご)・両舌(りょうぜつ)・悪口(あっく)・貪欲(とんよく)・瞋恚(しんい)・邪見(じゃけん)の十の罪。十悪業。十不善業。

しゅう-あけ [0]【週明け】[名] 一週間が終わって新しい週になること。ふつう、土、日を週末として、月曜日のことをさす。

じゅう-あつ [0]【重圧】[名] おもくおしつけること。強い圧力。「権力の—」

しゅう-い [ジュ]【周囲】[名] ❶物をかこんだ外がわ。まわり。ぐるり。「—に芝を植える」❷とりまいている外界・環境・人々。「—の口がうるさい」

しゅう-い [ジュ]【拾遺】[名] もれている作品などを、ひろい補うこと。また、そうしてできたもの。

しゅう-い [ジュ]【衆意】[名] 大ぜいの人の考え。「—をまとめる」

しゅう-い [ジュ]【×戎衣】[名]〔文章語〕（「戎」は戦争の意）軍服。軍装。

じゅう-い [ジュ]【重囲】[名] いくえにもかこむこと。厳重な包囲。「敵の—におちいる」

じゅう-い [ジュ]【獣医】[名] ⬇じゅういし(獣医師)。

じゅう-いし [イ]【獣医師】[名] 家畜やペットなどの飼育動物の病気を診断・治療する医師。

じゅういち [チ][名] カッコウ科の鳥。他の鳥の巣に卵をうんで育てさせる。じひしんちょう。(夏) [参考] 鳴き声が「ジュウイチ」と聞こえるところから名づけられた。

しゅう-いつ [0]【秀逸】[名][形動] 他よりずばぬけてすぐれていること。また、その作品。

じゅう-いつ [0]【充×溢】[名][自サ] みちあふれていること。「気力—」

しゅういわかしゅう《拾遺和歌集》平安時代中期の勅撰(ちょくせん)和歌集。編者は、藤原公任(ふじわらのきんとう)、または、花山院(かざんいん)といわれる。勅撰和歌集として三番めのもの。

しゅう-いん [0]【衆院】[名]「衆議院」の略。↔参院。

じゅう-いん [0]【充員】[名][他サ] 人員を補充すること。

しゅう-う [ジュ]【秋雨】[名]〔文章語〕あきの雨。あきさめ。(秋) ↔春雨。

しゅう-う [ジュ]【×驟雨】[名]（「驟」は「にわか」の意）にわか雨。夕立。(夏)

しゅう-うん [0]【舟運】[名] ふねによる交通・運輸。ふなびん。

じゅう-えいそう [エ]【重営倉】[名] もと、陸軍での刑罰の一つ。営倉のきびしいもの。

しゅう-えき [0]【収益】[名] 利益をおさめること。また、おさめた利益。利得。

しゅう-えき [0]【就役】[名][自サ] ❶役務・任務につくこと。❷懲役(ちょうえき)刑をうけた囚人が刑につくこと。❸新造の艦船が任務につくこと。

じゅう-えき [0]【汁液】[名]〔文章語〕しる。液。

じゅう-えき [0]【獣疫】[名]〔文章語〕動物、特に家畜の伝染病。

しゅう-えん [0]【周縁】[名]〔文章語〕物のまわり。ふち。「都市の—」

しゅう-えん [0]【終×焉】[名]〔文章語〕❶臨終(りんじゅう)。いまわ。

末期(まつご)。最期(さいご)。❷隠居して晩年を送ること。「―の地」

しゅう-えん ⓪【終演】名自サ 演劇や映画のその日の上演・上映がおわること。「十時―」↔開演。

じゅう-えん ⓪【重縁】名 親類どうしの縁組み。

じゅう-おう オ【縦横】名 ❶たてとよこ。たてよこ。❷南北と東西。「―に走る道路」❸思いのまま。心のまま。「―に活動する」**―無尽**(じん) オ名形動 自由自在。思うぞんぶん。

しゅう-おもい オ【▲主思い】(おもひ) 名 主人のためをおもうこと。また、その人。

しゅう-おん ⓪【集音】名他サ 音を集めること。「―マイク」

じゅう-おん ⓪【重恩】名 かさなる恩義。あついめぐみ。

しゅう-か シュ【秀歌】名 すぐれた和歌。

しゅう-か シュ【衆寡】名 多人数と少人数。**―敵**(てき)**せず** 少人数のものは、多人数のものにかなわない。

しゅう-か ⓪【集荷】名自他サ いろいろの産物の荷(に)が市場などにあつまること、あつめること。また、それらの荷。

しゅう-か ⓪【集貨】名自他サ 貨物が流通の拠点にあつまること、あつめること。また、それらの貨物。

じゅう-か ジュ【重科】名〔文章語〕❶重い罪。❷重い刑罰。

じゅう-か ジュ【銃火】名 ❶発射するとき銃器から出る火。❷銃器の射撃。「―をあびる」

しゅう-かい ⓪【周回】名自サ ❶ぐるりとまわること。「湖岸を―する」「―コース」❷まわり。めぐり。「―八キロの公園」**―遅**(おく)**れ** オ名 トラック競技などで、前の走者との差が一周以上となること。

しゅう-かい ⓪【集会】名自サ ある目的で人があつまりあうこと。また、その集まり。会合。

しゅう-かい ⓪【醜怪】形動 ダロ・ダッ・デ・ニ／ダ・ナ・ナラ・〇 顔や姿がひどくみにくいこと。「―な容貌(ようぼう)」

しゅう-かいどう カ【秋海×棠】名 シュウカイドウ科の多年生植物。ふしのところは紅色。夏の末から初秋にかけて、淡紅色の花をつける。(秋)

しゅうかいどう

じゅう-かき カ【重火器】名 火器のうち、重機関銃や自動砲など、重量の大きい火器の総称。↔軽火器。

じゅう-かき カ【銃火器】名 銃器と火器。

しゅう-かく ⓪【臭覚】名 においをかぎわける感覚。嗅覚(きゅうかく)。「するどい―」

しゅう-かく ⓪【収穫】名他サ ❶農作物のとりいれ。❷ある行動をしてえた結果。効果。「修学旅行の―」参考「収獲」と書くのはあやまり。

しゅう-がく ⓪【修学】名自サ 学問をおさめること。**―旅行**(りょこう) リョ名 児童・生徒に、実地の見学・経験をさせるためにおこなう旅行。

しゅう-がく ⓪【就学】名自サ ❶学校に入ること。在学していること。❷小学校に入学すること。**―生**(せい) ガ名 高等学校や専修学校の高等課程などに在籍し、語学や技術の研修を主な目的とする外国人学生。

じゅう-かさんぜい サ【重加算税】名 課税の対象となる収入を故意に隠したことがわかったとき、罰として課される税。

じゅう-かしつ カ【重過失】名 当然払わなければならない注意を欠いておこしたあやまち。

じゅう-かぜい カ【従価税】名 品物の価格を基準にしてきめる税金。消費税など。↔従量税。

しゅう-かつ ⓪【終活】名〔「就活」のもじり〕人生の終わりを迎えるにあたって、医療・葬儀・相続などについて考えて準備すること。

しゅう-かつ ⓪【就活】名〔「就職活動」の略〕職につくためにおこなう活動。

しゅう-かぶつ カ【臭化物】名 臭素と他の元素との化合物。

しゅう-かん ⓪【終巻】名 最後の、まき。↔首巻。

しゅう-かん ⓪【習慣】名 ❶風習。しきたり。慣習。「土地の―」❷いつもすること。ならわし。くせ。「早起きの―」

しゅう-かん ⓪【週刊】名 毎週一回発行すること。また、そのもの。ウイークリー。「―雑誌」↔年刊・季刊・月刊・旬刊・日刊。**―誌**(し) カ名 毎週一回発行される雑誌。参考「週間誌」と書くのはあやまり。

しゅう-かん ⓪【週間】名 ❶一週のあいだ。七日間。↔旬間・月間・年間。❷特別の行事をする七日間。「交通安全―」

しゅう-かん ⓪【終刊】名自サ 定期刊行物の刊行を終えること。また、最終の刊行物。「―号」↔創刊。

しゅう-かん ⓪【収監】名他サ 刑務所や拘置所に収容すること。

じゅう-かん ⓪【重患】名 おもい病気。重病。また、その患者。

じゅう-かん ⓪【縦貫】名他サ たてにつらぬくこと。南北にとおすこと。「―自動車道」

じゅう-がん ⓪【銃丸】名 小銃のたま。鉄砲だま。

じゅう-がん ⓪【銃眼】名 敵を射撃し、また、外を見るために防壁にあけたあな。

しゅう-き シュ【周忌】名 仏教で、毎年の命日。年忌。回忌。「三―」⇩回忌 参考。

しゅう-き シュ【周期】名 ❶ひとまわりする時間。❷同一の物理的現象をくりかえすとき、一回に要する時間。**―的**(てき) ⓪形動 あるきまった時間をおいて、同じ現象がくりかえし起こるようす。「痛みが―にくる」**―律**(りつ) キ名 元素をその原子量の順にならべると、よく似た元素が周期的に出てくること。

しゅう-き シュ【宗規】名 宗教上のきまり。その宗派のきまり。

しゅう-き シュ【秋気】名〔文章語〕❶秋の気分・感じ。(秋) ❷秋のすんだ大気。(秋)

しゅう-き シュ【秋季】名 秋の季節。「―大運動会」(秋) ↔春季。

しゅう-き シュ【秋期】名 秋の時期。秋。↔春期。

しゅう-き シュ【臭気】名 くさいにおい。悪臭。

しゅう-き シュ【終期】名 ❶おわりの時期。おわるとき。末期(まっき)。↔始期。❷法律行為の効力の消える時期。

しゅう-ぎ シュ【宗義】名 宗門・宗派の教義。

しゅう-ぎ シュ【祝儀】名 ❶いわいの儀式。祝典。❷婚礼。❸いわいに贈る金品。❹こころづけ。チップ。

しゅう-ぎ シュ【衆議】名 多人数での合議。相談。「―一決」**―院**(いん) ギ名 参議院とともに国会を構成する議院。衆議院議員でつくられる議会。衆院。↔参議院。

じゅう-き ジュ【×什器】名〔「什」はつねに使うという意〕つねに使う家具や器具。日常家具。

じゅう-き ジュ【重機】名 ブルドーザーやクレーンなど、建設・運搬用の大型機械。

じゅう-き ジュ【銃器】名 小銃・ピストル・機関銃など。銃。

じゅう-きかんじゅう カ【重機関銃】名 大型で、強力な機関銃。↔軽機関銃。

しゅう-きゃく【集客】[造] 客を集めること。「―力のあるイベント」

しゅう-きゅう[0]**【週休】**[名] 一週七日の間にきまってある休日。「―二日制」

しゅう-きゅう[0]**【週給】**[名] 一週間ごとに支払われる給料。↕年俸・月給・日給。

しゅう-きゅう[0]**【蹴球】**[名] ボールをけって相手方のゴールに入れることをあらそう競技。サッカー・ラグビー・アメリカンフットボールなど。ふつうはサッカーをさす。フットボール。

しゅう-ぎょ[シュ]**【集魚】**[名][自サ] 魚群を漁船や網のほうへ誘い集めること。**―灯**[0][名] 夜、水上を照らして、魚類をさそいよせるともし火。

じゅう-きょ[ジュ]**【住居】**[名] すみか。すまい。住宅。

しゅう-きょう[シュ]**【宗教】**[名] 安心・なぐさめ・幸福を得ようとして、神・仏などを信仰すること。**―家**[0][名] 宗教を信奉し、宗教の普及をつとめとする人。牧師・僧など。**―画**[0][名] 宗教上の事実・伝説・人物などを題材とした絵画。**―改革**[カー][名] 一五一七年、マルチン=ルターが口火を切った、キリスト教の改革運動。**―心**[キョ][名] 神・仏などを信じる心。信仰心。**―法人**[ホ][名] 法人として扱われる宗教団体。利益をあげるための事業以外の収入は非課税となる。

しゅう-ぎょう[0]**【醜業】**[名] 売春など、社会的に非難されるような職業。

しゅう-ぎょう[0]**【修業】**[名][自サ] 学術・技芸をならいおさめること。しゅぎょう。「―年限」

しゅう-ぎょう[0]**【終業】**[名][自サ] ↕始業。❶その日の仕事をおえること。「―時間」❷学校で一学期間、または、一学年間の学業をおえること。「―式」

しゅう-ぎょう[0]**【就業】**[名][自サ] ❶仕事にとりかかること。❷仕事に従事すること。「―規則」

じゅう-ぎょう[0]**【従業】**[名][自サ] 業務に従事すること。**―員**[ギョ][名] その業務に従事する人。

しゅう-きょく[0]**【終曲】**[名] 交響曲やソナタの最終楽章。また、組曲や歌劇の最後の曲。フィナーレ。↕序曲。

しゅう-きょく[0]**【終局】**[名] ❶事件のおわり。↕発端。❷囲碁・将棋のうちおわり。

しゅう-きょく[0]**【終極】**[名] おわり。究極。「―の幸福」

しゅう-きょく[0]**【×褶曲】**[名][自サ] 地層が、横からの圧力を受けて、しわのように湾曲していること。**―山脈**[サ][名] 褶曲によってできた山脈。ヒマラヤ山脈・アルプス山脈など。

しゅう-きん[0]**【集金】**[名][自他サ] 売りかけ代金・保険金・会費などのかねをあつめること。「学級費の―」

しゅう-ぎん[0]**【秀吟】**[名] すぐれた詩歌。

じゅう-きんぞく[キ]**【重金属】**[名] 比重が四または五以上の金属の総称。金・銀・なまり・鉄など。↕軽金属。

しゅう-く[シュ]**【秀句】**[名] ❶すぐれた俳句。すぐれた文句。❷同音を利用した、うまいしゃれ。地口・ごろ合わせなど。

しゅう-ぐ[シュ]**【衆愚】**[名] 多くのおろかもの。**―政治**[セ][名] 大ぜいのおろか者によって行われる政治。民主政治をばかにしていうことば。

じゅう-く[ジュ]**【重苦】**[名]〔文章語〕おもいくるしみ。たえがたいくるしみ。「―にあえぐ」

ジューク-ボックス[ボ]〈jukebox〉[名] 硬貨を入れて選曲ボタンを押すと、自動的にそのレコードがかかる機械。

シュー-クリーム[リ][名]〔フ chou à la crème から〕小麦粉・卵・バターなどをまぜて焼いた皮の中に、クリームをつめた洋菓子。[参考] chou は、キャベツの意。

じゅう-ぐん[0]**【従軍】**[名][自サ] 軍隊に加わって戦地に行くこと。「―記者」

しゅう-けい[0]**【集計】**[名][他サ] あつめて合計すること。

じゅう-けい[0]**【重刑】**[名] おもい刑罰。

じゅう-けい[0]**【従兄】**[名]〔文章語〕年上の、男のいとこ。↕従弟・従姉。

じゅう-けい[0]**【銃刑】**[名] 銃殺の刑罰。

じゅう-けいてい[ケ]**【従兄弟】**[名]〔文章語〕男のいとこたち。↕従姉妹。

しゅう-げき[0]**【襲撃】**[名][他サ] 不意をついて攻撃すること。

じゅう-げき[0]**【銃撃】**[名][他サ] 銃でうつこと。

しゅう-けつ[0]**【終結】**㊀[名][自他サ] 物事がおわること。また、おえること。おわり。㊁[名]〔論〕仮説から論理的にみちびきだされた結論。帰結。

しゅう-けつ[0]**【集結】**[名][自他サ] 一か所にあつまること、また、あつめること。「国境に軍隊を―する」

じゅう-けつ[0]**【充血】**[名][自サ] からだのある一部を流れる血液の量が特に多くなる状態。「目が―している」

しゅう-けん[0]**【集権】**[名] 権力を一か所にあつめること。「中央―」↕分権。

しゅう-げん[シュ]**【祝言】**[名] ❶いわいのことば。祝詞。❷祝典。祝儀。❸婚礼。結婚式。「―をあげる」

じゅう-けん[0]**【銃剣】**[名] ❶銃と剣。❷小銃の先につける剣。また、それをつけた銃。

じゅう-げん[0]**【重言】**[名] ❶同じ意味の語をかさねた言い方。「後で後悔する」「電球の球」など。❷同じ字をかさねた熟語。「朗朗・悠悠・堂堂」など。畳語。

じゅう-こ[ジュ]**【住戸】**[名] アパートやマンションなどの集合住宅の居住部分の一戸一戸。

じゅう-ご[ジュ]**【銃後】**[名] 戦場の後方。兵士でない一般国民。

しゅう-こう[0]**【衆口】**[名] 多くの人が言うこと。世間の評判。

しゅう-こう[0]**【醜行】**[名] みにくいおこない。恥ずべき行為。

しゅう-こう[0]**【舟行】**〔文章語〕㊀[名][自サ] ふねで行くこと。㊁[名] ふなあそび。

しゅう-こう[0]**【舟航】**[名][自サ]〔文章語〕ふねで水上を渡ること。

しゅう-こう[0]**【周航】**[名][自サ] ふねであちこちをめぐること。「瀬戸内海を―する」

しゅう-こう[0]**【修好・修交】**[名][自サ] 国と国とがなかよくつきあうこと。「―条約」

しゅう-こう[0]**【終航】**[名][自サ] 汽船または航空機が一定の航海、または一日の航路を終えること。

しゅう-こう[0]**【就航】**[名][自サ] 汽船または航空機がはじめて航路につくこと。

しゅう-ごう[0]**【秋×毫】**[名]〔文章語〕〔秋に抜けかわるけものの細い毛〕わずか。ほんのすこし。「―の憂いなし」

しゅう-ごう[0]**【習合】**[名][他サ] 別々の教義・主張などをとりあわせること。「神仏―」

しゅう-ごう[0]**【集合】**㊀[名][自他サ] 人や動物があつまりあうこと。人や動物をあつめること。人や動物のあつまり。「駅前に―する」↕解散。㊁[名]〔数〕ある条件を満たすもののあつまりを一つの全体として見たもの。たとえば、軌跡は、あたえられた条件を満たす点の集合である。**―住宅**[ジュ][名] 一棟の建物の中に複数の住居がある住宅。アパートやマンションなど。↕一戸建て。

し

じゅう-こう⓪【銃口】[名] 銃のつつぐち。つつさき。
じゅう-こう⓪【獣行】[名]〔文章語〕けもののようなおこない。動物的な欲望によるみだらなおこない。
じゅう-こう⓪【重厚】[名][形動] おもおもしくて、どっしりしていること。「—な人柄」↕軽薄。 **—長大**(ちょうだい)⓪[名][形動] 工業製品などが、重量があり、規模が長大であること。特に、製鉄や造船などの重工業について言う。「—産業」↕軽薄短小。
じゅう-ごう⓪【重合】[名][自サ] 同一物質の分子が二つ以上結合して分子量の大きい別の化合物をつくること。「—体」「—反応」
じゅう-こうぎょう[コ]【重工業】[名] 大きくておもい機械などの生産財、または、その原料を造りだす工業。動力機械・車両・鉄鋼などの工業。↕軽工業。
じゅう-こく⓪【重刻】[名][他サ]〔文章語〕再版すること。
しゅう-こつ⓪【収骨】[名][自サ] ❶火葬後、骨を骨つぼなどに収めること。骨あげ。❷戦地で雨ざらしになっていた戦死者の遺骨などを、埋葬するためにひろい集めること。
じゅう-こつ⓪【獣骨】[名] けものの骨。動物の骨。
じゅう-ごや⓪【十五夜】[名] ❶陰暦十五日の夜。また、その夜の月。満月。望。もち。❷陰暦八月十五日の夜。また、その夜の月。中秋(ちゅうしゅう)の名月。㊙
じゅう-こん⓪【重婚】[名][自サ] 配偶者のいる者が、さらに他の人と結婚すること。二重結婚。法律で禁止されている。
しゅう-さ[シュ]【収差】[名] 光学上の原因で、レンズや鏡のつくる像に、ゆがみ・ずれなどが発生する現象。
じゅう-ざ⓪【銃座】[名] 銃をすえる台。
ジューサー[ジュ]〈juicer〉[名] 野菜やくだものをしぼってジュースをつくる器具。
しゅう-さい⓪【秀才】[名] ❶昔、中国で科挙の試験に合格した人。❷才能がすぐれている人。学問がよくできる人。
しゅう-さい⓪【収載】[名][他サ] 書物などにのせること。収録。「名曲を—した楽譜集」
しゅう-さい⓪【愁殺】[名][自他サ]〔文章語〕⬇しゅうさつ(愁殺)。
じゅう-ざい⓪【重罪】[名] おもいつみ。「—をおかす」
しゅう-さく⓪【秀作】[名] すぐれた芸術作品。傑作。
しゅう-さく⓪【習作】[名][他サ] 練習のためにつくること。また、つくった絵・彫刻・音楽などの作品。エチュード。
しゅう-さつ⓪【集札】[名][自サ] 駅・乗り物などで、客のきっぷをあつめること。
しゅう-さつ⓪【愁殺】[名][自他サ]〔文章語〕はなはだしく悲しむこと。また、悲しませること。
じゅう-さつ⓪【重刷】[名][他サ] 出版物の増刷。
じゅう-さつ⓪【重殺】[名][他サ] 野球で、併殺すること。ダブルプレー。
じゅう-さつ⓪【銃殺】[名][他サ] 銃でうちころすこと。
しゅう-さん⓪【秋蚕】[名] 秋に飼うかいこ。あきご。
しゅう-さん⓪【×蓚酸】[名] 水・アルコールにとける、無色で柱の形の結晶をなす物質。染色・漂白などに使う。
しゅう-さん⓪【集散】[名][自サ] 集まることと散ってゆくこと。集めることと散らすこと。「離合—」「穀物の—地」
しゅうさん-き[サ]【周産期】[名] 出産前後の期間。妊娠第二十二週から出産後七日まで。周生期。「—医療」
じゅうさん-や[サ]【十三夜】[名] ❶陰暦十三日の夜。❷陰暦九月十三日の夜。また、その夜の月。㊙ [参考] 十五夜についで月が美しいとされる。⇩月(図)。
しゅう-し[シュ]【収支】[名] 収入と支出。「—の決算」
しゅう-し⓪/[シュ]【宗旨】[名] ❶宗門の信仰内容の中心となる教義。❷宗門。宗派。❸その人の主義主張・好みなど。「—がえ」 **—を変**(か)**える** ❶今まで信仰していた「宗旨❷」を別のにかえる。❷今までと主義・主張・好みをかえる。
しゅう-し[シュ]【秋思】[名] 秋に感じる、もの悲しい気持ち。㊙
しゅう-し[シュ]【修士】[名] 大学院修士課程に二年以上在学し、必要単位を取得して、修士論文・試験に合格した者にあたえられる学位の名。
しゅう-し[シュ]【修史】[名] 歴史を編修すること。
しゅう-し[シュ]【愁思】[名]〔文章語〕もの悲しい思い。㊙
しゅう-し⓪【終止】[名][自サ] おわること。しまい。 **—形**(けい)⓪[名] 用言・助動詞の第三活用形。言いきりの形。基本形をしめすのに使われる。 **—符**(ふ)[シ][名] ❶欧文のおわりの記号。ピリオド。「.」❷事のおわり。「事件に—を打つ」
しゅう-し[シュ]【終始】❶[副] はじめからおわりまで。しじゅう。いつも。「—考えていたこと」❷[名][自サ] はじめからおわりまでかわらないこと。「努力をもって—した」 **—一貫**(いっかん)[シュ][副][自サ] はじめからおわりまでつらぬき通すこと。「—平和主義者であった」
しゅう-じ⓪【修辞】[名] ことばをうまく使って美しく言いあらわすこと。また、その技術。レトリック。 **—学**(がく)[ジ][名] 文章のことばをうまく使い、読者に感動をあたえる方法を研究する学問。美辞学。レトリック。
しゅう-じ⓪【習字】[名] ❶文字の書きかたをならうこと。手習い。書き方。❷もと、小・中学校の国語科の一分野。今は「書写」と呼ぶ。
じゅう-し[シュ]【従姉】[名]〔文章語〕年上の、女のいとこ。↕従妹・従兄。
じゅう-し[シュ]【獣脂】[名] けものからとる脂肪。ヘット・ラードなど。
じゅう-し[シュ]【重視】[名][他サ] 重大なこととして、おもんずること。重要視。重大視。↕軽視。
じゅう-じ[シュ]【十字】[名] 「十」の字のかたち。十文字。「—を切る」 **—火**(か)[ジ][名] 砲火が左右から交差してみだれとぶさま。十字砲火。 **—架**(か)⓪[名] ❶罪人をはりつけにする十字形の柱。❷十字架をかたどった、キリスト教のしるし。 **—架**(か)**を背負**(せお)**う** いつまでも消えることのない罪や苦難を身に受ける。 **—軍**(ぐん)[ジ][名] 中世に、ヨーロッパのキリスト教徒が、エルサレムの聖地をイスラム教徒からとりもどすため、八回にわたっておこなった遠征。参加者は十字架の記章をつけた。 **—砲火**(ほうか)[ホ][名] 十字火。 **—路**(ろ)[ジ][名] 道路が十文字にまじわっている所。よつかど。よつつじ。 **—を切**(き)**る** 手で胸に十字をえがく。キリスト教徒が神を念じるときにする動作。
じゅう-じ[シュ]【住持】[名] 寺のあるじの僧。住職。
じゅう-じ[シュ]【従事】[名][自サ] その仕事にたずさわること。
ジューシー[ジュ]〈juicy〉[形動]〔ダロ・ダッ・デ・ニ・ダ・ナ・ナラ〇〕 水分や汁が多く含まれているようす。「—な果実」
じゅうしちじょう-けんぽう《十七条憲法》飛鳥(あすか)時代に聖徳太子(しょうとくたいし)の制定した法律。官吏の勤務上の道徳的基準を十七条にまとめたもの。
じゅうしち-もじ[チ]【十七文字】[名]〔五、七、五の十七音から〕俳句のこと。
しゅう-じつ⓪【秋日】[名]〔文章語〕❶秋の季節。❷秋の日。㊙
しゅう-じつ⓪【週日】[名] 一週間のうち日曜、または、土曜・日曜以外の日。ウィークデー。
しゅう-じつ⓪【終日】[名][副] 一日じゅう。朝から晩まで。

し

じゅう-じつ 0【充実】名 自サ 内容がゆたかでみちみちていること。「気力が―する」
じゅう-しまい シ【従姉妹】名〔文章語〕女のいとこたち。↕従兄弟(じゅうけいてい)。
じゅう-しまつ シ【十姉▲妹】名 カエデチョウ科の小鳥。白に、茶色のまだらがあるものが多い。ひなを育てるのがうまいので、他の鳥の仮親として使われる。
しゅう-しゃ 0【終車】名 その日の、最終の電車・列車・バス。
じゅう-しゃ ジュ【従者】名 とも。ともの者。ずさ。
しゅう-じゃく 0【執着】名 自サ ⇩しゅうちゃく。
しゅう-じゅ ジュ【収受】名 他サ 物品・金銭などを、受け取っておさめること。
しゅう-しゅう 0【収拾】名 他サ 混乱状態をまとめおさめること。「事態を―する」
しゅう-しゅう 0【収集】名 他サ ❶取りあつめること。「ごみの―」❷【×蒐集】趣味や必要に役だてるためにあつめること。コレクション。「切手の―」「情報の―」
しゅう-しゅう シュー と副 空気や水などがすきまから勢いよく出るようす。「ガスが―もれる」
しゅう-しゅう 0【×啾×啾】名 と副 たる連体〔文章語〕力なく弱々しい声で泣くようす。「鬼哭(きこく)―」
しゅう-じゅう シュ【▲主従】名 ⇩しゅじゅう。
じゅう-じゅう ジュー と副 高温の油で焼いたり炒(いた)めたりする音をあらわす語。「肉が―焼ける」
じゅう-じゅう 0/ジュ2【重重】副 かさねがさね。よくよく。「―承知しております」
しゅう-しゅく 0【収縮】名 自他サ ちぢまること。ちぢめること。
しゅう-じゅく 0【習熟】名 自サ くりかえしけいこをして、じょうずになること。「文武の道に―する」
じゅう-しゅつ 0【重出】名 自他サ 同じものがくりかえして出ること。同じものをくりかえして出すこと。
じゅう-じゅつ ジュー【柔術】名 日本古来の武道の一つで、相手の力を利用して、素手で相手を倒すもの。参考 柔道は、明治時代に嘉納(かのう)治五郎がこれを改良したもの。
しゅうしゅ-ぼうかん シュー【袖手傍観】名 他サ〔文章語〕〔ふところ手をして、はたで見ていること〕なりゆきにまかせ何もせずにながめていること。拱手(きょうしゅ)傍観。
じゅう-じゅん 0【従順・柔順】形動 ダロ・ダッ・デ・ニ／ダナ・ナラ 0 おとなしくて、すなおなようす。「―な態度」
しゅう-しょ シュ【衆庶】名〔文章語〕一般の人々。庶民。
しゅう-じょ シュ【醜女】名 みにくい女。
じゅう-しょ ジュ【住所】名 ❶その人の住まいのあるところ。❷その人の生活の本拠の場所。**―不定**(ふてい) ジュ 名 住所がきまっていないこと。**―録**(ろく) ジョ 名 住所を一覧するための帳簿。
しゅう-しょう 0【秋宵】名〔文章語〕秋のよい。㊎
しゅう-しょう 0【終章】名 論文・小説などの最後の章。↕序章。
しゅう-しょう 0【愁傷】名 ❶〔文章語〕なげき悲しむこと。❷⇩ごしゅうしょうさま。
しゅう-しょう 0【周章】名 自サ あわてること。うろたえさわぐこと。**―×狼×狽**(ろうばい) 0 名 自サ あわてさわぐこと。うろたえさわぐこと。
しゅう-しょう 0【就床】名 自サ とこにつくこと。寝ること。就寝。↕起床。
しゅう-じょう 0【醜状】名 みにくいようす。恥ずべき状態。醜態。「―をさらす」
じゅう-しょう 0【重症】名 病気のおもいこと。↕軽症。
じゅう-しょう 0【重傷】名 おもいきず。ふかで。↕軽傷。
じゅう-しょう 0【重賞】名 高額な賞金。「―レース」
じゅう-しょう 0【銃床】名 小銃の、銃身の下のほうにある木の部分。
じゅう-しょう 0【重唱】名 他サ ひとりが一つの声部をうけもち、ふたり以上で合唱すること。「三―」↕斉唱・独唱。
じゅうしょう-しゅぎ ジュ【重商主義】名 一七―一八世紀にヨーロッパ諸国のとった、外国貿易をさかんにし、外貨を多く得て、国をゆたかにしようとした政策。
しゅう-しょく 0【秋色】名〔文章語〕秋のけしき。秋のようす・けはい。「―をたずねて一日をすごす」㊎
しゅう-しょく 0【愁色】名〔文章語〕うれいをふくんだ顔つき。悲しみのようす。
しゅう-しょく 0【就職】名 自サ 職業につくこと。「―が決まる」↕離職・失職・退職。**―難**(なん) ク 名 就職がむずかしいこと。「―の時代」
しゅう-しょく 0【襲職】名 自サ〔文章語〕職務をうけつぐこと。
しゅう-しょく 0【修飾】名 他サ つくろい、かざること。「―の多い表現」**―語**(ご) 0 名 他の語のまえについて、その内容を説明する語。「深い海」の「深い」、「すぐ帰る」の「すぐ」など。↕被修飾語。
しゅう-じょく 0【就×褥】名 自サ〔文章語〕❶床につくこと。❷病気で寝ること。
じゅう-しょく ジュ【住職】名 住持。
じゅう-しょく 0【重職】名 責任のおもい大切な職務。↕閑職。
しゅう-じょし ジョ【終助詞】名 文のおわりにつき、疑問・禁止・感動などをあらわす助詞。「か・な・よ」など。
しゅう-しん シュ【修身】名 ❶悪をあらため、善をおこなうように身をつつしむこと。❷旧制の小・中学校の教科の一つ。道徳指導をおこなった。
しゅう-しん 0【終身】名 生きているかぎり。一生がい。終生。**―官**(かん) シ 名 懲戒処分や刑罰を受けないかぎり、一生その身分をうしなわない官職。現在は認められていない。**―刑**(けい) シ 名 死ぬまで科せられる刑罰。**―保険**(ほけん) ホ 名 保険をかけた人が死ぬまで契約が続き、死んだときに保険会社などが保険金を支払う保険。
しゅう-しん 0【終審】名 ❶最後の審理。❷それ以上、上訴できない最終の裁判所の審理。
しゅう-しん 0【執心】名 自サ 強くのぞんで執着すること。「立身出世に―する」
しゅう-しん 0【就寝】名 自サ ねどこにはいること。ねること。就床。↕起床。
しゅう-じん 0【囚人】名 刑務所や拘置所に入れられている人。既決囚および未決囚。とらわれびと。
しゅう-じん 0【衆人】名 大ぜいの人々。一般の人々。**―環視**(かんし) カ 名 大ぜいの人がとりかこんで見ていること。「―の中でのできごと」
しゅう-じん 0【集×塵】名 自サ 気体中に浮いている、こまかいちりなどをあつめ取ること。「―装置」
じゅう-しん 0【重心】名 ❶物体の各部分にはたらく重力の合力があつまる点。重力の中心点。❷物事の中心となる大切なところ。**―を取**(と)**る** つりあいをとる。
じゅう-しん 0【重臣】名 重職にあるけらい。
じゅう-しん 0【従心】名 七十歳のこと。参考 論語「七十にして心の欲するところに従えども、矩(のり)をこえず」から。⇩年齢(表)。

じゅう-しん[0]【銃身】[名] 銃の鋼鉄の円筒の部分。

じゅう-しん[0]【獣心】[名] けもののようなむごい心。また、道理のわからない心。「人面―」

シューズ[シュ]〈shoes〉[名] くつ。短ぐつ。

ジュース[ジュ]〈deuce〉＝デュース[名] テニスや卓球などで、勝負のきまる直前で同点になること。―アゲイン[ゲ]〈deuce again〉[名] ふたたびジュースになること。

ジュース[ジュ]〈juice〉[名] くだもの・野菜などのしぼりじる。

しゅう-すい[0]【秋水】[名]〔文章語〕❶秋のすみきった水。(秋) ❷とぎすました刀。「三尺の―」

じゅう-すい[0]【重水】[名] 重水素をふくむ、ふつうの水より分子量の大きい水。

じゅう-すいそ[ス]【重水素】[名] 質量数が2および3の水素の同位元素。水素爆弾にもちいる。

しゅう-すじ[ス]【▲主筋】[名] 自分の主君・主人にあたる関係。

しゅう・する[ス]【執する】[自サ]（シ・セ・サ｜シ｜スル｜スル｜スレ｜シロ・セヨ） 執着する。「金銭に―」 しふ・す[文語サ変]

しゅう・する[ス]【修する】[他サ]（シ・セ・サ｜シ｜スル｜スル｜スレ｜シロ・セヨ）〔文章語〕❶悪い態度などを直す。正しくする。❷おさめる。習いおぼえる。「学を―」❸かざる。修飾する。❹修理する。❺とり行う。「仏事を―」 しう・す[文語サ変]

じゅう・する[ス]【住する】[自サ]（シ・セ・サ｜シ｜スル｜スル｜スレ｜シロ・セヨ）〔文章語〕❶すむ。❷ある境地にとどまる。 ぢゅう・す[文語サ変]

しゅう-せい[0]【秋声】[名]〔文章語〕秋の気配を感じさせる音。(秋)

しゅう-せい[シュ]【終生】[名] 死ぬまで。一生涯。終身。

しゅう-せい[0]【習性】[名] 習慣からできた性質。くせ。「ねこの―」

しゅう-せい[0]【修正】[名][他サ] あらため、ただすこと。「字句の―」[参考]「修正」はなおす意味に一般的に使う。「修整」は、写真の原板や印画などをなおすことに使う。

しゅう-せい[0]【修整】[名][他サ] ととのえ、なおすこと。「写真の―」⇩修正[参考]

しゅう-せい[0]【集成】[名][他サ] あつめて、まとめあげること。集大成。「全国の民間伝説を―する」

しゅう-ぜい[0]【収税】[名][自サ] 税金をとりたてること。税の徴収。―吏[ゼ][名] 税金をとりたてる役人。

じゅう-せい[0]【銃声】[名] 銃をうつ音。「―がこだまする」

じゅう-せい[0]【獣性】[名] 人間のもっている、けもののようなみにくい性質。

じゅう-ぜい[0]【重税】[名] おもい負担のかかる税金。

しゅう-せき[0]【集積】[名][自他サ] 物があつまり、つもること。物をあつめ、つむこと。「滞貨が―する」―回路[カ][名] トランジスター・抵抗などの部品とそれをつなぐ配線を、一つの基板上にまとめて作成した電子回路。IC。

じゅう-せき[0]【重責】[名] 重大な責任。「―を全うする」

しゅう-ぜつ[0]【秀絶】[名][自サ][形動]〔文章語〕たいそうすぐれていること。「―した作品」

しゅう-せん[0]【終戦】[名] 戦争がおわること。↕開戦。

しゅう-せん[0]【×鞦×韆】[名]〔文章語〕ぶらんこ。(春)

しゅう-せん[0]【周旋】[名][他サ] 世話をすること。とりもつこと。あっせん。「就職の―」―屋[0][名] 周旋業。―業[セ][名] 周旋をする職業。不動産業など。また、その人。

しゅう-ぜん[0]【修繕】[名][他サ] 故障や破損をなおして、元のようにすること。修理。「家屋の―」

しゅう-ぜん[0]【愁然】[と][副][たる][連体]〔文章語〕心配そうなようす。かなしむようす。「―たる表情」

じゅう-せん[0]【縦線】[名] たての線。↕横線。

じゅう-ぜん[0]【十善】[名]〔仏〕❶十戒をまもり、十悪をおかさないこと。❷前世の十善の果報で、現世に受ける天子の位。―の君 天子。君主。十善の天子。

じゅう-ぜん[0]【従前】[名] これまで。以前。「―のしきたり」

じゅう-ぜん[0]【十全】[名][形動] 完全なこと。「―の準備」

しゅう-そ[シュ]【宗祖】[名] 一宗の開祖。教祖。

しゅう-そ[シュ]【臭素】[名] 元素記号Br 原子番号35 原子量79.904の元素。揮発しやすく、刺激性のにおいをもつ。常温では液体。有毒。医薬・写真用。

しゅう-そ[シュ]【愁訴】[名][自サ]〔文章語〕❶なげき、うったえること。❷からだの異常のうったえ。「不定―」

じゅう-そ[ジュ]【重×祚】[名][自サ]〔文章語〕一度天子の位をしりぞいた後、ふたたびその位につくこと。ちょうそ。

しゅう-そう[0]【秋霜】[名]〔文章語〕❶秋のしも。(秋) ❷〔しものようにするどく光る意〕刀剣・白髪などをさす。―烈日[0][名]〔秋のつめたいしもと夏のはげしい日光〕権威・刑罰・思想などが、非常にきびしくはげしいこと。

しゅう-ぞう[0]【収蔵】[名][他サ] ❶物を集め、しまっておくこと。「古書を―する」❷農作物をとり入れ、蓄えること。

しゅう-ぞう[0]【修造】[名][他サ] 建物を手入れすること。

じゅう-そう[0]【住僧】[名] 寺にすむ僧。

じゅう-そう[0]【重曹】[名]〔「重炭酸曹達」の略〕炭酸水素ナトリウム。白色の結晶性の粉末。医薬・ふくらし粉・漂白用。

じゅう-そう[0]【銃創】[名] 銃でうたれた傷。

じゅう-そう[0]【重層】[名][自サ] いくつもの層になって重なり合うこと。「―建築」「―する都市空間」↕単層。

じゅう-そう[0]【縦走】[名][自サ] ❶尾根づたいに山を歩くこと。❷山脈などが、地形の長い方向に連なっていること。

じゅう-そう[0]【重奏】[名][他サ] 一つの楽器が一つの声部をうけもち、二つ以上の楽器で合奏すること。

しゅう-そく[0]【終息】【終×熄】[名][自サ] ある状態がおわること。やむこと。「動乱の―」「感染症の流行が―する」

しゅう-そく[0]【集束】[名][自サ] 光線のたばがある一点にあつまること。収斂。↕発散。

しゅう-そく[0]【収束】㊀[名][他サ] あつめて、たばねること。㊁[名][自他サ] ❶しめくくりをつけること。しめくくりがつくこと。「事件が―する」❷〔数〕関数・数列・級数などで、ある値に限りなく近づくこと。収斂。

しゅう-ぞく[シュ]【習俗】[名] ならわし。風習。風俗。「土地の―」

じゅう-そく[0]【充足】[名][自他サ] みちること。みたすこと。「欲望の―」

じゅう-そく[0]【充塞】[名][自他サ] みちふさがること。みたしふさぐこと。

じゅう-ぞく[0]【従属】[名][自サ] つきしたがうこと。「―部隊」

じゅう-そつ[0]【従卒】[名] 将校につきしたがって、身のまわりの世話をする兵士。従兵。

しゅう-そん[0]【集村】[名] 住家が寄りあつまって村落をつくったもの。↕散村。

しゅう-たい[0]【醜態】[名] みにくいようす。恥ずべきようす。醜状。「―を演じる」[参考]「醜体」と書くのはあやまり。

じゅう-たい[0]【重体・重態】[名] 病状がわるく、危険な容体であること。「―におちいる」

じゅう-たい[0]【×紐帯】[名]〔文章語〕⬇ちゅうたい。

じゅう-たい[0]【縦隊】[名] たてに組んだ隊形。↕横隊。

じゅう-たい[0]【渋滞】[名][自サ] 物事がうまく進行せず、つまること。はかどらず、とどこおること。「事務が―する」

「交通―」

じゅう-だい ジュ【十代】名 ❶十の世代。「―つづいた家」❷第十番めの代。「―将軍」❸十から十九までの数。また、年齢。❹〔teenager の訳語〕十三歳から十九歳までの年齢。ティーンエージャー。

じゅう-だい ジュ【重代】名 代々つたわること。累代。「―の家宝」

じゅう-だい 0【重大】形動 ダロ・ダッ・デ・ニ ダ・ナ・ナラ・○ ふつうでない、大変なようす。「―な事件」**―視** ダ 名 他サ ふつうでない、大変なこととしてあつかうこと。重視。

しゅう-たいせい タ【集大成】名 他サ 多くの物をあつめて、一つの物としてまとめること。「全国の民謡を―する」

じゅう-たく 0【住宅】名 人が住むための家。

しゅう-だつ 0【収奪】名 他サ むりに取りあげること。「人民の財産を―する」

しゅう-たん 0【愁嘆】【愁×歎】名 自サ なげき悲しむこと。**―場** 0 名 演劇などで、登場人物がなげき悲しむ所作をする場面。

しゅう-だん 0【集団】名 あつまって一団となった人・もの。**―安全保障** ホ 名 世界の大多数の国家からなる組織によって、侵略をふせぎ、安全と平和をまもろうとすること。国連の基本的機能の一つ。集団保障。**―検診** ケ 名 学校・職場・地域などでいっせいに行う健康診断。**―語** 0 名 特定の集団内でのみ通用することば。参考 集団は、専門用語、職業上のことば、方言、隠語など、範囲が広い。**―的自衛権** エ 名 国連憲章で加盟国に認められている自衛権の一つ。ある国が武力攻撃を受けた場合、これと密接な関係にある他国が共同して防衛にあたる権利。

じゅう-たん ジュ【×絨×毯・×絨×緞】名 敷物・かべかけなどにする、厚地の毛織物。また、それでつくった床の敷物。カーペット。段通。冬 **―爆撃** バ 名 一定の地域を、残す所なく一面に爆撃すること。

じゅう-だん 0【銃弾】名 小銃・拳銃などの弾丸。

じゅう-だん 0【縦断】名 他サ ↕横断。❶たてに切ること。❷縦または、南北の方向に通りぬけること。「本土を―する」

じゅう-たんさんソーダ ソ【重炭酸ソーダ】【重炭酸曹▲達】名 ⬇じゅうそう。

しゅう-ち シュ【羞恥】名 恥ずかしいと感じること。恥ずかしさ。「―の情」「―心」

しゅう-ち シュ【衆知】【衆×智】名 多くの人のちえ。「―をあつめる」

しゅう-ち シュ【周知】名 自他サ ひろく知れわたること。ひろく知らせること。「―の事実」「規則を―させる」

しゅう-ちく 0【修築】名 他サ 建物などをつくろって、なおすこと。「橋を―する」

しゅう-ちゃく 0【祝着】名 いわうこと。めでたいこと。慶賀。「ご長命で―にたえません」「―至極」

しゅう-ちゃく 0【終着】名 ❶終点への到着。「―駅」↕始発。❷最後にそこへ着くこと。「―列車」

しゅう-ちゃく 0【執着】名 自サ 深く思いこんで、心がはなれないこと。思いがとらわれること。しゅうじゃく。「金に―する」

しゅう-ちゅう 0【集中】名 自他サ 一つのところにあつまること、また、あつめること。「注意を―する」**―豪雨** ゴ 名 短時間のうちに、ある狭い地域にだけ降る大雨。**―治療室** リョ 名 重症の患者を収容するための病室。各種の医療装置を設備し、医師・看護師が常駐して治療を行う。ICU。**―砲火** ホ 名 ❶一つの目標に向けた集中的な砲撃。❷一か所に集中的にむけられる非難や批判。「失言で―を浴びる」

しゅう-ちゅう 0【集注】❶名 自他サ 一つの所にあつまりそそぐこと。また、あつめそそぐこと。「大ぜいの視線が―する」❷名 多くの注釈を集めたもの。しっちゅう。

じゅうちゅう-はっく ハ【十中八九】名 副 ⬇じっちゅうはっく。

しゅう-ちょう シュ【×酋長】名 部族などのかしら。首長。

じゅう-ちん 0【重鎮】名 おさえのきく人。大事な位置をしめている人。「会社の―」

しゅうちん-ぼん 0【袖珍本】名 ポケットの中にはいるほどの小型の本。

じゅう-づめ 0【重詰(め)】名 重箱に料理などを詰めること。また、その料理。

しゅう-てい 0【舟艇】名 小型の舟。「上陸用―」

しゅう-てい 0【修訂】名 他サ 書物・文章などをあらため、訂正すること。

じゅう-てい 0【従弟】名〔文章語〕年下の男のいとこ。↕従妹・従兄。

じゅう-てい 0【重訂】名 他サ 一度訂正した文書や書物を、かさねて訂正すること。また、その文書や書物。

じゅうてい-おん テ【重低音】名〔多く音楽で〕からだに振動を感じるような低い音。「迫力のある―」

しゅう-てん 0【秋天】名〔文章語〕秋の空。秋

しゅう-てん 0【終点】名 最後に着くところ。終着点。↕起点・始点。

しゅう-でん 0【終電】名「終電車」の略。

じゅう-てん テ【重点】名 たいせつなところ。**―主義** シュ 名 重要なところに特に力をそそぐやりかた。**―的** 0 形動 重要なところに力点をおくようす。「産業の振興を―な目標とする」**―を置く** たいせつと考えて、それに力を入れる。

じゅう-てん 0【充塡】名 他サ つめること。中空のものをうめ、ふさぐこと。「火薬を―する」

じゅう-でん 0【充電】名 自他サ ❶蓄電池などにエネルギーをたくわえること。↕放電。❷次の活動にそなえて、活力をたくわえること。**―池** デ 名 蓄電池。

じゅう-でんき デ【重電機】名 重量の大きい、大型の電気機械。発電機・発動機など。↕軽電機。

しゅう-でんしゃ テ【終電車】名 その日の最後に運行する電車。終電。↕始発電車。

しゅうと 0【×舅】名 ❶夫または妻の父。↕しゅうとめ。❷【×姑】しゅうとめ。

しゅう-と シュ【囚徒】名〔文章語〕囚人。

しゅう-と シュ【宗徒】名 信者。信徒。

しゅう-と シュ【衆徒】名〔文章語〕多くの僧徒。しゅと。

シュート シュ〈shoot〉名 自他サ ❶野球で、投手の投球が右投手の場合は右がわに、左投手の場合は左がわに曲がること。また、その球。❷サッカー・バスケットボールなどで、ボールを相手のゴールをねらって、けったり投げたりすること。

じゅう-ど ジュ【重度】名 症状の程度が重いこと。↕軽度。

しゅう-とう 0【周到】名 形動 いきとどき、ておちのないこと。「―な用意」

しゅう-どう 0【修道】名 道をおさめること。**―院** ド 名 キリスト教で、一定の規律のもとに、集団で修行する僧や尼僧の住む寺院。**―士** ド 名 カトリック教会で、清貧・貞潔・服従の徳目のもとに、労働を含めたきびしい日課に従い、修道院で修業する人。**―女** ド 名 女性の修

道士。修道尼(しゅうどうに)。

じゅう-とう ⓪【重盗】名 野球で、ふたりの走者が同時に盗塁すること。ダブルスチール。

じゅう-とう ⓪【充当】名他サ ある目的・用途にあてること。「原稿料を旅費に―する」

じゅう-どう ジュ【柔道】名 日本独特の武道の一つ。道具をつかわずに投げわざ・かためわざなどで、相手を攻め、また、身をまもるもの。現在は、国際的スポーツとなっている。⇩柔術 参考。

じゅうとう-ほう ⓪/ト【銃刀法】名 〔「銃砲刀剣類所持等取締法」の略〕銃器、刃物などの所持・使用を規制する法律。

しゅう-とく ⓪【収得】名他サ とりいれること。取って自分の物とすること。「莫大な利益を―する」

しゅう-とく ⓪【拾得】名他サ 落とし物をひろうこと。ひろいとること。「―物」

しゅう-とく ⓪【修得】名他サ 学問・技芸をおさめ、おぼえこむこと。「医学を―する」

しゅう-とく ⓪【習得】名他サ ならいおぼえること。「運転技術を―する」

じゅう-とく ⓪【重篤】形動 ダロ・ダッ・デ・ニ/ダ・ナ・ナラ・〇 文章語 症状がとてもよくないようす。「―な障害のある患者」

しゅうと-ご ⓪/ト【×舅御・×姑御】しゅうと― 名 「しゅうと」の尊敬語。

しゅうと-め ⓪【×姑】しゅうと― 名 夫または妻の母。↕しゅうと。

しゅう-どり リ【▲主取り】名 武士などが、新たに主人につかえること。

じゅう-なん ⓪【柔軟】形動 ダロ・ダッ・デ・ニ/ダ・ナ・ナラ・〇 ❶しなやかなようす。やわらかなようす。「―なからだ」❷ゆうずうのきくようす。「―な態度」「―な思考力」↕強硬(きょうこう)。**―体操**(たいそう) タ名 からだをやわらかにする体操。

じゅうにおん-おんかい オ2【十二音音階】名 一オクターブを十二に分けた音階。半音階。

じゅうに-きゅう ③【十二宮】名 春分点を起点として黄道を十二等分した、それぞれの星座の名称。白羊(はくよう)宮・金牛(きんぎゅう)宮・双子(そうし)宮・巨蟹(きょかい)宮・獅子(しし)宮・処女(しょじょ)宮・天秤(てんびん)宮・天蝎(てんかつ)宮・人馬(じんば)宮・磨羯(まかつ)宮・宝瓶(ほうへい)宮・双魚(そうぎょ)宮。

じゅう-にく ⓪【獣肉】名 けものの肉。

じゅうに-し ③【十二支】名 子(ね)・丑(うし)・寅(とら)・卯(う)・辰(たつ)・巳(み)・午(うま)・未(ひつじ)・申(さる)・酉(とり)・戌(いぬ)・亥(い)の十二の名。昔、時刻や方角、また、十干(じっかん)と組みあわせて年や日をあらわした。⇩時(図)・方位(図)・十干(表)。

じゅうにし-ちょう シ【十二指腸】名 小腸の最初の部分で、胃の幽門につづく。**―虫**(ちゅう) チョ名 寄生虫の一つ。人体の小腸に寄生する線形動物。体長約一センチメートル。

じゅうにしん-ほう ⓪/シ【十二進法】名 十二ごとに位をあげていく数のかぞえかた。

じゅうに-ひとえ ト【十二▲単】―ひとへ 名 ❶平安時代中期からはじまった、宮中における女子の礼装。❷シソ科の多年生植物。野に多く見られ、四、五月ごろ茎の先に穂状の淡紫色の花をつける。㊡春

じゅうに-ぶん ⓪【十二分】形動 ダロ・ダッ・デ・ニ/ダ・ナ・ナラ・〇 十分(じゅうぶん)以上であるようす。たっぷり。「―に満足した」

しゅう-にゅう ⓪【収入】名 かねや品物を自分の所有にすること。また、その額。所得。↕支出。**―印紙**(いんし) イ名 租税や手数料などをとるため財務省が発行する証票。**―役**(やく) ⓪名 もと市町村の会計事務を取りあつかった地方公務員。

しゅう-にん ⓪【就任】名自サ 任務につくこと。「会長に―する」↕退任・離任。

じゅう-にん ジュ【十人】名 一人の十倍。**―十色**(といろ) ジュ= ト名形動 なりふり・このみ・考えなどが、ひとりひとりちがうこと。**―並み** ⓪名形動 容色や才能などが、ふつうなみであること。ひとなみ。「―の顔」参考 表記は「十人並」でもよい。

じゅう-にん ⓪【住人】名 そこに住んでいる人。

じゅう-にん ⓪【重任】㊀名 重大なつとめ。㊁名自サ 任期が満ちたあと、ふたたび前のつとめにつくこと。再任。「―をさまたげない」

しゅうね・し【執▲念し】形ク 古語 しゅうねんぶかい。しつこい。「しふねき御物怪(もののけ)」〈源氏〉参考 「執念」から生まれた形容詞で、連用形「しゅうねく」は現代でも副詞のように用いられることがある。

しゅう-ねん【周年】㊀⓪名 ❶まる一年。❷一周忌。㊁⓪副 一年じゅう。㊂接尾 あることから…回目にあたるとし。「創立十―」参考 現在は、多く慶事に用いる。

しゅう-ねん シュ【執念】名 強く思いこんでうごかない心。執着してはなれない心。**―深**(ぶか)**い** カ形 思いこんだことをなかなかわすれない。「―人」

しゅう-ねん ⓪【終年】名 ❶一年じゅう。❷生まれてから死ぬまで。終生。

じゅう-ねん ジュ【十年】名 一年の十倍。**―一日**(いちじつ・いちにち) 長い間ずっと同じ状態で、すこしもかわらないこと。**―一昔**(ひとむかし) 十年間もたつといろいろな変化がおこるから、昔になったと感じられること。

じゅう-ねん ジュ【十念】名 「南無阿弥陀仏(なむあみだぶつ)」の名号(みょうごう)を十度となえること。

しゅう-のう ⓪【収納】名他サ ❶金品を受け取っておさめいれること。❷農作物をとりいれること。「―庫」❸日用品などをおさめておくこと。「―スペース」

じゅう-のう ノ【十能】名 炭火を入れてはこんだり、石炭をくべたりする道具。㊡冬

じゅうのう-しゅぎ シュ【重農主義】名 重商主義に対して一八世紀中ごろフランスに起こった、国家財政の基本を農業におき、人々の福利を増進しようとした主義。

しゅう-は シュ【宗派】名 一つの宗教のなかの分派。

しゅう-は シュ【秋波】名 こびをふくんだ色っぽい目つき。色目。**―を送**(おく)**る** 色目をつかう。ウインクする。

十能

シューバ シュ〈ロ shuba〉名 毛皮の外とう。

しゅう-はい ⓪【集配】名他サ あつめることと、くばること。「宅配便を―する」**―員**(いん) ハ名 郵便物などを集配する役めの人。集配人。

しゅう-ばく ⓪【就縛】名自サ 文章語 とらわれること。しばられること。

じゅう-ばくげきき ゲ【重爆撃機】名 大型の爆撃機。重爆。↕軽爆撃機。

じゅう-ばこ ⓪【重箱】名 食物を入れて積みかさねる四角の容器。**―の隅**(すみ)**を×楊枝**(ようじ)**でほじくる** 非常にこまかな、つまらないことまでを問題にしたり、しらべたりすることのたとえ。重箱の隅をつつく。**―読**(よ)**み** ⓪名 一つの熟語で、上の字を音で、下の字を訓で読む読みかた。「重箱・新芽(しんめ)・朱墨(しゅずみ)」など。↕湯桶(ゆとう)読み。

しゅう-バス ⓪【終バス】名 その日の最後に運行するバス。↕始発バス。

しゅうは-すう ハ【周波数】名 交流電波・音波の一秒間の振動数。単位はヘルツ。

し

じゅうはち-ばん チ【十八番】名 その人の得意とする事がら。おはこ。参考 歌舞伎の市川家に伝わる得意な十八の狂言を「歌舞伎十八番」と呼んだことから。

しゅう-はつ ⓪【終発】名 その日の最終に発車する列車・電車。その日の最後に発車すること。↕始発。

しゅう-ばつ ⓪【修×祓】名〔文章語〕「しゅうふつ」の慣用読み。みそぎはらえをすること。しゅばつ。

しゅう-ばつ ⓪【秀抜】名 形動 他よりきわだってすぐれていること。「―な作品」

じゅう-ばつ ⓪【重罰】名 おもい罰。

じゅうはっしりゃく《十八史略》中国の元の時代の歴史書。編者は曽先之。「史記」以下の十八史の要点をまとめたもの。

じゅうはっ-ぱん ハ【十八般】名 中国で、十八種の武芸。転じて、あらゆる武芸のこと。「武芸―のこころえ」

しゅう-ばん ⓪【終盤】名 ↕序盤・中盤。❶碁や将棋で、勝負のおわりごろ。「―戦」❷物事の最終段階。

しゅう-ばん ⓪【週番】名 一週ごとにかわってする勤務。また、その勤務をする人。

じゅう-はん ⓪【重犯】名 ❶おもい犯罪。また、その犯罪者。↕軽犯。❷たびかさねておかす犯罪。また、その犯罪者。累犯。↕初犯。

じゅう-はん ⓪【従犯】名 主犯を手助けした犯罪。また、その犯罪者。↕主犯。

じゅう-はん ⓪【重版】名 他サ 出版物の版数をかさねること。また、その出版物。「―出来」↕初版。

しゅう-び シュ【愁眉】名 うれいをふくんだまゆ。**―を開く** 心配ごとがなくなって、ほっとする。安心する。

しゅう-ひょう ⓪【衆評】名 多くの人の批評。世評。

しゅう-ひょう ⓪【集票】名 選挙の時に票を取りまとめること。

じゅう-びょう ⓪【重病】名 症状のおもい病気。重患。

しゅう-ふ シュ【醜婦】名 顔かたちのみにくい女。

しゅう-ふう ⓪【秋風】名 あきかぜ。秋 ↕春風。

しゅう-ふく ⓪【修復】名 他サ ❶破損をつくろって、もとのように直すこと。「こわれた家の―」❷もとどおりの、よい関係をとりもどすこと。「国交の―」

しゅう-ふく【慴伏】「しょうふく」のあやまり。

じゅう-ふく ⓪【重複】名 自サ ➡ちょうふく。参考「重複」と書くのはあやまり。「ちょうふく」が本来の言い方で、「じゅうふく」は比較的新しい形。

しゅう-ぶん ⓪【秋分】名 二十四節気の一つ。昼と夜の長さのひとしい九月二十三日ごろ。秋 ↕春分。⇩二十四節気(表)。**―点** チ 名 太陽が北から南にむかって天球上の赤道をよこぎる点。↕春分点。**―の日** 国民の祝日の一つ。九月二十三日ごろ。祖先をうやまい、なくなった人をしのぶ。秋のひがんの中日で、もとの秋季皇霊祭の日。秋 ↕春分の日。

しゅう-ぶん ⓪【醜聞】名 聞き苦しいうわさ。スキャンダル。「―を流す」

じゅう-ぶん ⓪【重文】名 ❶主語・述語の結びつきをもつ部分が二つ以上ならんでいる文。「風はそよぎ、日はかがやく」など。↕単文・複文。❷「重要文化財」の略。

じゅう-ぶん チ【十分】【充分】副 形動(の) みちたりるようす。不足のないようす。↕ふじゅうぶん。**―条件** ジョ 名〔論〕それを事実であると判断する上に、それが満たされていればよいとされる条件。「pならばq」という命題が正しい時、pはqであるための十分条件という。

しゅう-へい ⓪/シュ【州兵】名〔National Guardの訳〕米国の各州におかれている軍隊。米陸軍・空軍の予備役としての性格をもち、戦時には正規軍に編入され大統領の指揮に従う。

じゅう-へい ⓪【従兵】名 従卒。

しゅう-へき ⓪【周壁】名 まわりのかべ。

しゅう-へき ⓪【習癖】名 ならわし。くせ。

しゅう-へん ⓪【周辺】名 ある範囲に接した外がわのあたり。「大学の―」

じゅう-べん ⓪【重弁】名 花びらがいくえにもなっていること。やえざき。「―花」↕単弁。

しゅう-ほ シュ【修補】名 他サ 不備や欠陥をおぎない直すこと。補修。修理。

じゅう-ぼいん ボ【重母音】名 母音が二つつづいて、一つの音節をなすもの。二重母音。strike の[ai]など。

しゅう-ほう ⓪【秀峰】名 高く形の美しい山。

しゅう-ほう シュ【宗法】名 その宗派・宗門の法規。

しゅう-ほう シュ【週報】名 一週ごとの報告・刊行物。↕日報・月報・旬報・年報。

しゅう-ぼう ⓪【衆望】名 多くの人から受ける信望。輿望。「―をになう」

じゅう-ほう ⓪【×什宝】名〔文章語〕たからものにしている器物。「寺の―」

じゅう-ほう ⓪【重宝】名 たいせつなたから。

じゅう-ほう ジュ【重砲】名 口径の大きな、威力のある大砲。

じゅう-ほう ⓪【銃砲】名 ❶小銃と大砲。❷銃器類。「―店」

じゅう-ぼく ⓪【従僕】名 主人につきそって、いろいろな雑事をする男。

シューマイ ⓪【中▲焼▲売】名 豚肉・ねぎなどをきざんで、塩・こしょうなどで味つけし、小麦粉の皮でつつんでむした中華料理。

じゅう-まい ⓪【従妹】名〔文章語〕年下の女のいとこ。↕従姉・従弟。

しゅう-まく ⓪【終幕】名 ❶芝居のおわりのひと幕。↕序幕。❷しばいが終わること。閉幕。↕開幕。❸事件などの結末。

しゅう-まつ ⓪【終末】名 物事のおわり。最後。「―を迎える」**―期医療** イ 名 治癒の可能性のない末期患者に対して、肉体的苦痛をやわらげつつ、精神的援助を重視する医療。終末医療。ターミナルケア。

しゅう-まつ ⓪【週末】名 一週間のおわり。参考 もとは土曜日だけをさしたが、現在では土曜日と日曜日、場合によっては金曜日の夜から日曜日の夜までをさすことがある。

じゅう-まん ⓪【充満】名 自サ いっぱいに満ちること。「精気が―する」「ガスが―する」

じゅうまんおく-ど オ【十万億土】名 ❶現世から極楽浄土に行くまでにあるという仏の国の数。❷極楽浄土。

しゅう-み シュ【臭味】名 くさみ。臭気。

しゅう-みつ ⓪【周密】形動 ダロ・ダッ・デ・ニ／ダ・ナ・ナラ・〇 こまかく、ゆきとどいているようす。周到。綿密。

しゅう-みん ⓪【就眠】名 自サ ねむること。

じゅう-みん ⓪【住民】名 その土地に住む人。**―基本台帳** ダ 名 住民票を世帯ごとにまとめた台帳。**―税** ミ 名 その土地に住み、独立の生計をいとなむ個人と、事務所などをもつ法人に地方公共団体が課する地方税。**―投票** ト 名 地方行政に関する重要な事項について、その地方公共団体の住民が直接投票により決定をおこなう制度。**―登録** ト 名 すべての国民が、居住地の市・区・町・村の住民票に登録すること。**―票** ⓪ 名 自治体に住む各人の氏名・住所・生年月日・性別などの記録。

しゅう-む [シュ]【宗務】[名] 宗教上の事務。

しゅう-めい [0]【↑主命】[名] ➡しゅめい。

しゅう-めい [0]【醜名】[名] 聞き苦しいうわさ・評判。醜聞。

しゅう-めい [0]【襲名】[名][他サ] 親・師匠などの芸名をつぐこと。「—披露(ひろう)」

じゅう-めん [0]【渋面】[名] しぶい顔。しかめっつら。しぶつら。不愉快そうな顔。「—をつくる」

じゅう-もう [0]【×絨毛】[名] 小腸の内壁にある、こまかい毛のような突起。

じゅう-もう [0]【獣毛】[名] けものの毛。

しゅう-もく [0]【衆目】[名] 多くの人の見る目。また、多くの人の見たところ。「—の見るところが一致した」

じゅう-もく [0]【十目】[名]〔文章語〕多くの人の目。衆目。**—の見(み)るところ** 多くの人が一致してみとめるところ。十指のさすところ。

しゅう-もち [チ]【↑主持ち】[名] 主君・主人につかえる身分。また、その人。

じゅう-もつ [0]【×什物】[名]〔文章語〕❶つねに使う器具。什器。❷秘蔵の品物。什宝。「寺の—」

しゅう-もん [0]【宗門】[名] 宗派。**—改(あらた)め** [ア][名] 江戸時代に、幕府がキリスト教禁止のため、家ごと・個人ごとの信仰をしらべたこと。

じゅう-もんじ [0]【十文字】[名] 十の字の形。線がたて・よこにまじわった形。十字。

しゅう-や [シュ]【秋夜】[名]〔文章語〕秋のよる。㊙秋 ↕春夜。

しゅう-や [シュ]【終夜】[名][副] 一晩じゅう。夜どおし。夜おし。「—営業」**—灯(とう)** [0][名] 夜どおしつけておく灯火。

じゅう-や [ジュ]【十夜】[名]「十夜念仏」の略。お十夜。㊀冬 **—念仏(ねんぶつ)** [ネ][名] 陰暦十月六日から十五日まで念仏をする、浄土宗の行事。㊀冬

しゅう-やく [0]【集約】[名][他サ] あつめて、手短にまとめること。「調査の結果を—する」**—農業(のうぎょう)** [ノ][名] 一定の土地に多くの資本や労働力を使って、その土地の生産性を高める農業経営方法。↕粗放農業。

じゅう-やく [0]【重役】[名] ❶責任のおもい役目。重任。❷会社などの重要な役の人。取締役・監査役などのこと。

じゅう-やく [0]【重訳】[名][他サ] 原文をある言語に翻訳したものを、さらに別の言語に翻訳すること。

じゅう-ゆ [0]【重油】[名] 原油を蒸留してのこった、黒い、比重の大きい油。燃料・機械油・アスファルト製造用。

しゅう-ゆう [0]【周遊】[名][自サ] あちこちを旅行すること。

しゅう-よう [0]【収用】[名][他サ] ❶取りあげて使うこと。❷公用のため、特定の物の所有権を強制的にとりあげて、国家などにうつすこと。「土地の—」

しゅう-よう [0]【収容】[名][他サ] 人や物を一定の施設や場所に入れること。「—人数」「遭難者を—する」

しゅう-よう [0]【襲用】[名][他サ] うけつぎもちいること。「古来の様式を—する」

しゅう-よう [0]【修養】[名][自他サ] 学問・知識を身につけること。人格をみがくこと。

じゅう-よう [0]【充用】[名][他サ] そのことにあてて、もちいること。「収益を借金の返済に—する」

じゅう-よう [0]【重用】[名][他サ] おもい役職につかせること。人をおもくもちいること。ちょうよう。

じゅう-よう [0]【重要】[名][形動] たいせつなこと。「—人物」「—性」[参考] 特に、社会的・公的な価値があるものについていうことが多い。**—参考人(さんこうにん)** [0][名] 事件の重要な情報をもつ人物。また、犯人の疑いがきわめて濃い容疑者の呼び方。**—視(し)** [ヨ][名][他サ] 重要であると認めること。おもんずること。重視。**—文化財(ぶんかざい)** [カ][名] 建物・絵画・彫刻・文書などで、歴史的・芸術的価値が高いものを、国が指定したもの。

じゅう-よく [0]【獣欲】[名] 人間の動物的な欲望。性欲。

しゅう-らい [0]【襲来】[名][自サ] おそってくること。来襲。

じゅう-らい [ジュ]【従来】[名][副] まえから。これまで。「—の方法に従う」

しゅう-らく [シュ]【集落】【×聚落】[名] 家屋のあつまっているところ。村落。

しゅう-らん [0]【収×攬】[名][他サ]〔文章語〕(「攬」は、にぎる意)うまく手におさめること。「人心を—する」

じゅう-らん [0]【縦覧】[名][他サ]〔「縦」は思うままの意〕自由に見ること。「選挙人名簿の—」

しゅう-り [シュ]【修理】[名][他サ] 修繕。修復。「とけいの—」

しゅう-りょ [シュ]【囚虜】[名]〔文章語〕とりこ。捕虜。

しゅう-りょう [リョ]【収量】[名] とりいれた分量。

しゅう-りょう [0]【秋涼】[名]〔文章語〕❶秋のすずしさ。「—の候」㊙秋 ❷陰暦八月の称。

しゅう-りょう [0]【修了】[名][他サ] 学業・技芸をおさめ終えること。「—証書」

しゅう-りょう [0]【終了】[名][自他サ] 物事がおわること。また、おえること。「試合—」↕開始。

じゅう-りょう [リョ]【十両】[名] 相撲の力士の階級で、幕内と幕下との中間。[参考] 昔、年十両の給金であったことから。

じゅう-りょう [リョ]【重量】[名] ❶物体にはたらく重力の大きさ。質量と重力加速度の積に等しい。❷おもさ。目方。❸おもさの大きいこと。目方のあること。「—級」↕軽量。**—挙(あ)げ** [0][名] 両端におもりをつけた鉄棒を、両手で持ちあげ、その重さをきそう競技。スナッチ・ジャークの二種目がある。ウエイトリフティング。**—トン** [リョ][名] 船の積める最大重量を、英トン(二二四〇ポンド、約一〇一六キログラム)であらわしたもの。↕排水トン・総トン。

じゅう-りょう [0]【従量】[名] 使用量に応じて課金・課税すること。「—制」**—税(ぜい)** [リョ][名] 品物の重量・長さ・容積・個数などを基準にしてきめる税金。酒税・揮発油税など。↕従価税。

じゅう-りょう [0]【銃猟】[名] 銃でえものをうちとる狩り。㊀冬

しゅう-りょく [シュ]【衆力】[名]〔文章語〕多くの人の力。

じゅう-りょく [ジュ]【重力】[名] 地球が物体を引く力。

しゅう-りん [0]【秋×霖】[名]〔文章語〕秋の長雨。㊙秋

じゅう-りん [0]【×蹂×躙】[名][他サ]〔「蹂」も「躙」も、ふみにじるの意〕❶ふみにじること。「敵地を—する」❷暴力や強権をもって、人の権利などをきずつけること。「人権—」

シュール [シュ]〈ᶠsur〉㊀[名]「シュールレアリスム」の略。㊁[形動] 現実離れしたようす。「—な抽象画」**—レアリスム** [リ]〈ᶠsurréalisme〉[名] 超現実主義。

ジュール [ジュ]〈joule〉[名] 国際単位系における仕事・熱量・エネルギーをあらわす単位。一ジュールは、一ニュートンの力が物体を一メートル動かすときの仕事量。記号は「J」。

じゅう-るい [ジュ]【獣類】[名] 哺乳(ほにゅう)動物の通称。けもの。

しゅう-れい [0]【秋冷】[名] 秋のひややかさ。㊙秋「—の候」

しゅう-れい [0]【秀麗】[形動] ダロ・ダッ・デ・ニ／ダ・ナ・ナラ・〇 すぐれて整い美しいようす。「—な富士のみね」「眉目(びもく)—」

じゅう-れつ [0]【縦列】[名] たてに並ぶこと。たての列。「—駐車」↕横列。

しゅう-れっしゃ [レ]【終列車】[名] その日の最後に運行

する列車。↕始発列車。

しゅう-れん シュ【修練・修錬】名 他サ 人格や技術などをみがき、きたえること。「―を積む」

しゅう-れん シュ【習練】名 他サ くりかえし練習して、技芸の向上をめざすこと。

しゅう-れん ⓪【収×斂】名 自他サ 〔文章語〕「斂」はおさめる意）❶ちぢむこと。ちぢめること。ひきしまること。ひきしめること。「血管の―」❷租税をとりたてること。「―に苦しむ人民」❸集束。「諸説が―される」 **―剤** ざい レ 名 血管などをちぢめるはたらきをもつ薬。タンニン・亜鉛華など。

じゅう-ろうどう ⓪【重労働】名 はげしくきつい肉体労働。

しゅう-ろう ⓪【就労】名 自サ ❶仕事にとりかかること。❷仕事をしていること。「―時間」

しゅう-ろく ⓪【収録】名 他サ ❶書物などにとり入れ、のせること。収載。「文学全集に―する」❷録音・録画すること。「現地で―した音声」

しゅう-ろく ⓪【集録】名 他サ あつめて記録すること。

じゅうろく-ささげ サ【十六▲大▲角豆】名 ささげの一種で、さやの長いもの。㊎秋

じゅうろく-ミリ ク【十六ミリ】名 幅が、十六ミリメートルのフィルム。また、それを用いる撮影機・映写機。

じゅうろく-むさし ム【十六六指】【十六武▲蔵】名 盤の中央に親石、まわりに子石十六をおき、ひとくぎりずつ動かして勝負を争う遊び。㊎新年

しゅう-ろん ⓪/シュ【宗論】名 仏教の宗派のあいだの教義上の論争。

しゅう-ろん ⓪【衆論】名 多くの人の議論・意見。

じゅう-わ ⓪【柔和】「にゅうわ」のあやまり。

しゅう-わい ⓪【収賄】名 自サ わいろをとること。「―罪」↕贈賄。

ジューン-ブライド ラ〈June bride〉名 六月に結婚する花嫁。参考 婚姻の守護神Juno（ジュノー）の名が付いた六月に結婚すると幸せになるという西洋の言い伝えから。

しゅ-えい ⓪【守衛】名 官庁・会社・工場・学校など大きな建物の警備にあたり、また、出入りの人を監視する職。また、その人。

じゅ-えい ⓪【樹影】名 〔文章語〕立ち木のかげ・すがた。

じゅ-えき ⓪【受益】名 利益を受けること。

じゅ-えき ⓪【樹液】名 ❶樹木に含まれる液。❷樹木の皮からにじみでた液体。「―に集まるかぶと虫」

ジュエリー ジュ〈jewelry〉名 宝石類。また、貴金属・宝石類を加工した装身具。

しゅ-えん ⓪【酒宴】名 さかもり。

しゅ-えん ⓪【主演】名 自サ 映画・演劇で、主役を演じること。また、その人。↕助演。

しゅ-おん ⓪【主音】名 音階の中心になるその第一音。主調音。キーノート。

しゅ-おん ⓪【主恩】名 主君・主人の恩。

しゅ-おんせい オ【主音声】名 テレビの音声多重放送やDVDなどで、通常視聴するときの音声。↕副音声。

しゅ-か シュ【主家】名 主君・主人の家。

しゅ-か シュ【酒家】名 〔文章語〕❶さけのみ。酒客。❷さかや。

しゅ-が シュ【主我】名 ❶すべて自分本位に考えおこなうこと。利己。❷〔哲〕思考し経験する主体としての自己。エゴ。自我。

じゅ-か ジュ【儒家】名 〔文章語〕儒者。儒者の家がら。

じゅ-か ジュ【樹下】名 〔文章語〕木のした。 **―石上** せきじょう ジュ 名 〔文章語〕↓じゅげせきじょう。

シュガー シュ〈sugar〉名 砂糖。「―ポット」 **―スポット** ポ〈sugar spot〉名 バナナの果皮にあらわれる黒い斑点。バナナが甘く食べごろになったときにあらわれる。 **―レス** ガ〈sugarless〉名 砂糖が加えられていないこと。または、その食品。

しゅ-かい ⓪【首×魁】名 （「魁」は、かしら）悪者の仲間などのかしら。首謀者。

じゅ-かい ⓪【樹海】名 ひろい範囲にわたり森林がつづくようすを、海に見立てていう語。「富士の―」

じゅ-かい ⓪【受戒】名 自サ 仏門にはいり、戒律を受けること。

じゅ-かい ⓪【授戒】名 自サ 仏門にはいるものに、戒律をさずけること。

しゅ-かく ⓪/カ【主客】名 ❶主人と客人。❷おもなものと、つけたりのもの。❸〔語〕主語と客語。主格と賓格。＝しゅきゃく。 **―転倒** てんとう ⓪/カ 名 ものの立場・順序などがさかさまになること。

しゅ-かく ⓪【主格】名 文法で、主語をしめす格。

しゅ-かく ⓪【酒客】名 〔文章語〕さけのみ。酒家。

じゅ-がく ジュ【儒学】名 中国の孔子こうしを祖とする思想家の教えを集大成した政治・道徳の学問。儒教。

しゅ-かん ⓪【手簡】【手×翰】名 〔文章語〕てがみ。

しゅ-かん ⓪【主幹】名 主任。「編集―」⇩主管 参考。

しゅ-かん ⓪【主観】名 ↕客観。❶〔哲〕外界に対して知覚・判断などをおこなう自我。主体。❷自分ひとりの考え。 **―的** てき ⓪ 形動 自分の考えにもとづくようす。↕客観的。

しゅ-かん ⓪【首巻】名 続きものの書物のはじめの巻。↕終巻・末巻。

しゅ-かん ⓪【主管】名 他サ 主として管理すること。また、その人。「―大臣」参考「主管」は官庁関係で使うことが多い。「主幹」は、報道・出版関係で使う。

しゅ-がん ⓪【主眼】名 たいせつなところ。かなめ。「論文の―点」

じゅ-かん ジュ【儒官】名 儒学で仕官している人。

じゅ-かん ⓪【樹幹】名 木のみき。

しゅ-き シュ【手記】名 自分で経験・感想などを書きしるすこと。また、その書きしるしたもの。おぼえがき。

しゅ-き シュ【酒気】名 ❶酒をのんだ人のくさい息。「―をおびた人」❷酒の酔い。酔いごこち。「―をさます」

しゅ-き シュ【酒器】名 酒を飲むためのうつわ。ちょうし・さかずきなど。

しゅ-き《朱熹》一一三〇―一二〇〇。中国の南宋なんそう時代の学者。当時の儒学をまとめあげた人。朱子しゅし。

しゅ-ぎ シュ【主義】名 一貫して保持している、思想的な立場。イズム。

しゅ-きやう【▲執行】名 〔古語〕↓しゅぎょう。

しゅ-きゃく ⓪/キャ【主客】名 ↓しゅかく。

しゅ-きゅう ⓪【守旧】名 〔文章語〕ふるいならわしをまもること。保守。

しゅ-きゅう ⓪【首級】名 〔文章語〕討ち取ったくび。「敵の―をあげる」

じゅ-きゅう ⓪【需給】名 需要と供給。

じゅ-きゅう ⓪【受給】名 他サ 配給や給与を受けること。

じゅ-ぎょ ジュ【▲入御】名 自サ 〔文章語〕天皇・皇后・皇太后が内裏にはいること。にゅうぎょ。↕出御。

しゅ-きょう シュ【主教】名 キリスト教で、正教会・聖公会の僧職の一つ。カトリックの司教に当たる。

しゅ-きょう 0【酒興】名 酒を飲む席でのなぐさみごと。「―を添える」

しゅ-ぎょう【▲執行】古語 ㊀名 大きな寺の事務をとりおこなう長。㊁名 他サ 事をとりおこなうこと。

しゅ-ぎょう 0【修行】名 自サ ❶仏法をまもり悟りを開くためにつとめること。❷学問・技芸などをみがき自己をきたえること。「武者―」

しゅ-ぎょう 0【修業】名 自サ ⇩しゅうぎょう。

じゅ-きょう 0【×誦経】名 経をとなえること。ずきょう。

じゅ-きょう ジュ【儒教】名 じゅがく。

じゅ-ぎょう ジュ【受業】名 自サ 学問・技芸をおしえてもらうこと。⇔授業。**―生** ギョ 名 教えを受けた人。門人。門下。

じゅ-ぎょう ジュ【授業】名 自サ 学問・技芸をおしえさずけること。⇔受業。**―料** ギョ 名 授業を受けるために、学生・生徒が納めるかね。

しゅぎょう-のうか ノ【主業農家】名 農業による所得が五〇パーセント以上を占め、六五歳未満で年間六〇日以上農業に従事している人がいる農家。参考 一九九五年の農業センサスによる販売農家の区分による。

しゅ-ぎょく 0【珠玉】名 ❶真珠と宝石。❷うつくしい詩や文章などをたとえていう語。「―の詩編」

しゅ-きん 0【手巾】名 文章語 てぬぐい。ハンカチ。

しゅく【淑】造 ❶しとやか。つつましい。「淑女・淑徳・貞淑」❷したう。「私淑」

しゅく【粛】造 ❶つつしむ。ひきしまる。おごそか。「粛啓・粛粛・粛然・厳粛・静粛」❷ただす。ととのえる。いましめる。「粛正・粛清・自粛」

しゅく【縮】造 ❶ちぢむ。ちぢめる。「縮小・縮図・圧縮・軍縮・短縮」❷気持ちがちぢこまる。「畏縮・恐縮」

しゅく シュ【叔】名 造 ❶きょうだいの三番目。「伯・仲・叔・季」❷父母の年下のきょうだい。「叔父・叔母」

しゅく【宿】㊀ク 名 造 ❶やどや。「民宿・旅宿」❷街道筋の駅。「品川の―」「宿駅・宿場」㊁造 ❶やどる。とまる。「宿営・宿舎・宿泊・合宿・寄宿・下宿」❷前からの。前世からの。「宿願・宿業・宿命」❸長いあいだ。前から。「宿志・宿敵・宿題」❹経験豊かなこと。「宿学・宿老」❺星座。「星宿・二十八宿」**宿す** 自他五

しゅく【祝】㊀0/シュ 名 (連体詞のように用いて)いわいの気持ちをあらわす。「―合格」「―ご卒業」㊁造 いわう。よろこぶ。「祝賀・祝辞・祝典・祝福・慶祝・奉祝」**祝す** 他五 別音 しゅう|祝

じゅく【熟】造 ❶にる。にえる。「半熟」❷うれる。そだつ。「熟語・熟柿・完熟・成熟・早熟・未熟」❸なれる。うまくなる。「熟達・熟練・円熟・習熟」❹じゅうぶんに。「熟考・熟睡・熟読・熟慮」**熟す** 自五 **熟する** 自サ

じゅく ジュ【塾】名 造 生徒をあつめて教授する私営の学習施設。「―に通わせる」「塾生・塾頭・私塾・学習塾」

しゅく-あ ク【宿×痾】名 文章語 (「痾」は病気の意)長いあいだなおらない病気。持病。

しゅく-あく 0【宿悪】名 文章語 ❶旧悪。❷〔仏〕前世での悪事。⇔宿善。

しゅく-い ク【祝意】名 いわう気持ち。賀意。「―を表する」

しゅく-い ク/シュ【宿意】名 文章語 ❶前々からの意見・志望。宿志。宿望。「―を遂げる」❷前々からのうらみ。宿怨。「―を晴らす」

しゅ-ぐう 0【殊遇】名 特別によいあつかい・もてなし。「―をこうむる」

しゅく-うん 0【宿運】名 文章語 宿命。

しゅく-えい 0【宿営】名 自サ ❶営所。陣営。または、軍隊が陣営にとまること。❷軍隊が、兵営以外の場所に泊まること。

しゅく-えき 0【宿駅】名 鎌倉時代以後、街道すじで旅客を泊め、人夫や馬の用意のあった所。しゅく。宿場。

しゅく-えん 0【祝宴】名 いわいの宴会。「―をはる」

しゅく-えん 0【祝×筵】名 文章語 いわいの宴会の席。祝宴。「―に連なる」

しゅく-えん 0【宿怨】名 文章語 前々からのうらみ。宿意。

しゅく-えん 0【宿縁】名〔仏〕前世からのいんねん。

しゅく-が ク【祝賀】名 他サ いわうこと。「―会」

しゅく-がく 0【宿学】名 文章語 多年にわたって学問をつみ、名声の高い学者。

しゅく-がん 0【宿願】名 前々からのねがい。「―を果たす」

じゅく-ぎ ジュ【熟議】名 他サ よくよく相談すること。

しゅく-けい 0【粛啓】あいさつ 文章語 手紙の初めに書く語。つつしんで申しあげますの意味を表す。⇩拝啓 参考。

しゅく-げん 0【縮減】名 他サ ちぢめ、へらすこと。「計画を―する」

じゅく-ご 0【熟語】名 ❶二つ以上の語が結びついて一つの単語となったもの。合成語。複合語。「売り物・花見酒」など。❷とくべつの言いまわしと意味をもつことば。成句。慣用句。「油を売る」など。❸二つ以上の漢字を合わせて作った単語。「教育・少年」など。熟字。

しゅく-ごう 0【宿業】名〔仏〕前世におこなった善悪の行為。これが現世の幸・不幸のもととなる。

しゅくこん-そう 0【宿根草】名 ⇩しゅっこんそう。

しゅく-さい 0【祝祭】名 ❶あることをいわうための祭り。❷いわいと祭り。

しゅくさい-じつ サ【祝祭日】名 祝日と祭日。

しゅく-さつ 0【縮刷】名 他サ もとの版より小さくして印刷すること。また、その書物。「新聞の―版」

しゅく-し 0/ク【祝詞】名 (「のりと」と読めば別語)祝辞。

しゅく-し ク【宿志】名 前々からこころざしていること。宿意。

しゅく-じ 0【祝辞】名 いわいのことば。祝詞。賀詞。

じゅく-し ジュ【熟▲柿】名 よく熟したかき。秋 **―臭い** サ 形 じゅくしのようなにおいがする。吐く息が酒くさいようす。

じゅく-し ジュ【熟視】名 他サ じっと、みつめること。

じゅく-し ジュ【熟思】名 他サ ふかく考えること。熟考。

じゅく-じ 0【熟字】名 ⇩熟語❸。**―訓** ジ 名 二つ以上の漢字で書きあらわした語を、漢字一字ずつ読まず、まとめて一つの訓に読むもの。「小豆」「大人」「五月雨」「一昨年」など。

しゅく-じつ 0【祝日】名 いわいの日。特に、国民の祝日。

しゅく-しゃ ク【宿舎】名 ❶やど。とまる所。「国民―」❷特定の人を入居させる住宅。公務員宿舎など。

しゅく-しゃ 0【縮写】名 他サ もとのものをちぢめてうつすこと。ちぢめてうつしたもの。

しゅく-しゃく 0【縮尺】名 他サ 製図で、実物より小さく書くこと。また、図の上での長さと実際の長さとの比率。「―五万分の一の地図」⇔現尺。

しゅく-しゅ ク【宿主】名 寄生生物が寄生する生物。や

どぬし。

しゅく-しゅく⓪【粛粛】[と副][たる連体][文章語] しずかで、おごそかなようす。「式典は—とおこなわれた」

しゅく-しょ[ク]【宿所】[名] やど。とまる所。

しゅく-じょ[ク]【淑女】[名] しとやかで上品な女性。レディー。↕紳士。

じゅく-じょ[ジュ]【熟女】[名] 成熟し、大人の色気をもつ女性。

しゅく-しょう⓪【祝勝】【祝×捷】[名] 勝利をいわうこと。「—会」

しゅく-しょう⓪【宿将】[名][文章語] ❶経験を積み、力のあるすぐれた将軍。❷老練な人。「政界の—」

しゅく-しょう⓪【縮小】[名][自他サ] 大きさや規模が小さくちぢまること。また、大きさや規模をちぢめて小さくすること。↕拡大・拡張。[参考]「縮少」と書くのはあやまり。

しゅく-す[ク]【祝す】[他五]（サ・ソ｜シ｜ス｜ス｜セ｜セ） ⬇しゅくする。

しゅく-す[ク]【宿す】[自五]（サ・ソ｜シ｜ス｜ス｜セ｜セ）[文章語] ⬇しゅくする。

しゅく-ず⓪【縮図】[名] もとのものをちぢめてうつした図。

しゅくず《縮図》徳田秋声の小説。一九四一年に発表されたが未完。市井(しせい)の女性銀子の平凡だが複雑な半生をえがいた作品。

じゅく-す[ク]【熟す】[自五]（サ・ソ｜シ｜ス｜ス｜セ｜セ）（「熟する（サ変活用）」とも）❶くだものがよくうれる。「桃の実が—」❷なれてじょうずになる。熟練する。「芸が—」❸十分な程度になる。「機が—」

じゅく-すい⓪【宿酔】[名][文章語] ふつかよい。

じゅく-すい⓪【熟睡】[名][自サ] ぐっすりねむること。

しゅく-する[ス]【宿する】[自サ]（シ・セ・サ｜シ｜スル｜スル｜スレ｜シロ・セヨ）[文章語] やどる。とまる。「民家に—」しゅく・す[文語サ変]

しゅく-する[ス]【祝する】[他サ]（シ・セ・サ｜シ｜スル｜スル｜スレ｜シロ・セヨ）[文章語] いわう。ことほぐ。祝す。しゅく・す[文語サ変]

じゅく-する[ス]【熟する】[自サ]（シ・セ・サ｜シ｜スル｜スル｜スレ｜シロ・セヨ） ⬇じゅくす。じゅく・す[文語サ変]

しゅく-せ[ク]【宿世】[名] 前の世。前世(ぜんせ)。すくせ。

しゅく-せい⓪【粛正】[名][他サ] 不正をきびしく取りしまること。「政界の—」[参考]「粛正」は規律をただす意味に広く使う。「粛清」は、力で人をのぞく場合に使う。

しゅく-せい⓪【粛清】[名][他サ] 組織の中の異分子・反対勢力をとりのぞくこと。⇩粛正[参考]。

じゅく-せい⓪【塾生】[名] 塾で勉強する学生・生徒。

じゅく-せい⓪【熟成】[名][自サ] ❶熟して十分にできあがること。「ワインが—する」❷学問・技芸などが十分に身につくこと。

しゅく-せつ⓪【宿雪】[名][文章語] 前の年から、とけない雪。ねゆき。

しゅく-ぜん⓪【宿善】[名]〔仏〕前世での善行。↕宿悪。

しゅく-ぜん⓪【粛然】[と副][たる連体] ❶おごそかなようす。かしこまるようす。「—たる儀式」❷静かでととのっているようす。「—たる行進」

しゅく-だい⓪【宿題】[名] ❶前もってだしておく問題。家庭で学習する問題。❷解決の残されている問題。「公害対策は政府の—だ」

じゅく-たつ⓪【熟達】[名][自サ] なれて、じょうずになること。練達。「—の士」

じゅく-だん⓪【熟談】[名][自サ] よく話しあうこと。

じゅく-ち[ジュ]【熟知】[名][他サ] 十分知っていること。「事情を—する」

しゅく-ちょく⓪【宿直】[名][自サ] 官庁・会社などで、交代でとまり、夜間におこる緊急な用務などにあたること。また、その人。↕日直。

しゅく-つぎ[ギ]【宿継(ぎ)】[名] 荷物などを、宿場から宿場へ人や馬をつぎかえておくったこと。駅送。

しゅく-てき⓪【宿敵】[名] ふるくからの敵。「—打倒」

しゅく-てん⓪【祝典】[名] いわいの儀式。

しゅく-でん⓪【祝電】[名] いわいの電報。

じゅく-ど[ジュ]【熟度】[名] 果実などの熟した程度。うれ具合。「—を測定する」

しゅく-とう⓪【祝×禱】㊀[名][自サ][文章語] 神官にたのみ、神にいのること。㊁[名] キリスト教で、司祭や牧師が会衆のためにする祝福のいのり。

しゅく-とう⓪【粛党】[名][自サ] 政党の内部を粛正すること。

じゅく-とう⓪【塾頭】[名] 塾生のかしら。

しゅく-とく⓪【淑徳】[名][文章語] 上品で貞淑な女性の徳。

じゅく-どく⓪【熟読】[名][他サ] よく考え、あじわいながら読むこと。精読。「—玩味(がんみ)」

しゅく-として[ジュ]【粛として】[副][文章語] ❶おそれつつしんで。❷しずかに。ひっそりと。「—声なし」❸おごそかに。

じゅく-ねん⓪【熟年】[名] 成熟した年配。中高年。実年。

しゅく-ば[バ]【宿場】[名] 宿駅のある土地。**—町**(まち)[バ][名] 街道すじで、宿駅を中心に発達した町。

しゅく-はい⓪【祝杯】[名] 祝賀のため、さかずきに酒をついで飲むこと。いわいのさかずき。「—をあげる」

しゅく-はく⓪【宿泊】[名][自サ] やどやなどにとまること。「ホテルに—する」「—料」

しゅく-ふ[ク]【叔父】[名][文章語] 父または母の弟。おじ。↕伯父(はくふ)・叔母(しゅくぼ)。

しゅく-ふく⓪【祝福】[名][他サ] ❶幸福を祝いいのること。❷キリスト教で神のめぐみをもとめ、いのること。「友の—をうける」

しゅく-へい⓪【宿弊】[名] 前々からの弊害やよくない習慣。

しゅく-べん⓪【宿便】[名] 腸に長くたまっていた糞便(ふんべん)。

しゅく-ぼ[ク]【叔母】[名][文章語] 父または母の妹。おば。↕伯母(はくぼ)・叔父(しゅくふ)。

しゅく-ほう⓪【祝砲】[名] 祝意をあらわしてうつ空砲。

しゅく-ぼう⓪【宿坊】[名] ❶参詣人のとまる寺の建物。❷檀徒(だんと)が自分の属している寺院をいう語。

しゅく-ぼう⓪【宿望】[名] 以前からののぞみ。宿願。

じゅく-みん⓪【熟眠】[名][自サ] ぐっすり眠ること。熟睡。

しゅく-めい⓪【宿命】[名] 前世(ぜんせ)からきまっている、さけることのできない運命。宿運。**—観**(かん)[区][名] すべては前世からきまっている運命に支配され、これをかえることはできないとする考えかた。**—論**(ろん)[区][名] すべては前世からきまっている運命に支配されるという説。運命論。

しゅく-や[ク]【×夙夜】[文章語]〔「夙」は早朝のこと〕㊀[名] 朝はやくと夜おそく。朝夕。㊁[副] 朝はやくから夜おそくまで。明け暮れ。「—勉強する」

しゅくゆう《祝融》古代中国の伝説上の人物。後に、火の神として祭られる。**—の災**(わざわ)**い** 火事。火災。

じゅく-らん⓪【熟覧】[名][他サ] ていねいによく見ること。

じゅく-りょ[ジュ]【熟慮】[名][他サ] 十分に考えをめぐらすこと。熟考。「—の末に出した結論」**—断行**(だんこう)[ジュ][名][自サ] よく考えたうえで、思いきって実行すること。

じゅく-れん⓪【熟練】[名][自サ] なれてじょうずなこと。「—を要する仕事」**—工**(こう)⓪[名] 経験を重ね、すぐれた技能をもつ工員。

し

しゅく-ろう［0］【宿老】名〔文章語〕❶経験をつんでその道にすぐれた老人。老巧な人。❷武家時代の高官。❸江戸時代の町内の世話役。
しゅく-わり［0］【宿割(り)】名 大ぜいがとまるときの宿所の割り当て。
しゅ-くん［シュ］［ク］【主君】名 自分のつかえる君主・大名。
しゅ-くん［ク］【殊勲】名 特別にすぐれたてがら。殊功。
じゅ-くん［0］【受勲】名自サ 勲章を政府からもらうこと。「—の名誉をになう」
しゅ-けい［0］【主計】名 会計をつかさどること。また、その人。
しゅ-げい［シュ］【手芸】名 手さきのわざ。手さきでする技芸。編物・ししゅう・人形細工など。
じゅ-けい［0］【受刑】名自サ 刑の執行を受けること。—**者**［ケ］名 刑を執行されている人。服役者。
じゅげ-せきじょう［ジュ］【樹下石上】名〔文章語〕（木の下と石の上）修行僧が野宿をかさね、諸国をまわること。じゅかせきじょう。
じゅげむ《寿限無》落語に登場する人名。息子の長寿を願う命名を僧に依頼した父親が、つぎつぎに僧があげる候補をすべて続けて「じゅげむじゅげむ……長久命の長助」という長い名にしてしまったために起こる滑稽噺の主人公。
しゅ-けん［0］【主権】名 国民および国土を統治する権力。統治権。国権。—**在民**［0］名 国家の主権が国民にあること。参考 これが民主主義の原理。—**者**［ケ］名 国家の主権をもつ者。
しゅ-げん［0］【修験】名 ❶修験者。❷修験道。—**者**［ゲ］名 修験道を修行する人。やまぶし。げんじゃ。—**道**［ゲ］名 役小角を祖とする密教の一派。山中にこもって、護摩をたき、呪文をとなえ難行苦行するもの。

ほら貝
錫杖
修験者

じゅ-けん［0］【授権】名 特定の人に、法的な資格・権利などを与えること。
じゅ-けん［0］【受検】名自他サ 検査や検定をうけること。
じゅ-けん［0］【受験】名自他サ 試験をうけること。「—生」「—勉強」春

しゅ-ご［シュ］【主語】名 ❶文の成分の一つ。「何がどうする」「何が何だ」という言い方の「何が」にあたる部分。↔述語。❷〔論〕主辞。
しゅ-ご［シュ］【守護】㊀名他サ まもること。㊁名 守護職。—**職**［ゴ］名 鎌倉・室町時代、諸国におかれて、刑罰・軍事にあたった職名。室町時代には大名に発展した。—**神**［ゴ］名 まもってくれる神。まもりがみ。
しゅ-こう［0］【手工】名 ❶手さきの工芸・工作。❷もと、小学校・中等学校の教科の一つ。今の小学校の「工作」、中学校の「技術」にあたる。
しゅ-こう［0］【殊功】名〔文章語〕すぐれたてがら。殊勲。「—を立てる」
しゅ-こう［0］【酒×肴】名 酒とさかな。「—をととのえる」—**料**［コ］名（酒・さかなを買うかねの意）慰労などのためにわたすかね。
しゅ-こう［0］【趣向】名 物事を行ったり作ったりする際の、おもしろみを出すくふう。「—をこらす」
しゅ-こう［0］【首肯】名自サ うなずくこと。もっともだと認めて承知あるいは賛成すること。「—しがたい要求だ」
しゅ-こう［0］【手交】名他サ てわたしすること。「覚え書きを—する」
しゅ-ごう［0］【酒豪】名 酒につよい人。大酒飲み。
じゅ-こう［0］【受講】名自他サ 講義・講習をうけること。
しゅこう-ぎょう［コ］【手工業】名 簡単な設備で品物をつくる規模の小さい工業。
しゅ-こん［0］【主根】名 種子の胚の幼根が、まっすぐのびて太くなった根。↔支根・側根。
じゅ-ごん［ジュ］【儒×艮】名 インド洋や太平洋の熱帯に住むジュゴン科の哺乳類。体長約三㍍。ひれのような前あしをもつ。参考 昔はこれを「人魚」と呼んだ。
しゅ-さ［シュ］【主査】名 中心になって、物事をとりしらべること。また、その役・人。「学位請求論文の—」↔副査。
しゅ-ざ［シュ］【首座】名 ❶首席。最上位の席。↔末座。❷かみざにつく資格の人。
しゅ-さい［0］【主祭】名 キリスト教で、祭事をつかさどる人。
しゅ-さい［0］【主菜】名 中心となるおかず。魚や肉の料理をいうことが多い。↔副菜。
しゅ-さい［0］【主宰】名他サ 人の上にたち、中心になって物事を行うこと。また、その人。「短歌雑誌を—する」

しゅ-さい［0］【主催】名他サ 中心となってもよおしごとをすること。また、その人。「美術展を—する」
しゅ-ざい［0］【主剤】名 何種類かの薬を配合するとき、中心となる薬。↔副剤・配剤。
しゅ-ざい［0］【取材】名自他サ 作品や記事などの題材・材料を事件や人からとること。「現地で—する」
しゅ-ざや［0］【朱ざや】【朱×鞘】名 朱ぬりの刀のさや。
しゅ-ざん［0］【珠算】名 そろばんでする計算。たまざん。↔筆算・暗算。
じゅ-さん［0］【授産】名 生活困窮者などに、技術の習得や就業の便宜を与えて生計を立てさせること。
しゅ-し［シュ］【主旨】名 文章や話で言おうとしている中心の意味。趣旨。「論文の—」
しゅ-し［シュ］【種子】名 植物のたね。—**植物**［ク］名 花がさいて、種をつける植物。
しゅ-し［シュ］【趣旨】名 ❶物事をするねらい。わけ。趣意。「募金の—」❷主旨。
しゅ-じ［シュ］【主事】名 中心となって事務をあつかうこと。また、その人。主任。
しゅ-じ［シュ］【主辞】名〔論〕命題・判断の対象となり、肯定されたり否定されたりする概念。「SはPである」「SはQではない」においてSが指示する概念。主概念。主位概念。主語。↔賓辞。
じゅ-し［ジュ］【寿詞】名〔文章語〕祝う心をのべたことばや文章、また、詩歌。
じゅ-し［ジュ］【樹枝】名〔文章語〕木のえだ。
じゅ-し［ジュ］【樹脂】名 木から分泌される粘液。やに。化学的に合成してつくったものもいう。—**油**［シ］名 樹脂を乾留してとるあぶら。
じゅ-し［ジュ］【×孺子・×豎子】名〔文章語〕子ども。また、年少者・未熟者をばかにしてよぶ語。—**の名をなす** つまらない者に、てがらをたてさせる。
しゅじ-い［ジ］【主治医】名 ❶中心となって治療にあたる医師。❷かかりつけの医師。
しゅし-がく［シ2］【朱子学】名 中国の南宋の時代に、朱熹により大成された儒教の学説。↔陽明学。
しゅ-じく［0］【主軸】名 ❶中心になる軸。❷中心になる人や組織。「労働運動の—」
しゅ-しゃ［シュ］【手写】名他サ 手で書きうつすこと。書写。
しゅ-しゃ［シュ］【取捨】名他サ ❶とることと、すてること。

し

❷もちいることと、もちいないこと。—**選択**(せんたく)[シュ]名[他サ] 多くの中から選んで必要なものをとり、不要なものをすてること。

じゅ-しゃ[ジュ]【儒者】名 儒学をおさめ、また、講義する人。儒学者。

しゅ-じゃく《朱雀》⬇すざく。

しゅ-しゅ[シュ]【守▲株】名[文章語] いつまでも古い習慣をまもって進歩しないこと。株(くい)を守る。[参考]うさぎが木の切り株にぶつかって死ぬのを見た農夫が、また、うさぎを得ようと、切り株を見張っていたという中国の故事から。

シュシュ[シュ]《フ chouchou》名 布を筒状にしてゴムを通し、輪にしたもの。髪をまとめるのに用いる。

しゅ-じゅ[シュ]【×侏儒】名[文章語] 背丈の非常にひくい人。

しゅ-じゅ[シュ]【種種】副 形動(の) 種類の多いようす。いろいろ。さまざま。「品数を—とりそろえる」—**雑多**(ざった)[シュ] 形動(の) いろいろとまじっているようす。「—な色」—**相**(そう)[シュ]名 さまざまな姿。「人生の—」

じゅ-じゅ[ジュ]【授受】名[他サ] さずけることと受けること。受けわたし。「賞品の—」

しゅ-じゅう[シュ]【主従】名 ❶主となるものと従となるもの。❷主君とけらい。主人と使用人。しゅうじゅう。—**は三世**(さんぜ) 主従の関係は、現世ばかりでなく、前世にも来世にも縁のあるほど深いものだということ。「親子は一世、夫婦は二世、—」

しゅ-じゅつ[シュ]【手術】名[他サ] 外科(げか)の器具をつかって患部を切り、治療すること。外科手術。

じゅ-じゅつ[ジュ]【呪術】名 神仏に祈ったり、となえごとをしたりして、超自然的な現象を起こさせようとする術。

しゅ-しょ[シュ]【首書】名 書物の本文の上に解釈などを書き入れること。また、そのことば。頭書(かしら)。頭注(とうちゅう)。

しゅ-しょ[シュ]【手書】[文章語] ㊀名[他サ] 自分で書くこと。また、その文書。㊁名 自筆の手紙。

しゅ-しょ[シュ]【朱書】名[他サ] 朱で書くこと。朱で書いたもの。

しゅ-しょう⓪【主将】名 ↕副将。❶【首将】総大将。❷チームを統率し代表する選手。キャプテン。

しゅ-しょう⓪【首相】名 内閣総理大臣。

しゅ-しょう⓪【主唱】名[他サ] 主になってとなえること。

しゅ-しょう⓪【首唱】名[他サ] まっさきにとなえること。「土地改良の—者」

しゅ-しょう⓪【殊勝】形動 [ダロ・ダッ・デ・ニ/ダ・ナ・ナラ・○] けなげで感心なようす。「—な心がけ」

しゅ-じょう⓪【主上】名[文章語] 天皇。

しゅ-じょう⓪【主情】名 感情を主にすること。↕主意・主知。—**主義**(しゅぎ)[シュ]名 意志や知性よりも、感情を重んじる立場。↕主意主義・主知主義。

しゅ-じょう⓪【衆生】名 [仏]すべての生物。有情(うじょう)。—**済度**(さいど)[サ]名 仏や菩薩(ぼさつ)が衆生をまよいからすくい、さとりの世界へみちびくこと。

じゅ-しょう⓪【受章】名[自他サ] 勲章などを受けること。

じゅ-しょう⓪【受賞】名[自他サ] 賞をうけること。「—者」

じゅ-しょう⓪【授章】名[自他サ] 勲章などをさずけること。

じゅ-しょう⓪【授賞】名[自他サ] 賞をさずけること。「—式」

じゅ-じょう⓪【樹上】名 木の上。

しゅ-しょく⓪【主食】名 中心とする食べ物。主食物。↕副食。

しゅ-しょく⓪【酒色】名 酒といろごと。「—にふける」

しゅ-しょく⓪【酒食】名 酒と食事。「—のもてなし」

しゅ-しん⓪【主神】名 主となってまつられている神。

しゅ-しん⓪【主審】名 ❶主になって審判する人。↕副審。❷野球で、球審。

しゅ-しん⓪【朱唇】名[文章語] 赤いくちびる。口紅を塗った女性のくちびる。紅唇。

しゅ-じん[シュ]【主人】名 ❶あるじ。家の長。「一家の—」❷雇いぬし。だんな。「店の—」❸妻が他人に対して夫をよぶ語。[参考]女性にとって、「主人」は上位者を指す語感が強いため、近年はその使用を避ける傾向がある。⇩夫[参考]。❹客に対して、それをもてなす人。—**公**(こう)[ジ]名 ❶事件・小説・映画などの中心人物。ヒーロー、または、ヒロイン。❷「主人❶」を尊敬していう語。

じゅ-しん⓪【受診】名[自サ] 診察を受けること。

じゅ-しん⓪【受信】名[他サ] ❶電信・ラジオ放送・テレビ放送などを受けること。↕送信。❷他からの音信を受けること。↕発信。—**機**(き)[ジ]名 有線・無線の電信の信号を受ける装置。↕発信機・送信機。

しゅ-じんもん[ジ]【主尋問】名 裁判で、証人の取り調べを請求した当事者が最初に行う尋問。↕反対尋問。

しゅ-す[シュ]【×繻子】名 たて糸または横糸を浮かせて織った、なめらかでつやのある絹織物。しゅす織り。

じゅ-ず[ズ]【数珠】名 仏をおがむときに手にかける、玉をつないだ輪(わ)。念珠。ずず。—**玉**(だま)⓪名 ❶じゅずをつくる玉。❷イネ科の多年生植物。じゅずの玉に似た小さなかたい実(み)がなる。[秋] —**×繋ぎ**(つなぎ)[ツ]名 じゅずのように、多くのものをひとつなぎにすること。「渋滞で車が—になる」

数珠

しゅ-すい⓪【取水】名[自サ] 発電・灌漑(かんがい)・上水道などに使用する水を、河川などからとり入れること。「—口」—**塔**(とう)⓪名 貯水池や河川などから水を取り入れるための塔。

じゅ-すい⓪【▲入水】名[自サ] 水中に身を投げ、自殺すること。身投げ。にゅうすい。

しゅ-ずみ⓪【朱墨】名 朱粉をにかわでかためた墨。

しゅ-する[ス]【修する】[他サ] [シ・セ・サ・シ・スル・スル・スレ・シロ・セヨ][文章語] ❶仏事をおこなう。❷仏道をおさめまなぶ。しゅ・す 文語サ変

じゅ-する[ス]【×誦する】[他サ] [シ・セ・サ・シ・スル・スル・スレ・シロ・セヨ] くちずさむ。「経文を—」じゅ・す 文語サ変

しゅ-せい⓪【守成】名[文章語] 創業のあとを受けついで、事業をかためまもること。

しゅ-せい⓪【守勢】名 攻撃に対してふせぎまもるかまえ。「—に立つ」↕攻勢。

しゅ-せい⓪【酒精】名 エチルアルコール。

じゅ-せい[ジュ]【儒生】名[文章語] 儒学をおさめる人。儒者。

じゅ-せい⓪【受精・授精】名[自サ] 精子を卵子に結合させること。—**卵**(らん)[セ]名 受精した卵。有精卵。↕無精卵。

しゅ-せき⓪【手跡】【手×蹟】名 その人の書いた文字。文字の書きぶり。筆跡。

しゅ-せき⓪【主席】名 政府や団体を代表する人。「国家—」

しゅ-せき⓪【首席】名 第一の席次・地位。「—で卒業する」「—代表」↕次席。

しゅ-せき⓪【酒席】名 さかもりの席。

しゅせき-さん⓪[キ]【酒石酸】名 ぶどうなどの果実に存在する有機酸の一つ。無色のプリズム形の結晶。清涼飲料水の原料。薬用・染料用。

しゅ-せん【主戦】[造] ❶主力となって、たたかうこと。「—投手」❷開戦を主張すること。「—論」

しゅ‐せん ⓪【守戦】名 敵の攻撃に対し、まもりたたかうこと。防戦。

しゅ‐せん ⓪【酒仙】名〔文章語〕❶おおざけのみ。酒豪。❷俗事を忘れて酒を楽しむ人。

じゅ‐せん ⓪【受洗】名 自サ キリスト教で、洗礼をうけること。

じゅ‐ぜん ⓪【受禅】名 自サ〔文章語〕先帝から位をゆずられ、位につくこと。

しゅせんど セ【守銭奴】名 かねをためることだけに熱心な人。けちな人をののしって言う。

しゅ‐そ シュ【首×鼠】名 首をだして穴の外をうかがうねずみ。**―両端(りょうたん)を持(じ)す** どちらつかずで形勢をうかがう。

じゅ‐そ ジュ【呪×詛】名 他サ〔「呪」も「詛」も、のろう意〕のろうこと。のろい。

しゅ‐ぞう ⓪【酒造】名 酒をつくること。造酒。

じゅ‐ぞう ⓪【寿像】名〔文章語〕生前につくっておく像。

じゅ‐ぞう ⓪【受像】名 他サ テレビの電波を受けて、像をあらわすこと。

じゅ‐ぞう ⓪【受贈】名 自他サ おくりものを受けること。

しゅ‐そく シュ【手足】名 ❶てと、あし。❷部下。**―を置(お)く所(ところ)なし** 安心して身を置く所がない。

しゅ‐そく シュ【首足】名 くびと、あし。**―所(ところ)を異(こと)にする**〔首と足とが別にされる意〕首をはねられて殺される。

しゅ‐ぞく シュ【種族】名 ❶おなじ種類のもの。ともがら。たぐい。❷おなじ祖先から出た氏族のあつまり。

しゅ‐たい ⓪【主体】名 ❶意志をもって行動や作用を他におよぼすもの。「動作の―」↕客体。❷組織や集合の中心となるもの。物事の主要な部分。「音楽を―にした番組」参考 機械などの中心となる部分は、「本体」と言う。**―性(せい)** ⓪ 名 自分の意志・判断をもって、行為を実行するような性質。**―的(てき)** ⓪ 形動 自分の意志や判断によって行動するようす。自主的。

しゅ‐だい ⓪【主題】名 ❶芸術作品の中心思想。テーマ。❷楽曲の中心となる旋律。テーマ。❸発話の中で、話題になることがら。「富士山は、まだ登ったことがない。」の「富士山は」など。**―歌(か)** タ 名 映画・演劇で、主題に即してつくった歌。テーマソング。

しゅ‐だい ⓪【首題】名 ❶文書・議案などの最初に書かれた題目。❷経典のはじめにしるされた文句。

じゅ‐たい ⓪【受胎】名 自サ みごもること。妊娠。**―告知(こくち)** コ 名 天使ガブリエルが、マリアに、聖霊による妊娠をつげたこと。中世以来キリスト教の宗教画の題材。

じゅ‐だい【▲入内】名 自サ〔古語〕皇后・中宮・女御にきまった女性が、正式に内裏(だいり)にはいること。

しゅ‐たく ⓪【手沢】名〔文章語〕持ち物についた手のつや。**―本(ぼん)** ⓪ 名 ❶くりかえし読んで、手のつやがついた本。❷ある人の書きいれなどのある本。

じゅ‐たく ⓪【受託】名 他サ たのまれること。委託を受けること。↕委託。**―収賄(しゅうわい)** シュ 名 賄賂をうけとって依頼者に便宜をはかること。「―罪」

じゅ‐だく ⓪【受諾】名 他サ 引き受けること。承諾。

しゅ‐たる シュ/タ【主たる】連体 おもな。「―理由」「―収入源はパートの給与です」

しゅ‐だん シュ【手段】名 目的を達成するための具体的な方法。てだて。「通勤の―」「思い切った―を取る」「なんらかの―を講ずる」**―を選(えら)ばない** 目的をとげるためにはどんなことでもする。

しゅ‐ち シュ【主知】名 理性・知性を中心とすること。↕主意・主情。**―主義(しゅぎ)** シュ2 名 意志・感情よりも理性・知性をおもんじる立場。↕主意主義・主情主義。

しゅ‐ち シュ【趣致】名〔文章語〕おもむき。ふぜい。「―に富む」

しゅ‐ちく ⓪【種畜】名 すぐれた子をうませるための雄(おす)の家畜。たね馬・たね牛など。

しゅち‐にくりん シュ【酒池肉林】名〔文章語〕〔大量の酒と肉料理〕ひどくぜいたくな、さかもり。

しゅ‐ちゅう ⓪【手中】名 ❶手のなか。❷勢力範囲。**―に収(おさ)める** 自分のものとする。「勝利を―」**―に帰(き)する** 自分のものとなる。

じゅ‐ちゅう ⓪【受注】【受×註】名 他サ 注文を受けること。「工事を―する」↕発注。

しゅ‐ちょ シュ【主著】名 その人の著書の中のおもなもの。

しゅ‐ちょう ⓪【主潮】名 中心となる思想傾向。「その時代の―」

しゅ‐ちょう ⓪【主調】名 ❶おもな調子。中心となる傾向。「会議の―」❷楽曲のもとになるおもな調子。**―音(おん)** シュ 名 音階の中心になるその第一音。主音。キーノート。

しゅ‐ちょう チョ【首長】名 ❶集団をまとめ、代表する人。かしら。❷イスラム主義国の君主の称号の一つ。❸日本の地方公共団体の長。都道府県知事や市町村長など。参考「くびちょう」は俗称。

しゅ‐ちょう ⓪【殊×寵】名〔文章語〕特別の寵愛(ちょうあい)・庇護(ひご)。「社長の―をこうむる」

しゅ‐ちょう ⓪【腫×脹】名 からだの一部がはれること。

しゅ‐ちょう ⓪【主張】名 他サ 自分の意見を言いはること。また、その意見。「―を曲げない」

しゅ‐ちん ⓪【朱珍】【×繻珍】名 しゅすの地に、金糸・銀糸などで紋様(もんよう)を浮き織りにした織物。丸帯などに用いる。

しゅつ【出】㊀ ツ 名 造 その場所・家がらなどからでたこと。うまれ。「もと華族の―」「出自・出身・嫡出(ちゃくしゅつ)」㊁ 造 ❶あらわれる。見えるようになる。「出火・出血・出現・出水・噴出・露出」❷目的をもってある場所にあらわれる。「出演・出勤・出社・出場・出席・出廷」❸ある場所からほかの場所に移動する。「出港・出国・出発・外出・退出・脱出」❹物を別の場所に移す。「出荷・出資・出題・供出・提出・輸出」❺抜きんでる。「出色・逸出・傑出・突出」

じゅっ【十】造〔「じゅう」の変化〕じゅう。「十回(じゅっかい)―(じっかい)・十点(じゅってん)―(じってん)」参考 この辞典では、「十戒」「十手」などの熟語は、「じっ…」のところに配列してある。〔別音 じっ・じゅう〕十〕

じゅつ ジュ【述】名 造 のべる。考えをつたえる。「山村博士―」「述懐・述語・記述・著述・陳述・論述」

じゅつ【術】㊀ ツ 名 造 ❶わざ。しごと。「―をきわめる」「学術・技術・芸術」❷手段。方法。「うまい―はないか」「術策・戦術・処世術」❸はかりごと。「―をめぐらす」「術数・術中」❹魔法。「―にかかる」「幻術・忍術」㊁ 造 仕事に必要な技能。「医術・剣術・馬術・美術・話術・記憶術・占星術・腹話術」

しゅつ‐えん ⓪【出演】名 自サ 映画・放送・舞台などに出て演じること。「―者」

しゅっ‐か ⓪【出火】名 自サ 火が出ること。火事をだすこと。「―地点」↕鎮火。

しゅっ‐か ⓪【出荷】名 自他サ ❶にもつをだすこと。❷商品を市場にだすこと。「くだものの―」↕入荷。

しゅつ‐が ⓪【出芽】名 自サ ❶芽(め)がでること。❷下等な生物で、からだの一部が芽のようにふくらみ、成長して母体からはなれ、新しい個体になること。

じゅっ‐かい ⓪【述懐】名 自他サ 考えていることや思い出

をのべること。また、その内容。

しゅっ-かん⓪【出棺】[名][自サ] 葬式のとき、遺体を入れた棺を家から送りだすこと。

しゅつ-がん⓪【出願】[名][自他サ] ❶認可・許可などをねがいでること。「特許を—する」❷受験のため願書をだすこと。「志望校に—する」

しゅつ-ぎょ[ツ]【出御】[名][自サ]〔文章語〕天皇・皇后・皇太后・太皇太后の外出。将軍の場合にもいう。↕還御・入御(じゅぎょ)。

しゅっ-きょう⓪【出郷】[名][自サ] 故郷をでること。↕帰郷。

しゅっ-きょう⓪【出京】[名][自サ] ❶地方から都へ行くこと。上京。❷都から地方へ行くこと。

しゅつ-ぎょ⓪【出漁】[名][自サ] ⇩しゅつりょう。

しゅっ-きん⓪【出金】[名][自サ] かねをだすこと。だしたかね。「—伝票」↕納金・入金。

しゅっ-きん⓪【出勤】[名][自サ] 勤務先に出かけること。「時差—」↕欠勤・退勤。

しゅっ-け⓪【出家】㊀[名][自サ] 仏門にはいること。↕在家・在俗。㊁[名] 僧。—**得度**(とくど)[ト][名] 寺にはいり、かみをそる式をあげること。僧や尼となること。

じゅっ-けい⓪【術計】[名] はかりごと。たくらみ。術策。

しゅつ-げき⓪【出撃】[名][自サ] 陣地・基地を出て敵を攻めること。

しゅっ-けつ⓪【出欠】[名] 出席と欠席。出勤と欠勤。「—をとる」

しゅっ-けつ⓪【出血】[名][自サ] ❶血液が血管のそとに出ること。❷ぎせい。損害。「—販売」

しゅっけとそのでし《出家とその弟子》倉田百三(くらたひゃくぞう)の戯曲。一九一六～一七年に発表。親鸞(しんらん)とその門人たちを主人公にしたもの。

しゅつ-げん⓪【出現】[名][自サ] あらわれでること。現出。「新技術の—」「ライバルが—する」

しゅっ-こ⓪【出庫】↕入庫。㊀[名][他サ] くらから品物をだすこと。㊁[名][自他サ] 車両などが車庫からでること。車両などを車庫からだすこと。

じゅつ-ご⓪【述語】[名] ❶文の成分の一つ。主語の動作・作用・性質などをのべることば。「何がどうする」の「どうする」にあたる部分。↕主語。❷〔論〕判断や命題において、主語について説明・限定する語。賓辞(ひんじ)。

じゅつ-ご⓪【術後】[名] 手術したあと。「—の経過がよい」↕術前。

じゅつ-ご⓪【術語】[名] 学問上の専門用語。学術語。テクニカルターム。

しゅっ-こう⓪【出向】[名][自サ] ❶出むくこと。❷命令で他の会社・官庁につとめること。「子会社に—する」

しゅっ-こう⓪【出校】[名][自サ] ❶学校に行くこと。登校。❷校正刷りを出すこと。

しゅっ-こう⓪【出航】[名][自サ] ❶船が航海に出ること。❷航空機が出発すること。

しゅっ-こう⓪【出港】[名][自サ] 船がみなとを出ること。↕入港。

しゅっ-こう⓪【出講】[名][自サ] 講義に出むくこと。

しゅっ-こう⓪【出稿】[名][自他サ] 原稿を印刷所や出版社に提出すること。

じゅっ-こう⓪【熟考】[名][他サ]〔「じゅくこう」の変化〕よくよく考えること。熟慮。「—を重ねる」

しゅっ-こく⓪【出国】[名][自サ] 自分の国、また、ある国を出て、外国へ行くこと。↕入国。

しゅつ-ごく⓪【出獄】[名][自サ] 釈放されて刑務所や拘置所を出ること。出所。↕入獄。

しゅっこん-そう⓪【宿根草】[名]〔「しゅくこんそう」の変化〕地上の部分は枯れるが、地下茎または根がのこり、翌年また芽をだす草。

じゅっ-さく⓪【術策】[名] はかりごと。たくらみ。術計。

じゅっ-さく⓪【述作】[名][他サ] 書きあらわすこと。また、その作品。著作。

しゅっ-さつ⓪【出札】[名][自サ] 駅で切符を売ること。

しゅっ-さん⓪【出産】[名][自他サ] 子どもがうまれること。子どもをうむこと。

しゅつ-ざん⓪【出山】[名][自サ]〔文章語〕❶山を下って人里に出ること。❷僧が、今までいた寺を出ること。

しゅっ-し⓪【出仕】[名][自サ] ❶官につかえること。仕官。❷つとめの場所に出ること。出勤。

しゅっ-し⓪【出資】[名][自サ] 事業に資金をだすこと。

しゅつ-じ[ツ]【出自】[名] 出どころ。うまれ。所出。

じゅつ-しき⓪【術式】[名] 手術の方法。

しゅっ-しゃ⓪【出社】[名][自サ] 会社に出勤すること。「—時間」↕退社。

しゅっ-しゃ⓪【出車】[名][自サ] 車庫や駐車場から車が出ること。「タクシーが—する」↕入車。

しゅっ-しょ⓪【出処】[名] ❶官につかえることと、民間にいること。❷出所。—**進退**(しんたい)[シュツシ][名]〔官につかえていることと、民間にしりぞくこと〕身のふりかた。「—にまよう」

しゅっ-しょ⓪【出所】㊀[名] 出てきたところ。でどころ。「この品の—」㊁[名][自サ] ❶研究所・事務所に出勤すること。↕退所。❷受刑者がゆるされて刑務所を出ること。出獄。

しゅっ-しょう⓪【出生】[名][自サ] ❶うまれること。❷その地のうまれであること。「—地」‖しゅっせい。—**率**(りつ)[ショ][名] 一定の人口に対する年間の出生数の割合。[参考] 一人の女性が一生のあいだに産む子どもの平均数をいうこともある。

しゅつ-じょう⓪【出定】[名][自サ]〔仏〕禅定(ぜんじょう)の境地から平常の状態にもどること。↕入定。

しゅつ-じょう⓪【出場】[名][自サ] 演技者・競技者などとしてその場所に出ること。↕欠場。

しゅっ-しょく⓪【出色】[名][形動(の)] きわだってすぐれてみえるようす。「—のできばえ」

しゅっ-しん⓪【出身】[名] ある土地・学校・身分などの出であること。出(しゅっ)。「W大学の—です」

しゅつ-じん⓪【出陣】[名][自サ] いくさや試合に出ること。

しゅっ-す⓪【卒す】[自サ]〔文章語〕死ぬ。特に、四位・五位の人が死ぬ。

しゅっ-すい⓪【出穂】[名] いね・むぎなどの穂が出ること。

しゅっ-すい⓪【出水】[名][自サ] 大水が出ること。また、出た大水。洪水。

じゅっ-すう[ス]【術数】[名]〔文章語〕〔「術」も「数」も、はかりごとの意〕たくらみ。計略。「権謀—」

しゅっ-せ⓪【出世】[名][自サ] ❶〔仏〕㋐仏が衆生済度(しゅじょうさいど)のため、この世にうまれ出ること。㋑仏道にはいること。また、その人。僧。㋒⇩しゅっせけん。❷世の中にみとめられるよい地位・身分になること。立身。成功。—**魚**(うお)[セ][名] 成長するにつれ、名のかわる魚。たとえば、「わかし—いなだ—わらさ—ぶり」「せいご—ふっこ—すずき」など。—**頭**(がしら)[ガ][名] 仲間の中でもっとも成功した人。—**作**(さく)[セ][名] 芸術家などが世にみとめられるきっかけとなった作品。—**払い**(ばらい)[バ][名] 借りた金銭を、将来出世したときに返済するという約束。

しゅっ-せい◎【出生】名自サ ⬇しゅっしょう。

しゅっ-せい◎【出征】名自サ 軍隊に加わり戦争に行くこと。

しゅっ-せい◎【出精】名自サ 精を出してはげむこと。

しゅっ-せき◎【出席】名自サ 授業や会合に出ること。「―簿」↕欠席・退席。

しゅっ-せけんセ【出世間】名『仏』まよい・ぼんのうからはなれること。出世。

しゅっ-そう◎【出走】名自サ 競馬・競輪などで、競走に参加すること。「―馬は八頭だ」

じゅつ-ぜん◎【術前】名 手術をするまえ。↕術後。

しゅっ-たい◎【出▲来】名自サ〔「しゅつらい」の変化〕❶事件がおこること。「変事が―した」❷物事ができあがること。「最新号、近日―」

しゅつ-だい◎【出題】名自サ ❶試験の問題を出すこと。❷詩や歌の題を出すこと。

しゅっ-たつ◎【出立】名自サ たびだち。かどで。出発。

しゅっ-たん◎【出炭】名自サ ❶石炭を掘り出すこと。❷木炭を生産すること。

じゅっ-ちゅう◎【術中】名 相手のしくんだ計略の中。―に陥(おちい)る うまうまと計略にひっかかる。「敵の―」

しゅっ-ちょう◎【出超】名〔「輸出超過」の略〕輸出の総金額が輸入の総金額よりも多いこと。↕入超。

しゅっ-ちょう◎【出張】名自サ 職務で勤務先以外の所へ出かけること。「―手当」―所(じょ)◎名 官庁・会社などが、本庁・本社以外の場所に出先機関として置いて事務を行う所。支所よりは組織の簡単なもの。

しゅっ-ちん◎【出陳】名他サ 展覧会などに出品し、ならべること。

しゅっ-てい◎【出廷】名自サ 被告・原告・証人などが法廷に出席すること。↕退廷。

しゅっ-てん◎【出典】名 故事・引用句などの出どころである書物。典拠。

しゅっ-てん◎【出店】名自他サ 新たに店を出したり、大きな店の一部に売り場を設けたりすること。

しゅっ-てん◎【出展】名自他サ 展覧会や展示会に出品すること。

しゅつ-ど◎【出土】名自サ 古代の遺跡・遺物などが、土の中から掘り出されること。「古墳の―品」

しゅっ-とう◎【出頭】名自サ ❶あたまを出すこと。他よりすぐれていること。❷役所・警察などに出むくこと。「任意―」

しゅつ-どう◎【出動】名自サ 出かけて活動・行動すること。「消防車の―」

じゅつ-な・いナ【術ない】形 カロ・カッ・ク/イ・イ・ケレ・○ ❶ほどこす方法がない。どうしようもない。❷せつない。つらい。術なげ 形動 術なさ 名 じゅつな・し 文語ク

しゅつ-にゅう◎【出入】名自サ 出ることと、はいること。出はいり。

しゅつにゅう-こくニュ【出入国】名 出国と入国。

しゅつ-のう◎【出納】名 ⬇すいとう。

しゅつ-ば◎【出馬】名自サ ❶大将がうまに乗って戦場に出かけること。❷地位の高い人がすすんでその場に出むくこと。「会長が交渉に―する」❸選挙で立候補すること。「選挙に―を表明する」

しゅっ-ぱつ◎【出発】名自サ ❶出かけること。かどで。出立(しゅったつ)。❷はじめ。最初。―点(てん)ツ名 ❶出発する地点。❷はじめ。最初。「事業の―」

しゅっ-ぱん◎【出帆】名自サ ふなで。出港。

しゅっ-ぱん◎【出版】名他サ 文書・図書を印刷して、世に出すこと。―物(ぶつ)バ名 出版される書物など。

しゅっ-ぴ◎【出費】名自サ 費用を出すこと。また、出す費用。かかり。「―がかさむ」

しゅっ-ぴん◎【出品】名自他サ 展覧会・展示会などに作品・品物を出すこと。「美術展に―する」

しゅっ-ぷ◎【出府】名自サ ❶地方からみやこに出ること。出京。❷江戸時代、武士が江戸へ出ること。

じゅつ-ぶジュ【述部】名 文の中で、述語とそれの修飾語のある部分。「空がきれいに晴れた」の「きれいに晴れた」など。↕主部。

しゅっ-ぺい◎【出兵】名自サ 戦争・事変などに軍隊を出動させること。派兵。↕撤兵。

じゅっ-ぺい◎【×恤兵】名自サ〔文章語〕〔「恤」は、いたわる意〕かねや品物をおくり、戦場の兵士をなぐさめること。

しゅつ-ぼつ◎【出没】名自サ あらわれたり、かくれたりすること。しばしばあらわれること。「すりが―する」

しゅっ-ぽん◎【出奔】名自サ 家や土地を逃げ出して、あとをくらますこと。

しゅつ-もん◎【出問】名自サ 問題を出すこと。出題。

しゅつ-らい◎【出来】名自サ ⬇しゅったい。

しゅつ-らん◎【出藍】名〔中国の古典による「青は藍(あい)より出(い)でて藍より青し」ということわざから〕弟子が先生よりもすぐれていること。「―の誉(ほま)れ」

しゅつ-りツ【出離】名自サ『仏』❶俗世間をはなれること。❷出家すること。

しゅつ-りょう◎【出猟】名自サ けものや鳥を取りに出かけること。

しゅつ-りょう◎【出漁】名自サ 魚を取りに出かけること。しゅつぎょ。

しゅつ-りょくツ【出力】名他サ ↕入力。❶機械が外にあらわすことのできる力。エネルギー・動力など。❷⬇アウトプット❶。

しゅつ-るい◎【出塁】名自サ 野球で、走者が塁に出ること。

しゅつ-ろツ【出×廬】名自サ〔文章語〕〔「廬」は「いおり」〕隠退した人が、ふたたび世間に出て活動すること。

しゅ-てん◎【主点】名 おもな点。おもな箇所。要点。

じゅ-でん◎【受電】名自サ ❶電報・電信を受け取ること。↕打電。❷電話を受けること。「―センター」❸送られてきた電力を受け取ること。↕送電。

しゅ-とト【首途】名〔文章語〕旅だち。かどで。出発。「―を祝う」

しゅ-とシュ/ト【首都】名 みやこ。首府。―圏(けん)ト名 首府と経済的・社会的に密接な関係をもつ地域。参考 法律では、「首都圏整備法」によって定められた一都七県(関東各県と山梨県)を指す。

しゅ-とシュ【酒徒】名〔文章語〕酒飲みの仲間。酒のすきな人々。

しゅ-とシュ【衆徒】名〔文章語〕⬇しゅうと。

しゅ-とう◎【酒盗】名 かつおの内臓からつくる塩辛(しおから)。参考 これをつまみにすると酒量がすすむことから。

しゅ-とう◎【種痘】名 牛痘を人体にうえつけて、疱瘡(ほうそう)に対する免疫性を得させること。うえぼうそう。春

しゅ-どう◎【主動】名 中心となって行動すること。「―部隊」

しゅ-どう◎【手動】名 手で動かすこと。「―式」↕自動。

しゅ-どう◎【衆道】名〔「若衆道(わかしゅどう)」の略〕男色(だんしょく)。

しゅ-どう◎【主導】名他サ 中心となってみちびくこと。―権(けん)ド名 中心となってみちびく権力。「会議の―をに

ぎる」

じゅ‐どう ⓪【受動】名 他から動作・作用をうけること。受け身。↔能動。**―喫煙**(きつえん) キ 名 ➡間接喫煙。**―態**(たい) ⓪ 名 文法上、主語が他から動作を受ける意味をあらわすばあい、述語の動詞が取る形式。受け身。日本語では動詞に助動詞の「れる・られる」をつける。↔能動態。**―的**(てき) ⓪ 形動 受け身であるようす。↔能動的。

シュトゥルム-ウント-ドラング ラ〈ドSturm und Drang〉名〔あらしと大波の意〕ドイツ文学史上、一八世紀後半の革命的な時期。疾風怒濤(しっぷうどとう)時代。

しゅ‐とく ⓪【取得】名 他サ 手にいれ、自分のものとすること。「運転免許を―する」

しゅ‐として シュト【主として】副 おもに。「外国勤務は―ヨーロッパが多かった」

じゅ‐なん ⓪【受難】❶ 名 自サ 苦難にあうこと。❷ 名 イエス・キリストがはりつけの刑にあった苦難。**―曲**(きょく) ナ 名 キリストの受難を主題とした劇的な楽曲。パッション。**―節**(せつ) ナ 名 キリスト教で、復活祭のまえの二週間、教会でおこなうイエス受難の記念祭。春

ジュニア ジュ〈junior〉名 ❶年少者。下級生。↔シニア。❷中・高校生ぐらいの少年少女。❸むすこのこと。

しゅ‐にく ⓪【朱肉】名 朱色の印肉。

じゅ‐にゅう ⓪【授乳】名 自サ ちちを飲ませること。**―期**(き) ニヨ 名 哺乳(ほにゅう)動物の、生まれてからちちばなれするまでのあいだ。

しゅ‐にん ⓪【主任】名 主となって、任務にあたる人。「教務―」

じゅ‐にん ⓪【受忍】名〔法〕社会生活で他から受ける不利益をがまんすること。「―限度」

しゅ‐ぬり ⓪【朱塗(り)】名 朱色に塗ること。また、塗ったもの。「―の椀(わん)」

しゅ‐のう ⓪【首脳】【主脳】名 団体の中心となる人。「―会談」**―部**(ぶ) ノ 名 首脳となる人たち。幹部。

じゅ‐のう ⓪【受納】名 他サ うけいれること。うけおさめること。「献上品を―する」

シュノーケル ノ〈ドSchnorchel〉名 ❶潜水艦の吸気・排気の装置。❷顔を水につけて泳ぐときに口にくわえて呼吸するためのパイプ。

しゅ‐はい ⓪【酒杯】【酒×盃】名 さかずき。「―を傾ける」

じゅ‐ばく ⓪【呪縛】名 他サ まじないによって人を動けなくすること。「―にかかる」

しゅ‐はん ⓪【主犯】名 実際に中心となって犯罪行為をおこなった者。↔従犯。

しゅ‐はん ⓪【首班】名 ❶第一の席次。❷内閣の首席の人。内閣総理大臣。

ジュバン ⓪【×襦×袢】〈ポgibão〉=ジバン 名 和服用のはだぎ。参考 仮名書きでは「じゅばん」とすることが多い。

しゅ‐ひ シュ【種皮】名 植物の種子のかわ。

しゅ‐ひ シュ【守秘】名 自他サ 公開してはならないことを隠しとおすこと。**―義務**(ぎむ) ギ 名 公務員・医師・弁護士などが職務の上で知りえた秘密を守る義務。

しゅ‐び シュ【首尾】名 ❶はじめとおわり。「―一貫」❷物ごとの経過。なりゆき。「―は上々だ」**―よく** うまいぐあいに。つごうよく。「交渉は―いった」

しゅ‐び シュ【守備】名 他サ まもること。まもり。↔攻撃。**―範囲**(はんい) ハ 名 ❶スポーツで、守備することができる範囲。「―の広い遊撃手」❷すべきことの範囲。また、できることの範囲。「絵画は私の―ではない」

じゅ‐ひ ジュ【樹皮】名 木のかわ。

ジュピター〈Jupiter〉ローマ神話の、最高至上の神。ユピテル。参考 ギリシャ神話の「ゼウス」にあたる。

しゅ‐ひつ ⓪【主筆】名 新聞社・雑誌社などで、記者の首席にあって、論説や重要な記事を書く人。

しゅ‐ひつ ⓪【朱筆】名 ❶朱ずみで書くふで。❷朱の書きいれ。**―を入**(い)**れる・―を加**(くわ)**える** 文章の誤りを訂正する。

しゅ‐ひつ【▲執筆】名〔古語〕〔「しっぴつ」と読めば別語〕記録する人。書記。

しゅ‐びょう ⓪【種苗】名 作物や草花のたねとなえ。

じゅ‐ひょう ⓪【樹氷】名 氷点下に冷却した水蒸気や水滴が木の枝などにこおりついて、白く見えるもの。冬

しゅ‐ひん ⓪【主賓】名 いちばんだいじな客。正客。

しゅ‐びん ⓪【×溲瓶】名 ➡しびん。

しゅ‐ふ シュ【主夫】名 家にいて家事を受け持つ夫。↔主婦。⇩主婦 参考

しゅ‐ふ シュ【主婦】名 家事に責任をもち、家族の生活に必要な心配りをする役割をはたす妻。↔主夫。参考「主婦」は古代中国語に典拠があるが、明治から昭和戦前にかけては、「主人」に代わって家庭内の諸事を管理する責任者という意味で使われた。やがて、それが家事労働の担当者の意味に変化し、妻が家の外で仕事を持つようになると、家事労働のほとんどの部分を夫がになう場合も増え、「主夫」という語が生まれたとされる。

しゅ‐ふ シュ【首府】名 一国の中央政府のある所。首都。

しゅ‐ぶ シュ【主部】名 ❶おもな部分。主要部。❷文の中で、主語とそれを修飾することばからなる部分。「きれいな花が咲いた。」の「きれいな花が」など。↔述部。

じゅ‐ふ ジュ【呪符】名〔文章語〕まじないの札(ふだ)。

シュプール プ〈ドSpur〉名 雪の上をスキーですべった跡。

じゅ‐ぶつ ジュ【呪物】名 不思議な威力があるとして崇拝されるもの。**―崇拝**(すうはい) ス 名 呪物をあがめていのり、儀礼の対象とすること。未開宗教の一つ。フェティシズム。

じゅ‐ぶつ ジュ【儒仏】名 儒教と仏教。

シュプレヒコール コ〈ドSprechchor〉名 ❶せりふを合唱の形で朗読する近代的演劇の表現様式。❷スローガンなどを、大勢が声をそろえてとなえること。

しゅ‐ぶん ⓪【主文】名 ❶文章中のおもな部分。❷判決文の中の、結論を述べている部分。

じゅ‐ふん ⓪【受粉】名 自サ おしべの花粉がめしべに付くこと。

じゅ‐ふん ⓪【授粉】名 自サ めしべにおしべの花粉を付けてやること。

しゅ‐へい ⓪【手兵】名 てもとにひきいる兵。

しゅ‐へい ⓪【守兵】名 守備にあたっている兵。

しゅ‐へき ⓪【酒癖】名 酒に酔ったときのくせ。さけくせ。

しゅ‐べつ ⓪【種別】名 他サ 種類によりわけること。また、その区別。類別。

しゅ‐ほ シュ【酒保】名 兵営や軍艦のなかの売店。

しゅ‐ほう ⓪【手法】名 しかた。特に、芸術上の技巧。「写実的な―」

しゅ‐ほう ⓪【主峰】名 一つの山脈の中でいちばん高い山。

しゅ‐ほう ⓪【主砲】名 ❶軍艦で、いちばん威力のある大砲。❷野球で、攻撃の主力となる強打者。

しゅ‐ほう ⓪【修法】名 密教で、護摩(ごま)をたき、真言(しんごん)をとなえて加持(かじ)祈禱(きとう)をする法。ずほう。すほう。

しゅ‐ぼう ⓪【首謀・主謀】名 悪事・陰謀などを、中心になってくわだてること。また、その人。「―者」

しゅ‐ぼう ⓪【酒房】名 居酒屋。酒場。

し

じゅ-ほう ⓪【呪法】名 じゅもんをとなえ、人をのろう法。

じゅぼく-どう ［ク］【入木道】名〔文章語〕書道。参考 中国の書家王羲之（おうぎし）が木に書いた字は、木の中に三分の深さまで墨がしみ込んでいたという故事から。

しゅ-み ［シュ］【趣味】名 ❶おもしろみ。おもむき。「―のある庭」❷おもむき・おもしろみなどをあじわう力。「―のよい人」❸なぐさみのために愛好するもの。「―は音楽です」

シュミーズ ［ミ］〈ﾌ chemise〉＝**シミーズ** 名 女性の洋服用の下着の一つ。胸からももまでをおおうもの。

しゅみ-せん ［ミ］【須弥山】名『仏』世界の中心にそびえ立つという高い山。

しゅみ-だん ［ミ］【須弥壇】名 寺院の仏堂で、仏像を安置する壇。参考 須弥山（しゅみせん）にかたどったものをいう。

シュミット-カメラ ［カ］〈Schmidt camera〉名 特殊な補正板を使って像のゆがみをなくした、天体写真用カメラ。普通のものより視野・明るさが大きい。

しゅ-みゃく ⓪【主脈】名 山脈・鉱脈・葉脈などで、中央をつらぬくふといもの。↔支脈。

じゅ-みょう ⓪【寿命】名 ❶生物が生まれてから死ぬまでの間。いのち。よわい。「平均―」❷物品の使用にたえる期間。また、それがすぎること。「この車ももう―だ」**―が縮（ちぢ）まる** 生命がみじかくなる。また、それほどつらい、または、こわい思いをする。「借金で―」

シュミレーション 「シミュレーション」のあやまり。

しゅ-む ［シュ］【主務】名 ❶主としてその事務にあたること。また、その人。「―官庁」❷主要な任務。

しゅ-めい ⓪【主命】名 主君・主人の命令。しゅうめい。

じゅ-めい ⓪【受命】名 自サ〔文章語〕❶命令をうけること。❷天命をうけ、天子になること。

しゅ-もく ⓪【種目】名 種類によってわけたなまえ。「競技―」

しゅ-もく ⓪【×撞木】名 かねなどを打ちならす棒。かねたたき。多くは丁字形。**―×鮫（ざめ）** ［ク］名 シュモクザメ科のさめ。丁字形の頭部の両端に目がある。胎生。**―×杖（づえ）** ［ヅ］名 頭部が丁字形のつえ。

じゅ-もく ［ジュ］【樹木】名 立ち木。木。**―医（い）** ［ク］名 ⇒じゅい（樹医）。**―葬（そう）** ［ク］名 遺骨を地中に埋め、そこに木を植えて墓標の代わりとする葬法。

しゅ-もつ ［シュ］【腫物】名 できもの。はれもの。

じゅ-もん ⓪【呪文】名 まじないの文句。

しゅ-やく ⓪【主役】名 ❶おもな役目。主人公の役。❷演劇・映画などの中心人物の役。また、それを演ずる役者。↔端役（はやく）。

しゅ-やく ⓪【主薬】名 幾種類かまぜ合わせたくすりの中で、中心となるもの。

しゅ-ゆ ［シュ］【須×臾】名〔文章語〕ほんのしばらく。「―の間」

じゅ-よ ［ジュ］【授与】名 他サ さずけあたえること。

しゅ-よう ⓪【主用】名 ❶主君・主人の用事。❷たいせつな用事。おもな用事。

しゅ-よう ⓪【腫瘍】名 腫物（しゅもつ）の一種で、からだの細胞の一部が異常な増殖をしたもの。悪性のものに癌（がん）がある。**―マーカー** ［マ］名 腫瘍ができると尿や血液中に増えて、癌（がん）の診断の手がかりになる物質。

しゅ-よう ⓪【須要】名 形動〔文章語〕なくてはならないこと。必須（ひっす）。「―な知識」

しゅ-よう ⓪【主要】形動 ダロ・ダッ・デ・ニ ダナ・ナラ ○ ものごとの中心となって、欠くことのできないようす。おもな。「―な閣僚」

じゅ-よう ⓪【需用】名 電気・ガスなどを求めて用いること。**―費（ひ）** ［ヨ］名 光熱費や、日常の消耗品などの費用。

じゅ-よう ⓪【需要】名 商品を買おうとする希望。いりよう。もとめ。「消費者の―にこたえる」↔供給。

じゅ-よう ⓪【受容】名 他サ うけいれること。「申し入れを―する」

しゅ-よく ⓪【主翼】名 飛行機の胴体の両側にとりつけ、うきあがる力をもたせる翼。

しゅら ［シュ］【修羅】名 あしゅら。**―の×巷（ちまた）** はげしいあらそい・戦争の場所。しゅらじょう。**―の妄執（もうしゅう）** 修羅道におちた者が、現世に対していだく執念。

シュラーフザック ［ザ］〈ﾄﾞ Schlafsack〉名 袋形に縫ったふとん。寝袋。スリーピングバッグ。

じゅ-らい ⓪【入来】名 自サ〔文章語〕他人の来訪の尊敬語。

ジュラ-き ［ラ］【ジュラ紀】名〔「ジュラ」は山脈の名〕中生代二番目の時代。約二億一二〇〇万年前から一億四三〇〇万年前まで。

じゅ-らく ⓪【入×洛】名 自サ〔文章語〕⇒にゅうらく。

しゅら-じょう ⓪【修羅場】名 戦いや争闘の悲惨な場所。はげしい争いの行われる場所。

しゅら-どう ［ラ］【修羅道】名『仏』六道の一つで、あしゅらの住む世界。あしゅらどう。

しゅら-ば ⓪【修羅場】名 ❶芝居・講談で、はげしい戦いの場面。❷しゅらじょう。

しゅら-もの ⓪【修羅物】名 能楽で、主役（シテ）が武将の霊魂としてあらわれ、戦場の物語をする形式のもの。

ジュラルミン ⓪〈duralumin〉名 アルミニウムを主成分に、銅・マンガン・マグネシウムをまぜた軽合金。かるくて強い。飛行機などの材料。

しゅ-らん ⓪【酒乱】名 酒に酔うと、あばれくるうくせ。また、そのくせをもつ人。

しゅ-り ［シュ］【手裏】名〔文章語〕手のうち。手中。**―剣（けん）** ⓪名 手の中に持ち、相手に投げつける小さな剣。

じゅ-り ［ジュ］【受理】名 他サ 書類などをうけつけること。「申請を―する」

じゅ-りつ ⓪【樹立】名 自他サ しっかりとうちたてること。「新記録を―する」

しゅ-りゅう ⓪【主流】名 ❶川などのおもなながれ。↔支流。❷思想などの中心になっている流派・傾向。「学界の―」↔傍流（ぼうりゅう）。

しゅ-りゅう ⓪【腫×瘤】名 はれもの。こぶ。

しゅりゅう-だん ［リュ］【手×榴弾】名 手で投げる爆弾。てりゅうだん。手投げ弾。

しゅ-りょう ⓪【首領】名 仲間の長。かしら。「海賊の―」

しゅ-りょう ⓪【酒量】名 飲む酒の分量。「―がへる」

しゅ-りょう ⓪【狩猟】名 自サ 銃・あみ・わなどで、けものや鳥をとらえること。冬 **―鳥獣（ちょうじゅう）** ［チョ］名 法律で、とることを認められている鳥獣。↔保護鳥獣。⇩保護鳥獣（「保護」の項）参考。

じゅ-りょう ⓪【受領】名 他サ うけとること。領収。**―証（しょう）** ⓪名 うけとったしるしのかきつけ。うけとり。領収書。

しゅ-りょく ⓪【主力】名 ❶おもな力。「入試に―をそそぐ」❷中心となる勢力。「―部隊」

じゅ-りん ⓪【樹林】名 立ち木のはやし。

シュリンプ ［リ］〈shrimp〉名 小形のえび。

しゅ-るい ［シュ］【酒類】名 酒の種類。アルコール分を含む飲み物の総称。

しゅ-るい ［シュ］【種類】名 ある観点から区別した一つ一つの集まり。「―が多い」

ジュレ ［ジュ］〈ﾌ gelée〉名 ゼリー。また、煮こごり。

じゅ-れい ◎【寿齢】名〔文章語〕長寿である年齢。

じゅ-れい ◎【樹齢】名 樹木の年齢。

シュレッダー ②〈shredder〉名 不要になった紙類をこまかく切りきざむ機械。機密書類の処理に用いる。

しゅ-れん シュ/◎【手練】名 熟練してじょうずな手ぎわ。「―のはやわざ」

しゅ-ろ ◎/シュ【×棕×櫚】名 ヤシ科の常緑高木。幹は円柱状で直立し、枝はなく、いただきに大形の柄の長い葉がむらがり出る。雌雄異株。幹をつつむ毛は、なわ・ほうきの材料。花は夏 ―**竹** ◎名 ヤシ科の常緑低木。葉はしゅろに似て小さい。

しゅ-ろう ◎【酒楼】名〔文章語〕料理屋。料亭。

しゅ-ろう ◎【▲鐘楼】名 しょうろう。

じゅろうじん《寿老人》 七福神のひとり。長寿をさずけるという。頭が長く、背がひくい。⇨七福神(図)。

しゅ-わ シュ【手話】名 身振りや手指の動きの組み合わせで表現する会話法。主に、聴覚(力)障害者のコミュニケーションのために用いられる。↕口話。

しゅ-わおん ワ【主和音】名 主音(音階の第一音)の上に第三・五音を重ねてできる和音。

じゅ-わき ワ【受話器】名 電話機の一部で、耳にあてて相手の声を聞く器具。レシーバー。↕送話器。参考 今はほとんど送話器と一つに組み合わされている。

しゅ-わん シュ/◎【手腕】名 うでまえ。はたらき。「―を発揮する」 ―**家** ◎名 はたらきのある人。

しゅん【俊】造 すぐれる。すぐれた人。「俊英・俊才・俊敏・英俊・賢俊」

しゅん【春】造 ❶はる。「春季・春風・春分・早春・晩春・立春」❷正月。新年。「賀春・迎春・新春」❸わかさ。「回春・青春」❹ひたむきに愛する心。「春画・春機・春情・売春・思春期」

しゅん【×峻】造 ❶けわしい。高い。「峻険・急峻」❷きびしい。「峻拒・峻厳・峻別・峻烈」

しゅん【×浚】造 さらう。「浚渫」

しゅん【×逡】造 しりぞく。しりごみする。「逡巡」

しゅん【×竣】造 できあがる。しあがる。終える。「竣工・竣成」

しゅん【×駿】造 足のはやいすぐれた馬。「駿才・駿足・駿馬・優駿」

しゅん【瞬】造 またたく。わずかな時間。「瞬間・瞬時・一瞬」

しゅん【×蠢】造 うごめく。「蠢動」

しゅん ◎【旬】名 魚・くだもの・野菜などの味のいちばんよい時。「まつたけの―」↕はしり。[別音じゅん｜旬]

しゅん《舜》 古代中国の伝説上の理想的帝王の名。

じゅん【旬】造 接尾 一か月を十日ずつにわけたときの、それぞれの十日間。「旬刊・旬報」「上旬・中旬・下旬」[別音しゅん｜旬]

じゅん【巡】造 めぐる。まわる。「巡回・巡業・巡査・一巡・逡巡」

じゅん【盾】造 たて。武具の一つ。「矛盾」

じゅん【准】造 ❶なぞらえる。正規のものに次ぐ。「准尉・准将・准教授・准看護師」❷ゆるす。「批准」

じゅん【殉】造 したがう。ある事のために命をすてる。「殉教・殉死・殉職」 **殉じる** 自上一 **殉ずる** 自サ

じゅん【×惇】造 あつい。人柄に重みがある。「惇朴」 ―[別音とん｜惇]

じゅん【×淳】造 ❶すなお。かざりけがない。「淳化・淳朴・淳良」❷情が厚い。「淳風」

じゅん【循】造 ❶めぐる。まわる。「循環・循行」❷したがう。よりそう。「因循」

じゅん【×閏】造 ❶うるう。「閏年」❷正統でない王位。「正閏」

じゅん【準】㊀造 ❶てほん。めやす。「基準・水準・標準」❷なぞらえる。のっとる。「準拠・準用」㊁接頭 ❶それに近いもの。「準会員」❷一つまえの段階。「準決勝」 **準じる** 自上一 **準ずる** 自サ

じゅん【×詢】造 はかる。たずねる。「諮詢」

じゅん【×馴】造 なれる。ならす。「馴化・馴致」

じゅん【潤】造 ❶うるおう。うるおす。「潤滑・湿潤・浸潤・豊潤」❷もうけ。豊か。「潤沢・利潤」❸かざる。「潤色」

じゅん【遵】造 したがう。のっとる。「遵守・遵法・遵奉」

じゅん ◎【順】↕逆。㊀名造 順序。順番。「―を追う」「順位・席順・手順・着順」㊁形動造 おとなしいようす。すなおなようす。「―な人がら」「温順・従順・柔順」

じゅん ジュ【×醇】名造 ❶酒が澄んでいてこくがある。「芳醇」❷まじりけがない。「醇化・醇乎」❸人情があつい。「醇朴」

じゅん【純】㊀ジュ 形動造 つくりかざらない。まじりけがない。ありのまま。「―な心」「純粋・純白・清純・単純」㊁接頭 それ以外のもの・ことがない。「純国産・純文学」

じゅん-あい ◎【純愛】名 純粋で、ひたむきな愛。

じゅん-い ジュ【准尉】名 もと、陸軍で曹長の上、少尉の下の階級。特務曹長の改称。

じゅん-い ジュ【順位】名 順序をおった位置付け。順番。

じゅん-いつ ◎【純一】形動 ダロ・ダッ・デ・ニ／ダナ・ナラ・◎ ❶気持ちが一筋で、まじりけのないようす。「―無雑」❷かざりけのないようす。

しゅん-えい ◎【俊英】名 才知がすぐれていること。また、その人。俊才。俊秀。「漱石門下の―」

じゅん-えき ◎/ジュ【純益】名 総収入からすべての経費をひいた純粋の利益。純利。

じゅん-えつ ◎【巡閲】名 他サ 見まわり、しらべること。

じゅん-えん ◎【順縁】名〔仏〕❶よい行いが仏道にはいるための因縁となること。❷年長の者から先に死んでいくこと。↕逆縁。

じゅん-えん ◎【巡演】名 自サ 各地をめぐって、演ずること。

じゅん-えん ◎【順延】名 他サ 順ぐりに、期日をのばすこと。「雨天―」

じゅん-おう ◎【順応】名 自サ ➡じゅんのう。

じゅん-おくり オ【順送り】名 つぎつぎと順に送ること。

しゅん-か シュ【春歌】名 性的なことを露骨に題材にした歌。

しゅん-が ◎【春画】名 興味本位に、性交のようすを描いた絵。まくら絵。わらい絵。

じゅん-か ◎【順化】【×馴化】名 自サ〔文章語〕気候のちがう土地にうつされた生物の体質が、しだいにその気候風土に合うようにかわること。

じゅん-か ジュ/◎【×醇化】名 他サ〔文章語〕❶人の心を感化して、正しくすなおにすること。❷雑多なものを整理し、不純な要素を取り去ること。参考 法令では「純化」と書く。

じゅん-か ジュ/◎【純化】名 自他サ まじりけがなくなること。まじりけをなくすること。

じゅん-かい ◎【巡回】名 自サ 各地をめぐりあるくこと。見まわること。 ―**図書館** ショ名 自動車などに書物をのせ、方々をまわって貸し出しを行うこと。

しゅん-か-しゅう-とう シュ一【春夏秋冬】名 はる・な

つ・あき・ふゆ。四季。

じゅん-かつ [0]【潤滑】[名][形動] うるおっていて、なめらかなこと。**ー油** [ユ][名] ❶機械の接触部の摩擦を少なくするための油。❷物事を円滑に運ばせる仲立ちとなる事柄。

しゅん-かん [0]【春寒】[名]〔文章語〕立春後のさむさ。(春)

しゅん-かん [0]【瞬間】[名]〔またたきするあいだの意〕きわめてみじかい時間。一瞬。「ーのできごと」「ー最大風速」

じゅん-かん [0]【旬刊】[名] 新聞・雑誌などで、十日めごとに発行すること。また、そのもの。↕日刊・週刊・月刊・季刊・年刊。

じゅん-かん [0]【旬間】[名] ❶十日間。↕週間・月間・年間。❷特別の行事のある十日間。「交通安全ー」

じゅん-かん [0]【循環】[名][自サ] まわって、もとにかえること。また、それをくり返すこと。「市内ーバス」[参考]「循還」と書くのはあやまり。**ー器** [カ][名] 血液・リンパ液をめぐらせ、からだの各部に栄養や酸素を運び、また、老廃物をあつめ去る器官。心臓・血管など。**ー小数** [ショ][名] 無限小数の一つ。小数点以下のある桁からあと、いくつかの数が同じ順序で限りなくくり返されるもの。例えば0.413413413……。**ー論法** [ロ][名] 証明の中に証明すべき事柄を論拠として使った、堂々めぐりの論法。

しゅん-き [シュ]【春季】[名] 春の季節。「ー大運動会」(春) ↕秋季。

しゅん-き [シュ]【春期】[名] 春の期間。「ー総会」(春) ↕秋期。

しゅん-き [シュ]【春機】[名] 性的な感情。色情。**ー発動期** [シュド][名] ➡思春期。

しゅん-ぎく [シュ][0]【春菊】[名] キク科の一、二年生植物。若葉は食用。かおりがいい。(春)

じゅん-ぎゃく [0]【順逆】[名]〔文章語〕❶道理にあうことと、あわないこと。正邪。曲直。❷恭順であることと、反逆すること。❸順当なことと、さかさまなこと。

じゅん-きゅう [0]【準急】[名]〔「準急行列車」の略〕急行についで、はやい列車や電車。↕急行・特急。

しゅん-きょ [シュ]【×峻拒】[名][他サ] きびしくことわること。

じゅん-きょ [ジュ]【準拠】[名][自サ] のっとること。よりどころとして、それに従うこと。「学習指導要領にーする」

しゅん-ぎょう [0]【春暁】[名]〔文章語〕春のあかつき。(春)

じゅん-きょう [0]【順境】[名] 万事つごうよくはこぶ、めぐまれた境遇。「ーにそだつ」↕逆境。

じゅん-きょう [0]【殉教】[名][自サ] 信ずる宗教のために、命を投げだすこと。「ーの徒」

じゅん-ぎょう [0]【巡業】[名][自サ] 各地をめぐって、興行すること。「相撲のー」

じゅん-きょうじゅ [キョ]【准教授】[名] 大学、高等専門学校の職階の一つ。教授の下、助教の上。

じゅん-きん [0]【純金】[名] まざりもののない金。二四金。きんむく。

じゅん-ぎん [0]【純銀】[名] まざりもののない銀。ぎんむく。

しゅんきんしょう《春琴抄》谷崎潤一郎の中編小説。一九三三年に発表。盲目の美女につかえる男の自己犠牲的な愛をえがいた作品。

じゅん-きんちさん [チ]【準禁治産】[名] 心神喪失者ではないが、意志・能力がじゅうぶんでない人に対して、財産の取りあつかいをさしとめることをいった語。

じゅん-ぐり [0]【順繰り】[名]〔多くは「に」を伴って〕順番に従って、同じことをくりかえすこと。「ーに発言する」

じゅん-けい [0]【純系】[名] 雑種や異種を遺伝子にふくんでいない系統。「ー白色レグホン」

じゅん-けい [0]【巡警】[名][他サ] 巡回して警戒すること。

しゅんけい-ぬり [0]【春慶塗】[名] うるし塗りの一種。したじの木目が見えるように、透明なうるしを塗って仕上げる。[参考] 堺のうるし職人、春慶がはじめたものという。

しゅん-けつ [0]【俊傑】[名]〔文章語〕すぐれた人物。

しゅん-げつ [シュ]【春月】[名]〔文章語〕❶春の季節。❷春の夜の月。(春)

じゅん-けつ [0]【純血】[名] 動物で、同種のもののおす・めすの間に生まれたもの。純粋のちすじ。↕混血。

じゅん-けつ [0]【純潔】[名][形動] ❶心にけがれがなく、きよらかなこと。❷性的にけがれがなく、からだが清らかなこと。**ー教育** [キョ][名] 青少年に正しい性の知識をあたえて、心身の純潔をまもらせるための教育。性教育。

じゅん-げつ [ジュ]【旬月】[名]〔文章語〕❶十か月。❷〔「十日や一か月」の意から〕すこしの日数。

じゅん-けっしょう [ケ]【準決勝】[名] 決勝戦に出る者をきめるための試合。

しゅん-けん [0]【×峻険・×峻×嶮】[名][形動]〔文章語〕高くけわしいこと。また、その場所。「ーな山道」

しゅん-げん [0]【×峻厳】[名][形動]〔文章語〕たいそうきびしいこと。「ーなしつけ」

じゅん-けん [0]【純絹】[名] まざりもののないきぬ。また、その織物。正絹。

じゅん-けん [0]【巡見】[名][他サ] 見まわり。巡視。

じゅん-けん [0]【巡検】[名][他サ] 見まわってしらべること。

じゅん-こ [ジュ]【×醇×乎・純×乎】[と副][たる連体]〔文章語〕まじりけのないようす。純粋ですぐれているようす。「ーたる愛校心」[参考] 主として精神的な面について言う。

しゅん-こう [0]【春光】[名]〔文章語〕❶春の日光。「ーうららか」❷春のけしき。春景。春色。(春)

しゅん-こう [0]【春郊】[名]〔文章語〕春の郊外・いなか。(春)

しゅん-こう [0]【×竣工・×竣功】[名][自サ] 建造物などができあがること。完工。竣成。↕着工・起工。

しゅん-ごう [0]【俊豪】[名]〔文章語〕才能・人物がずばぬけてすぐれている人。俊傑。

じゅん-こう [0]【巡行】[名][自サ] 各所をめぐりあるくこと。

じゅん-こう [0]【巡幸】[名][自サ] 天皇が、各地をめぐること。

じゅん-こう [0]【巡航】[名][自サ] 船・航空機が各地をめぐること。**ー速度** [ソ][名] 船・航空機などで、燃料をもっとも経済的に使える速度。

じゅん-こう [0]【順行】[名][自サ] ❶順序どおりに行くこと。↕逆行。❷地球から見て惑星が西から東へうつっていく運動。

じゅん-こく [0]【殉国】[名] 国の存亡にかかわるようなとき、命をすてて、国につくすこと。

じゅん-さ [ジュ]【巡査】[名] ❶警察官の階級の最下位。❷制服の警官。おまわりさん。**ー部長** [フ][名] 巡査の上、警部補の下の階級。

しゅん-さい [0]【俊才】【×駿才】[名] すぐれた才能。また、その持ち主。英才。秀才。俊英。

じゅん-さい [0]【×蓴菜】[名] スイレン科の多年生植物。池・沼にはえ、葉の柄が長く、葉は水面にうかぶ。若芽・若葉は食用。ぬなわ。(夏)

じゅん-さつ [0]【巡察】[名][他サ] 視察してまわること。

しゅん-さん [0]【春蚕】[名] 春に飼うかいこ。はるご。

しゅん-じ [シュ]【瞬時】[名] ほんの少しの時間。ちょっとのま。「ーに理解する」

じゅん-し [0]【殉死】[名][自サ] 主君・主人などの死んだあとを追って自殺すること。

じゅん-し [0]【巡視】[名][他サ] 監督・警戒のために、巡回して見まわること。

じゅん-じ ジュ【順次】(に)副 じゅんぐりに。次々に。逐次(ちくじ)。「終わり次第—帰宅する」

じゅん-しかん ジ/カ【准士官】名 軍隊で、士官と下士官の中間の階級。もと、日本の陸軍で准尉、海軍で兵曹長。

しゅん-じつ ◎【春日】名〔文章語〕はるのひ。㊗春 **—遅遅**(ちち) 春の日がのどかで、長く思われるようす。㊗春

じゅん-じつ ◎【旬日】名 十日間。

じゅん-しゃく ◎【巡×錫】名 自サ 〔「錫」は僧の持つつえ〕徳の高い僧が各地をまわって教えを広めること。

じゅん-ジャンプ ジャ【純ジャンプ】名 スキーのジャンプ競技。複合競技のジャンプと区別していう。

じゅん-しゅ ジュ【遵守・順守】名 他サ 教えや法律・規則などにそむかず、よくまもること。「指令を—する」

しゅん-しゅう ◎【俊秀】名 才知のすぐれていること。また、その人。俊才。俊英。

しゅん-しゅう ◎【春愁】名〔文章語〕春に、もの思いにしずむこと。春のもの悲しい気分。㊗春

しゅん-じゅう ◎【春秋】名〔文章語〕❶はるとあき。❷一か年。「幾—」❸とし。年齢。❹中国の古典で、五経の一つ。魯国(ろこく)の年代記で、孔子(こうし)の編集したものという。**—時代**(じだい) ジ 名〔中国の史書「春秋」に記載される時期〕中国で、紀元前八世紀から前五世紀にかけて、周がおとろえ諸侯があらそった時代。**—に富**(と)**む** 年齢がわかく、将来がながい。**—の筆法**(ひっぽう) 中国の史書「春秋」に示されているような、厳正な批判の態度。また、間接の原因を直接の原因であるかのように述べる表現形式。

しゅん-じゅん ◎【×逡巡】名 自サ ためらうこと。しりごみ。「—して好機をのがす」

じゅんじゅん【準準】接頭 試合などで準決勝・準優勝の一つ前の段階をあらわす語。「—決勝」

じゅん-じゅん ジュ【順順】名 (に)副 つぎからつぎに順番にするようす。順ぐり。「—にかたづける」

じゅん-じゅん ◎【×諄×諄】(と)副 ていねいに、くり返して言い聞かせるようす。「—とさとす」

じゅん-じょ ジュ【順序】名 ❶順番。❷きまっただんどり。「式典の—」 **—数詞**(すうし) ス 名 物事の順序を数でしめすことば。「第三」「四等」「五番め」など。↕基数詞。 **—立**(だ)**てる** テ 他下一 順序をきちんと整える。 **—不同**(ふどう) ◎ 名 一定の基準によって順序が整えられていないこと。順不同。参考 氏名などを列記するときの断り書きなどに使う。

しゅん-しょう ◎【春宵】名〔文章語〕春のよい。春の夜。㊗春 **—一刻**(いっこく)**値**(あたい)**千金**(せんきん) 春の夜はおもむきが深く、そのひとときは千金のねうちがあるように思われる。参考 中国の蘇軾(そしょく)の詩「春夜詩」の一節。

しゅん-じょう ◎【春情】名〔文章語〕❶春のようす。春らしい気分。㊗春 ❷いろけ。色情。

じゅん-しょう ◎【准将】名 代将。

じゅん-じょう ◎【殉情】名〔文章語〕情熱の世界に身も心もささげること。

じゅん-じょう ◎【準縄】名〔文章語〕〔みずもりと、すみなわ〕規則。「規矩(きく)—」

じゅん-じょう ◎【純情】名 形動 心がすなおで、すれていないこと。心が純真なこと。

じゅんじょうしじゅう《殉情詩集》佐藤春夫(さとうはるお)の第一詩集。一九二一年刊行。大正時代の代表的詩集。

しゅん-しょく ◎【春色】名〔文章語〕春のけしき。春景。春光。㊗春

じゅん-しょく ◎【殉職】名 自サ 職務のために死ぬこと。

じゅん-しょく ◎【潤色】名 他サ 〔色を塗って光彩を添える意から〕文章や話に、かざりをつけること。「事件はたいそう—されてひろがった」

しゅんしょくうめごよみ《春色梅児誉美》為永春水(ためながしゅんすい)の人情本。一八三二—三三年刊。美男子丹次郎(たんじろう)と女たちとの恋のもつれを描く。

じゅん・じる ◎/ジ【殉じる】自上一 ジ—ジ—ジル—ジル—ジレ—ジロ・ジヨ ➡じゅんずる。

じゅん・じる ◎/ジ【準じる】自上一 ジ—ジ—ジル—ジル—ジレ—ジロ・ジヨ ➡じゅんずる。

しゅん-しん ◎【春信】名〔文章語〕❶春のおとずれ。❷春のおとずれなどを書いたたより。花信。㊗春

じゅん-しん ◎【純真】形動 ダロ—ダッ・デ・ニ ダ—ナ—ナラ—○ 心にけがれやかざりけがないようす。天真。純情。「—な子ども心」

じゅん-すい ◎【純水】名 不純物のまじっていない水。

じゅん-すい ◎【純粋】形動 ダロ—ダッ・デ・ニ ダ—ナ—ナラ—○ ❶まじりけがないようす。❷もっぱら。「—に学問的に考える」❸利害打算やまがった気持ちがないようす。「—な動機」 **—理性**(りせい) リ 名 経験にさきだつ、先天的な理性の認識能力。

じゅん・ずる ◎/ズ【殉ずる】自サ ジ・ゼ—ジ—ズル—ズル—ズレ—ジロ・ゼヨ ❶死者のあとをおって死ぬ。❷あることのために自分の命をなげだす。「職に—」「祖国の危難に—」‖じゅんじる。**じゅん・ず** 文語サ変

じゅん・ずる ◎/ズ【準ずる】自サ ジ・ゼ—ジ—ズル—ズル—ズレ—ジロ・ゼヨ ❶手本としてそれにしたがう。「前例に—」❷正式のものと大体同じ扱いをする。「正会員に—」‖じゅんじる。**じゅん・ず** 文語サ変

しゅん-せい ◎【×竣成】名 自サ 建造物などができあがること。竣功。竣工。

じゅん-せい ◎【準星】名 ➡クエーサー。

じゅん-せい ◎【純正】【×醇正】名 形動(の) ❶まじりけがなくて、ただしいこと。❷理論の研究だけをして、応用・実用面に及ばないこと。「—化学」

しゅん-せつ ◎【春雪】名〔文章語〕はるの雪。㊗春

しゅん-せつ ◎【春節】名 中国における旧暦の元旦(がんたん)。

しゅん-せつ ◎【×浚×渫】名 他サ 〔「浚」も「渫」もさらうの意〕水底の土などをさらい取ること。**—船**(せん) ◎ 名 浚渫用の機械をそなえつけたふね。

じゅん-せつ ◎【順接】名 二つの文または句の接続のしかたで、一方が成立すれば他方も成立するというような関係。「から」「ので」「だから」などであらわされる接続関係。↕逆接。

じゅん-ぜん ◎【純然】(と)副 たる連体 ❶まじりけのないようす。「—たる母校愛」❷まったくそれにちがいないようす。「—たる誤解」

しゅん-そう ◎【春草】名〔文章語〕春のわかくさ。㊗春

じゅん-ぞう ◎【純増】名 見せかけでなく、純粋な増加。

しゅん-そく ◎【俊足】名 すぐれた人。秀才。俊英。俊才。「一門の—」

しゅん-そく ◎【×駿足】名〔文章語〕❶あしのはやい馬。しゅんめ。❷あしのはやいこと。また、その人。

じゅん-そく ◎【準則】名 ❶まもるべき規則。❷規則にのっとること。

じゅんたい-じょし ジョ【準体助詞】名 さまざまな語や句に付いて、全体を体言とおなじはたらきのものにする助詞。「行くのはよせ」の「の」など。

じゅん-たく ◎【潤沢】形動 ダロ—ダッ・デ・ニ ダ—ナ—ナラ—○ たくさんであるようす。ゆたかであるようす。「食糧が—だ」

しゅん-だん [0]【春暖】[名]〔文章語〕春のあたたかさ。(春)
じゅん-ち [ジュ]【×馴致】[名][他サ]〔文章語〕❶なれさせること。なじむようにさせること。❷しだいにそうさせること。
じゅん-ちょう [0]【順調】[名][形動] すらすらと調子よくゆくこと。「―にはかどる」↕不調。
しゅん-でい [0]【春泥】[名]〔文章語〕ゆき・しもなどのとけたあとの、春さきのぬかるみ。(春)
しゅん-と [0][副][自サ] しょげこむようす。「しかられて―なる」
しゅん-とう [シュ]【春闘】[名]〔「春季闘争」の略〕労働組合の、賃上げのための春の闘争。(春)
じゅん-ど [ジュ]【純度】[名] 品質の純良な程度。「金の―」
しゅん-どう [0]【×蠢動】[名][自サ]〔「蠢」は虫がうごめくの意〕つまらない者がかげでこそこそ活動すること。
じゅん-とう [0]【順当】[形動]〔ダロ・ダッ・デ・ニ／ダ・ナ・ナラ・○〕 道理にかなっていて当然なようす。「―な処置」
じゅん-なん [0]【殉難】[名][自サ]〔文章語〕国難や宗教的な災難のために、命をすてること。
じゅん-に [0]【順に】[副] 順々に。順ぐりに。「―送りこむ」
じゅん-ねん [0]【×閏年】[名] うるうどし。
じゅん-のう [0]【順応】[名][自サ] 境遇・刺激などに適応するように変わること。「環境に―する」
しゅん-ば [ジュ]【×駿馬】[名] ⇒しゅんめ。
じゅん-ぱい [0]【巡拝】[名][自サ] 各地の社寺を参拝してまわること。
じゅん-ぱく [0]【純白】[形動(の)]〔ダロ・ダッ・デ・ニ／ダ・ナ・ナラ・○〕 まっしろなようす。「―のドレス」
しゅん-ぱつ [0]【瞬発】[名] ❶ちょっとした刺激で爆発すること。❷瞬間的に大きな力を出すこと。「―力」
じゅん-ばり [0]【順張り】[名][自サ] 取引で、相場のよいときに買い、悪いときに売ること。↕逆張り。
じゅん-ばん [0]【順番】[名] 順々にその番にあたること。また、あたる順序。「―を待つ」
しゅん-ぴ [シュ]【春肥】[名] 春、作物にやる肥料。はるごえ。(春)
じゅん-び [ジュ]【準備】[名][他サ] まえもっての用意。したく。「―万端ととのう」「―中」
じゅん-び [ジュ]【純美】[名][形動] 純粋で美しいこと。
じゅん-ぴつ [0]【潤筆】[名]〔「潤」は、筆をぬらす意〕書や絵をかくこと。**―料**りょう [ツ][名] 書画をかいてもらった礼のかね。揮毫料きごうりょう。
しゅん-びん [0]【俊敏】[名][形動] かしこくてすばしこいこと。「―な動き」
しゅん-ぷう [0]【春風】[名] はるかぜ。(春) ↕秋風。**―秋雨**しゅうう [シュ2] [名]〔文章語〕春の風が吹いたり秋の雨が降ったりして過ぎてゆく長い年月。「―二十余年」**―×駘×蕩**たいとう [0] [と副][たる連体] ❶春風がのどかに吹くようす。❷人がらのあたたかく、おおらかであるようす。「―とした人物」
じゅん-ぷう [0]【順風】[名] 船の進む方向に吹くかぜ。おいて。追い風。↕逆風。**―に帆ほを揚あげる** ことが調子にのり、うまくゆくこと。**―満帆**まんぱん [0][名] 帆にいっぱい風を受けて、船が進むこと。ことがうまく進むことのたとえ。[参考]「じゅんぷうまんぽ」は誤り。
しゅんぷうばていきょく《春風馬堤曲》江戸時代後期の詩。与謝蕪村よさぶそんの作。漢詩や発句ほっくをまじえた特徴あるスタイルをもつ。
じゅんぷう-びぞく [ビ]【×醇風美俗】[名] 人情が厚く、美しい風俗や習慣。
じゅん-ふどう [ジュ]【順不同】[名] 順序不同。
しゅん-ぶん [0]【春分】[名] 二十四節気の一つ。昼と夜の長さの等しい三月二十一日ごろ。(春) ↕秋分。⇩二十四節気(表)。**―点**てん [ヲ][名] 太陽が南から北にむかって天球上の赤道をよこぎる点。↕秋分点。⇩黄経(図)。**―の日**ひ 国民の祝日の一つ。三月二十一日ごろ。春のひがんの中日で、もとの春季皇霊祭の日。(春) ↕秋分の日。
じゅん-ぶん [0]【純分】[名] 地金などの中の純金・純銀のふくまれる量。
じゅん-ぶんがく [ヲ]【純文学】[名] 純粋に文学思想を表現し、芸術性を第一とする文芸作品。通俗的でない、純粋な芸術である文芸作品。↕大衆文学。
しゅん-べつ [0]【×峻別】[名][他サ] きびしく区別すること。
じゅん-ぽう [0]【旬報】[名] ↕日報・週報・月報・年報。❶十日ごとの報告。❷旬刊雑誌。
じゅん-ぽう [0]【遵法・順法】[名] 法律にしたがい、それをまもること。「―精神」**―闘争**とうそう [ト][名] 法律や規則を完全にまもることで、作業能率を低下させようとする労働争議の戦術。
じゅん-ぽう [0]【遵奉】[名][他サ] 法律・主義などにしたがい、それをまもること。「師の学説を―する」
じゅん-ぼく [0]【純朴】[×淳朴・×醇朴】[名][形動] すなおで、かざりけがないこと。「―な風俗」
しゅん-ぽん [0]【春本】[名] 性交のようすを興味本位にえがいた本。
じゅんまい-しゅ [マ]【純米酒】[名] 米と米こうじのみで作った日本酒。
しゅん-みん [0]【春眠】[名]〔文章語〕春の夜のねむり。(春) **―暁あかつきを覚おぼえず** 春の夜はみじかく、また気候がよいので、あけがたになってもなかなか目がさめない。[参考]中国の孟浩然もうこうねんの詩「春暁」の一節。
しゅん-め [シュ]【×駿▲馬】[名] すぐれてよいうま。しゅんば。↕駑馬どば・駄馬。
じゅん-めん [0]【純綿】[名] まぜもののないもめん糸、また、綿織物。
じゅん-もう [0]【純毛】[名] まぜもののない毛糸、また、毛織物。
しゅん-や [シュ]【春夜】[名]〔文章語〕春のよる。(春) ↕秋夜。
じゅん-ゆう [0]【巡遊】[名][自サ] 各地を旅してまわること。
じゅん-よ [ジュ]【旬余】[名]〔文章語〕十日あまり。↕月余。
しゅん-よう [0]【春陽】[名]〔文章語〕春のあたたかい日光。(春)
じゅん-よう [0]【準用】[名][他サ] あるものに適用する法律・規則を、それに準ずる他のものにも適用すること。
じゅんよう-かん [0]【巡洋艦】[名] 戦艦より小型で速く、駆逐艦より大型で航続力のある軍艦。
じゅん-ようし [ヨ]【順養子】[名] 弟が兄の養子となり、あとをつぐこと。また、その人。
じゅん-ら [ジュ]【巡×邏】[名][他サ]〔「邏」は見まわるの意〕見まわりあるくこと。また、その人。パトロール。
しゅん-らい [0]【春雷】[名]〔文章語〕春に鳴るかみなり。(春)
じゅん-らん [0]【巡覧】[名][他サ] 方々をまわって見ること。
じゅんらん【絢爛】「けんらん」のあやまり。
じゅん-り [ジュ]【純利】[名] 純益。
じゅん-り [ジュ]【純理】[名] 純粋の理論・学理。
じゅん-りょう [リョ]【純量】[名] 正味しょうみの目方。
じゅん-りょう [0]【純良】[×醇良】[形動]〔ダロ・ダッ・デ・ニ／ダ・ナ・ナラ・○〕 まじりけがなく、品質のよいようす。「―なバター」
じゅん-りょう [0]【順良】[形動]〔ダロ・ダッ・デ・ニ／ダ・ナ・ナラ・○〕 すなおで善良なようす。
しゅん-れい [0]【×峻×嶺】[名] けわしい山。
じゅん-れい [0]【巡礼・順礼】[名][自サ] 聖地・霊場を参拝してまわること。また、その人。**―歌**うた [レ][名] 霊場を巡拝するときに、巡礼がうたう歌。

じゅん-れき ⓪【巡歴】名自サ ❶方々をまわりあるくこと。❷いろいろな境遇・職業などを経験すること。

しゅん-れつ ⓪【×峻烈】形動 ダロ・ダッ・デ・ニ／ダナ・ナラ・〇 きびしくはげしいようす。「―な罰則」

じゅん-れつ ⓪【順列】名 ❶順序。序列。❷〘数〙いくつかのものの中から一定個数のものを取り出して、順序を決めて一列にならべる配列のしかた。

じゅん-ろ ジュ【順路】名 順序にしたがって、進行する道すじ。

じゅん-わくせい ワ【準惑星】名 太陽の周囲を公転する天体のうち、その軌道の近くに他の天体が存在するもの。質量や形は惑星に近い。

しょ【処】造 ❶ところ。場所。「処処・居処」❷とりさばく。しまつする。「処遇・処置・処分・処理・善処・対処」❸とどまる。身を置く。「処士・処暑・処世・出処進退」❹未婚の。「処女」 **処する** 自他サ

しょ【初】造 ❶はじめ。はじまり。「初秋・初日(しょにち)・最初・当初・年初」❷はつ。はじめて。「初演・初学・初婚・初心・初犯・初体験(しょたいけん／はつたいけん)」

しょ【所】造 ❶ところ。地点。「近所・住所・難所・名所・対面所・停留所・避難所」❷ある目的のためにおかれた機関。「所員・所長・入所・役所・刑務所・研究所・裁判所・保健所」❸ことがら。「短所・長所・適所」❹…すること。…するもの。「所信・所蔵・所得」❺そうなる。そうされる。受け身をあらわす。「所定・所与」⇩じょう(場) 参考。

しょ【庶】造 ❶もろもろの。一般の。「庶民・庶務・衆庶」❷正妻の子でない。「庶兄(しょけい)・庶子・庶出・嫡庶(ちゃくしょ)」❸ねがう。「庶幾」

しょ【暑】造 あつい。気温が高い。「暑気・暑中・炎暑・酷暑・残暑・避暑」

しょ【×蔗】造 さとうきび。「蔗糖・甘蔗」

しょ【諸】造 さまざまの。いろいろの。もろもろの。多くの。「諸国・諸氏・諸島・諸官庁・諸分野・諸問題」

しょ【×曙】造 あけぼの。よあけ。「曙光」

しょ【×薯】造 いも。「甘薯・自然薯(じねんじょ)・馬鈴薯」

しょ ジョ【書】名造 ❶文字をかくこと。また、かいたもの。「小野道風(おののとうふう)の―」「書記・書写・自書・清書」❷書道。習字。「書画・楷書・草書」❸本。「―を読む」「書庫・書籍・読書・洋書・参考書・新刊書」❹てがみ。「書簡・書状・親書・密書」❺書類。「書面・調書・始末書・履歴書」❻書経(しょきょう)。 **書する** 他サ

しょ【署】㊀ジョ名造 役所。「署員・署長・警察署・消防署・税務署」㊁造 ❶てわけ。うけもち。「部署」❷名を書く。「署名・自署・連署」 **署する** 他サ

しょ ジョ【緒】名造〘「ちょ」は慣用読み〙いとぐち。はじめ。「緒言(しょげん／ちょげん)・端緒(たんしょ／たんちょ)・由緒」〘別音ちょ｜緒〙 **―に就(つ)く** いとぐちができる。事にとりかかる。

じょ【如】造 ❶そのまま。そのよう。「如才・如上」❷語尾に添える語。「欠如・突如・躍如」〘別音にょ｜如〙

じょ【助】造 ❶たすける。力をかす。「助演・助言・助力・救助・賛助・補助」❷主となる人をたすける。「助手・助役・助監督」

じょ【×抒】造 のべる。心に思うことをあらわす。「抒情」

じょ【叙】造 ❶のべる。ことばにあらわす。「叙事・叙述・叙情・列叙・自叙伝」❷官位や勲章を与える。「叙位・叙勲」 **叙する** 他サ

じょ【徐】造 ゆっくり。おもむろ。「徐行・徐徐・緩徐」

じょ【除】造 ❶のぞく。とりさる。「除外・除去・除名・駆除・削除」❷わり算。「除算・除数・除法・加減乗除」 **除する** 他サ

じょ【女】㊀ジョ名造 むすめ。「川村氏の―」「長女・皇女・養女」㊁造 ❶おんな。「女王・女子・彼女・美女・女教員・女学生」❷〘俗語〙ある分野に熱中したり、精通している女性。「鉄道好き」を「鉄女」、「歴史好き」を「歴女」など。㊂接尾 女性の名まえにそえることば。「うめ女・まつ女」〘別音にょ・にょう｜女〙

じょ【×恕】㊀ジョ名造 おもいやり。同情心。「忠恕」㊁造 ゆるす。「寛恕・宥恕(ゆうじょ)」 **恕する** 他サ

じょ ⓪／ジョ【序】㊀名 ❶はしがき。序文。↔跋(ばつ)。❷芝居で最初の幕。㊁名造 ❶きまった並び方。「長幼―あり」「序次・序列・公序・順序・秩序」❷はじめ。まえがき。「―・破・急」「序曲・序言・序章・序文・序幕・序論・自序」 **序する** 他サ

じ-よ ジ【自余】名〘文章語〙このほか。そのほか。

じ-よ ジ【時余】名〘文章語〙一時間あまり。

しょ-あく ジョ【諸悪】名 いろいろの悪いこと。「―の根源」

しょ-い ジョ【所為】名〘文章語〙〘「なすところ」の意〙しわざ。ふるまい。

じょ-い ⓪【女医】名 女性の医師。

じょ-い ジョ【叙位】名 ❶位階を授けること。❷〘古語〙五位以上の位階に叙すること。

しょい-あげ ⓪【しょい揚げ】【背揚】しょひ 名 ⇩おびあげ。

しょい-こ ⓪【背負子】しょひ 名 荷物を積み、せなかに負うための木のわく。しょいばしご。

しょいこ

しょい-こ-む コ【しょい込む】【背負込む】しょひ 他五 マ・モ｜ミ・ン／ム｜ム｜メ｜メ 厄介なことを負担する。不本意ながらひきうける。「借金を―」「損な役を―」 **しょい込み** 名

しょ-いちねん チ【初一念】名 はじめの決心。初志。「―をつらぬく」

しょい-なげ ⓪【しょい投げ】【背負投】しょひ 名 ⇩せおいなげ。

しょ-いん ジョ【所員】名 「―所」と名のつく機関につとめている人。

しょ-いん ⓪【書院】名 ❶書斎。❷書院造りの家の客間。❸書店・出版社の名につけられることば。「山田―」 **―造(づく)り** ツ 名 桃山時代に完成した武家の住宅建築様式。玄関・とこのま・ふすまなどのある、今の一般日本住宅の様式。参考 表記は「書院造」でもよい。

しょ-いん ⓪【書淫】名〘文章語〙❶読書にふけること。また、その人。❷過度に書物を愛好すること。また、その人。

しょ-いん ジョ【署員】名 税務署・警察署など、「署」と名のつく機関につとめている人。

じょ-いん ⓪【女陰】名 女性の陰部。

ジョイント ⓪〈joint〉㊀名 接合部分。つなぎ目。㊁名 自サ 連携。合同。「―コンサート」

しょう【少】造 ❶すくない。わずか。「少額・少数・少量・少人数・減少・最少」↔多。❷おさないこと。おさない者。「少女・少壮・少年・年少・幼少」↔老。❸三つのうちの三番目。「少尉・少佐・少将」

しょう【召】造 めす。よびつける。「召喚・召集・応召」

しょう【正】㊀造 ❶ただしい。まちがっていない。本当の。「正気・正直(しょうじき)・正体・正札(しょうふだ)・正面・正絹」❷主となるもの。「正客」❸年のはじめ。「正月・賀正」❹ちょうど。きっかり。「正午・正味・正六時」㊁接頭 昔の宮中の位階で、従(じゅ)の上。「正六位」〘別音せい｜正〙

しょう【匠】 造 ❶たくみ。すぐれた技能を持つ人。先生。「巨匠・師匠・宗匠・鷹匠」 ❷くふう。「匠気・意匠」

しょう【×庄】 造 いなか。別荘。「庄園・庄屋」

しょう【床】 ㊀ 造 ❶とこ。しんだい。「起床・病床・同床異夢」 ❷とこ状のもの。「温床・岩床・鉱床・着床」 ㊁ 接尾 病院などで、病人用のベッドをかぞえることば。

しょう【肖】 造 にる。にせる。「肖像・不肖」

しょう【尚】 造 ❶たっとぶ。重んずる。「尚古・尚歯・尚武・好尚」 ❷たかい。「尚志・高尚」 ❸なお。まだ。「尚早」

しょう【招】 造 まねく。よびよせる。「招集・招待・招聘」

招ずる 他サ

しょう【承】 造 ❶うける。うけつぐ。ひきつぐ。「承継・継承・口承・伝承・起承転結」 ❷うけいれる。みとめる。「承諾・承知・承認・承服・了承」

しょう【昇】 造 のぼる。上にうつる。「昇華・昇給・昇降・昇進・上昇」

しょう【×昌】 造 さかん。「繁昌・隆昌」

しょう【松】 造 まつ。「松韻・松風・松露・松竹梅・古松」

しょう【沼】 造 ぬま。「沼沢・湖沼」

しょう【昭】 造 あきらか。「昭代」

しょう【相】 造 大臣。「首相・法相・防衛相・国土交通相」 [別音そう|相]

しょう【▲荘】 造 貴族・寺社などの私有地。「荘園」 [別音そう|荘]

しょう【×哨】 造 みはりをする。「哨戒・哨舎・歩哨」

しょう【宵】 造 よい。夜。「春宵・徹宵」

しょう【消】 造 ❶きえる。けす。「消火・消失・消滅・解消・抹消」 ❷ついやす。へらす。「消費・消耗・費消」 ❸おとろえる。「消沈」 ❹しりぞく。「消極」

しょう【症】 造 やまい。病気の性質。「症状・症候群・重症・発症・既往症・後遺症・胃酸過多症」

しょう【祥】 造 ❶よいこと。「吉祥・不祥事」 ❷めでたいことの前ぶれ。「祥気・祥瑞・発祥」 ❸喪明けの祭り。「祥月」

しょう【笑】 造 ❶わらう。えむ。「笑声・笑話・失笑・大笑・爆笑・微苦笑」 ❷相手にあることをしてもらうときに高めて言う語。「笑納・笑覧」

しょう【唱】 造 ❶となえる。「唱和・暗唱・三唱・朗唱」 ❷うたう。「唱歌・愛唱・合唱・独唱・三重唱」 ❸みちびく。「唱道・唱導」

しょう【×娼】 造 遊女。売春婦。「娼家・娼妓・娼婦・街娼・私娼」

しょう【×捷】 造 ❶たたかいにかつ。「捷報・捷利・戦捷・大捷」 ❷はやい。「捷径・軽捷・敏捷」

しょう【×梢】 造 こずえ。すえ。はし。「末梢」

しょう【渉】 造 ❶わたる。「徒渉・渡渉・跋渉」 ❷あるきまわる。「渉猟」 ❸かかわる。「渉外・干渉・交渉」

しょう【紹】 造 ひきあわせる。とりもつ。「紹介」

しょう【×菖】 造 アヤメ科の植物。「菖蒲」

しょう【訟】 造 うったえる。「訴訟・争訟」

しょう【掌】 造 ❶たなごころ。てのひら。「掌中・合掌・熊掌・落掌」 ❷つかさどる。うけもつ。「掌握・管掌・車掌・職掌」

しょう【晶】 造 規則正しい形や構造をもった鉱物。「結晶・水晶・氷晶」

しょう【焼】 造 やく。やける。「焼却・焼失・延焼・燃焼・半焼・類焼」

しょう【焦】 造 ❶こげる。こがす。「焦点・焦土・焦熱」 ❷あせる。「焦心・焦燥・焦慮」

しょう【硝】 造 ガラスや火薬などの原料。「硝煙・硝酸・硝石・煙硝」

しょう【粧】 造 よそおう。かざる。「化粧・美粧」

しょう【×翔】 造 かける。とぶ。「高翔・飛翔」

しょう【装】 造 よそおう。身をかざる。「装束・衣装」 [別音そう|装]

しょう【象】 造 ❶すがた。かたち。「象形・象徴・印象・具象」 ❷あらわれ。「気象・現象」 ❸もの。存在。「事象・対象」 [別音ぞう|象]

しょう【詔】 造 みことのり。天子の命令。「詔書・詔勅・大詔」

しょう【傷】 造 ❶きず。けがをする。「傷害・傷病・重傷・凍傷・負傷・打撲傷・致命傷」 ❷心がきずつく。「傷心・感傷・愁傷」 ❸いためる。こわす。きずつける。「殺傷・損傷・中傷・刃傷」

しょう【奨】 造 すすめる。はげます。「奨学・奨励・恩奨・推奨・報奨金」

しょう【照】 造 ❶日があたる。光をあてる。「照射・照度・照明・残照・日照」 ❷てらしあわせる。見くらべる。「照会・照合・照準・参照・対照」

しょう【詳】 造 くわしい。つまびらか。「詳細・詳述・詳伝・詳論・不詳・未詳」

しょう【×嘗】 造 なめる。あじわう。「嘗味・臥薪嘗胆」 [別音じょう|嘗]

しょう【彰】 造 あらわす。あらわれる。「彰徳碑・顕彰・表彰」

しょう【×裳】 造 も。衣服。「衣裳」

しょう【×誦】 造 ❶となえる。声を出して読む。「愛誦・吟誦・口誦・拝誦・朗誦」 ❷そらんずる。「暗誦」 **誦する** 他サ

しょう【障】 造 ❶さわる。さしつかえる。「障害・故障・支障・万障・白内障」 ❷さえぎる。ふせぐ。まもる。「障子・障壁・保障」

しょう【×廠】 造 大きな建物。役所。「廠舎・工廠・被服廠・兵器廠」

しょう【憧】 造 あこがれる。心がゆれうごく。「憧憬」 [別音どう|憧]

しょう【×漿】 造 ❶汁。「漿液・漿果」 ❷どろりとしたもの。「岩漿・血漿・脳漿」

しょう【×蕉】 造 ❶ばしょう。植物の名。「芭蕉」 ❷俳人の松尾芭蕉のこと。「蕉翁・蕉風・蕉門」

しょう【償】 造 つぐなう。あがなう。かえす。「償還・償金・償却・賠償・弁償・無償」

しょう【礁】 造 水の下にかくれている岩。「暗礁・環礁・座礁・離礁」

しょう【×鍾】 造 ❶かね。つりがね。「鍾鼓・鍾乳洞」 ❷あつまる。あつめる。「鍾愛」

しょう【×醤】 造 大豆・麦などにこうじをまぜ、塩分を加え発酵させたもの。「醤油」

しょう【鐘】 造 かね。「鐘声・鐘楼・半鐘・晩鐘・梵鐘」

しょう【小】 ㊀ ショ 名 造 ↕大・中。❶ちいさいこと。こまかなこと。みじかいこと。「大は―をかねる」「小国・小銃・小脳・小規模・小資本・最小・弱小・大小」 ❷小の月。 ㊁ 造 ❶いやしい。つまらない。「小事・小心・小人」 ❷すこし。すくない。「小異・小康・小差」 ❸おさない。「小児・小人」 ❹自分に関する物事をかしこまって言う語。「小店・小社・小著」 **―の月** 一か月の日数が陰暦で二十九日、陽暦で三十日以下の月。小。↕大の月。 **―の虫を殺して大の虫を助ける** 大きな物

事、だいじなことをまもるために、小さな物事をぎせいにすること。

しょう【升】 ショ 名造 尺貫法の容積の単位。一升は約一・八リットル。「一升瓶・二升五合」

しょう【生】 ㊀ショ 名造 ❶いきること。「生涯・生者(しょうじゃ)・一生・後生(ごしょう)」❷いのち。いきもの。「—ある者」「生類・衆生(しゅじょう)・殺生(せっしょう)・畜生・養生(ようじょう)」㊁造 ❶うまれる。「生国・生得(しょうとく)・出生(しゅっしょう)・誕生」❷手をくわえないこと。「生薬」 **生じる** 自他上一 **生ずる** 自他サ ［別音せい｜生］

しょう【抄】 ㊀ショ 名造 ❶ぬきがき。「徒然草—」❷注釈。注釈書。「—物(もの)」㊁造 抜き出す。写す。「抄出・抄本・抄訳・抄録」 **抄する** 他サ

しょう【性】 ㊀ショ 名造 ❶生まれつきの性質。「この職業は—に合わない」「性分・性根(しょうね)・気性・本性」❷体質や気質。「荒れ性・冷え性・苦労性・貧乏性」㊁名 陰陽道で、生年月日に五行(ごぎょう)をあてはめたもの。「金(かね)の—」［別音せい｜性］

しょう【省】 ㊀ショ 名造 ❶中国の最上級の行政区画。「河北省・湖南省」❷昔、日本の太政官(だじょうかん)に属した中央官庁。❸内閣の各中央官庁。「省庁・本省・法務省・厚生労働省」㊁造 はぶく。のぞく。「省エネ・省略・省力・冠省」［別音せい｜省］

しょう【将】 ㊀ショ 名造 軍隊をひきい、さしずする人。「将官・将棋・将軍・大将・陸将」㊁造 全体をひきいる人。「主将・副将」 **—を射(い)んとする者(もの)はまず馬(うま)を射(い)よ** 大きな目的を達しようとする者は、まず周辺にある物事から手をつけよということのたとえ。

しょう【称】 ㊀ショ 名造 よびな。「称号・愛称・敬称・俗称・名称」㊁造 ❶たたえる。ほめる。「称賛・称揚(しょうよう)」❷となえる。「称呼・呼称」❸つりあう。「相称・対称」 **称する** 他サ

しょう【商】 ㊀ショ 名造 ❶売買により利益を得ること。あきない。「商業・商才・商人・商売・通商」❷あきんど。商人。「士・農・工・—」「画商・豪商・貿易商」❸ある数を他の数で割って得た値。↔積。㊁造 はかる。相談。「商議・商量・協商」

しょう【章】 ㊀ショ 名造 文章中の大きなくぎり。段落。「章句・章節・序章・第三章」㊁造 ❶ひとまとまりのことば。「憲章・詞章・文章」❷しるし。「記章・校章・喪章(もしょう)・日章旗」

しょう【勝】 ㊀ショ 名造 ❶かつ。かち。「三戦二—」「勝敗・勝負・勝利・決勝・必勝・優勝」❷地勢・けしきがすぐれていること。また、その場所。「勝景・勝地・奇勝・探勝・名勝」

しょう【証】 ㊀ショ 名造 しるし。しょうこ。あかし。「証券・証拠・暗証・確証・反証・物証」㊁造 ❶あきらかにする。あかしをたてる。「証人・証明・実証・保証・論証」❷証明書。「学生証・通行証・免許証」 **証する** 他サ

しょう【衝】 ㊀ショ 名造 かなめ。要所。「交通の—」「折衝・要衝」㊁造 ❶つく。あたる。「衝撃・衝突・緩衝」❷心がうごく。「衝動」 **—に当(あ)たる** 重要な役目につく。

しょう【賞】 ㊀ショ 名造 ほうび。賞与。「—に入る」「—をもらう」「賞杯・賞品・懸賞・受賞」㊁造 ❶ほめる。たたえる。「賞賛・賞嘆・賞罰・激賞」❷めでる。あじわう。「賞味・鑑賞」 **賞する** 他サ

しょう【×笙】 ショ 名 雅楽の管楽器。一七本の竹を環状にならべ、吹き口をつけたもの。「—の笛」

笙

しょう【×鉦】 ショ 名 ❶まるい、ひらたいかね。たたきがね。念仏・ご詠歌などの伴奏に使う。❷鉦鼓(しょうこ)。

しょう【×頌】 ㊀ショ 名 詩の六義(りくぎ)の一つ。君主の盛徳をほめる詩。㊁造 ほめる。たたえる。「頌歌・頌徳碑」［別音じゅ｜頌］

しょう【×簫】 ショ 名 古代中国の管楽器。長短のある一三～二四本の竹の管を木のわくの中にならべたもの。上端を吹いて鳴らす。

しょう【×妾】 ショ ㊀代 女性が自分をあらたまって言うときに使った語。わたくし。㊁名造 めかけ。「妾宅・妾腹・愛妾・妻妾」

しょ・う【▲背▲負う】 〇 他五 ❶せなかにかつぐ。せおう。❷〔俗語〕(「しょっている」の形で使う)うぬぼれる。 **しょえる** 自下一［…できる］

しよう【仕様】 〇 名 (「し」(する)と「よう」(方法)。「仕」は当て字)とるべき方法。しかた。やりかた。「おわびの—もありません」 **—が無(な)い** ❶やむをえない。「倒産する企業が出ても—」❷こまってしまう。「注意をしてもおしゃべりをするので—」❸たまらない。「ねむくて—」 参考 ほぼ「しかたがない」に言い換えられるが、「しょうがない」はやや文章語的。話し言葉では「しょうがない」を使うことが多い。 **—書(しょ)** ショ〇 名 建築や製品の注文にあたって、素材・デザインなどについての要望を詳細にまとめた文書。しようがき。

しよう【子葉】 〇 名 植物の種子の中の胚(はい)の一部で、芽が出るとき地上に最初に出てくる葉。

しよう【史要】 〇 名 歴史の要点。また、それを述べたもの。「国文学—」

しよう【私用】 〇 名 私的な用事。個人的な用事。「—で旅行する」↔公用。

しよう【枝葉】 〇 名 ❶えだとは。えだは。❷主要でない部分。中心でない部分。 **—末節(まっせつ)** シ 名 中心からはずれた、つまらない、こまかい事がら。「—にこだわる」

しよう【止揚】 〇 名 他サ 〔哲〕二つの矛盾した概念(正・反)を、さらに高い段階(合(ごう))で調和し統一すること。アウフヘーベン。揚棄(ようき)。

しよう【使用】 〇 名 他サ つかうこと。人を使うこと。 **—者(しゃ)** ヨ 名 ❶人や物を使う人。❷企業などで、人を使う立場の人。経営者。資本家。↔労働者。 **—人(にん)** 〇 名 使用者に使われる人。

しよう【試用】 〇 名 他サ ❶ためしに使うこと。「新商品を—する」❷ためしにやとうこと。 **—期間(きかん)** 卜 名 雇用者として正式に採用する前に、ためしに働かせてみる期間。一般に、三か月から六か月程度。

しよう【飼養】 〇 名 他サ 食料を与えて動物を育てること。

しよう【至要】 〇 形動(の) 〔文章語〕 もっともだいじであるようす。

じょう【冗】 造 ❶むだ。「冗員・冗談・冗費」❷くだくだしい。しまりがない。「冗長・冗文・冗漫」

じょう【成】 造 ❶なる。「成仏」❷なす。しとげる。「成就(じょうじゅ)」［別音せい｜成］

じょう【条】 ㊀造 ❶すじ。すじみち。「条理・線条・鉄条網」❷法律など、いくつかに分けてかいた文章の一つ一つ。くだり。「条項・条約・条例・箇条」❸ことがら。「条件・信条・金科玉条」❹都市の区画。東西の大通り。「条理制」㊁接尾 すじ・通り・条文をかぞえることば。「一条の白線」「四条通」「憲法第九条」㊂名〔古語〕(候文(そうろうぶん)の中で助詞のように用いて)…のため。…のゆえ。

じょう【×杖】[造] つえ。「杖刑・錫杖」

じょう【城】㊀[造] しろ。「城郭・城内・牙城・開城・築城・落城」㊁[接尾] しろの名まえにつける語。「姫路城」

じょう【浄】[造] きよい。きれいにする。「浄化・浄水・自浄・清浄・洗浄・不浄」

じょう【剰】[造] あまる。あまり。「剰員・剰余・過剰・余剰」

じょう【常】[造] ❶つね。ふだん。「常時・常備・常用・日常・平常」❷あたりまえ。なみ。ふつう。「常温・常軌・常識・異常・正常・通常」❸ならい。きまり。「綱常・五常」❹「常陸(旧国名)」の略。「常州・常磐線」

じょう【畳】㊀[造] たたむ。かさねる。「畳語・畳字」㊁[接尾] たたみをかぞえる語。「六畳の間」

じょう【蒸】[造] ❶むす。むれる。むらす。「燻蒸」❷液体が気化する。「蒸気・蒸散・蒸発」

じょう【×嘗】[造] 神に新穀をささげる。「大嘗祭」[別音しょう｜嘗]

じょう【縄】[造] ❶なわ。「縄文・自縄自縛・捕縄」❷すみなわ。きまり。「準縄」

じょう【壌】[造] つち。地面。「土壌・鼓腹撃壌」

じょう【×擾】[造] みだれる。みだす。「擾乱・騒擾・紛擾」

じょう【譲】[造] ゆずる。あたえる。へりくだる。「譲位・譲渡・譲歩・謙譲・禅譲」

じょう【醸】[造] かもす。発酵させる。「醸成・醸造・吟醸・新醸」

じょう【×饒】[造] ゆたか。とむ。ありあまる。「饒舌・豊饒・肥饒」

じょう【×穣】[造] みのる。「豊穣」

じょう【丈】㊀[ジョ][名][造] 尺貫法の長さの単位。尺の十倍。一丈は約三・〇三メートル。「方丈・万丈」㊁[造] しっかりした。「丈夫・頑丈・気丈」㊂[接尾] 歌舞伎俳優の名にそえる。「尾上菊五郎丈」

じょう【状】㊀[〇][名][造] ようす。「困惑の―」「状況・状態・形状・惨状・病状」㊁[造] ❶手紙。文書。「状差し・書状・賞状・礼状・案内状・委任状・紹介状・年賀状」❷…のかたち。「壁状の岩」「帯状・球状・波状攻撃」

じょう【定】㊀[ジョ][名][造] ❶そのとおりであること。「案の―」「必定」❷〔仏〕心が定まり悟りの境地に至ること。「―に入る」「禅定」㊁[造] さだまる。きまっている。「定規・定石」[別音てい｜定]

じょう【乗】㊀[ジョ][名][造] ❶かけざん。乗法。「乗数・累乗」↕除。❷仏教の教義。「小乗・大乗」㊁[造] のる。のせる。「乗客・乗車・乗船・騎乗・搭乗・便乗」 **乗じる** [自上一] **乗ずる** [自他サ]

じょう【情】㊀[〇][名][造] ❶物ごとに感じてうごく心。「懐旧の―」「情意・情感・感情・私情・純情・表情」↕意・知。❷まごころ。まこと。「―をこめる」「情実・情理・温情・友情」❸なさけ。「―にもろい」「情愛・人情」❹味わい。おもむき。「情趣・情緒・旅情」❺いくじ。いじ。「―のつよい人」「強情」❻愛し合うものどうしの心のうごき。「―を交わす」「情事・情話・色情・欲情」㊁[造] ようす。ありさま。「情況・情勢・情報・国情・事情・内情」

―が移る したしくなるにつれて、しぜんに情愛を寄せるようになる。

―が▲強い 意地がつよい。ごうじょうだ。

―を通じる ❶味方をうらぎって、敵に通じる。❷ひそかに愛しあう。

じょう【場】㊀[ジョ][名][造] ばしょ。ところ。「―の内外」「会場・劇場・市場・登場・農場・来場・運動場・競技場・試験場・駐車場・飛行場」㊁[造] スポーツなどのもよおし。「休場・出場」[参考]「場」と「所」は似た意味をあらわすが、「場」は一時的に設けられたところを含み、「所」は固定的な場所を指す傾向がある。

じょう【嬢】㊀[ジョ][名][造] 〔ふつう「お嬢さん」の形で〕むすめ。未婚の女性。「愛嬢・令嬢・案内嬢・受付嬢」㊁[接尾] 未婚の女性の名にそえる敬称。軽い敬意で用いられた。「花子―」「キャサリン―」

じょう【錠】㊀[〇][名][造] ❶戸じまりの金具。「―をかける」「錠前・施錠・手錠」❷丸いつぶ状のくすり。「錠剤・舌下錠・糖衣錠」㊁[接尾] 錠剤をかぞえる語。「五十錠入りのびん」

じょう【上】㊀[ジョ][名] ❶書物の最初巻。↕中・下。❷上級。上等。↕中・下。❸〔文章語〕〔進物の包み紙などの上に書く〕たてまつるの意。㊁[造] ❶うえ。かみ。「上空・上下・上半身・海上・頭上・土俵上・舞台上」❷すぐれている。地位がたかい。「上位・上質・上成績・向上・最上」❸一番目。早い順序。「上巻・上旬」❹まえに。さきに。「上述・上記・以上・同上」❺あがる。あげる。のぼる。「上京・上昇・上陸・浮上・北上」❻おおやけの場に出す。「上演・上場・計上」❼さしあげる。たてまつる。「上告・上伸・献上・奏上」❽…に関する。…のうえで。…の点で。「一身上・教育上・法律上」

じょう【×帖】㊀[ジョ][名] ❶折り本。❷法帖。㊁[接尾] ❶びょうぶ・折り本などをかぞえる語。❷紙(みの紙は一帖四八枚、半紙は一帖二〇枚)・のり(一帖一〇枚)などをかぞえる語。

じょう [ジョ]【▲尉】[名] ❶昔の四等官のうちの三番めのもの。判官。❷能楽のおきな。

じよう [ジ]【次葉】[名]〔文章語〕つぎの紙面。↕前葉。

じよう [〇]【滋養】[名] からだの栄養となること。また、そのもの。「―強壮剤」「―をとる」 **―×浣腸** [カ][名] からだの栄養となる液を肛門から入れ、大腸壁から吸収させること。

しょう-あい [〇]【性合い】[名] ❶性質。❷たがいの性質があうこと。「―の夫婦」

しょう-あい [〇]【×鍾愛】[名][他サ]〔文章語〕〔愛をあつめる意〕ふかく愛すること。「―の子」

じょう-あい [〇]【情合(い)】[名] ❶人情のぐあい。「親子の―」❷たがいの気持ちが一致すること。

じょう-あい [〇]【情愛】[名] ふかく、こまやかな愛情。

しょう-あく [〇]【掌握】[名][他サ] 手に入れて、自分の思うままにすること。「会社の経営を―する」

しょう-あん [〇]【硝安】[名]「硝酸アンモニウム」の略。

しょう-い [ショ]【小異】[名] わずかのちがい。「大同―」 **―を捨てて大同に就く** 小さな違いがあっても大筋では賛同して協力する。

しょう-い [ショ]【少尉】[名] もと軍隊で、尉官のいちばん下の位。↕大尉・中尉。

しょう-い [ショ]【傷×痍】[名]〔「傷」も「痍」もきず〕負傷。「―軍人」

じょう-い [ジョ]【上位】[名] 上級の位置。↕中位・下位。

じょう-い [ジョ]【上意】[名] ↕下意。❶上の人の意志・意見。❷江戸時代、将軍の命令。 **―下達** [ジョ][名] 上の者の考えを下の者につたえること。

じょう-い [ジョ]【浄衣】[名]〔文章語〕⬇じょうえ。

じょう-い [ジョ]【情意】[名] 感情と意志。こころ。気持ち。 **―投合** [ジョ][名][自サ] 気持ちが通じ、したしみあうこと。

じょう-い [ジョ]【×攘×夷】[名]〔「攘」はうちはらう、「夷」は外国人〕❶外敵を国外へおいはらうこと。❷江戸幕府の末ごろの、外国人排斥の運動。「尊王―」

じょう-い [ジョ]【譲位】[名][自サ] 君主がその地位をゆずること。

じょう-いき ⓪【浄域】名〔文章語〕(きよらかな場所の意) 社寺の境内(けいだい)。霊地。

しょうい-だん ⓘ【焼×夷弾】名 高熱をだして燃える物質を入れた、火災をおこさせるための弾丸・爆弾。

しょう-いん ⓪【小飲】名〔文章語〕小人数の、また、簡単なさかもり。小宴。

しょう-いん ⓪【小引】名〔文章語〕みじかい序文。

しょう-いん ⓪【松韻】名〔文章語〕まつかぜの音。

しょう-いん ⓪【勝因】名 勝利の原因。↕敗因。

しょう-いん ⓪【証印】名自サ 証明の印。

しょう-いん ⓪【承引】名他サ 承知し、ひきうけること。

じょう-いん ⓪【上院】名 二院制度の議会で、下院に対する議院。わが国の参議院にあたるもの。↕下院。

じょう-いん ⓪【冗員】【剰員】名 むだな、あまった人数。

じょう-いん ⓪【乗員】名 船・列車・飛行機などに乗って勤務する人。乗務員。

じょう-いん ⓪【畳韻】名 韻が同じ漢字を、二字かさねること。「滅裂(めつれつ)」など。

しょう-う ショ【小雨】名〔文章語〕こさめ。「—決行」↕大雨。

しょう-う ショ【少雨】名 雨量の少ないこと。↕多雨。

じょう-うち ⓪【常打(ち)】名 きまった演劇・演芸をきまった場所で興行すること。

しょう-うちゅう ウ2【小宇宙】名〔哲〕宇宙の一部でありながら、一つの独立した宇宙と考えられる存在。特に人間のこと。ミクロコスモス。↕大宇宙。

しょう-うん ⓪【勝運】名 勝つべき運。勝つはずの運命。「—にめぐまれる」

じょう-え ジョ【浄▲衣】名〔文章語〕❶僧の着る白衣。❷神事に着る白衣。斎服。＝じょうい。

じょう-えい ⓪【上映】名他サ 映画を映写して客に見せること。「—時間」

しょう-えき ショ【×漿液】名 動植物が分泌する粘りけのすくない液。↕粘液。

しょう-エネ ⓪【省エネ】名 ➡省エネルギー。

しょう-エネルギー ネ【省エネルギー】名 石油や電気などのエネルギー消費を減少させ、節約につとめること。

しょう-えん ⓪【小宴】名 小人数の宴会。簡単な宴会。小飲。

しょう-えん ⓪【招宴】名〔文章語〕宴会にまねくこと。人をまねいてする宴会。

しょう-えん ⓪【▲荘園・×庄園】名 平安・鎌倉(かまくら)・室町(むろまち)時代のころ、貴族や社寺の私有していた土地。

しょう-えん ⓪【消炎】名 炎症を除き去ること。「—剤」

しょう-えん ⓪【硝煙】名 火薬のけむり。**—弾雨**(だんう) ダ 名 火薬のけむりがみなぎり、弾丸が雨のように飛ぶこと。はげしいたたかいのようす。

じょう-えん ⓪【情炎】名 もえ上がるようなはげしい男女間の欲情。

じょう-えん ⓪【上演】名他サ 劇を舞台で演じて見せること。「新作の—」

しょう-おう ⓪【照応】名自サ 二つがたがいに関係しあって調和すること。対応。「首尾—する」

しょう-おう《蕉翁》松尾芭蕉(ばしょう)を尊敬してよぶ語。

しょう-おく ⓪【小屋】名〔文章語〕❶小さな家。こや。❷自分の住宅をかしこまって言う語。

しょう-おん ⓪【消音】名 銃砲・内燃機関などの爆音を小さくすること。**—器**(き) オ 名 爆音を小さくするための装置。

じょう-おん ⓪【常温】名 ❶つねに一定である温度。「—をたもつ」❷ふつうの温度。「—で保存」

しょう-か ショ【上下】名〔文章語〕かみとしも。治める者と人民。

しょう-か ショ【小過】名〔文章語〕小さなあやまち。↕大過。

しょう-か ⓪【消夏】【×銷夏】名〔文章語〕夏の暑さをしのぐこと。消暑。㊀夏「—法」

しょう-か ショ【商科】名 商業の学科。商学部。

しょう-か ショ【商家】名 商人のいえ。

しょう-か ショ【唱歌】名 ❶歌をうたうこと。❷うたう歌曲。❸もと、小学校の教科の一つ。今の「音楽」。

しょう-か ショ【×娼家】名 かつて、売春婦をおいて、客をあそばせた商売の家。遊女屋。女郎屋。

しょう-か ショ【×頌歌】名〔文章語〕神の栄光、英雄の功績などをほめたたえる歌。ほめうた。

しょう-か ショ【×漿果】名〔文章語〕果実で、肉があつく、しるの多いもの。ぶどう・みかんなど。↕堅果。

しょう-か ⓪【昇華】名自サ ❶固体から、液体にならずにすぐ気体にかわること。また、その逆の変化。❷物事の状態がいっそう高度になること。

しょう-か ⓪【消火】名自サ 火を消すこと。火災を消すこと。**—栓**(せん) ⓪名 消火用の水道のせん。

しょう-か ⓪【消化】名他サ ❶生物が、体内で食物を分解し、血液中に吸収されやすいかたちにかえる作用。こなすこと。❷よく理解し、自分の知識にすること。❸残さずすべて処理すること。「残り試合を—する」**—液**(えき) カ 名 食物を消化するために、消化器に分泌される液体。**—管**(かん) ⓪名 食物を消化・吸収する器官。口・食道・胃・腸とつづく管状の部分。**—器**(き) カ 名 食物を消化・吸収する器官。胃・腸など。**—試合**(じあい) ジ 名 リーグ戦で、優勝が決定したあとにのこる試合。**—不良**(ふりょう) フ 名 ❶消化機能の故障で、十分に消化できなくなること。❷とり入れた知識がむずかしくて、十分に理解できないこと。

しょう-が ショ【小我】名 ↕大我。❶〔仏〕感情・欲望などにとらわれている、せまい自我。❷〔哲〕宇宙にみちわたる絶対的な我と区別される自我。

しょう-が ⓪【生×薑・生×姜】名 ショウガ科の多年生植物。地下茎は食用。味はからい。㊀秋 **—焼**(や)**き** ⓪名 おろししょうが入りのたれで味つけした肉を焼いた料理。

じょう-か ジョ【上下】名 ❶かみとしも。治める者と治められる者。❷上院と下院。「—両院」

じょう-か ジョ【城下】名 ❶城のまわり。城壁のした、また、そと。❷城下町。**—の誓**(ちか)**い** 首都にまで敵に攻めこまれてからする降伏の約束。**—町**(まち) カ 名 武家時代、領主や諸大名の居城のまわりに発達した市街。城下。

じょう-か ジョ【浄火】名〔文章語〕きよい火。神聖な火。

じょう-か ジョ【情火】名〔文章語〕はげしくおこる情欲。

じょう-か ⓪【浄化】名他サ ❶きよめること。❷悪・罪をのぞき、正しい状態にすること。「県政を—する」**—槽**(そう) カ 名 汚水を浄化処理するための水槽。

しょう-かい ⓪【商会】名 商業の会社。商社。参考 商店・会社の名につけて使うことが多い。

しょう-かい ⓪【×哨戒】名他サ 敵襲に対してみはりをし、警戒すること。「—艇」

しょう-かい ⓪【紹介】名他サ 知らない人どうしを、間に立ってひきあわせること。ひきあわせ。「自己—」「—状」

しょう-かい ⓪【照会】名他サ 問い合わせ。「身元を—する」

しょう-かい ⓪【詳解】名他サ くわしく解釈すること。くわしい解釈。「万葉集—」↕略解(りゃっかい)。

しょう-がい ショ【生涯】名 ❶人のいきている間。一生。

❷一生のうちのある特別な期間。「実業家としての―」―学習 ガ2 名 学校教育修了後も、学習者が希望する教育を受けつづけること。―教育 キョ 名 学校を卒業して社会人になってからも、たえずつづけられる教育。

しょう‐がい ０【渉外】名 外部・外国との連絡や交渉。

しょう‐がい ０【障害】【障×碍・障×礙】名 ❶さまたげになること・もの。じゃま。「―を排除する」❷からだの故障。特に、身体および精神に社会生活をいとなむ上で困難があること。「―者」参考「害」の字のもつマイナスのイメージを避け、「障がい」「障碍」と書くことがある。❸障害競走。障害物競走。⇩傷害 参考。―競走 キョ 名 馬術競技や競馬で、石垣・堀などのじゃまものを設けて走る競走。障害レース。―者週間 シュ 名 障害者問題への関心を高め、障害者への福祉の増進をはかる週間。十二月三日から十二月九日までの一週間。参考 国連が一九七五年の十二月九日に「障害者の権利宣言」を採択したことにより、同日を「障害者の日」としてきたが、二〇〇四年の「障害者基本法」の改正により同日を含む一週間をそれに当てることになった。―物競走 キョ 名 ❶走路にあるハードル・水たまりなどをとびこえたり乗りこえたりして走る陸上競技。❷運動会で、走路に置いた袋・網・はしご・跳び箱などをくぐりぬけたりとびこえたりして走る競技。

しょう‐がい ショ【生害】名 自サ〔文章語〕自殺。自害。

しょう‐がい ０【傷害】名 他サ けがをさせること。参考 けがは「傷害」。けががなおってから、からだに故障がある場合は「障害」。―致死 チ 名 殺意はなかったが、けがをさせて死なせたこと。―保険 ホ 名 けがをしたとき、一定金額の支払いを受ける保険。

じょう‐かい ０【浄界】名〔文章語〕❶きよらかな地域。寺院。霊地。浄域。❷浄土。

じょう‐かい ０【常会】名 定期の集会。

じょう‐がい ジョ【城外】名 しろのそと。↕城内・城中。

じょう‐がい ジョ【場外】名 場所や会場のそと。「―ホームラン」↕場内。

しょう‐かいは カ【小会派】名 小人数の党派。

しょう‐かき カ【小火器】名 小銃・軽機関銃など、火力の弱い兵器。

しょう‐かく ０【昇格】名 自サ 格式・資格があがること。

しょう‐がく ０【小学】名「小学校」の略。「―六年」―生 ガ 名 小学校に通う児童。

しょう‐がく ０【小額】名 小さい単位の金額。「―紙幣」↕高額。

しょう‐がく ０【少額】名 すこしの金額。↕多額。

しょう‐がく ０【正覚】名〔仏〕妄想をたち切って得る最高のさとり。「―を得る」―坊 ク 名 ❶あおうみがめ。❷大酒飲みのこと。

しょう‐がく ０【商学】名 商業についての学問。「―部」

しょう‐がく ０【奨学】名 ❶学問研究を奨励すること。❷学業の継続を助けること。―金 ０ 名 ❶学問研究を奨励するために、学者・研究団体などに貸したり、与えたりするかね。❷才能がありながら、貧しいために勉学が続けられない学生のために、貸したり、あたえたりする資金。

じょう‐かく ０【城郭】【城×廓】名 しろとそれをとりまく囲み。また、しろ。

じょう‐かく ０【城閣】名 城のものみやぐら。

じょう‐がく ０【上顎】名 うわあご。↕下顎。

しょう‐かち ０【消▲渇】名 ❶のどがかわき、小便がつうじなくなる病気。❷女性の淋病。

しょう‐がつ ツ【正月】名 ❶一年のいちばんはじめの月。新年 ❷たのしくよろこばしいこと。「目の―」

しょう‐がっこう ガ【小学校】名〔「しょうがくこう」の変化〕義務教育で、はじめの六年間の課程の学校。満六歳から満十二歳までの児童の就学が義務づけられている。

しょうかどう‐べんとう ベ【松花堂弁当】名〔江戸時代の僧、松花堂昭乗が器を考案したことから〕ふたの付いた方形の容器を十字に仕切り、それぞれの部分に異なる料理を盛りつける弁当。

しょう‐が‐ない ⬇しょうがない。参考 もっぱら話し言葉で使われる。ややくずれた感じを与えるので、改まった場面や書き言葉では使いにくい。

しょう‐かぶ ０【正株】名 現品の株券をいった語。実株。

しょう‐かん ０【小官】名 ❶ショ/０ 地位のひくい官。❷ショ〔文章語〕官吏が自分をかしこまって言った語。

しょう‐かん ０【小寒】名 二十四節気の一つ。冬至から十五日目で、一月六日ごろ。寒の入り。冬 ↕大寒。⇩二十四節気(表)。

しょう‐かん ０【少閑・小閑】名〔文章語〕すこしのひま。

しょう‐かん ０【将官】名 軍人の階級で、大将・中将・少将の総称。↕佐官・尉官。

しょう‐かん ０【消閑】名〔文章語〕ひまつぶし。

しょう‐かん ０【商館】名 外国商人の営業所。

しょう‐かん ０【×娼館】名〔文章語〕娼婦をおく店。

しょう‐かん ０【召喚】名 他サ 役所が、人をよびだすこと。参考 特に、裁判所が証人や被告をよび出す場合に使う。外国にいる外交官をよびもどすときは「召還」。

しょう‐かん ０【召還】名 他サ 国が外国に出した外交官をよびもどすこと。⇩召喚 参考。

しょう‐かん ０【償還】名 他サ 借金などをかえすこと。「社債の―」

しょう‐がん ０【賞玩】【賞×翫】名 他サ 物の美や味をほめ、あじわうこと。

じょう‐かん ０【上官】名 直属の上級の官吏・軍人。

じょう‐かん ０【上×浣】名〔文章語〕上旬。⇩げかん 参考。

じょう‐かん ０【冗官】名〔文章語〕むだな官職。

じょう‐かん ０【城館】名 城郭と住居を兼ねた大きな建物。

じょう‐かん ０【情感】名 感情。感じ。「―をこめる」

じょう‐かん ０【乗艦】名 自サ 軍艦に乗りこむこと。また、乗りこんでいる軍艦。

しょう‐かんぜおん《聖観世音》千手観音・馬頭観音など、変化の観音と区別した本来の姿の観音。聖観音。

しょう‐かんのん《聖観音》⬇しょうかんぜおん。

じょう‐かんぱん カ【上甲板】名 艦船のいちばん上にある甲板。↕下甲板。

しょう‐き ショ【小器】名〔文章語〕↕大器。❶小さなうつわ。❷小人物。

しょう‐き ０/ショ【正気】名〔「せいき」と読めば別語〕たしかな心。正常な精神状態。「―の沙汰」「―に返る」―を失う ❶気絶する。❷意識がふつうの状態でなくなる。

しょう‐き ショ【匠気】名〔文章語〕芸術家などが特に好評を得ようとするたくらみ。

しょう‐き ショ【沼気】名 沼の底から出るガス。メタン。

しょう‐き ショ【将器】名〔文章語〕大将となりうる、りっぱな器量・人物。

しょう‐き ショ【笑気】名 亜酸化窒素。麻酔用に使う。参考 吸うと顔がひきつれて笑ったように見えるために言う。

しょう‐き ショ【商機】名 ❶商業上のチャンス。「―をのがす」❷商業上の機密。

しょう-き ジョ【勝機】名 勝てるチャンス・機会。「―を逸する」

しょう-き ジョ【×瘴気】名〔文章語〕熱病をおこさせる、山や川の毒気。

しょう-き ジョ【×鍾×馗】名 ❶中国伝説上の、疫病神をはらう神。❷鍾馗❶に似せた五月人形。鍾馗大臣。

しょうき❷

しょう-き ジョ【詳記】名 他サ くわしくしるすこと。また、しるしたもの。↕略記。

しょう-ぎ 0/ジョ【床机】【床×几】名 おりたたみのこしかけ。

床机

しょう-ぎ ジョ【省議】名 内閣の各省の意見をきめるための会議。省の意見としてきめたこと。

しょう-ぎ 0【将棋】名 ふたりで盤上のこまを交互にうごかし、敵の王将を詰める遊び。**―倒し** ダ 名 立てならべた将棋のこまがたおれるように、一部がたおれると、それにつれて全体がたおれること。

しょう-ぎ ジョ【×娼×妓】名 もと、公認されていた売春婦。遊女。女郎。

しょう-ぎ ジョ【勝義】名 ❶仏教の説く真理。❷〔文章語〕そのことばの本質的な意味・用法。

しょう-ぎ ジョ【商議】名 他サ〔文章語〕相談すること。協議。**―員** ギ 名 公益法人や研究所など、団体の諮問機関の構成員。

じょう-き ジョ【上記】名 上・前に書いたこと。また、その文句。前記。↕下記。

じょう-き ジョ【条規】名 条文・法令のきまり。おきて。「―にてらす」

じょう-き ジョ【乗機】名 乗りこむ飛行機。乗っている飛行機。

じょう-き ジョ【浄机】【浄×几】名〔文章語〕きよらかなつくえ。書斎などのととのっているようす。「明窓―」

じょう-き ジョ【常軌】名 あたりまえの道。ふつうのおこない。常道。**―を逸する** ふつうでないことをする。

じょう-き ジョ【蒸気】名 ❶液体・固体から蒸発・昇華してできる気体。❷小型の蒸気船。**―機関** キ2/カ 名 水蒸気の圧力を利用してピストンを運動させる原動機。**―船** 0 名 汽船。**―タービン** タ 名 水蒸気を吹きつけて、羽根車を回転運動させる原動機。

じょう-き 0【上気】名 自サ のぼせること。「熱気で―した顔」

じょう-ぎ ジョ【定規】【定木】名 ❶線や角度を書くのにつかう器具。❷手本。

じょう-ぎ ジョ【情義】【情×誼】名 人とのつきあいにおける、誠実で、思いやりのふかい心。

じょう-きげん キ【上機嫌】名 形動(の) たいへんきげんがよいこと。「―に笑う」

しょう-きち 0【小吉】名 小さいしあわせ。おみくじで、少し縁起のよいこと。

しょう-きぼ キ【小規模】形動(の) ダロ・ダッ・デ・ニ／ダ・ナ・ナラ・0 物事の仕組みや構想が小さいようす。「―な修正」↕大規模。

しょう-きゃく 0【正客】名 なん人かの客の中で、正座にすわるいちばんおもな客。主客。主賓。

しょう-きゃく 0【消却】【×銷却】名 他サ ❶消してしまうこと。消去。❷つかってしまうこと。費消。

しょう-きゃく 0【焼却】名 他サ やきすてること。「―処分」

しょう-きゃく 0【償却】名 他サ 借金や投資金をすっかりかえすこと。「減価―」

じょう-きゃく 0【上客】名 ❶上座の客。❷たいせつな客。

じょう-きゃく 0【乗客】名 乗り物に乗る客。

じょう-きゃく 0【常客】【定客】名 いつもくる客。おとくい。常連。

しょう-きゅう 0【昇級】名 自サ 等級がのぼること。

しょう-きゅう 0【昇給】名 自サ 給料があがること。

じょう-きゅう 0【上級】名 ↕中級・下級。❶上の等級。高級。❷上の学年。

しょう-きゅうし キュ【小休止】名 自サ 少し休むこと。ひとやすみ。「―を挟む」

しょう-きょ ショ【消去】名 自他サ 消えてしまうこと。消してしまうこと。**―法** 0 名 全体から、条件にあわないものを取りさり、最後に残ったものを目的のものとする方法。

しょう-きょう 0【商況】名 商売・商業のようす。景気。

しょう-ぎょう ショ【商業】名 商品の売買をする業務。商売。あきない。**―施設** シ 名 商業を目的とした施設。多く、大型の小売店をさす。「郊外の―」**―主義** シュ 名 すべてについて利益を中心とした考えかた。**―道徳** ド 名 商業をいとなむ上で、まもらなければならない道徳。**―美術** ビ 名 商業上の目的のために使われる応用美術。広告・商品のデザインなど。**―放送** ホ 名 放送時間をスポンサー(広告主)に売り、それを財源として経営される放送。民間放送。↕公共放送。

じょう-きょう 0【状況】【情況】名 種々の事実から判断される、物事のある時点におけるようす。状態。「現地の―を伝える」「―が不明だ」⇩状態 参考。**―証拠** ショ 名 証言や物証はなくても、その時の状況から推定できる証拠。

じょう-きょう 0【上京】名 自サ 地方からみやこへ行くこと。特に、東京へ行くこと。↕離京。

しょう-きょうと キョ【小京都】名 京都に似た特色をもつ地方の小都市。秋田県仙北市角館や島根県津和野町など。

しょう-きょく【消極】造 すすんでしないこと、また、そのようす。ひかえめなこと。↕積極。**―的** 0 形動 ひかえめなようす。ひっこみがちなようす。↕積極的。

しょう-きょく 0【小曲】名 短い楽曲。↕大曲。

じょう-きょく 0【浄曲】名 じょうるり。

しょう-きん 0【正金】名 ❶現金。❷金貨と銀貨。参考 補助貨幣である紙幣に対して正貨をいう。

しょう-きん 0【賞金】名 ほうびのかね。

しょう-きん 0【償金】名 損害のつぐないとして出すかね。

じょう-きん 0【常勤】名 自サ 臨時でなく、毎日きまった時間、つねにその職務に従事すること。↕非常勤。

しょうきん-るい キ【渉×禽類】名 水辺にすむ、くちばし・くび・あしなどのながい鳥類の総称。つる・さぎなど。

しょう-く ショ【章句】名 ❶文章の章と句。❷くぎり。段落。

じょう-く ジョ【冗句】名〔文章語〕❶むだな句。よけいな文句。❷冗談の文句。参考 ❷はjokeの当て字。

じょう-くう 0【上空】名 うえのほうのそら。そら。

しょうくう-とう 0【照空灯】名 夜、飛んでくる航空機をてらしだすための電灯。探照灯。サーチライト。

しょう-ぐん 0【将軍】名 ❶全軍を指揮する武官。総大将。❷もと陸海軍の将官の敬称。❸征夷大将軍。ー家［ケ］[名] ❶代々将軍になる家柄。❷征夷大将軍のこと。

しょう-げ［ショ］【障×碍・障×礙】[名] ❶〔文章語〕障害。❷〔仏〕さとりを得るさまたげ。

じょう-げ［ジョ］【上下】㊀[名] ❶うえとした。❷のぼりとくだり。❸上着とズボン。㊁[名][自他サ] あがったりさがったりすること。あげたりさげたりすること。のぼったりくだったりすること。ー**関係**［カ］[名] 年齢や地位によって生じる上位と下位の関係。ー**動**［ゲ］[名] うえとした、たての方向にうごくこと。↕水平動。

しょう-けい[0]【小径】【小×逕】[名]〔文章語〕ほそい道。こみち。

しょう-けい[0]【小計】[名] 一部分の合計。

しょう-けい[0]【小景】[名] ❶ちょっとしたけしき。❷小さな風景画。

しょう-けい[0]【×捷径】[名]〔文章語〕❶近道。早道。❷物事に到達するちかみち。

しょう-けい[0]【勝景】[名] すぐれてよいけしき。絶景。

しょう-けい[0]【象形】[名] ❶物の形をかたどること。❷象形文字。ー**文字**［モ］[名] ❶物の形をまねてつくった文字。古代エジプト文字や中国の漢字など。❷六書の一つで、物の形をかたどった漢字。象形。「山・川・木」など。

日 月 山 川 木 子 鳥 門

象形文字❷

しょう-けい[0]【小×憩】[名][自サ] すこしのやすみ。「ーを取る」

しょう-けい[0]【憧憬】[名][自サ]〔文章語〕あこがれること。どうけい。「ーのまと」[参考]「どうけい」は慣用読み。

しょう-けい[0]【承継】[名][他サ] 地位・事業・財産などをうけつぐこと。継承。

じょう-けい[0]【上掲】[名] 上にかかげること。前にかかげたこと。「ーの図表」↕下掲。

じょう-けい[0]【情景】[名] ❶見る人にある心の動きを起こさせる場面。❷ありさま。「悲惨なー」

じょう-けい[0]【場景】[名] その場のありさま。

しょう-げき[0]【小隙】[名]〔文章語〕❶すこしのすきま。❷ちょっとした仲たがい。

しょう-げき[0]【笑劇】[名] こっけいを主とした劇。ファース。

しょう-げき[0]【衝撃】[名] ❶物体に急に力がくわえられること。また、その力。「ーに耐える」❷はげしい感動。ショック。「ー的」「ーが走る」ー**波**［ゲ］[名] 大気中を音速以上で伝わる圧力変化の波。航空機が音速を超える際に発する弾頭波など。

しょう-けつ[0]【×猖×獗】[名]（「猖」も「獗」も、たけりくるうの意）悪いもののいきおいが盛んなこと。「流感がーをきわめる」

しょう-けん[0]【正絹】[名] まじりもののない絹。本絹。純絹。↕人絹。

しょう-けん[0]【商圏】[名] 商店や商店街などが商取引をおこなう地域的な範囲。

しょう-けん[0]/［ショ］【証券】[名] 株券や公・社債券。有価証券。

しょう-げん[0]/［ゲ］【証言】[名][他サ] 証人の申したて。事実の証明のために言うこと。また、そのことば。

じょう-けん［ケ］【条件】[名] ❶ある行為に制約を与える事がら。制約。「ーつきの承認」❷あることが成立するのに必要な事がら。「結婚のー」ー**闘争**［ト］[名] ある条件さえいれられれば、ゆずってもいいという態度の闘争。ー**反射**［ハ］[名] 動物で、ある刺激に対して一定の反応が起こるとき、同時に別の刺激をくりかえし加えていくと、やがて、もとの刺激がなくても一定の反応が起こるようになること。

じょう-げん[0]【上元】[名] 節日の一つで、陰暦正月十五日。あずきがゆを食べ、やくはらいをした。㊏新年

じょう-げん[0]【上弦】[名] 新月から満月になるまでの、左がわがしだいに大きくなっていく月。沈むとき、弓のつるにあたる方が上になる。陰暦で、七、八日ごろの月。㊏秋 ↕下弦。⇩下弦(図)・月(図)。

じょう-げん[0]【上限】[名] ↕下限。❶うえのほうの限界。❷時代の、古いほうの限界。

しょう-こ［ショ］【尚古】[名]〔文章語〕昔の文物や制度をたっとぶこと。

しょう-こ［ショ］【商×賈】[名]〔文章語〕（「商」は行商、「賈」は店売り）❶商売。❷商人。

しょう-こ［ショ］【称呼】[名] よびな。となえ。呼称。

しょう-こ[0]【証拠】[名] 事実を証明するよりどころ。あかし。ー**書類**［ショ］[名] 証拠となる文書。ー**立てる**［テ］[他下一] 証拠をあげて証明する。

しょう-こ［ショ］【×鉦鼓】[名] ❶念仏のときにたたく円盤形のかね。❷陣中で合図に使ったたたきがねと太鼓。❸雅楽につかう打楽器の一つ。金属製のさら形のかねをつりわくにつるして、ばちでたたく。

しょうこ❸

しょう-こ［ショ］【鐘鼓】[名] かねとたいこ。

しょう-ご［ショ］【正午】[名]（「午」は、昔の時刻で、午の刻）昼の十二時。

じょう-こ［ジョ］【上古】[名] ❶おおむかし。上代。上世。❷日本史で、大和朝廷の時代。または、大化の改新までの時代。↕近古・中古。

じょう-ご［ジョ］【漏斗】[名] 口のせまい容器に液体を注ぎこむときに用いるあさがお形の器具。ろうと。

じょう-ご【上戸】㊀［ジョ］[名] 酒飲み。↕下戸。㊁[造] 酒を飲んだときのくせ。「笑いー」

じょう-ご[0]【冗語・剰語】[名] むだなことば。

じょう-ご[0]【畳語】[名] おなじ単語をかさねてつくった合成語。重言。「山山・思い思い」など。

しょう-こう[0]【小考】[名]〔文章語〕少し考えること。また、自分の考えをかしこまって言う語。

しょう-こう[0]【小康】[名] ❶悪かった病状がすこしよくなること。「ーをたもつ」❷物事の悪い状態がしばらくおさまること。「ー状態」[参考]「少康」と書くのはあやまり。

しょう-こう[0]【小稿】[名]〔文章語〕自分の原稿をかしこまって言う語。

しょう-こう[0]【昇×汞】[名] 塩化第二水銀。無色の結晶で、猛毒。ー**水**［コ］[名] 昇汞に食塩をくわえて水にとかしたもの。かつて消毒用に使用された。

しょう-こう［ショ］【将校】[名] 軍隊で、少尉以上の軍人。士官。

しょう-こう[0]【症候】[名] 病気であるしるし。症状。ー**群**［コ］[名] いくつかの症候がつねに相伴って認められるが、その原因が不明の時、病名に準じたものとして用いられる医学用語。シンドローム。「頸肩腕ー」

しょう-こう[0]【商工】[名] ❶商業と工業。❷商人と職人。ー**会議所**[0][名] その土地の商工業者で結成し、商工業の発展をはかる機関。

しょう-こう［ショ］【商高】[名]「商業高等学校」の略。

しょう-こう [0]【商港】[名] 商船がではいりし、旅客の乗降、貨物の積みおろしをするみなと。↕軍港・漁港。

しょう-こう [0]【少考】[名][自サ]〔文章語〕少し考えること。少しの間考えること。↕長考。

しょう-こう [0]【昇降】[名][自サ] あがりおり。のぼりくだり。 **―機**(き) [コ][名] エレベーター。

しょう-こう [0]【消光】[名][自サ]〔文章語〕その日その日をくらすこと。「無事―いたしております」[参考] おもに手紙などで、自分の側に関して使う。

しょう-こう [0]【焼香】[名][自サ] 仏へのたむけに香をたくこと。

しょう-こう [0]【照校】[名][他サ]〔文章語〕文字・文章をてらしあわせてただすこと。

しょう-こう [0]【消耗】[名][自他サ] ⬇しょうもう。

しょう-ごう [0]【称号】[名] よびな。名称。

しょう-ごう [0]【商号】[名] 商人が営業上で自分をあらわすためにつかう名称。

しょう-ごう [0]【照合】[名][他サ] てらしあわせてしらべること。「原本と訳本とを―する」

じょう-こう [コ]【上皇】[名] 天皇が位をゆずったのちの尊称。太上(だじょう)天皇。

じょう-こう [0]【条項】[名] かじょう。くだり。「法律の―」

じょう-こう [0]【情交】[名] ❶親密な交際。❷性的なまじわり。

じょう-こう [0]【乗降】[名][自サ] 乗り物の乗り降り。

じょう-ごう [0]【定業】[名]『仏』前世からきまっている、この世でのむくい。

じょう-ごう [0]【乗号】[名] 掛け算の符号。「×」↕除号。

しょう-こうい [コ]【商行為】[名] 物品の売買・交換・仲介・賃貸しなど、営利を目的として行う行為。

じょう-こうごう [ゴ]【上皇后】[名] 譲位した天皇の皇后。上皇のきさき。[参考] 二〇一七年の「天皇の退位等に関する皇室典範特例法」により規定された。

しょうこう-しゅ [コ]【紹興酒】[名] (中国紹興地方の産)中国の酒の一種。もち米などを原料としてつくられる醸造酒。

しょうこう-ねつ [コ]【×猩紅熱】[名] 感染症の一つ。空気感染で発症。こどもに多く、のどが痛んで急に発熱し、皮膚に赤い発疹(はっしん)ができる。

しょう-こく [0]【小国】[名] 小さなくに。↕大国(たいこく)。

しょう-こく [ショ]【生国】[名] うまれたくに。しょうごく。

じょう-こく [0]【上刻】[名] 一時(ひととき)を三つに分けた、はじめの時刻。↕中刻・下刻。

じょう-こく [0]【上告】[名][自サ] ❶上訴の一種で、控訴審の裁判の判決を不服とするとき、第三審の上級裁判所の審判をもとめること。❷上に申したてること。

しょう-こくみん [コ]【少国民】[名] 少年や少女たち。[参考] 第二次大戦中のことば。

しょうこと-なし [ナ][名] (「しょうこと」は「せむこと(動詞「す」と助動詞「む」と「こと」)」の変化) ほかにどうすることもできないこと。

しょう-こり [0/リ]【性懲り】[名] 心の底から懲りること。「―もなく、いたずらをする」

じょう-こわ [0]【情▲強】(ごは) [形動] ダロ・ダッ・デ・ニ/ダ・ナ・ナラ・○ ごうじょうなようす。かたいじ。「―な人がら」

しょう-こん [0]【招魂】[名] 死者の魂をまねいてまつること。「―の儀」 **―祭**(さい) [コ][名] ❶死者の魂をまつる儀式。❷招魂社の祭典。特に、東京九段の靖国(やすくに)神社で行われた春秋の大祭。(春) **―社**(しゃ) [コ][名] 明治維新ごろからのちに、国家のために死んだ人の霊をまつった神社。

しょう-こん [0]【商魂】[名] 商売に熱心なこころがまえ。「―たくましい」

しょう-こん [0]【傷痕】[名]〔文章語〕きずあと。

しょう-ごん [0]【▲荘厳】㊀[名][他サ] 仏像や寺をかざりつけること。㊁[名][形動] ⬇そうごん㊀。

じょう-こん [0]【上根】[名] 仏道をおさめ、さとりを開くことのできるすぐれた性質。↕下根(げこん)。

しょうこん-ゆ [コ]【松根油】[名] 松の根株などからとった油。ペンキ・ワニスの溶剤用。

しょう-さ [ショ]【小差】[名] すこしのちがい。↕大差。

しょう-さ [0]【少佐】[名] もと軍隊で、佐官のいちばん下の位。↕大佐・中佐。

しょう-さ [ショ]【証左】[名] しょうこ。あかし。

しょう-ざ [0]【正座】[名] 正面の座席。正客のすわる位置。

じょう-ざ [0]【上座】[名] かみざ。↕下座(げざ)。

じょう-ざ [0]【常座】[名] 能舞台で、シテ・ワキが登場してまず立ちどまり、うたい出す場所。

しょう-さい [0]【小才】[名] すこしばかりの才知・才能。

しょう-さい [0]【商才】[名] 商売の才能。

しょう-さい [0]【詳細】[名][形動] くわしくこまかいこと。委細。

しょう-ざい [0]【商材】[名] 商品。多く、販売者側からいう語。

じょう-さい [0]【城塞】[名]〔文章語〕しろ。とりで。

じょう-さい [0]【浄財】[名] 伝道や慈善・社会事業などのために寄付する金銭。「―をつのる」

じょう-ざい [0]【浄罪】[名] つみをきよめること。

じょう-ざい [0]【常在】[名] いつでもそこにいること。 **―戦場**(せんじょう) [0][名] いつも戦場にいるような心構えですごすこと。

じょう-ざい [0]【錠剤】[名] 丸い形にかためたくすり。丸薬。↕液剤・散剤・粉剤。

しょう-さく [0]【小策】[名] 小手先のはかりごと。

じょう-さく [0]【上作】[名] ↕下作。❶よいでき。❷豊作。

じょう-さく [0]【上策】[名] よいはかりごと。上計。↕下策(げさく)。

じょう-さし [サ/シ]【状差(し)】[名] 手紙をさしておく入れもの。柱などにかける。

しょう-さつ [0]【小冊】[名]〔文章語〕小さな書物。小冊子。パンフレット。↕大冊。

しょう-さつ [0]【省察】[名][他サ] ⬇せいさつ。

しょう-さつ [0]【笑殺】[名][他サ] (「殺」は語勢を強める) わらって相手にしないこと。あざけって大いに笑うこと。

しょう-さつ [0]【×蕭殺】[と副][たる連体]〔文章語〕(「殺」は語勢を強める) 秋風が草木をからして、さびしいようす。「―たるながめ」

しょう-さっし [サ]【小冊子】[名] 小冊。パンフレット。

じょう-さま [ジョ]【上様】[名] 領収書などで、あて名のかわりに書く語。うえさま。

しょう-さん [0]【少産】[名] 子どもをすこししかうまないこと。↕多産。

しょう-さん [0]【勝算】[名] かつ見こみ。かちめ。「―のない試合」

しょう-さん [0]【硝酸】[名] 湿気のある空中で煙が出る無色激臭の液体。強い酸化作用をもち、肥料・爆薬などの原料。 **―アンモニウム** [ニ][名] 硝酸をアンモニアで中和してつくる結晶。肥料・爆薬用。硝安。 **―塩**(えん) [サ][名] 金属およびその酸化物などを、硝酸にとかしてつくる化合物の総称。酸化剤・火薬・肥料などにする。 **―カリ** [カ][名] 炭酸カリウムを硝酸に溶かして得られる。無色の結晶体。黒色火薬・ガラスなどに用いる。硝酸カリウム。**―銀**(ぎん) [サ][名] 銀を硝酸にとかした無色透明の結晶。医薬・写真用。

しょう-さん [0]【賞賛・称賛】【賞×讃・称×讃】[名] [他サ] ほめたたえること。「―のまと」

しょう-さん [0]【消散】[名] [自他サ] 消えてなくなること。消し去ること。「臭気を―する」

じょう-さん [0]【乗算】[名] 掛け算。乗法。↕除算。

じょうさん-さよう [サ2]【蒸散作用】[名] 植物の体内にある水分が水蒸気として空気中に出ること。

しょう-し [ショ]【小史】[名] ❶簡単にまとめて書いた歴史。「国文学―」 ❷作家などが雅号の下にそえることば。

しょう-し [ショ]【小×祠】[名] 小さなほこら。

しょう-し [ショ]【小誌】[名] ❶小さな雑誌。❷〔文章語〕自分たちの出している雑誌をけんそんして言う語。

しょう-し [ショ]【少子】[名] 子どもの数がすくないこと。**―化**(か) [0][名] 出生(しゅっしょう)率が下がり、人口構成で未成年者の割合が小さくなること。「―社会」 ↕多子。

しょう-し [ショ]【生死】[名] ⬇せいし。

しょう-し [ショ]【尚歯】[名]〔文章語〕〔「尚」はたっとぶ、「歯」は年齢〕老人をうやまうこと。「―会」

しょう-し [ショ]【将士】[名] 将校と兵士。将兵。

しょう-し [ショ]【証紙】[名] かねを払ったことや、品質・数量などの証明のために、書類や品物にはる紙。

しょう-し [ショ]【×頌詞】[名]〔文章語〕徳行をほめることば。

しょう-し [ショ]【×頌詩】[名]〔文章語〕徳行をほめたたえる詩。

しょう-し [ショ]【賞詞】[名] ほめことば。賞辞。

しょう-し [ショ]【賞賜】[名]〔文章語〕ほめて物をくださること。

しょう-し [0]【焼死】[名] [自サ] やけしぬこと。

しょう-し [ショ]【笑止】[一] [名] [形動] おかしなこと。ばかばかしくて、笑ってしまいたいほどであること。[二] [名] [なり形動]〔古語〕❶きのどくなこと。かわいそう。「道理とも笑止とも思ひやられて」〈浄瑠璃・曽根崎心中〉 ❷こまったこと。「あら笑止や、にはかに日暮れ大雨ふりて、しかも乗りたる駒さへ伏して」〈謡曲・蟻通〉 ❸恥ずかしいこと。「興がったこの姿、三太夫様の手前お笑止に存じます」〈浄瑠璃・難波丸金鶏〉 **―顔**(がお) [名]〔古語〕こっけいに思ったり、きのどくだと同情したりする顔つき。「笑ひをころす笑止顔」〈浄瑠璃・寿の門松〉 **―千万**(せんばん) [ショ][セ] [形動] 非常にこっけいなようす。

しょう-じ [0]【小字】[名] 「っ」「ャ」など普通より小さい仮名(かな)文字。↕大字。

しょう-じ [ショ]【小事】[名] 小さな事がら。↕大事。**―は大事**(だいじ) ちょっとしたことでも、いいかげんにすると大変なことになるから、大切だということ。

しょう-じ [ショ]【少時】[名]〔文章語〕❶おさないとき。❷しばらくのあいだ。

しょう-じ [ショ]【正時】[名] (一時ちょうどのように)分・秒のつかない時刻。「毎―にチャイムが鳴る」

しょう-じ [ショ]【生死】[名] ❶〔仏〕生・老・病・死のくるしみのある、まよいの世界。この世。❷せいし。**―輪×廻**(りんね) [ショ][名]〔仏〕三界六道をうまれかわり死にかわり、めぐること。

しょう-じ [ショ]【姓氏】[名]〔文章語〕⬇せいし。

しょう-じ [ショ]【尚侍】[名] ❶ないしのかみ。❷もと、宮中の女官の一等官。

しょう-じ [ショ]【商事】[名] 商業に関する事がら。**―会社**(がいしゃ) [ガ][名] 商行為を業とする会社。商社。

しょう-じ [ショ]【掌侍】[名] ❶ないしのじょう。❷もと、宮中の女官の三等官。

しょう-じ [0]【障子】[名] ❶へやのしきりにする、たてぐの総称。ふすま・ついたて・明かり障子など。❷格子に組んだわくに紙をはったたてぐ。明かり障子。[冬] **―に目**(め)**あり** 秘密のもれやすいことのたとえ。「壁に耳あり―」

しょう-じ [ショ]【賞辞】[名] ほめことば。賞詞。

しょうじ【小児】「しょうに」のあやまり。

じょう-し [ジョ]【上×巳】[名] 五節句の一つ。陰暦三月三日、女子をいわう節句。ひなの節句。桃の節句。じょうみ。[春]

じょう-し [ジョ]【上司】[名] ❶その官庁より上級の官庁。❷その人の上役(うわやく)。

じょう-し [ジョ]【上使】[名] 江戸幕府が諸大名に、将軍の意をつたえるために出した使者。

じょう-し [ジョ]【上肢】[名] 人間の手。動物のまえあし。↕下肢(かし)。

じょう-し [ジョ]【城市】[名] 城があるためにできたまち。城下町。

じょう-し [ジョ]【城×址】[名] しろあと。

じょう-し [ジョ]【▲娘子】[名]〔文章語〕❶むすめ。少女。❷女性。**―軍**(ぐん) [シ][名]〔文章語〕女性だけで組織した軍隊。転じて、女性の集団の意にも用いる。

じょう-し [ジョ]【情史】[名] 男女の恋愛に関する小説・読み物。

じょう-し [0]【情死】[名] [自サ] 愛し合うふたりが、いっしょに自殺すること。心中(しんじゅう)。

じょう-し [ジョ]【上×梓】[名] [他サ]〔文章語〕出版。[参考] もと、梓(あずさ)の板木に文字を彫ったことから。

じょう-じ [ジョ]【常時】[名] ふだん。いつも。平時。「―の体制」「身分証を―携帯する」 ↕非常時。

じょう-じ [ジョ]【情事】[名] 愛し合うものに関する事がら。いろごと。

じょう-じ [0]【畳字】[名] 同じ字をつづけるとき、下の字を略して示す記号。「ゝ・々・ヽ・〳〵」など。おどり字。かさね字。おくり字。

しょうじ-い・れる [レ]【招じ入れる】【▲請じ入れる】[他下一] レ―レ―レル―レルー レレ―レロ・レヨ 家の内にまねき入れる。「客を―」

しょう-じき [ジ][キ]【正直】[名] [形動] ただしくすなおなこと。いつわりのないこと。**―の▲頭**(こうべ)**に神**(かみ)**宿**(やど)**る** 正直な人には神のまもりがある。

じょう-しき [0]【定式】[名]〔文章語〕さだまった儀式。きまったやり方。**―幕**(まく) [キ][名] 歌舞伎(かぶき)の舞台に使われる、黒・かき・もえぎの三色のたてじまになっている引き幕。⇩歌舞伎(図)。

じょう-しき [0]【常識】[名] 一般の人がもっている、また、もつべき知識・理解力・判断力。「―に欠ける」 **―家**(か) [0][名] 常識をじゅうぶんにもった人。**―的**(てき) [0] [形動] ❶常識からはずれていないようす。「―で新味がない」 ↕非常識。❷常識より進んでいないようす。

しょう-しつ [0]【消失】[名] [自サ] 消えうせること。消えてなくなること。「権利が―する」

しょう-しつ [0]【焼失】[名] [自他サ] 焼けてなくなること。焼いてなくすること。「―面積」

じょう-しつ [0]【上質】[名] 質がいいこと。「―の布地(ぬのじ)」

じょう-じつ [0]【情実】[名] 私情がからまって公平でない事がら・状態。「試験に―はない」

しょう-しみん [シ]【小市民】[名] 中産階級。プチブルジョア。

しょう-しゃ [ショ]【小社】[名] ❶小さなやしろ。❷小さな会社。❸自分の会社をかしこまって言う語。⇩当社 [参考]。

しょう-しゃ [ショ]【×哨舎】[名] 見張りの小屋。

しょう-しゃ [ショ]【商社】[名] 商業上の結社。とくに貿易商社をさすことが多い。商事会社。商会。「外国―」

しょう-しゃ [ショ]【勝者】[名] 競争・勝負などに勝った人。

勝利者。↕敗者。

しょう-しゃ ジョ【傷者】名 きずついた人。負傷者。

しょう-しゃ ジョ【×廠舎】名 〔「廠」は屋根だけの家〕軍隊が演習などで泊まるための、簡単な作りの屋舎。

しょう-しゃ ⓪【照射】名 自他サ ❶照りつけること。❷光線・放射線などをあてること。「レントゲン―」

しょう-しゃ ジョ【×瀟×洒・×瀟×灑】形動 ダロ・ダッ・デ・ニ／ダナ・ナラ・○ すっきりとして、しゃれたようす。「―な建物」

しょう-じゃ ジョ【生者】名 いきているもの。 **―必滅**ひつめつ いきているものは、かならず死ぬものである。

しょう-じゃ ジョ【▲盛者】名 〔仏〕いきおいのさかんなもの。せいじゃ。じょうしゃ。 **―必衰**ひっすい さかえているものも、かならずおとろえるときがくる。

しょう-じゃ ジョ【▲聖者】名 〔仏〕ぼんのうをはなれ、さとりをひらいた人。聖人。ひじり。

しょう-じゃ ジョ【精舎】名 〔仏〕てら。寺院。「祇園―」

じょう-しゃ ジョ【盛者】名 〔仏〕➡しょうじゃ。

じょう-しゃ ⓪【乗車】名 自サ 電車・自動車などの乗り物に乗ること。また、乗る車。↕下車・降車。 **―券**けん シャ 名 列車・電車・バスなどのきっぷ。

じょう-しゃ ⓪【浄写】名 他サ きれいに書きうつすこと。清書。

しょう-しゃく ⓪【小酌】名〔文章語〕❶小人数のさかもり。小宴。❷すこし酒を飲むこと。

しょう-しゃく ⓪【照尺】名 銃の照準具の一つ。銃身の手前の方にとりつけたもの。↕照星。

しょう-しゃく ⓪【焼×灼】名 他サ 組織の病的部分を焼き取ること。また、そのような外科の治療法。

じょう-じゃっこうど コ【常寂光土】名 仏のいる、いつもかわらないしずかな光明の世界。寂光土。

しょう-じゅ ショ【▲聖衆】名 浄土の菩薩たち。 **―来▲迎**らいごう ジョ 名 念仏行者ねんぶつぎょうじゃが往生おうじょうするとき、極楽のあみだ仏が、菩薩ぼさつたちをつれて迎えにくること。

じょう-しゅ ジョ【城主】名 ❶しろのぬし。一城の主将。❷江戸時代、しろをもっていた大名の格式。

じょう-しゅ ジョ【情趣】名 おもむき。あじわい。「こまやかな―」 **―的**てき ⓪ 形動 おもむきのあるようす。

じょう-じゅ ジョ【上寿】名 百歳。参考 人の寿命の上限を百歳と考えたことから。⇩賀の祝い(表)。

じょう-じゅ ジョ【成就】名 自他サ ❶望み・願いなどがかなうこと。達成。「念願―」❷物事をなしとげること。できあがること。「学業―」

しょう-しゅう ⓪【消臭】名 悪いにおいを消すこと。

しょう-しゅう ⓪【召集】名 他サ 呼びあつめること。「国会の―」⇩招集 参考。 **―令状**れいじょう レ 名 もと、在郷ざいごう軍人などを軍隊に呼びあつめるために出された命令書。赤紙あかがみ。

しょう-しゅう ⓪【招集】名 他サ まねきあつめること。参考「招集」は一般的に使う。「召集」は天皇の行為について使う。

しょう-じゅう ⓪【小銃】名 小型の銃で、銃身の長いもの。ライフル、自動小銃など。てっぽう。

じょう-しゅう ⓪【常習】名 いつもやっていて、くせになっていること。 **―犯**はん シュ 名 ある犯罪をたびたびかさねること。また、その人。

じょう-しゅう《上州》➡こうずけ(上野)。

じょう-しゅう《城州》➡やましろ(山城)。

じょう-しゅう《常州》➡ひたち(常陸)。

じょう-じゅう ⓪【常住】㊀名 ❶ふだん。つね。❷〔仏〕生滅・変化なくつねに同じものとして存在すること。㊁名 自サ つねにすむこと。㊂副 いつも。ふだんに。 **―座×臥**ざが ザ 名 副 〔すわっているときも、寝ているときも〕いつも。

しょう-しゅつ ⓪【抄出】名 他サ ぬきだして書くこと。

しょう-じゅつ ⓪【詳述】名 他サ くわしくのべること。↕略述。「要点を―する」

しょう-じゅつ ⓪【賞×恤】名 他サ 〔「恤」は「めぐむ」意〕〔文章語〕ほめてあたえること。「―金」

じょう-じゅつ ⓪【上述】名 他サ 上や前にのべたこと。前述。

じょう-しゅび シュ【上首尾】名 形動(の) うまくいくこと。よい結果。↕不首尾。

しょう-しゅん ⓪【×頌春】名〔文章語〕〔春をたたえる意〕新年のあいさつのことば。賀春。⇩賀正 参考。

しょう-じゅん ⓪【昇順】名 コンピューターでデータを並べ替えるときに、文字コードの小さいほうから大きいほうへ順に並べること。↕降順。

しょう-じゅん ⓪【照準】名 ❶銃砲のねらいをつけること。❷ねらい。「オリンピックに―を合わせる」

じょう-じゅん ⓪【上旬】名 月の一日から十日までの十日間。初旬。↕中旬・下旬。

しょう-しょ ショー【小暑】名 二十四節気の一つ。七月七日ごろ。夏 ↕大暑。⇩二十四節気(表)。

しょう-しょ ⓪【尚書】名 ❶「書経しょきょう」の別名。❷中国の官名の一つで、中央政府の長官。

しょう-しょ ショー【消暑】名〔文章語〕暑さをけすこと。暑さをしのぐこと。消夏。夏

しょう-しょ ⓪【証書】名 事実の証明になる文書。証文。

しょう-しょ ⓪【詔書】名 天皇のことばをしるした公文書で、一般に公示されるもの。

しょう-じょ ジョ【小序】名 短いはしがき。

しょう-じょ ジョ【少女】名 年わかい女。むすめ。おとめ。↕少年。

しょう-じょ ジョ【昇叙】【×陞叙】名 自サ〔文章語〕上級の官位に任命されること。

しょう-じょ ジョ【詳叙】名 他サ くわしくのべること。詳述。↕略叙。

じょう-しょ ジョ【情緒】名 〔「じょうちょ」は慣用読み〕❶事にふれておこる思い。感動をさそうふんい気。「下町―」❷〔心〕急激な感情のたかぶり。怒り・喜びなど。情動。「―不安定」

じょう-しょ ⓪【上書】名 自サ 意見をのべた文章を君主や官庁にさしだすこと。また、その文章。

じょう-しょ ⓪【浄書】名 他サ 清書せいしょ。

じょう-じょ ジョー【乗除】名 掛け算と、割り算。「加減―」

しょう-しょう ⓪【小照】名〔文章語〕小さい肖像画や写真。

しょう-しょう ショー【少少】㊀名 数量・程度のすくないこと。「―の塩を入れます」㊁副 ❶すこしばかり。「―こまった」❷しばらく。「―お待ちください」⇩しばらく 参考。

しょう-しょう ショー【少将】名 ❶昔、近衛府の次官。❷もと軍隊で、将官のいちばん下の位。↕大将・中将。

しょう-しょう ⓪【×蕭×蕭】と副 たる連体〔文章語〕❶ものさびしいようす。「―たる荒原」❷ものさびしく風の吹いたり、雨の降ったりするようす。「北風―」

しょう-じょう ⓪【小乗】名 小乗仏教。↕大乗。 **―仏教**ぶっきょう ブ 名 自己の悟りを第一とする教えを説く仏教。大

乗側からの蔑称(べっしょう)。↔大乗仏教。

しょう-じょう ジョ【症状】名 病気や負傷の状態。

しょう-じょう ⓪【掌上】名〔文章語〕てのひらのうえ。

しょう-じょう ジョ ジョ【×猩×猩】名 ❶類人猿の一種。オランウータン。❷中国で想像上の動物。人に似て毛が長く酒がすきだという。❸酒のすきな人のこと。**―×蠅**(ばえ) ジョ 名 ショウジョウバエ科のはえの総称。その一種きいろしょうじょうばえは体長約三ミリメートルで、目玉が赤い。小さくて繁殖力がつよく、遺伝学の実験材料に用いる。夏 **―×緋**(ひ) ジョ 名 黒みをおびたあざやかな赤色。

しょう-じょう ⓪/ジョ【賞状】名 ほめことばを書いた文書。「―を授与する」

しょう-じょう ⓪【×霄壌】名 天と地。**―の差**(さ) 天と地とのような大きなへだたり。雲泥(うんでい)の差。天地の差。

しょう-じょう ⓪/ジョ【清浄】名 形動〔文章語〕❶⬇せいじょう。❷〔仏〕ぼんのう・私欲などのないこと。「六根―」

しょう-じょう ⓪【×蕭条】と副 たる連体〔文章語〕ものさびしく、ひっそりしているようす。「―たる原野」

じょう-しょう ジョ【上声】名 漢字の四声(しせい)の一つ。本来は高く平らに発音する音を指すが、現代中国語でははしり上がりに高く発音してやむ音。じょうせい。↔平声(ひょうしょう)・去声(きょしょう)・入声(にっしょう)。

じょう-しょう ⓪【×丞相】名〔文章語〕大臣。

じょう-しょう ⓪【城将】名 しろをまもる大将。

じょう-しょう ⓪【常勝】名 いつも勝っていること。

じょう-しょう ⓪【上昇】名 自サ のぼること。あがること。↔下降。**―気流**(きりゅう) キ 名 上方にむかってのぼる空気の流れ。**―志向**(しこう) シ 名 つねにより高い地位・段階に向かおうとする傾向。**―線**(せん) ⓪/ジョ 名 グラフで、上にむかっていく線。増加、発展などをあらわす。↔下降線。

じょう-じょう ジョ【条条】名 それぞれの箇条。

じょう-じょう ⓪【常情】名〔文章語〕ふつうの人情・感情。

じょう-じょう ⓪【情状】名 実際の事情。実情。**―酌量**(しゃくりょう) ⓪ 名 自サ 裁判官が犯罪者の事情のあわれむべきところを考え、刑罰をかるくすること。

じょう-じょう ⓪【上場】名 他サ ❶ある株券・商品を取引所が売買の対象とすること。「―銘柄」❷演劇などを上演すること。

じょう-じょう ⓪【上上】名 形動(の) この上もなくよいこと。上乗。「―のできばえ」↔下下(げげ)。**―吉**(きち) ジョ² 名 この上なく、えんぎのよいこと。

じょう-じょう ⓪【上乗】名 形動(の) ❶上上。「調子は―」❷〔仏〕最上の教え。

じょう-じょう ⓪【×嫋×嫋】と副 たる連体〔文章語〕❶風がそよそよと吹くようす。❷しなやかなようす。❸音声がほそく長く、つづくようす。「―たる余韻」

しょうじょう-せぜ セ【生生世世】名〔仏〕この世、のちの世と、生きかわり、死にかわりしてすぎてゆく多くの世。

しょう-しょく ⓪【少食・小食】名 食べる量がすくないこと。↔大食。参考 副詞的にも使う。

しょう-しょく ショ【小職】名〔文章語〕❶ひくい官職。❷官吏が自分をかしこまって言う語。小官。

じょう-しょく ⓪【常食】名 他サ いつも食べていること。また、その食べ物・食事。「米を―する」

しょう・じる ⓪/ジ【招じる】【▲請じる】他上一 ジジ|ジル|ジル|ジレ|ジロ・ジョ ⬇しょうずる。

しょう・じる ⓪/ジ【生じる】自他上一 ジジ|ジル|ジル|ジレ|ジロ・ジョ ⬇しょうずる。

じょう・じる ⓪/ジ【乗じる】自上一 ジジ|ジル|ジル|ジレ|ジロ・ジョ ⬇じょうずる。

しょう-しん ⓪【小身】名 身分のひくいこと。また、その人。↔大身。

しょう-しん ⓪【正真】名 いつわりのないこと。まこと。ほんとう。**―正銘**(しょうめい) ⓪ 名 形動(の) いつわりのないこと。

しょう-しん ⓪【衝心】名 かっけの症状がすすみ、心臓をおかし、鼓動・呼吸がくるしくなること。

しょう-しん ⓪【昇進】名 自サ 地位や官位があがること。

しょう-しん ⓪【焼身】名 自サ 自分のからだに火をつけて焼け死ぬこと。「―自殺」

しょう-しん ⓪【焦心】名 自サ 心をいらだたせること。

しょう-しん ⓪【傷心】名 自サ 心をいためること。悲しみにきずついた心。「―をいだく」

しょう-しん ⓪/シ【小心】名 形動 気の小さいこと。おくびょう。**―者**(もの) ⓪ 名 気が小さく、おくびょうな人。**―翼翼**(よくよく) 気が小さく、びくびくしているようす。

しょう-じん ⓪【小人】名 ❶身分のひくい人。❷小人物。徳のない人。つまらぬ人間。↔大人(たいじん)。**―閑居**(かんきょ)**して不善**(ふぜん)**をなす** つまらない人間はひまでいると、とかくよくない事をする。

しょう-じん ジョ【精進】名 自サ ❶一心に仏道を修行すること。❷身をきよめ、おこないをつつしむこと。❸肉類をさけて、菜食すること。❹一心につとめはげむこと。「学問に―する」**―明**(あ)**け** ⓪ 名 ⬇しょうじんおち。**―揚**(あ)**げ** ⓪ 名 野菜類のあげもの。参考 表記は「精進揚」でもよい。**―落**(お)**ち** ⓪・**―落**(お)**とし** オ 名 肉食をさける期間がおわり、ふだんの食事にかえること。精進明け。冬 **―潔斎**(けっさい) ケ 名 自サ 身をきよめ、けがれをさけること。**―物**(もの) ⓪ 名 野菜類だけの食べ物。↔生臭物(なまぐさもの)。**―料理**(りょうり) リョ 名 植物性の食品だけを材料とした料理。

しょう-じん ⓪【消尽】名 他サ 使いつくすこと。

しょう-じん ⓪【焼尽】名 自他サ すっかり焼けてしまうこと。すっかり焼いてしまうこと。

じょう-しん ⓪【上伸】名 自サ 相場が高くなること。「円相場が小幅ながら―する」

じょう-しん ⓪【上申】名 他サ 上役・上部機関などに意見や事情をもうしあげること。「―書」

じょう-じん ⓪【常人】名 ふつうの人。なみの人。凡人。

じょう-じん ⓪【情人】名 愛人。いろ。

じょう-しんこ ⓪【上新粉】【上×糝粉】名 「しん粉❶」をさらに細かくひいた、上質のもの。団子や餅菓子などの材料として使われる。

しょう-じんぶつ ジ【小人物】名 度量のせまい人。品性のおとった人。↔大人物。

しょう・す ジョ【称す】自五 サ・ソ|シ|ス|ス|セ|セ ⬇しょうする。

しょう・す ジョ【証す】自五 サ・ソ|シ|ス|ス|セ|セ ⬇しょうする。

じょう-ず ス【上手】名 形動 ❶たくみなこと・人。「歌の―な人」↔へた。❷おせじ。おせじがうまいこと。「お―を言う」**―の手**(て)**から水**(みず)**が漏**(も)**れる** どんなじょうずな人でも、たまにはしくじる。**―者**(もの) ⓪ 名 せじのよい、口先のうまい人。

しょう-すい ⓪【小水】名 「小便」の改まった言い方。参考 「お小水」とさらに丁寧に言うことが多い。

しょう-すい ⓪【将帥】名〔文章語〕軍をひきいる将軍。

しょう-すい ⓪【×憔×悴】名 自サ （「憔」も「悴」も、やつれるの意）心をいため、やつれること。やせおとろえること。「―した顔つき」

しょう-ずい ⓪【祥×瑞】名〔文章語〕めでたいしるし。吉兆。

じょう-すい ⓪【上水】名 ❶みぞ・くだを通じてみちびく、きれいな水。↔下水(げすい)。❷上水道。**―道**(どう) ス 名 飲み水や産業用の水をくだで供給する設備。↕下水道。

じょう-すい [0]【浄水】㊀[名] ❶きれいな水。❷手をあらう水。㊁[名][自サ] 水をきれいにすること。「―場」 **―器**(き) [ス][名] 水道水を濾過(ろか)して、異臭や有害な物質を取り除く器具。 **―池**(ち) [ス][名] 浄水場で、きれいな水をためておくいけ。

しょう-すう [ス]【小数】[名] ❶小さいかず。❷絶対値が一より小さい実数。 **―点**(てん) [ス][名] 小数の部分と整数の部分とをわける点。1.05などの「.」

しょう-すう [ス]【少数】[名] すくないかず。「―の意見」↕多数。 **―派**(は) [0][名] 集団のなかに複数のグループがあるとき、人数のすくない方。マイノリティー。↕多数派。

じょう-すう [ス]【乗数】[名] 掛け算で、かけるほうの数。↕被乗数。

じょう-すう [ス]【常数】[名] ❶きまった数量。❷➡ていすう(定数)。↕変数。

しょう・する [ス]【抄する】【×鈔する】[他サ] シ・セ・サ｜シ｜スル｜スル｜スレ｜シロ・セヨ [文章語] ぬきがきする。 **せう・す** [文語サ変]

しょう・する [ス]【称する】[他サ] シ・セ・サ｜シ｜スル｜スル｜スレ｜シロ・セヨ ❶事物に名まえをつける。「浅草寺は金竜山と―」 ❷他人に確認のむずかしいことを自分からそのように言う。「将軍の落胤(らくいん)を―」「病気と称して休む」 ❸[文章語] ほめる。ことばに表してたたえる。 **しょう・す** [文語サ変]

しょう・する [ス]【証する】[他サ] シ・セ・サ｜シ｜スル｜スル｜スレ｜シロ・セヨ 証明する。しょうこだてる。 **しょう・す** [文語サ変]

しょう・する [ス]【×頌する】[他サ] シ・セ・サ｜シ｜スル｜スル｜スレ｜シロ・セヨ [文章語] てがら・徳などを文章でほめたたえる。 **しょう・す** [文語サ変]

しょう・する [ス]【×誦する】[他サ] シ・セ・サ｜シ｜スル｜スル｜スレ｜シロ・セヨ 詩歌(しいか)・経文(きょうもん)などを、声をあげて読む。 **しょう・す** [文語サ変]

しょう・する [ス]【賞する】[他サ] シ・セ・サ｜シ｜スル｜スル｜スレ｜シロ・セヨ ほめる。よいこととして評価する。↕罰する。 **しやう・す** [文語サ変]

しょう・ずる [0]/[ス]【招ずる】【▲請ずる】[他サ] ジ・ゼ｜ジ｜ズル｜ズル｜ズレ｜ジロ・ゼヨ (「招じる」(上一段活用)とも) ❶まねく。招待する。❷案内して通す。「客間に―」 **せう・ず** [文語サ変]

しょう・ずる [0]/[ス]【生ずる】[自他サ] ジ・ゼ｜ジ｜ズル｜ズル｜ズレ｜ジロ・ゼヨ (「生じる」(上一段活用)とも) ❶はえる。はやす。「かびが―」 ❷おこる。おこす。「問題が―」 **しやう・ず** [文語サ変]

じょう・ずる [0]/[ス]【乗ずる】 ジ・ゼ｜ジ｜ズル｜ズル｜ズレ｜ジロ・ゼヨ (「乗じる」(上一段活用)とも) ㊀[自サ] つけこむ。「勢いに―」 ㊁[他サ] かけざんをする。↕除する。 **じょう・ず** [文語サ変]

しょう-せい [0]【小成】[名] 小さな成功。「―に安んずる」↕大成。

しょう-せい [0]【将星】[名][文章語] (星になぞらえて)将軍。

しょう-せい [0]【笑声】[名][文章語] わらいごえ。

しょう-せい [0]【勝勢】[名] 勝ちそうないきおい。↕敗勢。

しょう-せい [0]【照星】[名] 銃の照準具の一つ。銃身の先端にとりつけたもの。↕照尺。

しょう-せい [0]【鐘声】[名][文章語] かねの鳴りひびく音。

しょう-せい [0]【招請】[名][他サ] まねいて来てもらうこと。

しょう-せい [ショ]【小生】[代][文章語] 自分をかしこまって言う語。[参考] 男性が手紙などで用いる。目上の人に出す手紙には用いない。

じょう-せい [ジョ]【上世】[名] おおむかし。上代。

じょう-せい [ジョ]【上声】[名] ➡じょうしょう。

じょう-せい [0]【上製】[名] 上等のつくり。↕並製(なみせい)。

じょう-せい [0]【情勢】【状勢】[名] 変化していく物事についてのその時の状態。あるいは、予想されるその後のなりゆき。形勢。「―を判断する」

じょう-せい [0]【醸成】[名][他サ] ❶発酵作用を利用して酒などをつくること。❷雰囲気や気分・機運をつくりだすこと。

しょう-せき [ショ]【硝石】[名] 硝酸カリ。

しょう-せき [0]【証跡】[名] 証拠となるあとかた。

じょう-せき [0]【上席】[名] ❶かみ座。❷上位の席次。「―研究員」↕末席。

じょう-せき [0]【定石】[名] ❶囲碁で、最善とされる、きまった石のうちかた。❷物事の処理のきまった仕方。

じょう-せき [0]【定席】[名] ❶きまった座席。❷常設の寄席(よせ)。

じょう-せき [0]【定跡】[名] 将棋で、最善とされる、きまったさしかた。

しょう-せつ [0]【小雪】[名] 二十四節気の一つ。十一月二十二日ごろ。[冬] ↕大雪(たいせつ)。⇩二十四節気(表)。

しょう-せつ [0]【小節】[名] ❶文章の小さなくぎり。❷[文章語] つまらないものに対する節操。小さな義理。❸楽譜で、縦線でくぎられた部分。 **―にこだわる** 全体を見ないで、小さな義理や節操をまもろうとする。

しょう-せつ [0]【小説】[名] 作者の想像力・構想力により、人間性や社会のすがたなどを表現した散文体の文学。ノベル。「大河―」

しょう-せつ [0]【章節】[名] ながい文章の、章や節のくぎり。「全文を―にくぎる」

しょう-せつ [0]【消雪】[名][自サ] 雪をとかして除去すること。

しょう-せつ [0]【詳説】[名][他サ] くわしく説明すること。くわしい説明。↕概説・略説。

じょう-せつ [0]【常設】[名][他サ] つねにもうけてあること。 **―館**(かん) [ツ][名] 演芸・映画などをつねに上演・上映している建物。

じょう-ぜつ [0]【×饒舌】[名][形動] よくしゃべること。おしゃべり。「―を弄(ろう)する」[参考]「冗舌」と書く傾向がある。

しょう-せっかい [セ]【消石灰】[名] 水酸化カルシウム。さらしこ製造、肥料用。

しょう-せっこう [セ]【焼石×膏】[名] せっこうを熱してつくる白いこな。白墨・彫刻の材料。

しょうせつしんずい《小説神髄》坪内逍遥(つぼうちしょうよう)の評論。一八八五―八六年刊。江戸以来の勧善懲悪(かんぜんちょうあく)を否定し、写実主義を主張した。

しょう-せん [0]【省線】[名] もと鉄道省の管理していた鉄道(電車)。

しょう-せん [0]【商船】[名] 商業上の目的で航海する客船や貨物船。

しょう-せん [0]【商戦】[名][文章語] 商品の宣伝や販売の競争。「歳末の―たけなわ」

しょう-ぜん [0]【小善】[名][文章語] 小さな、よいおこない。

しょう-ぜん [0]【承前】[名][文章語] 前文をうけつぐこと。つづきものの文章のはじめにしるす。

しょう-ぜん [0]【×悚然・×竦然】[と副][たる連体][文章語] 恐れるようす。ぞっとするようす。「―と立ちすくむ」

しょう-ぜん [0]【×悄然】[と副][たる連体] しおれて元気のないようす。しょんぼり。

しょう-ぜん [0]【×蕭然】[と副][たる連体][文章語] ものさびしいようす。「―たる荒野」

じょう-せん [0]【乗船】㊀[名][自サ] 船に乗ること。↕下船。㊁[名] 乗っている船。「私の―」

しょう-せんきょく [キョ]【小選挙区】[名] 一選挙区から議員を一名だけえらび出す方式の選挙区。↕大選挙区・中選挙区。

しょう-そ [ショ]【勝訴】[名][自サ] 裁判で意見や主張がみとめられた判決が下ること。↕敗訴。

じょう‐そ ジョ【上訴】名 自サ 裁判所の審判を不服とするとき、上級裁判所の審判をもとめること。
しょう‐そう 0【焦燥】【焦×躁】名 自サ いらだってあせること。「─にかられる」
しょう‐そう 0【少壮】名 形動(の) 年わかく勢いのさかんなこと。また、そのような人。「─学者」
しょう‐そう 0【尚早】名 形動(の) はやすぎること。「時期─」
しょう‐ぞう 0【肖像】名 ある人の、顔形・姿をかたどった像。似すがた。─**画** 0 名 肖像をかいた絵。─**権** ソ 名 人格権の一つ。自分の顔や姿を承諾なしに撮影・展示・複製されることを拒否できる権利。
じょう‐そう 0【上層】名 ↕下層。❶上のほうのかさなり。❷社会や組織の上の部分・階級。「社の─部」─**雲** ソ 名 巻雲・巻積雲などの、地上からほぼ五〜一三キロメートルのところにできる雲。─**気流** キ 名 上空の気流。
じょう‐そう 0【情操】名 心の活動によっておこる感情で、程度のたかい複雑なもの。知的・美的・宗教的・道徳的の四種に分かれる。
じょう‐そう 0【上奏】名 他サ 天皇に意見・事情などを申しあげること。
じょう‐ぞう 0【醸造】名 他サ 発酵作用を応用し、酒・みそなどをつくること。─**酒** ソ 名 穀類・果実などを原料とし、発酵させてつくった酒。↕合成酒・蒸留酒。
しょうそういん《正倉院》奈良の東大寺にある宝物をおさめたくら。
しょう‐そく 0【消息】名 ❶事情。なりゆき。「政界の─」❷安否。ようす。「─不明」❸連絡。音信。また、手紙。─**往来** オ 名 往来物の一つで、手紙の手本。─**子** ク 名 あなにさしこんで体の中をしらべるのに使う細長い器具。─**筋** ク 名 ある方面の事情にくわしい人。新聞などで、明らかにできない情報提供者のよび方。─**通** 0 名 各方面のようすをよく知っていること。また、その人。─**文** ク 名 手紙文。書簡文。─**を絶つ** 連絡がとれなくなり、安否や行方がわからなくなる。
しょう‐ぞく ジョ【装束】名 ❶よそおうこと。❷きもの。衣服。
じょう‐ぞく 0【上×蔟】名 他サ 成熟した蚕に繭をつくらせるため、蔟にのぼらせること。夏
しょう‐そこ【消息】─ 名〔古語〕たより。手紙。しょうそく。─**文** 名〔古語〕手紙の文。
しょう‐そつ 0【将卒】名 将校と兵卒。将兵。
しょう‐そん 0【焼損】名 自他サ 焼けてこわれること。焼いてこわすこと。「火事で三戸が─した」
しょう‐たい 0【小隊】名 ❶軍隊で、部隊編制の単位。中隊の下。分隊の上。↕分隊・中隊・大隊。❷小人数の隊。
しょう‐たい ジョ【正体】名 ❶そのものの本来の姿。本体。「─を見破る」❷正常な心理状態。正気。「─を失う」⇩本体 参考
しょう‐たい ジョ【招待】名 他サ 客をまねきもてなすこと。しょうだい。「─にあずかる」
しょう‐だい ジョ【昭代】名〔文章語〕あきらかに治まる世。太平の世。
しょう‐だい 0【商大】名「商業大学・商科大学」の略。
じょう‐たい 0【上体】名 腰からうえのからだ。上半身。
じょう‐たい 0【上×腿】名 脚のひざから上の部分。↕下腿。
じょう‐たい 0【状態】【情態】名 変化していく物事のある時点におけるありさま。状況。「今の─は最悪だ」「健康─」参考「状況」が総合的な表現であるのに対し、「状態」は具体的にとらえて言うことが多い。
じょう‐たい 0【常体】名 ていねい語を使わない口語の文体。「だ」「である」を使う言い方。↕敬体。
じょう‐たい 0【常態】名 いつものありさま。
じょう‐だい 0【上代】名 ❶ ジョ おおむかし。上古。上世。❷ ジョ (日本史で)㋐奈良時代。㋑飛鳥・奈良時代。❸ 0 商品の小売価格。
じょう‐だい ジョ【城代】名 ❶城主にかわり城をまもった職。❷江戸時代、京都・大坂・駿府をまもった幕府の職。❸城代家老。─**家老** ガ 名 江戸時代、大名の江戸参勤のあいだその城をまもり、政務をあずかった家老。
しょう‐たく 0【×妾宅】名 めかけの住む家。
しょう‐たく 0【沼沢】名〔文章語〕ぬまと、さわ。
しょう‐だく 0【承諾】名 他サ 聞きいれること。承知。「事前に─を得る」⇩承認 参考
じょう‐たつ 0【上達】名 自サ 学問・技術などがすすむこと。「練習が─への近道だ」
しょう‐だて 0【章立て】名 他サ 文章を構成する章のならべ方。
じょう‐だま 0【上玉】名 ❶上等の宝石や品物。❷〔俗語〕美人のこと。
しょう‐たん 0【賞嘆】名 自サ 感心し、ほめること。嘆賞。
しょう‐だん 0【商談】名 商取引のはなしあい。「─がまとまる」
しょう‐たん タ/0【小胆】形動 ダロ・ダッ・デ・ニ／ダ・ナ・ナラ・〇 気が小さいようす。度量がせまいようす。↕大胆。
しょう‐だん 0【昇段】名 自サ 柔道・剣道・囲碁・将棋などの段位があがること。
じょう‐たん 0【上端】名 うえのはし。↕下端。
じょう‐だん 0【上段】名 ↕下段。❶上の段。❷上座。❸ゆかを一段たかくしてあるところ。「─の間」❹剣道で、刀をたかくかざしてかまえること。
じょう‐だん ダ【冗談】名 ふざけて言うこと。ふざけてすること。─**口** ダ 名 ふざけた話。ざれごと。
しょう‐ち ジョ【小知】【小×智】名〔文章語〕わずかばかりのちえ。あさはかなちえ。↕大知。
しょう‐ち ジョ【勝地】名〔文章語〕けしきのよい土地。景勝地。
しょう‐ち 0【承知】名 他サ ❶「知る(知っている)」「わかる(わかっている)」ことの改まった言い方。「その件は以前から─しています」❷「聞き入れる」「許す」ことの改まった言い方。「その条件ならば─してもよい」「今度同じ失敗をしたら─しないよ」参考 ❶❷の用法は、それだけで丁寧な言い方になっているが、さらにかしこまった丁重な言い方にするには「承知しております」「承知いたしました」などとする必要がある。❸「引き受ける」ことの改まった言い方。「はい、─しました」⇩かしこまる 参考。─**尽く** 0 名 承知のうえでですること。─**の助** 承知していることを、人の名に似せていうことば。「合点、─」
しょう‐ち ジョ【召致】名 他サ〔文章語〕めし寄せること。
しょう‐ち ジョ【招致】名 他サ〔文章語〕まねき寄せること。招聘。「冬季オリンピックを─する」
じょう‐ち ジョ【上知】【上×智】名〔文章語〕すぐれた知恵。また、その知恵をもっている人。↕下愚・至愚。
じょう‐ち ジョ【情致】名〔文章語〕おもむき。情趣。
じょう‐ち ジョ【情痴】名 色情に迷って理性を失うこと。
じょう‐ち ジョ【常置】名 他サ つねに設置してあること。
しょうちく‐ばい ク【松竹梅】名 まつと、たけと、うめ。

めでたいものとして、画題や祝い物の飾りなどにする。

じょう-ちゃく[0]【正嫡】[名]〔文章語〕⇒せいちゃく。

じょう-ちゃん[ジョ]【嬢ちゃん】[名] 年少の娘に対しての親しみをこめた言い方。お嬢ちゃん。↔ぼっちゃん。

しょう-ちゅう[ショ]【小中】[名] 小学校と中学校。小学生と中学生。「―一貫教育」

しょう-ちゅう[0]【掌中】[名] ❶手の中。てのひらの中。❷自分のものとする範囲。「―におさめる」 **―の玉**(たま) もっともたいせつにしている子ども・もの。

しょう-ちゅう[チュ]【焼酎】[名] 酒かす・さつまいもなどを原料とする、アルコール分の多い蒸留酒。[夏]

じょう-ちゅう[0]【条虫】[名] さなだむし。

じょう-ちゅう[0]【常駐】[名][自サ] いつもそこに駐屯・駐在していること。「国境に警備兵が―する」

しょう-ちょ[ショ]【小著】[名] ❶分量の少ない著作。「―ながら傑作」↔大著。❷自分の著作をかしこまって言う語。拙著。[参考]手紙など文章中でもちいる。

じょう-ちょ[ジョ]【情緒】[名]⇒じょうしょ。 **―障害**(しょうがい)[ジョ][名] 情緒の発達が十分でないために起こる精神的・身体的症状。[参考]この場合は「じょうしょしょうがい」とは、ふつう読まない。

しょう-ちょう[ショ]【小腸】[名] 胃と大腸のあいだにあって、十二指腸・空腸・回腸からなる消化管。

しょう-ちょう[ショ]【省庁】[名]「…省」と呼ばれるものと「…庁」と呼ばれるもの。中央官庁の総称。

しょう-ちょう[0]【消長】[名][自サ] 消えることと、そだつこと。さかえることと、おとろえること。盛衰。「党勢の―」

しょう-ちょう[0]【象徴】[名][他サ] おもに抽象的な事がらをしめすのに役だつ具体的なもの。シンボル。「ペンは勉学の―だ」 **―詩**(し)[チョ][名] 直接にはつかみにくい内容を、象徴の手法で暗示的にあらわす詩。 **―主義**(しゅぎ)[シュ][名] 一九世紀後半、フランスにおこった、詩を中心とする文芸運動。詩の純粋性を守り、ことばの音やイメージによって象徴的に内面的な観念や情緒を表そうとしたもの。サンボリスム。 **―的**(てき)[0][形動] ある物事を象徴するようなようす。

じょう-ちょう[0]【上長】[名] 年上・目上。また、その人。「―の命令」

じょう-ちょう[0]【情調】[名] ❶おもむき。気分。情緒。「下町―」❷〔心〕感覚にともなう感情。

じょう-ちょう[ジョ]【場長】[名]「場」と呼ばれるところの長。

じょう-ちょう[0]【冗長】[形動] ダロ・ダッ・デ・ニ ダナ・ナラ・○ 文章・話などが、くだくだしくながいようす。「―な説明」

しょう-ちょく[0]【詔勅】[名] 詔書と勅書・勅語。みことのり。

じょう-ちょく[0]【常直】[名][自サ] 毎日、宿直すること。

しょう-ちん[0]【消沈】【×悄沈・×銷沈】[名][自サ] 気力がおとろえしずむこと。消えうせること。「意気―」

しょう-つき[0]【祥月】[名] 故人の死んだ月とおなじ月。 **―命日**(めいにち)[メ][名] 故人の死んだ月日とおなじ月日。

じょうっ-ぱり[パ]【情っ張り】[名][形動] ごうじょうで、意地をはりとおすこと。また、その人。いじっぱり。

じょう-づめ[0]【定(常)詰(め)】[名] いつもそこにいて、つとめること。また、その人。

しょう-てい[0]【小弟】【少弟】[一][名]〔文章語〕↔大兄。❶幼いおとうと。❷自分の弟をいう謙譲語。[二][代] 男性が年長者に対して自分をへりくだっていう語。

じょう-てい[0]【上帝】[名] ❶天の神。❷キリスト教で造物主。

じょう-てい[0]【上程】[名][他サ] 議案を会議にかけること。

しょう-てき[0]【小敵】[名]↔大敵。❶よわい敵。❷少数の敵。

じょう-でき[0]【上出来】[名][形動(の)] すぐれたできばえ。「今回の記録、自分にしては―だ」↔不出来。

しょう-てん[ショ]【小店】[名]〔文章語〕❶小さなみせ。❷自分のみせをいう謙譲語。⇨当社[参考]。

しょう-てん[0]【小×篆】[名] 漢字の書体(しょたい)の一つ。大篆(だいてん)の形を簡単にしたもの。

しょう-てん[ショ]【商店】[名] 商品を売るみせ。

しょう-てん[ショ]【焦点】[名] ❶光線がレンズ・鏡などで屈折・反射して一つにあつまる点。「―を合わせる」❷興味や話題の中心になること・もの。「ニュースの―」❸楕円(だえん)・双曲線などの円錐(えんすい)曲線の形をきめる定点。 **―距離**(きょり)[キョ][名] レンズ・反射鏡などの中心から焦点までのへだたり。

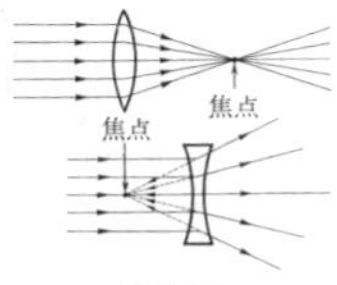

焦点❶

しょう-てん[0]【衝天】[名]〔文章語〕天をつくこと。勢いのさかんなこと。「意気―」

しょう-てん[0]【昇天】[名][自サ] ❶天にのぼること。❷キリスト教で、教徒が死ぬこと。上天。

しょう-でん[0]【小伝】[名] 簡単な伝記。略伝。↔詳伝。

しょう-でん[0]【召電】[名] 人を呼びよせるための電報。

しょう-でん[0]【招電】[名] 人を招待するための電報。

しょう-でん[0]【詳伝】[名] くわしい伝記。↔小伝・略伝。

しょう-でん[0]【昇殿】[名][自サ] ❶許されて神社の神殿などにのぼること。❷清涼殿の殿上(てんじょう)の間(ま)にのぼること。五位以上と六位の蔵人(くろうど)とが許された。

じょう-てん[0]【上天】[一][名]〔文章語〕❶そら。天。❷天帝。天の神。[二][名][自サ] キリスト教で、死んで魂が天にのぼること。昇天。

しょう-てんいん[テ]【小店員】[名] かつての丁稚(でっち)や「小僧❷」のこと。

じょう-てんき[テ]【上天気】[名] よく晴れた、いい天気。

しょう-てんち[テ]【小天地】[名] 小さい世界。せまい社会。人間界。

しょうと【▲兄▲人】(せうと)[名]〔古語〕❶〔女からみて〕同腹の男の兄弟。「故母御息所の御せうとの律師」〈源氏〉❷兄。「公世(きんよ)の二位のせうとに、良覚僧正ときこえしは」〈徒然〉[参考]「兄(せ)・人(ひと)」の「ひ」がウ音便化してできた語。ふるくは❶の意味に用いられ、後世はもっぱら❷の用法のみになった。❶について、男どうしの兄弟の間では、兄を「あに」「このかみ」といい、弟を「おとうと」と呼んだ。

しょう-と[ショ]【商都】[名] 商業の盛んな都市。「―大阪」

しょう-ど[ショ]【焦土】[名] ❶焼けつち。❷家などが焼けうせてなにもない土地。 **―と化**(か)**す・―に帰**(き)**す** 焼けてなにもかもなくなる。

しょう-ど[ショ]【照度】[名] 一定の面積が一定の時間に受ける光のエネルギー。明るさの度合い。単位はルクス。

じょう-と[ジョ]【譲渡】[名][他サ] 権利・財産などをゆずりわたすこと。「事業を―する」

じょう-ど[ジョ]【浄土】[名] ❶仏・ぼさつのいるところ。↔穢土(えど)。❷極楽浄土。西方浄土。❸浄土宗。

しょう-とう[0]【小刀】[名] ❶小さいかたな。❷わきざし。↔大刀。

しょう-とう[0]【小党】[名] 党員の少ない政党。「―乱立」

しょう-とう[0]【松×濤】[名]〔文章語〕(「濤」は波) 波のように聞こえる松風の音。

しょう-とう [0]【×檣頭】[名]〔文章語〕ほばしらのさき。

しょう-とう [0]【消灯】[名][自サ] あかりを消すこと。

しょう-どう [0]【衝動】[名] ❶つきうごかすこと。ショック。❷目的・理由を考えずに、本能的にあるおこないをしようとする心の要求。「―にかられる」 **―的**(てき) [0][形動] 突然おこった心理的な衝動によって行動するようす。「―な犯行」

しょう-どう [0]【×聳動】[名][自サ]〔文章語〕おどろきうごくこと。おそれおののくこと。「一世を―させる」

しょう-どう [0]【唱道】[名][他サ] 先にたってとなえること。「改革を―する」

しょう-どう [0]【唱導】[名][他サ] ❶〔文章語〕さきだちとなり、みちびくこと。❷〔仏〕法理をとき、仏道にみちびくこと。

じょう-とう [0]【上棟】[名] むねあげ。「―式」

じょう-とう [0]【上等】↕中等・下等。㊀[名] うえの等級。㊁[名][形動(の)] ❶すぐれてよいこと。上出来。また、そのもの。「―な品」❷申し分がないこと。「八〇点取れれば―だ」 **―兵**(へい) [ト][名] もと、陸軍の兵の階級の一つ。兵長の下、一等兵の上。

じょう-とう [0]【城頭】[名]〔文章語〕❶城のあたり。「―をさまよう」❷城のうえ。「―に旗をかかげる」

じょう-とう [0]【常灯】[名] ❶じょうとうみょう。❷街頭などに夜じゅうつけておく灯火。常夜灯。 **―明**(みょう) [ト][名] 神仏にそなえ、いつもつけておくともしび。常灯。

じょう-とう [0]【常×套】[名]〔「套」は、ふるくさいの意〕きまりきった、ありふれたしかた。 **―句**(く) [ト][名] 使い古されたことば。決まり文句。 **―手段**(しゅだん) [シュ][名] きまって使う手段。

じょう-どう [0]【常道】[名] ❶きまっていて変わらないやりかた。「政治の―」❷つねにおこなうべき道徳。「―をふみはずす」

じょう-どう [0]【情動】[名] 情緒(じょうしょ)❷。

じょう-どう [0]【成道】[名][自サ]〔仏〕〔「成仏得道」の意〕さとりをひらくこと。「釈迦(しゃか)は三十五歳で―した」

しょう-とく [0]【生得】[名] うまれつき。天性。せいとく。

しょう-とく [0]【×頌徳】[名]〔文章語〕徳をほめたたえること。 **―碑**(ひ) [ト][名]〔文章語〕徳をほめたたえて、たてまつる碑。

しょう-どく [0]【消毒】[名][他サ] 病原菌などを除去・無害化すること。「煮沸―」 **―薬**(やく) [ク][名] 消毒につかう薬剤。アルコール・石炭酸・クレゾールなど。

じょう-とくい [ト/ク]【上得意】[名] たくさん買ってくれる、よい客。

じょう-とくい [ト/ク]【常得意】[名] いつも買ってくれるお客。

しょうとく-たいし《聖徳太子》五七四―六二二。厩戸王(うまやとおう)。用明天皇の皇子で、のち推古天皇の摂政として政治をとった。憲法十七条をつくり、仏教の興隆のため努力した。

じょうど-しゅう《浄土宗》法然(ほうねん)を宗祖とする日本の仏教の一派。

じょうどしん-しゅう《浄土真宗》親鸞(しんらん)を宗祖とする日本の仏教の一派。真宗。門徒宗。一向宗(いっこうしゅう)。

しょう-とつ [0]【衝突】[名][自サ] ❶ぶつかること。「―事故」❷くいちがい。なかたがい。「意見の―」

しょう-とりひき [リ/ト]【商取引】[名] 商業上の取引行為。

じょう-ない [ジョ]【城内】[名] 城のうち。城壁に囲まれた地域。↕城外。

じょう-ない [ジョ]【場内】[名] 場所や会場の中。↕場外。

しょう-なごん [ナ]【少納言】[名] 律令制で、太政官(だじょうかん)の判官(じょう)。

じょう-なし [0]【情無し】[名] 人情のないこと。また、その人。

しょう-なん [ナ]【小難】[名] 小さな災難。↕大難。

しょう-なん《湘南》相模(さがみ)湾沿岸の一帯。

しょう-に [ショ]【小児】[名] おさなご。児童。 **―科**(か) [0][名] 子どもの病気を専門にあつかう医科。 **―病**(びょう) [0][名] 子どもにだけおこる病気。 **―病的**(びょうてき) [0][形動] 考えがおさなく、言動も子どものように単純なようす。 **―麻×痺**(まひ) [マ][名] 脳や脊髄(せきずい)をおかされておこる、子どもの手足の麻痺。

しょう-にゅう [0]【×鍾乳】[名] 鍾乳石。 **―石**(せき) [ニュ][名] 鍾乳洞のなかにできた炭酸カルシウムの沈殿物。天井からたれさがる白色または黄色の石灰岩。いわつらら。 **―洞**(どう) [ニュ][名] 石灰岩が、雨水や地下水におかされてできたほらあな。石灰洞。

しょう-にん [ショ]【上人】[名] ❶知と徳をかねた僧の尊敬語。❷僧の敬称。「明恵(みょうえ)―」

しょう-にん [0]【小人】[名] 子ども。幼児。↕中人(ちゅうにん)・大人(だいにん)。

しょう-にん [ショ]【商人】[名] 商業をいとなむ人。あきんど。

しょう-にん [0]【証人】[名] ❶証言をする人。裁判所によばれ、経験した事実の報告をする人。❷事実を証明する人。「ちゃんとした―がいる」❸身元を保証する人。保証人。

しょう-にん [ショ]【▲聖人】[名] ❶ちえがひろくふかく、なさけ心のふかい人。❷徳のある僧。高僧。

しょう-にん [0]【承認】[名][他サ] もっともだと、みとめること。聞きいれること。「国会の―を得る」[参考] 法律では、「承認」は国の機関が同意する意味、「承諾」は、契約や取引を成立させるのに必要な当事者の意思表示をいう。

しょう-にん [0]【昇任】【×陞任】[名][自他サ] 上級の官位にのぼること、また、のぼらせること。↕降任。

じょう-にん [0]【常任】[名][自他サ] つねに、その任務にあること。また、その任務をまかせること。「―幹事」

しょう-にんずう [三]【少人数】[名] 少ない人数。

しょう-ね [ネ]【性根】[名] 心の持ち方。根性(こんじょう)。「―をすえる」

しょう-ねつ [0]【焦熱】[名] ❶こげるようなあつさ。❷焦熱地獄。 **―地獄**(じごく) [ジ][名]〔仏〕八大地獄の一つで、死者が猛火のなかになげこまれる地獄。炎熱地獄。

じょう-ねつ [0]【情熱】[名] 感情がはげしくもえたつこと。熱した感情。パッション。熱情。「―をかたむける」

しょう-ねん [0]【少年】[名] ❶年のわかい人。わかもの。特に年のわかい男子。↕少女。❷年のわかい時。「―老いやすく学成りがたし」❸〔法〕少年法で二十歳未満、児童福祉法で小学校就学の始期から十八歳未満の者。 **―院**(いん) [ネ][名] 家庭裁判所から保護処分として送られた少年を収容し、指導する国家の施設。 **―鑑別所**(かんべつしょ) [0][名] 家庭裁判所から観護措置(そち)として送られてきた少年を、一時的に収容する施設。医学・心理学・社会学などによって、少年の資質の鑑別を行う。 **―団**(だん) [ネ][名] 少年の精神・身体の修練と社会奉仕とを目的とした団体。 **―法**(ほう) [0][名] 罪をおかしたり、おかすおそれのある少年の保護・処分などをきめた法律。

しょう-ねん [ショ]【正念】[名] ❶〔仏〕㋐ただしい法をつねに心におもうこと。㋑一心に念仏すること。❷本心。 **―場**(ば) [0][名] ❶歌舞伎(かぶき)などで主人公がその役柄の根本的な性格を発揮するいちばんだいじな場面。❷その人の本領を発揮すべき重要な場面。

しょう-ねん [ショ]【生年】[名] うまれてからすぎたとし。年齢。「—二十五歳」

じょう-ねん [ジョ]【情念】[名] 心に感じておこるおもい。「—がわきあがる」

しょう-のう [ショ]【小脳】[名] 大脳の後下部にある脳髄の一部。運動と平衡をつかさどる。↔大脳。

しょう-のう [0]【小農】[名] せまい田畑をもち、家族だけでする小規模の農業。また、農民。↔大農・豪農。

しょう-のう [ショ]【×樟脳】[名] くすのきからつくる、白くて、つやのある、かおりのつよい結晶。セルロイド・無煙火薬・フィルム・医薬の原料。

しょう-のう [0]【笑納】[名][他サ]〔文章語〕（贈り物をするときに使う語）つまらないものですが笑っておさめてくださいの意。「ご—ください」

じょう-のう [0]【上納】㊀[名][他サ] 政府・官庁へ物をおさめること。㊁[名] 年貢（ねんぐ）。

しょうの-じゅんぞう [ショ]《庄野潤三》一九二一-二〇〇九。小説家。戦後文学の「第三の新人」の一人とされる。家庭のなにげない日常生活を描きながら独自の世界を築いた。「プールサイド小景」「静物」など。

しょう-の-ふえ [ショ]【×笙の笛】[名] ⇒しょう。

しょう-は [ショ]【小派】[名] 少人数の党派。

しょう-は [ショ]【×翔破】[名][自サ]〔文章語〕（「翔」は、とびめぐる意）鳥や飛行機が、長い距離を飛びおえること。

しょう-は [ショ]【小破】[名][自他サ] すこしこわれること、こわすこと。↔大破。

じょう-は [ジョ]【条×播】[名] 畑地に平行したうねをつくり、これにたねをまくこと。すじまき。

じょう-ば [0]【乗馬】[名][自サ] うまに乗ること。また、乗るためのうま。乗っているうま。

しょう-はい [0]【勝敗】[名] 勝つことと負けること。かちまけ。勝負。

しょう-はい [0]【賞杯】【賞×盃】[名] 賞としてあたえるさかずき。カップ。

しょう-はい [0]【賞×牌】[名] 賞としてあたえる記章。メダル。

しょう-ばい [ショ]【商売】㊀[名][自サ] うりかい。あきない。商業。㊁[名] ❶職業。❷芸者・遊女などの職業。—**上**（あ）**がり** [ア][名] 以前に、商売女であった人。それ者（しゃ）上がり。—**女**（おんな） [オ][名] 客の遊興の相手をする女。芸者・遊女など。↔しろうと❸。—**気**（かた）**質**（ぎ） [カ][名] 商人特有の、利害にするどい性質。—**敵**（がたき） [ガ][名] おなじ商売の競争者。—**柄**（がら） [0][名] ❶商売の種類。「かたい—」❷職業によりつくられた性質。「—さすがに字がうまい」—**気**（げ） [0][名] ❶あきないに熱心で、いつもうけようとする気質。「—を出す」❷職業意識。—**人**（にん） [0][名] ❶商人。あきんど。❷くろうと。専門家。

しょう-はく [ショ]【松×柏】[名]〔文章語〕❶まつと、このてがしわ。ときわぎのこと。❷節を守って変えないこと。

じょう-はく [0]【上白】[名] ❶上等の白米。❷上等の白砂糖。

じょう-はく [0]【上×膊】[名] ひじから上の部分。二のうで。上腕（じょうわん）。↔下膊（かはく）・前膊。—**骨**（こつ） [ク][名] ひじから上の部分の骨。上腕骨。

じょう-ばこ [0]【状箱】[名] 書状をおさめておく箱。また、書状を入れて使いにもたせる小箱。ふばこ。

じょう-ばさみ [ハ]【状挟み】[名] 書類・手紙などをはさんでおく金具（かなぐ）。

しょう-ばつ [ショ]【賞罰】[名] ほめることと、罰すること。

じょう-はつ [0]【蒸発】[名][自サ] ❶液体が気化する現象。❷〔俗語〕こっそりいなくなること。—**皿**（ざら） [ツ][名] 工業・化学実験などで液体を蒸発・濃縮などさせるときにつかう、あさいさら。—**熱**（ねつ） [ツ][名] 物質が気化するのにいる熱量。気化熱。

じょう-はり [0]【浄×玻璃】[名] ❶〔文章語〕くもりのないガラス・水晶。❷浄玻璃の鏡。—**の鏡**（かがみ） ❶〔仏〕地獄のえんま王の役所にあって、死者の生前のおこないをうつしだすという鏡。❷ごまかしのきかない眼識。

しょう-ばん [0]【相伴】[名][自サ] ❶正客（しょうきゃく）の相手になって、もてなしを受けること。「お—にあずかる」❷他人にしたがって利益を受けること。

じょう-はん [0]【上半】[名] うえ半分。↔下半。

じょうばん《常磐》常陸（ひたち）の国と磐城（いわき）の国。今の茨城（いばらき）県と福島県東部にあたる。

じょう-はんしん [ハ]【上半身】[名] 腰から上の部分。上体。↔下半身。

しょう-ひ [0]【消費】[名][他サ] かね・物などを使いへらすこと。—**期限**（げん） [キ][名] 特にいたみやすい食品について、安全に食べられるとされる期間。五日以内のものには表示が義務づけられる。⇩賞味期限[参考]。—**組合**（くみあい） [ク][名] 共同で日用品を生産者・問屋などからやすく買い入れて、組合員にわける組織。購買組合。—**財**（ざい） [ヒ][名] 日常生活で直接消費する財貨。↔生産財。—**者**（しゃ） [ヒ][名] 物資を消費する人。商品を買う人。—**者**（しゃ）**価格**（かかく） [カ][名] ❶ある商品の生産価格に仲介業者の利潤や運賃を加えた価格。❷政府が消費者に売りわたす価格。↔生産者価格。—**税**（ぜい） [ヒ][名] 物を買ったりサービスを受けたりする消費行為に対して、課せられる税。

しょう-び [ショ]【焦眉】[名]（火が、まゆをこがすほどせまっている意から）きけんな状態。—**の急**（きゅう） ひどくさしせまった事がら。

しょう-び [ショ]【×薔×薇】[名]〔文章語〕ばら。そうび。

しょう-び [ショ]【賞美・称美】[名][他サ] ほめること。

じょう-ひ [ジョ]【上皮】[名] 動植物の体表面や動物の器官内表面などをおおっている細胞層。うわかわ。

じょう-ひ [ジョ]【冗費】[名] むだな費用。むだづかい。「—節約」

じょう-び [ジョ]【常備】[名][他サ] つねに備えておくこと。「—薬」—**菜**（さい） [0]/[ビ][名] 作り置きして、いつでも食べられるようにしたおかず。

しょう-ひつ [0]【省筆】[名][自サ] ❶語句をはぶくこと。略筆。「以下—する」❷文字の字画を簡単にすること。「—した略字」

しょう-ひょう [0]【商標】[名] 製造・販売業者が、営業上自分の商品をあらわすために使う文字・記号・図形などのしるし。トレードマーク。「登録—」

しょう-ひょう [0]【証票】[名] 証明のふだ。「検査済みの—」

しょう-ひょう [0]【証×憑】[名]〔文章語〕（「憑」はよりどころ）証明のよりどころ。しょうこ。「—書類」

しょう-びょう [0]【傷病】[名] けがと病気。

じょう-ひょう [0]【上表】㊀[名][自他サ]〔文章語〕君主に意見を書いた文書をたてまつること。また、その文書。上書。㊁[名] うえにかかげた表。↔下表。

しょう-ひん [0]【小品】[名] ❶小さな作品、特に、芸術作品。「風景をスケッチした—」❷小品文。—**文**（ぶん） [ヒ][名] 日常のことを書いたみじかい文章。気のきいた短文。

しょう-ひん [ショ]【商品】[名] 商売の品物。売買の目的物である財貨。—**切手**（きって） [キ][名] 百貨店などの発行する有価証券。表面の価格にあたる商品とひきかえることを約束したもの。商品券。—**券**（けん） [ヒ][名] 商品切手。

しょう‐ひん ⓪【賞品】名 賞としてあたえる品物。
じょう‐ひん ［ヒ］【上品】形動 ダロ・ダッ・デ・ニ ダ・ナ・ナラ・◯ ふるまいにいやみがないようす。「―な人」↔下品。
しょう‐ふ ⓪【生×麸・正×麸】名 小麦粉で麩ふをつくるとき、底によどんだでんぷん。煮て、のりにする。
しょう‐ふ ［ショ］【×娼婦】名 遊女。女郎。売春婦。
しょう‐ぶ ［ショ］【尚武】名 武をたっとぶこと。「―の風」
しょう‐ぶ ［ショ］【×菖×蒲】名 ショウブ科の多年生植物。地下茎は太く、葉は剣状で、香りがある。初夏にうす黄緑色の小さな花をつける。端午の節句につかう。花しょうぶとは別。夏 **―の節句**せっく 五月五日の男子の節句。端午の節句。夏 **―湯**ゆ ［フ］名 五月五日の節句に、しょうぶの葉を入れてわかした湯。この湯にはいると病気をしないという。夏

花
地下茎
しょうぶ

しょう‐ぶ ［ショ］【勝負】一名 ❶かちまけ。勝敗。❷勝負ごと。「―に強い」二名自サ かちまけをきめるために争うこと。「一本―」 **―あった** 勝負がきまった。勝負がついた。 **―事**ごと ⓪名 ❶かちまけを争うわざ。❷ばくち。 **―師**し ［フ］名 ❶勝負ごとを職とする人。ばくちうち。❷結果を運にまかせて思いきったことをする人。 **―強**つよ**い** ［ヨ］形 今後の成り行きを決定するような大事な勝負に強い。 **―無**な**し** ［ナ］名 かちまけがきまらないこと。ひきわけ。 **―服**ふく ［フ］名 ❶競馬で騎手がレースで着用する服。❷〔俗語〕自分を特にアピールしたい場に着ていく服。
じょう‐ふ ［ジョ］【上布】名 上等の麻のぬの。「薩摩さつま―」夏
じょう‐ふ ［ジョ］【丈夫】名〔文章語〕〔「じょうぶ」と読めば別語〕男子。りっぱな男。「偉―」
じょう‐ふ ［ジョ］【定府】名 江戸時代、大名やその家臣が江戸に定住し、参勤交代をしなかったこと。
じょう‐ふ ［ジョ］【城府】名〔文章語〕❶都市の外がこい。❷都会。❸しきり。かこい。とりで。「心に―をもうけない」
じょう‐ふ ［ジョ］【情夫】名 愛人である男。いろおとこ。
じょう‐ふ ［ジョ］【情婦】名 愛人である女。いろおんな。
じょう‐ぶ ［ジョ］【上部】名 うえの部分。↔下部。 **―構造**こうぞう ［コ］名 史的唯物論の概念の一つ。社会の経済機構(下部構造)をもとにし、その上にきずかれた政治・学問・芸術など。
じょう‐ぶ ⓪【丈夫】形動 ダロ・ダッ・デ・ニ ダ・ナ・ナラ・◯ 〔「じょうふ」と読めば別語〕❶たっしゃなようす。健康なようす。「―なからだ」❷つよいようす。「―な箱」
しょう‐ふう ⓪【正風】名 ❶和歌・俳諧はいかいの、ただしい詠みぶり。正風体。❷蕉風しょうふう。
しょう‐ふう ⓪【松風】名〔文章語〕まつに吹くかぜ。まつかぜ。
しょう‐ふう ⓪【×蕉風】名 江戸時代の俳人、松尾芭蕉まつおばしょうおよびその門下の、さび・しおり・ほそみ・かるみを重んじた作風。正風。
しょう‐ふく ⓪【小幅】名 小さな掛け軸。
しょう‐ふく ⓪【×妾腹】名 めかけから生まれたこと。また、その生まれた子。庶出。
しょう‐ふく ⓪【×慴伏・×懾伏】名自サ〔文章語〕〔「慴」も「懾」も、おそれるの意〕おそれて、ひれふすこと。おそれて屈伏すること。
しょう‐ふく ⓪【承服】【承伏】名他サ 承知してしたがうこと。なっとく。「どうにも―しかねる」
しょう‐ふく ⓪【浄福】名 ❶〔文章語〕きよらかな幸福。❷〔仏〕仏教を信じて得られる幸福。
じょう‐ぶくろ ［フ］【状袋】名 書状を入れる封筒。
しょう‐ふだ ⓪【正札】名 品物についている、価格の札。 **―付**つ**き** ⓪名 ❶正札のついている商品。❷定評のあるもの。ふだつき。「―の悪党」参考 多く、わるい意味で使う。
じょう‐ふだん ［フ］【常不断】名副 いつも。つね。
じょう‐ぶつ ［ジョ］【成仏】名自サ ❶なやみからはなれ、仏の位を得ること。❷死んで極楽へ行き、仏となること。また、死ぬこと。
しょう‐ぶん ⓪［ショ］【性分】名 生まれつきの性質。
じょう‐ぶん ⓪【上聞】名 君主や天皇の耳に入ること。「―に達する」
じょう‐ぶん ⓪【冗文】名 むだな文句。
じょう‐ぶん ⓪【条文】名 箇条書きの文。
じょう‐ふんべつ ［フ］【上分別】名 よい考え。すぐれた判断。
しょう‐へい ⓪【×哨兵】名 みはりの兵。ものみの兵。
しょう‐へい ［ショ］【将兵】名 将校と兵士。将卒。
しょう‐へい ⓪【傷兵】名 きずついた兵。
しょう‐へい ⓪【招×聘】名他サ 〔「招」も「聘」も、まねくの意〕礼儀をつくしてまねくこと。「コーチとして―する」
じょう‐へい ⓪【城兵】名 しろを守る兵士。
しょうへい‐が ⓪【障×屏画】名 ふすま・びょうぶなど、間仕切り用の建具にえがかれた絵画。
しょう‐へき ⓪【障壁】名 ❶へだてのかべ。しきり。❷さまたげとなる物ごと。「領土問題が二国間の―となる」 **―画**が ⓪名 壁画と障屏へい画。特に、桃山時代にさかえ、狩野永徳かのうえいとく・狩野山楽さんらくらが出て豪華な作品をえがいた。
しょう‐へき ⓪【×牆壁】名〔文章語〕かきねと、かべ。かこい。
じょう‐へき ⓪【城壁】名 しろのかべ。
しょう‐べつ ⓪【小別】名他サ 小さくわけること。細別。↔大別。
しょう‐へん ⓪【小片】名 小さなきれはし。
しょう‐へん ⓪【小変】名 ❶すこしの変化。❷ちょっとした事変。
しょう‐へん ⓪【小編】【小×篇】名 短い文学・映像作品。短編。
しょう‐へん ⓪【掌編】【掌×篇】名 ごく短い文学作品。「―小説」
しょう‐べん ［ベ］【小便】名自サ ❶血液中の老廃物で、ぼうこうから尿道を経て外へ出される液。小水。尿にょう。↔大便。❷〔俗語〕契約・注文などをやぶること。
しょう‐ほ ［ショ］【商舗】名〔文章語〕商店。
しょう‐ぼ ［ショ］【召募】名他サ〔文章語〕呼びあつめること。募集。
じょう‐ほ ［ジョ］【譲歩】名自サ 自分の意見や主張を、一部または全部ひっこめ、他者にしたがうこと。「―を迫る」
しょう‐ほう ⓪［ショ］【唱法】名 歌の歌い方やテクニック。歌唱法。
しょう‐ほう ［ショ］【商法】名 ❶商売のしかた。「士族の―」❷営利活動に関する法規。
しょう‐ほう ⓪【勝報】【×捷報】名 勝利の知らせ。↔敗報。
しょう‐ほう ⓪【詳報】名 くわしい知らせ。「―を待つ」
しょう‐ぼう ⓪【正法】名〔仏〕❶ただしい教え。仏法。❷「正法❶」が行われていた、釈迦しゃかの死後、五百年または千年間。正法時。↔像法ぞうぼう・末法まっぽう。
しょう‐ぼう ⓪【消防】名 火災を消し、また、ふせぐこと。火消し。 **―署**しょ ⓪名 消防に関する業務をあつかう役所。

—団 [ボ][名] 市町村の自治的な消防機関。 —庁 [ボ][名] 総務省の外局で、消防制度の企画立案や消防技術の研究、消防活動の指導などをおこなう。

しょう-ぼう [0]【焼亡】[名][自サ]〔文章語〕火事で焼けてなくなること。焼失。

じょう-ほう [0]【上方】[名] そのものより上の方。↕下方。[参考] そのものの部分として含まれている場合は、「上部」という。

じょう-ほう [0]【定法・常法】[名] ❶きまったやり方。❷はっきりと定められた法規。

じょう-ほう [0]【乗法】[名] 掛け算。乗算。↕除法。

じょう-ほう [0]【情報】[名] ❶事情についての知らせ。❷なんらかの知識をあたえるもの。知らされる内容。インフォメーション。 **—学** [ホ][名] 情報と人間社会とに関わる学問の総称。 **—化社会** [シャ][名] 情報が重要な役割をはたしている社会。大量の情報をうまく処理し利用できる者が優位に立つような社会。 **—機関** [キ][名] 国の安全のために情報を収集・分析する国家機関。 **—源** [ホ][名] 情報の出所。「—を探る」 **—検索** [ケ][名] たくさんの情報を収集・蓄積し、必要なものをただちにさがし出すこと。ドキュメンテーション。 **—産業** [サ][名] 各種の情報を収集・整理・蓄積・処理して、それを提供する産業。[参考] コンピューターを用いる計算センター・情報センターなどをいうが、広い意味では放送・出版などのマスコミ産業もふくめる。 **—誌** [ホ][名] さまざまな情報を掲載した雑誌。音楽、ファッションなど、分野ごとに情報を収集したものが多い。 **—処理** [ジョ][名] コンピューターを用いて、たくさんの情報を選択・分析・計算して蓄積し必要に応じて検索すること。 **—網** [ホ][名] 情報をとらえるために各方面にはりめぐらしたつながりや組織。「—を構築する」 **—理論** [リ][名] 情報の伝達の効率に関する数学的理論。

しょうぼうげんぞう《正法眼蔵》鎌倉時代中期の仏法書。曹洞宗を伝えた道元の作。

じょう-ぼく [0]【上木】[名][他サ]〔文章語〕〔書き物を版木にのぼす〕書物を出版すること。

しょう-ほん [0]【正本】[名] ❶原本。せいほん。↕副本。❷芝居の脚本。❸浄瑠璃などの省略のない台本。

しょう-ほん [0]【抄本】[名]〔「抄」は「ぬき書き」の意〕原本の一部分をかきぬいた書物・書類。↕原本・謄本。

しょう-ほん [0]【証本】[名] 証拠とすべき文書。

じょう-ぼん [0]【上品】[名]〔仏〕極楽浄土へ行くときの九つの階級のうち、最上級の三つの位。 **—蓮台** [名]〔仏〕極楽浄土の最上級のはすのはなの台。

しょう-ま [ショ]【消磨】[名][自他サ]〔文章語〕すれてへること。こすって消すこと。

じょう-まえ [0]【錠前】[名] 戸やふたなどが開かないようにかけておく金具。錠。

しょうま-きょう [0]【照魔鏡】[名] ❶魔物の本性をてらしだすというかがみ。❷人や社会のかくれた本体をうつしだすもの。

しょう-まん [0]【小満】[名] 二十四節気の一つ。五月二十一日ごろ。㊐ ⇩二十四節気(表)。

じょう-まん [0]【冗漫】[形動] ダロ・ダッ・デ・ニ／ダ・ナ・ナラ・〇 くだくだしく、しまりのないようす。冗長。「—な説明」

しょう-み [ショ]【正味】[名] ❶余分のものをのぞいた中身。❷中身の目方。正目。「—五〇キロ」 ❸ほんとうの数量。「—五時間の勉強」 ❹かけ値なしの値段。

しょう-み [ショ]【笑味】[名][他サ] 食べ物を贈って食べてもらうときのけんそんの言い方。「ご—ください」

しょう-み [ショ]【賞味】[名][他サ] 食物などをほめあじわうこと。おいしさを味わうこと。 **—期限** [キ][名] 食品が安全に食べられる期間。期限が五日を超えるものに表示が義務づけられる。[参考]「賞味期限」は、缶詰・スナック菓子など、品質が比較的長く保たれるものについて言う。「消費期限」は弁当・ケーキなど、いたみの早いものに対して定めた表示である。

じょう-み [ジョ]【上×巳】[名] ⬇じょうし。

じょう-み [ジョ]／[ミ]【情味】[名] ❶あじわい。おもむき。情趣。❷心のあたたかみ。人情味。

しょう-みつ [0]【詳密】[形動] ダロ・ダッ・デ・ニ／ダ・ナ・ナラ・〇 くわしくこまかいようす。精密。「—な報告書」

じょう-みゃく [0]／[ジョ]【静脈】[名] 循環系統で、血液を全身の組織から心臓にはこぶ血管。↕動脈。

しょう-みょう [ミョ]【小名】[名] ❶武家時代、領地が大名よりすくなかった領主。❷江戸時代、大名のうち禄高のすくなかったもの。

しょう-みょう [ジョ]【声明】[名] ❶もと、インドの音韻・語法などを研究した学問。❷仏教の儀式にもちいる仏をほめたたえるうた。梵唄。梵讃。

しょう-みょう [0]【称名・唱名】[名] 仏の名号をとなえること。

じょう-みょう [0]【定命】[名]〔仏〕前世からの因縁できまっている寿命。

じょう-みょう [0]【常命】[名]〔仏〕人間の、自然のままの寿命。

じょう-みん [0]【常民】[名] 一般の人びと。庶民。

しょう-む [ショ]【商務】[名] 商業上の用務。

じょう-む [ジョ]【常務】[名] ❶ふつうの業務。❷「常務取締役」の略。 **—取締役** [ジョ][リ]2 [名] 株式会社の重役で、日常の業務をとりしまる役。ふつう専務取締役の次位。

じょう-む [ジョ]【乗務】[名][自サ] 交通機関に乗りこみ業務に当たること。 **—員** [ム][名] 乗務をする人。車掌など。

しょう-め [0]【正目】[名] いれものをのぞいた、中身の目方。正味。

しょう-めい [0]【正銘】[名] 本当にその名でよばれるものであること。ほんもの。[参考] ふつう「正真正銘」の形で使う。

しょう-めい [0]【証明】[名][他サ] ❶事がらが真実であるかないかを、根拠をあげてあきらかにすること。「アリバイを—する」 ❷〔数〕ある命題が真であることをみちびくこと。

しょう-めい [0]【照明】㊀[名][他サ] てらしてあかるくすること。㊁[名] 舞台や撮影の効果をたかめるための光線。

しょう-めつ [0]【生滅】[名][自サ] 生じることと、滅すること。生と死。

しょう-めつ [0]【消滅】[名][自サ] 消えてなくなること。ほろびること。「相続の権利が—する」「自然—」 **—危機言語** [ゲ][名] ⬇ききげんご。

しょう-めん [メ]【正面】[名] ❶おもて。表がわ。前面。「—の戸口」 ↕側面・背面。❷まっすぐ前方。「—を向く」 **—切る** ❶改まった態度を取る。開きなおる。「正面切って言う」 ❷まともに相対する。「正面切っては勝ち目がない」 **—衝突** [ショ]2 [名][自サ] 互いの正面がぶつかること。

しょう-もう [0]【消耗】㊀[名][自他サ]〔「しょうこう」の慣用読み〕使われてなくなること。使ってなくすること。㊁[名][自サ]〔俗語〕くたびれてがっくりすること。「受験勉強で—する」 **—戦** [0][名] ❶戦争で、互いに多くの犠牲を出しながら長期化する戦い。❷安売り競争などによって、利益の上がらないまま続けられる争い。 **—品** [0][名] 使われて、なくなっていく品物。紙・インク・石油など。

じょう-もく [0]【条目】[名] 箇条書きの一つ一つの項目。

しょう-もつ [0]【抄物】[名] ❶書きぬきしたもの。❷歌作・詩作の参考書。

しょう-もの [0]【抄物】[名] 室町(むろまち)時代に京都五山の禅僧が作った、経典・漢籍の注釈書や、講義を筆記したもの。

じょう-もの [0]【上物】[名] 上等の品物。

しょう-もん [0]【小問】[名] 試験問題などで、大きな問いの中にある、細かな問い。↔大問。

しょう-もん [0]【声聞】[名] 仏の説法を聞き、まよいを去ろうとする小乗(しょうじょう)仏教の修道者。

しょう-もん [0]【掌紋】[名] 手のひらの表面にあるこまかい線。指紋と同様に各人に固有であり、終生不変である。

しょう-もん [0]【証文】[名] 証拠になる文書。ーの出(だ)し遅(おく)れ 手おくれになって、ききめがないことのたとえ。

しょう-もん [0]［×蕉門］[名] 松尾芭蕉(まつおばしょう)の門下。「ーの十哲(じってつ)」

じょう-もん [0]【定紋】[名] 家によってきまっている紋。

じょう-もん [0]【城門】[名] しろの門。

じょう-もん [0]【縄文】[名]（「文」は模様）なわやむしろを押し付けたあとのような模様。ー杉(すぎ) [モ][名] 鹿児島県屋久(やく)島の原始林に生える推定樹齢三千年以上の杉の木。ー土器(どき) [ド][名] 縄文時代の土器。表面になわめの模様のついているものが多い。

縄文土器

しょうもんき《将門記》平安時代中期の戦記物語。作者は不明。平将門(たいらのまさかど)の反乱をえがいたもの。

じょうもん-じだい《縄文時代》今からおよそ一万二、三〇〇〇年前に始まり、二三〇〇〜二四〇〇年前に弥生時代に移行した縄文文化の時代。

しょう-や [0]［×庄屋］[名] 江戸時代、村の租税徴収や村政の責任をおった者。名主(なぬし)。

しょう-やきょく [ヤ]【小夜曲】[名] ➡セレナード。

しょう-やく [ジョ]【生薬】[名] 植物・動物・鉱物などを材料とする漢方薬。きぐすり。

しょう-やく [0]【硝薬】[名] 火薬。

しょう-やく [0]【抄訳】[名][他サ] 一部をぬきだして翻訳すること。また、その訳文。↔全訳・完訳。

じょう-やく [0]【条約】[名] 文書による国家間の約束。

じょう-やど [0]【定宿・常宿】[名] いつもきめてとまる宿。

じょう-やとい [ヤ]【常雇(い)】[名] 長期にわたって、つづけてやとうこと、また、やとわれる人。↔臨時雇い・季節雇い。

じょうや-とう [0]【常夜灯】[名] 街頭などに夜じゅうつけておくあかり。常灯。

しょう-ゆ [0]［×醤油］[名] だいずと小麦でつくったこうじに、食塩水を加えてつくる調味料。

しょう-ゆうせい [ユ]【小遊星】[名] ➡しょうわくせい。

しょう-よ [ジョ]【賞与】[名] ❶賞としてかねや品物をあたえること。また、そのかねや品物。❷官庁・会社などで、六月・十二月などに、毎月の給料のほかにわたすかね。ボーナス。

じょう-よ [ジョ]【丈余】[名] 一丈あまり。「ーの仏像」

じょう-よ [ジョ]【剰余】[名] あまり。のこり。余剰。ー価値(かち) [カ][名] マルクスの学説で、資本家が支払った生産費や賃金をこえて、労働者により生産された価値。余剰価値。

じょう-よ [ジョ]【譲与】[名][他サ] ゆずりあたえること。

しょう-よう [0]【小用】[名] ❶ちょっとした用事。「ーで外出する」❷小便。こよう。

しょう-よう [0]【商用】[名] 商売上の用事。

しょう-よう [0]［×逍×遥］[名][自サ]〔文章語〕ぶらぶら歩くこと。そぞろ歩き。散歩。

しょう-よう [0]【称揚・賞揚】[名][他サ] 大いにほめること。

しょう-よう [0]［×慫×慂］[名][他サ]〔文章語〕（「慫」も「慂」もすすめるの意）そそのかし、すすめること。「社長就任をーする」

しょう-よう [0]【従容】[と副][たる連体]〔文章語〕ゆったりとおちついたようす。「ーたる態度」「ーとして死につく」

じょう-よう [0]【乗用】[名] 人が乗るのに使うこと。「ー車」

じょう-よう [0]【常用】[名][他サ] 日常、いつも使用すること。ー漢字(かんじ) [カ][名] 一般社会で日常使用する漢字の目安として政府が示した二一三六種の漢字。一九八一年の内閣告示では一九四五種であったが、二〇一〇年に改定増補された。

しょうよう-じゅ [ヨ]【照葉樹】[名] 光沢のある葉をもつ樹木。かし・つばきなど。

しょう-よく [0]【小欲・少欲】［小×慾・少×慾］[名][形動] 欲のすくないこと。↔大欲。

じょう-よく [0]【情欲】［情×慾］[名] ❶性欲。色情。❷〔仏〕物事をむさぼり、また、物事にとらわれる心。

しょう-らい [0]［松×籟］[名]〔文章語〕（「籟」はひびきの意）松のこずえに吹く風。また、その音。

しょう-らい【将来】㊀[ジョ][名] これから先。未来。「ーの希望」㊁[0][名][他サ] もってくること。「西洋文化をーする」ー性(せい) [0][名] 将来よくなる見込み。「ーのある事業」

しょう-らい [0]【招来】[名][他サ] 呼びよせること。まねくこと。「悪い結果をーする」

しょう-らい [0]【▲請来】[名][他サ] 外国から仏像・経文などを請い受けて持ってくること。

じょう-らく [0]［上×洛］[名][自サ]〔文章語〕地方から京都へ行くこと。

しょう-らん [0]【笑覧】[名][他サ]（自分のものを人に見てもらうときに使う語）つまらないものですが笑って見てくださいの意。「ごーください」

しょう-らん [0]【照覧】[名][他サ]〔文章語〕❶あきらかに見ること。❷神仏が見ること。「神々もーあれ」

じょう-らん [0]【上覧】[名][他サ] 天皇や貴人が見ること。

じょう-らん [0]［×擾乱］[名][自他サ]〔文章語〕（「擾」も「乱」もみだれるの意）みだれさわぐこと。騒乱。

しょう-り [ジョ]【小吏】[名]〔文章語〕❶ひくい階級の役人。小官。❷役人が自分をかしこまっていう語。

しょう-り [ジョ]【小利】[名] わずかな利益。

しょう-り [ジョ]【勝利】[名][自サ] 勝つこと。↔敗北。

しょう-り [ジョ]【掌理】[名][他サ]〔文章語〕とりあつかい管理すること。

じょう-り [ジョ]【条里】[名] 古代に行われた、碁盤の目のような土地や市街のくぎり。「ー制」

じょう-り [ジョ]【条理】[名] 道理。物事のすじ道。「ーの立った説明」

じょう-り [ジョ]【常理】[名]〔文章語〕ふつうの道理。

じょう-り [ジョ]【情理】[名] ❶人情と道理。人情のこもった道理。「ーをつくして説く」❷物事のすじ道。

じょう-り [ジョ]【場裏】［場×裡］[名] その物事が行われている範囲内。「社会の競争ー」

じょう-りく [0]【上陸】[名][自サ] 船や海から陸にあがること。「台風がーする」

しょう-りつ [0]【勝率】[名] 試合などに勝った割合。

しょう‐りつ ⓪【×聳立】名 自サ〔文章語〕たかくそびえたつこと。「天に―する山」

しょう‐りゃく ⓪【商略】名 商売上のかけひき。

しょう‐りゃく ⓪【省略】名 他サ 一部をはぶいて簡単にすること。**―に従う** 省略することにする。

じょう‐りゃく ⓪【上略】名 前文をはぶくこと。前略。↕中略・下略。

しょう‐りゅう ⓪【小流】名〔文章語〕小さな川。

じょう‐りゅう ⓪【上流】名 ↕中流・下流。❶川かみ。❷社会的な地位や経済力などが高い階層。

じょう‐りゅう ⓪【蒸留】【蒸×溜】名 他サ 液体を熱して蒸発させ、その気体をひやして、液体にすること。↕乾留。**―酒** 〔リュ〕名 穀物・いも・果実などの発酵液を蒸留してつくる、アルコール分の多い酒。ウオツカ・ウイスキー・焼酎(しょうちゅう)など。↕醸造酒。**―水** 〔リュ〕名 天然の水を蒸留してまじり物をとりのぞいたもの。

しょう‐りょ 〔ショ〕【焦慮】名 自サ あせって、いらいらすること。

しょう‐りょう ⓪【将領】名〔文章語〕将軍。

しょう‐りょう ⓪〔ショ〕【精霊】名 死者のたましい。霊魂。みたま。**―会(え)** 〔リョ〕名 盂蘭盆(うらぼん)。㊙秋 **―送(おく)り** 〔オ〕名 盂蘭盆の終わる日に送り火をたいたり、精霊舟をながしたりして、精霊があの世にかえるのをおくること。秋 **―棚(だな)** ⓪名 盂蘭盆に供物(くもつ)をそなえて精霊をまつるたな。秋 **―×蜻×蛉(とんぼ)** 〔ト〕名 うすばきとんぼの別名。体長五センチメートルほどのとんぼ。夏のおわりに多くみられる。**―流(なが)し** 〔ナ〕名 盂蘭盆にむかえた精霊をあの世へおくるため、精霊舟に供物やとうろうをのせ、川などにながすこと。とうろう流し。秋 **―ばった** 〔バ〕名 バッタ科の昆虫。緑色または淡い褐色。雄は飛ぶときにキチキチという音をたてるので、「きちきちばった」ともいう。秋 **―迎(むか)え** 〔ム〕名 盂蘭盆の初めの日に迎え火をたいて、精霊をむかえること。秋

しょう‐りょう ⓪【商量】名 他サ〔文章語〕考えはかること。

しょう‐りょう ⓪【渉猟】名 他サ ❶ひろくあさりまわること。「資料を―する」❷多くの書物を読みあさること。

しょう‐りょう 〔リョ〕【小量】名 形動 度量がせまいこと。狭量。

しょう‐りょう ⓪〔リョ〕【少量】名 形動(の) すこしの分量・数量。「―の塩」↕多量・大量。

しょう‐りょく ⓪【省力】名 機械化・集団化などによって人間の労働力を節約すること。「―農業」

じょう‐りょく ⓪【常緑】名 植物が一年中緑色の葉をつけていること。ときわぎ。まつ・つばき・きづたなど。↕落葉樹。**―樹(じゅ)** 〔ク〕名 常緑の木。ときわぎ。まつ・つばき・きづたなど。↕落葉樹。

しょう‐るい 〔ショ〕【生類】名 いきもの。生物。せいるい。

じょう‐るい ⓪【城塁】名 しろ。とりで。

じょう‐るり ⓪【浄瑠璃】名 室町時代に起こり、江戸時代に人形浄瑠璃として発達した三味線(しゃみせん)に合わせてかたる語り物の総称。義太夫節(ぎだゆうぶし)が完成してから、義太夫節の通称となる。

しょう‐れい ⓪【省令】名 各省大臣が出す行政上の命令。

しょう‐れい ⓪【症例】名 病気の症状の例。

しょう‐れい ⓪【×瘴×癘】名〔文章語〕(「瘴」は土地の毒気、「癘」は流行病)わるい気候・風土のためにおこる伝染性の熱病。風土病。マラリアなど。

しょう‐れい ⓪【奨励】名 他サ すすめはげますこと。「貯蓄を―する」

じょう‐れい ⓪【条例】名 ❶【条令】箇条書きにした法規。❷都道府県や市町村などの地方公共団体が制定する法。

じょう‐れい ⓪【常例】名〔文章語〕いつもの例。

じょう‐れん ⓪【常連】【定連】名 ❶いつもいっしょにいて行動する仲間。❷興行場や飲食店などに、いつも来る人たち。常客(じょうきゃく)。

しょう‐ろ 〔ショ〕【松露】名 ショウロ科の球形のきのこ。四、五月ごろ海岸の松林などにはえる。食用。春

しょう‐ろ 〔ショ〕【×捷路】名〔文章語〕(「捷」はすみやかの意)ちかみち。

ジョウロ 〔ジョ〕名 (ポルトガル語jorroからという。「如雨露」は当て字)草木に水をそそぐのに使う園芸用具。長い管の先に小さい穴をたくさんあけた筒先がある。ジョロ。夏

しょう‐ろう ⓪【鐘楼】名 寺のかねをつるしておく建物。かねつき堂。しゅろう。**―守(もり)** 〔ロ〕名 かねつき堂の番人。

じょう‐ろう ⓪【上×臈】名 ❶年功をつんだ高僧、または、上位の人。↕下臈(げろう)。❷身分の高い女官。❸貴婦人。

しょう‐ろう‐びょう‐し 〔ビョ〕【生老病死】名〔仏〕この世において人間が避けられない四つの苦しみ。生きること、老いること、病むこと、死ぬこと。四苦。

しょう‐ろく ⓪【抄録】名 他サ 要点を書き抜くこと。また、そのもの。抜き書き。抜粋。

しょう‐ろく ⓪【詳録】名 他サ くわしく書きしるすこと。また、そのもの。詳述。

じょう‐ろく ⓪【丈六】名 高さが一丈六尺(約四・八メートル)の仏像。座像の場合は八尺のもの。

しょう‐ろん ⓪【小論】名 ❶少し論じること。また、短めの論文・論説。❷〔文章語〕自分の論文・論説をかしこまって言う語。

しょう‐ろん ⓪【詳論】名 他サ くわしく論じること。くわしい論説・議論。

しょう‐ろんぶん 〔ロ〕【小論文】名 短い論文。特に、試験科目として課す課題作文。

しょう‐わ ⓪【小話】名 ちょっとした話。こばなし。

しょう‐わ ⓪【笑話】名 こっけいな話。わらいばなし。

しょう‐わ ⓪/〔ショ〕【唱和】名 自サ ❶ひとりの声に合わせ、大ぜいがとなえること。❷相手の詩歌(しいか)にこたえて詩歌をつくること。

じょう‐わ ⓪【情話】名 ❶恋愛に関する物語。❷人情のこもった話。

しょう‐わくせい 〔ワ〕【小惑星】名 主として火星と木星との軌道の間にあって、太陽のまわりをめぐっている多数の小天体。小遊星。

しょうわ‐の‐ひ【昭和の日】国民の祝日の一つ。四月二十九日。昭和の時代をかえりみ、国の将来に思いをいたす日。昭和天皇の誕生日にあたる。

しょう‐わる ⓪【性悪】名 形動 性質のわるいこと。また、その人。

じょう‐わん ⓪【上腕】名 ➡じょうはく(上膊)。

しょ‐えん ⓪【所縁】名〔文章語〕ゆかり。縁故。

しょ‐えん 〔ショ〕【諸縁】名 さまざまのいんねん。

しょ‐えん ⓪【初演】名 他サ ある演劇・音楽などを、はじめて上演・演奏すること。「本邦―」

しょ‐えん ⓪【所演】名 自他サ 演劇・演芸などを上演すること。また上演されること。

じょ‐えん ⓪【助演】名 自サ 主役をたすけて出演すること。また、その人。↕主演。

ショー 〔ショ〕〈show〉名 ❶商品などを人に見せるために陳列したもの。展示会。「ファッション―」❷音楽・おどり・寸劇などをまぜたもよおしもの。見せ物。「野外―」

じょ-おう オ【女王】名 ❶女性の王。❷王のきさき。❸皇族の一つ。三世以下の嫡男系嫡出の子孫である女子。↕王。 ―**蜂**(ばち) オ 名 社会生活を営むはちの中で、産卵能力をもつめすばち。一つの集団の中に一ぴきだけいる。㊡春

ショー-ウインドー イ〈show window〉名 人の目をひくように商品をならべておく店先のガラスまど。飾りまど。陳列まど。

ジョーカー ジョ〈joker〉名 トランプのきりふだ。ばば。

しょ-おく ジョ【書屋】名〔文章語〕❶読書するための家・へや。書斎。❷文人・蔵書家の雅号につけて用いる語。

ジョーク ジョ〈joke〉名 じょうだん。

ショー-ケース ケ〈showcase〉名 商品を陳列する棚(たな)。

ジョージア〈Georgia〉黒海に面した国。首都はトビリシ。一九九一年に解体した旧ソ連の構成国の一つ。旧称、グルジア。

ジョーゼット ジョ〈georgette〉名 ちぢみのある、うすい布地。

ショーツ ショ〈shorts〉名 ❶ショートパンツ。❷女性がはく、丈の短い下着。

ショート ショ〈short〉㊀名 野球の遊撃手。ショートストップ。㊁名自サ 電気回路の二点の間が、ひくい抵抗でつながり、大きすぎる電流が流れること。短絡。 ―**カット** カ〈short cut〉名 ❶(和製英語)短く切った髪形。❷手がるで早い方法。近道。 ―**ケーキ** ケ〈shortcake〉名 スポンジケーキを台にして、その上や重ね目に生クリーム・いちごなどをそえた洋菓子。 ―**ショート** ショ² 名〈short short storyから〉ごくみじかい小説。掌編。 ―**ステイ** テ〈short stay〉名 ❶留学生などの宿舎や一般家庭への短期間の滞在。❷在宅の要介護者を福祉施設などで短期間預かること。 ―**トラック** ラ〈short track〉名〈short track raceから〉スケート競技の一つ。一周一一一・一二㍍の短いコースで、数名が同時に滑り、順位を競う。 ―**バウンド** バ〈short bound〉名 球技で、落ちたたまが小さくはねかえること。 ―**パスタ** パ〈short ィpasta〉名(和製洋語)短いパスタ。マカロニ・ファルファッレ・コンキリエ・ペンネなど。 ―**パンツ** パ〈short pants〉名 ごくみじかいズボン。短パン。 ―**プログラム** グ〈short program〉名 フィギュアスケートで、定められた要素を取り入れた演技を時間内に行う種目。

ショートニング ショ〈shortening〉名 パンや菓子の口あたりをよくするため、材料に加えるバター状の油。植物油脂を主原料として作る。

ショー-ビジネス ビ〈show business〉名 演劇や映画など、人に見せることを目的とした娯楽産業の総称。

ショービ(ヴィ)ニスム ニ〈ᶠchauvinisme〉名 極端な愛国主義。排外主義。

ショーマン ショ〈showman〉名 ❶芸人。興行師。❷その場の効果を考えておもしろくやってみせる人。 ―**シップ** シ〈showmanship〉名 観客を喜ばせようとする芸人としての心がけ。

ショール ショ〈shawl〉名 女性用のかたかけ。㊡冬

ショー-ルーム ル〈showroom〉名 展示室。陳列室。

ショーロンポー ロ〔中・小・籠・包〕名 中国料理の点心の一つ。調味したひき肉・野菜などのあんを、スープとともに小麦粉の皮に包んで蒸したもの。

しょ-か ジョ【初夏】名 夏のはじめ。はつなつ。五、六月ごろ。㊡夏 ↕盛夏・晩夏。

しょ-か ジョ【書架】名 本だな。

しょ-か ○【書家】名 書道の専門家。

しょ-か ジョ【諸家】名 多くの人々。参考 一派をなしている専門家や名士についていう。

しょ-が ジョ【書画】名 書と絵。

じょ-か ジョ【序歌】名 ❶ことばがきをそえたうた。❷序文のかわりとするうた。

しょ-かい ○【初会】名 ❶はじめてあうこと。特に、遊女がはじめての客の相手をすること。❷はじめての会合。

しょ-かい ○【初回】名 最初の回。第一回。

しょ-かい ○【所懐】名〔文章語〕思うこと。感想。所感。

じょ-がい ○【除外】名 他サ ある範囲や規定にふくめないこと。とりのけること。「対象から―する」 ―**例**(れい) ガ 名 一般の規定にあてはまらない例。特例。

しょ-かう【初更】名〔古語〕⬇しょこう。

しょ-がかり ガ【諸掛(か)り】名 いろいろな費用。

しょ-がく ジョ【初学】名 はじめてまなぶこと。また、その人。

じょ-がくせい ガ【女学生】名 ❶女子の学生・生徒。❷もと、「女学校❶」の生徒。

しょ-かつ ○【所轄】名 他サ ある範囲を支配し管理すること。また、その範囲。「―の警察署」

じょ-がっこう ガ【女学校】名 ❶旧制の、女子の中等学校。❷女子だけを教育する学校。

しょ-かん ○【所感】名 心に感じたこと。感想。所懐。「―をのべる」

しょ-かん ○【書巻】名〔文章語〕書物。本。

しょ-かん ○【書簡】【書×翰】名 手紙。書状。 ―**箋**(せん) ○ 名 手紙を書く紙。びんせん。 ―**文**(ぶん) カ 名 手紙の文章。消息文。

しょ-かん ○【所管】名 他サ 管理すること。また、その範囲。「外務省―の事業」 ―**庁**(ちょう) カ 名 その事務などを取りあつかっている官庁。管理する役所。

しょ-がん ○【所願】名〔文章語〕ねがうところ。ねがい。

じょ-かん ○【女官】名 宮中につかえている女性。官女。宮女。にょかん。

じょ-かんさ カ【除感作】名 ⬇かんさ(感作)。

しょ-き ショ【初期】名 はじまりのころ。はじめの時期。「江戸時代の―」↕末期・終期。 ―**化**(か) ○ 名 他サ ❶コンピューターで、磁気ディスク・光ディスクなどの記憶媒体を、利用するオペレーティング・システムに合わせて、使える状態にすること。フォーマット。❷コンピューターで、出荷時の標準設定にもどすこと。 ―**設定**(せってい) セ 名 コンピューターで、出荷時に標準としてある設定。

しょ-き ○ショ【書記】㊀名 文書の記録などの事務にあたる役。また、その人。㊁名 他サ 情報を文字で記録すること。表記。 ―**官**(かん) キ 名 ❶外務省の外交官、裁判所職員などの身分の一つ。❷もと、官庁で、長官をたすけて書類作成などの事務にあたった役。 ―**局**(きょく) キ 名 労働組合などの、日常事務をあつかうところ。 ―**長**(ちょう) キ 名 書記局の最高責任者。

しょ-き ショ【暑気】名 夏の暑さ。㊡夏 ↕寒気。 ―**中り**(あたり) ア 名 夏の暑さにまけて、からだをこわすこと。暑さまけ。㊡夏 ―**払**(ばら)**い** バ 名 夏の暑さをしのぐ方法を講じること。㊡夏

しょ-き ショ【所期】名 他サ あることをしようと、かねてから心にきめること。心に期していること。「―の目的」

しょ-き ショ【庶幾】名 他サ〔文章語〕こいねがうこと。

しょき《書紀》「日本書紀」の略。

じょき-じょき ジョー (と)副 はさみでものを切るようす。また、その音をあらわす語。「布を―と切る」

しょ-きゅう ○【初級】名 最低の等級。はじめの等級。↕高級・上級・中級。

じょ-きゅう ◎【女給】名 カフェなどで、客の接待をする女性。参考 大正期から第二次大戦後まで使われたことば。現在のホステス❷に当たる。

じょ-きょ ジョ【除去】名 他サ のぞいてとりさること。

しょきょう《書経》中国の古典。五経の一つ。孔子(こうし)の編といわれる。尭舜(ぎょうしゅん)の時代から秦(しん)の初期までの古記録をまとめたもの。尚書(しょうしょ)。書。

しょ-ぎょう ◎【所行・所業】名 しわざ。おこない。よくない意味に使うことが多い。「許し難い―」

しょ-ぎょう ショ【諸行】名〔仏〕宇宙にあるいっさいのもの。**―無常**(むじょう) ショ 名 宇宙におきるすべての現象はつねに移りかわり、不変のものはないという、仏教の根本思想。

じょ-きょう ◎【助教】名 大学、高等専門学校の職階の一つ。准教授の下。

じょ-きょうじゅ キョ【助教授】名 大学・高等専門学校で、教育や研究をする、教授につぐ職。現在は准(じゅん)教授という。

じょ-きょく ジョ【序曲】名 歌劇などの開幕前や組曲の最初に演奏される楽曲。オーバーチュア。↕終曲。

じょ-きん ◎【除菌】名 他サ 細菌をとりのぞくこと。「―スプレー」⇩殺菌 参考

ジョギング ◎〈jogging〉名 健康や体力維持のために、ひとりで戸外をゆっくり走ること。

しょく【色】造 ❶いろ。「原色・着色・保護色」❷ようす。ありさま。「異色・古色」「地方色ゆたか」❸かおいろ。表情。「顔色(がんしょく)・気色・容色」❹性的な欲情。「好色・酒色」〔別音しき｜色〕

しょく【拭】造 ぬぐう。ふく。「払拭(ふっしょく)」

しょく【植】造 ❶うえる。うわる。「植樹・植生・植物・移植・腐植」❷開拓のために移住する。「植民・入植」❸活字を組む。「植字(しょくじ―ちょくじ)・誤植」

しょく【殖】造 ❶ふえる。ふやす。「殖産・生殖・増殖・繁殖・利殖」❷開拓のために移住する。「殖民・拓殖」

しょく【触】造 ❶ふれる。さわる。「触角(しょっかく)・触覚・接触・抵触」❷きっかけとなる。「触媒・一触即発」

しょく【飾】造 かざる。きかざる。「虚飾・修飾・装飾・服飾・粉飾」

しょく【嘱】造 ❶たのむ。言いつける。「嘱託・嘱命(しょくめい―ぞくめい)・委嘱・付嘱」❷かける。期待する。「嘱望・嘱目」

しょく【×蝕】造 ❶むしばむ。おかす。「海蝕・侵蝕・腐蝕」❷太陽や月が欠ける。「月蝕・日蝕・皆既蝕」

しょく【織】造 おる。布をおる。「織機(しょっき)・織女・染織・紡織」〔別音しき｜織〕

しょく【×贖】造 あがなう。交換する。金品で罪を免れる。「贖罪(しょくざい)」

しょく【食】㊀◎名 造 ❶食べもの。「―の豊かな土地」「食品・食物(しょくもつ)・間食・粗食・離乳食」↕衣・住。❷食べること。食事。「秋は―が進む」「食料・飲食・大食・肉食・夕食」❸〔×蝕〕天体の運行経路が重なり、一方が欠けて見えること。「月食・日食」㊁造 ❶むしばむ。「浸食」❷やしなう。「食客(しょっかく)・食禄(しょくろく)」**食する** 自他サ **―が落(お)ちる** 食欲が落ちる。たべる量が減る。**―が進(すす)む** 食欲が出る。たくさんたべられる。**―が細(ほそ)い** 少食であるようす。**―が細(ほそ)る** 食欲がおとろえ、あまりたべられなくなる。

しょく【×燭】㊀◎名 造 ともしび。「燭台・華燭」㊁ 接尾 もとの、光度の単位。燭光。「百燭の電球」

しょく【職】㊀◎名 造 しごと。「―につく」「職員・職業・職場・職務・官職・転職・役職・管理職」㊁造 ❶てわざ。てしごと。「職工・職人」❷手先でものをつくる仕事をしている人。「植木職・左官職」

しょ-く ショ【初句】名 ❶和歌・俳句の第一句。❷詩文の第一句。起句。

しょく《蜀》❶中国の四川(しせん)省。巴蜀(はしょく)。❷古代中国三国時代の三国の一つ。蜀漢。

し-よく ◎/シ【私欲】【私×慾】名 自分の利益ばかりをはかる心。我欲。「―に目がくらむ」

じょく【辱】造 ❶はずかしめる。「汚辱・国辱・恥辱・侮辱」❷かたじけない。ありがたがる。「辱知・辱友」

じょく【×褥】造 しとね。敷物。「褥瘡(じょくそう)・産褥(さんじょく)」

しょく-あたり ◎/ア【食あたり】【食▲中り】名 食物による中毒。食傷。↕水あたり。

しょく-あん ◎【職安】名「公共職業安定所」の略。

しょく-いき ◎【職域】名 ❶職業や職務の範囲。❷職業についている場所。職場。

しょく-いく ◎【食育】名 食品や食生活、食文化について教育すること。

しょく-いん ◎【職印】名 公(おおやけ)の職をあらわす印。公印。「学校長の―」↕私印。

しょく-いん ク【職員】名 官庁・団体・学校などにつとめている人。参考 おもに公務について言う。**―録**(ろく) イ 名 国の役所などで公務についている者の職名・氏名をしるした印刷物。

しょ-ぐう ◎【処遇】名 他サ 人の待遇のしかた。

しょく-えん ク【食塩】名 食用にするしお。塩化ナトリウムが主成分。

しょく-おや ◎【職親】名 知的障害者などをあずかり、職業をおぼえさせる人。また、事業主。「―制度」

しょく-がい ◎【食害】【×蝕害】名 他サ 害虫・鳥類などが、植物・農作物を食いあらして害をあたえること。

しょく-かん ◎【食間】名 ⇩しょっかん。

しょく-がん ◎【食玩】名〔「食品玩具」の略〕菓子や飲料など、食品におまけとしてつくおもちゃ。

しょく-ぎょう ク【職業】名 暮らしてゆくためにする仕事。**―安定所**(あんていじょ) ◎/ジョ 名 職業の紹介・指導をおこなう役所。公共職業安定所。職安。ハローワーク。**―意識**(いしき) イ 名 それぞれの職業に従事する者の特別な感覚や意識。**―教育**(きょういく) キョ 名 就職する準備としておこなう教育。**―病**(びょう) ◎ 名 ある職業に従事しているうちにそれが原因でかかる病気。**―野球**(やきゅう) ヤ 名 ⇩プロやきゅう。

しょく-げ ケ【食気】名 食欲。

しょく-げん ◎【食言】名 自サ〔文章語〕〔いちど口外したことばを、また、口に入れる意〕言ったことばどおりにしないこと。約束を守らないこと。うそ。

しょく-ご ◎【食後】名 食事のあと。↕食前。

しょく-さい ◎【植栽】名 他サ 草木を植えること。また、その植物。「―計画」

しょく-ざい ◎【食材】名〔「食品材料」の変化〕料理の材料。「新鮮な―」

しょく-ざい ◎【殖財】名〔文章語〕財産をふやすこと。

しょく-ざい ◎【×贖罪】名 自サ〔文章語〕❶つみをおかした者が、かねを出してつみをつぐなうこと。つみほろぼし。❷キリストが人類にかわって十字架にかかり、人類のつみをつぐなったということ。

しょく-さん ◎【殖産】名 産業をさかんにして生産物をふやすこと。「―興業」

しょくさんじん《蜀山人》⇩おおたなんぽ。

しょく-し ショ【食思】名〔医〕たべたいと思う気持ち。食欲。

しょく-し ショ【食指】名 ひとさしゆび。**―が動**(うご)**く** ❶も

のがたべたくなる。❷してみようという気になる。

しょく-じ ⓪【食餌】名 食物。**―療法**(りょうほう) リョ 名 食べ物を調節して、病気の治療をたすける方法。参考「食事療法」とも書く。

しょく-じ ⓪【食事】名 自サ 栄養分をからだにとりいれるために、習慣として物を食べること。また、その食べ物。「―をとる」

しょく-じ ⓪【植字】名 自サ 活字をひろいならべて、組版(くみはん)をこしらえること。参考 印刷業界では「ちょくじ」ともいった。

しょくし-ないしんのう《式子内親王》➡しきしないしんのう。

しょく-しゅ ショ【触手】名 下等動物のからだにある、棒のような突起。食物をとらえたり、触角の役をしたりする。**―を伸**(の)**ばす** たくらみをもってはたらきかける。

しょく-しゅ ⓪【職種】名 職業の種類。

しょく-じゅ ⓪【植樹】名 自サ 樹木を植えること。

しょく-じゅう ⓪【職住】名 職場と住居。「―近接」

しょく-じょ ショ【織女】名 ❶はたおりの女。❷織女星。秋 **―星**(せい) ジョ 名 琴座のベガ。たなばた伝説の女主人公。たなばたひめ。秋 ↕牽牛星(けんぎゅうせい)

しょく-しょう ⓪【職掌】名 つとめ。職務。**―柄**(がら) ⓪ 名 役目上。職務上。「―そういうことにくわしい」

しょく-しょう ⓪【食傷】名 自サ ❶食あたり。❷たべあきること。❸たびたびで、いやになること。「同じ話題ばかりで―ぎみだ」

しょく-しん ⓪【触診】名 他サ 手でさわってからだを診察すること。↕聴診・視診・打診・問診。

しょく-じん ⓪【食尽】【×蝕甚】名 日食・月食で、太陽または月がいちばん大きく欠けるとき。また、その状態。

しょくじん-しゅ ジ【食人種】名 ひとくい人種。

しょく-す ⓪【食酢】名 食用とする酢。しょくず。

しょく-する ス【食する】シ・セ・サ/シ/スル/スル/スレ/シロ・セヨ 文章語 ━ 他サ 食べる。━【×蝕する】自サ 日食・月食になる。**しょく・す** 文語サ変

しょく-する ス【嘱する】他サ シ・セ・サ/シ/スル/スル/スレ/シロ・セヨ 文章語 ❶たのむ。ことづける。「友人に―」❷【×属する】のぞみをかける。「子どもの将来に―」**しょく・す** 文語サ変

じょく-せ ジョ【×濁世】名〖仏〗人心のあれすさんだ末の世。にごり汚れた世。末世(まっせ)。

しょく-せい ⓪【食性】名 動物の食べ物に対する習性。食物の種類や摂取方法など。

しょく-せい ⓪【食青】名 食品に着色するための青いこな。

しょく-せい ⓪【植生】名 ある区域に生育している植物の集団。「―図」

しょく-せい ⓪【職制】名 ❶職員の身分や職務分担に関する制度。❷官庁・会社・工場などで、役づきの職員。係長・課長以上の管理職。また、その職の人。

しょく-せいかつ セ【食生活】名 生活の中で食物に関すること。

しょく-せき ⓪【職責】名 職務上の責任。「―を果たす」

しょく-ぜん ⓪【食前】名 食事をするまえ。「―に手を洗う」↕食後。

しょく-ぜん ⓪【食膳】名 食事のとき、食器や食物をのせる台。食卓。

しょくせん-き セ【食洗機】名 汚れた食器を自動で洗って乾燥させる機械。食器洗い乾燥機。

じょく-そう ⓪【×褥×瘡・×蓐×瘡】名〖医〗〔「褥・蓐」はしとね、「瘡」はできもの〕とこずれ。

しょく-だい ⓪【×燭台】名 ろうそくに火をつけてたてる台。

しょく-たく ⓪【食卓】名 食事のとき、食器や食物をのせる台。食膳。「―につく」「―を囲む」**―塩**(えん) ク2 名 食卓におく食塩。

しょく-たく ⓪【嘱託】名 他サ ❶仕事をたのんでまかせること。❷正式の職員とせず、ある業務・事務をたのむこと。また、そのたのまれた人。**―殺人**(さつじん) サ 名 自分を殺すように本人から頼まれて殺すこと。

しょく-ち ⓪【初口】名 物事のはじめ。しょっくち。

しょく-ち ショ【諸口】名 簿記で、仕訳(しわけ)のさい、勘定科目が二つ以上になっていること。

じょく-ち ジョ【×辱知】名 文章語〔知ってもらっていることをありがたく思う意〕その人と知りあいであることの謙譲語。「―の間がら」

しょくちゅう-しょくぶつ ク2【食虫植物】名 昆虫などの小動物をとらえて養分とする植物。葉が変形した捕虫葉をもつ。食肉植物。もうせんごけ・うつぼかずら・はえとりぐさなど。

しょく-ちゅうどく チュ【食中毒】名 自サ くさった食物、毒魚・毒草・毒きのこなどをたべておこす病気。

しょく-ちょう ⓪/ク【職長】名 職場のかしら。工員の長。

しょく-つう ⓪【食通】名 食物の味覚などについていろいろ知っていること。また、その人。

しょく-てん ⓪【触点】名 皮膚にあって触覚を感じる場所。圧点。

しょく-ど ショ【×埴土】名 粘土分の多いねばつち。

しょく-どう ⓪【食堂】名 ❶食事をするへや。❷食事をさせる店。**―車**(しゃ) ド 名 列車などで、食堂になっている車両。

しょく-どう ⓪【食道】名 のどと胃をつなぐ長いくだ。

しょく-どうらく ド【食道楽】名 ➡くいどうらく。

しょく-どく ⓪【触読】名 他サ 点字などを指先でふれたり、なぞったりして読むこと。「―式時計」

しょく-にく ⓪【食肉】名 ❶動物の肉を食べること。肉食。❷食用の肉。**―獣**(じゅう) ク2 名 肉食動物。とら・ライオンなど。↕草食獣。**―植物**(しょくぶつ) ク3 名 食虫植物。

しょく-にん ⓪【職人】名 手先で物をつくる仕事をしている人。大工・左官など。**―×気×質**(かたぎ) カ 名 職人に特有の、かたくなだが、実直な性質。**―芸**(げい) ニ 名 すぐれた職人だけがもつ技術。また、ていねいで質の高い作品。**―肌**(はだ) ニ 名 自分の腕に自信を持ち、納得できる仕事だけをするような性格。

しょく-のう ⓪/ク【職能】名 ❶職務上の能力。❷職業・職務に応じた固有のはたらき。**―給**(きゅう) ノ 名 職務の遂行能力に応じた賃金をさだめておき、各人の能力を判定してこれに該当させる賃金形態。**―代表制**(だいひょうせい) ⓪ 名 職業別の団体から代表者をえらびだしておこなう代議制度。↕地域代表制。

しょく-ば ⓪【職場】名 一定の仕事をする所。職務をとる場所。「―の人間関係」**―結婚**(けっこん) ケ 名 同じ職場ではたらいている人どうしが結婚すること。

しょく-ばい ⓪【触媒】名 それ自身は化学的変化をせず、他の物質の化学的変化の速度をかえる力のある物質。

しょく-はつ ⓪【触発】━ 名 自サ 物にふれて爆発すること。「―水雷」━ 名 他サ あることにふれて感情・衝動などをひきおこすこと。「友人の勉強ぶりに―された」

しょく-パン ⓪/パ【食パン】名 主食用の四角いパン。

しょく-ひ ⓪【食費】名 食事に要する費用。

し

しょく-ひ [0]【植皮】[名][自他サ] からだの他の部分の皮膚を患部に移植すること。

しょく-ひん [0]【食品】[名] そのままで、または調理したうえで食べられる物。食料品。「生鮮―」「―衛生法」

しょく-ふ [0]【織布】[名]〔文章語〕ぬのを織ること。織ったぬの。

しょく-ぶつ [ク]【食物】[名] しょくもつ。

しょく-ぶつ [ク]【植物】[名] 草木・藻類など、生物のうちで、動物でないもの。↕動物。―園 [ツ][名] 研究や、一般の人々に見せるために、多くの種類の植物を集めて栽培してある所。―学 [ツ][名] 植物について研究する自然科学。―質 [ツ][名] ❶植物体を作っている物質。❷植物性。―性 [0][名] ❶植物体特有の性質。植物質。↕動物性。❷植物からとったものであること。「―脂肪」―性繊維 [セ][名] 植物の葉・茎からとった繊維。織物・紙などの原料。―人間 [ニ][名] 脳の機能がおかされ、からだは生きているが、意識や運動能力をうしなった人。―ホルモン [ホ][名] 植物体にあるホルモン。オーキシンなど。

しょく-ぶん [0]【食分】【×蝕分】[名] 日食・月食で、太陽または月のかける程度。

しょく-ぶん [ク]【職分】[名] 職務上の本分。職務としてなすべきつとめ。「―をわきまえる」

しょく-べに [0]【食紅】[名] 食べ物に着色するための、紅色の染料。べにばなの花弁からとる。

しょく-ほう [0]【触法】[名] 法律にふれる行いをすること。「―少年」

しょく-ぼう [0]【嘱望】【▲属望】[名][自他サ]〔「嘱」も「属」も寄せるの意〕のぞみをかけること。「将来を―される」

しょくほう-じだい [ク]《織豊時代》 織田信長と豊臣秀吉が、天下の実権をにぎっていた時代。安土桃山時代。

しょく-み [ミ]【食味】[名] 食べ物の味。

しょく-みん [0]【植民・殖民】[名][自サ] 新領土や国外の未開地に本国の人民を移住させて、土地を開かせたり、新市場をつくらせたりすること。また、その移住民。―地 [ミ][名] 移住者が開発し、本国が統治権をもつ国外の地域。

しょく-む [ショ]【職務】[名] つとめ。役目。「―を遂行する」「―上知り得た秘密」―給 [ム][名] 企業の中の職務の重要度に応じて賃金率をさだめる賃金形態。―権限 [ケ][名] 公務員や法人などの団体役員がその職務に関して有する権限。職権。―質問 [シ][名] 警察官が、挙動の不審な者などに対してする質問。職質。

しょく-めい [0]【職名】[名] ❶官職の名。❷職務・身分を示す名。❸職業の名。

しょく-もう [0]【植毛】[名][自他サ] ❶からだに毛を植えつけること。❷ブラシなどに毛を植えつけること。

しょく-もく [0]【触目】[名]〔文章語〕目にとまること。目にふれること。「―の風景」

しょく-もく [0]【嘱目】【▲属目】[名][自サ]〔文章語〕〔「属」は、そそぐの意〕❶期待をもって目をつけること。注目。❷目にふれること。「―吟」

しょく-もたれ [モ][0]【食もたれ】[名][自サ] 食物がよく消化されずに胃にとどまること。

しょく-もつ [ク]【食物】[名] 飲食物。食品。食べ物。―繊維 [セ][名] 食物の中に含まれている消化されない繊維。―連鎖 [レ][名] 自然界の生物の食うものと食われるものとの関係によるつながり。

しょく-やすみ [ヤ]【食休み】[名] 食後の休み。

しょく-ゆ [0]【食油】[名] 食用のあぶら。

しょく-ゆう [0]【食×邑】[名]〔文章語〕〔「邑」は領地〕大名・小名の領地。

しょく-よう [0]【食用】[名] 食物にできること。「―油」「―菊」―×蛙 [ガ][名] アカガエル科のかえる。北アメリカ原産。体長二〇センチメートルにもなる。食用とされ、味はあっさりしている。うしがえる。

しょく-よう [0]【食養】[名] ❶食物でからだをやしなうこと。食養生。❷食餌療法。

しょくようじょう [ヨ]【食養生】[名] 食養。

しょく-よく [0]【食欲】【食×慾】[名] 食べたいと思う気持ち。くいけ。「―をそそる」「―不振」

しょく-らい [0]【触雷】[名][自サ] 機雷や地雷に接触すること。

しょく-りょう [ク]【食料】[名] ❶食べ物。特に、主食物以外の食品。肉類・野菜類・くだものなど。「―品」❷食費。

しょく-りょう [ク]【食糧】[名] 食べ物。特に、米・麦などの主食。「―はたっぷりだ」

しょく-りん [0]【植林】[名][自サ] 山野に樹木を植えること。

じょく-れい [0]【×縟礼】[名]〔文章語〕〔「縟」はたびかさなるの意〕わずらわしい礼儀や作法。「繁文―」

しょく-れき [0]【職歴】[名] 職業上の経歴。↕学歴。

しょく-ろく [0]【食×禄】[名] 俸給。知行。

しょ-くん [ショ]【諸君】[名] 多数の人をよぶ語。みなさん。[参考] おもに男子が、同等または目下の同性に対して使う。親しみをこめた言い方。

じょ-くん [0]【叙勲】[名][他サ] 勲等をさずけ、勲章をあたえること。

しょ-け [0]【所化】[名]〔仏〕〔教化される者の意〕弟子。修行中の僧。

しょ-けい [0]【初経】[名] 最初の月経。初潮。

しょ-けい [0]【書契】[名]〔文章語〕文字で書きしるすこと。文字。書きつけ。

しょ-けい [0]【書×痙】[名] 字を書く機会の多い人が、腕けいれん・痛みなどが起こって書けなくなる病気。一種の神経症。

しょ-けい [0]【処刑】[名][他サ] 刑罰に処すること。特に、死刑に処すること。しおき。

しょ-けい [ショ]【諸兄】[名]〔文章語〕同等の多数の男性をよぶ尊敬語。↕諸姉。―姉 [ケ][名]〔文章語〕諸兄と諸姉。同等の多数の男女をよぶ尊敬語。

しょ-げい [ショ]【諸芸】[名] いろいろの芸ごと。

じょ-けい [0]【女系】[名] 母系。母方の血統。↕男系。

じょ-けい [0]【叙景】[名] けしきを詩や文に書くこと。「―文」↕叙情。

しょげ-かえ・る [カ]【しょげ返る】【×悄気返る】―かへる [自五] ラ・ロ(リ)・ッ ル・ル・レ・レ しょげこむ。「叱られて―」

しょげ-こ・む [コ]【しょげ込む】【×悄気込む】[自五] マ・モ・ミ・ン ム・ム・メ・メ すっかりしょげる。しょげかえる。「落選して―」

しょ-けつ [0]【処決】[名][他サ]〔文章語〕❶きっぱりと処置すること。❷態度や意志を決めること。

じょ-けつ [0]【女傑】[名] ちえや勇気のすぐれた女性。女丈夫。

しょ・げる [ゲ]【×悄気る】[自下一] ゲ・ゲ・ゲル・ゲル・ゲレ・ゲロ/ゲヨ がっかりして元気をなくする。「失敗してしょげている」

しょ-けん [0]【初見】[名] ❶はじめて見ること。❷はじめて会うこと。初対面。❸その楽譜をはじめて見て、すぐに演奏・歌唱すること。

しょ-けん [0]【所見】[名] ❶見たところ。見た結果。「聴診による―」❷かんがえ。意見。「―を述べる」

しょ-けん[0]【書見】名自サ〔文章語〕本を読むこと。「―台」

しょ-けん[ショ]【諸賢】代〔文章語〕多くの人をよぶ尊敬語。皆様。諸彦(しょげん)。「読者―」

しょ-げん[0]【初原・初源】名 ものの始まり。いちばん初めのもの。「ムギの―型」

しょ-げん[0]【緒言】名〔「ちょげん」は慣用読み〕まえがき。はしがき。序文。序言。

しょ-げん[0]【諸元】名 機械の性能を項目ごとに数値などで示したもの。スペック。「―表」

しょ-げん[ショ]【諸×彦】名〔文章語〕〔「彦」は男子をほめていう語〕諸賢(しょけん)。

じょ-けん[0]【女権】名 女性の社会上・政治上・法律上の権利。

じょ-げん[0]【序言】名 まえがき。序文。緒言。

じょ-げん[0]【助言】名自サ 相手のためになるようなことを言うこと。「指導教授の―を得て論文を完成する」

しょ-こ[ショ]【書庫】名 書物を入れておく建物・へや。

しょ-こ[ショ]【書×賈】名〔文章語〕本屋。書店。

しょ-こう[0]【初校】名 最初の校正。また、その校正紙。↕再校・三校。

しょ-こう[ショ]【諸公】㊀名 地位のある人々。㊁代 大ぜいの人によびかける尊敬語。みなさん。諸君。

しょ-こう[0]【諸侯】名 封建時代の諸大名。

しょ-こう[0]【×曙光】名〔文章語〕❶明けがたの光。❷前途にみえはじめた明るいきざし。「解決の―」

しょ-こう【初更】(かう)名〔古語〕五更の一。今の午後七時から九時ごろまで。初夜。甲夜。

しょ-ごう[ショ]【初号】名❶新聞・雑誌の第一号。創刊号。❷初号活字。**―活字**(かつじ)[カ]名 号数活字のうちで、いちばん大きなもの。

じょ-こう[0]【女工】名 工場ではたらく女性労働者をいった語。女子工員。

じょ-こう[0]【徐行】名自サ しずかにゆっくりと行くこと。緩行。「―運転」参考「除行」と書くのはあやまり。

じょ-ごう[0]【除号】名 割り算の符号。「÷」↕乗号。

じょこう-えき[3]【除光液】名 マニキュアやペディキュアを取り除く液。エナメルリムーバー。

しょ-こく[ショ]【諸国】名 多くのくにぐに。

じょ-ことば[3]【序▲詞】名 ↓じょし(序詞)❷。

ショコラ[ショ]〈フchocolat〉名 チョコレート。

ショコラティエ[ラ]〈フchocolatier〉名 チョコレートの専門職人・専門店。

しょ-こん[0]【初婚】名 はじめての結婚。↕再婚。

じょ-ごん[0]【助言】名自サ ↓じょげん。

しょ-さ[ショ]【所作】名❶ふるまい。しわざ。おこない。「おだやかな―」❷踊り。❸しょさごと。**―事**(ごと)[0]名❶歌舞伎(かぶき)のおもに長唄(ながうた)を伴奏にしたおどり。❷芝居に仕組まれた特殊な表情をあらわす踊り。

しょ-さい[0]【所載】名 印刷物などにのっていること。

しょ-さい[0]【書斎】名〔「斎」は、へや〕読書や執筆をするへや。**―派**(は)[0]名 理論をとくが、実際には行動しない人々。理論派。↕行動派。参考「書斉」と書くのはあやまり。

しょ-さい[0]【書債】名〔文章語〕手紙の返事や、頼まれた揮毫(きごう)のたまっているもの。「―を果たす」

しょ-ざい[0]【所在】名❶あり場所。「物の―」❷人のいる所。「―を明らかにする」**―地**(ち)[ザ]名 建物などのある所。**―ない**[ナ]形 することがなくて、たいくつだ。「―顔」

じょ-さい[0]【如才】名 てぬかり。ておち。**―ない**[ナ]形❶ぬけめがない。「―やり方」❷あいそがいい。「―応対」

じょ-さい[0]【助祭】名 カトリック教で、司祭に次ぐ者。

じょさい-や[0]【▲定斎屋】名 夏、町中を売り歩いた、暑さよけなどの薬の行商人。一対の大きな薬箱をにない、箱の引き手の音をカタカタと立てて歩く。じょうさいや。

しょ-さつ[0]【初刷】名 その版での第一回の印刷。また、その印刷物。しょずり。はつずり。

しょ-さつ[ショ]【書冊】名〔文章語〕書物。本。

しょ-さつ[0]/[ショ]【書札】名〔文章語〕かきつけ。手紙。**―礼**(れい)[ツ]名 昔、手紙の様式・書体・用語などの礼儀作法をきめた規則。公家様(くげよう)・武家様の二種があった。

しょ-さん[0]【初産】名 はじめての出産。ういざん。

しょ-さん[0]【所産】名 つくりだされたもの。「研究の―」

しょ-ざん[ショ]【諸山】名❶多くのやま。❷多くの寺。

じょ-さん[0]【助産】名 出産をたすけ、産婦・産児の世話をすること。**―師**(し)[サ]名 助産を職業とする人。もと助産婦といった。

しょ-し[ショ]【処士】名〔文章語〕民間にいて官につかえない人。在野の人。

しょ-し[ショ]【初志】名 はじめに思いたった考え・望み。「―貫徹」

しょ-し[ショ]【所思】名〔文章語〕考えている事がら。思い。

しょ-し[ショ]【書×肆】名〔文章語〕〔「肆」は店〕書店。

しょ-し[ショ]【書誌】名❶書物に関する事がらの記述。❷特定の人・題目に関する文献目録。**―学**(がく)[シ]名 書物の著者・外観・内容・成立・伝来・異本などを研究する学問。

しょ-し[ショ]【庶子】名 旧民法で、法律上夫婦でない男女の間に生まれ、父親が認知した子。↕嫡子。参考 現在の民法では、「父が認知した子」、また私生子とあわせて「嫡出でない子」という。

しょ-し[ショ]【諸氏】名 多数の人々をよぶ尊敬語。みなさん。

しょ-し[ショ]【諸姉】名〔文章語〕同等の多数の女性をよぶ尊敬語。みなさん。↕諸兄。

しょ-し[ショ]【諸子】㊀代〔文章語〕目下の人々によびかける語。諸君。㊁名「諸子百家」の略。**―百家**(ひゃっか)[ショ]=[ヒャ]名 中国で、春秋・戦国時代に現われた多くの思想家。また、その学派。

しょ-じ[ショ]【諸事】名 いろいろの事。

しょ-じ[ショ]【所持】名他サ 身にたずさえること。「―品」

じょ-し[ジョ]【女子】↕男子。㊀名❶おんなのこ。女児。「―が誕生する」❷おんな。特に、比較的若い女性。㊁名造〔学校生活における男女の区別に準じて〕主に、女児から若い成年女性までの年齢層を対象に、スポーツ選手や集団の一員として性別に注目したときの、おんな。「―行員」「―ゴルフ」参考 近年は、ややくだけた気分で女性の属性を言うことがある。**―会**(かい)[0]名〔俗語〕男性を交えず、女性だけが楽しみのために集まる催し。**―大**(だい)[0]名 女子のための大学。

じょ-し[ジョ]【女史】名 女性の学者・芸術家・政治家などをよぶ敬称。また、その名にそえる尊敬語。

じょ-し[0]【助士】名 正規の担当者の仕事をたすける人。助手。「機関―」

じょ-し[0]【助詞】名 付属語のうち活用しないもの。あることばについて、そのことばと他のことばの関係をしめしたり、限定・接続・感動などの意味をあらわしたりするもの。「が・は・より・ので・よ」など。てにをは。てには。⇩(付)品詞分類

じょ-し[0]【序詞】名❶序のことば。序言。❷和歌などで

ある語句をいいだすための修飾の語。「こせ山のつらつらつばき」はそれにつづく「つらつらに」の序詞。じょことば。❸プロローグ。

じょ-し ⓪【序詩】名 はじめにそえた詩。プロローグ。

じょ-じ [ジョ]【女児】名 おんなの子。↕男児。

じょ-じ ⓪【助字】名 漢文で語句の末尾に付属していろいろな意味をそえる文字。「乎・焉」など。助辞。

じょ-じ ⓪【助辞】名 ❶助動詞・助詞の総称。❷助字。

じょ-じ [ジョ]【序次】名〔文章語〕順序。「—をただす」

じょ-じ ⓪【叙事】名 事実・事件をありのままに述べること。「—文」↕叙情。 **—詩**し [ジ]名 民族の歴史・神話・伝説などを物語ふうに述べた詩。物語詩。エピック。↕叙情詩。

しょ-しき ⓪【書式】名 書類の一定のかき方。

しょ-しき [ジョ]【諸式・諸色】名 ❶いろいろの品物。諸品しな。❷いろいろの物の値段。「—が高くなった」

しょし-だい [シ]【所司代】名 ❶室町むろまち時代、侍所さむらいどころの長官、所司の代理をつとめた者。❷江戸時代、京都で宮中関係の事務と近畿きんき地方の政治をあつかった幕府の職。

しょ-しちにち [チ]【初七日】名 ⇒しょなのか。

じょ-しつ ⓪【除湿】名 自サ 湿気しっけをとりのぞくこと。↕加湿。 **—機**き [ツ]名 建物などの内部の湿気を吸収し、湿度を下げる機械。

しょ-しゃ [ショ]【諸車】名 いろいろのくるま。「—通行止め」

しょ-しゃ [ショ]【書写】❶名 他サ かきうつすこと。筆写。❷名 習字❷。

しょ-じゃく [ジョ]【書▲籍】名〔文章語〕書物。しょせき。

じょ-しゃく ⓪【叙爵】名 ❶爵位を授与されること。❷昔、従じゅ五位下げに叙せられること。

しょ-しゅ [ショ]【諸種】名 いろいろな種類。各種。

じょ-しゅ ⓪【助手】名 ❶そばにいて仕事を手伝い、たすける人。❷大学で、教授・准教授・助教の下の職。

しょ-しゅう ⓪【初秋】名 秋のはじめ。はつあき。(秋) ↕中秋・晩秋。

しょ-しゅう ⓪【所収】名 本などにおさめられていること。「全集—の作品」

しょ-しゅう [ジョ]【諸宗】名 いろいろな宗派。

じょ-しゅう ⓪【女囚】名 おんなの囚人。↕男囚。

しょ-しゅつ ⓪【初出】名 自サ はじめて現れること。「—の漢字」↕後出。

しょ-しゅつ ⓪【所出】名〔文章語〕❶出生しゅっしょう。生まれた土地。「—は北海道」❷出どころ。「—を明らかにする」

しょ-しゅつ ⓪【庶出】名〔文章語〕本妻ではない女性から生まれること。また、生まれた子。妾腹しょうふく。↕嫡出ちゃくしゅつ。

じょ-じゅつ ⓪【叙述】名 他サ 物ごとを順をおって述べること。「こまかな—」

しょ-しゅん ⓪【初春】名 春のはじめ。早春。(春)

しょ-じゅん ⓪【初旬】名 月のはじめの十日間。上旬。

しょ-しょ [ジョ]【処暑】名 二十四節気の一つ。八月二十三日ごろ。(秋) ⇒二十四節気(表)。

しょ-しょ [ジョ]【所所・処処】名 ところどころ。あちこち。 **—方方**ほうぼう [ジョ-ホ]名 あちらこちら。多くのところ。多くの場所・方面。方々。

しょ-じょ [ジョ]【処女】名 男と肉体関係をもったことのない女性。きむすめ。おとめ。↕童貞。 **—航海**こうかい [コ]名 新造船のはじめての航海。 **—作**さく [ジョ]名 その人のはじめての作品。 **—地**ち [ジョ]名 まだひらかれていない土地。未開拓地。 **—峰**ほう [ジョ]名 頂上まで登った人のいない山。 **—膜**まく [ジョ]名 処女の膣ちつの入り口にある膜。 **—林**りん [ジョ]名 人が手をつけていないはやし。原生林。

じょ-じょ [ジョ]【徐徐】に副 ゆるゆると。ゆっくりと。「—にすすむ」

しょ-しょう ⓪【書証】名 裁判で、書面に書いてあることを証拠とすること。↕人証。

しょ-しょう [ショ]【諸将】名 大ぜいの大将。

しょ-しょう ⓪【所掌】名 他サ ある事務が特定の機関の職務に属するものであると法令で定められていること。「環境省の—事務」

しょ-じょう ⓪【書状】名 手紙。書簡。

しょ-じょう [ジョ]【諸嬢】名 多数の未婚の女性をよぶ尊敬語。

じょ-しょう ⓪【女将】名 料理屋・待合い・旅館などのおんな主人。おかみ。

じょ-しょう ⓪【序章】名 序にあたる章。↕終章。

じょ-じょう ⓪【如上・叙上】名〔文章語〕上に述べたこと。上述。前述。上記。「—の方針」

じょ-じょう ⓪【叙情】【×抒情】名 感情を述べあらわすこと。「—文」↕叙事・叙景。 **—詩**し [ジョ2]名 感情を情緒的に述べあらわした詩。リリック。↕叙事詩。

じょじょうしょうきょくしゅう《抒情小曲集》室生犀星むろうさいせいの詩集。一九一八年刊。大正時代の代表的詩集の一つ。

じょ-じょうふ [ジョ2]【女丈夫】名 人のできないことをやりとおす意志と実行力をもった女性。

じょ-しょく ⓪【女色】名 ❶女性の色香いろか。「—にまよう」❷女性との情事。いろごと。「—にふける」

しょ-しん ⓪【初心】名 ❶初志。最初の決心。「—にかえる」「—を曲げない」❷ならいはじめで未熟なこと。 **—者**しゃ [シ]名 ならいたての人。はじめてならう人。

しょ-しん ⓪【初診】名 はじめての診察。↕再診。

しょ-しん ⓪【初審】名 裁判の第一回の審判。一審。

しょ-しん ⓪【所信】名 信ずるところ。「—を述べる」

しょ-しん ⓪【書信】名〔文章語〕たより。おとずれ。手紙。

じょ-しん ⓪【女神】名 めがみ。

しょ・す [ジョ]【処す】自他五 サ・ソ・シ・ス・ス・セ・セ ⇒しょする。

じょ-すう [ス]【序数】名 順序をあらわす数。 **—詞**し [ス]名 順序をあらわす数詞。「第一・二等・第五番」など。↕基数詞。

じょ-すう [ス]【除数】名 割り算で、ある数を割る数。↕被除数。

じょ-すうし [ス]【助数詞】名 数字につけてそのものの種類をあらわす接尾語。「一本・百台」の「本・台」など。

しょ-ずり ⓪【初刷(り)】名 ⇒しょさつ。

しょ・する [ス]【処する】シ・セ・サ・シ・スル・スル・スレ・シロ・セヨ 〔「処す(五段活用)」とも〕❶他サ ❶処置する。とりさばく。「難事を—」❷罰をきめる。科する。「死刑に—」❷自サ 身をおく。あたる。「困難に—態度」 しょ・す 文語サ変

しょ・する [ス]【書する】他サ シ・セ・サ・シ・スル・スル・スレ・シロ・セヨ〔文章語〕字などを書く。しょ・す 文語サ変

しょ・する [ス]【署する】他サ シ・セ・サ・シ・スル・スル・スレ・シロ・セヨ〔文章語〕自分の名まえを書く。しょ・す 文語サ変

じょ・する [ス]【序する】他サ シ・セ・サ・シ・スル・スル・スレ・シロ・セヨ〔文章語〕❶序文を書く。❷順序をきめる。じょ・す 文語サ変

じょ・する [ス]【叙する】他サ シ・セ・サ・シ・スル・スル・スレ・シロ・セヨ〔文章語〕❶ことばであらわす。述べる。「心中を—」❷爵・位・勲等などをさずける。「正五位に—」じょ・す 文語サ変

じょ・する [ス]【×恕する】他サ シ・セ・サ・シ・スル・スル・スレ・シロ・セヨ〔文章語〕思いやりの心でゆるす。じょ・す 文語サ変

じょ・する [ス]【除する】他サ シ・セ・サ・シ・スル・スル・スレ・シロ・セヨ〔文章語〕❶と

りのぞく。❷割り算をする。わる。↕乗ずる。ぢょ・す〔文語サ変〕

しょ-せい⓪【処世】名 よわたり。「—の術」

しょ-せい⓪【初生】名〔文章語〕❶はじめてうまれること。はじめてうむこと。❷うまれてまもないこと。—**児**(じ)〔セ〕名 うまれて間もない乳児。新生児。

しょ-せい⓪【書生】名 ❶学生。「—気分」❷他家に身をおき、その家の仕事をてつだいながら勉学する人。学僕。—**論**(ろん)〔セ〕名 実情にうとく、理論にはしりすぎる未熟な議論。

しょ-せい〔ショ〕【庶政・諸政】名〔文章語〕いろいろの方面の政治。

しょ-せい〔ショ〕【諸生】名〔文章語〕多くの生徒やでし。

じょ-せい⓪【女声】名 声楽で、おんなの声。「—合唱」↕男声。

じょ-せい⓪【女性】名 おんな。女子。ふつう成人を指す。↕男性。⇩女(おんな) 参考。—**語**(ご)⓪名 女性特有の言い回しやことば。「おぐし」「あら!」などの特定の語の使用のほか、「お茶」などの美化語の多用、語法・言い回し・発声などにもあらわれる。—**誌**(し)〔セ〕名 おもに女性読者を想定して編集された雑誌。—**的**(てき)⓪ 形動 やさしさなど女らしさをそなえているようす。「—なしぐさ」↕男性的。

じょ-せい⓪【女婿】名 むすめの夫。むすめむこ。

じょ-せい⓪【助勢】名 自サ 力をそえること。また、その人。すけだち。助力。加勢。「—を頼む」

じょ-せい⓪【助成】名 他サ 研究・事業などの完成をたすけること。「—金」

しょ-せき〔ショ〕【書籍】名 ほん。書物。図書。

じょ-せき⓪【除斥】名 他サ ❶裁判官などが不公平な裁判をするおそれがあるとして、その人を排除すること。❷法人などの清算で、期間内に届け出や申し出をしない債権者を弁済や配当から除くこと。

じょ-せき⓪【除籍】名 他サ 名簿・戸籍から名まえをのぞくこと。除名。「—処分」

しょ-せつ⓪【所説】名 説くところ。意見の内容。説。

しょ-せつ〔ショ〕【諸説】名 いろいろな意見。「—ふんぷん」

じょ-せつ⓪【序説】名 ❶本論にはいる前の論説。序論。↕本論。❷簡単な概論。参考 本格的な論述を読む前に読むべきものの意で、書名に用いる。

じょ-せつ⓪【除雪】名 自サ 積もった雪をとりのぞくこと。冬 —**車**(しゃ)〔ツ〕名 線路や道路上の雪をとりのぞく車両。ラッセル車・ロータリー車など。冬

じょ-せつ⓪【叙説】名 他サ 述べること。叙述。

じょ-せつ⓪【×絮説】名 他サ〔文章語〕(「絮」は糸のみだれる意)くどくどと述べること。縷説(るせつ)。

しょ-せん⓪【緒戦】名 (「ちょせん」は慣用読み)❶戦争・試合などがはじまったばかりのころの戦い。❷【初戦】最初の戦い・試合。第一戦。

しょ-せん⓪【所詮】副 (「詮ずるところ」の意)けっきょくは。「—負けは負けだ」参考 否定的な言い方を伴うことが多い。

じょ-せん⓪【除染】名 他サ 放射性物質や有害化学物質で汚染された土壌・施設・衣服などから汚染を取り除くこと。

しょ-そ〔ショ〕【初祖】名 ❶家系・流派の初代。❷禅宗で達磨(だるま)大師のこと。

しょ-そう⓪【所相】名 文法で、動詞の受動の相。受け身。↕能相。

しょ-そう〔ショ〕【諸相】名 いろいろのすがた・ありさま。

しょ-ぞう⓪【所蔵】名 他サ 自分のものとしてしまっておくこと。また、そのもの。「山田氏—」

じょ-そう⓪【助奏】名 伴奏のほかに加える補助の演奏。オブリガート。

じょ-そう⓪【序奏】名 楽曲の主要部分にうつるまえの導入部。イントロダクション。

じょ-そう⓪【女装】名 自サ 男が女のすがたをすること。↕男装。

じょ-そう⓪【助走】名 自サ 幅とび・高とびなどで、勢いをつけるために走ること。

じょ-そう⓪【除草】名 自サ 雑草をとりのぞくこと。

しょ-そく⓪【初速】名 物体が運動を起こしたときの、はじめの速度。

しょ-ぞく⓪【所属】名 自サ ある範囲・団体に属していること。「本部に—する人々」

しょ-ぞん⓪【所存】名 考え。思うところ。

じょそん-だんぴ〔ダ〕【女尊男卑】名 地位・権力などで、男性より女性のほうを重んじること。↕男尊女卑。

しょ-た〔ショ〕【諸他】名〔文章語〕いろいろとある、ほかのもの。「—の理由は略する」

しょ-た〔ショ〕【諸多】名〔文章語〕いろいろとたくさんあるもの。

しょ-たい〔タ〕/〔ショ〕【所帯】名 ❶身代。財産。❷家庭をもち独立して暮らすこと。「—をもつ」⇩世帯 参考。—**染**(じ)**みる**〔ミ〕自上一 所帯もちらしくなる。家庭生活の苦労が身にしみて、いきいきしたところがなくなる。—**道具**(どうぐ)〔ド〕名 家庭生活に必要な道具。たんす・食卓・なべなど。—**持**(も)**ち**〔タ〕名 ❶所帯をもっている人。❷暮らしのたて方。「—がよい」—**やつれ**〔ヤ〕名 一家の暮らしに追われてやつれること。—**を畳**(たた)**む** 一家の生活を営むことをやめる。

しょ-たい⓪【書体】名 ❶文字の形を特徴づけるスタイル。❷漢字のいろいろな様式。楷書(かいしょ)・行書(ぎょうしょ)・草書(そうしょ)など。❸活字の字形の様式。明朝(みんちょう)体・清朝(せいちょう)体・宋朝(そうちょう)体など。❹書風。

宋朝(そうちょう)体	論語
清朝(せいちょう)体	論語
明朝(みんちょう)体	論語
教科書体	論語
ゴシック	論語
アンチック	ろんご
隷書体	論語
篆(てん)書体	論語
草書体	論語
行書体	論語
楷(かい)書体	論語

書体❷❸

しょ-だい〔ショ〕【初代】名 ある系統の最初の代。また、その人。

じょ-たい⓪【女体】名 女性のからだ。にょたい。

じょ-たい⓪【除隊】名 自サ 軍隊にはいっていた兵が、軍務を解除されること。↕入隊。

しょ-たいけん〔タ〕【初体験】名 ➡はつたいけん。

しょ-たいめん〔タ〕【初対面】名 はじめて会うこと。

しょ-だち〔ショ〕【初太刀】名 最初に切りつけた、たち。

しょ-だな⓪【書棚】名 ほんだな。

しょ-だん⓪【初段】名 最初の段。特に、柔道・剣道・碁・将棋などで、最低の段位。

しょ-だん⓪【処断】名 他サ〔文章語〕さばいてはっきりさせること。裁断。「きっぱり—する」

しょ-ち〔ショ〕【処置】名 他サ ❶とりはからい。あつかい。しまつ。処理。「適切に—する」❷手当をすること。「虫歯を—する」「応急—」

しょ-ち〔ショ〕【書痴】名 ➡ビブリオマニア。

しょ-ちゅう⓪〔ショ〕【書中】名 手紙の中。手紙。「—をもって申しあげます」

しょ-ちゅう⓪【暑中】名 夏の暑い間。特に、土用の十八日間。夏 ↕寒中。参考 暑中見舞いの手紙で「暑中お見舞い申しあげます」のように用いる。なお、八月八日ごろ

の立秋をすぎたのちは、「残暑お見舞い…」と書く。―伺い ウ2 名 暑いさかりに人の安否をたずねること。また、その手紙。―休暇 キュ 名 夏休み。夏 参考 表記は「暑中伺」でもよい。―見舞い ミ 名 暑いさかりに無事かどうかをたずねたり、おくり物をしたりすること。また、その手紙。夏 参考 表記は「暑中見舞」でもよい。

じょ-ちゅう【女中】名 ━ 0 他人の家や旅館などで、家事を手伝う女性。お手伝いさん。━ 古語 ❶女性に対する敬称。❷宮中につかえる女性。殿中に奉公する女性。御殿女中。―**奉公** ボ 名 お手伝いとしてよその家につとめること。

じょちゅう-ぎく チュ【除虫菊】名 キク科の多年生植物。夏、白い花が咲く。花は殺虫剤・蚊取り線香の原料。夏

しょ-ちょう 0【初潮】名 最初の月経。初経。

しょ-ちょう 0【所長】名 「所」とよばれるところの長。

しょ-ちょう 0【署長】名 「署」とよばれるところの長。

じょ-ちょう 0【助長】名 他サ たすけてのばすこと。ある傾向・性質などに外から力をそえること。「悪習を―する」

しょっ-かい 0【職階】名 (「しょくかい」の変化)職務上の階級。―**制** 0 名 職員の職務の内容や責任の重さなどによって分けた一定の段階によって人事・給与などの事務を合理的に行おうとする制度。

しょっ-かく 0【食客】名 (「しょくかく」の変化)❶昔、他人の家で客分として暮らしていた人。❷よその家に寄食する人。いそうろう。=しょっきゃく。

しょっ-かく 0【触角】名 (「しょくかく」の変化)節足動物のもつ、つの形をした感覚器。

しょっ-かく 0【触覚】名 (「しょくかく」の変化)物にふれておこる、皮膚の感覚。

しょっ-かん 0【食間】名 (「しょくかん」の変化)❶食事と食事とのあいだ。「―に服用」❷食事をしているあいだ。参考 ❷は新しい使い方。

しょっ-かん 0【食感】名 (「しょくかん」の変化)歯ごたえや口あたりなど、食べたときの感触。「なめらかな―」

しょっ-かん 0【触感】名 (「しょくかん」の変化)❶触覚。❷さわった感じ。手ざわり。「つめたい―」

しょっ-き 0【食器】名 (「しょくき」の変化)食事用の器。

しょっ-き 0【織機】名 (「しょくき」の変化)布を織る機械。はたおり機械。おりもの機械。

ジョッキ ジョ〈jug〉名 ❶とってのある水さし。❷ビールを飲むときに使う、とってのある円筒形の入れもの。

ジョッキー ジョ〈jockey〉名 競馬の騎手。

しょっ-きゃく 0【食客】名 ⇩しょっかく。

しょっ-きり 0【初切】名 本場所以外の興行で、余興として見せる、相撲のわざを連続的にとり入れたこっけいなすもう。

しょっ-きん 0【食禁】名 (「しょくきん」の変化)病気や服薬のため、特定の食物をさしとめること。

ショッキング ショ〈shocking〉形動 ダロ・ダッ・デ・ニ/ダナ・ナラ・○ 人をおどろかせるようす。「―な事件」

ショック ショ〈shock〉名 ❶非常な驚きで、はっとすること。「その知らせに大きな―を受ける」❷急激な強い打撃。衝撃。❸[医]体内にじゅうぶん血液が供給されず、生命が危険な状態におちいること。―**死** ク 名 ショック❸によって死ぬこと。大出血・薬物・アレルギー反応など、さまざまな原因でおこる。―**療法** リョ 名 ❶精神疾患の治療法の一つ。患者に対して、電気や薬物などで強い衝撃をあたえる。❷手荒な方法で、状況を改善しようとすること。荒療治。

しょ-づくえ ヅ【書机】名 すわって読み書きをするのに使う机。ふづくえ。

しょっ-けん 0【食券】名 (「しょくけん」の変化)食堂などで、飲食物とひきかえる券。

しょっ-けん 0【職権】名 (「しょくけん」の変化)命令し処分することのできる職務上の権限。―**濫(乱)用** 0 名 公務員が職権を不当に用いること。

しょっ-こう 0【×燭光】名 (「しょくこう」の変化)❶[文章語]ともしびの光。❷電灯などの光度の旧単位。燭。一九六一年廃止。一燭光は約一カンデラ。

しょっ-こう 0【職工】名 (「しょくこう」の変化)工場ではたらく人。工員。

しょっこう-の-にしき 三【×蜀江の錦】名 ❶昔、中国の蜀地方でできたにしき。❷京都の西陣でつくるにしき。蜀錦。

しょっ-ちゅう ショ 副 いつも。たえず。しじゅう。

しょっ-つる 0【▲塩▲汁】名 秋田地方の特産で、魚を塩漬けにして作った液体調味料。「―なべ」

しょっ-てる 連語 [俗語]うぬぼれている。

ショット ショ〈shot〉名 ❶発砲。発砲に使う銃弾。散弾。❷ゴルフやテニスで、ボールを打つこと。また、打ったボール。「ティー―」❸バスケットボールでゴールに向けてボールを投げること。❹映画で、切れ目なしにうつしたフィルムのひとつづき。カット。❺洋酒の一杯分。―**ガン** ト〈shotgun〉名 散弾銃。―**グラス** ク〈shot glass〉名 洋酒をストレートで飲むための小さなグラス。―**バー** バ〈shot bar〉名 (和製英語)洋酒一杯を飲むごとに金を払う方式のバー。ワンショットバー。

しょっぱ・い パ 形 カロ・カッ・ク/イ・イ・ケレ・○ [俗語] しおからい。**しょっぱさ** 名

しょっ-ぱな 0【初▲端】名 [俗語]最初。

しょっ-ぴ・く ピ 他五 カ・コ・キ・イ/ク・ク・ケ・ケ [俗語]⇩しょびく。

ショッピング ショ〈shopping〉名 自サ 買い物をすること。―**カート** カ〈shopping cart〉名 買い物をするときに使う手押し車。ショッピングカー。―**センター** セ〈shopping center〉名 多くの種類の店があつまって、一か所で買い物ができる商店街。―**モール** モ〈shopping mall〉名 遊歩道や広場のある敷地に多数の店舗が並ぶ大規模な商業施設。モール。

ショップ ショ〈shop〉名 店。商店。「ペット―」―**ガール** ガ〈shopgirl〉名 女性の売り子。女店員。

しょ-て ショ【初手】名 はじめ。最初。「―から失敗した」

しょ-てい 0【所定】名 きめられていること。「―の場所」

じょ-てい 0【女帝】名 女性の皇帝・天皇。女王。

しょ-てん ショ【所天】名 [文章語](あおぎ、いただく人)❶妻から見て夫。❷子から見て親。❸人民から見て君主。

しょ-てん 0【書店】名 書物を売るみせ。本屋。書肆。

しょ-てん 0【書展】名 書道の展覧会。

しょ-てん ショ【諸点】名 多くの点。

しょ-でん 0【初伝】名 学問・芸道で、最初にあたえられる免許。初許し。⇔中伝・奥伝。

しょ-でん 0【所伝】名 つたえられていること。また、そのもの。「重代―の宝物」

じょ-てんいん テ【女店員】名 女性の店員。

しょ-とう 0【初冬】名 冬のはじめ。はつふゆ。冬 ⇔晩冬。

しょ-とう 0【初等】名 最初の等級。もっともひくい段階。初級。⇔中等・高等。―**教育** キョ 名 小学校の教育。⇔中等教育・高等教育。

しょ-とう ⓪【初頭】名 はじめ。最初。「三月―」

しょ-とう ⓪【×蔗糖】名 さとうきびからとる砂糖。

しょ-とう ショ【諸島】名 多くの島の集まり。「南西―」

しょ-どう ⓪【初動】名 最初に起こす行動や動作。「―捜査」

しょ-どう ⓪【所動】名〔文章語〕受け身。受動。↕能動。

しょ-どう ショ【書道】名 ❶文字を素材とする造形芸術。❷文字のかき方をまなぶこと。習字。

しょ-どう ショ【諸道】名 ❶諸方面。❷諸芸。

じょ-どうし ド【助動詞】名 付属語のうちで、活用があり、多く活用語について、その意味をおぎなったり、話し手の判断をあらわしたりする語。「行かれる・行った・行きます・行きたい・行こう」などの「れる・た・ます・たい・う」など。⇨(付)品詞分類

しょ-とく ⓪【所得】名 ❶自身のものになること。また、そのもの。収入。❷一定期間の収益・収入から、それのための必要経費をさし引いた残高。**―控除**(こうじょ) コ名 所得税の額を計算するとき、課税の対象から一定の金額をさし引くこと。また、その金額。**―税**(ぜい) ク名 一年間の所得に対し、一定の割合で課せられる国税。

しょ-とく ⓪【書×牘】名〔文章語〕てがみ。書簡。

しょ-なのか ナ【初七日】名 人が死んでからかぞえて七日目の忌日。また、その日の法事。しょなぬか。

じょ-なん ⓪【女難】名 女性関係で、男の身の上におこる災難。

じょ-にだん 三【序二段】名 相撲の番付で、力士の階級の一つ。また、その力士。「序の口」の上、「三段目」の下。

しょ-にち ⓪【初日】名 ❶興行などのはじめの日。↕千秋楽。❷第一日。「試験の―」 **―を出**(だ)**す** 相撲で、その場所になってはじめて勝つ。

しょ-にゅう ⓪【初乳】名 出産後、はじめの数日間に出る黄色っぽい乳汁。赤ちゃんにとって大切な栄養や免疫物質を含む。

しょ-にん ⓪【初任】名 はじめての任官や就職。**―給**(きゅう) 三名 就職して最初の給料。また、その金額。

しょ-にん ショ【諸人】名〔文章語〕多くの人々。

じょ-にん ⓪【叙任】名 他サ 位をさずけ、官に任ずること。

しょ-ねつ ⓪【暑熱】名 夏のきびしい暑さ。炎暑。㊐夏

しょ-ねん ⓪【初年】名 ものごとをはじめた一年め。また、ある年代の初期。「明治―の世相」 **―兵**(へい) ネ名〔旧日本陸軍で〕入隊して一年未満の兵士。

しょ-ねんど ネ【初年度】名 組織や企画などの最初の年度。「―納入金」「令和元年を―とする都市整備計画」

じょ-の-くち ⓪【序の口】名 ❶物事の初めのころ。発端(ほったん)。❷相撲の番付の最下級。また、その力士。

しょ-は ショ【諸派】名 いろいろの党派・流派。参考 報道では、衆議院の解散時に議席のなかった政党の総称として使うことがある。

しょ-ば ⓪名〔俗語〕(「ばしょ」をさかさまに言ったもの)やくざ仲間で縄張りなどをさす隠語。

じょ-は-きゅう 八【序破急】名 ❶雅楽・能楽などで、はじめ・なか・おわりの三つの、形式上・演出上の区分。❷物事のはじめ・なか・おわり。緩急の変化。

しょ-はつ ⓪【初発】名 ❶物事がはじめておこること。❷始発。

しょ-ばつ ショ【処罰】名 他サ 刑罰に処すること。

しょ-はん ⓪【初犯】名 はじめておかした罪。↕再犯・重犯。

しょ-はん ⓪【初版】名 書物の最初の出版。第一版。↕再版・重版。

しょ-はん ショ【諸般】名〔文章語〕いろいろ。もろもろ。「―の事情」

じょ-ばん ⓪【序盤】名 ↕中盤・終盤。❶碁・将棋で、勝負のはじめの段階。❷物事がはじまって、まだ間がないころ。「選挙の―戦」

しょ-ひ ショ【諸費】名 いろいろの費用。諸経費。

しょ-び・く ビ 他五〔俗語〕(「しょ」は接頭語) ❶むりにひっぱって連れていく。❷警察署へ連行する。‖しょっぴく。

しょ-ひょう ⓪【書評】名 書物の批評。

しょ-びょう ショ【諸病】名 いろいろの病気。

じょ-びらき ビ【序開き】名 はじまり。はじめ。発端(ほったん)。

ジョブ ジョ〈job〉名 ❶仕事。❷コンピューターで、作業の処理単位。

しょ-ふう ⓪【書風】名 個人や流派の特徴の出た毛筆の字のかきぶり。

しょ-ふく ⓪【書幅】名 字を書いた軸物。

じょ-ふく ⓪【除服】名 自サ〔文章語〕喪服(もふく)をぬぐこと。喪の期間がおわること。

しょ-ぶん ショ【処分】名 他サ ❶物事をしまつすること。処置。処理。「廃棄―」❷罰すること。「―を受ける」

じょ-ぶん ⓪【序文】名 論文や書物の初めに、内容の主旨や成立の由来などをしるした文。はしがき。まえがき。序。↕跋文(ばつぶん)・本文。

ショベル ショ〈shovel〉名 ❶土を掘る動力機械。「―カー」❷シャベル。

しょ-へん ⓪【初編】【初×篇】名 書物の最初の編。第一編。↕終編。

しょ-ほ ショ【初歩】名 てはじめ。初学。第一歩。「運転の―」

しょぼ・い ボ 形〔俗語〕さえない。貧相である。「―服装」

しょ-ほう ⓪【書法】名 文字のかきかた。筆法。

しょ-ほう ショ【諸方】名 ほうぼう。あちこち。

しょ-ほう ⓪【処方】名 他サ ❶手段。方法。「政界粛正の―」❷患者に対して薬をきめ、その調合法・使用法を指示すること。参考「処法」と書くのはあやまり。**―箋**(せん) ⓪名 医師の処方をしるした書きつけ。

しょ-ぼう ⓪【書房】名〔文章語〕❶書斎。❷本屋。書店。参考 書店や出版社の名前につけて使うことが多い。

じょ-ほう ⓪【叙法】名 表現のしかた。のべかた。

じょ-ほう ジョ【除法】名 割り算。除算。↕乗法。

しょぼ-く・れる ⓪ レ 自下一〔俗語〕元気がなくて、みじめなようすになる。

しょぼ-しょぼ ショ ㊀(と)副 小雨の降りつづくようす。しとしと。㊁(と)副 自サ ❶目をはっきりとひらかないで、まばたきをするようす。「―した目つき」❷気力が弱ってわびしげなようす。しょんぼり。「―と暮らしている」

しょぼ-た・れる ⓪ レ 自下一 ❶びしょぬれになる。しょぼぬれる。❷元気がなく、あわれっぽいようすになる。「しょぼたれたかっこう」

しょぼ-つ・く ⓪ ツ 自五 ❶しょぼしょぼと雨が降る。❷しょぼしょぼした目つきをしている。

しょぼ-ぬ・れる レ 自下一 ➡しょぼたれる❶。

じょ-ほん ⓪【序▲品】名〔仏〕(「品」は章のこと) ❶経典の序の部分。❷法華経(ほけきょう)二十八品(ほん)中の第一品。

しょぼん-と ボ 副 元気がなくて、みじめに見えるようす。

じょ-まく ⓪【序幕】名 ❶しばいの第一幕。↕終幕。❷

物事のはじまり。口あけ。

じょ-まく ⓪【除幕】名 銅像・記念碑などが出来あがったとき、かぶせた幕を取りのけ、はじめて公開すること。

しょ-みん ショ【庶民】名 社会を構成する中流以下の人々。収入にはあまり恵まれない階層。「—芸能」「—の知恵」「名もない—」参考「大衆」「民衆」が集団的なのに対し、「庶民」は生活者としての一人一人を指す傾向が強い。**—的** ⓪ 形動 地位や教養にこだわらず、だれとでも親しく交わるようす。「—な政治家」「—な町」

しょ-む ショ【庶務】名 いろいろな事務。「—課」

しょ-めい ⓪【書名】名 書物のなまえ。

しょ-めい ⓪【署名】名 自サ 自筆で姓名を書きしるすこと。また、書きしるされた姓名。サイン。

じょ-めい ⓪【助命】名 自サ 許して、いのちをたすけること。「—嘆願」

じょ-めい ⓪【除名】名 他サ 名簿から名をのぞくこと。団体から脱退させること。除籍。「違反者を—する」

しょ-めん ⓪【書面】名 ❶てがみ・文書の内容。❷文書。てがみ。「—で知らせる」

しょ-もう ⓪【所望】名 他サ ほしいとのぞむこと。

じょ-もう ⓪【除毛】名 他サ 薬剤などで体毛を取り除くこと。脱毛。「—クリーム」

しょ-もく ショ【書目】名 書物の目録。図書目録。

しょ-もつ ショ【書物】名 ほん。図書。書籍。

しょ-や ショ【初夜】名 ❶はじめての夜。特に、結婚当日の夜。❷〔古語〕⬇しょこう(初更)。↕後夜。❸〔仏〕初更の読経。

じょ-や ジョ【除夜】名 おおみそかの夜。一年の最後の夜。冬 **—の鐘** おおみそかの夜の十二時をはさんで寺院でつくかね。百八の煩悩を取り去る意味から、百八回つく。冬

じょ-やく ⓪【助役】名 ❶副市町村長の以前の呼び名。市・町・村長を助け、また、その代理をした上級地方公務員。❷鉄道で、駅長を助け、また、その代理をする職。

しょ-ゆう ⓪【所由】名〔文章語〕よるところ。もとづくところ。

しょ-ゆう ⓪【所有】名 他サ 自分のものとしてもつこと。また、そのもの。**—権** コ 名 法律の制限内で、物の使用・収益・処分をすることのできる権利。

じょ-ゆう ⓪【女優】名 女の俳優。女役者。↕男優。

しょ-ゆるし コ【初許し】名 琴・生け花・茶などの諸芸で、最初にあたえられる免許。はつゆるし。↕中許し・奥許し。

しょ-よ ショ【所与】名〔文章語〕あたえられること。また、そのもの。「—の条件」

しょ-よう ⓪【所用】名 ❶用事。用件。「—で外出」❷入用。必要。「—があって拝借」

しょ-よう ⓪【所要】名 必要とすること。「—日数」

しょ-り ショ【処理】名 他サ とりはからってしまつすること。処置。「うまく—する」

しょ-りゅう ⓪【庶流】名〔文章語〕↕嫡流。❶庶子の系統。❷分家や別家をした家すじ。

しょ-りゅう ショ【諸流】名 多くの流派。「能楽の—」

じょ-りゅう ⓪【女流】名 女性。「—作家」参考 多く、男性とならんで活動している人物に言う。

しょ-りょう ⓪【所領】名 領有の土地。領地。

しょりょう-ぶ リョ【書陵部】名 宮内庁の一部局で、もとの図書寮と諸陵寮とを合わせたもの。

しょりょう-りょう リョー【諸陵寮】名 もと、天皇・皇后の墓に関することをつかさどった、宮内省の一部局。

じょ-りょく ⓪【助力】名 自サ てつだうこと。応援。加勢。「—を仰ぐ」

しょ-りん ⓪【書林】名〔文章語〕❶多くの書物のある所。❷本屋。書店。参考 多く書店の名称に接尾語的につける。

しょ-るい ⓪【書類】名 かきつけ。文書。**—送検** ソ 名 他サ 罪状が軽く、また証拠隠滅の恐れがない時などに、その被疑者の調書を検察庁へ送ること。

ショルダー ショ〈shoulder〉名 ❶肩。また洋服の、肩をおおう部分。❷「ショルダーバッグ」の略。**—バッグ** バ〈shoulder bag〉名 肩にかける型のバッグ。

じょ-れい ⓪【除霊】名 人や物に取りついた霊を取り除くこと。

じょ-れつ ⓪【序列】名 順序。順位。

じょ-れん ⓪【×鋤×簾】名 土・砂・小石などをかきあつめる、柄の長い用具。

じょれん

ジョロ ジョ【如露】名 ⬇ジョウロ。

じょ-ろう ⓪【初老】名 ❶四〇歳のこと。❷老人になりかけの年ごろ。

しょ-ろう ⓪【所労】名〔文章語〕病気。つかれ。

じょ-ろう ロ【女郎】名 遊女。**—×蜘×蛛** グ 名 くもの一種。雌は腹部に黄色や青黒色のしま模様がある。夏

しょ-ろん ⓪【所論】名〔文章語〕意見。

しょ-ろん ⓪【緒論】名〔「ちょろん」は慣用読み〕初めに述べる、総括的な、または、手がかりを示す論。序論。↕本論・結論。

じょ-ろん ⓪【序論】名 序説。緒論。↕本論。

しょ-わけ ショ【諸訳】名 ❶こみいった事がら・事情。❷いろいろな入り用のかね。

ジョン-ブル ジョ〈John Bull〉名 英国人。典型的な英国人をいう。

しょん-ぼり ボ (と)副 自サ〔俗語〕元気のないようす。

しら【白】㊀ シ 名 知らないふりをすること。しらばくれること。「—を切る」㊁ 造 ❶白い。しろ。「白壁」「白梅」「白糸」❷色や味をつけず、もとのままのきじである。「白木」「白焼き」

しら-あえ ⓪/ラ【白あえ】【白▲和え】名 白みそと、とうふや白ごまをすりまぜたもので、にんじん・こんにゃくなどをあえた料理。

じ-らい ⓪【地雷】名 地中にうずめて、その上を人や戦車が通ると爆発するように仕掛けた爆薬。地雷火。**—原** ラ 名 ❶多くの地雷が埋められている地帯。❷〔❶から転じて〕潜在的な危険が多くあり、警戒すべき状態にあること。

じ-らい ジ【×爾来】副〔文章語〕そののち。以後。以来。

しら-うお ⓪/ラ【白魚】名 シラウオ科の海水魚。体長約一〇センチメートルで、白色半透明。春、河口をさかのぼる。食用。春

しら-が ガ【白髪】名 白くなった頭髪。銀髪。**—昆布** コ 名 かみの毛のように、細くけずった白いこんぶ。食用。

しら-かし ⓪【白×樫】名 ブナ科の常緑高木。木質は白みをおびてかたく、器具・薪炭用。

しら-かば ⓪【白×樺】名 カバノキ科の落葉高木。樹皮は白い。寒い土地にはえる。かば。しらかんば。花は春

しらかば《白樺》文学・美術の同人雑誌。一九一〇年から一三年まで刊行された。武者小路実篤・有島武郎・志賀直哉などが中心で、人道主義的傾向を持つ。美術では岸田劉生らが関係した。

しら-かべ ⓪【白壁】名 ❶しっくいで塗った白い壁。しろ

かべ。❷〔古語〕(女房ことばから)とうふのこと。おかべ。

しら-かみ [ラ]【白紙】[名] ❶白い紙。はくし。❷何も書いてない紙。

しら-がゆ [0]【白がゆ】【白×粥】[名] まぜものをしない、白米だけでつくったかゆ。

しらかわ-よふね [ヨ]【白川夜船】(しらかは) [名] ぐっすり寝こんで、何もわからないこと。[参考]京都を見たふりをしていた者が、京都の白川のことを聞かれて川の名と思い、夜、船で通ったから知らないと答えたということから。

しら-かんば [カ]【白×樺】[名] ⬇しらかば。

しら-き [0]【白木】[名] 塗料を塗らない、きじのままの木材。

しらぎ《新羅》 四世紀中ごろ朝鮮半島の南東部におこり、九三五年に高麗(こうらい)に滅ぼされた国。三韓(かん)の一つ。

しら-ぎく [ラ]【白菊】[名] ❶白い花の咲く菊。[秋] ❷襲(かさね)の色目(いろめ)の名。表は白色で、裏は蘇芳(すおう)。

しら-く [0]【刺×胳】[名][他サ] 漢方で、静脈を切って、悪い血をとる手術。瀉血(しゃけつ)。

しら-くも [0]【白雲】[名] 白く見える雲。はくうん。しろくも。**ーの** [枕] 白雲がもくもくと立ち、また切れ切れに絶えるさまから、「たつ」「絶ゆ」などにかかる。「白雲の絶えにし妹(いも)を」〈万葉〉

しら-くも [0]【白×癬】[名] 白癬(はくせん)菌が寄生して、こどもなどの頭にできる伝染性の皮膚病。はくせん。

しら・ける [ケ]【白ける】[自下一](ケ|ケ|ケル|ケル|ケレ|ケロ・ケヨ) ❶色があせて白くなる。❷興がさめて気まずくなる。「座が━」

しら・げる [ゲ]【▲精げる】[他下一](ゲ|ゲ|ゲル|ゲル|ゲレ|ゲロ・ゲヨ) 玄米(げんまい)をついて白くする。精白する。**しら・ぐ** [文語下二]

しら-こ [0][コ]【白子】[名] ❶先天的に色素が欠乏して、皮膚・頭髪などの白い人。また、有色動物で全身が白くなったもの。しろこ。❷おすの魚のはらの中にある、乳白色の精巣のかたまり。

しら-さぎ [0]【白×鷺】[名] 羽の白いさぎの総称。

しら-さや [0]【白ざや】【白×鞘】[名] 白木で作った刀のさや。

しら-じ [0]【白地】[名] ❶かわら・陶器などの、まだ焼かないもの。❷⬇しろじ。

しらしめ・す【知らし召す】[他四]〔古語〕天皇が天下をお治めになる。「天の下しらしめしける天皇(すめろぎ)の」〈万葉〉

しらしめ-ゆ [ヌ]【白絞(め)油】[名] ❶なたね油を精製したあぶら。❷だいず・わたの実(み)から精製したあぶら。

しら-しら [シ1][シ2]【白白】[と][副] 夜が明けて、空がだんだんとあかるくなるようす。しらじら。**ー明(あ)け** [0][名] 夜がしだいに明けて、あたりがあかるくなるころ。明けがた。

しらじらし・い [シ2]【白白しい】[形](カロ|カッ・ク|イ|イ|ケレ|○) 本心でないことが見えすいている。しらばくれるようす。「━うそ」 **白白しさ** [名] **しらじら・し** [文語シク]

しら-す [0]【白子】[名] いわし・にしん・あゆ・うなぎなどの幼魚。食用。[春] **ー干(ぼ)し** [0][名] かたくちいわしのしらすをゆでてほしたもの。ちりめんじゃこ。[春]

しら-す [0]【白州】【白×洲】[名] ❶[0]玄関先・庭先などの白い砂の敷いてある所。❷[0][シ]能舞台と観客席との間の、砂利をしきつめた所。⇩能舞台(図)。❸[0]江戸時代、奉行所(ぶぎょうしょ)で罪人をとりしらべた所。法廷。

しら-す [0]【白×砂】[名] 火山灰や軽石から成る土地。凝集力がよわく、大雨にあうと土砂くずれをおこしやすい。

しら・す【知らす】 ━ [0][他五](サ・ソ|シ|ス|ス|セ|セ) ⬇しらせる。━ [連語]〔古語〕(「す」は尊敬の助動詞)お治めになる。しろす。「天(あめ)の下知らしいませと」〈万葉〉

じら・す [ラ]【▲焦らす】[他五](サ・ソ|シ|ス|ス|セ|セ) 相手の期待することをわざとおくらせて、いらいらさせる。じれるようにしむける。じれさせる。

しらず-しらず [シ2]【知らず知らず】【▲不▲知▲不▲識】[副] 知らないうちに。無意識のうちに。

しら-せ [0]【知らせ】【▲報せ】[名] ❶知らせること。通知。報知。通報。「よい━が届いた」❷きざし。まえぶれ。前兆。「虫の━」

しら・せる [0]【知らせる】【▲報せる】[他下一](セ|セ|セル|セル|セレ|セロ・セヨ) 〈「知らす」(五段活用)とも〉❶知るようにする。❷通知する。報告する。**しら・す** [文語下二]

しら-た [0]【白太】【白▲材】[名] 材木の外がわの白い部分。辺材。⇔赤身。

しら-たき [0]【白滝】[名] ❶[0]白く見える滝。❷[ラ]細いいとごんにゃく。

しら-たま [0]【白玉】[名] ❶白色の玉。真珠。❷白玉粉をこねてむしたり、ゆでたりした小さなだんご。[夏] ❸しらたまつばき。**ー粉(こ)** [マ][名] もち米をくだき、水にさらしたのち、かわかした粉。寒中の水でさらしたものは、かんざらし粉ともいう。**ー×椿(つばき)** [ツ][名] 白い花の咲くつばき。[春]

しら-ちゃ・ける [ケ]【白茶ける】[自下一](ケ|ケ|ケル|ケル|ケレ|ケロ・ケヨ) 色があせて白くなる。しらっちゃける。

しら-つち [0]【白土】[名] ❶白色の土。❷陶器の原料になる白い粘土。❸しっくい。

しらっ-と [ラ][副][自サ] ❶しらけているようす。「━した空気」❷意に介さないようす。

しらっ-ぱく・れる [0][レ][自下一](レ|レ|レル|レル|レレ|レロ・レヨ) ⬇しらばくれる。

しら-つゆ [0][ラ]【白露】[名] 光って白く見える露。[秋] **ーの** [枕]「消(け)」「置く」などにかかる。

しら-とり [ラ]【白鳥】[名] 羽の白い鳥。はくちょう。

しら-なみ [0]【白波】【白▲浪】[名] ❶あわだって白く見える波。❷〔古語〕(昔、中国で、盗賊が住んでいた地名「白波谷(はくはこく)」から)どろぼう。盗賊。「━五人男」 **ーの** [枕]「よる」「かえる」などにかかる。**ー物(もの)** [0][名] 盗賊を主人公とした歌舞伎(かぶき)劇。

しら-に [0]【白煮】[名] しょうゆを使わず、塩味だけで煮ること。また、煮たもの。うしお煮。

しら-に【知らに】[連語]〔古語〕(「に」は打ち消しの助動詞「ず」の連用形の古い形)知らないで。知らないので。「行くへをしらに」〈万葉〉

しらぬ-い [0][ラ]【▲不▲知▲火】(ひ) [名] 夏の夜、九州の有明海(ありあけ)・八代海(やつしろ)の海上にあらわれる無数の光。漁船の灯火の屈折反射という。[秋] **ー型(がた)** [0][名] 横綱の土俵入りの型の一つ。四股(しこ)のあと、徐々にせり上がるとき、両腕を横いっぱいに広げる。第八代横綱の不知火諾右衛門(だくえもん)と、その弟子、第十一代横綱の不知火光右衛門(こうえもん)が始めたといわれる。⇔雲竜(うんりゅう)型。

不知火型

しら-ぬい【白縫】(ぬひ) [枕]「筑紫(つくし)」にかかる。しらぬいの。

知(し)らぬ顔(かお)の半(はん)▲兵▲衛(べえ) 知っていながら知らないふりをすること。「━をきめこむ」

知(し)らぬが仏(ほとけ) 知れば腹もたつが、知っていないから、心のひろい仏のように許していられる。

しら-は [0]【白刃】[名] さやからぬいた刃。抜き身。はくじん。

しら-は [0]【白羽】[名] 白い矢ばね。**ーの矢(や)が立(た)つ** 多くの中からえらびだされる。また、ねらいをつけられる。[参考]伝説で人身御供(ひとみごくう)を求める神が、選ばれたものの家に白羽の矢を立てると言われたことから。

しら-は [ラ]【白歯】[名] ❶白くて美しい歯。❷未婚のむすめ。参考 昔、結婚した女が、歯をくろく染めたことから。

しら‐はえ ⓪【白はえ】【白▲南▲風】名 文章語 ❶梅雨のあけるころから吹く南風。夏 ↕黒はえ。❷八月ごろ吹く南西風。

しら‐ばく・れる レ 自下一 レ|レ|レル|レル|レレ|レロ・レヨ 知っているのに、知らないふりをする。知らぬ顔をする。しらをきる。しらっぱくれる。しらばっくれる。「しらばくれてもむだだ」

シラバス シ|ラ〈syllabus〉名 大学などで、講義内容や授業計画の概要を記したもの。

しら‐はた ⓪【白旗】名 ❶白色の旗。❷源氏の旗。↕(平氏の)赤旗。❸降服のしるしの白色の旗。「―をかかげる」‖しろはた。

しら‐ばっく・れる レ 自下一 レ|レ|レル|レル|レレ|レロ・レヨ ⬇しらばくれる。

しら‐はり ⓪【白張(り)】名 ❶古語 下僕などが着た、のりをかたくつけた白いかりぎぬ。白丁(はくちょう)。❷白張りぢょうちん。―▲提▲灯(ちょうちん) チョ 名 葬式に使う白紙で張ったちょうちん。

しら‐びょうし ビョ【白拍子】名 ❶平安時代末期におこった歌舞。また、それを舞った遊女。❷雅楽の拍子の一種。

しら‐ふ シ【▲素▲面】名 酒を飲まないとき。また、そのときの状態。「―では歌えない」

ジラフ ジ〈giraffe〉名 ⬇きりん(麒麟)。

シラブル シ〈syllable〉名 音節。

しらべ べ【調べ】名 ❶研究・調査すること。❷点検。❸捜査。❹尋問。「―を受ける」❺音律の調子をあわせること。整調。❻詩歌(しいか)などの調子。「悲痛な―」❼調べがわ。

しらべ‐の‐お オ【調べの緒】を|名 小鼓の両面のふちにかけて、胴にゆいつけるひも。しめぐあいで調子をととのえる。

しらべ‐もの ⓪|ノ【調(べ)物】名 (文書などを)調査・研究すること。

しら・べる べ【調べる】他下一 べ|べ|べル|べル|べレ|べロ・べヨ ❶不明な点、不確かな点などを明らかにするために、観察したり、問いただしたり、比較したりして考える。㋐調査する。研究する。「ここ十年間の人口の動きを―」「郷土の歴史を―」㋑検査する。捜査する。「レントゲンで胃を調べてもらう」「所持品を―」㋒尋問する。「容疑者を―」❷楽器の音律を整え合わせる。また、演奏する。「琴を―」 しら・ぶ 文語下二

しら‐ほ ⓪【白帆】名 船の白い帆。また、白い帆を張った船。

しら‐まゆみ マ【白真弓】名 白木のまゆみの木でつくった弓。

しらみ ⓪【×虱】名 シラミ目(もく)の小形の昆虫の総称。哺乳(ほにゅう)動物の皮膚などに寄生し、吸血する。夏

しらみ‐つぶし ツ【しらみ潰し】【×虱潰し】名 物事を片はしからこまかく、ておちなくするようす。「―に調べる」

しら・む ラ【白む】自五 マ|ミ・ン|ム|ム|メ|メ 白くなる。特に、夜が明けて空があかるくなる。「東の空が―」

しら‐やき ⓪【白焼(き)】名 魚肉などを、何もつけないでそのまま焼くこと。また、焼いたもの。「うなぎの―」

しら‐ゆき ラ【白雪】名 白い雪。はくせつ。冬

しら‐れる【知られる】連語 ❶自然にわかる。「様子が―」❷隠していたことがあらわになる。「親に―」❸有名になる。「梅の名所として―」

しらん‐かお ラ【知らん顔】かほ|名 (「知らぬ顔」の変化)知っていても、そんな事は知らないという顔つき。

しらん‐ぷり ラ【知らん振り】名 自サ 知っているのに、知らないそぶりをすること。しらんふり。

しり【尻】【×臀】㊀リ 名 ❶肛門(こうもん)のそばの肉の豊かな部分。人体では、腰の後下部。けつ。ヒップ。❷器物の底の下面。「茶わんの―」❸うしろ。「―を向ける」❹和服のうしろのすそ。「―をからげる」❺あとの端(はし)。㋐物事の終わりや最後。「―から数える」㋑長いもののはし。「なわの―」㋒移動するもののうしろの方。「みんなの―について行く」❻あとしまつすべき事。「―を持ちこまれる」㊁造 じり。底・下・終わりの部分。「言葉―」「帳―」「鍋―」「幕―」 **―が青(あお)い** 経験が浅く未熟である。けつが青い。**―が暖(あたた)まる** 同じ場所に長い間いる。**―が重(おも)い** さっさと立ち上がらない。なかなか行動にでない。**―が軽(かる)い** ❶気軽に行動にでる。❷かるがるしい行動をする。❸女がうわ気であること。**―が長(なが)い** 長居をする。**―が来(く)る** 苦情などをもちこまれる。**―から抜(ぬ)ける** すぐに忘れてしまう。**―が割(わ)れる** 悪事などがわかってしまう。**―に敷(し)く** 妻が夫をおさえて、かってにふるまう。「亭主を―」 **―に火(ひ)が付(つ)く** 事がさしせまって、おちついていられなくなる。**―に帆(ほ)を掛(か)ける** さっさと逃げだすようす。**―を据(す)える** 腰をおちつける。腰をすえる。**―を×叩(たた)く** はげます。せき立て、さいそくする。**―を拭(ぬぐ)う** あとしまつをする。しりぬぐいをする。**―をまくる** どうでもよいと、居直る。反抗的な態度を取る。**―を持(も)ち込(こ)む** 事件の苦情やあとしまつをもちこむ。

し‐り シ【私利】名 自分だけの利益。「―をはかる」「―私欲」

じ‐り ジ【事理】名 ❶文章語 物事のすじみち。わけ。道理。「―をあきらかにする」❷〖仏〗さまざまの現象(事)と唯一絶対の真理(理)。

シリア《Syria》地中海東岸の共和国。一九四六年独立。首都はダマスカス。正式国名はシリア‐アラブ共和国。

しり‐あい ⓪【知(り)合(い)】あひ|名 つきあって知りあっていること。また、その人。知人。ちかづき。「―をたずねる」

しり‐あ・う ア【知(り)合う】あふ|自五 ワ・オ|イ・ッ|ウ|ウ|エ|エ|○ お互いに知る。「旅先で―」 **知り合える** 自下一[…できる]

しり‐あがり ア【尻上(が)り】名 ❶しりのほうが上がること。↕尻下がり。❷あとになるほど好調になること。「ことしの貿易は―だ」❸語尾の音調が高くなること。「―に発音する」❹器械体操の一つ。両手でぶらさがり、両足を上げ、しりの方から先に一回転して鉄棒の上にあがること。さかあがり。

シリアス シ〈serious〉形動 ダロ|ダッ・デ・ニ|ダ|ナ|ナラ|○ ❶まじめで真剣なようす。「―な映画」❷重大で深刻なようす。

しり‐あて ア【尻当(て)】名 ❶和服の、しりにあたる部分のうらにつける布。いしきあて。❷子どものズボンなどの、しりにあたる部分のおもてにつける布。

シリアル シ〈cereal〉名 穀物を加工し、簡単な食事ができるようにした食品。オートミール、コーンフレークなど。牛乳をかけて食べる。

シリアル シ〈serial〉名 ❶雑誌・テレビなどの連続物。連載。❷連続していること。「―ナンバー」

シリーズ リ〈series〉名 ❶連続物の映画・テレビ番組。❷連続物の出版物。叢書(そうしょ)。「学習図鑑―」❸野球・プロレスリングなどで、ひきつづく数試合。「日本―」

しり‐うま ⓪【尻馬】名 他の人が乗っている馬のうしろの部分。**―に乗(の)る** よく考えもしないで、人のあとについて行動する。かるはずみに人にしたがう。

しり‐え オ【後▲方】しりへ|名 古語 うしろ。うしろのほう。↕まえ。

しり‐お オ【尻尾】を|名 しっぽ。

しり‐おし オ【尻押し】名 あと押し。後援。

じり-おし ０【じり押し】名 ❶じりじりと、すこしずつ押すこと。❷ねばり強く事をすすめること。
しり-おも ０【尻重】名 形動 なかなか行動にでないこと。また、その人。↕しり軽。
しり-がい リ【×鞦】名 (「しりがき」の変化) 鞍(くら)から馬の尾にまわしてかけるひも。↕おもがい。
しり-からげ カ【尻からげ】【尻×紮げ】名 着物のうしろのすそを帯にはさむこと。しりはしょり。
しり-がる ０【尻軽】名 形動 ❶気軽に行動にでること。また、その人。↕しり重。❷行動のかるがるしいこと。かるはずみ。❸女のうわ気なこと。
じ-りき ０【地力】名 もともと持っているちからや能力。
じ-りき ０【自力】名 自分のちから。「—で立ちなおる」↕他力。**—宗**(しゅう) キ 名 仏の力にたよらず、自分の力でさとりをひらくことをたてまえとする宗派。天台宗・禅宗など。↕他力宗。
しり-きれ ０【尻切れ】名 ❶しりが切れていること。また、そのもの。「—ぞうり」❷終わらないのに中止すること。「話は—のまま終わった」 **—×蜻×蛉**(とんぼ) ト 名 物事が完成せず、中途で切れていること。
しり-くせ ０【尻癖】名〔俗語〕❶大小便をもらすくせ。❷だらしなく性的関係をもつくせ。「—が悪い」
しりくらえ-かんのん カ【尻食え観音】—しりくらへ 名〔俗語〕恩を忘れ、あとはどうなろうとかまわないこと。
シリコ(ー)ン シ〈silicone〉名 珪酸(けいさん)を主にし、炭素・水素などと結合させて作った化合物。電気を絶縁し、水をよくはじく。
しりこそばゆ・い コ【尻こそばゆい】形 カロ|カッ・ク|イ|イ|ケレ|〇 (しりがくすぐったい)意外なほめ方をされたりして、はずかしくて、じっとしていられない。しりこそばい。
しりこ-だま ０【尻子玉】名 肛門(こうもん)にあると考えられた玉。河童(かっぱ)にこれを抜かれると、ふぬけになると考えられていた。
しり-ごみ ０【尻込み】【▲後込み】名 ❶おそれて、あとへさがること。❷心配になって、何かをするのをためらうこと。「—をする」
しり-さがり サ【尻下(が)り】名 ↕尻上がり。❶しりのほうが下がること。❷あとになるほど調子がわるくなること。
じり-じり ジ1 ぢりぢり ㊀(と)副 ❶少しずつ力強くせまるようす。じわじわ。「—攻めていく」❷太陽が照りつけるようす。❸肉やあぶらが焼ける音をあらわす語。㊁(と)副 自サ 心がいらだつようす。「—しながら待つ」
しり-すぼみ ス【尻すぼみ】【尻×窄み】名 ❶口が広くて、しりのほうが細く小さくなること。❷はじめは勢いがよいが、あとになっておとろえること。しりすぼまり。
しりぞ・く ゾ【退く】自五 カ・コ|キ・イ|ク|ク|ケ|ケ ❶あとへさがる。うしろへひく。ひきさがる。↕進む。❷職をやめる。
しりぞ・ける ケ【退ける】【▲斥ける】他下一 ケ|ケ|ケル|ケル|ケレ|ケロ・ケヨ ❶うしろへさがらせる。❷おいはらう。おしのける。「反対者を—」❸ことわる。「要求を—」❹地位をおとす。撃退する。 **しりぞ・く** 文語下二
じり-だか ０【じり高】—ぢり 名 相場がしだいに上がること。↕じり安・じり貧。
し-りつ シ【市立】名 市が設立すること。また、そのもの。参考「私立」とまぎらわしいので「いちりつ」ともいう。
し-りつ シ【私立】名 ❶個人が設立すること。また、そのもの。↕国立・官立・公立。参考「市立」とまぎらわしいので「わたくしりつ」ともいう。❷「私立学校」の略。
じ-りつ ジ【×而立】名〔文章語〕三十歳のこと。参考「論語」の中の「三十にして立つ(三十而立)」から。⇩年齢(表)。
じ-りつ ０【自立】名 自サ 自分の力で独立すること。一本だち。ひとりだち。「勤めをやめて—する」 **—語**(ご) ０ 名 ある観念をあらわし、単独で文節をつくることのできる単語。助詞・助動詞以外の単語の総称。詞。↕付属語。
じ-りつ ０【自律】名 自サ 他にしばられず、自分で自分をとりしまること。↕他律。 **—神経**(しんけい) シ 名 不随意筋の運動や腺(せん)の分泌(ぶんぴつ)などを、自動的に調節する役目をもつ神経。 **—神経失調症**(しんけいしっちょうしょう) シ1チョ 名 呼吸・循環・消化など、自律的にはたらく機能の調節に変調をおこす症状。
じ-りつ ０【侍立】名 自サ〔文章語〕貴人のそばにつき従って立つこと。
しりっ-ぱしょり パ【尻っぱしょり】【尻っ▲端▲折】名 しりからげ。しりはしょり。
しり-とり ト【尻取(り)】名 前の人の言ったことばの終わりの音をとって、それではじまる新しいことばを順々に言いあう遊び。しりとり文句。
しり-ぬ・く ヌ【知り抜く】他五 カ・コ|キ・イ|ク|ク|ケ|ケ じゅうぶんに知る。「事情を—」
しり-ぬぐい ヌ【尻拭い】—ぬぐひ 名 他人の失敗・不始末のあとしまつ。「—に奔走する」
しり-ぬけ ０【尻抜け】名 ❶聞くはしからすぐ忘れること。そういう人。❷手ぬかりがあること。❸しまりのないこと。しめくくりのないこと。
しり-はしょり ハ【尻はしょり】【尻▲端▲折】名 しりからげ。
しり-びと ０【知り人】名 知りあい。知人(ちじん)。
じり-ひん ０【じり貧】—ぢり 名 ❶じりじりと貧乏(びんぼう)になること。しだいに悪い状態になっていくこと。❷相場がしだいに下がること。じり安。↕じり高。
しり-へ【▲後▲方】名〔古語〕➡しりえ。
しり-め ０【尻目】名 ❶顔を向けずに目だけ動かして、うしろを見る見かた。❷すこしも問題にしないようす。「ベテランを—に活躍する新人選手」 **—に掛**(か)**ける** 人を見くだして、ばかにする。
しり-めつれつ シ【支離滅裂】形動(の) ダロ|ダッ・デ・ニ|ダ|ナ|ナラ|〇 ばらばらでまとまりのないようす。めちゃくちゃなようす。「—な話」
しり-もち モ【尻餅】名 うしろに倒れて、しりを地面に打ちつけること。「—をつく」
し-りゃく シ【史略】名 簡単に書き記した歴史。「十八—」
じり-やす ０【じり安】—ぢり 名 相場がしだいに下がること。じり貧。↕じり高。
し-りゅう ０【支流】名 ❶本流からわかれ、または本流にながれこむ川。えだがわ。↕本流・主流。❷わかれ。分派。
じ-りゅう ０【自流】名 自分の流儀。我流。自己流。
じ-りゅう ０【時流】名 時代の流行・風潮。「—に染まる」
しりゅうど【知▲人】しりうど 名〔古語〕(「しりびと」の変化) 知人。友だち。
し-りょ シ【思慮】名 注意深く考えること。「—人」 **—深**(ぶか)**い** カ 形 ものごとを深く慎重に考えるようす。
し-りょう シ【史料】名 歴史研究の材料となる、文献・遺物・伝承などの総称。
し-りょう ０【死霊】名 死者のたましい。亡魂。↕生霊(いきりょう)。
し-りょう シ【資料】名 何かをするためのもとになるもの。特に、研究や調査などに使う材料。データ。「参考—」

し-りょう [シ]【飼料】[名] 家畜のえさ。かいば。
し-りょう [シ]【試料】[名] 試験・検査・分析などのための材料。
し-りょう ⓪【思量・思料】[名][他サ]〔文章語〕あれこれと思いめぐらすこと。考えること。
じ-りょう ⓪/[ジ]【寺領】[名] てらのもっている領地。
し-りょく [シ]【死力】[名] 必死のちから。**—を尽(つ)くす** 死にものぐるいでする。あるだけの力を出しきる。
し-りょく [シ]【視力】[名] 物を見る目のはたらき。
し-りょく [シ]【資力】[名] 金銭を出せる能力。財力。「—にとぼしい」
じ-りょく [ジ]【磁力】[名] ❶磁気の作用の強さ。❷磁場の強さ。**—計(けい)** ⓪[名] 磁場の強さとその方向をはかる器械。磁気計。
し-りん [シ]【四隣】[名]〔文章語〕❶あたり近所。❷四方のとなりあう国々。
し-りん ⓪【詞林】[名]〔文章語〕❶詩人や文士の仲間。❷文章を集めたもの。
じ-りん ⓪【字林】[名]〔文章語〕文字(漢字)の解説書。字書。字引。
じ-りん ⓪【辞林】[名]〔文章語〕ことばの解説書。辞書。辞典。
シリング [シ]〈shilling〉【▲志】[名] もと、イギリスの貨幣単位。ポンドの二十分の一。十二ペンス。
シリンダー ⓪〈cylinder〉[名]〔「円筒」の意〕蒸気機関・内燃機関などでピストンの往復運動をさせるための筒形の容器。気筒(きとう)。**—錠(じょう)** [ダ][名] かぎをさしこむ部分が円筒形をしている錠。ドアに取りつける。
しる [シ]【汁】[名] ❶物の中にふくまれている液。❷すいもの。つゆ。みそしる。❸他人の労力や犠牲によって得る利益。「うまい—を吸う」
し・る【知る】■一 ⓪[他五]〔ラ・ロ・リ・ッ・ル・ル・レ・レ〕❶情報や体験などによってそのものの存在を認識する。「ニュースで知った」「—由もない」❷物事の意味内容や価値などについて理解する。「一をきいて十を—」「何でも知っている博士」「推(お)して—べし」❸物事を心にとどめて記憶する。「昔を—人は少ない」❹経験や学習などによって知識や技術を身につける。「会場までの道を知っている」❺物事に気がつく。「知らずに通りすぎる」「ハンカチを落としたのを知らなかった」❻ある人について面識があり、その人となりを理解する。「知らない人からの電話」❼その物事にかかわりや責任がある。「おれの知ったことか」[参考]❷は「分かる」に近いが、理解力より察知力や知識力の方に重点がある。「知る」は今までになかった知識や経験を自分のものとすることであり、「分かる」はすでに得ていた情報の内容を深く理解することである。❻の意味の謙譲語に「存じ上げる・存ずる」がある。⇩わかる[参考]。■二〔古語〕■一[他四]❶〔「領る」とも書く〕治める。領有する。「世の中を知りたまふべき右の大臣」〈源氏〉❷世話をする。特に、女を妻として世話する。「知る人もなくて漂はむことのあはれに」〈源氏〉■二[自下二]〔人に〕知られる。「春の野にあさる雉子(きぎし)の妻恋ひにおのがあたりを人に知れつつ」〈万葉〉**—所(ところ)** [名]〔古語〕知行地。**—人(ひと)ぞ知(し)る** だれもが知っているというわけではないが、事情に通じている人にはよく知られている。
し・る【▲痴る】[自下二]〔古語〕正気をうしなう。ぼける。「心地ただ、しれにしれて」〈竹取〉
シルエット [シ]〈フ silhouette〉[名] ❶かげえ。影法師。❷黒く塗った横顔の絵。❸洋服のりんかく。
シルク [シ]〈silk〉[名] 絹。絹布。絹糸。**—ハット** [ハ]〈silk hat〉[名] 男子の礼装用の、高い円筒形のぼうし。絹帽。**—ロード** [ロ]〈Silk Road〉[名] ⬇絹の道。

シルクハット

シルケット [ケ]〈silket〉[名] 綿繊維を、かせいソーダの溶液で処理して、絹のようにつやだししたもの。
しる-こ [コ]【汁粉】[名] あずきのあんこをとかしたしるの中へ、もちや白玉などを入れた食べ物。
ジルコニウム [ニ]〈zirconium〉[名] 元素記号 Zr 原子番号40 原子量91.224の、銀白色の鉄に似た元素。
ジルコン [ジ]〈ド Zirkon〉[名] ジルコニウム・珪酸(けいさん)からなる鉱物。無色・黄・黄緑・赤などで、美しいものは宝石になる。
しるし ⓪【印】[名] ❶他と区別するときの心おぼえとなるもの。また、その役目をはたす形。目じるし。「三角—」❷証拠になるもの。「—の品」❸心持ちをあらわすこと。また、その品。「お礼の—」❹直接的にさし示すことのはばかられる語をえんきょくに言う語を作る。「まる—(おかね)」「わ—(わい本)」
しるし ⓪【▲首・▲首▲級】[名]〔文章語〕打ちとった人のくび。「敵将の—をあげる」
しるし ⓪【▲徴・▲験】[名] ❶きざし。前じらせ。「病気快復の—」❷ききめ。効果。「薬の—」
しる・し【▲著し】[形ク]〔古語〕❶はっきりしている。きわだっている。「(心が)乱るるけしきやしるからむ」〈源氏〉❷〔「…もしるく」のかたちで〕思っていたとおりに。いかにもそれにふさわしく。「世の乱るる瑞相(ずいそう)とか聞きおけるもしるく」〈方丈記〉
しるし-ばかり [バ]【印ばかり】[名] ほんのすこし。「—のお礼」
しるし-ばんてん [バ]【印半×纏】[名] 大きな商家が、奉公人や出入りの職人にあたえる、えりや背中に屋号や家紋などを染めぬいたはんてん。はっぴ。
しる・す ⓪【記す】[他五]〔サ・ソ・シ・ス・ス・セ・セ〕❶書きつける。記録する。「ノートに—」❷【▲印す】目じるしや、あとかたをつける。「足あとを—」❸心にきざみつける。銘記する。**記せる** [自下一]〔…できる〕
ジルバ [ジ]〈jitterbug〉[名] 米国から流行した、テンポがはやく陽気な曲・社交ダンス。
シルバー [シ]〈silver〉■一[名] ❶銀。❷銀色。❸銀製。■二[造] 高年。老人。「—エージ」**—グレー** [レ]〈silver gray〉[名] 銀灰色(ぎんかいしょく)。「—の髪」**—シート** [シ2]〈silver seat〉[名]〔和製英語〕電車の車両内などの一定の位置に設けられた、老人やからだの不自由な人のための優先席。**—ヘア** [ヘ]〈silver hair〉[名] 白髪(しらが)がちになった頭髪を染めずに、そのままにしているかみの毛。銀髪。
しる-べ ⓪【知るべ】[名] 知りあい。縁故。「—をたよる」
しる-べ ⓪【▲導べ】[名] ❶みちびき。てびき。「作歌の—」❷みちしるべ。案内。
しる-もの [ル]【汁物】[名] しるを主とした料理。つゆもの。
ジレ(ー) [ジ]〈フ gilet〉[名] ❶ベスト。チョッキ。❷女性が、スーツなどの下に着るチョッキ型の胸かざり。
し-れい ⓪【司令】[名][他サ] 軍隊・艦隊などをひきい、さしずすること。また、その人。**—官(かん)** [レ][名] 軍隊・艦隊などをひきい、さしずする人。**—塔(とう)** ⓪[名] ❶軍艦で、司令官が指揮をする場所。❷サッカーやラグビーで、プレーをしながら作戦を指示する役割の選手。**—部(ぶ)** [レ][名] 司令官が事務をとり、命令をくだす場所。
し-れい ⓪【指令】[名][他サ] 上から下に命令を下すこと。また、その指示。「—を受けて動く」

じ-れい[0]【事例】[名]❶前例になる事実。❷個々の場合についての事件や事実の例。

じ-れい[0]【辞令】[名]❶応対のことば。「外交―」❷役職の任免のことを書いて本人にわたす文書。辞令書。

し-れつ[0]【歯列】[名]❶歯のならびぐあい。はならび。「―矯正(きょうせい)」❷[文章語]歯のようにならぶこと。

し-れつ[0]【×熾烈】[名][形動]〔「熾」はさかんの意〕勢いがさかんではげしいこと。また、そのようす。「―な攻撃」

じれった・い[タ][形](カロ・カッ・ク/イ・イ・ケレ・○)もどかしく、はがゆい。思うようにならないでいらいらする。いらだたしい。**じれったがる**[自五] **じれったげ**[形動] **じれったさ**[名]

ジレッタント[レ]〈dilettante〉[名]⇒ディレッタント。

しれっ-と[レ][副][自サ][俗語]なんとも思わないようす。何事もなかったような平気なようす。「遅刻しても―している」

しれ-もの[0]【▲痴者】[名][古語]❶おろかもの。❷乱暴者。❸その道にうちこんですっかり心を奪われている人。その道の巧者。したたかもの。

し・れる[0]【知れる】[自下一](レ・レ・レル・レル・レレ・レロ・レヨ)❶知られる。「名の知れた人」❷わかる。「気が知れない」 **し・る**[文語下二]

じ・れる[レ]【▲焦れる】[自下一](レ・レ・レル・レル・レレ・レロ・レヨ)いらいらする。もどかしく感じる。

しれ-わた・る[タ]【知れ渡る】[自五](ラ・ロ・リッ・ル・ル・レ・レ)多くの人が知るようになる。「世間に―」

し-れん[シ]【試練】【試×煉】[名]自分の決心や、実力などの強さをきびしくためすこと。また、そのときの苦難。「―を乗り越える」

ジレンマ[レ]〈dilemma〉=ディレンマ[名]❶進退きわまること。いたばさみの苦しい状態。「―におちいる」❷[論]両刀論法。

しろ[ロ]【代】[名]❶もと。材料。「かべの―」❷かわりとなるもの。「借金の―」❸代金。「米の―」❹田、特に、田うえ前の田。しろ田。「―かき」

しろ[シ]【白】[名]❶雪のような色。⇔黒。❷色の白いもの。碁石の白い方、紅白対抗の白の方、印刷されたり書き込みされていない紙など。❸犯罪の疑いがないこと。潔白。無罪。「彼は―だ」⇔黒。

しろ[0]【城】[名]❶敵を防ぐためにきずいた軍事的な建物。❷他人の干渉を許さない、自分だけの領域のたとえ。

しろ-あと[0]【城跡】[名]昔、城のあったあと。城址(じょうし)。

しろ-あり[0]【白×蟻】[名]シロアリ目の昆虫の総称。暗いしめった所にすむ。木材の害虫。[夏]

しろ-あん[0]【白あん】【白×餡】[名]白いんげんや白ささげなどでつくったあん。

しろ・い[ロ]【白い】[形](カロ・カッ・ク/イ・イ・ケレ・○)❶雪のような色をしている。⇔黒い。❷染めていない、また、何も書いてないようす。「―紙」❸潔白、無罪である。⇔黒い。**白さ**[名] **しろ・し**[文語ク] ―**歯**(は)**を見**(み)**せぬ** 笑顔を見せないで、きびしい表情・ようすを示す。―**目**(め) 悪意をもった目つき。ひややかな目つき。白眼視する。―**目**(め)**で見**(み)**る** つめたい目、好意のない目でみる。―**物**(もの)❶しらが。「頭に―がふえた」❷雪。「―が降ってきた」❸おしろい。「―をぬる」

し-ろう[0]【×屍×蠟】[名]ろうのような脂肪に変わった死体。長時間、水中や湿地中にあった際などにおこる。

じ-ろう[ジ]【次郎】[名]二番めの男の子。次男。

じ-ろう[0]【耳漏】[名]みみだれ。

じ-ろう[0]【×痔×瘻】[名]うみがたまり、肛門(こうもん)のあたりに穴のあく病気。あなじ。

しろ-うお[0]/[ロ]【▲素魚】[名]ハゼ科の海水魚。シラウオに似ているが別種。小形で淡黄色半透明。福岡近郊では、生きたまま酢醤油(じょうゆ)で食べさせる。[春]

しろ-うと[シ]/[ロ]【素人】[名]⇔くろうと。❶経験のすくない人。未熟な人。❷専門家としてではなく、楽しみのためにする人。「―のどじまん」❸芸者・遊女などでない一般の女性。⇔商売女。―**考**(かんが)**え**[カ][名]経験の少ない未熟な人がいだく、浅はかな考え。―**臭**(くさ)**・い**[サ][形]しろうとらしい。―**芸**(げい)[ト][名]趣味としてやっている芸。―**下宿**(げしゅく)[ゲ][名]ふつうの家庭で、人を下宿させること。また、その家。―**離**(ばな)**れ**[バ][名]しろうとであるのに、専門家のようであること。「―のした芸」―**目**(め)[0][名]しろうとの見かた・評価。「―にもわかる」

しろ-うま[0]【白馬】[名]❶白い毛の馬。はくば。❷[俗語]にごり酒。どぶろく。

じろうものがたり《次郎物語》下村湖人(しもむらこじん)の長編小説。一九三六年第一部が発表され、第五部まで書かれ未完。主人公次郎の青少年期を描く自伝的教養小説。

しろ-うり[0]/[ロ]【白×瓜】[名]ウリ科のつる性一年草。実(み)は円柱形で緑白色。つけもの用。[夏]

しろ-おび[0]【白帯】[名]❶白色の帯。❷柔道や空手で、段位のない人が締める白い帯。

しろ-かき[0]/[カ]【代かき】【代×掻】[名]田植え前の田に水を入れ、土をかきならすこと。[夏]

しろ-がすり[ガ]【白がすり】【白×絣・白▲飛▲白】[名]白地に紺・黒などのかすりをあらわした布。[夏]⇔紺がすり。

しろ-がね[0]【▲銀】[名][文章語]❶銀(ぎん)。❷銀色。

しろ-かべ[0]【白壁】[名]⇒しらかべ。

しろ-き[シ]【白▲酒】[名]大嘗会(だいじょうえ)などに、黒酒(くろき)とともに、神にそなえた白い色の酒。⇔くろき。

しろ-きじ[0]【白生地】[名]まだ染めてない白色の織物。

しろ-く[0]【四六】[名]❶四と六。❷四と六との積。二十四。❸四六判。❹四六文。―**時中**(じちゅう)[0][一][名]二十四時間。[二][副]いつも。つねに。二六時中。―**判**(ばん)[0][名]たて約一〇九センチメートル、よこ約七九センチメートルの大きさの印刷用紙。また、それを三十二に切ってつくった書籍の大きさ。約四寸と六寸の大きさになったことからいい、現在のB6判に近い。―**文**(ぶん)[ク][名]漢文の一体。四字・六字の句を基本として、対句(ついく)を用いた文体。四六駢儷(べんれい)体。

し-ろく[シ]【四緑】[名]九星の一つ。木星にあたり、方位は東南。

しろ-くま[0]【白熊】[名]毛色の白いくま。北極ぐま。

しろ-くも[0]【白雲】[名]⇒しらくも。

しろ-くろ[0]【白黒】[名]❶[0]白と黒。❷[シ]よしあし。善悪。是非。黒白(こくびゃく)。有罪と無罪。「―を判定する」❸[0]色彩のついていない写真や映画。くろしろ。

しろ-こ[0]/[コ]【白子】[名]⇒しらこ❶。

しろ-ざけ[0]【白酒】[名]蒸したもち米、米こうじと酒でつくった、白くどろりとした甘味のある酒。三月の節句に使う。[春]

しろ-ざとう[ザ]【白砂糖】[名]精製した白い砂糖。⇔黒砂糖。

しろ-じ[0]【白地】[名]紙や布などの地の白いこと。また、白い紙や布など。しらじ。[夏]

しろ-した[0]【白下】[名]〔白砂糖の下地の意〕粗製の、白くない砂糖。

しろしめ・す【知ろし召す】[他四][古語]❶知っておいでになる。❷天皇が天下をお治めになる。しらしめす。「天皇(すめらぎ)の天の下しろしめすこと、四つの時九返(ここのかへ)りになむなりぬる」〈古今〉

しろ-しょうぞく[ショ]【白装束】[名]まっ白な和風の服装。神事・凶事に用いる。

しろ-じろ[ジ]【白白】[と][副]いかにも白く見えるようす。

じろ-じろ ジ1〔と〕副 人の顔などを遠慮なく見るようす。

しろ-す【知ろす】連語〔古語〕➡しらす ㊁。

しろ-ずみ ０【白炭】名 木炭の一種で質のよいもの。かたずみ。

しろ-た ０【代田】名 田うえ前の田。しろ。㊋

しろ-た ０【白田】名 ❶雪の積もった田。冬の田。❷〔「畠(はた)」という字を分解すると「白田」になることから〕はたけ。 **―売買**(ばいばい) バ1 名 田に雪の積もっている冬のうちにする、次にとれる米の売買契約。

しろ-たえ ０【白妙・白×栲】(たへ) 名 ❶かじの木などの繊維で織った白い布。❷白色、また、白色の物や布。 **―の** 枕 白さの縁で「衣」「袖」「袂(たもと)」「紐(ひも)」「領巾(ひれ)」、また「雪」「雲」にかかる。「春過ぎて夏来たるらし白妙の衣ほしたり天の香具山〈万葉〉」

しろ-タク ０【白タク】名〔俗語〕〔白ナンバーは自家用車のしるし〕免許なしにタクシーの仕事をする自動車。

しろ-ちず ０【白地図】名 ➡はくちず。

じろっ-と ２ 副 ➡じろりと。

シロップ シ/ロ〈syrup〉名 砂糖・水あめなどの甘味料を水にとかし煮つめたもの。果汁や香料を加えたものもある。医薬用のものは単シロップという。

しろっ-ぽ・い ポ【白っぽい】形 カロ・カッ・ク・イ・イ・ケレ・〇 ❶白色をおびている。❷しろうとくさい。↕黒っぽい。 **白っぽさ** 名

しろつめ-くさ ヌ【白詰草】名 クローバー。

しろながす-くじら ク【白長須鯨】名 ナガスクジラ科の哺乳(ほにゅう)類。現存動物中、最大で、全長三〇メートルに達する。

しろ-なまず ナ【白なまず】【白×癜】(なまづ) 名 色素の欠乏のため、白いまだらが、ところどころにできる皮膚病。尋常性白斑(はくはん)。

しろ-ナンバー ナ【白ナンバー】名〔「ナンバー」は「ナンバープレート」の略〕自家用自動車のしるしである、白地に緑字の番号札。また、それをつけた車。

しろ-ぬき ０【白抜き】名 染色や印刷で、文字や絵柄の部分を白の地色で残したもの。

しろ-ぬり ０【白塗(り)】名 ❶白く塗ること。また、そのもの。❷俳優が顔を白く塗ること。また、その顔。

しろ-ね 回【白根】名 土の中にあって白くなった、野菜類の根・茎。

しろ-ねずみ ネ【白×鼠】名 ↕黒ねずみ。❶毛色の白い、目の赤いねずみ。医学の実験に使われる。❷白いはつかねずみ。❸主人に忠実な使用人。特に、番頭のこと。

しろ-バイ ０【白バイ】名〔「バイ」は「オートバイ」の略〕白ぬりのオートバイ。交通とりしまりの警察官が乗る。

しろ-はた ０【白旗】名 ➡しらはた。

しろ-ぶさ ０【白房】名 相撲で、土俵の西南のすみに屋根から垂らした白い房。↕赤房・青房・黒房。⇩土俵(図)。

しろ-ぶどうしゅ ド【白ぶどう酒】【白×葡×萄酒】名 ➡しろワイン。↕赤ぶどう酒。

しろ-ぼし 回【白星】名 ↕黒星。❶中の白い、丸いしるし。❷相撲で勝ちのしるしにする白い丸。❸成功。手柄。

シロホン シ〈ド Xylophon〉名 打楽器の一つ。木琴(もっきん)。

シロホン

しろ-み 回【白身】名 ❶魚肉などの白い部分。また、肉が白い色の魚。↕赤身。❷卵の白い部分。卵白。↕黄身(きみ)。❸材木の色の白い部分。

しろ-みず 回【白水】(みづ) 名 米をといで出る白くにごった水。とぎしる。

しろ-みそ ０【白みそ】【白味×噌】名 こうじを多く使ってつくった、甘くて白いみそ。

しろ-むく ０【白無×垢】名 上着・下着とも白色の着物。 **―鉄火**(てっか) テ 名 表面は上品で温厚だが、内心はずぶとく不良な者のこと。

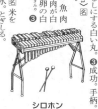

しろ-め ０【白目】名 ❶眼球の白い部分。↕黒目。❷つめたい目つき。白い目。白眼(はくがん)。 **―がち** ０ 名 目の白い部分が多いこと。↕黒目がち。

しろ-め ０【白×鑞】名 すずとなまりとの合金。はんだ。

しろ-もの ０【代物】名 ❶もの。品物。「これはたいした―だ」❷人をあなどって物にたとえたことば。やつ。やろう。「こまった―だ」

しろ-もの 回【白物】名 ❶色の白いもの。「色物と―を分けて洗濯する」 参考 食品では食パン・牛乳・豆腐など。衣服では色物に対していう。❷「白物家電」の略。 **―家電**(かでん) カ 名〔発売当初、白色の製品が多かったため〕冷蔵庫・洗濯機・炊飯器などの家電製品。

じろり-と リ/回 副 目玉を動かして鋭く見るようす。じろっと。「―にらむ」

しろ-ワイン ワ【白ワイン】名 皮を除いたぶどうの果汁を発酵(はっこう)させてつくった、淡黄色のワイン。白ぶどう酒。↕赤ワイン。

し-ろん ０【史論】名 歴史に関する評論。

し-ろん ０【至論】名〔文章語〕すこぶるもっともな議論。

し-ろん ０【詩論】名 詩についての理論・評論。

し-ろん ０【試論】名 こころみに述べた論説。

じ-ろん ０【持論】名 つねに主張している意見・説。持説。

じ-ろん ０【時論】名〔文章語〕❶当時の世論。❷時の問題についての議論。

しわ ０【×皺】名 皮膚・紙・布などの表面にできた、こまかいすじ。

し-わ シ【史話】名 歴史に関する話。

し-わ シ【指話】名 耳のきこえない人や口のきけない人が、指をある形にするとある文字をあらわすという約束で伝達しあうこと。 **―法**(ほう) ワ 名 指話でする対話法。

じわ ワ 名 劇場の観客が感動のあまりもらす静かなざわめき。「―が来る」

しわ・い ワ【×吝い】(しはい) 形 カロ・カッ・ク・イ・イ・ケレ・〇 けちだ。しみったれだ。 **しわさ** 名 **しは・し** 文語ク

しわが・れる ０/レ【×嗄れる】(しは) 自下一 レ・レ・レル・レル・レレ・レロ・レヨ 声がかすれる。しゃがれる。 **しはが・る** 文語下二

しわくちゃ ０【×皺くちゃ】形動 ダロ・ダッ・デ・ニ・ダ・ナ・ナラ・〇 しわだらけであるようす。「―な顔」

しわ-け ０【仕分(け)】名 ❶事柄や品物などを、性質・特徴によって分類すること。区分。「事業―」❷【仕訳】簿記で、項目にわけて貸し方・借り方を区別して書きしるすこと。 **―帳**(ちょう) ０ 名 貸し方・借り方を区別して、日付けの順に記入する会計帳簿。↕付込(つけこみ)帳。

しわ-ける ケ【仕分ける】他下一 ケ・ケ・ケル・ケル・ケレ・ケロ・ケヨ 事柄や品物などを区分する。 **しわ・く** 文語下二

しわ-ざ ０【仕業】名 したこと。やったこと。「あの男の―だ」

しわ-しわ ０【×皺×皺】形動(の) ダロ・ダッ・デ・ニ・ダ・ナ・ナラ・〇 しわの多いようす。「―の紙」

じわ-じわ ジ1〔と〕副 少しずつ確実にものごとが進行していくようす。「―攻める」「薬が―効く」「汗が―にじみでる」

しわす ０【師走】(しはす) 名 陰暦十二月のこと。極月(ごくげつ)。㊅ ⇩月(表)。

じわっ-と ワ 副 ゆっくりと強まっていくようす。また液体がにじむようす。「―締めつける」「涙が目に―浮かぶ」

しわ-のばし ノ【しわ伸(ば)し】【×皺伸し】名 ❶しわをのばすこと。❷老人の気ばらし。「―に旅行をする」

しわ-ばら ◎【しわ腹】【×皺腹】名 老人の、しわの寄った腹。

しわ-ぶき ◎ワ【×咳】しはぶき 名【文章語】せき。せきばらい。㊄冬

―病ゃみ ◎ 名【文章語】せきの出る病気。

しわ-ぶ・く ㋻【×咳く】しはぶく 自五 【文章語】せきをする。㊄冬

しわ-ほう ◎【視話法】名 発音のときのくちびる・舌などの状態を図に示して、発音法を習わせる方法。言語障害者に使う。

しわ・む ワ【×皺む】自五 しわがよる。「すこししわまない生地」

しわ・める ㋱【×皺める】他下一 しわをよせる。

しわ-よせ ◎【しわ寄せ】【×皺寄せ】名 うまくいかない物ごとを根本的に解決しないで、一部分だけをとりつくろう結果、あるところにわるい状態があつまること。「不景気の―が低賃金となる」

じ-わり ◎【地割(り)】名 地面の区画。地所のわりつけ。「夜店の―をする」

じわり ワと副 少しずつものごとが進行するようす。「血が―とにじむ」「―とつめよる」

しわ・る ワ【×撓る】自五 まがる。しなう。たわむ。「竹が―」

じ-われ ◎【地割れ】名 地震やひでりで地面にできた割れめ。

しわん-ぼう ◎ワ【×吝ん坊】しはん 名 けちんぼう。しみったれ。

しを・る【×萎る】自下二【古語】⬇しおれる㊁。

しを・る【枝折る・×栞る】他四【古語】⬇しおる。

しん【申】造 ❶公の機関にもうしでる。「申告・申請・答申・内申」❷さる。十二支の第九。「壬申・庚申塚」

しん【伸】造 ❶のびる。のばす。「伸縮・伸展・延伸・急伸・屈伸」❷のべる。「再伸・追伸・二伸」

しん【身】造 ❶み。からだ。「身心・身体・身長・全身・変身・砲身・八頭身」❷個人としての人間。「身上・身辺・自身・修身・独身・立身」

しん【×辰】造 ❶とき。日がら。「佳辰」❷天体。「星辰・北辰」❸たつ。十二支の第五。

しん【侵】造 おかす。そこなう。「侵害・侵食・侵犯・侵略・不可侵条約」

しん【津】造 ❶ふなつきば。「渡津」❷あふれる。「興味津津」

しん【唇】造 くちびる。「唇歯・口唇・朱唇・読唇術」

しん【娠】造 はらむ。みごもる。「妊娠」

しん【×宸】造 天子に関することに添えて尊敬をあらわす語。「宸翰・宸襟・宸筆」

しん【振】造 ❶ふる。「振動・振鈴・振幅」❷野球で、バットをふる。「強振・三振」❸ふるう。さかんになる。「振興・不振」

しん【浸】造 ❶ひたる。ひたす。「浸食・浸水・浸入」❷しみとおる。「浸潤・浸透」

しん【×疹】造 皮膚にできる小さな吹き出物。「湿疹・発疹・風疹・蕁麻疹」

しん【針】造 ❶はり。ぬいばり。はりのような形のもの。「針灸・針小棒大・針葉樹・運針・避雷針」❷計器の目盛りをしめすもの。「針路・検針・磁針・長針・秒針」❸進むべき道をしめすもの。「指針・方針」

しん【深】造 ❶ふかい。「深淵・深海・深耕・深呼吸・水深」❷おくふかい。「深意・深遠・深奥・深長」❸ふかまる。程度がすすむ。「深更・深刻・深夜」

しん【紳】造 教養や身分のある人。「紳士・紳商・貴紳・田紳」

しん【進】造 ❶すすむ。すすめる。「進行・進退・進路・推進・前進・直進・発進」❷よくなる。「進化・進級・進歩・昇進・促進」❸さしあげる。上にあがる。目上にむかってする。「進言・進上・進呈・寄進・注進」 **進ずる** 他サ

しん【森】造 ❶もり。木が多いさま。「森森・森林・森羅万象」❷しずか。おごそか。「森閑・森厳」

しん【診】造 みる。病状をしらべる。「診察・診療・回診・誤診・打診・問診」

しん【慎】造 つつしむ。ひかえる。「慎思・慎重・謹慎」

しん【×滲】造 しみる。にじむ。「滲出・滲透」

しん【審】㊀造 ❶つまびらか。くわしい。「不審」❷はっきりさせる。「審議・審査・審判・審理」❸審判。「主審・塁審」㊁造 接尾 裁判の審理。「結審・陪審・予審」「第二審」

しん【×箴】造 いましめ。「箴言」

しん【震】造 ❶ふるえる。ふるわす。「震駭・震撼・震動・地震」❷地震。「震源・震災・震度・耐震・余震」

しん【薪】造 たきぎ。まき。「薪水・薪炭」

しん シ【心】名造 ❶心臓。「心音・心室・心不全」❷人間の内面。精神。気持ち。こころ。「―の強い男」「心情・心身・心理・安心・感心・関心・変心・愛国心・警戒心・闘争心・老婆心」❸まん中。中央。「体の―まで寒さがとおる」「頭の―が痛い」「心棒・核心・中心・都心・爆心」

しん【臣】【文章語】㊀シ名造 家来。「不忠の―」「臣下・臣民・家臣・君臣・重臣・忠臣」↔君。㊁代 家来が主君に対して、自分をよぶことば。わたくし。

しん シ【芯】名造 ❶ものの中心にあるもの。「鉛筆の―」「灯芯」❷中にあるかたいもの。「―のあるごはん」「帯芯」❸植物の芽。「―をつむ」「摘芯」

しん【辛】㊀シ名造 十干の第八。かのと。「辛亥革命」㊁造 ❶からい。「香辛料」❷つらい。きびしい。「辛苦・辛酸・辛抱・辛辣」❸かろうじて。「辛勝」

しん【信】㊀シ名造 ❶うそのないこと。まこと。誠実。「信義・忠信」❷うたがわないこと。「信用・信念・確信・自信・不信」❸神や仏などを信じること。「信をおこす」「信仰・信心・信徒」㊁造 たのむ。まかせる。「信頼・信託」㊂造 接尾 たより。知らせ。「信号・音信・外信・通信・返信」「第一信」 **信じる** 他上一 **信ずる** 他サ **―無なくば立たず** 政治は民衆の信頼がなければ成り立たない、という孔子のことば。参考 論語「民無信不立」から。 **―を置おく** 信用する。「選挙で国民に―」 **―を問とう** 信頼できるかどうかをたずねる。

しん【真】㊀シ名造 ❶まこと。本当の姿。「―をうがつ」「真価・真実・真相・真理・写真・迫真」↔偽。❷本物。「真贋・真正」↔贋。❸書体の一つ。真書。楷。↔行・草。㊁シ名 真打。「―を取る」㊂造 ❶自然のまま。「純真・天真」❷まったくの。「真空・真性」 **真に** 副 **―に迫せまる** 本物そっくりだ。実感がある。

しん【寝】㊀シ名造 ねむり。㊁造 ねること。「寝具・寝室・寝食・寝台・就寝・不寝番」 **―に就つく** ねどこにはいって寝る。就寝する。

しん【新】㊀シ名造 あたらしいこと。あたらしいもの。「新居・新鮮・新年・新芽・新学年・新社屋・最新・斬新

↕旧。㊁[ジ][名] ❶新暦。「新の正月」 ❷中国の国名の一つ。紀元八年、後漢をほろぼして建国するが、二三年に滅亡。㊂[造] あらためる。あたらしくする。「一新・革新・更新・刷新」

しん【親】㊀[シ][名][造] ❶したしみ。したしい人。「親愛・親交・親友・懇親」↕疎。❷親類。みうち。「親戚・親族・近親・肉親」㊁[造] ❶おや。「親権・養親・両親・老親」 ❷みずから。直接。「親書・親展」 **―は泣き寄り他人は食い寄り** 不幸のあったとき、肉親や親類は本当の悲しみの心から集まるが、他人は食事を目当てにやって来る。いざというときには、身内のものだけが頼りになるということ。

しん[ジ]**【神】**[名][造] ❶かみ。「神殿・神道・神仏・神話・守護神」 ❷人間をこえた力。人間がはかりしれないこと。「技、―に入る」「神童・神秘・神妙」 ❸こころ。たましい。「神経・失神・心神・精神」 ❹神戸(地名)の略。「京阪神」[別音じん|神]

しん《晋》 ❶中国の春秋時代の列国の一つ。❷三世紀から五世紀までつづいた中国の王朝。西晋と東晋にわかれる。

しん《秦》 中国の国名の一つ。紀元前八世紀に建国。前三世紀に、はじめて中国を統一し、始皇帝によってさかえた王朝。

しん《清》 中国の国名の一つ。最後の王朝。[一六三六―一九一二]

じん【人】㊀[造] ❶生物としてのひと。「人骨・人体・人類・猿人・原人・宇宙人・原始人」 ❷民族・地域からみたひと。「人種・黒人・白人・アラブ人・西洋人・日本人」 ❸生活をいとなむ単位としてのひと。「人口・人権・個人・婦人・隣人・老人・現代人」 ❹社会的な活動の主体としてのひと。「人民・人名・軍人・私人・法人・芸能人・国際人・民間人」 ❺才能や特徴からみたひと。「人材・人物・賢人・聖人・鉄人・知識人・文化人」[参考]「管理人・通行人」など、「…する」という意味の語のあとに付くときは「にん」と言う。㊁[ジ][名] 三段にわけたときの第三位。「天・地・―」[別音にん|人]

じん【刃】[造] ❶は。やいば。「刃物」「凶刃・白刃・兵刃」 ❷はものでころす。「自刃」

じん【迅】[造] ❶はやい。すみやか。「迅速」 ❷はげしい。「迅雷・奮迅」

じん【甚】[造] はなはだ。はなはだしい。「甚大・激甚・幸甚・深甚」

じん【神】[造] ❶かみ。「神宮・神社・天神・雷神・道祖神」 ❷人のはかり知れない。ふしぎな。「神通力」[別音しん|神]

じん【×訊】[造] きく。たずねる。「訊問」

じん【×靱】[造] しなやか。弾力がある。「靱帯・強靱」

じん【×塵】[造] ❶ちり。ごみ。「塵埃・塵芥・黄塵・砂塵・戦塵」 ❷世間。けがれた世。「塵界・塵外・塵労・俗塵」

じん【×燼】[造] もえかす。もえのこり。「灰燼・余燼」

じん[ジ]**【仁】**㊀[名][造] 儒教で説く最高の徳。人間の慈愛の情をもととするもの。いつくしみいたわること。「仁愛・仁義・仁政・仁者」 ㊁[名] ❶人。「りっぱなご―」 ❷果実の核の中にあるたね。

じん[ジ]**【×壬】**[名][造] 十干の第九。みずのえ。「壬申の乱」

じん【尽】㊀[ジ][名][造] 月末。尽日。「九月の―」 ㊁[造] つきる。つくす。「尽力・焼尽・無尽蔵・理不尽・一網打尽」

じん【陣】㊀[ジ][名][造] ❶兵士の配置。陣立て。「陣容・円陣・先陣」 ❷軍勢が集結しているところ。「―をはる」「陣営・陣屋・敵陣」 ❸いくさ。たたかい。戦場。「大坂冬の―」「陣没」 ㊁[造] ❶集団。人のむれ。「経営陣・報道陣」 ❷にわか。「陣痛・一陣」

じん【腎】㊀[ジ][名][造] じんぞう。「腎炎・腎臓・肝腎・副腎」 ㊁[造] 精力。精液。「腎虚」

じん[ジ]**【×仞】**[名] 高さ・深さの単位。八尺・七尺・四尺・五尺六寸など諸説ある。「千―の谷」

じん【尋】㊀[ジ][名] 長さの単位。ひろ。六尺、または八尺。㊁[造] ❶たずねる。問いただす。「尋問」 ❷つね。なみ。「尋常」

ジン[ジ]〈gin〉[名] とうもろこし・ライ麦などの発酵液に、ねずの果実の香りをつけたアルコール分の多い蒸留酒。

しん-あい[0]**【信愛】**㊀[名][他サ] 信じ愛すること。㊁[名] 信仰と愛情。

しん-あい[0]**【親愛】**[名][形動] したしみ愛すること。したしみ愛するようす。「―なる諸君」

じん-あい[0]**【仁愛】**[名] あわれみ、いつくしむこと。いつくしみ。慈愛。

じん-あい[0]**【×塵×埃】**[名] ❶ちり。ほこり。ごみ。❷この世のけがれ。

しん-あん[0]**【新案】**[名] あたらしい思いつき。 **―特許** [ト][名]「実用新案特許」の略。➡実用新案権。

しん-い[シ]**【心意】**[名]〔文章語〕こころ。

しん-い[シ]**【神威】**[名] 神の威力・威光。

しん-い[シ]**【神意】**[名] 神のこころ。神慮。

しん-い[シ]**【真意】**[名] ❶ほんとうの意味。❷ほんとうの意図。「―をはかりかねる」

しん-い[シ]**【深意】**[名] ふかい意味。「―を解する」

しん-い[シ]**【×瞋×恚】**[名]〔文章語〕(「瞋」「恚」ともに、いかり、いきどおる意) ❶いかり。うらみ。❷〔仏〕十悪の一つ。自分の心に逆らうものを、はげしく憎み怒ること。‖しんに。 **―の炎** もえるような、はげしいいかり。

じん-い[ジ]**【人為】**[名] 人間のしわざ。人工。↕自然・天然。 **―的** [0][形動] 自然ではなく、人の手が加わっているようす。「―な要因」

しん-いき[0]**【神域】**[名] 神社の境内。

しん-いき[0]**【震域】**[名] 地震のとき震動した地域。

しん-いり[0]**【新入り】**[名] あたらしく仲間入りすること。また、その人。新参。「―の社員」

しん-いん[0]**【心因】**[名] 心理的・精神的な原因。「―性の疾患」

しん-いん[0]**【神韻】**[名]〔文章語〕芸術品などがすぐれていて、人間わざとは思われないおもむき。「―縹渺」

しん-いん[0]**【真因】**[名] ほんとうの原因。

しん-いん[0]**【新院】**[名] 上皇が同時にふたり以上あるとき、あたらしく院になった上皇。

じん-いん[0]**【人員】**[名] ひとかず。人数。「―を調べる」

じんう-えん[ウ]**【腎×盂炎】**[名] じんう(じん臓内にある、尿をあつめてぼうこうへおくるふくろ状の器官)の炎症。

しん-うち[シ]**【真打】**[名] 寄席で、最後に出演する芸人。また、それを許される身分。しんとり。↕前座・二つ目。

しん-うん[0]**【進運】**[名] 進歩に向かっていく傾向。「世の―にともなう」

しん-えい[0]**【真影】**[名] 写真。肖像画。

しん-えい[0]**【親衛】**[名] 国家の元首などの身辺をまもること。 **―隊** [0][名] ❶親衛の任務を行う兵士の部隊。❷〔俗語〕スターの周囲にむらがる熱狂的なファン。

しん-えい[0]**【新鋭】**[名][形動(の)] あたらしく進出してきて、勢いの強くさかんなこと。また、そのもの。「―のチーム」

じん-えい 回【陣営】名 ❶陣所。陣屋。❷党派などのまとまり。「革新―」
しん-えつ 回【親閲】名他サ 国王などがみずから検閲・閲兵すること。
しん-えつ《信越》信濃と越後。今の長野県・新潟県地方。
しん-えん 回【神×苑】名 神社の境内。また、そこにある庭園。
しん-えん 回【深×淵】名 深いふち。**―に臨むが▲如し** ひやひやするようす。あぶない場面に出あうようす。
しん-えん 回【深遠】形動 ダロ・ダッ・デ・ニ ダ・ナ・ナラ・〇 奥深くてはかり知れないようす。「―な意義」
じん-えん 回【人煙】【人×烟】名 人家の炊事のけむり。「―まれな山奥」
じん-えん ジ【腎炎】名 ⬇じんぞうえん。
しん-おう 回【心奥】名 文章語 心のおく。「―の秘密」
しん-おう 回【震央】名 地震の源の真上にあたる地点。
しん-おう 回【深奥】名形動 ❶おくぶかいこと。深遠。「―な理論」❷おく。おくそこ。「―をさぐる」
しん-おん 回【心音】名 心臓の鼓動の音。
しん-おん 回/シ【唇音】名 p・b・fなどのような、くちびるの間で発する子音。
しん-おん 回【震音】名 同じ音または異なる二音を急速にくりかえしたもの。トレモロ。
しん-か シ【心火】名 文章語 はげしいいかり・しっとなどの感情。「―をもやす」
しん-か シ【臣下】名 君主につかえる者。臣。けらい。
しん-か シ【神火】名 ❶神社などでたく、けがれのない火。❷ふしぎな火。
しん-か シ【神歌】名 ❶神の徳をたたえる歌。かみうた。❷平安時代の末ごろから鎌倉時代にかけてうたわれたうたい物。今様の一種。
しん-か シ【真価】名 ほんとうの値うち。「―をあらわす」
しん-か シ【進化】名自サ ↕退化。❶生物が長い年月の間に少しずつ変化して、より複雑・高級なものになってゆくこと。❷(比喩的に)しだいによくなること。進歩。「―するパソコン」 **―論** カ名 ❶生物は下等なものから進化して現在のものにいたったとする説。❷「進化❶」がおこる原因・過程を考えた学説。
しん-か シ【神化】名自他サ 神になること。神にすること。
しん-か シ【深化】名自他サ 深くなること。深くすること。深まること。深めること。「解釈の―」
じん-か ジ【人家】名 人の住むいえ。「―が点在する」
シンカー シ〈sinker〉名 野球で、打者の前で急に沈む投球。
シンガー シ〈singer〉名 歌手。声楽家。「ジャズ―」 **―ソングライター** ラ〈singer-songwriter〉名 ポピュラー音楽で、自分で作詞・作曲をした歌をうたう歌手。
しん-かい 回【深海】名 ↕浅海。❶ふかいうみ。❷二〇〇メートル以上の深さの海。**―魚** カ名 深海にすむ魚類。特殊な形、単調な体色のものが多い。
しん-かい 回【新開】名 あれ地をあたらしく切りひらくこと。**―地** カ名 ❶あたらしく切りひらいた土地。❷あたらしくひらけた市街地。
しん-がい 回【震×駭】名自サ (「駭」はおどろくの意)おどろいて、ふるえあがること。「一世を―させる」
しん-がい 回【侵害】名他サ 人の権利をおかして損害をあたえること。「人権―」
しん-がい 回【心外】形動(の) ダロ・ダッ・デ・ニ ダ・ナ・ナラ・〇 思いもよらないことで腹立たしく残念なようす。「―の至り」
じん-かい 回【人界】名 人間の住む世間。人間界。
じん-かい 回【×塵×芥】名 ちりあくた。ごみ。
じん-かい 回【×塵界】名 文章語 けがれたこの世の中。俗世間。
じん-がい ジ【人外】名 ❶文章語 人間の住む世界のそと。❷⬇にんがい。 **―境** 回名 文章語 俗世間からはなれたところ。
じん-がい 回【×塵外】名 俗世間をはなれたところ。「―にあそぶ」
じんかい-せんじゅつ セ【人海戦術】名 ❶多数の兵を使って、数で敵を圧倒する戦術。❷多くの人を使い、人数にものをいわせて仕事に対処しようとする方法。
しん-がお 回【新顔】名 ❶あたらしく仲間入りした人。新入り。↕古顔。❷あたらしくあらわれた人。新人。ニューフェース。
しん-かき シ【真書(き)】名 楷書の小さな漢字を書くときに使う、穂先の細い筆。
しん-かく 回【神格】名 神としての地位や資格。
しん-がく 回【心学】名 ❶心をただし身をおさめる学問。❷江戸時代中期におこった実践道徳の教え。神・儒・仏を総合・調和させたもの。石田梅岩がはじめた。
しん-がく 回【神学】名 宗教、特にキリスト教の教理・実践などについて研究する学問。
しん-がく 回【進学】名自サ 上級の学校にすすむこと。「大学に―する」春
じん-かく 回【人格】名 ❶行動や思考の上にあらわれる、人間としてのありかた。ひとがら。「―を形成する」「―を疑う」❷法律上や社会生活をいとなむ上での行動の主体である個人。**―化** カ回名他サ 人間以外のものを、かりに人間にみなすこと。擬人化。**―権** ケ名 人間ひとりひとりに法律上あたえられている権利。生命・身体・自由・名誉などを保護される権利。**―者** カ名 すぐれた人格をそなえている人。
じん-がさ 回/ガ【陣がさ】【陣×笠】名 ❶昔、足軽など下級の兵がかぶったかさ。❷雑兵。❸下っぱの議員。陣笠連。

陣がさ❶

しん-がた 回【新型】名 あたらしい型・タイプ。新式。「―車」
しん-がっこう ガ【神学校】名 キリスト教の神学を研究し、伝道者を養成する学校。
しん-かなづかい ヅ【新仮名遣(い)】名 現代かなづかい。↕旧かなづかい。
しん-かぶ シ【新株】名 株式会社の増資のとき、あらたに発行する株式。子株。↕旧株。
じん-がまえ ガ【陣構え】名 戦陣の形。陣容。
しん-から シ【心から】副 こころの底から。「―うれしそうな顔」
シンガポール《Singapore》東南アジアにある共和国で、英連邦の一員。一九六五年にマレーシア連邦から分離独立。首都はシンガポール。
しん-がら 回【新柄】名 今までにない新しい柄。
しん-がり 回【×殿】名 ❶退却するとき、軍列の最後にいて、敵の追撃をふせぐこと。また、その軍隊。❷隊列の最後。❸順序・順番の最後。「―をつとめる」
しん-かん 回【新歓】造(「新入生歓迎」の略)おもに大学で、新入生を歓迎する行事。「―コンパ」
しん-かん 回【心肝】名 文章語 ❶心臓と肝臓。❷心。きも。心胆。「―を寒からしめる」

しん-かん [0]【信管】[名] 爆弾・弾丸などの火薬に点火して爆発破裂させる装置。
しん-かん [シ]【神官】[名] かんぬし。神職。
しん-かん [0]【×宸×翰】[名]〔文章語〕（「宸」は天子のこと）天皇が書いた文書。宸筆。
しん-かん [0]【新刊】[名] あたらしく書物を発行すること。また、その書物。
しん-かん [0]【新患】[名] あたらしく診療を受けに来た患者。
しん-かん [0]【新館】[名] あたらしく建てた建物。↕旧館。
しん-かん [0]【震×撼】[名][自他サ]（「撼」は動くの意）ふるえ動くこと。ふるえあがらせること。「世を―させる大事件」
しん-かん [0]【森閑】【深閑】[と副][たる連体] ひっそりとしずまりかえっているようす。「―とした邸内」
しん-がん [0]【心眼】[名] 物事のほんとうの姿を、はっきり見ぬく心のはたらき。
しん-がん [0]/[シ]【心願】[名] ❶心の中で真剣にねがうこと。念願。❷神仏に心の中で願をかけること。
しん-がん [0]【真×贋】[名] 本物とにせもの。「―の区別」
じん-かん [0]【人間】[名]〔文章語〕人のいるところ。世の中。―▲到る所青山あり 故郷ばかりが、人の活動し骨を埋めるところではない。大いに広い世間に出て、活躍すべきだ。[参考]「青山」は「墓」のこと。「人間」は「にんげん」とも読む。
しんかんかく-は《新感覚派》雑誌「文芸時代」を中心とする、大正末期から昭和初期にかけての文学の一派。新しい感覚と技法によって近代社会をとらえようとした。おもな作家は横光利一・川端康成など。
しん-かんせん [カ]【新幹線】[名] 主な都市間を高速で結ぶ、JRの幹線鉄道。在来線に対する言い方。「東北―」
しん-き [シ]【心気】[名]〔文章語〕心持ち。―症 [0][名] 医学的には異常がないのに心身の異常を感じ、不安や恐怖をもつ症状。
しん-き [シ]【心機】[名]〔文章語〕心のはたらき。―一転 [シ][名] あることをきっかけに、すっかり気持ちが変わること。[参考]「心気一転」と書くのはあやまり。
しん-き [シ]【神気】[名]〔文章語〕気力。精神。
しん-き [シ]【神器】[名] ⇩じんぎ。
しん-き [シ]【神機】[名] 神秘的なはたらき。非常にすぐれた機略。「―縦横な活躍」
しん-き [シ]【新×禧】[名]〔文章語〕新年の祝い。「謹賀―」
しん-き [シ]【振起】[名][他サ] ふるいおこすこと。振興。振作。「精神を―する」
しん-き [シ]【新奇】[名][形動(の)] あたらしくてめずらしいこと。「―を好む」
しん-き [シ]【新規】❶[名][形動(の)] あたらしいこと。「―の計画」「―に申しこむ」❷[名] あたらしい規則。↕旧規。―×蒔き直し はじめからやりなおすこと。
しん-き [シ]【辛気】[形動] ダロ・ダッ・デ・ニ／ダナ・ナラ・ニ・○ 心がくさくさするようす。―臭い [サ][形] 心がはれず、くさくさする。じれったい。「―話」
しん-ぎ [シ]【心木】[名] ❶車の心棒。❷中心となるささえ。
しん-ぎ [シ]【信義】[名] 約束をまもり、義務をはたすこと。「―を重んじる」
しん-ぎ [シ]【神技】[名] きわめてすぐれた技術・演技。かみわざ。
しん-ぎ [シ]【真偽】[名] 真実とうそ。「―をたしかめる」
しん-ぎ [シ]【真義】[名] ほんとうの意味。
しん-ぎ [シ]【▲清規】[名] 禅宗で、日常の動作・作法をきめた規則。
しん-ぎ [シ]【審議】[名][他サ] くわしくしらべ相談すること。「―の上できめる」「慎重に―する」
じん-き [0]【人気】[名] その土地の気風。にんき。
じん-ぎ [シ]【仁義】[名] ❶儒教で、その教えの中心の道徳としている仁と義。人のふむべき道。❷義理。「―を欠く」❸ばくちうち・やくざ仲間などの間におこなわれる特殊な初対面のあいさつ・作法。「―をきる」❹やくざ仲間などの間の特有の道徳・おきて。
じん-ぎ [シ]【神×祇】[名] 天の神と地の神。天神地祇。―官 [ギ][名] 律令制で、宮中における神祇の祭りと諸国の官社に関する事柄を取り扱った役所。
じん-ぎ [ジ]【神器】[名] 三種の神器。八咫の鏡・天叢雲の剣・八坂瓊の勾玉の三つの宝物。しんき。
しん-きげん [キ]【新紀元】[名] あたらしい時代のはじめ。「―をひらく」
しんき-こうしん [シ]-【心×悸高(×亢・×昂)進】[名] 心臓の鼓動がはげしくなること。
しん-きじく [キ]【新機軸】[名] あたらしいくふうや計画。「―を出す」
ジンギスカン-なべ [ナ]【ジンギスカン鍋】[名] 鉄なべなどで、ひつじの肉や野菜をつけ焼きして食べる料理。㊇ [参考] モンゴルの英雄チンギスーハン（ジンギスーカン 成吉思汗）にちなんだ命名。
しんぎ-たい [シ]-[ギ]-[タ]【心技体】[名] 相撲などで、すぐれた選手に必要とされる三つの条件。精神力、技能、体力。
しん-きゅう [シ]【新旧】[名] あたらしいものと古いもの。あたらしいことと古いこと。「―の交代」
しん-きゅう [0]【×鍼×灸】[名] はりときゅう。「―師」
しん-きゅう [0]【進級】[名][自サ] 学年・等級などが上へすすむこと。㊏
しん-きょ [シ]【新居】[名] あたらしいすまい。
じん-きょ [ジ]【腎虚】[名] 漢方医学で、男の精液消耗・精力不足などによっておこる衰弱の状態。
しん-きょう [0]【心境】[名] 精神の状態。気持ち。「―の変化」―小説 [ショ][名] 作者のその時々の心境を一人称でえがいた小説。志賀直哉の「城の崎にて」など。
しん-きょう [シ]【信教】[名] 宗教を信仰すること。―の自由 どんな宗教でも信じることのできる自由。憲法第二十条で保障されている。
しん-きょう [0]【神橋】[名] 神殿・境内などにかけられたはし。
しん-きょう [0]【神鏡】[名] ❶やたのかがみ。❷御神体の前にかけておくかがみ。❸神霊としてまつるかがみ。
しん-きょう [0]【進境】[名] 進歩した境地・程度。「学問の―がいちじるしい」
しん-きょう [シ]【新教】[名] 宗教改革によってできた、キリスト教の一派。プロテスタント。↕旧教。
じん-きょう [0]【×塵境】[名]〔文章語〕けがれた所。俗世間。
しんぎょう-そう [シ]-[ギョ]-[ソ]【真行草】[名] ❶漢字の書体の三つで、真書・行書・草書。❷生け花・庭園などの形式。「真」は端正、「草」は型にとらわれないもの、「行」はその中間。
しん-きょく [0]【新曲】[名] 新作の歌曲・楽曲。
しんき-ろう [キ]【×蜃気楼】[名] 大気の下層部の温度差から、空気の密度が不均一になったため光が異常屈折し、空中や地平線上に遠くの風景などが見える現象。㊏ [参考] 古くは、蜃が気をはいてできると考えられた。
しん-きん [0]【心筋】[名] 心臓をつくっている筋肉。―梗塞(そく)[コ][名] 心筋に血液を送る動脈がつまることで起こる疾患。

しん-きん[0]【信金】[名]「信用金庫」の略。

しん-きん[0]【×宸襟】[名][文章語]〔「宸」は天子のこと〕天皇の心。「―をなやます」

しん-きん[0]【真菌】[名] 病気を引きおこすかび。カンジダ菌など。「―症」

しん-きん[0]【親近】[一][名][自サ] したしみちかづくこと。「恩師に―する」[二][名]❶みうち。❷そばちかくつかえる者。側近。 **―感**(かん)[キ][名] 自分にしたしい感じ。身近な感じ。したしみ。「―をいだく」

しん-ぎん[0]【×呻吟】[名][自サ] うめくこと。くるしんでうなること。「病床に―する」

しん-く[シ]【真紅・深紅】[名] 濃い紅色。まっか。「―の優勝旗」

しん-く[シ]【辛苦】[名][自サ] つらくくるしいこと。辛酸。「艱難(かんなん)―」

しん-ぐ[シ]【寝具】[名] ねるときに使う道具。夜具。

じん-く[ジ]【甚句】[名] 七・七・七・五の四句からなる俗謡の一種。

しん-く-い[ク]【身口意】[名]〔仏〕からだと口と心。三業(さんごう)。

しんくい-むし[ク]【心食虫】(しんくひ―)[名]❶小形の甲虫の類で、幼虫は樹木の害虫。❷りんご・なしなどのしんを食う蛾(が)の幼虫。

しん-くう[0]【真空】[名]❶ある空間に空気などの物質がまったくない状態。また、その空間。❷〔仏〕一切の実相は空であるということ。❸ほかの力や影響などがまったく及んでいない状態。「―地帯」 **―管**(かん)[0][名] 真空の容器の中に電極を封じこんだもの。電子管。 **―放電**(ほうでん)[ホ][名] 希薄な気体を通しておこなわれる放電。 **―ポンプ**[ポ][名] 空気をすい出して真空状態をつくるポンプ。

しん-ぐう[ク]【新宮】[名] 本宮から分かれて祭った神社。今宮(いまみや)。若宮(わかみや)。↕本宮。

じん-ぐう[ク]【神宮】[名]❶やしろ。神社。❷「神宮」の称号のついた、格式の高い神社。「明治―」❸伊勢(いせ)神宮。 **―寺**(じ)[0][名] 昔、神社に付属していたお寺。神護寺。

しんくうちたい《真空地帯》野間宏(のまひろし)の長編小説。一九五二年刊。人間の自然性・社会性をうばいつくしたという、日本軍隊機構の実態をえぐる。

ジンクス[ジ]〈jinx〉[名] 縁起の悪いこと。決まって良くない結果をまねく行為や事物。「決勝戦で勝てないという―を破る」[参考]縁起の良いことに使うのは新しい用法。

シンク-タンク[タ]〈think tank〉[名] 政策・経済・技術などの動向を予測し、長期計画をたてるため、官庁や企業から依頼され調査研究をするいろいろな分野の専門家の集団。頭脳集団。

しん-くみ[0]【信組】[名]「信用組合」の略。

シングル[シ]〈single〉[名]❶一つ。ひとり。↕ダブル。❷独身者。独身主義者。❸シングル幅。❹シングルヒット。❺シングルス。❻⬇ボタンが一列の洋服の上着。↕ダブル。❼ホテルで、一人用のベッドを用意したへや。↕ダブル・ツイン。❽ウイスキーなどの量の単位。約三〇ミリリットル。↕ダブル。 **―幅**(はば)[ル][名] 洋服地で、ふつう七一センチメートル幅のもの。シングル。↕ダブル幅。 **―盤**(ばん)[0][名] 表裏に一曲ずつ収録されたレコード。また、収録曲の少ないCD。↕アルバム。 **―ヒット**[ヒ]〈single hit〉[名]〔和製英語〕野球で、一塁まで行ける安打。シングル。単打。↕ロングヒット。 **―マザー**[マ]〈single mother〉[名] 離婚・非婚などにより一人で子育てをする母親。

シングルス[シ]〈singles〉[名] テニス・卓球で、ひとり対ひとりでおこなう試合。単試合。↕ダブルス。

シングルズ[シ]〈singles〉[名] 独身者。

シンクロナイズ[ナ]〈synchronize〉[名][自他サ]❶同時に起こること。一致させること。❷映画で、画面と音声を一致させること。❸写真で、シャッターとフラッシュとを一致させること。シンクロ。

シンクロナイズド-スイミング[イ2]〈synchronized swimming〉[名]⬇アーティスティックスイミング。

しん-くん[シ]【神君】[名]❶偉大な君主を尊敬してよぶ語。❷徳川家康(いえやす)を尊敬してよぶ語。

しん-ぐん[0]【進軍】[名][自サ] 軍隊がすすむこと。「―らっぱ」

じん-くん[0]【人君】[名][文章語] 君主。

じん-くん[0]【仁君】[名][文章語] めぐみふかい君主。

しん-け[シ]【新家】[名] 分家。別家。新宅。

しん-けい[シ]【神経】[名]❶動物の体内にあって刺激や興奮の伝達をする器官。細いひものようになって全身に分布している。❷心のはたらき。感じ。 **―家**(か)[0][名] 神経質な人。 **―過敏**(かびん)[シ][名][形動] わずかな刺激に対しても強く感じる状態。気が立っていて感じやすいこと。 **―質**(しつ)[ケ][名][形動] 神経が過敏な性質。物ごとがひどく気になる性質。 **―症**(しょう)[0][名] 神経衰弱やヒステリーなど、器官に異常がないのにおこる神経機能の障害。ノイローゼ。 **―衰弱**(すいじゃく)[ス][名] 神経系統が衰弱して、刺激に対して病的に敏感となる症状。 **―戦**(せん)[0][名] 謀略・宣伝をめぐらし、敵に不安や動揺をおこさせて、戦意を失わせる戦法。 **―痛**(つう)[0][名] 体のある部分の神経の発作的なはげしいいたみ。 **―病**(びょう)[0][名] 神経系の病気。

しん-けい[0]【×晨鶏】[名][文章語]〔「晨」は、あした・あさ〕夜明けをつげる、にわとり。

しんけい《心敬》一四〇六―七五。室町期の連歌師・歌人。「冷え」「寂び」を重んじる連歌論は宗祇(そうぎ)に影響を与えた。連歌論書「ささめごと」。

じん-けい[0]【仁兄】[名][文章語] 手紙で友人をしたしんでよぶ語。

じん-けい[0]【仁恵】[名][文章語] めぐみ。いつくしみ。慈悲。

じん-けい[0]【陣形】[名] 戦闘の隊形。陣立て。

しん-げき[0]【新劇】[名] 日本の近代劇の一つで、二〇世紀の初め、西洋演劇の方法をとりいれてはじめたもの。↕歌舞伎(かぶき)・新派劇。

しん-げき[0]【進撃】[名][自サ] 前進して攻撃すること。

しん-けつ[シ]【心血】[名] 全精神。 **―を注**(そそ)**ぐ** 全精神をうちこんで努力する。「研究に―」

しん-げつ[シ]【新月】[名]❶陰暦で、ついたち。❷陰暦で、月の初めのころ出る月。(秋) ↕満月。⇩月(図)。❸東方にのぼる月。

じん-けつ[0]【人傑】[名] 知恵や実行力の非常にすぐれた人物。傑物。

しん-けん[0]【神剣】[名]❶神からさずけられた剣。神にそなえる剣。❷三種の神器の一つ。あめのむらくものつるぎ。

しん-けん[0]【神権】[名]❶神の権威。❷神から授けられた統治権。「帝王―説」

しん-けん[0]【真剣】[一][名]〔木剣・しないに対して〕ほんものの刀。[二][形動] 本気であるようす。「―な目つき」 **―勝負**(しょうぶ)[ショ][名]❶「真剣[一]」を使ってする勝負。❷本気で争うこと。

しん-けん[0]【新券】[名]⬇しんさつ(新札)❶。

しん-けん[0]【親権】[名] 親が未婚の未成年の子を保護・監督する権利・義務。「―者」

しん-げん ⓪【×箴言】[名]「箴」は、いましめ」いましめのことば。人生の教訓をふくむ、みじかい句。

しん-げん ⓪【震源】[名] 地震のおこった場所。**―地**ち [ゲ][名] ❶地表の下の地震の発生した中心地点。❷(比喩的に)事件のおこるもと。「うわさの―」

しん-げん ⓪【進言】[名][他サ] 目上の人に意見を申しのべること。建言。

しん-げん ⓪【森厳】[形動] ダロ・ダッ・デ・ニ ダナ・ナラ〇 いかめしくおごそかなようす。[参考]「神厳」と書くのはあやまり。

じん-けん ⓪【人件】[名] 人事に関係する事がら。↕物件。**―費**ひ [ケ][名] 使用人などに支払う、給与や手当などの経費。↕物件費。

じん-けん ⓪【人絹】[名]「人造絹糸」の略。レーヨン。↕本絹・正絹。

じん-けん ⓪【人権】[名] 生まれながらに人間がもっている、生命・自由・名誉などに関する権利。基本的人権。**―×蹂×躙**じゅうりん ⓪[名] 権力などをもって人権を不法にふみにじること。人権をみとめないで、不法な取り扱いをすること。**―宣言**せんげん [セ][名] 一七八九年、フランス国民議会が議決した、人間の自由・平等の近代民主主義の根本原則を主張した政治的な宣言。

しんけんざい [ケ]【新建材】[名] 新しい素材や技術で作られた建築材料。石膏せっこうボード・軽量鉄骨など。

しんげんじつは《新現実派》大正時代、自然主義的現実主義の傾向にたち、近代の個人主義を強調した近代文学の一派。

しんげん-ぶくろ [ゲ]【信玄袋】[名] 長円形の底のある、布の大形の袋で、口をひもでしめるもの。明治時代に流行。がっさい袋。

しん-こ ⓪【しん粉】【×糝粉】[名] ❶白米をなまのままでこなにしたもの。❷しんこを水でこねてむしたもの。しんこもち。**―細工**ざいく [ザ][名] しんこを水でこねて、花や鳥などの形をつくったもの。

しん-こ [シ]【真個】[名][文章語] まこと。ほんもの。「―の文学」

しん-こ [シ]【新古】[名] ❶あたらしいことと古いこと。あたらしいものと古いもの。新旧。❷中古市場で新品に近いもの。「―物件」「―車」

しん-こ ⓪【新▲香】[名] ➡おしんこ。

しん-ご [シ]【身後】[名][文章語] 死後。没後。

しん-ご ⓪【新語】[名] あたらしくつくられ、また、使われはじめたことば。新造語。

じん-ご [ジ]【人後】[名] 他人のうしろ。他人の下位。**―に落**おち**ない** 他人におとらない。

じん-ご [ジ]【人語】[名] ❶人間のことば。「―を解する動物」❷人の話しごえ。

しん-こう ⓪【神幸】[名] 神社の遷宮せんぐう・祭礼のとき、神体がみこしなどにのり、他の場所にうつること。おたび。

しん-こう ⓪【深交】[名] 心からのふかいまじわり。

しん-こう ⓪【深更】[名] 夜ふけ。夜中。深夜。

しん-こう ⓪【深紅】[名] ➡しんく。

しん-こう ⓪【新香】[名] ➡おしんこ。

しん-こう ⓪【新興】[名] あたらしくおこり、勢いのさかんなこと。「―勢力」

しん-こう ⓪【新講】[名] あたらしい講義。「万葉集―」

しん-こう ⓪【親交】[名] したしいつきあい。「―をむすぶ」

しん-こう ⓪【進航】[名][自サ] 艦船が進むこと。航進。

しん-こう ⓪【信仰】[名][他サ] 神や仏などを、信じたっとぶこと。信心しんじん。

しん-こう ⓪【侵攻】[名][他サ] 領土内にはいりこんで攻めること。「敵の―に備える」

しん-こう ⓪【侵×寇】[名][他サ]〔「寇」は、あだ・かたきの意〕侵入して害をすること。侵略。「外敵の―」

しん-こう ⓪【深耕】[名][他サ] 田や畑の土を深く耕すこと。

しん-こう ⓪【進攻】[名][他サ] 進んでいって攻めること。

しん-こう ⓪【進講】[名][他サ] 身分の高い人の前で講義すること。

しん-こう ⓪【振興】[名][自他サ] さかんになること。ふるいおこすこと。さかんにすること。「科学の―」

しん-こう ⓪【進行】[名][自他サ] ❶すすみゆくこと。❷物ごとがはかどること。**―係**がかり [ガ][名] 会議や催しものをすすめていく役。また、その人。**―形**けい ⓪[名] ❶英文法で、動作が開始し、まだ終了していない途中の段階であることをあらわす動詞の形。be動詞の後ろに現在分詞(動詞原形にingを付けた形)を置いてあらわす。❷事態が途中にあること。進行中であること。「現在―の事業」**―性筋**せいきん**ジストロフィー** [キ][ト][名] 筋肉がだんだん衰えて、運動機能が失われていく遺伝性の病気。

しん-こう ⓪【深厚】[名][形動(の)][文章語] 気持ちが心の底からのものであること。「―の感謝」

しんこう【真紅】「しんく」のあやまり。

しん-ごう ⓪【信号】[名] ❶一定の符号を使って、はなれているものへ合図をすること。また、その合図。サイン。「―を送る」❷道路・鉄道線路などで「進め・注意・止まれ」などをしらせる装置。信号機。シグナル。「青―」

しん-ごう ⓪【神号】[名] 神の称号。

じん-こう ⓪【人口】[名] 一定地域に住む人のかず。人数。**―に×膾×炙**かいしゃ**する**〔「人口」は人のくち。膾なますと炙あぶりにくはだれの口にもおいしく感じる〕人々の口にのぼる。ひろくうわさされる。有名である。「人口に膾炙した事件」

じん-こう ⓪【人工】[名] 人間の力でつくること。↕自然・天然。**―衛星**えいせい [エ][名] ロケットで打ちあげて、地球のまわりをまわらせている物体。第一号は一九五七年十月、旧ソ連によって打ちあげられたスプートニク。**―栄養**えいよう [エ][名] ❶注射その他の方法で体内に栄養をあたえること。❷母乳のかわりに牛乳・粉ミルクなどを乳児にあたえること。**―言語**げんご [ゲ][名] 数式や論理式など、人間が計画的に作り出した、形式的に矛盾のない言語。特に、コンピューター用の言語をいうことが多い。↕自然言語。**―語**ご ⓪[名] 自然にできた言語でなく、国際的に通用させるために、人が作り出した言語。エスペラント語。**―×肛門**こうもん [コ][名] 肛門が使えなくなった時に、大腸の一部と腹部の皮膚をつなぎ、人工的に作る便の排出口。**―呼吸**こきゅう [コ][名] 水におぼれたりして意識不明になった人を生きかえらせるため、その胸を手でおしたり、口や鼻から空気を吹きこんだりして呼吸させる方法。**―受(授)精**じゅせい [ジュ][名] おすの精子とめすの卵子を、人手によって結びつかせること。**―頭脳**ずのう [ズ][名] 人間の頭脳と同じような働きをする電子装置。コンピューター。**―知能**ちのう [チ][名] 判断・推論など、人間に近い知的能力をもつコンピューター・システム。AI。**―的**てき ⓪[形動] 人の手を加えてあるようす。自然でない。↕自然的。**―透析**とうせき [ト][名] 腎臓じんぞうの機能の悪い患者のために、装置を使って、定期的に血液の透析を行うこと。**―惑星**わくせい [ワ][名] ロケットで打ちあげられて、太陽のまわりを公転する物体。第一号は一九六〇年アメリカによって打ちあげられた。

じん-こう [ジ]【▲沈香】[名] ❶ジンチョウゲ科の常緑高木。熱帯産で香料用。❷「じんこう❶」からとった香料。**―も×焚**たかず**×屁**へも**▲放**ひらず「じんこう❶」をたくようなりっぱなこともせず、おならをするような下品なこともしない。平凡で消極的なこと。

しんこうげいじゅつ-は《新興芸術派》昭和初期、「新興芸術派倶楽部(くらぶ)」に属した文学者たちの一派。当時のプロレタリア文学運動に反対し、個性の尊重と芸術の自律性をとなえた。

しん-こきゅう [コ]【深呼吸】[名][自サ] 息をふかく吐いたり吸ったりすること。「―して気持ちを落ち着かせる」

しんこきんわかしゅう《新古今和歌集》鎌倉時代前期の勅撰(ちょくせん)和歌集。二十巻。藤原定家(ふじわらのさだいえ)らの編。余情・幽玄を重んじる象徴歌が多く、新古今調と呼ばれる特色を打ち立てた。

しん-こく [シ]【神国】[名] 神がつくり、守っているという国。もと、日本の美称。神州。

しん-こく [0]【新穀】[名] その年にとれた米・穀物。

しん-こく [0]【申告】[名][他サ] ❶自分から官庁にもうし出ること。「―納税」❷上司などに申し出ること。

しん-こく [0]【親告】[名][他サ] ❶自分自身でつげること。❷〔法〕被害者が告訴すること。**―罪**(ざい) [ク][名] 被害者の告訴・請求を起訴の条件とする犯罪。名誉毀損罪・器物損壊罪など。

しん-こく [0]【深刻】[形動] ダロ・ダッ・デ・ニ ダ・ナ・ナラ・〇 ❶程度がはなはだしくて重大なようす。「―な事態」❷ふかく心にきざみつけられるようす。切実。「―な身の上話」❸悲観的・絶望的な印象が与えられるようす。「―な顔つき」

じん-こつ [0]【人骨】[名] 人間のほね。

じんこっき [コ]【人国記】[名]〔「じんこくき」の変化〕❶各国の地理・風俗・人情などを書きしるした書物。❷出身府県別に著名人物を評論した記事・書物。

しん-こっちょう [コ]【真骨頂】[名] そのものの本来の姿。真面目(しんめんもく)。「―を発揮する」

シンコペーション [ペ]〈syncopation〉[名]〔音〕音楽で、弱拍と強拍の通常の位置関係をずらすこと。切分音。

しん-こん [0]【心根】[名] こころの奥そこ。「相手の―をよむ」

しん-こん [0]【心魂】[名]〔文章語〕こころ。たましい。精神。「―をかたむける」**―に徹**(てっ)**する** 心にふかくしみこむ。きもにめいじる。

しん-こん [0]【身魂】[名]〔文章語〕からだとこころ。全身全霊。「―をなげうつ」

しん-こん [0]【新婚】[名] 結婚したばかりであること。

しん-ごん [0]【真言】[名] ❶真実の言語。仏のことば。❷仏教のじゅもん。❸真言宗。**―秘密**(ひみつ) [ヒ][名] 真言宗の秘密の教え。

しんごん-しゅう《真言宗》インドにおこり、中国から空海(くうかい)によってわが国につたえられた仏教の一派。密教。

しん-さ [シ]【審査】[名][他サ] くわしく調べて優劣・採否などをきめること。「のど自慢の―」

しん-さい [0]【震災】[名] 地震による人命、家屋・道路などの損傷をともなう災害。

しん-さい [0]【親祭】[名][自サ] 天皇みずから神をまつること。

しん-さい [0]【親裁】[名][他サ]〔文章語〕天皇がみずから裁決すること。

しん-ざい [0]【心材】[名] 木の幹の、なかの赤い部分。あかみ。心木。

しん-ざい [0]【浸剤】[名] こまかく切った薬物に熱湯をそそいで、成分をしみださせる薬剤。ふりだしぐすり。

じん-さい [0]【人災】[名] 人の不注意などでおこるわざわい。↔天災。

じん-ざい [0]【人材】[名] 才能のすぐれた、役にたつ人物。**―銀行**(ぎんこう) [ギ][名] 経験・技能ゆたかな中高年の求職者を対象とした職業紹介施設。一九六六年十一月発足。

しん-さく [0]【新作】㊀[名][他サ] あたらしくつくること。㊁[名] あらたにつくった作品。「―舞踊の発表会」↔旧作。

しん-さく [0]【振作】[名][自他サ] 盛んにおこること。ふるいおこすこと。振起。「愛国心を―する」

しん-さつ [0]【新札】[名] ❶印刷されたままで、未使用の紙幣。新券。ぴん札。「―に両替する」❷新しく発行された紙幣。新紙幣。

しん-さつ [0]【診察】[名][他サ] 医師が病人のからだを調べ、病気の種類や状態などを判断すること。

しん-さよく [サ]【新左翼】[名] 従来のマルクス主義に対して、あたらしい革命理論をとなえるグループ。ニューレフト。

しん-さん [0]【心算】[名]〔文章語〕心のうちで考えている計画。こころづもり。胸算用(むなざんよう)。

しん-さん [0]【辛酸】[名] つらくくるしい思い。くるしみ。辛苦。「―をなめる」

しん-さん [0]【神算】[名]〔文章語〕たいそうすぐれたはかりごと。

しん-ざん [シ]【神山】[名] ❶神をまつってある山。❷神聖な山。霊山(れいざん)。❸神や仙人のすむという山。

しん-ざん [シ]【深山】[名] おくやま。みやま。「―幽谷(ゆうこく)」

しん-ざん [0]【新参】[名] ↔古参。❶あらたに主人につかえること。また、その人。(春) ❷仲間入りしてまもないこと・人。

しん-し [0]【伸子】[名] 染色や洗い張りのとき、布・織物をぴんとはりささえ、ちぢまないようにする道具。竹ひごの両端に針のついたもの。「―張り」

しん-し [シ1]【臣子】[名]〔文章語〕けらい。臣下。

しん-し [シ1]【唇歯】[名] ❶くちびると歯。❷密接な利害関係にあること。「―の間柄」**―輔車**(ほしゃ) [シ-ホ][名]〔文章語〕〔くちびると歯と、ほお骨と歯ぐき。それらが密接な関係にあるように〕利害関係がふかく、たがいに助けあわねばならない間がらであること。「―の関係」

しん-し [シ1]【振子】[名] ふりこ。

しん-し [シ1]【紳士】[名] ↔淑女。〔「紳」は高官の礼装用のかざり帯〕❶上流社会の男子。❷気品や教養をそなえ、礼儀正しい男子。「かれはなかなかの―だ」**―協定**(きょうてい) [キョ]・**―協約**(きょうやく) [キョ][名] 国どうしや個人間で公式の調印などをせず、たがいに相手を信用してきめる約束。**―的**(てき) [0][形動] 紳士らしいようす。礼儀正しく、相手の立場を重んじるようす。**―道**(どう) [シ2][名] 紳士のしたがうべき道徳。**―録**(ろく) [シ2][名] 地位や資産のある人々の姓名・住所などをしるした名簿。

しん-し [シ1]【進士】[名] ❶昔、中国で科挙(かきょ)の試験に合格したもの。❷律令制で、大学でまなび、式部省の採用試験に合格した者。のちの文章生(もんじょうのしょう)。

しん-し [シ1]【親子】[名]〔文章語〕おやとこ。

しん-し [シ1]【真摯】[形動] ダロ・ダッ・デ・ニ ダ・ナ・ナラ・〇 まじめで熱心なようす。「―な態度」

しん-し [シ1]【▲参▲差】[と副][たる連体]〔文章語〕〔「参」は、同じでないの意〕❶長さや高さのふぞろいなようす。❷いりまじってそろわないようす。

しん-じ [シ]【心耳】[名] ❶〔文章語〕注意を集中して一心に聞くこと。「―をすます」❷心房。

しん-じ [シ]【心事】[名]〔文章語〕心のうちで思っていること。心中。「かれの―は察するに余りがある」

しん-じ [0]【芯地】[名] おび・えり・服などのしんにする、厚い布地。

し

しん‐じ シ【信士】名 ⇔信女。❶俗人のまま仏道にはいった男子。❷男子の戒名の下につける称号。

しん‐じ シ【神事】名 神をまつること。祭り。かみごと。

しん‐じ シ【神璽】名 文章語 ❶三種の神器の一つ。やさかにのまがたま。❷天皇の印。

しん‐じ 0【新字】名 ❶新しく作り出した文字。❷国語の教科書で、はじめて出て来た文字。新出文字。

しん‐じ シ【臣事】名 自サ 文章語 けらいとしてつかえること。

じん‐し ジ【人士】名 文章語 地位や教養のある人。士人。

じん‐じ ジ1【人事】名 ❶人間社会の事がら。人間関係。「―にわずらわされる」❷個人の身分・職務などに関する事がら。「―課」❸人のなしうること。「―をつくす」 **―院** ジ2 名 国家公務員の試験・任免・待遇改善などをとりあつかう官庁。 **―不省** ジ1 名 こんすい状態におちいり、意識不明になること。 **―を尽くして天命を待つ** できるだけの努力をして、あとはなりゆきにまかせる。

じん‐じ ジ1【仁慈】名 文章語 深い愛情とめぐみ。

しんじ‐いけ ジ【心字池】名「心」の字の形につくった日本庭園の池。

しん‐しき 0【神式】名 神道の儀式。⇔仏式。

しん‐しき 0【新式】名 形動(の) あたらしい形式・方法。⇔旧式。

シンジケート ケ〈syndicate〉名 ❶同種産業の各企業が、合同してつくる共同販売機関。共同販売カルテル。❷公社債などの募集・販売をひきうけるための金融機関の連合。❸大規模な犯罪組織。

しんし‐しゃ《新詩社》正式の名称は東京新詩社。一八九九年に与謝野鉄幹が設立した詩歌結社。一九〇〇年、機関誌「明星」を創刊。浪漫主義文学の中心となった。与謝野晶子・石川啄木・北原白秋らがいる。

しん‐じたい ジ【新字体】名 当用漢字字体表(一九八一年廃止)および常用漢字表に示された字体で、従来の字体とは異なるもの。漢字の読み書きを平易にすることを目的として選定された。旧(舊)・寿(壽)・渓(溪)など。⇔旧字体。

しんしちょう《新思潮》文学同人雑誌。一九〇七年に小山内薫が創刊。谷崎潤一郎・芥川龍之介など多数の文学者を生んだ。

しん‐しつ 0【心室】名 心臓の下半分。左右二室に分かれている。

しん‐しつ 0【寝室】名 ねるへや。ねや。ねま。

しん‐じつ シ【信実】名 いつわりのないまごころ。

しん‐じつ シ【真実】━名 実際にそうだと信じられる、うそや飾りを除いた本当のこと。事実。「―を告白する」⇔虚偽。━副 心からそう思うようす。「―信じられない事件だ」⇨事実 参考。 **―味** ツ 名 まごころ。誠意。「―のある人」

しん‐じつ 0【親×昵】名 自サ 文章語 (「昵」はなれるの意)したしみなじむこと。昵懇。「―の間がら」

じん‐じつ 0【尽日】文章語 ━名 ❶月の末日。「三月―」❷一年の最終日。おおみそか。「平成十一年―」━名 副 一日じゅう。終日。

しんじついちろ《真実一路》山本有三の小説。一九三五年から翌年にかけて発表。みんなが真実一路をもとめあゆみながら、悲劇におちいる家族の問題をえがく。

しん‐しゃ シ【新社】名 合併や倒産によって、代わりにできた新しい会社。

しん‐しゃ 0【新車】名 ❶新型の車。❷あたらしい車。⇔中古車。参考 おもに自動車について使う。

しん‐しゃ シ【親×炙】名 自サ 文章語 (「炙」はしたしく近づくの意)したしく接して、その感化を受けること。

しん‐しゃ シ【深謝】名 他サ ❶ふかく感謝すること。「お力ぞえを―いたします」❷ふかくわびること。

しん‐じゃ シ【信者】名 ある宗教を信じる人。信徒。

じん‐じゃ ジ【仁者】名 情けぶかい人。

じん‐じゃ ジ【神社】名 日本の神をまつってある建物。やしろ。おみや。

ジンジャー‐エール エ〈ginger ale〉名 干したしょうがの粉を加えた清涼飲料。

しん‐しゃく 0【新釈】名 あたらしい解釈。「―源氏物語」

しん‐しゃく シ【×斟酌】名 他サ (「斟」も「酌」もくみとるの意) ❶てらしあわせて参考にし、取るべきを取ること。参酌。「双方の事情を―する」❷事情をくんで大目にみること。「今度だけは―してやる」❸ひかえめにすること。えんりょ。「―はいらぬ」

じん‐しゃく 0【人爵】名 文章語 人のきめた爵位。⇔天爵。

しん‐しゅ シ【神酒】名 神にそなえる酒。みき。

しん‐しゅ シ【進取】名 すすんで物事をおこなうこと。「―の精神」⇔退嬰。

しん‐しゅ 0【新酒】名 その年の新米でつくった酒。秋 ⇔古酒。

しん‐しゅ 0【新種】名 ❶今までになかったあたらしい種類。❷動植物で、あらたに発見された、または人工的につくられたあたらしい種類。「ぶどうの―」

しん‐じゅ シ【神授】名 神からさずかること。

しん‐じゅ 0【真珠】名 貝類(おもに、あこやがい)の貝がらの内面・肉組織の中などにできた、球形の物質。装飾用として珍重。六月の誕生石。 **―貝** ジュ 名 ⇒あこやがい。

しん‐じゅ シ【新樹】名 若葉のもえ出た木。夏

しん‐じゅ シ【親授】名 他サ 文章語 天皇や貴人が自分の手からさずけること。

じん‐しゅ 0【人種】名 ❶人類を、体質・体格上の特徴によって分類したもの。「白色―」❷人を、地位・環境・職業などによって分けたもの。「政治家という―」参考 ❷はややおどけた言い方。

じん‐じゅ ジ【人寿】名 文章語 人間の寿命。「―を全うする」

しん‐しゅう シ【神州】名 昔の中国や日本で、自分の国をほめていう語。神国。「―日本」

しん‐しゅう シ/0【真宗】名 ⇒じょうどしんしゅう。

しん‐しゅう 0【新収】名 文章語 あたらしくとり入れること。新しく手に入れること。

しん‐しゅう 0【新秋】名 文章語 秋のはじめ。初秋。秋

しん‐しゅう 0【新修】名 他サ あたらしく書物を編修すること。また、そうしてできたもの。「―国語辞典」

しんしゅう《信州》⇒しなの(信濃)。

しん‐じゅう 0【神獣】名 人知のおよばない霊妙な能力をもつ動物。特に中国の伝説で、青竜・朱雀・白虎・玄武を四神獣という。「三角縁―鏡」

しん‐じゅう 0【心中】名 自サ (「しんちゅう」と読めば別語) ❶愛し合っているふたりがいっしょに自殺すること。情死。❷ふたり以上の者がいっしょに自殺すること。「一家―」 **―立て** 0 名 他人への義理をあくまでつくすこと。

しん‐じゅう 0【臣従】名 自サ 文章語 けらいとなってしたがうこと。

しんじゅうてんのあみじま《心中天の網島》江戸時代前期の浄瑠璃(じょうるり)。近松門左衛門(ちかまつもんざえもん)の作。実際の心中事件をもとにした世話物(せわもの)の代表作。

しん-しゅく ◎【伸縮】名 自他サ のびたりちぢんだりすること。のばしたりちぢめたりすること。「—自在」

しん-しゅつ ◎【侵出】名 自サ 他の領土・勢力範囲内に乗り出して、おかすこと。

しん-しゅつ ◎【浸出】名 自サ 物が液体につかって、その成分がしみ出ること。

しん-しゅつ ◎【進出】名 自サ 新しい方面に勢力をのばしてすすみでること。発展。「海外に—する」

しん-しゅつ ◎【新出】名 自サ はじめて出てくること。「—漢字」

しん-しゅつ ◎【×滲出】名 自サ にじみ出ること。**—性体質**(せいたいしつ) タ 名 皮膚・粘膜に、できもの・じんましん・カタルなどができやすい体質。

しん-じゅつ シ【心術】名〔文章語〕心のもちかた。心ばえ。

しん-じゅつ シ【針術】【×鍼術】名 漢方医学の一部門で、金属のはりをつぼにさしてなおす医術。はり。

じん-じゅつ ジ【仁術】名 儒教の最高道徳である仁をほどこす方法。「医は—」

しんしゅつ-きぼつ ◎/シ【神出鬼没】名 非常にすばやく、あらわれたり、かくれたりすること。

しん-じゅ-ぶつ シ/ジュブ/ジュ【神儒仏】名 神道(しんとう)と儒道(儒教)と仏道(仏教)。

しん-しゅん ◎【新春】名 新年。はつはる。正月。新年

しん-じゅん ◎【浸潤】名 自サ ❶水分などがしだいにしみこみ、うるおうこと。❷思想・勢力などがしだいに人々の間にしみ込んで広がること。❸病気におかされた部分が周囲の組織をおかして広がること。「肺—」

しん-しょ シ【心緒】名〔文章語〕(「しんちょ」は慣用読み)思いのはし。心持ち。「—千々(ちぢ)に乱れて」

しん-しょ シ【信書】名 個人間でやりとりする通信文。手紙。書簡。「—の秘密」

しん-しょ シ【真書】名 漢字の書体の一つ。楷書(かいしょ)。↕行書・草書。

しん-しょ ◎【新書】名 ❶新刊の書物。新本。❷小型の双書本(そうしょぼん)。教養書・小説などを中心とする軽装本。**—判**(ばん) ◎ 名 縦約一七センチ、横約一一センチの大きさの書物。B6判よりやや小型で縦長。

しん-しょ シ【親署】名 自サ〔文章語〕天皇や貴人が、自分で名を書くこと。また、その署名。

しん-しょ シ【親書】一 名 他サ〔文章語〕自分で書くこと。二 名 自分で直接に書いた手紙や文章。「大統領の—」

しん-じょ シ【神助】名 かみのたすけ。天佑(てんゆう)。

しん-じょ シ【寝所】名 ねま。寝室。

じん-しょ ジョ【陣所】名 陣屋。陣営。

じん-じょ ジ【仁×恕】名〔文章語〕(「恕」は、おもいやり)なさけぶかくて、おもいやりのあること。あわれみの心。

しん-しょう ◎【心証】名 ❶相手から心にうける印象。「—を害する」❷裁判官が事件を審理するうちに得た主観的な認識・確信。

しん-しょう ◎【心象】名〔心〕感覚によって、前に得たものが心の中に再生されたもの。イメージ。「—風景」

しん-しょう シ【身上】名(「しんじょう」と読めば別語)❶財産。身代。「—をきずく」❷家事のきりまわし。やりくり。しんしょうもち。**—持ち**(もち) ショ 名 ❶財産家。金持ち。❷家計のきりまわし。やりくり。「—がよい」

しん-しょう ◎【真症】名 検査によってほんものであることがたしかめられた病気。真性。↕疑似症。

しん-しょう ◎【紳商】名〔文章語〕地位・品位の高い商人。

しん-しょう ◎【辛勝】名 自サ やっと勝つこと。↕快勝・圧勝・楽勝・大勝。

しん-しょう【進捗】「しんちょく」のあやまり。

しん-じょう ◎【心情】名 こころ。おもい。心持ち。

しん-じょう ◎/シ【身上】名(「しんしょう」と読めば別語)❶身の上。「—調書」❷値うち。特長。「正直なのが—だ」

しん-じょう ◎/シ【信条】名 ふだんからかたく信じ守っている事がら。「誠実がぼくの—だ」

しん-じょう ◎【真情】名 まごころ。「—を吐露する」

しん-じょう ◎【進上】名 他サ さしあげること。進呈。

じん-しょう ◎【人証】名 ➡にんしょう。

じん-じょう【尋常】一 ◎ 形動(の)〔ダロ-ダッ-デ-ニ／ダ-ナ-ナラ-○〕❶あたりまえ。ふつう。「—な方法」❷いさぎよく、すなおなようす。「いざ、—に勝負しろ」❸けなげなようす。二 ◎ 名「尋常小学校」の略。三 なり形動〔古語〕❶おだやかで品のよいようす。「(ソノ娘ノ)手足の美しさ、尋常げに見えければ」〈お伽草紙・鉢かつぎ〉❷すぐれている。りっぱだ。**—一様**(いちよう) ◎ 名 形動 ふつうであること。なみ。ひととおり。「—なことではない」**—茶飯**(さはん) ◎ 名 かわったところのないふつうなこと。日常茶飯。**—小学校**(しょうがっこう) ガ 名 旧制で、満六歳以上の児童に初等教育を行った学校。修業年限は、初め四年、のちに六年となった。

しんじょう-さい ジョ【新×嘗祭】名 ➡にいなめさい。

しんしょう-しゃ ショ【身障者】名「身体障害者」の略。

しんしょう-ひつばつ ◎【信賞必罰】名 よいことはかならずほめ、わるいことはかならず罰すること。

しんしょう-ぼうだい ◎【針小棒大】名 形動(小さな針ほどのことを、大きな棒のように言う)小さなことをおおげさに言うこと。「—に言いふらす」

しん-しょく シ【神色】名〔文章語〕心の状態のあらわれた顔色。**—自若**(じじゃく) ◎ 名 落ち着いていて、顔色も変えないようす。

しん-しょく シ【神職】名 かんぬし。神官。

しん-しょく シ【寝食】名 寝ることと、食べること。**—を忘**(わす)**れる** 寝ることも食べることも忘れて、物事に熱中する。「寝食を忘れて働いた」

しん-しょく ◎【侵食】【侵×蝕】名 他サ 他の部分をおかし、くいこむこと。「領土を—する」

しん-しょく ◎【浸食】【浸×蝕】名 他サ ❶水がしみこんで、ものをこわしていくこと。❷川の水や風などの力で、陸地の表面がけずりとられること。浸食作用。

しんじょ-たい ジョ【新所帯】【新▲世帯】名 あたらしくかまえた所帯。新婚の家庭。

しん-じる ジ【信じる】他上一〔ジ-ジ-ジル-ジル-ジレ-ジロ・ジヨ〕(「信ずる」(サ変活用)とも)❶ほんとうだと思って疑わない。❷信用する。信頼する。❸信仰する。「神を—」

しん-しん シ【心身・身心】名 こころとからだ。「—ともに疲れる」**—症**(しょう) ◎ 名 精神的・心理的な原因から、肉体にさまざまな病気の症状があらわれるもの。

しん-しん シ【心神】名〔文章語〕こころ。精神。**—耗弱**(こうじゃく) シ 名 病気・老衰などのために、判断力が弱くなること。心神喪失より程度の軽いもの。**—喪失**(そうしつ) ソ/シ 名 精神機能の障害などによって、正常な判断力をうしなった状態。法律上の責任は問われない。

しん-しん ◎【新進】名 あたらしくあらわれでること。「—作家」**—気鋭**(きえい) ◎ 名 あたらしくあらわれ、勢いがさかんなこと。また、その人。「—の人々」

しん-しん ◎【×縉紳】名〔文章語〕(「縉」は笏(しゃく)を帯にさし

はさむこと、「紳」は高官の礼装用のかざり帯〕官位・身分の高い人。「朝野の―」

しん-しん ⓪【津津】[と副] [たる連体] たえずあふれ出てつきないようす。「興味が―とわく」

しん-しん ⓪【深深】[と副] [たる連体] ❶夜がふけて、ひっそりとしずかになるようす。❷寒さが身にしみこむようす。「―と冷える」❸奥ふかいようす。❹〔かながき〕雪がしずかに降りつづくようす。

しん-しん ⓪【森森】[と副] [たる連体]〔文章語〕❶木が高くそびえているようす。木が深く茂っているようす。❷人物が堂々としているようす。威厳のあるようす。

しん-じん ⓪【真人】[名]〔文章語〕まことの道を体得し、完全な道徳を身につけた人。

しん-じん ⓪【神人】[名] ❶かみとひと。❷かみのような力のある人。❸かみのような気高い人。❹キリスト。

しん-じん ⓪【新人】[名] ❶あたらしく仲間入りした人。しんがお。新入り。❷その道にはいったばかりであまり一般には知られていない人。ニューフェース。「期待の―」❸旧石器時代に、旧人に次いであらわれた、人類進化のいちばん新しい段階の化石人類。新人類。現生人類。

しん-じん [ジ]【信心】[名] [他サ] 信仰すること。信仰心。「いわしの頭も―から」

しん-じん ⓪【深甚】[形動] ダロ・ダッ・デ・ニ ダナ・ナラ・⓪ 意味・気持ちなどがたいそうふかいようす。「―な謝意」

じん-しん ⓪【人心】[名] 世の中の人々の気持ち。「―を一新する」

じん-しん ⓪【人臣】[名]〔文章語〕けらい。臣下。

じん-しん ⓪【人身】[名] ❶人間のからだ。「―事故」❷個人の身の上。―**攻撃** [コ] [名] 個人の身の上や私的な行動をあばいて、責めたてること。―**売買** [バ] [名] 人間をうりかいすること。

じん-しん ⓪【仁心】[名] なさけぶかい心。

じん-じん ⓪【仁人】[名]〔文章語〕なさけぶかい人。

じん-じん [ジ] [副] [自サ] ❶皮膚の痛みが脈打つたびに感じられるようす。「傷口が―痛む」❷足などがしびれたようす。

じんじん-ばしょり [バ]〔ぢんぢん―〕[名]〔爺端折の変化〕着物のうしろのすそをつまんで、帯の結びめに折りこむこと。

しん-じんるい [ジ]【新人類】[名] ❶新しい思考や行動のタイプをもつ世代を、からかいぎみにいうことば。一九八〇年代の流行語。❷新人❸。

しん-すい ⓪【薪水】[名] たきぎとみず。―**の労** 炊事の苦労。

しん-すい ⓪【親水】[名] ❶水にしたしむこと。「―公園」❷水との親和性が高く、よくなじむこと。「―性」

しん-すい ⓪【心酔】[名] [自サ] ❶物事に熱中すること。❷ある人を心から尊敬すること。

しん-すい ⓪【浸水】[名] [自サ] 水がはいりこむこと。水びたしになること。「床上―」「―家屋」[参考]「侵水」と書くのはあやまり。

しん-すい ⓪【進水】[名] [自サ] あたらしくつくられた艦船が、はじめて水上にうかぶこと。「―式」

しん-すい ⓪【深邃】[形動(の)] ダロ・ダッ・デ・ニ ダナ・ナラ・⓪〔文章語〕奥深いようす。「―の境」

しん-ずい ⓪【心髄】[名] ❶中心にあるずい・しん。❷中心となるたいせつな所。「法の―」❸心の底。

しん-ずい ⓪【神髄・真髄】[名]〔精神と骨髄〕物事の本質・根本。その道の奥義。「学の―をきわめる」[参考] おもに学問・芸術などについていう。

じん-すい ⓪【尽瘁】[名] [自サ]〔文章語〕〔「瘁」は、つかれる意〕力をつくして苦労すること。「社会事業に―する」

じんずう-りき [ス]【神通力】[名] 思うがままに何でもできる、自由自在のふしぎな力。じんつうりき。

じん-すけ [ジ]【甚助】[名]〔俗語〕多情で、しっと深い性質。また、そういう男。

しん-ずる [ス]【信ずる】[他サ] ジ・ゼ・ジ・ズル・ズル・ズレ・ジロ・ゼヨ ➡しんじる。しん・ず [文語サ変]

しん-ずる [ス]【進ずる】[他サ] ジ・ゼ・ジ・ズル・ズル・ズレ・ジロ・ゼヨ 進上する。しん・ず [文語サ変]

じん-する [ス]【陣する】[自サ] シ・セ・サ・シ・スル・スル・スレ・シロ・セヨ 陣地をかまえる。陣どる。ぢん・す [文語サ変]

しん-せい ⓪⓪【心性】[名] ❶こころ。精神。❷生まれつき。

しん-せい ⓪【神性】[名] ❶神の性格・性質。❷こころ。精神。

しん-せい ⓪【真性】[名] ❶生まれつきの性質。天性。❷ほんものであることがたしかめられた病気。真症。「―コレラ」↕仮性・疑似性。

しん-せい ⓪【新生】[名] ❶あたらしく生まれること。❷信仰などの力によってあたらしい生活にはいること。―**児** [セ] [名] 生まれたばかりの子。生後四週間までの乳児。

しん-せい ⓪【新制】[名] あたらしい制度。↕旧制。

しん-せい ⓪⓪【新政】[名] あたらしい政治。

しん-せい ⓪【新星】[名] ❶天空に急にあらわれてかがやき、のち少しずつ暗くなってゆく恒星。❷ある社会で急に人気をあつめた人。「楽壇の―」

しん-せい ⓪【親政】[名] 天皇みずから政治をとること。また、その政治。

しん-せい ⓪【申請】[名] [他サ] 官庁などへねがい出ること。

しん-せい ⓪【真正】[名] [形動(の)] 真実でただしいこと。まちがいのないこと。

しん-せい ⓪【神聖】[形動] ダロ・ダッ・デ・ニ ダナ・ナラ・⓪ けがれがなく、たっといようす。おごそかで、おかしがたいようす。―**家族** [カ] [名] ➡せいかぞく。

しんせい《新生》島崎藤村の長編小説。一九一八年から翌年にかけて発表。不幸な恋愛を主題とした告白小説。

じん-せい [ジ]【人世】[名]〔文章語〕世の中。世間。うきよ。

じん-せい ⓪【人生】[名] ❶人が生まれてから死ぬまで。一生。❷人間のこの世での生活。―**意気に感ずる** 人間はおかねや名誉のために働くのではない。人の心意気に感じて働くのだ。―**観** [セ] [名] 人生の意義・目的などについての考えかた。―**訓** [セ] [名] 人生をどのように生きてゆくべきかの教え。処世訓。―**行路** [コ] [名] 人生を旅にたとえたことば。世渡り。[参考] あやまって「航路」とも書く。―**論** [セ] [名] 人生の本質や目的、また、いかに生きるかなどについての意見・議論。

じん-せい ⓪【人性】[名] 人間の本来の性質。「―は善だ」

じん-せい ⓪【仁政】[名] 人民を幸福にする、よい政治。

しんせい-がん [セ]【深成岩】[名] 岩漿が地下の深い所でひえ固まってできた火成岩の総称。花崗岩など。

じんせいげきじょう《人生劇場》尾崎士郎の小説。一九三三年以降発表。主人公青成瓢吉の意気高く情感ゆたかな青春をえがく。

しんせい-だい [セ]【新生代】[名] 地質時代の中で最新の時代。第三紀および第四紀。現代もこのうちに含まれる。

しんせい-めん [セ]【新生面】[名] あたらしい分野・方面。「研究に―をひらく」

しん-せかい [セ]【新世界】[名] ❶あたらしく発見された土地。❷南北アメリカ、また、オーストラリア。新大陸。↕旧世界。❸あたらしく生活する、また活動する場所。新天地。

しん-せき⓪【臣籍】名 旧憲法のもとで、皇族が皇族としての身分をはなれた、一般人民としての身分。「―降下」

しん-せき⓪【真跡】【真×蹟】名 本人の書いた書や画。真筆。↔偽筆。

しん-せき⓪【親戚】名 親類。みうち。

じん-せき⓪ジ【人跡】名 人の通ったあと。人の足跡。 **―未踏**(みとう)⓪ジ名 まだ人が行ったことがないこと。「―の地」

シンセサイザー サ〈synthesizer〉名 電子回路を使って音を合成する装置。

しん-せつ⓪【新設】名他サ あたらしくもうけること。「―の高校」「部署を―する」

しん-せつ⓪【新説】名 あたらしい学説・意見。

しん-せつ⓪【新雪】名 あたらしく降ったゆき。(冬)

しん-せつ⓪【深雪】名 深く積もったゆき。みゆき。(冬)

しん-せつ⓪【臣節】名〔文章語〕臣下として守るべき節操。

しん-せつ シ【親切】【深切】名形動 ❶人情があつく、人につくすこと。「―な人」↔冷淡。❷行きとどいて、ていねいなこと。「―な処置」 **―気**(ぎ) ツ名 親切にしようとする気持ち。 **―ごかし** ゴ名形動 親切らしくみせかけること。

しん-せっきじだい ジ【新石器時代】名 石器時代のうち、新しい時代。↔旧石器時代。

しん・ずる ゼ【進ぜる】他下一 (ゼ・ゼ・ゼル・ゼル・ゼレ・ゼロ・ゼヨ) ❶さしあげる。「仏前に―」❷〔「…て進ぜる」の形で〕…あげる。「荷物を持って―」参考 古めかしい言い方。

しん-せん⓪【神仙】名〔文章語〕❶神と仙人。❷神通力(じんずうりき)をもった仙人。

しん-せん⓪【神×饌】名 〔「饌」はそなえもの〕神にそなえる食べ物。みけ。

しん-せん⓪【深浅】名 ❶ふかいことと、あさいこと。ふかさ。❷色の濃いことと、うすいこと。色の濃さ。

しん-せん シ【新線】名 あたらしい鉄道の線路。

しん-せん⓪【新選】【新×撰】名 ❶あらたにえらぶこと。❷あたらしく書物を編集すること。また、その書物。

しん-せん⓪【新鮮】形動 (ダロ・ダッ・デ・ニ・ダ・ナ・ナラ・二〇) ❶あたらしくて、いきいきしているようす。「―な魚」❷非常にあたらしいようす。「―な気分」「―味(み)のある催し」

しん-ぜん⓪【神前】名 神のまえ。「―に誓う」

しん-ぜん⓪【親善】名 仲よくすること。「国際―」 **―大使**(たいし) タ名 国や組織などにおいて、対外的な交流を担うために設けられる役職。また、その役を担う人。「観光―」

しん-ぜん⓪【浸染】〔文章語〕㊀名自他サ 液体にひたりそまること。ひたしそめること。㊁名自サ 感化されること。‖しんせん。

じん-せん⓪【人選】名自サ 適当な人をえらぶこと。「―を誤る」

じん-ぜん⓪【×荏×苒】(と)副 たる連体〔文章語〕❶長びくようす。❷なすことなく、時が過ぎて行くようす。「―と日を送る」

じんぜん-けっこん ケ【人前結婚】名 出席者を立会人として誓いをたてる結婚式。宗教色を排したもの。

しんせんじきょう《新撰字鏡》 平安時代前期の漢和字書。編者は僧昌住(しょうじゅう)。

しんせんつくばしゅう《新撰菟玖波集》 室町時代後期の連歌集。宗祇(そうぎ)らの編。全二十巻。有心(うしん)・幽玄の連歌を約二千句収める。

しん-ぜん-び シ=ゼ=ビ【真善美】名 人間の最高の理想である三つのもの。認識上の真、道徳上の善、芸術上の美。

しん-そ シ【親疎】名 したしいことと、したしくないこと。

しん-ぞ⓪【新×造】名 ➡しんぞう㊁。

しん-そう⓪【神葬】名 神式でおこなう葬式。↔仏葬。

しん-そう⓪【真相】名 表からは見えにくい、本当のありさま・事情。「事件の―を明らかにする」

しん-そう⓪【真×槍】名 けいこ用でない、ほんもののやり。

しん-そう⓪【深窓】名 家の中のおくふかい所。また、へや。「―の令嬢」 **―に育**(そだ)**つ** 身分の高い家やゆたかな家の娘が、世の中に出されずにたいせつに育てられること。

しん-そう⓪【深層】名 深くかくれたところ。「―心理」「海洋―水」↔表層。

しん-そう⓪【新装】名 あたらしいかざりつけ・よそおい。

しん-ぞう⓪【心像】名〔心〕外からの刺激なしで、意識にあらわれた、過去に経験した外界の像。直観的表象。

しん-ぞう⓪【心臓】㊀名 ❶動物体内にあって、血液循環の原動力となる内臓。人では左の胸の内部にある。❷物ごとの中心。中枢。「工場の―部」㊁名形動〔俗語〕ずうずうしいこと。おしが強いこと。「かれはずいぶん―だ」 **―が強**(つよ)**い** あつかましい。ずうずうしい。「―男」 **―に毛**(け)**が生**(は)**えている** 極度にずうずうしい。 **―麻×痺**(まひ) マ名 心臓が急に機能障害を起こして、活動がとまること。

しん-ぞう⓪【新造】㊀名他サ あらたにつくること。また、そのもの。「―船」㊁名 ❶他人の妻を呼ぶことば。「ご―」参考 古めかしい言い方。❷〔古語〕江戸時代、二〇歳前後の未婚の女。❸〔古語〕江戸時代、へやを持たない若い遊女。

じん-ぞう⓪【人造】名 人がつくること。また、そのもの。人工。↔天然。 **―絹糸**(けんし) ケ名 天然絹糸に似せて、とかした繊維素からつくった糸。人絹。レーヨン。 **―湖**(こ) ゾ名 発電・工業・農業・上水道などの用水をためるためにつくったみずうみ。奥多摩(おくたま)湖など。 **―繊維**(せんい) セ名 主として羊毛・綿など天然の繊維以外のものからつくった繊維。化学繊維。 **―バター** バ名 マーガリン。

じん-ぞう⓪【腎臓】名 動物体内にあって、尿(にょう)の排出をつかさどる内臓。人では腹腔(ふくこう)の左右にあり、そら豆の形をしている。 **―炎**(えん) ゾ名 腎臓におこる炎症。じん炎。 **―結石**(けっせき) ケ名 腎臓内に、尿の中の塩類によって結石ができる病気。はげしい痛みを伴う。

しん-そく⓪【神速】名形動 ふしぎなほどはやいこと。「―果敢」

しん-ぞく シ【親族】名 ❶血すじや縁組みによってつながっている人々。家族と親類。❷〔法〕六親等内の血族および配偶者と三親等内の姻族(いんぞく)。 **―会議**(かいぎ) カ名 一家・一族の重大事について、親族があつまって相談すること。

じん-そく⓪【迅速】形動 (ダロ・ダッ・デ・ニ・ダ・ナ・ナラ・二〇) 動作が機敏で、はやいようす。「―な行動」

しん-そこ シ【心底・真底】㊀名 心の奥底。「―から感心する」㊁副 心から。ほんとうに。「―まいった」

しん-そつ⓪【新卒】名〔「新卒業者」の略〕その年に学校を卒業した者。↔既卒。

しん-そつ⓪【真率】形動 (ダロ・ダッ・デ・ニ・ダ・ナ・ナラ・二〇) まじめで、かざりけのないようす。

じんた ジ名 サーカスなどの小人数の吹奏楽団や、その音楽。参考「ジンタッタ」という擬声語から。「ジンタ」と表記されることが多い。

しん-たい シ【身体】名 人のからだ。 **―検査**(けんさ) ケ名 ❶学校で、児童・生徒の発育、健康状態などを検査すること。❷持ち物・服装などをしらべること。 **―障害者**(しょうがいしゃ) ゲ名 視覚・聴覚・発音・運動などの機能に障害のある人。身障者。 **―髪膚**(はっぷ) シ=ハ名〔文章語〕からだと、かみの毛と肌。からだぜんぶ。「―これを父母に受く」

しん‐たい[シ]【神体】[名] 神の霊がやどっているとしてまつるもの。

しん‐たい[0]【真▲諦】[名] ❶『仏』平等無差別の仏教の原理。しんてい。↕俗諦(ぞくたい)。❷ことばではあらわせない本当の道理。

しん‐たい[0]【新体】[名] あたらしい体裁・形式。 ―**詩**(し)[タ][名] 明治初期に、西洋の詩の影響によってつくられた新形式の詩。わが国の近代詩のもととなったもの。

しん‐たい[シ]【進退】㊀[名][自サ] すすむことと、しりぞくこと。㊁[名] ❶辞職するかどうかなどの身の処置。去就。「―を共にする」❷動作。ふるまい。 ―**伺い**(うかがい)[ウ][名] 役人などが、職務上のあやまちがあったとき、辞職するかどうかについて上役のさしずをあおぐこと。また、その文書。[参考]表記は「進退伺」でもよい。 ―**窮まる**(きわまる) すすむことも、しりぞくこともむずかしいようす。

しん‐だい[シ]【身代】[名] 一家・個人の財産。資産。身上(しんしょう)。 ―**限り**(かぎり)[カ][名] 破産すること。

しん‐だい[0]【寝台】[名] ねるときの台。ベッド。 ―**車**(しゃ)[ダ][名] 寝台のある車両。

じん‐たい[ジ]【人体】[名] 人のからだ。

じん‐たい[0]【×靱帯】[名] 骨と骨とをむすび、関節の運動を安全にしたり、制限したりする弾力性のある繊維性の組織。

じん‐だい[0]【人台】[名] 洋服を着せてみるための、人のからだの模型。ボディー。

じん‐だい[ジ]【神代】[名] 神々の時代。日本では神武天皇即位以前の時代。かみよ。 ―**杉**(すぎ)[ダ][名] 長年月、水や土の中にうずもれていたすぎ材。工芸品・建築・装飾品用。 ―**文字**(もじ)[モ][名] わが国で、漢字伝来以前から使われていたという文字。実は後世の偽作。

じん‐だい[0]【甚大】[形動](ダロ・ダッ・デ・ニ／ダ・ナ・ナラ・○) はなはだしく大きいようす。多大。「―な損害」

じん‐だいこ[ダ]【陣太鼓】[名] 昔、陣中で合図のために鳴らした太鼓。

しんたいししょう《新体詩抄》 外山正一(とやままさかず)・矢田部良吉(やたべりょうきち)・井上哲次郎(いのうえてつじろう)の詩集。一八八二年に刊行。わが国で最初の新体詩集。

しん‐たいせい[タ]【新体制】[名] あたらしくしくまれた秩序。↕旧体制。

しん‐たいそう[タ]【新体操】[名] 伴奏音楽に合わせ、ボール・リボンなどの道具を使って演技する体操競技。

じん‐だいめいし[メ]【人代名詞】[名] 人をさしていう代名詞。「わたし・あなた・かれ」など。人称代名詞。↕指示代名詞。

しん‐たいりく[タ]【新大陸】[名] 南北アメリカやオーストラリアなど、ヨーロッパ人によってあたらしく発見され、開拓された大陸。新世界。↕旧大陸。

死(し)**んだ気**(き)**になって** これ以上なにも失うものはないという気持ちで。「―がんばる」

しん‐たく[0]【神託】[名] 神のおつげ。託宣。

しん‐たく[0]【新宅】[名] ❶あたらしく建てた家。新居。❷分家。別家。

しん‐たく[0]【信託】[名][他サ] ❶信用して処理をまかせること。❷『法』財産に関する権利を相手に移し、管理・処分をさせること。 ―**会社**(がいしゃ)[ガ][名] 信託をひきうけることを業とする会社。 ―**銀行**(ぎんこう)[ギ][名] 信託会社と普通銀行との仕事をかねてする会社。 ―**統治**(とうち)[ト][名] 国際連合の監督のもとに、ある国が特定の領土におこなう統治。

死(し)**んだ子**(こ)**の年**(とし)**を数**(かぞ)**える** 取り返しのつかない過去の出来事について、ぐちをこぼす。

しん‐たつ[0]【申達】[名][他サ] 上級官庁から下級官庁へ命令をおくること。

しん‐たつ[0]【進達】[名][他サ] 下からの書類を上級官庁へとどけること。

シンタックス[タ/シ]〈syntax〉[名] 主語・述語などの関係からなる、文の組み立て。また、その研究。構文論。文論。

じん‐だて[テ]【陣立(て)】[名] 軍勢の配置。陣ぞなえ。

しん‐たん[0/シ]【心胆】[名] こころ。きもったま。心肝。 ―**を寒**(さむ)**からしめる** 相手をひどく恐れさせる。

しん‐たん[0/シ]【深×潭】[名][文章語] ふかいふち。深淵(しんえん)。

しん‐たん[0/シ]【薪炭】[名] ❶たきぎとすみ。❷燃料。

しんたん《震旦》(古くは「しんだん」)中国。

しん‐だん[0]【診断】[名][他サ] ❶医師が患者を診察して病状を判断すること。「―を下す」❷欠陥の有無を調べること。「経営―」

しん‐ち[0/シ]【新地】[名] ❶新開地。❷新開地の遊里。❸あたらしく手にいれた領地。

じん‐ち[ジ]【人知】【人×智】[名] 人間のちえ。

じん‐ち[ジ]【陣地】[名] 攻撃・防備のために軍隊を配置してある地帯。陣どった所。

しん‐ちく[0]【新築】[名][他サ] あたらしく建物を建てること。また、その建物。「―の校舎」

じん‐ちく[0/ジ]【人畜】[名] ❶人間と家畜。「―無害」❷人情のない人をののしっていう語。

しん‐ちしき[チ]【新知識】[名] 進歩したあたらしい知識。また、それをもつ人。

しん‐ちゃ[0]【新茶】[名] 新芽をつんでつくった、その年の新しい茶。(夏)

しん‐ちゃく[0]【新着】[名] 品物が最近到着したこと。また、そのもの。「―の外国書」

しん‐ちゅう[シ]【心中】[名](「しんじゅう」と読めば別語) 心のなか。おもい。「―を明かす」

しん‐ちゅう[0]【真×鍮】[名] 銅と亜鉛との合金。黄銅(おうどう)。

しん‐ちゅう[0]【新注】【新×註】[名] あたらしい注釈。「万葉集―」↕古注。

しん‐ちゅう[0]【進駐】[名][自サ] 他国の領土内に軍隊が進入して駐留すること。「国連軍の―」

じん‐ちゅう[0]【尽忠】[名] 忠義をつくすこと。

じん‐ちゅう[ジ]【陣中】[名] ❶陣地のなか。❷戦争中。 ―**見舞い**(みまい)[ミ][名] ❶戦場に軍人をたずねたり物を送ったりして、ねぎらうこと。❷おおぜいの人が集まり、仕事をしているところに酒や料理をおくったりして、激励すること。[参考]表記は「陣中見舞」でもよい。

しん‐ちょ[シ]【心緒】[名][文章語]「しんしょ」の慣用読み。

しん‐ちょ[シ]【新著】[名] あたらしい著作。↕旧著。

しん‐ちょう[0]【身長】[名] 身のたけ。からだの高さ。

しん‐ちょう[シ]【▲清朝】[名] ❶中国の清(しん)の朝廷・時代。❷⇩せいちょう。

しん‐ちょう[0]【新調】㊀[名][他サ] あたらしくつくること。また、そのもの。㊁[名] あたらしい調子・楽曲。新曲。

しん‐ちょう[0]【伸長】[名][自他サ] のびること。また、のばすこと。「学力の―」

しん‐ちょう[0]【伸張】[名][自他サ] 物や勢いがのび広がること。また、のばし広げること。「勢力の―」

しん‐ちょう[0]【慎重】[名][形動] 注意ぶかくて、かるがるしくないこと。「―に計画する」

しん‐ちょう[0]【深長】[形動](ダロ・ダッ・デ・ニ／ダ・ナ・ナラ・○) 意味などがおくぶかいようす。ふくみの多いようす。「意味―なことばだ」[参考]「深重」と書くのはあやまり。

じんちょう‐げ[チョ]【▲沈丁▲花】[名] ジンチョウゲ科の常緑

低木。春、白・赤紫の、よいにおいの花がむらがり咲く。㊪春

しん-ちょく ⓪【進捗】名自サ すすみはかどること。進展。進行。「工事が―する」

しん-ちん ⓪【深沈】と副 たる連体 文章語 ❶夜がふけていくようす。❷落ちついて、ものに動じないようす。

しんちん-たいしゃ タ【新陳代謝】名自サ 〔「陳」は古い、「謝」はしりぞくの意〕❶あたらしいものが、古いものにとってかわること。「役員の―をはかる」❷生物体が、生存・活動に必要な物質を体内にとりいれ、いらない物質を体外に出すこと。物質交代。

しん-つう ⓪【心痛】名自サ 心をいためること。非常な心配。「―の種」

じん-つう ⓪【陣痛】名 ❶出産の直前に、間をおいておこる腹部の痛み。❷物ごとができあがるまでの苦難。

じんつう-りき ツ【神通力】名 ⇒じんずうりき。

しん-て ⓪【新手】名 新しい手段・方法。あらて。「―の商法」

しん-てい シ【心底・真底】名 心の奥そこ。しんそこ。

しん-てい ⓪【真諦】名 ⇒しんたい。

しん-てい ⓪【新帝】名 文章語 あたらしく位についた天子。

しん-てい ⓪【進呈】名他サ さしあげること。進上。

しん-てい ⓪【新訂】名他サ 書物の内容をあたらしく書きなおすこと。「―版」

じん-てい ⓪【人定】名 ❶人が定めること。「―法」❷その人であるかどうかを確かめること。「―尋問」

ジンテーゼ テ〈ドSynthese〉名〔哲〕あらたな高次の概念によってテーゼ(正)とアンチテーゼ(反)を統一し、矛盾を解決すること。総合。統合。合。

しん-てき ⓪【心的】形動 ダロ・ダッ・デ・ニ/ダナ・ナラ・〇 心に関するようす。↕物的。―外傷 ⓪名 ⇒トラウマ。

じん-てき ⓪【人的】形動 ダロ・ダッ・デ・ニ/ダナ・ナラ・〇 人に関するようす。人間の。「―資源」↕物的。―証拠 ショ名 裁判で、証人や当事者の供述を証拠とすること。人証。↕物的証拠。

シンデレラ テ〈Cinderella〉名 〔西洋童話の女主人公の名から〕とつぜんの幸運にめぐまれた人。「―ボーイ」

しん-てん ⓪【神典】名 文章語 ❶神のことを書いた書物。❷神道の聖典。

しん-てん ⓪【親展】名 あなたが自分で開封するようにの意味で、封書のおもてに書く語。親披。直披。⇩外わき付け 参考

しん-てん ⓪【進展】名自サ すすみ広がること。進歩発展。「事件が―して大事にいたる」

しん-てん ⓪【伸展】名自他サ 物事の勢いや範囲がのび広がること。また、のばし広げること。「事業の―」

しん-でん ⓪【神殿】名 神をまつってある殿堂。

しん-でん ⓪【寝殿】名 ❶天皇のねおきした御殿。南殿。❷寝殿造りの正殿。おもてざしき。―造り ツ名 平安時代中期に完成した、貴族の住宅様式。参考 表記は「寝殿造」でもよい。

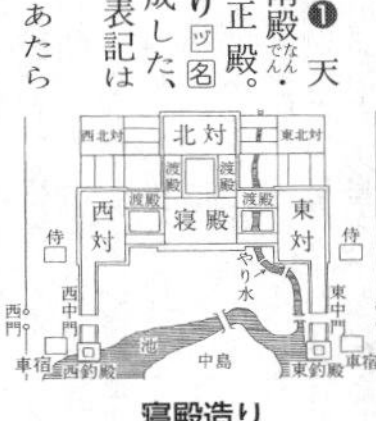

寝殿造り

しん-でん ⓪【新田】名 あたらしくひらいた田。

しん-でん ⓪【親電】名 一国の元首が自身の名で出す電報。「大統領の―」

しんでん-ず テ【心電図】名 心臓の活動電流を人体からみちびいて、えがきとった図表。心臓病の診断に役だてる。

しん-てんち テ【新天地】名 あたらしく活動する場所。新世界。「―を求めて移住した」

しんてん-どうち ド【震天動地】名 〔天地をふるいうごかす意〕大事件が人々をおどろかせ、おそれさせるようす。驚天動地。「―の大事変」

しん-と シ【信徒】名 その宗教を信じている者。信者。

しん-と シ【新都】名 新しく定められた首都。

しん-と シ【新渡】名 外国からあたらしく渡来したこと。また、そのもの。↕古渡。

しん-と ⓪副自サ ひっそりと静まりかえっているようす。「―した夜ふけ」

しん-ど シ【心土】名 たがやされた部分の下の土。

しん-ど シ【深度】名 ふかさの度合い。

しん-ど シ【進度】名 すすむ度合い。すすみぐあい。「―表」

しん-ど シ【震度】名 地震のゆれのつよさ。参考 震度0の「無感地震」をふくめて、8階級に分類されたが、一九九六年からは、震度5と6をおのおの弱と強に分けて、10階級であらわす。

じん-と ⓪副 ❶痛みやしびれが体に伝わるようす。「―骨身にこたえる」❷感動して、胸にしみいるようす。「胸に―くる」

じん-ど ジ【×塵土】名 文章語〔ちりと、つち〕俗世間。

しんど・い ド形 カロ・カッ・ク/イ・イ・ケレ・〇 〔もと、関西方言〕❶くたびれてだるい。たいぎである。❷ほねがおれる。苦労だ。「―仕事だ」

しん-とう ⓪【心頭】名 文章語 心のはたらき。こころ。念頭。―を滅却すれば火もまた涼し どんな苦しみも、精神をきたえて超越すれば、苦しみと感じない。

しん-とう ⓪【神灯】名 神にそなえるともしび。みあかし。

しん-とう シ【神道】名 ❶天照大神などの神々に対する、日本民族の伝統的信仰。かんながらの道。神の道。❷かんながらの道にもとづく、日本固有の宗教。神社神道、教派神道などがある。

しん-とう ⓪【新刀】名 ↕古刀。❶あたらしいかたな。❷慶長年間以後につくられた日本刀。

しん-とう シ【新党】名 新しい政党。

しん-とう ⓪【親等】名 親族関係における遠近をしめす等級。親子は一親等、兄弟・祖父母は二親等とするなど。

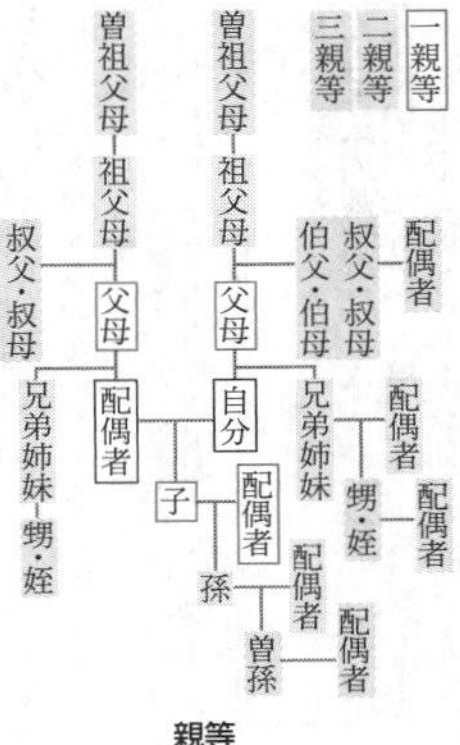

親等

しん-とう ⓪【浸透】〔×滲透〕名自サ ❶しみとおること。「雨水が地下に―する」❷思想・風潮などがしだいに広くゆきわたること。「新しい生活様式が国民に―する」❸半透性の膜を通過して、うすい液体が濃い液体の中にひろがる現象。「―圧」

しん-とう ⓪【震×盪・振×蕩】名自他サ 文章語 〔「盪」「蕩」

はうごくの意〕ふるえうごくこと。ゆりうごかすこと。

しん‐どう シ【臣道】名 臣下が守るべきみち。

しん‐どう ⓪【神童】名 才能が非常にすぐれているこども。

しん‐どう ⓪【新道】名 あたらしく切りひらいた道路。↕旧道・古道。

しん‐どう ⓪【震動】名自サ ふるえうごくこと。「大地が─する」⇨振動参考。

しん‐どう ⓪【振動】名自他サ ❶ふれうごくこと。ふりうごかすこと。❷物体がある周期をもってくりかえし、ゆれうごくこと。参考 地震や火山の爆発によるゆれ以外は、「振動」が一般的。

じん‐とう ⓪【人頭】名 ❶人のあたま。❷人口。人数。**─税**ぜい ト名 各人にひとしくかける税。あたまわりの税。

じん‐とう ⓪【陣頭】名 ❶軍陣のまっさき。❷仕事のまっさき。第一線。「社長が─に立つ」**─指揮**しき シ名 先頭にたって部下をさしずすること。

じん‐どう ⓪シ【人道】名 ❶人として守りおこなうべきみち。人倫じんりん。❷歩道。**─主義**しゅぎ シュ名 人格の平等をみとめ、人類全体の幸福の実現を最高目的とする主義。ヒューマニズム。**─的**てき ⓪形動 人道にかなうようす。

じん‐どう シ【仁道】名 仁の道。人として行うべき道。

しん‐とく ⓪【神徳】名 神のあらわす徳。

しん‐どく ⓪【真読】名他サ〘仏〙経文きょうもんをはぶかずに全部よむこと。↕転読。

じん‐とく ⓪【人徳】名 その人にしぜんとそなわっている徳。

じん‐とく ⓪【仁徳】名 いつくしみの徳。

ジン‐トニック ト〈gin tonic〉名 ジンをトニックで割り、レモンやライムを添えたカクテル。

じん‐とり ト/リ【陣取(り)】名 二組にわかれて相手の陣をうばいあう、こどもの遊び。

じん‐ど・る ド【陣取る】自五 ラ・ロ|リ・ッ|ル|ル|レ|レ ❶陣をかまえる。❷場所をしめる。「中央に─」

シンドローム ロ〈syndrome〉名 症候群。

シンナー シ〈thinner〉名 ラッカーやニスなどをうすめたり、衣服のしみを取ったりするのに使われる溶剤。蒸気を吸うと幻覚を生じる。

しんない‐ぶし ⓪【新内節】名 江戸時代後期に、遊里を中心に流行した音曲。浄瑠璃じょうるりの一派、豊後節ぶんごぶしからわかれたもの。新内。参考 中興の祖、鶴賀つるが新内の名から。

しん‐に シ【×瞋×恚】名〔文章語〕➡しんい。

しん‐に シ【真に】副 実際にそうであるようす。ほんとうに。「母が死んで─悲しい」

じん‐にく ⓪【人肉】名 人間の肉。

しん‐にち ⓪【親日】名 日本に好意をもち、したしくすること。↕侮日ぶにち・排日・抗日・反日。

しん‐にゅう ⓪【×之×繞】名 ➡しんにょう。**─を掛**かけ**る** 物事をいっそうはなはだしくする。輪をかける。

しん‐にゅう ⓪【新入】名 あたらしくはいること。また、はいった人。新参。しんいり。**─生**せい ニュ名 あたらしく入学した児童・生徒・学生。春

しん‐にゅう ⓪【侵入】名自サ 他人の家や外国の領土などにおしいること。「不法─」

しん‐にゅう ⓪【浸入】名自サ ある場所に水などが流れこむこと。浸水。

しん‐にゅう ⓪【進入】名自サ すすみはいること。

しん‐にょ シ【信女】名 ↕信士しんじ。❶俗人のまま仏道にはいった女性。❷女性の戒名かいみょうの下につける称号。

しん‐にょ シ【真如】名〘仏〙万物の本体で、永久不変の真理。**─の月**つき 真如によってまよいをはらわれた心を、よく澄んだ秋の月にたとえたことば。秋

しん‐にょう ⓪【×之×繞】名〔「しにょう」の変化〕漢字の部首の一つ。「辺」「送」「迦」などの「辶・辶」。しんにゅう。

しん‐にん ⓪【信任】名他サ 信用して事をまかせること。「─を得る」**─状**じょう ⓪名 外交使節としての資格を証明する文書。**─投票**とうひょう ト名 議会が、政府を信任するかどうかをきめるためにする投票。

しん‐にん ⓪【新任】名他サ あたらしく任命されること。また、任命された人。「─の教師」

しん‐にん ⓪【親任】名他サ もと、天皇がみずから高官を任命したこと。**─官**かん 三名 もと、天皇がみずから任命した官吏。官吏のいちばん上の階級。↕勅任官・奏任官・判任官。

しん‐ねこ ⓪名〔俗語〕男女がふたりだけで仲よくしていること。

しんねり‐むっつり ム名副自サ 心の中では思っていても口に出さず、はきはきしないようす。

しん‐ねん シ【信念】名 心に定めてよりどころとする、一貫した精神。「─がゆらぐ」

しん‐ねん シ【新年】名 あたらしいとし。としのはじめ。はつはる。新春。正月。新年 ↕旧年。

しん‐のう ⓪【心×嚢】名 心臓をつつむふくろ。心膜。

しん‐のう ノ【親王】名〔「しんおう」の変化〕嫡出の皇子および嫡男系嫡出の皇孫のうちの男子。↕内親王。**─妃**ひ ノ名 親王の配偶者。

じん‐のう ノ【人皇】名 ➡にんのう。

じんのうしょうとうき《神皇正統記》室町むろまち時代前期の歴史書。北畠親房きたばたけちかふさの著。南朝の吉野朝廷が正統である理由などを論じたもの。

しん‐ぱ シ【新派】名 ↕旧派。❶あたらしい流派。❷新派劇。**─劇**げき バ名 明治時代中期に、歌舞伎かぶきに対抗しておこった、現代世相を中心とする写実的な劇。新派。↕新劇・歌舞伎。

シンパ シ名「シンパサイザー」の略。

じん‐ば シ【人馬】名 ひととうま。「─の往来」「─一体」

しん‐ぱい シ【心肺】名 心臓と肺。「─機能」**─停止**ていし シー名 心臓と呼吸が停止した状態。

しん‐ぱい ⓪【神拝】名自サ 神をおがむこと。神社に参拝すること。

しん‐ぱい ⓪【親拝】名自サ 天皇が拝礼・参拝すること。

しん‐ぱい ⓪【心配】名自他サ形動 ❶気にすること。気がかり。「─と苦労でやせる」「どうしたかと─したよ」「結果がわかるまで─なことだ」❷いろいろと心を使って努力すること。配慮。心づかい。「ご─ありがとうございます」

じん‐ばおり バ【陣羽織】名 武士が陣中で、よろい・ぐそくの上に着た、そでなしの羽織。

陣羽織

しん‐ぱく ⓪【心拍】【心×搏】名 心臓の鼓動。

シンパサイザー サ〈sympathizer〉名 共産主義運動などの共鳴者・後援者。シンパ。

シンパシー シー〈sympathy〉名 同情。共感。「─を感じる」

しん‐ばしら バ【真柱・心柱】名 塔などの中心になる柱。

しん‐ばつ シ【神罰】名 かみがあたえる罰。天罰。

しん‐ぱつ ⓪【深発】名 地下ふかいところを震源として地震が起こること。「─地震」↕浅発。

しんぱつ ⓪【進発】名自サ 部隊などが出発すること。

しんはなつみ《新花摘》江戸時代後期の俳句・俳文集。与謝蕪村(よさぶそん)の作。

ジンバブエ《Zimbabwe》アフリカ南部にある共和国。一九八〇年独立。首都はハラレ。

しんばりぼう リ【心張(り)棒】名 戸じまりのために戸をおさえる、つっかい棒。

シンバル シ〈cymbals〉名 二枚の、金属製の円盤を打ち合わせる西洋の打楽器。

シンバル

しんばん ⓪【新盤】名 新しく発売されたレコード・CDなど。

しんぱん ⓪【信販】名 信用販売。

しんぱん ⓪【新版】名 ❶あたらしく出版されたこと。また、その本。新刊。❷内容や体裁をあたらしくして出版した本。↕旧版。

しんぱん ⓪/シ【親藩】名 江戸時代、将軍家の親類にあたる諸藩。↕譜代(ふだい)・外様(とざま)。

しんぱん ⓪【侵犯】名他サ 他国の領土や権利などをおかすこと。「領海—」

しんぱん シ/⓪【審判】名他サ ❶事件を調査し裁決をくだすこと。「海難—」❷競技で勝敗・優劣・順位などをきめること。また、その人。〓しんばん。**—員**(いん)パ・**—官**(かん)パ名 審判をする役。また、その人。アンパイア。

しんび シ【審美】名 美しいものを見わけること。**—学**(がく)ビ名「美学」の昔のよび名。**—眼**(がん)ビ名 ほんとうの美しさを見わける能力。

しんぴ シ【真皮】名 皮膚の表皮の下にある結合組織の層。

しんぴ シ【真否】名 まことと、うそ。

しんぴ シ【神秘】名形動(の) 人間のちえでは考えることのできないふしぎなこと。**—主義**(しゅぎ)シュ名 直観力によって神などの超自然的な存在をとらえようとする哲学・宗教上の立場。**—的**(てき)⓪形動 理論や認識をこえた、ふしぎなようす。「—な雰囲気」

じんぴ ジ【×靭皮】名 植物の茎の表皮の内がわにある繊維の部分。たんぱく質・養分の通路。あまかわ。

シンビジウム ジ〈ラ cymbidium〉名 ラン科シュンラン属の植物の総称。

しんぴつ ⓪【×宸筆】名〔文章語〕(「宸」は天子のこと)天皇の書いたこと。また、そのもの。

しんぴつ ⓪【真筆】名 真跡(しんせき)。↕偽筆。

しんぴつ ⓪【親筆】名 その人自身で書いたこと。また、その書画。自筆。

しんぴょう ⓪【信×憑】名自サ(「憑」は、たよるの意)信じてよりどころとすること。**—性**(せい)⓪名 信頼できる性質・度合い。「—がうすい」

しんぴん ⓪【神品】名 人間わざとは思われない、りっぱな作品。

しんぴん ⓪【新品】名 あたらしい品。↕中古品。

じんぴん ⓪【人品】名 ❶ひとがら。人格。ひん。「—骨柄(こつがら)」❷ふうさい。

しんぷ シ【深部】名 ふかい部分。奥の部分。「地球の—」

しんぷ シ【神父】名 カトリック教会や正教会の司祭。

しんぷ シ【神符】名 神社が氏子にさずけるまもりふだ。

しんぷ ⓪【新付・新附】名 あたらしくつき従うこと。「—の領土」

しんぷ シ【新婦】名 はなよめ。↕新郎。

しんぷ ⓪【新譜】名 ❶あたらしい曲譜。❷あらたに売りだしたレコード・CDなど。

しんぷ シ【親父】名〔文章語〕ちち。ちちおや。「ご—様」参考 相手の父親の尊敬語。

ジンフィ(ー)ズ フィ〈gin fizz〉名 ジンに炭酸水・砂糖を加え、レモンを浮かした飲みもの。

しんぷう ⓪【新風】名 あたらしいやり方や風潮。「—を吹きこむ」

じんぷう ⓪【陣風】名〔文章語〕にわかに吹く風。突風。

シンフォニー シ〈symphony〉名 交響曲。**—オーケストラ** ケ〈symphony orchestra〉名 交響楽団。

シンフォニック-ジャズ ジャ〈symphonic jazz〉名 大編成の楽団によって演奏されるジャズ。

しんぷく ⓪【振幅】名 振動する物体の、静止の位置から振動の極点までのはば。「—が大きい」

しんぷく ⓪【震幅】名 地震計に感じたゆれの大きさ・はば。

しんぷく ⓪【心服】名自サ 心からうやまい、したがうこと。「師に—する」

しんぷく ⓪【臣服】名自サ〔文章語〕臣下としてしたがうこと。

しんぷく ⓪【信服】名自サ 信じてしたがうこと。

しんふぜん フ【心不全】名 心臓の働きが弱くなって、血液をじゅうぶん送り出せない状態。

じんふぜん フ【腎不全】名 腎臓の働きが低下した状態。尿が出にくくなり、からだに有害な物質や水分がたまるなどする。

しんぶつ シ【神仏】名 ❶かみと、ほとけ。❷神道と仏教。**—混交**(こんこう)(×淆) シ名 神道と仏教を一体のものとして信仰し、区別をしないこと。神仏習合。**—習合**(しゅうごう)シ名 神仏混交。

じんぶつ ジ【人物】名 ❶ひと。「—画」❷ひとがら。人格。「—がいい」❸すぐれた人。人格者。「政界きっての—」**—月旦**(げったん)ゲ名 人物批評。

シンプル シ〈simple〉形動 ダロ・ダッ・デ・ニ／ダナ・ナラ・ニ・〇 ❶単純なようす。簡単。「—な構造」❷素朴(そぼく)なようす。質素。

しんぶん ⓪【新聞】名 社会のあたらしい出来事を早く伝えるための定期出版物。多くは、日刊。新聞紙。**—記者**(きしゃ)キ名 新聞記事の材料をあつめ、記事の執筆や編集などをする人。**—紙**(し)フ名 ❶新聞。❷新聞を印刷した紙。**—辞令**(じれい)ジ名 新聞に書かれただけで、まだ実際には辞令の出ていない人事異動。**—種**(だね)⓪名 新聞記事(ことに三面記事)などになるような事がら。

じんぶん ⓪【人文】名 人類社会の文化。じんもん。**—科学**(かがく)カ名 広く文化に関する学問の総称。文化科学。↕自然科学・社会科学。**—主義**(しゅぎ)シュ名 文芸復興期に、イタリアからおこった思想。古典時代を模範とし、人間性の価値の向上と人間的な文化の建設とを主張した主義。ヒューマニズム。**—地理学**(ちりがく)リ名 経済・交通・国家などの人間集団の諸活動を自然環境との関係において研究する学問。

じんぷん ⓪【人×糞】名 人間の大便。くそ。**—尿**(にょう)ブ名 大便と小便。

しんぶんすう ブ【真分数】名 分子が分母より小さい分数。↕仮分数・帯分数。

しんぺい シ【新兵】名 あたらしく入隊した兵士。↕古兵(こへい)。

じんべえ ⓪【甚▲平・甚▲兵▲衛】名 男子が夏に着る、つけひもで結ぶみじかい衣服。じんべい。夏

しんぺん シ【身辺】名 身のまわり。身ぢか。**—小説**(しょうせつ)ショ名 自分の身のまわりのできごとを書いた小説。私小説。

し

しん‐ぺん [シ]【神変】名〔文章語〕人間の知恵では、はかりしれないふしぎな変化。

しん‐ぺん [0]【新編】名 あらたに編集・編成すること。また、そのもの。「―風土記」

シンポ [シ] 名「シンポジウム」の略。

しん‐ぽ [シ]【進歩】名 自サ だんだん発達してよいものになること。⇔退歩。**―主義**(しゅぎ) [シュ] 名 ふるい思想・習慣・制度などをすてて、あたらしくすすもうとする主義。⇔保守主義。**―的**(てき) [0] 形動 あたらしい方向へすすんでいるようす。進歩していくことを追求する思想をもっているようす。「―な考え方」⇔保守的。

しん‐ぼう [0]【心房】名 心臓のなかの上半部。心耳(しんじ)。

しん‐ぼう [シ]【心棒】名 ❶車輪などの回転体の軸。❷活動の中心。「解放運動の―となる」

しん‐ぼう [0]【信望】名 信用と人望。「世間の―をあつめる」

しん‐ぼう [0]【深謀】名 ふかいはかりごと。遠謀。**―遠慮**(えんりょ) [エ] 名 さきざきのことまで考えた、ふかいはかりごと。

しん‐ぼう [シ]【辛抱】名 自他サ ❶がまんすること。「もう少しの―だ」❷つらい仕事をがまんして、つとめること。「十年―した店」**―強**(づよ)**い** [ヨ] 形 よくしんぼうする。がまんづよい。「辛抱強く待つ」**―人**(にん) [0] 名 ❶しんぼうづよい人。❷しんぼうして、よくはたらく人。

しん‐ぽう [0]【新法】名 ❶あたらしい法令。⇔旧法。❷あたらしい方法。

しん‐ぽう [0]【新報】名 あたらしい知らせ。参考 新聞・雑誌の名前に使われる。「経済新報」など。

しん‐ぽう [0]【信奉】名 他サ 信じて、したがいまもること。「民主主義を―する」

じん‐ぼう [0]【人望】名 人々が寄せる尊敬・信頼。

しん‐ぼく [0]【神木】名 神霊がやどっているとされる木。

しん‐ぼく [0]【親睦】名 自サ したしみ、仲よくすること。「会員の―をはかる」

シンポジウム [ジ]〈symposium〉名 一つの問題について、何人かが意見を発表し、聴衆が質問し討論する形式の会。シンポ。参考「シムポジウム」とも書く。

しん‐ぼち [0]【新▲発▲意】名 仏門にはいってまもない人。しぼち。

じん‐ぼつ [0]【陣没】【陣×歿】名 自サ 戦地で死ぬこと。戦死や戦病死。

しん‐ぼとけ [ボ]【新仏】名 ❶死んでまもない人。❷死後、はじめてのうらぼんにまつられる死者の霊。あらぼとけ。

シンボリズム [リ]〈symbolism〉名 象徴主義。サンボリスム。

シンボル [シ]〈symbol〉名 象徴。「白は清浄の―だ」**―マーク** [マ]〈symbol mark〉名〔和製英語〕ある集団や運動を象徴する標章や図案。

しん‐ぽん [0]【新本】名 ❶人手でよごれていないあたらしい本。⇔古本(ふるほん)。❷新刊の本。新書。「―紹介」

じんぽん‐しゅぎ [シュ]【人本主義】名 ❶人間とその生活を本位とする考え方。人道主義。❷人文主義。

しん‐まい [0]【新米】名 ❶その年にあたらしくとれたこめ。新穀。(秋) ⇔古米。❷〔「しんまえ(新前)」の変化〕そのことに関係して、まだ日が浅いこと。また、その人。新参。

しん‐まえ [0]【新前】(まえ) 名 ⇒しんまい❷。

じん‐まく [ジ]【陣幕】名 陣屋のまわりに張る幕。

じん‐ましん [マ]【×蕁麻×疹】名 皮膚がかゆくなり、一時的に赤くはれあがる病気。アレルギーが原因。

しん‐マルサスしゅぎ [シュ]【新マルサス主義】名 国民生活のさまたげになるはげしい人口増加をふせぐために、人工的な産児制限が必要だとする考え方。

しん‐み [シ]/[ミ]【新味】名 あたらしみ。あたらしいおもむき。新風。「―を出す」

しん‐み [シ]【親身】㊀名 したしい身内。肉親。近親。㊁名 形動(の) 肉親に対するように、たいそう親密・親切であること。「―な世話」

しん‐みち [0]【新道】名 ❶新たに開かれた道。しんどう。❷町家などの並んでいる狭い道。

しん‐みつ [0]【親密】形動 ダロ・ダッ・デ・ニ／ダ・ナ・ナラ・○ したしみが深いようす。仲のよいようす。「―な間柄」

じん‐みゃく [0]【人脈】名 政界・財界や会社、集団などで、同じ系統・系列に属する人々のつながり。

しん‐みょう [0]【身命】名 ⇒しんめい。

しん‐みょう [0]【神妙】形動 ダロ・ダッ・デ・ニ／ダ・ナ・ナラ・○ ❶けなげなようす。殊勝。感心。「―なことば」❷すなおなようす。おとなしいようす。従順。「―にせよ」

じん‐みらいざい [ヲ]【尽未来際】名 副〔仏〕永久。永遠。

しん‐みり [ミ] と副 自サ ものさびしく、しめやかなようす。しみじみ。「―した話」

しん‐みん [ミ]【臣民】名 君主国における人民。臣下である人民。

じん‐みん [ミ]【人民】名 国家を構成している人。国民。**―公社**(こうしゃ) [ヨ] 名 中国で一九五八年に始まり一九八二年の憲法改正で廃止された、政治組織と生産組織とが一体化した組合組織。**―裁判**(さいばん) [サ] 名 国家の裁判でなく、人民により集団的におこなわれる裁判。かつて共産国で行われた反動分子に対する裁判など。**―戦線**(せんせん) [セ] 名 一九三〇年代に、フランス・スペインなどで結成されたファシズムに抵抗する諸団体の共同戦線。

しん‐め [シ]【神▲馬】名 神社に奉納したうま。じんめ。

しん‐め [0]【新芽】名 あたらしくでてきた草木の芽。若芽。(春)

しん‐めい [0]【身命】名 からだといのち。いのち。しんみょう。「―を投げうってつくす」**―を賭**(と)**する** 命をかける。

しん‐めい [0]【神明】名〔文章語〕神(かみ)。「―に誓う」**―造**(づく)**り** [ツ] 名 神社建築のふるい形式の一つ。伊勢(いせ)神宮はその代表。参考 表記は「神明造」でもよい。

神明造り（正面）

じん‐めい [0]【人名】名 ひとのなまえ。**―用漢字**(ようかんじ) [カ] 名 名づけ用漢字として、みとめられた、八六三字の漢字。常用漢字と合わせて、この中からえらんで、子の名をつける。⇩(付)人名用漢字一覧

じん‐めい [0]【人命】名 ひとのいのち。「―尊重」

シンメトリー [メ]〈symmetry〉名 ❶つりあい。調和。均斉(きんせい)。❷左右・上下の対称。

じん‐めん [0]【人面】名 ひとのかお。**―獣心**(じゅうしん) [0] 名〔顔は人で、心はけもの〕義理・人情・恩義を知らない人をののしってよぶ語。人でなし。にんめんじゅうしん。

しん‐めんもく [メ]【真面目】名 ほんとうのすがた。真価。しんめんぼく。「―を発揮する」

じん‐もく [0]【人目】名 ❶人の目。また、人の目に似たもの。❷人の見る目。ひとめ。よそめ。外見。「―を惑わす」

しん‐もつ [0]【進物】名 おくりもの。「御(ご)―」

しん‐もん [0]【審問】名 他サ ❶くわしく問いただすこと。❷裁判所が、当事者や利害関係人に口頭または書面で、陳述の機会を与えて聞くこと。

じん-もん ◎【人文】名 ➡じんぶん。

じん-もん ◎【陣門】名 陣屋の出入り口。 **―に降(くだ)る** 降参する。降伏する。

じん-もん ◎【尋問】【×訊問】名 他サ 取り調べのためにたずね問うこと。問いただすこと。

しん-や シ【深夜】名 夜のふけたころ。まよなか。「―料金」参考 放送では、午前零時から五時ごろまでをさす。 **―便(びん)** ◎ 名 深夜に定期的に運行するトラック便。

じん-や ヤ【陣屋】名 ❶軍隊が宿営している所。軍営。❷城をもたない大名の居所。❸郡代・代官などの居所。

しん-やく ◎【新約】名 ↕旧約。❶あたらしい約束・契約。❷新約聖書。 **―聖書(せいしょ)** セ 名 キリスト教の経典の一つ。キリストとその弟子(でし)たちのことばや行動をしるしたもの。神と人とのあたらしい約束をつげた書の意。↕旧約聖書。

しん-やく ◎【新訳】名 あたらしい翻訳。また、その本。↕旧訳。

しん-やく シ【新薬】名 あらたにつくり、売りだされたくすり。

しん-やま ◎【新山】名 あらたに木材を切りだしたり、鉱物を掘りだしたりする山。

しん-ゆう ◎【心友】名〔文章語〕心からゆるしあっている友人。

しん-ゆう ◎【神×祐・神×佑】名〔文章語〕神のたすけ。天佑(てんゆう)。神助。

しん-ゆう ◎【真勇】名 ほんとうの勇気。大勇。

しん-ゆう ◎【深憂】名〔文章語〕ふかい悲しみ。大きな心配。

しん-ゆう ◎【親友】名 心からしたしい友人。

しん-よ シ【神×輿】名〔文章語〕みこし。

しん-よう ◎【針葉】名 針のように細長い葉。↕闊葉(かつよう)・広葉。 **―樹(じゅ)** ヨ 名 針葉をもった木。まつ・すぎなど。↕闊葉樹・広葉樹。

しん-よう ◎【信用】━ 名 他サ ❶信じて使うこと。「彼を―する」❷ほんとうだと思うこと。「話を―する」━ 名 ❶よいという評判。「―のある店」❷〔経〕債務者がまちがいなく債務を履行(りこう)すると判断して、債権者が、かねや品物を無担保(むたんぽ)で貸しつけること。 **―貸(が)し** ◎ 名 貸し主が借り主を信用して、契約を結ぶこと。 **―機関(きかん)** キ|カ 名 信用を利用して金銭の融通(ゆうずう)をする機関。質屋・信用組合・銀行など。 **―金庫(きんこ)** キ 名 中小商工業者のための金融機関。 **―組合(くみあい)** ク 名 組合員である中小生産者のための金融機関。信用協同組合。 **―経済(けいざい)** ケ 名 信用が経済生活の基礎となる経済組織。 **―状(じょう)** ◎ 名 銀行が取引先企業の依頼に応じて出す、その企業の支払いに責任を持つことを保証する書類。 **―調査(ちょうさ)** チョ 名 かねを貸すときなどに、相手の支払い能力や財産状態などをしらべること。 **―取引(とりひき)** ト 名 代金の支払いはあとからでよいとする、信用による取引。 **―販売(はんばい)** ハ 名 商品を先渡しし、代金は後払いでする販売方法。月賦販売などが、これに当たる。信販。クレジット。

じん-よう ◎【陣容】名 ❶陣だて。「―をととのえる」❷顔ぶれ。「チームの―」

しん-らい ◎【新来】名 ↕再来(さいらい)。❶あらたに来たこと。また、そのもの。❷病院ではじめて来た患者。

しん-らい ◎【信頼】名 他サ 信じてたよりにすること。

じん-らい ◎【迅雷】名〔文章語〕はげしく鳴りきらめくかみなり。「疾風(しっぷう)―」

しん-らつ ◎【辛辣】名 形動 たいそう、てきびしいこと。「―な批評」

しんら-ばんしょう シ【森羅万象】名〔「森羅」は、かぎりなく並ぶこと〕宇宙間のあらゆる物ごと。万有。

しんらん《親鸞》一一七三―一二六二。鎌倉(かまくら)時代前期の僧。浄土真宗の開祖。そのことばを門人がまとめた「歎異抄(たんにしょう)」がある。

しん-り シ【心理】名 心のはたらきかた。精神の状態。気持ち。 **―学(がく)** リ 名 人間や動物の精神現象や行動を科学的に研究する学問。 **―士(し)** リ 名 ➡臨床心理士。 **―師(し)** リ 名 ➡公認心理師。 **―小説(しょうせつ)** ショ 名 人物の心理をこまかく分析してえがいた小説。 **―戦争(せんそう)** セ 名 相手国民の気持ちを動揺させて、外交や戦争を有利にはこぶ方法。心理戦。 **―的(てき)** ◎ 形動 心のはたらきにかかわるようす。「―虐待」「―な負担」 **―描写(びょうしゃ)** ビョ 名 小説などで、人物の心の変化・状態などをえがくこと。 **―療法(りょうほう)** リョ 名 心の悩みや障害を、薬物によらず、対話・暗示・催眠などの心理学的な方法で取り除く治療法。精神療法。

しん-り シ【心裏】【心×裡】名〔文章語〕心の中。心中。心底。

しん-り シ【真理】名 ❶ほんとうの道理。❷論理の法則にかなった正しい知識・判断。❸どこででも、いつでも通用する妥当な知識・認識。「―の探究」

しん-り シ【審理】名 他サ ❶しらべてあきらかにすること。❷裁判官による、訴訟事件に関する取り調べ。

じん-りき ◎【人力】名 ❶➡じんりょく。❷人力車。 **―車(しゃ)** リ 名 人を乗せて、人がひっぱって走る二輪車。明治・大正のころよく使われた。

人力車

しん-りゃく ◎【侵略】【侵×掠】名 他サ 他国をおかして土地や財産をうばいとること。

しん-りゅう ◎【新柳】名〔文章語〕新芽の出た春のやなぎ。

じん-りゅう ◎【人流】名 人の流れ。人の動き。特に、盛り場・大規模娯楽施設・大型連休の際の交通機関による移動などの大量観測データの解析による人間の行動予測。

しん-りょ シ【神慮】名 神の心。神意。「―にかなう」

しん-りょ シ【深慮】名 ふかい考え・はかりごと。↕浅慮。

しん-りょう シ【神領】名 神社に付属している土地。

しん-りょう ◎【新涼】名〔文章語〕秋のはじめのすずしさ。(秋)

しん-りょう ◎【診療】名 他サ 診察・治療すること。 **―所(じょ)** ◎ 名 医師が患者の診療をおこなう所。医院。参考 入院設備が一九人以下のものを診療所・医院といい、二〇人以上のものは病院という。⇩病院 参考 **―報酬(ほうしゅう)** ホ 名 公的医療保険制度によって、医療・看護・投薬などをおこなった医療機関に、保険から支払われる料金。

しんりょう-ないか ナ【心療内科】名 病気の心理的な原因をも含めて総合的に診断し、治療する内科診療科目。

しん-りょく シ【心力】名〔文章語〕心のはたらき。

しん-りょく ◎【深緑】名 濃いみどり。(夏)「―の山々」

しん-りょく ◎【新緑】名 初夏の若葉のみどり。(夏)

じん-りょく ◎【人力】名 人間のちから。じんりき。

じん-りょく ジ【尽力】名 自サ 力をつくすこと。努力。参考 自分のためについても言うが、他人のためにつくすことを言うほうが多い。

しん-りん ◎【森林】名 木が密集しあった広範な土地。 **―浴(よく)** リ 名 森林に入って、樹木の発する健康によい物質を含む空気をからだに取り入れること。

しん-りん ◎【親臨】名 自サ〔文章語〕天皇がある場所へ出

かけること。

じん-りん[0]【人倫】名 ❶人と人との間柄。また、その秩序。❷人の守るべき道義。人道。「—にそむく」❸人間。

しん-るい[0]【親類】名 ❶血縁や縁組みでつながっている人々。身内。親戚。❷性質などの似たもの。「猫と虎とは—だ」 **—書き**[0]名 親類の人々の住所・氏名・続き柄などを書いた書類。 **—付合**[ヅ]名 ❶親類間の交際。❷親類のようにしたしい交際。

しん-るい[0]【進塁】名自サ 野球で、走者がつぎの塁へすすむこと。

じん-るい[ジ]【人類】名 人間を他の動物と区別していう語。 **—愛**[ル]名 すべての人間を愛すること。また、その気持ち。 **—学**[ル]名 人類の起こりや人種の相違・特徴などについて研究する学問。

しん-れい[0]【心霊】名 たましい。霊魂。 **—現象**[ゲ]名 現代の科学では説明のできない、ふしぎな精神現象。

しん-れい[0]【神霊】名 神のみたま。神。

しん-れい[0]【振鈴】名 すずをふって鳴らすこと。また、その音。

しん-れい[0]【浸礼】名 キリスト教の洗礼で、全身を水にひたす儀式。バプテスマ。

しんれいやぐちのわたし《神霊矢口渡》江戸時代中期の浄瑠璃。平賀源内の作。太平記に題材をとった時代物。

しん-れき[0]【新暦】名 太陽暦。↔旧暦。

じん-れつ[0]【陣列】名 陣の配列・配置。

しん-ろ[シ]【針路】名 (羅針盤の針のしめす方向の意) ❶船や飛行機の進むべき方向。❷進むべき方向。進路。

しん-ろ[シ]【進路】名 すすんで行くみち。「卒業後の—をきめる」 **—指導**[シ2]名 中学生・高校生などの卒業後の進んで行くみちを、指導すること。

しん-ろう[0]【新郎】名 はなむこ。↔新婦。

しん-ろう[0]【心労】名自サ こころづかい。心配。気づかれ。「—が重なる」

しん-ろう[0]【辛労】名自サ つらいほねおり。苦労。

じん-ろう[0]【×塵労】名 ❶〔文章語〕俗世間のごたごたとした苦労。「隠退して—を避ける」❷〔仏〕煩悩。

しん-ろく[0]【神▲鹿】名 神社で飼っているしか。

じん-ろく[0]【甚六】名〔俗語〕おひとよし。参考 長男をあざ笑うことばで、おもに「総領の甚六」と使う。

しん-ロマンしゅぎ[シュ]【新ロマン主義】名 一九世紀末期から二〇世紀初期にかけて、自然主義に反対してヨーロッパ諸国におこった文学上の考え方。芸術至上主義・唯美主義的傾向が強く、日本の明治時代末期から大正時代初期の文学界に影響をあたえた。新浪漫主義。

しん-わ[0]【神話】名 ❶国家・氏族・民族などの成立を、人間の姿をした神の仕業として伝承する説話や伝説。❷たしかな根拠がないのに事実だと信じられてきたことがら。「高度成長—の崩壊」 **—学**[ワ]名 神話の起源・成立・意義などを研究する学問。

しん-わ[0]【親和】名自サ ❶したしみ、やわらぐこと。❷物質の化合。 **—力**[ワ]名 各種の元素が、ある元素とは化合しやすく、他の元素とは化合しにくいというように、化合のときに見られる傾向。

じんわり[ワ](と)副 ❶少しずつしっかり伝わるようす。「甘さが口の中に—と広がる」❷水分などが少しずつにじみ出るようす。

す ス

す：「寸」の草体。
ス：「須」の右下の部分。

す【子】造 下に添える語。「椅子・金子・扇子・様子」[別音し|子]

す【須】造 もちいる。もとめる。「必須」

す[0][ス]【州】【×洲】名 水面上にあらわれ出た土砂。中州。

す【素】㊀[0]名 何も加わらない、そのままの状態。「—が出る」「—のままで」㊁接頭 ❶そのままの。かざりけのない。「—焼き」❷何もつけていない。「—足」❸みすぼらしい。「—浪人」

す[ス]【巣】名 ❶動物や虫などのすむ所。❷かくれてすむ所。「悪人の—」❸くもがはきだす糸で作った網。

す[ス]【酢】【×醋】名 調味料の一つ。約三〜五パーセントの酢酸をふくむ、すっぱい液。

す[0][ス]【×簀】名 竹・あしなどをあらく編んだむしろ。

す[0][ス]【×鬆】名 ❶鋳物の内部にできた空洞。❷だいこん・ごぼうなどの内部にできた細かい多くのあな。

す[ス]【×簾】名 すだれ。

す【▲為】自他サ〔古語〕➡する。

す 助動〔古語〕㊀(セ・セ・ス・スル・スレ・セヨ)(四段・ラ変・ナ変動詞の未然形につく)❶他のものに動作をさせる意(使役)をあらわす。…せる。「妻の女にあづけて養はす」〈竹取〉❷(他の尊敬語とともに用いて)尊敬の意を強める。「のたまは—」「書かせたまふ」㊁(サ・シ・ス・ス・セ・セ)(主として四段・サ変動詞の未然形につく。奈良時代の語)軽い尊敬の意をあらわす。お…になる。お…なさる。「わが背子はかりほ作らす」〈万葉〉

ず【図】接頭(「図」は当て字)強める意をそえる。「—ぶとい」「—抜けた体格」

ず【豆】造 ❶まめ。「小豆・大豆」❷「伊豆(旧国名)」のこと。「豆州」[別音とう|豆]

ず[0]【図】名造 ❶人の姿、物の形などをかいたもの。絵。「—にえがく」「見返り美人の—」「図案・図画・図解・図形・絵図・構図・洛中洛外図」❷面・線・点などを使って、事がらを視覚的に説明したもの。「—で示す」「図表・図面・系図・作図・製図・地図・案内図・設計図・天気図」❸全体の様子。「とても見られた—ではない」❹計略。思うつぼ。ずぼし。「—に当たる」[別音と|図] **—に当たる** 思ったとおりに事がはこぶ。「計画が—」 **—に乗る** 調子にのってつけあがる。

ず[0]【頭】名造 あたま。「頭蓋・頭痛・頭脳」[別音とう|頭] **—が高い** 無礼である。いばっていて、おうへいだ。

ず 助動〔古語〕(ズ・ザラ・ズ・ザリ・ズ・ヌ・ザル・ネ・ザレ)(活用語の未然形につく)動作・状態を打ち消す。…ない。…ぬ。「知ら—」

す-あえ[0]【酢あえ】【酢▲和え】名 食物に酢をかけてまぜ合わせること。また、その料理。

す-あげ[0]【素揚(げ)】名他サ 材料に衣や粉をつけずに油であげること。また、そのあげもの。「なすの—」

す-あし[ス]【素足】名 ❶はだし。❷くつ下などをはいていない足。夏

す-あま[0]【素甘】名 蒸した上新粉に砂糖をまぜてつくった餅菓子。

ず-あん[0]【図案】名 美術品・工芸品を作るときの飾りとする色・形などの組み合わせ。また、それを考えて図にあらわしたもの。デザイン。

すい【水】㊀[ス]名 ❶水曜日。❷五行の一つ。「木・火・土・金・水」㊁造 ❶みず。水溶液。「水圧・水道・水分・給水・防水・化粧水・炭酸水」❷川・湖・海など自然界にあるみず。「水害・水産・山水・治水・利水・地下水・

伏流水」❸水素。「水爆・炭水化物」
すい【吹】[造] ❶息をふく。「吹奏・吹鳴」❷言いふらす。「鼓吹」
すい【垂】[造] ❶たれる。たらす。さがる。「垂下・垂線・垂直・懸垂・胃下垂」❷しめす。あらわす。「垂訓・垂示・垂範」❸なんなんとす。今にも。「垂死」
すい【炊】[造] たく。「炊事・炊飯・自炊・雑炊」
すい【帥】[造] ひきいる。ひきいる人。「元帥・総帥・統帥」
すい【衰】[造] おとろえる。「衰運・衰弱・衰退・盛衰・老衰」
すい【×彗】[造] ほうき。「彗星」
すい【×悴】[造] やつれる。「憔悴」
すい【推】[造] ❶おして前へ動かす。「推移・推敲・推進」❷おしはかる。「推測・推定・推量・邪推・類推」❸おしすすめる。「推挙・推薦・推戴」
すい【酔】[造] ❶よう。感覚を失う。「酔漢・酔顔・酔態・泥酔・麻酔」❷心をとられる。「心酔・陶酔」
すい【遂】[造] とげる。しおえる。「遂行・完遂・未遂」
すい【睡】[造] ねむる。「睡魔・睡眠・午睡・昏睡・熟睡」
すい【×翠】[造] ❶かわせみ。「翡翠」❷みどり色。「翠嵐」
すい【穂】[造] 稲や麦のほ。「穂状・出穂期」
すい【×膵】[造] すいぞう。「膵液・膵臓」
すい【×錐】[造] ❶きり。「立錐」❷鋭角な頂点を持つ立方体。「円錐・三角錐」
すい【×錘】[造] ❶はかりのおもり。「鉛錘」❷つむ。糸をつむぐ道具。また、つむいだ糸を数えることば。「紡錘」
すい[ス]**【粋】**[一][名][造] ❶まじりけのないこと。また、そのもの。「生粋・純粋・精粋」❷とくにすぐれているもの。「芸術の―をあつめる」「抜粋」[二][名][形動][造] ↕やぼ。❶人間生活のうらおもてに通じ、恋愛感情にも理解のあるようす。「―をきかす」「無粋」「粋狂」❷遊里・芸人などの事情に通じて、いやみのないこと。―は身を食う 遊芸に通じた人は、ついその道にふけり、わが身をほろぼすことになる。
す・い[ス]**【酸い】**[形] カロ―カッ・ク―イ―イ―ケレ―○ すっぱい。**す・し**[文語ク] ―も甘いも×嚙み分ける 経験を積んで、世間のことや人情がよくわかっている。
ずい【随】[造] ❶したがう。つく。「随員・随行・随従・追随・付随・夫唱婦随」❷まかせる。そのとおりにする。「随意・随所・随筆・不随」
ずい【×隧】[造] トンネル。「隧道」
ずい[ス]**【×瑞】**[名][造] ❶[文章語] めでたいこと。また、そのしるし。「瑞兆・瑞祥・瑞象・奇瑞」❷スイス(瑞西)のこと。❸スウェーデン(瑞典)のこと。
ずい[ス]**【髄】**[名][造] ❶骨の中の空所を満たす組織。「髄脳・延髄・骨髄・脊髄」❷茎・根の中心にあるやわらかい組織。しん。❸中心。要所。「心髄・神髄・真髄・精髄」
ずい[ス]**【×蕊】**[名] しべ。おしべとめしべ。
ずい《隋》 中国の昔の国名の一つ。[五八一―六一八]
すい-あ・げる[ゲ]**【吸(い)上げる】**[他下一] ゲ―ゲ―ゲル―ゲル―ゲレ―ゲロ・ゲヨ ❶液体を吸って上へ上げる。❷下の者の意見をよく聞いて活用する。❸他人から利益を横取りする。搾取する。吸い上げ[名] **すひあ・ぐ**[文語下二]
すい-あつ[0]**【水圧】**[名] みずの圧力。―機[ツ][名] 水圧を利用して仕事をする機械。水圧截断機・水圧起重機など。
すい-い[ス]**【水位】**[名] 一定の基準面からはかった湖や河川などの水面の高さ。「大雨で―が上がる」
すい-い[ス]**【推移】**[名][自サ] うつりかわること。「時代の―」
ずい-い[ス]**【随意】**[名][形動(の)] おもうまま。束縛・制限のないこと。↕不随意。―筋[0][名] 意識のままに伸縮・運動する筋肉。手・足の筋肉など。↕不随意筋。
すい-いき[0]**【水域】**[名] 水面に定められた区域。「危険―」
ずい-いち[ス]**【随一】**[名] もっともすぐれていること。また、そのもの。「県内―の長距離ランナー」
スイーツ[イ]〈sweets〉[名] 甘い菓子の総称。
スイート[イ]〈suite〉[名] ホテルで、居室・寝室・浴室がひと組みになった部屋。スイートルーム。
スイート[イ]〈sweet〉[形動] ダロ―ダッ・デ・ニ―ダ―ナ―ナラ―○ ❶甘いようす。❷気持ちがよいようす。「―なメロディー」―ハート[八]〈sweetheart〉[名] 愛人。恋人。―ピー[ト]〈sweet pea〉[名] マメ科のつる性一年生植物。初夏、もも色・むらさき色・白色の美しいちょう形の花を開く。じゃこうれんりそう。[春] ―ホーム[ホ]〈sweet home〉[名] たのしい家庭。―ポテト[ポ]〈sweet potato〉[名] ❶さつまいも。❷さつまいもを、おもな原料としてつくった洋菓子。

スイートピー

ずい-いん[0]**【随員】**[名] 高官につきしたがっていく人。「特使の―」
すい-うん[0]**【水運】**[名] 水上の交通や運送。↕陸運。
すい-うん[0]**【衰運】**[名] おとろえていく運命。衰勢。「―に向かう」↕盛運・隆運。
ずい-うん[0]**【×瑞雲】**[名][文章語] めでたいしるしのくも。
すい-えい[0]**【水泳】**[名][自サ] 運動のために、水中をおよぐこと。また、およぐわざ。[夏]
すい-えき[ス]**【×膵液】**[名] すいぞうから分泌され、リパーゼ・トリプシンなどの消化酵素をふくむ消化液。
すい-えん[0]**【水煙】**[名] ❶みずけむり。みずしぶき。❷五重の塔などの九輪の上部にある、ほのおの形をしたかざり。⇩九輪(図)。
すい-えん[0]**【炊煙】**[名][文章語] 炊事をするときのけむり。
すい-えん[0]**【垂×涎】**[名][自サ][文章語]「すいぜん」の慣用読み。
すい-おん[0]**【水温】**[名] みずの温度。
すい-か[ス]**【水火】**[名] ❶みずとひ。❷大みずと火事。―も辞せず どんな苦しみも、いやがらない。
すい-か[ス]**【水禍】**[名] ❶水害。❷おぼれて死ぬこと。水死。
すい-か[0]**【▲西×瓜】**[名] ウリ科のつる性一年草。夏、大きな球形の実をむすぶ。水分が多くて甘い。[秋]
すい-か[ス]**【▲誰何】**[名][他サ]「だれか」と呼びとがめること。
すい-か[ス]**【垂下】**[名][自他サ][文章語] たれさがること。たらしさげること。
すい-がい[0]**【水害】**[名] 大水による災害。
すい-かく[0]**【酔客】**[名][文章語] 酒に酔った人。すいきゃく。
すい-かずら[カ]**【▲忍▲冬】** すひかづら [名] スイカズラ科の常緑つる性多年生植物。山野に自生。初夏に白いじょうごの形の花を開く。葉と茎は漢方薬に使う。にんどう。[夏]
すい-がら[0]**【吸(い)殻】** すひ [名] ❶成分を吸いとった残り。❷巻きたばこのすいさしたかす。
すい-かん[0]**【水干】**[名] かりぎぬの一種。菊とじ・胸ひもがある。もと一般人のふだん着、のち公家の私服、少年の礼服となった。

水干

すい-かん[0]**【水管】**[名] ❶水道のくだ。❷軟体動物の呼吸器につながるくだ。

すい-かん ⓪【吹管】[名] 化学・鉱物学の実験用具。ニッケル・しんちゅう製の直角にまがったくだで、ガスの炎に空気をふきつけるのに使う。
すい-かん ⓪【酔漢】[名] 酒に酔った男。よっぱらい。
すい-がん ⓪【酔眼】[名] 酒に酔ってとろりとした目つき。ー×朦×朧(もうろう) 酔っぱらって物がはっきり見えないようす。
ずい-かん ⓪【随感】[名] おりにふれて感じること。随想。
すい-き ⓪【水気】[名] ❶しめりけ。みずけ。❷水煙。水蒸気。❸むくみ。水腫(すいしゅ)。
ずいき ⓪【▲芋▲茎】[名] さといもの葉柄(ようへい)。また、それを干したもの。食用。㊎秋
ずい-き ⓪/[ズ]【×瑞気】[名]〔文章語〕めでたいふんい気。めでたく神々しい気分。
ずい-き [ズ]【随喜】[名] [自サ] ❶仏を信じて、その徳をありがたく思うこと。❷心からありがたく思うこと。**ーの涙**(なみだ) ありがたいと思うあまりにながす涙。ありがた涙。
すい-きゃく ⓪【酔客】[名]〔文章語〕⬇すいかく。
すい-きゅう ⓪【水球】[名] 七名ずつ二組にわかれて、およぎながら、ボールを敵のゴールに投げいれる競技。ウォーターポロ。㊇夏
すい-ぎゅう ⓪【水牛】[名] ウシ科の哺乳(ほにゅう)類。大形で角が大きく横につき出ている。東南アジアからアフリカにかけて熱帯の水辺にすむ。耕作・運搬用。角は印材用。
すい-きょ [ス]【推挙】[名] [他サ] 人を上の地位にすいせんすること。「局長に―する」
すい-ぎょ [ス]【水魚】[名] みずとうお。**ーの交**(まじ)**わり** たいそう仲のよいつきあい。水魚の親(しん)。
すい-きょう ⓪【水郷】[名]〔文章語〕⬇すいごう。
すい-きょう [ス]【酔狂・粋狂】[名] [形動] ものずき。「―にも程がある」
すい-ギョーザ [ギョ]【㊥水×餃▲子】[名] 中国料理の一つ。ゆでたギョーザにたれをつけて食べる。
すい-ぎょく ⓪【×翠玉】[名] 緑色の宝石。エメラルド。
すい-きん ⓪【水×禽】[名] 水上に生活する鳥。水鳥。
すい-ぎん ⓪【水銀】[名] 元素記号Hg 原子番号80 原子量200.59 常温で銀白色の液体をなす金属。有毒。比重一三・五。多くの金属と合金をつくる。計器の目もり表示、合金用。**ー灯**(とう) ⓪[名] 水銀蒸気を入れたガラス管の両端に電気を通じ放電させ、光を発生させる装置。太陽灯の一つ。治療用。照明用。

すいきん-くつ [キ]【水琴窟】[名] 地中にかめなどをうめて水を張り、その上に水滴を落としたときに聞こえる琴のような音色を楽しむ装置。
すい-くち ⓪【吸(い)口】すひ [名] ❶口で吸う部分。キセル・巻きたばこの口にあたる部分。❷吸い物にかおりをつける、ゆず・木の芽など。
すい-くん ⓪【垂訓】[名]〔文章語〕弟子などに教訓をたれること。また、その教訓。「山上の―」
すい-ぐん ⓪【水軍】[名]〔文章語〕水上の軍隊。海軍。水師。
すい-けい ⓪【水系】[名] 河川を中心とし、それに付属する湖・沼などもふくむ流水の系統。「アマゾン―」
すい-けい ⓪【推計】[名] [他サ] 計算によって推定すること。**ー学**(がく) [ケ][名] 全体から選びとった標本から全体の状態を推測する統計理論。推計統計学。
すい-げつ [ス]【水月】[名]〔文章語〕❶みずとつき。❷水にうつる月かげ。
すい-けん ⓪【水圏】[名] 地球の表面のうち、水でおおわれている部分。
すい-げん ⓪【水源】[名] 川などの水の流れ出るもと。みなもと。**ー地**(ち) [ゲ][名] 水の流れ出るもとの土地。**ー池**(ち) [ゲ][名] のみ水や水力発電のもとにするために、水をたくわえるいけ。
すい-こう ⓪【水耕】[名] 必要な栄養分をとかした水の中で植物をそだてること。水中培養。水栽培(みずさいばい)。
すい-こう ⓪【水行】〔文章語〕㊀[名] [自サ] 水上を進みゆくこと。㊁[名] 水がながれゆくこと。水のながれ。
すい-こう ⓪【推考】[名] [他サ] おしはかって、かんがえること。推察。推量。「原因を―する」
すい-こう ⓪【推×敲】[名] [他サ] 詩歌(しいか)・文章の字句をねりなおすこと。[参考] 唐の詩人賈島(かとう)が詩をつくるとき、「門を推(お)す」にするか「門を敲(たた)く」にするか迷ったことから。
すい-こう ⓪【遂行】[名] [他サ] なしとげること。「任務の―」
すい-ごう ⓪【水郷】[名] 湖や川にそった町や村。水辺のけしきのいい町や村。⇩すいきょう(水郷)。
ずい-こう ⓪【×瑞光】[名]〔文章語〕めでたいしるしである光。
ずい-こう ⓪【随行】[名] [自サ] 目上の人につきしたがって行くこと。「全権大使に―する」
すいこ-じだい《推古時代》推古天皇の時代。飛鳥(あすか)時代のはじめにあたり、仏教文化がさかえ寺塔の建築、仏像の彫刻などの美術・工芸が発達した。

すい-こみ ⓪【吸(い)込み】すひ [名] ❶吸いこむこと。また、そのところ。❷下水(げすい)を地中に吸いこませる穴。
すい-こ・む [コ]【吸(い)込む】すひ [他五] マ・モ(ミ)・ン ム・ム・メ・メ ❶液体や空気などを、口や鼻からからだの中に入れる。❷吸うように中へ引き入れる。「人かげがやみに吸い込まれる」**吸い込める** [自下一][…できる]
すい-こん ⓪【水根】[名] 水生植物が水中にだす根。
すい-さい ⓪【水彩】[名]「水彩画」の略。↕油彩。**ー画**(が) ⓪[名] 水でといた、えのぐでかいた絵。↕あぶら絵。
すい-さつ ⓪【推察】[名] [他サ] おしはかること。
すい-さん ⓪【水産】[名] 海や川などに産すること。また、そのもの。↕陸産。**ー業**(ぎょう) [サ][名] 魚類・海藻類などをとり、または、その養殖・加工などをする事業。**ー庁**(ちょう) [サ][名] 水産業に関する行政事務をつかさどる、農林水産省の外局の一つ。**ー物**(ぶつ) [サ][名] 魚・貝・海藻など、水中に産する動植物。
すい-さん ⓪【炊×爨】[名] [自サ]〔文章語〕飯をたくこと。炊事。「はんごう―」
すい-さん ⓪【推参】〔文章語〕㊀[名] [自サ] おしかけて行くこと。相手のところなどへ行くことの謙譲語。「明日―いたします」㊁[名] [形動] さしでたこと。無礼。「―なやつ」
すい-さん ⓪【推算】[名] [他サ] ❶おしはかって計算すること。❷おしはかって考えること。
すい-ざん ⓪【衰残】[名]〔文章語〕おとろえ弱ること。「―の身」
すいさんか【水酸化】[造] 水酸基OHと結合すること。**ー物**(ぶつ) [カ][名] 水酸基をふくむ無機化合物の総称。
すい-し [ス]【出師】[名]〔文章語〕(「師」は軍隊の意)戦争に、軍隊を出動させること。出兵。派兵。
すい-し ⓪【垂死】[名]〔文章語〕(「垂」は「今にも…しようとする」の意)死にかかっていること。瀕死(ひんし)。
すい-し ⓪【水死】[名] [自サ] 水におぼれて死ぬこと。溺死(できし)。
すい-じ ⓪【炊事】[名] [自サ] 煮たきして食事を用意すること。「―当番」
すい-じ [ス]【垂示】[名] [他サ]〔文章語〕教えしめすこと。
ずい-じ [ズ]【随時】[副] ❶そのおりおり。そのときどき。「―会議をおこなう」❷いつでも。「―求めに応じる」
すい-しつ ⓪【水質】[名] 水の品質・成分。「―検査」
ずい-しつ ⓪【髄質】[名]〖生〗臓器の表層部に対して内部

を占める組織。脳の白質など。↔皮質。

すい-しゃ [ス]【水車】[名] みずぐるま。

すい-しゃ [0]【水×瀉】[名]〔文章語〕水をそそぐような、はげしい下痢。

すい-じゃく [0]【垂×迹】[名] 民衆を救うため、仏やぼさつが、かりに神の姿になってあらわれること。「本地―」

すい-じゃく [0]【衰弱】[名][自サ] おとろえ、よわること。

すい-しゅ [0]【水腫】[名]『医』体内の組織のすきまや腔内に、異常に多くの漿液・リンパ液がたまること。むくみ。

ずい-じゅう [0]【随従】[名][自サ] ❶身分の高い人につきしたがうこと。また、その人。「使節に―する」❷人の意見を聞いてそれに従うこと。

すい-じゅん [0]【水準】[名] ❶土地の高低・水平などを、はかり定めること。みずもり。❷価値・程度などの一定の標準。レベル。「―に達する」 **―器** [ジュ][名] ある面が水平かどうかをしらべる器具。みずもり。 **―儀** [ジュ][名] 水準器を取りつけた望遠鏡。水準の測量に用いる。

ずい-じゅん [0]【随順】[名][自サ] さからわず従うこと。

すい-しょ [ス]【水書】[名][自他サ] およぎながら、扇や板などに字や絵をかくこと。

ずい-しょ [ス]【随所・随処】[名] いたるところ。どこでも。

すい-しょう [ス]【水晶】[名] 六角柱の結晶となった石英。純粋なものは無色透明で、不純なものは色がついている。印材・装身具用。 **―婚式** [コ][名] 結婚十五年目の祝いの式。 **―体** [0][名] 眼球の瞳孔の後ろにある、凸レンズ形の透明体。レンズの役をする。⇩眼球(図)。 **―時計** [ド][名] 水晶に電気を通した時に生じる振動を利用した、きわめて正確な時計。クオーツ。

すい-しょう [0]【推奨】[名][他サ] すぐれていることをほめて、人にすすめること。「読書を―する」

すい-しょう [0]【推賞・推称】[名][他サ] すぐれていることを、人に向かってほめること。「識者が―する」

すい-じょう [0]【水上】[名] ❶水のうえ。水面。↔陸上。❷〔文章語〕水のほとり。 **―競技** [キョ][名] 水泳・とびこみ・水球など、水上でおこなう競技。↔陸上競技。 **―警察** [ケ][名] 水上の交通・衛生・風紀・救助などを受けもつ警察。 **―スキー** [キ][名] スキーをはいた人をモーターボートにつないだロープで引っ張り、水上をすべらせるスポーツ。 **―生活者** [ツ][名] 船を家として生活している人。

ずい-しょう [0]【×瑞祥・×瑞象】[名]〔文章語〕めでたいしるし。

すい-じょうき [ジョ]【水蒸気】[名] 水が気化したもの。

すい-しょく [0]【水色】[名] ❶水のいろ。❷〔文章語〕海・川・湖などのけしき。

すい-しょく [0]【衰色】[名]〔文章語〕おとろえた容色・ようす。「―がいちじるしい」

すい-しょく [0]【×翠色】[名]〔文章語〕みどりのいろ。

すい-しょく [0]【水食】【水×蝕】[名][他サ] 雨水や流水などが、地盤や岩石などをしだいにけずっていくこと。

すい-しん [0]【水深】[名] 川・池・湖・海などの水のふかさ。

すい-しん [0]【推進】[名][他サ] ❶力を加えて前におしすすめること。❷物事をはかどらせ、前進させること。「合理化を―する」 **―機** [キ][名] スクリュー。プロペラ。

すい-じん [0]【水神】[名] 水をつかさどり、火災をふせぐ神。

すい-じん [0]【粋人】[名] ❶風流をこのむ人。❷人間生活のうらおもてに通じた、物わかりのよい人。❸遊里・芸人などの事情に通じた人。通人。

ずい-じん [0]【随身】❶[名][自サ] つきしたがうこと。また、その人。❷[名] 昔、上皇や貴族の外出のとき、護衛のために供をした、近衛府の武官。 **―門** [ジ][名] 武装した随身の立像のある神社の門。

スイス《Swiss Confederation》(「瑞西」とも書いた)ヨーロッパ中部にある連邦共和国。永世中立国。首都はベルン。

すい-すい [ス]1 (と)[副] ❶水中・空中を軽やかに進むようす。「とんぼが―と飛ぶ」❷楽々と気持ちよく進むようす。すらすら。「仕事が―とはかどる」

すい・する [ス]2【推する】[他サ] シ・セ・サ|シ|スル|スル|スレ|シロ・セヨ〔文章語〕思いやる。推察する。**すい・す** [文語サ変]

すい-せい [0]【水生】【水×棲】[名] 水中にはえること。水中にすむこと。「―植物」「―動物」↔陸生。

すい-せい [0]【水声】[名]〔文章語〕水のながれる音。

すい-せい [0]【水性】[名] 水に溶けやすい性質を持っていること。水溶性であること。 **―塗料** [ト][名] 水でとかして使う塗料。

すい-せい [0]【水星】[名] 太陽にいちばん近い惑星。

すい-せい [0]【水勢】[名] 水のながれるいきおい。

すい-せい [0]【衰勢】[名] おとろえたいきおい。頽勢。

すい-せい [0]【×彗星】[名] 太陽の引力を受けて運動する、固体粒子とガスの集合体からなる天体。多くは太陽の光圧により尾をひく。ほうきぼし。

すいせい-がん [セ]【水成岩】[名] 岩石の破片や砂などが水の底に積もり、かたまってできた岩石。堆積岩。

すいせい-むし [ム]【酔生夢死】[名] ぶらぶらして、これといったこともせずに、一生をすごすこと。

すい-せき [0]【水石】[名] ❶みずといし。泉水と庭石。❷水中の石。❸観賞用の自然石。

すい-せき【堆積】「たいせき」のあやまり。

すい-せん [0]【水仙】[名] ヒガンバナ科の多年生植物。早春、白やうす黄色の六弁の花をつける。観賞用。地下茎は薬用。(冬)

すい-せん [ス]【垂線】[名] 直線・平面と直角にまじわる直線。垂直線。

すい-せん [0]【推選】[名][他サ] えらんで地位につけること。「無投票で―する」

すい-せん [0]【水洗】[名][他サ] 水であらうこと。水であらいながすこと。「―便所」

すい-せん [0]【推薦】[名][他サ] すぐれたものとして、すすめること。「―図書」「―入学」

すい-ぜん [0]【垂×涎】[名][自サ]〔文章語〕(「すいえん」は慣用読み)❶食物をほしがって、よだれをたらすこと。❷ひどくほしがること。「―のまと」

すい-そ [ス]【水素】[名] 元素記号H 原子番号1 原子量1.00797 最も構造が簡単な軽い元素で、無色・無味・無臭の気体。空気中でよく燃える。燃えても二酸化炭素を排出しない。 **―爆弾** [バ][名] 水素の原子核が融合してヘリウムに変化するときに発するエネルギーと、中性子による放射能とを利用した爆弾。おなじ重量の原子爆弾の約一千倍の力をもつ。水爆。

すい-そう [0]【水草】[名] ❶みずとくさ。❷水中・水辺にはえるくさ。みずくさ。

すい-そう [0]【水槽】[名] 水をためたり、魚などを飼ったりするための容器。

すい-そう [0]【水葬】[名][他サ] 水中に死体をほうむること。↔火葬・土葬・風葬。

すい-そう [0]【吹奏】[名][他サ] 吹いて鳴らすこと。 **―楽** [ガ][名] 木管・金管などの吹奏楽器を主とし、打楽器をくわえた合奏。

すい-ぞう [0]【×膵臓】[名] 胃のうしろにあり、消化酵素をふくむ、すい液とホルモンを分泌する器官。

ずい-そう ◎【随想】[名] とりとめもなく思いつくこと。自然にうかぶ感想。随感。「—録」

ずい-そう ◎【×瑞相】[名] めでたいことのおこる前ぶれ。

すい-そく ◎【推測】[名][他サ] 他のことをもとにして、あることの状態・なりゆきなどをおしはかること。推量。

すい-ぞく [ス]【水族】[名] 水中にすむ動物の総称。**—館** [ソ][名] 水中動物を飼育して研究・見物させる施設。

すい-そん ◎【水村】[名]〔文章語〕川や湖にそった村。

すい-たい ◎【酔態】[名] 酒に酔ったありさま。「—をさらす」

すい-たい ◎【×翠×黛】[名]〔文章語〕❶みどり色のまゆずみ。❷みどりにかすむ山の色。

すい-たい ◎【衰退】【衰×頽】[名][自サ] おとろえくずれること。おとろえ退歩すること。「社運の—」

すい-たい ◎【推戴】[名][他サ]（おしいただくこと）長として、あおぐこと。「殿下を総裁に—する」

すい-たく ◎【水沢】[名]〔文章語〕水があって草のはえしげった所。さわ。「—植物」

すい-だし ◎【吸(い)出し】[名] ❶吸いだすこと。❷吸いだしごうやく。**—×膏薬** [ゴ][名] できもののうみを吸いだすためにはりつけるこうやく。吸いごうやく。

すい-だ・す [ダ]【吸(い)出す】[他五] 吸って、中身を外部に出す。**吸い出せる** [自下一]〔…できる〕

すい-だま ◎【吸(い)玉】[名] ゴム球、または吸引ポンプをつけたつりがねの形をしたガラス器具。はれもののうみなどを吸いだすのに使う。すいふくべ。

すいたらし・い [シ]【好いたらしい】[形]〔俗語〕このましい。心をひかれるようだ。

すい-だん ◎【推断】[名][他サ]〔文章語〕他のことをもとにして、あることがらをおしはかって断定すること。「—をくだす」

ずい-だん ◎【随談】[名] 随筆をつづるように、気ままに語る話。

すい-ち [ス]【推知】[名][他サ] おしはかって知ること。

すい-ちゅう ◎【水中】[名] みずのなか。**—花** [チュ][名] 水の中に入れると開いた花のように見える造花。(夏) **—肺** [チュ][名] アクアラング。**—翼船** [ヨ][名] 船の底につばさをつけた小型の船。速度が速く、安定していてゆれが少ない。

すい-ちゅう ◎【水柱】[名] 一本のはしらのように、水が立ちのぼること。みずばしら。

すい-ちょう ◎【水鳥】[名] みずとり。

すい-ちょう ◎【推重】[名][他サ]〔文章語〕おしいただいておもんじること。

ずい-ちょう ◎【×瑞兆】[名] めでたい前ぶれ。瑞祥。瑞象。

すいちょう-こうけい ◎【×翠帳紅×閨】[名]〔文章語〕（みどり色のたれまくに赤い寝室）身分のたかい女性の寝室。

すい-ちょく ◎【垂直】[名][形動] ❶水平面・地平面に対して直角の方向。鉛直。❷まっすぐにたれていること。❸〔数〕直線や平面が、それぞれ互いに直角に交わること。**—跳び** ◎[名] 足で地面をけって、まっすぐ上にとび上がること。**—分布** [ブ][名] 生物の種類が低地から高地になるにつれてかわってくる分布状態。↔水平分布。

すい-つ・く [ツ]【吸(い)付く】[自五] ❶吸うために口を付ける。❷物を吸うようにぴったり付いてはなれない。「磁石にくぎが—」

すいつけ-タバコ [タ]【吸(い)付けたばこ】【吸付▲煙▲草】[名] たばこの火を吸いつけてから人にわたすこと。また、そのたばこ。

すい-つ・ける [ケ]【吸(い)付ける】[他下一] ❶物を吸うようにひき付かせる。❷たばこを火にあて、吸って点火する。❸ある種のたばこを吸いなれている。**すひつ・く** [文語下二]

スイッチ [イ]/[ス]〈switch〉❶[名] ❶電流を通したり、とめたり、切りかえたりする仕掛け。電気回路の開閉器。❷鉄道の転てつ器。ポイント。❷[名][自他サ] 切りかえること。**—が入る** あることがきっかけになって、意欲的になる。**—バック** [バ]〈switchback〉[名][自サ] 列車が急傾斜を、ジグザグにのぼりくだりする仕組み。**—ヒッター** [ヒ]〈switch-hitter〉[名] 野球で、ホームベースの右からでも左からでも打てる打者。

すいっちょ [イ][名]（鳴き声から）うまおいむしの別名。(秋)

すい-てい ◎【水底】[名] みずのそこ。

すい-てい ◎【推定】[名][他サ] ❶おしはかって、きめること。❷〔法〕ある事実について、反対の証拠のないかぎり、それを正当と仮定すること。**—無罪** [ム][名]〔法〕有罪の判決が確定するまでは、被告人は無罪と推定されること。「—の原則」

すい-てき ◎【水滴】[名] ❶みずのしたたり。しずく。❷すずりのみずいれ。

すい-てん ◎【水天】[名] ❶みずとそら。❷〔仏〕水をつかさどる竜神。また、西方を守る神。**—宮** [グ]/[テ][名] 水神をまつる神社。**—×彷×彿** ◎[名]〔文章語〕水平線のあたりの水と空との区別がはっきりしないようす。

すい-でん ◎【水田】[名] 水を引いて、いねをつくる耕地。みずた。↔陸田。

ずい-と [ズ][副] 急にからだを動かすようす。「—近よる」

すい-とう ◎【水痘】[名] 子どもの伝染性感染症の一つ。熱が出て、内に透明な液のあるふきでものができる。みずぼうそう。

すい-とう ◎【水筒】[名] 飲料水などを入れて持ちあるく、つつ形の入れもの。

すい-とう ◎【水稲】[名] 水田に植えるいね。↔陸稲。

すい-とう ◎【出納】[名][他サ] 金銭や物品の出し入れ。**—簿** [ト][名] 出納を記入する帳簿。

すい-どう ◎【水道】[名] ❶船のとおるみち。❷水のとおるみち。❸海や湖で、両側の陸地が接近してせまくなっている部分。海峡。「豊後—」❹川や湖の水をひいたり、地下水をくみあげたりして、飲料水・工業用水などを供給する施設。上水道。

すい-どう ◎【×隧道】[名] トンネル。ずいどう。

ずいとく-じ [ズ]【随徳寺】[名]〔俗語〕あとはかまわず逃げだすこと。「いちもくさん—」[参考] ずいとあとをくらますという意を、寺の名のようにしていった語。

すいとり-がみ [リ]【吸(い)取(り)紙】[名] インクなどを吸いとらせる紙。

すい-と・る [ト]【吸(い)取る】[他五] ❶吸って取る。吸収する。「水分を—」❷他人の利益などをとりあげる。**吸い取れる** [自下一]〔…できる〕

すい-とん ◎【水団】[名] 小麦粉を水でこね、ちぎって汁に入れ、煮た食べ物。

すい-なん ◎【水難】[名] ❶大水による災難。水害。❷水上の災難。難船・水死など。

すい-のう ◎【水×嚢】[名] ❶底に網をはったふるい。食品の水をきるのにつかう。みずこし。❷ズック製のバケツ。

ずい-のう ◎【髄脳】[名] ❶㋐骨髄と脳。㋑延髄。❷いちばんたいせつな部分。

すい-のみ ◎【吸(い)飲み】【吸×呑】[名] 病人などが寝たままで飲めるようにつくった、吸い口の長いうつわ。

すい-ば ス【酸葉・酸▲模】名 タデ科の多年生植物。若い茎・葉は食用。味はすっぱい。すかんぽ。春

すいばい-か バ【水媒花】名 花粉が水にながされて受粉をおこなうしくみの水生植物。あまもなど。

すい-ばく 0【水爆】名「水素爆弾」の略。

すい-はん 0【水飯】名 ❶水をかけた飯。夏 ❷「ほしい」を水につけて食用としたもの。

すい-はん 0【炊飯】名 ごはんをたくこと。「電気―器」

すい-はん 0【垂範】名 自サ 模範をしめすこと。「率先―」

すい-ばん 0【水盤】名 いけ花・ぼんさいなどに使う、浅くてひらたい陶器・鉄器。夏

すい-ばん 0【推×挽・推×輓】名 他サ〔文章語〕〔「推」はうしろからおすこと、「挽・輓」は前からひくこと〕推挙。

ずい-はん 0【随伴】名 自サ ❶ともなうこと。「これに―する諸問題」❷ともとして、ついていくこと。「特使に―する」

すい-ひ 0【水肥】名 液体になった肥料。下肥(しもごえ)や、水に化学肥料をとかしたものなど。みずごえ。

すい-び ス【×翠眉】名〔文章語〕❶つやつやしたまゆ。❷あおいやなぎの葉。❸遠くの山がうすみどりに見えるようす。

すい-び ス【衰微】名 自サ おとろえよわること。「国力の―」

ずい-ひつ 0【随筆】名 見聞・体験・感想などを気のむくままに書きしるした文章。エッセイ。

すい-ふ ス【水夫】名 ❶ふなのり。かこ。❷雑役をつとめる下級船員。

すい-ふ ス【水府】名〔文章語〕❶水神がすむという海底の都。❷茨城県の水戸(みと)の異称。

すい-ふ ス【炊夫】名〔文章語〕炊事をする男。

すい-ふ ス【炊婦】名〔文章語〕炊事をする女。

すい-ふく 0【推服】名 自サ〔文章語〕尊敬してしたがうこと。

すい-ふろ 0【水風呂】名 大きなおけに、たき口がとりつけてあるふろ。参考「据風呂(すえふろ)」のなまったものという。

すい-ぶん ス【水分】名 ものにふくまれている水。また、その量。みずけ。

ずい-ぶん ス【ずいぶん・随分】一 名〔文章語〕身分にふさわしいこと。できるかぎりのこと。二 形動 他人の行為に対して、ひどい、ゆるせないなどのマイナスの感情をもつようす。文章語には使われない。「無理に頼んでおいて文句を言うなんて―だ」三 副 ❶程度がふつうを上回るようす。たいそう。かなり。「しばらく会わないうちに―大きくなったね」「駅の周りに店が増えたので―便利になった」⇩だいぶ 参考。❷くれぐれも。せいぜい。「―お大事に」❸古語〔打ち消しを伴って〕決して。なかなか。容易には。どうしてどうして。「随分見あらはさるることではござりませぬ」〈狂言・仁王〉

すい-へい 0【水平】名 ❶水面のようにたいらなこと。❷地球の重力の方向と直角な方向。地平。**―線**(せん) 0 名 ❶〔物〕地球の重力の方向と直角にまじわる線。❷海上で水と空との境界の線。↕上下動。**―動**(どう) ヘ 名 左右にゆれうごくこと。**―分布**(ぶんぷ) フ 名 生物の種類が陸・海・寒帯・温帯などによってかわってくる分布状態。↕垂直分布。**―面**(めん) ヘ 名 ❶静止した水の表面。❷静止した水面に、平行な平面。重力の方向に直角をなすもの。↕斜面。

すい-へい ス【水兵】名 海軍の兵士。**―服**(ふく) ヘ 名 水兵の軍服。また、それをまねた上着。セーラー服。

すい-へん 0【水辺】名 川・湖・海などのほとり。みずべ。

すい-ほ ス【酔歩】名〔文章語〕酒に酔った足どり。千鳥足。

すい-ほう 0【水泡】名 みずのあわ。**―に帰**(き)**す** 努力したことがすっかりむだになる。「努力が―」

すい-ほう 0【水×疱】名 表皮の下に液をふくむ皮膚の異状。水疱疹(すいほうしん)。

すい-ぼう 0【水防】名 水害をふせぐこと。

すい-ぼう 0【衰亡】名 自サ 衰え、滅びること。↕興隆。

すい-ぼく 0【水墨】名 絵をかくためのうすずみ。すみがき。すみえ。**―画**(が) 0 名 すみでかいた東洋の絵。

すい-ぼつ 0【水没】名 自サ 水面が上昇したために、水のなかにかくれること。「ダム完成後、この村は―する」

すい-ま ス【水魔】名 人が川におぼれた場合や、大水などの場合の、水による災害を悪魔にたとえた言い方。

すい-ま ス【睡魔】名 ひどいねむけを魔物にたとえた言い方。「―がおそう」

スイマー ス/イ〈swimmer〉名 泳ぐ人。泳者(えいしゃ)。「トップ―」

ずい-まく ス【髄膜】名 脳と脊髄を包み、保護する膜。**―炎**(えん) フ 名 脳脊髄膜炎。

すいません セ【すいません】あいさつ「すみません」のくだけた言い方。⇩すみません 参考。

すい-まつ 0【水×沫】名〔文章語〕❶みずのあわ。みなわ。❷みずしぶき。

すい-みつ 0【水蜜】名 ももの一種。果実は甘く、水分が多い。水蜜桃(すいみつとう)。秋

すい-みゃく 0【水脈】名 ❶地下水のみち。❷船のとおるみち。

すい-みん 0【睡眠】名 自サ ❶ねむること。ねむり。「―があさい」❷活動をやめていること。「―状態」**―口座**(こうざ) コ 名 長期間にわたって預け入れ・払い戻しがなく、放置されている預貯金の口座。**―時**(じ)**無呼吸**(むこきゅう)**症候群**(しょうこうぐん) ミ―コ 名 ねむっているときに呼吸が止まったり、再開したりすることをくり返す病気。**―負債**(ふさい) フ 名 日々のわずかな睡眠不足が借金のように蓄積した状態。

スイミング イ〈swimming〉名 水泳。

ずい-むし ス/イ【×螟虫】名 メイガ科の昆虫の幼虫。稲などの茎のずいに食い入る害虫。めいちゅう。

すい-めい 0【水明】名〔文章語〕清らかな水が日光に反射して輝いて見えること。「山紫―」

すい-めい 0【吹鳴】名 他サ〔文章語〕ラッパなどをふきならすこと。

すい-めつ 0【衰滅】名 自サ おとろえほろびること。

すい-めん 0【水面】名 みずの表面。**―下**(か) メ 名 ❶水の中。水中。「―に続く岩礁」❷〔❶から転じて〕表に現れないところ。「―での交渉」

すい-もの 0【吸(い)物】(すひ)名 日本料理で、野菜・魚肉などを入れた、すましじる。

すい-もん 0【水門】名 用水路や貯水池などにもうけ、その開閉で水の流れを調節する門。

すい-やく ス【水薬】名 みずぐすり。↕散薬・丸薬。

すい-よ ス【酔余】名〔文章語〕酒に酔ってからのこと。酒に酔ったうえのこと。「―の失敗」

すい-よ ス【睡余】名〔文章語〕❶ねむりのさめたあと。❷ねむったあとのこと。

すい-よう ヨ【水曜】名 日曜日からかぞえて四番めの日。火曜日の次の日。水曜日。

すい-よう 0【衰容】【×悴容】名〔文章語〕病んで、または、年老いて、やつれ衰えた姿。

すいよう-えき ヨ【水溶液】名 ある物質を水にとかした液。

すいよう-えき ヨ【水様液】名 水のように無色・透明の液。
すい-よく ⓪【水浴】名 自サ 水をあびること。
すい-よ-せる セ【吸(い)寄せる】他下一（セ・セ・セル・セル・セレ・セロ・セヨ）吸って近くへ引き寄せる。**すひよ・す** 文語下二
すい-らい ⓪【水雷】名 火薬を水中で爆発させて、艦船を破壊・沈没させる兵器。機械水雷・魚形水雷など。
すい-らん ⓪【×翠▲嵐】名 文章語 〔「嵐」は山にたちこめる気〕みどりにつつまれた山のふんいき。
すい-らん ⓪【×翠×巒】名 文章語 〔「翠」は緑、「巒」は山のみね〕みどりの山。
すい-り ス【水利】名 ❶みずの利用。みずの便利。「—のいい田」❷ 文章語 水上運送の便利。「—により運送する」
すい-り ス【推理】名 他サ すでにわかっていることをもとにして、まだわかっていないことをおしはかること。**—小説** ショ 名 犯罪事件や、ふしぎな事件を推理するしくみの小説。探偵小説。ミステリー。
ずい-り ⓪【図入り】名 絵図・さしえがはいっていること。また、その本。
すい-りく ス【水陸】名 水上と陸上。「—両用」
すい-りゅう ⓪【水流】名 みずのながれ。
すい-りゅう ⓪【垂柳】名 文章語 しだれやなぎ。
すい-りゅう ⓪【×翠柳】名 文章語 あおあおとしたやなぎ。
すい-りょう リョ【水量】名 みずの分量。みずかさ。
すい-りょう ⓪【推量】名 他サ これこれだろうと、おしはかること。推測。推察。「当て—」
すい-りょく ス【水力】名 みずのちから。みずの勢い。特に、水が高い所からおちるとき生ずるエネルギー。**—発電** ハ 名 水力で発電機をまわして電気をおこすこと。
すい-りょく ス【推力】名 航空機・ロケットなどを進行方向に押しすすめる力。
すい-りょく ス【×翠緑】名 文章語 みどりいろ。
すい-れい ⓪【水冷】名 内燃機関のシリンダーなどを、水でひやすこと。「—式」↔空冷。
すい-れん ス【水練】名 水泳の術。また、その練習。「畳の上の—」
すい-れん ス【睡×蓮】名 スイレン科の多年生植物の総称。池・沼にはえ、葉は水面にうかぶ。初夏、水面に白色の、はすに似た花を開き、夜とじる。㊐夏

すい-ろ ス【水路】名 ❶水をおくる通路。水のながれる通路。❷水上を行くこと。↔陸路・空路。❸水泳競技で、プールの水面をくぎったコース。「長—」「短—」
すい-ろん ⓪【水論】名 田にひきいれる水の分配についてのあらそい。㊐夏
すい-ろん ⓪【推論】名 他サ あることからおして考え論ずること。推理。「—をくだす」
すい-わざい ワ【水和剤】名 水をまぜたくすり。
スイング イ〈swing〉名 自他サ ❶ふりうごかすこと。❷野球で、バットをふること。❸ジャズの一種。スイングジャズ。**—アウト** ア〈swing out〉名 野球で、からぶりの三振。
すう【枢】造 大切なところ。要点。「枢機・枢軸・枢密・枢要・中枢」
すう【崇】造 あがめる。たっとぶ。たっとい。「崇高・崇拝・尊崇」
すう【×趨】造 おもむく。なりゆき。かず。「趨向・趨勢・帰趨」
すう【数】━ ス 名造 ❶ものの多少。かず。「数字・数式・数量・奇数・件数・多数・度数・日数」↔量。❷整数・有理数・無理数・複素数などの総称。❸数学。「英・—・国の三科目」❹かぞえること。計算。「—にあかるい」「計数・算数」❺さだめ。めぐりあわせ。「自然の—」「数奇(すうき)・命数」━ 接頭 いくつかの。二、三から五、六くらいまでの不定の数をあらわす言い方。「数千・数日・数年・数週間」参考 若い世代ほど少ない数をさす傾向がつよい。
す・う ⓪【吸う】他五（ワ・オイ・ウ・ウ・エ・エ）❶息を中にひき入れる。「大気を—」❷息とともに気体や液体を口中に入れる。❸吸収する。しみこます。**吸える** 自下一〔…できる〕
スウェーデン〈Sweden〉= **スエーデン** 〔「瑞典」とも書いた〕ヨーロッパの西北部、スカンジナビア半島の東部にある立憲王国。首都はストックホルム。
すう-がく ⓪【数学】名 数および空間内の図形の性質を研究する学問。
すう-き ス【枢機】名 文章語 ❶たいせつなところ。かなめ。❷重要な政務。「国政の—にあずかる」**—×卿** キ 名 ローマカトリック教で、法王の選挙・補佐などをする聖職者。すうきけい。
すう-き ス【数奇】名 形動 〔「すき」と読めば別語〕ふしあわせ。不運。さっき。「—な運命」
すう-けい ⓪【崇敬】名 他サ 心からうやまうこと。
すう-こう ⓪【数行】名 文章語 五、六すじ。「—の涙」

すう-こう ⓪【×趨向】名 ある方向にうごいていくこと。動向。傾向。「時世の—」
すう-こう ⓪【崇高】形動（ダロ・ダッ・デ・ニ・ダ・ナ・ナラ・○）たっとく、けだかいようす。「—な精神」
すう-こく ⓪【数刻】名 数時間。「会談は—に及んだ」
すう-し ⓪【数詞】名 名詞の一種で、ものの数量・順序をあらわす語。「3」「18」「第五」「八番」など。
すう-じ ⓪【数字】名 ❶かずをあらわし、また、しるすのに使う文字。「算用—」参考 漢数字(一・二・三…)・アラビア数字(1・2・3…)・ローマ数字(Ⅰ・Ⅱ・Ⅲ…)などがある。❷統計・計理など、数字であらわされる事がら。「—に強い」❸数個の文字。
すう-じ ス【数次】名 数回。数度。「—にわたる会議」
すう-しき ⓪【数式】名 数字や文字を計算記号でむすびつけ、全体が数学的に意味をもつようにした式。
すう-じく ⓪【枢軸】名 ❶物ごとのいちばん枢要な所。かなめ。❷政治・権力・活動の中心。**—国** ク 名 第二次大戦中、日本・ドイツ・イタリアの三国と、それに味方した国。
すう-じつ ⓪【数日】名 二、三日から五、六日のあいだの日数をあらわす語。
すう-すう ス （と）副 自サ ❶すきまから空気が入るようす。「窓からすきま風が—入る」❷肌に冷たく感じるようす。「足下が—する」
ずうずう-し・い シ【▲図▲図しい】形（カロ・カッ・ク・イ・イ・ケレ・○）あつかましい。ふてぶてしい。**ずうずうしさ** 名
ずうずう-べん ⓪【ずうずう弁】名 ジ・ジュがズに聞こえるような、鼻にかかった発音のしかた。東北弁に多い。
すう-せい ⓪【×趨勢】名 動きが変化するいきおい。なりゆき。「時代の—」
すう-た ス【数多】名 文章語 かずの多いこと。たくさん。あまた。
すう-たい ウ【素謡】名 謡曲を、はやしや舞なしでうたうこと。
ずう-たい ズ【▲図体】名 からだ。なり。「—ばかり大きい」参考 ふつう、大きなからだの意で用いる。
すう-だん ⓪【数段】名 ❶五、六段の段の数。❷〔副詞的に用いて〕はるかに。格別。かなり。「—優れた人物」
スーダン〈Sudan〉アフリカ北東部ナイル川中流域にある共和国。一九五六年独立。首都はハルツーム。

すう-ち ス【数値】名 ❶文字であらわした数式の中の文字にあてはまる数。❷計算して得た数。

スーツ ス〈suit〉名 同じ生地で作った一そろいの洋服。男子服で背広上下、またはチョッキを加えたそろい。婦人服で、上着とスカートまたはスラックスのそろい。ーケース ケ〈suitcase〉名 旅行用の小型カバン。洋服入れの小型カバン。

すう-とう ０【数等】副 ずっと。はるかに。「ーよい」

すう-どく ０【数独】名〔商標名。「数字は独身に限る」の略〕九列九段の正方形のマス目を数字でうめるパズル。三列三段の九つのブロックと、各列、各段に、1から9までの数字を重複しないように入れる。

す-うどん ウ【素うどん】【素×饂×飩】名 かけうどん。

スーパー ❶ ス名「スーパーマーケット」の略。❷ 造 大型の。並はずれた。超…。「ーコンピューター」 ーインポーズ ポ〈superimpose〉名 映画で、字幕などを、画面の上に焼きつけること。ーコンピューター ピュ〈supercomputer〉名 一般的なコンピューターに比べて超高速で大量の演算ができるコンピューター。スパコン。ーストア ト〈superstore〉名 スーパーマーケット。本来は、衣料・雑貨を主体とする店をいう。ースプレッダー レ〈superspreader〉名〔「スプレッダー」は微生物の培養実験に使う器具〕通常よりも強力に感染を拡大させるもととなった感染者。ーバイザー バ〈supervisor〉名 監督者。管理者。ーマーケット マ〈supermarket〉名 客が好きな品をえらびとり、自分でレジに運び、まとめて代金をはらうしくみの大型小売店。食料品を中心に衣料・雑貨などもあつかう。ーマン バ〈superman〉名 ❶超人。❷超人的な能力をもつ米国の漫画の主人公。ー林道 リ名 大量の木材運送のほか、観光などにも利用する多目的の林道。

すう-はい ０【崇拝】名他サ ❶心からうやまいたっとぶこと。❷信仰・帰依すること。「偶像ー」

スープ ス〈soup〉名 西洋料理で、肉・野菜などを煮出したしる。ソップ。

スーブニール ニ〈フ souvenir〉名 ⇒スーベニア。

スーベニア ベ〈souvenir〉名 ❶思い出。思い出の品。❷みやげ物。ーショップ ショ〈souvenir shop〉名 観光地などのみやげ物店。

すうみつ-いん ツ【枢密院】名 旧憲法下で、国家・皇室の重大事について天皇の諮問にこたえた最高の合議機関。

ズーム ス〈zoom〉名他サ ❶ズームレンズを使って、被写体の像を拡大・縮小すること。ズーミング。❷「ズームレンズ」の略。ーアップ ア〈zoom-up〉名 ズームレンズを使って、被写体を大きくうつしだすこと。ーレンズ レ〈zoom lens〉名 焦点を合わせたまま、広角から望遠へと焦点距離を自由に移動できる仕掛けのレンズ。各種のカメラに使われる。ズーム。

すう-よう ０【枢要】名形動 組織の中の中心となるいちばんたいせつなところ・こと。

すう-り ス【数理】名 ❶数学の理論。「ー言語学」❷俗に、計算。「彼はーに明るい」

すう-りょう リョ【数量】名 かずとかさ。分量。

すう-れつ ０【数列】名 ❶〔数〕有限個または無限個の数を順序だてて並べたもの。❷いくつかの列。五、六列。

すえ ０【末】名 ❶長い物のはしの部分。さき。末端。先端。「竹ざおのー」↔もと。❷終わりの時。㋐ある期間の終わり。「四月のー」㋑ある事をしたあと。…のあげく。「口論のー、なぐりかかった」「努力のーの大成功」❸未来。将来。「ーはえらい学者になるだろう」❹子孫。「足利氏のー」❺いちばん下の子。末っ子。「ーは女の子だ」❻政治・道徳などが衰えた時代。末世。「正義が通らないとは、世もーだ」❼重要でない、どうでもよい事がら。「そんな問題はーのーだ」ーの世 ❶のちの世。❷政治・道徳などが衰え、すたれた時代。末世。

ず-え ス【図会】名 ある種の図面・図式・図表をあつめたもの。「名所ー」

スエーデン《Sweden》⇒スウェーデン。

スエ(ウェ)ード ０〈フ suède〉名 子牛・子やぎなどの皮をなめして、裏面をけばだたせた皮革。

すえ-おき ０【据(え)置き】名 そのままにしておくこと。「米価のー」

すえ-お・く オ【据(え)置く】他五 ❶動かないように置く。「機械をー」❷動かさないで、そのままにしておく。「料金をー」❸貯金・年金などを、一定期間払いもどししないでおく。

すえ-おそろし・い シ【末恐ろしい】形 将来どうなるかが心配である。「ー子どもたちだ」 末恐ろしげ 形動 末恐ろしさ 名 すゑおそろ・し 文語シク

すえ-き エ【須恵器・陶器】名 古墳時代後半から奈良・平安時代ごろまで作られた灰黒色の硬質土器。

すえ-きち ０【末吉】名 おみくじで、あとになって開ける運のこと。

すえ-しじゅう シ【末始終】名 のちのち。将来ながく。「ーお導きください」

すえ-ずえ エ【末末】名 ❶のちのち。将来。❷子孫。「ーのためを思う」❸しもじも。身分のいやしい人。

すえ-ぜん エ【据(え)膳】名 ❶食事用の台を人の前に置いて食べさせること。また、そのときのぜん。「上げぜんー」❷物事をすっかり準備して、人を待ちかまえること。ー食わぬは男の恥 女性からしかけられた恋愛に応じないのは、男性としてふがいない。

すえ-たのもし・い シ【末頼もしい】形 将来にのぞみがある。将来がたのしみだ。末頼もしげ 形動 末頼もしさ 名 すゑたのも・し 文語シク

すえ-つ-かた ケ【末つ方】名〔古語〕〔「つ」は「の」の意〕❶末のころ。終わりごろ。❷末のほう。

すえ-つ・ける ケ【据(え)付ける】他下一 動かないように置いて、とりつける。「モーターをー」 据え付け 名 すゑつ・く 文語下二

すえっ-こ ０【末っ子】名 きょうだいのいちばん下の子。まっし。

スエット エ〈sweat〉＝スウェット 名〔汗の意から〕裏を起毛させたメリヤス地の厚手素材。よく汗を吸い取る。ーシャツ シャ〈sweat shirt〉名 スエット生地で作ったシャツ。トレーナー。ースーツ ス〈sweat suit〉名 スエット生地で作ったシャツとパンツのそろい。

すえ-ながく ナ【末長く】【末永く】副 いつまでも。ずっと。「ーお幸せに」

すえ-ひろ ０【末広】名〔下が広がる形から〕おうぎ・中啓のこと。

すえ-ひろがり ロ【末広がり】名 しだいに下が広がること。また、しだいにさかえること。「ーの発展」

すえ-ふろ ０【据(え)風呂】名 大きなおけに、かまどをとりつけた形式のふろ。すいふろ。すえぶろ。

すえ-もの ０【据(え)物】名 かざりとしてすえておくもの。「床の間のー」

すえ-もの エ【すえ物】【陶物】名 やきもの。陶器。

す・える エ【×饐える】自下一 飲み物や食べ物

がくさって、すっぱくなる。**す・ゆ** 文語ヤ下二

す・える ⓪【据える】他下一 ❶ある位置・地位に置く。㋐一定の場所に位置させる。「机を窓ぎわにー」参考「置く」が大きい物からごく小さい物にまで言うのに対し、「据える」はあまり小さい物については言わない。㋑人をある地位につける。「会長にー」❷しっかりと落ちつける。「腰をー」「腹をー」❸灸をする。**す・う** 文語ワ下二

す・おう オ【素×袍・素×襖】名 ひたたれの一種で五つ紋の衣服。室町時代、武家の平服で、江戸時代には武家の礼服となった。

すおう

す・おう オ【▲蘇▲芳・×蘇▲方・×蘇×枋】ー名 ❶マメ科の低木。茎・枝にとげがあり、花は黄色。幹の心材から染料をとる。❷黒味がかった赤色。すおういろ。❸古語 かさねの色目。表はすおう色、裏は濃い赤色。

すおう《周防》昔の山陽道の国の一つ。今の山口県の東部。防州。

す・おどり オ【素踊(り)】ー名 衣装・かつらなどをつけず、女は紋服、男ははかまをつけてする日本舞踊。

ず・おも ⓪【頭重】名 ❶頭が重いこと。❷人になかなか頭を下げない態度。❸相場が上がり気味でありながら、もう一つのびずにいる状態。

すか カ 名 俗語 あてがはずれること。「ーを食う」

ずが ズ【図画】名 ❶図。絵。絵画。❷小学校の教科である「図画工作」の一部。絵画に関する造形的な理解の基礎を学ぶ。

スカート カ〈skirt〉名 ❶女性の洋服で、下半身をおおうもの。❷障害物よけを兼ねて、車両の前下部をおおうもの。

スカーフ カ〈scarf〉名 防寒・装飾などの目的で、首にまいたり、頭にかぶったりする方形の布。

スカール カ〈scull〉名 ➡スカル。

スカーレット カ〈scarlet〉名 深紅色。また、その染料。

スカイ〈sky〉造 空。 **ーダイビング** ダ〈skydiving〉名 飛行機からとび降りて滑空し、パラシュートを開いて着地するスポーツ。 **ーライン** ラ〈skyline〉名 ❶山や建物が空をかぎる輪郭線。❷山上を通る自動車道路。「伊豆ー」

すがい ス【酢貝】【×醋貝】ー名 貝、特にあわびの酢の物。

ずかい ⓪【図解】名 他サ 絵で説明すること。えとき。「機械の構造をーする」

ずがい・こつ ⓪ガ【頭蓋骨】名 あたまを形づくる骨の総称。頭骨。とうがいこつ。⇩骨格(図)。

スカウト カ〈scout〉❶名 他サ 映画・スポーツなどで、有望な新人を見つけ、ひきぬくこと。また、それを職業とする人。❷名 ボーイスカウト。ガールスカウト。

す・がお ス【素顔】ー名 ❶化粧していない顔。❷酒を飲まないときの顔。しらふ。❸飾らない、ありのままの姿。

す・がき ガー【▲清×搔・×菅垣】名 ❶和琴の奏法で、全部の弦を一度に弾いて、一本の弦だけの余韻を残すように他の弦を左指で押さえるもの。❷三味線で、第二・第三弦を弾く音と第三弦をすくう音とを交互に弾く技法。❸下座音楽の一つ。遊里の場面をあらわすのに使われる。

す・がき ⓪【素描き】名 そびょう。デッサン。

すかさ・ず ⓪【すかさず】【透かさず】副 機会をのがさず。すぐさま。ただちに。「話が終わるや、ー質問した」

すかし ⓪【透かし】名 ❶すきまをつくった部分。❷紙を透かして見える、模様や文字。「五千円札のー」❸俗語 音のしないおなら。すかしべ。

すかし・おり ⓪【透かし織(り)】名 絽や紗のように、うすく透けて見える織り方。すきおり。

すかし・ぼり ⓪【透かし彫(り)】名 表から裏までくりぬいて図案をあらわす彫り方。また、そのもの。

すか・す ⓪ 自五 俗語 気どる。すます。「すかした態度」

すか・す ⓪ 他五 ❶【透かす】❶すきまをつくる。「窓を十センチほどー」❷物を通して向こうの物を見る。透き通らせる。「ガラスを透かして見る」❸〔かながき〕俗語 音のしないおならをする。❷【▲空かす】空腹にする。「腹をー」

すか・す ⓪【×賺す】他五 ❶なだめる。❷だます。

すか・すか ⓪ 形動 中身がつまっておらず、すきまが多いようす。「ーな箱の中身」

すが・すが【すがすが】【▲清▲清】❶ス/ス と副 自サ さわやかで、気持ちがいいようす。❷と副 古語 ❶順調に。すらすらと。「沼尻といふ所もすがすがと過ぎて」〈更級〉❷はきはきと。てきぱきと。思いきりよく。「すがすがとも(宮中ニ)え参らせ奉りたまはぬなりけり」〈源氏〉

ずか・ずか ズーづか (と)副 遠慮せず、また、あらあらしく進み出るようす。「ーはいってくる」

すがすが・し・い【▲清▲清しい】❶シ 形 気分がさわやかである。さっぱりしていて、気持ちがいい。**すがすがしさ** 名 **すがすが・し** 文語シク ❷ 形シク 古語 ❶思いきりがいい。はきはきしている。「(宮仕エノコトヲ)すがすがしうもおぼし立たざりけり」〈源氏〉❷とどこおりない。てきぱきと進むようす。「すがすがしう果てたまへれば」〈源氏〉

すがた ス【姿】名 ❶見える形。なり。かっこう。「富士山のー」㋐体や物の全体としての形。なり。「均整のとれたー」㋑衣服をつけたようす。服装。身なり。「和服ーがしとやかだ」「寝巻ーで玄関に出る」㋒見えるものとしての人の体。「ーが見えなくなるまで見送る」「ーをくらます」❷物事のありさま・状態。「町は昔のーをとどめない」❸古語 かたち。ありさま。「夕顔は…いとをかしかりぬべき花のすがた」〈枕〉❹古語 おもむき。「すがたなけれど(格好ハヨクナイガ)棕櫚の木、唐めきて」〈枕〉**ーを消す** ❶いなくなる。ゆくえをくらます。❷それまでにあったものがなくなる。「老舗の百貨店がー」

すがた・かたち ス【姿形】名 身なりと顔かたち。容姿。

すがた・み タ【姿見】名 全身をうつして見る、大きなかがみ。たてかがみ。

す・がたり ガ【素語り】名 三味線の伴奏なしで、浄瑠璃を語ること。

すかたん 名 方言 ❶見当はずれ。あてはずれ。❷とんま。まぬけ。

スカッシュ カ〈squash〉名 ❶くだもののしるに砂糖を加え、ソーダ水をそそいだ飲み物。「レモンー」❷周囲を壁に囲まれたコートで、ラケットを使って、二人でボールを交互に壁に向かって打ち合う室内球技。

すかっ・と カ ❶副 あざやかに切るさま。❷副 自サ ❶すがすがしく、さっぱりしているさま。「ーした味」❷俗語 あかぬけしているさま。「ーしたスタイル」

スカトロジー ト〈scatology〉名 糞尿や排泄行為を好んで話題にする趣味や文学作品。スカトロ。

すが・め ⓪/ス【×眇】名 ❶片方の目が不自由なこと。❷斜視。

すが・める ⓪【×眇める】他下一 ❶片目をほ

そくして見る。❷片目をほそくして、ねらいをつける。**すが・む** 文語下二

すが-やか ガ【▲清やか】形動 ダロ・ダッ・デ・ニ ダ・ナ・ナラ・〇 すがすがしいようす。「—な気分」

すがら 接尾〈副詞をつくる〉❶…の終わりまでずっと。「夜も—」❷ただそれだけ。「身—」❸ついでに。「道—」

ずから 接尾〈副詞をつくる〉…から。…によって。「手—ほうびをあたえる」

ず-がら 〇【図柄】名 図案の柄。

スカラーシップ シ〈scholarship〉名 奨学金。また、奨学金を受ける身分や資格。

スカラップ ラ〈scallop〉名 ❶ほたてがい。また、そのから。❷えりのふちやスリップのすそなどを、丸く波形に刺繡すること。また、そのふち飾り。

すがり-つ・く ツ【すがり付く】【×縋付く】自五 カ・コ・キ・イ・ク・ク・ケ・ケ ❶離れないように取り付く。「胸に—」❷たよりにして、しっかりとすがる。「人の情けに—」**すがり付ける** 自下一〔…できる〕

スカル カ〈scull〉＝スカール 名 ひとりでこぐ、細長くて軽い競技用のボート。また、それをこぐ競技。

スカル

すがる【×蜾×蠃】名 古語 ❶じがばち。こしぼそばち。春 ❷あぶ。❸鹿(しか)。

すが・る 〇ガ【×縋る】自五 ラ・ロ・リ・ッ・ル・ル・レ・レ たよりにしてとりつく。身をもたせかける。**すがれる** 自下一〔…できる〕

スカルプ カ〈scalp〉名 頭皮。「—ケア」

すが・れる 〇 自下一 レ・レ・レ・レル・レル・レレ・レロ・レヨ 〔「末(すえ)枯れる」の意〕❶草などが冬に近づいておとろえる。❷人の盛りの時がすぎておとろえる。**すがれ** 名 **すが・る** 文語下二

すがわらでんじゅてならいかがみ《菅原伝授手習鑑》 江戸時代前期の浄瑠璃。竹田出雲(いずも)の合作。菅原道真(みちざね)の配流(はいる)に取材した時代物。

すがわらのたかすえの-むすめ《菅原孝標女》 一〇〇八—？。著作に「更級(さらしな)日記」があるが、「浜松中納言物語」「夜の寝覚(ねざめ)」などの作者ともいわれている。

すがわらの-みちざね《菅原道真》八四五—九〇三。平安時代前期の政治家・学者・漢詩人。右大臣にまで昇進したが、政争に敗れ、大宰府(だざいふ)に左遷されて没した。「菅家文草(かんけぶんそう)」など。

ず-かん 〇【図鑑】名 いろいろの図をあつめたもの。「植物—」

スカンク カ〈skunk〉名 イタチ科の哺乳(ほにゅう)類。ねこぐらいの大きさ。肛門(こうもん)わきから非常にくさいにおいの液体を出して外敵をふせぐ。

スカンジナビア《Scandinavia》ヨーロッパ北部にある半島。西をノルウェー、東をスウェーデンが占める。

ずかん-そくねつ ズ【頭寒足熱】名 頭をひやし、足をあたたかにすること。よく眠れて健康によいという。

す-かんぴん ビ【素寒貧】名 形動(の) 俗語 ひどく貧しいこと。一文無しのこと。また、その人。

すかん-ぽ 〇【▲酸▲模】名 すいば。春

すき 〇【×犂】名 牛や馬にひかせて土を耕す農具。からすき。

すき 〇【隙】【透き】名 ❶物と物との間。あいている所。「戸の—」❷ひま。「仕事の—」❸気のゆるみ。つけこむべき機会。「心の—」

すき 〇【×鋤】名 人の力で土を掘りおこす農具。

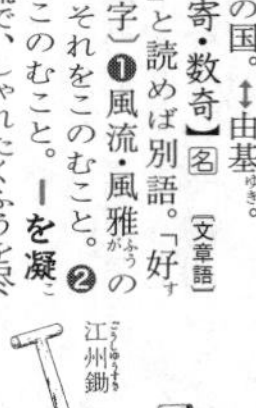

鋤・犂

すき キ【主基】名 大嘗祭(だいじょうさい)のときの西方の祭場。また、そこにそなえる新穀をたてまつるべき京都以西の国。↔由基(ゆき)。

すき キ【数寄・数奇】名 文章語 〔「すうき」と読めば別語。「好(す)き」のあて字〕❶風流・風雅(ふうが)の道。また、それをこのむこと。❷茶の湯をこのむこと。**—を凝(こ)らす** 風流で、しゃれたくふうを尽くす。

すき キ【好き】名 形動 ❶ある物や人に心が引かれること。「—な食べ物」「あの人が—になった」↔きらい。❷普通の人はしないことに興味を感じること。物好き。「—でやってるごみ拾い」❸好色。❹自分の思うままにふるまうこと。勝手。自由。「—にしなさい」「—な時においで」**—こそ物(もの)の上手(じょうず)なれ** すきだと自然にそのことがじょうずになるものだ。

すぎ【過ぎ】接尾 ❶〈時間・年齢をあらわす名詞について〉すぎていること。こえていること。「一時—に寝る」「八十—の老人」❷〈動作をあらわす名詞について〉物ごとの程度が度をこしていること。「食べ—」「考え—」

すぎ 〇【杉】名 山地にはえる日本特産のスギ科の常緑高木。幹は直立し、葉は針状で密生。材木は建築・造船・器具製造用。

すぎ-あや 〇【杉×綾】名 〔「杉綾織り」の略〕杉の葉のようなV字形を連続させて織り出した模様。また、その織り方。杉織り。ヘリンボーン。

すぎあや

スキー キ〈ski〉名 くつにとりつけて雪の上を滑走・滑降するのに使う、先のそった細長い板状の一対(いっつい)の道具。また、それをつけてする運動・競技。冬

スキーマ キ〈schema〉名 ❶図式。わく組み。形式。スキーム。❷データベースの構造。

スキーム キ〈scheme〉名 計画。わく組み。「事業の—」

スキーヤー キ〈skier〉名 スキーをする人。冬

すき-いれ 〇【すき入れ】【×漉入】名 紙をすくとき、それに文字・模様などを入れること。また、その紙。

すき-いろ 〇【透き色】名 物を透かしてみたときの色あい。

すき-うつし 〇【透き写し】名 ⬇しきうつし❶。

すき-おこ・す ヨ【すき起(こ)す】【×鋤起す】他五 サ・ソ・シ・ス・ス・セ・セ すきで土を掘りおこす。すきかえす。**すき起こし** 名

すき-おり 〇【透き織(り)】名 透かし織り。

すぎ-おり 〇【杉折】名 すぎのうすい板でつくった箱。菓子・料理などを入れる。

すき-かえし 〇【すき返し】【×漉返し】名 ほご紙などをもう一度すくこと。また、そのすいた紙。すき返し紙。

すき-かえ・す カ【すき返す】【×鋤返す】他五 サ・ソ・シ・ス・ス・セ・セ すきおこす。「畑を—」

すき-かげ 〇【透き影】名 ❶すきまから見える姿・形。❷透きとおって見える姿・形。

すき-かって カ【好き勝手】名 形動 自分につごうのいいようにすること。「—な行動」

すき-きらい キ【好き嫌い】名 ❶好きときらい。❷えりごのみ。「—がはげしい」

すき-ぐし 〇【×梳×櫛】名 かみの毛をすく、目のこまかなくし。

すき-げ 〇【すき毛】【×梳毛】名 髪の形をととのえるため、髪の中に入れる毛。

す

すき-ごころ ゴ【好き心】名 ❶ものずきな心。好奇心。❷〔古語〕いろごのみの心。好色な心。「おのれもくまなき(抜ケメナイ)好き心にて、いみじく謀はかり」〈源氏〉

すき-ごころ ゴ【数寄(数奇)心】名〔文章語〕風流をこのむ心。

過すぎ来こし方かた 今まで過ぎてきた過去。

すき-この・む ノ【好き好む】他五〔マ・モ・ミ・ン・ム・ム・メ・メ〕とくに好く。「好き好んで病気をする人はない」 **好き好み** 名

すき-こ・む コ【すき込む】【×漉込む】他五〔マ・モ・ミ・ン・ム・ム・メ・メ〕紙に文字や模様があらわれるようにすく。木の葉などを入れて紙をすく。 **すき込み** 名 **すき込める** 自下一〔…できる〕

すぎ-さ・る サ【過ぎ去る】自五〔ラ・ロ・リ・ッ・ル・ル・レ・レ〕❶時間的に通りすぎる。過去になる。「過ぎ去った日々」❷空間的に通りすぎる。通過する。「台風が―」

すき-しゃ キ名 ❶【数寄(数奇)者】〔文章語〕風流をこのむ人。❷【好き者】ものずきな人。すきもの。

すぎ-じゅう キ【杉重】名 杉の薄い板でつくった重箱。

すき-ずき キ【好き好き】名 人によって、このみがちがうこと。好き不好き。「たで食う虫も―」

ずき-ずき ズ(と)副 自サ 傷やできものなどが、脈をうつように痛むようす。「ずきんずきん」と強めて言うこともある。「―(と)痛む」「頭が―する」

すき-ずき・し【好き好きし】形シク〔古語〕❶ものずきだ。風流だ。「わが心ながらすきずきしやと覚えしに」〈枕〉❷いかにも好色らしく見える。「なほ知るべせよ(ヤハリ案内セヨ)われはすきずきしき心なき人ぞ」〈源氏〉

スキゾ キ名〈schizophrenia(統合失調症)から〉一つの考えにとらわれず、気の向くままに物事をするタイプの人。↕パラノ。

すぎた-ひさじょ《杉田久女》一八九〇―一九四六。俳人。本名は久子ひさこ。奔放で情熱的な句風で知られる。

すぎ-だま 0【杉玉】名 造り酒屋の看板として、杉の葉をたばねて丸くし、軒につるしたもの。酒林さかばやし。

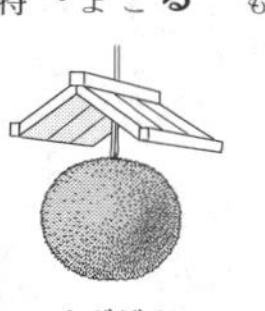
すぎだま

過すぎたるは猶なお及およばざるが如ごとし 何事も度を超すことは不足することと同じくらいよくない。参考 論語にあることば。

スキット キ〈skit〉名 寸劇。特に、テレビやラジオの語学学習番組で演じられるもの。

すきっ-と キ副 ➡すっきり。

スキッパー キ〈skipper〉名 小型船やヨットの船長。

すきっ-ぱら 0【すきっ腹】【▲空っ腹】名 ➡すきはら。

スキップ キ〈skip〉名 自サ 左右かわるがわる、片足でかるく二歩ずつとんで進むこと。

すぎ-ど 0【杉戸】名 すぎの一枚板でつくった戸。花鳥などをえがいたものがある。

すき-とお・る ト【透き通る】【透き▲徹る】自五〔ラ・ロ・リ・ッ・ル・ル・レ・レ〕❶透いて見える。透明である。「水底まで―」❷すんでいて、よく聞こえる。「透き通った声」

すぎ-な 0【杉菜】名 トクサ科の多年生しだ植物。山野・道ばたにはえる。茎は緑色で、うろこ状の葉をつける。胞子の茎を「つくし」という。(春)

すぎ-ない【過ぎない】連語〔「に過ぎない」の形で〕ただ…だけだ。「言いわけに―」

すき-なべ 0【すき鍋】【×鋤鍋】名 すき焼き用の鍋。また、それを使った料理。

すぎ-なり 0【杉なり】【杉▲形】名〔すぎの木の形〕上がとがって下がひろがった形。ピラミッド形。

スキニー キ〈skinny〉名〔「やせこけた」「骨と皮の」の意〕体にぴったりはりつくような形状・デザインの衣服。「―デニム」

すき-はら 0【すき腹】【▲空腹】名 腹のへっていること。また、へった腹。空腹くうふく。すきばら。すきっぱら。

すぎ-はら 0【杉原】名 ❶すぎのはえている原。❷すぎはら紙。‖すぎわら。 **―紙がみ** ラ名 こうぞでつくった、奉書紙ほうしょしに似るうすい日本紙。

すき-ぶすき テ【好き不好き】名 好ききらい。

すき-ほうだい ホ【好き放題】形動(の)〔ダロ・ダッ・デ・ニ・ダ・ナ・ナラ・〇〕気ままに、好きなようにするようす。「―な暮らし」

すき-ま 0【隙間】【透間・▲空間】名 ❶物と物とのあいだ。すき。❷ひま。「仕事の―」 **―風かぜ** マ名 壁・建具などのすきまから吹きこむ風。(冬) **―風が吹ふく** 緊密であった人間関係に、へだたりができる。

すき-み 0【すき身】【▲剝き身】名 魚や肉をうすく切ったもの。「まぐろの―」

すき-み 0【透き見】名 のぞき見ること。のぞき見。

スキミング 0〈skimming〉名 他サ キャッシュカードやクレジットカードの磁気データをぬすみ取ること。また、それによって偽造したカードを使用する犯罪。

スキム-ミルク ミ〈skim milk〉名 脂肪分をのぞいた粉ミルク。脱脂粉乳だっしふんにゅう。

すぎもと-そのこ《杉本苑子》一九二五―二〇一七。小説家。歴史小説を数多く発表。「春日局かすがのつぼね」「埋うずみ火」など。

すき-もの 0【好き者】名 ❶〔古語〕ものずき。好事家こうずか。「昔、好き者ども集まりて、物の名(物名歌ぶつめいか)を詠みけるに」〈伊勢〉❷いろごのみの人。好色家。「この好き者どもは、かかる歩きをのみして、よくさるまじき人(見ツケラレソウモナイ美人)をも見つくるなりけり」〈源氏〉

すぎ-もの 0【過ぎ者】名 相手につりあわないほどすぐれている人。身分不相応な人。「あの男には―だ」

すき-や 0【透×綾】名〔「すきあや」の略〕たいそううすく、透きとおって見える絹織物。

すき-や 0【数寄(数奇)屋】名 ❶茶の湯をする小さな建物。茶室。❷茶室ふうの建物。 **―造づくり** ヅ名 茶室ふうの建てかた。参考 表記は「数寄(数奇)屋造」でもよい。 **―坊主ぼうず** ボ名 ➡おすきやぼうず。

すき-やき 0【すき焼き】【×鋤焼】名 肉類にとうふ・野菜などを加え、たれで煮ながら食べる日本のなべ料理。(冬)

スキャット キャ〈scat〉名 ジャズなどで、歌詞のかわりに意味のない音節を入れてうたうこと。また、その歌。「ダダダ」「ルルル」など。

スキャナー キャ/0〈scanner〉名 文字・絵・写真などをデジタルデータとして入力する装置。

スキャン キャ〈scan〉名 他サ スキャナーで、文字・絵・写真などをデジタルデータとして読み取ること。「書類を―する」

スキャンダル キャ〈scandal〉名 ❶情事・汚職など、名声・地位を汚すような不正事件。❷よくないうわさ。醜聞しゅうぶん。

スキャンティ(ー) キャ〈scanty〉名 女性用のたけの非常に短いパンティー。

スキューバ キュ〈scuba〉＝**スクーバ** 名〔self-contained underwater breathing apparatus の略〕水中で呼吸する機器。 **―ダイビング** ダ〈scuba diving〉名 アクアラング(商標名)などの水中呼吸器を使って水の中にもぐるスポーツ。

すぎ-ゆ・く ユ【過ぎ行く】自五〔カ・コ・キ・ク・ク・ケ・ケ〕〔文章語〕❶通りすぎる。❷時がたつ。「月日が―」

ず-きょう [0]【×誦経】[名][自サ] 声を出して経をよむこと。読経(どきょう)。

スキル [キ]〈skill〉[名] 学んで身につけた技術。腕前。

す・ぎる [ギ]【過ぎる】[自上一] ギ・ギ・ギル・ギル・ギレ・ギロ・ギヨ ❶ある場所を通り越す。通過する。「国境を—」❷ある時を通り越す。「三十歳を—」「彼岸を—と、暖かくなる」❸時がたつ。「もう三年過ぎた」❹時が移って、ある期間が終わりになる。「冬が過ぎて春になる」「盛りを—」❺度を越える。「冗談が—」❻まさる。「これに—喜びはない」❼分を越える。もったいないくらいだ。「彼には過ぎた女房だ」❽〔「…に過ぎない」の形で〕ただ…であるだけだ。「ちょっとからかってみたに過ぎない」❾〔動詞の連用形、形容詞の語幹について〕度を越える。「働き—」「水分が多—」 **す・ぐ** [文語上二]

スキルス-がん [ス][2]【スキルス×癌】[名]〔「スキルス scirrhous」は「硬い」の意〕ひとかたまりにならず、全体にしみわたるように広がっていくがん。胃がんに多い。

すぎ-わい [0]【生業】すぎはひ [名][文章語] 生活してゆくための仕事。生計。なりわい。

すぎ-わら [0]【杉原】すぎはら [名] ⇒すぎはら。

スキン [キ]〈skin〉[名] ❶はだ。皮膚。❷薄いゴム製の男性用避妊具。コンドーム。 **ーシップ** [シ]〈skinship〉[名]〔和製英語〕肌と肌のふれあい。また、それから生まれる親愛感。 **ーダイビング** [ダ]〈skin diving〉[名] ゴムの足びれやシュノーケルなど簡単な装備で水中にもぐるスポーツ。素潜り(すもぐり)。 **ーヘッド** [ヘ]〈skinhead〉[名] つるつるにそり上げた頭。

ず-きん [キ]【頭巾】[名] 布製の頭をおおうかぶりもの。[冬]

す・く [0][自五] カ・コ・キ・イ・ク・ク・ケ・ケ 一【透く】❶すきまができる。「戸と柱の間が透いている」「前歯の間が—」❷物を通して向こうの物が見える。透ける。「血管が透いて見える」 二【×空く】❶中の物が少なくなる。「電車が—」「おなかが—」❷ひまになる。あく。「手が—」

す・く【好く】一 [ス][ク][他五] カ・コ・キ・イ・ク・ク・ケ・ケ ↔きらう。❶ある人や物や事柄に心が引かれる。気に入る。このむ。「人に好かれるたち」「好かない色」❷恋愛感情をいだく。「好いた同士」[参考] ❶は受身形や否定形で使われることが多い。「好いた」❷は「好く」という言い方はほとんどしない。その場合は形容動詞「好きだ」を使う。 二 [自四][古語] ❶和歌や音楽など風流の道にこっている。「よき人は、ひとへに好けるさまにも見えず、興ずる様もなほざりなり(アッサリシテイル)」〈徒然〉❷好色である。浮気である。「好きたる罪おもかるべし」〈源氏〉❸熱中する。「昔の若人は、さるすける物思ひをなむしける」〈伊勢〉

す・く [0]【×剝く】[他五] カ・コ・キ・イ・ク・ク・ケ・ケ うすく切る。

す・く [0]【×梳く】[他五] カ・コ・キ・イ・ク・ク・ケ・ケ 髪の毛にくしを通す。 **すける** [自下一]〔…できる〕

す・く [0]【×結く】[他五] カ・コ・キ・イ・ク・ク・ケ・ケ 網を編む。

す・く [0]【×漉く】[他五] カ・コ・キ・イ・ク・ク・ケ・ケ ❶水にとけた紙の原料を枠(わく)に流し取って紙をつくる。「和紙を—」❷うすいものをつくる。「海苔(のり)を—」 **すける** [自下一]〔…できる〕

す・く [0]【×鋤く】[他五] カ・コ・キ・イ・ク・ク・ケ・ケ すきで土をほりおこす。 **すける** [自下一]〔…できる〕

すぐ [ス]【すぐ】【×直ぐ】一 [形動] ❶まがっていないようす。「—な道」❷正直、すなおなようす。「—な人」 二 [副] ❶二つの事がらのあいだに大きな隔たりのないようす。㋐時間をおかないようす。「メールに—返事を出す」「酒を飲むと—赤くなる」㋑距離がほとんどないようす。「小学校は家から—だ」「駅の—近くに郵便局がある」[参考]「ただちに」は「すぐ」よりも時間の隔たりが少ない感じがあり、文章語的でもある。「すぐ」は「じき」よりも事態の実現に時間がかからないことに使われる。❷簡単に実現するようす。そういう傾向があるようす。「おだてると—に話に乗る」

ずく [ス]【ずく】【×尽く】づく [接尾] …という方法(だけ)によること。「力—」「相談—」「計算—で妥協する」[参考]「づく」のように「づ」を用いて書いてもよい。

ずく [ズ]【×銑】づく [名] ずくてつ。せんてつ。

ずく [ズ]【×木×菟】づく [名] みみずく。

すくい [0]【救い】すくひ [名] ❶たすけること。救助。救済。「—の手」❷安らぎをあたえるもの。「この事件には—がない」

すくい-あ・げる [ゲ][他下一] ゲ・ゲ・ゲル・ゲル・ゲレ・ゲロ・ゲヨ 一【×掬い上げる】❶水からすくって取り上げる。「魚を網で—」❷表に出にくい意見や気持ちなどをとりあげる。「現場の声を—」 二【救い上げる】危険や困難から助け出す。「貧困から—」 **すくいあ・ぐ** [文語下二]

すくい-がた・い [タ]【救い難い】すくひ [形] カロ・カッ・ク・イ・イ・ケレ・○ ❶救うのがむずかしい。❷どうにもしようがない。「—がんこ者だ」

スクイズ [ク]〈squeeze〉[名]「スクイズプレー」の略。 **ープレー** [レ]〈squeeze play〉[名] 野球で、三塁に走者がいるとき、バッターがバントして、走者をホームインさせるやり方。

すくい-なげ [0]【すくい投げ】【×掬投】すくひ [名] ❶相撲の手の一つ。まわしを取らずに相手のわきの下に手をさし入れて、すくい上げるように投げるわざ。❷柔道の投げわざのうち、手わざの一つ。うしろから股間に手を入れ、足の付け根をつかんで投げるわざ。

すくい-ぬし [イ]【救い主】すくひ [名] ❶救ってくれた人。❷キリスト教で、救世主。

すく・う [ク]【巣くう】すくふ [自五] ワ・オ・イ・ッ・ウ・ウ・エ・エ ❶巣をつくってすむ。❷すみか・ねじろとする。「町に—暴力団」

すく・う [0]【×掬う】すくふ [他五] ワ・オ・イ・ッ・ウ・ウ・エ・エ ❶液体などを、手・さじなどでとりあげる。「水を—」❷液体の中から、手・さじなどでとり出す。「金魚を—」❸よこにはらう。「足を—」 **すくえる** [自下一]〔…できる〕

すく・う [0]【救う】すくふ [他五] ワ・オ・イ・ッ・ウ・ウ・エ・エ ❶力をかして、危険や困難な状態からたすけ出す。「難民を—」❷苦しみや、憂いをなくさせる。「なやみを—」 **救える** [自下一]〔…できる〕

スクーター [ク]〈scooter〉[名] ❶子どもが片足をのせて走るおもちゃの乗り物。スケート。❷ガソリンエンジンではしる小型二輪車の一種。

スクーナー [ク]〈schooner〉[名] マストが二本以上の帆船。

スクーバ [ク]〈scuba〉[名] ⇒スキューバ。

スクープ [ク]〈scoop〉[名][自他サ] 新聞・雑誌で、他社をだしぬいて特種(とくだね)記事をさがしだすこと。また、その記事。

スクーリング [0]〈schooling〉[名] 通信教育の学生を一定期間、学校へ来させて授業すること。

スクール [ク]〈school〉[名] 学校。 **ーカラー** [カ]〈school color〉[名]〔和製英語〕その学校の伝統的な気風。校風。 **ーゾーン** [ゾ]〈school zone〉[名] 児童の通園・通学路に設けた、登校・下校時の車両の交通規制区域。 **ーバス** [バ]〈school bus〉[名] 学生・生徒の通学のためのバス。 **ーロイヤー** [ロ]〈school lawyer〉[名] いじめや体罰など、学校で生じるさまざまな問題の予防と解決のために法的な助言をする弁護士。

スクエア [エ]〈square〉＝スクウェア 一 [名] ❶四角形。正方形。「—カット」❷広場。「タイムズ—」「ラーニング—」 二 [名][形動] まじめで、柔軟性に欠けること。きちょうめんなこと。「—な人」 **ーダンス** [ダ]〈square dance〉[名] アメリカのフォークダンスの一種で、ふたりずつ組み、四人が向かいあっておどるおどり。

すぐき【酸茎】ス 名 京都特産の、すぐきな（カブの一種）のつけもの。冬

すく-ごう【宿業】名〔古語〕⬇しゅくごう。

すぐ-さまス【すぐさま】【直ぐ様】副 ただちに。すぐに。「―出動する」

すぐ・す【過ぐす】他四〔古語〕すごす。「いかにして過ぎにし方を過ぐしけむ」〈枕〉

すく-すくク（と）副 ❶高くまっすぐにのびているようす。「―育つ」❷いきおいよく成長するようす。

すく-せ【宿世】名〔古語〕❶前世。❷前世からの因縁。

ずく-てつ◎【銑鉄】名 せんてつ。

すくな・いナ【少ない】形 数・量が標準・期待に比べてわずかであるようす。「ことしは雨が―」「参加者は予想より―」「兄は夕食までに帰ることは―」「この案のほうが野党の抵抗は―」↕多い。⇩少し 参考。**少なげ** 形動 **少なさ** 名 **すくな・し** 文語ク

すくなから-ずカ【少なからず】副 ❶たくさん。「―寄付金があつまった」❷はなはだ。たいそう。「この問題には―手をやいている」

すくなく-ともナ【少なくとも】副 ❶少なくみても。「―千円はある」❷せめて。「―これだけはやりたい」

すくなく-ない【少なくない】連語 かなり多い。「不平を言う者も―」

すくなめ◎【少なめ】【少な目】名 形動 すこし少ない程度の数量。「―に見つもる」↕多め。

すぐ-にス【すぐに】【直ぐに】副 ⬇すぐ❷。

ずく-にゅう◎【木菟入】名 太っているぼうずあたまの人や、僧をののしる語。

すく-ね◎【宿禰】名 古代の姓の一つ。天武天皇が制定した姓制の第三位。

すくま・る◎【竦まる】自五 すくむ。

すくみ-あが・るガ【すくみ上がる】【竦み上がる】自五 恐れてすっかりすくんでしまう。

すく・む【竦む】■◎自五 ちぢんで動けなくなる。「おそろしくてからだが―」■自四〔古語〕❶こわばる。ごわごわする。「唐（中国）の紙のいとすくみたるに」〈源氏〉❷きゅうくつである。「大臣の御おきてのあまりすくみて」〈源氏〉

ずくめ【ずくめ】【尽くめ】接尾 そればかりであること。それが非常に多いこと。「赤―の服装」「こごと―」

すく・める◎/メ【竦める】他下一 ちぢめる。動けないようにする。「首を―」「だき―」 **すく・む** 文語下二

すく-よう◎【宿曜】名 二十八宿・九曜などによって、人の運命や、ことの吉凶をうらなう術。しゅくよう。

すくよか【健か】■ク 形動 すこやか。■なり形動〔古語〕❶すくすくそだつようす。❷健康なようす。心がしっかりしているようす。「女君、あやしう悩ましげにのみもてない給ひて（気分ガヨクナイフウニバカリシテイラッシャッテ）すくよかなる折もなく」〈源氏〉❷きまじめなようす。「（東国人ハ）ひとへにすくよかなるものなれば」〈徒然〉❸けわしい。「すくよかならぬ山のけしき」〈源氏〉

スクラッチラ〈scratch〉名 ❶引っかくこと。こすりとること。「―カード」❷ゴルフやボウリングでハンディキャップなしでプレーすること。❸音楽で、ターンテーブル上のレコードをこすったり、逆にまわしたりして音を出すこと。「―音」❹コンピューターの初心者向けプログラミング言語の一つ。

スクラップラ〈scrap〉名 ❶新聞・雑誌などの切りぬき。❷くず鉄。「自動車を―にする」 **―アンド・ビルド**ビ〈scrap and build〉名 組織の業務を見直し、規模を縮小あるいは廃止し、新たに必要な組織を作ること。 **―ブック**ブ〈scrapbook〉名 新聞・雑誌などの切りぬきをはるノート。

スクラブク〈scrub〉名（こすってみがく意）種子や樹脂などのこまかな粒を加えた洗顔料。

スクラムク◎〈scrum〉名 ❶ラグビーで、両チームのフォワードがボールを支配するために、肩を組んで押しあうこと。❷たがいに腕や肩を組んで横に並ぶこと。

スクランブルラ〈scramble〉名 ❶航空機などの緊急出動。緊急出撃。❷歩行者が、交差点の中をどの方向にも自由にわたれる横断方式。 **―エッグ**エ〈scrambled egg〉名 卵に牛乳などを加え、バターでやわらかくいりあげた料理。スクランブルドエッグ。

すぐりス【酸塊】名 ユキノシタ科の落葉低木。枝にとげがある。花は白い。実は甘ずっぱく食用。実は 夏

スクリーニングリ〈screening〉名 必要なものを選び出すこと。選別。「―検査」

スクリーンリ〈screen〉名 ❶映画の映写幕。銀幕。❷印刷で、写真版の製版に使う、あみめ状に線を引いたガラス板。❸カーテンのようなあみを張ったついたて。 **―ショット**ショ〈screenshot〉名 パソコンやスマートホンなどの画面をそのまま写しとった画像。スクリーンキャプチャー。スクショ。 **―セーバー**セ〈screen saver〉名 コンピューターで、一定時間以上作業をしないとき、画面上でさまざまな画像が動くようにしたソフトウエア。

すぐりぬ・くヌ【すぐり抜く】他五 えらんで抜き出す。えり抜く。「代表を―」

スクリプターリ〈scripter〉名 映画撮影の現場で、各場面のこまかい内容を記録する係。

スクリプトリ〈script〉名 放送の台本。放送原稿。

スクリューク〈screw〉名 ❶ねじ。ねじくぎ。❷船の推進機。スクリュープロペラ。

すぐ・るオ 他五 多くの中からえらび出す。「優秀者を―」

すぐれ-てグ【優れて】【勝れて】副 とくべつに。きわだって。「―日本的な情緒である」

すぐれ-もの◎【優れ物】名 すぐれた性質をもつ商品。

すぐ・れるレ【優れる】【勝れる】自下一 ❶ほかよりもりっぱな能力・技術などをそなえる。「弟は兄よりも体格が―」「調整能力に優れた政治家」❷気持ちよく晴れわたる。「天候が優れない」❸調子がいい。「気分が優れない」参考 ❷❸は打ち消しの形でよくない状態を表すことが多い。**すぐ・る** 文語下二

す-ぐろ【末黒】名〔古語〕（「すえぐろ」の変化）春、野焼きの後、草木の先が黒く焦げていること。また、その草木。春

スクロールロ/◎〈scroll〉名 他サ コンピューターで、画面の表示内容を上下や左右に動かすこと。

スクワットワ〈squat〉名（しゃがむ意）❶上半身を伸ばしたまま行う、ひざの屈伸運動。❷パワーリフティングの種目の一つで、しゃがんで肩にバーベルをかつぎ、そのまま立ち上がる競技。

すくわれ-ない【救われない】連語 希望がなくて、明るい気持ちになれない。「―結末」

すけ◎ケ【助】名 ❶たすけること。たすけ。手つだい。❷寄席で、一座の真打をたすけて出演する人。❸〔俗語〕〔隠語「なごすけ（おなご）」から〕女。若い女。

すけケ【次官】【輔】【亮】【佐】【介】名 律令制で、四等官のうち第二の官。次官。

すげ◎【菅】名 カヤツリグサ科の植物の総称。ほそ長い

葉は、かさ・みのの材料。夏

ずけ ケ【漬(け)】名 ⇒づけ(漬け)。

ず-けい 0【図形】名 ❶図のかたち。❷図式。グラフ。❸〘数〙立体・面・線・点などの集合。

スケーター ケ〈skater〉名 スケートをする人。冬

スケート ケ〈skate〉名 ❶くつに取りつけた、氷上をすべるためのうすく細い鉄製の道具。また、それをはいてすべる運動・競技。冬 ❷ローラースケート。❸スクーター❶。**ーボード** ボ〈skateboard〉名 足を乗せる細長い板の前後にローラーをつけた遊戯道具。また、それに乗って滑走するスポーツ。スケボー。**ーリンク** リ〈skating rink〉名 スケート場。冬

スケープ-ゴート ゴ〈scapegoat〉名 いけにえ。ほかの人の身代わりになって、罪や責任をかぶせられる人。

スケール ケ〈scale〉名 ❶寸法。尺度。また、ものさし。❷比例尺。縮尺。❸音階。❹規模。大きさ。「ーが大きい」**ーメリット** メ〈scale merit〉名〔和製英語〕規模が大きくなることでえられる利点。参考 多く、経営規模を大きくすると生産性や利益率が向上することなどをいう。

すげ-か・える エ【すげ替える】【▲挿げ替える】他下一 ❶とりかえてすげる。「はなおをー」❷〔俗語〕役職にある人をとりかえる。更迭する。「会長をー」**すげ替え** 名 **すげか・ふ** 文語ハ下二

すげ-がさ ガ【×菅×笠】名 すげの葉で編んだ、かぶりがさ。夏

すげがさ

スケジュ(デュ)ール ケ/ジュ〈schedule〉名 日程(表)。予定(表)。「見学旅行のー」

すけ-すけ 0【透け透け】形動(の) 布地などが薄手で、透けて見えるようす。「ーのシャツ」

ずけ-ずけ ズ〈と〉副 遠慮なく言うようす。

すけそう-だら ダ【助宗×鱈】名 ⇒すけとうだら。

すけ-だち 0【助太刀】名 ❶あだうちなどで加勢すること。また、その人。❷加勢すること。加勢する人。

スケッチ ケ〈sketch〉名 他サ ❶みとり図。略図。❷写生画。❸小品文。写生文。❹〔音〕小曲。**ーブック** ブ〈sketch book〉名 写生帳。

すけっ-と 0【助っ▲人】名 加勢する人。助勢をする人。

すけとう-だら ダ【▲介党×鱈】名 タラ科の海水魚。卵巣の塩づけはたらこ。めんたい。すけそうだら。冬

すげ-な・い ナ 形 ぶあいそうだ。そっけない。「ー返事」**すげなさ** 名 **すげな・し** 文語ク

すけ-ばん 0【助番】名〔俗語〕「すけ」は女の意)女の番長。不良少女グループのリーダー。

すけ-べえ ケ【助▲兵▲衛】名 形動(の)〔俗語〕色好みなこと。また、その人。すけべ。すけべい。**ー心** ゴ 名 ⇒すけべえこんじょう(助兵衛根性) **ー根性** コ 名 ❶色好みの心。❷いろいろのことに手を出したがる心。

スケボー 0 名「スケートボード」の略。

す・ける 0【透ける】自下一 すきとおって見える。「中身が透けて見える」

す・ける 0【▲助ける】他下一 たすける。

す・げる 0【▲挿げる】他下一 ❶さしこんでつける。「柄をー」❷さしとおして、むすびつける。「げたのはなおをー」**す・ぐ** 文語下二

スケルツォ ケ〈イ scherzo〉名 ❶三拍子の軽快で調子のはやい曲。❷ロマン派音楽で、ピアノ小品曲。

スケルトン ケ〈skeleton〉名 ❶骸骨。❷建物や船などの骨組み。❸内部が見える構造のもの。「ー仕様」❹氷でつくられたコースを鉄製のそりにうつぶせに乗って滑り降りる競技。

す-けん 0【素見】名〔文章語〕品物を見るだけで買わないこと。ひやかし。そけん。

スコア コ〈score〉名 ❶競技の得点。また、その記録。❷交響曲などの総譜表。**ーブック** ブ〈scorebook〉名 得点表。試合経過記録帳。**ーボード** ボ〈scoreboard〉名 競技の得点・経過などの掲示板。スコアボールド。

スコアラー コ〈scorer〉名 スポーツの試合の記録係。

スコアリング-ポジション ジ〈scoring position〉名〔和製英語〕野球で、安打が一本出れば走者が生還して得点できる塁。二塁または三塁。「ーへ走者を送る」

すご・い【▲凄い】■ ゴ 形 ❶おそろしい。こわい。「ー顔つきでにらまれた」「被災地の状況と言えばそれはーものだった」❷すばらしい。高く評価できる。「花嫁はー美人だ」「この車は第一にデザインがー」❸〔用言について副詞のように〕普通以上であるようす。「背が高いからすごく目立つ」「すごく大きい犬だ」参考 用言につづくときは、「すごく大きい」のようにいうのがふつう。くだけた会話では、「すごい大きい」「すごいきれいだ」のようにいうこともあるが、改まった場面では避けたい。**すごさ** 名 **すご・し** ■ 文語ク ■■ 形ク〔古語〕❶もの寂しい。「日の入りぎはの、いとすごく霧りわたりたるに」〈更級〉❷おそろしいほど、すぐれている。「(空ノ気色ガ)艶にもすごくも見ゆるなりけり」〈源氏〉

ず-こう 0【図工】名「図画・工作」の略。

すご-うで 0【すご腕】【▲凄腕】名 形動 ものすごく仕事のできること。また、その人。「ーの刑事」

スコール コ〈squall〉名 熱帯地方の、強い風をともなうはげしいにわか雨。

スコーン コ〈scone〉名 スコットランドの伝統的なパンの一つ。小型で厚く、ジャムやバターとともに食べる。

すこし コ【少し】副 形動(の) ❶数・量が少ないようす。「欠席者はーだった」「卒業まであとーだ」「体重がー増えた」↔たくさん。参考「貯金は少しある」と「貯金は少ない」とでは、「少し」のほうがわずかでも残っていることに重点があるのに対し、「少ない」はゼロに近いことを客観的に示す。⇩ちょっと 参考・わずか 参考。❷位置にわずかなちがいがあるようす。「もうー奥だ」「駅はー北にある」❸それほどの程度ではないようす。「ー涼しくなったね」「地震の被害はほんのーだった」「ーのところで事故をまぬがれた」

すこし-く シ【少しく】副 すこし。「ー小降りになる」

すこし-も コ【少しも】副 ちっとも。まったく。「ー知らなかった」参考 下に打ち消しの語がくる。

すご・す ゴ【過(ご)す】他五 ❶時間をついやす。「海辺で午後をー」❷暮らす。生活する。「夏休みは高原の別荘でー」❸度を越す。「調子に乗って酒を過ごしてしまった」❹〔動詞の連用形について〕そのままにしておく。「失敗を見ー」**過ごせる** 自下一〔…できる〕

すご-すご ス【すごすご】【×悄×悄】〈と〉副 失望して元気なく立ち去るようす。しおしお。「ーひきかえす」

スコッチ コ〈Scotch〉名 ❶スコットランド産の羊毛で織った手ざわりのあらい毛織物。また、それをまねた毛織物。❷スコットランド産のウイスキー。

スコットランド《Scotland》〔「蘇格蘭」とも書いた〕イギリス本土の北部。

スコップ コ〈オ schop〉名 シャベル。

すこ-ぶる フ/コ【すこぶる】【×頗る】副 ❶たいそう。ひどく。「ーおもしろい」❷〔古語〕すこしばかり。いささか。

「聞かんとおぼしめさば、すこぶる申しはべらむ」〈大鏡〉

すこぶる-つき ⓪【×頗る付き】名 とびぬけてすぐれていること。「―の美人」

すご-み ③【▲凄味】名 ❶すごいようす・程度。❷おどしつけるような態度やことば。「―をきかす」

すご-む ②【▲凄む】自五 (マ・モ・ミ・ン／ム・ム・メ・メ) おそろしいようすや、おどしつけるような態度をする。「金を出せと―」

す-ごもり ②／⓪【巣籠(も)り】名 ❶鳥や虫などが巣にこもること。㊍春 ❷外出を避けて、自宅ですごすこと。

すこ-やか ②【健やか】形動 (ダロ・ダッ・デ・ニ／ダ・ナ・ナラ・○) ❶じょうぶなようす。すくよか。「―なからだ」❷心が正しくしっかりしているようす。「―な心」

スコラ-てつがく ④【スコラ哲学】名 ヨーロッパ中世の、神学中心の哲学の総称。研究方法がきわめてわずらわしいため、煩瑣(はんさ)哲学ともいう。

すご-ろく ⓪【▲双六】名 ❶紙面をくぎって、「ふりだし」「あがり」をもうけ、さいころの目の数でこまを進め、上がりをあらそう遊び。㊍新年 ❷昔、ふたりでおこなった室内遊戯。さいころの目の数で盤上のこまをうごかし、早く敵陣内へおくりこんだほうを勝ちとするもの。

スコンク ②〈ˣskunk〉名 零点で負けること。零敗。

すさ ⓪／⑤【×莎】名 わら・あさ・紙などをこまかくきざみ、かべつちのつなぎとするもの。つた。

す-さき ⓪【州崎】【×洲崎】名 州が水中に長くつきでて、みさきとなった所。

す-ざく《朱雀》名 中国の伝説で、四神(じん)の一つ。天の南方をつかさどる神獣。しゅじゃく。

すさび ⓪【▲遊び】名 なぐさみ。心をまぎらすあそび。「夜の―」

すさ-ぶ ⓪【▲荒ぶ】自五 (バ・ボ・ビ・ン／ブ・ブ・ベ・ベ) ❶荒れくるう。「風が吹き―」❷荒れてひどくなる。「すさんだ心」‖すさむ。

すさ-ぶ【▲遊ぶ】自四 古語 あそびなぐさむ。「絵書きすさびたる見いでたるこそ」〈徒然〉

すさまじ-い ④【▲凄じい】■形 (カロ・カッ・ク／イ・イ・ケレ・○) ❶はなはだおそろしい。「―顔つき」❷ひじょうにはげしい。ものすごい。「―いきおい」❸あきれた。とんでもない。「これで東洋一とは―」 **すさまじ-さ** 名 **すさま-じ** 文語シク ■形シク 古語 ❶(その場に似合わず)興ざめだ。おもしろくない。「すさまじきもの、昼ほゆる犬」〈枕〉❷ものさびしい。荒涼としている。「すさまじきものにして見る人もなき(冬ノ)月の」〈徒然〉❸〈江戸時代語〉もってのほかだ。あきれたことだ。「越後新潟ぢやあんめえし、八百よこせもすさまじい」〈東海道中膝栗毛〉

すさまじ-げ なり形動 古語 つまらなそうなようす。おもしろくなさそうなようす。殺風景なようす。「来年の国々(来年国司ノ交替ノアル国々ノ数ヲ)、手を折りてうち数へなどして揺るぎ歩(あり)きけるも、いとほしう(気ノ毒デ)すさまじげなり」〈枕〉

すさ-む ⓪【▲荒む】自五 (マ・モ・ミ・ン／ム・ム・メ・メ) ➡すさぶ。

すさ-る ②【退る】自五 (ラ・ロ・リ・ッ／ル・ル・レ・レ) しりぞく。しさる。

ず-さん ⓪【×杜×撰】形動 (ダロ・ダッ・デ・ニ／ダ・ナ・ナラ・○) 〔「ずざん」のなまり〕❶著作などにあやまりの多いようす。❷やりかたがいいかげんであるようす。「―な計画」参考 宋(そう)の杜黙(もく)の詩が韻律にはずれていたことからという。

すし ②／⑤【×鮨・×鮓・▲寿司】名 ❶魚・貝を塩づけにして発酵させたもの。㊍夏 ❷酢を加えた飯に、魚・貝・野菜などを添えた食べ物。にぎりずし・五目ずしなど。㊍夏

すじ【筋】(すぢ) ■⑤名 ❶細長くひとつづきになっているもの。㋐糸のように細く長いもの。線。「てのひらの―」「ズボンの―」㋑血管。「こめかみに―が浮く」㋒服地のしま。「白い―の入った生地」㋓植物の繊維(せんい)。「セロリの―」❷筋肉。「足の―」「―をちがえる」❸親から子へのつながり。血統。血筋。「平家の―を引く一族」「芸術家の出る―」❹そのものに伝わる性質。すじょう。素質。「芸の―がいい」「―のいい客」❺物事の間に認められる一定の順序や関係。筋道。論理。「―を通す」「―を立てる」❻小説・劇などの話の展開や組み立て。ストーリー。「―のわかりにくい映画」❼将棋・囲碁で、ひとつづきの効果的な手順。手筋。「―を読む」❽ある方面に関係するものをぼかして言う語。「信頼すべき―の情報」❾すじかまぼこ。■接尾 ❶〔数詞について〕細長いものを数える語。「帯一(ひと)―」「三(み)―の煙」❷〔地名について〕道路や川に沿った場所。「御堂(みどう)―」「木曽(きそ)川―」❸将棋で、盤面の縦方向の列。「五―の歩を突く」

ず-し ⑤【×厨子】名 ❶仏像・経典などをおさめる、観音開きの堂の形をした箱。❷てまわり品などを入れる、二枚とびらのとだな。

ず-し ⑤【図示】名 他サ 図でしめすこと。

すじ-あい ⓪／⑦【筋合(い)】(すぢあひ) 名 ❶すじみち。事のおもむき。「話の―」❷わけあい。道理。「こういう―」

すじ-かい ⓪／②【筋交(い)】(すぢかひ) 名 ❶ななめ。「―に走る」❷地震や風に対する建物の抵抗力をつけるために、柱の間にななめに入れる材木。⇩ぬき(図)。

すじ-がき ⓪【筋書(き)】(すぢ) 名 ❶劇・小説などの内容のあらましを書いたもの。❷まえもってしくんだ計画。「―どおりになる」

すじ-がね ⓪【筋金】(すぢ) 名 ❶物にはめこんだ銅・鉄の棒。❷刀のさや、やりのえなどにはめこみ、また、門のとびらにはりつけるほそながい金属。**―入(い)り** ⓪名 からだや、精神・思想がしっかりしていること。「―のアルピニスト」

すじ-かまぼこ ③【筋かまぼこ】【筋×蒲×鉾】(すぢ) 名 魚の筋・皮を肉にまぜてつくった下等のかまぼこ。すじ。

ず-しき ⓪【図式】名 物事の関係・構造などをわかりやすくしめすための図。グラフ。

すじ-ぐも ⓪【筋雲】(すぢ) 名 高い空に見られる、筋をひいたような雲。巻雲(けんうん)。

すじ-こ ③【筋子】(すぢ) 名 さけ・ますの卵の塩づけ。すずこ。㊍秋

すじ-だて ⓪【筋立(て)】(すぢ) 名 物語・劇などの話のすじみちの組み立て。あらすじ。「説明の―」

すし-だね ⓪【すし種】【▲寿司種】名 すしの材料に使う魚・貝など。

すじ-ちがい ③【筋違い】(すぢちがひ) 名 形動(の) ❶ななめに交差すること。すじかい。❷道理にはずれること。「きみの考え方は―だ」❸けんとうちがい。「―の返事」❹筋肉の筋がねじれて、いたむこと。

ずしっ-と ②副 重みのあるようす。重みを実感するようす。ずっしり。「父のことばが―胸にこたえた」

すし-づめ ⓪【すし詰め】【×鮨詰】名 形動 〔すしを折り箱につめたように〕人や物がぎっしりはいっていること。「―の教室」

すじ-ば-る ③【筋張る】(すぢ) 自五 (ラ・ロ・リ・ッ／ル・ル・レ・レ) ❶筋がはりだす。「やせて手足が―」❷かたくるしい。「筋張った話」

すじ-ぼね ⓪【筋骨】(すぢ) 名 ❶筋肉(きん)と骨格。❷軟骨(なんこつ)。

すし-まい ⓪【すし米】【×鮨米】名 すし飯にするのに適した米。

すじ-まき ⓪【筋まき】【筋×播・▲条×播】(すぢ) 名 畑に掘ったうねにそって種子をまくこと。条播(じょうは)。

すじ-みち ②【筋道】(すぢ) 名 ❶道理。「―のたった話」❷手続き。順序。「一定の―をふむ」

すじ-むかい [ム]【筋向(か)い】[名] ななめに向きあうこと。すじむこう。「―の家」

すじ-むこう [ム]【筋向(こ)う】[名] すじむかい。

すじ-め [メ]【筋目】[名] ❶おり目のはっきりした線。❷すじみち。「―をたてて話す」❸血すじ。血統。

すし-めし [0]【すし飯】【×鮨飯】[名] すし用に、酢と砂糖、塩で味つけした飯。酢飯。しゃり。

ずしゅう [0]《豆州》➡いず(伊豆)。

す-じょう [0]【素性・素姓】[名] ❶血統。いえがら。また、そだち。❷ゆいしょ。経歴。「―のわかった品」❸もともとの性質。すじ。

ず-じょう [0]【図上】[名] 地図や図面のうえ。

ず-じょう [0]【頭上】[名] あたまのうえ。

ずしり [シ][と副] ➡ずっしり。

すじ・る [ジ]【×捩る】[自五] からだを、ねじる。

すじ-ろん [ジ]【筋論】[名] 物事の筋道をとおすことを優先する考え方。

ずしん [シ][と副] 重いものが落ちたり動いたりして、全身で衝撃を感じるようす。「象が―、―と歩く」

すす [ス¹]【×煤】[名] ❶煙にふくまれる黒いこな。煤煙(ばいえん)。❷煙とほこりとがかたまったもの。「―はらい」

すず [0]【鈴】[名] ❶金属製・陶製の空洞の球の中に小さな球を入れ、振って鳴らすもの。❷つりがね形で、中に木製や金属製の玉などをつるし、振って鳴らすもの。れい。**―を張(は)ったような目(め)** ぱっちりと大きく見開いた目。

すず [ス]【×錫】[名] 元素記号Sn 原子番号50 原子量118.710 銀白色の、やわらかい金属元素。のびる性質にとみ、さびない。めっき・合金用。

ず・ず [ス²]【▲数▲珠】[名] ➡じゅず。

すす-いろ [0]【すす色】【×煤色】[名] 黄色をおびた薄黒い色。

すず-かけ [0]【鈴掛(け)】【×篠懸】[名] ❶修験者(しゅげんじゃ)が衣服の上に着るあさの衣。❷すずかけのき。**―の木(き)** [キ][名] スズカケノキ科の落葉高木。葉は大きく、てのひらの形で、秋、まるい実(み)がなる。街路樹用。プラタナス。花は(春)

ずずかけ-ばと [バ]【▲数▲珠掛×鳩】[名] 小形のはとの一種。からだは灰色で、首に黒い輪がある。しらこばと。

すず-かぜ [ズ]【涼風】[名] すずしい風。(夏)

すすき [0]【×薄・×芒】[名] イネ科の多年生植物。山野にはえ、葉はほそ長く、秋に白い穂をだす。秋の七草の一つ。かや。おばな。(秋)

すすぎ [0]【▲濯ぎ・×漱ぎ】[名] ❶すすぐこと。「―あらい」❷足をあらう水や湯。

すずき [0]【×鱸】[名] スズキ科の海水魚。うす青色で口が大きい。川にものぼる。食用。幼魚を「せいご」、やや成長したものを「ふっこ」、成魚を「すずき」という。出世魚の一つ。(秋)

すすきだ-きゅうきん《薄田泣菫》一八七七―一九四五。詩人。本名は淳介(じゅんすけ)。浪漫的な文語定型詩で明治期後半の詩壇で活躍。詩集に「白羊宮(はくようきゅう)」。

すずき-みえきち《鈴木三重吉》一八八二―一九三六。小説家・童話作家。代表作は「千鳥(ちどり)」など。童話雑誌「赤い鳥」を出版した。

すす・ぐ [0]【▲濯ぐ】[他五] ❶水でゆすってよごれを洗い出す。ゆすぐ。「洗濯物を―」❷【×漱ぐ】うがいをして口の中をきれいにする。❸【▲雪ぐ】わるい評判をのぞく。そそぐ。「汚名を―」**すすげる** [自下一][…できる]

すす・ける [ケ/0]【×煤ける】[自下一] ❶すすで黒くよごれる。❷ふるくなってすす色になる。「表紙が―」

すす・く [文語下二]

すず-こ [コ][名] ➡すじこ。(秋)

すずこん-しき [コ]【×錫婚式】[名] 結婚十年目の祝いの式。

すずし [0]【▲生▲絹】[名] 練ってない生糸で織った、かるくてうすい絹。

すずし・い [シ]【涼しい】[形] ❶寒くない程度に気温が低くて、ここちよい。(夏)「―風」❷澄んでいてすがすがしい。「―目もと」**涼しげ** [形動] **涼しさ** [名] **すず・し** [文語ク] **―顔(かお)** 自分に関係がないという顔つき・ようす。

すずしろ [0]【▲蘿×蔔・▲清白】[名][古語] だいこん。春の七草の一つ。(新年)

すす-だけ [ス²]【すす竹】【×煤竹】[名] ❶すすけて赤黒くなった竹。❷すすはらいに使う、先に葉のついたままの竹。(冬) ❸すすだけいろ。**―色(いろ)** [0][名] 赤黒い色。すすだけ。

すすど・い [イ][形][方言] すばしこくて抜け目がないようす。**すすど・し** [文語ク]

すずな【×菘】[名][古語] かぶら。かぶ。春の七草の一つ。(新年)

すず-なり [0]【鈴なり】【鈴▲生り】[名] くだものなどが多くむらがってついていること。「―のりんご」

すす-はき [ス²][ハ]【すす掃き】【×煤掃き】[名] すすはらい。大そうじ。(冬)「年の暮れの―」[参考] 多く年末に行うものを言う。

すす-はらい [ハ]【すす払い】【×煤払】[名] すすやほこりを払って家の中をきれいにすること。大そうじ。すすはき。(冬)

すす-ほこり [ホ]【×煤×埃】[名] すすとほこり。すすのかかったほこり。

すすまない【進まない】[連語] 気のりがしない。すすまぬ。「気が―」「―顔」

すずみ [ミ]【涼み】[名] 涼むこと。(夏)「外へ―に出る」「夕―」

すずみ-だい [0]【涼み台】[名] すずむとき使うこしかけ台。(夏)

すす・む [0]【進む】[自五] ❶前方へ向かって動く。㋐前進する。「三歩―」⇔しりぞく・さがる。㋑仕事がはかどる。「建設計画が―」⇔とどこおる・おくれる。㋒度合いがはげしくなる。「病勢が―」「食が―」㋓進行がはやまる。「時計が―」⇔おくれる。㋔目ざす方向に行く。「理科方面に―」❷段階・程度などが高くなる。㋐地位・段階があがる。「二級から一級へ―」「高校へ―」㋑能力・技術が進歩する。上達する。「技量がめきめきと―」⇔落ちる。㋒内容が高くなる。「文化が―」「進んだ考え方」⇔おくれる。❸積極的になる。「進んでやる」「気が進まない」**進み** [名] **進める** [自下一][…できる]

すず・む [ス]【涼む】[自五] すずしい風にあたって暑さをしのぐ。(夏) **涼める** [自下一][…できる]

すず-むし [ス]【鈴虫】[名] ❶スズムシ科の昆虫。黒かっ色で触角は長く、リーンリーンと鳴く。(秋) ❷[古語] まつむし。

すずめ [0]【×雀】[名] ❶ハタオリドリ科の小鳥。からだは茶かっ色で、背に黒いはん点があり、腹は灰白色。人家の近くにむらがりすむ。よくさえずる。❷すずめ❶のように、おしゃべりな人。❸よく出入りして事情にくわしい人。「楽屋―」**―の涙(なみだ)** ほんのわずかなもののたとえ。「―ほどのかね」**―百(ひゃく)まで踊(おど)り忘(わす)れず** 小さいとき覚えたことは、年をとってもわすれないものだ。

すずめ-いろ [0]【すずめ色】【×雀色】[名] 茶褐(かっ)色。**―時(どき)** [0][名] 夕暮れ時。

すずめ-おどり [オ]【すずめ踊り】【×雀踊り】[名] あ

みがさをかぶり、すずめのもようの着物のやっこ姿でおどる踊り。

すずめ-ずし [ス]【×雀×鮨】[名] ふなや小だいの腹の中にめしをつめたすし。

すずめ-ばち [ス]【×雀蜂】[名] スズメバチ科の大形のはち。樹木の空どうなどに大きな巣をつくる。(春)

すずめ-やき [0]【すずめ焼き】【×雀焼き】[名] せびらきにしたふなのくし焼き。

すす・める [0]【進める】[他下一] ❶前方へ行かせる。㋐前進させる。「馬を―」㋑物事をはかどらせる。「仕事を―」「会議を―」㋒時計の針を、先の時刻をさすように動かす。「五分―」❷程度・段階などを高度にする。㋐地位などを高い方へうつす。「位を―」㋑進歩させる。発展させる。「技術開発を―」↕さげる。**すす・む** [文語下二]

すす・める [0]【勧める】【▲奨める】[他下一] ❶ある事をするように話す。「旅行を―」❷発展するように仕向ける。奨励する。「産業を―」❸さしあげる。「食事を―」「座ぶとんを―」**すすめ** [名] **すす・む** [文語下二]

すす・める [0]【薦める】[他下一] ほめて人に紹介する。推薦する。**薦め** [名] **すす・む** [文語下二]

すず-やか [ス]【涼やか】[形動] すずしそうなようす。すずしげ。「―な顔」

すず-らん [ス]【鈴×蘭】[名] ユリ科の多年生植物。高山や寒い地方にはえる。初夏に、白いすずの形の小花をひらく。きみかげそう。(夏) **―灯**(とう) [0] [名] すずらんの花にかたどった街灯。

すずり [リ]【×硯】[名]〔「すみすり」の変化〕すみを水ですりおろす道具。石やかわらでつくる。**―箱**(ばこ) [リ] [名] すずり・ふで・すみ・水入れなどを入れる箱。

すすり-あ・げる [ゲ]【すすり上げる】【×啜上げる】[自下一] ❶垂れた鼻じるを吸いあげる。すする。❷息を吸いあげるようにして泣く。しゃくりあげる。**すすりあ・ぐ** [文語下二]

すすり-な・く [ナ]【すすり泣く】【×啜泣く】[自五] 息をこきざみに吸いこむようにして泣く。「―声が聞こえる」**すすり泣き** [名]

すす・る [0]【×啜る】[他五] ❶吸いあげて飲む。「みそしるを―」❷鼻じるを吸いこむ。**すすれる** [自下一]〔…できる〕

すずろ【▲漫ろ】[なり形動]〔古語〕❶なんとなく気が向く。心がひかれる。「昔、をとこ、みちの国にすずろに行きいたりにけり」〈伊勢〉❷思いがけない。予想だにしない。「すずろなる目を見ることと思ふに」〈伊勢〉❸これといったかかわりがない。「主ある家には、すずろなる人、心のままに入りくることなし」〈徒然〉❹深い心づかいがない。むやみやたらだ。軽率だ。「おほかたは知りたりとも、すずろに言ひ散らすは、さばかりの才(ざえ)にはあらぬにやと聞こえ」〈徒然〉‖そぞろ。[参考] ❶❹の場合は、連用形「すずろに」のかたちで副詞的に用いられることが多い。

すすん-で [0]【進んで】[副] 自発的に。積極的に。「―協力する」

ず-せつ [0]【図説】[名][他サ] 図を入れて説明すること。また、その書物。「植物―」

すそ [0]【裾】[名] ❶衣服の下のふち。❷山のふもと。❸物の下の部分。❹髪の毛のえり首に近いあたり。

すそ-あげ [0]【裾上げ】[名] 既製品のズボンなどの丈を、着用する人にあわせて裁断し、縫い直すこと。丈つめ。

すそ-がり [0]【裾刈(り)】[名] 頭髪のすそだけを刈ること。

すそ-ご【裾濃】[名]〔古語〕下のほうへだんだんと濃くする染めかた。↕におい。

すそ-さばき [サ]【裾さばき】【裾×捌き】[名] 和服のすそが乱れたりしないように歩く足の使い方。

すそ-の [0]【裾野】[名] 山のふもとのゆるやかな傾斜の野原。

すそ-まわし [マ]【裾回し】(まはし)[名] 着物のすその裏にあてる布。⇩和服(図)。

すそ-もの [0]【裾物】[名] 下等な品物。

すそ-もよう [モ]【裾模様】[名] 着物のすそにある模様。また、すそに模様のある着物。女性の礼装用。↕総模様。

すそ-よけ [0]【裾よけ】【裾▲除け】[名] 和服の下着の一つ。女性が腰巻きの上に着るもの。けだし。

すそ-わけ [0]【裾分け】[名] ⬇おすそわけ。

スター [タ]〈star〉[名] ❶星。❷人気のある俳優・歌手・運動選手など。はながた。**―システム** [シ]〈star system〉[名] はながたの俳優を中心にした興行方法。**―ダム** [タ]〈stardom〉[名] 人気のあるスターの位置。「―に駆け上がる」**―プレーヤー** [レ]〈star player〉[名] 花形選手。

スターター [タ]/[0]〈starter〉[名] ❶競技で、出発のあいずをする人。❷エンジンをかける装置。起動装置。始動機。

スターティング-メンバー [ス]〈starting member〉[名] 野球・サッカーなどで、試合開始のときの選手の顔ぶれ。スタメン。

スタート [タ]〈start〉[名][自サ] 出発。出発点。開始。**―ダッシュ** [ダ]〈start dash〉[名]〔和製英語〕競走で、出発直後の突進するような力走。転じて、物事を始めた直後の勢い。**―ライン** [ラ]〈starting line〉[名] 出発線。

スタイ [タ][名]〔語源未詳〕乳幼児用のよだれかけ。

スタイリスト [リ]〈stylist〉[名] ❶身なりに気をくばり、おしゃれをする人。❷きどりや。❸文章にこる人。❹服飾のデザインについて、指導や助言をする人。また、モデルや俳優の衣装・髪型や小道具などをコーディネートする人。

スタイリッシュ [リ]〈stylish〉[形動] かっこいいようす。しゃれているようす。「―なデザイン」

スタイル [タ]〈style〉[名] ❶みなり。かっこう。体つき。「―がいい」「流行の―」❷文章の様式。文体。「近代小説の―」❸美術・建築などの様式。**―ブック** [ブ]〈stylebook〉[名] 洋服の型を図や写真で示した本。

スタウト [タ]〈stout〉[名] 苦味・酸味が強い黒ビール。

すだ・く [ダ]【▲集く】[自四]〔古語〕❶虫などが集まって鳴く。「草むらに―虫」❷むらがりあつまる。「露霜の秋に至れば野もさはに鳥すだけりと」〈万葉〉

スタグフレーション [レ]〈stagflation〉[名] 不況であるのに物価が上昇してインフレーションが進むこと。

す-だこ [ダ]【酢だこ】【酢×蛸】[名] ゆでたたこを、うすく切って酢につけた料理。

すた-こら [タ][副]〔俗語〕急いであるくようす。「―さっさと逃げる」

スタジアム [タ]〈stadium〉[名] 運動競技場。野球場。

スタジオ [0]〈studio〉[名] ❶放送・撮影用のへや。❷映画の撮影所。❸芸術家の仕事室。

すた-すた [タ]/[ス] (と)[副] 急ぎ足でさっさと歩くようす。

ずた-ずた [0](づたづた)[副] 細かく裂きちらすようす。「―に切りさく」

す-だち [0]【酢×橘】[名] ゆずに似た、すっぱい果物。しぼり汁を料理に使う。徳島県の名産。(秋)

す-だ・つ [ダ]【巣立つ】[自五] ❶ひな鳥が成長し、巣からとび去る。(春) ❷子が成人して独立する。❸卒業する。「学窓を―」**巣立ち** [名] **巣立てる** [自下一]〔…できる〕

スタッカート [カ]〈staccato〉[名] 音をはっきり短くくぎって演奏すること。↕レガート。

スタッドレス-タイヤ タ2〈studless tire〉名 スノータイヤの一種。スタッド(鋲びょう)を使わず、ゴムの材質、みぞの刻み方を工夫して、滑り止め効果を持たせたタイヤ。

スタッフ タ〈staff〉名 ❶一つの仕事を分担する人々。陣容。❷映画・テレビなどで、演技者以外の制作担当者。❸俗に、正規従業員に対する、派遣従業員のこと。

す-だて 0【×簀立】名 満ち潮のとき、海中にすをたてておき、引き潮に逃げおくれた魚をとらえるしかけ。

スタティック テ〈static〉形動 ダロ―ダッ・デ・ニ ダ―ナ―ナラ―○ 静的であるようす。↕ダイナミック。

ずだ-ぶくろ ブ【ずだ袋】【頭×陀袋】名 行脚あんぎゃの僧が首にかける袋。

す-だま【×魑▲魅】名〔古語〕山の木の精。ちみ。

スタミナ 0〈stamina〉名 精神的・肉体的なねばり。精力。

スタメン 0 名「スターティングメンバー」の略。

すた・る 0/タ【廃る】自五 ラ・ロ―リ・ッ―ル―ル―レ―レ ⬇すたれる。参考「すたる」と「すたれる」は同じ意味であるが、「すたる」は「名がすたる」「はやりすたり」などの言い方で使われる。

す-だれ 0【×簾】名 ほそくけずった竹やあしなどを編んで、日よけやへやのしきりにたらすもの。夏

すたれ-もの 0【廃れ物】名 ❶不用となったもの。❷流行おくれになったもの。

すた・れる 0【廃れる】自下一 レ―レ―レル―レル―レレ―レロ・レヨ 人気があったり勢いがよかったりしたものが、行われなくなる。すたる。衰える。「銭湯が―」「人情が―」 すた・る 文語下二

スタン-ガン タ〈stun gun〉名 相手に電気ショックをあたえる護身用具。高圧電流銃。

スタンス タ〈stance〉名 ❶野球やゴルフなどで、たまを打つときの両足のはば。❷足場。立場。

スタンダード タ〈standard〉名 形動 標準。標準的。規準。 **―ナンバー** ナ〈standard number〉名 軽音楽、特にジャズで、長年にわたって演奏され、愛好される曲目。

スタンディング-オベーション ベ〈standing ovation〉名 劇場や競技場などで観客が立ち上がって盛大な拍手をおくること。

スタント タ〈stunt〉名 離れわざ。 **―カー** ト〈stunt car〉名 自動車による曲芸。また、それに使う車。 **―マン** ト/タ〈stunt man〉名 映画やテレビで、危険な場面などの撮影のとき、俳優の代役をする人。

スタンド 0〈stand〉名 ❶物をのせる台。❷電気スタンド。❸階段式の観覧席。❹売店。売り場。❺酒場などで、立ったまま飲食する所・店。スタンドバー。 **―イン** イ/ド〈stand-in〉名 映画・テレビで、俳優の代役。 **―プレー** レ 名〔grandstand play から〕❶見物人の拍手かっさいをねらっておこなう、はでな行動。❷はったり。

スタンド-バイ タ〈stand-by〉名 自サ ❶いつでも行動できるような態勢をとること。❷汽船・飛行機の、出航用意。❸放送関係で、準備を終えて、待機すること。

スタンプ タ〈stamp〉名 ❶印判。ゴム印。❷観光地などで記念におすはんこ。❸郵便の消印。❹切手。印紙。 **―インク** イ〈stamp ink〉名 ゴム印判用のインク。 **―ラリー** ラ〈stamp rally〉名〔和製英語〕一定のテーマに沿って、指定されたポイントに置かれたスタンプを集めるゲーム。

スチーマー チ〈steamer〉名 ❶蒸気を顔に当てる美顔用具。❷蒸気を当てて衣類のしわを取る電気器具。

スチーム チ〈steam〉名 ❶蒸気。❷パイプに蒸気をとおして、室内をあたためる仕組み。スチーム暖房。冬 **―アイロン** ア〈steam iron〉名 蒸気を底の穴から吹きだす構造のアイロン。蒸気アイロン。

スチール チ〈steel〉名 はがね。鋼鉄。

スチール チ〈still〉名 広告・宣伝用に、映画の一場面をふつうの写真に焼きつけたもの。

スチール チ〈steal〉名 他サ 野球で、盗塁。「ホーム―」

スチュワーデス ワ〈stewardess〉名 女性の客室乗務員。「キャビンアテンダント」「フライトアテンダント」の旧称。参考 男性乗務員は「スチュワード」と言った。

スチロール ロ〈ド Styrol〉名 ベンゼンとエチレンとからつくった無色の液体で、合成ゴム・合成樹脂の製造原料。

すっ【すっ】【素っ】接頭 ❶なにもつけていない。す。「―ぱだか」❷意味を強める。「―とぼける」「―とんきょう」

ずつ【ずつ】【▲宛】ずっ 助〔副助詞〕❶ひとしくわりあてることを示す。「千円―わたす」❷同じ程度にくり返されることを示す。「借りた金を少し―返す」参考「ひとりづつ」のように「づ」を用いて書いてもよい。

ず-つう 0【頭痛】名 ❶あたまがいたむこと。❷心配。「借金が―のたねだ」

スツール ツ〈stool〉名 背もたれやひじかけのない、一人用のいす。

すっからかん カ2 形動 ダロ―ダッ・デ・ニ ダ―ナ―ナラ―○〔俗語〕❶中身がまったくないようす。❷かねが全然ないようす。「遊びすぎて、―になる」

すっかり カ 副 ❶ひとつのこらず。みんな。ぜんぶ。「―売り切れた」❷変化が終わるようす。完全に。「公園の木々が―秋らしくなった」

ず-つき 0【頭突き】名 格闘技で、頭で相手の胸などを突くこと。

ズッキーニ キ〈zucchini〉名 西洋かぼちゃの一種。メキシコ原産で、見た目はきゅうりに似ている。花のついた若い実をいため物などに用いる。

すっきり キ (と)副 自サ ❶気がかりのことがなくて、気持ちのいいようす。「―した気分」❷むだや、よけいな装飾がなくて、感じのいいようす。「―した文章」

ズック ズ〈オ doek〉名 ❶ふとい麻糸またはもめん糸で平織りにした、地の厚い布。帆布・テント・運動ぐつなどに用いる。❷ズック❶で作ったくつ。ズックぐつ。

すっく-と ス/ク 副 勢いよく立ちあがるようす。まっすぐに立っているようす。

す-づくり ヅ【巣作り】名 鳥や虫が巣を作ること。

ずっこ・ける ケ 自下一 ケ―ケ―ケル―ケル―ケレ―ケロ・ケヨ〔俗語〕❶ずり落ちる。❷調子がくずれる。❸はめをはずし、まともでないことをする。

ずっこけ 名

ずっしり シ (と)副 ❶重さが感じられるようす。「―としたバッグ」❷心に重く受けとめるようす。「先生の話が胸に―とくる」〓ずしり。

すった-もんだ タ/モ 名 副 自サ〔俗語〕ごたごたすること。もんちゃく。「―の末、おさまった」

すってん テ (と)副 すべって勢いよくころぶようす。すてん。「スケートをしていて―と転んでしまった」

すってん-ころり(ん) テ 名 (と)副 勢いよくころぶようす。

すってんてん テ2 形動 ダロ―ダッ・デ・ニ ダ―ナ―ナラ―○〔俗語〕かねを使いはたしたようす。無一文。「競馬ですって、―だ」

すっ-と 0/ス ㊀副 軽快に行動するようす。「―へやを出る」㊁副 自サ 気分がさっぱりするようす。「胸が―する」

ずっ-と 0 副 ❶非常にかけはなれているようす。だんちがいに。ずいぶん。「―以前」❷ながいあいだ続いているようす。「はじめから―見ていた」❸ぐずぐずせずに進むようす。ずいと。「―前へ進み出た」

すっ-とばす バ【すっ飛ばす】【素っ飛ばす】他五 サ・ソ―シ―ス―ス―セ―セ ❶すっとぶようにする。特に、乗り物を勢いよく走ら

せる。❷順序を飛ばす。途中を大きく省略する。「説明をすっ飛ばして結論だけを言う」

すっ-と-ぶ ト【すっ飛ぶ】【素っ飛ぶ】自五 ❶物が勢いよくとぶ。「風で帽子が—」❷勢いよく走る。「火事場へすっ飛んで行く」

すっ-とんきょう ト【素っ頓狂】形動〔俗語〕ひどくまのぬけたようす。「—な声」

すっ-ぱ【透っ破】名〔古語〕❶間者。スパイ。❷盗賊。

すっ-ぱ・い パ【酸っぱい】形 酢のような味だ。すい。**酸っぱさ** 名

すっ-ぱだか パ【素っ裸】名 ➡すはだか。夏

すっ-ぱ-ぬ・く ヌ【すっぱ抜く】【素破抜く】他五 他人の秘密などをあばく。「内情を—」**すっぱ抜き** 名

すっぱり パ と副 ❶思いきりがよいようす。「—あきらめる」「—酒をやめる」❷あざやかに切り落とすようす。

すっ-ぴん ○【素っぴん】名〔俗語〕化粧していないこと。または、その顔。

すっ-ぽか・す カ 他五 仕事や約束などをほったらかす。**すっぽかし** 名 **すっぽかせる** 自下一〔…できる〕

すっ-ぽ-ぬ・ける ケ【すっぽ抜ける】自下一 ❶すっぽりと抜ける。「ドアのとってが—」❷投げる手もとがくるって、とんでもない方向にボールがいく。

すっぽり ポ と副 ❶全体をおおうようす。「—とおおいをかぶせる」❷物がはまったり、はずれたりするようす。

すっぽん ○【×鼈】名 ❶かめの一種。背の甲はうす緑色でやわらかい。かみつくと、なかなか離れない。食用。血は強壮剤。❷劇場の花道にある、せり出し用の切りあな。⇩歌舞伎(図)

すっ-ぽんぽん ポ² 名〔俗語〕すっぱだか。

す-で ス テ【素手】名 武器などを何も持たない手。また、保護するものをつけていない手。から手。

ず-て 連語〔古語〕〔打ち消しの助動詞「ず」と接続助詞「て」〕…しないで。「旅行きに行くと知らずて」〈万葉〉

ステアリン ○〈stearin〉名 固体脂肪のふつうの成分。白色粉末。ろうそく・製革用。**—酸** ○ 名 無味無臭の白色結晶体で、脂肪の主成分。なんこう・石けん用。

ステイ〈stay〉造〔サ変動詞をつくる〕滞在する。「ホーム—」「ショート—」

スティグマ ティ〈stigma〉名 不名誉。恥辱。汚名。

すて-いし ○【捨(て)石】名 ❶庭園に置き、おもむきをそえる石。❷水底に投げ入れて土木工事の基礎にしたり、水勢を弱めたりする石。❸碁で、作戦上打つむだ石。❹すぐには効果はないが、後日の利益のためになること。「—となる」

スティック ティ〈stick〉名 ❶棒の形のもの。「リップ—」❷ホッケーの打棒。❸ドラムをたたく棒。

すて-いん ○【捨(て)印】名 証書などで、念のために欄外に押しておく印。

すて-うり ○【捨(て)売り】名 捨てるような安い値段で売ること。投げ売り。

ステーキ テ〈steak〉名 厚い切り身の肉を、あみや鉄板にのせて焼いた料理。おもに牛肉を使う。

ステークホルダー ホ〈stakeholder〉名 企業などの組織と利害関係にある者。株主・従業員・消費者・取引相手・投資家など。

ステージ テ〈stage〉名 ❶舞台。❷演劇。❸一連の流れの中における、ある段階。「セカンド—」「ライフ—」**—ダンス** ダ〈stage dance〉名 興行として見せるダンス。↕ソシアルダンス。

ステーショナリー テ〈stationery〉名 文房具。

ステーション テ〈station〉名 ❶停車場。駅。❷あることをする所。「サービス—」**—ワゴン** ワ〈station wagon〉名〔駅馬車の意から〕荷物室を設けた乗用車。屋根が車体の後部まであり、座席もセダンに比べて多い。参考 日本では、バン(van)と呼ばれることもある。

ステータス テ〈status〉名 社会的な地位。身分。**—シンボル** シ〈status symbol〉名 身分の象徴。社会的地位を示す所有物など。

ステートメント テ〈statement〉名 声明。声明書。

ステープラー テ〈stapler〉名 コの字形の金属針を用いて紙などをとじる道具。参考「ホチキス」は商標名。

ステープル-ファイバー ファ〈staple fiber〉名 くずわた・木材などからつくった繊維。羊毛・綿花の代用品。スフ。

すて-お・く オ【捨(て)置く】他五 そのままにしておく。「とがめずに—」**捨て置ける** 自下一〔…できる〕

すて-おぶね オ【捨(て)小舟】名〔文章語〕❶乗り捨てた小舟。❷たよりのない身の上。「親兄弟のない—」

すて-がな ○【捨(て)仮名】名 ❶おくりがな。❷促音・拗音をあらわす小さな字。「ゃ・ゅ・ょ・っ」など。

すて-がね ○【捨(て)金】名 ❶使っても役にたたないかね。死に金。❷利益や返済をあてにしないで貸すかね。

すて-がね ○【捨(て)鐘】名 時を知らせる鐘を鳴らすとき、注意のために、まず、三度つき鳴らすこと。

すて-き ○【すてき】【素敵】形動 感じがよい。気持ちがよい。「少女の—な帽子」「笑顔が—な野球選手」「遊園地での—な休日」⇩すばらしい❶ 参考

すて-ご ○【捨(て)子】【▲棄▲児】名 育てなければならない子を、親が捨てること。また、捨てられた子。

すて-ごま ○【捨(て)駒】名 ❶将棋で、のちの局面で有利になるために、あえて相手にとらせる駒。❷使い捨てにされる人。「会社の—にされる」

すて-さ・る サ【捨(て)去る】他五 思い切り捨てて、それから離れる。**捨て去れる** 自下一〔…できる〕

すて-ぜりふ ゼ【捨てぜりふ】【捨▲台▲詞】名 ❶役者が舞台で、その場に応じて言う、台本にないことば。❷立ち去るときに言いはなつ、相手をけいべつしたり、おどしたりすることば。

ステッカー テ〈sticker〉名 のりではりつける小紙片。注意書き・広告などが印刷してある。

ステッキ テ〈stick〉名 つえ。

ステッチ テ〈stitch〉名 自サ ❶ししゅう・編み物・手縫いなどの針目・編み目・縫い目。❷衣服のふちなどにかざりの縫い目をつけること。

ステップ テ〈step〉名 ❶ダンスで、足の動かし方。「—を踏む」❷バスなどの乗降口のふみだん。❸登山で、足場。「—を切る」❹仕事・学習などの段階の一つ一つ。「成功への—」**—アップ** ア〈step-up〉名 自サ 進歩したり、向上したりすること。「キャリアの—を目指す」**—バイ-ステップ** テ²〈step by step〉名 一歩一歩、着実に進めること。「—でがんばる」

ステップ テ〈steppe〉名 中央アジアなど雨の少ない地方にできた大草原。

すててこ ○ 名 ❶男子用の下着。ひざの下までのゆるやかなズボンした。夏 ❷短いももひきをはき、こっけいなしぐさをしておどった寄席演芸。すててこおどり。

すて-どころ ○【捨てどころ】名 捨ててよい場所・時期。捨てる場所。

すで-に ス【すでに・既に】【×已に】副 ❶過去のある時点で、問題になることが完了しているようす。とっくに。も

はや。「希望者の受け付けは―始まっていた」「ことしの同期会の開催通知は―お送りしました」⇩もう 参考。❷ 〔古語〕 のこらず。「天あめの下、すでにおほひて降る雪の」〈万葉〉 ❸ 〔古語〕 現に。たしかに。「この少将は、すでにかの大納言が嫡子なり」〈平家〉 **―して** 連語 〔古語〕 そうしている間に。そのうちに。「既にして、赤羽せきう(=太陽)西に飛ぶ」〈海道記〉

すて-ね 0【捨(て)値】名 物を捨てるような安い値段。

すて-ばち 0【捨(て)鉢】名 形動(の) やけくそ。自暴自棄。「―になってはいけない」

すて-ぶち 0【捨てぶち】【捨扶▲持】名 ❶役に立たない者に、捨てたつもりで与える、わずかの禄米ろくまい・給料。❷江戸時代、由緒ある家の老幼・婦女などを救う意味で与えたわずかな扶持米ふちまい。

ステマ 0 名 「ステルスマーケティング」の略。

すて-み 0【捨(て)身】名 命を捨てる覚悟で事にあたること。「―ではたらく」

す・てる 0【捨てる】【▲棄てる】他下一 (テ|テ|テル|テル|テレ|テロ・テヨ) ❶自分のところから投げ出す。㋐いらない物として手ばなす。「ごみを―」「権利を―」↕拾う。㋑見限ってかえりみないようにする。見捨てる。「弟子を―」「恋人を―」㋒体・命を投げ出す。「一身を捨てて社会につくす」❷どうでもいいものとして、ほうっておく。ほったらかす。「あいつのことなど捨てておけ」❸ある物事に対する執着を断ち切る。あきらめて投げ出す。「勝負を―」「年来の希望を―」❹心から除き去る。「邪心を―」「欲を―」❺(「世を捨てる」の形で)俗世間を離れる。出家する。**す・つ** 文語下二 **―神かみあれば拾ひろう神かみあり** 世の中はよくしたもので、見放されてもだれかが助けてくれる。

ステルス テ〈stealth〉名 戦闘機やミサイルなどをレーダーからとらえられにくくすること。「―技術」 **―マーケティング** マ〈stealth marketing〉名 宣伝であることを隠した宣伝。記事の中にまぎれ込ませた広告など。ステマ。

ステレオ 0〈stereo〉名 複数のマイクで録音し、複数のスピーカーで音を再生する方式。立体感のある音響となる。また、その音響装置。↕モノラル。 **―タイプ** タ〈stereotype〉名 ❶鉛版。ステロ版。❷きまりきったやり方・考え方。紋切り型。 **―レコード** コ〈stereo record〉名 実際の演奏を聞くのと同じように、音に幅や奥行きが出るように録音をしたレコード。

ステロイド ロ〈steroid〉名 有機化合物の一つ。ぜんそく、皮膚炎などの治療薬として用いられる。「―剤」

ステロ-タイプ タ〈stereotype〉名 ⬇ステレオタイプ❷。

ステロ-ばん 0【ステロ版】名 ⬇ステレオタイプ❶。

すてん テ と副 ⬇すってん。

ずでん デ と副 大きな音をたてて勢いよく倒れたり落ちたりするようす。「気を失って―と倒れる」

ステン-カラー カ 名 〔ʃ soutien と collar の和製英語〕洋服で、ワイシャツのえりのように折り返したえり。

ステンシル テ〈stencil〉名 図や文字を切り抜いた型紙を紙・布などにのせ、はけで絵の具を塗って形を刷り出す技法。

ステンド-グラス グ〈stained glass〉名 色ガラスを組みあわせて、模様・風景などをあらわしたガラス板。

ステンレス テ〈stainless〉名 〔「ステンレススチール」の略〕さびないはがね。クロム鋼。

スト ス/ト 名 「ストライキ」の略。

ストア ト〈store〉名 商店。

ストア-がくは ガ【ストア学派】名 ギリシャ哲学の一派。禁欲をとなえて理性に従うことを理想とした。

ストイシズム シ〈Stoicism〉名 ❶ストア派の倫理説。❷厳格な道徳主義。禁欲主義。

ストイック イ〈Stoic〉㊀名 ストア派の学徒。㊁形動 禁欲的。「―な生活」

す-どうふ ド【酢豆腐】名 なまいきな人。知ったかぶり。半可通。参考 知ったかぶりが、腐ってすっぱくなった豆腐を、これは酢豆腐という料理だと言ったという落語から。

ストーカー 0/ト〈stalker〉名 一方的に関心を持った相手にしつこくつきまとい、嫌がらせをする人。

ストーキング 0〈stalking〉名 自他サ 一方的に関心を持った相手にしつこくつきまとうこと。ストーカー行為。

す-どおし 0【素通し】―どほし 名 ❶先方がまる見えのこと。❷度のないめがね。

ストーブ ト〈stove〉名 石炭・まき・電気・ガス・石油などを熱源として、室内をあたためる器具。㊎ **―リーグ** リ〈stove league〉名 プロ野球で、シーズン後に行われる選手のスカウトやトレード。

ストーム ト〈storm〉名 ❶あらし。暴風雨。❷寄宿舎で、学生が深夜などにさわいでねり歩くこと。

す-どおり 0【素通り】―どほり 名 自サ 立ち寄らずに、通りすぎること。「家の前を―する」

ストーリー ト〈story〉名 ❶物語。話。❷話のすじ。「映画の―を要約する」 **―テラー** テ〈storyteller〉名 話をおもしろく展開させる作家。

ストール ト〈stole〉名 女性用の長い肩かけ。

ストーン ト〈stone〉名 ❶石。「―ハンティング」㊎ ❷カーリングに使われる、上部に取っ手のついた円盤状の石。 **―サークル** サ〈stone circle〉名 巨石記念物の一種で、大型の石を環状に並べた新石器時代の遺構。世界各地にみられる。環状列石。

ストッキング ト〈stockings〉名 長くつした。↕ソックス。

ストック ト〈ドStock〉名 スキーや登山で用いるつえ。

ストック ト〈stock〉㊀名 他サ たくわえること。たくわえた品物。在庫品。「資材の―を調べる」㊁名 ❶資本。❷スープのだし。

ストッパー ト〈stopper〉名 ❶道具や機械の回転・運転を止めるための金具や安全装置。❷野球で、リードを守り、逃げ切るために登板するリリーフ投手。❸サッカーで、相手チームの主力選手の突進を防ぎ止める役割の選手。

ストップ ト〈stop〉㊀名 自他サ 停止。休止。㊁名 停止の信号。↕ゴー。 **―ウオ(ウォ)ッチ** オ〈stopwatch〉名 競技などで、正確な時間をはかるための時計。 **―値段ねだん** ネ 名 株取引で、相場の極端な変動で混乱しないように、取引所が定めた値動きの限度。上限をストップ高だか、下限をストップ安やす、という。 **―モーション** モ〈stop motion〉名 映画やテレビなどで、動作をぱっと止めて見せるうつし方。

ストマイ 0 名 「ストレプトマイシン」の略。

す-どまり ド【素泊(ま)り】名 食事をしないで旅館に泊まること。

ず-とも 連語 〔古語〕 〔打ち消しの助動詞「ず」と接続助詞「とも」〕…なくても。「書か―よし」

スト-やぶり ヤ【スト破り】名 ストライキの団結をうちこわすような行動をとること。また、その人。

ストライカー ラ〈striker〉名 サッカーなどで、シュート成功率・得点能力の高い選手。「エース―」

ストライキ ラ〈strike〉名 ❶労働条件の改善などを要求して、労働者が団結して仕事を休むこと。同盟罷業ひぎょう。スト。❷学生が同盟して、授業を受けないこと。同盟休校。

ストライク [ラ]〈strike〉[名] ❶野球で、投手が打者に投げたボールが、打者が打ちやすい一定の空間を通るもの。からぶり、および、ツーストライクまでのファウルチップなども、これと同じにあつかう。↔ボール。❷ボウリングで、一回目の投球で一〇本のピンをぜんぶたおすこと。**ーゾーン** [ゾ]〈strike zone〉[名] 野球で、ストライクとなる空間範囲。

ストライド [ラ]〈stride〉[名] 大またの歩幅。「―走法」

ストライプ [ラ]〈stripe〉[名] しま。しま模様。

ストラック-アウト [ア]〈struck-out〉[名] 野球で、三振。

ストラップ [ラ]〈strap〉[名] 〔携帯電話やカメラ、かばんなどに付ける〕アクセサリーとしてのひも。帯。「携帯―」

ストラテジー [テ]/[ラ]〈strategy〉[名] 戦略。方略。

ず-どり [◎]【図取(り)】[名] 物の形を図形にかきとること。

ストリート [リ]〈street〉[名] 街路。とおり。**ーガール** [ガ]〈street girl〉[名] 町かどで、客をひろう売春婦。街娼(がいしょう)。**ーダンス** [ダ]〈street dance〉[名] 路上でおどる芸能から発生し、現在は屋内でも演じられ、幼児を含む広い世代で享受されているダンス。ブレークダンスなど。

ストリーミング [リ]/[◎]〈streaming〉[名] インターネット上で配信される動画や音楽などのデータを、受信しながら同時に再生する方式。

ストリキニーネ [二]〈ォ strychnine〉[名] インド産の植物のマチンの種などにふくまれるアルカロイド。にが味のある有毒物で、神経刺激剤として使う。

ストリッパー [リ]〈stripper〉[名] ストリップショーに出演する踊り子。

ストリップ [リ]〈strip〉[名] ❶はだかになること。❷ストリップショー。**ーショー** [ア]〈strip show〉[名] 踊り子が音楽にあわせながら衣装を一枚ずつぬぐ見せ物。ストリップ。

ストリングス [リ]〈strings〉[名] 〔糸・ひもの意から〕❶弦楽器。❷弦楽器による演奏。また、その演奏者。

ストレージ [レ]/[◎]〈storage〉[名] ❶貯蔵。倉庫。❷デジタルデータの記憶装置の総称。「オンライン―」

ストレート [レ]〈straight〉[名] [形動(の)] ❶まっすぐなこと。直線。❷野球で、直球。❸ボクシングで、腕をまっすぐに突き出して打つ打法。❹まわり道をしないこと。「―で合格する」❺つづけざま。「―勝ち」❻洋酒などを水などでうすめないで飲むこと。

ストレス [ト]〈stress〉[名] ❶語音の強さ。↔ピッチ。❷外からの刺激によって体内に発生する正常でない反応。また、そうした反応を生じさせる刺激。胃潰瘍(かいよう)・心臓病・高血圧などの原因になるといわれる。「―による病気」**ーチェック** [チェ]〈stress check〉[名] 労働者のストレスの状況を検査する制度。

ストレッチ [レ]〈stretch〉[名] ❶陸上競技場の直線コース。「ホーム―」❷ボートのオールの一こぎで進む距離。❸ストレッチング。「―体操」

ストレッチャー [レ]〈stretcher〉[名] 患者を寝かせたまま運ぶ、車輪付きの寝台。担送車。

ストレッチング [レ]〈stretching〉[名] 全身の筋肉を伸び縮みさせる柔軟体操。トレーニングや健康維持のために行う。

ストレプトマイシン [マ]〈streptomycin〉[名] 抗生物質の一つ。もと、土の中の放線菌から分離された。細菌性の病気によくきくが、副作用もある。ストマイ。

ストロー [ト]〈straw〉[名] ❶むぎわら。❷つめたい飲み物などを吸って飲むための細いくだ。**ーハット** [八]〈straw hat〉[名] むぎわらぼうし。(夏)

ストローク [ロ]〈stroke〉[名] ❶ボートで、オールをこぐ数をかぞえる語。❷水泳で、手で水をかく数をかぞえる語。❸テニス・卓球・ゴルフなどで球を打つ数を数える語。❹タイプライターなどで、キーを打つ数を数える語。

ストロベリー [ベ]〈strawberry〉[名] いちご。オランダいちご。

ストロボ [◎]〈strobo〉[名] 写真撮影用のフラッシュ装置で、キセノンガスを入れた放電管を使ったもの。

ストロンチウム [チ]〈strontium〉[名] 元素記号Sr 原子番号38 原子量87.62の金属元素。常温で水を分解し、水素を発生する。赤色の花火を作るのに使う。

すとん [ト] [と副] 軽いものが急に勢いよく落ちるようす。「落とし穴に―と落ちる」「―と腑(ふ)に落ちる」

ずどん [ド] [と副] ❶重いものが急に落ちるようす。「砂袋を―と落とす」❷銃などをうつ音をあらわす語。

すな [◎]【砂】【沙】[名] 石のつぶの、ごくこまかいもの。**ーを×嚙(か)ます** 相撲で、相手をたおす。**ーを×嚙(か)むよう** あじわいやおもしろみの少しもないさま。

すなあらし [ア]【砂嵐】[名] 砂漠で、砂を巻き上げて吹きつける強い風。(春)

スナイパー [ナ]〈sniper〉[名] 狙撃者。

すなえ [◎]【砂絵】[名] 色のついた砂を指の間からふるい落として絵をかく遊び。古くは大道芸。

す-なお [ス]【素直】(なほ) [形動] ダロ・ダッ・デ・ニ/ダ・ナ・ナラ・◯ ❶ひねくれたところがなく、人に逆らったりしないようす。純情。純真。「―な性格」「―に言うことを聞く」❷くせのないようす。「―な髪」「―な文字」 **素直さ** [名]

すな-かぶり [カ]【砂かぶり】【砂×被り】[名] 土俵のすぐわきの見物席。

すな-ぎも [◎]【砂肝】[名] ➡さのう❷。

すな-けむり [ケ]【砂煙】[名] 砂がまい上がって、煙のように見えるもの。

すな-ご [◎]【砂子】[名] ❶砂。いさご。❷蒔絵(まきえ)や色紙(しきし)などに吹きつける金・銀の箔(はく)のこな。

すな-ち [◎]【砂地】[名] ❶砂の多くふくまれている土地。❷砂ばかりの土地。＝すなじ。

スナック [ナ]〈snack〉[名] ❶軽い食事。軽食。❷スナックバー。**ー菓子(がし)** [ガ] [名] 小麦粉やコーンなどを加工した、簡単につまめる菓子。ポテトチップなど。**ーバー** [バ]〈snack bar〉[名] 軽い食事をしながら酒類も飲める、こぢんまりした洋風の店。

スナッチ [ナ]〈snatch〉[名] 重量挙げの種目の一つ。一回の動作でバーベルを頭上に持ち上げる。↔ジャーク。

スナップ [ナ]〈snap〉[名] ❶凹凸のとめ具を押しはめて衣服などの合わせめをとめるもの。❷野球で、投球のとき手首をきかせること。「―をきかせた投球」❸➡スナップショット。**ーショット** [ショ]〈snapshot〉[名] うごくものなどを、その場ですばやくとる写真。

すな-どけい [ド]【砂時計】[名] 砂を小さい穴から少しずつ落として、時間をはかるしかけの時計。

すなど・る【×漁る】[他四] [古語] 魚や貝をとる。漁(りょう)をする。「妹(いも)がためわがすなどれる藻臥(もふし)束鮒(つかふな)(藻ニヒソンディル小サナフナ)」〈万葉〉

すなのおんな《砂の女》―をんな 安部公房(あべこうぼう)の長編小説。一九六二年刊。砂丘の砂穴にとじこめられ、一人の女と暮らすことになった男が、生の模索をつづける。

すな-ば [◎]【砂場】[名] ❶砂を入れた遊び場。「―で遊ぶ」❷砂地。砂原。

すな-はま [◎]【砂浜】[名] 砂ばかりの浜べ。

すな-はら [◎]【砂原】[名] 砂ばかりの平地。

すなぶくろ[ブ]【砂袋】【砂×嚢】[名] ❶砂を入れたふくろ。❷➡さのう❷。

すなぶろ[0]【砂風呂】[名] 温泉地などの、熱した砂に全身をうずめてあたためる設備。

すなぼこり[ボ]【砂ぼこり】【砂×埃】[名] 砂のまじったほこり。砂塵(さじん)。「もうもうと―が立つ」

すなめり[0]【砂▲滑】[名] ネズミイルカ科の哺乳(ほにゅう)類。いるかの中では小形で、体長は約一・八メートル。

すなやま[0]【砂山】[名] 砂が山のようになった所。砂丘。

すなわち【すなわち】【▲即ち・▲則ち】(すなはち) ㊀[ナ][接続]〔文章語〕❶言いかえれば。それがそのまま。「首相―総理大臣」❷つまり。だから。㊁〔古語〕㊀[副] すぐに。ただちに。「立てこめたるところの戸すなはちただ開きに開きぬ」〈竹取〉㊁[名] ❶その時。即時。即座。「例ならず許させ給へりし喜びに、すなはちも参らまほしくはべりしを」〈源氏〉❷その頃。当時。[参考]名詞としての用法がもとで、接続詞や副詞の用法は漢文訓読の影響をうけて生まれた。

スニーカー[0]〈sneakers〉[名] ゴム底、綿布製の運動ぐつ。

ずぬ・ける[ケ]【図(頭)抜ける】(づ) [自下一] (ケ―ケ―ケル―ケル―ケレ―ケロ・ケヨ)〔俗語〕ずっとぬけでる。非常にすぐれている。ずばぬける。「ずぬけた才能」

すね[ネ]【×臑・×脛】[名] ひざから足首までの部分。特にその前面をいうこともある。⇩足(図)。**―に傷**(きず)**を持**(も)**つ** 後ろ暗いことがある。かくしている悪事がある。**―を×齧**(かじ)**る** 独立できず、親などの世話になる。

すねあて[0]【すね当て】【×臑当】[名] ❶野球の捕手などがすねをまもるためにあてる用具。レガーズ。❷よろいで、すねをまもる鉄・革製の武具。

スネークウッド[ウ]〈snakewood〉[名] クワ科の高木。材質は堅く、へびのような模様がある。ステッキ用。

すねかじり[カ]【×臑×齧り】[名] 親から生活費・学資をもらうこと。また、その人。「―の身」

すねもの[0]【すね者】【×拗者】[名] ❶心がひねくれている人。❷世の中をひにくな目で見て、世間の人とまじわりをしない人。「世の―」

す・ねる[ネ]【×拗ねる】[自下一] (ネ―ネ―ネル―ネル―ネレ―ネロ・ネヨ) ❶心がひねくれて、意地をはる。❷不平を言って従わない。「すねて泣く」「世を―」

ずのう[0]【図×嚢】[名] 地図などを入れる、箱型のかばん。

ずのう[ス]【頭脳】[名] ❶あたま。あたまのはたらき。判断力。「―明晰(めいせき)」「―集団」❷団体や組織の中で計画や策略を立てる人。

スノー〈snow〉[造] 雪。**―タイヤ**[タ]〈snow tire〉[名] 溝を深くして、雪や氷の上を走りやすくしたタイヤ。**―ボート**[ボ]〈snow boat〉[名] 雪の上を走らせる、エンジンつきのそり。乗る部分がボートの形に似ている。**―ボード**[ボ]〈snow board〉[名] 雪の斜面をすべりおりるために、横向きに乗り、左右の足を固定する、幅広の板。また、それを使ったスポーツ。スノボー。**―モビル**[モ]〈snow mobile〉[名] 雪上車。

すのこ[0]/[コ]【×簀子】[名] ❶せまい板を間をあけて並べ、横板を打ちつけたもの。❷竹や木を編んでつくったもの。❸せまい板を、間をすこしずつあけて、横にならべてつくった縁がわ。すのこえん。

スノッブ[ノ]〈snob〉[名] 紳士・淑女や教養人であるかのようにふるまう人。俗物。

スノビズム[ビ]〈snobbism〉[名] ❶流行を追う俗物根性。❷上品ぶったり、教養あるふりをする軽薄な生活態度。

すのもの[ノ]【酢の物】[名] 魚・貝の肉や野菜・海藻などを酢にひたした料理。酢あえ。

スパ[ス]〈spa〉[名] ❶温泉。鉱泉。❷❶を利用し、健康と美容のためのサービスをおこなう保養施設。

ずは(ズワ) [連語]〔古語〕(打ち消しの助動詞「ず」と係助詞「は」)…ないで。…せずに。「験(しるし)なきものを思はずは(効果ノナイモノ思イナドセズニ)一杯(ひとつき)の濁れる酒を飲むべくあるらし」〈万葉〉

ずば [連語]〔古語〕(「ずは」の「は」が接続助詞「ば」と誤解されて生じたかたち)もし…ないならば。ずんば。「きじも鳴か―うたれまじ」

スパーク[パ]〈spark〉[名][自サ] 放電の火ばな。「電車の―」

スパークリングワイン[ワ]〈sparkling wine〉[名] 炭酸ガスを含む発泡性のワイン。シャンパンなど。

スパート[パ]〈spurt〉[名] 競走・ボートレース・水泳などで、急に速力を出すこと。「ラスト―」

スパーリング[0]〈sparring〉[名] グローブをつけて、仲間と軽くおこなうボクシングの練習試合。

スパイ[パ]〈spy〉[名][他サ] ひそかに敵や競争相手のようすをさぐること。また、それをする人。間諜(かんちょう)。**―ウエア**[エ]〈spyware〉[名] 利用者の気づかないうちにコンピューター内の個人情報などを外部に送信するソフトウエア。

スパイク[パ]〈spike〉㊀[名] くつ底に打ちつけるくぎ。また、それを打ちつけたくつ。スパイクシューズ。㊁[名][他サ] スパイクのくつできずつけること。㊂[名][自サ] バレーボールで、ネットぎわへうち上げられたボールを、相手かたに強く打ちこむ攻撃法。**―タイヤ**[タ]〈spike tire〉[名]〔和製英語〕スノータイヤの一種。滑り止めのために、表面に金属の鋲(びょう)を打ちこんだタイヤ。現在、日本では使用が規制されている。

野球用
陸上競技用
サッカー用

スパイク㊀

スパイシー[パ]〈spicy〉[形動] (ダロ―ダッ・デ・ニ―ダ―ナ―ナラ―○) スパイスがよくきき、香りと辛みが強いようす。「―なカレー」

スパイス[パ]〈spice〉[名] 香辛料。薬味。

スパイラル[パ]〈spiral〉[名] ❶らせん。らせん状のもの。❷フィギュアスケートの基本形の一つ。片足を腰よりも高い位置で固定したまま滑走する。❸経済状況などの連鎖的な変動。「デフレ―」

スパゲッティ(ー)[ゲ]〈(イ)spaghetti〉[名] イタリア料理に使うパスタの一種。細長いめん。

すばこ[ス]【巣箱】[名] 小鳥が巣をつくりやすいように、人がつくってやった箱。[春]

すばしこ・い[コ][形] (カロ―カッ・ク―イ―イ―ケレ―○) 動作がすばやい。すばしっこい。**すばしこさ**[名]

すぱすぱ[パ][(と)][副] ❶たばこを勢いよく続けざまに吸うようす。❷つづけて勢いよく切るようす。

ずばずば[ズ][(と)][副] 遠慮せずに、どしどしと言うようす。「―と意見をいう」

すはだ[ス]【素肌】【素▲膚】[名] ❶化粧しないはだ。❷衣服をつけない、むきだしのはだ。❸下着を着ていない状態。「―に上着を着る」

すはだか[ハ]【素裸】[名] 全身に何もつけていないこと。まるはだか。あかはだか。すっぱだか。[夏]

スパッツ[パ]〈spats〉[名] ❶靴と足首の間を保護するおおい。❷厚手の伸縮素材でつくられた女性用タイツ。

すぱっと[パ][副] ➡すっぱり。

ずばっと[バ][副] ❶勢いよく、深く刺すようす。「矢が―的を射る」❷ためらわず、すばやくおこなうようす。「相手の気持ちを―言い当てる」

スパナ(ー) [パ]〈spanner〉[名] ナット・ボルトの頭などをはさんでまわすねじまわし。開口型・かぎ型などがある。レンチ。

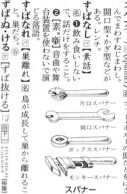

片口スパナー
両口スパナー
ボックススパナー
モンキースパナー

スパナー

す-ばなし [パ]【素話】[名] ❶飲み食いしないで、話だけをすること。❷【素×噺】音曲や舞台装置を使わないで演じる落語。

す-ばなれ [パ]【巣離れ】[名] 鳥が成長して巣から離れること。巣だち。[春]

ずば-ぬ・ける [ケ]【ずば抜ける】[自下一]（ケ・ケ・ケル・ケル・ケレ・ケロ・ケヨ）[俗語] ずぬける。「ずば抜けて優秀だ」

す-はま [0]【州浜】【×洲浜】[名] ❶海中につきでた州（す）のある浜べ。❷もちがしの一種。水あめ・大豆粉・白砂糖をまぜてねったもの。❸すはまだい。 **―台**（だい）[マ][名] 州のある浜べの形をまねた台に、木石・花鳥などをかざったもの。

州浜台

スパム-メール [メ]〈spam mail〉[名] 不特定多数に対して一方的に送られてくる迷惑な電子メール。ジャンクメール。迷惑メール。

す-ばや・い [ヤ]【素早い】[形]（カロ・カッ・クゥ・イ・イ・ケレ・○）たいそう早い。「―動作」 **素早さ**[名] **すばや・し**[文語ク]

す-ばらし・い [シ]【素晴らしい】[形]（カロ・カッ・ク・イ・イ・ケレ・○）❶心が動かされるようす。「山頂からの夜景が―」「―講演だった」[参考]「すばらしい」も「すてき」も、人やその持ち物、風景に好感をいだく点では共通する。しかし、「すてき」の感情は瞬間的で、長く心の底に残るものは少ない。❷(用言について副詞のように)普通以上であるようす。「スタートがすばらしく早いスケート選手」「星がすばらしくきれいな夜だ」 **すばらしさ**[名] **すばら・し**[文語シク]

ずばり [バ][(と)副] ❶刀などで勢いよくたち切るようす。❷急所や核心を言いあてるようす。「―欠点を指摘する」

すばる [ス]【×昴】[名] 二十八宿（しゅく）の一つ。雄牛（おうし）座の星の集団。

すばる《スバル・昴》 一九〇九年、森鷗外（もりおうがい）を指導者として創刊した文芸雑誌。石川啄木（いしかわたくぼく）・木下杢太郎（きのしたもくたろう）らが参加し、反自然主義文学の中心勢力となった。一九一三年廃刊。

スパルタ《Sparta》 古代ギリシャのドリス人がつくった代表的な都市国家。きびしい軍国主義教育をした。

スパルタ-きょういく [キョ]【スパルタ教育】[名] スパルタがおこなった軍国主義的教育。また、そのようなきびしい教育。

スパン [パ]〈span〉[名] ❶建築構造物や橋梁（きょうりょう）などの支柱間の距離。❷時間的な幅。「この問題は十年―で考える」

ず-はん [0]【図版】[名] 書物で本文の中に挿入された図。

スパンコール [コ][名]〈spangle から〉光線にあたってきらきらする金属やプラスチックの小さな飾り。舞台衣装や夜のドレスにつける。

スピーカー [ピ][0]〈speaker〉[名] 拡声器。ラウドスピーカー。

スピーチ [ピ]〈speech〉[名] 話。演説。「テーブル―」 **―ライター** [ラ]〈speechwriter〉[名] 政治家などの演説の草稿を執筆する人。

スピーディー [ピ]〈speedy〉[形動]（ダロ・ダッ・デ・ニ・ダ・ナ・ナラ・○）敏速なようす。「―に事を運ぶ」

スピード [0]〈speed〉[名] 速さ。速度。速力。「―を出す」「フル―」 **―アップ** [ア]〈speed-up〉[名][自サ] 速度を増すこと。仕事の能率をあげること。 **―ガン** [ド]〈speed gun〉[名] 動くものにマイクロ波を当てて、その速さを測定する機械。自動車や野球のボールなどの速度をはかるのに使う。 **―クライミング** [ラ]〈speed climbing〉[名] スポーツクライミングの一種。高さ一〇メートルまたは一五メートルの壁に、あらかじめ指定された位置の突起物をたどって登り、スピードを競う。 **―スケート** [ケ]〈speed skating から〉[名] 一定距離を滑走して、速さを競うスケート競技。

す-びつ [ス]【炭×櫃】[名] いろり。四角なひばち。[冬]

スピッツ [0]〈ドSpitz〉[名] 犬の一品種。毛は純白でながく、とがった顔、立った耳、巻いた尾のもの。愛玩（あいがん）用。

ず-ひょう [0]【図表】[名] ❶図と表。❷数量的な関係を線であらわしたもの。

スピリチュアル [ピ][リ]〈spiritual〉[一][名] アメリカの民衆から生まれた宗教的な歌。黒人霊歌など。[二][形動]（ダロ・ダッ・デ・ニ・ダ・ナ・ナラ・○）(科学とは異なる)精神的な。霊的な。「―な世界」

スピリット [ピ]〈spirit〉[名] たましい。精神。

スピロヘータ [ヘ]〈ラ spirochaeta〉[名] こまかいらせん形の特殊な一群の細菌。梅毒・回帰熱などの病原体もこの一種。

スピン [ピ]〈spin〉[名][自サ] ❶回転。旋回。❷フィギュアスケートで、片足で立って、からだをこまのようにまわすこと。❸飛行機のきりもみ降下。❹庭球や卓球で、ひねり球。 **―オフ** [オ]〈spin-off〉[名] ❶会社の一部を独立させて、別会社をつくること。「―ベンチャー」❷映画やテレビドラマなどで、本編から別の作品が派生すること。また、その作品。「脇役を主人公にした―作品」❸特定の分野で開発された技術が他に転用されること。また、その技術。「宇宙開発技術から生まれた―」

スフ [ス][名]「ステープルファイバー」の略。

ず-ふ [ズ]【図譜】[名] 多くの図をまとめた書物。「魚類―」

スフィンクス [フィ]〈sphinx〉[名] ❶ギリシャ神話の怪物。頭が人間で、からだがライオン。❷頭が人間で、からだがライオンの石像。古代エジプト・アッシリアで多くつくられ、現在ものこっている。

スフィンクス❷

スプーン [プ]〈spoon〉[名] 洋ふうのさじ。 **―レース** [レ][名]〈egg and spoon race から〉おたまじゃくしの上にまりをのせて走る競走。

ずぶ-ずぶ [一][ズ][(と)副] ❶水やぬかるみなどに深くはまりこむようす。「たんぼに足が―とめりこむ」❷やわらかいものにとがったものを突きさすようす。「錐（きり）で―と刺す」[二][0][形動(の)] ❶水分をたくさんふくんでいるようす。「―のシャツ」❷社会通念に反する関係におちいるようす。「下請け業者と―の関係にある」

す-ぶた [ス]【酢豚】[名] 中国料理の一種。油で揚げた豚肉と野菜に、甘酢あんをからめたもの。

ず-ぶと・い [ト]【図太い】[形]（カロ・カッ・ク・イ・イ・ケレ・○）❶大胆である。「―性格」❷おうちゃくだ。ずうずうしい。 **ずぶとさ**[名]

ずぶ-ぬれ [0]【ずぶ×濡れ】[名] からだじゅうが、びっしょりぬれること。びしょぬれ。「―になって帰宅した」

ずぶ-の [ズ][連体] まったくの。純粋の。「―しろうと」

スプラウト [ラ]〈sprout〉[名] (新芽の意)食用にする新芽。かいわれだいこん・もやしなど。

す-ぶり [0]【素振り】[名][自サ] 木刀やバットなどを練習のた

めに振ること。

スプリット〔リ〕〈split〉〔名〕❶ボウリングで、第一投目でピンが離れ離れに残ること。❷「スプリットタイム」の略。**―タイム**〔タ〕〈split time〉〔名〕マラソンや長距離の水泳で、一定距離ごとの所要時間。スプリット。

スプリング〈spring〉〔名〕❶〔リ〕春。❷〔ロ〕針金をらせん状に巻いたばね。❸〔リ〕スプリングコート。**―キャンプ**〔キャ〕〈spring camp〉〔名〕スポーツのシーズンに先だっておこなう、春の合宿練習。**―コート**〔コ〕〈spring-coat〉〔名〕〔和製英語〕春・秋に着る、うすい外とう。㊌春 **―ボード**〔ボ〕〈springboard〉〔名〕とびあがり・とびこみのふみきりに使う板。

スプリンクラー〔リ〕〈sprinkler〉〔名〕❶芝生や畑に水をまくための設備。散水器。❷火災のときに自動的に天井から水をまくための設備。消火用散水装置。

スプリンター〔リ〕〈sprinter〉〔名〕短距離競走選手。

スプリント〔リ〕〈sprint〉〔名〕❶短距離を全力で走ったり、泳いだりすること。❷陸上、スケートなどの短距離競走。❸自転車のトラック競技の一つ。二、三人がトラックを三周し、着順を競う。

スフレ〔ス〕〈ᶠsoufflé〉〔名〕泡立てた卵白を主体とし、オーブンでふんわり焼いた料理や菓子。

スプレー〔プ〕〈spray〉〔名〕きり吹き。噴霧器。

スプロール〔ロ〕〈sprawl〉〔名〕〔「延び広がる」意から〕虫が食ったように無秩序な形で、都心から郊外に都市化が及んでいくこと。「―現象」

すべ〔ス〕〔ベ〕【▲術】〔名〕方法。手段。「助ける―がなかった」

スペア〔ペ〕〈spare〉〔名〕予備の品。「―タイヤ」「―インク」

スペアリブ〔リ〕〈sparerib〉〔名〕豚肉の骨つきばら肉。

スペイン《Spain》〔「西班牙」とも書いた〕ヨーロッパ西南部にある立憲君主国。首都はマドリード。イスパニア。

スペース〔ペ〕〈space〉〔名〕❶空間。❷紙面。誌面。「―をさく」❸あいた紙面。余白。❹宇宙。宇宙空間。**―シャトル**〔シャ〕〈space shuttle〉〔名〕地球と宇宙間をくり返し往復できる宇宙船。アメリカが開発した。**―デブリ**〔デ〕〈space debris〉〔名〕地球の軌道を周回する宇宙ごみ。使用済みの人工衛星やロケットの残骸など。

スペード〔ロ〕〈spade〉〔名〕トランプで、くろい心臓状の葉の形「♠」のふだ。

すべから-く〔カ〕【すべからく】【▲須く】〔副〕〔文章語〕〔動詞「す」に助動詞「べし」の付いた「すべし」の変化した「すべかり」から生まれた語形〕そうするのがあたりまえだの意味。当然。ぜひ。「―努力すべし」〔参考〕下を「べし」でむすぶ。近年、この語を「すべて(全て)」の意味で使うのは、まったくの誤用。

スペキュレーション〔レ〕〈speculation〉〔名〕❶投機。思わく。❷トランプで、スペードのエース。

すべ-くく-る〔ク〕【統べ▲括る】〔他五〕❶全体をひとまとめにする。❷統括する。**統べくくれる**〔自下一〕〔…できる〕

スペクタクル〔ペ〕〈spectacle〉〔名〕❶壮観。すばらしい場面。❷大がかりで壮大な場面の多い映画。

スペクトル〔ペ〕〈ᶠspectre〉〔名〕分光器を通過した光が、ある面にあたって波長の順に配列されること。

ずべ-こう〔コ〕【ずべ公】〔名〕〔俗語〕不良少女。

スペシャリスト〔リ〕〈specialist〉〔名〕熟練した技能者。専門家。

スペシャル〔ペ〕〈special〉〔形動〕〔造〕(ダロ・ダッ・デ・ニ／ダ／ナ／ナラ／○) 特別の。特製の。「―なプレゼント」「―サービス」

すべ-すべ〔ス1〕〔副〕〔形動(の)〕〔自サ〕なめらかなようす。「―した肌」〔参考〕形容動詞として使うときは〔０〕。

スベタ〔０〕〔名〕〔ᵖᵒʳᵗespada から。もと、カルタ用語で、つまらない札の意から〕きりょうのよくない女性。また、女性をののしっていう語。

スペック〔ペ〕〈spec〉〔名〕〔specification から〕❶機械や建物・車などの仕様。また、仕様書。❷電子機器や車などの性能。「ハイ―」「―が低い」

すべっ-こ・い〔コ〕【滑っこい】〔形〕(カロ・カッ・ク／イ／イ／ケレ／○) するするすべるような感じだ。**滑っこさ**〔名〕

滑ったの転んだのと つまらないことを騒ぎたてるようす。「―わずらわしい」

すべ-て〔ス〕【すべて・全て】【▲凡て・▲総て】㊀〔名〕ある範囲の中のもの全部。「―が順調に進んでいる」「クラスの―が賛成しているわけではない」㊁〔副〕❶ひとつのこらず。「―終わった」〔参考〕「すべて」のように、ひとつのこらずという意味をあらわす副詞には「ことごとく」「みな(みんな)」「ぜんぶ」「もれなく」などがある。❷〔古語〕〔打ち消しを伴って〕まったく。全然。「(歌ウ)声、すべて似るものなく」〈更級〉

すべ-な・い〔ナ〕【▲術無い】〔形〕(カロ・カッ・ク／イ／イ／ケレ／○) なんともする方法がない。しかたがない。**すべな・し**〔文語ク〕

すべら・す〔ラ〕【滑らす】〔他五〕(サ・ソ／シ／ス／ス／セ／セ) ❶なめらかに移動させる。すべらせる。「雪の上でそりを―」❷足などがふんだ位置からずれる。「足を―」❸しゃべってはいけないことをついしゃべる。「口を―」

すべり-お・ちる〔チ〕【滑り落ちる】〔自上一〕(チ／チ／チル／チル／チレ／チロ・チヨ) ❶高いところからすべって下に落ちる。「斜面を―」「手から携帯電話が―」❷高い地位をうしなう。「トップの座から―」**すべりお・つ**〔文語上二〕

すべり-こ・む〔コ〕【滑り込む】〔自五〕(マ・モ／ミ・ン／ム／ム／メ／メ) ❶すべってはいる。❷野球で、走者がすべって塁につく。「本塁に―」❸やっとのことでまにあう。「時間まぎわに―」**滑り込める**〔自下一〕〔…できる〕

すべり-だい〔リ〕【滑り台】〔名〕高いところからすべりおりる、遊戯の台。

すべり-だし〔０〕【滑り出し】〔名〕❶すべりはじめ。❷事のはじめ。「事業の―」

すべり-だ・す〔ダ〕【滑り出す】〔自五〕(サ・ソ／シ／ス／ス／セ／セ) ❶すべって出る。「いきおいよく―」❷すべりはじめる。❸事がはじまる。**滑り出せる**〔自下一〕〔…できる〕

すべり-どめ〔０〕【滑り止め】〔名〕❶坂道などに駐車した自動車がすべらないようにタイヤにあてがう石など。❷足がすべらないように階段やはきものなどに当てたもの。❸〔俗語〕受験のさい、目的の学校を失敗したときの用意に、他の学校を受験しておくこと。また、その学校。

スペリング〔ペ〕〈spelling〉〔名〕文字のつづり。スペル。

すべ・る【滑る】【ˣ辷る】㊀〔ベ〕〔自五〕(ラ・ロ／リ・ッ／ル／ル／レ／レ) ❶なめらかに進む。「氷の上を―」❷つかもうとする物が手をすりぬける。「手が―」❸ころびそうになる。❹ある地位からおちる。❺落第する。❻言ってはならないことを言う。「口が―」❼〔俗語〕冗談や演技などで、受けをねらって失敗する。「ギャグが―」「演技が―」 **すべり**〔名〕 **すべれる**〔自下一〕〔…できる〕㊁〔自四〕〔古語〕ひざで進む。にじり移る。「ひとりふたり、すべりいでて往ぬ」〈枕〉

す・べる〔ベ〕【統べる】【▲総べる】〔他下一〕(ベ／ベ／ベル／ベル／ベレ／ベロ・ベヨ) ❶全体を一つにまとめる。❷支配する。「世界を―神」

スペル〔ペ〕〈spell〉〔名〕スペリング。

スポイト〔０〕〈ᵒspuit〉〔名〕インク・薬液などを、吸いあげてうつし入れる、一方にゴム袋のついたガラスなどのくだ。

スポイル〔ポ〕〈spoil〉〔名〕〔他サ〕❶だめにすること。そこなうこと。❷人をあまやかしたりして、だめにすること。

ず-ほう ⓪【図法】名 ❶平面図形・立体図形などを書き表す方法。❷地図のつくりかた。直射図法・投影図法・心射図法など。

ず-ほう ⓪【×修法】名 仏教で、護摩(ごま)をたき、真言(しんごん)をとなえて、かじきとうをすること。しゅほう。

スポーク ポ〈spoke〉名 車輪の外周を、中心部からささえている放射状の針金棒。

スポーク
リム
スポーク

スポークスマン ポ/ス²〈spokesman〉名 政府・団体の意見発表の担当者。代弁者。

スポーツ ポ〈sports〉名 からだを動かしておこなう競技やレクリエーション活動の総称。「—医学」 **—ウエア** エ〈sports wear〉名 運動用の衣服。 **—カー** ツ〈sports car〉名 高速性能をもち、外観を美しくし、運転を楽しむように作られた乗用車。 **—刈(が)り** ⓪名 前髪を四角い感じでやや長めに刈り、両側と後ろは短く刈り上げた男性の髪形。 **—クライミング** ラ〈sport climbing〉名 突起物のある人工壁を登り、速度・難易度などを競うスポーツ。スピード・ボルダリング・リードの三種目がある。 **—センター** セ〈sports center〉名 いろいろなスポーツやトレーニングができるように設備を整えた施設。 **—ドリンク** リ〈sports drink〉名 清涼飲料水の一種。発汗によって失われた水分やミネラルを補う。 **—の日(ひ)** 国民の祝日の一つ。十月の第二月曜日。スポーツを通じて、健康で活力ある社会の実現を願う日。 **—マン** ツ〈sportsman〉名 運動競技を好んでする人。また、運動競技の選手。 **—マンシップ** シ〈sportsmanship〉名 正々堂々とたたかう、運動競技者の精神。

スポーティー ポ〈sporty〉形動 ダロ・ダッ・デ・ニ/ダナ・ナラ・○ 活動的。軽快なようす。「—な服装」↔ドレッシー。

す-ぼし ⓪【素干し】名 かげぼし。

ず-ぼし ⓪【図星】名 (的(まと)の中心の点)❶みこんだところ。急所。❷うまくあたること。「みごと、—だ」 **—を指(さ)す** 急所をつく。ぴたりとあてる。

スポット ポ〈spot〉名 ❶「スポットライト」の略。「—をあてる」❷(楽しみを求めて出かける)場所。地点。「観光—」❸ラジオ・テレビで、番組の間に入れる短い放送。 **—ニュース** ニコ〈spot news〉名 テレビやラジオで、番組の間にながす短いニュース。 **—ライト** ラ〈spotlight〉名 ❶舞台の一部分を、集中的にあかるくする照明。「—をあびる」❷世間の注目。

スポットライト❶

すぽっ-と ポ 副 うまくはまるようす。うまく抜けるようす。「キャップが—はまる」

すぼま・る ⓪【×窄まる】自五 ラ・ロ—リ・ッ—ル—ル—レ—レ すぼむようになる。「裾のすぼまったズボン」

すぼ・む ⓪【×窄む】自五 マ・モ—ミ・ン—ム—ム—メ—メ ❶中空なものの先のほうがほそくなる。だんだんせまくなる。❷しぼむ。「花が—」❸しだいにおとろえる。

すぼ・める ⓪【×窄める】他下一 メ—メ—メル—メル—メレ—メロ・メヨ すぼむようにする。「寒そうに肩を—」 **すぼ・む** 文語下二

ずぼら ⓪ 名 形動 俗語 約束をまもらなかったり、仕事をきちんとしなかったりする態度。だらしないこと。

ズボン ポ/ス〈ᶠjupon〉名 腰から下にはく、脚部で二またになった洋服。スラックス。パンツ。 **—下(した)** ポ 名 ズボンの下にはく下着。 **—×吊(つ)り** ポ 名 肩にかけてズボンをつるもの。サスペンダー。

スポンサー ポ〈sponsor〉名 ❶商業放送の番組を提供する広告主。❷資金の援助者。

スポンジ ⓪〈sponge〉名 ❶海綿(かいめん)。❷合成樹脂などで❶のようにつくったもの。食器洗い、あかすりなどに使う。❸スポンジボール。 **—ケーキ** ケ〈sponge cake〉名 海綿のようにふわふわしたカステラ類の洋菓子の総称。 **—ボール** ポ〈sponge ball〉名 表面に小さなでこぼこのある、軟式野球用のゴムまり。軟球。

スマート マ〈smart〉形動 ダロ・ダッ・デ・ニ/ダナ・ナラ・○ ❶いきなようす。あかぬけしているようす。❷からだつきがすらりとしているようす。 **—ボール** ポ〈smart ball〉名 (和製英語)パチンコ・ピンボールの変種の遊技。パチンコ台が垂直なのに対してスマートボールの台は横に寝かしている。 **—ホ(フォ)ン** ト〈smartphone〉名 音声通話に限らず、アプリケーションによって多様な機能が使用できる携帯電話。スマホ。

すまい【住(ま)い】(すまひ) ㊀ ス 名 住んでいるところ、家。住宅。㊁ 造 (「ずまい」と変化することが多い)住まうこと。人が住んでいるところやその状態。「仮—」「ひとり—」

すまい【▲相▲撲】(すまひ) 名 古語 相撲。相撲とり。

すまい-びと【▲相▲撲人】(すまひ—) 名 古語 相撲とり。

スマイル マ〈smile〉名 微笑。

すま・う マ【住(ま)う】(すまふ) 自五 ワ・オ—イ・ッ—ウ—ウ—エ—エ 住みつづける。くらしている。 **住まえる** 自下一〔…できる〕

す-まき ⓪【×簀巻】名 ❶簀(す)で巻きこむこと。また、巻きこんだもの。❷昔の私刑の一つ。からだを簀で巻き、水中に投げ入れたこと。

すまし シ【澄(ま)し】名 ❶杯洗(はいせん)の水。❷すましじる。❸【▲清し】古語 洗濯や湯殿の始末をする女官。すましめ。

すまじきものは宮(みや)仕(づか)え 他人に仕えるのは何かと気苦労が多いものなのでできれば避けたほうがよい。

すまし-じる ジ【澄(ま)し汁】名 塩・しょうゆで淡白に味を付けた吸い物。

すまし-や ⓪【澄(ま)し屋】名 いつも気どっている人。

すま・す マ【済(ま)す】他五 サ・ソ—シ—ス—ス—セ—セ (「済ませる」(下一段活用)とも)❶なしとげる。し終える。「着がえを—」❷借りを返す。「借金を—」❸おさめる。解決する。「金で—」❹まにあわせる。「朝食はパンで—」❺〔かながき〕(補助動詞として)完全に…する。「警官になり—」

すま・す【澄(ま)す】【▲清す】㊀ マ 他五 サ・ソ—シ—ス—ス—セ—セ ❶にごりをなくする。❷心を静める。「心を—」❸注意を集中して聞く。また、見る。「耳を—」「目を—」㊁ 自五 気どる。「澄ました顔」㊂ 他四 古語 きれいに洗う。「御髪(みぐし)など、すましつくろはせて」〈源氏〉

すま・せる セ【済(ま)せる】他下一 セ—セ—セル—セル—セレ—セロ・セヨ ⬇すます。 **すま・す** 文語下二

スマック マ〈smack〉名 チョコレートで包んだ棒状のアイスクリーム。アイススマック。

スマッシュ マ〈smash〉名 自サ テニスや卓球などで、高く打ちあげられたボールを相手のコートに強く急角度に打ちこむこと。スマッシング。

スマッシング マ〈smashing〉名 スマッシュすること。

すま-ない【済まない】連語 申しわけがない。⬇済む。

スマホ ⓪ 名 ⬇スマートホン。

すみ ミ【炭】名 ❶木がもえたあとに黒くのこったもの。❷木材をむしやきにして作る燃料。木炭(もくたん)。㊇

すみ ミ【済み】名 ❶済むこと。済んだこと。❷すっかり返すこと。皆済(かいさい)。

すみ ス【隅】【▲角】名 かこまれた区域のかど。「庭の—」 **—に置(お)けない** 案外うでがすぐれていたり世事に通じて

いたりして、あなどりがたい。

すみ ㋯【墨】名 ❶すすをにかわでかためたもの。また、それをすずりですってできた黒い液。書画をかくのに使う。❷黒い色。❸黒いしる。黒いこな。「いかの―」❹墨なわ。「―をうつ」 **―の衣** 墨ぞめのころも。

ずみ【済(み)】接尾 すんでいること。終わっていること。「検査―」「承認―」

すみ-あら・す ㋶【住(み)荒(ら)す】他五 家やへやなどを、長く住んで、いためきずつける。

すみ-いち ㋯【隅一】名〔俗語〕野球の試合で、どちらかのチームが一回に一点取っただけで、試合が進むこと。

すみ-いと ⓪【墨糸】名 墨つぼ❷についている糸。墨なわ。

すみ-いれ ⓪【墨入れ】名 図面やイラストの下図を、墨や黒インクで仕上げること。

すみ-いろ ⓪【墨色】名 墨でかいたり、染めたりした色ぐあい。ぼくしょく。

すみ-うち ㋠【墨打(ち)】名 墨なわで線をつけること。

すみ-え ㋓【墨絵】名 墨だけでかいた絵。水墨画。

すみ-か ㋜【住みか】【住▲処・住▲家】名 住む場所。

すみ-かえ ⓪【住(み)替え】名 ❶住んでいるところから別の場所に移ること。「―の相談」❷奉公人が別の勤め先にうつること。特に、遊女・芸者が別の揚屋・置屋の所属になること。

すみ-がき ⓪【墨描(き)】名 日本画で、色どる前に墨で絵や線をかくこと。また、墨だけでかいた絵。

すみ-がね ⓪【墨金】名 まがりがね。かねじゃく。

すみ-がま ⓪㋯【炭窯】【炭×竈】名 木炭をつくるかまど。(冬)

すみ-き・る ㋖⓪【澄(み)切る】自五 ❶すっかり澄む。「澄み切った秋空」❷すっかり迷いがなくなる。「心が―」

すみ-こみ ⓪【住(み)込み】名 従業員や弟子がその雇い主・師匠の家に暮らしながら仕事・稽古をすること。

すみ-じ ⓪【墨字】名 点字に対して、書かれたり印刷されたりした一般の文字。

すみ-ずみ ㋯|㋜【隅隅】名 あちこちのすみ。すべてのかたすみ。「―までさがす」

すみ-そ ㋯【酢みそ】【酢味×噌】名 魚・貝の肉や野菜などをあえるための、酢・みりん・砂糖などをまぜたみそ。

すみ-ぞめ ⓪【墨染(め)】名 ❶黒い色に染めること。❷墨染めの衣。 **―の衣** ❶黒い色の僧衣。❷喪服。

すみ-つき ⓪【墨付(き)】名 ❶墨の付きぐあい。❷筆跡。❸⇒おすみつき。

すみ-つぎ ㋖【墨継(ぎ)】名 ❶短くなった墨をはさむもの。すみばさみ。❷筆にふくませた墨がなくなったとき、さらに墨をつけて、書きつづけること。

すみ-つ・く ㋡【住(み)着く】自五 同じ場所に、ながく住みつづける。**住み着ける** 自下一〔…できる〕

すみ-っこ ㋜|㋯【隅っこ】名〔俗語〕すみ。

すみ-つぼ ⓪|㋯【墨つぼ】【墨×壺】名 ❶すった墨の液を入れるつぼ。❷墨つぼと麻糸ときりとからなる大工道具。糸のはしにつけたきりを材木の一端に固定し、糸を張ってはじくと直線が引ける。

墨つぼ❷

すみ-てまえ ㋢【炭手前】名 茶の湯で、炉の炭をついだりかきたてたりする作法。

すみ-とり ㋣|㋷【炭取(り)】名 炭を小出しにして入れておく容器。(冬)

すみ-ながし ㋤【墨流し】名 墨や染料を水面におとして、模様を浮きださせ、それを紙や布にうつして、染めること。また、そのようにして染めたもの。

すみ-な・す ㋤【住(み)成す】自五〔文章語〕住んでいる。

すみ-な・れる ㋹【住(み)慣れる】自下一 ながく住んで、その家、または、その土地に慣れる。

すみ-なわ ⓪|㋯【墨縄】名 ⇒すみいと。

すみ-び ⓪|㋯【炭火】名 木炭の火。(冬)

すみません ㋝【すみません】【済みません】あいさつ おわびやお願いの意味で使うことば。参考「申し訳ありません(ございません)」より敬意は軽い。「相すみません」は、かなりていねいな言い方になるが、商業用の色あいがある。「すみませんが」「申し訳ありませんが」は、ていねいにたのむときの前置き。「すみません」を「すいません」と言ったり書いたりする傾向が強い。最近は「ありがとう」の意味で使うことも多い。

すみ-やか ㋯【速やか】形動 動作や進行がはやいようす。「―に処置をとれ」

すみ-やき ⓪|㋖【炭焼(き)】名 ❶木材をむしやきにして炭をつくること。また、その人。(冬) ❷肉などを炭火で焼く料理。

すみよしものがたり《住吉物語》鎌倉時代前期の物語。作者は不明。継子物の代表作。

すみれ ⓪【×菫】名 スミレ科の多年生植物。多数の葉が根もとからはえ、春、濃い紫色の花をひらく。(春)

すみ-わけ ⓪【すみ分け】【×棲分け】名 生活のしかたが似ている生物が、競争をさけて、別々の場所で生きること。

すみ-わた・る ㋟【澄(み)渡る】自五 一面によく澄む。「―青空」

す・む【住む】㊀ ㋜ 自五 ❶場所をきめて暮らす。❷【×棲む】鳥・獣・魚などが巣をつくる。**すめる** 自下一〔…できる〕 ㊁ 他四〔古語〕男が女の家にかよって夫婦の暮らしをする。「婿どりたるに、ほどもなく住まぬ婿の」〈枕〉

す・む ㋜【済む】自五 ❶物事が終わる。完了する。「仕事が済んだ」「仕事が済んだら休む」❷用が足りる。間に合う。「わずか一万円で済んだ」❸かたがつく。解決する。「手術をせずに済んだ」「金で―ことではない」❹借金・借り物を返す。「借金が済んだ」❺申し訳がたつ。義理がたつ。「彼には済まないことをした」❻気持ちがおさまる。「やっと気が済んだ」

す・む【澄む】【▲清む】㊀ ㋜ 自五 ❶液体や気体がすきとおる。「澄んだ水」⇔濁る。❷きよらかである。「よく澄んだ目」❸音色がさえる。「澄んだ琴の音」❹おちついている。しずまる。「心が澄んでくる」㊁ 自四〔古語〕❶(筆跡などが)あかぬけている。洗練されている。「筆の掟(筆法)すまぬ心地して」〈源氏〉❷(濁音に対し)清音である。「行法も法の字をすみて言ふ、わろし」〈徒然〉

スムージー ㋰〈smoothie〉名 凍らせた果物や野菜を牛乳や豆乳・ヨーグルトなどとミキサーでまぜあわせてつくるシャーベット状の飲み物。

スムーズ ㋰〈smooth〉=**スムース** 形動 物事がとどこおらないようす。円滑。「―にはこぶ」

すめ-がみ【▲皇神】名〔古語〕❶天皇の先祖の神。❷神を尊敬していう語。

す-めし ⓪【酢飯】名 酢と砂糖・塩で味つけした飯。すしめし。

住めば都 住みついてみると、どんな不便な所でもそこがいちばん住みよく思えるものだ。

すめら【▲皇】接頭〔古語〕天皇や神に関する物事につけて尊

す

敬をあらわすことば。「—みくに」

すめらぎ【▲皇】名〔古語〕天皇。すめろぎ。すべらぎ。すべろぎ。

すめらみこと【▲天▲皇】名〔古語〕すめらぎ。天皇。

すめん 0【素面】名 ❶剣道で面をかぶらないこと。❷酒を飲んでいないこと。しらふ。

ずめん 0【図面】名 絵図面。設計図。

すもう 0【相撲】【▲角▲力】すまふ 名 ❶日本独特の競技で、まわしをつけたはだかのふたりが、土俵内で組みあって相手を倒すか、土俵外に出せば勝ちとするもの。秋 ❷すもうとり。**—にならない** 一方が強すぎて、まともな勝負にならない。

すもうぢゃや チャ モ【相撲茶屋】—すまふ 名 すもう見物の案内や食事のせわなどをする業者。

すもうとり モ【相撲取(り)】—すまふ 名 すもうをとる職業の人。力士。秋

すもうべや 0【相撲部屋】—すまふ 名 大相撲の年寄が運営し、力士を所属させ、育てる組織。

スモーキング モ〈smoking〉名 たばこを吸うこと。

スモーク モ〈smoke〉名 ❶煙。❷舞台でドライアイスなどを使って出す煙。❸煙のような色。青みがかった灰色。❹煙でいぶすこと。くん製にすること。

すもぐり モ【素潜り】名 酸素ボンベなどの呼吸を助ける器具をつけずに、水中に潜ること。

すもじ ス 名（女房ことば「す文字」から）すし。

スモック モ〈smock〉名 ❶ゆったりしたうわっぱり。仕事着。❷手芸で、布にひだをよせてかがること。

スモッグ モ〈smog〉名（smoke(煙)とfog(霧)の合成語）工場や自動車の排気ガスなどで汚れた空気が、霧のようになったもの。

すもも 0【×李】名 バラ科の落葉小高木。春、白い花をひらく。赤黄色のまるい実がなる。食用・薬用。夏

スモンびょう 0【スモン病】名（SMONはsub-acute(亜急性)・myelo(せき髄)・optico(視神経)・neuropathy(末梢神経障害)から）一九五五年ごろから日本各地に発生した病気。下半身がしびれ失明することがある。整腸剤「キノホルム」の服用による中毒症。

すやき 0【素焼(き)】名 うわぐすりをかけずに、低温で焼いた陶器。

すやすや ス1【と】副 安らかに眠るようす。

すよみ 0【素読み】名 ❶原稿と照合せずに、校正刷りだけを通読して文章をなおすこと。❷⇒そどく。

すら 助（副助詞）極端な例をあげて、他を当然のこととおしはからせる。…でさえ。…でも。「子どもに—わかる」参考「さえ❶」と同じように用いられるが、「さえ」よりも古めかしいことば。

スラー ス〈slur〉名 楽譜で、二つ以上の高さのちがう音符につけ、その箇所をなめらかに演奏せよとの意味をあらわす半月形の曲線のしるし。

スライサー ラ〈slicer〉名 肉・野菜・パンなどをうすく切るための道具。

スライス ラ〈slice〉名 自他サ ❶食物などをうすく切ること。また、その切ったもの。「—ハム」❷ゴルフで打球が途中から打者の利き腕の方向へ切れて飛ぶこと。

スライダー 0 ラ〈slider〉名 野球で、投手が投げる、打者の近くで外がわへ水平にまがる変化球。

スライディング 0〈sliding〉名 ❶すべること。❷野球で、すべりこみ。**—システム** シ〈sliding system〉名 物価の変動に応じて賃金・年金などを上げ下げする制度。スライド制。

スライド 0〈slide〉名 ❶すべること。すべらせること。❷スライドグラス。❸フィルムを横からさしこむ型の幻灯機。**—グラス** グ〈slide glass〉名 顕微鏡で、見ようとするものをのせるガラス。スライドガラス。**—制** せい 0 名 スライディングシステム。

ずらか・る カ 自五 ラ・ロ—リ・ッ—ル—ル—レ—レ〔俗語〕逃げる。逃走する。「警察が来る前にずらかろう」**ずらかれる** 自下一〔…できる〕

ずら・す ラ 他五 サ・ソ—シ—ス—ス—セ—セ ずれるようにする。すこし動かす。

すらすら ス1【と】副 なめらかに進むようす。「—と読む」

ずらずら ス1【と】副 同類のものがとぎれずに並んでいるようす。「難しいことばが—並んだ本」

スラッガー ラ〈slugger〉名 野球で、強打者。

スラックス ラ〈slacks〉名 ズボン。もとは婦人用をさした。

スラッシュ ラ〈slash〉名 ❶服飾用語で、本来縫い目のないところに装飾として入れる切れ目。❷ことばや数字の切れ目を示すために用いる斜線。「／」など。

スラップスティック ティ〈slapstick〉名（道化役が相手役を打つ棒の意）どたばた喜劇。スラップスティックコメディー。参考アメリカで無声映画時代に始まったもの。

スラブ ス〈Slav〉名 ヨーロッパの東部・北部に住む民族。ロシア人など。

スラム ス〈slum〉名 都会で、まずしい人々の住んでいる区域。貧民街。「—街」

すらりと ラ 副 ❶細長く、かっこうのいいようす。❷さしさわりなく事が進むようす。「—話がまとまる」

ずらりと ラ 副 大ぜいがならぶようす。「—顔をそろえる」

スラローム ロ〈slalom〉名 スキーやスノーボードで、二列の旗の間をたがいちがいにすべりぬける競技。回転競技。

スラング ラ〈slang〉名 ある団体・仲間どうしだけで使われることば。隠語。俗語。卑語。

スランプ ラ〈slump〉名 ❶一時的に調子がおちてふるわなくなること。「—を脱する」❷一時的に事業がゆきづまること。不振。不調。❸不景気。

すり リ【刷り】名 ❶刷ること。印刷。❷印刷のできばえ。参考「三色刷」などでは、送りがなをはぶいてもよい。

すり ス【×掏×摸】名 人のふところや持ち物の中から、こっそりとかねや品物をぬすみとること。また、その人。

ずりあが・る ガ 0【ずり上がる】自五 ラ・ロ—リ・ッ—ル—ル—レ—レ ずって、上に動く。「シャツが—」

すりあし 0 リ【すり足】【×摺足】名 足を床ゆかや地面にするようにして歩くこと。「—で進む」

すりあわせ 0【すり合(わ)せ】【×摺(▲磨り)合せ】—あはせ 名 ❶機械などの部品がすきまなく接触するように、表面をやすりでみがくこと。❷複数の考えや計画などを一つになるように調整すること。

スリー リ〈three〉名 三。三つ。**—クオーター** オ〈three-quarters〉名 ❶野球で、ななめ上から投げる投球法。❷ラグビーで、ハーフバックとフルバックとのあいだに位置する、四人の選手。スリークオーターバック。**—ディー** ディ〈3D〉名（three-dimensionalから）三次元。立体的。「—映像」

スリーピングバッグ バ〈sleeping bag〉名 シュラーフザック。

スリーブ リ〈sleeve〉名 洋服のそで。

スリープ リ〈sleep〉名 自サ ❶ねむること。睡眠。❷節電のためにコンピューターなどの電子機器が一時停止し、待機状態になること。

スリーマー リ〈slimmer〉＝**スリマー** 名 かぶって着る、婦人用肌着。

すりうす ウ【すり臼】【▲磨臼】名 もみをすりおとすう

す。もみずりうす。

すり-え ⓪【×擂餌】ゑ 名 小鳥にやる、すりつぶしたえさ。

ずり-お・ちる チ⓪【ずり落ちる】【×摺落ちる】 自上一 チ・チ・チル・チル・チレ・チロ・チヨ ずれて下に落ちる。ずれて位置がさがる。

すり-おろ・す ⓪【すり下ろす】【×擂り下ろす】 他五 サ・ソ・シ・ス・ス・セ・セ すって細かくする。「大根を―」

すり-か・える エ⓪カ【すり替える】【▲摩り替える】(かへる) 他下一 エ・エ・エル・エル・エレ・エロ・エヨ そっと取りかえる。ごまかして取りかえる。**すり替え** 名 **すりか・ふ** 文語八下二

すり-ガラス ガ【▲磨▲硝子】名 表面を金剛砂(こんごうしゃ)などですって不透明にしたガラス。

すり-きず リ⓪【擦(り)傷】名 すりむいてできた傷。

すり-きり ⓪【すり切り】【×摺切】名 うつわに物を盛って、ふちの所で平らにならして、きっちり一杯にすること。↔山盛り。

すり-き・る キ【擦(り)切る】【▲摩り切る】他五 ラ・ロ・リ・ッ・ル・ル・レ・レ ❶すって切る。❷金銭を使いはたす。

すり-き・れる レ【擦(り)切れる】【▲摩り切れる】自下一 レ・レ・レル・レル・レレ・レロ・レヨ すれて切れる。**すりき・る** 文語下二

すり-こぎ コ【すりこ木】【×擂粉木】名 食べ物などを、すりばちでするのに使う棒。れんぎ。

すり-こみ ⓪【刷(り)込み】名 ❶同じ面に印刷すること。❷鳥のひななどが、生まれて一定の期間に最初に認識したものを記憶し、その後の行動の基本とすること。ほかの高等動物にも、類似の現象が認められる。

すり-こ・む コ⓪【刷(り)込む】他五 マ・モ・ミ・ン・ム・ム・メ・メ おなじ印刷面にいっしょに印刷する。「名刺に住所を―」**刷り込める** 自下一[…できる]

すり-こ・む コ【擦(り)込む】他五 マ・モ・ミ・ン・ム・ム・メ・メ 薬などをなすりつけて、しみ込ませる。**擦り込める** 自下一[…できる]

ずり-さが・る ガ⓪【ずり下がる】自五 ラ・ロ・リ・ッ・ル・ル・レ・レ ずって、下に動く。「ズボンが―」

すり-だし-まきえ マ【▲磨出×蒔絵】名 ➡ 研(と)ぎ出し蒔絵。

すり-だ・す ダ【すり出す】【▲磨り出す】他五 サ・ソ・シ・ス・ス・セ・セ みがいて、つや・模様を出す。**すり出し** 名 **すり出せる** 自下一[…できる]

すり-つ・ける ケ【擦(り)付ける】他下一 ケ・ケ・ケル・ケル・ケレ・ケロ・ケヨ こするようにくっつける。「猫がからだを―」**すりつ・く** 文語下二

スリット リ〈slit〉名 上着やスカートなどのすそに入れる切れこみ。

スリッパ(ー) ス リ〈slipper〉名 つっかけてはく、室内用のはきもの。

スリップ リ ス〈slip〉❶名 自サ 車などが、すべること。❷名 女性用の下着。

すり-つぶ・す ブ【すり潰す】【×擂潰す】他五 サ・ソ・シ・ス・ス・セ・セ ❶すって細かくくだく。❷財産を使いつくしてしまう。

すり-ながし ⓪【×擂り流し】名 魚・えびなどのすり身、また、枝豆・豆腐などをすりつぶしたものをだし汁でのばした汁物。

スリナム《Suriname》南アメリカ北東部の大西洋に面した共和国。一九七五年独立。首都はパラマリボ。

すり-ぬ・ける ケ⓪【すり抜ける】【×摺抜ける】自下一 ケ・ケ・ケル・ケル・ケレ・ケロ・ケヨ ❶人ごみのなかや狭い空間をすばやく通り抜ける。❷ごまかしたりして、まぬがれる。「その場をうまく―」**すりぬ・く** 文語下二

すり-はく ⓪【×摺×箔】名 金・銀の箔をすりつけること。また、すりつけたもの。

すり-ばち リ⓪【すり鉢】【×摺鉢・×擂鉢】名 食べ物などを、すりこ木ですりつぶすのに使うはち。円錐(えんすい)形で、内面にたてに刻み目がある。

すり鉢

すり-ばんしょう バ【すり半鐘】【×擂半鐘】名 火事が近いとき、つづけざまに半鐘を打ちならすこと。また、その音。すりばん。

すり-ひざ リ⓪【すり膝】【▲磨膝】名 ひざがしらで、すりながら進むこと。

すり-へら・す ラ⓪【すり減らす】【▲磨り減らす】他五 サ・ソ・シ・ス・ス・セ・セ ❶こすって小さくする。「消しゴムを―」❷ひどく使って弱める。「心配で心を―」❸次第にへらす。「財産を―」

すり-ほん ⓪【刷(り)本】名 ❶版木で刷った本。版本。❷印刷しただけで、まだ製本してない本。

スリマー リ〈slimmer〉名 ➡スリーマー。

すり-み ミ【すり身】【×擂身】名 魚肉をたたき、すりつぶしたもの。

スリム ス〈slim〉形動 ダロ・ダッ・デ・ニ・ダナ・ナラ・○ ❶ズボンやスカートが細く、からだの線にぴったりついているようす。❷からだつきがほっそりしているようす。「―な人」

すり-む・く ム【擦りむく】【擦▲剝く】他五 カ・コ・キ・イ・ク・ク・ケ・ケ すって、きずをつける。「ひざを擦りむいた」

すり-もの リ【刷(り)物】名 印刷したもの。

ず-りょう リ【▲受領】名 古語 (前任者から引き継ぎを受けて職務をとる意)平安時代の地方長官。

すり-よ・る ヨ【擦(り)寄る】自五 ラ・ロ・リ・ッ・ル・ル・レ・レ ❶すりひざで近寄る。❷すれ合うほど近寄る。「のどを鳴らしながら猫がすりよってくる」

スリラー ス〈thriller〉名 スリルを感じさせるように作った小説・映画・演劇。

スリランカ《Sri Lanka》インド半島の東南、インド洋上にあるセイロン島全体を占める民主社会主義共和国。一九四八年、英連邦の一員として独立。旧称はセイロン。首都はスリ・ジャヤワルダナプラ・コッテ。

スリリング リ ス〈thrilling〉形動 ダロ・ダッ・デ・ニ・ダナ・ナラ・○ スリルがあるようす。「―な試合」

スリル ス〈thrill〉名 半分は期待もまじった、危なくひやひやする感じ。「―とサスペンスに富んだ映画」

スリング リ〈sling〉名 (つり包帯・三角巾の意)赤ん坊の抱っこひも。ベビースリング。

す・る ス【刷る】【×摺る】他五 ラ・ロ・リ・ッ・ル・ル・レ・レ ❶版木から字や絵をうつしとる。「版画を―」❷印刷する。「新聞を―」**刷れる** 自下一[…できる]

す・る ス【×剃る】他五 ➡そる。

す・る ス【×掏る】他五 ラ・ロ・リ・ッ・ル・ル・レ・レ 人の身につけている金品をこっそりと抜きとる。**すれる** 自下一[…できる]

す・る ス【擦る】【▲摩る・▲磨る・×擂る】他五 ラ・ロ・リ・ッ・ル・ル・レ・レ ❶強くふれあわせる。「マッチを―」❷こすってみがく。「やすりで―」❸ふれあわせてこまかくくだく。❹使いはたす。「財産を―」

する ⓪【する】【▲為る】シ・セ・サ・シ・スル・スル・スレ・シロ・セヨ ❶ 他サ ❶物事をおこなう。「そうじを―」「合図を―」❷(物を表す名詞について、「…をする」の形で)その物を使った動作を表す。「ふたを―」「魚に塩を―」❸役目をはたす。ある立場に身を置く。「司会を―」「仲人を―」❹(「…を…に(と)する」の形で)あるものを別のものにとりかえる。きまっていないものを確定する。「空き地を公園に―」「入試科目を三教科に―」❺(形容詞・形容動詞の連用形について)物事の性質や状態をかえる。「歯を強く―」「記憶を新たに―」❻(「AをBとする」の形で)AがBである状態を表す。

「M氏を団長と―一行」「麦を原料と―酒」❼ある状態をとる。「いやな顔を―」「知らないふりを―」❽(「…を…にする」の形で)体や心の働きを引き出す。「新聞を目に―」「うわさを気に―」□二 自サ ❶物事が起こる。ある状態がつづく。「大きな音が―」「長持ちが―」❷感覚として受けとられる。「変なにおいが―」「甘い味が―」❸心の働きが引き起こされる。「感じが―」「思いが―」❹(「…(と)する」の形で)そういう状態になる。「朝からむしむし―」「ぼうぜんと―」❺(「…にする」の形で)意志や態度を決める。「そろそろ食事に―か」「ぼくは行かないことに―」❻(金額を表す語句を受けて)それだけの値打ちがある。「この靴は三万円―」❼(時間を表す語句を受けて)それだけの時が経過する。「あと三年―と、この土地も開ける」□三 自他サ (補助動詞的に用いる)❶(「…は(も)する」の形で)逆接や打ち消しの言い方を導く。「賛成はしないが、反対もしない」❷(「…たり(…たり)する」の形で)動作を並べ上げたり例として示したりする。「寝たり起きたり―」❸(「お(ご)…する」の形で)謙譲語を作る。「お知らせ―」「ご相談―」❹(「…う(よう・まい)とする」の形で)意志を表す。「言おうと―ことはわかる」❺(「…とすると…とすれば」の形で)仮定の意味を表す。「それが事実だと―と大変だ」❻(「…として(は)」などの形で)ある立場にあることを表す。「キャプテンとしての責任を果たす」❼(名詞について)サ変動詞をつくる。「こだま―」「旅―」「対―」「運動―」「プラス―」 参考 尊敬の言い方に「なさる・あそばす」、改まった言い方に「いたす(いたします)」がある。「お(ご)…する」は、動作の及ぶ対象を立てる言い方として最もよく使われる。「うちへお寄りしてください」のように相手の行為について言うのは誤り。一字の漢語についてサ変動詞をつくる場合には、「感じ(ずる)」のように「じる」「ずる」となることがある。す 文語サ変

ずる ズ【×狡】名 ずるいこと。「ゲームで―をする」

ず・る ズ ラ・ロ・リ・ッ ル・ル・レ・レ □一 自五 ❶こすれるようにして、もとの位置から動く。「まくったそでがずってくる」❷物やからだを引きずる。「たたみの上をずって動く」□二 他五 引きずる。「ゆかたのすそをずって歩く」

ずる・い ル【×狡い】形 カロ・カッ・ク イ・イ・ケレ・○ 自分の利益だけを考えて、手を抜いたりうまく立ち回ったりする。こすい。**ずるさ** 名 **ずる・し** 文語ク

スルー〈through〉□一 ル 名 他サ ❶(俗語) 聞き流すこと。なかったことにすること。無視すること。「苦手分野は―する」❷サッカーなどで、パスを受けずにボールを別の味方選手に通すこと。□二 造 通り抜ける。透ける。「ブレイク―」「シー―」

するが《駿河》昔の東海道の国の一つ。今の静岡県の中部。駿州(すんしゅう)。

ずる-がしこ・い コ【ずる賢い】形 カロ・カッ・ク イ・イ・ケレ・○ ずるくふるまうのに知恵がまわる。悪賢い。**ずる賢さ** 名

ずる・ける ケ 自下一 ケ・ケ・ケル・ケル・ケレ・ケロ・ケヨ ❶なまける。おうちゃくする。「掃除当番を―」❷(しばってあったものなどが)ゆるんでずりおちる。

する-する スー (と)副 ❶なめらかにすべるようす。❷すりぬけるようす。「人ごみの中を―逃げる」❸よくのびるようす。「あさがおのつるが―のびる」

ずる-ずる □一 ズー (と)副 ❶ひきずるようす。❷すべり落ちるようす。□二 ○ 形動 ❶ながびいてそのままになるようす。「約束が―になる」❷しまりがないようす。**―べったり** ベ 名 形動 きまりがつかず、そのままになること。

スルタン ス〈アラビア sultān〉= **サルタン** 名 ❶中世のイスラム教国で、地方の領主の称号。太守。❷昔の、トルコの元首の称。皇帝。

するっ-と ル 副 軽いものがなめらかにすべり落ちるようす。するりと。「スカーフを―とる」

ずるっ-と ル 副 ❶重いものをひきずるように動かすようす。ずるりと。❷めん類を音をたててすするようす。「そばを―すする」

する-と ○ 接続 ❶前の事がらがきっかけになって、あとのことがおこる意味をあらわす。そうすると。そのとき。「とびらがあいた。―、若い男が中からあらわれた」 参考「すると」は、前にのべたことと、次におこることとの関係があまり強くなく、短い間につづいておこる場合に用いられる。「と、すると」は、文学作品などにあらわれる。❷それでは。そういうところをみると。「―、ぼくをだましていたのだな」

するど・い ド【鋭い】形 カロ・カッ・ク イ・イ・ケレ・○ ↕にぶい。❶先が細くとがっている。鋭利だ。「―刃物」「―牙(きば)」❷勢いがはげしく、強い。「―目つき」「―攻撃」❸頭脳・感覚などがきびしくはたらき、すぐれている。「―考察」「―感受性」「犬は嗅覚(きゅうかく)が―」 **鋭さ** 名 **するど・し** 文語ク

スルファミン ○〈sulfamine〉名 ➡スルフォンアミド。

スルフォンアミド ア〈sulfonamide〉名 サルファ剤。スルファミン。

するめ ○【×鯣】名 いかをさいて、はらわたを取り去り、干したもの。

ずる-やすみ ヤ【ずる休み】名 これという理由もないのに、勤めや学校を休むこと。

するり-と ル 副 ➡するっと。

ずるり-と リ 副 ➡ずるっと❶。

ずれ レ 名 ❶ずれていること。また、その程度。「―を正す」❷くいちがい。「意見の―」

すれ-あ・う ア【擦れ合う】ワ・オ・イ・ッ ウ・ウ・エ・エ 自五 **擦れ合い** 名 ❶たがいにふれる。❷たがいにあらそう。

スレート ○〈slate〉名 ❶粘板岩(ねんばんがん)のうすい板で、屋根がわら・石盤などに使う。天然スレート。❷屋根がわら・壁板用のうすいセメント製品。

ずれ-こ・む ○ コ【ずれ込む】マ・モ・ミ・ン ム・ム・メ・メ 自五 時期がずれて、次の時期のほうにはいる。「完工が翌年に―」

すれ-すれ ○【擦れ擦れ】名 形動(の) ❶ほとんどふれそうになるようす。「車と車が―に行きちがう」❷きわどいようす。やっと間に合うようす。「―で合格した」

すれ-ちが・う ガ【擦れ違う】ワ・オ・イ・ッ ウ・ウ・エ・エ 自五 ❶たがいに逆の方向に、行き違う。「車が―」 **擦れ違い** 名

すれっ-からし ○【擦れっ枯らし】名 いろいろの経験を経て、わるがしこくなっていること。また、その人。

スレッド ○ レ〈thread〉名 (「糸」の意から)インターネット上の掲示板やメーリングリストで、話題ごとに作られる投稿のまとまり。スレ。

す・れる レ【擦れる】【▲摩れる・▲磨れる】自下一 レ・レ・レル・レル・レレ・レロ・レヨ ❶強くふれあう。❷こすれて原形がそこなわれる。❸いろいろの人とつきあって、わるがしこくなる。「都会に出て擦れた」 **す・る** 文語下二

ず・れる レ 自下一 レ・レ・レル・レル・レレ・レロ・レヨ ❶本来の位置から少しはずれる。「中心から―」❷くいちがう。「話がずれてきた」❸位置・時期がはずれる。「予定が一日―」

スレンダー レ〈slender〉形動 ダロ・ダッ・デ・ニ ダ・ナ・ナラ・○ 体形が細身で均整のとれているようす。

ず-ろう ○【×杜漏】名 形動 (文章語) 粗雑で、てぬかりのあること。杜撰(ずさん)。

す-ろうにん ロ【素浪人】名 ❶まずしい浪人。❷浪人をけいべつしていう語。

スロー ロ〈slow〉名 形動(の) 速度がおそいこと。のろいこ

と。↔クイック。ーカーブ カ〈slow curve〉名 野球で、投手が投げる、ゆるい球速のカーブ。ーダウン ダ〈slow-down〉名自他サ ❶速度をさげること。速度がおちること。❷仕事の能率をさげること。サボタージュ。ーフード フ〈slow food〉名〔ファストフードに対して〕伝統的な食材や料理を見直し、食事の時間を大切にしようとする運動。ーボール ボ/0〈slow ball〉名 野球で、スピードをおとしたゆるやかな投球。ーモー 0 名形動〔「スローモーション」の略〕のろまなこと。ーモーション モ〈slow motion〉名 ❶ゆっくりとした動作。❷高速度で撮影したフィルムを、ふつうの速度で映写するため、うつされたものの動きがゆっくりあらわれる映画など。

スロー-イン 0〈throw in〉名 サッカーやバスケットボールで、コートの外からボールを投げ入れること。

スローイング 0〈throwing〉名 スポーツで、ボールなどを投げること。

スローガン 0〈slogan〉名 ある団体の主張を要約した標語。あいことば。「メーデーの―」

ズロース 0〈drawers〉名 女性用のゆったりした下ばき。

スロープ 0〈slope〉名 傾斜。斜面。

ず-ろく 0【図録】名 図や写真を中心にした記録。また、その本。「美術展の―」

スロット-マシン シ〈ア slot machine〉名 ❶料金投入口のある自動販売機の総称。❷硬貨を入れると絵が回転し、その組合せによって硬貨が出てくる自動とばく機。

スロットル 0〈throttle〉名 機械などの絞り弁。内燃機関などで燃料の吸入量を調節する弁。

スロバ(ヴァ)キア《Slovak》中部ヨーロッパの共和国。第一次大戦後チェコスロバキアとして成立したが、一九九三年チェコと分かれて独立。首都はブラチスラバ。

スロベ(ヴェ)ニア《Slovenia》バルカン半島の北部にある共和国。首都はリュブリャナ。旧ユーゴスラビアから一九九一年独立。

すわ ス〔すは〕感 突然の出来事に驚いたときに出す声。それっ。「―一大事」

ずわい-がに ワ【ずわい×蟹】名 クモガニ科のかに。甲は茶褐色。食用。日本海に産する。まつばがに。えちぜんがに。㊇

すわえ 0【×楚】〔すはえ〕名 木の枝や幹から、まっすぐにはえた若い枝。

すわ-こそ ス〔すは〕感 突然の出来事におどろいたときに出す声。「すわ」を強めて言う語。

スワジランド《Swaziland》➡エスワティニ。

スワッピング ワ〈swapping〉名 複数の夫婦が、合意のもとに互いに相手をかえあってセックスを楽しむこと。

スワップ ワ〈swap〉名〔交換の意から〕異なる通貨や国による金利の差によって生じる債務を交換する取引。スワップ取引。

すわり 0【座り】【×坐り】名 ❶すわること。❷【据わり】置かれた物の安定のぐあい。「―のいいおき物」

すわり-こみ 0【座り込み】【×坐込み】名 ❶すわり込むこと。❷すわり込んで動かないこと。労働運動などの闘争手段の一つ。

すわり-こ・む コ【座り込む】【×坐込む】自五〔マ・モ―ミ・ン―ム―ム―メ―メ〕❶中に入ってすわる。❷ある場所にすわってうごかない。「玄関に―」座り込める 自下一〔…できる〕

すわり-だこ ダ【座りだこ】【×坐り×胼×胝】名 いつもすわっているために足の甲にできたたこ。

すわ・る 0【座る】【×坐る】自五〔ラ・ロ―リ・ッ―ル―ル―レ―レ〕❶ひざを折りまげて席につく。また、いすに腰かける。↕立つ。❷ある地位につく。「会長のいすに―」❸舟が水底について動かなくなる。座れる 自下一〔…できる〕

すわ・る 0【据わる】自五〔ラ・ロ―リ・ッ―ル―ル―レ―レ〕❶ものがしっかりとおちつく。「墓石が―」❷じっとして動かない。「目が―」❸さだまる。どっしりしている。「度胸が―」

スワン ス〈swan〉名 白鳥。㊇

すん【寸】㊀ ス 名 造 ❶尺貫法の長さの単位。一寸は約三・〇三センチメートル。尺の十分の一。分の十倍。「五寸くぎ」❷長さ。「―足らず」「寸法・原寸・採寸」㊁ 造 ごくみじかいこと。すこし。わずか。「寸暇・寸劇・寸評」

すん-いん 0【寸陰】名〔文章語〕わずかな時間。「―をおしむ」

すん-か ス【寸暇】名 すこしのひま。「―を惜しんで勉強する」「―をさく」

すん-かん 0【寸感】名 短いちょっとした感想。

すん-ぎり 0【ずん切り】【▲寸切】名 まっすぐよこに切ること。ずんど切り。わぎり。

ずん-ぐり グ 副 自サ 太って身長の低いようす。「―したからだつき」「―むっくり」

すん-けい 0【寸景】名 身のまわりのちょっとした風景。

すん-げき 0【寸隙】名〔文章語〕わずかなすきま。また、その写真。

すん-げき 0【寸劇】名 短い劇。「幕間の―」

すん-げん 0【寸言】名 ❶短いことば。❷短いながら深い意味のある語。

すん-ごう 0【寸×毫】名〔文章語〕〔「毫」は細い毛の意〕ごくわずかなこと。「―のすきもない」

すん-こく 0【寸刻】名〔文章語〕ほんのちょっとの時間。「―を争う」

すん-し ス【寸志】名〔すこしのこころざしの意〕ほんの心ばかりのおくりもの。参考 おくり物の上書きに使う。

すん-じ ス【寸時】名 ほんのわずかな時間。「―を惜しむ」

すん-しゃく ス【寸尺】名〔文章語〕〔一寸と一尺〕わずかな長さ。「―を争う」

すん-しゃく 0【寸借】名 他サ ごく短期間だけ借用すること。ー詐欺〔さぎ〕サ 名 ちょっと貸してくれといって、人のかねや品物をだましとること。

すん-しゅう《駿州》➡するが(駿河)。

すん-しょ ス【寸書】名〔文章語〕❶短い手紙。❷自分の手紙をいう謙譲語。⇩愚札 参考。

すん-ず《駿豆》駿河〔するが〕の国と伊豆〔いず〕の国。今の静岡県の東半分にあたる。

すん-ずん 0【寸寸】に副 きれぎれ。ずたずた。「―に裂く」

ずん-ずん ズ1 (と)副 行動や仕事が速く進むようす。「―はかどる」

すん-ぜん 0【寸前】名 ❶すぐまえ。直前。「ゴールの―」❷ほんのちょっと以前。直前。「落雷の―」

すんぜん-しゃくま シャ【寸善尺魔】名〔文章語〕世間には、とかくよい事が少なく、わるい事が多いということ。

ずんだ 0 名 枝豆をゆでてすりつぶして調味したもの。「―餅」

すん-たらず タ【寸足らず】名 形動 ❶寸法が足りないこと。「―の反物」❷ふつうのものより少しおとること。

すん-だん 0【寸断】名 他サ ずたずたにたち切ること。「豪雨で鉄道が―された」

すん-ち ス【寸地】名〔文章語〕わずかの土地。

すん-ちょ ス【寸×楮】名〔文章語〕〔「楮」はこうぞで、紙の原料〕❶短い手紙。❷自分の手紙をかしこまって言う語。⇩愚札 参考。

すん-づまり 0/ヅ【寸詰(ま)り】名 形動 寸法がたりな

いこと。「―の上着」

すん-てつ ⓪ス【寸鉄】名 文章語 ❶小さいはもの。「身に―もおびず」❷短くて深い意味のこもった語。警句。 **―人を刺す** 警句が人の急所をつく。

すんで-に ス/デ 副 もうすこしで、そうなりそうだったことにいう。あやうく。すんでのことに。「―落ちるところだった」

すんで-の-ことに 連語 もうちょっとで。すんでに。

すん-ど ス【寸土】名 文章語 ごくわずかの土地。尺地。尺土。「―を死守する」

ずん-と ズ 副 はなはだしく。ずっと。「―値が高い」

ずん-どう ⓪【▲寸胴】名 ❶ずんど切り。わぎり。❷上から下まで太さが同じこと。太くて、かっこうのわるいことにいう。「背がひくく―だ」

ずんど-ぎり ⓪【ずんど切り】【▲寸▲胴切】名 ❶↓ずんぎり。❷ふしの一つついた竹の花筒。❸古木の幹を下だけ残して切り、茶室の庭などに植えてかざるもの。

すん-どめ ⓪【寸止め】名 剣道・空手などで、突きや蹴りの技を相手のからだにとどく直前でとめること。

ずん-なが・る【▲順流る】自下二 古語 ❶さかもりで、さかずきが順々にまわる。「大御酒あまたたび、ずんながれて」〈源氏〉❷詩歌を順々にうたう。

すんなり ナ 一 (と)副 自サ ❶すらりとしたようす。「―したからだつき」❷すなおなようす。「―した性質」 二 (と)副 すらすらと。あっさりと。「交渉は―おわった」

すん-びょう ⓪【寸秒】名 ごくわずかな時間。「―を争う」

すん-びょう ⓪【寸描】名 短い描写。スケッチ。「人物―」

すん-ぴょう ⓪【寸評】名 短い批評。

すんぷ《駿府》江戸時代、駿河国の国府のこと。今の静岡市。

すん-ぶん ⓪【寸分】一 名 (一寸一分の意から)ほんのすこし。いささか。「―のすきもない」 二 副 すこしも。「―たがわぬ」‖すんぷん。参考 下に打ち消しの言い方がくる。

ずんべら-ぼう ラ 俗語 一 名 のっぺらぼう。 二 名 形動 ずぼらでしまりのないこと。また、その人。

すん-ぽう ⓪【寸法】名 ❶長さ。「服の―をとる」❷もくろみ。計画。「ひともうけしようという―だ」

すん-れつ ⓪【寸裂】名 自他サ 文章語 こまかく裂けること。また、裂くこと。

すん-わ ⓪【寸話】名 短いはなし。「名士の―をあつめる」

せ

セ

せ：「世」の草体。
セ：「世」の草体から。

せ【世】造 ❶よ。よのなか。社会。「世界・世間・世評・現世・出世・来世」❷生きている期間。一生。一代。「世代・世襲・一世一代」「親子は一世、夫婦は二世、主従は三世」[別音せい｜世]

せ【施】造 ❶ほどこす。あたえる。「施主・施療・布施」❷おこなう。「施工」[別音し｜施]

せ セ【背】名 ❶せなか。動物の胸腹部のうしろで、首からしりまでの部分。❷うしろ。うら。かげの方。「がけを―にした家」❸せなかのようなところ。「山の―」❹せい。せたけ。身長。「―が高い」 **―に腹は代えられぬ** たいせつなことのためには、ほかのことなどかまっていられない。 **―を向ける** そむく。したがわない。

せ セ【▲畝】名 尺貫法の土地の面積の単位。三十歩(三十坪)。約一アール。一反の十分の一。

せ ⓪/セ【瀬】名 ❶川や海の浅いところ。浅瀬。↕ふち。❷流れの急な所。早瀬。❸時機。チャンス。「あう―を待つ」❹立場。場所。「立つ―がない」

せ【▲兄・▲夫・▲背】名 古語 女性からおっと・愛人・男の兄弟などの男性をしたしんでよんだ語。↕いも。「刈りばね(切り株)に足踏ましむな沓はけ我が背」〈万葉〉

ぜ ゼ【是】名 造 ❶正しいこと。よいこと。正。「彼の主張を―とする」「是正・是認・是非・是是非非」↕非。❷正しいと決めたこと。「国是・社是」 **―が非でも** むりにでも。なんでもかでも。ぜひとも。「―やりぬく」

ぜ 助 (終助詞。男性語。活用語の終止形につく。「ぞえ」の変化)軽く、念をおす語。「行こう―」

ぜあみ《世阿弥》一三六三？-一四四三？。名は観世元清。父観阿弥の後を継いで能楽を大成した。能作品に「忠度」「井筒」、能楽論に「風姿花伝」「花鏡」など。

せい【井】造 ❶い。いど。「井蛙・油井」❷いげたのかたち。「井然・井目」❸まちなか。「市井」

せい【世】一 造 ❶よ。よのなか。社会。「厭世・救世・処世」❷長い時間の単位。「世紀・永世」❸歴史の時代区分。「近世・中世」❹人の一生。「隔世・早世」❺地質時代の区分。「洪積世」 二 接尾 同一の名の人物が何人目かを数える語。「ナポレオン三―・十一―市川団十郎」[別音せ｜世]

せい【成】造 ❶なる。しあがる。できあがる。「成長・成立・完成・集成・老成」❷なす。しとげる。「成功・成算・成績・作成・達成・養成」[別音じょう｜成]

せい【西】造 ❶にし。「西部・西方・西洋・南西・偏西風」❷西洋。ヨーロッパ。「西紀・西暦・泰西」❸「西班牙(スペイン)」の略。「米西戦争」[別音さい｜西]

せい【声】造 ❶こえ。「声帯・声量・音声・肉声・発声」❷こえを出す。のべる。「声援・声明」❸うわさ。よい評判。「声価・声望・英声・名声」❹漢字音の一部分やアクセント。「声母・四声・上声」❺ふし。音階。「声部・和声」

せい【征】造 うつ。戦いにゆく。「征夷・征伐・征服・遠征・出征」

せい【青】造 ❶あお。あおい。「青天・青松・青銅・丹青」❷わかい。「青春・青年」

せい【斉】一 造 ひとしい。そろっている。そろえる。「斉一・斉唱・一斉・均斉・整斉」 二 セ 名 古代中国の国の名。「斉東野人」

せい【政】造 ❶ととのえおさめる。「政治・家政・財政」❷まつりごと。政治。「政界・政策・政党・悪政・圧政」

せい【星】造 ほし。「星座・星雲・流星・南十字星」

せい【牲】造 いけにえ。「犠牲」

せい【省】造 ❶かえりみる。「省察・内省・反省・猛省・人事不省」❷はぶく。のぞく。「省文」❸みまう。「帰省」[別音しょう｜省]

せい【凄】造 すごい。すさまじい。ぞっとする。「凄惨・凄絶・凄愴」

せい【逝】造 ゆく。人が死ぬ。「逝去・急逝・長逝・夭逝」

せい【清】造 ❶きよい。けがれがない。「清潔・清純・清流・血清」❷きよめる。きれいにする。「清算・清書・清掃・河清・粛清」❸すがすがしい。「清夜・清涼」❹相手の状態を高めて言うことば。「清栄・清祥」

せい【盛】造 さかる。さかん。「盛夏・盛会・盛況・全盛・隆盛」[別音じょう｜盛]

せい【婿】造 むこ。「女婿」

せい【晴】造 はれる。「晴雨・晴天・晴朗・陰晴・快晴」

せ

せい【×棲】造 すむ。くらす。「棲息・隠棲・共棲・同棲」

せい【誠】造 まこと。まごころ。「誠意・誠実・至誠・丹誠・忠誠」

せい【製】造 ❶つくる。こしらえる。「製作・製造・製品・既製・調製・特製」❷つくった材料をあらわす。「紙(かみ)製・陶製・金属製」❸つくった場所をあらわす。「外国製・自家製・フランス製」

せい【誓】造 ちかう。心から約束する。「誓願・誓詞・誓約・祈誓・宣誓」

せい【請】造 ❶こう。ねがう。もとめる。「請願・請求・申請・奏請・要請」❷まねく。「招請」

せい【整】造 ととのえる。そろえる。ととのう。「整形・整備・整列・均整・修整・調整」

せい【醒】造 さめる。気分がすっきりする。「警醒・覚醒」

せい【正】㊀ セ 名造 ❶ただしいこと。是。「正解・正当・正確・適正・不正」↕邪。❷主となるもの。正式。「正使・正議長」↕副。❸書物で中心になる方。「正編」↕続。❹〔数〕プラス。「正数」↕負。㊁ 造 ❶本格の。「正位置・正社員」↕副。❷ゆがみのない。「正方形・正三角形」❸ただす。「正誤・改正・修正・訂正」［別音しょう｜正］

せい【生】㊀ セ 名造 ❶いきること。「—ある間」「生死・生存・生物・長生」↕死。❷いのち。「この世に—をうける」「生命・衛生・人生」❸毎日の暮らし。なりわい。「—をいとなむ」「生活・生業・生計・共生・民生」㊁ 造 ❶そだつ。「生育・生長・寄生・多年生」❷うむ。うまれる。「生産・生殖・派生・発生」❸学ぶ人。「生徒・学生・研究生・聴講生・優等生」❹なま。いきいきする。「生硬・生彩・生食・生鮮」㊂ 接尾 男子が自分を改まって言う語。「田中生」［別音しょう｜生］

せい【制】㊀ セ 名造 ❶きまり。さだめ。さだめる。「制定・制度・制令・規制・体制・法制」❷システム。方式。「市制・税制・兵制・定年制・二院制・変動相場制」㊁ 造 ❶おさえる。禁じる。「制圧・制御・制限・強制・抑制」❷つくる。「制作・編制」 **制する** 他サ

せい【姓】セ 名造 ❶みょうじ。氏(うじ)。「姓名・改姓・旧姓・同姓」❷かばね。

せい【性】㊀ セ 名造 ❶生まれつきそなわっているもの。たち。さが。「習い、—となる」「性質・性向・個性・天性・本性」❷男と女、雄と雌の区別。「—の違い」「性別・性差別・異性・両性」❸異性間あるいは同性間にみられる肉体的結合を求めあう本能。セックス。「—の目ざめ」「性欲・性交・性教育・性風俗」㊁ 造 接尾 ❶物事にそなわる特徴・傾向。「急性・酸性・母性・金属性・植物性・神経性」❷あることの程度・度合い。「可能性・危険性・積極性・独自性・普遍性」㊂ セ 名 〔genderの訳語〕印欧語の名詞・代名詞・冠詞などにみられる文法的性質による区別。［別音しょう｜性］

せい【勢】㊀ セ 名造 兵力。人数。「攻め手の—二万余」「総勢(そうぜい)・多勢(たぜい)・無勢(ぶぜい)」㊁ 造 ❶いきおい。「勢力・虚勢・優勢」❷ようす。なりゆき。ありさま。「運勢・形勢・国勢・情勢」❸伊勢(旧国名)のこと。「勢州・紀勢本線」

せい【聖】㊀ セ 名造 ❶知徳が特にすぐれて、いつまでも人々にあがめられること。また、その人。ひじり。聖人。「—フランシスコ」「聖賢・聖哲・楽聖・棋聖」❷もっともきよく高いこと。神聖。「—なる地」「聖域・聖火・聖職」㊁ 造 ❶キリスト教に関することがらにいう語。「聖書・聖母・聖夜・聖霊」❷天子に関することがらにいう語。「聖恩・聖旨」 **聖なる** 連体

せい【精】㊀ セ 名造 ❶くわしいこと。精細。精密。「—をつくした地図」↕粗。❷まじりけのないこと。「日本美術の—」「精鋭・精粋・精髄・精肉・酒精」❸こまかくたくみなこと。「—をきわめる」「精巧・精緻」❹気力。元気。「—いっぱいの努力」「精魂・精神・精力・強精・丹精」❺たましい。「木の—」「精霊・妖精」㊁ 造 ❶余分なものを除く。白くする。「精製・精白・精米」❷はげむ。「精勤・精励」❸生命の根源となる雄性のもの。「精液・精子・射精・受精」 **—が出(で)る** はげんではたらく。 **—も根(こん)も尽(つ)きる** 物事をやろうとする精力も根気も使い果たしてしまう。 **—を入(い)れる** 心をこめる。念を入れる。 **—を出(だ)す** けんめいにはたらく。

せい【静】セ 名造 しずかなこと。うごかないこと。「—と動」「静観・静止・静養・安静・鎮静・冷静」↕動。

せい【背】セ 名 せたけ。身長。せ。「—くらべ」

せ-い【▲所為】セ 名 その人の行為からおこった結果。そのことによる結果。「倒れたのは風の—だ」

ぜい【×脆】造 もろい。よわい。「脆弱」

ぜい【税】ゼ 名造 公共の費用にあてるため国や地方公共団体が、国民・住民からとりたてるかね。「税額・税金・税収・課税・増税・納税・消費税・相続税」

ぜい【×贅】ゼ 名造 ❶むだ。「—をはぶく」「贅言・贅肉」❷ぜいたく。「—をつくす」

ぜい【▲勢】ゼ 名 兵力。「敵の—」

せい-あい【性愛】0 名 異性または同性の間の性本能による愛。

せいあく-せつ【性悪説】ア 名 中国の荀子(じゅんし)がとなえた、人の性質は生まれつき悪であるとする説。↕性善説。

せい-あつ【制圧】0 名 他サ おさえつけて自由にさせないこと。「反対党を—する」

せい-あつ【征圧】0 名 他サ おさえつけて、完全に力を失わせること。「がん—月間」

せい-あん【成案】0 名 できあがった考え。また、それを書いたもの。

せい-い【征衣】セ 名 〔文章語〕❶いくさに出ていくときの軍服。❷旅のころも。旅じたく。

せい-い【勢威】セ 名 〔文章語〕権勢と威力。いきおい。強い力。

せい-い【誠意】セ 名 まごころ。「—をつくす」

せい-いき【西域】0 名 ❶中国の西方の地域。中央アジア・西アジアなど。❷⬇さいいき。

せい-いき【声域】0 名 人が歌える声の最高から最低までの範囲。「—の広い歌手」

せい-いき【聖域】0 名 ❶神仏に関した、けだかくきよい地域。❷侵してはならない神聖な地域。また、他者がふみこんではいけない領域のたとえ。「—なき改革」

せい-いく【成育】0 名 自サ そだって大きくなること。参考 学術用語では「成育」は動物に、「生育」は植物に使う。

せい-いく【生育】0 名 自他サ うまれそだつこと。また、うみそだてること。⇩成育 参考。

せいい-たいしょうぐん【征×夷大将軍】セ=ショ 名 ❶奈良・平安時代、東国のえぞ征伐につかわされた者の臨時の官名。❷武家時代の、幕府のかしらの職名。将軍。

せい-いつ【斉一】0 名 形動(の) ひとしいこと。そろっていること。「—な服装」

せい-いっぱい【精一杯】イ2 副 形動(の) 努めて限界に及ぶこと。また、そのようす。力いっぱい。

せい-いん【正員】0 名 ただしい資格のある人。「使節団の—」↕客員。

せい-いん[0]【成因】名 できあがらせたもとの力。成立の原因。「水成岩の―」

せい-いん[0]【成員】名 団体を構成する人。また、その人数。

せい-う[セ]【晴雨】名 はれとあめ。晴天と雨天。「―兼用」 **―計**(けい)[0]名 気象観測に使う気圧計。バロメーター。

セイウチ[0]〈ˢsivuch〉名 セイウチ科の哺乳(ほにゅう)類。北極海にすむ。体長は約四メートル。四肢はひれ状で、巨大なきばをもつ。海馬。海象(かいぞう)。

せい-うん[0]【青雲】名〔文章語〕❶晴れた空。青空。❷立身出世。**―の志**(こころざし) 高位高官になろうとする心。立身出世をしたいと願う心。

せい-うん[0]【星雲】名 かすかに光る雲のように見える天体。星の集まりから成るものと、ガス状の物質から成るものとがある。主として銀河系内のガス状の物質から成るものをいう。

せい-うん[0]【盛運】名 さかえる運命。↔衰運。

せい-えい[0]【清栄】名〔文章語〕人が元気で、その仕事もうまくいっていることを祝っていう語。「ご」をつけて手紙に使う。⇩健勝 参考。

せい-えい[0]【精鋭】名 すぐれていること。また、その人・兵士。よりすぐり。「少数―主義」

せい-えき[セ/0]【精液】名 おすの生殖器から分泌(ぶんぴつ)される、精子をふくむ乳状の液。

せい-えん[0]【盛宴】名〔文章語〕さかんな宴会。「―を張る」

せい-えん[0]【製塩】名 しおをつくること。「―業」

せい-えん[0]【声援】名 他サ 声をかけてはげまし、勢いをつけること。「―を送る」

せい-えん[0]【凄艶】名 形動 ぞっとするほど、うつくしいこと。「―な美人」

せい-えん[0]【清艶】【清×婉】名 形動 すがすがしくうつくしいこと。清らかでうつくしいこと。「―な容姿」

せい-おう[0]【西欧】名 ❶ヨーロッパの西部、イギリス・フランス・オランダなどの地方。↔東欧。❷欧州。ヨーロッパ。

せい-おん[0]【声音】名 こえ。音声。

せい-おん[セ]【清音】名 ❶濁点・半濁点をつけないカ・サ・タ・ハ行のかながあらわす音。無声音k・s・t・hなどと母音との結合。↔濁音・半濁音。❷すんだ音色(ねいろ)。

せい-おん[0]【聖恩】名〔文章語〕天皇のめぐみ。

せい-おん[0]【静穏】名 形動 しずかで、おだやかなこと。

せい-か[セ]【正価】名 かけねなしの値段。「現金―」

せい-か[セ]【正貨】名 それ自身で、実質上の値うちをもつ貨幣。本位貨幣。

せい-か[セ]【生花】名 ❶草や木に咲いたはな。↔造花。❷いけばな。

せい-か[セ]【正課】名 正規の科目。「―の授業」

せい-か[セ]【生家】名 ❶うまれたいえ。❷実家。

せい-か[セ]【成果】名 ❶できあがった結果。❷よい結果。「―をあげる」

せい-か[セ]【声価】名 ひょうばん。名声。「―を高める」

せい-か[セ]【青果】名 野菜とくだもの。「―市場」

せい-か[セ]【斉家】名〔文章語〕家庭をおさめととのえること。

せい-か[セ]【盛夏】名 夏のいちばん暑いころ。㊂夏 ↔初夏・晩夏。

せい-か[セ]【聖火】名 ❶神にそなえるきよい火。❷オリンピック大会のとき、ギリシャのオリンピアからはこんで、競技場にともす火。「―リレー」

せい-か[セ]【聖歌】名 ❶神にささげるうた。❷賛美歌(さんびか)。

せい-か[セ]【精華】名 もっともすぐれたところ。真髄。「現代美術の―」

せい-か[セ]【製菓】名 菓子をつくること。「―業」

せい-か[セ]【製靴】名 くつを作ること。「―会社」

せい-か[セ]【請暇】名〔文章語〕休暇を願いでること。

せい-か[セ]【×臍下】名〔文章語〕へそのした。下腹。**―丹田**(たんでん)[セ]名 へその下三寸(約九センチメートル)のあたりのところ。ここに力を集めると、勇気と健康を生じるという。たんでん。

せい-が[セ]【清華】名 昔、摂家(せっけ)についで、大臣・大将になれた家がら。清華家。

せい-が[セ]【清雅】名 形動〔文章語〕きよらかで上品なこと。

せい-かい[セ]【正解】名 他サ ❶ただしい解釈。ただしい解答。正答。「―を出す」❷結果として適切な判断・選択だと思われること。「この店にして―だった」

せい-かい[0]【政界】名 政治の社会。政治家の世界。

せい-かい[0]【盛会】名 さかんな会合。「ご―を祈る」

せい-かい[0]【精解】名 くわしく解釈すること。くわしい解釈。↔略解(りゃっかい)。

せいがい【×謦咳】「けいがい」のあやまり。

せいかい-けん[カ]【制海権】名 軍事・通商などの面で、海上を支配する権力。海上権。↔制空権。

せいがいは[ガ]【青海波】名 ❶舞楽の一つ。もと中国の青海地方の風俗舞踊。❷「青海波❶」の舞曲を舞う人の衣装につかう、波のような模様。❸清元(きよもと)の一つ。

青海波❷

せいかがく[カ]【生化学】名 生物をつくっている物質や生物の生命現象などを、化学的に研究する学問。

せい-かく[0]【正格】名 ただしい規則・ていさい。↔変格。**―活用**(かつよう)[カ²]名 動詞の活用で、文語では四段、上一段、上二段、下一段、下二段、口語では五段、上一段、下一段の各活用をいう。↔変格活用。

せい-かく[0]【性格】名 ❶その人の考えや感情のあり方に見られる特徴的な傾向。個性。性質。「やさしい―」「―が合わない」❷ある物事に特有の傾向。「問題の―が変わる」⇩性質 参考。**―俳優**(はいゆう)[ハ]名 個性的な役柄をうまく演じる俳優。

せい-かく[0]【政客】名〔文章語〕政治にたずさわる人。政治家。せいきゃく。

せい-かく[0]【正確】名 形動 要求される基準にぴたりと合うこと。「―を期する」「―な時刻」「―に伝える」

せい-かく[0]【精確】名 形動 くわしくてたしかなこと。「―な解釈」

せい-がく[0]【声楽】名 人のこえによる音楽。↔器楽。**―家**(か)[0]名 声楽を専門とする人。歌手。

せい-がく[0]【聖楽】名 キリスト教の音楽。

ぜい-がく[0]【税額】名 税金のたか。

せい-かぞく[カ]【聖家族】名 キリスト教で、イエス-キリストと聖母マリアおよび養父ヨセフの三人の家族。神聖家族。

せい-かつ[0]【生活】名 自サ ❶生物が生命を維持し活動すること。「昆虫の―」「熱帯林で―する動物」❷人が社会的・経済的な活動の基盤としての地域を形成し、毎日を送ること。「―の場」「―を楽しむ」「―設計」「学校―」⇩暮らし 参考。**―科**(か)[0]名 小学校でおしえる教科の一つ。低学年で社会科と理科を統合して学習させる教科。一九八九年の学習指導要領改正で設けられた。**―給**(きゅう)[ツ]名 労働者の生活費を基準として支払う給料。↔能率給・能力給。**―協同組合**(きょうどうくみあい)[ク]名 生産者と直結し、日常の品をやすく手に入れ、組合員の生活を高めようとする団体。消費組合。生協。―苦（く）［ツ］［名］収入不足による生活の苦しみ。貧苦。―権（けん）［ツ］［名］社会の各人が人間らしく最低限度の生活を営む権利。生存権。「―の侵害」［参考］日本国憲法第二十五条はこれを保障。―者（しゃ）［ツ］［名］社会で普通の暮らしをする人。庶民。市民。［参考］生産者（企業）に対して、生活を重視する立場からつくられた語。―習慣（しゅうかん）病（びょう）［0］［名］食事・飲酒・喫煙など、生活習慣に原因のある病気の総称。がん・糖尿病・高血圧・肝疾患など。成人だけでなく若い世代をも含めた名称。―×綴（つづ）り方（かた）［カ］［名］生活をありのままに表現するつづり方教育運動。また、それによる作品。―難（なん）［ツ］［名］生活することのむずかしさ。生活苦。―年齢（ねんれい）［ネ］［名］暦（れき）年齢。―排水（はいすい）［ハ］［名］日常生活で、台所・便所・浴室などから河川などの公共用水域あるいは下水道に排出される汚水。―反応（はんのう）［ハ］［名］生きている生物体が損傷などを受けたときおこす、からだの反応変化。―費（ひ）［ツ］［名］生活していくために必要な金。衣食住に必要な金。統計的に基準を設ける場合は「生計費」という。―保護（ほご）法（ほう）［0］［名］国が生活に困っている国民の最低限度の生活を保障し、その自立を助長するために保護をおこなうことを規定した法律。

せい-かっこう［カ］【背格好】［名］⬇せかっこう。

せいかつのたんきゅう《生活の探求》島木健作の長編小説。一九三七年刊行。続編を翌年発表。転向文学の代表作の一つ。

せいか-ぶつ［カ］【青果物】［名］野菜とくだもの。青果。

せい-かん［0］【性感】［名］性的な刺激によっておこる、興奮や快感。「―帯」

せい-かん［0］【清鑑】［名］〔文章語〕見わける力のすぐれていること。自分の詩文などを人に見てもらうときにいう。「ご―を請う」

せい-かん［0］【盛観】［名］すばらしいありさま。さかんな見もの。「―を呈する」

せい-かん［0］【生還】［名］［自サ］❶いきてかえること。「奇跡の―」❷野球で走者が本塁にかえって得点をあげること。ホームイン。

せい-かん［0］【制汗】［名］［自サ］発汗をおさえること。「―スプレー」

せい-かん［0］【静観】［名］［他サ］行動に出ないで、成り行きを見まもること。「状況を―する」

せい-かん［0］【清閑】［名］［形動］〔文章語〕世間の俗事にわずらわされないで静かなこと。「ご―をさまたげて恐縮です」

せい-かん［0］【精×悍】［形動］ダロ・ダッ・デ・ニ ダ・ナ・ナラ・○ 動作や顔つきがするどく勇ましいようす。「―な顔つき」

せい-がん［0］【正眼・青眼】［名］剣道で、相手の目に剣先をむけてかまえること。中段のかまえ。

せい-がん［0］【西岸】［名］にしがわのきし。↔東岸。

せい-がん［0］【青眼】［名］〔文章語〕好意をもった目つき。↔白眼。［参考］中国の晋（しん）の阮籍（げんせき）は、好ましい人へは青眼、好まぬ人へは白眼をもって迎えたという故事による。

せい-がん［0］【晴眼】［名］はっきり見える目。「盲目」「視覚障害」に対していう。

せい-がん［0］【誓願】［名］［他サ］❶神仏にちかいねがうこと。願がけ。❷仏や菩薩（ぼさつ）が衆生（しゅじょう）をすくおうとするねがい。

せい-がん［0］【請願】［名］［他サ］国会・政府・地方公共団体や上位の人などに対して文書で希望を申し出ること。

ぜい-かん［0］【税関】［名］すべての輸出入貨物を監視して、不正のとりしまりや課税などの事務にあたる役所。

せいがん-ざい［ガ］【制×癌剤】［名］がん組織の発達・転移をさまたげる働きをもつ薬。抗がん剤。

せい-かんせんしょう［セ/0］【性感染症】［名］性交などにより感染する病気。クラミジア感染症・梅毒など。性行為感染症。STD.

せい-き［セ］【世紀】［名］❶相当の長さにわたる年。年代。時代。「原子力の―」❷紀元元年（がんねん）から百年ずつを一くぎりとする年代のくぎり。センチュリー。❸（「―の」の形で）一世紀にたった一度というような、すばらしい。「―の盛典」 ―末（まつ）［キ］［名］ある世紀の終わりごろ。特に、一九世紀の末ごろ、ヨーロッパ、特にフランスで退廃的・懐疑的な傾向が広まった時期。「―的雰囲気」

せい-き［セ］【正気】［名］〔文章語〕（「しょうき」と読めば別語）天地にみなぎる、ただしく大きな気。正大の気。

せい-き［セ］【生気】［名］生命の躍動する力。元気。活気。「―があふれる」

せい-き［セ］【西紀】［名］西洋紀元。西暦。

せい-き［セ］【性器】［名］生殖器。

せい-き［セ］【×旌旗】［名］〔文章語〕はた。

せい-き［セ］【清規】［名］〔文章語〕❶会則などをたたえていう語。❷〔仏〕⬇しんぎ。

せい-き［セ］【盛期】［名］さかりのとき。「りんご収穫の―」

せい-き［セ］【精気】［名］❶万物をつくりだす気。❷事をしとげる力。精力。❸精神と気力。❹たましい。❺霊気。精霊。

せい-き［セ］【生起】［名］［自サ］〔文章語〕おこってくること。生じること。「困難な問題が―する」

せい-き［セ］【正規】［名］［形動(の)］ただしい規則。また、それにあっていること。「―の手続き」

せい-ぎ［セ］【正義】［名］ただしいすじみち。正道。「―派」

せい-ぎ［セ］【盛儀】［名］盛大な儀式。

せい-ぎ［セ］【精義】［名］くわしい意義。くわしい講義。

せいぎ【猜疑】「さいぎ」のあやまり。

せい-きゅう［0］【制球】［名］野球で、投手がねらいどおりにボールを投げること。コントロール。「―力」

せい-きゅう［0］【請求】［名］［他サ］当然受けとるべきものを、相手にもとめること。「代金を―する」⇩要求［参考］。―書（しょ）［0］［名］金銭の支払いをもとめる文書。

せい-きゅう［0］【性急】［名］［形動］気みじか。せっかち。短気。「―に過ぎる」

せい-きょ［セ］【盛挙】［名］すばらしくさかんなくわだて。盛大な計画・事業。

せい-きょ［セ］【逝去】［名］［自サ］人が死ぬこと。かなり改まった言い方。「元首相―の報」［参考］報道用語として社会的地位の高い人に用いられる。⇩死ぬ［参考］。

せい-ぎょ［セ］【生魚】［名］❶生きている、うお。❷なまの、さかな。❸あたらしい、さかな。

せい-ぎょ［セ］【成魚】［名］じゅうぶんに成長したうお。↔幼魚・稚魚（ちぎょ）。

せい-ぎょ［セ］【制御】【制×禦・制×馭】［名］［他サ］❶おさえて、思うままにすること。「はやる心を―する」❷機械がただしく作動するように調整すること。「自動―」

せい-きょう［セ］【正教】［名］❶正しいおしえ。正しい宗教。↔邪教。❷ギリシャ正教。

せい-きょう［0］【生協】［名］「生活協同組合」の略。

せい-きょう［セ］【政教】［名］〔文章語〕政治と宗教。「―の分離」

せい-きょう［0］【清興】［名］〔文章語〕上品なたのしみ。

せい-きょう［0］【盛況】［名］さかんなありさま。活気のあふれているようす。「会場は満員の―」

せい-きょう［0］【聖教】［名］❶聖人のおしえ。儒学のおしえ。❷キリスト教。

せい-きょう [0]【精強】[名][形動] すぐれてつよいこと。

せい-ぎょう [0]【正業】[名] まじめな職業。「—につく」

せい-ぎょう [0]【生業】[名] 生活するための職業。なりわい。

せい-ぎょう [0]【成業】[名]〔文章語〕学業や、事業をなしとげること。「ご—おめでとう」

せい-ぎょう [0]【盛業】[名]〔文章語〕さかえている事業。「ご—を祝す」

せい-ぎょう [0]【聖業】[名] ❶神聖な事業。❷天子の事業。

せい-きょういく [キョ]【性教育】[名] 性についてのただしい知識をあたえる教育。

せい-きょうかい [キョ]【正教会】[名] 欧州東部にひろまった旧教のキリスト教会の一つ。ギリシャ正教会。

せい-きょうと [キョ]【清教徒】[名] 一六世紀後半に、英国教会に対抗しておこった新教徒の一派。ピューリタン。

せい-ぎょ-き [ギョ]【盛漁期】[名] 漁業のいそがしい時期。せいりょうき。↕きゅうぎょき。

せい-きょく [0]【政局】[名] 政治のなりゆき。「—の緊迫」

せい-ぎょく [0]【青玉】[名] あおくすきとおった鋼玉。サファイア。

せい-きん [0]【精勤】[名][自サ] つとめや仕事にはげむこと。精励。「—手当」

ぜい-きん [0]【税金】[名] 税としておさめるかね。

せいきん-は [0]【星×菫派】[名] 星やすみれにことよせて、ロマンチックな恋愛をうたう詩人たち。[参考] 明治末期の「明星」派の歌人たちをさす言い方から。

せい-く [0]【成句】[名] ❶二語以上からでき、まとまった意味をもつことば。イディオム。慣用句。❷ことわざ。

せいくう-けん [ク]【制空権】[名] 航空機によって、軍事面で空中を支配する力。「—をにぎる」↕制海権。

せい-くらべ [ク]【背比べ】[名] 背の高さをくらべること。たけくらべ。「どんぐりの—」

せい-くん [0]【請訓】[名][自サ] 外国にいる外交官などが、本国政府に訓令をこうこと。↕回訓。

せい-けい [0]【正系】[名] 正しい系統。まじりけのない血すじ。↕傍系。

せい-けい [0]【生計】[名] 世の中に生きて、日々をすごしてゆく手段・方法。「—を立てる」⇩暮らし [参考]。—費(ひ) [ケ] [名] ➡生活費。

せい-けい [0]【西経】[名] イギリスのグリニッジ天文台跡を通る本初子午線(ほんしょしごせん)を零度とし、西のほうへ一八〇度まではかった経度。↕東経。

せい-けい [0]【政経】[名] 政治と経済。

せい-けい [0]【整形】[名][他サ] 形を整えること。「顔の—をする」—外科(げか) [ゲ] [名] 骨や関節の機能障害や奇形を治療・予防する臨床医学の一分野。⇩成形 [参考]。

せい-けい [0]【成形】[名][自他サ] かたちをつくること。「胸郭(きょうかく)—術」[参考] 運動器官の手術は、「整形外科手術」。肺結核のための胸部の手術は、「成形術」。

せい-けい [0]【成型】[名][自他サ] かたにはめて、おして形をつくること。—肉(にく) [ケ] [名] 加工によって出た肉片などを集め、人工的に結着して形を整えた食用肉。

せい-けつ [0]【清潔】[名][形動] ↕不潔。❶よごれがなく、きれいなこと。❷おこないが正しく、うしろぐらいところのないこと。「—な服装」「—な政治家」

せい-けん [0]【生検】[名] 体内の組織の一部を採取して異常の有無を調べること。

せい-けん [0]【生絹】[名] ❶練ってないきぬ。きぎぬ。❷すずし。

せい-けん [0]【生繭】[名]〔文章語〕なまのまゆ。↕乾繭(かんけん)。

せい-けん [0]【成犬】[名] (人間でいう大人ほどに)成長した犬。

せい-けん [0]【制憲】[名] 憲法を制定すること。

せい-けん [0]【政見】[名] 政治についての意見。「—放送」

せい-けん [0]【政権】[名] 国の政治をおこなう権力。「—を握る」

せい-けん [0]【聖賢】[名] 聖人と賢人。

せい-げん [0]【西×諺】[名]〔文章語〕西洋のことわざ。

せい-げん [0]【誓言】[名][自サ]〔文章語〕ことばでちかうこと。ちかいのことば。せいごん。

せい-げん [ゲ]【制限】[名][他サ] みとめられる限度をきめること。また、きめられた限度。「—を破る」「運動時間を—する」

ぜい-げん [0]【税源】[名] 税金をとりたてるもとになる所得・財産。

ぜい-げん [0]【×贅言】[名][自サ]〔文章語〕むだなことば。贅語。「—を要しない」

せい-ご [0]【×鮬】[名] すずきの幼魚。体長二〇センチメートル前後のもの。[秋]

せい-ご [セ]【正誤】[名] ❶正しいこととあやまり。❷あやまりの文字・文章を訂正すること。「—表」

せい-ご [0]【生後】[名] うまれてのち。「—三か月」

せい-ご [0]【成語】[名] ❶昔の人がつくり、ずっと言いならわされてきたことば。成句。「故事—」❷二語以上まとまってできたことば。熟語。複合語。合成語。

ぜい-ご [0][名] ➡ぜんご。

ぜい-ご [0]【×贅語】[名]〔文章語〕贅言(ぜいげん)。

せい-こう [0]【正×鵠】[名]〔文章語〕「せいこく」の慣用読み。

せい-こう [0]【西郊】[名]〔文章語〕↕東郊。❶西の郊外。❷秋の野。

せい-こう [0]【性向】[名] 性質。気質。

せい-こう [0]【性行】[名] 人の性質とおこない。

せい-こう [0]【政綱】[名] 政治の大きな方針。政策のもとになる基本的な方針。

せい-こう [0]【清光】[名]〔文章語〕❶きよらかなひかり。❷月のひかり。

せい-こう [0]【清香】[名]〔文章語〕きよらかなかおり。

せい-こう [0]【精鋼】[名] 鋼鉄を精錬すること。また、精錬された鋼鉄。

せい-こう [0]【成功】[名][自サ] ❶ことをうまくなしとげること。❷出世したり金持ちになったりすること。—体験(たいけん) [タ] [名] 過去に成功したときの体験。—報酬(ほうしゅう) [ホ] [名] 依頼された物事を成しとげた場合に支払われる報酬。

せい-こう [0]【性交】[名][自サ] 異性間または同性間の肉体的なまじわり。交合。セックス。

せい-こう [0]【盛行】[名][自サ] 世に盛んに行われること。「自然主義—の時期」

せい-こう [0]【製鋼】[名][自サ] 原料から鋼鉄をつくること。

せい-こう [0]【生硬】[名][形動] 態度や文章などが未熟で、かたい感じであること。「—な訳文」

せい-こう [0]【精巧】[名][形動] しくみがこまかく、たくみにできていること。「—な機械」

せい-ごう [0]【正号】[名] 正数をしめす記号。プラス。「+」↕負号。

せい-ごう [0]【整合】[名][自他サ]〔文章語〕❶きちんと合うこと。また、合わせること。❷理論の内容に矛盾がないこと。

せい-こうい [コ]【性行為】[名] 性的な欲求を満たすための行為。特に、性交のこと。

せいこう-うき [ウ]2【晴好雨奇】[名]〔文章語〕晴れでも雨で

もけしきがよいこと。

せいこう-うどく ウ2【晴耕雨読】名 晴れた日には田畑をたがやし、雨の日には書物を読むこと。俗事にわずらわされない、ゆうゆうとした生活のこと。

せい-こうかい ヨ【聖公会】名 英・米のキリスト教会が、合同して日本にもうけた、新教の教会。日本聖公会。

せい-こうどう ヨ【性行動】名 性的な行動の総称。「実験用マウスの—」

せいこう-とうてい ０【西高東低】名 西部の気圧がたかくて、東部の気圧がひくい気圧配置。日本付近では冬季によくみられる。日本海側は雪か雨、太平洋側は晴れとなる。↕東高西低。

せいこう-ほう ヨ【正攻法】名 奇計を用いず、正々堂々と攻めるやりかた。「—を取る」「—でいく」

せい-こく ０【正×鵠】名〔文章語〕〔「せいこう」は慣用読み。的まとのまん中の黒点の意〕たいせつなねらいどころ。急所。ずぼし。**—を射いる(得える)** 急所をつく。

せい-こつ ０【整骨】名 折れたり、はずれたりした骨をなおすこと。ほねつぎ。「—院」

ぜい-こみ ０【税込(み)】名 税金をふくめた所得金額・料金。「—価格」↕税別・手取り。

せい-こん ０【成婚】名 結婚の話がまとまること。「—記者会見」

せい-こん セ/０【精根】名 こん。気根。「—つきはてる」

せい-こん セ/０【精魂】名 たましい。精神。「—を傾ける」

せい-ごん ０【誓言】名自サ〔文章語〕➡せいげん。

せい-さ セ【性差】名 性別のもたらす相違。男女差。

せい-さ セ【精査】名他サ くわしく調べること。「原因を—する」

せい-ざ ０【星座】名 天球上の恒星をいくつかの集団にくぎって、固有の名をつけたもの。星宿。

せい-ざ ０【正座】【正×坐】名自サ 折ったひざをそろえて、きちんとすわること。

せい-ざ ０【静座】【静×坐】名自サ 心をおちつけて、しずかにすわること。

せい-さい ０【正妻】名 法律上みとめられている妻。本妻。↕権妻ごんさい。

せい-さい ０【生彩】名 いきいきとしたようす。「—のある文章」

せい-さい ０【精彩】名 美しく力にあふれた色どり・つや、また、事がら。「—を放った演説」「—を欠く」

せい-さい ０【制裁】名他サ 道徳や習慣にそむいた者や、仲間のきまりをやぶった者に罰をあたえること。しおき。「—を加える」「経済—」

せい-さい ０【精細】形動 ダロ・ダッ・デ・ニ／ダ・ナ・ナラ・〇 くわしく、こまかなようす。「—に観察する」

せい-ざい ０【製剤】名 くすりをつくること。製薬。

せい-ざい ０【製材】名自他サ 伐材した丸太から角材や板をつくること。「—所」

せい-さく ０【政策】名 施政の方針や手段。「金融—」**—通つう** ０名 政策に詳しい人。

せい-さく ０【制作】名他サ 芸術作品などをつくること。また、その作品。⇩製作 参考。

せい-さく ０【製作】名他サ ものをつくること。「—品」参考「製作」は、機械や器具など一般的に使い、「制作」は、絵画・映画・放送などに使う。映画をつくる意味で「製作」を使うこともある。

せい-さつ ０【制札】名 禁止する内容や布告を書いて道ばたなどに立てるふだ。たかふだ。

せい-さつ ０【省察】名他サ 反省してよく考えること。「自己の行為を—する」

せい-さつ ０【精察】名他サ くわしく調べ考えること。

せいさつ-よだつ ０【生殺与奪】名 いかすこと、ころすこと、あたえること、うばうこと。**—の権けん** 人に対して、自分の思いどおりにすることができる権力。

せい-さん ０【正×餐】名〔文章語〕〔「餐」は食べ物〕正式のこんだてによる料理。

せい-さん ０【成算】名 成功するみこみ。「—がある」

せい-さん ０【青酸】名 有毒で揮発しやすい酸性の液体。シアン化水素、およびその水溶液をいう。**—カリ** カ名 白い針のような結晶で、猛毒。金属精錬用。シアン化カリウム。

せい-さん ０【聖×餐】名 キリストが、刑死の前夜に弟子たちととった最後の晩餐さんで、自分の肉と血になぞらえた、パンとぶどう酒。**—式しき** サ名 最後の晩餐を記念し、信者にパンとぶどう酒を分け与える儀式。

せい-さん ０【生産】名他サ ❶自然物に手を加えて、生活に必要な品物をつくりだすこと。❷作品などを作りだすこと。**—財ざい** サ名 生産に必要なもの。原料・機械など。資本財。↕消費財。**—性せい** ０名 生産の能率。「—を高める」**—的てき** ０形動 直接に生産をともなうようす。

せい-さん ０【清算】名他サ ❶貸し借りを計算して、きまりをつけること。「借入金を—する」❷つづけてきたよくないことを、やめてしまうこと。「不規則な生活を—する」❸法人や組合の解散後の財産処分。

せい-さん ０【精算】名他サ こまかに計算すること。「乗り越し料金の—」↕概算。参考 運賃や費用の貸し借りの計算について使う。

せい-さん ０【凄惨】名形動〔「凄」はすごい、「惨」はむごい〕目をそむけたくなるほどいたましいこと。「—な事故現場」

せい-ざん セ【青山】名〔文章語〕❶木のあおくしげっている山。❷墓となる土地。「人間いたる所—あり」

せいさんかく-けい カ【正三角形】名 三つの辺の長さが同じである三角形。

せい-し セ【世子・世嗣】名〔文章語〕あとつぎ。特に、大名などの若殿。

せい-し セ【正史】名 ❶たしかな事実の歴史。↕稗史はいし。❷政府でつくった歴史。↕外史・野史。

せい-し セ【正使】名 主となる使者。↕副使。

せい-し セ【生死】名 いきることと死ぬこと。いきているか、死んだかということ。いきしに。しょうし。「—の境をさまよう」「—不明」

せい-し セ【姓氏】名 ❶姓かばねと氏うじ。❷みょうじ。

せい-し セ【青史】名〔文章語〕歴史。記録。参考 昔、紙のないころ、青竹に字を書いたことから。

せい-し セ【聖旨】名〔文章語〕天子の考え。

せい-し セ【精子】名 おすの精液の中にあり、めすの卵子と結合して新しい個体となる生殖細胞。精虫。↕卵子。

せい-し ０【製糸】名 ❶糸をつくること。❷まゆから、生糸きいとをとること。

せい-し ０【製紙】名 紙をつくること。

せい-し セ【誓紙】名 ちかいのことばをかいた紙。誓書。

せい-し セ【誓詞】名 ちかいのことば。

せい-し ０【静止】名自サ とまって動かないこと。「—画像」「—衛星」↕運動。

せい-し セ【静思】名自サ〔文章語〕しずかにおもうこと。

せい-し ０/セ【正視】名他サ 正面から見ること。「—にたえない」「事態を—せよ」

せい-し ０【制止】名他サ 行動をおさえ、とめること。「乱暴を―する」「―を振りきる」

せい‐し ◎【整枝】名他サ 不要な枝をきって木の形をととのえたり、よく実(み)がなるようにしたりすること。剪定(せんてい)。

せい‐じ ◎【正字】名 ❶標準的な字体をもつ漢字。本字。↕俗字・略字・誤字。❷漢字のただしい使い方。↕あて字。 **―法**(ほう) ◎名 ➡せいしょほう。

せい‐じ ◎【青磁】名 うすみどり、または、うすあい色に発色させた磁器。

せい‐じ セ【政事】名〔文章語〕政治上の仕事・事がら。

せい‐じ ◎【政治】名 ❶権力をもつ者が領土・人民を支配し統治すること。まつりごと。❷社会を構成する者が共通の統一意識をもち、司法・立法・行政の諸機関を形成して、その運営・発展につとめること。 **―家**(か) ◎名 ❶政治にたずさわる人。❷かけひきのうまい人。やり手。「あの人はなかなかの―だ」 **―結社**(けっしゃ) ケ名 政治的に活動しようとする団体。 **―的**(てき) ◎形動 ❶政治上の。政治に関するようす。❷かけひきがあるようす。❸高い立場から現実を処理するようす。「―に解決する」 **―犯**(はん) ジ名 政治のきまりをみだす犯人・犯罪。思想犯。

せい‐じ セ【盛事】名〔文章語〕❶さかんな催し。❷すばらしい事業。

せい‐じ セ【盛時】名〔文章語〕❶若いさかり。❷物事のさかんなとき。

セイシェル《Seychelles》➡セーシェル。

せい‐しき ◎【制式】名 きまった様式。きまり。

せい‐しき ◎【清拭】名他サ 動けない入院患者や寝たきりの人の体をふいて清潔をたもつこと。

せい‐しき ◎【正式】名形動(の) 定められた手続きにのっとった、ただしいやり方。本式。「―な服装」↕略式。⇩本式 参考。

せい‐しつ ◎【正室】名〔文章語〕身分の高い人の本妻。正妻。↕側室。

せい‐しつ ◎【声質】名 こえの性質。

せい‐しつ ◎【性質】名 その人やその物を特徴づける傾向や性能・形状。素質。性格。「おとなしい―」「塩の化学的な―」 参考「性質」は人の気質を言う場合に、生まれつきのものについて述べることが多く、「性格」には人間としてのふるまい方も含まれる。

せい‐じつ ◎【誠実】名形動 まごころのあること。「―な人」「不―な対応」

せい‐じにん ジ【性自認】名 自分の性別をどのように認識しているかということ。心の性。ジェンダーアイデンティティー。

せいし‐ぼさつ《勢至菩薩》ちえの象徴とされる、ぼさつ。

せい‐じゃ セ【正邪】名 ただしいことと、ただしくないこと。

せい‐じゃ セ【生者】名〔文章語〕いきている者。↕死者。

せい‐じゃ セ【聖者】名 ❶聖人。❷キリスト教で、偉大な殉教(じゅんきょう)者や、りっぱな信徒。

せい‐しゃいん シャ【正社員】名〔パートタイマーや派遣社員に対して〕会社の正式な社員。

せい‐しゃえい シャ【正射影】名 一つの図形上のすべての点から、ある直線または平面上におろした垂線の足の集まり。

せい‐じゃく ◎【静寂】名形動(の) しずかでさびしいこと。「夜の―」

ぜい‐じゃく ◎【×脆弱】名形動 もろくてよわいこと。

せいじゃ‐ひっすい セ【盛者必衰】名 ➡しょうじゃひっすい。

せい‐しゅ ◎【清酒】名 ❶米からつくる日本固有の日本酒。❷漉(こ)して澄ました日本酒。↕濁酒(だくしゅ)。

せい‐じゅ セ【聖寿】名〔文章語〕天子の年齢。

せいしゅう【成就】「じょうじゅ」のあやまり。

せいしゅう《勢州》➡いせ(伊勢)。

せい‐じゅう ◎【西×戎】名 昔、中国人が西方の異民族をけいべつしてよんだ語。↕中華・東夷(とうい)・北狄(ほくてき)・南蛮(なんばん)。

ぜい‐しゅう ◎【税収】名 税としてはいる収入。

せい‐しゅく ◎【星宿】名〔文章語〕星座。

せい‐しゅく ◎【静粛】形動 ダロ・ダッ・デ・ニ／ダ・ナ・ナラ・◎ しずかにつつましくしているようす。「―に聞く」

せい‐じゅく ◎【成熟】名自サ ❶よくみのること。❷心やからだが、じゅうぶん成長すること。❸ちょうどよい時期になること。

せい‐しゅつ ◎【正出】名〔文章語〕正妻から生まれること。本妻の子。嫡出(ちゃくしゅつ)。

せい‐しゅん ◎【青春】名 わかい時代。青年期。「―を謳歌(おうか)する」

せい‐じゅん セ【正×閏】名〔文章語〕❶平年とうるう年。❷ただしい系統・地位と、ただしくない系統・地位。

せい‐じゅん ◎【清純】形動 ダロ・ダッ・デ・ニ／ダ・ナ・ナラ・◎ 気もちがきよらかでまじりけのないようす。「―な心」

せい‐しょ セ【盛暑】名〔文章語〕夏のさかり。盛夏。㊐

せい‐しょ セ【聖書】名 キリスト教の経典。旧約聖書と新約聖書がある。バイブル。

せい‐しょ セ【誓書】名 ちかいの文書。誓紙。

せい‐しょ ◎【清書】名他サ 下書きをきれいに書きなおすこと。浄書。

せい‐じょ セ【聖女】名 清純、高潔で、神聖な女性。

せい‐じょ セ【整除】名他サ ある整数を他の整数で割るとき、割り切れて残りがないこと。

せい‐しょう ◎【政商】名 政治家とむすんでもうける商人。

せい‐しょう ◎【青松】名〔文章語〕みどりのまつ。「白砂―」

せい‐しょう ◎【清祥】名〔文章語〕相手の健康と幸福を祝っていう語。「ご」をつけて手紙に使う。⇩健勝 参考。

せい‐しょう ◎【清勝】名〔文章語〕相手の健康を祝っていう語。「ご」をつけて手紙に使う。「ますますご―のことと存じます」⇩健勝 参考。

せい‐しょう ◎【制勝】名自サ〔文章語〕相手をおさえて勝つこと。

せい‐しょう ◎【斉唱】名他サ ❶多人数が同じふしで歌うこと。「校歌の―」↕合唱。❷そろってとなえること。「万歳の―」

せい‐じょう ◎【性状】名 ❶性質と行状。❷性質と状態。

せい‐じょう ◎【性情】名 ❶性質と心情。❷生まれつきの気だて。

せい‐じょう ◎【政情】名 政治の状態。「―騒然」

せい‐じょう ◎【聖上】名〔文章語〕天皇。

せい‐じょう ◎【清浄】名形動 けがれなく、清いこと。しょうじょう。 **―野菜**(やさい) ヤ名 化学肥料だけで栽培された野菜。

せい‐じょう ◎【正常】形動(の) ダロ・ダッ・デ・ニ／ダ・ナ・ナラ・◎ 変わったところがなく普通であるようす。「列車が―のダイヤに戻る」「―運行」↕異常。

せいじょう‐き ジョ【星条旗】名 アメリカ合衆国の国旗。紺地に白星と、赤白のすじがある。星の数は現在の州の数を、十三本のすじは独立当時の十三州をあらわす。

せい-しょうなごん《清少納言》生没年未詳。平安時代中期の文学者。歌人清原元輔の娘。皇后定子に仕えた。和歌と漢学の素養に富み、その宮廷生活にもとづき、「枕草子」を著した。

せい-しょうねん [シヨ]【青少年】[名] 青年と少年。

せい-しょく [0]【生色】[名]〔文章語〕いきいきした顔いろ・ようす。

せい-しょく [0]【声色】[名]〔文章語〕こえと顔いろ。「―をやわらげる」

せい-しょく [0]【聖職】[名] 神聖な職。特にキリスト教で、宣教師などの職。教師についても言う。「―者」

せい-しょく [0]【生食】[名][他サ] なまで食べること。[参考]「なましょく」は俗な言い方。

せい-しょく [0]【生殖】[名][他サ] 生物が自分と同じ種類のあたらしい個体をつくって、なかまをふやすこと。また、そのはたらき。**―器** [ショ][名] 生物が生殖をおこなうための器官。動物では、生殖腺やそこでつくられる精子・卵を送る管、交接の器官などのこと。植物では、花や子嚢のことをいう。**―腺** [0][名] 生殖器の一部。精巣と卵巣。精子や卵をつくり、性ホルモンを分泌する。

せいしょ-ほう [0]/[ショ]【正書法】[名] その言語の、ことばのただしい書きあらわし方、また、文字のつづり方。正字法。

せい-しん [0]【成心】[名]〔文章語〕ある立場にとらわれた見方。先入観。「―をすてて、ありのままの姿を見る」

せい-しん [0]【制振・制震】[名] 建物に施した装置によって、地震や風によって生じるゆれを吸収すること。

せい-しん [0]【星×辰】[名]〔文章語〕〔「辰」は日・月・星の総称〕ほし。星座。星宿。

せい-しん [0]【誠心】[名] まごころ。誠意。「―誠意」

せい-しん [セ]【精神】[名]〔幕末期にpsychologyの訳語として「精神学」「心理学」の両語が用いられた〕❶知的活動をするための人間の心。また、心のはたらき。「健全な―」↕肉体。❷生命や宇宙の根源とされる超物質的存在。↕物質。❸物事に対する心構え。「―がたるむ」「愛社―」❹物事の根本をささえている思想や意義。「憲法の―」**―安定剤** [テ][名] 脳に働きかけ、不安をやわらげたり気分を落ち着かせたりする薬。トランキライザーの一種。抗不安薬。**―一到何事か成らざらん** 決心して物事にあたれば、どんなことでもできる。**―衛生** [エ][名] 精神障害を予防・治療し、精神の健康をたもたせるための対策。**―科** [0][名] 精神障害・知的障害・発達障害・依存症などを対象とする診療科の一つ。「―病院」**―科学** [カ][名] 精神作用から発生するさまざまな文化現象を研究の対象とする科学。哲学・心理学・教育学・史学・言語学・社会学などの総称。文化科学。**―鑑定** [カ][名] 犯罪者などの精神が責任能力を有する状態にあるかどうかを見るため、精神科医が行う検査。**―主義** [シュ][名] ❶精神的なものが物質的なものを支配するという考え方。❷気力や思考力を重視する考え方。↕物質主義。**―障害** [ショ][名] 脳の機能に異常があり、種々の症状や行動の変化があらわれること。**―遅滞** [チ][名] ➡知的障害。**―的** [0][形動] ❶精神に関するようす。↕肉体的・物質的。❷考え方が物質にとらわれないようす。精神上の。「―打撃」**―年齢** [ネ][名] ❶〔心〕知能検査によって示される年齢。その人の知能が平均的な人間の何歳の知能に相当するかを示したもの。↕生活年齢・暦年齢。❷年齢に関係のない気分の若さかげん・ふけかげん。**―薄弱** [ハ][セ][名] ➡知的障害。**―病** [0][名] 精神の不健康な状態の総称。統合失調症など。**―分析** [ブ][名] 精神状態を分析して、おさえられている本能的な欲望などを見つけだすこと。神経症などの診断・治療のほか、宗教・芸術などの理解にも応用される。サイコアナリシス。**―分裂病** [0][名] ➡統合失調症。**―療法** [リョ][名] ➡心理療法。**―力** [シ][名] 精神の力。心のはたらき。気力。↕体力。**―労働** [ロ][名] 事務や研究など、主として頭脳をつかう労働。↕肉体労働。

せい-しん [0]【西進】[名][自サ] 西へすすむこと。↕東進。

せい-しん [0]【清新・生新】[形動(の)] さわやかで、いきいきとしているようす。「―な気分」「―な政治」

せいしん【精進】「しょうじん」のあやまり。

せい-じん [0]【成人】❶[名] おとな。満十八歳以上の人。[参考]二〇二二年三月までは満二十歳以上だった。❷[名][自サ] こどもがおとなになること。**―映画** [エ][名] 映倫の審査で、十八歳未満の青少年に見せるのは不適当と判断された映画。**―教育** [キョ][名] 就学年齢を過ぎて、社会で活動している人に対し、教育をほどこすこと。社会教育の一部門。**―の日** 国民の祝日の一つ。一月の第二月曜日。少年・少女が成人したのを祝う日。おとなになったことを自覚し、みずから生き抜こうとする青年を祝いはげます。[新年] **―病** [0][名] 中年以後の人がかかりやすい、がん・循環器・新陳代謝やホルモン・骨や関節の病気。生活習慣病。

せい-じん [0]【西人】[名]〔文章語〕西洋人。

せい-じん [0]【聖人】[名] 知徳が非常にすぐれ、人の手本としてたっとばれる人。ひじり。聖者。「―君子」

せい・す [セ]【制す】[他五] ➡せいする。

せい-ず [0]【星図】[名] 天球上の恒星の位置をかいた平面図。

せい-ず [0]【製図】[名][他サ] 定規・コンパスを使って図面をえがくこと。

せい-すい [0]【清水】[名]〔文章語〕すんだ水。

せい-すい [0]【盛衰】[名] さかんになることと、おとろえること。「栄枯―」

せい-すい [0]【精粋】[名] まじりけのないこと。また、そのもの。「伝統芸術の―」

せい-ずい [0]【精髄】[名] 物事の本質。もっともすぐれた所。「日本文学の―」

せいすいしょう《醒睡笑》江戸時代初期の、はなし本。安楽庵策伝の作。当時の笑話をあつめた本。

せい-すう [ス]【正数】[名] ゼロより大きい数。↕負数。

せい-すう [ス]【整数】[名] ゼロおよび、ゼロに、順にプラス一、またはマイナス一を加えた数。「1 2 3…」を正の整数、「−1 −2 −3…」を負の整数という。

せい・する [ス]【制する】[他サ]〔「制す」(五段活用)とも〕❶きめる。制定する。「法律を―」❷制止する。「さわぐのを―」❸支配する。「世界を―」❹ほどよくする。制限する。「食を―」 **せい・す** [文語サ変]

せい・する [ス]【征する】[他サ]〔文章語〕したがわないものを、攻めうつ。「外敵を―」 **せい・す** [文語サ変]

せい・する [ス]【製する】[他サ]〔文章語〕作る。

せい-せい [0]【精製】[名][他サ] ❶念を入れてよいものをつくること。↕粗製。❷粗製品に手をくわえて、よい品にすること。「原油を―する」

せい-せい [0]【生成】[名][自他サ] ものが生ずること。ものを生じさせること。なること。つくること。「化合物を―する」

せい-せい [0]【生生】❶[名][自サ]〔文章語〕ものがうまれそだつこと。❷[たる連体][(と)副]〔文章語〕いきいきとしているようす。

せい-せい [セ2]【清清】[(と)副][自サ] さっぱりとするようす。すがすがしい気持ちになるようす。「気分が―する」

せ

せい‐せい ⓪【整斉】たる連体 文章語 ととのいそろうこと。ととのっていて乱雑でないこと。

せい‐ぜい セ【せいぜい・精精】副 ❶できるだけ。力のおよぶかぎり。「―やってみよう」❷多く見つもっても。たかだか。「出席者は―五人ぐらいだろう」

ぜい‐せい ⓪【税制】名 税についてのきまり。

ぜい‐せい ⓪【×噬×臍】名 文章語 (ほぞ(へそ)をかむこと)悔いること。後悔すること。

ぜい‐ぜい ゼ1 (と)副 自サ 苦しそうに呼吸をするようす。

せいせい‐どうどう セ2ド2【正正堂堂】(と)副 たる連体 ❶部隊などの勢いがさかんなようす。「―と行進する」❷正しく自信にみちたようす。「―と議論する」

せいせい‐るてん ⓪【生生流転】名 万物の変化のきわまりないこと。

せい‐せき ⓪【成績】名 ❶できばえ。できあがり。「販売―」❷学習などの成果を評価したもの。「―通知表」

せい‐せき ⓪【聖跡】【聖×蹟】名 文章語 ❶神聖な物事のあった所。❷天皇の行った所。

せい‐ぜつ ⓪【凄絶】形動 ダロ・ダッ・デ・ニ／ダナ・ナラ・⓪ 表現できないほどすさまじいようす。「―な戦闘」

せい‐せっかい セ2【生石灰】名 石灰岩を焼いてつくる白色のかたまり。酸化カルシウム。きいしばい。きせっかい。

せい‐せん ⓪【征戦】名 出かけて行って、敵と戦うこと。

せい‐せん ⓪【政戦】名 政界の争い。政争。

せい‐せん ⓪【聖戦】名 神聖な目的でたたかう戦争。

せい‐せん ⓪【精選】名 他サ 特によいものをえりぬくこと。

せい‐せん ⓪【生鮮】名 形動 文章語 魚・肉・野菜などがあたらしくて、いきのよいこと。―**食料品**(しょくりょうひん) ⓪名 肉・魚・野菜など、新鮮であることを必要とする食料品。

せい‐ぜん ⓪【生前】名 生きていたとき。「―をしのぶ」⇔死後。―**葬**(そう) ゼ 名 本人の希望で、生きている間にとりおこなう葬儀。

せい‐ぜん ⓪【西漸】名 自サ 文章語 西へだんだんすすむこと。⇔東漸。

せい‐ぜん ⓪【井然】と副 たる連体 区画がきちんとととのっているようす。「―と区切られた敷地」

せい‐ぜん ⓪【整然】と副 たる連体 正しく整っているようす。きちんと。「―とした行進」

せい‐せんしょくたい ⓪【性染色体】名 性の決定に関係のある特別な染色体。

せいぜん‐せつ ゼ【性善説】名 中国の孟子(もうし)がとなえた、人の性質は生まれつき善であるとする説。⇔性悪説。

せい‐そ セ【世祖】名 中国で、太祖・高祖・太宗につぐ天子。

せい‐そ セ【精粗】名 ❶こまかいことと、あらいこと。❷くわしいものと、ざつなもの。

せい‐そ セ【清×楚】名 形動 きよらかで、さっぱりしていること。「―な身なり」

せい‐そう ⓪【政争】名 政治上のあらそい。

せい‐そう ⓪【星霜】名 文章語 (星は一年に天を一周し、霜は毎年おりることから)としつき。歳月。「幾―」

せい‐そう ⓪【精巣】名 動物の雄の生殖腺(せいしょくせん)。精子をつくり、雄性ホルモンを分泌する。哺乳(ほにゅう)類では睾丸(こうがん)という。⇔卵巣。

せい‐そう ⓪【正装】名 自サ 正式の服装。⇔略装。

せい‐そう ⓪【盛装】名 自サ りっぱに着かざること。

せい‐そう ⓪【清掃】名 他サ きれいにそうじすること。

せい‐そう ⓪【×悽×愴】名 形動 文章語 (「愴」もかなしむの意)すさまじく、いたましいこと。

せい‐そう ⓪【清爽】名 形動(の) 文章語 きよらかで、さわやかなこと。「―の気みなぎる」

せい‐ぞう ⓪【聖像】名 聖人や天子の彫像や絵。

せい‐ぞう ⓪【製造】名 他サ ❶つくること。製作。❷原料に手を加えて商品をつくること。―**物**(ぶつ)**責任法**(せきにんほう) ジ 名 ➡ピーエルほう。―**元**(もと) ⓪ 名 商品などの製造をしているところ。

せいそう‐けん ジ【成層圏】名 地球をとりまく大気のうち最下層の対流圏の上につづく層。地上約一一～五〇キロメートルの上空を占め、気温は約零下(れいか)五五度。⇔対流圏。

せい‐そく ⓪【正則】名 ❶ただしい規則。本則。❷規則にあっていること。⇔変則。

せい‐そく ⓪【生息】名 自サ ❶生物が、生存・繁殖すること。「イリオモテヤマネコの―状況」❷[×棲息・×栖息] 生物がそこにすんで生活していること。「―地」

せい‐ぞく セ【正続】名 書物で、正編と続編。

せい‐ぞろい ゾ【勢ぞろい】【勢×揃い】(―ぞろひ) 名 自サ ❶軍勢のそろうこと。❷一同があつまること。

せい‐ぞん ⓪【生存】名 自サ ❶生きて行くこと。生活。❷生きのこること。存命。―**競争**(きょうそう) キョ 名 ❶自分が生きのこり、子孫をふやすための生物間のあらそい。❷人間が生活していくための競争。

せ‐いた ⓪【背板】名 ❶材木から角材や板をとった残りの、片がわにまるみのある板。❷腰掛けなどで、人の背を受けるためにつけた板。

せい‐たい ⓪【正体】名 正字❶の字体。標準字体。⇔異体・略体。

せい‐たい ⓪【生体】名 ❶いきもの。❷いきているからだ。―**肝移植**(かんいしょく) イ3 名 健康な人間から肝臓の一部を切り取り、別の患者に移植する医療行為。―**認証**(にんしょう) ニ 名 指紋や静脈など、変化しにくい人体の特徴を利用して本人を確認すること。または、そのしくみ。

せい‐たい ⓪【生態】名 生物の生活のありさま。「極地動物の―」―**学**(がく) タ 名 生物の生活や、生物と環境との相互関係を研究する学問。エコロジー。―**系**(けい) ⓪名 自然界のある地域に生息するすべての生物群と、まわりの環境とから成り立つ全体。

せい‐たい ⓪【成体】名 子を産むことのできるほどに成育した動物。

せい‐たい ⓪【声帯】名 のどの中央部にある、弾力のある二すじの筋(きん)からなる発声器官。―**模写**(もしゃ) モ名 人の声・話しぶり、動物の鳴き声などをまねる演芸。こわいろ。

せい‐たい ⓪【青×黛】名 文章語 まゆずみ。

せい‐たい ⓪【政体】名 国家の主権が運用される形式。「専制」と「立憲」の二種がある。

せい‐たい ⓪【聖体】名 ❶天子のからだ。❷キリストのからだのこと。

せい‐たい ⓪【静態】名 本来動いているものの、しずかにとどまっている状態。⇔動態。

せい‐たい ⓪【整体】名 指圧やマッサージなどで、骨格のゆがみを直したり、体調を整えたりすること。

せい‐たい ⓪【×臍帯】名 へその緒(お)。さいたい。

せい‐たい ⓪【正対】名 自サ 相手・対象に対して、まっ正面から向かい合うこと。

せい‐だい セ【盛代】名 文章語 さかんな時代。盛世(せいせい)。

せい‐だい セ【聖代】名 文章語 りっぱな天皇の時代。聖世。

せい‐だい ⓪【盛大】形動 ダロ・ダッ・デ・ニ／ダナ・ナラ・⓪ すばらしくさかんなようす。「―な儀式」

せい‐だい ⓪【正大】形動(の) ダロ・ダッ・デ・ニ／ダナ・ナラ・⓪ 文章語 態度や行

動がただしくて堂々としてりっぱなようす。「—の気風」

せいたかあわだちそう ⓪【背高泡立草】名 キク科の多年草。土手や空き地に群がって生え、秋、黄色い花を多数つける。(秋)

せいたかくけい カ【正多角形】名 各辺の長さと各内角の大きさがそれぞれ同じである多角形。

せいたく ⓪【請託】名 他サ 〔文章語〕 あることについて願いたのむこと。

せいだく セ【清濁】名 ❶澄むことと、にごること。❷善と悪。善人と悪人。❸清音と濁音。—併(あわ)せ×吞(の)む ひろい心で、善でも悪でも受けいれること。

ぜいたく タ/ク【×贅沢】名 形動 ❶身分・立場にふさわしい程度をこえて望むこと。「—な望み」❷ひどくかねがかかること。「—を尽くす」

せいだす セ【精出す】自五 サ・ソ・シ・ス・ス・セ・セ いっしょうけんめいに、はたらく。骨身をおしまずつとめる。

せいたん ⓪【製炭】名 木炭をつくること。すみやき。

せいたん ⓪【生誕】名 自サ 〔文章語〕 うまれること。誕生(たんじょう)。

せいだん ⓪【政談】名 ❶政治に関係のある話。❷政治・裁判などを題材にした物語。「大岡—」

せいだん ⓪【星団】名 ひとかたまりになった恒星の集団。

せいだん ⓪【清談】名 うき世をはなれた風流な話。

せいだん ⓪【聖断】名 〔文章語〕 天皇のくだす決断。

せいだん ⓪【聖壇】名 神をまつる神聖な壇。

せいたんきょく タ【聖×譚曲】名 宗教劇詩をもとにした、合唱・独唱・管弦楽からなる楽曲。オラトリオ。

せいたんさい タ【聖誕祭】名 クリスマス。(冬)

せいち セ【生地】名 うまれた土地。出生地。

せいち セ【聖地】名 ❶神聖な土地。神仏に関係のある所。「—巡礼」❷物事の発祥などに関係が深く、重要な場所。また、あこがれの場所。「高校野球の—甲子園」

せいち ⓪【整地】名 他サ 土地をならすこと。地ならし。

せいち セ【精緻】名 形動 〔「緻」はこまかいの意〕きわめてこまかいこと。「—な考察」

ぜいちく ⓪【×筮竹】名 うらないに用いる細い竹の棒。

せいちゃ ⓪【製茶】名 茶の葉を加工して飲用の茶をつくること。(春)

せいちゃく ⓪【正嫡】名 〔文章語〕 ❶本妻。正妻。❷本妻からうまれた、あとつぎの子。嫡子(ちゃくし)。

せいちゅう ⓪【正中】名 ❶物を二等分するまんなか。❷天体が真北または真南に来ること。❸ただしく命中すること。的中。—線(せん) ⓪名 左右対称形の生物で、体の真ん中をたてに通る線。「顔の—」

せいちゅう ⓪【成虫】名 変態を終えた、生殖力のある昆虫。↕幼虫。

せいちゅう ⓪【誠忠】名 まごころからの忠義。「—の士」

せいちゅう ⓪【精虫】名 精子。

せいちゅう ⓪【×掣×肘】名 他サ 〔文章語〕 〔肘(ひじ)を掣(おさ)える〕はたから干渉して、行動の自由をさまたげること。「—をくわえる」

せいちょう ⓪【正庁】名 〔文章語〕 正殿(せいでん)。

せいちょう ⓪【正調】名 ただしい調子。

せいちょう ⓪【成鳥】名 成長した、生殖力のある鳥。

せいちょう ⓪【声調】名 声の調子。声の高低の変化。

せいちょう ⓪【性徴】名 生殖器など、男女・雌雄の別をしめす特徴。

せいちょう ⓪【政庁】名 政治に関する仕事を扱う役所。

せいちょう セ【清朝】名 清朝活字。しんちょう。—活字(かつじ) カ名 活字体の一種。毛筆で書いたような楷書(かいしょ)体の活字。—体(たい) ⓪名 清朝活字の書体。⇩書体(図)。

せいちょう ⓪【整腸】名 腸の調子をととのえること。

せいちょう ⓪【整調】名 ❶調子をととのえること。❷ボートで、舵手(だしゅ)のすぐ前にすわって、ほかのこぎ手の調子をととのえるこぎ人。

せいちょう ⓪【生長】名 自サ おいそだつこと。からだが大きくなること。「苗木が—する」参考 学術用語では、「生長」は植物に、「成長」は動物に用いる。—点(てん) チヨ名 植物の茎や根の先にあって、細胞分裂をする部分。

せいちょう ⓪【成長】名 自サ そだって大きくなること。「子どもが—する」「経済—」⇩生長 参考。—株(かぶ) チヨ名 ❶将来大きく発展する見込みのある会社の株。❷将来性のある人。

せいちょう ⓪【清聴】名 他サ 自分の話を相手が聞くことを高めていう語。「ご—ありがとうございます」

せいちょう ⓪【静聴】名 他サ しずかにして聞くこと。

せいちょう ⓪【清澄】形動 ダロ・ダッ・デ・ニ ダ・ナ・ナラ・○ 清らかにすんでいるようす。「—な朝の空気」

せいつう ⓪【精通】名 男子が思春期に初めて経験する、自然に起こる射精。参考 女子の「初潮」に対する性科学用語。

せいつう ⓪【精通】名 自サ くわしく通じていること。こまかに知っていること。「環境問題に—している」

せいてい ⓪【聖帝】名 〔文章語〕 徳の高い天子。

せいてい ⓪【制定】名 他サ きまりをつくること。

せいてき ⓪【正×嫡】名 〔文章語〕 ⬇せいちゃく。

せいてき ⓪【政敵】名 政治上の主義・主張・政策をあらそう相手。

せいてき ⓪【清適】名 〔文章語〕 人が無事・健康であること。「ご—」をつけて手紙に使う。「ご—のことと存じあげます」⇩健勝 参考。

せいてき ⓪【性的】形動 ダロ・ダッ・デ・ニ ダ・ナ・ナラ・○ 性の区別や性欲に基づく行為に関するようす。

せいてき ⓪【静的】形動 ダロ・ダッ・デ・ニ ダ・ナ・ナラ・○ しずかでうごかないようす。↕動的。

せいてつ ⓪【西哲】名 ❶西洋の哲人。欧米の賢人。❷「西洋哲学」の略。古代ギリシャに始まり、西洋で発展した哲学。

せいてつ ⓪【聖哲】名 知徳がすぐれ、道理に通じている人。聖人と哲人。

せいてつ ⓪【製鉄】名 鉄鉱石から銑鉄(せんてつ)をつくること。

せいてん ⓪【青天】名 あおぞら。晴れわたった空。—の×霹×靂(へきれき) 〔晴れわたった日のかみなり〕突然の衝撃・打撃。突発的な異変。—白日(はくじつ) ⓪名 ❶よく晴れたあかるい日。❷うしろぐらいことがなにもないこと。やましいことがないこと。❸無実の罪がはれること。「—の身となる」

せいてん ⓪【盛典】名 〔文章語〕 盛大な儀式。盛儀。

せいてん ⓪【晴天】名 よく晴れた空。↕雨天・曇天。

せいてん ⓪【聖典】名 ❶宗教の教義・戒律などをしるした書物。❷聖人のつくった規則・書物。❸聖人の言行をしるした書物。

せいでん ⓪【正伝】名 事実にもとづく正式の伝記。

せいでん ⓪【正殿】名 ❶おもて御殿。特に紫宸殿(ししいでん)。❷神社の本殿。

せいでんき デ【正電気】名 陽電気。↕負電気・陰電気。

せいでんき デ【静電気】名 帯電体にとどまっている、電流とならない電気。摩擦電気など。

せ

せい-てんし [テ]【聖天子】[名] 徳の高い天子。

せい-と [セ]【生徒】[名] ❶教えをうける人。「クッキングスクールの―」❷中学校・高等学校で教育をうける人。↕児童・学生。

せい-と [セ]【征途】[名] ❶対戦して敵をうちやぶるために向かうみち。「―にのぼる」❷いさんで旅をするみち。

せい-と [セ]【聖徒】[名] ❶カトリック教で、徳をみとめられた信徒。❷キリスト教の教会員である信徒。キリスト教徒。

せい-と [セ]【聖都】[名] 神聖な都。「―エルサレム」

せい-ど [セ]【西土】[名]〔文章語〕西方の国。西洋。

せい-ど [セ]【制度】[名] 社会上のしくみ。さだめ。きまり。

せい-ど [セ]【精度】[名] 規定・仕事・測定などの精密さの程度。「技の―を上げる」

せい-とう [0]【正統】[名] ❶正しい血筋・血統。「南朝―論」❷教祖・始祖の教えや学説を忠実に受けついでいること。❸ある社会で、規範にかない、もっとも標準とされるもの。オーソドックス。↕異端。**―派** [0][名] ❶伝統の教義や学説を正しく受けついでいる一派。❷その社会で標準的なもっとも正常なやり方をする人々。

せい-とう [0]【政党】[名] 同じ主義と政策をもつものがつくる政治集団。**―政治** [セ2][名] 政党内閣によっておこなわれる政治。**―内閣** [ナ][名] 立憲政体のもとで、おもに政党員によって組織され、政党の方針にしたがう内閣。

せい-とう [0]【精糖】[名] 粗糖を精製すること。精製した砂糖。↕粗糖。

せい-とう [0]【製糖】[名] 砂糖をつくること。「―会社」

せい-とう [0]【正答】[名][自サ] ただしいこたえ。ただしくこたえること。正解。↕誤答。

せい-とう [0]【征討】[名][他サ] そむくものを攻めうつこと。征伐。

せい-とう [0]【正当】[形動] ダロ・ダッ・デ・ニ／ダナ・ナラ・○ 道理にかない、手続きなどにあやまりがないようす。正しい。「―に選挙された代表」↕不当・失当。**―化** [0][名] 正当であるように見せたり、理屈をつけたりすること。**―防衛** [ボ][名] さしせまった不当な攻撃に対して、やむをえず相手に害を加える行為。[参考] 法律上の責任を問われない。

せい-どう [0]【正道】[名] 道理に合った、まじめなみち。ただしいあり方。↕邪道・奇道。

せい-どう [0]【青銅】[名] 銅とすずの合金。からかね。**―器時代** [ジ][名] 石器時代と鉄器時代との中間の時代。青銅の器具が使われた時代。

せい-どう [0]【政道】[名] 政治のやりかた。

せい-どう [0]【聖堂】[名] ❶孔子をまつった建物。聖廟。❷キリスト教の教会堂。

せい-どう [0]【精銅】[名] 銅を精錬すること。また、精錬した銅。

せい-どう [0]【生動】[名][自サ] いきいきとうごくこと。「気韻―」

せい-どう [0]【制動】[名][他サ] 車輪などの運動やその速力をおさえとどめること。**―機** [ド][名] 汽車・電車・自動車などの車輪の運動をおさえとどめる装置。ブレーキ。

せいどういつせい-しょうがい [セ・ショ]【性同一性障害】[名] ➡性別不合。

せいとう-は《青鞜派》❶一八世紀以後イギリスにおこった婦人参政権運動の一派。❷明治時代の末期、平塚雷鳥らを中心として雑誌「青鞜」によった、進歩的な女性の一団。[参考] 一八世紀、ロンドンの女流文士のサロンで一人の女性会員が青い靴下をはいていたため、bluestockingとよばれた。「青鞜」はその訳語。

せい-とく [0]【生得】[名] うまれつき。しょうとく。

せい-とく [0]【盛徳】[名]〔文章語〕りっぱな人徳。

せい-とく [0]【聖徳】[名]〔文章語〕❶天子の徳。❷もっともすぐれた徳。

せい-どく [0]【精読】[名][他サ] くわしく読むこと。熟読。

せい-どく《西独》一九四九―一九九〇年の東西分裂時代の西ドイツの略称。⇨ドイツ。

せい-とん [0]【整頓】[名][自他サ] 乱れているものをきちんとかたづけること。また、かたづいた状態になること。整理。

せい-なる [セ]【聖なる】[連体]〔文章語〕神聖な。「―神」

せい-なん [0]【西南】[名] 西と南との中間の方角。にしみなみ。南西。↕東北。

せい-なんせい [0]【西南西】[名] 西と南西との中間の方角。↕東北東。

せいなん-せんそう《西南戦争》一八七七年に、鹿児島で西郷隆盛らがおこした反乱。政府軍が勝って隆盛は自殺した。西南の役。

せい-にく [0]【生肉】[名]〔「なまにく」と読めば別語〕食用のなまの肉。新鮮な食肉。

せい-にく [0]【精肉】[名] 上等の肉。

ぜい-にく [0]【×贅肉】[名] 太りすぎの、むだな肉。

せい-にゅう [0]【生乳】[名] しぼったままで、加熱殺菌などの処理を加えていない（牛などの）乳汁。

せい-ねん [0]【生年】[名] ❶うまれたとし。❷➡しょうねん。**―月日** [ガ][名] うまれた年月日。

せい-ねん [0]【成年】[名] 完全な行為能力があるとされる年で、わが国では満十八歳。成人。↕未成年。[参考] 二〇二二年三月までは満二十歳だった。**―後見制度** [セ2][名] 精神などに障害があり、判断力に欠ける人を保護するために、「後見❷」をおこなう人を選任する制度。**―後見人** [0][名] 成年被後見人にかわって、「後見❷」をおこなう人。**―被後見人** [ヒ][名] 成年後見制度にもとづいて、「後見❷」を受けることを認められた人。[参考] 一九九九年から、禁治産者をこの名称に改めた。

せい-ねん [0]【青年】[名] 年のわかい人。十四、五歳から二十四、五歳ごろの若者。若人。↕老年。**―学級** [ガ][名] 社会教育の一部門で、勤労青年に一般教養や職業的な知識・技能をあたえるための事業。**―団** [ネ][名] ある地域の青年たちが、たがいの心身の鍛錬・修養、社会奉仕などを目的としてつくる団体。

せい-ねん [0]【盛年】[名]〔文章語〕元気のさかんなとしごろ。

せいねんのわ《青年の環》野間宏の長編小説。一九六六―七一年に刊行。日中戦争下の青年の生き方を描く作品。

せい-のう [0]【性能】[名] 機械などの、仕事のできるちから。「―を高める」

せい-のう [0]【精農】[名] 農事をくふうしてはげむ熱心な農家・農民。

せい-は [セ]【制覇】[名][自サ]〔「覇」は武力でおさめること〕❶相手をおさえて、かしらとなること。「世界―の夢」❷優勝すること。「全国大会で連続―する」

せい-はい [0]【成敗】〔「せいばい」と読めば別語〕[名]〔文章語〕成功と失敗。「―は時の運」

せい-はい [0]【×儕輩】[名]〔文章語〕〔「儕」も「輩」も仲間の意〕おなじ仲間。ともがら。さいはい。「―にぬきんでる」

せい-ばい [セ]【成敗】[名][他サ]〔「せいはい」と読めば別語〕〔文章語〕❶さばくこと。さばき。❷処罰。刑罰。「けんか両―」

せい-はく [0]【精白】[名][他サ] 穀物、特に米をついて白くすること。**―米** [0][名] ついて白くしたこめ。

せい-ばく [0]【精麦】[名] むぎをついて白くすること。ついて白くしたむぎ。

せい-はつ [0]【整髪】[名][自サ] かみの毛を切ってととのえること。理髪。「―剤」

せい-ばつ [セ]【征伐】[名][他サ] わるものを攻めうつこと。征討。

せい-はん [0]【正犯】[名] 犯罪の実行者。主犯。↔従犯。

せい-はん [0]【整版】[名] 一枚の版木・かわらなどに文字や絵を彫ってつくった印刷版。↔活版。

せい-はん [0]【製版】[名][自サ] 印刷で原版をつくること。また、原版から印刷版面を作ること。

せい-はん-ごう [セ]=[ハ]=[ゴ]【正反合】[名] ヘーゲルの弁証法の考えかた。「正」(テーゼ)と「反」(アンチテーゼ)とのくいちがった判断が、一段高い判断の「合」(ジンテーゼ)にまとめられること。

せい-はんたい [ハ]【正反対】[名][形動(の)] まったくあべこべなこと。

せい-ひ [セ]【正否】[名] ただしいことと、ただしくないこと。

せい-ひ [セ]【成否】[名] できあがることと、できあがらないこと。成功と失敗。「―のかぎをにぎる」「―を見定める」

せい-び [セ]【整備】[名][自他サ] 機械や道具をすぐ使えるように、あるいは予想される事態にそなえて、準備を整えること。また、整っていること。「飛行機を―する」「環境の―」 **―士**(し) [ビ][名] 乗り物などの機械・道具を点検し、修理・部品交換などの技能をもつ人。「自動車―」

せい-び [セ]【精美】[名][形動]〔文章語〕精巧で美しいこと。

せい-び [セ]【精微】[名][形動] くわしく、こまかいこと。精緻(せいち)。「―な設計」

せい-ひつ [0]【静×謐】[名][形動]〔文章語〕〔「静」も「謐」もしずかの意〕おだやかで、さわがしくないこと。静穏。「―なひととき」

せい-ひょう [0]【青票】[名] 国会で、無記名投票のとき、反対の意思をあらわす票。あおひょう。↔白票。

せい-ひょう [0]【製氷】[名][自サ] こおりをつくること。

せい-びょう [0]【性病】[名] 梅毒(ばいどく)・淋病(りんびょう)・軟性下疳(なんせいげかん)など、性器から病原菌が侵入する病気。花柳病(かりゅうびょう)。

せい-びょう [0]【聖×廟】[名] 聖人をまつるみたまや・ほこら。特に、孔子(こうし)や菅原道真(すがわらのみちざね)をまつったもの。

せい-びょう【精兵】[名]〔古語〕〔「せいへい」と読めば別語〕弓をひく力のつよいこと。また、その者。↔小兵(こひょう)。

せい-ひれい [ヒ]【正比例】[名][自サ] 二つの量が同じ倍数で増減すること。比例。↔反比例・逆比例。

せい-ひん [0]【正賓】[名] おもだった客。主賓。正客。

せい-ひん [0]【清貧】[名] 貧乏だが、言行がきよらかで潔白なこと。「―に甘んじる」

せい-ひん [0]【製品】[名] 製造・製作した品物。「新―」「乳―」

せい-ふ [セ]【正負】[名] ❶正数と負数。❷数字の正号と負号。プラス(+)とマイナス(−)。❸電気・磁気などのプラスとマイナス。陽と陰。

せい-ふ [セ]【政府】[名] 国家をおさめる機関。内閣と中央官庁。

せい-ぶ [セ]【西部】[名] ❶にしの部分。「県の―」↔東部。❷アメリカ合衆国の西部、特に、ミシシッピー川から西の地方。 **―劇**(げき) [ゲ][名] アメリカ中西部地方の開拓時代をえがいた映画やテレビ劇。

せい-ぶ [セ]【声部】[名] 合唱や合奏で、それぞれの声・楽器が受けもつ部分。ソプラノ・アルト・テナー・バスなど。パート。

せい-ふう [0]【清風】[名]〔文章語〕すずしい風。

せい-ふう [0]【整風】[名] 中国共産党がおこなった、党員の思想・行動の改造のための学習や批判活動。整風運動。

せい-ふく [0]【制服】[名] ある集団に属する人々のきめられた服装。↔私服。 **―組**(ぐみ) [0][名] 防衛省の職員のうち、武官である自衛官。制服の着用が義務づけられていることから。↔背広組。

せい-ふく [0]【清福】[名]〔文章語〕きよらかな幸福。「ご」をつけて、手紙で他人の幸福を言う。

せい-ふく [0]【征服】[名][他サ] ❶征伐して、したがえること。❷困難なことをなしとげること。「冬山を―する」

せい-ふく [0]【整復】[名][他サ]〔医〕骨折・脱臼(だっきゅう)などをなおすこと。

せい-ぶつ [セ]【生物】[名] 動・植物など、生命をもち、成長・生殖をする自然物。↔無生物。 **―化学兵器**(かがくへいき) [ヘ][名] 生物兵器と化学兵器。 **―時計**(どけい) [ド][名] ➡体内時計。 **―兵器**(へいき) [ヘ][名] 有害な細菌・ウィルスなどを使用して作られる兵器。細菌兵器。

せい-ぶつ [セ]【静物】[名] ❶じっと動かないもの。❷静物画。 **―画**(が) [0][名] 花・くだもの・器具などの絵。

ぜい-ぶつ [0]【×贅物】[名] ❶むだなもの。❷ぜいたく品。

せい-ふん [0]【製粉】[名][自他サ] こなをつくること。特に、小麦粉をつくること。

せい-ぶん [0]【正文】[名] 文書の本文。↔副文。

せい-ぶん [セ]【成分】[名] 事物を構成している各部分やひとつひとつの物質。中身。要素。「薬品の―」「文を主語や述語などの―にわける」

せい-ぶん [0]【成文】[名] 書きあらわされた文。 **―化**(か) [0][名][他サ] 文章として書きあらわすこと。 **―法**(ほう) [0][名] 文書の形で公布した法律。↔不文法・不文律・慣習法。

せいぶん【性分】「しょうぶん」のあやまり。

せい-へい [0]【精兵】[名]〔「せいびょう」と読めば別語〕よりぬきの強い兵。

せい-へき [0]【性癖】[名] かたよった性質。くせ。

せい-べつ [0]【性別】[名] ❶男女・雌雄の別。❷ヨーロッパの諸言語で、単語の男性・女性・中性の別。 **―不合**(ふごう) [フ][名] 自分で実感する性と社会的に指定される性との間に著しい不一致があること。[参考] 二〇二一年までWHO(世界保健機関)では「性同一性障害」と呼び、精神的な疾患としてきたが、二〇二二年から改められた。

せい-べつ [0]【生別】[名][自サ] いきわかれ。↔死別。

せい-へん [0]/[セ]【正編】【正×篇】[名] 書物の主となる部分。本編。↔続編。

せい-へん [0]【政変】[名] 政府・内閣がかわること。

せい-ほ [セ]【生保】[名]「生命保険」の略。

せい-ぼ [セ]【生母】[名] うみの母。実母。↔継母・養母・義母。

せい-ぼ [0]【歳暮】[名] ❶〔文章語〕➡さいぼ。❷年末のおくりもの。㊇「お―を贈る」

せい-ぼ [セ]【聖母】[名] キリストの母マリア。

せい-ほう [0]【西方】[名] にしの方角。さいほう。↔東方。

せい-ほう [0]【製法】[名] もののつくりかた。製造法。

せい-ぼう [0]【声望】[名] 名声と人望。「―が高い」

せい-ぼう [0]【制帽】[名] ある集団に属する人々がかぶるきめられた帽子。「制服―」

ぜい-ほう [0]【税法】[名] 税のわりあてや、とりたてに関する法律。

せいほう-けい [ホ]【正方形】[名] 四つの内角がみな直角で、四辺の長さがひとしい四角形。

せい-ほく [0]【西北】[名] 西と北との中間の方角。にしきた。北西。↕東南。

せい-ぼく⓪【清×穆】名〔文章語〕(「穆」はうるわしいの意)きよらかで、なごやかなこと。「ご」をつけて、手紙で相手の幸福・無事を祝っていう語。

せい-ほくせい⓪【西北西】名 西と北西との中間の方角。↕東南東。

せい-ぼつ⓪【生没】名 生まれることと死ぬこと。「―年」

せい-ホルモン[ホ]【性ホルモン】名 生殖腺(せいしょくせん)から分泌(ぶんぴつ)されて、生殖活動を調節するホルモン。

せい-ほん⓪【正本】名 ❶うつしとったものや副本の原本。❷〔法〕公文書の原本を完全にうつした、原本と同じ効力のある文書。

せい-ほん⓪【製本】名 他サ 原稿や印刷物などをとじて、書物・冊子(さっし)の形にすること。

せい-まい⓪【精米】名 こめを白くつくこと。また、白くついたこめ。↕玄米。

せい-みつ⓪【精密】形動 ダロ・ダッ・デ・ニ/ダ・ナ・ナラ・○ ❶こまかくこみいっているようす。「―な構造」❷くわしく、こまかいようす。「―検査」 **―機械**(きかい)[キ]名 こまかい部品から構成される機械装置。自動車・カメラなど。

せい-みょう⓪【精妙】名 形動 きわめてたくみなこと。微妙。「―な細工」

せい-む[セ]【政務】名 政治上の仕事。 **―官**(かん)[ム]名 ➡大臣政務官。 **―次官**(じかん)[ジ]名 大臣を助けて政務を処理した役職。二〇〇一年に、副大臣と大臣政務官が設けられたため廃止。↕事務次官。

ぜい-む[セ]【税務】名 税金のわりあてや、とりたての事務。 **―署**(しょ)[ム/⓪]名 国税局に属し、国税関係の事務をとる役所。

せい-めい[セ]【生命】名 ❶生物が生物として存在できる、本源のちから。いのち。❷もっともたいせつなところ。また、そのもの。「作品の―」 **―工学**(こうがく)[コ]名 ➡バイオテクノロジー。 **―線**(せん)⓪名 ❶生きぬくためには絶対に守らなければならない限界点。❷てのひらにある筋のうち、その人の寿命の長さをあらわすという線。 **―保険**(ほけん)[ホ]名 加入した人が死亡したり、ある年齢に達したりしたときに、保険金を支払うことを約束する保険。生保。 **―力**(りょく)[ヌ]名 生きる力。生きようとする力。「―の強い雑草」 **―倫理**(りんり)[リ]名 医療や研究の場で、生と死の問題にどう関わるべきかなどの、倫理的な課題。脳死・遺伝子操作などの問題がある。バイオエシックス。

せい-めい⓪【声名】名 評判。ほまれ。名声。声望。

せい-めい[セ]【姓名】名 みょうじと、な。 **―判断**(はんだん)[ハ]名 姓名による運勢の判断。

せい-めい⓪【清明】名 ❶清く明らかなこと。❷二十四節気の一つ。春分後十五日目。四月五日ごろ。(春) ⇩二十四節気(表)

せい-めい⓪【盛名】名〔文章語〕りっぱな評判。

せい-めい⓪【声明】名 自他サ (「しょうみょう」と読めば別語)ひろく意見を発表すること。特に、政治・外交上の意見の発表。「共同―」 **―書**(しょ)⓪名 声明の文書。ステートメント。

せい-めん⓪【製麺】名 めん類をつくること。「―業」

せい-もく⓪【井目】【星目・聖目】名 ❶碁盤の目の上にしるした九つの黒い点。❷力量に差があるとき、「井目❶」の上に、下手(したて)が先に碁石をおいて対戦すること。

ぜい-もく⓪【税目】名 税金の種目。

せい-もん⓪【正門】名 正面のもん。表門。↕裏門。

せい-もん⓪【声門】名 左右の声帯の間の、息の通るすきま。

せい-もん⓪【声紋】名 人間の声を周波数によって分析したとき、ひとりひとりちがってあらわれる個人的な特徴。

せい-もん【誓文】❶⓪名 ちかいの文書。誓紙。❷副〔古語〕誓って。たしかに。「わしが心は、せいもん、かうぢゃ」〈浄瑠璃・女殺油地獄〉 **―払**(ばら)**い**[バ]名 ❶陰暦十月二十日に、京都・大阪などで、商人・遊女などが、日ごろのうそをわびる神もうで。❷西日本で晩秋や年末におこなわれる、商店街などの大売り出し。(秋)

せい-や[セ]【征野】名〔文章語〕戦場。戦野。

せい-や[セ]【星夜】名〔文章語〕星のあかるい夜。ほしづきよ。

せい-や[セ]【清夜】名〔文章語〕さわやかな夜。

せい-や[セ]【晴夜】名〔文章語〕はれわたった夜。

せい-や[セ]【聖夜】名 クリスマスの前夜。クリスマスイブ。(冬)

せい-や[セ]【静夜】名〔文章語〕しずかな夜。

せい-やく[セ]【製薬】名 くすりをつくること。製剤。

せい-やく⓪【成約】名 自サ 契約が成り立つこと。

せい-やく⓪【制約】名 他サ 条件をつけて、制限すること。制限。束縛(そくばく)。「自由を―する」

せい-やく⓪【誓約】名 他サ かたく約束すること。また、その約束。「―をまもる」

せい-ゆ⓪[セ]【声喩】名 こえ・音を、ことばにしてまねること。また、まねたもの。「ばたばた・ポーン・キャー」など。擬声語。

せい-ゆ⓪【聖油】名 カトリック教会で、儀式・典礼のときに使われる、香りのよい塗り油。

せい-ゆ⓪【精油】❶名 ある種の植物からとる、油のような香料。❷名 自サ 石油を精製すること。

せい-ゆ⓪【製油】名 自サ ❶あぶらをつくること。❷石油をつくること。

せい-ゆう⓪【声優】名 アニメ番組・洋画などの映像作品や音声作品で、声だけの出演をする俳優。

せい-ゆう⓪【政友】名 政治上の仲間。

せい-ゆう⓪【西遊】名 自サ〔文章語〕❶西の方へ旅行すること。さいゆう。❷欧米へ旅行すること。

せい-ゆう⓪【清遊】名 自サ〔文章語〕❶風流なあそび。自然をたのしむ、上品なあそび。❷旅行・遊びを尊敬していう語。「京都にご―の由」

ぜい-ゆう⓪【×贅×疣】名〔文章語〕(「贅」はこぶ、「疣」はいぼの意)むだなもの。無用の長物。

せい-よう[セ]【西洋】名 ヨーロッパ・アメリカの国々。↕東洋。 **―紀元**(きげん)[キ]名 西暦(せいれき)。 **―紙**(し)[ヨ]名 西洋から製造法の伝えられた紙。↕日本紙・和紙。 **―人**(じん)[ヨ]名 西洋の人。

せい-よう⓪【整容】名〔文章語〕すがたをととのえること。

せい-よう⓪【静養】名 自サ しずかにしてからだをやすめ、健康の回復をはかること。

せいようじじょう《西洋事情》福沢諭吉の政治地誌。一八六六年—七〇年刊。三編。西欧諸国の見学知識をわかりやすく紹介したもの。

せい-よく⓪【性欲】【性×慾】名 異性間または同性間での肉体的欲望。肉欲。

せい-よく⓪【制欲】【制×慾】名 自サ 欲情をおさえること。禁欲。

せい-らい[セ]【生来】名 副 ❶うまれつき。「―読書をこのむ」❷うまれてこのかた。「―病気をしたことがない」

せい-らん⓪【青▲嵐】名〔文章語〕❶青葉を吹きわたる初夏の風。あおあらし。(夏) ❷あおあおとした山の気。

せい-らん⓪【清覧】名〔文章語〕ひとが見ることの尊敬語。「ご」をつけて手紙に使う。「ご―をあおぐ」

せい-らん [0]【晴▲嵐】[名]〔文章語〕晴れた日にたちのぼる山気。

せい-り [セ]【生理】[名] ❶生物の生活する原理。❷生理学。❸月経。**—学** [リ][名] 生物体のはたらきを研究する学問。**—休暇** [キュ][名] 女子勤労者が月経時にとる休暇。**—食塩水** [エ][名] 体液や血液と塩分の浸透圧が同じ食塩水。水分の不足をおぎなうためや、注射用薬剤の溶媒などに用いる。**—的** [0][形動] ❶生理現象に関するようす。❷理屈でなく、からだで受けとめるようす。「—に反発する」**—日** [リ][名] 月経の期間にあたる日。

せい-り [セ]【整理】[名][他サ] ❶乱れているものを秩序だてて整えること。整頓。「交通—」「多くの意見を—してまとめる」❷むだなものを取り除いてすっきりした体制をつくること。「人員—」

ぜい-り [ゼ]【税吏】[名] 税をとりたてる役人。税務署の役人。

せいり-がく [リ]【性理学】[名] 中国の宋・明の学者がとなえた学問の一つ。人性と天理との関係を論証したもの。

ぜいり-し [リ]【税理士】[名] 他人の税金についての税務代理・書類作成・相談などを職業とする人。

せい-りつ [0]【成立】[名][自サ] なりたつこと。できあがること。「予算が—する」「商談が—する」

ぜい-りつ [0]【税率】[名] 税をわりあてるわりあい。課税率。

せい-りゃく [0]【政略】[名] ❶政治上の策略。❷かけひき。**—結婚** [ケ][名] ❶人権や愛情などを考えず、政略のために結婚させること。政略婚。❷自分の利益・出世のために有利な相手と結婚すること。

せい-りゅう [0]【清流】[名] きよらかな水の流れ。↕濁流。

せい-りゅう [0]【整流】[名] 電気で、交流を直流にすること。

せい-りゅう《青竜》⬇せいりょう。

せいりゅう-とう [0]【青竜刀】[名] 中国人が使ったかたな。柄に、青い竜のかざりがついている。

せい-りょ [セ]【征旅】[名]〔文章語〕❶敵の征討に出てゆく軍隊。討伐軍。❷たたかいながら日数をかさねてすすむ、ながい旅。いくさのたび。「—三か月」

せい-りょう [0]【声量】[名] こえの大きさ。「—がゆたか」

せい-りょう《青竜》中国の伝説で、四神の一つ。天の東方をつかさどる神獣。せいりゅう。

せい-りょう [0]【精良】[名][形動]ダロ・ダッ・デ・ニ/ダ・ナ・ナラ・〇〔文章語〕すぐれてよいこと。また、そのもの。

せい-りょう [0]【清涼】[形動] さわやかで、すがすがしいようす。**—飲料水** [リョ2][名] 炭酸ガスや酸味を感じさせる成分などをふくみ、さわやかさを感じさせる飲み物。サイダー・コーラなど。(夏) **—剤** [リョ][名] ❶気持ちをさわやかにさせるくすり。❷人心をさわやかにするのに役だつもの。

せいりょう-き [リョ]【盛漁期】[名] ⬇せいぎょき。

せいりょう-でん《清涼殿》昔、平安京の御所の宮殿の一つ。天皇が住んでいた御殿。

せい-りょく [セ]【勢力】[名] いきおい。ちから。「—を伸ばす」**—圏** [ク][名] 勢力のとどく範囲。

せい-りょく [セ]【精力】[名] 精神と肉体の、活動するちから。「—絶倫」**—的** [0][形動] 精力が強く、つかれを知らないようす。「—に働く」

せい-るい [セ]【生類】[名]〔文章語〕いきもの。しょうるい。

せい-るい [0]/[セ]【声涙】[名]〔文章語〕こえと、なみだ。**—×倶に下る** つよく感じて、なみだを流しながら話す。

せい-れい [0]【生霊】[名]〔文章語〕❶生きている人のたましい。いきりょう。❷人民。生民。

せい-れい [0]【制令】[名] 制度と法令。おきて。

せい-れい [0]【政令】[名] ❶憲法・法律を執行するためなどに、内閣がきめる命令。❷政治上の命令や法令。**—指定都市** [ト][名] 人口五〇万以上の市で、政令で特別に指定された都市。都道府県から行政権を一部委譲される。政令都市。指定都市。**—都市** [ト][名] 政令指定都市。

せい-れい [0]【聖霊】[名] キリスト教で、洗礼を受けた信者にやどって、神の心を感じ、精神をはげます力となるもの。三位一体の第三位。**—降臨祭** [リ][名] キリスト教で、キリストの復活後五十日目に聖霊が降臨したことを祝う祭り。(夏)

せい-れい [0]【精霊】[名] ❶人間をはじめ自然物のすべてのものにやどっているというたましい。精。❷死者のたましい。

せい-れい [0]【精励】[名][自サ] 精をだしてはげむこと。励精。「仕事に—する」

せい-れき [0]【西暦】[名] キリストが生まれた年(実際は生後四年め)を元年とするこよみ。西洋紀元。西紀。↕皇紀。

せい-れつ [0]【整列】[名][自サ] 列をつくってならぶこと。

せい-れつ [0]【凄烈】[形動]ダロ・ダッ・デ・ニ/ダ・ナ・ナラ・〇〔文章語〕すさまじく、はげしいようす。「—な戦い」

せい-れつ [0]【清×冽】[形動]ダロ・ダッ・デ・ニ/ダ・ナ・ナラ・〇〔文章語〕(「冽」はつめたいの意)きよくて、つめたいようす。「—な流れ」

せい-れん [0]【精練】[名][他サ] ❶糸・布などを精製すること。❷物ごとを、よくねりきたえること。

せい-れん [0]【精錬】【精×煉】[名][他サ] 粗鉱から不純物をのぞいて、精製すること。

せい-れん [0]【製錬】[名][他サ] 鉱石や半製品から金属を精製すること。

せい-れん [0]【清廉】[名][形動](「廉」は欲がないの意)心がきよくて欲がないこと。廉潔。「—潔白」

せい-ろう [0]【青楼】[名]〔文章語〕遊女のいる店。女郎屋。

せい-ろう [ロ]【▲蒸籠】[名] もちごめ・まんじゅうなどをむす器具。そばを盛る器としても使う。せいろ。

せい-ろう [0]【晴朗】[名][形動(の)]〔文章語〕空が晴れわたって、あかるく気持ちのよいこと。「天気—」

ぜい-ろく [0]/[ク]【×贅六】[名] 関西の人をあざけって呼ぶ語。さいろく。

せい-ろん [0]【正論】[名] ただしい議論や意見。↕曲論・邪論。

せい-ろん [0]【政論】[名] 政治上の意見や議論。

セイロン《Ceylon》❶インド半島の東南方、インド洋上にある島。❷⬇スリランカ。

せう-し【笑止】[名][なり形動]〔古語〕⬇しょうし。

ゼウス《Zeus》ギリシャ神話で、最高の神。ローマ神話のユピテル(ジュピター)にあたる。

せう-そこ【消▲息】[名]〔古語〕⬇しょうそこ。

せ-うと【▲兄▲人】[名]〔古語〕⬇しょうと。

セージ [セ]〈sage〉[名] ⬇サルビア❷。

セーシェル《Seychelles》＝**セイシェル** アフリカ東海岸の東方、インド洋上にあるセーシェル諸島からなる共和国。一九七六年独立。首都はビクトリア。

セーター [セ]〈sweater〉[名] 毛糸で編んだ上着の総称。(冬)

せえ-の [セ][感] 複数人で息をあわせて、何かを始めたりものを持ち上げたりするときのかけ声。

セービング [0]〈saving〉[名] ❶節約。「マネー—」❷救助。「ライフ—」❸ラグビー・サッカーなどでボールに向かって身を投げ出すこと。

せ

セーフ セ〈safe〉名〔無事・安全の意〕↔アウト。❶野球で、走者または打者が塁に生きること。❷うまくいくこと。間に合うこと。「待ち合わせ時間にぎりぎり—間に合った」 **—ガード** ガ〈safeguard〉名 特定の商品に対する一時的な輸入制限。輸入が増え、国内の産業が損害を受けると判断したときに発動される。

セーブ セ〈save〉名 他サ ❶力を出しきらずに、おさえること。たくわえること。❷野球で、救援投手が、自チームのリードを守りきって勝利にみちびくこと。勝ち投手にはならない。❸コンピューターで、プログラムやデータを記憶媒体に保存すること。

セーフティー〈safety〉造 安全。 **—ネット** ネ〈safety net〉名 ❶落下物を受け止める安全のためのネット。❷個人や社会の危機的状況に対応する安全策。 **—バント** バ〈safety bunt〉名 野球で、バッターが自分も一塁に生きようとするバント。

セーブル セ〈sable〉名 黒てん。また、その毛皮。

セーラー セ〈sailor〉名 水兵。船員。 **—ズボン** ズ 名〔sailorとフjuponの和製洋語〕水兵服のズボン。すそが広い。 **—パンツ** パ〈sailor pants〉名 セーラーズボン。 **—服** フ 名 ❶水兵服。❷水兵服の型をした子供服・婦人服。多く女子生徒の制服として用いられる。

セーリング 0〈sailing〉名 ❶帆走。また、航海。❷ヨットやウインドサーフィンなどで、技術やスピードを競うスポーツ。

セール セ〈sale〉名造 売り出し。「クリスマス—」

セールス セ〈sales〉名 売ること。販売。 **—エンジニア** ジ〈sales engineer〉名 製品についての技術的専門知識を生かして、販売の方面を受け持つ技師。 **—ポイント** ポ〈sales point〉名〔和製英語〕❶商品を売るとき、とくに強調する商品の利点や特徴。❷とくに売り込むべき、長所・美点。 **—マン** ス〈salesman〉名 販売人。特に販売外交員。

せおい-なげ 0【背負(い)投(げ)】— 名 ❶柔道で、相手を背負って投げるわざ。❷いよいよという所で急にそむいて、ひどい目にあわせること。「—を食う」‖しょいなげ。

せ-お・う オ【背負う】— 他五 ❶背におう。しょう。「リュックサックを—」❷ひきうける。「責任を—」 **背負える** 自下一[…できる]

せ-おと 0【瀬音】名 川の瀬を流れる水音。川の音。

せ-およぎ オ【背泳ぎ】名 泳ぎかたの一つで、あおむけで泳ぐこと。背泳。バックストローク。

セオリー セ〈theory〉名 ❶理論。❷学説。

せ-かい セ【世界】名 ❶地球全体。視野全体。「さまざまな生物が住む—」「見渡すかぎり銀—」❷地球上のすべての国。「—平和」「—の人口」❸同類のものが作るなんらかの秩序のある集まり。社会。「動物の—」「政治家の—」❹あるものが形作っている限られた範囲。「勝負の—」「物語の—」❺その人が住む精神的・物理的環境。「勉強して新しい—が開ける」「金持ちとは住む—が違う」 **—遺産** イ2 名 ユネスコが制定した条約に基づいて選定された世界的に重要な自然・文化遺産。 **—観** カ1 名 世界およびその中に住む人間に関する統一した考え。 **—記録** キ 名 運動競技などで、世界でいちばんすぐれた記録。 **—銀行** ギ 名 国際連合の機関の一つ。国際復興開発銀行の通称。戦災国の復興と発展途上国の開発のためにかねをかしつけるもの。一九四五年設立。本部はワシントン。世銀。 **—国家** コ 名 地球上の全人類でつくる一つの国家。 **—政府** セ2 名 世界が一つの政治組織に統一されたとき、その中心となる政府。世界連邦政府。 **—像** カ 名 世界観によって描かれる世界のすがた。 **—的** 0 形動 一国にかぎらず全世界に関しているようす。「—なピアニスト」 **—文学** ブ 名 世界じゅうのすべての文学。

せ-がき 0/セ【施餓鬼】名 餓鬼道におちて、飢えにくるしむ生きものや無縁の死者のために、供養をすること。㊝

せか・す カ【▲急かす】他五 いそがせる。せきたてる。「返事を—」

せか-せか セ1 (と)副 自サ いそがしそうで、おちつかないようす。

せか・せる セ2【▲急かせる】他下一 ⬇せかす。 **せか・す** 文語下二

せ-かっこう カ【背格好】名 背の高さやからだつき。せいかっこう。「—が似ている」

せが・む ガ 他五 ねだる。むりにたのむ。 **せがめる** 自下一[…できる]

せ-がれ 0【×倅】名 ❶自分のむすこをへりくだっていう語。⇩むすこ 参考。❷他人のむすこをくだけていう語。

せ-がわ 0【背革】— 名 洋とじの本の背にはってあるかわ。背にかわをはる製本のしかた。

セカンド〈second〉名 ❶ 0 第二のもの。二番め。❷ 0/セ 野球で、二塁・二塁手。 **—オピニオン** ピ〈second opinion〉名 主治医の診断や治療方法に対する他の医師の意見。「—を聞く」「—外来」 **—キャリア** キャ〈second career〉名〔和製英語〕❶スポーツ選手の引退後の仕事。❷定年退職後にする仕事。 **—ハウス** ハ〈second house〉名〔和製英語〕別荘。別宅。 **—バッグ** バ〈second bag〉名〔和製英語〕小型のかかえかばん。 **—ハンド** ハ〈secondhand〉名 ふるいもの。中古。セコハン。 **—ベース** ベ〈second base〉名 野球で、二塁。セカンド。 **—ライフ** ラ〈second life〉名〔和製英語〕第二の人生。特に定年後の人生を指して言う。 **—ラン** ラ〈second run〉名 封切りのすんだ映画を、別の映画館(二番館)で再上映すること。

せき【夕】造 ゆう。ゆうべ。「夕日・夕照・夕陽・朝夕・一朝一夕」

せき【▲尺】造 ❶わずか。すこし。「尺寸・尺地・咫尺」❷手紙。「尺牘」〔別音しゃく｜尺〕

せき【斥】造 ❶しりぞける。「排斥・擯斥」❷ようすをうかがう。「斥候」

せき【石】㊀造 いし。「石器・石材・石碑・化石・投石・宝石・誕生石」㊁接尾 ❶指輪などに使われている、ルビー・サファイアなどをかぞえる語。「一七—」❷電気製品の中のトランジスター・ダイオードなどをかぞえる語。〔別音こく・しゃく｜石〕

せき【赤】造 ❶あか。あかい。あからむ。「赤飯・赤面・赤痢・赤十字」❷むきだし。「赤貧・赤裸・赤裸裸」❸まごころ。「赤心・赤誠」❹共産主義。革命思想。「赤軍」〔別音しゃく｜赤〕

せき【昔】造 むかし。過ぎ去った時。「昔日・昔年・往昔」

せき【析】造 さく。わける。「析出・解析・透析・分析」

せき【隻】㊀造 ❶二つあるものの一方。「隻眼・隻腕」❷わずか。たった一つ。「隻影・隻語」㊁接尾 船などをかぞえる語。参考 大きい船は「隻」でかぞえるが、はしけ・ボートなど小型のものは「艘」でかぞえることがある。

せき【脊】造 せ。せなか。背骨。「脊髄・脊柱・脊椎」

せき【惜】造 おしい。おしむ。残念がる。「惜敗・惜別・哀惜・愛惜・痛惜」

せき【戚】造 みうち。親族。「遠戚・外戚・親戚」

せき【責】造 ❶せめる。「自責・叱責」❷つとめ。義務。

「責任・責務・引責・重責・職責」

せき【跡】[造] ❶あと。足あと。「失跡・人跡・足跡・追跡」❷ものごとのおこなわれたあと。「遺跡・形跡・痕跡・筆跡」❸あとつぎ。「絶跡・名跡・門跡」

せき【×碩】[造] おおきい。すぐれている。「碩学・碩徳」

せき【▲潟】[造] かた。みずうみ。遠浅の海岸。「潟湖」

せき【績】[造] ❶つむぐ。「紡績」❷しごとの結果。「業績・功績・事績・成績・戦績」

せき【×藉】[造] みだれる。ちらばる。「狼藉」［別音 しゃ｜藉］

せき【×蹟】[造] ものごとの行われたあと。「遺蹟・奇蹟・史蹟・事蹟」

せき[セ]**【席】**[名][造] ❶すわる場所。きめられた居場所。「席順・空席・座席・着席」❷あつまり。もよおし。「歓迎の—」「席上・一席・酒席・同席」❸組織の中の地位。「会長の—」「席次・次席・主席・首席」❹寄席。「初席・昼席」**—の暖まる暇もない** いそがしくて、おちついてひとところにいられない。**—を汚す** 高い役職や地位についたり、晴れがましい会合に出席したりすることを、けんそんしていう言い方。

せき【積】[一][セ][名][造] 掛け算の答え。「相乗積」↕商。[二][造] ❶つむ。つもる。「積載・積雪・山積・集積」❷はたらきかける。「積極」❸おおきさ。「体積・面積・容積」

せき[セ]**【籍】**[一][名][造] ❶ある人物の親・生年月日・出生地などを記した公式文書。「—を入れる」「国籍・戸籍・除籍・本籍・日本籍」❷ある組織の一員としての正式の身分。「大学に—をおく」「学籍・転籍」[二][造] 書物。「漢籍・史籍・書籍・典籍」

せき[キ]**【×咳】**[名] 呼吸をとめて、急に強くだす息。のどや気管が刺激されたときに出る。しわぶき。[冬]

せき[セ]**【×堰】**[名] 水の流れをふさぎとめる所。いぜき。**—を切る** ❶川・池などの水が、せきをこわして流れ出る。❷物事が急にどっと起こる。「涙がせきを切って出る」

せき[セ]**【関】**[名] ❶へだて。しきり。くぎり。「人目の—」❷関所。「白河の—」

せき[セ]**【寂】**[と][副][たる][連体][造] さびしい。さびれる。ひっそりしている。「—たる庵室」「寂寞・寂寥・寂然」［別音 じゃく｜寂］

ぜき【関】[接尾] 十両以上の力士の名にそえる敬称。

せき-あえ-ぬ【▲塞き▲敢えぬ】—|— [連語] せきとめようとしても、とめきれない。「—涙」

せき-あく[0]**【積悪】**[名]〔文章語〕つもりつもった悪事。↕積善。

せき-あ・げる【せき上げる】【×咳上げる】[自下一] ❶むせかえる。しきりにせきをする。❷しゃくりあげて泣く。**せきあ・ぐ** [文語下二]

せき-い・る[0]/[イ]**【せき入る】【×咳入る】**[自五] せきこむ。

せき-いん[0]**【惜陰】**[名]〔文章語〕（「陰」は時間の意）時間をたいせつにすること。

せき-うん[0]**【積雲】**[名] 高さ二千メートル以下の、下層雲の一つ。夏の午後などにあらわれる、底がたいらで、上が丸い綿のような雲。綿雲。

せき-えい[キ]**【石英】**[名] 珪素と酸素の化合物。陶器やガラスの原料にする。水晶はその純粋な結晶体。**—ガラス**[ガ][名] 石英を高温度でとかしてつくったガラス。化学実験・光学器械用。

せき-えい[0]**【隻影】**[名]〔文章語〕ただ一つのものかげ。片影。

せき-えん[0]**【積怨】**[名]〔文章語〕つもるうらみ。多年のうらみ。「—をはらす」

せき-か[0]**【石化】**[一][名][自サ] ➡せっか。[二][名]「石油化学」の略。「—業界」

せき-か[セ]**【赤禍】**[名] ➡せっか。

せき-か[0]**【赤化】**[名][自他サ] ➡せっか。

せき-が[0]**【席画】**[名] 集会の席上などで、絵をかいてみせること。また、その絵。

せきがい-せん[0]**【赤外線】**[名] スペクトルの赤色線の外部にある電磁波。透過力が強く、熱作用も大きい。医療・通信・写真用。熱線。**—写真**[シャ][名] 赤外線の、大気をとおす力の大きいのを利用した写真で、遠いところや暗い場所の物体をうつすのに使う。

せき-がき[0]**【席書き】**[名] 集会の席上などで、書・画をかくこと。

せき-がく[0]**【×碩学】**[名]〔文章語〕大学者。

せき-がし[0]**【席貸(し)】**[名] 料金をとってざしき・会場を貸すこと。また、その職業。貸席。

せき-かっしょく[カ]**【赤褐色】**[名] 赤みをおびたかっ色。

せきが-はら《関ヶ原》 岐阜県南西部の地名。一六〇〇年、豊臣方(西軍)と徳川方(東軍)とに分かれてこの地で戦い、徳川方が勝って家康が天下をとった。これを関ヶ原の戦いといい、俗に天下分け目の戦いともよばれたことから、勝ち負けの運命のきまるせとぎわを「関ヶ原」ともいう。

せき-かん[0]**【石棺】**[名] ➡せっかん。

せき-がん[0]**【隻眼】**[名]〔文章語〕一方の目。一方の目しか見えないこと。独眼。

せき-ぐん[0]**【赤軍】**[名] 旧ソビエト連邦の正規軍の称。

せき-けっきゅう[ケ]**【赤血球】**[名] ➡せっけっきゅう。

せき-ご[セ]**【隻語】**[名]〔文章語〕わずかのことば。「片言—」

せき-こ・む[コ]**【せき込む】【×咳込む】**[自五] しきりにせきをする。[冬]

せき-こ・む[コ]**【せき込む】【▲急き込む】**[自五] いそいで、あせる。

せき-さい[0]**【積載】**[名][他サ] 船・車などに貨物を積みのせること。「—量」「過—のトラック」

せき-ざい[0]**【石材】**[名] 土木・建築・彫刻用などのいし。

せき-さく[0]**【脊索】**[名] 動物の背骨(脊椎)のもとになるひものようなもの。**—動物**[ド][名] 原索動物と脊椎動物とをまとめたもの。

せき-さん[0]**【積算】**[名][他サ] ❶寄せあつめて計算すること。累計。❷費用を見積もって計算すること。また、その計算した額。見積もり。

せき-し[セ]**【赤子】**[名]〔文章語〕天子からみて、人民をその子にたとえていう語。

せき-じ[0]**【関路】**—[名]〔文章語〕関所のみち。

せき-じ[セ]**【昔時】**[名]〔文章語〕むかし。往時。昔日。

せき-じ[0]**【席次】**[名] ❶座席の順位。席順。❷成績の順序。

せき-しつ[0]**【石室】**[名] ❶石でつくったへや。いしむろ。❷昔のはかで、死体をおさめた石のへや。

せき-じつ[0]**【昔日】**[名]〔文章語〕むかし。往日。昔時。「—のおもかげもない」

せき-しゅ[セ]**【赤手】**[名]〔文章語〕（「赤」ははだかの意）なにも持っていないこと。からて。すで。徒手。**—空拳**[セ][名]〔文章語〕「赤手」の強め。徒手空拳。

せき-しゅ[セ]**【隻手】**[名]〔文章語〕片手。↕双手。

せきしゅう《石州》 ➡いわみ(石見)。

せき-じゅうじ[ジュ]**【赤十字】**[名] ❶白地にあかい十字形を書いたもの。❷赤十字社。**—社**[ジ][名] 人道的博愛精神によって、戦時と平時の別なく、傷病者や一般の被災者の救護その他の事業をする国際的組織の団体。

せき-しゅつ [0]【析出】㊀[名][自サ] 水溶液から固体がわかれでること。㊁[名][他サ] 化合物を分析して、ある物質を取り出すこと。

せき-しゅん [0]【惜春】[名][文章語] 春の過ぎるのをおしむこと。[春]「—の情」

せき-じゅん [0]【石×筍】[名] 鍾乳洞(しょうにゅうどう)の中で、水にとけた石灰質が、たけのこの形につもりかたまったもの。

せき-じゅん [0]【席順】[名] 座席の順序。席次。

せき-しょ [ショ]【関所】[名] ❶昔、道路の要所や国境にもうけて通行人をしらべた役所。関。❷通りぬけるのにむずかしい所。「入学試験という—」 **—手形**(てがた) [テ][名] 関所を通る人の持った身分証明書。通り手形。 **—破**(やぶ)**り** [ヤ][名] ❶関所を通れない人がむりに通ること。また、その罪・人。❷関所を通らないで抜け道を通ること。また、その罪・人。

せき-じょう [0]【席上】[名] 集会の席。「総会の—で発表する」

せき-しょく [0]【赤色】[名] ❶あかいろ。❷(旗のいろから)共産主義や社会革命をあらわすいろ。 **—テロ** [テ][名] 共産主義者がおこなう暴力。↕白色テロ。 **—リトマス** [ト][名] リトマスの水溶液に塩酸をすこし加えたもので、アルカリにあうと赤色から青くかわる。

せき-しん [0]【赤心】[名][文章語]〔「赤」は、はだかの意〕まごころ。赤誠。丹心。

せき-ずい [キ]【脊髄】[名] 動物の脊椎(せきつい)の中にあるひもの形をした器官。脳髄とともに中枢神経系を構成する。

せき-すん [0]【▲尺寸】[名][文章語] ⇒しゃくすん。

せき-せい [0]【赤誠】[名][文章語] 赤心。まごころ。

せきせい-いんこ [イ][2]【背黄青×鸚×哥】[名] いんこの一種。からだは小さく、淡黄・緑黒のまだらがあるものが多い。野生種は胸・腹が緑色だが、飼い鳥ではさまざま。

せき-せき [0]【寂寂】[と副][たる連体][文章語] さびしく静かなようす。じゃくじゃく。

せき-せつ [0]【積雪】[名] ふりつもった雪。[冬]

せき-ぜん [0]【積善】[名][文章語] つみ重ねた善事。↕積悪。

せき-ぜん [0]【寂然】[と副][たる連体][文章語] ひっそりとしずかなようす。じゃくねん。

せき-ぞう [0]【石造】[名] いしづくり。「—の門」

せき-ぞう [0]【石像】[名] 石でつくってある人や動物の像。

せき-ぞく [0]【石×鏃】[名] いしのやじり。

せき-だい [0]【席代】[名] ⇒席料(せきりょう)。

せき-だい [0]【席題】[名] 俳句や短歌の席上で出す題。また、その題で俳句や短歌をつくること。即題。↕兼題。

せき-た・てる [テ]【▲急き立てる】[他下一] テ-テ-テル-テル-テレ-テロ・テヨ しきりにいそがせる。 **せきた・つ** [文語下二]

せき-たん [タ]【石炭】[名] 太古の植物が地中にうずもれて、地熱と地圧のために炭化して黒くなったもの。燃料になる。[冬] **—ガス** [ガ][名] 石炭をむし焼きにして発生させたガス。燃料用。 **—酸**(さん) [0][名] 無色・針状の結晶。特有の臭気がある。防腐・消毒用。フェノール。

せき-ち [セ]【▲尺地】[名][文章語] わずかの土地。尺土。寸土。

せき-ちく [0]【石竹】[名] ナデシコ科の多年生植物。初夏、紅色・白色の美しい花をひらく。からなでしこ。[夏]

せき-ちゅう [0]【石柱】[名] いしのはしら。

せき-ちゅう [0]【脊柱】[名] せぼね。⇩骨格(図)。

せき-ちん [0]【赤沈】[名]「赤血球沈降速度」の略。血沈。

せき-つい [0][キ]【脊椎】[名] 動物の脊柱(せきちゅう)をかたちづくる多くの骨。人類は三二〜三三個。椎骨(ついこつ)。 **—カリエス** [カ][名] せきついが結核菌におかされる病気。「せきずいカリエス」というのは誤り。 **—動物**(どうぶつ) [ド][名] 硬骨、または軟骨の脊柱(せきちゅう)が中軸となって、からだをささえる動物。哺乳(ほにゅう)類・魚・鳥など。↕無脊椎動物。

せき-てい [0]【席亭】[名] 寄席(よせ)。また、寄席の主人。

せき-てん [0]【▲釈×奠】[名] 孔子(こうし)をまつる儀式。しゃくてん。[春]

せき-とう [0]【石塔】[名] ❶石でつくった五輪塔。❷墓石。

せき-どう [0]【赤道】[名] ❶地球の南北両極から九〇度へだたっている大円。⇩緯度(図)。❷[天]天球の南北両極からひとしい距離にある大圏(たいけん)。 **—祭**(さい) [ド][名] 船や軍艦が赤道を通過するときにおこなうまつり。

せきどう-ギニア《赤道ギニア》(Equatorial Guinea) アフリカ西海岸、ギニア湾に面した共和国。ギニア湾上のビオコ島を含む。一九六八年に独立。首都マラボ。

せき-とく [0]【▲尺×牘】[名][文章語]〔古代中国で、文字を書いた幅一尺の牘(とく)(木札)〕書状。手紙。

せき-と-して【寂として】[連語][文章語] さびしく、しずかなようす。音がしないようす。「—声なし」

せき-どめ [0]【せき止め】【×咳止め】[名] せきを止めること。また、そのために用いる薬。鎮咳(ちんがい)剤。

せき-と・める [メ]【せき止める】【▲塞(×堰)止める】[他下一] メ-メ-メル-メル-メレ-メロ・メヨ 流れなどをさえぎりとどめる。ふせぎ止める。「河川を—」 **せき止め** [名] **せきと・む** [文語下二]

せき-とり [0][リ]【関取】[名] ❶十両以上の力士。[秋] ❷十両以上の力士を尊敬してよぶ語。

せき-にん [0]【責任】[名] ❶しなければならないつとめ。「自治会長の—をはたす」❷あるおこないの結果からおこる損害に対する制裁を受けること。「過失の—」 **—感**(かん) [3][名] 責任をおもんずるこころ。 **—者**(しゃ) [3][名] 仕事をするうえで、その部分に権限を持ち、責任を負うべき人。「製造—」

せき-ねつ [0]【赤熱】[名][自他サ] 鉄などが、まっかに熱すること。しゃくねつ。

せき-ねん [0]【昔年】[名][文章語] むかし。

せき-ねん [0]【積年】[名][文章語] 多年。「—の研究」

せき-の-と [0]【関の戸】[名][古語] 関所。また、関所の門。

せき-の-やま [マ]【関の山】[名] できる限度。それ以上はできないという程度。「五千円が—だ」

せき-はい [0]【惜敗】[名][自サ] おしいところで負けること。

せき-ばく [0]【寂×寞】[名][と副][たる連体][文章語] ひっそりとしてものさびしいこと。じゃくまく。

せき-ばらい [バ]【せき払い】【×咳払い】(—ばらひ)[名] わざとせきをすること。しわぶき。

せき-はん [ハ/0]【赤飯】[名] ❶あずきめし。❷あずきを入れたこわめし。

せき-ばん [0]【石版】[名] 石灰岩などの石材のおもてに文字や絵画などを特殊インクで書きうつした印刷版。原版の一種。 **—画**(が) [0][名] 石版で印刷した絵。

せき-ばん [0]【石盤・石板】[名] ❶粘板岩(ねんばんがん)のうすいいた。石筆で文字・絵をかくのに使う。❷スレート。

せき-ひ [0]【石碑】[名] ❶文字や文章を彫りつけた石。いしぶみ。❷石の墓。墓石。

せき-ひつ [0]【石筆】[名] ろうせきを筆の形にして、石盤に字や絵画をかくもの。

せき-ひん [0]【赤貧】[名][文章語]〔「赤」は、はだかの意〕なに一つないまずしさ。 **—洗**(あら)**うが▲如**(ごと)**し** あらい流したように、なんにもないまずしさのこと。

せき-ふ [0]【石×斧】[名] おのの形をした石器。

せき-ぶつ [0]【石仏】[名] 石でつくったり、岩石にきざんだりした仏像。いしぼとけ。

せき-ぶん [0]【積分】[名][他サ] あたえられた関数を導関数

とする、もとの関数をもとめること。微分の逆演算。↕微分。 ―学 [ブ]名 関数の積分に関する性質を研究する、高等数学の一分科。↕微分学。

せき-へい ⓪【積弊】名〔文章語〕つもりつもった悪い風習。

せき-べつ ⓪【惜別】名 わかれをおしむこと。

せき-ぼく ⓪【石墨】名 純粋の炭素からでき、黒くてやわらかいもの。鉛筆のしん・るつぼ・耐熱材料用。黒鉛。

せき-まつ ⓪【席末】名 席順のすえ。末席。

せき-む [セ]【責務】名 責任と義務。つとめ。「―をはたす」

せき-めん ⓪【石綿】名 いしわた。アスベスト。 **―スレート** [レ]名 石綿とセメントを水でねりあわせた板の形のもの。屋根がわらなどに使われた。スレート。

せき-めん ⓪【赤面】名自サ はずかしくて顔が赤くなること。「―のいたり」

せき-もり [セ]【関守】名〔古語〕関所をまもる役人。

せき-ゆ ⓪【石油】名 太古の微生物の成分が地中で、液体の炭化水素となったもの。燃料・化学工業の原料になる。 **―化学** [カ]名 石油や天然ガスを原料として、合成繊維や合成樹脂などをつくる化学。 **―乳剤** [ニュ]名 石油とせっけん水をまぜたもので、駆虫・消毒用にもちいる薬剤。

セキュリティー [キュ]〈security〉名造 安全。保安。防犯〈設備〉。「万全な―」 **―チェック** [チェ]〈security check〉名 保安や防犯などのためにおこなわれる検査。空港での手荷物・身体検査など。 **―ホール** [ホ]〈security hole〉名 コンピューターの、安全管理からみた欠陥。 **―ポリス** [ポ]〈security police〉名 高官や要人の身辺を警護する警察官。エスピー（SP）。

せき-よう ⓪【夕陽】名〔文章語〕ゆうひ。いりひ。

せ-ぎょう ⓪【施行】名他サ〔仏〕（「しこう」と読めば別語）僧や貧民などに物をほどこすこと。

せき-らら ⓪【赤裸裸】形動 ダロ・ダッ・デ・ニ／ダ・ナ・ナラ・○ （「赤裸」はまるはだかの意）つつみかくしのないようす。むきだし。「―な告白」

せきらん-うん [ラ]【積乱雲】名 積雲が発達して高くもりあがり、雨や雷をともなう雲。夕立雲。入道雲。㊰夏

せき-り [セ]【赤痢】名 急性感染症の一つ。赤痢菌により大腸がおかされ、血液のまじったはげしい下痢をする。㊰夏

せき-りょう [キ]【席料】名 ざしき・会場を借りる料金。席代。

せき-りょう ⓪【脊×梁】名〔文章語〕せぼね。「―山脈」

せき-りょう ⓪【責了】名（「責任校了」の略）印刷物の校正で、訂正箇所を印刷所が責任をもって直す条件で校正を終了とすること。

せき-りょう ⓪【寂×寥】名と副たる連体〔文章語〕ものさびしいようす。「―たる寺院」

せき-りょく [キ]【斥力】名 二つの物体が、たがいにはねのけようとする力。↕引力。

せき-りん ⓪【赤×燐】名 赤茶色で、こなのような燐。安全マッチの原料。

せ-ぎ・る [ギ]【瀬切る】他五 ラ・ロ・リ・ッ・ル・ル・レ・レ 水の流れをせきとめる。

せき-れい ⓪【×鶺×鴒】名 セキレイ科の小鳥の総称。水辺にすみ、長い尾を上下に動かす。㊰秋

せき-ろう ⓪【石×蠟】名 固形のパラフィン。

せき-わけ ⓪【関▲脇】名 相撲で、大関の次の位。

せき-わん ⓪【隻腕】名〔文章語〕片方のうで。また、片方のうでしかないこと。

せ-ぎん ⓪【世銀】名「世界銀行」の略。

せ・く [セ]【×咳く】自五 カ・コ・キ・イ・ク・ク・ケ・ケ せきをする。㊰冬

せ・く [セ]【▲急く】自五 カ・コ・キ・イ・ク・ク・ケ・ケ ❶いらだつ。いそぐ。はやる。「気が―」❷はげしくなる。急になる。「息が―」

せ・く [セ]【▲塞く・×堰く】他五 カ・コ・キ・イ・ク・ク・ケ・ケ さえぎりとめる。せきとめる。「谷川の水を―」

せ-ぐくま・る [マ]【×跼る】自五 ラ・ロ・リ・ッ・ル・ル・レ・レ からだを前へまげて、小さくなる。かがむ。

セクシー [セ]〈sexy〉形動 ダロ・ダッ・デ・ニ／ダ・ナ・ナラ・○ 性的な魅力のあるようす。

セクシャル [セ]〈sexual〉＝**セクシュアル** 形動 ダロ・ダッ・デ・ニ／ダ・ナ・ナラ・○ 性に関するようす。性的。「―な魅力」 **―ハラスメント** [ラ]〈sexual harassment〉名 性的ないやがらせ。不快な性的言動により相手に不利益を与えたり、労働や学習などの環境を害したりすること。セクハラ。

セクシャリティー [ア]〈sexuality〉＝**セクシュアリティー** 名 性に関すること。性自認・性的指向・性行動など、広く人の性に関することについていう。

セクショナリズム [リ]〈sectionalism〉名 自分の関係する部局や業務だけをたいせつにし、他を排斥すること。なわばり根性。

セクション [セ]〈section〉名 ❶しきり。区分。❷節。科。項。❸新聞・雑誌などのらん。

セクター [セ]〈sector〉名 ❶分野。部門。「第三―」❷ハードディスクなどの記憶装置で、データを管理するための単位。

セクト [セ]〈sect〉名 政治団体などの分派。党派。「ノン―」 **―主義** [シュ]名 党派をつくり、他を排斥するやり方。

セク-ハラ ⓪名「セクシャルハラスメント」の略。

セグメント [セ]〈segment〉名 ❶分割すること。区分。部分。❷コンピューターで、長いプログラムを短い単位に分割したもの。

せぐり-あ・げる [ゲ]【せぐり上げる】自下一 ゲ・ゲ・ゲ・ゲル・ゲル・ゲレ・ゲロ・ゲヨ しゃくりあげる。せきあげる。**せぐりあ・ぐ** 文語下二

セクレタリー [セ]〈secretary〉名 秘書。書記。

せ-けん [セ]【世間】名 ❶人々がたがいにかかわり合って生活している世の中。人間社会。また、その中の人々。「―の目を気にする」「―をあっと言わせる」❷つきあいの範囲。「―が広い」❸〔仏〕すべての人や動物が生活する境界。 **―師** [ケ]名 世間になれて、わるがしこい人。 **―知らず** [シ]名形動(の) 世間の事情にうといこと。また、そのような人。 **―擦れ** ⓪名自サ 世間で苦労をして、わるがしこくなること。 **―知** [ケ]名 世渡りに必要な知恵。世知。「―にたけた人」 **―体** ⓪名 世間に対するみえ。「―がわるい」 **―的** ⓪形動 世間にあるようなようす。世俗的。 **―並** ⓪名形動(の) あたりまえのようす。ふつう。「―の生活」 **―話** [バ]名 世の中の事がらについての気楽な話。 **―離れ** [バ]名 ものの考え方や言動が、世間一般の基準からかけ離れていること。浮世離れ。 **―を狭くする** 他人の信用をなくすようなことをして、つきあう人が少なくなる。

ぜ-げん ⓪【▲女×衒】名（「衒」はなかだちして売るの意）女を遊女屋に紹介し、手数料を取って生活していた者。

せけんむねさんよう《世間胸算用》江戸時代前期の浮世草子。井原西鶴の作。大みそかを背景とした町人の生活をえがいた短編集。

せ-こ [セ]【▲兄子・背子】名〔古語〕女性が、夫や兄・弟、恋人などを親しんでいうことば。「わがせこ」のかたちで用いられることが多い。「わが背子を大和へやると小夜ふけて暁露にわが立ち濡れし」〈万葉〉↕わぎもこ。

せ-こ [セ]【▲勢子】名 狩りのとき、鳥や獣をかりたてる役。

せ-こ セ【世故】名 世の中の風俗・習慣などの雑事。**―に長たける** 世間の事情によく通じて、世渡りがうまい。

せこ・い コ 形 (カロ|カッ・ク|イ|イ|ケレ|○) 〔俗語〕やりかたがけちくさい。しみったれている。

セコイア コ〈sequoia〉名 アメリカに自生する、スギ科の常緑大高木。高さ一〇〇メートルにもなり、世界で最も高い樹木として有名。

せ-こう 0【施工】名 他サ 工事をおこなうこと。しこう。⇩施行しこう 参考。

せ-こう 0【施行】名 他サ ⇒しこう(施行)。

セコ-ハン 0 名「セカンドハンド」の略。

セコンド 0〈second〉名 ❶秒。「―をきざむ音」❷ボクシングで、かいぞえ人。セカンド。

せ-さい 0【世才】名 世間のことに通じている才能。俗才。「―にたける」

せ-さく 0【施策】名 ⇒しさく(施策)。

せ-し セ【セ氏】名「摂氏せっし」の現在の呼び方。↕カ氏。**―温度**おんど オ 名 ⇒せっしおんど。参考「セ」はセルシウス(考案者の名)の略。

せ-じ セ【世事】名 世間のこと。「―に通じる」

せ-じ 0【世辞】名 あいそうのよいことば。参考 ふつう「おせじ」の形で使う。

セシウム シ〈cesium〉名 元素記号Cs 原子番号55 原子量132.90545の元素。光電管の陰極用。

せし・める × 他下一 (メ|メ|メル|メル|メレ|メロ・メヨ) ずるいやり方で自分のものにする。**せし・む** 文語下二

せ-しゅ 0 セ【施主】名 ❶寺や僧に、かねや品物をほどこす人。❷葬式や法事などの主人役。❸建築主。

せ-しゅう 0【世襲】名 他サ 財産・地位・職業などを代々うけつぐこと。

せ-じゅつ 0【施術】名 自サ ⇒しじゅつ(施術)。

せ-じょう 0【世上】名 よのなか。世間。「―のうわさ」

せ-じょう 0【世情】名 ❶世間一般の考え。俗人の心。「―に通じる」❷世の中のありさま。事情。「―を観察する」

せ-じょう 0【施錠】名 自サ へや・ロッカーなどの錠にかぎをかけること。

せ-じん セ【世人】名〔文章語〕世の中の人。「―に知られる」

せ-じん 0【世×塵】名〔文章語〕世間のわずらわしさ。俗事。

せ-すじ セ【背筋】すじ 名 ❶背骨のところにある筋肉。「―をのばす」❷衣服の背中の縫いめ。**―が寒**さむ**くなる** 恐れでぞっとする。

ゼスチャー ゼ〈gesture〉名 ⇒ジェスチャー。

セスナ-き ナ【セスナ機】名〔「セスナ Cessna」はアメリカの飛行機会社の名。商標名〕軽飛行機の一種。

せ-ぜ セ【世世】名〔文章語〕よよ。代々。**―生生**しょうじょう セ 名 生生世世。

ぜぜ ゼ1【▲銭】名〔俗語〕銭ぜに。おかね。

ぜ-せい 0【是正】名 他サ ただしくあらためること。

せせこまし・い シ 形 (カロ|カッ・ク|イ|イ|ケレ|○) ❶せまくて余地がない。❷こせこせしてゆとりがない。「―考えかた」**せせこまし・さ** 名 **せせこま・し** 文語シク

セセッション セ2〈secession〉名 一九世紀末にウィーンでおこった、建築・工芸・美術上の新様式。

ぜぜ-ひひ ヒ1【是是非非】名 よいことはよい、わるいことはわるいと、公平に考えること。「―の態度」

せせらぎ 0 名 浅瀬などに水の流れる音。また、その流れ。「―に足をひたす」

せせら-わら・う ラ2【せせら笑う】わらふ 他五 (ワ・オ|イ・ッ|ウ|ウ|エ|エ) あざけりわらう。けいべつしてわらう。「人の失敗を―」**せせら笑い** 名

せせり-ばし バ【せせり箸】【×挵り箸】名 食事のとき、はしでおかずをつつきまわすこと。

せせ・る【×挵る】━ セ2 他五 (ラ・ロ|リ・ッ|ル|ル|レ|レ) ❶つっついて、ほる。「ようじで歯を―」❷いじる。もてあそぶ。━ ❶ 自四〔古語〕泣き言を言う。ぐちをこぼす。「くどきくどき(クリカエシクリカエシ)せせることをいひて」〈宇治拾遺〉❷ 他四〔古語〕虫などが刺す。「身をせせる蚤のみ」〈日本永代蔵〉

せ-そう 0【世相】名 世のありさま。世態。「みだれた―」

せ-ぞく 0【世俗】名 ❶世のならわし。❷世間。❸世間の人。**―的**てき 0 形動 ❶俗世間のようす。❷俗っぽいようす。

せ-そん セ【世尊】名 釈迦しゃかを尊敬していう語。

せ-たい タ/セ【世帯】名 一戸いっこをかまえて、独立のくらしをたてること。所帯。参考「所帯」は一般用語だが、「世帯」は戸籍や国勢調査など、専門用語的に使う。**―主**ぬし タ 名 一つの世帯の主人。

せ-たい 0【世態】名 世の中のありさま。「―人情」

せ-だい セ【世代】名 ❶親の仕事をついでから、それを子どもにゆずるまでの期間。約三〇年間。代。ジェネレーション。❷同じ年代に育って、同じような考え方をする人たち。同時代人。「戦中派の―」❸生物が母体からはなれて成熟し、生殖をおわるまでの期間。代。**―交代**こうたい コ 名 ❶〔生〕同一の生物で有性生殖と無性生殖をする世代が交互につづいていくこと。世代交番。❷年をとった人が退き、若い人が活躍の中心になること。

せ-たけ セ【背丈】名 ❶身長。背。せい。❷洋裁で、首のつけ根から、スカートのすそまでの長さ。または、上着の長さ。着丈きたけ。

せ-たま・う【せ▲給ふ】たまふ 連語〔古語〕〔尊敬の助動詞「す」の連用形と補助動詞「たまふ」。四段・ナ変・ラ変動詞の未然形について、高い尊敬をあらわす〕お…なさる。「人のそしりをも、えはばからせたまはず」〈源氏〉参考 そのほかの動詞につく場合は「させたまう」となる。

セダン セ〈ア sedan〉名 座席が二列の乗用自動車で、荷物室が室内にないもの。↕ワゴン。

せ-ち セ【世知】【世×智】名 よわたりの才能。「―にたける」

せち【節】名〔古語〕❶時節。季節。とき。❷節句。節会せちえ。❸おせち。

せち【▲切】なり形動〔古語〕❶願いや思いの、たいそう強いようす。ひたすら。「切に物思へるけしき」〈竹取〉❷たいそう大事なようす。重大。「切なる事きこえむ(申シアゲヨウ)」〈宇津保〉❸たいそうおもしろいようす。たいそう興ぶかいようす。「弾ひきたりしほど(ヒキグアイ)こそ、切なりしか」〈大鏡〉

せち-え【節会】ゑ 名〔古語〕平安時代、宮中で、節日せちにちや、おおやけの行事のある日におこなわれた宴会。

せち-がら・い ラ【世知(×智)辛い】形 (カロ|カッ・ク|イ|イ|ケレ|○) ❶世わたりがむずかしい。「―世の中」❷損得について細かくて、おうようさがない。**せちがらさ** 名 **せちがら・し** 文語ク

せつ【折】造 ❶おる。おれる。「折角・折檻せっかん・曲折・屈折・骨折」❷くじける。「挫折ざせつ」❸わける。「折衷・折半」❹かけひき。「折衝せっしょう」❺死ぬ。「夭折ようせつ」

せつ【×泄】造 ❶もれる。もらす。「漏泄ろうせつ」❷除く。「排泄はいせつ」

せつ【窃】造 ぬすむ。ひそかにとる。「窃取・窃盗・剽窃ひょうせつ」

せつ【接】造 ❶つぐ。つける。つなげる。「接続・接着・逆

接・溶接・連接」❷ちかづく。ふれる。「接近・接触・間接・直接・隣接」❸あう。まじわる。「接客・接見・接待・応接・面接」❹うけいれる。「接受」 **接する** 自他サ

せつ【設】 造 もうける。つくる。こしらえる。「設置・設備・設立・仮設・建設・新設」

せつ【雪】 造 ❶ゆき。「雪害・雪原・雪渓・降雪・除雪・風雪」❷そそぐ。すすぐ。「雪冤・雪辱」

せつ【摂】 造 ❶とる。とりいれる。「摂取・包摂」❷治める。かわって治める。「摂関・摂政」❸ととのえる。「摂生・摂理」❹「摂津(旧国名)」のこと。「摂州」

せつ【×截】 造 たつ。きる。「截然・截断—・直截—」

せつ【×褻】 造 なれなれしい。「猥褻」

せつ【拙】 ㊀ セ 名 造 まずいこと。つたないこと。「拙策・拙速・巧拙・稚拙」↕巧。㊁ セ 代 自分のことを改まって言う語。明治時代ごろまで使われた。㊂ 造 自分に関する物ごとをかしこまって丁重に言う語。「拙文・拙著・拙宅」

せつ【節】 ㊀ セ 名 造 ❶とき。おり。ころ。時期。「その—は、おせわになりました」「節分・季節・時節・当節」❷みさお。節操。「忠節・貞節・変節」❸文章の小段落。「第二節」❹主語・述語をそなえた一つづきが文の一部分となったもの。「主節・従属節」㊁ 造 ❶ふし。つぎめ。「節足動物・関節」❷くぎり。段落。「音節・文節」❸使者のしるしとした旗。割り符。「使節・符節」❹ほどよくする。ひかえる。「節煙・節制・節度・礼節」❺祝い日。「節句・紀元節」❻ふし。音楽の調子。旋律。「曲節」[別音せち|節]

せつ【説】 ㊀ セ 名 造 ❶意見。主張。「他人の—による」「仮説・自説・持説・論説」❷学説。「地動説」❸うわさ。㊁ 造 ❶とく。のべる。「説教・説明・解説・力説」❷ものがたり。はなし。「説話・小説・伝説」

せつ【切】 ㊀ セ 形動 造 つよい気持ちをおさえがたいようす。心から。「ご無事を祈ること—なるものがあります」「切望・哀切・親切・大切・痛切」㊁ 造 ❶きる。きれる。「切開・切断・切腹・切片」❷さしせまる。「切実・切迫・切要」❸たしか。「適切」❹接する。「切線・切点」❺漢字音の示し方の一つ。「反切」 **切に** 副

ぜつ【舌】 造 ❶した。「舌根・舌状・舌端」❷はなし。ことば。「舌禍・舌戦・饒舌・毒舌・弁舌」

ぜつ【絶】 ㊀ ゼ 名 「絶句」の略。㊁ 造 ❶たえる。たやす。「絶縁・絶食・根絶・断絶」❷こばむ。ことわる。「拒絶・謝絶」❸はなれている。「絶海・隔絶・懸絶」❹この上ない。はるかにすぐれる。「絶景・絶賛・壮絶・超絶」❺きわめて。まったく。「絶好・絶無・絶不調」❻けわしい。「絶壁」 **絶する** 自サ

せつ-あく ０【拙悪】 形動 〔文章語〕 ダロ・ダッ・デ・ニ ダナ・ナラ○ やり方がへたで、できばえがわるいようす。

ぜつ-いき ０【絶域】 名 〔文章語〕 遠くへだたったところ。遠い外地・外国。

せつ-えい ０【拙詠】 名 〔文章語〕 ❶まずい詩や歌。❷自分の詩や歌を改まって言う語。

せつ-えい ０【設営】 名 他サ ❶ある仕事をするための施設・建物を作ること。「作業員宿舎を—する」❷会場などの準備をすること。「式場の—」

せつ-えん ０【雪×冤】 名 自サ 〔文章語〕 〔「雪」はそそぐ、「冤」は無実の罪の意〕無実の罪をはらし、身の潔白を明らかにすること。

せつ-えん ０【節煙】 名 自サ たばこを吸う量をへらすこと。

ぜつ-えん ０【絶遠】 名 〔文章語〕 ひどくとおいこと。「—の地」

ぜつ-えん ０【絶縁】 名 他サ ❶関係を切ること。「—状」❷電流をつたえにくい物体を使って、電流が外へつたわらないようにすること。 **—体** ０ 名 電気をつたえにくい物体。ガラス・エボナイト・ゴムなど。不導体。不良導体。↕導体。

せっ-か セ【赤禍】 名 〔文章語〕 〔「せきか」の変化〕自由主義体制から見て、共産主義によるわざわい。

せっ-か ０【石化】 名 自サ 〔「せきか」の変化〕地中にうまった死体の有機物が化石になること。

せっ-か ０【赤化】 名 自他サ 〔「せきか」の変化〕❶あかくなること。あかくすること。❷共産主義化すること。

ぜっ-か ゼ【舌禍】 名 ❶話した内容が法律にふれたり、人をおこらせたりしておこるわざわい。↕筆禍。❷他人の悪口・中傷によって受けるわざわい。

ぜっ-か ゼ【絶佳】 名 形動 〔文章語〕 すばらしくよいこと。「眺望—」

せっ-かい セ【石灰】 名 〔「せきかい」の変化〕生石灰・消石灰の総称。 **—岩** カ 名 炭酸カルシウムの結晶からなる水成岩。 **—石** カ 名 石灰岩。 **—窒素** チ 名 カーバイドと窒素とを化合させてできた粉。肥料にする。 **—洞** カ 名 天然水のために石灰岩がとけてできたほらあな。鍾乳洞。 **—乳** カ 名 消石灰を水にとかした乳白色の液。消毒用。

せっ-かい セ【切開】 名 他サ 病気をなおすために、からだの組織をきりひらくこと。「—手術」

せっ-かい セ【節介】 名 形動 ⇒おせっかい。

せつ-がい ０【雪害】 名 ゆきによる損害。(冬)

せつ-がい ０【殺害】 名 他サ 人をころすこと。さつがい。

ぜっ-かい ０【絶海】 名 〔文章語〕 陸から遠くはなれた海。「—の孤島」

せっ-かく ０【石×槨】 名 〔「せきかく」の変化〕石でつくった、棺を入れる室。古墳のなかにある。

せっ-かく ０【▲刺客】 名 〔「せきかく」の変化〕人を暗殺する人。しかく。

せっ-かく ０【せっかく・折角】 副 形動(の) ❶望ましい事態になりさらにそれに好ましいことを加える気持ちをあらわす。「—鹿児島に行くならば沖縄に足を延ばしたらばいかがですか」「—好きな人と結婚できたのだからお幸せに」❷相手の行為が望ましいものであったり好ましい状況を招いたりしたのにもかかわらずそこから期待どおりに運ばないようすをあらわす。「—迎えに行ったのだが行き違いになってしまった」「—来てくれたのに留守にしていて申しわけなかった」「—のおすすめですがお断りします」❸相手の行動が望ましく運ぶことを願う気持ちをあらわす。「—ご自愛ください」「—お大事に」。参考「わざわざ」は❷の用法と対応し、特別に試みた行為がそのような事態を招くきっかけになったことをあらわす。

せっ-か-せん《摂河泉》 昔の摂津・河内・和泉の三国。今の大阪府と兵庫県の一部。

せっ-かち セ 名 形動 気がみじかいこと。短気。性急。「—な人」

せっ-かっしょく カ【赤褐色】 名 ⇒せきかっしょく。

せっ-かん ０【石棺】 名 〔「せきかん」の変化〕石でつくられた棺おけ。特に古墳から発見されるもの。

せっ-かん セ【摂関】 名 摂政と関白。 **—政治** セ2 名 藤原氏の摂政と関白が、天皇にかわって政治の実権をにぎった政治形態。八五八年から一〇八六年までつづいた。

せっ-かん セ【折×檻】 名 他サ ❶肉体をくるしめて、こら

せ

しめること。❷きびしくしかること。

せつ-がん ◎【接岸】名自サ 船をきしにつけること。

せつ-がん ◎【切願】名他サ つよくねがうこと。

ぜつ-がん ◎【舌×癌】名 舌にできるがん。

せつがん-レンズ レ【接眼レンズ】名 顕微鏡・望遠鏡で、のぞくほうにあるレンズ。↔対物レンズ。

せっ-き ◎【石器】名（「せきき」の変化）先史時代の人間のつくった石の器具。**━時代** ジ 名 青銅器時代の前で、武器や道具に石器を使った時代。

せっ-き セ【赤旗】名（「せきき」の変化）❶あかいはた。❷労働組合・共産党などで使う、あかい旗。

せっ-き ◎【節気】名 季節をしめす語で、立春・春分など。二十四節気。

せっ-き セ【節季】名 ❶年の暮れ。年末。㊄ ❷盆・暮れの商店が、貸し借りの清算をする時期。

せつ-ぎ セ【拙技】名〔文章語〕❶へたなうでまえ。へたな技術。↔巧技。❷自分のわざの謙譲語。

せつ-ぎ セ【節義】名 道義をまもりとおすこと。みさお。

ぜつ-ぎ セ【絶技】名〔文章語〕きわめてすぐれたわざ。妙技。

せっ-きゃく ◎【隻脚】名〔文章語〕（「せききゃく」の変化）かたあし。↔双脚。

せっ-きゃく ◎【接客】名自サ 客をもてなすこと。**━業** ク 名 客をあつかう職業。旅館・飲食店など。**━婦** ク 名 客をもてなすことを職業とする女性。芸者・ホステスなど。

せっ-きょう キョ【説教】名自サ ❶宗教の教義を説明して、民衆をおしえみちびくこと。また、その話。説法。❷訓戒や忠告。「また、お━か」参考 ❷はあざけったり、皮肉ったりして言うことが多い。

せっ-きょう ◎【説経】名自サ ❶経文の内容を説明し聞かせること。❷説経ぶし。**━節** ◎ 名 江戸時代に、経文の内容をやさしくして、ふしをつけてかたったもの。

ぜっ-きょう ◎【絶境】名〔文章語〕遠くへだたったところ。

ぜっ-きょう ◎【絶叫】名自サ 声をかぎりにさけぶこと。

せっ-きょく ◎【積極】造（「せききょく」の変化）すすんで事をおこなうこと。↔消極。**━性** ◎ 名 物事をすすんでする性質。**━的** ◎ 形動 物事をすすんでするようす。↔消極的。「━に取り組む」

せっ-きん ◎【接近】名自サ ちかづくこと。「台風が本土に━する」「実力が━している」

せっ-く ◎【節句・節供】名 五節句の日。特に三月三日と五月五日をいう。**━働き** パ 名 いつもはあそんでいながら、人が休む日に、わざといそがしそうにはたらくこと。

せっ-く ツ 自五〔俗語〕⬇せっつく。

ぜっ-く ◎【絶句】㊀ 名 漢詩体の一つ。起・承・転・結の四句からなるもの。絶。「七言━」㊁ 名自サ 演説や朗読などの中途でことばにつまること。「やじられて━する」

せつ-ぐう ◎【接遇】名自サ（「応接処遇」の略）もてなすこと。応対すること。「━訓練」

セックス セ〈sex〉名 ❶性。男女・雌雄の別。❷性欲、また、性行為。**━アピール** ピ〈sex appeal〉名 性的魅力。**━チェック** チェ〈sex check〉名〔和製英語〕「ジェンダーベリフィケーション」の旧称。**━レス** スー〈sexless〉名 夫婦や恋人の間で、性行為がほとんどないこと。

せっ-くつ ◎【石窟】名（「せきくつ」の変化）いわや。いわあな。

せっ-け セ【摂家】名 昔の貴族のうち、摂政・関白になることのできる最高の家柄。「五━」

ぜっ-け ◎【絶家】名自サ 相続人がなくて絶えた家。また、そのような家になること。

せっ-けい ◎【雪渓】名 夏でも雪や氷がとけないで残っている高山の谷。㊐

せっ-けい ◎【雪景】名 ゆきげしき。㊄

せっ-けい ◎【設計】名他サ ❶工事・工作物の計画を図面や計算書によって具体化すること。「公会堂の━」「━図」❷もくろみ。計画。「生活━」

ぜっ-けい ◎【絶景】名 すばらしくよいけしき。「天下の━」

せっけい-もじ モ【×楔形文字】名 ⬇くさびがたもじ。

せつげっ-か ゲ【雪月花】名 ゆきと、つきと、はな。四季のながめ。せつげつか。

せっけっ-きゅう ケ【赤血球】名 血液中の有形成分の一つ。小さな円盤状で血色素をふくみ、酸素を身体の各部に供給する。せきけっきゅう。↔白血球。**━沈降速度** ケン 名 赤血球が一定時間に、ガラス管に入れた血液中で沈降する速度。赤沈。血沈。参考 ふつう、健康な男子は一時間五～一〇ミリ、女子は一〇～一五ミリ。この標準より速ければ体力の消耗を表す。

せっ-けん ◎【石×鹸】名（「せきけん」の変化）脂肪に、かせいソーダなどを加えてつくった洗剤。せんたく・けしょう・工業用。シャボン。

せっ-けん ◎【接見】名自サ ❶上の人が、公の立場で人に会うこと。引見。「天皇が外国使臣に━する」❷拘置中の被疑者や被告人と、弁護士などが面会すること。

せっ-けん ◎【節倹】名自サ むだづかいをしないこと。倹約。

せっ-けん ◎【席▲巻・席×捲】名他サ（「せきけん」の変化。席を巻くこと）かたっぱしからのこらず領土を征服すること。また、はげしい勢いで勢力を広げること。「市場を━する」

せつ-げん ◎【雪原】名 ❶ゆきのつもったはら。㊄ ❷〔地〕一年じゅう雪の消えない地域。

せつ-げん ◎【切言】名自サ〔文章語〕心をこめて、思いきって、言うこと。また、そのことば。

せつ-げん ◎【接舷】名自サ 船の側面をほかの船や岸につけること。

せつ-げん ◎【節減】名他サ きりつめて、費用や使用量をへらすこと。節約。

ゼッケン ゼ 名（ド Decke「馬の鞍の下に敷く布」から）❶競走馬が、胴体の左右に振り分けてつける番号布。❷陸上競技やスキーの選手などが、背中と胸につける番号布。❸デモ行進の参加者が、背中と胸に振り分けてひもで結んだ、スローガンなどを書いた四角い布。

ぜつ-ご ◎【絶後】名 ❶将来同じ例がないと思われること。↔空前。❷〔文章語〕息がたえたあと。

せっ-こう ◎【斥候】名（「せきこう」の変化）敵のようすをさぐること。また、その兵。

せっ-こう ◎【石工】名（「せきこう」の変化）石のさいくをする人。石屋。いしく。

せっ-こう ◎【石×膏】名（「せきこう」の変化）地中から、層をなして産する硫酸カルシウムの結晶。セメント・白墨などの原料。

せっ-こう ◎【拙攻】名 へたな攻撃。

せっ-こう ◎【拙稿】名〔文章語〕自分の書いた原稿のかしこまった言い方。

せつ-ごう ◎【接合】㊀ 名自他サ つながりあわさること。つぎあわせること。㊁ 名自サ〔生〕有性生殖の一つで、ふつうの体細胞が、そのまま生殖細胞としてはたらいてくっつく方式のこと。

ぜっ-こう ◎【舌耕】名 講演・講義など話をすることで生

活を立てること。↕筆耕❷。―文芸[げいぶん] [コ]名 講釈・講談など話術で聴き手を感動させる演芸。広義には、落語などの話芸をも含む。

ぜっ-こう ⓪【絶好】名 この上もなくよいこと。「―の機会」

ぜっ-こう ⓪【絶交】名自サ つきあいをやめること。

ぜっ-こうちょう [コ]【絶好調】名形動 きわめて好調であること。「―の内需景気」

せっ-こつ ⓪【接骨】名 折れたり、はずれたりしたからだの骨をなおすこと。ほねつぎ。「―医」

ぜっ-こん ⓪【舌根】名 ❶したのつけね。❷〖仏〗六根[ろっこん]の一つ。した。

せっ-さく ⓪【拙作】名 ❶まずい作品。❷自分の作品のかしこまった言い方。

せっ-さく ⓪【拙策】名 ❶まずい計画。❷自分の計画のかしこまった言い方。

せっ-さく ⓪【切削】名他サ〔文章語〕おもに金属材料を、工具で切ったり、けずったりすること。

せっさ-たくま [セ=タ]【切×瑳(×磋)×琢磨】名自サ〔「切瑳(磋)」は骨や角を切ってやすりでみがくこと、「琢磨」は石や玉をけずりみがくこと〕❶熱心に知徳をみがくこと。❷たがいにはげましあって、勉強し、向上すること。

せつ-ざん [ツ]【雪山】名〔文章語〕❶雪のつもった山。(冬) ❷年じゅう、雪の消えない山。❸〔「せっせん」とも〕ヒマラヤ山脈の異名。

ぜっ-さん ⓪【絶賛】【絶×讃】名他サ ことばをきわめて非常にほめること。この上ない称賛。「―を博する」

せっ-し [セ]【摂氏】名「摂氏温度」の略。セ氏。↕華氏。―温度[おんど] [オ]名 スウェーデンのセルシウスの考案した、水の氷点を零度、沸点を一〇〇度とする温度目盛り。セルシウス温度。記号は「℃」。参考「摂」はセルシウスの中国表記「摂爾思(修)」からとったもの。

せっ-し [セ]【切歯】名自サ はがみをすること。ひどくくやしがること。―×扼腕[やくわん] [セ]名自サ 歯をくいしばり、腕をにぎりしめること。たいそうくやしがるようす。

せつ-じ ⓪【接辞】名 それだけでは単語を構成することができず、語基と結合して単語の成分となる言語単位。「お花」「早さ」「無関心」「近代化」の「お」「さ」「無」「化」など。接頭語と接尾語。↕語基。

せつ-じ ⓪【説示】名他サ わかるように、ときしめすこと。

せつ-じつ ⓪【切実】形動 ダロ・ダッ・デ・ニ／ダナ・ナラ・〇 身に強くひびいてくるようす。痛切。「―な問題」

せっ-しゃ [セ]【摂社】名 本社に縁のある神をまつった神社。本社と末社のあいだに位置する。

せっ-しゃ ⓪【接写】名他サ うんと近づいて写真をうつすこと。「―装置」

せっ-しゃ ⓪【拙者】代 自分を指すかしこまった言い方。近世の武士がおもに使った。

せっ-しゅ [セ]【拙守】名 野球などの、へたな守備。↕好守。

せっ-しゅ ⓪【節酒】名自サ 酒をひかえめに飲むこと。酒の量をへらすこと。↕禁酒。

せっ-しゅ [セ]【窃取】名他サ そっとぬすむこと。

せっ-しゅ [セ]【接種】名他サ 病気の予防・診断・治療などの目的で、毒素や病原菌を人体に移植すること。「予防―」

せっ-しゅ [セ]【摂取】名他サ ❶とりいれること。「新知識の―」❷仏が衆生[しゅじょう]をすくうこと。―不捨[ふしゃ] [セ=コ]名 仏が人を極楽に導いて、地獄におとさないこと。

せつ-じゅ [セ]【接受】名他サ うけとること。うけいれること。「―文書」「外国の大使を―する」

せっ-しゅう ⓪【接収】名他サ 国・軍などが個人の所有物を強制的にとりあげること。没収。

せっしゅう《雪舟》一四二〇-一五〇六。室町[むろまち]時代後期の僧。遣明[けんみん]船で明にわたり、水墨画をまなんだ。「山水長巻」「破墨山水図」「天橋立図」などが名高い。

せっ-しゅう《摂州》➡せっつ(摂津)。

せつ-じゅつ ⓪【説述】名他サ ときのべること。

せつ-じょ [セ]【切除】名他サ わるい部分をきりとること。「ポリープを―する」

せっ-しょう [セ]【摂政】名 ❶君主にかわって政治をおこなう職。❷昔、天皇にかわって政治をおこなった役職。❸天皇にかわって天皇の国事に関する行為をおこなう、憲法上の機関。皇族が就任する。

せっ-しょう ⓪【折衝】名自サ 相手方との談判・かけひき。参考「接衝」と書くのはあやまり。

せっ-しょう [セ]【殺生】㊀名自サ いきものをころすこと。㊁形動 ざんこくなようす。むごいようす。「―なことをするな」―戒[かい] [ジョ]名〖仏〗仏教の五戒の一つで、殺生を禁じたいましめ。―禁断[きんだん] [セ]名 殺生を禁じること。

ぜっ-しょう ⓪【絶唱】名〔文章語〕❶たいそうすぐれた詩歌[しいか]。❷感情をこめてうたうこと。

ぜっ-しょう ⓪【絶勝】名〔文章語〕けしきがきわめてすぐれているところ。また、その場所。「―の地」

せつじょう-しゃ [ジョ]【雪上車】名 雪や氷の上を走れるようにキャタピラーを装備した車。(冬)

せっ-しょく ⓪【接触】名自サ ❶ちかづき、ふれること。「―事故」❷交渉をもつこと。「外国と―する」―感染[かんせん] [カ]名 病原菌をもっている物にふれ、皮膚や粘膜から感染すること。↕空気感染。

せっ-しょく ⓪【摂食】名 食べること。ふつう、人以外の動物についていう。「―行動」―障害[しょうがい] [ジョ2]名 心理的な原因で、食事の量や回数に異常がおこる症状。主に、拒食症と過食症をいう。

せっ-しょく ⓪【節食】名自サ ひかえめに食べること。

せつ-じょく ⓪【雪辱】名自サ〔「雪」はそそぐの意〕❶恥をそそぐこと。名誉をとりもどすこと。❷試合などで、前に負けた相手に勝つこと。「次の試合に―する」「―を果たす」参考「―を晴らす」はあやまり。

ぜっ-しょく ⓪【絶食】名自サ 食物をとらないこと。断食[だんじき]。

セッション [セ]〈session〉名 ❶会議、議会などのひとくぎり。❷複数の人が集まって一定の活動をすること。「ジャム―」

せっ-すい ⓪【節水】名自サ 水を節約して使うこと。

せっ・する ⓪【接する】シ・セ・サ・シ・スル／スル・スレ・シロ・セヨ ㊀自サ ❶つづく。また、隣接する。くっつく。「国境に―地帯」❷応対する。「人に―態度」❸あう。「訃報[ふほう]に―」❹一点で出合う。「二つの円が―点」㊁他サ くっつける。「両端を―」せっ・す 文語サ変

せっ・する [ス]【摂する】他サ シ・セ・サ・シ・スル／スル・スレ・シロ・セヨ〔文章語〕❶かわっておこなう。代行する。「まつりごとを―」❷兼務する。❸とりいれる。「栄養を―」せっ・す 文語サ変

せっ・する ⓪[ス]【節する】他サ 制限する。ひかえめにする。「酒を―」せっ・す 文語サ変

ぜっ・する ⓪[ス]【絶する】自サ シ・セ・サ・シ・スル／スル・スレ・シ*〔文章語〕❶こえる。はなれる。「言語に―苦痛」❷とびぬけてすぐれている。「古今に―傑作」ぜっ・す 文語サ変

せっ-せい ⓪【摂生】名自サ 健康に気をつけること。「―につとめる」

せっ-せい⓪【節制】名自サ 欲望をひかえめにすること。「晩酌を―する」

せつ-ぜい⓪【節税】名自サ 不必要な税金をはらわなくてもすむように心がけること。

ぜっ-せい⓪【絶世】名 世間にくらべるものがないほどすぐれていること。「―の美人」

せつ-せつ⓪【切切】(と)副 たる連体 熱心なようす。心をこめてするようす。気持ちが高ぶってくるようす。「―と説いてきかせる」「―たるうったえ」

せっ-せ-と セ¹ 副 なまけないで、はたらくようす。「―かせぐ」

せっ-せん セ¹【折線】名 方向のちがった、みじかい線がつながった線。おれ線。

せっ-せん⓪【拙戦】名 へたな戦い方。また、その試合。

せっ-せん セ¹【接線】【切線】名〘数〙曲線や曲面上の一点だけにふれる直線。

せっ-せん セ¹【雪線】名 降った雪が一年じゅう消えない地帯と、夏には消える地帯との境界線。恒雪線。

せっ-せん⓪【接戦】名自サ ❶ちかづいてたたかうこと。接近戦。❷力の似たものどうしのたたかい。きわどいせりあい。

せつ-ぜん⓪【×截然】(と)副 たる連体〔文章語〕区別がはっきりしているようす。きっぱり。「―と区別する」

ぜっ-せん⓪【舌戦】名 議論をたたかわすこと。言いあらそい。口論。論戦。↕筆戦。

せっ-そう⓪【節奏】名 音楽で、音の強弱が周期的にくりかえされるもの。リズム。

せっ-そう⓪/ソ【節操】名 みさおをただしく守りとおすこと。操守。「―がない」「―を守る」

せっ-そう セ【拙僧】代 僧が自分をいう謙譲語。愚僧。

せつ-ぞう⓪【雪像】名 固めた雪を素材とした、人・動物・建物などの大きな像。㊅

せっ-そく⓪【拙速】名 形動 できはよくないが、仕事は早いこと。「―に事を運ぶ」↕巧遅。

せつ-ぞく⓪【接続】名自他サ つづくこと。つづけること。―**語**ご⓪名 文の成分の一つ。前後の語・句・文・段落を結びつけ、それらの関係をあらわす語や句などを指す。―**詞**し ク名 前後の語句や文をつなぐ語。「しかし・だから・そして」など。⇩(付)**品詞分類** ―**助詞**じょし ジョ名 動詞・形容詞・助動詞について、条件や並列の意味をあらわし、文をつづける助詞。「ば・が・ところが・のに・けれど」など。

ぜっ-そく⓪【絶息】名自サ いきがたえること。絶命。

せっそく-どうぶつ ド【節足動物】名 無脊椎(せきつい)動物の一つ。からだが多くのふしからできており、ふしのある足をもつ。昆虫・くも・かになど。

せっ-そん⓪【折損】名自他サ 折って傷つけること。折れ傷つくこと。「―事故」

せっ-た⓪【雪▲駄・雪▲踏】名 竹の皮のぞうりの底に革をはったはきもの。

セッター セ〈setter〉名 ❶英国産猟犬の一種。中型で毛は長くおよぎがうまい。❷バレーボールで、スパイクのためのトスをあげる役目の選手。

せっ-たい セ【接待】名他サ 客と応対したり、食べ物などをふるまったりすること。もてなし。「―費」

せつ-だい⓪【設題】名自サ 前もって問題や題目を用意すること。また、その問題・題目。

ぜっ-たい⓪【舌×苔】名 したの表面にできる白いこけのようなもの。熱病や胃腸病のときなどに濃くなる。

ぜっ-たい⓪【絶対】㊀名 他にくらべるもの、対立するものがないこと。なにものにも制限されないこと。「―の地位」「あの相手には―の自信がある」↕相対。㊁(に)副 ⬇絶対に。「―いやだ」「それは―ありえない」参考「絶対」は「絶対に」が本来の形で、会話で使われる。―**音感**おんかん オ名 他の音と比較しないで、それがどの高さの音かを聞き分ける感覚。↕相対音感。―**温度**おんど オ名 摂氏の零下二七三・一五五度を零度として、ふつうの摂氏と同じ目もりではかった温度。記号は「K」。―**視**し タ 他サ 一つの見方・考え方だけを優れたものとして尊重すること。「担当コーチの指導法を―する」―**者**しゃ タ名 なにものにも支配されない力をもつもの。神。―**主義**しゅぎ ジュ名 ❶客観的・絶対的な基準があることを正しいとする主義。↕相対主義。❷君主が独裁的・絶対的な権力をにぎっておこなう政治形態。専制主義。―**数**すう タ名 何かに対する割合ではなく、そのもの自体の数。「施設の―が足りない」―**多数**たすう ス名 議決などで、圧倒的に多数をしめること。「―で可決」―**値**ち タ名 プラス(+)・マイナス(−)に関係なく数えた数。―**的**てき⓪ 形動 絶対にそうであるようす。―**に**⓪副 ❶話し手の確信や決意、相手への命令をあらわす。「初戦は―突破するつもりだ」「あしたは―出席しなさい」⇩必ず❷参考。❷(下に打ち消しの言い方を伴って)強く否定したり、禁止したりする意味をあらわす。「彼は―犯人ではない」「―約束は破らないでほしい」⇩決して参考。―**評価**ひょうか ヒョ名 学習目標をどの程度達成できたかで評価する成績の付け方。↕相対評価。―**量**りょう タ名 どうしても必要な量。「―が不足している」

ぜつ-だい⓪【舌代】名 口上書き。しただい。

ぜつ-だい⓪【絶大】形動(の) この上もなく大きいようす。「―な権力」

ぜったい-ぜつめい⓪【絶体絶命】名 形動 のっぴきならぬ場合・立場。「―の窮地に追いつめられる」参考「絶対絶命」と書くのはあやまり。

せっ-たく⓪【拙宅】名 自分の家のかしこまった言い方。⇩当方 参考。

せつ-だん⓪【切断】【×截断】名他サ たちきること。

ぜっ-たん⓪【舌端】名〔文章語〕❶したのさき。舌頭。❷話し方。弁舌。―**火**ひ**を吐**は**く** ことばするどく論じる。

せっ-ち⓪【接地】名自サ ❶地面に接すること。❷電流回路で、端子(たんし)を地面に接続すること。アース。

せっ-ち⓪【設置】名他サ 機関・設備などをもうけおくこと。「委員会を―する」

せっ-ちゃく⓪【接着】名自他サ つくこと。つけること。つぐこと。―**剤**ざい ク/⓪名 工作材料などをつぎあわせる薬剤。

せっ-ちゅう⓪【雪中】名 ゆきの降るさなか。「―登山」㊅

せっ-ちゅう⓪【折衷・折中】名他サ 二者のよいところを取って、ほどよく調和させること。「和洋―」

せっ-ちょ セ【拙著】名 ❶〔文章語〕まずい著作。❷自分の著作を改まって言うときの語。

ぜっ-ちょう⓪【絶頂】名 ❶山のいちばん高い所。いただき。てっぺん。❷物事の最高。頂点。「興奮の―」

せっ-ちん⓪/セ【雪▲隠】名〔「せついん」の変化〕便所の古めかしい言い方。かわや。―**大工**だいく タ名 へたな大工。便所しかつくれないという、ばかにした意味。―**詰**づ**め**⓪名 ❶将棋で、王将を盤のすみでつめること。❷逃げ道のない所へ追いつめること。

せっつ《摂津》昔の畿内(きない)の国の一つ。今の大阪府と兵庫県の一部。摂州。

せっ-つ-く⓪/ツ 自五〔カ・コ/キ・イ/ク/ク/ケ/ケ〕〔俗語〕しきりにさいそくする。

せがむ。せつく。

せっ-てい ⓪【設定】名 他サ ❶物事をもうけさだめること。「ある状況を―する」❷法律上、あらたに権利を発生させること。「所有権の―」

セッティング ⓪〈setting〉名 他サ ❶機械や装置をすえつけて使える状態にすること。「パソコンの―」❷会合や催しを設定すること。「編集会議を―する」❸舞台装置をすえつけること。

せっ-てん [セ]【接点】【切点】名 ❶接線が曲線・曲面に接する点。❷異なる物事が接する点。また、一致する点。「東西文明の―」

せつ-でん ⓪【節電】名 自サ 電気を節約して使うこと。

ぜっ-てん ⓪【絶×巓】名〔文章語〕〔「巓」は頂上の意〕絶頂。

セット [セ]〈set〉㊀名 ❶舞台装置。❷テレビや映画の撮影用にもうけた装置。↔ロケ。❸組。ひとそろい。「ケーキ―」❹〔バレーボール・テニスなどで〕勝負の一回。㊁名 他サ ❶髪の形をととのえること。❷道具・機械などを組みたてたり、動くようにしたりすること。**―アップ** [ア]〈set-up〉名 他サ ❶組み立てること。設置すること。❷ファッションで、単品の商品を組み合わせて売ること。「―スーツ」❸コンピューターに周辺機器を接続したり、ソフトウエアを組み込んだりして、実際に使用できる状態にすること。「プリンターの―」**―オール** [オ]〈set all〉名〔和製英語〕球技で、両方のとったセット数がひとしいこと。**―プレー** [レ]〈set play〉名 サッカーやラグビーなどで、決められたポジショニングからプレーを再開させること。ラグビーのスクラム、サッカーのフリーキックなど。**―ポイント** [ポ]〈set point〉名 球技で、セットの勝敗が決まる最後の得点。**―ポジション** [ジ]〈set position〉名 野球で、ピッチャーが投球直前にとる姿勢。軸足をプレートにのせ、他の足を前方に出して、両手でボールを体の前に持ち、動作を静止する。

せつ-ど [セ]【節度】名 ほどあい。適度。「―を守る」

せっ-とう ⓪【窃盗】名 他サ 他人のものをそっとぬすむこと。また、その人。↔強盗(ごうとう)。

せつ-どう ⓪【雪洞】名 登山で、露営や避難のために雪の斜面を掘ってつくる穴。

ぜっ-とう ⓪【舌頭】名〔文章語〕したのさき。舌端。**―に千転**(せんてん)**する** 繰り返し口にして言う。

ぜっ-とう ⓪【絶島】名〔文章語〕はなれじま。孤島。

ぜっ-とう ⓪【絶倒】名 自サ 笑いくずれること。「抱腹―」

せっとう-ご ⓪【接頭語】名 単語の前につき、意味をそえたり、調子をととのえたりするもの。「まなつ(真夏)」「不景気」の「ま」「不」など。接頭辞。↔接尾語。

ゼット-き [ト]【ゼット旗】【Z旗】名 万国信号によるローマ字信号のうち、Zの字をしめす旗。黄・黒・赤・青の四色。参考 一九〇五年の日本海海戦のとき、旗艦三笠の艦上に「皇国の興廃この一戦にあり。各員一層奮励努力せよ」の意の信号としてZ旗をかかげてから、旧日本海軍で戦争の勝敗をきめる重大な戦闘であることを意味するものとなった。**―を揚**(あ)**げる・―を掲**(かか)**げる** 決戦態勢にはいる。

せっ-とく ⓪【説得】名 他サ よく話して納得させること。「―力に欠ける」

せつ-な [セ]【刹那】名〔梵語 kṣaṇa から。一回ゆびさきをはじくだけの時間〕瞬間。ちょっとの間。**―主義**(しゅぎ) [シュ] 名 過去や将来のことを考えず、目前の快楽をもとめようとする考え方。**―的**(てき) ⓪ 形動 将来を考えず、目前の快楽だけをもとめるようす。

せつな・い [ナ]【切ない】形 カロ・カッ・ク・イ・イ・ケレ・○ ❶息がつまりそうにくるしい。❷悲しさ・寂しさで胸がしめつけられるようにくるしい。「―思い」**切ながる** 自五 **切なげ** 形動 **切なさ** 名 **せつな・し** 文語ク

せつ-なる [セ]【切なる】連体 心からの、つよい。「―願い」

せつ-に [セ]【切に】副 心から。「―お願いします」

せっ-ぱ [セ]【切羽】名 刀のつばの柄(つか)に接するところにつける薄い金具。**―詰**(つ)**まる** [セ]|[マ] 自五 どうにもしかたがなくなる。どたん場でつまる。「切羽詰まって実情をうちあける」

せっ-ぱ [セ]【説破】名 他サ〔文章語〕反対の説をときふせること。論破。

せっ-ぱく ⓪【切迫】名 自サ ❶時がさしせまること。「期日が―する」❷緊張した状態になること。「―した空気」**―流産**(りゅうざん) [リュ] 名 自サ 出血や痛みがあり、流産が始まりかけている状態。

せっ-ぱく ⓪【雪白】名 ゆきのように白いこと。純白。

せっ-ぱん [セ]【折半】名 他サ 二つにわけること。二つわり。「利益を―する」

せっ-ぱん ⓪【接伴】名 他サ 接待。

ぜっ-ぱん ⓪【絶版】名 一度出版した本の版を廃棄して、再び発行しないこと。

せつ-び [セ]【設備】名 他サ 必要な建物を建てたり、機器などをそなえつけること。また、その建物や機器。**―投資**(とうし) [ト] 名 企業が事業を行うために必要な設備に資金を投入すること。

せっ-ぴ ⓪/[セ]【雪×庇】名 山の尾根の風下がわにつきでた雪のひさし。(冬)

ぜつ-び [セ]【絶美】名 形動(の)〔文章語〕この上もなくうつくしいようす。極美。「―な作品」

せつび-ご ⓪【接尾語】名 単語の後について意味をそえ、文法的な性質をあたえるもの。接尾辞。「白さ」「文化的」の「さ」「的」など。↔接頭語。

せっ-ぴつ ⓪【拙筆】名〔文章語〕自分の文章・手跡をかしこまって言う語。

ぜっ-ぴつ ⓪【絶筆】名 ❶その人が生前、最後に書いた文字や文章・画。❷書くことをやめること。

せっ-ぴょう ⓪【雪氷】名 ゆきとこおり。

ぜっ-ぴん ⓪【絶品】名 とびぬけてよい品物。逸品(いっぴん)。

せっ-ぷ [セ]【節婦】名〔文章語〕みさおのただしい女性。

せっ-ぷく [セ]【切腹】名 自サ 自分ではらを切って死ぬこと。はらきり。参考 江戸時代、武士の死刑で名誉を重んじたもの。

せっ-ぷく ⓪【説伏】名 他サ 相手をときふせること。説得。

せつ-ぶん ⓪【拙文】名〔文章語〕❶まずい文章。❷自分の文章をかしこまって言う語。

せつ-ぶん ⓪【節分】名 ❶立春の前日。豆まきをする。(冬) ❷季節のかわり目。立春・立夏・立秋・立冬の前日。⇩雑節(表)

せっ-ぷん ⓪【接×吻】名 自サ 相手のくちびる・手・ほおなどにくちびるをあてて、親愛の意をあらわす行為。キス。

ぜっ-ぺき ⓪【絶壁】名 きりたったがけ。きりぎし。

せっ-ぺん [セ]【切片】名 きれはし。

せっ-ぺん ⓪【雪片】名 雪の一ひら一ひら。(冬)

せつ-ぼう ⓪【切望】名 他サ つよく、しきりにねがうこと。渇望。熱望。「平和を―する」

せっ-ぽう [ボ]|[セ]【説法】名 自サ 説教。「辻(つじ)―」

ぜつ-ぼう ⓪【絶望】名 自サ のぞみをたつこと。希望がなくなること。「―的」「―を味わう」

ぜっ-ぽう⓪【舌×鋒】[名]〔文章語〕（「鋒」はほこさきの意）論じたてることばつき。「―するどく追及する」

せつ-まい⓪【節米】[名][自サ] 米を節約して食べること。

ぜつ-みょう⓪【絶妙】[形動](の) 非常にすぐれているようす。「―なわざ」

ぜつ-む[ゼ]【絶無】[名] まったくないこと。皆無。

せつ-めい⓪【説明】[名][他サ] よくわかるように、ときあかすこと。「―を求める」「事情を―する」 **―責任**(せきにん)[セ][名] ❶組織や個人が関係者に対して事態の説明を行う義務。アカウンタビリティー。「―を果たす」 ❷〘法〙企業が出資者に対して行う資金運用の報告義務。会計責任。 **―文**(ぶん)[メ][名] ある物事を説明した文章。解説文。

ぜつ-めい⓪【絶命】[名][自サ] いのちがたえること。死ぬこと。

ぜつ-めつ⓪【絶滅】[名][自他サ] すっかりほろび、たえること。また、ほろぼし、たやすこと。「―の危機に瀕(ひん)する」 **―危惧**(きぐ)**種**(しゅ)[ク][名] 絶滅が心配されている生物の種(しゅ)。国内では、環境省がその認定に当たる。

せつ-もう⓪【雪盲】[名]〘医〙雪から反射する紫外線の影響によっておこる目の炎症。ゆきめ。(冬)

せつ-もん⓪【設問】[名][自サ] 問題をつくって、たずねること。また、もうけた問題。

せつ-やく⓪【拙訳】[名] 自分の翻訳をかしこまって言うときの語。

せつ-やく⓪【節約】[名][他サ] むだをはぶくこと。「経費の―」

せつ-ゆ[セ]【説諭】[名][他サ] 言いきかせること。さとすこと。「―を加える」

せつ-よう⓪【節用】[名] ❶〔文章語〕費用を節約すること。❷節用集。 **―集**(しゅう)[ヨ][名] 室町時代・江戸時代につくられた、簡単で実用的な辞書。

せつ-よう⓪【切要】[名][形動]〔文章語〕さしせまって大切なこと。「―な対策」

せつ-よく⓪【節欲】[名] 肉体的な欲望をおさえること。

せつ-り[セ]【摂理】[名] 神のはからい。神の意志。「天の―」

せつ-り[セ]【節理】[名] ❶〔文章語〕すじみち。❷〘鉱〙火成岩にできたわれめ。「柱状―」

せつ-りつ⓪【設立】[名][他サ] 機関をもうけつくること。「会社を―する」

ぜつ-りん⓪【絶倫】[名][形動]〔文章語〕（「倫」はなかま）人なみはずれてすぐれていること。抜群。「精力―」

セツルメント[セ]〈settlement〉[名] 宗教団体や知識人・学生が、工場街や貧民街でおこなう社会事業やその施設。

せつ-れつ⓪【拙劣】[形動]ダロ・ダッ・デ・ニ／ダナ・ナラ・〇 つたなくて、おとっているようす。へた。「―な文章」

せつ-ろん⓪【切論】[名][他サ] つよく論じること。また、その論。

せつ-ろん⓪【拙論】[名]〔文章語〕❶つまらない議論。❷自分の議論や論理をかしこまって言うときの語。

せつ-わ⓪【説話】[名] ❶ものがたり。❷神話・伝説・民話などの総称。 **―文学**(ぶんがく)[ブ][名]「説話❷」を材料とした文学。

せ-て-いただく[連語] ➡させていただく。

せ-と[セ]【瀬戸】[名]（「せ」は「狭い」の意から）両側から陸地に挟まれた狭い水路。海峡。 **―際**(ぎわ)⓪[名] ❶狭い海を背にしたがけのような場所。❷安全か危険かの境目にある状況。「勝つか負けるかの―」

せと《瀬戸》愛知県北西部の地名。良質の陶土を産し、陶磁器の生産で知られる。

せ-ど[セ][ド]【背戸】[名] ❶うらもん。うらぐち。❷家のうら。 **―口**(ぐち)⓪[ド][名] 家の裏口。

せ-どう[セ]【世道】[名]〔文章語〕世の中の道徳。

せどう-か[ド]【▲旋頭歌】[名] 和歌の一体で、「五七七・五七七」の句からなるもの。万葉集などにみられる。

せと-うち《瀬戸内》瀬戸内海(せとないかい)とその沿岸地方。

せと-びき⓪【瀬戸引き】[名]（瀬戸物に感じが似ているところから）ほうろう質を焼きつけた白い鉄製の器具。

せと-もの⓪【瀬戸物】[名] 愛知県瀬戸市付近で生産される陶磁器。また、焼き物の総称。瀬戸焼。

せ-どり⓪【瀬取り】[名] 港に入れない大型船に小型船が接近し、海上で積み荷を移すこと。

せ-どり⓪【▲競取り・×糶取り】[名] ❶同業者間の取り引きを仲介して手数料を取ること。また、その人。❷（古書業界の用語で）転売目的で他店から本を買うこと。 [参考] 本の背を見て買うことから「背取り」とも書く。

せ-な[セ]【背な】[名] 背。背中。

せ-なか⓪【背中】[名] ❶胸・腹の反対がわ。背。❷うしろのほう。背後(はいご)。「親の―を見て育つ」 **―合**(あ)**わせ**[ア][名] ❶両方がたがいに背と背を合わせていること。↔腹合わせ・向かい合わせ。❷仲のわるいこと。 [参考] 表記は「背中合せ」でもよい。 **―を押**(お)**す** 迷っている人に最後の決断をうながす。

ぜに[ゼ]【銭】[名]（字音「せん」の変化）❶少額の硬貨。❷おかね。

ぜに-あおい[ア]【銭×葵】(―あふひ)[名] アオイ科の二年生植物。五月ごろ、うすあか色・うす紫色などの花をひらく。(夏)

ぜに-かね[ゼ]【銭金】[名] ❶おかね。金銭。❷損得。利害。「―の問題ではない」 **―▲尽**(ず)**く**⓪[名] 金銭で解決しようとすること。「―で味方する」

ぜに-がめ⓪【銭亀】[名] 小さないしがめ。(夏)

ぜに-ごけ⓪【銭×苔】[名] ゼニゴケ科のこけ。日かげにはえ、ひらたくて濃緑色。

ぜに-さし[サ]/[ニ]【銭差(し)】[名] ぜにの穴に通すなわ。さし。

セニョール[ニョ]〈ス señor〉[名] 男性に対する敬称。

セニョリータ[リ]〈ス señorita〉[名] 未婚の女性に対する敬称。お嬢さん。

ぜ-にん⓪【是認】[名][他サ] よいとみとめること。↔否認。

せ-ぬい⓪【背縫(い)】(―ぬひ)[名] 衣服の背中の中央を縫い合わせること。また、その合わせ目。⇩和服(図)。

せ-ぬき⓪【背抜(き)】[名] 夏服や合着で、上着の背中の裏地をつけないこと。また、そのようにした上着。

セネガル《Senegal》アフリカ西海岸の大西洋に面した共和国。一九六〇年に独立。首都はダカール。

ゼネ-コン⓪[名]（general contractorから）建設工事の一切の工程を引き受ける総合建設請負業者。

ゼネ-スト⓪[名]「ゼネラルストライキ」の略。

ゼネラル〈general〉[造] 全体的な。一般の。 **―ストライキ**[ラ]²〈general strike〉[名] 全国の主要産業のすべての労働者が、そろって仕事をやらないこと。総同盟罷業(ひぎょう)。ゼネスト。 **―マネージャー**[マ]〈general manager〉[名] 組織の統括者。総支配人。

ゼネレーション[レ]〈generation〉[名] ➡ジェネレーション。

せ-の-きみ[セ][名] ❶【▲兄の君】〔古語〕女性が夫や恋人などを敬愛していう語。❷【背の君】〔文章語〕夫。

せ-のび[ノ]【背伸び】[名][自サ] ❶背を伸ばしてからだをまっすぐにすること。❷実力以上のことをしようとすること。「仲間に負けまいと、―してつきあう」

せ-ば[連語] ❶〔文章語〕（動詞「す」の未然形と助詞「ば」）仮定。…すれば。「しかりと―」 ❷〔古語〕（助動詞「き」の古い

せ

未然形と助詞「ば」。多くは事実に反する仮定)仮定の強め。もし…としたら。「世の中にたえて(マッタク)桜のなかりせば春の心はのどけからまし」〈古今〉

セパード パ〈shepherd〉名 ➡シェパード。

せば・し【▲狭し】 形ク 古語 せまい。せまし。「(庵ハ)ほどせばしといへども、夜臥ふす床ゆかあり」〈方丈記〉

セパ-タクロー タ〈sepak takraw〉名 (「セパ」はマレー語で「蹴る」、「タクロー」はタイ語で「(籐とうで編んだ)ボール」)マレーシアのスポーツ。ネットをはさんで、一チーム三人でボールを蹴って相手のコートに入れ合う。

せば・まる マ【狭まる】 自五 ラ・ロ／リ・ッ／ル／ル／レ／レ せまくなる。↕広まる。

せば・める メ【狭める】 他下一 メ／メ／メル／メル／メレ／メロ・メヨ せまくする。つめる。↕広める。**せば・む** 文語下二

セパレーツ レ|セ〈separates〉名 ❶一組の道具を自由に組み合わせて使えるように作ったもの。❷上下に分かれた婦人服で、それぞれ他の服と自由に組み合わせて着られるようになっているもの。❸上下に分かれた女性用水着。

セパレート レ|セ〈separate〉名 分かれていること。別々になっていること。「—タイプ」「—アンプ」 **—コース** コ〈separate course〉名 陸上競技などで、ひとりひとり区別された走路。

せ-ばんごう パ【背番号】 名 運動選手がユニホームの背中に付ける番号。

せ-ひ セ|◎【施肥】 名 自サ 作物に肥料をあたえること。

ぜ-ひ ゼ【是非】 ❶名 正しいことと正しくないこと。よしあし。善悪。「少年法改正の—を論ずる」「物事の—をわきまえない」 ❷副 (かながきすることが多い)願望や依頼の表現をともなって強く望む気持ちをあらわす。「南極には—行ってみたい」「空襲にあったときの話を—聞かせてください」 参考 「ぜひに伺います」のような「に」のついた「ぜひに」は文章語的な言い方。 **—とも** ゼ|◎ 副 「ぜひ」の強めた言い方。何としても。「—ご来店ください」 **—に及およばず** しかたなく。やむをえず。 **—も無ない** やむをえない。

セピア セ〈sepia〉名 黒っぽい茶色。また、その絵の具。

ぜひ-な・し【是非なし】 形ク 古語 ❶よいも悪いもない。善悪を問わない。「ぜひなく御坪(庭)のうちへやぶり入り」〈平家〉 ❷しかたがない。やむをえない。「堪忍ならぬところなれども、是非なく日を重ね」〈世間胸算用〉

せ-ひょう ◎【世評】 名 世間のうわさ。評判。「—が立つ」

せ-びらき ビ【背開き】 名 魚を背中から切りひらくこと。背割り。「あじの—」

せび・る ビ 他五 ラ・ロ／リ・ッ／ル／ル／レ／レ ものをねだる。「こづかいを—」

せ-びれ ◎【背びれ】【背×鰭】 名 魚類の背中のひれ。

せ-びろ ◎【背広】 名 上着・チョッキ・ズボンからなる男子の平服。チョッキをはぶくこともある。 参考 civil clothes(市民服)からとも、また、civilian(市民)の変化ともいう。 **—組ぐみ** ◎ 名 防衛省の職員のうち、防衛大臣以下の事務官を中心とする文官。私服である背広を着るのがふつうであることから。↕制服組。

せ-ぶみ ◎【瀬踏み】 名 ❶川をわたる前に瀬にはいって水の深さを調べること。❷物事をする前にためしてみること。

ゼブラ ゼ〈zebra〉名 しまうま。 **—ゾーン** ゾ〈zebra zone〉名 (和製英語。しまうまの模様に似ていることから)横断歩道などを示す、路面にしま模様を描いた所。ゼブラ帯。

せ-ぼね ◎【背骨】 名 脊椎せきつい動物の胴体の支柱になる骨。脊柱せきちゅう。

せ-まい ◎【施米】 名 自サ 米をほどこしあたえること。また、その米。夏

せま・い マ【狭い】 形 カロ／カッ・ク／イ／イ／ケレ／◎ ❶面積が小さい。「—庭」 ❷幅が小さい。「—道」↕広い。 ❸範囲が小さい。「見聞が—」「物の見方が—」 ❹こせこせしていて、ゆとりがない。「心が—」「度量が—」 **狭さ** 名 **せま・し** 文語ク

狭せまき門もん (聖書にあることば)❶天国にいたる道がけわしいこと。❷競争者が多くて、入学や就職などがむずかしいこと。また、そのようなところ。難関。

せまくるし・い シ【狭苦しい】 形 カロ／カッ・ク／イ／イ／ケレ／◎ せまくて、きゅうくつだ。 **狭苦しげ** 形動 **狭苦しさ** 名 **せまくる・し** 文語シク

せま・る マ【迫る】【×逼る】 ラ・ロ／リ・ッ／ル／ル／レ／レ ❶自五 ❶距離や間隔などが狭くなる。せばまる。つまる。「両岸が迫っている」「迫った眉まゆ」 ❷近づく。㋐時間的に近づく。「締め切りが—」「結婚式が一か月後に—」 ㋑空間的に近づく。「先頭にじりじりと—」「危険が目前に—」 ㋒成績・力などが近づく。「首位に—」「真に—演技」 ❸余裕がなくなる。困る。「貧に—」「必要に迫られる」「悠揚迫らぬ態度」 ❹胸が苦しくなる。息がつまる。「胸が—」「息が—」 ❷他五 強く要求する。「返金を—」「回答を—」 **せまれる** 自下一 […できる]

セミ〈semi〉造 なかば、…に次ぐ、などの意をあらわす。「—オーダー」「—ロング」

せみ ◎【×蟬】 名 ❶セミ科の昆虫の総称。雄は鳴く。夏 ❷小さい滑車かっしゃ。

ゼミ ゼ 名 ➡ゼミナール。

せみ-くじら ク【背▲美鯨】 名 くじらの一種。体長約一五メートルで、頭が大きい。

セミ-クラシック シ〈semiclassic〉名 クラシック音楽とポピュラー音楽の中間的な性格の音楽。

セミコロン コ〈semicolon〉名 欧文の句読点くとうてんの一つ。「;」。

せみ-しぐれ シ【せみ時雨】【×蟬時雨】 名 せみがたくさん鳴きたてるのが、しぐれの音のように聞こえること。夏

セミ-ダブル ダ〈semi-double〉名 (和製英語)ダブルベッドよりも幅がやや狭い寝台。セミダブルベッド。

セミ-ドキュメンタリー メ〈semidocumentary〉名 記録ふうに組みたてた劇映画や放送劇。

セミナー セ〈seminar〉名 ゼミナール。 **—ハウス** ハ〈seminar house〉名 (和製英語)大学や企業がセミナーを行うための施設。

ゼミナール ナ〈ドSeminar〉名 ❶大学の専門教科の演習。教師の指導のもとに、少数の学生が研究発表する形式。セミナー。ゼミ。❷講習会。研修会。セミナー。

セミ-ファイナル ファ〈semifinal〉名 ❶スポーツの試合で、準決勝。❷(プロレスやボクシングで)当日の最終戦(メーンイベント)より一つ前の試合。

セミ-プロ ◎ 名 (semiprofessional の略)アマチュアであるが、能力などが専門家に近い人。

せ-むし ◎【×傴×僂】 名 背骨が弓なりにまがり、うしろにつきでる病気を言った語。

セム-ぞく ム【セム族】 名 西アジア・アフリカ東北部に住み、セム語族に属する言語を使う民族の総称。

せめ メ【攻め】 名 ↕守り。❶相手をせめること。攻撃。「—に回る」「—の一手」 ❷新しいことに積極的に取り組む姿勢。「—の経営」

せめ メ【責め】 名 ❶とがめて、くるしめること。「—せっかん」 ❷責任。「—を負う」

せめ-あぐ・む グ【攻めあぐむ】【攻×倦む】 自五 マ・モ／ミ・ン／ム／ム／メ／メ 攻め落とせないで、もてあます。「城を—」

せめ-い・る イ|◎【攻(め)入る】 自五 ラ・ロ／リ・ッ／ル／ル／レ／レ 攻撃しな

がら敵陣に入る。攻め込む。「敵陣に―」 **せめい・れる** 自下一[…できる]

せめ-うま メ【責め馬】名 馬をのりならすこと。また、のりならす馬。

せめ-おと・す ト【攻(め)落(と)す】他五 ❶攻めて敵の城をとる。「敵陣を―」❷したがわせる。ときふせる。「父を攻め落として車を買わせた」 **攻め落とせる** 自下一[…できる]

せめ-おと・す ト【責(め)落(と)す】他五 ❶責めてあやまらせる。❷責めて自白させる。 **責め落とせる** 自下一[…できる]

せめ-か・ける ⓪/ケ【攻(め)掛ける】他下一 はげしく攻めよせる。 **せめか・く** 文語下二

せめぎ-あ・う ア【せめぎ合う】【×鬩ぎ合う】自五 対立して互いにはげしくあらそう。「与野党が―」 **せめぎ合い** 名

せめ-く ⓪/ク【責め苦】名 責めてくるしめること。せっかん。責め。「地獄の―」

せめ・ぐ メ【×鬩ぐ】自五 [文章語] うらみをもって、あらそう。

せめ-くち メ【攻め口】名 攻撃する方法。攻め方。

せめ-こ・む コ/⓪【攻(め)込む】自五 敵中に攻めいる。

せめ-さいな・む ナ【責めさいなむ】【責▲苛む】他五 いじめ、くるしめる。むごく責める。

セメスター メ/セ〈semester〉名 一年を二期にわけたそれぞれの学期。「―制」

せめ-せっかん セ2【責めせっかん】【責折×檻】名 きびしく責めて、くるしめること。

せめ-だいこ ダ【攻め太鼓】名 攻撃のあいずの太鼓。

セメダイン ダ〈Cemedine〉名（商標名）工作材料などをつなぎあわせる、合成樹脂製の接着剤。

せめ-た・てる テ/⓪【攻めたてる】他下一 はげしく攻める。 **せめた・つ** 文語下二

せめ-た・てる テ/⓪【責めたてる】他下一 はげしく責める。責めつける。 **せめた・つ** 文語下二

せめ-つ・ける ケ/⓪【責めつける】他下一 責めたてる。 **せめつ・く** 文語下二

せめ-て テ【攻め手】名 ❶攻める人。攻撃するほうのがわ。❷攻める方法。「それはいい―だ」

せめ-て セ 副 ❶最小限のようす。すくなくも。「―これだけはもらいたい」❷〔古語〕しいて。むりに。「いとかたじけなくて、せめて強くおぼしなる」〈源氏〉❸〔古語〕はなはだしく。ひどく。「せめて物のおそろしかりければ」〈宇治拾遺〉 **―は** セ 副 すくなくとも。せめて。 **―も** セ 副「せめて」を強めた言い方。「―の心づくし」

せめ-どうぐ ド【責(め)道具】名 罪人を責めつける道具。

せめ-のぼ・る ボ/⓪【攻(め)上る】自五 みやこへ攻めて行く。 **攻め上れる** 自下一[…できる]

せめ-ふさぎ フ【責め塞ぎ】名 じゅうぶんではないが、責任だけははたすこと。

せめ-よ・せる セ2/⓪【攻(め)寄せる】自下一 近くまで攻めて押し寄せる。 **せめよ・す** 文語下二

せ・める メ【攻める】他下一 進んで敵をうつ。攻撃する。↔守る。 **せ・む** 文語下二

せ・める メ【責める】他下一 ❶なやます。❷しかる。とがめる。「失敗を―」❸せっかんする。「罪人をむちで―」❹せがむ。❺馬をのりならす。「あばれ馬を―」 **せ・む** 文語下二

セメント ⓪〈cement〉名 石灰・粘土などをまぜて、焼いてつくったこなの接合剤。砂・砂利・水とまぜるとコンクリートとなる。土木・建築用。セメン。

セメントだるのなかのてがみ《セメント樽の中の手紙》葉山嘉樹（はやまよしき）の短編小説。一九二六年発表。作業場の事故でからだが粉々になりセメントにまざりこんでしまった労働者の悲劇を描く。

せ-もじ ⓪【背文字】名 書物の背に書かれた、題名や著者名を表す文字。

せ-もたれ モ【背もたれ】【背×凭れ】名 いすの、背中をもたれかけさせる部分。

せ-もつ ⓪【施物】名 ほどこしあたえる、しなもの。

せ-やく ⓪【施薬】名 自サ 貧しい人に無料でくすりをあたえること。また、そのくすり。

せ-よ セ【施与】名 他サ 僧や貧しい人にほどこしあたえること。めぐみほどこすこと。

ゼラチン ⓪〈gelatin(e)〉名 動物の皮・骨などからつくったたんぱく質。食用・医薬用・工業用。

ゼラニウム ニ〈geranium〉名 フウロソウ科の多年草。夏、赤・白などの花をつける。てんじくあおい。(夏)

セラピー セ〈therapy〉＝**テラピー** 名 治療。療法。「―犬」「アロマ―」

セラピスト ピ〈therapist〉名 障害者の社会復帰を助けるための療法士。治療士。

セラミックス ミ〈ceramics〉名 ❶陶磁器など窯業（ようぎょう）製品の総称。❷主として非金属無機質の原料を焼き固めた新素材。耐熱性に加えて硬度も高く、精密機械、医療機器などに用いられる。ファインセラミックス。

せり リ【×芹】名 セリ科の多年生植物。湿地にはえ、若葉はかおりがよく食用。春の七草の一つ。(春)

せり リ【▲迫り】名 舞台の床の一部を四角に切り抜いた部分に、俳優や大道具をのせて上下させる装置。⇩歌舞伎(図)。

せり リ【競り】名 せり売り。せり買い。「―にかける」

せり-あ・う ア【競(り)合う】自五 競争する。「一番を―」 **競り合い** 名 **競り合える** 自下一[…できる]

せり-あ・げる ゲ【せり上げる】【▲迫り上げる】他下一 下からおし上げる。 **せり上げ** 名 **せりあ・ぐ** 文語下二

せり-あ・げる ゲ【競(り)上げる】他下一 たがいにあらそって、値段を高くする。「競売で―」 **競り上げ** 名 **せりあ・ぐ** 文語下二

ゼリー ゼ〈jelly〉名 ❶ゼラチンをとかし、砂糖・香料を入れてかためた食品。❷果汁に砂糖を加えて煮つめたもの。(夏)

せり-いち リ【競(り)市】名 せりをする市。

セリウム リ〈cerium〉名 元素記号 Ce 原子番号58 原子量140.116の希土類元素。研磨用・発火合金用。

せり-うり ⓪【競(り)売り】名 多くの買い手に競争させ、いちばん高値をつけた人に売ること。競売（きょうばい）。

せり-おと・す ト【競(り)落(と)す】他五 競り買いで、最高の値をつけて、品物を手に入れる。 **競り落とせる** 自下一[…できる]

せり-がい ⓪【競(り)買い】名 せり売りの品を買うこと。せって買うこと。

せり-か・つ ⓪【競り勝つ】名 自五 せりあいをして勝つ。 **競り勝ち** 名 **競り勝てる** 自下一[…できる]

せり-だし ⓪【せり出し】【▲迫出し】名 劇場で、舞台や花道の切り穴から役者や大道具を舞台へおし上げて出すこと。また、そのしくみ。

せり-だ・す ダ/⓪【せり出す】【▲迫出す】❶

[他五] ❶おして前、または上へ出す。❷劇場で、舞台の下から舞台へおし出す。[二][自五] ❶前または上へおし出る。❷舞台の下から舞台へ出る。

せりふ [0]【▲台▲詞・▲科▲白】[名] ❶役者が劇中の人物として言うことば。❷いいぐさ。「あいつの―が気にくわない」

せりふ-まわし [マ]【せりふ回し】(まはし) [名] せりふの言い方。

せり-もち [0]【せり持ち】【▲迫持ち】[名] アーチ❶。

せ-りょう [0]【施療】[名][自他サ] 無料で、貧しい人たちの病気の治療をすること。「―院」

セル [セ]〈cell〉[名] コンピューターの表計算ソフトで、表を構成する一つ一つのます目。

セル [セ][名]〔serge から〕梳毛(そもう)糸を使って織った薄地の織物。主に和服用。セルジ。[夏]

せ・る [セ]【競る】[他五](ラ・ロ｜リ・ッ｜ル｜ル｜レ｜レ) ❶きそう。あらそう。❷あらそって値段を高くする。また、買い手がつくように、しだいに値を下げる。

せる [助動](セ｜セ｜セル｜セル｜セレ｜セロ・セヨ)〔五段・サ変の動詞の未然形につく。その他の動詞には「させる」がつく〕❶人物Aが人物Bにある行動をするようにしむける。使役の意をあらわす。「母は春子にピアノを習わせた」[参考] さらにもうひとりの人物Cが加わると「母は和子に春子のピアノを教えさせた」のようになる。これは「習う」「教える」という動詞の違いにもとづいている。❷人物Aが人物Bの行動を認める。許可の意をあらわす。「コーチが気分の悪くなった花子を早く帰らせる」[参考] このような場合に人物Bが人物Aの許可を求める言い方に「…せてもらう(いただく)」がある。「花子がコーチに早く帰らせてもらう」のような言い方である。この「…せてもらう(いただく)」を、BがAに対して、直接に不利益をもたらさない行動について乱用すると、敬語の過剰使用という印象を与えることになる。❸ある人物の行動を自由な状態におく。放任の意をあらわす。「赤ん坊を泣かせるのはよくない」「言いたいだけ言わせておけ」❹一方的に従わざるを得ない状態におく。迷惑の意をあらわす。「妻を早く死なせてしまった」「一時間も待たせるのはひどい」。[参考] この迷惑の意味では、「待たせる」と「待たされる」のように、使役と受け身が接近している。

セルビア《Serbia》バルカン半島中央部にある共和国。首都はベオグラード。

セルフ〈self〉[造] 自分自身、自動の意をあらわす。 **―ケア** [ケ]〈self care〉[名] 自分の健康を自分で管理すること。 **―コントロール** [ロ]〈self-control〉[名] 自分で自分をおさえること。自制。 **―サービス** [サ]〈self-service〉[名] 飲食店・宿・商店などで、客が自分で商品を選んで運んだり、用意やかたづけをしたりするやり方。 **―タイマー** [タ]〈self-timer〉[名] 自動的にカメラのシャッターを切る装置。 **―メディケーション** [ケ]〈self-medication〉[名] 軽い病気やけがを医師の治療を受けずに、売薬などを使って自分で治療すること。自己治療。

セルフィー [セ]〈selfie〉[名] ⬇じどり。

セルライト [ラ]〈cellulite〉[名] 皮下の脂肪細胞どうしが付着、また、脂肪細胞に老廃物が付着して固まったもの。

セルリアン [リ]〈cerulean〉[名] 空色。紺碧(こんぺき)色。「―ブルー」

セルロイド [ロ]〈celluloid〉[名] ニトロセルロースに樟脳(しょうのう)をまぜてつくった物質。半透明でもえやすい。おもちゃ・文具・フィルム用。可燃性のため、最近は使われない。

セルロース [ロ]〈cellulose〉[名] 植物の細胞壁や繊維をつくる主成分。繊維素。

セレクション [レ]〈selection〉[名] えらぶこと。

セレクト [レ]〈select〉[名][他サ] えらぶこと。よること。 **―ショップ** [ショ]〈select shop〉[名]〔和製英語〕その店の好みやセンスで商品を選び、品ぞろえをする小売店。

セレナード [ナ]〈ᴰSerenade〉＝**セレナーデ** [名] ❶夜、恋人などの家の窓の下でうたう歌曲。小夜(さよ)曲。❷器楽形式の一つ。小規模な組曲。

セレブ [セ]〔セレブリティ celebrity から〕[俗語] ❶[名] 芸能界などの有名人。❷[形動] 上流階級のような雰囲気をもつようす。「―な生活」

セレモニー [セ]〈ceremony〉[名] 儀式。式。

せ-ろ [セ]【世路】[名][文章語] ❶世渡りのみち。❷渡る世の中。

セロ [セ]〈cello〉[名] ⬇チェロ。

ゼロ [ゼ]〈zero〉[名] ❶まったくないこと。皆無(かいむ)。「―から始める」❷ある数からそれ自身を引いて得られる数。零(れい)。[参考] ❷は算用数字の「0」(主に横書き)、漢数字の「〇」(主に縦書き)を使って書く。

ゼロ-かいとう [カ]【ゼロ回答】[名] 賃上げなどの要求に対して経営者側がまったく応じないこと。↕有額回答。

ゼロ-さい [ロ]【ゼロ歳】[名] 生まれて一年未満。「―児」

ゼロ-サム [0]〈zero-sum〉[名]〔sum は合計〕損益の和がゼロになること。一方の利益が他方の損失になること。

セロテープ [テ]〈Cellotape〉[名]〔商標名〕セロハンでできた接着用のテープ。

ゼロ-はい [0]【ゼロ敗】[名] 零敗(れいはい)。

セロハン [セ]〈cellophane〉＝**セロファン** [名] 再生繊維素(ビスコース)を細いすきまから流し出して固めた、無色透明の紙。包装用・装飾用。

ゼロ-ベース [ベ]〈zero-base〉[名] 今ある物事を白紙に戻して、最初から検討すること。「―で予算を編成する」

ゼロメートル-ちたい [チ]【ゼロメートル地帯】[名] 土地の高さが海抜ゼロ(メートル)以下で、つねに出水の危険のある地域。

セロリ [セ]〈celery〉[名] セリ科の一年生、または二年生植物。香りがあり、食用。[冬]

せ-ろん [セ]【世論】[名] 世の中一般の議論。輿論(よろん)。「―をあおる」[参考]「輿論(よろん)」の代わりとして用いられたことば。 **―調査(ちょうさ)** [チョ][名] 社会的な問題に対する国民の意識を調査すること。世論(よろん)調査。

せ-わ [ワ]【世話】[一][名] ❶手がかかって、やっかいなこと。「―をかける」❷気をくばって、めんどうを見ること。「―をする」❸(「お世話さま」の形で)何かしてもらったときのお礼のことば。❹俗世間で言われるうわさやことわざ。「―にも言うが」[二][名][他サ] ❶めんどうをみること。「うさぎを―する」❷とりもつこと。「就職を―する」 **―が焼(や)ける** 手数がかかる。 **―狂言(きょうげん)** [キョ][名] 世話物の狂言。 **―に砕(くだ)ける** ことばや態度が庶民的だ。 **―になる** やっかいになる。人の助けをうける。 **―女房(にょうぼう)** [ニョ][名] こまめによく夫のめんどうをみる妻。 **―人(にん)** [0][名] 世話役。 **―場(ば)** [0][名] ❶世話物の歌舞伎(かぶき)などで、貧乏や、肉親との別れなどをなげき悲しむ場面。❷人がなげき悲しんでいるところ。愁嘆場(しゅうたんば)。「とんだ―をお見せしました」 **―物(もの)** [0][名] 歌舞伎(かぶき)で、江戸時代の町人社会をあつかったもの。↕時代物。 **―焼(や)き** [キ][名] 世話をやくこと。また、その人。世話人。 **―役(やく)** [0][名] 会合・組合などで、めんどうをみる役。また、その人。 **―を焼(や)く** 好んで人のめんどうをみる。

せわし・い [シ]【▲忙しい】(せはしい)[形](カロ｜カッ・ク｜イ｜イ｜ケレ｜○) ❶いそがしい。「引っ越しの準備で―」❷くりかえし行われてはげしい。「―呼吸」❸せわしない。 **せわしさ** [名] **せわしがる** [自五] **せわしげ** [形動] **せは・し** [文語シク]

せわし‐な・い【▲忙しない】せはし 形 カロ・カッ・ク／イ・イ・ケレ・○ いそがしく感じられてならない。気ぜわしい。「彼は―人だ」参考「せわしい」を強めた言い方。「ない」は意味を強める接尾語。**せわしながる** 自五 **せわしなげ** 形動 **せわしなさ** 名 **せはしな・し** 文語ク

せ‐わた ◎【背わた】[背▲腸] 名 えびの背にある黒い筋状の腸。

せわたし‐ぶね ⓪【瀬渡し船】名 釣り客を釣り場まで案内する小型の船。せわたしせん。

せ‐わり ◎【背割(り)】名 ❶背開き。❷上着の背縫いの下の部分を縫わないでおくこと。

せん【川】造 かわ。「河川・山川」

せん【仙】造 ❶俗を離れた人。ふしぎな力を持っている人。抜きんでた人。「仙郷・仙人・詩仙・酒仙・神仙」❷アメリカの貨幣単位セント。「二弗五仙(にドルごセント)」

せん【占】造 ❶うらなう。「占星術・卜占(ぼくせん)」❷しめる。自分のものとする。「占拠・占有・占領・寡占・独占」

せん【×尖】造 ❶とがる。鋭い。「尖鋭・尖端・尖塔」❷さき。はし。「尖兵」

せん【宣】造 ❶のべる。広く知らせる。「宣言・宣告・宣誓・宣伝・広宣」❷のたまう。おつげ。「宣下(せんげ)・宣旨(せんじ)・宣命(せんみょう)・託宣」**宣する** 他サ

せん【専】造 ❶もっぱら。ひたすら。「専一・専任・専念・専門」❷かってにふるまう。「専横・専決・独断専行」❸ひとりじめする。「専売・専有・専用」❹専門学校。「高専・医専」

せん【泉】造 ❶いずみ。みなもと。湧き水。「泉水・温泉・源泉・霊泉」❷めいど。よみの国。「泉下(せんか)・黄泉」❸「和泉(いずみ)(旧国名)」のこと。「泉州・泉北(せんぼく)」

せん【浅】造 ❶あさい。「浅海・深浅」❷あさはか。うすっぺら。「浅学・浅見・浅薄」

せん【洗】造 あらう。きれいにする。「洗剤・洗浄・洗練・水洗・筆洗」

せん【染】造 ❶そめる。そまる。「染色・染料・汚染・媒染」❷うつる。つたわる。「感染・伝染」

せん【×穿】造 うがつ。ほじる。穴をあける。「穿孔・穿鑿(せんさく)」

せん【扇】造 ❶おうぎ。「扇子(せんす)・扇状地・白扇・夏炉冬扇」❷あおる。「扇情・扇動・扇風機」

せん【×閃】造 ひらめく。きらりと輝く。「閃光・一閃」

せん【×剪】造 きる。きりそろえる。「剪定」

せん【旋】造 ❶めぐる。まわる。かえる。「旋回・旋風(せんぷう)(つむじかぜ)・旋律・凱旋(がいせん)・螺旋(らせん)」❷間をとりもってまわる。「斡旋(あっせん)・周旋」

せん【船】造 ふね。「船員・船室・客船・乗船・貨物船・輸送船・連絡船」

せん【戦】造 ❶たたかう。いくさ。「戦争・戦場・激戦・内戦・空中戦」❷試合。「観戦・熱戦・決勝戦・投手戦」❸競争。「商戦・舌戦・神経戦・宣伝戦」❹おののく。おそれおののく。「戦慄(せんりつ)・戦戦恐恐(せんせんきょうきょう)」

せん【煎】造 ❶につめる。「煎茶・煎薬」❷いる。焼く。「煎餅(せんべい)・焙煎(ばいせん)」**煎じる** 他上一

せん【羨】造 うらやむ。のぞむ。「羨望」

せん【践】造 ふむ。おこなう。位につく。「践祚(せんそ)・実践」

せん【×僭】造 分をこえた行い。「僭越・僭主・僭称・僭上」

せん【×煽】造 あおる。おだてる。「煽情・煽動」

せん【箋】造 細長い紙。「箋註(せんちゅう)・付箋・便箋・処方箋」

せん【×銑】造 ずく。鋳物につかう鉄。「銑鉄」

せん【潜】造 ❶もぐる。くぐる。「潜航・潜水・潜伏」❷ひそむ。かくれる。表にあらわれない。「潜在・潜入・沈潜」❸「潜水艦」の略。「原潜・対潜哨戒機(たいせんしょうかいき)」

せん【×箭】造 や。竹で作った矢。「火箭・弓箭」

せん【賤】造 いやしい。身分が低い。「賤業・貴賤・下賤(げせん)・卑賤」

せん【遷】造 うつす。うつる。かわる。「遷宮(せんぐう)・遷幸・遷都・左遷・変遷」

せん【薦】造 すすめる。おす。「自薦・推薦・他薦」

せん【繊】造 ❶ほそい。こまかい。「繊細・繊弱・繊毛」❷いと。「繊維・化繊・合繊」

せん【×餞】造 はなむけ。旅立つ人へのおくりもの。「餞別・予餞会」

せん【鮮】造 ❶あざやか。はっきりしている。「鮮紅・鮮明・鮮烈」❷あたらしい。いきいきしている。「鮮魚・鮮度・海鮮・新鮮・生鮮食品」❸すくない。「鮮少」

せん【×癬】造 皮膚病。「疥癬(かいせん)・皮癬(ひぜん)」

せん【×籤】造 くじ。竹の棒。「抽籤・当籤」

せん【千】㊀セ 名造 百の十倍。「千円札・千倍」㊁造 多くの。たくさん。「千金・千古・千差万別」

せん【先】㊀セ 名造 ❶さき。まえ。「先鋭・先後・先端・先頭」❷以前。この前。「―からわかっていた」「先任者」❸相手よりさきにすること。「先手」❹碁・将棋で、うちはじめる方。㊁造 ❶さきにたつ。「先駆・先行・先導・率先」❷まず。はじめに。「先議・先決・優先」❸さきの。さきにする。「先客・先約」❹すぎさった。「先刻・先週・先般」❺なくなった。「先君・先妻」❻血統のはじまり。「先祖(せんぞ)・祖先」**―を越(こ)す** 相手よりさきに事をする。先んじる。さきをこす。

せん セ【栓】名造 ❶びんの口・穴などにさしこみ、中の物がでないようにするもの。「栓抜き」❷ガス・水道などの管先の開閉装置。「ガス栓・元栓・給水栓・消火栓」

せん セ【腺】名造 生物体にあっていろいろな物質を分泌(ぶんぴつ)する器官。「汗腺・乳腺・涙腺・前立腺・リンパ腺」

せん【銭】㊀セ 名造 日本の貨幣の単位。円の百分の一。この単位の貨幣は現在廃止されたが、為替(かわせ)レートや利子計算などには用いられる。「銭湯・一銭五厘」㊁造 ぜに。通貨。「悪銭・金銭・古銭」

せん セ【×撰】名造 詩文を編集すること。「紀貫之の―」「撰者・撰定・精撰・勅撰」**撰する** 他サ

せん【線】㊀セ 名造 ❶糸のように細く長いもの。筋。ライン。「重要な単語の下に―を引く」「打球が―をえがく」「線状・光線・鉄線・電話線」❷〔数〕点の移動や面の接触によってできる図形。「底辺と垂直に交わる―」「線分・曲線・斜線・平行線」❸鉄道・航空路・道路など、交通機関の経路。「乗客の多い―」「沿線・幹線・路線・中央線・京浜東北線・国道五号線」㊁造 わけめ。さかいめ。「死線・戦線・前線・地平線」㊂セ 名 行動を決める上で目安となる考え方。「その―で行こう」**―が太(ふと)い(細(ほそ)い)** 人から受ける感じがたくましい(弱弱しい)。**―を引(ひ)く** 一定の基準を作る。

せん【選】㊀セ 名造 えらぶこと。「―に入る」「―にもれる」「選出・選択・選定・選抜・特選・入選・予選・落選」㊁造 ❶えらばれた優れたもの。「名作―」「児童文学―」❷「選挙」の略。「選管・参院選・都議選」**―を異(こと)(殊)にする** 別の部類に属する。えらぶ基準がことなる。

せん【詮】㊀セ 名 かい。ききめ。「言っても―がない」㊁造 あきらかにする。ときあかす。「詮議・詮索・所詮」

ぜん【全】㊀造 ❶すべて。「全域・全員・全校・全国・全部・全面・全日本」❷かけるところがない。「完全・健全・十全・万全(ばんぜん)」❸まったく。ほんとうに。「全快・全盛・全然」❹まじりけがない。「全乳・全糖」㊁接頭 すべてで。

「―五十巻」
ぜん【×涎】造 よだれ。「垂涎」
ぜん【×喘】造 あえぐ。息切れする。「喘息・喘鳴・余喘」
ぜん【然】㊀造 そのとおり。そのまま。「然諾・自然・当然・必然」㊁造 接尾 そういうようす。…らしい。「雑然・平然・紳士然・貴公子然」参考 おもに「…然と」「…然たる」のように使う。［別音ねん｜然］
ぜん【繕】造 つくろう。なおす。「営繕・修繕・補繕」
ぜん【前】㊀ゼ 名 造 まえ。さき。「前者・前半」↔後。㊁造 接頭 ❶ひとつまえ。「前回・前日・前学長」❷ある時よりまえ。「生前・戦前・前近代的」㊂造 ❶てまえ。ちかく。「前列・面前・門前」❷過去の。むかしの。「前科・前例・空前・従前」
ぜん【善】㊀ゼ 名 造 よいこと。よいもの。「善意・善行・偽善・慈善」↔悪。㊁造 ❶うまく。じょうずに。「善処・善戦・善用」❷したしくする。「善隣・親善」 **―は急げ** よい事は急いでしろ。
ぜん【禅】㊀ゼ 名 造 精神を統一し、冥想により真理を悟る。「―を学ぶ」「禅宗・禅僧・禅寺・禅門・座禅・参禅」㊁造 天子が位をゆずる。「禅譲・受禅」
ぜん【漸】㊀ゼ 名 造 だんだんにすすむこと。「―をもって進む」「西漸・東漸」㊁造 ようやく。しだいに。「漸減・漸次・漸進・漸増」
ぜん【膳】㊀0 名 造 料理をのせてすすめる台。台にのせた料理。「客に―を出す」「膳部・食膳・配膳・本膳・会席膳」㊁接尾 ❶わんに盛っためしをかぞえることば。❷箸二本を一組としてかぞえることば。
せん-あいせん ア【先相先】名 碁で、相手との棋力の差が半目のとき、一回先番でうち、あとはたがいに先番となること。
ぜん-あく ゼ【善悪】名 善と悪。よいことと悪いこと。「―のけじめをつける」
せん-い セ【船医】名 ふねに乗りくみ、船員・船客の診察や治療にあたる医師。
せん-い セ【戦意】名 たたかおうとする、つよい心。闘志。ファイト。「―を失う」
せん-い セ【繊維】名 ❶生物体をつくるほそながい細胞。❷糸のようにほそながい物質。**―工業** コ 名 紡績や織物の工業。**―製品** セ2 名「繊維❷」でつくられた品。糸や織物。**―素** イ 名 セルロース。

ぜん-い ゼ【善意】名 ↔悪意。❶人や物事について、そのよい面をみたり、よくなることを願ったりする心。好意。❷［法］事情を知らないでそれを行うこと。責任をまぬがれることがある。「―の第三者」
せん-いき 0【戦域】名 文章語 たたかいの区域。
ぜん-いき 0【全域】名 ❶地域の全体。「領土の―」❷分野の全体。「医学の―」
せん-いつ 0【専一】名 形動 一つの事に一心になって、ほかを考えないこと。「ご自愛―のほど、いのります」
ぜん-いつ 0【全一】名 形動(の) 文章語 完全に統一されたひとまとまりであること。
せん-いん 0【船員】名 ふねの乗組員。ふなのり。マドロス。参考 狭義では「船員」は船長と海員から成り、「海員」は船長をふくまない。
ぜん-いん 0【全員】名 全体の人員。「―集合」
ぜんいん-ぜんか ゼ2【善因善果】名［仏］よい行いに対しては、よいむくいがあること。↔悪因悪果。
せん-うん 0【戦雲】名 文章語 戦争がおこりそうなようす。
せん-えい 0【船影】名 文章語 ふねのかげ。ふねのすがた。
せん-えい 0【先鋭】【×尖鋭】名 形動 ❶するどくとがっていること。❷考え方・思想などが、ひどく急進的なこと。**―化** 0 名 自サ 急進的・過激的になること。
ぜん-えい 0【前衛】名 ❶軍隊で、本隊の前にいて本隊をまもる部隊。↔後衛。❷テニス・バレーボールなどで、前方をまもる選手。❸社会・芸術運動で、先進的な活動をする人や組織。**―書道** ショ 名 抽象的な形を書く書道。文字でない形を書くこともある。**―的** 0 形動 革新的芸術運動の第一線にあるようす。「―な議論」 **―派** 0 名 革新的な芸術運動をする一派。アバンギャルド。
せん-えき 0【戦役】名 戦争。「明治三十七、八年の―」
せん-えつ 0【×僭越】名 形動 身分や資格をこえたことをすること。出すぎること。「―ですが、議長をつとめます」
せん-えん 0【遷延】名 自サ 文章語 のびのびになること。遅延。延引。「記念式典が雨で―する」
せん-おう オ【先王】名 文章語 ➡せんのう。
せん-おう 0【専横】名 形動 ほしいままにふるまうこと。「社長の―」
せん-おん セ【×顫音】名［音］ふるえる声。トリル。
ぜん-おん 0【全音】名［音］半音の二倍の音程。↔半音。

ぜん-おんかい オ【全音階】名 一オクターブが五つの全音と二つの半音とからできた音階。↔半音階。
ぜん-おんぷ オ【全音符】名 楽譜で、音の長さをあらわす基礎となる音符。二分音符の二倍に相当する。記号「o」。
せん-か セ【専科】名 専門の科目。「―の教員」
せん-か セ【泉下】名 文章語 〔「泉」は「黄泉」で、死後の世界の意〕めいど。あの世。「―の客となる」
せん-か セ【戦火】名 文章語 ❶銃砲撃や爆撃。「―をまじえる」❷戦争。「―がひろがる」❸戦争による火災。
せん-か セ【戦果】名 戦争の成果。「―があがる」
せん-か セ【戦渦】名 戦争による混乱。「―に巻き込まれる」
せん-か セ【戦禍】名 戦争による災難。「―をこうむる」
せん-か セ【選科】名 ❶えらんだ学科・科目。❷えらんでまなぶ科。↔本科。
せん-か セ【選歌】名 自サ うたをえらぶこと。また、えらばれた歌。
せん-か セ/0【選果】名 他サ くだものの実を出荷する前に、大きさ・形・品質などによって選別すること。
せん-が 0【線画】名 線だけでかいた絵。
ぜん-か ゼ【全科】名 すべての学科。全教科。
ぜん-か ゼ【前科】名 前に罪をおかして刑を科せられたこと。「窃盗の―がある」 **―者** 0 名 前科のある人。
ぜん-か ゼ【善果】名［仏］よい行いをしたむくいとしてのよい結果。「善因―」↔悪果。
せん-かい 0【仙界】名 文章語 仙人の住む所。世間をはなれた清らかな土地。仙境。
せん-かい 0【浅海】名 ↔深海。❶あさいうみ。❷海岸から近い、深さ二〇〇メートルまでのうみ。
せん-かい 0【旋回】名 自サ ❶輪をえがいてまわること。「上空を―する」❷飛行機などが、輪をえがくように方向を変えること。「―飛行」
せん-がい 0/セ【選外】名 入選しないこと。「―佳作」
ぜん-かい 0/ゼ【全会】名 会員すべて。全員。「―一致」
ぜん-かい ゼ【前回】名 この前の場合。↔今回・次回。
ぜん-かい 0【全快】名 自サ 病気がすっかりなおること。「―祝い」
ぜん-かい 0【全壊・全潰】名 自サ すっかりこわれること。「建物が―する」↔半壊。
ぜん-かい 0【全開】名 自他サ ❶栓や弁などが全部ひ

せ

らくこと。全部をひらくこと。↕半開。❷すべての力を出すこと。「エンジン―」

せん-がき [0]【線描き】名 物の形を線であらわす画法。

せん-かく [0]【仙客】名〔文章語〕❶仙人。❷「鶴つる」の別名。

せん-かく [0]【先覚】名 ❶ふつうの人より先んじて、道理や変化する先をさとった人。「―者」❷学識のある先輩。

せん-がく [0]【先学】名〔文章語〕学問上の先輩せんぱい。「―の教え」↕後学。

せん-がく [0]【浅学】名 形動(の) ❶学問があさいこと。❷自分の学問の謙譲語。「―非才」

ぜん-かく [0]【全角】名 和文の印刷文字で、ほぼ正方形の一文字。「―ひらがな入力」↕半角。

ぜん-がく [ゼ]【全学】名 大学や学園の全体。「―集会」

ぜん-がく [0]【全額】名 すべての金額。総額。↕半額。

ぜん-がく [0]【前額】名 ひたい。

ぜん-がく [0]【禅学】名 禅宗の学問。

ぜんがく-れん《全学連》「全日本学生自治会総連合」の略。一九四八年に成立し、革新的学生運動の中心となった団体。一九六〇年代にいくつかの組織に分裂。

せんか-し [カ] 名 ❶【仙貨紙】【泉花紙】こうぞを原料とする、厚くてつよい和紙。ふくろ・包装用。❷【仙花紙】くずがみをすきかえした質のわるい洋紙。

せん-かた [0]【詮方・為ん方】名 どうしようという方法。しかた。**―ない** しかたがない。

せん-かん [0]【戦艦】名 すぐれた攻撃力・防衛力をもつ大型の軍艦。主力艦。

せん-かん [0]【潜×函】名 深い地下での工事のため、圧搾あっさく空気をおくり、地下水をふせぎながら、仕事のできるようにした、鉄筋コンクリートのはこ。ケーソン。「―工法」

せん-かん [0]【選管】名「選挙管理委員会」の略。

せん-かん [0]【専管】名 他サ〔文章語〕「専属管轄」の略。一手いってに管理すること。「―水域」

せん-かん [0]【×潺×湲】と副 たる連体〔文章語〕「「潺」も「湲」も水のながれるようす」水が清く、気持ちよくながれるようす。また、その音。「―たる清流」

せん-がん [0]【専願】名 ↓たんがん(単願)。

せん-がん [セ]【腺×癌】名 臓器の分泌腺にできるがん。また、がん細胞が腺のような構造をとるがん。

せん-がん [0]【洗眼】名 自サ 水やくすりで、目をあらうこと。

せん-がん [0]【洗顔】名 自サ かおをあらうこと。

ぜん-かん [0]【全巻】名 ❶一冊または一編の書物の全体。「―読了」❷すべての巻。「文学全集の―」

ぜん-かん [ゼ]【全館】名 館の中ぜんたい。「―冷暖房完備」

ぜん-かん [0]【前官】名 まえの官職。↕現官。**―礼遇**れいぐう [レ] 名 退官当時の官職と同じ待遇を受けること。

ぜん-かん [0]【善感】名 自サ〔医〕種痘などが、十分に接種されること。

ぜん-がん [0]【前×癌】名 正常な細胞が変化をおこし、がん細胞が発生しかけている段階。「―症状」

せん-き [0]【×疝気】名 漢方で、大・小腸や腰部などのいたむ病気。**―筋**すじ [キ] 名 ❶せんきのとき痛む筋肉。❷直系でない系統。傍系。

せん-き [セ]【戦記】名 たたかいの記録。軍記。**―物語**ものがたり [ガ] 名 いくさを中心にした物語。「平家物語」「源平盛衰記」「太平記」など。軍記物語。戦記物。

せん-き [セ]【戦機】名 たたかうのによい機会。「―が熟する」

せん-ぎ [セ]【×僉議】名〔文章語〕「「僉」は、みなの意」衆議。

せん-ぎ [セ]【先議】名 他サ ほかの問題よりさきに審議すること。

せん-ぎ [セ]【詮議】名 他サ〔文章語〕❶評議して事をはっきりさせること。❷罪人をとりしらべること。ぎんみ。

ぜん-き [ゼ]【全期】名 その期間全体。

ぜん-き [ゼ]【前期】名 ❶前半の期間。「江戸時代の―」↕後期・中期。❷以前の期間。↕今期・次期・来期。

ぜん-き [ゼ]【前記】名 他サ 文章などで、前にしるしたこと。また、その箇所。前述。「―のごとく」↕後記。

ぜん-ぎ [ゼ]【前戯】名 性交の前に、手や口で性的刺激を高める行為。

せん-きゃく [0]【先客】名 さきに来ている客。

せん-きゃく [0]【船客】名 ふねの乗客。

せんきゃく-ばんらい [0]【千客万来】名 入れかわり立ちかわり、多くの客がくること。

せん-きゅう [0]【選球】名 自サ 野球で、バッターが打つべき投球を見わけること。**―眼**がん [キョ] 名 野球で、バッターがボールをえらぶ目。「―がいい」

ぜん-きゅう [0]【全休】名 自サ 一日中またはその期間中、すべて休むこと。「先場所、―した横綱」

せん-きょ [セ]【船×渠】名 ドック。

せん-きょ [セ]【占居】名 他サ ある場所を自分のものとしていること。

せん-きょ [セ]【占拠】名 他サ ある場所を占領してたてこもること。「不法―」

せん-きょ [セ]【選挙】名 他サ 代表や役員などを多人数の中からえらびだすこと。**―運動**うんどう [ウ] 名 当選するための演説・広告・勧誘など。**―管理**かんり**委員会**いいんかい [イ2] 名 公職選挙を正しく民主的に運営するため、地方公共団体におかれる委員会。**―区**く [キョ] 名 議員選出のために分けてある地区。**―権**けん [キョ] 名 選挙に参加して投票のできる権利。↕被選挙権。参考 議員選挙では、満十八歳以上の国民に与えられる。**―人**にん [0] 名 選挙権を有する人。

せん-ぎょ [セ]【鮮魚】名 食用にする生きのよいさかな。

せん-きょう [0]【仙境・仙郷】名 仙界。

せん-きょう [0]【船橋】名 船で、いろいろさしずをする上甲板の上の場所。ブリッジ。

せん-きょう [0]【戦況】名 戦争または戦闘のありさま。

せん-きょう [0]【宣教】名 自サ 宗教、特に、キリスト教をひろめること。**―師**し [キョ] 名 宗教をひろめる人。外国でキリスト教をひろめる人。伝道師。

せん-ぎょう [0]【専業】名 ❶その職業を専門にしていること。「―農家」❷法律が一定の法人や個人だけに経営をみとめた独占業。

せん-ぎょう [0]【×賤業】名 いやしい職業。

せん-きょく [0]【戦局】名 戦争や勝負ごとのなりゆき。

せん-きょく [0]【選曲】名 自サ 楽曲をえらび出すこと。

せん-きょく [0]【選局】名 自サ ラジオ・テレビのダイヤルやチャンネルを、希望する放送局のそれに合わせること。

ぜん-きょく [0]【全曲】名 ❶すべての曲。❷その曲全部。

ぜん-きょく [0]/[ゼ]【全局】名 ❶全体のなりゆき・ありさま。「社会の―を見る」❷碁や将棋のその対局の全部。

せん-ぎり [0]【せん切り】【千切・繊切】名 野菜などを細く切ること。また、切ったもの。「―大根」

せん-きん [0]【千金】名 ❶千両のかね。❷多額のかね。「―を費やす」❸きわめて大きな値うち。「ひと声―」

せん-きん [0]【千×鈞】名「「鈞」は中国の目方の単位。一鈞は三十斤」❶三万斤。❷きわめて重いこと。また、そのもの。―の重(おも)み たいへんな重み。「―がある言葉」

ぜん-きん [0]【前金】[名] 前もって代金や料金をはらうこと。また、その代金。まえばらい。まえきん。

ぜん-きんだい [キ]【前近代】[名] 近代以前。「―的な制度」

せん-く [セ]【先駆】[名][自サ] ❶馬でさきに行くこと。また、その人。さきのり。前駆。「行列の―」❷他よりさきにことをすること。また、その人。‖さきがけ。**―者**(しゃ) [ク][名] ふつうの人よりさきにことをした人。「開拓の―」

せん-く [0]/[セ]【選句】[名][自サ] 俳句をえらぶこと。また、えらんだ俳句。「―集」

せん-ぐ [セ]【船具】[名] 船についている用具。

ぜん-く [ゼ]【前駆】[名][自サ] 馬で行列などの先を行くこと。また、その人。さきがけ。さきのり。先駆。**―症状**(しょうじょう) [ショ][名] 病気の潜伏期(せんぷくき)などに、前ぶれとしておこる症状。

せん-ぐう [グ]【遷宮】[名][自サ] 神社で、神殿を建てかえるとき、神体を仮殿や新しい神殿にうつすこと。遷座。「神宮の式年―」

せん-くち [0]【先口】[名] はじめの順番。「―の約束がある」

ぜん-くつ [0]【前屈】[名][自他サ] 前方にまがること。また、まげること。↕後屈。

せん-くん [セ]【先君】[名]〔文章語〕❶先代の主君。❷亡父。

ぜん-ぐん [0]【全軍】[名] ❶軍隊の全員。❷全部の軍隊。

せんぐん-ばんば [バ1]【千軍万馬】[名]〔多くの軍隊と軍馬〕戦場の経験の多いこと。「―の勇士」

せん-げ [セ]【遷化】[名][自サ]〔仏〕高僧が死ぬこと。

せん-げ [セ]【宣下】[名][他サ]〔文章語〕天皇が宣旨(せんじ)をくだすこと。

ぜん-け [ゼ]【禅家】[名] ❶禅宗の寺。❷禅宗。❸禅僧。

せん-けい [0]【扇形】[名] ❶おうぎのかたち。❷一つの円弧(えんこ)と、その両端にひいた半径とでかこまれた形。

せん-けい [0]【船型】[名] 船の外形をあらわすかた。

せん-けい [0]【線形】[名] 線のような、ほそく長い形。線状。**―動物**(どうぶつ) [ド][名] 無脊椎(せきつい)動物の一つ。からだは長く、円筒形または糸状。回虫など。

ぜん-けい [0]【全形】[名] ❶全体のかたち。❷完全なかたち。

ぜん-けい [0]【全景】[名] 全体のけしき。

ぜん-けい [0]【前景】[名] 手まえに見えるけしき。↕遠景。

ぜん-けい [0]【前傾】[名][自サ] からだが前の方へ傾くこと。前のめり。「―姿勢」

ぜん-けい [0]【前掲】[名][他サ] 前にかかげたこと。前記。前出。「―各項を参照のこと」

せん-けつ [0]【潜血】[名] 目には見えないが、化学的方法によってみとめることのできる出血。「―反応」

せん-けつ [0]【鮮血】[名] 体外に流出したばかりの、なまなましい血。「―がほとばしる」

せん-けつ [0]【先決】[名][他サ] さきにきめること。まずきめるべきこと。**―問題**(もんだい) [モ][名] ほかの問題よりさきにきめなければいけない問題。

せん-けつ [0]【専決】[名][他サ] ひとりできめること。かってに、はからうこと。「独断―」

せん-げつ [セ]【先月】[名] 今月の前のつき。前月。客月(かくげつ)。↕今月・来月。

ぜん-げつ [ゼ]【前月】[名] ❶先月。❷あるつきの前のつき。

せん-けん [0]【先見】[名] まえもって見ぬくこと。**―の明**(めい) 前もって将来を見ぬくかしこさ。

せん-けん [0]【先賢】[名]〔文章語〕昔の賢人。先哲。

せん-けん [0]【専検】[名] もとの「専門学校入学者資格検定試験」の略。

せん-けん [0]【専権】[名] 権力を思いのままにふりまわすこと。

せん-けん [0]【浅見】[名]〔文章語〕あさはかな意見。

せん-けん [0]【先遣】[名][他サ] さきにつかわすこと。また、その人。**―隊**(たい) [0][名] 本隊よりさきに行かせる小さな部隊。

せん-けん [0]【×嬋×娟】[と副][たる連体]〔文章語〕女性の顔や姿があでやかでうつくしいようす。「―たる美女」

せん-げん [ゲ]【宣言】[名][他サ] 意志や方針、それに基づく行動などを一般に向かって、表明すること。「開会の―」

ぜん-けん [0]【全権】[名] ❶いっさいの権限・権利。「―を委任する」❷全権委員・全権大使・全権公使。**―委員**(いいん) [イ1][名] 全権の委任状をもち、国家を代表して派遣される委員。**―大使**(たいし) [タ][名]「特命全権大使」の略。

ぜん-けん [0]【前件】[名] 前のくだり。まえの件。

ぜん-げん [0]【前言】[名] さきに述べたことば。「―をとりけす」

ぜん-げん [0]【善言】[名]〔文章語〕教えとなるよいことば。

ぜん-げん [0]【漸減】[名][自他サ] 少しずつへること。少しずつへらすこと。逓減(ていげん)。↕漸増。

せんけん-てき [0]【先験的】[形動] ダロ・ダッ・デ・ニ／ダ・ナ・ナラ〔哲〕カント哲学で、認識が経験に先立つこと。経験に先立つ先天的な認識の可能性を重く見るようす。超越論的。

せんげん-ばんご [バ]【千言万語】[名] 多くのことば。「―をついやす」

せん-こ [セ]【千古】[名]〔文章語〕❶大昔。太古。❷永遠。永久。「―の名言」**―不易**(ふえき) [セ]=[フ][名]〔文章語〕永遠にかわらないこと。

せん-ご [セ]【先後】[名] さきとあと。前後。

せん-ご [0]【戦後】[名] ↕戦前・戦中。❶戦争の終わったのち。❷第二次世界大戦後。❸試合の終了後。**―派**(は) [0][名] ➡アプレゲール。↕戦前派・戦中派。

ぜん-こ [ゼ]【全戸】[名] ❶一家のもの、みな。❷全部の家。「村の―」

ぜん-こ [ゼ]【前古】[名]〔文章語〕昔。いにしえ。「―未曽有(みぞう)」

ぜん-ご【前後】㊀ [ゼ][名] ❶空間的なまえとうしろ。あとさき。「―左右」❷時間的なまえとあと。あとさき。「昼食の―」㊁ [ゼ][名][自サ] ❶順序が逆になること。「説明が―する」❷つづくこと。「―してみな帰った」㊂ [接尾] ぐらい。内外。「千円―」「十時―」**―賞**(しょう) [ゴ][名] 宝くじで、当選番号の一つ前とあとの番号にあたえられる賞。また、その賞金。**―不覚**(ふかく) [ゼ][名] 前後の区別もわからないほど、正体(しょうたい)がないこと。

ぜんご [0][名] あじの尾に近い側線上に一列に並ぶ、とげ状のうろこ。ぜいご。

せん-こう [0]【先考】[名]〔文章語〕〔「考」は亡父の意〕死んだ父。↕先妣(せんぴ)。⇩父(ちち)[参考]。

せん-こう [0]【浅紅】[名] うすいくれない色。うすべに色。

せん-こう [0]【×閃光】[名] 一瞬ひらめくひかり。「―が走る」**―電球**(でんきゅう) [デ][名] 写真をとるときに使う、閃光をだす電球。フラッシュ。

せん-こう [0]【戦功】[名] いくさで立てたてがら。軍功。

せん-こう [セ]【線香】[名] 香料のこなをかため、線の形にしたもの。火をつけて仏前に供える。**―代**(だい) [0][名] ❶線香の代金。死者の霊前にそなえる金銭。香料。❷芸者を呼んであそぶときにはらうかね。花代。玉代。**―花火**(はなび) [ハ][名] ❶黒色火薬をこよりで包んだ花火。㊂夏 ❷一時的にははなばなしいが、じきに勢いがなくなることのたとえ。

せん-こう [0]【鮮紅】[名]〔文章語〕あざやかなくれないの色。

せん-こう [0]【先行】[名][自サ] ❶さきに行くこと。❷さきだつこと。「―予約」❸さきにあること。「―文献」

せ

せん-こう⓪【先攻】名自サ 野球などで、さきに攻めること。↔後攻。

せん-こう⓪【×穿孔】名自サ〔文章語〕穴をあけること。

せん-こう⓪【潜行】名自サ ❶水中をもぐって行くこと。❷そっとかくれて行動すること。「地下に―する」

せん-こう⓪【潜航】名自サ 船が水中をもぐってすすむこと。「急速―」「海溝の淵を―調査する」 **―艇**⓪名 ❶「潜水艦」の旧称。❷小型の潜水艦。

せん-こう⓪【遷幸】名自サ〔文章語〕天皇が都から他の土地へうつること。

せん-こう⓪【専行】名他サ ひとりぎめでおこなうこと。かってきままにすること。「独断―」

せん-こう⓪【専攻】名他サ 専門に研究すること。「日本近代文学を―する」

せん-こう⓪【選考】【詮衡・×銓衡】名他サ かんがえてえらぶこと。「―試験」

せん-こう⓪【選鉱】名自他サ 鉱石をえらびわけること。

せん-こう⓪【繊巧】名形動〔文章語〕こまかくてたくみなこと。

ぜん-こうゼ【全校】名 ❶その学校全体。「―生徒」❷すべての学校。「県下の―」

ぜん-こうゼ【前項】名 ❶法令などで、一つ前の項目。❷文章で、前にかかげた事項。↔後項。

ぜん-こう⓪【善行】名 よいおこない。徳行。↔悪行。

ぜん-ごう⓪/ゼ【前号】名 刊行物の、新しく刊行されたものの前の号。↔次号。

ぜん-ごう⓪【善業】名 よいむくいをうける前世のおこない。善根。↔悪業。

せん-こく⓪【先刻】名副 ❶今から少し前の時刻。↔後刻。⇨先程参考。❷まえから。とっくに。「―ご承知のように…」

せん-こく⓪【宣告】名他サ ❶公式につげ知らせること。❷裁判の判決の言い渡し。

せん-ごく⓪【戦国】名 ❶戦争のため国内がみだれた世。❷戦国時代。 **―時代**ジ名 ❶中国で、周がおとろえて、多数の国が争いあった時代。紀元前五世紀末から紀元前三世紀のはじめごろまで。❷日本で、多数の武将が争いあった応仁の乱から豊臣秀吉の天下統一までの時代。

ぜん-こくゼ【全国】名 国じゅうのこらず。「―いっせいに」 **―区**コ名 参議院議員の選挙で全国を一区とする選挙区。一九八三年、比例代表制の導入により廃止された。 **―紙**ク/コ名 全国の読者を対象として発行される新聞。↔地方紙。

せんごく-どおしド【千石どおし】【千石×簁】名 ななめにおいたふるいの上に、もみすりのすんだ玄米を落としてもみがらと米とをよりわける農具。万石どおし。

せんごく-ぶねブ【千石船】名 米千石程度がつめる、江戸時代の大きな和船。

ぜんご-さくゴ【善後策】名 あとしまつをうまくするくふう。「―を講じる」参考「前後策」と書くのはあやまり。

ぜんご-しょちショ【善後処置】名 あとしまつのやりかた。「―になやむ」参考「前後処置」と書くのはあやまり。

せん-こつセ【仙骨・薦骨】名 哺乳類のせぼねの下端の、ひらたく三角形になっている部分。⇨骨格（図）。

せん-こつ⓪【仙骨】名〔文章語〕仙人のような、世俗を超越した人相・姿。「―を帯びる」

せんごひゃくばんうたあわせ《千五百番歌合》鎌倉時代前期の歌合。当時の代表的歌人三十人が百首ずつよんだ、歌合として最大のもの。

せんご-ひょう⓪【選後評】名 入選作を決めたあとで、選者が述べる批評や感想。

ぜん-こん⓪【善根】名〔仏〕よいむくいをまねく原因となるおこない。善業。「―をつむ」

せん-ざセ【遷座】名他サ〔文章語〕神体・仏像または天皇の座をよそへうつすこと。

ぜん-ざ⓪【前座】名 寄席で、講談・落語などを真打・二つ目の前に演ずること。また、その身分の人。↔真打・二つ目。

センサーセ〈sensor〉名 温度・圧力など物理的な性質や量を検出し、それを信号に変換する機能をもつ装置。

せん-さい⓪【先妻】名 まえのつま。前妻。↔後妻。

せん-さい⓪【戦災】名 戦争による災害。

せん-さい⓪【繊細】名形動 ❶形のほっそりとうつくしいこと。「―な模様」❷感じやすく、微妙なこと。デリケート。「―な感情」

せん-ざい⓪【千載・千歳】名 千年。 **―一遇**⓪名（千年に一度あるほどの）またとない出会い。「―の好機」

せん-ざい⓪【前栽】名 ❶庭さきに植えた草木。庭木。❷木や草花を植えこんだ庭。うえこみ。参考「ぜんさい」とは読まない。

せん-ざい⓪【宣材】名（「宣伝材料」の略）宣伝や広告に使うための材料。「―写真」

せん-ざい⓪【洗剤】名 衣類・食器などを洗う薬剤。

せん-ざい⓪【煎剤】名 せんじぐすり。

せん-ざい⓪【潜在】名自サ 外に現れず、内にひそんでいること。伏在。潜伏。「病気が―している」↔顕在。 **―意識**イ名 意識してはいないが、心の奥底にあってはたらいている自我の活動。

ぜん-さい⓪【前妻】名 まえのつま。先妻。↔後妻。

ぜん-さい⓪【前菜】名 オードブル。

ぜん-ざいゼ/ザ【善×哉】名 ❶〔古語〕（「よきかな」の意）ほめるとき、よろこびのときの語。❷「かながき」関東では、もちに濃いあんをかけたもの。関西では、つぶしあんのしるこ。

せんざいわかしゅう《千載和歌集》平安時代後期の勅撰和歌集。藤原俊成の編。余情・幽玄の世界を開き、中世和歌の先駆けとなった。

せん-さく⓪【×穿×鑿】名他サ（「穿」も「鑿」もうがつの意）こまかいことまで、知ろうとすること。

せん-さく⓪【詮索】名他サ 細部までさぐり調べること。

ぜん-さく⓪【前作】名 ❶まえにつくったもの・作品。❷同じ土地に作物をつづけてつくるときの、まえの作物。

センサスセ〈census〉名 ❶国勢調査。❷いっせい調査。実態調査。「農業―」

ぜん-さつ⓪【禅刹】名〔文章語〕禅宗のてら。

せんさ-ばんべつセ【千差万別】名形動 非常に種類や差異の多いこと。「人の受け止め方は―だ」

ぜん-ざんゼ【全山】名 ❶やま全体。満山。「―満開のさくら」❷大きな寺全体。

せんざん-こうザ【×穿山甲】名 センザンコウ科の哺乳類の総称。黒茶色のうろこにおおわれ、歯はなく、ほそ長い舌であり類を食べる。アフリカから東南アジアに分布。

せん-しセ【先史】名 歴史時代のまえ。文献の残っていない昔。 **―学**ジ名 先史時代のことを、遺品や遺跡によって研究する学問。史前学。 **―時代**ジ名 文献のまったくない時代。有史以前。↔歴史時代。

せん-しセ【先師】名〔文章語〕すでに死んだ先生。「―の教えに学ぶ」

せん-しセ【×穿刺】名〔医〕体液・組織の採取、薬物の注入のために、中空のほそいはりをからだにさしこむこと。

せん-し セ【戦士】名 ❶いくさに出る兵士。❷社会運動などの第一線に活動する人。

せん-し セ【戦史】名 戦争の歴史。

せん-し セ【選士】名 ❶えらばれた人。❷えりすぐった兵士。

せん-し ０【戦死】名 自サ 戦争に出て、たたかって死ぬこと。

せんじ ０【煎じ】名 煎じ出すこと。煎じ出したもの。「二番—」

せん-じ セ【宣旨】名 ❶天皇のことばを述べつたえること。また、その文書。❷天皇のことばを蔵人(くろうど)につたえる女官。

せん-じ セ【戦時】名 戦争をしているとき。↔平時。

ぜん-し ゼ【全史】名 ある分野におけるすべての歴史。「日本演劇—」

ぜん-し ゼ【全市】名 ❶その市の全体。❷全部の市。

ぜん-し ゼ【全姿】名 全体のすがた。全容。

ぜん-し ゼ【全紙】名 ❶ゼ 新聞紙の全面。❷０ A判・B判などにつくられたままの紙。❸０ 写真で、四五・七センチ×五六センチの大きさの印画紙。❹ゼ すべての新聞。「—に報道される」

ぜん-し ゼ【前史】名 ❶それ以前の歴史。❷前半分の歴史。「明治—」❸歴史時代以前の歴史。史前史。先史。

ぜん-し ゼ【前肢】名 まえあし。↔後肢(こうし)。

ぜん-し ゼ【前×翅】名 昆虫の前部の一対の翅(はね)。甲虫(こうちゅう)類では上翅(じょうし)ともいう。

ぜん-じ ゼ【善事】名 ↔悪事。❶よいこと。❷めでたいこと。

ぜん-じ ゼ【禅師】名 ❶禅に深く通じた僧。❷禅宗の高僧に朝廷からたまわる称号。

ぜん-じ ゼ【全治】名 自サ ↓ぜんち。

ぜん-じ ゼ【漸次】副 だんだん。しだいに。「—快方にむかう」参考「漸時」と書くのはあやまり。

せんじ-ぐすり グ【煎じ薬】名 薬用植物をせんじた飲み薬。

ぜん-じだい ジ【前時代】名 現在の一つ前の時代。「—的なファッション」

せん-しつ ０【船室】名 船の、船客のいるへや。キャビン。

せん-じつ ０【先日】名 このあいだ。さきごろ。過日。—来(らい) ツ 副 このあいだから。この数日間ずっと。「—の雨」

ぜん-しつ ０【禅室】名 ❶座禅をするへや。❷禅僧の居室。❸禅宗で、住持のこと。❹出家した貴人。

ぜん-じつ ０【全日】名 ❶一日じゅう。「—猛吹雪」❷全部の日。「—予約済み」—制(せい) ０ 名 ↓ぜんにちせい。

ぜん-じつ ０【前日】名 まえの日。↔翌日。

せんじ-つ・める メ【煎じ詰める】他下一 (メ・メ・メル・メル・メレ・メロ・メヨ) ❶ぎりぎりまでせんじる。煮詰める。❷よくよく考えきわめる。せんじつ・む 文語下二

センシティブ セ〈sensitive〉形動 (ダロ・ダッ・デ・ニ・ダ・ナ・ナラ・○) ❶感じやすいようす。「—な心」❷取り扱いに細心の注意を要するようす。「—な問題」

せんし-ばんこう セ【千紫万紅】名 文章語 いろいろさまざまな色をした花。「—の花園」

せんし-ばんこう セ【千思万考】名 自サ 文章語 あらゆる方面からかんがえつくすこと。

せんし-ばんたい セ【千姿万態】名 文章語 いろいろさまざまの姿。千状万態。

センシブル セ〈sensible〉形動 (ダロ・ダッ・デ・ニ・ダ・ナ・ナラ・○) ❶分別があるようす。「—な選択」❷感受性が強いようす。「—な人」

せんじ-もん ジ【千字文】名「天地玄黄」ではじまる一千字の漢字をあつめた習字の手本。古代中国でつくられた四言古詩二百五十句、合計千字の詩。

せん-しゃ セ【船車】名 ふねとくるま。

せん-しゃ セ【戦車】名 つよい装甲と火器をもち、キャタピラーで走る近代兵器。タンク。

せん-しゃ ０【洗車】名 自サ 自動車を水洗いすること。

せん-じゃ セ【千社】名 一千の神社。多くの神社。—札(ふだ) ジャ 名 千社参りをする人が、寺社の柱・天井などにはりつける札。長方形の紙札に氏名・屋号などを記したもの。—参(まい)り マ 名 一千の神社へ参って願いごとをいのること。千社もうで。

せん-じゃ セ【×撰者】名 詩歌(しいか)・文章をえらび、書物にまとめる人。「古今和歌集の—」

せん-じゃ セ【選者】名 多くの作品からすぐれたものをえらぶ人。「新聞歌壇の—」

ぜん-しゃ ゼ【前車】名 まえを行くくるま。↔後車。—の×轍(てつ)を踏(ふ)む〔てんぷくした前の車のあとを進んで、あとの車が同じようにてんぷくする意から〕失敗した人のやり方をくりかえして、同じように失敗する。

ぜん-しゃ ゼ【前者】名 二つの事がらのうち、まえにあげた事がら。↔後者。

せん-じゃく ０【繊弱】名 形動 文章語 ❶しなやかなこと。❷かよわいこと。「—なからだ」

ぜん-しゃく ０【前借】名 他サ まえがり。さきがり。「給料の—」

せんしゃく-ていしょう ０【浅酌低唱】名 文章語 あっさりとさかもりをし、小声でうたうこと。

せん-しゅ セ【専守】名 造 守りに徹すること。—防衛(ぼうえい) セ 名 他国から攻撃を受けたときに限って、自国を武力で守るという考え方。日本国憲法下での安全保障の基本的思想を示す語。

せん-しゅ セ【船主】名 ふねのもちぬし。ふなぬし。

せん-しゅ セ【船首】名 ふねの前部。へさき。↔船尾。

せん-しゅ セ【×僭主】名 ❶力で君主の地位を奪った者。❷古代ギリシャ都市国家で、政権を奪いとった独裁者。

せん-しゅ セ【選手】名 えらばれた人。特に、競技に出るためえらばれた人。—権(けん) シュ 名 第一位の選手・団体としてみとめられた資格。覇権。また、その試合・大会。「世界—」—村(むら) ０ 名 オリンピックの開催中、選手が宿泊・休養できる施設を整えた区画。

せん-しゅ セ【繊手】名 文章語 細くしなやかな手。多く女性の手にいう。

せん-しゅ セ【先取】名 他サ 相手よりさきにとること。さきどり。「一点—する」

せん-しゅう ０【千秋】名 ❶千年。❷長い年月。「一日—の思い」—万歳(ばんぜい) ゼ 名〔千年と万年〕長生きをいわうことば。永遠。—楽(らく) シュ 名 ❶雅楽(ががく)の曲名。❷しばいや、相撲などの興行の最後の日。↔初日(しょにち)。参考 法会(ほうえ)の時の雅楽で、最後に千秋楽の曲を奏したことから。

せん-しゅう ０【先週】名 このまえの週。前週。↔来週。

せん-しゅう ０【×撰集】名 多くの詩歌(しいか)・文章をえらびあつめて書物にすること。また、その書物。せんじゅう。

せん-しゅう ０【選集】名 多くの作品の中からえらんでまとめた書物。「現代小説—」

せん-しゅう ０【専修】名 他サ 専門におさめること。「薬学を—する」—学校(がっこう) ガ 名 学校教育法に規定された教育施設の一つ。一年以上の在学期間で、職業教育・技術教育を行う。

せん-しゅう ⓪【×撰修】名 他サ〔文章語〕書物・文書をえらびつくること。「国史の―」

せん-しゅう《泉州》⬇いずみ(和泉)。

せん-じゅう ⓪【先住】名 ❶以前から住んでいること。「―民族」❷前の住職。↕後住(ごじゅう)。**―民**(みん) ジュ 名 侵略者や入植者が来る以前からその土地でくらしていた人びと。原住民。

せん-じゅう ⓪【煎汁】名〔文章語〕せんじたしる。

せん-じゅう ⓪【専従】名 自サ その仕事を専門にすること。また、その人。「組合の事務に―する」

ぜん-しゅう ⓪【全集】名 ❶ある人の著作全部をあつめた本。「芥川龍之介―」❷同種類、また、同時代の著作をそろえた本。「日本古典文学―」

ぜん-しゅう ⓪【前週】名 ❶今の週のまえの週。先週。↕次週・来週。❷その週のまえの週。↕翌週。

ぜん-しゅう ⓪【禅宗】名 臨済(りんざい)・曹洞(そうとう)・黄檗(おうばく)の三つの宗の総称。座禅(ざぜん)によってさとりをめざす自力宗。

せんじゅ-かんのん《千手観音》千本の手をもつ観音。慈悲心が大きく、特に、安産をまもるという。千は数の多い意味で、実際の像の手はふつう四二本。

せん-しゅつ ⓪【選出】名 他サ 代表者などをえらびだすこと。「東京都―の議員」

せん-じゅつ セ/⓪【仙術】名 仙人のおこなう術。

せん-じゅつ ⓪【戦術】名 ❶戦争のやり方。⇩戦略 参考。❷競技・争議などのかけひき。

せん-じゅつ ⓪【先述】名 自サ さきに述べたこと。前述。↕後述。

せん-じゅつ ⓪【×撰述】名 他サ〔文章語〕書物を書きあらわすこと。

ぜん-しゅつ ⓪【前出】名 文章で、そこより前に出てくること。先出。前掲。前述。上述。先述。↕後出。

ぜん-じゅつ ⓪【前述】名 自サ まえに言ったり、書いたりしたこと。先述。「―のとおり」↕後述。

せん-しゅん ⓪【浅春】名〔文章語〕春のはじめ。早春。㊡

せん-しょ セ【選書】名 自サ ❶各分野から著書を選び、装丁をそろえて一つのセットとして出版すること。また、その書籍。新書よりもやや専門的。「芸能―」❷図書館で蔵書として備えるべき本を選ぶこと。

せん-じょ セ【仙女】名 女の仙人。せんにょ。

せん-じょ セ【×剪除】名 他サ〔文章語〕切り取ること。

ぜん-しょ セ【全書】名 ある方面に関する著作を全部あつめたもの。「六法―」

ぜん-しょ セ【善処】名 自サ 適切に処置すること。

せん-しょう ⓪【先×蹤】名〔文章語〕先例。前例。

せん-しょう ⓪【戦勝】【戦×捷】名 いくさに勝つこと。↕戦敗。

せん-しょう ⓪【戦傷】名 いくさで受けたきず。「―死」

せん-しょう ⓪【先勝】㊀名 自サ 試合でさきに勝つこと。↕先負(せんぶ)。**―日**(にち) ショ 名 陰陽道(おんようどう)で、急用や訴訟などによいという日。㊁名 せんしょうにち。

せん-しょう ⓪【×僭称】名 他サ〔文章語〕身分をこえた位・名称をとなえること。また、その名称。「皇帝を―する」

せん-しょう ⓪【選奨】名 他サ〔文章語〕よい物をえらんですすめること。「図書の―」

せん-しょう ⓪【鮮少】【×尠少】形動(の)〔文章語〕〔「鮮」も「尠」も、すくない意〕きわめてすくないようす。

せん-じょう ⓪【船上】名 ふねのうえ。「―に人かげなし」

せん-じょう ⓪【戦場】名 実際に戦闘の行われる所。「古―」

せん-じょう ⓪【線上】名 線のうえ。「―をまっすぐに歩く」

せん-じょう ⓪【線条】名 すじ。線。

せん-じょう ⓪【×僭上】名 自サ〔文章語〕身分をこえ、上をおしのけたふるまいをすること。

せん-じょう ⓪【洗浄】【洗×滌】名 他サ あらいきよめること。参考「洗滌」は、正しくは「せんでき」と読む。

せん-じょう ⓪【扇情】【×煽情】名 自他サ 情欲をあおること。「―的」

ぜん-しょう セ【全章】名 ❶その章の全体。「―を一気に読む」❷全部の章。「―にわたって誤字が多い」

ぜん-しょう セ【前生】名〔仏〕まえの世。↕後生(ごしょう)。

ぜん-しょう ⓪【前×哨】名 軍の本隊の前方で、警戒にあたる小部隊。先兵。**―戦**(せん) ⓪名 ❶本隊の前方での、警戒兵どうしのたたかい。❷本格的な活動に入る前の準備的な行動。「選挙の―」

ぜん-しょう ⓪【全勝】名 自サ 全部の対戦に勝つこと。「―優勝」↕全敗。

ぜん-しょう ⓪【全焼】名 自サ 火事で全部やけること。まるやけ。↕半焼。

ぜん-じょう ⓪【禅定】名〔仏〕心を一つにあつめて、真理をさとること。「―に入る」

ぜん-じょう ⓪【禅譲】名 他サ〔文章語〕古代中国で、天子が徳の高い人に位をゆずったこと。**―放伐**(ほうばつ) ⓪名〔文章語〕王位を世襲しないで、徳の高い人にゆずることと、悪徳の天子を討つこと。

せんじょう-こうすいたい ⓪【線状降水帯】名 線状にのびる降水域。積乱雲が次々と発生することにより、強雨をもたらす。

ぜんしょう-とう ⓪【前照灯】名 ヘッドライト。↕尾灯。

せんじょう-ち ジョ【扇状地】名 川が山地から平地に出たところで、流れてきた土砂が扇形に積もってできた土地。

せんじょう-ばんたい ⓪【千状万態】名〔文章語〕いろいろさまざまな姿。千姿万態。

せん-しょく ⓪【染織】名 染めることと、織ること。

せん-しょく ⓪【染色】㊀名 自サ いろを染めること。㊁名 染めいろ。染めたいろ。**―体**(たい) ⓪名 細胞核が分裂するときにあらわれる、遺伝情報をふくむひものようなもの。参考 色素に染まりやすいのでこの名がついた。

ぜん-しょく セ【前職】名 まえについていた職業や職務。↕現職。

せん・じる ジ【煎じる】他上一 ジ/ジ/ジル/ジル/ジレ/ジロ・ジヨ くすりや茶などを、煮だす。**せん・ず** 文語サ変

せん-しん ⓪【先進】名 ほかよりすすんでいること。また、その人。「―の指導を受ける」↕後進。**―国**(こく) シ 名 経済・文化などの進歩している国。↕開発途上国・発展途上国。

せん-しん ⓪【線審】名 テニス・バレーボールなどで、ボールがコートの線外に出たかどうかを判定する人。ラインズマン。

せん-しん ⓪【潜心】名 自サ〔文章語〕心をひそめ、思いをかたむけること。没頭。「歌作に―する」

せん-しん ⓪【×撰進】名 他サ〔文章語〕詩・歌・文章などをつくって天皇などに奉ること。

せん-しん ⓪【専心】名 副 自サ 心をその一事にそそいでおこなうこと。専念。「家業に―する」「―仕事にはげむ」

せん-じん ⓪【千尋】【千×仞】名〔「尋」は中国で八尺、わが国では六尺(約一・八メートル)〕山・谷・海などの非常に高く、または、深いこと。「―の谷」

せん-じん ⓪【先人】名〔文章語〕❶昔の人。前代の人。↕

今人(こんじん)・後人(こうじん)。❷先祖。また、亡父。

せん‐じん⓪【先陣】名 ❶さきがけ。一番乗り。「宇治川の―」❷本陣の前にあるさきぞなえ。↕後陣(ごじん)。**―争(あらそ)い**[ア]名 競争ごとで先を争うこと。

せん‐じん⓪【戦陣】名 ❶たたかいの陣立て。❷戦場。**―訓(くん)**[ジ]名 一九四一年、当時の東条英機陸相が全陸軍に通達した、将兵の道義向上のための心得。

せん‐じん⓪【戦×塵】名〔文章語〕❶戦場の土やほこり。❷戦争のさわぎ。戦乱。「―を避ける」

ぜん‐しん⓪【全身】名 からだ全部。「―麻酔」↕半身。**―全霊(ぜんれい)**⓪名 からだと精神のすべて。「―をうちこむ」

ぜん‐しん⓪【前身】名 ❶今の境遇の前の身分。前歴。「―をかくす」↕後身。❷前世のときのからだ。

ぜん‐しん⓪【前震】名 大きな地震(本震)の直前や数日前に震源地域に起こる地震。↕本震・余震。

ぜん‐しん[ゼ]/⓪【善心】名 ❶人の道にあった、よい心。↕悪心。❷慈悲の心。ぼだい心。

ぜん‐しん⓪【前進】名自サ まえへすすむこと。「―あるのみ」↕後退・後進。

ぜん‐しん⓪【漸進】名自サ 順を追って、だんだんにすすむこと。↕急進。

ぜん‐じん⓪【全人】名 知・情・意の調和した円満な人格者。人間として完全な人。「―教育」

ぜん‐じん⓪【前人】名 昔の人。前代の人。先人。「―未到の地」↕後人。**―未到(みとう)(踏)**⓪名 これまで、だれも到達して(足をふみいれて)いないこと。「―の新境地」

せんしん‐ばんく[バ]【千辛万苦】名自サ さまざまの難儀や苦労。「―の末やりとげる」

せん‐す⓪【扇子】名 おうぎ。[夏]

センス[セ]〈sense〉名 感覚。感性。「―があたらしい」

せん‐すい⓪【泉水】名 庭の池。

せん‐すい⓪【潜水】名自サ 水中にもぐりはいること。水中の潜行。**―艦(かん)**⓪名 水中をもぐり、魚雷などで敵を攻撃する軍艦。**―病(びょう)**⓪名 深い水中に長くいた潜水夫が、急に水上に出たときにかかる、気圧のちがいからおこる健康障害。減圧症。**―夫(ふ)**[ス]名 水中にもぐって仕事をする職業の人。ダイバー。**―母艦(ぼかん)**[ボ]名 潜水艦に燃料などの補給をする軍艦。

ぜん‐すう[ス]【全数】名 全体の数量。すべてのかず。↕半数。**―調査(ちょうさ)**[チョ]名 標本を抜き出さずに、全部の例についてもれなく調査する方法。↕標本調査。

せん‐すじ[セ]【千筋】(すぢ) 名 細いたてじまの模様。

せん‐すべ[ス]【▲為ん▲術】連語 する方法。しかた。「―なし」

せん・する[ス]【宣する】他サ (シ・セ・サ｜シ｜スル｜スル｜スレ｜シロ・セヨ) 述べ告げる。宣言する。宣告する。「開会を―」**せん・す** 文語サ変

せん・する[ス]【×僭する】他サ (シ・セ・サ｜シ｜スル｜スル｜スレ｜シロ・セヨ)〔文章語〕目上の人のまねをして、身分不相応なおこないをする。**せん・す** 文語サ変

せん・する[ス]【×撰する】他サ (シ・セ・サ｜シ｜スル｜スル｜スレ｜シロ・セヨ) 書物や詩歌(しいか)・文章をえらび、また、作って、書物にする。「歌集を―」**せん・す** 文語サ変

せんずる‐ところ【詮ずる所】連語 要するに。つまり。

ぜん‐せ[ゼ]【前世】名〔仏〕この世に生まれる前の世。先の世。ぜんせい。↕後世(ごせ)・来世(らいせ)・現世(げんせ)。

せん‐せい[セ³]【先生】名 ❶師としておしえる人。❷学芸にすぐれた人。❸教員。❹教員・医師・文士・議員などの敬称。❺人をあなどっていう語。「あの―にやらせろ」[参考] 芸事をおしえる人を尊敬していうときは、「師匠」というのが普通。⇩様(さま)[参考]。

せん‐せい⓪【専制】名 ❶かってにとりはからうこと。❷「専制政治」「専制政体」の略。**―君主(くんしゅ)**[ク]名 自分の考えだけで政治をとる君主。**―政治(せいじ)**[セ³]名 憲法がなくて、支配者の考えだけでおこなわれる政治。専制政体による政治。↕立憲政治。**―政体(せいたい)**[セ³]名 支配者の考えだけで政治がおこなわれる、国家の体制。

せん‐せい⓪【潜性】名 遺伝する形質が、次の代にはあらわれず、その子孫にあらわれるもの。劣性。↕顕性(けんせい)・優性。

せん‐せい⓪【先制】名他サ 先手を取ること。機先を制すること。「―のホームラン」**―攻撃(こうげき)**[コ]名 相手より先に攻撃をしかけること。

せん‐せい⓪【宣誓】名他サ 多数の人の前で、自分が真実を述べること、規範にのっとって行動することなどを、はっきりと約束すること。[参考] 議院証言法による議会での証人や競技会の開会式での選手の宣誓などが代表的。

せん‐ぜい⓪【占×筮】名〔文章語〕ぜいちくを使うらない。

ぜん‐せい⓪【全盛】名 最もさかんな時期にあること。「―をきわめる」

ぜん‐せい[ゼ]【前世】名 ❶⬇ぜんせ。❷〔文章語〕昔。

ぜん‐せい⓪【善政】名 よい政治。ただしい政治。「―をしく」↕悪政。

ぜん‐せいき[セ]【前世紀】名 ❶前の世紀。「―後半から今世紀初頭にかけて」❷古い時代。また、時代遅れのたとえ。「―の議論に終始する」「―の遺物」

せんせい‐じゅつ[セ²]【占星術】名 星・月・太陽などの動きで国家の治乱や人事の吉凶をうらなう術。

せんせい‐りょく[セ²]【潜勢力】名 内にかくれていて、表面にあらわれない勢力。

センセーショナル[セ²]〈sensational〉形動 (ダロ｜ダッ・デ・ニ｜ダ｜ナ｜ナラ｜○) 世間の興味をひきつけたり、世間をさわがせるようなようす。「―な事件」

センセーション[セ²]〈sensation〉名 世間の興味をひいて評判になること。「―をまきおこす」

ぜん‐せかい[ゼ]【前世界】名 今の世界ができる前の世界。

せん‐せき⓪【泉石】名〔文章語〕泉水と庭石。

せん‐せき⓪【船籍】名 船の国籍。「パナマ―の船」

せん‐せき⓪【戦跡】名 戦場のあと。

せん‐せき⓪【戦績】名 たたかいの成績・成果。

ぜん‐せき[ゼ]【前席】名 ❶乗用車の運転席があるほうの側の席。↕後席(こうせき)。❷茶事で初めのほうにおこなわれる行事。↕後席(こうせき)。❸講談・浪曲の会で、前の出演者が口演した演題。同一の演者の前の演題を指す場合もある。↕後席(ごせき)。

ぜん‐せつ⓪【前説】名 ↕後説。❶前にとなえた説。「―をあらためる」❷昔の人の説。

せん‐せん【先先】接頭 今の前のその前。前々。「―月」

せん‐せん⓪【戦線】名 ❶戦闘がくりひろげられている区域。第一線。❷社会運動などにおける闘争の場。

せん‐せん⓪【宣戦】名自サ たたかいをはじめる宣言をすること。**―布告(ふこく)**⓪名 戦争を開始することを、相手の国に正式に通知し、一般にも公表すること。開戦宣言。

せん‐せん⓪【×潺×潺】と副 たる連体〔文章語〕浅い川が音をたてて流れるようす。さらさら。「―たる谷川の音」

せん‐ぜん⓪【戦前】名 ↕戦後・戦中。❶戦争のまえ。❷第二次世界大戦の開戦、または、終戦の以前。❸試合のまえ。**―派(は)**⓪名 ⬇アバンゲール。↕戦後派・戦中派。

ぜん‐せん⓪【全線】名 ❶戦線の全体。❷路線の全体。「東海道―」

ぜん-せん ◎【前線】名 ❶戦場で、直接に敵と向かい合っているところ。「―基地」❷組織的な活動で、もっとも中心的に機能する部門。「海外進出の最―」❸サッカーで、中央よりも相手のゴールに近い位置。「―のプレーが目だつ選手」❹気象で、異なる気団の接触する部分が地表と交わって生じる境界線。気温・気圧・風向などにより対立が生まれる。寒冷前線・停滞前線など。「梅雨―」❺気候の変化にともない、植物の開花や葉の変色が観察される日を、等温線のように地図上に示したもの。「さくら―」「紅葉―」

前線面
暖かい空気
冷たい空気
温暖前線（不連続線）
地面

前線❹

ぜん-せん ◎【善戦】名自サ よくたたかうこと。けなげにたたかうこと。健闘。「強豪を相手に―する」「―むなしく敗れる」

ぜん-ぜん【前前】接頭 ❶今のまえの、そのまえ。先々。「―週」❷そのときのまえの、そのまえ。「―回」

ぜん-ぜん ◎【全然】副（下に打ち消しや否定的な言い方をともなって）可能性が少しもないことをあらわす。「成功の見込みは―ない」「その映画は―おもしろくなかった」「英会話は―だめだ」参考 古くは「―正しい」のように、完全に、の意味にも使ったが、現在はほとんど使わない。また、話しことばでは「―おもしろい」のように「非常に」「とても」の意味に使うこともあるが、標準的とは言えない。

せんせん-きょうきょう ◎【戦戦恐恐】【戦戦×兢×兢】と副 たる連体（「戦」はふるえおののく意）おそれてびくびくするようす。「―として試験にのぞむ」

せんせん-しゅとく シュ【先占取得】名他サ〔法〕❶どの国にも属さない土地を、他国より先に自国の領土とすること。❷所有者のない動産を、自己のものにするつもりで、他に先んじて占有すること。

せん-そ セ【践×祚】名自サ〔文章語〕天皇の位をつぐこと。

せん-ぞ セ【先祖】名 ❶家の初代。祖先。❷一家の、今生きている人より以前の人々。祖先。 **―返(がえ)り** ガ名 ❶遠い先祖の形質が、とつぜん子孫にあらわれること。帰先(きせん)遺伝。❷技術・思想・流行などが、むかしにもどることのたとえ。また、コンピューターのデータが更新されずに古いものに置き換わることのたとえにも使われる。

せん-そう ◎【船倉】【船×艙】名 船のなかで貨物を積みこむところ。ふなぐら。

せん-そう ◎【船窓】名 ふねのまど。

せん-そう ◎【戦争】名 ❶国と国との、兵力でのあらそい。❷人々がみな死活をかけるほどにしてとりくむ、社会的な問題。「交通―」 **―犯罪人(はんざいにん)** ◎名 侵略戦争を起こしたり、戦時中、人道に反する罪をおかした者。戦犯(せんぱん)。 **―放棄(ほうき)** ホ名 戦争をしないこと。特に、日本国憲法第九条に規定された、国際紛争を解決する手段としての戦争を永久に捨てること。

ぜん-そう ◎【前奏】名 ❶楽曲のはじめに演奏すること。また、その楽曲。序奏。❷大きな事件の前ぶれ。 **―曲(きょく)** ソ名 ❶歌劇で、序曲のかわりに幕の前に演奏される、導入的な楽曲。❷形式の自由な器楽曲。プレリュード。❸事件の前のできごと。前ぶれ。「春の行楽の―」

ぜん-そう ◎【禅僧】名 禅宗の僧。

ぜん-ぞう ◎【漸増】名自他サ しだいにふえること。だんだんふやすこと。逓増(ていぞう)。↕漸減。

せんそう-あめい ア【×蟬×噪×蛙鳴】名〔文章語〕せみやかえるが鳴きさわぐように、無意味にさわぎたてること。あめいせんそう。

ぜんそう-なだれ ナ【全層雪崩】名 積雪層の全体がくずれおちるなだれ。春先などの気温の上がる時期に起こりやすい。底なだれ。↕表層雪崩。

ぜんそう-ほう ◎【漸層法】名 修辞法で、語句をかさねて表現をだんだんにつよめていく方法。

せん-そく ◎【栓塞】名 血栓(けっせん)で、血管がふさがること。

せん-そく ◎【船側】名〔文章語〕ふねのそば。ふねの側面。

せん-ぞく ◎【専属】名自サ そのものにだけ属していること。「―モデル」

ぜん-そく ◎【×喘息】名 気管支のけいれんなどで、急に呼吸困難になる病気。

ぜん-そくりょく ク｜ソ【全速力】名 出せるかぎりのはやさ。フルスピード。

ぜん-そん ◎ゼ【全村】名 むら全体。また、すべての村。

ぜん-そん ◎【全損】名 ❶全部の損失。まるぞん。❷損害保険で、保険の対象物が全部なくなったり、まったく使えなくなったりすること。

センター ◎セ〈center〉名 ❶中心。中央。❷球技で、中央の位置。また、そこをまもる人。❸野球で、外野の中央部。また、そこをまもる選手。中堅。中堅手。❹ある方面の専門的、総合的施設。「サービス―」 **―ポール** ポ〈center pole〉名 競技場のバックスタンドや広場の中央に立て、旗を掲げる柱。 **―ライン** ラ〈center line〉名 ❶競技場を中央で二分した線。中央線。❷道路を中央で二分して、上り線と下り線を区別した線。

せん-たい ◎セ【船体】名 ふねや飛行船の胴体。

せん-たい ◎【船隊】名 二隻以上のふねから成る隊。船団。

せん-たい セ【戦隊】名 軍隊で、一定の編制からなる部隊。

せん-たい ◎【×蘚×苔】名〔文章語〕こけ。 **―植物(しょくぶつ)** ク名 胞子(ほうし)植物のうち、こけの類。こけ植物。

せん-だい ◎【先代】名 ❶今より前の代。まえの世。↕当代。❷当主の前のあるじ。「―の創立」↕当主。

せん-だい ◎【船台】名 ふねをつくるときに、船体をのせる台。

せんだい《仙台》宮城県中部の地名。県庁所在地。

ぜん-たい ◎【全体】❶名 たくさんの要素が集まって作り上げている大きなまとまり。「テーマパークの―が見渡せる展望台」「今回の事故は企業グループ―が責任を負うべきだ」↕部分。参考「『ハリー・ポッター』の映画は全体として傑作ばかりだ」と「『ハリー・ポッター』の映画は八作品の全部を見た」とを比べると、「全体」がひとまとまりの集合を意識し、「全部」が集合を構成する要素に着目する点に違いがある。❷副（問題の原因となる一つ一つの要素を見直す必要があるところから）もともと。そもそも。「―君が不注意だからいけない」「―彼は何を言いたいのだ」 **―主義(しゅぎ)** シュ名 国家や民族全体の利益が個人の自由に優先するという考え方。↕個人主義。 **―的(てき)** ◎形動 全部にわたるようす。↕部分的。

ぜん-だい ゼ【前代】名 まえの世。先代。↕後代。 **―未聞(みもん)** ゼ名 これまでに、聞いたことがないこと。空前。「―の話」

せんだい-ひら ダ【仙台平】名 ❶仙台地方から出る絹織物。はかまをつくるのに使う。❷仙台平のはかま。

せん-たく ◎【洗濯】名他サ 衣類などをあらってきれいにすること。 **―ソーダ** ソ名 せんたくに使う炭酸ソーダ。つよいアルカリ性を有する。 **―挟(ばさ)み** バ名 干したせんたく物が落ちないように、はさんでとめる道具。

せん-たく ◎【選択】名他サ えらぶこと。えらびとること。

「―を誤る」「取捨―」 ―科目(かもく)カ名 必修でなく、えらんで学習することのできる科目。↕必修科目。―肢(し)タ名 質問に対して、選択して答えるように用意されたいくつかの答え。

ぜん‐だく◎【然諾】名他サ〔文章語〕引き受けること。承諾。**―を重(おも)んずる** ひきうけたことは、必ずやりとげる。

せん‐だつセ【先達】名 ❶その道の先輩。「学界の―」❷修験者(しゅげんじゃ)の峰入りのときの先導者。❸案内役。

せん‐だつ◎【×蟬脱】名自サ〔文章語〕俗世間や古いしきたりからぬけだすこと。参考「蟬蛻(ぜい)」のあやまり。せみのぬけがらの意。

せん‐だってテ【先だって】【先達て】名副 このあいだ。先日。⇩ちかごろ 参考。

ぜん‐だて◎【膳立て】名 ❶ぜんをそろえ、食事の用意をすること。❷物ごとの準備。「研究発表会のお―」参考 ふつう「お」をつけて使う。

ぜん‐だま◎【善玉】名 ↕悪玉。❶善人。参考 江戸時代、草双紙(くさぞうし)などの絵で、顔にあたる部分に白い丸をかき、その中に善の字をかいて善人をあらわしたことから。❷体内でからだによいはたらきをする物質。「―菌」

センタリング◎〈centering〉名自サ ❶サッカーやホッケーなどで、サイドから中央にいる味方にパスすること。❷ワープロソフトなどで、文字列を指定範囲の中央に動かすこと。

せん‐たん◎【先端】【×尖端】名 ❶長いものの先。また、とがったものの先。「半島の―」「ナイフの―」❷学問や技術、流行などで、時代のさきがけとなるもの。「―のファッション」「―医療」「―的な研究」

せん‐たん◎【戦端】名〔文章語〕戦争のはじめ。「―をひらく」

せん‐たん◎【選炭】名自サ 掘りだした中から、質のわるい石炭を取りのぞくこと。

せん‐だん◎【×栴×檀】名 ❶センダン科の落葉高木。初夏、薄紫色の小さな花をつける。木材は家具・器具用。花=(夏) 実=(秋) ❷びゃくだん。**―は双葉(ふたば)より芳(かんば)し** りっぱになる人は、幼いころからすぐれていることのたとえ。参考 せんだん(ほんとうは「びゃくだん」)は芽をだしたときから強い香りがある。

せん‐だん◎【船団】名 多くの船が一まとまりとなって行動するもの。「輸送―」

せん‐だん◎【専断】【×擅断】名他サ形動 ひとりでかってに処理すること。

ぜん‐だん◎【前段】名 ↕後段。❶文章などの前のほうのくぎり。❷一つ前の段落。

せんだん‐まき◎【千段巻(き)】名 ❶やりの柄(え)などを籐(とう)でぎっしり巻いたもの。❷弓の籐の巻き方の一つ。

センチセ〈フ centi〉【×糎】＝サンチ 名造 ❶国際単位系における接頭語の一つで、その基本単位の百分の一にあたることを表す。記号は「c」。⇩国際単位系(表)。❷センチメートル。**―メートル**メ〈フ centimètre〉名 百分の一メートル。記号は「cm」。

せん‐ちセ【戦地】名 軍隊が布陣する、戦場をふくむ地域。

センチセ形動 ダロ・ダッ・デ・ニ ダ・ナ・ナラ・◯ 「センチメンタル」の略。

ぜん‐ちセ【全治】名自サ 病気や傷がすっかりなおること。全快。ぜんじ。「―一週間の負傷」

ぜんち‐しテ【前置詞】名 ヨーロッパの諸言語などに見られる品詞の一つ。名詞・代名詞の前において、他の語との関係をしめすことば。英語の「at, in, on, to」など。

ぜん‐ちしきテ【善知識】名〔仏〕人を善にみちびく徳の高い僧。

ぜんち‐ぜんのうゼ‐【全知全能】名 なんでも知っていて、何事でもおこなうことのできる、神の完全な能力。

センチメンタリストリ〈sentimentalist〉名 センチメンタルな人。感じやすい人。

センチメンタリズムリ〈sentimentalism〉名 感傷主義。

センチメンタルメ〈sentimental〉形動 ダロ・ダッ・デ・ニ ダ・ナ・ナラ・◯ 感傷的であること。情にもろいようす。センチ。「―な文章」

せん‐ちゃ◎【煎茶】名 せんじ出して飲む茶。玉露(ぎょくろ)・番茶に対して中級の葉茶。↕まっ茶。

せん‐ちゃく◎【先着】名自サ さきにその場所に到着すること。「―順」

せん‐ちゅうセ【船中】名 ふねの中。

せん‐ちゅう◎【戦中】↕戦前・戦後。名 ❶戦争の最中。❷第二次世界大戦中。**―派(は)**◎名 第二次世界大戦中に青年時代をすごした世代の人々。↕戦前派・戦後派。

せん‐ちゅう◎【箋×註】名〔文章語〕注釈。注解。

ぜん‐ちょゼ【前著】名 同じ著者が、以前に書いた著書。

せん‐ちょう【船長】名 ❶セ ふねの乗組員のかしら。❷◎ 船首から船尾までの長さ。↕船幅。

ぜん‐ちょうゼ【全町】名 まち全体。また、すべてのまち。

ぜん‐ちょう◎【全長】名 全体のながさ。「―五百メートル」

ぜん‐ちょう◎【前兆】名 事のおころうとするきざし。まえじらせ。「不吉な―」

せん‐つう◎【×疝痛】名 内臓の病気による腰や腹のはげしい痛み。

ぜん‐つう◎【全通】名自サ 道路や線路が全部開通すること。

せん‐て◎【先手】名 ↕後手(ごて)。❶他よりさきに事をおこなうこと。さきがけ。❷機先を制して優位に立つこと。「―を取る」❸囲碁・将棋でさきに着手するほう。せん。

せん‐てい◎【先帝】名〔文章語〕先代のみかど。さきの天子。

せん‐てい◎【船底】名 ふねのそこ。ふなぞこ。

せん‐てい◎【×剪定】名他サ 果樹・庭木などの枝を、切りととのえること。整枝。(春)「庭木の―」

せん‐てい◎【選定】名他サ えらんできめること。「材料の―」

ぜん‐てい◎【前庭】名 建物の前方のにわ。まえにわ。↕後庭。

ぜん‐てい◎【前提】名 ❶〔哲〕推理で、判断のもととなるべき命題。❷ある事が成立するための条件。まえおき。「結婚を―に交際する」

せん‐でき◎【洗×滌】名他サ〔文章語〕⇩せんじょう。

ぜん‐てき◎【全摘】名他サ (「全摘出」の略)組織または器官の全体を手術で取りのぞくこと。「胃の―手術」

ぜん‐てき◎【全的】形動 ダロ・ダッ・デ・ニ ダ・ナ・ナラ・◯ 全体的。

せん‐てつ◎【先哲】名 昔の哲人・賢人。前哲。先賢。

せん‐てつ◎/セ【×銑鉄】名 鉄鉱をとかしてつくった不純な鉄。ずく鉄。

ぜん‐てつ◎【前×轍】名〔文章語〕〔まえを進む車のわだち〕前車の轍。他人のしくじり。「―を踏むな」

ぜん‐でら◎【禅寺】名 禅宗の寺。禅林。

せん‐てん◎【先天】名 生まれつきそなわっていること。↕後天。**―的(てき)**◎形動 生まれつきであるようす。↕後天的。

せん‐てん◎【旋転】名自サ〔文章語〕くるくるまわること。

せん‐でん◎【宣伝】名他サ ❶意見・効能などを言いひ

ろめること。「—戦」❷事実以上に大げさに言うこと。

ぜん-てん ⓪【全天】名 空全体。満天。「—にちりばめられた星」

ぜん-てん ゼ【全店】名 ❶みせ全体。「—大売出し」❷すべてのみせ。

ぜん-てん ゼ【全点】名 すべての品物。「—半額」

ぜん-てん ⓪【前転】名 自サ 体操で、手を地面につき、体の前方向に回転すること。

ぜん-でん ⓪/ゼ【全伝】名 つたわっているすべての事柄。完全な伝記。「ナポレオン—」

ぜん-てんこう テ【全天候】名 どのような天候でも使えること。「—型スタジアム」

センテンス セ〈sentence〉名 文。

セント セ〈cent〉【▲仙】名 一ドルの百分の一。

せん-と セ【遷都】名 自サ みやこをほかへうつすこと。「平安—」

せん-ど ⓪/セ【先度】名 さきごろ。せんだって。前回。

せん-ど セ【先途】名 勝敗などのきまる大事なとき。運命の分かれ目。「ここを—とはげむ」

せん-ど セ【鮮度】名 魚・肉・やさいなどのあたらしさの度合い。「—が落ちる」

ぜん-と ゼ【全都】名 ❶みやこ全体。❷東京都全部。

ぜん-と ゼ【前途】名 行くさき。ゆくて。将来。「—洋々」

ぜん-ど ゼ【全土】名 国やある地方の全体。「日本—」

せん-とう ⓪【先登】名 ❶まっさきに城や敵陣に切りいること。一番乗り。❷先頭。

せん-とう ⓪【先頭】名 さき。まっさきに行くこと。また、その人。「—に立つ」

せん-とう ⓪【×尖塔】名 さきのとがった塔。

せん-とう セ【銭湯】名 料金をはらってはいる浴場。ふろや。湯屋。

せん-とう ⓪【仙▲洞】名 文章語 ❶院の御所。上皇のすまい。❷上皇。院。

せん-とう ⓪【戦闘】名 自サ 兵器をもってたたかうこと。たたかい。**—員**いん ト 名 戦闘に参加する将兵。**—機**き ト 名 敵機とたたかうための兵器を備えた、高速で小型の飛行機。

せん-どう ド【船頭】名 ❶ふなのりのかしら。ふなおさ。船長。❷ふなのり。ふなこ。かこ。**—多**おお**くして船**ふね**山**やま**に登**のぼ**る** さしずをする人が多いために、かえって、目的とはちがった方にことが進むことのたとえ。

せん-どう ⓪【×顫動】名 自サ こまかにふるえ動くこと。

せん-どう ⓪【先導】名 他サ さきにたってみちびくこと。また、その人。案内。案内人。

せん-どう ⓪【扇動】【×煽動】名 他サ そそのかし、おだてること。「民衆を—する」

せんどう【羨道】「えんどう」のあやまり。

ぜん-とう ゼ【全島】名 ❶しま全体。❷すべてのしま。

ぜん-とう ⓪【前頭】名 頭の前のほうの部分。前頭部。↕後頭。**—葉**よう ト 名 大脳のうち、前のほうの部分。高等動物ほど、この部分が発達している。意思・感情・知能など、人間の精神活動のいちばんたいせつな働きをつかさどる。↕側頭葉。

ぜん-とう ⓪【漸騰】名 自サ 文章語 物価などがだんだん高くなること。↕漸落。

ぜん-どう ゼ【全道】名 ❶すべての道路。❷ある道路の全部。❸北海道の全体。

ぜん-どう ⓪【禅堂】名 禅の修行をする建物。禅寺の建物。

ぜん-どう ⓪【×蠕動】名 自サ ❶虫のようにうごくこと。うごめき。❷食べたものを消化し、下方へおくるための胃や腸のうごき。

ぜん-どう ⓪【善導】名 他サ よいほうへみちびくこと。

セントクリストファー-ネービス《Saint Christopher and Nevis》カリブ海の小アンチル諸島北部の国。一九八三年独立。首都はバセテール。

ぜん-とっかえ ト【全取っ替え】—とっかへ 名 他サ 俗語（トランプ用語から）すべてをとりかえること。総入れ替え。「メンバーを—する」

セント-バーナード ナ〈Saint Bernard〉名 スイス原産の大形犬。垂れ耳で、毛は褐色と白のぶち。雪山遭難者の救助にはたらく。

セントビンセント-グレナディーン《Saint Vincent and the Grenadines》カリブ海の小アンチル諸島南部の国。一九七九年独立。首都はキングスタウン。正式国名は、セントビンセントおよびグレナディーン諸島。

セントラル〈central〉造 中央。中心。**—ヒーティング** ヒ〈central heating〉名〔「セントラルヒーティングシステム」の略〕建物の一室にボイラーをおき、パイプで蒸気や温湯を送り、各室を暖房する方法。中央暖房方式。

セントルシア《Saint Lucia》カリブ海の小アンチル諸島中央部の国。一九七九年独立。首都はカストリーズ。

ゼントルマン ゼ〈gentleman〉名 ➡ジェントルマン。

せん-ない セ【船内】名 ふねの内部。↕船外。

せん-な-い ナ【詮無い】形 カロ・カッ(ク)・イ・イ・ケレ・○ かいがない。益がない。「言っても—ことだが」**せんな-し** 文語ク

ぜん-なく ゼ【善▲悪】名 ➡ぜんあく。

せん-なり ⓪【千なり】【千▲生】名 多くむらがってなること・もの。「—ほおずき」「—びょうたん」

ぜんなん-ぜんにょ ゼ【善男善女】名 信心ぶかい善良な男や女。寺参りする男や女。

ぜん-に ゼ【禅尼】名 自分の家にいながら、仏門につかえる女子。↕禅門・入道。

せん-にく ⓪【鮮肉】名 食用にする新鮮な肉。

せんにち-こう チ【千日紅】名 ヒユ科の一年生植物。紅色や桃色の球状の花が、夏から秋にかけて咲く。せんにちそう。(夏)

ぜんにち-せい ⓪【全日制】名 高等学校で、昼間、三年間の課業をおこなう課程。ぜんじつせい。↕定時制。

せんにち-て チ【千日手】名 将棋で、同じ手がくり返されて勝負のきまらなくなること。

せんにち-まいり マ【千日参り】—まゐり 名 ❶千日の間、社寺にまいること。❷陰暦七月十日に、観音かんのんに参ること。この日一日のお参りは、そのご利益りやくが千日ぶんのお参りにあたるという。(夏)

せん-にゅう ⓪【先入】名 前からもっていること。**—観**かん 三コ 名 まえからもっている固定した観念。先入見。先入主。「—にとらわれる」参考「先入感」と書くのはあやまり。**—主**しゅ 三コ 名 先入観。

せん-にゅう ⓪【潜入】名 自サ こっそりもぐりこむこと。「—ルポ」「敵国に—する」

ぜん-にゅう ⓪【全入】名 高校や大学への志願者が全員合格し、入学すること。

ぜん-にゅう ⓪【全乳】名 脂肪分をぬきとらない牛乳。↕脱脂乳。

せん-にょ セ【仙女】名 せんじょ。

せん-にん 三【仙人】名 ❶世間をはなれて山中に住み、不老・不死で、ふしぎな術をもつという想像上の人。❷無欲で世間ばなれのした人。

せん-にん ⓪【先任】名 さきにその地位についたこと。ま

た、その人。「—の部長」↕後任。

せん-にん [0]【専任】[名] ある一つの仕事だけにあたること。「—職員」↕兼任。**—講師** [コ][名] 常勤ではたらく講師。↕非常勤講師。

せん-にん [0]【選任】[名][他サ] えらんで、その務めにつかせること。

ぜん-にん [0]【前任】[名] ❶まえのつとめ。❷まえにその職にいたこと。また、その人。↕後任。

ぜん-にん [3]【善人】[名] ❶ただしくてよい人。↕悪人。❷おひとよし。「かれは少し—すぎる」

せんにん-ばり [バ]【千人針】[名] 出征軍人のために、千人の女性が敵弾よけの祈りをこめて、白布に赤糸でひとはりずつ結び玉を縫うこと。また、縫った布。

せんにん-りき [0]【千人力】[名]〔千人ぶんの力〕千人の助けを得たように心強いこと。「君が来てくれれば—だ」

せん-ぬき [ヌ][キ]【栓抜き】[名] びんの栓を抜く器具。

せん-ねつ [セ]【潜熱】[名] ❶固体が液体に、また、液体が気体になるとき、外部から吸収する熱。❷内部にひそんで外部にあらわれない熱。

せん-ねん [0]【先年】[名] 過ぎた、さきの年。往年。

せん-ねん [ネ]【専念】[名][自サ] ひたすら一つのことにかかりきっておこなうこと。専心。「研究に—する」

ぜん-ねん [0]【前年】[名] ❶まえの年。昨年。❷先年。

せんねん-き [ネ]【千年紀】[名] 千年単位の西暦の数え方。ミレニアム。

せん-のう [ノ]【先王】[名]〔文章語〕〔「せんおう」の変化〕❶前代の君主。❷昔のすぐれた君主。「—の道」

せん-のう [ノ]【先皇】[名]〔文章語〕前代の天皇。先帝。

せん-のう [0]【洗脳】[名][他サ] 人の思想を根本から改めさせること。[参考] 中国で、国民政府の治下にあった人々の思想を共産主義に改めさせたときの用語からという。

ぜん-のう [0]【全能】[名] どんなことでもできる完全な力。「全知—の神」

ぜん-のう [0]【全納】[名][他サ] 全額をおさめること。完納。「税金を—する」↕分納。

ぜん-のう [0]【前納】[名][他サ] おさめるべきかねを前もっておさめること。↕後納。

ぜんのけんきゅう《善の研究》西田幾多郎の哲学書。一九一一年刊。「純粋経験」を根本概念として組織された、独創的な哲学書。

せん-の-りきゅう《千利休》一五二二―九一。安土桃山時代の茶人。茶道の大成者。千宗易。

ぜん-ば [0]【前場】[名] 取引所での午前の立会。↕後場。

ぜん-ぱ [ゼ]【全波】[名] すべての波長の電波。オールウエーブ。「—受信器」

せん-ばい [0]【専売】[名][他サ] ❶その人だけが、独占的にある品物を売ること。❷国家が財政上の利益を得るために、ある品物の生産・販売を独占すること。かつての、たばこ・塩など。**—特許** [ト][名] ❶特許をうけた発明品を、他人に、無断では製作・使用・販売させない特権。「特許」の旧称。特許権。❷その人の特技。

せん-ぱい [0]【先輩】[名] ↕後輩・同輩。❶年齢や学問・技芸などが、自分より上である人。❷同じ学校などをさきに卒業した人。❸同じ職場などにさきにはいった人。❹上級生に対する敬称。親しみを込めた呼び掛けにも使う。

せん-ぱい [0]【戦敗】[名] いくさに負けること。↕戦勝。

ぜん-ぱい [0]【全敗】[名][自サ] 全部の対戦に負けること。↕全勝。

ぜん-ぱい [0]【全廃】[名][他サ] 全部やめること。

せん-ぱく [セ]【船舶】[名]〔「舶」は大きなふねの意〕大型のふね。

せん-ぱく [0]【浅薄】[形動] ダロ・ダッ・デ・ニ／ダ・ナ・ナラ・〇 考えや知識などがあさいようす。あさはか。「—な考え方」

ぜん-ぱく [0]【前×膊】[名] 腕のひじの関節と手首の関節との間。前腕。「—骨」↕上膊。

せん-ばつ [0]【選抜】[名][他サ] 力量のすぐれたものをえらびぬくこと。「選手を—する」**—チーム** [チ][名] いくつかのチームからえりすぐって集めた選手でつくったチーム。

せん-ぱつ [0]【浅発】[名] 地下のあさいところを震源として地震が起こること。「—性の地震」↕深発。

せん-ぱつ [0]【先発】[名][自サ] ❶交通機関などで、さきに出発すること。「—は一番線列車」↕後発。❷野球などで、試合の最初から出場すること。「—投手」❸企業などで、さきに製造・販売をはじめること。「—メーカー」↕後発。

せん-ぱつ [0]【洗髪】[名][自サ] かみの毛をあらうこと。シャンプー。

せん-ぱつ [0]【染髪】[名][自サ] かみの毛をそめること。

せんば-づる [ヅ]【千羽鶴】[名] ❶折りづるをたくさんつないだもの。❷多数のつるをえがいた模様。

せんぱ-ばんぱ [セ]=[バ]【千波万波】[名]〔文章語〕次々とおしよせる多くの波。

ぜん-ばらい [バ]【前払い】—ばらひ [名] まえ払い。↕後払い。

せん-ばん【千万】㊀[セ][名] ⬇せんまん❷。㊁[セ][副] たいそう。非常に。「—かたじけない」㊂[接尾] この上もないようす。「失礼—」

せん-ばん [0]【先番】[名] ❶さきにする番。また、その人。❷先手。

せん-ばん [0]【旋盤】[名] 加工すべき物を高速で回転させながら、はものをあてて切ったり、けずったり、穴をあけたりする機械。**—工** [0][名] 旋盤を操作する工員。

せん-ばん [0]【線番】[名] 針金や電線の太さをしめす番号。

せん-ぱん [セ]【先般】[名] さきごろ。せんだって。過日。過般。↕今般。

せん-ぱん [0]【戦犯】[名]「戦争犯罪・戦争犯罪人」の略。

ぜん-はん [0]【前半】[名] まえの半分。ぜんぱん。↕後半。**—期** [八][名] 一年またはある期間を一期としての前の半分。↕後半期。

ぜん-ぱん [0]【全般】[名] 全体。総体。「—の情勢」

千番に一番の兼合い 千回やって、やっと一回成功するかどうかという、きわめて困難なこと。

ぜん-はんせい [八]【前半生】[名] 人生の前の半分。↕後半生。

せん-び [セ]【船尾】[名] ふねの後部。とも。↕船首。

せん-び [セ]【戦備】[名] 戦争の準備。軍備。武備。

せん-ぴ [セ]【先×妣】[名]〔文章語〕〔「妣」は亡母の意〕死んだ母。↕先考。

せん-ぴ [セ]【先非】[名]〔文章語〕前非。「—を悔いる」

せん-ぴ [セ]【戦費】[名] 戦争にかかる費用。軍事費。

ぜん-び [ゼ]【善美】[名][形動] 物事がよくて、うつくしいこと。「—をつくした式場」

ぜん-ぴ [ゼ]【前非】[名]〔文章語〕過去のあやまち。先非。「—を悔いる」

せん-びき [0]【線引(き)】[名][自サ] ❶表やグラフに線を引いて、日限や数量をあらわす事項を書き込み、企画や範囲を確定すること。「一次試験合格者の人数を—する」❷都市計画で、図上に線を引き、市街化区域と保留区域の境界を確定すること。**—小切手** [ギ][名] ⬇横線小切手。

せ

せん‐ぴつ ⓪【染筆】名自サ〔文章語〕ふでで書画をかくこと。また、その書画。

せん‐びょう ⓪【線描】名 物の形を線だけでかくこと。線がき。 **―画**が ⓪名 物の形を線であらわした絵。線がきの絵。

せん‐ぴょう ⓪【線表】名 作業の日程などを線を使ってかきあらわした表。

せん‐ぴょう ⓪【選評】名他サ 多くの作品からよいものをえらんで批評をすること。また、その批評。

ぜん‐ぴょう ⓪【全×豹】名〔文章語〕〔ひょうの皮全体のもよう〕全体のありさま。↕一斑いっぱん。

せん‐びょうし ビョ【戦病死】名自サ 軍人や軍属が、出征中に病気のため死ぬこと。

せんびょう‐しつ ビョ【腺病質】名 特にこどもの体格が貧弱で、貧血性で神経質な体質。

せん‐びん ⓪【先便】名 まえのたより。前便。↕後便。

せん‐びん ⓪【船便】名 ふなびん。

ぜん‐びん ⓪【前便】名 先便。↕後便。

ぜん‐ぴん ゼ【全品】名 すべての品物や商品。「―配送料無料」

せん‐ぶ セ【宣×撫】名他サ〔文章語〕占領地などで政策の目的などを言いきかせて、人々の気持ちを安定させること。

せん‐ぷ セ【先夫】名 まえのおっと。前夫。

せん‐ぷ セ【先負】名 せんぷにち。↕先勝。 **―日**にち プ名 陰陽道おんようどうで、急用・訴訟などにわるいという日。

せん‐ぷ セ【宣布】名他サ〔文章語〕❶ひろく告げしらせること。公布。❷ひろくゆきわたらせること。流布るふ。

ぜん‐ぶ【全部】㊀⓪名 まとまりを構成している一つ一つの要素に着目してとらえたときの集合体。「その件は海外の―の支社と営業所に通知すること」「文化祭の展示は―は見られなかった」↕一部。⇩全体 参考。㊁副 例外のないようす。ひとつのこらず。みな。「宿題は―やってしまった」「彼のすることは―気に入らない」⇩すべて 参考。

ぜん‐ぶ ゼ【前部】名 まえの部分。↕後部。

ぜん‐ぶ ゼ【膳部】名 ぜんにのせた食べ物。料理。

ぜん‐ぷ ゼ【前夫】名 先夫せんぷ。

せん‐ぷう ⓪【旋風】名 ❶局地的な低気圧が急に生ずるとき、周囲の高圧部からうせん状に吹きこむ強い風。つむじかぜ。❷急に世間をさわがすできごと。

せんぷう‐き プ【扇風機】名 モーターで羽根車を回転させ、風をおこす機械。㊀夏

せん‐ぷく ⓪【船幅】名 いちばん広い所ではかった船の幅。↕船長❷。

せん‐ぷく ⓪【船腹】名 ❶ふねのはら。荷物を積みこむ部分。❷ふねの、荷物を積みこむ能力。❸ふねの隻数。

せん‐ぷく ⓪【潜伏】名自サ こっそりと、かくれること。「市内に―する」 **―期**き ク名 病原菌が体内にはいってから発病するまでの期間。 **―キリシタン** リ名 江戸時代から明治初期の禁教時代にカトリック教への信仰をもちつづけてきた人々。参考 二〇一八年に、長崎・天草地方の史跡が世界文化遺産に認定されてからの用語。「隠れキリシタン」という語にともなうマイナスのイメージを避けた言い方。

ぜん‐ぷく ⓪【全幅】名 ❶はばいっぱい。❷あるかぎり。満幅。「―の信頼をおく」

せん‐ぶり ⓪【千振】名 ❶〔千回煮出してもまだにがい意〕リンドウ科の二年生植物。強いにがみをもつ。茎・葉はほして薬用。㊀秋 ❷昆虫の一種。形は幅広で小さく、はねが大きい。からだが黒く、触角はむちの形。

せん‐ぶん ⓪/セ【線分】名 両はしのある直線。

せん‐ぶん ⓪【×撰文】名自サ〔文章語〕文章をつくること。作文。

ぜん‐ぶん ⓪【全文】名 全体の文章。文章の全体。

ぜん‐ぶん ⓪【前文】名 ❶まえに書いた文章・手紙。前書。❷文章のまえがき。❸手紙で、初めのあいさつなどの文。

せんぶん‐ひ プ【千分比】名 千に対する比率。千分率。

せん‐べい セ【煎餅】名 ❶小麦粉に砂糖と卵をまぜ、鉄板で焼いた菓子。かわらせんべいなど。❷米の粉をむしてうすくのばし、しょうゆをつけてやいた菓子。塩せんべいなど。 **―布団**ぶとん プ名 うすくてかたい、そまつなふとん。

せん‐ぺい セ【先兵】【×尖兵】名 本隊の前方を警戒してさきに進む小部隊。

せん‐べつ ⓪【×餞別】名 旅行・転任などする人に、記念として金や品物などをおくること。また、そのもの。はなむけ。

せん‐べつ ⓪【選別】名他サ えらびわけること。「いちごを大きさで―する」

せん‐べん ⓪【先×鞭】名 人より先に手をつけること。さきがけ。「―をつける」参考 人より先に馬に鞭むちをあて、功名をあげようとすることから。

ぜん‐ぺん ⓪/ゼ【全編】【全×篇】名 ❶一つの詩・小説・テレビ・映画など作品の全部。❷書物の全体。

ぜん‐ぺん ⓪【前編】【前×篇】名 書物などで二部、または、三部にわかれるものの、まえの編。↕後編・中編。

せんぺん‐いちりつ ⓪【千編一律】【千×篇一律】名 形動(の)〔千編の詩がどれも同じ調子で変化がないこと〕物事が一本調子で、おもしろくないこと。

せんぺん‐ばんか バ【千変万化】名自サ いろいろさまざまにかわること。「―の動き」

せん‐ぼう ⓪【羨望】名他サ うらやましく思うこと。「―の的まととなる」

せん‐ぽう ⓪【先方】名 ❶ずっと前の方。❷相手の人。

せん‐ぽう ⓪【先×鋒】名 〔「鋒」はきっさきの意〕先頭に進むもの。また、その軍隊。先手さきて。「急―」

せん‐ぽう ⓪【戦法】名 ❶戦闘・戦争の方法。戦術。❷競争や競技で勝つための方法。「―」

ぜん‐ぼう ⓪【全貌】名 全体のすがた。全容。「事件の―」

ぜん‐ぽう ⓪【前方】名 まえの方。「―不注意」↕後方。

ぜんほうい‐がいこう ガ【全方位外交】名 特定の国に偏らず、すべての国と平等に友好関係を維持すること。「―を展開する」

せんぼう‐きょう ⓪【潜望鏡】名 潜水艦が、潜航中に海面に出して海上を見る望遠鏡。

ぜんぽうこうえん‐ふん エ【前方後円墳】名 円形の墳丘に、方形の墳丘を付設した形式の古墳。⇩古墳(図)。

せん‐ぼうちょう ボ【線膨張】【線膨×脹】名 固体の長さが温度のあがるにつれてのびること。↕体膨張。

せん‐ぼつ ⓪【戦没】【戦×歿】名自サ 戦地で死ぬこと。

せん‐ぼつ ⓪【潜没】名自サ 水中にもぐりかくれること。

ぜん‐ぽん ⓪【善本】名 書誌学で、保存がよく、本文の系統の正しい古本こほん。

せんぼん‐しめじ シ(しめぢ)名 キシメジ科のきのこ。形が小さく、いちめんにむらがりはえる。食用。㊀秋

せん‐まい セ【千枚】名 一枚の千倍。また、枚数の多いこと。 **―田**だ マ名 ⬇たなだ(棚田)。

せん‐まい ⓪【洗米】名 ❶あらった米。かしよね。❷神に

そなえるためのあらった米。

せん-まい ⓪【×饌米】名 神にそなえる米。

ぜんまい ⓪【×薇】名 ゼンマイ科の多年生しだ植物。若葉はうずまきの形をしており食用とする。㊗春

ぜんまい

ぜんまい ⓪【▲発▲条・×撥▲条】名 薄い板状または線状の金属をうずまきの形にまいたもの。もとに戻ろうとする力を動力として利用する。

せんまい-づけ ⓪【千枚漬(け)】名 塩に軽くつけた聖護院(しょうごいん)かぶの薄切りを酢・砂糖・昆布・みりんなどでつけたつけもの。京都の名産。㊗冬

せんまい-どおし ［ド］【千枚通し】―(どほし) 名 かさねた紙に穴をあけるための、柄(え)のついた錐(きり)。

ぜんまい-ばかり ［バ］【▲発▲条×秤】名 ばね・ぜんまいののびちぢみを利用して、重さをはかる器具。

せんまい-ばり ⓪【千枚張(り)】名 幾枚もかさねて張り、厚くすること。また、そのように張ったもの。

せん-まん ［マ］【千万】名 ❶一万の千倍。❷数のきわめて多いこと。せんばん。 **―言**(げん) ⓪ 名 非常に多くのことば。「―を費やす」 **―人**(にん) ⓪ 名 一千万人。また、非常に多くの人びと。「―と雖(いえど)も吾(われ)往(ゆ)かん」 **―無量**(むりょう) ［ム］ 名 かぎりの知れないこと。はかり知れないこと。「―の思い」

ぜん-み ［ゼ］【禅味】名 禅から出て来た特殊な洒脱(しゃだつ)なあじわい・おもむき。

せん-みつ ⓪【千三つ】名〔俗語〕❶千のうち三つくらいしか本当のことを言わない意。ほらふき。大うそつき。❷〔成立する商談は千のうち三つくらいしかない意〕土地の売買や貸し金の仲介をする人。

せん-みょう ⓪【宣命】名 宣命書きの文体で書かれた天皇のことばや命令。 **―書**(が)**き** ⓪ 名 漢字だけで文章を書いた、古代日本語の一つの表記法。用言の語尾や助動詞・助詞などを万葉仮名で小さく書く。祝詞(のりと)・宣命の書き方。

せん-みん ⓪【×賤民】名 かつての身分制度のもと、社会の最下層の身分におかれて差別を受けた人々。

せんみん-しそう ［シ］【選民思想】名 自分の民族だけが神にえらばれ、人々を導く使命をもつとする思想。参考 ユダヤ民族が古来みずからそう考えていた。

せん-む ［セ］【専務】名 ❶もっぱら行うべきつとめ。そのつとめだけに当たること。❷「専務取締役」の略。 **―取締役**(とりしまりやく) ［セ］‖［リ］2 名 株式会社で、取締役の中からえらばれて、社長を助け、会社の業務をつかさどるもの。専務。

せん-めい ⓪【宣明】名 他サ〔文章語〕事実や考えなどをはっきり述べて広く知らせること。「内外に―する」

せん-めい ⓪【×闡明】名 他サ〔文章語〕〔「闡」も「明」もあきらかにするの意〕道理や意義を明らかにすること。「根本方針を―する」

せん-めい ⓪【鮮明】形動 ダロ・ダッ・デ・ニ／ダナ・ナラ・○ あざやかで、はっきりしているようす。「―な映像」

ぜん-めい ⓪【×喘鳴】名〔文章語〕息をするとき、ぜいぜいと気道でおこる雑音。

せん-めつ ⓪【×殲滅】名 他サ〔文章語〕〔「殲」はみなごろしの意〕のこらずほろぼすこと。掃滅。「残敵を―する」

ぜん-めつ ⓪【全滅】名 自他サ 全部ほろびること。のこらずほろぼすこと。

せん-めん ⓪【扇面】名 ❶おうぎの紙のおもて。❷おうぎ。

せん-めん ⓪【洗面】名 自サ 顔をあらうこと。 **―器**(き) ［メ］ 名 湯や水を入れて顔を洗ううつわ。 **―所**(じょ) ⓪ 名 ❶顔を洗うための設備のある所。❷便所のえんきょくな言い方。

ぜん-めん ⓪/［ゼ］【全面】名 ❶あらゆる方面。すべての部門。❷一つの面の全部。「―広告」 **―的**(てき) ⓪ 形動 すべての方面・部門にわたるようす。全体的。

ぜん-めん ⓪/［ゼ］【前面】名 まえの方。まえの面。

せん-もう ⓪【せん妄】【×譫妄】名 意識障害の一つ。わけのわからないことを言ったり、幻覚を見たり、興奮したりすることがある。

せん-もう ⓪【旋毛】名 うずを巻いた毛。つむじげ。

せん-もう ⓪【繊毛】名 ❶細く短い毛。❷ぞうり虫などの原生動物の体表にある、ごく細い小さな毛に似たもの。

せん-もう ⓪【染毛】名 自サ かみの毛を染めること。染髪。毛染め。

ぜん-もう ⓪【全盲】名 両眼ともにまったく見えないこと。また、その人。

せん-もん ⓪【専門】名 もっぱら一つの分野を研究・担当すること。参考「専問」と書くのはあやまり。 **―家**(か) ⓪ 名 その方面のことを専門とし、よく精通している人。 **―学校**(がっこう) ［ガ］ 名 ❶旧制の専門学校令に基づき、専門的な学術・技芸をおしえた学校。❷専修学校で、専門課程をおくもの。 **―語**(ご) ⓪ 名 職業や専門の同じ者どうしの間で使われることば。術語。テクニカルターム。 **―士**(し) ［モ］ 名 専門学校の修了者にあたえられる称号。

ぜん-もん ⓪【前門】名 表がわの門。正門。 **―の虎**(とら)**後門**(こうもん)**の×狼**(おおかみ) 一つの災難をのがれると、すぐに別の災難がやってくることのたとえ。

ぜん-もん ⓪【禅門】名 ❶在家のままで仏道にはいった男子。↕禅尼。❷禅宗。

ぜん-もんどう ［モ］【禅問答】名 ❶禅宗の僧が、修行のために行う問答。❷何を言っているのか、わからないような問答。

せん-や ［セ］【先夜】名 先日のよる。このあいだのよる。

せん-や ［セ］【戦野】名〔文章語〕戦場である野原。戦場。征野。

ぜん-や ［ゼ］【前夜】名 前日のよる。夜前。よべ。 **―祭**(さい) ［ヤ］ 名 行事のはじまる前の夜、それを祝っておこなう行事。

せん-やく ⓪/［セ］【仙薬】名〔文章語〕❶不老不死のくすり。❷ふしぎな効き目をもつくすり。

せん-やく ⓪【先約】名 まえからの約束。前約。

せん-やく ［セ］【煎薬】名 せんじぐすり。

ぜん-やく ⓪【前約】名 まえからの約束。先約。

ぜん-やく ⓪【全訳】名 他サ 全部を訳すること。全部の訳。↕抄訳。

ぜん-ゆ ［ゼ］【全癒】名 自サ 病気・負傷がすっかりなおること。全治。全快。

せん-ゆう ⓪【戦友】名 軍隊生活における仲間。転じて、苦楽をともにした仲間。

せん-ゆう ⓪【占有】名 他サ 自分のものとすること。「早いものがいい場所を―する」「市場―率」

せん-ゆう ⓪【専有】名 他サ ひとりじめにすること。独占。「権利を―する」↕共有。

せんゆう-こうらく ⓪【先憂後楽】名 国の支配者たる者は、国民に先立って苦しみ、国民におくれて楽しむべきだという教訓。

せん-よう ⓪【占用】名 他サ もっぱら自分のものとして使うこと。独占して使うこと。「主人が書斎を―する」

せん-よう ⓪【宣揚】名 他サ〔文章語〕ひろく世の中にあらわすこと。「国威を―する」

せん-よう ⓪【専用】名 他サ ❶ある特定の人だけが使うこと。「社長―の車」❷それだけに使うこと。「団体―列車」

ぜん-よう ⓪【全容】名 全体のすがた・かたち。全貌(ぜんぼう)。「富士山が―をあらわす」「事件の―」

ぜん-よう ⓪【善用】名 他サ よい方にもちいること。うまく使うこと。「余暇の―」↔悪用。

ぜん-ら ゼ【全裸】名 まるはだか。夏

ぜん-らく ⓪【漸落】名 自サ〔文章語〕物価などが少しずつさがること。↔漸騰(ぜんとう)。

せん-らん ⓪【戦乱】名 戦争による世の中のみだれ。

せん-り セ【千里】名 一里の千倍。**―眼**(がん) ⓪名〔千里の先までも見えるという目〕遠方や将来のことを見とおす力。**―の駒**(こま) 一日に千里も走るというすぐれた馬。転じて、才能の非常にすぐれた人。千里の馬。

せん-りつ ⓪【旋律】名 音の高低・長短によってあらわされる、連続した音の流れ。ふし。ふしまわし。メロディー。

せん-りつ ⓪【戦慄】名 自サ〔「戦」も「慄」もふるえるの意〕おののきふるえること。身ぶるい。「―が走る」

ぜんりつ-せん ⓪【前立腺】名 精子の運動を活発にする液を分泌(ぶんぴつ)する腺。

せんり-ひん ⓪【戦利品】名 戦争で敵からぶんどった品。

せん-りゃく ⓪【戦略】名 いくさのはかりごと。たたかいの手段・方法。「―兵器」参考「戦術」は、一つの戦闘における作戦。「戦略」は、戦争全体にわたる計画。

ぜん-りゃく ゼ【前略】名 ❶手紙のはじめに書く、あいさつなどの前文をはぶくという意味の語。参考 前文を省略するときは、「前略・冠省・略敬・前文ごめんください」などを用い、すぐに本文にはいる。この場合は、「草々・早々・匆々・不一」などで結ぶ。おもに、はがきや商用文などで使う。目上の人には使わないほうがよい。❷引用文などの、前の部分をはぶくという意味の語。↔中略・後略。

せん-りゅう セ/リュ【川柳】名 江戸時代の中期に前句(まえく)付けから独立した、滑稽(こっけい)・皮肉などを主とする、五・七・五音の短詩。参考 江戸時代、評点をほどこした柄井川柳(からいせんりゅう)が代表的な存在であったためにこの名がついた。

せん-りょ セ【千慮】名〔文章語〕いろいろと考えめぐらすこと。**―の一失**(いっしつ) ❶用心ぶかく考える人でも、時には、考えちがいや失敗もあるということ。❷よく考えてしていながら、ついうっかりしてひきおこした失敗。

せん-りょ セ【浅慮】名 あさはかな考え。浅見。↔深慮。

せん-りょう セ【千両】名 ❶一両の千倍。❷金額・価値の大きいこと。❸センリョウ科の常緑小低木。冬、実(み)が赤く熟す。観賞用。冬 **―箱**(ばこ) リョ名 江戸時代に、小判千両を貯蔵・運搬するためにつくられた木箱。**―役者**(やくしゃ) ヤ名 演技のすぐれた、格式の高い役者。

せん-りょう リョ【染料】名 糸・布などを染める材料。

せん-りょう リョ【線量】名 放射線の量。放射線の影響の程度をあらわす。「―計」

せん-りょう ⓪【選良】名〔文章語〕❶えらばれたよいもの・人。❷代議士。

せん-りょう ⓪【占領】名 他サ ❶一定の場所をしめること。「座席を―する」❷〔法〕交戦国の軍隊が、敵国の領土に侵入し、軍事的に支配すること。

ぜん-りょう ⓪【全量】名 全体の重量、または、容積。

ぜん-りょう ⓪【善良】形動 ダロ・ダッ・デ・ニ／ダ・ナ・ナラ・○ 心がただしくて、すなおなようす。「―な性質」

ぜんりょう-せい ⓪【全寮制】名 在学生、または在職者の全員が寮で生活する制度。

せん-りょく セ【浅緑】名〔文章語〕あさみどり。うすみどり。

せん-りょく セ【戦力】名 ❶戦争や戦闘を遂行できる力。❷集団でする仕事をなしとげるための力。「一人や二人の加勢では―にならない」

ぜん-りょく ⓪【全力】名 あるだけのすべての力。「―を尽くす」**―投球**(とうきゅう) ト名 ❶野球で、投手が全力をつくして投球すること。❷全力をつくして仕事をすることのたとえ。

ぜん-りん ⓪【前輪】名 まえの車輪。↔後輪。

ぜん-りん ⓪【善隣】名〔文章語〕となりの国や家と仲よくすること。「―外交」

ぜん-りん ⓪【禅林】名 禅宗の寺。禅寺。

せん-るい セ【×蘚類】名 こけ植物の一つ。すぎごけ・みずごけなど。

ぜん-れい ⓪【先例】名 まえからのしきたり。ならわし。以前にあった例。前例。「―にならう」

せん-れい ⓪【洗礼】名 ❶キリスト教で信者となるための儀式。水にひたし、あるいは頭上に水をそそぐ。❷ある経験をすること。「台風の―をうける」

せん-れい ⓪【船齢】名 船を造ってから使用した年数。

せん-れい ⓪【鮮麗】形動 ダロ・ダッ・デ・ニ／ダ・ナ・ナラ・○ あざやかできれいなようす。「―な色彩」

ぜん-れい ⓪【全霊】名 精神力のすべて。「全身―をこめる」

ぜん-れい ⓪【前例】名 先例。「―のない事件」

せん-れき ⓪【戦歴】名 戦争や試合に加わった経歴。

ぜん-れき ⓪【前歴】名 今までの経歴・履歴。

せん-れつ ⓪【戦列】名 ❶軍隊の戦闘態勢のときの隊列。❷闘争を目的とした集団。「―に加わる」

せん-れつ ⓪【鮮烈】形動 ダロ・ダッ・デ・ニ／ダ・ナ・ナラ・○〔文章語〕たいそうあざやかなようす。「―な印象」

ぜん-れつ ゼ【前列】名 まえの列。↔後列。

せん-れん ⓪【洗練】【洗×煉】名 他サ ❶高尚で、あかぬけしたものにすること。「―された趣味」❷みがきのかかった、すぐれたものにすること。「―された文章」

せん-ろ セ【線路】名 汽車や電車のレール。軌道。

せん-ろく ⓪【選録】名 他サ〔文章語〕文章などをえらんで書きのせること。

せん-ろっぽん ロ【千六本】名〔「繊蘿蔔(せんろふ)」の唐音「せんろうぽ」の変化〕大根のせんぎり。

ぜん-わ ⓪【禅話】名 禅の講話。

ぜん-わん ⓪【前腕】名 ひじから先のうで。

そ ソ

そ：「曽」の草体。
ソ：「曽」の上部。

そ【×沮】造 ❶はばむ。「沮止」❷くじける。「沮喪(そそう)」

そ【狙】造 ねらう。うかがう。「狙撃」

そ【阻】造 ❶けわしい。「険阻」❷はばむ。さまたげる。「阻害・阻止」❸くじける。「阻喪」❹なやむ。「悪阻(おそ)」

そ【×俎】造 まないた。「俎上」

そ【×祚】造 天子の位。「践祚(せんそ)」

そ【素】造 ❶もとのまま。手を加えない。「素地・素描・簡素・質素」❷本質。「素因・素材・素質・要素」❸物質の根本。「元素・酸素・水素・炭素」❹もとになるもの。「素子・素因数・素粒子・画素・色素・栄養素」❺ふだん。つね。「素懐・素行・素志・平素」〔別音す｜素〕

そ【措】造 ❶おく。「措辞・措定・挙措」❷とりはからう。「措置」

そ【組】造 ❶くむ。つくりあげる。「組閣・組織・組成・改

組」❷「組合」の略。「職組・労組」

そ【疎】 造 ❶まばら。「過疎・空疎」↕密。❷したしくない。「疎遠・疎外・親疎」↕親・密。❸おろそか。「疎略・疎漏」❹とおる。とおす。「疎水・疎通」

そ【×疏】 造 ❶ときしるす。詳しい注釈。「注疏」❷うとい。「疏遠・疏外・疏隔」❸とおす。とおる。「疏水・弁疏」

そ【訴】 造 ❶うったえる。「訴訟・訴状・訴追・起訴・告訴・敗訴」❷同情をもとめる。「哀訴・泣訴・愁訴」

そ【塑】 造 土をこねて、いろいろな形にする。「塑像・彫塑・可塑性」

そ【×楚】 ㊀造 あざやか。細い。すっきりしている。「楚楚・清楚」㊁ソ 名 古代中国の国名。「楚囚・四面楚歌」

そ【×鼠】 造 ❶ねずみ。「窮鼠・殺鼠剤」❷こそこそした行為。「鼠賊・鼠盗」

そ【遡】 造 さかのぼる。「遡及・遡行・遡上」

そ【礎】 造 いしずえ。もと。土台。「礎石・基礎・定礎」

そ【×蘇】 造 ❶よみがえる。「蘇生」❷シソ科の植物。「紫蘇」

そ【祖】 ㊀ソ 名 造 ❶父母の父・母。「祖父・祖母・曽祖父・曽祖母」❷代を重ねた昔の人。「祖語・祖国・祖先・皇祖・先祖・父祖」❸物事のはじめになる人。「近代物理学の―」「祖師・祖述・開祖・元祖・教祖・始祖」㊁造 旅の安全を守る神。「道祖神」

そ【租】 ㊀ソ 名 造 律令制の税の一つ。田畑の収穫の一部をおさめたもの。税金。「―・庸・調」「租税・地租・免租」㊁造 かりる。「租界・租借」

そ【粗】 ㊀ソ 名 造 質のあらいこと。「粗雑・粗鋼・粗製・精粗」↕密・精。㊁造 ❶そまつ。「粗食」❷あらあらしい。「粗暴・粗野」❸人に与えるものにつけて、かしこまった意をあらわす。「粗茶・粗品」

そ【×其・▲夫】 代〔古語〕それ。「―を見れど」↕こ・か・あ。

そ 助〔古語〕❶(終助詞。「な(副詞)＋動詞連用形(カ変・サ変のばあいは未然形)＋そ」の形で用いるのがふつう。平安時代以降「な」の略された形でも用いた)禁止をあらわす。…な。「男ども、なありきそ(歩クナ)」〈竹取〉❷(係助詞)係助詞「ぞ」の古い形。平安時代以降も「誰」につくときは、「そ」と発音した。「あれは、誰そ」

ぞ【曽】 造 かつて。以前。「未曽有」〔別音 そう｜曽〕

ぞ 助 ❶(終助詞)強く言いきる。「雨が降る―」❷(副助詞)疑問語をあらわす語について、不確かな物ごとを示す。「なん―言ったか」❸〔古語〕(係助詞)文末の活用語は連体形をとり、強める意をあらわす。「手にむすびて(スクッテ)ぞ水も飲みける」〈徒然〉

そ-あく ⓪【粗悪】形動 ダロ・ダッ・デ・ニ／ダ・ナ・ナラ・○ そまつでわるいようす。「―な製品」

そ-あん ⓪【素案】名 原案の土台となる案。

そ-い ①【粗衣】名〔文章語〕そまつな衣服。粗服。「―粗食」

ぞい【沿い】接尾 …に沿っていること。「川―の道」

そ-いつ ⓪【そいつ】【×其▲奴】代〔「そやつ」の変化〕❶「そのひと」のぞんざいな言い方。そやつ。そのやつ。❷「それ」のぞんざいな言い方。↕こいつ・あいつ。

そい-と・げる ③【添(い)遂げる】自下一 ゲ・ゲ・ゲル・ゲル・ゲレ・ゲロ・ゲヨ ❶反対をおしきって結婚する。❷夫婦になって死ぬまでいっしょに暮らす。「五十年間―」 **そひと・ぐ** 文語下二

そい-ね ⓪【添(い)寝】名 自サ そばに寄りそって寝ること。「赤ん坊に―する」

そい-ぶし ⓪【添×臥し】名 自サ〔古語〕貴人の元服のおりに、女性が寝室をともにすること。

そ-いん ⓪【素因】名〔文章語〕ことのおこるもと。原因。

そ-いん ⓪【疎音】【×疏音】名〔文章語〕久しくたよりをしないこと。「―にうちすぎる」

そ-いん ⓪【訴因】名 刑事裁判で、起訴の原因となることがら。「―は強盗傷害」

そいん-すう ③【素因数】名〔数〕素数ばかりの積で、ある整数ができたときの、もとの素数のこと。

そう【×艘】 接尾 船をかぞえる語。「小舟三―」 ⇩せき(隻) 参考

そう【▲爪】 造 つめ。「爪牙」

そう【争】 造 あらそう。きそう。はりあう。「争議・争奪・争乱・競争・戦争・闘争・紛争・論争」

そう【早】 造 ❶朝はやい。「早暁・早朝」❷ある時間のうちはやいほう。「早期・早春・早晩」❸はやすぎる。わかい。「早計・早婚・早熟・早世・尚早」〔別音 さっ｜早〕

そう【走】 造 ❶はしる。かける。「走者・走力・走路・滑走・競走・疾走」❷にげる。「逃走・敗走」❸自動車で移動する。「走行・走破・逆走・暴走」

そう【宗】 造 ❶みたまや。先祖をまつるところ。「宗社・宗廟」❷先祖が同じ一族。「宗家・宗主・皇宗・祖宗」❸すぐれた人。「宗匠・詩宗」〔別音 しゅう｜宗〕

そう【奏】 造 ❶申しあげる。すすめる。「奏上・奏請・奏覧・上奏・内奏」❷かなでる。「奏法・演奏・合奏・吹奏・前奏・伴奏」❸なしとげる。あらわす。「奏功・奏効」 **奏する** 他サ

そう【荘】 ㊀造 ❶おごそか。「荘厳・荘重」❷別宅。宿泊所。「山荘・別荘」㊁接尾 旅館やアパートなどの名前につけることば。「ひまわり―」〔別音 しょう｜荘〕

そう【送】 造 ❶おくる。とどける。「送金・送信・送付・回送・発送・放送」❷みおくる。「送迎・送別・歓送・葬送・目送」

そう【倉】 造 くら。物をしまっておくところ。「倉庫・穀倉・船倉」

そう【捜】 造 さがす。ほしいものをもとめる。「捜査・捜索・博捜」

そう【挿】 造 さす。はさむ。さしいれる。「挿花・挿画・挿入・挿話」

そう【桑】 造 くわ。「桑園・桑海・桑田」

そう【掃】 造 ❶はく。「掃除・清掃」❷はらう。とりのぞく。「掃討・掃滅・掃海艇・一掃」

そう【曹】 造 ❶役人。法をつかさどる人。「法曹界」❷軍人や自衛官の階級。「曹長・軍曹・陸曹」

そう【曽】 造 ❶三代ちがう直系の親族。「曽孫・曽祖父」❷かつて。いままでに。「曽遊」〔別音 ぞ｜曽〕

そう【巣】 造 ❶す。「営巣・帰巣」❷動物の生殖器官。「精巣・卵巣」❸隠れが。「巣窟」❹集まるところ。「病巣」

そう【爽】 造 ❶さわやか。すがすがしい。「爽快・爽秋・爽涼・颯爽・清爽」❷明るい。明らか。「昧爽」

そう【窓】 造 ❶まど。「窓外・獄窓・車窓・深窓・明窓浄机」❷勉強をするところ。「学窓・同窓」

そう【創】 造 ❶きず。「創痍・創痕・創傷・銃創」❷つくる。はじめる。「創刊・創業・創作・創始・創造」

そう【喪】 造 ❶も。死者をいたんで家にこもること。「喪家・喪礼」❷うしなう。なくす。「喪失・喪神・阻喪」

そう【×惣】 造 ❶おさめる。「惣領」❷すべて。「惣菜」

そう【痩】 造 やせる。「痩身・痩軀」

そう【葬】 造 ほうむる。とむらう。「葬儀・葬式・葬礼・火葬・埋葬・密葬」

そう【想】 ㊀造 おもう。おもい。考え。「想起・想像・幻想・思想・着想・発想・予想・連想」㊁ソ 名 造 イメージ。アイデア。「―を練る」「曲想・構想・詩想」

そう【×搔】 造 かく。ひっかく。「搔爬（そうは）・搔痒（そうよう）」

そう【×蒼】 造 ❶あおい。「蒼穹（そうきゅう）・蒼空・蒼白」❷木が茂る。「蒼生・鬱蒼（うっそう）」❸あわただしい。「蒼惶（そうこう）」❹古びたさま。「古色—然」

そう【×槍】 造 やり。「槍術・槍騎兵」

そう【×漕】 造 こぐ。船ではこぶ。「漕手・漕艇・回漕・競漕・力漕」

そう【×漱】 造 すすぐ。うがいをする。「漱石枕流（そうせきちんりゅう）・含漱」

そう【×綜】 造 すべる。まとめる。「綜括・綜合・綜覧・錯綜」

そう【総】 造 ❶すべて。全体。「総会・総数・総力・総収入・総点検・総領事館」❷まとめる。とりしまる。「総括・総合・総裁・総統」❸上総（かずさ）（旧国名）のこと。「総武・房総」

そう【×聡】 造 さとい。かしこい。物ごとがよくわかる。「聡敏・聡明」

そう【遭】 造 あう。思いがけなくであう。「遭遇・遭難」

そう【槽】 造 おけ。水、えさなどをいれる底の深い容器。「水槽・浴槽・浄化槽」

そう【踪】 造 あしあと。「踪跡・失踪」

そう【×噪】 造 さわぐ。さわがしい。「喧噪（けんそう）」

そう【操】 造 ❶あやつる。うごかす。「操業・操作（そうさ）・操車・操縦・体操」❷みさお。心をしっかりとたもつ。「操行・操守・節操・貞操・徳操」

そう【燥】 造 ❶かわく。「乾燥・高燥」❷いらだつ。「焦燥」

そう【×糟】 造 かす。さけかす。たべかす。「糟糠（そうこう）・糟粕（そうはく）」

そう【霜】 造 ❶しも。「霜害・霜雪・秋霜」❷歳月。「星霜・風霜」

そう【×叢】 造 ❶くさむら。むらがってはえる。「叢生・叢林」❷数多く集めたもの。「叢書・論叢」

そう【騒】 造 ❶さわぐ。やかましい。「騒音・騒然・騒動・狂騒・物騒」❷詩歌。風流。「騒客（そうかく）・騒人」

そう【藻】 造 ❶も。みずくさ。「藻類・海藻・珪藻（けいそう）・紅藻類」❷ことば。文章。「詞藻・文藻」

そう【×躁】 造 さわがしい。おちつかない。「躁病・躁鬱症（そううつしょう）・狂躁・焦躁」

そう【双】 ㊀ ソ 名造 つい。二つ一組でならぶもの。「—の腕」「双肩・双頭・双眼鏡」㊁ 造 ならぶ。「双璧（そうへき）・無双」㊂ 接尾 対（つい）のものをかぞえる語。「びょうぶ一—」

そう【壮】 ソ 名造 ❶はたらきざかり。じょうぶ。「壮健・壮年・強壮剤・少壮」❷大きい。りっぱ。「壮観・壮大・宏壮・豪壮」❸いさましい。「壮絶・悲壮・勇壮」 **—とする** さかんでいさましいことをみとめる。「志を—」

そう【相】 ㊀ ソ 名造 ❶表にあらわれた。かたち。ありさま。「万物流転（るてん）の—」「位相・真相・世相・様相」❷うらないの対象となる物のようす。「剣難の—」「家相・観相・骨相・手相（てそう）・人相」㊁ 造 ❶あい。たがいに。ともに。「相関・相互・相談・相似（そうじ）」❷うけつぐ。「相承・相続・相伝」❸なかだち。「相場（そうば）」❹相模（さがみ）（旧国名）のこと。「相州」［別音しょう｜相］

そう【草】 ㊀ ソ 名造 ❶書体の一つ。草書。「草体」↔真（しん）・楷（かい）・行（ぎょう）。❷したがき。「草案・草稿・起草」㊁ 造 ❶くさ。「草原・草木・海草・雑草・山草・除草・野草・薬草」❷草ぶき。「草庵（そうあん）・草屋」❸はじまり。「草創」 **草する** 他サ

そう【僧】 ソ 名造 仏門に帰依（きえ）し修行（しゅぎょう）をする人。出家（しゅっけ）。法師。「僧院・僧尼・僧侶・学僧・高僧・名僧・老僧」↔俗。

そう【層】 ㊀ ソ 名造 ❶かさなり。だん。「—が厚い」「層雲・階層・深層・表層」❷土のかさなり。「断層・地層・石灰層・沖積層」❸社会を構成する人の集団。「客層・支配層・知識層・読者層」㊁ 接尾 かさなったものを数える語。「三—の鐘楼」

そう【×箏】 ソ 名造 中国・日本の弦楽器で十三弦。ふつうの琴（こと）。「—の琴（こと）」「箏曲」

そう【装】 ㊀ ソ 名造〔文章語〕よそおい。みじたく。「—を新たにする」「軽装・服装・旅装」㊁ 造 ❶よそおう。身をかざる。「装飾・装身・仮装・変装」❷とりつける。かざりつける。「装置・装備・塗装・内装」［別音しょう｜装］

そ‐う【▲左右】 名〔古語〕❶ひだりとみぎ。❷とやかく言うこと。「九条殿の御計らひの上は、左右に及ばず」〈平家〉❸さしず。「咎（とが）の左右あるべきか」〈平家〉❹しらせ。「その左右を今や今やと待ちけるところに」〈太平記〉❺ようす。「軍（いくさ）の左右を待つと見るはひがことか（マチガイカ）」〈平治〉

そう《宋》 ❶中国の戦国時代の国名の一つ。［？—紀元前二八六］❷中国の王朝名の一つ。［九六〇—一二七九］

そ・う 0／ソ 自五〔ワ・オ｜イ・ッ｜ウ｜ウ｜エ｜エ〕（そふ）㊀【沿う】❶長く続くものからはなれずに存在する。「川に沿った村」❷長く続くものからはなれないように移動する。「線路に沿って歩く」㊁【添う】【▲副う】❶そばにいてはなれずにいる。「子に付き—母親」❷夫婦として暮らす。「連れ—」❸こたえる。そのとおりにする。「母の願いに—」 参考 「希望にそう」「ガイドラインにそう」などは、「沿う・添う」のどちらも使われる。 **そえる** 自下一〔…できる〕

そう【そう】【▲然う】（さう）㊀ 0 副 ↔こう・ああ。❶相手の言ったことをさす語。そのように。「—してくれ」❷相手のようすをさす語。そのように。「—心配しなくてもいい」❸〔多く打ち消しの語とともに用いる〕そんなに。それほど。「—難しくない」㊁ ソ 感 ❶相手の言ったことに対する肯定・反問の気持ちをあらわす語。「—、そのとおりだ」「—、そんなことがあったのか」 参考 改まった場合は「さようですか・さようでございますか」のように言う。❷なにかを思い出したときに言う。「—、—、そんなこともありました」 **—言（い）えば** 前に述べた事がらから連想したことを述べるときのことば。話題を切り替える時などにも使われる。「—、今日は誕生日だったね」 **—は問屋（とんや）が卸（おろ）さない** そんなにぐあいよくいくものではない。

ぞう【造】 造 ❶つくる。こしらえる。「造花・造成・造船・改造・構造・製造」❷至る。「造詣（ぞうけい）」

ぞう【憎】 造 にくむ。にくしみ。きらう。「憎悪（ぞうお）・愛憎」

ぞう【贈】 ㊀ 造 おくる。あたえる。「贈呈・贈答・贈与・受贈」㊁ 接頭 死後におくられた官位につける。「—正二位」

ぞう【臓】 造 はらわた。体内にある諸器官。「臓器・臓物（ぞうもつ）・肝臓・心臓・膵臓（すいぞう）・内臓」

ぞう【象】 ソ 名造 ゾウ科の哺乳（ほにゅう）類の総称。陸上での最大の動物。熱帯にすみ、長いはなときばをもつ。インド象（アジア象）・アフリカ象に大別される。「象牙（ぞうげ）・巨象」［別音しょう｜象］

ぞう【像】 ソ 名造 ❶ものの形・姿。「虚像・現像・実像・想像・理想像」❷神・仏・人・けものなどの形をつくったもの、また、描いたもの。かた。「胸像・肖像・銅像・自画像」❸光の反射および屈折によって生ずる物体のかたち。「映像・鏡像・写像」

ぞう【増】 ㊀ ソ 名造 ますこと。ふえること。加えること。

「三パーセント―」「増加・増水・急増・倍増」↕減。㊁[造]つけあがること。「増長・増上慢」

ぞう【雑】㊀[ゾ][名][造] ❶まじっていること。また、そのもの。「雑炊・雑煮」❷和歌分類の一つ。「―の部」「雑歌(ぞうか)」㊁[造] たいせつでない。とるにたらない。「雑木(ぞうき)・雑巾(ぞうきん)・雑兵(ぞうひょう)」［別音ざつ｜雑］

ぞう【蔵】㊀[ゾ][名][造] 所蔵。所有。「山田氏の―」「蔵書・蔵本・死蔵・所蔵・秘蔵」㊁[造] ❶くら。「土蔵・宝蔵」❷かくす。しまう。「貯蔵・腹蔵・埋蔵」❸仏教で、すべてのものを包むもの。「三蔵・大蔵経」 **蔵する** [他サ]

そう-あい [0]【相愛】[名] たがいに愛すること。「相思―」

ぞう-あく [0]【増悪】[名][自サ] 病状などが悪化すること。

そう-あげ [ゲ][0]【総揚(げ)】[名] 全部の芸者や遊女を買い切ってあそぶこと。

そう-あたり [ア]【総当(た)り】[名] ❶すべてのものと試合をすること。❷くじなどが、全部あたること。

そう-あん [0]【草案】[名] 文章の下書き。案文を書いたもの。↕成文。

そう-あん [0]【草×庵】[名] 草ぶきのそまつな家。くさのいおり。

そう-あん [0]【創案】[名] はじめて考えだしたくふう。

そう-あん [0]【僧×庵】[名] 僧の住むいおり。

そう-い [ソ]【創×痍】[名]〔文章語〕(「創」も「痍」もきずの意) ❶からだに受けた刃物による傷。「満身―」❷受けた損害。

そう-い [ソ]【創意】[名] あたらしい思いつき。「―工夫」

そう-い [ソ]【僧衣】[名] 僧のころも。法衣。

そう-い [ソ]【僧位】[名]〔文章語〕朝廷から贈られる僧のくらい。

そう-い [ソ]【総意】[名] みんなの考え。全体の意志。「―をくむ」

そう-い [0]【相違】[名][自サ] ちがうこと。ちがい。「―ない」

ぞう-い [ゾ]【贈位】[名][自サ] 死後に位をおくること。

そう-いう [0]【そういう】【▲然ういう(さういふ)】[連体] そんな。そのような。「―こと」「―場合」

そう-いっそう [ソ]-【層一層】[副]〔文章語〕その上さらに。いよいよますます。さらにさらに。「―効果をあげる」

そう-いん [0]【僧院】[名] てら。寺院。

そう-いん [0]【総員】[名] すべての人員。全員。

ぞう-いん [0]【増員】[名][自サ] 人員・定員をふやすこと。↕減員。

そううつ-びょう [0]【×躁鬱病】[名] ➡そうきょくせいしょうがい。

そう-うん [0]【層雲】[名] 地上千メートル以下にあらわれる、もっとも低い下層雲で、水平にかさなりあう層状の雲。きり雲。

ぞう-えい [0]【造影】[名] レントゲンやCTの撮影のとき、薬剤によって内臓や血管の形がはっきりあらわれるようにすること。**―剤**(ざい) [エ][0][名] 造影のために、飲んだり注射したりする薬。硫酸バリウムなど。

ぞう-えい [0]【造営】[名][他サ] 寺社・宮殿などをたてること。

ぞう-えき [0]【増益】[名][自サ] 利益がふえること。↕減益。

そう-えん [0]【桑園】[名]〔文章語〕くわばたけ。

そう-えん [0]【×蒼鉛】[名] ➡ビスマス。**―剤**(ざい) [エ][名] 蒼鉛のはいった薬剤。整腸剤などに用いられる。

ぞう-えん [0]【造園】[名][自サ] 庭園・公園・植物園などをつくり運営すること。

ぞう-えん [0]【増援】[名][他サ] 人数をふやしてたすけること。

ぞう-お [ゾ]【憎悪】[名][他サ] にくみきらうこと。にくしみ。

そう-おう [0]【相応】[名][自サ][形動] つりあうこと。ふさわしいこと。「身分―の生活」↕不相応。

そう-おく [0]【草屋】[名]〔文章語〕❶草やわらで屋根をふいた質素な家。❷自分の家の謙譲語。

そう-おん [ソ]【×宋音】[名] 漢字音の一種。平安時代中期以降に伝えられた宋(そう)時代以後の中国語の音。「行灯(あんどん)・普請(ふしん)」の「あん・どん・しん」など。唐音。

そう-おん [0]【相恩】[名]〔文章語〕親の代からひきつづき受けている恩。「三代―の君」

そう-おん [0]【騒音】【×噪音】[名] ❶振動が不規則で耳ざわりな音。↕楽音(がくおん)。❷さわがしい音。

そう-か [ソ]【挿花】[名]〔文章語〕いけばな。

そう-か [ソ]【喪家】[名]〔文章語〕喪中(もちゅう)の家。**―の犬**(いぬ) (飼い主が死んだ犬)やせおとろえて元気のないようす。

そう-が [ソ]【▲爪牙】[名]〔文章語〕❶つめときば。「野獣の―にかかる」❷人に害を与えるやり方。魔手。❸手先となって使われる者。

そう-が [0]【草画】[名] 簡単に、さっとえがいた墨絵(すみえ)。

そう-が [0]【挿画】[名]〔文章語〕さしえ。

そう-が [0]【装画】[名] 書物などの装丁(そうてい)の画。

ぞう-か [0][ゾ]【造化】[名] すべてのものをつくったもの。造物主。「―の妙(みょう)」**―の神**(かみ) 造化。造物主。

ぞう-か [0]【造花】[名] 紙・布・ビニールなどでつくった花。↕生花(せいか)。

ぞう-か [ゾ]【雑歌】[名] 和歌分類の一つ。万葉集では、「相聞(そうもん)」「挽歌(ばんか)」以外の歌、古今集(こきんしゅう)以降では、「四季」「恋」「哀傷(あいしょう)」など以外の歌。ぞう。ぞうのうた。

ぞう-か [0]【増加】[名][自他サ] ふえること。ふやすこと。↕減少。

そう-かい [0]【桑海】[名]〔文章語〕(「桑田変じて滄海(そうかい)となる」の意)世の移り変わりの激しいこと。**―の変**(へん) (くわばたけが青うなばらになること)世の中の移り変わりの激しいことのたとえ。

そう-かい [0]【掃海】[名] 海中の機雷、その他の危険物・障害物をとり除くこと。「―作業」

そう-かい [0]【×滄海・×蒼海】[名]〔文章語〕あおうなばら。

そう-かい [0]【総会】[名] その機関または団体などの関係者全員の会議。「生徒―」**―屋**(や) [0][名] 少しの株(かぶ)を持って株主(かぶぬし)総会に出席し、いやがらせをして会社から金をとる人。また、会社から金をもらって、総会の八百長(やおちょう)運営に協力する人。

そう-かい [0]【壮快】[形動] ダロ・ダッ・デ・ニ ダナ・ナラ・[0] 元気にみち、いさましくて気持ちのよいようす。「―な滑降競技」

そう-かい [0]【爽快】[形動] ダロ・ダッ・デ・ニ ダナ・ナラ・[0] すっきりとさわやかで、気持ちのよいようす。「気分が―だ」

そう-がい [ソ]【窓外】[名] まどのそと。

そう-がい [0]【霜害】[名] 霜(しも)がおりて、農作物が枯れたり、いたんだりする被害。㊮

そう-がかり [ガ]【総掛(か)り】[名] ❶みんなで事にあたること。「―で仕事をすます」❷総攻撃。

そう-かく [0]【総画】[名] 一つの漢字の画数の合計。「―びきの索引」

そう-かく [0]【騒客】[名]〔文章語〕騒人。文人。

そう-がく [ソ][0]【×宋学】[名] 中国、宋時代の学者がとなえた学問。特に、朱子(しゅし)学。

そう-がく [0]【総額】[名] すべてのありだか。総高。全額。

そう-がく [0]【奏楽】[名][自他サ] 音楽を演奏すること。

ぞう-がく [0]【増額】[名][他サ] 金額をますこと。「予算の―」↕減額。

そう-かつ [ソ]【総括】[名][他サ] 全体をひとまとめにするこ

と。「—質問」

そう-かつ[0]【総轄】[名][他サ] すべてをまとめて、とりしまること。「営業部門を—する」

そう-がな[0]【草仮名】[名] 万葉仮名をくずしてできたかな文字。ひらがなの前身。

そうか-と-いって [連語] だからといって。

そうか-へいきん[ヘ]【相加平均】[名] いくつかの数の和を、加えた数の個数で割って出た平均値。算術平均。

そう-がら[0]【総柄】[名] 着物の全体に模様がついていること。また、その着物。

そう-かん[0]【壮漢】[名] 大きくて元気のある強い男。

そう-かん[0]【壮観】[名] 規模が大きくすばらしいながめ。「山頂からの—」

そう-かん[0]【相×姦】[名] 一般に関係することを禁じられているものどうしが、肉体関係をもつこと。「近親—」

そう-かん[0]【僧官】[名] 朝廷がさずける僧の官名。僧正(そうじょう)・僧都(そうず)・律師(りっし)など。

そう-かん[0]【総監】[名] すべての仕事・人員を監督すること。また、その役。「警視—」

そう-かん[0]【相関】[名][自サ] たがいにかかわりあうこと。 **—関係**(かんけい)[カ]2[名] たがいにかかわりあう関係。「知能指数と学業成績との—」 **—係数**(けいすう)[ケ][名] 二つの量または現象が相関関係にあるとき、その関係の程度を示す数学上の係数。

そう-かん[0]【送還】[名][他サ] おくりかえすこと。「密入国者を本国に—する」

そう-かん[0]【創刊】[名][他サ] 新聞・雑誌を初めて発行すること。

そう-がん[0]【双眼】[名]〔文章語〕左右二つの目。 **—鏡**(きょう)[0][名] 両方の目にあてて見る望遠鏡。

ぞう-かん[0]【増刊】[名][他サ] 雑誌などを、定期以外に臨時に刊行すること。また、その刊行物。「臨時—」

ぞう-がん[0]【象眼】【象×嵌】[名][他サ] ❶金属・木材などの面に模様を金・銀・貝などではめこんだざいく。❷印刷で、鉛版の一部を切りぬき、別の活字をはめこんで訂正すること。

そう-き[ソ]【早期】[名] はやい時期。「—診断」↔晩期。

そう-き[ソ]【総記】[名] ❶全体をまとめた記述。❷図書分類の一つ。専門にわかれず、全体にわたる部門。

そう-き[ソ]【想起】[名][他サ] 思いおこすこと。「当時を—する」

そう-ぎ[ソ]【争議】[名] 意見を言いはるあらそい。特に、小作争議・労働争議。 **—権**(けん)[ギ][名] 憲法で保障された労働基本権の一つで、労働者が団結して自分の主張や要求を通すために争議をおこす権利。

そう-ぎ[ソ]【葬儀】[名] 死者をほうむる儀式。葬式。 **—社**(しゃ)[ギ][名] 葬儀を請け負う業者。葬儀屋。

そうぎ《宗祇》(一四二一—一五〇二) 一説に飯尾(いいお)氏。室町時代後期の連歌師。心敬(しんけい)を師とし、連歌の大成者となった。「新撰菟玖波集(しんせんつくばしゅう)」の編者の一人。代表作に「水無瀬三吟百韻(みなせさんぎんひゃくいん)」。

ぞう-き[ゾ]【造機】[名]〔文章語〕機関・機械をつくること。

ぞう-き[0]【雑木】[名] 材木にならぬ木。ぞうぼく。「—林」

ぞう-き[ゾ]【臓器】[名] 動物の胸腔(きょうこう)・腹腔(ふくこう)にある器官。内臓。肺・胃・腸・腎臓(じんぞう)など。 **—移植**(いしょく)[イ][名] 内臓器官をある個体から他の個体にうつし機能を保たせること。内臓移植。

そう-きゃく[0]【双脚】[名] 二本のあし。↔隻脚(せききゃく)。

そう-きゅう[0]【×蒼×穹】[名]〔文章語〕〔「穹」はそらの意〕あおぞら。大空。蒼空(そうくう)。

そう-きゅう[0]【送球】❶[名][自サ] 球技で、たまをつぎつぎにわたすこと。特に、野球で、走者をアウトにするためにボールを野手に送ること。パス。❷[名] ハンドボール。

そう-きゅう[0]【早急】[形動]ダロ・ダッ・デ・ニ ダナ・ナラ・〇 ⬇さっきゅう。

ぞう-きゅう[0]【増給】[名][自サ] 給料の額がふえること。増俸。↔減給。

そうきゅう-きん[0]【双球菌】[名] 球形の細菌が二つずつつながったもの。肺炎(はいえん)の病原菌など。

そう-きょ[ソ]【壮挙】[名] りっぱな仕事をしようとするいさましいくわだて。壮図。

そう-ぎょ[ソ]【草魚】[名] コイ科の淡水魚。中国原産。こいに似るが口ひげがない。水生植物を食べる。

そう-きょう[0]【×躁狂】[名]〔文章語〕❶くるってさわぎあばれること。❷躁鬱(そううつ)病の躁の状態をいった語。

そう-ぎょう[0]【早暁】[名]〔文章語〕夜明け。明けがた。早朝。

そう-ぎょう[0]/[ギョ]【僧形】[名]〔文章語〕頭髪をそり、ころも・けさをつけた僧のすがた。↔俗形。

そう-ぎょう[0]【創業】[名][自サ] 事業をはじめること。「—十周年」

そう-ぎょう[0]【操業】[名][自サ] ❶工場などで機械を動かして仕事をすること。❷大型漁船などが、海で仕事をすること。 **—短縮**(たんしゅく)[0][名] 作業時間をちぢめたり、機械の運転を一部やめたりして、生産高を少なくすること。操短。

ぞう-きょう[0]【増強】[名][他サ] 人や設備をふやし、力をつよめること。「兵力を—する」

そう-きょういく[キョ]【早教育】[名] 普通に教育をはじめる時よりも早くこどもを教育すること。

そう-きょく[ソ]【×箏曲】[名] 箏で演奏するための曲。

そうきょくせい-しょうがい[ショ]【双極性障害】[名] 興奮状態と、ゆううつ状態とが交互にあらわれる、軽度の精神疾患。気分障害。躁鬱病(そううつびょう)。

そうきょく-せん[0]/[キョ]【双曲線】[名] 平面上で、二定点からの距離の差が一定である点をつらねた曲線。

そう-ぎり[0]【総×桐】[名] ぜんぶ、きりの木でできていること。また、そのもの。「—のたんす」↔前ぎり・三方ぎり。

そう-きん[0]【走×禽】[名] だちょう・ひくいどりなどのように、飛ぶ力をうしない、走る力が発達している鳥。

そう-きん[0]【送金】[名][自サ] かねをおくること。

ぞう-きん[0]【雑巾】[名] ふきそうじ用の布。

そうきん-るい[キ]【藻菌類】[名] かびのなかまで、藻(も)に似た性質をもつ菌類。水中・空気中にすみ、他の生物や有機物に寄生する。くものすかび・けかびなど。

そう-く[ソ]【走×狗】[名]〔文章語〕〔狩りのとき、鳥やけものを追いたててはしる犬の意〕人の手先。「政党の—となる」

そう-く[ソ]【痩×軀】[名]〔文章語〕やせたからだ。「長身—」

そう-ぐ[ソ]【葬具・喪具】[名] 葬式に使う道具。

そう-ぐ[ソ]【装具】[名] ❶戦闘や登山などの際に身につける道具。❷からだの機能をおぎなうために装着する器具。「義肢—」❸室内のかざりつけの道具。

そう-くう[0]【×蒼空】[名]〔文章語〕あおぞら。大空。蒼天。

そう-ぐう[0]【遭遇】[名][自サ] 思いがけなく、出あうこと。「敵に—する」

そう-くずれ[ク]【総崩れ】(—くずれ)[名] 戦いにやぶれて、全体がめちゃめちゃになること。「味方は—」

そう-くつ[0]【巣窟】[名] わるもののかくれ場所。「賊の—」

そう-ぐるみ[グ]【総ぐるみ】[名] 全員が関係していることを強めた言い方。「業界—の選挙運動」

そう-け[ソ]【宗家】[名] 本家。いえもと。「茶道の—」

ぞう-げ[0]【象牙】[名] 象の上あごの、外までのびた大きな二本の門歯。細工物の材料として珍重された。**―の塔**(とう) ❶現実の生活からのがれて、芸術や学問にうちこむ境地。❷大学の研究室。

そう‐けい ⓪【早計】名 はやまった考え。軽率な判断。「―に過ぎる」

そう‐けい ⓪【総計】名他サ すべてをひっくるめて合計すること。通計。

そう‐げい ⓪【送迎】名他サ おくることと、むかえること。おくりむかえ。「―バス」

ぞう‐けい ⓪【造詣】名〔「造」「詣」ともに「いたる」の意〕学問・技芸などをふかくきわめていること。「―が深い」

ぞう‐けい ⓪【造形】【造型】名他サ〔芸術活動として〕形あるものをつくること。「―美」 **―美術**(びじゅつ) ビ名 絵画・彫刻・建築など、視覚にうったえる美術の総称。造形芸術。空間芸術。

そうけ‐だ・つ ダ【総毛立つ】【▲寒気立つ】自五 タ・ト|チ・ッ|ツ|ツ|テ|テ〔「さむけだつ」の変化〕❶さむけを感じるほど、ぞっとする。❷ひどくおそろしく感じて身の毛がよだつ。

ぞう‐けつ ⓪【造血】名自サ 体内で血をつくること。「―機能」

ぞう‐けつ ⓪【増結】名他サ 列車に車両をつないでふやすこと。「車両を―する」

ぞう‐けつ ⓪【増血】名自他サ 血がふえること。血をふやすこと。「―剤」

そう‐けっさん ケ【総決算】名他サ ❶一定期間の収入・支出の決算。❷物事のしめくくり。「研究の―」

そう‐けん ⓪【双肩】名 両方のかた。「―に担う」

そう‐けん ⓪【創見】名 他人の気づかない新しい見解。独創的な考え。

そう‐けん ⓪【送検】名他サ 犯罪者・被疑者・調書などを警察署から検察庁へ送ること。「書類―」

そう‐けん ⓪【創建】名他サ〔文章語〕寺院などをはじめて建てること。

そう‐けん ⓪【想見】名他サ〔文章語〕想像すること。「状況を―する」

そう‐けん ⓪【総見】名他サ しばいなどを団体で見物すること。総見物。

そう‐けん ⓪【壮健】形動 ダロ・ダッ・デ・ニ|ダ・ナ・ナラ・〇 からだがじょうぶなようす。すこやかなようす。健勝。⇩健勝 参考。

そう‐げん ⓪【草原】名 草のはえた野原。くさはら。

そうげん【荘厳】「そうごん」のあやまり。

ぞう‐げん ⓪【造言】名〔文章語〕つくりごと。うそ。

ぞう‐げん ⓪【雑言】名自サ ➡ぞうごん。

ぞう‐げん ⓪【増減】名自他サ ふえることと、へること。ふやすことと、へらすこと。「人員の―」

そう‐こ ソ【倉庫】名 品物を入れておく建物。くら。 **―業**(ぎょう) ゴ名 保管料をとって自分の倉庫内に他人の貨物をあずかったり、倉庫をそっくり他人に賃貸したりする職業。

そう‐こ ソ【操×觚】名〔文章語〕〔「觚」は昔、中国の文字を書くための木札〕詩や文学をつくること。「―者」 **―界**(かい) コ名〔文章語〕新聞・雑誌の記者や評論家の社会。

そう‐ご ソ【相互】名 ❶両方が同じことをしあうこと。「―の利益」❷かわるがわる。交互。 **―会社**(がいしゃ) ガ名 社員の相互保険を目的とする会社。 **―扶助**(ふじょ) フ名 たがいに助けあうこと。

そう‐ご ソ【壮語】名自サ いさましいことば。えらそうなことを言うこと。「大言―する」

ぞう‐ご ⓪【造語】名自サ ❶新しくことばをつくること。また、その複合語。「外来語の―力」❷新しい複合語をつくること。 **―成分**(せいぶん) セ名 複合語をつくりあげる一つ一つの要素。「春風」「飛行機」の「春」「風」「飛行」「機」など。参考 この辞典では、特に、それだけでは単語となることはできないが、単語の実質的な意味を表す成分となる言語単位のことをいう。「雨水」の「雨(あま)」、「カメラマン」の「マン」など。

そう‐こう ⓪【壮行】名 人の旅立ちを祝い、はげますこと。「―会」

そう‐こう ⓪【走行】名 車などがはしること。「―距離」

そう‐こう ⓪【草▲冠】名 くさかんむり。

そう‐こう ⓪【草稿】名 詩や文章のしたがき。まだよく整理されていない原稿。

そう‐こう ⓪【装甲】名〔よろい・かぶとで身じたくする意〕船体・車体などに鋼鉄板をはること。「―車」

そう‐こう ⓪/コ【操行】名 道徳的な評価の対象としての日常のおこない。素行。

そう‐こう ⓪【×艙口】名〔文章語〕船の甲板につけた口。ハッチ。

そう‐こう ⓪【×糟×糠】名〔酒のかすと、ぬか〕粗末な食物。 **―の妻**(つま) 長年連れそい、貧苦をともにしてきた妻。

そう‐こう ⓪【霜降】名 二十四節気の一つ。十月二十三、四日ごろ。㊙ ⇩二十四節気(表)。

そう‐こう ⓪【奏功】名自サ よい結果をうむこと。功を奏すること。

そう‐こう ⓪【奏効】名自サ ききめがあらわれること。

そう‐こう ⓪【送稿】名自他サ 原稿を送ること。

そうこう ソ【そうこう】【▲然う×斯う】(さう かう) 副 あれこれ。「―するうちに」

そう‐こう ⓪【倉皇】【×蒼×惶】と副 たる連体〔文章語〕あわてるさま。あわただしく、おちつかないさま。「―と逃げさる」

そう‐ごう ⓪【相好】名 顔かたち。顔つき。 **―を崩**(くず)**す** にこやかにわらう。にこにこする。

そう‐ごう ⓪【総合】【×綜合】名他サ ❶いろいろのものをまとめ、新しいものをつくりだす。「―開発」「審査員の意見を―する」↕分析。❷種々のものをそろえ、一つにまとめる。「―商社」 **―芸術**(げいじゅつ) ゲ名 演劇・映画のように、文学・美術・音楽などの芸術を総合した芸術。 **―雑誌**(ざっし) ザ名 思想・政治・経済・文学・科学など、広く文化についての評論や創作をいっしょにのせる雑誌。 **―職**(しょく) ヨ名 幹部に昇進することのできる職種。企業の人事管理上の区分。↕一般職。 **―大学**(だいがく) ダ名 法・経・文・工・医などのいくつかの学部からなる大学。↕単科大学。 **―的**(てき) ⓪ 形動 個々のものを一つにまとめるようす。「―な観察」↕分析的。

ぞう‐ごう ⓪【贈号】名自サ 死後に称号をおくること。また、その称号。

そうこう‐げき コ【総攻撃】名他サ 全軍で敵に攻めかかること。

そう‐こく ⓪【相克】【相×剋】名〔文章語〕たがいに相手に勝とうとしてあらそうこと。「理性と感情の―」

ぞう‐こく ⓪【増石】名自サ 酒・しょうゆなどの生産高をますこと。↕減石。

そう‐こん ⓪【早婚】名 若い年齢で結婚すること。↕晩婚。

そう‐こん ⓪【草根】名 くさのね。「―木皮」

そう‐こん ⓪【創痕】名〔文章語〕きずのあと。

そう‐ごん ⓪【荘厳】㊀名形動 いかめしく、おごそかなこと。「―な儀式」㊁名他サ ➡しょうごん㊀。

ぞう‐ごん ⓪【雑言】名自サ わるくちを言うこと。わるくち。あくたい。ぞうげん。「悪口(あっこう)―をはく」

そう-さ [ソ]【走査】[名][他サ] テレビやファクシミリで、画像を多数の点や線に分解し、その明暗を電気の強弱に変えること。また、電気信号をもとの画像に再現すること。「—線」

そう-さ [ソ]【捜査】[名][他サ] ❶さがし、しらべること。❷検察官や警察官が、犯人の発見や、証拠の収集をする活動。

そう-さ [ソ]【操作】[名][他サ] ❶機械などをうごかして、仕事をさせること。「ハンドルを—する」❷やりくりすること。「資金の—」

ぞう-さ [0]/[サ]【造作・雑作】[名] ❶てまどること。めんどう。「—のないこと」❷もてなし。ごちそう。「なんの—もなくて失礼いたします」 **—ない** [ナ][形] てまがかからない。たやすい。

そう-さい [0]【葬祭】[名]〔文章語〕葬式と、祖先のまつり。「冠婚—」

そう-さい [0]【総裁】[名] 全体をまとめてとりしきること。また、その職・人。「日本銀行—」

そう-さい [0]【相殺】[名][他サ]〔「そうさつ」は慣用読み。「殺(さい)」は、けずる意〕❶〔法〕債権・債務をさしひいて消滅させること。❷さしひきゼロにすること。

そう-ざい [0]【総菜】【×惣菜】[名] 副食物。おかず。

そう-さく [0]【捜索】[名][他サ] ❶さがしもとめること。「家出人の—」❷裁判所や、捜査機関などが、犯人や証拠物件を見つけるためにおこなう、強制的なとりしらべ。「家宅—」

そう-さく [0]【創作】㊀[名][他サ] ❶はじめてつくること。❷独創的に芸術作品をつくること。また、その作品。㊁[名] ❶小説。❷つくりごと。「かれの—だよ」

ぞう-さく [0]/[ク]【造作】〔「ぞうさ」と読めば別語〕㊀[名][他サ] 家を建てること、また、その家。㊁[名] ❶たてぐや、かざりつけの類。❷〔俗語〕目・鼻・口などのかたち。顔つき。「顔の—が悪い」

そう-さくいん [サ]【総索引】[名] ある文献全体にわたって、項目・用語・字句などの所在を検索するための索引。「漱石(そうせき)全集—」「徒然草(つれづれぐさ)—」

そう-さつ [0]【相殺】[名][他サ] ➡そうさい。

ぞう-さつ [0]【増刷】[名][他サ] すり物の数を追加して印刷すること。また、その印刷物。増版。

そう-ざらい [ザ]【総ざらい】【総×浚い】—ざらひ [名] ❶今まで習ったことを全部復習すること。❷開場前日の、出演者全員そろっての総げいこ。

そう-ざん [ソ]【早産】[名][他サ] 月たらずの赤んぼうを生むこと。

ぞう-さん [0]【増産】[名][他サ] 生産高をふやすこと。↕減産。

そう-し [ソ]【壮士】[名] ❶〔文章語〕壮年の男子。血気にはやる男。❷明治の新政府に反抗して、自由民権思想をもって政治運動にたずさわった男。❸人にたのまれて暴力・脅迫ざたで事件のしまつをする男。 **—芝居(しばい)** [シ][2][名] 明治時代に、壮士と呼ばれた青年知識層の人たちが、自由民権思想を民衆に訴えるために始めた芝居。新派劇のもととなった。

そう-し [ソ]【相思】[名] たがいに思いあうこと。「—相愛の仲」

そう-し [ソ]【草紙・草子・双紙】【▲冊子】[名] ❶とじた本。❷かながきの物語・日記の類。❸絵草紙(えぞうし)。❹手習草紙。

そう-し [ソ]【▲繰糸】[名][自サ] まゆから、生糸(きいと)をとること。

そう-し [ソ]【創始】[名][他サ] 物事をはじめること。「—者」

そうし《荘子》❶中国、戦国時代の思想家。名は周(しゅう)。その思想は老子のそれとともに老荘思想とよばれ、すべての根元は「無」であり自然の道に身をまかせよと説いた。❷荘子の著書。でしの偽作ともいわれる。南華真経。そうじ。

そう-じ [0]【送辞】[名] 卒業・転任などで別れて行く人を送ることば。↕答辞。

そう-じ [0]【相似】[名][自サ]〔文章語〕❶たがいに似ていること。❷〔生〕二つのちがった生物の器官で、同じはたらきをするがその発生のちがうこと。鳥類のつばさと、昆虫のはねの類。↕相同。❸〔数〕一つの図形をすべての方向に同じ割合で拡大または縮小すると、もう一つの図にまったく重ね合わせられるときの、二つの図形の間の関係。「—形」

そう-じ [0]【掃除】[名][他サ] ちりをはき、よごれをのぞいてきれいにすること。

ぞう-し [▲曹司]【名】〔古語〕❶宮中で、役人や女官などのへや。局(つぼね)。❷まだ独立しないでいる貴族の若者。

ぞう-し [0]【増資】[名][自サ] 資本をふやすこと。ふやした資本。↕減資。

ぞう-じ [ソ]【造次】[名]〔文章語〕わずかの間。あわただしくすぎる時間。 **—×顚×沛(てんぱい)** [テ][名]〔文章語〕〔「顚沛」は、つまずきたおれる〕とっさの場合。つかのま。

そうし-かいめい [ソ]【創氏改名】[名] 家の称号をつくることと名をかえること。[参考] 日本が朝鮮半島を統治していたときに、朝鮮のひとびとに日本風に改めることを強制した政策。

そう-しき [0]【相識】[名]〔文章語〕たがいに面識のあること。

そう-しき [0]【葬式】[名] 死者をほうむる儀式。葬礼。葬儀。

ぞう-しき【雑色・雑式】[名]〔古語〕雑役・はしりづかいをした下役のもの。こもの。

そう-じしょく [ジ]【総辞職】[名][自サ] 全員がそろって職をやめること。「内閣—」

そう-しつ [0]【喪失】[名][他サ] なくすること。うしなうこと。「自信—」

そう-して [0]—さう [接続] 前の事がらにつづいて。「村人が彼を見たのはそれが最後だった。—、長い時間が過ぎた」[参考]「そうして」は「そして」よりも使用範囲が狭く、話し手の抒情的な気分がにじむ感じがある。「(「お届けしますか」と聞かれて)そうしてください」の「そうして」は連語。⇩そして[参考]。

そうじ-て [ソ]/[0]【総じて】[副] 例外はあるかもしれないが、全体として。おしなべて。「—老人は朝が早い」「—東日本の食べ物は塩辛い」

そう-じまい [ジ]【総じまい】【総仕舞】—じまひ [名] 全部をかたづけること。「年末の—」

そう-じめ [0]【総締め】[名] 総計。合計。

そう-しゃ [ソ]【壮者】[名]〔文章語〕元気な若もの。壮年の人。

そう-しゃ [ソ]【走者】[名] ❶競走の参加者。「リレーの第二—」❷野球で、塁に出た人。ランナー。「—一掃の二塁打」

そう-しゃ [ソ]【宗社】[名] ❶宗廟(そうびょう)(祖先の霊をまつる所)と社稷(しゃしょく)(土地と穀物の神)。❷国家。天下。

そう-しゃ [ソ]【奏者】[名] ❶楽器を演奏する人。「トランペット—」❷身分の高い人への取り次ぎを職とした人。

そう-しゃ [0]【操車】[名][自サ] 車両をつないだり、切りはなしたり、入れかえたりすること。「—場」「—係」

そう-しゃ [ソ]【掃射】[名][他サ] 機関銃などで、なぎはらうように左右につづけざまにうつこと。「機銃—」

ぞう-しゃ [0]【増車】[名][自他サ] 車両をふやすこと。↕減車。

そう-しゅ [ソ]【双手】[名] 両手。もろて。↕隻手(せきしゅ)。

そう-しゅ [ソ]【宗主】[名]〔文章語〕大もととなるところのかしら。**―権**(けん) [シュ][名] ある国が、他国の内政・外交を左右する権力。従属国を支配する権力。↕従属国。**―国**(こく) [シュ][名] ある国に対して宗主権を持つ国。

そう-しゅ [ソ]【×漕手】[名]〔文章語〕舟・ボートのこぎて。

そう-しゅ [ソ]【操守】[名]〔文章語〕心にかたくまもって、かわらないこと。節操を守ること。

そう-じゅ [ソ]【送受】[名][他サ] 送ることと受けること。送信と受信。「―器」

ぞう-しゅ [0]【造酒】[名] さけをつくること。酒造。

そう-しゅう [0]【早秋】[名]〔文章語〕秋のはじめ。初秋。[秋]

そう-しゅう [0]【爽秋】[名]〔文章語〕さわやかな秋。[秋]

そう-しゅう [0]【総収】[名] すべての収入。総収入。

そう-しゅう [0]【総集】[名][他サ] 番組や作品などを、すべて集めてまとめたもの。「冬季オリンピック―編」

そうしゅう《相州》⬇さがみ(相模)。

そう-じゅう [0]【操縦】[名][他サ] あやつり、うごかすこと。「飛行機の―」「機械の―」

ぞう-しゅう [0]【増収】[名][自サ] 収入や収穫高がふえること。↕減収。

そうじゅう-せつ《双十節》中華民国で、十月十日の祝日。一九一一年の辛亥(しんがい)革命の記念日。[秋]

ぞうしゅう-わい [シュ]【贈収賄】[名] わいろをおくることと、受け取ること。贈賄(ぞうわい)と収賄(しゅうわい)。「―事件の摘発」

そう-じゅく [0]【早熟】[名][形動(の)] ↕晩熟。❶果実などがふつうより早く熟すること。「―の品種」❷年のわりに心身が発達して、おとなのようであること。ませていること。「―な子」

そう-しゅつ [0]【創出】[名][他サ] 新しいものをつくりだすこと。

そう-しゅつ [0]【×簇出】[名][自サ]〔文章語〕むらがり出ること。ぞくしゅつ。

そう-じゅつ [ソ]【×槍術】[名] やりを使う武術。

ぞう-しゅつ [0]【造出】[名][他サ]〔文章語〕つくりだすこと。

そう-しゅん [0]【早春】[名] 春のはじめ。浅春。[春] ↕晩春。

そう-しょ [0]【草書】[名] 書体の一つ。書体をもっともくずした形のもの。↕行書・楷書・真書。⇨書体(図)。

そう-しょ [0/ソ]【×叢書・双書】[名] 同一のテーマ・体裁で編集、刊行した一群の書物。シリーズ。「現代文学―」

ぞう-しょ [0]【蔵書】[名] 書物を所有すること。また、所有する書物。「―家」

そう-しょう [ソ]【宗匠】[名] 和歌・俳句・茶道などの師匠(ししょう)。

そう-しょう [0]【相称】[名] ❶つりあうこと。❷左右・上下がひとしいこと。対称。シンメトリー。

そう-しょう [0]【創傷】[名]〔文章語〕からだのきず。

そう-しょう [0]【相承】[名][他サ]〔文章語〕親から子、師からでしに、つぎつぎにうけつぐこと。「累代(るいだい)―の奥義(おうぎ)」

そう-しょう [0]【総称】[名][他サ] 共通性をもつ個々のものを、ひとまとめによぶこと。また、そのよび名。

そう-じょう [0]【葬場】[名] 葬式をする所。葬儀場。

そう-じょう [ソ]【僧正】[名] 僧官のいちばん上の位。大僧正・僧正・権僧正(ごんそうじょう)の三種がある。

そう-じょう [0]【層状】[名] かさなって幾段にもなっているようす。

そう-じょう [0]【総状】[名]〔文章語〕ふさのようになっているようす。「―花序」

そう-じょう [0]【騒×擾】[名]〔文章語〕(「擾」はみだれるの意)ひどくさわぎ、秩序を乱すこと。騒乱。**―罪**(ざい) [ジョ][名] 多人数が共同意志のもとに集まり、暴行・脅迫(きょうはく)などをおこない、世間をさわがす罪。今は騒乱罪という。

そう-じょう [0]【奏上】[名][他サ]〔文章語〕天皇・国王に申しあげること。

そう-じょう [0]【相乗】[名][他サ] 二つ以上の数を掛けあわせること。**―効果**(こうか) [コ][名] 二つ以上の物事が同時に作用することによって、それらが単独でもたらす以上の効果をうみ出すこと。

ぞう-しょう [0]【蔵相】[名] もと、大蔵(おおくら)省の長官。大蔵大臣。

ぞう-しょう [0]【増床】[名][自他サ] ↕減床。❶病院などのベッドの数をふやすこと。❷スーパーなどの売り場の床面積をふやすこと。

そうしよう-しょくぶつ [ク]【双子葉植物】[名] 一つの芽ばえに、二つの子葉がつく植物類。さくら・あぶらな・あさがお・きくなど。↕単子葉植物。

ぞうじょう-てん《増長天》仏法をまもる四天王の一つで、南方をつかさどるもの。

×宋×襄(そうじょう)**の仁**(じん) 無用の情け。[参考] 中国の春秋戦国時代に、宋(そう)の襄公(じょうこう)が楚(そ)と戦ったとき、敵に情けをかけたため、かえって負けたという話から。

ぞうじょう-まん [ジョ]【増上慢】[名] ❶〔仏〕まだ、さとってもいないのに、さとったような顔をしていばること・人。❷実力がないのに自信が強いこと。

そう-しょく [0]【僧職】[名] 僧としての職務。僧という職業。

そう-しょく [0]【草食】[名][自サ] 草や植物質のものをおもな食物とすること。↕肉食。

そう-しょく [0]【装飾】[名][他サ] かざること。かざりつけ。**―音**(おん) [ク][名] メロディーをはなやかにするための、かざりの音。

ぞう-しょく [0]【増殖】[名][自他サ] ❶ふえること。また、ふやすこと。「資本を―する」❷生物の個体や細胞がふえること。**―炉**(ろ) [ク][名] 使った核燃料より多くの新しい核燃料を生成する原子炉。

そうしれい-かん [レ]【総司令官】[名] 全軍の最高の司令官。

そう-しん [0]【痩身】[名]〔文章語〕やせたからだ。痩躯(そうく)。

そう-しん [0]【総身】[名] 全身。そうみ。「―の力をふりしぼる」

そう-しん [0]【送信】[名][他サ] 電気的な信号をおくること。「メールを―する」↕受信。

そう-しん [0]【喪心・喪神】[名][自サ] ❶〔文章語〕気をうしなうこと。失神。❷力をおとすこと。気ぬけ。

そう-じん [0]【騒人】[名]〔文章語〕文人や詩人。風流をあじわう人。騒客。

ぞう-しん [0]【増進】[名][自他サ] 活動力や能力などが、増しすすむこと。また、ふやしすすめること。「健康―」

そうしん-ぐ [シ]【装身具】[名] ゆびわ・イヤリングなど、身のかざりにする品。アクセサリー。

そうず [0]【添▲水】[名] ⬇ししおどし。

そう-ず [0]【挿図】[名] 本文中にはさむ図。さしえ。

そう-ず [ソ]【僧都】[名] 僧官で、僧正(そうじょう)の次の位。

そう-すい [0]【総帥】[名] 全軍をまとめてひきいる人。総大将。

そう-すい [0]【送水】[名][自サ] 水を送ること。「―管」

ぞう-すい [0]【雑炊】[名] 野菜などをきざみこみ、みそやしょうゆで味をつけたかゆ。おじや。[冬]

ぞう-すい [0]【増水】[名][自サ] 大雨や雪どけなどで、川や湖の水の量がふえること。↕減水。
そう-すう [ス]【総数】[名] 全体のかず。
そう-すかん [ス]/[カ]【総すかん】[名]〔俗語〕〔「すかん」は「好かん」から〕みんなからきらわれること。「―をくう」
そう・する【奏する】㊀[ス][他サ]〔シ・セ・サ|シ|スル|スル|スレ|シロ・セヨ〕❶音楽をかなでる。「琴を―」❷なしとげる。「功を―」 **そう・す** [文語サ変] ㊁[他サ]〔古語〕「言う」の謙譲の言いかた。申しあげる。「(冷泉院ノ)お前に出でて、御階のひだりみぎに膝をつきて奏したまへば」〈源氏〉[参考]天皇や上皇に申しあげるときのことば。皇后や皇太子などには「けいす(啓す)」と言う。
そう・する [ス]【相する】[他サ]〔シ・セ・サ|シ|スル|スル|スレ|シロ・セヨ〕〔文章語〕姿や、ようすを見て、よしあしや吉凶を判断する。人相や家相などを判断する。うらなう。「地を―」 **さう・す** [文語サ変]
そう・する [ス]【草する】[他サ]〔シ・セ・サ|シ|スル|スル|スレ|シロ・セヨ〕したがきをつくる。原稿を書く。「碑文を―」 **さう・す** [文語サ変]
ぞう・する [ス]【蔵する】[他サ]〔シ・セ・サ|シ|スル|スル|スレ|シロ・セヨ〕所蔵する。「五万冊を―図書館」 **ざう・す** [文語サ変]
そうすると [0] [接続] 前の事がらを受けて、自然に後の事がらの状態になることをあらわす。「メモをとりなさい、―ミスが減ります」
そう-せい [0]【双生】[名] 同時に二児がうまれること。 **―児** [セ][名] 双生の子。ふたご。
そう-せい [0]【創世】[名]〔文章語〕❶世界をはじめてつくること。❷世界のできはじめ。 **―記** [セ][名] 旧約聖書の第一章で、世界と人類のできはじめなどをえがいた物語。
そう-せい [0]【×蒼生】[名]〔文章語〕人民。あおひとぐさ。
そう-せい [0]【早世・早逝】[名][自サ]〔文章語〕はや死にすること。[参考]「若死に」「夭折」は年が若いことを前提とするが、「早世・早逝」は必ずしも年齢が若いとはかぎらない。
そう-せい [0]【×叢生・×簇生】[名][自サ]〔文章語〕草木などが、むらがりはえること。群生。
そう-せい [0]【奏請】[名][他サ]〔文章語〕天皇に申しあげてゆるしをねがうこと。
そう-せい [0]【創成】[名][他サ] はじめてつくりあげること。
そう-せい [0]【創製】[名][他サ]〔文章語〕はじめてつくること。
そう-ぜい [0]【総勢】[名] すべての人数。総員。
ぞう-せい [0]【造成】[名][他サ] つくること。つくりあげること。「宅地を―する」
ぞう-ぜい [0]【増税】[名][自サ] 税金を高くすること。↕減税。
そうせい-じ [セ]【早生児】[名] 月たらずの子。早産の子。
そう-せき [0]【僧籍】[名] 僧としての身分。「身を―におく」
そう-せき [0]【踪跡】[名]〔文章語〕〔「踪」も「跡」もあしあとの意〕❶あと。足あと。❷ゆくえ。「―をくらます」
そうせき-うん [キ]【層積雲】[名] 高さ二千メートル以下の、下層雲の一つ。黒いかたまりや、うねになって空をおおう雲。
そう-せつ [0]【霜雪】[名]〔文章語〕❶しもとゆき。❷白い物のたとえ。特に髪の白いことをいう。
そう-せつ [0]【創設】[名][他サ] はじめてもうけること。「会社を―する」
そう-せつ [0]【総説】[名][他サ] 全体をまとめてとくこと。また、その説。
そう-ぜつ [0]【壮絶】[名][形動] 非常に雄々しくはげしいこと。「―きわまりない」
ぞう-せつ [0]【造設】[名][他サ] 設備や建物をつくること。
ぞう-せつ [0]【増設】[名][他サ] ふやしもうけること。「保育所の―」「メモリーの―」
そう-ぜん [0]【窓前】[名]〔文章語〕まどのまえ。
そう-ぜん [0]【×蒼然】[と副][たる連体]〔文章語〕❶あおあおしたようす。「―たる森林」❷ふるびたようす。「古色―」❸うす暗いようす。「暮色―」
そう-ぜん [0]【騒然】[と副][たる連体] さわがしいようす。ざわざわ。がやがや。「―とした世情」
ぞう-せん [0]【造船】[名][自サ] ふねをつくること。
そう-せんきょ [セ]【総選挙】[名] ❶議員・委員などの全員を一時に選挙すること。❷衆議院議員の選挙。❸〔俗語〕ファンによるアイドルなどの人気投票。
そう-そう [0]【草草】㊀[名] ❶てみじかなこと。❷ていねいでないこと。そまつなこと。「お―さまでした」❸いそがしいこと。あわただしいこと。「―の日々を送る」㊁[あいさつ] 手紙の末に書く語。走り書きをしたという意味。早早。匆匆。⇩敬具[参考]。
そう-そう [0]【草創】[名]〔文章語〕〔「草」も「創」もはじめの意〕ことのしはじめ。創業。創始。
そう-そう [0]【葬送】[名]〔文章語〕葬式で死者を見おくること。のべおくり。 **―行進曲** [シ][名] 死者をとむらう行進曲。
そう-そう [0]【×滄桑】[名]〔文章語〕滄海(あおうなばら)と桑田(くわばたけ)。 **―の変** 桑海の変。
そう-そう [0]/[ソ] [副] そんなにいつまでも。そんなにたびたび。「―待てない」[参考]下に打ち消しや反語の言い方が来る。
そう-そう [0]【早早】㊀[副] はやばや。はやく。すぐに。「―においでくださって」「来春―着工の予定」㊁[あいさつ]「そうそう(草草)㊁」に同じ。
そう-そう [0]【×淙×淙】[と副][たる連体]〔文章語〕水のさらさらと流れるようす。「―たる流れ」
そう-そう [0]【×蒼×蒼】[と副][たる連体]〔文章語〕草木があおあおと茂っているようす。「―たる夏の山」
そう-そう [0]【層層】[と副][たる連体]〔文章語〕幾重にもかさなっているようす。
そう-そう [0]【×錚×錚】[と副][たる連体]〔文章語〕❶名が広く知られ、人物がすぐれているようす。「―たる政治家」❷きたえた鉄などが、さえた音を出す形容。❸琴・琵琶などの音がよくひびくさま。
そう-そう [0]【×匆×匆】〔文章語〕㊀[あいさつ]「そうそう(草草)㊁」に同じ。㊁[名]【×怱×怱】あわただしいこと。「―の間」
そう-ぞう [0]【創造】[名][他サ] はじめてつくりだすこと。「天地―」↕模倣。
そう-ぞう [0]【想像】[名][他サ] ❶実際に経験しないことを心にえがくこと。❷〔心〕知っていることをもとにして、新しい観念をつくること。
そう-ぞう・し [形シク]〔古語〕(あってほしい物事が無くて)もの足りない。満たされない。心寂しい。「人なくてさうざうしとて」〈蜻蛉〉[参考]ひとりぼっちでさびしい意をあらわす「さくさくし(寂々し)」の変化。「騒々しい」とは別語。
そうぞうし・い [シ]【騒騒しい】[形]〔カロ|カッ・ク|イ|イ|ケレ|○〕音・声などがやかましい。「二階で子どもが―」「インフルエンザで世間が―」[参考]「騒がしい」よりも不快な感じが強い。「おそうぞうしいことで」は、昭和戦前期以前の東京で聞かれた火事見舞いの挨拶。 **騒騒しさ** [名] **さうざう・し** [文語シク]
そうそう-ろうろう [0]【×蹌×蹌×踉×踉】[(と)副][たる連体]〔文章語〕〔「蹌踉」を強めた語〕ひどくよろめくようす。よろよろひょろひょろ。「―たる足どり」
そう-そく [0]【総則】[名] 全体の事がらに共通する法則。通則。↕細則。
そう-そく [0]【相即】[名]〔文章語〕仏教で、二つのものが一つにとけあっていること。―不離(ふり) [フ][名][形動]〔文章語〕つながっていて、はなすことができないこと。「―の関係」

そう‐ぞく [ソ]【宗族】[名]〔文章語〕本家と分家との全体。一族。

そう‐ぞく [ソ]【僧俗】[名]〔文章語〕僧と一般人。

そう‐ぞく [0]【相続】[名][他サ] ❶受けつぐこと。❷財産上の権利・義務を親族などが受けつぐこと。「莫大(ばくだい)な遺産を―する」 **―税**(ぜい) [ク][名] 相続などによる財産に課される国税。 **―人**(にん) [0][名]〔法〕もとの所有者から財産上の権利・義務を相続する人。↕被相続人。

そう‐ぞ・く【▲装▲束く】(さうぞく) [自四]〔古語〕〔「装束(しょうぞく)」を日本語ふうに活用させてつくった語〕衣服をつける。きちんとした服装をする。さうぞく。「目やすくさうぞきて上りたまへり」〈宇津保〉

そう‐そつ [0]【倉卒】【×怱卒】[名][形動]〔文章語〕あわただしいこと。いそがしいこと。「―の間」

そう‐そふ [ソ2]【曽祖父】[名] 祖父母の父。ひいじいさん。

そう‐そぼ [ソ2]【曽祖母】[名] 祖父母の母。ひいばあさん。

そう‐そん [0]【曽孫】[名]〔文章語〕まごの子。ひまご。

そう‐だ [ソ]【操×舵】[名][自サ] 船のかじをとること。「―手」

そう‐だ(さうだ) [助動] ソウダロ・ソウダッ・ソウデ・ソウニ ソウダ・ソウナ・ソウナラ・○ ❶〔動詞・助動詞などの連用形、形容詞・形容動詞などの語幹につく〕いま起ころうとしているようす・状態、または外から見たようす・状態をあらわす。「雨が降り―」「彼は楽し―」❷〔動詞・助動詞・形容詞・形容動詞などの終止形につく〕他から伝え聞くこと(伝聞)の意味をあらわす。「雨が降る―」⇩らしい [参考]。

そう‐たい [0]【相対】[名] ❶向かい合うこと。また、対立すること。❷物事が、時・所・見方によってちがっており、一定でないこと。↕絶対。 **―音感**(おんかん) [オ][名] ある特定の音を基準にして、ほかの音の高さを聞き分ける感覚。↕絶対音感。 **―主義**(しゅぎ) [シュ][名] 絶対的な真理を否定して、すべての真理を相対的と考える立場。↕絶対主義。 **―性理論**(せいりろん) [リ][名] 空間と時間とはむすびついて四次元の世界をつくり、空間・時間はのびちぢみもするという、アインシュタインの理論。相対性原理。 **―的**(てき) [0][形動] 物事が他のものとの関係でなりたっているようす。「状況を―にとらえることが大切だ」「沖縄は東京よりも暑いが、台湾やフィリピンにくらべれば―に涼しい」↕絶対的。 **―評価**(ひょうか) [ヒョ][名] その人の能力は、集団の中でどこに位置するかという見方で評価する成績の付け方。↕絶対評価。

そう‐たい [0]【草体】[名] 草書の書体。

そう‐たい [0]【僧体】[名] 僧のすがた。僧形(そうぎょう)。法体(ほったい)。↕俗体。

そう‐たい [0]【総体】㊀[名] 全体。↕部分。㊁[副] もともと。だいたい。

そう‐たい [0]【早退】[名][自サ] きまった時刻よりまえに帰ること。はやびき。はやびけ。「急用で―する」

そう‐だい [0]【総代】[名] 関係者全員を代表すること。また、その人。「卒業生―」

そう‐だい [0]【壮大】[形動] ダロ・ダッ・デ・ニ ダ・ナ・ナラ・○ 大きくて、りっぱなようす。「―な建築物」

ぞう‐だい [0]【増大】[名][自他サ] ふえて大きくなること。ふやして大きくすること。「不満が―する」

そう‐だか [0]【総高】[名] 総額。「年間の売り上げ―」

そう‐だち [0]【総立ち】[名] みんながいっせいに立ちあがること。「満場―になる」

そう‐たつ [0]【送達】[名][他サ] おくりとどけること。「書類を―する」

そう‐だつ [0]【争奪】[名][他サ] あらそって、うばいとること。「タイトルを―する」「―戦」

そう‐たん [0]【操短】[名]「操業短縮」の略。

そう‐だん [0]【相談】[名][自他サ] ❶意見のまとまっていないことを話し合って決めること。打ち合わせ。「文化祭の日程を実行委員会で―する」❷自分ではどうすればよいかわからないことについて、年長者や識者に意見を求めること。「兄に―に乗ってもらう」「相続のことで弁護士に―する」 **―役**(やく) [0][名] ❶相談の相手になる人。❷会社で、重大問題について助言や調停をする役職。また、その人。

ぞう‐たん [0]【増反】[名][自サ] 耕作する田畑の広さをふやすこと。↕減反。

ぞう‐たん [0]【増炭】[名][自サ] 石炭の産額をふやすこと。

そう‐ち [ソ]【送致】[名][他サ]〔文章語〕❶おくりとどけること。❷書類・被告人などをある場所から他へうつすこと。「検察に身柄を―する」

そう‐ち [ソ]【装置】[名][他サ] 機械・道具などを取りつけること。また、取りつけたもの。仕掛け。「自動記録―」

ぞう‐ちく [0]【増築】[名][他サ] 今ある建物に建て加えること。たてまし。「校舎を―する」

そう‐ちゃく [0]【早着】[名][自サ] 電車・バス・飛行機などが定刻よりも早く着くこと。

そう‐ちゃく [0]【装着】[名][他サ] ❶身につけること。「消防服を―する」❷付属品類を本体に取りつけること。

そう‐ちょう [0]【早朝】[名] あさはやいとき。早暁。夜明け。

そう‐ちょう [ソ]【×宋朝】[名] ❶中国の宋の朝廷。宋。❷宋朝活字。 **―活字**(かつじ) [カ][名] 縦長で肉のほそい活字体の一種。宋朝体。宋朝。⇩書体(図)。

そう‐ちょう [ソ]【曹長】[名] もと陸軍下士官の階級。軍曹の上。また、自衛隊で、一曹の上、准尉の下の階級。

そう‐ちょう [ソ]【総長】[名] ❶事務をすべおさめる最高責任者。「事務―」❷旧制の総合大学の長。⇩学長 [参考]。

そう‐ちょう [0]【荘重】[形動] ダロ・ダッ・デ・ニ ダ・ナ・ナラ・○ おごそかでおもおもしいようす。「―な口調(くちょう)で告別のことばをのべる」

ぞう‐ちょう [0]【増長】[名][自サ] つけあがって高慢になること。「ほめられて―する」

[参考]「壮重」と書くのはあやまり。

ぞう‐ちょう [0]【増徴】[名][他サ]〔文章語〕税金などを、今までより多く取り立てること。

そう‐で [0]【総出】[名] みんなが出ること。「一家―の花見」

そう‐てい [0]【壮丁】[名]〔「丁」は働きざかりの男の意〕❶成年に達した男子。若者。❷もと、徴兵適齢者のこと。

そう‐てい [0]【×漕艇】[名] ボートをこぐこと。

そう‐てい [0]【送呈】[名][他サ] 物を送り届けて、その相手にあげることの改まった言い方。

そう‐てい [0]【装丁】【装×幀・装×釘】㊀[名][他サ] 書物などをとじて表紙をつけること。装本。㊁[名] 表紙の意匠(いしょう)や造り。

そう‐てい [0]【想定】[名][他サ] 物事をおこなううえで、状況やなりゆきをかりにきめておくこと。また、その考え。「―問答」「理科室から発火という―で避難訓練をする」 **―外**(がい) [テ][名] 予想していた範囲をこえていること。「―の出来事」↕想定内。

ぞう‐てい [0]【増訂】[名][他サ] 本の内容の不足を補ったり、あやまりを訂正したりすること。増補し訂正すること。

ぞう‐てい [0]【贈呈】[名][他サ] 人に物をさしあげること。進呈。

そう‐てん [0]【早天】[名]〔文章語〕夜明け。早朝。

そう‐てん [ソ]【争点】[名] あらそいの的となっている点。「両者の―を整理する」

そ

そう-てん ⓪【×蒼天】名〔文章語〕あおぞら。大空。蒼空(そうくう)。

そう-てん ⓪【総点】名 得点の合計。

そう-てん ⓪【装塡】名 他サ 銃砲にたまをこめること。

そう-でん ⓪【桑田】名〔文章語〕桑ばたけ。**—変(へん)じて×滄海(そうかい)となる**（くわばたけが海になるほどに）世の中の移りかわりが激しく、予測することができないことのたとえ。

そう-でん ⓪【送電】名 自サ 電気をおくること。「—線」

そう-でん ⓪【相伝】名 他サ〔文章語〕次々とつたえること。「一子—」

そう-と ①【壮図】名〔文章語〕大規模な計画。

そう-と ①【壮途】名 いさましくさかんなかどで。「—に就く」

そう-と ①【僧徒】名 僧のなかま。

そう-とう ⓪【双頭】名〔文章語〕ならんだ二つのあたま。**—の×鷲(わし)**（あたまの二つあるわし）支配者・権力者がふたりいること。

そう-とう ⓪【総統】名 組織の全体をまとめること。また、その職・人。

そう-とう ⓪【争闘】名 自サ あらそい、たたかうこと。闘争。

そう-とう ⓪【相当】❶ 名 自サ（名詞に付いて、また「する」を伴って）二つのものが数量・程度・機能などでつりあっていること。相応。「年齢—の服装」「収入—の暮らし」「魚のえらは人の肺に—する」❷ 形動(の) 副（「の」の付いた形で名詞を修飾して、また述語を修飾して）普通よりも、また想像よりも程度が上であることをあらわす。「新人投手としては—の球速だ」「連休の人出は—多くなるらしい」参考「かなり」も「相当」と似た意味をあらわすが、「相当」のほうが平均や予想をこえる度合いが大きい。

そう-とう ⓪【想到】名 自サ〔文章語〕おもいいたること。考えつくこと。「原因に—する」

そう-とう ⓪【掃討】【掃×蕩】名 他サ すっかりうちはらうこと。たいらげること。「残敵の—」

そう-どう ⓪【相同】名〔生〕二つのちがった生物の器官で、形やはたらきはちがっているが、その発生は同じであること。鳥の翼と獣の前足との関係など。↔相似(そうじ)。

そう-どう ⓪【草堂】名〔文章語〕❶草ぶきの家。❷自分の家の謙譲語。

そう-どう ⓪【僧堂】名 禅宗の寺院で、僧が座禅や日常生活をする建物。禅堂。

そう-どう ①【騒動】名 大ぜいでさわぎたて秩序が乱れること。あらそい。もめごと。「お家—」

ぞう-とう ⓪【贈答】名 他サ おくりもののやりとりをすること。「—品」「—歌」

そう-どういん ③【総動員】名 他サ ある目的のために、人や物を全部かりたてること。「一家—ではたらく」

そうとう-しゅう《曹洞宗》中国におこり、鎌倉(かまくら)時代、道元(どうげん)によって日本へつたえられた禅宗の一派。

そう-とく ⓪【総督】名 旧植民地の長官。

そう-トン ①【総トン】【総×噸】名 ❶トン数全部の合計。❷船の全容積を、百立方フィートを一トンとして計算したトン数。↔重量トン・排水トン。

そう-な(さうな) 助動 ❶（終止形につく）…らしい。…ようだ。「幸せに暮らした—」参考 昔話の語りなどに使われる。❷〔古語〕❶（名詞・動詞連用形・形容詞語幹などにつく）…であるらしい。…のようだ。「（病モ）だんだん快(こころよ)ささうなによって」〈狂言・武悪〉❷（活用語の終止形につく）…らしい。…ようだ。「太郎冠者がもどったさうな」〈狂言・宝の槌〉

そう-な・し【双無し】形ク〔古語〕ならぶものがない。すばらしい。「城(じょう)の陸奥守(むつのかみ)泰盛は、さうなき馬乗りなりけり」〈徒然〉

そう-な・し【ʼ左右無し】形ク〔古語〕❶どれともきまらない。「さうなくてやまむ、いとわろかるべし」〈枕〉❷あれこれとためらわない。「（蛇ノイル塚ヲ）さうなく（ムヤミニ）掘りすてられがたし」〈徒然〉

そう-なめ ⓪【総なめ】【総×嘗め】名 ❶全部のものに被害をあたえること。「火事は全市を—にした」❷相手全部をうちまかすこと。「対戦チームを—にする」

そう-なん ⓪【遭難】名 自サ 登山、航海などで、災難に出あうこと。また、災難にあって死ぬこと。「冬山で—する」

そう-に ①【僧尼】名 僧侶(そうりょ)と尼僧。

新年 **ぞう-に** ⓪【雑煮】名 もちを野菜・肉などと煮た料理。

そう-にゅう ⓪【挿入】名 他サ さしいれること。

そう-にょう ⓪【走×繞】名 漢字の部首の一つ。「起」「趣」などの「走」。

そうにん-かん ③【奏任官】名 もと官吏の階級で、勅任官の下、判任官の上。↔親任官・勅任官・判任官。

そう-ねん ⓪【壮年】名 働きざかりのとしごろ。また、その人。盛年。↔老年。

そう-ねん ①【想念】名〔文章語〕思い。考え。

そう-の-こと ①=④【×箏の琴】名 箏(そう)。

そう-は ①【争覇】名 自サ〔文章語〕❶権力をあらそうこと。「戦国群雄の—」❷優勝をあらそうこと。「—戦」

そう-は ①【走破】名 自サ〔文章語〕全体の距離をはしりとおすこと。「全行程を—する」

そう-は ①【×搔×爬】名 他サ〔医〕体内の組織を器具を使ってかきとること。

そう-ば ⓪【相場】名 ❶品物のその時々の値段。市価。時価。❷現物の取引をせず、市価の変動で、差額をもうけようとする売買・取引。❸〔俗語〕世間一般の評価。

ぞう-は ⓪【増派】名 他サ 人数をふやして派遣すること。

そう-はい ⓪【崇拝】「すうはい」のあやまり。

ぞう-ばい ⓪【層倍】接尾 倍。「五—」

ぞう-はい ⓪【増配】名 他サ 株式の配当率・配当量をふやすこと。↔減配。

そう-はく ⓪【×糟×粕】名〔文章語〕（「糟」も「粕」もかすの意）❶さけのかす。❷あとにのこった不用物。**—を×嘗(な)める** 他人の説をうけつぐだけで、独創的でないことのたとえ。

そう-はく ⓪【×蒼白】名 形動(の) あおじろいこと。血の気がないこと。「顔面—」

そう-はつ ⓪【双発】名 発動機が二つあること。**—機(き)** ① 名 双発の飛行機。↔単発機。

そう-はつ ⓪【総髪】名 男が髪をぜんぶのばして、うしろでたばねたもの、また、なでつけたもの。江戸時代の医者や儒者、山伏などの髪形。そうがみ。

総髪

そう-はつ ⓪【早発】名 自サ ↔遅発。❶定刻より早く出発すること。「バスが—した」❷〔医〕早い時期に発生すること。「—月経」

ぞう-はつ ⓪【増発】名 他サ 交通機関などの運行回数をふやすこと。

そうはつせい-ちほう ⑦【早発性痴×呆】名 統合失調症のもとの言い方。

そう-ばな ⓪【総花】名 ❶全員に祝儀(しゅうぎ)を出すこと。❷関係者全員に利益をあたえること。「—予算」**—式(しき)**

0 名 全員に利益や恩恵をあたえるやり方。「―の講評」

そう-ばん 0【早晩】副 おそかれはやかれ。いつかは。「どうせ―知れることだ」

ぞう-はん 0【蔵版】名 書物の版木(はんぎ)・紙型をもっていること。

ぞう-はん 0【造反】名 自サ ❶組織の中にあって、組織のあり方を批判し、むほんをおこすこと。「―議員」❷権力者・管理当局への反抗。参考 中国で一九六六年の文化大革命以後多く使われ、日本にも移入された。

ぞう-はん 0【増版】名 他サ ➡ぞうさつ。

そう-び ソ【壮美】名 文章語 壮大でうつくしいこと。

そう-び ソ【×薔×薇】名 文章語 ばら。しょうび。夏

そう-び ソ【装備】名 他サ ❶軍隊や軍艦が武器や付属品をとりつけること。また、そのもの。❷身につけたり、たずさえたりすること。また、そのもの。「登山の―」

ぞうひ-びょう 0【象皮病】名 フィラリアの寄生などのために、皮膚が象の皮のようになる病気。

そう-ひょう 0【総評】名 他サ 全体にわたって、批評をすること。また、その批評。

そう-びょう 0【宗×廟】名 文章語 祖先のみたまや。

そう-びょう 0【×躁病】名 躁鬱(そううつ)病の一状態。気分がさわやかになり興奮する状態。↕鬱病(うつびょう)。

ぞう-ひょう 0【雑兵】名 身分のひくい兵士。じんがさ。

ぞう-ひん 0【×贓品】名 文章語 ぬすみとった品。贓物。盗品。

ぞう-びん 0【増便】名 自他サ 船・飛行機・自動車などの定期便の回数がふえること、また、ふやすこと。↕減便。

そう-ふ 0【総譜】名 合奏曲・合唱曲などの、すべての声部を記した楽譜。総譜表。スコア。

そう-ふ ソ0【送付】名 他サ 品物・書類などをおくること。「請求書を―」

ぞう-ふ ゾ【臓×腑】名 五臓六腑(ごぞうろっぷ)。はらわた。内臓。

そう-ふう 0【送風】名 自サ 風を吹き送ること。

そう-ふく 0【双幅】名 二つで一組のかけもの。対幅(ついふく)。

そう-ふく 0【僧服】名 僧侶が着る衣服。僧衣。

ぞう-ふく 0【増幅】名 他サ ❶電流・電波の振幅を大きくすること。「―器」❷元の物事よりも大きくすること。「その話は―されすぎている」

ぞう-ぶつ 0【×贓物】名 文章語 ぞうひん。

ぞうぶつ-しゅ ツ|テ【造物主】名 天地・万物をつくった神。

そう-へい 0【僧兵】名 平安時代の末、延暦寺(えんりゃくじ)や興福寺(こうふくじ)などにいた、軍事にしたがう僧。

ぞう-へい 0【造幣】名 貨幣をつくること。「―局」

そう-へき 0【双璧】名 (二つのたま)すぐれた一対(いっつい)のもの。すぐれた、ふたりの人。「学界の―」

そう-べつ 0【送別】名 他サ 転任や旅行などで行く人を、おくること。「―会」

そう-べつ 0【層別】名 他サ 調査の対象を、ほぼ同じ性質の集団に分けること。

そう-べつ 0【総別】副 おおよそ。総じて。

そう-ほ ソ【相補】名 他サ 欠けているところを、たがいにおぎなうこと。「―的関係」

ぞう-ほ ゾ【増補】名 他サ 本の内容をまし加え、おぎなうこと。「―版」

そう-ほう ソ【双方】名 両方。両者。

そう-ほう 0【走法】名 陸上競技などでのはしりかた。「ストライド―」

そう-ほう 0【奏法】名 楽器の演奏のしかた。

そう-ぼう 0【双×眸】名 文章語 両眼のひとみ。両眼。

そう-ぼう 0【×怱忙】名 文章語 ひどくいそがしいこと。「―の間(かん)」

そう-ぼう 0【相貌】名 文章語 顔かたち。すがた。

そう-ぼう 0【僧坊・僧房】名 僧がふだん住むところ。

そう-ぼう 0【×蒼×氓】名 文章語 (「氓」は移住民の意)人民。たみ。蒼生。

そう-ぼう 0【想望】名 他サ 文章語 ❶慕い、あおぐこと。思慕。❷あることの到来を期待すること。

そう-ぼう 0【×蒼×茫】と副 たる連体 文章語 見わたすかぎり青々としてひろいようす。「―たる大うなばら」

そうぼう《蒼氓》石川達三の長編小説。一九三五年に発表。第一回芥川(あくたがわ)賞受賞。ブラジルへ移民する人々をえがく。

ぞう-ほう 0【増俸】名 自サ 増給。↕減俸。

そう-ほうこう ホ【双方向】名 通信や放送などで、情報・伝達の方向が一方的でなく、受け手からも発信できること。「―テレビ」

ぞう-ぼく 0【雑木】名 ➡ぞうき。

そう-ほん 0【草本】名 植物のくきが木質でないもの。くさ。「一年生―」↕木本(もくほん)。**―帯**(たい) 0 名 高山帯のうち、主として草本植物がはえる地帯。低木帯の上で、その上は地衣帯となる。

ぞう-ほん 0【造本】名 書物をつくる技術・作業。

ぞう-ほん 0【蔵本】名 所有する書物。蔵書。

そう-ほんけ ホ【総本家】名 たくさんの分家の大もとの本家。

そう-ほんざん ホ【総本山】名 ある宗派の各本山の大もとの寺院。

そう-まい 0【草昧】名 文章語 (「草」ははじめ、「昧」はくらいの意)世がひらけないで、人知が発達していないこと。

そう-まい 0【爽昧】名 文章語 夜明け。あかつき。爽旦(そうたん)。

そう-まくり マ【総まくり】【総×捲り】名 全部について記載し、また、批評すること。「文壇―」

そうま-とう 0【走馬灯】名 火をともすと、かげえが次々にまわって見えるとうろう。まわりどうろう。夏

走馬灯

そう-み 0ソ【総身】名 からだ全部。全身。そうしん。「大男―に知恵が回りかね」

そう-む ソ【総務】名 組織全体に関する事務をまとめて処理すること。また、その役。「―課」**―省**(しょう) ム 名 省庁の施策の調整、行政管理、地方自治、通信・放送、郵政事業などを担当する国の行政機関。二〇〇一年に総務庁・自治省・郵政省を統合して発足。

そうむ-けいやく ケ【双務契約】名【法】契約の当事者の両方が、たがいに義務をおう契約。売買・貸借など。↕片務契約(へんむけいやく)。

そう-めい 0【×滄×溟】名 文章語 (「滄」はあおい、「溟」はうすぐらいの意)青々とした海。大海。

そう-めい 0【×聡明】形動 ダロ・ダッ・デ・ニ／ダ・ナ・ナラ〇 (耳や目がよくはたらくこと)理解力があってかしこく、すぐれているようす。

そうめい-きょく メ【奏鳴曲】名 ソナタ。

そう-めつ 0【掃滅】【×剿滅】名 他サ 文章語 敵を残らず滅ぼしてしまうこと。殲滅(せんめつ)。

そう-めん ソ【▲素麺】名 小麦粉をこね、のばして細切りにしてかわかしたもの。ひやむぎより細い。夏

そう-もう 0【草×莽】名 文章語 (くさはらの意)民間にいて役人にならないこと。在野。「―の臣」

ぞう‐もう⓪【増毛】名自他サ 人工毛髪などで毛髪を増やすこと。

そう‐もく⓪【草木】名 くさとき。また、植物の総称。「山川(さんせん)──」

ぞう‐もつ⓪【雑物】名 いろいろのそまつなもの。

ぞう‐もつ⓪【臓物】名 はらわた。特に、牛・ぶた・鳥などのはらわた。もつ。

そう‐もよう[モ]【総模様】名 衣服の全体に模様をつけたもの。↕すそ模様。

そう‐もん⓪【相聞】名 万葉集での和歌分類の一つで、やりとりされた歌。恋愛の歌が多い。

そう‐もん⓪【桑門】名〔文章語〕僧門。

そう‐もん⓪【僧門】名〔文章語〕僧の社会。僧の身分。「──に入る」

そう‐もん⓪【総門】名 外がまえの正門。

そう‐もん⓪【奏聞】名他サ〔文章語〕天皇に申しあげること。奏上。

そう‐やく⓪【創薬】名 新しい医薬品を開発し、実用化すること。

そう‐やく⓪【装薬】名 弾丸をうつためにこめてある火薬。

そう‐ゆ⓪【送油】名自サ（パイプを通して）原油を送ること。「──管」

そう‐ゆう⓪【曽遊】名〔文章語〕〔「曽」は「かつて…した」の意〕まえに行ったことのあること。「──の地」

ぞう‐よ[ゾ]【贈与】❶名他サ 金銭や品物をおくりあたえること。❷名〔法〕自分の財産をただで相手にあたえる契約。**──税**(ぜい)[ヨ]名 個人からの贈与で得た財産にかけられる税金。

ぞう‐よう⓪【雑用】名 ❶⇒ざつよう。❷いろいろの費用。雑費。「──にあてる」

そう‐よく⓪【双翼】名〔文章語〕❶左右のつばさ。❷左右の隊列・陣列。

そう‐らん⓪【争乱】名 あらそい、みだれること。

そう‐らん⓪【騒乱】名 事変で、世の中がさわぎみだれること。「──罪」

そう‐らん⓪【奏覧】名他サ〔文章語〕天皇に見せること。

そう‐らん⓪【総覧】【×綜覧】❶名他サ すべてを見ること。❷名 関係のあることが残らずわかるようにした表・書物。

そう‐らん⓪【総×攬】名他サ〔文章語〕〔「攬」はまとめつかさどるの意〕全体を統合し、掌握(しょうあく)すること。「国の行政を──する」

そう‐り[ソ]【総理】❶名他サ すべての事務をまとめること。また、その役。❷名「内閣総理大臣」の略。**──大臣**(だいじん)[ダ]名 内閣総理大臣。**──府**(ふ)[リ]名 内閣府のもとの名。

ぞう‐り⓪【草履】名 わら・竹の皮などを編んだり、ゴム・ビニール・コルクなどでつくった、歯のないはきもの。鼻緒(はなお)があり、底はたいら。**──取**(と)**り**[リ]名 昔、武家の主人のはきものをもって、供をした男。**──虫**(むし)[リ]名 ❶ゾウリムシ科の原生動物。池・みぞ・たまり水などに発生し、繊毛(せんもう)で運動する。分裂によってふえる。❷わらじむしのこと。

そう‐りつ⓪【創立】名他サ はじめて設立すること。「──記念日」

そう‐りょ[ソ]【僧侶】名 出家して仏道にはいった人。僧。ぼうさん。出家。

そう‐りょう[ソ]【送料】名 品物を郵便・宅配便・鉄道などでおくるときの料金。運賃。

そう‐りょう[リョ]⓪【総量】名 全体の重量や分量。

そう‐りょう⓪[ソ]【総領】名 ❶家をつぐべき男の子。❷いちばん年上の子。長男や長女。「──むすめ」**──の甚六**(じんろく) 長男や長女は、弟妹よりも、とかくおっとりしていたり、世間知らずであったりするものだ。

そう‐りょう⓪【爽涼】名形動〔文章語〕さわやかですずしいこと。㊎秋「──の秋」

ぞう‐りょう⓪【増量】名自他サ かさや目方をふやすこと。ふやした分量。↕減量。

そう‐りょうじ[リョ]【総領事】名 領事以下の外交官を監督する最上級の領事。

そう‐りょく[ソ]【走力】名 はしるちから。

そう‐りょく[ソ]【総力】名 総体のもっている全部のちから。「──をあげて取り組む」

そう‐りん⓪【相輪】名 五重塔などのいちばん上にある、金属でつくったかざり。九輪(くりん)。⇩九輪(図)。

そう‐りん⓪【倉×廩】名〔文章語〕〔「廩」はこめぐらの意〕こめぐら。くら。**──実**(み)**ちて礼節**(れいせつ)**を知**(し)**る** 衣食の生活が満たされてはじめて、人は礼儀や節度といった道徳に気が回る。衣食足りて栄辱(えいじょく)を知る。

そう‐りん⓪【僧林】名〔文章語〕僧があつまっているところ。寺。

そう‐りん⓪【×叢林】名〔文章語〕木のむらがっている林。

ぞう‐りん⓪【造林】名自サ 木を植えて、林をつくること。また、そうしてできた林。

ソウル[ソ]〈soul〉名 ❶たましい。❷ソウルミュージック。**──フード**[フ]〈soul food〉名〔アメリカ南部の黒人文化に根ざした伝統料理をいう語から〕ある地域に特有の料理。その地域の人々に親しまれている食べ物。「青森県民の──」**──ミュージック**[ミュ]〈soul music〉名 ブルースを基調として黒人の感性を表現した、アメリカの大衆音楽。一九六〇年代に盛んになった。ソウル。

そう‐るい⓪【走塁】名 野球で、ランナーが塁から塁へとはしること。

そう‐るい[ソ]【藻類】名 水中に産する下等の隠花植物で、緑藻(りょくそう)・紅藻(こうそう)・珪藻(けいそう)・褐藻(かっそう)などの総称。食用や医薬・肥料用。

そう‐れい⓪【壮齢】名〔文章語〕元気ざかりの年ごろ。壮年。

そう‐れい⓪【葬礼】名 葬式。

そう‐れい⓪【壮麗】形動 ダロ・ダッ・デ・ニ／ダ・ナ・ナラ・○ 規模が大きくおごそかで美しいようす。「──ながめ」

そう‐れつ⓪【葬列】名 葬式の行列。

そう‐れつ⓪【壮烈】名形動 たいそういさましいこと。「──をきわめた死」

そう‐ろ[ソ]【走路】名 競走者のはしるみち。コース。

そう‐ろ[ソ]【草×廬】名〔文章語〕〔「廬」はいおりの意〕❶くさぶきの家。くさのいおり。❷自分の家の謙譲語。

そう‐ろ[ソ]【草露】名〔文章語〕❶草におくつゆ。❷はかないもののたとえ。「人の命は──の如(ごと)し」

そう‐ろう⓪【早老】名 年齢のわりに早く、からだや心がふけ、おとろえること。

そう‐ろう⓪【早漏】名 性交のときに、射精が異常に早いこと。

そうろ・う【候】(さうらふ) 自四〔古語〕〔「さぶらふ」の変化〕❶「仕える・ある・居る」の謙譲語。「医師(くすし)篤成、故法皇の御前にさうらひて」〈徒然〉❷「ある・居る」の丁寧語。「別の事はよもさうらはじ」〈平家〉❸〔補助動詞として、動詞・形容詞の連用形、また断定の助動詞「なり」の連用形「に」などについて丁寧の意を添える〕…ます。…(で)ございます。「八島の大臣殿へまゐりさうらふ」〈平家〉

そう‐ろう⓪【×蹌×踉】と副 たる連体〔文章語〕足がよろよろ

するようす。「—たる足どり」

そうろう-ぶん 回【候文】さうらふ— 名 文末に「…候」を使う、主として手紙に使う文体。参考 鎌倉(かまくら)時代から、江戸(えど)時代、明治・大正に至るまでは盛んに使われた。

そう-ろん ０【総論】名 全体をまとめて論じること。また、その論。↕各論。

そう-ろん ソ【争論】名 自サ 言いあらそい。論争。

そう-わ ０【挿話】名 ❶文章や談話の間にはさむ、本筋からはずれたみじかいはなし。❷逸話。エピソード。

そう-わ ０【総和】名 全体の合計。総計。

ぞう-わい ０【贈賄】名 自サ わいろをおくること。↕収賄。

そうわ-き ワ【送話器】名 音声を電気の振動にかえて、話などを送る仕掛け。↕受話器。⇩受話器 参考。

そう-わく ０【総枠】名 全体に影響する制約。「予算の—」

そえ ０【添え】【▲副え】そへ 名 ❶添えること。❷つき従わせること。また、そのもの。

そえ-がき ０【添(え)書き】そへ— 名 ❶書画などに、その由来などを書き添えること。また、その文書。❷手紙などの終わりに書き添えること。また、その文句。追って書き。

そえ-ぎ ０【添(え)木】【▲副木】そへ— 名 ささえに木を添えること。また、その木。そえぎ。

そえ-じょう ０【添(え)状】そへ— 名 使いをやったり、物を送ったりするとき、用向きの説明などを記し、つけてやる手紙。添え手紙。添書(てんしょ)。

そえ-ぢ ０【添(え)乳】そへ— 名 添い寝をして、赤んぼうに乳を飲ませること。

そえ-もの ０【添(え)物】そへ— 名 ❶つけ加えた物。❷景品。

そ・える ０【添える】【▲副える】そへる 他下一 エ・エ・エル・エル・エレ・エロ・エヨ ❶本体となる物に何かを付ける。「借りた本に礼状を添えて返す」「景品を—」❷つけ加える。「生け花が部屋にふぜいを添えている」❸つきそわせる。「病人に看護婦を添えて散歩させる」**そ・ふ** 文語ハ下二

そ-えん ０【疎遠】名 形動(の) 遠ざかって、したしくないこと。

ソーク-ワクチン ワ〈Salk vaccine〉名 ポリオの予防に接種するワクチンの一つ。参考「ソーク」は開発者であるアメリカの医師の名。

ソーサー ソ〈saucer〉名 ティーカップやコーヒーカップの受け皿。

ソーシャル〈social〉＝**ソシアル** 造 社会的。社交的。**—コスト** コ〈social cost〉名 企業などによる経済活動の結果、第三者または社会全体が負担させられる損失。公害・環境破壊など。社会的費用。「—ダンス」**—ダンピング** ダ〈social dumping〉名 不当に生産費を下げ、外国市場に商品を安く売ること。**—ディスタンス** ディ〈social distance〉名 ❶社会的距離。個人と個人、集団と集団との間の親疎の程度。❷感染症の拡大を防ぐために、人と適度な距離を保つこと。フィジカルディスタンス。**—ネットワーキングサービス** サ〈social networking service〉名 ➡エスエヌエス(ＳＮＳ)。**—ワーカー** ワ〈social worker〉名 社会福祉についてのいろいろな相談に応じる専門家。

ソース ソ〈sauce〉名 西洋料理の調味料の一つ。食卓用と料理用に大別され、多数の種類がある。

ソース ソ〈source〉名 みなもと。出所。「ニュース—」

ソーセージ セ〈sausage〉名 ひき肉を味つけし、牛・ひつじなどの腸につめてゆでたり、煙でいぶしたりした食品。ちょうづめ。

ソーダ ソ〈soda〉【曹▲達】名 ❶俗に炭酸ナトリウムのこと。炭酸ソーダ。❷ソーダ水。「メロン—」**—ガラス** ガ 名〈soda-lime glass から〉けい砂・炭酸ナトリウム・石灰石を主原料とした、ふつうのガラス。**—クラッカー** ラ〈アsoda cracker〉名 重曹(じゅうそう)をくわえて焼いた、白くて塩味のあるビスケット。**—水**(すい) ダ 名 甘味をつけた水に炭酸ガスをくわえた清涼飲料水。炭酸水。㊣夏 **—灰**(ばい) ダ 名 結晶水をもたない工業用の炭酸ソーダ。白色・無臭の粉末。ガラス・紙などの製造用。

ソート ソ〈sort〉名 他サ (「分類」の意) コンピューターで、データを特定の条件にしたがってならべかえること。

ゾーニング ゾ〈zoning〉名 区分すること。特に、都市計画などで、各地域を用途別に区画すること。

ソープ ソ〈soap〉名 せっけん。**—ランド** ラ〈soap land〉名〔俗語〕(和製英語) 西洋式のむしぶろを置き、マッサージのほか性的なサービスもする個室付き浴場。参考「トルコ(ぶろ)」にかわるものとして造られたことば。

ソーホー ソ〈ＳＯＨＯ〉名〈Small Office Home Office から〉自宅や小さな事務所で、パソコンとインターネットを利用して仕事をするスタイル。

ソーラー〈solar〉造 (「太陽の」の意から) 太陽熱を利用すること。**—カー** ラ〈solar car〉名 車体上部に太陽電池を載せ、太陽エネルギーを電力に変換して走る自動車。**—システム** シ〈solar system〉名 太陽の熱や光を利用した発電、給湯などのしくみ。または、その設備。

ソール ソ〈sole〉名 ❶足の裏。靴・靴下などの底。「ラバー—」❷ゴルフクラブの底の部分。

ゾーン ゾ〈zone〉名 地帯。地域。「スクール—」

そ-か ソ【粗菓】名 ❶〔文章語〕そまつな菓子。❷人にすすめる菓子を改まっていう語。

そ-が ソ【疎画・粗画】名 ざっとかいた絵。↕密画。

そ-かい ０【租界】名 もと中国の開港都市で、外国人が居留して、警察権や行政権をにぎっていた特別の地区。

そ-かい ０【素懐】名〔文章語〕つねひごろの願い。宿志(しゅくし)。「—をとげる」

そ-かい ０【疎開】名 自他サ 密集しているものが分散すること。密集しているものを分散させること。戦時の都会の建物や住民の、地方への分散など。

そ-がい ０【阻害】【阻×碍】名 他サ じゃまだてすること。「発展を—する」

そ-がい ０【疎外】名 他サ〔文章語〕仲間はずれにすること。のけものにすること。**—感**(かん) ガ 名 現代社会、あるいは、仲間から疎外されているという感情。

そ-かく ０【組閣】名 自サ 各大臣をきめ、内閣をくみたてること。

そ-かく ０【阻隔】名 他サ〔文章語〕じゃまをし、へだてること。「ふたりの友情を—する」

そ-かく ０【疎隔】名 自他サ〔文章語〕よそよそしくなり、へだたること。とおざけ、へだてること。「感情の—を生ずる」

そがものがたり《曽我物語》南北朝時代前半ごろの軍記物語。作者は不明。曽我兄弟のおいたちから、父のかたき討ちまでをえがいたもの。

そ-がん ０【訴願】名 他サ ❶うったえねがうこと。❷〔法〕違法または不当な行政処分によって権利・利益をおかされたと思う者が、行政機関にその処分の取り消し・変更などのために再審査を請求すること。一九六二年廃止。

そぎ-おと-す ト０【そぎ落とす】【▲削ぎ落とす】他五 サ・ソ・シ・ス・セ・セ 削って、不要な部分を取りのぞく。けずりおとす。

そぎ-ぎり ０【そぎ切り】【▲削ぎ切り】名 肉や魚など

に、包丁をななめにいれてうすく切ること。

そぎ-だけ [3]【そぎ竹】【▲殺竹】名 先をななめに切った竹。

そ-きゅう [0]【訴求】名 他サ 広告や宣伝などで、買い手の購買意欲にはたらきかけること。「―力のある商品」

そ-きゅう [0]【遡及】【×溯及】名 自サ 文章語 過去にさかのぼること。

そ-ぎょう [1]【祖業】名 文章語 祖先が始め、また、つたえた事業。「―をつぐ」

そく【×仄】造 ❶ほのかに。「仄聞」❷漢字音で平声以外の音。「平仄(ひょうそく)」

そく【束】㊀造 ❶たばねる。くくる。「束帯・束髪・結束・収束」❷自由でなくする。「束縛・拘束(こうそく)・約束」㊁接尾 ❶稲十ぱ。❷半紙十帖(じょう)、つまり二百枚。❸矢の長さの単位。親指以外の、四本の指のはば。❹百。

そく【足】㊀造 ❶あし。「足跡・義足・土足」❷あるく。はしる。「遠足・快足・禁足・駿足(しゅんそく)・鈍足」❸たりる。たす。くわえる。「自足・充足・不足・補足・満足」❹弟子。「俊足・高足」㊁接尾 一対(いっつい)のはきものをかぞえる語。「くつ二―」

そく【促】造 ❶うながす。せきたてる。「促進・促成・催促・督促」❷つまる。「促音」

そく【則】㊀造 きまり。「会則・規則・原則・罰則」㊁接尾 項目や箇条などをかぞえる語。「格言十―」

そく【捉】造 とらえる。つかまえる。「把捉・捕捉」

そく【速】造 ❶はやい。すみやか。時間がかからない。「速達・速断・速度・速報・快速・急速・迅速」❷はやさ。「音速・加速・高速・時速・秒速・風速」

そく【側】造 ❶かわ。かたほう。「側線・側壁・側面・舷側(げんそく)・左側」❷かたわら。そば。「側近(そっきん)・側室・君側」

そく【測】造 ❶はかる。量をしらべる。「測定・測量・観測・計測・実測・目測」❷おしはかる。「臆測(おくそく)・推測・不測・予測」

そく【塞】造 ふさぐ。とじこもる。「梗塞(こうそく)・逼塞(ひっそく)・閉塞」［別音さい｜塞］

そく【息】㊀[1] 名 造 むすこ。「山口氏の―」「愛息・令息」㊁造 ❶いき。いきをする。「気息・嘆息・窒息(ちっそく)・長大息(ちょうたいそく)」❷いきる。「消息・棲息(せいそく)・生息」❸おわる。やすむ。「安息・休息・姑息(こそく)・終息」❹こども。「息女・子息」❺ふえるもの。「利息」

そく【即】㊀[1] 名 接続 文章語 二つ以上のものが同じであること。すなわち。とりもなおさず。「個人の幸福―社会の幸福」㊁[1] 副 時をおかずにすぐ。「そうときまったら―実行だ」㊂造 ❶あいだをおかずに、ぴたりとつく。「即位・即応・相即・不即不離」❷すぐに。その場で。「即興・即刻(そっこく)・即座・即答」 **即する** 自サ

そ-ぐ [1]【▲殺ぐ・▲削ぐ】他五 ガ・ゴ・ギ・イ グ・グ・ゲ・ゲ ❶ななめにけずりおとす。「竹の先を―」❷けずりとる。薄く切り取る。「かみそりで―」❸髪の先を切りおとす。❹へらす。「興味を―」 **そげる** 自下一［…できる］

ぞく【続】㊀造 ❶つづく。つづき。「続行・続出・永続・勤続・継続・断続・連続」㊁[1] 名 接頭 ↕正。本や映画の二番目以降の作品。「続編・続猿の惑星・続続水戸黄門漫遊記」

ぞく【族】㊀造 接尾 祖先を同じくするもの。同じ血統のもの。「部族・民族・タミル族・モンゴル族」㊁造 ❶身分。「皇族・華族・士族」❷みうち。「家族・血族・親族」❸共通する特徴をもつ人たちをグループとしてとらえる言い方。「社用族・暴走族・窓際族」

ぞく【俗】㊀[0] 名 造 ❶ならわし。しきたり。習慣。「俗習・習俗・風俗・民俗・良俗」❷世間。一般の世界。ありふれていること。「―にまじわる」「―に言う姉さん女房」「俗化・俗語・俗説・世俗・通俗・反俗・風俗」❸俗人。出家しない人。「俗縁・俗名(ぞくみょう)・還俗(げんぞく)」↕僧。㊁名 形動 造 品がよくない。「―な人間」「俗悪・俗臭・俗物・低俗・卑俗」↕雅。**俗に** 副

ぞく [0]【賊】名 造 ❶ぬすびと。悪事をはたらく者。「―をつかまえる」「海賊・義賊・盗賊」❷反逆者。謀反人(むほんにん)。「賊軍・逆賊・国賊」 **賊する** 他サ

ぞく【属】㊀[1] 名 造 生物分類上の一段階。「科」の下。「種」の上。「亜属」㊁造 ❶したがう。くっつく。「属国(ぞっこく)・属性・従属・所属・専属・付属」❷なかま。同じ種類。「金属・尊属」❸部下。したやく。「属官(ぞっかん)・属吏」 **属する** 自サ

ぞく-あく [0]【俗悪】名 形動 下品でわるいこと。「―な映画」

そく-あつ [0]【側圧】名 流体が、容器や物体の側面に与える圧力。

そく-い [2]【▲続▲飯】ひ― 名 めしつぶを練りつぶしてつくったのり。

そく-い [1]【即位】名 自サ 君主が位につくこと。↕退位。

そく-いん [0]【×惻隠】名 文章語 (「惻」も「隠」もあわれむの意)いたわしく思うこと。あわれみ。「―の情」

そぐ-う [2] 自五 ワ・オイ・ッ ウ・ウ・エ・エ よくにあう。よくつりあう。「その場にそぐわない発言」参考 多く「そぐわない」の形で使う。

ぞく-うけ [0]【俗受け】名 一般の人の気に入ること。「―のするやり方」

そく-えい [0]【即詠】名 他サ 文章語 その場で詩歌(しいか)をよむこと。また、その詩歌。即吟。

ぞく-えい [0]【続映】名 他サ 映画の上映期間を予定よりのばすこと。「三か月間の―」

そく-えん [0]【測鉛】名 綱の先に鉛のおもりをつけ、水中に投げ入れて深さをはかる道具。

ぞく-えん [0]【俗縁】名 俗人としての、かかりあい。僧が出家(しゅっけ)する前の肉親関係。「―を絶つ」

ぞく-えん [0]【続演】名 他サ 上演期間をのばすこと。

そく-おう [0]【即応】名 自サ ❶すぐに対応すること。「要求に―する」❷ぴったりあてはまること。

そく-おん [2]【促音】名 日本語の発音で、つまるような感じをあたえる音。「いっぱい・かっさい」などの「っ」。

そくおん-びん [4]【促音便】名 動詞四段活用・五段活用の連用形の語尾「ち・ひ(い)・り」が、「て・た・たり」につながるとき、促音になる変化。「寄りた」が「寄った」になるなど。↕撥音便(はつおんびん)・イ音便・ウ音便。

そく-が [1]【側×臥】名 自サ 文章語 横向きに寝ること。↕伏臥・仰臥。

ぞく-か [0]【俗化】名 自サ ➡ぞっか。

ぞく-かい [0]【俗界】名 ➡ぞっかい。

ぞく-かい [0]【俗解】名 ➡ぞっかい。

ぞく-がく [0]【俗学】名 通俗的な学問。価値の低い学問。

ぞく-がく [0]【俗楽】名 ❶日本の庶民階級の間でおこなわれる音楽。しゃみせん音楽や俗謡など。↕雅楽。❷低俗で下品な音楽。

ぞく-がら [0]【続柄】名 ➡つづきがら。

ぞく-かん [0]【俗間】名 ➡ぞっかん。

ぞく-かん [0]【属官】名 ➡ぞっかん。

ぞく-がん [0]【俗眼】名 文章語 ふつうの人たちの見かた。俗人の見かた。

ぞく-ぎいん [ギ]【族議員】[名] 特定の業界や省庁の利益のために、政治力を発揮する国会議員のこと。

ぞく-ぎょう [0]【俗形】[名]〔文章語〕俗人の姿。↕僧形。

そく-ぎん [0]【即吟】[名][他サ]〔文章語〕その場で詩歌(しいか)をよむこと。また、その詩歌。即詠(そくえい)。

ぞく-ぐん [0]【賊軍】[名] 天皇・皇帝などにそむく軍勢。↕官軍。

ぞく-け [0]【俗気】[名] 俗人の気持ち。かねや名誉・人気などをほしがる心。ぞっけ。ぞっき。「―の多い男」

ぞく-げん [0]【俗言】[名]〔文章語〕❶世間でふだん使うことば。俗語。❷世間のうわさ。

ぞく-げん [0]【俗×諺】[名]〔文章語〕世間のことわざ。俚諺(りげん)。

ぞく-ご [0]【俗語】[名] 日常生活の、おもに話しことばとして使われることば。↕雅語。❷会話にしか使われない、品のないことば、例えば「うざい」「じわる」「ぶっちゃけ」など。

そく-ざ [ゾ]【即座】[名] その座。その場所。「―の機転」

そく-さい [0]【息災】━[名]〔仏〕仏の力で災難をなくすること。━[名][形動] たっしゃ。ぶじ。「無病―」⇨健勝 [参考]。
━延命(えんめい・えんみょう) [0][名] わざわいをなくし、長生きをすること。

ぞく-さい [0]【俗才】[名] 世俗のことをうまくやる才能。世才。「―にたけている」

ぞく-さい [0]【続載】[名][他サ] 新聞・雑誌などに、文章などをつづけてのせること。「次号に―する」

そく-さん [0]【速算】[名][他サ] そろばんや暗算で、はやく計算すること。

そく-し [0]【即死】[名][自サ] 事故などにあい、その場で死ぬこと。

そく-じ [ソ]【即事】[名]〔文章語〕その場のこと。目の前のこと。

そく-じ [ソ]【即時】[副] すぐそのとき。すぐさま。即刻。「―退去せよ」「―抗告」

ぞく-し [ゾ]【賊子】[名]〔文章語〕❶君主にそむく人民。「乱臣―」❷親不孝な子。

ぞく-じ [0]【俗字】[名] 漢字の字体の一つ。正字ではないが、世間でごくふつうに使うもの。もとの字を簡単にしたものが多い。「職」「館」「曜」に対する「耺」「舘」「旺」など。↕正字。

ぞく-じ [ゾ]【俗耳】[名]〔文章語〕一般の人の耳。また、その耳で聞くこと。━に入(い)りやすい ふつうの人にわかりやすい。

ぞく-じ [ゾ]【俗事】[名] 世間のわずらわしい雑事。「―を避ける」

そく-しつ [0]【側室】[名]〔文章語〕貴人のめかけ。↕正室。

そく-じつ [0]【即日】[副] その日すぐ。「―出発した」

そく-しゃ [0]【速写】[名][他サ] 写真などをすばやくうつすこと。はやうつし。

そく-しゃ [0]【速射】[名][他サ] すばやく立て続けに弾(たま)を撃つこと。「―砲」「―射撃」

ぞく-じゅ [ゾ]【俗儒】[名]〔文章語〕見識がせまく俗っぽい学者。

そく-しゅう [0]【束×脩】[名]〔文章語〕入門するとき、師匠におくる、かねや品物。[参考] たばねたほし肉。昔、中国で入門の時のおくり物とした。

そく-しゅう [0]【速修】[名][他サ] 短い期間に修得すること。「英語―塾」

ぞく-しゅう [0]【俗臭】[名]〔文章語〕いやしく下品な感じ・気風。「―ふんぷんたる男」

ぞく-しゅう [0]【俗習】[名] 世間のならわし。

ぞく-しゅつ [0]【続出】[名][自サ] つづいて出ること。「途中棄権が―する」

ぞく-しゅつ [0]【×簇出】[名][自サ]〔文章語〕⇒そうしゅつ。

そく-じょ [ゾ]【息女】[名] ❶身分のある人のむすめ。❷他人のむすめの尊敬語。⇨娘 [参考]。

ぞく-しょ [0]【俗書】[名] ❶低級で下品な本。❷品格のない筆跡。

ぞく-しょう [0]【俗称】[名] ❶正式でない、世間でのよび名。❷出家する前の名。俗名(ぞくみょう)。

ぞく-しょう [0]【族称】[名] 明治時代に定められた、国民の身分上の呼称。華族・士族・平民など。

ぞく-しょう [0]【賊将】[名] 賊軍の大将。

そく-しん [0]【測深】[名] 水の深さをはかること。「―器」

そく-しん [0]【促進】[名][他サ] うながして物事を早くすすめること。「研究を―する」「生育―」

ぞく-しん [0]【俗信】[名] 民間で行われる迷信的な信仰。

ぞく-しん [0]【賊心】[名]〔文章語〕❶殺害しようとする心。❷ぬすみ心。❸そむく心。

ぞく-しん [0]【賊臣】[名]〔文章語〕主君にそむくけらい。乱臣。

ぞく-しん [0]【続伸】[名][自サ] 株価や相場などがひきつづいてあがること。続騰。「小幅―」「銀行株が―する」↕続落。

ぞく-じん [0]【俗人】[名] ❶僧に対して、世間一般の人。❷利益や人気だけを考える、教養のひくい人。俗物。

ぞく-じん [0]【俗×塵】[名]〔文章語〕俗世間のわずらわしさ。「―をさけて山間にすむ」

ぞくじん-しゅぎ [シュ]【属人主義】[名]〔法〕ある人の現在いる土地がどこであっても、その人の本国の法律を適用する考え方。↕属地主義。

そくしん-じょうぶつ [ジョ]【即身成仏】[名]〔仏〕真言密教の教義で、人間が生きたままで仏になること。現身成仏。

そく-する [ス]【即する】[自サ]〔シ・セ・サン|ジ|スル|スレ|シロ・セヨ〕つく。ぴったりつく。「事実に即して考える」 そく・す [文語サ変]

そく-する [ス]【則する】[自サ]〔シ・セ・サン|ジ|スル|スレ|シロ・セヨ〕のっとる。もとづく。「法に則して処分する」 そく・す [文語サ変]

ぞく-する [ス]【属する】[自サ]〔シ・セ・サン|ジ|スル|スレ|シロ・セヨ〕❶組織に所属する。「総務部に―」❷その種類や範囲の中にある。「イネ科に―植物」 ぞく・す [文語サ変]

ぞく-する [ス]【賊する】[他サ]〔シ・セ・サン|ジ|スル|スレ|シロ・セヨ〕〔文章語〕❶そこなう。害する。❷ころす。 ぞく・す [文語サ変]

ぞく-せ [0]【俗世】[名] 俗世間。ぞくせい。

そく-せい [0]【即製】[名] その場でつくること。「―の料理」「―品」

そく-せい [0]【促成】[名][他サ] 人手を加えて、作物の生長をはやめること。━栽培(さいばい) [サ][名][他サ] 温室・温床などで、作物をふつうよりもはやく育つようにする栽培法。

そく-せい [0]【速成】[名][自他サ] はやくできあがること。はやくなしとげること。「―訓練(くんれん)」

ぞく-せい [0]【俗世】[名] ⇒ぞくせ。

ぞく-せい [0]【俗姓】[名] 僧の、出家する前の姓。

ぞく-せい [0]【族制】[名] 家族・氏族などのように、血縁関係によって集団を作る体制。

ぞく-せい [0]【属性】[名] その物に、あるいはその物の同類に共通して備わっている性質。

ぞく-せい [0]【族生】【×簇生】[名][自サ]〔文章語〕〔「簇生(そうせい)」の慣用読み「ぞくせい」から〕むらがり生ずること。「ささが―する」

そく-せき [0]【即席】[名] ❶その場ですぐにすること。「―のあいさつ」❷手間をかけずに、その場ですぐに間に合うこと。インスタント。「―ラーメン」

そく-せき ⓪【足跡】名 ❶あしあと。特に、旅行のあと。「各地に―を印する」❷業績。「かがやかしい―」

ぞく-せけん セ【俗世間】名 ❶俗事の多い世の中。❷僧でないふつうの人の世の中。しゃば。

ぞく-せつ ⓪【俗説】名 世間につたえられる説。

そく-せん ⓪【側線】名 ❶魚の頭から尾ひれまで、穴のあいたうろこが一列につづいているもの。これによって水の流れや振動を感じる。両生類の幼生にもある。❷鉄道で、本線のわきにある線路。操車用に使う。

側線❶

そくせん-そっけつ ⓪【速戦即決】名 みじかい時間で、一気に勝負・決着をつけること。

そくせん-りょく セ【即戦力】名 訓練を受けなくてもすぐ戦える能力。「―になる選手」

そく-そく ⓪【×惻×惻】(と)副 たる 連体 〔文章語〕身にしみて感じるようす。「―たる悲しみを訴える」

ぞく-ぞく ゾ 副 自サ ❶感動して、からだがふるえるような感じがするようす。「うれしくて―する」❷さむけがするようす。

ぞく-ぞく ⓪【続続】(と)副 次々につづくようす。「観客が―とつめかける」

そく-たい ⓪【束帯】名 中古からの、天皇以下文武百官の正式の服装。

文官 武官

束帯

そく-だい ⓪【即題】名 その場で出された題で、詩歌(しいか)・文章などを作ること。また、その題。席題。「―の短歌三首」↕兼題。

ぞく-たい ⓪【俗体】名 僧でない、ふつうの人のすがた。↕僧体。

そく-だく ⓪【即諾】名 他サ 〔文章語〕すぐに承諾すること。

そく-たつ ⓪【速達】名 「速達郵便」の略。―郵便(ゆうびん) ユ 名 特別の料金をとって、ふつうの郵便よりはやく運送・配達するもの。

そく-だん ⓪【即断】名 他サ その場ですぐにきめること。即決。

そく-だん ⓪【速断】名 他サ ❶すばやくきめること。「―を要する件」❷はやまってきめること。軽率にきめること。「―は禁物だ」

ぞく-だん ⓪【俗談】名 〔文章語〕❶世間話。❷風流でない話。

そく-ち ⓪【測地】名 自サ 土地の広さなどをはかること。

ぞくち-しゅぎ シュ【属地主義】名 本国がどこであっても、現在いる国の法律を適用する考え方。↕属人主義。

ぞく-ちょう ⓪【族長】名 〔文章語〕一族の長。種族の長。

ぞく-ちょう ⓪【続×貂】名 〔文章語〕❶りっぱなもののあとにつまらないものがつづくこと。❷他人のやりかけた仕事を受けつぐことをけんそんしていう語。参考「貂」は尾を侍臣の冠のかざりにする動物の「てん」。晋(しん)の趙王倫(ちょうおうりん)の一族が皆官位についたため、貂が足りず、犬の尾までかざりにしなければならないと世人が非難した故事による。

ぞくっ-と ク 副 ❶寒けを感じるようす。ぞくぞく。「寒さに―する」❷感動、恐怖で身をふるわすようす。「背筋が―するほど感動した」

ぞくっ-ぽ・い ポ【俗っぽい】形 カロ・カッ・ク・イ・イ・ケレ・○ 通俗的だ。いやしい。下品だ。**俗っぽさ** 名

そく-てい ⓪【測定】名 他サ ❶量をはかってみること。❷特別の装置や器械を使って、ある数量を読みとること。「温度の変化を―する」

そく-てん ⓪【側転】名 自サ 〔「側方転回」の略〕体操で、左右に足を開き、両手を横につき、倒立の姿勢をとるように、体を横方向に回転させること。

ぞく-でん ⓪【俗伝】名 〔文章語〕世間一般の言いつたえ。

そくてん-きょし キョ【則天去私】名 〔天にのっとり、私心を去ること〕自然の大道にしたがって、小さな自我をすてること。参考 夏目漱石(そうせき)が晩年に使ったことば。

そく-ど ソ【速度】名 ❶進行するはやさ。「制限―」❷〔物〕運動する物体の位置の変化を、単位時間当たりの移動距離としてあらわす量。

ぞく-と ゾ【賊徒】名 〔文章語〕❶ぬすびとの仲間。❷反逆者の仲間。

そく-とう ⓪【即答】名 自サ その場ですぐにこたえること。「―を避ける」

そく-とう ⓪【速答】名 自サ すみやかにこたえること。

ぞく-とう ⓪【属島】名 大陸や本島に属している島。

ぞく-とう ⓪【続投】名 自サ 野球で、投手が交代をしないでそのまま投げ続けること。転じて、ある地位に引き続きとどまる意味にも使う。「首相の―は疑問だ」

ぞく-とう ⓪【続騰】名 自サ 物価や相場などが、ひきつづいてあがること。↕続落。

そくとう-よう ト【側頭葉】名 大脳の両がわの部分。記憶・判断・言語をつかさどる。↕前頭葉。

そく-どく ⓪【速読】名 他サ ふつうより速く本を読むこと。

ぞく-に ⓪【俗に】副 世間で。ふつう一般に。「―三度目の正直ということがある」

ぞく-ねん ⓪【俗念】名 利益・名誉などをもとめる世俗的な心。「―を捨て去る」

そく-のう ⓪【即納】名 他サ すぐにおさめること。

そく-ばい ⓪【即売】名 他サ 展示会などで、その場で売ること。「―会」

ぞく-はい ⓪【俗輩】名 〔文章語〕世間のふつうの人たち。

そく-ばく ⓪【束縛】名 他サ ❶しばること。❷制限を加えて自由をうばうこと。「自由を―する」

そく-ばく ⓪【×若×干】名 副 ➡そこばく。

そく-はつ ⓪【束髪】名 ❶頭髪をひとまとめにして結ぶこと。❷明治時代の中ごろからはじまった西洋ふうの髪のゆいかた。ひさしがみ・みみかくし・七三など。

束髪❷

ぞく-はつ ⓪【続発】名 自サ つづけざまに起こること。「事件が―する」

ぞく-ばなれ バ【俗離れ】名 世間ばなれ。

そく-ひつ ⓪【速筆】名 書きかたがはやいこと。文章などを書くのがはやいこと。↕遅筆。

ぞく-ぶつ ⓪【俗物】名 心のいやしい人。無風流な人。「―根性」

そくぶつ-てき ⓪【即物的】形動 ダロ・ダッ・デ・ニ ダ・ナ・ナラ・○ 主観を入れず、実物に即して考えたり、したりするようす。

そく-ぶん ⓪【×仄聞】名 他サ 〔文章語〕ほのかに聞くこと。うわさに聞くこと。「―したところでは」参考 新聞などでは「側聞」と書くことがある。

ぞく-ぶん ⓪【俗文】名 ❶俗語をつかった文章。❷内容の低俗な文章。❸手紙文。候文(そうろうぶん)。↕雅文。

そ

ぞく‐へい[0]【賊兵】名 賊軍の兵士。
そく‐へき[0]【側壁】名 側面のかべ。
ぞく‐へん[0]【続編】【続×篇】名 前編・本編・正編などにつづく編。
そく‐ほ[ソ]【速歩】名〔文章語〕はやあし。
そく‐ほう[0]【速報】名 他サ すばやく知らせること。また、その知らせ。「選挙―」「オリンピック―」
ぞく‐ほう[0]【続報】名 他サ つづいて知らせること。また、その知らせ。
そく‐みょう[0]【即妙】名 形動〔文章語〕すぐその場で気転のきくこと。即座の機知。「当意―」
ぞく‐みょう[0]【俗名】名 ❶出家する前の名。↕法名。❷生きていたときの名。↕戒名。
ぞく‐む[ゾ]【俗務】名 つまらない、世間的な仕事。俗用。
ぞく‐めい[0]【俗名】名 ➡ぞくみょう。
ぞく‐めい[0]【賊名】名 賊徒または朝敵であるという名。「―を着せられる」
ぞく‐めつ[0]【族滅】名 他サ 一族をのこらずほろぼすこと。
そく‐めん[0]【側面】名 ❶物体の左右の面。前後または上下以外の面。❷角柱・円柱・角錐(かくすい)・円錐(えんすい)の、底面以外の面。❸わきの方面。「―攻撃」↕正面。**―観**(かん)[メ]名 側面からの観察。わきからの見かた。
そく‐や[ソ]【即夜】副〔文章語〕その夜すぐ。「―決行する」
ぞく‐よう[0]【俗用】名 ❶世間のつまらない用事。「―に追われる」❷世間での使い方。
ぞく‐よう[0]【俗謡】名 世間のはやりうた。俗曲。流行歌。
ぞく‐らく[0]【続落】名 自サ 物価や相場などが、ひきつづいてさがること。続おち。↕続騰。
ぞく‐り[ゾ]【俗吏】名 心のいやしい役人。
ぞく‐り[ゾ]【属吏】名 地位のひくい役人。
ぞく‐りゅう[0]【俗流】名〔文章語〕俗物の仲間。俗人連中。
ぞくりゅう‐けっかく[ケ]【×粟粒結核】名 結核菌が全身にまわり、あわつぶのような無数の結節をつくる病気。
そく‐りょう[0]/[ク]【測量】名 他サ 土地の形・面積・位置などをはかること。
ぞく‐りょう[0]【属僚】名 下級役人。小役人。
ぞく‐りょう[0]【属領】名 本国に付属した領地。植民地。
ぞくりょうせん《測量船》三好達治(みよしたつじ)の詩集。一九三〇年刊。自由詩・散文詩などさまざまな詩形を試み、現代叙情詩の可能性を追求した。
そく‐りょく[ク]【速力】名 移動のはやさ。速度。スピード。
そく‐ろう[0]【足労】名〔「ご」をつけて〕人が行く、または、来ること。「ご―をねがう」参考 その労力を感謝したり、わびたりする気持ちで使う。
ぞく‐ろん[0]【俗論】名 俗世間の議論。低級な意見。
そぐわ‐ない(そぐは) ― 連語 にあわない。ふさわしくない。「地位に―ふるまい」
そ‐けい[0]【祖型】名 起源をさかのぼっていちばんもとと考えられるタイプやパターン。
そ‐けい[ソ]【素×馨】名 モクセイ科の常緑低木。夏、白色でかおりのよい花を開く。花から香水をとる。ジャスミン。夏
そ‐けい[0]【粗景】名 粗末な景品。客に出す景品をかしこまっていう語。
そ‐けい[0]【×鼠×蹊】名 ものつけね。「―部」「―リンパ腺(せん)」
そ‐げき[0]【狙撃】名 他サ ねらいうちをすること。「―兵」
ソケット[ケ]〈socket〉名 電球の口金をねじこむ、うけぐち。
そ・げる[ゲ]【×殺げる・▲削げる】自下一(ゲ・ゲ・ゲル・ゲル・ゲレ・ゲロ・ゲヨ) ななめに切り落としたようになる。「ほおの肉が―」
そ‐けん[0]【素見】名 ➡すけん。
そ‐けん[0]【素絹】名〔文章語〕❶ねらないきぬ。❷ねらないきぬで作った略式の僧衣。
そ‐けん[0]【訴権】名 裁判所にうったえる権利。
そ‐げん[0]【遡源】【×溯源】名 自サ〔文章語〕(「さくげん」は慣用読み)みなもとにさかのぼること。根本をきわめること。
そこ[0]【底】名 ❶くぼんだ所や容器などの内側の一番下の面。「穴の―に水がたまっている」❷表面から最も遠く離れた深い所。一番奥深い所。「海の―は暗くて冷たい」❸表面に現れない奥にある本当のもの。「心の―から尊敬する」❹物事が進んでいってたどりつく最後の所。極限。はて。**―が浅**(あさ)**い** 内容が貧弱である。深みがない。**―知**(し)**れない** あまりに奥が深くて、その限度が分からない。「―恐怖」**―知**(し)**れぬ** 底知れない。「―やみ」**―を入**(い)**れる** 相場などが最低まで下がる。底を打つ。**―を打**(う)**つ** 相場などが最低まで下がる。底を入れる。底を突く。**―を突**(つ)**く** ❶貯蔵しておいたものがなくなる。「倉庫の米も―」❷相場などが最低になる。「株価が―」**―を割**(わ)**る** ❶すべてを打ち明けて話す。❷底値より下がる。
そこ[0]【そこ】【×其▲処】代 ↕ここ・あそこ。❶相手のいる近くを指す語。「―に置いて下さい」❷相手が言ったこと、または共通の話題になっていることがらの場所・箇所・場面・局面。「―にはどうやって行くのですか」「バスを待っていたら、ちょうど―に知人が車で通りかかった」「―まで知っているのか」❸古語〔名をあきらかにしないで〕どこそこ。某所。「昔そこにはありと聞けど、消息をだに言ふべくもあらぬ女の…」〈伊勢〉❹古語〔同等または目下をさして〕あなた。君。⇩それ 参考。「御子(みこ)たちあまたあれど、そこをのみなむ、かかるほどより(コンナ小サナ時分カラ)明け暮れ見し」〈源氏〉**―の所**(ところ)〔多く、下に依頼のことばを続けて〕そうした事情。「―を何とかお願いします」**―へ行**(い)**くと** その点から言うと。話がその点になると。「ねこはきまぐれだ。―犬は信頼できる」**―へ持**(も)**って来**(き)**て** そのうえに。おまけに。「転んで足をくじいた。―虫歯まで痛み出した」
そ‐ご[ソ]【祖語】名 同じ系統の二つ以上の言語にとって、共同の祖先にあたると思われる言語。
そ‐ご[ソ]【×齟×齬】名 自サ〔文章語〕(上下の歯がくいちがうこと)物事がくいちがうこと。「計画に―をきたす」
そこ‐あげ[0]【底上げ】名 他サ 最低の数値・水準を引き上げること。「合格点の―」
そこ‐い[0]/[コ]【底意】名 かくされた意図。したごころ。「―がありそうだ」
そこ‐いじ[0]【底意地】名 心の奥底にある感情。「―がわるい」
そこ‐いら[コ]【×其▲処いら】代 俗語 そのへん。
そこ‐いれ[0]【底入れ】名 相場がひどく下がって、それ以上下がるみこみのないこと。
そ‐こう[0]【素行】名 つねづねのおこない。品行。「―をつつしむ」
そ‐こう[0]【粗×肴】名〔文章語〕❶そまつな酒のさかな。❷人に出す料理の謙譲語。
そ‐こう[0]【粗鋼】名 製鋼炉から得られたままの、まだ加工していない鋼。「―生産量」

そ-こう⓪【遡行】【×溯行】名自サ〔文章語〕流れをさかのぼって行くこと。

そ-こう⓪【遡航】【×溯航】名自サ〔文章語〕船が川をさかのぼること。

そこ-うお⓪【底魚】うを 名 海の底にすむさかな。かれい・あんこうなど。↕浮き魚。

そこ-かしこ カ【そこかしこ】【×其▲処▲彼▲処】代 あちらこちら。ほうぼう。ここかしこ。

そこ-がた・い タ【底堅い】形 カロ-カッ-ク-イ-イ-ケレ-〇 景気や相場が下がりぎみだが、ある程度以上に下がらない。

そこ-きみ⓪【底気味】名 心の奥底で感じられる気持ち。**—悪わる・い** ル 形 なんとなく気味がわるい。

そ-こく ソ【祖国】名 ❶先祖代々住んできた国。本国。母国。❷自分の生まれた国。

そこ-ここ コ-【そこここ】【×其▲処×此▲処】代 そちらこちら。「—に散在する」

そこ-そこ 一 ⓪/コ-〔に〕副 いそいで、簡単にするようす。「話も—にとびだす」二 ⓪/コ-〔に〕副 形動(の) 十分ではないが、まあまあといえる程度。「英語も—話せる」「—の成績」三 接尾 せいぜいそれぐらいの数量の意をあらわす。「千円—の品」

そこ-ぢから チ【底力】名 うちにひそむ、強い力。いざというときに出される実力。「—を発揮する」

そ-こつ⓪【粗×忽】一 名 あやまち。そそう。二 名 形動 かるはずみなこと。そそっかしいこと。「—者」

そこ-つち⓪【底土】名 下層の土。↕うわ土。

そこ-づみ⓪【底積み】名 荷物を積むときに、一番下に積むこと。また、その荷物。下積み。

そこ-で⓪ 接続 ❶だから。そういうわけで。「ひどく疲れた。—早く寝た」参考 前の事がらが原因になって、次になにをしたかということを具体的にのべる場合に用いる。⇩だから 参考。❷さて。ところで。「—、これからどうするか」

そこ-な【×其▲処な】連体〔古語〕(「そこなる」の変化)そこにいる。そこにある。「やいやい、そこな者」〈狂言・空腕〉

そこな・う【損なう】そこなふ 一 ナ 他五 ワ・オ・イ・ッ-ウ-ウ-エ-エ ❶物をこわしたり傷つけたりする。「器物を—」「美観を—」❷人の気持ちを傷つけて悪い気分にさせる。「機嫌を—」❸健康を害する。「体調を—」❹失う。損害・死傷者を出す。「兵を—」❺(動詞の連用形について)㋐あることに失敗する。「書き—」㋑しそうになる。「死に—」⇩損じる 参考。二 他四〔古語〕❶人を殺傷する。「河原の辺わたりは盗人多くて、人そこなふなり」〈宇津保〉❷からだを衰えさせる。やつれさせる。「久しうわづらひたまふほどよりは(長ワズライノワリニハ)いたうもそこなはれたまはざりけり」〈源氏〉

そこ-なし⓪【底無し】名 ❶池などの底がわからないほど深いこと。❷かぎりがないこと。「—に飲む」

そこ-なだれ ナ【底雪崩】名 ⬇ぜんそうなだれ。

そこ-ぬけ⓪【底抜け】一 名 ❶入れ物に、底のないこと。❷しまり・けじめのないこと。二 名 形動(の) 程度のはげしいこと。「—の大さわぎ」

そこ-ね⓪/コ【底値】名 相場の最低の値段。

そこ・ねる ネ【損ねる】他下一 ネ-ネ-ネル-ネル-ネレ-ネロ・ネヨ ❶人の気持ちを傷つけて、悪い感じにさせる。「気分を—」❷健康を害する。「胃の具合を—」❸(動詞の連用形について)㋐あることに失敗する。「やり—」㋑しそうになる。「一命を落とし—」参考「損なう」と近いが、用法は狭く、くだけた感じを伴う。⇩損じる 参考。

そこ-のけ⓪【×其▲処▲退け】名 ある者をのけるほど、すぐれていること。「学者—のものしり」

そこはか-と 副〔古語〕❶(場所をはっきりと心得ての意味)どこそこと。「そこはかと知りて行かねど」〈更級〉❷はっきりと。あきらかに。「顔かたちも、そこはかと、いづこなむすぐれたる」〈源氏〉**—なく** なんということもなく。わけもなく。「心にうつりゆくよしなしごとをそこはかとなく書きつくれば」〈徒然〉

そこ-ばく⓪【▲若▲干】名 副 ❶〔文章語〕いくらか。いくつか。多少。そくばく。「—の金を与える」❷〔古語〕たくさん。多数。はなはだ。「胸のうちにそこばくのことは入りきたらざらまし」〈徒然〉

そこ-ひ⓪【底×翳・▲内▲障▲眼】名 黒そこひ・白そこひ・青そこひなど、目の内部に故障がおきて、視力がなくなる眼病の総称。

そこ-びえ⓪【底冷え】名 からだのしんまで冷えること。㊅「今夜は—がする」

そこ-びかり ビ【底光り】名 ❶表にはあらわれないが、なんとなく感じられる光沢。❷表面には表れないが、深いところからにじみ出るような力。「—のする芸」

そこびき-あみ キ【底引(き)網】【底×曳網】名 海の底にたらして、船で引く網。また、その漁法。トロール。

そこ-まめ⓪【底豆】名 足のうらにできたまめ。

そこ-もと⓪【×其▲処▲許】代〔古語〕❶そこ。そのあたり。「そこもとに寄りて(文ヲ)奉りつ」〈源氏〉❷(同等・目下に対して)あなた。そなた。「なう、そこもとへものを問はう」〈狂言・法師物狂〉参考 ❷は、❶の場所を指し示す用法がもとになって、室町時代ごろになって生じたもの。

そこ-ら コ【そこら】【×其▲処ら】代 そのへん。そこいら。「—あたり」

そこ-ら 副〔古語〕❶非常に。はなはだしく。「顔はそこら化粧けさうしたりつれど」〈大鏡〉❷(「そこらの」の形で)たくさんの。数多くの。「そこらの燕つばくらめ、子産まざらむやは」〈竹取〉

そこ-われ⓪【底割れ】名 自サ 低迷している相場や景気が、前よりも一層落ち込むこと。「株価の—」

そ-さい⓪【×蔬菜】名 あおもの。野菜。

そ-ざい⓪【素材】名 ❶もとになる材料。❷題材。

ソサエティー サ〈society〉=ソサイエティー 名 ❶社会。「ハイ—」❷協会。団体。❸社交界。

そ-ざつ⓪【粗雑】形動 ダロ-ダッ・デ・ニ-ダ-ナ-ナラ-〇 あらっぽいようす。精密でないようす。雑。「—な計画」

そ-さん⓪【粗×餐】名〔文章語〕そまつな食事。人にだす食事の丁重な言い方。粗飯そはん。

そ-し ソ【祖師】名 一宗一派の開祖。特に、禅宗で達磨だるま、日蓮宗にちれんしゅうで日蓮のこと。

そ-し ソ【素子】名〔電〕❶電気回路を構成する要素となる部品。❷アンテナに付けられる、受信のための棒。

そ-し ソ【素志】名 つねづねいだいているこころざし。

そ-し ソ【阻止】【×沮止】名 他サ さえぎり、やめさせること。「暴力を—する」

そじ【▲十路】ち 一 接尾〔文章語〕十を単位として年齢をかぞえることば。「い(五)—」「む(六)—」

そ-じ ソ【素地】名 発展するもとになる素質。「研究者になる—は持っている」。

そ-じ ソ【措辞】名〔文章語〕ことばの使いかた。文字・ことばのおきかた。言いまわし。「洗練された—」

そ-じ ソ【粗辞】名 粗末な言葉。自分のあいさつの言葉をけんそんしていう。「誠に—ではございますが」

ソシアリズム リ〈socialism〉名 社会主義。

ソシアル〈social〉造 ⬇ソーシャル。

そ-しき ソ【組織】一 名 他サ 一定の役割や働きをさせるために、複数の人や物が集まり、全体としてととのったひとつのまとまりを作ること。また、そのまとまり。システム。体制。「―を改革する」「救助隊を―する」㊁名 生物体を構成する単位。同じ形や同じ働きをする細胞の集まりで、一定の機能をもつ器官。 **―化** ⓪名他サ 順序をととのえて組織あるものにすること。 **―的** ⓪形動 組織されたようす。秩序があるようす。「―な行動」 **―暴力団** ク名 暴力団のうちで、組織としてまとまって、非合法活動を行う集団。 **―労働者** ド名 労働組合をつくって集団として行動する労働者。

そ-しつ ⓪【素質】名 生まれつきもっている性質で、学問・芸術・スポーツなどの能力のもとになるもの。「ピアニストとしての―に恵まれる」

そ-して ⓪接続 前の事がらにつづいて次のことがおこったり、前のことに次のことをつけ加える意味をあらわす。「雨がやんだ。―、日がさしてきた」参考「そして」は、一般的に用いられる。「それから」は、前の事がらがおわって、あらためて、次のことがはじまる感じがつよい。「それに」は、軽くおぎなう場合に用い、「そのうえ」は、前にのべた事がらをさらに強調するはたらきを持つ。「なお」は、おぎないの意味を持ち、書きことばなど、あらたまった場合に用いる。

そ-しな ⓪【粗品】名 人におくる品物をかしこまって言う語。そひん。

そ-しゃく ⓪【×咀×嚼】名他サ〔「咀」も「嚼」もかみくだくの意〕❶かみくだくこと。「よく―して飲みこむ」❷十分に理解し、あじわうこと。「難解な文章を―する」

そ-しゃく ⓪【租借】名他サ ある国が、他国の領土の一部をかりて統治すること。「―地」

そ-しゅ ソ【粗酒】名〔文章語〕❶そまつな酒。❷人にすすめる酒をかしこまって言う語。

そ-しゅう ⓪【×楚囚】名〔文章語〕〔他の国にとらわれた楚国の人〕敵国にとらわれた人。

そ-じゅつ ⓪【祖述】名他サ〔文章語〕〔「祖」はのっとりならう意〕ある説を受けてのべること。「師説を―する」

そ-しょう ⓪【訴訟】名自サ 裁判所に裁判を請求すること。裁判所にうったえること。「―を起こす」

そ-じょう ⓪【×俎上】名 まないたの上。 **―に載せる** 相手を、批判・議論の対象とする。 **―の魚・―の×鯉** 批評・判決などを待つよりほかにみちのない立場の者。

そ-じょう ⓪【訴状】名 うったえをおこすための文書。

そ-じょう ⓪【遡上】【×溯上】名自サ 流れをさかのぼること。「河口からあゆが―する」

そ-しょく ⓪【粗食】名自サ そまつな食事。「粗衣―にたえる」↔美食。

そ-しょく《蘇軾》 一〇三六‐一一〇一。中国の宋時代の文学者。号は東坡。唐宋八大家のひとりとされる。代表作は「赤壁の賦」。書画にもすぐれていた。

そしらぬ ラ【素知らぬ】連体 知っていながら知らぬふりをするようす。「―顔」

そしり リ【×謗り・×譏り】名 そしること。非難。「軽率の―を免れない」

そし・る シ【×謗る・×譏る】他五〔ラ・ロ｜リ・ッ｜ル・ル｜レ・レ〕 わるくちを言う。けなす。非難する。

そ-しん ⓪【措信】名自サ〔文章語〕信用がおけること。「被告の証言は―しがたい」参考 多く裁判で用いられる。

そ-すい ⓪【疎水】【×疏水】名 水運・かんがいなどのために、土地を切り開いてつくった水路。琵琶湖の疎水など。

そ-すう ス【素数】名 1およびその数自身のほかの整数では割り切れない、1を除く正の整数。2・3・5・7・11・13など。

そ-せい ⓪【粗製】名 粗雑につくること。そまつなできばえ。↔精製。 **―乱(濫)造** ⓪名他サ 粗雑な品をやたらにつくること。

そ-せい ⓪【×蘇生】名自サ よみがえること。いきかえること。「―術」

そ-せい ⓪【組成】名他サ いくつかの要素・成分からくみたてること。また、そのくみたて。

そ-ぜい ソ【租税】名 ❶みつぎもの。ねんぐ。❷国家または地方公共団体が、個人または法人から強制的にとりたてるかね。税。

そ-せき ⓪【礎石】名 ❶建物の土台となる石。いしずえ。❷物事の基礎。「近代化の―を築く」

そ-せん ソ【祖先】名 ↔子孫。❶家系の第一代の人。先祖。❷家系の第一代から先代までの人々。 **―伝来** ソ名 祖先から受けつぎ伝えること。先祖伝来。「―の土地」

そ-そ ソ【×楚×楚】と副 たる連体〔文章語〕 きよらかで、うつくしいようす。「―とした風情」

そ-そう ソ【祖宗】名〔文章語〕君主の先祖代々。

そ-そう ⓪【阻喪】【×沮喪】名自サ 元気がくじけること。「意気―する」

そ-そう ソ【粗相】名自サ ❶不注意・そそっかしさのために失敗すること。また、その失敗。❷大・小便をもらすこと。

そ-ぞう ⓪【塑像】名 粘土・石膏でつくった像。

そそ・ぐ ⓪ソ【注ぐ】【×灌ぐ】〔ガ・ゴ｜ギ・イ｜グ・グ｜ゲ・ゲ〕㊀自五 ❶ながれ入る。「海に―」❷雨や雪が降る。「降り―」❸光がさしこむ。「光がさんさんと降り―」㊁他五 ❶液体をながしかける。「花に水を―」❷おとす。こぼす。「涙を―」❸液体を器に入れる。「茶をちゃわんに―」❹水をひく。「水を田に―」❺そのほうへ向ける。「努力を―」 **注げる** 自下一〔…できる〕

そそ・ぐ ⓪ソ【▲濯ぐ・▲雪ぐ】他五〔ガ・ゴ｜ギ・イ｜グ・グ｜ゲ・ゲ〕 ❶よごれ・けがれを除く。❷わるい評判をのぞく。「はじを―」〓すすぐ。 **そそげる** 自下一〔…できる〕

そ-ぞく ソ【×鼠賊】名〔文章語〕小さい盗みをする泥棒。こそどろ。

そそ-くさ ソ と副 おちつかないようす。「―と立ち去る」

そそけ-だ・つ ダ 自五〔タ・ト｜チ・ッ｜ツ・ツ｜テ・＊〕 ❶髪の毛がみだれる。❷身の毛がよだつ。

そそ・ける ケ 自下一〔ケ・ケ｜ケ・ケ｜ケル・ケル｜ケレ・ケロ・ケヨ〕 髪の毛がみだれる。 **そそ・く** 文語下二

そそっかし・い シ 形〔カロ｜カッ・ク｜イ｜イ｜ケレ｜○〕 おちつきがなく不注意である。そこつである。軽率である。「動作が―」 **そそっかしさ** 名 **そそっか・し** 文語シク

そそのか・す【唆す】㊀カ 他五〔サ・ソ｜シ・シ｜ス・ス｜セ・セ〕 おだてたりだましたりして、悪いことをさせる。「子どもを―」㊁他四〔古語〕（善悪にかかわりなく）その気になるように勧める。「迅く参りたまはむことをそそのかしきこゆれど」〈源氏〉

そそり-た・つ タ【そそり立つ】【×聳り立つ】自五〔タ・ト｜チ・ッ｜ツ・ツ｜テ・テ〕 高くそびえたつ。

そそ・る ⓪ 他五〔ラ・ロ｜リ・ッ｜ル・ル｜レ・レ〕 ❶心をうきたたせる。「気分を―」❷もよおさせる。おこさせる。「食欲を―」

そぞろ【そぞろ】【▲漫ろ】㊀⓪ 形動〔ダロ｜ダッ・デ・ニ｜ダ｜ナ｜ナラ｜○〕 心がうわついて、おちつかないようす。「気も―」㊁なり形動〔古語〕➡すずろ。

そぞろ ⓪ に副 なんとなく。「―昔がしのばれる」

そぞろ-あるき ア【そぞろ歩き】【▲漫ろ歩き】名 あてもなく、ぶらぶら歩くこと。漫歩。散歩。

そぞろ-ごころ【▲漫ろ心】名〔古語〕そわそわして落ちつかない心。すずろごころ。

そぞろ-ごと【▲漫ろ事・▲漫ろ言】名〔古語〕くだらないこと。とりとめもないことば。とるに足りないこと。すずろごと。

そぞろ-さむ・い [ム]【そぞろ寒い】【▲漫ろ寒い】形（カロ・カッ・ク・イ・イ・ケレ・○）なんとなく身にしみるように寒い。**そぞろ寒さ** 名 **そぞろさむ・し** 文語ク

そ-だ [0]【粗×朶】名 たきぎなどにする、切った木の枝。

そ-だい [0]【粗大】形動（ダロ・ダッ・デ・ニ・ダ・ナ・ナラ・○）〔文章語〕あらっぽくおおまかなようす。あらくて大きなようす。**—ごみ** [ダ] 名 テレビ・冷蔵庫・家具など、簡単に運搬・焼却できない耐久消費財の廃物。

そだち [チ]【育ち】名 ❶そだつこと。成長。成育。❷そだったようす。そだった環境。「氏うじより—」

そだち-ざかり [ザ]【育ち盛り】名 子どもの、からだがいちばん成長する時期。十歳前後から数年間。「—の食べ盛り」

そだ・つ [ダ]【育つ】自五（タ・トチ・ッ・ツ・ツ・テ・テ）❶おいたつ。成長する。「子どもが—」「稲が—」❷一人前になる。「若手が—」「後継者が—」❸発展する。のびて豊かになる。「産業が—」「自立心が—」「愛情が—」

そだて [テ]【育て】名 育てること。「子—」**—の親**おや ❶生んだ親ではないが、親となってそだててくれた人。↕産みの親。❷ある物事を世話して、りっぱになりたたせた人。「開拓事業の—」

そだてあ・げる [ゲ]【育て上げる】他下一（ゲ・ゲ・ゲル・ゲル・ゲレ・ゲロ・ゲヨ）❶成長してしまうまで、やしなう。❷一人前になるまで教育する。「でしを—」**そだてあ・ぐ** 文語下二

そだ・てる [テ]【育てる】他下一（テ・テ・テル・テル・テレ・テロ・テヨ）❶やしなって成長させる。「手塩にかけて—」❷おしえみちびく。しこむ。「部下を—」**そだ・つ** 文語下二

そ-ち [ソ]【素地】名 ⬇そじ(素地)。

そ-ち [ソ]【措置】名 他サ とりはからうこと。処置。「適当な—を講ずる」

そ-ち【×其▲方】代〔古語〕❶そちら。そっち。「両山に例のものする寺(イツモ参籠スル寺が)あり、そちものしなむ(行コウ)」〈蜻蛉〉❷(室町時代以降の用法)おまえ。なんじ。「そちを成敗せぬにおいては」〈狂・武悪〉

そち-こち【そちこち】【×其▲方×此▲方】㊀ [チ]|[コ] 代 そちらと、こちらと。あちらやこちら。㊁ 副〔古語〕あれこれ。なんやかや。

そ-ちゃ [ソ]【粗茶】名 ❶そまつな茶。❷人にすすめる茶をていねいに言う語。

そちら [0]【そちら】【×其▲方】代「そっち」の改まった言い方。↕あちら・こちら。❶相手に近い方。❷それ。❸そこ。「—にあります」❹相手や相手側の人をさす語。参考「そちらさま」の形をとると、尊敬語。

そつ【率】造 ❶ひきいる。「率先・引率・統率」❷すなお。かざらない。「率直・真率」❸にわか。かるはずみ。「率爾そつじ・率然・軽率」〔別音りつ|率〕

そつ【卒】㊀ [ソ] 名 造 ❶下級の兵士。「従卒・兵卒」❷学業をおえること。「大学—」「卒論・高卒・大卒」❸死去。「平成十年—」「卒去そっきょ」㊁ 造 ❶にわか。きゅうに。「卒爾そつじ・卒然・卒中・卒倒」❷おえる。すませる。「卒業」

卒そっ・す 自サ

そつ [0] 名 ❶むだ。無益。不十分なこと。❷てぬかり。ておち。失敗。**—がない** 言動にむだや落ち度がない。「受け答えに—」

そ-つい [0]【訴追】名 他サ ❶検察官が公訴を提起すること。❷裁判官や人事官に対する弾劾だんがいの申し立てをして、その罷免ひめんを求めること。

そ-つう [0]【疎通】【×疏通】名 自サ うまく通じること。「意思の—をはかる」

そつ-えん [0]【卒園】名 自サ 園児が、その幼稚園・保育園の課程を全部おえること。↕入園。

そっ-か [ソ]【足下】〔文章語〕(「そくか」の変化)㊀ 名 ❶あしのした。足元。❷手紙のわきづけの語。⇩わき付け 参考。㊁ 代 同等以下の相手を呼ぶ改まった言い方。手紙に使う。

ぞっ-か [0]【俗歌】名（「ぞくか」の変化）はやりうた。俗謡。

ぞっ-か [0]【俗化】名 自サ（「ぞくか」の変化）俗っぽくなること。

ぞっ-かい [0]【俗界】名（「ぞくかい」の変化）俗人の住んでいる世の中。俗世間。

ぞっ-かい [0]【俗解】名（「ぞくかい」の変化）通俗的な解釈。

ぞっ-かい [0]【続開】名 他サ（「ぞくかい」の変化）ひきつづいてひらくこと。「会議を—する」

そっ-かん [0]【速乾】名（「そくかん」の変化）すぐかわくこと。「—修正液」

ぞっ-かん [0]【俗間】名（「ぞくかん」の変化）俗世間。

ぞっ-かん [0]【属官】名（「ぞくかん」の変化）❶下級の官吏。❷もと、各省に属した判任官の文官。属。

ぞっ-かん [0]【続刊】名 他サ（「ぞくかん」の変化）ひきつづいて発行すること、また、発行されたもの。

そっ-き [0]【速記】名 他サ（「そくき」の変化）❶はやく書くこと。速記術で書くこと。❷速記術。**—術**じゅつ [キ] 名 符号を使って、談話・講演などを話すとおりに書きとる技術。**—録**ろく [キ] 名 速記術で書きとったものを、ふつうの文字に書きなおしたもの。

ぞっ-き [0]【俗気】名（「ぞくき」の変化）⬇ぞくけ。

ぞっき-ぼん [0]【ぞっき本】名 出版元から見切り品として出され、定価より安く売られる本。

そっ-きゅう [0]【速球】名（「そくきゅう」の変化）野球で、スピードのあるボール。

そっ-きゅう [0]【速急】名 形動（「そくきゅう」の変化）大いそぎ。至急。早急さっきゅう。

そっ-きょ [ソ]【卒去】名 自サ（「しゅっきょ」の慣用読み）❶四位・五位の人が死ぬこと。❷死去。

そっ-きょう [0]【即興】名（「そくきょう」の変化）❶その場でおこる興味。❷興にのって即座に詩歌しいかなどをつくること。**—曲**きょく [キョ] 名 即興的につくった楽曲。随想によって自由な形式でつくられた曲。アンプロンプチュ。**—詩**し [キョ] 名 その場で心にうかぶままをうたう詩。**—詩人**しじん [シ] 名 その場ですぐに詩歌を作ってうたう詩人。

そつ-ぎょう [0]【卒業】名 自サ ❶学生・生徒が、その学校の教育課程を全部おえること。㊎春 ❷ある一定の程度・段階を体験し、通りこすこと。「ピアノの初歩は—した」**—論文**ろんぶん [ロ] 名 大学生が卒業に必要な単位として課される研究報告。リポートよりやや大部のもの。卒論。

ぞっ-きょう [0]【俗境】名（「ぞくきょう」の変化）俗界。

そっきょうしじん《即興詩人》森鷗外もりおうがいの翻訳長編小説。一八九二年から一九〇一年にかけて発表。アンデルセン原作。日本近代文学に大きな影響をあたえた。

ぞっ-きょく [0]【俗曲】名（「ぞくきょく」の変化）三味線しゃみせんの伴奏でうたう大衆的な歌曲。端唄はうた・都々逸どどいつなど。

そっ-きん [0]【即金】名（「そくきん」の変化）買ったその場でかねを払うこと。また、そのかね。

そっ-きん [0]【側近】名（「そくきん」の変化）身分の高い

人や権力者のそば近くつかえること。また、その人。「首相の—」 **—政治**(せいじ) [セ] [名] 権力者の側近の人々の考えによって左右される政治。

ソックス [ソ]〈socks〉[名] みじかいくつ下。↕ストッキング。

そっ-くび [ソ]【素っ首】[名]〔「そくび」の変化〕人をののしって、その首をいう語。「—をかく」

そっくり [ク] ❶ [形動(の)] 非常によく似ているようす。そのまま。さながら。「父親に—だ」 ❷ [副] のこらず。みな。「—いただく」

そっくり-かえ・る [カ]【反っくり返る】—かえる [自五] ラ・ロ・リ・ル・ル・レ・レ ひどくそりかえる。ひどくいばる。「いばっていすに—」

ぞっ-け [0]【俗気】[名]〔「ぞくけ」の変化〕⬇ぞくけ。

そっ-けつ [0]【即決】[名] [他サ]〔「そくけつ」の変化〕その場できめること。即座に議決・裁決すること。 **—裁判**(さいばん) [サ] [名] 弁論終了後、すぐに判決を言いわたすこと。交通関係法令違反などについておこなわれる。

そっ-けつ [0]【速決】[名] [他サ]〔「そくけつ」の変化〕はやくきめること。

そっけつ-の-かん [カ]【則×闕の官】[名]〔適任者がいなければおかない官〕太政(だじょう)大臣の別の呼び名。

そっけ-な・い [ナ]【素気無い】[形] カロ・カッ・ク・イ・イ・ケレ・○ 相手に対する思いやりや温かさが感じられない。あいそうがない。すげない。「—返事」「そっけなくする」 **そっけなさ** [名] **そっけな・し** [文語ク]

そっ-こう [0]【即効】[名]〔「そくこう」の変化〕その場できめがあらわれること。 **—薬**(やく) [コ] [名] 用いたらすぐききめをあらわすくすり。

そっ-こう [0]【速効】[名]〔「そくこう」の変化〕ききめがはやいこと。↕遅効。 **—肥料**(ひりょう) [ヒ] [名] 水にとけやすくて、作物にはやくきく肥料。硫安(りゅうあん)など。速効性肥料。↕遅効肥料。

そっ-こう [0]【側溝】[名]〔「そくこう」の変化〕道路のわきの排水用の溝。

そっ-こう [0]【即行】[名] [他サ]〔「そくこう」の変化〕すぐに、おこなうこと。

そっ-こう [0]【速攻】[名] [他サ]〔「そくこう」の変化〕すばやく攻めたてること。

ぞっ-こう [0]【続稿】[名]〔「ぞくこう」の変化〕つづきの原稿。

ぞっ-こう [0]【続行】[名] [他サ]〔「ぞくこう」の変化〕つづけておこなうこと。「会議を—する」

そっこう-じょ [0]【測候所】[名]〔「そくこうじょ」の変化〕一地方の気象・地震の観測などを行う気象庁の地方機関。

そっ-こく [0]【即刻】[副]〔「そくこく」の変化〕すぐ。ただちに。即時。「—退去」

ぞっ-こく [0]【属国】[名]〔「ぞくこく」の変化〕他国の支配を受け、独立していない国。

そっ-こん [0]【即今】[名] [副] [文章語]〔「そくこん」の変化〕ただいま。目下(もっか)。

ぞっ-こん [0] [コ] [副] [形動] [俗語] 心から。しんそこから。「—ほれこむ」

そつ-じ [0]【卒×爾・率×爾】[名] [形動] [文章語] 突然なようす。にわかなようす。 **—ながら** [0]-[ナ] [副] 突然で失礼ですが。「—おたずねしたい」

そつ-じゅ [ソ]【卒寿】[名]〔「卒」の略字「卆」が九十と読めることから〕九十歳の祝い。⇩賀の祝い(表)。

そっ・す【卒す】[自サ] [古語] ⬇しゅっす。

そっ-せん [0]【率先】[名] [副] [自サ] 他にさきだってすること。「—して難事にあたる」 [参考]「卒先」と書くのはあやまり。

そつ-ぜん [0]【卒然・率然】[(と)] [副] [文章語] 急におこるようす。突然。だしぬけに。

そっ-たく [0]【×啐×啄】[名] [文章語]〔「啐」は鶏卵がかえるとき、ひながからの内から鳴く声。「啄」は母鶏が外からからをついばむこと〕❶禅宗で、機を得て両者相応ずること。❷ちょうどよい時機にあたること。

そっ-ち [チ]【そっち】【×其方】[代]「そちら」のくだけた言い方。↕こっち・あっち。

そっち-のけ [0]【×其方退け】[名] ❶のけものにすること。ほうりだすこと。「家業を—にしてあそぶ」 ❷専門家などをあらわす語につけて、できばえ・腕まえなどが、それより上であること。「本職—のできばえ」

そっ-ちゅう [0]【卒中】[名] 脳出血で突然たおれる病気。

そっ-ちょく [0]【率直】【卒直】[形動] ダロ・ダッ・デ・ニ・ダナ・ナラ・○ かざりけがなく、ありのままなようす。「—に言う」「—な意見を求める」

そっ-と [ソ]【率土】[名] [文章語] 大地のはて。 **—の浜**(ひん) 国のはての海岸。地のつづくかぎり。「普天(ふてん)の下(もと)—」

そっ-と [0] ❶ [副] ❶音を立てないようにするようす。「—近づく」 ❷ひそかに事をするようす。「—計画を立てる」 ❷ [副] [他サ] 動かしたり刺激を与えたりしないようにするようす。「—しておく」

ぞっ-と [0] [副] [自サ] ❶恐ろしさに、からだのふるえる感じのするようす。❷つめたさや寒さが、身にしみるようす。

そっ-とう [0]【卒倒】[名] [自サ] 急に意識をうしなって、たおれること。

ぞっと-しない [連語] 感心しない。気にいらない。「この洋服の色合いは—」 [参考]「ぞっと」には、恐怖や寒さだけでなく、美しさにふるえるようすを表す意があることから、「ぞっとしない」は「心を動かされない」「感心しない」の意になる。

そつ-なく [連語] そつがないようす。ぬかりなく。「仕事を—こなす」

そっ-ぱ [ソ]【反っ歯】[名]〔「そりは」の変化〕前歯が前のほうへ出たもの。出っ歯。

ソップ [ソ]〈オ sop〉[名] ❶スープ。❷〔スープのだしをとる鶏のがらの連想から〕相撲で、やせ型の力士。↕あんこ。

そっぽ [ソ] [名] [俗語] よそのほう。そっぽう。 **—を向**(む)**く** ❶よそのほうを見る。❷賛成・協力しない。

そつ-ろん [0]【卒論】[名]「卒業論文」の略。

そで [0]【袖】[名] ❶衣服で、左右両腕をおおう部分。❷たもと。❸よろいで、肩やひじをおおう部分。❹門のわきにあるかきね・小門や、机のわきのひきだしなど。❺舞台のはし。 **—にすがる** 必死に助けを求める。 **—にする** 親しい人をじゃま者あつかいにする。 **—の下**(した)〔袖の下から、こっそり贈ることから〕わいろ。 **—振**(ふ)**り合**(あ)**うも他生**(たしょう)**の縁**(えん) この世でのちょっとした関係でも、実は前世からの因縁(いんねん)によるものだ。[参考]「振り合う」は「擦(す)り合う」ともいう。「他生」は「多生」とも書く。 **—を絞**(しぼ)**る** たいそう涙をながして泣く。 **—を連**(つら)**ねる** いっしょに行く。 **—を通**(とお)**す** 衣服を着る。特に、はじめて着る衣服についていう。 **—を引**(ひ)**く** ❶そっとさそう。❷そっと注意する。

そ-てい [0]【措定】[名] [他サ] [哲] 推論の前提となったり反論の予想されたりする事柄を、いちおう確かなものとして規定すること。

ソテー [ソ]〈フ sauté〉[名] 肉や魚をバターなどでいため焼きにした料理。「ポーク—」

そで-がき [テ]-[0]【袖垣】[名] 門などにそえて、低くつらねてつくったかき。

そで-ぐち [0]【袖口】[名] そでのはし。

そで-ぐり ◎【袖ぐり】【袖×刳】名 アームホール。
そで-ごい ◎【袖乞(い)】ごひ 名 施し物をもらってあるくこと・人。
そで-しょう ◎【袖章】名 制服のそでにつけた記章。
そで-たけ テ【袖丈】名 そでの長さ。
そで-だたみ ダ/◎【袖畳み】名 着物の両そでを背中のがわで合わせてたたむ略式のたたみ方。
そ-てつ ◎【×蘇鉄】名 ソテツ科の常緑低木。暖地に生える。幹は円柱形で、表面はうろこ状。頂上に長く大きい羽の形の葉を冠のように出す。花は夏
そで-つけ テ【袖付け】名 そでを身ごろにつけること。また、そのつく部分。
そで-なし ◎【袖無し】名 ❶そでのない洋服。❷そでのない着物・はおりなど。冬
そで-びょうぶ ビョ【袖×屏風】名 着物のそでで顔をおおいかくすこと。
そで-やま ◎【袖山】名 ❶和服で、袖の上端の折り目になる部分。⇩和服(図)。❷洋服で、袖付けの山形になった部分全体。また、その頂点。
そと ソ【外】名 ❶囲みや仕切りに囲まれていない部分。「家の―」↕中・内。❷表から見える部分。外側。「ポケットから手を―に出す」「感情を―に出す」↕中。❸自分の家・家庭以外の場所。また、屋外。「夕食は―でとる」「天気がよいので―で遊ぶ」↕内。❹自分の所属する社会以外の場所。「―の人間に対して心を開く」↕内。
そ-とう ◎【粗糖】名 精製していない砂糖。↕精糖。
そ-どう ◎【粗銅】名 銅の原鉱をとかし、酸化精錬したもの。九八～九九%の銅をふくむ。
そとうば ト【▲卒塔婆】名 ➡そとば。
そと-うみ ウ【外海】名 陸地にかこまれていない外がわの海。大海。がいかい。↕内海うちうみ。
そと-おもて オ【外表】名 布地のおもてを、外がわに折ること。↕中表。
そと-がけ ◎【外掛(け)】名 相撲の手の一つ。相手の足の外がわに、自分の足をかけてたおすわざ。↕内掛け。
そと-がこい ガ【外囲い】がこひ 名 外がわの囲い。
そと-がまえ ガ【外構え】がまへ 名 家の外部の構造。門・へい・かきねなどのつくり。
そと-がわ ◎【外側】がは 名 外の方。外表面。↕内側。
そ-どく ◎【素読】名 他サ 意味を考えず、文字だけを見て音読すること。「論語の―」
そと-すう ス【外数】名 統計で、合計数には含めないある要素の数。がいすう。「定員外の留学生数を―で示す」
そと-ぜい ト【外税】名 商品の本体価格とは別に消費税額を示すこと。「―方式」↕内税。
そと-づけ ◎【外付け】名 他サ 機械の外部に、機能拡張のための装置を接続すること。「―ハードディスク」
そと-づら ◎【外面】名 ❶外がわの面。❷外部の人に見せる顔つき。「―のよい人」↕内づら。
そと-で ◎【外出】名 外あるき。出あるき。がいしゅつ。
そと-のり ◎【外のり】【外▲法】名 厚みのあるはこ・ますなどの、外がわのたてよこの長さ。↕内のり。
そとば ト【▲卒▲塔婆】名 〔梵 stūpa から。高くあらわす意〕❶仏舎利をすえて供養くようするために立てる塔。❷死者の供養のため、墓のうしろに立てる、上部を塔形にした板。⇒そとうば。

そとば❷

そと-ぶろ ◎【外風呂】名 建物の外に作った浴場。そとゆ。↕内風呂。
そと-ぼり ◎【外堀】【外×濠】名 城の外回りのほり。↕内ぼり。**―を埋うめる** 目的を達するために、まず周囲のじゃまものをとりのぞく。参考 徳川家康の大坂城攻めの故事による。
そと-まご ◎【外孫】名 他家に嫁いだむすめの子。がいそん。↕内孫うちまご。
そと-また ◎【外股】名 足の先を外に向けてあるく歩き方。そとわ。↕内また。
そと-まわり マ【外回り】【外×廻り】まはり 名 ❶外のめぐり。外周。周囲。「家の―」↕内回り。❷取引先などをまわりあるくつとめ。外勤。
そと-み ◎【外見】名 外から見たようす。がいけん。「―はよい」
そと-むき ◎【外向き】名 ↕内向き。❶外側に向いていること。「商品を―に陳列する」❷対外的なこと。「―の説明」「社長としての―の顔」❸国際社会への関心や意識が高いこと。「―志向の学生を育てる」
そと-ゆ ◎【外湯】名 温泉場の旅館などで、建物の外に設けた浴場。そとぶろ。↕内湯。
そと-わ ◎【外輪】名 歩くとき、両足のつまさきが外側に向くこと。外また。↕内輪。
そと-わきづけ ワ【外脇付(け)】名 手紙で、封書やはがきのあて名のわきに書くことば。参考「親展・直披」などは、あて名の本人に直接みてもらう意をあらわす。はがきには使わない。「至急・急用・○○在中」などもある。「平安・平信」は通常の手紙の意に使う。
そと-わく ◎【外枠】名 ❶外側の枠。❷決められた数をこえる物事。「―で輸入する」
そなえ ナ/エ【備え】そなへ 名 ❶ことに対する用意。準備。「―あれば、うれいなし」❷敵の攻撃に対する防備の陣立て。
そなえ-つ・ける ケ【備(え)付ける】そなへ 他下一 ケケ・ケ・ケル・ケレ・ケロ・ケヨ 設備する。用意しておく。**備え付け** 名 **そなへつ・く** 文語下二
そなえ-もの ◎【供え物】そなへ 名 神仏に供え、ささげるもの。お供え。くもつ。
そな・える エ/ナ【供える】そなへる 他下一 エ・エ・エル・エレ・エロ・エヨ 神や仏の前に物をあげる。「墓前に花を―」 **そな・ふ** 文語ハ下二
そな・える エ【備える】そなへる 他下一 エ・エ・エル・エレ・エロ・エヨ ❶これから起こること、行われることに対して準備する。用意する。「外敵に―」「台風に―」❷【▲具える】必要なものをそろえておく。「実験用具を―」❸【▲具える】資質などを生まれつきもっている。自分の身にもっている。「よい素質を―」参考 悪いものをもつばあいには使わない。 **そな・ふ** 文語ハ下二
ソナグラフ グ〈Sonagraph〉名 〔商標名〕音声や音響を分析し、図形としてしめす装置。
ソナタ ソ〈イ sonata〉名 器楽曲の形式の一つ。三または四楽章よりなる。奏鳴曲そうめいきょく。**―形式けいしき** ケ 名 楽曲の形式の一つ。主題の提示・展開・再現の三部からなる。
そなた【×其▲方】代 古語 ❶そちら。そっち。その方面。「講師かうじのぼりぬれば(席ニ着イタノデ)、…そなたをのみ見るほどに」〈枕〉❷〈目下に対して〉おまえ。そち。なんじ。「そなたの嘆きはもっともぢゃ」〈狂言・墨塗女〉
ソナチネ ◎〈イ sonatine〉名 小規模のソナタ。小奏鳴曲。
そなれ-まつ レ【そなれ松】【×磯×馴松】名 文章語 海岸の、枝や幹が風になびいて傾くようにはえている松の木。
そなわ・る ワ【備わる】【▲具る】そなはる 自五 ラ・ロ・リッ・ル・ル・レ・レ ❶そろっている。用意ができている。❷生まれつき身にもつ。

「品位が―」

そ-にん ⓪/ソ【訴人】㊀名 うったえ出た人。告訴人。㊁名自サ うったえ出ること。参考 古めかしい言い方。

そ-ね 連語【古語】(禁止の「な…そ」の「そ」と、願望をあらわす終助詞「ね」。「な…そね」の形で)…してくれるなよ。「細竹(しの)な刈りそね」〈万葉〉

そねざきしんじゅう《曽根崎心中》 江戸時代前期の浄瑠璃。近松門左衛門(ちかまつもんざえもん)の作。大坂曽根崎天神の森での心中事件を取りあげた世話物(せわもの)で、その道行(みちゆき)文は名文として知られる。

ソネット ソ〈sonnet〉名 イタリアにおこり、イギリスを中心に近世ヨーロッパで行われた十四行詩。

そね-の-よしただ《曽禰好忠》 生没年未詳。平安中期の歌人。破格な語法を用いたりして、同時代には異端とされた。家集に「曽禰好忠集」。

そね・む ネ【▲嫉む】他五 マ(ミ・モ)/ム/ム/メ/メ うらやんでにくむ。しっとする。ねたむ。**そねみ** 名

その ソ【園】【×苑】名【文章語】❶木・花・野菜などを植えるためにくぎった土地。庭園。❷場所。「学びの―」

その ⓪【その】【×其の】㊀連体 ↕この・あの。❶相手に近いものをさす語。「―本に書いてある」❷相手に属する物事をさす語。「―かっこうではまずい」「―辺でやめておけ」❸相手の述べたこと、または、共通の話題になっていることをさす語。「―話はもう何度も聞いた」「―問題はみんなで考えてみよう」⇩それ㊀❸ 参考。❹自分の述べたこと、述べようとすることに関することをさす語。「本屋があって、―隣が喫茶店だ」「まず状況を説明する。―あとで原因を話す」❺【古語】名の知れない物や人をばくぜんとさす語。「よろづに、その道を知れる者は」〈徒然〉㊁感 話の途中で、言うことを忘れたり、口ごもったりするときに発することば。「その―(ソノオ)」と語尾が長音化することもある。「実は、その、お願いしたいことがあって」**―通(とお)り** ❶相手の言うことが正しく、納得できると思うときに言うことば。「『まだ勝つ可能性はあるということか』『―だ』」❷それに反しないこと。それと同様であること。「電話で指示が来るので、―に作業する」

その-う ノ【園▲生】―(ふ)名【文章語】「園(その)」の美称。

そ-のう ⓪【×嗉×嚢】名 鳥類の食道が一部ふくらんで、袋状になったもの。食物を一時ためる。

その-うえ ⓪【その上】【×其の上】―(うへ) 接続 前の事がらに次の事がらがさらにつづいておこること。おまけに。「雨が降ってきた。―、雷まで鳴りだした」⇩そして 参考。

その-うち ⓪【そのうち】【×其の内】(に)副 ちかく。やがて。「―帰ってくるだろう」

その-かみ【×其の上】名【古語】❶その昔。「さて今、そのかみを思ひやりて、ある人の詠める歌」〈土佐〉❷事の起こったその時。当時。「(ソノ歌ハ)今思へばよくもあらざりけり。そのかみはこれやまさりけむ」〈伊勢〉

その-かわり ⓪【そのかわり】【×其の代(わ)り】―(かはり) 接続 前の事がらが後の事がらによってつり合うことをあらわす。それとひきかえに。「品質は保証するが、―費用はかさむ」

その-かん カ【その間】【×其の間】名 あることが行われているあいだ。そのあいだ。「事件発生から時効まで、―の捜査員は延べ一万人弱」

その-き ⓪【その気】【×其の気】名 対象となる課題に関心をもち、全力をあげて取り組む気持ちになること。やる気。「社長も―になっているようだ」

その-ぎ ⓪【その儀】【×其の儀】名 そのこと。「―ならば」

その-くせ ⓪【そのくせ】【×其の癖】接続 それなのに。「からだは大きいのに、―力は弱い」

その-ご ⓪【その後】【×其の後】名 あることがあったのち。そのあと。「―の消息はだれも知らない」

ソノシート シ〈Sonosheet〉名(商標名)紙やビニールでつくった、薄くてやわらかいレコード。フォノシート。

その-じつ ⓪【その実】【×其の実】副 ほんとうは。実際は。「―あまり損はない」

その-すじ ス【その筋】【×其の筋】―(すぢ)名 ❶その方面。その道。「―の専門家」❷それに関係ある役所・警察署。「―の命により」

その-せつ セ【その節】【×其の節】名 あのとき。「―はお世話になりました」

その-た ノ【その他】【×其の他】名 そのほか。それ以外。「―大勢(おおぜい)」

その-て テ【その手】【×其の手】名 そのやり方・計画。「―でやろう」**―は桑名(くわな)の焼(や)き×蛤(はまぐり)** 「くわない」と地名の「桑名」を言いかけ、名物の焼きはまぐりをつづけたもの)その手にはのらないぞということを、しゃれていう語。

その-でん デ【その伝】【×其の伝】名 そのやり方・考え方。「―でいこう」

その-ば ⓪/バ【その場】【×其の場】名 ❶物事のあったところ。❷即座。当座。「―で解決する」**―限(かぎ)り** その時だけで、あとには関係がないこと。「―の約束」**―×凌(しの)ぎ** 困難なことなどを、その時だけ、なんとか切り抜けること。「―の言いのがれ」**―逃(のが)れ** その時だけのとりつくろい。一時のがれ。「―の答弁」

その-はず ⓪【その×筈】名 もっともなこと。当然なこと。「それも―」

そのひ-かせぎ カ【その日稼ぎ】名 ❶定職がなく、その日の都合で、いろいろの仕事をすること。❷その日暮らし。

そのひ-ぐらし グ【その日暮(ら)し】名 ❶その日その日の収入で、やっと暮らしていくこと。❷その日をすごすことに精いっぱいで、先を考えるゆとりのないこと。❸将来の見通しも理想もなく、その日その日を送ること。

その日(ひ)その日(ひ) 一日一日。まいにち。

その-ひと ノ【その人】【×其の人】㊀代名 すぐ前に話題になった人、相手に近い人を指すことば。「―は妹さんですか」㊁名 ❶(人をあらわす語のあとにつけて)その人自身。「救助に向かったのは船長―であった」❷(「…に―あり」の形で)その分野でその人が名の知られた存在であることをあらわすことば。「球界に―あり」

その-ぶん ブ【その分】【×其の分】名 ❶その程度。その状態。「―では勝てないだろう」❷それに見合った程度。それだけ。「家賃は高いが、―広い」

その-へん ⓪【その辺】【×其の辺】連語 ❶そのあたり。❷それぐらい。その程度。「―でやめなさい」❸そういったこと。それに関する。「―の事情」

その-ほう ホ【その方】【×其の方】代【文章語】(目下の者に対し)おまえ。↕このほう。

その-ほか【そのほか・その外・その他】【×其の外】連語 いま問題にしているのと別のものやこと。その他(た)。

その-まま【×其の×儘】連語 ❶今のまま。今まであったまま。また、あるがまま。「片づけないで―にしておく」❷ある状態からすぐ次の状態に移るようす。「出先から―家に帰る」❸ほとんど違わないようす。そっくり。「実戦―の訓練」

その-みち ⓪【その道】【×其の道】名 その方面。その筋。「―の大家」

その-むかし ⓪【その昔】【×其の昔】名 むかし。遠いむ

かし。

その‐むき ム【その向き】【×其の向き】名 ❶その方向。❷それに関係のある役所・警察署。その筋。「―に届け出る」

その‐もの モ/ノ‐【その物】【×其の物】名 ❶ほかのものでなく、話題になっている物や事。それ自身。「問題なのはシステム―」❷〔かながき〕〔上に来ることばに付いて〕それと同じだということを強める言い方。「彼こそ現代のシュバイツァー―だ」「彼女の勤務ぶりは献身―だ」❸〔古語〕とりたてて言うほどのもの。「そのものとなけれど、やどり木といふ名、いとあはれなり」〈枕〉

ソノラマ 0〈Sonorama〉名〔商標名〕フランスで考案された、ソノシートを入れた雑誌。

そ‐は ソ【粗葉】名 ❶そまつなたばこ。❷人にすすめるたばこをていねいに言う語。

そば ソ【×岨】名〔文章語〕山のきりぎし。がけ。絶壁。そわ。

そば ソ【▲側・傍】名 ❶近く。かたわら。❷…するとすぐ。「つくる―から食べる」

そば ソ【×稜】名 ❶物のかど。❷はかまのももだち・折り目。

そば ソ【×蕎▲麦】名 ❶タデ科の一年生植物。初秋に白または淡紅色の花を開き、三角形の実(み)をむすぶ。その実からそば粉をとる。花は㊙秋 ❷そばきり。

そば❶

ソバ(ヴァ)ージュ バ〈ﾌsauvage〉名〔「野生の」の意〕こまかくウエーブをかけ、一見無造作に見える髪形。

そ‐はい 0【×鼠輩】名〔文章語〕〔ねずみのような〕つまらない人間。人をいやしめて言う語。

そばえ【▲日▲照▲雨】そばへ 名〔古語〕ある場所にだけ降る雨。通り雨。

そば‐がき バ【×蕎▲麦×掻】名 そば粉(こ)を熱湯でねった食べ物。㊀冬

そば‐かす カ【×雀▲斑】名 顔にできる、小さい色素の斑点(はんてん)。

そば‐がら 0【そば殻】【×蕎▲麦殻】名 そばの実(み)のから。

そば‐きり バ/0【そば切り】【×蕎▲麦切】名 そば粉を水でこね、平たくのばして細く切ったもの。

そば‐じ 0【そば路】【×岨路】ぢ 名 けわしい山みち。

そばだ・つ タ【×峙つ】自五 タ・ト・チ・ッ・ツ・ツ・テ・テ 高くそびえる。そびえたつ。「雲に―霊峰」

そばだ・てる テ【×欹てる・×敧てる】他下一 テ・テ・テル・テル・テレ・テロ・テヨ 物の一端をもちあげてかたむける。物音の方向に耳を向けて、よく聞きとろうとする。「耳を―」 **そばだ・つ** 文語下二

そば‐づえ 0【傍杖・側×杖】づゑ 名〔けんかのそばにいて、打ちあうつえにあたることから〕自分に関係ないことによって受ける災難。とばっちり。「―をくう」

そば‐づかえ ヅ【▲側仕え】づかへ 名 貴人のそばに仕えること。また、その人。

そば‐どころ ド【×蕎▲麦▲処】名 ❶そばのとれる土地。❷そばを食べさせる店。参考 ❷は看板に書く語。

そば‐とろ 0【×蕎▲麦とろ】名 盛りそばをとろろ汁につけて食べるもの。

そば‐め メ【そば目】【▲側目】名 わきから見ること。はため。「―には美しいが…」

そば‐め 0/メ【▲側▲妻】名 本妻のほかに、おいている女。側室。めかけ。

そば・める【▲側める】一 メ 他下一 メ・メ・メル・メル・メレ・メロ・メヨ 視線をそむける。「目を―」 **そば・む** 文語下二 二〔古語〕一 自四 ❶横を向く。「うちそばみて書いたまふ」〈源氏〉❷かたよる。「(歌モ)そばみたる古言(ふること)どもを」〈源氏〉❸そばに寄る。「御几帳(みきちょう)のうしろにそばみあへり」〈源氏〉❹ひがむ。「そばみうらみたまふべきならねば」〈源氏〉 二 他下二 ❶わきへむける。「顔をそばめてゐたりける」〈保元〉❷ゆがめる。「冠もうちそばめて」〈宇津保〉❸おしやる。のけものにする。「あとなきまで我をそばむるわざなれ」〈撰集抄〉

そば‐ゆ バ【そば湯】【×蕎▲麦湯】名 そばをゆでたあとのしる。また、そば粉を湯でといた飲み物。㊀冬

そばよう‐にん ヨ【▲側用人】名 ❶江戸幕府で、将軍の側近として仕え、老中(ろうじゅう)との仲介をした職。❷大名などのそばにつかえ、その家の雑務をとりしきった役。

そ‐はん 0【粗飯】名〔文章語〕❶そまつな食事。❷人にすすめる食事を、かしこまって丁重に言うときの語。

ソビエト《Soviet》〔労働者・農民・兵士からなる「評議会」の意〕ロシアを中心とする十五の共和国から構成された連邦国家。一九二二年に成立。世界最初の社会主義国家であったが一九九一年に解体。ソビエト社会主義共和国連邦。ソ連。USSR。

そび・える エ【×聳える】自下一 エ・エ・エル・エル・エレ・エロ・エヨ 高くそそりたつ。そばだつ。 **そび・ゆ** 文語ヤ下二

そ‐ひつ 0【粗筆】名〔文章語〕❶そまつな筆や筆跡。❷自分の筆跡をかしこまって言う語。

そびやか・す カ【×聳やかす】他五 サ・ソ・シ・ス・ス・セ・セ そびえるようにする。ことに高くあげる。「肩を―」

そ‐びょう 0/ソ【祖×廟】名〔文章語〕祖先の霊を祭ったみたまや。

そ‐びょう 0【素描】名 他サ デッサン。線描。

そ‐びょう 0【粗描】名 他サ あらっぽい描写。

そびれる 接尾〔動詞の連用形について、下一段動詞をつくる〕それをする機会をうしなう。「言い―」

そ‐ひん 0【粗品】名 ⇒そしな。

そ‐ふ ソ【祖父】名 父母の父。じじ。おじいさん。↕祖母。

ソファー ソ〈sofa〉名 クッションのきいた、ゆったりとした背もたれのある長いす。 **―ベッド** ベ〈sofa bed〉名 背もたれやひじかけが倒せるようになっており、ベッドとしても使うことができるソファー。

ソフィスティケーション ケ〈sophistication〉名 ❶こじつけの議論をすること。詭弁(きべん)。へりくつ。❷洗練。

ソフィスティケート ケ〈sophisticate〉名 自サ ❶洗練すること。❷凝ったものにすること。複雑化すること。

ソフィスト フィ〈sophist〉名 ❶前五世紀ごろの、ギリシャの詭弁(きべん)学派の学者たち。❷詭弁家。

そ‐ふく 0【粗服】名〔文章語〕そまつな服装。

ソフト ソ〈soft〉一 形動 やわらかでやさしいようす。「―なムード」 二 名 ❶ソフトウエア。❷ソフト帽。❸ソフトボール。 **―ウエア** エ〈software〉名 コンピューターの利用技術で、プログラムに関することの全体。↕ハードウエア。 **―カラー** カ〈soft collar〉名 洋服のやわらかい地質のえり。 **―クリーム** リ〈soft cream〉名〔和製英語〕ソフトアイスクリームの通称。アイスクリームよりも温度を下げずに作るので、やわらかい。㊀夏 **―タッチ** タ〈soft touch〉名 柔らかな手ざわり。 **―ドリンク** リ〈ア soft drink〉名 アルコール分のはいっていない飲み物。清涼飲料水。 **―フォーカス** フォ〈soft focus〉名 やわらかい感じを出すため、被写体の像をぼかして写した写真。軟焦点。 **―帽**(ぼう) ト 名 フェルトなどでできたふちのある帽子。中折れ帽。ソフト。 **―ボール** ボ〈softball〉名 野球のボールよりも大きくてやわらかいボール。また、これを使う、野球に似た競技。 **―ランディング** ラ

ソフト帽

〈soft landing〉名自サ ❶宇宙船の軟着陸。❷変化の程度をゆるやかにおさえて、安定させること。「バブル経済を—させる」

そ‐ふぼ フ【祖父母】名 祖父と祖母。父または母の、父・母。

ソフホーズ ホ〈ロ sovkhoz〉名 旧ソ連で制度化された国営農場。ソホーズ。↕コルホーズ。

ソプラノ ◎〈イ soprano〉名 女声の最高の音域。また、その音域の歌手。

そ‐ぶり ソ◎【そぶり】【素振り】名 顔つきや動作などのようす。「うれしそうな—」

そ‐ぼ ソ【祖母】名 父母の母。ばば。おばあさん。↕祖父。

そ‐ほう ◎【粗放】【疎放】形動 ダロ・ダッ・デ・ニ／ダ・ナ・ナラ・◯ ❶めんみつでないようす。「—な計画」❷やりっぱなしで、しまりのないようす。「—な性格」—**農業** のうぎょう ノ名 広い土地で肥料・労働力を多く使わない、自然にまかせた農業。↕集約農業。

そ‐ぼう ◎【粗暴】名形動 性質・行動が乱暴なこと。「—なふるまい」

そほう‐か ◎【素封家】名〔「素封」は爵位・領地はないが、その富は諸侯にひとしいこと〕金持ち。財産家。

そ‐ぼく ◎【素朴】【素×樸】形動 ダロ・ダッ・デ・ニ／ダ・ナ・ナラ・◯ ❶かざりけがなく、ありのままなようす。「—な人がら」❷考え方などが単純なようす。「—な疑問」

そぼた・れる ◎ 自下一 レ・レ・レル・レル・レレ・レロ・レヨ びしょびしょにぬれる。そぼぬれる。「雨に—」**そぼた・る** 文語下二

そぼ・つ【×濡つ】自上二〔古語〕❶ぬれる。「はるかなる田の中の細道を稲葉の露にそぼちつつ分け行くほどに」〈徒然〉❷雨がしめやかに降る。「雨も涙も降りそぼちつつ」〈古今〉

そぼ‐ぬ・れる ◎【そぼ×濡れる】自下一 レ・レ・レル・レル・レレ・レロ・レヨ びしょびしょにぬれる。ぬれそぼつ。そぼたれる。**そぼぬ・る** 文語下二

そぼ‐ふ・る フ【そぼ降る】自五 ラ・ロ・リ・ッ・ル・ル・レ・レ 雨がしめやかに降る。「—春雨」

そぼろ ◎名 魚肉・肉・卵などをむしたり、いったりして、細かくぼろぼろにほぐした食品。「たいの—」

そ‐ほん ◎【粗×笨】名形動〔文章語〕〔「笨」はあらいの意〕あらくて雑なこと。粗雑。「—な計画」

そま ソ【×杣】名 ❶木を植えつけて材木をとる山。そまやま。❷そまぎ。❸そまびと。

そま‐ぎ ◎【そま木】【×杣木】名 そま山の木。また、その材木。

そま‐ごや ◎【そま小屋】【×杣小屋】名〔文章語〕そまびとの小屋。きこりの小屋。

そ‐まつ ソ【粗末】形動 ダロ・ダッ・デ・ニ／ダ・ナ・ナラ・◯ ❶つくりが雑なようす。品質のよくないようす。「—な細工」❷おろそかにあつかうようす。「親を—にするな」❸⇩おそまつ。

そま‐びと ◎【そま人】【×杣人】名 そま木を切りとる人。きこり。

そま‐やま ◎【そま山】【×杣山】名〔文章語〕切りとるための木を植えつけた山。

ソマリア《Somalia》アフリカ東海岸のインド洋に面した民主共和国。一九六〇年に独立。首都はモガディシュ。

そま・る ◎【染まる】自五 ラ・ロ・リ・ッ・ル・ル・レ・レ ❶色がつく。その色になる。色にしむ。「藍に染まった布」「西の空が赤く—」❷感染する。感化される。「悪に—」

そ‐みつ ◎【粗密】名 あらいことと、こまかいこと。「織物の織りかたにも—がある」

そ・む ◎【染む】自五 マ・モ・ミ・ン・ム・ム・メ・メ ❶⇩そまる。❷気にいる。心になじむ。「気に染まない」

そむ・く ム【背く】自五 カ・コ・キ・イ・ク・ク・ケ・ケ ❶うしろむきになる。人に背中をむける。❷したがわない。「教えに—」❸むほんする。「国に—」❹違反する。「規則に—」❺離れる。世を捨てる。出家する。「世に—」**背ける** 自下一〔…できる〕

そむ・ける ケ【背ける】他下一 ケ・ケ・ケル・ケル・ケレ・ケロ・ケヨ うしろや、横に向ける。「顔を—」**そむ・く** 文語下二

ソムリエ ◎〈フ sommelier〉名 レストランで、ワインの注文の相談に応ずる専門職。

そめ ◎【染め】名 ❶染めること。❷染めた色。「いい—だ」

ぞめ【初め】〔「そめ」の変化〕接尾 はじめてすること。「書き—」「渡り—」

そめ‐あがり ◎【染(め)上がり】名 ❶染めおわること。染めおわったもの。❷染めたもののできばえ。

そめ‐あ・げる ゲ【染(め)上げる】他下一 ゲ・ゲ・ゲル・ゲル・ゲレ・ゲロ・ゲヨ ある色に染めてしあげる。**染め上げ** 名 **そめあ・ぐ** 文語下二

そ‐めい ◎【疎明】【×疏明】名他サ ❶理由を説明すること。いいわけ。❷〖法〗証拠資料によって、確からしいとの推測を裁判官に抱かせること。「—資料」

そめい‐よしの ヨ【染井▲吉野】そめゐ 名 さくらの一種。葉の出る前に淡紅色の花が咲く。よしのざくら。

そめ‐かえ・す カ【染(め)返す】かへす 他五 サ・ソ・シ・ス・ス・セ・セ さらに濃い色、または別の色や柄に染め直す。**染め返し** 名 **染め返せる** 自下一〔…できる〕

そめ‐か・える カ・エ【染(め)替える】かへる 他下一 エ・エ・エル・エル・エレ・エロ・エヨ 色や柄を変えるために、さらに新しく染める。染めなおす。染めかえす。**染め替え** 名 **そめか・ふ** 文語ハ下二

そめ‐がすり ガ【染めがすり】【染▲飛▲白・染×絣】名 かすりを染めだした織物。↕織りがすり。

ぞめ・く ゾ【▲騒く】自五 カ・コ・キ・イ・ク・ク・ケ・ケ ❶うかれさわぐ。❷遊郭などをひやかす。**ぞめき** 名

そめ‐こ ◎【染(め)粉】名 こなにした染料せんりょう。

そめ‐だ・す ダ【染(め)出す】他五 サ・ソ・シ・ス・ス・セ・セ 染めて、模様や色をあらわす。**染め出し** 名

そめ‐つけ ◎【染(め)付(け)】名 ❶染めて色や模様をつけること。また、そうしたもの。❷あいいろの模様を焼きつけた磁器。❸あいいろの模様の布や衣服。

そめ‐なお・す オ【染(め)直す】なほす 他五 サ・ソ・シ・ス・ス・セ・セ 染めかえる。**染め直し** 名 **染め直せる** 自下一〔…できる〕

そめ‐ぬ・く ヌ【染(め)抜く】他五 カ・コ・キ・イ・ク・ク・ケ・ケ ❶じゅうぶんに染める。❷模様の部分を地の色にのこし、他の部分をそめる。**染め抜き** 名

そめ‐むら ◎【染めむら】【染▲斑】名 染め物の色がむらになっていること。

そめ‐もの ◎【染(め)物】名 布を染めること。また、染めた布。

そめ‐もよう モ【染(め)模様】名 染めた模様。

ぞ・める【初める】接尾〔文章語〕〔動詞の連用形について、下一段活用動詞をつくる〕はじめる。「夜が明け—」「見—」

そ・める ◎【染める】他下一 メ・メ・メル・メル・メレ・メロ・メヨ ❶ひたして色をつける。❷ぬる。「背景を青く—」❸赤らめる。「ほおを—」❹〔「手を染める」の形で〕関係する。「研究に手を—」**染め** 名 **そ・む** 文語下二

そめ‐わけ ◎【染(め)分け】名 ❶染め分けること。染め分けた色。「—紙」❷花がちがった色に咲くこと。「—のさくら」

そめ‐わ・ける ケ【染(め)分ける】他下一 ケ・ケ・ケル・ケル・ケレ・ケロ・ケヨ 二色以上に分けて染める。**そめわ・く** 文語下二

そ‐めん ◎【粗面】名〔文章語〕ざらざらしたおもて。

そも ソ【そも】【▲抑】接続〔文章語〕上のことばを受け、次の

ことばをおこす語。そもそも。いったいぜんたい。「こは、―いかに」

そ-もう [0]【×梳毛】名〔文章語〕羊毛などをくしけずって、平行にそろえること。また、そのようにした毛。

そもさん [ソ]【△作×麼△生】副〔中国、宋時代の俗語から。禅問答のとき問いかける側が使う語〕いかに。さあどうだ。

そ-もじ 代〔古語〕〔女房ことば「そ文字」〕そなた。あなた。「お軽か、そもじはそこに何してぞ」〈浄瑠璃・仮名手本忠臣蔵〉

そも-そも [ソ]―【△抑】㊀接続 説きおこす語。いったい。さて。そも。「―太陽とは」㊁名 はじまり。おこり。「この話の―は…」㊂副 第一。最初から。「それが―まちがいだ」

そ-や【△征矢】名〔古語〕昔、いくさに使った矢。

そ-や [ソ]【粗野】形動 ことばやおこないが、あらあらしくて下品なようす。「―なことばづかい」

ぞ-や 連語〔古語〕❶〔「や」は、感動の終助詞〕…だぞ。…なのだぞ。「阿字阿字と唱ふるぞや」〈徒然〉❷〔「や」は疑問の係助詞〕…であるのか。「いかにぞや（ドウイウワケナノカ）ことばの外に、あはれにけしき覚ゆるはなし」〈徒然〉

そ-やす 接尾〔動詞の連用形について、五段活用動詞をつくる〕おだてる。「ほめ―」

そ-やつ [0]/[ソ]【そやつ】【×其△奴】代 そいつ。

そ-よう [0]【素養】名 ふだんからの修養によって身につけた教養や技術。たしなみ。「ピアノの―がある」

そ-よう-ちょう [ヨ]【租庸調】名 中国の唐時代に発達し、古代日本に移入された税制。「租」は田にかけられる年貢、「庸」は労役、「調」は現物税。

そよが・す [ガ]【△戦がす】他五 そよぐようにする。「風が竹を―」

そよ-かぜ [ヨ]【そよ風】名 しずかに吹く風。微風。

そよ・ぐ [ヨ]【△戦ぐ】自五 そよそよとうごき、かすかに音をたてる。「風に―稲田」 **そよぎ** 名

そよ-そよ [ソ]―（と）副 風がしずかに吹くようす。さやさや。

そよ-ふ・く [フ]【そよ吹く】自五 風がそよそよと、吹く。「―風」

そよ-め・く [メ] 自五 風がそよそよとうごく。そよそよと音がする。**そよめき** 名

そら【空】㊀[ソ]名 ❶地面より上方の空間。㋐地上はるかな上空の広がり。「―の星」㋑空中。「―高く鳥が飛ぶ」❷天候。空もよう。「あやしい―」❸不安定な状態。㋐おちつかない空間・位置。「異国の―」「旅の―」㋑おちつかない心持ち。「うわの―」「心も―だ」❹〔かながき〕いつわり。うそ。「―ごと」❺〔かながき〕暗記していて、書いたものに頼らないこと。「―でとなえる」㊁接頭〔名詞・動詞・形容詞につく〕❶なんとなく。「―おそろしい」❷いつわり。「―なみだ」❸あてにならないこと。「―だのみ」 ―飛ぶ鳥も落とす勢い 勢いがたいそうさかんなようす。 ―の便 [ソ]=[ビ] 名 航空機による人や物資の輸送。また、航空機の運航状況。「天候不良で―に乱れが出た」 ―を使う そらとぼける。知らないふりをする。

そら [ソ] 感 相手の注意をうながしたり、自分の気持ちをひきしめるときのことば。それ。「―、早くしなさい」「―、来たぞ」

そら-あい [0]【空合(い)】名 ❶空もよう。❷事のなりゆき。「うまくいきそうな―だ」

そら-いびき [イ]【空いびき】【空×鼾】名 いびきをかくまねをすること。

そら-いろ [0]【空色】名 ❶空もよう。「―があやしい」❷うす青色。「―にぬる」

そら-うそぶ・く [プ]【空うそぶく】【空×嘯く】自五 ❶そらとぼけたふりをする。❷相手を無視した態度をとる。

そら-おそろし・い [シ]【空恐ろしい】形 理由ははっきりわからないが、たいそうおそろしい。**空恐ろしさ** 名 **そらおそろ・し** 文語シク

そら-おぼえ [オ]【空覚え】名 ❶書いたものを見ずに言えるように、覚えること。暗記。❷たしかでない記憶。うろ覚え。「―のお経を読む」

そら-ぎき [0]【空聞き】名 いいかげんに聞きとること。

そら-ごと [0]【空言】名 いつわりのことば。うそ。

そら-ごと [0]【空事】名 いつわり事。うそ。

そら-ざま [0]【空ざま】【空△方】名〔文章語〕空のほう。上のほう。「ボールを―に投げる」

そら・す [ラ]【反らす】他五 そるようにする。「胸を―」

そら・す [ラ]【△逸す】他五 ❶はずす。「目を―」「ボールを―」❷ちがった方向へもっていく。「話を―」

そら-ぞらし・い [シ]【空空しい】形 ❶そらとぼけているようす。「―顔つき」❷形だけで、心がこもっていないようす。「―あいさつ」❸みえすいているようす。「―うそをつく」 **空空しさ** 名 **そらぞら・し** 文語シク

そら-だきもの【空△薫物】名〔古語〕かげで香をたいて、客のざしきへにおわせること。また、その香。

そら-だのみ [ダ]【空頼み】名 あてにならないことを、あてにすること。

そら-どけ [0]【空解け】名 結んである帯やひもなどが、しぜんにほどけること。

そら-とぼ・ける [ケ]【空とぼける】【空×惚ける】自下一 知っていて、知らないふりをする。「空とぼけてその場をやりすごす」

そら-なき [0]【空泣き】名 泣くまねをすること。うそ泣き。泣きまね。

そら-なみだ [ナ]【空涙】名 いつわって出す、うその涙。「―にだまされる」

そら-に [0]/[二]【空似】名 血つづきでもないのに、顔かたちがよく似ていること。「他人の―」

そら-ね [0]【空音】名〔文章語〕❶鳴っていないのに聞こえるような気がする音。❷まねる鳴きごえ。❸うそのことば。「―を吐く」

そら-ね [0]【空寝】名 寝たふりをすること。たぬき寝いり。

そら-ねんぶつ [ネ]【空念仏】名 信仰心のない、口先だけでとなえる念仏。

そら-のみこみ [ノ]【空飲(み)込み】【空×呑込】名 よくたしかめないで、早がてんすること。早のみこみ。

そら-はずかし・い [シ]【空恥ずかしい】形 なんとなく恥ずかしい。**空恥ずかしさ** 名 **そらはづか・し** 文語シク

そら-ぼめ [0]【空褒め】名 口先だけでほめること。

そら-まめ [ラ]【空豆】【△天豆・△蚕豆】名〔さやが上向きにつくから〕マメ科の一年生、または二年生植物。さやは円筒形。種子は食用。㊇

そら-みみ [0]【空耳】名 ❶音もしないのに、聞こえたような気がすること。❷聞かないふりをすること。

そら-め [ラ]【空目】名 ❶見えないのに、見えたような気がすること。❷見て見ぬふりをすること。❸ひとみを上にあげて見ること。うわめ。「―づかい」

そら-もよう [モ]【空模様】名 ❶天気のようす。❷ことのなりゆき。「政界の―があやしい」

そら-ゆめ [0]【空夢】名 ❶そのとおりにならなかった夢。

「―に終わる」↕まさ夢。❷見ていないのに、かってにつくりあげた夢。

そら‐よみ [0]【空読み】[名] そらでおぼえて読むこと。暗唱。

そら‐よろこび [ヨ]【空喜び】[名] 喜びがいのないことを、喜ぶこと。ぬか喜び。

そら‐わらい [ワ]【空笑い】(わらひ) [名] おかしくないのに、笑うこと。つくり笑い。

そらん・じる [ジ]【×諳じる】[他上一] (ジ―ジ―ジル―ジル―ジレ―ジロ・ジヨ) そらでおぼえる。暗記する。そらんずる。

そらん・ずる [ズ]【×諳ずる】[他サ] (ジ・ゼ―ジ―ズル―ズル―ズレ―ジロ・ゼヨ) ⬇そらんじる。**そらん・ず** [文語サ変]

そり [リ]【反り】[名] ❶そること。そった程度。❷刀のみねのまがりぐあい。**―が合(あ)わぬ** 性質や気が合わない。

そり [ソ]【×橇】[名] 雪や氷の上をすべらして、人や物をはこぶもの。[冬]

そり‐かえ・る [カ]【反り返る】(かへる) [自五] (ラ・ロ―リ・ッ―ル―ル―レ―レ) ❶そって反対のほうへまがる。「板が―」❷そっくり返る。

そり‐こみ [0]【×剃(り)込(み)】[名] ひたいのはえぎわを深くそること。また、そのはえぎわ。「―を入れる」**剃り込む** [他五]

ソリスト [リ]〈フ soliste〉[名] 独唱家。独奏家。

ソリッド‐ステート [テ]〈solid-state〉[名] 〔「固体の状態」の意〕真空管などに対し、トランジスター・集積回路などの全体が固体の電子部品。

そり‐はし [リ]【反(り)橋】[名] なかほどが高くそり上がった橋。そりばし。

そり‐み [ミ]【反り身】[名] [形動] からだを後ろへそらせること。「―になる」

そ‐りゃく [0]【粗略】【疎略】[名] [形動] おろそか。ぞんざい。「―に扱う」↕丁重。

そ‐りゅうし [リュ]【素粒子】[名] 物質を構成する元のもので、それ以上分解できないとされる微粒子。電子・陽子・中性子・中間子など。**―論**(ろん) [シ] [名] 素粒子の性質や相互作用に関する理論。

ソリューション [リュ]〈solution〉[名] ❶解決すること。❷問題を解決するための手段。

そ‐りん [0]【疎林】[名]〔文章語〕木のまばらな林。↕密林。

そ・る [ソ]【反る】[自五] (ラ・ロ―リ・ッ―ル―ル―レ―レ) ❶弓なりにまがる。「板が―」❷からだが後方へまがりかえる。のけぞる。**反れる** [自下一]〔…できる〕

そ・る [ソ]【×剃る】[他五] (ラ・ロ―リ・ッ―ル―ル―レ―レ) 〔「する」は、なまり〕髪の毛やひげなどを、根もとからけずりおとす。「ひげを―」**そ・れる** [自下一]〔…できる〕

ゾル [ゾ]〈ド Sol〉[名] 液体中に、微粒子が分散したもの。コロイド溶液ともいう。牛乳や塩水など。↕ゲル。

ソルフェージュ [フェ]〈フ solfège〉[名] 練習曲をドレミファや母音を使って歌う、声楽の基礎的な訓練法。また、その練習曲集。

ゾルレン [ゾ]〈ド Sollen〉[名] 当然しなければならぬこと。そうあるべきこと。当為。↕ザイン。

それ【それ】【×其れ】㊀[0][代] ↕これ・あれ。❶相手の近くにある物を指して言う語。「―を取って下さい」「―とこれとは別物だ」❷相手の述べたことや、自分が直前に述べた物事を指して言う語。「―はどういう意味ですか」「ジョッキを冷蔵庫で冷やしておいて、―でビールを飲むとうまい」[参考] 翻訳調の文章で、直前の語句を受けても用いる。「犬の嗅覚(きゅうかく)は人間のそれよりはるかに鋭い」❸話題となっている出来事の時を指して言う語。その時。「―以来親しくつきあっている」[参考]「それ」「その」「そこ」などは、広く話し相手に属するもの、または共通の話題に属する物事を指す場合に使う。㊁[ソ][感] 相手に注意をよびかけたり、気合いをかけたりする語。そら。ほれ。「―、球が行ったぞ」「―、行け」

それ【▲夫れ】[感]〔古語〕そもそも。「―人間の一生は…」

それ‐か‐あらぬ‐か [連語] ❶それであるのか、ないのか、たしかではないが。❷そのためかどうか、よくはわからないが。

それ‐がし【▲某】[代]〔古語〕❶〔名をそれとあきらかに言わないで〕だれそれ。なにがし。「源中将それがしの朝臣の」〈狭衣物語〉❷〔ややあらたまって、男が自分自身をさして〕わたくし。「それがし多くの丈六(ちやうろく)(丈六仏)を造りたてまつれり」〈宇治拾遺〉

それから《それから》夏目漱石(なつめそうせき)の中編小説。一九〇九年発表。道義心から友人に女性をゆずった主人公が、自己の心に忠実に生きようと決意する。

それ‐から [0] [接続] ❶次の事がらを追加的につづけて述べるための語。その次に。「食事をした。―、散歩に出た」❷ある事がらに別の事がらを付加するための語。「きゅうり・トマト、―なすを買った」❸相手に、話の続きをうながす語。それで。「―どうしたの」⇩そして [参考]。

それ‐こそ [コ]【それこそ】【×其れこそ】[副] まちがいなく。本当に。「遅刻でもしたら―大変だ」

それ‐しき [レ]【それ式】【×其れ式】[名] その程度。「―のことにはおどろかない」

それ‐しゃ [レ]【×其者】[名]〔俗語〕❶その道によく通じた人。❷芸者。遊女。「―あがり」

それ‐そうおう [0]【それ相応】[名] [形動(の)] その事がらにふさわしいこと。「―の謝礼」

それ‐それ【×其れ×其れ】[代]〔古語〕不定称をあらわす。だれそれ。かれこれ。「『たれか、たれか』と聞へば『それそれ』と言ふ」〈枕〉

それ‐それ [感] ❶[ソ] 人に注意したりするときに用いる。さあ。そら。❷[0]ふと気がついたときに用いる。そうそう。ああそうだ。❸[0]同感の気持ちをあらわすときに用いる。そうとも。そのとおりだ。

それ‐ぞれ [レ]/[ソ] [名][副] めいめい。おのおの。「―のやり方」

それ‐だけ [0]【それだけ】【×其れ丈】[副] ❶〔「それだけ…ば」「それだけ…ても」の形で〕前に述べたことが十分な程度・量であることをあらわす。「―勉強すればどんな大学にも受かる」「―探しても見つからないとは」❷〔「…すればそれだけ」の形で〕その程度に応じて結果が生じることをあらわす。「ピアノは早く始めれば―上達も早い」**―に** 前に述べたことを受けて、そのことが十分な理由となって、ある状態が生じていることをあらわす。「彼は大金持ちで、―敵も多い」

それ‐だま [0]【それ弾】【▲逸れ弾】[名] ながれだま。

それっ‐ぽち [ポ] [名]〔俗語〕〔不満を込めて〕それだけ。それっぽっち。「たった、―か」

それ‐で [0] [接続] ❶前の事がらを原因や理由とすることが、次にくることをあらわす。だから。そのために。「事故があった。―、遅刻した」⇩だから [参考]。❷相手に、話の続きをうながす。「―、どうしたの」

それで‐いて [0] [接続] そうであるのに。そのくせ。「賛成はしている。―仲間には入らない」

それ‐では [デ]/[デワ] [接続] そういうことなら。それなら。では。「―こうしよう」

それ‐でも [デ] [接続] そうであっても。「―私はいやだ」

それ‐と [0]【それと】【×其れと】[接続] 前の事がらに後の事がらを付け加える意をあらわす。それから。あと。「―もう一つ」

それ-と-いう-の-が〔いふ〕— 連語 そのわけは。「会合に出て来ない。—彼は趣旨に不賛成なのだ」

それどころ-か ド 接続 そんな程度のことではない。さらに。「金は出さない。—顔も出さない」

それ-と-なく 連語 それとはっきり示さずに。遠回しに。それとはなしに。「—教える」

それ-とも ト 接続 あるいは。もしくは。「紅茶にしましょうか。—、コーヒーがいいですか」⇩または 参考。

それ-なら ナ 接続 そういうことなら。それならば。「—ぼくも行く」

それ-なり 0 名 ❶そのまま。それきり。「話は—になった」❷それはそれとして認められる。「それは—にまとまっている」 **—けりに** それきりで。「—終わった」

それ-に 0 接続 前の事がらにつけくわえて。そのうえ。「腹がいたい。—熱もある」⇩そして 参考。 **—しては** 後の事がらが、前の事がらから予想される結果と違っていることをあらわす。そのわりには。「トイレに行くと言っていたが、—戻るのが遅い」 **—しても** 事実をみとめてそれと異なる意見や気持ちを述べる言い方。そうであるとしても。「—来るのがおそい」

それ-に-つけて-も 連語 あることを思い出すきっかけになる、ことばや動作を受けて言うことば。「—彼のいないのが残念だ」

それ-は-さて-おき 連語 そのことは別にしておいて。「—この問題をかたづけよう」

それ-は-そう-と 連語 そのことは、ひとまずそのままにしておくとして。「—あの問題はどうなったのかな」

それ-は-ない 連語〔俗語〕❶自分に対する相手の誤解を打ち消すことば。「ほかの人はともかく、わたしに関して、—です」❷相手の態度を非難する気持ちを言うことば。「ひどいなあ、—よ」

それ-ほど【それほど・それ程】【×其れ程】 連語 ❶思ったほど。「—いたくはない」❷それくらい。その程度。「—努力したら成功するにちがいない」

それ-まで 連語 ❶そこまで。❷それで終わり。「では、—」

それ見(み)**たことか** 〔忠告を聞かずに失敗した相手に対して言う語〕そうなることはわかっていたのだ。それみろ。

それ-や レ【それ矢】【▲逸れ矢】 名 流れ矢。

それ-ゆえ 0 ヨ【それゆえ】【×其れ故】ゆゑ 接続〔文章語〕それだから。そういうわけで。

そ・れる レ【▲逸れる】 自下一 レ・レ・レル・レル・レレ・レロ・レヨ ちがった方向へ行く。はなれて行く。「話が—」↕あたる。 **そ・る** 文語下二

ソ-れん《ソ連・蘇連》⬇ソビエト。

ソロ〈イ solo〉㊀ ソ 名 ❶独唱。独奏。❷ソロホーマー。㊁ 造 ひとり。ひとつ。「—キャンプ」

ゾロアスター-きょう 0【ゾロアスター教】 名 ゾロアスター Zoroaster が約二五〇〇年前にはじめた宗教。火を礼拝するので、拝火教ともいわれる。今はインドの一部でおこなわれている。

そろい【×揃い】ひ ㊀ ロ/イ 名 ❶そろっていること。「お—でお出かけ」❷材料・仕立てなどが同じであること。「—の服」㊁ 接尾 いくつかで一くみになるものをかぞえる語。「学用品一—」

ぞろい【×揃い】ひ 造 同じようなものがそろっていること。「力作—」「ベテラン—」

そろい-ぶみ 0【そろい踏み】【×揃踏み】そろひ— 名 ❶大相撲で、千秋楽の結びの三番前に、東西各三人ずつの力士が土俵の上に並び、そろって四股(しこ)をふむこと。「三役—」❷会合などで、有力なメンバーが顔をそろえること。

×揃(そろ)**いも×揃**(そろ)**って** 同じような人が集まっているさま。みな同じであるようす。多く好ましくないときにいう。「—くせものばかりだ」

そ-ろう 0【疎漏】 名 形動 てぬかり。手落ち。「万事—のないように」

そろ・う ロ【×揃う】ふ 自五 ワ・オイ・ッ・ウ・ウ・エ・エ ❶二つ以上の物事の形や状態・程度が一致したり、きちんと並んだりする。「粒が—」「歩調が—」❷必要なものが全部そなわる。「証拠が—」「メンバーが—」⇩そろえる 参考。

そろえ【×揃え】へ 接尾 そろい。「家具一—」

そろ・える エ【×揃える】へる 他下一 エ・エ・エル・エル・エレ・エロ・エヨ ❶二つ以上の物事の形や状態・程度を同じにしたり、きちんと並ぶようにしたりする。「文字の大きさを—」「前髪を—」❷過不足なく全部を集める。「必要な材料を—」参考「そろう」「そろえる」は、複数の物が対象になるが、「ととのう」「ととのえる」は、状態がきちんとしていることに意味の中心があるので、必ずしも複数のものでなくてもよい。 **そろ・ふ** 文語ハ下二

そろ-そろ ソ ㊀(と)副 しずかに。しずしず。「—歩く」㊁ 副 ❶行動を起こす時が近づいていることを知らせ、開始をうながす。ぼつぼつ。「—始めてもいいですよ」「—出かけようか」❷予定されていた事が起こる時が迫っていることをあらわす。まもなく。「—開花のニュースが聞かれるころだ」「父は—帰って来るでしょう」

ぞろ-ぞろ ソ (と)副 ❶多くのものがつづくようす。「みんなが—ついていく」❷物を引きずるようす。「帯を—引きずる」

そろって【×揃って】 連語 同じように。いっしょに。「みんな—不平を言う」

ぞろっぺえ ペ 名 形動〔俗語〕物事をきちんとしないこと。また、その人。

そろ-ばん 0【▲算盤・▲十露盤】 名 ❶中国や日本で使う計算道具。長方形の木のわくの中に、くしざしのたまを並べたもの。また、それを使う技術。❷かんじょう。計算。「—があわない」「—をはじく」「—の仕事」 **—尽**(ず)**く** 0 名 何ごともまず損得から考えること。 **—高**(だか)**い** カ 形 損得の計算に細かい。かんじょう高い。 **—を▲弾**(はじ)**く** そろばんを使って計算する。転じて、損得の計算をする。「利害の—」

ソロ-ホーマー ホ〈ア solo homer〉 名 野球で、走者がいないときに出た本塁打。

ぞろ-め 0【ぞろ目】 名〔「揃(そろ)い目」からか〕二つのさいころに同じ目が出ること。

ソロモン-しょとう《ソロモン諸島》(Solomon Islands) 太平洋の赤道近く、メラネシアにあるソロモン諸島の大部分からなる国。英連邦の一員。一九七八年独立。首都はホニアラ。

そろり-と ロ 副 そろそろ。しずしず。

ぞろり-と ロ 副 ❶ひとかたまりになって出るようす。「—出かける」❷服をだらしなく着ているようす。「—着流す」

そわ ソ【×岨】そば 名〔文章語〕⬇そば。

そわ・せる セ【添わせる】そはせる 他下一 セ・セ・セル・セル・セレ・セロ・セヨ ❶そばにいさせる。「病人のそばに—」❷結婚させる。 **そは・す** 文語下二

そわ-そわ ソ そは (と)副 自サ おちつかないようす。

そわ-つ・く 0 そは 自五 カ・コ・キ・イ・ク・ク・ケ・ケ そわそわする。

ソワレ ソ〈フ soirée〉 名 ❶夜会。❷夜会服。特に、女性用の夜会服。イブニングドレス。❸演劇・音楽会などで、夜間の興行。↕マチネー。

そん【存】 造 ❶ある。のこる。「存在・存続・存否・依存(いそん)・現存(げんぞん・げんそん)・残存」❷たもつ。のこす。「存廃」 **存す**

る 自他サ〔別音ぞん|存〕

そん【村】 ㊀造 むら。「村落・寒村・散村・農村」㊁造 接尾 行政上、最小の地方自治団体の一つ。「村長・村民・村議会・分村・市町村」「沖縄県国頭(くにがみ)—」

そん【孫】 造 まご。「子孫・曽孫・末孫・令孫」

そん【尊】 造 ❶とうとい。とうとぶ。「尊敬・尊厳・尊称・尊重(ちょう)・自尊心・男尊女卑」❷神・仏などの敬称。「釈尊・世尊・本尊(ぞん)・地蔵尊・不動尊」❸相手や相手側の人物に関する事物につけて高めて言うときに使う語。「尊意・尊影・尊顔・尊父」

そん【遜】 造 ❶へりくだる。「遜譲・謙遜・不遜」❷おとる。「遜色」

そん【損】 ↕得・益。㊀ソ 名 自他サ 造 ❶利益をうしなうこと。「百万円の—」「損益・損失・損得・損亡(そんもう)」❷つまらない目にあうこと。「あんなうわさを信じて—をした」㊁ソ 形動 つまらないようす。「—な役割」㊂造 ❶そこなうこと。いためること。「損害・損傷・汚損・破損」❷へらすこと。「損耗・減損」 **損ずる** 自他サ **—して得(とく)を取(と)る** はじめは損をしても、あとで利益をおさめる。

ぞん【存】 造 ❶ある。のこる。「永存・実存」❷たもつ。のこす。「存命・温存・保存」❸おもう。かんがえる。「存念・存分・異存・所存」 **存じる** 自上一 **存ずる** 自サ〔別音そん|存〕

そん-い ソ【尊意】名〔文章語〕相手の意見・意志をいう尊敬語。おぼしめし。尊慮。手紙に使う。

ぞん-い ソ【存意】名〔文章語〕考え。意見。見込み。

そん-えい ロ【尊詠】名〔文章語〕相手の詩や歌を高めて言う語。手紙に使う。

そん-えい ロ【尊影】名〔文章語〕相手の写真や肖像などを高めて言う語。手紙に使う。

そん-えき ソ【損益】名 損失と利益。損得。

そん-か ソ【尊下】名〔文章語〕手紙のわきづけの語。男性が、同輩に対して用いる。貴下。⇨わき付け 参考。

そん-か ソ【尊家】名〔文章語〕相手の家を高めて言う語。尊宅。貴家(きか)。手紙に使う。⇨貴家 参考。

そん-かい ロ【村会】名「村議会」の略。

そん-かい ロ【損壊】名 自他サ〔文章語〕害を受け、こわれること。また、くずしこわすこと。「家屋の—」

そん-がい ロ【損害】名 ❶そこなわれ、きずつくこと。❷事故などによって、うしなわれた利益。損失。「台風による—」 **—保険(ほけん)** ホ 名 事故によって生じた損害をおぎなう目的の保険。火災保険・運送保険など。損保(そんぽ)。

ぞん-がい ロソ【存外】副 形動 思いのほか。案外。「—な成功」

そん-かん ロ【尊×翰】名〔文章語〕相手の手紙を高めて言う語。尊書。貴翰(きかん)。手紙に使う。⇨貴簡 参考。

そん-がん ロ【尊顔】名〔文章語〕相手の顔を高めて言う語。お顔。尊容。手紙に使う。「—に接する」

そん-き ソ【尊貴】名 形動 価値があり、とうといこと。「—な生命」

ぞん-ぎ ソ【存疑】名 十分に解明できず、まだ疑問を残していること。「—作」

そん-ぎ ソ【村議】名「村議会議員」の略。

そん-きょ ソ【×蹲×踞・×蹲居】名 自サ〔文章語〕(「蹲」も「踞」もうずくまるの意)うずくまり、しゃがむこと。「—の姿勢」

そん-きん ロソ【損金】名 事業などで損失したかね。

ソング〈song〉造 歌。「コマーシャル—」「フォーク—」

そん-けい ソ【尊兄】〔文章語〕㊀名 他人の兄を高めて言う語。令兄。㊁代 男性が同等の相手を高めて言う語。手紙に使う。貴兄。大兄。⇨貴兄 参考。

そん-けい ロ【尊敬】名 他サ 他人の人格や能力などがすぐれていると感じ、礼をつくすこと。 **—語(ご)** ロ 名 敬語の一種。相手側や、話題になっている第三者の物事・動作・状態などについて、その人物を高く位置づけて表現することば。「お仕事」「ご意見」「いらっしゃる」「めしあがる」「お書きになる」など。↕謙譲語・丁寧語。⇨**(付)敬語の種類と使い方**

そん-げん ロ【尊厳】名 形動 とうとく、おごそかなこと。 **—死(し)** ゲ 名 人間としての尊厳をたもちながら死をむかえること。延命治療にたよらず、自然のままに死ぬことをいう。

そん-こう ロ【損耗】名 自他サ〔文章語〕⬇そんもう。

そん-こう ソ【尊公】代〔文章語〕男性が相手を高めて言う語。貴公。あなたさま。手紙に使う。

そん-ごう ゴ【尊号】名 たっとんでよぶよび方。

そん-ざい ロ【存在】㊀名 自サ 有ること。有るもの。㊁名【哲】(ドイツ語「ザイン(Sein)」の訳語)❶意識から独立して客観的に実在するもの。❷現象の本体・本質。❸現象として経験にあたえられているもの。 **—感(かん)** ザ 名 その人の独特の持ち味によって、その存在が強く感じられ、無視できないこと。「—がある俳優」 **—論(ろん)** ザ 名 存在そのもの、また、存在についての根本的・普遍的な諸規定を研究する学問。本体論。

ぞん-ざい ザ/ロ 形動〔ダロ・ダッ・デ・ニ・ダ・ナ・ナラ・〇〕やり方が乱暴なようす。いいかげんなようす。「—に扱う」「—な物言い」

そんし《孫子》❶中国の春秋時代の兵法家、孫武の敬称。❷中国の兵法書。孫武の著書とつたえられる。

ぞんじ-あ・げる ゲ【存じ上げる】他下一〔ゲ・ゲ・ゲル・ゲル・ゲレ・＊〕「知る」「思う」を丁重に言う語。「お名まえは存じ上げております」「御健勝のことと存じ上げます」

そん-しつ ロ【損失】名 財産や利益をそこないうしなうこと。また、うしなったもの。損害。「多大の—をこうむる」↕利益。

そん-しゃ ソ【村社】名 もと、神社の社格の一つ。郷社(ごうしゃ)の下。↕郷社・県社。

そん-じゃ ソ【尊者】名〔文章語〕(「そんしゃ」の変化)❶身分の高い人。❷目上の人。❸知徳のそなわった人。高徳の僧。

そん-しょ ソ【尊書】名〔文章語〕尊翰(そんかん)。手紙に使う。⇨貴簡 参考。

そん-しょう ロ【尊称】名 とうとんでよぶ名称。敬称。↕卑称。

そん-しょう ロ【損傷】名 自他サ こわれたり傷ついたりすること。また、こわしたり傷つけたりすること。「家屋の—」

ぞん-じょう ロ【存生】名 自サ〔文章語〕いきていること。 **—中(ちゅう)** ロ 名 いきているあいだ。存命中。

そん-しょく ロソ【遜色】名 おとっているようす。「—がない」

そんじょ-そこら コ 名(「そこら」の強め)そこらあたり。「—にあるものとはちがう」

ぞんじ-より ロ【存じ寄り】名 ❶「思いつき」の改まった言い方。「—を申しあげただけです」❷「知りあい・思いあたり」の改まった言い方。「—をたずねてみましょう」

そん・じる ジ【損じる】〔ジ・ジ・ジル・ジル・ジレ・ジロ・ジヨ〕(「損ずる」(サ変活用)とも)㊀他上一 ❶物をこわしたり傷つけたりする。「名器を—」❷人の気持ちを傷つけて悪い気分にさせる。「機嫌を—」❸失う。損害を出す。「一兵も—ことなし」❹(動詞の連用形について)あることに失敗する。「受け—」㊁自上一 こわれる。いたむ。「機械が—」参考「損なう」「損ねる」に比べて文章語的で、改まった感じを伴う。

ぞん・じる [ジ]【存じる】[自上一]（ジ|ジ|ジル|ジル|ジレ|＊） ⬇ぞんずる。

そん・しん [0]【尊信】[名][他サ] とうとんで信仰すること。「神仏を―する」

そん・すう [0]【尊崇】[名][他サ] とうとび、あがめること。そんそう。

そん・する [ス]【存する】（シ・セ・サ|シ|スル|スル|スレ|シロ・セヨ） ━ [自サ] ❶ある。存在する。❷生存する。❸のこっている。「あまりが―」 ━ [他サ] ❶存在させる。❷のこす。「ゆとりを―」 **そん・す** [文語サ変]

そん・する [ソ]【損する】[自他サ]（シ・セ・サ|シ|スル|スル|スレ|シロ・セヨ） ↕得する。❶利益がなくなる。損をする。「株で―」「損して得取れ」 ❷むだになる。「心配して損した」 **そん・す** [文語サ変]

そん・ずる [ス]【損ずる】[自他サ]（ジ・ゼ|ジ|ズル|ズル|ズレ|ジロ・ゼヨ） ⬇そんじる。 **そん・ず** [文語サ変]

ぞん・ずる [ス]【存ずる】[自サ]（ジ・ゼ|ジ|ズル|ズル|ズレ|＊） 〔「存じる」（上一段活用）とも〕 ❶「思う」を丁重に言う語。「以上のように―しだいです」 ❷「知る」を丁重に言う語。「お顔はよく存じております」 [参考]「存じる」はややくだけた言い方。連用形に「ご」のついた「ご存じ」は尊敬語。 **ぞん・ず** [文語サ変]

そん・せい [0]【村政】[名] むらの行政。

そん・ぜん [0]【尊前】[名]〔文章語〕 神仏や高貴な人の前。

そん・そう [0]【尊▲崇】[名][他サ] ⬇そんすう。

そん・ぞう [0]【尊像】[名]〔文章語〕 ❶仏や高貴の人を写した姿・像。❷人の像をいう尊敬語。

そん・ぞく [ソ]【尊属】[名] 父母と同列以上にある血族。尊属親。↕卑属。[参考]「尊族」と書くのはあやまり。

そん・ぞく [0]【存続】[名][自他サ] ひきつづいてあること。長く存在すること。続けて残しておくこと。「事業の―が危ぶまれている」

そんそ・せっしょう [セ]【×樽×俎折衝】[名]〔文章語〕 〔「樽俎」は酒だるとまないた。宴会の席の意〕外交上の談判。

そん・たい [ソ]【尊体】[名]〔文章語〕 ❶他人のからだ・肖像などをいう尊敬語。❷仏像をうやまっていう語。

そん・だい [ソ]【尊台】[代]〔文章語〕 目上の人を高めて言う語。貴台。あなたさま。手紙に使う。

そん・だい [0]【尊大】[形動]（ダロ・ダッ・デ・ニ|ダ|ナ|ナラ|○） いばりたかぶって、ごうまんなようす。「―にかまえている」 **―語** [0][名] 尊大な態度をあらわす言葉。「おれ様」「くれてやる」など。

そん・たく [0]【尊宅】[名]〔文章語〕 尊家。貴家。手紙に使う。⇩貴家[参考]。

そん・たく [ソ]【×忖度】[名][他サ]〔文章語〕 〔「忖」も「度」も、おしはかるの意〕他人の心の中をおしはかること。推察。「意向を―する」 [参考] 上位者の意向にそって便宜をはかる意味に使うのは近年の用法。

そん・ち [ソ]【存置】[名][他サ] そのままのこしておくこと。↕廃止。

ぞん・ち [ゾ]【存知】[名][他サ] 知っていること。承知。

そん・ちょう [ソ]【村長】[名] むらの行政の責任者で、むらを代表する人。

そん・ちょう [0]【尊重】[名][他サ] とうといものとして、だいじにすること。「少数の意見も―する」

ゾンデ [ゾ]〈ᵈSonde〉[名] ❶診断や治療のために、体内に挿入する針金状の器具。❷ラジオゾンデ。

そん・どう [0]【村童】[名]〔文章語〕 むらのこども。

そん・どう [0]【村道】[名] むらの経費でつくり、むらが管理する道路。↕県道・国道。

そん・どう [ソ]【尊堂】[代]〔文章語〕 相手を高めて言う語。手紙に使う。

そん・とく [ソ]【損得】[名] 損失と利得。損害と利益。損益。「―を考えない」

そん・な [0][形動]（ダロ・ダッ・デ・ニ|ダ|ナ|ナラ|○） そのような。↕こんな・あんな・どんな。[参考] 連体形は、体言につづくときは、「そんなこと」のように、語幹が用いられる。このような用法を連体詞とみる説もある。助詞「ので・のに」につづくときは、「そんなな」という、活用語尾のある形が使われる。 **―こんな** あれやこれや。「―でいそがしい」

ぞん・ねん [ネ]【存念】[名]〔文章語〕 ❶いつも思っていること。❷考え。存じより。

そん・のう [0]【尊皇・尊王】[名] 天皇・皇室をとうとぶこと。 **―×攘×夷** [ジョ][名] 〔「夷」はえびすで、外敵の意〕江戸時代末期の、皇室をとうとび、外国人をうちはらおうとした思想。尊攘。↕佐幕開国。

そん・ぱい [0]【存廃】[名] のこしておくことと、なくすること。

そん・ぴ [ソ]【存否】[名] ❶あることと、ないこと。あるかないか。❷健在であるか。❸存在させるかどうか。

そん・ぴ [ソ]【村費】[名] むらの費用。

そん・ぴ [ソ]【尊卑】[名] とうといことと、いやしいこと。貴賤。

ゾンビ [ゾ]〈zombie〉[名] 呪術によって生き返った死体。 **―企業** [キ][名]〔俗語〕 経営が破綻しているのに、銀行などの支援を受けて存続している企業。

そん・ぷ [ソ]【尊父】[名]〔文章語〕 ふつう「ご」をつけて、他人の父を高めて言う語。おもに手紙に使う。⇩父[参考]。

そん・ぷうし [ヲ]【村夫子】[名]〔文章語〕 ❶いなかの学者・先生。❷見識のせまい地方の学者をけいべつした語。

ソンブレロ [ヲ][レ]〈ˢsombrero〉[名] メキシコなどで用いられている、つばのひろい帽子。

ぞん・ぶん [0]【存分】[名][副] 思うまま。「―に満喫する」

そん・ぽ [ソ]【損保】[名]「損害保険」の略。

そん・ぼう [0]【存亡】[名]〔文章語〕 のこることと、ほろびること。「一族の―をかけた合戦」 **―の秋** のこるかほろびるかの、あぶないとき。非常にあぶないせとぎわ。「危急―」

そん・みん [0]【村民】[名] むらの住民。むらびと。

そん・めい [0]【尊名】[名]〔文章語〕 相手の名を高めて言う語。貴名。手紙に使う。

そん・めい [0]【尊命】[名]〔文章語〕 相手の命令を高めて言う語。手紙に使う。

ぞん・めい [0]【存命】[名][自サ] 生きながらえていること。

そん・もう [0]【損亡】[名]〔文章語〕 利益をうしなうこと。損失。

そん・もう [0]【損耗】[名][自他サ]〔文章語〕 〔「そんこう」の慣用読み〕使いへること。使いへらすこと。

そん・ゆう [0]【村有】[名] むらの所有。「―地」

そん・よう [0]【尊容】[名]〔文章語〕 他人の顔かたちを高めて言う語。手紙に使う。

そん・らく [ソ]【村落】[名] むらざと。村。

そん・らん [0]【尊覧】[名]〔文章語〕 相手が見ることを高めて言う語。ごらん。手紙に使う。

そん・りつ [0]【村立】[名] むらで設立し維持すること。

そん・りつ [0]【存立】[名][自サ] 存在していくこと。「国家の―」

そん・りょ [ソ]【尊慮】[名]〔文章語〕 尊意。おぼしめし。相手の気持ちを高めて言う語。手紙に使う。

そん・りょう [ソ][リョ]【損料】[名] 建物・衣服・器物などの使用料。借用料。貸し賃。「―を取る」 **―貸し** [0][名] 損料をとって貸すこと。

た：「太」の草体。
タ：「多」の上半分。

た 接頭 動詞・形容詞にそえて、ことばの調子をととのえる。「—なびく」「—やすい」「—ばかる」

た【太】 造 ❶いちばんめ。「太郎」❷ふとい。「丸太（まるた）」［別音たい｜太］

た【汰】 造 よりわける。「沙汰（さた）・淘汰（とうた）」

た タ **【他】** 名造接頭 自分以外のもの。ほか。べつ。「—に見るべきものがない」「その—」「—のためにつくす」「他国・他殺・他人・他力（たりき）・他町村・他方面・自他・排他」

た タ **【多】** ㊀名造 おおい。たくさん。「多種・多数・多忙・多量・多国籍・多民族・多目的・過多・雑多」↕少。㊁名 すぐれたもの。**—とする** ほめるべきだと思う。感謝する。「諸君の労を—」

た タ **【田】** 名 おもに、稲を植える耕地。たんぼ。↕畑。

た【▲誰】 代［古語］だれ。「たが為にひきてさらせる布なれや」〈古今〉

た 助動 タロ｜〇｜タ｜タ｜タラ｜〇 （動詞・形容詞・形容動詞・助動詞などの連用形につく。撥音便化した動詞連用形につくと「だ」となる）❶過去（＝発話時よりも前）に出来事が発生したことをあらわす。「昨日買ってき—ケーキ」❷動きが完了した後の状態が今も引き続いていることをあらわす。「うわっ、びっくりし—」「帽子をかぶっ—人」「壁に掛け—絵」❸（終止形で）時間的な過去とは別に、心理的に出来事が起こった・出来事が完了したという意味をあらわす。「探していたかさ、ここにあっ—（＝かさがあることに気づいた・発見した）」「（試合が終わる前に）よし、今日は勝っ—（＝勝利を見越した）」❹（終止形で）差し迫ったぞんざいな要求・命令をあらわす。「ちょっと待っ—」「さっさと帰っ—、帰っ—」「どい—、どい—」❺（従属節で）主節よりも前に起こる出来事を相対的な過去としてあらわす。「勉強し—後で遊びなさい」❻（条件文の主節や、話し手の気持ちをあらわす文末表現で）事実とは逆のことを想定してのべる。「もっと早く起きれば遅刻しなかっ—のに（実際には遅刻した）」「もっと早起きするんだっ—・するべきだっ—・するはずだっ—・したかっ—（実際には早起きできなかった）」

参考 ❶の反対の意味は「…なかった」であらわす。「去年、沖縄へ行かなかった」❷の反対の意味は「…ていない／…ない」であらわす。「仕事はまだ終わっていない」「腹がへっていない」❸で「名詞＋だった」などの形で、忘れていたことを思い出したことをあらわす。「あ、明日は弟の誕生日だった」

だ【駄】 ㊀造 ❶馬に荷をおわせる。「駄馬・駄賃」❷そまつ。つまらない。「駄作・駄文・駄菓子・駄じゃれ」㊁接尾 馬一頭に負わせるだけの荷物を数えることば。「二駄の荷物」

だ【打】 造 ❶うつ。たたく。「打開・打診・打撲・殴打・強打・乱打」❷野球で、球をうつ。「打者・打席・打率・安打・貧打・本塁打」

だ【×朶】 造 木の枝。しだれる。垂れ下がる。「朶雲・耳朶（じだ）・万朶」

だ【×兌】 造 とりかえる。「兌換・発兌」

だ【妥】 造 ❶おだやか。「妥当」❷ゆずりあう。「妥協・妥結」

だ【唾】 造 つば。つばき。「唾液・唾棄・咳唾（がいだ）」

だ【×舵】 造 かじ。船の方向を決める道具。「舵手・操舵」

だ【蛇】 造 へび。「蛇行・蛇足・長蛇・竜頭蛇尾」［別音じゃ｜蛇］

だ【堕】 造 おちる。おとす。「堕罪・堕胎・堕落」 **堕する** 自サ

だ【惰】 造 ❶おこたる。なまける。「惰気・惰弱・惰眠・怠惰・遊惰」❷それまでの習慣をかえない。「惰性・惰力」

だ 助動 ダロ｜ダッ・デ・ニ｜ダ｜ナ｜ナラ｜〇 （名詞および名詞に準ずる助詞（「の・から・だけ・ほど」など）につく）❶断定をあらわす。「これはいい本—」「あの人は田中さん—」❷指定をあらわす。「君の席はここ—」「ここが君の席—」❸前後の文脈から意味が分かる場合に、述語の内容を省略して言う。「僕はカレーライス—（カレーライスを注文する・カレーライスが好きだ・カレーライスが苦手だ、など）」「続きは仕事が終わってから—」❹（「お…だ」の形で）尊敬の意をあらわす。「お客様がお待ち—」❺（終止形で）ある事がらを提示して、それを開始する・開始させることをあらわすぞんざいな言い方。「さあ、仕事—」❻終助詞とともに用いて、前の文脈を受ける。「『この商品はもう売れないね』『—ね（—よね・—な）』」❼（間投助詞的に）聞き手に向かって述べる意味を強める。指示表現を受けたり、「だな」「だね」「だよ」となる場合が多い。「それで—、君にはこの仕事を—ね、ぜひやってもらいたい」❽（並列助詞的に）ことがらを並べる。「だの」と「の」を伴うこともある。「あの頃は、やれ海外旅行—、やれブランドショップ—と、はなやかだった」「行く—の行かない—のと騒いでいた」❾（準体助詞「の」を伴って）事がらをすでに定まった確かなこととして示す。「のだ」という文末形式を構成する。参考「だ」の丁寧な言い方は「です」、さらに丁寧な言い方は「でございます」、文章語では「である」が使われる。「だ」は、近世の初めに「である」の変化した「であ」が、東日本では「だ」、西日本では「じゃ（ぢゃ）」になったのが元とされる。

たあい-な・い 夕 形 カロ｜カッ・ク｜イ｜イ｜ケレ｜〇 （「他愛ない」は当て字）⬇たわいない。

ダーク ダ〈dark〉名形動 暗い。黒ずんでいる。**—サイド** サ〈dark side〉名 社会や人生のみにくくて、暗い面。**—ホース** ホ〈dark horse〉名 ❶競馬で、実力の不明な馬。❷人物・力量はわからないが、有力と見なされる競争者。

ターゲット タ〈target〉名 ❶まと。目標。❷販売や広告の対象。「主婦層を—とした番組」

ターコイズ コ〈turquoise〉名 トルコ石。「—ブルー」

ダーシ ダ〈dash〉名 ⬇ダッシュ㊀❶。

ダース ダ〈dozen〉**【▲打】** 名 十二個を一組としてかぞえることば。「鉛筆二—」

タータン タ〈tartan〉名 色もちがい、幅も多様な、格子じまの毛織物。また、その格子模様。タータンチェック。

ダーツ ダ〈darts〉名 ❶洋服の、からだに合わせるための縫いこみ。❷木製の的をねらってする投矢遊び。

ダーティー ダ〈dirty〉形動 ダロ｜ダッ・デ・ニ｜ダ｜ナ｜ナラ｜〇 汚いようす。汚れたようす。また、卑劣なようす。「—マネー」

タートル-ネック ネ〈turtleneck〉名 セーターなどの、とっくり形のえり。

ターニング-ポイント ポ〈turning point〉名 重大な転換点。分岐点。転機。「人生の—」

ターバン タ〈turban〉名 インド人やイスラム教徒が頭に巻く布。

ダービー ダ〈Derby〉名 ❶毎年ロンドン郊外で行われる三歳馬のクラシックレース。イギリスのダービー伯爵がはじめた。❷❶にならって日本で行われる競馬。

ターバン

た

(夏)❸競争。せりあい。「ホームラン—」

タービン [タ]〈turbine〉[名] 高圧力の流体を、翼のついた車にふきつけ、その衝撃で回転させる原動機。

ターボジェット [ジェ]〈turbojet〉[名] 航空機用のジェットエンジンの一つ。

ターミナル [タ]〈terminal〉[名] ❶鉄道・バス・航空機・船などの公共交通機関で、乗り物の始点や終点となる場所。また、その建物・施設。「空港の—ビル」❷商品・物資の流通拠点。❸電池などの、電流の出入り口に取り付けた金具。端子。 **—ケア** [ケ]〈terminal care〉[名] ⇩しゅうまつきいりょう。 **—ステーション** [テ]〈terminal station〉[名] 郊外電車などの多くの路線が集中して発着する駅。 **—デパート** [パ][名]〔terminal department storeから。和製英語〕ターミナルステーションなどに接続してつくられた百貨店。

ターミノロジー [ノ]〈terminology〉[名] 専門語を体系化したり、用語を整理したりする学問。術語学。[参考] 西欧では、専門語の集合の意味にも使う。

ターム [タ]〈term〉[名] 学術専門語。テクニカルターム。

ターメリック [タ][リ]〈turmeric〉[名] うこんの地下茎を乾燥させた黄色の香辛料。カレー粉などに用いる。

ダーリン [タ]〈darling〉[名] 最愛の人。いとしい人。恋人や夫、妻に対する呼びかけとして用いる。

タール [タ]〈tar〉[名] 石炭や木材などを乾留するときにできる黒色のねばねばした液体。塗料・薬品のほか用途が多い。コールタール。

ターレ(ー) [タ][名]〔turret truckから〕施設の構内で使う小型運搬車。円筒形の動力部が三六〇度回転し、小回りがきく。ターレットトラック。

ターン [タ]〈turn〉[名][自サ] ❶回転。旋回。❷進路を変えること。「右へ—する」❸水泳で、折り返すこと。❹ダンスで、まわること。 **—テーブル** [テ]〈turntable〉[名] レコードプレーヤー・電子レンジなどの回転台。 **—パイク** [パ]〈turnpike〉[名]〔「ターンパイクロード」の略〕有料道路。

たい【大】 [造] ❶形や規模がおおきい。「大火・大海・大木・大陸」❷数がおおい。たくさん。「大挙・大金・大群・大差・大衆・大量」❸重要。「大義・大作・大役」❹おおいに。はなはだしい。「大安・大切・大敗」❺おおよそ。「大意・大局・大綱・大半」❻地位が高い。「大官・大使」❼三つのうちの一番目。「大佐・大将」❽人物に対する敬称。「大兄・大人(たいじん)」[別音だい|大]

たい【太】 [造] ❶はじめ。おおもと。「太極・太古・太初」❷いちばんめ。「太子・太祖」❸はなはだ。ひじょうに。「太平」❹おおきい。「太鼓・太陽」[別音た|太]

たい【代】 [造] かえる。かわる。かわりをする。「代謝・交代」[別音だい|代]

たい【待】 [造] ❶まつ。「待機・待避・期待」❷もてなす。あつかう。「待遇・歓待・虐待・招待・接待・優待」

たい【怠】 [造] おこたる。なまける。「怠業・怠惰・怠納・怠慢・倦怠(けんたい)」

たい【耐】 ㊀[造] ❶たえる。がまんする。「耐寒・耐久・忍耐」❷…につよい。変化しない。「耐震・耐水・耐熱」㊁[接頭] 物質を変化させる作用に対して抵抗力があること。「耐アルカリ性」

たい【胎】 [造] 子をはらむ。はらんだ子のいるところ。「胎教・胎児・胎動・懐胎・受胎・堕胎」

たい【×苔】 [造] こけ。「蘚苔(せんたい)・緑苔」

たい【退】 [造] ❶うしろへさがる。「退却・退散・退避・後退・進退・撤退」❷その場からしりぞく。「退出・退陣・退席・退場・敗退・凡退」❸集団からぬける。「退会・退団・退部・脱退」❹身を引く。「退職・辞退・引退・勇退」❺おとろえる。「退嬰(たいえい)・退化・退色・退廃・減退・衰退」❻しりぞける。「退治・撃退」

たい【帯】 [造] ❶おび。細長い布。「紐帯(ちゅうたい)・包帯」❷おび状の地域。「地帯・熱帯・火山帯」❸おびる。もつ。「帯電・携帯」❹ともにする。「帯同・連帯」 **帯する** [他サ]

たい【泰】 [造] ❶やすらか。おちついている。「泰然・泰平・安泰」❷おおきい。「泰山・泰西・泰斗(たいと)」❸タイ(国名)。「泰緬(たいめん)鉄道・日泰」

たい【堆】 [造] うずたかく積む。「堆積・堆肥」

たい【袋】 ㊀[造] ふくろ。「風袋・郵袋・有袋類」㊁[接尾] ふくろに入れたものをかぞえることば。「あずき五袋」

たい【逮】 [造] ❶およぶ。とらえる。追う。「逮捕」❷葬儀や忌日の前。「逮夜」

たい【替】 [造] かえる。かわる。あたらしくする。「改替・交替・代替」

たい【貸】 [造] かす。一時的に使わせる。「貸借・貸与・賃貸」

たい【滞】 [造] ❶とどこおる。つかえる。「滞貨・滞積・滞納・延滞・渋滞・遅滞」❷とどまる。そこにいる。「滞空・滞在・滞留・停滞」

たい【×腿】 [造] もも。「下腿・上腿・大腿部」

たい【×頽】 [造] くずれる。かたむく。おとろえる。「頽運・頽廃・頽勢・衰頽」

たい【戴】 [造] いただく。上におく。「戴冠式・推戴・頂戴(ちょうだい)・奉戴」

たい【×擡】 [造] もたげる。持ち上げる。「擡頭」

たい【体】 ㊀[タ][名][造] ❶からだ。「—をかわす」「体格・体験・体得・体調・身体・肉体」❷かたち。形態。「—をなさない」「体現・液体・球体・物体・文体」❸本性。本質。作用のもと。「名は—をあらわす」「実体・主体・本体」↕用。❹しくみ。まとまり。「体系・体制・政体・組織体」㊁[接尾] 神仏の像をかぞえることば。「三体の石仏」⇩こ(個)[参考]。[別音てい|体] **—を成(な)す** まとまった形になる。「やっと公開発表の—」

たい [タ]**【隊】** [名][造] ❶整列した一団の人。集団。「—を組む」「隊商・隊列・楽隊・編隊・消防隊・聖歌隊」❷戦闘のための集団。「軍隊・除隊・兵隊・自衛隊・特攻隊」

たい [タ]**【態】** [名][造] かたち。ありさま。状態。「態勢・態度・形態・容態」

たい [タ]**【×鯛】**(たひ) [名] ❶タイ科の海水魚の総称。からだは、平たく楕円(だえん)形。味がよく、めでたい魚とされ、祝いごとに使う。❷まだい。

たい【対】 ㊀[タ][名] ❶試合・勝負などの組み合わせをあらわすことば。「巨人—阪神」❷数の対照をあらわすことば。「五—四の割合」❸たがいに同等の程度・資格であること。対等。「—で決勝戦に出る」㊁[造] ❶むかいあう。むかう。「対岸・対称・対面」❷くらべる。「対照・対比・絶対」❸はりあう。あいてになる。「対決・対戦・敵対・反対」❹こたえる。「対応・対策・対処」㊂[接頭] …に対する。「対中南米輸出」 **対する** [自サ] [別音つい|対]

た-い [タ]**【他意】** [名] ❶別の考え。「—はない」❷ふたごころ。異心。「—をいだく」

タイ [タ]〈tie〉[名] ❶ネクタイ。❷競技などで、得点や成績が等しいこと。「三位—」「—レコード」「—記録」❸楽譜で、同じ高さの二音をむすび、続けて奏することを示す線。

タイ《Thailand》〔「泰」とも書いた〕アジアの東南、インドシナ半島の中部にある立憲君主国。もと、シャムといった。首都バンコク。

たい [助動] (タカロ|タク・タカッ|タイ|タイ|タケレ|〇)〔動詞などの連用形につく〕希望の

意をあらわす。「彼も読み―のだ」「ほめられ―」「すぐ来られ―」参考終止形、または「たくない」の形で言い切るときは、話し手の希望をあらわす。尊敬の「れ」「られ」などのついた場合は、相手に対して希望する意をあらわす。

だい【第】㊀接頭 順序をあらわす数につけることば。「第三者・第二番・第六感」㊁造 ❶試験。「及第・落第」❷やしき。「聚楽第」

だい【内】造 ❶うち。なか。「海内・境内」❷朝廷。宮中。「内裏・参内・入内」［別音ない｜内］

だい【代】㊀ダ名造接尾 ❶帝王・将軍・世帯主・経営者などがその地位にある年月の間。よ。「祖父の―に建てた家」「初代・世代・歴代・三代目」❷買ったり借りたりしたものに対してはらうかね。しろ。「お―は見てのお帰り」「代価・代金・地代・本代・洋服代・クリーニング代」㊁造接尾 非常に長い時間の区分。「現代・古代・時代・新生代」「明治二十年代の世相」㊂造 かえる。かわる。「代講・代作・代役・代理」㊃接尾 年齢の範囲。「四十代の男」参考手紙で差出人の名の下に「鈴木三郎代」のように小さく書き、別人の代筆であることを示す。［別音たい｜代］

だい【大】㊀ダ名造 ↕中・小。❶大きいこと。「大地・大仏・大工場・大邸宅・巨大・最大・増大・肥大・無限大」❷さかんなこと。すぐれたこと。「今日の―をなす」「大事・大人物・偉大・重大」❸程度のはなはだしいこと。「損害は―」「大成功・大流行・大混乱・甚大・絶大・多大」❹大の月。㊁造 ❶おおい。たくさん。「莫大」❷おおよそ。「大体・大分・大部分」❸地位がたかい。「大臣・大司教・大統領」㊂造接尾 ❶…のおおきさ。「こぶし大・はがき大・実物大」❷大学。「医大・私大・短大・国立大・女子大」［別音たい｜大］**―なり小なり** 大きいか小さいか、いずれにしろ。「人には―欠点がある」**―の字** 両手・両足をひろげた形。「―に寝る」**―の月** 一か月の日数が、陰暦で三十日、陽暦で三十一日ある月。大。↕小の月。**―の虫を生かして小の虫を殺す** だいじな物事をいかすために、小さな物事をぎせいにする。**―は小を兼ねる** 大きなものは、小さいもののかわりに使うことができる。

だい【台】㊀ダ名造 ❶物・食物をのせたり、人がのったりするもの。「台座・寝台・実験台」❷山や丘のたいらな所。「台地・高台」「秋吉台」❸高く作った建物や構造物。「灯台・展望台・天文台」❹もとになるもの。「台帳・台本・土台」❺高めるべき相手。「貴台・尊台」㊁造接尾 ❶車や機械をかぞえることば。「十台の自動車」参考機械・器具・車両・固定施設などをかぞえるには「台・基」を使う。「台」は広く使われ、「基」はクレーン・照明灯・溶鉱炉などに使う。エスカレーター・エレベーターなどにはどちらも使う。スタンド・時計などには「台」も「個」も使う。「丁」はかんな・銃・バイオリンなどに使う。❷数量の範囲。「五百円台の品」「八時台のテレビ番組」

だい【題】㊀ダ名造 ❶本や映画の名。また、文章や美術作品などの内容や主題を短いことばであらわしたもの。「―をつける」「内容と関係のない―」「題目・画題・表題・標題」❷詩や歌や俳句などで、それをよみこむことを要求されるもの。「題詠・季題」㊁造 ❶作品の中心となる事柄・思想。テーマ。「題材・主題・命題・問題」❷答えを出さなければならない事柄。「課題・出題・難題」**―知らず** 和歌で、そのよまれた事情がわからないという意味のことばがき。

ダイアグラム ダ〈diagram〉名 ➡ダイヤグラム。

たい-あたり ア【体当(た)り】名 ❶からだで相手にぶつかること。「―を食わせる」❷目的に向かって突進するようす。「―で仕事をする」

たい-あつ 0【耐圧】名 圧力にたえること。

タイ-アップ ア〈tie-up〉名自サ 協同で仕事をすること。提携。「ドイツのB社と―する」

だい-あみ 0【台網】名 大じかけの立て網。まぐろ・ぶりの漁に使う。

ダイアモンド モ〈diamond〉名 ➡ダイヤモンド。

ダイアリー ダ〈diary〉名 日記。日誌。

ダイアル 0〈dial〉名 ➡ダイヤル。

ダイアローグ ロ〈dialogue〉名 ❶問答。対話。↕モノローグ。❷対話劇のせりふ。

たい-あん 0【大安】名 陰陽道で、旅行・結婚など万事によいという日。大安日。大安吉日。

たい-あん 0【対案】名 相手の案にはりあう案。「―を出す」

だい-あん 0【代案】名 かわりの案。「―を考える」

たい-い ダ【大尉】名 もと軍隊で、尉官のいちばん上の位。↕中尉・少尉。

たい-い ダ【大意】名 だいたいの意味。

たい-い ダ【体位】名 ❶体格・健康の程度。「―の向上をはかる」❷からだの位置・かまえ。

たい-い ダ【退位】名自サ 帝王がその位をしりぞくこと。↕即位。

だい-い ダ【題意】名 題の意味。

たい-いき 0【帯域】名〔文章語〕一定のはばを持った範囲。「周波数―」

たい-いく ダ【体育】名 ❶健康なからだをつくるための教育。↕知育・徳育。❷運動・競技の実技と、体育の理論をおしえる教科目。**―会** ク名 大学での運動部の連合組織。**―の日** ➡スポーツの日。

だい-いち ダ【第一】㊀名 ❶いちばんはじめ。最初。「―の巻」❷もっともたいせつなこと。「健康―」❸〔古語〕もっともすぐれていること。「第一の人にまた一に思はれむとこそ思はめ」〈枕〉㊁副 いちばんに。まず。さしあたり。「―それがよくない」**―印象** イ3名 いちばんはじめにうけた印象。**―義** ダ=チ名 もっともたいせつな根本的な意義。↕第二義。**―義的** ダ形動 中心となるようす。もっとも意義のあるようす。根本的。**―次産業** ダ=サ名 自然から直接に生産する産業。農林業・畜産業・水産業など。↕第二次産業・第三次産業。**―陣** ダ名 ある場所に最初におもむく集団。「帰国希望者の―が到着した」**―人者** ダ=ニ名 その道でいちばんすぐれた人。**―人称** ダ=ニ名 話し手自身をあらわす代名詞。一人称。自称。「わたくし・ぼく・われわれ」など。**―流** ダ名 ある方面でいちばん上位にあること。また、その人。「―の人物」

だいいちじ-せかいたいせん《第一次世界大戦》一九一四年から一九一八年まで、ドイツを中心とする国々がイギリス・フランス・ロシア・アメリカ・日本などとたたかい、ドイツがわが負けた戦争。欧州大戦。

だい-いっせい ダ【第一声】名 諸活動のはじめ、またはその立場ではじめておおやけに行う発言や演説。「街頭で―をあげる」

だい-いっせん ダ【第一線】名 ❶もっとも敵に近い戦線。最前線。❷ことが、もっとも活発に行われている所。「声楽界の―で活躍する」

だい-いっぽ ダ=イ2【第一歩】名 ❶はじめの一歩。「月面への―」❷物事の第一段階。「政治改革の―」「―を踏み出す」

た

たいい-ほう⓪【対位法】名 独立した二つ以上の旋律を組み合わせる作曲技法。

たい-いん⓪【大隠】名〔文章語〕世を捨ててさとりきった人。**―は市**(いち)**に隠**(かく)**る** ほんとうにさとりきった人は、山などに隠れず、町中で目だたずにくらしているものだ。

たい-いん⓪【太陰】名〔文章語〕月。↕太陽。**―暦**(れき)イ2 名 月の満ち欠けをもとにして作ったこよみ。旧暦。↕太陽暦。

たい-いん⓪【隊員】名 隊に属している人。「―を募集する」

たい-いん⓪【退院】名 自サ ❶入院していた病人、けが人が病院を去ること。↕入院。❷衆・参両院の議員が、議院から退出すること。

たい-いん⓪【退隠】名 自サ〔文章語〕官職、または、世の中のつとめからしりぞいて、ひまな身になること。隠退。

だい-いん⓪【代印】名 他人の印のかわりに自分の印をおすこと。

だい-うちゅう ウ-【大宇宙】名 人間を小宇宙と考えるのに対比して、本当の宇宙。マクロコスモス。↕小宇宙。

たい-えい⓪【退×嬰】名〔文章語〕❶あとへひくこと。しりごみ。❷進んで新しいことに取り組もうとする態度のないこと。「保守―」↕進取。**―的**(てき)⓪ 形動 何かにつけ、しりごみするようなようす。ためらいがちなようす。消極的。↕進取的。

だい-えい⓪【題詠】名 一定の題をもうけて詩や歌をよむこと。また、その詩歌(しいか)。

たい-えき タ【体液】名 ❶動物の体内を満たす、血液・リンパ液・脳せきずい液など。❷男性の精液。

たい-えき⓪【退役】名 自サ もと、軍の将校・准士官(じゅんしかん)が兵役をしりぞいたこと。↕現役。

たい-えつ⓪【大悦】名〔文章語〕大きなよろこび。「―至極(しごく)」

ダイエット タ〈diet〉名 自サ〔決まった量や内容の食事の意から〕太りすぎを食べ物で調整すること。「―食品」参考「水泳でダイエットをする」のように、ただの減量の意味でも使う。

だい-えん⓪【大円】名 ❶大きな円。❷球の中心を通る平面が、球面に接する円周。

だい-えん⓪【代演】名 自サ 当人のかわりに、演奏・出演などを行うこと。

たい-おう⓪【対応】名 自サ ❶たがいに向きあうこと。❷つりあうこと。「重さが左右―する」❸相手のやり方に応じてことをすること。「相手の出方に―する」

たい-おう⓪【滞欧】名 自サ〔文章語〕ヨーロッパにとどまること。「―日数」

だい-おう オ【大王】名 すぐれた王を尊敬していう語。「アレキサンダー―」

だい-おう オ【大黄】名 タデ科の多年生植物。高さ約二メートル。夏秋のころ、緑白色の花を開く。根茎は薬用。

だい-おうじょう オ【大往生】名 自サ ❶苦痛なしに安らかに死ぬこと。❷りっぱな死。

ダイオード オ〈diode〉名 検波・整流用の二極真空管や真空管と同じはたらきをする、ゲルマニウムやシリコンを使った半導体製品。

ダイオキシン オ〈dioxine〉名 有機塩素化合物の一種。廃棄物の焼却時や除草剤の製造過程などで発生し、強い毒性をもつ。ポリ塩化ジベンゾダイオキシン。

だい-おしょう オ【大和尚】名 徳の高い僧。

たい-おん タ【体温】名 ❶動物のからだの温度。❷人体の温度。ふつう三六、七度。**―計**(けい)⓪ 名 人体の温度をはかる器具。検温器。

だい-おん⓪【大恩】名 大きな恩。深いめぐみ。

だい-おんき オ【大遠忌】名 宗祖(しゅうそ)の死後数百年たって行う法会(ほうえ)。

だい-おんじょう オ【大音声】名 つよく大きな声。

たいか《大化》孝徳(こうとく)天皇が在位した時代の年号(六四五―六五〇)。日本初の年号とされる。大化元年に、中大兄皇子(なかのおおえのおうじ)・中臣鎌足(なかとみのかまたり)らが蘇我(そが)氏をほろぼして開始した政治的大改革は大化の改新と称され、中央集権制確立の出発点となった。

たい-か タ【大火】名 大火事。大きな火災。冬

たい-か タ【大家】名(「たいけ」と読めば別語)その道にすぐれた人。「日本画の―」

たい-か タ【大過】名 大きなあやまち。「―なく勤める」↕小過。

たい-か タ【大×廈】名〔文章語〕〔「廈」はひさし〕大きな建物。「―高楼」**―の倒**(たお)**れんとするは一木**(いちぼく)**の支**(ささ)**うる所**(ところ)**にあらず** 大勢がかたむこうとするときには、ひとりの力でささえることはとうていできない。

たい-か タ【対価】名〔法〕労力や財産などをあたえた報酬として受ける利益。

たい-か⓪【耐火】名 火熱に耐えること。「―建築」**―×煉瓦**(れんが)レ 名 高熱に耐えられるようにつくったれんが。

たい-か タ【滞貨】名 売れ残ったり、運送しきれなかったりして、たまっている商品や貨物。

たい-か タ【退化】名 自サ ↕進化。❶進歩がやんで、あともどりすること。❷生物体のある器官や組織が不用になったため、小さくなったり、そのはたらきをやめたりすること。

たい-が タ【大我】名 ↕小我。❶〔仏〕我意・我執(がしゅう)をはなれた自由自在の境地。❷〔哲〕宇宙の本体としての唯一絶対の精神。

たい-が タ【大河】名 大きな川。おおかわ。**―小説**(しょうせつ)ショ 名 人間の成長の歴史を、時代の流れとの関連でとらえようとする、大規模な構成の長編小説。

だい-か タ【代価】名 ❶売りものの代金。ねだん。あたい。❷あることをするための犠牲・損害。「勝利の―」

だい-か タ【台下】名 ❶高い建物の下。❷〔文章語〕身分の高い人をよぶ尊敬語。手紙に使う。

だい-が⓪【題画】名 絵に、詩や文章を書きしるしたもの。

たい-かい⓪【大会】名 ❶大きな催し。「選抜野球―」❷組織の会合として最大の会合。

たい-かい⓪【大海】名 大きな海。おおうみ。だいかい。

たい-かい⓪【退会】名 自サ 会からしりぞくこと。「―の手続き」↕入会。

たい-がい⓪【大概】㊀名〔文章語〕だいたい。概略。「―の説明」㊁副 ❶おおかた。たいてい。「―できた」❷いいかげん。たいてい。「ふざけるのも―にしろ」❸多分。「もう―あきらめるだろう」

たい-がい タ【体外】名 からだの外。↕体内。**―受精**(じゅせい)ジュ 名 体外で卵子と精子を出会わせ、受精卵をつくること。

たい-がい⓪【対外】名 外部、または、外国に対すること。「―関係」↕対内。

だい-かいてん カ【大回転】名 スキー競技で、滑降に回転の要素を加えた種目。

だい-がえ⓪【代替(え)】―がへ 名 ほかのもので替えること。だいたい。「―がきかぬ」

たい-かく⓪【台閣】名 ❶たかどの。楼閣。❷内閣。‖だいかく。**―に列**(れっ)**する** 大臣になる。

たい-かく ⓪【体格】名 外観上の、からだの組み立て。からだつき。

たい-がく ⓪【退学】名自サ 学生・生徒が、中途で学校をやめること。また、やめさせられること。退校。

だい-がく ⓪【大学】名 ❶中国古代に、修己・治人の道をおしえた最高の学府。❷わが国の昔、大宝令によって制定された、貴族の子弟を教育する設備。❸最高の学術をさずけ、また研究する学校。六・三・三・四の学制で、最後の四年。短期大学は二年。旧制大学は三年だった。**—院**(いん) ク名 大学で、学部の卒業生がさらに深い研究をする所。修士課程は二年、博士課程はさらに三年以上。

だいがく《大学》中国の古典。四書の一つ。儒学の基本をのべ、修身・斉家(せいか)・治国・平天下(身をおさめ、家をととのえ、国を治め、天下を平和にすること)の道を説いたもの。

たいかく-せん ⓪ク【対角線】名 多角形の、となりあっていない二つの角の頂点を結ぶ直線。

だい-かぐら カ【▲太神楽】名 ❶⬇だいだいかぐら。❷しし舞い・品玉(しなだま)・さらまわしなどの曲芸を演ずる雑芸。昔は正月の祝儀芸だった。新年

だい-かし ⓪【代貸し】名 貸元の代理をつとめる人。だいがし。

ダイカスト カ〈die-casting〉＝ダイキャスト名 鋳物(いもの)をつくる方法の一つ。鋳型に、とけた金属を圧力をかけて流しこんでつくる。

たい-がため ガ【体固め】名 レスリングの決めわざの一つ。

だい-かつ ⓪【大喝】名自サ 大声でどなりつけること。「—一声」

だい-がっこう ガ【大学校】名 学校教育法による正式の大学ではないが、大学と同じ程度の教育をする学校。防衛大学校・気象大学校など。

だい-がわり ガ【代替(わ)り】(がはり) 名 君主・戸主・経営者などが次の代に替わること。

たい-かん ⓪【大×旱】名 文章語 長い間、雨の降らないこと。夏 **—に雲×霓**(うんげい)**を望**(のぞ)**む** 「霓」はにじ。雲とにじは雨の前後にあらわれる)ひでりに雨を待つように、ある物事をつよく待ちのぞむことのたとえ。

たい-かん ⓪【大官】名 高い官職。また、その人。

たい-かん ⓪【大患】名 文章語 ❶症状のおもい病気。大病。❷大きな心配。「国家の—」

たい-かん ⓪【大鑑】名 一冊である部門のすべてのことがわかるようにした本。大全。「書道—」

たい-かん ⓪【体幹】名 人の胴体。「—トレーニング」

たい-かん ⓪【体感】名 からだに感じること。からだに受ける感じ。**—温度**(おんど) オ名 人体が実際に感じる暑さ・寒さの度合い。気温のほか湿度・風速が関係する。

たい-かん ⓪【耐寒】名 寒さをたえしのぶこと。

たい-かん ⓪【退官】名自サ 官職をやめること。

たい-かん ⓪【退館】名自サ 図書館・美術館などの建物から退出すること。「—を求められる」↕入館。

たい-かん ⓪【大観】一名他サ 全体をひろく見とおすこと。「時勢を—する」二名 ひろびろとした大きなながめ。

たい-がん ⓪【大願】名 ⬇だいがん。

たい-がん ⓪【対岸】名 川などの向こうぎし。**—の火事**(かじ) ❶向こうぎしの火事。❷自分に関係がないこと。

たい-がん ⓪【対顔】名自サ 人と顔をあわせること。対面。

だい-かん ⓪【大寒】名 二十四節気の一つ。小寒と立春のあいだ。一月二十日ごろ。冬 ↕小寒。⇩二十四節気(表)。

だい-かん ダ【代官】名 ❶ある官職の代理。❷江戸時代、幕府直轄の地で、年貢(ねんぐ)収納などをつかさどった役。

だい-がん ⓪【大願】名 ❶大きなねがい。❷仏が衆生(しゅじょう)をすくおうとするねがい。‖たいがん。**—成就**(じょうじゅ) ジョ名自サ 大きなねがいごとが、なしとげられること。参考「だいがんじょうじゅ」が本来の読み方。

だい-がん ⓪【代願】名自サ 本人に代わって神仏に祈願すること。また、その人。

たいかん-しき カ【戴冠式】名 西洋諸国の君主が、即位後、宝冠(ほうかん)をいただき、即位したことを広くしめす儀式。

だいかんみんこく《大韓民国》朝鮮半島南部の共和国。一九四八年成立。首都はソウル。韓国。

たい-き タ【大気】名 地球をとりまく空気の全体。**—汚染**(おせん) オ名 大気が工場の排煙や自動車の排気ガスなどでよごされること。**—圏**(けん) キ名 地球をつつむ大気のある範囲。

たい-き タ【大器】名 ↕小器。❶大きなうつわ。❷大きな人物。すぐれた人材。**—晩成**(ばんせい) タ名 大人物は、若いころは目立たず、後になって大成するということ。

たい-き タ【待機】名自サ 準備をしてその時を待つこと。**—電力**(でんりょく) デ名 電気製品を使用していないときも、プラグがコンセントにつながった状態であると消費される電力。待機時消費電力。

たい-ぎ タ【大義】名 文章語 ❶人の守りおこなわなければならない道。❷君主に対し、臣民の守るべき道。**—親**(しん)**を滅**(めっ)**す** 君主や国家の大事のためには、親・兄弟をもかえりみない。**—名分**(めいぶん) タ名 ❶人として、臣民として守らねばならない筋みち。❷道理。「—を通す」

たい-ぎ タ【大儀】一名 ❶大きな儀式。大典。❷人の労苦をねぎらうあいさつの語。ごくろう。二形動 ❶めんどうでおっくうなようす。「—な仕事」❷くたびれてだるいようす。「からだが—だ」

たい-ぎ タ【体技】名 からだを直接ぶつけてたたかう競技。柔道・相撲・レスリングなど。

だい-ぎ タ【代議】造 ある人々にかわって、議論をすること。**—員**(いん) ギ名 政党や労働組合の大会で、地域・職場などから選出され、討議や議決に参加する人。**—士**(し) ギ名 国民を代表して国政を議する人。衆議院議員。参考 参議院議員にはふつう使わない。**—制**(せい) ⓪名 議員が国民を代表して政治を相談してきめるしくみ。議会制度。

だい-ぎ ⓪【台木】名 ❶つぎ木の台にする木。台。↕接(つ)ぎ穂。❷物の台にする木。

たいぎ-ご ⓪【対義語】名 意味の上で反対の、あるいは対(つい)をなす二つ以上の語。「男」と「女」、「春」と「秋」など。対語。反意語。アントニム。↕同義語。

だい-きち ⓪【大吉】名 たいそう縁起のよいこと。上吉。↕大凶。**—日**(にち) チ—名 たいそう縁起のよい日。

だい-きぼ キ【大規模】形動(の) ダロ・ダッ・デ・ニ ダ・ナ・ナラ・〇 物事の仕組みや構想がおおがかりなようす。「—な都市開発」↕小規模。

たい-きゃく ⓪【退却】名自サ 敵に押されてあとへひくこと。後退。

たい-ぎゃく ⓪【大逆】名 人の道にそむく、ひどくわるいおこない。君主を殺すことなど。だいぎゃく。**—罪**(ざい) ク名 旧刑法で、天皇・皇后・皇太子などにたいし危害を加え、または、加えようとしたつみ。

ダイキャスト キャ〈die-casting〉名 ⬇ダイカスト。

たい-きゅう ⓪【耐久】名 ながもちすること。「—力」—

消費財(しょうひざい) [ヒ][名] 長期間使用できる消費財。テレビ・自動車・家具など。

だい-きゅう [0]【大弓】[名] 長さ二メ(メー)トル以上の、ふつうのゆみ。↕半弓。

だい-きゅう [0]【代休】[名] 休日に出勤したかわりの休暇。

たい-きょ [タ]【退去】[名][自サ] その場所をたちのくこと。

たい-きょ [タ]【退居】[名][自サ] ❶それまでの住まいからたちのくこと。「—届」↕入居。❷〔文章語〕隠居。[参考]「退居」は市中の暮らしからしりぞく意味だったが、入居・転居などの連想から「退去」にかわって使うようになった。

たい-きょ [タ]【大挙】[副][自サ] おおぜいでそろって立ち向かうようす。総がかり。「—して押しかける」

たい-ぎょ [タ]【大魚】[名]〔文章語〕大きなさかな。 **—を逸**(いっ)**す** 大きなチャンスや手柄を惜しいところで取り逃がす。

たい-きょう [0]【胎教】[名] 妊婦が心おだやかにし、見聞きするものを選び、胎児によい感化をあたえようとつとめること。

たい-きょう [0]【退京】[名][自サ] みやこをたちのくこと。↕入京。

たい-きょう [0]【滞京】[名][自サ] みやこに滞在すること。

たい-ぎょう [0]【大業】[名] 大きな事業。「天下統一の—」

たい-ぎょう [0]【怠業】[名][自サ] ❶サボタージュ。❷仕事をなまけること。

だい-きょう [0]【大凶】[名] ❶非常にえんぎのわるいこと。↕大吉。❷[大×兇]〔文章語〕この上もない大きな罪悪。

だい-きょうじ [キョ]【大経師】[名] ❶朝廷の命で、経文(きょうもん)や仏画を表装した職人の長。❷表具師。経師屋。

たい-きょく [0]【大曲】[名] 大きな規模の楽曲。↕小曲。

たい-きょく [0]【大局】[名] 全体のなりゆき。大勢。「—を見とおす」

たい-きょく [0]【太極】[名] 中国哲学で、万物の生ずる宇宙の根元。 **—拳**(けん) [キョ/ク][名] 中国、明(みん)代末に始まった拳法(けんぽう)。動作をゆるやかにして、健康のための体操として普及。

たい-きょく [0]【対極】[名] 反対の極。「—の立場にある」

たい-きょく [0]【対局】[名][自サ] 相対して、囲碁・将棋をすること。「—数時間」

だい-きらい [ダ]【大嫌い】(—きらひ) [形動] ダロ・ダッ・デ・ニ／ダ・ナ・ナラ・○ とても嫌いなようす。「—なタレント」↕大好き。

たい-きん [0]【大金】[名] 多額の金銭。

たい-きん [0]【退勤】[名][自サ] 勤務時間が終わって、勤め先を出ること。↕出勤。

だい-きん [0/ダ]【代金】[名] 買った品のかわりに出すかね。代価。 **—引換**(ひきかえ) [ダ][名] 品物を受けとるときに代金を支払うこと。

たい-く [タ]【体×軀】[名]〔文章語〕からだ。からだつき。

たい-ぐ [タ]【大愚】[名]〔文章語〕ひどくおろかなこと。また、その人。↕大賢。

だい-く [ダ]【大工】[名] 木造の建物・器具などをつくる職人。

たい-くう [0]【対空】[名] 地上から空中に向けてすること。「—砲火」「—ミサイル」↕対地。

たい-くう [0]【滞空】[名] 地上におりることなく空中を飛びつづけること。「—時間」

たい-ぐう [0]【対偶】[名] ❶〔文章語〕対(つい)になっていること。そろい。つい。❷[論]「AならばBである」というある定理の内容を入れかえ、否定した形の「BでないならばAでない」という第二の定理の、前定理にたいする称。

たい-ぐう [0]【待遇】[名][他サ] ❶もてなすこと。取りあつかい。「家庭的な—」❷職場での地位・労働条件・給与などの処遇。「—改善」 **—表現**(ひょうげん) [ヒョ][名] 話し相手や話題の人物を高めたり、低く位置づけたりする、また、疎遠や親愛の言いあらわし方。

だいく-げいじゅつ [ゲ]【第九芸術】[名] 発声映画のこと。トーキー。[参考]「第八芸術」は無声映画。

たい-くつ [0]【退屈】[名][自サ][形動] することがなく、ひまをもてあまし困ること。「雨で—する」 **—×凌**(しの)**ぎ** [シ][名] 退屈な気分を紛らわすために何かをすること。

たい-ぐん [0]【大軍】[名] おおぜいの軍勢(ぐんぜい)。

たい-ぐん [0]【大群】[名] 大きなむれ。「にしんの—」

たい-け [タ]【大家】[名]（「たいか」と読めば別語）財産があり、社会的な地位の高い家がら。「—の出」

たい-けい [0]【大兄】[名]〔文章語〕男性が、同輩かすこし年長の相手の男性を高めて言う語。貴兄。尊兄。↕小弟。[参考]手紙に使う。⇩貴兄[参考]。

たい-けい [0]【大系】[名] おなじ類のものをひろくあつめた書物の一群。「地理学—」

たい-けい [0]【大計】[名]〔文章語〕大きな計画。

たい-けい [0]【大慶】[名]〔文章語〕大きなよろこび・よろこびごと。「—至極(しごく)」

たい-けい [0]【体刑】[名] ❶昔、むち・つえでたたいて、からだに加えた刑罰。❷自由刑。

たい-けい [0]【体形】[名] ❶かたち。❷からだのかたち。

たい-けい [0]【体系】[名] 個々のもの、あるいは断片的なものを、一定の規則や原理のもとに組み立てたものの全体。システム。「学問の—」「賃金—」 **—的**(てき) [0][形動] 理論や原則にもとづいて、まとまりをもつようす。

たい-けい [0]【体型】[名] 体格の型。やせ型・肥満型・筋骨型など。

たい-けい [0]【隊形】[名] 横隊・縦隊・円陣など、隊のかたち。

だい-けい [0]【台形】[名] 一対(つい)の相対する二辺が平行な四角形。[参考]もと梯形(ていけい)と言った。

だい-げいこ [ゲ]【代稽古】[名] 芸能や武道で、師匠に代わって弟子にけいこをつけること。

たい-けつ [0]【対決】[名][自サ] ❶両方が向かいあって、正否や優劣をきめること。❷法廷で原告と被告をつき合わせて互いに証言させ、審判すること。

だい-けつ [0]【代決】[名][他サ] 代理として行う決裁。

たい-けん [0]【大圏】[名] ❶大きな輪(わ)の形。❷地球の中心をとおる面が、地球表面とまじわってつくる円。 **—コース** [コ][名]「大圏❷」にそった、地球上の二つの地点間の最短航路。大圏航路。

たい-けん [0]【大権】[名] 明治憲法で定めた、天皇の統治権。

たい-けん [0]【大賢】[名]〔文章語〕きわめてかしこいこと。また、その人。大賢人。↕大愚。

たい-けん [0]【帯剣】[名][自サ] 剣を腰にさげること。また、その剣。佩剣(はいけん)。

たい-けん [0]【体験】[名][他サ] 行動をとおして実際に感じたり覚えたりすること。また、そのときの印象。「老人から戦争の—を聞く」⇩経験[参考]。

たい-げん [タ]【体言】[名] ↕用言。❶自立語で活用がなく、主語となれるものの総称。❷代名詞・数詞を区別する場合には、それと名詞とを合わせた総称。 **—止**(ど)**め** [0][名] 名詞で文を終わること。和歌や俳句の表現技法としても用いられる。「新古今集の和歌には—が多い」

たい-げん [0]【大言】[名][自サ] いばって大げさに言うこと。高言。広言。 **—壮語**(そうご) [ソ][名][自サ] 実力以上のことをえらそうにしゃべること。また、そのことば。

たい-げん [0]【体現】[名][他サ]〔文章語〕抽象的なものを具体的に実現すること。具現。「理想を—する」

だい-けん [0]【大検】[名]「大学入学資格検定」の略称。二〇〇四年度まで実施された。

だい-げん [0]【題言】[名]❶書物や雑誌の巻頭のことば。❷絵・石碑などの上にしるすことば。題辞。

だい-げん [0]【代言】[一][名][他サ]本人にかわって弁論すること。[二][名]代言人。—**人** [0][名]弁護士の古いよび方。

だい-げんすい [ゲ]【大元帥】[名]❶全軍をひきいる大将。❷もと、陸海軍を統帥した元首としての天皇。

たい-こ [タ]【太古】[名]大むかし。

たい-こ [0]【太鼓】[名]❶木製・金属製などの胴の両面に皮をはり、ばちで打ちならす打楽器。❷【×幇▲間】たいこもち。—**医者** [コ][名]患者におせじばかり言う、たいこもちのような医者。—**腹** [0][名]まるく張り出した大きな腹。—**橋** [0][名]中央が高く半円形にそっている橋。—**判** [0][名]❶大きな判。❷確実に保証すること。「—をおす」—**結び** [ム][名]⬇おたいこ。—**持ち** [コ][名]❶酒の座で客のきげんをとり、踊りなどをして座興をそえるのを仕事とする男性。幇間。❷おせじを言って人のきげんをとる人。—**焼き** [0][名]⬇いまがわやき。[冬] —**を×叩く** あいづちをうって、きげんをとる。他人の話に調子を合わせる。

たい-こ [タ]【大呼】[名][他サ]〔文章語〕大きい声で呼ぶこと。

たい-ご [0]【対語】[一][名]❶対義語。❷物事が相対するように構成されている熟語。「大小」「山川」「花鳥風月」など。[二][名][自サ]〔文章語〕向かいあって話すこと。対話。

たい-ご [タ]【隊×伍】[名]隊列。「堂々たる—を組む」

たい-ご [タ]【大悟】[名][自サ]〔文章語〕ほんとうにさとりをひらいて真理をつかむこと。だいご。—**徹底** [タ][名][自サ]〔文章語〕さとりきって、なんの迷いもないこと。

たい-こう [タ]【大公】[名]❶ヨーロッパで、君主の親族の男子の称。❷ヨーロッパで、小国の君主の称。

たい-こう [0]【大功】[名]大きなてがら。

たい-こう [0]【大行】[名]〔文章語〕大きな仕事。大事業。—**は細×瑾を顧みず** 大きな仕事をするときは、小さな失敗を問題にしない。

たい-こう [0]【大綱】[名]〔文章語〕❶根本的な事がら。おおもと。「民主主義を—とする」❷大要。「計画の—を示す」↕細目。

たい-こう [タ]【太×閤】[名]❶摂政・太政大臣の尊敬語。❷関白の父である前関白の尊敬語。❸特に、豊臣秀吉のこと。

たい-こう [0]【体×腔】[名]〔文章語〕動物の体壁と内臓とのすきま。哺乳類では胸腔と腹腔とがある。

たい-こう [0]【対校】[一][名]学校どうしが競いあうこと。「—リレー」[二][名][他サ]❶原稿と比べ合わせて校正すること。❷異本と比べ合わせて校合をすること。

たい-こう [0]【対向】[名][自サ]❶互いに向きあうこと。❷互いに向かいあって走ること。「—車」

たい-こう [0]【対抗】[名][自サ]❶はりあうこと。「クラス—の試合」❷競馬・競輪で、優勝候補とはりあうことが予想される馬・選手。—**馬** [コ][名]競馬で、優勝候補のうまとはりあう力をもっているうま。

たい-こう [0]【退行】[名][自サ]❶うしろにさがること。もとにもどること。❷銀行員が勤務を終えて銀行を出ること。また、退職すること。❸発達や進化がとまって、それ以前の年齢に戻ったような状態を示すこと。「—現象」❹惑星が、天球上をふつうと逆に移行する現象。逆行運動。

たい-こう [0]【退校】[名][自サ]卒業する前に学校をやめること。また、やめさせられること。退学。

だい-こう [ダ]【×乃公】[名]〔文章語〕自分のことをいばって言うことば。おれ。わがはい。—**▲出でずんば** このおれが出なければ問題は解決しない、といばるようす。

だい-こう [0]【代行】[名][他サ]ある職務を本人にかわって行うこと。また、その人。「職務を—する」「学長—」

だい-こう [0]【代講】[名][自他サ]本人にかわって講義・講演をすること。また、その人。

だい-ごう [0]【大剛】[名]〔文章語〕すぐれて強いこと。また、その人。

だい-ごう [0]【大豪】[名]〔文章語〕すぐれた豪傑。

だい-ごう [ゴ]【題号】[名]書物などの題名。

たいこう-しょく [コ]【退紅色】【×褪紅色】[名]〔文章語〕うすあかいろ。淡紅色。

たい-こうたいごう [タ2]【太皇太后】[名]先々代の天皇の皇后。

たいこう-てんのう [ノ]【大行天皇】[名]なくなって、まだ、おくり名のないあいだの天皇。

たいこう-ぼう [コ]【太公望】[名]❶文王・武王につかえた兵法家、呂尚のこと。❷つりをする人。[参考]古代中国で、周の呂尚が文王につかえる前、悠々とつりをたのしんでいたことから。

たい-こく [0]【大国】[名]強くて大きな国。↕小国。

たい-ごく [0]【大獄】[名]〔文章語〕重大な犯罪で、多数の人がとらえられること。「安政の—」

だい-こく [0]【大黒】[名]❶大黒天。❷僧の妻。—**頭巾** [ズ][名]まわりがふくれている、丸い低いずきん。[冬] —**柱** [バ][名]❶日本の民家で、その家の支えとなる太い柱。❷一家・一国をささえる中心人物。

だいこく-てん《大黒天》七福神の一つ。福徳の神。大黒ずきんをかぶり、米俵に乗り、右手に打ち出の小づち、左肩に大きな袋をかつぐ。⇩七福神(図)。

だいごく-でん《大極殿》大内裏の朝堂院の北部中央にあった正殿。天皇が政務をとり、儀式が行われた。

だいご-み [ゴ]【だいご味】【×醍×醐味】[名]〔「醍醐」は牛乳・羊乳からつくった美味な液〕❶如来の最上の真実の教え。❷物事の真の妙味・あじわい。

だいご-れつ [ダ=ゴ]【第五列】[名]敵の軍隊や敵国内にはいりこむスパイ。また、その組織。[参考]スペイン内乱のとき、四個部隊を率いたフランコ軍の将軍が、敵中に、味方に呼応するもう一部隊がいると言ったことから。

だい-こん [0]【大根】[名]❶アブラナ科の一年生または二年生植物。葉・根ともに食用。すずしろともいい、春の七草の一つ。[冬] ❷大根役者。—**下ろし** [オ][名]大根をおろすおろしがね。また、大根をおろした食べ物。—**役者** [ヤ][名]演技のまずい役者をけいべつしていう語。だいこん。

たい-さ [0]【大佐】[名]もと軍隊で、佐官のいちばん上の位。↕中佐・少佐。

たい-さ [タ]【大差】[名]大きなちがい。「—はない」↕小差。

たい-ざ [0]【対座】【対×坐】[名][自サ]向かいあってすわること。↕鼎坐。

たい-ざ [0]【退座】[名][自サ]❶座席を去ること。退席。❷劇団をやめること。退団。

だい-ざ [0]【台座】[名]❶物をのせておく台。❷仏像の台。

たい-さい [0]【大才】[名]〔文章語〕すぐれた才能・器量。また、その持ち主。

たい-さい [0]【大祭】[名]❶さかんな祭典。おおまつり。❷天皇みずから行う皇室のまつり。

たい-ざい [0]【大罪】[名]大きなつみ。だいざい。「—をおかす」

たい-ざい〔0〕【滞在】名自サ よそに長くとどまっていること。逗留。「―期間」

だい-ざい〔0〕【題材】名 芸術作品や学問研究の主題となる材料。「創作の―」

たい-さく〔0〕【大作】名 ❶大きな作品。❷すぐれた作品。傑作。

たい-さく〔0〕【対策】名 相手や事件に応ずる手段・方法。「台風への―を講ずる」

だい-さく〔0〕【代作】名他サ 本人にかわってつくること。また、その作品。

たい-さつ〔0〕【大冊】名 大きく、ぶあつい書物。↔小冊。

たい-さん〔0〕【耐酸】造 酸類におかされにくいこと。「―性」

たい-さん〔0〕【退散】名自サ ❶あつまっている人が、散ること。❷逃げ去ること。「悪魔が―する」

たい-ざん〔タ〕【大山】名 大きなやま。**―鳴動して×鼠一匹** まえぶれのさわぎだけが大きくて、実際の結果はきわめて小さいことのたとえ。

たい-ざん〔タ〕【泰山】名 ❶中国山東省にある名山。❷高くて大きなやま。**―の安きに置く** 物事をどっしりと安定させる。

だい-さん〔ダ〕【第三】名 ❶三番め。三つめ。❷両方以外のもの。「―の立場」 **―階級**〔カ〕名 西洋の封建社会で、貴族・聖職者の特権階級に対して、ブルジョアなどの平民階級のよび名。 **―紀**〔ダ=サ〕名 地質時代の新生代が始まった六五〇〇万年前から一八〇万年前までの時期。 **―国**〔ダ=サ〕名 直接そのことに関係していない国。 **―次産業**〔サ2〕名 商業・運輸・通信・金融・自由業など、第一次・第二次産業以外のすべての産業の総称。 **―者**〔ダ=サ〕名 直接そのことに関係していない人。↔当事者。 **―者委員会**〔ダ=イ3〕名 官公庁や企業などで不祥事が発覚した際、その対処のために公正・中立な第三者によって構成される組織。第三者機関。 **―勢力**〔セ〕名 直接そのことに関係していない人、または、国の勢力。 **―世界**〔セ〕名 先進諸国に対する、アジア・アフリカ・ラテンアメリカの発展途上国。 **―セクター**〔セ〕名 〔「セクター sector」は分野の意〕国や地方公共団体と民間企業とが共同出資して設立する事業体。 **―帝国**〔テ〕名 ナチス統治下のドイツの別称。 **―人称**〔ニ〕名 話し手・聞き手以外の人・ものを示す代名詞。三人称。他称。「あれ・かれ」など。 **―の火** 原子核反応による熱のこと。石炭・石油の発見、電気について三番目に発見された熱源の意。

だい-さん〔0〕【代参】名自サ 本人にかわって神仏へまいること。また、その人。

たいさん-ぼく〔サ〕【泰山木】名 モクレン科の常緑高木。葉は革質で、大きな長円形。初夏、大形・白色の、においのよい花が咲く。北アメリカ原産。花は㊦

たい-し〔タ〕【大旨】名〔文章語〕だいたいのおもむき。大意。

たい-し〔タ〕【大志】名 大きなこころざし。遠大な志望。「少年よ―を抱け」

たい-し〔タ〕【大使】名 「特命全権大使」の略。**―館**〔シ〕名 特命全権大使が、その駐在国で事務をとる所。

たい-し〔タ〕【太子】名 ❶皇太子。❷聖徳太子。**―堂**〔0〕名 聖徳太子の像をまつってある堂。

たい-じ〔タ〕【胎児】名 母胎内でそだっている子ども。

たい-じ〔タ〕【対×峙】名自サ〔文章語〕〔「峙」は、きちんと立つの意〕向かいあって立つこと。にらみあっていること。「両軍が川をはさんで―する」

たい-じ〔タ/0〕【退治】名他サ 害をなすものをほろぼしたり、とりのぞいたりすること。「賊を―する」「ねずみ―」

だい-し〔ダ〕【大姉】名 女性の戒名にそえる語。↔居士。

だい-し〔ダ〕【大師】名 ❶もと、朝廷から高僧に死後たまわったおくり名。❷弘法大師。

だい-し〔0〕【台紙】名 写真・絵などをはりつける厚いかみ。

だい-し〔0〕【台詞】名 しばいで役者が使うことば。せりふ。

だい-し〔0〕【題詞】名 題辞。

だい-し〔0〕【題詩】名 ❶ある題によってつくった詩。❷書物の巻頭にかかげる詩。

だい-じ〔0〕【大字】名 ❶普通の大きさの仮名文字。「ゆ・ッ」などに対していう。↔小字。❷領収書などで、書き直しをふせぐために使う漢数字。「壱・弐・参」など。

だい-じ〔ジ/ダ〕【大事】㊀名 ❶大きな事業。「―をなす」❷重大なこと。↔小事。❸たいへんなこと。ひじょうに困ること。「―にいたる」㊁形動 ❶こわしたり、きずつけたりしないように気をつけるようす。「―にあつかう」❷重要であるようす。「―な書類」❸(「お大事に」の形で)相手が自身の体調を気づかうことを望む意味をあらわす。「お―にお過ごしください」参考 ㊁の意で、「大事な」の形になるときは〔0〕。**―無い**〔ダ=ナ〕形 さしつかえない。心配ない。参考 古めかしい言い方。**―の前の小事** ❶大事にとりかかるときは、小事にもゆだんをするな。❷大事にとりかかるときは、小事はすてておいてもよい。**―を取る** 用心して事にあたる。

だい-じ〔ダ〕【大慈】名 仏の広大な慈愛。**―大悲**〔ダ2〕名 仏、特に、観世音菩薩の広大な慈悲。

だい-じ〔0〕【題字】名 ❶図画・画幅・石碑などの上部にしるす文字。❷書物の初めに書く文字。

だい-じ〔0〕【題辞】名 ❶書物の巻頭に書くことば。題詞。題言。❷画幅や石碑などの上部に書くことば。

たいし-いちばん〔ダ=チ〕【大死一番】副 一度死んだつもりになって、奮起するようす。

ダイジェスト〔ダ〕〈digest〉名他サ ある著作物の内容を要約すること。また、要約したもの。「名作の―」

だいし-き〔ダ=シ〕【第四紀】名 ⬇だいよんき。

だいし-きょう〔シ〕【大司教】名 ローマカトリック教会で、司教の上位にある僧職。

だい-じしん〔ジ〕【大地震】名 マグニチュード7以上の大規模な地震。⇩おおじしん 参考。

だい-しぜん〔シ〕【大自然】名 大きな、はかり知れない自然。自然をたたえた語。

たい-した〔タ1〕【大した】連体 ❶それほどの。「―ことはない」参考 下に打ち消しの語がくる。❷すばらしい。感心すべき。「―ものだ」❸多数の。「―量の消失」

たい-しつ〔0〕【体質】名 ❶からだのたち。「ひよわな―」「アレルギー―」❷組織や機関にしみついた変わりにくい性質。「―改善」

たい-しつ〔0〕【耐湿】名 湿気に耐えて、変化しないこと。

たい-しつ〔0〕【対質】名自サ 裁判で証人を尋問するとき、被告人や他の証人などと対決させていろいろたずねること。

たい-しつ〔0〕【退室】名自サ 用事を済ませて部屋から出ること。↔入室。

だい-しっこう〔シ〕【代執行】名 行政上の強制執行の手段の一つ。法律上の義務が履行されないとき、行政庁がこれを行い、その費用を義務者から徴収すること。

たい-して〔タ〕【大して】副 それほどでないさま。「―おどろかない」参考 下に打ち消しの語がくる。

たい-しぼう〔シ〕【体脂肪】名 動物の体内にたくわえられている脂肪。**―率**〔ボ〕名 全体重に占める脂肪量の割合。

たい-しゃ タ【大社】名 ❶名高い神社。❷もとの官幣大社・国幣大社。❸「出雲大社」の略。**―造り** ヅ 名 神社建築で、もっとも古い様式。形は方形で、切妻造り。出雲大社本殿はその一つ。参考 表記は「大社造」でもよい。

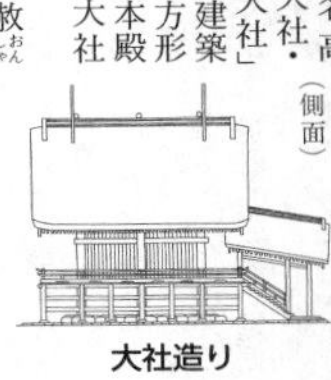

大社造り

たい-しゃ タ【大赦】名 恩赦の一つ。国家に祝い事などがあったとき、ある種類の犯罪について、有罪判決を失効させ、判決前のものは免訴とすること。

たい-しゃ ０【代×赭】名 ❶赤鉄鉱のこなからつくった絵の具。❷茶色をおびただいだい色。赤土色。たいしゃいろ。

たい-しゃ タ【対者】名〔文章語〕向かいあっている相手。

たい-しゃ タ/０【代謝】名 自サ 〔「謝」はしりぞくの意〕新旧が入れかわること。「新陳―」**―機能** キ 名 細胞の中の原形質が、老廃物を外に出して栄養をとりいれるはたらき。

たい-しゃ ０【退社】名 自サ ❶会社から退出すること。「定時―」↔出社。❷会社の勤めをやめること。↔入社。

だい-しゃ ０【代車】名 自動車の修理や車検の間に、代わりに使う車。

だい-しゃ ０【台車】名 大きな重い物を運ぶための手押し車。

だい-じゃ タ【大蛇】名 大きなへび。おろち。うわばみ。

たい-しゃく タ【貸借】名 他サ ❶貸すことと、借りること。かしかり。❷簿記の貸し方と借り方、また、そのしわけ。**―対照表** タ 名 一定時点での、その企業の財政状態をあらわすため、資産と負債などをくらべあわせた表。バランスシート。

たいしゃく-てん《帝釈天》仏教をまもる神で、十二天の一つ。

だい-しゃりん シャ【大車輪】名 ❶器械体操の一種。鉄棒に、両手でつかまりからだを伸ばしたまま大きく回転するわざ。❷何かをいっしょうけんめいにすること。

たい-しゅ タ【太守】名 ❶一国以上をもった大名。❷昔の中国で、郡の長官。

たい-しゅ ０【大酒】名 自サ 酒を多量に飲むこと。おおざけ。

たい-じゅ タ【大儒】名〔文章語〕すぐれた儒学者。大学者。

たい-じゅ タ【大樹】名 大きな木。大木。「寄らば―のかげ」

だい-しゅ タ【大衆】名〔仏〕おおぜいの僧侶。

たい-しゅう ０【大衆】名 社会を構成する多数のふつうの人々。特に、勤労者階級の人々。「―酒場」⇩庶民・民衆 参考。**―化** ０ 名 自他サ 民衆のこのみや経済力に適合するようになること。また、すること。**―性** ０ 名 一般の人々に親しみやすい性質。**―団交** タ 名〔「大衆団体交渉」の略〕要求する側が幹部だけでなく、多数が参加して行われる団体交渉。**―的** ０ 形動 民衆に受け入れられるようす。「―な小説」**―文学** ブ 名 大衆のよろこぶような、通俗的な文学。↔純文学。

たい-しゅう ０【体臭】名 からだのにおい。

たいしゅう《対州》⬇つしま(対馬)。

たい-じゅう ０【体重】名 からだのおもさ。

たい-しゅつ ０【退出】名 自サ しりぞき出ること。その場からさがること。「議場から―する」

たい-しゅつ ０【帯出】名 他サ からだにつけて持ち出すこと。「図書の―を許す」「禁―」

たい-しょ タ【大所】名 全体をひろく見とおせる立場。「―高所」「―から見る」

たい-しょ タ【大暑】名 ❶〔文章語〕きびしい暑さ。極暑。❷二十四節気の一つ。七月二十三日ごろ。夏 ↔小暑。⇩二十四節気(表)。

たい-しょ タ【太初】名〔文章語〕天地のはじめ。太始。

たい-しょ タ【対処】名 自サ 物事に対して、適切な処置をすること。「難局に―する」

たい-しょ ０【退所】名 自サ ❶研究所・事務所などの勤めをやめること。↔入所。❷研究所・事務所などの勤務が終わって帰ること。↔出所。❸療養所など、「所」と名のつく施設から退去すること。

たい-しょ タ【大書】名 他サ ❶大きな文字で書くこと。❷文章の内容を強調すること。「特筆―」

だい-しょ ０【代書】㊀名 他サ 本人にかわって書くこと。代筆。㊁名 代書人。**―人** ０ 名 ❶代書をする人。❷行政書士・司法書士のふるい呼び方。

だい-じょ タ【大序】名 時代物浄瑠璃の最初の部分。特に、「仮名手本忠臣蔵」の一段目のこと。

たい-しょう タ【大将】名 ❶㋐近衛府の長官。㋑全軍の指揮者。将軍。㋒もと軍隊で、最高級の武官。「陸軍―」↔中将・少将。㋓かしら。長。❷〔俗語〕人をからかったり、したしんだりして呼ぶ語。

たい-しょう ０【大詔】名〔文章語〕天皇のみことのり。

たい-しょう ０【大賞】名 いちばんすぐれたものにあたえられる賞。「カンヌ映画祭―」

たい-しょう ０【対症】名 症状に応じて処置をすること。**―療法** リョ 名 あらわれた症状を一時的に軽くするための治療法。熱を下げるための解熱剤の使用など。

たい-しょう ０【対称】名 ❶つりあうこと。「左右―」❷二つの点・線・図形などが、完全に向かいあう位置にあること。シンメトリー。❸第二人称。↔自称・他称。

たい-しょう ０【対象】名 ❶〔哲〕主観や意識に対立し、欲求・認識の目的物として存在するもの。客観。❷目標・目的となるもの。**―語** ０ 名 文法で、「水が飲みたい」「母が恋しい」の「水」や「母」のように、主体の感情や知覚を呼びおこすきっかけになるものをあらわす語。

たい-しょう ０【隊商】名 さばくなどで、隊を組んで旅する商人の集団。キャラバン。

たい-しょう ０【大笑】名 自サ おおいにわらうこと。大わらい。「呵呵―」

たい-しょう ０【大勝】【大×捷】名 自サ おおいに勝つこと。非常な勝利。大勝利。↔辛勝・大敗。

たい-しょう ０【対照】㊀名 他サ くらべあわせること。コントラスト。「訳文を原文と―する」㊁名 とりあわせ。「おもしろい―をなしている」**―的** ０ 形動 対立してきわだっているようす。

たい-じょう ０【退場】名 自サ ❶その場所から去ること。↔入場。❷舞台などからたち去ること。↔登場。

だい-しょう タ【大小】名 ❶大きいことと、小さいこと。大きいものと、小さいもの。❷大刀と小刀。

だい-しょう ０【代将】名 アメリカなどで、少将と大佐の間の将校の階級。准将。

だい-しょう ０【代償】名 ❶与えた損害のつぐない。❷欲求がみたされないとき、それをほかのことでうめあわせようとすること。「―行動」❸あることの実現のために必要な犠牲や損害。「大きな―をはらって勝利を得る」

だい-じょう ０【大乗】名 大乗仏教。↔小乗。**―的** ０ 形動 目先の利益や私情にとらわれず、大きなひろい立場から物事を見るようす。**―仏教** [ブ] [名] 自分の悟りだけを修行の目的とするのでなく、広く衆生の救済と利他の行いを説く仏教。↕小乗仏教。

だいじょう-かん [ジョ]【▲太政官】[名] ⬇だじょうかん。

たいしょう-ごと [ゴ/ジョ]【大正琴】[名] 大正時代につくられた弦楽器。鍵盤をおさえながら、金属の弦をつめではじくもの。弦は当初二本、現在は五、六本が一般的。

だいじょう-さい [ジョ]【大×嘗祭】[名] 天皇即位礼の後、その年の新穀で、天照大神および天地の神々をまつるまつり。[冬]

だいじょう-だいじん [ダ]2【▲太政大臣】[名] ⬇だじょうだいじん。

だいじょう-だん [ジョ]【大上段】[名] ❶剣道で、刀を頭の上高くかざすかまえ。「―にふりかぶる」 ❷相手を威圧するような態度。「―の発言」

だいじょう-てんのう [ノ]【▲太上天皇】[名] ⬇だじょうてんのう。

だい-じょうふ [ジョ]【大丈夫】[名]〔文章語〕(「だいじょうぶ」と読めば別語) りっぱな男子。

だい-じょうぶ [ジョ]【大丈夫】[形動] ダロ-ダッ・デ・ニ／ダ-ナ-ナラ-○ ❶(「だいじょうふ」と読めば別語) 強くてあぶなげがないようす。「このひもなら―だ」 ❷確かで、まちがいがないようす。「―まにあう」

だい-しょう-べん [ショ/ベ]【大小便】[名] 大便と小便。

たいじょう-ほうしん [ホ]【帯状×疱×疹】[名] ヘルペスウイルスによる感染症の一つ。小さな水疱が神経に沿って帯状にでき、痛みをともなう。

だい-じょうみゃく [ジョ]【大静脈】[名] 身体各部から心臓の右心房へもどる血液が最後に通る、太い静脈。↕大動脈。

たい-しょく [0]【耐食】[名] くさったり、むしばまれたりしにくいこと。「―性」

たい-しょく [0]【大食】[名] [自サ] たくさんたべること。おおぐい。↕小食。**―漢** [ク] [名] おおぐいの男。

たい-しょく [0]【退色】【×褪色】[名] [自サ] 色がさめること。「日光で―する」

たい-しょく [0]【退職】[名] [自サ] つとめていた職をやめること。離職。↕就職。**―年金** [ネ] [名] 退職したのち、定期的にあたえられる一定額のかね。

たい-しょっかん [ショ]【大織冠】[名] ❶昔、臣下にさずけられた最高の冠位。❷(臣下で、はじめて大織冠をさずけられたことから) 藤原鎌足のこと。

たいしょ-てき [0]【対×蹠的】[形動] ダロ-ダッ・デ・ニ／ダ-ナ-ナラ-○ (「たいせきてき」の慣用読み) ある事に、正反対であるようす。

だい-じり [0]【台尻】[名] 小銃の銃床の下部で、はばのひろい部分。

たい・じる [ジ]【退治る】[他上一] ジ-ジ-ジル-ジル-ジレ-ジロ・ジヨ うちほろぼす。退治する。[参考]「退治」を動詞のように活用させた語。

たい-しん [0]【大身】[名] 高位高官の人。地位の高い、金持ちの人。↕小身。

たい-しん [0]【耐震】[名] 大きな地震にも耐えて、こわれたりたおれたりしないこと。「―性」 **―建築** [ケ] [名] 地震に耐えるようにした建築。

たい-しん [0]【対審】[名] [他サ] 原告・被告を法廷にたちあわせて弁論をさせて審理すること。

たい-じん [0]【大人】[名] ❶からだの大きい人。巨人。❷おとな。成人。だいにん。↕小人。❸〔文章語〕徳の高いりっぱな人。↕小人。❹〔文章語〕官位の高い人。❺〔文章語〕師匠。学者。うし。❻〔文章語〕父や他の男性をよぶ尊敬語。

たい-じん [0]【対人】[名] 人に対すること。「―関係」

たい-じん [0]【対陣】[名] [自サ] 敵に向かって陣どること。

たい-じん [0]【退陣】[名] [自サ] ❶軍隊をまとめて、しりぞくこと。❷重要な地位からしりぞくこと。「会長の―」

たい-じん [0]【滞陣】[名] [自サ]〔文章語〕一か所にとどまって陣をとること。

だい-しん [0]【代診】[名] [他サ] 主任や担当の医師にかわって、診療すること。また、その人。

だい-じん [ダ]【大尽】[名] ❶大金持ち。資産家。❷遊郭で大金を使う客。**―風を吹かす** 金持ちらしくふるまっていばり、大金を惜しげもなく使う。

だい-じん [ダ]【大臣】[名] ❶内閣を構成する内閣総理大臣と各省大臣。❷〔古語〕太政官の長官。おとど。太政大臣・左大臣・右大臣・内大臣など。**―政務官** [ダ]=[ム] [名] 大臣を助け、特定の政策・企画に参加し、政務を処理する特別職の国家公務員。普通は、与党の国会議員から任命される。政務官。

だいしん-いん [シ]【大審院】[名] 明治憲法下の最高の司法裁判所。いまの最高裁判所にあたる。たいしんいん。

だい-じんぐう [グ]【大神宮】[名] ❶伊勢の皇大神宮。内宮。❷皇大神宮と豊受大神宮。内宮と外宮。

だい-しんさい [シ]【大震災】[名] 大きな地震による災害。関東大震災・阪神淡路大震災・東日本大震災など。

だい-じんぶつ [ジ]【大人物】[名] 度量や徳のすぐれている人。↕小人物。

だい-す [0]【台子】[名] 茶の湯で、茶の道具をのせる四本柱のたな。

ダイス [ダ]〈dice〉[名] さいころ。さいころ遊び。

ダイス [ダ]〈dies〉[名] ❶雌ねじの一部を刃として、丸棒の表面に雄ねじをきざむ工具。❷金属のプレス加工などに使うくぼんだ型金。

だい-ず [0]【大豆】[名] マメ科の一年生植物。種子はたんぱく質に富み、食用のほか、とうふ・みそ・しょうゆなどの原料。また、油をとる。

たい-すい [0]【耐水】[名] 水にぬれても変質しないこと。

たい-すい [0]【大酔】[名] [自サ] ひどく酒にようこと。

たい-すう [ス]【大数】㊀[名] ❶大きなかず。❷あらましの数。㊁[副] あらまし。およそ。

たい-すう [ス]【対数】[名]〘数〙a の x 乗が y であるとき、x は、a を底とする y の対数という。

だい-すう [ス]【代数】[名] 代数学。**―学** [ス] [名] 数のかわりに a・x・n などの文字を記号として使い、方程式を用いて数の性質や関係を研究する数学の一分野。

だい-すう [ス]【台数】[名] 車などのかず。「自動車の生産―」

だい-すき [ダ]【大好き】[形動] ダロ-ダッ・デ・ニ／ダ-ナ-ナラ-○ とても好きなようす。「―な食べ物」↕大嫌い。

タイ-スコア [コ]〈tie score〉[名] 競技などで、両軍の得点が同じであること。同点。

たい・する [ス]【対する】[自サ] シ・セ・サ-シ-スル-スル-スレ-シロ・セヨ ❶向かいあう。❷相手になって接する。「客に―」 ❸対抗する。「わがチームに―相手」 ❹(連体形か「…に対して」の形で)…を対象とする。…に向けて。「質問に―答弁」「質問に対して答える」 **たい・す** [文語サ変]

たい・する [ス]【体する】[他サ] シ・セ・サ-シ-スル-スル-スレ-シロ・セヨ〔文章語〕心にとめて、守る。「師の教えを―」 **たい・す** [文語サ変]

たい・する [ス]【帯する】[他サ] シ・セ・サ-シ-スル-スル-スレ-シロ・セヨ〔文章語〕おびる。身につける。「大小を腰に―」 **たい・す** [文語サ変]

だい・する [ス]【題する】[他サ] シ・セ・サ-シ-スル-スル-スレ-シロ・セヨ ❶表題を書く。❷題をつける。「『自画像』と―絵」 ❸題字・題辞を

書く。だい・す[文語サ変]

たい-せい◎【大声】名[文章語]大きなこえ。ー**疾呼**（しっこ）[シ]名自サ[文章語]大声であわただしく呼ぶこと。

たい-せい◎【大政】名[文章語]❶国の政治。❷天皇が行う政治。ー**奉還**（ほうかん）◎名一八六七年、江戸幕府第十五代将軍徳川慶喜（よしのぶ）が、政権を朝廷に返したこと。

たい-せい◎【大勢】名〔「おおぜい」「たいぜい」と読めば別語〕❶全体からとらえた状況。「ーが決する」❷世の中のなりゆき。傾向。「ーに従う」

たい-せい◎【大聖】名[文章語]たいそう徳の高い聖人。

たい-せい◎【体制】名❶物事がしっかりした構造をもって安定している状態。組織。システム。「ーを固める」❷社会が、ある考え方や仕組みによってまとまっている状態。「資本主義ー」❸生物体の各部分がそれぞれの働きをしながら、全体として統一を保っている状態。

たい-せい◎【体勢】名からだのかまえ。姿勢。「ーをたてなおす」

たい-せい◎【耐性】名細菌や生物が環境の変化や薬品などに対して抵抗する力。ー**菌**（きん）◎名細菌をころす薬品に対して抵抗力をもつようになった細菌。「ー症」

たい-せい◎【胎生】名子が母胎内で、ある程度発育し、個体としてうまれ出ること。哺乳（ほにゅう）類にみられる。↔卵生。

たい-せい◎【退勢】【×頽勢】名[文章語]おとろえたいきおい。「ーを盛り返す」

たい-せい◎【泰西】名[文章語]西洋。「ーの名画」[参考]「泰」は中国の高山。

たい-せい◎【態勢】名物事に対する身がまえ。準備された状態。「戦闘ー」「ーをととのえる」

たい-せい◎【対生】名自サ植物の葉が、節ごとに二枚ずつ向かいあって出ること。↔互生・輪生。

たい-せい◎【大成】㊀名他サ❶完全にしあげること。❷いろいろあつめて、一つにまとめあげること。「近代医学のー者」「源氏物語諸註ー」㊁名自サ学問・人物などが、りっぱにできあがること。

たい-ぜい◎/[ゼ]【大勢】名〔「たいせい」と読めば別語〕多くの人数。おおぜい。↔小勢。

たいせい-よう《大西洋》ヨーロッパ・アフリカ・南北アメリカの間にある大きな海。[参考]「太西洋」と書くのはあやまり。

たい-せき[タ]【体積】名立体が占めている空間の大きさ。

たい-せき◎【堆石】名❶高く積まれた石。❷氷河によってはこばれて、ある場所に積もった石など。氷堆石（ひょうたいせき）。モレーン。

たい-せき◎【退席】名自サ席を立って、会合などの場からはなれること。↔着席。

たい-せき◎【滞積】名自サ貨物・仕事などが、うまくさばけず、たまること。

たい-せき◎【堆積】名自他サうずたかく積もること、また、積むこと。ー**岩**（がん）[キ]名石・砂・粘土・火山灰などが水中または陸上に沈殿・堆積してできた岩石。

たいせき-てき◎【対×蹠的】形動 ダロ・ダッ・デ・ニ ダ・ナ・ナラ・◎ ➡たいしょてき。

たい-せつ◎【大雪】名[文章語]❶おおゆき。↔小雪（しょうせつ）。❷二十四節気の一つ。十二月七日ごろ。(冬) ⇩二十四節気(表)。

たい-せつ◎【大節】名[文章語]大きな節操。大義。

たい-せつ◎【大切】形動 ダロ・ダッ・デ・ニ ダ・ナ・ナラ・◎ ❶重要であるようす。貴重。「ーな宝物」❷必要であるようす。肝要。「注意がーだ」❸そまつにしないようす。丁重。「ーに保存する」❹(「お大切に」の形で)相手が自身の体調を気づかうことを望む意味をあらわす。「御身（おんみ）おーに」

たい-せん◎【対潜】造水中の潜水艦に対抗すること。「ー兵器」ー**×哨戒機**（しょうかいき）[カ]名潜水艦を探知し、攻撃するための飛行機。

たい-せん◎【大戦】名大きな戦争。「世界ー」

たい-せん◎【対戦】名自サ相対してたたかうこと。

たい-ぜん◎【大全】名[文章語]あることについて、もれなくあつめた書物。大鑑。「料理法ー」

たい-ぜん◎【泰然】(と)副 たる連体 おちついて、物事に動じないようす。「ーと構える」ー**自若**（じじゃく）◎形動 たる連体 物事に動じず、平常心のままでいるようす。

だい-せん◎【題×簽】名書物の表紙に、題名をしるしてはりつける紙や布。

だいせん-きょく[キョ]【大選挙区】名一つの区から議員を二名以上えらび出す選挙区。↔小選挙区。

だいぜん-しき[ゼ]【大膳▲職】名律令制で、宮内省に属し、宮廷の食事などをつかさどった役所。だいぜんしょく。

だいせん-せかい[セ2]【大千世界】名[仏]全世界。全宇宙。

だい-ぜんてい[ゼ]【大前提】名❶三段論法で三個の前提のうち、大概念を有する前提。↔小前提。❷物事のおおもととなる前提。

たい-そ[タ]【太祖】名中国の各王朝の初代の帝王。

たい-そう◎【大宗】名[文章語]物事のおおもと。その世界で中心となる存在。

たい-そう◎【大喪】名天皇が、大行（たいこう）天皇・太皇太后・皇太后・皇后の喪（も）に服すること。

たい-そう◎【大葬】名天皇・皇后・太皇太后・皇太后の葬儀。

たい-そう◎【太宗】名中国の各王朝で、その偉業が太祖につぐ帝王。「太祖ー」

たい-そう◎【体操】名❶徒手、または器械・器具を使ってする、規則正しい手足・全身の運動。❷学校の教科で、「体育」のふるい呼び方。

たい-そう[タ]【大層】㊀形動 ふつうより上回っているようす。「盛り場はーな人出だった」㊁副かなりの程度であるようす。「父もー年をとりました」「きょうはーしのぎやすい一日でした」⇩大変[参考]。ー**らしい**[シ]形おおげさだ。もったいぶっている。「ー口をきくな」

たい-ぞう◎【退蔵】名他サ[文章語]利用せずに、しまいこむこと。「ー物資」

だい-そう◎【代走】名野球で、ある走者にかわってはしること。また、その人。ピンチランナー。

だいぞう-きょう◎【大蔵経】名仏教の経典の一切をおさめたもの。一切経（いっさいきょう）。

だい-そうじょう[ソ]【大僧正】名僧官の最高位。

たい-そく◎【体側】名[文章語]からだの側面。

たい-そく◎【大息】名自サ[文章語]大きなため息をつくこと。

だい-そつ◎【大卒】名大学を卒業したこと。また、その卒業者。

だい-それた[ソ]【大それた】連体道にはずれた。「ー野心」

たい-だ[タ]【怠惰】名形動なまけ、おこたること。

だい-だ[ダ1]/◎【代打】名野球で、ある打者にかわって打つこと。また、その人。ピンチヒッター。

だい-たい[タ]/◎【大体】㊀名大部分のこと。あらまし。「話のーはわかった」㊁副❶たしかではないが、たぶんそうだという気持ちをあらわす。およそ。おおかた。「工事の完成は―二年先になるだろう」「通勤に―三十分かかる」❷いったい。そもそも。「―きみはいくじがない」
だい-たい [0]【大隊】[名] もと軍隊で、二～四個中隊で編制した部隊。↕分隊・小隊・中隊。
だい-たい [0]【大×腿】[名] 脚の付け根からひざまでの部分。ふともも。もも。「―部」 **―骨**(こつ) [タ][名] ふとももの ほね。⇩骨格(図)。
だい-たい [0]【代替】[名][他サ] 他の物で代用すること。だいがえ。「―品」
だい-だい [ダ]2【×橙】[名] ミカン科の常緑小高木。秋から冬にかけてなる実(み)は正月のかざりに使う。すっぱいしるは調味料。[冬] **―色**(いろ) [0][名] 赤みをおびた黄色。オレンジ色。
だい-だい [ダ]1【代代】[名][副] 歴代。どの代もどの代も。よよ。「―農業の家」
だいだい-かぐら [カ]【▲太▲太神楽】[名] 伊勢(いせ)神宮に奉納するかぐら。だいかぐら。
たいだい・し【怠怠し】[形シク]〔古語〕もってのほかだ。けしからぬことだ。「いとたいだいしきわざなりと」〈源氏〉
だいだい-てき [0]【大大的】[形動] ダロ―ダッ・デ・ニ/ダ―ナ―ナラ―○ 大じかけなようす。大規模なようす。「―に宣伝する」
だいだい-ひょう [ダ]2【大代表】[名] 十一回線以上の電話がある場合に、それらを代表する電話番号。
だい-だいり [ダ]2【大内裏】[名] 平城京・平安京で、皇居を中心とする官庁のあった地域。
だい-たすう [タ]/[ス]【大多数】[名] 全部に近い数。
たい-だん [0]【対談】[名][自サ] 向かいあって話をしあうこと。また、その話。↕独話。
たい-だん [0]【退団】[名][自サ] 団体からぬけること。↕入団。
だい-たん [タ]【大胆】[形動] ダロ―ダッ・デ・ニ/ダ―ナ―ナラ―○ ものにおそれず、度胸のすわっているようす。「―なふるまい」↕小胆。 **―不敵**(ふてき) [タ][形動] きもが大きく、事にのぞんでびくともしないようす。
だい-だんえん [ダ]2【大団円】[名] ❶小説・演劇・事件などの、めでたくおさまる最後の場面。❷終わり。終局。
たい-ち [0]【対地】[名] 空中から地上に、または海上から陸地に対すること。「―攻撃」↕対空。
たい-ち [タ]【対置】[名][他サ] 相対する位置におくこと。
だい-ち [ダ]【大地】[名] 地球の表面の広大な土地。
だい-ち [ダ]【大知】【大×智】[名]〔文章語〕たいそうすぐれたちえ。↕小知。
だい-ち [0]【代地】[名] かわりの土地。かえ地。
だい-ち [0]/[ダ]【台地】[名] 周囲より一段と高くなっているたいらな土地。
だい-ち [0]【代置】[名][他サ]〔文章語〕かわりに置くこと。
たい-ちゃ [0]【×鯛茶】―(たひ) [名] たいのさしみを飯にのせ、しょうゆ・薬味をそえ、熱い茶をかけた食べ物。たい茶づけ。
たい-ちょ [タ]【大著】[名] 分量も多く、内容もりっぱな著述。
たい-ちょう [0]【体長】[名] 動物のからだの長さ。
たい-ちょう [0]【体調】[名] からだの調子。「―をくずす」
たい-ちょう [0]【退潮】[名]〔文章語〕❶しおがひくこと。ひきしお。❷勢力がおとろえること。「景気の―」
たい-ちょう [0]【隊長】[名] 隊の統率者。
たい-ちょう [0]【退庁】[名][自サ] 役所から退出すること。「―時間」↕登庁。
だい-ちょう [ダ]/[0]【大腸】[名] 消化器官の一つで、小腸と肛門(こうもん)との間の部分。 **―カタル** [カ][名] 大腸の粘膜の炎症。下腹部がいたみ、下痢(げり)をする。 **―菌**(きん) [0][名] 腸内、特に、大腸内にいる細菌。病原となることがある。
だい-ちょう [ダ]【台帳】[名] ❶売買や事務上の記録のもとになる帳面。原簿。元帳(もとちょう)。❷しばいの脚本。台本。
たいちょう-かく [チョ]【対頂角】[名] 二直線がまじわって出来る四つの角のうち、向かいあった二つの角。

対頂角

タイツ [タ]〈tights〉[名] ❶腰から足先までぴったり包む衣服。「バレエの―」❷パンティーストッキング。
だい-つう [ツ]【大通】[名] 遊びの道にくわしく通じていること。また、その人。
たい-てい [0]【大帝】[名] すぐれた帝王。「明治―」
たい-てい [0]【退廷】[名][自サ] 朝廷・法廷から退出すること。↕入廷・出廷。
たい-てい [0]【大抵】[副][形動(の)] ❶おおかた。一般。❷ひととおり。ふつう。「―の苦労ではない」[参考]下に打ち消しの語がくる。❸おそらく。たぶん。「―晴れるだろう」
たい-てき [0]【大敵】[名] ↕小敵。❶多くの敵。❷強い敵。
たい-てき [0]【対敵】[名] 敵軍と相対すること。
たい-てん [0]【大典】[名]〔文章語〕❶重大な儀式。「即位の―」❷重大な法典。「不磨の―」
たい-てん [0]【退店】[名][自サ] ❶店を出ること。↕来店・入店。❷店じまいすること。閉店。↕出店。❸店の従業員が退職すること。
たい-てん [0]【退転】[名][自サ]〔文章語〕❶移り変わって前より悪くなること。❷おちぶれて、よその土地へ移ること。❸仏道修行の心がゆるみ、悪い方へもどること。
たい-でん [0]【帯電】[名][自サ] 物体が電気をおびていること。
だい-てん [0]【大×篆】[名] 漢字の書体の一つ。中国の周(しゅう)の時代に用いられた字形。小篆(しょうてん)の前身をなすもの。
たい-と [タ]【泰斗】[名]〔文章語〕(「泰山と北斗」の意)その道での大家。「哲学界の―」
タイト [タ]〈tight〉㊀[形動] ダロ―ダッ・デ・ニ/ダ―ナ―ナラ―○ ❶ぴったりとして、すきまのないようす。「―なジーンズ」❷余裕がなくて、きびしいようす。「―なスケジュール」㊁[名] ❶タイトスカート。❷タイトスクラム。 **―スカート** [カ]〈tight skirt〉[名] 腰からすそまでからだの線に合わせた、細いスカート。タイト。 **―スクラム** [ク]〈tight scrum〉[名] ラグビーで両方の選手がかたまってつくるスクラム。タイト。
たい-ど [タ]【大度】[名]〔文章語〕大きな度量。心のひろいこと。「寛仁(かんじん)―」
たい-ど [タ]【態度】[名] ❶思ったり考えたりしたことが表に出たものとしての身ぶりや表情。「―が大きい」「冷ややかな―」「―が変わる」❷何かをしようとするときの心がまえ。「学習―」「あとに引かない―」「―をあいまいにする」⇩姿勢[参考]。
たい-とう [0]【大盗】[名]〔文章語〕おおどろぼう。だいとう。
たい-とう [0]【×頽唐】[名]〔文章語〕道徳・気風などが、みだれくずれること。頽廃。
たい-とう [0]【台頭】【×擡頭】[名][自サ] あたまをもちあげること。勢力を得ること。「新人の―が著しい」
たい-とう [0]【対当】[名][自サ]〔文章語〕❶相対すること。❷つりあうこと。
たい-とう [0]【帯刀】[名][自サ] 刀を腰におびること。また、その刀。「―を許される」
たい-とう [0]【対等】[形動(の)] ダロ―ダッ・デ・ニ/ダ―ナ―ナラ―○ たがいに差がないようす。双方が同等であるようす。「―に話しあう」
たい-とう [0]【×駘×蕩】[と副][たる連体]〔文章語〕のどかなよう

す。(春)「春風(しゅんぷう)―」

たい-どう ０【胎動】名 自サ ❶母胎内の胎児がうごくこと。❷内面のうごき。「革新の気運の―が感じられる」

たい-どう ０【帯同】名 他サ〔文章語〕連れていくこと。同行させること。「部下を―する」

だい-とう ウ【大刀】名 長いかたな。↕小刀(しょうとう)。

だい-どう ０【大同】㊀名 だいたい同じであること。㊁名 自サ 多数の人が合同すること。 **―小異**(しょうい) ショ 名 だいたいは同じで、細かい点だけがちがっていること。 **―団結**(だんけつ) ダ2 名 自サ 多くの人や団体が多少のちがいをすてて、一つにまとまること。

だい-どう ０【大道】名 ❶０/ド 大きな道路。「天下の―」❷０/ド 道ばた。「―商人」❸０ 人のふみおこなうべき正しい道。 **―芸人**(げいにん) ゲ 名 道ばたで、通行人を相手に芸を演じる人。

だい-どうみゃく ド【大動脈】名 ❶心臓の左心室から身体各部に血液を送り出す、ふとい本幹の動脈。↕大静脈。❷交通路の大幹線。

だい-とうりょう ト【大統領】名 ❶共和国の元首。❷〔俗語〕人をおだててよびかける語。「いよう、―」

だい-とかい ト【大都会】名 規模が大きく人口が多い、にぎやかな都会。大都市。

たい-とく ０【体得】名 他サ 理解して自分のものにすること。「要領を―する」

たい-どく タ【胎毒】名 乳幼児の頭や顔などにできる、皮膚病の古い言い方。

だい-とく ０【大徳】名 ❶〔仏〕徳の高い僧。僧。だいとこ。❷〔古語〕金持ち。

だい-どく ０【代読】名 他サ 本人にかわって読むこと。「長官の祝辞を―する」

だい-どく タ【大毒】名 形動 ひどい毒物・害物。健康にきわめてよくないこと。

だい-どころ ０【台所】名 ❶家庭で、食物をととのえつくる所。だいどこ。❷台所で行う仕事。「―を手伝う」❸金銭のやりくり。「―が苦しい」

タイトル タ/０〈title〉名 ❶題号。書名。❷かたがき。資格。❸スポーツなどの選手権。❹映画やテレビの字幕。❺本・CD・DVDなど、題名のある商品。「一度に五―を発売する」 **―バック** バ〈title back〉名〔和製英語〕映画やテレビの題名や字幕の背景となる画面。 **―マッチ** マ〈title match〉名 選手権試合。「世界―」

たい-ない タ【体内】名 からだの中。↕体外。 **―時計**(どけい) ド 名 生物がうまれつき体内にそなえているとされる、暮らしのリズムを調整する機能。生物時計。

たい-ない ０【対内】名 内部・国内に対すること。「―的影響」↕対外。

たい-ない タ【胎内】名 母のはらの中。↕胎外。

だい-なごん ナ【大納言】名 ❶太政官(だじょうかん)の次官。右大臣の下、中納言の上の位。❷だいなごんあずき。 **―小豆**(あずき) ア 名 あずきの一種。大粒で色が濃く、味もよい。

だい-なし ０【台無し】名 形動 ❶物がひどくいたみ、よごれること。❷事がめちゃくちゃになること。

ダイナマイト マ〈dynamite〉名 ニトログリセリンを珪藻土(けいそうど)・綿火薬などにしみこませた爆薬。一八六六年、スウェーデンのノーベルが発明。

ダイナミック ミ〈dynamic〉形動 (ダロ・ダッ・デ・ニ／ダナ・ナラ／〇) 力強く、いきいきしているようす。動的。活動的。「―な仕事ぶり」↕スタティック。

ダイナモ ０〈dynamo〉名 発電機。

だい-なん ０/ナ【大難】名 大きな災難。↕小難。

だい-に タ【第二】名 第一の次。二番め。 **―会社**(がいしゃ) ガ 名 経営不振の会社を立てなおすために、新しい資産でつくった会社。 **―義**(ぎ) ダ/ニ 名 根本的でないこと。「―的な問題」↕第一義。 **―組合**(くみあい) ク 名 もとの組合から分裂した、あるいはそれに対抗してつくられた労働組合。 **―言語**(げんご) ゲ 名 母語のほかに習得する言語のこと。 **―次産業**(じさんぎょう) サ 名 工業・鉱業・建設業など、第一次産業による生産物を加工する産業。↕第一次産業・第三次産業。 **―新卒**(しんそつ) シ 名 新卒で就職した後、数年で転職する人。 **―人称**(にんしょう) ダ/ニ2 名 相手をさす代名詞。二人称。対称。「あなた・きみ」など。

だいにじ-せかいたいせん《第二次世界大戦》一九三九年から四五年まで、日本・ドイツ・イタリアなどがイギリス・フランス・アメリカ・ソ連などとたたかって、負けた戦争。↕第一次世界大戦。

たい-にち ０【対日】名 外国から、日本に対すること。「―貿易」

たい-にち ０【滞日】名 自サ 日本にとどまること。留日。

だいにち-にょらい《大日如来》真言密教(しんごんみっきょう)の本尊。

だいにほんし《大日本史》江戸時代前期に水戸(みと)の徳川光圀(みつくに)の発意で編集をはじめた歴史書。一九〇六年完成。

だい-にゅう ０【代入】名 他サ〔数〕計算式の中の文字の代わりに、特定の数字や式をあてはめること。

たい-にん ０【大任】名 責任のおもい任務。「―を果たす」

たい-にん ０【体認】名 他サ〔文章語〕体験してしっかりおぼえこむこと。

たい-にん ０【退任】名 自他サ 任務をしりぞきやめること。↕就任。

だい-にん ０【大人】名 おとな。成人。高校生をふくむことがある。↕中人(ちゅうにん)・小人(しょうにん)。

だい-にん ０【代人】名 かわりの人。代理人。

ダイニング タ〈dining〉名 ❶食事。❷ダイニングルーム。 **―キッチン** キ〈dining kitchen〉名〔和製英語〕台所と食堂をかねたへや。DK(ディーケー)。 **―ルーム** ル〈dining room〉名 食堂。

たい-ねつ ０【耐熱】名 高熱を加えられても変質しないこと。暑さにたえること。「―ガラス」

だい-ねつ ０【大熱】名 ❶ひどく高い体温。高熱。❷〔文章語〕ひどい暑さ。大暑。炎暑。

だい-の タ【大の】連体 ❶大きな。一人前の。「―男」❷非常な。「―なかよし」

たい-のう ０【滞納】【怠納】名 他サ おさめるべき金品を期限がすぎてもおさめないこと。「税金の―」

だい-のう ０/タ【大脳】名 せきつい動物の脳の一部。ずがい骨内の大部分をしめる。↕小脳。 **―皮質**(ひしつ) ヒ 名 大脳の表層部、灰白質の部分。複雑なひだがあり、運動・知覚に関する中枢がある。

だい-のう ０【大農】名 ↕小農。❶機械を使って大じかけにいとなむ農業。❷大百姓。豪農。 **―経営**(けいえい) ケ 名 機械力を使う、大規模な農業のいとなみ方。↕小農経営。

だい-のう ０【代納】名 他サ ❶本人にかわっておさめること。❷ある商品の代わりに他の物品をおさめること。

たい-のや ０【対の屋】名〔古語〕寝殿(しんでん)造りで、寝殿の左右やうしろにある別むね。対(たい)。

たい-は タ【大破】名 自他サ ひどくこわれること。ひどくこわすこと。「自動車が―した」↕小破。

だい-ば ０【台場】名 江戸時代の末、海上からの敵にそなえた砲台のあった所。

ダイバー[ダ]〈diver〉[名] ❶潜水夫。また、スポーツとして潜水をする人。❷水泳の飛び込みをする人。❸スカイダイビングをする人。

ダイバーシティー[バ]〈diversity〉[名] ❶多様性。❷人種・国籍・性・年齢などを問わずに多様な人材を活用すること。

たい-はい[0]【大杯】【大×盃】[名] 大きなさかずき。大白(たいはく)。

たい-はい[0]【大×旆】[名][文章語] ❶天皇や将軍のしるしとした大きな旗。❷堂々たる旗印。

たい-はい[0]【帯×佩】[名][文章語] 刀などを身におびること。また、そのすがた。「容儀―」

たい-はい[0]【大敗】[名][自サ] ひどく負けること。「―を喫する」↕大勝。

たい-はい[0]【退廃】【×頽廃】[名][自サ] 道徳や健全な気風がくずれること。「規律が―する」**―的**(てき)[0][形動] 道徳的にくずれて、不健全なようす。「―な気風」

だい-ばかり[バ]【台ばかり】【台×秤】[名] 台に物をのせて重さをはかる形式の、比較的大型のはかり。てんびん型のものや、ばねによるもの、電子式のものなどがある。

たい-はく[0]【大白】[名][文章語] 大きなさかずき。大杯。

たい-はく[0]【太白】[名] ❶太白星。❷精製したしろい砂糖。❸ふとい絹糸。**―×飴**(あめ)[ク][名] まっしろく練りかためてあるあめ。**―星**(せい)[ク][名] 金星(きんせい)。

だいはち-ぐるま[ゲ]【大(代)八車】[名] 大形の荷車。八人分の仕事の代わりをする意。

大八車

だいはち-げいじゅつ[ゲ]【第八芸術】[名] 映画、とくに無声映画のこと。文芸・音楽・絵画・演劇・建築・彫刻・舞踊のつぎの意。

たい-ばつ[タ]【体罰】[名] からだに直接苦痛をあたえるこらしめ。

たい-はん[0]/[ハ]【大半】[名] 半分以上。過半。「―を占める」

たい-はん[0]【大藩】[名] 領土の広大な藩。石高(こくだか)の大きい藩。↕小藩。

たい-ばん[0]【胎盤】[名] 妊娠中、胎児と母体とをつなぐ器官。これを通して栄養が供給される。

だい-ばん[0]【台盤】[名] 昔、食物を盛った盤をのせる台。**―所**(どころ)[名][古語] ❶台盤をおく所。宮中では、清涼殿(せいりょうでん)の一室で、女房(にょうぼう)のひかえている所。貴族の家では台所。❷高貴な人の妻。御台所(みだいどころ)。

だい-ばんじゃく[バ]【大盤石】【大×磐石】[名] ❶大きな岩石。❷物事が強くて、びくともしないこと。

だいはん-にゃきょう[0]【大般▲若経】[名] たくさんの経典を集成したもので、大乗仏教でもっとも重要な経典。

たい-ひ[0]/[タ]【堆肥】[名] わら・草などを積んで発酵させたこやし。つみごえ。

たい-ひ[0]/[タ]【貸費】[名] 費用を貸すこと。「―生」

たい-ひ[タ]/[0]【退避】[名][自サ] しりぞいて危険をさけること。

たい-ひ[0]/[タ]【対比】[名][他サ] ❶くらべること。❷ちがったものを対立させ、特性をはっきりさせること。

たい-ひ[タ]/[0]【待避】[名][他サ] 他の物が過ぎ去るのを、わきへ寄って待つこと。「―所」

たい-び[タ]【大尾】[名][文章語] 終わり。結末。終局。

だい-ひ[タ]【大悲】[名] 衆生(しゅじょう)の苦しみをすくう仏の大きな愛。「大慈―の仏」

だい-ひき[0]【代引き】[名] 「代金引換」の略。だいびき。

タイピスト[ピ]〈typist〉[名] タイプライターで文書を印字することを専門にする人。

だい-ひつ[0]【代筆】[名][他サ] 本人にかわって書くこと。また、その人。「手紙を―する」↕自筆・直筆(じきひつ)。

たい-ひょう[0]【体表】[名] からだの表面。

たい-びょう[タ]【大病】[名] 症状のおもい病気。重病。

たい-びょう[0]【大×廟】[名] ❶君主の祖先のみたまや。❷伊勢(いせ)大神宮。

だい-ひょう[0]/[ダ]【大兵】[名][文章語] からだの大きなこと。「―肥満の男」↕小兵(こひょう)。

だい-ひょう[0]【代表】[名][他サ] ❶全体になりかわって、全体の特徴などをさし示すこと。また、そういうもの。「現代音楽を―する作品」❷団体や多数の人にかわって、その意見や意志を表す人。「在校生―」❸同じ種類のものの中でもっとも優れたもの。「―選手」**―作**(さく)[ヒョ][名] ある作家・流派・時代などをもっともよく表す作品。**―的**(てき)[0][形動] その分野または人物の特徴や評価を定めるようす。

だい-ひん[0]【代品】[名] かわりのしなもの。代用品。

タイピング[0]〈typing〉[名][自他サ] タイプライターやパソコンなどのキーを打つこと。

ダイビング[ダ]〈diving〉=**ダイブ**[名][自サ] ❶水中にとびこむこと。また、水泳のとびこみ競技。[夏] ❷水中にもぐること。潜水。「スキューバー―」❸スカイダイビング。❹飛行機の急降下。❺宙に身をおどらせること。「―キャッチ」

たい-ふ[タ]【大夫】[名] ❶中国周代の職名。士の上。❷大名の家老の別名。❸たゆう。だいぶ。㋐五位の通称。㋑職(しき)の長官。

たい-ぶ[タ]【大部】[名] ❶まとまりになっている書物の冊数の多いこと。「―の全集」❷おおかたの部分。大部分。

たい-ぶ[0]【退部】[名][自サ] 所属していた部をやめること。「―届を出す」↕入部。

タイプ[タ]〈type〉㊀[名] ❶型。様式。❷類型。「先生のような―の人」❸「タイプライター」の略。㊁[名][他サ] タイプライターで印字すること。**―ライタ(ー)**[ラ]〈typewriter〉[名] キーをたたき、文字を紙面に印字する機械。タイプ。

だい-ふ[ダ]【×乃父】[名][文章語]〔「乃(なんじ)の父」の意〕父が子に対して自分をいう語。おまえの父。

だい-ぶ[ダ]【大夫】[名] ⬇たいふ❸。

ダイブ[ダ]〈dive〉[名][自サ] ⬇ダイビング。

だい-ぶ[0]【だいぶ・大分】[副]〔「だいぶん」の変化〕程度がふつうよりも上回っているようす。かなり。そうとう。「祖父の病気は―よくなってきた」「好天に恵まれて参加者は―多かった」[参考]「祖父はずいぶん元気になった」の「ずいぶん」も、「だいぶ」と同じように平均や予想よりも上であることをあらわすが、「たいへん」ほどではない。「ずいぶん」は「だいぶ」にくらべ驚きの気持ちが強い場合がある。

たい-ふう[フ]【大風】[名] はげしく吹く風。おおかぜ。

たい-ふう[フ]【台風】【×颱風】[名] 北太平洋西部の熱帯海上および南支那(しな)海で発生し、日本などをおそう、中心風速毎秒一七・二メートル以上の熱帯低気圧。[秋] **―一過**(いっか)[フ]=[イ]2[名] 台風が通り過ぎて晴天になること。「―の澄みきった秋空」**―の目**(め)❶発達した台風の中心に生ずる、無風でしずかな区域。台風眼。❷物事に大きな影響を与えるもととなるもの。

だい-ぶきん[ブ]【台布巾】[名] 食卓をふくためのふきん。だいふき。

たい-ふく[0]【大幅】[名] 大きな掛け軸。↕小幅(しょうふく)。

だい-ふく[ク]【大福】[名] ❶大きなさいわい。❷金満家で福運のよいこと。「―長者」❸だいふくもち。**―帳**(ちょう)[0][名] 商家の売買の元帳。**―餅**(もち)[ク][名] あんを中につめた、

た

もち。

だい-ぶたい [ブ]【大舞台】[名] ⬇おおぶたい。

だい-ぶつ [0]【大仏】[名] 大きな仏像。「奈良(なら)の―」 **―開眼(かいげん)** [0][名] 大仏ができあがったときの供養(くよう)の儀式。

たいぶつ-レンズ [レ]【対物レンズ】[名] 顕微鏡・望遠鏡などで、対象とする物に近いほうのレンズ。↕接眼レンズ。

だい-ぶぶん [ブ']【大部分】❶[名] ほとんど全部。「家財の―を失う」 ❷[副] ほとんど。「生徒は―帰った」

タイ-ブレーク [レ]〈tie break〉[名]〔均衡を破るという意から〕テニス・野球・バレーボールなど、時間制限のないスポーツで早く決着をつける方式。「―で勝つ」

だい-ぶん [0]【大分】[副] ⬇だいぶ(大分)。

たい-ぶんすう [ブ]【帯分数】[名] 整数と分数との和であらわされる分数。$1\frac{1}{3}$など。↕仮分数・真分数。

たい-へい [0]【大兵】[名] 多くの兵士。強大な兵力。大軍。

たい-へい [0]【太平】【泰平】[名][形動] 世の中が平和なこと。[参考] 相撲の軍配では「天下泰平」と書かれる。 **―楽(らく)** [ヘ][名] ❶天下太平を祝う雅楽の曲名。❷のんきな、また、かってなことを言うこと。「―をならべる」

たいへいき《太平記》南北朝時代の軍記物語。作者は小島法師(こじまほうし)の説もあるが未詳。四十巻。後醍醐(ごだいご)帝の北条(ほうじょう)氏討伐、建武(けんむ)の新政、南北朝の対立と合一を和漢混交文で描く。

たいへい-よう《太平洋》アジア・南北アメリカ・オーストラリアの間にある世界最大の海。

たいへいよう-せんそう《太平洋戦争》一九四一年から四五年まで、西太平洋およびその周辺で行われた、日本とアメリカ・中国などの連合軍との戦争。第二次世界大戦の一部。[参考] 当時日本では大東亜戦争とよんだ。

たい-べつ [0]【大別】[名][他サ] 大きく区分すること。大区分。↕小別・細別。

たい-へん [タ]【対辺】[名] ある角、また、ある辺に向かいあっている辺。↕対角。

たい-へん [0]【大変】❶[名][文章語] きわめてよくない、異常な事態。「国家の―」 ❷[形動] ❶好ましくないようす。「彼には―な迷惑をかけた」「―だ。堤防が切れた」 ❷平均より上回っているようす。「自由演技で―に高い評価を得た」 ❸[副] かなりの程度であるようす。「同級生も―ショックを受けている」「御両親も―お喜びだろう」 [参考]「大変」の副詞の用法は、プラス・マイナスのどちらの事態にも使われる。会話・文章のどちらにも用いられる。「非常に」も使用の幅は広いが、くだけた会話では使いにくい。「大層」は、やや改まった会話に限られる傾向がある。

たい-べん [0]【胎便】[名] 胎児の大腸内にできた便。かにばば。出産後、二、三日で排出される。

だい-へん [0]【代返】[名][自サ]〔学生用語で〕出席をとるとき、欠席した学生にかわって他の者が返事をすること。

だい-べん [ベ]【大便】[名] 肛門(こうもん)から排泄(はいせつ)される食物のかす。くそ。ふん。

だい-べん [0]【代弁】[名][他サ] ❶【代×辨】㋐本人にかわって弁償すること。㋑本人にかわって、処理すること。❷【代×辯】本人にかわって話すこと。

たい-ほ [タ]【退歩】[名][自サ] 前よりわるくなること。↕進歩。

たい-ほ [タ]【逮捕】[名][他サ]〔「逮」は追いつくの意〕検察官・司法警察官などが、被疑者をとらえて、その身体の自由をうばう強制処分。 **―状(じょう)** [0][名] 捜査機関が被疑者をとらえるために、裁判官から事前に出してもらう令状。

たい-ほう [0]【大法】[名][文章語] だいじな法律。「国家の―」

たい-ほう [0]【大砲】[名] 大きな弾丸をうちだす、大型の砲。

たい-ぼう [0]【大望】[名] ⬇たいもう。

たい-ぼう [0]【体貌】[名][文章語] 顔かたちとすがた。

たい-ぼう [0]【耐乏】[名] 物のすくないことを、耐えしのぶこと。不自由をがまんすること。「―生活」

たい-ぼう [0]【待望】[名][他サ] 待ちのぞむこと。「―の新作」

だいぼう-あみ [ボ]【大謀網】[名] ぶり・まぐろ・いわしなどをとるのに使う網。魚のむれを誘導する垣網(かきあみ)とふくろ網とからなる。

たい-ぼうちょう [ボ]【体膨張】【体膨×脹】[名] 物体の体積が、温度の変化につれてふくれること。↕線膨張。

たい-ぼく [0]【大木】[名] 大きな木。「うどの―」

タイポグラフィ [グ]〈typography〉[名] 文字を主体にして構成する印刷デザイン。

だいぼさつとうげ《大菩薩峠》中里介山(なかざとかいざん)の長編小説。一九一三年から四一年まで、断続して発表。未完。幕末を舞台にした剣士たちの流転のさまを描く。

たい-ほん [0]【大本】[名][文章語] 第一の基本。おおもと。「国政の―」

だい-ほん [0]【台本】[名] しばい・映画などの脚本。

だい-ほんえい [ホ]【大本営】[名] もと、戦時に天皇の下におかれた統帥の最高機関。

だい-ほんざん [ホ]【大本山】[名] ❶総本山の次の位置にあってその末寺を管理する寺。❷総本山。

たい-ま [タ]【大麻】[名] ❶神社から信仰する人にさずけるおふだ。❷あさ。❸あさからとった麻薬。 **―油(ゆ)** [マ][名] あさの種子からとったあぶら。工業用。

タイマー [タ]〈timer〉[名] ❶ストップウオッチ。❷競技の時間測定係。❸タイムスイッチ。

たい-まい [0]【大枚】[名] たくさんのかね。多くの金額。「―を投じる」

たい-まい [0]【×瑇×瑁・×玳×瑁】[名] ウミガメ科の熱帯産のかめ。甲の長さ一メートルほど。甲らはべっこう細工に用いた。(夏)

たい-まつ [タ]【▲松▲明】[名]〔「たきまつ」の変化〕松・竹などをたばねて火をつけ、あかりにつかうもの。

たい-まん [0]【怠慢】[名][形動(の)] なまけおこたること。

たい-みそ [0]【×鯛味×噌】[たひ][名] たいの肉を煮て、みそにすりまぜた食料品。

だい-みゃく [0]【代脈】[名] 代診。古めかしいことば。

だい-みょう [ミョ]【大名】[名] ❶平安末期、多くの名田(みょうでん)をもっていた者。❷鎌倉(かまくら)時代、大きな領地をもっていた武士。❸室町(むろまち)時代、任国に勢力を張った有力な守護。守護大名。❹戦国時代、諸国を支配した有力な武家。戦国大名。❺江戸時代、一万石以上の武家。 **―華族(かぞく)** [カ][名] 明治維新後、華族になった、「大名❺」。 **―行列(ぎょうれつ)** [ギョ][名] 江戸時代に、諸大名が参勤交代(さんきんこうたい)のためにおこなった行列。 **―旅行(りょこう)** [リョ][名] ひどくぜいたくな旅行。

タイミング [0]〈timing〉[名] ちょうどいいときに合わせること。「―が合わない」

タイム [タ]〈time〉[名] ❶時。時間。時刻。❷マラソンや競泳などで、一定の距離を進むのに要した時間。「―を競う」「いい―が出た」 ❸試合の一時中止。「―を宣する」 **―アップ** [ア]〈time's up〉[名] 運動競技などで、制限時間がおわること。時間切れ。 **―カード** [カ]〈timecard〉[名] タイムレコーダーにさし入れて、出退勤時刻を記録するカード。 **―カプセル** [カ]〈time capsule〉[名] 現代の状態を後世に残すため、物品や記録を入れて地中にうずめておく容器。 **―キーパー** [キ]〈timekeeper〉[名] 運動競技や放送番組で、時間をはかったり、記録したりする人。計時員。 ―

スイッチ [ス/イ] 〈time switch〉 名 時間に合わせて、自動的に電流が通じたり切れたりするようにしたしかけ。 ―スパン [パ] 〈time span〉 名 時間的な幅。スパン。 ―スリップ [リ/ス] 〈time slip〉 名 自サ 現実の時間・空間から、瞬時に過去や未来の世界に移動すること。 ―セール [セ] 〈time sale〉 名 〔和製英語〕時間を限定して行う安売り。タイムサービス。 ―テーブル [テ] 〈time table〉 名 時間割り。時刻表。 ―トライアル [ラ] 〈time trial〉 名 自転車競技などで、一定の距離を一人で走り、その速さを競うもの。 ―トラベル [ラ] 〈time travel〉 名 SF小説などで、タイムマシンによって過去・未来へ旅すること。時間旅行。タイムトリップ。 ―トンネル [ト] 〈time tunnel〉 名 過去や未来のどの時代にも自由に行けるという想像上の通路。 ―マシ(ー)ン [シ] 〈time machine〉 名 過去や未来の時間のなかへ自由に人間を連れてゆくという、想像上の機械。 ―ラグ [ラ] 〈timelag〉 名 あることに対する反応が起こるときの、時間上のずれ。時間差。「―が生じる」 ―リミット [リ] 〈time limit〉 名 ❶制限時間。時間制限。❷時間切れになるぎりぎりの限界。 ―レコーダー [コ] 〈time recorder〉 名 印字機で時刻をカードに記入する機械。

タイムリー [タ] 〈timely〉 形動 ダロ・ダッ・デ・ニ・ダ・ナ・ナラ・〇 ちょうどよい時機であるようす。適時の。「―な発言」「―ヒット」

だいめ【代目】 接尾 代の数にそえることば。「六―菊五郎」

たいめい [0]【大命】 名 君主のいいつけ。天皇の命令。

たいめい [0]【待命】 名 ❶命令を待つこと。❷公務員で、その身分のまま、任地や職務などがきまっていないこと。

だいめい [0]【題名】 名 表題の名。題目。

だいめいし [メ]【代名詞】 名 ❶物や人の名をよばないで、それとさし示すことば。人称代名詞・指示代名詞の別がある。「わたし・あなた・これ・それ」など。⇩(付)品詞分類 ❷同類のものの特徴を代表的に示すことば。「ドイツ車は高級車の―だ」

たいめん [0]【体面】 名 世間に対するみえ。「―を保つ」

たいめん [0]【対面】 名 自サ ❶向きあうこと。「―交通」❷顔を合わせて会うこと。「親子の―」

たいもう [0]【大望】 名 大きなのぞみ。たいぼう。

たいもう [0]【体毛】 名 ❶髪以外の、体に生えている毛。❷陰毛の言いかえ。

だいもく [0]【題目】 名 ❶書物や文章の表題。❷問題。主題。「会議の―」❸日蓮宗でとなえる、南無妙法蓮華経の七字。おだいもく。「―をとなえる」

だいもつ [0]【代物】 名 ❶代金。❷おかね。

だいもん [ダ]【大門】 名 大きな門。総門。

だいもん [ダ]【大紋】 名 ❶大形の紋。❷大形の紋が五か所にあるひたたれ。

だいもん [0]【大問】 名 試験問題で、まとまった大きな問い。↔小問。

だいもんじ [0/モ]【大文字】 名 ❶大形の文字。❷「大」という漢字。❸すぐれた文章。「感動させる―」❹八月十六日の夜、京都如意岳(大文字山)の中腹で、「大」の字の形にたく盂蘭盆のおくり火。(秋)

たいや [タ]【逮夜】 名 忌日や葬式の前夜。

タイヤ [0] 〈tire〉 名 自動車・自転車などの車輪の外がわにつけるゴムの輪。

ダイヤ 名 ❶[ダ]「ダイヤモンド」の略。❷[ダ]「ダイヤグラム」の略。❸[0] トランプのふだで、赤いひし形「◆」の模様のもの。

たいやき [0]【たい焼き】【×鯛焼】[タ] 名 小麦粉をといて型にながし、中にあんを入れてたいの形に焼いた菓子。(冬)

たいやく [0]【大厄】 名 ❶大きな災難。❷いちばん大きな厄年。男は四二歳、女は三三歳だという。

たいやく [0]【大役】 名 ❶責任のおもい役目。大任。「―を果たす」❷映画・演劇などの配役で、重要な役。「―に抜擢される」

たいやく [0]【対訳】 名 他サ 原文と、それを訳した文章とをくらべあわせられるようにしたもの。「―源氏物語」

たいやく [0]【大約】 名 副 おおよそ。大概。大略。

だいやく [0]【代役】 名 ❶しばいなどで、ある俳優にかわって、その役をつとめること。また、その人。「―をたてて上演する」❷さしつかえのある人にかわって、その役目をつとめること。また、その人。

ダイヤグラム [グ] 〈diagram〉 ＝ダイアグラム 名 交通機関の運行表。ダイヤ。

ダイヤモンド [モ] 〈diamond〉 ＝ダイアモンド 名 ❶宝石の一つ。純粋な炭素の結晶で、物質中でいちばんかたい。金剛石。ダイヤ。四月の誕生石。❷野球で、内野。 ―婚式 [コ] 名 結婚六〇年め(または七五年め)の祝いの式。金剛石婚式。参考 国や地域によって、祝う年が異なる。 ―ダスト [ダ2] 〈diamond dust〉 名 細氷。

ダイヤル [0] 〈dial〉 ＝ダイアル 名 ❶自動電話機の回転文字盤。❷ラジオなどで、周波数を合わせるための回転式のつまみ。❸目もりを合わせて扉のかぎを解除するしくみの、回転式のつまみ。「―錠」 ―イン [イ2] 〈dial in〉 名 〔和製英語〕企業や団体で、交換台を通さずに、各自の電話が直接外線につながること。

たいゆう [0]【大勇】 名 大事に当たってふるいたつ勇気。

たいよ [タ]【貸与】 名 他サ 貸しあたえること。貸すこと。

たいよう [0]【大洋】 名 ❶おおうみ。大海。❷太平洋・大西洋・インド洋の総称。北極海・南極海をふくめることもある。 ―州 オーストラリア大陸と太平洋にある諸島との総称。オセアニア。 ―島 [0] 名 ⬇洋島。

たいよう [0]【大要】 名 いちばん重要な部分。大すじ。あらまし。「―をつかむ」

たいよう [タ]【太陽】 名 ❶太陽系の中心をなし、地球にもっとも近い恒星。お日さま。↔太陰。❷光明・希望の象徴。「心の―」 ―系 [0] 名 太陽を引力の中心としてめぐっている天体の集団。 ―光発電 [ハ] 名 太陽電池を利用して太陽の光エネルギーを直接電力に変換する発電方式。 ―神 [ヨ] 名 太陽を信仰の対象となる神と考えたもの。 ―族 [ヨ] 名 石原慎太郎の小説「太陽の季節」からうまれたことばで、自分の欲望だけをみたそうとする無道徳な青年たちのこと。 ―電池 [デ] 名 太陽エネルギーを、直接電気エネルギーに変える電池。 ―灯 [0] 名 太陽光線のように、紫外線をふくんだ光を出す電灯。医療・殺菌用。 ―暦 [ヨ] 名 地球が太陽のまわりを一周する時間を一年としたこよみ。一年を平年三六五日、閏年を三六六日とする。陽暦。新暦。↔太陰暦。

たいよう【体用】 名〔文章語〕❶[0] 本体と作用。実体と応用。❷[タ] 体言と用言。

たいよう [0]【態様】【体様】 名〔文章語〕ありさま。状態。形態。

たいよう [0]【耐用】 名 自サ 物品が使用できること。「―期間」 ―年数 [ネ] 名 機器や設備などが、使用に耐える年数。減価償却費計算の基準となる。

だいよう [0]【代用】 名 他サ ある物のかわりとして使うこと。 ―教員 [キョ] 名 旧制小学校で、免許状をもたないまま勤務した、臨時の教員。 ―食 [ヨ] 名 主食の米のかわりにたべる食べ物。 ―品 [0] 名 ある物のかわりにつかう品。

たいようのないまち《太陽のない街》徳永直の長編小説。一九二九年に発表。労働争議をえがいたもの。プロレタリア文学の代表作。

たい-よく ⓪【大欲】【大×慾】名 ひどく欲が深いこと。また、その人。だいよく。↕小欲。 **―は無欲に似たり** ❶大欲の者は小さな利益にまどわされないから、いかにも無欲にみえる。❷大欲の者は、欲に目がくらんで損をしやすく、結局は無欲と同じ結果になる。

だいよん-かいきゅう カ【第四階級】名 無産階級。労働者階級。プロレタリアート。参考 平民の中を、ブルジョアジーとプロレタリアートとに区別したときの名称。

だいよん-き ダ/ヨ【第四紀】名 地質時代の新生代のうち、いちばん新しい時代。

だいよん-けんりょく ケ【第四権力】名 行政・立法・司法の三権に次ぐ第四の権力。ジャーナリズムやマスメディアを指す。

たいら ⓪ 一【平ら】形動 ダロ・ダッ・デ・ニ ダ・ナ・ナラ・○ ❶高低の差や、でこぼこがないようす。ひらたいようす。たいらか。「―な道」❷ひざをくずして、楽なすわりかたをするようす。「どうぞお―に」 二【平】名 山にかこまれた平地。盆地の通称。「善光寺―」

たいら-か ラ/イ【平らか】形動 ダロ・ダッ・デ・ニ ダ・ナ・ナラ・○ ❶↓たいら一❶。❷心が安定して、おだやかなようす。「気持ちが―でない」❸世の中がおさまってやすらかなようす。「―な世」

たいら-がい ラ【平貝】名 海産の二枚貝の一種。大きな貝柱があり、食用にする。たいらぎ。

たいら-ぐ ラ【平らぐ】自五 ガ・ゴ・ギ・イ グ・グ・ゲ・ゲ 争乱などがおさまって、おだやかになる。

たいら-げる ゲ【平らげる】他下一 ゲ・ゲ・ゲル・ゲル ゲレ・ゲロ・ゲヨ ❶賊などを退治する。平定する。❷食べてしまう。「うどんを二人前―」 たひら・ぐ 文語下二

たい-らん ⓪【大乱】名 ひどいみだれ。大争乱。大動乱。

たい-らん ⓪【台覧】名 文章語 身分の高い人が見ること。

タイラント タ〈tyrant〉名 ❶暴君。❷横暴な人。

だいり ダ【内裏】名 大内裏中の、天皇の住んだ建物のある一郭。皇居。御所。 **―×雛** ビ 名 天皇・皇后の姿になぞらえた、一対のひな人形。だいりさま。春

だい-り ⓪【代理】名 本人にかわって事を処理すること。また、その人。代わり。「―をつとめる」「部長―」 **―親** ⓪ 名 ❶代理母。❷生みの親の代わりになって、子どもを育てる親。 **―出産** シュ 名 子どものできない夫婦のために、別の女性が、夫婦の受精卵などを使って、代わりに子どもを産むこと。 **―店** リ 名 特定の会社と結んで、その取り引きの代理をする独立の商店。 **―母** ハ 名 代理出産をする女性。だいりぼ。

だい-リーグ リ【大リーグ】名 ↓メジャーリーグ。

だい-りき ⓪/キ【大力】名 非常に強いちから。力持ち。

たい-りく ⓪【大陸】名 ❶ひろく大きな陸地。❷ユーラシア(アジアとヨーロッパ)・アフリカ・オーストラリア・南北アメリカ・南極の諸大陸。 **―間弾道弾** ク=ド 名 ↓アイシービーエム(ICBM)。 **―性気候** キ 名 雨量が少なく、昼夜・夏冬の気温の差がはげしい、大陸特有の気候。↕海洋性気候。 **―棚** ク 名 海岸から深さ約二〇〇メートルまでの、比較的傾斜のゆるやかな海底。陸だな。陸ほう。 **―的** ⓪ 形動 ❶大陸に特有なようす。❷気が大きくて、物事にこだわらないようす。↕島国的。 **―島** ⓪ 名 ↓陸島。

だいり-せき リ【大理石】名 石灰岩が変質した岩石。白、または灰色・黄色で美しい。建築・装飾用。マーブル。参考 中国の大理地方で多く産することから。

たい-りつ ⓪【対立】名 自サ 相対する立場に立つ両者が、たがいに張りあってゆずらないこと。「意見の―」

たい-りゃく ⓪【大略】名 副 おおよそ。あらまし。「―の説明」「―五千人の群衆」

たい-りゅう ⓪【対流】名 液体や気体が熱せられると、密度が小さくなって上昇し、密度の大きいつめたい部分と入れかわる運動。 **―圏** リュ 名 大気圏のうち、地上、約八～一七キロメートルまでの高さの、対流作用の行われる空間。↕成層圏。

たい-りゅう ⓪【滞留】名 自サ 文章語 ❶とどこおること。「事務の―」❷よそにとどまること。逗留。

たい-りょう ⓪【大猟】名 鳥・けものが多量にとれること。↕不猟。

たい-りょう ⓪【大量】名 ❶分量の多いこと。「―生産」↕少量。❷文章語 大きな度量。心のひろいこと。

たい-りょう ⓪【大漁】名 さかな・貝などが多量にとれること。↕不漁。 **―旗** リョ 名 漁船が、大漁だったことを祝い知らせる旗・のぼり。

たい-りょく タ【体力】名 からだの力。作業・運動にたえる力。病気に抵抗する力。「―がおとろえる」↕精神力。

たい-りょく ⓪【耐力】名 工業製品などの材料が、加えられる力に耐えられる限度。

たい-りん ⓪【大輪】名 花などの大きさが、ふつうのものより大きいこと。だいりん。「―の菊」

タイル タ〈tile〉名 壁や床にはる、陶磁器製などの建築材料。「―ばりのふろば」

たい-れい ⓪【大礼】名 文章語 ❶朝廷の重大な儀式。❷即位の儀式。 **―服** レ 名 もと、公の重大な儀式に着た服。

たい-れい ⓪【×頽齢】名 文章語 高齢。老齢。

ダイレクト ダ〈direct〉名 形動 直接。じか。 **―メール** メ〈direct mail〉名 直接、個人に郵便で送られる商品などの広告。あて名広告。ディーエム(DM)。

たい-れつ ⓪【隊列】名 隊のならび。隊伍。「―を組んで行進する」

たい-れん ⓪【対×聯】名 同形式で意味がちがっている二つの句。ついれん。

たい-ろ タ【退路】名 退却する道。にげみち。「―を断つ」

たい-ろう ⓪【大老】名 江戸時代、必要に応じて老中の上におかれた、最高の職。

たい-ろう ⓪【大×牢】名 ❶昔、中国で天子が神をまつるときに供えた牛やひつじなど。❷文章語 りっぱな料理。❸江戸時代、戸籍のある庶民の犯罪者を入れたろう屋。

だいろっ-かん ダ【第六感】名 五感のほかにあると思われる感覚。直感。勘。「―がはたらく」

たい-ろん ⓪【対論】名 自サ 両者が向かい合って、または対立する意見を述べ合って議論すること。また、その議論。

たい-わ ⓪【対話】名 自サ 向かいあって話すこと。また、その会話。「―を重視する」

たいわん《台湾》日本の西南方、中国本土の東南方にある島。日清戦争の結果、一八九五年に日本の領土となったが、一九四五年に中国へかえされた。

ダイン ダ〈dyne〉名 CGS単位系の力の単位。質量一グラムの物体にはたらいて一センチメートル毎秒毎秒の加速度を与える力。記号は「dyn」。国際単位系ではニュートンで示す。

た-う タ【多雨】名 雨量のおおいこと。「―気候」↕少雨。

ダウ ダ〈Dow〉名 「ダウ式平均株価」の略。

た-うえ エ【田植(え)】名 稲の苗を水田に植えること。

夏 植えつけ。夏 ―歌〔うた〕 エ 名 田植えのときにうたう民謡。

ダウしき-へいきんかぶか テ【ダウ式平均株価】名 アメリカのダウ＝ジョーンズ社がはじめた算出方法による株の平均価格。ダウ平均。ダウ。

た-うち チ【田打(ち)】名 田の土をたがやすこと。春

たう・ぶ【▲賜ぶ・▲給ぶ】他四 自下二〔古語〕⇒とうぶ。

ダウ-へいきん ヘ【ダウ平均】名 ダウ式平均株価。

タウン〈town〉造 町。都市。「ベッド―」「ニュー―」 **―ウエア** エ〈town wear〉名 外出着。街着〔まちぎ〕。 **―誌**〔し〕 ウ 名 都市を中心に、その地域の店の案内や映画・音楽などの催し物の情報をのせる雑誌。 **―ミーティング** ミ〈town meeting〉名 政治家などが一般市民に対して行う対話型の集会。

ダウン タ〈down〉名 水鳥の羽毛。「―ジャケット」

ダウン タ〈down〉■一 名 自他サ ❶さげること。さがること。↕アップ。❷ボクシングで、たおれること。たおすこと。ノックダウン。■二 名 自サ つかれたり、意識を失ったりして、たおれること。へたばること。「風邪で―する」 **―サイジング** サ〈downsizing〉名 小型化すること。また、コスト削減などのために人員や規模を縮小すること。 **―バースト** バ〈downburst〉名 積乱雲から生じる下降気流が地表にぶつかり水平に吹く激しい空気の流れ。激しい突風を引き起こす。 **―ロード** ロ〈download〉名 自他サ 通信回線上に提供されているプログラムやデータを、利用者が自分のコンピューターや端末に取り込むこと。

ダウン-しょうこうぐん コ【ダウン症候群】名 染色体の異常により、精神発達の遅れと独特の顔つきを示す疾患。参考 ダウンDownは、この病気について初めて報告したイギリスの内科医。

たえ【▲妙】たへ なり形動〔古語〕❶不思議なまでに美しいようす。霊妙。「わたつみの神の宮の内のへのたへなる殿に」〈万葉〉❷(技芸が)ひじょうにきわだっている。じょうずである。「山部赤人〔やまべのあかひと〕といふ人ありけり。歌にあやしく、たへなりけり」〈古今・仮名序〉

たえ-い・る イ【絶え入る】自五 ラ・ロ―リ・ッ―ル―ル―レ―レ 息が絶えてしまう。死ぬ。「―ような声」

たえ-がた・い タ2【堪(耐)え難い】たへ ―形 カロ―カッ・ク―イ―イ―ケレ―○ 苦しくて、がまんできない。「―屈辱」 **たえがたげ** 形動 **たえがたさ** 名 **たへがた・し** 文語ク

だ-えき ◯【唾液】名 唾液腺〔だえきせん〕から口の中に流れでる消化液。つば。 **―腺**〔せん〕 ◯ 名 口の中に唾液を出す腺。耳下腺・舌下腺・顎下〔がっか〕腺など。

耳下腺
舌下腺
顎下腺
唾液腺

たえ-ざる【絶えざる】連語 休みのない。「―努力」

たえ-しの・ぶ ノ【堪(耐)え忍ぶ】たへ ―他五 バ・ボ―ビ・ン―ブ―ブ―ベ―ベ つらさや苦しさをじっとがまんする。しんぼうする。 **たえしのべる** 自下一〔…できる〕

たえ-ず タ【絶えず】副 絶えまなく。つづいて。いつも。

たえ-だえ タ【絶え絶え】形動 ダロ―ダッ・デ・ニ―ダ―ナ―ナラ―○ ❶いまにも絶えそうなようす。「息も―になる」❷とぎれとぎれ。

たえ-て タ【絶えて】副 その後まったく。「―訪れぬ」参考 下に打ち消しの語がくる。

たえ-なる タ【▲妙なる】たへ ―連体〔文章語〕たいそうすばらしい。「―琴の音〔ね〕」

たえ-は・てる テ【絶え果てる】自下一 テ―テ―テル―テル―テレ―テロ・テヨ ❶まったく絶える。❷死んでしまう。 **たえは・つ** 文語下二

たえ-ま マ【絶え間】名 きれ間。とだえているあいだ。

た・える エる たへ 自下一 エ―エ―エル―エル―エレ―エロ・エヨ ■一【堪える】❶応じられる。それだけの力・値うちがある。「任に―」「観賞に―」❷…することができる。「聞くに堪えない」❸【耐える】がまんする。「貧苦に―」■二【耐える】もちこたえる。「圧力に―」「高温に―」 **た・ふ** 文語ハ下二

た・える エ【絶える】自下一 エ―エ―エル―エル―エレ―エロ・エヨ ❶とぎれる。「話が―」❷ほろびる。つきる。「家が―」❸やむ。とまる。「交通が―」❹まったくなくなる。「うわさも―」❺死ぬ。 **た・ゆ** 文語ヤ下二

だ-えん ◯【×楕円】名 二定点からの距離の和が、一定な点の軌跡。長円〔ちょうえん〕。 **―形**〔けい〕 ◯ 名 楕円状をなす形。長円形。

たお・す オ【倒す】【×仆す・×斃す】たふす 他五 サ・ソ―シ―ス―ス―セ―セ ❶立っているものを、力を加えて横にする。ころがす。ひっくり返す。「足ばらいで―」❷権力・勢力のあるものをくつがえす。ひっくり返す。「政府を―」❸うち負かす。「優勝候補を―」❹殺す。「猛獣を―」❺借金を返さないで、相手に損害を与える。ふみたおす。 **倒せる** 自下一〔…できる〕

たお-やか オ【×嫋やか】たを ―形動 ダロ―ダッ・デ・ニ―ダ―ナ―ナラ―○〔文章語〕女性の動作などが、しなやかでやさしいようす。「―なおとめ」

たおや-め ◯【手▲弱女】たをや ―名〔文章語〕たおやかな女性。かよわい女。↕ますらお。

タオル タ〈towel〉名 ❶布面に小さな糸の輪を織り出した綿の織物。タオル地。❷タオル地の西洋てぬぐい。 **―ケット** ケ 名(「ケット」はブランケットの略)厚いタオル地で作った毛布のような上掛け用の夜具。 **―を投**〔な〕**げる** ボクシングなどで、セコンドがリング内にタオルを投げ入れ、選手に代わって棄権の意思表示をする。

た-お・る オ【手折る】たをる ―他五 ラ・ロ―リ・ッ―ル―ル―レ―レ (「た」は手の意)手で折る。「さくらの花を―」 **手折れる** 自下一〔…できる〕

だおれ【倒れ】だふれ 造 ❶見せかけだけで実体がともなわないこと。「評判―」❷予定したことが実行されないこと。「計画―」

倒〔たお〕**れて後**〔のち〕**やむ** 死ぬまで、いっしょうけんめいに努力し、途中でやめない。

たお・れる レ【倒れる】【×仆れる・×斃れる】たふれる 自下一 レ―レ―レル―レル―レレ―レロ・レヨ ❶立っているものがころがる。ころぶ。ひっくり返る。「巨木が―」❷権力・勢力のあったものがくつがえる。ひっくり返る。「幕府が―」❸病気などで活動ができなくなる。「病に―」❹経営が成り立たなくなる。倒産する。「会社が―」❺死ぬ。「敵弾に―」 **たふ・る** 文語下二

たか カ【高】名 ❶数量。金額。「請求の―」❷程度。「―の知れた人間」 **―が知**〔し〕**れている** 程度がわかっている。たいしたことはない。 **―を▲括**〔くく〕**る** 見くびる。あまく見る。

たか ◯【×鷹】名 タカ科の中形の鳥類の総称。くちばしは鋭くまがり、足に強大なかぎづめがある。小動物などをとらえて食べる。飼いならして狩りに使った。冬

たか

た-か タ【多寡】名 多いことと、少ないこと。多少。

たが ガ【×箍】名 おけ・たるにはめる、竹や金属などの輪〔わ〕。 **―が×弛**〔ゆる〕**む** しまりがなくなる。 **―を締**〔し〕**める** ゆるんだ気持ちをひきしめる。

だか【高】接尾 ❶量。「生産―」「取れ―」❷金額。「売り上げ―」❸値段の上がること。「十円―」↕安〔やす〕。

だ-が ダ 接続 前の事と逆のことなどが次にくることをあらわす。「かれは努力した。―、失敗した」⇩しかし 参考。

たか-あがり ア【高上がり】名 ❶高い所へ上がること。

❷上座につくこと。❸思ったより費用のかかること。↕安上がり。

たか-あし⓪【高足】名 ❶足を高くあげて歩くこと。❷たけうま。❸ぜんなどの脚の高いもの。❹歯の高いあしだをはいて行う田楽舞(でんがくまい)。

たか-あしだ[ア]【高足駄】名 歯の高いあしだ。

たかい⓪【他界】㊀名 ❶よその世界。❷〔仏〕人間界以外の世界。㊁名自サ 死ぬこと。「七〇歳で—した」

たか・い[カ]【高い】形(カロ・カッ(ク)・イ・イ・ケレ・〇) ❶基準とする面から上への距離が大きい。↕低い。㋐物の位置が上の方にある。「まだ日が—」㋑下端から上端までのへだたりが大きい。「背の—人」㋒前方へ突き出ている。「—鼻」❷価値や序列が上である。↕低い。㋐身分・地位が上である。「役所での地位が—」㋑能力がすぐれている。「見識が—」「性能が—」㋒品位・品格がすぐれている。「格調の—詩」「気品が—」㋓水準が上である。「知的レベルが—」❸程度が上である。↕低い。㋐強い。大きい。「気位が—」「理想が—」㋑数値が大きい。「血圧が—」❹音や香りがいちじるしい。㋐声・音の振動数が多い。「ソプラノの—声」↕低い。㋑声・音が大きい。「声が—。秘密の話だよ」↕低い。㋒有名である。「評判が—」㋓香りが強い。「花の香りが—」↕薄い。❺買うのに多くのお金がいる。高価である。「土地が—ので家が持てない」↕安い。**高さ** 名 たか・し 文語ク

たがい⓪【互い】(たがひ) ㊀名 関係しあうものの一つ一つ、あるいは両方。相互。「—の気持ちを大切にする」「—の生き方を理解する」㊁副〔「お互い(に)」の形で〕両方がいっしょに。「お—元気でやろう」

だ-かい⓪【打開】名他サ 行きづまった状態を打ちやぶって、解決の道をひらくこと。「—策」

たがい-せん⓪【互(い)先】(たがひ—) 名 碁や将棋で、同等の強さの人どうしが、かわるがわる先手(せんて)になること。

たがい-ちがい[チ]/[ガ]【互い違い】(たがひちがひ) 名 両方から入れかわること。交互。かわるがわる。「ひもを—に編む」

たがい-に⓪【互いに】(たがひ—) 副 両方からすること。交互に。「—協力する」

たか-いびき[イ]【高いびき】〔高×鼾〕名 ❶音の高いいびき。❷高いいびきをかいてよく眠ること。「白川夜船の—」

たかい-ゆういち《高井有一》一九三二—二〇一六。小説家。本名、田口哲郎(てつお)。敗戦前後の自己体験を対象化した作品が多い。「北の河」「この国の空」「夜の蟻(あり)」など。

たが・う[ガ]【▲違う】(たがふ) 自五(ワ・オ・イ・ッ・ウ・ウ・エ・エ) ❶ちがう。一致しない。「予想に—」「案にたがわず」「期待にたがわぬ活躍」❷そむく。さからう。「約束に—」「規約に—」

たが・える[エ]【▲違える】(たがへる) 他下一(エ・エ・エル・エル・エレ・エロ・エヨ) ❶ちがわせる。合わないようにする。「やり方を—」❷従わないようにする。「約束を—」たが・ふ 文語ハ下二

たか-が[カ]/[タ] 副 せいぜい。わずか。「—百円の品物」

たか-がい⓪【×鷹飼】(—がひ) 名 たか匠。

たか-がり⓪【×鷹狩】名 飼いならしたたかを使って野禽(やきん)や小動物をとらえさせること。(冬)

た-かく⓪【多角】名 ❶角が多いこと。❷複雑で多方面にわたること。**—形**(けい)[カ]名 ➡たかっけい。**—経営**(けいえい)[ケ]名 主とする事業以外に多種類の事業をいとなむこと。**—的**(てき)⓪形動 いろいろな方面にわたっているようす。「—研究」

た-がく⓪【多額】名形動(の) 金額の多いこと。↕少額。

たか-ぐもり⓪【高曇(り)】名 雲が高くて、曇っていること。

たか-げた⓪【高下▲駄】名 歯の高いげた。あしだ。

たかさご《高砂》❶能楽の曲名。尉(じょう)と姥(うば)の、祝言物(しゅうげんもの)。相生(あいおい)。❷もと、台湾の別称。

たかさご-ぞく[ゴ]【高▲砂族】名 台湾の先住民の日本統治時代の呼び名。

だ-がし[ガ]【駄菓子】名 安い材料でつくった素朴で安価な菓子。

たか-しお⓪【高潮】(—しほ) 名 強風・気圧降下などのために、海面が高まり、海水が海岸に打ちよせること。(秋) 参考「高潮」は台風の場合に、「津波」は、地震の場合に使う。

たか-しまだ[シ]【高島田】名 根を高くゆった島田まげ。文金(ぶんきん)高島田。未婚の娘のゆう髪形。

高島田

たか-じょう⓪【×鷹匠】名 たかの飼育やたか狩りに従事することを職とした人。(冬)

たか-せ⓪【高瀬】名 川の浅瀬。**—舟**(ぶね)[ブ]名 浅瀬に浮かべる底のひらたい舟。

たかせぶね《高瀬舟》森鷗外(もりおうがい)の短編小説。一九一六年発表。罪人を島送りする高瀬舟の中で、役人庄兵衛(しょうべえ)は弟殺しの罪人の話を聞いて、死について考える。

たか-だい⓪【高台】名 土地が一面に高くて台のようになっている地形・場所。

たか-だか[カ]【高高】〔と〕副 ❶[ダ]非常に高いようす。「—とそびえ立つ」❷[カ]せいぜい。多めにみても。「—千円ぐらい」

たか-だすき[ダ]【高だすき】〔高×襷〕名 たすきで、そでを高くからげること。

だ-かつ⓪【蛇×蝎】名 へびとさそり。人がもっともいみきらうもののこと。「—のようにきらう」

たか-つき⓪/[カ]【高×坏】名 食べ物を盛る、あしの高い小さな台。

たかつき

だ-がっき[ガ]【打楽器】名 「だがくき」の変化。打ったり、振ったりして音を出す楽器。たいこ・シンバルなど。↕管楽器・弦楽器。

たかっ-けい[カ]【多角形】名 「たかくけい」の変化。線分でかこまれた平面図形。多辺形。

たかて-こて⓪【高手小手】名 人をうしろ手に、ひじをまげてしばること。

たか-どの⓪【高殿】名〔古語〕高い建物。楼(ろう)。

たか-とび⓪㊀【高跳(び)】名 高いバーをとび越える競技。走り高跳びと棒高跳び。㊁【高飛(び)】名自サ 犯罪人が遠くへ逃げのびること。

たかとび-こみ[ト]【高飛(び)込み】名 高さ五(メートル)または十(メートル)の飛び板から、水中に飛び込み、そのさいの空中姿勢の美しさを競う競技。↕飛び板飛び込み。

たか-どま⓪/[マ]【高土間】名 旧式の歌舞伎(かぶき)劇場で、左右の桟敷(さじき)の前に、土間よりやや高く作った所。

たか-どまり⓪【高止(ま)り】名自サ 変化する金額や数値が高い値で動かないこと。「株価の—状態」

たか-な[カ]【高菜】名 からしなの変種。アブラナ科の二年生植物。葉・茎はからく、食用。(夏)

たか-なみ⓪【高波】名 大きな波。特に、高潮によって起こる大波。

たか-な・る[ナ]【高鳴る】自五(ラ・ロ・リ・ッ・ル・ル・レ・レ) ❶高く鳴りひびく。❷興奮して、はげしくどうきがする。「胸が—」**高鳴り** 名

たか-ね[カ]【高音】名 ❶鳥の高い声。❷しゃみせんの合奏

で、高低二音のうち、その高い方の音。

たか-ね [カ]【高値】名 ↕安値。❶高い値段。❷取り引きで、その日の立会中、その株の最高の値。

たか-ね [0]【高根】【高×嶺】名 高い、みね。「富士の―」 **―×颪** [オ] 名 高いみねから吹きおろす風。**―の花** 遠くから眺めるだけで、手にとり自分のものにすることのできないもののたとえ。

たがね [0]【×鏨・×鑚】名 金属の切断・破砕に使う鋼鉄製ののみ。

たが・ねる [ネ]【×綰ねる】他下一 ネ―ネ―ネル―ネレ―ネロ・ネヨ あつめて一つにまとめる。つかねる。**たが・ぬ** 文語下二

たか-のぞみ [ノ]【高望み】名 身分や才能にすぎた望み。「―は失敗のもと」

たか-の-つめ [0]【×鷹の爪】名 唐辛子の一品種。円錐形で、赤色に熟し、辛みが強い。

たか-は [0]【たか派】【×鷹派】名 力で相手をおどして主張を通そうとする強硬派。↕はと派。

たかはし-かずみ《高橋和巳》一九三一―七一。小説家・中国文学者。人間と政治のかかわりを描く長編小説を残した。「悲の器」「邪宗門」など。

たか-ばなし [バ]【高話】名 大声でする話。↕ひそひそ話。

たかはま-きょし《高浜虚子》一八七四―一九五九。俳人・小説家。本名は清。正岡子規のあとを継いで雑誌「ホトトギス」を主宰し、定型と季語を守る花鳥風詠詩としての俳句を主張した。句集に「五百句」、小説に「俳諧師」など。

たかはり-ぢょうちん [チョ]【高張▲提▲灯】名 長いさおの先につけ、高くさしあげるように作ったちょうちん。たかちょうちん。

高張ぢょうちん

たか-ひく [タ]【高低】名 高いことと低いこと。高い所と低い所。こうてい。「土地に―がある」

たか-びしゃ [0]【高飛車】名 形動 あたまごなしにおさえつけること。「―に出る」参考 将棋で飛車を前に出して高圧的に攻めることから。

たか-ふだ [0]【高札】名 ➡こうさつ。

たか-ぶ・る [ブ]【高ぶる】【×昂る】自五 ラ・ロ―リ・ッ―ル―ル―レ―レ ❶ほこる。じまんする。いばる。❷興奮する。「神経が―」 **高ぶり** 名

たかまが-はら《高天が原》➡たかまのはら。

たか-まきえ [マ]【高×蒔絵】名 地より高くもりあげたまきえ。

たか-まくら [マ]【高枕】名 ❶高さのあるまくら。❷安心して眠ること。

たかまの-はら《高天の原》❶日本神話で、天照大神が支配する天上の神々の世界。「葦原の中つ国(地上ノ世界)」「根の国(地下ノ世界)」に対していう。たかまがはら。❷古語 大空。天。

たか-ま・る [マ]【高まる】自五 ラ・ロ―リ・ッ―ル―ル―レ―レ 高くなる。**高まり** 名

たか-み [0]【高み】名 高い所。「―に登る」 **―の見物** ❶高いところで見物すること。❷関係しないで、そばでただ見ていること。傍観。

たか-みくら [ミ]【高▲御▲座】名 ❶文章語 天皇の座。天皇の位。皇位。❷古語 即位などの儀式で、大極殿・紫宸殿の中央に設けられる天皇の席。玉座。

たかみ-じゅん《高見順》一九〇七―六五。小説家。本名は高間芳雄。激動期の知識人の苦悩を描いた。「故旧忘れ得べき」「如何なる星の下に」など。

たか-むら【▲竹×叢・×篁】名 古語 竹林。竹やぶ。

たかむら-こうたろう《高村光太郎》一八八三―一九五六。詩人・彫刻家。格調の高い口語自由詩を作った。「道程」「智恵子抄」「典型」など。

たか-め [0]【高め】【高目】名 形動 やや高いと思われる程度。↕低め・安め。

た-がめ [0]【田×鼈・▲水×爬▲虫】名 水田や沼にすむタガメ科の昆虫。体長五〇～六五ミリメートルで、大きな前脚を持ち、昆虫や魚、かえるなどを捕食する。夏

たか・める [メ]【高める】他下一 メ―メ―メル―メレ―メロ・メヨ 高くする。あげる。**たか・む** 文語下二

タガヤサン [ヤ]【▲鉄▲刀▲木】名 マメ科の高木。東インド地方の原産。夏、鮮黄色の大形の花を開く。材質はかたい。参考 東南アジア系のことばというが、語源は不詳。

たがや・す [ヤ]【耕す】他五 サ・ソ―シ―ス―ス―セ―セ 田や畑をほりかえす。耕作する。春 **耕せる** 自下一 […できる]

たかやま-ちょぎゅう《高山樗牛》一八七一―一九〇二。評論家。本名は林次郎。小説に「滝口入道」、評論に「美的生活を論ず」など。

たかゆか-しき [0]【高床式】名 地面に柱を立てて、床を高く張った建物の形式。日本では弥生時代に多く、おもに倉庫として使用。

たか-ようじ [ヨ]【高×楊枝(子)】名 食後に、ゆったりと小ようじを使うこと。満腹のようす。「武士は食わねど―」

たから [ラ]【宝】名 ❶たっとい財物。財宝。❷たいせつにとりあつかうべきもの。❸➡おたから。**―の持ち腐れ** 役にたつ物や才能などを、活用しないこと。

だ-から [ダ] 接続 ❶前に述べたことが、後ろに続くことの原因や理由であることをあらわす。そのために。そういうわけで。それゆえ。「かれはうそをつく。―信用できない」❷事前に予測していたよくない事態がその通りに起こったことをあらわす。「―やめろって言ったのに」「―言わんこっちゃない」❸質問や命令に対して、自分にとっては当然である答えをいらだちながら繰り返す気持ちをあらわす。「『犯人は誰なんですか』『―知りません』」「『犯人の名前を言いなさい』『―あいつです』」

たからい-きかく《宝井其角》一六六一―一七〇七。江戸時代中期の俳人。はじめ榎本の姓。松尾芭蕉の門人の一人。都会趣味の句を詠んだ。編著に「虚栗」など。

たか-らか [カ]【高らか】形動 ダロ―ダッ・デ・ニ―ダ―ナ―ナラ―〇 高いようす。「意気―」

たから-くじ [ラ]【宝くじ】【宝×籤】名 都道府県などで、財政資金を調達するために売りだすくじ。

たから-ぶね [ブ/ラ]【宝船】名 七福神をのせた船。正月の元日または二日の夜、その絵をまくらの下におけばよい初夢を見るという。新年

たから-もの [0/モ]【宝物】名 宝とする物。ほうもつ。

たかり [0]【▲集り】名 おどしたり、泣きついたりして金品をうばうこと。また、そういう人間。

たか・る [0]【▲集る】自五 ラ・ロ―リ・ッ―ル―ル―レ―レ ❶人や動物がむらがる。「はえが―」❷おどしたり、泣きついたりして金品を出させる。「不良にたかられた」❸俗語 おごらせる。「先輩に―」

た-がる 助動 タガラ・タガロ―タガリ・タガッ―タガル―タガル―タガレ―〇 (助動詞「たい」の語幹「た」と、接尾語「がる」。動詞などの連用形につく)ある行為をすることを望んでいるようすをあらわす。「行き―」

たか-わらい [ワ]【高笑い】名 大声でわらうこと。

た-かん [0]【多感】形動(の) ダロ―ダッ・デ・ニ―ダ―ナ―ナラ―〇 ちょっとしたことにも感じやすいようす。「―な青年」

だ-かん [0]【蛇管】名 ➡じゃかん。

だ-かん ⓪【×兌換】名他サ（「兌」も「換」もかえるの意）紙幣を正貨とひきかえること。**―券** カ名 だかんしへい。**―紙幣** シ名 いつでも発行者が、本位貨幣とひきかえることになっている紙幣。だかん券。↕不換紙幣。

たかん-しょう ⓪【多汗症】名 多く汗をかく病的な体質。

たき ⓪【滝】名 ❶高い所から流れおちる水。㊂夏 ❷傾斜の急な浅瀬を流れる水。

た-き タ【多岐】名 一つの物事がいろいろな方面に関係をもっていること。多方面。「影響が―にわたる」 **―亡羊** タ名（逃げた羊を追って分かれ道の多い所で見失うことから）ことが多方面にわたり、どうしてよいかまようこと。

た-ぎ タ【多義】名 一つの事がらに、多くの意味があること。「―的」 **―語** ⓪名 一つの語で、いくつもの意義をもつ語。例えば「目（―がよい＝視力／―が届く＝注意力／台風の―＝形の似たもの）」など。

だ-き ダ【×舵機】名 船の進む方向をきめる機械。かじ。

だ-き ダ【惰気】名〔文章語〕なまけ心。いやき。「―をもよおす」

だ-き ダ【唾棄】名他サ つばを吐きかけたくなるほど、けいべつすること。「―すべき人間」

だき-あ・う ア【抱(き)合う】自五 たがいに抱きつく。「抱き合って喜ぶ」 **抱き合い** 名 **抱き合える** 自下一〔…できる〕

たき-あが・る ガ【炊(き)上がる】自五 ごはんができ上がる。**炊き上がり** 名

だき-あ・げる ゲ【抱(き)上げる】他下一 下にあるものをだいてかかえる。「赤ちゃんを―」 **だきあ・ぐ** 文語下二

たき-あわせ ⓪【炊(き)合(わ)せ】名 別々に煮た魚や野菜を一つの器に盛り合わせたもの。

だき-あわせ ⓪【抱(き)合(わ)せ】名 ❶よく売れるものと売れないものを、組みあわせて売ること。抱き合わせ販売。❷よい物とわるい物とを、組みあわせること。

だき-おこ・す コ【抱(き)起(こ)す】他五 倒れたり寝ていたりする人の上半身をかかえおこす。「病人を―」

たき-おとし ⓪【たき落(と)し】【×焚落し】名 たきぎをもやして、あとにのこった火。

だき-おもり ⓪【抱(き)重り】名 だいたときに、重みがくわわったように感じること。「ずっしりと―のする子ども」

だき-かか・える エ カ【抱きかかえる】他下一 だいて支え持つ。**だきかか・ふ** 文語ハ下二

たき-がわ ⓪【滝川】名 山間の速い流れ。

たき-ぎ ⓪【薪】名 もやす木。燃料にする木。 **―能** ギ名 たきぎの明かりでおこなう能楽。㊂夏

だき-ぐせ ⓪【抱き癖】名 抱いてやらないと、眠りにつかなかったり泣きやまなかったりする、乳児の習性。「―がつく」

たき-ぐち ⓪【たき口】【×焚口】名 火をたきつける口。

たき-ぐち ⓪【滝口】名 ❶滝の落ち口。❷清涼殿の東北方の、御溝水の落ちる所。❸蔵人所に属し、宮中の守りにあたった武士。

たきぐち-しゅうぞう《滝口修造》一九〇三–七九。詩人・評論家。詩と美術の分野で、前衛芸術の推進者として活動した。芸術論集に「近代芸術」。

たきぐち-にゅうどう《滝口入道》高山樗牛の中編小説。一八九四年に発表。「平家物語」中の人物をあつかった歴史小説。

たきこみ-ごはん ゴ【炊(き)込み御飯】名 魚介・肉・野菜などの具を入れ、味付けして炊いたごはん。

たき-こ・む コ【炊(き)込む】他五 米に魚や肉、野菜などの具を入れ、味付けをして炊き上げる。

だき-こ・む コ【抱(き)込む】他五 ❶腕の中に抱き入れる。かかえ込む。❷味方にさそいこむ。**抱き込み** 名 **抱き込める** 自下一〔…できる〕

たきざわ-ばきん《滝沢馬琴》➡きょくていばきん。

タキシード シ〈ᵖtuxedo〉名 夜会用の、男子の略式礼服。

たき-し・める ☒【×焚き染める】他下一 香をたいて、そのにおいを物にしみこませる。**たきし・む** 文語下二

だき-し・める ☒【抱(き)締める】他下一 力を入れてつよく抱く。**だきし・む** 文語下二

だき-すく・める ☒【抱きすくめる】他下一 抱きしめて相手をうごけなくする。**だきすく・む** 文語下二

たき-だし ⓪【炊(き)出し】名 火事・地震など非常のときに、飯をたいて被災者などに食べさせること。

たき-たて ⓪【炊(き)立て】名 いま、たきあがったばかりのようす。「―のごはん」

たぎ・つ【▲激つ・×滾つ】自四〔古語〕❶水がわきあがる。さかまく。「たぎつ瀬の中にも」〈古今〉❷心がいらだつ。「たぎつ心をせきぞかねつる」〈古今〉

だき-つ・く ツ【抱(き)付く】自五 抱いて、相手にしがみつく。「母親に―」

たき-つけ ⓪【×焚付】名 火をもやしつけるのに使う材料。

たき-つ・ける ケ【×焚付ける】他下一 ❶火をつけてもやす。❷そそのかす。けしかける。「反乱をおこすよう―」 **たきつ・く** 文語下二

たき-つ-せ【滝つ瀬】名〔古語〕たき。たきがわ。

たき-つぼ ⓪【滝つぼ】【滝×壺】名 滝の落ちこむ、ふかい所。㊂夏

だき-と・める ☒【抱(き)留める】他下一 ❶飛び込んだり、飛び降りて来たのを、抱いて受け留める。❷走り出そうとしたり、飛び降りようとするのを、抱いて引き留める。**だきと・む** 文語下二

だき-ね ⓪【抱(き)寝】名 抱いて寝ること。

たき-のぼり ノ【滝登り】名 滝を下から上にあがること。「こいの―」

たき-び ⓪【たき火】【×焚火】名 ❶家の外でたく火。「落ち葉の―」㊂冬 ❷かがり火。

たき-もの ⓪【たき物】【×焚物】名 まき・たきぎなどの燃料。

たき-もの ⓪【たき物】【▲薫物】名 いろいろの香をあわせてつくったねり香。あわせ香。

だ-きゅう ⓪【打球】名 野球、ゴルフ、テニスなどで、打ったたま。

た-きょう ⓪タ【他郷】名 自分の郷里でない所。異郷。

だ-きょう ⓪【妥協】名自サ 両方でおりあいをつけること。「―の余地がない」

た-きょく ⓪【多極】名 中心になるものが多数あって対立している状態。「―化」

たぎ・る ギ【×滾る・▲激る】自五 ❶わきあがる。さかまく。「怒濤が―」❷にえたつ。沸騰する。「湯が―」❸感情がつよくわきおこる。「―闘志」

たく【×托】造 ❶物をのせる。「托鉢・花托・茶托」❷よせる。よりかかる。「托生」❸まかせる。たのむ。「托送・委托・請托・付托」 **托す** 他五 **托する** 他サ

たく【択】造 えらぶ。よる。「択一・採択・選択」

たく【沢】造 ❶さわ。「沢畔・沼沢」❷うるおう。めぐ

み。「恩沢・恵沢・余沢」❸ゆたか。たくさん。「沢山・潤沢・贅沢(ぜいたく)」❹つや。「光沢・手沢」

たく【拓】 造 ❶ひらく。「拓殖・開拓・干拓」❷おす。ものに紙などをあて刷る。「拓本・魚拓」

たく【託】 造 ❶まかせる。ゆだねる。「託送・託児所・委託・寄託・嘱託・信託」❷かこつける。ことよせる。「託宣・仮託・神託」 **託す** 他五 **託する** 他サ

たく【×琢】 造 みがく。「琢磨・彫琢」

たく【濯】 造 あらう。すすぐ。「洗濯」

たく【×謫】 造 罪のため遠くへ流す。「謫居(たっきょ)・流謫(るたく)」 **謫する** 他サ

たく【×鐸】 造 大きな鈴。「銅鐸・風鐸・木鐸(ぼくたく)」

たく【宅】 ◎ ㊀名造 ❶すみか。すまい。「宅地・宅配・帰宅・住宅」❷わがや。「日曜日は―におります」「拙宅」❸⇒おたく㊀❶❷。㊁代 ❶妻が他人に対して、自分の夫をいう語。⇩夫 参考。❷⇒おたく㊁。

たく【卓】 ㊀◎名造 机。テーブル。「―を囲む」「卓球(たっきゅう)・卓上・円卓・食卓」㊁造 ぬきんでる。すぐれる。「卓越・卓説・卓抜」

た・く ◎【炊く】 他五 (カ・コ・キ・イ／ク・ク・ケ・ケ) 食物を煮る。かしぐ。「飯を―」 **炊ける** 自下一 […できる]

た・く ◎【×焚く】 他五 (カ・コ・キ・イ／ク・ク・ケ・ケ) ❶火をもやす。❷火にくべてもやす。❸【▲薫く】香(こう)をくゆらせる。「線香を―」❹火をもやしてわかす。「ふろを―」 **たける** 自下一 […できる]

タグ 〈tag〉 名 ❶タ 商品につけられた、値段・品質・製造日・製造元などを示す札。タッグ。❷◎ 情報処理で、データやプログラムに付加される情報。

だく【濁】 造 ❶にごる。にごす。「濁水・濁流・濁浪・汚濁・混濁・白濁」❷ガ・ザ・ダ・バ行の音。「濁音・濁点・半濁音・清濁・連濁」

だく【諾】 名造 承知したと答えること。「諾否・快諾・許諾・承諾」↕否。

だく タ【×跑】 名 馬がやや速くかけること。だく足。

だ-く タ【駄句】 名 つまらない句。まずい俳句・川柳。

だ・く ◎【抱く】 他五 (カ・コ・キ・イ／ク・ク・ケ・ケ) ❶からだにつけて、腕でささえもつ。❷心にもつ。いだく。❸俗語 (男から見て女を)セックスの相手とする。 **抱ける** 自下一 […できる]

ダグ-アウト ア 〈dugout〉 名 ⇒ダッグアウト。

だく-あし ◎【だく足】【×跑足】 名 ⇒だく(跑)。

たく-あん ク【沢×庵】 名 たくあんづけ。たくわん。参考 沢庵和尚(おしょう)が始めたからという。 **―漬け** ◎ 名 干した大根を、塩とぬかをまぜたものにつけこみ、上から重さをくわえて、つけたもの。㊅冬

たぐい ◎/タ【たぐい・類】(たぐひ) 名 ❶相ならぶもの。同等のもの。「―がない」❷同じ種類。なかま。「虫の―」 参考 「るい(類)」と誤読するおそれのあるときは仮名表記。

だく-い タ【諾意】 名 文章語 承諾の気持ち。

たく-いつ ◎【択一】 名 二つ以上のものの中から一つをえらぶこと。「二者―」

たぐい-な・い ナ【類無い】(たぐひ) 形 (カロ・カッ・ク／イ・イ・ケレ・○) ほかに、くらべるものがない。ひじょうにすばらしい。「―美しさ」 **たぐひなし** 文語ク

たぐい-まれ ◎【類まれ】【類▲希】(たぐひ) 形動 (ダロ・ダッ・デ・ニ／ダ・ナ・ナラ・○) くらべるものがめったにないようす。「―な才人」

たぐ・う 【▲類う】(たぐふ) ㊀ ク 自五 (ワ・オ・イ・ッ／ウ・ウ・エ・エ) ならぶ。くらべられる。匹敵する。「―ものがない」㊁ 自四 古語 ❶いっしょに並ぶ。よりそう。「わぎもこと、たづさひ行きて、たぐひて居らむ」〈万葉〉❷いっしょに行く。つれだつ。「(火葬ノ)けぶりにたぐひて、したひまゐりなむ」〈源氏〉

たく-えつ ◎【卓越】 名 自サ ひいでること。他よりすぐれて、ぬきんでること。

たぐ・える 【▲類える】(たぐへる) ㊀ エ 他下一 (エ・エ・エル・エル／エレ・エロ・エヨ) なぞらえる。同等のものとして、ならべくらべる。「他に―ものがない」 **たぐ・ふ** 文語ハ下二 ㊁ 他下二 古語 ❶並ばせる。いっしょに居させる。「かひなき身に、(姫ヲ)たぐへきこえては」〈源氏〉❷いっしょに行かせる。「その世の罪は、みな科戸(しなど)(風ノ神)の風にたぐへてき(イッショニハライノケテシマッタヨ)」〈源氏〉

だく-おん ◎/ク【濁音】 名 かなに濁点をつけてあらわす音節。ガ・ザ・ダ・バ各行の音。有声音g・z・d・bと母音との結合。↕清音・半濁音。

たく-さい ◎【卓才】 名 文章語 すぐれた才能。

たく-さん 【たくさん】【沢山】 ㊀◎ 副 形動(の) 数量の多いようす。「問題を―かかえている」「―食べてください」↕少し。参考「書斎にたくさんの本がある」とは言えるが、「書斎にいっぱいの本がある」とは言いにくい。これは「たくさん」が物を一つ一つ数えた結果として多いか少ないかを問題にしているためである。「書斎に本がいっぱいある」とは言える。「いっぱい」がある空間に一定以上の量の物が存在することを意味するためである。㊁ サ 形動 じゅうぶんで、それ以上はいらないようす。「もう―です」

たく-し タ【卓子】 名 文章語 つくえ。テーブル。

たく-じ ◎【託児】 名 幼児をあずけること。 **―所(しょ)** ◎ 名 保育所の古い呼びかた。

たくし-あ・げる ゲ【たくし上げる】 他下一 (ゲ・ゲ・ゲル・ゲル／ゲレ・ゲロ・ゲヨ) まくり上げる。「すそを―」 **たくしあ・ぐ** 文語下二

タクシー タ 〈taxi〉 名 メーターをそなえて、運転距離・時間にしたがって料金をとる乗用自動車。↕ハイヤー。

たく-しき ◎【卓識】 名 文章語 卓見(たっけん)。

たくし-こ・む コ【たくし込む】 他五 (マ・モ・ミ・ン／ム・ム・メ・メ) ❶たぐって自分の手もとに入れる。❷かねを自分の手もとにあつめる。❸はしょった着物を帯の下にはさむ。 **たくし込める** 自下一 […できる]

だく-しゅ ◎/タ【濁酒】 名 どぶろく。にごりざけ。㊅秋 ↕清酒。

たく-しゅつ ◎【卓出】 名 自サ 文章語 ぬきんでてすぐれること。卓絶。「―した意見」

たく-しょ タ【×謫所】 名 文章語 流罪(るざい)となって移された土地。配所。

たく-じょう ◎【卓上】 名 机・テーブル・食卓などのうえ。

たく-しょく ◎【拓殖】 名 自サ 未開地を切りひらき、住みつくこと。開拓殖民すること。

たく-しん ◎【宅診】 名 医師が自分の家で診察すること。↕往診。

たく・す ク【託す】【×托す】 他五 (サ・ソ・シ・ス／ス・セ・セ) ⇒たくする。

だく-すい ◎【濁水】 名 にごりみず。

たく・する ス【託する】【×托する】 他サ (シ・セ・サ・シ・スル／スル・スレ・シロ・セヨ) ❶たのみあずける。「友人に手紙を―」❷かこつける。口実にする。「多忙に託して失礼する」 **たく・す** 文語サ変

たく・する ス【×謫する】 他サ (シ・セ・サ・シ・スル／スル・スレ・シロ・セヨ) 文章語 流罪(るざい)に処して地方に移す。 **たく・す** 文語サ変

だく・する ス【諾する】 他サ (シ・セ・サ・シ・スル／スル・スレ・シロ・セヨ) 文章語 承知する。ひきうける。 **だく・す** 文語サ変

だく-せい ◎【濁世】 名 文章語 ❶にごった世の中。けがれた世。❷〘仏〙この世。現世。⇩じょくせ。

たく-せつ ◎【卓説】 名 すぐれた考え。「名論―」

たく-ぜつ ◎【卓絶】 名 自サ ぐんとすぐれること。冠絶。卓出。「古今に―する」

たく-せん ◎【託宣】 名 ❶神のおつげ。神託。❷〔「ご」をつけて〕ひとのことばをおどけていう語。「おやじのご―だ」

たく-ぜん ⓪【卓然】(と)副 たる連体 [文章語] ひときわすぐれているようす。「—たる才能」

たく-そう ⓪【宅送】名 他サ 「宅配運送」の略。宅配便。

たく-そう ⓪【託送】名 他サ 人にたのんでおくること。ことづけておくること。

だく-だく [ダ]一 (と)副 多量の液体が続けてあふれるように流れ出るようす。「汗が—出る」

だく-だく ⓪【諾諾】(と)副 たる連体 人の言うままに従うようす。「唯唯—として従う」

たく-ち ⓪【宅地】名 ❶住宅の敷地。❷建物の敷地として、登録または登記された土地。**—造成** [ゾ]名 農地や山林などを整地して、住宅用の敷地をつくること。

だく-てん [テ]【濁点】名 かなの右上につけ、濁音をあらわす符号。「゛」↕半濁点。

タクト [タ]〈tact, ドTakt〉名 ❶指揮棒。❷ひょうし。ふし。**—を取る** 演奏を指揮する。

ダクト [ダ]〈duct〉名 建物内部の配管。冷暖房用の空気を送ったり、電線・水道のパイプを通したりする。

たく-はい ⓪【宅配】名 他サ 新聞や商品を家まで配達すること。**—便** ⓪名 家から家まで荷物を送り届ける、運送会社のトラック輸送サービス。参考「宅急便」は商標名。

たく-ばつ ⓪【卓抜】自サ 形動(の) たいそうすぐれていること。「—な意見」

たく-はつ ⓪【×托鉢】名 自サ 修行のため僧や尼が、はちを持ち、経を唱えながら民家をおとずれ、米やかねのほどこしを受けて歩くこと。

たくび【掉尾】「ちょうび」のあやまり。

だく-ひ [ダ]【諾否】名 承諾か不承諾か。「—を問う」

たく-ふ [タ]【卓布】名 テーブルクロス。

たぐ-ふ【▲類ふ】[古語] ㊀自四 ⇒たぐう㊁。㊁他下二 ⇒たぐえる㊁。

タグボート [ボ]〈tugboat〉名 他の船を引く強力な小型の船。引き船。

たく-ぼく ⓪【×啄木】名 きつつき。

たくぼ-ひでお《田久保英夫》一九二八～二〇〇一。小説家。短編の名手として知られ、エロスの世界を描き続けた。「深い河」「触媒」「海図」など。

たく-ほん ⓪【拓本】名 石碑などの上に紙を当て、墨をふくませたたんぽでたたいて、きざまれた文字や模様をうつし取ったもの。石ずり。

たく-ま [タ]【×琢磨】名 他サ [文章語] 学問・技芸をみがくこと。「切磋—」

たくまし-い [シ]【×逞しい】形 (カロ・カッ・ク/イ・イ・ケレ・○) ❶体ががっしりしている。「—うで」❷意気・勢いがさかんだ。「—好学心」 **たくましげ** 形動 **たくましさ** 名 **たくま・し** 文語シク

たくましゅう-する [シュ]【×逞しゅうする】他サ (シ・セ・サ・シ・スル・スル・スレ・シロ・セヨ) (「たくましくする」の変化) ❶心のままにふるまう。思う存分にする。「想像を—」❷勢いをさかんにする。「猛威を—」

たくまず-して【▲巧まずして】連語 特に意図したり計画したりせずに。「—笑いをさそうスピーチ」

タグ-マッチ [マ]〈tag match〉名 ⇒タッグマッチ。

たくみ ⓪【巧み】㊀名 ❶たくらみ。もくろみ。❷工夫。趣向。「—をこらす」㊁形動 てぎわのよいようす。じょうず。「—な話術」「彼はギターの演奏に—だ」

たくみ ⓪【▲匠】名 工匠。大工・彫刻師など。

たく-む [ク]【▲巧む・▲工む】他五 (マ・モ・ミ・ン/ム・ム・メ・メ) ❶くふうする。「たくまざるユーモア」❷くわだてる。

たくら-む [ラ]【▲企む】他五 (マ・モ・ミ・ン/ム・ム・メ・メ) ❶くわだてる。❷悪意の計画をする。「陰謀を—」 **たくらみ** 名

たく-らん ⓪【×托卵】名 他サ 他の個体の巣に卵を産み、子を育てさせる習性。鳥・魚・昆虫などにみられる。

たぐりこ-む [コ]【手繰り込む】他五 (マ・モ・ミ・ン/ム・ム・メ・メ) たぐって手元へひき入れる。**手繰り込める** 自上一 [...できる]

たく-りつ ⓪【卓立】名 自サ [文章語] 他よりぬきんでてすぐれていること。卓越。「—した意見」

だく-りゅう ⓪【濁流】名 にごった水のながれ。↕清流。

たく-る [ク] 他五 (ラ・ロ・リ・ッ/ル・ル・レ・レ) すそやそでを、まくり上げる。「ズボンのすそを—」

たぐ-る [グ]【手繰る】他五 (ラ・ロ・リ・ッ/ル・ル・レ・レ) ❶手もとへくりよせる。「ロープを—」❷順を追って引き出す。「記憶を—」❸箸でつまんだそばを汁につけ、口からすすりこむ。**手繰れる** 自下一 [...できる]

だく-る [ク]【駄句る】他五 (ラ・ロ・リ・ッ/ル・ル・レ・レ) [俗語] (名詞「駄句」の動詞化) へたな俳句をつくる。

たく-れる ⓪ 自下一 (レ・レ・レル・レル/レレ・レロ・レヨ) まくれてしわが寄る。めくれる。「そでが—」

だく-ろう ⓪【濁浪】名 [文章語] にごった波。

たくろう-しょ ⓪【託老所】名 在宅介護の高齢者にデイサービスを行う民間の施設。参考「宅老所」と書くこともある。

たく-ろん ⓪【卓論】名 すぐれた議論・論説。「—を吐く」

たくわえ [ワ][エ]【▲蓄え】【▲貯え】名 ❶たくわえること。たくわえたもの。蓄積。❷貯金。貯蓄。「—がとぼしい」

たくわ-える [エ][ワ]【▲蓄える】【▲貯える】他下一 (エ・エ・エル・エル/エレ・エロ・エヨ) ❶物・金銭・精力などをためておく。「かねを—」❷ひげをはやす。❸やしなっておく。「でしを—」 **たくは・ふ** 文語ハ下二

たく-わん [ク]【沢×庵】名 ⇒たくあん。

たけ [ケ]【丈】【▲長】名 ❶ものの高さや、身長。❷長さ。「そでの—」❸ありたけ。全部。「思いの—をのべる」

たけ ⓪【竹】名 ❶イネ科の多年生植物の総称。茎は中空でふしがあり、地下茎でふえる。若芽は、たけのことして食用。❷竹で作った管楽器。おもに尺八。**—を割ったよう** 性質がさっぱりしているようす。

たけ [ケ]【岳】名 [文章語] 高くて大きい山。高山。山の名に多く用いる。「白馬—」

たけ ⓪【×茸】名 きのこ。(秋)「まつ—」

た-け [タ]【他家】名 よそのいえ。

たげ 接尾 (動詞の連用形について、形容動詞をつくる)…したいようなようす。「帰り—な顔つき」

だけ 助 (副助詞。体言や活用語の連体形などについて) ❶範囲を限定して、それ以外のものを否定する意味をあらわす。のみ。「君に—おしえる」「考える—でもいやだ」「聞く—は聞いてみる」⇨しか 参考。❷限定した範囲が限界だという気持ちから、程度をあらわす。「持てる—持って行きなさい」「これ—頼んでもだめですか」❸(「だけあって」「だけのことはある」「だけに」などの形で) それにじゅうぶんふさわしいことをあらわす。「さすが先生—あって」「自慢する—のことはある」

たげい ⓪[タ]【多芸】名 形動 いろいろの芸ができること。「—多才」↕無芸。

たけ-うま ⓪【竹馬】名 ❶竹ざおの先に馬の頭の形をつけ、またがって遊ぶもの。❷二本の竹ざおに足がかりをつけて乗り、さおの上部を手でにぎって歩く遊び道具。たかあし。(冬)

たけ-えん ⓪【竹縁】名 竹をならべてつくった縁。

たけ-がり ⓪【たけ狩り】【×茸狩】名 山野で、きのこを

た

さがしてとること。きのこ狩り。秋

たけ-かんむり カ【竹冠】名 漢字の部首の一つ。「節」「第」などの「⺮」。

だ-げき ◎【打撃】名 ❶うちたたくこと。❷損害。「水害で農作物が―を受ける」❸衝撃。ショック。「精神的―」❹野球で、ボールを打つこと。「―コーチ」

たけ-くらべ ク【丈比べ】名 せいくらべ。

たけくらべ《たけくらべ》樋口一葉の短編小説。一八九五―九六年に発表。吉原裏、竜泉寺町を舞台にくりひろげられる、思春期の少年少女の話。

たけざわせんせいというひと《竹沢先生と云ふ人》長与善郎の長編小説。一九二四年から二五年にかけて発表。白樺派の思想小説の代表作。

たけ・し【猛し】形ク 古語 ❶いさましい。あらあらしい。「たけきもののふの心をもなぐさむるは歌なり」〈古今・序〉❷勢いが強い。「たけき川のみなぎり流るるがごとし」〈徒然〉❸せいいっぱいである。❹ひじょうによい。すぐれている。「我が方たけう思ひ顔に心おごりして」〈源氏〉

たけ-す ◎【竹×簀】名 竹でつくったすのこ。

たけだ-いずも《竹田出雲》一六九一―一七五六。江戸時代中期の浄瑠璃作家。本名は清定。竹本座の興行主として多くの台本を合作で書いた。「菅原伝授手習鑑」「仮名手本忠臣蔵」など。

たけだけし・い シ【猛猛しい】形 カロ・カッ/ク|イ|イ|ケレ|○ ❶ひじょうにいさましく強い。❷ずうずうしい。「ぬすっと―」**たけだけしさ** 名 **たけだけ・し** 文語シク

たけだ-たいじゅん《武田泰淳》一九一二―七六。小説家。中国での出征体験に基づき、重量感のある作品を生み出した。「司馬遷」「ひかりごけ」「富士」など。

たけち-の-くろひと《高市黒人》生没年未詳。奈良時代前期の歌人。「万葉集」に旅の歌が収められる。

た-けつ ◎【多血】名 からだに血液が多いこと。**―質** ツ 名 すぐ感激するが、持続性のない気質。

だ-けつ ◎【妥結】名 自サ 両方がゆずりあって話をまとめること。「交渉が―した」

だ-けど ダ 接続 ⇒だけれども。

たけとりものがたり《竹取物語》平安時代前期の物語。仮名文による日本最古の物語とされる。竹から生まれたかぐや姫は、五人の貴族の求婚、帝の求愛を退け、月の都に帰っていく。

たけ-とんぼ ト【竹とんぼ】【竹×蜻×蛉】名 竹をプロペラの形にけずり、柄をつけ、両手でまわしてとばすおもちゃ。

たけなわ ◎【×酣・×闌】名 形動 もっともさかんなとき。「春―」

たけ-の-あき ア【竹の秋】名 陰暦三月の異名。春 参考 竹の葉が黄ばんでくるところから。

たけ-の-こ ◎【竹の子】【×筍・×笋】名 竹の地下茎から出る若芽。食用。夏 **―医者** コ 名 俗語 技術がへたで、やぶ医者ともいえないほどの医者。**―生活** セ 名 俗語 たけのこの皮をはぐように、衣類などを売って、ようやく食いつないでいる生活を言った語。

たけ-の-はる ハ【竹の春】名 陰暦八月の異名。秋 参考 このころ竹の新葉がさかんとなるところから。

たけ-べら ◎【竹べら】【竹×箆】名 竹でつくったへら。

たけ-みつ ◎/ケ【竹みつ】【竹光】名 ❶竹をけずって刀身のかわりにしたもの。❷切れない刀をあざけっていう語。なまくら刀。

たけ-やぶ ◎【竹やぶ】【竹×藪】名 竹の群生している所。

たけ-やま ◎【たけ山】【×茸山】名 きのこのはえる山。秋

たけ-やらい ヤ【竹矢来】名 竹をあらく編んで作った垣。

たけ-やり ◎【竹やり】【竹×槍】名 竹の先を斜めに切り、やりの代用にしたもの。

たけりくる・う ル【たけり狂う】【猛り狂う】自五 ワ・オイ・ッ/ウ|ウ|エ|エ 興奮して暴れたり、大声を出したりして騒ぐ。「―群集」

竹矢来

たけりた・つ タ/ケ【×哮り立つ】自五 タ・ト|チ・ッ/ツ|ツ|テ|テ あらあらしくほえたてる。「―大波」

たけりた・つ タ/ケ【猛り立つ】自五 タ・ト|チ・ッ/ツ|ツ|テ|テ 感情がたかぶってあらあらしくなる。ひどく興奮する。

たけ・る ケ【×哮る】自五 ラ・ロ|リ・ッ/ル|ル|レ|レ おそろしくほえる。ほえさけぶ。たけぶ。

たけ・る ケ【猛る】自五 ラ・ロ|リ・ッ/ル|ル|レ|レ 文章語 興奮していさみたつ。「―心を抑える」

た・ける ケ【長ける・×闌ける】自下一 ケ|ケ|ケル|ケル|ケレ|ケロ・ケヨ ❶さかりになる。「春が―」❷さかりがすぎる。❸円熟する。「剣道に―」**た・く** 文語下二

だ-けれども ダ 接続 前と逆のことを言い出すときの語。だが。だけど。

た-けん ◎【他見】名 文章語 他人が見ること。他人に、見せること。「―をはばかる」

た-げん ◎【多元】名 物事の要素が多くあること。↕一元。**―放送** ホ 名 数地点からの放送を中継線で結んで、一つにまとめて行う放送。**―論** ゲ 名 世界は、たがいに独立した多くの根本的な原理や要素によって構成されると考える立場。↕一元論。

た-げん ◎【多言】名 自サ いろいろしゃべること。多弁。「―を要しない」

た-げん ◎【他言】名 他サ ⇒たごん。

だ-けん ◎【駄犬】名 雑種の、つまらない犬。

たこ タ【×凧・×紙×鳶】名 竹の骨組みに紙をはって糸をつけ、風を利用して空にとばす遊び道具。いかのぼり。春

たこ タ【×蛸・×章×魚】名 ❶海産の頭足類の軟体動物。胴は卵形で、八本の腕に吸盤がある。逃げるとき墨をはく。種類が多い。食用。夏 ❷土をつきかためる道具。どうづき。形が❶に似ている。

たこ タ【×胼×胝】名 その部分だけを圧迫したり、刺激したりしたため、皮膚がかたくなったもの。「ペンだこ」

たご ゴ/タ【担×桶】名 水やこやしをくむためのおけ。

たこ-あし ◎/コ【たこ足】【×蛸足】名 たこの足のように一か所からいくつも分かれて出ているもの。「―配線」

た-こう ◎【多幸】名 形動 しあわせが多いこと。「ご―を祈る」

だ-こう ◎【蛇行】名 自サ へびのように、うねりくねっていくこと。**―河川** カ 名 曲がりくねってながれる川。

たこう-しき コ【多項式】名 二つ以上の単項式を加号や減号で結んだ式。$5x^2-3xy+6y^2$など。

た-こく ◎/タ【他国】名 ❶自分の国でない国。よその国。外国。↕自国。❷自分の生まれた土地でない所。「―者」

だ-こく ◎【打刻】名 他サ ❶金属などかたいものに文字や数字などをきざみつけること。❷タイムレコーダーなどで時刻を記録すること。

た-こくせき コ【多国籍】名 多くの国籍をもつこと。**―企業** キ 名 多くの国に活動の拠点を持つ国際的な企業。

たご-さく ◎【田×吾作】名 俗語「こえたご」の「たご」か

ら〕農民や、いなかの人を下に見ていった語。

たごし [タ]【手×輿】[名] ふたりの者が、手で腰の高さに持ちあげてはこぶ昔ののりもの。

タコス [タ]〈ス tacos〉[名] メキシコ料理の一つ。とうもろこし粉から作ったトルティーヤという生地でひき肉や野菜などの具を包んで食べる。

たこ-つぼ [コ]【×蛸×壺】[名] ❶海の中に沈めて、たこを中にはいらせてつかまえる、素焼きのつぼ。❷自分の狭い見聞にこだわり、他者との交流を避けようとする態度。

たごと-の-つき [タ]-[キ]-[キ]【田▲毎の月】[名] 山腹に階段状にできた水田の、それぞれにうつっている月。

たこ-にゅうどう [ニ]-[コ]【たこ入道】【×蛸入道】[名] ❶たこ。❷ぼうず頭の人。たこ坊主。

たこ-の-き [タ]【×蛸の木】[名] タコノキ科の常緑小高木。幹の下方に多くの気根が出る。日本では小笠原諸島に自生。

たこ-はいとう [ハ]【たこ配当】【×蛸配当】[名] 利益がないのに信用のためむりに配当金を出すこと。[参考] たこが自分の足を食うように会社が自分の財産をへらすことから。

たこ-べや [0]【たこ部屋】【×蛸部屋】[名] 労働者を収容して、賃金の上前をはねたり、暴力をふるって逃げようとする者を虐待したりする飯場。もと、北海道などにあった。

たこ-ぼうず [ボ]【たこ坊主】【×蛸坊主】[名] たこ入道。

タコメーター [メ]〈tachometer〉[名] エンジンなどの回転速度を測定し、表示する計器。回転速度計。

たこ-やき [0]【たこ焼き】【×蛸焼】[名] といた小麦粉を型に流しこみ、中にゆでたこなどをきざんで入れ、小さな球形に焼き上げたもの。ふつう、ソースをかけ、紅しょうがをそえて食べる。

た-こん [0]【多恨】[名][形動] [文章語] うらむ気持ち、悲しみの気持ちの多いこと。「多情—」

た-ごん [0]【他言】[名][他サ] 他人に話すこと。口外。たげん。「—は無用にねがいます」

た-さい [0]【多才】[名][形動] 才能・才知の多いこと。

た-さい [0]【多彩】[名][形動] ❶いろどりがさまざまなこと。❷ひとつひとつが異なったようすであること。多様。「—な行事」[参考]「多彩」は「多様」に比べてよい点を評価する意味合いが強い。

た-ざい [0]【多罪】[名] [文章語] ❶つみの多いこと。❷手紙などで、無礼をわびる語。多謝。「妄言—」

ださ・い [サ][形] カロ・カッ・ク・イ・イ・ケレ・○ [俗語] みばえがしない。あかぬけていない。やぼったい。「—服」

だざい-おさむ《太宰治》一九〇九—四八。小説家。本名は津島修治。生の苦しみ・悲しみ・喜びを独特な語り口の文体で表現した。「富嶽百景」「斜陽」「人間失格」など。

だざい-ふ [ザ]【▲大宰府】[名] 律令時代に筑前の国におかれ、九州地方の行政・外交・国防にあたった役所。

た-さく [0]【多作】[名][他サ] たくさんつくること。作品の多いこと。↕寡作。

だ-さく [0]【駄作】[名] 値うちのない作品。

た-さつ [0]【他殺】[名] 他人にころされること。↕自殺。

た-さん [0]【多産】[名][形動] ❶子どもをたくさんうむこと。↕少産。❷作物や作品を多くうみ出すこと。「—な文学活動」

だ-さん [0]【打算】[名][他サ] 損得を考えること。かんじょうすること。**—的** [0][形動] かんじょうだかいようす。

他山の石 よそのできごとやほんのつまらないことでも、自分の修養の助けになることのたとえ。「友人の失敗を—とする」[参考] 詩経の「他山の石以って玉を攻むべし」から。よそのそまつな石でも、自分の玉をみがくのに使える意から。

たし [0]【足し】[名] たすこと。おぎない。「旅費の—にする」

た-し [タ]【他紙】[名] ほかの新聞。他社の新聞。

た-し [タ]【他誌】[名] ほかの雑誌。他社の雑誌。

た-し [タ]【多士】[名] 多くの人材。**—▲済▲済** [タ][名] [形動(の)]〔「済済」は多いようす〕すぐれた人物が多いこと。

た-し [タ]【多子】[名] 子どもの数がおおいこと。「—家庭」↕少子。

たし [助動] タク・タカラ|タク・タカリ|タシ|タキ・タカル|タケレ|○ [古語]〔動詞・動詞型活用助動詞の連用形につく〕希望をあらわす。…たい。…てほしい。「家にありたき木は松・桜」〈徒然〉

た-じ [タ]【他事】[名] その人には関係のないこと。「—ながらご安心ください」

た-じ [タ]【多事】[名] ❶いそがしいこと。❷世の中に、事変・事件が多いこと。**—多端** [タ]-[名]〔「端」は「方面」の意〕仕事が多くていそがしいこと。**—多難** [タ]-[名] 事件が多く、困難が多いこと。「—の年」

だし [シ]【出し】[名] ❶だしじる。❷つごうのいい名目。方便。「友人を—にしてあそぶ」❸初夏のころ陸地から海にむかって吹く風。だし風。[夏]

だし [シ]【山車】[名] 祭りに、いろいろのかざりつけをしてひき出す車。[夏]

だし-いれ [シ]|[ダ]【出し入れ】[名] 出すことと入れること。「かねの—」

だし-おしみ [0]【出し惜(し)み】[名][他サ] 出すことを惜しむこと。「費用の—」

たしか [タ]【確か】【×慥か】㊀[形動] ダロ・ダッ・デ・ニ|ダ・ナ・ナラ・○ ❶信用でき、安心できるようす。「身元の—な人」「腕は—だ」❷明らかで、疑いのないようす。確実だ。「—な情報」「事件のあったことは—だ」❸しっかりしていて安全なようす。「—な方法」「—な足場」❹〔「たしかに」の形で〕世間の評判や相手の意見に同意するようす。なるほど。いかにも。「—に彼女は美しい」「—にその通りだが、こちらにも言い分はある」㊁[副] 確信のもてない記憶によって、判断するようす。多分、間違いなく。「その日は—雨だった」**確かさ** [名]

たしか・める [メ]【確かめる】[他下一] メ・メ・メル・メル・メレ・メロ・メヨ 調べたりたずねたりして事実をはっきりさせる。「チケットの発売日を—」「先方の意向を—」**たしか・む** [文語下二]

だし-がら [0]【出し殻】[名] ❶だしじるを取ったあとのかす。❷茶がら。

た-しき [0]【多識】[名][形動] [文章語] 知識がひろいこと。博識。「博学—」

タジキスタン《Tajikistan》中央アジア南東部にある共和国。首都はドゥシャンベ。一九九一年に解体した旧ソ連の構成国の一つ。

だし-こんぶ [コ]【だし昆布】[名] だし汁をとるのに使うこんぶ。

たし-ざん [シ]【足し算】[名] 加法による計算。くわえざん。寄せ算。↕引き算。

だし-じゃこ [0]【だし▲雑▲魚】[名] だし汁をとるのに使ういりこ。煮干し。

だし-じる [0]|[ジ]【だし汁】[名] かつおぶし・こんぶなどを煮だして味をよくしたしる。だし。

たじ-たじ [0][と副][自サ] ❶足もとがよろめくようす。❷相手におされてひるむようす。「するどい質問に—となる」

た-しつ [0]【多湿】[名][形動] 湿度が高いこと。「高温—」

た-じつ [タ]【他日】[名] ❶前の日。以前。❷ほかの日。後日。「—を期す」

足して二で割る 対立する意見や条件の中間をとる。両方の特徴を同程度ずつ取り入れて一つにする。

だし-なげ ⓪【出し投げ】名 相撲で、自分のからだを開き、相手のまわしをつかんで投げ出すわざ。

たしなみ ⓪/ミ【×嗜み】名 ❶このみ。❷心がけ。用意。「―が深い」❸つつしみ。「―がない」

たしな・む チ【×嗜む】他五 ❶このむ。「酒を少々―」❷けいこして身につける。「謡曲を―」❸つつしむ。「おこないを―」

たしな・める ヌ【×窘める】他下一 注意する。忠告する。「いたずらを―」 **たしな・む** 文語下二

だし-ぬ・く ヌ【出し抜く】他五 他人のすきを見つけたり、だましたりして、自分だけうまくやる。 **出し抜ける** 自下一［…できる］

だし-ぬけ ⓪【出し抜け】形動 心の準備ができていないときに、突然だれかが事を起こすようす。「弟は―に学校をやめたいと言った」

たじま《但馬》昔の山陰道の国の一つ。今の兵庫県の一部。但州。

たし-まえ ⓪【足し前】名 おぎなう分。「費用の―にする」

だしまき-たまご マ2【だし巻(き)玉子】【出し巻玉子】名 といた鶏卵にだし汁を加え、巻き込みながら焼いて仕上げた玉子焼き。だしまき。

だし-もの シ/モ【出し物】【▲演し物】名 しばいなどで上演する作品。「今月の―」

た-しゃ タ【他社】名 ほかの会社・神社など。↕自社。

た-しゃ タ【他者】名 自分以外の人。ほかの人。

た-しゃ タ【多謝】名 自サ〔文章語〕❶ふかく感謝すること。❷無礼をわびることば。多罪。「妄評―」

だ-しゃ ダ【打者】名 野球で、ボールを打つ人。バッター。

だ-じゃく ⓪【惰弱】【×懦弱】名 形動 いくじのないこと。

だ-じゃれ ⓪【駄じゃれ】【駄×洒▲落】名 つまらないしゃれ。へたなしゃれ。

た-しゅ タ【多種】名 形動(の) 種類が多いこと。種々。 **―多様** タ1 形動(の) さまざまに異なっているようす。

だ-しゅ ダ【×舵手】名 船のかじをとる人。

た-しゅう タ【他宗】名 ほかの宗旨・宗派・宗教。

た-じゅう ⓪【多重】名 いくつも重なること。「―式」 **―人格** ジ 名 一人の人間の中に、複数の異なる人格が交代してあらわれること。 **―放送** ホ 名 同時に二種類の電波を使って、複数の音声や文字・図形などを同時に送信する方式の放送。

た-しゅつ ⓪【他出】名 自サ よそへ出ていること。外出。

た-しゅつ ⓪【多出】名 自サ 多くあらわれること。「難解な用語が―する文章」

た-しゅみ シュ【多趣味】名 形動 趣味がゆたかなこと。↕無趣味・没趣味。

だ-じゅん ⓪【打順】名 野球で、打者となる順序。

た-しょ タ【他所】名〔文章語〕よそ。ほかのところ。

た-しょう ⓪【他生】名〔仏〕過去、または、未来の生。 **―の縁** 生まれる前からのいんねん。「そでふりあうも―」 参考「多生の縁」とも書く。

た-しょう ⓪【他称】名 話し手とその相手以外の人・物をさし示す代名詞。三人称。第三人称。「あれ・かれ・あそこ」など。↕自称・対称。

た-しょう ⓪【多少】㊀名 ❶多いことと、少ないこと。「―を問わない」❷〔文章語〕(漢文で)多いこと。㊁副 いくらか。すこしは。少々。「―知っている」

た-しょう ⓪【多生】名 ❶〔仏〕幾度も生まれかわること。❷〔文章語〕多くのものをいかすこと。「一殺―」

た-しょう ⓪【多祥】名〔文章語〕多幸。「ご―を祈る」

た-しょう ⓪【多照】名〔文章語〕雨やくもりの日が少なく、日の照る時間が多いこと。「高温―」

た-じょう ⓪【多情】名 形動 うつり気なこと。気が多いこと。うわ気なこと。「―な女」 **―多恨** ⓪ 名 形動〔文章語〕感じやすく、うらみ・くやみの多いこと。 **―仏心** ⓪ 名 うつり気ではあるが、薄情なことのできない性質。

だじょう-かん ジョ【▲太政官】名 ❶律令制で、八省を統率して、政治を行った役所。❷明治初年(一八六八)にもうけられ、明治一八年に廃止された最高官庁。だいじょうかん。

だじょう-だいじん ダ2【▲太政大臣】名 太政官の長官。だいじょうだいじん。

だじょう-てんのう ノ【▲太上天皇】名 位をゆずったあとの天皇を尊敬していう語。上皇。おりいのみかど。だいじょうてんのう。

た-しょく ⓪【多食】名 自他サ たくさん食べること。大食。過食。

たじろ・ぐ ロ 自五 ❶しりごみする。たじたじとなる。「猛攻に―」❷よろめく。「突かれて―」 **たじろぎ** 名

た-しん ⓪【他心】名〔文章語〕敵意をもつこころ。他意。

だ-しん ⓪【打診】名 他サ ❶指先や、小さなつちで、からだをかるくうって診断すること。❷前もって相手にあたってみて、その意向を察すること。「先方の考えを―する」

だ-じん ⓪【打陣】名 野球で、打者の顔ぶれ。

たしん-きょう ⓪【多神教】名 多数の神を信仰する宗教。↕一神教。

た・す ⓪【足す】他五 ❶不足の分をおぎなう。「ふろの水を―」❷数量を合わせる。「五と五を―」「会費と寄付金を―」↕引く。❸目的をはたす。「用を―」 参考「加える」は異質のものを合わせる意味にも使えるが、「足す」は同じ性質のものどうしにしか使えない。 **足せる** 自下一［…できる］

たず【田鶴・▲鶴】名〔古語〕つる。「いはけなきたづの一声聞きしより」〈源氏〉 参考「つる」という一般的なことばに対して、もっぱら和歌の中で用いられてきたことば。

だ・す ダ【堕す】自五 ➡だする。

だ・す ⓪【出す】他五 ❶中から外に移動させる。↕入れる。㋐中から外にうつす。決まった場所から動かす。「小鳥をかごから―」「窓から頭を―」「銀行から金を―」㋑もとの場所から身をうつす。「本社員を支社に―」「娘を嫁に―」㋒先方に送り届ける。「手紙を―」「使いを―」㋓中にかくれていた部分を外にあらわす。「しっぽを―」「散財して足を―」❷はっきりさせる。㋐なかったものをあるようにする。「火事を―」「元気を―」「新しい辞典を―」㋑ある場所に姿や形をあらわすようにする。「愛犬をコンテストに―」「新聞に広告を―」㋒まとまりをつける。「結論を―」❸あるものを人にあたえる。「店員に暇を―」「命令を―」❹〔かながき〕(動詞の連用形について)㋐新しくものを作る意味をあらわす。「えがき―」「考え―」㋑あることが始まる意味をあらわす。「降り―」「笑い―」 参考 ❹の意味で、㋑は「…始める」に言いかえられるが、「いきなり走りだした」のように、動作が急に始まる場合には「…だす」を使うことが多い。 **出せる** 自下一［…できる］ **いだ・す** 文語四

た-すう ス【多数】名 ↕少数。❶数の多いこと。あまた。❷多人数。 **―決** ス 名 多数の人の意見によってきめること。 **―派** ⓪ 名 議会やさまざまの組織で、構成員の多

数を占めているグループ。マジョリティー。「—工作」↕少数派。

だ-すう ス【打数】名 野球で、打者になった回数。犠牲打・四死球などはふくまない。

たすか・る カ【助かる】自五（ラ・ロ｜リ・ッ｜ル｜ル｜レ｜レ）❶助けられる。❷死をまぬかれる。❸労力がはぶける。「あの人の協力で—」

たすき 0/キ【×襷】名 ❶着物のそでがじゃまにならないよう、たくし上げるひも。❷一方の肩から他方の腰へななめに掛ける布。「駅伝の走者が—を渡す」❸×形の模様。❹漢字の「成」などの「ノ」

た-ずき【▲方▲便】—づき 名 古語 手段。たつき。「世渡るたづき」〈徒然〉

たすき-がけ 0【たすき掛け】【×襷掛け】名 ❶たすきを掛けること。また、掛けた姿。「—でそうじをする」参考「たすき❷」を掛けた姿を「たすき掛け」とは言わない。❷ひもや縄をななめに交差させてかけること。また、その×形。❸俗語 合併した企業の会長・社長などに、もとの企業から交互に人をつかせること。たすきがけ人事。

タスク タ〈task〉名 ❶作業。課題。❷コンピューターが実行する作業の単位。「マルチ—」

たすけ ケ【助け】名 助けること。救うこと。また、助けるもの。救うもの。「—を求める」「大いに—になる」

たすけ-あ・う ア【助け合う】—あふ 自五（ワ・オ｜イ・ッ｜ウ｜ウ｜エ｜エ）たがいに助けたり助けられたりする。「兄弟で—」 **助け合い** 名 **助け合える** 自下一[…できる]

たすけ-ぶね ブ/ケ【助け船】名 ❶難にあった船・人を助ける船。救助船。❷困っているときに力を貸すこと。助力。「—を出す」

たす・ける ケ【助ける】他下一（ケ｜ケ｜ケル｜ケル｜ケレ｜ケロ・ケヨ）❶死・危険・災難・苦痛などから、人や動物をのがれさせる。救う。救助する。「おぼれそうな人を—」「捨て犬を—」❷仕事に力を貸す。助力する。手伝う。「友人の仕事を—」「社長を助けて会社再建のために働く」「食料を送って被災者を—」❸ある作用をうながす。早める。「消化を—薬」「学問の進歩を—」 **たす・く** 文語下二

たずさ・える エ/サ【携える】たづさへる 他下一（エ｜エ｜エル｜エル｜エレ｜エロ・エヨ）❶手にさげて持っていく。「みやげものを—」❷ひきつれていく。「家族を携えて花見に行く」❸手をつなぐ。「手を携えて行く」 **たづさ・ふ** 文語ハ下二

たずさわ・る ワ【携(わ)る】たづさはる 自五（ラ・ロ｜リ・ッ｜ル｜ル｜レ｜レ）関係をもつ。従事する。「事業に—」 **携われる** 自下一[…できる]

ダスター-コート コ〈duster coat〉名（和製英語）ほこりよけのみじかいコート。ダスター。

ダスト-シュート シュ〈dust chute〉名 高層アパートなどにとりつけてある、ごみを捨てるためのたて穴。

たずね-あ・てる テ【尋ね当てる】—たづね 他下一（テ｜テ｜テル｜テル｜テレ｜テロ・テヨ）人に聞いたりして、見つける。苦労して探し出す。 **たづねあ・つ** 文語下二

たずね-あわ・せる セ【尋(ね)合(わ)せる】たづねあはせる 他下一（セ｜セ｜セル｜セル｜セレ｜セロ・セヨ）問いあわせる。 **たづねあは・す** 文語下二

たずね-びと ネ【尋ね人】—たづね 名 さがしている人。

たずね-もの 0/ノ【尋ね物】—たづね 名 さがしもとめている品物。

たずね-もの 0/ノ【尋ね者】—たづね 名 ⬇おたずねもの。

たず・ねる ネ【尋ねる】たづねる 他下一（ネ｜ネ｜ネル｜ネル｜ネレ｜ネロ・ネヨ）❶確かでない事柄を調べて明らかにする。探る。「日本語の起源を—」「先例を史料に—」❷どこに行ったかわからないもののあとを追い求める。さがす。「母をたずねて三千里」❸【訪ねる】なにかの目的で人に会いに行ったり、ある場所に出かけたりする。訪問する。おとずれる。「先輩を会社に—」「源平の古戦場を—」❹【×訊ねる】わからないことを人にあたって答えてもらう。質問する。問う。聞く。「警官に道を—」参考 ❸の意味では、「尋ねる」は人に対して、「訪ねる」は場所について使うことが多い。❹の謙譲の言い方には「うかがう」がある。 **たづ・ぬ** 文語下二

だ・する ス【堕する】自サ（シ・セ・サ｜シ｜スル｜スル｜スレ｜シロ・セヨ）堕落する。「売名主義に—」 **だ・す** 文語サ変

た-ぜい 0【多勢】名 おおぜい。多人数。↕寡勢・無勢。 **—に無勢** 小人数で大勢に向かうのではとても勝てない。

だ-せい 0【惰性】名 ❶物体が同一の状態をたもちつづけようとする性質。慣性。❷今までの勢い。「—で仕事する」参考「堕性」と書くのはあやまり。 **—的** 0 形動 今までのならわしに従うだけで、自覚や発展のないようす。

だ-せき 0【打席】名 ❶野球で、バッターボックス。また、打者となってそこに立つこと。「—数」❷ゴルフの練習場でボールを打つ場所。

た-せん 0【他薦】名 他サ ほかの人が推薦すること。↕自薦。

た-せん 0【多選】名 他サ 同じ人を何度も選挙でえらぶこと。「知事の—が問題化」

だ-せん 0【打線】名 野球で、打者の陣容。打者の顔ぶれと、その力量。

た-そう 0【多層】名 いくつもの層が重なっていること。「—構造」

たぞうき-ふぜん フ【多臓器不全】名 肺・肝臓・腎臓・心臓など、複数の重要な臓器の機能が同時に、または連続して悪化する状態。

た-そ-がれ 0【▲黄×昏】名（「誰そ彼れ」の意）人の姿の見わけのつかないころ。夕方のうすぐらい時。夕暮れ。 **—時** 0 名 たそがれ。↕かわたれどき。

だ-そく 0【蛇足】名 よけいなもの。「—を加える」参考 へびの絵に足を描き加えたという中国の故事から。

たそく-るい ク【多足類】名 節足動物のうち、多数の足をもつものの総称。むかで・やすでなど。

た-た タ【多多】副 数の多いこと。たくさん。「感服すべき点が—ある」 **—ますます弁ず** ❶事が多ければ多いほど、うまくやってのける。手腕・才能にゆとりがあるようす。❷多ければ多いほどいい。

ただ タ【ただ】【×只・▲唯・▲徒】㊀名 ❶特別のことがないこと。ふつう。つね。なみ。「—の人」❷代価がいらないこと。無代。無料。「—で食べさせる」㊁副 ❶ほかに何もないこと。「—これだけ」❷ひたすら。「—読むばかり」❸わずか。たった。「—一通の礼状」参考「だけ」「ばかり」「のみ」「しか」や「にすぎない」のような語を伴うことが多い。㊂接続 しかし。ただし。「全部あげよう。—これだけは困る」 **—では済まない** しかえしがあるかもしれず、無事には終わらない。 **—の×鼠ではない** 油断のならない者だ。 **—より高い物はない** ただで物をもらうと、かえって返礼に気を使ったり、負い目を感じたりする。

ただ【▲直】なり形動 副 古語 ❶まっすぐなさま。一直線。「道問えばただには告らず（遠回リノ）当麻路を告る」〈古事記〉❷直接であるさま。じか。「嬢子にただに逢はむと」〈古事記〉

だだ ダ 名（「駄駄」は当て字）子どもが、あまえてわがままを言うこと。「—をこねる」

ダダ ダ 名「ダダイズム」「ダダイスト」の略。

た-たい 0【多胎】名 二人以上の胎児を同時に妊娠すること。「—妊娠」

ただい [0]【他大】[名] 自分のいるところ以外の大学。

ただい [0]【多大】[形動(の)] たいそう多いようす。たくさん。「—の被害」

だたい [0]【堕胎】[名] [自サ] 胎児を人為的に流産させること。

ダダイスト [イ]〈Dadaist〉[名] ダダイズムにしたがった芸術家。ダダ。

ダダイズム [イ]〈Dadaism〉[名] ヨーロッパを中心に、第一次世界大戦の末期から戦後にかけて、伝統的形式美に反抗しておこった芸術上の運動。ダダ。

ただいま【ただ今】【▲唯今・×只今】㊀[ダ] [名] いま。現在。たった今。㊁[ダ] [副] いますぐ。すぐさま。改まった言い方。「—まいります」㊂[マ] [あいさつ]〔かながき〕帰ったときのあいさつ。

たたえごと [0]【たたえ言】【▲称え▲辞】(たたへ) [名]〔文章語〕ほめたたえることば。賛辞。

たたえる [0]/[エ]【▲称(▽×讃)える】(たたへる) [他下一] ほめそやす。「健闘を—」⇩ほめる [参考]。**たた・ふ** [文語八下二]

たた・える [0]/[エ]【×湛える】(たたへる) [他下一] 液体などをいっぱいにする。あふれるほど内に包む。「かめいっぱいに水を—」「笑みを—」 **たた・ふ** [文語八下二]

たたかい [0]【闘い】(たたかひ) [名] ㊀【戦い】❶戦争。❷闘技。競技。㊁【闘い】闘争。「自身との—」

たたか・う [0]【戦う】(たたかふ) [自五] ❶力を尽くして相手を倒す。力で勝つ。㋐兵力を用いて攻め合う。㋑スポーツとして技をあらそう。試合をする。㋒囲碁・将棋、トランプなど、ゲームとして知力をきそう。❷【闘う】物事を克服しようときびしく立ちむかう。「寒さと—」[参考]「闘う」を「斗う」と書くのは一般的ではない。 **たたかえる** [自下一]〔…できる〕

たたき [キ]【×叩き・×敲き】[名] ❶たたくこと。うつこと。❷江戸時代の刑罰で、罪人をむちでうったもの。❸魚肉・鳥肉をこまかく切って包丁などでよくたたいたもの。❹かつおの表面を強火で焙(あぶ)り、さしみのように切ったもの。❺〔俗語〕強盗。警察関係の用語。

たたき [キ]【三▲和▲土】[名] コンクリート・土などでかためた土間。

たたきあ・げる [ゲ]【たたき上げる】【×叩上げる】[他下一] 長い間の苦労をへて一人前となる。「小僧からたたき上げた人」 **たたきあ・ぐ** [文語下二]

たたきうり [キ]/[0]【たたき売り】【×叩売り】[名] 道ばたなどで、品物を安く売ること。投げ売り。

たたきおこ・す [コ]【たたき起(こ)す】【×叩起す】[他五] ❶寝ている人をむりに起こす。「夜中にたたき起こされる」❷戸をたたいて、家の人を起こす。 **たたき起こせる** [自下一]〔…できる〕

たたきこ・む [コ]【たたき込む】【×叩込む】[他五] ❶「入れる」のぞんざいな言い方。「押し入れに—」❷力をこめてたたいて打ち込む。「くぎを—」❸芸事・技術・思想などを、徹底的に教え込む。「愛社精神を—」 **たたき込める** [自下一]〔…できる〕

たたきころ・す [ロ]/[0]【たたき殺す】【×叩殺す】[他五] ❶たたいて殺す。たたっころす。❷〔俗語〕「ころす」を強めた言い方。ぶち殺す。

たたきだい [0]【たたき台】【×叩台】[名] いろいろ検討を加え、よりよいものに修正されることを期待して会議などに提出される原案。

たたきだいく [ダ]【たたき大工】【×叩大工】[名] わざのへたな大工。

たたきだ・す [ダ]【たたき出す】【×叩出す】[他五] ❶たたきはじめる。❷たたいて追いだす。追いはらう。 **たたき出せる** [自下一]〔…できる〕

たたきつ・ける [ケ]【たたき付ける】【×叩付ける】[他下一] 地面に投げつける。 **たたきつ・く** [文語下二]

たたきなお・す [オ]【たたき直す】【×叩直す】(なほす) [他五] きびしくきたえて、改めさせる。「心構えを—」

たたきのめ・す [メ]【×叩きのめす】[他五] 立てなくなるほど、ひどくたたく。「完膚なきまでに—」 **たたきのめせる** [自下一]〔…できる〕

たた・く [タ]2【×叩く・×敲く】[他五] ❶手・棒・道具などで打つ。㋐くり返し打つ。「手を—」「キーを—」「太鼓を—」「棒で—」㋑人や動物の体を打つ。ぶつ。なぐる。「顔を—」㋒強く打つような動きをする。「はげしい雨が地面を—」❷非難する。責める。「新聞が政府を—」❸質問する。「専門家の意見を—」❹(「門をたたく」の形で)たずねて教えを求める。「師の門を—」❺(「…口をたたく」の形で)さかんに言う。「むだ口を—」「かげ口を—」❻値切る。「たたいて買う」 **たたける** [自下一]〔…できる〕

×叩(たた)けば×埃(ほこり)が出(で)る どんなに完全無欠にみえても、よく調べてみれば、欠点や弱点が見つかるものである。

ただごと [0]【ただ事】【▲唯事】[名] ふつうのこと。「あのようすは—ではない」

ただ‐さえ(さへ) [連語] ただでさえ。

ただし [タ]【ただし】【但し】[接続] 上の文にそえて、補足説明をするとき、また、条件や例外をつけるときに、そのはじめに言うことば。「遊びに来なさい。—あすはだめだ」[参考]「ただし」と「もっとも」は、前に述べたことに説明をくわえるときに用いられる。前の事がらを部分的に否定するはたらきをもつ場合が多い。

ただし・い [シ]【正しい】㊀[形] ❶真理や事実と合っている。まちがいがない。「—答え」❷道理や法律に合っている。正当。「—意見」「礼儀—」❸標準・基準と一致している。「—発音」「規則—」❹形に乱れがなく、整っている。「—姿勢」 **正しさ** [名] **ただ・し** [文語シク] ㊁[形シク]〔古語〕まっすぐである。「ただしく行くべき道を」〈今昔〉

ただしがき [0]【但(し)書(き)】[名] 「ただし」ということばをはじめに使い、前文の説明・例外などを述べる文。

ただしは [タ]【ただしは】【但しは】(ワ) [接続]〔文章語〕または。

ただ・す [タ]【正す】[他五] ❶正しくする。「誤りを—」❷きちんとする。「姿勢を—」❸はっきりさせる。「是非を—」 **正せる** [自下一]〔…できる〕

ただ・す [タ]【×糺す】[他五] よしあしを明らかにする。「罪を—」 **ただせる** [自下一]〔…できる〕

ただ・す [タ]【▲質す】[他五] 質問をしてたしかめる。「真意を—」 **ただせる** [自下一]〔…できる〕

たたずまい [ズ]【×佇い】(たたずまひ) [名] 立っているようす。もののありさま。「木立や石の—」

たたず・む [ズ]【×佇む】[自五] しばらく立ちどまる。「海岸に—」 **たたずめる** [自下一]〔…できる〕

ただちに [タ]【直ちに】[副] ❶すぐに。即座に。「—に出発する」❷直接に。じかに。

だだっこ [ダ]2【だだっ子】【駄駄っ子】[名] ❶だだをこねるこども。❷わがままな人。

だだっぴろ・い [ロ]【だだっ広い】[形] むやみと広い。だだびろい。「—へや」 **だだっ広さ** [名]

ただでさえ(さへ) [連語] そのままでさえ。ふつうでさえ。

ただなか [ダ]/[0]【ただ中】【▲直中】[名] ❶まんなか。「群集の―」❷さいちゅう。「考えごとの―」

たたなづ・く【畳なづく】枕〔「たたなづく」は、重なり合う意〕「青垣」「柔肌(にきはだ)」にかかる。「たたなづく青垣山ごもれる大和しうるはし」〈古事記〉

ただ-ならず 連語〔古語〕❶ふつうのようすでない。「ただならず、いとよろづに、乱れたり(思イ乱レタ)」〈源氏〉❷すぐれている。「(男ハ)清げにて、ただならず気色(けしき)よしづきて」〈源氏〉❸妊娠している。「かの女君ゆめのごとありしに、ただならずなりにけり」〈宇津保〉

ただ-なら-ぬ 連語 ただごとではない。いかにも変だ。「―できごと」「―気配」

ただに タ 副〔文章語〕ただ。単に。ひとり。「―困難であるのみならず…」参考 下に「のみならず」の語がくる。

ただ-のり ◎【ただ乗り】【×只乗り】名 運賃をはらわないで交通機関に乗ること。

ただ-ばたらき バ【ただ働き】【×只働き】名 自サ ❶報酬をもらわずに働くこと。「―同然のサービス残業」❷働いても効果が得られないこと。むだ働き。「苦労が―に終わる」

ただ-びと ◎【ただ人】【▲徒人・▲直人・×只人】名 ❶ふつうの人。凡人。❷〔古語〕官位の低い人。地下人(じげにん)。❸〔古語〕(天皇・皇后に対して)臣下。人臣。「二条の后の…、ただ人にておはしましける時」〈伊勢〉❹〔古語〕(僧侶に対して)俗人。

たたみ ◎【畳】名 ❶むしろ・こもなどの敷物の総称。❷わらをかためた床(とこ)に、い草で織った畳おもてをはったもの。❸ぞうり・せったなどのおもてにつけるござ。**―の上(うえ)で死(し)ぬ** 変死でなく、あたりまえの死に方をする。**―の上(うえ)の水練(すいれん)** たたみすいれん。

たたみ-いわし イ【畳いわし】【畳×鰯】名 しらす(かたくちいわしの幼魚)を、うすくならべて、板のように干しかためた食べ物。

たたみ-おもて オ【畳表】名 い草の茎を麻糸で織ったむしろ。畳のおもてにつける。

たたみ-がえ ◎【畳替(え)】(がへ)名 畳のおもてを新しくとりかえること。おもて替え。冬

たたみ-か・ける ケ【畳み掛ける】他下一 相手に余裕を与えないで、つづけざまにする。「畳み掛けて質問する」たたみか・く 文語下二

たたみ-こ・む ヨ【畳み込む】他五 ❶たたんで中に入れる。❷しっかりと記憶する。「胸に―」**畳み込める** 自下一〔…できる〕

たたみ-じわ ◎【畳みじわ】【畳み×皺】名 衣服や紙などをたたんでしまっておくことによってできるしわ。「着物に―がつく」

たたみ-すいれん ス【畳水練】名 (畳の上で水泳の練習をする意から)理屈だけわかっていて、役にたたないこと。

たた・む ◎【畳む】他五 ❶広がっている物を折り重ねて小さくする。「洗濯物を―」「傘を―」❷営業をやめる。「店を―」❸表面に出さず、心にしまっておく。「だれにも言わず心に畳んでおく」❹〔俗語〕やっつける。殺す。「なまいきなやつ、畳んでしまえ」**畳める** 自下一〔…できる〕

ただむき【▲腕】名〔古語〕うで。↕かいな。参考 手首からひじまでをいう。「かいな」は、ひじから肩までをいう。

ただ-もの ◎【ただ者】【×只者】名 ふつうの人。ただびと。「かれは―でない」

ただよ・う ヨ【漂う】(ただよふ) 一 自五 ❶水にうかんでゆらゆらする。「波に―」❷さまよいまわる。「他国を―」❸あたり一面に満ちている。「かおりが―」二 自四〔古語〕❶おちつかず、ふらふらしている。安定しない。「怒れる手(筆跡)の…ただよひたる書きざまも」〈源氏〉❷たよりない、こころ細い生活をおくる。「うちすてむ後の世にただよひさすらへむこと」〈源氏〉

ただよわ・す ワ【漂わす】(ただよはす) 他五 ただようようにする。ただよわせる。「波に身を―」

たたら ◎【▲踏×鞴】名 足でふむ大きなふいご。**―を踏(ふ)む** ❶たたらをふんで空気を送る。❷勢いあまって、から足をふむ。

たたり タ【×祟り】名 ❶神仏・悪霊などがもたらすわざわい。❷行為のむくいとして受ける災難。

たた・る タ【×祟る】自五 ❶神仏・悪霊などがわざわいをする。❷ある行為がわるい結果をおこす。「無理がたたって病気になる」

ただれ ◎【×爛れ】名 ただれること。また、その状態。**―目(め)** ◎ 名 充血してただれた目。

ただ・れる ◎【×爛れる】自下一 皮膚や肉が破れくずれる。**ただ・る** 文語下二

た-たん ◎【多端】名〔文章語〕(「端」はわざ・仕事)仕事が多くて、いそがしいこと。「多事―」

たち【立ち】一 接頭〔文章語〕(動詞について)意味や語勢を強める。「―かえる」「―及ぶ」二 造 立ったまま。「―食い」「―すくむ」

たち【たち】【▲達】接尾 人の複数をあらわす。「中学生―」参考 古くは神や貴人に用いたが、いまは尊敬すべき対象には「先生がた」「皆さまがた」のように「がた」を用いる。

たち タ【▲質】名 ❶生まれつき。性質。「正直な―」❷品柄(しながら)。品質。「―のよい品」

たち タ【▲館】名 ❶高貴な人・役人の宿舎。邸宅。やかた。❷小さな城。たて。

たち タ【太刀】名 ❶【▲大▲刀】古墳時代から奈良時代に使われた、長く大きな刀。❷平安時代以後、儀式・軍陣に使った、そりのある大きな刀。

石突き
責めがね
さや
つば
つか
目ぬき
かぶとがね

太刀❷

たち-あい ◎【立(ち)会(い)】(あひ) 名 ❶その場に臨むこと。その場にいること。また、その人。❷取引所で、仲買人があつまって売買取引をおこなうこと。**―演説(えんぜつ)** エ 名 選挙運動で、複数の候補者が同じ場所でする演説。参考 表記は「立会演説」でもよい。**―人(にん)** ◎ 名 その場に立ち会う人。参考 表記は「立会人」でもよい。

たち-あい ◎【立(ち)合(い)】(あひ) 名 ❶争い。勝負。❷相撲で、力士が仕切りから立ち上がること。

たち-あ・う ◎/ア【立(ち)会う】(あふ) 自五 証人・監督者などとしてその場に出る。「談判に―」**立ち会える** 自下一〔…できる〕

たち-あ・う ◎/ア【立(ち)合う】(あふ) 自五 勝負を争う。格闘する。**立ち合える** 自下一〔…できる〕

たち-あおい ア【立×葵】(あふひ) 名 アオイ科の二年生植物。高さ約二メートル。春夏のころ、紅や白色の花をひらく。はなあおい。夏

たちあおい

たち-あがり ◎【立(ち)上がり】名 ❶物事が始まること。また、そのようす。「―でつまずく」❷機械の電源を入れてから、普通の操作ができるようになるまでの時間。「―が早い」

たち-あがり ⓪【裁ち上がり】名 着物を裁ちおわること。また、そのできばえ。「きれいな―」

たち-あが・る ⓪ガ【立(ち)上がる】【▲起ち上がる】自五 ❶すわったりしゃがんだりしていた姿勢から立つ。身をおこす。❷行動をはじめる。❸相撲で、力士が勝負をはじめる。❹コンピューターやそのプログラムが始動して、操作ができる状態になる。**立ち上がれる** 自下一[…できる]

たち-あ・げる ⓪ゲ【立(ち)上げる】他下一 ❶企画・事業などを立案し、実行にうつす。❷コンピューターやそのソフト、アプリを始動して、操作のできる状態にする。

たち-あらわ・れる レ【立(ち)現れる(現われる)】あらはれる 自下一 〔「立ち」は接頭語〕はっきり姿をあらわす。**たちあらは・る** 文語下二

たち-い チタ【立(ち)居】【▲起居】ゐ 名 立ったり、すわったりすること。**―振舞** ふるまい チタ 名 立ったりすわったりのからだのうごき。起居動作。たちふるまい。

たち-いた イチ【裁ち板】名 衣服の布地を裁つときに台にする厚い木の板。裁ちもの板。

たち-いた・る タ2【立(ち)至る】【立▲到る】自五 〔「立ち」は接頭語〕とうとう、ある事態になる。「とんだ結果に―」参考 ふつう、わるいことにいう。

たち-いち イチ【立(ち)位置】名 ❶定められた立つべき場所。「来客を迎える新郎新婦の―」❷その人の発言や行動における立場。「―があいまいな政治家」

たち-いりきんし ⓪【立(ち)入(り)禁止】名 ある場所にはいることをさしとめること。

たち-い・る イ⓪【立(ち)入る】自五 ❶その場所にはいる。❷ふかくはいる。「立ち入った話をする」❸口出しする。干渉する。「人事に―」**立ち入り** 名 **立ち入れる** 自下一[…できる]

たち-うお チ【太刀魚】うを 名 タチウオ科の海水魚。暖海でとれ、表皮はうろこがなく、銀白色。からだは長く尾は細い。たちのうお。秋

たち-うち ⓪【立(ち)撃ち】【立▲射ち】名 立ったままで、小銃を撃つこと。↕寝撃ち。

たち-うち ⓪【太刀打(ち)】名 自サ ❶刀できりあうこと。❷はりあって競争をすること。「とても―できない」

たち-うり ⓪【立(ち)売(り)】名 駅のホームなどで、立ったまま物を売ること。また、その人。

たち-おうじょう オ【立(ち)往生】名 自サ 〔立ったままで死ぬこと〕どうにもならないようす。動けないようす。「大雪で列車が―する」

たち-おく・れる レ⓪【立(ち)後れる】自下一 ❶おくれて立つ。❷おくれて、不利な状態となる。「景気対策に―」❸〔「立ち」は接頭語〕おとる。**立ち後れ** 名 **たちおく・る** 文語下二

たち-およぎ オ【立(ち)泳ぎ】名 からだを立てておよぐおよぎ方。

たち-かえり【立ち返り】かへり 副〔古語〕❶〔返事などに用いる〕すぐに。❷ふたたび。「たちかへりまたも来て見む」〈新古今〉

たち-かえ・る カ⓪【立(ち)返る】かへる 自五 〔「立ち」は接頭語〕もとの位置や状態にかえる。立ちもどる。「初心に―」

たち-かぜ チカ【太刀風】名 刀を振ったときおこる風。

たち-かた ⓪タ2【立(ち)方】名 日本舞踊で、舞いおどる人。↕地方(じかた)。

たち-がれ ⓪【立(ち)枯れ】名 草木が立ったままで枯れること。また、その枯れた草木。

たち-き ⓪キ【立(ち)木】名 地面にはえている木。

たち-ぎえ ⓪【立(ち)消え】名 ❶火が途中で消えること。❷事が中途でやむこと。「計画が―になった」

たち-ぎき ⓪【立(ち)聞き】名 他サ 立ったままで聞くこと。他人の話をぬすみ聞くこと。ぬすみ聞き。

たち-き・る キ⓪【立(ち)切る】自五 ❶立ったままでいる。転じて、我慢する。「立ち切りがたい寒さ」❷ろうそくや線香などが燃えつきる。

たち-き・る キ【断ち切る】他五 ❶切りはなす。❷きっぱりと捨てる。「未練を―」

たち-ぎれ チ⓪【裁ち切れ】【裁▲布】名 洋服などをしたてるために寸法を取って切ったきれ。

たち-ぐい ⓪【立(ち)食い】ぐひ 名 立ったままでたべること。「―そば屋」

たち-ぐされ ⓪【立(ち)腐れ】名 ❶草木などが立ったまま、くさること。❷建物などが荒れ放題になっていること。

たち-くず ク【裁ちくず】【裁×屑】くづ 名 布・紙などを裁ち切ったときのくず。

たち-くらみ ⓪【立ちくらみ】【立×眩み】名 立ち上がるとき、または、立っているときにするめまい。

たち-げ チ【立ち毛】名 田畑にそだっている作物。**―差し押さえ** オ 名 小作料を滞納したとき、地主が小作人の刈り取る前の稲を差し押さえること。

たち-げいこ ゲ【立(ち)稽古】名 演劇などで、せりふだけでなく、実際に動作をつけてけいこをすること。

たち-こ・める メ⓪【立ち込める】【立▲籠める】自下一 一面にこもる。「煙が―」**たちこ・む** 文語下二

たち-さき ⓪キ【太刀先】名 ❶たちのきっさき。❷相手に切りかかる勢い。「鋭い―」

たち-さばき サ【太刀さばき】【太刀×捌】名 たちの使いぶり。「みごとな―」

たち-さ・る ⓪サ【立(ち)去る】自五 去る。立ちのく。**立ち去れる** 自下一[…できる]

たち-さわ・ぐ ワ【立(ち)騒ぐ】自五 ❶立ってさわぐ。❷〔「立ち」は接頭語〕㋐さわぎたてる。㋑うごいておちつかない。「波が―」

たち-しょうべん ショ【立(ち)小便】名 便所以外の場所で、立って小便をすること。

たち-すがた ス【立(ち)姿】名 ❶立っている姿。↕寝姿。❷舞の姿。

たち-すく・む ク⓪【立ちすくむ】【立×竦む】自五 恐ろしさや驚きで、立ったままうごけなくなる。「ぼうぜんと―」

たち-すじ チス【太刀筋】すぢ 名 剣道の素質。

たち-せき ⓪【立(ち)席】名 ↕座席。❶乗り物に、立ったまま乗ること。❷劇場などで、立ち見をする席。

たち-そ・う ソ【立(ち)添う】そふ 自五〔文章語〕〔「立ち」は接頭語〕つきそう。よりそう。

たち-つく・す ク⓪【立(ち)尽(く)す】自五 しまいまで立ったままでいる。長い間、じっと立っている。

たち-づめ ⓪【立(ち)詰め】名 立ったままでいること。立ち通し。「一日中―で働く」

たちどころ-に ド【たちどころに】【立所に】副 ただちに。すぐさま。たちまち。「―百人ほどあつまった」

たち-どま・る ⓪マ【立(ち)止(ま)る】自五 歩くのをやめてとまる。**立ち止まれる** 自下一[…できる]

たち-とり リ【太刀取(り)】名 ❶切腹の介錯をする人。また、罪人などの首を切る人。❷➡たちもち。

たち-なお・る ⓪/オ【立(ち)直る】自五 ❶たおれそうになったものが、もとどおりしっかりと立つ。❷〔「立ち」は接頭語〕悪い状態にあったものがもとのようになる。回復する。「形勢が―」❸さがった相場がまたあがる。**立ち直り** 名 **立ち直れる** 自下一〔…できる〕

たち-なら・ぶ ⓪/ラ【立(ち)並ぶ】自五 ❶立ってならぶ。ならぶ。❷同じ程度になる。肩を並べる。

たち-ぬい チ【裁ち縫い】名 布を裁って仕立てること。裁縫。

たち-の・く ノ/⓪【立(ち)退く】自五 その場所を立ちさる。よそへうつり去る。**立ち退き** 名 **立ち退ける** 自下一〔…できる〕

たち-のぼ・る ⓪/ボ【立(ち)上る】自五 上へ高くあがる。「煙が―」

たち-のみ ⓪【立(ち)飲み】名 立ったまま飲むこと。特に、椅子を備えない店で酒を立って飲むこと。

たち-ば タ/バ【立場】名 ❶立っている所。立脚地。「―をかためる」❷見地。観点。「当事者の―で考える」❸その人の面目。立つ瀬。「それではぼくの―がなくなる」

たち-ばさみ バ【裁ちばさみ】【裁ち×鋏】名 布を裁断するために使うはさみ。⇩はさみ(図)。

たち-はだか・る カ/⓪【立ちはだかる】自五 人の前に立って、ふさがりさえぎる。「目の前へぬっと―」

たち-はたら・く ラ/⓪【立(ち)働く】自五 〔「立ち」は接頭語〕いそがしく、まめにはたらく。**立ち働ける** 自下一〔…できる〕

たちばな チ【×橘】名 ❶ミカン科の、日本固有の常緑小高木。果実は酸味が強くて食べられない。にっぽんたちばな。(秋) ❷みかんの古名。❸ヤブコウジ科の常緑低木。からたちばな。こうじ。

たちばなあけみ《橘曙覧》一八一二―六八。江戸時代後期の歌人・国学者。著作に「志濃夫廼舎歌集」など。井手曙覧。

たち-ばなし バ【立(ち)話】名 立ちながら話すこと。また、その話。

たちばなちかげ《橘千蔭》一七三五―一八〇八。江戸時代中期の国学者・歌人。本姓は加藤。著作に「万葉集略解」など。

たち-はばとび ハ/バ【立(ち)幅跳(び)】名 助走せず立ったままで前へとび、その距離をはかること。

たちはら-みちぞう《立原道造》一九一四―三九。詩人。音楽的で優美な叙情詩を作った。詩集に「萱草に寄す」など。

たち-ばん ⓪/チ【立(ち)番】名 立ってみはりをすること。また、その人。

たち-びな ビ【立ちびな】【立×雛】名 立った姿のひな人形。紙びなに多い。(春)

たち-ふさが・る ⓪/ガ【立(ち)塞がる】自五 人や物の前に立って、さえぎる。

たち-ふるまい ⓪/フ【立(ち)振(る)舞(い)】名 立ち居ふるまい。

たち-ぶるまい フ【立(ち)振(る)舞(い)】名 旅行に出かけるときに見送る者が用意するごちそう。

たち-まさ・る サ【立(ち)勝る】自五 〔「立ち」は接頭語〕まさる。すぐれる。

たち-まじ・る ジ【立(ち)交じる】自五 〔「立ち」は接頭語〕仲間にくわわる。入りまじる。

たちまち ⓪【たちまち】【×忽ち】副 すぐに。にわかに。「家を出ると―雨が降ってきた」

たちまち-づき チ2【立(ち)待(ち)月】名 〔立ちながら待つうちにすぐ出てくる月の意〕陰暦十七日の夜の月。立ち待ちの月。(秋) ↕居待ち月・寝待ち月。⇩月(図)。

たち-まよ・う ヨ【立(ち)迷う】自五 霧や煙などがただよう。

たち-まわり ⓪【立(ち)回り】名 ❶立ち回ること。❷しばいで、太刀打ち・かくとうのわざ。❸乱闘。けんか。**―先** ⓪ 名 出かけた人が立ち寄る場所。

たち-まわ・る ⓪/ワ【立(ち)回る】自五 ❶あちこちあるきめぐる。❷自分が有利になるように動きまわる。❸ある場所へたちよる。「脱走して郷里へ―」

たち-み ⓪/ミ【立(ち)見】名 ❶立ったままで見ること。❷劇場の立見席。❸立見席で見物すること。ひとまく見。**―席** ミ 名 劇場で舞台にいちばん遠い、立ったまま見物する席。

たち-むか・う ⓪/カ【立(ち)向(か)う】自五 〔「立ち」は接頭語〕❶向かって立つ。「―峰」❷てむかう。正面から向かってゆく。「強敵に―」「困難に―」**立ち向かえる** 自下一〔…できる〕

たち-もち ⓪【太刀持(ち)】名 ❶〔古語〕武家で、主人のたちをもって、そばにつかえた小姓。❷横綱の土俵入りで、たちを持って従う力士。

たち-もど・る ド/⓪【立(ち)戻る】自五 〔「立ち」は接頭語〕もどる。立ちかえる。「本論に―」**立ち戻れる** 自下一〔…できる〕

たち-もの チ【断ち物】名 神仏に願をかけて、飲み食いしないときめた飲食物。

たち-もの チ【裁ち物】名 寸法どおりに切り裁つはずの布・紙など。また、それらを裁つこと。

たち-やく ⓪【立(ち)役】名 歌舞伎で、女形・子役以外の男役。特に、男の主役。

たち-ゆ・く ⓪/ユ【立(ち)行く】自五 〔「立ち」は接頭語〕❶過ぎてゆく。「月日が―」❷なりたってゆく。「商売が―」

だ-ちょう ⓪【×駝鳥】名 ダチョウ科の鳥。現存の鳥類中最大で、高さ二メートル以上。頭は小さく首が長い。北アフリカなどのサバンナにすみ、飛べないがはやく走る。

たち-よみ ⓪【立(ち)読み】名 ❶本屋の店先で、買わないで、立ったまま本や雑誌を読むこと。❷インターネットの通信販売で、ためしに書籍を数ページ読んでみること。

たち-よ・る ⓪/ヨ【立(ち)寄る】自五 ❶寄る。目的地以外の所へ寄る。「帰りにお立ち寄りください」❷そばに寄る。近よる。**立ち寄れる** 自下一〔…できる〕

たち-わか・れる レ【立(ち)別れる】自下一 〔「立ち」は接頭語〕別れる。別れて去っていく。**たちわか・る** 文語下二

たち-わざ ⓪【立(ち)技】名 柔道やレスリングで、立ったまま相手をたおすわざ。↕寝わざ。

たち-わた・る ⓪【立(ち)渡る】自五 たちこめる。「霧が一面に―」

たち-わ・る ⓪/ワ【断ち割る】他五 切ってわける。切りわける。**断ち割れる** 自下一〔…できる〕

だ-ちん ⓪【駄賃】名 〔駄馬による品物の運賃〕❶荷物をはこぶ料金。❷お使い賃。おだちん。

たちん-ぼう ⓪【立ちん坊】名 ❶立ちつづけること。また、その人。❷昔、道ばたにいて、通る車のあと押しをしてかねをもらった人。＝たちんぼ。

たつ【達】造 ❶とどく。いたる。「達意・達成・到達・速達・配達」❷すぐれる。「達観・達人・熟達・練達」❸よくなる。成長する。「上達・発達」❹目的がかなう。「達成・栄達」❺知らせる。「下達・申達・通達・伝達」**達する**

自他サ

たつ ０【ˣ辰】名 ❶十二支の五番目。⇩十干(表)。❷〔古語〕方角について東南東を、時刻について午前八時、またその前後二時間を、また一説に午前八時からの二時間をいう。⇩方位(図)・時(図)。

たつ ０【竜】名 からだは大蛇に似て、二本のつのと四本の足とをもち、雲をおこし雨をよぶという、想像上の動物。りょう。りゅう。

た・つ タ【立つ】自五 〔タ・トーチ・ッ ツ・ツ・テ・テ〕 ❶物がまっすぐの状態で存在する。㋐動物が足でからだをまっすぐに支える。「頂上に—」「後ろ足で—」↕すわる。㋑物や植物がまっすぐに存在する。「駅前にポストが立っている」「峠に—一本杉」㋒【建つ】屋外に人工物が造られる。「空き地にビルが—」「テレビ塔が—」㋓細長いものやとがったものが表面につき出る。「霜柱が—」「とげが—」 ❷ある立場や状態に身を置く。「教壇に—」「人の上に—」「矢面に—」 ❸はっきりとあらわれる。㋐空中に高くかかる。「ほこりが—」「虹が—」㋑作用や現象があらわれる。生じる。「秋風が—」「波が—」㋒【ˀ経つ】時間がすぎたことが認められる。「月日が—」「あれから三年—」㋓目や耳にはっきり認められる。「人目に—」「耳に—声」㋔世間に広まる。「うわさが—」㋕ある感情が高まる。「気が—」「腹が—」 ❹今までいた所から移動する。㋐そこから離れる。「席を—」㋑【ˀ発つ】出かける。出発する。「ドイツへ向けて—」㋒【ˀ起つ】勢いよく行動をおこす。「—べき時が来た」 ❺確かな状態が保たれる。㋐りっぱな働きをする。よく機能を発揮する。「役に—」「腕が—」㋑そこなわれないで存在する。「面目が—」「申し訳が立たない」㋒その状態が続く。「暮らしが—」「生計が—」㋓世間でりっぱに通用する。「文学で世に—」㋔はっきりする。「予定が立たない」 ❻〔動詞の連用形について〕その動作・状態がはげしく強いことをあらわす。「わき—」「たけり—」「気負い—」 立てる 自下一 〔…できる〕

た・つ タ 他五 〔タ・トーチ・ッ ツ・ツ・テ・テ〕 ㊀【断つ】❶たち切る。切り分ける。「快刀乱麻を—」 ❷さえぎり、とめる。「退路を—」 ㊁【絶つ】❶つづいていたものを止める。うち切る。「酒を—」「消息を—」 ❷おわらせる。「命を—」 ㊂【裁つ】布や紙を寸法をはかって切る。「服地を—」 たてる 自下一 〔…できる〕

たづ【田ˀ鶴】名〔古語〕➡たず。

だつ 接尾 〔五段活用動詞をつくる〕…がかる。…らしいようすをしている。「紫—」「殺気—」

だつ【脱】㊀造 ❶ぬぐ。つけているものをはずす。「脱衣・脱皮・脱帽・着脱」 ❷のぞく。おとす。ぬけおちる。「脱字・脱毛・誤脱」 ❸のがれる。はなれる。「脱却・脱走・解脱・離脱」 ❹はずれる。「脱臼・脱線・逸脱」 ㊁接頭 あたらしい状況をもとめて行動する意をあらわす。「脱サラリーマン・脱炭素社会」 脱する 自他サ

だつ【奪】造 うばう。とる。「奪回・奪還・奪略・強奪・略奪・換骨奪胎」

たつ-い タ【達意】名〔文章語〕言おうとすることを、よくわかるようにあらわしていること。「—の文章」

だつ-い ダ【脱衣】名 自サ 着物をぬぐこと。「—場」

だつ-えい ０【脱営】名 自サ 兵営から脱走すること。

だっ-か ０【脱化】名 自サ ❶昆虫などがからをぬいで形をかえること。❷古い形式から抜け出して、新しい形に変わること。

だっ-かい ０【脱会】名 自サ 会からぬけること。↕入会。

だっ-かい ０【奪回】名 他サ うばいかえすこと。奪還。

たつ-がしら ガ【竜頭】名 たつの頭の形をしたもの。かぶとのまえだて。

たっ-かん ０【達観】名 他サ ❶全体を見わたし見とおすこと。「世界情勢を—する」 ❷物事の真理を見とおすこと。「人生を—する」 ❸物事にこだわらず、動じない心理になること。

だっ-かん ０【奪還】名 他サ うばい返すこと。奪回。「陣地を—する」

だつ-かんさ カ【脱感作】名 ➡かんさ(感作)。

た-つき キ【ˀ方ˀ便】名 生きていくための方法。手段。

た-づき 【ˀ方ˀ便】名〔古語〕➡たずき。

だっ-きゃく ０【脱却】名 自他サ 今までとらわれていた危険・悪習などからぬけて出ること。すてさること。「旧習を—する」

たっ-きゅう ０【卓球】名 〔「たくきゅう」の変化〕中央に網をはった卓上で、セルロイドのボールをラケットで打ちあう競技。ピンポン。

だっ-きゅう ０【脱臼】名 自サ 骨の関節がはずれること。

たっきゅう-びん ０【宅急便】名 〔商標名〕➡宅配便。

たっ-きょ タ【ˣ謫居】名 自サ〔文章語〕〔「たくきょ」の変化〕罰をうけて遠方に流されること。また、その住まい・暮らし。

ダッキング ０〈ducking〉名 ボクシングで、上体を左右にひくく曲げて、相手の攻撃をかわすこと。

タック タ〈tuck〉名 布をつまんで縫いつけたひだ。

タッグ タ〈tag〉名 ➡タグ❶。

ダッグ-アウト ア〈dugout〉=ダグアウト 名 野球場の、半地下式になった選手席。ベンチ。

ダックスフント フ〈ᴰDachshund〉名 胴が長くて足が短い種類の犬。もと、あなぐま猟用。今はペット用。

タックス タ〈tax〉名 税金。 **—ヘイブン** ヘ〈tax haven〉名 外国企業に対して税制上の優遇措置を与えている国または地域。租税回避地。 **—フリー** リ〈tax free〉名 免税。非課税。

タッグ-マッチ マ〈tag match〉=タグマッチ 名 プロレスなどで、選手ふたり以上が組んでする試合。

た-づくり ヅ【田作り】名 ❶田を作ること。❷ごまめ。たつくり。新年 参考 ❷の表記は「田作」でもよい。

タックル タ〈tackle〉名 自サ ラグビーやアメリカンフットボールで、ボールを持った相手にとびついて、たおすこと。

たっ-け 連語 過去を思い返す意味をあらわす。「そんなこともあっ—」⇩け。

だっ-け 連語 過去を思い返す意味をあらわす。「別れたのは夏—」⇩け。

たっ-けい ０【ˣ磔刑】名〔文章語〕〔「たくけい」の変化〕はりつけの刑罰。

たっ-けん ０【卓見・達見】名 すぐれた意見・見識。卓識。

だっ-こ ダ【抱っこ】名 他サ〔幼児語〕乳幼児を腕でしっかりとかかえること。「—ひも」

だつ-ご ダ【脱誤】名〔文章語〕文章中の字がぬけることと、まちがうこと。誤脱。

たっ-こう ０【卓効】名 すぐれたききめ。

だっ-こう ０【脱稿】名 他サ 原稿を書きあげること。「長編をついに—した」↕起稿。

だっ-こう ０【脱ˣ肛】名 自他サ 直腸下端の粘膜が肛門の外にぬけでること。

だつ-こうちく ダ【脱構築】名〔哲〕西洋の形而上学に基づく二項対立的な考え方を批判し、新たな物の見方を提示しようとする思想。フランスの哲学者デリダによって提唱され、二十世紀後半に盛んになった。

だっ-こく ０【脱穀】名 自サ ❶穀物のつぶを穂からとる

こと。❷もみがらと、つぶとをはなすこと。もみすり。

だつ‐ごく ⓪【脱獄】名 自サ 囚人が刑務所から逃げること。破獄。「—囚」

だつ‐サラ ⓪【脱サラ】名〔俗語〕サラリーマンをやめて、独立の仕事をすること。

たっし ⓪【達し】名 官公庁から国民・下級官庁への通知。通達。おたっし。「そのすじの—」

だっ‐し ⓪【脱脂】名 自サ 脂肪分をとりさること。**—乳**(にゅう) シ 名 脂肪分をとりのぞいた牛乳。↔全乳。**—粉乳**(ふんにゅう) フ 名 脱脂乳を乾燥して粉末状にしたもの。**—綿**(めん) シ 名 脂肪分や不純物をとりのぞいて消毒したわた。

だつ‐じ ⓪【脱字】名 文章の中で、ぬけおちた字。「誤字—」

たっ‐しき ⓪【達識】名〔文章語〕達見。

たっ‐しゃ ⓪【達者】形動 ダロ・ダッ・デ・ニ／ダ・ナ・ナラ・○ ❶物事に熟達しているようす。「芸が—だ」❷すこやか。「—に暮らす」

ダッシュ ダ〈dash〉㊀名 自サ ❶突進。突貫。❷スポーツで、短い距離を全速力で走ること。㊁名 ❶句と句の間に入れる「—」の記号。❷数学・化学などで使う「′」の記号。❸ボクシングで、突進してつよい乱打をあびせること。**—ボード** ボ〈dashboard〉名 自動車で、フロントガラスの下の計器盤やスイッチ類が並んでいる部分。

だっ‐しゅ ダ【奪取】名 他サ うばいとること。

だっ‐しゅう ⓪【脱臭】名 自サ くさみをぬくこと。**—剤**(ざい) シュ 名 臭気をぬくのに使うくすり。

だっ‐しゅつ ⓪【脱出】名 自サ のがれでること。ぬけだすこと。「緊急—」

だっ‐しょく ⓪【脱色】名 自他サ 色をぬくこと。染めた色をぬきとること。「—剤」

たつ‐じん ⓪【達人】名 ❶学術・技芸に通じ、上達した人。❷ひろく物事の道理に通じ、人生を見とおした人。

だっ‐すい ⓪【脱水】名 自サ ❶物にふくまれている水分をとりのぞくこと。❷結晶した物質中から結晶水を、または化合物から水素と酸素をのぞくこと。**—症状**(しょうじょう) ショ 名 体内の水分が不足するために起こる病的症状。

たっ・する ⓪【達する】シ・セ・サ・ニ・スル・スレ・シロ・セヨ ㊀自サ ❶とどく。いたる。「骨膜(こつまく)に—傷」❷ふかく通ずる。「歌道に—」㊁他サ ❶広くつげ知らせる。「趣旨を—」❷やりとげる。「目的を—」**たっ・す** 文語サ変

だっ・する ⓪【脱する】シ・セ・サ・ニ・スル・スレ・シロ・セヨ ㊀自サ ぬけでる。まぬかれる。「ピンチを—」㊁他サ〔文章語〕中からあるものを取り除く。**だっ・す** 文語サ変

たつ‐せ ダ【立つ瀬】名 立場。**—が無**(な)**い** 立場がなくなる。面目をうしなう。

たっ‐せい ⓪【達成】名 他サ 物事をなしとげること。「目標を—する」

だつ‐ぜい ⓪【脱税】名 自サ 納税者が、不正な方法で、税金をおさめないですますこと。

だっ‐せん ⓪【脱線】名 自サ ❶鉄道車両が、線路からはずれること。❷筋道からはずれた行いをすること。逸脱。❸話などが、本筋から横道にそれること。

だっ‐そ ダ【脱×疽】名 手足の先の部分の組織が死んで、とれてしまう病気。えその一種。

だっ‐そう ⓪【脱走】名 自サ ぬけでて逃げさること。「—兵」

だつ‐ぞく ⓪【脱俗】名 自サ 俗世間の気風からぬけでること。

たった ⓪ 副（「ただ」の変化。連体詞と見ることもできる）わずか。ただの。ほんの。「—これきり」「—三人」

たつた‐あげ ⓪【竜田揚(げ)】名 魚や肉をしょうゆとみりんで下味をつけ、かたくり粉をまぶして揚げた食べ物。参考 揚げた衣の色から、紅葉の名所竜田川にちなんでこの名がある。

だっ‐たい ⓪【脱退】名 自サ 属していた組織からやめてしりぞくこと。ぬけさること。「会を—する」

たった‐いま イ【たった今】副 ただいま。ついいましがた。「—帰りました」

たつた‐ひめ《竜田姫》秋の女神。秋 ↔佐保(さお)姫。

たっ‐ち ダ【立っち】名 自サ〔幼児語〕立つこと。「—ができる」

タッチ ダ〈touch〉名 自サ ❶手やものでふれること。「ボディー—」「カードを—する」❷たずさわること。「その企画には—していない」❸手ざわり。感触。「ソフト—のマスク」❹鍵盤楽器や、パソコンのキーの押し方。「—が鋭い演奏」「ブラインド—」❺絵画で筆づかい。「柔らかな—のイラスト」**—アウト** ア〈touch out〉名 他サ（和製英語）野球で、ボールを走者のからだにつけてアウトにすること。**—アップ** ア〈touch up〉名 自サ 野球で、フライが野手に捕球されると同時に、塁上の走者が次の塁に向かって走ること。**—ダウン** ダ〈touchdown〉名 自サ ❶アメリカンフットボールで、相手のゴールライン内にボールを持ちこみ得点すること。❷ラグビーで、守る側の選手が、味方のゴールライン内でボールを手で地面につけること。得点にはならない。**—の差**(さ) ほんのわずかな差。「—で先を越される」**—パネル** パ〈touch panel〉名 スマートフォンなどの電子機器で、表示画面に直接触れることで操作できる装置。**—ライン** ラ〈touchline〉名 サッカーやラグビーなどで、長方形の競技場の長いほうの二辺の線。

だっ‐ちゃく ⓪【脱着】名 他サ つけたり、はずしたりすること。「工具の部品の—」

たっ‐ちゅう ⓪【▲塔▲頭】名 本寺内にある子寺。わきでら。

だっ‐ちょう ⓪【脱腸】名 大腸などが、腹膜をかぶったまま腹壁のすきまなどからおしだされる病気。ヘルニア。

ダッチ‐ロール ロ〈Dutch roll〉名 飛行機が横ゆれや横すべりをしながら飛ぶこと。

たっ‐つけ ⓪【裁着け】名 すそをひもでくくるようにしたはかま。いがばかま。

たっ‐て ダ【たって】【▲強って】副 むりに。しいて。「—おねがいします」

たって ㊀助（接続助詞）❶（活用語の連用形につく。「たとて」の変化。上の語によって「だって」となる。）逆接の条件をあらわす。…ても。「とめ—やめないぞ」「急いだって間に合わない」❷（名詞、活用語の終止形や「…よう」の形につく。「ったって」の形をとることがある。「といったって」の変化）逆接の条件をあらわし、前に来る条件から予測される帰結には全く及ばないことをあらわす。…といっても。…としても。「社会人—、まだ十九歳だよ」「寒い—、たいしたことない」「逃げよう—むだだぞ」㊁連語 ❶…たというのは。「けがし—本当か」❷（文末で）…たそうだ。…たという。「もう終わっちゃっ—さ」

だって ㊀ダ 接続 前にのべた内容を受けて、それを否定するような理由や事情を説明するときに用いる。なぜならば。そうはいっても。「優勝は無理だよ。—、強豪チームばかりだもの」⇨でも 参考。㊁連語 ❶…だそうだ。…だという。「明日は雪が降るん—」❷相手のことばに納得できないので、相手のことばを繰り返して、どういうことか厳しく質問するときに用いる。「借りた金を返せない—？」❸疑問をあらわす語や名詞につき、質問や発言を繰り返すときに用

いる。「あの人、何歳―?」「あの人が社長―」

だって 助〔副助詞〕❶特別あつかいのものをとりあげて、普通の場合と変わらないことを強く示す。…もやはり。…であっても。でも。「ぼく―いやだよ」「横綱―負けることはある」❷同類のものをとりあげて、ほかと変わらないことを示す。…もやはり。「山田さんが行かないのならば、あなた―いやでしょう」❸例外なしにそうであることを示す。「いつ―できる」「だれ―知っている」

だっ-と ⓪ ダ【脱×兎】名〔逃げだすうさぎ〕非常にはやいもののたとえ。「―の勢い」「―のごとく走り去る」

たっと・い ト【尊い・貴い】形 カロ・カッ・ク・イ・イ・ケレ・○ ➡とうとい。**たっとさ** 名 **たっと・し** 文語ク

だっ-とう ⓪【脱党】名 自サ 党からぬけて、党員でなくなること。↕入党。

たっと・ぶ ト【尊ぶ・貴ぶ】他五 バ・ボ・ビ・ン・ブ・ブ・ベ・ベ ➡とうとぶ。**たっとべる** 自下一〔…できる〕

立つ鳥跡を濁さず 立ち去るときには、あとしまつをよくして行かなければいけない。

た-づな ⓪【手綱】名 馬をあやつるために、くつわにつけ、手にとる綱。**―を締める** ❶馬の手綱を引いて、勝手に走らないようにする。❷他人が身勝手な言動をしたり、気をゆるめたりしないように制御する。↕手綱を緩める。

たつ-の-おとしご シ【竜の落とし子】名 ヨウジウオ科の小形の海魚。沿岸にすみ、形が竜に似ている。雄の腹部に育児嚢がある。

たつのおとしご

たっ-ぱ ⓪【立っ端・建っ端】名 ❶建築で、高さ。❷〔俗語〕背の高さ。「―がある」

タッパー-ウエア エ〈Tupperware〉名〔商標名〕合成樹脂でつくった、ふたのぴったりしまる飲食物の容器。タッパー。

だっ-ぱん ⓪【脱藩】名 自サ 武士が藩からぬけ出して、浪人になること。「―志士」

だっ-ぴ ⓪【脱皮】名 自サ ❶動物が成長するにつれて、ふるい表皮をぬぎすてること。❷ふるい考え方からぬけて進歩すること。

たっ-ぴつ ⓪【達筆】名 形動(の) うまく、また、勢いよく文字を書くこと。「―な人」

タップ タ〈tap〉一 名 ❶電源と電気器具との中継に用いるコード。「テーブル―」❷雌ねじを作るための工具。二 名 他サ ❶床などをふみ鳴らすこと。また、タップダンスのこと。❷軽くたたいて操作すること。「スマホの画面を―する」**―ダンス** タ〈tap dance〉名 底に金具の付いた靴で床をたたきながらおどるダンス。タップ。

たっぷり ア (と)副 自サ ❶満ちあふれるほど、じゅうぶんなようす。「―した服」「―いただきました」❷ゆとりがじゅうぶんあるようす。「時間はまだ―ある」

ダッフル-コート コ〈duffel coat〉名〔「ダッフル」はけばの立った粗織りの毛織物〕フードのついた厚手のコート。前合わせは浮きの形をした棒状の留め具をひもでとめる。

たつ-ぶん ⓪【達文】名〔文章語〕❶いきいきとした、じょうずな文章。❷意味がはっきりした文章。

だつ-ぶん ⓪【脱文】名 文章からぬけおちた文句。「―のある文面」

だっ-ぷん ⓪【脱×糞】名 自サ 大便をすること。

たつ-べん ⓪【達弁】名 形動〔文章語〕よどみのない達者な話しぶり。能弁。「―をふるう」

だつ-ぼう ⓪【脱帽】名 自サ ❶敬意を表して帽子をぬぐこと。↕着帽。❷降参・服従の気持ちや態度を示すこと。「君のファイトには―したよ」

だっ-ぽう ⓪【脱法】名 法律にふれないようにして、悪事をすること。「―行為」

だっ-ぽく ⓪【脱北】名 自サ 朝鮮民主主義人民共和国(北朝鮮)から脱出すること。「―者」

たつ-まき ⓪【竜巻】名 局部的なはげしい旋風。雲の底から象の鼻のような形の雲がたれさがり、水・砂・物体などを空中にまきあげる現象。

たつ-み ⓪【×辰×巳・×巽】名 方角の名。東南。⇩方位(図)。

だつ-もう ⓪【脱毛】名 自他サ からだの毛がぬけること。また、ぬくこと。「―剤」

だつ-らく ⓪【脱落】名 自サ ❶必要な箇所がぬけていること。「字句の―」❷団体の行動についてゆけなくて抜け落ちること。

だつ-りゃく ⓪【奪略】【奪×掠】名 他サ〔文章語〕うばいとること。略奪。

だつ-りょく ⓪ツ【脱力】名 からだの力が抜けること。「―感」

だつ-りん ⓪【脱輪】名 自サ ❶走行中に自動車から車輪がはずれること。❷走行中の自動車の車輪が、道路の側溝などに落ち込むこと。❸列車の車輪が、線路からはずれること。脱線。

だつ-ろう ⓪【脱×牢】名 自サ〔文章語〕ろうやをぬけ出ること。脱獄。

だつ-ろう ⓪【脱漏】名 自サ〔文章語〕ぬけ、もれること。遺漏。

たて【立(て)】接頭 第一の。最高の地位の。「―行司」「―女形」

たて 接尾 その動作がおわってまもないことをあらわす。「焼き―のパン」「卒業し―」

たて 接尾 つづけざまの負けをかぞえることば。「三―をくう」

たて タ【盾】【×楯】名 ❶矢・やり・刀などをふせぎ、身をかくす武具。❷他に対し自分を守る手段にするもの。❸表彰などに際しておくられる、レリーフなどをはめこんだ板。「記念の―を贈呈する」**―に取る** あることを口実として、自分の立場を守る。**―の半面** 物事の別の一面。

たて タ【縦】【×竪】名 ❶上下の方向。上下の高さ。上部と下部との距離。❷上下、または、前後の方向。↕横。❸南北の方向。❹たていと。↕横。**―から見ても横から見ても** どんなにこまかく調べても。「―非のうちどころがない」

たて タ【館】名 ➡たち。

たて テ タ【殺陣】名 演劇・映画での、闘争・殺人・捕物などの乱闘の場面。立ち回り。

たで ⓪【×蓼】名 タデ科に属する、いぬたで・けたで・おけたでなどの総称。茎・葉に強い辛味がある。夏 **―食う虫も好き好き** (辛いたでさえ食う虫もある)人の好みはさまざまであることのたとえ。

たで

だて 接尾 特にする意をあらわす。「とがめ―」「とめ―」

だて【立(て)】接尾 ❶映画などの上映の数。「二本―」❷車や橇に馬などを何頭つけるかをあらわす。「二頭―の馬車」

だて【建(て)】接尾 建物の様式。「平屋―」「一戸―」

だて ⓪【×伊▲達】名 形動 ❶おとこぎをたてること。❷はでで、みえをはること。「―めがね」**―の薄着** 着ぶくれになるのをいやがり、寒いときにも薄着をすること。

たて-あな ⓪【縦穴】【×竪穴】名 縦に掘った穴。↕横

穴。**ー住居**ジュ 名 平地を掘りくぼめて床とし、その上に壁を兼ねた屋根をのせた住居。日本では、縄文・弥生時代に多く見られる。

たて-あみ⓪【立(建)(て)網】名 魚群の通路にしかけ、かき網(そで網)で魚をみちびき、ふくろ網でとらえるもの。

たて-いた⓪【立(て)板】名 ❶立てかけてある板。❷木目が上下に通っている板。↔横板。**ーに水(を流すよう)** ことばがつっかえることなく、すらすらと出るたとえ。

たて-いと⓪【縦糸】【▲経糸】名 織物で、縦に通っている糸。↔横糸・ぬき糸。

たて-うり⓪【建(て)売(り)】名 はじめから売る目的の住宅を建てて売ること。また、その建物。「ー住宅」

だて-おとこオ【だて男】【×伊▲達男】名 はでで、身だしなみに気をつける男。ダンディー。

たて-おやまオ【立▲女▲形】名 歌舞伎で、一座の中心となる女形役者。

たて-か・える⓪エ【立(て)替える】他下一 他人にかわって金や品を出しておく。「会費をー」 **立て替え** 名 **たてか・ふ** 文語ハ下二

たて-か・える⓪エカ【建(て)替える】他下一 建てなおす。改築する。**建て替え** 名 **たてか・ふ** 文語ハ下二

たて-がき⓪【縦書(き)】名 文字を縦に並べて書くこと。↔横書き。

たて-か・けるケ【立て掛ける】他下一 立てて他の物によせかける。「材木をー」 **たてか・く** 文語下二

たて-がみ⓪テ【×鬣】名 馬・ライオンなどの首のうしろにはえている長い毛。

たて-かんばんカ【立(て)看板】名 建物や柱などに立てかけておく看板。立て看。

たて-ぎょうじギョ【立行司】名 相撲で、行司の中の最高位の人。

たて-き・るキ【立て切る】【▲閉て切る】他五 ❶戸・障子・ふすまなどをすっかりとざす。「立て切ったへや」❷一つの主義でおし通す。

たて-ぐテ【建具】名 部屋をくぎって開閉できるもの。戸・障子・ふすまなど。

たて-ぐみ⓪【縦組(み)】名 印刷で、活字を縦に並べて組むこと。また、そういう形式の印刷。↔横組み。

たて-こう⓪【立(て)坑】【×竪坑】名 垂直に掘りさげた鉱山の坑道。↔横坑・斜坑。

たて-ごとテ【たて琴】【×竪琴】名 ハープ。㊙

たて-こ・むコ⓪【立て込む】自五 ❶多人数でこみあう。❷用事が一時に多くかさなる。「仕事がー」❸【建て込む】建物がぎっしり建ちならぶ。

たて-こ・めるメ【立て込める】他下一 戸をしめきる。

たて-こも・るモ⓪【立て籠(も)る】自五 ❶建具をとじて室内にこもる。❷城の中にこもって防ぎ守る。**立て籠もれる** 自下一[…できる]

たて-しテ【殺▲陣師】名 殺陣の型をおしえる人。

たて-じく⓪テ【縦軸】名 グラフで目盛りをつけた縦の線。↔横軸。

たて-じとみジ【立てじとみ】【立×蔀】名 細い木を格子に組んで、裏に板をはったもの。屋外のへい、屋内のついたてにする。

たて-じま⓪【縦じま】【縦×縞】名 縦のしま模様。また、その織物。↔横じま。

だて-しゃテ【だて者】【×伊▲達者】名 だて男。

たて-しゃかいシャ【縦社会】名 身分・上下の関係を重視する社会。「日本は今でもーだ」

だて-すがたス【だて姿】【×伊▲達姿】名 いきにかざりたてた姿。

たて-つ・くタツ【たて突く】【×楯突く】自五 反抗する。「親にー」

たて-つけ⓪【立(建)て付け】名 戸などのあけたてのぐあい。「ーが悪い」

たて-つづけ⓪【立て続け】名 形動 つづけざまにするようす。「ーに水を飲む」

たて-つぼテ【立坪】名 土・砂などの六尺立方の容積。立坪。

たて-つぼテ【建坪】名 建物のしめる土地の坪数。「八十坪の敷地にー三十坪」↔地坪・延べ坪。

たて-とお・すト【立て通す】他五 ❶しまいまで立てておく。❷ある態度や立場をおし通す。「主張をー」 **立て通せる** 自下一[…できる]

たて-なお・す⓪オ 他五 ━【立て直す】なおして、もとのような状態にする。「経営をー」「劣勢をー」 ━【建(て)直す】ふるい建物をこわしてあたらしく建てる。改築する。「マンションをー」 **たて直し** 名 **たて直せる** 自下一[…できる]

たて-なが⓪【縦長】名 形動 縦に長いこと。「ーの小屋」↔横長。

たて-なみ⓪【縦波】名 音波などのように、媒質の振動が、波の進行方向と同じ線上にあるような波動。↔横波。

だて-に⓪【×伊▲達に】副 外見にこだわるようす。「ーフランス語を勉強したわけではない」参考 否定の言い方をともなう。

たて-ぬき⓪【▲経▲緯】名 ❶織機のたて糸とよこ糸。❷たてとよこ。

たて-ねテ【建値】名 ❶生産者が卸売業者に対して公表する販売価格。相場の傾向によってきめられ、取り引きの基準となる。❷かわせ相場で、銀行が公表する標準値段。

たて-ばバ【立(建)(て)場】名 ❶昔、街道で、かごかきなどがつえを立てて休んだところ。❷廃品回収業者から、くずを買いとる問屋。

立てば×芍薬座れば×牡丹 女性の美しい姿のたとえ。「歩く姿はゆりの花」と続けて言うことがある。

たて-ひきテ【立(て)引(き)】【▲達引】名 意地を張ってあらそうこと。「恋のー」

たて-ひざテ【立(て)膝】名 かたひざを立ててすわること。

たて-ぶえ⓪テ【縦笛】名 たてにかまえて吹く笛の総称。リコーダー・尺八・クラリネットなど。↔横笛。

たて-ふだテ【立(て)札】名 きまり・規則などを箇条書きにして一般にかかげしめす札。高札。

たて-ぼう⓪【縦棒】名 垂直の向きに置いた棒。また、縦に引いた直線。↔横棒。

たて-まえテ【立前・▲点前】名 まっ茶をたてて客にすすめるわざ。てまえ。

たて-まえ⓪マ【建(て)前】名 ❶家屋の建築で、むねや、はりを組みたてること。また、それが終わった時に行う祝い。むねあげ。❷【立(て)前】表向きの方針・主義。「ーを崩さない」↔本音。参考 ❷の意で使うときはテ。

だて-まき⓪【だて巻き】【×伊▲達巻】名 ❶女性が、着物の帯の下にしめる細い帯。だてじめ。❷魚の肉をすりつぶし、卵とまぜて板の形にして焼き、巻いた食べ物。

たて-まし⓪【建(て)増し】名 今までの建物に、つけたして建てること。また、建てたもの。増築。

たてまつ・る【奉る】━ツ 他五 ❶〔文章語〕神仏

などに差し上げる。献上する。「社前に供え物を―」❷まつりあげて、いい気分にさせておく。「会長に奉っておくほうが無難だ」■[古語]㊀[他四]❶「あた(与)へる」「や(遣)る」などの謙譲の言い方。動作のおよぶ対象を立てる表現。「人に物を取らせたるも、ついでなくて『これをたてまつらん』と言ひたる、まことの志なり」〈徒然〉「『かかること』など殿に申しに(使イヲ)たてまつられたりければ」〈枕〉❷「着る」「食ふ」などの尊敬の言い方。本来の謙譲の用法から、動作のおよぶ対象だった主体を立てるようになった表現。「御袴着のこと、一の宮のたてまつりしに劣らず」〈源氏〉「壺なる御薬たてまつれ」〈竹取〉❸(補助動詞として動詞の連用形について)…してさしあげる。「みな手を分かちて求めたてまつれども」〈竹取〉㊁[自四]「乗る」の尊敬の言いかた。お乗りになる。「(帝ハ)御輿(おこし)にたてまつりてのちに」〈竹取〉

たて-みつ ⓪【縦×褌】[名] 相撲で、力士がまわしをしめたとき、腹側からまたを通って縦にまいてある部分。

たて-むすび ⓸【縦結び】[名] 横に結んだもののはしが、縦向きになる結びかた。

たて-もの [テ]【建物】[名] 住宅・校舎・ビル・駅舎・倉庫など社会生活に必要な建築物。木・石・土・金属などを材料とする。

たて-や [テ]【建屋】[名] 建物。特に、原子炉などの装置を収納する、本屋(ほんおく)とは別の建物。

たて-やくしゃ [ヤ]【立(て)役者】[名] ❶おもだった役者。たてやく。❷中心人物。「新党結成の―」

たて-ゆれ ⓪【縦揺れ】[名] ↕横揺れ。❶地震で、上下にゆれること。震源が近いときのゆれかた。❷船・飛行機などが上下にゆれること。ピッチング。

だてら [接尾]〔人を指す語について〕その身分や階級に似あわない。不相応である。「町人―に」

た・てる [テ]【立てる】[他下一](テ-テ-テル-テル-テレ-テロ・テヨ) ❶物をまっすぐの状態にする。㋐横になっているものを起こす。「ひざを―」㋑細長い物をたてに置く。「線香を―」「旗を―」㋒【建てる】屋外に人工物を造る。築く。「家を―」「銅像を―」㋓表面につき出た状態にする。「のこぎりの目を―」「のどに魚の骨を―」❷はっきりとわかる状態にする。㋐空中にのぼらせる。「ほこりを―」㋑風や波などを起こさせる。「波を―」「湯気を―」㋒音や声をひびかせる。「うなりを―」「声を―」㋓世間に知られるようにする。「うわさを―」「名を―」㋔ある感情を強める。「腹を―」㋕新たに作り出す。「新記録を―」㋖目標をはっきり定める。確かなものにする。「志を―」「見通しを―」㋗はっきり示す。「証拠を―」❸ある立場・状態に身を置かせて、働かせる。「使者を―」「間に人を―」❹社会的に確かな状態に置く。㋐その機能を発揮させる。「役に―」㋑そこなわれないように存在させる。「顔を―」㋒尊敬してあつかう。「先輩を―」㋓りっぱに成り立つようにする。「くらしを―」「音楽で身を―」❺【閉てる】戸・障子を閉める。「裏木戸を―」❻【点てる】茶の湯をする。「茶を―」❼(動詞の連用形について)くりかえしてする。めだつようにする。「理由を並べ―」「きれいに飾り―」「騒ぎ―」 た・つ [文語下二]

だ・てる【立てる】[接尾]〔名詞について、下一段活用動詞をつくる〕きちんと整える。「順序―」「証拠―」

たて-わり ⓪【縦割(り)】[名] ↕横割り。❶縦に割ること。❷一つの組織の中の上下関係だけで事が行われ、横のつながりがないこと。「―行政」

だ-てん ⓪【打点】[名] 野球で、打者が安打・犠打・四死球などによってもたらした得点。

だ-でん ⓪【打電】[名][自サ] 電報をうつこと。

たとい ⓪【たとい】【▲仮▲令・▲縦▲令】(たとひ) [副] ⇒たとえ。

た-とう ⓪【多頭】[名] ❶家畜などの数が多いこと。「―飼育」❷(一つの体に頭が複数ある意から)一つの組織に指導者が複数いること。「―政治」

た-どう【多動】[造] おちつきがなく、たえず動きまわること。児童が授業中にじっとしていられないなどの行動異常をいう。「―性障害」

た-どう ⓪【他動】[名] ↕自動。❶他からはたらきかけること。他にはたらきかけること。❷(自分の力でなく)他のもの力でうごくこと。 **―詞**(し) [ド][名] 他にはたらきかける意味をあらわす動詞。ふつう、「…を」という目的語をとる。↕自動詞。

だ-とう ⓪【妥当】[名][自サ][形動] 適切で、ふさわしいこと。

だ-とう ⓪【打倒】[名][他サ] うちたおすこと。「強敵を―する」

たとう-かい [ト]【多島海】[名] たくさんの島がある海域。地中海東部のエーゲ海など。

たとう-がみ [ト]【たとう紙】【▲畳紙】(たたう) [名]〔「たたみがみ」の変化〕❶厚手の和紙に折り目をつけたもの。衣類・色紙などを入れる。たとう。❷折りたたんでふところに入れる紙。ふところ紙。

たとえ [エ][ト]【×譬え・×喩え】(たとへ) [名] たとえること。たとえばなし。比喩(ひゆ)。「―を引いて話す」

たとえ ⓪[ト]【たとえ】【▲仮▲令・▲縦▲令】(たとへ) [副] そうなることを仮定するようす。よしんば。「―親が反対しても行く」[参考]下に「ても」「たって」「でも」などの言い方がくる。「たとい」も同じ。

たとえば [ト]【例えば】(たとへ) [副] ❶例をあげるならば。「西洋の画家に影響をあたえた浮世絵師には―葛飾北斎がある」❷仮定の話として。「―今世紀中に人類が火星に行くとする」

たとえ-ばなし [バ]【たとえ話】【×譬え話・×喩え話】(たとへ) [名] あることにたとえて道理などをとく話。アレゴリー。寓話(ぐうわ)。

たと・える [エ][他下一](エ-エ-エル-エル-エレ-エロ・エヨ) ㊀【例える】例をあげて説明する。㊁【×譬える・×喩える】ある事柄をわかりやすく説明するために、手近な、それに似かよった物を引き合いに出していう。「スイスのような海と接していない国を日本の県に―ならば山梨県などがそれに当たる」 たと・ふ [文語ハ下二]

タトー [ト]〈tattoo〉＝タトゥー [名] いれずみ❶。

た-どく ⓪【多読】[名][他サ] たくさん読むこと。

たどたどし・い ㊀[シ][形](カロ-カッ・ク-イ-イ-ケレ-○) ❶動作が、未熟であぶなっかしい。「―足どり」❷話しかたが、不慣れでおぼつかない。「―英語で話しかける」 たどたどしさ[名] たどたどし [文語シク] ■[形シク][古語]❶はっきりしない。ぼんやりしている。「花はみな散り乱れ、かすみたどたどしきに」〈源氏〉❷道や場所がよくわからない。不案内である。「いざ、しるべしたまへ。まろは、いとたどたどし」〈源氏〉

たどり-つ・く [ツ]【たどり着く】【×辿着く】[自五](カ-コ-キ・イ-ク-ク-ケ-ケ) さぐり求め、または苦労してやっと行き着く。「ようやく目的地に―」 たどり着ける [自下一](…できる)

たどり-よみ ⓪【たどり読み】【×辿読み】[名] 字を一つ一つひろって、ぽつりぽつりと読むこと。

たど・る [ド]⓪【×辿る】[他五](ラ-ロ-リ・ッ-ル-ル-レ-レ) ❶道に沿ってめざす方向へ進む。「家路を―」❷はっきりしていないものを、さがしもとめていく。「記憶を―」❸困難な道を苦労しながら進む。「山中の道を―」❹物事が一つの方向へ進む。「発展の一途を―」 たどれる [自下一](…できる)

た-どん ⓪【▲炭団】[名] 木炭・石炭のこなを、ふのりなどで

丸くかためた燃料。[冬]

たな[0]【▲店】[名]❶商品の陳列台。見せだな。また、みせ。商店。❷貸家。借家。「—賃」❸主家としてつかえている店。商家。

たな[0]【棚】[名]❶平らな板をかけわたして物をのせる所。❷つる性の植物をはわせるため、木・竹などを水平に編んで、高く組み立てた台。「ふじの—」 **—から×牡▲丹餅** 思いがけない幸運がころげこむこと。たなぼた。**—に上げる** そのままにしておく。不都合なことにはふれずにおく。「自分の失敗を—」

たな-あげ[0]【棚上げ】[名]❶値上がりを待って、商品をたくわえておき、市場に出さないこと。❷一時保留して、問題の解決や処理をのばすこと。「問題を—にする」

たな-うけ[0]【たな請け】【▲店請】[名]借家人の保証をすること。また、その人。

たな-おろし[0]【棚卸(し)】【▲店卸】[名][自他サ]❶決算のため、今ある商品の数量・価格をしらべること。[新年]❷他人の欠点などをかぞえあげること。

たな-ぐも[グ]【たな雲】【棚雲】[名]たなびく雲。

たな-こ[0]【▲店子】[名]借家人。↕大家。

たな-ご[0]【×鱮】[名]コイ科の淡水魚。形はふなに似て、小さい。食用。にがぶな。

たな-ごおり[ゴ]【棚氷】[名]海に張りだして浮いている、大陸氷河の広大な氷板部分。南極に多い。

た-な-ごころ[ゴ/0]【▲掌】[名]〔「手の心」の意〕てのひら。てのうら。**—の内** 物が手の中にあるように、自由になること。**—を返す** きわめてたやすいことのたとえ。**—を指す** 物ごとがたいそうはっきりしていることのたとえ。

たな-ざらえ[ザ]【棚ざらえ】【棚×浚え】[名][他サ]整理のため、手持ちの商品を安く売りさばくこと。

たな-ざらし[0/ザ]【▲店×晒し・棚×晒し】[名]❶商品が売れずに店におかれたままであること。また、その商品。❷ある問題などが、手をつけられずに放置されていること。

た-な-すえ【手な末】[名][古語]手の先。**—の▲調** 上代、女の手で織ったみつぎ物の布。↕ゆはずのみつぎ。

たな-だ[0]【棚田】[名]山間部の傾斜地に階段状に作った水田。千枚田。

たな-ちん[ナ]【▲店賃】[名]家の借り賃。家賃。

たな-ばた[0]【七夕】【棚機】[名]❶布を織る機。❷織女星(琴座のアルファ星)。たなばたつめ。❸たなばたまつり。ほしまつり。[秋] **—つ女** [名][古語]❶織物を織る女。❷七月七日にまつる織女星。おりひめ。[秋] **—祭り**[マ][名]彦星(わし座のアルファ星)と織女星とが、年に一度会うという伝説にもとづき、七月七日におこなう祭り。葉竹に色紙の短ざくなどをつるしてかざり、女児の手芸の上達をいのる。五節句の一つ。ほしまつり。乞巧奠。[秋] [参考]表記は「七夕祭」でもよい。

たな-び・く[ビ]【棚引く】[自五] 雲・かすみ・煙などが、横に低くなびく。「かすみ—春げしき」

たなべ-せいこ《田辺聖子》一九二八—二〇一九。小説家。大阪弁を生かしたユーモアと批評精神のあふれる作風で知られる。「感傷旅行(センチメンタル・ジャーニイ)」「花衣ぬぐやまつわる…」など。

たな-ぼた[0]【棚ぼた】[名]たなからぼたもち。

たな-もの[0]【▲店者】[名]商家の店員。

た-なん[0]【多難】[名][形動(の)]災難や困難が多いこと。

たに[三]【谷】【▲渓】[名]❶二つの山の間のくぼんだ所。❷地表にある細長くくぼんだ土地。❸高いものにはさまれた低い所。「ビルの—」

だに[三]【×蜱・▲壁×蝨】[名]❶ダニ目の陸生節足動物の総称。全世界に約三万種が生息するが、人畜に寄生して血を吸うものはその一部。[夏]❷はたらかずに他人にたかって生活しようとする、やくざ者など。「盛り場の—」

だに[助][古語]〔副助詞〕❶〔多く、命令・希望・意志などの表現をともなう〕最小限の事がらを取り出して強調する。せめて…だけでも。「ほととぎす汝だに来鳴け」〈万葉〉❷〔多く打ち消しの表現をともなう〕極端な事がらを取りあげて他を類推させる。…さえ。「鏡を恐れて手にだに取らず(手ニトリサエシナイ)」〈徒然〉❸事態がその程度にまで及ぶ意をあらわす。…までも。…さえも。「後生でだに、悪道へおもむかんずる」〈平家〉

たに-あい[0]【谷あい】【谷▲間】[名]谷のなか。谷。たにま。

たに-おり[0]【谷折り】[名]紙を折るとき、折り目を示す線が内側になるように折ること。↕山折り。

たに-かぜ[三]【谷風】[名]谷間や平地から、山腹にそって吹きあげる風。↕山風。

たに-がわ[0]【谷川】[名]谷間を流れる川。

た-にく[0]【多肉】[名]肉が多く、厚みのあること。**—果** [ク][名]しるの多い果肉をもち、熟してもかわかない果実。うめ・もも・なしなど。**—葉** [ク][名]厚みのある葉。

たにざき-じゅんいちろう《谷崎潤一郎》一八八六—一九六五。小説家。官能的な世界や伝統的な美しさを描いた。「刺青」「春琴抄」「細雪」などの小説のほか、「陰翳礼讃」などのエッセイがある。

た-にし[タ]【田×螺】[名]タニシ科の淡水産の巻き貝の総称。多く水田や池沼にすみ、食用。[春]

たに-そこ[0]【谷底】[名]谷のもっとも深い所。たにぞこ。

たに-ふところ[フ]【谷懐】[名]山にかこまれている谷間。

たに-ま[0]【谷間】[名]谷。谷あい。「—のともし火」 **—の姫▲百▲合** [メ][名]〔英語名の訳〕すずらん。

たに-まち[0]【谷町】[名]相撲界で、力士や部屋の後援者。[参考]明治時代、大阪の谷町にいた医師が力士のめんどうをよく見たことからという。

たに-わたり[ワ]【谷渡り】[名]❶谷から谷へ渡ってゆくこと。❷谷をわたるように木の枝などがのびること。❸うぐいすが谷から谷へ飛びながら鳴くこと。また、その鳴き声。

た-にん[0]【他人】[名]❶親族でない人。❷自分以外の人。❸見ず知らずの人。「まんざら—でもない」❹関係のない人。「—はだまっていなさい」 **—扱い**[ア][名]他人でない人を、他人のように、よそよそしくあつかうこと。**—行儀**[ギョ][名][形動]うちとけず、よそよそしいしぐさ。**—事**[0][名]ひとごと。**—丼**[ド][名]〔とり肉と卵の組み合わせを「親子」と呼ぶのに対して〕豚肉や牛肉の卵とじをどんぶり飯にかけた料理。他人どん。**—の×疝気を頭痛に病む**〔「せんき」は下半身のいたむ病気〕自分に関係のないことに、よけいな心配をする。**—の空似** 他人どうしの顔などが、よく似ていること。**—の飯を食う** 他人の家でくらして、世の中の苦しい経験をする。

た-にんずう[三]【多人数】[名]おおぜいの人。たにんず。

たぬき[タ]【×狸】[名]❶イヌ科の哺乳類。東アジア特産。山地や草原にすみ、夜行性。毛は毛筆用。毛皮は防寒用。人をばかすという伝説がある。[冬]❷他人をだます人。ずるがしこい人。「あいつは—だ」❸たぬきねいり。「—をきめこむ」❹「たぬきそば」「たぬきうどん」の略。

たぬき-うどん[ウ]【×狸×饂×飩】[名]かけうどんにあげ玉を入れたもの。

たぬき-おやじ[オ]【×狸親▲父】[名]ずるがしこい年とった男をののしっていう語。

たぬき-じる[ジ]【たぬき汁】【×狸汁】[名]❶たぬきの肉を

入れたみそしる。（冬） ❷精進(しょうじん)料理の一種。獣肉の代わりにこんにゃくを使い、しいたけ・ごぼうなどを入れたしる。

たぬき-そば ［ソ］【×狸×蕎▲麦】名 かけそばにあげ玉を入れたもの。参考 関西ではかけそばに甘く煮た油揚げをのせたものを「たぬき」と言う。⇩きつねうどん 参考。

たぬき-ねいり ［ネ］【たぬき寝入り】【×狸寝入り】名 寝たふりをすること。そら寝。たぬき寝。たぬきねむり。

たぬき-ばやし ［パ］【×狸×囃子】名 農民が祭りのはやしのけいこをしたら、たぬきが腹つづみを打ってはやしたという俗説。参考 木更津(きさらづ)証誠(しょうじょう)寺の「たぬきばやし」は童謡で有名。

たぬき-も ［キ］【×狸藻】名 タヌキモ科の多年生の水草。食虫植物の一つ。

たね ［タ］【種】名 ❶物の発生するもと。㋐植物が芽を出すもとになるもの。種子。「桃の―」 ㋑血筋を伝えるもととなるもの。また、血筋を受けつぐ子。「一粒―」「―を宿す」 ㋒物事を発生させる、または成り立たせるもとになるもの。「けんかの―」「話の―」 ❷手品のしかけ。「―もしかけもない」 ❸料理の材料。「おでんの―」「てんぷらの―」 ―が割(わ)れる しかけやたくらみがわかってしまう。

たね-あかし ［ア］【種明(か)し】名 手品などのしかけを見せて、説明すること。

たね-あぶら ［ア］【種油】名 あぶらなの種からしぼりとった油。食用・灯火用。なたねあぶら。

たね-いた ［0］【種板】名 写真の原版。

たね-いも ［0］【種芋】名 さつまいもや、じゃがいもの種にする芋。（春）

たね-うし ［0/ウ］【種牛】名 繁殖・改良のために飼うおすの牛。

たね-うま ［0/ウ］【種馬】名 繁殖・改良のために飼うおすの馬。

たね-おろし ［オ］【種下ろし】名 種を田畑にまくこと。種まき。（春）

たね-が-しま ［ガ］【▲種▲子島】名 火縄銃の俗称。参考 天文一二年(一五四三)、種子島時尭(たねがしまときたか)が、ポルトガル人より手に入れたことから。

たね-がみ ［0］【種紙】名 かいこの卵のうみつけてある紙。蚕卵紙(さんらんし)。（春）

たね-がわり ［ガ］【種変(わ)り】―がはり 名 ❶母が同じで、父がちがうこと。たねちがい。↕腹違い。❷変種。

たね-ぎれ ［0］【種切れ】名 もとになる材料などがなくなってしまうこと。

たね-ちがい ［チ］【種違い】―ちがひ 名 種変わり。

たね-つけ ［0］【種付(け)】名 牛・馬・ぶたなど、家畜の繁殖・改良のために、おすをめすに交配させること。（春）

たね-とり ［ネ/ト］【種取(り)】名 ❶種子をとること。（秋） ❷種牛・種馬など、子を産ませる役のために飼っておく動物。❸雑誌・新聞などの材料をとること。取材。

たね-び ［0］【種火】名 いつでも火がおこせるように用意しておく小さな火。火種。

たね-ほん ［0］【種本】名 著作・講義などの材料となる本。

たね-まき ［ネ］【種まき】【種×蒔】名 ❶種をまくこと。種おろし。❷なわしろにもみをまくこと。（春）

たね-もの ［ネ］【種物】名 ❶草木の種子。（春） ❷そば・うどんにてんぷら・卵などがはいっているもの。❸氷水に、ゆであずきなどを入れたもの。

たね-もみ ［ネ］【種もみ】【種×籾】名 種としてまくためのもみ。

た-ねん ［0］【他年】名 将来の、ある年。後年。「―名をなすであろう」

た-ねん ［0］【他念】名 ほかのことを思う心。余念。**―なく** ［ナ］副〔文章語〕ひとすじに。ひたすら。

た-ねん ［0］【多年】名 多くの年月。長年。**―生**(せい) ［0］名 二年以上にわたり生育する草。多年生植物。↕一年生・二年生。**―生植物**(せいしょくぶつ) ［ク］名 多年生の草本植物。多年生草本。多年草。きく・ゆり・おもとなど。↕一年生植物・二年生植物。**―生草本**(せいそうほん) ［ソ］名 多年生植物。↕一年生草本・二年生草本。**―草**(そう) ［0］名 多年生植物。↕一年草・二年草。

だ-の 助〔副助詞〕つながりのある物事を例示し、また列挙する。…とか。「文学―音楽―」 参考 「並立助詞」と呼ぶこともある。⇩や❶参考。

た-のう ［0］【多能】名 形動(の) 多くの芸能・才能を身につけていること。「多芸―の人」

たの-し・い【楽しい】㊀ ［シ］形 カロ・カッ・ク/イ・イ・ケレ・○ こころが満ちたりて、愉快である。気分がいい。**楽しがる** 自五 **楽しげ** 形動 **楽しさ** 名 **たの・し** 文語シク ㊁ 形シク〔古語〕経済的に満ちたりている。裕福だ。「その後は蔵の物をもとりつかひ近江の所をも領(し)りてたのしくてぞありける」〈今昔〉➡たのもしい㊁❷。

たのしみ ［シ/ミ］【楽しみ】名 形動 ❶楽しいと感じること。「何も―がない」 ❷楽しいこととして心待ちにすること。「おみやげを―にする」

たのし・む ［シ］【楽しむ】他五 マ・モ/ミ・ン/ム/ム/メ/メ ❶それによって心が満ち足りる。㋐楽しいと感じて喜ぶ。「家族だんらんを―」「青春を―」 ㋑そこから楽しいことを引き出して、その物のよさを十分に味わう。「清貧を―」「俳句を―」 ㋒好きなことをして心をなぐさめる。「散歩を―」 ❷期待をかけ、それが実現してゆくのを見て喜ぶ。「子の成長を―」 **楽しめる** 自下一〔…できる〕

だ-のに ［ダ］ 接続 それであるのに。「もう一時だ。―眠くない」

たのみ ［ミ］【頼み】名 ❶たのむこと。たのむ内容。「―を聞く」 ❷たよるもの。たより。「君だけが―だ」 参考 ❷の意で使うときは［タ］。 **―の綱**(つな) たよりにしているもの。

たのみ-い・る ［イ］【頼み入る】他五 ラ・ロ/リ・ッ/ル/ル/レ/レ 心から頼む。頼み込む。

たのみ-こ・む ［コ］【頼み込む】他五 マ・モ/ミ・ン/ム/ム/メ/メ ていねいに頼む。たのみいる。**頼み込める** 自下一〔…できる〕

たのみ-すくな・い ［ナ］【頼み少ない】形 カロ・カッ・ク/イ・イ・ケレ・○ おぼつかない。心ぼそい。「成功は―」 **たのみすくな・し** 文語ク

たの・む【頼む】【×恃む】㊀ ［ノ］他五 マ・モ/ミ・ン/ム/ム/メ/メ ❶願う。依頼する。㋐こうしてほしいとお願いする。「ぜひ出席してくれと―」「友人に伝言を―」 ㋑様子がわかっており、信頼できる相手に依頼する。「子供のことを先生に―」「訴訟のことを弁護士に―」 ❷あてにする。力あるものとしてたよる。「先輩と―」「味方の数を頼んで勝負に出る」 **頼める** 自下一〔…できる〕 ㊁ 他下二〔古語〕（使役的な意味で）たよりにさせる。あてにさせる。「（春ニナッタラ帰ルト）たのめしを猶(なほ)や待つべき」〈更級〉

た-の-も【田の▲面】名〔古語〕（「たの面(おも)」の変化）たんぼ。たんぼの水面・表面。

たのもう【頼もう】(たのまう) あいさつ〔古語〕（「たのまむ」の変化）よその家を訪問して案内を請うときのことば。「どうれ」と答える。

たのもし・い【頼もしい】㊀ ［シ］形 カロ・カッ・ク/イ・イ・ケレ・○ たよりにすることができて、心強い。「―男」 **頼もしがる** 自五 **頼もしげ** 形動 **頼もしさ** 名 **たのも・し** 文語シク ㊁ 形シク〔古語〕❶いかにも楽しい。じゅうぶんに期待がもてる。「（夕霧ノ見舞イヲ）いとうれしくたのもしと待ち受けたまひて」〈源氏〉

❷生活がゆたかである。裕福だ。「若かりし折は、まことにたのもしくてありし身なり」〈宇治拾遺〉

たのもし-こう [0][シ]【頼▲母子講】[名] 加入した人々が、一定の期日に金銭を出しあって、その全金額をある順序でつぎつぎに受けとる互助組織。むじん。たのもし。

た-は [タ]【他派】[名] ほかの流派・党派。↕自派。

たば [タ]【束】[名] 束ねたもの。一つにくくったもの。 **━になって掛(か)かる** 大ぜいいっしょになって向かいかかる。

だ-は [ダ]【打破】[名][他サ] うちやぶること。「旧習を━する」

だ-ば [ダ]【駄馬】[名] ❶荷物をはこぶ馬。❷下等の馬。↕駿馬(しゅんめ)。

た-ばい [0]【多売】[名] 多く売ること。「薄利━」

た-ばか・る【▲謀る】(「た」は接頭語) ━[カ][他五] (ラ・ロ・リ・ッ・ル・ル・レ・レ) あざむく。たぶらかす。だます。かたる。「相手をうまく━」 ━[他四][古語] ❶相談する。かたらう。「『かかることなむあるをいかがすべき』とたばかりたまひけり」〈大和〉❷よく考えて工夫する。あれこれ思いめぐらす。「さりぬべき折見て、対面すべくたばかれ」〈源氏〉

タバコ [0]【▲煙▲草・×莨】〈ポ tabaco〉[名] ❶ナス科の一年草。南米の原産。葉はニコチンを含み、喫煙に用いる。❷たばこの葉をかわかして作ったもの。火をつけて煙を吸う。巻きたばこ・きざみたばこ・葉巻きなど。[参考] 一般に「たばこ」とひらがなで書く。 **━銭**(せん) [コ][名] ❶たばこの代金。❷わずかなかね。「━にも困っている」 **━盆**(ぼん) [コ][名] 火入れ・灰吹きなど、きざみたばこをキセルで吸うための道具を入れる箱。

た-ばさ・む [サ]【手挟む】[他五] (マ・モ・ミ・ン・ム・ム・メ・メ) (「た」は手の意) 手にはさみもつ。わきにはさみもつ。

タバスコ [0]/[バ]〈ス Tabasco〉[名] (商標名) すりつぶした赤い唐辛子に塩や酢をまぜた、きわめて辛い調味料。

た-はた [タ]【田畑】【田×畠】[名] 田とはたけ。耕作地。

た-はつ [0]【多発】[名][自サ] ❶多く発生すること。「事故━の地」❷飛行機などが、発動機を二個以上もつこと。

たばね [0]【束ね】[名] ❶たばねること。たばねたもの。たば。❷まとめること。とりしまること。また、その人。「町内の━」

たばね-がみ [ネ]【束ね髪】[名] 簡単にうしろでたばねた女性の髪の形。そくはつ。

たば・ねる [ネ]【束ねる】[他下一] (ネ・ネ・ネ・ネル・ネル・ネレ・ネロ・ネヨ) ❶束にする。一つにまとめる。❷組織などをまとめてとりしきる。「チームを━」 たば・ぬ [文語下二]

たば・る【▲賜ばる】[他四][古語]〈奈良時代語〉たまわる。「針袋、これはたばりぬ」〈万葉〉

たはれ-ごと【▲戯れ言】[名][古語] ➡たわれごと。

たび [ビ]【度】[名] ❶とき。おり。❷その時ごと。「見る━」❸度数。回数。「━を重ねる」

たび [ビ]【旅】[名] 自宅をはなれて遠方の地をまわり歩くこと。旅行。 **━の空**(そら) たびさき。 **━の恥**(はじ)**は×掻**(か)**き捨**(す)**て** 旅行中は知りあいの人もいないから、どんな恥をかいても平気だ。 **━は道連**(みちづ)**れ世**(よ)**は情**(なさけ) 旅行中は、道づれがあるほど心強いものはないし、世わたりには、人情ほどありがたいものはない。

たび [タ]【足袋】[名] 和服のときに、防寒・礼装などのために足先にはく衣料。[冬]

だび [ダ]【×荼×毘】[名] 火葬。「━に付す」

たび-あきない [キ]【旅商い】(あきなひ) [名] 旅をしながら商売をすること。行商(ぎょうしょう)。

たび-あきゅうど [キュ]【旅あきゅうど】【旅▲商▲人】(あきうど) [名] ➡たびあきんど。

たび-あきんど [キ]【旅あきんど】【旅▲商▲人】[名] 旅商いをする人。旅商人(たびしょうにん)。たびあきゅうど。

タピオカ [0]〈tapioca〉[名] 熱帯産のキャッサバという植物の根・茎からとれるでんぷん。

たび-かさな・る [0][ナ]【度重なる】[自五] (ラ・ロ・リ・ッ・ル・ル・レ・レ) 同じことが何度も重なる。

たび-かせぎ [カ]【旅稼ぎ】[名] 旅まわりをしてかせぐこと。

たび-がらす [ガ]【旅がらす】【旅×烏】[名] ❶旅行ばかりして月日をおくる人。❷旅人(たびにん)。

たび-げいにん [ゲ]【旅芸人】[名] 各地を回って興行する芸人。

たび-こうぎょう [コ]【旅興行】[名] 地方を回って、芝居・相撲・サーカスなどの興行をすること。

たび-ごころ [ゴ]【旅心】[名] ❶旅をするときの心持ち。旅情。❷旅をしたいと思う心。

たび-ごろも [ゴ]【旅衣】[名][文章語] 旅行中に着ている着物。

たび-さき [0]【旅先】[名] 旅行中の場所。旅の途中。

たび-じ [0]【旅路】(ぢ) [名] 旅行の道。旅。「━につく」

たび-じたく [ジ]【旅支(仕)度】[名] ❶旅にでる用意。❷旅行の服装。旅ごしらえ。「━をととのえる」

たび-しょ [ショ]【旅所】[名] 祭りのとき、みこしや神体を一時とどめる所。おたびしょ。旅の宮。

たび-しょうぞく [ショ]【旅装束】[名] 旅ごろも。

たび-ずまい [ズ]【旅住(ま)い】(ずまひ) [名] 旅先の住まい。

たび-そう [0]【旅僧】[名] 旅をしているぼうさん。あんぎゃ僧。

たび-だち [0]【旅立ち】[名] 旅に出ること。出発すること。門出。「新たな━」「━の季節」

たび-だ・つ [ダ]【旅立つ】[自五] (タ・ト・チ・ッ・ツ・ツ・テ・テ) 旅に出る。「ヨーロッパに向けて━」

たび-たび [0]【たびたび】【度度】[副] 同じことがくりかえして起こるようす。何度も。「遅刻については上司から━注意を受けた」「祖母のところには━見舞いに行った」 [参考]「しばしば」が傾向を問題とするのに対し、「たびたび」はくりかえし起こる頻度に重点がある。「何度も」は、単に回数の多さだけが問題となる。

たび-たま・う【▲賜び▲給ふ】(たまふ) [他四][古語] ❶くださる。「男子にましませば、わらはにたびたまへ」〈曽我物語〉❷(補助動詞として)…してくださる。「末の世助けたびたまへ」〈謡曲・熊坂〉

たび-どり [ビ]【旅鳥】[名] わたりの途中、定期的に姿を見せ、そこでは繁殖も越冬もしない鳥。日本では、しぎ・ちどりなど。

たび-にっき [三]【旅日記】[名] 旅行中の日記。紀行。

たび-にん [0]【旅人】[名] (「たびびと」と読めば別語) 旅から旅へとわたり歩くやくざなど。旅がらす。

たび-ね [0]【旅寝】[名] 旅先で寝ること。旅まくら。

たび-はだし [ハ]【足袋はだし】【足袋×跣▲足】[名] たびをはいたままで、地面を歩くこと。

たび-びと [0]【旅人】[名] (「たびにん」と読めば別語) 旅行している人。旅路にある人。旅客。

たび-まくら [マ]【旅まくら】【旅枕】[名] 旅寝。

たび-まわり [マ]【旅回り】(まはり) [名] 旅をしてあちらこちらをまわること。旅歩き。「━の芸人」

たび-もの [0]【旅物】[名] 遠方から送られてきた魚・野菜など。

たび-やくしゃ [ヤ]【旅役者】[名] 地方を巡業する役者。

た-びょう [0]【多病】[名][形動(の)] 病気がちなこと。

ダビング [0]〈dubbing〉[名] ❶録音・録画したものを別のディスクやテープに複写すること。❷放送・映画で、せりふや音楽などの各種の音を一本にまとめること。

タフ ダ〈tough〉形動 ダロ・ダッ・デ・ニ ダ・ナ・ナラ・○ たくましいようす。ねばり強いようす。「—なからだ」

タブ ダ/○〈tab〉名 ❶パソコンの文書作成ソフトなどで、用紙やカーソルを前もって設定した位置まで移動させる機能。❷缶をあけるためのつまみ。「プルー」❸衣服のえりなどにつける布の飾り。

た・ぶ【食ぶ】他四〔古語〕食べる。飲む。「などか異物も食べざらむ」〈枕〉

た・ぶ【▲賜ぶ・▲給ぶ】他四〔古語〕(「たまふ」の変化)⬇たまう。「家に少し残りたる物どもは、竜の玉を取らぬ者どもにたびつ」〈竹取〉

だ-ふ ダ【×懦夫】名〔文章語〕気のよわい男。いくじなし。

タブー ブ/ダ〈taboo; tabu〉名 ❶神聖とされた事物・場所・行為・人格・ことばなどについて、さわったり口に出したり使ったりすることを禁じたもの。禁忌。❷一般に、ふれることをさしとめられた事物。

タフ-ガイ フ〈tough guy〉名 たくましい男。

た-ぶさ タ/サ【×髻】名 髪の毛を頭の上にあつめて結んだ所。もとどり。

タフタ タ-〈フ taffetas〉名 光沢と張りの強い横うねのある平織りの薄い布地。リボンや婦人服などに用いられる。

だぶ-だぶ 副 形動(の) ❶○服などが大きすぎてゆるいようす。「—のシャツ」❷ダ水などが音をたててゆれるようす。

だぶ-つ・く ○ 自五 カ・コ・キ・イ・ク・ケ・ケ ❶水などがだぶだぶする。❷衣服が大きすぎてだぶだぶする。❸金品・品物などが有り余る。

だふ-や フ【だふ屋】名〔俗語〕(「だふ」は札の隠語)乗車券や入場券などを買いしめて、高く売りつける人。

たぶらか・す カ【×誑かす】他五 サ・ソ・シ・ス・ス・セ・セ だます。まどわす。 **たぶらか・せる** 自下一〔…できる〕

ダブリュー-エイチ-オー オ〈WHO〉名 (World Health Organization から)世界保健機関。伝染病・風土病の予防・絶滅をはかり、世界各国民の健康増進を目的とする国連の専門機関。

ダブリュー-シー シ〈WC〉名 (water closet から)便所。

ダブリュー-ダブリュー-ダブリュー ダ3〈WWW〉名 「ワールドワイドウェブ」の略。

ダブリュー-ティー-オー オ〈WTO〉名 (World Trade Organization から)世界貿易機関。一九九五年にガット(GATT)にかわって作られた、貿易のルールを整備する国際機関。

ダブリュー-はい リュ【W杯】名 ⬇ワールドカップ。

ダブリュー-ビー-シー シ〈WBC〉名 ❶(World Baseball Classic から)アメリカの大リーグ機構と選手会とが中心となって行われる野球の国別対抗戦。ワールドベースボールクラシック。❷(World Boxing Council から)世界ボクシング評議会。

ダブル ダ〈double〉名 ↕シングル。❶二重。二倍。❷ダブル幅。❸ダブルブレスト。❹ホテルで、ダブルベッドを用意したへや。↕シングル・ツイン。❺ウイスキーなどの量の単位。約六〇ミリリットル。 **—カラー** カ〈double collar〉名 二重になっている折りえり。 **—キャスト** キャ〈double cast〉名 一つの役に二人の俳優を当て、交替で出演させること。また、その配役。 **—スコア** コ〈double score〉名 スポーツで、一方の得点が相手の二倍以上であること。 **—スタンダード** ダ2〈double standard〉名 あることに対して、二つの判断基準があること。 **—スチール** チ〈double steal〉名 野球で、ふたりの走者が同時に盗塁すること。 **—幅** ル 名 洋服地でシングル幅の二倍。約一・四二メートル幅のもの。ダブル。↕シングル幅。 **—パンチ** パ〈double punch〉名 ❶ボクシングで、一方の手で二回続けてうつパンチ。❷相前後して二つの痛手をうけること。 **—フォ(ー)ルト** フォ〈double fault〉名 テニスなどで、サーブを二回続けて失敗すること。 **—ブッキング** ブ2〈double booking〉名 自サ 一つの座席・部屋に対して、二人以上の客から予約を受け付けてしまうこと。または同じ日時に複数の予約を入れること。 **—プレー** レ〈double play〉名 野球で、一度にふたりをアウトにすること。重殺。併殺。ゲッツー。 **—ブレスト** レ〈double-breasted〉名 洋服で、両前が二重ボタンの上着・外套。ダブル。 **—ヘッダー** ヘ〈ア double header〉名 野球で、同じチームどうしが同じ日に二回試合すること。 **—ベッド** ベ〈double bed〉名 二人用の、幅のひろい寝台。

ダブ・る ダ 自五 ラ・ロ・リ・ッ・ル・ル・レ・レ (ダブル double を動詞にした語)かさなる。二度ある。「ダブって見える」

ダブルス ダ〈doubles〉名 テニス・卓球など、ふたりずつ組になっておこなう試合。↕シングルス。

タブレット ダ〈tablet〉名 ❶錠剤。❷単線鉄道で、駅長が機関手に渡す通行票。通票。❸液晶画面に指やペンで触れて操作する携帯情報端末。タブレット端末。

タブロイド ロ〈tabloid〉名 新聞の型で、ふつうの新聞の半ページ分の大きさの型。「—判」

タブロー ロ/タ〈フ tableau〉名 キャンバスや板に描かれた絵。特に、完成した絵画作品。

た-ぶん ○【他聞】名〔文章語〕他人に聞こえること。他人が聞くこと。 **—を×憚る** 他人に聞かれるとこまる。

た-ぶん【多分】━○名 ❶数量・程度の大きいようす。たくさん。「—のご寄付」❷(「多分に」の形で)割合がかなり高いようす。「—に軽率だ」━タ副 はっきりした根拠は示されないが、話し手が事の実現をかなり強く信じているようす。おそらく。「—あしたも晴れるだろう」⇩きっと。

だ-ぶん ○【駄文】名 ❶つまらない文章。❷自作の文章をへりくだって言う語。

たべ-あるき ○【食べ歩き】名 うまい物や有名な料理を食べるために、あちこちに出歩くこと。

たべ-あわせ ○【食べ合(わ)せ】名 くいあわせ。

たべ-かす カ【食べかす・食べ×滓】名 食べ物の食べ残した部分や、食べられない部分。

たべ-がら ○【食べ殻】名 食べ終わって、からになった容器。また、食べ終わった後の果物の皮・卵のからなど。

たべ-ごろ ○【食べ頃】名 食べるのにちょうどいいころあい。

たべ-ざかり ザ【食べ盛り】名 成長期でこどもがご飯をいちばんよく食べる時期。

たべず-ぎらい ギ【食べず嫌い】名 ❶食べないでいて、味もわからずにきらうこと。また、その人。❷したこともなくて、いやがること。‖くわずぎらい。

タペストリー ペ/タ〈tapestry〉名 絵や図案などを織りこんだ厚手の布。壁かけなどにする。つづれ織り。

たべ-だち ○【食べ立ち】名 食事をしてすぐにいとまごいをすること。いただき立ち。

たべ-で テ【食べで】名 くいで。

たべ-もの モ/ベ【食べ物】名 食べる物。食物。くいもの。

たべ-よご・す ○/ゴ【食べ汚す】他五 サ・ソ・シ・ス・ス・セ・セ くいちらす。食べて、あたりをきたなくする。

た・べる べ【食べる】他下一 ベ・ベ・べル・べル・べレ・べロ・べヨ 食う。参考「食う」のていねいな言い方。女性にはふつうの言い方。尊敬語に、「めしあがる・あがる」、謙譲語・丁寧語に、「いただく」がある。 **た・ぶ** 文語下二

だべ・る べ【駄▲弁る】自五 ラ・ロ・リ・ッ・ル・ル・レ・レ〔俗語〕(「駄弁」の動詞

化」むだぐちをきく。むだ話をする。

た-べん ⓪【多弁】名 形動(の) 口数の多いこと。↕寡黙。

だ-べん ⓪【駄弁】名 くだらないおしゃべり。

たへん-けい ⓪【多辺形】名 三本以上の直線でかこまれた図形。多角形。

たぼ タ【×髱】名 ❶日本髪の後ろに出ている部分。たぼがみ。つと。❷俗語 若い女。女。

だ-ほ ダ【×拿捕】名 他サ 〔「拿」も「捕」もとらえるの意〕外国や敵国の船・積み荷・船員をとらえて、おさえること。「漁船が―された」

た-ほう ホ【他方】㊀名 他の方向・方面。㊁副 一方。一面。「―、こんなこともある」

た-ほう ホ【多方】名 多方面。

た-ぼう ⓪【多忙】名 形動(の) ひどくいそがしいこと。

た-ぼう ⓪【多望】名 形動(の) 将来ののぞみが多いこと。「前途―な青年」

だ-ほう ⓪【打法】名 野球やゴルフで、球の打ち方。

だ-ぼう ⓪【打棒】名 野球で、バットでボールを打つこと。打撃。バッティング。「―、大いに振るう」

たほう-とう ⓪【多宝塔】名 釈尊・多宝の二仏を祀(まつ)る塔。上層が円形で下層が方形の二重の宝塔。

多宝塔

た-ほうめん ホ【多方面】名 多くの方面・部門。「―に活躍する」

だ-ぼく ⓪【打撲】名 他サ うつこと。たたくこと。「―傷」

だぼ-シャツ ⓪ 名 えりなしでそで口が広く、ゆったりしたシャツ。

だぼ-だぼ ⓪ 副 形動(の) ❶体に対して衣服などが大きすぎるようす。だぶだぶ。「―のズボン」❷容器内の多量の液体が、ゆれて音を立てるようす。❸比較的濃度の高い液体を勢いよく注ぐようす。「カツにソースを―かける」参考 ❷❸の意で、副詞として使うときはダ一。

だぼ-はぜ ⓪【だぼ×鯊】名 チチブ、ヨシノボリなど、淡水や河口付近にすむ小形のはぜのこと。関東・東海地方の方言。夏

だ-ぼら ⓪【駄ぼら】【駄▲法×螺】名 つまらない、おおげさなうそ。

だ-ほん ⓪【駄本】名 内容のくだらない本。

たま マ 名 ㊀【玉】❶まるいかたちのもの。つぶ状のもの。「―の汗」❷【▲珠】㋐宝石や真珠。㋑たいせつなもの。美しいもの。「掌中の―」㋒そろばんの、うごかして計算する小さな木などの輪。❸めがねのレンズ。❹うどんやそばの一人前分をひとかたまりとしたもの。❺俗語 芸者・遊女のこと。美しい女。❻俗語 人をののしっていう語。「あいつはいい―だ」㊁【球】❶野球・テニス・卓球などのボール。❷玉突き・パチンコなどに使うまるいもの。❸電球。㊂【弾】銃砲の弾丸。「猟銃に―を込める」 **―に×瑕(きず)** ほとんど完全だが、ほんの少し欠点があること。 **―の** 玉のような。玉のように美しい。「―かんばせ」 **―の×輿(こし)** 玉でかざった、りっぱな乗り物。 **―の×輿(こし)に乗(の)る** 女性が富貴な人と結婚してよい身分になる。 **―磨(みが)かざれば光(ひかり)なし** 玉もみがかなければ美しくならないように、人も学ばなければりっぱになれない。 **―を転(ころ)がす** 音や声が美しいことのたとえ。

たま タ【▲霊】【▲魂】名 たましい。霊魂。「み―」「―まつり」

たま ⓪【▲偶】名 に副 話題となることが起こる可能性があまり多くないこと。「―の休暇なんだから寝かせておいてほしいな」「外国に行くのは―です」「A先生とは―にしかお目にかかりません」「―に机の前にいると思ったらゲームだ」参考「たま」は会話で普通に使われるが、「まれ」はやや文章語的で、非常に少ない物や事をあらわす。

だま マ/ダ【だま】名 液体に混ぜた小麦粉などが溶けきらずに、小さな粒になって残っていること。ままこ。「―になる」

たま-あし ⓪【球足(脚)】名 野球・ゴルフ・テニスなどで、打球がはずんだりころがったりする速さ。また、その距離。「―が速い」「―が長い」

たま-いし ⓪【玉石】名 川や海でできたまるい石。

たま-いと ⓪【玉糸】名 二ひきのかいこがいっしょに作ったまゆからとった、ふしの多いふとい糸。節織(ふしおり)・銘仙(めいせん)などにする。

たま-いれ イ/⓪【玉入れ】名 大ぜいが組に分かれて高いところに設置したかごの中にそれぞれの玉を投げ入れ、入った玉の数をきそう競技。運動会などで行う。

たま-う【▲賜う・▲給う】(たまふ) 古語 ㊀他四 ❶「与える」の尊敬語。くださる。さずける。「針ぞたまへる縫はむ物もが」〈万葉〉❷〔補助動詞として、動詞の連用形について〕…なさる。お…になる。お…あそばす。「すぐれて時めきたまふありけり」〈源氏〉㊁自下二〔補助動詞として、「見る」「聞く」「思ふ」などの動詞連用形について、謙譲・丁寧の意をあらわす〕…ております。「かかる山の末にこもりはべりて、死なむを期にてと思ひたまふるを」〈大和〉

たまえ【▲給え】(たまへ)〔「たまう㊀❷」の用法から転じ、接尾語のように用いられて〕軽い敬意をこめて命令する言いかた。「まあ、見―」「ぜひ、そうし―」参考 男性が、目下や親しい仲間に対して用いたが、現代ではあまり用いられない。

たま-おくり オ【霊送り】【▲魂送り】名 うらぼんのおわりに、まつった死者の霊をふたたびあの世へおくりかえすこと。精霊(しょうりょう)送り。秋 ↕霊迎え。

たま-がき マ【玉垣】名 神社の周りのかき。かみがき。みずがき。

たま-かぎる【玉かぎる】枕「夕日」「ふち」「ほのか」「はろか」などにかかる。

たま-かずら【玉▲葛・玉×蔓】(かづら) 古語 〔「たま」はほめたたえていう接頭語〕㊀名 つる草の総称。「たまかづらは子木あまたになりぬれば」〈伊勢〉㊁枕 つる草がのびはびこるところから、「延(は)ふ」「ながし」「絶えず」「絶ゆることなく」、また「花のみ咲き」「実ならぬ木」などにかかる。「たまかづら絶ゆることなく万世(よろづよ)に」〈万葉〉

たま-かずら【玉×鬘・玉×縵】(かづら) ㊀名 古語 ❶玉を糸でつらねて頭にかけたかざり。❷かもじ。㊁枕 頭にかけるところから「かけ」に、またその発音の類似から「かげ」「おもかげ」にかかる。「たまかづらかけぬ時なく恋ふれども何しか妹(いも)にあふ時も無き」〈万葉〉

たまかつま《玉勝間》江戸時代中期、本居宣長(もとおりのりなが)の随筆集。見聞・回想・学問とさまざまな内容にわたる。

たま-き【▲環】名 古語 輪の形の玉。ゆびわ。

た-まき【手×纏】名 古語 ❶上代、手にゆいつけたかざり。❷弓を射るとき、左のひじをおおうもの。手結(ゆい)。

たま-ぎわ ⓪【球際】(ぎは) 名 球技で、ボールの扱いが微妙に難しいところでの処理。「―に強い選手」

たまきわる【▲魂▲極る】(きはる) 枕「うち」「いのち」「世(よ)」「うつつ」などにかかる。

たま-ぐし マ【玉串】名 ❶さかきの枝に、木綿(ゆう)、または、紙をつけて、神前にそなえるもの。❷さかきの美称。

玉ぐし❶

たま-くしげ【玉×櫛×笥】

〔古語〕㊀名〔「玉」は美称。「げ」は容器〕美しいくし箱。「―少し開くに」〈万葉〉㊁枕「くしげ」とのかかわりで、「ふた」「はこ」「み」「あく」「おほふ」「奥」などにかかる。「たまくしげ明けば君が名立ちぬべみ(キット評判ニナッテシマウダロウカラ)夜ふかく来しを人見けむかも」〈古今〉

たま-くしろ【玉×釧】〔古語〕㊀名 玉をつけた腕輪。㊁枕「手にとりもつ」「纏く」にかかる。「たまくしろ纏き寝る(手枕ヲシテ共寝スル)妹も」〈万葉〉

たま-くら【手枕】名〔古語〕腕をまくらにすること。てまくら。

だまくらか・す カ 他五〔サ・ソ|シ・ス|ス・セ|セ〕〔俗語〕だます。

たま・げる ゲ【▲魂▲消る】自下一〔ゲ|ゲ|ゲル|ゲル|ゲレ|ゲロ・ゲヨ〕〔「魂消える」の変化〕びっくりする。きもをつぶす。

たまご マ【卵】【玉子】名 ❶鳥・虫・魚などのめすの生殖細胞。卵子。卵細胞。❷にわとりの卵。鶏卵。❸修業時代の人。「学者の―」参考「玉子豆腐」「玉子焼き」などの料理は、「玉子」と書くことが多い。**―色** ロ 名 卵黄の色。うすきいろ。**―掛け御飯** ゴ₂ 名 といた生卵をごはんにかけたもの。**―酒** ゴ 名 砂糖を入れて煮た日本酒に、鶏卵の黄身をかきまぜた飲み物。からだがあたたまるので、かぜをひいた時などに飲む。冬 **―豆腐** ド 名 鶏卵をだし汁や調味料とまぜ、容器に入れて蒸し上げた料理。**―×綴じ** ゴ 名 しるものの実に、といた鶏卵をかけて煮た料理。**―に目鼻** 丸くて色白で、かわいらしい子どもの顔だちのたとえ。**―焼き** ロ 名 鶏卵に調味料をくわえてかきまぜ、焼いた料理。

たまさか ㊀ ロ 名 副 たまたま。偶然。まれ。「―の休みの日」㊁ なり形動〔古語〕❶〔仮定の表現をともなって〕もし。まんいち。「もし天竺にたまさかにもて渡りなば」〈竹取〉❷だれかにひょっこり出会うさま。「わたつみの神のをとめにたまさかにい漕ぎ向かひ」〈万葉〉

たま-ざん マ【玉算】【▲珠算】名 しゅざん。

たま-しい タ【魂】しひ 名 ❶生きもののからだにやどっていて精神作用をつかさどると考えられるもの。❷心。気力。精神。**―を入れ替える** 精神を入れかえる。改心する。

だまし-うち ロ|シ【だまし討ち】【×騙討】名 だまして油断させ、不意にうちとること。

だまし-え シ|ロ【だまし絵】【×騙し絵】名 目の錯覚を利用した、見方によってさまざまに見える絵。

たま-しき【玉敷】名〔古語〕宝石を散り敷いたように美しく、りっぱなこと。「たましきの都のうちに棟を並べ」〈方丈記〉

だまし-こ・む コ【だまし込む】【×騙し込む】他五〔マ・モ|ミ・ム|ム|ム|メ|メ〕まんまと、うまくだます。

たま-しずめ シ【▲鎮▲魂】しづめ 名 死者の魂をなぐさめること。鎮魂。**―の祭り** ❶死者の魂がまよわずに、よくしずまり落ちつくことをいのる祭り。❷生者の遊離した魂をからだに鎮める祭り。❸宮中で、にいなめ祭の前日、天皇・皇后・皇太子たちの魂をしずめ、御代が長くつづくようにといのる祭り。冬

だまし-だまし ダ₂【×騙し×騙し】副 多少の不都合や不具合に目をつぶりながら。「古いミシンを―使う」

たま-じゃり ロ【玉砂利】名 大つぶのじゃり。「境内の―」

たま-しろ マ【霊代】名 霊のかわりとしてまつるもの。

だま・す マ【×騙す・▲欺す】他五〔サ・ソ|シ・ス|ス|ス|セ|セ〕❶うそを言ったりにせものを見せたりして信用させる。「電話で息子だと偽って高齢者を―」❷小さな子どもをなだめ気分を変えさせる。「泣く子を―ようなやりかた」❸古くなった機械や傷んだ体を大切に使う。「この車もだませばあと一年は大丈夫かな」**だませる** 自下一〔…できる〕

たま-ずさ【玉▲章・玉×梓】づさ 名〔古語〕〔「たまあづさ」の変化。手紙をあずさの枝に結びつけて使いに持たせる習慣のあったところから〕❶使者。使い。「何時しかと待つらむ妹にたまづさの言だに告げず往にし君かも」〈万葉〉❷手紙。消息。「秋風に初雁が音ぞ聞こゆなる誰がたまづさをかけて来つらむ」〈古今〉**―の** 枕「使い」「妹」にかかる。「たまづさの使ひも来ねば思ひ病む吾が身ひとつぞ」〈万葉〉

たま-すじ ロ【球筋】すぢ 名 野球やゴルフで、投げた球や打った球の進む方向。

たま-すだれ ス【玉すだれ】【玉×簾】名 ❶玉でかざったすだれ。❷すだれをほめたたえていう語。夏

たま-だすき【玉×襷】〔古語〕㊀名 たすきをほめたたえていう語。㊁枕「かく」「うね」「雲」などにかかる。「たまたすき畝傍の山の橿原のひじりの御代ゆ」〈万葉〉

たま-たま ロ【たまたま】【▲偶】副 ❶たまに。時おり。❷ちょうどその時。偶然に。「―通りかかった人」

たま-だれ ロ【玉垂(れ)】名 ❶すだれの美称。玉すだれ。❷みじん粉・砂糖・やまのいも・わさびをねり合わせたものを、ぎゅうひで巻いた和菓子。

たま-ち・る マ【玉散る】自五〔ラ・ロ|リ・ッ|ル|ル|レ|レ・*〕〔文章語〕抜きはなった刀剣がきらめく。「抜けば―氷のやいば」

たま-つき マ|ロ【玉突(き)】名 ❶台の上に数個の球をおき、それを棒(キュー)で突いて得点をあらそう室内遊戯。ビリヤード。撞球。❷追突された車が前へ押し出されて、その前の車に追突すること。

たま-つくり ツ【玉造(り)】名 上代に、玉をみがいて細工した職。また、その職人。たますり。

たま-てばこ テ【玉手箱】名 ❶浦島太郎が竜宮城のおとひめからもらったという箱。❷めったにあけて見せないたいせつな箱。

たま-な マ【玉菜】名 キャベツ。夏

たま-に ロ【たまに】【▲偶に】副 ⇒たま(偶)。

たま-ねぎ ネ【玉×葱】名 ユリ科の多年生植物。地下の鱗茎が球形になる。食用。夏

たま-の-お【玉の緒】を 名〔古語〕❶玉をぬきとおすひも。❷〔細くて切れやすいことから〕ほんのみじかい時間のたとえ。「さ寝らくはたまのをばかり」〈万葉〉❸〔「玉」に「魂」の意をかけて〕いのち。「たまのをよ絶えなば絶えね長らへば忍ぶることの弱りもぞする」〈新古今・百人一首〉**―の** 枕「長き」「短き」「絶え」「乱れ」などにかかる。「下にのみ恋ふれば苦したまのをの絶えて乱れむ人なとがめそ」〈古今〉

たま-のり ノ【玉乗(り)】【球乗】名 大きな玉に乗って、足でころがしながら曲芸をすること。

たま-はき【玉×箒】名〔古語〕❶正月初子の日、蚕室のそうじに使ったほうき。新年 ❷酒のこと。

たまは・る【賜る・▲給る】他四〔古語〕⇒たまわる㊁。

たま-ひろい ヒ【球拾い】ひろひ 名 球技で、飛び散らかったボールを拾い集めること。また、その係。

たま・ふ【▲賜ふ・▲給ふ】他四 自下二〔古語〕⇒たまう㊁。

たま-ぶさ マ【玉房】【玉▲総】名 端を玉のようにまるくしたふさ。

たま-へん ロ【玉偏】名 漢字の部首の一つ。「理」「現」などの「王」。

たま-ぼうき ボ【玉ぼうき】【玉×箒】ばうき 名〔文章語〕はらいのぞくものをほめたたえる語。「酒はうれいの―」

たま-ほこ【玉×鉾】名〔古語〕❶玉でかざった美しいほこ。❷〔枕詞「たまほこの」が「道」に掛かるところから〕道。道中。「このほどは(コノゴロハ)知るも知らぬもたまほこの行き通ふ袖は花の香ぞする」〈新古今〉**―の** 枕「みち」にかかる。

る。「よろづたび顧みしつつたまほこの道行き暮らし青によし奈良の都の佐保川に」〈万葉〉

たままつり マ2【霊祭(り)】【▲魂祭】名 霊をまつること。秋

たままゆ 0【玉繭】名 ❶二匹のかいこがいっしょにつくった大形のまゆ。❷古語「まゆ」をほめたたえる語。

たまむかえ 4【霊迎え】【▲魂迎え】ーむかへ 名 うらぼんの七月十三日の夕方に、死者の霊をあの世からむかえる行事。精霊(しょうりょう)迎え。秋 ↕霊送り。

たまむし マ【玉虫】名 タマムシ科の甲虫。からだは紡錘(ぼうすい)形で四センチ(メートル)ぐらい。光沢のある金緑色に、二すじの金紫色のたて線がある。夏 **ー色**(いろ) 0 名 ❶光のぐあいでみどりやむらさきに見える染色・織り色。❷どうとでも取れるように、わざとぼかした表現。「ーの協定文」

たまもの 0【▲賜・▲賜物】名 ❶たまわりもの。くだされもの。❷その結果、得たよいもの。「努力のー」

たまや マ0【霊屋】【×廟】名 霊魂をまつる建物。霊廟(れいびょう)。

たまゆら【玉▲響・▲瞬】副 古語 ❶かすか。「たまゆらにきのふの夕(ゆふ)べ見しものを」〈万葉〉❷しばらくの間。「たまゆらも心をやすむべき」〈方丈記〉

たまよけ 0【弾よけ】【弾▲除け】名 敵の弾丸をふせぐこと、また、ふせぐもの。

たまらない【▲堪らない】連語 ❶がまんができないほどよい。「ー味だ」❷たえられない。程度のはなはだしいようす。「悲しくてー」❸こまるという意味を強めた言い方。「そんなことをされてはー」

たまり 0【×溜り】名 ❶たまること。❷人があつまってひかえているところ。「ーの間」❸たまりじょうゆ。❹こらえ支えること。「ひとーもない」❺味噌(みそ)からしたたった液。

たまりかねる ネ【▲堪り兼ねる】自下一 ネ・ネ・ネル・ネレ・ネ* がまんができない。こらえきれない。**たまりかぬ** 文語下二

だまりこくる ク【黙りこくる】自五 ラ・ロ・リ・ッ ル・ル・レ・レ いつまでも黙ったままでいる。黙りつづける。「不機嫌にー」

だまりこむ コ【黙り込む】自五 マ・モ・ミ・ン ム・ム・メ・メ 黙ってしまう。「黙り込んで答えない」

たまりじょうゆ ジョ【×溜り×醬油】名 だいずだけでつくった濃いしょうゆ。

たまりば 0【たまり場】【×溜り場】名 何人かの仲間がいつも集まってくる場所。

たまる 0【▲堪る】自五 ラ・ロ・リ・ッ ル・ル・レ・レ こらえられる。たえられる。がまんできる。「そんなことをされてーものか」参考 おもに「たまらない」「たまるものか」「たまったものではない」のように打ち消しや反語に使われる。

たまる 0【×溜る】自五 ラ・ロ・リ・ッ ル・ル・レ・レ ❶つもる。あつまる。「ちりがー」「水がー」❷【▲貯まる】かねや、財産がふえる。❸とどこおる。「仕事がー」

だまる マ【黙る】自五 ラ・ロ・リ・ッ ル・ル・レ・レ ものを言うことや泣くことをやめる。

たまわる【賜る(賜わる)】【▲給る】たまはる 一 ワ 他五 ラ・ロ・リ・ッ ル・ル・レ・レ 文章語 ❶「もらう」の謙譲語。目上の人からあたえられる。ちょうだいする。「来賓の方から祝辞を賜ります」❷「あたえる」の尊敬語。目上の人がくださる。参考 ❶は、きわめて改まった言い方。❷の意味では、「くださる」が一般的。表記は「おことばを賜わる」のように、「わ」から送ってもよい。二 他四 古語 (他の動詞の連用形、また接続助詞「て」につづいて)謙譲、また尊敬の意味を添える。…てくださる。…ていただく。「現(うつ)し心なく酔ひたる者にさうらふ。まげて許したまはらむ」〈徒然〉「なうなうわれをも船に乗せてたまはりさうらへ」〈謡曲・隅田川〉

たみ タ【民】名 ❶国家・社会をつくっている人。人民。❷君主国で、臣民。↕君。

ダミー ダ〈dummy〉名 ❶身代わり。替え玉。実物のように見せかけたもの。「ー会社」❷ほんものの替わり。見本。

だみえ ミ|0【だみ絵】【▲濃絵・▲彩絵・▲彩▲画】名 壁など大きい画面に金銀や濃い原色を使ってえがいた、桃山(ももやま)時代の絵画様式。

たみくさ ミ【民草】名 文章語 人民を草にたとえていう語。あおひとぐさ。たみぐさ。

だみごえ 0|ゴ【だみ声】【▲濁声】ーごゑ 名 にごった声。

タミルご 0【タミル語】名 ドラビダ語族に属し、インド南部、スリランカで用いられる言語。

だみん 0【惰眠】名 なまけてねむること。**ーをむさぼる** はたらかないで、のらくらと暮らす。

ダム ダ〈dam〉名 発電・水利・防災などのために、川や谷の流れをせき止め、水をためておく人工的な池や湖。堰(せき)。

たむけ 0【手向(け)】名 ❶神仏にそなえ物をすること。また、そのそなえ物。❷せんべつ。はなむけ。**ー草**(ぐさ) 名 古語 神にそなえるもの。**ーの神**(かみ) 道のそばにあり、昔、旅人が旅の安全を祈った神。道祖神(どうそじん)。みちのかみ。

たむける ケ【手向ける】他下一 ケ・ケ・ケル・ケレ・ケロ・ケヨ ❶神仏にそなえる。❷せんべつをおくる。「旅立ちの人に歌をー」**たむく** 文語下二

ダムサイト サ〈dam site〉名 ダムの用地。

たむし 0【田虫】名 一種の糸状菌の寄生による白癬(はくせん)の俗称。

タムタム タ〈tam-tam〉名 銅製の円盤の形の楽器。ばちでたたく。どら。

たむろする タ|0【▲屯する】自サ シ・セ・サ・シ・シスル・スル・スレ・シロ・セヨ 一か所に多くの人が集まる。「駅前にー若者」

ため タ 名 俗語 立場が対等である。同じである。「ー口」「ー年」

ため 又【ため】【▲為】名 ❶何らかの役に立つこと。利益や幸福となること。「将来のーを思う」「ーになる話」❷「…のため」「…するため」などの形で ㋐ある行為の目的である意をあらわす。「人に笑われないーに努力する」㋑ある結果が生じる原因・理由である意をあらわす。「電車が遅れたーに遅刻した」参考「…ためか」と疑問の形にすると「…せいか」とも言いかえられる。㋒ある事に対してどういう関係かをあらわす。…にとって。「私のーには恩人だ」**ーにする** 自分の利益のためにしようという下心があって、それを行う。

ため 0【×溜】名 ❶ためること。ためる場所。「水ー」❷糞尿(ふんにょう)だめ。こえだめ。❸江戸時代、病気の罪人や十五歳未満の犯人を入れたろう屋。

だめ 又【駄目】一 名 囲碁で、さかいめにあってどちらの所有にもならないところ。参考 試合が終わったときに、勝敗を確定するために、駄目に石を詰めていくことから、「駄目を押す」(念のために確かめる)、「駄目を出す」(演劇などで、演技についての注意をあたえる)のような慣用的な言いかたが生まれた。二 名 形動 ❶むだ。無益。「いくら頼んでもーだ」❷不可能。「逃げようとしてもーだ」❸してはいけないこと。「行ってはー」❹わるい状態。役にたたない結果。「ーになる」**ー押**(お)**し** 0 名 ❶さらに念を押すこと。❷試合で、さらに得点を加えて勝利を確定的にすること。「ーの一点」**ー出**(だ)**し** 0 名 ❶(芝居・演劇で)監督や演出家が、脚本や演技で不満な点について改めるように指示すること。「リハーサルでーをされる」❷俗語(❶から)他人の仕事や考え方を認めず、取り下げさせること。「新企画にーをする」**ー元**(もと) 0 名 俗語「だめでもともと」の

略)うまく行かなくても損はないと考えて、ともかく試みること。

ため-いき イ【×溜息】名 心配なとき、落胆したときなどに大きくつく息。「—をつく」

ため-いけ ⓪【ため池】【×溜池】名 農業や防火に使う水をためておく池。

ダメージ ⓧ/ダ〈damage〉名 損害。痛手。「相手に—をあたえる」

ため-がき ⓪【ため書き】【▲為書】名 書画などの署名のかたわらに、だれのために書いたものかということをあらわす「為田中君」などの添え書き。

ため-ぐち ⓪【ため口】名〔俗語〕相手を同年齢または同地位として話すことばづかい。「—をきく」

ため-こ・む コ【ため込む】【×溜込む】他五 マ・モ・ミ・ン ム・ム・メ・メ さかんにためる。「かねを—」 **ため込める** 自下一[…できる]

ためし シ【▲例】名 先例。実例。「そんな—はない」

ためし シ【試し】【▲験し】名 ためすこと。こころみ。「—にやってみる」

ためし-ぎり ⓪【試し斬り】名 刀剣の切れあじをしらべるため、人や物などを切ること。

ためし-ざん シ【試し算】名 検算。験算。

ため・す ⓧ【試す】【▲験す】他五 サ・ソ・シ・ス ス・セ・セ こころみる。実際にたしかめる。「テストで実力を—」 **試せる** 自下一[…できる]

ためつ-すがめつ タ=ガ【ためつすがめつ】【矯めつ×眇めつ】副 自サ あっちこっちから、よくよくながめるようす。「手にとって—ながめる」

ためなが-しゅんすい《為永春水》一七九〇—一八四三。江戸時代後期の人情本作者。本名は佐々木貞高(さだたか)。江戸庶民の男女の世界を描き、評判を高めた。「春色梅児誉美(しゅんしょくうめごよみ)」が代表作。

ため-に ⓧ【ために】【▲為に】接続〔文章語〕それゆえに。そのために。「—、帝国は滅びた」

ため-ぬり ⓪【ため塗り】【×溜塗】名 うるしの塗り方の一つ。朱などの下塗りをつや出しした上に、透明なうるしを塗るもの。

ためらい-きず ラ【ためらい傷】(ためらひ) 名 自殺をしようとして刃物などで体につけた、致命的ではない傷。

ためら・う ラ【×躊×躇う】(ためらふ) ━ 自五 ワ・オ・イ・ッ ウ・ウ・エ・エ どうしようかまよって、行動がきまらない。ちゅうちょする。**ためらい** 名 ━ 他四〔古語〕❶とり乱した心をおちつける。「かきくらす乱り心地、ためらひはべるほどに」〈源氏〉❷病気をおちつかせる。養生する。「かぜ(オコリヤマイ)おこりて、ためらひはべるほどにて」〈源氏〉❸むりに都合をつける。支障を繰りあわせる。「わりなき障りあるも、強(あなが)ちにためらひ助けつつ参りたまふ」〈源氏〉

た・める ⓪【×溜める】他下一 メ・メ・メル・メル メレ・メロ・メヨ ❶【▲貯める】あつめ、たくわえる。「かねを—」❷せきとめて、たたえる。「水を—」❸かたづけないでおく。とどこおらせる。「仕事を—」「ストレスを—」 **た・む** 文語下二

た・める ⓧ【矯める】他下一 メ・メ・メル・メル メレ・メロ・メヨ ❶曲がったものをまっすぐにのばす。また、まっすぐなものを曲げて形を整える。「角(つの)をためて牛を殺す」「松の枝を—」❷わるい性質を正しくさせる。❸じっと見つめる。ねらいをつける。「ためつすがめつ」 **た・む** 文語下二

ため-ん ⓪【他面】━ 名 ❶ほかの平面。❷他の方面。━ 副 もう一面では。一方。「損失は大きいが、—利益もある」

た-めん ⓪【多面】名 多くの平面。多くの方面。 **—体**(たい) ⓪ 名 四つ以上の平面多角形でかこまれた立体。四面体・六面体など。 **—的**(てき) ⓪ 形動 もののあり方・見方が、多くの方面にわたっているようす。「—な研究」

だ-も 助〔古語〕(副助詞。「だにも」の変化)でさえも。ですら。「功にだも報ぜられず」〈平家〉

たも-あみ ⓪/モ【たも網】名 竹・木・はりがねなどをわくにした、小型のすくい網。たも。

たも・う モ【▲賜う・▲給う】他五〔文章語〕(「たもう」「たもうた」の形で)…なさる。お…になる。「嘆き—な」 参考「たまう」の表音的表記。

たもう-さく モ【多毛作】名 おなじ田畑で年三回以上、別の作物をつくること。↕一毛作・二毛作。

た-もくてき モ【多目的】形動(の) ダロ・ダッ・デ・ニ ダ・ナ・ナラ・○ いくつかの目的をもつようす。「—ダム」

たも・つ モ【保つ】他五 タ・ト・チ・ッ ツ・ツ・テ・テ ある状態が長くつづき変わらないようにする。維持する。「直立の姿勢を—」「社会の安定を—」「室温を二十八度以下に—」 **保てる** 自下一[…できる]

た-もと ト【×袂】名 ❶和服のそでの下がわのふくろのような部分。❷そで。❸ふもと。「山の—」❹きわ。そば。「橋の—」 **—を絞**(しぼ)**る** たもとをしぼるほど涙を流す。ひどく泣く。 **—を連**(つら)**ねる** つれだつ。仲間になる。 **—を分**(わ)**かつ** 人とわかれる。離別する。「師と—」

だ-もの ⓪【駄物】名 つまらないもの。

たも・る 【▲給る・▲賜る】他四〔古語〕(「たまはる」の変化した「たもほる(たもうる)」から)くださる。「半分はみどもにもたもれ」〈狂言・連歌毘沙門〉

た-もん タ【他門】名 他の宗派。他の宗門。

たもん-てん《多聞天》四天王の一つ。北方の守護神。毘沙門天(びしゃもんてん)。

たや・す ヤ【絶やす】他五 サ・ソ・シ・ス ス・セ・セ ねだやしにする。なくす。 **絶やせる** 自下一[…できる]

た-やす・い ス【▲容▲易い】形 カロ・カッ・ク イ・イ・ケレ・○ (「た」は接頭語)↕むずかしい。❶やさしい。容易だ。「いとも—こと」❷かるがるしい。軽率である。「たやすくひきうけて失敗した」

たやすげ 形動 **たやすさ** 名 **たやす・し** 文語ク

たやま-かたい《田山花袋》一八七一—一九三〇。小説家。本名は録弥(ろくや)。自然主義文学を代表する作家として知られる。「蒲団(ふとん)」「田舎教師(いなかきょうし)」など。

たゆう タ【▲大▲夫・太▲夫】名 ❶⬇たいふ。❷能・文楽・歌舞伎(かぶき)などの芸人の上級のもの。❸最上位の遊女。❹浄瑠璃の語り手。❺歌舞伎の立女形(たておやま)。

たゆう-もと ⓪【太▲夫元】名 演芸・歌舞伎(かぶき)の興行をする人。

たゆた・う タ (たゆたふ) 自五 ワ・オ・イ・ッ ウ・ウ・エ・エ〔文章語〕❶ただよう。うかぶ。「川に—小舟」❷ためらう。まよう。

たゆみ-な・い ナ【×弛みない】形 カロ・カッ・ク イ・イ・ケレ・○ 気をゆるめない。すこしもなまけない。 **たゆみな・し** 文語ク

たゆ・む ユ【×弛む】━ 自五 マ・モ・ミ・ン ム・ム・メ・メ 心がゆるむ。油断する。「倦(う)まずたゆまず努力する」 **たゆみ** 名 ━〔古語〕━ 自四 よわくなる。つかれる。「足たゆみ身つかれて」〈太平記〉━ 他下二 油断させる。「かく、うらなく(心中ヲカクスコトナク)たゆめて」〈源氏〉

た-よう ⓪【他用】名 ❶ほかの用事。❷ほかのことに使うこと。「—を禁ずる」

た-よう ⓪【多用】━ 名 形動(の) ダロ・ダッ・デ・ニ ダ・ナ・ナラ・○ いそがしいこと。多事。多端。「ご—のことと存じます」━ 名 他サ 多く用いること。「外来語を—した文章」

た-よう ⓪【多様】形動 ひとつひとつが違っているようす。いろいろ。さまざま。「多種—」「—性」↕一様。⇩多彩 参考。 **—化**(か) ⓪ 名 自サ 質の同じものがさまざ

まなものに分かれて複雑になること。「価値観の―」

たよく 0【多欲】名形動 欲の多いこと。欲ぶか。↔寡欲(かよく)

たより タ【便り】名 ❶おとずれ。音信。報知。「お―をください」「花の―」❷便利。「交通の―がいい」

たより タ【頼り】名 ❶たのみとすること。❷たのみとする人、または、もの。「つえを―にする」❸つて。てづる。

たよりな・い ナ【頼りない】形 ❶たよるところがない。「―身の上」❷たのみにならない。「―返事」

頼りなげ 形動 **頼りなさ** 名 **たよりな・し** 文語ク

たよ・る ヨ【頼る】他五 ❶その人やそのことが自分の支えや助けになると思う。あてにする。「知人を頼って渡米する」「地図を頼って街中を歩く」参考「…を頼って」の形は「…を頼りに」で言い換えられることが多い。❷自分に必要な支えや助けを、その人やそのことに求める。依存する。「老後はむすこに―」「食糧の多くを輸入に―」参考しばしば、物心両面について、全面的に、という意味を帯びる。**頼れる** 自下一[…できる]

たら タ【×楤】名 ➡たらのき

たら タ【×鱈】名 タラ科の海水魚。特に、まだら。北洋の深海にすむ。食用。肝臓から肝油をとる。冬

たら 助 ❶〔「と言ったら」の変化。「ったら」の形にもなる〕（係助詞）軽い非難の気持ちをこめて人を話題に出す。…てば。「にいさん―、こんなことをして」❷（終助詞）㋐とがめる気持ちをあらわす。…てば。「うるさいっ―」㋑じれったい、早くしてほしい、という気持ちで呼びかける。「ねえ、お母さん―」㋒（助動詞「た」の仮定形から転じて）語尾の調子をあげて、さそいかけ勧める気持ちをあらわす。「そろそろおやすみになっ―」「早く読んだら」

ダラー タ〈dollar〉【×弗】名 ドル。

たらい 0【×盥】名 湯・水を入れて、せんたくや行水(ぎょうずい)などをする、ひらたいおけ。

たらい-まわし マ【たらい回し】【×盥回し】名 ❶足でたらいをまわす曲芸。❷順送りにまわすこと。「政権の―」「病院を―にされる」

ダライ-ラマ《Dalai Lama》チベットのラマ教の教主。

たらか・す カ【×誑かす】他五 たぶらかす。

だら-かん 0【だら幹】名〔俗語〕節操のない、だらくした幹部。労働組合などの用語。

たらい

だ-らく 0【堕落】名自サ ❶仏の教えを守る心をうしなって悪道におちいること。❷悪の道に落ちること。ふまじめな生活におちいること。❸主義・節操をうしなうこと。

だらけ 接尾〔形容動詞をつくる〕❶いっぱいあること。「ごみ―」❷まみれること。「血―」

だら・ける ケ 自下一 ❶気持ちがゆるんで、ふるまいやかたちにしまりがなくなる。「点差が開いて、試合が―」「だらけたかっこうで寝そべる」❷なまける。おこたる。「長い休みで生活が―」「だらけて遊び歩く」

たら-こ コ【×鱈子】名 すけとうだらの卵巣を塩づけにしたもの。冬

たらしい 接尾〔形容詞をつくる〕いかにも…の感じがする。「貧乏―」

たらし-こ・む コ【たらし込む】【×誑し込む】他五 すっかりだましてしまう。

だらし-な・い ナ 形 ❶けじめやしまりがなく、見苦しい。「―服装」「金に―やつは嫌われる」❷ふがいない。「これしきのことで音を上げるとは、―」参考「だらし」は「しだら」を転倒した語。「しだら」は「じだらく(自堕落)」の変化という。「ない」は強調の意の接尾語。**だらしなげ** 形動 **だらしなさ** 名

たら-しめる 連語〔助動詞「たり」の未然形＋使役の助動詞「しめる」〕人や物事の本質が生きるようにさせる。「人間を人間たらしめているもの」参考多く、「…を(して)…たらしめる」の形で使う。

たら・す ラ【垂(ら)す】他五 ❶たれさげる。❷液体をすこしずつ落とす。

たら・す ラ【×誑す】他五 うまく誘惑する。だます。

たらず【足らず】接尾 数量が足りないこと。「五分―の話」

たら-たら ㊀ タ (と)副 したたり落ちるようす。㊁ 接尾 くどくどと、つづけて言うようす。「不平―」

だら-だら ダ ㊀ 形動(の) ❶かたむきがゆるやかなようす。「―坂」❷たれ流れるようす。「汗が―流れる」㊁ 副自サ しまりなく続くようす。「―昔話がつづく」

たらち-ね【垂乳根】名〔古語〕❶母。たらちめ。❷父。❸親。両親。**―の** 枕「はは」「おや」にかかる。「たらちねの母が飼ふ蚕(こ)の繭隠(まゆごも)り」〈万葉〉

たらっ-と ラ 副「たらり」のくだけた言い方。

だらっ-と ラ 副「だらり」のくだけた言い方。

タラップ ラ/タ〈オ trap〉名 船や飛行機にのりおりするときに外部へとりつけるはしご。

たら-ない【足らない】連語 ➡たりない。

だらに 0/ダ【×陀羅尼】名 仏・ぼさつの説いたといわれる真言密教(しんごんみっきょう)の梵文(ぼんぶん)で、翻訳せずにそのまま読みあげるもの。**―助(すけ)** ニ 名 きはだの皮とせんぶりの根を煮つめてつくったくすり。腹痛、健胃整腸剤。参考昔、僧がだらにを読みあげるとき、口にふくんで、その苦味でねむ気をさましたからという。

たら-の-き タ【×楤木】名 ウコギ科の落葉小高木。茎・葉にするどいとげがある。たら。

たら-の-め メ【たらの芽】【×楤の芽】名 たらのきの若芽。食用にする。春

たらば-がに バ【×鱈場×蟹】名 タラバガニ科の節足動物。かにに似るがカニ類ではなく、ヤドカリの仲間。北海の沿岸に多くすむ。はさみは右が大きい。脚をのばすと、約一・五㍍に達する。冬 参考鱈(たら)のとれる所にいることからこの名がある。

たらばがに

たら-ふく 0/ラ 副 はらいっぱい。「―食べた」

たら-む 連語〔古語〕〔完了助動詞「たり」の未然形と、推量助動詞「む」〕…ただろう。…ているだろう。…たような。「絵よく書きたらむ屏風(びょうぶ)を」〈更級〉

たらり ラ (と)副 ねばりけのあるものがしたたり落ちるようす。「接着剤が―とたれる」

だらり ㊀ ラ/リ (と)副 ❶力なく、たれ下がるようす。「腕が―とたれ下がる」❷しまりがなく、だらしないようす。「南の島で―とすごす」㊁ 0 名 京都の舞妓(まいこ)などの帯の結び方。たれ下がるように結ぶ。「―の帯」

たら-れば 0 名〔俗語〕もし…してい「たら」、もし…であ「れば」などと、事実に反したり仮定のことであったりすること。ればたら。「―の話は意味がない」

タランテラ ラ〈イ tarantella〉名 速度のはやいイタリアの舞踏曲。また、その曲にあわせておどるダンス。

だらん-と ラ 副 力がまったく入らず、垂れ下がっているようす。「耳を―垂らしたうさぎ」

たり【人】接尾 人の数を数える語。「み―・よっ―」

たり 助動〔古語〕❶〔活用語の連用形につく〕㋐

動作・作用が完了したことをあらわす。…た。「酒、よきものども持てきて、ふねに入れたり」〈土佐〉㋑動作・作用が、引き続いてそのまま存続していることをあらわす。…ている。…てある。「紫だちたる雲の細くたなびきたる」〈枕〉❷（タラ|タリ・ト|タリ|タル|タレ|タレ）〔体言につく〕断定・指定の意をあらわす。…だ。…である。「人たる者、これをよろこぶべきや」〈太平記〉 参考 現代語で、…＋連体形「たる」の形は、…の資格があるという意をあらわす。

たり 助〔助動詞「たり❶」の終止形から転じてできた語。活用語の連用形につく〕❶〔接続助詞〕動作をならべあげる。あるいは…し、あるいは…する。「泣い—、笑っ—」 参考 並立助詞と呼ぶこともある。❷〔副助詞〕一つの動作を例としてあげ、ほかにも同じようなことがあることを暗示する。「見—するな」 参考 遠慮がちに相手の行為をとがめる場合に使うことがある。❸〔終助詞〕命令をあらわす。「さあどい—どい—」

ダリア ダ〈dahlia〉＝ダリヤ 名 キク科の多年生植物。球根によってふえ、夏から秋にかけて大きな花をひらく。てんじくぼたん。㊝夏

たり-かつよう カ【タリ活用】名 文語の形容動詞の活用の一つ。「たら・たり・(と)・たり・たる・たれ・たれ」と語尾が変化するもの。「堂堂たり」「平然たり」などの活用。⇩(付)語の活用

た-りき 0【他力】名 他のものの力・助力。↕自力。—宗(しゅう) キ 名 浄土宗・真宗など、阿弥陀如来(あみだにょらい)による救いをもとめる宗派。↕自力宗。—本願(ほんがん) ホ 名 ❶阿弥陀如来の力により成仏(じょうぶつ)することをねがうこと。❷自分は努力しないで、他人の助力をまつこと。参考 この意味で使うのは本来は誤用。

たり-き 連語 古語〔完了助動詞「たり」と過去回想助動詞「き」〕…ていた。「(京に)のぼり着きたりし時」〈更級〉

たり-けり 連語 古語〔完了助動詞「たり」と過去回想助動詞「けり」〕…てあった。…ていた。…たのであった。「久しく病(や)みゐたりけり」〈徒然〉

た-りつ 0【他律】名 自分の意志によらず、他からの強制によって行動すること。↕自律。

だ-りつ 0【打率】名 野球で、打数に対する安打数の比率。

たり-とも 連語〔完了助動詞「たり」と助詞「とも」〕…であっても。「ひとり—通すわけにはいかない」

たり-ない【足りない】連語 ❶不足である。「—ところをおぎなう」❷頭のはたらきがにぶい。❸価値がない。「とるに—提案」〃たらない。

たり-ほ 0【垂り穂】名 文章語 いね・あわなどの、みのってたれ下がっている穂。

た-りゅう 0【他流】名 他の流儀・流派。—試合(じあい) ジ 名 他の流儀・流派の人との試合。

た-りょう 0【多量】名 形動(の) 分量の多いこと。多い分量。↕少量。

だ-りょく 0【打力】名 ❶打つ力。❷野球で、打撃の能力。

だ-りょく 0【惰力】名 惰性の勢い。惰性。「—で走る」参考「堕力」と書くのはあやまり。

た・りる 0【足りる】自上一（リ|リ|リル|リル|リレ|リロ・リヨ）❶不足がない。❷まにあう。「用が—」❸値うちがある。「信ずるに—」参考「ない」につづく場合は、「おつりが足らない」のように五段活用になることもある。「満足するに足る」のように五段活用の終止形を用いることもあるが、やや文語的。た・る 文語四

たる 0【×樽】名 ふたのある木製のおけに似た容器。

た・る 0【足る】自五（ラ|ロ|リ・ッ|ル|ル|レ|レ）⬇たりる。

たる 助動 古語 ⬇たり(古語)❷。

ダル ダ〈dull〉形動（ダロ|ダッ・デ・ニ|ダ|ナ|ナラ|○）気分がだれているようす。不活発なようす。

だる・い ル 形（カロ|カッ・ク|イ|イ|ケレ|○）からだがつかれて力がない。だるげ 形動 だるさ 名 だる・し 文語ク

たる-がき 0 ル【×樽柿】名 あいたさかだるにつめて、たるにのこるアルコール分でしぶをぬいたかき。㊝秋

たる-き 0【垂(る)木】【×棰・×椽】名 屋根の裏板などをささえるために、むねから軒にわたす木。⇩ぬき(図)。

ダル-ゲーム ゲ〈dull game〉名 だらだらとした活気のない試合。

たる-ざけ 0【たる酒】【×樽酒】名 たるにつめて木の香をつけた酒。

たる-だい 0【たる代】【×樽代】名 祝いのときなどに酒のかわりとしておくるかね。樽料。

タルタル-ソース ソ〈tartar sauce〉名 マヨネーズにピクルス・玉ねぎなどをきざんでまぜたソース。

タルト タ〈(フランス)tarte〉名 パイの皮の上にカスタードクリームなどを敷き、果実やジャムをのせて焼いた菓子。

たる-ぬき 0【たる抜き】【×樽抜】名 ❶たるのふたを抜くこと。❷たるがきにして柿のしぶを抜くこと。また、その柿。

たる-ひ【垂氷】名 古語 つらら。たりひ。㊝冬

だるま 0【▲達磨】名 ❶法・真理・本体・理法・教法などの意。❷禅宗の始祖である、だるま大師。❸だるま大師の座禅の像をまねた、張り子のおもちゃ。倒れてもすぐ起きあがるように作ってある。商売繁盛・開運出世の縁起物。「—に目を入れる」❹だるまの形に似た、まるい形のもの。だるまストーブ・だるま船など。

だるま-おとし オ【だるま落(と)し】【▲達磨落し】名 まるい筒形の木片を重ねた上にだるまの人形をのせ、それが落ちないようにして木づちで木片を打ちはずして遊ぶおもちゃ。

だるま-ストーブ ト【▲達磨ストーブ】名 丸形の簡単な構造の石炭ストーブ。

たる-み【垂▲水】名 古語 はげしくたれおちる水。滝。「石(いは)走るたるみの上のさわらびの萌え出づる春になりにけるかも」〈万葉〉

たる・む 0【×弛む】自五（マ|モ|ミ・ン|ム|ム|メ|メ）❶ぴんと張っていたものがゆるんでたれさがる。「綱が—」「腹が—」↕張る。❷心の張りがゆるんでだらしなくなる。「精神が—」 たるみ 名 ⇩ゆるむ 参考。

たる-りょう ル【たる料】【×樽料】名 ⬇たるだい。

たれ レ【垂れ】名 ❶たれているもの。または、たれること。❷かごのむしろ戸。❸料理で、焼き物やなべ物に使う、しょう油・みそなどで味をつけた濃い汁。❹よろいや剣道の防具などで、腰のまわりを守るもの。❺漢字の構成部分の一つ。がんだれ(厂)・やまいだれ(疒)など。

たれ タ【たれ】【▲誰】代 文章語「だれ」の古い言い方。「—か故郷を思わざる」参考 近世の初めごろから「だれ」と言うようになった。

だれ ダ【だれ・誰】代 ❶話し手または聞き手の知らない人物を指して言う語。「このかばんは—のだ」「初場所は—が優勝するだろうね」❷その人物の名前などがはっきりしないときに用いる語。「この写真にうつっているのは—だろう」❸複数の人物の中で、該当する人物が決まっていないときに用いる語。「新三年生の中から—を主将に選ぼう」❹名前をはっきり示す代わりに用いる語。「—かさんから電話がありました」❺すべての人。「—もが平和を望

んでいる」⇩どなた 参考。―一人 だれも。みんな。「―知らぬ者はない」参考 下に打ち消しの言い方がくる。

だれ-か タ【誰か】連語 特定せずに人を指していうことば。「―そこにいる」「―やってください」

たれ-がし レ【たれがし】【誰▲某】代 文章語 名をかくしたり、名がわからなかったりするときに、その人をさす人称代名詞。なにがし。だれそれ。「何の―」

たれ-がみ レ【垂(れ)髪】名 少女などの、ゆいあげないでさげた髪。

だれ-かれ タ【だれかれ】【誰彼】代 あの人この人。―無しに だれという区別なしに。だれもかれも。―の区別なく だれかれなしに。

たれ-ぎぬ ギ/0【垂(れ)絹】名 上からつりさげて室内をくぎるぬの。とばり。

だれ-ぎみ 0【だれ気味】【×弛気味】名 形動(の) ❶だれかけたようす。❷相場が下落の傾向にあること。

たれ-こ・む 0/コ【たれ込む】他五 俗語 密告する。「警察へ―」

たれ-こ・める 0/メ【垂(れ)込める】【垂▲籠める】自下一 ❶内にとじこもる。❷雲などが低くたれて、あたりをおおう。「雨雲が―」たれこ・む 文語下二

たれ-さが・る ガ/0【垂(れ)下がる】自五 下にむいてたれる。

だれ-しも【だれしも】【誰しも】連語 〔「し」は強めの助詞〕だれでも。どんな人間でも。

だれ-それ タ【だれそれ】【誰▲某】代 たしかにだれとさささずにいう語。たれがし。

だれ-だれ ダ/レ【だれだれ】【誰誰】代 ❶だれとだれ。「―が来たか」❷だれそれ。「―のすまいのあと」

たれ-ながし 0【垂(れ)流し】名 ❶大小便をしたままで、しまつをしないこと。❷工場廃水などを処理しないで流すこと。

たれ-まく 0【垂(れ)幕】名 たれさげた幕。

たれ-め 0【垂(れ)目】名 目じりの下がっている目。

た・れる レ【垂れる】㊀自下一 ❶長いものの端が下がる。「幕が―」❷したたる。「しずくが―」㊁他下一 ❶たらす。さげる。❷のこす。「名を後世に―」❸目下の者にしめす。「範を―」「訓示を―」❹大小便やおならをする。た・る 文語下二

だ・れる レ【×弛れる】自下一 気分がゆるむ。しまりがなくなる。

タレント 0〈talent〉名 〔才能・才幹の意〕放送などに出る芸能人。

た-ろう タ【太郎】名 〔「太」は初め、「郎」は男子〕❶長男。❷男の子。「一姫二―」❸もっともすぐれたものや、大きなもの。「坂東―(利根川の異称)」―冠者 名 古語 大名の若いけらいの中で、もっとも古参のもの。↔次郎冠者。―月 名 古語 正月。新年

だろ-う 連語 〔断定の助動詞「だ」の未然形「だろ」に推量の助動詞「う」がついた形。独立した助動詞と認める立場もある〕❶想像や思考によってその事態が成立すると判断することをあらわす。推量。「昨日の会議は中止になった―」❷〔「だろうか」の形で〕㋐話し手が確かではないと思う判断をあらわす。不定推量。「明日は雨が降る―か」㋑話し手の疑問をあらわす。「今、アメリカは何時―か」㋒反語をあらわす。「こんな立派な人が世の中にいる―か(=絶対にいない)」❸話し手が推量したことが正しいかどうか、聞き手に確認を求める。「あそこに信号が見える―? そこを右に曲がったら郵便局に着くよ」「君も一緒に帰る―?」❹〔「だろ?」「だろうか」の形で〕話を進めるために、ある事がらを提示し、想起させる。「会社に戻ったら、誰もいないだろ? びっくりしたよ」❺〔「だろ」の形で〕名詞に接続し、一つ一つ確認しながら例を挙げる。「昨日買ったのは、にんじんだろ、じゃがいもだろ、玉ねぎだろ、それからえ―と…」❻〔「だろうが」「だろうと」の形で〕逆接の条件をあらわす。「子ども―といじめは許さない」❼〔「だろうに」の形で〕そう推量されるのにもかかわらず、の意をあらわす。「忙しい―に、校長先生は毎日の運動を決して欠かさない」

タロット ロ/タ〈tarot〉名 占いに用いる一組七十八枚のカード。数をあらわす札と、太陽・皇帝・魔女などの絵札からなる。タロットカード。タロー。

タワー タ〈tower〉名 塔。高い建物。「東京―」―マンション マ〈tower mansion〉名 〔和製英語〕二十階程度以上の高層マンション。高さ・階数の定義はない。

たわいな・い ナ【他▲愛無い】形 ❶正体がない。「たわいなく眠っている」❷てごたえがない。もろい。「たわいなく負ける」❸くだらない。「―ことをやっている」＝たあいない。たわいなさ 名 たわいな・し 文語ク

たわけ ケ【▲戯け】名 ❶おどけ、たわむれること。❷おろかな人。ばか者。

たわけ-もの 0【たわけ者】【▲戯け者】名 「たわけ❷」に同じ。おろかもの。

たわ・ける ケ【▲戯ける】自下一 ❶たわむれる。❷おろかなことをする。「たわけたことをするな」たは・く 文語下二

たわ-ごと 0【たわ言】【▲戯言】名 たわけたことば。くだらない話。「酔っぱらいの―」

たわし 0【▲束子】名 わら・しゅろの毛などをたばねたもので、物をあらう道具。

たわみ ミ【×撓み】名 ❶たわむこと。また、その度合い。「―が生じる」❷外力によって生ずる物体の変形。また、その程度。

たわ・む ワ/0【×撓む】自五 一方に重みを受けて、棒・枝などがしなう。「雪で枝が―」

たわむれ 0【戯れ】名 ❶たわむれること。ふざけること。「―に書いた手紙」❷あそびごと。遊戯。

たわむ・れる レ【戯れる】自下一 ❶ふざける。おどける。❷いたずらをする。❸おもしろがってあそぶ。「ちょうが花に―」たはむ・る 文語下二

たわ・める メ【×撓める】他下一 たわむようにする。押してまげる。弓なりにまげる。「枝を―」たわ・む 文語下二

たわ-やす・し【▲容▲易し】形ク 古語 〔「た」は接頭語、「は」は強めの助詞〕❶たやすい。たいそう簡単だ。「書を失へる罪ありといへども、たはやすく罪すべからず」〈書紀〉❷軽率だ。軽々しい。「たはやすく御心にまかせてまうで給ふべき御住みかに」〈源氏〉

たわら ラ【俵】名 わら・かやなどを編んでつくり、米・麦・炭などを入れるもの。―を割る 相撲で、押されたり寄られたりして、土俵の外に出る。

俵

たわら-もの 0【俵物】名 ❶俵に入れてあるもの。米や海産物など。❷江戸時代の長崎貿易で、輸出品の煎海鼠と乾鮑。のちに鱶鰭が加わる。

タワリシチ リ〈ロ tovarishch〉名 仲間。同志。

たわれ-ごと【▲戯れ言】名 古語 冗談。「されど、さやうのたはれごともかけたまはず」〈源氏〉

たわれ-め【▲戯れ女】名 古語 あそびめ。遊女。

たわ-わ [0]【×撓】[形動] ダナ(ダロ・ダッ・デ・ニ) 枝などがたわみ、しなっているようす。「枝も―に、かきがなっている」

たん【丹】[造] ❶に。あか色。「丹青・丹頂」❷まごころ。「丹心・丹精・丹田・丹念」❸ねりぐすり。「丹薬・仁丹・煉丹・万金丹」❹「丹波(旧国名)」の略。「丹後」

たん【旦】[造] あさ。よあけ。「旦夕・一旦・元旦・歳旦」

たん【×坦】[造] たいらか。起伏がない。「坦懐・坦坦・平坦」

たん【担】[造] ❶になう。かつぐ。「担架・荷担」❷ひきうける。「担当・担任・担保・負担・分担」

たん【単】[造] ❶ひとつ。ひとまとまり。「単位・単一・単価・単語・単体・単独・単年度」❷こみいっていない。「単純・単調・簡単」 **単なる** [連体] **単に** [副]

たん【×耽】[造] ふける。夢中になる。「耽溺・耽読・耽美」

たん【探】[造] ❶さぐる。さがす。「探究・探険・探索・探偵」❷たずねる。「探勝・探訪」

たん【淡】[造] ❶あわい。うすい。「淡彩・濃淡」❷気持ちがあっさりしている。こだわらない。「淡淡・淡泊・枯淡・冷淡」❸塩けがない。「淡水」❹「淡路(旧国名)」の略。「淡州・紀淡」

たん【綻】[造] ほころびる。ほどける。「破綻」

たん【×憚】[造] はばかる。おそれる。「忌憚」

たん【×歎】[造] ❶なげく。「歎声・歎息・嗟歎・悲歎」❷たたえる。「感歎・称歎」 **歎ずる** [他サ]

たん【誕】[造] ❶うまれる。「誕生・降誕・生誕」❷いつわる。でたらめ。「虚誕・荒誕・妄誕」

たん【鍛】[造] 金属をきたえる。「鍛工・鍛造・鍛錬」

たん【×箪】[造] ❶竹であんだ箱。「箪笥」❷ひさご。ひょうたん。「瓢箪」

たん【×譚】[造] 語る。はなし。「譚詩・綺譚・民譚」

たん [タ]【反】【◂段】[名][接尾] ❶土地の面積の単位。一町歩の十分の一。三百坪。約九九二平方メートル。反歩。「反収・減反・二反」❷織物の長さの単位。並幅鯨尺で二丈六尺〜二丈八尺。およそ一〇メートル。「反物」〔別音はん｜反〕

たん [タ]【胆】[名][造] ❶消化器官の一つ。肝臓を助ける。きも。「胆汁・胆石・胆嚢・臥薪嘗胆」❷きもったま。度胸。胆力。「胆勇・胆力・大胆・落胆」 **―が据わる** どんな事にも、びくともしないように、きもったまが大きい。 **―斗の◂如し**（「斗」はさかだる）きもったまがたいそう大きい。

たん [タ]【短】[名][造] ↕長。❶みじかいこと。「短期・短文・短時間・短水路・最短・長短」❷おとること。欠点。「―を捨て長をとる」「短見・短所・短慮・一長一短」

たん [タ]【嘆】[名][造] ❶なげき。「髀肉の―」「嘆願・嘆声・嘆息・哀嘆・概嘆・悲嘆」❷物事に感動すること。「嘆賞・嘆美・感嘆・驚嘆・賛嘆」 **嘆じる** [他上一] **嘆ずる** [他サ]

たん [0]【×痰】[名][造] 気管から出る粘液。「痰壺・喀痰」

たん【端】㊀ [タ][名][造] いとぐち。はじまり。「争いの―をひらく」「端緒・発端」㊁[造] ❶ただしい。まっすぐ。きちんとしている。「端正・端的・端麗・異端」❷はし。はた。「端子・端末・極端・先端」❸ことがら。「多端・万端」 **―を発する** 物事がはじまる。

タン [タ]〈tongue〉[名] 食用にする牛などの舌の肉。

だん【弾】[造] ❶たま。「弾丸・弾薬・爆弾・照明弾」❷はずむ。はじく。はねかえる。「弾性・弾力」❸ただす。せめる。「弾圧・弾劾・糾弾」❹ひく。かなでる。「弾琴・弾奏・連弾」

ダン [造]（ダウン(down)の変化）野球で、アウトをかぞえることば。アウト。「ツー―」

だん【段】㊀ [ダ][名][接尾] ❶上下にくぎったものの一つ一つ。「上の―にのせる」「段階・段差・上段」❷だんだん。「階段・石段」❸階級。「―があがる」「段位・格段」❹柔道・剣道・囲碁などで、技量の等級。「初段・昇段・有段」❺文章のひとくぎり。「段落・前段・後段」❻浄瑠璃・歌舞伎などのひとくぎり。「判官切腹の―」㊁ [ダ][名] 場合。ところ。「いざという―になると」㊂[造] ❶てだて。「算段・手段」❷あたい。「値段」

だん【団】㊀ [ダ][名][造] 組。仲間。「―の結束」「団体・楽団・財団・消防団・青年団」㊁[造] ❶かたまり。「団塊・団欒・団子」❷あつまる。「団結・団地・集団」

だん【断】㊀ [ダ][名][造] きっぱりと行うこと。「―あるのみ」「―をくだす」「断言・断行・断定・決断・診断・判断」㊁[造] たつ。きる。「断交・断層・切断・中断」 **断ずる** [他サ] **断じる** [他上一]

だん【暖】㊀ [ダ][名][造] あたたかいこと。「―をとる」「暖冬・暖流・温暖・寒暖」㊁[造] あたためる。あたたまる。「暖房・暖炉」

だん【談】㊀ [ダ][名][造] はなし。ものがたり。談話。「関係者の―を聞く」「縁談・怪談・奇談・美談・車中談」㊁[造] はなす。かたる。「談合・談判・談話・会談・座談・筆談・密談」 **談じる** [自上一] **談ずる** [自サ]

だん【壇】㊀ [ダ][名][造] 他より一段高くした場所。「壇上・演壇・花壇・教壇」㊁[造] ある種の専門家の社会。「歌壇・楽壇・文壇・論壇」

だん【男】㊀ [ダ][名] ❶むすこ。「山本氏の―」❷五等爵の一つ。「公・侯・伯・子・―」「男爵」㊁[造] おとこ。「男子・男性・男装・男優」〔別音なん｜男〕

たん-あたり [ア]【反当(た)り】[名] 収穫や肥料の、一反についての分量。

だん-あつ [0]【弾圧】[名][他サ] 権力でおさえつけること。

だん-あん [0]【断案】[名] ❶三段論法で、前提からひきだされた結論。❷最終的な判断。

たん-い [タ]【単位】[名] ❶数量を計算するとき、基準となる数量の名。長さはメートル、量はリットル、重さはグラムなど。❷ある組織を組みたてる基本的なまとまり。「家族を一―とする」❸高等学校・大学などにおける一定の学習量。「卒業に必要な―数」

だん-い [ダ]【段位】[名] 囲碁・将棋・柔道・剣道などで、一定の審査の上で与えられる段のくらい。

だん-い [ダ]【暖衣】【×煖衣】[名]〔文章語〕あたたかい着物。また、それを着ること。 **―飽食** [ダ][名] あたたかい着物を着て、あきるほど食べること。なに不自由なく生活することのたとえ。飽食暖衣。

たんいしょう《歎異抄》⇒たんにしょう。

たんい-せいしょく [セ]【単為生殖】[名] 卵細胞が受精しないで分裂・増殖をはじめ、新しい個体を生じる現象。みつばち・ありまき・たんぽぽなどに見られる。

たん-いつ [0]【単一】[名][形動(の)] ❶ひとり。一つ。「―行動」❷複雑でないこと。「―な組織」❸それだけで、ほかにまじりものがないこと。 **―組合** [ク][名] 一つ一つの職場を単位とした労働組合。 **―行動** [コ][名] 個人や団体が、他と共同せず、独立して行動すること。

だん-いん [0]【団員】[名] 団体を構成している人。団体に属する人。

だん-う [ダ]【弾雨】[名]〔文章語〕雨のようにはげしく撃ってくる弾丸。

だん-うん [0]【断雲】[名]〔文章語〕ちぎれぐも。

だん-おつ [0]【×檀◂越】[名]〔仏〕寺院・僧に対して金品のほどこしをする信者。檀家。だんおち。たんのつ。

たん-おん[タ]【単音】名 音声学で、音声を分解して得られる、もっとも小さい単位。「セ」は[s]と[e]との二つの単音から成る。**―文字**(もじ)[モ]名 一字が原則として一単音をあらわす文字。たとえばローマ字など。

たん-おんかい[オ]【短音階】名 全音階の一つで、第二音と第三音、第五音と第六音とのあいだが半音で、その他は全音である音階。↕長音階。

たん-か[タ]【担架】名 病人・負傷者などを、横に寝かせてはこぶ道具。

たん-か[タ]【単価】名 商品の一つ、ひとくみあたりの値段。

たん-か[0][タ]【×啖×呵】名 歯切れのいい、するどいことば。**―を切**(き)**る** 勢いよく、歯切れのよいことばで、言い立てる。

たん-か[タ]【×譚歌】名 物語ふうの短詩。譚詩(たんし)。また、その歌曲。バラード。

たん-か[タ]【短歌】名 和歌の一形式。五・七・五・七・七で三十一音のもの。うた。↕長歌。参考 音数律にしばられない自由律短歌もある。

たん-か[0]【炭化】名自サ ❶有機化合物が、熱で分解して炭素に変化すること。❷他の物質が炭素と化合すること。**―カルシウム**[シ]名 生石灰と炭素からつくる、灰黒色のかたまり。アセチレンガスの原料。カーバイド。

だん-か[タ]【団歌】名 団員をはげまし、団結をかたくするための、団体の歌。

だん-か[0]【×檀家】名 金品をほどこして、寺をたすけもりたてる家、また、人。檀越(だんおつ)。

タンカー[タ]〈tanker〉名 油送船。油槽(ゆそう)船。

たん-かい[0]【×坦懐】名形動〔文章語〕〔「坦」はひろい、「懐」は心の意〕こだわらない、あっさりした心持ち。「虚心―」

だん-かい[0]【団塊】名 丸いかたまり。参考「団塊の世代」は、第二次世界大戦後の出生率の高かった数年間に生まれた人々を指す。

だん-かい[0]【段階】名 ❶順序。等級。❷物事の進行過程のひとくぎり。状態。「今の―ではむりだ」

だん-がい[0]【断崖】名 きりたったがけ。きりぎし。

だん-がい[0]【弾劾】名他サ〔「弾」は罪を責める、「劾」はうったえ出る〕罪悪をあばいて、責任を問うこと。「政府を―する」**―裁判所**(さいばんしょ)[0]名 大統領・大臣その他の官吏・裁判官などの非行を追及し、特別の裁判を行う裁判所。参考 日本では裁判官についてのみ、おかれる。

たんかい-とう[0]【探海灯】名 海面を遠くまで照らすあかり。サーチライト。探照灯。

だん-かざり[カ]【段飾り】名 ❶ひな人形や五月人形を、階段状に飾ること。また、その飾ったもの。❷段になったスカートの各段の縁に飾りを施すこと。「三―フリル」

だん-かずお《檀一雄》一九一二～七六。小説家。太宰治(だざいおさむ)と知りあい、佐藤春夫(さとうはるお)に師事。奔放な生き方を貫き、最後の無頼派(ぶらいは)と称された。「リッ子・その愛」「リッ子・その死」「長恨歌」「火宅の人」など。

たんか-だいがく[ダ]【単科大学】名 ただ一つの学部でできている大学。医科大学・商科大学など。↕総合大学。

たん-がら[0]【炭殻】名 石炭のもえかす。石炭がら。がら。

たん-かん[0]【単簡】名形動「簡単」の古めかしい言い方。

たん-かん[0]【短観】名〔「企業短期経済観測調査」から〕景気に対する企業の判断を調べるために、日本銀行が四半期ごとに行う統計調査。

たん-かん[0]【胆管】名 肝臓でつくられた胆汁を十二指腸へ運ぶ管。

タン-カン[カ]【中×桶×柑】名 鹿児島・沖縄などでとれるかんきつ類。

たん-がん[0]【単眼】名 昆虫類・くも類などのもつ、簡単な構造の目。↕複眼。

たん-がん[0]【単願】名 受験校を一つだけに限って願書を出すこと。私立学校では、それを合格の条件にすることがある。↕併願(へいがん)。

たん-がん[0]【嘆願】【×歎願】名他サ ねがいうったえること。

だん-かん[0]【断簡】名〔文章語〕きれぎれになった文書。書きもののきれはし。「―零墨(れいぼく)」

だん-がん【弾丸】㊀[0]名 銃で発射されるたま。「―がヘルメットを貫通する」㊁造 速さを強調するものの形容に使う。「―ライナー」「―旅行」

たん-き[タ]【単機】名〔文章語〕一台の飛行機。「―帰還する」

たん-き[タ]【単騎】名〔文章語〕ひとりだけ馬に乗って行くこと。また、その人。

たん-き[タ]【短期】名 みじかい期間。短期間。↕長期。**―間**(かん)[キ]名 みじかい期間。↕長期間。**―大学**(だいがく)[ダ]名 修業年限が二年または三年の大学。短大。

たん-き[タ]【単記】名他サ 一枚に一つをしるすこと。↕連記。**―投票**(とうひょう)[ト]名 ひとりの選挙人が、一枚の用紙に一名の被選挙人の名を書いて投票すること。↕連記投票。

たん-き[タ]【短気】名形動 気みじかな性行。**―は損気**(そんき) 短気を起こせばかならず損をする。

だん-き[タ]【暖気】名〔文章語〕あたたかい空気。あたたかさ。

だん-ぎ[タ]【談義】名自サ ❶物事の道理や仏教の意味を説き聞かせること。❷説法。説教。「長―」❸気楽で自由な議論。「政治―」参考 新聞などで❸の意味に「談議」と書く場合もある。

だん-きだん[キ]【暖気団】名 低緯度地方から低温な地域へ移動する暖かい気団。↕寒気団。

たん-きゅう[0]【単級】名 児童・生徒数の少ない学校で、学年のちがう全校の児童・生徒を一学級に編成したもの。

たん-きゅう[0]【探求】名他サ さぐりもとめること。「古代の遺宝を―する」⇩探究 参考。

たん-きゅう[0]【探究】名他サ たずねきわめること。研究。「真理を―する」参考「探究」は学問的にきわめる意味、「探求」はさがしもとめる意味。

だん-きゅう[0]【段丘】名 河岸(かがん)・海岸に見られる、階段状になっている地形。

たん-きょり[キョ]【短距離】名 ❶みじかい距離。❷短距離の競走・競泳。陸上では四〇〇メートル以下、水上では二〇〇メートル以下の競走・競泳。↕中距離・長距離。

だん-きん[0]【断金】名〔文章語〕金属をも断ち切るほど、友情がかたく強いこと。「―の交わり」

だん-きん[0]【弾琴】名〔文章語〕ことをひくこと。

たん-く[タ]【短×軀】名〔文章語〕身のたけのひくいこと。↕長軀。

タンク[タ]〈tank〉名 ❶気体・液体などを入れる大きな入れもの。「ガス―」❷戦車。**―トップ**[ト]〈tank top〉名〔tankは貯水槽の意〕体型に合わせずに仕立てた、ランニングシャツ風の女性の夏着。**―ローリー**[ロ]〈tank lorry〉名 ガソリンなどの液体をはこぶ、筒型のタンクを取りつけた貨物自動車。

タングステン[ク][ス]〈tungsten〉名 元素記号W 原子番号74 原子量183.84の金属元素。灰白色でかたく、融点が高い。電球・真空管用。ウォルフラム。

たん‐ぐつ 0【短靴】名 足のくるぶしあたりまでの、あさいくつ。↕長ぐつ。

ダンケ ダ〈ドdanke〉あいさつ ありがとう。サンキュー。

たん‐けい 0【短径】名 長円形などのみじかいほうの差しわたし。↕長径。

たん‐けい 0【短×檠】名〔文章語〕たけが低く、台が箱になっている燭台。

たん‐けい ダ【端渓】名（「端渓硯(たんけいけん)」の略）中国広東(かんとん)省の端渓でとれる石でつくったすずり。

たん‐げい 0【端×倪】名 他サ〔文章語〕（「端」はいとぐち、「倪」は田の境界。本末終始をはかり知るの意）はかり知ること。推測。「―すべからざる行動」

だん‐けい 0【男系】名 男の血すじ。↕女系。

だん‐けつ 0【団結】名 自サ ❶団体・組合をつくること。❷団体の構成員が協力すること。―**権**(けん) ツ名 労働者が労働条件の維持・改善のために、団結して労働組合をつくる権利。

たん‐けん 0【短見】名〔文章語〕あさはかな意見。浅見。

たん‐けん 0【短剣】名 ❶みじかい剣。短刀。↕長剣。❷とけいのみじかいほうのはり。短針。

たん‐けん 0【探検・探険】名 他サ 危険をおかして実地にしらべること。参考 新聞・放送では「探検」を使う。

たん‐げん ゲ【単元】名 ある題目を中心としておこなわれる学習活動のひとまとまり。「―の目標」

たん‐げん 0【端厳】名 形動 姿・形が整っていて、おごそかなこと。たんごん。「―な仏像」

だん‐げん ゲ【断言】名 自サ きっぱりと言いきること。

たん‐こ ダ【淡湖】名 淡水湖。↕塩湖。

たん‐ご 0【単語】名 ❶一つのことば。❷意味・文法的はたらき・語形から考えた、文を構成する最小の言語単位。↕文。

たん‐ご ダ【端午】名 五月五日の男子の節句。人形・のぼり・よろい・刀剣などをかざり、しょうぶを軒にさす。五節句の一つ。端午の節句。夏

タンゴ ダ〈tango〉名 アルゼンチンから始まったダンスの曲。また、その曲にあわせるダンス。

たんご《丹後》昔の山陰道の国の一つ。今の京都府の北部。丹州。

だん‐こ ダ【断固】【断×乎】(と)副 たる連体 きっぱりとおこなうようす。断然。「―実行する」「―たる決意」

だん‐ご 0【団子】名 米・きびなどのこなをまるめ、むしたり、ゆでたりした食べ物。―**っ鼻**(ばな) ゴ名〔俗語〕だんごのように丸い鼻。だんごばな。―**に目鼻**(めはな) まるい顔のたとえ。

たん‐こう 0【単行】名 それだけを行うこと。「―の法令」―**法**(ほう) 0名 特殊な一つの事がらについて定められた法律。―**本**(ぼん) 0名 全集・シリーズ・雑誌などに対して、一冊だけ独立して刊行される本。

たん‐こう 0【炭坑】名 石炭を掘り出すための穴。

たん‐こう 0【炭鉱】名 石炭を掘り出している鉱山。

たん‐こう 0【探鉱】名 鉱床(こうしょう)・石炭層・石油層のある所をさがすこと。

たん‐こう 0【淡紅】名 うすくれない。うすべにいろ。

たん‐こう 0【鍛工】名 金属をきたえること。また、その職人。

だん‐こう 0【団交】名「団体交渉」の略。

だん‐こう 0【男工】名 男の工員。

だん‐こう 0【断郊】名〔文章語〕原野・丘陵地など、野外をよこぎること。「―競走」

だん‐こう 0【断交】名 自サ ❶つきあいをたつこと。絶交。❷国交断絶。

だん‐こう 0【断行】名 他サ 思いきってきっぱりと行うこと。「改革を―する」

だん‐ごう 0【談合】名 自サ ❶話しあうこと。相談すること。❷（「談合入札」「談合請負」の略）請負や入札で、あらかじめ、請負・入札価格を相談しておくこと。―**尽**(ず)**く** 0名 話しあいでするこど。相談ずく。

だんこう‐き コ【暖候期】名 一年のうち、三月または四月から九月までの期間。夏の三か月間（六月から八月）をさすこともある。「―予報」↕寒候期。

だん‐ごく 0【暖国】名 気候のあたたかな国、また、地方。

たん‐こぶ コ名〔俗語〕こぶ。

たん‐ごん 0【端厳】名 形動 ➡たんげん。

だん‐こん 0【男根】名 陰茎。

だん‐こん 0【弾痕】名 弾丸のあたったあと。

たん‐さ ダ【探査】名 他サ〔文章語〕さぐり、しらべること。

たん‐ざ ダ【端座】【端×坐】名 自サ ひざをそろえて、姿勢ただしくすわること。正座。

だん‐さ 0【段差】名 道路や人の歩くところで、段のようになって高さがちがっていること。

ダンサー ダ〈dancer〉名 ❶ダンスホールで客を相手に社交ダンスをおどる女性。❷おもに西洋舞踊を職業とする人。

たん‐さい 0【淡彩】名 あっさりとしたいろどり。―**画**(が) 0名 あっさりしたいろどりの絵。淡画。

たん‐さい 0【短才】名〔文章語〕才能のたりないこと。また、その人。浅才。

だん‐さい 0【断裁】名 他サ たちきること。―**機**(き) サ名 製本その他のために紙をたちきる機械。裁断機の大型のもの。

だん‐ざい 0【断罪】〔文章語〕❶名 自サ 罪をきめること。「―をまつ」❷名 首をきりおとす罰。うちくび。

たんさい‐ぼう サ【単細胞】名 ❶ただ一つの細胞。❷〔俗語〕考えのあさい人をあざけっていう語。―**生物**(せいぶつ) セ名 単細胞からなる生物。アメーバ・細菌など。

たん‐さく 0【単作】名 同じ土地に、一種類だけの作物をつくること。

たん‐さく 0【探索】名 他サ さがしたずねること。

たん‐ざく 0【短冊】【短▲尺】名 ❶字を書いたり、物にむすびつけたりする、ほそ長い紙。❷和歌や俳句を書く、ほそ長い厚い紙。❸たんざく形。たんざく形のもの。「大根を―に切る」―**形**(がた) 0名 たんざくのような長方形。

タンザニア《Tanzania》アフリカ東海岸のインド洋に面した連合共和国。一九六一年独立。首都はドドマ。

たん‐さん 0【単産】名（「産業別単一組合」の略）産業ごとに組織されている労働組合。

たん‐さん 0【炭酸】名 炭酸ガスが水にとけるときに生ずる弱い酸。―**ガス** ガ名 炭素の完全燃焼、動植物の呼吸などによってできるガス。無色・不燃性。清涼飲料の原料・ドライアイス用。無水炭酸。二酸化炭素。―**カルシウム** シ名 カルシウムの炭酸塩。石灰石(せっかいせき)・ほね・貝がらなどの成分。白色で水にとけにくく、加熱すると酸化カルシウムと炭酸ガスに分解する。工業用、また薬品などの原料。―**水**(すい) サ名 炭酸ガスの水溶液。炭酸泉として天然にでき、また人工的にもつくる。清涼飲料の原料・薬用。―**ソーダ** ソ名 ナトリウムの炭酸塩。無色の結晶体で、水にとけ、アルカリ性。ガラス・せっけん・陶器の原料。薬用。炭酸ナトリウム。せんたくソーダ。―**ナトリウム** リ名 炭酸ソーダ。

たん‐し 0【短詩】名 みじかい形式の詩。↕長詩。

たん-し ダ【短資】名 短期貸しつけの資金。コール。

たん-し ダ【端子】名 電気器具などの、電流の出入り口に取りつけた金具。

たん-し ダ【×譚詩】名 譚歌(たんか)。バラード。

たん-じ ダ【嘆辞】名〔文章語〕ほめることば。

だん-し ダ【男子】↕女子。一 名 ❶おとこのこ。男児。「―が誕生する」❷おとこ。男性。とくに、青年または、立派な男。「―の本懐を遂げる」二 名造〔学校生活における男女の区別に準じて〕主に、男児から若い成年男性までの年齢層を対象に、スポーツ選手や集団の一員として性別に注目したときの、おとこ。「―学生」「―マラソン」
参考 近年は、ややくだけた気分で、特に女性側から男性の属性を言うことがある。

だん-し ダ【弾指】名 ❶〘仏〙指を一度はじく間。ごくみじかい時間の単位。❷つまはじきすること。

だん-し ダ【×檀紙】名 日本紙の一種。厚くて白く、ちりめんじわのある紙。

だん-じ ダ【男児】名 ❶おとこのこ。↕女児。❷おとこ。「日本―」

たん-じかん ジ【短時間】名 みじかい時間。↕長時間。

たん-しき 0【単式】名 ❶単純な形式・方式。❷単式簿記。単式印刷。❸単式試合。**―印刷**(いんさつ) イ 名 タイプライターで活字を印字し、オフセットを利用する文字印刷。**―試合**(あい) ジ2 名 テニス・卓球で、ひとり対ひとりで行う試合。単試合。シングルス。**―簿記**(ぼき) ボ 名 取引の貸借記入をせず、現金の収支、商品の増減などだけを記入する簿記。↕複式簿記。

だん-じき 0【断食】名 自サ 信仰・修養・療治などのために食事をとらないこと。

たんしきん-るい キ【担子菌類】名 菌類中もっとも高等なもの。しいたけ・まつたけなどのなかま。

だんじ-こ-む コ【談じ込む】自五 マ・ミ・ン・ム・ム・メ・メ 強い態度でかけあう。**談じ込み** 名

たん-じじつ ジ-【短時日】名 わずかな日数。「―で仕上げる」

タン-シチュー ジ〈tongue stew〉名 牛の舌をソースで煮こんだ料理。

たん-じつ 0【短日】名 昼のみじかい日。冬、日がみじかいこと。㊇ **―植物**(しょくぶつ) ブ 名 一日の日照時間が、一定の長さ以下になると花をつける植物。コスモス・きくなど。↕長日植物。

たん-じつげつ ジ/ツ-【短日月】名 わずかの月日。

だんじ-て 0/ダ【断じて】副 ❶きっと。かならず。「―やりぬく」❷どんなことがあっても。決して。「―行かない」
参考 下に打ち消しの語がくる。**―行**(おこな)**えば鬼神**(きしん)**もこれを避**(さ)**く** 決心して断行すれば、鬼神さえもじゃまをせず、かならず成功する。

たん-しゃ 0【単車】名 オートバイ。↕四輪車。

たん-しゃ ダ【単舎】名「たんしゃりべつ」の略。

たん-じゃく 0【短尺】名 映画のフィルムなどの長さが短いこと。↕長尺。

だん-しゃく ダ【男爵】名 もとの五等爵の最下位。

たん-しゃりべつ リ【単舎利別】名 ➡たんシロップ。

だん-しゅ 0【断酒】名 自サ 酒を絶って飲まないこと。
参考「禁酒」より強い表現。アルコール依存症患者が酒をやめることに使う。

だん-しゅ 0【断種】名 自サ 輸精管・輸卵管を手術して、子どもをつくる力を失わせること。「―手術」

たん-しゅう 0【反収】【▲段収】名 田畑一反あたりの収穫高。

たんしゅう《丹州》❶➡たんば(丹波)。❷➡たんご(丹後)。

たんしゅう《但州》➡たじま(但馬)。

たんしゅう《淡州》➡あわじ(淡路)。

たん-じゅう 0【胆汁】名 肝臓からぶんぴつされ、いったん、胆嚢(たんのう)内にたくわえられてから、腸内で脂肪の消化吸収をたすける消化液。**―質**(しつ) ジュ 名 人間の気質の一つ。刺激に対する反応が速く強く、短気で敏捷(びんしょう)に行動するが長続きしない。

たん-じゅう 0【短銃】名 ピストル。拳銃(けんじゅう)。

だん-しゅう 0【男囚】名 おとこの囚人。↕女囚。

たん-しゅく 0【短縮】名 他サ 時間や長さをみじかくちぢめること。「工期を―する」

たん-しゅん 0【探春】名〔文章語〕春のけしきや、そのおもむきをたずねて郊外にいくこと。㊅

たん-じゅん 0【単純】形動 ダロ・ダッ・デ・ニ ダ・ナ・ナラ・0 ❶形、仕組み、働きなどがこみいっていないようす。簡単。「―な図形」「―な考え方」↕複雑。❷他の要素がまじっていないようす。「―な色彩」**―語**(ご) 0 名「山」「読む」など、一つだけの要素からできている語。↕合成語。**―泉**(せん) 0 名 鉱物分・ガス分の少ない温泉。

たん-しょ ダ【短所】名 他のものと比べて劣っているところ。弱点。欠点。「―を自覚する」↕長所。

たん-しょ ダ【端緒】名〔「たんちょ」は慣用読み〕いとぐち。てがかり。「解決の―」

だん-じょ ダ【男女】名 おとこと、おんな。なんにょ。**―共学**(きょうがく) ダ 名 学校のおなじ教室で、男女の児童・生徒・学生がいっしょに教育をうけること。↕男女別学。**―同権**(どうけん) ダ 名 法律上の権利、道徳上の待遇、その他社会生活のうえで男と女との差別がないこと。

たん-しょう 0【短章】名〔文章語〕みじかい詩歌(しいか)や文章。

たん-しょう 0【探勝】名 自サ〔文章語〕けしきのよいところをたずねて、そのけしきをあじわうこと。

たん-しょう 0【嘆賞・嘆称】名 他サ 感心してほめたたえること。賞嘆。

たん-しょう 0【短小】名 形動 みじかくて小さいこと。↕長大。

たん-じょう 0【誕生】名 自サ ❶人の生まれること。出生。❷生後一年を迎えること。「―を過ぎてつかまり立ちをする」❸新しいものができること。新しいことがおこること。「近代オリンピックの―」**―石**(せき) ジョ 名 生まれ月にちなんで決めた宝石。一月ガーネット、二月アメジスト、三月ブラッドストーン・アクアマリン、四月ダイヤモンド、五月エメラルド、六月真珠、七月ルビー、八月サードニックス、九月サファイア、十月オパール、十一月トパーズ、十二月トルコ石。**―日**(び) ジョ 名 ❶生まれたその日。❷生まれた日と月の同じ日。生まれた記念日。**―仏**(ぶつ) ジョ 名 釈迦(しゃか)が生まれたときの、右手で天をさし、左手で地をさした姿の像。㊅

だん-しょう 0【男×妾】名 男めかけ。

だん-しょう 0【男×娼】名 男色を売る男。

だん-しょう 0【断章】名〔文章語〕詩文の一部をぬいたもの。きれぎれの詩や文章。

だん-しょう 0【談笑】名 自サ うちとけて、わらいながら話しあうこと。「愉快に―する」

だん-じょう 0【壇上】名 演壇・教壇などの上。

たんしょう-しき 0【単勝式】名 競馬・競輪・競艇などで、一着だけを当てる方式。↕連勝式・複勝式。

たんしょう-とう 0【探照灯】名 遠距離の陸・海・空をてらしだす強力な照明灯。サーチライト。

たんしよう-るい ヨ【単子葉類】名 イネ科・ユリ科などのように、子葉が一枚の植物。単子葉植物。

たん-しょく 0【単色】名 ❶他の色のまじっていない、ただ一つの色。❷太陽光線をプリズムで分析して得た一つ一つの色。七種の色。

たん-しょく 0【淡色】名 うすい色。あわい色。**―野菜** ヤ名 カロテンなどを多く含む有色野菜に対し、その含有量の少ない、キャベツやきゅうりなどの野菜。

だん-しょく 0【男色】名 男性の同性愛。なんしょく。

だん-しょく 0【暖色】名 赤色・だいだい色・黄色など、あたたかい感じをあたえる色。温色。↔寒色・冷色。

だん-じり 0【×檀尻・▲楽車・▲山▲車】名 祭りのひきものの一つ。車上に人物・草木・鳥獣などをかざりたて、はやしをおこなうもの。だし。屋台。やま。

たん・じる 0/ジ【嘆じる】他上一 ジ｜ジ｜ジル｜ジル｜ジレ｜ジロ・ジヨ ⇒たんずる。

だん・じる 0/ジ【談じる】自上一 ジ｜ジ｜ジル｜ジル｜ジレ｜ジロ・ジヨ ⇒だんずる。

だん・じる 0/ジ【断じる】他上一 ジ｜ジ｜ジル｜ジル｜ジレ｜ジロ・ジヨ ⇒だんずる。

だん・じる 0/ジ【弾じる】他上一 ジ｜ジ｜ジル｜ジル｜ジレ｜ジロ・ジヨ ⇒だんずる。

たん-シロップ シ【単シロップ】名 白砂糖を蒸留水にとかした液。薬の味つけに使う。単しゃりべつ。

たん-しん 0【丹心】名〔文章語〕まごころ。赤心。

たん-しん 0【単身】名 ただひとり。単独。「―渡米する」**―赴任** フ名 夫婦の一方が、家族と離れて一人で任地におもむくこと。

たん-しん 0【単親】名 ふた親のどちらかがいないこと。「―世帯」

たん-しん 0【短信】名 新聞や雑誌にのる、数行程度のニュースや通信。「―欄」

たん-しん 0【短針】名 時計のみじかいほうの針。時針。↔長針。

たん-しん 0【誕×辰】名〔文章語〕生まれた日。誕生日。

たん-じん 0【炭×塵】名 炭坑内の空中に浮かぶ、ほこりのように細かな石炭の粉。

ダンシング ダ〈dancing〉名 おどること。ダンス。

たん-す 0【×簞×笥】名 衣類・小道具などを入れるひきだしをつけた木製の大きな箱。**―預金** ヨ名他サ 現金を金融機関に預けず、家にしまっておくこと。また、その金。たんす貯金。

ダンス ダ〈dance〉名 ❶西洋式のおどり。舞踏。❷社交ダンス。**―パーティー** パ〈dancing party〉名 舞踏会。**―ホール** ホ〈dance hall〉名 料金をとって、社交ダンスをさせる所。舞踏場。

たん-すい 0【炭水】名 炭素と水素。**―化物** カ名 炭素・水素・酸素の化合物。糖類・でんぷん・繊維素など。参考 もと「含水炭素」といった。**―車** ス名 石炭と水とを積んで、蒸気機関車の後部につく車。

たん-すい 0【淡水】名 塩分をふくまないまみず。↔塩水・鹹水。**―魚** ス名 川・湖などのまみずの中にすむ魚。↔海水魚・鹹水魚。

だん-すい 0【断水】名自他サ 水路・水道がとまること。また、とめること。

たん-すいろ ス【短水路】名 五〇メートル未満の長さの水泳用プール。一般に二五メートルプールをいう。↔長水路。

たん-すう ス【単数】名 ↔複数。❶一つの数。一。❷文法で、ただ一つの人・物などをあらわす名詞。また、その名詞をうける動詞・形容詞・冠詞などの語形。

たん・ずる 0/ズ【嘆ずる】【×歎ずる】他サ ジ・ゼ｜ジ｜ズル｜ズル｜ズレ｜ジロ・ゼヨ〔文章語〕(「嘆じる(上一段活用)」とも)❶なげく。「不幸を―」❷いきどおる。「世の乱れを―」❸感心し、ほめる。「風光を―」 **たん・ず** 文語サ変

だん・ずる 0/ズ【談ずる】自サ ジ・ゼ｜ジ｜ズル｜ズル｜ズレ｜ジロ・ゼヨ〔文章語〕(「談じる(上一段活用)」とも)❶話す。❷相談する。❸かけあう。談判する。 **だん・ず** 文語サ変

だん・ずる 0/ズ【断ずる】他サ ジ・ゼ｜ジ｜ズル｜ズル｜ズレ｜ジロ・ゼヨ〔文章語〕(「断じる(上一段活用)」とも)❶きっぱりときめる。❷裁決する。 **だん・ず** 文語サ変

だん・ずる 0/ズ【弾ずる】他サ ジ・ゼ｜ジ｜ズル｜ズル｜ズレ｜ジロ・ゼヨ〔文章語〕(「弾じる(上一段活用)」とも)❶楽器をひきならす。❷罪を責め正す。弾劾する。 **だん・ず** 文語サ変

たん-せい 0【丹青】名〔文章語〕(赤と青)❶色彩。彩色。「―の妙」❷絵画。

たん-せい 0【単性】名 一つの生物が、雄性か雌性かの一方だけの生殖器官をそなえていること。**―生殖** セ名 単為生殖。**―花** セ名 一つの花が、おしべかめしべの一方だけをもっているもの。↔両性花。

たん-せい タ【丹精】㊀【丹誠】名 まごころ。㊁名他サ まごころを込めて行うこと。「―こめて作った農作物」「父が―した鉢植えの菊」

たん-せい 0【嘆声】【×歎声】名〔文章語〕困ったり、感心したりしたときに思わず出すため息や声。「―をもらす」

たん-せい タ【端正】形動 ダロ｜ダッ・デ・ニ｜ダ｜ナ｜ナラ｜〇 姿・行儀などがきちんとしているようす。「―な服装」

たん-ぜい 0【担税】名 租税を負担すること。「―力」

だん-せい 0【男声】名 おとこの声。「―合唱団」↔女声。

だん-せい 0【男性】名 おとこ。男子。ふつう成人を指す。↔女性。**―的** 0 形動 力強さなど男らしさをそなえているようす。「―な言葉づかい」↔女性的。

だん-せい 0【弾性】名 他から加えられた力がなくなると、もとにかえろうとする物体の性質。**―体** 0名 弾性をもつ物体。ゴムなど。

たん-せき 0/タ【旦夕】名〔文章語〕(朝と晩)❶あけくれ。平生。❷この朝か晩かというようにたいそうさしせまったとき。「命―にせまる」

たん-せき タ【胆石】名 胆汁の成分からできあがった結石。**―症** 0名 胆のうや輸胆管の中に結石ができ、腹部がはげしくいたむ病気。

たん-せき タ【×痰×咳】名 たんとせき。また、たんのでるせき。

だん-せつ 0【断×截】名他サ たち切ること。切断。

だん-ぜつ 0【断絶】名自他サ ❶つづいていた物事が絶えること。また、それを断ちきること。「お家の―」「交渉を―する」❷関係やつながりがなくなること。「国交が(を)―する」「親子の―」

たん-せん 0【単線】名 ↔複線。❶一本の線。❷単線軌道。**―軌道** キ名 おなじ線路をのぼりくだりの列車が使用する鉄道。単軌鉄道。↔複線軌道。

たん-ぜん セ【丹前】名 広そでの厚い綿いれ。着物にかさねたり寝具にする。どてら。㊇

たん-ぜん 0【端然】(と)副 たる連体 姿などのただしく、ととのったようす。きちんとしたようす。「―とすわる」

だん-せん 0【断線】名自サ 電線・電話線が切れて通じなくなること。

だん-ぜん 0【断然】副 ❶反対・誘惑などをおしきっておこなうようす。断固。「―、決行する」❷他とかけはなれるようす。「―、トップをきる」

たん-そ タ【炭素】名 動植物を構成する重要元素。元素記号C 原子番号6 原子量12.0107 ダイヤモンド・石墨・木炭・油煙・炭水化物などとして存在する。

たん-そう 0【単層】名 一つの層で構成されていること。

「―建築」↕重層。

たん-そう ⓪【炭層】名 地中にある石炭の層。

たん-そう ⓪【担送】名 他サ 病人やけが人を担架(たんか)にのせて運ぶこと。「―車」

だん-ぞう ⓪【鍛造】名 他サ 〔文章語〕金属をきたえて、いろいろな物をつくること。

だん-そう ⓪【断想】名 まとまりのない、きれぎれの考え・感想。断片的な思い。

だん-そう ⓪【断層】名 ❶土地にわれ目ができて、両がわの地層がずれてくいちがっているもの。❷考え方のくいちがい。ずれ。「世代間の―がある」**―撮影**(さつえい) サ 名 X線などによって人体の断面を撮影すること。CTなど。

だん-そう ⓪【弾倉】名 連発式の銃器で、補充用の弾丸をつめておくところ。

だん-そう ⓪【男装】名 自サ 女性が男性のみなりをすること。↕女装。

だん-そう ⓪【弾奏】名 他サ 弦楽器やピアノの類をひきならすこと。

たん-そく ⓪【短足】名 足が普通より短いこと。

たん-そく ⓪【嘆息】【×歎息】名 自サ なげいてためいきをつくこと。ためいき。「―をもらす」「長―」

たん-そく ⓪【探測】名 他サ 気象・天体などのようすを測定・調査すること。「―気球」

だん-ぞく ⓪【断続】名 自サ 物事が切れたり、つづいたりすること。「―的な噴火」

たんそ-びょう ⓪【炭×疽病】名 ❶牛・馬・羊などにおこる感染症で、炭疽菌による急激な敗血病。炭疽。❷かき・桃・豆類・うり類などの病気で、炭疽病菌によって黒色・茶色の斑点(はんてん)が、枝・葉などにできるもの。

だんそん-じょひ ジョ【男尊女卑】名 男をだいじにして、女を軽んじること。↕女尊男卑。

たん-だ ダ【単打】名 野球で、シングルヒット。

たん-だ タ【短打】名 野球で、長打をねらわず確実にヒットを打とうとする打撃。「―戦法」↕長打。

たん-たい ⓪【単体】名 ❶構成部分となっているものを、それだけ切り離したときの一つのもの。「本社―では赤字」「部品を―で試験する」❷一種だけの元素からできている物質。金・銀・ダイヤモンドなど。

たん-だい ⓪【探題】名 ❶詩歌(しいか)の会で、くじ引きで各人の題をきめること。❷鎌倉(かまくら)・室町(むろまち)時代に、重要な地方をおさめるためにおかれた職名。「九州―」

たん-だい ⓪【短大】名「短期大学」の略。

だん-たい ⓪【団体】名 おなじ目的をもった何人もの人の集団。仲間の集まり。**―協約**(きょうやく) キョ 名 団体が団体または個人との間にむすんだ契約。労働協約など。**―交渉**(こうしょう) コ 名 労働組合が団体として、使用者がわと賃金・労働時間などの労働条件について交渉すること。団交。**―保険**(ほけん) ホ 名 会社・官庁などで、多数の被保険者をまとめて単一の保険契約をむすぶもの。

だん-たい ⓪【暖帯】名 温帯地方のうち、熱帯に近い地帯。年平均気温がセ氏一三～二一度のあたたかい地方。

たんだい-しんしょう ⓪【胆大心小】名 〔文章語〕度胸は大きく、注意はこまかくいきとどくこと。

だん-だら ⓪【段だら】名 一段おきに別の色で染めたり、ちがう色の糸で織ったりした横じまの図柄。「―模様」

たん-たん ⓪【×坦×坦】と副 たる連体 〔文章語〕たいらに広がるようす。「―たる大平原」

たん-たん ⓪【×眈×眈】と副 たる連体 〔文章語〕野心をもってじっとねらうようす。「虎視(こし)―と機会をねらう」

たん-たん ⓪【淡淡】と副 たる連体 ❶味わいや感じがあっさりしているようす。❷物事にこだわらず、さっぱりしているようす。「―たる態度」

だん-だん【段段】㊀ ダ 名 ❶段。階段。「―を下りる」❷ひとつひとつ。「お申し越しの―うけたまわりました」㊁ ⓪【だんだん】と副 に副 少しずつ変化が増すようす。しだいに。「―寒さがきびしくなる」参考「―と」「―に」の形で使うときは ダ。**―畑**(ばたけ) パ 名 斜面に階段状に作った畑。

だん-だん ⓪【団団】と副 たる連体 〔文章語〕❶まるいようす。「―たる名月」❷露の多いようす。「露―」

だんだん-こ ダ【断断×乎】と副 たる連体 〔文章語〕「断乎」の強め。強くきっぱりとするようす。

タンタンメン ダ【中担担麺】名 中国の四川料理の一つ。辛味のある調味料などで味付けをし、ひき肉・ザーサイ・ねぎなどをのせた麺。

たん-ち ダ【探知】名 他サ さぐり知ること。「方向―器」

だん-ち ⓪【団地】名 住宅を計画的・集団的に建てた区域。また、集団的に開発された工場・倉庫などの区域。

だん-ち ダ【暖地】名 気候のあたたかな土地。↕寒地。

だん-ち ダ【段ち】名 形動(の) 〔俗語〕(「段ちがい」の略)たいへん違っていること。「―の出来ばえ」

だん-ちがい チ【段違い】名 形動(の) ❶二つのものの高さが違うこと。「―の床(ゆか)」「―平行棒」❷二つのものの程度の差が、たいへん違うこと。くらべものにならないほどの大きな違い。「腕まえが―だ」

たん-ちゃ ⓪【×磚茶】名 紅茶または緑茶のこなをかためて、うす板のようにしたもの。けずって使う。

だん-ちゃく ⓪【弾着】名 銃砲のたまがとどくこと。また、その場所。**―距離**(きょり) キョ 名 ❶銃砲のたまのとどく最大距離。❷弾丸の発射地点から到着地点までの距離。

たん-ちょ タ【単著】名 一人の著者による著作物。学術論文などにも言う。↕共著。

たん-ちょ タ【端緒】名 (「たんしょ」の慣用読み)いとぐち。

たん-ちょう ⓪【丹頂】名 ツル科の鳥。羽毛は純白色で、目からのどにかけての所と風切り羽の先は黒。頭上に赤色部がある。いまは北海道にすむ。特別天然記念物。たんちょうづる。新年

たんちょう

たん-ちょう ⓪【探鳥】名 野生の鳥をさがすこと。「―の旅」

たん-ちょう タ【短調】名 短音階による楽曲の調子。モール。↕長調。

たん-ちょう ⓪【単調】名 形動 変化のないこと。一本調子。「―な生活」

だん-ちょう ⓪【団長】名 団体の代表者。

だん-ちょう ⓪【断腸】名 〔文章語〕(はらわたが切れる意)この上もなく悲しく苦しいこと。「―の思い」

だん-つう ツ/⓪【段通】【×緞通・×緞子】名 地(じ)の糸に綿・麻・羊毛などを使った厚い敷物用の織物。

だん-つく ダ 名 〔俗語〕「だんな」をばかにしていうことば。

たん-つぼ ⓪/ツ【×痰×壺】名 たんやつばをはき入れる器。

たん-てい ⓪【端艇・短艇】名 ボート。

たん-てい ⓪【探偵】名 他サ こっそりと事情をさぐること。特に、犯人についてこっそり調べること。また、その人。**―小説**(しょうせつ) ショ 名 推理小説。

だん-てい ⓪【断定】名 他サ ❶判断してきめること。❷判断。

ダンディー ダ〈dandy〉名 形動 服装やふるまいが洗練さ

れている男性。また、そのさま。

たん-てき⓪【端的】形動 ダロ・ダッ・デ・ニ／ダ・ナ・ナラ・○ ❶率直なようす。てっとりばやく核心にふれるようす。「―にいえば…」❷てきめん。「―なききめ」参考「単的」と書くのはあやまり。

たん-でき⓪【×耽溺】名 自サ よくない事にふけり、他の事を顧みないこと。惑溺(わく)。「酒色に―する」

たんでき《耽溺》岩野泡鳴(いわのほうめい)の中編小説。一九〇九年発表。中年男の愛欲生活をえがいた作品。

たん-てつ タ【鍛鉄】名 ❶鉄をきたえること。きたえた鉄。❷錬鉄。

たん-でん⓪【丹田】名 へその下の下腹部。心身の精気が集まるとされる所。

たん-でん⓪【炭田】名 たくさんの石炭がとれる地域。

たん-と⓪ 副 たくさん。どっさり。

だん-と タ【×檀徒】名 仏教で、檀家の人々。

たん-とう⓪【反当】名 反あたり。

たん-とう ト【短刀】名 みじかいかたな。短剣。↕長刀。

たん-とう⓪【担当】名 他サ 仕事として引き受けること。「北米エリアを―する」

だん-とう⓪【弾頭】名 砲弾のさきの爆発する部分。

だん-とう⓪【暖冬】名 寒気のゆるい冬。あたたかい冬。冬 **―異変**(へん) イ 名 いつもの冬よりも、気温が異常に高いこと。

だん-どう⓪【弾道】名 うちだされた弾丸が空中をとんでいく道。また、それがえがく曲線。**―ミサイル** サ 名 ロケットで打ち上げ、弾道をえがいて飛ぶミサイル。弾道弾。

だんとう-だい⓪【断頭台】名 罪人の首をきりおとす台。ギロチン。

たんとう-ちょくにゅう⓪【単刀直入】名 形動（ひとりで敵陣に切りこむ意）前おきをせず、すぐに本論にはいること。「―な質問」参考「短刀直入」と書くのはあやまり。

たん-どく タ【丹毒】名 皮膚や粘膜の傷から、連鎖状球菌がはいっておこる急性感染症。

たん-どく⓪【単独】名 ひとり。ひとりきり。「―行動」

たん-どく⓪【×耽読】名 他サ 書物を読みふけること。

だん-トツ⓪ 名（俗語）（「断然トップ」から）ほかのものを引きはなして先頭にあること。

だん-どり⓪ ド【段取(り)】名 物事を行うときの順序。てくばり。手順。「仕事の―」

タンドリー-チキン チ〈tandoori chicken〉名 インド料理の一つ。ヨーグルトと香辛料に漬け込んだとり肉を、タンドールという壺型(つぼがた)のかまどで焼いたもの。

だん-な⓪【旦那】㊀名〈梵語 dāna は布施(ふせ)の意〉❶[×檀那]寺院・僧に対して金品のほどこしをする信者。施主(せしゅ)。檀家。檀越(だんおつ)。❷主人。あるじ。参考 武家や大店のあるじに対して使った。❸夫。自分の夫を呼ぶ場合にも、他人の夫を呼ぶ場合にも使う。❹めかけなどの主人。㊁代 成年の男性に使う尊敬の言い方。参考 おもに男性が、未知の相手や客に対して使う。

だんな-げい ナ【旦那芸】名 大きな商家の主人などが、なぐさみにおぼえた芸ごと。

だんな-でら⓪【旦那寺】名 自分の家が信者として属している寺。

たん-なる タ【単なる】連体 ただの。「―想像にすぎない」参考 あとに打ち消しの語のくることが多い。

たん-に タ【単に】副 ただそれだけ。ただ。❶とりたてて言うほどのことではない。「―尋ねてみただけだ」❷ただそう言ってすまされないという意を表す。「―ぼくだけの問題ではない」「―君だけの問題だろうか」参考 あとに打ち消しや反語の言い方がくる。

たんにしょう《歎異抄》鎌倉(かまくら)時代中期の法語集。親鸞(しんらん)のことばを門人があつめた、他力本願の神髄をといたもの。たんいしょう。

タンニン タ〈オ tannin〉名 植物の葉・樹皮などにふくまれる芳香族化合物の総称。五倍子(ふし)・没食子(もっしょくし)などからとられ、インク・媒染剤などの原料とする。

たん-にん⓪【担任】名 他サ 仕事を受けもつこと。また、その人。受け持ち。担当。「クラスの―」

だん-ねつ⓪【断熱】名 熱が伝わらないようにすること。「―材」

たん-ねん タ【丹念】形動 ダロ・ダッ・デ・ニ／ダ・ナ・ナラ・○ 心をこめて念入りにするようす。「ほころびを―につくろう」

だん-ねん ネ【断念】名 他サ あきらめること。思いきること。「進学を―する」

たん-ねんど ネ【単年度】名 一年だけの会計年度。

たん-のう⓪【胆×嚢】名 肝臓の下にあり、胆汁(たんじゅう)を一時たくわえるふくろ。

たん-のう⓪【堪能】㊀名 形動（「堪能(かんのう)」の慣用読みから）学術・技芸などに上達すること。かんのう（堪能）。「英語に―な人」㊁名 自サ（「足りぬ」「足んぬ」（「ぬ」は完了の助動詞）の変化という）じゅうぶん満足すること。心ゆくまで味わうこと。「日本料理を―した」

だん-のつ⓪【×檀×越】名 ➡だんおつ。

たんば《丹波》昔の山陰道の国の一つ。今の京都府と兵庫県の一部。丹州。

たん-ぱ タ【短波】名 波長一〇～一〇〇メートル、周波数三～三〇メガヘルツの電波。遠距離通信などに使う。↕中波・長波。

ダンパー タ〈damper〉名 振動を吸収し、衝撃を弱める装置。「制震―」

たん-はい⓪【炭肺】名 石炭の粉を吸いこんで起こる呼吸器病。炭坑労働者に多い。

たん-ばい⓪【探梅】名（文章語）うめの花を見てあるくこと。観梅。冬

たん-ぱく タ【×蛋白】名 ❶卵のしろみ。卵白。❷たんぱく質。「尿に―がまざる」**―質**(しつ) ク 名 動植物の重要な構成要素。炭素・酸素・水素・窒素・いおうからできている。たんぱく。プロテイン。**―石**(せき) ク 名 石英と同質で、半透明または不透明の乳白色・淡黄色をした不定形の石。上質のものは宝石となる。オパール。**―尿**(にょう) ク 名 たんぱく質がまじっている尿。じんぞう病にかかると出る。

たん-ぱく タ【淡泊】【淡白】名 形動 ↕濃厚。❶物事にこだわらず、さっぱりしていること。「金銭に―な人」❷味・色などがあっさりしていること。「―な味」

だん-ばしご バ【段ばしご】【段×梯子】名 はばのひろい踏板をつけた階段状のはしご。

たん-ぱつ⓪【単発】名 ❶発動機が一つしかないこと。「―機」↕双発・多発。❷一発ずつ発射すること。「―銃」↕連発。❸一度だけであとの続かないもの。「―ドラマ」

だん-ぱつ⓪【断髪】㊀名 自サ 頭髪を切ること。㊁名 女性の髪形の一種。髪をみじかく切りそろえたもの。

タンバリン タ〈tambourine〉名 ➡タンブリン。

たん-パン⓪【短パン】名 丈がひざより上の短いズボン。

だん-ぱん タ【談判】名 自サ ある事件について両方が話しあって、とりきめること。かけあい。交渉。

たん-び タ【×耽美】名（文章語）ひたすら美にひたり、美をたのしむこと。**―主義**(しゅぎ) シュ 名 美に最高の価値をおき、美の追求・再現をおもな目的とする芸術上・生活上の立場。唯美(ゆいび)主義。

たん-び タ【嘆美】【×歎美】名 他サ（文章語）感心してほめ

た

ること。
だん-ぴつ ⓪【断筆】名自サ 文筆活動をやめること。
たん-ぴょう ⓪【短評】名 みじかい批評。寸評。
だん-びら ラビ【段平】名 刀剣の身のはばのひろいもの。刀。
たん-ぴん ⓪【単品】名 ❶同種のもののうちの一つの商品。セットではない一つの品。アラカルト。「—料理」❷セットになっている品物のうちの一つ。「—では売らない」
ダンピング ダ〈dumping〉名 ❶もうけを考えないでする安うり。なげうり。不当廉売。❷外国市場を確保するため、商品を国内より不当に安い価格で外国へ販売すること。
たん-ぶ【反歩】【▲段歩】接尾 ↓反。「三—」参考「反」を単位として「反」未満の端数がないことを示す。
ダンプ ダ〈dump〉名 ダンプカー。 **—カー** フ〈dump car〉名〔和製英語〕トラックの一種で、荷台を傾斜させて積み荷をすべり落とす仕掛けをもつもの。ダンプトラック。
たん-ぷく ダ【単複】名 ❶単一と重複。❷単数と複数。❸単試合と複試合。
だん-ぶくろ フ【段袋】名 ❶物を入れてはこぶ布製の大きな袋。❷〔俗語〕はばのひろいズボンのこと。
タンブラー ダ〈tumbler〉名 底のひらたい大型のコップ。
タンブリン ダ〈ドTamburin〉名 ＝タンバリン名 太鼓の一種。円形のわくの片面に皮をはり、まわりに小鈴をつけたもの。たたいたり振ったりして鳴らすリズム楽器。

タンブリン

タンブリング ⓪〈tumbling〉名 マットの上で行う転回運動。
たん-ぶん ⓪【単文】名 文の種類の一つ。主語・述語の関係が一つしかふくまれていない文。↕複文・重文。
たん-ぶん ⓪【短文】名 みじかい文章。↕長文。
たん-ぺい ⓪【短兵】名〔文章語〕〔弓矢・槍などの長い武器に対して〕刀剣・手槍などのようにみじかい武器。 **—急** ペ名形動 ひどくいそぎ、また、迫ること。だしぬけ。「—なさいそく」
だん-べい ⓪【団平】名 底がひらたくて、じょうぶな荷船。
たん-ぺき ダ【丹×碧】名〔文章語〕赤と青。丹青。

たん-べつ ⓪【反別】【▲段別】名 ❶田畑を一反ごとにわけること。❷町・反・畝・歩などではかる田畑の面積。
ダンベル ダ⓪〈dumbbell〉名 柄の両端におもりのついた体操用具。二つで一組。亜鈴。
たん-べん ⓪【単弁】名 ひとえの花びら。↕重弁。
たん-ぺん ⓪【短編】【短×篇】名 みじかい文章・映画。↕中編・長編。 **—小説** ショ名 みじかい小説。↕中編小説・長編小説。
だん-ぺん ペ【断片】名 きれぎれになったきれはし。「古文書の—」 **—的** ⓪形動 きれぎれなようす。「—な話」
だん-ぺん ⓪【断編】【断×篇】名 文章のきれはし。断章。
たん-ぼ ⓪【田んぼ】【▲田×圃】名〔「たのも(田の面)」の変化〕田になっている土地。
たん-ぼ ダ【旦暮】名〔文章語〕あさゆう。旦夕。朝夕。
たんぽ ダ名 綿をまるめて、布や皮でつつんだもの。石碑の文字などをうつしとるとき、すみをつけて使う道具。また、けいこ用のやりの先につける。
たん-ぽ ダ【担保】名他サ ❶債権者が債務者の不履行によって受ける危険を避けるために、あらかじめ何らかの手段を確保しておくこと。その手段となる抵当・かた。「持ち家を—にする」❷抵当をふくむ方法で、安全を保証すること。「公平性を—する」
たん-ぼいん ボ【短母音】名 長さが一拍分の母音。長母音に対して短く発音された母音。⇩長母音 参考
たん-ぼう ⓪【探訪】名他サ できごとの真相や社会の状況をさぐりに出かけること。「—記事」
だん-ぼう ⓪【暖房】【×煖房】名自他サ 室内をあたためること。また、その装置。冬 ↕冷房。
だん-ボール ボ【段ボール】名 ボール紙の内がわに、波形の紙をはりつけたもの。荷作りに使う。
たんぽぽ ダ【×蒲▲公▲英】名 キク科の多年生植物。春、黄色の頭状花をつける。実には、白色の冠毛がある。春
たんぽ-やり ボ【たんぽ×槍】名 たんぽを先につけたやり。
タンポン ダ〈tampon〉名 消毒した脱脂綿・ガーゼを棒状にしたもの。鼻腔・傷口などに入れて血や分泌物を吸い取るのに用いる。また、そうしたタイプの生理用品。
たん-ほんい ホ【単本位】名 金または銀のどちらか一種だけを本位貨幣とする貨幣制度。↕複本位。

だん-まく ⓪【段幕】名 紅白・黒白などの布を横に交互につないで、縫いあわせた幕。
だん-まく ⓪【弾幕】名 幕を張ったように、一度にたくさんの弾丸をすきまなくうち出すこと。「—を張る」
たん-まつ ⓪【端末】名 ❶はし。おわり。❷端末装置。 **—装置** ソ名 大型コンピューターの入出力をうけもつ機器。
だん-まつま マー【断末魔】名 息をひきとるまぎわ。死にぎわ。また、そのときの苦しみ。
たんまり マ(と)副〔俗語〕たくさん。どっさり。「—もうけた」
だんまり ⓪【▲黙り】名 ❶だまっていること。だまっている人。「—を決めこむ」「—屋」❷歌舞伎で、暗やみの中で、だまって、たがいにさぐりあい、立ちまわりをする動作。暗闘。
たん-み ダ【淡味】名 あっさりして、くどくない味。
たん-めい ⓪【短命】名形動(の) 寿命がみじかいこと。わかじに。はやじに。早世。長続きしないたとえにも用いる。「—内閣」↕長命。
タンメン ダ〈中▲湯麺〉名 野菜入りの塩味の中華そば。
だん-めん メ【断面】名 ❶切りくちの面。❷ある立場から物事を見たときの状態。「学生生活の—」 **—図** ズ名 物体をたち切り、その内部構造をしめした図。
たん-もの ⓪【反物】名 ❶だいたいおとな物の和服一着分の織物。❷織物。ごふく。
だん-もの ノ/モ【段物】名 ❶箏曲で、歌がなく、楽器だけで演奏する、数段から構成された曲。❷段構成のある浄瑠璃。❸長唄・常磐津などの長く続く語り物。
たん-や ダ【鍛冶】名他サ〔文章語〕かじ。かじや。
だん-やく ⓪【弾薬】名 弾丸とそれを発射するための火薬。
たん-ゆう ⓪【胆勇】名〔文章語〕大胆で、勇気のあること。
だん-ゆう ⓪【男優】名 おとこの俳優。↕女優。
たん-よう ⓪【単葉】名 ↕複葉。❶一枚の葉片からできている葉。さくら・うめ・ももなど。❷単葉機。 **—機** ヨ名 主翼が一枚の飛行機。↕複葉機。
たん-らく ⓪【短絡】名自サ ❶電気がショートすること。❷複雑な関係にある物事を、単純にせっかちに関連づけること。「—的発想」
だん-らく ⓪【段落】名 ❶物事のくぎり。「仕事の—」

❷長い文章・段話の大きな切れめ。「—にくぎる」

だん‐らん [0] 【団×欒】[名][自サ] 大ぜいが寄り合い、うちとけてたのしむこと。まどい。「一家—」

たん‐り [タ] 【単利】[名] 利息をくり入れず、元金だけに対する利率・利子。↕複利。

たん‐りゃく [タ] 【胆略】[名][文章語] きもがふとく、計略にすぐれていること。

だん‐りゅう [0] 【暖流】[名] 赤道付近から温帯へ向かってながれる温度の高い海流。↕寒流。

たん‐りょ [タ] 【短慮】[名][形動] ❶思慮が浅いこと。「—な行動」❷気がみじかいこと。せっかち。「—を起こす」

たん‐りょく [タ] 【胆力】[名] 物事にびくともしない気力。「—を練る」

たん‐りょく [0] 【淡緑】[名][文章語] うすみどり。

だん‐りょく [0] 【弾力】[名] 弾性体が、ゆがみをあたえている力に抵抗して、もとにかえろうとする力。**—的** [0] [形動] 状況の変化に応じていろいろの処置のとれるようす。「—な交渉」

だん‐りん [0] 【×檀林】[名] ❶〖仏〗仏教の学問所。寺。❷【談林】談林派。**—派** [0] [名] 江戸時代、西山宗因を中心とした俳諧の一派。俗語を用いて、自由な発想をたのしんだもの。**—風** [0] [名] 談林派の俳諧のよみぶり。

たん‐れい [0] 【淡麗】[名][形動] 酒の味や口あたりにくせがなく、すっきりしているようす。「—辛口の日本酒」

たん‐れい [0] 【端麗】[名][形動] 顔や姿がととのっていて、すっきりと美しいこと。「容姿—」

だん‐れつ [0] 【断裂】[名][自サ] つながっていたものが、切れてさけること。「アキレス腱—」

たん‐れん [タ] 【鍛錬・鍛練】[名][他サ] 金属をきたえるように、修業をつんで心身や技能をりっぱにすること。「—を積む」

だん‐ろ [ダ] 【暖炉】【×煖炉】[名] 火をたいて室内を暖房する炉。ストーブ。[冬]

だん‐ろん [0] 【談論】[名][自サ] 談話・議論をすること。**—風発** [0] [名][文章語] 話や議論が、活発に行われること。

だん‐わ [0] 【談話】[名][自サ] ❶ものがたり。はなし。❷くだけた形でする意見の発表。「首相—」❸文と文が関係をもちながら作りあげる、ひとまとまりの言語単位。ディスコース。「—分析」

ち チ

ち…「知」の草体。
チ…「千」の変体。

ち 【▲家】[接尾][俗語] ➡んち(ん家)。「田中さん—」

ち 【▲日】[接尾][俗語] ➡んち(日)。「二、三—」「十三—」

ち 【池】[造] いけ。ためいけ。「池魚・池畔・電池・調整池・貯水池・遊水池」

ち 【値】[造] ❶ねうち。あたい。「価値」❷数の大きさ。「数値・近似値・絶対値・平均値・偏差値」

ち 【恥】[造] はじ。はじる。はずかしい。「恥辱・恥部・羞恥・無恥・破廉恥」

ち 【致】[造] ❶まねく。ひきよせる。「致死・招致・誘致・拉致」❷きわめる。いきつく。「致命・極致」❸あう。「一致・合致」❹おもむき。ありさま。「趣致・筆致・風致」❺送る。「送致」❻やめる。役目をかえす。「致仕」

ち 【×智】[造] ❶ちえ。頭脳のはたらき。「智慧・智能・智略・叡智・機智」❷さとい。かしこい。「智者・智将」

ち 【遅】[造] おくれる。おそい。「遅延・遅刻・遅遅・遅配・遅筆・巧遅」

ち 【痴】[造] ❶知的能力の不足。「痴愚・痴人・痴呆・愚痴」❷色情に迷う。「痴漢・痴情・痴話・情痴」❸ふつうと感覚がことなる。「音痴・書痴」

ち 【稚】[造] おさない。こどもっぽい。「稚気・稚拙・幼稚」

ち 【置】[造] ❶おく。「置換・常置・設置・配置・放置・留置」❷とりはからう。「処置・措置」

ち 【緻】[造] きめこまかい。手落ちがない。「緻密・巧緻・細緻・精緻」

ち [チ] 【地】[名][造] ❶動植物が生存する基盤としての土の広がり。じめん。「—にもぐる」「地球・地殻・地上・地底・地表・大地・天地・土地」↕天。❷空や海に対するものとしての土地。陸。「地形・地質・地理・高地・山地・湿地・平地・扇状地」❸人間が活動する場所としての土地。「安住の—」「地域・地帯・地方・地目・戦地・宅地・田地・農地・避暑地・目的地」❹所有・支配するものとしての土地。「—を接する」「外地・基地・領地・私有地・植民地」❺立場。環境。「地位・危地・境地・見地・実地」❻上下関係における下。「天—無用」↕天。❼等級の第二。「天・—・人」[別音じ|地] **—に足の着いた** 現実を正しく把握し、手堅いようす。「—プラン」 **—に落ちる** ❶地上に落ちる。❷まったくすたれる。「名声が—」 **—の塩** 塩が腐敗を防ぐように、社会をよくするために働く高潔な人をたとえて言うことば。[参考]新約聖書マタイ福音書五章十三節から。 **—の利** [チ][名] 土地の形勢や、立地条件がよいこと。「—を生かす」 **—の利を得る** ❶戦術上、有利な地形をしめる。❷有利な立場から物事をおこなう。 **—を払う** すっかりなくなる。すたれる。

ち [チ] 【治】[名][造] ❶おさめること。おさまること。「治産・治水」❷まつりごと。政治。↕乱。「延喜の—」「治安・治世・自治・統治・法治」❸病気をなおす。なおる。「治癒・治療・完治・全治・不治」**治する** [自他サ] [別音じ|治] **—に居て乱を忘れず** 平和なときもゆだんなく、非常時にそなえている。

ち 【知】[一][チ][名][造] 理解し、考えるはたらき。「—・仁・勇」「知識・知性・知能・才知・無知・理知」↕意・情。[二][造] ❶しる。さとる。「知覚・熟知・探知・認知・未知・予知」❷しらせる。「告知・通知・報知」❸しりあい。「知己・知人・旧知」❹おさめる。「知県・知行・知事」

ち [0] 【血】[名] ❶血液。血しお。❷血すじ。血統。 **—が通う** 人情味がある。「血が通った処置」 **—が騒ぐ** 興奮して、じっとしていられない。神経が高ぶる。「サッカー好きの—」 **—が沸く** 感激・興奮する。 **—で血を洗う** ❶親族どうしが争いをする。❷悪事に悪事で応じる。 **—と汗の結晶** はげしい努力をして得た成果。 **—の雨を降らす** たくさんの人を殺し、傷つけて、血みどろにする。 **—の池** 地獄にあり、生前悪事を働いた者が落ちるという、血をたたえた池。 **—の海** 流した血の多いようす。 **—の気** ❶顔の血色。❷物事に激しやすい意気。元気。血気。「—が多い」 **—の出るよう** はなはだしく苦労するようす。 **—の涙** たいそう悲しいときに出る涙のようす。悲憤・悲哀の涙。 **—の×滲むよう** 血の出るよう。 **—の巡り** ❶血液の循環。❷頭のはたらき。 **—は水よりも濃し** 血筋のつながっている間柄は、他人よりも関係が深い。 **—もあり涙もある** 思いやりの心があり、情けがふかい。 **—も涙もない** 人間らしい思いやりがすこしもない。 **—湧き肉躍る** 興奮のあまり、からだが熱くなり、ふるえる。 **—を受ける** その血すじに属している。 **—を吐く思い** ひじょうにつらく、苦しい思い。 **—を引く** 血統につながる。「芸術家の—」 **—を見る** けんかや暴動などで死傷者をだす。 **—を分ける** 血すじをひく。血族関係になる。

ち[チ]**【乳】**[名] ❶ちち。ちのしる。❷乳ぶさ。乳首。❸旗・幕・羽織などのふちにつけて、ひも、棒などを通す、乳首に似ている小さい輪。乳付け。「はおりのひも—」❹つりがねの表面の、いぼ状の突起。

ち-あい⓪**【血合(い)】**(ちあひ)[名] かつお・まぐろなどにある、魚肉のせなかの、黒ずんだ部分。血肉。

チア-ガール[ガ]〈cheer girl〉[名]〔和製英語〕チアリーダー。

チアノーゼ[ノ]〈ド Zyanose〉[名] 血液の循環がわるくなったり、血液中の酸素が少なくなったりして、皮膚や粘膜が青黒くなること。

ち-あゆ[ア]**【稚あゆ】【稚×鮎】**[名] 卵からかえってまもない、あゆの幼魚。

チアリーダー[リ]〈cheerleader〉[名] はでな動きで応援をする応援団員。チアガール。

チアリーディング[リ]〈cheerleading〉[名] チアリーダーによって行われる応援のための動き。また、その動きや表現を競う団体競技。

ち-あん⓪**【治安】**[名] 国家・社会がよくおさまり、やすらかなこと。「—を保つ」 **—維持法**(いじほう)⓪[名] 一九二五年、思想・言論の自由をうばい、社会運動などを抑えるために制定された法律。一九四五年廃止。

ち-い[チ]**【地衣】**[名] ❶こけ。❷地衣類。 **—類**(るい)[イ][名] 菌類(きんるい)と藻類(そうるい)との共生体をなす生物群。うめのきごけ・さるおがせなどの類。

ち-い[チ]**【地位】**[名] ❶立場。「重要な—を占める」❷身分。くらい。「高い—につく」

ち-い[チ]**【地異】**[名] 地震・大水など、地上で起こる自然の変事。「天変—」

ち-いき[チ]**【地域】**[名] ある範囲の土地。区域。「—産業」 [参考]「地方」にくらべて、ひとまとまりとなる特徴をもつ、狭い場所を指すことが多い。 **—社会**(しゃかい)[シャ][名] ある限られた土地で、生活をする上でさまざまの共通点をもつ人々からなりたつ社会。コミュニティー。

ち-いく[チ]**【知育】**[名] 知能をみがき、知識を増すための教育。↕徳育・体育。

チーク[チ]〈cheek〉[名] ❶ほお。❷〔「チークカラー」の略〕ほおべに。 **—ダンス**[ダ]〈cheek dance〉[名]〔和製英語〕男女がほおをすりよせておどる社交ダンス。チーク。

チーク[チ]〈teak〉[名] クマツヅラ科の落葉高木。熱帯にはえる。材質が軽くて堅く、くさりにくいので、家具・船舶などの用材として用いられる。

ちいさ-い[サ]**【小さい】**(ちひさい)[形] カロ｜カッ・ク｜イ｜イ｜ケレ｜○ ↕大きい。❶物の量や事の度合いが他を下回っている。㋐体積・面積などが少ない空間をしめる。「—からだ」㋑数・量・程度などが少ない。「—音」「影響は—」㋒年齢が下である。「—子はまだ三歳」㋓範囲が狭い。「—調査を行う」㋔重要でない。「—ことでくよくよするな」㋕こせこせしていて、ゆとりがない。「人物が—」❷〔「小さく」の形で〕遠慮しているようす。「先輩の中で小さくなっている」 **小ささ**[名] **ちひさ・し**[文語ク]

ちいさ-な[チ]**【小さな】**(ちひさな)[形動] ナ○｜○｜○｜○ 小さい。↕大きな。「—失敗」 [参考] 連体形だけが使われる。連体詞とする説もあるが、「声の小さな人」のように上にくることばを受けるはたらきのあるところが、ふつうの連体詞とちがう。

チーズ[チ]〈cheese〉[名] 牛乳などを発酵(はっこう)させてつくった食品。たんぱく質・脂肪・ビタミンが豊富で、栄養価が高い。 **—ケーキ**[ケ]〈cheesecake〉[名] チーズを主原料としたケーキ。焼いてしあげるものと、冷やして固めるものがある。

チーター[チ]〈cheetah〉[名] ネコ科の哺乳(ほにゅう)類。からだはひょうに似て、明るい黄褐色の地に黒いはん点が多数ある。地上の動物では、もっとも速く走る。アジア南部やアフリカにすむ。

チーフ[チ]〈chief〉[名] 主任。かしら。「—アンパイア」

チープ[チ]〈cheap〉[名][形動] 安いこと。安っぽいこと。安価。「—におしゃれを楽しむ」

チーム[チ]〈team〉[名] 共同作業を行うための集団。また、運動競技をする人々の一団。一組の人。「—を組む」 **—カラー**[カ]〈team color〉[名]〔和製英語〕チームが持つ個性や特徴。また、それを象徴する色。 **—プレー**[レ]/[プ]〈team play〉[名] 個人の成績よりも全体の好結果を目ざしてプレーすること。 **—ワーク**[ワ]〈teamwork〉[名] 集団としてのまとまった行動。「—がよくとれている」

ち-いん⓪**【知音】**[名]〔文章語〕❶親友。❷しりあい。知人。

ち-え[エ]**【知恵】【×智×慧】**[名] 物事を判断し、計画・処理する心のはたらき。 **—者**(しゃ)[エ][名] 知恵のすぐれた人。 **—熱**(ねつ)[エ][名] 幼児の乳歯がはえるころ、突然に熱の出る病気。 **—の輪**(わ)⓪/[ワ][名] 金属性のいろいろの輪を、くみあわせたり、ぬきはなしたりしてあそぶおもちゃ。 **—歯**(ば)[エ][名] 知歯(ちし)。親知らず。 **—袋**(ぶくろ)[フ][名] ❶頭脳。ありったけの知恵。❷知恵のある人。 **—負け**(まけ)⓪[名] 知恵がありすぎて、あれこれと考えて、かえって、しくじること。 **—を付ける** 知恵をさずけてそそのかす。入れ知恵をする。

ち-え【千重】(へ)[名]〔古語〕いくえにも重なること。「—の白波」

チェア[チェ]〈chair〉[名] 椅子(いす)。「デッキ—」

チェアパーソン[パ]〈chairperson〉[名] 議長。委員長。司会者。 [参考] 性差をなくす言い方として「チェアマン」に代えて用いられる語。

チェアマン[チェ]/[ア]〈chairman〉[名] ⇨チェアパーソン。

チェアリング⓪〈chairing〉[名]〔和製英語〕携帯用の椅子(いす)を持って、公園などの好きな場所に出かけ、自由に時間を過ごすこと。

チェーサー[チェ]〈chaser〉＝**チェイサー**[名] 強い酒を飲むときに添える水や軽い飲み物。

チェーン[チェ]〈chain〉[名] ❶くさり。❷小売店・劇場・ホテルなどで同一資本による経営の系列。 **—ストア**[ト]〈ア chain store〉[名] ⇨チェーンてん。 **—スモーカー**[モ]〈chain smoker〉[名] 吸い終わるとすぐに、次のたばこを吸う人。 **—ソー**[チェ]〈chain-saw〉[名] 小型エンジンを用いた自動のこぎり。林業用。 **—店**(てん)[チェ][名] 一つの資本や経営者・生産者にむすびついて、各地に散らばっている小売店。チェーンストア。連鎖店。 **—メール**[メ]〈chain mail〉[名] 不特定多数の人に転送するよう促す、いたずらを目的とする電子メール。

チェコ《Czech》中部ヨーロッパの共和国。第一次世界大戦後チェコスロバキアとして成立したが、一九九三年スロバキアと分かれて独立。首都はプラハ。

ちえこしょう《智恵子抄》高村光太郎(たかむらこうたろう)の詩集。一九四一年刊。妻智恵子との恋愛から結婚、死別までの作品をまとめたもの。

チェス[チェ]〈chess〉[名] 白・黒一六個ずつのこまを使う西洋将棋。

チェス

ちぇすと[感]〔方言〕〔鹿児島地方で〕興奮したときに出すかけ声。江戸末期ごろに、さかんにつかわれた。

ちぇっ[チエ][感] 失敗したり、残念に思ったりしたときに発する声。また、舌打ちの音。ちぇ。

チェッカー [チェ]〈checker〉[名] ❶赤・黒一二個ずつのこまを使う西洋碁。❷市松模様。チェック。「ーフラッグ」❸点検・確認する人、また道具。「レジー」「アルコールー」

チェック [チェ]〈check〉㊀[名] ❶小切手。「ギフトー」❷こうしじまの模様。㊁[名][他サ] ❶点検や照合をすること。また、そのしるし。❷点検・照合済みのしるしをつけること。また、そのしるし。❷くいとめること。阻止(そし)すること。 **ーアウト** [ア]〈check-out〉[名][自サ] ↕チェックイン。❶ホテルで、支払いをすますこと。❷ホテルで、宿泊の翌日、改めて料金を出さずにいられる終わりの時間。 **ーイン** [イ]〈check-in〉[名][自サ] ↕チェックアウト。❶ホテルで、宿泊手続きをとること。❷宿泊する日の料金で、ホテルに入ることのできる始まりの時間。 **ーシート** [シ]〈check sheet〉[名] 点検や照合をするべき項目が記された紙。また、その書式。 **ーポイント** [ポ]〈checkpoint〉[名] ❶注意して見なければならない箇所。要注意点。❷点検所。検問所。特に、自動車のラリー競技やオリエンテーリングなどで、コースの途中に設けた点検・記録のための場所。 **ーを入(い)れる** ❶点検や照合を求める空欄にしるしをつける。❷あとで調べる必要があることを記憶しておく。

チェリー [チェ]〈cherry〉[名] さくらんぼ。桜桃(おうとう)。また、それのなるバラ科の果樹。観賞用のさくらとは品種がちがう。

(春) **チェリスト** [リ]〈cellist〉[名] チェロの奏者。

チェロ [チェ]〈cello〉＝ **セロ** [名] バイオリン類の弦楽器で、コントラバスについで低音のもの。

チェロ

ち-えん [0]【地縁】[名] 同じ地域に住んでいるためにおこる社会的な関係。

ち-えん [0]【遅延】[名][自サ] ❶予定の時刻に間に合わないこと。「ー証明」❷進行がおくれ、ながびくこと。「会議がーして深夜におよぶ」

チェンジ [チェ]〈change〉[名][自他サ] ❶かわること。また、かえること。❷野球で、攻撃と守備とが入れかわること。 **ーアップ** [ア]〈change-up〉[名] 野球で、ピッチャーが投球フォームを変えずにボールにスピードの変化をつけて投げること。

チェンバロ [0]/[チェ]〈イ cembalo〉[名] ハープシコード。

ち-おん [0]【地温】[名] 地表または地中の温度。

ち-か [チ]/[カ]【地下】[名] ❶地面の下。地中。❷あの世。めいど。「ーの父」❸政治運動などの非合法面。 **ー運動(うんどう)** [ウ1][名] 非合法、または秘密の反政府的な政治運動。 **ー街(がい)** [カ][名] 地下につくられた商店街。 **ー茎(けい)** [カ][名] 地中にある植物の茎。はすの根茎、じゃがいもの塊茎、さといもの球茎、ゆりの鱗茎(りんけい)など。 **ー資源(しげん)** [シ][名] 鉱産物など、地下にある資源。 **ー室(しつ)** [カ][名] 地面より下につくられたへや。 **ー水(すい)** [カ][名] 地中の土砂・岩石などのすきまや割れめなどにある水。 **ー鉄(てつ)** [0][名] 地下に敷設された鉄道。 **ー道(どう)** [カ][名] 地下の道路。 **ーに潜(もぐ)る** 政治運動で、世間に知られないようにして、非合法の活動をする。

ち-か [カ]【地価】[名] 土地の値段。

ち-か [チ]【治下】[名] ある政権の支配のもと。統治の範囲。

ちかい [0]【誓い】[名] ❶誓うこと。❷神仏に対する約束。願(がん)。❸衆生(しゅじょう)を救おうとする仏の願い。❹将来、ある事を行おうと決心すること。「ーを立てる」

ち-かい [0]【地階】[名] 地下の階。一階の下の階。

ちか・い [カ]【近い】[形] カロ・カッ・ク／イ・イ・ケレ・○ ↕遠い。❶空間・時間のへだたりがすくない。「ー場所」❷したしい。「いちばんー友人」❸血縁が遠くない。「ー親類」❹量などが、もうすこしである程度になる。「千人にー群衆」「零下一〇度にー」❺似ている。「ねこととらとは形がー」❻近視である。「目が近くなった」 **近さ** [名] **ちか・し** [文語ク]

ちがい [0]【違い】[名] ちがうこと。相違。差異。「天と地ほどのー」

ちがい-だな [ガ]【違(い)棚】[名] 二枚の板を、左右段違いにつったたな。床の間のわきなどにつくる。

天袋
違い棚
地袋
ちがいだな

ちがい-ない【違いない】[連語]〔「に違いない」の形で〕たしかだ。決まっている。「鳴いているのは隣の犬にー」

ちがい-ほうけん [ホ]【治外法権】[名] 外国の領土内にいて、その国の法律に支配されない特権。

ちがい-め [0]/[メ]【違い目】[名] ちがう点。

ちか・う [カ]【誓う】[他五] ワ・オ・イ・ッ／ウ・ウ・エ・エ ❶神仏に約束する。❷他人や自分にかたく約束する。 **誓える** [自下一]〔…できる〕

ちが・う [0]【違う】[自五] ワ・オ・イ・ッ／ウ・ウ・エ・エ ❶物事が他と一致しない。同じでない。異なる。相違する。「見本とー実物」「意見がー」❷差がある。「実力がー」「身長が三センチー」❸正しいものと同じでない。間違える。「答えがー」「番号がー」❹前のことばが守られていない。「約束がー」❺正常な状態を失う。「気がー」❻〔動詞の連用形について〕交差して動くことを表す。「行きー」「飛びー」 **違い** [名]

ちが・える [0]【違える】[他下一] エ・エ・エル・エル・エレ・エロ・エヨ ❶決めたことを守らない。たがえる。「約束をー」❷別にする。かえる。「やり方をー」❸まちがえる。「字をー」 **ちが・ふ** [文語ハ下二]

ちかく [カ]【近く】㊀[名] 近い所。そば。「けさーで火事があった」㊁[副] 近いうちに。「ー転居の予定です」

ち-かく [0]【地核】[名] 地球の内部の高熱の部分。地心。↕地表。

ち-かく [0]【地殻】[名] 地球の最表層のかたい部分。

ち-かく [0]【知覚】[名][他サ] ❶知りさとること。❷外界の対象を意識し、見わける認識作用。また、その働きによって頭の中に浮かんだもの。 **ー神経(しんけい)** [シ][名] 感覚器官がうけた刺激を中枢へ伝える神経。感覚神経。

ち-がく [チ]【地学】[名] ❶地球および地球をかたちづくる物質に関する学問。自然地理学・地質学・鉱物学・地球物理学・海洋学・気象学などを含む。❷高等学校教育課程で「地学❶」に天文学・古生物学などを含めたもの。

ちか-ごろ【近頃】㊀[カ][名][副] ある状態や傾向がかなり前から続いている時間の長さ。「ーはいわゆるテレワークが多くなった」「ー外で遊ぶ子どもの姿をあまり見ない」[参考]「ちかごろ」は近い過去から現在までの時間。「このごろ」よりも前からある状態にあることを指す。「最近」は「このごろ」「ちかごろ」を含む過去の時間の出来事に用いる。「ひところ」は現在との間に切れ目のある、継続した時間。「さきごろ」は、「ひところ」より現在に近い。「せんだって」は、「さきごろ」よりも時間のはばがせまい。㊁[副]〔古語〕〔善悪を問わず〕最近ではめずらしく。ひじょうに。はなはだ。すこぶる。「ちかごろめでたいことでござる」〈狂言・餅酒〉

ちかし・い [シ]【近しい】【親しい】[形] カロ・カッ・ク／イ・イ・ケレ・○ したしい。むつまじい。「ー友だち」 **ちか・し** [文語シク]

ち-がたな [ガ]/[ナ]【血刀】[名] 血のついた刀。

ちか-ちか [チ1]〔(と)副〕[自サ] ❶光がくり返し光るようす。

参考「ちらちら」も光がくり返し光るようすだが、「ちかちか」のように鋭くない。❷強い刺激のために目が痛むような感じがするようす。

ちか-ぢか カ¹【ちかぢか・近近】副 ❶時間的に近いようす。近いうちに。きんきん。「—結婚する」❷空間的に近いようす。

ちか-づき 0【近付(き)】名 ❶したしくなること。「—のしるし」❷まじわり。交際。「—がない」❸しりあい。知人。「この辺には—がいない」

ちか-づ・く ヅ【近付く】自五（カ・コ|キ・イ|ク|ク|ケ|ケ）↕遠のく・遠ざかる。❶空間的に近くなる。近寄る。接近する。「目的地に近付いた」❷時間的に近くなる。「夏休みが—」❸積極的にしたしくなろうとする。「あんな連中には—な」「近付きがたい雰囲気をもった人」 **近付ける** 自下一〔…できる〕

ちか-づ・ける ケ【近付ける】他下一（ケ|ケ|ケル|ケル|ケレ|ケロ・ケヨ）❶近くへ寄せる。近よせる。❷そばへ寄せて、したしむ。「お気に入りを—」 **ちかづ・く** 文語下二

ちか-って カ【誓って】副 まちがいなく。きっと。「—相違ありません」

ちか-ば 0【近場】名 近くの場所。「—のレクリエーション」

ちか-ま 0/カ【近間】名 近いところ。近所。

ちか-まさり【近勝り・近▲優り】名〔古語〕間近に見るほうがすぐれて見えること。「顔などのほのかに見しよりもちかまさりして」〈狭衣〉

ちかまつ-しゅうこう《近松秋江》(一八七六—一九四四) 小説家。本名は徳田浩司(とくだこうじ)。男女間の愛欲を描いた。「別れたる妻に送る手紙」「黒髪」など。

ちかまつ-もんざえもん《近松門左衛門》(一六五三—一七二四) 江戸時代前期の浄瑠璃・歌舞伎(かぶき)脚本作者。本名は杉森信盛(すぎもりのぶもり)。義理人情の葛藤(かっとう)を描いて劇を構成した。特に世話物にすぐれる。「曽根崎心中(そねざきしんじゅう)」「冥途(めいど)の飛脚」「国性爺合戦(こくせんやかっせん)」など。

ちか-まわり マ【近回り】【近×廻り】—まはり 名 ❶近道を通っていくこと。↕遠回り。❷近所。「—の八百屋」

ちか-みち カ【近道】名 ❶距離のみじかいぬけ道を行くこと。また、その道。↕遠道。❷早く目的をはたす手段。「成功の—」

ちか-め カ【近目】【近▲眼】名 近視眼。↕遠目。

ち-がや チ【×茅×萱】名 イネ科の多年生植物。地下茎は横にのび、葉は線形。茎・葉で屋根などをふく。㊎

ちか-よ・せる セ【近寄せる】他下一（セ|セ|セル|セル|セレ|セロ・セヨ）近くへ寄せる。近づける。 **ちかよ・す** 文語下二

ちか-よ・る ヨ【近寄る】自五（ラ・ロ|リ・ッ|ル|ル|レ|レ）自分から近くへ寄る。そばへ寄る。近づく。 **近寄れる** 自下一〔…できる〕

ちから ラ【力】名 ❶動物や物が自分で動いたり、また物を動かしたりする働き。「彼は—が強い」❷〔物〕物体に運動させたり、運動をとめたりする作用。重力・引力・圧力など。エネルギー。❸身についた、物事をなしとげる働き。能力・学力など。「読み書きの—が弱い」❹他を従わせる強い勢い。権力・勢力など。「—ずく」「—の政治」❺肉体的・精神的な働きのもととなる元気。体力・精力など。「とうとう—がつきた」❻そのものに備わって、他に影響を与える強い働き。効果。ききめ。「愛の—で立ち直らせる」「薬の—は大きい」❼人の心に迫る強い勢い。迫力。「—のあることば」❽他の支えとなるもの。たより。たのみ。「恩師の励ましを—とする」❾何かのためにする働き。尽力。ほねおり。「きみの—を貸してほしい」 **—に余(あま)る** 能力をこえている。 **—を致(いた)す** 全力を尽くす。 **—を入(い)れる** ❶熱心にことにあたる。❷力をそえて助ける。 **—を落(お)とす** がっかりする。落胆する。

ちから-あし ラ【力足】名 力を入れた足。相撲で四股(しこ)のこと。

ちから-いっぱい イ¹【力一杯】副 力を出しきるようす。力のかぎり。「—投げた」

ちから-うどん ウ【力うどん】名 餅(もち)を入れた、かけうどん。

ちから-おとし オ【力落(と)し】名 がっかりすること。気落ち。落胆。

ちから-がみ ラ【力紙】名 ❶力士がからだを清めるのに使う紙。化粧紙。❷力が強くなるようにと、かんで仁王(におう)像へ投げつける紙。❸製本のときなどに、とじ目を補強するためにはる紙。

ちから-こぶ ラ【力こぶ】【力×瘤】名 腕をまげたときに二の腕にできる、筋肉のもりあがり。 **—を入(い)れる** ❶力を入れてする。熱心に努力する。「環境整備に—」❷手助けをする。応援する。「友人のために—」

ちから-しごと シ【力仕事】名 特に、肉体を使う仕事。肉体労働。

ちから-ずく 0【力ずく】【力▲尽く】—づく 名 腕力・暴力などで目的をはたすこと。「—でうばいとる」

ちから-ずもう ズ【力相撲】—ずまふ 名 技よりも力にたよってとる相撲。また、力士どうしが十分に力を出し合ってとる相撲。

ちから-ぞえ 0【力添え】—ぞへ 名 力を添えること。たすけること。助力。援助。「お—を感謝する」

ちから-だのみ ダ【力頼み】名 力添えしてくれるものとしてたよりにすること。「先輩を—にする」

ちから-だめし ダ【力試し】名 力の強い弱いをためすこと。力量をためすこと。

ちから-づ・ける ケ【力付ける】他下一（ケ|ケ|ケル|ケル|ケレ|ケロ・ケヨ）力をつける。元気づくようにはげます。 **ちからづ・く** 文語下二

ちから-づよ・い ヨ【力強い】形（カロ|カッ・ク|イ|イ|ケレ|○）❶気づよい。たよりになる。❷力がある。「—声」 **力強さ** 名 **ちからづよ・し** 文語ク

ちから-な・い カ【力無い】一 ナ 形（カロ|カッ・ク|イ|イ|ケレ|○）がっくりとして、気力・元気がない。 **ちからな・し** 文語ク 二 形ク〔古語〕自分ではどうすることもできない。やむをえない。「今は力なしと集りて歎くをも知らで、遊びののしる」〈落窪〉

ちから-ぬけ 0【力抜け】名 自サ がっかりして力が抜けること。

ちから-まかせ マ【力任せ】名 形動 力の強いのをたのんで、乱暴にある行為をすること。「—に引きちぎる」

ちから-まけ 0【力負け】名 自サ ❶力を入れすぎて、かえって失敗すること。❷腕力や実力で負けること。

ちから-みず ラ【力水】—みづ 名 相撲の土俵で、力士が口にふくむ水。

ちから-もち ラ【力持(ち)】名 力の強いこと・人。

ちから-わざ 0/ザ【力業】名 ❶体力のいる仕事。重労働。❷【力技】強い力を必要とする動作。

ち-かん 0【痴漢】名 女性に性的ないたずらをする男。

ち-かん 0【×弛緩】名 自サ〔文章語〕(「しかん」の慣用読み。「弛」も「緩」も、ゆるむ意) ゆるむこと。だらけること。↕緊張。

ち-かん 0【置換】名 他サ ❶ある物を他の物におきかえること。❷〔数〕順列のならべ方をかえること。

ち-き チ/キ【知己】名 ❶しりあい。知人。❷自分をよく知って信じてくれる人。「—の言(げん)」

ち-き チ/キ【稚気】【×穉気】名 子どもらしい気分。子どもっぽさ。「—が抜けない」

ち-ぎ【千木】[チ] 名 神社の屋根の、破風(はふ)の両端にX字形に交差させた木。

千木

ち-ぎ【地×祇】[チ] 名〔「祇」は地上にすむ神〕地の神。国土の神。↔天神。

ち-ぎ【遅疑】[チ] 名 自サ うたがい、まようこと。ぐずぐずすること。「—逡巡(しゅんじゅん)する」

ち-きゅう【地球】[0] 名 太陽系の一惑星で、人類などがすむ球形の天体。**—温暖化**(おんだんか) [0] 名 二酸化炭素・メタンなどがもつ温室効果により、地球の表面温度が上昇すること。**—儀**(ぎ) [キュ] 名 地球の小さい模型。

ちきゅう-せつ《地久節》皇后の誕生日の、古い呼び方。↔天長節。参考 中国の「老子」の中にあることば「天長地久」から。

ち-ぎょ【池魚】[チ] 名 池の中の魚。**—の災**(わざわ)**い** 思いがけない災難にまきこまれるたとえ。参考 城門の火事を消すため池の水をくみほしたので、魚が死んだという故事から。

ち-ぎょ【稚魚】[チ] 名 卵からかえってまもない魚。↔成魚。

ち-きょう【地峡】[0] 名 二つの陸地をつないでいる、せまい陸地。パナマ地峡・スエズ地峡など。

ち-ぎょう【知行】[古語]〔「ちこう」と読めば別語〕❶名 他サ 土地を領有して支配すること。❷名 江戸時代、幕府または藩から武士に与えられた領地。また、俸禄(ほうろく)。

ち-きょうだい【乳兄弟】[キョ] 名 他人ではあるが、同じ人の乳でそだてられた人同士。

ちきり【×杠×秤】[リ] 名 大きなさおばかり。

ちぎり【契り】[リ] 名[文章語] 約束。契約。「前世からの—」「—を結ぶ」

ちぎり-え【ちぎり絵】[リ] 名 さまざまな色の和紙を手でちぎり、台紙に貼りつけてつくる絵画。

ちぎり-き【乳切木】[0]/[リ] 名 棒。棒切れ。ちぎり。「けんか過ぎての棒—」

ちぎ-る【契る】[ギ] 他五 (ラ・ロ・リ・ッ/ル・ル・レ・レ) ❶将来をかたく約束する。❷夫婦となることを約束する。❸男女が愛情をもってまじわる。

ちぎ-る【千切る】[ギ] 他五 (ラ・ロ・リ・ッ/ル・ル・レ・レ) ❶細かく切りはなす。「紙を—」❷ねじきる。「もちを—」❸〔動詞の連用形について〕意味を強める。「ほめ—」**ちぎれる** 自下一 [...できる]

ちぎれ-ぐも【ちぎれ雲】[グ] 名 大きな雲からはなれて浮かぶ雲。

ちぎ-れる【千切れる】[レ] 自下一 (レ・レ・レル・レル・レレ・レロ・レヨ) ❶こまかく切れる。❷ねじきれる。「くさりが—」

チキン [チ]/[キ]〈chicken〉名 にわとりやそのひな。また、それらの肉。「ロースト—」**—カツ** [カ]〈chicken cutlet の略〉名 にわとりの肉にころもをつけて、揚げた食べ物。**—ライス** [ラ]〈chicken rice〉名〔和製英語〕油でいためたにわとりの肉とたまねぎを米飯に加え、トマトソースなどで味をつけた料理。**—レース** [レ]〈chicken race〉名〔「チキン」は臆病者の意〕度胸試しに行うレース。二台の自動車が対戦相手または崖などに向かって走行し、先によけるかブレーキを踏むなどして危険を避けようとした方が負けとなる。チキンゲーム。

ち-ぎん【地銀】[0] 名「地方銀行」の略。↔都銀。

ちく【竹】造 たけ。「竹簡・竹林・石竹・爆竹・破竹・孟宗竹(もうそうちく)」「竹馬(ちくば)の友」

ちく【畜】造 ❶生きもの、獣類。「畜生(ちくしょう)・畜類・鬼畜・人畜」❷動物をかう。「畜犬・畜産・家畜・牧畜」

ちく【逐】造 ❶おう。しりぞける。「逐電・逐鹿(ちくろく)・駆逐・放逐」❷あらそう。「角逐」❸順をおう。ひとつずつ。「逐一・逐語・逐次・逐条」

ちく【蓄】造 たくわえる。ためる。「蓄音機・蓄財・蓄積・含蓄・貯蓄・備蓄」

ちく【築】❶[チ] 名 建築してからの経過年数を表す語。「—八年のマンション」❷造 きずく。つくる。「築造・移築・建築・構築」

ち-く【地区】[チ]/[ク] 名 ある目的に応じて定めた地域。「関東—代表」「風致—」

ち-く【×馳駆】[チ] 名 自サ [文章語]〔馬をのりまわすこと〕あちこちとかけまわって力をつくすこと。奔走(ほんそう)。

ち-ぐ【痴愚】[チ] 名[文章語] おろかなこと。

ちく-いち【逐一】[ク] 副 順をおって一つ一つ。いちいちこまごまと。「—報告する」

ち-ぐう【知遇】[0] 名 人がらや考え・才能などをみとめられて、厚くもてなされること。「—を得る」

ちくおん-き【蓄音機(器)】[オ] 名 レコードを回転させ、音を再生する装置。

蓄音機

ちく-かん【竹簡】[0] 名 古代中国で、文字を書くのに用いられた竹のふだ。ちっかん。

ちく-けん【畜犬】[0] 名 家畜として飼う犬。「—業者」

ちく-ご【逐語】[0] 名 翻訳・解釈などで、原文の一語一語を忠実にたどること。**—訳**(やく) [0] 名 一語一語の意味に忠実に口語訳・翻訳などをすること。直訳。逐字訳。↔意訳。

ちくご《筑後》昔の西海道の国の一つ。今の福岡県の南部。

ち-ぐさ【千草】[チ] 名 ❶[文章語] いろいろの草。「庭の—」❷千草色。**—色**(いろ) [0] 名 みどりがかった、ごくうすいあい色。

ち-ぐさ【千▲種】名[古語] 種類の多いこと。くさぐさ。いろいろ。さまざま。ちくさ。

ちく-ざい【蓄財】[0] 名 自サ 財産をたくわえること。また、たくわえた財産。「—家」

ちく-さつ【畜殺】[0] 名 屠畜(とちく)。

ちく-さん【畜産】[0] 名 家畜を養ってふやし、利用すること。「—業」

ちく-し【竹紙】[ク] 名 ❶おもに中国南部産の竹の繊維を材料にして作った、きめのあらい書画用の紙。唐紙(とうし)。❷竹の幹の中にあるうすい皮。❸がんぴし。❹うすい鳥の子紙。

ちく-じ【逐字】[0] 名 ➡逐語。

ちく-じ【逐次】[ク]/[チ] 副 順をおって。順次。「—説明する」**—通訳**(つうやく) [ツ] 名 他サ 発言がある程度の長さになったところで、そのつどまとめて通訳すること。

ちく-じつ【逐日】[0] 副[文章語] 日のたつにしたがって。「—寒さが加わる」

ちく-しゃ【畜舎】[ク] 名 家畜小屋。

ちく-しょう【畜生】[ショ] ❶名 ❶〔人に飼われて生きるものの意〕けもの。鳥獣虫魚。❷人間に値しないものを、ののしっていう語。❸畜生道。❷感 おこったとき、くやしいときなどに発することば。「—、負けてたまるか」**—道**(どう) [ショ] 名 ❶〔仏〕死者が、生前の業(ごう)によって鳥・けものに生まれかわる境界。「—におちいる」❷道徳上ゆるしがたい色情。肉親間の肉体関係など。

ちく-じょう【逐条】[0] 名 条文を一つ一つ順をおって進むこと。「—審議」

ちく-じょう【築城】[0] 名 自サ 城・陣地などをきずくこと。

ちく-せき 0【蓄積】名 他サ たくわえ、つむこと。たくわえ。「富の―」

ちくぜん《筑前》昔の西海道の国の一つ。今の福岡県の北西部。

ちく-ぞう 0【蓄蔵】名 他サ 〔文章語〕たくわえ、しまっておくこと。「多数の書画を―する」

ちく-ぞう 0【築造】名 他サ きずきつくること。

ちく-ちく ク―チ―（と）副 自サ ❶細くするどいものの先端が、くり返しふれるようす。「古い毛糸の―した感触」❷とがった物でさされるように痛むようす。「腹が―痛む」❸しつこく皮肉などをいうようす。「何かというと、―嫌みを言ってくる」

ちく-てい 0【築庭】名 自サ 庭園をつくること。

ちく-てい 0【築堤】名 自サ つつみをきずくこと。また、できあがった堤防。

ちく-でん 0【逐電】名 自サ 逃げて、姿をくらますこと。ちくてん。「悪事をはたらいて―する」

ちく-でん 0【蓄電】名 自サ 電池などに、電気をたくわえること。**―器**(き) テ 名 金属板を向かいあわせて、電気をみたし、電気を蓄積させる装置。コンデンサー。**―池**(ち) テ 名 充電により、くり返して使用できる化学電池。バッテリー。

ちく-にく 0【畜肉】名 牛肉、豚肉など、家畜の肉。

ちく-ねつ 0【蓄熱】名 自サ 熱をたくわえること。「―暖房機」

ちく-ねん 0【逐年】副 〔文章語〕としをおって。年々。一年ごとに。「―向上する」

ちくのう-しょう 0/ノ【蓄×膿症】名 副鼻腔(ふくびくう)にうみのたまる病気。慢性副鼻腔炎。

ちく-ば ク【竹馬】名 たけうま。**―の友**(とも)〔たけうまに乗って、いっしょにあそんだということから〕おさなともだち。

ちく-はく 0【竹×帛】名〔文章語〕書物。歴史の本。参考 古代の中国で、紙の発明される以前には、竹のふだや帛（絹の意）に字を書いたことから。

ちぐ-はぐ チ/0 形動（の）ダロ・ダッ・デ・ニ/ダナ・ナラ・0 くいちがって、そろわないようす。「言うことが―だ」

ちく-はつ 0【蓄髪】名 自サ 〔文章語〕頭の毛をそりおとしていた人が、ふたたび毛をのばすこと。

ち-くび ク/チ【乳首】名 ❶ちぶさの先の、小さな突起した部分。❷乳児・幼児にくわえさせる乳首に似た形のもの。

ちくほう《筑豊》筑前と豊前(ぶぜん)。

ちく-よう 0【畜養】名 他サ ❶家畜を育てること。❷捕獲した魚介類を出荷するまでいけすなどで飼育すること。「―マグロ」参考 養殖のように稚魚から育てるのではなく、出荷までの間に商品価値を高める工夫をする飼育方法をいう。

ちく-りょく ク―【畜力】名 農業・運送業などに使う家畜の労働力。

ちくり-と ク 副 ❶とがったものが軽く刺さるようす。「蚊に―刺される」❷小さく胸が痛むようす。❸皮肉を言うようす。「上司に―いやみを言われる」‖ちくっと。

ちく-りん 0【竹林】名〔文章語〕たけやぶ。たけばやし。**―の七賢**(しちけん) 中国の晋(しん)時代に、世をさけ、竹林にあつまって風流な話をしていた七人の隠者(いんじゃ)。

ちく・る ク 他五 ラ・ロ―リ・ッ―ル―ル―レ―レ〔俗語〕密告する。告げ口する。

ちく-るい ク【畜類】名 ❶家畜。❷けもの。畜生。

チクルス チ〈ドZyklus〉名 特定の作曲家の作品を連続して演奏する音楽会。「モーツァルト―」

チクロ チ 名〔cyclohexyl sulfamic natriumから〕人工甘味料の一つ。白色無臭の結晶粉末で、砂糖の約五〇倍の甘さがある。発癌(はつがん)性があるとして食品に使うことが禁止されている。シクロヘキシルスルファミン酸ナトリウム。

ちく-ろく 0【逐▲鹿】名〔文章語〕〔しかを追う。しかを帝位にたとえて〕❶政権・地位を争うこと。❷議員選挙の競争。

ちく-わ 0【竹輪】名 すりつぶした魚肉を竹などに塗りつけ、ゆでで、または焼いて作った食べ物。参考 中心に穴があり、切り口が竹の輪に似ていることから。**―×麩**(ぶ) ワ 名 こねた小麦粉を蒸し、竹輪に似せて作った食べ物。

チゲ チ〈朝 jji-gai〉名 朝鮮のなべ料理。キムチや豆腐・魚介・肉などを具にする。「キムチ―」参考 日本語では「チゲ鍋」ともいうが、「チゲ」は朝鮮語で「鍋料理」の意。

ぢ-げ【地下】名〔古語〕➡じげ。

ち-けい 0【地形】名 土地の高低や傾斜のありさま。水陸・山川のようす。参考「地形」は、比較的せまい範囲について、「地勢」はひろい地域について使う。

チケット ケ〈ticket〉名 切符。券。入場券・購入券など。

ち-けむり ケ【血煙】名 切られてほとばしる血を煙にたとえた語。

ち-けん 0【地検】名「地方検察庁」の略。

ち-けん 0【知見】名 ❶知識と見識。「ゆたかな―」❷〘仏〙さとり。

ち-けん 0【治験】名 治療や薬物の有効性を確かめること。**―薬**(やく) ケ 名 国から製造承認を受けるために、臨床試験に供される薬。

ち-ご チ【稚児】名〔「乳子(ちご)」の意〕❶祭りなどの行列に晴れ着を着て加わる子ども。❷〔古語〕乳幼児。❸〔古語〕寺や武士の家でめしつかう少年。

ち-こう 0【地溝】名 平行した断層の中間にできる、みぞのようにくぼんだ土地。

ち-こう コ【知行】名〔文章語〕〔「ちぎょう」と読めば別語〕知識と行為。**―合一**(ごういつ) コ 名 知と行為とは別物でなく、真の知は、必ず行為を伴うものであるということ。参考 中国の王陽明の説。

ち-こう 0【治効】名〔文章語〕治療のききめ。

ち-こう 0【遅効】名 ききめのおそいこと。↕速効。**―肥料**(ひりょう) ヒ 名 ききめのおそい肥料。骨粉・あぶらかすなど。↕速効肥料。

ち-こく 0/コ【治国】名〔文章語〕国をおさめること。**―平天下**(へいてんか) コ=テ 名〔文章語〕国をおさめ、世をおだやかにすること。

ち-こく 0【遅刻】名 自サ きまった時刻におくれること。

ち-こつ 0【恥骨】名 骨盤の前面下方の部分のほね。

チコリ チ〈chicory〉名 キク科の多年草。葉や芽はサラダなどに用いる。

ちご-わ 0【稚児輪】名 ちごの髪のゆい方。左右対称に輪のかたちにゆい上げた少女の髪がた。ちごまげ。

稚児輪

ちさ 0/サ【×萵×苣】名 ➡ちしゃ。

ち-さい 0【地裁】名「地方裁判所」の略。

ち-さき 0【地先】名 ある土地・番地からすこし先にある場所。じさき。「〇〇番地―」

ち-さん 0【治山】名〔文章語〕植林などをして、山を整備すること。↕治水(ちすい)。

ち-さん 0【治産】名 ❶自分の財産を、自分で管理・処分すること。❷〔文章語〕生活の手段を立てて行くこと。

ち-さん 0【遅参】名 自サ 遅刻して来ること。参考 もとは、へりくだった言い方だが、あらたまった場合に用いることが多い。

ちさん-ちしょう 0【地産地消】名 他サ 地元でとれた

生産物を地元で消費すること。

ちし チ【地誌】名 地理について研究する学問、また、それを書いた本。地理書。

ちし チ【知歯】[×智歯] 名 おやしらず。ちえば。

ちし チ【致死】名 死なせること。「過失―」 ―量(りょう) ジ名 それだけ用いれば人や動物が死ぬという薬物の分量。

ちし チ【致仕】文章語 ㊀名自サ 〔「致」は、かえすの意〕官職をやめること。辞職。ちじ。㊁名 七〇歳のこと。参考 古代の中国で、七〇歳で退職したことから。

ちじ チ【知事】名 都・道・府・県の行政責任者。

ちしお ⓪【血潮】[血×汐] ―しほ 名 ❶ほとばしり出る血。鮮血。❷勢いよく体内を流れる血。❸熱血。情熱。

ちしき チ【知識】名 ❶物事について、いろいろと知っていること。知っている内容。❷[×智識]〖仏〗仏道の指導者。知徳のすぐれた僧。善知識。 **―階級**(かいきゅう) カ名 知識的労働をする人々。インテリゲンチャ。インテリ。 **―人**(じん) キ名 知識階級の人。 **―欲**(よく) キ名 知識を得たいという欲望。

ちじき ジ【地磁気】名 地球のもつ磁力。磁石が南北をさすのは、これの作用。

ちじく ⓪【地軸】名 ❶地球の北極と南極とをむすぶ直線で、地球自転の回転軸。❷大地の中心を貫き、支えていると想像された軸。

ちしつ ⓪【地質】名 地球の地層の状態や土地の性質。 **―学**(がく) ツ名 地球上層部の岩石・地層を対象とし、その性質・成因・構造・歴史などを研究する学問。 **―時代**(じだい) ジ名 地球の表面に地殻(ちかく)ができてから、現在までの期間。

ちしつ ⓪【知×悉】名他サ 文章語 すっかり知ること。知りつくすこと。

ちじつ ⓪【遅日】名 文章語 日の暮れるのがおそい春の日。春

ちしまれっとう《千島列島》北海道本島の東北のはしからカムチャツカ半島の南のはしまで、一列につづいている島々。クリル列島。

ちしゃ ⓪【×萵×苣】名 キク科の一年生または二年生植物。葉はサラダなどにして食べる。レタス・サラダ菜・カキチシャ・タチジシャなどの種類がある。ちさ。春

ちしゃ チ/シャ【知者】[×智者] 名 知恵のすぐれた人。

ちしゃ チ【治者】名 文章語 国をおさめる人。主権者。↕被治者。

ちしゅ チ【置酒】名自サ 文章語 さかもり。酒宴。

ちじゅつ チ【治術】名 文章語 ❶病気をなおす方法。❷国をおさめる方法。政治のしかた。

ちしょう ⓪【地象】名 大地に起こる現象。↕天象。

ちしょう ⓪【池沼】名 文章語 いけとぬま。

ちしょう ⓪【知将】[×智将] 名 知恵があり、はかりごとにたくみな大将。

ちしょう ⓪【致傷】名自サ 相手にけがを負わせること。「強盗―事件」

ちじょう ⓪【地上】名 地面のうえ。土地のうえ。 **―絵**(え) ジョ名 地面にえがかれた絵や図形。南米の砂漠に古代人によってえがかれたとされる絵が知られる。 **―権**(けん) ジョ名 物権の一つ。他人の土地の上に建物などをもっているために、その土地を使用する権利。 **―波**(は) ジョ名 放送衛星によらず、地上の送信施設から送られる放送電波。 **―波**(は)**デジタル放送**(ほうそう) ホ/ジョ=ホ名 デジタル信号化した地上波放送。地デジ。

ちじょう ⓪【×笞×杖】名 ❶むちとつえ。❷笞罪(ちざい)と杖罪(じょうざい)。昔の刑罰で、むちで打つ刑とつえで打つ刑。

ちじょう ⓪【痴情】名 色情にまよう心。「―に狂う」

ちじょうい ジョ【知情意】名 人間の精神活動の根本となる、知性と感情と意志。

ちじょく ⓪【恥辱】名 はじ。はずかしめ。汚辱(おじょく)。「―を受ける」

ちしん ⓪【地心】名 地球の中心部。地核。↕地表。

ちじん ⓪【地神】名 地祇(ちぎ)。↕天神。

ちじん ⓪【知人】名 しりあい。知友。

ちじん ⓪【痴人】名 文章語 おろかもの。 **―夢**(ゆめ)**を説**(と)**く** 話のつじつまがすこしもあわないようす。

ちじんのあい《痴人の愛》谷崎潤一郎(たにざきじゅんいちろう)の長編小説。一九二四―二五年に発表。美少女を思いのままに育てようとして、逆にそのとりこになる男の告白手記。

ちず チ【地図】名 地球表面の一部または全部を、一定の縮尺で平面上にあらわした図。「世界―」

ちすい ⓪【治水】名 川の流れをよくして、大水になるのをふせいだり、その水力を利用したりすること。↕治山(ちさん)。

ちすいかふうくう フ【地水火風空】名〖仏〗すべての物の生ずるもと。五大。

ちすじ ⓪【血筋】―すぢ 名 ❶血管。❷血のつながり。血統。❸血縁。血族。

ち・する ス【治する】自他サ シ・セ・サ・シ・スル・スレ・シロ・セヨ 文章語 ⬇じする。

ちせい ⓪【地勢】名 土地の起伏などのありさま。地形。⇩地形 参考。

ちせい チ【知性】名 物事に対する認識・思考・判断などが正しくできる能力。「―美」 **―的**(てき) ⓪ 形動 知性のあるようす。また、それにふさわしいようす。「―な文章」

ちせい チ/セ【治世】名 文章語 ❶おだやかにおさまっている世の中。太平の世(よ)。❷世をおさめること。

ちせいがく セ【地政学】名 〔ドイツ語の「ゲオポリティク Geopolitik」の訳語〕地理的条件を根拠として、国家の政治的行動を理論づける学問。

ちせき ⓪【地積】名 土地の面積。

ちせき ⓪【地籍】名 土地の位置・形質およびその所有関係を記録したもの。「―調査」

ちせき ⓪【治績】名 文章語 政治上の功績。国をおさめるうえでのてがら。「偉大な―」

ちせつ ⓪【稚拙】名 形動 子どもじみていて、へたなようす。「―な絵」 **稚拙さ** 名

ちそ ソ/チ【地租】名 土地に課する税。

ちそう ⓪【地相】名 ❶土地のありさま。❷土地の吉凶をうらなうこと。

ちそう ⓪【地層】名 岩石のかけら、土砂・化石などが積みかさなってできている地下の層。

ちそう ⓪【×馳走】㊀名自サ 〔用意するためにはしりまわる意から〕来客などに対する食事のふるまい。㊁名 ❶客のもてなし。「冬は暖かな火が何よりのご―だ」❷うまい料理。「ご―が出る」

ちそく ソ【知足】名 文章語 〔足るを知るの意〕ある程度満足して、それ以上を望まないこと。

ちそく ⓪/ソ【遅速】名 おそいことと、はやいこと。

ちぞめ ⓪【血染(め)】名 たくさんの血がついていること。

チター チ〈ドZither〉=**ツィター** ⓪名 南ドイツ・スイスなどに古くからつたわる弦楽器の一つ。指ではじいて鳴らす。

ちたい チ/タ【地帯】名 ある特質をもった地域。「京浜工業―」

ちたい ⓪【痴態】名 文章語 ばかげたふるまい・かっこう。「―を演じる」

チター

ち

ち-たい [0]【遅滞】[名][自サ]〔文章語〕期日・期限におくれること。「—なく提出する」
ち-だい [チ]【地代】[名] ⇒じだい。
ち-たつ [0]【遅達】[名]〔文章語〕おくれた配達・通達。
ち-だつ [0]【×褫奪】[名][他サ]〔文章語〕(「褫」も「奪」も、うばう意)うばうこと。取り上げること。「領地を—される」
チタニウム [3]〈titanium〉[名] ⇒チタン。
ち-だるま [ダ/0]【血だるま】【血▲達磨】[名] 赤いだるまのように、全身に血を浴びること。また、そのからだ。
チタン [チ]〈ドTitan〉[名] 金属元素の一つ。軽くて強度が大きいため、金属素材としてさまざまな分野で用いられる。元素記号Ti　原子番号22　原子量47.867　チタニウム。
ちち [チ1/チ2]【父】[名] ❶親である男性。おとこおや。↕母。[参考]実父に限らず、継父、養父にも言い、また、配偶者の父にも言う。他人の父親を尊敬していう場合に、「(お)父上・(ご)父君・ご尊父・厳父・厳君・父御」などを使う。自分の父を他人にいう場合は「老父・家父・乃父」、妻の父は「岳父」、故人となった父は「亡父・先考・先代」などという。❷キリスト教で、人格をそなえた唯一の神。❸初めて基礎をつくりあげた人。先駆者。「用水路開発の—」 **—の日** 父に感謝をささげる六月の第三日曜日。アメリカの習慣が世界にひろまったもの。(夏)
ちち [チ2/チ1]【乳】[名] ❶乳腺から出る白い液体。乳じる。❷ちぶさ。
ち-ち [チ1/チ2]【遅遅】[と副][たる連体] おそいようす。のろのろしたようす。「研究が—としてはかどらない」
ちち-うえ [チ2]【父上】[名]「父」をよぶ尊敬語。↕母上。
ちち-おや [0]【父親】[名] 父である親。おとこ親。↕母親。
ちちかえる《父帰る》菊池寛の戯曲。一九一七年発表。おちぶれて帰った父親と長男との、対立と和解をえがいた作品。
ちち-かた [0]【父方】[名] 父の血すじに属した親類。「—の祖父」↕母方。
ちぢか・む [0]【縮かむ】[自五] 寒さ・おそれ・緊張などで、からだがちぢんで、動作が不活発になる。「指先が—」
ちち-ぎみ [チ2]【父君】[名] 父をよぶ尊敬語。父上。↕母君。
ちち-くさ・い [サ]【乳臭い】[形] ❶乳のにおいがする。❷子どもっぽい。幼稚である。「—意見」 **乳臭さ** [名] **ちちくさ・し** [文語ク]
ちち-く・る [ク]【乳繰る】[自五] 男と女が、ひそかにたわむれあそぶ。
ちち-ご [0]【父御】[名] 他人の父の尊敬語。てておや。↕母御。
ちぢこま・る [0/マ]【縮こまる】[自五] 恐れたり、かしこまったりして、からだがかたく小さくなる。「へやのすみに—」
ちちなし-ご [シ]【父無し子】[名] ❶父親に死なれた子。てなし子。❷父親がはっきりわからない子。
ちぢ-に [チ]【ちぢに】【千千に】[副]〔文章語〕いろいろに。さまざまに。「心が—みだれる」
ちち-はは [チ2]【父母】[名] ちちとはは。両親。ふぼ。
ちちぶ-ぎぬ [ギ]【▲秩▲父絹】[名] 埼玉県西部、秩父地方でつくられる絹織物。
ちぢま・る [0]【縮まる】[自五] ちぢむ。ちぢんだ状態になる。**縮まれる** [自下一]〔…できる〕
ちぢみ [0]【縮み】[名] ❶ちぢむこと。↕のび。❷ちぢみ織り。(夏)「—のシャツ」
チヂミ [0]〈朝jijimi〉[名] 小麦粉に卵を加えた生地に、野菜などの材料をまぜ合わせて薄く焼き、辛口酢味噌などをつけて食べる、朝鮮半島の料理の一種。[参考]外来語の表記の原則では「チジミ」だが、一般には「チヂミ」と表記されることが多い。
ちぢみ-あが・る [ガ]【縮み上がる】[自五] 非常にこわがって、からだをすくめる。畏縮する。
ちぢみ-おり [0]【縮み織り】[名] 表に小じわを出す織り方。また、その織物。ちぢみ。
ちぢ・む [0]【縮む】[自五] ❶しわがよったり、つまったり、中身が少なくなったりして、面積や体積が小さくなる。「洗ったらセーターが縮んだ」❷長さが短くなる。「年をとると背が—」「びっくりして寿命が縮んだ」↕のびる。❸小さくなる。「こわくて身の—思いだ」
ちぢ・める [0]【縮める】[他下一] ❶範囲・規模を小さくする。「試験の範囲を—」「販売の目標を—」❷時間・長さを短くする。「労働時間を—」「ズボンのたけを—」↕のばす。❸ひっこめる。「ボールが飛んで来たので首を縮めた」↕のばす。**ちぢ・む** [文語下二]
ち-ちゅう [0/チュ]【地中】[名] 大地のなか。地下。
ちちゅう-かい《地中海》ヨーロッパ・アジア・アフリカの三大陸にまわりをかこまれている細長い海。
ちぢら・す [0]【縮らす】[他五] ちぢれるようにする。ちぢらせる。
ちぢれ-げ [0]【縮れ毛】[名] ちぢれた毛。ちぢれっ毛。
ちぢ・れる [0]【縮れる】[自下一] ❶しわがよる。❷直線のものが波状になる。**縮れ** [名]
ちちん-ぷいぷい [チ2][感] 子どもが軽いけがをした時に患部をさすりながらかけるおまじない。「—、痛いの痛いの飛んでいけ」
ちつ【秩】[造] ❶ものごとの順序。「秩序」❷棒給としての米。「秩禄」
ちつ【窒】[造] ❶息がふさがる。「窒死・窒息」❷元素の名。「窒素」
ちつ [ツ]【×帙】[名] 厚紙に布をはった、書物を包むおおい。
ちつ [チ/ツ]【×膣】[名] 女性生殖器の一部で、子宮と陰門のあいだにある管。
チッキ [チ]〈check〉[名]〔「チェック」のなまり。手荷物預かり証の意〕鉄道旅客が託送した手荷物。また、その預かり証。

ちつ(帙)

ちっ-きょ [チ]【×蟄居】[名][自サ]〔虫などが、冬眠のために土中にこもっていること〕❶家にこもって外出しないこと。❷江戸時代、武士に科した刑罰。自宅などに閉じこめて、謹慎させたもの。
チック [チ]〈tic〉[接尾] …的。…らしい。…ふう。…ぽい。「マンガ—」「おとめ—」
チック [チ][名] ⇒コスメチック。
ち-つけ [0]【乳付(け)】[名] ❶生まれた子にはじめて乳をふくませること。また、その乳を飲ませる女の人。うば。❷のぼり・旗などの、さおや綱を通すところ。ちつき。❸羽織のひもをつけるところ。ちつき。
ちっ-こう [0]【竹工】[名]〔「ちくこう」の変化〕竹を材料にして工芸品をつくること。また、それを業とする人。
ちっ-こう [0]【築港】[名][自サ]〔「ちくこう」の変化〕港湾に、はとばなどの設備を造ること。また、その設備のある港湾。
ちっ-し [0]【窒死】[名][自サ] 窒息して死ぬこと。
ちつ-じょ [ツ/チ]【秩序】[名] 物事を正しく整った状態にするためのきまりや順序。「社会の—を保つ」
ちっ-そ [チ]【窒素】[名] 元素記号N　原子番号7　原子

量14.0067 空気の体積の五分の四を占める。無色・無味・無臭の気体。―**肥料**(ひりょう) ㇶ 名 窒素を多くふくむ肥料の総称。しもごえ・魚かす・硫酸アンモニアなど。

ちっ-そく ⓪【窒息】名 自サ 息がつまること。呼吸ができなくなること。

ちっちゃ・い チャ 形(カロ・カッ・ク・イ・イ・ケレ・○) 〔俗語〕（「ちいさい」の変化）ちいさい。ちいさな。会話で使うことが多い。「うちには―子はいません」↕でかい。⇨ちっぽけ 参考。

ち-つづき ツ【血続き】名 血族。血縁。

ちっ-と ト 副 〔俗語〕すこし。ちょっと。「―は痛いだろう」―**も** ト 副 ❶すこしも。「―わからない」❷すこしの間も。「―じっとしていない」参考 下に打ち消しの語がくる。―**やそっと** ト 副 わずかばかり。「―の苦労ではない」

チップ チ〈chip〉名（「木の切れはし」の意から）❶ポーカーやルーレットの点数をかぞえるのに使う円形の札。❷野菜・果物などをうすく切ったもの。チップス。「ポテト―」❸パルプの原料となる木材の小片。❹電子機器の集積回路をおさめる半導体の小片。―**イン** イ〈chip in〉名 自サ ゴルフでグリーンの外側から打った球が、直接、ホールに入ること。

チップ チ〈tip〉㊀名 旅館・サービス業などで、利用客が料金以外にはらうこころづけ。祝儀(しゅうぎ)。㊁名 自サ 野球で、ボールが打者のバットをかすめて後方へとぶこと。

ちっ-ぷく ⓪【×蟄伏】名 自サ 〔文章語〕❶虫などが冬眠をすること。❷家にとじこもって、おとなしくしていること。

ちっぽけ ポ 形動(ダロ・ダッ・デ・ニ・ダ・ナ・ナラ・○) 〔俗語〕小さくてとるにたりないようす。「―な公園」「―な悩み」参考「ちっちゃい」にはない、マイナスの感情がともなう。

ちつ-ろく ⓪【秩×禄】名 〔文章語〕俸給。扶持(ふち)。

ち-てい ⓪【地底】名 地面のずっと下。

ち-てき ⓪【知的】形動(ダロ・ダッ・デ・ニ・ダ・ナ・ナラ・○) ❶知識や知性にとむようす。「―な顔」❷知識に関係のあるようす。「―な仕事」↕情的・意的。―**財産権**(ざいさんけん) サ 名 創作・発明・デザインなど、知的な活動の成果の保護に関する権利。著作権・特許権などの総称。知的所有権。―**障害**(しょうがい) ショ 名 脳の論理的な思考や実際の適用に障害の見られる症状。精神遅滞。精神障害の一種。

ち-デジ ⓪【地デジ】名「地上波デジタル放送」の略。

ち-てん チ【地点】名 場所。位置。ところ。

ち-と チ 副 ちょっと。「―おかしいぞ」参考 古めかしい言い方。

ち-とう ⓪【池×塘】名 〔文章語〕池のつつみ。

ちどう-せつ ド【地動説】名 地球が太陽のまわりをめぐるという説。↕天動説。参考 一六世紀にコペルニクスのとなえはじめた説。

ち-とく ⓪ ト【知徳】【×智徳】名 知恵と徳行。知識と道徳。

ち-とせ ⓪ ト【千▲歳】名 ❶千年。❷長い年月。―×**飴**(あめ) セ 名 紅白のほそ長いあめを、松竹梅・つるかめなどの絵をかいた袋に入れたもの。七五三の祝いなどに子どもに持たせる。㊀冬

ち-どめ ⓪【血止め】名 きず口の血を止めること。また、そのくすり。

ち-どり チ【千鳥】名 チドリ科の鳥類の総称。水辺にすむ鳥で、形は小さく、あしゆびは三本。㊀冬 ―**足**(あし) リ 名 酒に酔ったときなどにふらふらと歩く歩き方。よろめき歩くこと。―**かがり** カ 名 ちどり掛け。―**掛**(が)**け** ⓪ 名 ひもや糸をななめに、たがいちがいに掛けること。ちどりかがり。―**格子**(ごうし) ゴ 名 こうし模様の一種。とんでいる千鳥に似た形をつなげたもの。ハウンドツース。

千鳥格子

ち-どん ⓪【遅鈍】名 形動 精神活動や動作がにぶくて、のろいこと。↕敏速。

ち-ない チ【地内】名 一定の区域とする土地のなかに含まれる場所。じない。

ち-なまぐさ・い サ【血生臭い】【血×腥い】形(カロ・カッ・ク・イ・イ・ケレ・○) ❶血のにおいがする。❷戦いや死傷事件がある。流血をみるような状態である。「―事件」**血生臭さ** 名 **ちなまぐさ・し** 文語ク

ちなみ-に ⓪【ちなみに】【▲因に】接続 〔文章語〕それに関連して。ついでに言うと。「―申し上げると」参考 前の事柄に関連して、補足的な事柄を言い添えるときに使うことば。

ちな・む ナ【▲因む】自五(マ・モ・ミ・ン・ム・ム・メ・メ・*) ある物事との関係をもつ。つながる。「郷土にちなんだ名まえ」

ち-にく ⓪【血肉】名「血肉(けつにく)」の湯桶(ゆとう)読み。「―を分けた兄弟」

ち-にち ⓪【知日】名 外国人が日本に対し好意をもつこと。「―家」↕侮日(ぶにち)・排日(はいにち)。

ち-ぬき ⓪【血抜き】名 料理の下処理の一つ。レバーや肉などを水で洗ったり水につけたりして、血を抜くこと。

ちぬ-だい ヌ【ちぬ×鯛】名 くろだい。ちぬ。㊀夏

ちぬ・る ヌ【血塗る】自五(ラ・ロ・リ・ッ・ル・ル・レ・レ) （古代中国で、いけにえの血を器物に塗り、神を祭ったことから）人を切って刀などに血をつける。殺傷をする。参考「血塗られた歴史」のように、受け身の形で使うことが多い。

ち-ねつ ⓪【地熱】名 地球内部の熱。一般に地下へ一〇〇メートル下がるごとに三度ずつ温度が高くなる。じねつ。―**発電**(はつでん) ハ 名 地下からふき出す高温・高圧の水蒸気を利用する発電。

ち-のう チ【知能】【×智能】名 物事を判断し、ただしく処理する頭のはたらき。―**検査**(けんさ) ケ 名 知能水準あるいは発達程度をはかること。また、その方法。メンタルテスト。―**指数**(しすう) シ 名 知能検査で測定した精神年齢を実際の年齢でわって百倍したもの。一〇〇を平均とする。略号IQ。―**犯**(はん) ノ 名 詐欺(さぎ)・横領(おうりょう)・偽造(ぎぞう)・背任(はいにん)など、知恵をはたらかせた犯罪。↕強力犯(ごうりきはん)。

ち-のう ⓪【知×嚢・×智×嚢】名 〔文章語〕❶知恵ぶくろ。❷知恵の多い人。

チノ-パンツ パ〈chino pants〉名 厚手のあや織りもめんでつくったズボン。チノパン。

ちのみ-ご ミ【乳飲(み)子】名 あかご。あかんぼう。乳児。

ちの-みち ⓪【血の道】名 ❶血管。ちみち。❷婦人科であつかう病気の総称。古風な言い方。

ち-のり ⓪【血のり】【血×糊】名 どろどろとねばる血。また、ものにねばりついた血。

ちの-わ ⓪【×茅の輪】名 ちがやをたばねて作った大きな輪。くぐると身をはらい清められる。

ち-はい ⓪【遅配】名 自サ 配達・支給がおくれること。参考 ふつう、郵便の配達や給料の支給についていう。

ちのわ

ちば-けん《千葉県》関東地方南東部の県。県庁所在地は千葉市。

ち-ばし・る シ【血走る】自五(ラ・ロ・リ・ッ・ル・ル・レ・レ) 熱中したり、興奮したりして目が充血する。「目を血走らせる」

ち-はつ ⓪【×薙髪】名 自サ 〔文章語〕頭髪をそりおとして僧

になること。剃髪(ていはつ)。

ち-ばなれ [バ/レ]【乳離れ】[名] ❶乳児が大きくなって乳を飲まなくなること。離乳。「—が早い」❷親からの精神的な自立。「—できない過保護青年」

チバニアン [バ]《Chibanian》[名]（千葉の時代の意）地質時代の区分の一つ。約七十七万四千年前から十二万九千年前まで。[参考] 千葉県市原市の地層が国際標準に相当すると認定されたことから。

ちはや-ぶる【千早振る】[枕]（「ちはやぶる」は、勢いがすさまじい意）「神」「うぢ(宇治)」「社」「わが大君」などにかかる。ちはやふる。「千早振る神代も聞かず竜田川からくれなゐに水くくるとは」〈古今〉

ち-はらい [ハ]【遅払い】(—はらひ) [名] 支払いがおくれること。ちばらい。「給料の—」

ち-はん [0]【池畔】[名]〔文章語〕池のほとり。池辺。

ち-ばん [0]【地番】[名] 土地の番号。「—の整理」

ちび [チ] [名]〔俗語〕❶からだの小さいこと。また、その人。↕のっぽ。❷おさない子ども。ちびっこ。

ちび-ちび [チ1] (と)[副] すこしずつ。ちびりちびり。↕ぐいぐい。「酒を—飲む」

ち-ひつ [0]【遅筆】[名] 文章を書くのがおそいこと。↕速筆。

ちびっ-こ [ビ]【ちびっ子】[名]〔俗語〕おさない子ども。ちび。

ち-ひょう [0]【地表】[名] 土地・地球の表面。↕地心・地核。

ちびり-ちびり [ビ1] (と)[副] 物事を少しずつするようす。特に、酒などを少しずつ飲むようす。

ちび・る [ビ] [他五]（ラ・ロ(リ・ッ)・ル・ル・レ・レ）〔俗語〕❶けちけちする。出し惜しみする。「寄付金を—」❷小便などをすこしもらす。

ち・びる [ビ]【×禿びる】[自上一]（ビ・ビ・ビル・ビル・ビレ・ビロ(ビヨ)）筆・下駄の歯などの先がすりきれて、まるくなる。

ち-ひろ [チ]【千▲尋】[名]〔古語〕（一ひろは約一・八(メートル)）たいそう深いこと、また、長いこと。

ちふ [連語]〔古語〕「といふ」の変化。…という。ちゅう。

ち-ぶ [チ]【恥部】[名] ❶陰部。❷はずかしい箇所・部分。

ち-ぶさ [チ]【乳房】[名] 哺乳(ほにゅう)類の胸・腹の左右にあるふくらみ。乳腺の開口部がある。雌の乳頭から乳を出す。

チフス [チ]《typhus》＝**チブス**【▲窒扶×斯】[名] 腸チフス・発疹チフス・パラチフスの総称。細菌の侵入によっておこる急性の感染症。

ち-ぶつ [チ]【地物】[名] 地上に存在するすべての物体。

ちぶり-の-かみ【▲道▲触りの神】[名]〔古語〕旅行の安全をまもる神。さえのかみ。道祖神(どうそじん)。

ち-ぶん [0]【地文】[名] ➡ちもん。

ち-へ【千重】[名]〔古語〕➡ちえ。

ち-へい [0]【地平】[名] ❶大地の平面。❷地平線。—**線**(せん) [0][名] ❶空と大地とが接する境のように見える線。❷〔天〕地上のある場所における鉛直線に、垂直な平面が天球とまじわる大きな円。

ち-へい [0]【治平】[名]〔文章語〕世の中がおさまって、平穏なこと。

チベット《Tibet》（「西蔵」とも書いた）中国の南西、パミール高原の東、インドの北にある高原地帯の自治区。区都はラサ。

ち-へど [0]【血へど】【血▲反吐】[名] 胃からはきだす血。吐血。

ち-へん [0]【地変】[名] 地震・大水など、地上におこる自然の変事。地異。↕天変。

ち-ほ [チ]【地歩】[名]〔文章語〕地位。立場。「りっぱな—を占める」

ち-ほう [ホ]【地方】[名] ❶国内の一部分の土地。種々の区分がある。「関東—」「北陸—」「瀬戸内—」❷首都や大都市以外の土地。いなか。「—創生」「—の大学」↕中央。—**銀行**(ぎんこう) [ギ][名] 地方の一定区域内で営業する銀行。↕都市銀行・市中銀行。—**区**(く) [ホ][名] 参議院議員の選挙で、都道府県を単位とする選挙区。一九八三年比例代表制の導入により「選挙区」と改称。—**検察庁**(けんさつちょう) [ツ][名] 地方裁判所・家庭裁判所に対応して置かれる検察庁。地検。—**公共団体**(こうきょうだんたい) [ホ=ダ][名] 都道府県や市町村など、その地域内での自治権を持つ団体。地方自治体。—**交付税**(こうふぜい) [チ=フ/フ][名] 財政のかたよりをなくすために、国税の一定割合を財源として、国が地方公共団体に交付する資金。地方交付税交付金。—**公務員**(こうむいん) [ム][名] 地方公共団体の公務にしたがう人。「公吏」の改称。↕国家公務員。—**裁判所**(さいばんしょ) [0][名] 下級裁判所の一種で、原則として第一審を行う裁判所。—**紙**(し) [ホ][名] 地方で発行される新聞。地方新聞。↕全国紙。—**自治体**(じちたい) [0/ホ][名] 地方公共団体。—**事務所**(じむしょ) [ム][名] 知事が、都道府県の主要な所において、自分の権限に属する事務を分掌(ぶんしょう)させる役所。—**色**(しょく) [ホ][名] 自然・文化などの地方的特色。郷土色。ローカルカラー。—**税**(ぜい) [ホ][名] 地方公共団体が、国からあたえられた権限によって、徴収する税金。↕国税。—**版**(ばん) [0][名] 中央に本社を有する新聞社が、地方の読者のために、その地方に関する記事をのせる紙面。—**分権**(ぶんけん) [ブ][名] 中央政府が自治権を地方に分散させること。↕中央集権。

ち-ほう [0]【痴×呆】[名] 正常に発育をとげていた精神的能力が、大脳障害のために後天的に低下した状態。

ち-ぼう [0]【知謀】【×智謀】[名]〔文章語〕知恵のある巧妙なはかりごと。「—をめぐらす」

チマ [チ]【朝▲裳】[名] 朝鮮半島の人々の民族衣装で巻きスカート。上着のチョゴリと合わせて着用する。

ちま・う(ちまふ) [助動]（ワ・オ(イ・ッ)・ウ・ウ・エ・エ）〔俗語〕（「てしまう」の変化。動詞連用形につく）すっかり…しおわる。「ちゃう」よりやや古風な言い方。「食べ—」「寝—」⇩しまう[参考]。

ち-まき [0]【×粽】[名] 米の粉のだんごを、ささやまこもの葉などに巻いてむしたもの。たんごの節句を祝って食べる。[夏]

ちまき

ち-また [0]【×巷】[名] ❶道のわかれる所。「生死の—をさまよう」❷みち。町の通り。❸事件・戦乱などのおこっているところ。「戦乱の—」❹民間。「—の声」

ちまちま [チ1] (と)[副][自サ]〔俗語〕狭いところに、こぢんまりとまとまっているようす。「—した家」

ち-まつり [マ]【血祭(り)】[名] 昔、中国で出陣に際し、人やけものを殺した血で軍神を祭り、勝ちをいのったこと。❷手はじめに威勢よく、最初の相手をかたづける。—**にあげる** ❶出陣の際に、敵のスパイなどを斬る。❷手はじめに威勢よく、最初の相手をかたづける。

ち-まなこ [0/マ]【血眼】[名] ❶充血した目。❷いっしょうけんめいに動きまわること。「—でさがす」

ち-まみれ [0/マ]【血まみれ】【血▲塗れ】[名][形動] すっかり血にそまること。血みどろ。

ち-まめ [0]【血豆】[名] 皮下の内出血で、皮膚にできる赤黒い豆のようなもの。

ち-まよ・う【血迷う】(—まよふ) [自五]（ワ・オ(イ・ッ)・ウ・ウ・エ・エ）すっかりのぼせて、判断力をうしなった言動をする。逆上する。

ち-み [チ]【地味】[名]（「じみ」と読めば別語）土地の良否。土地の作物の生産力。「—がよい」

ち-みち [0]【血道】[名] 血液の通るみち。血管。血のみち。—**をあげる** ❶男女間の愛情におぼれて、むちゅうになる。

❷道楽にむちゅうになる。

ち-みつ ⓪【緻密】形動 ダロ・ダッ・デ・ニ／ダ・ナ・ナラ・○ ❶きめのこまかなようす。❷組み立てがこみいって、すぐれているようす。「―な計画」「―な頭脳」❸こまかく、いきとどいているようす。

ち-みどろ ⓪【血みどろ】形動(の) ダロ・ダッ・デ・ニ／ダ・ナ・ナラ・○ ❶血まみれ。❷苦闘すること。「―になって戦う」

ちみ-もうりょう チ【×魑魅×魍×魎】名 文章語 〔「魑魅」は山中の怪物、「魍魎」は水中のばけもの〕いろいろなばけもの。さまざまな妖怪変化(ようかいへんげ)。「―が跋扈(ばっこ)する」

ち-みゃく ⓪【遅脈】名 ふつうよりもおそく打つ脈はく。

ち-みん チ【治民】名 文章語 人民をおさめること。

チムニー チ〈chimney〉名 ❶煙突。❷登山で、岩壁の間の深くてせまい裂け目。

ち-めい ⓪【地名】名 土地の名まえ。

ち-めい ⓪【知命】名 文章語 ❶天命を知ること。❷五〇歳のこと。参考「論語」の「五十にして天命を知る」から。⇩年齢(表)。

ち-めい ⓪【致命】名 命にかかわること。死ぬこと。**―傷**(しょう) ⓪名 ❶死亡の原因となるきず。命とり。❷再起不能の原因となる大きな失敗などのこと。**―的**(てき) ⓪形動 死亡や再起不能の原因になるほど、重大なようす。「―な失敗」

ち-めい ⓪【知名】名 形動(の) 世間にその名が知られていること。有名。「―人」「―度が高い」

ち-もう ⓪【恥毛】名 陰部の毛。陰毛。

ち-もく チ【地目】名 土地の現在のありさまや使用目的によって、その種類をあらわす名。農地・宅地など。

ち-もん ⓪【地文】名 山川・丘陵・沼沢などのありさま。地上のようす。ちぶん。↔天文。**―学**(がく) モ名 地球に関する、天文・気象・海洋・火山・地震・地質などの諸現象について研究する学問。広義の自然地理学。

ちゃ ⓪【茶】名 造 ❶ツバキ科の常緑低木。秋、白い花が咲く。わか葉から飲料品をつくる。茶の木。花は冬。「茶園・茶畑(ちゃばたけ)」❷茶の木のわか葉を加工した飲料品。湯でせんじて飲む。「茶店(ちゃみせ)・茶碗(ちゃわん)・紅茶・緑茶・煎茶・抹茶」❸茶をたてること。「茶会・茶室」❹褐色。「茶色(ちゃいろ)・茶褐色・焦げ茶」❺仕事の間のひと休み。❻ふざけること。「茶気・茶茶・茶番」[別音 さ|茶] **―にする** ❶ひと休みして茶を飲む。❷ひやかす。ちゃかす。からかう。

ちゃ 助 「ては」のくだけた言い方。「見―いけない」⇩ては。

チャージ チャ〈charge〉一 名 ホテル・飲食店などの料金。請求額。「テーブル―」二 名 自他サ ❶充電したり、燃料を入れたりすること。❷プリペイドカードなどにお金を補充すること。❸サッカー・ラグビーなどで、相手方の選手にぶつかってじゃまをすること。❹ゴルフで、下位のプレイヤーが積極的に攻めること。「猛―をかける」

チャーシュー シュ【中×叉▲焼】名 焼きぶた。**―麺**(めん) シュ 名 焼きぶたを薄く切ったものを数枚のせた中華そば。

チャーター チャ〈charter〉名 他サ 船・飛行機・バスなどをやとい入れること。「―便」

チャーチ チャ〈church〉名 キリスト教の教会堂。

チャート チャ〈chart〉名 ❶地図。海図。❷表。一覧表。

チャーハン チャ【中×炒飯】名 中華料理で、ぶた肉・野菜などをまぜたやきめし。いりめし。

チャーミング チャ〈charming〉形動 ダロ・ダッ・デ・ニ／ダ・ナ・ナラ・○ 心がひきつけられるようす。魅力的。「―な顔」

チャーム チャ〈charm〉一 名 魅力。二 名 他サ 人の心をひきつけること。**―スクール** ク〈ア charm school〉名 若い女性の魅力を増すための化粧法や礼儀作法などを指導する学校。

チャールストン ル〈Charleston〉名 第一次大戦後、アメリカ南部の町チャールストンから流行した、足を横にはねるのが特徴のダンス。

チャイ チャ〈ヒンディー chay〉名 茶。特に、インドなどで飲まれる、紅茶を牛乳で煮出して砂糖・スパイスを加えたもの。

チャイナ チャ〈China〉名 中国。「―ドレス」

チャイム チャ〈chime〉名 ❶一定のメロディーを鳴らすたき鐘。❷玄関口にとりつける呼び出し用の鐘。

チャイルド-シート シ〈child seat〉名 自動車の座席に取り付ける、幼児専用の安全座席。

ちゃ-いれ ⓪【茶入れ】名 茶を入れておく容器。特に茶の湯で、濃茶(こいちゃ)用の抹茶を入れる陶器。

ちゃ-いろ ⓪【茶色】名 黒色をおびた赤黄色。参考「茶色い紙」のように、形容詞として用いられることもある。

ちゃ・う 助動 ワ・オイ・ッ／ウ・ウ・エ・エ 俗語 〔「てしまう」の変化。動詞連用形につく〕すっかり…しおわる。「行っ―」「こわれ―」⇩しまう 参考。

ちゃ-うけ ⓪【茶請け】名 茶を飲むときに食べる、菓子など。茶の子。

ちゃ-うす ⓪【茶臼】名 抹茶(まっちゃ)をつくるのに使う石のひきうす。

チャウダー チャ〈ア chowder〉名 魚介類・肉・野菜などを煮込んだ濃厚なスープ。「クラム―」

ちゃ-えん ⓪【茶園】名 茶ばたけ。さえん。㊍

チャオ チャ〈イ ciao〉感 あいさつのことば。「おはよう」「さよなら」「こんにちは」などをかねる。

ちゃ-か チャ【茶菓】名 ⬇さか。

ちゃ-かい ⓪【茶会】名 ❶茶の湯の会。❷ティーパーティー。

ちゃ-がけ ⓪【茶掛(け)】名 茶の湯の席にかける、書画の掛けもの。

ちゃ-がし ガ【茶菓子】名 茶を飲むときに食べる菓子。茶うけ。

ちゃか・す カ【茶化す】他五 サ・ソ・シ・ス／ス・セ・セ ひやかす。じょうだんにする。「真剣な態度を―」

ちゃか-ちゃか チャ 一(と)副 自サ 落ち着きがなく、そうぞうしいようす。「―動き回る」「―した人」

ちゃ-かっしょく カ【茶褐色】名 黒みがかった茶色。とびいろ。

ちゃ-がま ⓪／マ【茶釜】名 上の方が小さくなって口がせまくなっているかま。茶に使う湯をわかす。

茶釜

ちゃ-がゆ ⓪【茶がゆ】【茶×粥】名 煎茶(せんちゃ)を煎じた汁でたいたかゆ。

ちゃ-がら ⓪【茶殻】名 茶を煮出した残りかす。茶のだしがら。茶かす。

ちゃ-き チャ【茶気】名 人をちゃかす気質。ちゃめっけ。

ちゃ-き チャ【茶器】名 ❶茶の湯に使う器具。茶道具。❷緑茶を入れるときに使う器具。湯飲み・きゅうすなど。

ちゃき-ちゃき ⓪名 〔「嫡嫡(ちゃくちゃく)」の変化〕❶純粋。正統。きっすい。「―の江戸っ子」❷仲間の中で、はぶりのきく人。はばきき。きけもの。

ちゃ-きん ⓪【茶巾】名 茶の湯で、茶わんをふく布。**―×捌き**(さばき) サ 名 茶きんのとりあつかい方。**―絞り**(しぼり) シ 名 茶きんに包み、しぼり目をつけた食べ物。**―×鮨**(ずし) キ 名 ごく薄く焼いた卵焼きで五目ずしを包んだもの。

ちゃく【嫡】造 ❶本妻。「嫡妻・嫡室」❷よつぎ。本妻の子。「嫡子・嫡出・嫡男・正嫡(せいちゃく)・廃嫡」❸直系。血すじが正しい。「嫡嫡・嫡流」

ちゃく【×擲】造 なぐる。「打擲(ちょうちゃく)」[別音 てき|擲]

ちゃく【着】㊀ チャ 名 造 ある場所につくこと。とどくこと。「成田―二〇時の便」「着駅・着順・着信・先着・到着・発着・必着」↕発。㊁ 造 ❶きる。身につける。「着衣・着分・着用・試着」❷空中に飛んだものが地上にもどる。「着水・着地・着陸」❸くっつく。「着色・接着・粘着・付着・密着・癒着」❹ある位置に場をしめる。「着座・着席・着任」❺おちつく。「着実・決着・定着・落着」❻はじめる。おもいつく。「着眼・着想・着目」❼こだわる。「執着・頓着」❽囲碁で、石を置く。「好着・失着・妙着」㊂ 接尾 ❶衣服をかぞえることば。「背広三着」❷到着の順位をいうことば。「第一着」

ちゃく-い チャ【着衣】名 自サ 文章語 きものを着ること。また、着ている衣服。

ちゃく-い チャ【着意】名 自サ ❶気をつけること。注意。❷着想。

ちゃく-えき ⓪ ク【着駅】名 汽車・電車の到着駅。↕発駅。

ちゃく-がん ⓪【着岸】名 自サ 船が岸につくこと。

ちゃく-がん ⓪【着眼】名 自サ めぼしをつけること。目のつけかた。着目。「―がすぐれる」 **―点**(てん) ガ 名 目のつけどころ。

ちゃく-ざ ⓪【着座】名 自サ 着席。

ちゃく-さい ⓪【嫡妻】名 文章語 本妻。嫡室。

ちゃく-し チャ【嫡子】名 ❶あとつぎ。❷嫡出子。↕庶子。

ちゃく-しつ ⓪【嫡室】名 文章語 本妻。嫡妻。

ちゃく-じつ ⓪【着実】形動 ダロ・ダッ・デ・ニ／ダ・ナ・ナラ・⓪ おちついてまじめなようす。まじめで、確実なようす。「―な研究」

ちゃく-しゅ チャ【着手】名 自サ 手をつけて、とりかかること。「計画に―する」

ちゃく-しゅつ ⓪【嫡出】名 文章語 法律上の婚姻関係にある夫婦のあいだにうまれること。↕庶出。**―子**(し) ツ 名 嫡妻からうまれた子。嫡出の子。

ちゃく-じゅん ⓪【着順】名 到着の順番。「―に並べ」

ちゃく-しょう ⓪【着床】名 自サ 受精した卵(らん)が子宮の粘膜に付着すること。これによって妊娠が成立する。

ちゃく-しょく ⓪【着色】名 自サ 色をつけること。色のつき方。「―あざやか」

ちゃく-しん ⓪【着信】名 自サ 通信がとどくこと。とどいたたより。↕発信。

ちゃく-すい ⓪【着水】名 自サ 水面におりつくこと。「飛行艇が―する」↕離水。

ちゃく・する ス【着する】シ・セ・サ・シ・スル・スレ・シロ・セヨ 文章語 ㊀ 自サ ❶つく。到着する。❷くっつく。付着する。㊁ 他サ 身につける。きる。「背広を―」 **ちゃく・す** 文語サ変

ちゃく-せき ⓪【着席】名 自サ 座席につくこと。いすに腰をおろすこと。着座。↕退席。

ちゃく-せつ ⓪【着雪】名 自サ 雪が電線や木の枝にくっつくこと。「―注意報」

ちゃく-せん ⓪【着船】名 自サ ふねが港などにつくこと。また、ついたふね。

ちゃく-そう ⓪【着想】名 仕事・計画などのいとぐちとなるくふう。おもいつき。着意。アイディア。「―がよい」「奇抜な―」

ちゃく-そう ⓪【着装】名 他サ 文章語 ❶衣服を着ること。❷器具・部品などをとりつけること。

ちゃく-そん ⓪【嫡孫】名 文章語 嫡子の正妻がうんだ嫡子。

ちゃく-たい ⓪【着帯】名 自サ みごもって五か月目に腹帯をしめること。また、その式。

ちゃく-だつ ⓪【着脱】名 他サ ❶取り付けたり、はずしたりすること。「付属器具の―」❷衣類を身につけたりぬいだりすること。「手ぶくろの―」

ちゃく-だん ⓪【着弾】名 自サ うちだした弾丸が、ある地点に達すること。「―距離」

ちゃく-ち ⓪【着地】名 自サ ❶空中を飛んだものが地上にふたたびもどること。「あほうどりが―する」「砲弾が―する」❷体操競技やスキーのジャンプ競技で、演技の最後に、床や地上に立って一定の姿勢をとること。

ちゃく-ちゃく ⓪【嫡嫡】名 文章語 嫡子から嫡子へと家をつぐこと。正統の血脈。

ちゃく-ちゃく ⓪【着着】(と) 副 目標に向かって順序よくはかどるようす。「―と進行している」

ちゃく-でん ⓪【着電】名 自サ 電信・電報がつくこと。また、ついた電信・電報。

ちゃく-なん ク【嫡男】名 嫡出の長男。

ちゃく-に ⓪【着荷】名 荷物がつくこと。また、ついた荷物。ちゃっか。

ちゃく-にん ⓪【着任】名 自サ 任地・任務へつくこと。「新しく―された先生」

ちゃく-はつ ⓪【着発】名 到着と出発。

ちゃく-ばらい バ【着払い】(ばらひ) 名 荷物の送料を受け取った人がはらうこと。↕元払い。

ちゃく-ひつ ⓪【着筆】㊀ 名 自サ 文字や文章を書きはじめること。「新作に―する」㊁ 名 文章語 筆のつけ方。書きぶり。

ちゃく-ひょう ⓪【着氷】名 自サ 飛行機などに、空気中の水分がこおりつくこと。

ちゃく-ふく ⓪【着服】名 他サ こっそり取って、自分のものとすること。「公金を―する」 参考 「着腹」と書くのはあやまり。

ちゃく-ぶん ク【着分】名 衣服の一着分。「―の生地」

ちゃく-ぼう ⓪【着帽】名 自サ 帽子をかぶること。↕脱帽。

ちゃく-もく ⓪【着目】名 自サ ある事に目をつけて注意すること。着眼。

ちゃく-よう ⓪【着用】名 他サ 衣服や持ち物を身につけること。「背広を―する」

ちゃく-りく ⓪【着陸】名 自サ 航空機が地面におりること。着地。↕離陸。

ちゃく-りゅう ⓪【嫡流】名 文章語 ↕庶流。❶本家の家すじ。❷正統の流派。

チャコ チャ 名 (chalk から)裁縫で、布に目じるしをつけるときの色チョーク。

チャコール-グレー レ〈charcoal gray〉名 黒っぽい灰色。消し炭色。

ちゃ-こし ⓪【茶こし】【茶×漉し】名 茶かすをこすための目のこまかい網。

ちゃ-さじ ⓪【茶さじ】【茶×匙】名 ❶茶しゃく。❷紅茶などを飲むとき使う小さじ。

ちゃ-じ チャ【茶事】名 ❶茶の湯についてのこと。❷茶の湯の会。

ちゃ-しつ ⓪【茶室】名 茶の湯につかう室。**―建築**(けんちく) ケ 名 茶の湯をおこなう小座敷で、茶席・勝手(かって)・水屋(みずや)などを一軒にそなえた建物。

ちゃ-しぶ ⓪【茶渋】名 茶わんや茶びんにつく、茶のあか。

ちゃ-しゃく ⓪【茶×杓】名 ❶まっ茶をすくう小さな竹やぞうげのさじ。茶さじ。❷茶道で湯を釜からくむのに使うひしゃく。

ちゃ-じゅ チャ【茶寿】名 〔「茶」の字が「廾」(二十)と「八

ち

十八」でできていることから)百八歳。また、その祝い。⇩賀の祝い(表)。

ちゃ-じん⓪【茶人】名 ❶茶道をこのむ人。❷風流をこのむ人。

ちゃ-せき⓪【茶席】名 茶の湯のざしき。茶の湯の会。

ちゃ-せん⓪【茶×筅】名 ❶湯をそそいだまっ茶をかきまわして、茶をたてる道具。❷ちゃせん髪。 **―髪**(がみ)⓪名 髪をうしろにたばね、ひもで結んだ髪のゆい方。

茶筅髪

ちゃ-そば⓪【茶そば】【茶×蕎▲麦】名 そば粉に抹茶(まっちゃ)を混ぜて作ったそば。

ちゃ-だい⓪【茶代】名 ❶茶店で休んだとき、飲んだ茶の代金としてはらうかね。❷旅館・飲食店での心づけ。チップ。

ちゃ-たく⓪【茶×托】名 湯飲み茶わんをのせてだす小さな受け皿。

ちゃ-だち⓪【茶断ち】名 ある目的の達成をねがって神・仏に願(がん)をかけたりして、ある期間、茶を飲まないこと。

ちゃ-だんす⓪【茶だんす】【茶×簞×笥】名 茶道具や飲食器などを入れるたんす。

ちゃち [チャ] 形動 ダロ・ダッ・デ・ニ／ダ・ナ・ナラ・○ 俗語 安っぽくて、いいかげんなようす。「―な道具」

ちゃ-ちゃ [チャ]【茶茶】名 俗語 じゃま。ひやかし。「―を入れる」

ちゃっ-か⓪【着荷】名 自サ 文章語 〔「ちゃくか」の変化〕⬇ちゃくに。

ちゃっ-か⓪【着火】名 自他サ 〔「ちゃくか」の変化〕火がつくこと。火をつけること。

ちゃっかり [カ] (と)副 自サ 俗語 ぬけめのないようす。「―自分のものにする」

ちゃっ-かん⓪【着艦】名 自サ 〔「ちゃくかん」の変化〕飛行機が航空母艦におりつくこと。↕発艦。

ちゃっ-きょう⓪【着京】名 自サ 〔「ちゃくきょう」の変化〕↕離京。❶みやこにつくこと。❷東京・京都につくこと。

ちゃっ-きん⓪【着金】名 自サ 〔「ちゃくきん」の変化〕送られたかねがとどくこと。

チャック [チャ]〈Chack〉名 〔商標名。和製英語〕ファスナー。ジッパー。

ちゃ-づけ⓪【茶漬(け)】名 ❶飯に茶をかけたもの。❷そまつな食事。人に食事をすすめるときにかしこまっていう語。「ほんの―ですが…」

ちゃっ-けん⓪【着剣】名 自サ 〔「ちゃくけん」の変化〕銃の先に銃剣をつけること。

ちゃっ-こう⓪【着工】名 自サ 〔「ちゃくこう」の変化〕工事にとりかかること。↕竣工(しゅんこう)。

ちゃ-づつ⓪【茶筒】名 茶の葉をしまっておく筒。

チャット⓪〈chat〉名 自サ 〔おしゃべりの意〕コンピューターネットワーク上で同時に複数の人間が交信し、会話をすること。

ちゃ-つぼ [チャ]【茶つぼ】【茶×壺】名 茶葉を入れておくためのつぼ。

ちゃ-つみ⓪【茶摘み】名 茶の木の若芽や若葉をつみとること。また、その人。春 **―歌**(うた) [ミ] 名 茶を摘みながらうたう民謡。春

ちゃ-てい⓪【茶亭】名 文章語 茶みせ。茶屋。

ちゃ-てん⓪【茶店】名 茶みせ。

チャド〈Chad〉アフリカ中央部の共和国。一九六〇年独立。首都はンジャメナ。

ちゃ-どう [チャ]【茶道】名 ❶茶をたてて心を正し、礼法をおさめる道。茶の湯。さどう。❷茶坊主。

ちゃ-どうぐ [ド]【茶道具】名 茶器。

ちゃ-どころ [ド]【茶所】名 茶の名産地。

チャドル [チャ]〈chador〉名 〔起源はペルシャ語〕イスラム教徒の女性が着る、伝統的な服装。目または顔の部分だけを残して、全身を黒い布で包むようにするもの。

ちゃ-のこ⓪【茶の子】名 ❶茶がし。茶うけ。❷⬇おちゃのこ。

ちゃ-のま⓪【茶の間】名 ❶家族が食事や居間としてふだん使うへや。❷茶室。

ちゃ-のみ [ミ]【茶飲み】名 ❶茶を飲むこと。❷茶を飲むのに使う湯飲み茶わん。 **―友達**(ともだち) [ト] 名 ❶茶飲み話をしながら心やすくつきあうような友だち。❷年とってから結婚した夫婦。 **―話**(ばなし) [バ] 名 茶を飲みながらする世間話。茶話。

ちゃ-のゆ⓪【茶の湯】名 ちゃどう。

ちゃ-ば [チャ]【茶葉】名 飲料用に加工された茶の葉。

ちゃ-ばおり [バ]【茶羽織】名 ❶茶人が着る短い羽織。❷短い婦人用の羽織。

ちゃ-ばこ⓪【茶箱】名 湿気(しっけ)を防ぐために内がわにすずをはった、茶の葉をつめる木の箱。

ちゃ-ばしら [バ]【茶柱】名 番茶などの湯の中に、茶の茎がたてにうかぶこと。いいことがあるしるしという。「―が立つ」

ちゃ-ぱつ⓪【茶髪】名 俗語 茶色の髪の毛。また、薬剤で染色・脱色して茶色にした頭髪。「―の若者」

チャパティ [チャ]〈chapati〉名 インド・ネパールなどで食される平焼きのパン。小麦粉に塩を加えてこね、発酵させずに鉄板で焼いたもの。

ちゃ-ばな⓪【茶花】名 季節の花を、投げ入れの方法で茶室に生けたもの。

ちゃ-ばなし [バ]【茶話】名 茶飲み話。

ちゃ-ばら⓪【茶腹】名 茶を飲んでふくらした腹。 **―も一時**(いっとき) 茶を飲んだだけでも、しばらく空腹をしのぐことができる。

ちゃ-ばん⓪【茶番】名 ❶茶の用意や給仕をする役。❷茶番狂言。 **―狂言**(きょうげん) [キョ] 名 ❶ありふれたものを材料とし、こっけいなおちをつけて演じる寸劇。茶番劇。にわか。❷みえすいた、たわいのないもの。「とんだ―だ」 **―劇**(げき) [バ] 名 茶番狂言。

ちゃ-びん⓪【茶瓶】名 茶をせんじるどびん。

チャプ-スイ [プ]〔中▲雑▲砕〕名 中国料理の一つ。薄く切った豚肉と野菜をいため、かたくり粉を加えて煮たもの。

チャプター [チャ]〈chapter〉名 ❶書物・論文などの章。❷歴史・人生などの重要なひと区切り。

ちゃぶ-だい⓪【ちゃぶ台】【▲卓×袱台】名 折りたためる、足の短い食卓。飯台(はんだい)。参考「卓袱」は中国ふうの食卓のことで、その発音が変化したとする説がある。 **―返**(がえ)**し** [ガ] 名 俗語 ❶食事中に腹を立て、ちゃぶ台をひっくり返すこと。❷まとまりかけていた話に、つまらない理由を言い立て、はじめからなかった状態にもどしてしまうこと。

ちゃぶ台

チャペル [チャ]〈chapel〉名 キリスト教の礼拝堂(れいはいどう)。

ちゃ-ほ [チャ]【茶舗】名 文章語 茶の葉を売る店。茶商。

チャボ [チャ]【×矮▲鶏】名 〔インドシナ半島の昔の王国チャンパから渡来したところから〕にわとりの一品種。小形で

足は短く、尾が長い。観賞用。

ちゃ-ほうじ [ホ]【茶×焙じ】[名] 番茶を火にかけてあぶること。また、その道具。

ちゃ-ぼうず [ボ]【茶坊主】[名] ❶武家時代、茶道の事をつかさどった職名。❷権力者にこびへつらう者のこと。

ちゃ-ほや [チ] [副] [他サ] 機嫌をとって甘やかすようす。「末っ子なので—する」

ちゃ-み [チャ]【茶味】[名] ❶茶道の趣味。❷風流なおもむき。

ちゃ-みせ [0]【茶店】[名] 通行人をやすませ、茶などをすすめる店。茶屋。茶亭。

ちゃ-め [チャ]【茶目】[名] [形動] 〔「茶目」は当て字か〕こっけいないたずらをすること。また、その人。**—っ気**(け) [0] [名] いたずら気分。

ちゃ-めし [0]【茶飯】[名] ❶茶を煮出したしるでたいて、塩で味をつけた飯。❷しょうゆと酒とをまぜてたいた飯。さくらめし。あじつけめし。

ちゃ-や [0]【茶屋】[名] ❶茶の葉を売る店。葉茶屋。❷ちゃみせ。❸芸妓(げいぎ)をはべらせ、客に飲食・遊興などさせる店。❹芝居や相撲の興行で、観客の案内や飲食の世話などをする業者、また店。しばい茶屋。相撲茶屋。**—遊**(あそ)**び** [ア] [名] 料理屋・遊郭などで女を相手にあそぶこと。**—酒**(ざけ) [ヤ] [名] 料理屋などであそびながら飲む酒。

ちゃら [チャ] [名] [俗語] 貸し借りの関係を清算すること。差し引きゼロ。[参考]「(話を)ちゃらにする」は「なかったことにする」の意。

ちゃら・い [ラ] [形] カロ/カッ・ク/イ/イ/ケレ/○ [俗語] 〔「ちゃらちゃら」から〕身なりがはでで安っぽい。また、軽薄でうわついている。「—男」

ちゃら-ちゃら [チャ/ー] [と] [副] [自サ] ❶金属製の小さい物がふれあって出す音をあらわす語。❷女性が気取って、はでにふるまうようす。❸軽薄なようす。「—した男」

ちゃらっ-ぽこ [0] [名] [俗語] でたらめ。でたらめを言う人。「—を言う」

ちゃらん-ぽらん [0] [名] [形動] [俗語] うわついていいかげんなこと。いいかげんなことば。「何をしても—だ」

ちゃり [チャ]【茶利】[名] 〔「茶利」は当て字か〕おどけた文句や動作。「—を入れる」

チャリティー [チャ]〈charity〉[名] 利益を慈善事業に寄付することを目的とした活動。「—コンサート」

ちゃ-りょう [0/チャ]【茶寮】[名] [文章語] ⇒さりょう。

ちゃりんこ [0] [名] [俗語] ❶子どものすり。❷自転車。[参考] ❷は「自転車」の朝鮮漢字音の読み方によるという説がある。

チャルメラ [0]〈ポ charamela〉[名] らっぱに似た、穴が八つある木管楽器。屋台の中華そば屋が吹きならす。

チャルメラ

チャレンジ [レ/チャ]〈challenge〉[名] [自サ] ❶戦いをいどむこと。困難な物事に向かっていくこと。挑戦。「—精神」❷スポーツの試合、特に、選手権争奪試合の申し込み。

チャレンジャー [レ]〈challenger〉[名] 挑戦者。特に、スポーツで、選手権保持者に挑戦する資格を得た人。

ちゃ-わ [チャ]【茶話】[名] [文章語] 茶を飲みながらする話。茶飲み話。さわ。**—会**(かい) [ワ] [名] 茶を飲み、菓子を食べながら気楽にはなしあう会。さわかい。

ちゃ-わん [0]【茶×碗】[名] ❶茶を飲む陶磁器。茶飲み茶わん。❷めしを食べる陶磁器。めし茶わん。**—蒸**(む)**し** [ワ/0] [名] 鳥肉・野菜・ぎんなん・しいたけなどに、鶏卵をだしでうすめてかけ、茶わんに入れて蒸した料理。

ちゃん [接尾] 〔「さん」の変化〕名前や親族名について、したしみの意味をあらわす。「一郎—」「おにい—」

ちゃん [チャ] [名] [俗語] 子どもが父を呼ぶ語。[参考] 江戸時代末から明治時代にかけて、庶民のあいだで使われた。

チャン [チャ]〈オ chian〉【×瀝▲青】[名] ⇒ピッチ❻。

ちゃんこ-なべ [ナ]【ちゃんこ鍋】[名] 力士がよく食べる独特な手料理。ぶつ切りにした魚・肉・野菜などを水たきにしたり、煮込んだりして食べる。ちゃんこ料理。

チャンス [チャ]〈chance〉[名] つごうのよい時期。機会。「—をうかがう」**—メーカー** [メ]〈chance maker〉[名] [和製英語] 野球・サッカーなどで、味方の得点チャンスをつくりだす選手。

ちゃんちゃら-おかし・い [シ/をかしい] [形] カロ/カッ・ク/イ/イ/ケレ/○ [俗語] 〔けいべつしていうことば〕こっけいだ。たいへんおかしい。「あいつが人に教えるなんて—」

ちゃんちゃん-こ [チャ2] [名] 子どもや老人の着る、そでなしばおり。そでなし。ちゃんちゃん。[冬]

ちゃんちゃん-ばらばら [チャ2] [名] [俗語] 〔刀できりあいをする音から〕❶きりあい。たちまわり。ちゃんばら。❷はでなけんか。「隣とは—だ」

ちゃん-と [0] [副] [自サ] ❶規則正しく整っているようす。きちんと。「—した服装」「食器を—かたづける」❷行為・態度・考え方などが、確かでまちがいがないようす。「必要なものは—用意してある」「—約束を守る」

チャンネル [0/チャ]〈channel〉[名] テレビなどで、各局にわりあてられた電波の周波数帯。

ちゃん-ばら [0] [名] [俗語] ちゃんちゃんばらばら。「—映画」

チャンピオン [チャ]〈champion〉[名] ❶スポーツの選手権保持者。優勝者。❷その分野で最もすぐれた人。第一人者。

ちゃんぷるう [チャ] [名] 沖縄料理の一つ。野菜、ぶた肉、豆腐などを炒(いた)めたもの。ちゃんぷる。「ごおやあ—」

チャン-ポン [チャ] [名] 〔「まぜあわせる」の意の中国語「攙和(チャンホー)」からという〕❶いろいろの材料をいっしょに入れた一種の中華そば。❷二種以上のものをまぜあわせること。「酒とビールを—に飲む」

ち-ゆ [チ]【治癒】[名] [自サ] 病気・けががなおること。

ちゅう【仲】[造] ❶人と人とのあいだ。「仲介・仲裁」❷二番目。「仲兄」❸まんなか。「仲春」

ちゅう【虫】[造] むし。「虫害・虫垂・昆虫・殺虫・幼虫・寄生虫」

ちゅう【沖】[造] ❶河口など水深がそれほどない地域。「沖積土」❷のぼる。あがる。「沖天」**沖する** [自サ]

ちゅう【▲肘】[造] ひじ。「掣肘(せいちゅう)」

ちゅう【抽】[造] ぬきだす。「抽出・抽象・抽選」

ちゅう【×冑】[造] かぶと。よろい。「甲冑(かっちゅう)」

ちゅう【昼】[造] ひるま。「昼間(ちゅうかん)・昼食・昼夜・白昼」

ちゅう【柱】[造] はしら。「柱石・角柱・支柱・鉄柱・電柱」

ちゅう【衷】[造] ❶まこと。まごころ。「衷情・衷心・苦衷・微衷」❷なかほど。「折衷」

ちゅう【酎】[造] 蒸留酒の一種。「酎ハイ・焼酎」

ちゅう【×偸】[造] ぬすむ。「偸盗」

ちゅう【×厨】[造] 台所。「厨芥(ちゅうかい)・厨房・庖厨(ほうちゅう)」

ちゅう【×註】[造] 本文の意味や語句を解説したもの。「註記・註釈・脚註・校註・頭註・傍註」**註する** [他サ]

ちゅう【鋳】[造] いる。「鋳金・鋳造・鋳鉄・改鋳・新鋳」

ちゅう【駐】㊀[造] とどまる。とどめる。「駐在・駐車・駐留・常駐・進駐」㊁[接頭] 派遣されてそこにとどまる。「—アメリカ大使」

ちゅう【×疇】[造] なかま。たぐい。「範疇」

ち

ちゅう【中】 ㊀ チュ 名 造 ❶三段階に分けたもののまんなか。「上・―・下」「前・―・後」「大・―・小」「大・―・小」「中型・中期・中級・中旬・中人・中等・中略・中流・中学年・中距離」❷いくつかに分けられるもののほぼまんなか。「中震・中米・中年・中盤・中火・中二階」❸「中学校」の略。「高・―・小」「中卒・付属中」㊁ 造 ❶まんなか。「中央・中核・中心・集中・熱中」❷かたよらない。「中正・中性・中庸・中和」❸とちゅう。「中座・中途・中止・中断・道中」❹あたる。あてる。「中毒・的中・命中」❺中国。「日中・訪中」㊂ 造 接尾 ❶なか。「空中・胸中・車中・文中・夢中・空気中」❷長さをもった時間。そのあいだ。「日中・喪中・今週中」❸いまその状態にあること。「会議中・準備中・使用中・発売中」参考 この❸の意味では、「中」の前に継続した動作をあらわす語がくる。「じゅう(中)」には、この用法はない。［別音じゅう｜中］

ちゅう【宙】 チュ 名 造 ❶時間の広がり。そら。「宇宙」❷地をはなれた所。「―をとぶ」「足が―にうく」「宙返り・宙釣り・宙乗り」❸記憶や勘だけにたよること。「―で答える」

ちゅう【忠】 チュ 名 造 ❶まごころ。「忠告・忠実・忠恕」❷主君につかえる道。「主君に―をつくす」「忠義・忠誠・忠節・誠忠・不忠」

ちゅう【注】 ㊀ ⓪ 名 造 本文の語句に説明をくわえること。「論語の―」「注解・注記・注釈・脚注・頭注・補注」㊁ 造 ❶そそぐ。つぎこむ。「注射・注水・注入・注油」❷むける。気をくばる。「注意・注視・注目」❸あつらえる。書き記す。「注文・外注・受注・特注」 **注する** 他サ

ちゅう【誅】 チュ 名 造 罪のある者を征伐すること。「―を加える」「誅求・誅殺・誅伐・天誅」 **誅する** 他サ

ちゅう 連語(古語) ➡ちふ。

ち-ゆう ⓪ チ【知友】名〔文章語〕よく知りあっている友だち。知己。

ち-ゆう チ【知勇】【×智勇】名 才知と勇気。

ちゅう-い チュ【中位】名 なかほどの位置。↕上位・下位。

ちゅう-い チュ【中尉】名 もと、軍隊で、尉官の第二位。↕大尉・少尉。

ちゅう-い チュ【注意】名 自サ ❶心を集中し、気をつけること。心をくばること。❷用心すること。警戒すること。❸そばから、気をつけるように教えてやること。❹〔心〕あることだけがはっきり心にうかび、他のことはうかんでこない精神の状態。 **―欠陥多動性障害** チュ=ケ 名 ➡エーディーエッチディー(ADHD)。 **―人物** ジ 名 犯罪などをおかすおそれがあるので、行動を注意して見ていなければならない人物。 **―報** イ 名 災害に対する注意をよびかける知らせ。「大雨―」⇩警報 参考。 **―力** イ 名 ❶ある事に気のつく力。❷ある事だけに、気持ちを集中でき、また、それをつづけられる力。

ちゅう-いん ⓪【中陰】名〔仏〕➡ちゅうう。

チューインガム ガ〈chewing gum〉名 南米原産サポジラの樹液、または合成樹脂に、香料・砂糖などをまぜてかためた菓子。かんで味わう。ガム。

ちゅう-う チュ【中有】名〔仏〕人が死んで次の世の生を受けるまでの間。死後四十九日間。中陰。

ちゅう-えい ⓪【中衛】名 ❶九人制バレーボールで、前衛と後衛との中間に位置する選手。↕前衛・後衛。❷ラグビーやアメリカンフットボールなどのハーフバック。

ちゅう-おう オ【中央】名 ❶まんなか。❷たいせつな位置・役目。❸首府。政府。「―の指示にしたがう」↕地方。 **―アジア** ア 名 アジアの西部、ヨーロッパ-ロシアの東南につづく地域。 **―アメリカ** ア 名 南北両アメリカの間の地峡部。 **―官庁** カ 名 その権限が全国におよぶ官庁。各省、また、その補助機関および会計検査院など。 **―銀行** ギ 名〔経〕一国の金融組織の中心となる銀行。日本では日本銀行。銀行券(紙幣)の発行、市中金融機関との取り引き、金融政策の運営にあたる。 **―集権** シュ 名 中央政府に国家統治の権力が集中していること。↕地方分権。 **―分離帯** ⓪ 名 上り車線と下り車線との間にある帯状のしきり。 **―労働委員会** イ 名 厚生労働省の外局として設けられた組織。全国的な労働争議の斡旋・仲裁・調停を行う。

ちゅう-おう ⓪【中欧】名 中部ヨーロッパ。オーストリア・チェコ・スロバキア・スイスなどをふくむ地域。

ちゅうおう-アフリカ《中央アフリカ》〈Central Africa〉アフリカ中央部の共和国。一九六〇年に独立。首都はバンギ。

ちゅう-おし ⓪【中押(し)】名 碁で、勝負が明らかになったばあい、途中でやめること。参考 江戸時代には将棋についても言われた。

ちゅう-おん ⓪【中音】名 ❶あまり高くも低くもない中位の音域。❷中高音。アルト。

ちゅう-おん ⓪【中温】名 高温と低温の中間の温度。料理では多く揚げ物などの調理に適した温度にいう。

ちゅうか チュ【中華】名〔世界の中心となる、最も文化の進んだ所の意〕中国人が自分の国をよぶ名。中国。↕東夷・西戎・南蛮・北狄。 **―街** カ 名 中国以外の国につくられた中国人の商業区を兼ねた居住区。 **―×蕎×麦** ソ 名 小麦粉と鶏卵・塩・水などでつくる中国ふうの麺。特に、ゆでて、スープに入れて食べる料理。ラーメン。 **―鍋** ナ 名 浅くて底のまるい鉄なべ。

ちゅう-か チュ【仲夏】名〔文章語〕陰暦の五月。㊛夏

ちゅう-かい ⓪【×厨×芥】名〔文章語〕(「厨」は台所)台所から出る野菜などのくず。

ちゅう-かい ⓪【仲介】名 他サ 両方の中に立って、交渉をすすめたり、まとめたりすること。なかだち。

ちゅう-かい ⓪【注解】【×註解】名 自他サ 注を加えて本文を解釈すること。また、その解釈。注。注釈。注疏。

ちゅう-がい チュ【中外】名〔文章語〕❶うちとそと。❷国内と国外。内外。

ちゅう-がい ⓪【虫害】名 農作物・樹木・竹などの、害虫による被害。

ちゅう-がえり ガ【宙返り】名 ❶空中でからだを回転させること。とんぼ返り。❷飛行機の空中回転。

ちゅう-かく ⓪【中核】名 中心。核心。「民族運動の―」 **―市** ク 名 政令で指定する人口二十万人以上の都市。政令指定都市に近い事務権限が委譲される。

ちゅう-がく チュ【中学】名「中学校」の略。 **―生** ガ 名 中学校の生徒。

ちゅう-がくねん ク【中学年】名 小学校の三、四年。↕低学年・高学年。

ちゅうか-じんみんきょうわこく《中華人民共和国》アジア大陸の東部を占める国。一九四九年に成立。首都はペキン(北京)。

ちゅう-がた ⓪【中形】名 大形と小形との中間の大きさ。↕大形・小形。

ちゅう-がた ⓪【中型】名 普通の大きさの型。↕大型・小型。

ちゅう-がっこう ガ【中学校】名〔「ちゅうがくこう」の変化〕❶小学校六年の課程をおえた者に、普通教育をさずける三年制の義務教育の学校。❷旧制で、小学校六

年を卒業した者に、普通教育をさずけた五年制の男子の学校。参考 女子の場合は「高等女学校」といった。

ちゅうか-みんこく《中華民国》一九一二年、清朝(しんちょう)のあとをうけて成立した国。一九四九年、中華人民共和国が成立し、中国共産党との内戦に敗れ、台湾に逃れてタイペイ(台北)に政府を置き、現在に至る。

ちゅう-かん 0【中間】名〔「ちゅうげん」と読めば別語〕❶二つのものの間。途中。「—で利益を吸いとる」❷二つのものの間のちょうどまん中のところ。「—よりやや左寄り」❸性質・程度が極端でないこと。「—読み物」「緑と黄色の—の色」❹物事の進行中。途中。「—報告」 **—管理職**(かんりしょく) リ 名 上級の管理者の下で、部門や現場を直接管理する責任者。一般に課長、係長を指す。ミドルマネージメント。 **—子**(し) カ 名 素粒子(そりゅうし)の一種。陽子と電子の中間の質量をもつ素粒子。 **—宿主**(しゅくしゅ) ク・(やどぬし) ド 名 寄生虫が幼虫のとき一時的に寄生する動植物。 **—色**(しょく) カ 名 ❶おもな原色の中間の色。❷原色に白などをまぜた柔らかな調子の色。

ちゅう-かん 0【昼間】名 ひるのあいだ。ひるま。↕夜間。 **—人口**(じんこう) ジ 名 通勤者などのために、昼と夜の人口の差のある地域の昼の人口。

ちゅう-き 0【中気】名 ちゅうぶう。

ちゅう-き チュ【中期】名 なかごろの時期。「平安時代の—」↕初期・末期。

ちゅう-き チュ 0【注記】【×註記】名 他サ 本文の注を書きしるすこと。また、その注のことば。

ちゅう-き 0【駐機】名 自サ 航空機やヘリコプターをとめておくこと。「—中」「—料」 **—場**(じょう) 0 名 空港で航空機への乗り降りや貨物の積み下ろしをする場所。スポット。「—から滑走路へ向かう飛行機」

ちゅう-ぎ チュ【忠義】名 君主にまごころをもってつかえること。↕不忠。 **—顔**(がお) 0 名 いかにも忠義をしているような、顔つき・ようす。 **—立て**(だて) 0 名 ❶忠義をつくすこと。❷忠義らしくふるまうこと。

ちゅう-きゅう 0【中級】名 中ぐらいの等級。↕上級・下級・高級・初級。

ちゅう-きゅう 0【×誅求】名 他サ〔文章語〕税金などを、むりにとりたてること。「苛斂(かれん)—」

ちゅう-きょう《中京》〔「東京」と「京都(西京)」の中間にあるところから〕名古屋市のこと。

ちゅうきょう-しん キヨ【中教審】名〔「中央教育審議会」の略〕教育問題・教育政策についての、文部科学大臣の諮問機関。

ちゅう-きょり キヨ【中距離】名 ❶中ぐらいの距離。「—列車」❷中距離の競走・競泳。一般に、陸上では八〇〇メートルから二〇〇〇メートルまで、水上では四〇〇メートル・八〇〇メートルのもの。中距離レース。↕短距離・長距離。

ちゅう-きん 0【忠勤】名 忠実につとめ、はげむこと。「—を励む」

ちゅう-きん 0【鋳金】名 金属を鋳型(いがた)にとかしこんで、器物をつくること。

ちゅうきん-とう キ【中近東】名 中東と近東。

ちゅう-くう 0【中空】名〔文章語〕❶なかぞら。そら。中天。❷中がからであること。「—の柱」

ちゅう-ぐう グ【中宮】名 ❶上古、皇后・皇太后・太皇太后の総称。❷醍醐(だいご)天皇のころから、皇后の称。一条天皇以後は、皇后のほかの、天皇の妻の称。

ちゅう-くらい 0【中くらい】【中位】—くらゐ 名 形動(の) ふつうの程度・大きさ。ちゅうぐらい。「—の成績」「—のトマト」

ちゅう-くん 0【忠君】名 主君・天皇に忠義をつくすこと。 **—愛国**(あいこく) 0 名 天皇に忠義をつくし、国を愛すること。

ちゅう-けい 0【中啓】名〔「なかばひらく」の意〕おやぼねを外がわにそらし、たたんでも上の部分がひらきかかっているように作ったおうぎ。

ちゅう-けい 0【仲兄】名〔文章語〕二番めのあに。

ちゅう-けい 0【中継】名 他サ ❶中間でうけつぐこと。なかつぎ。❷中継放送。「実況—」 **—放送**(ほうそう) ホ 名 その放送局以外の場所でつくられる番組を、なかつぎして放送すること。「劇場から—する」

ちゅう-けん 0【中堅】名 ❶社会や職場の中心となって活躍する人。❷野球で、外野の中央を守る外野手。中堅手。センター。❸柔・剣道のチームで、主将・副将につぐ選手。

ちゅう-けん 0【忠犬】名 主人に忠義な犬。

ちゅう-げん 0【中元】名 ❶陰暦七月十五日のこと。死者の供養をする。(秋) ❷中元の時期のおくり物。(秋)

ちゅう-げん 0【中原】名〔文章語〕古代中国文化のさかえた、黄河の中流地域。 **—に鹿**(しか)**を追**(お)**う** ❶帝王の位を得ようとしてあらそう。❷ある地位を得ようとしてあらそう。逐鹿(ちくろく)。 **—の鹿**(しか) ❶中国で、帝王の位のこと。❷多数の競争者があらそって得ようとするもの。

ちゅう-げん 0【中間】【仲間】名 昔、武士に仕えて雑務に従った者。

ちゅう-げん 0【忠言】名 忠告のことば。 **—耳**(みみ)**に逆**(さか)**らう** 忠言というものは、気持ちよくは聞きにくいものだ。

ちゅう-こ【中古】名 ❶チュ ㋐平安時代。上代と中世との間。おもに日本文学史でいう。㋑大化の改新から平安時代の終わりまで。↕上古・近古。❷0/チュ 新品でなく、すこし古いこと。また、そのもの。セコハン。ちゅうぶる。「—市場」 **—車**(しゃ) コ 名 ちゅうこの自動車。↕新車。 **—品**(ひん) 0 名 ちゅうこの品。セコハンもの。↕新品。

ちゅう-こう チュ【中高】㊀名 中学校と高等学校。「—の思い出」「—一貫教育」㊁名造 中ぐらいの程度と高い程度。 **—層**(そう) コ 名 建物などで、中層と高層のこと。「—の集合住宅」 **—年**(ねん) コ 名 中年と高年。「—世代」

ちゅう-こう チュ【忠孝】名 主君に対する忠義と親に対する孝行。

ちゅう-こう 0【昼行】名 ❶昼に行動すること。↕夜行。「—性動物」❷バスや列車が昼間に運行すること。「高速バスの—便」

ちゅう-こう 0【中耕】名 他サ 農作物の生育中に、うねやかぶの間を浅くたがやすこと。

ちゅう-こう 0【中興】名 他サ いったんおとろえたものを、またさかんにすること。「—の英主」

ちゅうこう-しょく コ【昼光色】名 昼の太陽光線と同じような明るさや光線の色。

ちゅう-こく【中刻】名〔古語〕一時(いっとき)(二時間)を三分した中間の時刻。↕上刻・下刻。

ちゅう-こく 0【忠告】名 自サ 他人のよくない行いなどを個人的にいましめること。また、そのことば。参考「注告」と書くのはあやまり。

ちゅう-ごく《中国》❶本州の西端地方。中国地方。岡山・広島・山口・鳥取・島根の五県。❷アジア東部にある国。中華人民共和国。

ちゅう-ごし 0【中腰】名 半分ほど腰をあげて、立ちかけた姿勢。「—になる」

ちゅう-こん 0【忠魂】名〔文章語〕❶忠義の心。❷忠義をつくした戦死者の霊。「—碑」

ちゅう-さ ◎【中佐】名 もと軍隊で、佐官の第二位。↕大佐・少佐。

ちゅう-ざ ◎【中座】名自サ 会合などの途中で、席を立って外へ出ること。「所用で—する」

ちゅう-さい ◎【仲裁】名他サ 争いの間にはいって仲なおりさせること。「—に入る」

ちゅう-ざい ◎【駐在】❶名自サ 派遣された官吏・職員などがその土地にとどまっていること。❷名 駐在所。駐在巡査。—**巡査**(じゅんさ) ジュ名 本署から派遣されて駐在所で勤務する巡査。—**所**(しょ) ◎名 警察署の派出所。

ちゅう-さつ ◎【駐×箚】名自サ〔文章語〕官吏などが駐在すること。駐在。

ちゅう-さつ ◎【×誅殺】名他サ〔文章語〕罪人をころすこと。

ちゅう-さん ◎【昼×餐】名〔文章語〕ひるめし。午餐(ごさん)。

ちゅうさん-かいきゅう カ【中産階級】名 中小商工業者・小地主・俸給生活者など、有産階級と無産階級との中間に位置する階層。また、その階層の人々。プチブルジョア。

ちゅうさんかん-ちいき チ【中山間地域】名 傾斜地が多くて農業生産に不向きな、平地から山間地にかけての地域。中山間地。

ちゅう-し チュ【忠士】名〔文章語〕忠義の人。

ちゅう-し ◎【忠死】名自サ〔文章語〕忠義をつくして死ぬこと。

ちゅう-し ◎【中止】名他サ ❶途中でやめること。「会議を—する」❷計画をとりやめること。「予定を—する」

ちゅう-し ◎チュ【注視】名他サ じっと見つめること。凝視(ぎょうし)。

ちゅう-じ チュ【中耳】名 外耳と内耳との中間部。鼓室・耳小骨(つち骨・きぬた骨・あぶみ骨)・エウスタキオ管からなる。⇩耳(図)。—**炎**(えん) ジ名 中耳に起こった炎症の総称。

ちゅう-じき ◎【中食・昼食】名 ❶一日二食の時代に、朝食と夕食の間にとった軽い食事。❷(❶から転じて)ひるめし。

ちゅう-じく ◎【中軸】名 ❶中央をつらぬく軸。「地球の—」❷中心となるもの・人。「会社の—」

ちゅう-しつ ◎【中執】名「中央執行委員」「中央執行委員会」の略。

ちゅう-じつ ◎【忠実】名形動 ❶すなおに従い、誠実につとめること。「—な人間」↕不実。❷あるがままを正確にしめすこと。「原文を—に訳す」

ちゅう-しゃ ◎【駐車】名自サ 自動車などを一定時間以上その場にとめておくこと。—**場**(じょう) ◎名 自動車などをとめておくための場所。

ちゅう-しゃ ◎【注射】名他サ 薬液を注射器で生物体の体内に注入すること。

ちゅう-しゃく ◎【注釈】【×註釈】名他サ 説明の語句を入れて、本文の意味をあきらかにすること。また、その説明の語句。注解。注疏(ちゅうそ)。「万葉集の—」

ちゅう-しゅう ◎【中秋】名〔文章語〕陰暦八月十五日。㊙「—の名月」参考「中秋名月」は「中秋明月」「仲秋名月」とも書く。

ちゅう-しゅう ◎【仲秋】名〔文章語〕陰暦八月。㊙

ちゅう-しゅつ ◎【抽出】名他サ ❶全体の中から、ある物や要素をぬきだすこと。「必要事項を—する」❷固体・液体から、ある物質を別の液体にとかして、とりだすこと。

ちゅう-しゅん ◎【仲春】名〔文章語〕陰暦二月。㊤

ちゅう-じゅん ◎【中旬】名 月の十一日から二十日までの十日間。↕上旬・下旬。

ちゅう-じょ チュ【忠×恕】名〔文章語〕まごころがあり、思いやりの深いこと。

ちゅう-しょう チュ【中小】名 中ぐらいのものと小さいもの。—**企業**(きぎょう) キ名 資本金・従業員数など、経営規模が中小程度の企業。

ちゅう-しょう ◎【中称】名 話し手から見て、聞き手に近い事物・場所・方向などをさししめす代名詞。「それ・そこ・そっち・そちら」など。↕近称・遠称。

ちゅう-しょう ◎【中傷】名他サ ありもしない欠点や失敗をわざと言いふらして、人をきずつけること。「誹謗(ひぼう)—」

ちゅう-しょう ◎【抽象】名他サ 個々の事実や観念から、共通する要素・性質をぬきだして一般的な概念をつくりあげること。↕具象・具体。—**画**(が) ◎名 立体派・構成派などの抽象芸術としての絵画。非具象絵画。—**芸術**(げいじゅつ) ゲ名 現代美術の一つの傾向で、具体的な対象をえがかず、物体の線・面・色彩を抽象化して芸術作品につくりあげるもの。アブストラクト。—**的**(てき) ◎形動 個別的な具体性などにとらわれず、一般的なようす。また、現実性をもたないようす。↕具象的・具体的。

ちゅう-じょう チュ【中将】名 ❶近衛府(このえふ)の次官。❷もと、軍隊で、将官の第二位。↕大将・少将。

ちゅう-じょう ◎【柱状】名 はしらのような形。

ちゅう-じょう ◎【衷情】名〔文章語〕まごころ。誠心。衷心。「—を披瀝(ひれき)する」

ちゅう-しょく ◎【昼食】名 昼の食事。↕朝食・夕食。⇩昼御飯 参考。

ちゅう-しん ◎【中心】名 ❶左右あるいは周囲から同じ隔たりにある位置。まん中。中央。「先生を—にして写真をとる」「地球の—にはマグマがある」↕周辺。❷働きの上で最も重要な部分・もの。「学生が改革運動の—となる」❸〔数〕円周上または球面上のすべての点から等距離にある一つの点。—**人物**(じんぶつ) ジ名 物事の中心となる人物。たいせつな位置にある人物。

ちゅう-しん ◎【中震】名 地震の強さの旧階級。家がはげしくゆれ、八分目ぐらい入れた水が入れ物からあふれ出る程度の地震。震度4。

ちゅう-しん ◎【忠心】名 忠義のこころ。

ちゅう-しん ◎【忠臣】名 忠義なけらい。

ちゅう-しん ◎【忠信】名〔文章語〕まごころでつとめ、いつわりのないこと。

ちゅう-しん ◎【衷心】名 心の底。衷情。「—から祝う」

ちゅう-しん ◎【注進】名他サ 事変を急いで知らせること。

ちゅう-すい ◎【虫垂】名 盲腸後壁の下部にある管状の小突起。虫様突起。—**炎**(えん) ス名 虫垂におこる炎症。盲腸炎。参考 医学では「虫垂炎」に統一。「盲腸炎」は俗称。

小腸 盲腸 虫垂

虫垂

ちゅう-すい ◎【注水】名自サ 水をそそぐこと。

ちゅうすい-どう ス【中水道】名 処理済みの下水などを用いて、洗浄や冷却などに用いる水道。

ちゅう-すう ◎【中枢】名 中心になる、たいせつな所。「政治の—」—**神経**(しんけい) ジ名 神経系の中心部。せきつい動物の脳髄・せき髄など。↕末梢(まっしょう)神経。

ちゅう・する ス【沖する】【×冲する】自サ (シ・セ・サ|シ|スル|スル|スレ|シロ・セヨ) 高くあがる。「天に—炎」**ちゅう・す** 文語サ変

ち

ちゅう・する [ス]【注する】【×註する】[他サ]（シ・セ・サ・シ・スル・スル・スレ・シロ・セヨ）本文の語句などに、注を加える。ちゅう・す [文語サ変]

ちゅう・する [ス]【×誅する】[他サ]（シ・セ・サ・シ・スル・スル・スレ・シロ・セヨ）罪のある者を攻めころす。ちゅう・す [文語サ変]

ちゅう-せい [チュ]【中世】[名] ❶古代と近世または近代との間の時代。❷㋐日本史で、鎌倉(かまくら)・室町(むろまち)時代。㋑西洋では、四七六年西ローマ帝国の滅亡から一四五三年東ローマ帝国の滅亡まで。

ちゅう-せい [0]【中性】[名] ❶中間の性質。❷酸性でもアルカリ性でもないこと。❸ドイツ語などで、男性・女性以外の名詞の性。**―子**(し) [セ][名] 陽子と質量がほぼ同じで、電荷をもたず、陽子とともに原子核の構成要素とされる素粒子。ニュートロン。**―紙**(し) [セ][名] 製紙過程でインクのにじみを防ぐために中性の薬剤を加えた洋紙。**―子**(し)**爆弾**(ばくだん) [八][名] 核融合反応のエネルギーを中性子線として放出する核兵器。殺人効果は強いが、熱や爆風による建築物の被害は少ない。**―脂肪**(しぼう) [シ][名] グリセリンに脂肪酸が結合した脂質。動物では皮の下にたくわえられる。**―洗剤**(せんざい) [セ2][名] 繊維・野菜・食器などを洗うのに用いられる、非アルカリ性の洗剤。

ちゅう-せい [0]【忠誠】[名]〔文章語〕❶まごころ。誠実。❷心から忠義をつくすこと。「―を誓う」

ちゅう-せい [0]【中正】[名][形動(の)] かたよらず、ただしいこと。「―な意見」

ちゅう-ぜい [0]【中背】[名] 中ぐらいの身長。「中肉―」

ちゅうせい-だい [セ]【中生代】[名] 地質時代で、古生代と新生代との間の時代。

ちゅう-せき [0]【柱石】[名]〔文章語〕（建物のはしらといしずえ）物事をささえるだいじなもの・人。「国家の―」

ちゅう-せき [0]【沖積】[名][自サ] 河川によってはこばれた土砂がしだいに積みかさなること。「―土」「―平野」**―世**(せい) [キ][名] 完新世。**―層**(そう) [キ][名] 沖積世につくられた地層。

ちゅう-せつ [0]【忠節】[名]〔文章語〕君主や祖国につくす忠義。「―を尽くす」

ちゅう-ぜつ [0]【中絶】[名][自他サ] 物事が中途で絶えること、また、中途でやめること。「妊娠―」

ちゅう-せん [0]【抽選】【抽×籤】[名][自サ] くじをひくこと。くじびき。「―で決める」

ちゅう-そ [チュ]【注×疏・×註×疏】[名]〔文章語〕（「疏」は解釈）注釈。

ちゅう-ぞう [0]【鋳造】[名][他サ] 金属をとかして鋳型(いがた)に流しこみ、物をつくること。「貨幣を―する」

ちゅう-そつ [0]【中卒】[名] 新制・旧制の中学校卒業。また、その卒業生。

ちゅう-そん [0]【中尊】[名] ❶中央の尊像。❷弥陀(みだ)三尊中の阿弥陀如来(あみだにょらい)。❸密教で、大日如来(だいにちにょらい)。＝ちゅうぞん。

ちゅう-そん [0]【虫損】[名] 虫にくわれて本に穴があくこと。また、その部分。

チュ(テュ)ーター [チュ]〈tutor〉[名] ❶個人別指導の教師。家庭教師。❷研究会などの講師・報告者。

ちゅう-たい [0]【中隊】[名] もと、軍隊編制上の単位。ふつう、三個小隊からなる。↕大隊・小隊・分隊。

ちゅう-たい [0]【×紐帯】[名]〔文章語〕（ひもとおび）物事を結びつけるもの。じゅうたい。「同盟諸国の―」

ちゅう-たい [0]【中退】[名][自サ]（「中途退学」の略）学校を卒業するまえにやめること。「大学を―して働く」

ちゅう-だん [0]【中段】[名] ❶なかの段。❷剣や、やりの術で、上段と下段との中間のかまえ方。正眼(せいがん)。❸書院造りの建物で、上段の間(ま)より一段ひくいへや。

ちゅう-だん [0]【中断】㊀[名][自他サ] つづいていた物事が中途で切れること。また、切ること。「話が―する」㊁[名] 法律上の効力を中途でたちきってうしなわせること。

ちゅう-ちゅう [チュ1][副] ❶ねずみの鳴き声をあらわす語。❷液状の飲食物を吸う時に出る音をあらわす語。

ちゅう-ちょ [チュ]【×躊×躇】[名][自サ] ためらうこと。

ちゅう-ちょう [0]【注腸】[名] 薬や滋養物、造影剤などを肛門(こうもん)から腸のなかに注入すること。

ちゅうっ-ぱら [0]【中っ腹】[名] 心中かなり怒気をふくんでいること。「―でとび出す」

ちゅう-づり [0]【宙づり】【宙×吊り】[名] 空中にぶら下がること。「崖から―になる」

ちゅう-てつ [0]【鋳鉄】[名] 三・〇〜三・五パーセントぐらいの炭素をふくむ銑鉄(せんてつ)。鋳物(いもの)用。

ちゅう-てん [0]【中天】[名]〔文章語〕天のなかほど。天心。中空。「―にかかる月」

ちゅう-てん [チュ]【中点】[名] 一つの線分または有限曲線を二等分する点。「―連結定理」

ちゅう-てん [0]【沖天】【×冲天】[名]〔文章語〕空高くあがること。「―の意気」

ちゅう-でん [0]【中伝】[名] 学問・芸道で、初伝の一段上の免許。中許し。↕初伝・奥伝。

ちゅう-と [0]【中途】[名] ❶道のなかほど。途中。「―から引き返す」❷物事のなかば。「研究の―で倒れる」**―半端**(はんぱ) [八][名][形動] ❶物事が完成に達していないこと。「―な工事」❷徹底しないこと。「―な態度」

ちゅう-とう [0]【中東】[名] 極東と近東の間の地方。イラン・サウジアラビアなど。↕極東・近東。

ちゅう-とう [0]【中等】[名] 中の等級。「―教育」↕初等・高等・下等・上等。**―教育学校**(きょういくがっこう) [ガ][名] 中学校と高等学校の教育を、六年間で一貫して行う学校。**―症**(しょう) [0]/[ト][名] 病気やけがの状態が、重症と軽症の中間にある段階。↕軽症・重症。

ちゅう-とう [0]【仲冬】[名]〔文章語〕陰暦十一月。㊅

ちゅう-とう [0]【柱頭】[名] ❶西洋建築で、はしらの頭部。❷植物で、めしべのいただき。

ちゅう-とう [0]【×偸盗】[名]〘仏〙（「とうとう」の慣用読み。「偸」も「盗」もぬすむ意）ぬすみ。ぬすびと。「不―戒」

ちゅう-どう [0]【中道】[名] ❶なかほど。中途。「―でたおれる」❷かたよらない中正の道。中庸。「―を歩む」

ちゅう-どく [チュ]【中毒】[名][自サ]（「中」はあたるの意）❶毒性の強い食べ物を体内に入れることにより、急性の変調を起こし、はげしい場合には死に至ること。毒性のきのこやフグの肝によるものなど。❷急性ではないが、習慣性の強い物質により依存症となること。アルコール中毒・カフェイン中毒など。❸比喩的に、常に身辺になくてはならないもののこと。「活字―」「テレビ―」

ちゅう-どしま [ド]【中年▲増】[名] 三十代ぐらいの女性。[参考]江戸時代には二十代後半の女性を言った。

チュートリアル [ト]〈tutorial〉[名] ❶個別指導。個人教授。❷コンピューターやソフトウエアのマニュアル。

ちゅう-とろ [0]【中とろ】[名] まぐろの身で、中くらいにあぶらがのった部分。刺し身・すしだねにする。

ちゅう-とん [0]【駐屯】[名][自サ] 軍隊が、ある場所に陣地をかまえて長くとどまること。「―地」

チューナー [チュ]/[0]〈tuner〉[名] ラジオ・テレビの受信機に取り付ける波長同調器。

ちゅう-なごん [ナ]【中納言】[名] 太政(だじょう)官の次官。大納言の下の位。

ちゅう-にかい [三]【中二階】[名] ❶ふつうの二階よりひくい二階。❷一階と二階の中間につくった階。
ちゅう-にく [0]【中肉】[名] ❶ふとりすぎても、やせすぎてもいない肉づき。「―中背」 ❷中ぐらいの品質の食肉。↕並肉・上肉。
ちゅう-にち [チュ]【中日】[名] ❶中国と日本。❷彼岸(ひがん)の七日間のまんなかの日。春分の日と秋分の日。お中日。[春] [参考] 春の彼岸をいう場合が多い。❸一定期間のまん中の日。なかび。
ちゅう-にち [0]【駐日】[名] [自サ] 日本に駐在すること。「―大使館」
ちゅう-にゅう [0]【注入】[名] [他サ] そそぎこむこと。つぎこむこと。「燃料を―する」
ちゅう-にん [0]【中人】[名] おとなと子どもの間の年齢の人。小・中学生を指すことが多い。↕大人(だいにん)・小人(しょうにん)。
ちゅう-にん [0]【仲人】[名] ❶なこうど。❷仲裁人。
チューニング [0]〈tuning〉[名] ❶ラジオやテレビの音声や画像をきれいに受信できるように機器を調整すること。❷楽器の調律。❸エンジンなどを調整して性能をよくすること。チューンアップ。
ちゅう-ねん [0]【中年】[名] 青年と老年の中間の年齢。四〇歳前後から五〇代にかけての年齢。
ちゅう-のう [0]【中脳】[名] 脳の一部。間脳の下にあり、眼球運動などをつかさどる。
ちゅう-のう [0]【中農】[名] 中規模の広さの農地をもち、農業を営む家。また、その人。
ちゅう-のり [0]【宙乗り】[名] しばいなどで、針金や滑車を使ってからだを宙へつりあげる仕掛け・演出。
ちゅう-は [チュ]【中波】[名] 周波数三〇〇〜三〇〇〇キロヘルツ、波長一〇〇〜一〇〇〇メートルの電波。AMラジオ放送などに使う。↕長波・短波。
チュ(テュ)ーバ [チュ]〈tuba〉[名] 金管楽器の最低音部を受けもつ、大型のらっぱ。

チューバ

ちゅう-ハイ [0]【酎ハイ】[名] 〔「ハイ」は「ハイボール」の略〕焼酎(しょうちゅう)を炭酸水で割った軽いアルコール飲料。
ちゅう-ばいか [バ]【虫媒花】[名] 昆虫によって受粉が行われ、実をむすぶ花。さくら・ゆりなど。↕風媒花・鳥媒花。
ちゅう-ばつ [0]【×誅伐】[名] [他サ] [文章語] 罪ある人を攻めてころすこと。

ちゅう-はば [0]【中幅】[名] ❶大幅と小幅との中間の布の幅。四五センチメートル幅の織物。❷中幅帯。二六センチメートル幅ぐらいの丸帯。
ちゅう-はん [0]【昼飯】[名] ひるめし。
ちゅう-ばん [0]【中盤】[名] ↕序盤・終盤。❶囲碁や将棋で、勝負のなかほどの段階。❷物事のなかほどの時期。
ちゅう-び [0]【中火】[名] (料理で)強くも弱くもない、火力。↕強火・とろ火。
ちゅう-ひしゅ [ヒ]【中皮腫】[名] 胸膜・心膜・腹膜などの表面をおおう中皮に発生する腫瘍。アスベストの吸入が原因とされる。
ちゅう-ぶ [0]【中風】[名] ⇒ちゅうぶう。
ちゅう-ぶ [チュ]【中部】[名] ❶まんなかの地域。❷本州の中央部の地域。中部地方。静岡・山梨・愛知・岐阜・長野・新潟・富山・石川・福井の九県。
チューブ [チュ]〈tube〉[名] ❶くだ。かん。筒。❷えのぐ・ねり薬・ねりはみがきなどを入れる筒形の容器。❸管楽器。❹自動車・自転車などのタイヤに空気を入れるゴムのくだ。
ちゅう-ぶう [0]【中風】[名] 脳出血の発作の後遺症としてあらわれる、からだが思うように動かなくなる状態。中気。ちゅうふう。ちゅうぶ。
ちゅう-ふく [0]【中腹】[名] 山のいただきと、ふもととの中間。山腹。
ちゅう-ぶらりん [0]【宙ぶらりん】[名] [形動(の)] ❶空中にぶらさがること。❷物事がどちらともきまらず中途半端であること。「計画が―になる」
ちゅう-ぶる [0]【中古】[名] ちゅうこ。
ちゅう-ぶん [0]【中文】[名] ❶中国語の文章。❷「中国文学」「中国文学科」の略。
ちゅう-へい [0]【駐兵】[名] [自サ] 陣をかまえて、兵をとどめること。また、とどまっている兵。
ちゅう-べい [0]【中米】[名] 中央アメリカ。↕北米・南米。
ちゅう-へん [0]【中編】【中×篇】[名] ❶書物などで、三編あるものの中間の編。↕前編・後編。❷中くらいの長さの小説。中編小説。↕長編・短編。
ちゅう-ぼう [0]【×厨房】[名] [文章語] 台所。
ちゅう-ぼく [0]【忠僕】[名] 忠実なしもべ。
ちゅう-みつ [0]【×稠密】[名] [形動] [文章語] ぎっしりと数多くあつまっていること。「人口―」

ちゅう-もく [0]【注目】[名] [自サ] ❶気をつけて見ること。注視。「前方に―せよ」 ❷関心をもって見守ること。「実験結果に―する」
ちゅう-もん [0]【中門】[名] 寺社や寝殿造りなどの表の門の内側にある門。
ちゅう-もん [0]【注文】【×註文】㊀[名] [他サ] 物品などを数量・品質・形などの条件をつけて、ほしいとたのむこと。あつらえること。㊁[名] あつらえ物や希望の条件。「むずかしい―だ」 **―流(なが)れ** [ナ] [名] 注文品が注文主にひきとられないこと。また、その品。
ちゅう-や [チュ]【昼夜】[名] [副] ひるとよる。ひるもよるも。日夜。**―帯(おび)** [オ] [名] 表と裏とをちがった布で縫いあわせた女帯。**―兼行(けんこう)** [チュ] [名] よるひるつづけて、物事をすること。「―で書きあげた」 **―を舎(お)かず** すこしも休まない。**―を分(わ)かたず** ひるもよるも区別しない。
ちゅう-ゆ [0]【注油】[名] [自サ] 機械・器具に油をさすこと。
ちゅう-ゆう [0]/[チュ]【忠勇】[名] [形動] 忠義で勇気のあること。
ちゅう-よう [0]【中庸】[名] 極端にはしらず、穏当なこと。中道。「―を得る」
ちゅう-よう [0]【中葉】[名] 時代のなかごろ。「一八世紀―」
ちゅうよう《中庸》中国の古典。四書の一つ。編者は、孔子(こうし)の孫の子思(しし)。儒学の基本をのべ、中庸の徳を強調したもの。
ちゅうよう-とっき [ト]【虫様突起】[名] 「虫垂(ちゅうすい)」の古いよび名。
ちゅう-りく [0]【×誅×戮】[名] [他サ] [文章語] 罪あるものを殺すこと。誅伐(ちゅうばつ)。
ちゅう-りつ [0]【中立】[名] [自サ] どちらにも、味方または反対をしないこと。「―の立場」 **―国(こく)** [ツ] [名] 局外中立国または永世中立国として、戦争に参加しない国家。**―地帯(ちたい)** [チ] [名] 戦時も、そこでは戦わず、平時にも、そこに基地や軍隊をおかない地域。
チューリップ [チュ]〈tulip〉[名] ユリ科の多年生植物。中央アジア原産。球根でふえ、四〜五月ごろ黄・赤・白などの花を開く。観賞用。[春]
ちゅう-りゃく [チュ]【中略】[名] [自サ] 中ほどの文句をはぶくこと。↕前略・後略・上略・下略。
ちゅう-りゅう [0]【中流】[名] ❶川の流れの中ほど。上流と下流の中間。↕上流・下流。❷川の両岸からはなれた中ほど。「―に舟をうかべる」❸社会的な地位や経済力などが、平均的・中間的な階層。

ちゅう-りゅう [0]【駐留】名自サ 軍隊が一時、ある地にとどまっていること。

ちゅう-りょう [0]【忠良】名形動 忠義で善良なこと。

ちゅう-りょく チュ【注力】名自サ あることに特に力を入れること。「新製品の開発に―する」

ちゅう-りん [0]【駐輪】名 自転車をとめておくこと。「―場」

ちゅう-れい [0]【忠霊】名〔文章語〕忠義のために死んだ人のたましい。

ちゅう-れつ [0]【忠烈】名形動〔文章語〕非常に忠義なこと。

ちゅう-れん [0]【柱×聯】名 詩文を書いて柱にかけるもの。

ちゅう-ろう [0]【中老】名❶〔昔、四十歳を初老、五十歳を中老といったことから〕初老をやや過ぎた人。六十歳代の半ばぐらい。❷豊臣(とよとみ)時代、五大老と五奉行(ぶぎょう)の中間にあって政務にあずかった職。

ちゅう-ろう [0]【中×﨟】名❶後宮(こうきゅう)につかえた、内侍(ないし)でない女官。❷江戸時代、幕府の大奥につかえた女性。

ちゅう-ろう [0]【柱廊】名 柱だけで、壁のない廊下。

ちゅう-ろう-い [3]【中労委】名「中央労働委員会」の略。

ちゅう-わ [0]【中和】❶名形動 中正で、おだやかなこと。❷名自他サ❶等量の陰電気と陽電気とが、打ち消しあって、電気的性質を示さないようになること。❷酸とアルカリの溶液とがまじりあって、おのおのの特性をうしなうこと。

チューン-ナップ ナ〈tune-up〉=**チューンアップ** 名他サ 機械、特に自動車などを改造して性能をよくすること。

チュ(テュ)ニジア《Tunisia》アフリカの北部、地中海に面した共和国。一九五六年独立。首都はチュニス。

チュニック チュ〈tunic〉名 女性がふだんに着る、腰から膝くらいまでの丈の上着。ワンピース・ブラウス・コートなど。ゆったりした仕立てのものが多い。

ちょ【貯】造 たくわえる。ためる。「貯金・貯水池・貯蔵・貯蓄」

ちょ【著】❶チョ名造 書物をあらわすこと、あらわしたもの。「大江健三郎―」「著作・著述・著書・共著・編著・名著」❷造 いちじるしい。めだつ。「著名・顕著」

ちょ チョ【緒】名造〔「しょ」の慣用読み〕いとぐち。はし。「端緒(たんちょ)」〔別音しょ｜緒〕**―に就(つ)く** ことが始まる。

ちよ チ【千代】名❶ちとせ。千年。❷たいそう長い年月。「―に八千代に」

ちょい 造〔俗語〕〔「ちょいと」の変化〕ほんの少し。ちょっと。「もう―上」「―待ち」「―役」

チョイス チョ〈choice〉名自サ 選ぶこと。選択。「ベスト―」

ちょい-ちょい チョ副❶ときどき。❷しばしば。たびたび。

ちょい-と [0]副 数量・程度が少ないようす。会話に使われる。「ねえ、―聞いて」参考「ちょっと」のくだけた言い方。

ちょい-やく [0]【ちょい役】名 映画や演劇、ドラマなどで、出番の少ない役。端役(はやく)。

ちょう【×挺】接尾❶器具や道具をかぞえる語。「鉄砲一○―」⇩だい(台)参考。❷かごや人力車など、長い柄(え)のあるものをかぞえる語。〔別音てい｜挺〕

ちょう【弔】造 とむらう。「弔意・弔辞・弔問・慶弔」↕慶。**弔する** 他サ

ちょう【×帖】造 帳面。冊子。「画帖・手帖」〔別音じょう｜帖〕

ちょう【挑】造 いどむ。しかける。「挑戦・挑発」

ちょう【重】造❶おもおもしい。「慎重・荘重」❷たいせつ。たいせつにする。「重宝・貴重・尊重・丁重」❸かさねる。かさなる。「重祚(ちょうそ)・重複(ちょうふく)・重陽」〔別音じゅう｜重〕

ちょう【×凋】造 しぼむ。おとろえる。「凋落」

ちょう【帳】造❶紙をとじたもの。「帳簿・帳面・台帳・通帳・過去帳・雑記帳・捕物帳(とりものちょう)」❷まく。とばり。「開帳・几帳(きちょう)・緞帳(どんちょう)」

ちょう【張】❶造❶はる。ひろげる。ふくらむ。「張力・拡張・緊張・膨張」❷言いはる。「誇張・主張」❷接尾❶弓・琴など、つるを張ったものをかぞえる語。❷幕やかやなど、つって張るものをかぞえる語。

ちょう【彫】造 ほる。きざみつける。「彫金・彫刻・彫塑・彫像・木彫」

ちょう【眺】造 ながめる。「眺望」

ちょう【釣】造 つる。つり。「釣果・釣魚」

ちょう【頂】造❶いちばん高いところ。「頂上・頂点・頂門・山頂・絶頂」❷いただく。「頂戴(ちょうだい)」

ちょう【鳥】造 とり。「鳥瞰(ちょうかん)・鳥獣・鳥類・益鳥・野鳥・七面鳥・不死鳥」

ちょう【×脹】造 からだの一部がふくれたり、はれたりする。「脹満・腫脹」

ちょう【貼】造 はりつける。「貼付(ちょうふ)」〔別音てん｜貼〕

ちょう【超】❶造❶こえる。こす。「超越・超過・出超・入超」❷普通の人とかけはなれている。「超人・超然」❷造接頭❶とびぬけている。「超絶・超俗・超大国・超特急」❷普通の範囲をこえるようす。「超党派・超現実主義」❸チョ副接頭〔俗語〕ひじょうに。「―きびしい」「―困った」

ちょう【×牒】造 ふだ。文書。「移牒・通牒・符牒」

ちょう【跳】造 はねる。とぶ。「跳馬・跳躍・跳梁(ちょうりょう)」

ちょう【×暢】造❶のびのびする。「暢達」❷とどこおらない。「流暢」

ちょう【嘲】造 あざける。「嘲笑・嘲罵(ちょうば)・嘲弄(ちょうろう)・自嘲」

ちょう【澄】造 きよい。「澄明・清澄・明澄」

ちょう【潮】造❶しお。うしお。海水。「潮位・潮汐(ちょうせき)・潮流・干潮・満潮」❷流れ。傾向。「思潮・主潮・風潮・最高潮」❸月経。「初潮」

ちょう【×諜】造 敵のようすをさぐる。まわしもの。スパイ。「諜者(ちょうじゃ)・諜報・間諜・防諜」

ちょう【懲】造 こらしめる。「懲役(ちょうえき)・懲戒・懲罰・膺懲(ようちょう)・勧善懲悪」

ちょう【庁】❶チョ名造❶公務を行う所。役所。「庁舎・官庁・県庁・登庁(とうちょう)」❷国家機関として、省に準ずる組織。外局として位置づけられる場合もある。「気象庁・検察庁・文化庁・海上保安庁」❸地方公共団体(都道府県)の内部に置かれる組織。局や部よりも大きな部署。「教育庁・警視庁・東京消防庁」❷名〔古語〕検非違使(けびいし)の役所。

ちょう チョ【兆】名造❶億の一万倍。「一兆円」❷数の多いこと。「億兆」❸きざし。「兆候・吉兆・前兆・予兆」

ちょう チョ【町】名造❶地方自治体の一つ。「市・―・村」❷市や区の中のくぎられたまとまり。「町長・町民・町立」

「千代田区有楽—」「町家・町人・横町」❸距離の単位。一町は六〇間、約一〇九メートル。「町場」❹土地の広さの単位。一町は一〇反、約九九・二アール。「町歩」

ちょう〔チョ〕【×疔】名造 皮膚や皮膚の下の組織にできるはれもの。「面疔」

ちょう【長】㊀〔チョ〕名造 ❶かしら。首領。組織や団体の責任者。「人の—となる」「長官・課長・支店長」❷としうえ。「五年の—」「長男・長老・年長」❸すぐれていること。すぐれているもの。「一日の—」「長所・特長・一長一短」↕短。㊁造 ❶ながい。「長期・長寿・長距離・最長」❷ながさ。「身長・全長」❸のびる。のばす。「助長・成長・増長」 **長ずる** 自サ

ちょう【朝】㊀〔チョ〕名造 ❶天子が政治をとるところ。「朝廷・朝敵・王朝・本朝」↕野。❷一系の君主が国をおさめる間。「清朝・明朝・平安朝」㊁造 ❶あさ。「朝食・朝礼・早朝・明朝」❷朝廷に参ること。「朝賀・朝見」❸「朝鮮」の略。「日朝関係」 **朝する** 自サ

ちょう〔チョ〕【腸】名造 消化管の一部で、胃につながり、大腸と小腸からなる。はらわた。「腸炎・腸詰め・直腸・盲腸」

ちょう【徴】㊀〔チョ〕名造 きざし。「不景気の—」「徴候」㊁造 ❶とりたてる。「徴収・徴兵・課徴・追徴」❷しるし。証拠。「象徴・性徴・特徴・表徴」❸明らかにする。「明徴」 **徴する** 他サ

ちょう〔チョ〕【聴】名造 きくこと。「天子の—に達する」「聴覚・聴衆・聴聞・傾聴・静聴・傍聴」

ちょう〔チョ〕【×寵】名造 かわいがること。「—をうける」「寵愛・寵姫・寵児・寵臣・恩寵」 **寵する** 他サ

ちょう【丁】㊀〔チョ〕名 (ばくちなどで)さいころの目の偶数。↕半。㊁接尾 ❶書物などの紙数をかぞえる語。❷料理・飲食物をかぞえる語。「天井二丁」❸豆腐をかぞえる語。[別音てい|丁]

ちょう〔チョ〕【×蝶】名 鱗翅目の昆虫のうち、静止するとき羽を上に合わせてたたみ、触角がこん棒状のもの。多くは羽に、美しいはん紋がある。「蝶番・胡蝶・揚羽蝶」春 **—よ花よ** かわいい子ども(おもに女の子)を、たいせつにするようす。

ちょう【調】㊀〔チョ〕名 律令時代の税の一つで、夫役につくかわりにおさめたみつぎもの。「租・庸・—」㊁造 ❶しらべる。「調査・調書」❷ととのえる。「調整・調節・空調」❸つりあいがとれる。「調和・協調」❹必要なものをそろえる。「調製・調達」❺音階の種類。「短調・長調・移調」❻ならす。「調教・調練」❼進み方。「快調・好調・順調」❽音律やことばのリズムや感じ。「調子・調律・七五調・万葉調」❾おもむき。「格調・現代調・復古調」

ちょう てふ 連語〔古語〕➡てふ。

ちょう-あい〔0〕【丁合(い)】名自他サ 製本で、印刷された紙をページ順に重ねる作業。

ちょう-あい〔0/ア〕【帳合(い)】名 ❶現金・現品と帳面上の計算を、照合すること。❷帳面への記入や計算。

ちょう-あい〔0〕【×寵愛】名他サ 身分の上の人が、特に愛すること。かわいがること。「—を受ける」

ちょう-あく〔0〕【懲悪】名〔文章語〕悪をこらしめること。↕勧善。

ちょう-い〔チョ〕【弔意】名 死者をいたみ、かなしむ気持ち。「—をあらわす」

ちょう-い〔チョ〕【朝威】名〔文章語〕朝廷の威光。

ちょう-い〔チョ〕【潮位】名 基準面からはかった海面の高さ。「—が上がる」

ちょう-い〔チョ〕【弔慰】名他サ 死者をとむらい、遺族をなぐさめること。「—金」

ちょう-いん〔0〕【調印】名自サ 条約を成立させるため、両国の代表者が条約の公文書に署名すること。

ちょう-ウランげんそ〔チョ/ゲ〕【超ウラン元素】名 ウランより大きな原子番号をもつ人工の放射性元素。

ちょう-えき〔0〕【懲役】名 自由刑の一つ。裁判で刑を受けた者を刑務所に入れて、一定の労役に服させるもの。

ちょう-えつ〔0〕【超越】名他サ ❶ふつうの程度を大きくこえること。「人力を—する」❷そのことにこだわらず、ゆうゆうとしていること。「利害を—する」

ちょう-えん〔0〕【長円】名 ほそ長い形の円。だえん。

ちょう-えん〔チョ〕【腸炎】名 腸の粘膜などに起こる炎症。

ちょう-おん〔チョ〕【長音】名 「アーチ」「おじいさん」の「ー」「い」のように、母音を一拍分長くひく音。 **—符**〔オ〕名 長音をあらわす符号「ー」

ちょう-おん〔0〕【朝恩】名〔文章語〕朝廷の恩。天子のめぐみ。

ちょう-おん〔0〕【調音】名 楽器の音程を整えること。調律。

ちょう-おん〔0/チョ〕【聴音】名 おとを聞き取ること。「—器」

ちょう-おんかい〔オ〕【長音階】名 全音階の一つで、第三音と第四音、第七音と第八音とのあいだが半音で、その他の各音のあいだは全音程である音階。↕短音階。

ちょう-おんそく〔オ〕【超音速】名 音が空気中をつたわるよりもはやい速度。セ氏零度で秒速三三一メートル以上。

ちょう-おんぱ〔オ〕【超音波】名 振動数が毎秒二万ヘルツ以上の音波で、人間の耳には聞きとれないもの。海底測深・魚群探知・医療などに利用される。

ちょう-か〔チョ〕【弔花】名 葬式などで、死者をとむらうために贈る花や花輪。

ちょう-か〔チョ〕【町家】名 ❶町人のいえ。商人のいえ。❷まちや。

ちょう-か〔チョ〕【長歌】名 和歌の一体。五音七音の句を三回以上つづけ、後に七音をそえるもの。↕短歌。

ちょう-か〔チョ〕【釣果】名〔文章語〕釣りの内容。釣りの成績。

ちょう-か〔0〕【超過】名自サ 一定の限度をこえること。 **—勤務**〔キ〕名 きまった勤務時間のあとまで、仕事をすること。オーバータイム。 **—勤務手当**〔テ-〕名 超過勤務に対して支払われる給料。超勤手当。

ちょう-が〔チョ〕【朝賀】名 古代、元日に役人たちが大極殿にあつまって天皇に年賀を申しあげた儀式。朝拝。新年

ちょう-かい〔0〕【町会】名 ❶町内の人々でつくっている会。町内会。❷「町議会」の略。

ちょう-かい〔0〕【朝会】名 学校などでの、朝の集会。朝礼。

ちょう-かい〔0〕【潮解】名自サ 固体が空気中の湿気を吸収してとけること。

ちょう-かい〔0〕【聴解】名他サ 文章を耳で聞いて、内容を理解すること。リスニング。「—能力」

ちょう-かい〔0〕【懲戒】名他サ ❶不正や不当な行いに対して、こらしめいましめること。❷義務に反した公務員・議員などに対する制裁。「—処分」

ちょうかい-ぼへん〔0〕【朝改暮変】名〔文章語〕朝令暮改。

ちょう-かく〔0〕【弔客】名〔文章語〕弔問客。ちょうきゃく。

ちょう-かく〔チョ〕【頂角】名 三角形で、底辺に対する角。↕底角。

ちょう-かく〔チョ〕【聴覚】名 一定の周波数による音波の

振動を刺激として受け取る感覚。せきつい動物の聴覚器官は耳。

ちょう-カタル [カ]【腸カタル】〔腸加▲答▲児〕[名] 腸の粘膜の炎症。腸炎。

ちょう-かん [0]【長官】[名] 官庁の長である高級職員。特に、文化庁・気象庁などの外局の長。

ちょう-かん [0]【朝刊】[名] 日刊新聞で、朝、発行するもの。↕夕刊。

ちょう-かん [0]【腸管】[名] 動物がとりいれた食物の消化吸収をおこなう器官。腸。

ちょう-かん [0]【鳥×瞰】[名][他サ]〔文章語〕空中、または高いところから見おろすこと。**―図** [カ][名]〔bird's-eye view の訳〕高所からななめに見おろしたようにえがいた地図や風景図。俯瞰図。

ちょう-き [チョ]【弔旗】[名] 弔意をあらわすためにかかげる旗。黒い布をつけたり、半旗にしたりする。

ちょう-き [チョ]【長期】[名] ながい期間。↕短期。**―予報** [ヨ][名] 予報期間の長い気象情報。一か月予報・三か月予報などがある。

ちょう-き [チョ]【×寵▲姫】[名]〔文章語〕君主・諸侯などのお気に入りの女性。

ちょう-ぎ [チョ]【町議】[名]「町議会議員」の略。町議会を組織する議員。町の住民から直接選挙される。

ちょう-ぎ [チョ]【朝議】[名]〔文章語〕朝廷の会議。

ちょう-きゃく [0]【弔客】[名] ⇒ちょうかく。

ちょう-きゅう [0]【長久】[名] ながく、ひさしいこと。

ちょう-きゅう [0]【超級】[一][0][名] 能力やレベルがひじょうに高いこと。スーパー。「―者」[二][造] 柔道・レスリングなどで、体重がある基準を超えていること。「百キロ―」

ちょう-きょ [チョ]【聴許】[名][他サ]〔文章語〕ききとどけること。ききいれ、ゆるすこと。

ちょう-ぎょ [チョ]【釣魚】[名]〔文章語〕魚をつること。魚つり。また、つりの対象となる魚。

ちょう-きょう [0]【調教】[名][他サ] 動物をならして、競技や芸などをしこむこと。**―師** [キヨ][名] 調教を職業としている人。

ちょう-きょり [キヨ]【長距離】[名] ❶とおい距離。❷長距離の競走・競泳。一般に、陸上では五〇〇〇メートル・一万メートル・マラソン、水上では一五〇〇メートルのもの。↕短距離・中距離。

ちょう-きん [0]【彫金】[名] 金属に字やものの形をたがねで彫ること。また、そのわざ。

ちょう-きん [0]【超勤】[名]「超過勤務」の略。「―手当」

ちょう-きん【朝×覲】[名][自サ]〔古語〕〔「覲」は天子が臣下にあうこと〕❶中国で、諸侯や属国の王たちが天子に面会したこと。❷天皇が太上天皇や皇太后の御殿を訪問すること。また、その儀式。

ちょう-ぎん [0]【丁銀】[名] 江戸時代の、なまこ形をした銀貨。重さをはかって使った。↕小粒銀・豆板銀。

ちょう-く [チョ]【長句】[名] 連歌の七・七の句。

ちょう-く [チョ]【長×軀】[名]〔文章語〕背たけが高いこと。長身。↕短軀。

ちょう-く [チョ]【長駆】[名][自サ]〔文章語〕❶遠くまで馬にのって行くこと。❷長い距離を走ること。

ちょう-けい [0]【長兄】[名] いちばん上のあに。↕次兄。

ちょう-けい [0]【長径】[名] 長円形などの、長いほうのさしわたし。長軸。↕短径。

ちょう-けし [0]【帳消し】[名] ❶勘定がすんで帳簿に記載されていたものを消すこと。❷借りがなくなること。棒引き。「借金の―」❸さしひいて、損得・功罪がないこと。

ちょう-けつ [0]【長欠】[名] 長期の欠席・欠勤。

ちょう-けん [0]【長剣】[名] ながい剣。↕短剣。

ちょう-けん [0]【朝見】[名]〔文章語〕臣下が宮中で、天皇に会うこと。

ちょう-けん [0]【朝権】[名]〔文章語〕朝廷の権力。

ちょう-けん [0]【朝憲】[名]〔文章語〕国の根本となるきまり。憲法。

ちょう-げん [0]【調弦】[名][自サ] 弦楽器の弦の音律を整えること。

ちょう-げんじつしゅぎ [チョ-シュ]【超現実主義】[名] 一九二〇年代に、フランスを中心としておこった芸術上の立場。現実をこえて、潜在意識や夢のイメージを具体的に表現しようとするもの。シュールレアリスム。

ちょう-げんじつてき [チョ]【超現実的】[形動]〔ダロ・ダッ・デ・ニ／ダ・ナ・ナラ・○〕❶超現実主義の傾向をおびているようす。❷現実ばなれしたようす。「―発想」

ちょう-こう [0]【兆候・徴候】[名] あることの起こる前ぶれ。きざし。「回復の―」

ちょう-こう [チョ]【長江】[名] ❶〔文章語〕流れのながい川。❷中国で最大の川。揚子江。

ちょう-こう [0]【長講】[名] ながい時間の講演や講談。「―一席」

ちょう-こう [0]【彫工】[名] 彫刻を職業とする人。ほりもの師。

ちょう-こう [0]【長考】[名][自サ] ながいあいだ考えること。「―三時間」

ちょう-こう [0]【朝貢】[名][自サ]〔文章語〕外国人が日本へ来て、献上物を天皇にさし出すこと。

ちょう-こう [0]【調光】[名][自サ] 照明の明るさを調節すること。「―器」

ちょう-こう [0]【聴講】[名][他サ] 講義をきくこと。**―生** [コ][名] 正式の学生ではないが、きまった手つづきをふんで、大学などの講義を受ける人。

ちょう-ごう [0]【調合】[名][他サ] 幾種類かの薬などを、適正な分量でもりあわせること。

ちょう-こうぜつ [コ]【長広舌】[名] 熱のこもった長時間の弁論。「―をふるう」[参考]「長口舌」と書くのはあやまり。

ちょう-こうそう [コ]【超高層】[名] きわだって高い建物。「―ビル」[参考] 日本では高さが六〇メートル以上、十五階以上のビルをいうことがあるが、基準はない。

ちょう-こく [0]【超克】[名][他サ]〔文章語〕困難をのりきって、それにうちかつこと。

ちょう-こく [0]【彫刻】[名][自他サ] 木・石・金属などに人物その他の形を立体的に彫りきざむこと。また、そのもの。

ちょう-こっかしゅぎ [チョ-シュ]【超国家主義】[名] 極端な国家主義。

ちょう-こん [0]【長恨】[名]〔文章語〕ながく忘れることのできないうらみ。

ちょう-さ [チョ]【調査】[名][他サ] ある事がらをしらべ、あきらかにすること。「学力を―する」

ちょう-ざ [0]【長座】[名][自サ] 人をたずねて、その家に長時間いること。長居。

ちょう-ざい [0]【聴罪】[名] カトリックで、信者の罪の告白を司祭が聞くこと。

ちょう-ざい [0]【調剤】[名][自他サ] 薬剤を調合すること。調薬。**―師** [ザ][名] 薬剤師。**―薬局** [ヤ][名] 薬剤師が処方箋に基づいて薬の調合を行う薬局。

ちょう-ざめ [0]【×蝶×鮫】[名] チョウザメ科の魚。からだに五列のかたいちょう形のうろこがある。寒地でとれ、卵の塩づけをキャビアといい、珍重する。

ちょう-さん⓪【重三】名〔文章語〕（三の数がかさなる意）陰暦三月三日。また、その日の節句。㋭

ちょう-さん⓪【朝×餐】名〔文章語〕あさめし。

ちょうさん-ぼし［ボ］【朝三暮四】名〔文章語〕❶目前のちがいにこだわって、結果が同一なことを知らない、あさはかな知恵しかもっていないこと。❷うまく話して人をだますこと。［参考］飼っているさるに、とちのみを朝三つ、夕方に四つやろうとしたらおこったので、朝四つ、夕方に三つにしようとしたら喜んだ、という故事から。

ちょうさん-りし［リ］【張三×李四】名〔文章語〕平凡な人のこと。一般の庶民。［参考］中国で、「張・李」は、せけんに多い姓で、張氏の三男、李氏の四男の意。

ちょう-し［チョ］【弔詞】名〔文章語〕死者をとむらうことば。弔辞。

ちょう-し［チョ］【弔詩】名〔文章語〕死者をとむらう詩。

ちょう-し［チョ］【長子】名 いちばん上の子。↕末子。

ちょう-し⓪【×銚子】名 ❶酒を入れてさかずきにつぐ道具。木や金属でつくり、長い柄のついたもの。❷とくり。

ちょう-し⓪【調子】名 ❶楽器や話し声の音の高さ。「ピアノの―をととのえる」❷話し方や歌い方にあらわれる、声の高低・緩急・強弱などの感じ。「独特の名―」❸物事の進みぐあい。機械や器官などの働きぐあい。あんばい。「―よく事が運ぶ」「胃の―がおかしい」❹物事の勢い。はずみ。「―が出る」「―のいいことをいう」 **―付く**［ヅ］自五 ❶ぐあいがよくなる。❷得意になってうわつく。 **―に乗る** おだてられたり、はずみがついたりしたことで得意になり、軽はずみな言動をする。 **―外れ**［ハ］名 ❶「調子❶」にあわないこと。❷言動が周囲と調和せず、変なこと。 **―者**⓪名（ふつう「お調子者」の形で）「調子❹」にのりやすい人。かるはずみな人。 **―を合わせる** ❶音楽を演奏するときに、音の高低や速さなどをちょうどよくする。❷機械の動きなどをととのえる。❸相手の出方・考え方にあうようにする。

ちょうし❶

ちょう-し［チョ］【聴視】名 他サ ❶見たり聞いたりすること。❷ラジオ・テレビを受信すること。

ちょう-じ［チョ］【丁子】名 フトモモ科の常緑高木。インドネシアの原産。うすい紅色でよいにおいのある花を開く。つぼみから、ちょうじ油をとる。また、特に、そのつぼみを干したもの。化粧品・薬品・香味料用。㋭

ちょう-じ⓪【弔辞】名 弔詞。「―を述べる」

ちょう-じ［チョ］【×寵児】名〔文章語〕❶特に親に愛される子。❷好運にめぐまれて、ときめく人。はやりっこ。「楽壇の―」

ちょうし-かく［シ］【聴視覚】名 聴覚と視覚。視聴覚。

ちょう-しぜん［シ］【超自然】名 自然の理法をこえて存在すること。また、そのもの。神秘的なこと・もの。

ちょう-じつ⓪【長日】名〔文章語〕❶昼間のながい日。夏の日。❷ながい月日。 **―植物**［ク］名 一日の日照時間が、一定の長さ以上になると花をつける植物。あぶらな・大根など。↕短日植物。

ちょう-じめ⓪【帳締(め)】名 決算のとき、帳面に書いた金額をすっかり計算すること。

ちょう-しゃ［チョ］【庁舎】名 役所の建物。「合同―」

ちょう-じゃ【長者】名 ㊀［ジャ］❶年うえの人。年長者。❷かねもち。㊁〔古語〕❶氏族の長。うじのかみ。「罪なき―を配流せらる」〈平家〉❷宿場の長。❸高貴な人。 **―の万灯より貧者の一灯** かねもちの、みえをかざった多くのささげ物よりも、まずしい者の、まごころのこもったわずかのささげ物のほうが、くどくが大きい。形式よりも、まごころがたいせつだというたとえ。

ちょう-しゃく⓪【長尺】名 映画のフィルムのながいこと。↕短尺。

ちょう-じゃ［チョ］【×諜者】名 間者。間諜。スパイ。

ちょう-しゅ［チョ］【聴取】名 他サ 聞きとること。「事情―」

ちょう-じゅ［チョ］【長寿】名 長生きをすること。長命。「―を保つ」

ちょう-しゅう⓪【長袖】名〔文章語〕❶着物の長いそで。❷長いそでの着物を着る人。僧・公卿など。

ちょう-しゅう⓪【聴衆】名 演説・音楽などを聞く人々。

ちょう-しゅう⓪【徴収】名 他サ かねをとりたて、あつめること。「会費を―する」「源泉―」

ちょう-しゅう⓪【徴集】名 他サ 人や物をめしあつめること。

ちょうしゅう《長州》➡ながと(長門)。

ちょう-じゅう⓪【鳥獣】名 鳥とけもの。 **―保護区**［ゴ］名 かつての禁猟区の正式名。⇩保護鳥獣(「保護」の項)［参考］

ちょう-じゅう⓪【聴従】名 自サ〔文章語〕言うことを聞きいれ、したがうこと。

ちょう-しょ［チョ］【長所】名 人や物のすぐれているところ。美点。特長。「―を生かす」↕短所・欠点。⇩美点［参考］。 **―は短所** 長所にたよりすぎると、かえって失敗する。

ちょう-しょ［チョ］【調書】名 問いただし、しらべた事実を書きしるした書類。しらべがき。「―をとる」

ちょう-じょ［チョ］【長女】名 いちばん上のむすめ。↕末女。

ちょう-しょう⓪【弔鐘】名 ❶死者へのとむらいとして鳴らす鐘。❷比喩的に物事の終わりを告げるしるし。「東西冷戦に―を鳴らす」

ちょう-しょう⓪【徴証】名〔文章語〕しるし。あかし。証拠。徴憑。

ちょう-しょう⓪【長×嘯】名 自サ〔文章語〕声を長く引いて詩歌を吟ずること。

ちょう-しょう⓪【嘲笑】名 他サ あざけりわらうこと。ばかにしてわらうこと。「人々の―を買う」

ちょう-じょう⓪【超常】造 人間の常識をこえていること。「―的」 **―現象**［ゲ］名 科学による合理的説明が不可能な現象。

ちょう-じょう⓪【長上】名〔文章語〕❶としうえ。❷目うえ。

ちょう-じょう⓪【長城】名 中国の万里の長城のこと。

ちょう-じょう［ジョ］【頂上】名 ❶いただき。てっぺん。❷物事の絶頂。「好景気の―」 **―会談**［カ］名 国家の首脳どうしの話し合い。

ちょう-じょう⓪【重畳】㊀名 自サ〔文章語〕いくえにもかさなること。「―する山岳」㊁形動 ❶たいそう満足なこと。「―に思うぞ」❷めでたいこと。「お元気で―です」

ちょう-しょく⓪【朝食】名 朝の食事。↕昼食・夕食。⇩朝御飯［参考］。

ちょう-しょく⓪【調色】名 色の調合。異なる色の絵の具・染料などをまぜあわせて色をつくること。

ちょう-じり⓪［リ］【帳尻】名 ❶帳面の記載の終わり。❷決算の結果。 **―を合わせる** ❶むりやり収支決算を合わせる。❷話のつじつまを合わせる。事の結末をとりつくろう。

ちょう・じる⓪［ジ］【長じる】自上一 ジジ・ジル・ジレ・ジロ・ジヨ ➡ちょうずる。

ちょう-しん⓪【長身】名 せが高いこと。また、せの高い人。長軀。

ちょう-しん ⓪【長針】名 時計の長い方のはり。分針。↕短針。
ちょう-しん ⓪【朝臣】名〔文章語〕朝廷のけらい。
ちょう-しん ⓪【聴診】名 患者の体内におこる呼吸音・胸膜音・心音などを聞きとって、診断すること。↕打診・触診・視診・問診。**ー器**き シ 名 聴診に使う器具。
ちょう-しん ⓪【×寵臣】名〔文章語〕気にいりのけらい。
ちょう-しん ⓪【調進】名 他サ〔文章語〕ととのえて、さしあげること。注文の品をこしらえておさめること。
ちょう-じん ⓪【釣人】名〔文章語〕つりをする人。つりびと。
ちょう-じん ⓪【鳥人】名 ❶飛行士。飛行家。❷スキーのジャンプ競技の選手。
ちょう-じん ⓪【超人】名 なみはずれて能力のある人。スーパーマン。**ー的**てき ⓪ 形動 ふつうの人とは思われない活動をするようす。「ーな行動」
ちょう-しんけい ジ【聴神経】名 聴覚をうけもつ脳神経。
ちょう-しんせい ジ【超新星】名 星の進化の最終段階で、爆発により急に明るく輝いて見える星。
ちょうしん-るこつ ⓪-ル【彫心×鏤骨】名〔文章語〕(心にきざみ、骨にちりばめるという意から)ひどく苦心して作品をつくること。「ーの名作」
ちょうずちょうず チョ【▲手▲水】名 ❶手や顔をあらう水。「ーを使う」❷便所。用便。**ー鉢**ばち ス 名 手洗いの水を入れるはち。**ー場**ば ⓪ 名 ❶手洗い場。❷便所。
ちょう・ず【調ず】他サ〔古語〕❶ととのえる。用意する。「忍びて調ぜさせたまへりける装束」〈源氏〉❷料理する。「御前にて、(アユヲ)調じてまゐらす」〈源氏〉❸調伏ちょうぶくする。「物の怪け調ぜられて」〈源氏〉❹こらしめる。「この翁丸(犬ノ名)打ち調じて」〈枕〉
ちょう-すいろ ス【長水路】名 五〇メートル、または五五ヤード以上の長さの水泳用プール。↕短水路。
ちょう-すう ス【丁数】名 おもに和とじの書物の枚数・紙数。
ちょう・する ス【朝する】自サ シ・セ・サ・シ・スル・スレ・シロ・セヨ〔文章語〕❶朝廷に参上する。❷朝貢ちょうこうする。**てう・す** 文語サ変
ちょう・する ス【弔する】他サ シ・セ・サ・シ・スル・スレ・シロ・セヨ〔文章語〕くやみを言ってなぐさめる。とむらう。**てう・す** 文語サ変
ちょう・する ス【徴する】他サ シ・セ・サ・シ・スル・スレ・シロ・セヨ〔文章語〕❶めしだす。めしあつめる。❷証拠だてる。てらしあわせる。「事実にー」❸とりたてる。❹要求する。「意見をー」**ちょう・す** 文語サ変
ちょう・する ス【×寵する】他サ シ・セ・サ・シ・スル・スレ・シロ・セヨ〔文章語〕特にかわいがる。**ちょう・す** 文語サ変
ちょう・ずる ⓪ス【長ずる】自サ ジ・ゼ・ジ・ズル・ズレ・ジロ・ゼヨ〔文章語〕(「長じる(上一段活用)」とも)❶成長する。「九州において―」❷すぐれる。「書道にー」❸年うえである。**ちゃう・ず** 文語サ変
ちょう-せい ⓪【町制】名 地方公共団体の町ちょうとしての制度。
ちょう-せい ⓪【町政】名 まちの行政。
ちょう-せい ⓪【朝政】名〔文章語〕朝廷の政治。
ちょう-せい ⓪【長生】名 自サ ながいきすること。
ちょう-せい ⓪【長征】名 自サ〔文章語〕遠くまで出かけて敵をうつこと。
ちょう-せい ⓪【長逝】名 自サ〔文章語〕(永久に去って帰らない意から)死ぬこと。永逝。
ちょう-せい ⓪【調製】名 他サ 注文に応じてととのえつくること。こしらえること。「洋服のー」
ちょう-せい ⓪【調整】名 他サ 調子や過不足などをほどよく合わせること。「意見のー」「税金の年末ー」
ちょう-ぜい ⓪【町税】名 地方公共団体としての町が、町民に課する税金。
ちょう-ぜい ⓪【徴税】名 自サ 租税をとりたてること。また、その租税。↕納税。
ちょう-せき チョ【長石】名 地球上に大量に存在する造岩鉱物の一つ。ナトリウム・カルシウムなどとアルミニウムから成るけい酸塩で、陶磁器の原料などに用いる。
ちょう-せき ⓪【潮×汐】名〔文章語〕(「潮」はみちしお、「汐」はひきしお)❶しおのみちひ。❷しお。
ちょう-せき チョ【朝夕】名 副〔文章語〕あさばん。
ちょう-せつ ⓪【調節】名 他サ 物事や物のはたらきなどを、ほどよくととのえること。「機械をーする」
ちょう-ぜつ ⓪【超絶】名 自サ ずばぬけること。
ちょうせん《朝鮮》アジア大陸東部にある半島。
ちょう-せん ⓪【挑戦】名 自サ ❶たたかいをしかけること。チャレンジ。❷これまで手がけたことのない困難な物事に立ち向かうこと。チャレンジ。**ー状**じょう ⓪ 名 挑戦相手にそのことを告げる文書。「ーをたたきつける」
ちょう-ぜん ⓪【超然】と副 たる連体 物事にこだわらないで平然としているようす。「世評にーたる態度」
ちょうせん-あさがお サ【朝鮮朝顔】名 ナス科の一年生植物。あさがおに似た白い花が咲く。有毒で、特に種子に猛毒がある。薬用。まんだらげ。
ちょうせん-にんじん 三【朝鮮人▲参】名 ウコギ科の多年生植物。根は白くて肉質で枝のように分かれており、強壮剤にする。
ちょうせん-みんしゅしゅぎ-じんみんきょうわこく《朝鮮民主主義人民共和国》朝鮮半島北部の人民共和国。一九四八年独立。首都はピョンヤン(平壌)。北朝鮮。
ちょう-そ チョ【彫塑】名 ❶彫刻と塑像そぞう。❷彫刻の原型となる塑像をつくること。また、その技術。
ちょう-そ チョ【重×祚】名 自サ〔文章語〕➡じゅうそ。
ちょう-そう ⓪【鳥葬】名 人の死体を野山に放置し、野鳥のついばむのにまかせるほうむり方。アジアの山岳地帯などで行われる。
ちょう-ぞう ⓪【彫像】名 彫刻した像。
ちょう-そく ⓪【長足】名 ながいあし。**ーの進歩**しんぽ 物事の著しい進展。
ちょう-ぞく ⓪【超俗】名〔文章語〕俗事にこだわらないで、ゆうゆうとしていること。
ちょう-そん チョ【町村】名 まちとむら。「ー合併」
ちょう-だ チョ【長打】名 野球で、二塁打・三塁打・本塁打のこと。ロングヒット。↕短打。
ちょう-だ チョ【長蛇】名 長いへび。**ーの列**れつ ながながとつづく行列。**ーを逸**いっ**す** 手に入れるはずのだいじなものを、とりにがす。大物をにがす。
ちょう-だい【頂戴】㊀ ⓪ 名 他サ「もらうこと」のかしこまった言い方。「頂戴する」は「いただく」のあらたまった言い方。「先日はけっこうな品をーしました」「ここで、少々お時間をーします」参考 話し手や話し手側の人物に恩恵を与えてくれる人を立てる表現。㊁ ダ〔かながき〕(補助動詞的に、「…てちょうだい」の形で)「…てくれ」のていねいな言い方。参考 ㊁の使い方や「こづかいをちょうだい」のような使い方は、主として女性か子どものことば。**ー物**もの ⓪ 名 いただきもの。
ちょう-だい ⓪【長大】形動 ダロ・ダッ・デ・ニ・ダ・ナ・ナラ・〇 長くて大きいようす。↕短小。
ちょう-たいそく タ【長大息】名 自サ 長嘆息。

ちょう‐たく [0]【彫×琢】[名][他サ]〔文章語〕❶宝石などをきざみみがくこと。❷文章をみがくこと。

ちょう‐たつ [0]【調達】[名][他サ]❶かねや品物をととのえて、とどけること。❷金品を工面すること。

ちょう‐たつ [0]【×暢達】[名][形動]〔文章語〕のびのびして、とどこおらないこと。「―の文章」

ちょう‐だつ [0]【超脱】[名][自サ]〔文章語〕世俗的物事から一段高い境地へぬけ出ること。超俗。

ちょう‐たん [チョ]【長短】[名]❶長いことと、みじかいこと。余ったところと足りないところ。❷長所と短所。

ちょう‐たんそく [タ]【長嘆息】【長×歎息】[名][自サ]長いため息をついてなげくこと。長大息。「新聞をみては―をつく」

ちょう‐たんぱ [タ]【超短波】[名]周波数三〇～三〇〇メガヘルツ、波長一〇メートル以下の電波。近距離通信・FMラジオ放送・レーダーなどに利用する。

ちょう‐チフス [チ]【腸チフス】[名]腸チフス菌に腸をおかされておこる、高い熱の出る感染症。

ちょう‐ちゃく [0/チョ]【▲打×擲】[名][他サ]打ちたたくこと。

ちょう‐ちょう [チョー]【町長】[名]町の行政の責任者で、町を代表する人。

ちょう‐ちょう [チョー]【長調】[名]長音階による楽曲の調子。メジャー。↕短調。

ちょう‐ちょう [チョー]【×蝶×蝶】[名]ちょう。ちょうちょ。[春]

ちょう‐ちょう [0]【丁丁】[と副]〔文章語〕物をつづけて打つ音。**―発止**(はっし) [ハ][と副]刀などで、たがいに打ちあうようす。「―と切り結ぶ」

ちょう‐ちょう [0/チョ2]【×喋×喋】[と副][自サ]〔文章語〕しきりにしゃべること。また、そのようす。**―×喃×喃**(なんなん)〔「喃喃」は小声でささやくようす〕男女のうちとけた語りあいのようす。

ちょう‐ちん [チ]【▲提▲灯】[名]照明具の一つ。竹ひごを骨にし、紙や絹をはったもの。中にろうそくを立て、折りたたみできる。**―に釣鐘**(つりがね)形はちょっと似ているが、実はとてもつりあわないもの・ことのたとえ。**―持ち**(もち) [チー][名]❶夜行や葬式などのとき、ちょうちんで道をてらす役。❷他人の手先や宣伝に使われる人。**―屋**(や) [0][名]❶ちょうちんをつくり、または、売る人・家。❷習字などで、一度書いた字の上を、さらになぞって形をととのえること。また、それをする人。

ちょう‐つがい [ツ]【×蝶▲番】(つがひ)[名]❶開き戸や箱のふたなどを開閉するためにとりつける金具(かなぐ)。❷からだの関節のつなぎめ。「腰の―」

ちょう‐つけ [ケ]【帳付(け)】[名]帳簿に記入すること。また、その人。ちょうづけ。

ちょう‐づけ [ケ]【丁付(け)】[名]書物の枚数、または、ページ数の順を記入すること。

ちょう‐づめ [0]【腸詰(め)】[名]ソーセージ。

ちょう‐づら [0]【帳面】[名]〔「ちょうめん」と読めば別語〕帳面に書いた事がら。帳面づら。「―が合わない」

ちょう‐てい [0]【長堤】[名]〔文章語〕ながいどて。

ちょう‐てい [0]【朝廷】[名]君主が政務をとる所。

ちょう‐てい [0]【調停】[名][他サ]第三者が、対立する両者を仲介して紛争解決に努力し、争いをやめさせること。

ちょうてい‐きょくほ [キョ]【長×汀曲▲浦】[名]〔文章語〕〔長い水際と、まがった海べ〕長くつづくけしきのよい海辺。

ちょう‐てき [0]【朝敵】[名]朝廷の敵。↕官軍。

ちょう‐てん [チョ]【頂点】[名]❶㋐角を作る二本の直線の交わるところ。㋑多角形で、辺と辺とが交わるところ。㋒多面体の三つ以上の面が交わるところ。また、角錐(かくすい)や円錐などのとがったところ。❷いただき。てっぺん。❸物事のきわまった状態。「人気(にんき)の―」

ちょう‐でん [0]【弔電】[名]くやみの電報。

ちょう‐でんどう [テ]【超電導・超伝導】[名]物質をある温度以下に冷却すると電気抵抗がなくなる現象。電子技術などに応用される。[参考]物理学では「超伝導」と書くが、そのほかの分野では「超電導」を用いることが多い。

ちょう‐と [チョ]【長途】[名]〔文章語〕ながい道のり。「―の旅」

ちょう‐ど [チョ]【調度】[名]❶手まわりの道具・家具。「―品」❷武家で、弓や矢。

ちょう‐ど [0]【ちょうど】[丁度・×恰度][副]❶数量・時間・位置・大きさなどに、ずれのないようす。ぴったり。かっきり。「―百人」「一〇時―」「―いい大きさ」「道へ出た時、―車が通りかかった」❷よく似ているようす。まるで。「―絵のようだ」

ちょう‐ど【丁ど】(ちやう)[副]〔古語〕❶物がはげしく打ちあう音をあらわす語。がんと。「あまりに強う打ちあてて、目貫(めぬき)(刀ヲ柄(つか)ニ止メル金具)のもとよりちょうど折れ」〈平家〉❷勢いのはげしいようす。はったと。「ちゃうどにらむ」〈太平記〉

ちょう‐とう [0]【長刀】[名]ながいかたな。↕短刀。

ちょうどう‐けん [0]【聴導犬】[名]聴覚障害者の生活を手助けするために特別に訓練された犬。電話やめざまし時計など、生活に必要な音を飼い主に知らせる。

ちょう‐とうは [ト]【超党派】[名]それぞれの政党や集団の理念・主張をこえて団結したグループ。「―の議員団」

ちょう‐どきゅう [0]【超×弩級】[名]〔「弩級」は、イギリスの戦艦「ドレッドノート号」クラスの意〕けたはずれに大きいこと。「―の戦艦」

ちょう‐とじ [0]【帳とじ】【帳×綴】(とぢ)[名]❶帳簿をとじること。また、その人。❷昔、商家で、正月四日におこなった祝い。帳祝い。[新年]

ちょう‐とっきゅう [ト]【超特急】[名]❶非常に速いこと。大急ぎ。「―で作る」❷「超特急列車」の略。

ちょう‐な [ナ]【▲手×斧】(てうな)[名]大工道具の一つ。木材をあらけずりするのに使う、柄(え)のまがったおの。

ちょうな

ちょう‐ない [チョ]【町内】[名]同じまち。そのまちの中。

ちょう‐なん [チョ/ナ]【長男】[名]いちばん上のむすこ。↕末男。

ちょう‐にん [0]【町人】[名]江戸時代、都市に住んだ商・工業者の総称。↕武士。**―物**(もの) [0][名]江戸時代、浮世草子(うきよぞうし)で、町人の生活をえがいた作品。井原西鶴(いはらさいかく)に傑作が多い。

ちょう‐ネクタイ [ネ]【×蝶ネクタイ】[名]ちょうの形をしたネクタイ。

ちょう‐ねんてん [ネ]【腸捻転】[名]大腸・小腸などの一部がねじれて、内容物が通らなくなる病気。

ちょう‐のうりょく [ノ]【超能力】[名]テレパシー・未来予知力・念力など、科学的に説明されていない、人間のふしぎな能力。

ちょう‐は [チョ]【長波】[名]周波数三〇～三〇〇キロヘルツ、波長一〇〇〇～一〇〇〇〇メートルの電波。航空通信などに使う。↕短波・中波。

ちょう‐ば [バ]【丁場・町場】[名]㊀[バ]工事などの受け持ち区域。㊁〔古語〕❶次の宿駅までの距離。❷夫役(ぶやく)にあてられたときの受け持ち区域。❸馬方やかごかきのたまり場。

ちょう‐ば [バ]【帳場】[名]料理屋・旅館などで、帳簿の記入や計算・出納(すいとう)をする所。勘定場。

ちょう-ば ⓪【跳馬】名 体操競技の一つ。また、それに使う馬の形をした器具。それを跳躍して形の美を争う。
ちょう-ば チョ【嘲罵】名他サ あざけり、ののしること。
ちょう-はい ⓪【朝拝】名 朝賀。新年
ちょうばい-か バ【鳥媒花】名 鳥によって受粉が行われ、実をむすぶ花。↕風媒花・虫媒花。
ちょう-はつ ⓪【長髪】名 ながくのばしたかみ。
ちょう-はつ ⓪【調髪】名自サ かみをゆうこと。かみを刈りととのえること。
ちょう-はつ ⓪【挑発】【挑×撥】名他サ 刺激して、反感や欲望などをおこさせること。「—に乗る」
ちょう-はつ ⓪【徴発】名他サ 強制的にとりたてること。「軍隊が食糧を—する」
ちょう-ばつ チョ【懲罰】名他サ 不正をこらしめ、罰すること。特に、組織の内における制裁。
ちょう-はん チョ【丁半】名〔偶数と奇数〕❶さいころの目の偶数と奇数。❷さいの目で勝負をするばくち。
ちょう-ばん ⓪【丁番】名〔建築関係者間の用語〕ちょうつがい。
ちょう-び チョ【×掉尾】名〔文章語〕〔「とうび」は慣用読み〕最後。「—を飾る」
ちょうび-けい ビ【長尾鶏】名 ⬇おながどり。
ちょう-ひょう ⓪【帳票】名 伝票や帳簿などの、事務書類。「—印刷」
ちょう-ひょう ⓪【徴表】名 あるものをほかのものと区別するような特徴。メルクマール。
ちょう-ひょう ⓪【徴×憑】名〔文章語〕ある事実を証明するよりどころとなる事がら。証拠。徴証。
ちょう-ふ ⓪【貼付】【貼附】名他サ〔文章語〕はりつけること。参考「てんぷ」は慣用読み。
ちょうぶ【町歩】接尾 田畑の面積をかぞえることば。町。参考 一町歩は十反、約九九二〇平方メートル。
ちょう-ふく ⓪【重複】名自サ 同じ物事がなんどもかさなること。じゅうふく。参考「重復」と書くのはあやまり。
ちょう-ぶく ⓪【調伏】名他サ ❶真言宗・天台宗などで、仏にいのって、たたりをする悪いものをしずめること。❷〔文章語〕人をのろい殺すこと。
ちょう-ぶつ ⓪【長物】名 長いばかりで、じゃまなもの。「無用の—」
ちょう-ぶん ⓪【弔文】名 とむらいの心をのべた文章。くやみの文章。弔辞。
ちょう-ぶん ⓪【長文】名 字数の多い文章。↕短文。
ちょう-へい ⓪【徴兵】名 国民を軍隊にかり出すこと。↕傭兵(ようへい)。
ちょうへい-そく ヘ【腸閉塞】名 大腸・小腸などの一部がふさがり、内容物が通らなくなる病気。腸不通症。
ちょう-へき ⓪【腸壁】名 腸の内がわ。
ちょう-へん ⓪【長編】【長×篇】名 編・章の長い詩歌(しいか)・文章・小説など。↕短編・中編。—**小説**(しょうせつ) ショ名 構想が複雑で大きく、長い小説。↕短編小説。
ちょう-べん チョ【調弁】名他サ ❶新しく事業を始めるときに、備品をととのえること。「初年—」❷軍隊の食糧を、戦地でととのえること。
ちょう-ぼ ⓪【帳簿】名 事務・営業に必要な事がらや会計などを記入する帳面。
ちょう-ぼ チョ【徴募】名他サ〔文章語〕人々の中から、希望者をあつめること。
ちょう-ぼ チョ【朝暮】名副〔文章語〕あさばん。あさゆう。
ちょう-ぼいん ボ【長母音】名 短母音よりも、一拍分長く発音される母音。↕短母音。参考「おじいさん」の〔iː〕は長母音。「おじさん」の〔i〕は短母音。
ちょう-ほう ⓪【弔砲】名 弔意を表してうつ、儀礼の空砲。
ちょう-ほう チョ【重宝】㊀名 たいせつな宝物。じゅうほう。㊁【調法】名形動他サ 使って便利なこと。役にたつこと。「使いやすくて—している」参考「重宝(ちょうほう)」と「調法(ちょうほう)」(ととのえること)は、もとは別語だったが、発音が同じになってから、混同して用いられるようになった。**重宝がる** 他五
ちょう-ほう ⓪【×諜報】名〔文章語〕敵のようすなどをさぐって知らせること。また、その知らせ。「—機関」
ちょう-ぼう ⓪【眺望】名他サ ながめ。けしき。みはらし。「—が開ける」
ちょう-ほうき ホ【超法規】名 法規による制約を受けないこと。法規を無視すること。「—的措置」
ちょうほう-けい ホ【長方形】名 四つの内角がみな直角である、正方形でない四角形。矩形(くけい)。
ちょう-ぼん ⓪【超凡】形動 ダロ・ダッ・デ・ニ ダ・ナ・ナラ〇〔文章語〕非凡であるようす。「—な才能」↕平凡。
ちょうほん-にん ホ【張本人】名〔「張本」は後に起こる事の原因の意〕事件のもとをつくった人。主謀者。
ちょう-まん チョ【腸満】【×脹満】名 腹部にガスや液体がたまって、ひどくふくれる病気。
ちょう-み チョ【調味】名自サ 食べ物の味つけをすること。—**料**(りょう) ミ名 食べ物の味をととのえるために使う材料。砂糖・塩・しょうゆなど。
ちょうみつ【稠密】「ちゅうみつ」のあやまり。
ちょう-みん ⓪【町民】名 まちの住民。
ちょう-むすび ム【ちょう結び】【×蝶結び】名 ちょうの形にひも・リボンなどを結ぶ結び方。
ちょう-め【丁目】接尾 市街地の区画で、一つの町を小分けする単位。「三—五番地」
ちょう-めい ⓪【朝命】名〔文章語〕朝廷の命令。天皇の命令。
ちょう-めい ⓪【澄明】名形動〔文章語〕気体や液体が、きれいにすんでいること。
ちょう-めい ⓪/チョ【長命】名形動(の) なが生きをすること。長寿。↕短命。
ちょう-めん メ【帳面】名〔「ちょうづら」と読めば別語〕紙をとじ合わせて、ものを記入するようにしたもの。ノート。—**面**(づら) ⓪名 ちょうづら。「—を合わせる」
ちょう-もく ⓪【鳥目】名 ❶〔文章語〕金銭。❷〔穴があいていて鳥の目に似ているところから〕江戸時代の、穴のあいたぜに。
ちょう-もと ⓪/ト【帳元】名 興行物などの会計のとりしまりをする所。また、その人。
ちょう-もん ⓪【頂門】名〔文章語〕あたまの上。あたま。—**の一針**(いっしん)〔頭上のいちばんたいせつなところにさす一本のはり〕人の急所をおさえていましめる忠告。
ちょう-もん ⓪【弔問】名他サ 死者の遺族をたずね、くやみを言うこと。「—客」
ちょう-もん ⓪【聴聞】名他サ ❶信者が宗教家の説法などを聞くこと。❷行政機関が、行政上の行為をするとき、利害関係者の意見を聞くこと。聴問。審問。「—会」
ちょう-や チョ【長夜】名〔文章語〕冬のながい夜。よなが。—**の飲**(いん)・—**の宴**(えん) 夜どおしさかもりをし、夜が明けても戸をとざし、あかりをともして酒宴を続けること。
ちょう-や チョ【朝野】名 政府と民間。官民。「—をあげて祝う」
ちょう-やく ⓪【跳躍】㊀名自サ とびあがること。とびは

ねること。㊁[名] 陸上競技で、走り幅跳び・走り高跳び・三段跳びの総称。

ちょう-やく [0]【調薬】[名][自サ] 調剤。

ちょう-ゆう [0]【町有】[名] まちの所有。「―林」

ちょう-よう [0]【長幼】[名] おとなと子ども。年上と年下。**―の序** 年上・年下の順序、また、それによる規律。

ちょう-よう [0]【重陽】[名]〔「陽(めでたい数)」の九が重なることから〕陰暦九月九日の節句。(秋)

ちょう-よう [0]【重用】[名][他サ] 人を重要な地位において用いること。じゅうよう。「理事として―する」

ちょう-よう [0]【徴用】[名][他サ] 国家が、権力で国民に一定の仕事をさせること。

ちょう-らい [チョ]【朝来】[名][副]〔文章語〕朝からひきつづくこと。「―の雨」↕夜来。

ちょう-らく [0]【×凋落】[名][自サ]〔文章語〕❶しぼんで落ちること。❷おちぶれること。勢力がおとろえること。零落。

ちょう-り [チョ]【調理】[名][他サ] 材料に手を加えて食べられる状態にすること。料理。**―師** [リ][名] 調理師法によって都道府県知事が免許をあたえる、料理人の資格。**―パン** [リ][名] カツや焼きそばなど調理した具材を間にはさんだり上にのせたりしたパン。

ちょう-りつ [0]【町立】[名] 町でたて、管理すること。また、そのもの。「―図書館」

ちょう-りつ [0]【調律】[名][他サ] 楽器の音の高さや音色を正しくととのえること。「ピアノの―」

ちょう-りゅう [0]【潮流】[名] ❶潮のみちひによって生ずる海水のながれ。❷時勢のなりゆき。時潮。「―にのる」

ちょう-りょう [0]【跳×梁】[名][自サ]〔文章語〕❶かって気ままにはねまわること。「ねずみが天井うらで―する」❷悪人などがはびこって、かってなことをすること。「―跋扈」

ちょう-りょく [チョ]【張力】[名] 物体の張る力。「表面―」

ちょう-りょく [チョ]【聴力】[名] 音響・音声を聞きとる能力。「―検査」

ちょう-るい [チョ]【鳥類】[名] 脊椎動物の一つ。温血・卵生で、肺で呼吸する。全身羽毛でおおわれ、前足はつばさにかわっており、多く空中をとぶ。

ちょう-れい [0]【朝礼】[名] 学校などで、朝の始業前に、職員・生徒などがあつまってするあいさつ。朝の集会。

ちょうれい-ぼかい [0]【朝令暮改】[名]〔文章語〕〔朝出した命令をその夕方にかえる〕法律などが、たえずかわって定まらないこと。朝改暮変。

ちょう-れん [チョ]【調練】[名][他サ] 兵士を訓練すること。

ちょう-ろ [チョ]【朝露】[名]〔文章語〕あさつゆ。はかないもののたとえ。「人生―のごとし」

ちょう-ろう [0]【長老】[名] ❶年とった者の尊称。❷㋐学・徳ともにすぐれた高僧。㋑禅宗で、住持または先輩の僧。❸キリスト教で、教職の一つ。

ちょう-ろう [0]【嘲弄】[名][他サ] ばかにし、からかうこと。「人に―される」

ちょう-わ [0]【調和】[名][自サ] 二つ以上の物事が、対立したり衝突したりしないで、全体として落ち着いてととのった状態にあること。つりあい。「観光事業と自然保護との―をはかる」

ちょうわ-き [ワ]【聴話器】[名] 補聴器。

チョーカー [チョ]〈choker〉[名] 首のつけ根にぴったりつく高いえりや首飾り。

チョーク [チョ]〈chalk〉[名] せっこうを棒の形にかためたもの。白墨。

ちよ-がみ [ヨ]【千代紙】[名] いろいろな模様を色ずりにした紙。折り紙、紙の人形の衣装に用いる。「―細工」

ちょき [チョ][名] じゃんけんで、はさみ。人差し指と中指の二本を出す。↕ぐう・ぱあ。

ちょき-ちょき [チョ-][と][副] はさみで軽快に物を切るようす。また、その音をあらわす語。「―と紙を切る」

ちょき-ぶね [0]【×猪▲牙舟】[名] 江戸でつくられた、屋根のない細長い川舟。ちょき。

ちょ-きん [0]【貯金】[名][自サ] ❶かねをためること。❷銀行などの金融機関にかねをあずけること。また、あずけてあるかね。[参考]銀行や信用金庫などにあずけるのを「預金」、ゆうちょ銀行・農業協同組合・漁業協同組合にあずけるのを「貯金」とよぶ。

ちょきん [キ][と][副] はさみでものを切ったときに出る音。

ちょく【捗】[造] はかどる。仕事が早く進む。「進捗」

ちょく【直】㊀[造] ❶正しい。「直言・直視・実直・率直」↕曲。❷まっすぐ。まがっていない。「直球・直線・硬直・垂直」❸じかに。「直接・直送・直通・直輸入」❹当番。あたる。「宿直・日直・当直」㊁[チョ][形動] ❶さっぱりしていて、気のおけないようす。「―な人」❷手がるなようす。「―な店」〔別音じか、じき｜直〕

ちょく [チョ]【勅】[名]〔文章語〕[造] 天子のことば・命令。「―を奉ずる」「勅語・勅命・勅令・詔勅」

ちょ-く [チョ]【×猪口】[名] ➡ちょこ。

ちょく-えい [0]【直営】[名][他サ] 直接の経営。「―店」

ちょく-おう [0]【直往】[名][自サ]〔文章語〕まっすぐに行くこと。ただちに行くこと。直進。「―邁進」

ちょく-おん [ク]【直音】[名] 日本語の発音で、拗音・促音以外のふつうの音。

ちょく-がく [0]【勅額】[名] 天皇が書いた額。

ちょく-がん [0]【勅願】[名] 天皇の祈願。勅命による祈願。**―寺** [0][名] 勅願によって建てた寺。薬師寺・東大寺など。

ちょく-げき [0]【直撃】[名][他サ] 砲弾・爆弾などがまともにあたること。「―弾」

ちょく-げん [0]【直言】[名][他サ] ❶かざらず、遠慮せずに言うこと。また、そのことば。❷〔論〕定言。

ちょく-ご [チョ]【直後】[名] 事のあったすぐあと。↕直前。

ちょく-ご [0]【勅語】[名] 天皇のみことのり。

ちょく-さい [0]【勅裁】[名]〔文章語〕天皇がくだす裁断。

ちょく-さい [0]【直裁】[名][他サ]〔文章語〕❶すぐに裁決すること。❷本人が直接裁決すること。

ちょく-さい【直截】「ちょくせつ」のあやまり。

ちょく-し [チョ]【勅旨】[名]〔文章語〕天皇の考え。

ちょく-し [チョ]【勅使】[名] 天皇からの使者。

ちょく-し [チョ]【直視】[名][他サ] 目をそらさず、まっすぐに見つめること。「現実を―する」

ちょく-じ [0]【▲植字】[名][自サ] ➡しょくじ。

ちょく-しゃ [0]【直写】[名][他サ] ありのままにうつすこと。「現実を―する」

ちょく-しゃ [0]【直射】[名][他サ] ❶まともに射ること。❷まともに照りつけること。「―光線」❸銃砲を、直線に近い、ひくい弾道で発射すること。

ちょく-しょ [チョ]【勅書】[名] 天皇の命令をしるした公文書。

ちょく-じょ [チョ]【直叙】[名][他サ]〔文章語〕ありのままにのべること。「感情を―する」

ちょく-じょう [0]【直上】㊀[名] すぐうえ。「―の上官」↕直下。㊁[名][自サ] まっすぐにのぼること。

ちょく-じょう [0]【直情】[名]〔文章語〕かざりけのない、ひたむきな感情。**―径行** [0][名][形動]〔「径行」は思うままにおこなうの意〕思うままに行動して、気がねしないこと。「―

の人間」

ちょく-じょう ⓪【勅×諚】名〔文章語〕天皇のおおせ。みことのり。

ちょく-しん ⓪【直進】名 自サ まっすぐにすすむこと。直往。

ちょく-ぜい ⓪【直税】名「直接税」の略。↔間税。

ちょく-せつ ⓪【直接】㊀名 中間にへだてるものがなく、じかに接すること。まっすぐに。「—の関係」↔間接。㊁副 じかに。そのまま、まっすぐに。「—手渡す」 —**行動** コ 名 目的を達するために、別な方法をとらず、いちばんてっとりばやい方法をとること。労働争議での、ストライキ・サボタージュなど。 —**税** ゼ 名 所得税・法人税などのように、納税者が直接におさめる租税。↔間接税。 —**選挙** セ² 名 選挙人が、直接、候補者に投票する選挙法。↔間接選挙。 —**話法** ワ 名 他人のことばを引用するとき、そのことばの形をそのまま使うのべ方。例えば「かれは『ぼくはだめです』と言った」など。↔間接話法。

ちょく-せつ ⓪【直×截】形動 ダロ・ダッ・デ・ニ／ダ・ナ・ナラ・○〔文章語〕❶ためらわず、直ちに決裁するようす。❷まわりくどくないようす。「—簡明」

ちょく-せん ⓪【直線】名 ↔曲線。❶二点間を最短距離でむすぶ線。❷まっすぐな線。 —**距離** キョ 名 二地点をむすぶ線に沿った、もっとも短い距離。

ちょく-せん ⓪【勅×撰】名 天皇・上皇・法皇が詩歌や文章をえらぶこと。勅命によって詩歌などをえらぶこと。↔私撰。 —**集** セ 名 勅撰による和歌や詩文の集。↔私撰集。

ちょく-ぜん ⓪【直前】名 ❶事のおこるすぐまえ。「開会—」↔直後。❷物のすぐまえ。目のまえ。「列車の—」

ちょく-そう ⓪【直送】名 他サ 直接におくること。「産地から—する」

ちょく-ぞく ⓪【直属】名 自サ 直接に属していること。「—の部下」

ちょく-だい ⓪【勅題】名 ❶天皇が書いた額。勅額。❷天皇の出題する詩歌の題。御題。

ちょく-ちょう チョ²【直腸】名 大腸の最下部で、肛門に通じる部分。

ちょく-ちょく チョ 副〔俗語〕ときどき。たびたび。ちょいちょい。「—遊びに来る友人」

ちょく-つう ⓪【直通】名 自サ 列車・電話などが、のりかえや、とりつぎなしに通じること。「—列車」「—電話」

ちょく-とう ⓪【勅答】㊀名〔文章語〕天皇の答え。㊁名 自サ 天皇の質問に答えること。

ちょく-とう ⓪【直登】名 自サ 岩壁・氷壁・滝などを、迂回しないでのぼること。

ちょく-とう ⓪【直答】名 自サ〔文章語〕❶人を介さずに直接こたえること。じきとう。❷その場ですぐにこたえること。即答。「—をさける」

ちょく-どく ⓪【直読】名 他サ 漢文などを、返り点によって読まずに上から下へ音読すること。

ちょくにん-かん ③【勅任官】名 もと、勅命によって任じられた官吏。親任官の下、奏任官の上の階級。↔親任官・奏任官・判任官。

ちょく-はい ⓪【直配】名 他サ 生産者が消費者に、直接配達すること。

ちょく-ばい ⓪【直売】名 他サ 生産者が消費者に、直接売ること。「産地—」

ちょく-はん ⓪【直販】名 直売。「—制度」

ちょく-ひ チョ【直×披】名〔文章語〕〔「披」はひらくの意で、受取人に、自分でひらいてくれと求める意〕手紙のわきづけの語。親展。親披。じきひ。⇩外わき付け 参考。

ちょく-ひつ ⓪【直筆】〔「じきひつ」と読めば別語〕㊀名 書道で、筆を立てて書くこと。「懸腕—」㊁名 他サ〔文章語〕ありのままに書くこと。↔曲筆。

ちょく-ひつ ⓪【勅筆】名 天皇の筆跡。

ちょくほう-たい ⓪【直方体】名 おのおのの面が、長方形である平行六面体。直六面体。四角柱。

ちょく-めい ⓪【勅命】名〔文章語〕❶天皇の命令。みことのり。❷明治憲法で、法律・勅令によらない天皇の命令。

ちょく-めん ⓪【直面】名 自サ 直接にむきあうこと。直接に物事に対すること。「危機に—する」

ちょく-やく ⓪【直訳】名 他サ 字句・文法に忠実に翻訳すること。逐語訳。↔意訳。

ちょく-ゆ ⓪/チョ【直喩】名 似た事物にたとえて言う言い方。「…のような」「…のように」などの言い方をする。「ばらのようなくちびる」など。↔隠喩。

ちょく-ゆ ⓪【勅諭】名〔文章語〕天皇がくだしたことば。

ちょく-ゆしゅつ コ【直輸出】名 他サ 仲介の商人によらず、国内の産物を直接に輸出すること。↔直輸入。

ちょく-ゆにゅう コ【直輸入】名 他サ 仲介の商人によらず、外国の産物を直接に輸入すること。↔直輸出。

ちょく-りつ ⓪【直立】名 自サ ❶まっすぐに立っこと。❷まっすぐに高くそびえること。「—するテレビ塔」 —**猿人** エ 名 数十万年前の原始人。立って歩き、石器を使った。ジャワ原人。ピテカントロプス。 —**不動** フ⓪ 名 足をそろえてまっすぐに立ち、身動きしないこと。「—の姿勢」

ちょく-りゅう ⓪【直流】㊀名 自サ まっすぐながれること。㊁名 つねに一定の向きにながれる電流。↔交流。

ちょく-れい ⓪【勅令】名 明治憲法下で、天皇の大権により、帝国議会の協賛をまたないで出された命令。

ちょく-れつ ⓪【直列】名 ❶まっすぐにつらなること。❷電池のちがった極をつなぐこと。↔並列。

ちょく-ろ チョ【直路】名〔文章語〕まっすぐなみち。

ちょ-げん ⓪【緒言】名 ⇩しょげん。

ちょ-げん ⓪【著減】名 自サ〔文章語〕ひどくへること。↔著増。

ちょ-こ チョ【×猪▲口】名〔「ちょく」の変化。「猪口」は当て字〕❶陶磁器の小さいさかずき。❷酢の物やさしみのつけじょうゆなどを入れる、小さくて深い陶製の器。

チョコ チョ 名「チョコレート」の略。「板—」

ちょこ-ざい コ【×猪▲口才】名 形動 なまいき。

ちょこ-ちょこ チョ〈と〉副 自サ ❶小さいものが小またに走ったり、歩いたりするようす。❷いそがしそうに、落ち着かずに動くようす。

ちょこっ-と コ 副〔俗語〕少しだけ。ちょっと。「申しわけ程度に—飲む」

ちょこなん-と ナ 副 小さくかしこまっているようす。「—すわる」

ちょこ-まか チョ〈と〉副 自サ こまかく動きまわるようす。

チョゴリ チョ【朝▲赤古里】名 朝鮮半島に住む人々が着用する民族衣装。たけの短い上着。

チョコレート ㋹〈chocolate〉名 カカオの実のこなに、砂糖・香料などを加え、ねりかためた菓子。

ちょこん-と コ 副 ❶小さくかしこまってすわるようす。ちょこなんと。❷ちょっと一回小さい動作をするようす。「—バットを当てる」

ちょ-さく ⓪【著作】名 自他サ 書物をかきあらわすこと。また、その書物。著述。 —**家** カ⓪ 名 著作を職業とする人。著述家。 —**権** ケ ク 名 著作者が、その著作した文書・美術・音楽・写真などの作品を、複製・演奏・翻訳・上

ち

映・放送などに、独占的に利用しうる権利。 ━物ぶっ ク 名 著作によってうみだされたもの。文芸・学術・美術・音楽などに関する思想・感情を創作的に表現したもの。

ちょ-しゃ チョ【著者】名 書物を書きあらわした人。著述者。著作者。

ちょ-じゅつ ０【著述】名 他サ 著作。 **━家**か ０ 名 著作家。

ちょ-しょ チョ【著書】名 書きあらわされた書物。著述。著作。

ちょ-すい ０【貯水】名 自他サ 水をたくわえること。 **━池**ち ス 名 防水・かんがい・水道などのための水をたくわえる池。

ちょ-せん ０【緒戦】名 ⇩しょせん。

ちょ-ぞう ０【著増】名 自サ 〔文章語〕いちじるしくふえること。↕著減。

ちょ-ぞう ０【貯蔵】名 他サ 物をたくわえておくこと。

ちょ-だい ０【著大】名 形動 〔文章語〕いちじるしく大きいこと。

ちょ-たん ０【貯炭】名 石炭をたくわえること。また、たくわえた石炭。「━量」

ちょ-ちく ０【貯蓄】名 他サ かねや物をたくわえること。また、ためたかねや物。

ちょっ-か チョ【直下】〔「ちょくか」の変化〕㊀名 ました。「赤道━」「━に見おろす」↕直上。㊁名 自サ 一直線に落ちること。「急転━」 **━型**がた **地震**じしん ジ 名 その土地の真下にある活断層で発生する、震源の浅い地震。

ちょっ-かい チョ 名〔俗語〕❶ねこが前足でものをひっかけるようにすること。❷いらぬ手出しや口出し。「━を出す」 **━を掛**か**ける** 横から手出しをする。

ちょっ-かく ０【直角】名〔「ちょくかく」の変化〕二直線が交わってできる四つの角がすべて九〇度になるときの角度。 **━三角形**さんかくけい カ2 名 一つの角が直角である三角形。

ちょっ-かく ０【直覚】名 他サ 〔「ちょくかく」の変化〕直観。 **━的**てき ０ 形動 直観的。

ちょっ-かつ ０【直轄】名 他サ 〔「ちょくかつ」の変化〕直接に管轄すること。直接の支配。「各省━の機関」

ちょっ-かっこう カ【直滑降】名〔「ちょくかっこう」の変化〕スキーで、一直線に斜面をすべりおりること。

ちょっ-かん ０【勅勘】名〔文章語〕〔「ちょくかん」の変化〕天皇のとがめ。

ちょっ-かん ０【直感】名 他サ 〔「ちょくかん」の変化〕瞬間的に感じること。「事件を━した」

ちょっ-かん ０【直×諫】名 他サ 〔文章語〕〔「ちょくかん」の変化〕下位の者が上位の者に、遠慮することなく、率直にいさめること。

ちょっ-かん ０【直観】名 他サ 〔「ちょくかん」の変化〕判断・推理などの思考作用によらず、対象を直接に了解すること。直覚。 **━的**てき ０ 形動 考えずにすぐわかるようす。直覚的。

ちょっかん-ひりつ ヒ【直間比率】名 税収のうち、直接税と間接税の比率。

チョッキ ０ 名〔ポ jaque からか〕洋服の上着の下に着る、そでなしの短い胴着。ベスト。

ちょっ-き チョ ０【直帰】名 自サ 〔「ちょくき」の変化〕外出先での仕事が終わってから、職場にもどらずそのまま帰宅すること。「直行━」

ちょっ-きゅう ０【直球】名〔「ちょくきゅう」の変化〕野球やテニスで、まっすぐに投げ、または、打ったボール。ストレートボール。↕変化球。

ちょっ-きょ チョ【勅許】名〔文章語〕〔「ちょくきょ」の変化〕天皇のゆるし。

ちょっ-きり キ 副 ちょうど。かっきり。「━一万円」

ちょっ-きん ０【直近】名〔「ちょくきん」の変化〕ある事項について、時間や位置がもっとも近いこと。「━の決算期」「━の等級」

ちょっ-くら ク 副〔俗語〕ちょっと。すこし。 **━ちょっと** ク 副〔俗語〕簡単に。ちょっくらちょいと。「━わかるものではない」

ちょっ-けい ０【直系】名〔「ちょくけい」の変化〕❶直接に系統をうけつぐこと。また、その人。❷ひとりを中心として、親子の関係により、つづく系統。↕傍系。 **━尊属**そんぞく ソ 名 祖先から親子関係でつづいた、自分の父母までの血族。父母・祖父母・曽祖父母など。 **━卑属**ひぞく ヒ 名 自分から直系でつづいていく血族。子・孫・曽孫など。

ちょっ-けい ０【直径】名〔「ちょくけい」の変化〕円または球の中心を通って、円周または球面上に両端を有する線分。↕半径。

ちょっ-けつ ０【直結】名 自他サ 〔「ちょくけつ」の変化〕直接につながること。直接にむすびつけること。

ちょっ-こう ０【直交】名 自サ 〔「ちょくこう」の変化〕直線または平面がたがいに直角にまじわること。

ちょっ-こう ０【直行】〔「ちょくこう」の変化〕㊀名 自サ まっすぐに、よりみちをせずに行くこと。「会場へ━する」㊁名 ❶思いどおりに行うこと。「直言━」❷正しい行い。「━の士」

ちょっ-こう ０【直航】名 自サ 〔「ちょくこう」の変化〕船や飛行機で、途中どこにもよらずに目的地へ行くこと。

ちょっ-と チョ【×一寸・×鳥渡】㊀副 ❶数・量・程度が少ないようす。㋐時間が短いようす。「━待ってください」⇩しばらく 参考。㋑分量が多くないようす。「砂糖が━たりないね」㋒位置にちがいがあるようす。「もう━右だ」㋓それほどではないようす。「父の健康が━心配だ」 参考 この❶の意味では「ちょっと」は「すこし」とほとんどちがわない。「すこし」が普通の言い方で、「ちょっと」はくだけた感じをあたえる。「ちょいと」はさらにくだけた感じ。❷あまり深く考えないようす。「━寄っていこうか」❸かなりの評価であるようす。「━すみには置けないね」❹あまり可能性のないようす。「━信じてはもらえないかもしれない」㊁感 気軽に呼びかけることば。「━、木村さんではありませんか」 **━した** ０ チョ 連体 ❶大したことでない。「━故障」❷相当の。水準以上の。「━出来ばえ」 **━見**み ０ 名 ちょっと見たところ。一見いっけん。外見。「━はすばらしい」 **━やそっと** すこしぐらい。「━の苦労では出世できない」 参考 下に打ち消しの語がくる。

ちょっ-ぴり ヒ 副〔俗語〕すこし。わずか。「━高い」

チョップ チョ〈chop〉名 ❶ろっ骨のついた、ぶたやひつじの厚切りの肉。また、それを焼いた料理。「ラム━」❷テニスなどで、球の下面を前方へするどく切るように打つこと。❸プロレスリングで、ひら手をたてにして、するどく打つわざ。空手からてチョップ。

ちょ-とつ チョ【×猪突】名 自サ 〔文章語〕いのししのように、まっすぐに進むこと。むこうみずにすること。「━猛進」

ちょび-ひげ ０ ビ【ちょび×髭】名〔俗語〕鼻の下にほんのわずかはやしたひげ。

ちょ-ぶん ０【著聞】名 自サ 〔文章語〕世の中によく知れわたること。ちょもん。

ちょ-へん ０【著変】名 健康状態などの著しい変化。 参考 看護記録などに使われる。

ちょぼ チョ 名 ❶しるしにうつ点。ぽち。ほし。❷ちょぼがたり。

ちょぼ-いち ボ【×樗×蒲一】名 ❶中国からつたわったというさいころとばくの一種。❷人をごまかすようなやり方。

ちょぼ-がたり ガ【ちょぼ語り】名 歌舞伎(かぶき)で、登場人物の動作・感情をのべる地の文を浄瑠璃で語ること。また、語る人。

ちょ-ぼく ◎【貯木】名自サ 材木をたくわえること。また、その材木。「―場」

ちょぼ-ちょぼ〔と〕副 ❶チョ一 数が少ないようす。また、物が所々にすこしずつあるようす。❷◎〔俗語〕五分五分。あいこ。「不器用な点では二人は―だ」

ちょ-ま チョ【×苧麻】名 からむし。

ちょ-めい ◎【著名】形動(の) ダロ・ダッ・デ・ニ/ダ・ナ・ナラ・○ 名が知られているようす。有名。「―な学者」

ちょ-めい ◎【著明】形動(の) ダロ・ダッ・デ・ニ/ダ・ナ・ナラ・○〔文章語〕きわめてあきらかなようす。「―な事実」

ちょ-もん ◎【著聞】名自サ〔文章語〕⬇ちょぶん。

ちょ-りつ ◎【×佇立】名自サ〔文章語〕しばらく立っていること。たたずむこと。

ちょ-りゅう ◎【貯留】【×瀦×溜】名自他サ 水などの液体がたまること。また、ためること。「雨水―タンク」

ちょろ・い ◎形 カロ・カッ・ク/イ・イ・ケレ・○〔俗語〕❶てぬるい。「そんな―やり方ではだめだ」❷簡単である。「―仕事」

ちょろぎ チョ 名 シソ科の多年草。巻貝に似た形の地下茎を食紅(しょくべに)で染め、黒豆に添えて正月に食べる。ちょうろぎ。新年

ち-よろず ◎【千▲万】(よろづ) 名 かぎりなく多いこと。せんまん。「―の神々」

ちょろ-ちょろ チョ一〔と〕副 ❶水がすこしずつ流れるようす。❷すばしこくうごきまわるようす。「ねずみが―走る」

ちょろまか・す カ 他五 サ・ソ・シ・ス/ス・セ・セ〔俗語〕他人の目をかすめて盗む。また、ごまかす。**ちょろまかせる** 自下一〔…できる〕

ちょろ-りと ロ/リ 副 ❶液体がすこし流れ出るようす。❷人目をかすめて手早くするようす。「―ごまかす」

ちょ-ろん チョ【緒論】名 ⬇しょろん。

ちょん チョ 一〔と〕副名 拍子(ひょうし)木の音をあらわす語。二名 ❶物事の終わり。「事件はめでたく―」❷しるしにつける点。「―をうつ」❸時間のわずかなこと。**―の間**(ま)〔俗語〕ほんの短い時間。ちょいの間。

チョンガー チョ【朝▲総▲角】名〔俗語〕独身者のこと。

ちょん-ぎ・る ギ 他五 ラ・ロ・リ・ッ/ル・ル・レ・レ 簡単に切る。

ちょん-ぼ チョ 名〔俗語〕失敗。まちがい。

ちょん-まげ ◎【丁×髷】名 江戸時代、うしろでたばねた髪を前へまげてゆった、男の髪形。

ちょんまげ

ちらか・す ◎【散らかす】他五 サ・ソ・シ・ス/ス・セ・セ 散らかるようにする。散らしみだす。「へやを―」

ちらか・る ◎【散らかる】自五 ラ・ロ・リ・ッ/ル・ル・レ・レ 物が散らばってみだれている。「へやが―」

ちらし ◎【散らし】名 ❶散らすこと。散らすもの。❷カルタをまき散らして、争いとる遊び。❸散らし広告。引き札。びら。❹散らしもよう。❺散らしずし。❻散らしがき。

ちらし-がき ◎【散らし書き】名 色紙・たんざくなどに、歌や文(ふみ)の文字をとびとびに散らして書くこと。

ちらし-がみ ◎【散らし髪】名 女が髪をゆわずに、といたままにしていること。

ちらし-こうこく コ一【散らし広告】名 まき散らす小形の広告。ビラ。

ちらし-ずし シ一【散らしずし】【散らし×鮨】名 野菜や魚肉などを小さく切って、飯の上にならべたすし。散らしごもく。ちらし。↕にぎりずし。

ちら・す ◎【散らす】他五 サ・ソ・シ・ス/ス・セ・セ ❶まとまりのない状態にする。㋐花びらや葉を落とし飛ばす。「桜を―風」㋑ばらばらに置く。「盛りそばの上にのりを―」㋒四方に広がるようにする。「火花を―」「ごみを―」「群衆を―」㋓一か所に集まっていたものを、ばらばらにする。❷はれ・こり・うみ・痛みなどをなくする。❸(動詞の連用形について)やたらに…する。「あたり―」「書き―」 **散らせる** 自下一〔…できる〕

ちら-ちら チ一〔と〕副自サ ❶こまかいものが舞うように散るようす。「雪が―降る」❷光がこまかくきらめくようす。「星が―光る」⇩ちかちか 参考 ❸目がくらむように感じるようす。「目が―する」❹何かが見えたり消えたりするようす。「子どもの顔が目の前に―する」❺時おり見たり聞こえたりするようす。「横目で―見る」「―聞こえる」

ちらつか・せる ◎/セ 他下一 セ・セ・セル・セル・セレ・セロ・セヨ ❶ちらちらと見せる。❷相手が望むものや困ることをそれとなく提示する。「札束を―」

ちらつ・く ◎ 自五 カ・コ・キ・イ/ク・ク・ケ・ケ ちらちらする。目にうかぶ。

ちらっ-と ラ 副 ちらりと。

ちらば・る ◎【散らばる】自五 ラ・ロ・リ・ッ/ル・ル・レ・レ ❶ちりぢりになる。「一度にわっと―」❷みだれ広がる。「紙くずが―」

ちら-ほら チ〔と〕副 ❶あちらこちらにすこしずつあるようす。「桜が―咲きはじめた」❷ときどきあるようす。「うわさが―と聞こえる」

ちらり-と ラ 副 ❶ほんの短いあいだ、目を向けたり、目にとまったりするようす。「人かげが―見えた」「―頭をよぎる」❷うわさなどをちょっと耳にはいるようす。「その話は―聞きました」

ちらり-ほらり ラ一ラ2〔と〕副 ちらほら。

ち-らん チ【治乱】名〔文章語〕国家・社会がおさまることと、みだれること。「―興亡」

ちり チ 名 ⬇ちりなべ。

ちり ◎/リ【×塵】名 ❶ほこり。ごみ。❷よごれ。「旅の―」❸俗世間のけがれ。「―の世」❹ほんのわずか。「―ほどもない」❺値うちのないもの。とるにたりないもの。「―の身」参考「ごみ」は比較的大きなもの。「ほこり」は、ふつう「ちり」よりも細かいものをさすが、大気中の微粒子を科学的によぶ場合には、「ちり」。**―の世**(よ) けがれの多いこの世。俗世間。**―も積**(つ)**もれば山**(やま)**となる** わずかなものでも、つもりつもれば大きなものとなる。

ち-り チ【地理】名 ❶山川・海陸の状態。❷方角・場所を中心とした土地のようす。「―にくらい」❸地球上の地形・地質や国家・都市・村落・人口・産物などのありさま。❹地理学。**―学**(がく) リ 名 地球の表面と住民との状態・関係などを研究する学問。自然地理学と人文地理学とがある。

チリ《Chile》(「智利」とも書いた)南アメリカ南西部の共和国。首都はサンティアゴ。

ちり-あくた ア【×塵×芥】名 ❶ちりとあくた。ごみくず。❷値うちのないもの。つまらないもの。

ちり-がみ ◎【ちり紙】【×塵紙】名 そまつな紙。はな紙や落とし紙に使う。

ちりけ ◎【▲身▲柱・▲天▲柱】名 ❶頭に血ののぼる小児の病気の名。疳(かん)。❷ぼんのくぼの、きゅうをすえる所の名。

ちり-し リ【ちり紙】【×塵紙】名 ちりがみ。

ちり-し・く ◎【散り敷く】自五 カ・コ・キ・イ/ク・ク・ケ・ケ 一面に散らばる。「散り敷いた落ち葉」

ち

チリ-しょうせき [ショ]【チリ硝石】[名] 主に硝酸ナトリウムでできている鉱物。南米チリ国に分布する。肥料などの原料。硝酸ソーダ。

チリ-ソース [ソ]〈chili sauce〉[名] 唐辛子を主とする香辛料とトマトで作る、辛いソース。「えびの―炒め」

ちり-ちり [チ]〔と〕[副][形動][自サ] ❶物がちぢれるようす。「―したかみの毛」 ❷ひどくおそれてちぢこまっているようす。[参考]形容動詞として使うときは[0]。

ちり-ぢり [0]【散り散り】[名][に副] 散らばるようす。はなればなれになるようす。「一家が―になる」

ちり-づか [0]【ちり塚】【×塵塚】[名] ごみがたまって小高くなっている所。

ちりっ-ぱ [0]【×塵っ葉】[名]「ちり」を強めた言い方。「―ひとつない」

ちり-とり [ト]【ちり取り】【×塵取】[名] ほうきではき寄せたごみを受ける道具。ごみ取り。

ちり-なべ [0]【ちり鍋】[名] 魚・貝・とうふ・野菜などを湯で煮て、ポン酢じょうゆをつけて食べる、なべ料理。ちり。㊇

ちり-のこ・る [コ]【散り残る】[自五] (ラ・ロ・リ・ッ ル・ル・レ・レ) 散らないで残っている。**散り残り** [名]

ちり-ば・める [メ]【×鏤める】[他下一] (メ・メ・メル・メル メレ・メロ・メヨ) 彫って金銀や玉などをはめこむ。「宝石をちりばめた箱」 **ちりば・む** [文語下二]

ちり-はらい [ハ]【ちり払い】【×塵払】(はらひ) [名] はたき。

ちり-めん [0]【▲縮×緬】[名] たて糸によりのない生糸、よこ糸によりの強い生糸をつかって平織りにし、湯に入れてちぢませた絹織物。 **―▲雑▲魚**(じゃこ) [ジャ][名] いわしの稚魚を煮て、かわかしたもの。しらすぼし。㊄ **―×皺**(じわ) [0][名] ちりめんのようなこまかなしわ。

ち-りゃく [チ]【知略】【×智略】[名][文章語] ちえのあるはかりごと。機略。「縦横の―」

ち-りょ [チ]【知慮】【×智慮】[名][文章語] 考える能力。「―に富む」

ち-りょう [0]【治療】[名][他サ] けが・病気をなおすこと。

ち-りょく [チ]【地力】[名] 土地の生産力。

ち-りょく [チ]【知力】【×智力】[名] 知能のはたらき。

ちり-れんげ [レ]【散×蓮華】[名] 陶器製などの大きなさじ。はすの花びらに形が似ていることから。れんげ。

ち・る [0]【散る】[自五] (ラ・ロ・リ・ッ ル・ル・レ・レ) ❶一つにまとまっていたものが、ばらばらになる。㋐花びらなどが落ちて飛ぶ。「この桜もあと二、三日で―」 ㋑はなればなれになって飛ぶ。「波しぶきが―」 ㋒一か所に集まっていた人や物がばらばらになる。「群衆が―」 ㋓一か所から出た人や物が広がる。「卒業生は全国に散っている」 ❷にじんで広がる。「墨が―」 ❸はれ・こり・うみ・痛みなどがなくなる。 ❹気持ちが集中しない。「気が―」 ❺いさぎよく死ぬ。戦いで死ぬ。「戦場に―」

チルド [チ]〈chilled〉[名][造] 零度ぐらいの低温で保存すること。冷蔵の。「―輸送」「―ビーフ」

チルドレン [チ]〈children〉[名] ❶子どもたち。 ❷〔多く人名に続けて〕特定の人物から影響や支持を受けて集まった仲間。

ち-れい [0]【地霊】[名][文章語] 大地の精霊。

ち-れき [0]【地歴】[名] 地理と歴史。

ち-ろ [チ]【地炉】[名] 地面または床にじかに切った炉。いろり。じろ。

ちろり [チ]【×銚×釐】[名] 酒をあたためる、すずや銅などでつくった筒形のうつわ。

ちろり

チロリアン-ハット [ハ]〈Tyrolean hat〉[名] 登山帽などに用いられる、つばのせまいフェルト帽。羽根飾りをつけることが多い。

ち-わ [チ]【痴話】[名] 親しい仲の男女が交わす会話。 **―×喧×嘩**(げんか) [ゲ][名] 男女間の情事のもつれからおこるけんか。

チワワ [チ]〈Chihuahua〉[名] メキシコ原産の犬で、世界最小の品種。大きな目と、常に立った大きな耳が特徴。

ちん【沈】[造] ❶しずむ。しずめる。「沈下・沈降・沈没・撃沈・不沈・浮沈」 ❷おちつく。「沈思・沈静・沈着・沈黙・深沈」 ❸気がめいる。「沈鬱(ちんうつ)・沈痛・消沈」 ❹とどこおる。「沈滞」 ❺夢中になる。「沈酔・沈潜・沈湎(ちんめん)」

ちん【▲枕】[造] まくら。「枕席・枕頭・陶枕」

ちん【賃】[造] 人や物を使ってはらう代金。「賃金・賃貸・家賃(やちん)・駄賃・お使い賃・手間賃・電車賃」

ちん【鎮】[造] しずめ。まもり。 ❶しずめる。おさえる。「鎮圧・鎮護・鎮痛剤・地鎮祭」 ❷とどまる。「鎮座」 ❸おさえ。「重鎮・風鎮・文鎮」

ちん【珍】㊀[チ][名][造] めずらしいことやもの。「―とする」「珍客・珍書・珍重(ちんちょう)」 ㊁[造] ❶おもしろい。かわっている。「珍説・珍談・珍味・珍妙」 ❷思いもよらない。「珍事」

ちん [チ]【×狆】[名] 犬の一種。からだが小さく、毛が長い。顔は、鼻が低く、目が小さい。愛玩(あいがん)用。ちんころ。

ちん [チ]【▲亭】[名] 庭園などの中にある小さな家。あずまや。〔別音てい｜亭〕

ちん [チ]【朕】[名][文章語] 帝王の自称。われ。

ちん【陳】㊀[チ][名] 古代中国の国名。 ㊁[造] ❶のべる。とく。「陳謝・陳述・開陳」 ❷ならべる。「陳列・出陳」 ❸ふるい。「陳腐・新陳代謝」 **陳じる** [他上一] **陳ずる** [他サ]

ちん [チ] ㊀[感] ❶金属などがふれあって鳴る高い音をあらわす語。「呼び鈴が―と鳴る」 ❷鼻をかむ音をあらわす語。 ㊁[名][他サ][俗語]〔初期の電子レンジが鳴らした音から〕電子レンジで食品をあたためること。「弁当を―して食べる」

ちん-あげ [0]【賃上げ】[名][自サ] 賃金を上げること。ベースアップ。「―闘争」↕賃下げ。

ちん-あつ [0]【鎮圧】[名][他サ] しずめおさえること。暴動や戦乱をおさめること。

ちん-うつ [0]【沈鬱】[形動] (ダロ・ダッ・デ・ニ ダ・ナ・ナラ・○) 気分がしずみふさぐようす。「―な表情」

ちん-か [チ]【珍果】[名][文章語] めずらしいくだもの。

ちん-か [チ]【珍菓】[名][文章語] めずらしい菓子。

ちん-か [0]【沈下】[名][自他サ] しずみさがること。しずめさげること。「地盤が―する」

ちん-か [0]【鎮火】[名][自他サ] 火事が消えること。火事を消すこと。↕出火・発火。

ちんがい-ざい [ガ]【鎮×咳剤】[名] せきどめのくすり。

ちん-かく [0]【珍客】[名] ⬇ちんきゃく。

ちん-がし [0]【賃貸し】[名] 料金を取って物を貸すこと。

ちん-がり [0]【賃借り】[名] 料金をはらって物を借りること。

チンキ [チ]【▲丁幾】=**チンク** [名]〔オ tinctuur から〕水にとけにくい生薬(きぐすり)を、アルコール類に浸出させた液。「ヨード―」

ちん-き [チ]【沈×毅】[名][形動][文章語] おちついていて、物に動じないこと。「―な性格」

ちん-き [チ]【珍奇】[名][形動] めずらしくてふうがわりなこと。「―な風俗」

ちん-きゃく [0]【珍客】[名] めずらしい客。ちんかく。

ちん-きん [0]【沈金】[名] 漆器に絵などを毛ぼりにして、金粉をはめこんだまきえざいく。

ちん-きん [チ]【賃金】[名] ⬇ちんぎん。

ちん-ぎん チ【賃金・賃銀】名 労働の報酬として受けとる金。賃銭。**―カット** カ名 労働者がストライキなどをしたとき、使用者がその時間や、生産減少の量に応じて労働者の賃金をけずること。**―鉄則**てっそく テ名 労働者は、資本主義のもとでは、生活維持に必要な最小限の賃金しか得られないとする説。参考ドイツのラッサールがとなえた。**―労働**ろうどう ロ名 労働力を提供して賃金をうける労働。賃労働。

ちん-ぎん ◎【沈吟】〔文章語〕㊀名自サ ふかく考えこむこと。㊁名他サ つぶやくように口ずさむこと。

ちん-くしゃ ◎【×狆くしゃ】名〔俗語〕ちんがくしゃみをしたようなみにくい顔。

チンク-ゆ ク【▲丁幾油】名（「チンク」はドZinkから、亜鉛の意）やけどのときなどに塗る薬。白色、泥状の薬。

ちんけ チ 形動 ダロ・ダッ・デ・ニ／ダ・ナ・ナラ・○〔俗語〕（さいころ賭博とばくで一を「ちん」というところから）程度の低いようす。劣っているようす。「―なやつ」

ちん-げい ◎【珍芸】名 めったに見られない珍しい芸。

チンゲン-さい ゲ【▲青▲梗菜】名 アブラナ科の中国野菜の一種。葉は濃い緑色をして杓子しゃくし状、茎は厚めで白色をしている。

ちん-ご チ【鎮護】名他サ〔文章語〕乱をしずめて、外敵などから国をまもること。

ちん-こう ◎【沈降】名自サ ❶しずみくだること。沈下。❷しずみよどむこと。沈殿。「赤血球―速度」**―海岸**かいがん カ名 陸地の沈降によってできた海岸線。

ちん-ころ コ【×狆ころ】名〔俗語〕❶犬の一種。ちん。❷小犬。

ちん-こん ◎【鎮魂】名〔文章語〕魂をしずめ、おちつかせること。たましずめ。**―曲**きょく コ名 キリスト教で、死者の魂が最後の審判の日に、天国に救い入れられるよう祈るミサの音楽。レクイエム。

ちん-ざ チ【鎮座】名自サ ❶神霊がその地にしずまること。❷〔俗語〕どっかりとすわっていること。

ちん-さげ ◎【賃下げ】名 賃金を下げること。↔賃上げ。

ちん-し チ【沈思】名自サ 深く考えにふけること。「―黙考」

ちん-じ チ【珍事】名 ❶めずらしいできごと。❷【×椿事】思いがけない、たいへんなできごと。

ちん-しごと シ【賃仕事】名 仕事の量によって賃金が支払われる手内職的な仕事。

ちん-しゃ チ【陳謝】名自サ わけを述べてわびること。

チンジャオロース(ー) ロ【中▲青×椒▲肉×絲】名 中国料理の一つ。ぶた肉や牛肉をたけのこ、ピーマンなどと炒いためて、オイスターソースで味つけしたもの。

ちん-しゃく ◎【賃借】名他サ 賃借り。↔賃貸。

ちん-じゅ ◎【鎮守】名 その土地をしずめ、まもる神。また、そのやしろ。**―の森**もり 鎮守の神社のある森。**―府**ふ ジュ名 ❶古代、奥羽おうう地方をおさめた役所。❷旧日本海軍で、それぞれの海軍区を監督した役所。

ちん-じゅう ◎【珍獣】名 かぎられた場所にしかない、めずらしいけもの。「―パンダ」

ちん-じゅつ ◎【陳述】名他サ ❶口でのべること。のべた内容。❷裁判で、当事者や関係人がその事件の事実や法律上の事項を、口頭または書面でのべること。❸文法で、文としてのまとまりをあたえる作用。または、文にこめられる話し手・書き手の態度・判断。**―副詞**ふくし フ名 述語にあらわれる話し手の態度を、修飾したり限定したりする副詞。述語を一定の表現にみちびいて、それと呼応するはたらきをもつ。「決して」（否定）・「たぶん」（推量）など。

ちん-しょ チ【珍書】名〔文章語〕めずらしい書物。珍籍。珍本。

ちん-じょう ◎【陳状】名 ようすをのべた文書。

ちん-じょう ◎【陳情】名他サ 実情をのべ、対策などを考えてもらうよう、役所などに要請すること。

ちん・じる ジ【陳じる】他上一 ジジ・ジル・ジレ・ジロ／ジヨ ⬇ちんずる。

ちん-すい ◎【沈酔】名自サ〔文章語〕酒によいつぶれること。

ちん・ずる ズ【陳ずる】他サ ジ・ゼ・ジ・ズル・ズル・ズレ・ジロ・ゼヨ〔文章語〕（「陳じる(上一段活用)」とも）❶口でのべる。❷言いはる。主張する。ちん・ず 文語サ変

ちん-せい ◎【沈静】名自サ 形動 おちついてしずかなこと。しずまること。↔興奮。

ちん-せい ◎【鎮静】名自他サ 気持ちがしずまること。また、しずめること。「騒動が―する」**―剤**ざい セ名 神経の興奮をしずめる薬。

ちん-ぜい ◎【鎮西】名〔古語〕九州。参考「大宰府だざいふ」を一時「鎮西府」といったことから。

ちん-せき ◎【▲枕席】名〔文章語〕まくらと敷物。ねどこ。

ちん-せき ◎【珍籍】名〔文章語〕めずらしい書籍。珍書。珍本。

ちん-せつ ◎【珍説】名 ❶めずらしい話。珍談。❷かわった意見。「それは―だが、同感だ」

ちんせつゆみはりづき《椿説弓張月》江戸時代後期の読本よみほん。曲亭馬琴きょくていばきんの作。源為朝みなもとのためともを主人公にした空想談。

ちん-せん ◎【沈船】名 しずんだ船。

ちん-せん チ【賃銭】名 労力や物の使用に対する報酬の金銭。賃金。

ちん-せん ◎【沈潜】名自サ ❶水底深くしずむこと。❷一つのことに深く心をむけること。没頭。「研究に―する」

ちん-そう ◎【賃走】名自サ タクシーが客を乗せて走ること。

ちん-ぞう ◎【珍蔵】名他サ めずらしいものとして、たいせつにしまっておくこと。

ちん-たい ◎【沈滞】名自サ ❶活気がないこと。「―した気分」❷進歩・変化のないこと。停滞。「社会全体が―している」

ちん-たい ◎/チ【賃貸】名他サ 使用料を取って、相手方に物を使用させること。賃貸し。「―住宅」↔賃借。

ちん-だい ◎【鎮台】名 ❶㋐地方のおさえとして駐在した軍隊。㋑明治の初期、それぞれの地方におかれた軍団。❷兵隊のこと。参考明治時代のことば。

ちんたい-しゃく タ【賃貸借】名 相手に自分の持ち物を使用させ、相手が使用料をはらう契約。

ちん-たら チ 副〔俗語〕やる気や緊張感がなく、物事をのろのろと行うようす。「―歩く」

ちん-だん ◎【珍談】名 めずらしい話。奇談。

ちんちくりん ◎/リ 名 形動(の)〔俗語〕❶背の低いようす。また、その人。❷衣服の長さのたりないこと。「―の寝巻き」

ちん-ちゃく ◎【沈着】㊀名 形動 おちついていて、心が動かないこと。「―な行動」㊁名自サ 物が底のほうにたまって、はなれないこと。「色素が皮膚に―する」

ちん-ちょう ◎【珍重】名他サ めずらしがり大切にすること。

ちんちょう-げ チョ【沈丁▲花】名 ⬇じんちょうげ。春

ちんちろりん リ ㊀名 ❶まつむしの別名。❷複数のさいころを茶わんに投げ入れ、そのさいの目の組み合わせによって勝負を決めるばくち。㊁副 まつむしの鳴き声。

ち

ちん-ちん [チ−] [名] ❶人が片足でぴょんぴょん跳ぶこと。❷犬が後足で立って前足を上げ、からだを立てること。❸〔幼児語〕陰茎。

ちん-ちん [チ−] [と][副] 湯が熱くわくようす。

ちん-ちん [0]【沈沈】[と][副][たる][連体]〔文章語〕夜がふけて、ひっそりとしたようす。「夜色―として」

ちんちん-かもかも [カ−] [名]〔俗語〕男女が仲よくしていること。また、それをからかっていう語。

ちん-つう [0]【鎮痛】[名][自サ] いたみを止めたり、やわらげたりすること。「―剤」

ちん-つう [0]【沈痛】[形動] ダロ・ダッ・デ・ニ ダ・ナ・ナラ・○ 悲しみにしずんで胸をいためるようす。「―な顔つき」

ちん-づき [0]【賃づき】【賃×搗き】[名] 賃銭をもらって、米やもちなどをつくこと。

ちん-てい [0]【鎮定】[名][自他サ] 乱を平定し、しずめること。また、しずまること。「動乱を―する」

ちん-でん [0]【沈殿】【沈×澱】[名][自サ] ❶液体中のまじり物が、底にしずみたまること。❷化学反応で生じた不溶性の物質が溶液中にあらわれること。

ちん-と [0][チ][副] ひとり、ぽつねんと動かずにいるようす。「―すわっている」

ちん-とう [0]【▲枕頭】[名]〔文章語〕まくらもと。

ちん-とう [0]【珍答】[名] かわったためずらしい回答。↕珍問。

ちん-どく [チ]【×鴆毒】[名] ちん(毒鳥の名)の羽を酒にひたしてつくった毒。はげしい毒。猛毒。

ちんどん-や [0]【ちんどん屋】[名] 人目をひく服装をし、楽器を鳴らしながら、広告や宣伝をする人。ひろめや。

ちん-にゅう [0]【×闖入】[名][自サ]〔「闖」はいきなりはいるの意〕突然はいりこむこと。「暴徒が会場に―する」

ちん-ば [チ]【×跛】[名] ❶片方の足に障害があるため、普通に歩くことのできないこと。❷二つで一そろいの物の片方が欠けていること。

チンパンジー [パ]〈chimpanzee〉[名] ショウジョウ科の哺乳(ほにゅう)類。知能が発達している類人猿。アフリカの森林にすむ。体表は黒毛でおおわれる。くろしょうじょう。

ちんぴら [0][名]〔俗語〕❶一人前でもないのにえらぶっている者。❷不良少年や不良少女。また、やくざなどの下っぱ。

ちん-ぴん [0]【珍品】[名] めずらしい物。珍物。

ちん-ぶ [チ]【鎮×撫】[名][他サ]〔文章語〕世の乱れをしずめ、人民を安心させること。

ちん-ぷ [チ]【陳腐】[名][形動]〔「陳」はふるいの意〕ありふれてふるくさいこと。「―な政策」

ちん-ぶつ [0]【珍物】[名] 珍品。

ちん-ぶん [0]【珍聞】[名] めずらしいうわさ。かわった話。

ちんぷん-かん [ブ][名][形動]〔俗語〕まったくわけのわからないこと。ちんぷんかんぷん。「この論文はぼくには―だ」

ちん-べん [0]【陳弁】[名][他サ]〔文章語〕理由をのべて弁解すること。申し開き。

ちんぽ [チ][名]〔幼児語〕陰茎。ちんぽこ。ちんこ。

ちん-ぽう [0]【珍宝】[名] めずらしい、たからもの。

ちん-ぼつ [0]【沈没】[名][自サ] ❶船などが浮力をうしなって水中にしずんでしまうこと。❷〔俗語〕酔いつぶれること。

ちん-ぽん [0]【珍本】[名] めずらしい本。珍書。

ちんまり [マ][と][副] 小さくまとまっているようす。「―すわっている」

ちん-み [チ]【珍味】[名] めずらしい食べ物。「山海の―」

ちん-みょう [0]【珍妙】[形動] ダロ・ダッ・デ・ニ ダ・ナ・ナラ・○ かわっていて、おもしろいようす。「―なかっこう」

ちん-むるい [チ]【珍無類】[名][形動] 他に例のないほど、ひどくかわっていておかしいこと。「―な服装」

ちん-めん [0]【沈×湎】[名][自サ]〔文章語〕〔「湎」はふけるの意〕酒ばかり飲んで、すさんだ生活をすること。

ちん-もく [0]【沈黙】[名][自サ] だまっていること。**―は金**(きん)⬇雄弁は銀、沈黙は金。

ちんもく《沈黙》遠藤周作(えんどうしゅうさく)の長編小説。一九六六年刊。江戸時代のキリシタン殉教(じゅんきょう)を題材とし、背信者と神の許しの問題を追求した作品。

ちん-もち [チ−]【賃餅】[名] 賃銭を取って、もちをつくこと。また、そのもち。[冬]

ちん-もん [0]【珍問】[名] かわったためずらしい質問。奇問。↕珍答。

ちん-ゆう [0]【珍優】[名] こっけいな演技をみせる俳優。

ちん-ゆう [0]【沈勇】[名][形動] おちついて勇気のあること。

ちん-りょう [チ/リョ]【賃料】[名] 賃貸契約で、借りる人が支払う料金。家賃・レンタル料など。

ちん-りん [0]【沈×淪】[名][自サ]〔文章語〕〔「沈」も「淪」もしずむの意〕おちぶれはてること。零落。凋落(ちょうらく)。

ちん-れつ [0]【陳列】[名][他サ] 人に見せるために、物をならべておくこと。「―ケース」

つ ツ

つ・ツ：ともに「州」からつくられる。

つ [接尾] 九以下の和語の数詞の下にそえることば。「ひと―」「ふた―」

つ【津】[名]〔古語〕❶船着き場。港。渡し場。❷人のあつまる所。

つ [助動] テ・テ・ツ・ツル・ツレ・テヨ〔古語〕〔活用語の連用形につく〕❶動作・作用が完了して、現在その状態になっていることをあらわす。…た。…てしまう。…てしまった。「(名ヲ)なよたけのかぐや姫とつけつ」〈竹取〉❷⬇つべし。❸〔「…つ、…つ」の形で〕いくつかの動作を並記して述べる。…(し)たり、…(し)たり。「乗っては降りつ、下りては乗っつ」〈平家〉[参考] 平安時代末以降の用法。

つ [助]〔古語〕〔格助詞〕所有・所属をあらわす。…の。…にある。「天―風」「沖―白波」「上(かみ)―代(よ)」

ツアー [ツ]〈tour〉[名] ❶観光旅行。「ヨーロッパ周遊―」❷小旅行。「サイクリング―」❸芸能人・楽団・劇団などの巡業。❹巡回方式で行う、ゴルフ・テニスなどの試合。

―コンダクター [ダ]〈tour conductor〉[名] 旅行の添乗員。ツアコン。

ツァーリ [ツァ]〈ロ Tsar'〉[名] 帝政時代のロシアの皇帝の称号。ツァー。

ツァイ-チェン [ツァ]【中▲再▲見】[感][あいさつ]〔「さいけん」と読めば別語〕さようなら。

つい【追】[造] ❶おう。おいかける。「追及・追撃・追跡・追放・急追・猛追」❷死んだあとでおこなう。「追善・追贈・追悼(ついとう)・追福」❸あとからする。「追憶・追加・追認・追試験・追体験・訴追」

つい【椎】[造] せぼね。「椎間板・椎骨・頸椎(けいつい)・脊椎(せきつい)・腰椎」

つい【×槌】[造] つち。「鉄槌(てっつい)」

つい【墜】[造] おちる。おとす。「墜死・墜落・撃墜・失墜」

つい【対】㊀[0][名] 二つそろって一組のもの。「―のさかずき」「対句・対幅」㊁[接尾] 二つで一組のものをかぞえることば。「花立て一―」〔別音 たい|対〕

つい【▲終】[0] つひ [名]〔古語〕最後。終わり。「つひの頼みどころ(生涯ヲ託スル妻〉には思ひおくべかりける」〈源氏〉 **―の住処**(すみ) 古語 最後の住みどころ。死ぬまで住むことになる家。「これがまあつひのすみかか雪五尺」〈小林一茶〉 **―の別れ**(わかれ) 古語 死別。

つい ⓪ 副 ❶思わず。うっかり。「―わすれた」 ❷時間・距離が近いようす。ほんの。「―このあいだ」

ツイート ⓪/イ 〈tweet〉 名 自他サ 〔鳥のさえずりの意〕ツイッターに短い文章を投稿すること。また、その文章。

ツイード ⓪/イ 〈tweed〉 名 粗く織った厚手の毛織物。

ついえ ⓪ 【費え】(つひえ) 名 費用。特に、むだな費用。

つい-える エ 【費える】(つひえる) 自下一 (エ・エ・エル・エル・エレ・エロ/エヨ) ❶むだにつかわれて、へる。❷むだに時がすぎる。 **つひ-ゆ** 文語ヤ下二

つい-える エ 【潰える】(つひえる) 自下一 (エ・エ・エル・エル・エレ・エロ/エヨ) ❶こわれる。「堤防が―」 ❷まけて、ばらばらになる。敗走する。「敵軍が―」 **つひ-ゆ** 文語ヤ下二

つい-おく ⓪ 【追憶】 名 他サ 過去の思い出にひたること。追懐。追想。「―にふける」

つい-か ⓪ 【追加】 名 他サ あとからつけくわえること。「注文を―する」

つい-かい ⓪ 【追懐】 名 他サ 文章語 あとから思いしのぶこと。追想。追憶。

ついかん-ばん カ 【椎間板】 名 背骨を形作る椎骨(ついこつ)の間にあって、クッションの働きをする軟骨。 **―ヘルニア** ル 名 椎間板の内部の組織が外にはみ出した状態。激痛を伴う。

つい-き ⓪ 【追記】 名 他サ あとから書きくわえること。また、その文章。「再版にあたって―する」

つい-きそ キ 【追起訴】 名 他サ 審理中の刑事事件で、検察官が、同一被告人のほかの犯罪を追加して起訴すること。

つい-きゅう ⓪ 【追及】 名 他サ ❶あとから追いつくこと。❷くいさがって、問いつめること。「責任を―する」

つい-きゅう ⓪ 【追求】 名 他サ 目的のものを手に入れようと、どこまでもおいもとめること。「利益の―」

つい-きゅう ⓪ 【追究】【追窮】 名 他サ 学問的に明らかにしようと、しらべきわめること。「真理を―する」

つい-きゅう ⓪ 【追給】 名 他サ いちど給与をわたした上、さらに支給すること。「ベースアップによる―」

つい-く ⓪ 【対句】 名 ことばの形や意味の対になっている二つの文や句。対語。「天長く、地久し」など。

つい-げき ⓪ 【追撃】 名 他サ 逃げる敵を追いかけてさらに攻めること。「―をあきらめる」 参考 スポーツでは、負けているほうが先行する相手を追う意味に使うことがある。

つい-ご ⓪ 【対語】 名 ⇒たいご㊀❶。

つい-こう ⓪ 【追考】 名 他サ 文章語 もう一度、あとからかんがえること。

ついこう 【遂行】 「すいこう」のあやまり。

つい-ごう ⓪ 【追号】 名 人の死後のおくり名。諡号(しごう)。

つい-こつ ツ 【椎骨】 名 せぼねを組みたてている骨。

つい-し ⓪ 【追試】 名 「追試験」の略。

つい-し ⓪ 【墜死】 名 自サ 高い所から、おちて死ぬこと。

つい-じ ⓪ 【築地・築×墻】(ぢ) 名 〔「つきひぢ」の変化〕土でぬり固め、かわらで屋根をふいたへい。

つい-しけん ケ 【追試験】 名 試験を受けなかった者や不合格だった者に対して、あとで特別に行う試験。追試。⇔本試験。

つい-しゅ ⓪ 【堆朱】 名 朱うるしを厚く塗りかさねて、それに模様を彫った工芸品。

つい-じゅう ⓪ 【追従】 名 自サ 〔「ついしょう」と読めば別語〕人のあとに、つきしたがうこと。「権力者に―する」

つい-しょう ⓪ 【追従】 名 自サ 〔「ついじゅう」と読めば別語〕へつらうこと。おべっかを言うこと。「お―を言う」 **―笑い**(わらい) ワ 名 人のきげんをとるための作り笑い。

つい-しん ⓪ 【追伸】 名 文章語 手紙の本文につけ加えてしるすこと。追って書き。二伸。⇩追って書き 参考。

つい-ずい ⓪ 【追随】 名 自サ あとにつきしたがうこと。まねをすること。「他の―を許さない」

ツイスト ⓪/イ 〈twist〉 名 腰をひねりながらおどるダンス。

つい-せき ⓪ 【追跡】 名 他サ 逃げる者のあとをつけて、追いかけること。「逃亡者を―する」

つい-ぜん ⓪ 【追善】 名 他サ 死者のめいふくを祈って仏事をいとなむこと。追福。追善供養(くよう)。

つい-そ ツ 【追訴】 名 他サ すでにうったえられている者をさらに別の罪でうったえること。また、そのうったえ。

つい-ぞ ツ 【ついぞ】【×終ぞ】(つひ) 副 いまだかつて。ついに。「―見たこともない」 参考 下に打ち消しの語がくる。

つい-そう ⓪ 【追走】 名 自サ 後を追って走ること。「―するバイクを振り切る」

つい-そう ⓪ 【追想】 名 他サ 追憶。追懐。

つい-ぞう ⓪ 【追贈】 名 他サ 死後に、官位などをおくること。

つい-そうけん ソ 【追送検】 名 他サ ある事件で検察庁に送った被疑者について、別の事件の容疑で警察が捜査書類を検察官に送ること。

ツィター ツィ 〈ド Zither〉 名 ⇒チター。

つい-たいけん タ 【追体験】 名 他サ その人の作品を見たり同じ行動をしてみたりして、その人の体験を自らの体験のように受け止めること。

つい-たけ ⓪ 【対丈】 名 布を身のたけに裁って、着物を仕立てること。おはしょりの分などをとらないこと。

つい-たち チ 【一日】【×朔×日・×朔】 名 〔「つきたち」の変化〕月の第一日。⇔みそか。

つい-たて ⓪ 【×衝立】 名 〔「つきたて」の変化〕室内や玄関に立ててしきりとする家具。

つい-ちょう ⓪ 【追徴】 名 他サ ❶あとから不足額をとりたてること。「会費の―」 ❷脱税などの犯罪で、納付すべき額をとりたてること。「―金」

ツイッター ⓪/イ 〈Twitter〉 名 〔商標名〕〔「鳥のさえずり」の意のツイート tweet から「つぶやき」の意に転じた語〕一四〇字以内の短文で自分の近況などを記し、他人と共有するインターネット上のサービス。二〇〇六年にアメリカの会社によって開始される。ミニブログ。

ついで ⓪ 【ついで】【×序で】 名 他のことといっしょにするおり。よい機会。「―がない」

つい-で ⓪ 【次いで】 接続 〔「つぎて」の変化〕ひきつづいて。「かすかな揺れが続き、―本震があった」

ついて-いる 連語 俗語 運がいい。ついてる。

ついで-に ⓪ 【ついでに】【×序でに】 副 ほかのことをするときに、いっしょに。「―これもやってくれ」

ついて-は ツ 【ついては】【就いては】(ワ) 接続 〔「つきては」の変化〕そのことについて。そこで。「―お願いがあります」

ついて-まわる 【付いて回る】(まはる) 連語 はなれずにずっとついてくる。「災難が―」

ついて-ゆく 【付いて行く】 連語 ❶方針にしたがう。言うとおりにする。「コーチの指導に―」 ❷全体の進みかたに遅れないようにする。「フランス語の授業は―のが大変だ」

つい-と ツ 副 ❶すばやくおこなうようす。さっと。ぱっと。「―目をそらす」 ❷突然おこなうようす。いきなり。「―足

を止める」

つい-とう [0]【追討】[名][他サ] 賊などをおいかけて、うつこと。

つい-とう [0]【追悼】[名][他サ] 死んだ人をいたむこと。

ついどう［隧道］「すいどう」のあやまり。

つい-とつ [0]【追突】[名][自サ] うしろから突きあたること。

つい-な [0]【追×儺】[名] おにやらいの儀式。のちに、豆をまいたりする節分の行事となった。[冬]

つい-に [ツ]【つ い に】【▲終に・▲遂に・×竟に】(つひ) [副] ❶しまいに。とうとう。「—降参した」❷いまだに。絶えて。ついぞ。「—そんな例をみない」[参考] 下に打ち消しの語がくる。

つい-にん [0]【追認】[名][他サ] 過去にさかのぼって、その事実をみとめること。

つい-はく [0]【追白】[名]〔文章語〕〔「白」は申すの意〕追伸。⇩追って書き[参考]。

つい-ば・む [バ]〔「×啄む」〕[他五](マ・モ|ミ・ン|ム|ム|メ|メ)〔「突きはむ」の変化〕とりが、くちばしでつついて食べる。**ついばめる** [自下一]〔…できる〕

つい-ひ [0]【追肥】[名] 作物の生育の中途でほどこすこやし。おいごえ。↕基肥(きひ)。

つい-び [ツ]【追尾】[名][他サ]〔文章語〕追跡。

つい-ふく [0]【対幅】[名] 一対になっている書画のかけじく。双幅。対軸。

つい-ふく [0]【追福】[名][他サ] 追善。

つい-ほ [ツ]【追補】[名][他サ] 出版物などで、足りない部分を後から補って加えること。

つい-ぼ [ツ]【追慕】[名][他サ] 死者や、わかれた人をしたうこと。

つい-ほう [0]【追放】[名][他サ] ❶おいはらうこと。おい出すこと。「暴力を—する」❷ある理由で不適格者と認めた者を、その地位・職業からしりぞけること。公職追放など。パージ。❸昔、犯罪者を一定地域外においはらった刑。

つい-や・す [ヤ]【費(や)す】(つひやす) [他五](サ・ソ|シ|ス|ス|セ|セ) ❶物や金銭を使ってなくする。「十万円を—」❷時間をかける。「三年間を—」**費やせる** [自下一]〔…できる〕

つい-らく [0]【墜落】[名][自サ] 高い所からおちること。

つ-いり [0]【▲梅▲雨入り】[名]〔「つゆいり」の変化〕つゆにはいること。入梅。[夏]

つい-ろく [0]【追録】[名][他サ] あとから書きたすこと。また、そのもの。

ツイン [イ]〈twin〉[名]〔「ふたご」の意〕❶二つで一組になったもの。「—タワー」❷ホテルで、一人用のベッドを二つ用意したへや。↕シングル・ダブル。

つう【痛】[造] ❶いたい。いたむ。「痛覚・痛風・胃痛・苦痛・頭痛・悲痛・神経痛」❷程度がはげしい。ひどい。「痛飲・痛快・痛切・痛烈」

つう【通】㊀ [ツ][名][造] ❶㋐趣味・道楽などの物事によく通じること。また、その人。「ジャズの—」「ラーメン—」㋑花柳界の事情に通じ、さばけていること。また、その人。㋒人情によく通じ、さばけて思いやりのあること。また、その人。❷理解する。わけしり。「通人・劇通・精通・消息通」㊁[造] ❶とおる。とおす。「通過・通路・開通・流通」❷かよう。ゆききする。「通院・通学・通商・交通」❸しらせる。「通信・通告・内通・文通」❹よくゆきわたる。「通常・通例・共通・普通」❺すべて。まとめて。「通算・通読」❻性的に不義の関係。「密通・姦通」㊂[接尾] 手紙・文書などをかぞえることば。「住民票一—」

ツー [ツ]〈two〉[名] 二つ。二。

ツー-アウト [ア]〈two outs〉[名] 野球で、一イニングのアウトの数が二つになること。二死。ツーダン。

つう-いん [0]【通院】[名][自サ] 病院へ、治療のためかようこと。「—治療」

つう-いん [0]【痛飲】[名][他サ] 酒を大いにのむこと。

つう-うん [0]【通運】[名] 貨物をはこぶこと。運送。「—の便」

つう-えん [0]【通園】[名][自サ] 幼稚園や保育園にかようこと。「—バス」

つう-か [ツ]【通貨】[名] 一国内に流通する貨幣。**—収縮**(しゅうしゅく) [シュ][名] デフレーション。**—膨張**(ぼうちょう) [ボ][名] インフレーション。

つう-か [0]【通過】[名][自サ] ❶とおりすぎること。すぎゆくこと。「—列車」「低気圧が—する」❷物事がさわりなく通ること。「予算案が—する」「検査を—する」**—儀礼**(ぎれい) [ギ][名] 人の一生で体験する、大事な出来事にともなう儀礼。七五三、結婚式、還暦、葬式など。

つう-かあ [カ][名]〔俗語〕話がよく通じ合うこと。「—の仲」[参考]「つう」と言えば「かあ」と答える、という慣用句から生まれた語。

つう-かい [0]【通解】[名][他サ] 全体にわたって解釈すること。また、解釈した書物。通釈。

つう-かい [0]【痛快】[形動](ダロ|ダッ・デ・ニ|ダ|ナ|ナラ|○) たいそうゆかいなようす。「—な逆転勝ち」**痛快がる** [自五] **痛快さ** [名]

つう-かく [0]【痛覚】[名] いたいと感じる感覚。

つう-がく [0]【通学】[名][自サ] 学校にかよって学芸・技芸をおさめること。「自転車—」

つう-が・る [ガ]【通がる】[自五](ラ・ロ|リ・ッ|ル|ル|レ|レ) 通らしくみせかける。通人を気どる。

つう-かん [0]【通巻】[名] 雑誌・全集などを、創刊号から通して数えた番号。「—一五〇号記念」

つう-かん [0]【通関】[名] 税関の検査を受けて通過すること。「—の手続き」

つう-かん [0]【通観】[名][他サ] 全体を見わたすこと。概観。

つう-かん [0]【痛感】[名][他サ] つよく感じること。

つう-き [0]/[ツ]【通気】[名] 空気がかようこと。通風。「—装置」

つう-ぎょう [0]【通暁】[名][自サ]〔文章語〕〔「暁」は知るの意〕ひろく知っていること。「事情に—した人」

つう-きん [0]【通勤】[名][自サ] かよいで勤務すること。つとめにかようこと。「時差—」↕住み込み。

つう-く [ツ]【痛苦】[名] ひどい、くるしみ。

つう-けい [0]【通計】[名][他サ] ぜんぶの計算。総計。通算。

つう-げき [0]【痛撃】[名][他サ] 手ひどく攻撃すること。

つう-げん [0]【痛言】〔文章語〕㊀[名] 心にこたえる、手いたいことば。㊁[名][他サ] 手ひどく言うこと。極言。

つう-こう [0]【通交】【通好】[名][自サ]〔文章語〕国と国とが親しくつきあうこと。「—条約」

つう-こう [0]【通行】[名][自サ] ❶とおっていくこと。ゆきき。❷一般に通じて行われること。「—の法律」

つう-こう [0]【通航】[名][自サ]〔文章語〕船が通行すること。

つう-こく [0]【痛×哭】[名][自サ]〔文章語〕〔「哭」は声をあげて泣くの意〕たいそうなげくこと。ひどく泣くこと。

つう-こく [0]【通告】[名][他サ] 決定した事柄を相手に正式に知らせること。「解雇を—する」

つう-こん [0]【痛恨】[名] ひどく残念がること。ひどくくやしく思うこと。「—の失敗」

つう-こん [0]【通婚】[名][自サ] 社会的に婚姻関係をもつこと。「—圏」

つう-さん [0]【通算】[名][他サ] 全体をとおしての計算。通計。「—二千本安打」

つうさん-しょう [サ]【通産省】[名]「通商産業省」の略。

つう-し ツ【通史】名 全時代にわたってのべた総合的歴史。

つう-じ ０【通じ】名 ❶通じること。とおること。「電話の—が悪い」❷他人の考えをさとること。さとり。わかり。「—のよい人」❸大便が出ること。参考「お通じ」と丁寧語でいうことが多い。

つう-じ ツ【通事】【通辞・通詞】名 江戸時代、おもに長崎でつとめていた幕府の通訳官。

つう-じつ ０【通日】名〔文章語〕❶一月一日からずっとかぞえた日数。❷一日じゅう。

つうじ-て ０【通じて】副 ひっくるめて。すべて。一般に。

つうじ-てき ０【通時的】形動（ダロ・ダッ・デ・ニ・ダ・ナ・ナラ・〇）時間による現象の変化をみるようす。↕共時的。

つう-しゃく ０【通釈】名 他サ 全体にわたっての解釈。通解。↕抄釈。

つう-しょ ０【通所】名 自サ 保育所や福祉施設に保育・療育・介護などを目的に通うこと。「—介護」

つう-しょう ０【通称】名 一般に通用する名称。俗称。

つう-しょう ０【通商】名 自サ 外国と商品の売買をすること。貿易。「—条約」

つう-じょう ０【通常】名 特に変わりのないこと。普通。「—の勤務態勢」↕非常。⇩普通 参考。**—国会**（こっかい） コ 名 毎年定期に開かれる国会。一月中に召集され、会期は一五〇日間。↕臨時国会・特別国会。

つうしょうさんぎょう-しょう ギョ【通商産業省】名 一九四九年に、もとの商工省を中心にしてできた、貿易・産業などのことをとりあつかった中央官庁。通産省。二〇〇一年、経済産業省に改編。

ツー-ショット ジョ〈two-shot〉名 ❶映画やドラマで、俳優が二人だけの場面。❷〔俗語〕男女が二人だけでいること。❸男女が二人で写っている写真。

つう・じる ０【通じる】（ジ・ジ・ジル・ジル・ジレ・ジロ・ジヨ）〔「通ずる（サ変活用）」とも〕㊀ 自上一 ❶ある所から別の所へつながる。㋐道筋がある所へつながる。「隣町までバスが—」「海岸へ—細い道」㋑先方へ連絡がつく。「電話が—」「伝言が—」❷気持ちなどが相手に伝わる。「意味が—」「冗談が通じない」❸ある物事について詳しく知っている。「歌舞伎（かぶき）に通じている人」❹二つの物事につながりがある。「二人の考えには—ところがある」❺広くゆきわたる。通用する。「一般に—常識」❻ひそかに交わりをもつ。「敵と—」「男女が—」㊁ 他上一 ❶ある場所へつながらせる。「山頂まで道を—」❷考えなどが相手に伝わるようにする。知らせる。「こちらの意向を先方に—」❸心をかよわせる。「よしみを—」「情を—」❹〔「…を通じて」の形で〕㋐何かを仲立ちとする。「テレビを通じて国民に訴える」「人を通じて頼む」㋑全体にゆきわたる。「一年を通じて雨が多い」「最近の小説全般を通じて言える特色」 **つう・ず** 文語サ変

つう-しん ０【通信】名 自サ 郵便・電信・電話などで、伝えること。たより。しらせ。**—員**（いん） シ 名 新聞社などの社員や嘱託で、地方に駐在し、受け持ちの地域のでき事をしらせる人。**—衛星**（えいせい） エ 名 大陸間の電波通信を中継するための人工衛星。放送にも使用。CS。**—機関**（きかん） キ/カ 名 郵便・電信・電話などの通信を仲立ちする組織。**—教育**（きょういく） キョ 名 郵便・テレビ・ラジオなどの通信手段によって、一定の課程を学ばせる教育。**—社**（しゃ） シ 名 新聞社・放送局などに、世界じゅうのニュースを集めて提供する会社。**—販売**（はんばい） ハ 名 広告やダイレクトメール、インターネットなどによって注文をとり、商品を発送する販売方法。通販。**—簿**（ぼ） シ 名 児童・生徒の学業成績・出欠状況などを、学校から家庭に知らせる帳簿。通知表。通知簿。**—網**（もう） シ 名 新聞社・通信社などが、ニュースを集めるために設けている組織。

つう-しん ０【痛心】名 自サ〔文章語〕心をいためなやますこと。ふかい心配。「—にたえない父の大病」

つう-じん ０【通人】名 ❶趣味・道楽、特に花柳界のことをよく知っている人。粋人（すいじん）。❷人情に通じ、さばけた人。

つう-すい ０【通水】名 自他サ 水路などに水がとおること。また、とおすこと。

つう・ずる ０【通ずる】自他サ（ジ・ゼ・ジ・ズル・ズル・ズレ・ジロ・ゼヨ）➡つうじる。**つう・ず** 文語サ変

つう-せい ０【通性】名 一般的な性質。同類に共通な性質。通有性。「渡り鳥の—」

つう-せき ０【痛惜】名 他サ〔文章語〕ふかくおしむこと。「友の死を—する」

つう-せつ ０【通説】名 一般に認められている説。「学界の—」↕異説。

つう-せつ ０【痛切】形動（ダロ・ダッ・デ・ニ・ダ・ナ・ナラ・〇）❶身にしみて感じるようす。「—に必要性を感じる」❷いかにもぴったりしているようす。「—な皮肉」

つう-せん ０【通船】名 ❶船が通航すること。❷大きな船が着岸できないときに、湾内や海峡で、連絡のために使われる船。通い船。

つうそう-ていおん テ【通奏低音】名 バロック音楽で、二声部以上の合奏において連続して演奏される低音部。

つう-そく ０【通則】名 一般に通じる規則。

つう-ぞく ０【通俗】名 形動 平凡でだれにもわかること。世間なみ。**—化**（か） ０ 名 他サ 一般の人にわかるようにすること。**—小説**（しょうせつ） ショ 名 文芸的価値に重きをおかず、大衆の楽しみを主眼とする小説。大衆小説。**—的**（てき） ０ 形動 俗受けのするようす。「—な作品」

つう-だ ツ【痛打】名 他サ ❶激しい打撃を与えること。また、その打撃。❷野球で、痛烈な打球。

つう-たつ ０【通達】㊀名 他サ 上級官庁が、その事務について下部機関や職員にあてて知らせること。㊁名 自サ〔文章語〕深くその道に通じていること。熟達。「ドイツ語に—する」

つう-たん ０【痛嘆】【痛×歎】名 他サ ひどくなげくこと。

ツー-ダン ツ〈two down〉（和製英語）名 ➡ツーアウト。

つう-ち ０【通知】名 他サ 必要なことを知らせること。「会社から採用の—があった」**—表**（ひょう） ０ 名 通信簿。通知簿。**—預金**（よきん） ヨ 名 引き出すときに、一定の期間より以前に通知する制度の預金。

つう-ちょう ０【通帳】名 かけうり・貯金などの月日・件名・金額などを書きこむ帳面。かよい。かよいちょう。

つう-ちょう ０【通×牒】名 他サ 官庁などが、ある問題について書面で知らせること。また、その書面。「最後—」

つう-つう ０ 名〔俗語〕気心を通じあっていること。つうかあ。「あの二人は—だ」

つう-てい ０【通底】名 自サ〔文章語〕複数の事柄が、基本的な部分では共通性を持っていること。「この作家のどの作品にも—するテーマ」

つう-てん ツ【痛点】名 皮膚の表面に分布している、痛覚を感じる部分。

つう-でん ０【通電】名 自他サ 止まっていた電流が通じること。また、通じるようにすること。「—火災」

つう-どく ０【通読】名 他サ ひととおり全部を読むこと。

ツートン-カラー カ〈two-tone color〉名 二種類の色を組み合わせた配色。「—の自動車」

つう-ねん ◎【通年】名 一年間を通じてのこと。

つう-ねん ツ【通念】名 世間でふつうとされる考え。「社会―」

つう-ば ツ【痛罵】名 他サ 〔文章語〕ひどくののしること。

ツー-バイ-フォー フォ〈two-by-four〉名 柱と梁(はり)によらず、断面が二インチ×四インチの材木を組み合わせて壁を作って支える建築工法。枠組み壁工法。

つう-はん ツ【通販】名「通信販売」の略。「―カタログ」

ツー-ピース ピ〈two-piece〉名 うわぎとスカートまたはズボンのように、上下で一組になっていること。また、そのような婦人服・背広。

つう-ふう ◎【痛風】名 血液中の尿酸が増加して、足の親指や足首の関節が赤くはれていたむ病気。

つう-ふう ◎【通風】名 自サ ❶風がとおること。また、風をとおすこと。かぜとおし。通気。❷室内の空気が入れかわること。また、入れかえること。換気。「―のための窓」

つう-ふん ◎【痛憤】名 他サ 〔文章語〕ひどく憤慨すること。

つう-ぶん ◎【通分】名 他サ 分母のちがった二つ以上の分数を、その値をかえないで同分母の分数とすること。

つう-へい ◎【通弊】名 同種のもの一般にみられる弊害。「政治家の―」

つう-べん ツ【通弁】名「通訳」の古いよび名。

つう-ほう ◎【通宝】名〔通用する宝の意〕昔、貨幣の表面に鋳(い)だした文字。通貨。「寛永―」

つう-ほう ◎【通報】名 他サ 情報などをつげ知らせること。「警察に―する」

つう-ぼう ◎【痛棒】名 ❶座禅で、心の定まらない者を師の僧が打ちこらしめる棒。❷ひどい叱責(しっせき)。ひどい非難。「―をくらう」

つう-ぼう ◎【通謀】名 自サ 〔文章語〕ふたり以上の者がしめしあわせて、悪事を計画すること。共謀。

つう-やく ◎【通約】名 他サ 分数の分母と分子との中から、共通の因数をなくすること。約分。

つう-やく ツ【通訳】名 他サ ことばがちがうために、話がわからない人々の間にたって、話がわかるようにことばを訳してとりもつこと。また、その人。通弁。通事。

つう-ゆう ◎【通有】名 形動(の) 一般に共通して、そなわっていること。「東洋人―の性格」 **―性**(せい) ◎名 一般のものに共通の性質。通性。

つう-よう ◎【痛×痒】名〔いたさとかゆさ〕困ること。影響。利害。「なんの―も感じない」

つう-よう ◎【通用】名 自サ 一般に広く用いられたり、使用がみとめられたりすること。「ヨーロッパで―する貨幣」「―期間」 **―口**(ぐち) ヨ名 ふだん使っている出入り口。 **―字体**(じたい) ジ名 常用漢字・人名用漢字などで採用され、社会でふつうに使われている字体。 **―門**(もん) ヨ名 いつも出入りする、正門でない門。

つう-らん ◎【通覧】名 他サ 全体をひととおり見ること。

ツー-ラン ツ名〔ア two-run homer から〕野球で、塁上に一人の走者をおいて打ったホームラン。

つう-りき ツ【通力】名 すべてのことが思いどおりにできる能力。神通力(じんずうりき)。

ツーリスト ツ/リ〈tourist〉名 旅行者。観光客。 **―ビューロー** ビュ〈tourist bureau〉名 旅行案内所。

ツーリズム リ〈tourism〉名 観光旅行。また、観光事業。旅行業。

ツーリング ◎〈touring〉名 ❶観光旅行。❷自動車・オートバイ・自転車などで遠出すること。

ツール ツ〈tool〉名 ❶道具。工具。❷手段。

つう-れい ◎【通例】㊀名 一般のならわし。ふつうの例。「社会の―」 ㊁副 ふつう。通常。一般に。「―日曜を休業とする」

つう-れつ ◎【痛烈】名 形動 きわめてはげしいようす。「―な批評」

つう-ろ ツ【通路】名 ゆききする道。とおり道。かよいじ。

つう-ろん ◎【通論】名 ❶全体にわたって論じたもの。「経済学―」❷一般にみとめられた議論。

つう-ろん ◎【痛論】名 他サ 〔文章語〕てひどく論ずること。また、その論。

つう-わ ◎【通話】名 自サ 電話で話をすること。

つえ ツ【×杖】(つゑ) 名 ❶歩くとき助けとする細長い木や竹などの棒。ステッキ。❷たよりにするもの。「むすこを―とたのむ」 **―とも柱**(はしら)**とも** たいそうたよりに思う人。または、その物ごと。つえ柱。「―たのむ」 **―を×曳**(ひ)**く** つえを手にしてあるく。散歩する。

つえ-はしら ツ【つえ柱】【×杖柱】(つゑ) 名〔つえとはしら〕たいそうたよりに思う人・もの。「―とたのむ」

つか カ【▲束】名 ❶指四本分の幅の長さ。❷梁(はり)と棟木(むなぎ)との間や、縁や床の下に立てるみじかい柱。つか柱。⇩ぬき(図)。❸本の厚み。

つか カ【▲柄】名 ❶刀剣や弓の手でにぎる所。⇩太刀(図)。❷筆の軸。

つか カ【塚】名 ❶土を小高くもって造った墓。❷墓。❸土などで小高く築いた物。「一里―」

つが ガ【×栂】名 マツ科の常緑高木。針葉樹。材は建築・器具・製紙用。樹皮からタンニンをとる。つがのき。とが。 **―の木**(き)**の** 枕「つぎつぎ」にかかる。

つか-あな ◎【塚穴】名 死んだ人をほうむる穴。墓穴。

つかい ◎【使い】(つかひ) 名 ❶用足しをすること。また、させられる人。「―を出す」❷〔名詞について〕それをつかうこと。つかい方。つかう人。「魔法―」「人―」❸神仏の使者となる動物。使わしめ。

つがい ◎【▲番】(つがひ) 名 ❶組になったもの。❷めす・おすの一組。「―のいんこ」❸合わせめのところ。つがいめ。

つかい-あるき ◎/ア【使い歩き】(つかひ) 名 用事を言いつかってあちこち歩くこと。また、その人。使い走り。

つかい-がって ガ【使い勝手】(つかひ) 名 道具や機械などを実際に使ったときの具合。「―がいい」

つかい-き・る キ【使い切る】(つかひ) 他五 ラ・ロ・リ・ッ・ル・ル・レ・レ 残さずにすべて使ってしまう。使い果たす。「傷まないうちに食材を―」 **使い切り** 名 **使い切れる** 自下一 […できる]

つかい-こな・す ナ【使いこなす】(つかひ) 他五 サ・ソ・シ・ス・ス・セ・セ うまく使って役にたてる。うまくじゅうぶんに使う。 **使いこなし** 名 **使いこなせる** 自下一 […できる]

つかい-こ・む コ【使い込む】(つかひ) 他五 マ・モ・ミ・ン・ム・ム・メ・メ ㊀【使い込む】長い間使って、それになれる。使いなれる。「使い込んだ道具」 ㊁【遣い込む】❶あずかったかねなどを自分のことに使う。「公金を―」❷予算以上に使ってしまう。 **つかい込み** 名

つかい-さき ◎【使い先】(つかひ) 名 ❶使いに出た先方。❷金銭の使い道。

つかい-すて ◎【使い捨て】(つかひ) 名 一度使っただけで、修理などをしないで捨ててしまうこと。また、そのように作られたもの。「―カメラ」「―のライター」

つかい-だて ◎【使い立て】(つかひ) 名 他サ 人に用事をさせること。「お―をして申しわけありません」

つかい-て ◎【使い手】(つかひ) 名 ❶使う人。「携帯電話の―がふえる」❷【遣い手】使い方のうまい人。「槍(やり)の―」

つかい-で ◎【使いで】(つかひ) 名 ❶たくさん使っても、なか

なかなくならない感じがすること。「―がある」❷使い道。「―が小さい」

つかい-はしり⓪[ハ]【使い走り】名 言いつけられて、あちこち出かけて使いをすること。また、その人。使い歩き。つかいばしり。

つかい-はた-す[タ]【使い果(た)す】他五 すっかり使ってしまう。「有り金を―」 **使い果たせる** 自下一[…できる]

つかい-ふる-す[ル]【使い古す】他五 長い間使って古くなる。「使い古した辞書」 **使い古し** 名

つかい-まわし⓪【使い回し】名 同じものをくりかえし使用したり、いろいろな用途に転用したりすること。

つかい-みず[カ]【使い水】名 雑用に使う水。↕飲み水。

つかい-みち⓪【使い道】名 使う方面。用途。使途。「―のない道具」

つかい-もの⓪【使い物】名 ❶役にたつもの。「―にならない」❷【遣い物】おくりもの。進物。「お」をつけていうことが多い。

つかい-りょう⓪[カ]【使い料】名 ❶使うための物。❷使用料。

つかい-わ-ける[ケ]【使い分ける】他下一 ❶同じものを、いろいろな方面・目的にしたがって、べつに使う。「家業と勉強とに頭を―」❷いくつかのものを、それぞれ適所に使う。「英仏二か国語をたくみに―」 **使い分け** 名 **つかひわ-く** 文語下二

つか-う⓪【使う】他五 ❶用をさせる。はたらかせる。「人を―」❷使用する。「ペンを―」❸あるしぐさをする。「上目を―」❹【遣う】おくる。あたえる。「進物を―」❺【遣う】ついやす。消費する。「かねを―」❻あやつる。「人形を―」❼【遣う】技・術・法などを行う。「英語を―」「忍術を―」「仮病を―」「おせじを―」「居留守を―」❽【遣う】心・頭をはたらかせる。「気を―」「神経を―」❾それである特定の行為をする。「袖の下を―」「行水を―」「弁当を―」

つが-う⓪[ガ]【番う】自五 ❶二つのものが組みあう。❷おすとめすが交尾する。つるむ。

つかえ[エ][カ]【支え・×閊え】名 ふさがって通らない状態。「胸の―」

つかえ-まつ-る【仕へ▲奉る】古語 ㊀自四 「つかえる」のけんそん語。おつかえする。つこうまつる。「朝宮に、つかへまつりて」〈万葉〉㊁他四 命令によって、つくる。おつくりもうす。「大宮をつかへまつればたふとくうれし」〈万葉〉

つか-える[エ][カ]【▲支える・×閊える】自下一 ❶ふさがって、通らない。「下水が―」❷ふさがる。いっぱいになる。「かなしさに胸が―」 **つか-ふ** 文語ハ下二

つか-える[エ]⓪【仕える】自下一 目上の人のそばにいて用をたす。長上として、その人のために働く。「宮中に―」 **つか-ふ** 文語ハ下二

つか-える⓪【使える】㊀自他下一 使うことができる。「この会議室は六時まで―」「右手と左手が同じように―」㊁自下一 ❶仕事などの能力が高い。「投手以外のどのポジションでも―」❷【遣える】剣術に優れている。「あの浪人は―な」

つが-える⓪[エ]【▲番える】他下一 ❶二つのものを組みあわせる。❷矢を弓のつるにあてる。 **つが-ふ** 文語ハ下二

つか-がしら[ガ]【▲柄頭】名 刀のつかの頭部。また、そこに付ける金具。

つか-こうへい 一九四八-二〇一〇。劇作家・小説家。本名、金峰雄。狂熱と苦い笑いに満ちた舞台で支持を集めた。小説「蒲田行進曲」、戯曲「熱海殺人事件」など。

つかさ【▲官・▲司】名 古語 ❶役所。官庁。❷役人。つかさびと。❸役。つとめ。

つかさ-ど-る[ド]【▲司る】他五 ❶職務としてとりあつかう。担当する。「祭祀を―」❷支配する。「指の動きを―神経」

つかさ-びと【▲司人】名 古語 役人。官吏。つかさ。

付(▲即)かず離れず 二つのものが、つきすぎず、はなれすぎず、ほどよい関係をたもつ。不即不離である。「―の態度」

つ-かた【つ方】造 文章語 ❶…のころ。「秋の末―」❷…のほう。「下―」

つか-つか[カ](と)副 いきおいよく進み出るようす。

つかぬ-こと[カ]【付かぬ事】名 前の話題と関係のないこと。だしぬけなこと。「―をうかがいますが」

つか-ねる[ネ]【▲束ねる】他下一 ❶たばねる。あつめて、いっしょにしばる。❷うでを組む。「手を―」 **つか-ぬ** 文語下二

つか-の-ま⓪【▲束の間】名 すこしのあいだ。ごく短い時間。「―の休息」

つかま-える⓪【捕まえる・×摑える・▲捉える】他下一 ❶動いているものを押さえて動けないようにする。とりおさえる。とらえる。「かえるを―」「犯人を―」❷去ろうとするものを引き止める。「タクシーを―」「帰りがけの上司を―」❸(「つかまえて」の形で)…を相手として。「友だちをつかまえて雑談をする」 **つかま-ふ** 文語ハ下二

つかま-せる[セ]【×摑ませる】他下一 (「摑ます」(五段活用)とも)❶おかねを受け取らせる。わいろを取らせる。❷だまして、にせ物や悪い品物を買わせる。「にせものを―」 **つかま-す** 文語下二

つかまつり-そうろう【▲仕り候】連語 古語 いたします。いたしました。

つか-まつ-る【▲仕る】古語 (「つかえまつる」の変化)㊀自四 「仕える」の謙譲の言いかた。おつかえもうしあげる。「堀河の左大臣殿は、御代まで(中宮様ニオ供トシテ)つかまつらせ給ひて」〈大鏡〉㊁他四 ❶「する・行う」などの謙譲の言いかた。お…する。してさしあげる。「後の御孝養をこそつかまつりさうらはめ」〈平家〉❷「す」のていねいな言いかた。いたします。「あやまちは、やすき所になりて、必ずつかまつることにさうらふ」〈徒然〉

つかまり-だち⓪【つかまり立ち】【×摑(▲捉)まり立ち】名 幼児がまわりの物につかまって立つようになること。

つかま-る⓪ 自五 ㊀【捕まる】【×摑まる・▲捉まる】❶とらえられる。「追っ手に―」❷ひきとめられる。「友だちに―」❸とらえることができる。「なかなかつかまらない」㊁【×摑まる・▲捉まる】手で、とりすがる。「木の枝に―」

つかみ[三]【×摑み】名 ❶つかむこと。にぎること。「鍋―」「ひと―の塩」❷俗語 講演や文章の冒頭で、聞き手・読み手の興味や関心を引くこと。特に、話芸の芸人が聴衆を引き込むこと。「―がうまい落語家」

つかみ-あ-う[ア]【つかみ合う】【×摑合う】自五 組みうちをする。とっ組み合いのけんかをする。 **つかみ合い** 名

つかみ-かか-る[カ2]【つかみ掛かる】【×摑掛る】自五 いきおいこんで組みついてゆく。「かっとなっ

て―」

つかみ-きん ⓪【つかみ金】【×摑金】名 理由もはっきりせず、量もいいかげんに渡すかね。つかみがね。

つかみ-だ・す ダ【つかみ出す】【×摑出す】他五 ❶つかんでとり出す。❷むぞうさに、とらえてつき出す。「乱暴者を―」 **つかみ出せる** 自下一〔…できる〕

つかみ-どころ ⓪/ド【つかみどころ】【×摑所】名 いちばん要点となる部分。「―のない話」「あの男は―がない」

つかみ-どり ⓪【つかみ取り】【×摑取り】名 つかんで取ること。手でつかんだだけ取ること。「どじょうの―」

つか-みほん ミ【▲束見本】名 これから作る本の寸法を把握するため、内容を印刷していない紙を製本した見本。

つか・む カ【×摑む・×攫む】他五 ❶手の指と手のひらとの間にしっかりとらえる。にぎる。「相手の腕を―」❷手に入れて自分の物にする。にぎる。「大金を―」「チャンスを―」「人の心を―」❸確実にとらえる。「相手の弱点を―」❹理解する。「話の要点を―」「意味を―」 **つかめる** 自下一〔…できる〕

つから・す ⓪【▲疲らす】他五 つかれさせる。

つか・る ⓪ 自五 ㊀【▲浸る】液体にひたる。「温泉に―」㊁【漬(か)る】つけものができあがる。つく。

つがる《津軽》太宰治の中編小説。一九四四年刊。故郷である津軽を自分の目で見直そうとする紀行文的小説。

つかれ レ【疲れ】名 疲れること。くたびれること。疲労。「―が出る」

つかれ-め ⓪/レ【疲れ目】名 目を酷使して、目がかすんだり、痛んだり、目まいがしたりする症状。

つか・れる レ【疲れる】自下一 働いたりしたあとで、体力や気力がよわる。くたびれる。 **つか・る** 文語下二

つか・れる レ【×憑かれる】自下一 つきものがのりうつった状態になる。 **つか・る** 文語下二

つかわし-め ⓪【使わしめ】名 神仏の使いという動物。お使い。熊野のからす、いなりのきつねなど。

つかわ・す ⓪【遣わす】他五 ❶やる。行かせる。「使者を―」❷あたえる。「ほうびを―」❸(「てつかわす」の形で)やる。「書いて―」参考 上の者が下の者に対してするばあいの言い方。

つき キ 名〔俗語〕(「運がつく」の「つく」が名詞化したもの)幸運。よいめぐりあわせ。「―がおちる」

つき キ【月】名 ❶地球の衛星。太陽の光を受けてかがやき、自転しながら約一か月で地球を一周する。㊋ ❷月の光。月光。「―がさしこむ」❸こよみで、一年を十二に分けた一つ。❹一か月。❺月が出る。月がのぼる。 **―立つ**〔古語〕❶月がかわる。新しい月になる。 **―と×鼈** 二つの物が、くらべものにならないほどひどくちがっているたとえ。 **―に×叢雲花に風** よい事には、とかくさしさわりが多いことのたとえ。 **―の×桂**〔古語〕❶中国の伝説で、月の中にはえているという、高さ一五〇〇メートルもあるかつらの木。㊋ ❷月桂樹。

新月
二日月
三日月
七日月
上弦の月
八日月
九日月
十日余の月
十三夜月
望月(満月)
十六夜月
立ち待ち月
居待ち月
臥し待ち月(寝待ち月)
二十日月
二十日余の月
下弦の月
二十三夜月

(月❶)月の満ち欠け

◆(月❸)月の異名

一月	睦月・祝月・初春月・太郎月
二月	如月・梅見月・初花月・雪解月
三月	弥生・花見月・桜月・春惜しみ月
四月	卯月・卯の花月・花残り月・夏初月
五月	皐月・五月雨月・橘月・早苗月
六月	水無月・風待ち月・鳴神月・涼暮月
七月	文月/ふづき・文披月・七夕月
八月	葉月・月見月・秋風月・木染月
九月	長月・菊月・紅葉月・寝覚め月
十月	神無月・時雨月・神有り月・神去り月
十一月	霜月・霜降り月・神楽月・神帰り月
十二月	師走・春待ち月・梅初月・臘月・極月

つき ㊀ キ【付き】名 ❶付くこと。「―のわるいのり」❷火付き。「―のよいマッチ」㊁【付(き)】接尾 ❶ついていること。「保証―」「景品―」❷〔かながき〕からだに関する名詞にそえて、そのようすをあらわす。「手―」「顔―」

つき キ【尽き】名 尽きること。おわり。「運の―」

つき ⓪【突き】名 ❶剣道で相手ののどを突くこと。お突き。❷相撲で、立ちあがると同時に相手を突くこと。

つき キ【×槻】名 けやきの古名。

つき 【×坏】名〔古語〕飲食物を入れる椀形のうつわ。

つき【付き・就き】…について。「方法に―相談したい」➡につき。

つぎ ギ【次】名 ❶あとにつづくこと・もの。「―の人」❷そのものより一段下にあること・もの。「―の位」 **―から次へ** 続けて事がおこなわれるようす。「―職をかえる」

つぎ ⓪【継ぎ】名 ❶継ぐこと。❷着物などの破れに、他のきれをあてておぎない縫うこと。また、そのあてたきれ。「―のあたった着物」

づき【付(き)】接尾 ついていること。ついている人。「役―」「社長―の運転手」

つき-あい ア【付(き)合(い)】名 つきあうこと。交際。「古い―」「―が悪い」

つき-あ・う ア【付(き)合う】自五 ❶交際する。「友だちとして―」❷義理で行動を共にする。「食事に―」 **付き合える** 自下一〔…できる〕

つき-あかり ア【月明(か)り】名 月の光であかるいこと。月明。㊋

つき-あ・げる ゲ【突(き)上げる】他下一 ❶下の方から突いておし上げる。❷下部の者が上位の者に、自分の意見などを通そうとして圧力をかける。「幹部を―」 **突き上げ** 名

つき-あたり ⓪【突(き)当(た)り】名 つきあたる所。行きあたり。「―のへや」 **つきあ・ぐ** 文語下二

つき-あた・る タ【突(き)当(た)る】自五 ❶進んでいって物に当たる。ぶつかる。「壁に―」「困難に―」❷行きづまる。「突き当たって右に曲がる」

つき-あわ・せる セ【突(き)合(わ)せる】他下一 ❶近々と向かい合わせる。「ひざを―」❷両方をさし出してくらべる。対照する。照合する。 **突き合わせ** 名 **つきあは・す** 文語下二

つぎ-あわ・せる セ【継(ぎ)合(わ)せる】他下一

別々の物をぬい付けて一つにする。ついで一つにする。「われた茶わんを―」 **継ぎ合わせ**[名] **つぎあは・す**[文語下二]

つきいち[0]【月一】[名] 一か月に一度。「―の通院」

つきうごか・す[カ]【突(き)動かす】[他五] ❶突いて動くようにする。❷【▲衝き動かす】強く心をゆり動かす。「情熱に突き動かされる」

つきうす[ウ]【×搗臼】[名] 穀物やもちなどを、きねでつくうす。↕ひきうす。

つきうま[キ]【付(き)馬】[名] かねを持たずに遊んだり、飲食したりした客に付いて、かねを取りたてにいく人。うま。

つぎうま【継馬】[名][古語] 宿継の馬。駅馬。

つきおくれ[オ]【月遅(後)れ】[名] ❶年中行事などをひと月遅らせてすること。「―のお盆」❷月刊物で、発売中のものより前に発行されたもの。「―の雑誌」

つきおと・す[ト]【突(き)落(と)す】[他五] ❶突いて下へ落とす。「二階から―」❷悪い環境・気持ちなどに落とす。「不幸のどん底に突き落とされる」❸相撲で、相手の差し手をかかえ込むようにして、脇から突いて下へ倒す。**突き落とし**[名] **突き落とせる**[自下一][…できる]

つきかえ・す[カ]【突(き)返す】[他五] ⬇つっかえす。

つきかげ[0]【月影】[名][文章語] ❶月の光。月。❷月の光でうつしだされた物の影。

つきがけ[0]【月掛(け)】[名] 月々に掛け金を出すこと。「―の貯金」

つきがわり[ガ]【月代(わ)り】[名] ❶ひと月ごとに交替すること。❷次の月になること。

つぎき[0]【接(ぎ)木】[名] 木の枝や芽を切りとって、他の木の幹につぐこと。[春]

つききず[キ]【突(き)傷】[名] 突いてできた傷。

つきぎめ[0]【月決め】【月▲極】[名] ひと月いくらという契約。「―の駐車場」

つきぎょうじ[ギョ]【月行事】[名] ❶月々の行事。❷月ごとに交替で事務をとること。月番。

つききり[0]【付ききり】【付切】[名] 少しもはなれず、そばに付いていること。つきっきり。「―の看病」

つきき・る[キ2]【突(き)切る】[他五] ⬇つっきる。

つぎきれ[0]【継(ぎ)切れ】[名] 着物の継ぎに使う布きれ。小ぎれ。

つきくさ【月草】[名][古語]「つゆくさ」の古名。[秋]

つきくず・す[ズ]【突(き)崩す】[他五] ❶突いてくずれるようにする。突きこわす。「岩の山を―」❷突きいって乱れさせる。「敵陣を―」 **突き崩し**[名] **突き崩せる**[自下一][…できる]

つきげ[0]【月毛】【×鴾毛】[名] 馬の毛色の名で、たて髪・尾などが白く、他は茶色っぽい黄色のもの。

つきごし[0]【月越(し)】[名] 二か月にわたること。「―のさいそく」

つぎこ・む[コ]【つぎ込む】【▲注ぎ込む】[他五] ❶液体を器にそそぎ入れる。❷事業などのために、多くのかねや人などを使う。「多額の資金を―」 **つぎ込める**[自下一][…できる]

つきごろ[キ]【月頃】[名][副][文章語] 数か月このかた。数か月来。

つぎざお[0]【継ぎざお】[名] ❶【継×竿】何本かを継ぎあわせて長くして使うつりざお。❷【継×棹】さおの部分が継ぎあわせるようになっている三味線。

つきさ・す[サ]【突(き)刺す】[他五] ❶先の鋭いものを突き入れる。❷鋭く心にひびく。「―ようなことば」

つきじ[0]【つき地】【▲築地】[名] 海や沼地などをうずめてつくった土地。うめたて地。

つきしたが・う[ガ]【付(き)従う】[自五] ❶あとについて行く。「指揮官に―」❷部下となる。

つきしろ[0]【月代】[名] ❶[古語]月。[秋] ❷さかやき。

つきしろ[0]【月白】[名] 月が出ようとするとき、空が白くなること。[秋]

つきずえ[0]/[ズ]【月末】[名] その月のおわり。月末。↕月はじめ。

つきすす・む[ス2]【突(き)進む】[自五] はげしく進む。どんどん進む。**突き進める**[自下一][…できる]

つきせぬ【尽きせぬ】[連語][文章語] つきることのない。「―思い」

つきそい[0]【付(き)添(い)】[名] 付き添うこと。また、その人。「―の看護師」

つきそ・う[ソ]【付(き)添う】[自五] 人のそばに、付きしたがう。そばに付いていて世話をする。

つぎだい[0]【接ぎ台】[名] ❶つぎ木の台木。❷ふみだい。

つきたお・す[オ]【突(き)倒す】[他五] 突いて倒す。**突き倒し**[名] **突き倒せる**[自下一][…できる]

つきだし[0]【突(き)出し】[名] ❶突き出すこと。❷相撲の手の一つで、相手を両手で土俵の外へ突き出すわざ。❸料理屋などで、最初に出す、ちょっとした酒のさかな。

つきだ・す[ダ]【突(き)出す】[他五] ❶突いて出す。「外へ―」❷勢いはげしく出す。「茶わんを―」❸警察などに、むりに連れていく。「すりを交番に―」 **突き出せる**[自下一][…できる]

つぎた・す[タ]/[0]【つぎ足す】【▲注ぎ足す】[他五] 飲みさしの容器に水や酒を注ぐ。

つぎた・す[タ]/[0]【継(ぎ)足す】[他五] おぎない加える。つないで長くする。「ひもを―」 **継ぎ足し**[名]

つきた・てる[テ]【突(き)立てる】[他下一] ❶突いて立てる。先のとがったものを突きさす。❷はげしく突く。突きまくる。**つきた・つ**[文語下二]

つきたらず[タ]【月足らず】[名] 胎児が、十か月にみたないで生まれること。

つきづき[キ]【月月】[名] 毎月。各月。月ごと。

つぎつぎ[ギ]【次次】[(に)副][(と)副] 続いて物事が起こるようす。だんだん。順次。「新作が―に発表される」

つきづき・し[形シク][古語] につかわしい。ふさわしい。「いと寒きに、火などいそぎおこして、炭もてわたるも、いとつきづきし」〈枕〉↕つきなし。

つきっきり[0]【付きっきり】【付きっ切り】[名] ⬇つききり。

つきつ・ける[ケ]【突きつける】[他下一] 荒々しく目の前にさし出す。**つきつ・く**[文語下二]

つきつ・める[メ]【突(き)詰める】[他下一] ❶いちずに思いこむ。「―性質」❷おしきわめる。「原因を―」 **つきつ・む**[文語下二]

つぎて[0]【継(接)(ぎ)手】[名] ❶物と物とをつなぐ部品。ジョイント。「パイプの―」❷家督や家業をつぐ人。

つきで・る[デ]【突(き)出る】[自下一] ❶突きやぶって出る。「針が―」❷高く、または、長く出る。

つきとお・す[ト]【突(き)通す】[他五] 突いて通す。つらぬく。**突き通せる**[自下一][…できる]

つきとば・す[バ]【突(き)飛(ば)す】[他五] ひどく突いてはねとばす。**突き飛ばせる**[自下一][…できる]

つきと・める[メ]【突(き)止める】[他下一] さぐって明らかにする。さがし当てる。「原因を―」「居場所を―」 **つきと・む**[文語下二]

つきなか ◯/ナ【月中】名 月なかば。

つきなかば ナ/カ【月半ば】名 一月の中ごろ。月中。

つきな・し 形ク〔古語〕❶どうにも寄りつきようがない。頼りない。❷似つかわしくない。「親君と申すとも、かくつきなきことを仰せたまふこと」〈竹取〉↕つきづきし。

つきなみ ◯【月並(み)】【月▲次】㊀名 ❶毎月。月ごと。「―の行事」❷月並俳句。㊁名 形動 平凡なこと。ありふれたようす。「―なプラン」 **―会** ミ名 毎月きまっておこなわれる、俳句などの会。 **―俳句** 八名 ふるくさく、平凡な俳句。

つぎに ギ【次に】接続 それから。それにつづいて。「過労をさけること。―、睡眠を十分にとること」

つきにほえる《月に吠える》萩原朔太郎の詩集。一九一七年刊。近代人の感情をするどくとらえる。

つきぬ・く ヌ【突(き)抜く】他五 突きとおす。突きつらぬく。 **突き抜ける** 自下一[…できる]

つきぬ・ける ケ【突(き)抜ける】自下一 ❶突きとおる。❷まがらずに通りすぎる。❸中を通りぬける。「森を―」 **つきぬ・く** 文語下二

つきぬの【▲調布】名〔古語〕昔、調(税の一種)として納めた布。ちょうふ。

つきの・ける ケ【突きのける】【突▲除ける】他下一 突きとばすようにしてのける。乱暴におしのける。

つきのさわり ◯【月の障り】名 月のもの。月経。

つぎのま ギ【次の間】名 おもなへやのとなりにあるへや。

つきのもの ノ【月の物】名 月経。月のさわり。

つきのわ ◯/ワ【月の輪】名 ❶月。㊐秋 ❷まるい形。❸月の輪ぐまののどの下にある三日月形の白毛。 **―熊** ワ名 クマ科の哺乳類。本州・四国・九州の山地にすむ。からだは黒色で、のどの下に三日月形の、白いまだらがある。㊐冬

つきのわぐま

つぎは ◯【継ぎ端】名 話を言い継ぐおり。つぎほ。「話の―がない」

つぎば ◯【継ぎ歯】名 歯の悪くなったところをけずり、人造の歯をさし込んだもの。さし歯。

つぎはぎ ◯【継ぎはぎ】【継ぎ▲接ぎ】名 ❶継ぎを当てること。継ぎを当てたところ。「―だらけの着物」❷多くの文章の部分をつないで、一つの文章をつくること。

つきはじめ 八【月初め】名 その月のはじめ。月初。↕月ずえ。

つきは・てる テ【尽(き)果てる】自下一 すべて尽きる。すっかりなくなってしまう。「精根―」 **つきは・つ** 文語下二

つきはな・す ナ【突(き)放す】他五 ❶突いてはなれさせる。❷関係をたち切って、かまわない。「なまけ者を―」 **突き放せる** 自下一[…できる]

つきばらい バ【月払い】名 ❶一月ごとにまとめて支払いをすること。❷月賦払い。

つきばん キ【月番】名 一月ずつ交替で当番をすること。また、その番に当たった人。

つきひ キ【月日】名 ❶月と日。「―を記入する」❷とき。年月。光陰。「―のたつのは早いものだ」

つきびと ◯【付(き)人】名 そばにいて世話をする人。特に、芸能人の身のまわりの世話をする人。参考 大相撲では「つけびと」と言う。

つきべつ ◯【月別】名 月ごとにわけること。「―の計算」

つきべり ◯【つき減り】【×搗▲耗り】名 米などが、ついたために分量の減ること。また、その減った量。

つきへん ◯【月偏】名 漢字の部首の一つ。「朧」「服」などの「月」。

つぎほ ◯【接(ぎ)穂】名 ❶つぎ木をするとき、台木につぐほうの枝や芽。↕台木。㊐春 ❷【継(ぎ)穂】話などをつづける機会。継ぎは。「話の―がない」

つきまいり マ【月参り】名 毎月、社寺に参ること。月もうで。

つきましては マ【つきましては】【就きましては】接続 「ついては」のていねいな言い方。

つきま・ぜる ゼ【つき交ぜる】【×搗交ぜる】他下一 ❶穀物などをついて交ぜあわせる。❷性質のちがうものをいっしょにする。「希望と不安とをつき交ぜたような気持ち」 **つきま・ず** 文語下二

つきまと・う ト【付きまとう】【付×纏う】自五 はなれずに、うるさく付いてまわる。付きまつわる。

つきみ ミ【月見】名 ❶月をながめること。㊐秋 ↕花見・雪見。❷「月見うどん」「月見そば」の略。 **―×饂×飩** ウ名 かけうどんに、なまの卵を割ってうかせたもの。 **―草** ◯名 ❶アカバナ科の二年生植物。北アメリカ原産。初夏の夕方、大形四弁の白い花を開き、翌日しぼむと紅色となる。㊐夏 ❷おおまつよいぐさ・まつよいぐさの俗称。㊐夏 **―×蕎▲麦** ソ名 かけそばに、なまの卵を割ってうかせたもの。

つきめ メ【尽き目】名 尽きはてる時。「運の―」

つぎめ ◯【継(ぎ)目】名 二つの物をつなぎあわせた所。つなぎめ。「レールの―」

つきもうで モ【月詣で】名 つきまいり。

つきもど・す ド【突(き)戻す】他五 つっかえす。「書類を―」 **突き戻せる** 自下一[…できる]

つきもの キ【つき物】【×憑物】名 人にのりうつった、動物や物の霊。「―が落ちる」

つきもの キ【付(き)物】名 あるものと共にいつも存在するもの。「朝飯にみそ汁は―だ」

つぎもの ◯【継(ぎ)物】名 ❶継ぎあわせる物。継ぎあわせた物。❷衣服のやぶれに布をあてて縫うこと。また、継ぎをあてることの必要な物。

つきやぶ・る フ【突(き)破る】他五 ❶突いて破る。「壁を―」❷突進して敵をうち破る。「敵陣を―」 **突き破れる** 自下一[…できる]

つきやま ◯【築山】名 庭園などにきずいた小さな山。

つきゆきはな キ=キ=ナ=キ【月雪花】名 月と雪と花。四季折々のよいながめ。雪月花。

つきゆび ◯【突(き)指】名 指の先がつよく物にあたって、関節をくじくこと。

つきよ キ【月夜】名 月のある夜。㊐秋 **―×烏** ガ名 月のあかるい夜、鳴くからす。 **―に釜を抜かれる** (月夜に釜をぬすみ取られる)ゆだんしすぎているようす。 **―に▲提▲灯** (月夜で道があかるいのにちょうちんを持つの意から)必要でないこと。むだなこと。

つきよみ ◯【月読】名〔古語〕❶月の神。つくよみ。❷月。

つ・きる キ【尽きる】自上一 なくなる。おしまいになる。「蓄えが―」 **つ・く** 文語上二

つきわり ◯【月割(り)】名 ❶月の数に分割すること。❷月賦。

つく 接尾 (五段活用動詞をつくる)そのような音や状態になってくる。「がさ―」「ふら―」

つ・く ツ/ク 自五 ㊀【付く】【▲附く】❶物の表面に密着して、離れなくなる。「手にペンキが―」「靴に泥

が―」❷物の中に入って取れなくなる。「机にきずが―」「服にしみが―」❸あとにしるしが残る。「ズボンに折り目が―」❹与えられる。「役が―」「予算が―」❺主となるものに、添え加える。「おまけが―」「条件が―」❻名を与えられる。「あだ名が―」「題が―」❼身にそなわる。「教養が―」「知恵が―」❽からだや心に力が与えられる。「スタミナが―」「抵抗力が―」❾ある力が加わる。「勢いが―」「スピードが―」❿その人のがわに加わる。「スポンサーが―」「味方に―」⓫人からはなれなくなる。㋐したがって行く。「女の子は女親に―」㋑【×憑く】ものの霊などがのりうつる。「きつねが―」⓬しっかりと位置を占め、そこから離れなくなる。「さし木に根が―」⓭ある結果に落ち着く。「けりが―」「話が―」⓮あることに思いいたる。「想像が―」「決心が―」⓯新しい関係が生じる。「連絡が―」「道が―」⓰ある値段になる。「一個百円に―」「高く―」⓱状態が変化し、ある現象が認められる。㋐温度が高くなる。「酒の燗(かん)が―」㋑【▲点く】火がもえだす。「枯れ草に火が―」㋒【▲点く】あかりがともる。「舞台のライトが―」⓲感覚器官で感じる。「欠点が目に―」「においが鼻に―」⓳〔かながき〕〔俗語〕運が向く。「今日はついていない」⓴〔「…に付き」の形で〕そのことが原因・理由で。「病気に付き欠勤」㊁【着く】❶移動していって、ある場所に達する。届く。至る。到着する。「三時に京都に―」「手紙が―」❷からだの一部がある場所に達して触れる。「頭が天井に―」「足が底に―」❸ある位置を占める。「床(とこ)に―」「列のうしろに―」㊂【就く】【▲即く】❶ある立場・地位に身を置く。「王位に―」「要職に―」❷ある状態に身を置く。「帰国の途に―」「眠りに―」❸ある人に従い、指導を受ける。「よいコーチに―」❹〔かながき〕〔「…について」「…につき」の形で〕㋐そのことを対象とする。…に関して。「政治について論じる」㋑その数量に対応する。…に対して。…ごとに。「一か月につき三万円の光熱費」 **つける** 自下一〔…できる〕

つ・く ◎ 自五 (カ・コ・キ・イ/ク・ク・ケ・ケ) ㊀【▲浸く】水にひたる。「川があふれて水が―」 ㊁【漬く】つけものが食べられる状態になる。つかる。

つ・く ◎ 他五 (カ・コ・キ・イ/ク・ク・ケ・ケ) ㊀【突く】❶棒状の物の先で強く当てる。「棒で―」「鐘を―」❷先のとがったもので刺す。「やりで―」「刀でのどを―」❸狭い口を通して強く出す。「ところてんを―」❹棒状の物の先を他の物に当てて支えにする。「ステッキを―」「ほおづえを―」❺【▲衝く】要所を攻撃する。「敵陣を―」「核心を―」「意表を―」❻【▲衝く】強く刺激する。「鼻を―におい」❼【▲衝く】障害を物ともせず進む。「吹雪をついて歩き続ける」㊁【×搗く・×舂く】❶きねを当てて押しつぶす。「餅を―」❷米のぬかをとって白くする。「米を―」㊂【▲吐く】❶口から はき出す。「息を―」❷相手を傷つけることを言う。「うそを―」 **つける** 自下一〔…できる〕

つ・く ◎【▲築く】 他五 (カ・コ・キ・イ/ク・ク・ケ・ケ) 土石をかためて、つみあげる。きずく。

つ・ぐ ◎【次ぐ】 自五 (ガ・ゴ・ギ・イ/グ・グ・ゲ・ゲ) ❶そのあとにつづく。「冷害に―凶作」❷その下の位にある。「入選作に―佳作」

つ・ぐ ◎ 他五 (ガ・ゴ・ギ・イ/グ・グ・ゲ・ゲ) ㊀【継ぐ】❶そのあとを受ける。つづける。「ことばを―」❷破れたり、はなれたりしたものを、もとのように合わせる。「破れを―」❸加える。おぎなう。「炭を―」❹【▲嗣ぐ】相続する。「店を―」 ㊁【接ぐ】つなぎ合わせる。「骨を―」「接ぎ木」 **つげる** 自下一〔…できる〕

つ・ぐ ◎【▲注ぐ】 他五 (ガ・ゴ・ギ・イ/グ・グ・ゲ・ゲ) 液体を器にそそぎいれる。「酒を―」 **つげる** 自下一〔…できる〕

づく【付く】 接尾 〔名詞について五段活用動詞を作る〕❶…がくわわる。「元気―」「調子―」❷むちゅうになり、それから離れられなくなる。「ゴルフ―」

つくえ ◎【机】 名 本を読んだり、字を書いたりするときに使う台。現在は脚のついたものがふつう。デスク。

つくし ◎【▲土▲筆】 名 すぎなの胞子(ほうし)を生ずる特殊な茎で、筆の形をしたもの。食用。つくづくし。㊗春

つくし《筑紫》❶筑前(ちくぜん)・筑後(ちくご)の国(今の福岡県)のこと。❷九州のこと。

づくし【尽(く)し】 接尾 同類のものを多数ならべあげること。「花―」「蟹(かに)―」

つく・す ㋗【尽(く)す】 他五 (サ・ソ・シ・ス/ス・セ・セ) ❶ある限りのものを全部使いきる。「全力を―」「あらゆる手段を―」❷限度に達するまでする。きわめる。「ぜいたくを―」❸他のために精いっぱい努力する。「社会に―」❹表現しきる。「意を尽くした文章」「筆舌に尽くしがたい苦痛」❺〔動詞の連用形について〕すっかり…する。「考え―」「飲み―」 **尽くせる** 自下一〔…できる〕

つく-だ【×佃】 名〔古語〕〔「つくりだ」の変化〕❶耕作用の田。❷荘園領主・地頭(じとう)が直接経営した農地。農民に小作(こさく)させた。

つくだ-に ◎【つくだ煮】【×佃煮】 名 魚や貝・こんぶなどを、しょうゆで煮つめたもの。参考 江戸の佃島(つくだじま)の名産品だった。

つく-づく ㋗/㋞ 副 ❶深く感じたり考えたりするようす。しみじみ。よくよく。「―考える」「―いやになった」❷〔古語〕ものさびしげに、時間をもてあますようす。「ほれぼれしくて(ボンヤリトシテ)つくづくおはするほどに」〈源氏〉

つくづくし【▲土▲筆】 名〔古語〕つくし。㊗春

つくつく-ぼうし ㋭ 名 中形のせみの一種。羽はすきとおっている。鳴き声がツクツクボーシと聞こえる。おうしいつくつく。㊗秋

つぐない ◎【償い】(つぐなひ) 名 つぐなうこと。また、そのための金品や行為。「罪の―」

つぐな・う ㋤【償う】(つぐなふ) 他五 (ワ・オ・イ・ッ/ウ・ウ・エ・エ) ❶かねや品物で、損失をうめあわせる。❷かねや品物・労役などで、罪や責任をうめあわせる。 **償える** 自下一〔…できる〕

つくね ◎【×捏ね】 名 〔「つくねる」の連用形から〕ひき肉や魚のすりみに卵やかたくり粉をまぜてこね、まるめたもの。

つくね-いも ◎/㋥【▲仏▲掌×薯】 名 ヤマノイモ科の多年生植物。やまのいもの栽培品種。塊茎(かいけい)は人のてのひら状をしている。食用。とろろいも。㊗秋

つく・ねる ㋥【×捏ねる】 他下一 (ネ・ネ・ネル・ネル/ネレ・ネロ・ネヨ) 手でこねてまるめる。 **つく・ぬ** 文語下二

つくねん-と ◎/㋥ 副 何もせずに、ひとりでぼんやりとしているようす。

つくば《筑波》茨城県の筑波山南西側のふもと一帯にあった古い地名。 **―の道(みち)** 〔日本武尊(やまとたけるのみこと)と火の番のおきなとが、「にいはり筑波をすぎて幾夜か寝つる」の歌のやりとりをしたのが連歌(れんが)のおこりだとされるところから〕連歌のこと。

つくばい ◎【×蹲い】(つくばひ) 名 茶室の庭にすえてある、ちょうずばち。参考 手を洗うのにつくばう(しゃがむ)から。

つくば・う ㋩【×蹲う】(つくばふ) 自五 (ワ・オ・イ・ッ/ウ・ウ・エ・エ) うずくまる。しゃがむ。

つくばしゅう《菟玖波集》南北朝時代に成立した最初の連歌(れんが)集。二条良基(にじょうよしもと)らが編集した。連歌の文学的地位を確立した。

つく-ばね ◎【▲衝羽根】 名 ❶羽根つきの羽根。はご。㊗新年 ❷ビャクダン科の落葉低木。根の一部は他の植物の根に寄生。果実は羽根に似ている。はごのき。㊗秋

つく-ぼう⓪【突棒】名 江戸時代、犯人を捕らえるのに使った道具。とげのついた鉄製丁字形の頭に、長い木の柄をつけたもの。

つぐみ⓪【×鶫】名 ヒタキ科の鳥。頭部は黒灰色、せなかは茶色、腹部は白色。秋、日本に渡来する。保護鳥。㊎秋

つぐ・む ゲ/⓪【×噤む】他五 口をとじて、ものを言わない。「口を―」

つくも-がみ【▲九▲十▲九髪】名[古語] 老女のしらが。

つく-よ【▲月夜】名[古語] ❶つきよ。❷つき。

つく-よみ【▲月読】名[古語] ⬇つきよみ。

つくり リ【作り・造り】名 ❶つくりぐあい。つくりかた。でき。「この品は―がいい」❷化粧。「お―」❸さしみ。「たいの―」

つくり リ【×旁】名 漢字の構成部分の一つ。漢字の右がわにある部分。〔「梅」「松」などの「毎」「公」など〕↕偏。

づくり【作り・造り】造 ❶…でつくってあること。「ガラス―」❷…をつくること。「町―」❸【造(り)】建物の形式をあらわす。「大社―」

つくり-あ・げる ゲ【作(造)り上げる】他下一 ❶すっかり作ってしまう。「やっと―」❷実際にはないことを、あるように見せかける。「勝手な話を―」

つくり-おき⓪【作り置き】名 他サ 料理などを、あらかじめ作っておくこと。また、作っておいたもの。「―のきく一品」

つくり-か・える エ/カ【作(造)り替える】他下一 ❶古い物のかわりに新しく作る。「家を―」❷前からある物に手を加えて、別の物を作る。「童話を漫画に―」

つくり-ごえ ゴ【作り声】名 わざと、こしらえて出す声。↕地声。

つくり-ごと⓪/ト【作り事】名 いつわりごと。こしらえごと。「あの話は全くの―だ」

つくり-ざかや ザ【造(り)酒屋】名 酒をつくって卸す店。

つくり-だ・す ダ/⓪【作(造)り出す】他五 ❶生産する。❷作り始める。

つくり-た・てる テ【作(造)りたてる】他下一 はでにかざる。**つくりた・つ** 文語下二

つくり-つけ⓪【作(造)り付け】名 とりはずしのできないように固定してつくること。また、そのもの。「―の戸だな」

つくり-な・す ナ【作(造)り成す】他五 文章語 ❶つくりあげる。❷それらしく作りあげる。

つくり-ばなし バ【作り話】名 実際にはないことを、あったようにつくった話。「―にだまされた」

つくり-み リ/⓪【作り身】名 ❶なまのさかなの切り身。❷さしみ。

つくり-もの⓪【作り物】名 ❶人造の物。❷農作物。❸似せてつくったもの。にせもの。❹能の舞台装置。

つくり-わらい ワ【作り笑い】名 おかしくもないのに、わざと笑うこと。そらわらい。

つく・る ク【作る・造る】他五 ❶材料や原料に手を加えて、新しい品物を生み出す。製作する。製造する。「犬小屋を―」「料理を―」「麦からビールを―」❷【創る】それまでになかった、新しい価値をもつものを生み出す。㋐組織をこしらえる。「会社を―」㋑作品をこしらえる。「俳句を―」❸育てて、りっぱなものにする。「野菜を―」「弟子を―」❹ある形になるようにする。「列を―」「指で輪を―」❺見かけをととのえる。「顔を若く―」「うわべを―」❻ある目的のために用意する。「金を―」「時間を―」参考「造る」と書くのは、建造物や酒造などに関する場合に限られる。**つくれる** 自下一[…できる]

つくろ・う【繕う】㊀⓪ 他五 ❶衣服のほつれや破れなどをなおす。❷ていさいよく、きちんととのえる。「身なりを―」❸困ったこと・失敗などをうまくかくしてその場をきりぬける。「急場を―」**繕い** 名 **繕える** 自下一[…できる] ㊁ 他四[古語] ❶きれいによそおう。めかす。「(女ガ)顔などつくろひていづる」〈徒然〉❷病気を治療する。「御かぜ、よくつくろはせたまへ」〈源氏〉

つけ 助(終助詞) ⬇け。

つけ 接尾 いつも…しなれた。「行き―の店」「買い―の品」

つけ ケ【付け】名 ❶書きつけ。勘定書き。❷帳面に付けておいて、まとめて払うこと。「―で飲む」❸歌舞伎で、役者の動作をきわだたせるため、道具方が拍子木で床を打つこと。「―を打つ」**―が回る** 自分の行いが原因となった不利益が、あとからふりかかる。「不摂生の―」**―を回す** ❶自分への請求を他に代わってもらう。「会社に―」❷自分にふりかかった不利益を他人に押しつける。

つげ⓪【告げ】名 ❶告げること。❷⬇おつげ。

つげ⓪【黄×楊・×柘▲植】名 ツゲ科の常緑低木。材質がちみつで、印鑑・くしなどにする。花は㊎春

づけ【付(け)】接尾 日付のこと。「四月一日―で転任」

づけ【漬け】㊀ ケ 名 まぐろの赤身の切り身をしょうゆに漬けること。また、その赤身。にぎりずしなどのねたにする。㊁ 造 よくないことにはまりこんで、抜けだせない状態。「テレビ―の休日」「薬―の患者」㊂ 接尾【漬(け)】つけもの。「千枚―」「奈良―」

つけ-あい⓪【付け合い】【▲附合】名 連歌・俳諧で、前句に付け句をつけること。

つけ-あが・る ガ 自五 いい気になって思いあがる。

つけ-あわせ⓪【付け合(わ)せ】名 おもな料理に添える野菜など。「サラダを―にする」

つけ-あわ・せる セ/⓪【付け合(わ)せる】他下一 ❶はなれないように、くっつける。❷添える。「すのものを―」**つけあは・す** 文語下二

つけ-い・る イ/⓪【付け入る】自五 機会や便宜をうまく利用する。つけこむ。「弱みに―」

つけ-うま ケ【付(け)馬】名 ⬇つきうま。

つけ-おち⓪【付け落ち】名 帳面上の書きおとし。付け落とし。

つけ-おとし⓪【付け落(と)し】名 付けおち。

つけ-か・える エ/カ【付け替える】他下一 ❶もとあったものを別のものにかえる。「ボタンを―」❷(会計処理で)会社間や会社内の部門間で、資金を移動させる処理をする。「費用を―」**付け替え** 名

つけ-がみ ケ【付け紙】名 ❶不審紙。❷付箋。

つけ-ぎ ケ【付け木】名 うすい小さい板のはしにいおうを塗って、火をつけるのに使ったもの。

つけ-く ケ【付(け)句】【▲附句】名 連歌・俳諧で、前の句につづけた句。↕前句。

つけ-ぐすり グ【付け薬】名 からだの外部に塗る薬。↕のみ薬。

つげ-ぐち⓪【告げ口】名 人の秘密や過失などを、そっと他の人に言いつけること。

つけ-くわ・える エ/ワ【付け加える】他下一 添える。付けたす。追加する。「説明を―」**つけくは・ふ** 文語ハ下二

つけ-げいき ゲ【付け景気】名 うわべだけの景気。

つけ-げんき ゲ【付け元気】名 うわべだけの元気。

つけこみ-ちょう [0]【付(け)込(み)帳】名 日づけ順に記入する帳簿。↔仕訳(しわけ)帳。

つけこ・む [コ]【付け込む】㊀自五 つけいる。「ゆだんに―」㊁他五 帳面に記入する。**付け込める** 自下一[…できる]

つけこ・む [コ]【漬(け)込む】他五 [マ・モ・ミ・ン・ム・ム・メ・メ] 野菜などをつけものにする。**漬け込み** 名 **漬け込める** 自下一[…できる]

つけさげ [0]【付(け)下げ】名 女性が訪問着の代わりに着る和服。前・肩・そでなどの主な部分にだけ模様をつけたもの。

つけじる [0]【付(け)汁】名 うどん・そうめん・てんぷらなどにつける、しょうゆ味の汁。

つけだい [ケ]【付(け)台】名 すし屋で、カウンターに座った客の注文するすしや刺身などを置く台。

つけだし [0]【付け出し】名 掛け売りの請求書。勘定書き。

つけた・す [0][タ]【付け足す】他五 [サ・ソ・シ・ス・ス・セ・セ] 付けくわえる。**付け足し** 名 **付け足せる** 自下一[…できる]

つけだ・す [ダ]【付け出す】他五 [サ・ソ・シ・ス・ス・セ・セ] ❶馬などのせなかに付けておくりだす。「米を一俵―」❷記入しはじめる。❸掛け売りの請求書を書いてさし出す。

つけたり [0]【▲付】名 付けくわえたもの。付録。

つけつけ [ケ] (-と)副 遠慮なく言うようす。ずけずけ。「―批評する」

つけっぱなし [0]【付けっ放し】名 ❶電源を切らずに放置すること。「ラジオを―にする」❷かけたりはめたりしたまま、はずさないこと。「ピアスを―にする」

つけどころ [0]【付(け)所・着(け)所】名 つけるところ。注意すべき箇所。「目の―」「文句の―がない」

つけとどけ [0]【付け届け】名 儀礼・謝礼や義理のおくり物。「盆(ぼん)暮れの―」

つけな [0]【漬(け)菜】名 漬け物用の菜。とうな・はくさいなど。

つけね [ケ]【付け値】名 買う人が付ける値段。↔言い値。

つけね [0][ネ]【付け根】名 物の付いている根もとの所。「指の―」

つけねら・う [ラ]【付け狙う】(ねらふ) 他五 [ワ・オ・イ・ッ・ウ・ウ・エ・エ] あとをつけまわして、ようすや機会をうかがう。

つけび [ケ]【付け火】名 わざと火を付けること。放火。

つけひげ [0][ケ]【付けひげ】【付×髭】名 人工のひげ。また、それをつけること。

つけびと [0]【付け人】名 ❶大相撲で、関取の身のまわりの世話をする幕下の力士。❷江戸時代、幕府から親藩に対し、また、大名の本家から分家に対し、監督のためつけておいた家老。

つけひも [0]【付けひも】【付×紐】名 子どもの着物のわきやうしろに縫いつけてあるひも。

つけぶみ [0]【付け文】名 恋文(こいぶみ)を送ること。また、その恋文。艶書(えんしょ)。

つけぼくろ [ボ]【付けぼくろ】【付▲黒▲子】名 肌にはり付けたり墨で書いたほくろ。入れぼくろ。

つけまつげ [マ]【付けまつげ】【付×睫】名 目をきれいに見せるためにつける、人工のまつげ。

つけまわし [0]【付け回し】(まはし) 名 他サ 自分が払うべき請求書を他人に回すこと。「飲食費を―する」

つけまわ・す [ワ][0]【付け回す】(まはす) 他五 [サ・ソ・シ・ス・ス・セ・セ] どこまでもしつこくあとにくっついていく。

つけめ [メ]【付け目】名 ❶よい機会として、利用するところ。付け込むべきところ。「相手の失敗がこっちの―だ」❷めあて。ねらい。

つけめん [0]【付け麺】名 めんと汁を別の器に盛りつけ、汁にめんを付けながら食べるラーメン。

つけもの [0]【漬(け)物】名 野菜などを、塩・ぬか・みそ・酒かすなどにつけた食べ物。香の物。しんこ。

つけやき [0]【付け焼き】名 魚肉・獣肉・もちなどに、しょうゆなどを付けて焼くこと。また、焼いたもの。てり焼き。

つけやきば [ヤ]【付(け)焼(き)刃】名 (なまくらに、はがねの刃をつけたもの)もともと力のない者が、その場しのぎのため、にわか仕込みで知識などを身につけようとすること。また、にわか仕込みで身につけた知識・態度・動作など。「―の民主主義」

つ・ける [一][ケ] 他下一 [ケ・ケ・ケル・ケル・ケレ・ケロ・ケヨ] ㊀【付ける】【▲附ける】❶物の表面に密着させてはなれなくする。「シャツにペンキを―」❷物の中にすっかり入りこませる。「味を―」「机にきずを―」❸あとにしるしを残す。「ズボンに折り目を―」❹記入する。「帳簿に―」「家計簿を―」❺固定させる。「棚を―」「ボタンを―」❻与える。「役を―」「予算を―」❼主となるものに添え加える。「利子を―」「解説を―」❽名を与える。「芸名を―」「題を―」❾身にそなえる。「技術を身に―」「習慣を―」❿からだや心に力をもたせる。「元気を―」⓫ある力を加える。「勢いを―」⓬その人のがわに加わらせる。「通訳を―」⓭ある結果に落ち着かせる。「勝負を―」「決着を―」⓮欠点を言いたてる。「けちを―」「難くせを―」⓯先を見通す。「ねらいを―」「見切りを―」⓰心身を働かせる。「気を―」「目を―」⓱新しい関係を生じさせる。「連絡を―」「道を―」⓲状態に変化を起こす。「テレビを―」「タバコに火を―」「酒のかんを―」⓳かかわりをもたせる。「コネを―」⓴技芸を教える。「けいこを―」㉑[かながき] 人のあとを追って行く。尾行する。「刑事が容疑者のあとを―」㉒(「…に付け(て)」の形で)…に関連して。「何かに付けて文句を言う」「雨に付け、風に付け」㉓[かながき] (動詞の連用形について) ㋐そのことをしなれる。「歩きつけた道」㋑激しくその動作をする。「たたき―」「どなり―」㊁【着ける】❶衣服や装身具を身によそおう。「はかまを―」「真珠のネックレスを―」❷乗り物をある場所に到達させる。「車を玄関に―」❸ふれさせる。とどかせる。「頭を地に着けて祈る」「足を地に―」❹ある場所にすわらせる。「上座に―」㊂【就ける】【▲即ける】❶ある地位・立場に身を置かせる。「長男を社長に―」❷師として従い、指導を受けさせる。「子どもをいい先生に―」[二] 接尾 [かながき] (下一段活用動詞をつくる) ❶そのことをしなれる。「使いつけた道具」❷はげしくその動作をする。「たたき―」「どなり―」 つ・く 文語下二

つ・ける [0] 他下一 [ケ・ケ・ケル・ケル・ケレ・ケロ・ケヨ] ㊀【▲浸ける】ひたす。うるおす。「水に―」㊁【漬ける】つけ物にする。「ぬかみそに―」 つ・く 文語下二

つ・げる [0]【告げる】他下一 [ゲ・ゲ・ゲル・ゲル・ゲレ・ゲロ・ゲヨ] ❶口で言う。聞かせる。「父のことばを―」❷ひろく知らせる。「正午を―サイレン」 つ・ぐ 文語下二

づける【付ける】接尾 (体言について下一段活用動詞を作る) ❶…をつける。「元気―」❷…を定める。「位置―」

っこ 接尾 (「こと」の変化) ❶…くらべ。「かけ―」❷たがいに…すること。「取り―」

っこ【っ子】造 ❶その土地で生まれ育った人。「パリ―」「江戸―」❷そういう状態や性質の人や子ども。「売れ―」「鍵(かぎ)―」「いじめ―」

っこい 接尾 (形容詞をつくる) その性質や感じが強いことをあらわす。「脂―」「まる―」⇨こい 参考。

つ

つ-ごう【都合】㊀⓪名 ❶なりゆき。「そのときの―で」❷事情。「家の―で欠席する」❸ぐあい。状況。「―がいい」㊁⓪名他サ やりくり。くふう。「―して出席する」㊂ツ副〔かながき〕まとめて。ひっくるめて。「―三百人」

つこうまつ・る【仕うまつる】〔古語〕〔「仕(つか)へまつる」の変化〕㊀自他四 ➡つかまつる。㊁〔補助動詞として、動詞の連用形について謙譲の意をくわえる〕…しもうしあげる。「御気色賜りつつ、追従しつかうまつる」〈源氏〉

っこない 接尾〔動詞連用形について、形容詞を作る〕決して…しない。「聞こえ―」「わかり―」

つ-ごもり【晦】名〔古語〕〔「月ごもり」の変化。月がかくれて見えないの意から〕陰暦で月の末。みそか。

つじ⓪【辻】名 ❶十字路。よつつじ。❷道ばた。

つじ-うら⓪【辻占】名 ❶吉凶判断の文句をしるした紙。また、それを売る人。❷吉凶のまえぶれ。「それはいい―だ」

つじ-かご⓪/ジ【辻駕籠】名 江戸時代、町かどで、客を待つかご。まちかご。

つじ-かぜ⓪【旋風・辻風】名 つむじ風。せんぷう。

つじ-ぎみ⓪/ジ【辻君】名 夜、町かどに立って客をひろう売春婦。

つじ-ぎり⓪【辻斬】名 武士が、刀のきれ味や腕まえをためしたりするため、夜の道ばたで、往来の人を切ったこと。また、その武士。

つじ-くにお《辻邦生》一九二五―一九九九。小説家・仏文学者。歴史を題材にし高貴な精神性を追求した作品で知られる。「廻廊にて」「安土往還記」「背教者ユリアヌス」など。

つじ-ぐるまグ【辻車】名 町かどで、客を待つ人力車(じんりきしゃ)。

つじ-げいにんゲ【辻芸人】名 道ばたで芸をしてみせる人。大道芸人。

つじ-ごうとうゴ【辻強盗】名 道ばたで、通行人をおそう強盗。

つじ-せっぽうセ【辻説法】名 町かどで、通る人にする説法・説教。

つじ-つま⓪【辻褄】名〔「つじ」は裁縫でたてよこのぬいめの合うところ。「つま」は着物のすその合わせ目〕物事の道理。はじめと終わり。すじみち。**―が合(あ)う** 言動の前後・始終がよくあう。すじみちがよく通る。

つじ-どう⓪【辻堂】名 道ばたにある仏堂。

つじ-ばしゃ⓪【辻馬車】名 町かどで客を待つ乗合馬車。

つじ-ばん⓪/ジ【辻番】名 江戸時代、江戸市中の、武家屋敷のまわりに置かれた番所。↕自身番。

つじ-ふだジ【辻札】名 町かどに立てた制札(せいさつ)。

つしま《対馬》昔の西海道の国の一つ。九州と朝鮮半島との間にある島。今は、長崎県にふくまれる。対州(たいしゅう)。

つじ-まち⓪【辻待】名 車夫などが町かどで客を待つこと。

つしま-ゆうこ《津島佑子》一九四七―二〇一六。小説家。本名、里子。太宰治(だざいおさむ)の次女。家庭や人間関係の実相を追求した作品が多い。「葎(むぐら)の母」「草の臥所(ふしど)」など。

っす 助動〔〇―〇―ッス―〇―〇―〇〕〔俗語〕〔「です」の変化。終止形の用法しかないが、種々の語に接続する〕少しあらたまった断定・指定の意味をあらわす。「ぼくが行く―」「それがいい―」「練習は中止―」参考 若い男性が少し年上の人に対して使う丁寧表現。

つたタ【蔦】名 ブドウ科の多年生のつる草。へいや壁にはわせる。葉は、秋に美しく紅葉する。つたかずら。㊙秋

つたい【伝い】(つたひ) 造〔「づたい」と変化することが多い〕それにそって移動すること。「線路―」「屋根―」

つたい-あるきア【伝い歩き】(つたひ―) 名 物につかまりながら歩くこと。「―を始めた赤ちゃん」

つた・う⓪【伝う】(つたふ) 自五〔ワ・オ―イ・ッ―ウ―ウ―エ―エ〕沿って行く。物に沿って移動する。「土手を―」「頬を―涙」参考「伝わる」よりも移動する場所に重点がある。

つたえ⓪【伝え】(つたへ) 名 ことばでつたえたもの。伝聞。伝承。

つたえ-う・けるケ【伝え受ける】(つたへ―) 他下一〔ケ―ケ―ケル―ケル―ケレ―ケロ・ケヨ〕うけつぐ。おしえてもらう。**つたへう・く** 文語下二

つたえ-き・く⓪/キ【伝え聞く】(つたへ―) 他五〔カ・コ―キ・イ―ク―ク―ケ―ケ〕❶人づてに聞く。❷昔からの言い伝えで知っている。

つた・える⓪【伝える】(つたへる) 他下一〔エ―エ―エル―エル―エレ―エロ・エヨ〕❶ある物理作用が、他の場所へ届くように仲だちをする。「空気が振動を―」❷情報や考え・感情などを、ことばなどで知らせる。「事情を詳しく―」「よろしくお伝えください」❸ある物やことばなどを、時をへだてて残すようにする。「家宝を子孫に―」❹ある物やことばなどを、距離をへだてて届くようにする。「中央から伝えられる指令」❺受けつがせる。伝授する。「秘法を弟子に―」**つた・ふ** 文語ハ下二

つた-かずらカ【蔦葛・蔦蔓】(―かづら) 名 つるくさ。つた。㊙秋

つだ-そうきち《津田左右吉》一八七三―一九六一。歴史学者。本名は親文(ちかふみ)。著書に「文学に現はれたる我が国民思想の研究」「神代史の研究」など。

つたな・い【拙い】㊀ナ形〔カロ―カッ・ク―イ―イ―ケレ―〇〕❶へただ。まずい。「―文字」❷おろかだ。おとっている。「―生まれつき」❸運がわるい。不遇である。短命である。「―運命」**つたなさ** 名 **つたな・し** 文語ク ㊁形ク〔古語〕❶おくびょうだ。ひきょうだ。「汝(いまし)の兄(いろせ)にはあれど、つたなく弱くて」〈書紀〉❷そまつだ。みすぼらしい。「古く、つたなき衣を着て」〈今昔〉

つた-もみじモ【蔦紅葉】(―もみぢ) 名 紅葉した、つたの葉。㊙秋

つたわ・る⓪【伝わる】(つたはる) 自五〔ラ・ロ―リ・ッ―ル―ル―レ―レ〕❶ある物理作用が、媒介物を経て、他の所に届く。「大地の震動が―」❷ある物により添って行く。「手すりを伝わって歩く」❸情報や考え・感情などが、ことばなどで知らされる。「うわさが―」「私の真意が伝わらない」❹ある物事やことばなどが、時をへだてて残る。「先祖の教えが―」❺ある物事やことばなどが、距離を越えて届く。「西洋の風習が―」❻受けつがれる。「弟子に―秘伝」

つちチ【土】名 ❶地球の外がわを構成する土石の総称。❷岩石が分解してこなになったもの。土壌(どじょう)。❸地面。**―一升(いっしょう)金(かね)一升(いっしょう)** 土地の値段がひどく高いことのたとえ。**―が付(つ)く** 力士がすもうでまける。**―と(に)成(な)る** ❶くさって土にかわる。❷その地で死ぬ。**―に帰(かえ)る** 死ぬ。死んで土に埋められる。**―を踏(ふ)む** その土地をおとずれる。「故郷の―」

つちチ【槌・鎚】名 柄(え)の先に円柱形の金属または木をとりつけた、物をたたく工具。ハンマー。

つち《土》長塚節(ながつかたかし)の長編小説。一九一〇年発表。貧しい農民の苦しい生活を、自然を背景に写生文によって描きだした。

つち-いじりイ【土いじり】【土弄り】(―いぢり) 名 土をいじること。特に、庭木の手入れや草花づくり。庭いじり。

つち-いっきイ【土一揆】名 室町(むろまち)時代、近畿(きんき)を中心におこった農民の武装蜂起(ほうき)。どいっき。

つちい-ばんすい《土井晩翠》一八七一―一九五二。詩人。本名は林吉(りんきち)。代表作は詩集「天地有情(てんちうじょう)」など。どいば

んすい。

つち-いろ [0]【土色】[名] 土の色。つちけいろ。

つち-おと [ト][0]【×槌音】[名] つちで材木をたたく音。建築がさかんに行われているたとえ。「復興の―がひびく」

つち-か・う [カ]【培う】[他五] (ワ・オ・イ・ッ/ウ・ウ・エ・エ) ❶土を根もとにかぶせて草木をそだてる。❷力や性質などをやしないそだてる。「道義心を―」 **培える** [自下一][…できる]

つち-くさ・い [サ]【土臭い】[形] (カロ・カッ・ク/イ・イ・ケレ・○) ❶土のにおいがする。「―野菜」❷いなかくさい。どろくさい。 **土臭さ** [名] **つちくさ・し** [文語ク]

つち-ぐも [0]【土×蜘×蛛】[名] ❶古代、大和朝廷に従わず、異民族視された人々の称。❷じぐも。

つち-くれ [0]【土くれ・土×塊】[名] 土のかたまり。

つち-け-いろ [0]【土け色・土気色】[名] 土のような青黒い顔色。つちいろ。

つち-けむり [ケ]【土煙】[名] 土砂がまいあがって煙のように見えること。

つち-つかず [ツ2]【土付かず】[名] ❶相撲で、その場所でまだ一度も負けていないこと。❷土踏まず。

つち-の-え [ノ]【×戊】[名] (「土の兄(え)」の意) 十干の第五位。戊(ぼ)。⇨十干(表)。

つち-の-と [ノ]【*己】[名] (「土の弟(と)」の意) 十干の第六位。己(き)。⇨十干(表)。

つち-ばち [チ1]【土蜂】[名] ツチバチ科の昆虫の総称。大形で黒色。腹部に金色の毛が密生している。[春]

つち-ふまず [フ]【土踏まず】[名] 足のうらのくぼんだ所。土付かず。⇨足(図)。

つち-へん [0]【土偏】[名] 漢字の部首の一つ。「坪」「城」などの「土」。

つち-ぼこり [ボ]【土ぼこり・土×埃】[名] 土砂をふくんだほこり。「―が立つ」

つち-よせ [0]【土寄せ】[名] 農作物の根もとに土をあつめてかぶせること。

つち-ろう [0]【土×牢】[名] 地中に設けたろうや。

つっ【突っ】[接頭] 動詞について語勢を強める。「―こむ」

つつ [0][ツ2]【筒】[名] ❶まるく長くて中がうつろのもの。くだ。❷銃身。❸小銃や大砲。❹井戸を囲む枠。井戸がわ。いづつ。

つつ [助] (接続助詞) ❶二つの動作が同時におこなわれることをあらわす。「歩き―読む」❷動作がくりかえされることをあらわす。「なげき―くらす」❸(「つつある」の形で) 動作が進行中であることをあらわす。「いま、調べ―ある」❹二つの相応しない事がらを結ぶ。よくよく…にもかかわらず。「うそだと知り―も、だまされた」❺[古語] 動作が継続することを示す。「天ざかる鄙(ひな)に五年(いつとせ)住まひつつ都の手ぶり忘らえにけり」〈万葉〉❻[古語] 和歌で、結句の末に使われて余情や詠嘆を表す。「春霞立てるやいづこみ吉野の吉野の山に雪は降りつつ」〈古今〉 [参考]「つつ」も「ながら」も、ほぼ同じ意味をあらわすが、「つつ」は、書きことばに多く使われる。進行をあらわす「つつある」は、「ている」と同じ意味だが、やや文章語的。

つづ [ツ][名] [文章語]「十(とお)」の意。あやまって「十九」の意に用いられる。「―やはたちで」

つつ-い [0]【筒井】(ゐ) [名] まるく掘った井戸。 **―筒**(づつ) [イ][名] 筒井の井戸がわ。

つづい-て【続いて】[連語] あることのすぐあとに。ひきつづき。「―、ご来賓の祝辞を頂きます」 [参考]「つづきまして」は丁寧な言い方。

つつ-うらうら [ツ-ラ1]【津津浦浦】[名] (いたる所の港や海岸の意から) 全国いたる所。あらゆる所。つづうらうら。

つつ-おと [0]【筒音】[名] 大砲・小銃の発射音。

つつが [0]【×恙】[名] ❶[文章語] 病気や災難。「―もなく暮らす」❷つつがむし。[夏]

つっ-かい [0]【突(っ)*支い】(かひ) [名] ❶物が倒れないようささえること。また、そのささえるもの。❷つっぱり。つっかえ。 **―棒**(ぼう) [0][名] 物が倒れたり、戸が開いたりしないようにささえる棒。「―をする」

つっ-か・う [カ]【突(っ)*支う】(かふ) [他五] (ワ・オ・イ・ッ/ウ・ウ・エ・エ) ❶棒などで物をささえる。❷助けささえる。

つっ-かえ・す [カ]【突(っ)返す】(かへす) [他五] (サ・ソ・シ・ス/ス・セ・セ) (「つきかえす」の変化) ❶突いてもどす。❷受けとらないで返す。「贈り物を―」 **突っ返せる** [自下一][…できる]

つっ-か・える [エ]【×閊える】(かへる) [自下一] (エ・エ・エル・エル/エレ・エロ・エヨ) なめらかに通らないで、どこかにひっかかる。つかえる。「のどに―」

つっ-かか・る [カ2]【突(っ)掛(か)る】[自五] (ラ・ロ・リ・ッ/ル・ル・レ・レ) (「つきかかる」の変化) ❶めがけて突く。❷くってかかる。反抗する。争いをしかける。「上司に―」

つっ-かけ [0]【突(っ)掛け】[名] 足さきにちょっとひっかけてはく手軽なはきもの。サンダルなど。

つっ-か・ける [ケ]【突(っ)掛ける】[他下一] (ケ・ケ・ケル・ケル/ケレ・ケロ・ケヨ) (「つきかける」の変化) ❶はきものを足先にちょっとかけてはく。❷突然しかける。 **つっか・く** [文語下二]

つつが-な・い [ナ]【×恙無い】[形] (カロ・カッ・ク/イ・イ・ケレ・○) 病気がない。無事だ。「つつがなく暮らす」 **つつがな・し** [文語ク]

つつが-むし [ガ]【×恙虫】[名] ツツガムシ科のけだにの総称。からだは楕円(だえん)形やひょうたん形で小さく赤い。つつがむし病の病原体(リケッチア)を媒介する。 **―病**(びょう) [0][名] つつがむしに刺されて、リケッチアが侵入するためおこる急性感染症。高熱を発し、全身に発疹(はっしん)が出る。[夏] [参考] かつては雄物(おもの)川・最上(もがみ)川・阿賀野(あがの)川の流域で多く見られた。

つづき [0]【続き】[名] ❶続いていくぐあい。つながり。「文の切れ―」❷あとに続く部分。「話の―」「仕事の―」❸(名詞に付いて接尾語的に用いて) あいだを置かずにあること。「雨―」「地―」

つづき-がら [0]【続(き)柄】[名] 親族関係。血族関係。

つづき-もの [0]【続(き)物】[名] 小説・放送などで、回を重ねて一まとまりになるもの。

つつ-ぎり [0]【筒切(り)】[名] まるくて長い物を横に切ること。わぎり。

つっ-き・る [キ]【突(っ)切る】[他五] (ラ・ロ・リ・ッ/ル・ル・レ・レ) (「つききる」の変化) ❶突いて切る。つきやぶる。❷勢いよくよこぎる。また、まっすぐに通りぬける。「道を―」 **突っ切れる** [自下一][…できる]

つっ-つ・く [ツ2]【突っつく】[他五] (カ・コ・キ・イ/ク・ク・ケ・ケ) (「つきつく」の略) ❶なんども、こきざみに突く。「棒の先でくさむらを―」❷けしかける。❸ほじくる。「人のあらを―」 **つっつける** [自下一][…できる]

つづ・く [0]【続く】[自五] (カ・コ・キ・イ/ク・ク・ケ・ケ) ❶同じ物事がそのままの状態で切れ目なく存在する。「雨の日が―」「戦争が―」「長い道がどこまでも―」❷ある物事と別の物事が間をおかずに存在する。「噴火に続いて地震が起こる」「団地の外れは雑木林に続いている」

つつ-ぐち [0]【筒口】[名] 筒先。

つづけ-ざま [0]【続け様】[名] 物事が切れ目なくくり返されること。「―に質問を浴びせる」

つづけ-じ [0]【続け字】[名] 字と字の間に切れ目がなく、つなげて書かれている文字。連綿体。

つづ・ける [0]【続ける】[他下一] (ケ・ケ・ケル・ケル/ケレ・ケロ・ケヨ) ❶とぎれないようにする。間をおかずに行う。「旅を―」「会議を―」「字を

つ

つ

続けて書く」❷〔動詞の連用形について〕動作をやめずに行う。「歩き―」「読み―」 つづ・く 文語下二

つっ‐けんどん ㋘【突×慳貪】形動（ダロ・ダッ・デ・ニ／ダ・ナ・ナラ・○）〔「つっ」は接頭語、「けんどん」は無慈悲なこと〕とげとげしく、ぶあいそうなようす。「―に答える」

つっ‐こみ ⓪【突(っ)込み】名 ❶突っ込む勢い。ダッシュ。「するどい―」❷鋭く追求すること。「―が足りない」❸区別せず全部をいっしょにすること。「大小―の値段」❹漫才で、話の筋をおもに進める役。↕ぼけ。

つっ‐こ・む ㋙【突(っ)込む】（マ・モ・ミ・ン／ム・ム・メ・メ）〔「つきこむ」の変化〕㊀自五 ❶いきおいよく突き入る。突進する。「敵陣に―」❷ふかく立ち入る。「突っ込んで話す」㊁他五 ❶さしこむ。突きいれる。「指をすきまに―」❷弱点につけいって責める。「突っ込んで不正をあばく」❸無雑作に入れる。「ひきだしの中にノートを―」❹関係する。「くだらないことに頭を―」 突っ込める 自下一〔…できる〕

つっ‐ころば・す ㋩【突(っ)転ばす】他五（サ・ソ・シ・ス／ス・セ・セ）〔「つきころばす」の変化〕ひどく突いてたおす。突きたおす。

つっ‐さき ⓪【筒先】名 ❶砲身・銃身の先。筒口。❷消防ポンプなどのホースの水の出口。また、それを扱う係の人。

つつ‐ざき ⓪【筒咲(き)】名 あさがおのように、花弁が筒の形をなすもの。筒状花(とうじょうか)。

つつじ ㋡2/⓪【×躑×躅】名 ツツジ科の常緑または落葉低木。春から夏にかけて、紅・紫・白などの花を開く。㊗春

つつしみ ⓪【慎み】名 ❶ひかえめであること。度を過ぎないように心をひきしめていること。「―のない人」❷〔古語〕物忌みをすること。斎戒。「いみじき御つつしみをしたまふしるしにや」〈源氏〉

つつしみ‐ぶか・い ㋕【慎み深い】形（カロ・カッ・ク／イ・イ・ケレ・○）注意ぶかく、ひかえめである。不作法をしない。「―話し方」 慎み深げ 形動 慎み深さ 名 つつしみぶか・し 文語ク

つつし・む ㋛ 他五（マ・モ・ミ・ン／ム・ム・メ・メ）㊀【慎む】❶あやまりのないように注意する。「おこないを―」❷謹慎する。「家にこもって―」❸ひかえめにする。「飲食を―」❹物忌みをする。㊁【謹む】かしこまる。「謹んで拝聴する」

つつしん‐で ㋛【謹んで】副〔「つつしみて」の変化〕敬意をつくして。うやうやしく。「―お受けします」

つつ‐そで ⓪【筒袖】名 たもとがなく、筒の形をしたそで。また、その着物。

つっ‐た・つ ㋟【突(っ)立つ】自五（タ・ト・チ・ッ／ツ・ツ・テ・テ）〔「つきたつ」の変化〕❶まっすぐに立つ。❷いきおいよく立つ。

つっ‐た・てる ㋢【突(っ)立てる】他下一（テ・テ・テル・テル／テレ・テロ・テヨ）〔「つきたてる」の変化〕まっすぐに立てる。いきおいよく立てる。「旗を―」

つっ‐つ・く ㋡2 他五（カ・コ・キ・イ／ク・ク・ケ・ケ）〔俗語〕つつく。

つつっ‐ぽう ⓪【筒っぽう】名〔俗語〕筒そで。つつっぽ。

つっ‐と ㋡ 副 ❶〔古語〕程度のはなはだしいさま。ひどく。❷動作のすばやいさま。さっと。ぱっと。「―近よる」

つつ‐どり ㋡2【筒鳥】名 ホトトギス科の渡り鳥。からの筒をうつように、ポンポンと鳴く。㊗夏

つつ‐ぬけ ⓪【筒抜け】名 ❶相談や計画の内容が、全部もれてしまうこと。「秘密が先方へ―だ」❷隣の話し声などがそのまま聞こえること。

つっ‐ぱし・る ㋛【突(っ)走る】自五（ラ・ロ・リ・ッ／ル・ル・レ・レ）❶いきおいよく走る。「高速道路を―」❷慎重にせず、いきおいよく行動する。 突っ走れる 自下一〔…できる〕

つっ‐ぱな・す ㋤【突(っ)放す】他五（サ・ソ・シ・ス／ス・セ・セ）〔「つきはなす」の変化〕❶急に突きはなす。「体を―」❷相手にしないで知らん顔をする。 突っ放せる 自下一〔…できる〕

つっ‐ぱ・ねる ㋧【突(っ)ぱねる】【突×撥ねる】他下一（ネ・ネ・ネル・ネル／ネレ・ネロ・ネヨ）〔「つきはねる」の変化〕❶突きとばす。はねつける。「頼みを―」❷突きかえす。❸らんぼうにことわる。

つっ‐ぱり ⓪【突(っ)張り】名 ❶つっぱること。❷押しあてて、物が倒れないようにすること。また、その押しあてるもの。「杭(くい)を打って―をする」❸相撲で、相手の胸をてのひらでつよく突くこと。

つっ‐ぱ・る ㋩【突(っ)張る】（ラ・ロ・リ・ッ／ル・ル・レ・レ）㊀他五 ❶物をおしあて、ささえる。「材木で―」❷つよく対抗する。❸意地や主張をおしとおす。❹相撲で、てのひらでつよく相手の胸を突く。㊁自五 筋などがつよくはる。「腹が―」 突っ張れる 自下一〔…できる〕

つっ‐ぷ・す ㋫【突(っ)伏す】自五（サ・ソ・シ・ス／ス・セ・セ）〔「つきふす」の変化〕急にうつぶせになる。「突っ伏して泣く」

つつまし・い ㊀【▲慎ましい】㋛ 形（カロ・カッ・ク／イ・イ・ケレ・○）❶遠慮ぶかく、ひかえめである。しとやかだ。「―話しぶり」❷ぜいたくでない。質素である。つましい。「―生活」 つつましげ 形動 つつましさ 名 つつま・し 文語シク ㊁ 形シク〔古語〕気がひける。気恥ずかしい。「女は、つつましうおぼせど」〈源氏〉

つつまし‐やか ㋛【▲慎ましやか】形動（ダロ・ダッ・デ・ニ／ダ・ナ・ナラ・○）遠慮ぶかく、しとやかなようす。「―な性格」

つづま‐やか ㋮【▲約やか】形動（ダロ・ダッ・デ・ニ／ダ・ナ・ナラ・○）❶手短で、要を得ているようす。「―な報告」❷質素なようす。「―な生活」

つづま・る ⓪【▲約まる】自五（ラ・ロ・リ・ッ／ル・ル・レ・レ）小さくちぢまる。みじかくなる。簡略になる。

つつみ ㋫【包(み)】名 包むこと。包んだ物。

つつみ ㋫【堤】名 ❶どて。堤防。❷池。

つづみ ㋫【鼓】名 日本の打楽器の一つ。中央部がくびれて細くなった胴の両端に皮を張り、手で打ちならすもの。

鼓

つつみ‐かく・す ㋗【包(み)隠す】他五（サ・ソ・シ・ス／ス・セ・セ）❶包んで見えないようにする。❷人に知られないように秘密にする。 包み隠し 名 包み隠せる 自下一〔…できる〕

つつみ‐がね ㋫【包(み)金】名 ➡つつみきん。

つつみ‐がまえ ㋕【包(み)構え】名 漢字の部首の一つ。「包」「匂」などの「勹」。

つつみ‐きん ⓪【包(み)金】名 紙に包んだかね。祝儀・あいさつ・謝礼のために紙に包んで渡すかね。つつみがね。

つつみちゅうなごんものがたり《堤中納言物語》平安時代後期の短編物語集。貴族生活から多彩な題材をとり、工夫された趣向や形式を用いている。

つつ・む ㋡2【包む】【×裹む】他五（マ・モ・ミ・ン／ム・ム・メ・メ）❶物を中におおい入れる。❷とりかこむ。「城を―」❸かくす。「真相を―」 包める 自下一〔…できる〕

つつ・む【▲慎む】他四〔古語〕❶心をおさえる。心にひめる。「垂乳根(たらちね)の母にも言はずつつめりし心はよしゑ君がまにまに」〈万葉〉❷涙をこらえる。「かなしきにつつむとすれどこぼれ出でつつ」〈源氏〉❸人目をはばかる。遠慮する。用心する。「人目も今はつつみたまはず泣きたまふ」〈竹取〉

つづ・める ⓪/㋫【▲約める】他下一（メ・メ・メル・メル／メレ・メロ・メヨ）❶小さくちぢめる。みじかくする。「文章を―」❷倹約する。「生活費を―」 つづ・む 文語下二

つつ‐もたせ ㋲【▲美▲人▲局】名 女が、夫や情夫と相談のうえで他の男を誘惑し、それを口実にその男からかねや品物をゆすりとること。

つづら ⓪【▲葛】名 ❶つづらふじなど、丈夫なつる性植物。

❷【葛籠】衣服などを入れるかご。[参考] 昔、つづらふじのつるでつくったので。

つづら-おり [0]【つづら折り】【葛折・九十九折】[名]（くず(つづら)のつるのように折れまがっているの意）くねくねと折れまがっている長い坂道や山道。

つづら-ふじ [ラ]【葛藤】[名] ツヅラフジ科の落葉つる性植物。茎は他に巻きつく。雌雄異株。つるは強く、かごなどを編む。[夏]

つづり [リ]/[0]【綴り】[名] ❶つづること。つづったもの。❷書類などをとじ合わせるもの。また、とじ合わせたもの。❸[古語] 僧の着る衣。❹つづり字。スペリング。

つづり-あわ・せる [セ]【つづり合(わ)せる】【綴合せる】[他下一] ばらばらのものを、つづって一つにする。**つづりあは・す** [文語下二]

つづり-かた [カ]/[タ]【つづり方】【綴り方】[名] ❶文字・ことばをつづる方法。❷もと、小学校の教科の一つ。今の作文。

つづり-じ [0]【つづり字】【綴り字】[名] 単語を表音文字、特に、アルファベットなどで表記するときの文字配列のしかた。スペリング。スペル。

つづ・る [0]/[ヅ]【綴る】[他五] ❶つぎあわせる。「ぼろを—」❷合わせて一つにまとめる。「書類を—」❸文章をつくる。❹アルファベットで単語を書く。**つづれる** [自下一][…できる]

つづれ [0]【綴れ】[名] ❶やぶれをつづりあわせた衣服。ぼろ。「—を身にまとう」❷つづれおり。

つづれ-おり [0]【つづれ織(り)】【綴れ織】[名] 色糸で模様を織りだした織物。帯地・肩掛けなどに用いる。つづれにしき。つづれ。

つづれ-にしき [ニ]【つづれ錦】【綴れ錦】[名] つづれおり。

って [助] ❶(終助詞)㋐ひとのことばを伝える。…ということだ。「おとうさんが来い—」㋑(語尾の調子をあげて)疑いを示す。「きみが知らない—」❷(係助詞)㋐話題を示す。…というのは。「銀座—にぎやかなところだ」㋑相手の質問をくりかえし、話題として示す。「どうするか—、まだきめていないんです」❸「と」「という」のくだけた言い方。「来る—言ったよ」「東京—ところ」

つて [テ]【伝】[名] ❶先方にとどける方法。ついで。❷てづる。てがかり。「就職の—」

って-ば [連語] ❶(「といえば」から)以前の話題に出てきた語をとりあげるのに用いる。「田中君—、彼は北海道の出身だったね」❷人をとりあげ、その人に対する気持ち・評価をあらわすのに用いる。ったら。「この子—、どうしていたずらばかりするんだろう」[参考] おもに女性が用いる。❸自分の気持ちが伝わらないことに対するいらだちをあらわす。ったら。「わかった—、もう黙っていてよ」

っと [助] 自分の意志を軽い調子でひとりごとのように言うときに用いる。「もう寝よう—」

つと [ト]【苞】[名] わらをたばねて野菜や魚などを包むもの。わらづと。

つ-と [0]/[ツ] [副] ❶[文章語] いきなり。急に。さっと。「—走り出す」❷[古語] そのまま、いつまでも。じっと。「君につと添ひたてまつりて」〈源氏〉

つ-ど [ツ]【都度】[名] そのたびごと。毎回。「その—注意する」

つどい [ド]【集い】[名] つどうこと。「若者の—」[参考]「会」や「あつまり」にくらべて、かた苦しさがうすい。

つど・う [ド]【集う】[自五] [文章語] 人が寄りあつまる。「一堂に—」

つと-に [ト]【つとに】【夙に】[副] ❶[文章語] いちはやく。「—勇名をはせる」❷[古語] 朝早く。「つとに行く雁の鳴く音は」〈万葉〉❸[古語] 以前から。[参考]「つと」は「つとめて(早朝・翌朝)」の「つと」と同じで、「早い」「早く」の意。

つとま・る [マ] [自五] ㊀【勤まる】勤めることができる。「この会社には長く勤まらない」㊁【務まる】その任にたえられる。「キャプテンの役目が—かどうか心配だ」

つとめ [メ][名] ㊀【勤め】❶会社や役所などに、やとわれてする仕事。勤務。「—に出る」❷⇒おつとめ。㊁【務め】義務。任務。「学生の—」

つとめ-あ・げる [ゲ]【勤め上げる】[自他下一] 会社・役所などの勤めの期間を無事に終える。「三十年勤め上げて定年となる」

つとめ-ぐち [0]/[メ]【勤め口】[名] 勤務して給与を受ける所。勤務先。「—を探す」

つとめ-さき [0]【勤め先】[名] 勤務している所。勤務先。

つとめ-て 【翌朝・早朝】[名][古語] ❶(何か事のあった日の)翌朝。「いたう降り明かしたるつとめて」〈和泉式部日記〉❷早朝。「冬はつとめて(ガ趣深イ)」〈枕〉

つとめ-て [ト]【努めて】[副] 努力をして。できるだけ。「—明るくふるまう」

つとめ-にん [0]【勤め人】[名] 官庁・会社などに勤務する人。サラリーマン。

つとめ-むき [0]【勤め向き】[名] 勤務上の事がら。公務。「—の出張」

つと・める [メ] ㊀【勤める】[自下一] ❶職業とする。勤務する。「父は市役所に—」❷仏道を修行する。㊁【務める】[他下一] 役目を担当する。「課長を—」「司会を—」「主役を—」㊂【努める】【勉める】[自下一] 精を出してする。努力する。「家業に—」**つと・む** [文語下二]

つな [ナ]【綱】[名] ❶あさ・わら・はりがねなどをよりあわせてつくった、ふといなわ。ロープ。❷よりすがってたよりとするもの。「命の—」「頼みの—」

ツナ [ツ]〈tuna〉[名] まぐろの肉。「—の缶詰」

つな-うち [0]/[チ]【綱打ち】[名] 綱をつくること。特に、相撲の横綱がしめる綱をつくること。

つながり [0]【繋がり】[名] ❶結びついてかかわること。関係。「浄瑠璃と歌舞伎の—」「血の—」❷所属や共通する趣味をきっかけとしてつぎつぎと関係ができること。「山歩き—の仲間」

つなが・る [0]【繋がる】[自五] ❶切れていたり離れていたりするものが、結ばれて一つづきの物になる。結びつく。「トンネルで本州と北海道が—」「電話が—」❷離れずに続く。「交通渋滞で車が—」❸関係がある。結びつく。「汚職事件に—人物」「心と心が—」「おもわぬ事故に—」❹血縁関係がある。「血のつながった間柄」❺心がひかれる。「情につながれて援助の手をさしのべる」

つなぎ [0]【繋ぎ】[名] ❶つなぐこと。つなぐもの。「顔—をつける」❷次のことにかかるまでの間をうめるためにすること。「—の余興」❸ねばりを増すため、まぜ入れるもの。「そばの—」❹上着とズボンがつながった作業服。

つな・ぐ [0]【繋ぐ】[他五] ❶ひも・綱などで物を結びとめて、離れないようにする。「舟を岸に—」「犬をつないでおく」❷しばり、とらえる。拘束する。「刑務所に—」❸切れたり、離れたりしているものを、一つに結ぶ。「糸を—」「手を—」❹とぎれそうなものを、もちこたえさせる。「一筋の希望を—」「信用を—」

つな・げる [0]【繋げる】[他下一] ❶つないだ状態にする。ひと続きにする。「ひもをつなげて長くする」❷つながるようにする。「顧客の獲得につなげたい」❸つなぐことができる。**つなげる** [自下一][…できる]

つ

つなで⓪【綱手】名 船につないで引くなわ。ひきなわ。綱手縄。

つなとり⓪[リ]【綱取り】【綱▲盗り】名〔俗語〕大相撲で、大関が横綱の地位をねらうこと。

つなひき[ナ]【綱引（き）】【綱×曳】名 大ぜいが二組に分かれて一本の綱を引きあい、勝負を争うもの。

つなみ⓪【津波】名 海底の地震などのために、急に陸地をおそう高い波。⇩高潮 参考。

つなわたり[ワ]【綱渡り】名 ❶空中に張った綱の上をわたるかるわざ。❷危険をおかしてことを行うたとえ。「—の自転車操業がつづく」

つね[ツ]【常】【▲恒】名 ❶いつもかわらないこと。「世は—なし」❷きまっていること。「世の—」❸ふだん。平常。「—の服」❹平凡。「—の人」 **—ならぬ** 無常である。変わりやすい。「—人の世」

つねづね[ネ-ー]【常常】名副 いつも。ふだん。平常。「—の心がけ」

つねに[ツ]【常に】副 いつも。ふだん。たえず。「—元気」

つねひごろ[ツ]【常日頃】名 ふだん。へいぜい。いつも。

つねる[ネ]【×抓る】他五（ラ・ロ・リ・ッ・ル・ル・レ・レ）指先やつめで強く肌をはさんでねじる。つめる。「ほおをつねられる」

つの[ノ]【角】名 ❶獣類の頭上につきでている、かたい骨状のもの。❷物の上や表面につきでたもの。❸女性のしっと。❹わがまま。我が。 **—突き合わせる** 仲がわるくて、けんかをする。 **—を折る** おとなしくなる。我を折る。 **—を出す** やきもちをやく。しっとする。 **—を矯めて牛を殺す**（角の形を無理になおそうとして、牛を殺してしまうの意から）つまらないことにこだわって、かえってその本体をだめにする。 **—を生やす** 角を出す。

つのがき⓪【角書（き）】名 しばいの脚本の表題や書名などの上に、簡単な説明の文字を二行に小さく書いたもの。

つのかくし[カ]【角隠し】名 婚礼のとき、新婦が頭髪の上にかぶる、飾りの布。

角隠し

つのぐむ[グ]【角ぐむ】自五（マ・モ・ミ・ン・ム・ム・メ・メ）角のように芽が出はじめる。春「葦—」

つのざいく[ザ]【角細工】名 動物の角を材料にした細工。また、その細工物。

つのだつ[ダ]【角だつ】自五（タ・ト・チ・ッ・ツ・ツ・テ・テ）かどだつ。

つのだる⓪【角だる】【角×樽】名 角のように、二本の大きな柄のついた酒だる。祝いごとに使う。

角だる

つのつきあい[キ]【角突（き）合い】—つきあひ 名 仲がわるくてけんかをすること。

つのぶえ⓪【角笛】名 動物の角でつくった笛。猟師・牧童などが使う。昔は、いくさにも使った。

つのへん⓪【角偏】名 漢字の部首の一つ。「触」「解」などの「角」。

つのまた⓪【角×叉】名 紅藻類スギノリ科の海藻。波うちぎわの岩の上に多い。食用・しっくい用。春

つのめだつ[ダ]【角目だつ】自五（タ・ト・チ・ッ・ツ・ツ・テ・テ）目にかどをたてて、いがみあう。

つのらす[ラ]【募らす】他五（サ・ソ・シ・ス・ス・セ・セ）いよいよ強くする。つのらせる。「不安を—」

つのる[ノ]【募る】㊀自五（ラ・ロ・リ・ッ・ル・ル・レ・レ）いよいよはげしくなる。「わがままが—」「風雨が—」㊁他五 募集する。「寄付を—」

つば[ツ]【唾】名 口の中の唾液腺から出る消化液。唾液。つばき。 **—を付ける**〔俗語〕他人にとられないように、自分のものであることをはっきりとさせておく。

つば[ツ]【×鍔・×鐔】名 ❶刀剣の柄と刀身の間の、ひらたい金具。⇩太刀（図）。❷釜のまわりにつき出た、うすい鉄の部分。❸帽子のまわりにつき出ている部分。

つばき[キ]【▲唾】名 つば。

つばき[ツ]【×椿】名 ツバキ科の常緑高木。暖地にそだち、春、赤・白の花を開く。種子から油をとる。春

つばきあぶら[ア]【つばき油】【×椿油】名 つばきの種子からとった油。食用・髪油用。

つばぎわ⓪【つば際】【×鍔際】—ぎは 名 ❶刀剣のつばもと。❷せっぱつまったとき。せとぎわ。

つばくら⓪【×燕】名「つばくらめ」の略。 **—め**[ク]名 つばめ。春

つばくろ⓪【×燕】名〔「つばくら」の変化〕つばめ。春

つばさ⓪【翼】名 ❶鳥の左右の羽。❷飛行機の翼。

つばぜりあい[ゼ]【つばぜり合い】【×鍔▲迫り合い】—ぜりあひ 名 ❶相手の刀をつばで受けとめたまま、たがいに押しあうこと。❷同じ力ではげしくせり合うこと。「—を演じる」

つばな⓪【×茅花】名 ❶ちがや。❷ちがやの花。春

っぱなし【っ放し】接尾 ❶〔名詞・形容動詞をつくる〕そのままほうっておくようすを示す。「出し—の道具」❷し続けているようすを示す。「ゲームに勝ち—」

つばめ⓪【×燕】名 ❶ツバメ科の鳥。体の上面は黒く、下面は白い。尾羽は二またに分かれる。春、南方から来て、秋に帰る渡り鳥。身軽で、速い。つばくらめ。つばくら。つばくろ。春 ❷〔俗語〕⬇若いつばめ。

つばめがえし[ガ]【つばめ返し】【×燕返し】—がへし 名 ❶剣術の刀法の一つ。ある方向に振った刀を急に反転させて切る方法。❷柔道の足技の一つ。相手の足払いをかわし、逆に足払いをかけ返す技。

つばめのす[ス]【×燕の巣】名 中国料理の材料とするアナツバメの巣。

つばもと⓪【つば元】【×鍔元】名 刀身の、つばのあたり。

つばら【▲委▲曲】なり形動〔古語〕くわしいようす。「つばらにも見つ行かむを」〈万葉〉

ツバル《Tuvalu》南太平洋のポリネシアにあるエリス諸島からなる国。一九七八年独立。首都はフナフティ。

つひ【▲終】名〔古語〕⬇つい。

つぶ[ツ]【粒】名 ❶小さくまるいもの。「丸薬の—を数える」⇩こ（個）参考。❷あつまっている人や物の、ひとりひとり、または、一つ一つ。「—をそろえる」 **—が×揃う** 粒ぞろいである。

つぶ[ツ]【▲螺】名 食用の小さな巻き貝の総称。

つぶあん⓪【粒×餡】名 あずきが粒のままか、つぶしてあるあん。

つぶぎん⓪【粒銀】名 江戸時代の豆粒の形の銀貨。まめいた銀。

つぶさに[ツ]【つぶさに】【▲具に・▲備に】副〔文章語〕❶いちいち。くわしく。「—説明する」❷もれなく。ことごとく。「—辛酸をなめる」

つぶし【潰し】㊀⓪名 ❶押しつけてくずすこと。❷金属製品などを、とかしたり、こわしたりして地がねにすること。また、その地がね。㊁造 あいている時間をうめること。「暇—」 **—がきく** ある仕事をやめても、才能やはたらきが別の方面に役立つ。「技術は—」

つぶしあん⓪【潰しあん】【潰し×餡】名 あずきなどを

煮て、皮のついたままつぶしてつくったあん。↔こしあん。

つぶし-ねだん ネ【潰し値段】名 金属などの、地がねとしての値段。

つぶ・す ⓪【潰す】他五 ❶押しつけて形をくずす。❷使って、だめにする。「のこぎりの目を―」❸ほろぼす。たやす。「家を―」❹役に立たないようにする。「声を―」❺きずつける。そこなう。「面目を―」❻殺して食用にする。「とりを―」❼あいているところを、他のもので、また、他のことをしてうめる。「時間を―」 **つぶせる** 自下一［…できる］

つぶ-ぞろい ゾ【粒ぞろい】【粒×揃い】―そろひ 名 形動（穀物のよい実が、そろっているの意から）あつまっている人や物が、みなすぐれていること。「―の教師陣」

つぶ-だ・つ ダ【粒立つ】自五 ❶物の表面にぶつぶつと粒ができる。❷ものごとの一つ一つがきわだつ。「音が粒立って聞こえる」 **粒立ち** 名

つぶ-つぶ（と）副［古語］❶くわしく。こまごまと。「かくつぶつぶと書きたまへる様の」〈源氏〉❷不平を言うようす。ぶつぶつ。「引きかへし（ウッテ変ワッテ）、つぶつぶとのたまひしことども」〈源氏〉❸物の煮える音。ぐつぐつ。「豆を煮ける音のつぶつぶと鳴るを聞き給ひければ」〈徒然〉❹一字一字をはなして書くようす。「陸奥紙（みちのくにがみ）五、六枚に、つぶつぶとあやしき鳥のあとのやうに書きて」〈源氏〉❺針や刃物で物をさす音。水にはいる音。「その針をぞ…君の御したがひの御くびに、つぶつぶと長く縫ひつけて」〈宇津保〉

つぶて ⓪【飛×礫・×礫】名 投げられた小石。また、投げるための小石。

つぶやき ⓪【×呟き】名 つぶやくこと。また、そのことば。「不満げな―をもらす」

つぶや・く ヤ【×呟く】自五 ぶつぶつ、小声でひとりごとを言う。

つぶより ⓪【粒より】【粒▲選り】名（穀物のよい実（み）をえらび出すことから）多くの中から一つ一つすぐれたものが選んであること。よりぬき。「―の選手」

つぶら ⓪【▲円】形動［文章語］小さくまるいようす。「―な目」

つぶり ⓪【▲頭】名 ➡つむり。

っぷり 接尾（名詞・動詞の連用形に付く）ようす・状態をあらわす。ぶり。「男―」「飲み―」

つぶ・る ⓪【×瞑る】他五 目を閉じる。つむる。

つぶれる 自下一［…できる］

つぶ・れる ⓪【潰れる】自下一 ❶押しつけられて、形がくずれる。ぺしゃんこになる。「箱が―」❷他のことのために、だめになる。「祝日で授業が―」❸ほろびる。絶える。「国が―」❹役に立たないようになる。「声が―」❺きずつけられる。「顔が―」 **つぶ・る** 文語下二

つべ-こべ ツ（と）副 不平や理屈などを、あれこれとしゃべりたてるようす。「―文句を言うな」

つ-べし 連語［古語］（完了助動詞「つ」と推量助動詞「べし」）確信の強い推量をあらわす。きっと…するにちがいない。きっと…することができる。「海をさへおどろかして波たてつべし」〈土佐〉

っぺら 接尾 うすくて、たいらなようすをあらわす。「うす―」「紙―」

ツベルクリン-はんのう 八【ツベルクリン反応】（ドTuberkulin）名 結核菌の培養液からつくったツベルクリン液を腕の皮内に注射し、その反応によって結核感染の有無を診断する法。

つぼ ⓪【坪】名 ❶土地の面積の単位。一坪は、六尺平方。約三・三平方メートル。❷土砂の体積の単位。一坪は、六尺立方。約六立方メートル。❸印刷製版・皮革・錦（にしき）などの面積の単位。一寸平方。約九・一八平方センチメートル。

つぼ ⓪【×壺】名 ❶口がせまく胴のふくれた入れもの。❷深くくぼんだ所。「滝―」❸きゅうをすえる場所。「きゅう―」❹ずぼし。的確な予想。「―にあたる」❺急所。要点。「―をこころえる」❻中庭。つぼせんざい。 **―にはまる** ずぼしにあたる。見込んだとおりになる。「計画が―」

つぼ-あたり ア【坪当(た)り】名 坪にわりあてた勘定。「―の実収高」

っぽい 接尾（形容詞をつくる）❶（名詞について）㋐…を多くふくんでいる。「水―」「油―」㋑…という感じが強くする。「大人（おとな）―」❷（動詞連用形について）㋐…の傾向がつよい。「忘れ―」㋑…という感じが強い。「湿（しめ）―」❸（形容詞・形容動詞語幹について）…という性質が強くあらわれている。「荒―」「けち―」 参考 近年、俗な表現として、動詞の終止形や句や文につくなど、その用法が拡大している。意味は「らしい」「みたい」「よう」などをあらわす場合が多い。「あしたは、雪が降るっぽい」「今度は、うまくいったっぽい」

つぼい-さかえ《壺井栄》一九〇〇―六七。小説家。代表作に「二十四の瞳（ひとみ）」。

つぼうち-しょうよう《坪内逍遥》一八五九―一九三五。小説家・評論家・劇作家。本名は雄蔵（ゆうぞう）。評論「小説神髄（しんずい）」で写実主義文学を主張した。戯曲に「桐一葉（きりひとは）」、小説に「当世書生気質（とうせいしょせいかたぎ）」など。

つぼ-がり ⓪【坪刈(り)】名 全収穫量を推定するため、調査する田の上・中・下三か所から一坪ずつ稲を刈って、収穫量をしらべること。秋

つぼ-さうぞく【×壺装束】名［古語］➡つぼそうぞく。

つぼ-ざら ⓪【つぼ皿】【×壺皿】名 ❶食物を盛る、小さくて深い器。つぼ。❷ばくちで、さいを伏せかくすもの。

つぼ-すみれ ス【×壺×菫】名 スミレ科の多年生植物。野原に自生し、春、紫の細いすじのある、白い小花を開く。春

つぼ-せんざい【×壺▲前栽】名［古語］❶中庭のうえこみ。❷中庭。つぼ。

つぼ-そうぞく【×壺装束】―さうぞく 名［古語］平安時代、女性が徒歩で外出するときの服装。市女笠（いちめがさ）をかぶり、うわぎのつまを腰にはさんだ姿。

壺装束

つぼ-にわ ⓪【坪庭】―には 名 建物にかこまれた中庭。

つぼね【▲局】名［古語］❶宮中や貴族の家で、べつべつにしきったへや。❷つぼねに住む女官。

つぼま・る ⓪【×窄る】自五 すぼまる。「口のつぼまったびん」 **つぼまり** 名

つぼみ ミ【×蕾・×莟】名 ❶花がまだ開かないで、つぼんでいるもの。❷まだ一人前でない人のこと。「―のうちに死なす」

つぼ・む ⓪【×窄む】自五 すぼむ。

つぼ・む ボ【×蕾む・×莟む】自五 つぼみになる。つぼみをもつ。

つぼ・める ⓪【×窄める】他下一 すぼめる。

つぼ-やき ⓪【つぼ焼き】【×壺焼】名 さざえの肉をきざんでそのからに入れ、調味料をくわえて焼いた料理。もとは、そのまま火にかけ、しょうゆをたらして食べる方法もあった。春

つま マ 名 ❶日本料理にあしらいとしてそえる海藻や野菜。「刺し身の―」❷それほど大事でないもの。「話の―」

つま ツ【妻】名 ❶夫婦のうちの女。配偶者としての女性。↕夫(おっと)。参考 自分の妻のことを、身内に対しては名前でいうことが多い。他人に対しては「家内・女房・妻(さい)」などを用い、手紙では、「愚妻・荊妻(けいさい)」などともいう。他人の妻は、一般的には「奥さん(さま)」とよぶが、手紙では、「ご内室・(ご)令閨(けい)・(ご)令室・令夫人」なども使う。❷建物の切妻(きりづま)や入母屋(いりもや)の屋根の、側面の三角形の面。

つま マ【×褄】名 着物のおくみの、腰から下の部分のふち。**―を取(と)る** ❶着物のつまを手でつまみあげる。❷芸者になる。

つま マ【▲端】名 はし。へり。きわ。

つま【▲夫】名[古語] 夫婦のうちの男。

つまおと ◎【爪音】名 琴(こと)づめで琴をひく音。

つまお・る オ【つま折る】【▲端折る】(をる) 他五 ラ・ロ|リ・ッ|ル|ル|レ|レ [文章語] はしを折る。はしょる。

つまがけ ◎【爪掛け】名 ❶つまかわ。❷雪国で使う、わらで作ったスリッパの形をしたもの。わらじの先につけて使う。

つまかわ ◎【爪革】(かは) 名 げたのつま先に掛けて、雨水やどろを防ぐもの。つまがけ。

爪革

つまぎ【爪木】名[古語] たきぎ用に折りとった小枝。

つまぐし マ【爪×櫛】名 歯のこまかいくし。

つまぐ・る グ【爪繰る】他五 ラ・ロ|リ・ッ|ル|ル|レ|レ つめや指先でたぐる。「数珠(じゅず)を―」

つまこ ツ【妻子】名 妻と子。さいし。

つまごい ◎【妻恋い】(ごひ) 名[文章語] 妻を恋いしたうこと。

つまごと マ【妻琴】【爪琴】名 〔つめでひく琴(つめごと)の変化〕琴のこと。

つまさき ◎【爪先】名 足の指の先。あし先。⇩足(図)。**―上(あ)がり** ア 名 形動 だんだん、のぼり道になること。また、その道。**―立(だ)つ** ダ 自五 つまだつ。

つまさき ◎【×褄先】名 着物のつまの先端。⇩和服(図)。

つまさ・れる レ 自下一 レ|レ|レル|レル|レレ|レロ・レヨ ❶情に動かされる。「話につまされて泣く」❷人の不幸が人ごとでなく思われて、同情の心がおこる。「身に―」**つまさ・る** 文語下二

つまし・い シ 形 カロ|カッ・ク|イ|イ|ケレ|○ ぜいたくでない。質素である。「―暮らし」**つましげ** 形動 **つましさ** 名 **つま・し** 文語シク

つまず・く ◎【×躓く】(づく) 自五 カ・コ|キ・イ|ク|ク|ケ|ケ ❶歩いていて、あやまって足先を物につきあて、倒れそうになる。❷中途でさしつかえができて、失敗する。「人生に―」参考「つまづく」のように「づ」を用いて書いてもよい。**つまずき** 名

つまだ・つ ダ【爪立つ】自五 タ・ト|チ・ッ|ツ|ツ|テ|テ 足のつま先で立つ。つまさきだつ。

つまだ・てる テ【爪立てる】自下一 テ|テ|テル|テル|テレ|テロ・テヨ ❶つま立つことができる。❷足のつま先を立てるようにして、のびあがる。**つまだ・つ** 文語下二

つまど マ【妻戸】名 ❶寝殿造りの四すみにある両開きの戸。❷家のはしの方にある開き戸。

つまど・う【×娉ふ】(どふ) 他四[古語] ❶恋いしたって、言いよる。求婚する。「稲置娘女(いおきをとめ)がつまどふと我は遣(おこ)せし」〈万葉〉❷妻を求める。「さを鹿のつまどふ時に」〈万葉〉❸妻のもとへかよう。

つまど・る ド【つま取る】【×褄取る】他五 ラ・ロ|リ・ッ|ル|ル|レ|レ 着物のつまを持つ。

つまはじき ハ【爪はじき】【爪▲弾き】名 〔つめではじいてのける動作の連想から〕きらって、仲間はずれにすること。「世間から―にされる」

つまび・く ビ【爪弾く】他五 カ・コ|キ・イ|ク|ク|ケ|ケ 三味線(しゃみせん)やギターなど弦楽器を指先やつめでひく。**爪弾き** 名

つまびらか ビ【▲詳らか・▲審らか】形動 ダロ|ダッ・デ・ニ|ダ|ナ|ナラ|○ [文章語] 事こまかなようす。委細。詳細。

つままれる 連語 〔「つまむ」の未然形と、受身の助動詞「れる」〕きつね・たぬきなどに、だまされる。

つまみ ◎【▲摘み・▲撮み】名 ❶つまむこと。「ひと―」❷器具にとりつけた、つまみもつ所。とって。❸つまみもの。

つまみあらい ア【つまみ洗い】【▲摘み洗い】(あらひ) 名 よごれた部分だけをつまんで洗うこと。

つまみぐい ◎【つまみ食い】【▲摘み食い】(ぐひ) 名 ❶ぬすみ食い。❷[俗語] 公金などをこっそり使いこむこと。

つまみだ・す ダ【つまみ出す】【▲摘み出す】他五 サ・ソ|シ|ス|ス|セ|セ ❶つまんで出す。❷人を外へひきずり出す。「あいつをつまみ出せ」**つまみ出せる** 自下一 […できる]

つまみな ◎【つまみ菜】名 まびいた菜。㊎秋

つまみもの ◎【つまみ物】【▲摘み物】名 酒類を飲むときの簡単なおかず。おつまみ。

つま・む ◎【▲摘む・▲撮む・×抓む】他五 マ・モ|ミ・ン|ム|ム|メ|メ ❶指先で、はさみもつ。「鼻を―」❷指先で取って食べる。「すしを―」❸かいつまむ。「要点をつまめば、以下のようになる」**つまめる** 自下一 […できる]

つまようじ ヨ【爪×楊枝(子)】名 歯と歯との間をほじる小さいようじ。

つまらな・い ヲ 形 カロ|カッ・ク|イ|イ|ケレ|○ 〔「つまる」の未然形と、打ち消しの助動詞「ない」の連語から〕❶おもしろくない。「あの映画は―」❷とるにたりない。価値がない。「―人間」参考 贈り物などをする際に「―物ですが」などと謙遜した前置き(表現)としても使う。❸くだらない。「―ことをするな」❹はりあいがない。かいがない。「遊ぶひまもないのでは働いても―」参考 助動詞「ぬ(ん)」のついた形に「つまらぬ」「つまらん」がある。「つまんない」とも。

つまり【つまり】【詰まり】㊀ リ 名 ❶つまること。ふさがること。❷はて。最後。「とどの―」㊁ ツ 副 結局。要するに。「―むりをしたのがいけなかったのだ」㊂ ツ 接続 いいかえれば。「おじの子―いとこ」参考「つまり・すなわち」は、ほかのことばを使って説明するときに用いる。「すなわち」は、文語的な言い方。

つまりは ツ【つまりは】【詰まりは】(ワ) 副 結局は。要するに。

つま・る マ【詰(ま)る】自五 ラ・ロ|リ・ッ|ル|ル|レ|レ ❶中にいっぱいいって、すきまがなくなる。「ぎっしり詰まった物置」「日程が詰まっている」❷流れていたものが通じなくなる。ふさがる。「排水管が―」「息が―」❸ゆとりや逃げ道のない状態になる。「暮らしが―」「返答に―」❹短くなる。「日が―」「ズボンのたけが―」❺促音便で発音される。「音(おん)が―」**―ところ** つまりは。結局は。

つみ ツ【罪】㊀名 ❶道徳や宗教の教えに反した悪行やあやまち。❷けがれ・災禍など、人のいみきらうもの。❸法律に反する行為。犯罪。❹悪行やあやまちに対する処分・責任。「―に服する」㊁名 形動 相手にきのどくなこと。むじひなこと。「みせびらかすだけとは、―な話だ」**―がない** むじゃきだ。わるぎがない。**―を着(き)せる・―をかぶせる** 自分の責任・悪事を他人におわせる。**―を着(き)る** 他人の責任・悪事を自分がひきうける。**―を作(つく)る** 罪なことをする。むじひなことをする。

つみ ミ【詰み】名 将棋で、王将がどこにも逃げられなくなること。

つみあ・げる ゲ【積(み)上げる】他下一 ゲ|ゲ|ゲル|ゲル|ゲレ|ゲロ・ゲヨ ❶

ものの上にものを積んで高くする。「机の上に本を―」❷少しずつ成果を出し続ける。「実績を―」 **積み上げ** 名 **つみあ・ぐ** 文語下二

つみ-いれ 0【摘（み）入れ】名 ❶すった魚肉などに、小麦粉を加えてこねたものをまるめて、しるに入れて煮たもの。❷つみ入れはんぺん。‖つみれ。**―半片**（はんぺん） 八 名 すりつぶした魚肉を半月形などにして、むした食べ物。

つみ-おろし 0【積（み）下（降）ろし】名 荷物や貨物を、車や船などに積んだり降ろしたりすること。

つみ-か・える エ/カ【積（み）替（換）える】（かへる）他下一〔エ・エ・エル・エル・エレ・エロ・エヨ〕 船や車などに積んである荷物などを、別の船・車などにうつす。**積み替え** 名 **つみか・ふ** 文語ハ下二

つみ-かさな・る ナ【積（み）重なる】自五〔ラ・ロ・リ・ッ・ル・ル・レ・レ〕 ❶積みあげて高くなる。❷同じことがくりかえされる。「―負債」 **積み重なり** 名

つみ-かさ・ねる ネ【積（み）重ねる】他下一〔ネ・ネ・ネル・ネル・ネレ・ネロ・ネヨ〕 ❶同じようなものをいくつも重ねる。「倉庫にダンボールを―」❷同じことを長く続ける。「努力を―」 **積み重ね** 名 **つみかさ・ぬ** 文語下二

つみ-き 0【積（み）木】名 いろいろな形の木片をつみ重ねたり、並べたりして、物の形をつくるおもちゃ。

つみ-きん ミ【積（み）金】名 積みたてたかね。貯金。

つみ-くさ 0【摘（み）草】名 春の野で、若菜や草花を摘むこと。㊌

つみ-ごえ 0【積（み）肥】名 草・わらなどを積んで、発酵させた肥料。堆肥（たいひ）。

つみ-こ・む コ【積（み）込む】他五〔マ・モ・ミ・ン・ム・ム・メ・メ〕 車や船などに、荷物を積み入れる。積載する。**積み込み** 名 **積み込める** 自下一〔…できる〕

つみ・する ツ【罪する】他サ〔シ・セ・サ・シ・スル・スル・スレ・シロ・セヨ〕〔文章語〕 罪をきめて刑に処する。**つみ・す** 文語サ変

つみ-だ・す ダ【積（み）出す】他五〔サ・ソ・シ・ス・ス・セ・セ〕 物を船や車に積んで、送りだす。出荷する。「みかんを―」 **積み出し** 名 **積み出せる** 自下一〔…できる〕

つみ-たて 0【積（み）立（て）】名 金銭を積みたてること。また、そのかね。参考「積立金」「積立預金」などは、送りがなをはぶく。

つみ-た・てる テ【積（み）立てる】他下一〔テ・テ・テル・テル・テレ・テロ・テヨ〕 かねなどを貯金して、だんだんにたくわえる。「旅行の費用を―」 **つみた・つ** 文語下二

つみ-つくり ツ2【罪作り】名 形動 純真な者をだますような、また、無抵抗な生きものを殺すような、罪深いおこないをすること。「子どもにうそをつくとは―だ」

つみ-とが ツ【罪とが】【罪▲科】名 罪となるわるいおこない。「―のない者を責めるな」

つみ-と・る ト【摘（み）取る】他五〔ラ・ロ・リ・ッ・ル・ル・レ・レ〕 ❶つまんでとる。「虫のくった葉を―」❷好ましくない事態にならないうちに処置をする。「悪の芽を―」 **摘み取れる** 自下一〔…できる〕

つみ-な・う【罪なふ】（なふ）他四〔古語〕 処刑する。「人を苦しめ、法を犯さしめて、それを罪なはん事、不便（ふびん）のわざ（不都合ナコト）なり」〈徒然〉

つみ-に 0【積（み）荷】名 船・車に積んで送る荷物。

つみ-のこし 0【積（み）残し】名 ❶荷物が多すぎて積みきれずに残すこと。また、その残された荷物。❷乗客を全部乗せきれないで、残すこと。❸問題や課題が処理されずにそのままになっていること。

つみ-びと 0【罪人】名 罪のある人。とがにん。ざいにん。

つみ-ぶか・い カ【罪深い】形〔カロ・カッ・ク・イ・イ・ケレ・〇〕 道にそむいたことをかさねていて、罪が重い。「―人間」 **罪深さ** 名

つみ-ほろぼし ホ【罪滅（ぼ）し】名 善行をして、以前におかした罪をつぐなうこと。罪のつぐない。

つみ-ま・す マ/0【積（み）増す】他五〔サ・ソ・シ・ス・ス・セ・セ〕 準備している金品に上乗せする。「在庫を―」 **積み増し** 名

つみれ 0 名 ➡つみいれ。

つむ ツ【×錘】名 糸をつむぎながら巻きとるもの。

つ・む ツ【詰む】自五〔マ・モ・ミ・ン・ム・ム・メ・メ〕 ❶すきまがない。「目の詰んだ布」❷将棋で、王将のにげみちがなくなる。

つ・む 0【摘む】他五〔マ・モ・ミ・ン・ム・ム・メ・メ〕 ❶指先や、つめの先ではさみとる。つまみとる。「花を―」❷はさみで先を切る。「髪を―」 **摘める** 自下一〔…できる〕

つ・む 0【積む】〔マ・モ・ミ・ン・ム・ム・メ・メ〕 ━ 他五 ❶物の上に物を重ねて置く。「机の上に本を積んでおく」❷長い期間にわたって、ある行いをくり返す。物事をかさねる。「経験を―」「善行を―」❸車や船などに荷物をのせる。「トラックに砂利を―」❹相手に渡すために、多額の金を用意する。「どんなに金を積まれても、これは渡せない」 ━ 自五〔文章語〕 つもる。「降り―雪」 **積める** 自下一〔…できる〕

つむぎ 0【×紬】名 つむぎ糸で織った絹の布。

つむぎ-いと イ【紡ぎ糸】【×紬糸】名 くずまゆ、または、まわたをつむいで、よりをかけた絹糸。

つむ・ぐ ム【紡ぐ】他五〔ガ・ゴ・ギ・イ・グ・グ・ゲ・ゲ〕 ❶綿・まゆをつむ（錘）にかけて、繊維をひきだし、糸とする。❷種々の素材をもとに、新しい文芸作品をつくりだす。

つむじ 0【▲旋▲毛】名 人の頭などにある、毛がうずのようにまわってはえたところ。**―を曲（ま）げる** 気分をそこねて、ひねくれる。へそをまげる。

つむじ-かぜ ジ【つむじ風】【▲旋風】名 うずまいて、吹きおこる突風。せんぷう。つじ風。

つむじ-まがり マ【つむじ曲（が）り】【▲旋▲毛曲り】名 形動 性質がひねくれていること。また、その人。へそまがり。「―の人」

つむり リ【▲頭】名 あたまの古めかしい言い方。かしら。おつむ。つぶり。

つむ・る 0【×瞑る】他五〔ラ・ロ・リ・ッ・ル・ル・レ・レ〕 ➡つぶる。**つむれる** 自下一〔…できる〕

つめ 0【爪】名 ❶手足の指の先にはえる角質の部分。❷琴づめ。❸物をひっかけるようにつくってあるもの。**―に火（ひ）をともす** ひどくけちなこと。**―の×垢（あか）ほど** ほんのわずか。**―の×垢（あか）を煎（せん）じて飲（の）む** すぐれた人にあやかろうとする。**―を研（と）ぐ** ❶ねこなどが、つめをするどくする。❷じゅうぶんに準備をととのえて、機会をうかがう。

つめ ツ【詰め】名 ❶詰めること。❷将棋で、王将を詰めること。❸最終の仕上げの段階。「―が甘い」❹相撲で、相手を土俵ぎわに攻めたてること。❺つめもの。パッキング。❻一定の場所に一定時間勤めること。また、その人。

づめ【詰（め）】接尾 ❶その場所につとめていること。「本店―」❷〔かながき〕つづけること。「走り―」

つめ-あと 0【爪痕】名 ❶物についたつめのあと。つめでひっかいたあと。❷災害のあと。「台風の―」

つめ-あわせ 0【詰（め）合（わ）せ】（あはせ）名 一つの容器に、いろいろの品を詰めること。また、そのように詰めたもの。「クッキーの―」

つめ-いん 0【爪印】名 印鑑のかわりに手の親指に朱肉または墨をつけて指紋をおすこと。拇印（ぼいん）。

つめ-えり 0【詰（め）襟】名 男子用の洋服で、えりの立っているもの。つめえりふく。↕折りえり。

つめ-か・える エ/カ【詰（め）替（換）える】（かへる）他下一〔エ・エ・エル・エル・エレ・エロ・エヨ〕 詰めてあるものを出して、あらためて詰める。または、別のものを詰める。**詰め替え** 名 **つめか・ふ** 文語ハ下二

つめ-か・ける [ケ]【詰(め)掛ける】[自下一] (ケ・ケ・ケル・ケル・ケレ・ケロ・ケヨ) そば近くおし寄せる。「新聞記者が―」 **つめか・く** [文語下二]

つめ-かんむり [カ]【爪冠】[名] 漢字の部首の一つ。「爰」「爵」などの「爫(⺥)」。

つめ-きり [キ]【爪切り】[名] つめを切る道具。

つめ-き・る [キ]【詰めきる】(ラ・ロ・リ・ッ・ル・ル・レ・レ) ㊀[自五] ずっとそのところに詰めている。「記者クラブに―」 ㊁[他五] 詰めてしまう。詰めおわる。**詰めきり** [名]

つめ-くさ [0]【爪草】[名] ナデシコ科の一年生、または多年生植物。夏、白色の五弁の小さい花を開く。

つめ-くさ [0]【詰草】[名] マメ科の多年生植物。夏、白いちょう形の小さい花を開く。欧州原産。しろつめくさ。オランダげんげ。クローバー。㊡(春)

つめ-こみ [0]【詰(め)込み】[名] ❶つめこむこと。❷学生・生徒の能力や興味を考えないで、やたらに知識だけをおしこむこと。「―主義」

つめ-こ・む [0]/[コ]【詰(め)込む】[他五] (マ・モ・ミ・ン・ム・ム・メ・メ) ❶詰めて入れる。❷たくさんおし込む。むりに入れる。「人を詰め込んだ満員電車」❸めしをいそいで食べる。また、じゅうぶん食べる。**詰め込める** [自下一] […できる]

つめ-しょ [メ]/[ショ]【詰(め)所】[名] 係の人の、出勤して来て集まっている所。「看護師の―」

つめ-しょうぎ [ショ]【詰(め)将棋】[名] 将棋で、きめられたいくつかの駒(こま)だけを使って王将を詰める遊び。

つめた・い [0]【冷たい】[形] (カロ・カッ・ク・イ・イ・ケレ・○) ❶温度が低く、ひややかに感じる。「―水」↔熱い。❷人情がうすく、冷淡である。「―視線」↔温かい。**冷たがる** [自五] **冷たさ** [名] **つめた・し** [文語ク] **―戦争**(せんそう) [0] [名] ❶国と国とが武器を使わず、相手の思想を攻撃したり、自国の正義を宣伝したりして対立すること。おもに、共産主義国家と自由主義国家との対立をいう。冷戦。コールドウォー。❷両方が心のなかで、いがみ合っているようす。

つめたく-なる【冷たくなる】[連語] ❶死んで体温が失われる。死ぬ。❷愛情がさめる。また、よそよそしくなる。「仲のよかった友人が急に冷たくなった」

つめ-っ-きり [0]【詰めっきり】[名] [形動] ある場所をはなれず、ずうっといること。「―の看病」

つめ-ばら [0]【詰(め)腹】[名] ❶むりやりに切腹させられること。❷むりやりに辞職させられること。「―を切らせる」

つめ-びき [0]【爪弾き】[名] 三味線(しゃみせん)を、ばちを使わずにつめでひくこと。つまびき。

つめ-もの [メ]【詰(め)物】[名] ❶鳥・魚などの内臓をとったあとに、別の食品を詰めこんだ料理。❷こわれをふせぐために、荷造りした物の間に詰めこむ物。詰め。パッキング。

つめ-よ・せる [0]/[セ]【詰(め)寄せる】[自下一] (セ・セ・セル・セル・セレ・セロ・セヨ) たくさんのものがおし寄せる。詰めかける。**つめよ・す** [文語下二]

つめ-よ・る [0]/[ヨ]【詰(め)寄る】[自五] (ラ・ロ・リ・ッ・ル・ル・レ・レ) ❶そば近く迫る。「一点差に―」❷はげしいいきおいで、答えをもとめたり、抗議したりする。「回答を求めて―」

つ・める【詰める】(メ・メ・メル・メル・メレ・メロ・メヨ) ㊀[メ] [他下一] ❶物を入れていっぱいにする。すきまがないようにする。「箱に品物を―」「列を―」❷究極のところまできわめる。「もっと詰めて考える必要がある」❸たえまなく続ける。「根を詰めて読書する」❹動いていたものをとめる。「息を―」❺将棋で、王将を逃げられないようにする。❻短くする。「ズボンのたけを―」❼倹約する。「生計を―」 ㊁[メ] [自下一] その場所へ行って、ひかえている。「見張り所に―」 ㊂[接尾]〔下一段活用動詞をつくる〕❶…しつづける。「かよい―」❷最後まで…する。「坂を上り―」❸相手を窮地に追い込む。「追い―」 **つ・む** [文語下二]

つもり [0]【つもり】〔積り・▲心▲算〕[名] ❶心ぐみ。考え。「―がはずれた」「そんな―ではない」❷前もっての計算。みつもり。「旅行をした―で、寄付する」❸実際はそうでないのに、そうなった気持ち。

つもり [0]【積(も)り】[名]〔積もること〕❶かさなり。❷⇒おつもり。

つもり-つも・る [モ2]【積もり積もる】[自五] (ラ・ロ・リ・ッ・ル・ル・レ・レ) 積もっている上に、また積もる。「借金が―」

つも・る [モ]【積(も)る】(ラ・ロ・リ・ッ・ル・ル・レ・レ) ㊀[自五] ❶物が重なってだんだん高くなる。「雪が―」❷形のないものがたまる。「―話に時を忘れる」「恨みが胸に積もっている」 ㊁[他五] 見積もる。「参加者は多く積もっても一万人はいない」 **積もれる** [自下一] […できる]

つや [0]【つや・艶】[名] ❶うつくしく光ること。光沢。「―を出す」❷情事に関すること。「―ばなし」

つや [ツ]【通夜】[名] ❶葬式(そうしき)の前に、死者のそばで親族・知人が一晩すごすこと。❷仏堂で、夜どおし祈願すること。

つや-けし [0]【艶消し】㊀[名] つやをなくすこと。㊁[名] [形動] 色気やおもしろみをなくすこと。いろ消し。

つや-ごと [0]【艶事】[名] 男女の間の情事。いろごと。

つや-だし [0]【艶出し】[名] [他サ] つやを出すこと。またそのための道具。「―スプレー」

つや-だね [0]【艶種】[名] 情事に関した話題。

つやっぽ・い [ポ]【艶っぽい】[形] (カロ・カッ・ク・イ・イ・ケレ・○) なまめかしい。色気がある。情事に関係があるようすだ。「―話」 **艶っぽさ** [名] **つやっぽ・し** [文語ク]

つや-つや [ツ1]【つやつや】【艶艶】(と)[副] [自サ] つやがよくて、うつくしいようす。「―したはだ」

つやつやし・い [シ]【艶艶しい】[形] (カロ・カッ・ク・イ・イ・ケレ・○) 光沢があってうつくしい。つやつやしている。**つやつやしさ** [名] **つやつや・し** [文語シク]

つや-ぶき [0]【艶拭き】[名] 家具や床などに光沢が出るように、布などで拭いて磨くこと。

つや-ぶきん [フ]【艶布巾】[名] 木製器具をふいて、つやをだすふきん。「―をかける」

つや-ぶみ [0]【艶文】[名] こいぶみ。えんぶん。

つや-め・く [メ]【艶めく】[自五] (カ・コ・キ・イ・ク・ク・ケ・ケ) ❶つやつやとうつくしくみえる。❷いろけが感じられる。

つや-もの [0]【艶物】[名] 恋愛や情事を題材にした浄瑠璃の曲。

つや-やか [ヤ1]【艶やか】[形動] (ダロ・ダッ・デ・ニ・ダ・ナ・ナラ・○) 光沢があってうつくしいようす。**艶やかさ** [名]

つゆ [ツ]【▲液・▲汁】[名] ❶だしのしるに、しょうゆを加えたもの。そば・そうめん・うどんなどをつけて食うしる。❷すいものじる。すましじる。しる。

つゆ [ツ]【露】[名] ❶水蒸気がひえてできた水滴。「朝―」㊡(秋) ❷〔夜露は、夜が明けるとすぐ消えてしまうことから〕はかないこと。もろいこと。「―の世」❸涙。**―の命**(いのち) はかない命。露命(ろめい)。**―の間**(ま) わずかの間。ちょっとの間。

つゆ [0]【梅雨】[名] 六月から七月はじめ(陰暦では五月)ごろ、降りつづく長雨。また、その季節。さみだれ。梅雨(ばいう)。㊡(夏) **―の入**(い)**り** つゆいり。

つゆ [ツ] [副]〔文章語〕いっこうに。すこしも。ちっとも。「そんなことは―知らなかった」[参考] あとに打ち消しの語がくる。

つゆ-あけ [0]【梅雨明け】[名] つゆの季節のおわること。㊡(夏)

つゆ-いり [0]【梅雨入り】[名] つゆの季節に入ること。入

梅(にゅう・ばいう)。(夏)

つゆ-くさ [ユ]【露草】名 ツユクサ科の一年草。夏、青紫色の小さな花をつける。ほたるぐさ。(秋)

つゆけ・し【露けし】形ク〔古語〕❶しめりけが多い。露がいっぱいに置いているようす。「道のほど、いとつゆけし」〈源氏〉(秋) ❷なみだっぽい。「見奉る人さへ、つゆけき秋なり」〈源氏〉

つゆ-ざむ [0]【梅雨寒】名 つゆどきに来る、季節はずれの寒さ。(夏)

つゆ-じも [0]【露霜】名 露がこおりかけて、霜のようになったもの。(秋)

つゆ-ぞら [ゾ]【梅雨空】名 つゆの時期に、雨雲におおわれてどんよりとした空。「―にのぞく晴れ間」

つゆ-どき [0]【梅雨時】名 つゆの時期。梅雨のころ。

つゆ-ばかり [ツ]【露ばかり】副 少しばかり。わずかに。

つゆ-はらい [ハ]【露払(い)】(―はらひ) 名 ❶貴人や本隊をみちびくために先だって行くこと。また、その人。❷相撲で、横綱が土俵入りするとき、先に土俵にのぼる力士。

つゆ-ばれ [0]【梅雨晴(れ)】名 つゆの期間中の晴れ間。(夏)

つゆ-びえ [0]【梅雨冷え】名 つゆの時期に気温が下がり、冷え込むこと。(夏)

つゆほど-も [ツ]【露ほども】副（「つゆ」の強め）すこしも。ちっとも。「―悪いとは思っていない」参考 あとに打ち消しの語がくる。

つよ・い [ヨ]【強い】形(カロ―カッ・ク―イ―イ―ケレ―○) ↕弱い。❶力があってくじけない。㋐力・技がすぐれている。強力だ。「―チーム」「―腕力」㋑体が丈夫だ。健康だ。強健だ。「―子に育てる」㋒精神がしっかりしている。容易に屈しない。きつい。「負けん気が―」㋓抵抗力や忍耐力がある。簡単にだめにならない。「不況に―」「地震に―建物」❷なまぬるくない。きびしい。「―態度」「―要求」❸勢い・作用がはげしい。「―雨」「―口調」「―酒」❹力強くするようす。㋐力をこめるようす。「強く打つ」㋑ゆるみがない。かたい。「強くしばる」❺能力が高い。得意だ。「機械に―」「英語に―」 強げ 形動 強さ 名 つよ・し 文語ク

つよ-がり [ガ]/[リ]【強がり】名 強く見せかけること。また、そのことば。「―を言う」

つよ-が・る [ガ]【強がる】自五(ラ・ロ―リ・ッ―ル―ル―レ―レ) 実際は弱いのに、強そうにふるまっていばる。強いと見せかける。

つよ-き [0]【強気】名 形動(の) ↕弱気。❶気の強いこと。❷〘経〙相場が将来上がると予想すること。❸かけごとや勝負で、あとにひかないこと。「―に出る」❹交渉などで、一気に勝とうとすること。強腰。「会社がわは―だ」

つよ-ごし [0]【強腰】名 交渉などで、態度のてごわいこと。気がまえが強いこと。強気。「政府は―だ」↕弱腰。

つよ-び [0]【強火】名 煮たきで、火力の強い火。「―で焼く」↕とろ火・弱火・中火。

つよ-ふくみ [フ]【強含み】名〘経〙相場が上がりそうなけはいを見せていること。↕弱含み。

つよ-ま・る [マ]【強まる】自五(ラ・ロ―リ・ッ―ル―ル―レ―レ) 強くなる。勢いが増してくる。「雨足が―」↕弱まる。 強まり 名

つよ-み [ミ]【強み】【強味】名 ↕弱み。❶強いこと。強さ。❷たよりになる点。長所。「経験の深いことが―だ」

つよ・める [メ]【強める】他下一(メ―メ―メル―メル―メレ―メロ・メヨ) 強くする。「語気を―」↕弱める。 つよ・む 文語下二

つら [ラ]【面】名 ❶「かお」のぞんざいな言い方。「―を出せ」❷「面目・体面」のぞんざいな言い方。「―をよごす」 ―の皮(かわ) 顔の皮膚。 ―の皮(かわ)が厚(あつ)い あつかましい。ずうずうしい。 ―の皮(かわ)をはぐ 恥をかかせる。

つら【連・▲列】名〔古語〕❶ならび。列。なみ。「雁(かり)がねもつらを離れぬ」〈源氏〉❷なかま。連中。同類。「初雁は恋しき人のつらなれや」〈源氏〉

づら【面】接尾 そのようなようす。「金持ち―をする」

つら-あて [0]【面当て】名 憎く思う人の前でわざとする、あてこすりのことばやおこない。「―を言う」

つら・い [0]【▲辛い】形(カロ―カッ・ク―イ―イ―ケレ―○) ❶情がうすい。無情だ。「つらくあたる」❷くるしい。心がくるしめられる。「子と別れるのは―」❸からだに苦痛を感じる。「―労働」 つらがる 他五 つらげ 形動 つらさ 名 つら・し 文語ク

づらい 接尾（動詞の連用形について形容詞をつくる）その動作をしようと思ってもすることがむずかしいことをあらわす。…しにくい。「読み―字」「道がぬかって歩き―」参考「星が見えにくい」とは言えるが、「星が見えづらい」とは言いにくい。「づらい」は、意志的な動作に使われやすい。主として肉体的、精神的な主観的理由による困難さをあらわす。

つら-がまえ [ガ]【面構(え)】(―がまへ) 名 かおつき。つらつき。「ふてぶてしい―」

つら-だし [0]【面出し】名「かおだし」のぞんざいな言い方。

つら-だましい [ダ]【面魂】(―だましひ) 名 はげしい性格が、顔つきにあらわれていること。「たくましい―」

つら-つき [ラ]/[0]【面つき】名 かおつき。

つら-つら [ツ]―【つらつら】【▲熟】(と)副〔文章語〕念を入れてするようす。よくよく。「―考えるに」

つらな・る [ナ]【連なる】【▲列なる】自五(ラ・ロ―リ・ッ―ル―ル―レ―レ) ❶一列につづく。「山々が―」❷末で一つになる。「本流に―」❸列席する。出席する。仲間にはいる。「末席に―」❹関係がおよぶ。「国際信義にも―大問題だ」 連なり 名

つらにく・い [ク]【面憎い】形(カロ―カッ・ク―イ―イ―ケレ―○) 顔を見ただけで、憎く感じる。 面憎げ 形動 面憎さ 名 つらにく・し 文語ク

つらぬ・く [ヌ]【貫く】他五(カ・コ―キ・イ―ク―ク―ケ―ケ) ❶つきとおす。つきぬく。「市街地を―川」❷最後までやりぬく。果たす。「主張を―」 貫ける 自下一〔…できる〕

つらね [ネ]【連ね】名 歌舞伎(かぶき)で、登場人物が自己紹介や物の由来などを、掛けことばなどを用いて述べるせりふ。

つら・ねる [ネ]【連ねる】【▲列ねる】他下一(ネ・ネ―ネ―ネル―ネル―ネレ―ネロ・ネヨ) ❶順次に、または、一列にならべる。「名を―」「軒を―」❷ひきつれる。「供を―」❸ならべたてる。「美辞を―」 つら・ぬ 文語下二

つら・む 連語〔古語〕（完了助動詞「つ」と、推量助動詞「らむ」）…ただろう。「来つらむかたも見えぬに」〈更級〉

つら-よごし [ヨ]【面汚し】名 名誉をきずつけること。名誉をきずつける人。「仲間の―だ」

つらら [0]【▲氷▲柱】名 水のしずくがつぎつぎにこおって、たれさがったもの。垂氷(たるひ)。(冬)

つら-れる [0]【釣られる】連語（「れる」は受身の助動詞）ひきつけられる。誘惑される。「うまい話に―」

つり [0]【▲吊り】名 相撲で、相手のまわしを持ってからだを持ち上げること。

つり [0]【釣(り)】名 ❶魚つり。❷つり銭。「―を返す」

つり-あい [0]【釣(り)合(い)】(―あひ) 名 ❶つりあうこと。均衡。バランス。「―のとれた夫婦」❷物体や物質に二つ以上の力が同時に作用し合って、変化が起こりにくくなっている状態。平衡。⇨バランス 参考。

つりあ・う [ア]【釣(り)合う】(―あふ) 自五(ワ・オ―イ・ッ―ウ―ウ―エ―エ) 二つの物事の、力・重さ・性質などがそれぞれ同じ程度で、一方に傾くことなく安定している。両者がほどよく調和している。「人気と実力が―」「着物と帯が―」

つりあが・る [ガ]【つり上がる】【×吊上がる】[自五] ❶つられて上へあがる。❷つりあげた状態となる。上むきにひきつっている。「つり上がった目」

つりあ・げる [ゲ] [他下一] ㊀【つり上げる】【×吊上げる】❶つって上げる。つるし上げる。❷相場を高くする。「値段を—」❸目・眉などをひきつったように上げる。「目を—」 ㊁【釣(り)上げる】魚をつってとらえる。 **つり上げ** [名] **つりあ・ぐ** [文語下二]

ツリー [リ]〈tree〉[名] ❶木。樹木。❷「クリスマスツリー」の略。❸枝分かれした樹木状のもの。系統図など。「—構造」 **—ハウス** [八]〈tree house〉[名] 木の上に作った小屋。

つりいと [0]【釣(り)糸】[名] 魚つりに使う糸。「—をたれる」

つりおと・す [ト]【釣(り)落(と)す】[他五] つり上げようとした魚を途中で落とす。

つりかご [0] [名] ㊀【釣(り)籠】つった魚を入れるかご。びく。 ㊁【×吊籠】つるすようにつくったかご。花かごなど。

つりがね [0]【釣(り)鐘】【×吊鐘】[名] 寺などにつるしてある大きな鐘。梵鐘。 **—草** [0] [名] つりがね形の花をつける草。つりがねにんじんなど。[夏]

つりかわ [0]【つり革】【×吊革】[名] 電車やバスで、立っている乗客がつかまるために、輪をつけてつるしたもの。

つりぎ [0]【つり木】【×吊木】[名] たなや天井などをつる木。

つりぐ [0]/[リ]【釣(り)具】[名] つりに使う道具。釣り道具。

つりこうこく [コ]【つり広告】【×吊り広告】[名] ➡なかづり。

つりこ・む [コ]【釣(り)込む】[他五] 〔多く「つりこまれる」の形で〕さそい入れる。ひき入れる。「うまい話に釣り込まれる」

つりざお [0]【釣りざお】【釣×竿】[名] 魚つり用のさお。

つりさが・る [ガ]【つり下がる】【×吊下がる】[自五] ぶら下がる。つり下げられたようになる。

つりさ・げる [ゲ]【つり下げる】【×吊下げる】[他下一] つって下げる。ぶら下げる。つるす。「風鈴を—」 **つりさ・ぐ** [文語下二]

つりし [リ]【釣(り)師】[名] つりを趣味とする人。

つりしのぶ [シ]【釣忍・×吊忍】[名] しのぶ草をたばねていろいろの形につくったもの。夏、軒などにつるして、涼しい感じを出す。[夏]

つりせん [0]【釣(り)銭】[名] 代金以上のかねを受けとったときに、支払い相手にもどす差額のかね。つり。

つりだし [0]【つり出し】【×吊出し】[名] 相撲で、相手のまわしをつかみ、からだを持ち上げて土俵の外へ出すわざ。

つりだ・す [ダ] [他五] ㊀【釣(り)出す】だまして、さそい出す。 ㊁【つり出す】【×吊出す】相撲で、つり出しで勝つ。 **つり出せる** [自下一]〔…できる〕

つりだな [0]【つり棚】【×吊棚】[名] ❶天井からつり下げたたな。❷床の間のわきに造りつけるたな。

つりだま [0]【釣(り)球】[名] 野球で、打者の打ち気をさそうように投げて、ボールになる球。

つりて [0] [名] ㊀【つり手】【×吊手】かやなどをつるためのひも。 ㊁【釣(り)手】❶つりをする人。❷柔道で、組み合って、相手の襟をつかむほうの手。↕引き手。

つりてんじょう [テ]【つり天井】【×吊天井】[名] 上から落として、人などを押し殺すための宙づりの天井。

つりどうろう [ド]【×吊灯籠】[名] のき先などにつるすとうろう。

つりどこ [0]【つり床】【×吊床】[名] ❶ハンモック。[夏] ❷天井だけ床の間ふうにした略式の床。

つりとだな [ト]【つり戸棚】【×吊戸棚】[名] 天井からつり下げてつくった戸だな。

つりどの [0]【釣(り)殿】[名] 寝殿造りの建築で、廊の南端の、池のそばにある建物。[夏] ⇩寝殿造り(図)。

つりばし [0]【つり橋】【×吊橋】[名] 深い谷や川などの両岸から、綱や鉄線でつってかけた橋。

つりばしご [バ]【×吊×梯子】[名] 綱などでつくり、物にかけて使うはしご。なわばしご。

つりばり [0]【釣(り)針】[名] さかなをつるために、つり糸の先につける先のまがった針。

つりぶね [0]【釣(り)船】[名] ❶魚つりをするのに使う船。❷上からつるす、船の形をした花器。

つりぼり [0]【釣(り)堀】[名] 魚を飼っておき、料金をとって人につらせる池やほり。[夏]

つりめ [0]【つり目】【×吊り▲眼】[名] 目じりのつり上がった目。

つりわ [0]【つり輪】【釣▲環・×吊▲環】[名] 体操で、上からつり下げた二本の綱のはしに、木の輪を付けた体操用具。また、それを使う男子の体操競技。

つる [ル]【弦】[名] 弓にはる糸。ゆみづる。

つる [ル]【×鉉】[名] なべ・どびんなどの弓形のとって。

つる [ル]【×蔓】[名] ❶細長くのびて物にからまったり、地にはったりしている草の茎。❷めがねの耳にかける部分。

つる [ツ]【鶴】[名] ツル科の鳥の総称。首と足が長く、くちばしが細い。たんちょうづる・まなづる・なべづるなど。[冬] **—の一声** 有力者の一言で、さわぎがしずまったり、ことがきまったりすること。 **—は千年亀は万年** 長生きをしてめでたいこと。

つ・る [0] ㊀【×吊る】[自五] ❶引っ張られてよる。ひかれちぢむ。「縫い目が—」❷【×攣る】筋肉が硬直して動かなくなる。「足が—」❸上へひっぱられる。上へ向く。「目が—」 ㊁[他五] ❶つるす。「かやを—」❷わたしかける。「橋を—」❸相撲で、相手のまわしに手をかけて持ち上げる。

つ・る [0]【釣る】[他五] ❶つりばりで魚をかけてひきあげる。❷うまいことをいってだます。さそい出す。誘惑する。「菓子で子どもを—」「うまく釣られた」

つるおと [0]【弦音】[名] 矢を射たとき、ゆみづるの鳴る音。

つるかめ [ツ]【鶴亀】[名] ❶つるとかめ。長命の動物として、祝賀に使われる。❷能楽・箏曲・長唄などの曲名の一つ。 **—算** [メ] [名] つるとかめの数の合計とその足の数の合計とを知って、つるとかめの、それぞれの数を計算する類の問題。 **—鶴亀** [ツ]-[ツ] [感] 縁起直しにいうことば。「ああ、—」

つるぎ [ギ]【剣】[名] ❶両刃の刀。❷刀剣。太刀。 **—の山** 地獄にあるという、剣のきっ先を上にしてうえた山。

つるくさ [ル]【つる草】【×蔓草】[名] つるのある草。

つるくび [ル]【鶴首】【鶴×頸】[名] ❶とくり・花びんなどの口の細長いもの。❷ウリ科の植物。かぼちゃの一種。

つるし [0]【×吊し】[名] 〔つるしてある物〕既製の洋服。

つるしあ・げる [ゲ]【つるし上げる】【×吊し上げる】[他下一] ❶つり上げる。❷ひとりまたは少数の人を、大ぜいで責めなじる。「責任者を—」 **つるし上げ** [名] **つるしあ・ぐ** [文語下二]

つるしがき [シ]【×吊し柿】[名] しぶがきの皮をむいて干したもの。干しがき。[秋]

つる・す [0]【×吊す】[他五] ひもなどでつって下げる。つりさげる。 **つるせる** [自下一]〔…できる〕

つるっと [ル] [副] [自サ] ❶表面がなめらかなようす。「—したうるし塗りの重箱」❷よくすべるようす。「―すべりそうな湖面」❸なめらかで抵抗がないようす。「―したのどごしのよいうどん」

つる-つる ツ― [と]副 形動(の) ❶表面がなめらかなようす。❷頭がすっかりはげているようす。❸よくすべるようす。参考 形容動詞として使うときは⓪。

つる-はし ル【鶴×嘴】名 つるのくちばしのようにとがった鋼鉄に木の柄をつけた、土や石を掘りおこす道具。

つるはし

つるばみ【×橡】名 古語 ❶どんぐり。どんぐりの実。❷つるばみ❶を使って染める濃いねずみ色。にびいろ。

つる-ばら ⓪【×蔓×薔×薇】名 枝が長くのびる、つる性のばら。

つる-べ ⓪【釣▲瓶】名 なわやさおの先につけ、井戸の水をくみあげるおけ。**―撃(打)ち** ⓪名 ❶鉄砲の射手が並んで、たてつづけにうつこと。❷野球で、連続して安打をあびせること。また、比喩的に、物事が連続しておこること。「挿入曲は名曲の―」 **―落とし** オ名 まっすぐに早く落ちること。「―の秋の日」秋

つるべ

つる・む ル 自五 マ・モ・ミ・ン/ム・ム・メ・メ ❶【▲交▲尾む】鳥獣虫魚が交尾する。❷いっしょに行動する。「つるんで遊び回る」

つるや-なんぼく《鶴屋南北》〔一七五五～一八二九〕江戸時代後期の歌舞伎脚本作者。本名は伊之助。怪談にすぐれ、また下層庶民の生活を描く生世話物を書いた。「東海道四谷怪談」など。

つるり-と ル 副 自サ ❶なめらかでつやのあるようす。「―はげ上がった額」❷かるくすべるようす。「リンクに下りると―ころびそうだ」❸なめらかな固まりを飲みこむようす。「半熟の卵が―のどを通る」

つるん-と ル 副 自サ なめらかで、つややかなようす。また、よくすべるようす。「ゆで卵のからが―むける」

つれ ⓪【連れ】名 ❶同伴者。❷能・狂言で、シテ・ワキにともなって助演するもの。↔アド・シテ・ワキ。参考 ❷は、ふつう「ツレ」と書く。

づれ【連れ】接尾 ❶ともなっていること。「子ども―」❷人が組になっていること。「三人―」❸〔かながき〕いやしめた呼びかた。ふぜい。「商人―」

つれ-あい ⓪レ【連れ合い】名 夫婦で、たがいの相手方をいう。配偶者。連れ添い。

つれ-あ・う ア【連れ合う】自五 ワ・オ・イ・ッ/ウ・ウ・エ・エ ❶連れだつ。同伴する。❷夫婦となる。連れ添う。

つれ-こ ⓪【連れ子】名 再婚した人が連れてきた、前の配偶者との間にできた子。

つれ-こ・む コ【連れ込む】他五 マ・モ・ミ・ン/ム・ム・メ・メ ❶建物や部屋の中にいっしょにはいる。❷情事を目的とし、愛人などを伴って旅館などにはいる。「路地裏の宿に―」 **連れ込み** 名 **連れ込める** 自下一 …できる

つれ-さ・る サ【連れ去る】他五 ラ・ロ・リ・ッ/ル・ル・レ・レ 人を連れてその場から立ち去る。「車に乗せて―」

つれ-しょうべん ショ【連れ小便】名 一人が小便をするときに、つれの人も小便をすること。つれしょん。

つれ-そ・う ソ【連れ添う】自五 ワ・オ・イ・ッ/ウ・ウ・エ・エ 夫婦となってくらす。連れ合う。**連れ添える** 自下一 …できる

つれ-だ・す ダ【連れ出す】他五 サ・ソ・シ・ス/ス・セ・セ 連れて外へ出る。さそって外へ出る。**連れ出せる** 自下一 …できる

つれ-だ・つ ダ【連れ立つ】自五 タ・ト・チ・ッ/ツ・ツ・テ・テ いっしょに行く。「夫婦連れ立って歩く」

つれ-づれ ⓪【▲徒▲然】名 形動 文章語 ❶なすこともなく、たいくつなようす。てもちぶさた。「―をなぐさめる」❷古語 つくづくと、もの思いにしずむようす。**―と** 副 古語 ❶しんみりとさびしく。❷することもなく。たいくつに。❸つくづくと。

つれづれぐさ《徒然草》鎌倉時代後期の随筆集。兼好法師の著。見聞と思索を達意の文章で描く。序段と二百四十三段から成る。

つれ-て【つれて】【連れて】連語 〔「つれる」の連用形と助詞「て」。「…につれて」の形で〕…にしたがって。それといっしょに。「晴れるに―気温が上がる」

つれな・い 三 ナ 形 カロ・カッ・ク/イ・イ・ケレ・○ 思いやりがない。冷淡だ。「―仕打ち」**つれなさ** 名 **つれな・し** 文語ク 三 形ク 古語 ❶こだわらない。気にとめない。「そしり笑はるるにも恥ぢず、つれなく過ぎてたしなむ人」〈徒然〉❷そうでないふうによそおう。表に出さない。「うへ(表面)は、つれなく操づくり」〈源氏〉❸変わりがない。無事である。じょうぶである。「かへすがへす、つれなき命にもはべるかな」〈源氏〉❹〈自然の現象や年月の経過について〉そのままで、変わらない。「さて、雪の山つれなくて年もかへりぬ」〈枕〉

つれ-びき ⓪【連れ弾き】名 琴や三味線などを、二人以上でいっしょにひくこと。合奏。

つれ-まい レ【連れ舞】名 ふたり以上で舞う舞。

つれ-まわ・す ワ【連れ回す】他五 サ・ソ・シ・ス/ス・セ・セ あちこちに人を無理に連れていく。

つれ-もど・す ド【連れ戻す】他五 サ・ソ・シ・ス/ス・セ・セ よそへ行った人を、もとのところへいっしょに帰らせる。「自宅へ―」 **連れ戻せる** 自下一 …できる

つ・れる ⓪【×吊れる】自下一 レ・レ・レル・レル/レレ・レロ・レヨ ❶つった状態になる。つることができる。❷【×攣れる】ひきつる。「ほおの筋肉が―」

つ・れる ⓪【釣れる】自下一 レ・レ・レル・レル/レレ・レロ・レヨ ❶魚が、はりにかかってあがる。❷釣ることができる。

つ・れる ⓪【連れる】他下一 レ・レ・レル・レル/レレ・レロ・レヨ 従えていく。ともなう。「子どもを連れて山にのぼる」 **つ・る** 文語下二

つわ-ぶき ワ【石×蕗】名 キク科の多年生植物。暖地の海岸に多く、薬草・観賞用として栽培もする。つわ。冬

つわぶき

つわ-もの ⓪【▲兵・強者】名 ❶文章語 兵士。つよい兵士。❷大胆な人。その方面で手腕を発揮する人。猛者。「なかなかの―だ」

つわり ⓪【▲悪▲阻】名 妊娠二か月から四か月はじめごろまで、はきけがし、食欲不振や食物のすききらいがはげしくなる状態。おそ。

つん 接頭 俗語 〔動詞につく。「突き」の変化〕意味を強めるために使うことば。「―のめる」

ツングース グ〈Tungus〉名 東シベリア・中国東北部に分布するモンゴル系の民族。

つん-けん ツ [と]副 自サ 不きげん・不親切で、ことばや態度がとげとげしいようす。「―した態度」

つん-ざ・く ザ【×劈く】他五 カ・コ・キ・イ/ク・ク・ケ・ケ 〔「つきさく」の変化〕❶いきおいよくつきやぶる。❷はげしい音が強くひびく。「耳を―砲声」

つんつるてん ⓪ル 名 形動(の) 俗語 着物のみじかいようす。「―のズボン」

つん-つん ツ― [と]副 自サ ❶とりすまして不きげんで、無

愛想なようす。❷刺激的なにおいが鼻をつくようす。

つん-と ◎/ツ ㊀副自サ ❶高ぶって、そしらぬふうをするようす。つんつん。「―すましている」❷刺激性の強いにおいがするようす。「―鼻をつく」㊁副 かたいものが上に向かって突き出たようす。「鼻すじが―とおる」

つん-どく ◎【積ん読】名〔俗語〕(「積んでおく」のもじり) 書物を積んでおくばかりで、読まないこと。

ツンドラ ◎〈ロ tundra〉名 夏季に表面がとけて湿地になるだけで、一年の大部分は凍っている、北極に近い地方の土地。凍原。

つん-のめ・る ✕ 自五 ラ・ロ・リ・ッ・ル・ル・レ・レ〔俗語〕いきおいよくのめる。

つんぼ ツ【✕聾】名 耳が聞こえないこと。聴覚(力)障害。

つんぼ-さじき サ【つんぼ桟敷】【✕聾桟敷】名 ❶芝居で、舞台に遠くて、せりふのよく聞こえない桟敷。❷当事者でありながら、事情をよく知らされないこと。局外者の立場。「―に置かれる」

て テ

て:「天」の草体。
テ:「天」の略体。

て【手】 ㊀テ名 ❶人間のからだのうち、両肩から先にある部分。物を動かしたり加工したりするのに役立つ。「―をぐるぐる回す」↕足。❷手のうち、手首から先の部分。また、特に指の部分。「―でものをつかむ」❸手のように、本体からつき出ているもの。腕。「なべの―」「ひしゃくの―」❹ものをつかまえ、支配するもの。「敵の―におちる」❺労働力としての人間。人手。「―が足りない」❻手を使ってする仕事・作業。「―を加える」「―がかかる」❼手を使ってするやり方。方法。手段。「いい―がある」「あの―この―」❽書いた文字。筆跡。「いい―だ」❾手にもっているトランプの札や将棋のこま。「―が悪い」❿種類。「この―の品物」⓫きず。負傷。「―を負う」「深―」⓬方向や方面。「山の―」㊁接頭造 ❶(形容詞について)ふつうのやりかたにくらべた度合いをあらわす。「―あらい」「―がたい」「―きびしい」「―ぬるい」❷小型のもの。身近にあるもの。「―鏡」「―帳」「―文庫」❸自分でつくること。また、つくったもの。「―づくり」「―料理」㊂接尾 ❶…する人。「読み―」「歌い―」❷技能のすぐれた人。「彼はなかなかの書き―だ」❸方向を示す。「上―」「山―」❹種類や品質などをあらわす。「奥―」

―が上がる ❶書く字がじょうずになる。❷わざが上達する。❸酒がたくさん飲めるようになる。 **―が空く** 仕事がすんで、ひまになる。 **―が後ろに回る** 罪人として、とらえられる。 **―が掛かる** 手数が多くいる。世話がやける。 **―が切れる** 関係がなくなる。 **―が込む** 細工が、こみいっている。 **―が空く** 手があく。 **―が付けられない** 処置にこまる。やりようがない。 **―が出ない** ❶とれる手段がない。どうすることもできない。❷値段が高くて買えない。 **―が出る** 思わずなぐったりたたいたりする。 **―が届く** ❶世話がゆきとどく。❷自分のものにすることができる。「学生にも―値段」❸まぢかに、せまる。近づく。「八十に―」 **―が無い** ❶はたらく人がいない。❷方法がない。 **―が長い** 盗癖がある。 **―が入る** ❶犯人をとらえるために警官などがはいってくる。❷文章などにほかの人の修正が加わる。「先生の―」 **―が離せない** やりかけていることがあり、他のことができない。いそがしい。「夕食の準備で―」 **―が離れる** ❶仕事・問題などがかたづいて関係がなくなる。❷子どもが成長して手数がかからなくなる。 **―が早い** ❶物事をするのに要領がよく、てきぱきしている。❷ものや人にすぐ手を出して、油断がならない。 **―が塞がる** 忙しくて他の事をする余裕がない。 **―が回る** ❶世話が、十分にゆきとどく。❷犯人をとらえるための手配をする。参考「手が回らない」の形で使うことが多い。 **―に汗を握る** 見ていて興奮・熱中する。 **―に余る** 自分の力では処理がむずかしい。手に負えない。 **―に入る** ❶自分のものとなる。❷その道に熟達する。「手に入った技」 **―に入れる** 自分のものにする。 **―に落ちる** ❶所有物となる。支配下になる。❷受けとる。 **―に掛かる** ❶世話になる。❷他人に殺される。 **―に掛ける** ❶よく世話をする。❷自分の手で殺す。 **―に職をつける** 仕事の技術を身につける。 **―にする** 手に持つ。自分の物にする。 **―に付かない** ほかに気をとられて、熱中できない。「仕事も―」 **―に手に** めいめいの手に。てんでに。「―旗を持つ」 **―に手を取る** たがいに手をにぎりあう。いっしょに行動する。 **―に取るよう** すぐ近くに、または、はっきりと見えたり、聞こえたりするようす。 **―に乗る** うっかりだまされる。人のはかりごとにかかる。 **―の切れるような** 紙幣が新しく、しわのないことのたとえ。 **―の舞い足の踏む所を知らず** きわめてうれしいようす。 **―の者** 部下。配下の者。 **―も足も出ない** 力が及ばず、まったくどうしようもない。 **―も無く** たやすく。やすやすと。「―負かされる」 **―を上げる** ❶挙手をする。❷相手に抵抗しないしるしに、手を肩の上にあげる。❸畳の上についた手をひざの上にもどす。❹なぐろうとする。❺技量が進歩する。❻賛成の態度をしめす。 **―を合わせる** 両方のてのひらを合わせておがむ、また、たのむ。 **―を入れる** たりない所をおぎない、なおす。 **―を打つ** ❶手段・方法をめぐらす。❷仲なおりをする。 **―を替え品を替え** いろいろさまざまに方法をかえて。 **―を掛ける** ❶手間をかける。「手を掛けた料理」❷つかむ。また、手に触れる。「刀に―」「壁に手を掛けて下りる」❸暴力をふるう。また、殺す。「家族に―」❹盗む。「店の物に―」 **―を貸す** 手伝う。 **―を借りる** 協力・手伝いを求める。 **―を切る** 関係をなくす。縁を切る。 **―を下す** 自分が直接にかかわる。 **―を組む** ❶協力しあう。「与野党が―」❷腕組みをする。 **―を加える** ❶加工する。❷修正する。おぎない、なおす。 **―を✕拱く** ❶うでぐみをする。❷なにもしないでいる。傍観する。 **―を締める** 物事のおわったことを祝いあって手をうつ。 **―を染める** はじめてその仕事にとりかかる。 **―を出す** ❶関係する。かかりあう。❷けんかをしかける。手出しする。 **―を携える** 協力する。 **―を▲束ねる** そばで、見ているだけで、なにもしない。 **―を尽くす** あらゆる手段をとる。 **―を付ける** ❶しはじめる。❷目下の女性と肉体関係をもつ。 **―を通す** はじめてその衣服を着る。 **―を取る** 親切にみちびく。「手を取って教える」 **―を握る** ❶仲なおりをする。❷同盟をむすぶ。 **―を抜く** 手数をかけないで、いいかげんな仕事ですませる。 **―を✕濡らさず** すこしも努力しないようす。 **―を延ばす** 売り先や仕事をひろげる。 **―を省く** 仕事のやり方を簡単にする。 **―を引く** ❶手をとって、みちびく。❷関係をたつ。 **―を広げる** 関係する範囲や仕事の規模を大きくする。てびろくする。 **―を施す** 対策を立てて実行する。 **―を回す** ❶じゅうぶん手配をする。❷手をつくしてさがす。 **―を結ぶ** ある目的のために行動をともにする。 **―を焼く** うまく処理ができず、もてあます。 **―を緩める** 監督や捜査などをゆるやかにする。 **―を分かつ** 共

て

同・協力していたものがはなれる。 **―を煩(わずら)わす** 人の世話になる。

て 助 ❶〔接続助詞。動詞や形容詞などの連用形につく。動詞の場合、撥(はつ)音便および一部のイ音便の語につくときは「で」となる。形容詞につく場合は、「って」となることがある〕㋐動作や状態をならべ、またはつけ加える。「起き―顔を洗う」「明るく―広い」 ㋑原因・理由を示す。「転んでけがをする」「あんまり痛くっ―泣いてしまった」 ㋒方法・手段を示す。「泣い―わびる」 ㋓逆接を示す。…のに。「知ってい―知らん顔をする」 ㋔補助用言に続ける。「生き―いる」「走っ―来る」 ❷〔係助詞〕話題を示す。「って」に同じ。…というのは。「男の責任―、どういうことだろう」 ❸〔終助詞〕㋐〔女性語〕質問をあらわす。「わたしの言うことわかっ―」 ㋑〔女性語〕自分の意見を主張する。「私、お願いがあっ―よ」 ㋒依頼、また軽い命令をあらわす。「早く来―」 参考 おもに女性が使う。 ㋓〔古語〕軽く相手に説き聞かせる。「ゆだんがならぬ―」 ❹引用を示す「と」のくだけた言い方。「なん―いったのかなあ」

で【手】 接尾 性質を示す。「厚―」「薄―」

で【出】 ㊀ ⓪ 名 ❶出ること。また、その程度。「日の―」「水の―がいい」 ↕入り。 ❷出どころ。産地。「―はどこだ」 ❸出身、出身地。「女子大―」「北海道の―」 ❹出演。出勤。「―を待つ」 ㊁ 接尾〔かながき〕〔動詞について〕実質のある感じをあらわす。「読み―のある小説」「使い―のあるティーバッグ」

で デ 接続 それで。そこで。「―、どうしたの」

で 助 ❶〔格助詞〕㋐手段・方法・材料を示す。「電車―行く」「木―作る」 ㋑場所を示す。「公園―遊ぶ」 ㋒原因・理由を示す。「大風―木がたおれた」 ㋓期限・限定を示す。「三日間―仕上げる」 ㋔状態を示す。「三人―行く」 ❷〔古語〕〔接続助詞。「に(打ち消しの助動詞「ず」の連用形)＋て(接続助詞)」の変化したもの。活用語の未然形につく〕…ないで。…でなくて。「君ならで誰(たれ)にか見せむ」〈古今〉

て-あい ⓪【手合(い)】(あひ) 名 ❶なかま。やつら。連中。「こういう―は信用できない」 参考 けいべつの気持ちをこめて使うことが多い。 ❷囲碁・将棋の試合。手合わせ。

で-あい ⓪【出会(合)い】(あひ) 名 ❶出会うこと。 ❷会って知りあうこと。「最初の―は去年の八月だった」 ❸男女が人にかくれてこっそり会うこと。 **―頭(がしら)** ガ 名 出会ったとたん。「―にぶつかる」 **―系(けい)** ⓪ 名 面識のない異性どうしに出会いの機会を提供するインターネット上の営利活動。出会い系サイト。

で-あ・う ア【出会(合)う】(あふ) 自五(ワ・オ・イ・ッ／ウ・ウ・エ・エ) ❶外で行きあう。 ❷男女があいびきする。 ❸川・谷などが合流する。

て-あか カ【手あか】【手×垢】 名 ❶手のあぶらなどに、ちりがついたよごれ。 ❷手でさわったためについたよごれ。 **―の付(つ)いた** 使い古された。古くさい。「―表現」

て-あき キ【手空き】 名 手すき。

て-あし テ【手足】 名 ❶手と足。 ❷もっともたよりとなる人やもの。「―となって働く」 **―を伸(の)ばす** ゆっくりとやすむようす。

で-あし ⓪【出足】 名 ❶外出する人の数の程度。「雨で―がわるい」 ❷車などの動きだすときの速度。「この車は―がよい」 ❸相撲で、相手に寄り進む足はこび。「するどい―」

てあしくち-びょう テ【手足口病】 名 手足や口に赤い水ぶくれができる、幼児に多い病気。ウイルスに感染しておこる。

て-あそび ア【手遊び】 名 ❶手に持ってあそぶこと。また、そのもの。てなぐさみ。 ❷おもちゃ。 ❸とばく。ばくち。

て-あたり ア【手当(た)り】 名 手に当たり、またはふれること。また、その感じ。 **―次第(しだい)** シ (に)副 かたっぱしから。「―に集める」

て-あつ・い ⓪/ツ【手厚い】 形(カロ・カッ・ク／イ・イ・ケレ・○) 扱いやもてなしが、ていねいである。「―もてなし」 **手厚さ** 名 **てあつ・し** 文語ク

て-あて テ1【手当(て)】 名 ❶傷や病気の処置。「傷口の―」 ❷ほねおりに対する礼金。「特別の―」 ❸【手当】基本の給料のほかに、支払うかね。「家族―」 ↕本俸。 ❹前もってする用意・準備。

テアトル テ/ア〈フ théâtre〉 名 劇場。映画館。

て-あぶり ア【手あぶり】【手×焙り】 名 手をあたためる小さい火ばち。㊦

て-あみ ⓪【手編(み)】 名 人の手で編むこと。また、その編んだもの。「―のセーター」 ↕機械編み。

て-あら ⓪【手荒】 形動(ダロ・ダッ・デ・ニ／ダ・ナ・ナラ・○) ❶とりあつかいが乱暴なようす。「荷物を―にあつかう」 ❷腕力などを使って乱暴にするようす。「―なまねはやめろ」

て-あらい ア【手洗(い)】(あらひ) 名 ❶手を洗うこと。また、手を洗う器(うつわ)や水・湯。 ❷便所。「お―」 **―所(じょ)** ⓪ 名 ❶手を洗うところ。 ❷便所。

て-あら・い ⓪/ラ【手荒い】 形(カロ・カッ・ク／イ・イ・ケレ・○) 手荒である。「―あつかい」 **手荒さ** 名 **てあら・し** 文語ク

で-あ・る 連語〔断定の助動詞「だ」の連用形「で」に補助動詞的な「ある」がついた形。名詞および名詞に準ずる語句につき、「であろう」の場合は活用語にもつく〕❶断定の助動詞「だ」の改まった言い方。文章語で用いられる。「吾輩(わがはい)は猫―」「江戸時代にこの辺は海であった」「来賓はまもなくお見えになるであろう」 ❷〔「であれ」の形で〕逆接の条件をあらわす。…であっても。…であるにせよ。「大人であれ子どもであれ、誰でも参加できる」 参考「である」は、江戸時代には、学者や知識人の男性の使う話しことばだったが、明治期に言文一致体の文末形式の一種として使われるようになり、小説や新聞など、書きことばの文末表現として定着した。「である」に「ます」がついた「であります」は、講演や演説で今でも使われる。その打ち消しの形の「で(は)ありません」は、「です」に否定形がないこともあり、ごく普通に聞かれる。

で-ある・く ⓪/ル【出歩く】 自五(カ・コ・キ・イ／ク・ク・ケ・ケ) 外出して、あちこちと歩く。 **出歩き** 名 **出歩ける** 自下一 …できる

て-あれ ⓪【手荒れ】 名 手の皮膚が荒れること。

で-あれ 連語 ➡である❷

て-あわせ ア【手合(わ)せ】(あはせ) 名 ❶勝負をすること。「剣道の―」 ❷取引の契約をすること。

てい【低】 造 ↕高。 ❶高さがない。地面に近い。「低空・低湿・低床バス・低迷」 ❷数値がちいさい。「低温・低額・低率・低学年・低金利・低賃金」 ❸含まれるものがすくない。「低塩・低糖・低アルコール飲料」 ❹すくなくなる。「低減・低落」 ❺おとる。おくれる。「低級・低俗・低能・低劣・低開発国」 ❻ひかえめな態度をとる。「低頭・低姿勢」

てい【廷】 造 ❶まつりごとを行うところ。「廷臣・宮廷・禁廷・朝廷」 ❷裁判をするところ。「廷吏・開廷・休廷・出廷・法廷」

てい【定】 造 ❶さだめる。きめる。「定義・定住・改定・決定・測定・予定」 ❷さだまる。きまっている。「定員・定価・定着・定理・既定・所定」 ❸しずまる。「安定・鎮定・平定」「別音じょう｜定」

てい【底】 ㊀ 造 ❶いちばん下。「底辺・底面・海底・根底」

て

❷よりどころ。「底本(ていほん)｜(そこほん)」❸いたる。とどまる。「底止」㊁[テ][名]〔文章語〕種類。程度。「この—の批判はやむをえない」「これ—のもの」

てい【抵】[造] ❶あてる。あたる。「抵触・抵当」❷こばむ。さからう。「抵抗」❸おおよそ。「大抵」

てい【邸】㊀[造] りっぱな家。やしき。「邸宅・邸内・官邸・公邸・豪邸・私邸・別邸・御用邸」㊁[接尾] その家の居住者に対する敬意をあらわす語。「近衛—」「秋篠宮—」

てい【×剃】[造] そる。髪をおとす。「剃頭・剃髪・剃毛」

てい【貞】[造] ただしい。みさおをかたく守る。「貞潔・貞淑・貞節・貞操・童貞・不貞」

てい【訂】[造] ただす。文字や語句をなおす。「訂正・改訂・校訂・新訂・補訂」**訂する**[他サ]

てい【庭】[造] ❶にわ。「庭園・庭球・校庭・石庭」❷いえ。うち。「庭訓(ていきん)・家庭」

てい【×挺】[造] すすみでる。「挺身・挺進・空挺」**挺する**[他サ]〔別音 ちょう｜挺〕

てい【逓】[造] ❶伝えおくる。「逓信・逓送・駅逓」❷しだいに。「逓減・逓増」

てい【停】[造] ❶とまる。とどまる。「停止・停車・停滞・停留所」❷とめる。中途でやめる。「停学・停職・停戦・停電・停年・調停」

てい【偵】[造] うかがう。さぐる。「偵察・探偵・内偵・密偵」

てい【×逞】[造] ほしいままにする。満足する。「不逞」

てい【堤】[造] つつみ。土手。「堤防・堰堤(えんてい)・長堤・突堤・防波堤」

てい【提】[造] ❶さしだす。しめす。「提案・提起・提供・提出・前提」❷たすけあう。「提携」❸引き連れる。「提督」❹手にさげる。「提琴」

てい【程】[造] ❶度あい。ほどあい。「程度・音程」❷きまり。てほん。「規程・方程式」❸一定のわりあい。「課程・工程」❹みちのり。みちすじ。「過程・行程・日程」

てい【×鼎】[造] ❶かなえ。三本足の底の深い器。❷三人が向かい合う。「鼎座・鼎談・鼎立」

てい【締】[造] むすぶ。とりきめる。「締結・締盟・締約」

てい【諦】[造] あきらめる。「諦観・諦念」

てい【×蹄】[造] ひづめ。馬の足先。「蹄鉄・鉄蹄・馬蹄・偶蹄類」

てい【丁】㊀[テ][名][造] ❶十干の第四位。ひのと。「甲乙丙丁」❷デンマーク(丁抹)。㊁[造] 召し使われる男。「園丁・馬丁」〔別音 ちょう｜丁〕

てい[テ]**【体】**[名][造] 外から見たようす。態度。見た目。「ものの思いの—」「—よくことわる」「体裁・風体・面体・世間体」〔別音 たい｜体〕

てい【呈】㊀[テ][名][造] 上に向けてさしだすこと。「—山本様」「呈上・謹呈・献呈・進呈」㊁[造] あらわす。しめす。「呈示・露呈」**呈する**[他サ]

てい【弟】㊀[テ][名][造] おとうと。「兄(けい)たりがたく—たりがたし」「弟妹・従弟」↕兄(けい)。㊁[造] ❶師について学ぶ者。「高弟・師弟・徒弟・門弟」❷自分を改まって言う語。「小弟」

てい【亭】㊀[テ][名][造] あずまや。ちん。客のくる建物。「亭号・亭主・料亭」㊁[接尾] 料理屋・寄席(よせ)・文人・落語家の号などの名に添える語。「末広—」「二葉—」「春風—」〔別音 ちん｜亭〕

てい[テ]**【帝】**[名][造] ❶天子。天皇。「帝位・帝国・皇帝・女帝・後醍醐帝(ごだいごてい)」❷天の神。天帝。「上帝」

てい[テ]**【×悌】**[名][造] 年少者が年長者によくつかえて柔順なこと。「孝悌」

てい[テ]**【艇】**[名][造] こぶね。はしけ。ボート。「艇長・艦艇・競艇・舟艇・潜航艇」

でい【泥】[造] ❶どろ。ぬかるみ。「泥炭・泥土・雲泥・汚泥・春泥」❷こだわる。「拘泥(こうでい)」❸どろのように形がはっきりしないとされる虫。「泥酔」

デイ〈day〉[造] ⬇デー。[参考]この辞典では、「デー」が複合語の前部分にくる「デイケア」「デイサービス」などは、慣用により「デイ…」と表記する。

てい-あつ[0]**【低圧】**[名] ひくい電圧・圧力。↕高圧。

ティアラ[ティ]〈tiara〉[名] 宝石などをちりばめた、かんむり型の女性用髪飾り。

てい-あん[0]**【提案】**㊀[名][他サ] 考えをだすこと。だした考え。㊁[名] 議案の提出。提出した議案。

ティー[ティ]〈tea〉[名] お茶。とくに、紅茶。「レモン—」

ティー[ティ]〈tee〉[名] ゴルフで、うつときにボールを置く小さな台。また、そこから球をうつこと。「—グラウンド」「—ショット」

てい-い[テ]**【低位】**[名] くらいのひくいこと。ひくいくらい。

てい-い[テ]**【帝位】**[名] 帝王の位。王位。

てい-い[テ]**【定位】**[名][他サ]〔文章語〕ある事物の位置・姿勢を一定にさだめること。また、一定の位置・姿勢。

ディー-エイチ[エ]〈DH〉[名]〔designated hitter から〕指名打者。

ディー-エー-ティー[ティ]〈DAT〉[名]〔digital audio tape recorder から〕音声をデジタル信号で録音・再生する、テープ録音システム。

ディー-エヌ-エー[エ][2]〈DNA〉[名]〔deoxyribonucleic acid から〕デオキシリボ核酸。

ディー-エム[エ]〈DM〉[名]〔direct mail から〕ダイレクトメール。

ティー-オー-ビー[ビ]〈TOB〉[名]〔take over bid から〕株式公開買い付け。市場外の取り引きで株主から大量に株式を買い付けること。

ディー-ケー[ケ]〈DK〉[名]〔dining kitchen から〕ダイニングキッチン。

ティー-ケー-オー[オ]〈TKO〉[名]〔technical knockout から〕テクニカルノックアウト。

ディー-シー-ブランド[ラ]**【DCブランド】**[名]〔designer's and character brand から〕有名なデザイナーやメーカーの製品であることを明示した服飾品。

ディー-ジェー[ジェ]〈DJ〉[名]〔disk jockey から〕ディスクジョッキー。

ティー-じ-たい[0]**【T字帯】**[名] 丁字(ていじ)帯。

ティー-シャツ[0]**【Tシャツ】**[名]〔T-shirt から〕広げた形がT字形の丸首シャツ。頭からかぶって着るもの。

ティー-じ-ろ[ジ]**【T字路】**[名] 丁字(ていじ)路。

ティー-スプーン[プ]〈teaspoon〉[名] 紅茶などを飲むときに使う小さいスプーン。茶さじ。

ディーゼル-エンジン[エ]〈diesel engine〉＝**ジーゼルエンジン**[名] 内燃機関の一つ。空気を急に圧縮して高温にしたところへ、重油・軽油などの燃料を吹きつけて爆発させて動力とするエンジン。ドイツのディーゼルの発明。

ティー-ゾーン[ゾ]**【Tゾーン】**[名]〔T字形になることから〕額のまゆに近いあたりから鼻筋へむかう周辺の部分。

ティー-タイム[タ]〈teatime〉[名] お茶の時間。

てい-いち[イ][2]**【定位置】**[名] ❶いつもの場所。❷野球などで、特定の守備位置にたつ正選手としての地位。「外野の—争い」

ティーチ-イン[イ]〈^{ア}teach-in〉[名] 集団討論会。

ティーチング-マシン[シ]〈teaching machine〉[名] 質問に対する正解のボタンを押すと次の質問がでてくる、自学自習用の学習機械。

ディーディーティー [ディ]〈DDT〉[名]〔dichlorodiphenyl-trichloroethaneから〕無色・無臭の結晶で、強力な殺虫剤。粉末のほか乳剤・水和剤がある。現在は使用禁止。

ディーティーピー [ピ]〈DTP〉[名]〔desktop publishingから〕コンピューターを用いて、原稿の入力・編集・割り付けなど出版のための作業を行うこと。デスクトップパブリッシング。

ティーパーティー [パ]〈tea party〉[名] 西洋ふうのお茶の会。

ティーバッグ [バ]〈tea bag〉[名] 紅茶や緑茶を一回ぶんずつ薄い紙の袋につめたもの。そのまま熱湯にひたしてもちいる。

ディーピーイー [イ]〈DPE〉[名]〔和製英語〕〔developing, printing, enlargingから〕写真の現像・焼き付け・引き伸ばし。

ティーピーオー [オ]〈TPO〉[名]〔time, place, occasionから〕時・所・場合の三つの条件。これに適応した服装や考え方や言動が必要とされる。

ディープ [ディ]〈deep〉[形動] ダロ・ダッ・デ・ニ／ダ・ナ・ナラ・〇 深いようす。また、濃厚であるようす。「―な色合い」「―な情報」

ティーブイ [ブ]〈TV〉[名]〔televisionから〕テレビジョン。

ディーブイ [ブ]〈DV〉[名]「ドメスティックバイオレンス」の略。

ディーブイディー [ディ²]〈DVD〉[名]〔digital video disk; digital versatile diskから〕光ディスクの一つ。CDサイズの円盤で、音声・映像を含む大容量のデータが記録できる。

ディーラー [0][ディ]〈dealer〉[名] ❶販売業者。特に、自動車の小売り業者。また、それをする人。❷ディーリングを行う金融機関。銀行・証券会社など。また、それをする人。

ディーリング [0]〈dealing〉[名] 金融機関が為替や手形の相場差益を得るために取り引きをすること。

ティールーム [ル]〈tearoom〉[名] 喫茶室。喫茶店。

てい-いん [0]【定員】[名] きまった人数。「乗車―」↕実員。

ティーンエージャー [エ]〈teenager〉[名] 年齢の十代。また十代の人。正しくは、十三歳から十九歳までの、英語で語尾が「ティーン」でおわる年代。

てい-えん [0]【低塩】[名] 塩分がすくないこと。「―うめぼし」

てい-えん [0]【定演】[名]「定期演奏会」の略。

てい-えん [0]【庭園】[名] にわ。その。

てい-おう [オ]【帝王】[名] 君主国の元首。**―学** [オ][名] 人の上にたつ者が身につけるべき知識や知恵。**―切開** [セ][名] 産婦の子宮を切りひらいて胎児をとり出す手術。

ディオニュソス-がた [0]【ディオニュソス型】[名]〔ディオニュソスDionysosは、ギリシャ神話の神バッカスのこと〕ドイツの哲学者ニーチェのとなえた芸術上の世界観で、衝動的・激情的な方向をもつもの。ディオニュソス的。↕アポロ型。

ディオラマ [0]〈diorama〉[名] ⇒ジオラマ。

てい-おん [0]【低音】[名] ひくい声や音。バス。ベース。↕高音。

てい-おん [0]【低温】[名] ひくい温度。↕高温。**―殺菌** [サ][名] 食品などを比較的低温で加熱殺菌すること。牛乳では、セ氏六二～六五度で三〇分間加熱する。

てい-おん [0]【定温】[名] 一定の温度。**―動物** [ド][名] 鳥類・哺乳類のように、外気の温度に関係なく、いつも、だいたい一定の体温をたもつ動物。恒温動物。

てい-か [0]【定価】[名] きめてある値段。

てい-か [0]【低下】[名][自サ] ひくくなること。さがること。「学力の―」

てい-かい [0]【低回】【×彽×徊】[名][自サ]〔文章語〕考えにふけりながら、行ったり来たりすること。**―趣味** [シュ][名] 世俗のことをわすれ、ゆったりした気分をたのしむこと。

てい-かい [0]【停会】[名][自他サ] 会議を、一時中止すること。

ていかいはつ-こく [ツ]【低開発国】[名] ⇒発展途上国。

てい-かく [テ]【底角】[名] 二等辺三角形で、底辺の両端の内角。↕頂角。

てい-がく [0]【低額】[名] ひくい額。すくない金額。↕高額。

てい-がく [0]【定額】[名] きまった金額。「―貯金」

てい-がく [0]【停学】[名] 罰として学生・生徒の登校を一時とどめること。「―処分」

てい-がくねん [ガ]【低学年】[名] 生徒の年齢のひくい学年。ふつう、小学校の一、二年のこと。↕中学年・高学年。

でい-かざん [カ]【泥火山】[名] 地下からガスや水とともにどろがふき出してできる、火山のような形の小さな丘。

てい-かん [0]【定款】[名] 会社などの社団法人の、目的・組織・業務などに関する基本的な規則。

てい-かん [0]【諦観】[名][他サ]〔文章語〕❶本質をみきわめること。「人生を―する」❷欲望からのがれ、さとりの境地にいたること。

てい-き [テ]【定期】[名] ❶一定の期間。❷定期券。❸定期預金。**―券** [ケ][名] 一定期間有効な、一定区間の乗車券。割引率が大きい。定期乗車券。**―昇給** [ショ][名] 毎年一定の時期に、制度として基本給があがること。定昇。**―船** [0][名] 一定航路を、一定の時刻に航海する船。**―的** [0][形動] 一定の間を置きくりかえして行うこと。「―に検査をする」**―取引** [ト]/[リ][名] 取引所で、一定期限後に商品の受け渡しをする取引。**―便** [0][名] きまった区間を定期的に行き来して行う連絡や輸送。**―預金** [ヨ][名] 一定期間おろさない約束で、銀行などにあずける預金。利率が大きい。

てい-き [テ]【提起】[名][他サ] 問題などをもち出すこと。「賃金問題を―する」

てい-ぎ [テ]【定義】[名][他サ] 物事の意味・内容を、ことばではっきりときめること。また、それを述べたもの。「―を下す」

てい-ぎ [テ]【提議】[名][他サ] 論や議案をもちだすこと。また、その論や議案。

てい-きあつ [キ]【低気圧】[名] ❶周囲より気圧のひくい所。中心に向かって風が吹く。↕高気圧。❷〔俗語〕おだやかでないありさまや、人のふきげんなようす。

てい-きゅう [0]【定休】[名] 会社や商店などで、きめてある休業日。定休日。

てい-きゅう [0]【庭球】[名] テニス。

てい-きゅう [0]【×涕泣】[名][自サ]〔文章語〕〔「涕」はなみだ〕涙をながして、泣くこと。

てい-きゅう [0]【低級】[名][形動] 等級・程度のひくいこと。「―な趣味」↕高級。

てい-きょう [0]【提供】[名][他サ] さし出して役にたたせること。あたえること。「資料を―する」

てい-きん [0]【庭訓】[名] ❶〔文章語〕家庭の教育。❷室町時代の手紙文の指導書。庭訓往来。

と。

てい-きん[0]【提琴】名 バイオリン。

てい-ぎん[0]【低吟】名他サ〔文章語〕ひくい声で吟ずること。

てい-きんり[キ]【低金利】名 安い利息。↕高金利。

テイク[テ]〈take〉＝テーク名 演奏の一回分の録音。映画撮影などにおいて、カットの一回分の撮影。「—ツー」 **—アウト**[ア]〈ᵃtake out〉名 レストランやファーストフード店で、料理や飲み物を持ち帰ること。また、持ち帰り用の料理。 **—オフ**[オ]〈takeoff〉名 ❶飛行機の離陸。❷〔経〕経済成長の発展段階の一つで、発展途上国が経済の成長・発展に突入する時期。 **—バック**[バ]〈take back〉名 野球・ゴルフなどで、ボールを打つ時に、腕を後ろに大きく引いて反動をつける動作。「—が小さい」

てい-くう[0]【低空】名 空のひくい所。地面や水面に近い空間。↕高空。 **—飛行**[ヒ]名 ❶飛行機が、地上に近いところを飛ぶこと。❷成績や業績が、低い水準にあること。「売り上げの—が続く」

ディクテーション[テ]〈dictation〉名 外国語の書き取り。

て-いけ[0]【手生け】【手▲活け】名 自分で花を生けること。 **—の花** 芸者などの借金を払ってやって引きとり、自分の妻やめかけとしたもの。

デイ-ケア[ケ]〈day care〉＝デーケア名 家庭で介護を受けている高齢者や障害者を、日中だけ老人保健施設・医療機関にあずかり、リハビリテーションを中心とした介護を行うこと。↕ナイトケア❶。

てい-けい[0]【定形】名 一定の形。 **—郵便物**[ビ]名 基本となる封書タイプの郵便物のうち、サイズや重さなどが制限範囲内のもの。

てい-けい[0]【定型】名 型がきまっていること。きまった型。↕不定型。 **—詩**[ケ]名 伝統的な音数律にしたがってつくられた詩。五七五七七の短歌、五七五の俳句、七五調の詩など。↕自由詩。

てい-けい[0]【×梯形】名 ➡だいけい(台形)。

てい-けい[0]【提携】名自サ 共同で物事をするために、手をむすぶこと。「両社の—」

デイ-ゲーム[ゲ]〈day game〉＝デーゲーム名 日中に行われる試合。↕ナイトゲーム。

てい-けつ[0]【締結】名他サ 条約や協定などを、とりむすぶこと。「—国」

てい-けつ[0]【貞潔】名形動 みさおがかたくて、おこないにけがれがないこと。

てい-けつあつ[ケ]【低血圧】名 血圧が標準よりもひくいこと。↕高血圧。

てい-けん[0]【定見】名 その人なりに、はっきりときまっている意見。「—を持たない」

てい-げん[0]【定言】名〔哲〕ある主張や判断を無条件であてはまるように言うこと。直言。↕仮言。

てい-げん[0]【提言】名他サ 意見を出すこと。出した意見。「政策—」

てい-げん[0]【低減】名自他サ へること。へらすこと。

てい-げん[0]【逓減】名自他サ〔文章語〕しだいにへること。だんだんにへらすこと。漸減。累減。「人口—」↕逓増。

てい-こ[テ]【艇庫】名 ボートをしまっておく倉庫。

てい-こう[0]【抵抗】㊀名自サ ❶さからうこと。さからう意見や勢力。「むりにすると—が多い」❷すなおに受けいれられない気持ち。反発。「命令されると—を感じる」❸手ごたえ。「—なく動かせる」㊁名〔物〕❶電気抵抗。❷力の作用に対し、それと反対の方向にはたらく力。 **—器**[キ]名 回路の電流をある大きさに制限する器具。

てい-ごう[ゴ]【亭号】名 戯作者・落語家などの筆名・芸名の姓にあたる部分につける語。「式亭三馬」「三遊亭円朝」など。

てい-ごう[ゴ]【帝号】名〔文章語〕帝王の称号。

てい-こく[0]【定刻】名 きめられた時刻。「—に集合せよ」

てい-こく[0]/[テ]【帝国】名 ❶皇帝・帝王のおさめる国家。❷「大日本帝国」の略。明治憲法時代の日本の国号。 **—主義**[シュ]名 資本主義の国家が国際市場を独占するため、他国を侵略しようとするやりかた。

てい-ざ[0]【×鼎×坐】名自サ〔文章語〕三人のものがたがいに向かいあってすわること。↕対座。参考 鼎は足が三本あるところから。

でい-さ[デ]【泥砂】名 どろとすな。でいしゃ。

デイ-サービス[サ]〈day service〉＝デーサービス名〔和製英語〕高齢者や障害者が福祉施設で日帰りで受けられる、食事・入浴・レクリエーション・機能訓練などのサービス。デイホーム。

てい-さい[0]【体裁】名 ❶すがた。かたち。「—をととのえる」❷見かけ。外観。「—よく包む」❸みえ。面目。「—を気にする」 **—ぶる**[ブ]自五 みえをはる。もったいぶる。

でい-ざい[0]【泥剤】名 どろどろに練ったぬりぐすり。

てい-さつ[0]【偵察】名他サ ひそかに敵のようすをさぐること。「空中—」

ていざん-たい[0]【低山帯】名 植物分布の一区分。日本の中部では、海抜五〇〇～一五〇〇メートルの地帯。

てい-し[テ]【弟子】名〔文章語〕でし。門弟。

てい-し[0]/[テ]【底止】名自サ〔文章語〕行きづまりになって、とどまること。「—するところを知らない」

てい-し[0]【停止】㊀名自サ 中途でとまること。「車が—する」㊁名他サ ❶中途でやめること。「作業を—する」❷さしとめること。「車の乗り入れ—」

てい-し[0]/[テ]【諦視】名他サ〔文章語〕じっと見つめること。

てい-じ[テ]【丁字】名 丁の字。 **—形**[0]名 丁の字のかたち。 **—定規**[ジョ]名 丁字の形の大きな定規。 **—帯**[0]名 出産のあとや頭部の負傷などに使う丁字形のほうたい。T字帯。 **—路**[ジ]名 丁字の形をした道路。三叉路。T字路。

てい-じ[テ]【定時】名 一定の時刻。定刻。「—に発車する」 **—制**[0]名 夜間など特別の時間におこなわれる学校教育の課程。↕全日制。

てい-じ[0]【×綴字】名〔文章語〕つづり。スペリング。てつじ。

てい-じ[0]【呈示】名他サ 何か証明するものをさし出して見せること。「学生証の—」参考 法令用語では「提示」に統一。

てい-じ[0]【提示】名他サ 指定された場所にもち出して示すこと。「条件を—する」「要求額を—する」

デイジー-としょ[ト]【デイジー図書】名 視覚障害者などのために開発されたデジタル録音図書の国際標準規格「DAISY (digital accessible information system)」に基づいて制作された録音図書。

てい-しき[0]【定式】名 一定の方式・儀式。「—化された卒業式」

てい-じげん[ジ]【低次元】形動(の) ダロ・ダッ・デ・ニ・ダナ・ナラ○ 程度のひくいようす。とるにたらないようす。「—の議論」

てい-しせい[シ]【低姿勢】名 相手に対して、下手に出ること。頭・腰がひくいこと。「—でわびる」↕高姿勢。

ディジタル[ディ]〈digital〉名 ➡デジタル。

てい-しつ[0]【帝室】名 帝王の一族。王室。皇室。

てい-しつ[0]【低湿】名形動 土地がひくく、湿気の多いこと。「—な沼地」↕高燥。

ていじつ ⓪【定日】名 きまった日。さだめられた日。

ていしゃ ⓪【停車】名 自サ 車がとまること、また、とめること。↕発車。**—場** ⓪ 名 汽車・電車がとまり、乗客が乗降したり、貨物の積みおろしをする所。駅。

でいしゃ [テ]【泥砂】名 ⬇でいさ。

ていしゃく ⓪【×梯尺】名 地図の縮尺。比例尺。

ていしゅ [テ]【亭主】名 ❶その家の主人。「宿の—」❷おっと。夫君。❸茶の湯で、客を接待する人。**—関白** [カ]名 おっとがひどくいばっていること。↕かかあ天下。**—の好きな赤×烏▲帽子** 一家の主人の好みには、どんなおかしなことであろうと、家族はいやおうなしにしたがわなければならないことのたとえ。**—を尻に敷く** 妻が夫をばかにしていばる。

ていしゅ [テ]【艇首】名 ボートのいちばん先の部分。

ティシュー [ティ]〈tissue〉名 ⬇ティッシュ。

ていじゅう ⓪【定住】名 自サ 一定の場所にながく住むこと。永住。「—の地」

ていしゅうにゅう [シュ]【定収入】名 月々にいくらというふうにきまってはいる収入。

ていしゅうは [シュ]【低周波】名 周波数の比較的少ない電流・電波。↕高周波。

ていしゅがく [シュ]【程朱学】名 中国宋時代の程顥・程頤の兄弟と、朱熹のとなえた儒学。朱子学。

ていしゅく ⓪【貞淑】名 形動 みさおがかたくて、性格がしとやかなこと。⇩貞操 参考

ていしゅつ ⓪【提出】【呈出】名 他サ 定められた場所に文書・資料・証拠物などをさしだすこと。「レポートを—する」「不信任案を—する」「疑問を—する」

ていしょ [テ]【低所】名 ひくいところ。↕高所。

ていじょ [テ]【貞女】名 みさおのかたい女性。貞婦。

ていしょう ⓪【定昇】名 「定期昇給」の略。

ていしょう ⓪【低床】名 乗り物の床面がひくい位置にあること。「—バス」

ていしょう ⓪【低唱】名 他サ ひくい声でうたうこと、となえること。↕高唱。

ていしょう ⓪【提唱】名 他サ ❶あることを主張し、人々に呼びかけること。「環境保護を—する」❷禅宗で、経典の意味をとき聞かせること。

ていじょう ⓪【定常】名 一定して変わらないこと。「—的な状態」「—作業」

ていじょう ⓪【呈上】名 他サ さしあげること。進呈。

でいじょう ⓪【泥状】名 どろどろしたようす。

ていしょく ⓪【定食】名 食堂などで、いく種かの料理を組みあわせた、一定のこんだての食事。

ていしょく ⓪【定職】名 きまった職業。「—につく」

ていしょく ⓪【停職】名 公務員が職員としての身分はそのままで、一定期間職務につけない懲戒処分。その間は無給。

ていしょく ⓪【抵触】【×牴触・×觝触】名 自サ きまりにそむくこと。法にふれること。「憲法に—する」

ていしょく ⓪【定植】名 他サ 作物の苗を、水田や畑に本式にうつしうえること。↕仮植。

ていしん ⓪【廷臣】名 朝廷の役人。

ていしん ⓪【艇身】名 ボートの長さ。

ていしん ⓪【×挺身】名 自サ [文章語] 身をなげだして、すすんで事にあたること。率先。「難事業に—する」**—隊** ⓪ 名 すすんで事にあたろうとする人々。

ていしん ⓪【×挺進】名 自サ [文章語] 他より先にすすむこと。**—隊** ⓪ 名 特別の任務をもって、本隊より先にすすむ隊。

ていしん-しょう [シ]【逓信省】名 一九四九年に廃止された、もとの中央行政機関の一つ。郵便・電信などに関する行政をつかさどった。

てい・す [テ]【呈す】他五 ⬇ていする。

でいすい ⓪【泥水】名 どろみず。

でいすい ⓪【泥酔】名 自サ ひどく酒に酔うこと。

ディス-インフレーション [レ]〈disinflation〉名 インフレーションがおさまって、物価の上昇率が低下していく状態。また、インフレーションの進行をくいとめるための経済政策。

てい-すう [ス]【定数】名 ❶きまっている一定の数。「議員の—」❷数学・物理学などで関係や数量が変化しても、常に一定の値をたもっている数や量。およびそれをあらわす記号。コンスタント。常数。恒数。↕変数。❸〖仏〗きまっている運命。

ディスカウント [カ]〈discount〉名 自サ 商品の値段を割り引いて売ること。安売り。「—セール」**—ストア** [ト]〈discount store〉名 商品を大量に仕入れて、安く売る店。ディスカウントショップ。

ディスカッション [カ]〈discussion〉名 自サ 話しあい。討論。討議。「パネル—」

ディスク [ディ]〈disk; disc〉名 ❶円盤。❷情報処理・録音・録画などに使われる、円盤形の記憶媒体。磁気ディスク・光ディスクなどがある。「フロッピー—」「コンパクト—」❸レコードやCD。**—ジョッキー** [ジョ]〈disk jockey〉名 音楽のあいだに、話し手の解説やおしゃべりを入れる形式のラジオ番組。また、その担当者。ディージェー。

ディスクール [ク]〈ᵋdiscours〉名 ことばによる、ひとまとまりの表現。談話。言説。ディスコース。

ディスクロージャー [ロ]〈disclosure〉名 企業が投資家や取引先に対して経営成績・財政状態などの内容を公開すること。企業内容開示。

ディスコ [ディ]〈disco〉名 〔ᵋdiscothèque から〕リズムを強調した音楽をかけて踊るダンスホール。ディスコティーク。ディスコティック。

ディスコース [コ]〈discourse〉名 ディスクール。

テイスティング ⓪〈tasting〉=**テースティング** 名 他サ 試飲。試食。「ワインの—」

テイスト [テ]〈taste〉=**テースト** 名 ❶味。味わい。❷趣味。好み。「アジアン—」

ディスプレー [ディ][レ]〈display〉名 ❶美術作品・商品などの陳列。展示。飾りつけ。❷コンピューターやテレビなどの、文字・画像・映像を表示する装置。モニター。

ディスポーザー [ポ]〈disposer〉名 生ごみなどを下水にながすために粉砕する電気器具。

てい・する [ス]【呈する】他サ シ・セ・サ｜シ｜スル｜スル｜スレ｜シロ・セヨ 〔「呈す(五段活用)」とも〕❶さしあげる。「自作の品を—」❷あらわす。示す。「よろこびの色を—」**てい・す** 文語サ変

てい・する [ス]【訂する】他サ シ・セ・サ｜シ｜スル｜スル｜スレ｜シロ・セヨ [文章語] 誤りをなおす。ただす。**てい・す** 文語サ変

てい・する [ス]【×挺する】他サ シ・セ・サ｜シ｜スル｜スル｜スレ｜シロ・セヨ すすんで自分をさしだす。先んじて進む。「国難に身を—」**てい・す** 文語サ変

ディスレクシア [レ]〈dyslexia〉名 学習障害の一つ。知的発達の遅れや視覚障害などはないが、文字や文章を読んだり書いたりすることが困難である障害。読字障害。失読症。

ていせい ⓪【低声】名 ひくいこえ。こごえ。↕高声。

ていせい ⓪【定性】名 物質を構成する成分の組み合わ

て

せにより決まる、その物質の性質。**—分析** テ 名 物質の成分がどのような種類のものかをしらべる化学分析。↕定量分析。

てい-せい 0【帝政】名 帝王が国をおさめる政治。

てい-せい 0【訂正】名 他サ 誤りの箇所をただすこと。

てい-せつ 0【定説】名 識者にひろくみとめられ、確定している説。定論。

てい-せつ 0【貞節】名 形動 夫婦や愛し合っている男女が、他の異性と性的な関係をもたないこと。「—を守る」⇩貞操 参考。

てい-せん テ【×汀線】名 文章語 海面・湖面とその岸とが接する線。なぎさの線。

てい-せん 0【停船】名 自サ 船の進行がとまること、また、とめること。「—命令」

てい-せん 0【停戦】名 自サ 交戦中、戦闘行為を一時やめること。「—期間」

てい-ぜん 0【庭前】名 文章語 にわさき。にわのまえ。

てい-そ テ【定礎】名 建物の土台石をきちんとさだめること。工事にとりかかること。「—式」

てい-そ テ【提訴】名 自サ ❶あらそいやもめごとをさばいてくれるように、裁判所や労働委員会などにうったえること。❷訴訟をおこすこと。↕応訴。

てい-そう 0【低層】名 ↕高層。❶空のひくいところ。「—雲」❷重なりが少なくひくいこと。また、建物がひくいこと。「—ビル」

てい-そう 0【貞操】名 性の純潔をたもつこと。「—堅固」 参考「貞淑・貞節・貞操」などは、元は女性について言うことが多かった。

てい-そう 0【逓送】名 他サ 文章語 順々におくること。

てい-ぞう 0【逓増】名 自サ 文章語 しだいにふえること。漸増。累増。「都市人口の—」↕逓減。

てい-そく 0【定則】名 一定の規則。規定。

てい-ぞく 0【低俗】名 形動(の) 低級で下品なこと。「—な趣味」 **低俗さ** 名

ていそく-すう ク【定足数】名 会議の成立に必要な、最小限の人数。

てい-たい 0【停滞】名 自サ ❶つかえて、たまること。「流れが—する」❷ことのはかどらないこと。「作業が—する」 **—前線** ゼ 名 ほとんど同じところにとどまっている前線。梅雨前線など。

て-いた・い タ【手痛い】形 カロ・カッ・ク イ・イ・ケレ・〇 はげしい。てひどい。「—打撃をうける」 **手痛さ** 名 **ていた・し** 文語ク

てい-だい 0【帝大】名 もとの、「帝国大学」の略。

てい-たく 0【邸宅】名 やしき。すまい。邸。

てい-たらく タ【体たらく】【▲為▲体】名 人のようす・ありさま。ざま。「さんざんの—」 参考 ふつう「よくない」「みじめな」の意味をふくめて使う。

てい-だん 0【×鼎談】名 自サ 三人ではなしあうこと。↕対談。 参考 鼎は足が三本あるところから。

でい-たん 0【泥炭】名 粘土状の石炭。生成年代がもっとも新しく、発熱量が低い。

てい-ち 0【低地】名 ひくい土地。↕高地。

てい-ち 0【定置】名 他サ 一定の場所に置くこと。 **—網** チ 名 一定の場所にしかけておいて魚をとるあみ。建網。

てい-ちゃく 0【定着】一 名 自サ ある一定の物事・場所に、とどまり落ちつくこと。「日本語として—した外来語」 二 名 写真で、現像した画像を安定させるための処理をして、感光性をなくすこと。「—液」

でい-ちゅう 0【泥中】名 どろのなか。 **—の×蓮** けがれた環境にありながら、清らかさを保っていることのたとえ。

てい-ちょう テ【艇長】名 ボートなど、小型の船のかしら。

てい-ちょう 0【低調】名 形動(の) ダロ・ダッ・デ・ニ ダ・ナ・ナラ・〇 ❶調子が出ないようす。物事がさかんでないようす。「貿易高は—だ」❷意気があがらないようす。もりあがりのないようす。「—な試合」「—な客の出足」

てい-ちょう 0【丁重】【×鄭重】形動 ❶礼儀正しく、ていねいなようす。「—なあいさつ」❷注意ぶかいようす。だいじにするようす。「—にあつかう」↕粗略。 **—語** 0 名 敬語の一種。謙譲語のうち、自分の行為やものを聞き手・読み手に対してかしこまって述べるもの。「行く」を「参る」、「いる」を「おる」、「会社」を「小社」という類。⇩**(付)敬語の種類と使い方**

ティッシュ ティ〈tissue〉名 ティッシュペーパー。ティシュー。 **—ペーパー** ペ〈tissue paper〉名 うすでやわらかい、上質のちり紙。化粧用紙。

て-いっぱい イ【手一杯】名 形動 その仕事だけで手がふさがり、ゆとりがないこと。「—の仕事」

てい-てい 0【亭亭】と副 たる連体 文章語 木などが高くそびえ立つようす。「—たる老樹」

ディテール テ〈detail〉名 ❶細かいところ。細部。「—におよんで説明する」❷美術で、部分・部分画。

てい-てつ 0【×蹄鉄】名 馬のひづめの下にうちつけるU字形の鉄。

てい-てん テ【定点】名 きまった点・地点。 **—観測** カ 名 あるきまった地点で環境の状態などを観測すること。

てい-でん 0【停電】名 自サ 送電がとまること。そのため電灯が消えること。「大雪で—する」

てい-と テ【帝都】名 帝国の首府。皇居のある都。

てい-ど テ【程度】名 ❶ほどあい。度合い。「こんな—の大きさ」❷水準。レベル。 **—問題** モ 名 ほどほどにするべきだということ。「時間を惜しむといっても—だ」

でい-ど テ【泥土】名 文章語 水にとけた土。どろつち。

てい-とう 0【低糖】名 食品に含まれる糖分がすくないこと。「—コーヒー」

てい-とう 0【抵当】名 ❶借金などの保証にあてる権利や財産。かた。担保。「—に入れる」❷しちぐさ。 **—権** ト 名 債務の担保となっている財産や権利から、ある債権者が、他の債権者に先だって弁済を受ける権利。 **—流れ** ナ 名 金銭などの返済がないため、抵当にはいっていたものが債権者の所有物となること。また、そのもの。

てい-とう 0【低頭】名 自サ 文章語 ❶うなだれること。頭をたれること。❷頭をひくく下げて、おじぎをすること。「平身—する」

てい-とく 0【提督】名 艦隊の司令官。海軍の将官。

てい-とん 0【停頓】名 自サ 「停」も「頓」もとまるの意 一時、いきづまって、はかどらないこと。「事業が—する」

ディナー ディ〈dinner〉名 ❶一日のうちの、おもな食事。ふつう夕食をいう。❷晩餐会。 **—ショー** ナ〈dinner show〉名 (和製英語)ディナーを食べながらコンサートなどを楽しむ催し。

てい-ない テ【邸内】名 やしきのうち。↕邸外。

てい-ない テ【庭内】名 にわの中。

てい-ねい テ【丁寧】【×叮×嚀】名 形動 ❶ゆきとどいて礼儀ただしいこと。丁重。「—な人」❷注意深く、たいせつにあつかうこと。「—にもてなす」 **—語** 0 名 敬語の一種。事がらをあらたまって述べて、話の相手や文章の読み手に直接に敬意をあらわすことば。「行きます」「そうです」の「ます・です」など。↕尊敬語・謙譲語・美化語。⇩**(付)**

敬語の種類と使い方

でい-ねい◎【泥×濘】名〔文章語〕ぬかるみ。

てい-ねん◎【丁年】名 ❶成年。一人前になった年齢。二十歳。❷満二十歳以上の若い男子。

てい-ねん◎【定年・停年】名 退官・退職することにきめられた年齢。参考 法令などでは、「定年」と書く。**─制**せい◎名 定年をきめて退官・退職させるきまり。

てい-ねん◎【諦念】名〔文章語〕❶あきらめの気持ち。❷道理を明らかにし、さとりをひらいた気持ち。

てい-のう◎【低能】名 形動(の) 知能の発育程度が、ふつうより劣っていること。また、その人。参考「低脳」と書くのはあやまり。

てい-はく◎【停泊】【×碇泊】名 自サ 船が、いかりをおろしてとまること。「湾内に─する」

てい-はつ◎【×剃髪】名 自サ 頭髪をそること。頭髪をそって仏門にはいること。落飾らくしょく。

デイ-パックパ〈day pack〉=**デーパック** 名 ハイキングなどに用いる小型のリュックサック。

てい-ばん◎【定番】名 (「番」は「品番ひんばん(商品番号)」の意)流行にかかわりなく、いつでもよく売れる商品。

でいばん-がんパ【泥板岩】名 水成岩の一つ。どろが層をなしてかたまった岩石。頁岩けつがん。

ティピカルティ〈typical〉形動 ダロ・ダッ・デ・ニ ダナ・ナラ｜◎ 典型的。代表的。「─な例」

てい-ひょう◎【定評】名 世間一般にひろくみとめられて、動くことのない評判。「─のある絵」

てい-ふテ【貞婦】名 みさおのただしい女性。貞女。節婦。

ディフェンス◎〈defence〉名 防御。守備。

ディフェンダー◎〈defender〉名 サッカーでゴールキーパーの前に位置して、守備を中心に行う選手。DF。バックス。

ディベートベ〈debate〉名 自サ ある問題について、賛成と反対の立場に分かれ、発言時間などの条件を同じにして意見をたたかわすこと。討論。議論。

ディベ(ヴェ)ルティメントベ〈イ divertimento〉名 小編成の器楽による室内楽用の組曲。嬉遊曲きゆうきょく。

てい-へんテ【底辺】名 ❶三角形の頂点に対する辺。❷社会・集団などの最下層。「社会の─」

てい-ぼう◎【堤防】名 氾濫した河川の水や高潮などの海水の侵入を防ぐために水面よりも高く築いた、コンクリートや土砂の構築物。

てい-ぼく◎【低木】名 高さの、ひくい木。ふつう、高さが三メートル以下のもの。灌木かんぼくの新しいよび名。やつで・なんてんなど。↕高木こうぼく。**─帯**たい◎名 高山の草本帯と針葉高木帯との間で、低木のはえている地域。灌木帯。

てい-ほん◎【定本】名 古典の異本を比較・校訂した、標準となるべき本。↕異本。

てい-ほん◎【底本】名 翻訳・校訂などのよりどころとする本。そこほん。

てい-まい◎【弟妹】名〔文章語〕おとうとといもうと。年下のきょうだい。↕兄姉けいし。

てい-めい◎【低迷】名 自サ ❶雲などがひくいところをさまようようす。「暗雲が─している」❷のびなやんで、上位に出られないこと。「景気の─」「前頭まえがしら下位を─する力士」

てい-めんテメ【底面】名 多面体の底。角柱・円すい・角すいなどの底の面。

ディメンションメ〈dimension〉名 次元。

てい-やく◎【定訳】名 他の手本となるような標準的な翻訳。

てい-やく◎【締約】名 自サ〔文章語〕条約をむすぶこと。また、その条約。「─国」

てい-よう◎【提要】名〔文章語〕事がらの要点を述べたもの。また、そういう書物。「生物学─」

てい-よくヨ【体よく】副 ていさいよく。「─ことわられた」

てい-らく◎【低落】名 自サ 物価・評判などがさがること。↕高騰こうとう。

て-いらずイ【手入らず】名 ❶てま・世話がかからないこと。「─の子」❷一度も使っていないこと。手つかず。❸一度も手入れをしていないこと。

ティラノサウルスサ〈ラ Tyrannosaurus〉名 白亜紀後期に北アメリカに生息した巨大な肉食恐竜。暴君竜。

ティラミスティ〈イ tiramisù〉名 コーヒーやリキュールをしみこませたスポンジケーキとチーズの入ったクリームを交互に重ね、表面にココアをふりかけた菓子。

てい-りテ【低利】名 やすい利子。ひくい利率。↕高利。

てい-りテ【廷吏】名 法廷の雑務をする職員。

てい-りテ【定理】名 公理や定義によって証明され、確立された一定の命題。

で-いり◎テ【出入り】㊀名 自サ ❶出たりはいったり。出はいり。❷その家にしたしく出はいりし、仕事をさせてもらっていること。「─のクリーニング店」㊁名 ❶支出と収入。出納すいとう。❷つき出たり入りこんだりしていること。「─の多い海岸線」❸もめごと。もんちゃく。「けんか─がたえない」**─口**ぐちリ名 出たりはいったりする所。**─筋**すじリ名 おとくいの家。とくいすじ。**─場**ば◎名 やくざのけんか場。

デイリー〈daily〉=**デーリー** 造 毎日の。日常の。また、日刊。「─ニュース」「─フーズ」

てい-りつ◎【低率】名 ひくい割合。↕高率。

てい-りつ◎【定律】名 はっきりとしたきまり。さだめ。

てい-りつ◎【定率】名 一定の割合。

てい-りつ◎【定立】名 自サ 考え始めるときに最初の命題をたてること。また、その命題。テーゼ。↕反定立。

てい-りつ◎【×鼎立】名 自サ かなえの三本の足のように、同じくらいの力をもつ三者がたがいに対立すること。

てい-りゅう◎【底流】名 ❶底のほうのながれ。❷おもてにあらわれないで、裏に動いている勢力。「政界の─」

てい-りゅう◎【停留】名 自他サ とまること。とどめること。**─所**じょ◎名 客が乗りおりするために、バスなどがとまる一定の場所。

でい-りゅう◎【泥流】名 多量の水をふくみ、川のように流れる土や石くれ。特に、火山の爆発によるもの。

てい-りょう◎【定量】名 決められた分量。一定の分量。**─分析**ぶんせきテ名 物質の成分の量を数値としてとらえる化学分析。↕定性分析。

ディルディ〈dill〉名 セリ科の一年草。葉・茎・種子を香辛料として用いる。

てい-るい◎【×涕涙】名〔文章語〕(「涕」も「涙」もなみだの意)ながれる涙。

て-いれレテ【手入れ】名 ❶手を加えてきれいにしたり、調子をととのえたりすること。つくろうこと。「顔の─」「文章の─」❷作物などの世話をすること。❸犯罪調査・犯人検挙などのために、住居や現場にふみこむこと。

てい-れい◎【定例】名 ❶会合などが定期的にもよおされること。「─の会」↕臨時。❷きまり。しきたり。

ディレクターレ◎〈director〉名 ❶テレビ番組・映画などの監督。プロデューサーと異なり、もっぱら制作現場での指揮を担当する。❷楽団の指揮者。コンダクター。❸

支配人。取締役。

ディレクトリ（ー）［レ］［0］〈directory〉［名］（「住所氏名録」の意）コンピューターで、複数のファイルをまとめて収納する保存場所。

ていれつ［0］【貞烈】［名］［形動］〔文章語〕みさおがきわめてかたく、正しいこと。

ていれつ［0］【低劣】［名］［形動(の)］能力・内容・性質・趣味の程度がひくく、おとっていること。↕優秀・高尚。

ディレッタント［レ］〈dilettante〉［名］学問・芸術などを、趣味とする人。好事家。ジレッタント。

ていれん［0］【低廉】［形動］ダロ・ダッ・デ・ニ・ダナ・ナラ・〇〔文章語〕値段が安いようす。「―な価格」

ディレンマ［レ］〈dilemma〉［名］↓ジレンマ。

ていろん［0］【定論】［名］人々にひろくみとめられていて、もはや動かない議論。定説。

ディンクス［ディ］〈DINKS〉［名］〈double income,no kids から〉子どものいない共働きの夫婦。↕デュークス。

ティンパニ（ー）［ティ］〈ᴵtimpani〉［名］打楽器の一つ。半球形の大きな太鼓。

ティンパニー

でう［条］［名］〔古語〕↓じょう。

てうえ［エ］【手植え】［名］その人の手で植えること。また、その草木。「お―の松」

てうす［0］【手薄】［名］［形動］❶人手が少ないこと。「警備が―だ」❷手持ちの品物や金銭がじゅうぶんでないこと。

てうず【調ず】［他サ］〔古語〕↓ちょうず。

デウス［デ］〈ᴾDeus〉［名］〔キリシタンの用語〕キリスト教の神。天帝。上帝。

てうち［チ］【手打（ち）】［名］［他サ］❶うどん・そばなどを手でこねたり、のしたりして作ること。特に、他にたのまずに、自分のうちで作ったものをいうことが多い。❷約束や、仲なおりの成立のとき、手を打ちならすこと。また、成立そのもの。「―式」❸テニスやゴルフなどで、手先や腕力だけで打つこと。

てうち［チ］【手討（ち）】［名］武士が、家臣や町人を自分で切り殺すこと。

デー〈day〉［造］❶日。ひるま。「―タイム」❸特別なことのある一日。「ファン感謝―」「バレンタイン―」⇩デイ 参考。

テーク［テ］〈take〉［造名］↓テイク。

デーケア［ケ］〈day care〉［名］↓デイケア。

デーゲーム［ゲ］〈day game〉［名］↓デイゲーム。

デーサービス［サ］〈day service〉［名］↓デイサービス。

デージー［デ］〈daisy〉［名］ひなぎく。（春）

テースティング［0］〈tasting〉［名］↓テイスティング。

テースト［テ］〈taste〉［名］↓テイスト。

テーゼ［テ］〈ᴰThese〉［名］❶最初の命題。定立。↕アンチテーゼ。❷政治的・社会的運動の根本方針。また、それを示す綱領。

データ［デ］［0］〈data〉［名］❶推論の基礎となる事実や数値などの材料。資料。❷コンピューターで処理できるように記号化した文書・画像・音声などの情報。**―通信**［ツ］［名］コンピューターに蓄えた情報を電話回線などを使って送るシステム。**―バンク**［バ］〈data bank〉［名］データベースを外部の利用者にサービスする機関。**―ベース**［ベ］〈database〉［名］コンピューターに蓄えたデータを体系化し、種々の用途に役立てるようにしたもの。

デート［デ］〈date〉㊀［名］日付。年代。㊁［名］［自サ］男女が約束して会うこと。ランデブー。

デーパック［パ］〈day pack〉［名］↓デイパック。

テーピング［0］〈taping〉［名］運動する人が、障害予防または応急処置の目的で、関節・筋肉・靭帯などにテープを巻いて、固定すること。

テープ［テ］〈tape〉［名］❶幅のせまい長い布、または紙。❷巻き尺。❸競走の決勝点に張る細長い紙片。❹録音・録画用の磁気テープ。特に、録音テープ。**―起こし**［オ］［名］テープなどに録音した音声を、文字に置き換えること。**―カット**［カ］〈tape cut〉［名］〔和製英語〕鉄道の開通や催し物の開会を祝って、来賓や代表が張りわたしたテープをはさみで切る儀式。**―デッキ**［デ］〈tape deck〉［名］音響用磁気テープの再生・録音装置。増幅装置やスピーカーに接続して用いる。**―レコーダー**［コ］〈tape recorder〉［名］磁気テープに録音し、その残留磁気を利用して音を再生する機器。

テーブル［0］〈table〉［名］❶つくえ。卓。食卓。❷表。目録。**―クロ（ー）ス**［ク］〈tablecloth〉［名］テーブルにかける布。**―スピーチ**［ピ］〈table speech〉［名］〔和製英語〕宴会などで、自分の席でおこなう、みじかいあいさつ・演説。**―センター**［セ］〈table center〉［名］〔和製英語〕テーブルのまん中に飾りとして敷く布。**―タップ**［タ］〈table tap〉［名］〔和製英語〕コードの先端にプラグの差し込み口がついた器具。電源タップ。**―チャージ**［チャ］〈table charge〉［名］〔和製英語〕レストラン・バーなどで、飲食代とは別に請求される席料。参考 英語ではカバーチャージ。**―マナー**［マ］〈table manners〉［名］西洋式の食事の作法。

テーベー［ベ］〈TB〉［名］〈ᴰTuberkulose から〉肺結核。

テーマ［テ］〈ᴰThema〉［名］❶根本思想。主題。題目。❷楽曲の主題。主旋律。**―音楽**［オ］［名］〈「テーマミュージック」は和製洋語〉❶ラジオ・テレビ番組のはじめや終わりに演奏される音楽。❷映画・放送などで、その作品の主題を表現する音楽。**―小説**［ショ］［名］一つの主題を追究することを主眼とする小説。**―ソング**［ソ］［名］〔和製洋語〕❶放送番組・映画などの主題歌。❷テーマ音楽で歌詞のあるもの。**―パーク**［パ］［名］〔和製洋語〕一つのテーマのもとに建物・施設・演出などが統一されたレジャー施設。

デーモン［デ］〈demon〉＝**デモン**［名］悪魔。鬼神。

テーラー［テ］〈tailor〉［名］紳士服の仕立屋。洋服屋。

デーリー［デ］〈daily〉［名］↓デイリー。

テール［テ］〈tael〉【ᵗ両】［名］中国の旧式銀貨および重さの単位である「両」の英語名。

テール［テ］〈tail〉［名］〈動物の尾の意〉はし。末端。**―エンド**［エ］〈tail end〉［名］スポーツで、最下位。どんじり。「―に転落した」**―ライト**［ラ］〈taillight〉［名］テールランプ。**―ランプ**［ラ］〈tail lamp〉［名］列車・自動車などの後尾についている赤いランプ。尾灯。テールライト。↕ヘッドライト。

ておい［0］【手負（い）】［名］傷を受けること。傷を受けた人やけもの。「―の虎」

デオキシリボかくさん［カ］【デオキシリボ核酸】［名］細胞の中にある、生物の遺伝子の本体となる高分子の化合物質。DNA。

ておくれ［オ］【手遅(後)れ】［名］処置や手当てなどがおくれて、回復や実現の見込みがないこと。

でおくれる［0］［レ］【出遅れる】［自下一］レレ・レル・レレ・レロ* ❶出かけるのがおくれる。❷動き出すのがおくれる。「受験準備が出遅れた」**出遅れ**［名］**でおく・る**〔文語下二〕

ておけ［0］【手おけ】【手×桶】［名］とってのついたおけ。

ておし［0］【手押し】［名］人間の手で押し動かすこと。「―ポンプ」

手おけ

て-おち テ【手落ち】名 やりかたや手続きに欠陥があること。てぬかり。おちど。「警備の—」

デオドラント 才〈deodorant〉名 体臭などの悪臭を防ぐために化粧品などに含まれる成分。また、防臭剤。

て-おどり オ【手踊(り)】名 ❶すわったままで、手ぶりだけでおどること。❷歌舞伎(かぶき)の所作事(しょさごと)で、手に何ももたないでするおどり。❸盆おどりなど、大ぜいそろって同じ手ぶりでするおどり。

て-おの 0【手おの】【手×斧】名 木材をあらけずりする道具。ちょうな。

て-おり 0【手織(り)】名 人手で織ること。また、その織物。↕機械織り。

ておる【手折る】「たおる」のあやまり。

デカ〈フ déca〉造 国際単位系における接頭語の一つで、十倍にあたることをあらわす。記号は「da」。⇩国際単位系(表)。

でか テ 名 俗語 刑事。

て-がい 0【手飼い】名 自分で飼うこと。自分が飼っているもの。「—の犬」

でか・い カ 形 おおきい。でっかい。「—カバンだね」↕ちっちゃい。参考 以前は男性が使うことが多かったが、現在では若い女性でも使う。ただし、俗語的。

で-がいちょう ガ【出開帳】名 寺から他の所に出張し、信者に秘仏・本尊を拝ませること。春 ↕居開帳(いがいちょう)。

て-かがみ カ【手かがみ】【手▲鑑】名 昔の人の書いた字の代表的なものを集めてはりつけた折り本。

て-かがみ カ【手鏡】名 柄(え)のついた小さい鏡。

て-がかり ガ【手懸(掛)(か)り】名 ❶手をかけるところ。「—のない絶壁」❷問題や事件を解決するきっかけ。「捜査の—がつかめない」

て-かき キ【手書き】名 (「てがき」と読めば別語) 能書家。能筆家。

て-かぎ 0/テ【手かぎ】【手×鉤】名 荷物や大きな魚などを動かしたり、運んだりするのに使う、柄(え)のついたかぎ。

て-がき 0【手書(き)】名 (「てかき」と読めば別語) 印刷でなく、実際に手で書くこと。また、手で書いたもの。

デカ-グラム 才〈フ décagramme〉名 一〇グラム。

て-かけ ケ【×妾】名 めかけ。

で-がけ 0【出がけ】名 出かけようとするとき。出しな。「—に客が来る」

て-が・ける ケ【手掛ける】他下一 ❶自分が直接その事をあつかう。「手掛けた仕事」❷世話をする。「長年手掛けた部下」てが・く 文語下二

で-か・ける 0【出掛ける】自下一 ❶家から出ていく。外出する。❷出ようとする。「ちょうど—ところだ」

て-かげん カ【手加減】名 自サ ❶適度に調節すること。あんばいすること。「子ども向きに—する」❷調子をややゆるめること。てごころ。「—を加える」❸物の重さ・分量などを、手に取ったぐあいではかること。

て-かご テ【手籠】名 手にさげて持つ、小さなかご。

でかし-た 連語 (「でかす」の連用形と助動詞「た」)「よくやった」の、感動的な言い方。

て-かず テ【手数】名 手間。手すう。「—がかかる」

でか・す カ【出▲来す】他五 俗語 ❶望ましくない結果をもたらす。「困ったことをでかした」❷よい状態を実現する。「予想外の成績を—」

て-かせ テ【手かせ】【手▲械・手×桎】名 手の自由がきかないようにする刑具。手錠(てじょう)。↕足かせ。⇩かせ(図)。

で-かせぎ 0【出稼ぎ】名 他の土地に行って働くこと。

て-がた 0【手形】名 ❶てのひらに、墨を塗って物におした形。❷昔、印鑑のかわりに、証拠として文書におした手の形。❸かわせ手形・約束手形・小切手などの有価証券。❹江戸時代、庶民が関所を通過するときにみせた身分証明書。関所手形。**—割引**(わりびき) ワ 名 手形を、支払い期日前に現金にするとき、銀行などがその額面金額から、支払い期日までの利子や手数料をさしひいた金額で、手形を買いうけること。

で-かた 0【出方】名 ❶タ/カ やりかた。態度。でよう。「相手の—をみる」❷0 芝居小屋・相撲茶屋などで客を案内する人。

て-がた・い タ【手堅い】形 ❶たしかで、あぶなげがない。「—やりかた」❷相場が、下落しそうにない。**手堅さ** 名 **てがた・し** 文語ク

て-がたな ガ【手刀】名 ❶指をのばしそろえて、てのひらのわきで刀のように打つこと。❷相撲で、勝ち力士が懸賞などを受けるとき、手刀の動作をする作法。「—を切る」

で-がたり 0【出語り】名 歌舞伎(かぶき)で、浄瑠璃(じょうるり)の太夫(たゆう)と三味線(しゃみせん)弾きが舞台に姿を見せて演じること。

デカダン 0/カ〈フ décadent〉名 ❶退廃的な芸術家。❷官能のおもむくままに、退廃的な生活をする人のこと。

デカダンス テ/カ〈フ décadence〉名 ❶一九世紀末のフランスを中心に起こった芸術上の傾向。病的な感受性を重んじ、退廃的・耽美(たんび)的・芸術至上的な傾向を取ったもの。❷非社会的で、退廃的な生活におぼれること。

てか-てか テ1 (と)副 自サ 油のついたものなどが光るようす。「汗で—した顔」

でか-でか デ2 (と)副 大きく目立つようす。「—と書き立てる」

て-がみ 0【手紙】名 用件などを書いて人に送る文書。書状。書面。書簡。

デカ-メートル 又〈フ décamètre〉名 一〇メートル。

て-がら ラ【手がら】【手▲絡】名 女性が丸まげなどのねもとにかける、飾りのきれ。

て-がら ラ【手柄】【▲功】名 いさお。功績。「—をたてる」**—顔**(がお) 0 名 てがらを自慢する顔つき。「—に報告する」

で-がらし 0【出がらし】【出×涸し】名 お茶などの、何度か湯を入れて飲んだあとの味のわるくなったもの。

デカ-リットル リ〈フ décalitre〉名 一〇リットル。

てか・る カ 自五 俗語 てかてかと光る。「肌が—」

てかり 名

て-がる 0【手軽】形動 手数がかからなくて、たやすくできるようす。簡便。「—に作れる料理」

て-がる・い 0/ル【手軽い】形 手数がかからない。たやすい。「—やり方」**手軽さ** 名 **てがる・し** 文語ク

デカンタ 0/カ〈decanter〉名 ワインやコーヒーを入れる食卓用のガラスびん。デキャンタ。

てき【×狄】造 えびす。北方の異民族。野蛮な人。「夷狄(いてき)・北狄」

てき【的】一 造 ❶まと。めあて。「的中・標的・目的」❷たしか。まさに。「的確」二 接尾 ❶…の性質をもっている。…の状態である。「動的・病的・一時的・合理的・本質的」「慢性—赤字経営」❷…のような。…に似ている。「劇的・家庭的・カリスマ的」「記念碑—な作品」「やみ討ち—増税」❸…についての。…の方面での。…における。「公的・物的・法的・教育的・大衆的・社会的」「理論—モデル」❹…という。…式の。「売らんかな—発想」「バスに乗り遅れたくない—行動」

てき【笛】造 ふえ。「汽笛・警笛・号笛・霧笛・魔笛」

てき【摘】造 ❶つむ。「摘果・摘芽・摘心」❷とり出す。ぬ

き出す。「摘記・摘出・摘発・摘要」❸つまみ出す。「指摘」

てき【滴】㊀造 しずく。したたる。「水滴・点滴」㊁接尾 したたる数をかぞえる語。「目薬を二、三―」

てき【適】造 ❶かなう。あてはまる。「適応・適合・適性・適当・快適・自適」❷ほどよい。ふさわしい。「適温・適度・適量」 **適する** 自サ

てき【×擢】造 ぬきんでる。「抜擢」

てき【×擲】造 なげうつ。なげとばす。「擲弾筒・投擲・放擲」[別音ちゃく|擲]

てき【敵】㊀0 名 造 ❶うらみをいだく相手・もの。あだ。かたき。「敵意・敵視・強敵・宿敵」❷たたかいをまじえる相手。あらそう相手。「―を攻める」「敵軍・敵国」㊁造 相手になる。てむかう。「敵対・敵愾心・匹敵・無敵」 **敵する** 自サ **―に塩を送る** 争っている相手が困っているときに弱みにつけ込まずその苦境から助ける。参考 上杉謙信が塩不足で苦しむ敵将の武田信玄に塩を送ったという逸話から。 **―は本能寺にあり** 目ざすものは、表面にかかげたものではなくて、実は別のことだということ。参考 明智光秀が、中国地方に出陣するとみせかけて京都の本能寺の織田信長をおそったことから。

テキ テ 名 「ビーフステーキ」の略。

て-き 連語 古語 〔完了の助動詞「つ」の連用形と過去回想の助動詞「き」〕…てしまった。「夢てふものは頼みそめてき(タノミハジメテシマッタコトダ)」〈古今〉

でき【溺】造 ❶おぼれる。「溺死」❷夢中になる。「溺愛・耽溺・惑溺」

でき 0【出来】名 〔「できる」の名詞化〕❶何かをおこなった結果。「―ぐあい」「上―」「不―」「申し分のない―」❷穀物などのみのり。❸学業や技能などの成績。「―のよい子」❹取引所で、売買取引が成立すること。 **―レース** レ 名 前もって勝敗について相談のできている競争。結果のわかっている争いごと。

でき-あい 0【出来合い】名 ❶すでにでき上がっていること。また、そのもの。既成。既製。「―の洋服」↔あつらえ。❷男女の密通。

でき-あい 0【溺愛】名 他サ 前後のみさかいもなく、むやみにかわいがること。ねこかわいがり。「子どもを―する」

でき-あがり 0【出来上がり】名 ❶でき上がること。でき上がったもの。「―の形」❷でき上がったぐあい。できばえ。「みごとな―」

でき-あが・る 0/ガ【出来上がる】自五 ❶しあがる。完成する。❷俗語 いいきげんに酔っている。

でき-あき 0/キ1【出来秋】名 いねのみのった、秋のころ。(秋)

てき-い テ【敵意】名 うらみや憎しみをもって敵対する心。「―をいだく」

テキーラ キ〈ス tequila〉名 〔産地名から〕リュウゼツランを主原料としたメキシコ産の蒸留酒。

でき-う-べくんば【出来得べくんば】 連語 できることなら。「―そうありたい」

でき-うる【出来得る】 連語 〔「できる」と文語的な「うる」の結合した形〕十分に可能である。「君の力ならば―」参考「できる」も「うる」も可能をあらわすので、意味が重なるようにみられるが、強調した言い方として許容される。

てき-えい 0【敵影】名 敵のすがた。

てき-おう 0【適応】名 自サ ❶その場合・境遇などによくあてはまること。「事態に―した処置」❷生物の個体またはその器官の構造やはたらきが、外界の変化に応じて変化すること。順応。 **―症** 0 名 くすりや手術が効果をあらわす病気。 **―障害** ショ 名 ストレスにうまく対応できず、日常生活に支障をきたす、うつ病に似た症状。 **―性** 0 名 外界の刺激・変化に適応する性質・能力。

てき-おん 0【適温】名 ちょうどよい温度。

てき-か 0/テ【摘果】名 くだものの実がなりすぎたとき、よけいな分をつみとること。

てき-か テ【滴下】名 自他サ 文章語 ➡てっか。

てき-が 0/テ【摘芽】名 他サ 作物の、むだな芽をつみとること。

てきがい-しん ガ【敵×愾心】名 敵に対するいきどおりの心。敵をにくみ、たおそうという意気ごみ。「―を燃やす」

てき-かく 0【的確】形動 ぴったりあてはまっているようす。「―な判断」

てき-かく 0【適格】形動(の) その資格にあてはまるようす。「―者」↔欠格。

てき-がた 0【敵方】名 敵のほう。相手方。↔味方。

てき-かん 0【敵艦】名 ➡てっかん。

て-きき キ2【手利き】名 わざのたくみなこと。また、その人。腕きき。

てき-ぎ テ【適宜】副 形動 ❶その場・その時に適して、ほどよいようす。適当。「―な処置」❷めいめい、いいと思うようにすること。随意。「―やってよい」

てき-ぎょう 0【適業】名 その人の才能や性格にぴったりした職業。適職。「―をえらぶ」

でき-ぐあい グ【出来具合】名 ❶できあがったようす。できばえ。「料理の―」❷おこなったことの結果・成績。「試験の―」

てき-ぐん 0【敵軍】名 敵の軍隊・軍勢。↔友軍。

てき-ごう 0【適合】名 自サ ぴったりあてはまること。

てき-こく 0【敵国】名 たがいに戦争をしている相手の国。てっこく。↔与国。

でき-ごころ コ【出来心】名 ついふらふらとおこった悪心。「つい―で盗んでしまった」

でき-ごと キ【出来事】名 世間で起こるいろいろの事。事件。「その日の―を話す」

てき-さい 0【適才】名 ある仕事にぴったりした才能。

てき-ざい 0【適材】名 ある仕事にかなった才能のある人。 **―適所** テ2 名 その人に、適した地位や仕事をあたえること。参考「適才適所」と書くのはあやまり。

てき-さく 0【適作】名 その土地によくあった作物。

テキサス-ヒット ヒ〈Texas hit〉名 〔和製英語〕野球で、内野手と外野手の間にゆるく舞い上がって落ちるヒット。テキサス。ぽてんヒット。参考 アメリカで、テキサスリーグ出身の選手がよく打ったことからという。

てき-さん 0【敵産】名 敵国の資産。

てき-し テ/0【敵視】名 他サ 敵とみなすこと。

てき-じ テ【適時】名 ちょうどよい時。よいチャンス。

でき-し 0【溺死】名 自サ 水におぼれて死ぬこと。水死。

てき-しつ 0【敵失】名 敵の失策。相手のエラー。

てきしゃ-せいぞん テ【適者生存】名 ❶環境にもっとも適した生物が、生きのこる機会をもつこと。❷状況にうまく適応する能力のあるものだけがのこること。

てき-しゅ テ【敵手】名 文章語 ❶敵の手。「―にかかる」❷敵。競争相手。「好―」

てき-しゅう 0【敵襲】名 敵がおそってくること。

てき-しゅつ 0【摘出】名 他サ ❶つまみ出すこと。「要点を―する」❷【×剔出】えぐり出すこと。手術をして、病気におかされた部分をとりのぞくこと。❸問題点をあばき出すこと。「不正を―する」

てき-しょ[テ]【適所】[名] その人にぴったりあてはまった地位や仕事。「適材―」
てき-しょう[0]【敵将】[名] 敵の大将。敵軍の将。
てき-じょう[0]【敵状・敵情】[名] 敵方のようす。
てき-しょく[0]【適職】[名] 適業。
てき-しん[0]【摘心・摘芯】[名] [自サ] 実みや花を大きくするために、芽をつみとること。
てき-じん[0]【敵陣】[名] 敵の陣営。「―に突入する」
てき・す[キ]【適す】[自五] サ・ソ|シ|ス|ス|セ|セ ⬇てきする。
てき-ず[テ]【手傷】［手▲創・手×疵］[名] たたかいで受けた傷。「―を負う」
でき-すぎ[0]【出来過ぎ】[名] [形動] 物事が、予想や期待、または実力以上にうまくいくこと。「小学生にしては―だ」
テキスト[テ]〈text〉＝テクスト [名] ❶本文。原文。❷テキストブック。❸コンピューターで扱う文字列。**―クリティック**[ティ]〈text critique〉[名]〔textual criticism ともいう〕本文批評。**―ファイル**[ファ]〈text file〉[名] コンピューターで、文字データのみを記録したファイル。**―ブック**[ブ]〈textbook〉[名] 教科書。教本。
てき・する[ス]【適する】[自サ] シ・セ・サ|シ|スル|スル|スレ|シロ・セヨ かなう。うまくあう。あてはまる。適す。「能力に―職業」**てき・す** [文語サ変]
てき・する[ス]【敵する】[自サ] シ・セ・サ|シ|スル|スル|スレ|シロ・セヨ ❶てむかう。「わが国に―行為」❷相手としてつりあう。匹敵する。「われわれに―チームはない」**てき・す** [文語サ変]
てき-せい[0]【適性】[名] ある事がらによくあう性質。性質にかなうこと。「教師としての―」**―検査**けんさ[ケ] [名] 個人の才能・性質をあきらかにし、どんな仕事に向いているかを調べるための検査。進学や就職の参考資料。
てき-せい[0]【敵性】[名] 敵とみなしてよいような性質をもっていること。「―国家」「―文学」
てき-せい[0]【適正】[名] [形動] 適切で、ただしいこと。「―価格」
てき-ぜい[0]【敵勢】[名] 敵の軍勢。
てき-せつ[0]【適切】[形動] ダロ・ダッ・デ・ニ|ダ|ナ|ナラ|○ ぴったりあてはまるようす。ちょうどよいようす。「―な表現」
てき-ぜん[0]【敵前】[名] 敵の陣地のまえ。「―上陸」
でき-そこない[0]【出来損(な)い】[名] ❶完全にできあがらなかったもの。❷うまくできなかったもの。「―の彫刻」❸おろかな人や性質のよくない人をののしることば。
でき-そこな・う[ナ]【出来損(な)う】[自五] ワ・オ|イ・ッ|ウ|ウ|エ|エ ❶できあがらなくなる。❷うまくできないで、質のわるいものとしてできる。
でき-た【出来た】[連語] 人として欠点がない。人がらが円満な。「よく―人だ」
てき-たい[0]【敵対】[名] [自サ] 敵として向かうこと。はりあうこと。反抗。抵抗。「―関係」
でき-だか[キ]【出来高】[名] ❶仕事のできあがりの総量。収穫の総高。❷取引所で、売買取引の成立した総株数。**―払**ばら**い**[バ] [名] 労働時間とは無関係に、しあがった分や成果をあげた分に対してのみ、賃金を支払う方式。
でき-たて[0]【出来立て】[名] 品物ができたばかりの状態であること。「―のまんじゅう」
てき-だん[0]【敵弾】[名] 敵のうつ弾丸。
てきだん-とう[0]【×擲弾筒】[名] 手りゅう弾などをうちだすための、筒形の火器。
てき-ち[テ]【適地】[名] ❶適当な土地。❷その作物の生育に適した土地。「―適作」
てき-ち[テ]【敵地】[名] 敵国の土地。敵の勢力範囲内の土地。「―にのりこむ」
てき-ちゅう[0]【敵中】[名]〔文章語〕敵のなか。
てき-ちゅう[0]【的中】[名] [自サ] ❶まとにあたること。❷ぴたりとあたること。「予想が―した」[参考] ❷の意味では、「適中」と書くこともあるが、本来の使い方ではない。
てき-てき[0]【滴滴】[と副] [たる連体]〔文章語〕しずくがしたたりおちるようす。
てき-ど[テ]【適度】[名] [形動(の)] 程度がちょうどよいこと。ほどよいようす。「―な運動」
てき-とう[0]【適当】㊀[自サ] [形動(の)] よくあてはまっていること。㊁[形動(の)] ❶ちょうどよい程度。「好みによって―に加減する」❷いいかげん。「―にしておけ」
てき-にん[0]【適任】[名] [形動] その仕事にぴったりした才能や性格をもつこと。「―者」
でき-ね[キ]【出来値】[名] 市場で取り引きが成立した値段。
てき-はい[0]【敵背】[名]〔文章語〕敵のうしろ。「―を突く」
でき-ばえ[0]/[バ]【出来栄(映)え】[名] よいできぐあい。
てき-ぱき[テ](と)[副] [自サ] はきはきと、すばやいようす。「―と片づける」
てき-はつ[0]【摘発】[名] [他サ] あばきだすこと。「不正を―する」
てき-ひ[テ]【適否】[名] 適しているかいないか。かなっているかどうか。適不適。「―を判断する」
てき-びし・い[シ]【手厳しい】[形] カロ・カッ・ク|イ|イ|ケレ|○ 非常にきびしい。手かげんがない。「―批評」↕手ぬるい。**手厳しさ**[名]
てきび・し [文語シク]
てき-ひょう[0]【適評】[名] 適切な批評。よくかなった批評。
でき-ぶつ[0]【出来物】[名] 才能・人格のすぐれた人。
てき-ふてき[テ]/[フ]【適不適】[名] 適否。
でき-ふでき[テ]/[フ]【出来不出来】[名] ❶できばえのよしあし。「―を左右する」❷できばえにむらがあること。「かれの作品には―がある」
てき-へい[0]【敵兵】[名] 敵の兵士。敵軍の兵。
てき-ほう[0]【適法】[名] [形動] 法規・規則にはずれていないこと。合法。↕違法。
でき-ぼし[キ]【出来星】[名] 急に出世したり、金持ちになったりした人。成りあがり。
でき-ぼつ[0]【溺没】[名] [自サ]〔文章語〕おぼれて水中にしずむこと。
てきほん-しゅぎ[シュ]【敵本主義】[名] 別の目標をかかげて、途中で急に真の目的に向かって行動するやり方。[参考] 明智光秀あけちみつひでが、備中びっちゅうの毛利勢を攻めるといって出陣し、途中で「わが敵は本能寺にあり」と言って織田信長おだのぶながを襲ったことから。
てき-めん[0]【×覿面】[形動] ダロ・ダッ・デ・ニ|ダ|ナ|ナラ|○ 効果や報いが、すぐにあらわれるようす。「天罰―」
でき-もの[モ]/[キ]【出来物】[名] はれもの。ふきでもの。おでき。
てき-や[0]/[キ]【的屋】[名]〔俗語〕盛り場の道ばたなどで、安物を売る商人。やし。
てき-やく[0]【適役】[名] その役にぴったりのこと。その役に適した人。
てき-やく[0]【適訳】[名] 訳が原文にうまく合っていること。また、その訳。
てき-やく[0]【適薬】[名] その病気によくあっているくすり。
てき-よう[0]【摘要】[名] たいせつなところを抜き出したもの。また、その書物。
てき-よう[0]【適用】[名] [他サ] 法律・規則・方法などを物事にあてはめて用いること。「規則を―する」

てきりょう [0]【適量】[名] ちょうどよい分量。

でき・る [キ]【出きる】【出切る】[自五] ラ・ロ・リ・ル・ル・レ・レ 全部出てしまう。出つくす。「案は出きったようだ」

で・きる [キ]【できる・出来る】[自上一] キ・キ・キル・キル・キレ・キレ・キロ・キヨ ❶なかったものが生ずる。新しく作り出される。「子どもが―」「手にまめが―」「急用が―」❷きまった形に仕上がる。完成・完了する。「宿題ができた」「用意が―」❸あることを行う能力がある。「将来は宇宙旅行が―ようになる」「運転が―」❹能力が高い。「―社員」❺人柄がすぐれている。「兄は人物ができている」❻好いたどうしがひそかに結ばれる。「あの二人はできている」❼(サ変動詞の語幹について)…することが可能である。「理解―」「ゆっくり―」❽(動詞の連体形に「ことができる」のついた形で、助動詞的に用いる)可能の意味を表す。「英語を話すことが―」[参考] 古語の動詞「いでく(出づ＋来)」が「何かが姿をあらわす」意味から、生まれる→可能になると変化した。「お届けできる」「ご説明できる」のように、「お(ご)…できる」という形で使うときは、「お(ご)…する」と同じく自分の側のことにしか使えない。相手の行為について「すぐにご使用できます」と言うのはあやまりで、尊敬の言い方としては「ご使用になれます」が普通である。

てき-るい [0]【敵塁】[名][文章語] 敵のとりで。

て-ぎれ [0][レ]【手切れ】[名] たがいの関係を切ってしまうこと。特に、男女の縁を切ること。**―金**(きん) [0][名] 主として男女がこれまでの関係を切るため、相手にわたすかね。

で-ぎれ [0]【出切れ】[名] 裁縫で、たちあまりの布きれ。たちくず。

てき-れい [0]【適例】[名] よくあてはまる例。適当な例。

てき-れい [0]【適齢】[名] あること、特に結婚をするのに、年齢が適当なこと。また、その年齢。「―期」

て-ぎれい [キ]【手ぎれい】【手×綺麗】[形動] ダロ・ダッ・デ・ニ・ダ・ナ・ナラ・○ てぎわのよいようす。できあがりのきれいなようす。

てき-ろく [0]【摘録】[名][他サ][文章語] 要点の記録。摘記。

て-ぎわ [0]【手際】(ぎは) [名] ❶物事を行ううでまえ。てなみ。「細工の―」❷物事のできばえ。「すぐれた―」

で-ぎわ [0]【出際】(ぎは) [名] 出がけ。出しな。

てきん [0]【手金】[名] 手つけ金。「―を打つ」

てく [テ][名][俗語] (「てくてく歩く」から)徒歩。「―で行く」

でく [テ]【▲木▲偶】[名] 木ぼりの人形。

て-ぐし [0]【手×櫛】[名] くしの代用として手を使うこと。

テクシー [テ][名][俗語] (タクシーのごろあわせ)てくてくと歩いていくこと。

てぐす [0]/[テ]【▲天▲蚕▲糸】[名] てぐすさんの幼虫からとった絹でつくった糸。魚つり用。てぐすさん。てんぐす。[参考] 現在のつり糸は、多くナイロン製。

てぐす-さん [ス]【▲天▲蚕▲蚕】[名] ヤママユガ科の昆虫。幼虫は、かえで・くすのきなどの葉をくいあらす。

テクスチャー [テ]〈texture〉＝テクスチュア [名] ❶織物の織り方。また、織り地。生地。❷物の手ざわり。質感。❸コンピューターグラフィックスで、立体感をもたせるための画像。

テクスト [テ]〈text〉[名] ➡テキスト。

て-ぐすね [ク]【手▲薬▲練・手▲薬×煉】[名] (「くすね」は松脂(まつやに)を油で煮て練りまぜたもの。弓の弦などに塗り、補強するのに使う)手にくすねをとること。転じて、じゅうぶんな準備をすること。**―を引**(ひ)**く** じゅうぶん用意をして機会を待つ。てぐすねひく。

て-くせ [セ]【手癖】[名] 手のくせ。**―が悪**(わる)**い** ぬすみをするくせがある。手が長い。

て-くだ [テ]【手管】[名] 人をだますかけひき。「手練―」

て-ぐち [テ]【手口】[名] 犯罪・悪事のやり口。「どろぼうの―」

で-ぐち [テ]【出口】[名] ↕入り口。❶内から外へ出る口。❷液体や気体の出てくる所。「ガスの―」❸困難な状況の解決法。「―が見えた」**―調査**(ちょうさ) [チョ][名] 選挙の投票が終了した直後に当落予想を出すために、投票所の出口で、有権者にだれに投票したかをたずねること。

てく-てく [テ]-(と)[副] せっせと歩いてゆくようす。

テクニカル [ク]〈technical〉[形動] ダロ・ダッ・デ・ニ・ダ・ナ・ナラ・○ 技術に関するようす。技術的。「法律上の―な問題」**―ターム** [タ]〈technical terms〉[名] 術語。専門用語。**―ノックアウト** [ア]〈technical knockout〉[名] ボクシングで、技量がちがいすぎたり、負傷で試合がつづけられなくなったりしたばあい、レフェリーが勝敗をきめること。TKO。

テクニシャン [ニ]〈technician〉[名] 技巧派。技巧家。

テクニック [テ]〈technic; technique〉[名] ❶技術。技巧。❷芸術作品の創作・演奏上の技術・技法。

テクノ〈techno〉[造] 技術の。技術に関する。**―クラート** [ラ]〈technocrat〉[名] 技術者・科学者出身の行政官・管理者。**―ポリス** [ポ]〈technopolis〉[名] 先端技術産業を中心とする地域経済の振興を目的としている都市。高度技術集積都市。

でくの-ぼう [ノ]【でくの坊】【▲木▲偶の坊】[名] ❶無能で役にたたない人。❷人のいいなりになっている人。

テクノロジー [ノ]〈technology〉[名] 科学技術。技術学。

て-くばり [ク]【手配り】[名] 人をそれぞれの方面に配したり、仕事のわりあてをしたりして準備すること。手配(てはい)。

て-くび [テ]【手首】[名] 腕と、てのひらとのつながる所。「―をつかまれる」↕足首。

て-くらがり [ラ]【手暗がり】[名] 光が手でさえぎられて、手もとが暗いこと。

てく・る [ク][自五] ラ・ロ・リ・ッ・ル・ル・レ・レ [俗語] てくてく歩く。

て-ぐるま [ク]【手車】[名] ❶人の手でひく車。❷昔、皇太子・親王・内親王・女御(にょうご)・大臣などが乗ったのりもの。❸ふたりが両手をさしちがえに組んで人をのせる遊び。❹二本の柄(え)のついた、手押しの一輪車。ねこぐるま。

デクレッシェンド [レ]〈イ decrescendo〉[名] 音楽で、しだいに弱く、の意。↕クレッシェンド。

で-くわ・す [0]/[ワ]【出くわす】【出▲会す】(くはす) [自五] サ・ソ・シ・ス・ス・セ・セ 偶然に出あう。「事故に―」

で-げいこ [ゲ]【出稽古】[名] ❶芸事などで、習う人の所へ出張しておしえること。❷相撲で、よその部屋に出向いてけいこをつけてもらうこと。

て-けむ [連語][古語] (完了助動詞「つ」の連用形と過去推量助動詞「けむ」)…てしまったろう。たしかに…ただろう。「沖つ波高く立つ日に逢へりきと都の人(都ニイル妻)は聞きてけむかも」〈万葉〉

て-けり [連語][古語] (完了助動詞「つ」の連用形と過去回想助動詞「けり」)…てしまった。…てしまったことだ。「多くの人、殺してける(殺シテシマッタ)心ぞかし」〈竹取〉

てこ [テ]【×梃子】[名] ある点でささえた棒を利用し、小さい力を大きい力にかえる仕掛け。槓杆(こうかん)。**―でも動**(うご)**かない** ぜったいに動かない。

でこ [テ]【▲凸】[名] ❶つき出ていること・もの。❷つき出たひたい。また、その人。おでこ。

てこ-いれ [0]【てこ入れ】【×梃入れ】[名][自サ] ❶相場の変動、特に下落をくいとめて安定させること。❷弱い立場にあるものに援助をあたえて、活動をさかんにすること。「組合がわに―する」

で-ごうし [ゴ]【出格子】[名] 家の外がわに張り出しているこ

うし窓。

て-ごころ ゴ【手心】名 相手により、扱いをかえること。手加減。**―を加える** 手加減をする。調子をゆるめる。

で-ございます 連語〔断定の助動詞「だ」の連用形「で」に、補助動詞的な「ある」のていねいな言い方の「ございます」がついた形。名詞および名詞に準ずる語句につく〕断定や指定の意味をあらわす。「社長の田中―」「ロビーはあちら―」「あいにく桜は満開ではございません」参考「でございます」は、「でござります」が変化したもので、江戸時代後期には、体言に付く丁寧な言い方として広まった。明治時代以降は、「です」の普及にともない、それよりもかなり改まったていねいな言い方として現在も使用される。⇩ございます。

てこ-ず・る ズ【×梃×摺る】自五 しまつにこまる。もてあます。「親をてこずらせる」

て-ごたえ ゴ【手応え】こたへ 名 ❶打ったり、突いたりしたとき、手につたわってくる感じ。「ホームランの―は忘れられない」❷物・事・人に働きかけたときに感ずる反応。はりあい。「―のない相手」

でこ-ぴん ◎ 名自サ〔俗語〕相手のひたいを指でぴんと強くはじくこと。子どもや若者のしぐさ。

でこ-ぼう ボ【▲凸坊】名〔俗語〕❶頭の大きな子ども。❷いたずらな男の子。

でこ-ぼこ ◎【凸凹】名自サ 物の表面にある高低。おうとつ。「―の道路」「―した岩」参考 サ変動詞として使うときは テ。

でこ-ポン ◎ 名 春先に出回るみかんの一種。へたの部分が突き出ているのが特徴。参考「デコポン」は商標名。

て-ごま ◎【手駒】名 ❶将棋で手もちのこま。もちごま。❷手下。部下。「―が豊富だ」

て-こまい ◎【手古舞】まひ 名 祭礼で、芸者が男装でかなぼうをひきながら、みこしの先ばらいをすること。

て-ごめ ヌ【手込め】【手▲籠め】名 ❶暴力で人の自由をうばい、害を加えること。❷強姦ごうかん。「―にする」

でこ-もの ◎【出庫物】名 倉庫にしまってあったのを出して安く売る商品。「―市いち」

デコラ テ〈Decola〉名〔商標名〕メラミン樹脂を塗った化粧板。家具用。

デコレーション レ〈decoration〉名 装飾。かざり。**―ケーキ** ケ〈decoration cake〉名〔和製英語〕スポンジケーキの上に、クリームなどでかざりをつけた大形の洋菓子。

て-ごろ ◎【手頃】形動(の) ❶大きさ・重さ・構造などが、取りあつかいやすいようす。「―な太さ」「―な実験器具」❷値段・位置・距離などが適当なようす。「―な家」❸力量・才能にふさわしいようす。「―な仕事」

て-ごわ・い ワ【手ごわい】【手▲強い】こはい 形 ❶簡単に負かすことができない。手にあまる。「こんどの相手は―ぞ」❷対処するのに骨がおれる。「―仕事」**手ごわさ** 名 **てごは・し** 文語ク

テコンドー コ【朝×跆▲拳道】名 朝鮮半島で行われる、空手に似た格闘技。防具をつけ、足蹴げりを多く使う。

デザート ザ〈dessert〉名 ❶洋食で、食後に出るコーヒー・菓子・くだものなど。❷デザートコース。**―コース** コ〈dessert course〉名〔和製英語〕正式な洋食で、デザートの出る順番。

て-ざいく ザ【手細工】名 ❶手先でする細工。手工。❷しろうとが、自分でする細工仕事。

デザイナー ザ〈designer〉名 デザインの作成を職業とする人。意匠家。図案家。

デザイン ザ〈design〉名自他サ 意匠。図案。設計。

で-さかり ◎【出盛り】名 人や産物が盛んに出ること。また、そのとき。「人の―」「いちごの―」

て-さき キ【手先】名 ❶手の先。指先。「―の器用な人」❷手下となって、人に使われる者。「悪者の―」

で-さき キ/◎【出先】名 ❶外出・出張している所。外出先。出張先。「―に連絡する」❷出先機関。**―機関**きかん キ2 名 ❶大使館・領事館など、外国に駐在している政府の機関。❷中央の官庁・会社などが地方にもうけた支所・出張所。

て-さぎょう サ【手作業】名 機械、とくにコンピューターを使う作業に対して、手で行う作業。「―に頼る」

て-さぐり サ【手探り】名 ❶見えないところで手先でさぐること。❷方針がはっきり立たず、ようすを見ながら仕事をすすめること。模索。「新事業はまだ―の段階だ」

て-さげ ゲ【手提(げ)】名 手にさげて持つ、かばん・ふくろ・かご・金庫など。

て-さばき サ【手さばき】【手×捌】名 手でさばくこと。また、そのさま。あつかいぶり。「みごとな―」

て-ざわり ザ【手触り】ざはり 名 手でさわったときの感じ。

デシ〈フ déci〉造 国際単位系における接頭語の一つで、十分の一にあたることをあらわす。記号は「d」。⇩国際単位系(表)。

で-し シ【弟子】名 師について教えを受ける人。門弟。門人。**―入**いり ◎ 名 でしとなること。入門。

て-しお ◎/テ【手塩】しほ 名 食膳に用意する少量の塩。**―皿**ざら オ 名 手塩を盛る小皿。おてしょ。**―に掛**かける みずから世話をして大切に育てる。

で-しお ◎【出潮】【出×汐】しほ 名 月の出とともに、満ちてくる潮。さし潮。↕入り潮。

てしが 助〔古語〕〔終助詞。奈良時代は、「てしか」と清音。完了助動詞「つ」の連用形「て」に終助詞「しが」のついたものから〕願望をあらわす。…したいものだ。「あな恋し今も見てしが」〈古今〉

てしが-な 助〔古語〕〔終助詞〕強い願望をあらわす。…したいものだなあ。『いかに、このかぐや姫を得てしがな見てしがな』と」〈竹取〉

デジカメ ◎ 名「デジタルカメラ」の略。

デシグラム グ〈フ décigramme〉名 十分の一グラム。

デジケート ケ〈dedicate〉名他サ ⇩デディケート。

て-しごと シ【手仕事】名 手先でする仕事。

て-した タ【手下】名 部下。配下。「―を使う」

デジタル テ〈digital〉=ディジタル 名 ある連続的な量・程度などを、段階的に区切って、数字で表示すること。現在のコンピューターの大部分はこの方式による。↕アナログ。**―カメラ** カ〈digital camera〉名 レンズがとらえた映像を、デジタル情報として記録する方式のカメラ。そのままテレビに映したりコンピューターで処理したりすることができる。デジカメ。**―庁**ちょう ル 名 内閣に属し、国と地方公共団体が情報の提供・共有などにつき、一貫した技術とシステムを保有することを目的とした行政機関。二〇二一年九月に設立。**―放送**ほうそう ホ 名 デジタル信号を使って情報を送る放送。アナログ放送と比べて高画質・高音質。**―リマスター** マ〈digital remaster〉名 古い映画フィルム・録音テープなどをデジタル化して修復・調整し、新しい原盤とすること。

て-じな テ【手品】名 人々の目をまどわして、ふしぎなことをやって見せる芸能。奇術。てづま。

デシベル テ〈decibel〉名 音圧レベル・振動加速度レベルなどをはかる単位。記号「dB」。

て-じまい ジ【手仕舞】じまひ 名 信用取引や先物取引で、

空売りを買い戻したり、空買いを転売することで決済し、取引関係を解消すること。

て-じめ [メ]【手締め】[名] 物事の成功や決着を祝って、大勢が掛け声とともに拍子を合わせて手をうつこと。

デシメートル [メ]〈フ décimètre〉[名] 十分の一メートル。

て-じゃく [0]【手酌】[名] 自分で酒をついで飲むこと。独酌。「—でやる」

でしゃ-ば・る [バ]【出しゃばる】[自五] ❶無関係なことに口を出したり、手を出したりする。❷他人をおしのけて、表だって物事をしようとする。**出しゃばり** [名]

デ-ジャ-ビュ [ジャ]〈フ déjà vu〉＝**デジャブ** [名] ➡既視感。

て-じゅん [0/テ]【手順】[名] 仕事やとりあつかいの順序。だんどり。「—が狂う」

て-しょう [ショ]【手性】[名] 手先でするわざの才能。手すじ。「—がいい字」

て-じょう [0]【手錠】[名] ❶罪人の手にはめる錠。❷江戸時代、罪人にある期間、手錠をはめた刑罰。

でしょ-う [連語] 〔断定の助動詞「だ」のていねいな言い方「です」の未然形「でしょ」に推量の助動詞「う」がついた形。「だろう」の意味・用法は、ていねいな言い方の「でしょう」でほぼおおわれる〕❶推量。「北日本では雪が相当降った—」❷不確かな推量。「会長は来日する—か」「娘のところの孫は小学生になった—か」⇩だろう。

て-しょく [ク]【手×燭】[名] 柄のついた小さいしょくだい。

て-しょく [0/テ]【手職】[名] 手先でする仕事。

で-しょく [0]【出職】[名] 職人のうち、おもに出かけていって仕事をするもの。大工・左官・屋根職など。↕居職。

デシリットル [リ]〈フ décilitre〉[名] 十分の一リットル。

で-じろ [0]【出城】[名] 本城の外の要所にきずいた城。出丸。

デシン [デ][名] 〔「クレープデシン」〈フ crêpe de Chine の略〉〕うすくて、やわらかい絹織物。上等の婦人服地として用いる。

です [助動] 〔「だ」のていねいな言い方。名詞やそれに準ずる語につく〕❶断定や指定をあらわす。「ここが浅草の雷門—」「その商品は明日発売の予定—」「その話はさっき聞いたばかり—」[参考]「です」の基本的な意味は「だ」と同じだが、使用場面が限られるため、「だ」ほど自由には使えない。「さあ、仕事だ」に対する「さあ、仕事です」は、どこか落ち着かない感じがある。反対に、「毎日よく降りますですねえ」のような言い方をそのまま「…降りますだねえ」とは言いにくい場合もある。❷〔形容詞に付いて〕断定や指定の意をあらわす。「妹のほうが背は高い—」「きのうよりも暖かい—ね」[参考]形容詞に「です」が付いた場合の過去形は「寒いでした」「美しいでした」ではなく、「寒かったです」「美しかったです」となる。また「です」の過去の形「でした」は、名詞につくほか「ます」の否定形「ません」を過去形にする際に「行きませんでした」のように使われる。「です」は、江戸時代末期には文人や芸人など一部の層に使われるだけだったが、明治時代後期になると、用言につく助動詞の「ます」とともに近現代社会の会話に欠くことのできないていねいな表現として広く使用されるようになった。⇩でございます[参考]。

でず-いらず [イ]【出ず入らず】[名][形動] 出入・増減・過不足のないこと。

でず-いり [0]【▲手数入】[名] 相撲で、横綱の土俵入り。

て-すう [ス]【手数】[名] ❶仕事をするための労力。完成までの工程の数。手間。てかず。「—をはぶく」❷めんどうなこと。「どうもお—でした」 **—料** [ス][名] ある仕事をしたのに対して払うかね。口銭。

て-ずから [テ]【手ずから】[副] 自分の手で。「—くださった品」

て-すき [0]【手すき】[手×漉き][名] 紙を手ですくこと。手ですいた紙。

て-すき [0]【手隙】[手透][名][形動(の)] 仕事のひま。手あき。「お—のおりに」

で-すぎ [0]【出過ぎ】[名] でしゃばり。

で-ずき [0]【出好き】[名][形動] 外出するのが好きなこと。また、そのようすやその人。

で-す・ぎる [ギ]【出過ぎる】[自上一] ❶分をこえた、さしでがましい言動をする。でしゃばる。「出過ぎたまねをするな」❷適当な、または、きまった程度をこえて出る。

デスク [デ]〈desk〉[名] ❶事務机。机。❷新聞・雑誌などの編集局で記事の取材・編集をさしずする人。 **—トップ** [ト]〈desk top〉[名] ❶机上。卓上。特に、机上用のパソコン。↕ラップトップ。❷パソコンで、操作用のアイコンやボタンが表示された画面。起動すると最初に立ち上がる。 **—プラン** [プ]〈desk plan〉[名] 机の上で作った、実際的でない計画。机上計画。ペーパープラン。 **—ワーク** [ワ]〈desk work〉[名] 事務や執筆など、机の上でする仕事。

て-すさび [ス]【手すさび】[手▲遊び][名] ちょっとした趣味。手なぐさみ。「老いの—」

て-すじ [テ]【手筋】[名] ❶てのひらにある細い線。❷手先を使う仕事の才能。手性。❸囲碁や将棋で、ある局面を有利に展開するひとつづきの手順。

テスター [テ]〈tester〉[名] ❶検査係。❷電気器具の電流の状態をしらべる小型の計器。

で-ずっぱり [0]【出ずっぱり】[出突張り][名] ❶同じ俳優が、すべての出し物、または出し物のすべての場面に出演すること。❷外出しっぱなしのこと。「今日は—で疲れた」[参考]「でづっぱり」のように「づ」を用いて書いてもよい。

テスト [テ]〈test〉[名][他サ] 検査。試験。実験。 **—ケース** [ケ]〈test case〉[名] ❶判例となるべき訴訟事件。❷今後のために、試験的におこなわれる事がら。試験台。 **—パイロット** [パ]〈test pilot〉[名] あたらしい飛行機の試験飛行をおこなう操縦士。 **—パターン** [タ]〈test pattern〉[名] テレビで、映像のうつりぐあいを試験するために使う模様。

デスペレート [レ]〈desperate〉[形動] 絶望的であるようす。破れかぶれ。「—な状況に陥る」

デス-マスク [マ]〈death mask〉[名] 死者の顔からとった型でつくった仮面。死面。

デス-マッチ [マ]〈death match〉[名] ❶格闘技で、どちらかが完全に倒れて勝負がつくまで戦う試合。❷命をかけた戦い。死闘。

て-すり [リ]【手すり】[手×摺][名] 橋・階段・デッキなどのわきにとりつけた横木。

て-ずり [0/リ]【手刷(り)】[名] ❶動力を使わないで、機械を手で動かして一枚一枚印刷すること。また、その印刷物。❷はけとばれんを使って、一枚一枚木版印刷をすること。また、その印刷物。「—の賀状」

て-ずれ [0]【手擦れ】[名] 手で何べんもさわるために、すれていること。「—のした本」

て-せい [0]【手製】[名] 自分でつくること。また、つくったもの。

て-ぜい [0]【手勢】[名] 手下の軍勢。部下。

て-ぜま [0]【手狭】[名][形動] 場所がせまいこと。「—な家」

で-せん [0]【出銭】[名] 支出するかね。出費。

て-そう [ソ]【手相】[名] てのひらの手すじや肉づきなどのようす。運勢判断の資料とされる。

でぞめ⓪【出初め】名 ❶初めて出ること。特に、新年に初めて出てくること。❷出初め式。**―式**(しき) [図]名 新年に消防士が出そろって、はしご乗り・消火作業などを演じたりする行事。出初め。[新年]

でそろ・う⓪⓪【出そろう】【出×揃う】(そろふ) 自五 (ワ・オ/イ・ッ・ウ/ウ/ウ/エ/エ) 全部のこらずその場に出る。「選手が―」

でだい⓪【手代】名 商店で、番頭とでっちの中間の身分の使用人。

で-だし⓪【出だし】【出出し】名 物ごとのはじまり。すべり出し。「―は好調」

て-だし[テ]【手出し】名 ❶物ごとに関係すること。「相場に―する」❷争いをしかけること。

て-だすけ[ダ]【手助け】名 仕事をたすけること。手つだう人。「―が必要になる」

て-だて[テ]【手立て】名 物ごとをおこなう方法。

で-たて⓪【出立て】名 出てまもないこと。「学校―の人」

でたとこ-しょうぶ[ショ]【出たとこ勝負】名 一貫した方針・計画がなく、その場のなりゆきで適当にきめること。

て-だま⓪【手玉】名 ⇒おてだま。**―に取**(と)**る** 思いどおりにあやつる。思うままにもてあそぶ。

でたらめ⓪名形動 〔「出鱈目」は当て字〕いいかげんな思いつきで、ものを言ったり、おこなったりすること。「―を言う」「―な計画」

デタント[タ]〈ﾌ détente〉名 対立関係にある国と国との間の緊張緩和。

て-だれ[レ]【手だれ】【手▲足・手▲練】名 わざのすぐれていること。また、その人。てきき。てだり。

て-ぢか⓪【手近】名形動(の) ❶手もと。かたわら。❷身近でわかりやすいようす。卑近。「―な例をあげる」

て-ちがい[チ]【手違い】(ちがひ) 名 物ごとの手順がくるうこと。ゆきちがい。「―が生じる」

て-ぢか・い[カ]【手近い】形 (カロ・カッ・ク/イ・イ/ケレ/○) 手もとに近い。近い。**てぢか・し** 文語ク

で-ちが・う[ガ]【出違う】(ちがふ) 自五 (ワ・オ/イ・ッ/ウ/ウ/エ/エ) ❶いれちがいに出る。「出違って会えなかった」❷まちがって出る。

て-ちょう⓪【手帳】【手×帖】名 メモ用の小型の帳面。

てつ【迭】造 いれかわる。「更迭」

てつ【哲】造 ❶物ごとの道理にあきらかなこと。また、あきらかな人。「哲学・哲人・哲理・賢哲・先哲・明哲」❷「哲学」の略。「印哲・東哲」

てつ【×綴】造 つづる。つなぎあわせる。「綴字(てつじ・ていじ)・原綴(げんてつ)・点綴(てんてい・てんてつ)・補綴(ほてい・ほてつ)」

てつ【徹】造 ❶とおる。とおす。「徹底・徹頭徹尾・一徹・貫徹・冷徹」❷ずっと。さいごまで。「徹宵(てっしょう)・徹夜」 **徹する** 自サ

てつ【撤】造 のぞく。とりさる。「撤回・撤去・撤収・撤廃・撤兵」

てつ【鉄】㊀⓪名造 ❶金属元素の一つ。元素記号Fe 原子番号26 原子量55.845 比重7.86 かたくて銀色のつやをもち用途がひろい。「鉄橋・鉄筋・鋼鉄・製鉄」❷非常にかたいようす。「―の意志」「鉄則・鉄壁・鉄腕」㊁造 ❶刃物。武器。「寸鉄」❷「鉄道」の略。「私鉄・電鉄・地下鉄」❸鉄道ファン。鉄道マニア。「鉄子・撮(と)り鉄・乗り鉄」**―のカーテン**〔iron curtain の訳語〕第二次世界大戦後、東欧の社会主義国が、西欧の自由主義国に対して設けた厳しい封鎖政策をひにくっていった語。**―の肺**(はい) 小児麻痺(まひ)などで呼吸困難になった患者に用いる、鉄製の人工呼吸用器械。**―は熱**(あつ)**いうちに打**(う)**て** ❶柔軟性があって体力のある若いうちに能力を身につけよ。❷物事は参加者の意気込みがおとろえないうちにすることが大切である。

てつ[テ]【×轍】名造 車のわだち。「転轍器」**―を踏**(ふ)**む** 前の人のしたことを、そのままくりかえし、同じ失敗をする。前車の轍をふむ。

てつ-あん⓪【鉄案】名〔文章語〕うごかない断定や結論。

て-ついで[ツ]【手ついで】【手▲序】名 他の仕事のついで。

てつ-いろ⓪【鉄色】名 鉄のような緑がかった黒色。

てっ-か⓪【鉄火】㊀名 ❶まっかに焼いた鉄。やきがね。❷〔文章語〕刀剣と鉄砲。❸弾丸をうちだすときの火。「―をくぐる」❹ばくち。ばくちうち。「―場」❺鉄火巻き。㊁名形動 気性がはげしく男気のあること。勇み肌なこと。鉄火肌。「―なあねご」[参考] おもに女性の気性について言う。**―丼**(どん)[ド]名 どんぶりに入れたすしめしに、まぐろのさしみをのせた料理。**―場**(ば)⓪名 ばくち場。**―巻**(ま)**き**⓪名 中にまぐろの肉を入れた、のりまきのすし。**―味×噌**(みそ)[ミ]名 いりまめ・きざみごぼう・砂糖などを入れて、油でいためたみそ。

てっ-か[テ]【滴下】名自他サ〔文章語〕したたり落ちること。しずくをぽたぽたと落とすこと。てきか。

てっ-かい⓪【撤回】名他サ 一度提出したもの、発言したことなどをとりさげること。「提案を―する」

でっか・い⓪形 (カロ・カッ・ク/イ・イ/ケレ/○)〔方言〕⇒でかい。

てっ-かく⓪【的確】形動 (ダロ・ダッ・デ・ニ/ダ/ナ/ナラ/○) ⇒てきかく。

てっ-かく⓪【適格】形動(の) (ダロ・ダッ・デ・ニ/ダ/ナ/ナラ/○) ⇒てきかく。

てつ-がく[ツ]【哲学】名 ❶事物・人生・世界などの根本の原理をきわめる学問。❷人生の方針。事をする上のよりどころ。「―のない政治」

て-つかず[ツ]【手つかず】名 手をつけないこと。そっくりそのまま。「―のかね」

てつ-かぶと[カ]【鉄かぶと】【鉄×兜】名 頭部をまもるための鉄製の帽子。ヘルメット。

て-づかみ[ヅ]【手づかみ】【手×掴み】名 手でつかむこと。「―で食べる」

てっ-かん⓪【鉄管】名 鉄のくだ。

てっ-かん⓪【敵艦】名 敵の軍艦。てきかん。

てっ-き[テ]【鉄器】名 鉄でつくった器具。**―時代**(じだい)[ジ]名 青銅器時代につづく、鉄製の道具を使うようになった時代。日本では弥生(やよい)式文化時代末期以降。

てっ-き[テ]【鉄騎】名〔文章語〕❶よろい・かぶとで身をかためた騎馬武者。❷いさましい騎兵のこと。

てっ-き[テ]【適期】名〔文章語〕〔「てきき」の変化〕適当な時期。

てっ-き[テ]【敵機】名〔「てきき」の変化〕敵の航空機。

てっ-き[テ]【摘記】名他サ〔文章語〕〔「てきき」の変化〕要点の記録。摘録。

て-つき[テ]【手つき】名 手のようす。手のふり。手ぶり。

デッキ[テ]〈deck〉名 ❶船のかんぱん。❷列車の客車の入り口付近・連結部分のゆか。❸テープデッキ。また、ビデオデッキ。**―チェア**[テエ]〈deck chair〉名 木のわくに布をはった折りたたみいす。船のかんぱんや庭園などに置く。

てっ-きょ[テ]【撤去】名他サ 建物や設備などをとりさること。「放置自転車を―する」

てっ-きょう⓪【鉄橋】名 鉄材などで構築した橋。

てっきり[キ]副 疑いもなく。まちがいなく。

てっ-きん⓪【鉄琴】名 打楽器の一つ。鉄板の小片を鍵盤(けんばん)状に並べて棒の先に丸い玉のついたばちで打ち鳴らす。

てっ-きん⓪【鉄筋】名 建物の支えとなる鋼(はがね)製の棒。**―コンクリート**[リ]名 鉄の棒を芯(しん)にして、まわりをコ

ンクリートでかためたもの。また、それを主体とする構造の建物。

テックス [テ]〈tex〉[名]〔rough textureからの和製英語〕粗雑なパルプなどをおしかためてつくった板。天井・壁などに防音・防寒のためにはる。

で-つく・す [ク]【出尽くす】[自五]（サ・ソ・シ・ス・スセ・セ）すべて出てしまい、残りがなくなる。「意見が―」

て-づくね [ツ]【手づくね】【手×捏ね】[名] ろくろなどを使わず手でこねてつくった陶器。

て-づくり [ヅ]【手作り】[名] 自分でつくること。また、つくったもの。手製。「―の衣装」

でっ-くわす [0]【出っくわす】【出っ▲会す（くはす）】[自五]（サ・ソ・シ・ス・スセ・セ）出くわす。

て-つけ [0]【手付(け)】[名] てつけきん。「―を打つ」 **―金**きん [0][名] 売買・請負などの契約をしたしるしとして、前もって支払う、いくらかのかね。手付け。手金。

てっ-けつ [0]【鉄血】[名]〔文章語〕〔鉄は「武器」、血は「兵力」の意〕おもに、言論や政治力などに対して、軍備のこと。武力。「―で国をまもる」

てっ-けつ [0]【×剔×抉】[名][他サ]〔文章語〕〔「剔」も「抉」もえぐるの意〕❶えぐってほり出すこと。❷欠点や悪事などをあばきたてること。「不正の―」

てっ-けん [0]【鉄拳】[名] にぎりかためたこぶし。げんこつ。 **―制裁**せいさい [セ][名] げんこつでなぐって、こらしめること。

てっ-こう [コ]【手(っ)甲】[名] 手の甲を、きずつけないようにおおう厚い布・革。武具・労働用。

手甲

てっ-こう [0]【鉄工】[名] ❶鉄材を使う工作。❷鉄器の製造や鉄材の精錬などを行うこと。また、それに従う工員。

てっ-こう [0]【鉄鉱】[名] 鉄をふくむ鉱石。磁鉄鉱・赤鉄鉱・褐鉄鉱・菱りょう鉄鉱など。

てっ-こう [0]【鉄鋼】[名] 鋼鉄。はがね。

て-つごう [ツ]【手都合】[名] 手もとのつごう。仕事のやりくり。つごう。

てつ-ごうし [ゴ]【鉄格子】[名] ❶鉄製の格子。❷刑務所のこと。「―の中での生活」

てっ-こく [0]【敵国】[名] ⬇てきこく。

てっ-こつ [0]【鉄骨】[名] 建造物の骨組みにする鋼鉄材。

てっ-さ [0][名] 主に関西で、ふぐの刺し身のこと。[参考]「鉄砲（あたると死ぬことから、ふぐの異名）のさしみ」の略。

てっ-さ [テ]【鉄鎖】[名]〔文章語〕❶鉄のくさり。❷きびしい束縛・抑圧のたとえ。

てつ-ざい [0]【鉄材】[名] 工業・建築などの材料用の鉄。

てつ-ざい [0]【鉄剤】[名] 貧血の治療に用いる、鉄を主成分としたくすり。

てっ-さく [0]【鉄索】[名] 鋼鉄製のふといつな。特に、ケーブルカー用のつな。ケーブル。

てっ-さん [0]【鉄傘】[名]〔文章語〕鉄骨製のまる屋根。

デッサン [テ]〈フ dessin〉[名] 絵画の習作や下絵。素描そびょう。

てつ-じ [0]【×綴字】[名]〔文章語〕つづり。スペリング。ていじ。

てっ-しゅう [0]【撤収】[名][他サ] ❶とりはらって、しまいこむこと。「テントの―」❷軍隊が施設などを取り去ってひきあげること。[参考]「徹収」と書くのはあやまり。

てっ-しょう [0]【徹宵】[名]〔文章語〕夜どおし。徹夜。

てつ-じょう [0]【鉄条】[名] 鉄製のふとい針金。鉄線。 **―網**もう [ジョ][名] 敵兵・賊・野獣などを防ぐために、とげのある鉄線を網のようにはりめぐらしたもの。

てっ-しん [0]【鉄心】[名] ❶〔文章語〕鉄のようにかたい心。かたい決心。鉄腸。❷物の中に入れた鉄のしん。コイルの中に入れた軟鉄。

てつ-じん [0]【哲人】[名] ❶すぐれた知恵をもち、道理に通じた人。❷哲学者。

てつ-じん [0]【鉄人】[名]〔文章語〕鉄のように心やからだの頑健がんけんな人。「―レース」

てっ-する [0]【徹する】[自サ]（シ・セ・サ・シ・スル・スレ・シロ・セヨ）❶つらぬきとおる。しみとおる。「骨身に―寒さ」❷〔「夜を徹する」の形で〕夜あかしする。休まずつづける。「夜を―会議」❸徹底する。おし通す。「合理主義に―」 **てっ・す** [文語サ変]

てっ-する [0]【撤する】[他サ]（シ・セ・サ・シ・スル・スレ・シロ・セヨ）〔文章語〕とりのぞく。とりはらう。「障害物を―」 **てっ・す** [文語サ変]

てっ-せい [0]【鉄製】[名] 鉄でつくってあること。てつせい。

てっ-せき [0]【鉄石】[名]〔文章語〕〔「鉄と石」の意から〕決意などが、きわめてかたいこと。「―の決意」 **―心**しん [キ][名] きわめてかたい心。

てっ-せん [0]【鉄扇】[名] 昔、武士が使った鉄骨のおうぎ。

てっ-せん [0]【鉄線】[名] ❶鉄の針金。鉄条。❷キンポウゲ科のつる性の落葉低木。初夏に、白・紫などの六弁の大形の花をひらく。てっせんれん。㊇

てっ-せん [0]【撤×饌】[名][自サ] 神前のそなえものをさげること。↕献饌けんせん。

てっ-そう [0]【鉄窓】[名] ❶鉄ごうしのついたまど。❷〔文章語〕刑務所のこと。「―につながれる」

でっ-ぞう [0]【×捏造】[名]〔文章語〕⬇ねつぞう。

てっ-そく [0]【鉄則】[名] 動かすことのできないかたい規則。

てっ-たい [0]【撤退】[名][自サ] 陣地などをとりはらって、しりぞくこと。[参考]「徹退」と書くのはあやまり。

て-つだい [ダ]【手伝い（つだひ）】[名] ❶手伝うこと。また、その人。「―を頼む」❷お手伝いさん。

て-つだ・う [ダ]【手伝う（つだふ）】[他五]（ワ・オ・イ・ッ・ウ・ウ・エ・エ）❶人の仕事をたすける。手だすけをする。「弟の宿題を―」❷〔「…もてつだって」の形で自動詞のように〕あることが原因として加わる。「風が強いのも手伝って、山火事は広がった」 **手伝える** [自下一]〔…できる〕

でっ-ち [0]【丁稚】[名] もと、職人や商人の家につとめて働いた少年をいった語。「―奉公」

でっち-あ・げる [ゲ]【でっち上げる】[他下一]（ゲ・ゲ・ゲル・ゲレ・ゲロ・ゲヨ）❶ないことを、いかにもあるように作りあげる。「事件を―」❷不完全ながら、作りあげる。「作文を―」[参考]「捏造でつぞう」の「捏でつ」（土をこねる意）をもとに作られた語。 **でっち上げ** [名]

てっ-ちゅう [0]【鉄柱】[名] 鉄のはしら。

てっ-ちょう [0]【鉄腸】[名]〔文章語〕〔「鉄のはらわた」の意から〕きわめてかたい決心。鉄心。

てっ-ちり [0]【鉄ちり】[名] ふぐのちりなべ。[参考] ふぐの異名「鉄砲」から。

でっ-ちり [テ]【出っ▲尻】[名]〔俗語〕しりが出ていること。また、その人。

てっ-つい [0]【鉄×槌】[名] ❶大型のかなづち。ハンマー。❷陸上競技のハンマー投げに使う、鉄線のついた球。ハンマー。 **―を下**くだ**す** きびしい制裁を加える。きびしく処罰する。

て-つづき [ツ]【手続(き)】[名] 物ごとをおこなう順序。きめられているやり方。「めんどうな―」

で-づっぱり [0]【出突張り】[名] ⬇でずっぱり。

てっ-てい [0]【鉄×蹄】[名]〔文章語〕うまのひづめ。ていてつ。

てっ-てい [0]【徹底】[名][自サ] ❶すみずみまでゆきとどくこと。「命令が―する」❷中途半端でなく、どこまでも押しとおすこと。「民主主義に―する」 **―的**てき [0][形動] ❶ぬけ落ちることがないようす。「―に調査する」❷どこからも否定ができないようす。「—な理想主義者」

デッド〈dead〉[造]〔「死んだ」の意〕役に立たない。機能しない。「—スペース」 **—エンド**[エ]〈dead end〉[名] ❶行き止まり。袋小路。「通路の—にある店」 ❷物事の行きづまり。 **—ストック**[ト]〈dead stock〉[名] 不良在庫。売れ残り品。 **—ヒート**[ヒ]〈dead heat〉[名] ❶競走などで、ほとんど同時にゴールインし、勝負の判定が困難なこと。 ❷はげしいせりあい。「—を演ずる」 **—ボール**[ボ]〈dead ball〉[名] 野球で、投手の投球が打者のからだにふれること。死球。 **—ライン**[ラ]〈deadline〉[名] ❶最後の線・限界。死線。 ❷最終期限。新聞社などの原稿の締め切り時間。 **—ロック**[ロ]〈deadlock〉[名] ❶会議などの進行のゆきづまり。難関。 ❷暗礁《あんしょう》。「—に乗り上げた」 [参考] ❷は、lock(かぎ)をrock(岩)と混同したことから。

てっ-とう[0]【鉄×桶】[名]〔文章語〕〔鉄のおけ〕団結や防備などがかたいこと。「—の内野守備」

てっ-とう[0]【鉄塔】[名] 鉄でつくった塔や柱。「無線局の—」

てつ-どう[0]【鉄道】[名] レールの上を走る交通機関。汽車・電車など。 **—警察隊**《けいさつたい》[0][名] 列車・駅などの秩序を守り、不法行為をふせぐ役目の人。旧鉄道公安職員。 **—唱歌**《しょうか》[ショ][名] 明治時代につくられた唱歌。ほぼ全国の鉄道の駅名を網羅し、名所や地誌を読みこんで作詞された。 **—馬車**《ばしゃ》[バ][名] 明治時代、レールの上を走った乗り合い馬車。 **—網**《もう》[ド][名] 鉄道が四方八方に、網の目のように通じていること。

てっとう-てつび[テ]2【徹頭徹尾】[副] はじめから終わりまで。徹底的に。とことんまで。「—調べあげる」

てっとり-ばや・い[ヤ]【手っ取(り)早い】[形]（カロ|カッ・ク|イ|イ|ケレ|○）手みじかで簡単である。手がるですばやい。「—説明」

でっ-ぱ[デ]【出っ歯】[名] 出歯《でば》。そっ歯。

てっ-ぱい[0]【撤廃】[名][他サ] 制度・規則などをとりのぞいてやめること。「制限を—する」 [参考]「徹廃」と書くのはあやまり。

てっ-ぱつ[0]【鉄鉢】[名] 僧が信者から、食物をうけとる容器。

でっ-ぱな[0]【出っぱな】〔出っ▲端〕[名] ⬇ではな。

でっ-ぱな[0]【出っ鼻】[名] ⬇でばな。

でっ-ぱ・る[0]/[パ]【出っ張る】[自五]（ラ・ロ|リ・ッ|ル|ル|レ|レ）外方につき出る。出張る。 **出っ張り**[名]

てっ-ぱん[0]【鉄板】[名] ❶鉄ののべ板。鉄の板。「—で補強する」 ❷〔俗語〕〔かたくて変形しにくいことから〕確実に高い利益や評価を得られるようす。「—レース」「カラオケの—ソング」 **—焼**《や》**き**[0][名] 鉄板の上で肉や野菜、海鮮などを焼いて食べる料理。

てっ-ぴ[テ]【鉄扉】[名] 鉄でつくったとびら。

てっ-ぴつ[0]【鉄筆】[名] ❶謄写版用の原紙に書くときに使う、とがった鉄のついた筆記具。 ❷はんこをほる小刀。

てつ-びん[0]【鉄瓶】[名] 鉄のいものでできた湯わかし。

てっ-ぷ[テ]【×轍×鮒】[名]〔文章語〕車輪のあとの水たまりにいるふな。 **—の急**《きゅう》 危険や困難がさしせまっていること。

でっぷり[デ][と][副][自サ] ふとっているようす。↕ほっそり。

てつ-ぶん[ツ]【鉄分】[名] 鉄の成分。かなけ。

てっ-ぺい[0]【撤兵】[名][自サ] 派遣してある軍隊をひきあげること。「占領軍の—」

てっ-ぺき[0]【鉄壁】[名]〔文章語〕❶鉄をはったかべ。 ❷かたい守り。「—の守備」

てっ-ぺん[ペ]【▲天辺】[名] いただき。頂上。「頭の—」「山の—」

てつ-ぼう[0]【鉄棒】[名] ❶鉄製の棒。かな棒。 ❷器械体操用具の一つで、二本の柱の間に鉄の棒を横にとりつけたもの。また、それを使ってする体操種目。鉄棒運動。

てっ-ぽう[0]【鉄砲】[名] ❶火薬の力で弾丸をうちだす武器の総称。 ❷小銃。 ❸ほら。大言。 ❹〔あたる(中毒する)と死ぬところから〕ふぐの異名。 ❺かんぴょうを入れた細いのりまき。鉄砲巻き。 ❻きつねけんで、こぶしをかためて出すこと。 ❼相撲で、相手の胸を強く突くこと。また、左右の手で柱などを突いて、手・腕と足とが一致した動作ができるようにするけいこ。 **—玉**《だま》[0][名] ❶銃丸。弾丸。 ❷玉のように、かたく丸くしたあめ。 ❸使いが行ったままで帰らないこと。「使いを頼むといつも—だ」 **—水**《みず》[ポ][名] 大雨が降って、土砂をふくんだ濁流が山中からいちどきにはげしく流れ出ること。 **—▲百▲合**《ゆり》[ポ][名] ゆりの一種。つつの形の白い花が咲き、いいにおいがする。(夏)

て-づま[テ]【手妻】[名] 手先のわざ。てじな。

て-づまり[ヅ]【手詰(ま)り】[名] ❶金銭のやりくりができなくなること。 ❷手段・方法がつきること。

てつ-むじ[0]【鉄無地】[名] 鉄色の無地の織物。

て-づめ[0]/[メ]【手詰(め)】[名] きびしく詰めよること。 **—の談判**《だんぱん》 きびしいかけあい。

てつ-めんぴ[メ]【鉄面皮】[名][形動] 面《つら》の皮が鉄ででも出来ているように、恥を恥と思わない、あつかましいようす。おくめんもないようす。厚顔。

てつ-や[0]【徹夜】[名][自サ] 夜あかしすること。徹宵《てっしょう》。

て-づよ・い[ヨ]【手強い】[形]（カロ|カッ・ク|イ|イ|ケレ|○）てきびしい。てごわい。「—反論」 **手強さ**[名] **てづよ・し**[文語ク]

で-づら[0]【出面】[名] ❶顔出しをすること。出席をすること。 ❷職人・労務者など日雇い労働者の賃金。でめん。

てつ-り[テ]【哲理】[名]〔文章語〕人生・世界の本質にかかわるおくぶかい道理。

て-づり[0]【手釣(り)】[名] つり糸を手に持ってつること。

て-づる[テ]【手づる】【手×蔓】[名] 依頼や交渉のてがかりとなる人。つて。

てつ-ろ[テ]【鉄路】[名]〔文章語〕鉄道線路。

てつ-わん[0]【鉄腕】[名] 鉄のようにつよい腕。「—投手」

てて[テ]1【▲父】[名] ちち。

デディケート[ケ]〈dedicate〉=**デジケート**[名][他サ] 献呈。贈呈。「著書を—する」

てて-おや[0]【▲父親】[名] ちち親。

てて-なし-ご[シ]【てて無し子】【▲父無子】[名] ❶父親のわからない子。私生児。 ❷父親に死別した子。

で-どこ[コ]【出どこ】[名] 出どころ。

で-どころ[0]/[ド]【出どころ】【出所・出▲処】[名] ❶物事の出てきたもと。しゅっしょ。「—不明のうわさ」 ❷外への出口。 ❸現れ出るべき所・時。「—を見はからう」

テトラポッド[ポ]〈tetrapod〉[名]〔商標名〕海岸・河川の護岸に用いる、四本足のコンクリート製構造物。

て-どり[リ]【手取(り)】[名] ❶【手捕り】道具を使わず手でつかまえること。 ❷給与・報酬から税金その他をさしひいた、実際に受けとるかね。↕税込み。 ❸相撲で、技のたくみな力士。

てとり-あしとり[テ]=[シ]【手取り足取り】[名] ❶初心者を親切ていねいに教えること。「—して指導する」 ❷おおぜいで手足をおさえつけること。

テトロドトキシン[ト]2〈tetrodotoxin〉[名] ふぐの卵巣や肝臓などにある毒成分。

テトロン[テ]〈Tetoron〉[名]〔商標名〕石油からつくるポリエステル系繊維。しわになりにくく強い。衣類・漁網などに広く用いられる。

テナー テ〈tenor〉＝テノール 名 ❶男声の最高音域。また、その声域の歌手。❷同一の楽器で、❶に対応するもの。「―サックス」

て-ないしょく ナ【手内職】名 手先でする内職。

て-なおし ナ【手直し】名 他サ 不完全な所をつくりなおすこと。「―を加える」

で-なお・す オ【出直す】自五 ❶一度ひきかえして、あらためて出かける。「明日また出直します」❷最初からやりなおす。「一から―」 **出直し** 名 **出直せる** 自下一〔…できる〕

て-なが 〇【手長】名 ❶手の長いこと。❷人の物をぬすむくせのあること。また、その人。❸たいそう手が長いという想像上の人間。**―足長** 〇 名 手長と足長。足長は足の長さ三丈という、想像上の人物。**―猿** ザ 名 ショウジョウ科の小形の類人猿の総称。マレー・スマトラに産する。前あしが特に長く、樹上に生活する。

てなぐさみ ナ【手慰み】名 ❶なぐさみでする、ちょっとした遊び。手すさび。❷ばくち。

てなげ-だん ゲ【手投げ弾】名 ⇒てりゅうだん。

てなず・ける ケ【手なずける】【手▲懐ける】他下一 ❶自分になつかせ、したしませる。「犬を―」❷うまくあつかって、味方にひきいれる。「部下を―」 **てなづ・く** 文語下二

てなべ 〇/テ【手鍋】名 つるのついたなべ。とってのあるなべ。**―提げても**〔自分で煮たきをするような、どんなにまずしい生活をしてもの意〕好きな男と夫婦になれるなら、どんな貧乏暮らしもいとわない。

て-なみ テ【手並(み)】名 うでまえ。てぎわ。「お―拝見」

て-ならい ナ【手習(い)】名 ❶習字。❷けいこ。練習。「六十の―」

て-ならし ナ【手慣(ら)し】【手×馴し】名 慣れてうまくできるよう、練習すること。練習。

て-な・れる レ【手慣れる】【手×馴れる】自下一 ❶あつかいなれる。「手慣れた道具」❷熟練する。「手慣れたわざ」 **てな・る** 文語下二

テナント 〇〈tenant〉名 ビルや名店街などの一区画の借り手。店子。また、その借り手が開いた店や事務所。

デニール 二〈denier〉名 生糸や人絹糸やナイロン糸のふとさやよりのぐあいをあらわす単位。一デニールは、長さ四五〇メートルで、質量〇・〇五グラムの糸のふとさ。

テニス テ〈tennis〉名 コートの中央に網を張り、ふたり(シングルス)または四人(ダブルス)で、ボールをラケットで打ちあう球技。硬式と軟式がある。庭球。**―コート** コ〈tennis court〉名 テニスの競技場。

デニッシュ テ〈Danish〉名 デンマーク風のパン。パイに似た油脂分の多い菓子パン。

て-には 〇 名 ⇒てにをは。

デニム テ〈denim〉名 あや織りのじょうぶなもめんの布。作業服や子供のズボンなどに使う。

て-にもつ 二【手荷物】名 ❶手まわりの荷物。❷旅行のとき、鉄道にたのんで出発駅から到着駅まではこぶ、旅客の荷物。チッキ。

て-に-を-は 〇【▲天×爾▲遠波・×弖×爾×乎波】名 ❶漢字訓読のとき補って読まなければならない語。助詞・助動詞・接尾辞・用言の語尾の総称。てには。❷江戸時代には、主として助詞・助動詞をさす。❸明治以後は特に助詞をさす。❹話のつじつま。「―の合わない話」参考 昔、漢文を訓読するときに漢字の四すみにつけた「・」の点が、左下・左上・右上・右下の順に、テ・ニ・ヲ・ハをあらわしたところからいう。

て-ぬい 〇【手縫(い)】名 機械によらず、手で縫うこと。また、手で縫ったもの。⇔機械縫い。

て-ぬかり ヌ【手抜かり】名 手続きや方法が、ふじゅうぶんなこと。手おち。「調査に―があった」

て-ぬき キ【手抜き】名 ❶しなければならない手続き・手数を省くこと。「工事に―があった」❷ひまになること。

て-ぬぐい 〇【手拭い】名 手・顔・からだなどをふくためのもめんの布ぎれ。日本てぬぐい。**―地** 〇 名 手ぬぐいにするように染めた、地のあらい綿布。

て-ぬる・い ル/〇【手ぬるい】【手▲緩い】形 きびしくない。とりしまりや訓練があまい。⇔手きびしい。**手ぬるさ** 名 **てぬる・し** 文語ク

て-の-うち テ/ノ【手の内】名 ❶うでまえ。てぎわ。「―拝見」❷勢力のおよぶ範囲。「会議の成否は大国の―にある」❸心の中の考え。もくろみ。「―を見すかす」「―を見せる」

て-の-うら テ/ノ【手の裏】名 てのひら。たなごころ。**―を返す** 短い間にようすが変わる。急に態度を変える。手のひらを返す。

テノール ノ〈ドTenor〉名 ⇒テナー。

て-の-こう テ【手の甲】名 手首から先の部分の外がわ。⇔てのひら。

て-の-ひら テ/ノ【手のひら】【▲掌】名 手首から先の部分の内がわ。たなごころ。⇔手の甲。**―を返す** 手の裏を返す。

デノミネーション ネ〈denomination〉名 通貨の単位の呼び名を切りさげること。たとえば百円を一円と呼ぶようにすること。インフレーションで金額が大きくなったばあい、計算の便を考えておこなう。デノミ。

て-は 助〔接続助詞。撥音便と一部のイ音便の語につづくときには、「では」となる〕❶のぞましくない事がらを仮定していう。「そうあっ―こまる」❷…したからには。「そんなにほめられ―やらざるをえない」❸動作・状態がくりかえされることを表す。「降っ―やみ、やんでは降り」❹ある動作を特に提示する。「やっ―みたが、うまくいかない」参考 くだけた言い方では「ちゃ」となる。

て-ば テ【手羽】名 にわとりの羽の、つけねの部分の肉。**―先** 〇 名 にわとりの手羽の、先のほうの部分。唐揚げや串焼きにする。

て-ば 連語 ⇒ってば。

で-は ハ【出端】名 ❶出ようとするとき。出るきっかけ。「―を失う」❷能楽や歌舞伎で、役者の登場のときに用いるはやし・うた。

で-は ㊀ テ 接続 話題をかえる意味をあらわす。それでは。「―、会をはじめます」参考 あることがおわって、次のことにうつるときに用いられることが多い。㊁ 連語〔助動詞「だ」の連用形「で」と助詞「は」〕であっては。であるならば。「これ―こまる」

で-ば デ【出刃】名 でばぼうちょう。**―包丁** ボ 名 刃のはばが広くて、みねが厚く、先のとがった包丁。魚・鳥などの料理に用いる。出刃。

で-ば バ【出場】名 出場所。

で-ば デ【出歯】名 前歯が外に出て見えること。また、そういう人。出っ歯。そっ歯。**―亀** 〇 名 俗語 変態者。参考 出歯の「亀太郎」というのぞきの常習者のあだ名から。

デパート パ 名〔department store の略〕❶盛り場やターミナルにあり、いろいろな商品をそろえている規模の大きな店。百貨店。❷いろいろなものがそろっていることのたとえ。「技の―と言われる力士」参考 原語の department は

売り場がいくつにも区分されていることにもとづく。「スーパー（マーケット）」との基本的な違いは、販売の形式が対面式か客のセルフサービスかによる。

て-はい テ【手配】名自サ ❶用意をすること。段どりをつけること。手くばり。「車の―を頼む」❷容疑者をとらえるのに必要な指令・処置をすること。「指名―」 **―師**（し）ハ名 自由労働者を集めて仕事場に送り込み、手数料をとる人。

デ-はい ⓪【デ杯】名 ⇒デビスカップ。

デバイス ハ〈device〉名 コンピューターに接続する周辺装置。マウスやキーボード、プリンターなど。

で-はいり テハ【出入り】（はひり）一名自サ 出ることとはいること。でいり。出入（しゅつにゅう）。二名 ❶人数・数量が多かったり少なかったりすること。増減。「一、二名の―がある」❷収入と支出。

て-ばこ テ【手箱】名 身のまわりの小道具などを入れる箱。

て-ばしこ・い コ【手ばしこい】形（カロ・カッ・ク／イ・イ・ケレ・○） すばしこい。手早い。**手ばしこさ**名 **てばしこ・し** 文語ク

て-はじめ ハ【手始め】名 物事をする始め。しはじめ。

で-ばしょ ⓪【出場所】名 ❶出るところ・場面。でば。「私の―がない」❷出てくるところ。産地。でどころ。

て-はず テ【手はず】【手×筈】名 手くばり。手順。「―を整える」

で-はず・れる ⓪レ【出外れる】（はづれる） 自下一（レ・レ・レル・レル・レレ・レロ・レヨ） 町や村の中を通ってはずれへ出る。

て-ばた ⓪【手旗】名 ❶手に持つ小さな旗。❷手旗信号。また、その旗。

デパ-ちか ⓪【デパ地下】名 デパートの地下フロアにある食品売り場。

デバッグ ハ〈debug〉名自他サ（虫を除去する意）コンピューターで、プログラムの誤り（バグ）を検出し、修正すること。

て-はっちょう ハ【手八丁】名 手先が器用で、いろいろな仕事をやりこなすこと。また、その人。↕口八丁。

て-ばな ⓪【手鼻】名 ゆび先で片方の鼻をおさえ、息を強く出して鼻じるをとばすこと。「―をかむ」

で-はな ⓪【出はな】【出▲端】名 ❶出るとたん。出ぎわ。❷しはじめ。「事業の―」‖ではな。 **―を▲挫**（くじ）**く** はじめようとする話や仕事をさまたげる。

で-ばな ⓪【出花】名 葉茶に湯をついだばかりの、かおりの高い茶。入れたばかりの茶。「番茶も―」

で-ばな ⓪【出鼻】名 みさきなどのつき出た所。でっぱな。

て-ばなし ハ【手放し】名 ❶手を放すこと。「―で自転車に乗る」❷おおっぴらなようす。むきだし。「―でのろける」❸無条件。「―でうれしい」

て-ばな・す ナ【手放す】他五（サ・ソ・シ・ス・ス・セ・セ） ❶手に持ったものを放す。❷所有物を売ったり、人にあたえたりする。「蔵書を―」❸自分のそばから放す。「むすこを―」❹仕事を中止する。「手放せない仕事がある」 **手放せる** 自下一［…できる］

て-ばなれ ハ【手離れ】名 ❶幼児が成長して、親の手数がかからなくなること。❷物事が完成して、手を加える必要がなくなること。

て-ばや・い ヤ【手早い】形（カロ・カッ・ク／イ・イ・ケレ・○） することがすばやい。「手早くまとめあげる」 **手早さ**名 **てばや・し** 文語ク

で-ばやし ハ⓪【出×囃子】名 ❶歌舞伎（かぶき）の舞踊劇で長唄の唄方（うたいかた）、三味線方（しゃみせんかた）、鳴物（なりもの）の囃子方（はやしかた）が舞台に並んで演奏すること。❷寄席で落語家が高座に上がるとき、楽屋で下座（げざ）が演奏する短い曲。多くは長唄・民謡などの一部で、三味線を主とする。

で-はら・う ラ【出払う】（はらふ） 自五（ワ・オ・イ・ッ・ウ・ウ・エ・エ） 人や物が全部出てしまう。「車が―」

で-ば・る ハ【出張る】自五（ラ・ロ・リ・ッ・ル・ル・レ・レ） ❶外へつき出る。でっぱる。❷出向く。出張（しゅっちょう）する。 **出張れる** 自下一［…できる］

で-ばん ⓪【出番】名 ❶出演の番。また、出演の番になっている人。❷出勤の順番にあたること。また、その人。

て-びか・える エ【手控える】（びかへる） 他下一（エ・エ・エル・エル・エレ・エロ・エヨ） ❶予備として手もとにとっておく。❷おぼえがきを書く。メモをする。❸ひかえめにする。「仕入れを―」 **手控え** 名

て-びき テキ【手引（き）】名他サ ❶人を案内して、連れていくこと。また、その人。❷てづる。つて。「先輩の―」❸初心者のための手ほどき。また、その本や文書。案内書。「ドイツ語の―」「―書（しょ）」 参考 公用文では「手引」「手引書」のように書く。

デビス-カップ カ〈Davis Cup〉名 アメリカのデビスが、国際テニス試合の優勝杯として寄贈したカップ。デ杯。 **―戦**（せん） ⓪名 デビスカップを争う、男子国別のテニス世界選手権大会。

デビット-カード カ〈debit card〉名（debit は「即時決済」の意）商品代金の即時決済機能がついたキャッシュカード。郵便貯金や銀行の口座から直接代金を引き落とせる。

て-ひど・い ド【手ひどい】【手▲酷い】形（カロ・カッ・ク／イ・イ・ケレ・○） ❶手あらい。非常に乱暴である。「―扱い」❷損害などの程度がはなはだしい。「―打撃」 **手ひどさ**名 **てひど・し** 文語ク

デビュー デ〈フ début〉名自サ 初登場。

て-びょうし ビョ【手拍子】名 手を打ってとる拍子。

デビル デ〈devil〉名 悪魔。

て-びろ・い ロ【手広い】形（カロ・カッ・ク／イ・イ・ケレ・○） ❶場所が広い。家やへやなどが広い。「―住まい」❷関係している範囲が広い。規模が大きい。「―交際」 **手広さ**名 **てびろ・し** 文語ク

てふ チョ 連語 古語（「といふ」の変化）…という。「夢てふものは頼みそめてき」〈古今〉

で-ぶ テ名俗語 ふとっていること。また、その人。

て-ふうきん フ【手風琴】名 アコーデオン。

デフォルト フォ〈default〉名 ❶債務を期日までに返せないこと。債務不履行。「―に陥る」❷コンピューターで、使用者が変更する前の、標準的な設定状態。初期設定。「―に戻す」❸俗語 もともとそうであること。標準。「ランチには―でスープが付く」

デフォルマシオン シ〈フ déformation〉名 ⇒デフォルメ。

デフォルメ フォ〈フ déformer〉名他サ 絵画・彫刻で、対象や素材の形を意図的にかえて表現すること。

て-ふき キ【手ふき】【手拭き】名 手をふく布。

て-ぶくろ フ【手袋】名 防寒・装飾・礼装用に手にはめるもの。布・革などを素材とする。作業用にも使う。ウイルスの感染を防ぐためのゴム製品もある。冬

で-ぶしょう フ【出不（無）精】名形動 外に出ることをおっくうに思う性質。外出ぎらい。

て-ぶそく フ【手不足】名形動 人手のたりないこと。

て-ふだ テ【手札】名 トランプなどで、めいめいが持っている札・カード。 **―形**（がた）⓪・**―型**（がた）⓪名 写真判の大きさの一つ。ふつう印画紙では、約一〇・八×八・三センチメートル。手札判。

で-ぶ-でぶ デ 副俗語 ふとって、体にしまりがないようす。「―した犬」。

で-ふね ⓪【出船】名 ↕入り船。❶船が出港すること。ふ

なで。❷出港する船。

て-ぶら [0]【手ぶら】[名] ❶手に何も持っていないこと。から手。「—で出かける」❷みやげ物などを持たずに、おとずれること。❸成果があがらないこと。「—では帰れない」

て-ぶり [テ]【手ぶり】【手振】[名] 手つき。「身ぶり—」

て-ぶり【手振り・手▲風】[名][古語] ❶ならわし。「都の手ぶり忘らえにけり」〈万葉〉❷お供の人。「下仕へ手ぶりなどが具し行けば」〈蜻蛉〉❸手ぶら。無一文であること。「手ぶりで帰りける」〈世間胸算用〉

デブリ [デ]〈ᶠdébris〉[名] ❶〔破片・残骸の意〕山から崩れ落ちた雪のかたまりや岩の破片。❷⇒スペースデブリ。❸⇒燃料デブリ。

て-ぶれ [0]【手振れ】[名] カメラを持った手がふるえて、画像が乱れること。「デジカメの—防止機能」

デフレ [0][名]「デフレーション」の略。**—スパイラル** [パ][名]〔deflationary spiral から〕デフレによる物価の下落で景気が後退し、さらにデフレが進むという悪循環。

デフレーション [レ]〈deflation〉[名] 物価水準が継続的に下がりつづける経済現象。総需要に対する供給の過剰、通貨量の収縮などによって起こる。通貨収縮。デフレ。↕インフレーション。

テフロン [テ]〈Teflon〉[名]〔商標名〕弗化エチレンで作った合成樹脂。熱や薬品に強く、こげつきにくい。「—加工」

て-ぶんこ [テ]【手文庫】[名] 文具や手紙などを入れ、手近に置く小箱。

で-べそ [デ]【出べそ】【出×臍】[名] 外へ突き出たへそ。

デベロッパー [ロ]〈developer〉[名] 都市開発や大規模住宅地・高層住宅などの開発を行う企業。

て-へん [0]【手偏】[名] 漢字の部首の一つ。「指」「持」などの「扌」。

て-べんとう [ベ]【手弁当】[名] ❶自まえの弁当を持って仕事に出ること。❷代償を求めず、自腹を切って人のためにはたらくこと。「—で応援する」

で-ほ [ホ]/[デ]【出穂】[名] いねなどの穂が出ること。また、出た穂。

て-ぼうき [ボ]【手ぼうき】【手×箒】[名] 片手で使う小さなほうき。

で-ほうだい [ホ]【出放題】[名][形動] ❶出るままにしておくこと。❷口にまかせて勝手なことを言うこと。出任せ。

デポ(ー) [デ]〈ᶠdépôt〉[名] ❶荷物の置き場。❷商品の集配所。❸登山で、一時荷物を置いていく場所。❹軍隊で補給所。

デポジット [ポ]〈deposit〉[名] ❶保証金。供託金。❷飲料の容器代などを販売代金にふくめておき、それを返せば金がもどってくるやり方。「—制度」

て-ほどき [ホ]【手ほどき】【手▲解き】[名] 初心者に、学問・技芸の初歩をおしえること。

て-ほん [ホ]【手本】[名] ❶模範とする文字や絵画。また、それをのせた本。❷見ならうべき人や物、または、おこない。模範。見本。「人の—」

て-ま [マ]【手間】[名] ❶仕事をなしとげるのに必要な時間。また、その間の労力。「—を取らせる」❷働き手。人手。「—をやとう」❸労賃。手間代。手間賃。「—をはらう」**—入らず** [イ][名] 手間がかからないこと。**—仕事** [シ][名] ❶手間のかかる仕事。❷手間賃をもらってする仕事。**—代** [0][名] 職人などの仕事をするのに対して支払うかね。手間賃。「—をかせぐ」**—賃** [マ][名] 手間代。**—潰し** [ツ][名][形動] 手間がかかるわりに、その効果や収入のないこと。手間ぞん。**—取り** [リ]/[ト][名] 手間賃をもらって、人にやとわれること。また、その人。**—取る** [ド][自五] 手間がかかる。時間が長くかかる。**—暇** [マ][名] 手間と時間。労力と時間。**—をかける** 時間や労力を使って、ていねいに仕事をする。

デマ [デ][名]「デマゴギー」の略。「—をとばす」

て-まえ [0]【手前】まへ ㊀[名] ❶自分に近い方。こちら。「ふみきりの—でとまる」❷他人の見る目。ていさい。「約束した—行かざるをえない」❸うでまえ。手並み。㊁[代] ❶男性が自分をあらたまって言う語。❷相手をやや下に見て言う語。[参考] ❶❷とも、現在はほとんど使わない。ただし、❶は「てまえども」という形で、自分や自分の会社・商店・家庭などを指すていねいな言い方が残っている。**—勝手** [ガ][名][形動] 自分だけにつごうをよくすること。また、その心。利己主義。自分かって。**—味×噌** [ミ][名] 自分で自分のことをほめること。

て-まえ [テ]【手前】【▲点前】まへ [名]〔多く、「おてまえ」の形で〕茶の湯での、茶のたてかた・作法。

で-まえ [0]【出前】まへ [名] 注文を受けて料理をとどけること。**—持ち** [エ][名] 出前の料理の配達をする人。

で-まかせ [0]【出任せ】[名][形動] 勝手なことを、口に任せて言うこと。でたらめ。出ほうだい。「口から—にしゃべる」

て-まき [0]【手巻(き)】[名] 手で巻くこと。「—ずし」

て-まくら [マ]【手枕】[名] 腕をまげて、まくらにすること。

デマゴーグ [ゴ]〈ᵈDemagog〉[名] 民衆をあおりたてて、自分の思う方向にひっぱって行く人。民衆扇動家。

デマゴギー [ゴ]〈ᵈDemagogie〉[名] ❶民衆をあおりたてて、ある方向にひっぱって行くためのいつわりの宣伝。❷事実をいつわった宣伝。流言。デマ。

て-まさぐり [マ]【手まさぐり】【手▲弄り】[名][文章語] ❶手先でもてあそぶこと。手なぐさみ。❷手さぐり。

て-まし [連語][古語]〔完了助動詞「つ」の未然形と仮想助動詞「まし」〕きっと…だろうに。「『入れずもあらなむ』ともよみてましや」〈土佐〉

で-まち [0]【出待ち】[名] 目当ての役者や芸人が楽屋・会場から出てくるのを待つこと。↕入り待ち。

で-まど [0]【出窓】[名] 外がわにはりだした窓。はりだし窓。

て-まね [テ]【手まね】【手真▲似】[名] 手でまねをすること。

て-まねき [マ]【手招き】[名][他サ] 手でこちらへ来いとまねくこと。

て-まめ [テ]【手まめ】【手▲実】[形動] ダロ・ダッ・デ・ニ ダ・ナ・ナラ・○ ❶手を休めず、まめまめしくはたらくようす。「—に整理する」❷手先の仕事などがうまいようす。「—な人」

て-まり [0]/[テ]【手まり】【手×鞠・手×毬】[名] 手でついてあそぶまり。[新年]

で-まる [0]【出丸】[名] 本城からはなれて、要所にきずいた城郭。出城。↕本丸。

て-まわし [マ]【手回し】【手×廻し】まはし [名] ❶手で回すこと。❷前もって準備すること。手くばり。「—がいい」

て-まわり [マ]【手回り】【手×廻り】まはり [名] 手のとどくあたり。身の回り。手もと。**—品** [0][名] 身近に持っている品物。携帯品。

で-まわ・る [0]/[ワ]【出回る】【出×廻る】まはる [自五] ラ・ロ/リ・ル・ル・レ・レ ❶生産地から品物が市場へ出る。商品が、市場にゆたかに出ている。「旬のものが—」**出回り** [名]

デミグラス-ソース [ソ]〈demiglace sauce〉[名] ブラウンソースにだし汁を加えて煮つめて調味した褐色のソース。ドミグラスソース。

て-みじか [0]【手短】[形動] ダロ・ダッ・デ・ニ ダ・ナ・ナラ・○ てっとりばやく、簡単なようす。「—に説明する」

て-みず [テ]【手水】みづ [名] ❶手をあらう水。手あらい水。ちょうず。❷もちをつくとき、こねどりが手に水をつけ、もちにしめりを与えること。また、その水。

でみず ⓪【出水】みづ 名 大雨のために川などの水がふえること。また、あふれること。大水。洪水。しゅっすい。夏

でみせ ⓪【出店】名 ❶本店からわかれた店。支店。❷露店。

デミタス [デ]〈ᶠdemitasse〉名 小さめのコーヒーカップ。また、それについで飲む、食後のコーヒー。

てみやげ [ミ]【手土産】名 手にさげて行く、ちょっとしたみやげもの。

てむ 連語 古語 (完了の助動詞「つ」の未然形「て」と意志・推量の助動詞「む」)…てしまおう。…てしまうだろう。きっと…(できる)だろう。「(雨ガ)明日あすさへ降らば若菜摘みてむ」〈古今〉

てむかう [カ]【手向(か)う】むかふ 自五 ワ・オ・イ・ッ ウ・ウ・エ・エ 反抗する。敵対する。参考 おもに、弱者が強者に、下の者が上の者に向かう場合にいう。**手向かい** 名 **手向かえる** 自下一 […できる]

でむかえ ⓪【出迎え】むかへ 名 出迎えること。また、その人。「—を受ける」

でむかえる ⓪|[エ]【出迎える】むかへる 他下一 エ・エ・エル・エル・エレ・エロ・エヨ 出てむかえる。**でむかふ** 文語ハ下二

でむく [ム]【出向く】自五 カ・コ・キ・イ ク・ク・ケ・ケ 出て、そのほうへ行く。出向かう。おもむく。**出向ける** 自下一 […できる]

てむける 【手向ける】「たむける」のあやまり。

でめ ⓪ [デ]【出目】名 ふつうより目玉が外に突き出ていること。また、そういう目。

てめえ ⓪ 代 俗語 (「てまえ」の変化)❶自分をさす品のない言い方。「—で—のことがわからねえんだ」❷相手を低く見たぞんざいな言い方。「—はだまっていろ」

でめきん ⓪【出目金】名 きんぎょの一種。目玉が大きくとび出ているもの。夏

デメリット [メ]〈demerit〉名 欠点。短所。↕メリット。

でめん ⓪【出面】名 ⬇でづら。

ても ㊀ 助 (接続助詞。動詞・形容詞および、形容詞型活用助動詞「ない」「たい」などの連用形につく。撥はつ音便と一部のイ音便、および「ない」につくと「でも」となる)❶逆接の仮定条件をあらわす。仮定の事態を示し、その事態が実現した後に、期待される結果が生じないことをあらわす。たとえ…しようとも。「走っ—間に合わない」「働い—働い—お金がたまらない」❷逆接の確定条件をあらわす。すでに実現した事態を示し、その事態が起こった後に、期待される結果が生じなかったことをあらわす。…だけれども。…のに。…にもかかわらず。「呼んでも全くこちらを振り向かなかった」❸(疑問・不定の語について)すべての場合において、同じ結果になることをあらわす。「どこを探し—、見つからないだろう」「だれに聞い—、知らなかった」❹二つの異なる条件が同じ結果を導くことをあらわす。「0に0を足し—、0に0を掛け—0になる」㊁ 連語 (接続助詞「て」に係助詞「も」がついたもの)❶(補助動詞の直前にあって)似たような内容のものを重ねて加える言い方。「叱られた子どもは悲しんでもいるし怒っ—いる」❷(「…てもいい」「…てもかまわない」の形で)許可や許容をあらわす。「ここで食事をし—いいですよ」「その仕事、私がやっ—いい」

でも 接頭 (職業などをいう語について)内容や能力がともなわず、未熟であることをあらわす。「—医者」「—学者」参考 「あれでも…か」の意の「でも」から。

デモ [デ] 名 「デモンストレーション」の略。

でも [デ] 接続 前の事がらと反対のことが次にくることをあらわす。「みんながいいと言う。—ぼくはいやだ」参考 「だって」「でも」は感情をあらわす言い方とともに用いられることが多い。「だって」は、言いわけの感じもふくむ。⇩しかし参考。

でも ㊀ 助 (係助詞)❶極端なものを取り上げて強調し、他の場合にはもちろんそうだ、と推測させる。「子どもに—できる」❷とくにこだわらずに例示していう。「お茶—どうぞ」「りんご—みかん—好きなほうを食べなさい」⇩や❶参考。❸比喩の例として示す。「鉄のおもり—入っているように重い」❹(不定・疑問をあらわす語について)全面的な肯定をあらわす。「だれ—知っている」❺(「…して—」の形で)どんなことをしても。どんな方法を使っても。「引きずって—病院へ連れていく」❻(「—したら」「—しようものなら」の形で)万一そのことが起こった場合には、重大な結果が起こる、という予測をあらわす。「けが—もしたら、たいへんなことになる」㊁ 連語 (断定の助動詞・形容動詞の活用語尾「だ」の連用形「で」(あるいは格助詞の「で」)に係助詞「も」がついたもの)❶逆接の接続助詞のように用いる。…であっても。「休日—休めない」「どんなに高価—、高性能のパソコンがほしい」❷似たような内容のものを加える意味をあらわす。「彼は友人—あり、恩人—ある」「電気のない生活は不便—あり、不安—ある」

でも 連語 (打ち消しの意をふくむ接続助詞「で」と係助詞「も」)…しなくてもよい。「言わ—のこと」

デモーニッシュ [モ]〈ᴳdämonisch〉形動 ダロ・ダッ・デ・ニ ダ・ナ・ナラ・○ 鬼神や魔物にとりつかれたようなようす。悪魔的。超人的。

デモクラシー [ラ]|[ク]〈democracy〉名 ❶民主主義。❷民主政治。❸民主政体。

でもしか 連語 (職業をあらわす語の前に付いて)しかたなくその職についたことの形容。「—先生」「—公務員」参考 「…にでもなろうか」「…にしかなれない」というときの「でも」「しか」から。

てもち [チ]【手持ち】名 手もとに持っていること。また、そのもの。「—の品が不足気味だ」**—無沙汰** ぶさた [フ] 名 形動 することがなく、時間をもてあますこと。所在ないこと。

てもと [ト]【手元】【手▲許】名 ❶手のとどくあたり。身ぢか。「—におく」❷手のちょうし。手のうごき。「—がくるう」❸手元金。「—不如意ふにょいだ」❹箸はしのこと。「お—」**—金** きん ⓪ 名 手元に持っているかね。

でもどり ⓪【出戻り】名 ❶一度出た組織や集団に戻ること。また、その人。❷離婚して実家に帰ること。また、その人。参考 差別的な表現なので注意。

でもの ⓪【出物】名 ❶できもの。はれもの。❷へ。おなら。「—はれもの所きらわず」❸古道具・不動産などの売り物。「—があったら頼む」

てもみ ⓪【手もみ】【手×揉み】名 機械によらず、手でもむこと。「—洗い」「—ラーメン」

てもり [リ]【手盛り】名 ❶自分で自分の食べ物を盛り入れること。❷⬇おてもり❷。

デモる [モ] 自五 ラ・ロ・リ・ッ ル・ル・レ・レ 俗語 デモをする。

デモン [デ]〈demon〉名 ⬇デーモン。

デモンストレーション [レ]〈demonstration〉名 ❶抗議や要求などを表明するために、集会や行進をすること。特に行進についていうことが多い。示威運動。デモ。❷消防隊や軍隊などが、勢ぞろいしたり行進したりして、力を示すこと。❸宣伝のために実演すること。

てやき ⓪【手焼(き)】名 機械によらず、手を使って焼くこと。また、手で焼いたもの。「—せんべい」

てやり ⓪【手やり】【手×槍】名 柄えのみじかいやり。

デュアル〈dual〉造 二重。二元的。二つの部分から成る。

「—モニター」

デュークス デュ〈DEWKS〉名 〔double employed with kids から〕子どもを持って共働きする夫婦。↕ディンクス。

デュース デュ〈deuce〉名 ⬇ジュース(deuce)。

テューター デュ〈tutor〉名 ⬇チューター。

テューバ デュ〈tuba〉名 ⬇チューバ。

デュープ デュ〈dupe〉名 他サ 写真フィルムを複製すること。また、複製されたフィルム。

デュエット デュ〈duet〉名 ❶二重唱、二重奏。また、その楽曲。❷バレエで、ふたりでおどること。また、その場面。

デュオ デュ〈ィduo〉名 デュエット❶。

テュニジア《Tunisia》⬇チュニジア。

て-よ ㊀連語〔接続助詞「て」と終助詞「よ」〕❶〔「…てくださいよ」の略〕相手にたのむ意味。「ちょっと見—」❷〔女性語〕やわらかな断定をあらわす。「何も言ってくれないなら、よくって—」㊁助〔古語〕文の終わりにつけ、相手にのぞむ意味をあらわす。「名は告らしてよ〈万葉〉」

で-よう ヨ【出様】名 ❶出るようす。❷しうち。やり方。態度。出かた。「相手の—によっては」

で-ようじょう ヨ【出養生】名 自サ 転地療養。

てよだわ-ことば コ【てよだわ言葉】名 「よくってよ」「あんまりだわ」のように、文末に「てよ」「だわ」をつける言い方。参考 明治中期ごろに女学生から広まったとされる。

テラ〈tera〉造 国際単位系における接頭語の一つで、一兆倍をあらわす。記号は「T」。「—バイト」⇩国際単位系(表)。

てら ラ【寺】名 ❶仏像をすえ、僧が仏法をおさめる建物。寺院。❷〔古語〕寺子屋。

てら-いり 0【寺入り】名 昔、寺子屋に入門したこと。

てら・う ラ【×衒う】他五 自分の知識・才能をふいちょうする。えらそうに見せかける。「博識を—」「奇を—」**てらい** 名

てら-おとこ オ【寺男】名 寺で雑役をする男。

てら-こ 0【寺子】名 寺子屋に入門した子。**—屋** 0 名 江戸時代に、町家の子どもをあつめて、読み方・習字・そろばんなどの初等教育をした所。寺。

てら-こしょう コ【寺小姓】名 寺の住職につかえた少年。

テラ-コッタ コ〈ィterra cotta〉名 ❶粘土でつくって、素焼きにした土器や彫刻。❷建築材料に使われる装飾用の素焼き陶器。

てら-ざむらい ザ【寺侍】名 格式の高い寺につかえて寺務をとった侍。

てらし-あわ・せる セ【照(ら)し合(わ)せる】他下一 ❶両方から光をあてる。❷くらべてみて、たしかめる。対照する。照合する。**照らし合わせ** 名 **てらしあは・す** 文語下二

デラシネ ラ〈フdéraciné〉名 〔「根なし草」の意〕故郷や祖国を離れた人。

テラス テ〈terrace〉名 ❶洋風の建物で日光浴などのために、建物の一階からつき出して作ってあるゆか。夏 ❷段丘。❸登山で、岩壁などにあるせまい棚状の場所。**—ハウス** 八〈terrace house〉名 庭とテラスがついた、二階建ての集合住宅。

てら・す ラ【照(ら)す】他五 ❶光をあてる。「照明灯がグラウンドを—」❷見くらべる。くらべ合わせる。「法規に—」「良心に—」**照らせる** 自下一〔…できる〕

てら-せん 0【寺銭】名 ばくちで、場所の借り賃。

テラゾー ラ〈ィterrazzo〉名 大理石を細かくくだいた石とセメントをまぜて固め、表面を磨いた人造石。

てらだ-とらひこ《寺田寅彦》一八七八〜一九三五。物理学者・随筆家。筆名は吉村冬彦。夏目漱石門下の一人。「藪柑子集」など。

デラックス ラ〈deluxe〉形動 豪華なようす。

てら-てら テ〔と〕副 自サ つやをもって光るようす。「あぶらぎった顔が—光る」

テラマイシン マ〈Terramycin〉名〔商標名〕抗生物質の一種。軟膏などに使用。

てら-まいり マ【寺参り】名 自サ 寺に行き、参拝したり墓参りをしたりすること。

てら-まち 0【寺町】名 市中の寺院の多くあつまった一画。

てらやま-しゅうじ《寺山修司》一九三五〜一九八三。劇作家・歌人。前衛歌人として存在感を示したのち、劇団「天井桟敷」を主宰。歌集「空には本」など。

てり リ【照り】名 ❶照ること。「日の—」❷ひかること。つや。光沢。「—が出る」❸晴天。

テリア テ〈terrier〉=テリヤ 名 英国原産の中型または小型の猟犬。品種が多い。現在はおもに愛がん用。

てり-あが・る ガ【照(り)上がる】自五 雨があがって、日が照る。

テリーヌ リ〈フterrine〉名 鳥や魚の肉をすりつぶして容器に詰め、蒸し焼きにした料理。冷まして前菜にする。

てり-かえ・す カ0【照(り)返す】自他五 光線や熱を反射する。**照り返し** 名

てり-かがや・く ヤ【照(り)輝く】自五 あかるく、また、うつくしくかがやく。

デリカシー リ〈delicacy〉名 心づかいなどのこまやかさ。優美さ。「—に欠ける」

デリカテッセン テ〈ドDelikatessen〉名〔「うまい食べ物」の意から〕洋風の高級総菜店。

デリケート ケ〈delicate〉形動 ❶こまやかなようす。繊細。「—な曲線」❷敏感なようす。繊細。「—な神経」❸微妙なようす。「—な交渉」

てり-こ・む コ【照(り)込む】自五 ❶日光がさしこむ。❷ひでりが長くつづく。

てり-つ・ける ケ【照りつける】自下一 日光がはげしく照らす。**てりつ・く** 文語下二

テリトリー テ〈territory〉名 ❶なわばり。領域。❷セールスマン・販売店などの、受け持ち区域。

てり-は・える エ【照(り)映える】自下一 光にあたってうつくしく光る。**てりは・ゆ** 文語ヤ下二

てりは-きょうげん キョ【照(り)葉狂言】名 狂言をもとにして、歌舞伎を取り入れたこっけいなしばい。

デリバティブ リ〈derivative〉名 株式・債券・外国為替などの金融商品から派生して生まれた金融商品。金融派生商品。

デリバリー リ〈delivery〉名 宅配や出前など、商品を配達すること。「—サービス」

てり-ふり リ【照(り)降り】名 ❶晴天と雨天。❷てりふりがさ。**—雨** ア 名 照ったり降ったりして、天候の定まらない空もよう。**—傘** ガ 名 晴雨兼用のかさ。

テリヤ テ〈terrier〉名 ⬇テリア。

てり-やき 0【照(り)焼(き)】名 魚や鳥の肉に、みりんとしょうゆとをまぜたしるをつけて焼いた料理。

て-りゅうだん リュ【手×榴弾】名 手で投げつける、小型の爆弾。手投げ弾。しゅりゅうだん。

て-りょうじ リョ【手療治】名 自サ 医者にかからず、自分で病気や傷をなおすこと。

て-りょうり リョ【手料理】名 自分の手で作った料理。

デリンジャー-げんしょう ゲ【デリンジャー現象】名 太陽面の爆発によって、地球の電離層に異常がおこり、通信がさまたげられること。参考 アメリカの、デリンジャー（Dellinger）が発見した。

テル テ〈TEL〉名 自サ（telephone から）電話。電話をかけること。

て・る テ【照る】自五 ラ・ロ・リ・ッ・ル・ル・レ・レ ❶光が出る。かがやく。「日が—」❷晴れる。「—か曇るか」❸うつくしく光る。

てる 連語〔接続助詞「て」に動詞「いる」が続き、「ている」から「い」が抜けた縮約形〕くだけた話しことばで、動作の継続や変化結果の継続などをあらわす。「もう、店は終わっ—よ」参考「てる」は下一段に活用し、「宿題をやってない」「今、やってます」「やってれば」「宿題でもやってろ」のように活用する。また、「やってるんだ」の「るん」が「ん」となり「やってんだ」とさらに縮約されて発音されることもある。

でる テ【出る】自下一 デ・デ・デル・デル・デレ・デロ・デヨ ❶中から外に移動する。↕はいる。㋐決まった場所や決められた範囲からうごく。「裏口から庭に—」「土俵から足が—」「電車が駅を—」㋑活動の場からはなれる。去る。「高等学校を—」「日本を—」㋒ある場所にたどりつく。通じる。「海岸に—道」㋓中にあるものの一部分が外にあらわれる。「芽が—」「涙が—」「ぼろが—」㋔外に向かってうごく。「今月はなにかと金が—」❷はっきりする。㋐なかったものが外からわかるようになる。「星が空に—」「結果が—」「新製品がよく—」㋑ある場所に姿があらわれる。「テレビに—」「選挙に—」❸あるものが人にあたえられる。「スポンサーから賞品が—」「許可が—」❹もとになるものから生まれる。「よく—紅茶」「イソップ物語から出たことわざ」参考「Aから出る」のように使うとき、Aは出発点の意味にも通過する場所の意味にもなる。たとえば、「穴から出る」は両方の意味に解釈できる。「出る」の可能の言い方を、話しことばでは「出れる」ということがあるが、一般的ではない。い・づ 文語下二 —×杭は打たれる ❶すぐれた者は、とかくにくまれる。❷でしゃばる者は、他からいましめられる。—所へ出る 法廷・警察などの公の場所で争いごとを裁いてもらう。—幕ではない 出るべき場合ではない。

デルタ テ〈delta〉名 川の流れがはこんできた土砂でできた、河口の三角州。参考 ギリシャ文字のΔ（デルタ）から。

てるてる-ぼうず ボ【照る照る坊主】名 晴天をいのって、軒先などにつるす人形。

テレ〈tele〉造 ❶テレビ。テレホン。「—ショップ」❷遠隔・遠距離通信で作業をおこなうこと。「—ワーク」

てれ-かくし カ【照れ隠し】名 形動 はずかしさや気まずさを、人の前でつくろうこと。「—に笑う」

てれくさ・い サ【照れ臭い】形 カロ・カッ・ク・イ・イ・ケレ・〇 きまりが悪い。照れ臭がる 自五 照れ臭げ 形動 照れ臭さ 名

てれ-しょう レ【照れ性】名 てれやすい性質。

でれ-すけ レ 名 俗語 でれでれしてだらしのない男。

テレスコープ コ〈telescope〉名 望遠鏡。

でれっ-と レ 副 自サ 俗語 でれでれして、だらしないようす。

でれ-でれ デ 副 自サ 俗語 ❶しまりのないようす。だらしのないようす。❷異性にだらしない態度をとるようす。

テレパシー レ〈telepathy〉名 言語・身ぶりなどによらずに、人の意志・感情が他の人に伝達されること。精神感応。

テレビ テ 名「テレビジョン」の略。—ゲーム ゲ 名〔和製英語 television と game〕小型コンピューターを利用した、テレビ画面にゲームをうつし出して遊ぶ装置。

テレビジョン ビ〈television〉名 実景・フィルム映像などを電波で遠方に送ってうつし出す通信方式。テレビ。TV。

テレビン-ゆ ビ【テレビン油】名 針葉樹の樹脂を精製した油。塗料の原料や、油絵の具をとかすのに用いる。

テレホン テ〈telephone〉＝テレフォン 名 電話。—カード カ〈telephone card〉名〔商標名〕硬貨の代わりに公衆電話で使用する、代金先払いの磁気カード。—バンキング バ〈telephone banking〉名 電話で残高照会や振り込みなどができる金融機関のサービス。

テレマーク マ〈telemark〉名〔ノルウェーの地名から〕スキーの回転・停止技法の一つ。また、ジャンプ競技での着地姿勢。スキーを前後にずらし、ひざを深くまげる姿勢。

てれ-や レ【照れ屋】名 俗語 てれやすい性分の人。

て・れる レ【照れる】自下一 レ・レ・レル・レル・レレ・レロ・レヨ きまり悪がる。はにかむ。

テレワーク ワ〈telework〉名 情報通信技術を利用して、自宅など、職場以外の場所で働くこと。リモートワーク。

てれ-わらい ワ【照れ笑い】—わらひ 名 自サ はにかんで笑うこと。「—をうかべる」

て-れん 〇【手練】名 人をまるめこんだり、だましたりする手段。手くだ。—手管 テ2 名「手練」の強め。

テロ テ 名「テロリスト」「テロリズム」の略。

テロップ ロ/テ〈telop〉名〔television opaque projector から〕テレビ放送で、画像の上に重ねて、あるいは単独で写真・図版・文字などを送る装置。

テロリスト リ〈terrorist〉名 テロリズムを信奉する者。政治上の暴力主義者。テロ。

テロリズム リ〈terrorism〉名 暗殺・暴行・粛清などで、政治上の反対者をたおすこと。また、その方法でおこなう政治。政治的暴力主義。恐怖政治。テロ。

でわ《出羽》では 羽前・羽後二国の総称。今の山形県・秋田県地方。羽州。

て-わけ ケ【手分け】名 自サ 一つの仕事を何人かで分担すること。「—をしてさがす」

て-わざ ザ/テ【手業】名 手先の仕事。

て-わたし ワ【手渡し】名 他サ ❶手から手に受けわたしすること。「バトンを—する」❷人手をかりず、直接にわたすこと。「親書を—する」

てん【店】造 みせ。「店員・店長・店舗・開店・支店・書店・商店・売店・喫茶店・代理店・洋品店・食料品店」

てん【展】造 ❶ならべる。「展示・展覧」❷ひろげる。ひろがる。のびる。「展開・進展・発展」❸みる。ながめる。「展望」❹展覧会。「個展・二科展・作品展」

てん【添】造 そえる。くわえる。「添加・添削・添書・添乗・添付」

てん【貼】造 はりつける。「貼付（ちょうふ）」〔別音ちょう｜貼〕

てん【塡】造 はめる。穴をうめる。中につめる。「充塡・装塡・補塡」

てん【×顚】造 ❶はじめ。先端。「顚末」❷たおれる。「顚倒・顚覆・顚落・動顚」

てん【×纏】造 ❶まつわる。「纏足・纏綿・半纏」❷まとう。かぶる。「纏頭」

てん【天】━ テ 名 造 ❶地上から高く離れた空間。「—を仰ぐ」「天下・天体・天地・仰天」↕地。❷神や霊魂がいると考えられる所。仏教における天界、キリスト教における天国。「天使・昇天・大黒天」❸あらゆるものを支配する者。神。「—の助け」「天子・天帝・天罰」❹神に支配され、どうすることもできないさだめ。天運。天命。

「運を―にまかせる」❺本・掛け軸や荷物などで、上の部分。「―地無用」↔地。❻評価や分類における第一位。「―・地・人」㊁造 ❶自然。「天災・天然」❷空もよう。「天気・好天・晴天・曇天」❸うまれつき。「天才・天性・天賦・先天的」❹天子に関すること。「天顔・天覧」❺もの上部。「天井・天窓・脳天」 **―から降ったか地から湧いたか** まったく突然に現れたときの形容。 **―知る地知る** だれも知らないと思っていても、天地の神々は知っている。 **―高く馬肥ゆ** 秋は空がすみわたって高く晴れ、馬は肥えてたくましくなる。秋の季節をほめることば。㊙秋 **―に唾する** 〔上を向いてつばを吐けば、それがそのまま自分の顔に落ちてくることから〕他人を害しようとして、かえって自分にわざわいをまねくことのたとえ。 **―に二日なし** 太陽が二つないように、一つの国には、君主はひとりであるべきだ。 **―にも地にも** たった一つしかないことのたとえ。天にも地にも、かけがえのない大切なもの。 **―にも昇る心地** たいそうよろこぶこと。 **―の与え** 自然のめぐみ。運命のあたえてくれた幸福。天与。天恵。 **―の声** 絶対的な力をもつ人間の意見や指示。 **―の美×禄** 〔天からのすばらしいさずかり物の意〕酒のこと。 **―は二物を与えず** 天は一人の人間に多くの才能を与えることはしない。 **―は自ら助くる者を助く** 天は、他人の助けをあてにせずに自分で努力している者を助けて、幸福をあたえる。 **―を仰ぐ** 上を向いて、どうしようもないと嘆く。 **―を衝く** ❶天にとどくほど高い。❷意気がさかんなようす。「意気―」 **―を摩す** 高くそびえる。

てん【典】 ㊀テ 名 造 儀式。「華燭の―」「典儀・典礼・祭典・式典・祝典」㊁造 ❶ほん。書物。「典籍・原典・古典・辞典」❷よりどころ。「典拠・典型・出典」❸きまり。規則。「典例・法典」❹ととのっている。「典雅・典麗」❺つかさどる。「典獄・典侍」❻あたえるもの。「栄典・恩典・特典」

てん【点】 ㊀⓪ 名 造 ❶ペン先でちょっとつけたような小さなしるし。「飛行機はやがて―となって消えた」「点字・点線・点滴・点描・汚点・黒点・斑点」❷〔数〕幾何学で、位置だけがあって幅・長さ・厚さのないもの。❸文字の横・下などにつけそえる小さなしるし。㋐その部分を強調したいときなどに、文字の上・横につける小さなしるし。「圏点・濁点・傍点」㋑名詞を並べるとき、間につける小さなしるし。「中点」㋒文の末尾やくぎり目に打つ小さなしるし。「句点・読点・小数点」㋓漢文の訓読のしかたを示すために文字のわきにつける符号。「返り点・ヲコト点」❹漢字の字画のうちで、線よりも短いもの。「〔大〕には―はないが、〔犬〕には―がある」「点画」❺特に問題になる事がら・部分。「この―は今後の課題だ」「二人の似ている―、異なっている―」「欠点・弱点・争点・美点・論点・共通点・問題点」❻答案や運動競技の成績。評価を示す数。ポイント。「―のからい先生」「三回に味方が―を入れた」「点数・減点・採点・得点・満点・決勝点・合格点・平均点」❼物質が変化したり皮膚で感じたりするところ。「圧点・焦点・痛点・氷点・沸点・発火点・融解点」❽特定の位置や箇所。場所。「観点・起点・接点・断点・地点・定点・交差点・出発点・分岐点」㊁造 ❶しらべる。「点検・点呼」❷ともる。ともす。「点火・点滅」❸体内にいれる。「点眼・点鼻薬」㊂接尾 ❶評点をかぞえることば。❷品物をかぞえることば。「衣料など十数―を盗まれた」⇩こ(個)参考。

てん テ【×篆】名 造 漢字の書体の一種。篆書。「篆刻・篆文」

てん【転】 ㊀テ 名 ❶発音・意味などが変化すること。「ケブリはケムリの―」❷漢詩で、絶句の第三句。「起・承・―・結」㊁造 ❶ころがる。ころぶ。ひっくりかえる。「転倒・転落・横転・空転」❷軸を中心にまわる。「転回・公転・自転・反転」❸うつること。かわること。「転位・転勤・移転・好転」 **転じる** 自他上一 **転ずる** 自他サ

てん テ【×貂】名 イタチ科の哺乳類。大きさはねこぐらいで、体毛は黄色または褐色。山林にすみ雑食性。㊐冬

てん 連語〔古語〕➡てむ。

でん【殿】 ㊀造 接尾 ❶大きな建物。「殿中・殿堂・宮殿・神殿・大仏殿」❷人の敬称。「殿下・貴殿」㊁接尾 ❶大きな建物につける名。「紫宸―」「清涼―」❷貴人の法名につける敬称。「〇〇院―」

でん【田】 造 ❶たんぼ。はたけ。「田園・田畑・新田・水田・美田・休耕田」❷物を産出するところ。「塩田・炭田・票田・油田」❸いなか。「田紳」

でん【電】 造 ❶いなずま。いなびかり。「電撃・電光・逐電・雷電」❷電気。「電圧・電子・電線・電波・送電・停電・発電・漏電」❸電信。電報。電話。「電文・外電・祝電・打電」❹電車。「市電・終電」

でん【×澱】 造 よどむ。底にたまる。「澱粉・沈澱」

でん【伝】 ㊀テ 名 造 ❶いいつたえ。「―弘法大師筆」「伝授・伝承・伝説・口伝・秘伝」❷伝記。「エジソン―」「自伝・詳伝・評伝・自叙伝」❸とくいな方法。やりかた。「その―でやれ」㊁造 つたえる。つたわる。「伝染・伝統・伝来・遺伝・駅伝・宣伝」

でん-あつ ⓪【電圧】名 電気の流れが生じる二点間の電位の差。電位差。実用の単位はボルト。 **―計** ⓪ 名 二点間の電位差をはかる計器。ボルトメーター。

てん-い テ【天意】名 ❶天の意志。神意。❷自然の道理。

てん-い テ【転位】名 自他サ〔文章語〕位置がかわること。位置をかえること。

てん-い テ【転移】名 自他サ ❶場所がうつること。場所をうつすこと。❷病気の部分が体のほかの部分にうつり、同じ症状をおこすこと。「癌の―」

でん-い テ【電位】名 二点間に一定の電気量(電流)をはこぶのに必要なエネルギー。二点間の電位に差があると、高い方から低い方に電気が流れる。 **―差** イ 名 二点間の電位のちがい。電圧。

てんい-むほう テ【天衣無縫】名 〔天人の衣服には、縫いめがないという想像から〕❶詩文などに技巧のあとがなく、完全で美しいこと。「―の傑作」❷天真らんまんなこと。

てん-いん ⓪【店員】名 商店に勤務している人。

てん-いん ⓪【転院】名 自サ 患者が、現在入院中の病院から別の病院に移ること。

でん-う テ【殿宇】名 〔「宇」はひさし〕御殿の建物。殿堂。

てん-うん ⓪【天運】名 ❶運命。天命。❷天体の運行。

でん-えん ⓪【田園】名 〔田と畑の意〕❶いなか。❷草木のみどりの美しい郊外。 **―詩人** シ 名 田園の自然美をうたう詩人。 **―都市** ト 名 都市生活の便利さと田園のあじわいとをとり入れてつくられた都市。

でんえんのゆううつ《田園の憂鬱》佐藤春夫の短編小説。一九一七年から一八年にかけて発表。自然を近代的感覚でとらえた散文詩的小説。

てん-おん ⓪【天恩】名〔文章語〕❶天のあたえるめぐみ。自然の恩恵。❷天子の恩。

てん-おん ⓪【転音】名 語が複合するときなどに、前にく

る語の末尾の音がかわること。また、その音。「雨戸」で「あめ」が「あま」、「舟歌」で「ふね」が「ふな」となる類。

てん‐か [テ]【天下】[名]〔古くは「てんが」とも〕❶世の中。この世。❷全国。国じゅう。❸国がその政権下に属すること。「徳川の—」❹世に知れわたっていること。「かりにも—の横綱だ」❺思うままに、ふるまうこと。「この家はぼくの—だ」❻〔古語〕徳川将軍。 **—一品**（いっぴん） [テ][名] 天下にただ一つというほど、すぐれているもの。 **—御免**（ごめん） [テ][名] 公然と許されること。公認されていること。 **—取**（と）**り** [カ][名] 一国の政権を手中におさめること。また、その人。 **—晴**（は）**れて** おおっぴらに。公然と。「—結婚する」 **—人**（びと） [カ][名] 天下を取った人。てんかにん。「—としての秀吉」 **—分**（わ）**け目**（め） [テ]/[メ][名] 天下をとるか、とられるかのわかれめ。勝敗をきめる、だいじなとき。 **—を取**（と）**る** ❶一国の政権を自由にする立場に立つ。❷絶対的な権力をにぎる。「旧社長一派が—」

てん‐か [テ]【天火】[名]〔文章語〕落雷で生じる火災。

てん‐か [0]【点火】[名][自サ] 火をつけること。

てん‐か [0]/[テ]【転化】[名][自サ] 他の状態にかわること。

てん‐か [0]【転科】[名][自サ] 学生が学校で属する科を変えること。「国文学科から英文学科へ—する」

てん‐か [0]/[テ]【添加】[名][他サ] 他の物をつけくわえること。そえること。「食品—物」

てん‐か [テ]【転嫁】[名][他サ] 自分の責任や罪などを他人になすりつけること。「責任を—する」

てん‐か [0]【転×訛】[名][自サ] ことばの音が、なまってかわること。

てん‐が [テ]【天河】[名]〔文章語〕あまのがわ。銀河。天漢。

てん‐が [テ]【典雅】[名][形動] ととのっていて、上品なこと。「—な文章」

でん‐か [テ]【田家】[名]〔文章語〕いなかのいえ。

でん‐か [テ]【伝家】[名] その家につたわること。先祖伝来。家伝。 **—の宝刀**（ほうとう） ❶先祖伝来のたいせつな刀。❷みだりに使わないで、いざというときに使う、おくの手。

でん‐か [テ]【殿下】[名] ❶宮殿・殿堂の下。❷〔古語〕摂政・関白・将軍をよぶ尊敬語。❸天皇と、皇后・太皇太后・皇太后以外の皇族をよぶ尊敬語。接尾語的にも使われる。

でん‐か [0]【電荷】[名] 物体に引いたり離れたりする力をあたえる電気的な現象のもとになるもの。

でん‐か [0]【電化】[名][自他サ] 電力を光・熱・動力のもとに利用すること。鉄道が電気を動力にしたり、家庭で各種の電気器具を使ったりすること。「オール—」

てん‐かい [0]【天界】[名] 天上の世界。天上界。

てん‐かい [0]【展開】[名][自他サ] ❶くりひろげること。くりひろげられること。「はなやかな場面を—する」❷視界にひろがること。「眼下に平原が—する」❸ゆきづまることなく、次々に発展すること。「局面が—する」❹密集部隊が散開隊形になること。❺多項式の積を和の形にすること。たとえば $(a+b)^2$ を $a^2+2ab+b^2$ にすることなど。❻立体を切断して一平面上にひろげること。 **—図**（ず） [カ][名] 立体を切り開いて、一平面上にあらわした図形。

てん‐かい [0]【転回】㊀[名][自他サ] ぐるりと回ること。また、回すこと。回転。㊁[名] 体操の運動の一つ。マットの上でからだを回転させること。「空中—」

てん‐がい [0]/[テ]【天外】[名]〔文章語〕はるかの空。非常に遠い所。「—に飛びさる」 **—の奇想**（きそう） 思いもよらないような、めずらしい考え。

てん‐がい [テ]【天涯】[名]〔文章語〕❶空のはて。❷遠い、よその国。「—にさすらう」 **—孤独**（こどく） [テ][名]〔文章語〕この世に身よりがない、さびしい身の上。 **—の孤児**（こじ） この世に身よりがだれもいないこども・人。

てん‐がい [0]【天蓋】[名] ❶仏像や導師の上にかざす、きぬがさ。❷虚無僧（こむそう）のかぶる深いあみがさ。⇩虚無僧（図）。

でん‐かい [0]【電界】[名] ➡でんば（電場）。

でん‐かい [0]【電解】[名]「電気分解」の略。 **—質**（しつ） [カ][名] 化合物を水溶液にしたときに、電流を通すことができる性質。

てん‐かく [0]【点画】[名] 漢字をかたちづくる点と線。

てん‐がく [0]【転学】[名][自サ] 学生・生徒が、中途で他の学校に移ること。転校。

でん‐がく [0]【田楽】[名] ❶田植えの祭りからおこった舞楽。平安時代からおこなわれ、鎌倉（かまくら）時代から室町（むろまち）時代の初めにかけてさかんになり、能楽のもとである猿楽（さるがく）と深い関係をもった。❷でんがくどうふ。(春) ❸でんがくやき。 **—刺**（ざ）**し** [0][名] 物のまん中をさしつらぬくこと。 **—豆腐**（どうふ） [ド][名] とうふを切って青竹のくしにさし、みそを塗ってあぶった食べ物。(春) **—焼**（や）**き** [0][名] 魚肉・野菜・こんにゃくなどをくしにさし、みそを塗って焼いた食べ物。

テン‐かす [0]【天×滓】[名]〔「テンプラかす」の略〕揚げ玉。

てんか‐ふん [カ]【天花粉】【天×瓜粉】[名] きからすうりの根からとった白いこな。あせも・ただれにつける。(夏)

てん‐から [テ]【てんから・天から】[副] ❶まったく。てんで。「—信じない」[参考] 下に打ち消しの語がくる。❷はじめから。「—うそっぱちだ」

テンガロン‐ハット [八]〈ア ten-gallon hat〉[名]〔十ガロンの水が入る帽子の意〕カウボーイなどがかぶる、つばの広い山高の帽子。

てん‐かん [0]【天漢】[名]〔文章語〕銀河。天の川。(秋)

てん‐かん [カ]/[0]【×癲×癇】[名] 発作的な意識障害やけいれんなど、脳の働きの一時的な異常によって起こる症状。

てん‐かん [0]【展観】[名][他サ]〔文章語〕ひろげて見せること。一般に見せること。「寺宝を—する」

てん‐かん [0]【転換】[名][自他サ] 別の向きの状態にきりかえること。また、きりかわること。「気分の—」「方向—」 **—期**（き） [カ][名] 物ごとがかわる時期。

てん‐がん [0]【天眼】[名] 神通力（じんずうりき）があって、肉眼で見えないものまで自由に見られるという目。 **—鏡**（きょう） [0][名]〔運命などを見きわめるところから〕人相見（にんそうみ）の使う凸（とつ）レンズ。

てん‐がん [0]【天顔】[名]〔文章語〕天子の顔。竜顔（りゅうがん）。

てん‐がん [0]【点眼】[名][自サ] 目ぐすりをさすこと。「—薬」

てん‐き [テ]【天気】[名] ❶気圧・風向・風速・気温・湿度・降水などが組み合わさってできた、大気の状態。天候。❷空もよう。❸晴天。❹天皇・天子のきげん。 **—図**（ず） [キ][名] 各地の気象状態を記号で書き入れた地図。 **—予報**（よほう） [ヨ][名] 気象の観測にもとづいて気象庁が発表する、これからの天気の変化についての情報。狭義には、降水確率予報を中心にした短期のものを指し、広義では一か月以上の長期予報を含める。[参考] 放送では「気象情報」と言う。

天気図

てん‐き [テ]【天機】[名]〔文章語〕❶天の神だけが知っている秘密。❷天から与えられた才能。❸天子のごきげん。 **—漏**（も）**らすべからず** 重大な秘密は、人に知らせてはいけない。

てん‐き [テ]【転帰】[名] 病気の進行した結果。「死の—をとる」

てん-き テ【転機】名 生活や境遇などをきりかえるきっかけ。かわりめ。「失敗が人生の―となる」

てん-き ⓪【転記】名 他サ ほかへ、書きうつすこと。「友人のノートから―する」

てん-ぎ テ【典儀】名〔文章語〕儀式。

てん-ぎ テ【転義】名 もとの意味からうつりかわった意味。↕原義。

でん-き テ【伝奇】名 ❶めずらしい話。奇談・逸事の類。❷中国・唐時代の、奇談・逸事を題材とした短編小説。**―小説** ショ名 伝説や空想的内容を題材とした小説。

でん-き ⓪【伝記】名 個人の一生の記録。

でん-き テ【電気】名 ❶摩擦や磁気などによって生じるエネルギー。電荷や電流として測定される。動力エネルギーとして利用することが多い。❷電灯。**―椅子** キ名 高圧電流を流して死刑を行ういす。**―魚** キ名 発電器官をもっていて、電気を出す魚。しびれえい・でんきうなぎなど。**―×鰻** ウ名 デンキウナギ科の魚。南米の川に産する。強力な発電器官をもち、えさとなる動物をまひさせて食う。しびれうなぎ。**―解離** カ名 ❶気体・液体の分子または原子が電気をおびた原子や原子団(イオン)になること。❷酸・塩基および塩類が水にとけるとき、分子の一部分がイオンに分解すること。電離。**―回路** カ名 電流のながれる通路。ある点を出発した電流が必ずその出発点にもどるようになっている。**―釜** キ名 電気を使って自動的にごはんをたく器具。電気炊飯器。**―スタンド** タ名 机の上などにおく移動式の電灯台。**―蓄音機** オ名 レコード針の振動を電気振動に変えて増幅する方式のレコードプレーヤー。電蓄。**―抵抗** テ名 電流の通りにくさの程度を表す量。単位はオーム「Ω」。**―銅** キ名 電気分解で精錬する、純度の高い銅。電気の導体などに用いる。**―分解** ブ名 他サ 化合物の溶液に、電流を通じて分解すること。苛性ソーダの製造、めっき、冶金などに応用。電解。**―溶接** ヨ名 電熱を利用した溶接法。**―療法** リョ名 電流の作用を利用した神経・筋肉障害の治療法。電気治療。**―炉** キ名 電熱で金属をとかす炉。製鉄・製鋼用。

でん-き テ【電器】名 電気を利用した、主として家庭用の器機。電灯やテレビ・冷蔵庫などの家電製品。電気器機。「―店」

でん-き テ【電機】名 電気を応用した機械。電気機械。「―メーカー」

てんき-ぼ キ【点鬼簿】名〔文章語〕死者の名前を書いた帳面。過去帳。

てん-きゅう ⓪【天球】名 地球のまわりの空を球体とみなしていう語。**―儀** キュ名 天球の模型で、球面上におもな恒星・星座・黄道などをしるしたもの。

でん-きゅう ⓪【電球】名 電灯の光源体となるガラスだま。電灯のたま。白熱電球・LED電球・ネオン電球・水銀灯など。「裸―」

てん-きょ テ【典拠】名 正しい根拠。おもに古書などの記録を根拠とするときに使う。典故。出典。

てん-きょ テ【転居】名 自サ 住居をかえること。移転。転宅。転住。

てん-ぎょう ⓪【転業】名 自サ 職業をかえること。商売がえ。転職。

でん-きょく ⓪【電極】名 電池・発電機などで、電流が出入りするところ。出る方は陽極、はいる方は陰極。

てん-きん ⓪【天金】名 製本の様式の一つ。洋とじの本で、上の切り口に金箔をつけること。

てん-きん ⓪【転勤】名 自サ 勤務する場所がかわること。転任。

てん-く ⓪【転句】名 漢詩で、絶句の第三句。転。↕起句・承句・結句。

てん-ぐ ⓪【天×狗】名 ❶深山にすみ、顔が赤く鼻が高く、空を飛ぶという、山伏姿の怪物。❷〔「てんぐ」は鼻が高いところから、鼻を高くする人という意で〕自慢する人のこと。**―になる** いい気になって自慢する。うぬぼれる。

天狗❶

てん-くう ⓪【天空】名〔文章語〕そら。大空。虚空。**―海×闊** ⓪名 形動 空が無限で、海の広いように、度量が大きく、おおらかなこと。「―な人物」

てん-ぐさ ⓪【天草】名 ところてんぐさ。㊀夏

てん-ぐす ⓪【天▲蚕▲糸】名 ⬇てぐす。

デング-ねつ ブ【デング熱】〔ドDenguefieberから〕名 蚊が媒介するウイルスによる感染症の一種。熱帯に多い。

でんぐり-がえし ガ【でんぐり返し】―がへし 名 手をついて、からだを前方に一回転させること。

でんぐり-がえ・る ガ【でんぐり返る】―がへる 自五 ラ・ロ・リ・ル・ル・レ・レ 頭からくるりと前に回転する。**でんぐり返り** 名

でん-ぐん ⓪【殿軍】名〔「殿」は最後部〕しんがりの軍隊。

てん-けい ⓪【天刑】名 天の神のくだす刑罰。

てん-けい ⓪【天恵】名 天のめぐみ。

てん-けい ⓪【天啓】名〔文章語〕神のみちびき。天の啓示。

てん-けい ⓪【典型】名 もっとも、それらしい特徴をそなえているもの。見本。「エゴイストの―だ」**―的** ⓪ 形動 典型と見なされるようす。「―な商人」

てん-けい ⓪【点景・添景】名〔文章語〕絵や写真で、風景に、おもむきを添える人物や動物など。

でん-げき ⓪【電撃】名 ❶電流を感じたときにおこる衝撃。❷いなずまのように、すばやく、はげしいこと。「―作戦」

てん-けつ ⓪【転結】名 漢詩の絶句で、転句(第三句)と結句(第四句)のこと。「起承―」

てん-けん ⓪【天険】【天×嶮】名 山地などのけわしい所。

てん-けん ⓪【天×譴】名〔文章語〕天罰。

てん-けん ⓪【点検】名 他サ 一つ一つ、しらべること。機械や製品などを、こまかくしらべること。「器具の―」

てん-げん ⓪【天元】名 碁盤の中央の黒い点。

でん-げん ⓪/ゲ【電源】名 ❶電力を供給するみなもと。「電池を―とする」❷水力発電施設。また、それのある地域。❸電気を取りこむもとのところ。「このへやの―」

てん-こ テ【典故】名〔文章語〕よりどころとなる故事。

てん-こ テ【点呼】名 他サ ひとりひとり名を呼んで、人の数をしらべること。「人員―」

てん-こう ⓪【天工】名〔文章語〕天のしわざ。自然のたくみ。

てん-こう ⓪【天候】名 天気の状態。天気。

てん-こう ⓪【転向】名 自サ ❶方向をかえること。❷思想や主義をかえること。特に、共産主義者・社会主義者が、その思想をすてること。**―文学** ブ名 共産主義からの転向を主題とした文学。

てん-こう ⓪【転校】名 自サ 児童・生徒が、中途でその学校をしりぞいて、ほかの学校へうつること。

てんごう ⓪名〔関西地方で〕いたずら。悪ふざけ。

でん-こう ⓪【電工】名 電気工事をする工員。

でん-こう ⓪【電光】名 ❶いなずま。いなびかり。❷電灯の光。**―掲示板** ⓪名 多数の電球を用いて、文字や図を表示する装置。「球場の―」**―石火** セ名 ❶電

光や火打ち石の火のひらめきのようにきわめてみじかい時間。❷たいそうすばやい行動。「—の早わざ」 —ニュース [ニュ][名] 電球を多数ならべたスクリーンを文字の形に光らせて、ニュースを知らせる仕掛け。

てん-こく [0]【×篆刻】[名] 木・石などに字を彫りきざむこと。「—の印」[参考] 多く篆書体を使ったことから。

てん-ごく [テ]【天国】[名] キリスト教で、神・天使がいて、信者の死後の霊をむかえるという、想像上の理想的な世界。↕地獄。

てん-ごく [0]【典獄】[名] 刑務所長の古い呼び名。

てんこ-もり [0]【てんこ盛り】[名]〔俗語〕食器にごはんを山盛りにすること。

でん-ごん [0]【伝言】[名][他サ] ことづて。ことづけ。 —**板** [0][名] 人々の大ぜい出入りする場所にそなえつけて、人々が個人的な連絡のために利用することのできる黒板。

てん-さ [0]【点差】[名] 試合で、得点の差。「—が開いた」

てん-さい [0]【天才】[名] 生まれつきのすぐれた才能。また、そういう才能をもった人。

てん-さい [0]【天災】[名] 自然の災害。地震・風水害など。「—地変」「—は忘れたころにやってくる」↕人災。

てん-さい [0]【天際】[名]〔文章語〕天のはて。

てん-さい [0]【×甜菜】[名] 砂糖だいこん。ビート。㊎ —**糖** [0][名] 砂糖だいこんの根からとった砂糖。

てん-さい [0]【転載】[名][他サ] 他の新聞・雑誌・書物などの記事や写真を、そのままほかの物にのせること。

てん-ざい [0]【点在】[名][自サ] あちこちに散らばってあること。「民家が—する田園」

てん-さく [0]【転作】[名][自サ] これまで作っていた作物を、ほかの農作物の生産にきりかえること。

てん-さく [0]【添削】[名][他サ] 他人の詩歌や文章をなおすために、書きそえたり、けずったりすること。[参考] 自分の作品については「推敲」という。

てん-さん [0]【天蚕】[名] やままゆ。

てん-さん [0]【天産】[名]〔文章語〕天然の産出・産物。「—物」

でんさん-き [サ]【電算機】[名]「電子計算機」の略。

てん-し [テ]【天子】[名] 天にかわって国を治める君主。天皇。帝王。

てん-し [テ]【天使】[名] キリスト教で、天国からの使者。エンジェル。

てん-し [テ]【天資】[名]〔文章語〕天性。「—英明」

てん-し [0]【展×翅】[名] 標本用の昆虫などの羽をひろげて、固定すること。「—板」

てん-じ [テ]【典侍】[名] ❶内侍司の次官。ないしのすけ。❷宮中の女官の身分の一つ。最高級の女官。

てん-じ [0]【点字】[名] 紙面などにつき出た点を組みあわせた視覚障害者用の文字。指先でさわって読む。 —**ブロック** [ロ][名] 視覚障害者を誘導するために、歩道やプラットホームにはった、突起のある板。

てん-じ [0]【×篆字】[名] 篆書の文字。篆。

てん-じ [0]【展示】[名][他サ] ならべて一般に見せること。「作品—会」

でん-し [テ]【電子】[名] 物質を構成する素粒子の一つ。陰電子。エレクトロン。 —**オルガン** [オ][名] 電気的な発振回路をつかって音を出す鍵盤楽器。 —**音楽** [オ][名] 電子回路から発振する音を素材にしてつくった音楽。 —**計算機** [サ][名] トランジスターや集積回路を組みあわせて、各種の数値計算を高速度で自動的におこなう機械。一般に、数値計算だけでなく、記憶・判断などの機能をそなえ、自動制御・事務管理・データ処理などを行う。コンピューター。 —**掲示板** [0][名] インターネットで、参加者が自由に書き込めるようにしたページ。 —**顕微鏡** [0][名] 光線のかわりに電子線をつかう顕微鏡。拡大倍率が光学顕微鏡よりはるかに大きい。 —**工学** [コ][名] 真空・気体・固体の中を運動する電子をあつかう工学。電子管や半導体の理論と応用を中心とする。エレクトロニクス。 —**辞書** [ジ][名] 辞書データを収録した携帯型の情報機器。 —**錠** [シ][名] 電気的な信号で、制御するドアの開閉装置。 —**頭脳** [ズ][名] コンピューターのこと。 —**手帳** [テ][名] 小型のコンピューターを内蔵した、手帳型の記憶装置。書き込み・呼び出し・計算などに用いる。 —**マネー** [マ][名] 現金の代わりに買い物ができるように、貨幣価値を電子的な信号に変換したもの。 —**メール** [メ][名] パソコン・携帯電話など、コンピューターどうしで文書や画像を伝達しあう通信システム。イーメール。 —**郵便** [ユ][名] 電話回線を使って、通信文を郵便局から電送するシステム。 —**レンジ** [レ][名] マイクロ波による分子の振動熱を応用した、高速度調理器。食品の内部まで短時間で熱することができる。

でん-じ [テ]【田地】[名] ➡でんち。

でん-じ [0]/[テ]【電磁】[名] 電磁気。 —**気** [ジ][名] ❶電流によって生まれる磁気。❷電気と磁気。 —**波** [ジ][名] 光線や電波のように、電磁場の振動が波のように進んでゆく現象。 —**場** [ジ][名] 電場と磁場。特殊のばあいのほかは、両者は、必ず同時に存在し、たがいに関連しあう。

てんじく [0]《天竺》〔「インダス(川)」の古い語形「シンドゥー(Sindhu)」に由来するという〕インドの古い呼び名。

てんじく-あおい [ア]【天×竺×葵】[名] フウロソウ科の多年生植物。夏、白・紅・真紅の花を開く。観賞用。ゼラニウム。㊐

てんじくあおい

てんじく-もめん [モ]【天×竺木綿】[名] 地が厚く、幅のひろいもめん。足袋裏などにする。

てんじく-ろうにん [ロ]【天×竺浪人】[名] 住所不定の流浪する人。

でんじ-しゃく [ジ]【電磁石】[名] 軟鉄心に絶縁した銅線を巻いたもの。電流を通すと軟鉄が磁気をおびる。電動機・発電機・スピーカーなど、用途が広い。

てん-しつ [テ]【天質】[名]〔文章語〕生まれつきの資質。天性。

てん-じつ [0]/[テ]【天日】[名]〔文章語〕日輪。太陽。

てんじ-て [テ]【転じて】[連語] ところで。いっぽう。

てん-しゃ [0]【転写】[名][他サ] 文字・画像などを他のものにうつしとること。また、書きうつすこと。「熱—方式」

てん-じゃ [テ]【点者】[名] 和歌や俳諧で評点を加える人。

でん-しゃ [テ]【殿舎】[名]〔文章語〕御殿。殿堂。

でん-しゃ [0]/[テ]【電車】[名] レールの上を電力によって走る交通機関。「—が来る」

でん-しゃ [0]【伝写】[名][他サ] 書物などをうつしとって次々につたえること。

てん-しゃく [テ]【天爵】[名]〔文章語〕身分にかかわりなく生まれつきそなわっているたっとい徳。↕人爵。

てん-しゃく [0]【転借】[名][他サ] またがり。↕転貸。

てんしゃ-にち [シャ]【天赦日・天社日】[名] 暦で、一年じゅうで、最上の吉日だという日。春は「戊寅」、夏は「甲午」、秋は「戊申」、冬は「甲子」の日。

てん-しゅ [テ]【天主】[名] キリスト教で、天にいます神。上帝。 —**教** [キ][名] ローマカトリック教。 —**堂** [ド][名] カトリック教会の建物。

て

てん-しゅ[テ]【天守】[名] てんしゅかく。**―閣**(かく)[ジュ][名] 城の本丸の中央、または、ひとすみに、高くそびえた物見やぐら。天守。[参考]もとは「天主」の意味で、帝釈天(たいしゃくてん)・毘沙門天(びしゃもんてん)、また、一説には、キリスト教の上帝をまつったからという。

天守閣

てん-しゅ[テ]【店主】[名] みせの主人。

てん-じゅ[テ]【天寿】[名] しぜんにそなわる寿命。天命。「―をまっとうする」

てん-じゅ[テ]【天授】[名][文章語] ❶天からさずけられたこと。❷生まれつき。天性。

でん-じゅ[テ]【伝授】[名][他サ] 師が弟子に、奥義・秘伝などをつたえさずけること。

てん-じゅう[0]【転住】[名][自サ] 転居。

でん-しゅう[0]【伝習】[名][他サ][文章語] 先生からつたえられて、ならうこと。おしえられて学ぶこと。

てん-しゅつ[0]【転出】[名][自サ] ❶よその土地へ転居すること。↕転入。❷他の職場へ移って行くこと。

てん-しゅつ[0]【点出】[名][自他サ] その場面の中で、大事なものとして表現すること。「物語の中に―された対話」

てん-しょ[0]【×篆書】[名] 漢字の一体。楷書(かいしょ)・隷書(れいしょ)のもとになったもの。篆(てん)。⇩書体(図)。

てん-しょ[0]【添書】[名][自サ] ❶使者やおくりものなどにそえる書状。❷紹介状。❸書類などに書きそえる覚え書き。

てん-じょ[テ]【天助】[名][文章語] 天のたすけ。神助。天佑(てんゆう)。

でん-しょ[0]【伝書】[名][文章語] 代々にわたってつたわった書物。

てん-しょう[0]【天象】[名][文章語] 天体の現象。空の様子。↕地象。

てん-じょう[0]【天上】㊀[名] ❶空の上。❷空。天。❸この上もないこと。無上。㊁[名][自サ] ❶天にのぼること。❷死ぬこと。昇天。**―界**(かい)[ジョ][名] ❶天上にあるという世界。天国。天界。↕下界。❷[仏]六道の一つ。**―天下**(てんげ)**唯我**(ゆいが)**独尊**(どくそん) ❶天地の間に自分よりとうといものはないの意味で、自己卑下をいましめ、人格の尊厳をあらわしたことば。[参考]釈迦(しゃか)が誕生のとき言ったということば。❷うぬぼれて、自分だけがえらいとすること。

てん-じょう[0]【天井】[名] ❶屋根うら、または、部屋の上面に板などを張りつめたもの。「―うらから火が出た」❷物の内部のいちばん高い面。上がわ。「箱の―」❸変動のある相場の、もっとも高い値段。「物価の―」**―川**(がわ)[ジョ][名] 川どこが、堤防の外がわの土地よりも高い川。**―桟敷**(さじき)[サ][名] 劇場で、後方最上階にある低料金の客席。**―知らず**[シ][名] どこまで上がるか、わからないこと。「―の値上がり」

てん-じょう[0]【天壌】[名][文章語] あめつち。天と地。**―無窮**(むきゅう)[0][名] 天地とともに、きわまりなくつづくこと。

てん-じょう【殿上】[名][古語] ❶宮殿・殿堂の上。❷清涼殿の殿上の間(ま)。❸殿上の間にのぼることを許されること。❹殿上人。❺蔵人所(くろうどどころ)の別の呼び名。**―の間**(ま) 清涼殿の南がわ、殿上人がのぼることを許された所。**―人**(びと)[ジョ][名] 殿上の間にのぼることを許された人。四位・五位の人、および六位の蔵人(くろうど)。雲上人(うんじょうびと)。↕地下(じげ)。

てん-じょう[0]【添乗】[名][自サ] 団体旅行に付きそい、客の世話をすること。「―員」

でん-しょう[0]【伝承】[名][他サ] 古くからの制度や習慣などをあとに送りつたえること。また、その事がら。「民間―」

でん-しょう[0]【伝×誦】[名][他サ] 人から人へと口で語りつぐこと。

でん-しょう[0]【電照】[名][他サ] 電灯で照らすこと。「―栽培」

てんしょう-こうたいじんぐう《天照皇大神宮》 伊勢(いせ)の皇大神宮。祭神は天照大神(あまてらすおおみかみ)。

てん-しょく[テ]【天職】[名] ❶天からさずけられた神聖な職業。❷生まれながらの性質に合っている職務や職業。「医師を―とする」

てん-しょく[0]【転職】[名][自サ] 職業をかえること。転業。

でん-しょく[0]【電飾】[名] ネオンサインやイルミネーションなど電気による装飾。

でんしょ-ばと[パ]【伝書ばと】【伝書×鳩】[名] 通信に利用するために訓練されたはと。

テンション[テ]〈tension〉[名] ❶張力。張り。❷心の緊張。また、気持ちの高ぶり。「思わず―が上がる」

てん・じる[0]【点じる】[他上一] ジ―ジ―ジル―ジル―ジレ―ジロ・ジヨ ⬇てんずる。

てん・じる[0]【転じる】[自他上一] ジ―ジ―ジル―ジル―ジレ―ジロ・ジヨ ⬇てんずる。

てん-しん[0]【天心】[名][文章語] 空のまんなか。「月、―にかかる」

てん-しん[0]【点心】[名] ❶禅宗で、間食のこと。❷おやつ。茶うけ。❸中華料理で、ギョーザ・シューマイ・春巻きなどの軽い料理や、デザート・菓子の類。〔=てんじん。〕

てん-しん[0]【転身】[名][自サ] ❶身をかわすこと。❷身分や職業、主義や生活方針などをかえること。

てん-しん[0]【転進】[名][自サ] ❶方向をかえて、他の目的地にすすむこと。❷軍隊が、他の目的地に移動すること。[参考]旧軍隊で「退却」の代わりに用いた。

てん-しん[0]【天真】[名][形動] しぜんのままで少しもかざらないこと。**―×爛漫**(らんまん)[0][名][形動] かざることなく、ありのままであること。むじゃきで、くったくがないようす。

てん-じん[0]【天人】[名][文章語]〔「てんにん」と読めば別語〕天と人。「―ともに許さざる罪悪」

てん-じん[0]【天神】[名] ❶天の神。あまつかみ。↕地祇(ちぎ)・地神。❷天満宮。祭神は菅原道真(すがわらのみちざね)。

でん-しん[0]【田紳】[名] 紳士ぶっているが、やぼで洗練されていない男。いなか紳士。

でん-しん[0]【電信】[名] 電流や電波を利用して、通信をおこなうこと。電気通信。**―為替**(がわせ)[ガ][名] かねを早く送るために、電信を利用する方法。電報がわせ。**―柱**(ばしら)[バ][名] 空中にはった電話線などを支えるはしら。[参考]狭義には電話線とネット回線のためのものだけを指すが、電力柱との総称としても用いる。

テンス[テ]〈tense〉[名] 西洋文法で、過去・現在・未来などの時間をしめす分類。時制。

てん-すい[0]【天水】[名] 天から降った水。あまみず。**―×桶**(おけ)[オ][名] 防火・飲料用水とするため、雨水をためておくおけ。

天水おけ

てん-すう[ス]【点数】[名] ❶評点をあらわした数字。❷物品のかず。「商品の―をそろえる」**―を稼**(かせ)**ぐ** ❶得点を入れる。❷相手に好まれることをして、自分の評価を高める。

でん-すけ[デ][名][俗語] ❶とばくの一種。時計の針のような棒をまわし、とまったところを当たりとする。でんすけとばく。❷取材などに使われた携帯用テープレコーダーの俗称。

てん・ずる[0][ズ]【点ずる】[他サ] ジ・ゼ―ズル―ズル―ズレ―ジロ・ゼヨ 〔「点じる

（上一段活用）」とも）❶訓点をつける。❷火をともす。あかりをつける。❸茶をたてる。❹しずくをたらす。「目薬を―」てん・ず [文語サ変]

てん・ずる ⓪/③【転ずる】[自他サ]（ジ・ゼ・ジ・ズル・ズル・ズレ・ジロ・ゼヨ）（「転じる（上一段活用）」とも）うつる。うつす。かわる。かえる。「攻勢に―」「視線を―」てん・ず [文語サ変]

てん-せい [テ]【天成】[名]〔文章語〕❶人の力によらず、しぜんにできあがること。❷うまれつき。天性。

てん-せい [テ]【天性】[名] 天から受けた性質。うまれつき。

てん-せい ⓪【点×睛】[名]〔文章語〕（「睛」はひとみ。ひとみを書きいれて、いきものの絵をしあげることから）最後にだいじな所に手をいれて、物ごとを完成すること。「画竜―」[参考]「点晴」と書くのはあやまり。

てん-せい ⓪【展性】[名] つちで打ち、または圧力を加えて箔にすることができる金属の性質。↕延性。

てん-せい ⓪【転生】[名][自サ] うまれ変わること。

てん-せい ⓪【転成】[名][自サ] ❶他の性質のものに変わること。❷ある品詞から他の品詞にかわること。「動詞の連用形から―した名詞」

でん-せい ⓪【電請】[名][他サ] 外交使節などが、電報で本国政府の訓令をねがうこと。↕電訓。

でんせい-かん ⓪【伝声管】[名] 船舶・航空機などで、たがいに離れた所から話す声をつたえあうためのくだ。

てん-せき ⓪【典籍】[名]〔文章語〕書籍。書物。

てん-せき ⓪【転籍】[名][自サ] 本籍・学籍などをほかへうつすこと。

転石×苔を生ぜず ❶職業や住所を変えてばかりいておちつかない人は、大成しない。❷常に活動している人は、沈滞せずいつも清新である。[参考] 英国のことわざ、A rolling stone gathers no moss. から。

でん-せつ ⓪【伝説】[名] 昔からその土地に語りつたえられてきた話。**―的** ⓪[形動] その分野では、その話題が広く信じられ、つたえられているようす。「―な記録」

てん-せん ⓪【点線】[名] 点がつづいてできている線。↕実線・破線。

てん-せん ⓪【転戦】[名][自サ] 戦いながら各地をまわること。

てん-ぜん ⓪【×恬然】[と副][たる連体]〔文章語〕平気なようす。

でん-せん ⓪【電線】[名] 電流を導く金属線。多くは銅線。

でん-せん ⓪【伝染】[名][自サ] ❶悪いことがうつること。うつりおよぶこと。❷病原菌による病気が他にうつって同じ症状をあらわすこと。**―病** ⓪[名] 伝染しやすい病気。感染症。多く、かつての法定伝染病をいう。

でん-せん ⓪【伝線】[名][自サ]（「伝染」のもじり）女性のストッキングなどの破れが、続いてつたわること。

てん-ぞ [テ]【典▲座】[名] 禅宗で、寝具や食事などの雑事をつかさどる役目の僧。

でん-そ [デ]【田租】[名]〔文章語〕田地にわりつける租税。

てん-そう ⓪【▲伝奏】[名][他サ] とりついで天皇に申しあげること。また、その職。でんそう。

てん-そう ⓪【転送】[名][他サ] おくってきたものを、さらに別の所におくること。「転居先へ―する」

でん-そう ⓪【電装】[名] 電気関係の装置を備えたり、配線をしたりすること。また、自動車の電気関係の装置。

でん-そう ⓪【伝送】[名][他サ] 次々につたえおくること。

でん-そう ⓪【電送】[名][他サ] 写真などを電流または電波によって、遠い所へおくること。「―写真」

てん-そく ⓪【×纏足】[名] 近代以前の中国で、女性の足を大きくしないため、子どものときから足を布で固くしばり、発育をおさえた風習。

てん-そく ⓪【天測】[名][他サ] ある地点の経度・緯度を知るため、六分儀により星の位置をはかること。

てん-ぞく ⓪【転属】[名][自他サ] 所属がかわること。また、かえること。

てん-そん ⓪【天孫】[名] ❶天の神の子孫。❷天照大神の孫、瓊瓊杵尊のこと。天照大神の命により、高天原から日向の高千穂の峰に天降ったという。「―降臨」

テンダーロイン ⓪〈tenderloin〉[名] 牛や豚の腰のあたりのやわらかい肉。ヒレ肉。「―ステーキ」

てん-たい ⓪【天体】[名] 天空にある太陽・月・星などの総称。「―観測」

てん-たい ⓪【転貸】[名][他サ] またがし。↕転借。

てん-だい ⓪【×椽大】[名] たるきの大きさ。**―の筆** ❶たるきのような大きな筆。❷りっぱな大文章。

てんだい-ざす [ザ]【天台座主】[名] 天台宗の最高位の僧。比叡山延暦寺の住持。

てん-たいしゃく [タ]【転貸借】[名][他サ] 人から賃借りしている物を、さらに他の人へ貸すこと。またがし。

てんだい-しゅう《天台宗》❶インド・中国におこり、鑑真によって日本につたえられ、最澄が開宗した仏教の一派。❷比叡山を本山とする山門派の天台宗。

てん-たく ⓪【転宅】[名][自サ] 住宅をうつすこと。転居。

でん-たく ⓪【電卓】[名]（「電子式卓上計算機」の略）電子技術を応用した小型計算機。

でん-たつ ⓪【伝達】[名][他サ] 命令・指示などをつたえること。「情報―」

デンタル〈dental〉[造] 歯・歯科に関すること。「―ケア」「―クリニック」

てん-たん ⓪【×恬淡・×恬×澹】[と副][形動] あっさりして欲がないこと。「無欲―」

でん-たん ⓪【伝単】[名] 中国で、宣伝ビラ。

でん-たん ⓪【電探】[名]「電波探知機」の略。

てん-ち [テ]【天地】[名] ❶天と地。あめつち。❷宇宙。世界。「自由の―」❸上と下。上と下とをとりかえること。「―無用」 **―開×闢** [テ][名] 世界のできはじめ。 **―神明** [テ][名] 天地の神々。「―に誓って」 **―無用** [テ][名] 貨物のとりあつかいで、「上下をさかさまにするな」の注意書き。

てん-ち ⓪【転地】[名][自サ] 住む場所をかえること。病気の治療・養生のために、気候のよい所に移ること。「―療法」

でん-ち [テ]【田地】[名] 田となっている土地。でんじ。**―田畑** [テ1]=[テ2][名] たはた。

でん-ち [テ]【電池】[名] 化学反応によって電流をおこすしくみ。蓄電池・乾電池・太陽電池・熱電池など。

でん-ちく ⓪【電蓄】[名] ⇒電気蓄音機。

てん-ち-じん [テ]=[ジ]【天地人】[名] ❶天と地と人。宇宙の万物。❷三つある物の順序をあらわす語。

てん-ちゃ ⓪【点茶】[名] 茶をたてること。

てん-ちゅう ⓪【天×誅】[名] ❶天のくだす罰。❷天にかわって罰をくわえること。「―を下す」

てん-ちゅう ⓪【転注】[名] 六書の一つ。漢字を、本来の意義から他の意義に転用すること。音楽の「楽」を、「たのしむ」（字音「らく」）の意味に使うなど。[参考]「転注」の定義は諸説あってなお定まらない。

でん-ちゅう [テ]【殿中】[名] 御殿のうち。

でん-ちゅう ⓪【電柱】[名] 空中にはった送電線をささえるためのはしら。電力柱。また、電信柱と電力柱の総称。

てん-ちょう◎【天頂】名〔文章語〕❶いただき。頂上。❷天頂点。**ー点** 〔テョ〕名 地球上の観測点における鉛直線が、天球とまじわる点。

てん-ちょう◎【天朝】名「朝廷」の尊敬語。

てん-ちょう◎【天聴】名〔文章語〕天皇が聞くこと。「ーに達する」

てん-ちょう〔テ〕【店長】名 その店の責任者。「やとわれー」

てん-ちょう◎【転調】名他サ 楽曲の進行中に他の調にかえること。「ハ調からヘ調にーする」

てんちょう-せつ《天長節》「天皇誕生日」の古い呼び名。↕地久節。

てんちょう-ちきゅう◎【天長地久】名〔文章語〕天地のように永久につづくこと。

テン-つゆ◎名 テンプラにつける、甘辛い汁。

てん-で◎副 まるで。全然。「ー話にならない」参考 下に打ち消しの言い方がくることが多い。

てん-てい◎【天帝】名〔文章語〕天をおさめる上帝。天の神。

てん-てい◎【点×綴】名自他サ〔文章語〕（「てんてつ」は慣用読み）ものがほどよくちらばっていること。適当にちらばらせて、それをつづり合わせること。

でん-てい◎【電停】名「電車停留所」の略。

てん-てき◎【天敵】名 ある生物にとって、宿命的に、害敵となっている生物。昆虫に対する鳥など。

てん-てき◎【点滴】名❶したたり。しずく。特に、雨だれ。❷「点滴注射」の略。患者の静脈内に薬液を一滴ずつ注入する治療法。**ー石をうがつ** 小さなことでもこつこつ行えば最後には成功をおさめる。雨だれ石をうがつ。

てんてこ-まい〔コ〕【てんてこ舞い】〔天手古舞〕（ーまひ）名自サ（太鼓の音につられて舞う意から。「天手古」は当て字）いそがしくて、おちついていられないこと。

てん-てつ◎【点×綴】名他サ〔文章語〕➡てんてい。

でん-てつ◎【電鉄】名「電気鉄道」の略。

てんてつ-き〔ツ〕【転×轍機】名 ある鉄道線路から、車両を他の線路にうつす仕掛け。ポイント。

てんで-に◎【てんでに】【『手手に』】副（「手に手に」の変化）めいめい。思い思いに。「ー買い物をした」

てん-てん【点点】㊀◎（と）副❶点を打ったように、あちこちにちらばっているようす。「人家がーと見える」❷しずくがしたたり落ちるようす。「ーとしたたる血」㊁〔テ²〕名 複数の点。また、点線。「ーでつなぐ」

てん-てん◎【転転】（と）副自サ❶ころがるようす。❷それからそれへと、うつりゆくようす。「職をーとする」

でんでん-だいこ〔ダ〕【でんでん太鼓】名 柄のある太鼓のふちに、小さい鈴を糸で結びつけたおもちゃ。

でんでんだいこ

てんでん-ばらばら〔テ〕形動〔ダロ・ダッ・デ・ニ／ダナ・ナラ・〇〕めいめいがかってにして、まとまらないようす。「ーな意見」

てんてん-はんそく◎【展転反側】【×輾転反側】名自サ〔文章語〕眠れず、なんども寝返りをうつこと。

でんでん-むし〔デ²〕名 かたつむり。㊟夏

テント〔テ〕（tent）名 野外で、日光や雨をふせぐために小屋のように張る幕。天幕。㊟夏

てん-と〔テ〕【×奠都】名自サ〔文章語〕（「奠」は決定するの意）あらたにみやこをさだめること。

でん-と〔テ〕【電×鍍】名〔文章語〕電気めっき。

でん-と〔テ〕副 どっかりと腰を落ち着けているようす。「ー座り込む」

てん-とう〔テ〕【天道】名❶天地をつかさどる神。天帝。❷（かながき）太陽のこと。「おーさま」

てん-とう◎【店頭】名 みせさき。みせの前。

てん-とう◎【×纏頭】名〔文章語〕（古代、舞い人に主人が頭に載せた綺麗な布を褒美としてあたえたことから）芸人にわたす祝儀。チップ。はな。

てん-とう◎【点頭】名自サ〔文章語〕うなずくこと。

てん-とう◎【点灯】名自他サ あかりをつけること。

てん-とう◎【転倒】【×顛倒】㊀名自他サ❶さかさまになること。さかさまにすること。「本末ー」❷ひっくりかえること。ひっくりかえすこと。「すべってーする」㊁名自サ 心がさわぎうろたえること。動転。「変事に心がーする」

てん-どう〔テ〕【天堂】名『仏』天国にある殿堂。極楽浄土。

てん-どう〔テ〕【天道】名〔文章語〕天地・自然のみち。自然の法則。「ーにのっとる」

でん-とう◎【伝灯】名〔文章語〕（仏法を灯火にたとえていう）仏法を絶えることなく後世につたえること。

でん-とう◎【伝統】名 社会や集団に、古くから受けつたえられてきたしきたり・風習・考え方など。「民族のー」

でん-とう◎【電灯】名 電気で光るあかり。

でん-どう◎【伝動】名 動力を機械の他の部分、または、他の機械につたえること。

でん-どう◎【伝導】名 熱または電気が、物質の一部からだんだんにほかへうつっていく現象。

でん-どう◎【殿堂】名❶大きな建物。❷神仏をまつった建物。**ー入り**◎名 ある分野で立派な業績をあげた人が博物館などに名前を記録したたえられること。

でん-どう◎【電動】名 電気を動力に使って機械をうごかすこと。**ー機**〔ド〕名 電気を動力に使って回転する原動機。モーター。

でん-どう◎【伝道】名自サ 教義をつたえひろめること。

てんどう-せつ〔ド〕【天動説】名 地球は宇宙の中央に静止し、他の天体がその周囲をまわるとする説。中世までのヨーロッパで信じられていた。↕地動説。

てんとう-むし〔ト〕【天道虫】名 テントウムシ科の昆虫の総称。半球形の背に斑点のある小さな甲虫。種類が多い。㊟夏

てん-どく◎【転読】名他サ❶とびとびに読むこと。❷『仏』経文の要所を、とびとびに読むこと。↕真読。

テン-とじ◎【天×綴じ】（ーとぢ）名 テンプラそば・テンプラうどんの卵とじ。

てん-として〔テー〕【×恬として】副〔文章語〕気にかけないようす。平気で。「ー恥じない」

てん-とり〔リ〕【点取（り）】名❶点を取ること。❷点取り虫。**ー虫**〔リ〕名 よい点数を取ることだけを目的にして勉学する、学生・生徒をけいべつしていうことば。

テン-どん◎【天丼】名 テンプラをのせたどんぶりめし。テンプラどんぶり。

てん-ない〔テ〕【店内】名 みせの中。↕店外。

てんなん-しょう〔ナ〕【天南星】名 サトイモ科の多年生植物。有毒植物。地下茎は薬用。

てん-にゅう◎【転入】名自サ❶転校して入学すること。転入学。❷ある土地に転居してくること。↕転出。

てん-にょ〔テ〕【天女】名❶天人。❷女神。

てん-にん〔ニ〕【天人】名（「てんじん」と読めば別語）天上に住むという想像上の人。天女。**ーの五衰** 天人が死

ぬ時にあらわれるという五つのおとろえの姿。

てん-にん 0【転任】名自サ 他の職務、他の勤務地にうつること。

でん-ねつ 0【電熱】名 ❶電気抵抗や放電など、電気によって生ずる熱。❷電熱器。 **—器** ツ名 電気抵抗の大きいニクロムなどの金属のコイルまたは板に、電流を通じて発熱させるもの。ヒーター。

てん-ねん 0【天然】名 ❶人の力が加えられていない状態。自然。↔人為・人工。❷生まれつき。天性。 **—ガス** ガ名 地中から発生する、燃えるガス。メタンガス・エタンガスなど。 **—記念物** ネ2名 自然界の貴重な記念物として、法律によって保護されている動物・植物・鉱物。 **—資源** シ名 天然に存在して、加工することができる有用物。鉱物・水産物など。 **—色** ネ名 ❶万物にしぜんにそなわる色。❷天然色の映画・写真。 **—水** ネ名 ろか・ちんでん・加熱・殺菌などの処理を加えない自然の水。参考 市販品には、なんらかの処理が加わっているものが多い。 **—痘** 0名 痘瘡。疱瘡。 **—パーマ** パ名 生まれつき、パーマをかけたような縮れ毛やくせ毛の頭髪。

てん-のう ノ【天皇】名〔日本国憲法の規定〕日本国および日本国民統合の象徴。 **—制** 0名 ❶天皇が元首となっている政治体制・国家体制。❷もと、天皇にすべての国家権力が存在していた政治体制。 **—誕生日** 国民の祝日の一つ。現在の天皇の誕生日。二月二十三日。 **—陛下** ヘ名 天皇の尊称。今上陛下。

でん-のう 0【電脳】名〔「コンピューター」の中国での訳語〕電子計算機。電子頭脳。

てんのう-ざん ノ【天王山】名 勝敗のわかれ目。参考 京都府にある山。羽柴秀吉と明智光秀とがこの山で争い、秀吉が勝って天下を取ったことから。

てんのう-せい 0【天王星】名 土星の外がわをまわる太陽系の惑星。

てん-ば テ【天馬】名〔文章語〕❶天上界にすむという馬。❷駿馬。❸ギリシャ神話のペガサス。翼があって自由に空を飛ぶという馬。 **—空を行く**〔天馬が空をかけるように〕勢いよく軽快で、どんどん進んでゆく。

でん-ば 0【電場】名 電気の力がおよんで作用している空間。電界。電場。

でん-ぱ テ【電波】名 電磁波のうち赤外線よりも大きい波長をもつもの。電気通信用。 **—探知機** チ名 発射した電波の反射を利用して、遠方の事物の位置を知る機械。航空機・船・雲などの探知に使う。電探。レーダー。 **—時計** ド名 時刻情報をのせた電波を受信し、自動的に時刻や日時を修正する時計。 **—望遠鏡** 0名 天体から来る電波を、受信・観測する装置。

でん-ぱ テ【伝×播】名自サ ❶つたわり、ひろまること。「うわさの—」❷波動が媒質の中をひろがって行くこと。

テンパー テ名「ジステンパー」の略。

てん-ばい 0【転売】名他サ 買ったものを、さらに他に売ること。またうり。

テン-パイ 0/テ【中▲聴×牌】名自サ マージャンで、手の中のパイがいつでもあがれる状態になること。

でん-ぱた テ【田畑】名 田と、はたけ。たはた。

てん-ばつ テ【天罰】名 天のくだす罰。しぜんに受けるむくい。 **—×覿面** 悪事をはたらくと、天罰がすぐくだるということ。

テンパ・る パ 自五 ラ・ロ・リ・ッ／ル・ル・レ・レ〔俗語〕❶マージャンで、テンパイの状態になる。❷緊張やあせりなどで、心に余裕がなくなる。「しめきりを過ぎて—」

てん-ぱん 0【典範】名〔文章語〕❶おきて。規則。「皇室—」❷てほん。

てん-パン 0【天パン】名 天火の中で使う、鉄板でできた四角な容器。

でんぱん【伝播】「でんぱ」のあやまり。

てん-ぴ テ【天日】名 太陽の光・熱。 **—製塩** セ名 海水から食塩をとるのに、太陽熱を利用する方法。塩田法。

てん-ぴ テ【天火】名 西洋料理用のむしやき器。オーブン。

てん-びき 0【天引(き)】名他サ ❶貸金の中から契約期間中の利子をあらかじめ引きさること。❷総額中から、初めに一定の額を引きさること。「税金を—する」 **—貯金** チョ名 給料から初めに一定の額を引いて貯金すること。

てん-びょう 0【点描】名他サ〔文章語〕❶点で表現する画法。❷特徴をみじかく書きあらわすこと。「人物—」

でん-ぴょう 0【伝票】名 業務上の収支計算や、取り引きの伝達・責任などを確認するために使う紙片。

てんぴょう-じだい《天平時代》奈良時代の天平年間。美術を中心に、独特な貴族文化の展開した時代。

てんぴょうのいらか《天平の甍》井上靖の長編小説。一九五七年発表。五人の僧が中国に渡り、苦難のすえ、高僧鑑真をともなって帰国するまでを描く。

てん-びん 0【天×秤】名 ❶はかりの一種。一点でささえた棒の両端に品物をのせるさらと、おもりをのせるさらがある。❷てんびんぼう。 **—に掛ける** ❶二つのものの優劣・損得を比較する。「利害を—」❷両方に関係をつけておいて、どちらが勝っても損をしないようにしておく。ふたまたをかける。 **—棒** 0名 両端に、荷物をかけてかつぐ棒。

てん-ぴん 0【天×稟】名〔文章語〕生まれつきの性質・才能。天性。

てん-ぶ 0【転部】名自サ ❶学生が同じ大学の他の部にうつること。❷別のサークルにうつること。

てん-ぷ テ【天賦】名 生まれつき。天与。「—の才能」

てん-ぷ テ【添付・添附】名他サ ❶書類などに、補いとしてそえてつけること。「内申書を—する」❷電子メールで、主文のほかに電子ファイルをそえること。

てん-ぷ テ/0【▲貼付・▲貼附】名他サ ➡ちょうふ(貼付)。参考「てんぷ」は慣用読み。

でん-ぶ テ【田×麩】名 魚肉をこまかくしてかわかし、砂糖・しょうゆなどで味をつけた食品。

でん-ぶ テ【×臀部】名 しりの部分。しり。

てん-ぷく 0【転覆】【×顛覆】名自他サ ❶ひっくりかえること。ひっくりかえすこと。❷ほろびること。ほろぼすこと。「王朝が—した」

てん-ぶくろ 0【天袋】名 床の間のわきや押し入れの上に作る戸だな。↔地袋。⇩違い棚(図)

てん-ぶつ 0【天物】名〔文章語〕天産物。自然の産物。

でんぷ-やじん テ【田夫野人】名〔文章語〕❶教養のない人。粗野な人。❷いなか者。

テンプラ 0【天×麩羅】〈ポ tempero〉名 ❶野菜や魚肉などに、小麦粉のころもをつけて油であげたもの。参考「天ぷら」と表記することが多い。❷〔俗語〕めっきしたもの。西日本では、さつまあげのこともいう。「—の時計」❸〔俗語〕にせもの。「—学生」

テンプレート レ〈template〉名 ❶プラスチックの板に文字や図形などをくりぬいた、製図用の定規。❷コンピューターソフトで、あらかじめ一定の書式や数式を設定しておき、利用者が自由に使用できるようにしたもの。また、それにしたがって書いた文章。テンプレ。

てん-ぶん 0【天分】名 生まれつきの性質・能力。天性。

でん-ぶん [0]【電文】名 電報の文。

でん-ぶん [0]【伝聞】名他サ 人づてに聞くこと。つたえ聞いたこと。

でん-ぷん [0]【×澱粉】名 葉緑素をもつ植物、特にその種子・根茎・塊根(かいこん)などに多くふくまれている、白い粉末の炭水化物。

テンペラ [0]〈イ tempera〉名 顔料を、にかわ・のりなどで練ったみず絵の具。また、それでかいた絵。油絵と水彩画との中間的絵の具。

てん-ぺん [0]【天辺】名〔文章語〕高い空。空のはて。

てん-ぺん [0]【天変】名 暴風・雷電など、気象上の異変。↕地変・地異。 **―地異**(ちい) [チ]名 暴風・地震などの、自然の変災。

てん-ぺん [0]【転変】名自サ うつりかわること。「世の―」

てん-ぼ [テ]【展墓】名自サ〔文章語〕（「展」は参詣(さんけい)するの意）はかまいり。墓参。秋

てん-ぽ [テ]【店舗】名 みせ。商店。「―を改造する」

テンポ [テ]〈イ tempo〉名 ❶速さ。速度。❷音楽で、曲の演奏される速さ。

てん-ぽ [テ]【転補】名他サ ほかの官職にうつすこと。

でん-ぽ [テ]【田×圃】名〔文章語〕たはた。

てん-ぼう [0]【展望】名他サ ❶ひろい範囲をながめ見わたすこと。「山頂からの―」❷社会・文化の動きなどを広く見わたすこと。 **―車**(しゃ) [ボ]名 列車などの最後部につけて、沿線の風景が見わたせるようにしてある客車。 **―台**(だい) [ボ]名 山頂や高層ビルに設けられた、遠方の景色をながめるための場所。

てん-ぽう [0]【転封】名他サ （「封」は領地のこと）大名の領地を他へうつしかえること。国がえ。移封。

でん-ぼう [ボ/テ]【伝法】名形動 ❶わるずれしてあらっぽいこと。また、その人。ならずもの。「―な口をきく」参考 昔、浅草の伝法院の下男が、寺の威光をかさに着て乱暴なふるまいをしたことから。❷女性がいさみはだであること。「―なあねご」＝でんぽう。 **―肌**(はだ) [ボ]名 いさみはだ。

でん-ぽう [0]【電報】名 電信によっておこなう通報。「―を打つ」 **―為替**(がわせ) [ガ]名 電信がわせ。

てんぽう-せん [0]【天▲保銭】名 ❶江戸幕府が、天保年間以降に鋳造(ちゅうぞう)した長円形の銅銭。天保通宝。❷愚鈍な人、役にたたない人のこと。参考 明治以後八厘(りん)貨として通用し、一銭にたりなかったところから。

てん-ぽん [0]【点本】名 漢文の文章に訓読のしかたを示すための文字や符号をつけた本。訓点本。

てん-ま [テ]【天魔】名 仏法をさまたげ、人が善事をするのをさまたげる悪魔。「―に魅入(みい)られる」

てん-ま [0]【伝馬】名 ❶〔古語〕宿継ぎのうま。駅馬(えきば)。❷〔古語〕公用に出した馬。❸てんません。 **―船**(せん) [0]名 貨物運送用の小舟。てんま。

伝馬船

デンマーク《Denmark》（「丁抹」とも書いた）北欧のユトランド半島をしめる立憲王国。首都はコペンハーゲン。

てん-まく [テ]【天幕】名 テント。

てん-まつ [テ]【×顛末】名 （「顛」は物事の根本の意）ことのはじめからおわりまでの、いちぶしじゅう。いきさつ。「事件の―」

てん-まど [0]【天窓】名 採光や換気のため、屋根につくった窓。

てんまん-ぐう [マ]【天満宮】名 菅原道真(すがわらのみちざね)をまつる神社。京都の北野天満宮、福岡の太宰府(だざいふ)天満宮など。天神さま。参考「天満」は道真の神名にもとづく。

てん-めい [0]【天命】名 ❶しぜんにそなわる寿命。天寿。❷人の力ではどうにもならない運命。天運。

てん-めい [0]【天明】名〔文章語〕夜明け。

でん-めい [0]【電命】名 電報による命令。

てん-めつ [0]【点滅】名自他サ あかりをつけたり、消したりすること。あかりがついたり、消えたりすること。

てん-めん [0]【×纏綿】と副 たる連体〔文章語〕❶まといつき、はなれないようす。❷情がふかく、こまやかなようす。「情緒―」

てん-もう [0]【天網】名 天が張りめぐらすあみ。 **―×恢**(かい)**×恢**(かい)**疎**(そ)**にして漏**(も)**らさず** （「恢恢」はひろく大きいようす）天の敷く法のあみは、目があらいようだが、決して悪人や悪事をのがすことはない。

てん-もく [0]【天目】名 茶の湯に使う、浅いすりばち形の茶わん。天目茶わん。

てんもく-ざん [ク]【天目山】名 （武田勝頼(たけだかつより)が織田勢(おだぜい)に攻められて自刃した山の名から）最後の場所。または、最後の勝敗の分かれ目。

てん-もん [0]【天文】名 天体の諸現象。↕地文(ちもん)。 **―学**(がく) [モ]名 天体の諸現象を観測し研究する学問。 **―学的**(がくてき)**数字**(すうじ) [0]名 天文学であつかうような大きな数。現実とかけはなれた大きな数量・金額などにいう。 **―台**(だい) [0]名 天文学上の観測・研究をする所。

でん-や [テ]【田野】名〔文章語〕❶田畑と野原。❷いなか。

てん-やく [0]【典薬】名 昔、朝廷や幕府で、医薬のことをとりあつかった職。また、その人。

てん-やく [0]【点薬】名 点眼薬。

てん-やく [0]【点訳】名他サ ことばやふつうの文字を、盲人が読むための点字に直すこと。点字訳。

てんや-もの [0]【店屋物】名 飲食店で売っている料理。特に、店から取り寄せた料理。

てんや-わんや [ワ/0] 名形動〔俗語〕いそがしくて、ごたごたするようす。乱れさわぐようす。

てん-ゆう [0]【天×祐・天×佑】名 天のたすけ。神助。天助。

てん-よ [テ]【天与】名 生まれつき。天賦。「―の美貌(びぼう)」

てん-よう [0]【転用】名他サ 他の目的に使うこと。

てん-らい [テ]【天来】名〔文章語〕天からきたこと。人間の世界の物でないこと。「―の妙音」

てん-らい [0]【天×籟】名〔文章語〕（「天の声」の意から）❶風が物にあたって鳴る音。❷自然の調子にかなった、すぐれた詩歌(しいか)など。

でん-らい [0]【伝来】名自サ ❶外国からつたわってくること。渡来。❷先祖などから受けついでつたえること。

てん-らく [0]【転落】【×顛落】名自サ ❶ころげおちること。「―事故」❷おちぶれること。零落。「三流チームに―する」❸堕落すること。身をもちくずすこと。

てん-らん [0]【天覧】名 天皇がごらんになること。「―に供する」

てん-らん [0]【展覧】名他サ ひろげたり、ならべたりして見せること。 **―会**(かい) [ラ]名 物をならべて一般に見せる会。

てん-り [テ]【天理】名〔文章語〕自然の道理。万物を支配している道理。 **―教**(きょう) [0]名 教派神道(しんとう)の一つ。天理王命(てんりおうのみこと)を主神とする。

でん-り [0]【電離】名自サ ❶原子や分子が電子を放出したり吸収したりしてイオンになること。❷電解質の溶液の中で、分子が陰陽のイオンにわかれること。電気解離。 **―層**(そう) [リ]名 大気の上空で大気が電離して電波を反射する層。

でん-りゃく [0]【電略】名「電信略号」「電報略号」の略。至急を「ウナ」というなど。

でんりゅう ◎【電流】名 電気のながれ。電気の運動現象。—**計**(けい) ◎名 電流の大きさをはかる計器。単位はアンペア。アンペア計。

てんりょう テ【天領】名 ❶天皇の直轄(ちょっかつ)の領地。❷江戸時代では幕府直轄の領地。

でんりょく テ【電力】名 ❶工業上で、単位時間に電流の出すエネルギーのこと。単位はワット。❷発電・配電・送電などの仕事。「—会社」 —**計**(けい) ◎名 回路中の二点間の電力をはかる計器。ワットメーター。 —**柱**(ちゅう) リョ名 ⇒電柱(でんちゅう)。

てんれい ◎【典礼】名〔文章語〕❶きまっている儀式。❷儀式をつかさどる役。

てんれい ◎【典例】名〔文章語〕よりどころとなる先例。

てんれい ◎【典麗】名形動〔文章語〕きちんと整っていて美しいこと。「—な山容」

でんれい ◎【伝令】名 軍隊の部隊の間で、命令をつたえること。また、その兵士。

でんれい ◎【電鈴】名 電磁石を利用して電流を断続させ、鈴を鳴らす仕掛け。ベル。

てんろ テ【転炉】名 鉄を精錬して鋼鉄をつくるために使う回転炉。

でんわ ◎【電話】名自サ はなれた場所にいる者どうしの音声を電流・電波に変え、それをまた音声に戻す装置を用い、意志を伝え合う方式の会話。「—を掛ける」「—に出る」「—を入れる」「—を引く」「長—」 —**機**(き) ワ名 電話による通話を可能にする機能を持った装置。元は固定式のみだったが、現在では移動ができる携帯式電話機が普及している。 —**口**(ぐち) ワ名 電話機の音声をやりとりする部分。「—に呼び出す」

と ト

と：「止」の草体。
ト：「止」の略体。

と【十】造 とお。「十たび」「十つき」

と【土】造 ❶つち。大地。「土地・率土(そっと)」 ❷トルコ(土耳古)の略。「露土戦争」〔別音ど｜土〕

と【吐】造 ❶はく。口から出す。「吐逆・吐血・嘔吐(おうと)」 ❷述べる。「吐露・音吐」

と【×兎】造 うさぎ。「脱兎・白兎」

と【図】造 ❶はかる。くわだてる。「意図・企図・壮図」 ❷絵。ずめん。「図書」 ❸ちず。「版図」〔別音ず｜図〕

と【妬】造 ねたむ。そねむ。「妬心・嫉妬」

と【×屠】造 ❶ほふる。鳥獣・家畜を殺す。「屠所・屠場(とじょう)・屠畜」 ❷切る。「屠腹」

と【渡】造 ❶川や海をわたる。ゆききする。「渡航・渡世・渡米・渡来・過渡期・新渡」 ❷わたす。ゆずる。「譲渡」

と【登】造 ❶のぼる。あがる。「登山」 ❷でかける。ゆく。「登城」〔別音とう｜登〕

と【塗】造 ❶ぬる。「塗装・塗布・塗料・糊塗(こと)」 ❷まみれる。「塗炭」 ❸みち。「道聴塗説」

と【賭】造 かける。かけごと。「賭場(とば)・賭博(とばく)」 **賭する** 他サ

と ト【斗】名造 ❶尺貫法の容積の単位の一つ。升の十倍。一斗は、約一八リットル。「斗酒・一斗五升」 ❷㋐一斗ます。「斗搔(とかき)・漏斗(ろうと)」 ㋑二十八宿の一つ。北方にあるもの。「斗牛・星斗・北斗七星」

と【徒】❶ト名造 なかま。人。「学問の—」「口舌の—」「徒党・徒輩・博徒(ばくと)・暴徒」 ❷造 ❶あるくこと。「徒渉・徒歩」 ❷いたずらに。なにもない。むだ。「徒死・徒手・徒費・徒労」 ❸弟子。「徒弟・学徒・信徒・生徒」 ❹労役。「徒役(とえき)・徒刑」

と ト【途】名造 ❶みち。道路。旅路。「帰国の—につく」「途中・一途(いっと/いちず)・帰途・前途」 ❷目的。方法。すじみち。「別途・用途」

と ト【×堵】名〔文章語〕造 かき。かこい。「堵列・安堵(あんど)」 —**に安**(やす)**んずる** ❶安心して住む。❷危険を感じないで、安心して暮らす。

と ◎【戸】名 建物の窓や出入り口などにつけて、あけたてのできるようにした建具。

と ト【×砥】名 刃物などをとぐもの。といし。 —**の▲如**(ごと)**し** 道路などのたいらなようす。

と【都】❶ト名 東京都。府県と同格の自治団体。「—議会」「—知事」 ❷造 みやこ。大きなまち。「都市・都会・古都・首都・遷都・帝都」

と【▲外】名〔古語〕そと。ほか。

と【▲門】名〔古語〕❶海峡。瀬戸。❷船の通路。

と 副〔古語〕こう。ああ。とかく。「—言ひ、かく言ふ」

と ト 接続 すると。そうすると。「雨がやんだ。—、風がふきだした」⇒すると 参考。

と 助 ❶〔格助詞〕㋐動作、行動の相手を示す。「弟—遊ぶ」「理想の人—結婚する」 ㋑ならべて示す。「A—B—C」 参考 並立助詞と呼ぶこともある。⇒や❶。 ㋒比較の対象とされる一方を示す。「人生は旅—同じだ」 ㋓対をなすものの一方を示す。「彼は君—親友だったのか」 ㋔結果を示す。「発言が問題—なる」⇒に❶㋙。 ㋕ようすを示す。「花—咲く」「しくしく—泣く」 ㋖引用を表す。内容を表す。「行く—いう」「きっと安全だ—思った」 ㋗…として。「師—あおぐ」 ㋘〔下に打ち消しを伴って〕限度を表す。「五分—たっていない」 ㋙〔古語〕おなじ動詞を重ねた間にさしはさんで意味を強める。「知りと知りたる人」〈蜻蛉〉 参考 現代語では「ありとあらゆる」という慣用的な言い方の中にのこっている。 ❷〔接続助詞。活用語の終止形につく〕㋐仮定の条件を示し、順当な結果が生ずることを表す。「早く帰る—、こどもが喜ぶだろう」 ㋑ある条件を示し、そこからかならず起こる結果を表す。「風が吹く—、波が立つ」 ㋒一つの事がらを示し、同時にあるいは続いて起こる事がらを表す。…やいなや。「火事と聞く—、とびおきた」 ㋓一つの事がらにかかわらず、成り立つ他のことを表す。「どこへ行こう—、私のかってだ」⇒ば 参考 ❸〔終助詞〕㋐相手の言うことを強くとがめる気持ちを表す。「なに、退学したいのだ—」 ㋑〔「…っと」の形で〕自分の意志を軽い調子で表明するのに用いる。「もう寝ようっ—」 ㋒〔「…とさ」の形で〕そう聞いているという意味を表す。「仲よく暮らしました—さ」

ど 接頭 ❶意味や語勢を強めることば。「—まんなか」「—えらい」 ❷相手をけいべつし、ののしることば。「—けち」

ど【奴】造 ❶めしつかい。使用人。「奴隷・農奴・奴婢(ぬひ)」 ❷やつ。人をいやしめていう語。「奴輩・守銭奴・売国奴」

ど【努】造 つとめる。力をつくす。「努力」

ど【怒】造 ❶いかる。「怒気・怒号・怒声・激怒・憤怒(ふんぬ)」 ❷はげしい。あれくるう。「怒張・怒濤(どとう)」

ど【土】❶ド名造 ❶古代中国思想で、五行(ごぎょう)の一つ。「木(もく)・火(か)・—・金(ごん)・水(すい)」「土用」 ❷土曜日。「土日」 ❷造 ❶つち。どろ。「土器・土砂(どしゃ)・土壌・土木・耕土・粘土」 ❷ところ。地方。土地。「土産(どさん)・土俗・郷土・風土」 ❸くに。「唐土・本土・領土」 ❹「土佐(とさ)(旧国名)」のこと。「土讃(どさん)・薩長(さっちょう)土肥」〔別音と｜土〕

ど【度】 ㊀ 0 名 ❶ものごとをはかる基準。「度量衡・尺度」❷大小・多少などの標準。ほど。「―を越す」「―が過ぎる」「過度・極度・限度・程度」❸きまり。さだめ。「制度・法度(はっと)」❹こころのありかた。「度胸・度量・襟度(きんど)・節度・態度」❺ととのえるべきもの。「調度・用度」❻わたす。悟りをえる。「済度・得度」㊁ 0 名造 ❶くりかえし。回数。たび。「今度・再度・数度・頻度」❷きざみ。単位。めもり。「近視の―が進む」「―の強い酒」「度数・温度・角度・震度・精度・速度・年度・濃度・密度・信頼度・知名度・透明度・難易度」㊂ 接尾 ❶回数をあらわす。「二―あることは三―ある」「三―目の正直」❷連続しているものをきざんだ単位数。「直角は九〇―」「北緯四二―」「零下二〇―」参考「回」と同様に「富士山には三度登った」と経験をあらわすことはできる。ただし、「二度目の落選」のような場合は必ずしもそれがくりかえされることを想定しない。また、「第三十二回オリンピック競技大会」のように長く継続しているものの数を「度」を付けてはあらわせない。**―を失(うしな)う** 常識をはずれたふるまいをする。**―を加(くわ)える** 物事の程度がだんだん大きくなる。「景気の悪化が―」**―を過ごす** 適切なかげんをこえる。度を越す。「酒量が―」

ど 助 古語 〔接続助詞。活用語の已然(いぜん)形について〕❶逆接の確定条件を表す。…が。…けれども。「花もみな咲きぬれど」〈更級〉❷逆接の仮定条件を表す。たとえ…しても。いつだって。「ふたり行けど行き過ぎがたき秋山を」〈万葉〉

ドア ド〈door〉名 西洋ふうの戸。扉。

どあい 0【度合(い)】(あひ) 名 ほどあい。程度。

ドアツードア ド2〈door-to-door〉名 ❶自宅の戸口から目的地の戸口まで。「―で一時間かかる」❷依頼主の戸口から送り先の戸口まで配達・運送すること。「―輸送」❸一軒ずつ戸別訪問すること。「―の調査」

ドアマン ア〈doorman〉名 ホテルや高級飲食店などの出入り口で、ドアの開閉や車への送迎を担当する係。ドアボーイ。

とあみ 0【投網】名 投げると円錐(えんすい)形にひらいて水中にしずみ、魚をとらえるようになっている網。

とある 連語 ある。「―所に」

とい 0【問(い)】(とひ) 名 ❶問いたずねること。質問。❷問題。設問。↔答え。

とい ト【×樋】(とひ) 名 ❶屋根の雨水を受けて地上に流す仕掛け。❷かけわたして、水をおくるくだ。ひ。かけひ。

といあわせる セ【問(い)合(わ)せる】(とひあはせる) 他下一 (セ・セ・セル・セレ・セロ・セヨ) たずねて確かめる。照会する。「住所を―」「日時を―」**問い合わせ** 名 **とひあはす** 文語下二

といい (いひ) 連語 〔助詞「と」と、動詞「いう」の連用形〕「…といい、…といい」の形で。…からいっても。…の点も。「値段―内容―手ごろだ」

という (いふ) 連語 〔助詞「と」と、動詞「いう」〕❶…と、人がよぶ。…と、よばれている。「銀座―ところ」❷属するものの全部の意味。「会社―会社」❸同格を表す。「東京―都会」❹…にあたる。…に相当する。「一億―かね」

というか (いふ) 連語 〔「…というか…というか」の形で〕❶二つのうちどちらが適切なのか、迷いながら述べる言い方。「天衣無縫―傍若無人―不思議な人物だ」参考「無責任というか見過ごせない行為だ」のように、一つの例を挙げるだけで、ぼかす言い方もある。❷そのことを否定することに目的のある言い方。というよりも。むしろ。「宝くじはめったに当たらない―ほとんど当たらないものだ」

というと (いふ) 連語 ❶その言い方で指しているのは。つまり。「著名な物理学者―A博士のことですか」参考「そののち彼の姿を見た者はいません」「というと、亡くなったのですか」のように、「それでは」の意で接続詞ふうに使うこともある。❷ある話題から連想されやすいトピックについて述べる。といえば。「遠足―、あのときのことを思い出す」

といえど(も) (いへ) 連語 文章語 〔助詞「と」と、文語動詞「いふ(いう)」の已然(いぜん)形「いへ」と、助詞「ど(も)」〕…といっても。たとえ…でも。「日曜―休まない」

といえば (いへ) 連語 ❶ある話題から最初に連想されることについて述べる。「讃岐(さぬき)―うどんだ」「田中君―最近見かけませんね」❷〔「…といえば…だが」の形で〕別の観点から見たら逆の評価になることをあらわす。「仕事がはやい―聞こえがいいが、何をしても雑なのは困る」❸〔「…と言えばうそになる」の形で〕本心はそうではない、ということをあらわす。「留学に不安がなかった―うそになる」

といかえす カ【問(い)返す】(とひかへす) 他五 (サ・ソ・シ・ス・ス・セ・セ) ❶一度たずねたことを、またたずねる。❷相手の問いにこたえず、こちらから問う。聞き返す。反問する。**問い返し** 名 **問い返せる** 自下一〔…できる〕

といかける ケ【問(い)掛ける】(とひ) 他下一 (ケ・ケ・ケル・ケル・ケレ・ケロ・ケヨ) 相手に質問する。**問い掛け** 名 **とひか・く** 文語下二

トイガン イ〈toy gun〉名 銃器の形をまねした玩具。モデルガン、エアガン(空気銃)などのほか、子ども用のおもちゃも指す。遊戯銃。⇩エアガン。

といき 0【吐息】名 ほっと、つく息。ため息。「青息―」

といし 0【×砥石】名 刃物をとぐ石。と。

といた 0【戸板】名 病人や、けが人などをのせてはこぶために使う戸。雨戸をはずして使う。

といただす ダ【問(い)▲質す】(とひ) 他五 (サ・ソ・シ・ス・ス・セ・セ) ❶たずねて明らかにする。❷きびしく問いせめる。問いつめる。**問いただし** 名 **問いただせる** 自下一〔…できる〕

といち 0【十一】名 俗語 ❶十日で一割という高利息。❷花札で、十点の札一枚と、かす札ばかりの手。

どいつ ド【どいつ】【▲何▲奴】代「どれ」「どのひと」のぞんざいな言い方。**―もこいつも**「どれもこれも」のぞんざいな言い方。だれもかれもみんな。どれもこれもみんな。

ドイツ《ド Deutschland》〔「独逸」「独乙」とも書いた〕中央ヨーロッパの連邦共和国。第二次世界大戦後、東ドイツ(ドイツ民主共和国)と西ドイツ(ドイツ連邦共和国)に分断されていたが、一九九〇年にドイツ連邦共和国に統合された。首都はベルリン。独国。

どいっき イ【土一×揆】名 ⬇つちいっき。

といって 連語 ❶たとえ…ても。…けれども。「お客さんが来ない―店を開けないわけにはいかない」❷疑問を出して、自分でそれに答える。「マンションのどこがいいか―、いつでもごみが出せるのがいい」

といっても 連語 前に述べたことから予想されるものとは違うことを次に述べる。「別荘―物置小屋みたいな小さい建物だ」「料理を習う―簡単ではない」

といつめる メ【問(い)詰める】(とひ) 他下一 (メ・メ・メル・メル・メレ・メロ・メヨ) 最後まで、問いただす。**とひつ・む** 文語下二

といや 0【問屋】(とひ) 名 ⬇とんや。

トイレ ト 名「トイレット」の略。

トイレタリー レ〈toiletry〉名 人の肌や髪などを清潔に保ったり、身だしなみを整えたりするために使われる日用品。せっけん、シャンプーなど。

トイレット ト1〈toilet〉名 ❶けしょう台。けしょう室。トイレ。❷便所。トイレ。**―ペーパー** ペ〈toilet paper〉名 おもに洋式便所で使う筒状の巻き紙。

といわず (いは) 連語 〔助詞「と」と、動詞「いう」の未然形

と、打ち消しの助動詞「ず」」❶…ということなく。「あとで—いま」❷「…といわず…といわず」の形で「やら」「も」を強めた言い方。「きもの—ぼうし—ほこりだらけだ」

とう【刀】 造 かたな。「刀剣・刀匠・刀身・短刀・名刀・彫刻刀・日本刀」

とう【冬】 造 ふゆ。「冬季・冬至・冬眠・越冬・初冬・暖冬・立冬」

とう【灯】 造 ともしび。あかり。「灯火・灯心・灯台・灯明・灯籠・街灯・幻灯・電灯・点灯・蛍光灯・水銀灯・走馬灯」

とう【投】 造 ❶なげる。「投下・投球・投擲・遠投・暴投」❷いれる。ほうりこむ。すてる。「投棄・投獄・投身」❸おくる。与える。「投稿・投資・投書・投票・恵投」❹自分からする。落ち着く。「投降・投宿・帰投」❺つけこむ。「投機」❻あう。「投合」❼野球で、投手の投げぶり。「完投・継投・好投・続投・力投」**投じる** 自他上一 **投ずる** 自他サ

とう【豆】 造 まめ。「豆乳・豆腐・豌豆・納豆」[別音ず|豆]

とう【東】 造 ❶ひがし。「東亜・東宮・東西・東洋・関東・極東」❷「東京」の略。「東大・東名・東横線」

とう【到】 造 ❶いたる。つく。「到達・到着・到来・殺到・未到」❷ゆきつくす。「到底・到頭」❸ゆきとどく。「周到・精到」

とう【逃】 造 にげる。のがれる。「逃走・逃避・逃亡」

とう【倒】 造 ❶たおれる。たおす。「倒壊・倒産・打倒・転倒」❷さかさま。「倒影・倒錯・倒置・倒立」❸はなはだしい。「驚倒・傾倒・絶倒・罵倒」

とう【凍】 造 ❶こおる。いてる。「凍雨・凍結・凍土・解凍・不凍港・冷凍」❷こごえる。からだに寒さがしみる。「凍死・凍傷」

とう【×套】 造 ❶おおい。「外套」❷ありきたり。「旧套・常套」

とう【島】 ㊀造 しま。「島民・孤島・半島・離島・列島・無人島」㊁接尾 島の名につける語。「国後—・バリ—」

とう【桃】 造 もも。「桃花・桃源郷・桃李・桜桃・白桃・扁桃腺」

とう【×疼】 造 うずく。「疼痛」

とう【討】 造 ❶うつ。せめる。「討幕・討伐・征討・追討」❷もとめる。しらべる。「討議・討究・討論・検討」

とう【透】 造 すける。とおる。「透過・透視・透徹・透明・浸透」

とう【悼】 造 いたむ。人の死をかなしむ。「哀悼・追悼」

とう【×桶】 造 おけ。「鉄桶・湯桶」

とう【盗】 造 ❶ぬすむ。とる。「盗作・盗賊・盗聴・盗難・盗塁」❷どろぼう。「怪盗・強盗・窃盗」❸盗塁。「重盗・本盗」

とう【×淘】 造 米をとぐ。よりわける。「淘汰」

とう【陶】 造 ❶せともの。やきもの。「陶器・陶芸・陶枕・製陶」❷おしえみちびく。「陶冶・薫陶」❸うっとりする。「陶酔・陶然」❹うれえる。「鬱陶」

とう【搭】 造 船・車・飛行機などにのる。のせる。「搭載・搭乗」

とう【棟】 ㊀造 ❶むね。屋根の最も高いところ。「棟梁・上棟」❷横に長い建物。「病棟・管理棟」㊁接尾 団地などの建物を数える語。「三号—」

とう【湯】 造 ❶ゆ。「給湯・熱湯」❷浴場。温泉。「湯治・銭湯・秘湯・名湯」

とう【痘】 造 ほうそう。「痘瘡・種痘・水痘・天然痘」

とう【登】 造 ❶のぼる。あがる。「登降・登場・登頂・登攀・登板・登竜門」❷でかける。ゆく。「登校・登庁」❸位につく。「登用」❹しるす。「登記・登録」[別音と|登]

とう【等】 ㊀造 ❶階級。段階。「等級・高等・上等・特等・優等・劣等」❷ひとしい。おなじ。「等圧線・等式・等分・均等・対等・同等・平等」❸なかま。「郎等」㊁接尾 ❶等級をかぞえることば。「勲一—」❷同類のものをならべて、最後に付ける。など。「鉛筆・紙・消しゴム—の学用品」

とう【答】 造 ❶こたえる。かえす。「答辞・答申・答弁・応答・即答・返答・問答」❷こたえ。「答案・回答・解答・正答・名答」

とう【筒】 造 つつ。中がからの細長いもの。「円筒・水筒・封筒」

とう【統】 造 ❶すべる。おさめる。「統率・統治・統領・総統」❷まとめる。あわせる。「統一・統括・統計・統合」❸すじ。つながり。「系統・血統・正統・伝統」

とう【稲】 造 いね。「水稲・陸稲」

とう【読】 造 文章を読む上での区切り。「読点・句読点」[別音どく|読]

とう【踏】 造 ❶ふむ。行く。「踏破・高踏・雑踏・舞踏・前人未踏」❷実地にあたる。「踏査」❸うけつぐ。「踏襲」

とう【×蕩】 造 ❶はらう。すべてなくす。「蕩尽・蕩然・掃蕩」❷とろける。ほしいままにふるまう。しまりがない。「蕩児・淫蕩・放蕩・遊蕩」❸ゆれうごく。「震蕩」❹ひろびろ。ゆったり。「蕩蕩・春風駘蕩」

とう【頭】 ㊀造 ❶あたま。こうべ。「頭髪・頭部・双頭」❷かしら。上に立つ人。「頭取・頭目・会頭・巨頭・教頭」❸はし。さき。「頭注・口頭・弾頭」❹はじめ。「頭韻・年頭・冒頭」❺あたり。そば。「街頭・駅頭・店頭・路頭」㊁接尾 動物をかぞえることば。「馬三—、牛二—」⇩ひき(匹)参考。[別音ず|頭]

とう【×濤】 造 大きいなみ。「濤声・松濤・波濤・怒濤」

とう【謄】 造 うつす。かきうつす。「謄写・謄本」

とう【藤】 造 ふじ。「葛藤」

とう【闘】 造 ❶たたかう。あらそう。「闘志・闘争・闘病・敢闘・健闘・戦闘・奮闘」❷なぐりあう。「格闘・拳闘・乱闘」❸たたかわせる。「闘牛・闘鶏・闘犬」

とう【×禱】 造 いのる。神に告げる。「祈禱・祝禱・黙禱」

とう【騰】 造 のぼる。値があがる。「騰貴・急騰・高騰・沸騰・暴騰」

とう【当】 ㊀ト 名造 ❶道理にかなっていること。「—を得ない処分」「当然・当否・該当・正当・妥当・適当・不当・本当」❷それにあてはまること。「—の人物」「当局・当時・当日・当人」❸〔連体詞的に〕その。この。「当家・当社・当地・当協会・当劇場・当研究所」↕同・本。参考 ❸の用法には、文脈から指定される話題に関する事がらと、自分や自分の所属する機関を指す用法とがある。「当大学」は、「その大学」と「わたくしの勤務する大学」の両方の意味があらわせる。「本官・本委員会」のように使う「本」には、後者の用法しかない。「同」は「同議員・同対策本部」のように、もっぱら前者の意味で使われる。㊁造 ❶あたる。うけもつ。「当直・当番・担当・配当」❷いまの。現在の。さしあたり。「当今・当座・当代・当面」❸めじるし。「見当」❹その時、その場に応じる。「当初・当惑」❺当選。「当確・当落」**—を得る** 原則的に正しい。「当を得た発言」

とう【党】 ト 名造 ❶なかま。くみ。「—を組む」「党派・悪党・残党・徒党」❷政治的団体。「党員・党首・挙党・政党・野党・与党・離党・政権党・多数党」❸それを好んで用いる人。「甘党・辛党・洋酒党」

と

とう【塔】名造 ❶供養や報恩のため、また、霊地をあらわすための高層建築。「五重の—」「塔婆・石塔・仏塔・宝塔」❷高くて、細長い建造物。タワー。「象牙の—」「尖塔・鉄塔・管制塔・テレビ塔」

とう ト【糖】名造 ❶甘味のある炭水化物。果糖・ぶどう糖・蔗糖・麦芽糖など。「糖衣・糖分・糖類」❷砂糖。「糖蜜」

とう【唐】一 ト名 中国の王朝の名。「唐詩・唐三彩・初唐・入唐・遣唐使」二造 ❶中国、または外国をさす言い方。「唐桟・唐人・唐物」❷大きい。でたらめ。「荒唐無稽」❸くずれる。「頽唐」❹だしぬけ。「唐突」

とう ト【×薹】名 ふき・あぶらななどの花軸や花茎。**—が立つ** ❶とうがのびて、堅くなる。❷さかりがすぎる。としごろがすぎる。

とう ト【×籐】名 ヤシ科のつる性植物の総称。熱帯産。茎は弾力があり、強靭で、細工物の材料。「—椅子」

とう【▲疾う】(「とく」の変化) 一 ト名 はやいこと。「—からわかっていた」二 副〔古語〕はやく。いそいで。「—参れ」**—の昔** とっくの昔。ずっと昔。「—に無くなった」

と・う ト【問う】他五 ❶質問する。聞く。たずねる。「是非を—」「安否を—」❷取り上げて問題にする。「今さら過去は—まい」「男女を問わず採用する」❸能力・価値があるかどうかを問題にする。「社長の経営手腕を—」「真価が問われる」❹その人に責任・罪があるとして追及する。「混乱を招いた責任を—」「偽証罪に問われる」❺作品などを発表して批判を求める。「研究成果を世に—」参考「た(て)」につづく場合は、「問うた(て)」となる。**問える** 自下一〔…できる〕**—に落ちず語るに落ちる** 聞かれるときは注意してかくしていても、なにげなく話すとき、ひょっとほんとうのことを話してしまう。**—は一時の恥** ➡聞くは一時の恥。

と・う ト【▲訪う】他五 ❶おとずれる。訪問する。「不便な所で—人もない」❷とむらう。「なき人のあとを—」

どう【洞】造 ❶ほら。ほら穴。「洞窟・洞穴・洞門・空洞・鍾乳洞」❷とおす。見ぬく。「洞見・洞察」

どう【童】造 わらべ。こども。「童顔・童心・童謡・童話・学童・児童」

どう【働】造 はたらく。「稼働・実働・別働隊・労働」

どう【×慟】造 なげく。「慟哭」

どう【導】造 ❶みちびく。おしえる。「導入・引導・教導・指導・補導・盲導犬」❷つたえる。とおす。「導火線・導管・導体・伝導・電導・良導体」

どう【▲憧】造 心がゆれうごく。「憧憬」〔別音 しょう｜憧〕

どう【×撞】造 つく。つきあたる。「撞球・撞着」

どう【×瞠】造 みはる。みつめる。「瞠若・瞠目」

どう【瞳】造 ひとみ。「瞳孔」

どう【同】一 ド名造 ❶おなじであること。「同一・同音・同数・同名・同学年・同年輩・異同・不同」❷(連体詞的に)いま話題になっている。その。「同月・同氏・同人・同選手・同事務所」⇩当一参考。二造 ❶おなじくする。いっしょになる。「同感・同居・同調・共同・合同・混同」❷なかま。「同族・同輩・一同」**同じる** 自上一 **同ずる** 自サ

どう ド【胴】一 名造 手・足・頭をのぞいたからだの主要部分。「胴囲・胴体・胴長・胴巻・寸胴」二 名 ❶物の胴体。物の中腹のあたり。「太鼓の—」❷からだの胴をおおう、剣道などの防具。❸剣道で、相手のわきばらに打ちこむこと。

どう【動】一 ド名造 うごくこと。かわること。うつること。「動画・動向・動力・移動・自動・不動・変動」↕静。二造 ❶うごかす。「動員・扇動・驚天動地」❷おこなう。ふるまう。「動機・動作・挙動・行動」❸心がうごく。「感動・衝動・情動」❹みだれる。「動転・動乱・騒動・暴動」**動じる** 自上一 **動ずる** 自サ

どう【堂】一 ド名造 ❶神仏をまつる建物。「お—を建てる」「堂塔・経堂・金色堂・持仏堂」❷多くの人を入れる建物。「食堂・講堂・議事堂・公会堂」❸りっぱ。ととのっている。「堂堂」❹他人の母を尊敬していう語。「母堂」二 接尾 商店や書店などの名につけることば。「風月堂」**—に入る** 学問・技術などがたいそうすぐれて、深奥に入る。技術がよく身についている。

どう ド【銅】名造 銅族元素の一つ。元素記号 Cu 原子番号29 原子量63.546 暗赤色で展性にとむ。銀につぐ、電気および熱の良導体。あかがね。あか。「銅貨・銅山・赤銅・青銅」

どう【道】一 ド名造 都道府県の一つ。北海道。「道央・道南・道知事」二造 ❶みち。通路。「道程・道標・道路・街道・国道・鉄道・歩道・林道・地下道・遊歩道・自動車道」❷みちに似たもの。「食道・赤道」❸専門のみち。専門的な技芸。「道具・道場・茶道・書道・武道」❹人の守るべきみち。「道徳・人道・武士道」❺いう。とく。「道破・報道」❻仏教で衆生が輪廻する世界。「六道・餓鬼道」❼律令制で、畿内以外の全国を分けた行政区画。「東海道・北陸道」

どう ド 副 どのよう(に)。❶やり方や状態についてたずねる意味を表す。「—するのだ」「—いうようすだ」❷(「…したらどう(だ)」の形で)相手の気持ちをたずねる、または、相手に行為をすすめる意味を表す。「たまには自分でやったら—だ」❸(「ても・たって・も」などとともに用いて)ありうるあらゆる場合のことがらを表す。「—言っても、わかってくれない」「—考えたって無理だ」「—することもできない」参考 ❸の文末は多く否定的表現が来る。

とう-あ ト【東亜】名 アジアの東部。

どう-あく ◎【×獰悪】形動 ダロ・ダッ・デ・ニ／ダ・ナ・ナラ・◯〔文章語〕性質がわるく、荒いようす。

どう-あげ ◎／ゲ【胴上げ】名 他サ 多数の人が、腕の上で、人を横ざまに何度もつづけてほうり上げ、祝福・親愛などの意味をあらわすこと。「主将を—する」

とうあつ-せん ◎【等圧線】名 天気図の上で、気圧のひとしい地点を結んだ線。

とう-あん ◎【×偸安】名〔文章語〕(「偸」はぬすむの意)目さきの安楽をむさぼること。

とう-あん ◎【答案】名 試験問題の解答を書きこんだ紙。

どう-あん ◎【同案】名 ❶おなじ考え。❷その案。

とう-い ト【当為】名〔文章語〕哲学で、そうあるはずのこと。しなくてはならないこと。義務。ゾルレン。

とう-い ト【東×夷】名 ❶東方のえびす。昔、中国人が東方の異民族をけいべつしてよんだ語。↕西戎・北狄・南蛮・中華。❷昔の日本で、「蝦夷❶」をよんだ語。❸京都方面の人が東国の武士をさげすんでよんだ語。あづまえびす。

とう-い ト【等位】名〔文章語〕❶くらい。等級。❷ひとしいくらい。おなじ位置。

とう-い ト【糖衣】名 錠剤などを飲みよくするため、その外がわを砂糖で包んだもの。**—錠** イ名 砂糖で包んだ錠剤。

どう-い ◎／ド【同位】名 同一の地位。おなじ位置。**—角**

かく イ名 二直線に一直線がまじわるとき、二直線のそれぞれの同じがわに一直線とつくる角。⇩錯角(さっかく)(図)。**—元素**(げんそ) ゲ名 同位体。**—体**(たい) 0名 周期律表で、原子番号がおなじで、原子量がちがう関係にある元素。同位元素。アイソトープ。

どう-い 0【同意】❶名 おなじ意味。同義。❷名自サ 他の意見に賛成すること。**—語**(ご) 0名 同義語。↕反意語。

どう-い ド【胴衣】名 上体につけるそでのない服。どうぎ。「救命—」

どう-い ド【胴囲】名 胴のまわり。また、その長さ。

とう-いす 0【とう椅子】【×籐椅子】名 とう(籐)の茎で作ったいす。夏

とうい-そくみょう ト【当意即妙】名形動(の) その場にうまくあてはまった、すばやい機転。「—の返事」

どう-いたしまして ド あいさつ 相手のことばを打ち消し、けんそんする言い方。「そんなことはありません」の意。

とう-いつ 0【統一】名他サ ❶一つにまとめること。「意見を—する」❷政権や実権をにぎって、支配すること。**—戦線**(せんせん) セ1名 政治活動などで、ある目的のためにいくつかの党や団体が協同して事に当たること。

どう-いつ 0【同一】名形動(の) ❶おなじであること。❷差がないこと。**—視**(し) ツ名他サ おなじと見なすこと。

とう-いん ト【当院】名 この院。「この病院・この寺院」などの意味に用いる。

とう-いん 0【党員】名 政党に加入している人。

とう-いん 0【頭韻】名 語句の頭に同じ音韻をくりかえす句法。「勝ってかぶとの緒をしめよ」は「か」が頭韻。↕脚韻。

とう-いん 0【登院】名自サ 議員が議院に出席すること。

どう-いん 0【動因】名〔文章語〕あるでき事をひきおこす原因。動機。

どう-いん 0【動員】名他サ ❶軍隊を戦時編制にすること。❷資源や生産力を国家の管理下にうつすこと。「国家総—」❸人や物をあつめて、ある目的にかりたてること。「反対運動に—する」

トゥー トゥ〈two〉名 ➡ツー。

とう-う ト【凍雨】名 雨の粒が地表の近くでこおって、氷の球となるもの。直径五ミリメートル以下で透明なもの。参考 気象用語では雲の中でできる「あられ」とは区別される。

どう-う ド【堂宇】名〔文章語〕〔堂の軒〕堂舎。堂。

とう-うす ウ2【唐臼】名 からうす❶。

どう-うら 0【胴裏】名 あわせ・綿入れなどの着物の胴につける裏地。

とう-えい 0【冬営】名〔文章語〕❶軍隊が陣地で冬をすごすこと。また、その陣地。❷冬をすごす用意。

とう-えい 0【灯影】名〔文章語〕ともしびの光。ほかげ。

とう-えい 0【倒影】名〔文章語〕❶さかさにうつったかげ。❷夕日のかげ。

とう-えい 0【投影】名自他サ ❶物の姿・影をうつすこと。❷ある影響が現れること。「戦時色を—した映画」**—図**(ず) エ名 物体をある方向からみた形の平面図。

とう-えん 0【登園】名自サ 園児が幼稚園や保育園などに行くこと。↕降園。

とうえんめい《陶淵明》三六五—四二七。中国の、六朝時代の詩人。名は潜(せん)。酒と花を愛し、清貧のうちにおわった田園詩人。代表作は「帰去来(ききょらい)の辞」

とう-おう 0【東欧】名 ひがしヨーロッパ。欧州の東部。↕西欧。

どう-おう 0【堂奥】名〔文章語〕❶堂のおくまった所。❷物事のおくぶかい所。奥義(おうぎ)。「—に入る」

とう-おく 0【塔屋】名 ➡とうや。

どう-おや 0【胴親】名 ばくちをするときに中心になる人。

とう-おん ト【唐音】名 漢字音の一つ。平安時代中期以降に伝えられた、宋(そう)・元(げん)・明(みん)・清(しん)の中国音の総称。とういん。唐宋音(とうそうおん)。「行灯(あんどん)・提灯(ちょうちん)」などの音。↕漢音・呉音。⇩字音(表)。

どう-おん 0【同音】名 ❶同一の声音。おなじ発音。❷おなじ高さの音。❸声をそろえて言うこと。「異口(いく)—」**—異義**(いぎ) イ名 語の音がおなじで、意味がちがうこと。**—語**(ご) 0名 音がおなじで意味のちがう二つ以上の語。同音異義語。「花」と「鼻」、「校長」と「好調」など。

とうおん-せん 0【等温線】名 天気図上で、温度のひとしい地点をむすんだ線。

とう-か ト【灯下】名〔文章語〕ともしびのもと。

とう-か ト【灯火】名 ともしび。あかり。**—管制**(かんせい) カ2名 敵の空襲にそなえ、あかりをへらしたり、消したりして、目標にならないようにすること。**—親**(した)**しむべき候**(こう) 夜、読書をするのにふさわしい秋の季節。秋

とう-か ト【桃花】名〔文章語〕もものはな。春 **—の節**(せっ) 三月三日のももの節句。春

とう-か ト【等価】名 ひとしい価値・価格。

とう-か ト【踏歌】名 平安時代、宮中で正月におこなわれた舞踏。新年

とう-か 0【透過】名自サ〔文章語〕❶すきとおること。❷光や放射能が、物の内部を通りすぎること。

とう-か 0【投下】名他サ ❶高い所から物を投げおとすこと。❷資本などを出すこと。

とう-か 0【糖化】名自他サ でんぷんなどの炭水化物が、酸・酵素などの作用で、ぶどう糖などにかわること。また、かわらせること。

とう-が ガ【冬×瓜】名 ➡とうがん。秋

とう-が 0/ト【冬芽】名 夏から秋にかけて形成され、越冬して春に生長し、葉や花になる芽。ふゆめ。冬 ↕夏芽(かが・なつめ)。

とう-が 0【陶画】名 陶器に、うわぐすりでかいた絵。

どう-か ド【道家】名 ❶老子や荘子の教えを信奉する学派。❷道教を信奉する人。道士。

どう-か ド【道歌】名 仏教・心学などの、道徳をよみこんだ短歌。

どう-か ド【銅貨】名 銅でつくった貨幣。

どう-か 0【同化】名自他サ ❶まわりとおなじようになること。また、すること。「周囲の人を—する」❷よく理解して、完全に自分の知識にすること。消化。「知識を完全に—する」❸生物体が、外界からとり入れた物質を自分のからだの成分、あるいは必要な物質にかえること。緑色植物の光合成など。同化作用。↕異化。

どう-か ド副 ❶相手に願ったり、内心で祈ったりするようす。どうぞ。なにとぞ。「—お許しください」「—間に合いますように」参考「どうぞ」が上の者への頼みや願いから、下の者へのすすめにまで使われるのに対し、「どうか」はへりくだった頼みや願いの気持ちを表すことが多い。❷〔「どうかする・どうかなる」の形で〕よくわからないが変であるようす。「あの人、最近—している」「頭が—なりそうだ」**—こうか** ド-コ副 やっとのことで。「—勝つことができた」**—して** ❶なんとかして。ぜひとも。「—試合に勝ちたい」❷なにかのはずみで。ことによると。「—当選しないものでもない」**—すると** ❶へたをすると。「この工事は—来年までかかる」❷ときどき。「この戸は—はずれる」**—と思**(おも)**う**〔「どうかなと、うたがわしく思う」の意から〕あまりよくないと考える。「出席しないのは—」

どう-が⓪【動画】名 ❶絵や人形を少しずつずらして、一こまずつ撮影し、連続して映すことで画像が動いて見えるようにしたもの。漫画映画やテレビのコマーシャルに使う。アニメーション。❷コンピューターの画面で、静止画に対して、動きのある画像。「—ニュース」

どう-が⓪【童画】名 ❶こどものかいた絵。児童画。❷こどものための絵。

とう-かい⓪【東海】名 ❶ひがしのうみ。❷本州中央部太平洋側の地方。静岡・愛知・三重・岐阜の四県をいう。静岡または岐阜を除いた三県を指すこともある。東海地方。

とう-かい⓪【倒壊・倒潰】名 自サ 建物などが、たおれこわれること。

とう-かい⓪【×韜×晦】名 自サ 〔文章語〕〔「韜」はつつむ、「晦」はくらます意〕❶自分の本心・地位・才能などをかくすこと。❷姿をくらますこと。

とう-がい⓪【当該】名 そのこと、そのものにあたっていること。「—の学校」

とう-がい⓪【凍害】名 植物が、寒さやしものために害を受けること。また、その損害。

とう-がい⓪ド【等外】名 一定の等級にはいらないこと。

とうかい-さんし《東海散士》一八五二～一九二二。明治時代の政治小説家。本名は柴四朗。代表作は「佳人之奇遇」など。

とうかい-どう《東海道》❶昔の七道の一つ。今の三重県から茨城県へかけての主として海岸沿いの旧一五か国。⇩(付)日本の旧国名 ❷江戸時代、江戸から京都までの、だいたい海沿いの街道。

とうかいどう-ごじゅうさんつぎ カ=サ【東海道五十三次】名 江戸時代、東海道にあった、五三の宿駅。品川・川崎・神奈川・保土ケ谷・戸塚・藤沢・平塚・大磯・小田原・箱根・三島・沼津・原・吉原・蒲原・由比・興津・江尻・府中・丸子・岡部・藤枝・島田・金谷・日坂・掛川・袋井・見付・浜松・舞坂・新居・白須賀・二川・吉田・御油・赤坂・藤川・岡崎・池鯉鮒・鳴海・宮・桑名・四日市・石薬師・庄野・亀山・関・坂下・土山・水口・石部・草津・大津。

東海道五十三次のおもな宿駅

とうかいどうちゅうひざくりげ《東海道中膝栗毛》江戸時代後期の滑稽本。十返舎一九の作。弥次郎兵衛と喜多八の滑稽な道中記。

とうかいどうよつやかいだん《東海道四谷怪談》江戸時代後期の歌舞伎脚本。四世鶴屋南北の作。夫に惨殺されたお岩の亡霊をめぐる怪談。

とう-かく⓪【当確】名「当選確実」の略。

とう-かく⓪【倒閣】名 内閣をたおすこと。

とう-かく⓪【等角】名 角が相ひとしいこと。また、その角。

とう-かく⓪【統覚】名 ❶〔心〕表象が意識にはいってはっきりした知覚になったもの。また、そのはたらき。❷〔哲〕いろいろの経験を自我が総合統一する作用。

とう-かく⓪【頭角】名 あたまの先。**—を現す** 学識・才能が人よりもすぐれて目だつ。

とう-がく⓪【唐楽】名 ❶唐代の音楽。❷雅楽で、唐の楽を中心とする音楽。

どう-かく⓪【同格】名 ❶おなじ資格。❷おなじ格式。❸文法で、語や文節が、他の語・文節と同じ語を修飾したり、同じ資格で文の構成に参加したりしていること。

どう-がく【同学】名 ❶⓪おなじ先生・学校にまなぶこと。また、その人。同門。❷⓪同じ分野の学問をすること。また、その人。「—の士」❸ドその大学。「—の現状」

どう-がく⓪【同額】名 同一の金額。おなじ値段。

どう-がく⓪【道学】名 ❶道徳をとく学問。❷宋代の程朱のとなえた儒学。朱子学。❸江戸時代の心学。❹道家の学問。道教。**—者** ガ 名 ❶道学を研究する人。❷道学先生。**—先生** セ2 名 道徳にとらわれて、世事に暗い学者をからかった語。道学者。

どうか-せん⓪【導火線】名 ❶爆薬に火をつけるための線。❷事件をひきおこす原因。「国会解散の—」

×**臺が立つ** ⇒とう(臺)。

とう-かつ⓪【統括】名 他サ べつべつのものをまとめること。「全体を—する結論」

とう-かつ⓪【統轄】名 他サ まとめてとりあつかうこと。まとめてとりおさめること。「学校教育は文部科学省が—する」参考 法令では「統括」に統一。

どう-かつ⓪【×恫喝】名 他サ 〔「恫」も「喝」もおどすの意〕おどしつけること。おどかし。「—に屈しない」

とう-から ト【とうから】【▲疾うから】副〔「とくから」の変化〕はやくから。ずっと前から。「—知っていた」

とう-がらし ガ【唐辛(子)・×蕃×椒】名 ナス科の一年生植物。熱帯の原産。熟した実は赤く、からい。香辛料。葉も食用。とんがらし。㊙

とう-かん⓪【盗汗】名〔文章語〕ねあせ。

とう-かん⓪【等閑】名 なおざり。**—に付する** なおざりにする。**—視** カ 名 他サ いいかげんに扱うこと。いいかげんにしてほうっておく。

とう-かん⓪【統監】名 ❶政治・軍事などの実権をにぎり、監督すること。❷一九〇五年、日本が朝鮮半島を支配するためにおいた統監府の長官。

とう-かん⓪【投×函】名 他サ 郵便物をポストに入れること。

とう-がん ガ【冬×瓜】名〔「とうが」の変化〕ウリ科のつる性一年生植物。夏、黄色の花を開き、円柱形または長円形の大きな実がなる。実は食用。㊙

とう-がん⓪【東岸】名 ひがしがわのきし。↕西岸。

どう-かん⓪【導管】名 ❶物を送るくだ。❷【道管】被子植物の維管束の木部を構成する主要部で、根から吸いとった水分・養分を上部に送るくだ。⇩維管束(図)。

どう-かん⓪【同感】名 自サ ❶おなじように感じること。❷おなじ意見であること。賛成すること。

どう-がん⓪【童顔】名 ❶こどものあどけないかお。❷こどもっぽいかおつき。

とうかんきこう《東関紀行》鎌倉時代中期の紀行文学。作者は源光行か親行といわれる。京都から鎌倉までの道中記。

とう-き ト【冬季】名 冬の季節。ふゆ。㊄ ↕夏季。

とう-き ト【冬期】名 冬の間。ふゆ。↕夏期。

とう-き ト【当期】名 この期間。「—の業績」

とう-き ト【投機】名 ❶確実ではないが、大きな偶然の利益をあてにして行う行為。❷有価証券や商品の市価の変動を予期して、その差から生まれる利益を得るために行う取り引き。**—心** キ 名 偶然の大きな利益を得ようとたくらむ心。**—的** ⓪ 形動 することが堅実でなく冒険的であるようす。山師(やまし)的。

とうき[ド]【党紀】[名] 党の風紀。「—のひきしめ」

とうき[ド]【党規】[名] 党の規則。「—違反」

とうき[ド]【陶器】[名] ❶土や石の粉をねって形をつくり、うわぐすりを塗ってかまで焼いた器物。磁器よりも焼きがやわらかく吸水性がある。↕磁器。❷陶磁器。せともの。焼き物。

とうき[ド]【騰貴】[名][自サ] 物価や相場があがること。

とうき[ド]【投棄】[名][他サ] 投げすてること。「不法—」

とうき[ド]【登記】[名][他サ] 民法上の権利や事実を公示するため、一定の事項を登記簿に書きのせること。また、その手続き。**—印紙**(いんし)[イ][名] 登記に必要な手数料をおさめたことを示す印紙。**—所**(しょ)[0][名] 登記事務をあつかう役所。[参考]法務局・地方法務局とその支局・出張所が当たる。

とうぎ[ド]【党議】[名] ❶党内での議論。❷党の意見。

とうぎ[ド]【闘技】[名][文章語] 力・わざをたたかわせること。

とうぎ[ド]【討議】[名][他サ] ある問題について、あつまって意見を述べあうこと。討論。ディスカッション。

どうき[ド]【同気】[名][文章語] おなじ気質。おなじ仲間。気の合った仲間。**—相求**(あいもと)**む** 気ごころの合う者どうしは、しぜんにしたしみあい、寄り集まる。

どうき【同期】[一][ド][名] ❶おなじ時期・期間・年度。❷入学・入社・入所などの時期がおなじであること。「—生」「—の桜」[二][0][名][自他サ] 複数のコンピューターにおいて、データの内容を一致させること。「サーバーと—する」

どうき[0]【動×悸】[名] 心臓がはげしくうつこと。

どうき[0]【動機】[名] ❶ある対象や目的観念にみちびかれて、意志活動を決定する衝動や欲望。❷行動の直接原因。きっかけ。**—付け**(づけ)[0][名]【心】人間や動物に行動を起こさせ、ある目標に向かわせる、心理的な過程・機能。モチベーション。**—論**(ろん)[キ][名]【哲】行為の道徳的評価を、その動機にもとづいてする考え方。↕結果論。

どうき[ド]【銅器】[名] 銅や青銅でつくった器具。

どうぎ[0]【同義】[名] おなじ意義・意味。同意。↕異義。**—語**(ご)[0][名] 表記は異なるが、意味はおなじである語。「書物」と「本」、「投手」と「ピッチャー」など。同意語。↕対義語。[参考]厳密な意味では、類義語に属する。

どうぎ[ギ]【胴着】【胴・衣】[名] 和服の上着とジュバンとの間に着る防寒用の衣服。[冬]

どうぎ[ド]【動議】[名] 会議中に、予定の議案以外に討議したい事項を出すこと。また、その事項。「緊急—」

どうぎ[ド]【道義】[名] 人の踏まなければならない、道徳上のすじみち。道徳。「—にもとる」**—的**(てき)[0][形動] 人として、良心にもとづいて判断するようす。「—責任」

とうきび[キ]【唐×黍】[名] もろこし。とうもろこし。[秋]

とうきゅう[0]【等級】[名] 品質・能力・待遇などの優劣・上下の段階。しな。くらい。

とうきゅう[0]【投球】[名][自サ] ボールを投げること。また、投げたボール。

とうきゅう[0]【討究】[名][他サ][文章語] ❶検討を重ねて研究すること。❷討議をして研究すること。

とうぎゅう[0]【闘牛】[名] ❶牛と牛とをたたかわせること。[春] ❷闘牛士と牛との闘技。スペインでさかんにおこなわれる。**—士**(し)[ギュ][名] 闘牛❷で、牛とたたかう人。

どうきゅう[0]【同級】[名] 学級がおなじこと。同級生。

どうきゅう[0]【×撞球】[名] たまつき。ビリヤード。

とうぎょ[ト]【闘魚】[名] キノボリウオ科の淡水魚。東南アジア原産。雄はひれが大きく多彩で、雄どうしではげしく闘争する習性をもつ。卵は雄がつくった気泡の中に産み出される。ベタ。観賞用。[夏]

とうぎょ[ト]【統御】[名][他サ] 全体をまとめ、おさめること。

どうきょ[0]【同居】[名][自サ] 一つの家にいっしょに住むこと。「—の親族」↕別居。

どうきょう[0]【同郷】[名] 郷里がおなじであること。おなじ郷里。「—の人のしたしみの会合」

どうきょう[ド]【道教】[名] 中国古代の民間信仰をもとにした、不老長生を目的とする教え。黄帝・老子を教祖とし、張道陵(ちょうどうりょう)を開祖とする。

どうぎょう[0]【同行】[名] (「どうこう」と読めば別語) ❶おなじ宗派の信者・修行者。❷巡礼・寺参りなどの道づれ。❸五十音図のおなじ行。❹文章のおなじ行。**—二人**(ににん)[三]-[一][名] 一人旅の巡礼のかさに書きつけることば。仏と二人連れの意。

どうぎょう[0]【同業】[名] おなじ職業。また、その人。「—者」

どうぎょう[0]【童形】[名][文章語] ❶子どものすがた。❷昔、元服する前の少年の姿。

とうきょうと《東京都》 日本の首都。関東地方南部にある。伊豆諸島、小笠原諸島の島嶼(とうしょ)部も含む。

とうきょく[ド]【当局】[名] ❶その事をとりあつかっている行政機関。「取締り—」❷政務の重要な地位にあたること。また、その人。❸話し手が属している局。**—者**(しゃ)[キョ][名] ❶政務の重要な地位にある人。❷その事をとりあつかっている人。当事者。

とうきょく[0]【登極】[名][自サ][文章語] 天子が位につくこと。

とうきょり[キョ]【等距離】[名] ❶距離が同じであること。「A地点から—の三地点」❷かかわりの度合いが同じであること。「—外交」

とうぎり[0]【当ぎり】【当▲限】[名] 取引市場で、清算の受け渡しの期日が当月末である契約のもの。↕先ぎり・中ぎり。

どうぎり[リ]【胴切(り)】[名] 胴を横に切ること。つつぎり。わぎり。

どうきん[0]【同×衾】[名][自サ] (「衾」は、夜具のこと) いっしょに寝ること。特に、男女がいっしょに寝ること。

とうく[0]【投句】[名][自サ] 雑誌・新聞などに俳句を投稿すること。また、その俳句。

どうぐ[グ]【道具】[名] ❶仕事や家事に使う器物。「大工—」「所帯—」❷顔にそなわっているもの。目・鼻など。「顔の—」❸ある目的のための手段として利用されるもの。「出世の—に使われた」❹演劇の舞台で使う装置。大道具・小道具。**—方**(かた)[0][名] 興行物で使う道具を受けもつ人。**—立て**(だて)[0][名] 必要な道具をととのえておくこと。物事の準備。「—がそろった」**—屋**(や)[0][名] 古道具屋。

とうぐう[グ]【東宮】【▲春宮】[名] ❶皇太子。❷皇太子の住んでいる宮殿。

とうくつ[0]【盗掘】[名][他サ] 埋蔵物・鉱物などをかってに掘り出して盗むこと。

どうくつ[0]【洞窟】[名] 岩石などの中の大きなあな。ほらあな。洞穴(どうけつ)。

とうぐわ[0][グ]【唐×鍬】(ぐわ)[名] 頭部がみな鉄で、木の柄(え)をはめたくわ。

どうくん[ド]【同君】[名] その人。

どうくん-いじ[イ]【同訓異字】[名] 異字同訓。

とうけ[ト]【当家】[名] このいえ。この一家。「—の主人」

とうげ[ゲ]【峠】(たう)[名] ❶山道をのぼりつめて、下りにかかる境の所。❷物事のいちばんさかんなとき。最高潮。「この仕事も今が—だ」「病気も—」**—を越**(こ)**す** 物事のいちばんさかんなときがすぎる。

どう-け ド【同家】名 ❶おなじ一族。❷その家。

どう-け ケ【道化】名 こっけいなことばやしぐさ。おどけ。**―師**（し）ケ名 サーカスなどで、こっけいなしぐさで人を笑わせる人。また、それを職業とする人。ピエロ。

どう-け ド【道家】名 ⇩どうか。

とう-けい ◎【刀×圭】名〔文章語〕（薬をもるさじの意）医術。**―家**（か）◎名〔文章語〕医者。

とう-けい ◎【東経】名 英国のグリニッジ天文台跡を通る子午線（しごせん）を零度とし、東に一八〇度まではかった経線。↕西経。

とう-けい ◎【統計】名 社会や自然におけるいろいろな現象を数量的にはかって得た数値。**―学**（がく）ケ名 統計の作り方、それによる判断・推論の方法を研究する学問。

とう-けい ◎【闘鶏】名 にわとりとにわとりとをたたかわせる遊び。また、そのにわとり。(春)

とう-げい ◎【陶芸】名 陶磁器による芸術。

どう-けい ◎【同形】名 おなじかたち。**―語**（ご）◎名 同じ文字で書かれながら、異なる語源あるいは語形・意味と対応する一組の語。「大家（たいか）」と「大家（おおや）」など。参考 日本語の「愛人」と中国語の「愛人（夫または妻）」のような関係も同形語と呼ばれる。

どう-けい ◎【同系】名 おなじすじ。おなじ系統・系列。

どう-けい ◎【同型】名 おなじかた。おなじタイプ。

どう-けい ◎【同慶】名 たがいによろこばしいこと。ふつう「ご」をつけていう。「ごーのいたり」

どう-けい ◎【▲憧▲憬】名自サ（「しょうけい」の慣用読み）あこがれること。しょうけい。「―の的」参考「どうけい」が一般的な読み方。

とう-けつ ◎【凍結】㊀名自サ こおりつくこと。氷結。(冬) ㊁名他サ ❶資産・資金などの移動・使用をさしとめること。また、さしとめられた状態。❷決められたことの実行を一時的に中止・保留すること。「建設計画を―する」

とう-げつ ト/◎【当月】名 この月。

どう-けつ ◎【洞穴】名 ほらあな。洞窟（どうくつ）。

どう-げつ【同月】名 ❶◎おなじ月。「―生まれ」❷ド その月。

どう・ける ケ【道化る】自下一 ケケ(ケル)ケレケロ・ケヨ 〔「道化」の動詞化〕おどけたことを言ったり、したりする。

とう-けん ◎【刀剣】名 かたなとつるぎ。かたな類。

とう-けん ◎【唐犬】名 江戸時代初期、日本に輸入された外国の犬の一種。大形で強い。狩猟用。

とう-けん ◎【闘犬】名 犬と犬とをたたかわせる遊び。また、その犬。

とう-げん ◎【凍原】名 ツンドラ。凍土地帯。

とう-げん ◎【桃源】名〔文章語〕桃源郷。**―郷**（きょう）◎名 この世をはなれた別天地。仙郷。仙境。参考 中国の詩人陶淵明（とうえんめい）の「桃花源記」に書かれた理想郷から。

どう-けん ◎【同権】名 権利が同等であること。「男女―」

どう-けん ◎【洞見】名他サ〔文章語〕（「洞」はさとるの意）見ぬくこと。洞察。

どう-げん ◎【同源】名 同じ起源をもつこと。もとは一つのものであること。「医食―」

どうげん《道元》一二〇〇〜五三。鎌倉（かまくら）時代前期の禅僧。日本曹洞宗（そうとうしゅう）の開祖で、仏法の真髄を説いた「正法眼蔵（しょうぼうげんぞう）」などを残した。

とう-ご ◎【倒語】名 ことばの順序を逆にしたことば。「やど（宿）」を「どや」という類。

とう-ご ◎【頭語】名 手紙の書きだしのことば。「拝啓」「前略」など。↕結語。

どう-こ ◎【銅×壺】名 銅、または、いもので造った湯わかしの器具。

どう-ご ◎【同語】名 同じ単語や表現。参考「雨、雨、降れ、降れ」の「雨」と「降れ」はそれぞれ同語のくりかえしである。この「降れ」の一方が「降る」でも、同じ単語の反復と見られる。「やはり」と「やっぱり」は、活用語ではないが、同じ単語が別の形で現れたと言える。しかし、「あす」と「あした」では、同語とは言いにくくなる。**―反復**（はんぷく）ハ名 ❶同語や類義語・類形語を多用する文章技法の一つ。参考 日本語は同音語が多いので、この技法が発達している。「いるか／いないか／いないか／いるか」の各句には「海豚／居るか／居ないか」のどれかが該当する。「馬から落ちて落馬する」のような重言、「二度と再び」のような繰り返しも、その一種である。❷⇩トートロジー。

とう-こう ◎【刀工】名 かたなかじ。刀匠。

とう-こう ◎【灯光】名 ともしびの光。

とう-こう ◎【東郊】名〔文章語〕↕西郊。❶都市のひがしの郊外。また、その地域。❷春の野べ。

とう-こう ◎【陶工】名 陶磁器をつくる職人。

とう-こう ◎【登高】名（山など）たかい所にのぼること。

とう-こう ◎【投光】名自サ 光を一つにあつめて照らすこと。「―器」

とう-こう ◎【投降】名自サ 敵軍に降参すること。「―兵」

とう-こう ◎【登校】名自サ 児童・生徒が授業を受けに学校に行くこと。↕下校。

とう-こう ◎【投稿】名自他サ ❶雑誌社・新聞社などに、掲載を期待して原稿を送ること。また、その原稿。投書。❷インターネットのサイトに、文章や画像を送信すること。

とう-ごう ◎【等号】名 双方の式や数がひとしいことをあらわす符号「＝」。イコール。

とう-ごう ◎【投合】名自サ 二つのものがたがいに一致すること。「意気―する」

とう-ごう ◎【統合】名他サ 二つ以上の組織などを一つにまとめること。「町や村を―して市をつくる」**―失調症**（しっちょうしょう）◎/チョ名 精神疾患の一つ。感情の働きが鈍くなり、自閉・興奮・妄想・幻覚・幻聴などの症状が見られる。旧称は精神分裂病。

どう-こう ◎【同工】名〔文章語〕細工のてぎわがおなじであること。**―異曲**（いきょく）イ名形動〔文章語〕❶音楽を奏する技巧はおなじでも、味わいが異なること。❷詩文などの技巧はおなじだが、その趣がちがうこと。転じて、外見に違いはあるが、内容はおなじであること。

どう-こう ◎【同好】名 好み・趣味がおなじであること。「―会」

どう-こう ◎【動向】名 人の行動や物事の情勢のうごく方向。「社会の―」

どう-こう ◎【銅鉱】名 銅をふくむ鉱石。黄銅鉱・硫砒銅鉱（りゅうひどうこう）など。

どう-こう ◎【瞳孔】名 光線が、眼球の中にはいる小さいあな。ひとみ。⇩眼球（図）。

どう-こう ◎【同行】名自サ（「どうぎょう」と読めば別語）いっしょに行くこと。同道。「―の友人」

どう-こう ド副 どうのこうの。とやかく。「―するうちに」

とうこう-せいてい ◎【東高西低】名 東のほうの気圧がたかく、西のほうの気圧がひくいこと。日本付近で春から夏に移るときによく現れる気圧配置。東日本は好天で、西日本は雨がちになる。↕西高東低。

とうこう-せん [0]【等高線】[名] 地図上で、平均海面からの高さがひとしい地点を結んだ線。等高曲線。↔等深線。

どうこう-ほう [0]【道交法】[名]「道路交通法」の略。

とう-ごく [ト]【当国】[名] この国。

とう-ごく [0]【東国】[名] ❶ひがしの国。❷関東諸国。

とう-ごく [0]【投獄】[名][他サ] 牢獄(ろうごく)・監獄(今の刑務所)に入れること。

どう-こく [0]【同国】[名] ❶おなじ国。「—人」❷その国。

どう-こく [0]【×慟×哭】[名][自サ] (「慟」はひどくかなしむ、「哭」は声をあげて泣く意)大声をあげて泣くこと。

とう-こつ [ト]【頭骨】[名] あたまのほね。

とう-こつ [ト]【×橈骨】[名] 前腕にある二本のほねのうち、親指がわにあるほね。⇩骨格(図)。

とう-ごま [0]【唐×胡麻】[名] トウダイグサ科の一年生植物。葉はてのひらの形。秋、ひまし油のとれるまるい実(み)がなる。ひま。(秋)

とうご-ろん [コ]【統語論】[名] 言語学で、形態論とともに文法論を構成する一部門。語を組み合わせて句・節・文を作るしくみ、または規則の体系を解明する学問分野。文法。構文論。シンタックス。

とう-こん [0]【刀痕】[名]〔文章語〕かたな傷のあと。

とう-こん [ト]【当今】[名] 当節。現今。「—の世相」

とう-こん [0]【痘痕】[名]〔文章語〕天然痘(てんねんとう)にかかったあと。あばた。

とう-こん [0]【闘魂】[名] たたかおうとする意気ごみ。闘志。ファイト。「たくましい—」

どう-こん [0]【同根】[名] ❶根本がおなじであること。❷おなじ根(ね)から生じたもの。

どう-こん [0]【同×梱】[名][他サ] 主となるものといっしょにほかのものを梱包(こんぽう)すること。「商品に領収書を—する」

どうこん-しき [コ]【銅婚式】[名] 結婚七年目の祝いの式。十五年目とする説もある。

とう-さ [ト]【等差】[名] ❶等級の差別。ちがい。❷ひとしい差。**—級数**(きゅうすう) [キュ][名] 等差数列を、和の記号でつないだもの。算術級数。↔等比級数。**—数列**(すうれつ) [ス][名] 一定の数を、前の数に加えて得られる数の列。算術数列。↔等比数列。

とう-さ [ト]【踏査】[名][他サ] その場に行って、しらべること。「実地—」

とう-ざ [0]【当座】[名] ❶すぐその場。即座。「—のまにあわせ」❷当分。さしあたり。一時。「—の小遣い銭」❸その座で出す歌・俳句の題。❹当座預金。**—買**(が)**い** [0][名] さしあたっての入用の品だけを買うこと。**—貸**(が)**し** [0][名] 一時的に貸すこと。**—×凌**(しの)**ぎ** [シ][名] その時のまにあわせ。**—逃**(のが)**れ** [ノ][名] その場だけの責任をのがれようとすること。**—預金**(よきん) [ヨ][名] 預金者の請求があれば、いつでも小切手で支払う約束の無利息の銀行預金。当座。

どう-さ [ト]【動作】[名] からだのうごき。たちいふるまい。所作。

どう-さ [0]/[ド]【▲陶砂・×礬砂・×礬▲水】[名] 明礬(みょうばん)をとかした水に、にかわをまぜたもの。和紙にひいて、すみ・インク・絵の具のにじむのを防ぐ。

どう-ざ [0]【同座】[名][自サ] ❶おなじ席に居あわすこと。同席。❷おなじ劇場やおなじ演劇の団体に属していること。「—の仲間」

とう-さい [ト]【当歳】[名] その年の生まれ。「—の駒(こま)」

とう-さい [0]【搭載】[名][他サ] (「搭」も「載」ものせるの意)❶船・貨車・飛行機などに貨物を積むこと。積載。❷機械の中に、電子部品やソフトウエアを組み込むこと。

とう-さい [0]【登載】[名][他サ] 新聞・雑誌などに文章・絵などをのせること。「二月号—の論文」

とう-さい [0]【統裁】[名][他サ]〔文章語〕責任者としておさめ、さばくこと。ひきい、おさめること。

とう-ざい [ト]【東西】[名] ❶ひがしとにし。↔南北。❷方向。方角。「—もわからない」❸東洋と西洋。「古今—」**—東西**(とうざい) [ト]¹=[ト]² [あいさつ] みなさん、しずかに聞いてください。口上をのべるとき、最初に言う語。**—屋**(や) [0][名] (関西地方のよび方)ちんどん屋。ひろめ屋。**—を弁**(べん)**ぜず** ❶方角がわからない。❷物事の道理がわからない。

どう-ざい [0]【同罪】[名] おなじ罪にあたること。おなじ責任を負うこと。

とう-ざいく [ザ]【×籐細工】[名] とうの茎でする細工。また、その製品。

とう-さく [0]【倒錯】[名][自サ] ❶さかさになること。ひっくり返ること。❷正常の状態が混乱すること。「記憶の—」

とう-さく [0]【盗作】[名][他サ] 他人の作品の一部、または全部を、そのまま自分の作品として使うこと。剽窃(ひょうせつ)。

とう-さつ [0]【盗撮】[名][他サ] 気づかれないようにこっそり撮影すること。

どう-さつ [0]【洞察】[名][他サ] (「洞」はさとるの意)見通すこと。洞見。とうさつ。「—力」

とう-さん [ト]【父さん】[名] 父に対する身内のあいだでの親しみをこめた呼び方。↔母さん。「—は庭で水をやっているよ」「—。お帰りなさい」⇩おとうさん [参考]

とう-さん [0]【倒産】[名][自サ] 経営資金のやりくりがつかなくなって、企業がつぶれること。[参考] 個人の家のばあいは「破産」という。

とう-ざん [ト]【当山】[名] ❶このやま。❷この寺。

とう-ざん [0]【唐桟】[名] 紺地に、赤やあさぎなどの細いたてじまをあらわしためんの織物。

どう-さん [0]【動産】[名] 財産物件の区別の一つ。土地とその定着物以外のすべてのもの。↔不動産。

どう-さん [0]【道産】[名] 北海道の産出。

どう-ざん [ド]【銅山】[名] 銅を掘り出す鉱山。

とう-さんさい [サー]【唐三彩】[名] 中国の唐代に製造された陶器。褐・緑・藍・白のうちの三色の釉薬(うわぐすり)で彩色される。

とうさん-どう《東山道》昔の七道の一つ。今の、滋賀県から、中部地方の山間部を通って青森県へかけての旧八か国(およびそれらをつなぐ街道)。とうせんどう。⇩**(付)日本の旧国名**

とう-し [ト]【当市】[名] この市。

とう-し [ト]【唐紙】[名] (「からかみ」と読めば別語)中国でつくった紙で、表面があらく質のもろいもの。書画・表装に用いる。

とう-し [0]【唐詩】[名] ❶漢詩の総称。❷中国唐代の詩。

とう-し [ト]【闘士】[名] ❶強い闘志をもってたたかう人。❷社会運動などで活動する人。

とう-し [ト]【闘志】[名] たたかおうとする意気ごみ。敵がい心。闘魂。ファイト。「—をもやす」

とう-し [0]/[ト]【投資】[名][自サ] ❶資本を出すこと。もとでを出すこと。出資。❷将来の利益を見込んで多額のかねを出すこと。「むすこに—する」**—信託**(しんたく) [シ]²[名] 証券会社などが、一般投資家から集めた資金を信託銀行にあずけて運転させ、投資家にその収益金を分配するもの。

とう-し [0]【凍死】[名][自サ] こごえて死ぬこと。こごえ死に。(冬)

とう-し [0]【透視】[名][他サ] ❶すかして見ること。❷感覚器官のたすけをかりずに、かくされた物を直接感知すること。❸レントゲン線を利用して、身体内部をしらべること。

—画法[ガ][名] 遠近法によって、物体を見えるとおりのありさまにえがく法。遠近画法。↔投影画法。

とう-じ【当事】[造] そのことに直接関係すること。「—国」 **—者**[ジ][名] そのことにかかわっている人。↔第三者。

とう-じ[ト]【×杜氏】[名] 造り酒屋で、酒を造る男のかしら、または、酒造りの職人。さかとうじ。とじ。

とう-じ[0]【冬至】[名] 北半球では昼がもっとも短く、夜がもっとも長くなる時。十二月二十二日ごろ。二十四節気の一つ。[冬] ↔夏至。⇩二十四節気(表)。

とう-じ[ト]【当時】[名] そのとき。その昔。そのころ。

とう-じ[0]【悼辞】[名] 弔辞。

とう-じ[0]【湯治】[名] 温泉にはいって病気をなおすこと。「—客」 **—場**[0][名] 湯治に来る人の多い温泉。

とう-じ[0]【答辞】[名] 式場で告辞・祝辞・送辞などにこたえることば。「卒業生代表の—」↔送辞。

とう-じ[ト]【×蕩児】[名][文章語] ほうとうもの。

とう-じ[ト]【統治】[名][他サ] ➡とうち。

どう-し[ト]【同士】㊀[ド][名] つれ。なかま。㊁[造] 同じ種類・関係にあるもの。「好いた—」「子ども—」 **—討ち**[ジ][名] 味方と味方とのうちあい。

どう-し[ド]【同氏】[名][文章語] その人。「—の言によれば」

どう-し[ド]【同志】[名] こころざしをおなじくすること。また、その人。「—をつのる」

どう-し[0]【動詞】[名] 品詞の一つ。事物の動作・作用・存在をあらわし、活用のある語。⇩**(付)品詞分類**

どう-し[0]【童詩】[名] ❶子どものつくった詩。児童詩。❷子どものための詩。児童詩。

どう-し[ド]【道士】[名] ❶[文章語] 道徳をよくわきまえた人。❷[仏]俗人に対して、僧のこと。❸道教をおさめた人。道家。❹仙人。

どう-し[ド]【導師】[名] ❶衆生に法をとき、仏道にみちびき入れる人。仏・菩薩のこと。❷葬儀のとき、死者の霊をとむらい、しずめる僧。引導僧。❸供養・法会などのとき、僧を指揮して儀式をとりおこなう僧。

どう-し[0]【同視】[名][他サ] 同一とみなすこと。差別なくとりあつかうこと。同一視。

どう-じ[0]【同字】[名] ❶おなじ字。特に異体関係にある漢字どうしにいう。「峰」と「峯」、「辺」と「邊」など。❷詩歌において避けるべききまりで、近接した箇所におなじ字句を用いること。 **—異読**[イ][名] おなじ字で、ことなった読みをするもの。「床」を「とこ」「ゆか」と読み、「上手」を「うわて」「かみて」「じょうず」と読むなど。

どう-じ[0]【同時】[名] ❶おなじとき。❷おなじ時代。 **—多発**[0][名][自サ] おなじときに、おなじようなことが、いろいろな場所で起きること。「—テロ」 **—通訳**[ツ][名] 話し始めると同時に行う通訳。 **—に**❶いっぺんに。いちどに。「—スタートする」❷(「と同時に」の形で)㋐ちょうどそのときに。「到着と—」㋑…とともに。「はげますと—忠告する」❸それとともに。「—このことも考えよ」

どう-じ[ド]【童子】[名][文章語] 子ども。わらべ。児童。

とう-しき[0]【等式】[名] 等号でむすびつけられた二つの数式。↔不等式。

とう-じき[ジ]【陶磁器】[名] 陶器と磁器。焼き物。

とうじ-せい[0]【等時性】[名]〖物〗周期運動の周期が一定であること。「振り子の—」

とうしせん《唐詩選》 中国の代表的詩集。唐時代の詩人一二八人の詩をあつめたもの。

どう-じだい[ジ]【同時代】[名] 同じ時代。また、同じ時代に存在したり、行われたりすること。「—人」「—の風俗」

とう-しつ[0]【透湿】[名] 湿気が生地を通り抜けること。「—性」「—の新素材」

とう-しつ[0]【等質】[名] ひとしい成分・性質。均質。

とう-しつ[0]【糖質】[名] 糖分をふくむ物質。

とう-じつ[0]【当日】[名] その事のある日。その日。「運動会の—」

どう-しつ[0]【同室】㊀[名] おなじへや。㊁[名][自サ] おなじへやにいたり、住んだりすること。また、その人。

どう-しつ[0]【同質】[名] 質がおなじであること。↔異質。

どう-じつ[0]【同日】[名] ❶[0]おなじ日。❷[ド]その日。 **—の論(談)ではない** ひどくちがっている。くらべものにならない。

どう-して[ド]㊀[副] ❶事のやり方をたずねるようす。どのようにして。「—ここまで逃げてきたのだ」❷事のわけをたずねるようす。なぜ。「—だまっているのか」[参考]下に疑問の言い方がくることが多い。❸あることを強める意味で添えることば。「—たいしたものだった」㊁[感] 相手のことばを強く打ち消すことば。「—、—、そうではありません」 **—も**[テ][ド][副] ❶どんなことがあっても。必ず。「—勝ちたい」❷どういうふうにしてみても。「—わからない」

どう-じめ[0][ズ]【胴締(め)】[名] ❶胴または物の中心部を締めること。また、そのもの。❷女性のこしひも。❸レスリングで、相手の胴を両あしで締めること。柔道では禁止。

とう-しゃ[ト]【当社】[名] この神社。この会社。「—の製品」[参考]手紙で、自分の会社や店をさすことばに「当社・本社・小社・弊社・当店・本店・小店・弊店」などがある。「弊社」「小社」は丁重語。

とう-しゃ[0]【投射】[名][他サ] 影などを投げかけること。

とう-しゃ[0]【透写】[名][他サ] すきうつしにすること。

とう-しゃ[0]【謄写】[名][他サ] ❶書きうつすこと。❷謄写版の印刷。 **—版**[0][名] てがるな印刷機の一種。原紙に鉄筆やタイプで書き、スクリーンにはりつけて印刷する。がり版。

どう-しゃ【同車】㊀[ド][名] おなじくるま。㊁[0][名][自サ] おなじくるまに乗ること。乗りあわせること。同乗。

どう-しゃ[ド]【堂舎】[名][文章語] 大小の建物。特に、社寺の建物。

どう-しゃ[ド]【道者】[名] ❶巡礼。❷仏法を修行する人。❸道教をおさめた人。道士。

どう-じゃく[0]【×瞠若】[たり形動][文章語] 感嘆したりおどろいたりして目をみはるようす。「—たらしめる」

とう-しゅ[ト]【当主】[名] いまの主人。↔先代。

とう-しゅ[ト]【投手】[名] 野球で、ボールを打者に投げる人。ピッチャー。↔捕手。

とう-しゅ[ト]【党首】[名] 党のかしら。

とう-しゅ[ト]【頭首】[名][文章語] かしら。頭目。

どう-しゅ[0][ド]【同種】[名] ❶おなじ種類。↔異種。❷おなじ人種。 **—同文**[0][名] 同文同種。

とう-しゅう[0]【踏襲(×蹈襲)】[名][他サ] それまでのやり方などを、そっくり受けついでするること。

とう-じゅう[ト]【当住】[名][文章語] いまの住職。

どう-しゅう[0]【同舟】[文章語] ㊀[名] おなじふね。㊁[名][自サ] おなじふねに乗ること。同船。「呉越—」

どう-しゅう[0]【同臭】[名][文章語] 〔おなじくさみの意から〕おなじなかま。[参考]よくない者どうしの意に使う。

どう-しゅう[0]【銅臭】[名][文章語] 〔銅銭のにおい〕金銭をむさぼる人をいやしんだ語。

とうしゅうさい-しゃらく《東洲斎写楽》 生没年未詳。江戸時代後期の浮世絵師。役者絵と相撲絵が本領で、個性的な顔だちを印象的に描いている。

とう-しゅく[0]【投宿】[名][自サ] やどをとってとまること。

どう-しゅく [0]【同宿】[名][自サ] おなじ宿に、いっしょにとまること。また、その人。

どう-しゅつ [0]【導出】[名][他サ] 新しい方法をひき出すこと。「結論を論理的に—する」

どう-じゅつ [ド]【道術】[名] 道士や仙人のおこなう術。方術。

とう-しょ [ト]【当初】[名] そのはじめ。はじめのころ。最初。

とう-しょ [ト]【当所】[名] ❶【当処】このところ。当地。❷この事務所・事業所など。

とう-しょ [ト]【島×嶼】[名]〔文章語〕（大きなしまと小さなしまの意）しま。しまじま。

とう-しょ [ト]【頭書】[名]〔文章語〕❶本文のはじめに書きだした事がら。「—の件」❷本文の上の欄に書きいれた注解。

とう-しょ [0]【投書】[名][自他サ] ❶官庁・事業団体などの諸機関に、意見・希望などを書いておくること。❷投稿。**—欄**らん [ジョ][名] 新聞や雑誌で、読者からの投書を掲載する欄。

とう-じょ [0]/[ト]【倒叙】[名][他サ] 現在から過去へ、時間をさかのぼって事柄を述べてゆくこと。「—日本史」

どう-しょ【同所】[名] ❶[0]おなじ場所。❷[ド]その場所。そこ。

どう-しょ【同書】[名] ❶[0]おなじ本。❷[ド]その本。

どう-じょ [ド]【同女】[名]〔文章語〕そのおんな。

どう-じょ [ド]【童女】[名] おんなのこども。少女。

とう-しょう [0]【刀匠】[名]〔文章語〕かたなかじ。刀工。

とう-しょう [0]【刀傷】[名] かたなで切られたきず。

とう-しょう [0]【凍傷】[名] 低温によって、局部的に血管や組織がおかされておこす傷害。しもやけのひどいもの。㊐冬

とう-しょう [0]【闘将】[名] ❶闘志の盛んな大将。また、選手。❷闘争や運動の有力な指導者。

とう-じょう [0]【闘×諍】[名]〔文章語〕（「諍」はあらそうの意）たたかい争うこと。闘争。

とう-じょう [0]【東上】[名][自サ] 東京よりも西の地から東京に行くこと。↕西下さいか。

とう-じょう [0]【凍上】[名][自サ]〔文章語〕土がこおって、もちあがること。㊐冬

とう-じょう [0]【搭乗】[名][自サ]（「搭」は乗るの意）艦船や飛行機などに乗りこむこと。「—券」

とう-じょう [0]【登場】[名][自サ] ↕退場。❶舞台に役者が出ること。❷（ひゆ的に）あらたな人物・事物があらわれること。「紛争解決にA氏が—した」「新型車が—する」**—人物**じんぶつ [ジ][名] ❶戯曲・小説中にあらわれる人。❷事件にあらわれる人物。

どう-じょう [0]【同上】[名] うえに述べたことと同様であること。

どう-じょう [0]【堂上】[名] ❶堂のうえ。❷昇殿を許された公卿ぎょう。てんじょうびと。↕堂下どうか・地下じげ。

どう-じょう [ド]【道場】[名] ❶㋐仏道を修行する所。また、その寺。㋑座禅・念仏・授戒などをするへや。❷武芸の修練場。**—破**やぶ**り** [ヤ][名] よその道場に出かけて他流試合をし、打ち負かすこと。

どう-じょう [0]【同乗】[名][自サ] おなじ船・車・飛行機などにいっしょに乗りあわせること。

どう-じょう [0]【同情】[名][自サ] 他人の苦しみや悲しみなどを、その身になって感じ、思いやること。思いやり。「—を寄せる」

どうしょう-いむ [イ]【同床異夢】[名]〔文章語〕表面上、同じ立場にいても、それぞれ別のおもわくをもっていること。

とうじょう-か [ジョ]【筒状花】[名] 花弁の大部分が合わさって、つつの形をなすもの。管状花。きく・あざみなどの頭状花をかたちづくっている一つ一つの小花の類。

とうじょう-か [ジョ]【頭状花】[名] 小さい花があつまって、一つの大きな花のように見えるもの。きく・あざみなど。

とう-しょく [ト]【当職】㊀[名]〔文章語〕この職務。㊁[代]（その職務についている）わたくし。「—の責任であります」

どう-しょく [0]【同色】[名] おなじいろ。

どう-しょく [0]【同職】[名] おなじ職務・職業。また、その人。

どうしょく-ぶつ [ク]【動植物】[名] 動物と植物。

とう・じる [0]/[ジ]【投じる】[自他上一] ジ・ジ・ジル・ジル・ジレ・ジロ・ジヨ ⬇とうずる。

どう・じる [0]/[ジ]【同じる】[自上一] ジ・ジ・ジル・ジル・ジレ・ジロ・ジヨ ⬇どうずる。

どう・じる [0]/[ジ]【動じる】[自上一] ジ・ジ・ジル・ジル・ジレ・ジロ・ジヨ ⬇どうずる。

とう-しろ [0][名]〔俗語〕（「しろうと」をさかさまに言った隠語）しろうと。

とう-しん【頭身】[接尾] あたまの長さで身長を割った割合。「八—の美人」

とう-しん [0]【刀心】[名] かたなのつかの中の部分。なかご。

とう-しん [0]【刀身】[名] かたなの刃のある部分。さやの中にはいっているかたなのなかみ。

とう-しん [0]【灯心】[名] 灯油にひたして火をともすもの。細藺ほそいのなかごの白い芯しん、または、綿糸を使う。とうしみ。**—草**ぐさ [シ][名] いぐさ。㊐夏

とう-しん [0]【投信】[名]「投資信託」の略。

とう-しん [0]【盗心】[名]〔文章語〕ぬすみごころ。どろぼう根性。

とう-しん [0]【等身】[名] 身のたけにひとしい長さ・高さ。**—大**だい [0][名] 身長とおなじ大きさ。「—の人形」

とう-しん [0]【等親】[名] 親族関係の遠近を表す等級。親等の慣用的な言い方。

とう-しん [0]【投身】[名][自サ] 自殺するために身を投げること。みなげ。「—自殺」

とう-しん [0]【東進】[名][自サ] 東のほうへ進むこと。↕西進。

とう-しん [0]【答申】[名][自他サ] 上級官庁や上官の問いにこたえて意見などを申しのべること。「審議会の—」

とう-じん [0]【党人】[名] 党派に属する人。政党人。

とう-じん [0]【唐人】[名] ❶唐土の人。中国人。❷「外国人」の古めかしい言い方。**—の寝言**ねごと わけのわからないことば。また、筋の通らない発言。

とう-じん [0]【×蕩尽】[名][他サ]〔文章語〕おもに道楽や遊びなどで、財産をすっかりなくすること。使いはたすこと。

どう-しん [0]【童心】[名] ❶こどものこころ。「—に返る」❷こどもの心のようにきれいな心。「—を失わない」

どう-しん [0]【道心】[名] ❶〔文章語〕道徳心。良心。❷仏道を信ずる心。❸一三歳、または、一五歳以上で仏門にはいった人。

どう-しん [0]【同心】㊀[名][自サ] 心をおなじくすること。また、その人。おなじこころ。㊁[名] 江戸町奉行ぶぎょうの下で、与力よりきに属した下級の役人。町同心。**—円**えん [シ][名] おなじ中心をもっている二つ以上の円。

どう-じん [0]【同人】[名] おなじ志の人。おなじ趣味の人。なかま。どうにん。**—雑誌**ざっし [ザ][名] おなじ趣味・主義の人々が、共同で発行する雑誌。

どう-じん [0]【道人】[名] ❶〔仏〕仏門にはいって得道した人。❷道教をおさめた人。神仙しんせんの道を身につけた人。道士。仙人。方士。❸〔文章語〕俗社会をすてた人。

とうしん-せん [0]【等深線】[名] 地図の上で、海・湖・川などの深さのひとしい地点をむすんだ線。↕等高線。

とう-すい [0]【透水】[名] 水がしみ通ること。「—性」

とう‐すい ⓪【陶酔】名自サ 〔「陶」はたのしむの意〕❶気持ちよく酒に酔って、うっとりすること。❷心をすっかりひきつけられてしまうこと。心からよい気持ちになった状態。「音楽に―する」 **―境**(きょう) ⓪名

とう‐すい ⓪【統帥】名他サ〔文章語〕軍隊をおさめひきいること。**―権**(けん) ［ス］名 明治憲法下で、天皇がもっていた、軍隊の指揮権。

どう‐すい ⓪【導水】名自サ 水をみちびくこと。「―管」

とう‐すう ［ス］【頭数】名〔「あたまかず」と読めば別語〕馬・牛など、一頭二頭と数えられる動物のかず。

どう‐すう ［ス］【同数】名 おなじかず。

とう‐ずる ⓪/［ス］【投ずる】(ジ・ゼ〔ジ〕・ズル〔ズル〕・ズレ・ジロ・ゼヨ)〔文章語〕〔「投じる(上一段活用)」とも〕㊀自サ ❶つけいる。つけこむ。「人気(にんき)に―」 ❷投降する。「敵軍に―」 ❸やどる。とまる。「旅宿に―」 ❹あう。一致する。「意気が相―」 ❺仲間としてその中にはいる。「反対派に―」 ㊁他サ ❶投げる。「投げだす」 ❷あたえる。「えさを―」 ❸投げこむ。入れる。「獄に―」「一票を―」 ❹〔「身を投ずる」の形で〕身投げをする。また、ある世界に入りこむ。「水中に身を―」「政界に身を―」 ❺さし出す。つぎこむ。「資本を―」 **と・う・ず** 文語サ変

どう‐ずる ⓪/［ス］【同ずる】自サ (ジ・ゼ〔ジ〕・ズル〔ズル〕・ズレ・ジロ・ゼヨ)〔文章語〕〔「同じる(上一段活用)」とも〕同意する。賛成する。**どう・ず** 文語サ変

どう‐ずる ⓪/［ス］【動ずる】自サ (ジ・ゼ〔ジ〕・ズル〔ズル〕・ズレ・ジロ・ゼヨ)〔「動じる(上一段活用)」とも〕心がうごく。おそれあわてる。動揺する。**どう・ず** 文語サ変

どう‐すん ⓪【同寸】名 おなじ寸法。おなじ大きさ。

とう‐ぜ ［ト］【党是】名 政党の根本方針。

どう‐せ ⓪副 ❶いずれにせよ。どうしたところで。「―きみの負けだ」 ❷〔「どうせ…なら(ば)」の形で〕せっかくおこなう以上は。「―買うならよいものがほしい」 ❸好ましくない結果になることを予測するようす。きっと。「―また三日坊主で終わるんだろう」

とう‐せい ［ト］【当世】名 今の世。現代。**―風**(ふう) ⓪名形動(の) 現代のはやり。現代式。今ふう。「―の髪形」 **―向**(む)**き** ⓪名形動(の) 現代のはやりや好みに、あっていること。

とう‐せい ⓪【党勢】名 党の勢力。

とう‐せい ⓪【陶製】名 焼き物で作ること。また、作ったもの。

とう‐せい ⓪【×濤声】名〔文章語〕波の音。

とう‐せい ⓪【騰勢】名〔文章語〕あがるいきおい。高くなる傾向。「物価は―をたどる」

とう‐せい ⓪【東征】名自サ ひがしに征伐に行くこと。東国をしずめに行くこと。

とう‐せい ⓪【統制】名他サ ❶まとめ、おさめること。「―をとる」 ❷一定の方針にしたがって制限・指導すること。「言論を―する」 ❸統制経済。**―経済**(けいざい) ［ケ］名 資本主義国家が、ある方針・計画により、経済活動を制限・指導する状態。↕自由経済。

どう‐せい ⓪【同姓】名 おなじ姓。おなじみょうじ。**―同名**(どうめい) ⓪名 姓も名もおなじであること。

どう‐せい ⓪【同性】名 ❶男女・雌雄の性がおなじであること。↕異性。❷おなじ性質。**―愛**(あい) ［セ］名 同性の者を性愛の対象として愛すること。**―婚**(こん) ［セ］名 男と男、女と女が戸籍をつくり、社会的な単位として認められること。同性結婚。

どう‐せい ⓪【動静】名 物事の活動状況。ようす。ありさま。動向。「―をうかがう」

どう‐せい ⓪【銅製】名 銅で作ること。また、作ったもの。

どう‐せい ⓪【同×棲】名自サ ❶いっしょに住むこと。❷正式な結婚をせずに、男女がいっしょに生活すること。

どう‐ぜい ［ド］【同勢】名 いっしょに行く人々。いっしょに事をする人々。「―五十人」

とうせいしょせいかたぎ《当世書生気質》 坪内逍遙(つぼうちしょうよう)の長編小説。一八八五年から翌年にかけ刊行。学生たちを主人公に当時の世相をえがいたもの。

とう‐せき ⓪【党籍】名 党員としての籍。「―離脱」

とう‐せき ⓪【投石】名自サ いしを投げつけること。

とう‐せき ⓪【透析】名自他サ 半透膜を通して物質の分子が移動すること。これを利用して、腎臓(じんぞう)の働きが悪い人の血液の浄化を行う。「人工―」

どう‐せき ⓪【同席】㊀名 席次や地位がおなじであること。㊁名自サ おなじ席に居あわせること。

とう‐せつ ［ト］【当節】名 今の時節。このごろ。当今。

とう‐せん ⓪【当選】名自サ ↕落選。❶選挙で、えらびだされること。「知事に―した」 ❷くじ・クイズなどに応募して、選にあたること。

とう‐せん ⓪【当×籤】名自サ くじにあたること。

とう‐せん ⓪【東遷】名自サ〔文章語〕東国・東方へうつること。

とう‐せん ⓪【登仙】名自サ〔文章語〕❶仙人になって天上にのぼること。「羽化―」 ❷貴人が死ぬこと。

とうせん《盗泉》 中国の山東省にある泉の名。**―の水**(みず)**は飲**(の)**まず** 貧しくて、どんなに困っても、不正なことはしないということ。渇(かっ)すれども盗泉の水は飲まず。参考「盗泉」という名の泉を、孔子(こうし)がその名をにくんでのまなかったという故事から。

とう‐ぜん ⓪【東漸】名自サ〔文章語〕しだいに東方へすすむこと。↕西漸。

とう‐ぜん ⓪【当然】名副形動 そうなるのが、あるいは、そうするのがあたりまえなこと。あたりまえ。「―の処置」 参考「当前」と書くのはあやまり。

とう‐ぜん ⓪【陶然】と副 たる連体 〔「陶」はたのしむの意〕❶酒に酔ってうっとりとするようす。❷心をひきつけられてうっとりとするようす。「―と絵に見入る」

どう‐せん【同船】㊀［ド］名 おなじふね。㊁⓪名自サ おなじふねに乗りあわせること。

どう‐せん ⓪【動線】名 人の動き回る道すじを線で表したもの。住宅設計などでは必ず考慮される。「―のよい間取り」

どう‐せん ⓪【銅銭】名 銅貨。

どう‐せん ⓪【銅線】名 銅のはりがね。

どう‐せん ⓪【導線】名 ❶電気を通すための金属の線。❷デパートなどで、客が自然に店内を歩くように設定された道すじ。

どう‐ぜん ⓪【同前】名 まえにのべたことと同様であること。

どう‐ぜん ⓪【同然】名形動 おなじようす。同様。「はだか―の姿」

とうせん‐かろ ［カ］【冬扇夏炉】名〔文章語〕夏炉冬扇。

どう‐ぞ ［ド］副 ❶相手に頼んだり、すすめたりするようす。どうか。「―お助けください」「―お上がりください」 ❷〔感動詞的に〕許しや承知の気持ちを表す。「はい、―」 ❸心で願うようす。「―無事にすみますように」⇩どうか 参考。 **―して** ［ド］副 なんとかして。

とう‐そう ⓪【刀創】名〔文章語〕刀で切られた傷。かたなきず。

とう‐そう ⓪【党争】名 党派のあらそい。

とう-そう ⓪【痘×瘡】名 感染症の一つ。ウイルスの侵入によって高熱・発疹を生じ、あばたを残すもの。種痘によって、ほとんど予防できる。天然痘。ほうそう。

とう-そう ⓪【逃走】名自サ 逃げはしること。逃げること。

とう-そう ⓪【闘争】名自サ ❶相手を負かそうとしてたたかうこと。争闘。❷要求などを通すためにあらそうこと。「賃金値上げ―」

どう-そう ⓪【同窓】名 おなじ学校にまなんだこと。また、その人。

どう-ぞう ⓪【銅像】名 銅でつくった像。

とう-そう-おん ソ【唐×宋音】名 唐音。唐音の一部である宋音を含めて呼ぶ語。

とう-そく ⓪【党則】名 党の規則。

とう-ぞく ⓪【盗賊】名 ぬすびと。どろぼう。

どう-ぞく ⓪【同族】名 ❶おなじ血すじに属するもの。一族。一門。❷おなじ種族。

どう-ぞく ド【道俗】名〔文章語〕僧と俗人。僧俗。

どうそ-じん ソ【道祖神】名 道路の悪魔を防ぎ、旅人を守るという神。さいのかみ。さえのかみ。たむけの神。

どうそ-たい ⓪【同素体】名 同一の元素からなるが、構成する原子の配列、結合のしかたがちがうため、性質が異なる単体のこと。酸素とオゾン、ダイヤモンドと石墨など。

とう-そつ ⓪【統率】名他サ ある集団のひとびとを、まとめてひきいること。「―力」

とう-た ト【×淘汰】名他サ〔「淘」も「汰」もえらび分ける意〕❶不用のものをとりのぞくこと。❷環境に適応する生物だけが生きのこり、適応できないものがほろびること。「自然―」

とう-だ ト【投打】名 野球で、投手力と、打撃力。

とう-だい ⓪【灯台】名 ❶港口・みさきなどにきずき、おもに夜間に光をはなって、航海の安全をまもる設備。❷昔、ともしびをのせた台。❸しょくだい。**―下暗し**「灯台❷」のすぐ下が暗いように、手近な事情はあんがいわかりにくいことのたとえ。**―守** ダ名「灯台❶」の番人。

とう-だい ト【当代】名 ❶この時代。現代。当世。「―一流の名手」❷その時やその時代。「―の風俗」

どう-たい ⓪【同体】名 ❶おなじからだ。一つのからだ。一体。「一心―」❷相撲で、同時にたおれたり、土俵外に出たりすること。取り直しになる。

どう-たい ド【胴体】名 胴。「―着陸」

どう-たい ⓪【動体】名 ❶動いているもの。「―写真」❷気体・液体の総称。流動体。**―視力** シ名 動いているものを見分けたり、追い続けたりできる目の力。

どう-たい ⓪【動態】名 活動・変動する状態。「人口の―」↕静態。

どう-たい ⓪【導体】名 熱や電気をつたえやすい物質の総称。↕不導体・半導体・絶縁体。

どう-だい【同大】名 ❶⓪おなじ大きさ。❷ドその大学。

どう-たく ⓪【銅×鐸】名 弥生時代の青銅製器物。つりがねの形。祭器または楽器だったという。西日本に多く出土。

どうたく

とう-たつ ⓪【到達】名自サ いたりつくこと。とどくこと。

とう-だん ⓪【登壇】名自サ 壇にのぼること。特に演壇にのぼること。↕降壇。

どう-だん ⓪【同断】名形動 ほかとおなじであること。同然。「前者と―だ」

どうだん-つつじ ツ2/ツ1【▲満▲天▲星】名 ツツジ科の落葉低木。春、白い、つぼ形の花を開き、秋は紅葉する。(春)

とう-ち ト【当地】名 この土地。こちら。当所。「―は涼しい」

とう-ち ⓪/ト【倒置】名他サ ❶さかさまにおくこと。❷主語と述語、修飾語と述語などの順序を逆にすること。「行くよ、ぼくも」など。**―法** ⓪名 特別の表現をするために、ことばを倒置すること。

とう-ち ト【統治】名他サ 主権者が国家をおさめること。

どう-ち ド【同地】名 おなじその土地。「―の状況」

どう-ち ド【同値】名〔文章語〕おなじ価値・数値。等値。

とう-ぢさ ⓪/ト【唐×萵×苣】名 アカザ科の一年生または二年生植物。若葉は食用。ふだんそう。

とう-ちゃく ⓪【到着】名自サ 目的の場所につくこと。「三時に―した」

どう-ちゃく ⓪【同着】名 競技で、決勝点に同時につくこと。

どう-ちゃく ⓪【×撞着】名自サ〔文章語〕〔「撞」はつきあたるの意〕前後がくいちがうこと。つじつまが合わないこと。矛盾。「自家―」

とう-ちゃん ト【父ちゃん】名〔俗語〕父を親しんで呼ぶ語。自分や他人の夫を親しんで呼ぶのにも用いる。↕母ちゃん。

とう-ちゅう ⓪【頭注】【頭×註】名 本文の上の欄にある、語句の注釈。↕脚注。

どう-ちゅう ド【道中】名 旅行の途中。旅行。「―無事」**―記** チュ名 ❶旅の日記。紀行。❷旅行の案内記。**―差し** ⓪名 昔、旅行中にさしたすこし短い刀。**―▲双六** ス名 東海道五十三次の絵をかいた、まわりすごろく。(新年)

とう-ちょう ⓪【頭頂】名〔文章語〕頭のてっぺん。いただき。

とう-ちょう ⓪【登庁】名自サ 役所に出勤すること。↕退庁。

とう-ちょう ⓪【登頂】名自サ 山の頂上にのぼること。とちょう。「チョモランマ―」

とう-ちょう ⓪【盗聴】名他サ こっそりと聞くこと。ぬすみ聞きすること。「会議の内容を―する」

どう-ちょう ⓪【同調】㊀名 おなじ調子。㊁名自サ ❶他と調子を合わせること。❷他人の意見に同意すること。❸ラジオ受信機などで、コイルとコンデンサーからなる回路の共振周波数を、目的の周波数に合わせること。チューニング。**―圧力** ツ名 その場の多数意見に反対できない気配。「―が強まる」

どう-ちょう ド【道庁】名「北海道庁」の略。北海道の行政事務をあつかう役所。

どうちょう-とせつ ト【道聴塗説】名〔文章語〕〔路上で聞いたことを、すぐ路上で他の人に話す〕❶よい言葉を聞いても、自分のものとして心にとめておかないこと。❷他人の説のいいかげんな受けうり。

とう-ちょく ⓪【当直】名自サ 宿直や日直の当番。

とう-ちりめん チ【唐▲縮×緬】名 うすく、やわらかい毛織物。メリンス。モスリン。

とう-ちん ⓪【陶▲枕】名 陶磁器製のまくら。(夏)

とう-つう ⓪【×疼痛】名 ずきずきするいたみ。うずき。

とう-つう ⓪【頭痛】名 頭のいたみ。ずつう。

どう-づき ⓪【どう突き】名 ❶建築する場の地を突きかためること。地がため。地形。❷地形やくい打ちに使う道具。＝どづき。

とう-てい ◎【到底】副 できそうもないようす。どうしても。とても。「―かれには及ばない」「―だめだ」参考 下に否定の言い方がくる。

どう-てい ◎【童貞】名 ❶男性が、まだ女性と肉体関係をもっていないこと。また、その人。↕処女。❷カトリック教の尼僧。

どう-てい ◎【道程】名 みちのり。行程。

どう-てい ◎【同定】名 自他サ 二つのものが同じものであるとみとめること。あるものがどのようなものであるかを判定すること。

どうてい《道程》高村光太郎(たかむらこうたろう)の詩集。一九一四年刊。理想主義的傾向を示す。

とう-てき ◎【投×擲】㊀名 他サ〔文章語〕投げること。投げとばすこと。㊁名 砲丸投げ・やり投げ・円盤投げなどの競技の総称。投擲(とうてき)競技。

どう-てき ◎【動的】形動 ダロ・ダッ・デ・ニ／ダ・ナ・ナラ・○ いきいきしているようす。動き変化しているようす。↕静的。

とう-てつ ◎【透徹】名 自サ ❶すきとおること。「―した秋の空」❷すじ道がとおっていること。「―した理論」

どう-でも ◎/ド 副 ❶どうしても。「―返してもらう」❷どんなふうでも。「―かまわない」 **―こうでも** 連語 なんとしても。どうしても。「―来てほしい」

とう-てん ト【当店】名 このみせ。わがみせ。「―特製」⇩当社 参考。

とう-てん ◎【東天】名〔文章語〕❶ひがしの空。↕西天。❷明けがたの空。 **―紅**(こう) テ 名 ❶あかつきをつげる、にわとりの声。❷にわとりの一種。高知県原産。愛玩(あいがん)用。

とう-てん ト【読点】名 文の中の切れめにうつ点。「、」。↕句点。

とう-でん ◎【盗電】名 自サ 正規の契約を結ばないで、こっそり電力を使用すること。

どう-てん ◎【同点】名 おなじ点数。おなじ得点。

どう-てん ◎【動転】名 自サ おどろきあわてて平静を失うこと。「気が―する」

とう-と ト【東都】名〔文章語〕❶東のほうのみやこ。❷江戸、または東京。

とう-ど ト【凍土】名〔文章語〕こおったつち。冬 **―帯**(たい) ◎ 名 ツンドラ。

とう-ど ト【唐土】名〔文章語〕昔、中国のことをよんだ名。もろこし。

とう-ど ト【陶土】名 陶磁器の原料となる粘土。長石類が分解して沈積したもの。

どう-と ド【道途・道塗】名〔文章語〕みち。道路。

とうと・い ト(たふとい) 形 カロ・カッ・ク／イ・イ・ケレ・○ ㊀【尊い】うやまうべきである。敬意をはらう気持ちになる。「―身分」「―犠牲になる」㊁【貴い】すぐれた値打ちがある。かけがえがなく大切である。「聖人の―教え」「戦時中の―経験」参考「たっとい」はやや古風な表現。「とうとい」は会話でも普通に使う。 **とうとき** 名 **たふと・し** 文語ク

とう-とう【等等】接尾〔「等」の強め〕などなど。ども。

とう-とう ト【とうとう・到頭】副 ついに。結局。

とう-とう ◎【×滔×滔】と副 たる連体 ❶水がさかんに流れるようす。「―と流れゆく水」❷演説などがつかえずにすらすらと進むようす。「―と弁じたてる」❸社会の風潮が、とどまることなく、ある方向へ進むようす。「―たる世論」

とう-とう ◎【×蕩×蕩】と副 たる連体〔文章語〕❶広々として大きいようす。❷ゆったりとして、おだやかなようす。「―たる君子」

とう-とう ◎【×鼕×鼕】と副 たる連体〔文章語〕つづみやたいこの音の鳴るようす。 **―たらり** ラ 感 能「翁(おきな)」のはじめにとなえる言葉。

とう-どう ◎【東道】名 他サ〔文章語〕主人となって、来客の世話をしたり案内したりすること。また、その人。東道の主。 **―の主**(しゅ) 東道。

どう-とう ◎【堂塔】名 堂と塔。お寺の建物。

どう-とう ◎【道統】名〔文章語〕教えをつたえる系統。

どう-とう ◎【同等】名 形動(の) おなじ等級・階級・品等。

どう-どう ◎【同道】名 自他サ 連れだっていくこと。連れていくこと。同行。「―の記者」

どう-どう ◎/ド【堂堂】(と)副 たる連体 ❶いかめしくりっぱなようす。「威風―」「―たる体格」❷つつみかくしのないようす。正々堂々。「―と弁じる」❸すぐれているようす。「―たる成績をおさめる」

どうどう-めぐり ✕【堂堂巡り】名 ❶祈願のため社寺のまわりをめぐること。❷国会で、議員がかわるがわる進み出て、壇上の箱に投票すること。❸おなじような議論をくり返して、進展しないこと。

とうどく《東独》東ドイツの略称。⇩ドイツ。

どう-とく ◎【道徳】名 ❶人の守りおこなわなければならないみち。人生上の考えや行為の標準。❷❶について考えることを目的とする小中学校の教科。

とう-とつ ◎【唐突】形動 ダロ・ダッ・デ・ニ／ダ・ナ・ナラ・○〔「唐」も「突」もいきなりの意〕だしぬけ。不意。「―な質問」

とうと・ぶ ト(たふとぶ) 他五 バ・ボ・ビ・ン／ブ・ブ・ベ・ベ ㊀【尊ぶ】うやまうべきである。敬意をはらう気持ちになる。「平和を―」「個人の自由を―」㊁【貴ぶ】すぐれた値打ちを認める。この上なく大切にする。「古代史の資料として―」「―べき証言」参考「たっとぶ」はやや改まった言い方。「とうとぶ」は話しことばでも用いる。

とう-どり ◎【頭取】名 ❶劇場で、楽屋のとりしまりをする人。❷銀行などの取締役の代表者。

とう-な ◎【唐菜】名 アブラナ科の一年生または二年生植物。つけ菜用。冬

どう-なか カ/◎【胴中】名 ❶胴の中ほど。❷まんなか。中央。

どう-なが ◎【胴長】名 形動 からだのほかの部分のわりに、胴が長いこと。

とう-なす ト【唐×茄子】名 かぼちゃ。秋

どうなりと ド 副 どのようにでも。「あとは―してくれ」

とう-なん ◎【東南】名 東と南との中間の方角。ひがしみなみ。たつみ。南東。↕西北。 **―アジア** ア 名 アジア州の東南部。インドシナ半島・フィリピン・インドネシアなど。

とう-なん ◎【盗難】名 かねや品物をぬすまれる災難。

とう-なんとう ◎【東南東】名 東と南東との中間の方角。↕西北西。

とう-に ト【とうに・【疾うに】】副〔「とくに」の変化〕とっくに。すでに。はやく。ずっと前に。「―すんだよ」

どうにか ド 副 どうやら。なんとか。「―きりぬける」 **―こうにか** 連語〔「どうにか」の強め〕やっとのことで。「―期日に間にあった」

どうにも ド/◎ 副 ❶どういうふうにしても。「―さばききれない」参考 下に打ち消しの語がくる。❷まことに。ほんとに。「―困ったものだ」

とう-にゅう ◎【豆乳】名 大豆(だいず)をひきくだき、水を加えて煮て、布でこした白い液。豆腐の原料や牛乳の代用品。

とう-にゅう ◎【投入】名 他サ ❶なげ入れること。❷つぎこむこと。「大軍を―する」

どう-にゅう ◎【導入】名 他サ ❶みちびき入れること。「外資の―」❷問題を解決するために新しい理論・条件

などを取り入れること。❸本格的学習に入る前に、学習者の興味を起こさせて学習に入るようにさせること。「—段階」

とうにょう-びょう ⓪【糖尿病】名 尿の中に、多量のぶどう糖がふくまれる慢性病。

とう-にん ト【当人】名 その人。話題になっている人物。

どう-にん ⓪【同人】名 ➊ドその人。おなじ人。当人。❷同人(どうじん)。⬇どうじん。—**雑誌**(ざっし) ザ名 ⬇どうじんざっし。

どう-ぬき ⓪ヌ【胴抜(き)】名 着物の下着の胴だけを、別の布でつくること。また、その下着。

とうねつ-びょう ⓪【稲熱病】名 いもちびょう。

とう-ねん ト【当年】名 ことし。「—とって一五歳」

どう-ねん ⓪【同年】名 ➊ドおなじとし。そのとし。「—の生まれ」❷⓪おなじ年齢。

どう-ねん ド【道念】名〔文章語〕➊道徳心。道義心。❷人間としての正しい生き方を求める心。❸僧の妻。

どう-ねんぱい ネ【同年輩】名 おなじとしごろ。また、それらの仲間。

とう-の ト【当の】連体 ちょうどそれにあたる。「—本人」

どうの-こうの ド-コ 副 いろいろと言うようす。あれやこれや。なんのかの。「—文句を言う」

どうのじ-てん ジ【同の字点】名 おどり字の一つ。漢字一字の繰り返しをあらわす。「人々」の「々」。

どう-の-ま ⓪【胴の間】名 和船の中央の間(ま)。

とう-は ト【党派】名 なかま。くみ。党。

とう-は ト【踏破】名 他サ 長い道のりや困難な道を歩きとおすこと。「北米大陸を—する」

とう-ば ト【塔婆】名 卒塔婆(そとば)。

どう-は ド【道破】名 他サ〔文章語〕(「道」は言う、「破」はなしとげる意)きっぱりと言いきること。喝破(かっぱ)。説破。「真理を—する」

どう-はい ⓪【同輩】名 おなじ地位の仲間。↔先輩・後輩。

どう-はい ⓪【銅×牌】名 銅メダル。

とう-はい-ごう ハ【統廃合】名 他サ 機関を廃止したり統合したりすること。

とう-ばく ⓪【倒幕】名 自サ 幕府を攻めたおすこと。

とう-ばく ⓪【討幕】名 自サ 幕府を攻めうつこと。

とうはち-けん チ/⓪【藤八拳】名 ふたりが、きつね・庄屋・鉄砲の身ぶりによって勝負を争う遊び。きつねけん。

とう-はつ ⓪【頭髪】名 あたまのかみ。かみの毛。

とう-ばつ ⓪【党閥】名 同じ党派の人々が、自分たちの利益のために団結すること。

とう-ばつ ト/⓪【討伐】名 他サ 兵をさしむけて、罪のあるものを攻めうつこと。征伐。

とう-ばつ ⓪【盗伐】名 他サ 他人の山の木や竹をぬすみ切りとること。

とう-はん ⓪【盗犯】名 窃盗(せっとう)・強盗の犯罪。

とう-はん ⓪【登坂】名 自サ 車などが坂をのぼること。とはん。「—車線」参考 専門用語では「とはん」と読む傾向がある。

とう-はん ⓪【登×攀】名 自サ 山などによじのぼること。

とう-ばん ト【当番】名 番にあたること。また、あたった人。↔非番。

とう-ばん ⓪【陶板】名 板状の陶器。「—の絵画」「—焼き」

とう-ばん ⓪【登板】名 自サ 野球で、投手が試合に出ること。

どう-はん ⓪【同伴】名 自他サ いっしょに行くこと。つれて行くこと。—**者**(しゃ) ハ名 いっしょにつれだつ人。

どう-ばん ⓪【銅板】名 銅でつくったいた。

どう-ばん ⓪【銅版】名 銅のいたに絵や文字を彫りつけた印刷版。エッチング。—**画**(が) ⓪名 銅版で印刷した絵画。

どう-ばん ⓪【銅盤】名 銅製のかなだらい。

とうばん-じゃん バ【〈中〉豆板×醤】名 ⬇トーバンジャン。

とう-ひ ト【当否】名 ➊あたることと、あたらないこと。❷正当と不当。正否。

とう-ひ ト【等比】名 二つの比が、相ひとしいこと。—**級数**(きゅうすう) キュ名 等比数列を、和の記号で結んだもの。幾何級数。↔等差級数。—**数列**(すうれつ) ス名 一定の数を前の数に乗じて得られる数の列。幾何数列。↔等差数列。

とう-ひ ト【頭皮】名 頭の表面の皮。スカルプ。

とう-ひ ト【逃避】名 自サ 自分が対処しなければならない問題をさけのがれること。—**行**(こう) ヒ名 人目をさけて、よその土地から土地へうつり歩くこと。

とう-び ト【×掉尾】名〔文章語〕(「ちょうび」の慣用読み。およいでいる魚が、沈むまぎわにはげしく尾をふり動かすこと)➊物事の終わりの方になって勢いがよくなること。❷最後。「—を飾る」

どう-ひつ ⓪【同筆】名 おなじ人が書いた字。また、絵。

とう-ひょう ⓪【投票】名 自サ 選挙や採決のとき、人名や賛否を紙に書いて出すこと。「—率」

とう-びょう ⓪【痘苗】名 種痘に使う接種材料。天然痘の病原体を牛に接種してつくったワクチン。

とう-びょう ⓪【闘病】名 自サ 病気とたたかうこと。けんめいに病気の治療にはげむこと。「—生活」

とう-びょう ⓪【投×錨】名 自サ 船のいかりをおろすこと。↔抜錨(ばつびょう)。

どう-ひょう ⓪【道標】名 みちしるべ。路標。

どう-びょう ⓪【同病】名 おなじ病気。—**相哀**(あいあわ)**れむ**(おなじ病気の人は苦しみがよくわかるので、いたわりあう)おなじ苦しい立場の人は、たがいに同情しあう。

とう-ひん ⓪【盗品】名 ぬすんだ品物。贓品(ぞうひん)。贓物(ぞうぶつ)。

とう-ふ フ【豆腐】名 豆乳に、にがりあるいは硫酸カルシウムを加えてかたまらせた食べ物。—**に×鎹**(かすがい) 意見をしても少しも手ごたえがなく、ききめのないたとえ。ぬかにくぎ。

とう-ぶ ト【東部】名 その地域の東の部分。↔西部。

とう-ぶ ト【頭部】名 ➊動物体の区分で、内部に脳があり、外部に目・鼻・口などのある部分。❷上の方の部分。「くぎの—」

とう・ぶ【▲賜ぶ・▲給ぶ】他四 自下二〔古語〕(「たまふ」の変化)⬇たまう。「上の男ども(殿上人ラガ)酒たうびけるついでに詠める」〈古今〉

とう-ふう ⓪【東風】名〔文章語〕➊ひがしから吹くかぜ。こち。❷はるかぜ。㊡春

とう-ふう ⓪【党風】名 党のもつ気風。

とう-ふう ⓪【唐風】名 中国の制度・風俗などに似ていること。からふう。からよう。

どう-ふう ⓪【同風】名〔文章語〕➊おなじかぜ。「千里—」❷おなじ風俗。

どう-ふう ⓪【同封】名 他サ 手紙などの中に、他のものをいっしょに入れること。「写真を—する」

とう-ふく ト【当腹】名〔文章語〕今の妻から生まれたこと。また、その子。

とう-ふく ⓪【倒伏】名 自サ〔文章語〕樹木などが倒れること。

どう-ふく ⓪【同腹】名〔文章語〕➊おなじ母から生まれたこと。また、それらの子。はらから。↔異腹。❷心がおなじこと。また、その人。同志。

どう‐ふく ⓪【道服】名 ❶道士の着る、衣服。❷昔、公卿・大納言以上の人が、ふだんに着たうわぎ。のち、ほこりよけなどのため、道中着として用いられた衣服。❸〔仏〕略式の法衣。けさ。
とう‐ぶつ ⓪【唐物】名 中国などの外国から輸入した商品。「―屋」
どう‐ぶつ ⓪【動物】名 ↕植物。❶運動をし、感覚器をもち、他から有機物をとって栄養とする生物の一群。下等なものは、植物と区別しにくい。❷人間以外の動物。特に、けもの。**―園** ツ 名 いろいろの動物をあつめて、人々に見せる所。**―質** ツ 名 ❶動物のからだをつくる物質。❷動物性の食べ物。肉・魚など。**―性** ⓪ 名 ❶動物体に特有の性質。❷動物から得られるものであること。「―たんぱく」**―的** ⓪ 形動 ❶動物の性質をもっているようす。❷人間らしい心をもたず、理性がなく、野蛮なようす。
どう‐ぶるい ブ【胴震い】ぶるひ 名 寒さ・おそれなどで、全身がふるえること。
とう‐ぶん ト【糖分】名 物にふくまれている、糖類の成分。
とう‐ぶん ⓪【等分】一 名 他サ ひとしい数量にわけること。均分。二 名 おなじ分量。
とう‐ぶん ⓪【当分】副 しばらくの間。暫時。「―休業いたします」
どう‐ぶん ⓪【同文】名 ❶文字がおなじであること。❷おなじ文章。「以下―」**―電報** デ 名 一つの電報局区内の数人、または、数か所にあてた、おなじ文句の電報。料金が安くなる。一九七六年廃止。**―同種** ド2 名 使う文字も人種も、おなじであること。日本と中国など。同種同文。
とう‐へき ⓪【盗癖】名 人のものをぬすみとるくせ・性質。ぬすみぐせ。
とう‐へん ⓪【等辺】名 多角形の辺の長さがおなじであること。「二―三角形」
とう‐べん ト【答弁】名 自サ 問いにこたえて、説明や言いひらきをすること。また、そのこたえ。「国会―」
とうへんぼく ヘ【唐変木】名 気のきかない人や、へんくつな人をののしっていう語。わからずや。とんま。
どう‐ぼ ド【同母】名 兄弟・姉妹で、その母親がおなじであること。↕異母。

とう‐ほう ト【当方】名 自分のほう。こちら。「―の責任」参考 手紙で、自分のほうの家庭をさす語として「当方・わたくしども・こちら・拙宅・小宅・弊家・弊屋・弊宅・茅屋・家内一同・拙家一同」などを使う。
とう‐ほう ⓪【投法】名 ものの投げ方。特に野球で、投手のボールの投げかた。
とう‐ほう ⓪【東方】名 東の方角。↕西方。
とう‐ぼう ⓪【逃亡】名 自サ 逃げて身をかくすこと。「敵前―」
どう‐ほう ⓪【同胞】名 ❶兄弟姉妹。はらから。❷おなじ国民。❸同一民族。「海外の―」‖どうぼう。
どう‐ほう ⓪【同報】名 他サ 同一の情報を、複数の相手に一斉に送ること。「―メール」
どう‐ぼう ⓪【同房】名〔文章語〕おなじへや。
どう‐ぼう ⓪【同×朋】名 ❶友だち。❷室町・江戸時代、将軍・大名につかえ、身辺の諸事や芸能・茶事などの役をつとめた僧体の者。同朋衆。
とう‐ほく ⓪【東北】名 ❶東と北との中間の方角。ひがしきた。北東。↕西南。❷青森・岩手・秋田・宮城・山形・福島の六県。奥羽地方。東北地方。
とう‐ぼく ⓪【倒木】名 たおれている木。
とう‐ぼく ⓪【唐木】名 東南アジア産の、したん・こくたん・チーク・マホガニー・ラワンなどの総称。からき。
とう‐ぼく ⓪【唐墨】名 中国製のすみ。からずみ。
どう‐ぼく ⓪【童僕】名〔文章語〕雑役に従う子ども。
とうほく‐とう ⓪【東北東】名 東と北東との中間の方向。↕西南西。
どう‐ぼね ⓪【胴骨】名 ❶胴の骨。あばら骨。❷きもったま。度胸。
とう‐ほん ⓪【唐本】名 中国からわたってきた書物。
とう‐ほん ⓪【謄本】名 原本の内容を全部うつしとった文書。「住民票の―」「戸籍―」↕抄本。
とう‐ほん ⓪【藤本】[×籐本] 名 茎、または、巻きひげで他の物にからみつく植物の総称。つる植物。
とうほん‐せいそう ⓪【東奔西走】名 自サ 〔「奔」も「走」もはしるの意〕いそがしくあちこちを動きまわること。「―して、席のあたたまるひまもない」
どう‐まき マ/⓪【胴巻(き)】名 かねなどを入れて腹に巻きつける、細長い袋。
どうま‐ごえ ゴ【胴間声】ごゑ 名 にごって太い声。どうごえ。

どう‐まる ⓪【胴丸】名 胴をまるく、つつのように造った簡単なよろい。平安時代からつくられた。

胴丸

とうまる‐かご ル【唐丸籠】名 江戸時代、重罪人の護送に使った網つきの竹かご。
どう‐まわり マ【胴回り】[胴×廻] まはり 名 胴の回り。また、その長さ。ウエスト。
とう‐み ⓪ト【唐×箕】名 穀物から、しいな・もみがら・ちりなどを吹きわける道具。
とう‐みつ ⓪【糖蜜】名 さとうきびなどから砂糖をつくるときにのこる液。飼料・各種食品などの原料になる。
どう‐みゃく ⓪【動脈】名 ❶血液を心臓からからだの各部へ送る血管。↕静脈。❷重要な交通路。**―硬化症** カ 名 ❶動脈がかたくなる病気。❷〔俗語〕物事の対応に柔軟性がないこと。**―×瘤** ク 名 動脈硬化などのために、動脈の一部がこぶのようにふくれたもの。
とう‐みょう ⓪【灯明】名 神仏にそなえるともしび。みあかし。**―台** ⓪ 名 灯明をのせる台。
とう‐みょう ⓪【豆×苗】名 えんどう豆の若芽。中国料理の炒めものなどに用いる。トーミャオ。
とう‐みょう ⓪【唐名】名 中国でのよび方。中国名。からな。とうめい。「太政大臣」を「相国」、「中納言」を「黄門」というなど。
どう‐みょう ⓪【同×苗】名〔文章語〕❶同じみょうじ。❷同族。
どうみょう‐じ ド/ジ【道明寺】名 ❶「道明寺干飯」の略。もち米をむして、かわかした食べ物。はじめ道明寺（大阪府の寺）でつくったことから。❷和菓子の名。「道明寺❶」をむしたもので、あんを包み、つばきなどの葉をそえたもの。
とう‐みん ⓪【島民】名 しまに住んでいる人々。
とう‐みん ⓪【冬眠】名 自サ ある種の動物が、地中や水底でねむったような状態で冬を越すこと。冬 ↕夏眠。
どう‐みん ⓪【道民】名 北海道の住民。
とう‐む ト【党務】名 政党や党派の事務。
とう‐めい ⓪【唐名】名 ➡とうみょう。
とう‐めい ⓪【透明】名 形動 すきとおっていること。物体が光をとおすこと。「—なガラス」↔不透明。—**感**(かん) ⊠ 名 ❶透明な感じ。「—のただよう絵画」❷物事の動きがわかりやすいこと。「—のある政治活動」—**性**(せい) ⓪ 名 制度や組織のありかたについて、外部に情報が公開されている程度。「資金調達の—を高める」

どう‐めい ⓪【同名】名 おなじ名。「同姓—」—**異人**(いじん) イ² 名 おなじ名で別の人であること。

どう‐めい ⓪【同盟】名 自サ 個人・団体・国家が共同の目的をとげるために、力をあわせることを約束すること。「—を結ぶ」—**休校**(きゅうこう) キュ 名 学生や生徒が団結して、授業や講義を受けないこと。ストライキ。—**罷業**(ひぎょう) ヒ 名 自サ ストライキ。

とう‐めん ⓪【当面】㊀ 名 自サ でくわすこと。ある状態や問題にぶつかること。「—する問題」㊁ 副 さしあたり。今のところ。「—困らない」

とう‐めん ⓪【東面】↔西面。㊀ 名 自サ 東方に面すること。㊁ 名 東に向いたほう。ひがしおもて。

どう‐も ド ㊀ 副 ❶なんだか。なんとなく。「—からだがだるい」❷(打ち消しの語を伴って)どうしても。「—うまくいかない」❸(推定の語を伴って)はっきりとはわからないが。どうやら。「—道をまちがえたらしい」❹まったく。「—、困った子だ」❺感謝・謝罪・祝い・悔やみなどの気持ちを強めることば。「—おめでとうございます」㊁ 感 あいさつ 人に会ったときに用いる、軽いあいさつのことば。「いやあ、—」「—、久しぶり」

どう‐もう ⓪【童×蒙】名〈文章語〉(「蒙」は道理を知らないの意)おさなくて道理がわからない子ども。

どう‐もう ⓪【×獰猛】形動 ダロ・ダッ・デ・ニ/ダ・ナ・ナラ・○ (「獰」はわるいの意)あらくて、たけだけしいようす。「—な犬」

とう‐もく ⓪【頭目】名 かしら。頭領。頭首。「賊の—」

どう‐もく ⓪【×瞠目】名 自サ〈文章語〉(「瞠」は目を見はるの意)目を見はること。「—して見る」

どうも‐こうも‐ない 連語 どのようにもできない、言いあらわせないという気持ちをあらわす。「『行き止まりだけれど、どうしよう』『—、引き返すしかないね』」

どう‐もと ⓪【胴元】名 ばくちをひらいて、いっさいをとりしきる人。

どう‐もり リ【堂守】名 堂の番人。

とう‐もろこし モ【▲玉×蜀×黍】名 イネ科の一年生植物。南米原産。果実はでんぷんに富み、食用・家畜の飼料用。とうきび。なんばんきび。㊙

どう‐もん ⓪【同門】名 おなじ先生につくこと。また、その人たち。あいでし。「—の友」

どう‐もん ⓪【洞門】名 ❶ほらあなの入り口。❷つきぬけているほらあな。

とう‐や ト【当夜】名 その夜。「事件—の行動」

とう‐や ⓪【塔屋】名 建物の屋上に突き出した部分。階段室や空調設備室など。とうおく。

とう‐や ト【陶冶】名 他サ (陶器や、鋳物(いもの)を念入りにつくり上げることから)才能・性格をきたえて、人材をそだてあげること。「人格を—する」

どう‐や ド【同夜】名 副 ❶おなじ夜。❷その夜。

とう‐やく ⓪【湯薬】名 せんじぐすり。煎薬(せんやく)。

とう‐やく ⓪【投薬】名 自他サ くすりをあたえること。

どう‐やく ⓪【同役】名 おなじ役目。また、その人。同僚。↔うわ役・した役。

どう‐やら ド 副 ❶なんとか。どうにか。「—あすは晴れそうだ」❷なんとなく。どことなく。「—春めいてきた」—**こうやら** コ 副「どうやら❶」の強め。どうにかこうにか。

とう‐ゆ ⓪【灯油】名 ❶ともしびにつかうあぶら。ともしあぶら。❷原油を蒸留するとき、セ氏一五〇度から二八〇度までの間にできるあぶら。ランプ・ストーブ用。

とう‐ゆ ⓪【×桐油】名 ❶あぶらぎりの種からしぼった乾性油。防水塗料に使う。❷❶をひいた紙。桐油紙(がみ)。桐油合羽(がっぱ)。

とう‐ゆう ⓪【党友】名 ❶おなじ党派の仲間。❷党の政策を支持し、支援する、党員ではない人。

どう‐ゆう ⓪【同友】名〈文章語〉同志。

どう‐ゆう ⓪【同憂】名〈文章語〉心配をともにすること。「—の士」

とう‐ゆう‐し コ【投融資】名 投資と融資。「財政—」

とう‐よ ト【投与】名 他サ 医者が患者にくすりをあたえること。投薬。

とう‐よう ⓪【当用】名 さしあたっての用事。いますぐの必要。—**漢字**(かんじ) カ 名 政府が一九四六年に告示した一八五〇字の漢字。常用漢字の告示とともに、一九八一年に廃止された。—**日記**(にっき) ニ 名 さしあたっての事がらを書く日記。また、日記帳。

とう‐よう ト【東洋】名 ↔西洋。❶トルコより東にあるアジア諸国の総称。❷特にアジアの東部・南部にある、日本・中国・インド・ミャンマー・タイ・インドネシアなどの総称。東亜。

とう‐よう ⓪【陶×俑】名 中国古代で身分の高い人の副葬品として用いられた陶製の人形。

とう‐よう ⓪【陶窯】名 焼き物を焼く、かま。

とう‐よう ⓪【盗用】名 他サ 他人の作品・考えなどをぬすんで、もちいること。「デザインを—する」

とう‐よう ⓪【登用・登庸】名 他サ 特に選んでひきあげ、重要な地位・仕事につけること。「人材を—する」

どう‐よう ⓪【童幼】名〈文章語〉おさない子ども。

どう‐よう ⓪【童謡】名 ❶子どもがつくった歌や詩。❷子どもがうたう歌。わらべうた。❸子どものためにつくられた歌。

どう‐よう ⓪【動揺】㊀ 名 自サ うごきゆれること。㊁ 名 ❶不安。心配。「心の—」❷さわぎ。みだれ。「民衆の—」

どう‐よう ⓪【同様】形動(の) ダロ・ダッ・デ・ニ/ダ・ナ・ナラ・○ おなじであるようす。同然。「兄弟—の付き合い」

どう‐よく ⓪【胴欲・胴×慾】名 形動 ひどく欲がふかく、無慈悲なこと。「—なしうち」

とう‐らい ⓪【当来】名『仏』(当然来たるべき世の意)未来。来世。

とう‐らい ⓪【到来】名 自サ ❶ときがくること。「時節—」❷よそからのおくりものがとどくこと。—**物**(もの) ⓪ 名 よそからのもらいもの。いただきもの。

とう‐らく ⓪【当落】名 当選と落選。「—の予想」

とう‐らく ⓪【騰落】名 物価・相場などのあがりさがり。

どう‐らく ラ|ク【道楽】名 自サ ❶本職以外のことにふけり、たのしむこと。趣味にふけること。「釣りが—だ」❷酒・女遊び・ばくちなどにふけること。身持ちのわるいこと。—**者**(もの) ⓪ 名 酒・女遊び・ばくちなどにふける身持ちのわるい人。ほうとうもの。

どう‐らん ⓪【胴乱】名 ❶薬・印などを入れて腰にさげる、革製の四角なふくろ。❷植物採集に使う、肩からかける容器。

どう‐らん ⓪【動乱】名 ❶世のさわぎ・みだれ。❷戦争状態。

とう‐り ト【党利】名 その政党・党派の利益。「—党略」

胴乱❷

とう‐り ト【桃×李】名 ももとすもも。 ―もの言わざれど下おのずから×蹊を成す〔ももやすももは口をきかないけれども、その花や実をしたって、人があつまるので、木の下に、しぜんに道ができる〕徳のある人の所には、人々がその徳をしたってしぜんに多くあつまるものだ。

どう‐り リ【道理】㊀名 ❶物事の正しいすじみち。ことわり。❷わけ。理由。「反対する―がない」㊁形動 もっともであるようす。「彼がいやがるのも―だ」 ―至極 シ名 形動 道理にかなっていること。もっともしごく。 ―で リ ド副 なるほど、そんなわけで。「―断るわけだ」

とう‐りつ ０【倒立】名自サ さかだち。

どう‐りつ ０【同率】名 利率や勝率などがおなじこと。「―首位」

どう‐りつ ０【道立】名 地方自治体としての北海道がつくって維持すること。「―の試験場」

とう‐りゃく ０【党略】名 政党や党派の発展のためのはかりごと。「党利―」

とう‐りゅう ト【当流】名〔文章語〕❶この流儀。自分たちの流儀。❷いまはやっている流儀。当代の流儀。

とう‐りゅう ０【×逗留】名自サ〔「逗」も「留」もとどまるの意〕旅先でとどまること。滞在。滞留。

どう‐りゅう ０【同流】名 ❶おなじながれ。❷おなじ流儀。その流儀。

とうりゅう‐もん リュ【登竜門】名 立身出世の関門。参考 中国の黄河の上流に竜門という急流があり、鯉がそこをさかのぼれば、竜になると伝えられるところから。

とう‐りょう ト【棟×梁】名〔棟(むね)や梁(はり)は、家の上にある重要な部分だから〕❶〔文章語〕中心的・指導的な立場にある人。「一国の―」❷大工のかしら。

とう‐りょう ０【等量】名 ひとしい分量。

とう‐りょう ０ト【統領】名 人々をまとめおさめること。また、その人。かしら。

とう‐りょう ト【頭領】名 頭目。首領。

とう‐りょう ０【投了】名自サ 碁・将棋で、一方が負けを認めて勝負を終えること。

どう‐りょう ０【同僚】名 おなじ職務・地位にいる人。おなじ職場の仲間。同役。同職。

どう‐りょく ド【動力】名 機械をうごかす力。原動力。 ―車 リョ名 動力機関をそなえた鉄道車両。機関車・気動車・電車など。 ―炉 ク名 船・発電所の動力用として作られた原子炉。

とう‐りん ０【登臨】名自サ ❶〔文章語〕高い所にのぼって見おろすこと。❷君主の位につき、民をおさめること。

どう‐りん ０【動輪】名 シリンダーや電動機などから動力を受けて回転をおこし、車両をはしらせる車輪。

とう‐るい ０【党類】名〔文章語〕なかま。

とう‐るい ト【糖類】名 甘味をもつ炭水化物。ぶどう糖・果糖・乳糖・蔗糖など。

とう‐るい ０【盗塁】名自サ 野球で、走者がすきをねらって次の塁へ進むこと。スチール。

どう‐るい ０【同類】名 ❶おなじ種類。❷おなじ仲間。 ―項 ル名 ❶代数式で、かけてある文字の部分がまったく同じである二つ以上の項。❷おなじ種類のもの。仲間。

とう‐れい ０【答礼】名自サ 相手の礼にこたえてする礼。

とう‐れき ０【党歴】名 ❶党の歴史。❷党員としての経歴。

どう‐れつ ０【同列】名 ❶おなじ列。❷おなじ地位や程度。

とう‐ろ ト【当路】名〔文章語〕重要な地位についていること。また、その人。「―の要人」

どう‐ろ ド【道路】名 人・車などの交通に使用する土地の設備。みち。通り。 ―交通法 ０名 道路上の危険をふせぎ、交通の安全と円滑をはかることを目的とする法律。道交法。 ―標識 ヒョ名 交通の安全や案内のために道路にもうける目じるし。

とう‐ろう ０【灯籠】名 石・竹・木・金属などのわくに紙や紗をはった灯火用具。秋 ―流し ナ名 うらぼんの終わりの日に、川や海に竹で作った小さなとうろうに火をともしてながす行事。精霊流し。秋

とう‐ろう ０【×蟷×螂】名 かまきり。秋 ―の×斧〔おのは、かまきりの前あし。かまきりが前あしをあげてたちむかうことから〕自分の力が弱いことも考えないで、強い相手にたちむかうことのたとえ。

とう‐ろう ０【登楼】名自サ ❶たかどのにのぼること。❷遊女屋であそぶこと。

とう‐ろく ０【登録】名他サ 公式の帳簿に書きのせること。 ―商標 ショ名 特許庁への登録の手続きをすまして、その使用の独占がみとめられている商標。トレードマーク。

とう‐ろん ト【討論】名自サ 意見を出して論じあうこと。討議。ディスカッション。

どう‐わ ０【同和】名〔「同胞一和」の略〕古い考え方にもとづく身分などの差別をなくし、人々が平等な立場で仲よくすること。

どう‐わ ０【童話】名 子どものためにつくられた話。

どう‐わ ０【道話】名 ❶江戸時代、心学者の説いた教訓的な話。心学道話。❷人の道を説いた話。

とう‐わく ０【当惑】名自サ 思案にあまり、途方にくれること。まよい、こまること。 ―顔 ０名 こまった顔つき。

どう‐わすれ ワ【胴忘れ】名 ⬇どわすれ。

と‐えい ０【都営】名 東京都による経営。「―住宅」

と‐えい ０【渡英】名自サ イギリスに行くこと。

とえ‐はたえ トタ【十重二十重】名 物がいくつも重なること。「―の敵のかこみ」

ど‐えらい ラ 連体〔俗語〕〔「ど」は意味を強める接頭語〕❶とんでもない。ひどい。「―さわぎになる」❷非常にえらい。「―人物だ」

とお ト【十】名 ❶じゅう。❷一〇歳。「―の子ども」

とお‐あさ ０【遠浅】名 形動 岸から遠い沖まで、水の浅いこと。また、その場所。「―の海岸」

とお‐あるき ア【遠歩き】名 遠方へ出歩くこと。遠出。

とお・い ０【遠い】形 カロ・カッ・ク・イ・イ・ケレ・○ ↕近い。❶へだたりが大きい。㋐空間のへだたりが大きい。「―所へ行きたい」㋑時間のへだたりが大きい。「―将来」㋒ある段階とのへだたりが大きい。「傑作というには―出来ばえ」❷関係がうすい。㋐血縁がうすい。「―親類」㋑親しくない。「昔の仲間とも遠くなった」❸よく聞こえない。「耳が―」「電話が―」 遠さ 名 とほ・し 文語ク

トーイック ト〈TOEIC〉名〔Test of English for International Communication から〕国際コミュニケーション英語能力テスト。英語が母国語でない人の英語能力を検定する試験。

と‐おう ０【渡欧】名自サ ヨーロッパに行くこと。

とお‐えん ０【遠縁】名 血のつながりのうすい親戚。

とお‐か ０【十日】名 ❶十の日数。❷月のはじめから十番目の日。 ―の菊〔菊の節句は九月九日なので〕時機におくれて役にたたないこと。六日のあやめ。秋

とおから‐ず【遠からず】連語 近く。近いうちに。

トーキー ト〈talkie〉名 画面とともに、せりふ・音楽が聞こえる映画。↕サイレント・無声映画。

とおく【遠く】とほく ㊀⑦名 遠いところ。「―まで聞こえる」㊁◎副 へだたりが大きいようす。「彼には―及ばない」

―の親類より近くの他人 遠方にいる親類よりも、近所に住む他人のほうが、なにかにつけてたよりになるものだ。遠い親戚より近い他人。

トーク ト〈talk〉名 おしゃべり。気のおけない会話。**―ショー** ク〈talk show〉名 対談・インタビュー・討論などを中心とした放送番組。

遠くて近いは男女の仲 男と女はむすばれやすいものだ。

トーゴ《Togo》アフリカ西海岸、ギニア湾に面した共和国。一九六〇年に独立。首都はロメ。

とおざか・る カ【遠ざかる】とほ 自五 ラ・ロ(リ・ッ)・ル・ル・レ・レ ❶遠くにはなれる。遠のく。「だんだん故郷が―」❷親しくなくなる。おろそかになる。「学問に―」**遠ざかれる** 自下一 […できる]

とおざ・ける ケ【遠ざける】とほ 他下一 ケ・ケ・ケル・ケル・ケレ・ケロ(ケヨ) ❶遠くへはなれさせる。「人を遠ざけて密談する」❷疎遠にする。うとんじる。「悪友を―」**とほざ・く** 文語下二

とおし シ【通し】とほし 名 ❶はじめから終わりまで通すこと。「―げいこ」❷昔、宿場でかごや馬を乗りかえず目的地に直行したこと。❸料理屋で、注文の料理の前にだす簡単な料理。酒のさかなにする。おとおし。❹通し狂言。

とおし ◎【×簁】とほし 名 目のあらい大型のふるい。

どおし【通し】どほし 接尾 ずっとつづけてすることをあらわす。「走り―」「勉強し―」

とおしうま シ【通し馬】とほし 名 昔、出発地から目的地まで途中で馬を乗りかえないで行ったこと。また、その馬。

とおしきっぷ キ【通し切符】とほし 名 ❶出発地から目的地まで、または期間中ずっと使える切符。❷芝居などで、昼夜ともに、一枚ですませる切符。

とおしきょうげん キョ【通し狂言】とほし 名 一つの芝居狂言を最初(序)から最終(大切)まで一度につづけて演ずること。また、その芝居狂言。とおし。

とおしや シ【通し矢】とほし 名 江戸時代、京都の三十三間堂で、堂の軒下を端から端まで矢で射とおした催し。夏

トーシューズ シュ〈toeshoes〉名 バレエを踊るときにはくくつ。つま先が四角く、固く作ってある。

とおしろ・し とほ 形ク 古語 ❶雄大である。偉大である。「あすか(地名)の古き都は、山高み、川とほしろし」〈万葉〉❷(歌学用語として)おくぶかい。「(ソノ歌ハ)たけたかく(格調ガ高ク)、とほしろきなり」〈無名抄〉

とお・す ト【通す】とほす 他五 サ・ソ(シ)・ス・ス・セ・セ ❶中間をつらぬいて、むこう側に進める。㋐ある物を、一方から他方へ移動させる。通らせる。通行させる。「ちょっと通してください」「くだに水を―」㋑一方から反対側に、つらぬいて出す。「穴にひもを―」㋒【×透す】ある物を通過させる。「ガラスは光を―」「水をとおさない膜」㋓抵抗を押しのけて進めつらぬく。「意地を―」「主張を―」❷先方に行き着かせる。㋐一方から他方へ行く道筋をつける。「地下鉄を―計画」㋑先方に伝える。「話を―」「ビール三本、帳場に通してあります」㋒導いて、ある室内に入れる。「客を座敷に―」❸認め、許す。㋐審議・検討などを経て、承認する。「予算案を―」㋑よしとして認める。「相手の言い分を―」❹何かを仲立ちとする。通じる。「親を通して願い出る」「仕事を通して知り合った人」❺初めから終わりまで、その行為や状態を続ける。「三日間を通して考え抜く」「冬も半そでで―」❻(動詞の連用形について)ずっと…し続ける。「最後までやり―」「一晩じゅう泣き―」**通せる** 自下一 […できる]

トースター ト〈toaster〉名 食パンをやく電気器具。

トースト ◎ト〈toast〉名 食パンをうすく切り、両面をきつね色にやいたもの。

とおせんぼう セ【通せんぼう】【通せん坊】とほせん 名 ❶こどもが両手をひろげて、通行をさまたげる遊び。❷通路をふさいで交通をさえぎること。‖とおせんぼ。

トータル ト〈total〉㊀名 合計。総額。㊁形動 全体にかかわるようす。「―な見方」

トーダンス ダ〈toe dance〉名 足をつまだててするダンス。

トーチ ト〈torch〉名 たいまつ。特に聖火リレーのランナーがもつもの。

トーチカ ト〈ロ tochka〉名 コンクリートでつくった、堅固な防備陣地。

とおっぱしり パ【遠っ走り】とほっ 名 遠出。

とおで ◎【遠出】とほ 名 自サ 遠くへ出かけること。遠歩き。

トーテミズム ミ〈totemism〉名 原始社会における血縁集団の組織や宗教の形態の一つで、トーテム信仰を中心とするもの。

トーテム ト〈totem〉名 原始社会集団で、部族と特別したしい関係があると考えて崇拝する動植物・自然物、またそれをかたどったしるし。**―ポール** ポ〈totem pole〉名 トーテムの記号をえがいたり彫刻をしたりした柱。アメリカのインディアンが家の門前に立てたものが有名。

とおとうみ【遠江】とほたふみ 名 昔の東海道の国の一つ。今の静岡県の西部。遠州。

トートバッグ バ〈tote bag〉名 出し入れ口が大きい角型の手さげぶくろ。

トートロジー ト2〈tautology〉名 あることについて述べられた文が同じ意味の語のくりかえしから構成されるため、論理的には真実をあらわすように見えること。「雨の降る日は天気が悪い」「犬が西を向けば尾は東を向く」など。このうち、「年を取った女のお婆さん」のように、同じ意味の語のくりかえしを含むものを、同語反復と言う。参考「親は親だ」のように同語反復であっても、「親は親以外の何物でもない」「親はかけがえのない大切なものだ」という意味をあらわす場合は、狭義のトートロジーから除かれる。

ドーナツ ド〈doughnut〉=**ドーナッツ** 名 小麦粉に砂糖・バター・卵・ベーキングパウダーなどをまぜて輪の形につくり、油であげた西洋菓子。**―現象** ゲ 名 大都市の都心部の人口が少なくなり、それを取り巻く形で郊外に住宅地が広がること。ドーナツ化現象。**―盤** ◎名 一分間四十五回転の小型レコード。中心の穴が大きく、ドーナツ形をしている。

トーナメント ト・ヌ〈tournament〉名 ↕リーグ戦。❶勝ちぬき式の競技法。❷勝ちぬき戦。トーナメント試合。

とおなり ◎【遠鳴り】とほ 名 遠くまで鳴りひびくこと。また、その音。「波の―」

とおね ◎【遠音】とほ 名 遠くから聞こえる音・声。

とおの・く ノ【遠のく】【遠×退く】とほ 自五 カ・コ(キ・イ)・ク・ク・ケ・ケ ❶遠くなる。遠ざかる。「研究から―」↕近づく。❷親しくなくなる。「足が―」

とおの・ける ケ【遠のける】【遠×退ける】とほ 他下一 ケ・ケ・ケル・ケル・ケレ・ケロ(ケヨ) 遠のかせる。遠ざける。「いやなやつを―」**とほの・く** 文語下二

とおのものがたり《遠野物語》とほの 柳田国男が

岩手県遠野の佐々木喜善から聞き書きしてまとめた昔話集。一九一〇年刊。

とお‐のり[0]【遠乗り】名 馬や自動車に乗って遠方まで出かけること。

ドーパミン[0]〈dopamine〉名 神経伝達物質の一つ。快感や興奮を覚えたり、意欲を生み出すために重要な役割を果たす。

トーバンジャン[バ]【(中)豆板×醤】名 そらまめにとうがらし・塩を加えて発酵させてつくる中国料理の調味料。

とお‐び[0]【遠火】名 ❶遠方でたいている火。❷火熱を遠くはなして使うこと。「—で焼く」

ドーピング[0]〈doping〉名 スポーツ選手がよい成績を収めるために、使用が禁止されている興奮剤や筋肉増強剤を服用すること。

トーフル[ト]〈TOEFL〉＝トフル 名 〈Test of English as a Foreign Languageから〉アメリカやカナダに留学を希望する外国人のための、英語能力テスト。

ドーベルマン[ル][ベ]〈(ド)Dobermann〉名 ドイツ原産の犬。細身で筋肉質。警察犬などに用いられる。

とお‐ぼえ[0]【遠ぼえ】【遠×吠え】名 ❶遠くで、いぬやおおかみなどがほえること。また、その声。❷いぬなどが、ながく尾をひいて鳴くこと。また、その声。❸直接に言わず、かげで批判したり非難したりすること。

とお‐まき[0]【遠巻き】名 遠くからとりまくこと。「やじうまが—にする」

とお‐まわし[マ]【遠回し】【遠×廻し】名 形動 直接的でなく、それとなく言うこと。婉曲。「—に注意する」

とお‐まわり[マ]【遠回り】【遠×廻り】名 ↔近回り。❶回り道をして行くこと。❷手数を多くかけること。「—のやり方」

とお‐み[0]【遠見】名 ❶遠くを見わたすこと。「—のきく丘の上」❷敵の情勢などを、遠くから見ること。❸遠くから見ること。遠目。❹演劇で、遠景をえがいた背景。

とお‐みち[0]【遠道】【遠▲路】名 ↔近道。❶距離の長い道。❷距離の長い道を歩くこと。❸回り道。「—になる」

ドーム[ド]〈dome〉名 まる屋根。まる天井。

とお‐め[0]【遠目】名 ↔近目。❶遠方のよく見える目。「—が利く」❷遠方から見ること。遠見。「—にもよく見える」❸遠視眼。

とお‐めがね[メ]【遠眼鏡】名 望遠鏡。双眼鏡。

とお‐や[0]【遠矢】名 矢で遠方の物を射ること。「—にかける」

とお‐やま[0]【遠山】名 遠くに見える山。**—里**[マ]名 都会から遠い山里。

とお‐よせ[0]【遠寄せ】名 ❶遠まきにして攻めること。❷歌舞伎のはやしの一種。大太鼓と銅鑼を打つ。花道の引っこみなどに使う。

ドーラン[0]〈(ド)Dohran〉名 〈もと、会社の名〉舞台・映画・テレビの出演者が化粧に使う油性の練りおしろい。

とおり【通り】㊀[0]名 ❶人や車の行き来する道。「—に面した店」❷通ること。㋐人や車などが行き来すること。「車の—が多い」㋑物が通り抜けるぐあい。「針の—が悪い」「風の—のいい部屋」❸届いたり伝わったりするぐあい。㋐声や音の届くぐあい。「—のよい声」㋑世間に通用するぐあい。「芸名の方が—がいい」㋒理解されるぐあい。わかり。「—のいい説明」❹〈かながき〉それと同じ状態やり方であること。「従来の—」「言われた—にやる」㊁接尾 組・種類・回数をあらわす。「四—」

どおり【通(り)】接尾 ❶道路の名につけることば。「銀座—」❷くらい。程度。「九分—」❸〈かながき〉同じようすや状態であることをあらわす。「従来—」「予想—」

ドーリア‐しき[0]【ドーリア式】名 古代ギリシャ建築の一様式。簡素で、柱は、ふとく短い。パルテノン神殿はその代表。ドリス式。

コリント式・イオニア式・ドーリア式

とおり‐あめ[リ][ア]【通り雨】名 ひとしきり降って、じきやむ雨。過雨。

とおり‐あわ・せる[セ]【通り合(わ)せる】自下一 セ・セ・セル・セレ・セ(ヨ) ちょうどそのときに、そこを通る。とほりあは・す 文語下二

とおり‐いっぺん[ペ]【通り一遍】名 形動 うわべだけのようす。誠意のこもっていないようす。「—なあいさつ」

とおり‐がかり[0]【通り掛(か)り】名 通りがけ。

とおり‐かか・る[カ]【通り掛(か)る】自五 ラ・ロ(リ)・ル・ル・レ・レ ❶道順でそこをすぎる。❷ちょうどそこにさしかかる。

とおり‐がけ[0]【通り掛け】名 通るついで。通りすがり。

とおり‐こ・す[コ]【通り越す】自五 サ・ソ(シ)・ス・ス・セ・セ 通りすぎる。通ってむこうへ行く。**通り越せる** 自下一〔…できる〕

とおり‐ことば[コ]【通り言葉】【通り▲詞】名 一般に通用することば。だれもがよく使うことば。

とおり‐すがり[0]【通りすがり】名 通りがけ。「—に立ち寄る」

とおり‐す・ぎる[ギ]【通り過ぎる】自上一 ギ・ギ・ギル・ギル・ギレ・ギロ(ギヨ) 通りこす。とほりす・ぐ 文語上二

とおり‐そうば[ソ]【通り相場】名 ふつう一般の値段。通り値。

とおり‐な[リ]【通り名】名 世間一般に通用する名まえ。通称。

とおり‐ぬ・ける[ケ]【通り抜ける】自下一 ケ・ケ・ケル・ケル・ケレ・ケロ(ケヨ) その中を通って、反対がわに出る。

とおり‐ま[リ]【通り魔】名 通りがけに、無関係な人に危害をあたえるという魔物。また、そのような悪人。

とおり‐みち[リ]【通り道】名 ❶人や車の通る道。通路。❷通って行く道。「—に菓子屋がある」

とお・る[ト]【通る】自五 ラ・ロ(リ)・ル・ル・レ・レ ❶中間をつらぬいて、むこう側に進む。㋐ある場所を、一方から他方へ移動する。通行する。通過する。「毎日—道」「くだの中を水が—」㋑一方から反対側へ、つらぬいて出る。「針穴に糸が—」㋒【▲透る】ある物が通過する。「光線がカーテンを—」㋓抵抗を乗り切って、つらぬき進む。「主張が—」❷先方へ行き着く。㋐一方から他方へ行く道筋ができる。「駅までバスが—」「つまっていた鼻が—」㋑はいり込んで、内部までとどく。しみ込む。「寒気が肌に—」「焼き魚によく火が—」㋒先方に伝わる。「追加の料理が帳場に通っていない」㋓導かれて、ある室内にはいる。「奥座敷に—」㋔遠くまでとどく。「よく—声」❸認め、許される。㋐審議・検査・試験などに合格する。通過する。「議案が議会を—」「予選を—」「入試に—」㋑相手や世間に認められる。広く世間に知られている。「わがままが—」「がんこ者で通っている男」「名の通った人」❹まっすぐにのびる。「鼻筋の通った顔」❺話の筋道などが整っている。「筋道の通った文章を書け」**通れる** 自下一〔…できる〕

トーン[ト]〈tone〉名 音や色の調子や味わい。**—ダウン**[ダ]

〈tone down〉名自他サ 発言・行為などの勢いが弱まること。また、弱めること。「反論が―する」

とおん-きごう キ【ト音記号】名〔音〕楽譜でト音（G音）の位置を示す記号「𝄞」。高音部記号。

と-か ト【都下】名 ❶みやこのうち。❷東京都下。㋐東京都の全部。㋑東京都の中で、二十三区以外の市町村。

と-か ト【渡河】名自サ〔文章語〕川をわたること。「敵前―」

と-か 助〔副助詞〕❶物事をならべあげたり、例示したりすることを伝える場合に使う。「月には空気―水―というものはない」❷不確かなことを伝える場合に使う。「九十何歳―でなくなったそうだ」参考 ❶は「並立助詞」と呼ぶこともある。近年は「テレビとか見て寝ちゃった」のように、はっきりさせずにぼかして言う使い方がめだつ。

とが ト【▲科・×咎】名 罪となるおこない。非難されるような欠点。「なんの―もない」

とが ト【×栂】名 ⬇つが。

と-が ト【図画】名〔「ずが」と読めば別語〕〔法〕絵画・図版などの美術・図形の著作物。「わいせつ―の販売」

と-が ト【都雅】名形動〔文章語〕上品で、みやびやかなこと。

と-かい ◎【都会】名 人口が密集し、商工業がさかんで、文化的設備がととのっている所。都市。⇩都市 参考。

と-かい ◎【渡海】名自サ〔文章語〕船で海をわたること。航海。

ど-かい ◎【土塊】名〔文章語〕土のかたまり。

ど-がい ◎【度外】名〔文章語〕❶範囲・程度のそと。❷心にかけないこと。考えのそと。**―視** シ ◎ 名他サ 関係のないものとしてすておくこと。無視すること。

と-かき ◎【斗かき】【斗×掻き】名 ますに盛った穀物などをたいらにする棒。ますかき。

と-がき ◎【ト書き】名 脚本で、人物のしぐさなどを書きしめしたもの。参考 せりふのあとで、「ト泣く」のように書くことから。

と-かく ◎【とかく】【×兎角】一 副自サ かれこれ。なにやかや。いろいろに。「―の批評」「―するうちに」二 副 ❶とにかく。ともかくも。「―人の口はうるさい」❷ややもすると。「―あやまちはしがちだ」

とかげ ◎【×蜥×蜴】名 トカゲ亜目の爬虫類の総称。体色は暗褐色で胴は円筒形。尾が長く、ちぎれやすいが、すぐ再生する。四足はみじかいが動きはすばやい。（夏）**―の尻尾切り** 組織で不正が発覚したときに、地位の低いものから順に責任をとらせ、責任の重いものを後回しにすること。

と-か・す カ 他五〔サ・ソ・シ・ス・セ・セ〕一【溶かす】❶【解かす・▲融かす・×熔かす・×鎔かす】固まっているものを熱で液状にする。「氷を―」「バターを―」「はんだを―」❷液体の中に物を入れてまぜ合わせる。「合金を薬品で―」参考「とく」が手や道具を使う動作を表すのに対し、「とかす」は熱や液体で状態を変える意味を表す。二【×梳かす・解かす】もつれた毛をくしでわけて整える。**とかせる** 自下一〔…できる〕

どか・す ◎【▲退かす】他五〔サ・ソ・シ・ス・セ・セ〕ほかへうつして場所をあける。どける。**どかせる** 自下一〔…できる〕

ど-かた ◎【土方】名 土木工事にたずさわる労働者。

どかっ-と カ 副 ❶重い物を勢いよくおろすようす。「―荷物をおろす」❷物のねだんが急に上がったり下がったりするようす。「―物価が上がった」❸一度にたくさん来るようす。「―大雪が降る」

どか-どか ド・（と）副 ❶多くのものが押しかけるようす。「質問や投書が―くる」❷大ぜいが大きな足音を立てるようす。

とが-にん ◎【とが人】【▲科人・×咎人】名 罪人。

どか-べん ◎【どか弁】名〔「土方弁当」から〕非常に大きな弁当箱。また、それにつめた弁当。

と-がま ◎【▲利鎌】名 よく切れるかま。

ど-がま ◎【土釜】【土がま】名 土を焼いて作った、めしたきがま。

ど-がま ◎【土×竈】名 ❶土を固めて作ったかまど。へっつい。❷炭焼きがまの一つ。土で築き、木材が炭化したとき口を密閉して火を消す。❸「土がま❷」で焼いた炭。どがまずみ。

とがめ-だて ◎【とがめ立て】【×咎め立て】名他サ 必要以上に強くとがめること。「小さな失敗を―することはない」

とが・める ㋙【×咎める】一 他下一〔メ・メ・ム・ムル・ムレ・メロ・メヨ〕❶責めなじる。非難する。「怠慢を―」❷あやしんで問う。「不審な通行人を―」二 自下一 傷などを刺激したために熱が出たり痛んだりする。**とがめ** 名 **とが・む** 文語下二

どか-ゆき ◎カ【どか雪】名 一度にたくさん降りつもる雪。（冬）

とがら・せる セ【×尖らせる】他下一〔セ・セ・セル・セレ・セロ・セヨ〕❶先をするどく、細くする。「鉛筆を―」❷過敏にする。「神経を―」❸するどく、荒々しくする。「声を―」

とがり-ごえ ゴ【とがり声】【×尖り声】名 腹を立てたときの、とげとげしい声。

とが・る ガ【×尖る】自五〔ラ・ロ・リ・ッ・ル・ル・レ・レ〕❶先がするどく、細くなる。「とがった鉛筆」❷過敏になる。「神経が―」❸するどく荒々しくなる。「声が―」❹〔俗語〕おこる。とんがる。

ど-かん ◎【土管】名 粘土を焼いて造ったまるいくだ。煙突・水路用。

どかん カ（と）副 ❶爆発や破裂の音をあらわす語。「―と爆弾が破裂する」❷一度に大きな変化が起こるようす。「給料が―とあがる」

と-かんむり カ【戸冠】名 漢字の部首の一つ。「扇」「房」などの「戸（戸）」。

とき キ【時】名 ❶過去から現在へ、現在から未来へと移り変わっていくと考えられるもの。「時間」と「時刻」の総称。「―が経つ」「―の流れ」❷【▲刻】昔、夜明けから日暮れ、日暮れから夜明けを、それぞれ六等分したもの。「午の―」❸〔移りゆく時間の中の一時点を表す〕㋐瞬間。「私が駅に着いた―には列車はもう出ていた」㋑時期。ころ。「若葉の―がいちばん好きだ」「若い―は二度ない」㋒【▲秋】重要な時期。「国家存亡の―」㋓その人・事にとって都合のよい時機。好機。「―を待つ」「―に会う」❹〔ひ

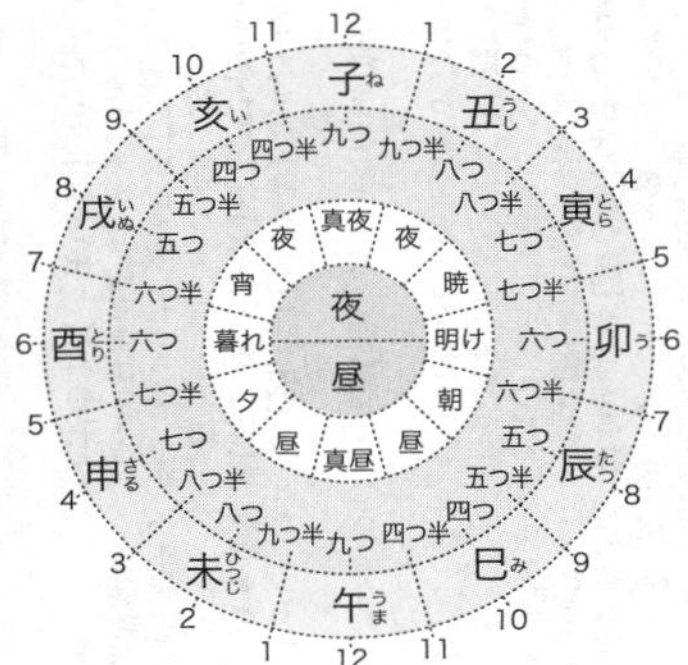

時❷

とまとまりとしてとらえられる時間の長さを表す〕㋐年代。時代。「—は戦国」㋑時世のなりゆき。「—に従う」㋒話題になっている時間の範囲。「—の人」㋓期限。「—を限ってお金を貸す」❺〔連体修飾語をうけて〕あることの起こる状況。…の（する）ばあい。「非常の—は、このブザーを押すこと」「眠れない—は、ラジオを聞く」「困った—は、相談に来なさい」参考❺はふつう「とき」と書く。—として たまには。「—失敗もある」—の氏神《うじがみ》 ちょうどいいときに現れて、仲裁する人。—の鐘《かね》 時刻を知らせるために鳴らす鐘。—の記念日《きねんび》 六月十日。時間に対する認識を高めるために設けられた。夏 参考天智《てんじ》天皇十年六月十日に、水時計がはじめて作られたのを記念して定められた。—の人《ひと》 社会で急に話題となった人。「一躍—となった」—の間《ま》 すこしのあいだ。またたくま。「—のできごと」—は金《かね》なり 時間は金銭のように大切だから、むだに使ってはいけない。—を移《うつ》さず すぐに。ただちに。—を得《え》る チャンスをつかんで成功する。—を稼《かせ》ぐ ほかのことで時間をひきのばしているうちに、準備や用意をすすめる。—を分《わ》かたず いつでも。時間に関係なく。

とき［キ］【▲斎】名 ❶僧の食事。❷寺で出す食事。❸精進《しょうじん》料理。

とき［ト］【×鴇・×鴾・▲朱×鷺】名 トキ科の鳥。全体が白く、羽毛のもとのほうが淡紅色。日本では野生のものは絶滅。特別天然記念物。国際保護鳥。秋

とき（鴇）

とき［キ］【×鬨・▲鯨▲波】名 ❶昔、戦陣で、たたかいの初めに出したあいずの声。「—をつくる」❷多数の人が勇んでいっしょにさけぶ声。ときのこえ。「—をあげる」—の声《こえ》 とき。

とぎ［ト］【×伽】名 ❶話し相手になって、たいくつをなぐさめること・人。❷寝所にはべること・人。❸看病すること・人。

と-ぎ［ト］【都議】名「東京都議会議員」の略。

どき【時】造 ❶時節。季節。「花見—」❷時刻。「食事—」❸時機。ちょうどいいころ。「今が見—だ」❹時代。「いま—の若い者」

ど-き［ド］【土器】名 すやきの器。かわらけ。特に、原始時代の土製の器物・器具。

ど-き［ド］【怒気】名 おこった気持ち。いかりをふくんだようす。「—をふくんだ声」

とき-あか・す［カ/0］【解き明（か）す】他五 サ・ソ｜シ｜ス｜ス｜セ｜セ 問題を解決して、その意味を明らかにする。「問題点を—」**解き明かせる** 自下一［…できる］

とき-あか・す［カ/0］【説き明（か）す】他五 サ・ソ｜シ｜ス｜ス｜セ｜セ よくわかるように説明する。**説き明かせる** 自下一［…できる］

とき-あらい［ア］【解き洗い】《あらひ》 名 着物の縫い目をほどいて洗うこと。↕丸洗い。

ドギー-バッグ［バ］〈doggy bag〉名 レストランなどで、食べ残した料理を持ち帰るための容器。参考doggyは犬の、の意。表向きは飼い犬に食べさせるためとすることから。

とき-いろ［0］【とき色】［×鴇色・▲朱×鷺色］名 ときの羽の色。うすもも色。淡紅色。

とき-おこ・す［コ/0］【説き起（こ）す】自五 サ・ソ｜シ｜ス｜ス｜セ｜セ そこから説明をはじめる。「第一次大戦から—」

とき-およ・ぶ［ヨ］【説き及ぶ】自五 バ・ボ｜ビ・ン｜ブ｜ブ｜ベ｜ベ そのことにまで説明が進む。「その応用法にまで—」

とき-おり［0］【時折】《をり》 副 ある程度の時間をおいて、くりかえすようす。ときどき。「—雨が降る」

とき-がし［0］【時貸し】名 いちじ貸すこと。また、そのかね。

とき-かた［カ/タ］【解き方】名 問題などを解く方法。解法。

とき-がり［0］【時借り】名 いちじしのぎに借りるかね。

とき-きか・せる［セ］【説き聞（か）せる】他下一 セ｜セ｜セル｜セル｜セレ｜セロ・セヨ よくわかるように話して聞かせる。言い聞かせる。**とききか・す** 文語下二

とき-ぐし［キ］【解きぐし】［解×櫛］名 髪をとかすのに使う歯のあらいくし。

とき・じ［時じ］形シク 古語 ❶時節にかまわないようす。「時じくぞ雪は降りける」〈万葉〉❷その時節でない。「わがやどの、時じき藤《ふぢ》の珍らしく」〈万葉〉

とぎ-し［ギ］【研ぎ師】名 とぎもの師。

とき-しも［キ］【時しも】副 文章語 ちょうどそのとき。折しも。—**あれ** ふさわしい時がほかにもあるのに。折あしく。

とぎ-しる［0］【とぎ汁】［▲磨汁］名 米をといだあとの白くにごった水。

とぎ-すま・す［マ/0］【研ぎ澄（ま）す】［▲磨ぎ澄す］他五 サ・ソ｜シ｜ス｜ス｜セ｜セ 刃物・鏡などをよくといで、くもりのないようにする。

とぎ-だし［0］【研ぎ出し】名 ❶石をみがいて、つやを出すこと。また、その石。❷とぎ出しまき絵。—×**蒔絵**《まきえ》［マ］名 金粉または銀粉を散らしてうるしをかけ、木炭でといで下の金銀粉が見えるようにしたまき絵。

と-きた-ひ-には【と来た日には】《にワ》 連語 ⇒ときたら。

とき-たま［0］【時たま】［時▲偶］名 ときどき。たまに。「—たずねてくる」

とき-たまご［タ/マ］【溶き卵】名 なまたまごの身をかきまぜてほぐしたもの。

と-きたら 連語〔上にくる語を受けて〕それについては。それに関しては。「さかな—、毎食でもいい」

ど-ぎつ・い［ツ/0］形 カロ｜カッ・ク｜イ｜イ｜ケレ｜○ 〔「ど」は意味を強める接頭語〕非常に感じが強い。「—色」「—ことば」**どぎつさ** 名

とき-つ-かぜ［時つ風］㊀名 古語 ❶しおの満ちてくるときに吹く風。❷ちょうどよいときに吹く風。㊁枕「吹く」にかかる。「時つ風吹飯《ふけひ》の浜に出で居つつ」〈万葉〉

とき-つ・ける［0/ケ］【説き付ける】他下一 ケ｜ケ｜ケル｜ケル｜ケレ｜ケロ・ケヨ よく話して、こちらの考えにしたがわせる。説きふせる。**ときつ・く** 文語下二

どき-っ-と［キ］副 自サ 驚いて反応するようす。どきんと。「急に後ろから声をかけられて—する」

とき-どき［0］【時時】㊀副〔かながき〕おりおり。㊁名 その時節・時期。「—のくだもの」

どき-どき［ド1］副 自サ ❶激しい運動や恐怖や喜びなどのために、どうきが速くなるようす。❷むなさわぎがするようす。

とき-なし［0］【時無し】名 特別にきまった時季が無いこと。—**大根**《だいこん》［ダ］名 年じゅうとりいれられる種類のだいこん。

とき-ならぬ【時ならぬ】連語 おもいがけないときの。だしぬけの。「—大事件」

とき-に［キ］【時に】㊀副 ❶ときどき。おりおり。❷どうかすると。「—失敗もある」❸その時。時あたかも。「—昭和二十年八月」㊁接続 ところで。話はちがうが。さて。それはそうと。「—あの人はどうしているかね」—**は** あるときは。ときどきは。「—そういうこともあろう」

とき-はな・す［ナ］【解き放（離）す】他五 サ・ソ｜シ｜ス｜ス｜セ｜セ ❶つないである綱などをほどいて、物をひきはなす。「船を—」❷

つないである家畜などを、はなしてやる。❸自由にしてやる。解放する。**ときはなせる** 自下一［…できる］

ときはなつ ナ【解き放つ】他五 ときはなす。

ときふせる セ0【説き伏せる】他下一 説きつける。**ときふす** 文語下二

ときほぐす グ0【解きほぐす】他五 ❶もつれたものを一つ一つにわける。「糸を―」「問題を―」❷かたまったものをわけてやわらかくする。「緊張を―」 **解きほぐせる** 自下一［…できる］

ときまい 0【とき米】【▲斎米】名 僧の食事にする米。僧にあたえる米。

どぎまぎ ド 副 自サ ふいをつかれて、あわてうろたえるようす。「突然指名されて―する」

ときめかす カ 他五 喜び・期待などで胸をどきどきさせる。

ときめく メ 自五 喜び・期待などで、胸がどきどきする。**ときめき** 名

ときめく メ【時めく】自五 時勢にあって、さかえる。「今を―第一人者」

どぎも モ【度肝・度▲胆】名〔「ど」は接頭語。「度」は当て字〕きもを強めていう語。**―を抜く** ひどくおどろかす。肝をつぶさせる。

ときもの キ モ【解き物】名 着物などの縫い糸を解くこと。また、解くべき物。ほどき物。

とぎもの ギ【研ぎ物】名 刃物や鏡などをとぎみがくこと。とぎみがくべき刃物や鏡など。**―師** ノ 名 刃物や鏡などをとぐことを仕事としている人。とぎ師。

とぎゃく 0【吐逆】名 自サ へどをはくこと。

ドキュメンタリー メ〈documentary〉名 実際にあった事件などを、記録・構成した映画・放送番組・文学作品など。

ドキュメンテーション テ〈documentation〉名 文献や資料を収集・整理し、検索に便利なように体系化する情報処理技術。

ドキュメント ド〈document〉名 記録。文献。文書。

ときよ キ【時世】名 そのときの世の中の風潮。時代。時勢。**―時節** キ ジ 名 そのときそのときの運命。そのときそのときのうつりかわり。

とぎょ ト【×蠹魚】名〔文章語〕衣服・紙類を食い荒らす、しみ。

とぎょ ト【渡御】名 自サ〔文章語〕❶天皇・太皇太后・皇太后・皇后がお出かけになること。❷みこしが出ること。㊕

どきょう ド【度胸】名 ものにおそれない心。胆力。「―がすわる」

どきょう 0【読経】名 自サ 声をたてて経文をよむこと。誦経。どっきょう。

ときょうそう キョ【徒競走】名 かけくらべ。かけっこ。

どきりと キ 副 自サ 突然のことに驚き、あるいは恐れて、心臓が一瞬強く打つようす。どきんと。どきっと。

とぎれとぎれ ト2 形動(の) ところどころ、とぎれるようす。「―の話」

とぎれる レ【▲跡▲切れる・途切れる】自下一 ❶往来の人の足あとがたえる。❷とだえる。中絶する。「文通が―」 **とぎれ** 名 **とぎる** 文語下二

ときわ 0【▲常×磐】名〔「とこいわ（永久に形のかわらない岩の意）」の変化〕❶永久に状態のかわらないこと。❷木の葉がいつも緑であること。「―の松」

ときわぎ 0【ときわ木】【▲常×磐木】名 年じゅう葉が緑色の木。常緑樹。

ときわける ケ【解き分ける】他下一 ❶ほどいて分ける。ときほどく。❷問題などを解いてわからせる。**解き分け** 名 **ときわく** 文語下二

ときわける ケ【説き分ける】他下一 よくわかるように筋みちを分けて説明する。**ときわく** 文語下二

ときわず 0【▲常×磐津】名 ときわずぶし。江戸時代中期に常磐津文字太夫のはじめた浄瑠璃の一派。参考「ときわづ」のように「づ」を用いて書いてもよい。

ときをえがお エ0【時を得顔】名 チャンスが訪れ、いかにも得意そうな表情。

ときん 0【と金】名 将棋で、歩が敵陣に入り、うらがえって金と同じ働きをするようになったもの。参考「と」は歩のこまの裏に書いてある文字。

ときん 0【頭巾】【×兜巾】名 修験者のかぶる布製の小さなずきん。

頭巾

ときん 0【×鍍金】名 めっき。

とぎん 0【都銀】名「都市銀行」の略。↔地銀。

どきんと キ 副 自サ ↓どきっと。

とく【×禿】造 はげ。はげる。「禿頭」

とく【匿】造 かくす。かくまう。「匿名・隠匿・秘匿」

とく【特】造 ❶とびぬけてすぐれたもの。「特技・特産・特質・特色・特だね・独特」❷普通とはちがう。べつあつかい。「特価・特集・特製・特注・特定・特売・特別」

とく【督】造 ❶みはる。とりしまる。「督学・督戦・督励・監督」❷とりしまる人。かしら。「総督・提督」❸うながす。はげます。「督促」❹家を継ぐ人。「家督」

とく【篤】造 ❶あつい。まじめ。ねっしん。「篤学・篤厚・篤志・篤実・篤農・懇篤」❷病気がおもい。「危篤・重篤」

とく【×瀆】造 けがす。「瀆職・瀆神・自瀆・冒瀆」

とく【得】㊀0 名 造 自分のものにすること。「得点・得票・獲得・取得・収得・所得」↔失。㊁0 名 形動 もうけ。利益。有利。「大箱のほうが―だ」「得策・損得・役得・欲得」↔損。㊂ 造 さとる。わかる。「得意・得心・会得・納得」 **得する** 自サ

とく 0【徳】名 造 ❶正義・人道にそった行為をすること。「―の高い人」「徳育・徳化・徳義」❷人を敬服させ感化する力・人がら。人からしたわれる人がら。「―をしたう」「人徳・美徳」❸めぐみ。おかげ。富。「―をほどこす」「徳政・恩徳」❹〔「得」と同じ意〕利益。もうけ。「徳用品」↔損。**―孤ならず** 徳のある人は、かならずほかの人の支持を得ることができる。**―とする** そのおかげとする。「友の助力を―」

とく ト 他五 ㊀【解く】❶結んだり組んだりしたものをばらばらにする。ほどく。「ふろしき包みを―」「スクラムを―」❷一時的な状態を元にもどす。「契約を―」「職を―」「警戒を―」「緊張を―」❸心の中のしこりをとりのぞく。「誤解を―」❹わからなかったことに答えを出す。「問題を―」「なぞを―」㊁【溶く】液体に入れたものをよくかきまぜて、むらのない状態にする。「カレー粉を水で―」「絵の具を―」「卵を―」参考㊁の意味では、粉や練ったものが対象になる。㊂【×梳く】もつれた髪を、くしで整える。**とける** 自下一［…できる］

とく ト【説く】他五 ❶筋みちや理由をよく話す。さとす。❷説明する。「事情を―」❸講義をする。「論語を―」 **説ける** 自下一［…できる］

とく【▲疾く】副〔古語〕〔「とし」の連用形から〕はやく。急に。さっそく。「―行け」

とぐ ト【研ぐ】他五 ❶みがいてつやをだす。❷

と石でといで鋭くする。❸水中でこすって洗う。「米を―」

研げる 自下一[…できる]

どく【読】 造 よむ。「読解・読者・読書・読了・愛読・音読・解読・講読・誤読・熟読・精読・通読・必読・朗読」[別音とう|読]

どく【独】 ㊀ 造 ❶ひとり。連れ・相手がない。「独学・独身・独走・独立・孤独・単独」❷ほかとことなる。「独自・独創・独特」❸他をかえりみず自分だけで。ひとりよがり。「独裁・独占・独善・独断」㊁ ド 名造 ドイツ(独逸)。「独仏・日独」

どく ク **【毒】** 名造 ❶健康をそこない生命をうばうもの。「徹夜は―だ」「―を飲む」「毒ガス・毒殺・毒性・毒薬・解毒(げどく)・消毒・中毒・猛毒・有毒」❷人をきずつけること・もの。「―のある言い方」「毒気(どくけ)・毒手・毒舌・毒婦」 **毒する** 他サ **―にも薬(くすり)にもならない** 害もなければ、役にもたたない。**―を食(く)らわば皿(さら)まで** すでに罪悪をおかしたのだから、徹底して悪事をおかしてしまおう。**―をもって毒(どく)を制(せい)する** 悪人・悪事などをのぞくのに他の悪人・悪事を利用する。

ど・く ０ **【▲退く】** 自五 (カ・コ・キ・イ／ク・ク・ケ・ケ) 場所をあけてほかへうつる。のく。「早くどけ、どけ」

どく-あたり ア **【毒あたり】**[毒▲中り] 名 中毒。食あたり。

とく-い ク/０ **【得意】** ㊀ 名 形動 ❶思いどおりになって満足していること。「―の絶頂」↕失意。❷ほこらしげなこと。「―になる」❸なれて、たくみなこと。自信のあること。「語学が―だ」↕不得意。㊁ 名 ⇩おとくい。**―先(さき)** ０ 名 いつも商品を買ってもらったり、取り引きをしたりする相手方。ひいきの客。**―回(まわ)り** マ 名 得意先をあいさつや注文取りのために訪問してまわること。**―満面(まんめん)** ク 名 得意な心持ちが、顔一面にあらわれていること。

とく-い ０/ト **【特異】** 形動 (ダロ・ダッ・デ・ニ／ダ・ナ・ナラ・〇) 特別にちがっているようす。なみはずれたようす。「―な能力」**―体質(たいしつ)** タ 名 皮膚・内臓などが敏感で、ある物質にふれると特別な反応をおこす体質。異常体質。**―日(び)** イ 名 統計上、ある天候が特に現れやすい日。

とく-いく ０/ク **【徳育】** 名 道徳的な判断力や実行力などを養う教育。↕知育・体育。

とくいん-がい イ **【特飲街】** 名 売春婦を置く、特殊な飲食店が並んでいる盛り場をいった語。

ど-ぐう ０ **【土偶】** 名 土でつくった人形。土人形。特に、縄文時代の、土で焼き上げた人形。

土偶

どく-えい ０ **【独泳】** 名 自サ ❶ひとりでおよぐこと。❷競泳などで、他の泳者を圧倒的に引き離しておよぐこと。

どく-えい ０ **【読影】** 名 自他サ レントゲンや内視鏡などの画像をみて診断すること。

どく-えき ０/ク **【毒液】** 名 毒をふくんだしる。

どく-えん ０ **【独演】** 名 他サ ひとりで演ずること。「―会」

どく-おう ０ **【独往】** 名 自サ [文章語] ひとりで行くこと。自主的に進むこと。「自主―」

とく-おち ０ **【特落ち】** 名 新聞・雑誌などで、他社の多くが報じた大きな記事をのせそこねること。↕特種(とくだね)。

どく-が ド **【毒牙】** 名 ❶毒へびなどの、毒液をさしこむきば。❷たちの悪い手段。毒手。「―にかかる」

どく-が ０ **【毒×蛾】** 名 ドクガ科の昆虫。中形で黄色のが。毒毛があり、それが皮膚にふれると炎症を起こす。㊇夏

どく-がい ０ **【毒害】** 名 他サ 毒殺。

とく-がく ０ **【篤学】** 名 形動 学問に忠実・熱心なこと。また、その人。「―の士」

どく-がく ０ **【独学】** 名 自他サ 先生につかず、学校にも行かず、自分ひとりでまなぶこと。独習。

どく-ガス ０ **【毒ガス】** 名 化学兵器の一つで、毒性のガス。**―弾(だん)** ス 名 毒ガスをこめた砲弾・爆弾。

とくがわ-じだい ス 名 **《徳川時代》**(とくがは) 徳川氏が将軍であった時代。江戸時代。[一六〇三―一八六七]

とくがわ-ばくふ《徳川幕府》(とくがは) 江戸幕府。

どく-がん ０ **【独眼】** 名 一方の目がはたらかないこと。**―竜(りゅう)** ０ 名 片目の英雄。伊達政宗(だてまさむね)のこと。

とく-ぎ ト **【特技】** 名 身につけている特別な技術・技能。

とく-ぎ ト **【徳義】** 名 道徳上の義務。道徳。**―心(しん)** ギ 名 道徳をおもんじるこころ。

どく-き ０ **【毒気】** 名 ⇩どっき。

どく-ぎょ ド **【毒魚】** 名 ❶肉や内臓に有毒成分をふくみ、食べると中毒をおこす魚。ふぐなど。❷とげや歯に毒をもっていて、さしたり、かんだりする魚。うつぼなど。

とく-ぎょう ０ **【得業】** 名 [文章語] あるきまった課程を終えること。

どく-ぎん ０ **【独吟】** 名 他サ [文章語] ❶ひとりで詩歌(しいか)を吟じること。↕連吟。❷ひとりで連歌(れんが)や俳諧(はいかい)を作ること。また、その作ったもの。

どく-け ０ **【毒気】** 名 ❶毒となる成分。❷人を不愉快にするふんい気。わるぎ。「ことばに―がある」「―にあてられる」=どっけ。

どく-けし ０/シ **【毒消(し)】** 名 毒のはたらきを消すこと。また、そのくすり。解毒(げどく)薬。

どく-ご ０ **【独語】** 名 ❶ひとりごと。独言。❷ドイツ語。

どく-ご ０ **【読後】** 名 書物・雑誌・新聞などを読んだあと。**―感(かん)** ゴ 名 文章を読んだあとの感想。

とく-ごう ０ **【得業】** 名 [古語] 僧の学位の一つ。奈良の興福(こうふく)寺などで、一定の修行を終えた僧。

とく-さ サ **【▲木▲賊・×砥草】** 名 トクサ科の多年生植物。湿地に生え、くきは中空で、ふしとたてみぞがある。木材などをみがくのに使う。㊇秋

とくさ

どく-ざ ド **【独座】**[独×坐] 名 自サ [文章語] ひとりすわること。

とく-ざい ０ **【▲贖罪】**「しょくざい」のあやまり。

どく-さい ０ **【独裁】** 名 他サ みんなの意見を聞き入れず、ひとりできめること。**―政治(せいじ)** セ 名 特定の個人または党派が権力を独占して行う政治。専制政治。↕民主政治。

とくさ-いろ ０ **【とくさ色】**[▲木▲賊色] 名 もえぎに黒みをおびた色。

とく-さく ０ **【得策】** 名 うまいやりかた。有利な方法。「この際中止するのが―だ」

とく-さつ ０ **【特撮】** 名 高度な技術やトリックなどによる映画の撮影法。特殊撮影。

どく-さつ ０ **【毒殺】** 名 他サ 毒薬・毒物でころすこと。毒害。

とく-さん ０ **【特産】** 名 特に、その地に産すること。また、そのもの。「京都の―」

とく-し ト **【特旨】** 名 天皇の特別のおぼしめし。

とく-し ト **【特使】** 名 特別の役目をもった使者。「外国に―を派遣する」

とく-し ト **【篤志】** 名 形動 親切な心。**―家(か)** ０ 名 社会事業・公共の仕事などに特に協力する人。[参考]「特志家」と書くのはあやまり。

どく-し ⓪【毒死】名自サ 毒物で死ぬこと。

どく-じ ド【独自】形動(の) ダロ・ダッ・デ・ニ ダ・ナ・ナラ・〇 人間・組織などについて、そのものだけが他のものと異なるようす。独特。「—の見解」⇩独特 参考。**—性** せい ⓪名 そのものだけに目立つ性質。「—を発揮する」

とく-しつ ⓪【特質】名 ほかとはかわった性質。特別な性質。特性。

とく-しつ ⓪【得失】名 得ることとうしなうこと。損得。「利害—」

とく-じつ ⓪【篤実】名形動 人情にあつく、まじめなこと。「温厚—な人格者」

とくしま-けん《徳島県》四国地方東部の県。県庁所在地は徳島市。

とく-しゃ ト【特車】名 もと、陸上自衛隊で、戦車のこと。

とく-しゃ ト【特赦】名 恩赦の一つ。刑の言い渡しを受けた者に対して刑の執行を免除し、有罪の言い渡しの効力をうしなわせるもの。

とく-しゃ ⓪/ト【特写】名自他サ 特別に写真をとること。「本誌—」

どく-しゃ ド【読者】名 読む人。読み手。**—層** そう シャ名 ある書物の読者の大部分が属する、年齢・性別・職業などによる階層。

どく-じゃ ド【毒蛇】名 毒液を分泌ぶんぴつする腺せんをもち、かみついたとき、きばから毒を出すへび。まむし・はぶ・コブラなど。毒へび。

どく-しゃく ⓪【独酌】名自サ 自分で酒をつぎ、ひとりで飲むこと。手酌。

とく-しゅ ⓪【特殊】形動(の) ダロ・ダッ・デ・ニ ダ・ナ・ナラ・〇 他の同種の物事と違った性質・能力をもっているようす。特別。特異。「—な才能」↔普遍・一般。**—鋼** こう ⓪名 ニッケル・クロム・タングステンなどを用途に応じて加えた、特殊な性質をもつ鋼鉄。工具・磁石・化学機械などに使う。**—法人** ほうじん ホ名 特別法によって公益のために特別に設置された法人。日本放送協会(NHK)・日本年金機構など。

とく-じゅ ト【特需】名 特別な需要。「—景気」

どく-しゅ ⓪【毒手】名〔文章語〕❶人をころしたり、きずつけたりしようとする手段。❷悪辣あくらつな手段。毒牙どくが。

どく-しゅ ⓪【毒酒】名 毒を入れたさけ。

どく-じゅ ド【読×誦】名他サ 声をたてて経文きょうもんをよむこと。読経どきょう。

とく-しゅう ⓪【特集】【特×輯】名他サ 新聞・雑誌・テレビなどで、ある問題・話題を特にとりあげて編集・放送すること。また、その記事や番組。

どく-しゅう ⓪【独修】名他サ 人におしえてもらわないで、ひとりで身につけること。

どく-しゅう ⓪【独習】名他サ 先生につかないで、ひとりで学習すること。独学。

とく-しゅつ ⓪【特出】名自サ〔文章語〕特にすぐれていること。傑出けっしゅつ。「—した人物」

どく-しょ ド【読書】名自サ 書物を読むこと。**—三昧** ざんまい ザ名 読書に夢中になって日をすごすこと。**—人** じん シヨ名 読書がすきで、よく本を読む人。**—百遍** ひゃっぺん**義** ぎ**(意** い**)自** おのずから**通** つう**ず** どんな、むずかしい書物・文章でも、なんべんも読めば、意味はしぜんにはっきりとわかってくるものだ。

とく-しょう ⓪【特小】名 特別小さいこと。また、そのもの。↔特大。

とく-しょう ⓪【特賞】名 特別の賞品・賞金。一等賞の上。

とく-じょう ⓪【特上】名 特別上等。また、そのもの。

どく-しょう ⓪【独唱】名他サ 歌をひとりでうたうこと。ソロ。↔合唱・重唱。

とく-しょく ⓪【特色】名 他のものと目立って違うところ。主として優れている点をさす。特長。「—のある大学」

とく-しょく ⓪【×瀆職】名〔「瀆」はけがすの意〕職務上の責任をけがすこと。特に公務員などが、わいろをもらうこと。参考 ふつう、言いかえによる「汚職おしょく」を使う。

とく-しん ⓪【篤信】名〔文章語〕深い信仰。

とく-しん ⓪【×瀆神】名〔「瀆」はけがすの意〕神の神聖をけがすこと。

とく-しん ⓪【特進】名自サ 特別の進級。「二階級—」

とく-しん ⓪【得心】名自サ 心から理解し、承知すること。納得。合点。「—がいく」**—▲尽** ず**く** ⓪名 承知の上ですること。納得ずく。

とく-じん ⓪【徳人】名 ❶徳行の高い人。❷金持ち。

どく-しん ⓪【独身】名 配偶者のないこと。また、その人。ひとりもの。「—生活」**—貴族** きぞく キ名 金銭的、時間的な余裕があり、気楽な生活を送る独身者のこと。

どく-じん ⓪【毒刃】名 危害を加えるために使うやいば、また、手段。凶刃。

どくしん-じゅつ シ【読心術】名 顔つきやようすを見て、他人の考えていることを知る術。

どくしん-じゅつ シ【読唇術】名 耳の聞こえない人が、相手のくちびるの動きや形で、そのことばを知る術。

どくじん-とう ⓪【独▲参湯】名 ❶気付けに使うせんじぐすり。❷歌舞伎かぶきで、いつ上演しても必ず当たる狂言。ふつう、「仮名手本忠臣蔵」をさす。

どく-ず ⓪【読図】名自サ 地図や図面を見て、内容を理解すること。

とく-すき ⓪【特すき】【特×漉】名 用途に合わせて特別に紙をすくこと。特別にすいた上等の紙。

とく-する ⓪【得する】自サ シ・セ・サ二シ・スル スル・スレ・シロ・セヨ 利益を得る。もうける。↔損する。**とく・す** 文語サ変

とく-する ス【督する】他サ シ・セ・サ二シ・スル スル・スレ・シロ・セヨ〔文章語〕❶せきたてる。❷とりしまる。監督する。**とく・す** 文語サ変

どく-する ス【毒する】他サ シ・セ・サ二シ・スル スル・スレ・シロ・セヨ わるい影響をあたえる。害する。毒す。「青少年を—さかり場」**どく・す** 文語サ変

とく-せい ⓪【特性】名 そのものだけがもっている性質や能力。特質。

とく-せい ⓪【特製】名 特によくつくること。特によくつくった品。別製。↔並製なみせい。

とく-せい ⓪【徳性】名 道徳にかなった品性。道徳的意識。道義心。「—を養う」

とく-せい ⓪【徳政】名 ❶恩恵や徳をほどこす政治。❷㋐奈良なら時代に、課役・田租を免じ大赦たいしゃをおこなった情け深い政治。㋑鎌倉かまくら・室町むろまち時代に、武士や幕府の財政をすくうために、すべての負債を棒びきにした政令。**—一×揆** いっき イ2名 室町時代、生活に困った人民が徳政の発布を幕府にせまって、かね貸しなどをおそった暴動。

どく-せい ⓪【毒性】名 毒のある性質。

とく-せつ ⓪【特設】名他サ 特別にもうけること。「—会場」

どく-ぜつ ⓪【毒舌】名 ひどい皮肉や悪口。「—を吐く」

とく-せん ⓪【督戦】名自サ ❶部下をはげまして、たたかわせること。❷後方から前線のたたかいを監視すること。「—隊」

とく-せん ⓪【特選】名他サ ❶特にすぐれたものとしてえらぶこと。また、えらばれたもの。❷【特×撰】特に念を入れてつくること。また、つくられたもの。

どく-せん ◎【毒腺】名 へびなどの、毒を分泌する腺。

どく-せん ◎【独占】名 他サ ❶ひとりじめにすること。❷ある商品の供給者が、供給量の増減により、価格を自由に上下できる状態。「―企業」 **―禁止法**(きんしほう) ◎ 名 一九四七年に定められた法律で、トラスト・カルテルなどの私的独占や、不公正な取り引きの禁止を目的とするもの。 **―事業**(じぎょう) ジ 名 国民生活に必要で、法律上、独占的に行うことが認められている事業。電力事業・水道事業など。 **―資本**(しほん) シ 名 産業資本と銀行資本との密接な結びつきによって成立する独占形態。カルテル・トラスト・コンツェルンなど。

どく-ぜん ◎【独善】名 自分だけがよいと思っていること。ひとりよがり。「―におちいる」

どくせん-じょう ◎【独×擅場】名 [文章語]〔「擅」はほしいままにするの意〕ひとりで思うままにふるまう所。ひとりぶたい。参考 文字の見あやまりから「独壇場(どくだんじょう)」という語ができた。

どく-そ ド【毒素】名 細菌などによってつくられる、動物体に有毒な物質。

とく-そう ◎【特捜】名 特別捜査。「―部」

とく-そう ◎【得宗・徳宗】名〔北条義時の法名から〕鎌倉幕府の執権、北条氏本家の代々の当主。

とく-そう ◎【徳操】名 [文章語] かたく守るりっぱなみさお。

どく-そう ◎【毒草】名 有害成分をふくみ、食べると中毒をおこす草。ちょうせんあさがお・とりかぶとなど。

どく-そう ◎【独創】名 まねをせず、自分の考えではじめること・もの。 **―的**(てき) ◎ 形動 ほかに似たものがないようす。「―なデザイン」 **―力**(りょく) ゾ 名 独創する能力・才能。

どく-そう ◎【独走】名 自サ ❶ひとりだけはしること。❷競走相手を大きくひきはなして、完全に勝利をおさめること。❸他をかえりみず、独断的に先走って行動すること。

どく-そう ◎【独奏】名 他サ ひとりで楽器を演奏すること。ソロ。↕合奏。

とく-そく ◎【督促】名 他サ ❶実行や約束の履行をうながすこと。さいそく。❷税金や借金をさいそくすること。

とくそ-ほう ◎【特措法】名 ⇒とくべつそちほう。

ドクター ド〈doctor〉名 ❶医師。医者。❷博士。博士号。‖ドクトル。 **―ストップ** ト〈doctor stop〉名〔和製英語〕❶ボクシングなどで、試合中負傷した選手を医師が診断の結果、試合の中止をすすめること。❷健康上の理由で、医師が患者に特定の飲食物などをひかえたり、仕事を休んだりすることをすすめること。「―がかかる」 **―ヘリ** ヘ 名〔和製英語。doctor helicopterから〕救急医療用ヘリコプター。救急医療に必要な機器を装備し、現場に医師や看護師を乗せて出動する。

とく-たい ◎【特待】名 特別の待遇。 **―生**(せい) タ 名 品行・成績がすぐれているので、授業料免除などの特別な待遇をあたえられる学生・生徒。

とく-だい ◎【特大】名 特別に大きいこと・もの。↕特小。

とく-たく ◎【徳沢】名 [文章語] めぐみ。恩恵。

どく-たけ ◎【毒たけ】【毒×茸】名 毒のあるきのこ。毒きのこ。てんぐたけ・いっぽんしめじなど。㊎

とくだ-しゅうせい《徳田秋声》一八七一～一九四三。小説家。本名は末雄(すえお)。自然主義文学の第一人者といわれた。「黴(かび)」「あらくれ」など。

どく-だち ◎【毒断ち】名 からだの害になったり、服薬のさまたげとなる飲食物をさけること。

とく-だね ◎【特種】名 新聞記事などで、その社だけが手に入れた材料。スクープ。ビッグニュース。

どく-だみ ◎【×蕺×草】名 ドクダミ科の多年生植物。日かげにはえ、夏、淡黄色の花が咲く。強い臭気がある。地下茎・葉は薬用。㊐

とく-だわら ダ【徳俵】(だはら) 名 相撲で、土俵の東西南北の四方に、俵の分だけ外側にずらしておいてある俵。⇩土俵(図)。

とく-だん ◎【特段】名 [文章語] 特別。「―の配慮」

どく-だん ◎【独断】名 他サ 相談をせずに、ひとりできめること。ひとりぎめ。 **―専行**(せんこう) ◎ 名 他サ ひとりできめ、かってにおこなうこと。 **―論**(ろん) ダ 名 ひとりぎめの主張。

どくだん-じょう ◎【独壇場】名 ひとりで活躍する場所。ひとりぶたい。独擅場(どくせんじょう)。参考「独擅場(どくせんじょう)」の文字の見あやまりからできた語。

と-ぐち ト【戸口】名 戸のたててある、家の出入り口。

とく-ちゅう ◎【特注】名 他サ 特別注文。「―品」

とく-ちょう ◎【特長】名 他のものと比べて特に目立つ点で、すぐれているところ。特色。長所。「製品の―を説明する」参考「特長」はよい点だけを取り立てて言い、「特徴」はよい点も悪い点も含む。

とく-ちょう ◎【特徴】名 他のものと比べて違っていて、特に目立つところ。「―のある話し方」⇩特長参考。 **―付**(づ)**ける** ケ 他下一 特に目立たせる。 **―的**(てき) ◎ 形動 他と区別できることが特に目立っているようす。

どく-づ・く ヅ【毒づく】自五 カ・コ/キ・イ・ク・ク・ケ・ケ ひどく悪口を言う。ひどくののしる。

とく-てい ◎【特定】名 他サ 特にそれと指定すること。特に、きまっていること。 **―技能**(ぎのう) ギ 名 入国管理法による外国人の在留資格の一つ。農業・介護・建設・外食など、人手不足の分野で、一定の能力や技能をもつ外国人を受け入れるためのもの。 **―少年**(しょうねん) ショ 名 改正少年法(二〇二一年四月成立)での十八歳・十九歳の呼称。民法の成人年齢は十八歳となる(二〇二二年四月)が、特定少年の犯罪については、十八歳未満の少年とは異なる扱いがされる。 **―郵便局**(ゆうびんきょく) ビ 名 民営化される以前の郵便局の分類で、総務大臣が認可権をもっていた、いちばん小規模な郵便局。

とく-てん ◎【特典】名 特別なあつかい・恩典。

とく-てん ◎【得点】名 試合・競技などで得た点数。↕失点。

とく-でん ◎【特電】名 ある新聞社・通信社だけの電報通信。

どく-てん【読点】「とうてん」のあやまり。

とく-と ト【とくと・篤と】副 念をいれて。よくよく。「―見たまえ」

とく-ど ト【得度】名 自サ ❶さとりの境地にはいること。得道。❷僧尼になること。

とく-とう ◎【×禿頭】名 はげあたま。

とく-とう ◎【特等】名 特別にすぐれた等級。一等の上。

とく-どう ◎【得道】名 自サ さとりの境地にはいること。得度。

とく-とく ト(と)副 液体、特に酒などが口の狭い容器から流れ出る音をあらわす語。「とっくりから―と酒をつぐ」

とく-とく ◎【得得】(と)副 たる連体 得意なようす。「―と弁じたてる」

どく-とく ◎【独特】【独得】形動(の) ダロ・ダッ/デ・ニ・ダ・ナ・ナラ・○ そのものだけが特徴としてもっているようす。独自。特有。「―の口調」参考「独特」は「ビール独特の苦さ」のように物についても使うが、「独自」は主に人や組織について使う。

どく-どく ド(と)副 血などが盛んに流れ出るさま。

どくどく-し・い シ【毒毒しい】形 カロ・カッ/ク・イ・イ・ケレ・○ ❶色がどぎつくて、いかにも毒を含んでいるようだ。❷悪意を含んでい

と

るようだ。にくにくしい。「―言い方」 **毒毒しさ** 名

とくとみ-そほう《徳富蘇峰》一八六三～一九五七。評論家。本名は猪一郎。徳富蘆花の兄。民友社を設立、「国民之友」「国民新聞」を発刊し、ジャーナリストとして活躍した。「近世日本国民史」など。

とくとみ-ろか《徳富蘆花》一八六八～一九二七。小説家。本名は健次郎。徳富蘇峰の弟。社会や宗教への深い関心をもつとともに、すぐれた自然描写でも知られた。「不如帰」「自然と人生」「思出の記」など。

ドクトリン ド〈doctrine〉名（「教理」の意味から）政治・外交の基本原則。

ドクトル ド〈ド Doktor〉名 ドクターのやや古めかしい言い方。

とくなが-すなお《徳永直》一八九九～一九五八。小説家。プロレタリア文学で活躍した。「太陽のない街」が代表作。

とく-に ト【特に】副 ❶ある目的のために他と区別されるようす。特別に。「―子ども向けに作られた文具」❷同類の中でも際だっているようす。「―数学が得意だ」「―問題はない」

とく-にん 0【特任】名 特別にその職務に任ずること。また、その職務。「―教授」

とく-にん 0【特認】名「特別承認」の略。

とく-のう 0【篤農】名 農業に従事し、その経営・育種の研究や奨励に熱心な人。篤農家。

とく-は ト【特派】名他サ 人を特にさしむけること。**―員** 八名 ❶特にさしむけられた人。❷外国などにさしむけられる新聞社・放送局などの記者。

どく-は ド【読破】名他サ 長い文章やむずかしい文章を、読みとおすこと。

とく-はい 0【特配】名他サ 特別の配当・配給。

とく-ばい 0【特売】名他サ 特別安く売ること。「―日」

どく-はい 0【毒杯】【毒×盃】名 毒の入った酒。「―をあおる」

どく-はく 0【独白】名 演劇で、ひとりで言うせりふ。モノローグ。

とく-はつ 0【特発】名他サ 列車などを臨時に出すこと。

とく-ばん 0【特番】名 テレビやラジオの特別番組。

とく-ひつ 0【×禿筆】名 先のちびたふで。**―を×呵する**（ちびた筆に息をふきかけて書く）へたな文章を書く。自分の文章をへりくだっていう語。

とく-ひつ 0【特筆】名他サ 特にとりたてて、書きしるすこと。「―すべき事がら」 **―大書** タ名他サ 特にめだつように、書きのせること。「―すべき大活躍」

どく-ひつ 0【毒筆】名 人を傷つけるために、悪意や皮肉をこめて書く文章。

とく-ひょう 0【得票】名自サ 選挙で投票を得ること。得た投票数。

どく-ふ ド【毒婦】名 悪い心をもっていて、人を傷つける女。

とく-ふう 0【徳風】名 ❶仁徳の感化。道徳の教化。「―があまねく及ぶ」❷徳のある人がら。「―をしたう」

どく-ぶつ ク【毒物】名 毒の成分のある物質・薬物。

とく-ぶん ク【得分・徳分】名 ❶わけまえ。取りだか。❷もうけ。利益。

どく-ぶん 0【独文】名 ドイツ語の文章。ドイツの文学。

とく-べつ 0【特別】形動(の)副 普通のもの、一般のものとは区別して、例外的に扱うようす。特殊。格別。「―に面会を許す」「―の仕立て」「―上等の品」↕普通。参考「特殊」が物事の性質に着目していうことが多いのに対し、「特別」はいろいろの場合に広く使われる。**―会計** カ名 特別の事情、要請がある場合に限り、一般会計から切り離して収支を経理する国および地方公共団体の会計。**―教室** キョ名 理科室・音楽室・調理室など、特別の設備を有する教室。↕普通教室。**―区** ツ名 区長がいて、市と同じ扱いを受ける、大都市の区。東京都の二十三区がそれ。**―警報** ケ名 気象庁が出す、自然現象に関する警報のうち、特に異常で重大な災害が予想される場合に出される情報。「大雨特別警報」「大津波警報」のように「〇〇特別警報」という名称をもつが、「大津波警報」「緊急地震速報」のような名で出されることもある。**―国会** ヨ名 衆議院議員の総選挙の日から三〇日以内に召集される国会。これによって内閣が総辞職し、首班の指名がおこなわれる。↕通常国会・臨時国会。**―支援学級** ガ名 教育上特別な支援を必要とする児童・生徒のために通常の小・中学校などに設けられる学級。**―支援学校** ガ名 特別支援教育の制度のもと、障害のある者などのために幼稚園や小・中・高等学校に準じた教育をおこなう学校。**―支援教育** キョ名 障害をもつ幼児・児童・生徒のためにおこなう教育。普通の学校内に置かれた特別支援学級や、特別支援学校でおこなわれる。参考 二〇〇七年以前の「盲学校・聾学校・養護学校」は、現在の「特別支援学校」に含まれる。**―職** ツ ハ名 国家公務員のなかで、大臣・裁判官・大使など、国家公務員法が適用されない職。地方公務員でも知事など。↕一般職。**―措置法** ホ名 緊急事態などに際して、期間や目的などを限って集中的に対処するために特別に制定される法律。特措法。「新型インフルエンザ等対策―」**―養護老人ホーム** ホ名 常時介護が必要と判定された、おもに六十五歳以上の人が入居できる公的な福祉施設。特養。

どく-へび 0【毒蛇】名 どくじゃ。

とく-ほう 0【特報】名他サ 特別にしらせること。特別のしらせ。

とく-ぼう 0【徳望】名 徳が高く人望があること。

どく-ほう 0【独法】名 ➡どっぽう。

どく-ぼう 0【独房】名 受刑者をひとりだけ入れておく監房。独居監房。

とく-ほん 0【読本】名 ❶読みならうための書物。❷もと、学校で読みかた(国語)を教えるのに使った本。❸教科書・入門書。「文章―」

ドグマ ド〈dogma〉名 ❶宗教上の教義。❷独断の説。

どく-み 三【毒見・毒味】名自他サ ❶飲食物を人にすすめる前に、毒の有無をためすために少し食べてみること。❷あじかげんをみること。

とく-む ト【特務】名 特別の任務。**―機関** キ名 もと陸海軍で、敵のようすをさぐったり連絡にあたったりした組織。

とく-めい 0【匿名】名（「匿」はかくすの意）投書や寄付などで本名をかくすこと。**―批評** ヒ名 本名をかくして書く批評。

とく-めい 0【特命】名 特別の任務・命令。**―全権大使** タ名 最高級の外交使節。外国に駐在し、本国政府の訓令のもとに、駐在国との外交やそこに在住する自国民の保護にあたる。大使。**―担当大臣** ダ名 内閣の重要政策に関して行政各部の施策の統一を図るために、内閣府におかれる国務大臣。沖縄及び北方対策、金融などを担当する大臣がおかれる。内閣府特命担当大臣。

とく-もく 0【徳目】名 民主・孝行・博愛・慈善などと、徳を分類した名まえ。

どく-や ク【毒矢】名 やじりに毒をぬった矢。

とく-やく ◎【特約】名 他サ 特別の条件・利益・便宜などをともなう契約。特別の約束。―店てん ク2 名 特定の会社・工場の製品を売るみせ。

どく-やく ◎【毒薬】名 ほんの少量で生物にはげしく作用し、その生命をうばう薬物。あひさん・モルヒネなど。

とく-ゆう ◎【特有】形動(の) ダロ・ダッ・デ・ニ ダ・ナ・ナラ・◎ 独特。固有。「塩酸―のにおい」「熱帯地方―の病気」参考「特有」は特に目立つところがある意味に重点があり、「固有」は本来そのものが備えている特徴を表す。

とく-よう ◎【特養】名「特別養護老人ホーム」の略。

とく-よう ◎【徳用・得用】名 形動 値段のわりに、使って利益の多いこと。―品ひん ◎ 名 割安になっている商品。

とく-り ◎【徳利】名 ❶細長くて、くびのほそくなった酒の入れもの。❷俗語 水泳のできない人のこと。＝とっくり。

とく-りつ ◎【特立】名 自サ 文章語 特にすぐれていること。「―の人物」

どく-りつ ◎【独立】名 自サ ❶単独の存在であること。❷他の助けも支配も受けないで、ひとりだちすること。自立。❸〔法〕㋐一国または団体が完全にその権限を行使すること。㋑個人が一家をかまえ、完全に私権を行使すること。―家屋かおく カ 名 一戸建ての家。一軒家いっけんや。―行政法人ぎょうせいほうじん ホ 名 行政の効率化をはかるために、中央省庁から独立し、法人としての資格をもつ機関。病院・研究所・博物館など。独法。―語ご ◎ 名 文の成分で、他の文節とは直接の関係がなく、比較的、独立した文節。感動詞や接続詞などの文節。―国こく ツ 名 他国に従属せず、完全な主権をもっている国家。主権国家。―採算制さいさんせい ◎ 名 企業内の各部門に、独立して自己の収支で採算をとるようにさせる制度。―自尊じそん ◎ 名 独立して、自己の人格と威厳をたもつこと。―独行どっこう ◎ 名 他人にたよらず、自分の思うとおりにおこなうこと。―独歩どっぽ ド2 名 ❶独立独行。❷はっきりした特色があって他に比べるもののないこと。

どく-りょう ◎【読了】名 他サ 読みおわること。

どく-りょく ◎【独力】名 自分ひとりの力。自力じりき。

と-ぐるま グ【戸車】名 引き戸の下や上につけて戸のあけたてをなめらかにする小さな車。

とく-れい ◎【特例】名 特別の例。特にもうけた例外。―市し レ 名 人口二十万人以上で、政令で指定された市。都道府県の権限が一部委譲される。二〇一五年に制度は廃止され、中核市に統合された。

とく-れい ◎【督励】名 他サ 仕事を進行させるために、監督してはげますこと。

とぐろ ◎ 名 へびなどがうずまきの形になっていること。―を巻まく ❶へびがうずまきの形になっている。❷何人かが、用もないのにある場所にあつまっている。❸ある場所に腰をおちつけて動かずにいる。

どく-ろ ド【×髑×髏】名 風雨にさらされた頭の骨。されこうべ。しゃれこうべ。

どく-わ ◎【独和】名 ❶ドイツ語と日本語。❷独和辞典。↕和独。―辞典じてん ジ 名 ドイツ語に日本語で説明をつけた辞典。

どく-わ ◎【独話】名 ❶ひとりごと。独語。❷多数の人に向かってひとりが話すこと。演説・講義・講話など。↕対談・会話。

とげ ゲ【刺・×棘】名 ❶ばらなどの植物の茎にはえる針のような突起。❷はだにつきささった木・竹などのきれはし。「―を抜く」❸いじわるく、人の気持ちを刺激するもの。「―のあることば」

とけ-あ・う ア【解(溶)け合う】あふ 自五 ワ・オイ・ッ ウ・ウ・エ・エ ❶解けて一つになる。「水と油は解け合わない」❷たがいに、うちとける。とけあえる 自下一［…できる］

と-けい ◎【徒刑】名 ❶平安時代の刑の名。犯罪者を労役に服させて罪をつぐなわせたもの。❷明治初年、重罪に科した刑の一つ。男は島におくり、女は内地において、それぞれ労役につかせた。

と-けい ◎【時計】【土×圭】名 時刻をしめす機械。―台だい ◎ 名 高いところに、大きなとけいをとりつけた建物。―回まわり マ 名 時計の針と同じ向きに回ること。

とげ-うお ゲ【×棘魚】うを 名 トゲウオ科の魚の総称。背びれ・しりびれの前方にとげがある。雄は水草で巣をつくる。

とけ-こ・む ◎/コ【溶け込む】自五 マ・モ・ミ・ン ム・ム・メ・メ ❶液体の中に他の物質がすっかりまざってしまう。❷まわりのふんいきになじむ。「新しいクラスに―」溶け込める 自下一［…できる］

ど-げざ ◎【土下座】名 自サ 地上にひざまずいて礼をすること。昔、大名や貴人が通るときなどにした。

とげ-だ・つ ダ【とげ立つ】【刺立つ】自五 タ・ト・チ・ッ ツ・ツ・テ・テ かどだつ。とげとげしくなる。「とげ立ったことば」

と-けつ ◎【吐血】名 自サ 血をはくこと。胃など消化器の出血にもとづくもの。↕喀血かっけつ。

とげっ-ぽう ゲ【吐月峰】名 たばこ盆についている竹のはいふき。参考 静岡市にある山の名で、そこの竹がはいふきに適したことから。

とげとげし・い シ【刺刺しい】形 カロ・カッ・ク イ・イ・ケレ・◎ 言葉・表情・態度にやわらかさがなく、けわしく、荒々しい。「―言い方」とげとげしさ 名 とげとげ・し 文語シク

とげ-ぬき ヌ/キ【とげ抜き】【刺抜き】名 はだにささったとげを抜くこと・道具。

と・ける ケ 自下一 ケレ・ケ・ケル・ケレ・ケロ・ケヨ ㊀【解ける】❶結ばれているものがはなれる。ほどける。「帯が―」「靴ひもが―」❷一時的な状態が元にもどる。「対立が―」「封鎖が―」❸心の中のしこりがなくなる。「疑いが―」「怒りが―」❹わからなかったことの答えが見つかる。「難問が―」㊁【溶ける】【解ける・融ける・×熔ける・×鎔ける】❶固まっていたものが熱で液状になる。「雪が―」「鉄が―」❷液体の中に入れたものが自然に混じり合う。「粉せっけんが水に―」参考「とける㊀」は「とく㊀」に対応して、「とける㊁」は「とかす㊁」と「とく㊁」とに対応する。と・く 文語下二

と・げる ゲ【遂げる】他下一 ゲ・ゲ・ゲル・ゲレ・ゲロ・ゲヨ ❶目的をはたす。「思いを―」❷やりとおす。「難事業を―」❸終局に達する。「最期を―」と・ぐ 文語下二

ど・ける ◎【退ける】他下一 ケレ・ケ・ケル・ケレ・ケロ・ケヨ ある場所からほかへうつす。のける。「石を―」ど・く 文語下二

と-けん ◎【×杜×鵑】名 文章語 ほととぎす。

ど-けん ◎【土建】名 土木建築。「―業」

とこ【常】造 いつまでも変わらない。永遠の。「―夏」

とこ ◎【床】名 ❶寝床。ふしど。「―をとる」❷畳の芯しん。❸川の底。「川―」❹苗をそだてる所。「なえ―」❺床の間。―に就つく ❶寝床にはいる。寝る。❷病気で寝る。病んで床にふす。―を取とる 寝られるようにふとんを敷く。「客間に―」

とこ コ/◎【所】名 ❶ところ。場所。❷点。箇所。「いい―もある」❸ばかり。程度。「五百円が―損をした」

と-こ ト【独×鈷】名 ➡とっこ。

どこ ド【何処・何所】【何】代 場所・箇所・局面を、不明または不特定のものとして言う語。「―へ行くの」「―が痛いのか」「―まで知っているのか」―の馬うまの骨

素性のはっきりしない者をののしって言う語。 ―吹く風 人の言うこと、すること、また批評や忠告などを無視するようす。知らぬ顔。「人の注意も―」 ―もかしこも 連語 どこもどこも。どこでも。「―混んでいる」 ―を×叩いても どれだけ調べても。「―ほこりは出ない」

ど-ご ド【土語】名 ❶その地方の土着民のことば。❷その土地の独特のことば。方言。

とこ-あげ ⓪【床上げ】名 大病や出産のあと、じょうぶになって、寝床をしまうこと。また、その祝い。床ばらい。

とこ-いた ⓪【床板】名 (「ゆかいた」と読めば別語)床の間にはる板。

と-こう ⓪【渡航】名 自サ 船や航空機で、海をわたること。おもに海外に出るときにいう。 ―免状 メ 名 外国へ渡航することの許可証。パスポート。

と-こう ト―副 自サ (「とかく」の変化)あれこれ。「―するうちに雨になった」

ど-こう ⓪【土工】名 土木工事で、土砂を掘ったり運んだりする作業。また、その作業をする労働者や作業員。

ど-ごう ⓪【土豪】名 土地の豪族。その土地の大勢力家。

ど-ごう ⓪【怒号】名 自サ ❶いかりさけぶこと。また、その声。❷風・波のあれくるう音。

どこう-こく コ―【土侯国】名 インドやアラビアなどの王国。主としてイギリスの保護のもとにあったもの。

どこ-か【どこか】【▲何▲処か】㊀ド 副 どことなく。「―顔つきが似ている」㊁連語 どこと決まったところでなく。「―知らない所へ行きたい」

とこ-かざり カ【床飾(り)】名 床の間の飾り。かけじく・いけばな・おきものなど。

どこ-か-しら ⓪副 はっきりどこと言えないが、どことなく。「―さびしそうだ」

とこ-がまち ガ【床がまち】【床×框】名 床の間の前につけた、きれいな横木。床ぶち。

とこ-さかずき サ【床杯】―名 婚礼の晩、新郎新婦が寝室で杯をかわす儀式。

とこしえ ⓪【▲長しえ・常しえ・▲永▲久】―名 いつまでも変わらないこと。ながく、つづくこと。とこしなえ。永久。「―の眠り」「―に変わらぬ心」

とこしなえ ⓪【▲長しなえ・常しなえ】―名 ➡とこしえ。

とこ-ずれ ⓪【床擦れ】名 病気で長く寝ている人のからだの床にあたるところが、すれて傷つきいたむこと。蓐瘡。

どこ-ぞ【どこぞ】【▲何▲処ぞ】連語 不特定の場所をさす語。どこか。「―で見たことのある顔だ」

どこ-そこ ド 代 はっきり場所を限定しない言いかた。

とこ-だたみ ダ【床畳】名 床の間にしく畳。

とこ-とこ ト[1] (と)副 小またで速めに歩くようす。

どこ-と-なく ナ【どことなく】【▲何▲処と無く】副 どことは、はっきり言えないけれど。なんとなく。「―かわいい」

とこ-とわ ⓪【常▲永▲久】―名 (文章語) いつまでもかわらないこと。永久につづくこと。とこしえ。

とこ-とん ト[2] 名 副 (俗語) 最後のところ。「―まで追究する」

とこ-なつ ⓪【常夏】名 ❶一年じゅう、いつも夏のように暑い気候であること。「―の国ハワイ」❷ナデシコ科の多年草。せきちくの園芸品種。深紅色や白色の花が春から秋にかけて咲くので、この名がある。㊡夏

とこ-なめ ⓪【常滑】名 ❶水底の石などに水ごけがつき、すべりやすくなっている所。❷河床のたいらな岩の上を、水が少しばかり流れている所。

とこ-の-ま ⓪【床の間】名 座敷の上座で、ゆかを一段高くした所。

とこ-ばしら バ【床柱】名 床の間にある化粧柱。

とこ-ばなれ バ【床離れ】名 ❶起床。「―がいい」❷病気がなおって、病床からはなれること。

とこ-ばらい バ【床払い】―名 床上げ。

とこ-はる ⓪【常春】名 一年じゅう、いつも春のように温暖な気候であること。「―の島」

とこ-ぶし ⓪【常節】名 ミミガイ科の巻き貝。外見があわびに似るが小型。食用。ながれこ。

どこへ《何処へ》正宗白鳥の短編小説。一九〇八年発表。生きがいを求める当時のインテリの新しいタイプをえがいたもの。

とこ-みせ ⓪【床店】名 ❶商品を売るだけで、人の住まない、簡単な構えの店。❷屋台店。

とこ-や ⓪【床屋】名 理髪店。また、理髪師。

とこ-やま ⓪【床山】名 役者・力士などの髪をゆう職人。

とこ-やみ ⓪【常闇】名 ❶永遠にくらやみであること。「―の世」❷世の中が、みだれて常におさまらないこと。

どこ-やら ド【どこやら】【▲何▲処やら】副 ❶どこだか。「―わからない」❷どことなく。「―君に似た人」

とこ-よ ⓪コ【常世】名 ❶永久にかわらないこと。❷とこよの国。 ―の神 とこよの国からきて、人間に長寿・富などをさずけるという神。 ―の国 ❶古代日本人が、遠くへだたっていると想像した国土。❷不老不死の国。仙境。❸死後の国。あの世。

とこ-よ ⓪コ【常夜】名 いつも夜であること。

ところ【所】【▲処】㊀⓪ロ 名 ❶物事が存在したり起こったりする空間的・地理的な位置。㋐場所。地点。土地。「高い―に物を上げる」「便利な―に住む」「冬は暖かい―で過ごしたい」㋑(「…のところ」の形で)…の近く。「改札の―で会おう」㋒(「…のところ」の形で)…が住んでいる場所。「おばの―に同居している」㋓地方。「―変われば品変わる」㋔問題となる部分。箇所。「この作文は終わりの―がおもしろい」「どんな人にもよい―がある」❷ある動作が行われた状況。場面。場合。「今の―異常はない」「ちょうどよい―へ来た」「早い―仕上げてしまえ」❸(連体修飾語を受けて)㋐…すること。…するもの。…であること。…であるもの。「正直な―を聞かせてほしい」「望む―だ」㋑受け身を表す。やや古風な言い方。「その話は人々の知る―となった」㋒(欧文の関係代名詞の翻訳から)上の語句が連体修飾語であることを示す。「私の知っている―の理由」㋓結果を表す。「話を聞いた―どうしようもない」❹(数量・程度をあらわす連体修飾語を受けて)大体の程度を表す。「これくらいの―で手をうちましょう」「百人が―集まった」❺(ある動作の時間的な状態を表す)㋐始まろうとする。「今、出かける―だ」㋑進行中である。「食事の仕度をしている―だ」㋒完了する。「ちょうど帰った―だ」㊁接尾(古語)人を尊敬してかぞえる語。「み子ひと―」 ―構わず 連語 どんな場所でも気にせず。場所をわきまえず。「―腰を下ろす」 ―変われば品変わる 土地がちがえば風俗習慣がちがう。 ―嫌わず ところかまわず。 ―狭し 連語 (「と」を付けて副詞的に用いる)場所が狭くてきゅうくつだ。「商品が―と並んだ店」 ―を得る ❶自分にふさわしい地位や仕事につく。❷よい時節にであう。

ところ ⓪【▲野▲老】名 ヤマノイモ科のつる性多年生植物。実が上むきにつく。根茎は、にがみをぬいて食用とする。㊡新年

ところ 助 (接続助詞) ➡ところが 助❶。

どころ【どころ】【所】造 ❶…すべきところ。「ここが見

—だ」❷たくさんとれるところ。生産地。「米—」❸…である人たち。「きれい—を集める」

どころ 助〔副助詞〕打ち消しを下に伴って、強い否定をあらわす。「それ—の話ではない」

ところえ-がお 0|4【所得顔】—がほ 名 その場所・地位などに満足して、得意そうにしていること。

ところ-が 0 接続 後の文が前の文と逆の関係にあることをあらわす。が。しかるに。「—、たいへんなことになった」⇩しかし 参考。

ところ-が 助〔接続助詞。助動詞「た」の終止形に続く〕❶次にのべる事がらのきっかけや前提となった事がらを示す。…たら。…たところ。「訪ねてみた—、るすだった」❷ある事がらがむだな結果になりそうだ、という気持ちをあらわす。たとえ…しても。ところで。「いそいだ—まにあいっこない」⇩ところで 助 参考。

どころ-か 助〔接続助詞。体言・活用語の連体形につく〕前にくる事がらを否定するために、後にそれと反することを導く。…しない(でない)のはいうまでもなく。「ほめられる—大目玉をくった」「かも—すずめすらいない」

ところ-がき 0【所書(き)】名 紙に住所を書きつけたもの。書きつけた住所。

ところ-がら 0【所柄】名 場所の性質上。場所がら。「—りっぱな家が多い」

ところ-じまん ジ【所自慢】名 自分の故郷や、今住んでいる土地を自慢すること。

ところ-せ・し【所▲狭し】形ク〔古語〕❶場所がせまい。「所せきまで、遊びひろげたまへり」〈源氏〉❷気づまりだ。きゅうくつだ。「所せき御身にて」〈源氏〉❸うっとうしい。うるさい。「〔紫ノ上ハ〕何の所せきほど(別ニ手数ノカカル年ゴロ)にもあらず」〈源氏〉❹おもおもしい。「いでたまふけしき、いと所せきを」〈源氏〉

ところ-で 0 接続〔話題をかえるとき〕それはそうとして。それはさておき。それもそうだが。「—みなさんお元気ですか」⇩さて 参考。

ところ-で 助〔接続助詞。助動詞「た」の終止形に続く〕ある事がらがむだな結果に終わりそうだという気持ちをあらわす。たとえ…しても。ところが。「彼に言った—むだだ」参考「ところで」も「ところが」と同じ意味に使われるが、「ところで」のほうが一般的。

ところ-てん 0【▲心▲太】名 てんぐさのしるを煮て、固まらせた食べ物。細く突いて酢醤油(じょうゆ)や蜜(みつ)をかけて食べる。夏 **—草**(ぐさ) テ 名 紅藻(こうそう)類の海藻。かんてん・ところてんの原料となる。てんぐさ。夏 **—式**(しき) 0 名 形動 ところてんを突くように、あとから押されてひとりでに押し出されること。「—に卒業する」

ところ-どころ ド【所所】名 副 あちこち。ここかしこ。

ところ-ばらい バ【所払(い)】—ばらひ 名 江戸時代に、住んでいる土地から追放された刑。

ところ-ばんち バ【所番地】名 住所の地名と番地。

ところ-へ —エ 連語 ある事態になったその時に、別の事態が引き続いて生じることをあらわす。「経営が傾いた—今回の金融危機が起こった」「出かけようとしている—電話がかかってきた」

とこ-わき 0【床脇】名 床の間のわき。**—棚**(だな) キ 名 床わきのちがいだな・ふくろとだななど。

ど-こんじょう ヨ【ど根性】名〔「ど」は強めの接頭語〕しっかりした強い気性。どしょうね。

とさ《土佐》昔の南海道の一つ。今の高知県。土州(どしゅう)。

と-さ 助〔終助詞〕…ということだよ。「昔おじいさんとおばあさんがあった—」

と-ざい 0【吐剤】名 飲食物を吐きださせるくすり。アポモルヒネ・吐根(とこん)など。はきぐすり。

とさ-いぬ 0【土佐犬】名 高知県原産で、日本犬と西洋犬とを交配して作られた大形犬。闘犬・番犬用。

とさ-え 0【土佐絵】名 土佐派の絵。

どざえもん 0【土左▲衛門】名 水死体。参考 水死体がふくれあがったのを、江戸時代に成瀬川(なるせがわ)土左衛門という力士に見たてたことから。

と-さか カ【▲鶏▲冠】名 鶏・きじなどの頭の上にある肉質のかんむりのようなもの。

ど-さくさ 0 名 ごったがえしの状態。混雑。混乱。**—紛**(まぎ)**れ** マ 名 混雑・混乱につけこむこと。「—にぬすむ」

と-ざ・す ザ【閉ざす】【▲鎖す】他五 サ・ソ・シ・ス・セ・セ ❶戸や門をしめる。❷さえぎって通れなくする。「道を—」❸閉じこめる。「雪に閉ざされた山村」❹おもくるしい気分につつむ。「胸が閉ざされる」

と-さつ 0【×屠殺】名 他サ 屠畜(とちく)。

と-さつ 0【塗擦】名 他サ〔文章語〕薬を肌に塗って、すりこむこと。「—剤」

どさっ-と サ 副 ⬇どさりと。

とさにっき《土佐日記・土左日記》平安時代前期の日記。紀貫之(きのつらゆき)の作。作者が土佐から京都へ帰ったときの旅行記。かなで書いたわが国最初の日記。

とさ-は 0【土佐派】名 日本画の一派。平安時代におこり、室町(むろまち)時代に漢画の影響をうけて、力強いおもむきを加えたもの。風俗描写を主とする。

とさ-ばんし バ【土佐半紙】名 土佐でできる質のよい半紙。

とさ-ぶし 0【土佐節】名 ❶土佐でできるかつおぶし。❷江戸浄瑠璃(じょうるり)の一派。土佐浄瑠璃。参考 土佐少掾(しょうじょう)がはじめた。

と-ざま 0【▲外様】名 ❶鎌倉(かまくら)時代以後、将軍の一門または、代々つかえてきた家臣でない大名や武士。↔親藩(しんぱん)・譜代(ふだい)。❷正統の出身でない者。**—大名**(だいみょう) ダ 名 江戸時代、主として関が原の戦いの後に幕府に従った大名。↔譜代大名。

とざま-こうざま —かうざま 副〔古語〕あれやこれや。いろいろに。とさまこうさま。「とざまかうざまに試み聞こゆるを」〈源氏〉

どさ-まわり マ【どさ回り】—まはり 名〔俗語〕❶劇団などが地方巡業をすること。また、常設小屋をもたないために、もっぱら地方興行をする劇団。❷役人・社員などが地方勤務をすること。地方回り。❸盛り場などを歩き回る、よたもの。

どさり-と サ|リ 副 ❶重くて大きいものが勢いよく落ちたり、投げ出されたりするようす。「屋根から雪が—落ちる」❷⬇どっさり。

と-ざん ト|0【登山】名 自サ 山にのぼること。夏 ↔下山。**—鉄道**(てつどう) テ 名 ふもとから山の中腹や、いただきまで通じる鉄道。

どさん-こ 0【▲道産子】名〔俗語〕北海道で生まれそだった人、また、馬など。

とし シ【年】【▲歳】名 ❶時の単位。太陽暦で、地球が太陽を一周するのにかかる時間。一年間。❷年齢。よわい。❸多くの歳月。時代。「—をへだてる」❹穀物、特にいねのみのること。「ゆたかな—」「—ごい」**—が明**(あ)**ける** 新年が始まる。**—には勝**(か)**てぬ** いくら元気を出しても、年をとると思うように動けない。**—に不足**(ふそく)**はない** 何かをするのに十分な年齢である。**—の市**(いち) 年末にひらかれる、新年のかざり物などを売る市。冬 **—の暮**(く)**れ** 年末。歳末。

(冬) —の功 年をとって経験を積んだこと。「かめの甲より—」 —のころ だいたいの年齢。としのほど。 —の瀬 年のくれ。年末。(冬) —の端 ⇩としは。 —の程 としのころ。 —は争えない 年とって肉体的な衰えがあることは否定できない。 —を追って 年がたつにつれて。「—環境破壊が進む」 —を越す 旧年を送り、新年を迎える。越年する。「海外で—」 —を取る ❶誕生日が来て、年が多くなる。❷年よりになる。

と-し [ト]【都市】[名] ある地方の政治・経済・文化などの中心地である、大きなまち。都会。[参考]「都会」にくらべ「都市」は「都市計画・都市問題」のように、専門用語的な使い方が多い。 **—ガス** [0][名] 地中の管を通じて供給される都市の燃料用ガス。 **—銀行** [ギ][名] 大都市に本店を置き、全国的に支店を置く銀行。市中銀行。市銀。↕地方銀行。 **—計画** [ケ][名] 住みやすい都市にするための、交通・衛生・住居などの改良計画。 **—鉱山** [コ][名] 廃棄される家電製品に含まれる有用な鉱物を取り出せば、資源として再利用できることから、都市を鉱山にみたてた概念。

と-し [ト]【徒死】[名][自サ]〔文章語〕いぬじに。むだじに。

と・し [ト]【▲敏し】[形ク]〔古語〕❶すばやい。すばしこい。「とき時はすなはち功あり(成功デアル)」〈徒然〉❷さとい。かしこい。鋭敏だ。「大蔵卿ばかり耳とし人はなし」〈枕〉

と・し [ト]【▲疾し】[形ク]〔古語〕はやい。すみやかだ。「春やとき、花やおそきと」〈古今〉

と・し [ト]【▲鋭し・▲利し】[形ク]〔古語〕刃がするどい。鋭利だ。「剣大刀諸刃のときに」〈万葉〉

とじ [ジ]【×綴じ】[名] とじること。とじた方法。「—がゆるい」

とじ [ト]【▲刀自】[名] 中年以上の女性を尊敬してよんだ語。

と-じ [ト]【徒事】[名]〔文章語〕むだなこと。かいのないこと。

と-じ [ト]【途次】[名] みちすがら。みちついで。途上。「帰省の—」

と-じ [ト]【徒×爾】[名][形動]〔文章語〕むだなこと。「—に終わる」

ど-し [ド]【同士・▲同志】[名] なかま。どうし。

どじ [ド][名]〔俗語〕まぬけな失敗をすること。まぬけな人。 **—を踏む** まぬけな失敗をする。へまをやる。

とし-あけ [0]【年明け】[名] 新年になること。「—早々に選挙がある」

とし-うえ [0]【年上】[名] ほかの人にくらべて、年齢が多いこと。年長。↕年下。

とし-うら [0]【年▲占】[名] 年の初めに、その年の農作物の豊凶をうらなうこと。

とし-お・いる [イ]【年老いる】[自上一] 年をとる。「年老いた両親」 **としお・ゆ** [文語ヤ上二]

とし-おくり [オ]【年送り】[名] (年内にやるべきことをすませて)その年を終えること。(冬) ↕年迎え。

とし-おとこ [オ]【年男】【▲歳男】[名] ❶家庭で、正月のかざりつけをし、若水をくむ役をする男性。(新年) ❷節分に豆まきをする男性。その年のえと(十二支)にあたる人からえらぶ。(冬) [参考] 近年、女性もその役に選ばれ、「年女」という。

とし-がい [0]【年がい】【年▲甲×斐】[名] 年齢にふさわしいおちつきや考え。「—もなくてはずかしい」

とし-かさ [0]【年かさ】【年×嵩】[名][形動] としうえ。年長。としだか。

とし-がしら [ガ]【年頭】[名] (「ねんとう」と読めば別語)仲間のうちでの最年長者。

どし-がた・い [タ]【度し難い】[形] (「度する(すくう)」ことが難しいの意)道理を聞かせてもわからせることができない。わからずやで、どうにもしようがない。「—愚かな連中」

とし-かっこう [カ]【年格好】【年×恰好】[名] 見たところの年齢のほどあい。「三〇くらいの—」

とし-がみ [0]【年神】[名] ❶五穀をまもる神。豊作を祈る神。❷陰陽道で、正月にまつる神。歳徳神。

と-じきみ [ジ]【戸じきみ】【戸×閾】[名] しきい。

とし-ご [シ]【年子】[名] 同じ母親から生まれた一つちがいの子。

とし-ごい 【▲祈▲年】[名]〔古語〕その年の収穫をいのること。 **—の祭り** 昔、陰暦二月四日に、神祇官や国司の役所で、五穀の豊作、天皇および国家の平安をいのった祭り。祈年祭。(春)

とし-こし [0]【年越(し)】[名] ❶旧年から新年にうつること。「旅先で—する」 ❷大みそかの夜。(冬) ❸節分の夜。 **—×蕎▲麦** [ソ][名] 長く無事にすごせるようにという意味で、大みそかの夜に食べるそば。(冬)

とし-ごと [ゴ]【年ごと】【年▲毎】[名] 年々。毎年。「—にさかんになる」

とじ-こ・む [0]/[コ]【とじ込む】【×綴込む】[他五] ❶とじてあるものに合わせてとじる。❷別のものをとじ入れる。 **とじ込み** [名]

とじ-こ・める [メ]/[0]【閉(じ)込める】[他下一] 中に入れ、外に出られないようにする。おしこめる。 **とぢこ・む** [文語下二]

とし-ごもり [ゴ]【年籠(も)り】[名] 年末から正月にかけて、社寺におまいりしてとまりこむこと。(冬)

とじ-こも・る [モ]/[0]【閉(じ)籠(も)る】[自五] 戸をとざして外へ出ない。「へやに—」「自分の殻に—」 **閉じ籠もれる** [自下一]〔…できる〕

とし-ごろ [0]【年頃】㊀[名] ❶結婚にふさわしい年齢。一人まえの年齢。「—のむすめ」 ❷およその年齢。「—は三十五、六歳」 ㊁[副] 年来。何年も前から。「—したしくしている人」

とし-した [0]【年下】[名] ほかの人にくらべて、年齢が少ないこと。年少。↕年上。

とじ-しろ [0]/[ジ]【とじ代】【×綴代】[名] とじるためにのこしておく、紙などのはしの部分。

とし-だか [0]【年高】[名][形動] ⇩としかさ。

とし-た・ける [ケ]【年たける】【年▲長ける】[自下一] 年をとる。年をとっている。 **とした・く** [文語下二]

と-した-ことが [連語] (人をさすことばを受けて、次に述べる行為を批判的にあつかう)その人が。その人にかぎって。「かれ—、そんなことをするなんて」

ど-しつ [0]【土質】[名] つちの性質。

とし-つき [シ]【年月】[名] ❶としとつき。月日。❷年来。数年このかた。「—願ってきたこと」

どしっ-と [シ][副] ⇩どっしり。

とし-づよ [0]【年強】[名][形動] 数え年で年齢をいうとき、一年のうちの前半に生まれたこと。また、その人。↕年弱。

と-して [連語] (助詞「と」と、動詞「する」の連用形「し」、助詞「て」)❶…の資格で。「教授—採用する」 ❷…としておいて。「これはこれ—」 ❸…も。「ひとつ—、不良品はない」 ❹ちょうど…する状態で。「かえろう—たちあがる」

としとく-じん [ク]【年徳神】【▲歳徳神】[名] 陰陽道で、その年の福徳をつかさどる神。この神のあるほうを恵方とする。年神。(新年)

とし-どし [シ]【年年】[名] 年ごと。毎年。ねんねん。

どし-どし [ド]【(と)副】 きれめなく続くようす。いきおいよく続けておこなうようす。どんどん。「—運び出す」

とし-とり ト2/リ【年取(り)】名 ❶年をとること。年齢が多くなること。❷除夜または節分におこなう儀式。冬

とし-と・る ト2【年取る】自五 年齢が多くなる。老人になる。老いる。

とし-なみ 0【年波】名 つぎつぎに重なってくる年齢を波にたとえた語。「寄る—には勝てない」

とし-なみ 0【年並(み)】【年▲次】名 毎年。「—の行事」

とし-の-うち 0【年の内】名 その年が暮れるまでの間。年内。参考 年末に言う言葉。

とし-は 0【年端・年歯】名 年齢。としのは。「—もゆかぬ子」参考 ふつう、幼い年齢について言う。

とじ-ぶた 0/ジ【とじ蓋】【×綴蓋】名 こわれたのをつくろいなおした、ふた。「われなべに—」

とし・へる ヘ【年経る】自下一 文章語 長い年月がすぎる。「年経た猫の化け物」 **とし・ふ** 文語下二

とじ-ほん 0【とじ本】【×綴本】名 とじてつくった本。冊子。↕折り本。

とし-ま 0【年▲増】名 娘とはいえない年齢の女性。だいたい三十歳をこえた女性をいう。

と-じまり ジ【戸締(ま)り】名 自由に出入りされないように、家の戸や窓をかたく締めること。

とし-まわり マ【年回り】【年×廻】名 年齢による運勢。「今年は—がいい」

とし-むかえ ム【年迎え】名 (正月の準備をして)新年を迎えること。冬 ↕年送り。

とじ-め メ【とじ目】【×綴目】名 とじ合わせたところ。

と-しゃ ト【吐×瀉】名他サ (「瀉」は、はく・くだすの意)飲み食いしたものを吐いたり、くだしたりすること。

ど-しゃ ド【土砂】名 つちと、すな。—**崩れ** ク名 豪雨や地震のために山などの傾斜地で土砂が崩れ落ちること。

どしゃ-ぶり 0【どしゃ降り】【土砂降り】名 (「土砂」は当て字)雨がはげしく降ること。はげしく降る雨。

と-しゅ ト【斗酒】名 一斗のさけ。多量の酒。—**なお辞せず** (一斗の酒も辞退しないで飲む)大酒を飲む。

と-しゅ ト【徒手】名 ❶手に何も持たないこと。無手。からて。すで。赤手。❷地位・資本などのないこと。「—で事業をおこす」 —**空拳** ト名 文章語 「徒手」の強め。赤手空拳。 —**体操** タ名 器械・器具を使わないでする体操。↕器械体操。

ど-しゅう 《土州》➡とさ(土佐)。

と-しょ ト【図書】名 ほん。書籍。—**館** ショ名 図書や各種の資料をあつめて整理・保管し、人々に見せたり貸したりする所。

と-しょ ト【×屠所】名 文章語 屠場。—**の羊** 死期の近づいている人のたとえ。

と-しょう 0【徒渉】名自サ 文章語 あるいて川や海のあさい所をわたること。

と-じょう 0【途上】名 ❶目的地にいたる途中。みちなか。「帰宅の—で友人と出あう」❷物事の途中。「仕事の—」「発展—国」

と-じょう ト【都城】名 文章語 城郭をかまえた都市。

と-じょう 0【×屠場】名 食用に供するために、家畜を解体処理するところ。屠所。

と-じょう 0【登城】名自サ 城へ参上すること。↕下城。

どじょう 0【▲泥×鰌】名 ドジョウ科の淡水魚。からだは丸く細長く、せなかは暗緑色。あさいどろの中にすむ。食用。参考 語源は不明だが、歴史的仮名遣いは「どぢやう」とする説が有力。ただし、店の看板などには「どぜう」と書いたものが多い。—**汁** ジ名 どじょうとごぼうやだいこんを実にしたみそしる。夏 —**×掬い** ス名 ❶どじょうを、ざるですくってとらえること。夏 ❷安来節の歌に、どじょうをすくう所作をふりつけたおどり。—**鍋** ナ名 ❶どじょうをまるのまま、なべで煮た食べ物。❷やながわなべ。夏 —**×髭** ジョ名 うすいくちひげ。

ど-じょう 0【土壌】名 (「壌」はやわらかく、こえた土地の意)❶地表の岩石がこわれて分解した無機物に、生物がくさってできた有機物のまじったもの。つち。❷作物のそだつ田や畑の土。

と-しょうじ ショ【戸障子】名 戸と障子。建具。

ど-しょうね 0/ネ【ど性根】【土性根】名 (「ど」は強めの接頭語)しっかりした強い気性。どこんじょう。

ど-しょうぼね 0【ど性骨】【土性骨】名 (「ど」は強めの接頭語)生まれつきの性質。しょうね。こんじょう。「—がしっかりしている」

と-しょく 0【徒食】名自サ なにもしないで暮らすこと。「無為—」

とし-より ヨ/リ【年寄(り)】名 ❶年とった人。老人。❷㋐室町時代、将軍家・大名家の重臣。㋑江戸幕府の老中。㋒大名の家老。㋓江戸幕府大奥女中の長として、奥向きの取り締まりをした重職。❸江戸時代、町村の政務をとった組頭など。❹相撲の興行や力士を取り締まり、おさめる役の人。—**の冷や水** 年とった人が、からだのおとろえも考えずに、無理な行動をすること。

とし-よ・る ヨ【年寄る】自五 年をとる。老いる。

とし-よわ 0【年弱】名形動 ❶数え年で年齢をいうとき、一年の後半に生まれたこと。また、その人。↕年強。❷としわか。

どしり-と シ/リ副 ➡どっしり。

と・じる ジ【閉じる】 ㊀自上一 ↕ひらく。❶ひらいていたものが、ふさがる。「門が—」❷しまいになる。「夜九時に店が—」「正午に会議が閉じた」㊁他上一 ↕ひらく。❶ひらいていたものを、ふさぐ。しめる。とざす。「目を—」「門を—」「本を—」❷しまいにする。終える。「会を—」⇩ひらく参考。 **と・づ** 文語ダ上二

と・じる ジ【×綴じる】他上一 紙などをかさねてつづる。 **と・づ** 文語ダ上二

どじ・る ジ 自五 俗語 どじなことをする。失敗する。

とし-わか 0【年若】名形動 年齢のわかいこと。また、その人。としよわ。

とし-わすれ ワ【年忘れ】名 一年の労苦をわすれること。冬

と-しん 0【×兎唇】名 文章語 うさぎのくちびるのようにさけた形のうわくちびる。みつくち。

と-しん 0【妬心】名 文章語 ねたむこころ。しっとしん。

と-しん 0【都心】名 大都市の中心部。

と-じん ト【都人】名 文章語 みやこの人。都会の人。

と-じん 0【都×塵】名 文章語 都会のごみごみした、うるさい環境のこと。「—を避ける」

どしん シ(と)副 重いものが、ぶつかったり倒れたりなどして立てる大きな音をあらわす語。「—と尻もちをつく」

ど-じん 0【土人】名 ❶文章語 その土地に生まれて、住んでいる人。❷原始的な生活をする土着の人種をいった語。

と-じんし ジ【都人士】名 文章語 都会人。

トス ト〈toss〉名自他サ ❶野球などで、近くの味方にボールを下から軽く投げること。❷バレーボールで、味方がスパイクしやすいように、ボールを上へあげること。❸「トス

バッティング」の略。

と・す ト【賭す】他五 サ・ソ・シ・ス・ス・セ・セ ⬇とする。

どす ◎ 名〔俗語〕❶短刀・懐剣・あいくちなど。❷すごみ。「—のきいた声」 **—を利かす** ことばや行動にすごみをもたせ、相手をおどす。 **—を×呑む** ふところに短刀をかくし持つ。

ど・すう ス【度数】名 ❶回数。❷温度・角度などを示す数。

ドスキン ド〈doeskin〉名 しか皮に似せた、つやのある厚いラシャの布地。おもに男性の礼服用。

どす-ぐろ・い 回/◎【どす黒い】形 カロ・カッ・ク・イ・イ・ケレ・○ にごったように黒ずんでいる。「—血」 **どす黒さ** 名 **どすぐろ・し** 文語ク

どすこい ド 感 相撲甚句のかけ声。

トス-バッティング バ〈toss batting〉名 野球の練習で、軽く投げたボールを打つこと。

と・する ス【賭する】他サ シ・セ・サ・シ・スル・スレ・シロ・セヨ〔文章語〕大事なものをかける。賭す。「生命を—」 **と・す** 文語サ変

と-する 連語（助詞「と」と動詞「する」）❶…と仮定する。「かねがたくさんある—」❷…と考える。…と判断する。「この案を、可—者」❸ちょうど…する状態になる。「出かけよう—ところだった」

ど・する ス【度する】他サ シ・セ・サ・シ・スル・スレ・シロ・セヨ ❶〔仏〕迷いからすくう。❷わからせる。「度しがたい人間」 **ど・す** 文語サ変

とすれ-ば レ 接続 そうだとすれば。「—、しかたないね」

どすん ス（と）副 重いものが、ぶつかったり倒れたりなどして立てる鈍い音の形容。「米俵を—と床に置く」

とせ【▲年・▲歳】接尾〔古語〕年をかぞえる語に添える。「二(ふた)—」

と-せい ◎【都制】名 東京都のような特別の都市に関する地方自治制度。

と-せい ト【都政】名 東京都の行政。

と-せい ト【渡世】名 よわたり。暮らし。 **—人**(にん) ◎ 名 ばくちうち。やくざ。

ど-せい ◎【土星】名 太陽系中の六番目の惑星。木星の次に大きい。六○個以上の衛星をもつ。

ど-せい ◎【土製】名 土でつくってあること。土でつくったもの。

ど-せい ◎【怒声】名 おこった声。どなる声。

ど-せき ◎【土石】名 土と石。 **—流**(りゅう) キ 名 長雨や豪雨によって水をふくんだ土砂・石が一気に斜面を流れ落ちる現象。

と-ぜつ ◎【途絶】【×杜絶】名 自サ とだえること。「連絡が—する」

と-せん ◎【渡船】名 川・海・池などのわたしぶね。 **—場**(ば) ◎ 名 わたしぶねの発着する所。わたしば。

と-ぜん ◎【徒然】名 なり形動〔文章語〕なすこともなく、たいくつなこと。つれづれ。

と-そ ト【×屠×蘇】名 ❶とそ散。❷正月に飲む、とそ散をひたした酒やみりん。邪気をはらうという。新年 **—散**(さん) ソ 名 さんしょう・ぼうふう・びゃくじゅつなどを調合したもの。酒やみりんにひたして飲む。

と-そう ◎【塗装】名 他サ 建築工事などで、塗料をぬること。

ど-そう ◎【土葬】名 他サ 死体をそのまま地中にほうむること。↕火葬・水葬・風葬。

ど-ぞう ◎【土蔵】名 まわりを、土やしっくいで厚く塗ったくら。つちぐら。 **—破**(やぶ)**り** ヤ 名 土蔵の戸締まりをこわして財物をぬすむこと。また、その盗賊。

ど-そく ◎【土足】名 ❶どろあし。❷はきものをはいたままの足。「—厳禁」

ど-ぞく ド【土俗】名〔文章語〕土地のならわし・風俗。民俗。

ど-だい ◎【土台】━ 名 ❶建物の最下部の横材や礎石。いしずえ。「—石」❷物ごとのもと・基礎。根本。「民主政治の—」 ━ 副〔かながき〕❶もともと。元来。本来。「—むりな話だよ」❷まるで。てんで。「—なっていない」 参考 下に打ち消しの語がくる。

と-だ・える エ【途・▲跡絶える】自下一 エ・エ・エ・エル・エル・エレ・エロ・エヨ いままで続いていたものがなくなる。「人通りが—」 **とだ・ゆ** 文語ヤ下二

どた-キャン ◎ 名 自サ〔俗語〕（「土壇場でキャンセル」から）直前になって予定を取り消すこと。

どた-ぐつ ◎【どた靴】名〔俗語〕歩くと大きな音を立てる、ぶかっこうなくつ。

どたっ-と タ 副 ⬇どたんと。

と-だな ◎【戸棚】名 前方に戸をつけ、三方をかべや板でかこい、中にたなをつくった家具。

どた-ばた ━ ド（と）副 自サ ❶大きな足音を立てて、さわぎまわるようす。「二階を—走り回る音」❷あわてふためくようす。「—せずに落ち着いて考えよう」 ━ ◎ 名 ❶登場人物が騒がしく動きまわる作品。「—喜劇」❷見苦しい展開。どたばた騒ぎ。

どたり タ（と）副 ⬇どたんと。

と-たん ◎【塗炭】名〔文章語〕泥にまみれ火に焼かれるようなつらい境遇。「—の苦しみ」

トタン ◎ 名（ポ tutanaga からという）うすい鉄板に、あえんをめっきしたもの。トタン板。 **—×葺**(ぶ)**き** ◎ 名 トタン板で屋根をふくこと。また、その屋根。

と-たん ◎【途端】名 に副 ちょうどそのとき。はずみ。ひょうし。「走りだした—の事故だ」「—に元気になる」

どたん-と タ 副 重いものが勢いよく落ちたり、倒れたりするようす。どたっと。どたり。「大きな荷物を—投げ出す」

どたん-ば ◎【土壇場】名（昔、刑場で罪人がからだを前にまげ、首をのせた土の台）せっぱつまった場合。ぎりぎりの最後の場合。

とち ト/◎【栃】【×橡】名 ⬇とちのき。

と-ち ◎【土地】名 ❶大地。土。❷人間が利用するものとしての大地・地面。㋐耕作などする地面。耕地。土壌。「肥えている—」「—を入手する」「眠っている—」「—の割譲」㋑宅地・領地など。❸その地域・地方。「—の習わし」「その—の人」 **—柄**(がら) ◎ 名 その地方の風習。ところ柄。 **—鑑(勘)**(かん) ◎ 名 その地方の地理にあかるいこと。 **—言葉**(ことば) コ 名 方言。お国ことば。 **—台帳**(だいちょう) タ 名 土地の面積・等級・価格・所有者の氏名などを記録し、市町村がもっていた帳簿。一九六○年廃止。 **—っ子**(こ) ◎ 名 その地方で生まれ、そこにずっと住んでいる人。 **—×訛**(なま)**り** ナ 名 その地方のなまりことば。方言的な発音。

どち〔古語〕━ 名 ともだち。なかま。「見わたせば松の末(うれ)ごとにする鶴は（松ヲ）千代のどちとぞ思ふべらなる」〈土佐〉 ━ 代 どちら。どのほう。

とちぎ-けん《栃木県》関東地方北部の県。県庁所在地は宇都宮(うつのみや)市。

と-ちく ◎【×屠畜】名 自他サ 食用肉にするため、家畜を解体すること。

とち-の-き ト/ノ【栃(×橡)の木】名 トチノキ科の落葉高木。深山にはえるが、街路樹にも使われ、材は板・細工用。種子からでんぷんがとれる。とち。実は 秋

とちめん-ぼう ◎/ズ【×橡麺棒】名 とちの実の粉をこねて、そばのように打つときに使う棒。 **—を振**(ふ)**る** うろたえあわてる。あわをくう。 参考「とちめん」は、急いで棒でのば

と

さないと、冷えて固まることからという。

ど-ちゃく ⓪【土着】名 自サ その土地に住みつくこと。 **─民** ク名 その土地に古くから住みついている人々。

と-ちゅう ⓪【途中】名 ❶まだ目的地につかないうち。中途。「─からひきかえす」❷事のまだおわらないうち。ことなかば。中途。「─で中止する」 **─下車** ゲ名 汽車・電車などの乗客が、乗車区間の途中の駅でおりること。

ど-ちゅう ⓪【土中】名 つちの中。

と-ちょう ト【都庁】名 東京都の行政事務をあつかう役所。東京都庁。

と-ちょう ⓪【徒長】名 自サ 窒素肥料が多すぎたり、日光が不足したりして、作物の茎や葉が必要以上にのびること。

と-ちょう ⓪【登頂】名 自サ ⬇とうちょう。

ど-ちょう ⓪【怒張】名 自サ 血管などが、ふくれあがること。

どち-ら ド【どち-ら】【▲何▲方】代 〔「どっち」のていねいな言い方〕❶不定の方向をさすことば。どのほう。「─へ行く」⇩どっち 参考。❷不定の物をさすことば。どれ。いずれ。「─を取る」❸不定の人をさすことば。⇩どなた 参考。❹不定の場所をさすことば。どこ。「─にありますか」

とち・る チ 自五 〔ラ・ロ/リ・ッ/ル/ル/レ/レ〕〔俗語〕❶俳優が、せりふやしぐさをまちがえる。❷やりそこなう。

とっ 接頭 〔動詞につく。「とり」の変化〕意味や語勢を強める。「─組む」「─つかまえる」

とつ【突】造 ❶つく。つきあたる。つきすすむ。「突撃・突進・突入・激突・衝突・追突」❷つきでる。「突起・突出・突端・突堤・煙突」❸にわか。だしぬけ。「突如・突然・突発・突風・突拍子」

とつ【×訥】造 ことばがつまる。口べた。「訥訥・訥弁・朴訥」

とつ ト【凸】名 造 中央が出ばっていること。でこ。「─レンズ」「凸版・凸面鏡・凹凸」↕凹

とつ ト【×咄】感〔文章語〕❶舌うちの声。ちょっ。ちぇっ。❷おどろきあやしむ声。「─、奇怪しごく」

とつ-おいつ ト/オ/ト 副 自サ 〔「取りつ置きつ」のつづまったもの〕あれこれと思案にくれて。とやかく思いまよって。

とつ-おう ⓪【凸凹】名 おうとつ。でこぼこ。

とっ-か ト【特価】名 〔「とくか」の変化〕特別に安くした値段。「─品」「─販売」

とっ-か ⓪【徳化】名 他サ 〔「とくか」の変化〕徳によって人を感化すること。

とっ-か ⓪/ト【特化】名 自他サ 〔「とくか」の変化〕ほかと違った特別な扱いをすること。「経済性だけに─した議論」

どっ-か ⓪/ド【読過】名 他サ 〔文章語〕〔「どくか」の変化〕❶読みおわること。読了。「大冊を三日間で─する」❷重要な意味をくみ取らずに、読みすごすこと。

どっ-かい ⓪【読会】名 〔「どくかい」の変化〕明治憲法下の議会で、法令などを審議したときの段階。第一読会(全体の審議)、第二読会(各条審議)、第三読会(全体の再検討)といった。

どっ-かい ⓪【読解】名 他サ 〔「どくかい」の変化〕文章を読んで、その意味を理解すること。

とっかえ-ひっかえ ヒ/カ1=カ2【取っ替え引っ替え】副 次から次へと取り替えながら。

とっ-かかり ⓪【取っ掛(か)り】名 〔「とりかかり」の変化〕❶取りつく手がかりになるもの。取りつき。❷取り掛かり。はじめ。「仕事の─」

とっ-かく ⓪【凸角】名 二直角より小さい角。↕凹角

どっか-と カ 副 どっかり❶。

どっかり カ (と)副 ❶重い物をおいたり、ゆっくり腰かけたりするようす。どっかと。「─腰をおろす」❷大きく変わるようす。「参加者が─へった」

とっ-かん ⓪【×吶×喊】名 自サ 敵陣に攻めこむとき、ときの声をあげること。ときの声をあげて攻めこむこと。

とっ-かん ⓪【突貫】名 自サ ❶一気に物事をおこなうこと。「夜間の─工事」❷吶喊(とっかん)。

とっ-き ⓪【突起】名 自サ ❶【凸起】つき出ること。つき出たもの。❷突然におこること。

とっ-き ⓪【特記】名 他サ 〔「とくき」の変化〕特別に書きしるすこと。特筆。「─事項」

どっ-き ⓪【毒気】名 ❶有毒の気体。「─を吹きかける」❷人を不快にさせる態度。わるぎ。どくけ。「─のない人」 **─を抜(ぬ)く** ぼうぜんとさせる。どぎもを抜く。

ど-つき ⓪【度付(き)】名 眼鏡に、視力矯正(きょうせい)用のレンズがついていること。「─のサングラス」

ど-づき ⓪【土突き】名 ⬇どうづき。

とっ-きゅう ⓪【特急】名 〔「とくきゅう」の変化〕❶特にいそぐこと。大至急。「─で送ってくれ」❷「特別急行列車・特別急行便」の略。↕準急・急行。

とっ-きゅう ⓪【特級】名 〔「とくきゅう」の変化〕一級の上の等級。最上級。「─品」

とっ-きょ ト【特許】名 〔「とくきょ」の変化〕❶政府が特に、ある人だけに資格・権利などをあたえること。❷特許権。「専売─」 **─権(けん)** キョ名 特許庁に登録して特許を受けた発明品を、独占して利用できる権利。 **─庁(ちょう)** キョ 名 経済産業省の外局の一つ。発明・実用新案・意匠・商標の審査や登録などを扱う。

どっ-きょ ド【独居】名 自サ ひとりでいること。ひとり住まい。「─老人」

どっ-きょう ⓪【読経】名 自サ 〔「どくきょう」の変化〕⬇どきょう。

ドッキング ⓪〈docking〉名 自サ 衛星船どうし、あるいは衛星船と母船が結合すること。転じて、一般に、一つに合わさること。結びつけること。「二つの機能を─する」

どっきん-ほう ⓪【独禁法】名 「独占禁止法」の略。

とっく ⓪【▲疾っく】名 ずっと以前。 **─に** ク 副 ずっとまえに。とうに。「─帰った」 **─の▲疾(と)うに** ト2 副 「とっくに」を強めた言い方。「─終わっている」 **─の昔(むかし)** ⓪/ク 名 「とうのむかし」のくだけた言い方。

とっ-く ト【特区】名 〔「とくく」の変化〕活性化をはかるために、規制をゆるめたり新しい制度をとりいれたりする特別な区域のこと。中国の経済特区など。特別区域。

とつ・ぐ ツ【嫁ぐ】自五 〔ガ・ゴ/ギ・イ/グ/グ/ゲ/ゲ〕よめに行く。えんづく。 **嫁げる** 自下一 〔…できる〕

ドック ド〈dock〉名 艦船の修理・建造・検査のために、水ぎわにつくられる建造物。船渠(せんきょ)。

ど-つ・く ツ【ど突く】他五 〔カ・コ/キ・イ/ク/ク/ケ/ケ〕〔「ど」は強意の接頭語〕〔俗語〕らんぼうに突く。

ドッグ〈dog〉造 犬。「─フード」「─レース」 **─イヤー** イ〈dog year〉名 〔犬の成長の一年が人間の七年にあたることから〕情報技術の革新や変化のスピードが早いことをいう語。 **─ラン** ラ〈dog run〉名 犬を放して遊ばせることができる専用の広場。

と-つくに ⓪/ツ【▲外国】名 ❶〔文章語〕わが国以外の国。外国。異国。❷〔古語〕畿内(きない)以外の国をいう言いかた。地方。「蝦夷(えみし)は…外(と)つ国に班(はべ)らしめよ」〈書紀〉

とっくみ-あい [0]【取っ組み合い】[名] たがいに組みつくこと。つかみあうこと。「—のけんか」

とっくみ-あ・う [ア]【取っ組み合う】[自五] ❶たがいに組みつく。❷組みうちをする。

とっ-く・む [ク]/[0]【取っ組む】[自五] ⬇とりくむ。

とっ-くり [0]【▲徳利】[名] ⬇とくり。

とっくり [ク] [(と)副] 念を入れて。よくよく。「—考える」

とっ-くん [0]【特訓】[名]〔「とくくん」の変化〕特別のはげしい訓練。

どっ-け [0]【毒気】[名] ⬇どくけ。

とっ-けい [0]【特恵】[名]〔「とくけい」の変化〕特によい待遇をすること。「—国」 **—関税** [カ][名] ある国との貿易で、生産品や船舶に課せられる、一般よりも低い税率の関税。

とつ-げき [0]【突撃】[名][自サ] 突進して攻撃すること。敵陣につっこむこと。

とっ-けん [0]【特権】[名]〔「とくけん」の変化〕特定の人間・身分・階級にあたえられる、特別の権利。 **—階級** [カ][名] 社会的・経済的に優越権や支配権をもつ階級。貴族・資本家・高級官吏など。

とっ-こ [0]/[ト]【▲独×鈷】[名]〔「とくこ」の変化〕『仏』密教で使う法具の一種。両はしのとがった鉄・銅のみじかい棒。ぼんのうをうちやぶる意味をあらわす。とこ。どっこ。

とっこ

どっこい [コ][感] ❶力を入れるときの声。どっこいしょ。❷相手をうけて、それをおさえるときに発する声。「—そうはさせないぞ」

どっこいしょ [コ][感] 重いものを持ち上げるときや、疲れて腰をおろすときに出るかけ声。

どっこい-どっこい [ド2][名]〔俗語〕力や勢いにまさりおとりがないこと。五分五分。「—のいい勝負」

とっ-こう [0]【特効】[名]〔「とくこう」の変化〕くすりなどの、特別なききめ。 **—薬** [コ][名] その病気に対し、特にききめのあるくすり。

とっ-こう [0]【特高】[名]〔「とくこう」の変化〕「特別高等警察」の略。明治末期から第二次世界大戦が終わるまで、政治・社会運動の取り締まりをあつかった警察。共産主義者に対する取り調べが特にきびしかった。一九四五年廃止。

とっ-こう [0]【特講】[名]〔「とくこう」の変化〕ある問題だけを特別に取り上げて行う講義。

とっ-こう [0]【徳行】[名]〔「とくこう」の変化〕道徳にかなった正しいおこない。

とっ-こう [0]【篤行】[名]〔文章語〕〔「とくこう」の変化〕人情にあついおこない。誠実なおこない。

とっ-こう [0]【篤厚】[名][形動(の)]〔文章語〕〔「とくこう」の変化〕人情にあつくまじめなこと。

どっ-こう [0]【独行】〔文章語〕〔「どくこう」の変化〕❶[名] [自サ] ひとりで行くこと。単独行。❷[名][他サ] 独力でおこなうこと。「独立—」

どっこう-せん [0]【独航船】[名]〔「どくこうせん」の変化〕母船式漁業で、母船にしたがっていく小型漁船。

とっこう-たい [0]【特攻隊】[名]「特別攻撃隊」の略。第二次世界大戦末期、飛行機や人間魚雷に乗りくみ、敵艦などに体当たりの攻撃をした日本の特殊部隊。

とっ-こつ [0]【突×兀】[と副][たる連体]〔文章語〕山などがけわしくそびえたつようす。

とっ-さ [0]【×咄×嗟】[名] ❶すぐさま。たちどころ。「—のことでこまった」❷だしぬけ。とつぜん。「—の間」

とっ-さき [0]【突先】[名] つき出た部分の先端。突端。「剣の—」「半島の—」

どっさり [サ][副] 数おおく。たくさん。どさりと。「くりが—とれた」

ドッジ-ボール [ボ]〈dodgeball〉[名] 大ぜいが二組にわかれ、大形のボールをコート内の相手の組の者に多くあてた方を勝ちとするゲーム。

とっ-しゅつ [0]【突出】[名][自サ] ❶つきやぶって出ること。❷高くつきでること。「雲上に—する」❸一度に吹き出すこと。「ガス—の危険性がある」❹他よりも抜け出ること。「防衛予算の—」

とつ-じょ [ト]【突如】[(と)副] 重要な事件などが急に起こるようす。突然。「ビルの爆発は—として起こった」

どっしり [シ][(と)副][自サ] ❶重いようす。「—した机」❷おちついたようす。「—した態度」‖どしっと。どしりと。

とっ-しん [0]【突進】[名][自サ] 一気につきすすむこと。「ゴールめがけて—する」

とつ-ぜん [0]【突然】[副][形動(の)] 物事の変化が瞬間に起こるようす。「先生は—笑い出した」「—の出来事」⇩急❶❷[参考]。 **—死** [ゼ][名] 健康にみえる人が、何の前ぶれもなく突然死ぬこと。 **—変異** [ヘ][名] 親の系統になかった新しい形質が突然子にあらわれ、それが遺伝すること。

とっ-たり [0][名] 相撲で、両手で相手の片うでをつかんで引きたおすわざ。

とっ-たん [0]【突端】[名] つき出たはし。先端。「岬の—」

どっ-ち [ド]【▲何▲方】[代]〔「どちら」のくだけた言い方〕❶どの方向。❷二つ以上の物のうちからどれかを選ぶ時の言い方。「りんごとみかんの—を食べますか」[参考]「どっち」は「どちら」にくらべて、二つのもののうち一つを選ぶ意味がつよい。「どっち」は、あらたまった場面では、不適当な場合もある。 **—へ転んでも** どちらの場合になっても。「—対応できるように準備する」 **—もどっち** どちらも同じくらい悪いこと。

どっち-つかず [ツ]/[カ]【▲何▲方付かず】[名][形動] どちらにも、きまらないこと。あいまい。「—な返事」

どっち-みち [0]【▲何▲方道】[副] どちらであっても。どうせ。どのみち。「—わかることだ」

とっち・める [メ][他下一]〔俗語〕きびしくとがめ、やりこめる。ひどく責める。

とっ-つかま・える [マ]/[0]【取っ捕まえる】[他下一]〔「とっ」は強めの接頭語〕つかまえる。

とっ-つかま・る [マ]【取っ捕まる】[自五]〔「とっ」は強めの接頭語〕つかまる。

とっ-つき [0]【取っ付き】[名] ❶初め。「—がだいじだ」❷はじめて出あった印象。「—のよい人」❸いちばんてまえ。「—の家」

とっ-つ・く [ツ]/[0]【取っ付く】[自五]〔「とりつく」の変化〕❶とりすがる。❷手がかりを得る。「とっつきようのない問題だ」❸着手する。とりかかる。❹くみつく。❺その場に行きつく。「岸へ—」❻のりうつる。「きつねが—」 **取っ付ける** [自下一]〔…できる〕

とっ-て [0]【取っ手】【▲把っ手】[名]〔「とりて」の変化〕器具やとびらの、手で持つ所。つまみ。

とっ-て【取って】[連語] ❶年齢をかぞえるときのことば。「当年—二〇歳」❷〔「にとって」の形で〕…を中心に考えると。「わが国に—重大な問題」

とっ-てい [0]【突堤】[名] 海中・河中につき出た長い堤防。

とって-おき [0]【取って置き】[名] だいじに、取って置いたもの。とっとき。「—の話」

とって-お・く ト【取って置く】他五 (カ・コキ・イ/クク・ケ・ケ) ❶ものを手放さずに残しておく。取り置く。「包装紙を―」❷あらかじめ確保する。「席を―」

とって-かえ・す ト=カ|カ【取って返す】かへす 自五 (サ・ソ・シ・ス/ス・セ・セ) ひきかえす。あとへもどる。

とって-かわ・る ト【取って代(わ)る】かはる 自五 (ラ・ロ・リ・ッ/ル・ル・レ) 今まで他のものが占めていた位置に、かわって就く。「社長に―」

取って付けたよう 不自然なようす。わざとらしいようす。「―なおじぎ」

とって-も ◎副 ⇩とても。

ドット ◎ド〈dot〉名 ❶点。ぽち。❷水玉もよう。❸URLやメールアドレスに用いられる点。ピリオド。**―コム** ト|コ〈dot com〉名 ドメイン名の末尾につく区分の一つ。商業目的であることをあらわす。「.com」と書く。

どっ-と ◎|ド 副 ❶大ぜいが、いっせいに声を出すようす。「みんなが―笑う」❷急に押し寄せるようす。「注文が―来る」❸急に倒れるようす。❹急に重病になるようす。「―床につく」

とっ-とき ◎名 ⇩とっておき。

とつ-とつ ◎【×咄×咄】名(文章語) 事の意外さをおどろきあやしむ声。**―の怪事** はなはだけしからぬこと。

とつ-とつ ◎【×訥×訥・×吶×吶】と副 たる連体 口ごもりながら話すようす。話し方がなめらかでないようす。「―と語る」

とっ-と-と ト|副(俗語) はやく。さっさと。「―出ていけ」

とっとり-けん【鳥取県】中国地方北東部の日本海がわの県。県庁所在地は鳥取市。

とつ-にゅう ◎【突入】名 自サ つきいること。突進してはいりこむこと。「敵陣に―する」

とっ-ぱ ◎|ト【突破】名 他サ つきやぶること。「難関を―する」**―口** こう パ 名 ❶敵地に攻め入る足がかりとなる、せまい場所。❷問題を解決する糸口。「解決の―を見いだす」

トッパー ト〈topper〉名 女性用の、たけの短い合着のコート。トップコート。

とっ-ぱずれ ◎【突外れ】ぱづれ 名(俗語) いちばんはずれ。

とっ-ぱつ ◎【突発】名 自サ 事件などが思いがけないときに、突然に発生すること。「―事故」

とっ-ぱな ◎【突▲端】名 ❶つき出たはし。とったん。❷最初。しょっぱな。

とっ-ぱら・う ラ【取っ払う】ぱらふ 他五 (ワ・オ・イ・ッ/ウ・ウ・エ・エ) ⇩とりはらう。

とっ-ぱん ◎【凸版】名 活版・木版などのように、インクのつく文字面のつき出ている印刷版。「―印刷」⇔凹版おうはん・平版。

とっ-ぴ ◎【突飛】形動 (ダロ・ダッ・デ・ニ/ダ・ナ・ナラ・○) 思いもつかないようす。常識とかけはなれているようす。奇抜。意外。「―な方法」

とっ-ぴょうし ◎【突拍子】名 調子はずれ。とっぴであること。**―もない** とほうもない。とんでもない。

トッピング ◎〈topping〉名 料理や菓子の上に材料やソースなどをのせたりかざったりすること。また、そのもの。アイスクリームにかけるチョコレートなど。

トップ ト〈top〉名 ❶代表者。最高幹部。「―会談」❷先頭。さきがけ。「―をきる」❸頂上。先端。❹リレーの第一走者。❺野球の第一打者。❻首席。第一位。「―をあらそう」❼新聞の、どの面でもいちばん目につく最上段の右の所。**―クラス** ク〈top class〉名 最上級。最高級。「業界―の実績」**―コート** コ〈topcoat〉名 ⇩トッパー。**―スピン** ピ〈topspin〉名 テニスや卓球などで、ボールの進行方向に合わせた回転をかけること。順回転。**―ダウン** ダ〈top-down〉名 情報やアイディアが上層部から下部に伝わる方式。⇔ボトムアップ。**―ニュース** ニ|ユ〈top news〉名 新聞紙面の最上段の右の方にのせる重要記事。また、放送で最初に報道される重要なニュース。**―マネージメント** ネ〈top management〉名 企業の経営方針を決定し、それを具体化し指令する職能をもつ、経営管理組織の最上層部。**―モード** モ〈top mode〉名 最新の流行。**―屋** や ◎名(俗語) 週刊誌などの巻頭にのる記事を、取材・執筆して出版社に売る人。**―レス** ト〈topless〉名 女性が胸の部分を露出すること。また、そのような水着。**―レディー** レ〈top lady〉名(和製英語) 社会の第一線で活躍している女性。各国の元首や首相の夫人をさして言う場合もある。ファーストレディー。**―レベル** レ〈top-level〉名 ❶最高水準。❷最上層部。「財界の―」

とっ-ぷう ◎【突風】名 瞬間的に強く吹くかぜ。

とっぷり ブ|と副 日がすっかり暮れるようす。

どっぷり ブ|と副 ❶水・墨などをたっぷりふくませるようす。❷首まで深くひたるようす。「―とふろにつかる」

とつ-べん ◎【×訥弁】名 ことばがつかえたりするへたな話し方。⇔能弁。

どっ-ぽ ド【独歩】名 自サ (「どくほ」の変化) ❶ひとりあるき。❷たぐいなく、すぐれていること。「古今こん―の事業家」❸独立しておこなうこと。「独立―でやる」

とっぽ・い ポ 形 (カロ・カッ・ク/イ・イ・ケレ・○) (俗語) 不良じみていて生意気なようす。

どっ-ぽう ◎【独法】名 ❶ドイツ法学。⇔英法・仏法。❷「独立行政法人」の略。‖どくほう。

とつ-めん ◎【凸面】名 なか高になっている面。**―鏡** きょう ◎名 凸面の反射面のあるかがみ。平行光線をひろげて反射させる。⇔凹面おうめん鏡。

とつ-レンズ レ【凸レンズ】(レンズはlens) 名 中央が厚く、ふちのほうがうすくなっているレンズ。平行光線を一点に集める。虫めがねや老眼鏡に使われる。⇔凹おうレンズ。

とて ㊀ 連語(文章語) …として。…と言って。…と思って。「本を読もう―机に向かう」㊁助 ❶(接続助詞) ㋐…としても。「今ごろ完成した―なんになろう」㋑…なので。…だから。「なれぬこと―うまくいかない」❷(副助詞) 例外でないことを示す。…だって。「大臣―罰せられる」

ど-て ◎【土手】名 ❶つつみ。堤防。❷かつお・まぐろなど大きな魚の背の切り身。**―っ腹** ぱら ◎名(俗語) 腹。**―鍋** なべ ◎名 なべの内側にみそをぬりつけ、だし汁に溶きながら牡蠣かきや野菜を煮て食べる料理。

と-てい ◎【徒弟】名 ❶門人。でし。❷商人や職人の仕事を見習うため、住みこんで働いている少年。

とてつ-もない 連語 とんでもない。途方もない。「―金額」

とて-も ◎【とても】【×迚も】副 (古語の副詞「と」に「ても」が付き❶の意味が生まれた) ❶可能性がまったくないようす。どうしても。「―勝つ見込みはない」「―わたしには言えない」参考「絶対に」「とうてい」よりも、話し手の否定的な感情が強くあらわれる。❷(形容詞や形容動詞を修飾して)程度の大きいことを誇張するようすをあらわす。たいへん。とっても。「それは―うれしいニュースだ」「屋根が飛びそうなほど―強い風だった」参考「とても苦しんだ」のように動詞にかかることもあるが、動きが外に現れない場合に限られる。⇨非常に 参考。**―かくても**(文章語) どうしても、こうしても。いずれにしても。要するに。**―じゃない**「とても❶」をさらに強めた言い方。「―が、私には無理だ」

—のことに いっそのこと。いっそ。

どてら [0]【×褞×袍】[名] 厚く綿を入れた、ひろそでの大形の着物。たんぜん。[冬]

と-でん [0]【都電】[名] 東京都営の路面電車。

とと [ト]1【▲父】[名]〔幼児語〕（「ちち」の変化）ちち。「—さま」

とど [ト] [一][名] ぼらの成長したもの。[二][副] 結局。とうとう。「—失敗に終わる」 **—のつまり** 最後。結局。[参考]「ぼら」は成長につれて名をかえ、最後に「とど」となることから。

とど [ト]【×椴】[名] ⬇とどまつ。

とど [ト]【▲海▲馬】[名]（語源不詳）アシカ科の哺乳類。体長四メートルに達する。体色は褐色で、北太平洋にすむ。

ど-ど [ド]1【×呶×呶】[名][自サ][副]〔文章語〕くどくどと言うこと。また、そのようす。「—を要しない」「—述べたてる」

ど-ど [ド]1【度度】[名][副]〔文章語〕たびたび。しばしば。

どど-いつ [ド]2【▲都▲都逸】[名] 江戸時代末にはじまった通俗的な小うた。七・七・七・五音のもの。

と-とう [0]【徒党】[名] 悪事をするなかま。**—を組む** 事をおこなうために、同志のものが団結する。[参考]よい意味での団結には用いない。

と-とう [0]【渡島】[名][自サ] しまへわたること。

と-どう [0]【渡道】[名][自サ] 北海道に行くこと。

ど-とう [0]【怒×濤】[名] あれくるう大波。「さかまく—」

と-どう-ふ-けん [フ]【都道府県】[名] 全国の行政区画の総称。東京都・北海道・京都府・大阪府と四十三の各県。

トトカルチョ [カ]〈イ totocalcio〉[名] プロサッカー試合の勝敗予想をするとばく。

と-どく [ト]【×蠹毒】[名]〔文章語〕（「蠹」は木くい虫の意）❶虫がくって害を与えること。❷物事をそこない害すること。その害毒。

とど・く [ド]【届く】[自五] ❶目的の人や場所に、ものがわたる。「品物が—」❷ものの先が、離れたところにいたりつく。およぶ。「上の棚に手が届かない」❸気持ちや願いが相手に通じる。達する。「思いが—」「エールが—」❹注意が行きわたる。「大人の目が届かない場所」

とどけ [ケ]【届(け)】[名] ❶とどけること。「—を済ます」❷届け書。[参考]「欠席届」「出生届」のような場合は送りがなをはぶく。

とどけ-いで [0]【届けいで】【届け▲出】[名] 官公署や上役などに申しでること。とどけで。

とどけ-さき [0]【届(け)先】[名] おくりとどける先方。↕送り元。

とどけ-しょ [0]/[ケ]【届(け)書】[名] とどけ出る事がらをしるした文書。とどけ。「不参加の—を出す」

とどけ-でる [デ]【届(け)出る】[他下一] 役所などに書類または口頭で申し出る。**届け出**[名]

とど・ける [ケ]【届ける】[他下一] ❶物などを先方におくる。❷かなえる。「願いを—」❸上役・役所などに申しでる。「拾い物を—」**とど・く**[文語下二]

とどこおり [0]【滞り】[名] とどこおること。とどこおったもの。「—なく済む」

とどこお・る [0]/[コ]【滞る】[自五] ❶物事が順調に進まず、つかえる。とどまる。「車が—」❷期限が過ぎても、返金や納付金などがすまない。「税金の支払いが—」

ととの・う [ノ][自五] [一]【整う】乱れがなく、きちんと調和がとれた状態になる。「整った顔」「足並みが—」[二]【調う】❶過不足なくすべてが集まる。「資金が—」❷相談ごとがまとまる。「縁談が—」❸手落ちなくちゃんとできあがる。「準備が—」⇩そろえる[参考]。

ととの・える [エ]/[ノ][他下一] [一]【整える】きちんとした、調和のとれた状態にする。「服装を—」「体調を—」[二]【調える】❶必要なものを手落ちなく用意する。「嫁入り道具を—」❷相談ごとをまとめる。「商談を—」⇩そろえる[参考]。**ととの・ふ**[文語ハ下二]

とど-まつ [ド]【×椴松】[名] マツ科の常緑高木。北海道以北に自生する。材は建築・器具・製紙などの原料となる。とど。

とどま・る [マ]【▲止まる・▲留まる・▲停まる】[自五] ❶ひとところにあって動かない。㋐状況が停止する。「被害は最小限に—」㋑そこに動かないでいる。「郷里に—」㋒その状態・地位から動かない。「大関に—」「現職に—」❷ある範囲から出ない。それだけにおわる。「相手を驚かせたに—」「机上の空論に—」⇩とまる[参考]。**とどまれる**[自下一]〔…できる〕

とどめ [0]/[メ]【▲止め・▲留め】[名] 人や動物を殺すとき、必ず命をうばえる箇所を攻撃して、息を完全にとめること。**—を刺す** ❶殺すとき、生き返らないように完全に息をとめる。❷二度と立ちあがれないように、徹底的な打撃をあたえる。❸そのものに限る。それを越すものがない。「きすは、てんぷらに—」

ど-どめ [0]/[メ]【土止め】[名] 土手やがけなどの土くずれを防ぐための構築物。つち止め。

どどめ-いろ [0]【どどめ色】[名]（「どどめ」は関東でクワの実をいう）黒みをおびた紫色。熟したクワの実の色。

とど・める [メ]【▲止める・▲留める・▲停める】[他下一] ❶その位置・状態にあって動かないようにさせる。㋐しようとすることをさせないようにする。おしとどめる。「帰ろうとするのを—」㋑そこに残しておく。「妻子を郷里に—」㋒その地位から動かさない。「現職に—」❷それだけでやめる。ある範囲におさめる。「一言申し添えるに—」「費用を一万円以内に—」❸あとに残す。「記録に—」❹その状態のまま残す。「原形をとどめないひどさ」⇩とめる[参考]。**とど・む**[文語下二]

とどろか・す [カ]【×轟かす】[他五] ❶鳴りひびかせる。「太鼓を—」❷ひろく世間に名を知らせる。「文名を—」❸鼓動をはげしくする。「期待に胸を—」

とどろ・く [0]【×轟く】[自五] ❶大きな音がひびきわたる。「大砲が—」❷ひろく世に知れわたる。「名が—」❸鼓動がはげしくなる。「胸が—」**とどろき**[名]

とどろ-と [0][副]〔文章語〕とどろくようす。「橋も—うちわたる」

トナー [ト]〈toner〉[名] プリンターやコピー機などで印刷のために用いるインクの粉。

ドナー [ド]〈donor〉[名] ↕レシピエント。❶移植手術のために臓器など体の部分を提供する人。❷事業に資金を提供する人。**—カード** [カ]〈donor card〉[名] 死亡後に臓器や骨髄などを提供する意思を示すカード。

と-ない [ト]【都内】[名] ❶東京都の中。↕都外。❷東京都で、二十三区のうち。都区内。↕都下。

となえ-ごと [0]/[ト]2【唱え言】[名] ❶唱えることば。❷まじないのことば。

とな・える [エ]/[ナ]【▲称える】[他下一] 名づけてよぶ。称する。**とな・ふ**[文語ハ下二]

とな・える [エ]/[ナ]【唱える】[他下一] ❶高くよぶ。さけぶ。「ばんざいを—」❷声をたてて読む。「念仏を—」❸先に立って言う。首唱する。「地動説を—」❹言いはる。主張する。「反対を—」**とな・ふ**[文語ハ下二]

トナカイ [ナ]【×馴▲鹿】[名]（アイヌ語から）シカ科の哺乳

と

ほにゅう類。雄・雌ともに長くて枝のあるつのがある。シベリア・北ヨーロッパなどにすみ、労働・運搬につかわれ、乳・肉・皮も有用。じゅんろく。

どなた [ド]【どなた】【▲何▲方】[代] ❶「だれ」の尊敬の言い方。[参考]「だれ」の尊敬の言い方としては、「どなた」が一般的。「どちら」「どのかた」とほぼ敬意はひとしい。「どなたさま」「どちらさま」は、敬意が特に高い。❷[古語]どの方角。どちら。「これいづれの国よりどなたへ参ずる人ぞ」〈保元〉

ど-なべ [0]【土鍋】[名] 土製のなべ。

となり [0]【隣】[名] ❶右または左にならんでいること・もの。さかいを接していること・もの。❷隣家。 **―の花**(はな)**は赤**(あか)**い** 他人の物は、なんでもよく見えるものだ。隣の芝生は青い。隣のじんだみそ。

となり-あ・う [ア]【隣(り)合う】―あふ [自五]〈ワ・オイ・ツ／ウ・ウ・エ・エ〉 たがいに隣となる。

となり-あわせ [ア]【隣(り)合(わ)せ】―あはせ [名] たがいにとなりあうこと。「―に住む」

となり-きんじょ [キ]【隣近所】[名] すぐ近くの家・住人。「―の迷惑になるようなことをするな」

となり-ぐみ [0]【隣(り)組】[名] 第二次大戦下、国民統制のため、町内会・部落会の下につくられ、互助・自警・配給などにあたった組織。一九四七年廃止。

どなり-こ・む [コ]/[0]【怒鳴り込む】[自五]〈マ・モ・ミ・ン／ム・ム・メ・メ〉 腹を立てて来て、大声でわめく。

となり-づきあい [ツ]【隣(り)付(き)合(い)】―づきあひ [名] 近所づきあい。

とな・る [0]【隣る】[自五]〈ラ・ロ・リ・ツ／ル・ル・レ・レ〉 となりどうしである。隣接している。[参考]「隣り合う」のように複合語として用いるのがふつう。

ど-な・る [ナ]【怒鳴る】[自五]〈ラ・ロ・リ・ツ／ル・ル・レ・レ〉 ❶腹を立てて大声を出す。「いたずらをして怒鳴られる」❷大声でさけぶ。「声をかぎりに―」 **怒鳴れる** [自下一]〔…できる〕

とに-かく [ト]【とにかく】【×兎に角】[副] ❶事情や問題があるが、それはおいて。ともかく。「―やってみよう」❷なんと言っても。なにしろ。「―いそがしい人だから、なかなか会えない」 **―に** [副][古語] あれやこれやと。なにやかやと。「とにかくにいひ知らすれば、げにと思ひていらへせず」〈落窪〉

トニック [ト]〈tonic〉[名] ❶〈hair tonic の略〉➡ヘアトニック。❷洋酒にまぜる炭酸飲料の一種。

とに-も-かくにも [ト]/[カ]【とにもかくにも】【×兎にも角にも】[副] なににせよ。なににしても。ともかくも。

と-にゅう [0]【吐乳】[名][自サ] 乳児が飲んだちちを吐くこと。

とねり【▲舎▲人】[名][古語] ❶天皇・皇族などの雑役をつとめた男。❷牛車(ぎっしゃ)のうしかい。乗馬の口とり。

とねりこ [0]/[リ]【×梣】[名] モクセイ科の落葉小高木。春、淡緑色の小さい花をつける。樹皮は秦皮(しんぴ)といい、薬用。材は家具・スキー用。

とねり-しんのう《舎人親王》(六七六〜七三五) 奈良(なら)時代の学者。天武(てんむ)天皇の皇子。「日本書紀」を編纂(へんさん)した。

との【殿】[名][古語] 〔もともと大きな邸宅そのものをさしていい、転じてそこに住む貴人をいうようになったことば〕❶貴族の住む大きな建物。「里の殿は、…二なう(並ブモノナク)改め造らせたまふ」〈源氏〉❷身分の高い人。とくに、摂政・関白。「殿などのおはしまさで(亡クナッタ)のち、世の中に事出で来」〈枕〉❸家来が主君を、妻が夫を呼ぶ敬称。「殿は何にかならせ給ふ」〈枕〉

どの【殿】[接尾][文章語] 氏名や職名などにそえて、その人を高める語。「PTA会長―」⇩さま(様)㊂[参考]

ど-の [ド]【どの】【▲何の】[連体] ❶疑問・不明の物事をさす語。「―方法でやるか」「―くらい時間がかかるか」❷〔「も」「ても」などとともに用いて〕どれときまらず、すべての意。「―人も賛成した」「―やり方でやっても、結果は同じだ」 **―面**(つら)**下**(さ)**げて** どんな顔つきをして。「今ごろ―やってきた」[参考]恥知らずの人をいやしめていう言い方。

との-い【▲宿▲直】―ゐ [名][古語] ❶夜、宮中・役所などに泊まりこんで事務や警戒にあたったこと。また、その人。❷天皇の寝所に奉仕したこと。そいぶし。

ど-のう [0]【土×嚢】[名] 堤防などにつかう、土を入れたふくろ。

との-がた [0]/[ノ]【殿方】[名] 男性一般を高めて言う語。[参考]おもに、女性から男性をさしていう上品な言い方。

と-の-こ [0]/[コ]【×砥の粉】[名] ねん土を焼いてつくったこな。刀剣をみがいたり、柱や板の着色・塗装の下地などに使う。

との-ご [ノ]【殿御】[名] 女性が男性をさしていう尊敬語。古めかしい言い方。

との-ごも・る【殿籠る・殿▲隠る】[自四][古語] ❶「寝る」の尊敬の語。おやすみになる。おおとのごもる。「夜はこなたに、とのごもれ」〈宇津保〉❷「死ぬ」の尊敬語。おかくれになる。「大殿を仕へまつりて、とのごもりこもりいませば」〈万葉〉

との-さま [0]【殿様】[名] ❶主君や高貴な人をよぶ尊敬語。❷江戸時代、大名・旗本をよぶ尊敬語。❸おうようで世事にうとい男。「―商売」 **―×蛙**(がえる) [ガ][名] アカガエル科の中形のかえる。背面は緑色またはかっ色で黒い斑紋(はんもん)があり、たてに黄色のふとい線が走る。[春] **―芸**(げい) [マ][名] 身分の高い人が、なぐさみにおぼえた芸ごと。だんな芸。

との-ばら【殿原】[名][古語] ❶高貴な人々。❷女性が、相手の男性をよぶ尊敬語。

どの-みち [0]【どのみち】【どの道】[副] どうせ。どっちみち。「―こちらの勝ちだ」

と-の-も【外の▲面】[名][古語] 家の外がわ。家の外のあたり。

と-ば [0]【賭場】[名] ばくちをするところ。

ど-ば [ド]【×駑馬】[名][文章語] ↕駿馬(しゅんめ)。❶歩みののろい、にぶい馬。❷才能のにぶい人をたとえる語。 **―に×鞭**(むち)**打**(う)**つ** 〔おとった才能をかりたてて何かをする意〕自分がつとめはたらくことをへりくだっていう語。

トパーズ [ト]/[パ]〈topaz〉[名] 黄色の透明または半透明の宝石。黄玉(おうぎょく)。十一月の誕生石。

と-はい [0]【徒輩】[名][文章語] やから。なかま。

ど-はい [0]【奴輩】[名][文章語] 〔人々をいやしめていう語〕あいつら。やつばら。

と-は-いう-もの-の ―いふ― [ワ] [連語] とはいえ。そうはいっても。「―負けるのはくやしい」

と-は-いえ [0] ―いへ [連語] とはいうものの。

とばえ [0]【▲鳥羽絵】[名] 江戸時代にえがかれた、日常生活を主題とする、簡単でこっけいな風刺画。[参考]「鳥獣戯画」の作者と伝えられる鳥羽(とば)僧正の名から。

と-ばかり [副][古語] しばしのあいだ。しばらく。「―月を見る」

と-ばく [0]【賭博】[名] 金や物をかけて、勝負をあらそう遊戯。ばくち。

と-ばくち [0]【とば口】[名] ❶はいりぐち。戸口。❷物事のはじめ。

とばし [0]【飛ばし】[名] 決算対策のために、評価損の出た株を他の企業に転売することをいった。

ど-ばし [0]【土橋】[名] 上を土でおおった橋。つち橋。

と-ばしり [リ]【×迸り】名 ❶とびちるしぶき。❷そばづえ。まきぞえ。とばっちり。「―をくう」

と-ばし・る [シ]【×迸る】自五 とびちる。ほとばしる。

とば・す [0]【飛ばす】他五 ❶飛ぶようにはやく移動させる。「時速百キロで―」「ヒットを―」❷間を越えて先に移る。「一行飛ばして読む」❸辺地へ行かせる。左遷する。「支社へ―」❹〔動詞の連用形について〕その動作を強める言い方。「なぐり―」「しかり―」 **飛ばせる** 自下一〔…できる〕

ど-はずれ [ハ]【度外れ】名 程度・限度が大きくはずれていたり、こえていたりすること。けたはずれ。「―な大声を出す」

ど-はつ [0]【怒髪】名〔文章語〕はげしいいかりのためにさかだった頭髪。**―天(てん)を突(つ)く** はげしいいかりを形容する言い方。

と-ばっちり [0]【×迸り】名〔俗語〕⇒とばしり。

ど-ばと [0]【土×鳩】名 ハト科の鳥。愛玩用・通信用として飼いならしたもの。いえばと。

とばり [0]【×帳・×帷】名〔文章語〕室内をしきるためにたれさげる布。たれぎぬ。

と-はん [0]【登坂】名 自サ ⇒とうはん。

と-はん [0]【登×攀】名 自サ ⇒とうはん。

と-ばん [0]【塗板】名 黒板。ボールド。

と-ひ [ト]【都×鄙】名〔文章語〕みやこといなか。都会といなか。

と-ひ [ト]【徒費】名 他サ ❶むだに使うこと。「労力の―」❷むだな費用。

とび [ト]【×鳶】名 ❶タカ科の鳥。全長約六〇センチ。くちばしは鋭くてまがり、小動物や魚の死がいを食う。とんび。❷とびのもの。とび職。❸とびぐち。**―が×鷹(たか)を生(う)む** ⇒とんびがたかをうむ。**―に油揚(あぶらあ)げを×攫(さら)われる** ⇒とんびにあぶらあげをさらわれる。**―の者(もの)** ❶江戸時代の火消し。❷土木・建築工事で、足場の組み立てなどを専門にする人。とび職。

ど-ひ [ド]【土×匪】名〔文章語〕〔「匪」は悪人の意〕土着の賊。

ど-ひ [ド]【奴×婢】名〔文章語〕雑役に従う男と女。ぬひ。

とび-あがり [0]【飛(び)上がり】名 ❶一足飛びの立身出世。❷とっぴな言動をすること。また、その人。

とび-あが・る [ガ]【飛(び)上がる】自五 ❶低い所から飛んで上へのぼる。↕飛び降りる。❷おどり上がる。はね上がる。「飛び上がってよろこぶ」 **飛び上がれる** 自下一〔…できる〕

とび-ある・く [ル]【飛(び)歩く】自五 いそがしく、あちこちと歩きまわる。

とび-いし [0]【飛(び)石】名 つたいあるくために、とびとびにおいた石。庭園や門内などにおく。**―連休(れんきゅう)** [レ]名 一、二日おきにつづく休日。

とび-いた [0]【飛(び)板】名 水泳の飛び込みなどの、ふみきりに使う板。スプリングボード。**―飛(と)び込(こ)み** [ト2]名 高さ一メートルまたは三メートルの弾力のある板の上から水中に飛び込み、その際の体形の美しさを競う競技。↕高飛び込み。

とび-いり [0]【飛(び)入り】名 ふいに参加すること・もの。「―の余興」

とび-いろ [0]【とび色】【×鳶色】名 とびの羽色。茶褐色。

とび-うお [ビ]【飛魚】名 トビウオ科の海水魚。胸びれが大きく、海面上を飛ぶ。食用。あご。㊊夏

とび-うつ・る [ツ/0]【飛(び)移る】自五 とびはねて移動する。**飛び移れる** 自下一〔…できる〕

とび-お・きる [キ]【飛(び)起きる】自上一 寝ていた人が勢いよく起き上がる。飛び上がるように起きる。

とび-お・りる [リ]【飛(び)降りる】自上一 ❶高い所から飛んで下へおりる。↕飛び上がる。❷うごいている乗り物から飛んでおりる。↕飛び乗る。**飛び降り** 名

とびお・る 文語上二

とび-か・う [カ]【飛(び)交う】自五 入りみだれて飛ぶ。「―ほたる」

とび-かか・る [カ2]【飛(び)掛(か)る】自五 飛び上がって、いきおいよく相手にとびつく。おどりかかる。**飛び掛かれる** 自下一〔…できる〕

とび-か・ける [ケ]【飛びかける】【飛×翔る】自五 空高く飛ぶ。

トピカル [ト]〈topical〉形動 話題性があるようす。時事問題の。「―なテーマ」

とび-きゅう [0]【飛び級】名 成績優秀者が正規の学年や課程を飛びこえて進級、進学をすること。またはそれを認める制度。

とび-きり [0]【飛(び)切り】㊀名 身を高くおどらせて相手を切る法。「―の術」㊁副〔かながき〕きわめて。他とかけはなれて。「―上等」

とび-ぐち [ビ]【とび口】【×鳶口】名 一・五メートルぐらいのかしの棒に、とびのくちばしのような鉄かぎをつけた用具。とび。

とび口

とび-げり [0]【飛び蹴り】名 格闘技で、飛び上がりながら相手の体を足でけること。

とび-こ・える [エ]【飛(び)越える】他下一 飛びこす。**とびこ・ゆ** 文語ヤ下二

とび-こ・す [コ]【飛(び)越す】他五 ❶飛びこえる。飛んでその上を越す。❷順を飛ばして進む。「先輩を―」 **飛び越せる** 自下一〔…できる〕

とび-こみ [0]【飛(び)込(み)】名 ❶飛び込むこと。❷予約などをせずに訪ねること。「レストランに―で入る」「―営業」❸飛び込み競技。**―競技(きょうぎ)** [キョ]名 一定の高さの台や飛び板から水に飛び込み、体形の美しさをきそう競技。飛び込み。㊊夏 **―自殺(じさつ)** [ジ]名 進行中の汽車・電車などに飛び込んで死ぬこと。**―台(だい)** [0]名 飛び込み競技に使う台。㊊夏

とび-こ・む [コ]【飛(び)込む】自五 ❶身をおどらせて中にはいる。「プールに―」❷思いきって事にあたる。「難局に―」❸突然または急いではいりこむ。「交番へ―」 **飛び込める** 自下一〔…できる〕

とび-しょく [ビ]【とび職】【×鳶職】名 とびの者。

とび-すさ・る [サ]【飛びすさる】【飛▲退る】自五 とんで後ろへさがる。

とび-だい [0]【飛(び)台】名 飛び込み台。

とび-だ・す [ダ]【飛(び)出す】自五 ❶飛んで出る。とびでる。❷つき出る。「目玉の飛び出した金魚」❸ふいにその場所に出る。「子どもが車の前に―」❹いそいでそこから出る。「故郷を―」 **飛び出せる** 自下一〔…できる〕

とび-た・つ [タ]【飛(び)立つ】自五 ❶飛んでその所を去る。「足もとから鳥が―」❷胸がおどり心がそわそわする。「―思い」 **飛び立てる** 自下一〔…できる〕

とび-ち [0]【飛(び)地】名 ❶一つの領域に属しながら、主要地域から飛びはなれて、別のところにある地域。「A町の―」❷あちこちに散らばっている所有地。

とび-ちが・う [ガ]【飛(び)違う】自五 ❶飛んでいきちがう。❷入りみだれて飛ぶ。❸かけはなれる。かけへだたる。

とび-ち・る [チ]【飛(び)散る】自五 飛んで散らばる。飛散する。「破片が―」

とび・つ・く ツ【飛(び)付く】自五（カ・コ・キ・イ／ク・ク・ケ・ケ）❶飛びあがって、いきおいよく取りつく。おどりかかる。飛びかかる。❷ほしい物などに、いそいで手をだす。「彼の計画に、みんなが飛びついた」**飛び付ける** 自下一［…できる］

トピック ト〈topic〉名 話題。論題。題目。トピックス。

とび・でる デ【飛(び)出る】自下一（デ・デ・デル・デル／デレ・デロ・デヨ）とびだす。

とび・どうぐ ド【飛(び)道具】名 鉄砲・弓矢など、遠くから飛ばしてうつ武器。

とび・とび ◎【飛び飛び】名 形動(の) ❶散らばって存在するようす。点々。「―に石をおく」❷途中をあちこちぬかしてすすむようす。「―に読む」

とび・にゅうがく ニュ【飛(び)入学】名 自サ 成績優秀者が学年を飛び越して進学すること。また、その制度。

とび・ぬ・ける ケ【飛(び)抜ける】自下一（ケ・ケ・ケル・ケル／ケレ・ケロ・ケヨ）能力・分量などが、他のものとかけはなれている。

とび・の・く ノ【飛びのく】【飛▲退く】自五（カ・コ・キ・イ／ク・ク・ケ・ケ）いそいで、身をかわしてさける。

とび・の・る ノ【飛(び)乗る】自五（ラ・ロ・リ・ッ／ル・ル・レ・レ）進行中の、また、今にも動き出そうとしている電車・汽車などに飛びついて乗る。↕飛び降りる。**飛び乗り** 名 **飛び乗れる** 自下一［…できる］

とび・ばこ ◎【跳(び)箱】【飛箱】名 助走して来て、飛びこす台形の体操用具。

とび・はな・れる レ【飛(び)離れる】自下一（レ・レ・レル・レル／レレ・レロ・レヨ）❶いそいではなれる。飛びのく。❷かけはなれる。「飛び離れたわざ」**とびはな・る** 文語下二

とび・は・ねる ネ【跳(び)はねる】自下一（ネ・ネ・ネル・ネル／ネレ・ネロ・ネヨ）❶飛びあがるようにして、はねる。「馬が―」❷よろこんで、飛んだりはねたりする。

とび・ひ ◎【飛(び)火】㊀ 名 自サ ❶燃えている火や煙突から、火の粉が飛び散ること。また、その火の粉。❷火事のとき、はなれた所に燃えうつること。冬 ❸はなれた人や所に関係をおよぼすこと。「汚職が政界に―した」参考 ふつう、よくないことの場合にいう。㊁ 名 小児の顔にできやすい、伝染力の強いできもの。

とび・まわ・る ワ【飛(び)回る】【飛×廻る】―まはる 自五（ラ・ロ・リ・ッ／ル・ル・レ・レ）❶元気にあそんでいる。はねまわる。❷あちこちをいそがしく歩きまわる。「金策に―」**飛び回れる** 自下一［…できる］

ど・びゃくしょう ビャ【ど百姓】【土百姓】名［「ど」は強めの接頭語］農民をけいべつしていった語。

ど・ひょう ◎【土俵】名 ❶土をつめたたわら。❷相撲の競技場。土俵場。秋

―入(い)り ◎ 名 ❶横綱をのぞく幕内・十両の力士が、全員化粧まわしをつけ、土俵にあがる儀式。❷横綱が、太刀(たち)もちとつゆはらいをしたがえ、土俵の上でおこなう儀式。でずいり。**―際(ぎわ)** ◎ 名 ❶土俵場のさかい。❷最後の、ぎりぎりの立場。どたん場。**―を割(わ)る** ❶相撲の取り組みで、力士の足が土俵から出る。❷物事を押し切られる。

行司溜まり
南(向こう正面)
赤房　白房
水桶　塩
徳俵
東　西
仕切り線
踏み俵
青房　黒房
北(正面)
土俵❷

とびら ◎【扉】名 ❶ひらき戸。❷書籍の、みかえしの次の書名・著者名などをしるしたページ。❸雑誌の、本文の前の第一ページ。

ど・びん ◎【土瓶】名 湯をそそぎ茶を入れるための陶器。

―蒸(む)し ◎ 名 まつたけ・とり肉・野菜などを小さな土びんに入れて、だし汁で煮たもの。秋

と・ふ ト【都府】名〔文章語〕大きなみやこ。都会。都市。

と・ふ ト【塗布】名 他サ ぬりつけること。塗抹(とまつ)。

と・ぶ ◎【飛ぶ】自五（バ・ボ・ビ・ン／ブ・ブ・ベ・ベ）❶早く移動する。㋐空中を早く進む。「鳥が―」「弾丸が―」㋑空中に舞いあがる。「風で木の葉が―」㋒大急ぎで移動する。「北海道から帰ってすぐ九州に―」㋓逃亡する。「犯人は国外に飛んだ」㋔うわさ・命令などが早く伝わる。「デマが―」「指令が―」❷【跳ぶ】空中に身をおどらせたり、物を越えたりする。「みぞを―」「跳んだりはねたり」❸間にあるものを越えて、先に移る。「話が―」「二千飛んで三円なり」❹つながっていたものが急に離れる。「ヒューズが―」「首が―」❺なくなる。消えてしまう。「かおりが―」「色が―」**とべる** 自下一［…できる］**―鳥(とり)を落(お)とす勢(いきお)い** 勢いがきわめてさかんなようす。**―ように売(う)れる** 商品が次々にたくさん売れる。

どぶ ◎【▲溝】名 汚水や雨水の流れる細い水路。「―をさらう」**―に捨(す)てる** 金銭などをむだに使う。

どぶ・いた ◎【どぶ板】【▲溝板】名 どぶの上にふたのようにのせた板。

どぶ・がわ ◎【どぶ川】【▲溝川】―がは 名 汚水・雨水を流す川。また、どぶのようにきたない川。

と・ふく ◎【×屠腹】名 自サ〔文章語〕切腹。

と・ぶくろ ブ【戸袋】名 あけた雨戸をしまっておくために、縁がわのはしなどにもうけたかこい。

どぶ・づけ ◎【どぶ漬(け)】名 しるの多いぬかみそや塩水につけたつけもの。

とぶとりの【飛鳥の】枕「あすか(明日香)」にかかる。「―明日香の里を置きて去(い)なば」〈万葉〉

どぶ・ねずみ ネ【▲溝×鼠】名 ねずみの一種。どぶや下水(げすい)にすむ。繁殖力が強い。ペスト菌を媒介することがある。

とぶ・ひ【飛ぶ火】名〔古語〕のろし。

とぶら・う ラ【▲弔う】とぶらふ 他五（ワ・オ・イ・ッ／ウ・ウ・エ・エ）〔文章語〕➡とむらう。

とぶら・う【▲訪らう】【訪ふ】とぶらふ 他四〔古語〕おとずれる。たずねる。見まう。「恋しくは、とぶらひきませ」〈古今〉

どぶり ブ (と)副 ➡どぶん。

どぶ・ろく ◎【▲濁▲酒】名 かすをこしてない白くにごっている酒。濁酒(だくしゅ)。にごりざけ。秋

ど・ふん ◎【土墳】名 土を小高くもりあげた墓。どまんじゅう。

どぶん ブ (と)副 重いものが水に勢いよく落ちたり、人が水に飛び込んだときの音をあらわす語。どぶり。どぼん。「川に―と飛び込む」

ど・べい ◎【土塀】名 つちのへい。

ど・へき ◎【土壁】名〔文章語〕つちかべ。

と・ほ ト【徒歩】名 足であるくこと。かちあるき。かち。

と・ほ《杜甫》七一二-七七〇。中国の唐(とう)時代の詩人。字(あざな)は子美(しび)。李白(りはく)とともに中国の代表的詩人。著作に「杜工部集」がある。

と・ほう ◎【途方】名 ❶方向。めあて。❷方法。手段。❸すじみち。条理。**―に暮(く)れる** 手段がつきて、どうしてよいかわからなくなる。方法や処理に困りはてる。「かねがなくて―」**―もない** とんでもない。とてつもない。「―計画」

と・ぼく《杜牧》八〇三-八五三。中国の唐代末期の詩人。字(あざな)は牧之(ぼくし)。当時第一の詩人で、杜甫(とほ)に対して小杜といわれる。文章にもすぐれていた。

ど・ぼく ド【土木】名 木材・鉄材・石・土砂などで、道路・

堤防・鉄道・橋などをつくる工事。

ど-ぼく ド【奴僕】名〔文章語〕雑役に従う男の召使い。ぬぼく。

とぼ・ける ケ【×恍ける】自下一 ❶わざと知らないようすをする。しらばくれる。❷間のぬけた、こっけいなことをする。「とぼけた芸」

とぼし シ【▲灯】名 ⇒ともし。

とぼし・い シ【乏しい】形 足りない。すくない。ともしい。「才能に—」**乏しさ** 名 **とぼ・し** 文語シク

とぼ-しろ・し【遠白し】形ク〔古語〕⇒とおしろし。

とぼ・す ボ【▲灯す・▲点す】他五 ともす。**とぼせる** 自下一〔…できる〕

と-ぼそ【▲枢】名〔古語〕戸。とびら。

とぼ-とぼ ト〔と〕副 元気なく歩くようす。「—歩いていく」

とほほ 0 感 みじめで情けない気持ちのときに出る声。「—、弱った」

とぼ・る ボ【▲灯る・▲点る】自五 ともる。

トポロジー ポ〈topology〉名 位相。また、位相幾何学。

どぼん ボ〔と〕副 ⇒どぶん。

とま ト【×苫】名 すげ・かやなどをこものように編んだもの。和船や小家屋をおおった。

ど-ま マ【土間】名 ❶家の中で、ゆかがなく、地面のままの所。❷昔の劇場で、正面のます形の見物席。平土間(ひらどま)。

と-まえ 0【戸前】名 土蔵の入り口の戸のある所。また、その戸。土蔵を数えるのにも使う。「土蔵二—」

と-ます 0【斗ます】【斗×枡】名 一斗ます。

と-ます 0【▲斗】名 漢字の部首の一つ。「料」「斜」などの「斗」

と-まつ 0【塗抹】名 他サ〔文章語〕〔「塗」も「抹」もぬるの意〕❶ぬりつけること。塗布。❷ぬりつぶすこと。抹消(まっしょう)。

トマト ト〈tomato〉名 ナス科の一年生植物。南アメリカ原産。果実は食用。ひろく栽培される。あかなす。㊐夏 **—ケチャップ** チャ〈tomato ketchup〉名 トマトをすりつぶして煮つめ、味つけした調味料で、ソースの一種。

と-まど・う ド【戸惑う・途惑う】自五 どうしてよいか対応のしかたがわからなくてまよう。「父の急死に—」参考 夜中に起きて戸口の場所がわからなくて困ることからとする説もある。**とまどい** 名

とま-ぶき 0【×苫×葺】名 とまで屋根をふくこと。また、その屋根・家。

とま-ぶね ブ0【とま舟】【×苫舟】名 とまで屋根のふいてある舟。

とま-や 0マ【とま屋】【×苫屋】名 とまぶきの小屋。

とまり 0【止(ま)り】㊀0名 とまること・ところ。「道はここで—だ」㊁造〔「どまり」となることが多い〕❶そこまで行って、止まること。「渋谷—の電車」❷そこまでで、それ以上にならないこと。「値段は高くても一万—だ」

とまり 0【泊(ま)り】名 ❶船がとまること・所。船つき。みなと。❷やどり。宿泊。❸やどや。宿所。❹宿直。

とまり-がけ 0【泊(ま)り掛け】名 その日に帰らず、先方に泊まること。↕日帰り。

とまり-ぎ 0リ【止(ま)り木・留(ま)り木】名 ❶鳥かごの中に鳥がとまるように作りつけた横木。❷〔俗語〕飲食店で、カウンターの前にある高い腰掛け。

とまり-きゃく リ【泊(ま)り客】名 泊まって滞在する客。

とまり-こ・む コ【泊(ま)り込む】自五 帰らないで、そこに泊まる。「友人の下宿に—」**泊まり込み** 名

とまり-ばん 0【泊(ま)り番】名 宿直の当番。また、その人。

とまり-ぶね ブ【泊(ま)り船】名 港にとまっている船。

とま・る 0 自五 ㊀【止(ま)る】❶動いているものが動かなくなる。進まなくする。停止する。「車が—」「時計が—」❷続いていた行為・状態がやむ。終わりになる。「送金が—」「しゃっくりが—」㊁【留(ま)る】❶鳥や虫が物につかまる。「つばめが電線に—」❷動いたり、はずれたりしないようになる。固定される。「このピンでは留まらない」❸注意がその物に向けられる。「目に—」「耳に—」参考「とまる」は、動いていたものが静止する意味に使われ、「とどまる」は、動きを起こさずに静止している状態をいう。**とまれる** 自下一〔…できる〕

と-ま・る 0【泊(ま)る】自五 ❶旅行の途中で、よその家や、旅館などで夜を過ごす。やどる。宿泊する。「ホテルに—」「アメリカに行く途中ハワイに三日—」❷船が港におちつく。停泊する。**泊まれる** 自下一〔…できる〕

と-まれ ト 副〔文章語〕〔「ともあれ」の変化〕どうあろうとも。いずれにしても。**—こうまれ** 副〔古語〕〔「ともあれかくもあれ」の変化〕ともかく。とまれかくまれ。「忘れがたく、口惜しき事多かれど、とまれかうまれ迅(と)く破(や)りてむ」〈土佐〉

ど-まんじゅう マ【土まんじゅう】【土×饅×頭】名 土をまるくもりあげた墓。土墳(どふん)。

ど-まんなか マ【ど真ん中】名〔俗語〕〔「ど」は強めの接頭語〕まん中を強めていう語。まんまん中。「東京の—」

とみ ト【富】名 ❶財産。資産。❷自然界のもので、役にたつもの。資源。「海の—、山の—」❸富くじ。

とみ ト【▲頓】名 形動〔文章語〕急なこと。突然のこと。「—のこと」

とみ-くじ 0ミ【富くじ】【富×籤】名 江戸時代に、社寺が売りだして、当たった者に賞金をあたえたくじ。富。

とみ-こうみ トコ【▲左見▲右見】名 ❶左を見、右を見ること。いろいろの向きからながめること。❷あちこちに気をくばるようす。

とみ-に ト【▲頓に】副 急に。にわかに。「最近—増えてきた」

ドミニカ《Commonwealth of Dominica》カリブ海の小アンチル諸島中央部の国。一九七八年独立。英連邦の一員。首都はロゾー。ドミニカ国。

ドミニカ《Dominican Republic》カリブ海の大アンチル諸島中央部、イスパニョーラ島の東半分をしめる共和国。首都はサントドミンゴ。ドミニカ共和国。

ドミノ ド〈domino〉名 イタリアではじまったカード遊びの一種。二八枚のぞうげの小札(こふだ)のもの。**—移植**(いしょく) イ名 移植手術を受けた患者から摘出した臓器を、さらに別の患者に移植すること。**—現象**(げんしょう) ゲ名 ドミノ倒しのように、一つの出来事がきっかけとなって一連の出来事が起こること。**—倒(たお)し** タ名 多数のドミノの札を少しずつ間をあけてならべ、最初の一枚を倒すと次々に他の札が倒れていくようにする遊び。

とみ-ふだ ミ【富札】名 富くじの番号札。新年

とみもと-ぶし 0【富本節】名 江戸時代中期におこった浄瑠璃(じょうるり)の一派。常磐津節(ときわずぶし)の分派。

と-みん ト【都民】名 東京都の住民。

ど-みん 0【土民】名〔文章語〕その土地に住みついている人。

と・む ト【富む】自五 ❶多くの財産を持っている。金持ちである。❷ゆたかである。「知識に—」

と-むね ト【吐胸】名〔「と」は接頭語〕「胸」を強めた言い方。**—を突(つ)かれる** 胸にぐっとひびく。どきっとする。

トムヤムクン ヤ〈タイ tom yam kung〉名 タイ料理で、え

と

びを主な材料とし、ハーブを加えて煮込む辛くてすっぱいスープ。

とむらい ◎【弔い】名 ❶弔うこと。くやみ。弔慰。❷追善。追福。❸葬式。葬送。「お―に出席する」

とむらい-がっせん ガ【弔(い)合戦】名 ❶かたきをうって、戦死者の供養とするためのたたかい。❷遊戯・競技などで、味方が負けたあとでする試合。

とむら・う ラ【弔う】他五 ❶人の死をいたみ、くやみを言う。❷追善をいとなむ。‖とぶらう。**弔える** 自下一〔…できる〕

とむら・う【▲訪らふ】他四〔古語〕➡とぶらう。

とめ ◎【止め】名 ❶【留め】とめること・もの。❷さしとめること。禁止。❸終わり。

ドメイン-めい イ【ドメイン名】名〔domain(「領域」の意)name から〕インターネットに接続するための組織などの名称。参考 https://www.shogakukan.co.jp/ というURLでは、shogakukan.co.jp の部分がドメイン名にあたる。

とめ-おき ◎【留(め)置(き)】名 ❶とめておくこと。❷警察署に留置すること。❸受取人が長期不在にする場合などに、郵便物を郵便局に保管してもらうこと。

とめ-お・く オ/◎【留(め)置く】他五 ❶他にやらずに、保管しておく。❷警察署に留置する。❸書きつけておく。**留め置ける** 自下一〔…できる〕

とめ-おけ ◎/ケ【留めおけ】【留×桶】名 銭湯で使う、小判形の湯をくむおけ。

とめ-おとこ オ【留(め)男】名 ❶客ひきの男。❷けんかの仲裁をする男。

とめ-がね ◎【留(め)金】名 つなぎがはなれないように、留めておく金具。

とめ-ぐ ◎【留(め)具】名 ものが離れたり動いたりしないようにとめる器具。「バッグの―」

ドメスティック ティ〈domestic〉形動 ❶家庭的・家族的であるようす。また、家事に関するようす。「―サイエンス」❷国内・自国に関するようす。「―プロダクツ」

―バイオレンス バ〈domestic violence〉名 配偶者や恋人など、ごく親しい間柄の相手から受ける暴力。DV。

とめ-そで ◎【留(め)袖】名 ふつうのそで丈の、既婚の女性の礼装用和服。また、そのそで。↕振りそで。

とめ-だて ◎【止めだて】名 じゃまをしたり、意見したりして、やめさせること。「よけいな―をするな」

とめ-ど ◎【止めど】【止め▲処】名 止めるべき所。終わり。「―なく流れる涙」

とめ-ばり バ【留(め)針】名 ❶裁縫で、布を固定したり目じるしとするときなど仮にさしておくための針。待ち針。↕縫い針。❷物をさし留める針。ピン。

とめ-やく ◎【留(め)役】名 けんかなどをやめさせる役。

とめ-やま ◎【止(め)山】名 江戸時代、狩りや木の切り出しなどを禁止した山。

とめ-ゆ・く【▲尋め行く】自四〔古語〕たずねて行く。「小剣取り佩きところづら(「トコロ」ノツル)とめゆきければ」〈万葉〉

と・める ◎ 他下一 ㊀【止める】❶動いているものを動かないようにする。進ませない。「足を―」「列車を―」❷続いている行為・状態を中断する。「送金を―」「出血を―」❸行為・動作をやめさせる。「けんかを―」「医者に酒を止められた」㊁【留める】❶そこに居させる。ひきとめる。「客を晩まで―」❷動いたり離れたりしないようにさせる。固定する。「紙をピンで―」❸注意をそのものに向ける。「目に―」「耳に―」❹あとまで心に残す。とどめる。「忠告を心に―」参考「とめる」は、それによって物事が動から静へと変化する。「とどめる」には、静の状態を継続させる意味がある。**と・む** 文語下二

と・める ◎【泊める】他下一 ❶人を宿泊させる。❷船を港にとどまらせる。**と・む** 文語下二

とも ◎【共】名 造 二つ以上のものごとに同じようすがみられること。「行動を―にする」「―ばたらき」「―ぎれ」

とも ト【友】名 ❶いつもしたしくつきあう人。友人。朋友。❷志や行動を同じくする人。「学問の―」

とも ト【▲伴・▲侶】名 ❶なかま。ともがら。❷みちづれ。同行の人。❸〔古語〕上代、各氏族に属して、代々一定の職業にしたがった人々の集団。ともべ。

とも ト【供】名 ❶つきしたがっていくこと。また、その人。従者。❷能狂言で、シテまたはワキの従者。

とも ト/モ【×鞆】名 弓を射るとき左の手首につける、まるい革製のもの。

とも(鞆)

とも ト/モ【×艫】名 船の後方。船尾。↕へさき・みよし。

と-も ㊀ 連語〔格助詞「と」と係助詞「も」〕「と」を強めた言い方。「大臣―あろう人が」㊁ 助 ❶〔接続助詞。動詞と動詞型助動詞の終止形、形容詞と形容詞型活用の助動詞の連用形につく〕仮定の条件を示し、それに関係なく事が進むことをあらわす。たとえ…ても。「どう言おう―かまわない」❷〔副助詞〕全部の意味。いっしょに。「三人―元気だ」❸〔終助詞〕相手の問いかけに応じて、もちろんという確信の気持ちで言い切る。「行きます―」

ども【ども】【共】接尾 ❶名詞にそえて、複数をあらわす。「たち」より見くだす意味にもちいる。「けらい―」❷自分のほうが下にある意味をあらわす。「わたくし―」

ど-も 助〔古語〕〔接続助詞。活用語の已然形につく〕❶逆接の確定条件をあらわす。…が。…けれども。「弓矢を取り立てむとすれども、手に力もなく」〈竹取〉❷たとえ…しても。「いかなる大事あれども、人の言ふ事聞かず」〈徒然〉

とも-あれ ト 副 どうあろうとも。ともかくも。「―一応こう決めておこう」

と-も-あろう-ものが 連語〔人をさすことばを受けてその行為に否定的な立場をとる〕その人としたことが。「学生―、辞書を持たないとは」

とも-うら ◎【共裏】名 裏地に表と同じ色や布をつかうこと。また、その裏地。

とも-え ◎【×巴】名 ❶一つの円形の中に一～三個のおたまじゃくしの形を、尾が外側へめぐるようにかいた模様。⇩三つどもえ(図)。❷三者が入り組んでいるようす。「―となってたたかう」

ともえ-せん ◎【ともえ戦】【×巴戦】名 柔道や相撲で、三人の競技者が順番に対戦し、続けて二番勝ったものを勝者と決める方法。

ともえ-なげ ◎【ともえ投げ】【×巴投げ】名 柔道で、相手の体を引きながらあおむけにたおれ、足を相手の腹部にあて、頭ごしにはねとばすわざ。

ともえ-はんがく ハ【×巴板額】名〔巴も板額も、女武者の名〕勇猛な女性のたとえ。「―も顔負けだ」

とも-えり ◎【共襟】名 着物と同じ布でかけたえり。⇩和服(図)。

とも-がき モ【友垣】名〔文章語〕ともだち。朋友。「つつがなしや、―」〈小学校唱歌・ふるさと〉参考 交友関係を結ぶのを垣根を結うことにたとえたことば。

とも-かく ト【ともかく】【×兎も角】副〔「ともかくも」

とも）❶結果は別にして、実際に行動をおこすようす。なにはともあれ。「できるかどうかは分からないが、―やってみよう」❷二つの事柄をくらべて、一方のことはさしあたり問題からのぞくようす。さておき。「味は―、値段は安い」

とも-がしら [ガ]【供頭】[名] 供の者を取りしまる役。また、その人。

とも-かせぎ [0]/[カ]【共稼ぎ】[名] 夫婦がどちらもはたらいて、暮らしを立てること。共ばたらき。[参考] おもに、つとめに出るばあいにいう。

とも-がら [0]【▲輩】[名]〔文章語〕仲間。やから。同類。

とも-ぎれ [0]【共切れ】[名] 同じ材質・模様の布きれ。

とも-ぐい [0]【共食い】―ぐひ [名] ❶同じ種類の虫や動物がたがいに食いあうこと。「かまきりの―」❷仲間どうしがたがいにきずつけあうこと。「同業者の―」

ともし [シ]【▲灯】[名] あかり。ともし火。ともし。

とも-じ [0]【共地】[名] ともぎれ。

ともし・い [0]【▲乏しい】 [一] [シ] [形] カロ・カッ・ク・イ・イ・ケレ・○ とぼしい。**とも・し** [文語シク] [二] [形シク]〔古語〕【▲羨し】❶めずらしくて飽きない。「ともしき君は明日さへもがも（明日モマタオイデクダサイ）」〈万葉〉❷うらやましい。「処女がとも（少女タチ）は、ともしきろかも（ウラヤマシイコトダナア）」〈万葉〉

ともし-び [0]/[シ]【ともし火】【▲灯火】[名] ❶ともした火。小さなあかり。❷〔古語〕たいまつ。

ともし・む【▲羨しむ】[自四]〔古語〕めずらしがる。うらやましくおもう。ともしぶ。「おのが夫、ともしむ子らは」〈万葉〉

とも-しらが [シ]【共白髪】[名] 夫婦がそろってしらがになるほど長生きすること。

とも・す [モ]【▲灯す・▲点す】[他五] サ・ソ・シ・ス・ス・セ・セ ともしびをつける。とぼす。**ともせる** [自下一]［…できる］

とも-すると [ト1] [副] ➡ともすれば。

とも-すれば [ト] [副] ひょっとすると。どうかすると。ともすると。「―なまけ心がおこる」

とも-ぞろえ [ゾ]【供ぞろえ】【供×揃え】―ぞろへ [名] 供の人びとをそろえること。

とも-だおれ [0]【共倒れ】―だふれ [名] どちらもたおれること。両者ともたちゆかなくなること。「同業者がふえて―になる」

とも-だち [0]【友達】[名] 友。友人。

とも-ちどり [チ]【友千鳥】[名]〔文章語〕むらがっているちどり。むらちどり。[冬]

と-も-つか-ない [連語] どちらであるか、よくわからない。「賛成とも反対―態度」

とも-づな [0]【×纜】[名] 船をつなぎとめる船尾のつな。―**を解く** 出帆する。

とも-づり [0]【友釣（り）】[名] 生きた魚をおとりとしてつないで水中にはなし、仲間の魚をさそいよせてつる法。あゆつりなどに使う。

とも-ども [モ1]/[0]【ともども】【共共】[(に)副] もろともに。いっしょに。

ともな・う [ナ]【伴う】―なふ ワ・オ・イ・ッ・ウ・ウ・エ・エ [一] [自五] ❶ついて行く。「母に伴って行く」❷いっしょに起こる。つきまとう。「危険の―仕事」[二] [他五] つれて行く。「夫人を―」**伴える** [自下一]［…できる］

とも-なり [0]【共鳴り】[名] きょうめい。

とも-に [0]【共に】【×倶に】[副] ❶二つ以上のもののどれについても同じであるようす。「水と空気は、人間にとって―欠くことができない」「大臣と秘書はいつも行動を―している」❷ほかの要素がつけくわわるようす。「受賞は名誉であると―、不安でもある」❸ことの進行に合わせて、変化が生まれる。「オリンピックが近づくと―、街に外国人の姿が多くなった」―**天を▲戴かず**〔敵をほろぼすか、自分が死ぬかして、いっしょには、この世に生きていない、という意から〕うらみのある相手を、かならずたおそうと思うこと。不倶戴天。

とも-ぬの [0]【共布】[名] ともぎれ。

とも-ね [0]【共寝】[名] 一つの寝床にいっしょに寝ること。

とも-の-お【▲伴の緒】―を [名]〔古語〕➡とも（伴）❸。

とも-の-かい [ト]【友の会】[名] 目的や趣味が同じ人が集まり、事業を進め親睦をはかるための団体。

とも-の-みやつこ【▲伴の▲造】[名]〔古語〕上代、伴を統率・管理した者。

とも-ばたらき [0]/[バ]【共働き】[名] 共かせぎ。「―の夫婦」

とも-びき [0]【友引】[名] 陰陽道で、なにごとをしても勝ち負けがないという日。この日、葬式をすると他人の死をさそうといってきらう。友引日。

とも-びと [モ]【供人】[名] 供をする人。従者。

とも-ぶた [0]/[モ]【共蓋】[名] なべなどで、本体と同じ材料でふたができていること。

とも-まち [0]/[チ]【供待（ち）】[名] 主人の供をしてきて、その帰りを待っていること。また、その休息所。

とも-まわり [マ]【供回り】【供×廻】―まはり [名] 従者たち。

ども-り [ド]【×吃り】[名] どもること。吃音。

ど-もり [0]【土盛り】[名] つちを盛りあげること。つち盛り。

ど-もり [リ]【度盛り】[名] 寒暖計などの度数をしめす目盛り。

とも・る [モ]【▲灯る・▲点る】[自五] ラ・ロ・リ・ッ・ル・ル・レ・レ あかりがつく。とぼる。「電灯が―」

ども・る [モ]【×吃る】[自五] ラ・ロ・リ・ッ・ル・ル・レ・レ 話すとき、ことばがつかえたり、同じ音を何度もくり返したりする。

と-や [0]【▲鳥屋・×塒】[名] ❶鳥を飼っておく小屋。❷たかの羽が季節によってぬけかわること。―**に就く**❶鳥が卵をかえすために巣ごもりをする。❷鳥の羽がぬけかわる時期になる。❸〔俗語〕旅芸人が仕事がなくて、宿屋にこもる。

どや [ヤ] [名]〔俗語〕（「やど」をさかさまにした隠語）宿屋。特に、簡易旅館。

どや-がい [ヤ]【どや街】[名]〔俗語〕簡易旅館が集まっている地域。

とや-かく [ト]【とやかく】【×兎や角】[副] かれこれと。なんのかの。とやこう。「―うわさする」

ど-やき [キ]/[0]【土焼（き）】[名] 素焼き。つち焼き。

とや-こう [ト]=[コ]【とやこう】【×兎や▲角】―かう [副]「とやかく」の変化。

どやしつ・ける [ケ] [他下一] ケ・ケ・ケル・ケル・ケレ・ケロ・ケヨ〔俗語〕❶なぐりつける。❷はげしくしかる。しかりつける。

どや・す [ヤ] [他五] サ・ソ・シ・ス・ス・セ・セ〔俗語〕❶なぐる。❷どなりつける。

どや-どや [ド1] [(と)副] 大ぜいが勢いよく出入りするようす。「―と上がりこむ」

と-やま [ト]【▲外山】[名] 端のほうにある山。はやま。

とやま-けん《富山県》中部地方北部の日本海がわの県。県庁所在地は富山市。

と-ゆう [ト]【都×邑】[名]〔文章語〕（「都」も「邑」もみやこ）都会。

とよ【▲豊】[名]〔古語〕❶物事のゆたかにあるのをほめていう語。「―の御酒」❷五穀のよくみのること。「―の年」

とよあきつしま《豊秋津島（洲）》日本の国をほめていう語。

と-よう [0]【渡洋】[名] [自サ]〔文章語〕大海をこえわたること。

ど-よう [0]【土用】[名] 立夏・立秋・立冬・立春の前の一八日間の称。特に、立秋の前の夏の土用。[夏] ⇩雑節（表）。―**▲三郎** [ロ] [名] 夏の土用の三日め。[夏] ―**波** [ヨ] [名]

夏の土用のころ、遠くの台風の影響で海に立つ高い波。(夏) ー干し ⓪名 夏の土用に、衣服・書物などを干して虫をはらうこと。むし干し。(夏) ー休(やす)み ヤ名 夏休み。暑中休暇。(夏)

どよう ヨ【土曜】名 一週の最後の日。金曜の次。土曜日。

とようけだいじんぐう《豊受大神宮》食物の神である豊受大神(とようけのおおかみ)をまつる伊勢神宮の外宮(げくう)。

とよしまよしお《豊島与志雄》一八九〇—一九五五。小説家・翻訳家。代表作に「白い朝」「山吹の花」「道化役」など。

とよのあかり【豊の明】名〔古語〕宮中で行われる宴会。「わが大君の神(かむ)ながら思ほしめして、とよのあかり見(め)す今日の日は」〈万葉〉 **ーの節会(せちえ)**〔古語〕新嘗祭(にいなめさい)の翌日、天皇がその年取れた米を食し、臣下にもたまわった儀式。(冬)

とよむ【響む】〔古語〕㊀自四 ❶なりひびく。ひびき、ゆれうごく。「秋なれば山とよむまで鳴く鹿に」〈古今集〉❷声をあげてさわぐ。「小鈴落ちにきと宮人とよむ」〈古事記〉‖どよむ。㊁他下二 なりひびかす。「あしびきの山彦とよめさ男鹿(しか)鳴くも」〈万葉〉

どよめく ヌ自五 ❶なりひびく。「雷鳴が—」❷群衆が声をあげてさわぐ。「大記録に観衆が—」 **どよめき** 名

とよもす【響もす】他四〔古語〕音や声を鳴りひびかせる。どよもす。「朝さらず来鳴きとよもす鶯の声」〈万葉〉

とら ⓪【虎】名 ❶ネコ科の哺乳(ほにゅう)類。アジア特産。全身、黄色に黒の横じまがある。きば・つめがするどい。❷〔俗語〕よっぱらい。 **ーに翼(つばさ)** 力のあるものが、さらに力を加えること。鬼(おに)に金棒(かなぼう)。 **ーになる** ひどく酒に酔う。 **ーの威(い)を借(か)る×狐(きつね)** 他の力にたよっていばるもののたとえ。 **ーの尾(お)を踏(ふ)む** あぶないことをすることのたとえ。 **ーは死(し)して皮(かわ)を残(のこ)す** とらが皮をのこすように、人間も死んだあとに名誉になるようなことをするべきだ。 **ーを野(の)に放(はな)つ** ❶危険なものを放置しておくことのたとえ。❷大きな災いのもとを作ることのたとえ。

とら ⓪【×寅】名 ❶十二支の三番目。⇩十干(表)。❷〔古語〕方角について東北東を、時刻について午前四時、またその前後二時間を、また一説に午前四時からの二時間をいう。⇩方位(図)・時(図)。

どら ド名〔俗語〕道楽。道楽者。「—むすこ」

どら ⓪/ド【銅×鑼】名 青銅製で円形をした打楽器の一つ。ひもでつりさげ、ばちで打ちならす。仏教の法会(ほうえ)のとき、船の出港のときなどにならす。

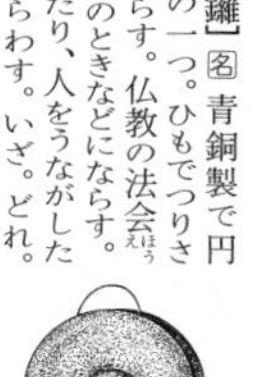
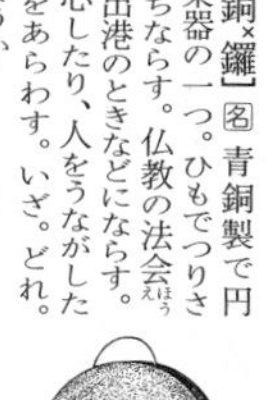
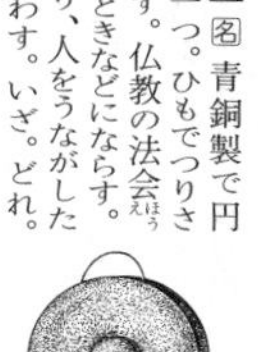
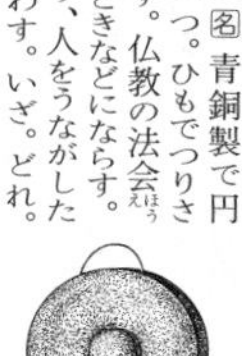
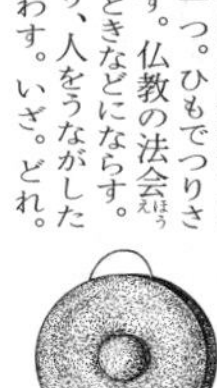

どら(銅鑼)

どら ド感 決心したり、人をうながしたりする意味をあらわす。いざ。どれ。「—、出かけようか」

とらい ⓪【渡来】名自サ 海をわたってくること。舶来。 **ー種(しゅ)** ラ名 外国からつたわった種類。 **ー人(じん)** ラ名 外国から日本に渡ってきた人。特に、古代に朝鮮・中国から移住してきた人々。

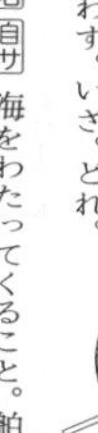

トライ ラ〈try〉名自サ ❶ためしてみること。こころみ。❷ラグビーで、攻撃がわが相手のゴールライン内の地面に球をつけて得点し、さらに球をキックしてゴールをねらう権利を得ること。

ドライ ラ〈dry〉形動 事務的で、愛想のないようす。義理・人情を考えないようす。「—なとりあつかい」「—に処理する」↕ウエット。 **ーアイ** ア〈dry eye〉名 涙の量に異常が起き、眼球がかわきやすくなる症状。 **ーアイス** ア〈dry ice〉名 (もと商標名)圧縮して液化した炭酸ガスを、急に空中に噴出させて固体としたもの。ものをひやすのに使う。(夏) **ーカレー** カ〈dry curry〉名 (和製英語)ひき肉・玉ねぎなどをまぜ、カレー粉を加えたいためご飯。 **ークリーニング** リ〈dry cleaning〉名 水に浸さず、石油系溶剤などを使ってする洗濯。水で洗うと収縮したりする衣料の洗濯に適する。 **ーフラワー** ラ2〈dried flower〉名 切り花を乾燥させたもの。乾燥花。 **ーミルク** ミ〈dry milk〉名 こなミルク。

トライアスロン ア/ス〈triathlon〉名 遠泳・自転車・マラソンの三種の競技を組み合わせた耐久レース。

トライアル ラ〈trial〉名 ❶試み。ためしにおこなうこと。❷運動競技で、試技。❸予選競技。

トライアングル ア〈triangle〉名 ❶三角形。❷鋼鉄の棒を正三角形にまげ、鉄棒で打ちならす打楽器。

トライアングル❷

ドライバー〈driver〉名 ❶⓪/ラ ねじまわし。❷⓪/ラ 自動車の運転者。❸⓪ゴルフで、飛距離を出すために使うクラブ。一番ウッド。❹⓪コンピューターで、周辺機器などを動かすためのプログラム。デバイスドライバー。

ドライブ ラ〈drive〉名自サ ❶自動車を走らせること。❷テニス・ゴルフなどで、ボールをこするように打つこと。「—をかける」❸機械などを駆動すること。また、その装置。 **ーイン** ブ〈drive-in〉名 自動車旅行者のために、駐車場を広くとって道沿いに設けた、食事・休憩用の店。 **ーウエー** エ〈driveway〉名 自動車でドライブするための道路。 **ースルー** ル〈drive-through〉名 自動車に乗ったままで、買い物などができる方式。また、そうした方式の店。 **ーマップ** マ〈drive map〉名 (和製英語)自動車運転者のための情報を記した道路地図。ロードマップ。 **ーレコーダー** コ〈drive recorder〉名 (和製英語)自動車に搭載して、運転中の映像・速度・位置情報などを記録する装置。

ドライヤー ⓪〈dryer〉名 乾燥器。「ヘアー—」

トラウト ラ〈trout〉名 ます。

トラウマ ⓪〈trauma〉名 心に深く残る衝撃を与える心理的な体験。精神的外傷。心的外傷。

とらえどころ ⓪【捉え所】【捕らえ所】(とらへ—) 名 つかまえるところ。つかみどころ。「—のない男」

とらえる エ/ラ (とらへる) 他下一 ㊀【捉える】❶しっかりとつかむ。「腕を—」「チャンスを—」❷確かに自分のものにする。「文意を—」「要点を—」㊁【捕(ら)える】とりおさえる。つかまえる。「どろぼうを—」「密漁船を—」

とらふ 文語八下二

とらがり ⓪【虎刈(り)】名 とらのしま模様のように、段々になっている、かみの毛のへたな刈り方。

ドラキュラ ⓪/ラ〈Dracula〉名 アイルランドの怪奇小説の主人公である伯爵の名。

トラクター ラ〈tractor〉名 ❶重量物をひっぱる自動車。けんいん自動車。❷農業機械をひっぱり、耕作・除草・収穫などをする無限軌道式の自動車。

とらげ ⓪【虎毛】名 とらの背の毛のように黄色で、黒いしまのある毛。とらふ。

どらごえ ⓪【どら声】【銅×鑼声】(—ごゑ) 名 にごった大声。だみ声。

トラコーマ コ〈trachoma〉名 眼病の一つ。伝染性の慢性結膜炎。トラホーム。

ドラゴン ド〈dragon〉名 竜(りゅう)。

とらす【取らす】他下二〔古語〕❶あたえる。やる。「人に物

をとらせたる〈場合〉もついでなくて」〈徒然〉❷〈補助動詞として「…てとらす」の形で〉…してやる。「いかにも判断をしてとらせうほどに」〈狂言・佐渡狐〉

ドラスティック テ〈drastic〉形動 ダロ・ダッ・デ・ニ／ダ・ナ・ナラ・○ 思い切ってするようす。徹底的。「—な解決策」

トラスト ラ〈trust〉名 同種類のいくつかの企業が、自由競争をやめ、市場を独占するために合同すること。カルテルよりも結合の程度が高い。企業合同。

とら・せる セ【取らせる】他下一 セ・セ・セル・セル／セレ・セロ・セヨ ❶うけとらせる。「むりに謝礼を—」❷上の者が下の者に、あたえる。「ほうびを—」**とら・す** 文語下二

トラック ラ〈track〉名 ❶競技場の走路。↕フィールド。❷トラック競技。❸磁気テープや映画フィルムなどの録音する部分。また、レコード盤の溝。❹磁気ディスク・光ディスクで、データを記録する同心円状の領域。**—競技** キョ名 トラックでおこなう競技。競走競技。↕フィールド競技。

トラック ラ〈truck〉名 貨物自動車。

ドラッグ ラ〈drag〉名 他サ ❶引きずること。❷コンピューターのマウスのボタンを押しながら動かすこと。**—バント** バ〈drag bunt〉名〔「ドラッグ」はバットを引くこと〕野球で、打者自身が塁に出ようとするバント。

ドラッグ ラ〈drug〉名 ❶薬。薬物。❷麻薬・覚醒剤などの違法薬物。**—ストア** ト〈ア drugstore〉名 薬のほか、化粧品・食品・雑貨・日用品などを売る店。

とら-つぐみ ツ【虎×鶫】名 ヒタキ科の渡り鳥。黄褐色で、全体に三日月形の黒いまだらがある。ぬえどり。㊋

トラッド ラ〈trad〉名 形動〔traditional の短縮形〕服装などが伝統的なスタイルを守り、流行にとらわれないこと。

トラップ ラ〈trap〉名〔「わな」の意〕一定量の水がたまっていて、下水などから逆流する悪臭・ガスを防ぐU字形・S字形のパイプ。防臭弁。

トラディショナル テ〈traditional〉形動 ダロ・ダッ・デ・ニ／ダ・ナ・ナラ・○ ❶伝統的な。旧式な。❷⇒トラッド。

捕らぬ×狸の皮算用 まだ手にしていない収穫・収入をみこして計画をたてること。

どら-ねこ ○【どら猫】名〔俗語〕盗み食いなどをする、ずうずうしいねこ。

とら-の-こ ○【虎の子】名〔虎は子をたいへんかわいがりだいじにするところから〕たいせつで手ばなせないもの。「—の一万円」

とら-の-まき ○【虎の巻】名 ❶兵法の秘伝書。❷〔俗語〕講義などの種本。❸〔俗語〕教科書の自習書。とらかん。あんちょこ。

トラバース ラ／バ〈traverse〉名 山腹・岩壁などの横断。

トラピスト ピ〈Trappist〉名 カトリック修道院の一派。きびしい戒律のもとに労働をして神に仕える。

とら-ふ ○【虎▲斑】名 ⇒とらげ。

トラフ ト〈trough〉名 海底にある舟型の細長いくぼみ。海溝よりも浅いものをいう。「南海—」

ドラフト ○〈draft〉名 ❶人を選抜すること。「—制」❷下書き。草稿。**—ビール** ビ〈draft beer〉名 たる出しのビール。生ビール。

トラブ・る テ 自五 ラ・ロ・リ・ッ／ル・ル・レ・レ〔俗語〕〔「トラブル」の動詞化〕もめごとやごたごたが起こる。また、故障する。

トラブル ラ〈trouble〉名 ❶もめごと。ごたごた。❷機器やソフトウエアの故障や不調。「エンジン—」**—シューティング** シュ〈troubleshooting〉名 コンピューターで、トラブルが発生したときの解決方法。

トラベラー ラ¹〈traveler〉名 旅行者。

トラベラーズ-チェック チェ〈traveler's check〉名 海外旅行者向けの小切手。

トラホーム ホ〈ド Trachom〉名 ⇒トラコーマ。

ドラマ ド〈drama〉名 劇。芝居。戯曲。参考 テレビやラジオの劇番組についていうことが多い。

ドラマー ラ／ド〈drummer〉名 ドラムをたたく人。

とらま・える エ 他下一 エ・エ・エル・エル／エレ・エロ・エヨ〔俗語〕とらえる。つかまえる。参考「とらえる」と「つかまえる」の混交によって出来た語。

ドラマチ(テ)ィック チ〈dramatic〉形動 ダロ・ダッ・デ・ニ／ダ・ナ・ナラ・○ 劇を見るように、感激や緊張を感じさせるようす。劇的。「—な事件」

ドラマツルギー ツ〈ド Dramaturgie〉名 ❶戯曲創作の方法論。作劇法。❷演劇理論。演出法。

ドラム ラ／○〈drum〉名 ❶管弦楽などで使う打楽器。大太鼓。ベースドラム。❷洋楽で使う太鼓類の総称。**—缶** ○名 たる形の鉄製の大きなかん。液体燃料などを入れる。**—ス** ○〈drums〉名 ドラムやシンバルなど複数の打楽器から成るドラムセット。また、そのパート。

どら-むすこ ム【どら息子】名〔俗語〕なまけ者で、遊んでばかりいるむすこ。道楽むすこ。

どら-やき ○【▲銅×鑼焼】名 小麦粉・卵・砂糖などを溶いて丸くどらの形に焼いた皮二枚の間に、あんをはさんだ菓子。

とられる【取られる】連語 自由がきかなくなる。「ハンドルを—」

とらわれ ○【▲囚われ】名 とらえられること。「—の身」

とらわれ-びと レ【とらわれ人】【▲囚われ人】名 とらえられた人。とりこ。囚人。

とらわ・れる レ【捕(ら)われる】【▲囚(▲捉)われる】〔文章語〕自下一 レ・レ・レル・レル／レレ・レロ・レヨ ❶つかまえられる。❷拘束される。「前例に—」**とらは・る** 文語下二

トランキライザー ラ²〈tranquilizer〉名 精神を落ちつかせる薬。精神安定剤の総称。

トランク ラ〈trunk〉名 ❶旅行用の大型かばん。❷自動車の後部の荷物入れ。トランクルーム。**—ルーム** ル〈trunk room〉名〔和製英語〕❶さしあたって使う予定のない家財を預ける貸し倉庫。❷⇒トランク❷。

トランクス ラ〈trunks〉名 ❶男子のはく短いパンツ。❷ボクシングや水泳の競技用パンツ。

トランシーバー シ〈transceiver〉名〔「transmitter 送信機」と「receiver 受信機」を組みあわせたことば〕近距離連絡に使う携帯用の無線通話機。

トランジスタ(ー) ジ〈transistor〉名 ゲルマニウム・シリコンなどの半導体の性質を利用して、三極真空管と同じ検波・増幅作用をさせるもの。小型で消費電力が少ない。**—ラジオ** ジ²〈transistor radio〉名 トランジスターを使った小型のラジオ。

トランシット シ〈transit〉名 角度を正確にはかる機械。地上の測量や天体の観測などに使う。

トランジット ラ／ジ〈transit〉名 空港での乗り継ぎ・乗り換えや、給油などのための待機。**—ビザ** ビ〈transit visa〉名 乗り換えのとき空港外のホテルに泊まるためなどの一時査証。

トランス〈trans〉㊀ ○名〔transformer の略〕変圧器。㊁ 造 …をこえた。「—カジュアル」**—ジェンダー** ジェ〈transgender〉名 自分の身体上の性別とは異なる性別として扱われたいと考える人。**—セクシュアル** セ〈transsexual〉名 自分の身体上の性別に対して違和感があり、それとは異なる性別として扱われたいと考える人のう

ち、性別適合手術を望む人。また、手術を受けた人。

トランプ ラ〈trump〉名〔切り札の意〕室内ゲーム用具の一つ。また、それを使ってするゲーム。スペード・ハート・クラブ・ダイヤの各十三枚とジョーカーの五十三枚のカードから成る。

トランペット ペ〈trumpet〉名 三つのバルブをもつ高音の金管楽器。

トランポリン ラ〈trampoline〉名〔もと商標名〕ズックの布を、枠の中にばねで水平に張ったもの。また、それを使用する体操種目。上で跳びはねたり、空中回転をしたりする。

トランペット

とり 回【×酉】名 ❶十二支の十番目。⇩十干(表)。❷〔古語〕方角について西を、時刻について午後六時、またその前後二時間を、また一説に午後六時からの二時間をいう。⇩方位(図)・時(図)。**―の市** 十一月の酉の日に、鷲神社でおこなわれる祭り。くまでなどを売る。おとりさま。冬

とり ━ 回【取り】名 ❶寄席の最後の出演者。真打。❷最後の出演者・演目。❸巡業の最後の公演。━【取り】接頭〔動詞につく〕意味や語勢を強める。「―のぼせる」「―かこむ」━【取り】造 手に入れること。手にすること。「月給―」「つな―」「かじ―」

とり 回【鳥】名 ❶からだじゅうが羽毛でおおわれ、翼を使って空を飛ぶことのできる脊椎動物。鳥類。❷にわとり。❸【×鶏】⬇とりにく。**―無き里の×蝙×蝠** すぐれた者のいない所で、つまらない者がいばるたとえ。**―の跡** 文字・筆跡のこと。

どり 回 名 鳥類の肺臓。

ドリア ド〈フdoria〉名 器に入れたピラフなどに、ホワイトソースとチーズをかけてオーブンで焼いた料理。

トリアージ ア〈triage〉名 災害や事故によって多くの傷病者が発生した際に、傷病者を重症度・緊急度によって分類し、治療や搬送の優先順位を決めること。

とりあ・う ア回【取(り)合う】他五 ❶たがいに取る。「手を取り合って喜ぶ」❷さきを争って取る。「席を―」❸かかりあう。相手になる。「そんな事には取り合わない」**取り合い** 名 **取り合える** 他下一〔…できる〕

とりあ・う【取り▲敢ふ】自下二〔古語〕❶折にかなう。ふさわしい。「(青イ着物ニ)青ずりの紙、よくとりあへて」〈源氏〉❷間にあう。用意する。「蓑も笠も、とりあへでしとどにぬれ」〈伊勢〉❸こらえる。がまんする。「もろき御涙は、まして、とりあへたまはず」〈源氏〉

とりあえず ア【取りあえず】【取▲敢えず】副 急ぐため、まにあわせにするようす。他のことはさしおいて、まず。「―落ち着こう」「―ご報告まで」参考「薬を飲んだらとりあえず熱は下がった」のような使い方は、本来は誤用。

とりあげばば バ【取(り)上げばば】【取上げ▲婆】名 産婆。

とりあ・げる 回ゲ【取(り)上げる】他下一 ❶手に取ってあげる。❷【採(り)上げる】申しでたことを受けつける。採用する。「修正案を―」❸没収する。「財産を―」❹うばいとる。❺産婦をかいほうして子を生ませる。❻特別に問題とする。「―ほどのものでない」**とりあ・ぐ** 文語下二

とりあつかい 回【取(り)扱(い)】名 ❶とりあつかうこと。処置。❷待遇。参考「取扱所」「取扱注意」のような場合には、送りがなをはぶいて書く。

とりあつか・う カ回【取(り)扱う】他五 ❶あつかう。とりさばく。処理する。❷待遇する。「客を丁重に―」**取り扱える** 自下一〔…できる〕

とりあつ・める 回メ【取(り)集める】他下一 ばらばらにある多くの物を一か所に寄せあつめる。**とりあつ・む** 文語下二

とりあみ 回【鳥網】名 木の枝などにはって、鳥をとらえる網。

とりあわ・せる セ回【取(り)合(わ)せる】他下一 いくつかのものをほどよく組み合わせる。「複数の花を―」**取り合わせ** 名 **とりあは・す** 文語下二

ドリアン ド〈durian〉名 パンヤ科の常緑高木。マレー半島の原産で、高さ約二〇メートルになる。果実は直径二〇～三〇センチほどの楕円形で、独特の香りがあり、食用。

とりい 回【鳥居】名 神社の参道入り口の門。左右の柱の上にかさ木をわたし、その下にぬきを入れたもの。

とりいそぎ 回【取(り)急ぎ】副〔手紙などで用いる〕とりあえず。「―お願いまで」⇩まずは 参考。

トリートメント リ〈treatment〉名 ❶治療。手当て。❷髪や肌の手入れ。「ヘア―」

ドリーム リ〈dream〉名 夢。理想。「アメリカン―」

とりい・る【取(り)入る】━ イ回 自五 へつらって人の気にいるようにする。「社長に―」━ 他下二〔古語〕❶とって中に入れる。うけとる。❷もののけがとりついて、人をなやませる。「御物の怪のたびたび(葵ノ上ヲ)とり入れ奉りしを」〈源氏〉

とりいれ 回【取(り)入れ】名 ❶とりいれること。❷作物、特に、稲を刈って収めること。収穫。秋

とりい・れる レ回【取(り)入れる】他下一 ❶中におさめる。とりこむ。「せんたく物を―」❷文化・技術・意見などをうけ入れる。採用する。❸収穫する。「むぎを―」秋 **とりい・る** 文語下二

とりインフルエンザ エ【鳥インフルエンザ】名 鳥類がかかるA型インフルエンザ。

とりうち 回【鳥打(ち)(撃ち)】名 ❶鉄砲で鳥をうつこと。❷鳥打ち帽子。**―帽子** ボ 名 布を一枚仕立てに縫い、ひさしをつけた平たい帽子。ハンチング。参考 狩りのときにかぶったことから。

鳥打ち帽子

トリウム リ〈thorium〉名 元素記号Th 原子番号90 原子量232.0381の放射性元素。

とりえ エ【取(り)柄】名 とりどころ。長所。「―のない男」

トリエンナーレ ナ〈イtriennale〉名 三年ごとに開催される美術展覧会。

トリオ ト〈イtrio〉名 ❶ア 三重唱。三重奏。「ピアノ―」イ メヌエット・スケルツォ・行進曲・舞踏曲などの中間奏部。❷三人組。

とりおい 回【鳥追(い)】名 ❶農家で正月一五日の早朝に行う行事。田畑をあらす鳥獣を追いはらう歌をうたって若者たちが家々を回る。新年 ❷江戸時代、正月に女芸人があみ笠に日和下駄の姿で門前に立ち、しゃみせんをひき、鳥追い歌をうたって銭をもらって歩いたもの。新年 ❸かかし。とりおどし。

鳥追い❷

とりおき 回【取(り)置き】名 とっておくこと。また、そのもの。参考「お取り置き」は、店が客のために商品を確保しておくこと。

とりお・く オ回【取(り)置く】他五 とっておく。とりのけておく。

と

とり‐おこな・う [ナ][0]【執り行う(行なう)】(おこなふ) [他五] 「(とり)」は接頭語) 挙行する。執行する。「卒業式を―」⇩おこなう [参考]。

とり‐おさ・える [エ][サ]【取(り)押(さ)える】(おさへる) [他下一] ❶押さえとどめる。押さえる。「猛犬を―」❷からめとる。つかまえる。「犯人を―」 **とりおさ・ふ** [文語ハ下二]

とり‐おどし [オ]【鳥おどし】【鳥威し】[名] なるこ・かかしなど、農作物をあらすすずめなどを追いはらうためのもの。鳥追い。[秋]

とり‐おと・す [ト][2][0]【取(り)落(と)す】[他五] ❶手からはなして落とす。❷わすれる。ぬかす。「要点を―」

トリガー [ト]〈trigger〉[名] ❶銃の引き金。❷ものごとが起こるきっかけ。「人手不足が―となり経営が破綻した」

とり‐がい [リ]【鳥貝】(がひ) [名] ザルガイ科の海産の二枚貝。食用。うるしがい。[春]

とり‐かえし [0]【取(り)返し】(かへし) [名] とりかえすこと。もとにもどすこと。「―のつかない失敗」

とり‐かえ・す [カ][0]【取(り)返す】(かへす) [他五] ❶取りもどす。「貸したノートを―」❷もとへもどす。「―ことのできない失敗」 **取り返せる** [自下一][…できる]

とりかえばやものがたり《とりかへばや物語》平安時代後期の物語。作者は不明。男性的な姉と女性的な弟が、性を逆にしてそだてられ、最後に幸福になる物語。

とり‐か・える [0][エ]【取(り)替(換)える】(かへる) [他下一] ❶他のものに替える。「部品を―」❷交換する。かえあう。「帽子を―」 **取り替え** [名] **とりか・ふ** [文語ハ下二]

とり‐かか・る [カ][2][0]【取(り)掛(か)る】[自五] 仕事をはじめる。着手する。「研究に―」 **取り掛かり** [名] **取り掛かれる** [自下一][…できる]

とり‐かげ [0]【鳥影】[名] 飛ぶ鳥の姿。鳥の影。

とり‐かご [0]【鳥籠】[名] 鳥を入れるかご。

とり‐かこ・む [コ][0]【取(り)囲む】[他五] 「(とり)」は接頭語) すっかり囲む。「敵陣を―」 **取り囲める** [自下一][…できる]

とり‐かじ [0][リ]【取りかじ】【取×舵】(かぢ) [名] 船首を左に向ける、かじの取り方。↕面(おも)かじ。

とり‐かた [タ][カ]【捕(り)方】[名] 罪人をとらえる人。捕吏(ほり)。

とり‐かたづ・ける [ケ]【取(り)片付ける】[他下一] 「(とり)」は接頭語) きちんとかたづける。整理する。始末する。 **取り片付け** [名] **とりかたづ・く** [文語下二]

とり‐が‐なく【鶏が鳴く】[枕] 「あづま(東国のこと)」にかかる。

とり‐かぶと [カ]【鳥×兜】[名] ❶舞楽で、楽人・舞手(まいて)がかぶる鳳凰(ほうおう)の頭にかたどったかんむり。❷キンポウゲ科の有毒多年生植物。塊根(かいこん)は神経痛などの鎮痛剤。[秋]

とり‐かわ・す [ワ][0]【取(り)交(わ)す】(かはす) [他五] 「(とり)」は接頭語) たがいにやりとりする。「あいさつを―」

とり‐き [0]【取(り)木】[名] 幹についたままの枝をまげて土にうめ、そこから根を生じた後に切りとって、新しい木をつくること。取枝(とりえだ)。[春]

とり‐きめ [0]【取(り)決め】【取▲極め】[名] 当事者間で決定したり約束したりすること。また、その決定や約束。

とり‐き・める [0][メ]【取(り)決める】【取▲極める】[他下一] 「(とり)」は接頭語) ❶相談して決定する。「面接の日時を―」❷たがいに約束する。契約する。「労働条件を―」 **とりき・む** [文語下二]

とり‐くず・す [ズ][0]【取(り)崩す】(くづす) [他五] ❶とりこわす。「塀を―」❷ためてあったものを、くずして使う。「貯金を―」 **取り崩し** [名] **取り崩せる** [自下一][…できる]

とり‐くち [リ]【取(り)口】[名] 相撲のとりくみ方。

とり‐くみ [0]【取(り)組(み)】[名] ❶相撲の組みあわせ。❷問題に対処すること。「政府の―が注目される」

とり‐く・む [ク][0]【取(り)組む】[自五] ❶たがいに組みつく。❷組みうちをする相手となって争いあう。❸相撲をとる。❹熱心にことにあたる。根気づよく関わりつづける。「難問に―」「地球温暖化対策に―」 **取り組める** [自下一][…できる]

とり‐け・す [0][ケ]【取(り)消す】[他五] 「(とり)」は接頭語) 書いたこと、言ったことなどをないものとする。「前言を―」 **取り消し** [名] **取り消せる** [自下一][…できる]

とり‐こ [0][コ]【▲虜・×擒】[名] ❶敵につかまった捕虜(ほりょ)。❷あることに心をうばわれ、夢中になること。また、そのような人。

とり‐こ [コ]【取(り)粉】[名] つきあげたもちを、あつかいやすくするためにつける、米のこな。

とり‐こし‐くろう [ク]【取(り)越し苦労】[名] 将来のことを考えすぎる、よけいな心配。

とり‐こ・す [0]【取(り)越す】[他五] 一定の期日より早くおこなう。くりあげる。

トリコット [コ]〈ᶠtricot〉[名] (正しくは「トリコ」) ❶羊毛・化繊・綿などの糸であんだメリヤス編みの一種。弾力・伸縮性に富み、はだ着・手袋・マフラーなどに使う。❷❶に似せた、弾力・伸縮性のある、うね織りの毛織物。

とり‐こぼ・す [ボ][0]【取りこぼす】[他五] ❶勝負で、勝てるはずの相手に不用意にも負ける。❷不用意・油断などのため、成功をつかみそこなう。 **取りこぼし** [名]

トリコマイシン [マ]〈trichomycin〉[名] 水虫などにきく、抗生物質の一種。

とり‐こみ [0]【取(り)込み】[名] ❶とりこむこと。❷不意のできごとで混雑すること。ごたごた。「お―中」❸取り込み詐欺。 **―詐欺**(さぎ) [サ][名] 代金を支払う意志なしに、商品をとりよせてだましとること。また、その商品を転売する詐欺。

とり‐こ・む [0][コ]【取(り)込む】━ [自五] 混雑する。ごたごたする。「今取り込んでいる」[参考] 火事・死亡など、不幸なことについていうことが多い。━ [他五] ❶取って内へおさめる。「せんたく物を―」❷自分のものとする。❸まるめこむ。「反対者を―」 **取り込める** [自下一][…できる]

とり‐こ・める [0][メ]【取(り)こめる】【取▲籠める】[他下一] ❶内におしこめる。❷とり囲む。 **とりこ・む** [文語下二]

とり‐ごや [0]【鳥小屋】[名] にわとりを飼う小屋。

トリコロール [ロ]〈ᶠtricolore〉[名] 三色旗。特に、フランスの国旗。また、青・白・赤の配色。

とり‐ころ・す [ロ][0]【取(り)殺す】[他五] うらんでいる人にたましいが取りついて、命をとる。

とり‐こわ・す [ワ][0]【取(り)壊す】【取▲毀す】(こぼす) [他五] 「(とり)」は接頭語) 建物などを解体する。 **取り壊し** [名] **取り壊せる** [自下一][…できる]

とり‐ざかな [ザ]【取りざかな】【取×肴】[名] ❶一つの入れものにもり、各自がわけて取る酒のさかな。❷正式の日本料理で、三の膳(ぜん)の次に、酒といっしょに出される酒のさかな。

とり‐さ・げる [ゲ][0]【取(り)下げる】[他下一] ❶官庁などに一度提出したものを取りもどす。「願書を

―」❷いったんおこした訴訟や願いを取りけす。取り下げ名 とりさ・ぐ文語下二

とりさし【鳥刺(し)】名❶シとりもちをつけたさおで、小鳥をとらえること。また、その人。❷0鳥肉のさしみ。

とりざた0【取(り)沙汰】名自サ 世間のうわさ。「あれこれと―する」

とりさば・くバ/0【取りさばく】【取×捌く】他五 (「とり」は接頭語)❶とりあつかう。❷処理する。取りさばき名 取りさばける自下一[…できる]

とりざらリ【取(り)皿】名 料理や菓子を取り分けて入れる小皿。

とりさ・るサ0【取(り)去る】他五 取りのける。取りのぞく。

とりしき・るキ0【取(り)仕切る】他五 (「とり」は接頭語)運営などを一人でひきうけておこなう。きりまわす。取り仕切れる自下一[…できる]

とりしず・めるズ/0【取(り)鎮める】―しづめる 他下一 (「とり」は接頭語)さわぎなどを静かにする。平定する。「暴動を―」

とりしまり0【取(り)締(ま)り】名❶とりしまること。監視すること。参考「専務取締」のような場合は、送りがなをはぶいて書く。❷「取締役」の略。―役やく0名 株式会社の業務執行の任にあたる重役。取締。

とりしま・るマ0【取(り)締(ま)る】他五 犯罪や違反のないように監視する。「交通違反を―」取り締まれる自下一[…できる]

とりしら・べるベ0【取(り)調べる】他下一 (「とり」は接頭語)検査する。罪をただす。「容疑者を―」取り調べ名 とりしら・ぶ文語下二

とりすが・る0ガ【取りすがる】【取×縋る】自五 相手のからだにつかまって離れまいとする。すがりつく。「そでに取りすがって泣く」

ドリス-しき0【ドリス式】名 ➡ドーリア式。

とりす・てる0テ【取(り)捨てる】他下一 取りのぞく。取り去る。とりす・つ文語下二

とりすま・すマ0【取(り)澄(ま)す】自五 (「とり」は接頭語)澄ます。きどる。「つんと―」

とりそろ・えるエ0【取りそろえる】【取×揃える】―そろへる 他下一 (「とり」は接頭語)そろえあつめる。「必要な品を―」とりそろ・ふ文語ハ下二

とりだかリ【取(り)高】名❶収穫の高。取れ高。❷給料の額。

とりだ・すダ0【取(り)出す】他五❶中から取って出す。「戸棚から食器を―」❷多くの中からひき出す。取り出せる自下一[…できる]

とりたて0【取(り)立(て)】名❶さいそくして取ること。強制して取ること。「税金の―」❷ひきたて。ひいき。「先輩の―で職につく」❸取って、まだ間まのないこと。取ったばかり。とれたて。「―のトマト」

とりた・てるテ0【取(り)立てる】他下一 ❶特に取りあげる。「取り立てて言う」❷強制して取る。「税金を―」❸ひいきにする。登用する。「A君だけを―」「有能者を―」とりた・つ文語下二

とりちが・えるエ0【取(り)違える】―ちがへる 他下一 ❶まちがってほかのものを取る。「ぼうしを―」❷聞きちがえる。誤解する。「意味を―」「話を―」❸(「とり」は接頭語)まちがえる。「東と西を―」取り違え名 とりちが・ふ文語ハ下二

とりちらか・すカ【取(り)散らかす】他五 (「とり」は接頭語)とりちらす。参考「取り散らかしたままで失礼いたします」のように、あいさつのことばとして使う。

とりちら・すラ0【取(り)散らす】他五 (「とり」は接頭語)乱れたままの状態にしておく。とりちらかす。「へやじゅうを―」

と-りつト【都立】名 東京都が設立し、維持・管理すること。「―の高等学校」

とりつぎ0【取(り)次(ぎ)】名 取り次ぐこと。また、その人。―店てんギ名 商品を製造もとから入れて、小売店にわたす店。問屋。参考 表記は「取次店」と書く。

トリッキーリ〈tricky〉形動 ❶奇をてらったようす。巧妙なようす。「―なアート」❷油断ならないようす。「―な質問」

トリックリト〈trick〉名❶ごまかし。わな。策略。「―を見やぶる」❷映画などで、実際には不可能なことを、特殊技術を使って実際のように見せること。「―撮影」―スターター〈trickster〉名 神話や伝説に出てくる英雄的人物。いたずら好きで悪さもするが、社会や文化に刺激を与える存在とされる。

とりつ・く0【取(り)付く】自五❶すがりつく。「赤んぼうがひざに―」❷着手する。「あたらしい仕事に―」❸のりうつる。「きつねが―」取り付ける自下一[…できる]―島しまが(も)ない たよりにしてすがるところがない。冷淡に見はなしたようす。「―態度」

とりつ・ぐ0ツ【取(り)次ぐ】他五❶両方の間に立ってつたえる。❷来客や電話を当人につたえる。❸申告や届けごとなどを上の人につたえる。❹商品の中継ぎをする。取り次げる自下一[…できる]

とりつくろ・うロ【取(り)繕う】―つくろふ 他五 (「とり」は接頭語)❶あやまちなどをつつみかくしてその場をすごす。ごまかす。❷ていさいをかざる。❸手入れをする。取り繕える自下一[…できる]

とりつけ0【取(り)付(け)】名❶とりつけること。とりつけてあること。「―の腰掛け」❷信用を失った銀行に対して、預金者がおしよせて、預金を引きだすこと。「―さわぎ」❸買いなれていること。買いつけ。「―の店」

とりつ・けるケ0【取(り)付ける】他下一 ❶装置をつける。「テレビアンテナを―」❷買いなれる。買い付ける。「取り付けている銘柄」❸成立させる。「約束を―」とりつ・く文語下二

トリップリ〈trip〉一名 短期間の旅行。二名自サ 麻薬などによる幻覚状態や陶酔状態。

ドリップリ〈drip〉名 ネルの布や紙などのフィルターでこし出してコーヒーをいれること。「ネル―コーヒー」

とりつぶし0【取(り)潰し】名 とりつぶすこと。特に、江戸時代、幕府の命令で、大名・旗本の家を断絶し領地を没収すること。

とりつぶ・すブ0【取(り)潰す】他五 (「とり」は接頭語)組織などを解散させる。取り潰せる自下一[…できる]

とりてテ【取(り)手】名❶受け取る側の人。❷相撲・柔道などをする人。また、そのわざのよくできる人。❸かるたの読み手に対して、ふだを取る人。

とりてテ【捕(り)手】名 罪人をめしとる役。また、その役人。

とりで0【×砦】名 本城からはなれた要所の小城。要塞。

とりてき0【取(り)的】名 最下級の力士を見さげていう語。ふんどしかつぎ。

とりどく0【取り得】名 取っただけ自分の利益になること。

とりどころ0【取(り)所】名 取りえ。長所。

とりとめ ◎【取(り)留め】名 まとまり。しまり。 **―がない** まとまりがない。要領を得ない。

とりと・める ◎/メ【取(り)留める】他下一 メ・メ・メル・メル・メレ・メロ・メヨ 失わずにすむ。「一命を―」 **とりと・む** 文語下二

とりどり リ/ド 形動(の) ダロ・ダッ・デ・ニ・ダ・ナ・ナラ・◯ 種類が多く、それぞれが違っているようす。いろいろ。さまざま。まちまち。「色―の旗」 参考 「とりどり」は、それぞれの違いをよいと認めた言い方で、統一がとれていないことに重点を置く場合は「まちまち」を使う。

とりなお・す オ/◎【取(り)直す】なほす 他五 サ・ソ・シ・ス・ス・セ・セ ❶もちかえる。「右手に―」 ❷気持ちをあたらしくする。あらためる。「気を―」 ❸相撲で、あらためて勝負する。 ❹【撮(り)直す】写真や映像をもう一度うつす。 ❺【▲録(り)直す】音声をもう一度機器におさめる。 **取り直し** 名 **取り直せる** 自下一〔…できる〕

とりなし ◎【取(執)りなし】名 取りなすこと。 **―顔** がお ◎名 その場をうまく取りなしてやろうとする顔つき。

とりな・す【取(執)りなす】一 ナ/◎ 他五 サ・ソ・シ・ス・ス・セ・セ ❶その場をよい状態になるように、うまくはからう。「座を―」 ❷仲裁する。「ふたりの仲を―」 ❸仲だちをする。 **とりなせる** 自下一〔…できる〕 二 他四〔古語〕❶みなす。思いこむ。「物の聞こえや、いかにとりなされむ」〈源氏〉 ❷調子をあわせる。そのようにあつかう。「女しと見れば、あまり情けにひきこめられて(情ニカマケテ)とりなせばあだめく(浮気メイテフルマウ)」〈源氏〉 ❸手に持ってそれらしくかまえる。「太刀を矛ほこのやうにとりなして」〈今昔〉

とりなわ ◎【捕(り)縄】なは 名 罪人をとらえてしばるなわ。捕縄ほじょう。

とりにが・す ガ/◎【取(り)逃(が)す】他五 サ・ソ・シ・ス・ス・セ・セ つかまえかけて、逃げられる。とりのがす。

とりにく ◎【鳥肉】【▲鶏肉】名 にわとりの肉。食用とする他の鳥の肉をも言う。

トリニダード-トバゴ《Trinidad and Tobago》カリブ海の小アンチル諸島南端部にある共和国で、英連邦の一員。一九六二年に独立。首都はポート・オブ・スペイン。

とりのが・す ガ【取(り)逃す】他五 サ・ソ・シ・ス・ス・セ・セ ⇒とりにがす。

とりのきむじん ム【取りのき無尽】【取▲退無尽】名 あたった者は、その後の掛け金をかけない無尽。

とりの・ける ケ/◎【取りのける】【取▲除ける】他下一 ケ・ケ・ケル・ケル・ケレ・ケロ・ケヨ 取りのぞく。 **とりの・く** 文語下二

とりのこ ◎【鳥の子】名 ❶たまご。鶏卵。 ❷ひな。 ❸鳥の子色。 ❹鳥の子紙。 **―色** いろ ◎名 にわとりのたまごの色。うす黄色。 **―紙** がみ コ名 (鳥の子色の紙)がんぴとこうぞに、みつまたをまぜてすいた上質の和紙。 **―餅** もち コ名 お祝い用の、卵形をした紅白のもち。

とりのこ・す コ/◎【取(り)残す】他五 サ・ソ・シ・ス・ス・セ・セ ❶全部を取らずに残しておく。 ❷おきざりにする。 **取り残し** 名

とりのぞ・く ◎/ゾ【取(り)除く】他五 カ・コ・キ・イ・ク・ク・ケ・ケ 取りのける。取り去る。「患部を―」 **取り除ける** 自下一〔…できる〕

とりのぼ・せる ◎【取(り)上せる】【取▲逆▲上せる】自下一 セ・セ・セル・セル・セレ・セロ・セヨ 〔「とり」は接頭語〕感情が高ぶって、分別をうしなう。逆上する。

とりはから・う ラ/◎【取(り)計(ら)う】はからふ 他五 ワ・オ・イ・ッ・ウ・ウ・エ・エ 〔「とり」は接頭語〕判断して、うまくおさめる。 **取り計らい** 名 **取り計らえる** 自下一〔…できる〕

とりはぐ・れる レ【取りはぐれる】他下一 レ・レ・レル・レル・レレ・レロ・レヨ 支払われるべき金銭をとりにがす。「家賃を―」

とりはこ・ぶ ◎/コ【取(り)運ぶ】他五 バ・ボ・ビ・ン・ブ・ブ・ベ・ベ 〔「とり」は接頭語〕事がらを進行させる。ことをはこぶ。「会議をうまく―」 **取り運び** 名 **取り運べる** 自下一〔…できる〕

とりばし リ/バ【取(り)箸】名 盛り合わせた料理を取り分ける時に使うはし。

とりはず・す ◎【取(り)外す】はづす 他五 サ・ソ・シ・ス・ス・セ・セ ❶取りつけてあるものをはずす。「ガラスを―」 ❷受けとりそこなう。「ボールを―」 **取り外し** 名 **取り外せる** 自下一〔…できる〕

とりはだ ◎【鳥肌】【鳥▲膚】名 寒さや恐れのために、毛をむしったあとの鳥の肌のように、ぽつぽつのできた肌。「―が立つ」 参考 近年「オリンピックの開会式を見て鳥肌が立った」のように強い感動を受けたときの表現に用いるが、本来の使い方ではない。

とりはな・す ナ/◎【取(り)離す】他五 サ・ソ・シ・ス・ス・セ・セ はなす。手に取ったものをはなす。 **取り離せる** 自下一〔…できる〕

とりはら・う ラ/◎【取(り)払う】はらふ 他五 ワ・オ・イ・ッ・ウ・ウ・エ・エ 建物などをのこらず取りさる。撤去する。「施設を―」 **取り払い** 名 **取り払える** 自下一〔…できる〕

トリビア リ〈trivia〉名 つまらないこと。雑学的な知識。

トリビアル リ〈trivial〉形動 ダロ・ダッ・デ・ニ・ダ・ナ・ナラ・◯ 取るに足らないようす。さまつなようす。「―な問題」

とりひき リ【取(り)引(き)】名 他サ ❶商業または、その他の営業に関する行為。 ❷売買、または、その受け渡し。 ❸条件を示して相手とかけひきすること。「反対党と―する」 **―所** じょ ◎名 一定の商品・有価証券などを、大量に売買する、常設の組織化された市場。 参考 表記は「取引所」と書く。

とりひし・ぐ シ/◎【取りひしぐ】【取▲拉ぐ】他五 ガ・ゴ・ギ・イ・グ・グ・ゲ・ゲ 〔「とり」は接頭語〕おしつぶす。「鬼をも―」

トリビュート ビュ〈tribute〉名 感謝・賞賛・尊敬などのしるしとしてささげるもの。賛辞。「―アルバム」

とりひろ・げる ◎【取(り)広げる】他下一 ゲ・ゲ・ゲル・ゲル・ゲレ・ゲロ・ゲヨ 〔「とり」は接頭語〕❶とりはらって場所を広くする。 ❷物をあたりいっぱいに広げる。 **とりひろ・ぐ** 文語下二

とりふだ リ【取(り)札】名 百人一首・いろはガルタなどで、取るほうの札。新年 ↔読み札。

トリプル〈triple〉造 三つの。三重の。三倍の。 **―クラウン** ラ〈triple crown〉名 ❶競馬で、三つの有名なレースで勝った馬。三冠馬。 ❷野球で、首位打者・本塁打王・打点王の三つのタイトル。また、それを獲得すること。三冠王。 **―プレー** レ/プ〈triple play〉名 野球で、連続したプレーの間に三人を続けてアウトにすること。三重殺。

ドリブル ◎/リ〈dribble〉名 他サ ❶サッカー・ラグビーなどで、ボールを足でころがしながら進むこと。 ❷バスケットボールなどで、ボールを手でつきながら進むこと。 ❸ホッケーなどで、スティックで球をころがしながら進むこと。 ❹バレーボールで、ひとりがボールを続けて二度うつこと。反則になる。

とりぶん リ/◎【取(り)分】名 自分の取るはずの部分。分けまえ。取りまえ。

とりへん ◎【×酉偏】名 漢字の部首の一つ。「酷」「酸」などの「酉」。

とりほうだい ホ【取(り)放題】名 形動 いくらでも、かってに取ってよいこと。

トリマー ト〈trimmer〉名 犬などの毛をかり整える職業の人。

とりまえ リ/◎【取(り)前】まへ 名 取り分。分けまえ。

とりまかな・う ナ/◎【取(り)賄う】まかなふ 他五 ワ・オ・イ・ッ・ウ・ウ・エ・エ 〔「とり」は接頭語〕処理する。しまつする。 **取り賄い** 名 **取り賄える** 自下一〔…できる〕

とりまき ◎【取(り)巻(き)】名 その人にこびて、いつも

つき従う人。「社長の—」 —連(れん) [キ][名] 取り巻きの人々。

とり‐まぎ・れる [レ/0]【取(り)紛れる】[自下一] 〔「とり」は接頭語〕雑事や多忙のために注意をうばわれる。「いそがしさに—」 **とりまぎ・る** [文語下二]

とり‐ま・く [マ/0]【取(り)巻く】[他五] 〔「とり」は接頭語〕❶取りかこむ。かこむ。「敵の城を—」❷権力や金のある人にこびへつらい、つき従う。「社長を—連中」 **取り巻ける** [自下一]〔…できる〕

とり‐ま・ぜる [ゼ/0]【取(り)交(混)ぜる】[他下一] 〔「とり」は接頭語〕いろいろと、まぜあわせる。一つにまぜる。「適当に取りまぜて買ってきた」 **とりま・ず** [文語下二]

とり‐まと・める [メ/0]【取りまとめる】【取×纏める】[他下一] 〔「とり」は接頭語〕しめくくりをする。合わせて一つにする。「意見を—」 **取りまとめ** [名] **とりまと・む** [文語下二]

とり‐まわし [0]【取(り)回し】【取×廻し】[名] ❶順に自分の分を取ってまわすこと。「お菓子のお—をどうぞ」❷取りあつかい。処理。

とり‐まわ・す [ワ/0]【取(り)回す】【取×廻す】[他五] ❶順に自分の分を取ってまわす。❷ぐあいよく処理する。

とり‐みだ・す [ダ]【取(り)乱す】〔「とり」は接頭語〕㊀[他五] ちらしみだす。「へやじゅう—」㊁[自五] 理性を失って、みぐるしい態度を呈する。「愛児の死に—」

トリミング [リ/0]〈trimming〉[名][他サ] ❶写真で、画面の一部をけずって、よい構図に整えること。❷洋服のすそ・えり・そで口などを飾るためのふち取り。❸犬などの毛を形よくかりこむこと。

とり‐むす・ぶ [0/ス]【取(り)結ぶ】[他五] 〔「とり」は接頭語〕❶約束や契約などをする。「約束を—」❷なかだちをする。取りもつ。「両人の間を—」❸人のきげんをとる。「主人のきげんを—」 **取り結べる** [自下一]〔…できる〕

とり‐め [0]【鳥目】[名] 〔鳥の多くは、夜になると目がよく見えなくなることから〕夜盲症(やもうしょう)の俗称。

とり‐もち [0/モ]【鳥もち】【鳥×黐】[名] もちのき・くろがねもちなどの樹皮からとった、ねばねばしたもの。小鳥やせみなどを取るのに使う。

とり‐もち [0]【取(り)持ち】[名] ❶世話。あっせん。世話をする人。❷応対。応対する人。「酒席の—をする」

とり‐も・つ [モ/0]【取(り)持つ】[他五] ❶手に持つ。❷なかだちする。世話をする。「ふたりの間を—」❸客などの相手をする。応対する。

とり‐もど・す [ド/0]【取(り)戻す】[他五] ❶取りかえす。回収する。「貸したかねを—」❷もとどおりにする。「元気を—」 **取り戻し** [名] **取り戻せる** [自下一]〔…できる〕

とり‐も‐なおさず [ト=オ]【取りも直さず】[副] それがそのままに。すなわち。「戦争は—犯罪だ」

とり‐もの [0/リ]【捕(り)物】[名] 犯人や罪人をめしとること。「暁の大—」 **—帳**(ちょう) [0][名] 〔江戸時代の捕り手が持っていた、事件についての覚え書きの帳面の意から〕犯罪事件を題材とした時代ものの推理小説。

とり‐や・める [0]【取りやめる】【取▲止める】[他下一] 〔「とり」は接頭語〕予定していたことをやめる。 **取りやめ** [名] **とりや・む** [文語下二]

トリュフ [ト]〈ﾌ truffe〉[名] ❶きのこの一種。独特の香りがあり、オードブルとして珍重されている。西洋松露(しょうろ)。❷❶に似せて作ったチョコレート菓子。

と‐りょう [ト]【塗料】[名] 木材・金属などの表面にぬって、保護・美化するための物質。うるし・ペンキ・ワニスなど。

ど‐りょう [0/ド]【度量】[名] ❶長さと容積。❷長さをはかるものさしと、量をはかるます。❸心の大きさ。人をうけ入れる心構えや性質。「—がひろい」 **—衡**(こう) [リョ][名] 長さ(度)と容積(量)と重さ(衡)。

ど‐りょく [ド]【努力】[名][自サ] 精をだすこと。力をつくしてつとめること。「奮励—する」

とり‐よせ [0]【取(り)寄せ】[名] ❶とりよせること。❷⬇おとりよせ。

とり‐よせ [0]【鳥寄せ】[名] とりぶえなどで小鳥を呼びよせること。

とり‐よ・せる [セ/0]【取(り)寄せる】[他下一] 〔「とり」は接頭語〕❶手もとに引きよせる。❷注文して、送ってよこさせる。「資料を—」 **とりよ・す** [文語下二]

トリル [ト]〈trill〉[名] ある音と、それより二度高い音または低い音とを、かわるがわる速く奏する装飾音。

ドリル [ド]〈drill〉[名] ❶ある技能・能力を向上させるための反復練習。「—学習」❷自動的に回転しながら、金属などに穴をあけるきり。穿孔機(せんこうき)。

トリレンマ [レ]〈trilemma〉[名] ❶いずれも好ましくない三つの事柄から一つを選ばなければならない、という三者択一の窮地。❷三重苦。

とり‐わけ [0]【取(り)分け】[副] 一定以上の水準のものの中で、特に注目されるようす。ことに。「外国語では、—英語が得意だ」「三人の子の中で、—末の子がいたずらだ」 [参考] よい意味にも悪い意味にも使う。

とり‐わ・ける [ケ/0]【取(り)分ける】[他下一] ❶区別して取る。❷めいめいに配分する。「おかずを—」 **とりわ・く** [文語下二]

ドリンク [リ]〈drink〉[名] 飲みもの。飲料。「ソフト—」 **—剤**(ざい) [ク][名] 手がるな飲みものふうに作った小びん入りの薬剤。 **—バー** [バ]〈drink bar〉[名] 〔和製英語〕外食産業のレストランなどで、セルフサービス形式で飲みものを選ぶことができるコーナー。

と・る [ト]【取る】[他五] ❶すこし遠くにあるものを手におさめる。㋐手でにぎり持つ。「グラスを手に—」「手を取って案内する」㋑手に持って自分のほうに引きつける。「書棚から本を—」「受話器を—」「トランプのカードを—」㋒手に持って道具として使う。「箸を—」「マイクロホンを—」㋓【捕る】動いているものをつかまえる。「とんぼを—」「スタンドでファウルボールを—」❷対象となるものをほかの場所に移動する。㋐不要なものをその場所から除く。「鍋の蓋を—」「スーツのしみを—」「肩のこりを—」㋑からだからはずす。「眼鏡を—」「マスクを—」㋒一部を別にして保存する。「弟の分を取っておく」㋓別の容器にうつしかえる。「サラダを小皿に—」㋔【採る】何かの目的のためにぬきだす。「検査のために血液を—」❸無理をしても自分のものにする。㋐【▲盗る】ぬすむ。「果樹園のぶどうを—」㋑【▲奪る】力ずくでうばう。「城を—」「領土を—」㋒生命をうばう。「命を—」❹自分のものとして手に入れる。㋐約束をして所有する。「新聞を二紙—」「注文を—」「契約を—」㋑資格として持つ。「学位を—」「パイロットの免許を—」㋒【採る】【▲獲る・▲穫る】食用となる動植物を手に入れる。「海辺で貝を—」「山できのこを—」❺自分の側にうけいれる。㋐定められた金を受け収める。「税金を—」「家賃を—」「給料を—」㋑要求する。「休暇を—」㋒【▲摂る】からだにとりいれる。「食事を—」「栄養を—」「水分を—」㋓からだをやすめる。「睡眠を—」「休息を—」❻自分のものとして身にうける。㋐結果として身に負う。「責任を—」「不覚を—」「評判を—」㋑よい結果をまねく。「満点を—」㋒身にかさねる。

「年を―」㊁うけつぐ。「家の跡を―」㊂むかえいれる。「婿を―」「弟子を―」㋕あるじにつかえる。「浪人が主人を―」❼【採る】よいものを選んで決める。㋐すぐれている案を選ぶ。「修正案を―ことにする」「進路を北に―」㋑選んで自分の方針とする。「冷たい態度を―」「―べき道は一つだ」㋒候補の中から選ぶ。「入社希望者の中から一人を―」㋓結論を出す。「決を―」❽【執る】思うとおりにする。㋐支配する。「武士が政権を―」「指揮を―」㋑処理する。「事務を―」㋒文章や絵画をあらわす。「筆を―」❾元になるものから何かを作る。㋐必要な成分をとりだす。「つばきの実から油を―」㋑何かをまねてつくりだす。「型紙を―」㋒聞いた内容をしるす。「ノートを―」㋓音声や音楽をのこす。「録音を―」㋔【撮る】映像をのこす。「写真を―」❿見えないものを推測する。㋐相手の気もちを察してふるまう。「機嫌を―」㋑理解する。解釈する。「悪いほうに―」「意味が取れない」㋒かぞえる。はかる。「脈を―」「出席を―」⓫必要とするものを確保する。㋐権利を獲得する。「出張の許可を―」「開会式のチケットを―」㋑場所を占める。「席を―」「リビングルームを広く―」㋒時間を占める。「会議室を三時間―」⓬全体の統一を大切にする。㋐からだの動きを合わせる。「バランスを―」㋑リズムを大事にする。「歩調を―」⓭〔かながき〕〔「…にとって」の形で〕…の立場として。「両親にとっては迷惑だっただろう」 **とれる** 自下一〔…できる〕 **―に足らない(足りない)** わざわざ取り上げるほどでもない。つまらない。 **―ものも取りあえず** 準備もできず、大あわてで。大急ぎで。「―避難する」

とる 連語〔「ておる」の変化。動詞の連用形につく〕その状態にあることをあらわす。…ている。「何をし―か」「雨が降っ―」

ドル ド〈dollar〉【×弗】名 ❶アメリカ合衆国などの貨幣の単位。一ドルは一〇〇セント。ダラー。❷金銭。

ど-るい ◎【土塁】名 土を積み上げてきずいた、とりで。

トルエン ル〈toluene〉名 ベンジンに似たにおいをもつ、無色可燃性の液体。シンナーの主成分で、中毒作用がある。

ドル-かい ◎【ドル買い】名 自国の貨幣を売り、ドルで価格を表示した通貨・証券などを買い入れること。

トルクメニスタン《Turkmenistan》カスピ海の東岸に面した国。永世中立国。首都はアシガバット。一九九一年に解体した旧ソ連の構成国の一つ。

トルコ《Turkey》〔「土耳其・土耳古」とも書いた〕アジアとヨーロッパにまたがる共和国。首都はアンカラ。

トルコ-いし コ【トルコ石】名 青色・青緑色などの鉱物。装飾用。トルコ玉。ターコイズ。十二月の誕生石。

トルコ-だま ◎【トルコ玉】名 トルコ石。

トルコ-ぶろ オ【トルコ風呂】名 密室に熱気を充満させて汗をかかせる乾燥浴の一種。

トルコ-ぼう コ【トルコ帽】名 円筒形でつばがなく、上がたいらでふさのついている帽子。参考 トルコ人が多くかぶったところから。

トルソ(ー) ト〈ｲ torso〉名 胴体だけの塑像(そぞう)。

ドルトン-プラン オ〈Dalton plan〉名 学習者の自発的学習を目的とする教育法。ダルトンプラン。

ドル-ばこ ◎【ドル箱】名 ❶金庫。❷かねを出してくれる人。金主(きんしゅ)。❸かねをもうけさせてくれる物・人。

ドルフィン-キック キ〈dolphin kick〉名〔dolphin は、いるか〕水泳で、両足をそろえて上下に動かし、足の甲で水をけること。

ドルメン ド〈ﾌ dolmen〉名 新石器時代末期の、大きな岩石でつくられた墓。西ヨーロッパに多い。

ドルメン

どれ ド【どれ】【▲何れ】㊀代 三つ以上の候補の中から一つを選ぶ場面で、それを不定・未定の物として言う場合に使う。❶〔疑問文で〕不明な点をたずねる。「ネクタイは―にしようか」❷〔「どれか」の形で〕特定しないまま言う。「―か一つ貸そう」❸〔「どれも」「どれを…しても」の形で〕あらゆる場合(総称)を指す。「―も欲しくない」「―を選んでも、かまわない」参考 二つから選ぶ場合は「どちら・どっち」を使う。また「なに」が選ぶ範囲の定まっていない場合に用いるのに対し、「どれ」は選ぶ範囲だけは定まっている。㊁感 ❶思いたったときの語。さあ、それでは。「―、行くとしようか」❷物を自分に見せたり、渡したりすることをうながすときの語。「―、見せてくれ」

トレアドル-パンツ パ〈toreador pants〉名 闘牛士のズボンに似た、足にぴったりつく、やや短い女性用のズボン。

ど-れい ◎【土鈴】名 土を焼いて作った鈴。

ど-れい ◎【奴隷】名 ❶個人の基本的人権がみとめられず、他人の私有財産として労働にしたがい、また、売買された人間。❷あるものに心をうばわれ、しばりつけられている人のこと。「金銭の―」 **―制度**(せいど) セ名 生産労働のにない手が奴隷である社会制度。

トレイル レ〈trail〉名 ➡トレール。

トレイン レ〈train〉名 ➡トレーン

トレー レ/ト〈tray〉名 ❶皿状のおぼん。❷肉や魚を売るときに入れる発泡スチロール製の皿。❸文書整理用の浅い箱。

トレーシング-ペーパー ペ〈tracing paper〉名 しきうつしをするための、半透明のうすい紙。

トレース レ/◎〈trace〉名 他サ ❶図取りすること。製図すること。図形。❷しきうつしすること。❸コンピュータープログラムの確認のため、計算過程を追って調べること。

トレーダー レ〈trader〉名 ❶証券の売買を行う人。「ディ―」❷貿易業者。

トレーディング-カード カ〈trading card〉名 収集や交換を目的としたカード。有名人の写真やアニメのキャラクターなどを題材にしたものが多い。トレカ。

トレード レ〈trade〉名 他サ ❶商業。取り引き。貿易。❷プロ野球で、球団間の話し合いにより選手をあるチームから他のチームへ移すこと。移籍。 **―マーク** マ〈trademark〉名 ❶登録商標。商標。❷その人を特徴づけるもの。「―のちょびひげ」

トレーナー 〈trainer〉名 ❶レ スポーツ選手の訓練やからだの調整を指導する人。❷◎ 木綿製の厚手の丸首シャツ。

トレーニング レ〈training〉名 自サ ❶準備運動。❷練習。訓練。 **―キャンプ** キャ〈training camp〉名 スポーツのチームが公式戦にそなえておこなう合宿練習。また、その宿舎。 **―シャツ** シャ〈training shirt〉名 運動するときに着るシャツ。トレシャツ。 **―パンツ** パ〈training pants〉名〔和製英語〕スポーツ選手が練習時にはく、足首まであるズボン。トレパン。

ドレープ レ〈drape〉名 布を垂らしたときにできるゆるやかなひだ。

トレーラー レ〈trailer〉名 トラクター(牽引(けんいん)車)にひっぱられる付属車。 **―バス** バ〈trailer bus〉名 客室を牽引車で引いて走る大型バス。

トレール レ〈trail〉＝**トレイル** 名 森林・原野・山地などの踏み分け道。「稜線(りょうせん)―」「―ランニング」

トレーン[レ]〈train〉＝トレイン[名] 列車。

トレ-シャツ[0][名]「トレーニングシャツ」の略。

ドレス[ド]〈dress〉[名] 婦人服。とくに礼装用の婦人服。ーアップ[ア]〈dress up〉[名][自サ] よそゆきの洋服を着飾ること。盛装すること。ーコード[コ]〈dress code〉[名] 公的な場所や催しなどで定められる服装の規定。「厳しいー」ーメーカー[メ]〈dressmaker〉[名] 婦人服をつくる人。洋裁師。ーメーキング[メ]〈dressmaking〉[名] 婦人服をつくること。洋裁。

とれ-だか[レ]【取れ高】[名] 収穫の量。取り高。

とれ-たて[0]【取れ立て】[名] 野菜・魚などの生鮮食品がとれたばかりであること。とりたて。

と-れつ[0]【×堵列】[名][自サ]〔文章語〕垣(かき)のようにならび立つこと。また、その列。「沿道にーしてむかえる」

トレッキング[レ]/[0]〈trekking〉[名] 健康とレクリエーションのために行う、簡単な山歩き。

ドレッサー[レ]〈dresser〉[名] ❶衣装を着こなす人。着こなし手。「ベストー」❷鏡付きの化粧(けしょう)台。

ドレッシー[レ]〈dressy〉[形動] ダロ・ダッ・デ・ニ ダ・ナ・ナラ・○ 洋装が優美なようす。盛装したようす。↔スポーティー。

ドレッシング[レ]〈dressing〉[名] ❶服装。服飾。❷サラダにかける調味料の一種。酢・油・香辛料などをまぜて作る。フレンチドレッシングなど。

どれ-どれ[ドー] ㊀[代] 特定しないものをあらわす語。どれとどれ。「この中からーが必要だと言ってください」㊁[感] 興味を持ったときに出る語。「ー見てみよう」「ー貸してごらん」

トレ-パン[0][名]「トレーニングパンツ」の略。

どれ-ほど[0]/[ドー]【どれほど】【*何れ程】[副] どのくらい。どんなに。

どれ-も【どれも】【*何れも】[連語] いくつかあるものすべてが。あらゆるものが。「ーうまそうだ」「ー欲しくない」ーこれもすべてを一つ一つあげつらって「どれも」を強めた言い方。「ー似たり寄ったり」

トレモロ[0]〈ｲ tremolo〉[名] 主に弦楽器で、同音または異なる二音を、くりかえして速く演奏すること。震音(しんおん)。

と・れる[レ]【取れる】[自下一] レ・レ・レル・レル・レレ・レロ・レヨ ❶つなぎ目がはなれてもげる。付いていたものがはなれさる。「表紙がー」❷理解できる。「反対の意味にもー」❸作物などの収穫があがる。「米がー」❹消えてなくなる。「疲れがー」「角がー」❺(「つりあいが取れる」の形で)調和した状態になる。❻(「手間が取れる」の形で)時間がかかる。❼【捕れる】とらえられる。いけどりにできる。「魚がー」❽【撮れる】写真にうつる。

トレンチ-コート[コ]〈trench coat〉[名]〔第一次世界大戦のとき、英国兵がトレンチ(塹壕(ざんごう))で防水用に着たことから〕ダブルの打ち合わせ、右肩に当て布がついたベルト締めのコート。

トレンディ(ー)[レ]〈trendy〉[形動] ダロ・ダッ・デ・ニ ダ・ナ・ナラ・○ 流行を先取りするようす。流行を取り入れたようす。「ードラマ」

トレンド[0]〈trend〉[名](「方向」の意)時代の傾向。動向。

とろ[ト][名] ❶「とろろじる」の略。「麦ー」❷まぐろの肉の脂がのった部分。「おおー」[参考] 近年は、かつお・さんまなどについても言う。

とろ[ト]【×瀞】[名] 深いふちで、川の流れのしずかな所。

トロ[ト][名]「トロッコ」の略。

と-ろ[ト]【吐露】[名][他サ] かくさず、述べること。「本心をーする」

どろ[ロ]【泥】[名] ❶水がまじって、やわらかくなった土。❷どろぼう。「こそー」 ーのように眠(ねむ)る 正体もなく眠り込んでいる。 ーをかぶる 自分ひとりで責任をおう。 ーを塗(ぬ)る 名誉をきずつける。 ーを吐(は)く かくしていた悪事を白状する。

どろ-あし[0]/[ロ]【泥足】[名] 泥のついた足。

とろ・い[ロ][形] カロ・カッ・ク イ・イ・ケレ・○ ❶火の勢いが弱い。❷〔俗語〕頭の働きがにぶい。まがぬけている。動作・反応がにぶい。とろさ[名]

トロイカ[ロ]〈ﾛ troika〉[名] ロシア特有の三頭だての馬ぞり。雪が消えると馬車にしたてる。

と-ろう[0]【徒労】[名] むだなほねおり。「努力がーに帰した」

どろ-うみ[0]【泥海】[名] ❶どろで水のにごった海。❷広いぬかるみ。「一面のー」

どろ-え[0]【泥絵】[名] どろ絵の具で厚紙にかいた絵。しばいの看板や背景などに使う。

どろ-えのぐ[エ]【泥絵の具】[名] 胡粉(ごふん)をまぜた、どろのような絵の具。

ドロー[ロ]〈draw〉[名] スポーツの試合で、引き分け。

トローチ[ロ]〈troche〉[名] 砂糖と薬をまぜてかためた錠剤(じょうざい)。

トローリング[0]〈trawling〉[名] 海上を走る船の後方に釣り糸を流して、かじきなど大型の魚を釣る方法。

トロール[ロ]〈trawl〉[名] 遠洋漁業に使う底びきあみ。トロールあみ。ー船(せん)[0][名] トロールあみをひきながら航行して、大量の魚類をとらえる漁船。

ドローン[ロ]〈drone〉[名] 遠隔操作または自動操縦によって無人で飛行させる航空機。無人航空機。

とろか・す[0]/[カ]【×蕩かす】[他五] サ・ソ・シ・ス・ス・セ・セ ❶固体を熱でとかす。❷信念や決意をうしなわせ、心をまどわせる。「甘言で人をー」

どろ-がめ[0]【泥亀】[名] ⇒すっぽん。

どろ-くさ・い[サ]【泥臭い】[形] カロ・カッ・ク イ・イ・ケレ・○ いなか臭い。あかぬけしない。やぼったい。「服装がー」 泥臭さ[名] どろくさ・し[文語ク]

とろ・ける[ケ]【×蕩ける】[自下一] ケ・ケ・ケル・ケル・ケレ・ケロ・ケヨ ❶固体が熱でとけて流動体となる。❷心をまどわされて、しまりがなくなる。また、うっとりする。とろ・く[文語下二]

どろ-じあい[ジ]【泥仕合】(じあい)[名] たがいに相手の秘密・弱点などをあばきたてて争うこと。みにくい争い。

トロツキスト[キ]〈Trotskyist〉[名] ❶トロツキズムを信奉する人。トロツキー主義者。❷極左冒険主義者。

トロツキズム[キ]〈Trotskyism〉[名] ロシア革命の指導者のひとりだった、トロツキーの思想。永久世界革命論を中心とする社会主義理論。

トロッコ[ト]/[ロ]〈truck〉[名](「トラック」のなまり)軽便軌道の上を手押しで走り、土砂などをはこぶ車。トロ。

トロット[ロ]〈trot〉[名] ❶馬の、はやあし。❷フォックストロット。

とろっ-と[ロ][副][自サ] ⇒とろりと。

どろっ-と[ロ][副][自サ] ⇒どろりと。

ドロップ[ロ]/[ド]〈drop〉[名] 砂糖に、水あめ・香料・果汁(かじゅう)などをまぜ、煮つめてつくった菓子。ドロップス。ーアウト[ア]〈drop out〉[名][自サ] 組織からはみだすこと。脱落。ーハンドル[ハ]〈drop handle〉[名]〔和製英語〕自転車のハンドルの一種。手で握る部分が下側に曲がっており、前かがみになってつかむ。

とろ-とろ[トー] ㊀[(と)副][形動(の)][自サ] 液体にねばりけのあるようす。「ーのおもゆ」[参考] 形容動詞として使うときは[0]。㊁[(と)副][自サ] 眠りかけるようす。「ーまどろむ」㊂[(と)副] 火の勢いのよわいようす。「たき火がー燃える」

どろ-どろ[ドー][(と)副][形動(の)][自サ] ❶濃く粘りけが強いよ

うす。「—のぬかるみ」❷どろがたくさんついているようす。「—になったシャツ」❸感情や利害がもつれているようす。「—した人間関係」参考 形容動詞として使うときは⓪。

どろ-どろ ド¹ 名 と副 ❶歌舞伎(かぶき)で、幽霊の出る場面でひくく打ち鳴らす太鼓の音をあらわす語。❷かみなり・大砲の音が遠くで鳴るようす。参考 ❶の意で、名詞として使うときは②。

どろ-なわ ⓪【泥縄】(なわ) 名「どろぼうを見てなわをなう」ということわざをつづめた言い方)事件がおこってから、あわてて用意するような、役にたたないやり方。どろなわのやり方。「—の対策」 **—式**(しき) ⓪ 名

どろ-ぬま ⓪【泥沼】名 ❶どろぶかい沼。❷いったんはいると、なかなかぬけられない悪い環境や状態。「—におちる」❸混乱して収拾できない状態。

どろ-の-き ノ【▲白×楊】名 ヤナギ科の落葉高木。山中の湿地などに自生し、材はやわらかく、マッチの軸木や細工用。どろやなぎ。はくよう。

とろ-び ⓪【とろ火】名 火力の弱い火。ぬる火。↕つよ火・中火。

トロピカル ①〈tropical〉㊀名 夏服用の毛織物の一種。薄地で手ざわりはややかたい。㊁名 形動 熱帯地ふう。「—フルーツ」

トロフィー ト〈trophy〉名 優勝杯。

どろ-ぶね ⓪【泥舟・泥船】名 ❶泥で作った、すぐ沈みそうな船。また、すぐにだめになりそうな組織や計画などのたとえ。「—から逃げ出す」❷泥を運ぶ船。

どろ-ぼう ⓪【泥棒】名 他サ 人のものをぬすむこと。また、その人間。ぬすみ。ぬすびと。**—に追(お)い銭(せん)** かねをぬすんだどろぼうに、さらにかねをくれてやるようなばかげたこと。**—を見(み)て捕(と)らえて縄(なわ)を×綯(な)う** 事件がおこってからあわてて用意することのたとえ。どろなわ。

どろ-まみれ マ【泥まみれ】[泥▲塗れ] 名 形動 どろだらけになること。「—になる」

とろみ ③⓪ 名 料理で、汁などが軽くねばる状態。「片栗粉で—をつける」

どろ-みず ⓪【泥水】(みず)— 名 ❶どろのまじった濁り水。❷芸者や遊女の世界。「—稼業(かぎょう)」

どろ-やなぎ ヤ【▲白×楊】名 どろのき。

どろ-よけ ⓪【泥よけ】[泥▲除け] 名 乗り物などで、車輪のどろのはねを防ぐもの。

トロリー-バス バ〈trolley bus〉名 空中に渡した電線から電力を受け、レールなしに走るバス。無軌条電車。

とろり-と ①副 自サ ❶液体がねばりけのあるようす。「—した舌ざわり」❷少し眠るようす。「うた寝で—した」

どろり-と ①副 自サ 液体の濃度がかなり高く、ねばりけがあるようす。「—したソース」

とろろ ⓪ 名 ❶とろろ芋。❷とろろじる。

とろろ-いも ②/⓪【とろろ芋】名 とろろじるの材料にする芋。つくね芋。やまの芋。なが芋。㊙秋

とろろ-こんぶ コ【とろろ昆布】名 ❶干したこんぶをけずって、うすくした食品。しょう油・熱湯をそそいですいものにする。❷褐藻類コンブ科の海藻。北海道東南岸・千島の沿岸の岩礁(がんしょう)に生える。食用。

とろろ-じる ジ【とろろ汁】名 やまいもなどをすりおろし、みそしる・すましじるなどでうすめた料理。とろろ。とろろ。㊙秋

どろん ① 名 自サ〔俗語〕急に姿を消すこと。「—をきめる」参考 芝居で、幽霊の出入りに太鼓をどろどろと打つことから。

ドロン-ゲーム ゲ〈drawn game〉名 野球・テニスなどで、引き分け試合。

どろん-こ ⓪[泥んこ] 名〔俗語〕❶どろ。❷どろだらけ。「—の道」

とろん-と ①副 自サ 目つきが、力なくぼんやりしているようす。「眠くて目が—する」

どろん-と ①副 自サ ❶液体がにごって、おもくよどんでいるようす。「—した沼の水」❷ぼんやりした、うごかない目つきのようす。「—した目」

トロンボーン ボ〈trombone〉名 低音から中音を受けもつ金管楽器。

トロンボーン

ドロン-ワーク ワ〈drawn work〉名 レース細工の一つ。良質の布地の糸をひきぬいて、あとをいろいろの模様にかがること。

とわ ト【▲永▲久】(とは) 名〔文章語〕長くかわらないこと。永久。とこしえ。**—の別(わか)れ** ❶二度と会えるみこみのない別れ。ながの別れ。❷死に別れ。

トワイライト ラ〈twilight〉名 うす明かり。たそがれ。

とわず-がたり ガ【問わず語り】(とはず)— 名 人がたずねないのに、ある物事を話の中でいつのまにか自分から話すこと。

とわずがたり《とはずがたり》鎌倉(かまくら)時代後期の日記文学。後深草院二条(ごふかくさいんにじょう)の作。十四歳から四十九歳までの自己の生涯を語ったもの。

ど-わすれ ワ【ど忘れ】名 他サ〔「ど」は強めの接頭語〕ふとわすれて思い出せないこと。

とん【屯】造 たむろ。とどまる。むらがる。「屯営・屯所・屯田兵・駐屯」

とん[×沌] 造 もやもやとしたようす。「混沌・渾沌(こんとん)」

とん[×惇] 造 あつい。人柄に重みがある。「惇朴(とんぼく)(じゅんぼく)」〔別音じゅん｜×惇〕

とん[×敦] 造 あつい。心がこもる。「敦厚・敦朴」

とん[×遁] 造 のがれる。にげる。かくれる。「遁辞・遁世(とんせい)・遁走・隠遁」

とん【頓】造 ❶頭をさげる。「頓首」❷急に。「頓狂・頓挫(とんざ)・頓死・頓知」❸一度に。「頓服」❹とどまる。「停頓」❺片付ける。「整頓」

とん【豚】㊀ト 名 造 ❶ぶた。「豚舎・養豚」❷ぶた肉。「豚カツ・豚汁(とんじる｜ぶたじる)」㊁造 自分のこどものへりくだった言い方。「豚児(とんじ)」

トン ト〈ton〉[×噸・×瓲] 名 ❶質量の単位。記号は「t」㋐一仏トンは一〇〇〇キログラム。㋑一英トンは二二四〇ポンド。ロングトン。㋒一米トンは二〇〇〇ポンド。ショートトン。❷容積・大きさの単位。㋐船舶の大きさでは、一トンは一〇〇立方フィート。㋑貨物では、一トンは四〇立方フィート。

どん 接尾〔「どの」の変化〕おもに商家で、目下・同輩・使用人などの名の下にそえる。「お花—」

どん【丼】造 どんぶりめし。「牛丼」「天丼」

どん[×呑] 造 ❶のむ。口にいれる。「呑吐」❷自分のものにする。「併呑」

どん【貪】造 むさぼる。「貪欲(どんよく｜たんよく)・貪婪(どんらん｜たんらん)・慳貪(けんどん)」

どん【曇】造 くもる。「曇天・晴曇」

どん【鈍】㊀ド 名 形動 造 頭のはたらきや動作のにぶいこと。「なんて—なやつだ」「鈍感・鈍重・愚鈍・魯鈍(ろどん)」㊁造 ❶とがっていない。「鈍角・鈍器・鈍刀」❷にぶくなる。「鈍麻・鈍磨」 **鈍する** 自サ

どん ド 名〔俗語〕もと、正午を知らせた号砲。午砲(ごほう)。

ドン ド〈ィ don〉名 首領。ボス。「球界の—」参考 スペイン語で男子の敬称に使う「ドン(Don)」と同語源。

とんあ《頓阿》一二八九—一三七二。南北朝時代の歌人。著作に歌集「草庵集(そうあんしゅう)」、歌論「井蛙抄(せいあしょう)」など。とんな。

とん-えい◎【屯営】名自サ〔文章語〕兵営。

トンガ《Tonga》南太平洋のポリネシアにある島々からなる王国。一九七〇年独立。首都はヌクアロファ。

どん-かド/◎【鈍化】名自他サ 勢いがにぶくなること。にぶくすること。↕鋭化。

どん-かく◎/ド【鈍角】名 九〇度より大きく一八〇度より小さい角。↕鋭角。

とんがらか・すカ【×尖らかす】他五〔俗語〕とがらす。「口を—」

とんがらか・るカ【×尖らかる】自五〔俗語〕とがる。「気持ちが—」

とん-かちト名〔俗語〕(擬声語から)かなづち。

とん-カツ◎【豚カツ】名 ぶた肉のカツレツ。ポークカツ。

とんがらしガ【▲唐辛(×芥)子・×蕃×椒】名(とうがらしの変化)⬇とうがらし。

とんが・るガ【×尖る】自五〔俗語〕とがる。

どん-かん◎【鈍感】名形動(の) 物事にすぐ感じないこと。こまかなことに気づかないこと。「—な男」↕敏感。

どん-きド【鈍器】名 ❶よく切れないが、重みのある刃物。❷こん棒・木刀など、刃のついていない棒状の道具。参考 ❷は凶器に使われるものについていう。

ドン-キホーテ◎〈ス Don Quixote〉名 スペインの作家セルバンテスの書いた小説の主人公。**—型**(がた)◎名 ドン-キホーテのように、空想的で正義感の強い性格。↕ハムレット型。

とん-きょうト【頓狂】形動 だしぬけに、調子はずれな言動をするようす。「—な声をあげる」

トングト〈tongs〉名 パン・野菜・パスタなどをはさんでつかむV字型の道具。

どん-ぐりド【▲団×栗】名 かし・くぬぎ・ならなどの、かたくて、わんの形のからにはいっている実(み)。秋 **—の背**(せい)**比**(くら)**べ** どれも平凡で、特にすぐれたもののないたとえ。**—眼**(まなこ)マ・**—目**(め)メ名 まるくてくりくりした目。

とん-ごト【頓悟】名自サ〔仏〕にわかにさとりをひらくこと。↕漸悟(ぜんご)。

どん-こ◎名 ハゼ科の淡水魚。形はハゼに似る。南日本産。食用。

どん-こ◎【▲冬子・▲冬×菇】名 かおりがよく、かさが開ききっていない、肉厚の干ししいたけ。

とん-こう◎【×敦厚】名形動〔文章語〕誠実で人情にあついこと。篤実。

どん-こう◎【鈍行】名〔俗語〕普通列車・普通電車のこと。緩行。↕急行。

とん-こつ◎【豚骨】名 ❶ぶたの骨。またそれを煮出したスープ。「—ラーメン」❷ぶたの骨付きばら肉を、こんにゃくや野菜とともにみそ、黒砂糖、焼酎で煮込んだもの。鹿児島県の郷土料理。

とん-コレラコ【豚コレラ】名 ⬇ぶたねつ。

どん-こん◎【鈍根】名形動 才知のにぶい性質。↕利根。

とん-ざト/◎【頓挫】名自サ 勢いが急にくじけること。計画や事業が、急に進まなくなること。「—をきたす」

とん-さい◎【頓才】名 機転のきく才能。

どん-さい◎【鈍才】名 にぶい才能。また、そのもちぬし。↕鋭才。

とん-し◎【頓死】名自サ 突然に死ぬこと。急死。

とん-じト【豚児】名〔文章語〕自分の男の子をよぶ非常にあらたまった言い方。⇩むすこ 参考

とん-じト【×遁辞】名〔文章語〕逃げことば。いいのがれ。「—を弄(ろう)する」

とん-しゃト【豚舎】名 ぶた小屋。

とん-じゃくト【頓着】名自サ 気にかけること。心配。とんちゃく。「何だろうと—なし」「無—」

とん-しゅト【頓首】㊀名自サ〔文章語〕頭を地にすりつけて拝礼すること。㊁あいさつ 手紙文の終わりにつかう語。⇩敬具 参考

ドン-ジュアンド=ジュ〈ス Don Juan〉名「ドン-ファン」の英語ふうの読み方。

どん-しゅう◎【×呑舟】名〔文章語〕ふねをまるのみにすること。**—の魚**(うお)(舟をのみこむような大魚の意から)並はずれた人物。善悪いずれにも言う。「—は枝流におよがず」

どん-じゅう◎【鈍重】形動 にぶくてのろいようす。「—な動き」

とん-しょ◎/ト【屯所】名 ❶兵士のあつまるところ。たむろ。❷明治の初めの警察署のこと。

とんしょう-ぼだいボ【頓証×菩▲提】名〔仏〕あることが機縁で、急にさとりの境地に達すること。

どん-じり◎/リ【どん尻】名 順位のいちばん最後。びり。

とん-じる◎【豚汁】名 豚肉のこま切れを入れたみそしる。ぶたじる。

どん-すド/◎【×緞子】名 ねり糸で織った、地の厚いつやのある絹布。

トン-すうス【トン数】名 ❶重さをトンで表したもの。「積載—」❷艦船の大きさ。軍艦では排水量、商船では積載量をいう。

とん-ずら◎名自サ〔俗語〕(「とん」は「遁走」、「ずら」は「ずらかる」から)逃げること。

どん・するス【鈍する】自サ にぶくなる。のろくなる。「貧すれば—」**どん・す** 文語サ変

とん-せい◎【×遁世】名自サ ❶俗世間からのがれ出ること。❷仏門にはいること。「出家—」

トン-ぜい◎【トン税】名 外国の貿易船が入港するとき、トン数に対してかける関税。

どん-ぜい◎【×呑×噬】名他サ〔文章語〕(のむことと、かむこと)他国を攻めてその領土をうばいとること。

とん-そう◎【×遁走】名自サ 逃げはしること。いそいで逃げること。**—曲**(きょく)ソ名 楽曲形式の一つ。複数の主題が、次々と複雑に模倣・反復されていくもの。フーガ。

とん-そく◎【豚足】名 食材にする豚の足。

どん-そく◎【鈍足】名 走るのが遅いこと。また、その人。↕駿足(しゅんそく)。

どん-ぞこ◎【どん底】名 いちばんの底。最低。「—生活」

とん-だ◎連体 ❶思いがけない。とんでもない。「—目にあった」❷とりかえしがつかない。こまった。「—事になった」

ドンタクド名(オ zondag のなまり)❶日曜日。休日の古めかしい言い方。❷祭日。参考 福岡市で五月三、四日に行われる祭り「博多(はかた)どんたく」がある。

とん-ち◎【頓知】【頓×智】名 その場で、すぐ出るちえ。気転。機知。

とん-ちきト名〔俗語〕まぬけ。とんま。

とん-ちゃくト【頓着】名自サ ⬇とんじゃく。

どんちゃん-さわぎサ【どんちゃん騒ぎ】名 酒を飲み、歌をうたって陽気にさわぐこと。

どん-ちょう◎【×緞帳】名 厚地で模様入りの幕。**—芝居**(しばい)シ名 昔、引き幕の使用を許されず、たれ幕を使った格式の低い芝居。**—役者**(やくしゃ)ヤ名 どんちょう芝居に出る役者。

と

とん-ちん-かん チ【頓珍漢】名 形動 つじつまのあわないこと。ちぐはぐなこと。「―な返事」

どん-つう 0【鈍痛】名 にぶくいたむこと。重くるしいようないたみ。↔激痛。

どん-つく ド【鈍つく】名 ❶俗語 頭のはたらきのにぶいこと。また、その人。❷下等な、もめんの綿入れ。

どん-づまり 0【どん詰(ま)り】名 ❶物事がゆきづまってどうにもならない、最後のところ。事件のおしまい。❷道のゆき詰まり。

飛んで火に入る夏の虫 自分から進んで危険な物事の中にとびこむこと。

とんでも 造 俗語 (「とんでもない」の略)でたらめで常識はずれの。もってのほかの。「―本」「―計画」

とんでも-な・い ナ形 カロ|カッ・ク|イ|イ|ケレ|○ ❶ひどく大げさである。❷思いがけない。とんだ。「―誤解」❸とりかえしのつかない。とんだ。「―失敗」参考「とんでもございません」は、本来は「とんでもないことでございます」の誤用とされる。

とん-でん 0【屯田】名 昔、兵士を土着させて、平時は農業に、戦時には戦争に従わせたこと。「―制」 **―兵** へい テ 名 明治初年に、北海道に、警備・開拓のために置かれた兵。

どん-てん 0【曇天】名 くもった空・天気。↔晴天・雨天。

どんでん-がえし ガ【どんでん返し】がへし 名 ❶さかさまにひっくり返すこと。❷話や情勢がまったく逆になること。❸歌舞伎で、舞台の大道具を九十度倒して、次の大道具にかえること。また、その仕掛け。がんどうがえし。

とん-と 0 トー【とんと・頓と】副 ❶いっこうに。少しも。全然。「―わけがわからぬ」「―姿を見せない」参考 下に打ち消しの語がくる。❷全く。「―わすれた」

どん-と ド【×呑吐】名 他サ 文章語 のむことと吐くこと。のんだり、吐いたりすること。

どんど 0 名 正月十五日に、かどまつ・しめなわなどをあつめて焼く行事。どんど焼き。さぎちょう。新年

どん-とう 0【鈍刀】名 よく切れない刀。なまくら。↔利刀。

ドント-ほうしき ホ【ドント方式】名 (提唱者の名前から)比例代表制選挙における議席配分方式の一つ。各政党の得票数を、整数で一から順に割り、その商の大きい順に定数まで各政党に議席を配分する。ドント式。

どんど-やき 0【どんど焼き】名 さぎちょう。どんど。新年

とん-とん ㊀ ト2/0 名 形動 ❶両方がまさりおとりのないこと。「両チームの力は―だ」❷損も得もしないこと。「収支―だ」㊁ トー(と)副 物事が順調に進行するようす。「仕事が―片付く」 **―拍子** びょうし ビョ 名 形動 物事がぐあいよく進行するようす。「―に話が成立した」

どん-どん ドー(と)副 ❶たいこや戸などを打つ音をあらわす語。❷物事がとどこおりなく進むようす。「―かたづける」❸あとからあとから続くようす。「人が―入ってくる」

どんな ド 形動 ダロ|ダッ・デ・ニ|ダ|ナ|○|○ 種類や程度が不明なようす。どのような。参考 連体形は、「どんな人」のように、語幹が用いられる。このような用法を連体詞とみる説もある。

とん-にく 0【豚肉】名 ぶた肉。

トンネル 0〈tunnel〉名 ❶鉄道・道路・水路などを通すために、山腹・地下などに掘りあけた通路。隧道。❷俗語 野球で、野手がゴロをまたの間からとり逃がすこと。 **―会社** がいしゃ ガ 名 受け入れた品物や注文をそのままよそに回して、中間利益を得るためだけの、名目上の会社。

どん-ぱち ド 名 俗語 ❶銃ではげしく撃ち合う音をあらわす語。❷戦争や抗争。「真っ昼間に街中で―が始まる」

とんび ト【×鳶】名 ❶↓とび。❷通りがかりのこそどろ。❸男性の和服用のがいとう。二重まわし。冬 **―が×鷹を生む** 平凡な親に、すぐれた子どもができたことのたとえ。 **―に油揚げを×攫われる** 大事なものを、よこあいからふいにうばい取られるたとえ。とびに油揚げをさらわれる。

どん-びき 0【どん引き】名 自サ 俗語 相手の言動にいちじるしく驚きあきれること。参考「ドン引き」とも書く。

どん-ぴしゃり ド=シャ 名 俗語 ぴったりとあてはまること。的中すること。

ドン-ファン ド〈ス Don Juan〉名 (スペインの伝説上の美男子の名から)好色家。女たらし。ドン-ジュアン。ドン-フアン。

とん-ぷく 0【頓服】名 くすりを、痛みなどのあるそのときに飲むこと。また、そのくすり。 **―薬** やく ク 名 とんぷくに使うくすり。

どん-ぶつ 0【鈍物】名 にぶい人。のろま。

とんぶり 0 名 ホウキギの実。食用とされ、その形状や食感から「畑のキャビア」と呼ばれる。

どんぶり 0【丼】名 ❶どんぶりばち。❷どんぶりに盛っためし。どんぶりめし。❸胴巻きや、腹掛けのかくし。

どんぶり-かんじょう カ【丼勘定】名 大ざっぱにかねを使うこと。参考 職人が腹掛けのどんぶりに、大ざっぱにかねを出し入れしたことから。

どんぶり-ばち リ【丼鉢】名 厚くてふかい陶器のはち。

どんぶり-もの 0【丼物】名 どんぶり鉢に飯を盛り、上に調味した具をのせた料理。牛丼・うな丼など。

とんぼ 0【×蜻×蛉】名 ❶トンボ目の昆虫の総称。からだは細長く、横にのびた二対のはねと、大きな複眼をもつ。幼虫は水中にそだつ、やご。秋 ❷歌舞伎の立ち回りのひとつで、役者が手をつかずに宙返りをすること。とんぼがえり。「―を返る」参考「とんぼを切る」とも言うが、「とんぼを返る」が本来の言い方。❸運動場などの土をならすために使うT字形の道具。また、クレープの生地を鉄板に伸ばすために使う道具。

とんぼ-がえり ガ【とんぼ返り】がへり 名 ❶手をつかずに、宙返りをすること。空中回転。❷↓とんぼ❷。❸目的地へ行って用をたし、すぐ引き返すこと。「―出張」

とん-ま ト【頓馬】名 形動 俗語 まがぬけていること。まぬけ。

どん-ま ド【鈍麻】名 自サ 感覚がにぶくなること。

どん-ま ド【鈍磨】名 自サ 文章語 すりへって、切れ味がにぶくなること。

ドン-マイ ド 感 (don't mind から。スポーツの応援などのときにいう語)心配するな。だいじょうぶだ。

とん-や 0【問屋】名 ❶おろしうり商。「紙―」❷病気などをいろいろもっている人。「彼は病気の―だ」

どん-よう 0【×嫩葉】名 文章語 (「嫩」はわかいの意)わかいやわらかな葉。若葉。

どん-よく 0【貪欲】【貪×慾】名 形動 ひどく欲がふかいこと。↔無欲。

どんより ヨ (と)副 自サ ❶空がくもって、重くうすぐらいようす。❷色合いや目つきなどが、にごっているようす。

どん-らん 0【貪×婪】名 形動 (「貪」も「婪」もむさぼるの意)ひどく欲ふかなこと。貪欲。

どん-り ド【貪吏】名 文章語 自分の利益だけをはかる、欲の深い役人。

な ナ

な：「奈」の草体。
ナ：「奈」の上部の略体。

な【那】 造 ❶疑問の意をあらわす。「那箇」❷梵語(ぼんご)の音訳に用いる。「刹那・旦那」

な【奈】 造 ❶疑問の意をあらわす。「奈辺」❷梵語(ぼんご)の音訳に用いる。「奈落」

な 回 **【名】** 名 ❶事物の呼び方。なまえ。「―をつける」「花の―」❷一つ一つのものを区別する呼び方。なまえ❷。㋐姓名。「―をなのる」㋑(姓に対して)家族ひとりひとりの呼び方。「姓は山田、―は一郎」㋒愛称。「パンダの赤ちゃんの―を募集する」❸評判。名声。「―が高い」❹名義。「会長の―で発表する」❺口実。名目。「公益を―として事業をもくろむ」 **―に(し)負(お)う** ❶名にふさわしい。名まえどおりである。❷名高い。有名である。 **―に恥(は)じぬ** 名まえに対してはずかしくない。 **―のある** 世間によく知られた。有名な。 **―の通(とお)った** 有名な。 **―は実(じつ)の賓(ひん)** 名誉は、徳があればしぜんにともなうものだ。 **―は体(たい)を表(あらわ)す** 名はそのまま実体をあらわす。 **―も無(な)い** 名を知られていない。無名の。 **―を揚(あ)げる** 名声をあげる。 **―を売(う)る** 有名になる。名をひろめる。 **―を惜(お)しむ** わるい評判がたつことを残念に思う。 **―を借(か)りる** ❶他人の名義を借りる。❷口実にする。 **―を汚(けが)す** 名声をおとす。評判をわるくする。 **―を捨(す)てて実(じつ)を取(と)る** 名声をえるよりも、実際的な利益をえらぶ。 **―を竹(ちく)×帛(はく)に垂(た)れる** (「竹帛」は、中国で昔、うすい竹を使って本を作ったところから、書物の意)名声を後世に残す。 **―を成(な)す** 有名になる。 **―を残(のこ)す** 名が、いつまでも人に知られる。名声を後世に残す。 **―を×馳(は)せる** 広く知られる。

な 名 ㊀ ナ **【菜】** 葉や茎を食べる野菜。「―をゆでる」㊁ 古語 ㊀【菜】野菜、また食用にする草の総称。「この丘に菜摘ます児(こ)」〈万葉〉㊁【▲魚】食用にするさかな。㊂菜や魚など、めし・さけに添えて食べるおかず。さい。

な【×汝】 代 古語 (二人称)おまえ。目下の者や親しい者に対して用いる。⇩なれ・なんじ。

な 副 古語 (下に動詞の連用形(サ変・カ変は未然形)を伴って)禁止を表す。…するな。…してくれるな。「吾(あれ)なしと な侘(わ)び(寂シガラナイデクダサイ)吾夫子(わがせこ)」〈万葉〉 参考 「春日野は今日はな焼きそ」〈古今〉の例のように、動詞の下に終助詞の「そ」を伴って「な…そ」となることも多い。

な 助 ❶(終助詞)㋐(動詞また動詞型活用の語の終止形について)禁止を表す。「行く―」㋑(「なさい」の変化。動詞また動詞型活用の語の連用形について)命令を表す。「早くし―」㋒(要求・命令を表すことばについて)表現をやわらげ親しみをこめた言い方にする。「見てください―」「そうしなさい―」㋓(文の終わりについて)軽い感動・問いかけ・念押しなどの気持ちを表す。「うれしい―」「そうか―」「それでいい―」㋔ 古語 (動詞・助動詞の未然形について)意志を表す。…しよう。「われも行か―」㋕ 古語 (動詞・助動詞の未然形について)他に対する願い・さそいかけを表す。…してほしい。「恵みたまは―」❷(間投助詞)ことばの切れ目につけて、調子をととのえ、あるいは念を押す気持ちを表す。「おれは―、それで―」 参考 主に男性が使う。

なあ 助 (「な」をのばした形)❶(終助詞)⬇な❶㋒㋓。「このビールはよく冷えてる―」❷(間投助詞)⬇な❷。「わしは―、耳が―、遠いんだよ」

ナース ナ 〈nurse〉 名 看護師。看護婦。 **―コール** コ 〈nurse call〉 名 入院患者の枕元にある、看護師を呼ぶための装置。 **―ステーション** テ 〈nurse station〉 名 病院の中の看護師の詰め所。

なあて 回 **【名宛】** 名 指定した先方の名や住所。あて名。

なあ-なあ ナ² 名 俗語 まじめな検討や討議などをせずに「なあ、いいだろう」のような話し合いですませるやり方。なれあい。

ナーバス ナ 〈nervous〉 形動 ダロ・ダッ・デ・ニ ダ・ナ・ナラ・○ 神経質なようす。

ない 接尾 意味を強める語。形容詞をつくる。「あどけ―」「せつ―」「やるせ―」 参考 「無い」とは別の語。

ない【内】 造 きまった領域・期間のなか。❶なか。「内外・内装・内蔵・内部・内出血・以内・屋内・月内・場内・年内・キャンパス内・時間内・想定内・二ヵ月内・合格圏内」❷国のなか。「内需・内政・内戦」❸組織のなか。「内規・内勤・内情・内紛・閣内・学内・社内・党内」❹家のなか。家庭。「内儀・内助・家内」❺うちうち。おおやけでない。「内示・内申・内定」❻体にいれる。「内服・内用薬」❼心のうち。「内観・内向・内省」❽なかみ。「内容」「別音だい|内」

ない【▲地▲震】 なゐ 名 古語 じしん。 **―ふる** 古語 大地がふるい動く。じしんが起こる。「おびたたしく(ヒドク)大なゐ震(ふ)ること侍りき」〈方丈記〉

な・い ナ 形 カロ・カッ・ク イ・イ・ケレ・○ ㊀ **【ない・無い】** ↕ある。❶(「…に(は)…がない」の形で)存在しない。「日本には砂漠が―」「冷蔵庫にビールが―」「あること―こと」❷(「…(に)は…がない」の形で)所有しない。持っていない。「父は兄弟が―」「最近の若者には夢が―」「血も涙も―男」 参考 丁寧な言い方では「ありません」「ございません」を使う。㊁ **【亡い】** 死んで、この世にいない。「今は―父」㊂ かながき ❶(形容詞・形容動詞の連用形について)打ち消しの意味を表す。「寒く―」「りっぱで―」❷(動詞の連用形に助詞「て」の付いたものについて)打ち消しの意味を表す。㋐「…てある」の否定。「置いて―」㋑「…ている」の否定。「…ていない」のくだけた言い方。「降って―」 **な・し** 文語ク **―袖(そで)は振(ふ)れぬ** ないものは、どうしようもない。 **―ものは無(な)い** ❶なんでもある。「コンビニには―」❷「ない」を強調した言い方。「出せと言われても―」

ない 助動 ナカロ・ナカッ・ナク ナイ・ナイ・ナケレ・○ ❶(動詞、動詞型活用助動詞の未然形につく)打ち消しの意味を表す。ぬ。「食べ―」❷(「か」などを伴ったり、音調を上げたりして)勧誘・確認・推量などの意味を表す。「もっと食べ―」「わたしのカバン知ら―かい」「たぶん出席するのでは―か」⇩ぬ。 参考。

ない-い ナ **【内意】** 名 ❶心に思うこと。内心。❷内々の意向。公式でない意見。「―をうかがう」

ナイーブ イ 〈naive〉 形動 ダロ・ダッ・デ・ニ ダ・ナ・ナラ・○ 物事をすなおに感じるようす。純真。素朴(そぼく)。「―な感覚」

ない-いん 回 **【内因】** 名 内部からくる原因。↕外因。

ない-いん 回 **【内院】** 名 ❶神社のみずがきの内部。❷寺院の奥の方にある道場。

ない-えつ 回 **【内謁】** 名 自サ 文章語 ❶非公式に目上の人に会うこと。❷実権のある人の側近などに取り入って、内密にたのむこと。

ない-えつ 回 **【内閲】** 名 他サ 文章語 公式でなく、内々で検閲、または閲読すること。

ない-えん 回 **【内×苑】** 名 宮中や神社のなかにわ。↕外苑。

ない-えん 回 **【内縁】** 名 法律上の婚姻手続きをすませていない夫婦関係。「―の妻」

ない-おう ⓪【内奥】名 おくふかいところ。「心の―」

ない-おう ⓪【内応】名 自サ こっそり敵に通ずること。うらぎり。内通。

ない-か ⓪【内科】名 内臓諸器官の病気を、外科的手術をしないで治療する医学の一分野。↕外科(げか)。

ない-かい ⓪【内海】名 まわりをほとんど陸地でかこまれている海。うちうみ。↕外海・外洋。

ない-かい ⓪【内界】名 心の内部。精神界。↕外界。

ない-がい ①【内外】❶ ナ 名 うちとそと。内部と外部。国内と国外。「―の情勢」 ❷ 接尾 …ぐらい。…前後。「千円―の品」

ない-かく ⓪【内角】名 ↕外角。❶多角形の内がわの角。❷野球で、インコーナー。

ない-かく ナ【内閣】名 国務大臣をもって組織され、国家の行政事務を担当する最高機関。政府。 **―官房**(かんぼう) カ2 名 内閣の付属補助機関。閣議の事項を整理し、情報の収集を行う。 **―官房長官**(かんぼうちょうかん) ナ=チョ 名 内閣総理大臣を補佐し、内閣官房および内閣府を統括する国務大臣。 **―総理大臣**(そうりだいじん) ナ=ダ 名 内閣の長である国務大臣。国会議員の中から国会の議決で指名し、天皇が任命する。首相。総理。 **―府**(ふ) ク 名 首相と内閣官房を助け、各省庁の施策の統一・調整をはかるために設けられた機関。二〇〇一年に総理府を母体として発足。

ない-がしろ【▲蔑】(「無(な)きが代(しろ)」の変化) ❶ ⓪ 名 あってもないかのように、人や物事を軽んじあなどること。「親を―にする」 ❷ なり形動 古語 気ままで、無造作なようす。他人の目を気にかけず、うちとけたようす。「狩衣(かりぎぬ)姿の、ないがしろにて来ければ」〈源氏〉

ない-かてい ⓪【内火艇】名 内燃機関で走る小船。

ない-かん ⓪【内患】名 文章語 内部の心配ごと。内憂(ないゆう)。

ない-かん ⓪【内観】名 他サ 自分の心の状態を観察すること。内省(ないせい)。

ない-がん ⓪【内含】名 他サ 内部にふくむこと。包含。

ない-き ナ【内記】名 律令制で、中務(なかつかさ)省の役人。詔勅・宣命(せんみょう)の下書きをつくり、宮中の記録をつかさどった。↕外記(げき)。

ない-き ⓪/ナ【内規】名 ある組織の内部の人たちに適用される規約。「会社の―」

ない-ぎ ナ【内儀】名 ❶町家の妻。おかみ。他人の妻について言う。❷内密の事がら。

ない-きょく ⓪【内局】名 府・省で、直接に大臣の監督をうける部局。↕外局。

ない-きん ⓪【内勤】名 自サ 役所や会社の建物の中で、勤務すること。また、その人。↕外勤。

ない-ぐ【内▲供】名 古語「ないぐぶ」の略。

ない-くう ク【内▲宮】名 天照大神(あまてらすおおみかみ)をまつる、伊勢(いせ)の皇大神宮。↕外宮(げくう)。

ない-ぐぶ【内▲供奉】名 古語 昔、宮中につかえた僧。ないぐ。

ない-けい ⓪【内径】名 管や球などの、内側ではかった直径。↕外径。

ない-けん ⓪【内見】名 他サ 文章語 公開せず内々で見ること。内覧。「―会」

ない-こう ⓪【内向】名 心のはたらきが自分の内部に向かう、消極的な傾向。↕外向。 **―型**(がた) ⓪ 名 人間の個性の型の一つ。心のはたらきが内向する型。↕外向型。

ない-こう ⓪【内航】名 (「内国航路」の略)国内の港を結ぶ航路。↕外航。 **―船**(せん) ⓪ 名 国内の航路を往来する船舶。↕外航船。

ない-こう ⓪【内×訌】名 文章語 (「訌」は、うちわもめの意)内部のあらそい。内紛。

ない-こう ⓪【内攻】名 自サ ❶病気の変化が外に出ないで、内臓の諸器官をおかすこと。❷精神的な痛手や不満が外に発散せず、内部にうっせきすること。

ないごう-がいじゅう ⓪【内剛外柔】名 文章語 心の中は強く、外面のことばつきや態度などはものやわらかなこと。↕内柔外剛。

ない-こうしょう ヨ【内交渉】名 正式の交渉の前におこなわれる交渉。下交渉。

ない-こく ⓪【内国】名 内地。国内。「―為替」↕外国。

ない-さい ⓪【内妻】名 内縁のつま。

ない-さい ⓪【内済】名 他サ 事件などをおもてざたにしないで、うちわですますこと。

ない-ざい ⓪【内在】名 自サ ある性質などが、そのものの内部に本来備わってあること。↕外在。

ない-し ナ【内▲侍】名 ❶律令制(りつりょうせい)の内侍司(ないしのつかさ)の女官の総称。また、特に、掌侍(ないしのじょう)のこと。❷斎宮(さいぐう)の女官。 **―所**(どころ) ド 名 ❶温明殿(うんめいでん)。八咫(やた)の鏡(かがみ)を安置し、内侍の守護した所。いまの賢所(かしこどころ)。❷八咫の鏡。

ない-し ナ【ないし】【×乃至】接続 (「ないしは」とも)❶数の上と下をあげて、その中間をはぶくときに用いる語。…から…まで。「五万―十万」❷あるいは。または。「学校―社会でまなぶ」⇩または 参考。

ない-じ ナ【内耳】名 耳のいちばん奥の部分で、聴覚と平衡感覚をつかさどる器官のあるところ。「―炎」↕外耳。⇩耳(図)。

ない-じ ⓪【内示】名 他サ 非公式にしめすこと。「予算の―」↕公示。

ナイジェリア《Nigeria》アフリカ西海岸、ギニア湾に面した連邦共和国で、英連邦の一員。一九六〇年に独立。首都はアブジャ。

ないし-きょう ⓪【内視鏡】名 胃や気管支などの中を見る医療用装置。現在はファイバースコープが広く用いられる。

ない-しつ ⓪【内室】名 文章語 ❶貴人の妻の尊敬語。❷他人の妻の尊敬語。令室。⇩妻(つま) 参考。

ない-じつ ⓪【内実】❶ ⓪ 名 内部の事情。「―は火の車だ」 ❷ 副 真実のところ。実際。「かれも―困っているらしい」

ない-しゃく ⓪【内借】名 他サ ❶内密にかねを借りること。❷受けとるべきかねの一部を期日前に借りること。まえがり。うちがり。

ない-じゅ ナ【内需】名 国内の需要。↕外需。

ない-しゅう ⓪【内周】名 ものの内側に沿った部分。また、その長さ。↕外周。

ないじゅう-がいごう ⓪【内柔外剛】名 文章語 心の中は弱くて、外面のことばつきや態度などは強いこと。↕内剛外柔。

ない-しゅうげん シュ【内祝言】名 うちわでする結婚式。

ない-しゅっけつ シュ【内出血】名 自サ からだの内部での出血。↕外出血。

ない-しょ ショ/⓪【内緒】【内▲証・内所】名 (「内証(ないしょう)」の変化)秘密。かくしごと。ないしょう。 **―事**(ごと) ⓪ 名 秘密にしていること。かくしごと。 **―話**(ばなし) バ 名 こっそりする話。

ない-じょ ナ【内助】名 他サ ❶内部からたすけること。❷妻が家庭内で、夫をはたらきやすくすること。「―の功」

ない-しょう ⓪【内相】名 もとの、内務大臣。

ない-しょう ⓪【内証】名 ❶〔仏〕内心のさとりによって、仏教の真理をつかむこと。❷おもてだたないこと。うちわ。秘密。ないしょ。❸奥むき。かってむき。うちわの経済状態。「―は苦しい」

ない-じょう ⓪【内情】名 内部の実情。うちわの事情。

ない-しょく ⓪【内食】名 ⇒うちしょく。

ない-しょく ⓪【内職】名 自サ ❶本職または家事のひまにする賃仕事。アルバイト。「―の翻訳に精を出す」❷〔俗語〕授業中、教師にわからないように、その授業とは別の内容の勉強をすること。

ない-しん ⓪【内心】名 ❶こころの中。外にあらわれない気持ち。心中(しんちゅう)。「―穏やかではない」❷〔数〕多角形に内接する円の中心。↕外心。

ない-しん ⓪【内申】名 他サ 内々に申し立てること。**―書**(しょ) ⓪ 名 内申する事がらを書き入れた書類。特に、入学志願者の在籍校あるいは卒業校から志望校へ送る学業成績・行動などの報告書。

ない-しん ⓪【内診】名 他サ ❶女性の生殖器内の診察。❷宅診。↕往診。

ない-じん ⓪【内陣】名 神社の本殿や仏寺の本堂で、神体または本尊をおさめる所。↕外陣(げじん)。

ない-しんのう ［ノ］【内親王】名 嫡出の皇女および嫡男系嫡出の皇孫のうちの女子。↕親王。

ナイス ［ナ］〈nice〉感造 うまい。すてきだ。けっこうだ。「―バッティング」

ない-すい ⓪【内水】名 排水路や下水管の処理能力を超えたため、市街地にあふれ出た雨水。「―氾濫」

ない-せい ⓪【内政】名 外交に対して、国内の政治。**―干渉**(かんしょう) ［カ］ 名 よその国の政治に口出しをすること。

ない-せい ⓪【内省】名 他サ ❶反省すること。❷自分の意識や行動を反省し観察すること。自己観察。

ない-せつ ⓪【内接】【内切】名 自サ〔数〕↕外接。❶一つの円が多角形の内にあって、その各辺に接すること。❷多角形が円の内にあって、その各頂点が円周上にあること。❸一つの円が他の円の内にあって、その円周上の一点で接すること。

ない-せん ⓪【内戦】名 一つの国の中での戦争。内乱。

ない-せん ⓪【内線】名 会社などで、内部相互間の電話線。↕外線。

ない-そう ⓪【内争】名〔文章語〕内訌(ないこう)。内紛。

ない-そう ⓪【内装】名 内がわのかざり。特に建物・車などの内部の塗装や装飾。↕外装。

ない-そう ⓪【内奏】名 他サ〔文章語〕ひそかに天皇に申し上げること。

ない-ぞう ⓪【内臓】名 動物のからだの内部にある諸器官の総称。

ない-ぞう ⓪【内蔵】名 他サ そのものの中にもっていること。「紛争のたねを―する」

ない-ぞく ⓪【内属】名 自サ ❶他国に服従して属国となること。❷〔哲〕ある物の諸性質と、それらをささえもつ実体としての物とのつながり。

ない-そん ⓪【内孫】名〔文章語〕あととりから生まれたまご。うちまご。↕外孫。

ナイター ［ナ］〈nighter〉名〔和製英語〕主として野球の、夜間試合。ナイトゲーム。㊇ 参考 薄暮から夜にかけてのダブルヘッダーの意味の米語 twilight-night doubleheader の省略形 twi-nighter からの借用という。

ない-だい ⓪【内題】名 書物のとびらや本文のはじめにかかげてある題名。↕外題(げだい)。

ない-だいじん ［ダ］【内大臣】名 ❶律令制(りつりょうせい)の官職の一つ。はじめ名誉職だったが、九七〇年ごろから左右大臣を補佐する職となった。❷明治十八年(一八八五)から昭和二十年(一九四五)まで、天皇につかえ、皇室・国家の事務について天皇を助けた官職。内府。

ない-だく ⓪【内諾】名 他サ 非公式に承諾すること。「―を得る」

ない-たつ ⓪【内達】名 他サ〔文章語〕非公式に知らせること。

ない-だん ⓪【内談】名 自サ 秘密の相談。密談。

ない-ち ［ナ］【内地】名 ❶(植民地または島地に対して)本土。❷国内。「―留学」❸海岸から遠くはなれた内部の土地。内陸。

ナイチンゲール ［ゲ］〈nightingale〉名 ヒタキ科の小鳥。おもにヨーロッパにすむ。春から夏にかけて夜も鳴き、声がうつくしい。さよなきどり。よなきうぐいす。

ない-つう ⓪【内通】名 自サ ❶味方をうらぎって、敵に通ずること。内応。❷ひそかに情を通じること。密通。

ない-てい ⓪【内庭】名 なかにわ。うちにわ。

ない-てい ⓪【内偵】名 他サ ひそかにさぐりしらべること。

ない-てい ⓪【内定】名 自他サ 非公式にきまること、また、きめること。

ない-てき ⓪【内的】形動 ダロ・ダッ・デ・ニ ダナ・ナラ・○ ↕外的。❶内部に関するようす。内部的。❷精神、心に関するようす。内面的。

泣(な)**いて馬×謖**(ばしょく)**を斬**(き)**る** 規律をまもるため、個人的感情をおさえて、きびしく処分することのたとえ。参考 命令をまもらず戦いに失敗した馬謖という愛する部下を、諸葛孔明(しょかつこうめい)が斬った故事から。

泣(な)**いても笑**(わら)**っても** どんなに方法をつくしてみても。「―試験までにあと二日だ」

ない-てん ⓪【内典】名〔仏〕仏教の経典(きょうてん)。↕外典(げてん)。

ナイト ［ナ］〈night〉造 夜。夜間。**―ガウン** ［ガ］〈nightgown〉名 夜、ねまきの上に着る長上着。**―キャップ** ［キャ］〈nightcap〉名 ❶夜、寝るとき髪の乱れをふせぐためにかぶる帽子。❷寝酒。**―クラブ** ［ク］〈night club〉名 夜間の社交クラブ。酒・音楽・ダンスなどを楽しむ飲食店。**―ケア** ［ケ］〈night care〉名 ❶在宅で介護を受けている高齢者や障害者を夜間のみ老人保健施設などにあずかり、必要な介護を行うこと。↕デイケア。❷夜、寝る前に、肌や口内などの手入れを行うこと。**―ゲーム** ［ゲ］〈night game〉名 ナイター。↕デイゲーム。**―ショー** ［ト］［ショ］〈night show〉名 夜おそくおこなう映画や演芸。

ナイト ［ナ］〈knight〉名 ❶ヨーロッパ中世の騎士。❷英国で一代限り与えられる爵位。サーの称号を許される。

ない-ど ［ナ］【内×帑】名 ❶皇室所蔵の財貨の倉庫。❷君主の所有する財貨。**―金**(きん) ⓪ 名 君主の手もとのかね。

ないとう-じょうそう《内藤丈草》一六六二―一七〇四。江戸時代前期の俳人。松尾芭蕉(ばしょう)の門人。著作に「ねころび草」など。

ないとう-めいせつ《内藤鳴雪》一八四七―一九二六。俳人。本名は素行(もとゆき・なりゆき)。句集に「鳴雪句集」など。

ない-ない ⓪【内内】副 形動(の) うちわ。ひそかに。非公式に。「―危ぶんでいた」「―に打診する」

ないない-づくし ［ヅ］【無い無い尽(く)し】名 あれもない、これもない、という状態。ないものだらけ。「―の悪条件」

ない-ねん ⓪【内燃】名 ガス・重油・ガソリンなどの燃料が、気筒(きとう)の内部で燃焼・爆発すること。**―機関**(きかん) ［カ］/［キ］ 名 気筒の内部で燃料を燃焼・爆発させ、動力を得る原動機。

ない-はつ ⓪【内発】名 自サ 外からの原因によらず、内部から自然に起こること。

ない-ひ [ナ]【内皮】名 うちがわの皮。↕外皮。

ない-ふ [ナ]【内府】名 ➡ないだいじん。

ナイフ [ナ]〈knife〉名 ❶小刀。❷洋食用の小刀。

ない-ぶ [ナ]【内部】名 うちがわ。内面。↕外部。━**告発**(こくはつ) [コ]名 組織の不正を内部の者が外部に通報すること。━**障害**(しょうがい) [ショ]名 心臓・腎臓・呼吸器・肝臓など、身体内部の器官の機能障害。

ない-ふく [0]【内服】名 他サ くすりを飲むこと。内用。━**薬**(やく) [ク]名 飲みぐすり。内用薬。

ない-ふく [0]【内福】形動 ダロ・ダッ・デ・ニ/ダ・ナ・ナラ・○ 〔文章語〕 うわべはそう見えないが、家計がゆたかなようす。「━な家」

ない-ふん [0]【内紛】名 うちわもめ。内争。内訌(ないこう)。

ない-ぶん [0]【内分】❶名 おもてむきにしないこと。内聞。「━にすます」❷名 他サ 〔数〕線分を、その上のある点で二つにわけること。↕外分。

ない-ぶん [0]【内聞】❶名 他サ ひそかに聞くこと。❷名 内分❶。

ない-ぶんぴつ [テ]【内分泌】名 動物体内の内分泌腺(せん)で作られたホルモンを、導管を通さないで直接血液中に送りだすこと。ないぶんぴ。↕外分泌。

ない-へき [0]【内壁】名 内部のかべ。内部に面したかべ。「胃の━」↕外壁。

ない-ほう [0]【内包】❶名 他サ 内部につつみもつこと。❷名〔論〕一つの概念が表す事物に共通にふくまれる属性の総和。内容。↕外延。

ない-ほう [0]【内報】名 他サ 内々に知らせること。

ない-まく [0]【内幕】名 世間に知られていない、内部の事情。内情。うちまく。

ない-まぜ [0]【ない交ぜ】【×綯い交ぜ】(なひ)名 ❶色の違う糸をより合わせてひとつの糸にすること。❷さまざまのものをまぜ合わせてひとつにすること。「不安と期待が━になる」

ない-みつ [0]【内密】名 形動(の) 外部に知らせないこと。表ざたにしないこと。ないしょ。秘密。「━におしえる」

ない-む [ナ]【内務】名 国内の事に関する行政事務。内務行政。↕外務。━**省**(しょう) [ム]名 内務行政をつかさどった、中央の最高官庁。昭和二十二年(一九四七)に廃止。

ない-めい [0]【内命】名 秘密の命令。非公式の命令。

ない-めん [0]/[メ]【内面】名 ❶うちがわ。内部。↕外面・表面。❷人間の精神・心理の方面。「━的な生活」━**描写**(びょうしゃ) [ヒョ]名 文学で、人間の心の動きや状態を描写すること。

ないもの-ねだり [ネ]【無い物ねだり】名 ❶ないものをむりに求めること。❷できないことをむりにせがむこと。

ない-や [0]【内野】名 ↕外野。❶野球で、本塁と一塁・二塁・三塁を結ぶ線の区域内。インフィールド。❷内野手。❸内野観覧席。━**手**(しゅ) [ヤ]名 野球で、内野をまもる選手。一塁手・二塁手・三塁手・遊撃手の総称。↕外野手。

ない-やく [0]【内約】名 他サ 非公式の約束。

ない-ゆう [0]【内憂】名 〔文章語〕 内部の心配ごと。国内の難儀。内患。↕外患。

ない-よう [0]【内容】名 ❶ある物を構成し、あるいはその内部を満たしている物事。中身。「缶詰の━」↕外形・形式。❷物事を成り立たせている実際上の事柄。実質。「講演の━を記録する」━**証明**(しょうめい) [ショ]名 郵便物の差出人が、いつ、どのような内容を送ったかを、郵便局が書類に写して保管し、証拠として証明するサービス。

ない-よう [0]【内用】名 他サ 内服。↕外用。━**薬**(やく) [ヨ]名 内服薬。↕外用薬。

ない-らん [0]【内乱】名 内部のみだれ。国内の争乱。内戦。「━を鎮める」

ない-らん [0]【内覧】名 他サ 〔文章語〕 ❶うちわで見ること。❷あらかじめ見ること。内見。

ない-りく [0]【内陸】名 陸地の、海岸から遠くはなれている地域。━**国**(こく) [ク]名 国境がすべて陸地で、海に面していない国。スイスなど。━**性気候**(せいきこう) [キ]名 内陸地方にみられる、昼・夜および夏・冬の気温の差が大きく、雨量がすくなく、湿度の低い気候。大陸性気候。↕海洋性気候。

ないりん-ざん [リ]【内輪山】名 二重式火山の、新噴火口のまわりをとりまく火口丘。↕外輪山。

な-いれ [0]【名入れ】名 記念品や贈り物に、贈呈者の名前を印刷したり書き入れたりすること。

ナイロン [ナ]〈nylon〉名 石炭などを原料とする合成繊維。

ない-わん [0]【内湾】名 奥深く入りこんだ湾。

ナイン [ナ]〈nine〉名 (九つの意。九人一組になって試合をするところから)野球のチーム。また、その選手。

ナウ [ナ]〈now〉名 形動 〔俗語〕 現代感覚を十分にそなえているようす。「━い」参考 一九七〇年代の流行語。

な・う [ナ]【×綯う】(なふ) 他五 ワ・オ・イ・ッ/ウ・ウ・エ・エ よりをかけて糸やひもなどをまじえあわせる。**なえる** 自下一〔…できる〕

なう-て [0]【名うて】名 評判の高いこと。「━の力士」

ナウル《Nauru》太平洋の赤道直下、ミクロネシアにある共和国。一九六八年に独立。首都はヤレン。

なえ [ナ]【苗】(なへ)名 ❶種子から出たばかりのおさない植物。なえぎ。なえくさ。❷いねの苗。

なえ-ぎ [ギ]/[0]【苗木】(なへ)名 樹木の苗。㊌春

なえ-どこ [0]【苗床】(なへ)名 植物の苗をそだてる所。㊌春

な・える [エ]【萎える】自下一 エ・エ・エル・エル・エレ・エロ/エヨ ❶力がなくなり、弱る。「足が━」「気持ちが━」❷しおれる。しなびる。「草花が━」❸衣服などが、くたくたになる。**な・ゆ** 文語ヤ下二

なお [ナ]【なお】【▲猶・▲尚】(なほ) ❶副 ❶前と同じようす。やはり。まだ。「しかられても━やめない」❷前よりも程度がすすむようす。ますます。いっそう。「物価は━上がる」「うそをつくほうが、━悪い」❸前の語を受けて強調する。…でさえも。「昼━暗い森の中」❹【▲猶】〔文章語〕〔漢文訓読で「なお…ごとし」とよむ〕ちょうど。「過ぎたるは━及ばざるがごとし」❷接続 前の事がらにつけくわえる。それに。「━、参考までに申し上げますが」⇩そして 参考。

なお-がき [0]【なお書き】(なほ)名「なお」で始まり、前文に付け加える事がらを述べる文。

なお-かつ [ナ]【なおかつ】【▲尚且つ】(なほ)副 ❶なおそのうえに。❷それでもやはり。

なおき-さんじゅうご《直木三十五》(なほき)一八九一～一九三四。小説家。本名は植村宗一。大衆文学の向上に貢献した。代表作は「南国太平記」。

なおき-しょう《直木賞》(なほき) 直木三十五(なおきさんじゅうご)を記念して、昭和十年(一九三五)に設けられた文学賞。毎年二回、大衆文学のすぐれた作品にあたえられる。

なお-さら [0]【なおさら】【▲尚更】(なほ)副 さらになお。ますます。「ほめられて━努力する」

なお-ざり [0]【▲等▲閑】(なほざり)名 形動 心をこめず、いいかげんにすること。おろそか。「礼儀を━にする」

なおし [シ]【直し】(なほし)名 ❶つくろい、なおすこと。修理。修繕。「くつを━に出す」❷誤りを正すこと。訂正。「原稿の━が多い」❸直しざけ。直しみりん。

なお・し【直し】(なほし)形ク 〔古語〕 ❶まっすぐである。❷きちんとしている。たいらかだ。❸ふつうだ。「目も鼻もなほしとおぼゆるは」〈源氏〉❹正直である。「なほき誠の心」〈宣命〉

なおし-ざけ シ【直し酒】なほし 名 わるくなりかけた酒や下等の酒を加工して、ふつうの酒にしたもの。直し。

なおし-みりん ミ【直しみりん】【直し味×醂】なほし 名 しょうちゅうにみりんをまぜてつくった酒。直し。

なおし-もの 0/ノ【直し物】なほし 名 つくろいもの。修理を要する物。

なお・す オ【直す】なほす 他五 サ・ソ/シ・ス/ス・セ/セ ❶ぐあいの悪いところに手を入れて、正しい、あるいは普通の状態にする。「髪の乱れを—」「誤字を—」「こわれたテレビを—」 ❷【治す】体の悪いところをよくする。「病気を—」 ❸基準や観点の異なる別の状態にかえる。「欧文を和文に—」「養子を嗣子(しし)に—」 ❹(動詞の連用形について)同じことをくりかえして行う。「読み—」「染め—」 参考 動詞の連用形について、くりかえして行う意味では、「…返す」が単なる反復を表すのに対して、「…直す」は前よりもよいものにしようとする感じが伴う。⇩かえす。 **なおせる** 自下一(…できる)

なお-なお ナ‐【なおなお】【▲猶▲猶・▲尚▲尚】なほなほ 副 「なお」の強め。 **—書き** 0 名 手紙文の前後や行間に書きそえる文句。追伸。二伸(にしん)。⇩追って書き 参考。

なお-の-こと 【なおのこと】【▲尚の事】なほ 連語 「なお」を強めた言い方。なおさら。「あす大切な試験があるなら、—今日はもう休んだほうがよい」

なお-また ナ【なおまた】【▲尚又】なほ 接続 さらに。そのほかに。

なお-も ナ【なおも】【▲猶も】なほ 副 それでもまだ。なおそのうえに。

なお-もって ナ/モ【なおもって】【▲尚▲以て】なほ 副 なおさら。なおのこと。なおなお。

なお-や 0【名親】名 名づけおや。

なお-らい 0【直▲会】なほらひ 名 神祭りの後、参加者一同が供物(くもつ)を下げてする酒宴。

なお・る オ【直る】なほる 自五 ラ・ロ/リ・ッ/ル/ル/レ/レ ❶ぐあいの悪いところがなくなり、元の正常な状態にもどる。「きげんが—」「悪癖が—」「ブレーキの故障が—」 ❷【治る】体の悪いところがよくなる。「傷が—」 ❸今の状態から別の状態にかわる。「下座から上座に—」 ❹元の姿勢にもどる。「気をつけっ。なおれ」「黙禱(もくとう)。なおりください」 **なおり** 名

なおれ レ【名折れ】なをれ 名 名誉がけがれること。不名誉。

なか ナ【中】名 ❶物の内部。内。「財布の—にしまう」「電車の—で雑誌を読む」「土の—に埋める」↕外。 ❷まんなか。中央。「雑踏の—を歩く」「墓地の—を通る」↕端(はし)。 ❸外面に現れない、かくれた部分。「—までよく火を通す」「心の—をおしはかる」↕外。 ❹一定の範囲に含まれること。内。「クラスの—では山田さんが一番背が高い」 ❺二つのものの間。中間。「—を取ることで話し合いが決着した」 ❻三分したものの二番目。「—の兄は商売をしている」 ❼ある物事の進行中。ある状態が続いているとき。最中。「忙しい—お手数をおかけしました」「雨の—を出かける」 ❽東京の吉原や大阪の新町にあった遊郭のこと。

なか ナ【仲】名 人と人との関係。まじわり。あいだがら。「—がいい」「—を取りもつ」

なが 【長】造 長いこと・もの。「—電話」「—丁場」「—細い」「気—」「日—」

なが-あめ 0/ア【長雨】名 いく日も降りつづく雨。霖雨(りんう)。

なか-い 0【仲居】なかゐ 名 料理屋などで、客のとりもちや雑務をする女性。

なが-い イ/ガ【長居】ながゐ 名 訪問先に長い時間居ること。長座。「—は無用」

なが・い ガ【長い】形 カロ/カッ・ク/イ/イ/ケレ/○ ↕短い。❶両はしのへだたりが大きい。「—足」「気が—」 ❷【永い】時間のへだたりが大きい。ひさしい。「—別れ」 参考「長い」は、空間的・時間的のいずれにも、また、抽象的な事がらにも使われる。「永い」は、時間が無限に続くような場合に使われる。 **なが・し** 文語ク **—目(め)で見(み)る** 気を長くもって将来を見まもる。 **—物(もの)には巻(ま)かれろ** 権力・財力のあるものには勝ちめがないから、何事もがまんしてしたがえという意味。 **—▲草×鞋(わらじ)を履(は)く** ばくち打ちが、土地にいられなくなって長い旅に出る。

ながい-かふう 《永井荷風》 一八七九～一九五九。小説家。本名は壮吉(そうきち)。通俗的な近代化に対して反抗の姿勢を貫いた。「腕くらべ」「濹東綺譚(ぼくとうきだん)」などの小説のほか、日記「断腸亭日乗(だんちょうていにちじょう)」など。

なが-いき イ【長生き】名 自サ ながく生きること。長命。長寿(ちょうじゅ)。↕早死に。

なが-いす 0【長椅子】名 横に長いいす。

なが-いも 0【長芋】【長×薯】名 ヤマノイモ科の多年生つる草。根茎は一メートルにも達し、とろろなどにして食べる。秋

なか-いり 0/リ【中入(り)】名 ❶相撲・芝居などの興行物の中途で休憩すること。また、その時間。 ❷能楽の中途で、シテが一度楽屋かつくり物の中にはいること。また、その時の地謡(じうたい)のうたい。

なが-うた 0【長唄】名 ❶江戸時代中期にはじまった歌舞伎(かぶき)伴奏用の長い三味線(しゃみせん)歌曲で、杵屋(きねや)喜三郎が曲風を統一したもの。江戸長唄。 ❷江戸時代初期の上方の歌謡の一つ。小うた・はうたなどより、やや長いもの。上方唄。

なが-うた ガ【長歌】名 長歌(ちょうか)。

なか-うり 0【中売(り)】名 興行物の場内で、飲食物を、売りあるくこと。また、その人。

なが-え 0【×轅】名 牛車(ぎっしゃ)・馬車・だしなどの前方に、長くつき出ている二本の棒。その前端にくびきを渡し、馬や牛をつなぐ。⇩ぎっしゃ(図)。

なが-え 0【長柄】名 長い柄。また、柄の長い道具や武器など。「—のやり」

なかえ-ちょうみん 《中江兆民》 一八四七～一九〇一。政治家・評論家。本名は篤介(とくすけ)。自由民権を主張し、ルソーの「民約論」を翻訳。「三酔人経綸問答(さんすいじんけいりんもんどう)」「一年有半」など。

なが-おい 0【長追い】ながおひ 名 遠くまで追いかけること。深追い。

なか-おち 0【中落ち】名 三枚におろした魚のまん中の部分。また、その骨についている肉。「まぐろの—」

なが-おどり オ【長尾▲鶏】ながをどり 名 ちょうびけい。おながどり。

なか-おもて オ【中表】名 布地の表面を内がわにまわしてたたむこと。↕外表(そとおもて)。

なかおれ-ぼうし ボ【中折(れ)帽子】なかをれ 名 いただきが折れへこんだ、つばのある帽子。ソフト帽。中折れ。

なか-おろし オ【仲卸】名 卸売市場内の店舗で、卸売業者から買った品物を、買い出しにくる小売業者や飲食店などに販売する業者。

なか-がい 0/カ【仲買】なかがひ 名 卸売商と小売商、あるいは生産者と卸売商のあいだに立って、商品の売買をすること。また、その人。ブローカー。

なか-がみ カ【▲天▲一神】名 陰陽道(おんようどう)で、八方をめぐり、わるい方角をふさぎまもるという神。てんいちじん。

なかがみ-けんじ 《中上健次》 一九四六～一九九二。小説家。故郷

な

熊野の風土を背景に、民俗・差別の問題を追究した。「岬」「枯木灘(なだ)」「地の果て至上の時」など。

なが‐かみしも カ【長かみしも】【長×裃】名 江戸時代の大名などの礼服で、肩ぎぬと長ばかまが同じ色のもの。

長かみしも

なか‐かんすけ《中勘助》一八八五―一九六五。小説家・詩人。夏目漱石(そうせき)を師として清純な小説を書いた。代表作は「銀の匙(さじ)」。

なが‐ぎ ◎【長着】名 ❶野ら着などのたけのみじかい着物に対して、足首までのたけの着物。❷はおり・じゅばんに対して、たけの長いふつうの着物。

なか‐ぎり ◎【中ぎり】【中▲限】名 取引市場で、受け渡しまたは清算の期日が翌月末である契約のもの。ちゅうぎり。↕先ぎり・当ぎり。

なが‐ぐつ ◎【長靴】名 ひざのあたりまである長いくつ。↕短靴。

なか‐ぐろ ◎【中黒】名 ❶矢羽根のきりふの一種。上・下が白く中央が黒いもの。❷くぎり符号の一種。並列をあらわす点。「・」。なかぽつ。なかてん。

なか‐ご カ/◎【中子】名 ❶ものの中心。❷うり類の種子のある部分。❸みかん類の果肉。❹容器の中にはめこんである小さいうつわ。「はんごうの―」❺刀身の柄(つか)にはいっている部分。

なか‐ごろ ◎【中頃】名 時間や場所などの、中ほど。まんなかへん。「春の―」「横断歩道の―」

なが‐さ ナ【長さ】名 ↕短さ。❶二点間の距離。ものの端から端までの距離。「線分ＡＢの―」「鉛筆の―」❷時間の大きさ。「保証期間の―」❸距離や時間がひどく長いこと。「待ち時間の―にうんざりする」

なが‐ざ ◎【長座】名 長居(ながい)。ちょうざ。

ながさき‐けん《長崎県》九州地方北西部の県。県庁所在地は長崎市。

なかざと‐かいざん《中里介山》一八八五―一九四四。小説家。本名は弥之助(やのすけ)。大衆小説に新分野を開いた。「大菩薩峠(だいぼさつとうげ)」は全四十一巻にも及ぶが未完。

なか‐される【泣かされる】連語 ❶ひどいめにあわされる。「あの男には泣かされたよ」❷ふかい感激や同情をさせられる。「―話」

なか‐し カ【仲仕】名 荷物をかついではこぶ労働者。

なが‐し【流し】名 ❶シ 流罪(るざい)。島流し。❷シ 台所・いどばた・湯殿などの、洗い水を流す所。流し場。❸ナ 銭湯で、客の背中をあらうこと。また、その職業の人。❹ナ 温泉街・歓楽街などで、芸人などが、客をもとめて町を歩くこと。(夏)「新内―」❺ナ タクシーが、客をもとめて走りまわること。また、その車。❻ナ〔俗語〕その土地に定住せず、通りすがりであること。「―の者の犯行」

なが‐し‐あみ シ/◎【流し網】名 魚の通り道に網を張り、網の目にからませて魚を取る方法。また、その網。

なが‐し‐いた シ/イ【流し板】名「流し❷」にはった板。

なが‐し‐うち ◎【流し打ち】名 野球で、球にバットをさからわずに当てて、右打者の場合はライト方向に、左打者の場合はレフト方向に球が行くように打つこと。

なが‐しお ◎【長潮】(しほ) 名 満ち干(ひ)の差がもっとも少ないときの潮。

なが‐しかく シ【長四角】名 形動 長方形。

なか‐じきり ジ【中仕切(り)】名 ❶へやや家の中のしきり。❷箱などの中のしきり。

なが‐し‐こ‐む コ/◎【流し込む】他五 (マ・モ・ミ・ム・ム・メ・メ) ❶流して中に入れる。注ぎ入れる。「型枠にコンクリートを―」❷コンピューターで、ひとまとまりのデータを読み込み、配置すること。「文字データをひな形に―」 **流し込み** 名 **流し込める** 自下一〔…できる〕

なが‐し‐そうめん ソ【流しそうめん】【流し▲素麺】名 樋(とい)に冷水とそうめんを流し、流れてきたそうめんを箸ですくい上げて食べるもの。

なが‐し‐だい ◎【流し台】名 台所などで、立ったまま作業ができる、脚付き、またはすえつけの流し。

なが‐し‐ば ◎【流し場】名 ❶湯ぶねの外に設けた、からだを洗う所。❷台所の洗い水を流すところ。また、炊事場。

なか‐じま ◎【中島】名 池や川の中にある島。なかのしま。

なかじま‐あつし《中島敦》一九〇九―一九四二。小説家。漢学の素養を生かした作品で、近代人の自意識の問題を追究した。「山月記」「李陵(りりょう)」など。

なか‐じめ ◎【中締め】名 宴会のほどよいところで、手締めをすること。それでひと区切りとする。

なが‐し‐め ◎【流し目】名 顔をむけず、目だけをそのほうにむけて見ること。また、その目。「―を使う」

なが‐し‐もと ◎【流し元】名 台所で流しのある所。

なが‐ジュバン ジュ【長じゅばん】【長×襦×袢】名 着物と同じ長さのじゅばん。

なか‐しょく ◎【中食】名 調理済みの食品を家庭で食べること。また、その食事。持ち帰り弁当や宅配ピザなど。↕内食(うちしょく)・外食。

なが‐じり ◎【長尻】名 形動 客が長くすわりこんでなかなか帰らないこと。長居。ながっちり。

なか‐す ◎【中州】【中×洲】名 川中・川口などにできた島。または、水面に出ている砂地。

なか・す ◎【泣かす】他五 (サ・ソ・シ・ス・ス・セ・セ) 泣かせる。

なが・す ガ【流す】他五 (サ・ソ・シ・ス・ス・セ・セ) ❶液体を移動させる。㋐液体を低い方へ行かせる。「雨水を―」「ダムの水を―」㋑水などで、付着したものを洗い落とす。「ふろに入って汗を―」「背中を―」㋒水の動きとともに、他の物を移動させる。「灯籠(とうろう)を川に―」「豪雨が橋を流した」❷何かを移動させる。㋐音を聞こえさせる。「場内に静かな音楽を―」㋑人を流罪(るざい)にする。「島に―」㋒うわさなどを広める。「デマを―」「浮名を―」❸無効にする。㋐会議・計画・催し物などが成立しないようにする。「総会を―」㋑流産させる。「転んでおなかの子を―」㋒質に入れた物を受け出さないで、所有権を失う。❹芸人・タクシーなどが客を求めて町を行く。❺〔動詞の連用形について〕身を入れて…しない。軽く…する。「聞き―」「読み―」 **流せる** 自下一〔…できる〕

なが‐す‐くじら ク【長須鯨】(くぢら) 名 ナガスクジラ科の哺乳(ほにゅう)類。体長約二〇～三〇メートルに達する。

鳴(な)かず飛(と)ばず 才能をあらわさないで、機会を待っている。現在では長い間なんの活躍もしないでいることをいうことが多い。

なか‐せ ◎【泣かせ】造 人を困らせたり悩ませたりする原因となるもの・こと・ひと。「親―の息子」「予報士―の天候」

なか‐せき ◎【中席】名 寄席(よせ)などで、その月の中旬の興行。↕上席(かみせき)・下席(しもせき)。

なか・せる ◎【泣かせる】他下一 (セ・セ・セル・セル・セレ・セロ・セヨ) ❶泣くようにさせる。「妹を―」❷ひどいめにあわせる。困らせ嘆かせる。「親を―」❸涙が出るほど感動させる。「―話だ」❹〔俗語〕ちょっと心を引く。「サラリーマン割引とは―ね」

なかせん‐どう《中山道・中仙道》江戸時代の五街道の一つ。江戸から上野(こうずけ)・信濃(しなの)・美濃(みの)の国をへて京都までの街道。⇩五街道(図)。

なが‐そで ◎/デ【長袖】名 ❶そでたけの長いこと。また、その衣服。↕半そで。❷〔古語〕〔武士が袖をみじかくくくり、鎧を着たのに対して〕公卿・医師・神官・僧侶・学者など、いつも長そでを着用している人のこと。長袖者。「長そでのなまぬけっていうことがおおい。あざるき立ち振るまひ」〈きのふはけふの物語〉

なか-ぞら【中空】 ㊀ ゾ/⓪ 名 ❶空の中ほど。中天。❷〔古語〕目的地への中ほど。「道遠み中空にてや帰らまし」〈後拾遺〉 ㊁ なり形動 〔古語〕❶心がおちつかないで、うわのそらであること。「中空にのみ物を思ふかな」〈古今〉❷どっちつかずで、中途はんぱなようす。「いとむげに児ならぬ齢の…中空なる御ほどにて」〈源氏〉

なか-だか ⓪【中高】名 形動(の) ❶まんなかが高くなっていること。❷鼻筋が通って高いこと。「―な顔」

なか-たがい タ【仲たがい】【仲▲違い】名 仲がわるくなること。不和。けんか。

なか-だち ⓪/チ【仲立ち】【▲媒】名 ❶双方のあいだにたってとりもつこと。また、その人。媒介。「結婚の―」❷商品・権利などの売買をとりもつこと。

なが-たび ⓪【長旅】名 長期間の旅行。「―にあきる」

なが-たらし・い シ【長たらしい】形 カロ・カッ・ク/イ・イ・ケレ・○ あきるほど長い。ながったらしい。「―話」 **長たらしさ** 名

なか-だるみ ⓪/ダ【中だるみ】【中×弛み】名 ❶横につったものの、中ほどの部分がゆるむこと。❷中途でだれること。「長い試合で―した」

なが-だんぎ ダ【長談義】名 長たらしい話。

なが-ちょうば チョ【長丁場】名 物事が長々と続くこと。長い距離。長いひとくぎり。「―を乗り切る」

なかつかさ-しょう サ【中▲務省】名 律令制で太政官八省の一つ。天皇のそばにあって、詔勅の文案審査・上表の中つぎ・国史の監修・諸国の戸籍や租税帳などのことをつかさどった役所。

ながつか-たかし《長塚節》一八七九―一九一五。歌人・小説家。正岡子規門下として自然観照の短歌とともに、農民を主人公とした小説「土」を書いた。

なか-つぎ ⓪【中次ぎ】名 とりつぎ。

なか-つぎ ⓪【中継ぎ】名 ❶途中でひきつぐこと。❷中途でつぎあわせること。❸野球で、試合の途中から登板すること。また、その投手。❹さお・尺八・三味線のさおなどで、つぎあわせるようにしたもの。また、そのつぎ目。

なが-つき【長月】 名〔古語〕陰暦九月。㊌秋 ⇩月(表)。

無かったことにする 交渉や話し合いで、それまでの経緯や内容を取り消す。「この契約はなかったことにしてください」

ながったらし・い シ【長ったらしい】形 カロ・カッ・ク/イ・イ・ケレ・○ 「ながたらしい」の変化。 **長ったらしさ** 名

ながっ-ちり ⓪【長っ尻】【長っ▲尻】名 「ながじり」の変化。

なが-つづき ツ【長(永)続き】名 自サ 物事が長い時間つづくこと。「勉強が―しない」

なか-つ-よ【中つ世】 名〔古語〕中ほどの時代。

なか-づり ⓪【中づり】【中×吊り】名 電車やバスの天井からつり下げてある広告。中づり広告。

なか-て テ【中手】名 わせとおくてとの中間に熟するいね、その他の農作物。

なが-て ⓪【長手】名 ❶長いほうのもの。「―のものさし」❷〔古語〕遠い道。長途。長路。

なか-でも ナ【中でも】副 多くのものの中で特に。とりわけ。「―目立つ存在」

なか-てん ⓪【中点】名 なかぐろ❷。

なか-と ⓪【中×砥】名 青砥・白砥など、あらとぎと仕上げとの中間に使うといし。

ながと《長門》昔の、山陽道の国の一つ。今の山口県の一部。長州。

なかとみ-の-はらえ ⓪【中▲臣×祓】名 上代、中臣氏がつかさどった神事。おおはらえ。なかとみのはらい。

なか-なおり ナ2【仲直り】名 自サ ❶仲たがいがとけて、また仲よくなること。和解。❷【中直り】死の近づいた病人が、一時病状がよくなったように見えること。

なか-なか ㊀ ⓪ 副 ❶かなり。ずいぶん。「―よく出来る」 参考 「けっこう」に近いが、「けっこう」が、大したことはないと思ったが、という消極的な気持ちが加わるのに比べ、「なかなか」のほうが積極的。❷〔下に打ち消しの表現を伴って〕簡単には。すぐには。「興奮して―寝つかれない」❸〔古語〕かえって。むしろ。なまじっか。「髪の美しげにそがれたる末も、なかなか長きよりもこよなう今めかしきものかな」〈源氏〉 ㊁〔古語〕㊀ なり形動 ❶中途はんぱだ。なまはんかだ。「なかなかに人とあらずは(ナマナカニ人ナンカデアルヨリハ、イッソノコト)酒壺になりにてしかも酒に染みなむ」〈万葉〉❷かえってないほうがましだ。「わが身はかよわく、ものはかなき有様にて、なかなかなる物思ひ(カエッテ帝ノ愛ヲウケナイホウガヨカッタヨウナ思イ)をぞしたまふ」〈源氏〉 ㊁ 感 〔もっぱら謡曲・狂言に用いられ、相手のことばをそのまま肯定して〕もちろん、そうだ。いかにもその通りだ。「『さやうに申しても苦しうないか』『なかなか苦しうない』」〈狂言・今参〉

なが-なが ナ2【長長】(と) 副 ❶たいそう長いようす。「―と横たわる」❷長いあいだ。「―お世話になりました」

ながなが-し・い シ【長長しい】形 カロ・カッ・ク/イ・イ・ケレ・○ いかにも長い。 **長長しさ** 名 **ながなが・し** 文語シク

なか-に-は ナ【中には】副 たくさんの中には。

なか-にほん ホ【中日本】名 「東日本」や「西日本」に対して、中部地方を中心とする地方。

なか-に-も ナ【中にも】副 そのなかでも。とりわけ。

なか-にわ ⓪【中庭】名 建物と建物との間にある庭。うちにわ。

なか-ぬき ⓪【中抜き】名 商品の流通過程で、卸売りなどの中間業者を抜きにして生産者と小売り業者または消費者が直接に取り引きすること。 参考 近年、中間搾取の意とする誤用が見られる。

なか-ぬり ⓪/リ【中塗り】名 壁や漆器で、下塗りの次、うわ塗りの前に塗ること。↕下塗り・上塗り。

なか-ね カ【中値】名 高値と安値。また、売値と買値との中間の値段。

なが-ねぎ ネ/⓪【長ねぎ】【長×葱】名 茎の長いねぎ。玉ねぎに対して言う。

なが-ねん ⓪【長年・永年】名 長い年月。多年。永年。「―にわたる研究の成果」

なが-の ナ【永の】連体 時間的に長い。永久の。「―いとま」 **―別れ** 二度と会うことのない永遠の別れ。死別。

ながの-けん《長野県》中部地方中央部の県。県庁所在地は長野市。

なかの-しげはる《中野重治》一九〇二―七九。小説家・評論家・詩人。プロレタリア文学の代表作家。「中野重治詩集」、小説に「歌のわかれ」「むらぎも」など。

なか-ば バ/カ【半ば】名 ❶まんなか。中央。「柱の―」❷半分ほど。「―信じ、―疑う」❸さいちゅう。さなか。「宴―にしてひきあげる」❹中途。「旅の―で」

なが-ばかま バ【長ばかま】【長×袴】名 武家の衣服で、すそが長く、足をつつんで、三〇センチメートルぐらいうしろにひくはかま。礼服用。⇩長かみしも(図)。

なか-ばたらき バ【仲働き】名 奥むきと、勝手むきとの

間の雑用をするお手伝いさん。

ながばなし バ【長話】名 長いおしゃべり。

なかはらちゅうや《中原中也》一九〇七―三七。詩人。フランス象徴詩の影響を受け、優美な叙情詩を残した。詩集に「山羊の歌」「在りし日の歌」など。

なかび カ【中日】名 ❶一定の期間の、まんなかにあたる日。ちゅうにち。❷興行物の興行期間の、まんなかの日。

ながびく ビ【長引く】自五 予想以上に時間が長くかかる。のびのびになる。「解決が―」「病気が―」

ながびつ 0【長びつ】【長×櫃】名 形の細長いひつ。衣服や調度を入れ、ふたりが棒でかつぐもの。

ながひばち ヒ【長火鉢】名 長方形の木製の火ばち。ひき出しがついている。冬

長火鉢

ながほそい ソ【長細い】形 長くて細い。長っぽそい。細長い。**ながほそ・し** 文語ク

なかほど 0【中程】名 ❶まんなかのあたりの場所。「へやの―」❷ちゅうぐらい。「―の成績」❸時間的・距離的に中ごろ。なかば。中途。「来月の―」「道の―でひき返す」

なかま マ【仲間】名 ❶ともに事をする人。同志。「―をつのる」❷友人。同僚。「大学以来の―だ」「教員―の会合」 **―入り** 0名自サ 仲間に加わること。「大人の―」 **―受け** 0名 仲間から受ける気受け・評判。「―がいい」 **―内** 0名 ❶仲間の人たち。「―で相談する」❷仲間の間がら。「―の心安さ」 **―外れ** 八名 仲間から、のけものにされること。 **―割れ** 0名自サ 仲間のあいだで、仲たがいすること。うちわ割れ。「―を起こす」

なかまく カ【中幕】名 歌舞伎で、一番目と二番目の劇の間に演じられる、一幕物の狂言。

なかみ カ名 ㊀【中身・中味】❶外側があるものの中に入っているもの。「小包の―」❷中心になるもの。内容。「話の―が濃い」㊁【中身】刀剣の刃のある部分。刀身。

なかみせ 0【仲店・仲見世】名 社寺の境内にある商店街。「浅草の―」

なが・む【眺む】他下二〔古語〕⇒ながめる㊁。

なが・む【詠む】他下二〔古語〕声を長くひいて詩歌をうたう。口ずさむ。詠ずる。『こぼれてにほふ花桜かな』とながめければ」〈今昔〉

ながむし ガ【長虫】名 へび。くちなわ。夏

なかむらくさたお《中村草田男》一九〇一―八三。俳人。本名は清一郎。人間探究派といわれた。句集に「長子」「万緑」など。

なかむらけんきち《中村憲吉》一八八九―一九三四。歌人。アララギ派の一人。歌集に「林泉集」「しがらみ」など。

なかむらしんいちろう《中村真一郎》一九一八―九七。小説家・評論家。知性的な戦後派作家として活躍した。「死の影の下に」「頼山陽とその時代」など。

なかむらていじょ《中村汀女》一九〇〇―八八。俳人。本名、破魔子。「風花」を創刊主宰。日常を情感豊かに詠んだ。句集「春雪」「汀女句集」など。

ながめ 図【眺め】名 ❶見わたして目にはいる風景。眺望。「屋上からの―」❷〔古語〕つくづくと見つめて、もの思いにふけること。「花の色は移りにけりないたづらに我が身世に経るながめせし間に」〈古今〉

なが-め【長▲雨】名〔古語〕（「ながあめ」の変化）長く降りつづく雨。

ながめ-い・る イ【眺め入る】他五 けしきなどを、いつまでも見つづける。

ながめ-まわ・す ワ/0【眺め回す】他五 まわりをすみずみまでながめる。「部屋の中を―」

ながめ-や・る ヤ【眺めやる】【眺め▲遣る】他五 ❶遠くのほうをながめる。❷ある方向に目をむける。

なが・める メ【長める】他下一 長くする。長くひきのばす。「すそたけを―」 **なが・む** 文語下二

なが・める【眺める】㊀ メ 他下一 ❶遠く見わたす。「けしきを―」❷じっと見る。見つめる。「しばらくその様子をながめていた」 **なが・む** 文語下二 ㊁ 他下二〔古語〕ぼんやりと物思いにしずむ。物思いにふけりながら、見るともなく見る。「たとしへなくながめしをれさせ給へる夕暮れに」〈増鏡〉

なが-もち モ/チ【長持】名 衣類やふとんなどを入れてはこぶ、長方形の大きな木箱。

長持

なが-もち モ/チ【長もち】【長▲保ち】名自サ 長く役立つこと。長く使えること。「―する品」

なが-ものがたり ガ2【長物語】名 長く物語ること。ながばなし。

なが-や 0【長屋】名 ひとむねの家を、いくつにもわけて、ひとくぎりに一世帯ずつ住むようにした家。

なか-やすみ ヤ【中休み】名 仕事の途中で休むこと。

なかやましんぺい《中山晋平》一八八七―一九五二。作曲家。童謡にも多くの作品があるが、代表作は「カチューシャの唄」「ゴンドラの唄」「船頭小唄」など。

なが-やみ 0【長病み】名 長くつづく病気。長く病気であること。ながわずらい。

なが-ゆ ガ/0【長湯】名 長い時間、入浴すること。

なか-ゆび カ【中指】名 五本の指のうちのまん中の指。

なか-ゆるし ユ【中許し】名 琴・生け花・茶などの諸芸で、初許しの一つ上の免許。中伝。↕初許し・奥許し。

なか-よく ナ【仲良く】副 仲がいいようす。人間関係がおだやかなようす。「みんなで―暮らす」

なか-よし カ【仲良し】【仲▲好し】名 仲がいいこと。仲のいい人。 **―こよし** カ名「仲よし」を調子よく言うことば。

ながよよしろう《長与善郎》一八八八―一九六一。小説家。代表作は「青銅の基督」「竹沢先生と云ふ人」など。

なか-ら 0/カ【▲半】名 ❶なかば。半分。❷〔古語〕途中。なかほど。❸〔古語〕過半。大半。ほとんど。「坂のなからばかり歩みしかば」〈枕〉

ながら 助 ❶〔接続助詞。動詞の連用形・形容詞の連体形・形容動詞の語幹、また名詞・副詞などにつく〕㋐二つの動作が同時におこなわれる意味をあらわす。…と同時に。…つつ。「話し―歩く」⇩つつ 参考。㋑二つの相応しない事がらを結ぶ。…ではあるが。…にもかかわらず。「金はあり―ひまがない」「子ども―なかなかのつらがまえだ」❷〔副助詞。体言につく〕全部。そっくりすべて。「兄弟三人―秀才だ」

なからい 0【仲らい】【仲▲合】名 人と人との交情。つきあい。あいだがら。

ながら・える エ【長らえる】【▲存える】自下一 生きつづける。**ながら・ふ** 文語八下二

ながらく ガ【長らく】副 ひさしく。長い間。「―ごぶさたした」

ながら-ぞく ラ【ながら族】名 ラジオや音楽を聴きながら勉強をするなど、二つ以上のことを同時に行う人。

なかり-せ-ば【無かりせば】連語〔文章語〕なかったならば。ないとしたならば。

なかれ【×莫れ・×勿れ】〔古語〕（文語形容詞「なし」の命令

形)禁止をあらわす。…するな。「悲しむ―」

ながれ【流れ】 ㊀㋹名 ❶流れること。流れぐあい。「下水の―がわるい」「空気の―」❷流れる水。川。「―に舟を浮かべる」❸流れるように、移り変わること。「歴史の―」「ゲームの―」❹系統。流派。「狩野派の―」❺学芸などの伝統。流派。「芭蕉の―」❻長くつながって動くもの。「車の―」❼会の散会後にまとまって別の所に行く小人数の人々。「宴会の―」❽屋根の傾斜。「屋根の―」❾⇒おながれ。㊁接尾 旗やのぼりなどをかぞえることば。「のぼり、ひと―」 **―に棹さす** 全体の勢いに乗る。一般の傾向に乗る。参考 近年あやまって「時勢に逆らう」意味で使う傾向がある。 **―を汲む** その流儀にしたがう。その系統に属する。「源氏の―」

ながれ-ある・く ル【流れ歩く】自五 さすらい行く。あてもなく放浪する。「諸国を―」

ながれ-かいさん カ【流れ解散】名 催しが終わる宣言や互いのあいさつをせずに、参加者がそれぞれの都合で帰り、解散となること。

ながれ-こ・む コ【流れ込む】自五 ❶流れて中にはいる。「どろ水が―」❷たくさんの人がよそからはいりこんでくる。「避難民が―」

ながれ-さぎょう サ【流れ作業】名 作業の過程を分け、それぞれの段階を分担して、順々に仕事を送ってしあげていく方式。材料をベルトにのせて順次にまわし、各自がその分担の作業をする方法が代表的。

ながれ-ず レ【流れ図】名 フローチャート。

ながれ-だま 0【流れ弾】名 目標をそれてとぶ弾丸。流弾。

ながれ-つ・く ツ/0【流れ着く】自五 ❶川や海をただよい、ある場所に行きつく。「無人島にいかだが―」❷放浪したのち、ある土地にたどりつく。

ながれ-づくり ヅ【流(れ)造(り)】名 神社建築の様式で、切妻造りの屋根の前方のながれが後方より長いもの。

ながれ-ぼし レ【流れ星】名 りゅうせい。秋

ながれ-もの 0【流れ者】名 ❶一か所に定住せず、あちらこちらわたり歩く者。❷よそから移ってきてその土地に住みついた者。

(側面)

流れ造り

ながれ-や レ【流れ矢】名 目標をそれてとぶ矢。それや。

なが・れる レ【流れる】自下一 ❶液体・気体が移動する。㋐液体が低い方へいく。「汗が背中を―」㋑水の動きによって他の物が移動する。「洪水で家が―」「木の枝が川を―」㋒気体が水平方向に移動する。「煙が―」「霧が―」❷何かが移動する。㋐物・音などが移動する。「星が―」「きれいな音楽が―」㋑うわさなどが広まる。「デマが―」「うわさが町に―」㋒時がうつり過ぎる。「年月が―」㋓仕事が進行する。「作業がスムーズに―」㋔あてもなく、さすらう。放浪する。流浪する。「遠い他国を流れて歩く」❸無効になる。㋐会議・計画・催し物などが成り立たなくなる。「雨で運動会が―」㋑流産する。「おなかの子が―」㋒質に入れた物を受け出す期限が過ぎて、所有権を失う。「大事な時計が―」❹ある傾向になる。傾く。はしる。「ぜいたくに―」参考 望ましくないことに使う。❺形・姿勢がくずれる。「テレビの映像が―」「着地の際、右足が流れた」❻人々がずらりと並んでいる。「左右に家来が流れて座る」 **なが・る** 文語下二

なが-わきざし ワ【長脇差(し)】名 ❶ふつうより長いわきざしの刀。❷〔長わきざしをさしていたから〕ばくちうち。侠客。

なが-わずらい ワ【長患い】名 長いあいだの病気。ながやみ。

なか-わた 0【中綿】名 着物・ふとんなどの中に入れる綿。

なかん-ずく カ/ズ【なかんずく】【就中】副 その中でも。とりわけ。とくに。「―これが困難な問題だ」参考 「なかんづく」のように「づ」を用いて書いてもよい。

なき 0【泣き】名 泣くこと。 **―の涙** 涙をながして泣くこと。ひどくかなしむこと。 **―を入れる** 泣きついてわびる。泣きついて許しをねがう。 **―を見る** 泣くようなつらい目にあう。

なき ナ【亡き】連体 〔「なし」の連体形から〕生きていない。死亡したところの。「―母」 **―あと** 死んだあと。死んだのち。「―をとむらう」 **―数に入る** 死んだ人たちの仲間にはいる。死ぬ。

なぎ ギ【凪】名 風がやんで、波がおだやかになること。「夕―」

なぎ ナ【梛・竹柏】名 マキ科の常緑高木。暖地にはえ、高さ二〇メートルくらいになる。材は床柱・家具用。

なき-あか・す カ【泣(き)明(か)す】他五 一晩じゅう泣いて、夜を明かす。

なき-い・る イ【泣(き)入る】自五 泣きくずれる。泣きふす。

なき-おとし 0【泣(き)落(と)し】名 泣きついて、相手の同情にすがって、承諾させること。 **―戦術** セ名 泣きおとしとして相手に承諾させる方法。

なき-がお 0【泣(き)顔】名 泣いている顔。

なき-がら 0【亡骸】名 死人のからだ。しかばね。

なき-かわ・す ワ【鳴き交(わ)す】自五 鳥やけものなどが鳴きあう。

なき-くず・れる レ【泣(き)崩れる】自下一 ふかい悲しみのため泣いてとりみだす。泣いてうつぶせにたおれる。泣きふす。 **なきくづ・る** 文語下二

なき-くら・す ラ【泣(き)暮(ら)す】自五 昼も夜も、いつも泣いている。

なき-ごえ ゴ/0名 ㊀【泣(き)声】❶人のないている声。❷ないているような声。涙声。㊁【鳴(き)声】けもの・鳥・虫がないている声。

なき-ごと 0【泣(き)言】名 泣きながらうったえることば。なげいて言うことば。「―をならべる」

なき-こ・む コ【泣(き)込む】自五 ❶泣くようにして頼み込む。❷泣きつく。 **泣き込める** 自下一〔…できる〕

なぎさ 0【渚・汀】名 波うちぎわ。みぎわ。

なき-さけ・ぶ ケ【泣(き)叫ぶ】自五 大声で泣く。

なき-しき・る キ2【鳴きしきる】【鳴き頻る】自五 しきりに鳴く。「せみが―」

なき-しず・む ズ【泣(き)沈む】自五 泣きくずれる。泣きふす。

なき-しも 0【泣き霜】名 五月なかばごろに見られる遅霜。参考 立春から数えて八十八日めごろには霜の降りる心配がないので「八十八夜の別れ霜」と言われるのに対して、標高の高い地域では九十九日めごろでも霜が降りて農作物に被害が発生することから「九十九夜の泣き霜」などと言われることがある。

なき-じゃく・る ク【泣きじゃくる】自五 しゃくりあげるように泣く。しゃくり泣きする。 **泣きじゃくり** 名

なき-じょうご ジョ【泣(き)上戸】名 酒に酔うと泣くく

な

せ。また、そのくせのある人。↕笑い上戸。

なき-すが・る ガ【泣きすがる】[泣×縋る] 自五 泣いて、すがりつく。

なき-すな 0【鳴き砂】名 砂浜で、踏むと「キュッキュッ」と独特の音を立てる砂。

なぎ-たお・す オ/0【なぎ倒す】[×薙倒す] 他五 ❶刃物をよこにはらって、切りたおす。「雑草を—」❷大ぜいの敵をうち負かす。「むらがる敵を—」 **なぎ倒せる** 自下一[…できる]

なき-だ・す ダ【泣(き)出す】自五 ❶なきはじめる。「こらえきれずに—」❷〔「泣き出しそうな」の形で〕今にも雨が降り出しそうなようすをあらわす。「泣き出しそうな空模様」 **泣き出せる** 自下一[…できる]

なき-た・てる テ【泣(き)立てる】自下一 声をたてて泣く。 **なきた・つ** 文語下二

なき-つ・く ツ【泣きつく】自五 ❶泣いてすがりつく。❷泣かんばかりにして救いをもとめる。

なき-っ-つら 0【泣きっ面】名 泣いた顔つき。泣きそうな顔つき。泣き顔。なきづら。「—をするな」 **—に蜂** 〔泣きっつらに、はちがさす〕不運なうえに、さらに苦しみや不幸がかさなるたとえ。

なき-どころ 0【泣きどころ】名 〔さわられると痛くて泣き出す場所という意から〕弱み。弱点。

なき-なき 0/キ【泣き泣き】副 泣きながら。泣く泣く。

なぎ-なた ナ/2/タ【▲長▲刀・×薙▲刀】名 長い柄の先にそりかえった刃物をつけた武器。眉刀。

無きにしもあらず ないというわけでもない。

なき-ぬ・れる レ【泣きぬれる】[泣×濡れる] 自下一 泣いて、顔が涙にぬれる。 **なきぬ・る** 文語下二

なき-ねいり【泣(き)寝入り】名 ❶ネ/0 泣きながら、寝入ること。❷0 不満のまま、あきらめること。

なぎ-はら・う ラ/0【なぎ払う】[×薙払う] 他五 ❶刃物をいきおいよく横にはらう。❷大ぜいの敵をうちまかす。「むらがる敵を—」

なき-はら・す ラ【泣(き)腫らす】他五 泣いて、まぶたをはらす。

なき-ひと ナ【亡き人】名 死んだ人。死者。故人。

なき-ふ・す フ【泣(き)伏す】自五 泣いて、うつぶせにたおれる。泣きくずれる。

なぎ-ふ・せる セ【なぎ伏せる】[×薙伏せる] 他下一 なぎたおす。 **なぎふ・す** 文語下二

なき-べそ 0【泣きべそ】名 今にも泣きだしそうな顔。「—をかく」

なき-ぼくろ ボ【泣きぼくろ】[泣×黒▲子] 名 目の下や目のふちにあるほくろ。

なき-まね 0【泣きまね】[泣真▲似] 名 泣くまねをすること。空泣き。うそ泣き。

なき-みそ 0【泣きみそ】[泣味×噌] 名 泣き虫。

なき-むし ム/シ【泣(き)虫】名 ちょっとしたことにもすぐ泣く性質。また、そのような人。泣きみそ。

なき-もの ナ【無き者・亡き者】名 死んだ人。死者。 **—にする** ころす。

なぎょう-へんかくかつよう ナ=カ2【ナ行変格活用】名 文語動詞活用の一つ。「な・に・ぬ・ぬる・ぬれ・ね」と活用するもの。「死ぬ」「往ぬ」の活用。ナ変。⇩(付)語の活用

なき-より 0【泣(き)寄り】名 悲しみごとのあるとき、親しいものが寄りあつまって、なぐさめあうこと。「親は—」

なきり-ぼうちょう ボ【菜切(り)包丁】名 野菜を切るほうちょう。刃がうすくて幅が広く、先がまるい。菜切り。

なき-りゅう 0【鳴き竜】名 天井と床など、平行な二つの面のあいだで、音が何回も反響して聞こえる現象。多重反響。参考 天井などに描かれた竜の下で手をたたくと反響して、竜が鳴いているように思えるところから。

なき-わかれ 0【泣(き)別れ】名 泣きながらわかれること。

なき-わめ・く メ【泣きわめく】[泣▲喚く] 自五 大声を出して泣き、騒ぎたてる。

なき-わらい 0/ワ【泣(き)笑い】[—わらひ] 名 自サ 泣きながら笑うこと。

な・く 0【泣く】自五 ❶感情の高まりや肉体的苦痛のために、涙を流したり声をあげたりする。「くやし泣きに—」「大の男でも—」❷嘆き悲しむ。「子に死なれて—」❸赤ん坊がはげしく声を出す。❹つらい目にあい、残念な思いをする。「あの件では泣いたよ」「一票に—」❺自分を犠牲にして値引きする。「もう五百円泣きましょう」❻そのものに値しない。「看板が—」 **泣ける** 自下一[…できる] **—子と地頭には勝てぬ** 〔泣く子の聞きわけのないことと、鎌倉時代の地頭が横暴であったことから〕どんなに道理であらそっても、かちめのないたとえ。 **—子も黙る** 強さやこわさがよく知られているようす。「—といわれた男」 **—に泣けない** 泣いたくらいではどうにもならないほど情けない。「—みじめな気持ち」

な・く 0【鳴く】[×啼く] 自五 動物が声を出す。「虫が—」 **鳴ける** 自下一[…できる]

な-く 連語 古語〔打ち消しの助動詞「ず」の古い未然形「な」と、名詞相当のものをつくる助詞「く」〕…ないこと。「吾が恋ひをらむ時の知らなく」〈万葉〉 **—に** 古語〔「に」は古い感動の終助詞〕❶…ないのに。…ないことだのに。「よばなくに門に至りぬ」〈万葉〉❷…ないことだから。…ないのだから。「誰をかも知る人にせむ高砂の松も昔の友ならなくに」〈古今〉❸…ないことだなあ。「いかにして忘れむものぞ吾妹子に恋はまされど忘らえなくに(忘レラレナイコトダナア)」〈万葉〉

な・ぐ ナ 自五 ❶【▲和ぐ】おだやかになる。「心が—」❷【×凪ぐ】風がなくなって、波がしずかになる。「ないだ海」

な・ぐ ナ【×薙ぐ】他五 刃物で、横ざまにはらって切る。

なぐさみ 0【慰み】名 ❶気ばらし。うさばらし。たのしみ。❷もてあそぶこと。もてあそぶもの。

なぐさみ-もの 0【慰み物(者)】名 慰みの対象となるもの。もてあそぶもの。「—にされる」

なぐさ・む サ【慰む】━自五 心がはれやかになる。気がまぎれる。━他五 ❶からかう。おもちゃにする。❷貞操をもてあそぶ。

なぐさめ-がお 0/ガ【慰め顔】[—がほ] 名 慰めようとするそぶり・顔つき。

なぐさ・める メ【慰める】他下一 ❶いたんだ心をまぎらせる。苦しみや悲しみなどをまぎらせる。「失恋した友人を—」❷いたわる。なだめる。 **慰め** 名 **なぐさ・む** 文語下二

なくし-もの 0【無くし物】名 置き忘れたり、紛れたりして持ち物をなくすこと。またはその物。

なく・す 0 他五 〔「なくする(サ変活用)」とも〕━【無くす】❶無いようにする。「事故を—」❷うしなう。「ノートを—」 **無くせる** 自下一[…できる] ━【亡くす】死なれる。「父親を—」

なく・する 0【無(亡)くする】他サ ⬇なくす。

無くて七癖 人はみんな多少のくせをもっているものだ。

なくてはならない 連語 ❶ないとこまる。「世の中に―人」❷〔動詞について〕なければならない。なくてはいけない。「そろそろ行か―」

なくなく【泣く泣く】 副 泣きながら。また、泣きたいほどつらい気持ちで。泣き泣き。「―自宅を手放す」

なくなす【無くす・亡くす】 他五 なくす。

なくなる【なくなる】 自五 ㊀【無くなる】❶無いようになる。つきる。「資金が―」❷紛失する。「荷物が―」㊁【亡くなる】「死ぬ」の改まった言い方。

なくむし【鳴く虫】 名 せみ・こおろぎ・きりぎりすなど、鳴き声を出す虫の総称。㊎

なくもがな【無くもがな】 連語 〔「もがな」は願望の意〕いっそ、ないほうがよい。あらずもがな。

なぐりがき【殴り書き】 名 なぐるように、乱暴に書くこと。また、書いたもの。

なぐりこみ【殴り込み】 名 おおぜいで人の家などに押しかけ、乱暴をすること。けんかをしかけに、押しかけること。「―をかける」

なぐりつける【殴りつける】 他下一 強い勢いでなぐる。**なぐりつ・く** 文語下二

なぐりとばす【殴り飛(ば)す】 他五 〔「なぐる」の強め〕力まかせになぐる。

なぐる【殴る】【擲る】 他五 力をこめて打つ。ぶつ。たたく。はる。**なぐれる** 自下一〔…できる〕

なげ【投げ】 名 ❶相撲・柔道などで、相手を投げてたおすわざ。投げわざ。❷取引で、損があきらかなとき、それ以上の損をさけるために、損を覚悟で売ること。❸碁・将棋で、負けることがはっきりしたとき、負けを認めること。

なげ【無げ】【無気】 名 形動 ❶ないようなようす。なさそう。「事も―な顔つき」❷〔古語〕心のこもらないようす。「今はなげの情けをかけ奉る者は、誰か一人もありし」〈保元〉

なげいれ【投(げ)入れ】 名 生け花で、花をむぞうさに投げ入れたように挿すこと。投げこみ。

なげいれる【投(げ)入れる】 他下一 投げて中にはいるようにする。投げ込む。「ドアから新聞を―」**なげい・る** 文語下二

なげうつ【×擲つ・×抛つ】 他五 〔文章語〕❶投げつける。投げすてる。「石を―」❷たいせつなものを、おしげもなくさし出す。投げ出す。「一身を社会事業に―」「全財産を―」

なげうり【投(げ)売(り)】 名 もうけを無視して、安く売ること。すてうり。「在庫処分の―」

なげおとす【投(げ)落(と)す】 他五 下に向かって勢いよく投げる。**投げ落とし** 名

なげかける【投(げ)掛ける】 他下一 ❶投げるように掛ける。「羽織を肩に―」❷投げるように、その方向に向ける。「視線を―」❸投げつけるように、よりかからせる。「身を―」❹提示する。提出する。「問題を―」**なげか・く** 文語下二

なげかわしい【嘆かわしい】【×歎かわしい】 形 嘆かずにいられないほど情けないありさまだ。「―世のさまだ」**なげかわしさ** 名 **なげかは・し** 文語シク

なげき【嘆き】【×歎き】 名 ❶なげくこと。「―に沈む」❷〔古語〕ためいき。嘆息。❸〔古語〕嘆願。愁訴。❹〔古語〕不幸。

なげきあかす【嘆き明(か)す】 他五 一晩じゅう嘆いて、夜を明かす。

なげきくらす【嘆き暮(ら)す】 他五 ❶毎日嘆いて暮らす。❷一日じゅう嘆いて、夜にいたる。

なげキッス【投げキッス】 名 くちびるに手をあて、その手を相手に投げかけるようにすること。

なげきぶし【嘆き節】 名 悔いたり嘆いたりして出ることば。愚痴。「―が聞こえる」

なげく【嘆く】【×歎く】 ㊀ 他五 ❶うれいかなしむ。かなしんで泣く。❷いきどおりかなしむ。「道徳の低下を―」㊁ 自四〔古語〕❶長いためいきをつく。嘆息する。「君が行く海辺の宿に霧立たば我が立ちなげく息と知りませ」〈万葉〉❷乞い願う。嘆願する。「世の中にさらぬ別れ（ドウシテモ避ケラレナイ別レ＝死別）のなくもがな千代もとなげく人の子のため」〈古今〉

なげくび【投(げ)首】 名 首を投げ出すようにして考えこむこと。思案にくれるようすにいう。「思案―」

なげこみ【投(げ)込み】 名 ❶投げ込むこと。❷野球で集中的な投球練習のこと。「―不足」❸本や雑誌にはさみ込む印刷物。

なげこむ【投(げ)込む】 他五 投げいれる。**投げ込める** 自下一〔…できる〕

なげし【長押】 名 柱と柱の間の上部にとりつける横木。

欄間
なげし
かもい

なげし

なげしまだ【投げ島田】 名 まげの根をひくくゆった島田まげ。

なげすてる【投(げ)捨てる】 他下一 ❶投げつけて捨てる。❷仕事などを、ほったらかす。**投げ捨て** 名 **なげす・つ** 文語下二

なげせん【投(げ)銭】 名 ❶大道芸人などに、投げて与えるかね。❷〔俗語〕インターネット上で配信される番組やその出演者に対して、視聴者がチップを与えること。また、そのかね。

なげだす【投(げ)出す】 他五 ❶投げて外へ出す。「紙くずを窓から外へ―」❷投げつけるようにして、さし出す。また、無造作につき出す。「小銭を机の上に―」「足を投げ出して座る」❸おしげもなくさし出す。「世のために一身を―」「財産を社会事業に―」❹すべきことを途中でやめてしまう。「仕事を―」**投げ出せる** 自下一〔…できる〕

なげつける【投(げ)つける】 他下一 投げて打ちつける。**なげつ・く** 文語下二

ナゲット 名 〈nugget〉〔かたまりの意〕骨を取り除いたとり肉、魚肉などの小さなかたまりにころもをつけて油であげた食べ物。「チキン―」

なげづり【投(げ)釣(り)】 名 つりで、おもりをつけたしかけを遠くに投げるつり方。

なげとばす【投(げ)飛(ば)す】 他五 投げてはね飛ばす。遠くへ投げる。**投げ飛ばせる** 自下一〔…できる〕

なげなし 名 ほんのすこししかないこと。「―のかね」

なげなわ【投(げ)縄】 名 先を輪の形に結んだ、長い縄。動物などを生けどるのに使う。

なげぶし【投(げ)節】 名 江戸時代、明暦・元禄ごろにはやった小うた。うたの末を投げるようにうたった。

なげやり【投げやり】【投×槍】 名 敵に投げつける、柄のみじかいやり。

なげやり【投げやり】【投遣り】 名 形動 心をこめず、いいかげんにすること。やりっぱなし。「―な態度」

なける【泣ける】 自下一 ❶泣くことができ

る。❷自然に泣き出す。また、そのような気持ちになる。「うれしくて―」

な・げる ゲ 【投げる】 他下一 (ゲ―ゲ―ゲル―ゲル―ゲレ―ゲロ・ゲヨ) ❶持っている物を離して飛ばす。㋐手に持っている物を遠くへ飛ばす。ほうる。「ボールを―」㋑相撲・柔道などで、相手の体を飛ばすようにして倒す。㋒自分の体をほうるようにして飛びこむ。「がけから身を―」❷光線や視線などを、ある物に向けて当てる。「強い光を舞台に―」「視線を―」❸行動を、途中であきらめる。投げ出す。ほうり出す。「気力が尽きて仕事を―」「あきらめて試験を―」 **な・ぐ** 文語下二

なければ-ならない 連語 …するのが当然である。…する必要がある。なくてはならない。なければならぬ。ねばならぬ。「読ま―本」「報告し―」

なげ-わざ 0 【投(げ)技】 名 相撲・柔道などで、相手を投げたおすわざ。投げ。

なこうど コ 【仲人】 名 (「なかひと」の変化)結婚する男女のなかにたって、世話をする人。媒酌人。

なこうど-ぐち ド 【仲人口】 名 縁談をまとめるための、仲人の調子のいいことば。

なごし-の-はらえ 【▲夏(名)越の×祓】 名 古語 陰暦六月末日に神社でおこなわれた行事。参拝者に茅でつくった輪をくぐらせて、けがれをはらいきよめる。夏

なご・む ゴ 【和む】 自五 (マ・モ―ミ・ン―ム―ム―メ―メ) ❶おだやかになる。「表情が―」「寒さが―」❷俗語 気持ちがおだやかになる。くつろぐ。「そばに子猫がいると―」 参考 話し言葉では、対象や条件が示されることで、「気持ち」「心」などの主語を言わなくても用いられる。 **なご・み** 名 **なごめる** 自下一 (…できる)

なごや-おび オ 名 ❶【名古屋帯】お太鼓に結ぶ部分と垂れの部分をなみはばに、胴まわりなどの部分を半はばにしたてた女帯。名古屋で流行しはじめたという。❷【名護屋帯】糸をまるうちにし、両はしにふさをつけた帯。九州の名護屋でできたもので、室町時代から江戸初期にかけて男女とも用いた。

なごやか ゴ 【和やか】 形動 (ダロ―ダッ・デ・ニ―ダ―ナ―ナラ―○) けわしさがなく、親しみが感じられるようす。「―な会合」 **和やかさ** 名

なごり リ 【名残】 名 ❶過ぎさったあとにのこる勢いや気分。余波。「台風の―で波が高い」❷別れを惜しむ気分。過ぎさってしまうものへの心残り。「―を惜しむ」「―が尽きない」❸古語 子孫。忘れがたみ。「昔の(亡クナッタ人ノ)御なごりにおぼしなづらへて」〈源氏〉❹古語 別れぎわ。最後。「この世のなごり、夜もなごり、死にに行く身をたとふれば」〈浄瑠璃・曽根崎心中〉 **―の月** ❶有明の月。残月。❷陰暦九月十三日の夜の月。秋

なごり-おし・い シ 【名残惜しい】 形 (カロ―カッ・ク―イ―イ―ケレ―○) 別れることがつらい。名残多い。 **なごりを・し** 文語シク

なごり-きょうげん キョ 【名残狂言】 名 その興行地で最後に演ずる狂言。引退する役者が最後に演ずる狂言。

な-さ ナ 【無さ】 名 ないこと。「気力の―」

ナサ ナ 〈NASA〉 名 (National Aeronautics and Space Administration から)アメリカ航空宇宙局。

なさけ ナ/ケ 【情け】 名 ❶思いやり。親切気。人情。「人に―をかける」❷もののあわれを知る心。風流の心。❸男女の愛情。「―を知る年ごろ」 **―が×仇** 好意がかえって相手のためにならなくなること。 **―は人の▲為ならず** 人に情けをほどこせば、必ず自分もよい報いを受ける。 参考 「情けをかけるのは相手のためによくない」という意味に使うのはあやまり。 **―容赦もなく** 思いやりもなく冷酷に扱うさま。 **―を掛ける** いたわって親切にする。 **―を知る** 人情に通じる。

なさけ-しらず シ 【情け知らず】 名 情けをもたないこと。また、その人。無情。無情な人。

なさけ-な・い 【情けない】 ❶ ナ2 形 (カロ―カッ・ク―イ―イ―ケレ―○) ❶ふがいない。意気地がなくて、がっかりだ。「―成績」❷みじめで、恥ずかしい。「―姿をさらす」❸あさましい。なげかわしい。「―世の中」 **情けながる** 自五 **情けなげ** 形動 **情けなさ** 名 **なさけな・し** 文語ク ❷ 形ク 古語 ❶薄情だ。思いやりがない。冷淡だ。「ことさらになさけなくつれなき様を見せて」〈源氏〉❷おもむきがない。風流でない。「白き単衣の、なさけなくあざやぎたる(目立ッテイル)」〈源氏〉

なさけ-ぶか・い カ 【情け深い】 形 (カロ―カッ・ク―イ―イ―ケレ―○) 人情ぶかい。あわれみや同情心がふかい。 **情け深げ** 形動 **情け深さ** 名 **なさけぶか・し** 文語ク

な-ざし 0 【名指し】 名 名前をあげること。指名。「―で非難する」

な-ざ・す ザ 【名指す】 他五 (サ・ソ―シ―ス―ス―セ―セ) 名をさししめす。指名する。

な-さ-すぎる 【なさ過ぎる】 連語 (形容詞「ない」の語幹に接尾語「さ」の付いた「なさ」と補助的な動詞「すぎる」)そうでない程度がはなはだしいようす。「時間が―」「常識が―」 参考 動詞に打ち消しをあらわす助動詞「ない」を付けて、さらに「すぎる」が付く場合は、「さ」が入らず「なすぎる」となるが、近年は動詞の場合でも、特に「いる」「来る」「する」「出る」「見る」のように語幹が一音節の場合は「さ」が入る傾向が見られる。形容詞の「ない」と打ち消しの助動詞「ない」の混同によると考えられる。

なさぬ-なか サ=ナ2 【▲生さぬ仲】 名 肉親でない義理の親子の関係。

なさ・る サ 【▲為さる】 他五 (ラ・ロ―リ・ッ・イ―ル―ル―レ―レ・イ) ❶「する」の尊敬の言い方。「読書を―」❷(補助動詞として「お(ご)…なさる」の形で)尊敬の意味をあらわす言い方。「お話し―」「ご心配―」 参考 「た」や「て」に続く場合に、「なすった(て)」の形をとることがある。補助動詞として使われる場合に、「お(ご)」が落ちて、「旅行なさる」「しなさい」のようにも使われるが、敬意は低くなる。「お…になる」と敬意は、ほぼ同じだが、「なさる」のほうが、やや古めかしい。命令の「なさい」は、目上には使えない。ていねいにいう場合は、「なさいませ」を使う。

なし シ/0 【梨】 名 バラ科の落葉高木。四、五月ごろに、白色・五弁の花を開く。実は大きく水分が多く、甘い。秋 **―の×礫** (「梨」を「無し」にかけて)おとさたのないこと。たよりのないこと。「その後、とんと―だ」

なし 【なし・無し】 ❶ ナ 名 ないこと。なくすこと。「あいさつも―に帰る」❷ 造 ないこと。また、ない人。「底―」「怖いもの―」

なじ-かは 副 古語 どうしてかは。なぜかは。「声よく節も上手でありければなじかは舞も損ずべき」〈平家〉

なし-くずし 0 【▲済し崩し】 名 物事をすこしずつすますこと。

なし-じ 0 【▲梨子地】 名 ❶なしの実の皮の小さなはん点に似せて、蒔絵に金銀の粉をまき、うるしを塗り、みがいたもの。❷織物の地質で、なしの実の皮の感じを出したもの。しゅす織りを変化させて作ったもの。

なし-と・げる ゲ/0 【成し遂げる】【▲為し遂げる】 他下一 (ゲ―ゲ―ゲル―ゲル―ゲレ―ゲロ・ゲヨ) 事を完成させる。しとげる。「研究を―」「偉業を―」 **なしと・ぐ** 文語下二

なし-に 【なしに・無しに】 連語 ❶そうではなく。「うわさでは―事実らしい」❷(多く「とは―」の形で、前の疑問詞を受けて)はっきりと定められないが。「いつとは―疎遠になった」「誰とも―話し始めた」❸(多く「とも―」「で

な

も—」の形で)必ずしも意識せずに。「聞くとも—聞く」

なじみ ミ◎【×馴染】名 ❶なれしたしむこと。また、なじんできた人。「—の店」❷男女がたがいにしたしむこと。また、その男女。「—の間がら」

なじ・む ジ【×馴染む】自五 マ・モ・ミ・ン・ム・ム・メ・メ ❶なれしたしむ。なつく。「あたらしい土地に—」❷調和する。ほどよく似合う。「絵と額ぶちがよく—」**なじめる** 他下一 …できる

なじょう でふ 古語 (「なにといふ」の変化した「なんでふ」から)㊀ 連体 なんという。どんな。どれほどの。「こはなでふことのたまふぞ」〈竹取〉㊁ 副 (反語、まれに疑問の意)なんで。どうして。「『…なでふ百日の鯉(こひ)を切らむぞ』とのたまひたりし」〈徒然〉

ナショナリスト リ〈nationalist〉名 ナショナリズムを唱える人。民族主義者。国家主義者。国粋主義者。

ナショナリズム リ〈nationalism〉名 民族、国家などの共同体が、他からの独立を求めたり、その統一や発展をめざす思想や運動の総称。また、こうした思想の行き過ぎによる排外主義を言うこともある。↔インターナショナリズム・グローバリズム。参考 国家や民族の置かれる立場は歴史的にも文化的にも多様であるため、意味も範囲が広く、国家主義・民族主義・国民主義・国粋主義など、多くの訳語がある。

ナショナル〈national〉造 国家・国民にかかわること。「—チーム」「—パーク」**—ブランド** ラ〈national brand〉名 メーカーが企画・製造し、全国的に知名度のある商品やその商標。NB。↔プライベートブランド。

なじ・る ジ【詰る】他五 ラ・ロ・リ・ッ・ル・ル・レ・レ とがめてたずねる。問いつめて責める。詰問(きつもん)する。「不正を—」

なす ナ【×茄子】名 ナス科の一年生植物。夏から秋にかけて紫色の花を開き、暗紫色の実をつける。食用。なすび。(夏)

なす【なす】【▲為す】[一] ㊀ ナ 他五 サ・ソ・シ・ス・ス・セ・セ ❶する。やる。おこなう。「—べきことを知る」「—すべもない」「やること—こと失敗続きだ」❷【成す】つくりあげる。まとめあげる。「天下統一の大業を—」「文壇において一家(いっか)を—」❸【成す】ある状態を実現する。別のものにする。「形を成さない」「群れを—」「一寒村を繁華の地と—」❹【▲生す】子をもうける。「三人の子をなした仲」❺【▲済す】すべきことをすませる。特に、借りた金を返す。参考 返金の意味では東京方言で昭和戦前ごろまで使われた。㊁ 接尾 (名詞について連体修飾句をつくる)…のような。…に似ている。「玉—汗」「山—大波」「緑—黒髪」[二] 自四 古語 (補助動詞として)❶わざわざ…する。ことさら…する。「あるにも過ぎて(事実以上ニ)人は物を言ひなすに」〈徒然〉❷そのように…する。「住み—」「着—」

な-すぎる【な過ぎる】連語 (打ち消しの助動詞「ない」に補助的な動詞「すぎる」がついた形で動詞のあとにつく)そうなっていない程度がはなはだしいようす。「構わなすぎる」「知らなすぎる」「足りなすぎる」「やらなすぎる」など。参考 近年はこうした動詞の打ち消し形に「さ」が入り「…なさすぎる」となる場合も見られるが、打ち消しの助動詞「ない」と形容詞の「ない」の混同によると考えられる。

なす-こん ◎【なす紺】【×茄子紺】名 なすの実(み)の色のような、赤みの多い紺色。

ナスダック ナ/ダ〈NASDAQ〉名 (National Association of Securities Dealers Automated Quotations の略)全米証券業協会(NASD)が運営するコンピューターネットワークによる株式売買システム。

なずな ◎【×薺】なづな 名 アブラナ科の一年生、または、二年生植物。春、白色で小さい花を開く。春の七草の一つ。ぺんぺんぐさ。(春)

なすび ナ【×茄▲子】名 ⬇なす。(夏)

なず・む ズ【▲泥む】なづむ 自五 マ・モ・ミ・ン・ム・ム・メ・メ ❶はかばかしく進まない。とどこおる。「暮れ—」❷心がそのことから離れない。こだわる。執着する。❸なれ親しむ。なじむ。

なずら・う【▲準ふ・▲擬ふ】なずらふ 古語 ㊀ 自四 肩をならべる。類する。「ただ今は、この内の大臣(おとど)になずらふ人無しかし」〈源氏〉㊁ 他下二 同じようにみなす。比べみる。なぞらえる。「今はなほ、昔の形見になずらへてものし給へ(参内シナサイ)」〈源氏〉‖なぞらう。

なずら・える エ【▲準える】なずらへる 他下一 エ・エ・エル・エル・エレ・エロ・エヨ ⬇なぞらえる。**なずら・ふ** 文語ハ下二

なすり-あい ◎【なすり合い】【▲擦り合い】あひ 名 責任や罪を、お互いに相手にかぶせること。

なすり-つ・ける ケ【なすり付ける】【▲擦り付ける】他下一 ケ・ケ・ケ・ケル・ケル・ケレ・ケロ・ケヨ ❶こすってすりつける。❷罪や責任などを他人にかぶせる。「責任を—」**なすりつ・く** 文語下二

なす・る ス【▲擦る】他五 ラ・ロ・リ・ッ・ル・ル・レ・レ 強く押しあてて色やよごれがつくようにする。

なぜ ナ【なぜ】【▲何▲故】副 ことのわけをたずねる意味。どうして。「—なにも言わないの」

なぜ-か ナ【なぜか】【▲何▲故か】副 ❶どういうわけか。❷なんとなく。「このごろ—さびしい」

なぜなら-ば ナ【なぜならば】【▲何▲故ならば】接続 なぜかといえば。なぜかというと。なぜなら。参考 前にのべたことの理由をつけ加える場合に用いる。「それは」よりも、あらたまった言い方。

▲為(な)せば成(な)る やればできる。強い意志をもって事に当たればなにごともできる。参考 米沢藩主・上杉鷹山(うえすぎようざん)の詠歌「なせばなる なさねばならぬ 何事も ならぬは人の なさぬなりけり」によるとされる。

な-ぞ ◎【謎】名 (「なにぞ」の意)❶なぞなぞ。❷遠まわしに、それとなくさとらせるように言いかけること。「—をかける」❸原因・正体などのわからないもの。「—の事件」

な-ぞ【▲何ぞ】副 古語 (「なにぞ」の変化)❶(疑問)なにか。なにごとか。「あれはなぞ。あれはなぞ」〈更級〉参考 文末でしか使わない。❷(疑問)なぜか。どうしてか。「なぞ、かう暑きに、この格子はおろされたる」〈源氏〉❸(反語)どうして…だろうか。「君なくてなぞ身よそはむ」〈万葉〉

なぞ 助 (副助詞)「など」の俗な言い方。なんか。なんぞ。

なぞ-なぞ ◎【謎謎】名 (「なにぞ、なにぞ」の変化)他の物事の意味をふくませたことばを言いかけて、それをあてさせる遊び。「—を出す」

なぞ-め・く メ【謎めく】自五 カ・コ・キ・イ・ク・ク・ケ・ケ なぞのようにみえる。「謎めいた雰囲気」

なぞら・う【▲準ふ・▲擬ふ】なぞらふ 自四 他下二 古語 ⬇なずらう。

なぞら・える エ【▲準える】なぞらへる 他下一 エ・エ・エル・エル・エレ・エロ・エヨ 異なるものを、共通点があるものとして見る。みたてる。擬する。にせる。「現代を元禄(げんろく)時代に—」**なぞら・ふ** 文語ハ下二

なぞ・る ジ 他五 ラ・ロ・リ・ッ・ル・ル・レ・レ 字や絵の上に紙をのせて、そのとおりにうつし書く。しきうつす。**なぞれる** 自下一 …できる

なた ◎【×鉈】名 みじかい柄(え)のついた、はばのひろい刃物。枝をはらい落としたり、まきを割ったりするのに使う。**—を振(ふ)るう** 思いきった整理をする。予算・人数などをけずる場合などにいう。

なた

なだ ナ【×灘】名 ❶波のあらい海洋。❷「灘酒(なだざけ)」の略。神戸(こうべ)市の灘地方に産する清酒。

な-だい ◎【名代】名 (「みょうだい」と読めば別語)名高いこと。有名。「—のだんご」

な

なだい⓪【名題】名 ❶姓名・物名を標題にかかげること。また、その標題。❷歌舞伎の脚本や浄瑠璃の標題。外題。❸名題看板。❹名題役者。**―看板** カ 名 歌舞伎劇場で、上演狂言の題や役者の名や絵などをかいてかかげる看板。**―役者** ヤ 名 ❶名題看板にその名が載る役者。❷一座中のすぐれた役者。

なだいめん【名対面】名〔古語〕宮中で、宿直の者たちが、名をとわれて名のりあげたこと。特に、夜十時ごろの点呼で、姓名を名のること。とのいもうし。

なだか・い カ【名高い】形 カロ・カッ・ク/イ・イ・ケレ・○ 名が世に広く知られている。有名である。**なだか・し** 文語ク

なだたる タ【名だたる】連体 有名な。「―勇士」

なたね タ⓪【菜種】名 あぶらなの種子。**―油** ア 名 菜種からしぼりとった油。食用・灯用・工業用。たねあぶら。**―梅雨** ツ 名 菜の花の咲くころ(三月末から四月にかけて)梅雨のように降りつづく長雨。春

なた-まめ ⓪タ【×鉈豆】名 マメ科のつる性一年草。夏、うす紅紫色・白色の花を開く。さやは大きくてひらたい。実と若いさやは食用。秋 **―ギセル** ギ 名 なたまめのさやに似た、太いきせる。

なだめ-すか・す カ【×宥め×賺す】他五 サ・ソ・シ・ス・ス・セ・セ あれこれことばをかけて、相手の気持ちをやわらげる。「泣く子を―」

なだ・める メ【×宥める】他下一 メ・メ・メル・メレ・メロ・メヨ 人のいかりやかなしみを、やわらげしずめる。**なだ・む** 文語下二

なだ-らか ⓪ 一 タ 形動 ダロ・ダッ・デ・ニ/ダ・ナ・ナラ・○ ❶順調なようす。おだやか。「―に話がまとまる」❷傾斜がゆるやかなようす。「―な丘」❸なめらかなようす。すらすら。「話は―に進む」 二 なり形動〔古語〕❶まるくて、かどがないようす。「なだらかなる石、かどある巌」〈宇津保〉❷なにごともないようす。平穏無事。「ひびきの灘もなだらかに過ぎぬ」〈源氏〉❸よどみなく、なめらかなようす。りゅうちょう。「若き人々の、なだらかに物聞こゆべきもなく」〈源氏〉

なだれ ⓪【雪崩】名 山の斜面に積もった雪が、一度にくずれおちること。春「表層―」**―を打つ** なだれのようにおおぜいの人がはげしい勢いで動くようす。

なだれ-こ・む コ⓪【なだれ込む】【雪崩れ込む】自五 マ・モ・ミ・ム・ム・メ・メ たくさんの人が、どっといちどにはいり込む。「会場にファンが―」

なだ・れる レ【雪崩れる】自下一 レ・レ・レル・レレ・レロ・レヨ ❶ななめにかたむく。❷くずれおちる。「雪が山の斜面を―」**なだ・る** 文語下二

ナチ ナチス。

ナチス ナ〈ドNazis〉名 ヒットラーを党首とした国民社会主義ドイツ労働者党。一九一九年結成、一九三三年にドイツの政権を握った。一九四五年、敗戦とともに崩壊。ナチ。

ナチズム チ〈Nazism〉名 ナチスの主義主張。全体主義、偏狭な民族主義などを特徴とする。

ナチュラル ナ〈natural〉一 名 楽譜で、「♯・♭」によって半音上げ、または下げた音を、元の高さにもどす記号「♮」。本位記号。二 形動 自然であるようす。**―チーズ** チ〈natural cheese〉名 生乳などを固めて発酵、熟成させたチーズ。カマンベールなど。↔プロセスチーズ。

なっ【納】造 いれる。おさめる。「納豆・納得」[別音 のう―納]

なっ【×捺】造 おす。おしつける。「捺印・捺染・押捺」

なつ ツ【夏】名 春と秋との間の季節で、立夏から立秋の前日まで。ふつう六・七・八月、陰暦では四・五・六月。夏

なつ-いん ⓪【×捺印】名 自サ 印をおすこと。また、おした印。押印。「署名―」

なつ-おび ⓪【夏帯】名 夏にしめる、きじのうすい帯。夏

なつ-がけ ⓪【夏掛(け)】名 夏用の薄い掛けぶとん。

なつかし・い シ【懐かしい】一 シ 形 カロ・カッ・ク/イ・イ・ケレ・○ 昔のことが思い出されて、心ひかれる。「―人に会った」**懐かし・げ** 形動 **懐かしさ** 名 **なつか・し** 文語シク **懐かしがる** 自五 二 形シク〔古語〕(動詞「懐く」を形容詞化させたもので、強く心がひきつけられて、そばにいたい、身近においておきたいという気持ちをあらわすことば)❶いとしい。かわいい。好ましい。「なつかしき愛しき妻の児」〈万葉〉❷人なつっこく甘えた感じだ。親しい感じだ。「さるべき折々の御答へなど、なつかしく聞こえつ」〈源氏〉

なつかし・む シ【懐かしむ】他五 マ・モ・ミ・ム・ム・メ・メ なつかしく思う。なつかしがる。「昔を―」

なつ-がれ ⓪【夏枯(れ)】名 商取引や興行物などが、夏の季節にふるわない状態のこと。夏 ↔冬枯れ。

なつ-ぎ ⓪【夏着】名 夏着る衣服。なつごろも。夏 ↔冬着。

なつ・く ツ【懐く】自五 カ・コ・キ・イ・ク・ク・ケ・ケ なれて、つきしたがう。なれる。したしくなる。なじむ。「子どもが―」

なつ-くさ ⓪【夏草】名 夏においしげる草。夏 **―の** 枕「萎ゆ」「野」「ね」「深く」「かり」「しげ」にかかる。

ナックル-ボール ボ〈knuckle ball〉名(「ナックル」は指の関節のこと)野球の投球で、指の第一関節を利用して投げるボール。ボールがほとんど回転せず、打者の手前で急激に落下する。

なづけ ケ⓪【名付(け)】名 生まれた子どもや新商品などに名をつけること。命名。ネーミング。**―親** オ⓪ 名 ❶生まれた子どもに名をつける人。参考 両親以外にいう。なおや。❷新商品・サービスなどに名をつける人。「新メニューの―」

なつ・ける ケ【懐ける】他下一 ケ・ケ・ケル・ケレ・ケロ・ケヨ なつかせる。なじませる。手なずける。**なつ・く** 文語下二

なづ・ける ケ【名付ける】他下一 ケ・ケ・ケル・ケレ・ケロ・ケヨ 事物に固有の名まえを与える。命名する。呼ぶ。「長男を一郎と―」**なづ・く** 文語下二

なつ-ご ⓪ツ【夏×蚕】名 夏、飼われるかいこ。夏 ↔春ご・秋ご。

なつこ・い コ【懐こい】形 カロ・カッ・ク/イ・イ・ケレ・○ 人にすぐなれ親しみやすい。なつっこい。「―性格の少年」**懐こさ** 名

なつ-こだち コ【夏木立】名 夏に、おいしげった木。夏

なつ-ごろも ゴ【夏衣】名 夏着る衣服。夏着。なつぎぬ。夏

なつ-さく ⓪【夏作】名 ❶夏、栽培すること。❷夏とれる作物。夏

なつ-ざしき ザ【夏座敷】名 夏、あけはなして涼しくした座敷。夏

なつ-じかん ジ【夏時間】名 ⬇サマータイム。夏

なっ-しょ ⓪【納所】名 ❶〔古語〕年貢などをおさめた所。❷禅宗の寺で、金銭や米穀などの出納事務をとる所。また、その僧。**―坊主** ボ 名 寺の会計や雑務を扱う下級の僧。

ナッシング ナ〈nothing〉名 ❶なにもないこと。無。ゼロ。「オールオアー―」❷野球で、投手の打者に対する投球のうち、ストライクあるいはボールのどちらかが一つもないこと。「ワン―」

なっ-せん ⓪【×捺染】名 他サ 布地に模様を、型紙を使って染めること。型染め。プリント。

なつそ-びく【夏×麻引く】枕(「なつそ」は、夏にとれるあさの意)あさの関係で、畑のうねから、音の近い「うな」にか

な

かる。

なつ-ぞら ◎/ゾ【夏空】名 夏の太陽がぎらぎらする空。夏

なつ-だより ダ【夏便り】名 夏の訪れを知らせるたより。暑中見舞い。「各地からの―」

ナッツ ナ〈nuts〉名 堅い殻に包まれた食用になる木の実(み)。くるみ・アーモンドなど。

なって-ない 連語〈俗語〉(「なっていない」の変化)できがわるい。よくない。だめだ。「彼のやり方は―」

ナット ナ/◎〈nut〉名 ボルトにはめこんで物をしめつける、とめがね。↕ボルト。

ボルト　ナット

ナット

なっ-とう ト【納豆】名 ❶蒸した大豆を、適当な温度の中におき、納豆菌によって発酵させて作った食べ物。糸引き納豆。冬 ❷発酵させた大豆を塩じるにひたし、香辛料を加えてほした食べ物。塩納豆。浜納豆。参考「納」という字を使うのは「納所(なっしょ)」❷の食べ物だったからという。

なっ-とく ◎【納得】名 自サ 他人の行為・考えなどを理解し、みとめること。得心。「―がいかない」**―▲尽(ずく)** ク2 名 納得の上でおこなうこと。

なつ-どなり ド【夏隣】名 晩春の、夏が間近なころ。春

なつ-どり ツ/◎【夏鳥】名 春、日本にわたってきて夏を越し、秋になると帰っていくわたりどり。↕冬鳥。

なつ-ば ◎【夏場】名 夏のあいだ。夏のころ。夏 「―の食べ物」↕冬場。

なっ-ぱ ナ【菜っ葉】名 野菜の葉。また、葉の部分を食べる野菜。菜(な)。**―服(ふく)** パ 名 うすあおいろの作業服。

なつ-ばおり パ【夏羽織】名 夏に着る、うすい絽(ろ)などのひとえの羽織。夏

なつ-ばしょ ◎【夏場所】名 五月興行の大相撲。五月場所。夏 ⇩本場所(表)。

なつ-ばて ◎【夏ばて】名 自サ 夏の暑さにまいること。夏まけ。夏

なつ-び ツ【夏日】名 ↕冬日。❶夏の強烈な日ざし。❷一日の最高気温が二十五度以上の日。

◆〈夏日❷〉**夏日と冬日**

夏日	最高気温が25度以上	冬日	最低気温が0度未満
真夏日	最高気温が30度以上	真冬日	最高気温が0度未満
猛暑日	最高気温が35度以上		

なつ-ふく ◎【夏服】名 夏に着る衣服。夏着。夏 ↕冬服。

ナップ-ザック ザ〈ド Knappsack〉名〈商標名〉ハイキングなどに使う簡単なリュックサック。ナップサック。

なつ-まけ ◎【夏負け】名 自サ 夏の暑さのために、からだが弱ること。夏

なつ-まつり マ【夏祭(り)】名 夏季に行われる神社の祭り。夏

なつ-みかん ミ【夏みかん】【夏▲蜜×柑】名 ミカン科の常緑低木。初夏に、白色の花を開き、翌年の春、大きな実(み)をつける。実は食用。夏

なつ-むき ◎【夏向き】名 夏の季節にふさわしいこと。「―の洋服」

なつ-むし ツ【夏虫】名 夏にあらわれる虫類の総称。蚊や蛾(が)、せみ・ほたるなどをいう。夏

なつめ ◎【×棗】名 ❶クロウメモドキ科の落葉高木。夏、うす黄色の花を開き、だ円形の実(み)をつける。実は食用・漢方薬用。花は夏、実は秋 ❷抹茶(まっちゃ)入れ。なつめの実(み)の形に似ている。

なつめ❶　なつめ❷

なつめ-そうせき《夏目漱石》〔一八六七―一九一六〕小説家・英文学者。本名は金之助(きんのすけ)。近代文学を代表する作家。「吾輩(わがはい)は猫である」「坊っちゃん」「草枕(くさまくら)」「こゝろ」など。

ナツメグ ◎/メ〈nutmeg〉名 ニクズクの種からとった香味料。

なつ-メロ ◎ 名〈俗語〉(「なつかしのメロディー」の略)ひとむかし前の流行歌。

なつ-もの ◎【夏物】名 夏の衣服。また、その衣服地。夏 「―の売り出し」↕冬物。

なつ-やすみ ヤ【夏休み】名 学校などの夏季の休業。暑中休暇。夏 ↕冬休み。

なつ-やせ ◎【夏痩せ】名 夏の暑さで食欲がへり、やせること。夏

なつ-やま ◎【夏山】名 ❶夏、草木のあおあおとしげった山。❷夏、のぼる山。「―合宿」夏 ↕冬山。

なであ・げる ゲ/◎【なで上げる】【×撫上げる】他下一 ゲ・ゲ・ゲル・ゲル・ゲレ・ゲロ|ゲヨ 上の方向へなでる。「髪を―」↕なで下ろす。**なであ・ぐ** 文語下二

なで-おろ・す ◎/◎【なで下ろす】【×撫下ろす】他五 サ・ソ|シ・ス・ス・セ・セ ❶下の方向へなでる。↕なで上げる。❷(「胸をなでおろす」の形で)ほっと安心する。

なで-がた ◎/テ【なで肩】【×撫肩】名 なだらかにさがった肩。↕いかり肩。

なで-ぎり ◎【なで斬り】名 ❶はものを横にはらって切ること。❷かたはしから残らず切りたおすこと。❸相手を大ぜい倒すこと。「強豪連を―にする」

なでしこ テ【×撫子】名 ❶ナデシコ科の草の総称。❷ナデシコ科の多年生植物。秋の七草の一つ。八、九月ごろ、淡紅色などの花を開く。夏 ⇩やまとなでしこ 参考

なで-つ・ける ケ/◎【×撫でつける】他下一 ケ・ケ・ケル・ケル・ケレ・ケロ|ケヨ なでて、おさえる。特に、髪(かみ)をくしですいて、ととのえる。**なでつ・く** 文語下二

なでふ 連体 副〈古語〉⬇なじょう。

なでまわ・す ワ【なで回す】【×撫回す】他五 サ・ソ|シ・ス・ス・セ・セ あちこちをじっくりと手でなでる。

な・でる テ【×撫でる】他下一 デ・デ・デル・デル・デレ・デロ|デヨ ❶てのひらなどで、そっとさする。さする。「頭を―」❷かわいがる。いつくしむ。❸簡単に、髪をととのえる。髪をとかす。「ちょっと髪を―」❹風などが軽くふれる。「ほおを―そよ風」**な・づ** 文語下二

な-でん ◎【南殿】名 紫宸殿(ししいでん)の別の呼び方。

な-と 助〈副助詞。「なりと」の変化〉なりと。でも。「なん―ほしいものを言いなさい」

な-ど 副〈古語〉(「なにと」の変化)なぜ。どうして。「などほととぎす声絶えぬらむ」〈古今〉

など【など】【▲等】助〈副助詞〉❶例として示す意味をあらわす。「月・星―の天体」❷軽く見る気持ちをあらわす。「私―とてもだめだ」❸打ち消しを下に伴って、強めをあらわす。「うそ―つかない」参考 複数の人・事がらをいう場合一般に「など」が使われる。「ら・たち」は人にのみ使う。法律では「宅地造成等規正法」のように「等(とう)」を使う。

ナトー ナ〈NATO〉名〈North Atlantic Treaty Organization から〉北大西洋条約機構。

など-か 副〈古語〉なぜ…か。どうして…か。「などかいと夜深う出でさせ給へる」〈源氏〉

な-どころ ド【名所】名 ❶姓名と住所。❷名所(めいしょ)。❸道具・器物などの各部分の名称。

など-て 副〈古語〉(「なにとて」の変化)なぜ。なにゆえに。どう

して。「などてかくはかなき(心細イ)宿りは散りつるぞ」〈源氏〉

なとり【名取】名 日本の伝統的な音曲・舞踊などで、芸名を師匠から許されること。また、許された人。

ナトリウム〈natrium〉名 金属元素の一つ。元素記号Na 原子番号11 原子量22.989770 銀白色でやわらかく、酸素と化合しやすい。食塩・チリ硝石などの主成分。

なな【七】名 ななつ。しち。

なな-いろ【七色】名 ❶七つの色。「―の虹」❷七つの種類。❸七色とうがらし。**―唐辛子** 名 とうがらし・ごま・さんしょう・けし・なたね・みかんの皮・あさのみなどをまぜてつくった薬味。しちみ。

なな-え【七重】名 七つ重なること。また、多くの重なり。**―の膝を八重に折る** ていねいな上にもていねいにして、ねがったり、わびたりするようす。

なな-かまど【七×竈】名 バラ科の落葉高木。七月ごろ、白色で五弁の花を開き、小さな赤い実をつける。材は細工物用。㊎秋

なな-くさ【七草】名 ❶七種の草。❷春の七草。せり・なずな・ごぎょう・はこべ(ら)・ほとけのざ・すずな・すずしろ。㊎新年 ❸秋の七草。はぎ・おばな・くず・なでしこ・おみなえし・ふじばかま・ききょう、または、あさがお。**―×粥** 名 正月七日の朝に春の七草を入れてつくるかゆ。㊎新年

なな-こ【斜子・▲魚子】名 ❶金属面に小さな粒を一面にきざんだ細工。❷ななこ織り。**―織り** 名 平織りの絹織物の一種。織り目がこまかく、ななめに並ぶもの。

なな-ころび-やおき【七転び八起き】名 ❶何回失敗しても、くじけないでふるいたつこと。❷人生の浮きしずみのはげしいこと。

なな-し【名無し】名 名のないこと。名まえのついていないこと。**―の権▲兵▲衛**〔俗語〕名のわからない人のことをふざけていう言い方。**―指** 名 薬指のこと。

なな-そ【七▲十】名〔古語〕七十。**―路** 名〔古語〕七十歳。七十年。

なな-つ【七つ】名 ❶しち。❷七歳。❸〔古語〕⇒ななつどき。**―下がり** 名 午後の七つどき(午後四時)をすぎたころ。日ぐれに近いころ。**―立ち** 名 ❶朝の七つどき(午前四時ごろ)に出発すること。❷早朝に出発すること。**―道具** 名 ❶武士にたいせつな七つの道具。具足・刀・太刀・弓・矢・ほろ・兜。❷女性の懐中にもつべき七つの道具。はさみ・小刀・針・耳かき・毛ぬき・糸巻き・さじ。❸あることをするのに必要なひとそろいの道具。❹〔俗語〕(「七」を「質」に通わせて)質草。**―時** 名〔古語〕時刻の名。午前四時と午後四時。ななつ。**―の海** 名 ❶南北の太平洋、南北の大西洋、インド洋・南極海・北極海。❷全世界の海。**―星** 名 北斗七星。**―屋** 名〔俗語〕(「七」を「質」に通わせて)質屋のこと。

なな-とこ-がり【七とこ借り】【七▲所借り】名 おかねを、ほうぼうから借り集めること。

なな-なのか【七七日】名 しちしちにち。四十九日の法事。なななぬか。

なな-はん【七半】名〔俗語〕排気量が七五〇ccエンジンのオートバイ。参考「ナナハン」と書くことが多い。

なな-ひかり【七光り】名 親のおかげで、利益を受けること。「親の光は―」

なな-ふしぎ【七不思議】名 ある地域・組織・人物についての七つの不思議な現象や事柄。「学校の―」

なな-まがり【七曲(が)り】名 道路や坂などが、いくえにも曲がっていること。

ななめ【斜め】名 形動 ❶水平・垂直に対し、また、基準となる線・面に対しかたむいていること。はすかい。「―に線をひく」❷きげんのわるいこと。「ごきげん―」**―ならず**〔古語〕ひととおりでない。はなはだしい。「勢ひの付くことななめならず」〈平治〉

ななめ-よみ【斜め読み】名 他サ 細かいところをとばして、だいたいの内容を理解する読み方。

なに【何】㊀代(付属語の「だ」「で」「です」「でも」「なり」「なら」が続くときは「なん」となる。「と」「に」「か」「の」が続くときは「なん」となることもある)❶名前や実体の分からない物事を、不定のまま指す語。㋐疑問となる点。「これは―(ナンデスカ)?」「―を持っているの」㋑(慣用的な形で)すべての意。「―を言っても、むだだ」「土地も―も売り払う」「―もかも」「―より大事なこと」❷すぐに名前が出なかったり、わざとぼかしたりするときに言う語。「えーと、あの、―を取ってくれ」㊁感 ❶意外なこと、すぐには納得できないことなどを、念を押したり問い返したり、詰問したりする語。なんだって。なんだと。「―、本当に行くのか」❷それほど大したことではないと、相手の言うことを打ち消す語。「―、かまうものか」㊂副 ❶少しも。全く。「―不足なく暮らす」❷〔古語〕なぜ。「ゆふべは秋(ガスバラシイ)となに思ひけん」〈新古今〉参考「何千」「何回」など、不定の数をあらわす場合は「なん」と発音する。「何部」は、「なにぶ」と読めば「経理部」「サッカー部」のような組織を指し、「なんぶ」と読めば紙の枚数や冊子の数をあらわす。**―がさて** なんといっても。「―しろうとだから、わからない」**―かしら** ❶なんとなく。「―気にかかる」❷これときまってはいないが。「―食べるものはある」**―がな** 何かを。古めかしい言い方。**―が何でも** ❶なんと言っても。「―それはむりだ」❷どんなことがあっても。「―やり通すぞ」**―から何まで** 何もかも。みんな。「―お世話になりました」**―食わぬ顔** 何も知らないような顔つき。しらばくれたようす。**―すれぞ**〔古語〕いかにして。どうして。なぜ。なんすれぞ。「時々の花は咲けどもなにすれぞ母と子(トイウ)花の咲き出来ずけむ(咲キ出テ来ナカッタノダロウカ)」〈万葉〉**―せむに**〔古語〕❶何をしようとして。❷(反語となる)何になるか、いやなんにもならない。「銀も金も玉もなにせむにまされる宝子にしかめやも(子供ニ及ブコトガアロウカ、イヤ及バナイ)」〈万葉〉**―はさておき** 他のことはあとにしても。まず第一に。「―勉強だ」**―はともあれ** 他のことはどうであろうとも。ともかく。「―まず食事だ」**―はなくとも** 何もほかにはなくても。「―酒があればよい」**―一つ** ひとつも。すこしも。「―心配はない」**―やかや** あれこれ。いろいろ。さまざま。「―苦労が多い」**―をか言わんや** 何を言ってもしかたがない。ばからしくて何も言えない。「この事件には―だ」

なに-か【何か】【何▲彼】名〔古語〕(代名詞「なに」に代名詞「か」のついたもの)何やかや。あれこれ。「うちやすらひ(チョットタメラッテ)何かとのたまふにも」〈源氏〉**―と** 副 あれやこれやと。いろいろと。「―ご心配かけました」**―につけ(て)** 機会があるたびに。いろいろなときに。「―ごことを言われる」

なに-か【何か】㊀名 副 ❶これときまっていないもの・こと。「―言え」❷(かながき)なんとなく。「―さびしい」㊁副〔古語〕❶(理由を問う意)なぜ…か。どうして…か。「ほととぎす月立つまでに、なにか来鳴かぬ」〈万葉〉❷(反語をみちびく)どうして。なんで。「大臣には、なにか知られむ」〈源氏〉㊂感〔古語〕(上の語または相手のことばを打ち消して、反対のことをいうときの語)いや、別に。いやいや。どう

してどうして。「されど、なにか、世の有様を見たまへ集むるままに、心に及ばず、いとゆかしきこともなしや」〈源氏〉

なに-が【何が】連語 反語の意をあらわす。どうして…か。「―めでたいものか」

なに-がし ナ/三【なにがし】【▲某】代 ❶数量や人名・地名などが不明のとき、またわざとぼかしていうときの語。いくつ。いくら。だれそれ。どこどこ。「―かの金をもらう」「山下―の家」 ❷〔古語〕男性が、とくにへりくだって用いる一人称代名詞。わたくし。拙者（せっしゃ）。それがし。

なにか-なし ナ2【何かなし】【何▲彼無し】〔に〕副 なんということなく。なんとなく。なにがなし。「―もの悲しい」

なに-か-は【何かは】ワ― 連語〔古語〕〔代名詞「なに」と係助詞「かは」〕 ❶〔疑問〕なんで。どうして…か。「蓮葉（はちすば）の濁りに染（し）まぬ心もて何かは露を珠（たま）とあざむく」〈古今〉 ❷〔反語〕なんで…だろうか、いやそんなことはない。「鳶（とび）の居たらんは、何かは苦しかるべき」〈徒然〉 **―せむ**〔反語〕いったい何になろうか、何にもなりはしない。「住み果てぬ世に醜き姿を待ちえて何かはせん」〈徒然〉

なに-くそ ソ/ナ【何×糞】感 ふるいたつときのことば。くそっ。

なに-くれ ◎/ナ【何くれ】代 ❶あれこれ。何やかや。 ❷〔古語〕だれそれ。なにがし。「山の座主（ざす）、なにくれの僧たちも」〈源氏〉 **―と** 副〔古語〕いろいろと。あれやこれやと。「世に見えぬさまの御くだもの、なにくれと谷の底まで掘りいでて」〈源氏〉 **―となく** ナ1=ナ2 副「なにくれと」に同じ。「―めんどうをみる」

なにげ-な・い ナ2【何気ない】形 カロ｜カッ・ク｜イ｜イ｜ケレ｜○ 深い考えのないようす。何も気にしないようす。「―顔つき」「何気なく手紙を読み始める」 **なにげな・し** 文語ク

なにげ-に ◎【何気に】〔俗語〕副 ❶なにげなく。「―窓の外を見る」 ❷思いのほか。「会場には―人が集まっていた」 参考 ❶は「何気なく」の誤用から生まれたとされるが、❷の意味は「何気ない」にはない。

なにごころ-な・い ナ2【何心ない】形 カロ｜カッ・ク｜イ｜イ｜ケレ｜○ 特になんというつもりもない。「なにごころなく門口に出る」 **なにごころな・し** 文語ク

なに-ごと ◎【何事】名 ❶どんなこと。「―もない」 ❷すべてのこと。万事。「―も承知の上」 ❸どうしたことかと、とがめるときに言う。「わすれたとは―か」

なに-さま ◎【何様】㊀名 ❶なんという名のかた。 ❷身分のたかい人。「―でもあるまいし、おおげさだ」「あいつは―のつもりだ」 ㊁副〔かながき〕いかにも。全く。「―困ったことだ」

なに-しに【何しに】副〔古語〕❶なんのために。どうして。なぜ。「なにしに、参りつらむ」〈源氏〉 ❷〔反語となる〕どうして。いかでか。「なにしに、悲しきに見送り奉らむ」〈竹取〉

なに-しろ ナ【何しろ】副 とにかく。何にせよ。なにせ。「―おもしろい」

なに-せ ナ【何せ】副 なにしろ。「―天気はいいし」

なに-と【何と】〔古語〕㊀副 ❶どういうわけで。なぜ。「何とかく心をさへはつくすらんわが嘆きにて暮るる秋かは」〈山家集〉 ❷どのように。どんなふうに。「いかでかくは、何となどせさせ給ふに」〈蜻蛉〉 ㊁感 ❶問いかえすときに用いる。なんだって。なんだと。「『おん身の名をおん名のり候へ』『何と名を名のれと候ふや』」〈謡・檜垣〉 ❷相談などで問いかけるときに用いる。どうだ。どうかね。「何と、内へ入って一杯飲むまいか」〈狂・武悪〉 ㊂連語〔代名詞「なに」と格助詞「と」で副助詞「など」のもとの形とされる〕…など。「酒なにともて追ひ来て」〈土佐〉

なに-とぞ ◎【何とぞ】【何▲卒】副 ❶なんとかして。どうにかして。「―合格するように」 ❷どうぞ。ぜひ。「―おこしください」 参考 下に願望や依頼の言い方がくる。「どうか」「どうぞ」より、ていねいな言い方。

なに-とて ナ【何とて】副〔文章語〕なんとして。どうして。「―許されようか」 参考 反語の言い方を作る。

なに-なに ナ1【何何】㊀代 なにとなに。どれそれ。 ㊁感〔かながき〕〔意外の気持ちで問いかえすときのことば〕なんだなんだ。「―、だれが当選したって」

なに-びと ◎【何人】名〔文章語〕〔「なんにん」と読めば別語〕どういう人。だれ。何者。なんぴと。「―たりとも」

なに-ぶん ◎【何分】㊀名 ❶不定の内容をあらわす。「―の通知があるまで待て」 ❷いくらか。「―のご配慮をたまわりたく」 ㊁副 ❶なんといっても。どうも。「―経験不足ですから」 ❷なにとぞ。「―よろしく」 参考 下に願望や依頼の言い方がくる。「なにとぞ」のほうが、ややていねいな言い方。

なに-ぼう ナ【何某】代 なんとかという人。なにがし。ある人。

なに-ほど ◎/ナ【何程】名副 いくらばかり。どのくらい。どれほど。「―の金がかかるか」

なに-も【何も】副 ❶ナ どんなことも。何ごともすべて。「ひもじさも―忘れて」 ❷◎ 何一つ。全く。「彼には―知らせてない」 ❸ナ〔かながき〕べつに。とくに。下に打ち消しの言い方がくる。「―君が悪いというわけではない」 **―かも** すべて。みんな。「―うまくいった」

なに-もの ◎【何物】名 どんな物。「―も残らない」

なに-もの ◎【何者】名 どういう者。なにびと。

なに-やつ ◎【何やつ】【何▲奴】名〔文章語〕どんなやつ。

なに-やら ナ【何やら】副 なにかしら。「―見えるぞ」

なに-ゆえ ◎【何故】（ゆえ）副 なぜ。どういうわけで。

なに-より ナ【何より】副 どんな事よりも。この上もなく。「それは―けっこう」

なに-ら ナ【何ら】【何▲等】副 ⇒なんら。

なにわ《難波・浪速》大阪およびその付近の古い呼び名。 **―の×蘆（あし）は×伊▲勢（いせ）の浜×荻（はまおぎ）**（難波では、「あし」と呼ぶものを、伊勢では「浜荻」と呼ぶことから）物の名や風俗・習慣は、土地によって違うことのたとえ。

なにわ-ぶし ◎【▲浪▲花節】（なにわ）― 名 三味線（しゃみせん）を伴奏とする大衆的な語り物。浪曲（ろうきょく）。

なに-を【何を】㊀連語 どうしたわけで。相手の言動を非難するときにいう。「―くだらないことを言っているんだ」「―なまけている」 ㊁ナ/ヲ 感 相手のことばに強く反発して発する語。「―、なまいきを言うな」

なぬ-か ◎【七日】名 なのか。

な-ぬし ◎【名主】名 ❶鎌倉（かまくら）・室町（むろまち）時代に、おもに荘園（しょうえん）領の下で、名田（みょうでん）を支配した人。みょうしゅ。 ❷江戸時代、町村または郷（ごう）のかしら。 参考 関東では名主、関西では庄屋（しょうや）、東北・北陸では肝煎（きもいり）といった。

な-の 連語〔「なのだ」から「だ」が落ちた形〕話しことばで、名詞や形容動詞の語幹について断定や確認をあらわす。「私はまだ学生―」「この映画はとっても有名―」 参考 文末を高く発音すれば疑問文となる。「なの」で言い終わるのは女性語的な感じが強い。

ナノ〈nano〉造 国際単位系における接頭語の一つで、十億分の一を表す。記号は「n」。⇩国際単位系（表）。

なの-か ◎【七日】名 ❶月の第七日。新年 参考 とくに、一月七日をいう。 ❷七日の間。‖なぬか。 **―正月**（しょうがつ）シヨ 名 正月七日の祝い。ななくさのせっく。新年

な-の-だ 連語〔断定の助動詞「だ」の連体形「な」に「のだ」がついたもの〕名詞や形容動詞語幹について、「のだ」の意

をあらわす。「私は学生—」「この映画は有名—」参考 話しことばでは「なんだ」となる。

なので ❶ 連語 〈断定の助動詞「だ」の連体形「な」に接続助詞「ので」がついたもの〉原因・理由をあらわす。…だから。「大事なこと—、もう一度言います」参考 くだけた話しことばでは「なんで」となる。❷ ナ 接続 前の文の内容を原因・理由として起こる結果を次の文で述べるときの言い方。だから。それで。「今日は仕事が休みだ。—、朝寝坊ができた」参考「なので」は「だから」に比べて新しく使われ始めた接続詞で、書きことばとしてはまだ十分には浸透していない。

ナノ-テクノロジー ノ〈nanotechnology〉名 ナノの単位におよぶごく小さな物質を扱う科学技術。超微細技術。ナノテク。

なのに ❶ 連語 〈断定の助動詞「だ」の連体形「な」に接続助詞「のに」がついたもの〉逆接をあらわす。…けれども。…にもかかわらず。「大事な本—なくしてしまった」❷ ナ 接続 前の文から予測される結果が生じないことを、次の文で述べるときの言い方。意外感や不満、いらだちをあらわす。けれども。にもかかわらず。「今日は日曜日だ。—、会社から電話がかかってきた」

なの-はな ナ【菜の花】名 あぶらなの花。黄色で、春に咲く。あぶらな。春

なのめ【▲斜】なり形動 古語 ❶ななめであるようす。❷ひとおりであるようす。平凡。「まして思ふことの少しもなのめなる身ならましかば」〈紫式部日記〉❸いいかげんであるようす。「世をなのめに書き流したることばのにくきこそ」〈枕〉❹〈連用形「なのめに」の形で、ほんらい正反対の「なのめならず」の意に用いて〉かくべつに。なみなみでなく。「主、なのめによろこびて」〈御伽草子・文正草子〉

なのり リ 0【名のり】【名乗り】名 ❶名を名のること。特に武士が戦場で敵と勝負をするとき、大声で自分の名を叫んだこと。また、その声。❷昔、公家(くげ)・武家の男子が元服した後につけた実名。**—を上(あ)げる** ❶武士が戦場で名を名のる。❷選挙などに立候補する。

なのり-でる デ【名のり出る】【名乗出る】自下一〔デ・デ・デル・デル・デレ・デロ・デヨ〕❶自分が当人であると、申し出る。「真犯人が—」❷募集に応じ申し出る。「公募に三人が—」

なの・る ノ【名のる】【名乗る・名▲告る】❶ 自五〔ラ・ロ・リ・ッ・ル・ル・レ・レ〕自分の姓名をつげる。❷ 他五 自分の名とする。称する。「母方の姓を—」

なば 連語 古語 〈完了の助動詞「ぬ」の未然形と、接続助詞「ば」〉❶…てしまったならば。「花ちり—」❷たしかに…するならば。「まことの道にかなひ—」

ナパーム-だん ム【ナパーム弾】〈napalm〉名 ナフサとパーム油を原料とした強力な油脂焼夷弾(しょういだん)。

な-ばな ナ【菜花】名 菜の花の食材としての呼び名。

なびか・す カ【×靡かす】他五〔サ・ソ・シ・ス・ス・セ・セ〕❶なびくようにさせる。「長髪を風に—」❷味方につかせる。「民衆を—」

なび・く ビ【×靡く】自五〔カ・コ・キ・イ・ク・ク・ケ・ケ〕❶風や水などの勢いにおされて、かたむき伏す。「草木が—」❷力や権威にしたがう。服従する。「強敵が—」❸言い寄られた相手に好意をもつ。

ナビゲーター ゲ〈navigator〉名 ❶航空機やミサイルの進路自動調整装置。❷自動車ラリーで、車に同乗して、走路指示をする人。❸補佐役。案内役。「番組の—」

な-びろめ 0【名広め・名披露目】【名×弘め】名 ❶商人が開店・開業のあいさつとして店名を世間に知らせること。❷芸人が、師匠から芸名を許されて披露(ひろう)すること。

ナプキン ナ〈napkin〉名 ❶洋食で、胸やひざにかけたり、口や指さきをぬぐったりする布や紙。❷生理用品の一つ。

ナフサ ナ〈naphtha〉名 石油を分留して得られる、ガソリンと灯油の中間の性質をもつ物質。石油化学製品の原料となる。

な-ふだ 0【名札】名 姓名をしるしたふだ。

ナフタリン 0〈ド Naphthalin〉名 芳香族炭化水素の一種。コールタールからとった白色板状の結晶。防臭・防虫用。

ナフトール ト〈naphthol〉名 ナフタリンを変化させた石炭酸に似た臭気をもつ無色の結晶。薬剤として用いるほか、染料の原料。

なぶり-ごろし 0【なぶり殺し】【×嬲り殺し】名 すぐ殺さず、いろいろと苦しめいじめて、殺すこと。

なぶり-もの 0 ノ【なぶり物】【×嬲り物】名 なぶりものにしてあそぶ対象となるもの。なぐさみもの。「—にする」

なぶ・る ブ【×嬲る】他五〔ラ・ロ・リ・ッ・ル・ル・レ・レ〕❶人をもてあそぶ。❷からかい、ひやかす。❸いじめる。さいなむ。

なべ ナ【鍋】名 ❶火にかけて、食物を調理するのに使うつわ。❷なべ料理。❸⬇おなべ。

なべ-しき べ【鍋敷(き)】名 熱いなべを食卓などに置くときに、なべの下に敷く布や板。

なべ-ずみ 0 べ【鍋墨】名 なべ・かまなどの底の外がわについたすす。

なべ-ぞこ 0【鍋底】名 なべの底。**—景気(けいき)** ケ 名 景気の悪い状態が当分続くこと。

なべ-つかみ ツ【鍋つかみ】【鍋×摑み】名 熱いなべのふたや取っ手をつかむ際に用いる、厚手の布。

なべ-づる 0 べ【鍋づる】【鍋×鉉】名 なべをつりさげるつる。

なべ-づる べ ヅ【鍋鶴】名 ツル科の鳥。からだがねずみ色で、首が白い鶴。特別天然記念物。

なべ-て ナ【なべて】【▲並べて】副 文章語 ❶おしなべて。すべて。❷ 古語 なみひととおり。ふつう。「なべてならぬ法どもおこなはるれど」〈方丈記〉

なべ-はだ 0【鍋肌】名 なべの内側の側面。「調味料を—から入れる」

なべ-ぶぎょう ブ【鍋奉行】名 数人でなべ料理を食べるとき、火加減や味付けなどをとりしきる人。

なべ-ぶた 0 べ【鍋蓋】名 ❶なべのふた。❷漢字の部首の一つ。「京」「亨」などの「亠」。けいさんかんむり。

なべ-もの べ【鍋物】名 なべを火にかけて、煮ながら食べる料理。なべ料理。よせなべ・すきやきなべなど。

なべ-やき 0【鍋焼(き)】名 ❶なべ物。冬 ❷なべ焼きうどん。冬 **—×饂×飩(うどん)** ウ 名 うどんの上に、えびの天ぷらやかまぼこ・卵焼きなどをのせ、小さい土(ど)なべで煮て、そのなべからじかに食べる料理。冬

な-へん ナ【ナ変】名「ナ行変格活用」の略。

な-へん 0【那辺・奈辺】名 文章語 どのへん。どのあたり。どこ。「論点は—にあるか」

なほ・し【直し】形ク 古語 ⬇なおし。

ナポリタン ポ〈フ napolitain〉名 パスタ類をトマトソースであえた、ナポリ風の料理。「スパゲッティ—」

なま【生】❶ ナ 名 形動 ❶動植物の、煮たり、焼いたり、干したりしない状態。「—野菜」❷まだ加工してない状態。もとのままの状態。「—の資料」❸機械を通さず、直接の自然のままの状態。「—の声」❹録音・録画などによらず、直接放送するもの。「—放送」❺物事が未完成である状態。「考えが—だ」❷ 名 ナ 俗語 ❶なまいき。「—をいうな」❷生ビール。❸現金。現なま。❸ 接頭 じゅうぶんでないこと。未熟なこと。「—かじり」

なまあくび ア【生▲欠▲伸】名 十分に出きらない小さなあくび。「—をかみ殺す」

なまあげ 0【生揚(げ)】名 ❶豆腐を厚く切って油でかるく揚げたもの。⇩あつあ(厚揚)げ 参考。❷揚げ方が十分でないこと。また、そのもの。

なまあたたか・い カ【生暖かい】形 カロ・カッ・ク／イ・イ・ケレ・○ すこしあたたかい。なんとなくあたたかい。「—風」 **生暖かさ** 名 **なまあたたか・し** 文語ク

なまあたらし・い シ【生新しい】形 カロ・カッ・ク／イ・イ・ケレ・○ その事からあまり時間がたたず、なまなましく、あたらしい。なまなましい。「記憶に—」「—事件」 **なまあたら・し** 文語シク

なまいき 0【生意気】名 形動 未熟なのに、えらそうにしたり、出すぎたりすること。「—な態度」

なまえ 0【名前】(まへ) 名 ❶ある物や事を、ほかの物や事と区別するための言語的な記号。名❶。「街路樹の—を調べる」「まだ—のない職業」❷同じ種類に属するものの一つ一つを区別するための呼び方。名❷。「—を呼ばれたら返事をせよ」「猫の子にそれぞれ—をつける」 **—負け** 0 名 名まえだけはりっぱで、実際がおとること。 **—を売る** 名前が世間に広く知れわたるようにする。名を売る。 **—を借りる** 契約や申請などで、形式的に他人の名義を借りる。

なまえんそう エ【生演奏】名 録音したものを再生するのではなく、その場で実際に演奏すること。ライブ。

なまがし ガ【生菓子】名 ❶もち菓子・蒸し菓子など、主としてあん類をつかった、やわらかい和菓子。↕干菓子。❷クリーム・果実などをつかった洋菓子。洋なま。

なまかじり 0/カ【生×噛り・生×齧り】名 形動 すこしばかり知っていること。また、その人。

なまかべ マ/0【生壁】名 ❶塗って、まだかわかない壁。塗りたての壁。❷なまかべいろ。濃いあいねずみ色。

なまかわ 0【生皮】(かは) 名 ❶はいでまもない、なまなましい獣皮。❷がん・かもなどの皮を、酢につけた料理。

なまがわき 0/ガ【生乾き】名 形動 十分にかわかないこと。「—の洗濯物」

なまき 0/キ【生木】名 ❶地にはえている木。❷切ってまもない、まだよく乾燥していない木材・まき。 **—を裂く** 仲のよい恋人や夫婦などを、むりにわかれさせることのたとえ。

なまきず マ/0【生傷】名 あたらしい傷。↕古傷。

なまぐさ 0【生臭】【×腥】名 造 なまぐさいこと・もの。特に、魚・鳥獣の肉のこと。 **—坊主** ボ 名 俗語 品行のわるい僧。 **—物** 0 名 魚・鳥獣の肉や料理。↕精進物。

なまぐさ・い サ【生臭い】【×腥い】形 カロ・カッ・ク／イ・イ・ケレ・○ ❶魚や鳥獣の肉のにおいがする。「青魚は生臭くて苦手だ」❷生き血のにおいがする。❸僧の品行がわるく、俗っぽい。❹うさんくさく、世俗的な欲望や打算がからんでいる。「—権力闘争」 **生臭さ** 名 **なまぐさ・し** 文語ク

なまくび マ/0【生首】名 切りおとしたばかりの首。

なまくら 0/ラ【▲鈍】名 形動 ❶刃物の切れあじのにぶいこと。また、そのようなもの。❷なまけたり、いくじがなかったりすること。また、その人。 **—四つ** ヨ 名 相撲で、左四つでも右四つでも同じように得意とすること。

なまクリーム リ【生クリーム】名 牛乳から取り出した脂肪分。洋菓子などに使う。

なまけもの 0【怠け者】名 なまける人。 **—の節句働き** ふだんなまけている者が、人の休むときに働くこと。

なまけもの 0【▲樹×懶】名 ナマケモノ科の哺乳類の総称。南米の森林にすむ。体長約五〇〜七〇センチメートル。動作がにぶく、つねに枝にぶらさがって生活する。

なま・ける ケ【怠ける】【×懶ける】自下一 ケケ・ケ・ケル・ケル・ケレ・ケロ・ケヨ 精を出さない。仕事や勉強をしないで、ぶらぶらしている。

なまこ コ【▲海×鼠】名 ❶ナマコ綱の棘皮動物の総称。からだは筒状でやわらかく、突起があり、腹面には管足がある。海底にすむ。食用。冬 ❷鋳型に流しこんだ銑鉄・銅など。❸なまこいた。❹なまこかべ。 **—板** イ 名 表面を波形にまげた鉄板・亜鉛板。波板。屋根・へいに使う。 **—壁** コ 名 たいらなかわらをはりつけ、そのつぎ目に、しっくいをかまぼこ形にもりあげた壁。土蔵などに使う。 **—餅** コ 名 「なまこ❶」の形に作った餅。薄く切ってかきもちにする。

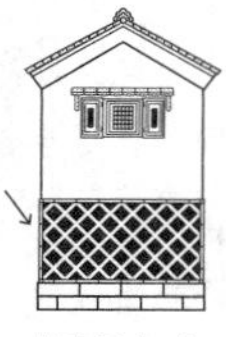

なまこかべ

なまごえ 0【生声】(ごゑ) 名 ❶マイクを通さない肉声。❷視聴者が感想などを局専用の電話で吹き込んだ録音。

なまごみ マ/0【生ごみ】名 台所から出る野菜くずや、水けをふくんだ残り物など。

なまゴム 0【生ゴム】名 ゴムの木の樹液を精製したもの。淡黄色で透明。ゴム製品の原料。

なまごろし 0/シ【生殺し】名 ❶殺すでもなく殺さないでもない中途半端な状態にしておくこと。半殺し。❷物事を中途半端にして、相手が困っているままにしておくこと。

なまコン 0【生コン】名 (「生コンクリート」の略)コンクリート材料が練られてからまだ固まらない状態のもの。

なまざかな ザ【生魚】名 火を通したり干物にしたりしていない魚。

なまざけ マ【生酒】名 加熱処理をせずにつくった清酒。

なまし 連語 古語 (完了助動詞「ぬ」の未然形と推量助動詞「まし」)きっと…てしまうだろうに。「やがてこの御舟ごりなくなりなまし」〈更級〉

なまじ 0 副 形動 (「なまじい」の変化)❶できもしないのに、むりに。なまじっか。「—そんなことをするからだ」❷むしろ、しなくてもよいのに。なまなか。「—手をだすな」❸中途半端なようす。「—知っているからめんどうだ」

なまじっか 0 副 形動 ⬇なまじ。

なましょく 0【生食】名 俗語 ⬇せいしょく(生食)。参考 話し言葉で用いるが、「生食する」などでは「せいしょく」と言う。

なまじろ・い ロ【生白い】形 カロ・カッ・ク／イ・イ・ケレ・○ ❶なんとなく白い。❷異常に白い。いやに白い。主として顔色について言う。なまっちろい。 **生白さ** 名 **なまじろ・し** 文語ク

なます 0/ス【×膾・×鱠】名 ❶魚や貝などの肉をこまかく切って酢にひたした食べ物。❷だいこん・にんじんなどをほそく切って、酢にひたした食べ物。

なまず 0【×癜】(なまづ) 名 黄茶色・灰白色などのまだらができる慢性ひふ病。かびの一種の寄生でおこる。

なまず 0【×鯰】(なまづ) 名 ナマズ科の淡水魚。沖縄以外の、日本各地に産する。うろこはなく、頭が大きくひらたく、二対のひげがある。食用。夏

なまずひげ ズ【×鯰×髭】(なまづ) 名 なまずのひげのような細長いひげ。参考 明治時代、官吏をあざけって言った語。

なまたまご タ/マ2【生卵】【生玉子】名 ゆでたり焼いたりしていない、なまのままの鶏卵。

なまち チ/マ【生血】名 いきている動物の血。いきち。

なまちゅうけい チュ【生中継】名 録音や録画ではなく、現場から同時進行で伝える中継放送。ライブ放送。

なまっちょろ・い ロ【生っちょろい】形 カロ・カッ・ク／イ・イ・ケレ・○ 俗語

ひょわで、いいかげんである。「そんな―やり方は通用しない」生っちょろさ[名]

なまっ-ちろ・い[ロ]【生っ白い】[形]〈カロ・カッ・ク|イ|イ|ケレ|○〉〔俗語〕なまじろい。顔色について言う。**なまっちろさ**[名]

なま-つば[0][マ]【生唾】[名] すっぱい物を見たり、食欲をそそられる物などを見たりしたとき、しぜんに出るつば。「―を飲み込む」

なま-づめ[0][マ]【生爪】[名] はえているままのつめ。「―をはぐ」

なま-なか[0]【なまなか】【生▲半】[副][形動(の)] ❶中途半端。なまはんか。「―なやり方」❷むしろしなくてもよいのに。いっそのこと。「―知らない方がよい」

なまなまし・い【生生しい】㊀[シ][形]〈カロ・カッ・ク|イ|イ|ケレ|○〉 ❶たった今、目の前で起きたことのように、はっきりと感じられる。「―記憶」❷生き生きとしている。真にせまっている。「―描写」**生生しさ**[名] **なまなま・し** [文語シク] ㊁[形シク]〔古語〕現に生きている。生身である。「君を思ひ(=「思ひ」の「ひ」に「火」の意を掛け)ソノ恋ノ火炎デ)なまなまし身を焼くときは」〈大和物語〉

なま-にえ[0]【生煮え】[名][形動] じゅうぶんに煮えていないこと。煮えかけ。半煮え。

なま-にく[マ]【生肉】[名] (「せいにく」と読めば別語)火が通っていない肉。「ハイエナが―をむさぼる」

なま-ぬる・い[ル][0]【生ぬるい】【生▲温い】[形]〈カロ・カッ・ク|イ|イ|ケレ|○〉 ❶あまりあたたかくない。「―湯」❷変にあたたかい。「―風」❸きびしくない。てぬるい。「―やり方ではだめだ」**生ぬるさ**[名] **なまぬる・し** [文語ク]

なま-はげ[0]【生剝げ】[名] 秋田県男鹿地方などの正月の行事。おにの面をかぶり、蓑を着た男性が家々を訪れて、もてなしをうける。[新年]

なま-ハム[0]【生ハム】[名] 塩漬けした豚肉を低温で煙でいぶし、加熱殺菌を行わずに作るハム。

なま-はんか[0][ハ]【生半可】[名][形動] 中途半端。いいかげん。「―な考え」

なま-ビール[ビ]【生ビール】【生▲麦▲酒】[名] 殺菌のための加熱をしてないビール。[夏]

なま-びょうほう[ビョ]【生兵法】[名] ❶すこしばかり武術を知っていること。❷すこしばかりの学問・知識。**―は大▲怪我の元** すこしばかりの知恵やうでまえにたよると、かえって大失敗をすることのたとえ。

なま-ふ[0]【生×麩】[名] 小麦粉を水でこねて抽出したグルテンを材料とし、蒸してつくった麩。

なま-フィルム[フィ]【生フィルム】[名] まだ使ってないフィルム。

なま-へんじ[ヘ]【生返事】[名] いいかげんな受けこたえ。気のない返事。

なま-ほうそう[ホ]【生放送】[名] 録音・録画などによらない、スタジオまたは現場からの直接の放送。

なまほし [連語]〔古語〕(完了助動詞「ぬ」の未然形と希望助動詞「まほし」)どうしても…したい。きっと…したい。「(中ノ君ノイル宇治ヘ)立ち帰りなまほしくさま悪しきまで(見ットモナイクライ恋シク)思せど」〈源氏〉

なま-ぼし[0]【生干し】[名] かたくなるまで干さないこと。また、そのもの。「―のいわし」

なま-まゆ[0]【生繭】[名] 乾燥する前の、さなぎが生きている繭。

なま-み[マ][0]【生身】[名] いきているからだ。いきみ。「―の人間」「―の体」

なま-みず[マ]【生水】[名] わかしてない水。

なまめかし・い【▲艶めかしい】㊀[シ][形]〈カロ・カッ・ク|イ|イ|ケレ|○〉 (女性の動作や容姿が)つやっぽい。いろっぽい。あだっぽい。**なまめかしげ**[形動] **なまめかしさ**[名] **なまめか・し** [文語シク] ㊁[形シク]〔古語〕❶みずみずしい美しさがある。若々しくて、新鮮である。「(光源氏ハ)いと若く清らにて…なまめかしく、人の親げなくおはしますを」〈源氏〉❷上品で美しい。みやびやかだ。「御額髪のやうやう濡れゆく御そば目(横顔)、あてになまめかし」〈源氏〉

なま-め・く【▲艶めく】㊀[メ] [自五]〈カ・コ|キ・イ|ク|ク|ケ|ケ〉 いろっぽい振るまいをする。あだめく。㊁[自四]〔古語〕❶若々しく美しい感じである。「その里に、いとなまめいたる女はらから住みけり」〈伊勢〉❷優雅である。上品な美しさがある。「いとうららかに晴れて、(子供ノ舞人タチガ)霞の間より立ち出でたるは、いとあはれになまめきて見ゆ」〈源氏〉❸しっとりと落ちついた風情がある。「空の気配冷ややかなるに、月は霧に隔てられて木の下も暗くなまめきたり」〈源氏〉

なま-もの[マ]【生物】[名] (「せいぶつ」と読めば別語)なまのもの。煮たり、焼いたり、干したりなどしてないもの。

なま-やけ[0]【生焼け】[名] よく焼けていないこと。また、そのもの。

なま-やさい[ヤ]【生野菜】[名] 加熱しないまま生で食べる野菜。

なまやさし・い[0][シ]【生易しい】[形]〈カロ・カッ・ク|イ|イ|ケレ|○〉 (「やさしい」の強め)たやすい。「―ことではない」[参考] 下に打ち消しの言い方がくる。**生易しさ**[名] **なまやさ・し** [文語シク]

なま-ゆで[0]【生ゆで】【生×茹】[名] よくゆでてないこと・もの。すこしばかりゆでてあること・もの。

なま-よい[0]【生酔い】[名] 酒などにすこし酔うこと。また、その人。もとは、大酔する意味。**―本性▲違わず** 酒に酔っても、本性は失うものではない。

なまり[リ]【×訛り】[名] 標準をはずれた発音や、ことば。訛音。訛語。「九州―」

なまり[0]【鉛】[名] 金属元素の一つ。元素記号Pb 原子番号82 原子量207.2 比重は実用金属中もっとも大きい。ねずみ色で、やわらかく、とけやすくて、用途がひろい。

なまり-いろ[0]【鉛色】[名] なまりのようなうすいねずみ色。

なまり-ガラス[ガ]【鉛ガラス】【鉛▲硝子】[名] 酸化鉛をふくむガラス。光沢が強く、光線の屈折率が大きい。装飾・光学器械・宝石の模造用。

なまり-ちゅうどく[チュ]【鉛中毒】[名] なまりによる中毒。なまりをあつかう職業の人などにみられた。

なまり-ぶし[0]【なまり節】【▲生節】[名] 蒸したかつおの肉を、生干しにしたもの。なまり。なまぶし。[夏]

なま・る[マ]【×訛る】[自五]〈ラ・ロ|リ・ッ|ル|ル|レ|レ〉 ことばや発音がくずれる。「やっぱり」を「やっぱし」というなど。

なま・る[マ]【▲鈍る】[自五]〈ラ・ロ|リ・ッ|ル|ル|レ|レ〉 ❶切れあじがわるくなる。「刀が―」❷力や意志がにぶる。「決意が―」

なま-ろく[0]【生録】[名] (「生録音」の略)演奏会や野鳥の声などの実況録音。ライブレコーディング。

なま-ワクチン[ワ]【生ワクチン】[名] 毒性を弱めてある、生きた細菌やウィルスを材料にしたワクチン。

なみ【並】㊀[0][名] ほかにも同じ程度のものがたくさんあること。上等と下等の中間。普通。「―の成績」[参考]「上肉・中肉・並肉」のように、下等の意味にも使うことがある。㊁[造]【並(み)】❶同じものが並んでいること。「軒―」「町―」「山―」「足―」❷同じ程度・種類であること。「十人―」「大会社の部長―の待遇」

なみ[ミ]【波】[名] ❶風などのためにおこる、水面の起伏。また、それがつぎつぎに伝わっていく現象。「―が高い」「―が寄せる」❷変化がつぎつぎにおこること。「歴史の―」❸波の形に似たでこぼこ。「山の―」「いらかの―」❹群れをつくってある方向に進むもの。「人の―」 ―に乗る ❶時勢にあってさかえる。❷調子にのって力を出す。 ―の花 ❶波がくだけて白いあわになるのを花に見たてたことば。❷塩のこと。 ―の穂 波がしら。波のいただき。

なみ《波》 山本有三の長編小説。一九二八年に発表。妻と別れた小学校教師の苦しい半生をえがいたもの。

なみ-あし [0]【並足】[名] ❶ふつうの足なみ。↕はやあし・かけあし。❷馬術で、もっとも遅い速度。

なみ・いる [イ][0]【並(み)居る】[自上一] ならんでいる。列座する。

なみうち-ぎわ [0]【波打(ち)際】―[名] 波がうち寄せるところ。なぎさ。みぎわ。

なみ-う・つ [ウ]【波打つ】[自五] ❶波が寄せてくる。❷波の形にでこぼこになる。うねる。「―こがねの稲穂」

なみ-がしら [ガ]【波頭】[名] もりあがった波のいただき。

なみ-かぜ [ミ]【波風】[名] ❶波と風。風波。❷さわぎ。ごたごた。もめごと。「―の絶えない家庭」

なみ-き [0]【並木】[名] 道に沿って、ならべて植えた木。

なみ-じ [0]【波路】―[名]〔文章語〕船の通うみちすじ。ふなじ。

なみ-しぶき [シ]【波しぶき】【波▲飛×沫】[名] 波がくだけて飛び散る水滴。「―があがる」

なみ・する [ス]【▲蔑する】[他サ]〔文章語〕ないがしろにする。あなどる。なみ・す [文語サ変]

なみ-せい [0]【並製】[名] ふつう程度の作り方。また、そのもの。↕上製・特製。[参考] 実際は、程度のいちばん低いものをさすことが多い。

なみだ [ナ]【涙】【×泪】[名] ❶涙腺から出て、眼球をうるおす透明な液体。悲しみその他の感動によりあふれ出る。❷同情心。人情。「―のある人」 ―に暮れる ❶涙で何も見えなくなる。❷泣いてばかりいて、時を過ごす。 ―に沈む 悲しくてひどく涙を流す。泣きしずむ。 ―に▲咽ぶ 涙にむせて、声がでなくなる。 ―を抑える 泣くのをがまんする。 ―を誘う 泣かせる。 ―を×呑む くやしさをこらえる。 ―を振るって ❶こぼれる涙をふりきってとめて。❷思いきって私情をふりすてて。「―絶交する」 ―を催す 泣きそうになる。

なみだ-あめ [ア][ダ]【涙雨】[名] ❶深い悲しみから、流した涙が雨と変化して降るとされるもの。❷ほんのすこし降る雨。

なみ-たいてい [0]【並大抵】[形動(の)] ひととおり。なみなみ。「―のことではない」[参考] 下に打ち消しの言い方がくる。

なみだ-きん [0]【涙金】[名] ❶同情してあたえるかね。❷関係を断つときなどにあたえるわずかなかね。「―も出ない」

なみだ-ぐまし・い [シ]【涙ぐましい】[形] 涙が出そうになる。ほろりとさせる。「―努力」

なみだ-ぐ・む [グ]【涙ぐむ】[自五] 涙をもよおす。目に涙をためる。

なみだ-ごえ [ゴ]【涙声】―[名] ❶泣きだしそうな声。❷泣きながら言う声。

なみだ・する [ナ]【涙する】[自サ] 涙をながす。

なみ-だ・つ [ダ]【波立つ】[自五] ❶波が立つ。❷どきどきする。「―胸をおさえる」❸もめごとがおこる。おだやかでなくなる。「会社の中が―」

なみだ-ながら [ナ2]【涙ながら】[副] 涙を流しながら。涙とともに。「―に報告する」

なみだ-め [ダ]【涙目】[名] つかれなどのために涙が出やすい状態の目。

なみだ-もろ・い [0]【涙もろい】【涙×脆い】[形] ❶涙をながしやすい。泣きやすい。❷人情に負けやすい。

なみ-とう [0]【並等】[名] ふつうの等級。ふつう。↕上等・特等。[参考] 実際は、等級の低いものをさすことが多い。

なみ-なみ [0]【並並】[名][形動] あたりまえ。ふつう。

なみ-なみ [ナ2][(と)副] 水などが、こぼれるほどいっぱいに満ちたようす。たっぷりと。「―酒をつぐ」

なみ-のり [0][ノ]【波乗(り)】[名] ❶波の起伏に乗ること。❷板などを使って波に乗る遊び。[夏] ❸サーフィン。

なみ-はず・れる [レ]【並外れる】[自下一] けたはずれである。「並外れた大男」 なみはづ・る [文語下二]

なみ-はば [0][ミ]【並幅】【並▲巾】[名] 反物のふつうのはば。約三六センチ。↕広幅・半幅。

ナミビア《Namibia》 アフリカ南部の大西洋に面した共和国。一九九〇年独立。首都はウィントフック。

なみ-ひととおり [0]【並一通り】―[名][形動(の)] 並たいてい。「―のことではない」

なみ-ま [0][マ]【波間】[名] ❶波と波との間。波が去って、次の波が来るまでの間。「―にただよう」❷波の静かなとき。

なみ-まくら [マ]【波枕】[名] ❶船中に寝ること。❷まくらもとに波の音が聞こえること。

なみ-よけ [0]【波よけ】【波▲除け】[名] ❶波をよけること。また、そのためのもの。❷海岸の防波堤。

なむ [ナ]【南無】〈梵 namas; namo〉[感] 仏をおがむときにとなえる語。帰命。

なむ-あみだぶつ【南無×阿▲弥×陀仏】[連語] 阿弥陀如来をおがむのにとなえる語。六字の名号。

なむ-さん(ぼう) [ナ]【南無三(宝)】[一][名]〔仏〕仏・法・僧の三宝に帰依すること。[二][感]〔失敗したときの語〕しまった。大変だ。

なむ [助]〔古語〕❶〔係助詞。文末の述語を連体形でとめる〕とりたてて強く示す。「名をば、さかきの造となむいひける」〈竹取〉❷〔終助詞。活用語の未然形につく〕他の行為に対し、希望する気持ちをあらわす。…てほしい。…てもらいたい。「今ひとたびの御幸待たなむ（モウ一度行幸ガアルマデ待ッテイテホシイ）」〈拾遺〉

なむ [連語]〔古語〕〔完了の助動詞「ぬ」の未然形「な」と推量の助動詞「む」〕❶確信の強い推量をあらわす。…てしまうだろう。きっと…するだろう。「花散り―」❷強い意志をあらわす。…てしまおう。かならず…しよう。「明け果てぬなり。帰りなむ」〈枕〉❸当然・適当の意味を強める。当然…すべきである。❹〔「給ひなむや」のかたちで〕軽い命令・誘いかけをあらわす。…してください。「忍びては参りたまひなむや」〈源氏〉

なむ-みょうほうれんげきょう [0]【南無妙法×蓮華経】[感]〔仏〕法華経に帰依する意味のことば。日蓮宗でとなえる七字の題目。

ナムル [ナ]〈朝 namur〉[名] 朝鮮料理で、野菜、山菜をごま油などの調味料であえたもの。

なめ-こ [コ]【滑子】[名] モエギタケ科のきのこ。かさは茶色。粘液におおわれている。ぶな・えのきなどに寄生。栽培もする。食用。[冬]

なめくじ [ク]【×蛞×蝓】[名] ナメクジ科の軟体動物。長さ約六センチ。雌雄同体。湿気のある所にすむ。野菜の害虫。[夏]

なめ・し【▲無▲礼し】[形ク]〔古語〕無礼だ。失礼だ。「ふるまひのなめうおぼゆること」〈蜻蛉〉

なめし-がわ [0][シ]【なめし革】【×鞣革】―[名] なめして、やわらかくした革。↕いため革。

な

なめ・す ②【×鞣す】他五 皮革の毛・あぶらをのぞいて、やわらかくする。**なめせる** 自下一[…できる]

なめ-ず・る ③【×舐(×嘗)めずる】他五 舌でなめまわす。

なめ-みそ ⓪【×嘗味×噌】名 ❶副食用として、そのまま食べるようにつくったみそ。金山寺みそなど。❷みそに野菜・魚介類などを入れた副食物。鉄火みそ・たいみそなど。

なめ-もの ②【×嘗物】名 金山寺みそ・塩辛など、少しずつなめるようにして食べるおかず。

なめ-らか ②【滑らか】形動 ❶すべすべしたり、また、つるつるしたりしているようす。「—な肌」❷よどみのないようす。「—に話す」 **滑らかさ** 名

なめ-り 連語〔古語〕(「なるめり」が撥音便化した「なんめり」の「ん」の表記されないもの)…であるようだ。…であるらしい。「うるはしき皮なめり」〈竹取〉

な・める ②【×嘗める・×舐める】他下一 ❶舌の先で、なでるようにさわる。ねぶる。❷あじわう。経験する。「辛酸を—」❸あまくみる。かろんじる。「相手を—」❹すっかりおおう。「猛火は町全体をなめつくした」 **な・む** 文語下二

なめろう ⓪名 あじ・いわしなどを三枚におろして細かく切り、みそやねぎ、しょうが、大葉などとあわせて包丁でたたいた料理。

なも 助〔古語〕(奈良時代の語)⇒なむ❶❷。

な-や ナ【納屋】名 ものおきごや。

なやまし・い ④【悩ましい】〓 シ 形 ❶官能が刺激されておだやかでない。「—スタイル」❷心が晴れず、気分がおもい。 **悩ましげ** 形動 **悩ましさ** 名 **なやま・し** 文語シク 〓 形シク〔古語〕病気などでからだが苦しく、気分が悪い。「にはかに、いと乱り風(感冒)のなやましきを」〈源氏〉

なやま・す マ【悩ます】他五 くるしませる。困らす。悩ませる。「頭を—問題」

なやみ ③【悩み】名 ❶苦しみ。心配ごと。「—の種」❷〔古語〕病気。わずらい。「年の積もりのなやみ(老病)と思うたまへつつ」〈源氏〉

なや・む ②【悩む】〓 ヤ 自五 ❶心をいためる。くるしむ。「恋に—」❷肉体的な苦痛を味わう。「胃病に—」〓 自四〔古語〕❶あれこれ非難する。うるさくうわさする。「御子もおはせぬ女御の、后に居たまひぬること、安からぬことに世の人なやみ申して」〈栄華〉❷(動詞の連用形について、補助動詞的に用いられて)…するのが難しい。容易に…しかねる。「いたう酔ひなやめるさまにもてなしたまひ」〈源氏〉

な-よせ ⓪【名寄せ】名 ❶物の名や名所の名をあつめた、和歌の参考書。❷いくつかの表やリストにある名前を集めて整理すること。

な-よたけ ③【なよ竹】【▲弱竹】名 ❶わかくてしなやかな竹。❷めだけ。**—の** 枕「撓」「よ」「ふし」にかかる。

なよなよ ナ-(と)副 自サ 弱々しげで、しなやかなようす。「—した人」

なよび-か なり形動〔古語〕❶なよやかなようす。「青にびの紙のなよびかなる墨づき(文字)はしも」〈源氏〉❷上品でやさしいようす。「なよびかに女し(女ラシイ)と見れば」〈源氏〉

なよ・ぶ 自上二〔古語〕❶衣などののりが落ちて、やわらかである。「なよびたる御衣ども」〈源氏〉❷性格が、おだやかである。「(匂宮ハ)あまりいたくなよび、よしめく(風流ガル)ほどに」〈源氏〉

なよ-やか ③ 形動 やわらかくしなうようす。しなやか。たおやか。「—な細竹」

なら《奈良》紀伊半島の中央部にある、古代の都。ここに朝廷がおかれた時期[七一〇—七八四]を奈良時代(奈良朝)と称する。天平年間は、その最も栄えた時期。参考 古くは、「平城」「寧楽」とも書いた。

なら ナ【×楢】名 ブナ科の落葉高木。材は器具・薪炭用。実はどんぐり。実=秋

なら ナ 接続 それなら。「—、そうしよう」

なら 〓 助(副助詞)❶話題となるものを示す。それについて言えば。「父—いま出かけたばかりです」「花—さくら」❷並列をあらわす。…とい。「育ち—、きりょう—、申し分ない」参考 ❷は古風な言い方。ふつうは「なり」を用いる。〓 助動(断定の助動詞「だ」の仮定形)…であれば。「行くの—今がいい」「親が親—子も子だ」

ならい ③【習い】名 ❶ならわし。習慣。「世の—」❷きまり。「本会の—として」 **—性となる** ならわしがたびかさなると、生まれつきの性質のようになる。

ならい-おぼ・える ⑤【習い覚える】他下一 習って身に着ける。習得する。「習い覚えた日本語であいさつする」

ならい-ごと ⓪【習い事】名 けいこごと。

なら・う 〓 ③ 他五 ❶【習う】知識や技術を教えてもらう。教わる。「小型車の運転を—」「ゴルフを初歩から—」「—より慣れろ」❷【倣う】手本としてまねる。「前例に—」 **ならえる** 自下一[…できる] 〓 他四【慣らう・×馴らう】〔古語〕❶体験する。慣れる。習慣となる。「かかる歩きもならひたまはず」〈源氏〉❷なれ親しむ。なじむ。「夜昼もろともにならひて」〈源氏〉

ならく ⓪ナ【奈落】【那落】〈ボ naraka〉名 ❶地獄。❷物事のどんぞこ。絶望的な境遇。「—にしずむ」❸劇場で、舞台の床下の地下室。**—の底** ❶地獄のどんぞこ。❷永久にうかびあがることのできない所・状態。

なら-く 連語〔古語〕(助動詞「なり」の未然形「なら」に、「こと」の意味の「く」のついたもの)❶(「なり」は伝聞推定)…することには。「言ふ—」「聞く—」❷(「なり」は断定)…であることには。

なら-けん《奈良県》近畿地方中南部の県。県庁所在地は奈良市。

ならし ナ【▲均し】名 たいらにすること。平均すること。「地—」「—で三千円ずつ出そう」

ならし 連語〔古語〕(「なるらし」の変化)…であるらしい。…であるようだ。「雁がねの寒き朝けの露ならし」〈万葉〉

なら・す ラ【▲生らす】他五 実をつけさせる。

なら・す ラ【▲均す】他五 ❶たいらにする。「運動場を—」❷平均にする。「負担を—」

なら・す ラ【慣(ら)す】【×馴す】他五 ❶動物などをなつかせる。なつける。❷慣れさせる。「からだを—」

なら・す ⓪【鳴らす】他五 ❶鳴るようにする。音をたてる。❷名前をひろく知らせる。「社交界で鳴らした人」❸言う。つぶやく。「不平を—」 **鳴らせる** 自下一[…できる]

ならず-して 連語 …にもならないうちに。「一年—」

ならず-もの ⓪【ならず者】【▲破落▲戸】名 ごろつき。無頼漢。

ナラタージュ ③〈フ narratage〉名 映画・演劇で、主人公または場面外の人物の声で解説をしながら、場景を構成する表現法。

なら-づけ ⓪【なら漬(け)】【奈良漬】名 しろうり・大根などを、さけかすにつけた食べ物。

なら-で 連語〔古語〕(断定の助動詞「なり」の未然形「なら」と打ち消しの接続助詞「で」)…でなくて。「人づてならで言ふよしもがな」〈後拾遺〉 **—は** …でなくては。…でなけれ

ば。「彼―できないことだ」

なら-ない 連語 ❶いけない。ならぬ。「登っては―」「行かねば―」❷できない。「安心―」

なら-ぬ 連語 ❶⬇ならない。❷〔文章語〕…でない。「正常―精神」

なら-ば ㊀ 連語 〔助動詞「だ」の仮定形と接続助詞「ば」〕もし…だとしたら。「あした雨―遠足は中止だ」㊁ ナ 接続 そうだとしたら。「うそではないと言うのだな。―証拠をみせよ」

ならび 0【並び】名 ならぶこと。ならぶもの。なみ。列。「家の―」

ならび-しょう・する ス【並び称する】他サ 二つのものを、ともに優れたものとしてたたえる。参考「並び称される」という形で使われることが多い。**ならびしょう・す** 文語サ変

ならび-だいみょう ダ【並び大名】名 ❶歌舞伎の舞台で、大名の服装をし、ただ並んですわっているだけの役。❷団体などに加わっているだけで、なにも活動しない人。

ならび-た・つ タ【並び立つ】自五 ❶多くのものが並んで立つ。❷ともにりっぱな地位にいる。**並び立てる** 自下一〔…できる〕

ならび-な・い ナ2【並びない】形 くらべるものがない。「天下に―権力者」

ならび-に 0【並びに】接続 二つの事がらが並列関係にあることを示す語。および。「被告―弁護人」⇩また 参考。

なら・ぶ 0【並ぶ】【▲列ぶ】自五 ❶列をつくる。つらなる。「一列に―」❷まさりおとりがない。匹敵する。「彼に―者はない」**並べる** 自下一〔…できる〕

ならべ-た・てる テ【並べ立てる】他下一 一つ一つ並べて言う。列挙する。「理由を―」**ならべた・つ** 文語下二

なら・べる 0【並べる】他下一 ❶並んだ状態にする。「本を―」❷きちんとした状態に置く。「料理を―」❸くらべる。「AとBとを並べてみる」❹たてつづけに言う。「こごとを―」**なら・ぶ** 文語下二

ならわし 0/シ【習わし】【▲慣わし】名 しきたり。ならい。風習。「土地の―」

ならわ・す ワ【習わす】【▲慣わす】他五 ❶まなばせる。「英会話を―」❷〔動詞の連用形につけて〕「いつも…する」の意味をあらわす。「世間に言い―」

なり 接尾 ❶かたち。ようす。「弓―になる」❷…に応じた程度。「妹―の考え方」

なり リ【▲生り】名 実のなること。結実。「今年はかきの―が悪い」

なり リ【▲形】名 ❶物のようす・かたち。「―のよいつぼ」❷からだつき。「大きな―をしている」❸よそおい。身なり。かっこう。ていさい。「きたない―をする」「―をかまわない」❹なすがまま。「人のいう―になる」

なり 0【鳴り】名 鳴ること。鳴る音。「ベルの―がわるい」**―を静める・―を潜める** ぴたりとしずかになる。

なり【×也】助動〔古語〕❶〔体言や活用語の連体形につく〕㋐断定をあらわす。…だ。…である。「音には聞けどいまだ見ぬものなり」〈竹取〉㋑所在をあらわす。…にある。…にいる。「春日なる三笠の山に出でし月かも」〈古今〉❷〔活用語の終止形につく。ラ変型活用語・形容動詞などには連体形につく〕人から伝え聞いたことをあらわす。また、まわりのようすから、動作・動作主などを推定する。…のようだ。…ということだ。「男もすなる日記といふものを」〈土佐〉

なり 助 ❶〔接続助詞〕㋐〔動詞・助動詞の終止形につく〕…するとすぐに。…やいなや。「音を聞く―とびだした」㋑〔助動詞「た」の終止形に続く〕そのままの状態で。…ままで。「家を出た―もどらない」❷〔副助詞〕㋐選ぶことのできるものを対等に並べあげる。「行く―やめる―はっきりしろ」参考 並立助詞と呼ぶこともある。⇩や❶参考。㋑他の可能性をほのめかしながら、一例を示す。でも。なりと。「映画に―行ってきなさい」

なり-あがり 0【成(り)上がり】名 急に、高い地位や財産を得た人。「―者」

なり-あが・る ガ/0【成(り)上がる】自五 急に、高い地位や財産を得る。⇕成り下がる。

なり-かつよう カ【ナリ活用】名 文語形容動詞の活用の一つ。「なら・なり・(に)・なり・なる・なれ・なれ」と語尾が変化するもの。「のどかなり」「あらかなり」などの活用。⇩**(付)語の活用**

なり-かわ・る ワ【成(り)代(わ)る】自五 代わりとなる。代理をする。「会長に成り代わりまして」

なり-き 0【なり木】【▲生り木】名 くだもののなる木。

なり-きん 0【成金】名 ❶将棋で、敵陣にはいって金将となったこま。❷急に金持ちになった人。

なり-さが・る ガ/0【成(り)下がる】自五 ❶地位・財産や誇り・良心などをうしなう。おちぶれる。⇕成り上がる。❷枝がしなうほど、実がみのる。

なり-すま・す マ/0【成り済(ま)す】自五 ❶あるものにばける。「味方に―」❷すっかりそれになった気でいる。「大将に―いたずらっ子」**成り済ませる** 自下一〔…できる〕

なり-たち 0【成(り)立ち】名 ❶なりたつこと。なりたったこと。成立。❷なりたった過程。なりたつまでの順序。❸くみたて。「文の―」

なり-た・つ タ/0【成(り)立つ】自五 ❶成立する。「商談が―」❷いくつかの要素の組み合わせでできあがる。「寄付で―活動」❸採算がとれて続けられる。「生活が―」「経済が―」

なり-て テ【なり手】名 役などに、なる人。「会長の―がない」

なり-と 助〔副助詞〕せめて…(だけ)でも。…でもいいから。なりとも。なり。「手紙―よこしたらどうだ」「どこへ―出て行きなさい」

なり-どし リ【なり年】【▲生り年】名 くだものがよく実をつける年。あたり年。

なり-は・てる テ/0【成(り)果てる】自下一 おちぶれたすえにそうなる。「一文無しに―」**なりは・つ** 文語下二

なり-ひび・く ビ【鳴(り)響く】自五 ❶鳴る音がひびき、つたわる。「雷鳴が―」❷名が知れわたる。有名になる。なりわたる。「近在に―釣りの名人」

なり-ふり リ【なり振り】【▲形振り】名 身なり。かっこう。「―かまわずはたらく」

なり-もの リ【なり物】【▲生り物】名 ❶実のなるもの。果樹など。❷果実。くだもの。❸田畑からとれるもの。

なり-もの 0【鳴(り)物】名 ❶楽器。❷音曲。**―入り** 0 名 ❶楽器を鳴らしてにぎやかにすること。❷物事のおおげさなようす。にぎやかなようす。「―の宣伝」

なり-ゆき 0【成(り)行き】名 ❶物事の状態がしぜんにうつりかわってゆくこと。また、そのみちすじや結果。「―にまかせる」❷取引で、特に売買価格を指定せず、市場のそのときの価格にまかせて売買するよう注文すること。

なりゆ・く ◎ コ 【成(り)行く】 自五 しだいにそのようになっていく。

なりわい ◎ 【生業】 名 ❶ 文章語 生活をたてるための仕事。職業。❷ 古語 農業、また農作物。「なりはひは、天下の大なる本なり」〈書紀〉

なりわた・る タ 【鳴(り)渡る】 自五 ❶鳴る音がひびきわたる。「サイレンが—」❷有名になる。なりひびく。「全国に—社名」

な・る ナ 【なる】 自五 ❶なにかが別のものに変わる。「さなぎがちょうに—」「信号が赤に—」「冬が去って春に—」❷ある数量・程度・状態に達する。「まもなく十時に—」「父が社長に—」「外がさわがしく—」❸ある関係・状況が生まれる。「隣国と戦争に—」「早起きが習慣に—」❹物事が決まる。「運動会が中止に—」「開催地は広島になった」❺ある役目やはたらきをする。「ために—」「参考に—」❻【成る】組織などが構成される。「五十人の委員から—審議会」❼【成る】 文章語 あることをなしとげる。「初の三連覇—」❽【成る】 文章語 ある人によって作製される。「山楽の手に—ふすま絵」❾【成る】将棋で、駒が敵陣に入って、そのはたらきが変わる。「歩が金に—」❿(多くは「ならない」の形で)…できる。「勘弁ならない」⓫…してもよい。「負けて—ものか」⓬(「…なければ(なくては)ならない」の形で)義務づけをあらわす。「八時までに帰らなければならない」⓭(補助動詞的に、「お(ご)…になる」の形で)尊敬の意味をあらわす言い方。「お読みに—」「ご卒業に—」 参考 「お(ご)…なさる」と敬意はほぼ同じだが、現代語では、もっとも一般的な言い方。「…」には、動詞の連用形やサ変動詞になる漢語がはいる。「お(ご)…になられる」は二重敬語。「お(ご)…になれる」は可能の尊敬の言い方。

な・る ナ 【生る】 自五 草や木に実ができる。「くりがたくさん—」

な・る ◎ 【鳴る】 自五 ❶音がする。ひびく。「鐘が—」「鳴りやまない拍手」❷ひびきわたる。知れわたる。「名声、天下に—」

なるかみ 【鳴る神】 名 古語 かみなり。夏

なるこ ◎ 【鳴子】 名 なわに、小さな竹筒をならべた板や、あきかんなどをつけ、なわをひいて鳴らす鳥おどし。秋

なるこ

ナルコレプシー レ 〈narcolepsy〉 名 突然はげしいねむけをもよおし、ねむってしまう病気。

ナルシシスト シ² 〈narcissist〉 名 自己陶酔者。うぬぼれの強い人。ナルシスト。

ナルシシズム シ² 〈narcissism〉 名 うぬぼれ。自己陶酔症。ナルシズム。 参考 自分の美しさに恋して死んだ、ギリシャ神話の青年ナルキッソスからできたことば。

なるたけ ◎ 【なるたけ】【成る丈】 副 できるだけ。なるべく。「—たくさん集めてください」

なると ◎ 【鳴戸】 名 ❶【鳴門】水流がぶつかりあって鳴りひびくせまい海峡。❷なるとまき。 **—巻き** ◎ 名 かまぼこの一種。切り口に、べに色などのうず巻きもようが出る。

なるべく ◎ 【なるべく】【成る可く】 副 できるだけ。なるたけ。「—早く行きます」「—出席してください」

なるほど ◎ 【なるほど】【成程】 ㊀ 副 同意・納得の気持ちを表す。たしかに。いかにも。「—そうかもしれないね」 ㊁ 感 相手に同感の気持ちを表す。「うん、—、—」

なれ レ 【慣れ】【馴れ】 名 なれること。習熟。熟練。「—から生じる油断」

なれ 【汝】 代 古語 (二人称)おまえ。目下の者や親しい者に対して用いる。な。なんじ。「ほととぎすなれだに来鳴け」〈万葉〉

なれあい ◎ 【なれ合い】【馴合い】 名 共謀して事を運ぶこと。ぐるになること。

ナレーション レ ◎ 〈narration〉 名 映画・ドラマ・ドキュメンタリーなどで、ストーリーや内容を観衆にわかりやすく説明すること。語り。

ナレーター レ ◎ 〈narrator〉 名 ナレーションを担当する人。フィクションでは、作中人物以外の出演者が受けもつのが普通。語り手。

なれしたし・む ナ シ² シ² 【慣れ親しむ】 自五 いつも接して、身近なものとなる。「水に—」「慣れ親しんだ味」 **慣れ親しめる** 自下一 […できる]

なれずし レ 【熟れ鮨】 名 飯とともに魚介類をつけこんで、発酵させて作るすし。

なれそめ ◎ 【なれ初め】【馴初め】 名 恋愛のきっかけ。なじみとなった最初。「そもそもの—」

なれっこ レ 【慣れっこ】 名 俗語 すっかり慣れていること。

なれ・ど 文章語 ㊀ ナ 接続 けれども。ではあるが。「—、回復は望みなし」 ㊁ 連語 (助動詞「なり」の已然形と助詞「ど」)…ではあるけれども。「美人—」

なれども ナ 接続 文章語 けれども。であるが。

なれなれし・い シ 【馴馴しい】 形 それほど親しくもないのに、失礼だと感じるほど、いかにもしたしそうである。「—態度」 **なれなれしげ** 形動 **なれなれしさ** 名

なれのはて ◎ テ 【成れの果て】 名 おちぶれたすえの姿。「悪徳政治家の—」

なれ・ば ㊀ 連語 古語 (助動詞「なり」の已然形と接続助詞「ば」)…だから。「童なれば、宿直人なども、殊に、見いれ追従せず、心やすし」〈源氏〉 ㊁ ナ 接続 文章語 そうだから。したがって。「—、勧めにしたがおう」 **—こそ** だからこそ。「なれば」を強めていう。「春—の光景」

な・れる レ 自下一 ㊀【慣れる】❶多く、または長く経験した結果、ふつうのことと感じるようになる。「叱られるのに—」「寒さに—」❷経験をつんで、物事がスムーズにいくようになる。「学校生活に—」「運転に—」 ㊁【馴れる・狎れる】動物が人に親しんだ結果、こわがったり、敵意をもったりしなくなる。「人になれたライオン」 ㊂【狎れる】親しみすぎて、礼を欠くようになる。「寵愛に—」 **な・る** 文語下二

な・れる レ 【熟れる】 自下一 熟して味がよくなる。「つけ物が—」 **な・る** 文語下二

なわ ワ 【縄】 名 繊維をよりあわせてつくった、やや太いひも。 **—を打つ** ❶なわでしばる。❷なわばりをきめる。❸田畑などを測量する。

なわじり ◎ 【縄尻】 名 人をしばった、なわのはし。「—をとる」

なわしろ ◎ 【苗代】 名 稲のたねをまいて、苗にそだてあげる田。なわしろ田。春 **—田** ◎ 名 なわしろ。春 ↔本田。

なわつき ◎ 【縄付(き)】 名 なわでしばられていること。また、その人。罪人。

なわて ◎ 【縄手】【畷】 名 ❶あぜみち。たんぼ道。❷まっすぐな細長い道。

なわとび ト ビ 【縄跳(び)】 名 ❶張ったゴムなわなどを、とび越える遊び。❷なわの両はしを両手に持ってまわしたり、ふたりでまわしたりして、それを跳ぶ遊び・運動。冬

な

なわ-ぬけ⓪【縄抜け】【縄▲脱け】―名 からだをしばった縄からぬけ出して逃げること。また、その人。

なわ-のび⓪【縄延び】―名 土地の実際の面積が、登記簿にのっている面積よりも多いこと。参考 江戸時代、検地に使った縄の長さが気候条件などで変化したことから。

なわ-のれんノ【縄のれん】【縄▲暖×簾】―名 ❶多くのなわをたれて、のれんとしたもの。❷〔「なわのれん❶」をかけたから〕居酒屋。いちぜんめし屋。

なわ-ばしごパ【縄ばしご】【縄×梯子】―名 二本のなわの間に、木または鉄のふみ板を横に入れて、はしごとしたもの。その一端にかぎをつけ、高い所にかけてたらす。

なわ-ばり⓪【縄張(り)】―名 ❶なわを張ってさかいをきめること。また、その所。❷建物の位置を定めるため、その敷地になわを張ること。「―をする」❸ばくちうち・暴力団などの勢力範囲。❹よく知っている、また、専門とする事がら・ところ。「その問題は、ぼくの―だ」❺〔生〕動物の個体や集団が生活のために他の個体や集団の侵入を許さない領域。テリトリー。「鮎の―」

なわ-め⓪【縄目】―名 ❶なわのむすびめ。❷とらえられ、なわでしばられること。「―の恥」

なゐ【▲地▲震】名〔古語〕➡ない。

なん【男】造 ❶おとこ。「下男・善男・美男」❷むすこ。「次男・嫡男・長男」〔別音だん|男〕

なん【南】造 みなみ。「南極・南北・南洋・西南・東南」

なん【軟】造 やわらか。やわらかい。「軟球・軟骨・軟式・軟弱・軟派・柔軟」↕硬。

なん【難】❶ナ 名造 ❶解決がむずかしいこと。「難解・難題・難病」↕易。❷わざわい。「―をさける」「災難・遭難・避難」❸くるしみ。「―に当たる」「難渋・苦難・困難・住宅難・食糧難」❹きず。欠点。なんくせ。「―のないできばえ」「無難」❷造 なじる。とがめる。「難色・難点・非難」 **―中の難事** きわめてむずかしいこと。

ナンナ〈ヒンディー naan〉名 インドなどで作られる平たいパン。発酵させたパン生地をのばし、タンドールというかまどの内壁にはりつけて焼く。カレーとともに食べる。

なん【何】❶ナ 代 不定の物事を指す語。なに❶。「ほしいものは―でも買ってあげよう」「―の用ですか」参考「なに」のあとにどのような付属語がつくと「なん」に変わるかについては「なに❶」の記述を参照。❷造〔数詞や助数詞相当の語に付いて〕不定の数をあらわす。「―十回」「―百万人」「―グラム」「―号棟」「―代目」⇩いく(幾)参考。 **―だかだと** ああだこうだと。いろいろに。「―もんくを言う」 **―とはなしに** とりたてて、どうということもなく。「―出かけてみる」 **―なりと** なんでも。どんなこと・ものでも。「―質問してください」

なん 助〔古語〕〔係助詞・終助詞〕➡なむ。

なん 連語〔古語〕➡なむ。

なん-ア《南ア》❶南アフリカ。❷南アフリカ共和国。❸南アルプス。

なん-いナ【南緯】名 赤道から南の緯度。↕北緯。

なん-いナ【難易】名 むずかしいことと、たやすいこと。「仕事の―」「―度」困難と容易。

なん-おう⓪【南欧】名 ヨーロッパの南部。南ヨーロッパ。イタリア・フランス南部・スペインなど。↕北欧。

なん-か⓪【南下】名 自サ 南方へ進んでいくこと。↕北上。

なん-か⓪【軟化】名 自サ ↕硬化。❶物の性質がやわらかになること。❷強硬だった主張・態度がおとなしくなること。「相手が―する」❸取り引きで、相場が安くなること。

なん-か⓪【難化】名 自サ〔文章語〕むずかしく複雑になること。「入試問題の―」↕易化。

なん-かナ【何か】副 ❶なにごとか。なにか。「―あったのか」❷なんとなく。なんだか。「―うれしそうだ」

なん-か 助〔副助詞〕「など」のくだけた言い方。話しことばで使う。「こわく―あるものか」

なん-が⓪【南画】名 中国の絵の一派。唐の王維にはじまり、宋・元から明・清の時代に完成・普及した。山水を主として墨でえがき、気韻をたっとんだ。日本では池大雅・与謝蕪村・谷文晁などがこの派の代表画家。南宗画。↕北画。

なん-かい⓪【南海】名 ❶南方の海。❷南海道。

なん-かい⓪【難解】名 形動 わかりにくいこと。むずかしいこと。「―な文章」

なんかい-どう《南海道》昔の七道の一つ。今の和歌山県(紀伊)と兵庫県内の淡路と四国地方との旧六か国。

南×柯の夢 夢のこと。夢のようにはかないことのたとえ。参考 昔、中国の唐の淳于棼という人が大木の下で寝て、夢の中で王にこわれ、二〇年間、南柯郡守に任ぜられた。さめて見ると、その木の下に二つの穴があり、その一つには大蟻が王として住み、他の一つは南にさし出た枝(南柯)の方を向いていたという故事から。

なん-かん⓪【難関】名 ❶通りぬけるのがむずかしい所。❷きりぬけるのにむずかしい事態や事がら。「入試の―」

なん-がん⓪【南岸】名 南がわのきし。↕北岸。

なん-ぎナ/ギ【難儀】名 自サ 形動 ❶苦しみ、なやむこと。❷むずかしいこと。めいわくなこと。「―な後始末」

なん-きつ⓪【難詰】名 他サ 非難して、責めなじること。

なん-きゅう⓪【軟球】名 ↕硬球。❶軟式テニス用のやわらかいゴムボール。❷軟式野球用のゴムボール。

なん-きゅう⓪【難球】名 球技で、打ちにくい、また、とりにくいたま。「―をうまくさばく」

なん-きょう⓪【難境】名〔文章語〕苦しい境遇。苦しい状態。

なん-ぎょう⓪【難行】名 たいそう苦しい修行。 **―苦行** ギョウ名 ❶多くの困難や苦痛にたえてする修行。❷ひどく苦労すること。 **―道** ギョ名 自力で修行して、さとりを得ること。禅宗などのゆき方。↕易行道。

なん-きょく⓪【南極】名 ↕北極。❶地軸が地球表面とまじわる南端。南緯九〇度の地点と一致。❷南極大陸とその周辺。南極地方。❸磁針の南にむかうはし。記号Sであらわす。 **―海** キョ名〔南氷洋の改称〕南極圏内にある海。

なん-きょく⓪【難曲】名 演奏しにくい、むずかしい楽曲。

なん-きょく⓪【難局】名 処理のむずかしい情勢。「―を切り抜ける」

なんきんキ【南▲京】名〔中国中部の都市の名〕❶昔、中国などから渡来したものにつけた語。「―米」❷珍しいもの、また、小さくて愛らしいものにつけた語。「―玉」❸〔主に西日本で使われた〕〔方言〕かぼちゃ。秋

なん-きん⓪【軟禁】名 他サ 家、または室内にとどめて、外出や外部との交渉を自由にさせないこと。

なんきん-じょうキ【南▲京錠】名 きんちゃくの形をした、簡単な錠。

なんきん-だま⓪【南▲京玉】名 陶製またはガラス製の、糸を通す穴のある小さなたま。手芸用のビーズなど。

なんきん-まちキ【南▲京町】名 中国人がたくさん住んでいる町。中華街。

な

なんきん-まめ[キ]【南▲京豆】[名] マメ科の一年生植物。たねを食用とする。ピーナツ。らっかせい。(秋)
なんきん-むし[キ]【南▲京虫】[名] ❶トコジラミ科の昆虫。体長約五ミリメートル。褐色円盤状。建具のすきまなどにすみ、夜出て人畜の血を吸う。とこじらみ。(夏) ❷〔俗語〕女性用の、金側の小型うでどけい。
なん-くせ[0][セ]【難癖】[名] なにか欠点をさがし出して、わるく言うこと。「—をつける」
なん-くん[0]【難訓】[名] 読みかたのむずかしいこと。
なん-けん[0]【難件】[名] 処理のむずかしい事件。
なん-ご[0]【×喃語】[名]〔文章語〕❶男女が仲よくささやき、かたることば。❷生後六か月ぐらいたった乳児が発する、まだことばにならない音声。
なん-ご[0]【難語】[名]〔文章語〕むずかしくわかりにくいことば。
なん-こう[0]【軟×膏】[名] ワセリン・グリセリンなどを入れて、塗りやすくしたやわらかいこうやく。↕硬膏。
なん-こう[0]【難航】[名][自サ] ❶困難な航海。❷ことが進みにくいこと。うまくはかどらないこと。「交渉が—する」
なん-こうがい[コ]【軟口蓋】[名] うわあごの後部のやわらかいところ。↕硬口蓋。
なんこう-ふらく[0][ラ]【難攻不落】[名] 攻めにくくて、容易に陥落(かんらく)しないこと。
なん-ごく[0]【南国】[名] 南方のあたたかい国。↕北国。
なん-こつ[0]【軟骨】[名] 軟骨細胞と、それをとりまく基質からなる器官。やわらかな弾力にとむ骨。↕硬骨。
なん-ざん[ナ]【南山】[名]〔文章語〕南方にある山。**—の寿**(じゅ)〔「南山」は、中国の西安近くにある終南山(しゅうなんざん)〕南山が永遠であるように、人が丈夫でいること。長寿を祝う言葉。
なん-ざん[ナ]【難産】[名][自サ] ❶出産で、なかなか胎児が出ないこと。↕安産。❷物事の成立が困難なこと。「—の末、予算案が成立する」
なん-じ[0]【難字】[名]〔文章語〕むずかしい文字。
なん-じ[ナ]【難事】[名] 処理の困難な事がら。難件。
なん-じ[0]/[ナ]【難治】[名]〔文章語〕病気がなおりにくいこと。なんち。「—の病」
なんじ【×汝・×爾】(なんぢ)[代]〔古語〕〔二人称〕おまえ。そち。目下の者に対して用いる。「なんぢ、姿は聖(ひじり)(僧)にて、心は濁りに染めり」〈方丈記〉**—の敵**(てき)**を愛**(あい)**せよ** 相手が自分に敵対する存在であっても、同じように愛せよ。[参考] 新約聖書「マタイ福音書五章」「ルカ福音書六章」から。
なん-しき[0]【軟式】[名] 軟球を使ってする野球・テニスなど。↕硬式。
なん-しつ[0]【軟質】[名] やわらかな性質。↕硬質。
なん-じゃく[0]【軟弱】[名][形動] ↕強硬。❶やわらかで、よわいこと。「—な基礎」❷態度が強くしっかりしていないこと。よわ腰なこと。「—な外交」
なん-じゅう[0]【難渋】[名][自サ] ❶すらすら進まないこと。「審議は—のもよう」❷苦労すること。困ること。難儀。「対策に—する」
なんしゅう-が[0]【南宗画】[名] 南画。
なん-しょ[ショ]【難所】[名] けわしい所。交通の困難な所。
なん-しょう[0]【難症】[名] なおりにくい症状。難病。
なん-じょう(でふ)[—]〔古語〕〔「なにといふ」の変化。「なじょう(なでふ)」とも〕㊀[連体] なんという。いかなる。なにほどの。「なんでふ事かさうらはん」〈今昔〉㊁[副] なんとして。どうして。「なんでふかかる文か見せたまふ」〈宇津保〉
なん-しょく[0]【男色】[名] ⇒だんしょく。
なん-しょく[0]【難色】[名] 賛成・承知をしぶるようす。「—を示す」
なん-じる[ジ]【難じる】[他上一] ジ・ジ・ジル・ジレ・ジロ・ジヨ ⇒なんずる。
なん-しん[0]【南進】[名][自サ] 南へすすむこと。↕北進。
なん-すい[0]【軟水】[名] カルシウム・マグネシウムなどの塩類を少ししか含まない水。↕硬水。
なん・ずる[ズ]【難ずる】[他サ] ジ・ゼ・ジ・ズル・ズレ・ジロ・ゼヨ〔文章語〕〔「難じる(上一段活用)」とも〕❶責める。「怠慢を—」❷わるく言う。なん・ず[文語サ変]
なんすれ-ぞ【何すれぞ】[副]〔古語〕なぜ。どうして。
なん-せ[ナ]【何せ】[副]「なにせ」のくだけた言い方。
なん-せい[0]【南西】[名] 南と西の間の方角。西南。↕北東。
なんせい-しょとう《南西諸島》九州南端から台湾北東部に連なる列島の総称。鹿児島県の大隅諸島・トカラ列島・奄美(あまみ)諸島、沖縄県の沖縄諸島・先島(さきしま)諸島からなり、太平洋と東シナ海の境界となる。
なん-せん[0]【難船】㊀[名][自サ] ふねが風波のためにこわされたり、ひっくりかえったりすること。難破。㊁[名] 難船したふね。難破船。
ナンセンス[ナ]〈nonsense〉=ノンセンス[名][形動] 常識からはずれたこと。ばかげたこと。無意味。
なんせん-ほくば[ホ]【南船北馬】[名] 各地に旅行すること。[参考] 中国の南部(今の揚子江付近)は河川が多いから船で行き、北部は山が多いから馬で行くということから。
なん-ぞ[0]【何ぞ】[副]〔「なにぞ」の変化〕❶〔古語〕なんとして。どうして。なぞ。「何ぞ、ただ今の一念(一瞬)において、直ちにすることのはなはだ難き」〈徒然〉❷なにごとか。なにものか。なにか。「—問題があったのか」
なん-ぞ[助]〔副助詞〕「など」のくだけた、俗っぽい言い方。なぞ。「わたし—」
なんそうさとみはっけんでん《南総里見八犬伝》江戸時代後期の読本。曲亭馬琴(きょくていばきん)の作。下総(しもうさ)里見家を中心に、八人の勇士の活躍をえがいた長編小説。
なんだ[助動]〔方言〕〔主に関西で〕なかった。「知ら—」
なん-だ[連語] なのだ。「そう—」
なん-だ【何だ】[連語] ❶疑問を表す言い方。「これはいったい—」❷問題にしない、どうということはない、という意を表す言い方。「学歴が—」「それが—というのか」❸不審なことを責める言い方。「—お前は」❹緊張が途切れたときに言う語。「—気のせいか」❺直接指し示す語の代わりとなる言い方。「立ち話も—から」「こう言っては—が」[参考] ❸❹は感動詞的な用法。
なん-だい[0]【難題】[名] ❶詩歌(しいか)や文章のつくりにくい題。❷ときにくい問題。難問。❸処理しにくい事がら。「—をかかえる」❹むりな言いがかり。「—をふっかける」
なんたい-どうぶつ[ド]【軟体動物】[名] 巻き貝・二枚貝・たこ・いかなどのように、脊椎(せきつい)その他の骨格をもたず、体質のやわらかな動物。
なん-だ-か【何だか】㊀[連語] なんであるか。「原因は—わからない」㊁[ナ][副] なぜだかわからないが。なんとなく。「—悲しい」
なん-だ-かん-だ[連語] あれこれ。いろいろ。「—理屈を言う」
なん-だって【何だって】㊀[連語] なんでも。「—いい」㊁[ナ][副] どうして。なぜ。「—泣くんだ」㊂[ナ][感] 驚きや怒りの気持ちで聞き返すときのことば。「—、もう一度言ってごらん」
なん-たる[ナ]【何たる】[連体] なんという。「—ことだ」[参考] 相手を非難するような場合に使う。
なん-たん[0]【南端】[名] 南のはし。「九州の—」↕北端。

なん-ち ⓪/ナ【難治】名 ⬇なんじ。

なんぢ【×汝・×爾】代古語 ⬇なんじ。

なん-ちゃくりく チャ【軟着陸】名自サ 宇宙船などが、衝撃を受けないように着陸すること。

なん-ちゅう ⓪【南中】名自サ 天体が子午線を通りすぎること。

なん-ちょう ⓪【南朝】名 ↕北朝。❶中国で、北方民族が建てた北朝諸国に対し、漢族が建てた宋(そう)・斉(せい)・梁(りょう)・陳(ちん)の四つの朝廷[四二〇―五八九]で、南京(なんきん)にみやこがあった。宋以前の呉(ご)・東晋(とうしん)を加え六朝(りくちょう)ということもある。❷日本の吉野朝。[一三三六―九二]

なん-ちょう ⓪【難聴】名 耳がよく聞こえない状態。「突発性―」

なん-ちょう ⓪【軟調】名形動 ❶やわらかな感じや調子。❷相場がさがりぎみであること。↕堅調。❸写真で、画面の明暗の差が少ないこと。↕硬調。

なん-て ナ【何て】副 なんと。なんとまあ。「―無作法な人だろう」

なん-て 助(副助詞)❶軽く見る気持ちをあらわす。など。なんか。「りんご―ほしくない」❷意外な気持ちをあらわす。「一時間もかかる―おかしい」

なん-で ナ【何で】副 どうして。❶どのようにして。どのような方法で。「―忘れられよう」参考 下に反語の言い方がくる。❷なんのために。なぜ。「―うそをついたのだ」

なん-てき ⓪【難敵】名 てごわい敵・試合相手。「―にぶつかる」

なん-てつ ⓪【軟鉄】名 炭素をすこししかふくんでいない鉄。鉄板・鉄線とし、また、刃物をつくる。鍛鉄(たんてつ)。

なん-でふ 連体副古語 ⬇なんじょう。

なん-でも ⓪【何でも】㊀連語 どんなものでも。すべて。「―食べる」㊁ナ副 ❶どうしても。ぜひ。「―留学したい」❷よくはわからないが。「―近くクラス会があるそうだ」**―あり** 何をしても許される。「景気回復のためなら―という雰囲気」**―かでも** ⬇なんでもかんでも。**―かんでも** いかなるものも。すべて。なんでもかでも。「―自分でやろうとしてはいけない」**―ない** たいしたことではない。「これくらいのけがは―」**―屋**(や) ⓪名 ❶なにごとでも手を出す人。❷なんでも、ひととおりできる人。❸よろずや。

なん-てん ⓪【南天】名 メギ科の常緑低木。秋、紅葉し、冬、赤い実(み)がなる。庭木にする。生け花にも使う。冬

なん-てん テ【難点】名 ❶むずかしいところ。❷非難すべき点。欠点。「―を指摘する」

なん-と ナ【南都】名 ❶平城京。奈良(なら)。❷奈良(なら)の興福寺。↕北嶺(ほくれい)。

なん-と ナ【何と】㊀副(「なにと」の変化)どのように。いかように。いかに。どう。「―しよう」㊁感 ❶どうだ。どんなものだ。「―、おそれいったか」❷ひどくおどろき、感心するときのことば。「―まあ」**―言**(い)**う** なんとも言いようがないほど、はなはだしい。「―いやしいやつだ」**―言**(い)**って**も だれがどう言おうと。なんにしても。「―難しい問題だ」

なん-ど ナ【何度】名 ❶不定の回数をあらわす。何回。何遍(なんべん)。「あの映画は―見たことだろう」❷不定の温度や角度をあらわす。「屋外はいま―ですか」**―も** ナ副 回数の多さをあらわす。「―同じことを聞くな」「スペインには―行った」⇩たびたび 参考。

なん-ど ⓪【納戸】名 衣服・調度(ちょうど)類をしまっておくへや。**―色**(いろ) ⓪名 ねずみがかったあいいろ。おなんどいろ。**―茶**(ちゃ) ド名 青と緑との中間色。

なん-ど ナ【難度】名 むずかしさの程度。「―の高い技」

なん-ど【なんど】【×抔・×等】助(副助詞)など。なんか。「おまえ―の知ったことか」

なん-とう ⓪【南東】名 南と東との中間の方角。東南。↕北西。

なん-とう ⓪【軟投】名 野球で、投手が直球よりも速度のゆるい変化球を多く投げること。

なん-とか ナ【何とか】㊀連語 ❶不確かで具体的でないことをあらわす。明言を避けるのにも用いる。「―言ったらどうだ」「たまにテレビで見る―という俳優」「―とはさみは使いよう」❷(「…とか―」の形で)…など、あれこれと。「体調が悪いとか―理由をつけて、いつも会合に来ない」㊁ナ副 ❶できるかぎりの努力や工夫をするようす。どうにか。「―やってみよう」「―なりませんか」❷最低限の水準をみたすようす。かろうじて。どうにか。「古い機械だが、―動きそうだ」

なん-どき ⓪【何時】名(「なにどき」の変化)いつ。いつごろ。「いつ―」

なん-どく ⓪【難読】名 読みかたがむずかしいこと。「―漢字」

なんと-なく ナ2【何となく】副(「なにとなく」の変化)別に深い理由もなく。「―近づきにくい人」

なんと-なれば ナ1=ナ2/ナ2【何となれば】接続文章語(「なにとなれば」の変化)どういうわけかというと。なぜならば。

なん-と-も【何とも】(「なにとも」の変化)㊀連語 なにだとも。こうこうだとも。「―言わずに帰る」㊁⓪副 ❶どうにも。どのようにも。「―説明ができない」❷どうも。まったく。「―困ったことだ」

なん-なく ナ1【難無く】副 たやすく。わけもなく。やすやすと。「―合格した」

なん-なら ナ2【何なら】副(「なになら」の変化)つごうによっては。よかったら。「―案内しようか」

なん-なり 連語古語(「なるなり」の撥音便化した語)…であるようだ。

なん-なん ⓪【×喃×喃】名と副文章語 男女が、仲よく小声でささやくようす。「喋喋(ちょうちょう)―」

なん-なんせい ⓪【南南西】名 南と南西との中間の方角。↕北北東。

なん-なんとう ⓪【南南東】名 南と南東との中間の方角。↕北北西。

なんなん-と-する【▲垂んとする】連語文章語(「なりなんとする」の変化)今にもなろうとする。もうちょっとで、なろうとする。「百二十歳に―老人」

なん-にも【何にも】連語 ❶(「なにも」の変化)どんな結果にも。「―ならない」❷どんなことも。すこしも。なにも。「―話さない」

なん-にょ ナ【男女】名(「だんじょ」の呉音)⬇だんじょ。

なん-の【何の】㊀ナ感 心にかけないようす。たいしたことはない。「―、かまうものか」㊁⓪連体 なにほどの。「―飾りもない」㊂連語 なんのかの。「やめるの―とさわいだ」**―かの**(と) あれこれと。いろいろ。とやかく。「―用事はあるものだ」**―かんの**(と) ❶(非難の気持ちをこめて)あれこれと。「―文句をつける」「―理由をつけて参加しない」❷(「―言っても」などの形で)結局のところ。「―言ってもお金は大事だ」**―気**(き)**無**(な)**しに** 特にどうという気持ちもなく。**―その** なにほどのことがあろうか、なんでもない。「親の反対も―、予定どおり山へ行く」**―某**(なにがし) ナ―㊂代 具体的な姓名を出さずに人をあらわす語。だれそれ。

なん-ば ⓪【難場】名 難儀する場合・場所。難所。難関。「―をのりきる」

なん-ぱ ⓪【軟派】㊀名 ↕硬派(こうは)。❶消極的で、自分の

な

意見を強く通さない党派。腰のよわい人々。❷文芸上、軟文学を主とするもの。❸異性を相手にする不良少年の一派。❹新聞・雑誌で、社会・風俗や文学・芸術の方面などを専門にあつかうもの。㊁名他サ[俗語]街頭で声をかけて遊びにさそうこと。

なん-ぱ◎【難破】名自サ 暴風雨のために、船がこわれること。「—船」

ナンバーナ〈number〉名 数字。番号。順位。**—プレート**レ〈number plate〉名 自動車の登録番号を記した金属板。自動車登録番号標。**—ワン**ワ〈number one〉名 ❶第一番。第一号。「宇宙飛行士—」❷いちばんの実力者。第一人者。「出版界の—」

ナンバリング◎〈numbering〉㊀名自サ 番号を通して打つこと。㊁名「ナンバリングマシン」の略。**—マシン**シ〈numbering machine〉名 自動番号器。一回または何回かおすたびに、数が一つずつふえて印字される。

なん-ばん◎【南蛮】名 ❶南方の野蛮人(やばんじん)。昔、中国人が南方の異民族をけいべつして呼んだ語。↕東夷(とうい)・西戎(せいじゅう)・北狄(ほくてき)・中華。❷室町(むろまち)時代末期から江戸時代に、タイ・ルソン・ジャワ、その他の南洋諸島を呼んだ語。❸(オランダ人を紅毛といったのに対して)ポルトガル・スペインのこと。❹南蛮から渡来したもの、また、めずらしい品物。❺肉とねぎとを煮た料理。なんばん煮。そばについていうことが多い。「かも—」❻とうがらし。**—寺**(じ)◎名 室町(むろまち)時代末期から安土桃山時代にかけて建てられたキリシタン寺院の呼び名。**—人**(じん)ハ名 室町・江戸時代、ポルトガル人・スペイン人のこと。**—鉄**(てつ)ハ名 南蛮から渡来した鉄、また洋式鍛錬(たんれん)による鉄。**—煮**(に)◎名 ⬇なんばん❺。

なん-ぴと◎【何人】名[文章語]「「なにびと」の変化」だれ。どういう人。「—たりといえども」

なん-びょう◎【難病】名 なおりにくい病気。難症。「指定—」

なん-ぴょうよう《南氷洋》 南極海に同じ。↕北氷洋。

なん-ぶナ【南部】名 南の地方・部分・場所。↕北部。

なん-ぶ《南部》 岩手県の北部と、青森県の東部および秋田県の一部にわたる、もと南部氏の領地。

なん-ぷう◎【南風】名 ❶[文章語] 南から吹く風。はえ。夏 ↕北風。❷[文章語] 夏のかぜ。

なん-ぷう◎【軟風】名 ❶[文章語] こころよく感じるやわらかな風。❷木の葉や細い枝がたえずうごく程度の風。風速は毎秒三・四〜五・四メートル。

なん-ぶつ◎【難物】名 あつかい方のむずかしい物事や人。「彼はなかなかの—だ」

なんぶ-てつびんテ【南部鉄瓶】名 岩手県内の南部地方でつくられる鉄瓶。

ナンプラーナ〈タイ num pla〉名 タイ料理に使う液体調味料。魚介類を原料とする。

なん-ぶん◎【難文】名 むずかしくて、わかりにくい文章。

なん-ぶんがくナ【軟文学】名 ❶漢詩・論文などに対して小説・戯曲など。❷おもに恋愛・情事を主題とした文学作品。恋愛文学。

なん-べい◎【南米】名 南アメリカ。↕北米・中米。

なん-べん◎【軟便】名 やわらかな大便。

なん-ぼ 副[方言] ❶なにほど。いくら。「この本は—するか」❷どのように。どんなに。「—努力しても」**—なんでも** いくらなんでも。

なん-ぽう◎【南方】名 南のほう。↕北方。

なん-ぼくナ【南北】名 南と北。↕東西。**—朝**(ちょう)ク名 ❶五〜六世紀の、中国における南朝と北朝。❷十四世紀の、日本における南朝と北朝。⇩南朝・北朝。**—問題**(もんだい)モ名 北半球に多い先進国と、南半球に多い途上国との間の、政治および経済に関する諸問題。

なんまいだ◎名「なむあみだぶつ」の変化。

なん-みん◎【難民】名 ❶天災や戦争などによって生活に困窮し、他国や居住地外に逃れた人々。「経済—」❷人種や宗教、政治的思想の違いによる迫害を避けて他国に逃れた人々。「—条約」❸[俗語] 必要となる手段・サービス・技術などが活用できず、不自由な思いをしている人びと。「帰宅—」「医療—」

なん-めい◎【南×溟】名[文章語]「「溟」は海の意」南方にある大海。↕北溟。

なん-めん◎【南面】㊀名 南の面。↕北面。㊁名自サ ❶南をむくこと。↕北面。❷[古語] 帝位につくこと。

なん-もん◎【難問】名 ❶むずかしい質問・問題。難題。❷きりぬけるのがむずかしい状況。「どうやるかが—だ」

なん-やく◎【難役】名 むずかしい役目・役割・役職。

なん-よう◎【南洋】名 太平洋南西部の、赤道の南北にそう海洋および島々。南洋諸島から東南アジアをふくむ。

なん-らナ◎【何ら】㊀代「「なにら」の変化」なに。どのような。いかなる。「—のたよりもない」㊁副 なにも。すこしも。「—こまらない」**—か**カナ副 なにか。いくらか。「—の利益」

なん-ろナ【難路】名[文章語] けわしいみち。あぶないみち。

なん-ろん◎【軟論】名[文章語] 弱腰の意見・議論。↕硬論。

に ニ

に：「仁」の草体。ニ：「二」の全体。

に【似】接尾 …に似ているようす。「お母さん—の娘」

に【煮】造 煮ることをおもな方法として作られた料理。「うま—・みそ—・甘露—」

に【尼】造 あま。女の僧。「尼公(にこう)・尼寺(にじ)(あまでら)・尼僧・僧尼・修道尼」

に【弐】造 ふたつ。「二」の大字。「金弐拾万円也」

にニ【二】㊀名造 ❶ふたつ。「二元・二重(にじゅう)(ふたえ)・二倍・無二」❷二度め。第二位。つぎ。「二階・二軍・二世(にせい)・二流」㊁名 ❶同一でないこと。❷三味線(しゃみせん)の二の糸。

にニ◎【荷】名 ❶手に持ってはこび、または、せおう品物。はこぶ貨物。荷物。❷負担。責任。義務。「—が重い」❸やっかいもの。じゃまもの。「—になる」**—が降**(お)**りる** 責任や義務がすっかりなくなる。**—が勝**(か)**つ** 荷がおもすぎる。責任や義務が過重である。

に【丹】名[古語] ❶あかいろの土。あかつち。❷あかつちで染めたあかいろ。にいろ。

に 助動 ❶[古語] 打ち消しの助動詞「ず」の古い連用形。ないので。「せむすべ知ら—」❷[古語] 完了の助動詞「ぬ」の連用形。「来—けり」❸断定の助動詞「なり」の連用形。で。「父は画家—して…」

に 助 ❶(格助詞)㋐時を示す。「六時—起きる」㋑場所・方向を示す。「東京—住む」「右—まがる」㋒行き着く所を示す。「京都—着く」⇩へ 参考。㋓目的を示す。「釣り—行く」⇩へ 参考。㋔動作・作用の及ぶ対象を示す。「友達—話す」「飛行機—乗る」㋕比較の基準を示す。「兄は父—似ている」㋖原因を示す。「病気—苦しむ」㋗動作・作用のおこるもとを示す。「先生—しかられる」⇩から❶ 参考。㋘動作が行われるときの状態や様子をあらわす。「ふすま越し—話しかける」「直角—交わる」「内密—調査する」 ㋙変化した結果をあらわす。「春—なる」「技術者—なる」 参考「…となる(する)」という言い方もあるが、「に」の方が広く用いられる。また、「に」は「二組に分かれる」のように「なる(する)」以外にも用いられる。㋚ある資格をあらわす。…として。「彼を議長—選ぶ」「入学祝い—もらう」 ㋛割合をあらわす。「三回—一回は失敗する」 ㋜〔「には」の形で〕敬意の対象を示す。「皆様—はお変わりありませんか」 参考「皆様は」と主語にして直接さし示すことを失礼なこととして避け、「に」を添えて間接にいうところから生まれたもの。㋝添加・組合わせをあらわす。「みかん—りんご」「梅—うぐいす」 参考 並立助詞と呼ばれることもある。㋞…について、それが。「常識—欠ける」「センス—乏しい」 ㋟同じ動詞を重ねた間にさしはさんで動詞の意味を強める。「泣き—泣く」 ❷〔終助詞〕古語〔奈良時代の語〕他にあつらえ望む気持ちをあらわす。…てほしい。「家に帰りて業をしまさに」〈万葉〉 ❸〔接続助詞。活用語の連体形につく〕㋐〔「う」「よう」「まい」などの助動詞について〕予期しない事がらの起こったことをあらわす。「事もあろう—彼が自殺するとは」 ㋑古語 前後の事がらを単純に結びつける。…と。…ときに。「火の中にうちくべて焼かせたまふにめらめらと焼けぬ」〈竹取〉 ㋒古語 順接の確定条件をあらわす。…から。…ので。「舟とくこげ、日のよきに」〈土佐〉 ㋓古語 逆接の確定条件をあらわす。…のに。…けれども。「庭の面はまだかはかぬに夕立の空さりげなく澄める月かな」〈新古今〉 ㋔古語 さらにつけ加わることをあらわす。…のうえに。「見る目のいときたなげなきに声さへ似るものなく歌ひて」〈更級〉

にあ・う ア【似合う】(あふ) 自五 見たところ、調和がとれている。つりあう。ふさわしい。とりあわせがよい。「背広に—ネクタイ」 **似合い** 名

にあがり 0/ア【二上がり】名 三味線の調子の一つ。二の糸の調子を本調子より上げたもの。また、その曲。↕本調子・三下がり。 **—新内** シ 名 江戸時代末期に流行した、二上がりの新内節の調子でうたう小唄。

にあが・る ガ【煮上がる】自五 ❶煮えたって、ふきあがる。煮えあがる。❷よく煮える。完全に煮終わる。「魚がきれいに—」

にあげ 0/ゲ【荷揚(げ)】名 自サ 船に積んだ荷物を、陸にあげること。また、その仕事をする人。 **—人足** 三 名 荷揚げ作業に従事する労働者。

にあし 0【荷足】名 船を安定させるために船底に積む物。底積み。バラスト。

にあつかい ア【荷扱い】(あつかひ) 名 荷物を取り扱うこと。

ニアピン 0〈near pin〉名〔和製英語〕ゴルフで、指定されたホールの第一打を誰がピンにもっとも近く寄せられるかを競うこと。「—賞」

ニアミス 0〈near miss〉名 ❶航空機どうしが航行中に異常接近すること。❷本来会うはずのない人どうしが、偶然接近していたこと。

にあわし・い シ【似合わしい】(あはしい) 形 よく似合う。ふさわしい。似つかわしい。「彼女には似合わしくない相手」 **似合わしさ** 名 **にあは・し** 文語シク

にい【新】(にひ) 造 あたらしい。「—妻」「—盆」

にいがた・けん《新潟県》(にひがた) 中部地方北部の日本海がわの県。県庁所在地は新潟市。

にいさん 三【兄さん】名 ❶兄を立てたり親しみをこめたりして言う語。❷若い男を呼ぶ語。

ニーズ 三〈needs〉名 要望。要求。「社会の—にこたえる」

ニーズ 三〈NIES〉名〔newly industrializing economies から〕一九七〇年代から急速に工業化をとげた諸国。新興工業経済地域。アジアでは、韓国・台湾など。

にいづま 0【新妻】(にひ) 名 結婚したばかりの妻。

ニート 三〈NEET〉名〔not in employment, education or training から〕学生でもなく、職につく意志ももたず、あてもなく暮らしている若者。また、そのような生活。

にいなめさい メ【新×嘗祭】(にひなめ) 名 十一月二十三日、天皇が、新穀を神にそなえ、自身でも食べる儀式。しんじょうさい。冬

にいにいろくじけん《二・二六事件》⇒ににろくじけん。

ニーハオ〔中 你好〕感 こんにちは。

にいばり【新×墾】(にひ) 名 古語 あらたに開墾すること。また、その田畑。あらきだ。

にいぼとけ ボ【新仏】(にひ) 名 ⇒あらぼとけ。

にいぼん 0【新盆】(にひ) 名 死後はじめてまわってくるぼん。はつぼん。しんぼん。あらぼん。秋

にいまくら【新枕】(にひ) 名 古語 愛し合う男女が、はじめて共寝すること。初夜。「新珠の年の三年を待ちわびてただ今宵こそにひまくらすれ」〈伊勢〉

にいろ 0【丹色】名 赤い色。赤土色。

にいん 三【二院】名 衆議院と参議院。上院と下院。 **—制** 0 名 国会が、二院からなる制度。↕一院制。

ニウエ《Niue》南太平洋、トンガの東にあるニウエ島を占める国。首都はアロフィ。

にうけ ケ/0【荷受(け)】名 送ってきた荷物を、受け入れること。「—人」↕荷送り。

にうごき ウ【荷動き】名 取り引きされた荷物の船・鉄道による移動。「—が活発」

にえ 0【沸え・×錵】名 焼き入れによって刀のはだにできる、雲やあわつぶのようないろいろな模様。

にえ【×贄】(にへ) 名 古語 ❶朝廷や神にささげる物。特に魚・鳥など。❷おくりもの。

にえあが・る ガ【煮え上がる】自五 よく煮上がる。

にえかえ・る カ【煮え返る】(かへる) 自五 煮えたぎる。煮えくりかえる。

にえきらない【煮え切らない】連語 はっきりしない。あいまいだ。「—態度」

にえくりかえ・る カ【煮えくり返る】(かへる) 自五 ❶煮えたってわき返る。「なべの湯が—」❷いかりの感情がはげしくうごく。「腹の中が—」

にえたぎ・る ギ【煮えたぎる】自五 煮えたってわきかえる。煮えかえる。煮えくりかえる。

にえた・つ タ【煮え立つ】自五 煮えてわき立つ。煮えかえる。

にえゆ 0【煮え湯】名 煮えてわきかえった湯。熱湯。 **—を飲まされる** 相手に対する信頼を裏切られて、ひどい目にあわされる。

に・える 0【煮える】自下一 ❶なべなどの中の水や汁が十分に熱せられ、食品によく熱がとおって食べられるようになる。「芋が—」❷水がわいて湯となる。❸ひどくはらがたつ。「腹が—」 **煮え** 名 **に・ゆ** 文語ヤ下二

にお 三【×鳰】(にほ) 名 ⇒かいつぶり。冬

におい 0【匂い】(にほひ) 名 ❶鼻に感じる刺激。㋐かおり。香気。「香水の—」 ㋑【臭い】くさみ。臭気。「ガスのもれる—」 ❷【臭い】それらしい雰囲気や気分。「古い宿場町の—をただよわせる町並み」「犯罪の—がする」 ❸古語〔葉や花の色が〕美しく照り映えること。「桜の花のにほひはもあなに」〈万葉〉 ❹古語 つややかで、気品があること。

「乙女らが笑(ゑ)まひのにほひ、思ほゆるかも」〈万葉〉❺[古語]威信。威光。「官(つかさ)、位、世の中のにほひも何ともおぼえずなむ」〈源氏〉❻[古語]染色やかさねの色目などで、濃い色あいと薄い色あいとをとりあわせて効果を出すこと。❼[古語]（「匂縅(においおどし)」の略）鎧(よろい)の縅し糸の、上のほうを濃くし、下のほうほど薄くぼかしていって、末を白くしたもの。

におい-た・つ [タ][0]【匂い立つ】[にほひ] [自五](タ・トチ・ッ ツ・ツ・テ・テ) ❶においが立ちのぼる。❷あたりがてりかがやくように感じられる。「―ような美しさ」

におい-ぶくろ [オ]【匂い袋】[にほひ] [名] ちょうじ・じゃこう・びゃくだんなどの香料を入れて、持ちあるいたり掛けたりする袋。(夏)

におい-やか [匂ひやか] [にほひ] [なり形動][古語] つややかに美しいようす。はなやかなようす。「さしのぞきたる顔、いみじくらうたげににほひやかなるべし」〈源氏〉

に-おう [オ][三]【仁王・二王】[名] 寺の門などにあって仏法を守る、二体の金剛(こんごう)力士。口を開いた阿(あ)像と口を閉じた吽(うん)像。**―立(だ)ち** [0][名] 仁王の像のように、いかめしく勢いこんで立つこと。**―門(もん)** [オ][名] 仁王の安置してある寺の門。

仁王

にお・う【匂う】[にほふ] [一][オ][自五](ワ・オ・イ・ッ ウ・ウ・エ・エ) ❶鼻にかおりや刺激を感じる。「梅が―」「魚を焼く煙が―」❷【臭う】鼻にくさみを感じる。「生ごみが―」「トイレが―」❸【臭う】[俗語] 怪しいけはいが感じられる。「これは―な。事件かもしれない」❹あふれ出るような美しさがある。「―ばかりの乙女」[二][古語][一][自四] ❶(草や葉、花の色などが)美しく照り映える。「青丹(あをに)よし奈良の都は咲く花のにほふがごとく今盛りなり」〈万葉〉❷色が染まる。「白つつじ、我ににほはね妹に示さむ」〈万葉〉❸影響を受けて栄える。「(栄華ハ)我が家まではにほひ来ねど」〈源氏〉[二][他下二] 美しく色づける。[参考]「にほふ」は視覚的な美しさを言う語で、鼻に感じられる刺激には「かをる(香る)」が用いられた。両者は、しだいに混同され、平安時代の末ごろには、ともに鼻の感覚を言うようになった。のち、さらに、「にほふ」は匂いを広く一般的に示し、「かをる」が好ましい匂いの場合に限定されるようになった。

に-おくり [オ]【荷送り】[名] 荷物を先方へ送り出すこと。「―人」↔荷受け。

にお-の-うみ [三]【×鳰の海】[にほ][名] 琵琶湖(びわこ)のこと。

に-おも [0]【荷重】[名][形動] ❶荷物が重すぎること。❷責任・負担が重すぎること。「その仕事は彼には―だ」

におやか [オ]【匂やか】[にほ][形動](ダロ・ダッ・デ・ニ ダ・ナ・ナラ・○)[文章語] ❶つややかで美しいようす。「―な美少女」❷かんばしいようす。かおりが高いようす。「―な花ばたけ」 **におやかさ**[名]

におわ・す【匂わす】[にほはす] [一][ワ][他五](サ・ソ・シ・ス ス・セ・セ)（「におわせる(下一段)」とも） ❶かおりを立てる。❷【臭わす】くさみを感じさせる。❸それとなく遠まわしに言う。ほのめかす。「昇給を―」[二][他四][古語] ほんのり色どる。色を移す。染める。「秋の野をにほはす萩」〈万葉〉

におわ・せる [セ]【匂わせる】[にほはせる][他下一](セ・セ・セル・セル セレ・セロ・セヨ) におわす。「解散を―発言」

に-かい [0]【二階】[名] ❶建物の第二層。❷二階だての家。にかいや。**―から目薬(めぐすり)** （二階にいて、階下の人に目薬をさす意）思うようにできず、もどかしいこと。また、ききめがあてにならないこと。

にが・い [ガ]【苦い】[形](カロ・カッ・ク イ・イ・ケレ・○) ❶熊(くま)の胆(い)や濃すぎる茶などを飲んだ時のような、よくない味を感じる。「良薬(りょうやく)は口ににがし」❷おもしろくない。にがにがしい。「―顔」❸つらい。くるしい。「―経験」 **苦さ**[名] **にが・し**[文語ク]

にが-うり [0][ガ]【苦×瓜】[名] ウリ科のつる性一年草。長円形で、いぼのような突起のある実(み)を結ぶ。果肉はにがく、種子の皮は甘い。食用。つるれいし。ごうやあ。(秋)

に-かえ・す [カ][エ]【煮返す】[かへす][他五](サ・ソ・シ・ス ス・セ・セ) 一回煮た食物などをもう一度煮る。煮なおす。**煮返し**[名]

に-がお [0]【似顔】[がほ][名] ある人の顔に似せてかいた絵。似顔絵。**―絵(え)** [0][名] ❶似顔。肖像画。❷浮世絵(うきよえ)で、役者または美人の絵。

にが-しお [0]【苦塩】[しほ][名] にがり。

逃(に)がした魚(さかな)は大(おお)きい 手に入れそこなったものは実際よりよいものだったように思えるものだ。

にが・す [ガ]【逃(が)す】[他五](サ・ソ・シ・ス ス・セ・セ) ❶のがれさせる。逃げさせる。❷とらえそこなう。のがす。「チャンスを―」

にが-たけ [ガ]【苦竹】[名] ❶めだけ。❷まだけ。

にが-つち [0]【苦土】[名] 有機物が少なく、植物の生育に適しない心土(しんど)。

にが-て [0][テ]【苦手】[名] ❶いやな、また、あつかいにくい相手。❷とくいでない物事。「水泳は―だ」↔得手(えて)。

にが-にがし・い [シ]【苦苦しい】[形](カロ・カッ・ク イ・イ・ケレ・○) たいへん不愉快である。「―顔」 **苦苦しげ**[形動] **苦苦しさ**[名] **にがにが・し**[文語シク]

にが-み [ミ][0]【苦み】【苦味】[名] ❶にがいこと。にがいあじ。❷にがみばしっていること。「―のきいた顔」**―走(ばし)る** [シ][自五] 顔つきがひきしまって、渋みがある。男の顔だちについていう。「苦み走ったいい男」

にが・む【苦む】[古語] [一][自四] ❶にがにがしく思う。不愉快な顔つきになる。「ここちあしうなりて、いかにつかまつらんとてにがみて」〈宇津保〉❷しわが寄る。「(大豆ノイッタノニ)酢をかけつれば、…にがみてよく挟まるなり」〈宇治拾遺〉[二][他下二] 顔をしかめる。

にが-むし [ガ]【苦虫】[名] かむと苦い味のしそうな虫。**―を×嚙(か)み潰(つぶ)したよう** にがりきった顔つきのようす。たいへん不愉快そうな顔つきにいう。

にか-めいちゅう [メ]【二化×螟虫】[名] メイガ科の昆虫、にかめいがの幼虫。ずいむしともいい、稲の茎をくう害虫。一年に二回発生するのでこの名がある。

に-かよ・う [ヨ]【似通う】[かよふ][自五](ワ・オ・イ・ッ ウ・ウ・エ・エ＊) たがいに、よく似ている。「大陸と似通った気候」

ニカラグア《Nicaragua》＝ニカラグァ 中央アメリカの共和国。首都はマナグア。

にがり [0][リ]【苦▲汁・苦▲塩】[名] 海水から食塩をつくった残りのしる。塩化マグネシウムなどをふくみ、たんぱく質を固まらせるのでとうふの製造に使う。にがしお。

にがりき・る [キ]【苦り切る】[自五](ラ・ロ・リ・ッ ル・ル・レ・レ) ひどくにがい顔をする。たいへん不愉快そうな顔をする。「失敗に―」

にかわ [0]【×膠】[にかは][名] 獣類の皮・骨・腱(けん)・腸などを煮だした液を固めたもの。接着剤用。

に-がわせ [ガ]【荷為替】[がはせ][名] 遠隔地との売買取引で、買い主を支払人として売り主が発行する手形。荷為替手形。

にが-わらい [ワ]【苦笑い】[わらひ][名] にがにがしく、または、ぐあいが悪く思いながら、しかたなく、まぎらすために笑うこと。また、その笑い。「―をうかべる」

にがん-レフ [レ]【二眼レフ】[名]（「二眼レフレックスカメラ」の略）焦点を合わせるためと、写真をうつすためとの二つのレンズをもっているカメラ。↕一眼レフ。

に-き [ニ]【二期】名 二つの期間。上半期と下半期など。「大統領を―務める」 **―作**さく [キ]名 同じ耕地に一年に二回、同じ作物(おもに稲)をつくること。↕二毛作。

に-き 連語〔古語〕(完了の助動詞「ぬ」の連用形「に」と回想助動詞「き」)…てしまった。「我おちにき(堕落シテシマッタ)と人に語るな」〈古今〉

にぎ [ニ]【二義】名 ❶二つの意味。両義。❷第二番目の意味。 **―的**てき [0] 形動 ❶意味が二つに解釈できるようす。❷根本的・基礎的でないようす。二次的。

にぎ-たえ【▲和×栲・▲和▲幣】たへ 名〔古語〕織り目のこまかい織物。打ってやわらかくした織物。↕あらたえ。

にぎにぎ-し・い [シ]【×賑×賑しい】形 (カロ・カッ・ク・イ・イ・ケレ・○) 非常ににぎやかである。たいそうにぎわしい。 **にぎにぎしさ** 名 **にぎにぎ・し** 文語シク

にきび [ニ]【▲面×皰】名 青少年に多い、顔面の小さなふきでもの。皮脂の分泌過多の人に多く発生する。

にぎ-みたま [ミ]【▲和御▲魂】名 おだやかな徳をそなえた神霊。↕あらみたま。

にぎ-やか [ギ]【×賑やか】形動 (ダロ・ダッ・デ・ニ・ダ・ナ・ナラ・○) ❶人や物があつまり、活気のあるようす。「―な会合」❷音楽・人声などが陽気なようす。「―な鼓笛隊」「―な娘たち」 **にぎやかさ** 名

に-きょく [ニ]【二極】名 ❶陰極と陽極。❷二つの中心勢力があること。 **―化**か [0] 名 自サ 二つの対立する勢力に分かれ、中間がなくなっていくこと。二極分化。「中流層が減少し、社会の―が進む」↕一極集中。

にぎら・せる【握らせる】連語〔俗語〕わいろのかねなどを受け取らせる。「十万円ほど―」

にぎり [0]【握り】名 ❶にぎること。にぎったもの。❷にぎった太さ・長さ・量。「ひと―の米」❸にぎってもつ所。❹弓の、射る時ににぎる所。ゆづか。❺碁で先番をきめる方法で、にぎりとった石の奇数・偶数によること。❻にぎりずし。❼にぎりめし。

にぎり-こぶし [コ]【握り拳】名 にぎりしめたこぶし。げんこ。

にぎり-し・める [メ]【握り締める】【握▲緊める】他下一 (メ・メ・メル・メル・メレ・メロ・メヨ) ❶力を入れて、にぎる。「こぶしを―」❷しっかり持って、はなさない。「おもちゃを―子」 **にぎりし・む** 文語下二

にぎり-ずし [リ]【握りずし】【握り×鮨】名 酢すをまぜた飯を小さくにぎり、魚・貝などの具をのせたもの。にぎり。↕ちらしずし・おしずし。

にぎり-つぶ・す [ブ]【握(り)潰す】他五 (サ・ソ・シ・ス・ス・セ・セ) ❶強くにぎってつぶす。❷要求などを手もとにとどめ、うやむやにしてしまう。 **握り潰し** 名 **握り潰せる** 自下一 〔…できる〕

にぎり-ばし [リ]【握(り)箸】名 子どもなどがはしをうまく使えず、二本いっしょににぎるように持つこと。

にぎり-ぶと [0]【握り太】名 にぎるところの太いこと。また、そのもの。「―のステッキ」

にぎり-めし [0]/[リ]【握(り)飯】名 三角や俵たわらなどの形ににぎりかため、塩をまぶした飯。おむすび。おにぎり。

にぎり-や [0]【握り屋】名〔俗語〕金銭や物品をためることばかり心がけて、必要なときに出し惜しむ人。けちんぼう。

に-き・る [キ]【煮切る】他五 (ラ・ロ・リ・ッ・ル・ル・レ・レ) ❶酒の類を煮たて、アルコール分をとばす。「みりんを―」❷煮つめて水分や煮汁を除く。 **煮切り** 名

にぎ・る [0]【握る】他五 (ラ・ロ・リ・ッ・ル・ル・レ・レ) ❶手の指を、五本ともてのひらの方に折りまげる。❷手でつよく持つ。「刀を―」❸自分のものとする。「権利を―」❹にぎりめし・にぎりずしをつくる。 **握れる** 自下一〔…できる〕

にぎわ・う [ワ]【×賑わう】にぎはふ 自五 (ワ・オ・イ・ッ・ウ・ウ・エ・エ) ❶富みさかえる。「一族が―」❷にぎやかになる。 **にぎわい** 名

にぎわし・い [シ]【×賑わしい】にぎはしい 形 (カロ・カッ・ク・イ・イ・ケレ・○) にぎわっている。 **にぎわしさ** 名 **にぎは・し** 文語シク

にぎわ・す [ワ]【×賑わす】にぎはす 他五 (サ・ソ・シ・ス・ス・セ・セ) ❶人や物がたくさんあつまって、活気づける。にぎわわす。にぎやかにする。「商品が店頭を―」❷音楽・人声などが、あたりを陽気にする。「楽隊が運動会を―」

にぎわわ・す [ワ]2【×賑わわす】にぎははす 他五 (サ・ソ・シ・ス・ス・セ・セ) ⬇にぎわす。

にく【肉】❶ [ク] 名 造 ❶動物の筋肉。皮膚におおわれ、運動をおこすはたらきをもつ。「―がつく」「肉体・筋肉・贅肉ぜいにく」❷鳥獣の食用となる筋肉。「肉汁・肉食・牛肉・魚肉」❸くだもの・野菜などのやわらかな部分。「果肉」❹印肉。朱肉。「―入れ」❺骨組みの上につけそえるもの。にくづけ。「話に―をつける」❻ものの厚さ・太さ。「―の太い字」「肉厚にくあつ」❼肉体。特に、性の対象としてとらえた肉体。「肉感・肉弾・肉欲」❷ 造 ❶じか。直接。「肉眼・肉声・肉筆」❷血つづき。「肉親・血肉・骨肉」 **―を切きらせて骨ほねを断たつ** 自分もかなりの損害をうけながら、相手に致命的な打撃をあたえる。

にく-あつ [0]【肉厚】名 形動(の) 肉の厚みが感じられるようす。「―のしいたけ」

にく・い【にくい】【▲難い】接尾 〈動詞の連用形について形容詞をつくる〉むずかしい。困難だ。…づらい。「見―」「割れ―ガラス」 参考「にくい」は意志的・無意志的な動作のいずれにも使う。主に客観的理由による困難さをあらわす。「にくい」に比べて、意志的な動作に使われやすい「づらい」の使用が増えているともいわれている。また、尊敬語の「おわかりになりにくい」などを、「おわかりにくい」などということが多くなってきている。⇩づらい 参考。

にく・い【憎い】❶ [ク] 形 (カロ・カッ・ク・イ・イ・ケレ・○) ❶相手にしかえしして、自分と同じつらい気持ちを味わわせてやりたいほど、腹だたしい。うらめしい。❷感心してしまうほど、みごとである。「なかなか―表現だね」 **憎がる** 自五 **憎さ** 名 **にく・し** 文語ク ❷ 形ク〔古語〕❶気に入らない。いやだ。「犬のもろ声に長々と鳴きあげたる、…いとにくし」〈枕〉❷そっけない。愛想がない。かわいくない。❸みにくい。ぶざまだ。みぐるしい。「年老い、かたちもにくく」〈宇津保〉

にく-いれ [レ]【肉入れ】名 印肉を入れるもの。肉池にくち。

にく-いろ [0]【肉色】名 肉や皮膚の色。黄色をおびた淡紅色。はだいろ。

にく-エキス [エ]【肉エキス】名 牛・豚・鶏などの肉を煮出し、その汁を蒸発濃縮した食品。

にく-が [0]【肉芽】名 ❶皮膚がきずついたときなどに、深部からもりあがってくる、鮮紅色でつぶつぶした結合組織。❷やまいもなどの葉腋ようえきにつく丸いやわらかな芽。むかご。

にく-かい [0]【肉界】名 ⬇にっかい。

にく-かい [0]【肉塊】名〔文章語〕⬇にっかい。

にくから-ず【憎からず】連語 ❶〔古語〕❶憎らしくはない。見た目もよい。「男君もにくからず愛敬あいぎやうづきて」〈枕〉❷愛情がなくはない。「御返り(御返事)さすがににくからず聞こえかはしたまひて」〈竹取〉 ❷(副詞的に)かわいい。いとしい。「―思う」

にく-かん [0]【肉感】名 ⬇にっかん。

にく-がん [0]【肉眼】名 めがね・顕微鏡・望遠鏡などを使わない人間の視力。「―で見える星」

にく-きゅう [0]【肉球】名 猫や犬の足裏で、弾力性のある球状の部分。

にく-ぎゅう [0]【肉牛】[名] 食用としての肉をとるために飼うウシ。↕役牛(えきぎゅう)・乳牛(にゅうぎゅう)。

にくきり-ぼうちょう [ボ]【肉切(り)包丁】[名] 食用の肉を切るのに使う包丁。

にく-げ【憎げ】【憎気】❶ [ゲ/ク] [形動] (ダロ・ダッ・デ・ニ/ダ・ナ・ナラ・○) 憎らしいと思わせるようす。「—に顔を見返す」 ❷ [なり形動] [古語] みにくい。「清げなる男の、にくげなる妻(め)持ちたる」〈枕〉

にく-さ-げ [サ]【憎さげ】[形動] (ダロ・ダッ・デ・ニ/ダ・ナ・ナラ・○) 憎たらしいようす。「—な顔」

にく・し【憎し】[形ク] [古語] ⬇にくい ❷。

にく-じき [0]【肉食】[名] [自サ] 鳥獣の肉を食べること。にくしょく。「—妻帯」

にく-しつ [0]【肉質】[名] ❶肉の品質。❷動物などの、からだの肉の多い体質。❸植物の葉などの、ぶあつい肉のような質。

にくしみ [0/3]【憎しみ】[名] 憎いと思う気持ち。「人の—を買う」

にく-ジャガ [0]【肉ジャガ】[名] ジャガいもと牛肉または豚肉に、たまねぎなどを加えてつくる煮物。

にく-しゅ [0/1]【肉腫】[名] [医] 上皮組織以外の組織からできる、悪性のはれもの。

にく-じゅう [0]【肉汁】[名] ❶生の牛肉などから、しぼりとった液。❷鳥獣の肉を煮だしたしる。スープ。❸鳥獣の肉を焼いたときに出る汁。

にく-ジュバン [ジュ]【肉×襦×袢】[名] 歌舞伎(かぶき)などで、裸をあらわすときに用いる、からだにぴったりとした肉色のはだぎ。

にく-しょく [0]【肉食】[名] [自サ] ❶人間が鳥獣の肉を食べること。にくじき。↕菜食。❷動物が食物として他の動物をくうこと。↕草食。 **—動物(どうぶつ)** [ド] [名] 肉食だけをする動物。↕草食動物。

にく-しん [0]【肉親】[名] 親子・兄弟など、血のつづいた関係。また、その人。

に-くずれ [ク]【荷崩れ】(くづれ) [名] [自サ] 積み荷が、ロープが切れたりなどして崩れること。「—を起こす」

に-くずれ [0]【煮崩れ】(くづれ) [名] [自サ] 煮ている間に食材の形がくずれること。「カボチャが—する」

にく-せい [0]【肉声】[名] マイクなどの機械を通さない、のどから出たままのなまの音声。

にく-たい [0]【肉体】[名] 人間のなま身のからだ。↕精神。 **—関係(かんけい)** [カ] [名] 性的な関係。「—を結ぶ」 **—的(てき)** [0] [形動] 肉体に関しているようす。肉体を中心に考えるようす。↕精神的。 **—美(び)** [タ] [名] 十分にきたえた体つきの美しさ。 **—労働(ろうどう)** [ロ] [名] からだを使ってする労働。↕精神労働。

にくたらし・い [シ]【憎たらしい】[形] (カロ・カッ・ク/イ・イ・ケレ・○) いかにも憎らしい。「—やり方」 **憎たらしげ** [形動] **憎たらしさ** [名] **にくたら・し** [文語シク]

にく-だん [0]【肉弾】[名] 肉体を弾丸がわりにして、敵陣に突入すること。「—戦」

にく-だんご [ダ]【肉団子】[名] ひき肉を丸く練りまぜて調理したもの。ミートボール。

にく-ち [0/3]【肉池】[名] 印肉を入れるもの。肉入れ。

にく-づき [ク]【肉月】[名] 漢字の部首の一つ。「胴」「腹」などの「月」。

にく-づき [0/キ]【肉付(き)】[名] からだに肉の付いているようす。「—のいい若者」

にく-づ・く [ヅ]【肉付く】[自五] (カ・コ・キ・イ/ク・ク・ケ・ケ) からだに肉が付く。「ふっくらと—」

にく-づけ [0/ケ]【肉付け】[名] [自サ] あらまし骨組みのできた計画・文章などを、くわしく、具体的にし、充実させること。「素案に—する」

にく-てい [テ/0]【憎体】[名] [形動] 憎らしい態度・ようす。

にく-なべ [0]【肉鍋】[名] ❶鳥獣の肉をなべで煮ながら食べる料理。また、それに使うなべ。㊇ ❷ぎゅうなべ。すきやき。

にく-なんばん [ナ]【肉南蛮】[名] うどん、または、そばに、味つけした肉とねぎとをのせた食べ物。

にくにくし・い [シ]【憎憎しい】[形] (カロ・カッ・ク/イ・イ・ケレ・○) たいへん憎らしい。少しもかわいげがない。「—表情」 **憎憎しげ** [形動] **憎憎しさ** [名] **にくにく・し** [文語シク]

にく-はく [0]【肉薄・肉迫】[名] [自サ] ❶身をもって相手の間近に攻め寄ること。「敵陣に—する」❷鋭く問いつめること。「論法鋭く—する」 [参考]「肉薄」が本来の書き方。

にく-ばなれ [バ]【肉離れ】[名] 運動の衝撃で、筋肉におこる裂傷。

にく-ひつ [0]【肉筆】[名] 印刷にしてない実際にかいた書画。「—の美人画」

にく-ぶと [0]【肉太】[名] [形動(の)] 文字の点や線が太いこと。「—の活字」↕肉細(にくぼそ)。

にく-へん [0]【肉片】[名] 肉のきれはし。

にく-ぼそ [0]【肉細】[名] [形動(の)] 文字の点や線がほそいこと。↕肉太(にくぶと)。

にくまれ-ぐち [レ]【憎まれ口】[名] 人に憎まれるようなものの言い方。「—をたたく」

にくまれっ-こ [レ]【憎まれっ子】[名] だれにもかわいがられないで、憎まれる子ども。また、そのような人。 **—世(よ)にはばかる** 人に憎まれるような人が、かえって世間では、はばをきかせる。

にくまれ-やく [0]【憎まれ役】[名] 人から憎まれる役目・役割。きらわれる立場。「—を買って出る」

にく-まん [0]【肉×饅】[名] (「まん」は「まんじゅう」から)味つけしたぶたのひき肉などを入れた中華風まんじゅう。

にく・む【憎む】❶ [ク] [他五] (マ・モ・ミ・ン/ム・ム・メ・メ) 憎いと思う。きらう。 **憎める** [自下一] [[…できる]] ❷ [他四] [古語] 非難する。反対する。「歌に心を入れぬをぞにくみはべり」〈無名抄〉

にくめ-ない【憎めない】[連語] 憎むことができない。つみがない。かわいらしい。「—いたずら」

にく-よく [0]【肉欲】【肉×慾】[名] 肉体の欲望。性欲。情欲。色欲。

に-ぐら [0]【荷ぐら】【荷×鞍】[名] 荷をつけるため、馬の背におく、くら。

にくらし・い [シ]【憎らしい】[形] (カロ・カッ・ク/イ・イ・ケレ・○) ❶かわいらしくない。「—顔つき」❷気にくわない。はらがたつ。憎い。「彼のやり方が—」 **憎らしがる** [自五] **憎らしげ** [形動] **憎らしさ** [名] **にくら・し** [文語シク]

に-ぐるま [グ]【荷車】[名] 荷物をのせてひく車。

ニグロ [1]〈Negro〉[名] 黒色人種。黒人。

ニクロム-せん [0]【ニクロム線】〈nichrome〉[名] ニッケルとクロムの合金の針金。電熱器などに使う。

に-ぐん [0]【二軍】[名] 正選手でない、予備選手のチーム。↕一軍。

にげ [ゲ]【逃げ】[名] 逃げること。「—の一手」 **—を打(う)つ** 責任などの追及をのがれようとする。あれこれ逃げる手段を考える。 **—を張(は)る** 逃げをうつ。

にげ-あし [0/ゲ]【逃(げ)足】[名] 逃げること。また、そのはやさ。「—が速い」

にげう・せる [セ/0]【逃げうせる】【逃▲失せる】[自下一] (セ・セ・セル・セル/セレ・セロ・セヨ) 逃げて、ゆくえをくらます。逃亡する。「まんまと—」 **にげう・す** [文語下二]

にげ-おく・れる [レ/0]【逃(げ)遅れる】[自下一]

逃げるのがおそく、結局逃げられなくなる。「火の回りが早くて―」 **にげおく・る** 文語下二

にげかくれ ⓪ カ【逃(げ)隠れ】名 逃げて隠れること。「絶対に―はしない」

にげき・る キ ⓪【逃(げ)切る】自五 ❶追及の手をのがれて、うまく逃げてしまう。❷先行してそのまま勝ってしまう。「二対〇のまま―」 **逃げ切り** 名 **逃げ切れる** 自下一［…できる］

にげぐち ゲ【逃(げ)口】名 逃げるための出口。

にげこうじょう コ【逃(げ)口上】名 責任や罪の追及をのがれようとすることば。逃げことば。遁辞。

にげごし ⓪【逃(げ)腰】名 ❶逃げようとするようす。❷責任などをのがれようとする態度。

にげことば コ【逃(げ)言葉】名 逃げ口上。

にげこ・む コ ⓪【逃(げ)込む】自五 逃げてかけ込む。逃げてきてはいり込む。 **逃げ込める** 自下一［…できる］

にげじたく ジ【逃(げ)支(仕)度】名 逃げようとするかまえ・用意。

逃げた魚は大きい 手に入れそこなったものは、実際よりも価値があるように見える。逃がした魚は大きい。釣り落とした魚は大きい。

にげだ・す ダ ⓪【逃(げ)出す】自五 ❶逃げて、そこから離れる。「一目散に―」❷逃げはじめる。 **逃げ出せる** 自下一［…できる］

にげな・い ナ【似げない】形 似つかわしくない。にあわない。「彼に―やり方」 **にげな・し** 文語ク

にげの・びる ビ ⓪【逃(げ)延びる】自上一 逃げておちのびる。遠くへ逃げて、助かる。「どうにか逃げ延びた」 **にげの・ぶ** 文語上二

にげば バ【逃(げ)場】名 逃げていく所。逃げ道。

にげまど・う ド ⓪【逃(げ)惑う】自五 逃げる方向にまよって、まごまごする。あちらこちら逃げまわる。「戦火に―人々」

にげまわ・る ワ ⓪【逃(げ)回る】【逃×廻る】自五 ほうぼうを逃げてあるく。「追及を恐れて記者から―」 **逃げ回れる** 自下一［…できる］

にげみず ゲ【逃(げ)水】名 蜃気楼の一つ。遠くに水があるように見え、近づくとまた遠のいて見える現象。砂漠・舗装道路などに見られる。(春)

にげみち ゲ【逃(げ)道】名 ❶逃げて行く道。❷責任などをまぬがれる手段。逃げ場。「―を作っておく」

にけむ 連語［古語］（完了助動詞「ぬ」の連用形と過去推量の助動詞「けむ」）…てしまっただろう。たしかに…たろう。「いつとせむとせのうちに千ちとせや過ぎにけむ」〈土佐〉

にけらし 連語［古語］（完了助動詞「ぬ」の連用形と過去推量の「けらし」）…てしまったらしい。「ほのぼのと春こそ空に来にけらし」〈新古今〉

にけり 連語［古語］（完了助動詞「ぬ」の連用形「に」と回想助動詞「けり」）…てしまった。…てしまったことだ。「年の内に春は来にけり」〈古今〉

に・げる ゲ【逃げる】【×遁げる】自下一 ❶つかまらないようにのがれる。逃亡する。「外国に―」❷責任やめんどうなことをさけて、のがれる。さける。「いやな仕事から―」 **に・ぐ** 文語下二 **―が勝ち** 逃げて相手に勝ちをゆずったほうが、かえって利得になる。負けるが勝ち。

にげん ⓪【二元】名 ❶物事の根本をなす二つのもの。❷代数で二つの未知数があること。 **―的** ⓪ 形動 二つの立場によるようす。 **―放送** ホ 名 二地点からの放送を中継線で結んで、一つの番組にまとめてする放送。 **―論** ゲ 名 ↔一元論。❶宇宙の根本を、精神と物質の二つの原理から説く論。❷世界を善と悪との二つの神（原理）の争いとみる宗教。ゾロアスター教・マニ教など。❸現実の事物を、天と地、霊と肉など、二つの対立する根本原理をもって説明しようとする考え方。

にこ ニ【二×胡】名 中国の弦楽器。馬の尾の毛を張った弓で二本の弦をこすって演奏する。

にこう ニ【尼公】名［文章語］身分の高い女性で、尼になった人のこと。

にこう ニ【二更】名［古語］五更の一つ。今の午後九時ごろから十一時ごろまで。

にごう ニ【二号】名 ❶第二番。二番め。「―車」❷号数活字の大きさで、初号の次。❸［俗語］めかけ。

にこうたいりつ タ【二項対立】名［論］二つの概念が、たがいに矛盾または対立の関係にあること。また、そのような二つの関係としてものごとを考えること。内と外、主体と客体、文明と非文明、など。

にこぐさ【▲和草】名［古語］はえはじめのやわらかい草。 **―の** 枕「はな」「にこ」にかかる。「秋風になびく川辺のにこぐさのにこやかにしも思ほゆるかも」〈万葉〉

にこげ ⓪【にこ毛】【▲和毛】名 ほそく、やわらかな毛。

にこごり ⓪【煮こごり】【煮▲凝り】名 ❶魚の煮じるが、寒気のためかたまったもの。(冬) ❷さめ・かれい・ひらめなど、にかわ質の多い魚を煮て、煮汁とともにひやしてかためた食べ物。

にごしらえ ゴ【荷ごしらえ】【荷×拵】名 荷物をこしらえること。荷づくり。

にご・す ゴ【濁す】他五 ❶にごらせる。にごらす。❷あいまいにする。「ことばを―」 **濁せる** 自下一［…できる］

ニコチン ⓪〈nicotine〉名 たばこの中にふくまれる無色・揮発性・液状のアルカロイド。猛毒で、神経系統を刺激し、しびれさせる。 **―中毒** チュ 名 たばこを吸いすぎたときなどにおこる、ニコチンによる中毒。

にこにこ ニ (と)副 自サ 声を出さずに、笑うようす。にっこり。「―しながら話しかける」

にこぼ・れる レ【煮こぼれる】【煮▲零れる】自下一 煮え立った汁などが鍋の外へあふれ出る。 **煮こぼれ** 名 **にこぼ・る** 文語下二

にこぽん ⓪ 名［俗語］にこにこしながら相手の肩をぽんとたたいて、親しさをしめすこと。「―戦術」

にこみ ⓪【煮込(み)】名 煮込むこと。煮込んだ食べ物。「―おでん」「―うどん」

にこ・む コ【煮込む】他五 ❶よく煮る。❷いろいろのものを入れまぜて煮る。 **煮込める** 自下一［…できる］

にこやか コ 形動 にこにこしているようす。「―な顔」 **にこやかさ** 名

にこよん ⓪ 名［俗語］日やとい労働者。参考 昭和二十五年ごろ、職業安定所からもらう日給が二四〇円だったから。

にごら・す ラ【濁らす】他五 にごらせる。にごす。

にこり コ (と)副 にっこりと笑うようす。「―ともしない」

にごり リ【濁り】名 ❶にごること。にごっているもの。「水の―」❷けがれ。よごれ。「―のない童心」❸かな文字につける濁点。

にごりえ リ【濁り江】名 水のにごった入り江。

にごりえ《にごりえ》樋口一葉の短編小説。一八九五年に発表。不幸な女の死をえがいた作者の出世作。

にごりざけ リ【濁り酒】名 どぶろく。(秋)

にご・る ゴ【濁る】自五 ❶液体や気体などが、まじり物のためにすきとおらない。「池の水が―」↔澄む。

❷けがれる。よごれる。「心が―」❸正しくなくなる。公明でなくなる。「濁った世の中」❹色や音がはっきりしなくなる。「濁った色彩」「濁った声」❺濁音となる。たとえば、「が」は「か」の濁った音。

に-ころがし ⓪【煮転がし】名 さといも・くわいなどを、なべのなかでころがしながら、しるのなくなるまで煮ること。また、その食べ物。にっころがし。

に-ごん ⓪【二言】名 ❶二度ものを言うこと。❷前とちがったことを言うこと。二枚舌。「武士に―はない」

に-ざかな ザ/⓪【煮魚】名 しょうゆなどで味つけをして煮た魚。

に-さばき サ【荷さばき】【荷×捌】名 ❶荷物のしまつ。❷入荷品の売りさばき。

に-ざまし ザ/⓪【煮冷まし】名 一度煮て、さますこと。また、さましたもの。

に-さん 三【二三】名 ふたつか、みっつ。いくらか。「―の訂正がある」

に-さんか ⓪【二酸化】名 酸素二原子と化合した物につける語。―炭素 タ名 炭酸ガス。―窒素 チ名 窒素酸化物の一種。刺激臭があり、有毒で、大気汚染の原因になる。―マンガン マ名 マンガンの酸化物の一種。天然または人工的に得られる黒褐色の粉で、染料・うわぐすり・マッチなどの原料。

にし ⓪【西】名 ❶日の入る方角。北に向かって左の方。↕東。❷西風。↕東。❸〔仏〕西方浄土。極楽。❹西本願寺。↕東。❺関西地方。↕東。❻相撲で、土俵の正面から見て向かって右の方。↕東。⇩土俵(図)。❼相撲の番付の西方。↕東。

にし 三【×螺】名 腹足類の巻き貝の中で、ながにし・たにし・あかにしなどの総称。

に-し 三【二死】名 野球で、アウトが二つになること。ツーダン。「―満塁」

に-し 連語〔古語〕❶〈完了助動詞「ぬ」の連用形「に」と回想助動詞「き」の連体形「し」〉…てしまった。「過ぎにし方の恋しさ」〈徒然〉❷〈格助詞「に」と強めの副助詞「し」〉「に」を強めていう。「名にしおはば〈名トシテ持ッテイルナラ〉いざ言とはむ都鳥」〈伊勢〉

にじ ⓪【虹】名 大気中の水滴に日光があたり、屈折・反射により光の分散を生じて、太陽と反対がわの空に見える七色の弓形の帯。(夏)

に-じ 三【二次】名 ❶根本的なものに対して付随的なもの。副次。二番め。❷数学で、二乗の項があること。―会 ⓪/ジ名 宴会がすんでから、さらに別な場所で開く酒盛り。―災害 サ名 災害が起こったあとに派生して起こる別の災害。―産業 サ名 ⬇第二次産業。―方程式 テ名 未知数に二次の項をもつ方程式。

にし-あかり ア【西明(か)り】名 日没後、西の空のあかるいこと。

にし-あまね《西周》一八二九-九七。思想家。オランダ留学後、「明六社」創設に参加、啓蒙思想家として活躍した。「百学連環」など。

ニジェール《Niger》アフリカ中央部の共和国。一九六〇年独立。首都はニアメ。

にし-がわ ⓪【西側】名 ↕東側。❶西の方角。❷旧ソ連側諸国に対する、西ヨーロッパ諸国や米国などの資本主義諸国。

にしき 三【錦】名 ❶種々の色糸や金銀の糸を使って、きれいな模様を織りだした、厚い高級な絹織物の総称。❷色どり・模様などの美しいもののたとえ。「もみじの―」―の▲御旗 ❶赤地に、日月を金でししゅうしたり、または、えがいたりしたにしきの旗。錦旗。鎌倉時代から官軍のしるしとした。❷だれも反対できないような主義・主張。大義名分。「世界平和を―にする」―を飾る ❶きれいな着物を着る。❷成功・出世して故郷に帰る。

にしき-え キ【錦絵】名 浮世絵版画の一種。多色ずりの美しいもの。

にしき-ぎ キ【錦木】名 ニシキギ科の落葉低木。枝にはコルク質の翼がある。秋の紅葉は、特に美しい。観賞用。材は細工用。(秋)

にしき-ごい キ/ゴ【錦×鯉】名 突然変異種をもとにして改良された鮮やかな色模様のある観賞用のこい。

にし-きた ⓪【西北】名 西と北との中間の方角。いぬい。北西。せいほく。

にしき-たまご タ/マ【錦玉子(卵)・二色玉子(卵)】名 ゆで卵の白身と黄身を別々に裏ごしし、調味して白、黄の二段に重ねて蒸した料理。

にしき-へび ヘ/キ【錦蛇】名 ニシキヘビ科のへびの総称。大形で、最大で一〇にもなる。アフリカから東南アジアにかけて生息。無毒。

にじ-ぐち ジ【二字口】名 相撲で、土俵へのあがり口。

に-じげん ジ【二次元】名 ❶長さとはばのひろがり。平面のひろがり。「―の世界」❷〔俗語〕漫画やアニメなど平面にえがかれる世界。「―アイドル」―コード ゴ名 バーコードのような横方向だけに情報を持つ一次元コードに対し、縦と横の二方向に情報を持つコードのこと。QRコードなど。

にし-じん《西陣》京都市上京区にある伝統的な機業の街。

にしじん-おり ⓪【西陣織】名 西陣でつくる高級な織物の総称。

にし・する ⓪【西する】自サ〈シ・セ・サ(シ)ニ・スル・スレ・シロ(セヨ)〉〔文章語〕西に向かって進む。↕東する。にし・す 文語サ変

にしだ-きたろう《西田幾多郎》一八七〇-一九四五。哲学者。西洋哲学に東洋思想を融合して独創的な哲学体系を樹立した。「善の研究」など。

に-しつ ⓪【荷室】名 自動車の、荷物を積みこむ空間。

にじっ-せいき セ【二十世紀】名 ❶西暦一九〇一年から二〇〇〇年までの百年間。❷なしの一品種。

に-して 連語〔文章語〕㊀〈断定助動詞「なり」の連用形「に」と、接続助詞「して」〉…であって。「父は画家―、兄は教育者なり」㊁〈格助詞「に」と接続助詞「して」〉❶…にて。…で。「蛙なくなり山かげ―」❷…で。「一日―成る」❸…にも。「不幸―」❹その時点で。「幼―俊敏」

に-して-は 連語 …のわりには。「子ども―上手だ」

に-して-も 連語 ❶…においても同様に。…にあっても。…であっても。「食べ方―上品だ」「いずれ―、信頼が大切だ」❷仮にそういう場合であっても。仮にそうと認めても。「買う―慎重に選びたい」「両文化はまったくとは言わない―大きく異なる」❸〔「……―……―」の形で〕どちらの場合にもあてはまることをあらわす。「音楽―絵画―造詣が深い」

にし-ドイツ《西ドイツ》西独。⇩ドイツ。

にし-にほん ホ【西日本】名 日本の西半部。また、中部地方以西の近畿・中国・四国・九州の各地方の総称。特に九州地方。↕東日本。

にしの-うちがみ チ【西の内紙】名 茨城県西野内で産する、じょうぶな日本紙。西の内。

にし-はんきゅう ハ【西半球】名 地球を二つの半球に分けた場合の西側の半分。子午線の零度から西へ一八〇度の地域をさし、南北アメリカ州がある。↕東半球。

にし-び ⓪【西日】名 ❶西にかたむいた太陽。また、その

光。夕日。❷西がわからさす午後の日光。夏

にじ-ます ◎/ジ【虹×鱒】名 サケ科の淡水魚。日本各地の湖沼で養殖される。からだやひれに多数の黒点があり、側面に桃色の線がある。食用。夏

にじま・せる セ【×滲ませる】他下一 セ=セ=セル=セル=セレ=セロ・セヨ ❶墨・色・油などをにじむようにする。❷涙・汗などをうかべる。❸ことばや表情などによって、感情や思いをあらわす。「悔しさを―」「覚悟を―」 **にじま・す** 文語下二

にじみ・でる デ【にじみ出る】【×滲み出る】自下一 デ=デ=デル=デル=デレ=デロ・デヨ ❶色・油などがしみでてくる。❷性格・経験などが自然におもてにあらわれる。「多年の苦労が顔に―」❸涙・汗などがうっすらと出る。

にし-みなみ ミ【西南】名 西と南の間の方角。ひつじさる。南西。せいなん。

にじ・む ジ【×滲む】自五 マ=モ=ミ=ン=ム=ム=メ=メ ❶墨・色・油などがしみてひろがる。「インクが―」❷涙・汗などがうっすらと出る。「額に汗が―」❸物の輪郭がぼやけて見える。「夜霧に―街灯の光」❹ことばや表情などに、感情や思いがあらわれる。「開拓者の苦労の―耕作地」

にしめ ◎【煮しめ】【煮×染】名 野菜・こんにゃく・高野豆腐などを煮しめた料理。

に-し・める 図【煮しめる】【煮▲染める】他下一 メ=メ=メル=メル=メレ=メロ・メヨ しょうゆ・砂糖などで味つけをした汁が食品にしみこむまで、よく煮る。**にし・む** 文語下二

に-しゃ 巳【二者】名〔文章語〕❶二つのもの・こと。ふたりの人。「―残塁」❷両方。両者。**―択一** 巳名 二つの物事のうち、どちらか一つをえらぶこと。

にしゃ-さんにゅう 巳【二捨三入】名 他サ 端数の計算で、一・二は切りすてて、三・四・五・六・七は五とし、八・九は一〇とすること。

にしやま-そういん《西山宗因》一六〇五―八二。江戸時代前期の俳人。名は豊一。談林派の祖。

に-じゅ 巳【二×豎】名〔文章語〕病魔。病気。参考「豎」は子ども。中国の晋の景公が病中に見た夢で、病気の精が二人の子どもの姿をしていたという故事から。

に-じゅう ◎【二重】名 二つがかさなること。二つかさねたもの。ふたえ。重複。**―写し** ウ名 ❶映画で、一つの場面がしだいに消えるにつれ、かさなるように別の場面がしだいにはっきりしてくるもの。オーバーラップ。❷一度うつした写真のフィルムの上に、あやまって別のものをうつすこと。**―価格** カ名 一つの商品に対して二つの価格が設定されまたは表示されること。米の生産者価格と消費者価格、また、公称の価格と実際の売買での価格など。**―敬語** ケ名 同じ種類の敬語を重ねて使うこと。「いらっしゃられる」(「いらっしゃる」と「れる」)など。参考 誤りとされるが、「お見えになる」など使用が定着しているものもある。**―国籍** コ名 同一人が、同時に二か国の国籍をもっていること。**―唱** ジュ名 ふたりの歌手による重唱。デュエット。**―人格** ジ名 ❶〔心〕意識の統一が破れて、一時まったく別人のような言動をし、ふたたびもとの状態にかえること。❷同じ人が、ばあいによって別人のように行動すること。**―奏** ジュ名 二個の楽器による重奏。デュエット。**―取り** ◎名 代金などをかさねてとること。**―否定** ヒ名 打ち消しを二つ続けることによって、遠回しにまた強めて肯定の意をあらわす言い方。「手段がないわけではない」など。**―母音** ボ名 ⇒じゅうぼいん。**―回し** マ名 男性の和服用のがいとう。とんび。冬

にじゅうし-き 巳=シ【二十四気】名 二十四節気。

にじゅうし-こう 巳=コ【二十四孝】名 昔、中国で、親孝行で有名な二十四人。

にじゅうし-せっき 巳=セ【二十四節気】名 陰暦で、五日を一候とし、三候を一気とした一年間の総数の称。二十四気。立春・雨水・啓蟄・春分・清明・穀雨・立夏・小満・芒種・夏至・小暑・大暑・立秋・処暑・白露・秋分・寒露・霜降・立冬・小雪・大雪・冬至・小寒・大寒。

◆二十四節気

春	立春	二月四日ごろ
	雨水	二月十九日ごろ
	啓蟄	三月六日ごろ
	春分	三月二十一日ごろ
	清明	四月五日ごろ
	穀雨	四月二十日ごろ
夏	立夏	五月六日ごろ
	小満	五月二十一日ごろ
	芒種	六月六日ごろ
	夏至	六月二十二日ごろ
	小暑	七月七日ごろ
	大暑	七月二十三日ごろ
秋	立秋	八月八日ごろ
	処暑	八月二十三日ごろ
	白露	九月八日ごろ
	秋分	九月二十三日ごろ
	寒露	十月八日ごろ
	霜降	十月二十三日ごろ
冬	立冬	十一月八日ごろ
	小雪	十一月二十二日ごろ
	大雪	十二月七日ごろ
	冬至	十二月二十二日ごろ
	小寒	一月六日ごろ
	大寒	一月二十日ごろ

にじゅうしのひとみ《二十四の瞳》壺井栄の長編小説。一九五二年発表。分教場の女教師と十二人の教え子の物語。

にじゅうはっ-しゅく 巳【二十八宿】名 昔、中国で、黄道にそって、天球を二十八にわけた星座。

に-じょ 巳【二女】名 ❶ふたりの女の子。「―の父」❷次女。

に-じょう ◎【二乗】名 他サ おなじ数どうしを、かけあわせること。平方。自乗。

にじょう-よしもと《二条良基》一三二〇―八八。南北朝時代の歌人・連歌師。「菟玖波集」を編集し、「連歌新式」を制定した。

に-しょく 巳【二食】名 ❶二度の食事。「一泊―付き」❷一日に二回食事をすること。

にじり-ぐち リ【にじり口】【×躙り口】名 茶室の小さな出入り口。

にじり-よ・る ヨ◎【にじり寄る】【×躙り寄る】自五 ラ=ロ=リ=ッ=ル=ル=レ=レ すわったままですり寄る。「そばへ―」

にじりぐち

にしる ◎【煮汁】名 ものを煮たしる。にじる。

にじ・る ジ【×躙る】ラ=ロ=リ=ッ=ル=ル=レ=レ ━自五 すわったまま、ひざをおしつけるようにして、じりじりと動く。━他五 おしつけてすり動かす。じりじりとおしつぶす。「げたの歯で―」

にしろ 連語 …だとしても。…にせよ。「いずれ―こちらの勝ちだ」

にしわき-じゅんざぶろう《西脇順三郎》一八九四―一九八二。詩人・英文学者。超現実主義などの詩論を紹介した。「Ambarvalia(アムバルワリア)」「旅人かへらず」など。

にしん 巳【×鰊・×鯡】名 ニシン科の海水魚。北太平洋に広く分布。食用にするほか、卵巣を干して、かずのことする。春

に-しん ◎【二心】名〔文章語〕❶ふたいろの心をもつこと。そむく心。ふたごころ。❷うたがいの心。

に-しん ◎【二伸】名〔文章語〕手紙の、追って書きの初めに書く語。「ふたたび申し上げます」の意味をあらわす。追伸。⇩追って書き 参考。

に-しん ◎【二審】名 (「第二審」の略)一審の判決に対して不服申し立てがあったときに、上級の裁判所がおこなう

審理。控訴審。↕一審・三審。

に-しん 0【二進】名 自サ 野球で、二塁へ進むこと。 **━法**(ほう) 0 名 すべての実数を0と1の二つの数字であらわす方法。2の整数乗ごとに桁(けた)があがる。

に-しんとう シ【二親等】名 親族関係のつながりが二番めであるもの。本人とその祖父母・孫・兄弟姉妹の関係など。二等親。⇩親等(図)。

ニス 1 名 ➡ワニス。

に-すい 0【二水】名 漢字の部首の一つ。「冷」「凍」などの「冫」。

に-すがた ス【似姿】名〔文章語〕似せてつくった像や絵。

に-すがた ス【荷姿】名 梱包(こんぽう)された荷物の外見や形状。

にせ 0【偽】【×贋】名 本物と間違えるほど、そっくりに行動したり作ったりすること。また、そのもの。「━の証明書」

に-せ 1【二世】名〔仏〕この世とあの世。現世(げんせ)と来世(らいせ)。 **━の縁**(えん) 来世までつながっている縁。おもに夫婦の縁。「親子は一世、夫婦は二世」のことわざから。 **━の契**(ちぎ)**り** 来世までも心がわりをしないという夫婦の約束。

にせ-アカシア カ/ア1 名 マメ科の落葉高木。街路樹などに植えられ、材は器具用。いぬアカシア。はりえんじゅ。(夏)

に-せい 1【二世】名 ❶二番めに、ある地位についた人。「エリザベス━」❷海外移住者の子で、移住先でうまれ、その国の市民権をもつもの。「ハワイの━たち」❸その人の子ども。「━がうまれた」

にせ-え 0【似せ絵】名 平安時代後期から鎌倉(かまくら)時代初期にかけてはやった、大和絵(やまとえ)の肖像画。

にせ-がね 0【偽金】【×贋金】名 にせの貨幣。

にせ-さつ 0【偽札】【×贋札】名 にせの紙幣。

にせむらさきいなかげんじ《修紫田舎源氏》江戸時代後期の合巻本。柳亭種彦(りゅうていたねひこ)の作。「源氏物語」の世界を、室町(むろまち)時代に移して描く。

にせ-もの 0【偽物】【×贋物】名 本物に似せてつくった物。偽造品。↕ほんもの。

にせ-もの 0【偽者】【×贋者】名 ほんものだといつわっている人。身分や職業をごまかしている人。

に-せる 0【似せる】他下一 セ・セ・セル・セル・セレ・セロ・セヨ ❶似るようにする。まねる。❷まねてつくる。 **に・す** 文語下二

に-そう 0|1【尼僧】名 ❶仏門にはいった女性。あま。比丘尼(びくに)。❷修道女。

に-そく 1【二足】名 ❶二対(つい)のはきもの。❷二本の足。 **━の草**(わら)**×鞋**(じ)**を履**(は)**く** 一人が、両立しないような二つの職をかねることのたとえ。参考 もと、ばくちうちが捕吏(ほり)をかねることをいったことから。 **━歩行**(ほこう) ホ 名 自サ 二本の足で歩くこと。

にそく-さんもん サ【二束三文】名 (二たばでわずか三文の意)ひどく安い値段。「━で売りとばす」参考「二足三文」が語源だとする説もある。

に-だ 1【荷駄】名 馬ではこぶ荷物。

に-だい 0【荷台】名 トラックや自転車などの、荷物をのせる台の部分。

に-たき 1【煮炊き】【煮×焚き】名 他サ 食べ物を煮たり、たいたりして調理すること。炊事。

に-だし 0【煮出し】名 煮出すこと。煮出したもの。 **━汁**(じる) ジ 名 だしじる。だし。

に-だ-す ダ【煮出す】他五 サ・ソ|シ・ス・ス・セ・セ 煮てあじを出す。「こんぶを━」

に-た-つ タ【煮立つ】自五 タ・ト|チ・ッ・ツ・ツ・テ・テ 煮えて、わきたつ。煮え立つ。「煮立ったら火を弱める」

に-た-てる テ【煮立てる】他下一 テ・テ・テル・テル・テレ・テロ・テヨ 煮えたつようにする。 **に・た・つ** 文語下二

にた-にた 1ー(と)副 自サ 声を出さずに、いやらしく笑うようす。にたりにたり。

にたもの-ふうふ フー【似た者夫婦】名 性質・趣味の似ている夫婦。また、夫婦は性質・趣味などが互いに似てくるものだということ。

に-たり 連語〔古語〕(完了助動詞「ぬ」の連用形「に」と完了助動詞「たり」)すっかり…ている。…てしまっている。「爪(つめ)のいと長くなりにたるを見て」〈土佐〉

にたり-と タ 副 声を出さずに、いやらしくちょっと笑うようす。

にたり-ぶね ブ【荷足(り)船】名 川船の一種。荷物をはこぶ小型の和船。

にたり-よったり タ|ー|タ2|ヨ【似たり寄ったり】形動(の) ダロ・ダッ・デ・ニ|ダ・ナ・ナラ・○ すこしのちがいはあるが、ほとんど同じであるようす。五十歩百歩。「どちらにしても━だ」

に-だん 1【二段】名 二つの段。二番目の区切り。「浄瑠璃を━語る」「柔道━」 **━構**(がま)**え** ガ 名 あらゆる事態に備えて、あらかじめ二段階の対策を用意しておくこと。「━の戦術」 **━抜**(ぬ)**き** 0 名 新聞の記事で、二段にわたる見だしを入れること。 **━目**(め) メ 名 ❶二番めの段。❷浄瑠璃などのくぎりの二番め。

にち【日】㊀ 1 名 造 ❶日曜日。「土日」❷日本。「日銀・日米・親日・反日」㊁ 造 ❶ひ。一昼夜。「日記・日時・日常・日程・縁日・今日(こんにち)・半日・毎日」❷太陽。「日射・日照・日没・日輪」❸ひる。「日夜・日中・日勤」㊂ 接尾 ❶日の数をかぞえることば。「五十━の間」❷日の順序をあらわすことば。「文化祭の第三━」 別音 じつ|日

にち-ぎん《日銀》「日本銀行」の略。

にち-げん チ【日限】名 契約や命令で、指定した日。しめきり。期日。「━までにしあげる」

にち-ご 0【日語】名 日本語。

にち-じ 1【日時】名 ❶日と時。日づけと時刻。❷日数。「かなりの━を要する」

にち-じょう 0【日常】名 つねひごろ。ふだん。平常。 **━茶飯**(さはん) サ 名 ありふれた、ごく平凡なこと。「━事」

にち-にち 0【日日】名 ひごと。毎日。ひび。 **━是**(これ)**好日**(こうじつ) コー 名 来る日も来る日も気持ちのよい日がつづくということ。ひびこれこうじつ。

にち-ぶ 0【日舞】名「日本舞踊(ぶよう)」の略。邦舞(ほうぶ)。↕洋舞。

にち-ぶん 0【日文】名 ❶「日本文学」「日本文学科」の略。❷「日本文」の略。和文。邦文。

にち-ぼつ 0【日没】名 太陽が西に沈むこと。また、そのとき。日の入り。↕日出(にっしゅつ)。参考 天文学用語では、太陽の上のへりが地平線の下に見えなくなる時刻。

にち-や 1【日夜】㊀ 名 ひるとよる。昼夜。㊁ 副 いつも。つねに。「━努力する」

にち-よう 0【日用】名 毎日もちいること。また、そのもの。 **━品**(ひん) 0 名 毎日の生活に使う物。

にち-よう ヨ【日曜】名 一週の第一日。キリスト教での安息日。日曜日。 **━学校**(がっこう) ガ 名 キリスト教会で主として児童の宗教教育のため、日曜ごとに開く学校。 **━大工**(だいく) ダ 名 日曜日など休日に、自分の家で大工仕事をすること。

にちょう-だて 0【二×挺立】名 二ちょうの櫓(ろ)でこぐ和船。

にち-りょう チ【日量】名 一日の生産量や取扱量。「━処理能力」

に

にち-りん ⓪チ【日輪】名 太陽。天日。日。↔月輪。

にちれん《日蓮》一二二二～八二。鎌倉時代中期の僧。日蓮宗の開祖。著作に「立正安国論」など。

にちれん-しゅう《日蓮宗》日蓮を宗祖とする日本の仏教の一派。

にち-ろく ⓪【日録】名 日々の出来事の記録。日記。⇩日記 参考。

にちろ-せんそう《日露戦争》一九〇四年から五年にかけて、「満洲」と「朝鮮」の支配権をめぐって、日本と帝政ロシアとのあいだにおこなわれた戦争。

にっ-か ③【日貨】名 日本から輸出する商品。↔外貨❷。

にっ-か ⓪【日課】名 毎日きめてする仕事。「庭掃除を―にする」

に-ついて 連語 ➡につき。

ニッカー-ボッカー ボ〈knickerbockers〉名 運動用・作業用の、すそをしめられるゆったりした半ズボン。ニッカー。

にっ-かい ⓪【肉界】名（「にくかい」の変化）肉体のかかわる、現実の世界。↔霊界。

にっ-かい ⓪【肉塊】名 文章語（「にくかい」の変化）❶肉のかたまり。❷肉体。人間のからだ。

に-つかわし・い シ【似つかわしい】形 カロ・カッ・ク／イ・イ・ケレ・○ 似あわしい。ふさわしい。**似つかわしげ** 形動 **似つかわしさ** 名 **につかは・し** 文語シク

にっ-かん ⓪【日刊】名 毎日刊行すること。また、その物。↔週刊・旬刊・月刊・季刊・年刊。**―紙** カ 名 毎日刊行される新聞。日刊新聞。

にっ-かん ⓪【肉感】名（「にくかん」の変化）肉体から受ける感じ。特に、性的な魅力のある感じ。「―的なひと」

にっ-き ⓪【日記】名 毎日の事がらや感想を日々、書きしるすこと。また、その文章。日録。参考「日記」は個人的なものについていうことが多い。「日誌」は「航海日誌」のように、公的なものに使う。「日録」は「日記」と同じだが、古風な言い方。**―帳** ⓪名 日記用の帳面。

にっ-き ③【肉×桂】名「にっけい」の俗称。

に-つき【につき】【に付(就)き】連語 ❶…について。…に関して。「この件―報告いたします」❷…のため。「所用―欠席」❸…ごとに。「一通―百円の手数料」

にっ-きゅう ⓪【日給】名 ❶一日いくらときめた給料。↔週給・月給・年俸。❷古語 宮中で、その日の当直。

にっ-きょう ⓪【日×僑】名 外国に在留している日本商人。「華僑」になぞらえた言い方。

にっきょう-そ《日教組》「日本教職員組合」の略。

にっ-きん ⓪【日勤】名 ❶毎日つとめに出ること。❷昼間のつとめ。↔夜勤。

に-つ・く ツ【似つく】自五 カ・コ・キ・イ／ク・ク・ケ・ケ ❶似る。「似ても似つかぬ」❷似あう。似つかわしい。

ニックネーム ネ〈nickname〉名 あだ名。また、愛称。

に-づくり ヅ【荷造り】名 荷物をつつんだり、しばったりすること。荷ごしらえ。

に-つけ ⓪【煮付(け)】名 煮つけること。煮て味をつけた食べ物。

に-つけ【につけ】【に付け】連語（「付ける」の連用形「つけ」が「…につけ」の形で）…に関係して。「雨―、風―」「兄がほめられる―、弟が小言を言われる」

にっ-けい ⓪【日系】名 ❶日本人の血統であること。また、その人。「―のアメリカ人」「―三世」❷経営に日本人や日本の資本が参加していること。「―の航空会社」「―企業」

にっ-けい ⓪【日計】名 日々の計算や統計。**―表** ⓪名 日計をのせる表。

にっ-けい ⓪【肉×桂】名（「にくけい」の変化）クスノキ科の常緑高木。日本では沖縄などに自生。樹皮は薬剤・香料用。

にっけい-れん《日経連》「日本経営者団体連盟」の略。経営者の全国組織。二〇〇二年、経済団体連合会（経団連）と統合し、日本経済団体連合会として改組された。

ニッケル ⓪③〈nickel〉名 元素記号Ni 原子番号28 原子量58.6934の金属元素。灰白色で、展性・延性にとみ、磁性がある。合金・めっき用。**―鋼** ⓪名 ニッケルを含む鋼鉄。かたくて、耐久力が大きい。機械・電気抵抗線などに使う。

に-つ・ける ケ【煮付ける】他下一 ケ・ケ・ケル・ケレ・ケロ・ケヨ 汁がよくしみこむように煮る。煮しめる。

にっ-こう ③【日光】名 ❶太陽の光。❷「日光菩薩」の略。**―菩薩** ボ 名 薬師如来の脇立。**―浴** コ 名 健康法として、からだを日光にさらすこと。

にっこう《日光》栃木県北西部にある市。徳川家康を祭る東照宮の門前町として発達した。

にっこう-かいどう《日光街道》江戸時代の五街道の一つ。江戸の日本橋から日光まで通じた道。⇩五街道（図）。

にっこり コ（と）副 自サ 声を立てずに、ほほえむようす。

にっ-ころがし ⓪【煮っ転がし】名 ➡にころがし。

にっ-さん ⓪【日産】名 日々の生産。毎日の産出高。↔月産・年産。

にっ-さん ⓪【日参】名 自サ ❶社・寺へ毎日参拝すること。❷ある目的をとげるため、毎日、ある場所や人をたずねること。「陳情のため役所に―する」

にっ-し ③【日子】名 文章語 ひかず。日数。

にっ-し ⓪【日誌】名 日々の記録。⇩日記 参考。

にっ-しゃ ⓪【日射】名 太陽がてりつけること。ひざし。「強い―をさける」**―病** ⓪名 太陽の強い直射光線のため、脳神経が障害をうけて頭痛・めまいを起こし、さらに進むと卒倒する病気。かくらん。熱射病。夏

にっ-しゅう ⓪【日収】名 日々の収入。毎日のもうけ。↔月収・年収。

にっ-しゅつ ⓪【日出】名 文章語 太陽が東から姿を現すこと。また、そのとき。日の出。↔日没。参考 天文学用語では、太陽の上のへりが地平線の上に現れる時刻。

にっ-しょう ⓪【▲入声】名 漢字の四声の一つ。仄声に属する。古代の中国および日本漢字音で、語尾が子音で終わり、短く急な音。にっせい。↔平声・上声・去声 平仄。

にっ-しょう ⓪【日照】名 太陽の直射光線が、地上をてらすこと。日当たり。**―権** ショ 名 あとからできた建物によって、日当たりが必要以上にさまたげられないことを保障される権利。**―時間** ジ 名 一日のうちで、太陽が照っている時間。

にっしょう-き ショ【日章旗】名 日の丸のはた。日本の国旗。

にっ-しょく ⓪【日食】【日×蝕】名 地球から見た場合、月が太陽と地球との間にあって、太陽の一部、または全部をかくす現象。↔月食。

にっ-しん ③【日新】名 文章語 ふるいことをあらため、日に日にあたらしくすること。

にっしん-げっぽ ゲ【日進月歩】名 自サ たえず進歩す

太陽　本影　地球　月　半影

日食

ること。参考「日新月歩」と書くのはあやまり。

にっしん-せんそう《日清戦争》一八九四―九五年、「朝鮮」への進出をはかった日本が清国(今の中国)と衝突しておこなわれた戦争。

にっ-すう ス【日数】名 日の過ぎるかず。日子。ひかず。「出席―」

にっ-せき 0【日夕】〔文章語〕一 名 昼と夜。よるひる。日夜。二 副 いつも。「―心にとどめる」

にっ-せき《日赤》「日本赤十字社」の略。⇩赤十字社。

ニッチ 1〈niche〉一 名 建築で、壁の一部をくぼませた部分。飾り棚などとして使う。二 名 形動 すきま。また、注目されていないようす。目立たないようす。「―産業」「―な分野」

にっちもさっちも 0=サ【二▲進も三▲進も】副 どうにも、先に進まないようす。「―行かなくなる」参考 そろばんの用語から出たことば。

にっ-ちゅう 0【日中】名 ❶ 0 ひるま。昼の間。❷ 1 日本と中国。「―貿易」

にっちゅう-せんそう《日中戦争》一九三七年に始められた日本の中国侵略戦争。一九四一年に太平洋戦争へ発展した。

にっ-ちょく 0【日直】名 ❶(学校などで)その日の当番。❷昼間の当直。↕宿直。

にっ-てい 0【日程】名 ❶一日にする仕事の予定。❷行事などを、日々にふりあてた予定。スケジュール。

にっ-てん《日展》(「日本美術展覧会」の略)美術団体の名。また、それが主催する公募展覧会。秋

ニット 1〈knit〉名 ❶毛糸のあみもの。❷あみものふうに織った服地。

にっ-と 0 副 声を立てずに、歯を見せて少し笑うようす。

にっ-とう 0【日当】名 一日あたりの給金。日給。

にっ-とう 0【日東】名〔文章語〕(日の出る東の国の意)日本国のこと。

にっ-とう 0【▲入唐】名 自サ 唐(昔の中国)の国へ行くこと。

ニッパー 1〈nipper〉名 電線や針金などを切るためのはさみ状の工具。

にっ-ぱち 0【二八】名〔俗語〕商売や興行関係で、景気の悪い二月と八月。

ニッパ-やし ヤ【ニッパ×椰子】名(「ニッパ」は、マレ nipah)ヤシ科の小高木。インド・マラヤ地方に産する。葉は屋根にふき、花軸からは、砂糖をとる。

にっ-ぽう 0【日報】名 ❶日々の報道。毎日の報告。↕週報・旬報・月報・年報。❷新聞。参考 日刊新聞の名としても用いられる。「東奥―」

にっぽん 3《日本》わが国の名。にほん。参考 国名として「にっぽん」「にほん」の両方が使われ、統一的な名称はない。「にっぽん」は古代に「日の出ずる国」と称したことから「日の本」とも呼ばれ、その漢字表記を中国語風に読んだものが起源とされる。「にほん」はそれがわが国に入ってから変化した読み方と見られる。「日本―」という複合語には、「にっぽん―」「にほん―」の両形が見られるものがあるが、この辞典では「にほん―」として、見出しに掲げた。

にっぽん-えいたいぐら《日本永代蔵》江戸時代前期の浮世草子。井原西鶴の作。節約・才覚によって富を得ていく町人の失敗談・教訓談、三十編から成る。

に-つま・る マ【煮詰(ま)る】自五 ❶煮詰めた具材にとろみがついたり味がよくしみたりする。❷長い時間をかけて十分に検討し、議論の余地がなくなる。「問題が―」参考 近年、議論が行き詰まる意味に使う傾向があるが、本来的ではない。

に-づみ 0【荷積(み)】名 船・車などに、荷物を積むこと。

に-つ・める メ【煮詰める】他下一 水やだし汁とともに時間をかけて具材を水分が少なくなるまで強火で加熱する。につ・む 文語下二

に-て 助〔文章語〕(格助詞)❶手段を示す。「飛行機―行く」❷場所を示す。「東京―開催」❸原因・理由を示す。「病気―欠勤」❹「…かかって」の意味をあらわす。「約二か月―完成の予定」

似て非なり 似てはいるが本物ではない。にせものだ。「倹約とけちは似て非なるものだ」

似ても似つかぬ すこしも、似ていない。

煮ても焼いても食えない 人物がたいへんな曲者で、手におえないことのたとえ。

に-と 1【二×兎】名 二ひきのうさぎ。**―を追う者は一×兎をも得ず**(二ひきのうさぎを、同時につかまえようとする人は、結局一ぴきもつかまえられない)同時に二つの事をしようとすれば、どちらも成功しないことのたとえ。

に-と 1【二途】名〔文章語〕❶二つのみち。二つの方法。❷二とおり。「議論が―に分かれる」

に-ど ド【二度】名 二回。二へん。ふたたび。**―あることは三度ある** 二度あった物事は、また、もう一度くり返されるものだ。**―咲き** 0 名 ❶一年に二度花が咲くこと。また、その植物。❷春に咲く花が秋また咲くこと。かえりざき。冬 **―手間** 0 名 一度ですむはずのことに、二度手間がかかること。**―と** ド 副(あとに打ち消しのことばを伴って)同じことが重ねては起こらないようす。「―ないチャンス」「もう―行くものか」**―と再び**「二度」「ふたたび」を強めていう語。**―の勤め** ❶一度やめていて、またつとめること。特に昔、遊女などについていった。❷いったん使うことをやめていた物を、また使うこと。

に-とうしん ト【二等親】名 ⬇にしんとう。

にとう-だて 0【二頭立(て)】名 馬車などが二頭びきであること。また、その馬車。

に-とうぶん 0【二等分】名 他サ 二つに均等に分けること。「弟とケーキを―する」

にとう-へい ト【二等兵】名 もと、陸軍の兵の階級のいちばん下。

にとうへん-さんかくけい カ【二等辺三角形】名 二辺の長さが相等しい三角形。

にとう-りゅう 0【二刀流】名 ❶左右の手に一刀ずつ持ってたたかう剣術の流儀。❷〔俗語〕菓子も酒もすきなこと。また、その人。❸二つの物事を同時にうまく行えること。また、その人。=両刀使い。

に-とって 連語 …の立場では。…にしてみれば。…の観点からは。「あなた―最も大切なものとは」「今がキャベツの生育―大切な時期だ」

ニトロ-グリセリン 0〈nitroglycerine〉名 硝酸と硫酸の混合液に、グリセリンをひやしながら加えてつくる、爆発性の無色の液体。ダイナマイトの原料用。

ニトロ-セルロース ロ〈nitrocellulose〉名 硝酸と硫酸の混合液でセルロースを処理したもの。無煙火薬・塗料などの原料用。

にな ナ【×蜷】名 カワニナ類などの淡水産の巻き貝の総称。肺臓ジストマなどの中間宿主となる。春

にない-おけ オ【担いおけ】【担い×桶】名 てんびんぼうで、になってはこぶおけ。

にない-だいこ ダ【担い太鼓】名 ふたりでになって、歩きながら打ちならす太鼓。

にない-て 0 テ【担い手】名 ❶ものをかつぐ人。❷

に

中心になって、仕事をすすめていく人。「新事業の―」

にな・う ナ【担う】 他五 (ワオイッ ウウエエ) ❶肩にかける。肩にかけてはこぶ。❷仕事や責任を身にひきうける。「責任を―」 **担える** 自下一 […できる]

に-な・し【二無し】 形ク 古語 二つとない。比類ない。「いとになく美しげなり」〈宇津保〉

に-なわ【荷縄】(なは) 名 荷づくりに使うなわ。

に-に-ろく-じけん《二・二六事件》 昭和十一年(一九三六)二月二十六日、陸軍将校らが反乱をおこし、大蔵大臣・内大臣らを殺し、首相官邸付近を占拠した事件。

に-にん 三【二人】 名 ふたり。「―組」「―前」「同行(どうぎょう)―」 参考 事件の容疑者などは「ふたりぐみ」と言うこともある。 **―三脚**(さんきゃく) サ 名 ❶ふたりが一組になって横にならび、内がわの足をしばって走る競走。❷ふたりが心や力をあわせて、目的にすすむこと。「夫婦は―だ」 **―羽織**(ばおり) バ 名 ふたりの演者が一着の羽織を使って、ひとりの演者であるようなしぐさを見せる寄席芸。

に-にんしょう 三2【二人称】 名 ⇩だいにんしょう。

に-ぬき ⓪【煮抜き】 名 ❶たいた飯からとった、ねばねばした液。おねば。❷煮抜き卵。 **―卵**(たまご) タ 名 ゆでたまご。

に-ぬし ⓪/三【荷主】 名 荷物のもち主。また、送り主。

に-ぬり ⓪【丹塗(り)】 名 丹(に)・朱で赤く塗ること。「―の神殿」

にねん-せい【二年生】 名 ❶ ネ 第二学年の児童・生徒・学生。❷ ⓪ 発芽してから冬を越して、翌年になって開花・結実して枯れること。また、その植物。二年生植物。↕一年生・多年生。 **―植物**(しょくぶつ) ク 名 「二年生❷」の草本植物。だいこん・あぶらななど。二年生草本。二年草。↕一年生植物・多年生植物。 **―草本**(そうほん) ソ 名 二年生植物。越年生草本。↕一年生草本・多年生草本。

にねん-そう ⓪【二年草】 名 二年生植物。↕一年草・多年草。

に-の-あし ⓪【二の足】 名 二歩目に踏み出す足。 **―を踏**(ふ)**む** しりごみする。ためらう。

に-の-うで ⓪/デ【二の腕】 名 肩とひじとの間の腕。上膊(じょうはく)。

に-の-かわり ⓪【二の替(わ)り】(かはり) 名 ❶歌舞伎(かぶき)で、十一月の顔見世狂言の次に行われる正月興行の狂言。新年 ❷歌舞伎で、月の中に出し物を入れかえする、二回めの興行。

に-の-く ク【二の句】 名 次に言いだすことば。 **―が継**(つ)**げない** あきれて、または、驚いたり気おくれしたりして、次のことばが出ない。

にのじ-てん ジ【二の字点】 名 おどり字の一つ。「〻」。

に-の-ぜん ノ/⓪【二の膳】 名 本式の日本料理で、本ぜん(一のぜん)の次に出すぜん。↕一のぜん・三のぜん。

に-の-つぎ ギ【二の次】 名 ❶二番め。そのつぎ。❷あとまわし。「それは―にしよう」

に-の-とり ⓪/ノ【二の×酉】 名 十一月の第二のとりの日、また、その日鷲(おおとり)神社でもよおされる市(いち)。冬 ↕一のとり・三のとり。

に-の-まい ⓪【二の舞】(まひ) 名 他人と同じような失敗をくりかえすこと。「それでは彼の―だ」「―を演じる」 参考 舞楽で、ある曲に続いて同じ曲をこっけいなしぐさで演じることから。「二の舞を踏む」とも言うが、「踏む」は「舞を演じる」という意味。

に-の-まる ⓪【二の丸】 名 本丸の外がわの城郭(じょうかく)。↕本丸・三の丸。

に-の-みや ノ【二の宮】 名 ❶その地方で、一の宮に次ぐ格を有する神社。❷古語 第二皇子。

に-の-や 三【二の矢】 名 ❶二度めに射る矢。❷ある事につづけて、また、すぐにすること。「―がつげない」

にはい-ず ハ【二杯酢】 名 酢と塩、または、酢としょうゆとをまぜたもの。

に-ばしゃ バ【荷馬車】 名 荷物をはこぶための馬車。

にはたずみ【庭×潦】 名 古語 ⇩にわたずみ。

に-ばな ⓪【煮花】 名 せんじたての、かおりのよい茶。でばな。

に-ばん 三【二番】 名 二つめの順にあたること。また、そのもの。 **―館**(かん) バ 名 封切り館について上映する映画館。セカンドラン。 **―煎**(せん)**じ** セ 名 (一度せんじた茶を、もう一度せんじても味がないことから)あまり価値のない、前のもののくりかえし。 **―抵当**(ていとう) テ 名 すでに抵当になっているものを、さらに他の抵当とすること。また、そのもの。

にび-いろ【鈍色】 名 古語 濃いねずみいろ。「にぶいろ」「つるばみ」ともいい、昔の喪服に用いられた色。

に-びたし ⓪/ビ【煮浸し】 名 ふな・あゆなどを焼き、さらに、しょうゆとみりんでやわらかく煮た食べ物。

にひ-ばり【新×墾】 名 古語 ⇩にいばり。

にひゃく-とおか ⓪【二百十日】(とをか) 名 立春から二百十日め。九月一日ごろ。このころに、よく台風が来る。秋 ⇩雑節(表)。

にひゃく-はつか ⓪【二百二十日】 名 立春から二百二十日め。九月十一日ごろ。このころに、よく台風が来る。秋

ニヒリスティック ティ〈nihilistic〉 形動 (ダロ・ダッ・デ・ニ ダ・ナ・ナラ・○) 虚無的。ニヒル。「―な作風」

ニヒリスト リ〈nihilist〉 名 虚無主義者。

ニヒリズム リ〈nihilism〉 名 虚無主義。

ニヒル 三〈nihil〉 ❶ 名 形動 虚無。虚無的。ニヒリスティック。「―な笑い」 ❷ 名 ニヒリスト。ニヒリズム。

に-ぶ 三【二部】 名 ❶二つの部。二つの部分。❷第二部。❸大学で、夜間部。❹そろいの書物の、二組。 **―合唱**(がっしょう) ガ 名 二組にわかれた歌い手たちが、二つの声部をうたう合唱。 **―教授**(きょうじゅ) キョ 名 二部授業。 **―作**(さく) テ 名 二つの部分からできている作品。 **―授業**(じゅぎょう) ジュ 名 一つの教室で、午前と午後、別々の生徒・児童に対して同じ授業をおこなうこと。二部教授。

にぶ・い ブ【鈍い】 形 (カロ・カッ・ク イ・イ・ケレ・○) ↕するどい。❶切れあじがわるい。鋭利でない。「―刃物」❷頭のはたらきがよくない。「―判断」❸勢いがわるい。「―攻撃」❹感覚が、鋭くない。「―神経」❺きつくない。はっきりしない。「―光」「―音」 **鈍さ** 名 **にぶ・し** 文語ク

にぶ-いろ【鈍色】 名 古語 ⇩にびいろ。

に-ふだ 三/⓪【荷札】 名 受取人の住所・氏名や荷送り人の名を書いて、荷物につける札。

にぶ・る ブ【鈍る】 自五 (ラ・ロ・リ・ッ ル・ル・レ・レ) にぶくなる。「勘が―」「客足が―」

に-ぶん ⓪【二分】 名 他サ 二つにわけること。「財産を―する」 **―音符**(おんぷ) オ 名 楽譜で、長さが全音の二分の一の音符。記号「𝅗𝅥」。

にべ ベ【×鮸】 名 ❶ニベ科の海水魚。冬期、大群をなして内湾にはいることがある。かまぼこの材料。❷にべの浮き袋からつくるにかわ。粘着力が強い。 **―もない** (にべにかわのねばりけからの連想で言う)あいそうがない。「にべもなく断られる」

に-ぼし ⓪【煮干(し)】 名 いわし・かたくちいわしなどの稚魚をむして、干したもの。だしをとる。

に-ほどき ホ【荷ほどき】【荷×解き】 名 自サ 梱包(こんぽう)されていた荷物を開いて、中身を出すこと。

ニホニウム ［一］[2]〈nihonium〉［名］ 放射性元素の一つ。元素記号Nh　原子番号113　日本で初めて発見された元素。

にほは・す【匂はす】［他四］〔古語〕⬇におわす㊀。

にほひ【匂ひ】［名］〔古語〕⬇におい。

にほひ-やか【匂ひやか】［なり形動］〔古語〕⬇においやか。

にほ・ふ【匂ふ】［自四］〔古語〕⬇におう㊀。

にほん《日本》わが国の名。にっぽん。［参考］「日本」を表記に含む語は、放送ではおおよそ次のように読み分けられる。▽「にほん」と読む語。日本画・日本酒・日本料理・西日本・東日本。▽「にっぽん」と読む語。日本(国名)・日本国・日本銀行・日本放送協会。▽「にほん」または「にっぽん」と読む語。日本一・日本記録・日本人・日本製・日本晴れ・全日本。

にほん-アルプス《日本アルプス》(ヨーロッパのアルプスにならって、日本の中部地方の山脈をよんだもの)飛驒山脈(北アルプス)・木曽山脈(中央アルプス)・赤石山脈(南アルプス)の総称。

にほん-いち ［ホ］【日本一】［名］ 日本でいちばんすぐれているもの・こと。にっぽんいち。

にほん-が ［0］【日本画】［名］ 日本で発達した絵画。彩色画とすみ絵とがあり、おもに紙や絹地に毛筆でえがく。↕洋画。

にほん-かい《日本海》日本列島とアジア大陸にかこまれた海。

にほんがいし《日本外史》江戸時代後期の歴史書。頼山陽の著。源平二氏から徳川氏までの武家の歴史をのべたもの。

にほん-がみ ［0］【日本髪】［名］ 日本在来の女性の髪のゆいかたの総称。丸まげ・島田・ももわれなど。↕洋髪。

にほん-ぎんこう《日本銀行》日本銀行券(紙幣)を発行し、日本の金融の中心となる中央銀行。にっぽんぎんこう。にちぎん。

にほん-けん ［0］【日本犬】［名］ もとから日本に住みついている犬の種類。紀州犬・秋田犬など。和犬。↕洋犬。

にほん-ご ［0］【日本語】［名］ 日本国内で普通に話されている言語。音節が母音で終わる、述語が文の終わりにくる、修飾語が必ず被修飾語の前にくる、助詞・助動詞などによってこまかな働きを示す、などの特徴をもつ。国語。［参考］「国語」が日本人からみた自分の言語という意味をもつのに対し、「日本語」には、他の言語との比較の上で、外国人に教えるためのという使い方が多い。**—学** ［ゴ］［名］ 世界の言語の一つとして、日本語がどのような性質の言語であるかを研究する学問。**—教育** ［キョ］［名］ 日本語を母語としない人に、第二言語として日本語を教えること。

にほん-ざし ［0］【二本差(し)】［名］ ❶大小二本の刀をさすこと。二本の刀をさした人。武士。❷相撲で、もろざし。

にほん-さんぎょうきかく ［キ］【日本産業規格】［名］ ⬇ジス(JIS)。

にほん-さんけい ［サ］【日本三景】［名］ 日本でけしきのすぐれているとされている天の橋立・厳島・松島の三か所。

にほん-し ［0］【日本紙】［名］ ⬇和紙。↕西洋紙。

にほん-しき ［0］【日本式】［名］ ❶日本在来のやり方。和式。にっぽんしき。「—の作法」↕西洋式・洋式。❷ローマ字の書き方の一つ。シをsi、ヲをwo、ジ・ズをzi・zu、ヂ・ヅをdi・duと書く。↕訓令式・標準式・ヘボン式。［参考］日本人の発音意識にもとづくことを特徴とする。

にほん-しゅ ［0］【日本酒】［名］ 日本在来の醸造法によって、米からつくった酒。特に、清酒。和酒。↕洋酒。

にほんしょき《日本書紀》奈良時代前期の歴史書。舎人親王らの編。三十巻。神代から持統天皇までの歴史をほぼ純粋な漢文体でしるす。

にほん-じん ［ジ］【日本人】［名］ ❶日本民族に属する人。❷日本の国籍をもつ人。

にほん-とう ［0］【日本刀】［名］ 日本在来の方法でつくったかたな。にっぽんとう。

にほん-のうえん ［ノ］【日本脳炎】［名］ ウイルスによっておこり、蚊によって伝染する流行性脳炎。

にほん-ばれ ［0］【日本晴れ】［名］ ❶一点の雲もない晴れた空。にっぽんばれ。❷気持ちがはればれとしたようす。

にほん-ぼう ［ホ］【二本棒】［名］〔俗語〕❶鼻からたれている鼻じる。また、それをたらしている子ども。❷(二本の鼻のたれる部分、すなわち、鼻の下が長い意から)女や妻にあまい男をあざけっていう語。❸大小二本の刀をさすことから、武士をからかってよぶ語。

にほん-ま ［0］【日本間】［名］ 日本ふうのへや。畳を敷き、しょうじやふすまでしきる。和室。↕洋間。

にほんりょういき《日本霊異記》平安時代初期の仏教説話集。薬師寺の僧、景戒の編。因果応報の理を説く。にほんれいいき。

にほん-れっとう《日本列島》太平洋の西北部、アジア大陸の東端にある弧状列島。北海道・本州・四国・九州の四大島と、三五〇〇余の島嶼からなっている。

に-まい ［一］【二枚】［名］ うすいもの二つ。ふたひら。「—の紙」**—落ち** ［マ］［名］ 将棋で、一方が飛車と角行とを使わずに勝負をすること。**—下ろし** ［オ］［名］ 魚を料理するとき、頭をきり、せぼねのついている身と、ついていない身の二つにすること。片身おろし。**—貝** ［マ］［名］ 二枚のかいがらをもつ軟体動物。はまぐり・あさりなどの、斧足類。↕片貝・巻き貝。**—重ね** ［ガ］［名］ 和服の盛装のときに、長着物を二枚重ねて着ること。**—蹴り** ［マ］［名］ 相撲の手の一つ。四つに組み、下手にひねると同時に相手の足を外がわから蹴ってたおすわざ。**—腰** ［マ］［名］ ❶相撲で、ねばり強く、なかなか崩れない腰。❷ねばり強くがんばるようす。**—舌** ［マ］［名］ うそをつくこと。**—目** ［メ］［名］ ❶紙・布などのふたつめ。❷しばいの美男役。また、その役者。↕三枚目。［参考］番付で二番目の位置に書かれたことから。❸美男。やさおとこ。**—目半** ［ハ］［名］ (二枚目と三枚目の中間)❶こっけい味も出せる美男役。❷容姿がきれいでこっけい味のある男性。

に-まめ ［0］【煮豆】［名］ 砂糖やしょうゆなどで、煮しめた豆。

に-も-あれ ［連語］ …であっても。「仕事—、趣味—、熱中するたちだ」

にもう-さく ［モ］【二毛作】［名］ 同じ田畑に、一年に二回、別の作物をつくること。冬に麦・菜種などを作り、夏に稲作をするなど。↕一毛作・三毛作・多毛作・二期作。

に-も-かかわらず ㊀［連語］ …であるのに。「注意した—」㊁［一-ワ］［接続］ そんなわけであるのに。それなのに。

に-も-せよ ［連語］ …にしても。…にしろ。「趣味—、真剣にやれ」

に-もつ ［一］【荷物】［名］ ❶送ったり運んだりする物。❷やっかいなもの。やっかいなこと。「—をしょいこむ」

に-もの ［0］【煮物】［名］ しょうゆ・砂糖などを加えて、食物を煮ること。また、煮た食べ物。

に-や ［連語］〔古語〕(断定助動詞「なり」の連用形「に」と、疑問の係助詞「や」。文末を連体形でむすぶ。文末を省略し、「にや」で止める場合も少なくない)…であろうか。「人の心も同じことにやあらむ」〈土佐〉「昔より言ひける事にや」〈徒然〉

にやく ［0］/［ニ］【荷役】名 船の荷のあげおろしをすること。また、その人。

にや・ける ［ケ］ 自下一 ケ／ケ／ケル／ケル／ケレ／ケロ・ケヨ ❶男が変に色っぽい。また、はきはきとしない態度をとる。「にやけた顔」❷〔俗語〕うす笑いをうかべる。にやにやする。参考 若い男性の魅力をいう「にやけ（若気）」が語源。❷の意味で女性も対象とするのは最近の用法。

にや・す ［ヤ］【煮やす】他五 サ・ソ／シ／ス／ス／セ／セ 煮る。また、怒りの気持ちなどを激しくする。「業(ごう)を─」

にやっかい ［ヤ］【荷厄介】名 形動 もてあますようす。「─なことをたのまれた」

にや-にや ［ニ］ （と）副 自サ 相手をばかにしたような、あるいは、いやらしいうす笑いをうかべるようす。

にやり-と ［ヤ］/［リ］ 副 声を出さずに、意味ありげに笑うようす。

ニュアンス ［ニュ］〈フnuance〉名 色合い、声の調子、意味、感情などにおけるわずかな違い。また、それらから受けとれる微妙な感じ。「─に富んだ表現」

にゅう【入】 ㊀造 ❶外からその場所に移動する。「入国・入室・入場・侵入・突入・流入」❷組織や団体の一員となる。「入会・入社・入団・加入・参入・転入」❸物をある場所にうつす。「入金・入稿・入札・購入・導入・輸入」❹かかる。必要とする。「入費・入用(にゅうよう・いりよう)」❺死ぬ。「入寂(にゅうじゃく)・入滅」㊁［ニュ］名 四声の一つ。「平(ひょう)・上(じょう)・去(きょ)・─」

にゅう【乳】 造 ❶ちち。「乳牛・乳児・乳房(にゅうぼう・ちぶさ)・乳製品・牛乳・授乳・母乳」❷白くにごった液。「乳液・乳化・乳剤・豆乳・脱脂乳」

にゅう【柔】 造 おとなしい。やさしい。弱い。「柔弱・柔和」［別音じゅう｜柔］

ニュー 〈new〉㊀造 新しい。「─リーダー」㊁［ニュ］名 新しいこと。また、そのもの。「お─の服」

にゅう-いん ［0］【入院】名 自サ 患者となって病院にはいること。「検査のため─する」↕退院。

にゅう-いんりょう ［イ］【乳飲料】名 牛乳や乳製品を主な原料とする飲み物。果汁やコーヒーを加えたものなど。

ニューーウエーブ ［エ］〈new wave〉名 新しい波。芸術や政治運動で、新しい傾向や流行。ヌーベルバーグ。

にゅう-えい ［0］【入営】名 自サ 兵士となって兵営にはいること。入隊。冬

にゅう-えき ［ニュ］/［0］【乳液】名 ❶植物の乳細胞、または、乳管中にある乳のような白い液。❷皮膚をなめらかにするための、乳状の化粧品。

にゅう-えん ［0］【入園】名 自サ ❶動物園・植物園・遊園地などに入場すること。「─料」↕退園。❷園児となって、幼稚園にはいること。↕卒園。

にゅう-か ［ニュ］【乳菓】名 牛乳を入れた菓子。

にゅう-か ［0］【入荷】名 自サ 市場・商店などに商品がはいること。「新商品が─する」↕出荷。

にゅう-か ［0］【乳化】名 自他サ ある液体に、混じり合わない他の液体が微粒子となって分散し、乳状の液になること。「─剤」

にゅう-かい ［0］【入会】名 自サ 会員となって会にはいること。↕脱会・退会。

にゅう-かく ［0］【入閣】名 自サ 大臣となって内閣の一員となること。

にゅう-がく ［0］【入学】名 自サ 児童・生徒・学生として、学校にはいること。春 ─**金**(きん) ［0］名 入学の際、手数料・設備費などとして授業料以外におさめるかね。

ニューーカマー ［カ］〈newcomer〉名 新しくやってきた人。新参者。

にゅう-かん ［0］【入管】名 「入国管理局」の略。

にゅう-かん ［0］【入館】名 自サ 図書館や美術館などにはいって、施設を利用したり展示を見たりすること。「─料」

にゅう-かん ［0］【入棺】名 他サ 死体を棺におさめること。納棺。

にゅう-がん ［ニュ］【乳×癌】名 おもに女性の、乳腺(にゅうせん)にできる癌腫(がんしゅ)。

にゅう-ぎゅう ［0］【乳牛】名 牛乳をとるために飼ううし。↕肉牛・役牛。

にゅう-きょ ［0］【入居】名 自サ そこにはいって住むこと。「アパートに─する」↕退居。

にゅう-ぎょ ［0］【入漁】名 自サ 特定の漁場にはいりこんで漁業をすること。─**料**(りょう) ［ギョ］名 漁業権をもたない者が、その権利をもつ者に対し、漁をする代償として支払うかね。

にゅう-きょう ［0］【入京】名 自サ ↕退京。❶みやこにはいること。❷東京・京都にはいること。

にゅう-きょう ［0］【入境】名 自サ 境界をこえて国や地域にはいること。「─者」

にゅう-きょう ［0］【入×鋏】名 自サ 切符にはさみで穴をあけること。「─省略」

にゅう-ぎょう ［ニュ］【乳業】名 牛乳・乳製品をつくる事業。

にゅう-きん ［0］【入金】名 自サ ❶金銭の収入または払いこみ。↕出金。❷内金(うちきん)の払いこみ。

にゅう-こ ［0］【入庫】㊀名 他サ 仕入れた品物などを倉庫に入れること。↕出庫。㊁名 自サ 汽車・電車・自動車などが車庫にはいること。

にゅう-こう ［0］【入坑】名 自サ 坑道の中にはいること。

にゅう-こう ［0］【入貢】名 自サ 〔文章語〕外国からみつぎ物をもって来ること。

にゅう-こう ［0］【入×寇】名 自サ 〔文章語〕来寇(らいこう)。

にゅう-こう ［0］【入港】名 自サ 船が外洋から港にはいること。↕出港。

にゅう-こう ［0］【入構】名 自サ ❶構内にはいること。❷列車がホームにはいること。

にゅう-こう ［0］【入稿】名 他サ ❶印刷してもらう原稿を印刷所に渡すこと。❷著者から原稿を入手すること。

にゅう-こく ［0］【入国】名 自サ ❶他の国の領土にはいること。↕出国。❷昔、領主になった者が、はじめて領地にはいること。─**管理局**(かんりきょく) ［リ］名 出入国の管理や外国人の在留資格の認定などを行う法務省の部局。入管。

にゅう-ごく ［0］【入獄】名 自サ 罪人となって刑務所・獄舎にはいること。入牢(にゅうろう)。↕出獄。

にゅう-こん ［0］【入魂】名 〔文章語〕❶ある物に精神をそそぎこむこと。精魂をかたむけること。「─の作品」❷物に神仏や霊をよび入れること。「─式」

にゅう-ざい ［0］/［ニュ］【乳剤】名 乳化剤のはいっている乳白色の薬液。

にゅう-さつ ［0］【入札】名 自サ 請負(うけおい)・売買などで、契約希望者が見積もり価格などを書いて出すこと。いれふだ。

にゅう-さん ［0］【乳酸】名 有機酸の一つ。動物の筋肉細胞内で生成され、また、乳酸菌によって、糖類が発酵・分解してできる。工業用・清涼飲料用。─**菌**(きん) ［0］名 糖類を分解して乳酸にかえるバクテリア。

にゅう-ざん ［0］【入山】名 自サ ❶登山や観光などのために山にはいること。「─料」❷僧侶が修行のため、または住職として寺にはいること。

にゅう-し ［0］【入試】名 「入学試験」の略。春

にゅう‐し ［ニュ］【乳歯】名 小児の生後六か月ぐらいから生え、十歳前後に永久歯とぬけかわる歯。↕永久歯。

にゅう‐じ ［ニュ］【乳児】名 生まれてから一年ぐらいまでの子ども。ちのみご。嬰児。

ニュージーランド《New Zealand》〔「新西蘭」とも書いた〕南太平洋、オーストラリアの東南方にある立憲君主制の国で、英連邦の一員。首都はウェリントン。

にゅう‐しち ⓪【入質】名 他サ 金を借りるために、質屋に品物をあずけること。質入れ。

にゅう‐しつ ⓪【入室】名 自サ へやにはいること。↕退室。

にゅう‐しぼう ［シ］【乳脂肪】名 乳、特に牛乳に含まれている脂肪。乳脂。

にゅう‐しゃ ⓪【入社】名 自サ 社員としてやとわれ、その会社にはいること。↕退社。

にゅう‐しゃ ⓪【入射】名 自サ 〔物〕光・電磁波などが一つの媒質を通って、他の媒質との境の面に到達すること。

にゅう‐じゃく ⓪【入寂】名 自サ 聖者・僧尼などが死ぬこと。入滅。入定。

にゅう‐じゃく ⓪【柔弱】名 形動 心身がよわよわしいこと。しっかりしていず、かよわいこと。↕剛強。

にゅう‐しゅ ⓪/［ニュ］【入手】名 他サ 自分のものにすること。手に入れること。「めずらしい品を━した」

にゅう‐しゅう ⓪【乳臭】名〔文章語〕❶ちちのにおい。❷未熟なこと。━**児** ［ジョ］名〔文章語〕❶ちちくさい子ども。❷物事に未熟な若者。あおにさい。

にゅう‐じゅう ⓪【乳汁】名 ちちのしる。ちち。

にゅう‐しょ ⓪【入所】名 自サ ❶研究所・事務所などで勤めをはじめること。↕退所❶。❷療養所・老人ホームなどの施設にはいって、治療・介護などを受けること。↕退所❷。❸刑を受けるために、刑務所にはいること。↕出所。

にゅう‐しょう ⓪【入賞】名 自サ 展覧会・コンテストなどで選にはいって賞を受けること。

にゅう‐じょう ⓪【乳状】名 乳のように、にごってどろりとした液体の状態。「━の塗り薬」

にゅう‐じょう ⓪【入定】名 自サ〔仏〕❶座禅を組み、無念無想の境地にはいること。禅定にはいること。↕出定。❷聖者・高僧などが死ぬこと。入滅。入寂。

にゅう‐じょう ⓪【入城】名 自サ 戦いに勝った軍隊が、隊列を組んで敵の城に乗りこむこと。

にゅう‐じょう ⓪【入場】名 自サ 場内にはいること。↕出場・退場。━**券** ［ジョ］名 場内にはいるためのチケット。━**料** ［ジョ］名 場内にはいるためにはらうかね。

にゅう‐しょく ⓪【入植】名 自サ 開拓するために、植民地・開墾地に、はいり住むこと。「━者」

にゅう‐しん ⓪【入神】名〔文章語〕神わざのようにすぐれていること。「━のわざ」

にゅう‐しん ⓪【入信】名 自サ 信仰の道にはいること。

ニュース ［ニュ］〈news〉名 ❶時事問題などについてのしらせ。報道。❷報道する価値のある事件。めずらしいこと。情報。━**映画** ［エ］名 時事問題などの実況をうつしだす記録映画。━**解説** ［カ］名 テレビやラジオで、重要なニュースを解説者がわかりやすく説明する番組。━**キャスター** ［キャ］〈news caster〉名 テレビ・ラジオでニュースを解説・報道する人。━**ショー** ［ス］〈news show〉名 ニュースの報道や解説を中心とした、ショー形式のテレビ番組。━**ソース** ［ソ］〈news source〉名 ニュースの出どころ。━**バリュー** ［バ］〈news value〉名 ニュースとしての値うち。「━の高い記事」

にゅう‐すい ⓪【入水】名 自サ〔文章語〕➡じゅすい。

にゅう‐せいひん ［セ］【乳製品】名 牛乳を加工した食品。バター・チーズ・練乳など。

にゅう‐せき ⓪【入籍】名 自他サ 結婚などで戸籍にはいること。また、入れること。

にゅう‐せん ⓪/［ニュ］【乳腺】名 哺乳類の雌に発達し、出産すると乳液を分泌する腺。

にゅう‐せん ⓪【入船】名 自サ 船が港へはいること。また、その船。いりふね。

にゅう‐せん ⓪【入線】名 自サ ❶列車が始発駅で指定された番線にはいること。❷競馬や競艇などで、ゴールライン(決勝線)に到達すること。「━順位」

にゅう‐せん ⓪【入選】名 自サ 審査に合格して、選にはいること。「コンクールで━する」↕落選。

にゅう‐たい ⓪【入隊】名 自サ ❶兵士として軍隊にはいること。入営。↕除隊。❷隊員として、その隊にはいること。

ニュータウン ［タ］〈new town〉名 都市の郊外に作った大きな団地。

にゅう‐だん ⓪【入団】名 自サ 団員となって、その団にはいること。「━発表」↕退団。

にゅう‐ちょう ⓪【入超】名 輸入の総金額が輸出の総金額よりも多いこと。輸入超過。↕出超。

にゅう‐ちょう ⓪【入朝】名 自サ〔文章語〕属国・外国の使いが朝廷に参上すること。

にゅう‐てい ⓪【入廷】名 自サ 原告・被告など関係者が、法廷にはいること。↕退廷。

にゅう‐てん ⓪【入店】名 自サ ❶店に勤めはじめること。❷客が店にはいること。❸建物の一部で店を開くこと。「有名レストランが━したビル」

にゅう‐でん ⓪【入電】名 自サ 電信・電報などが、はいってくること。来電。

にゅう‐とう ⓪【乳糖】名 哺乳類の乳液のなかにある糖分。

にゅう‐とう ⓪【乳頭】名 ちぶさの先端。ちくび。

にゅう‐とう ⓪【入刀】名 自サ 結婚披露宴で新郎新婦がウエディングケーキにナイフを入れること。

にゅう‐とう ⓪【入党】名 自サ 党員になって、その党にはいること。↕離党・脱党。

にゅう‐とう ⓪【入湯】名 自サ 湯、特に、温泉にはいること。温泉で保養すること。「━税」

にゅう‐どう ［ニュ］【入道】㊀名 自サ ❶仏門にはいって修行すること。また、その人。❷寺にはいらないままで髪をそり、黒衣をきて出家のすがたになること。また、その人。㊁名 ❶仏道にはいった三位以上の人。❷ぼうず頭の人。❸ぼうず頭の怪物。━**雲** ［ク］名 高くもりあがって、ぼうず頭の怪物のように見える雲。積乱雲の俗称。(夏)

ニュートラル ［ニュ］〈neutral〉㊀形動 ダロ・ダッ・デ・ニ・ダ・ナ・ナラ・○ どちらにも属さないさま。中立的。中性的。「━な立場」㊁名 自動車などの伝動装置で、回転が伝わらないようなギアの位置。

ニュートリノ ［ト］〈neutrino〉名 素粒子の一つ。電荷をもたない小さな粒子で、他粒子との相互作用が非常に弱い。中性微子。

ニュートロン ［ニュ］〈neutron〉名 中性子。

ニュートン ［ニュ］〈newton〉名〔イギリスの物理学者の名から〕国際単位系における力の大きさの単位。一キログラムの質量をもつ物体に、毎秒毎秒一メートルの加速度を生じさせる力の大きさ。記号は「N」。

にゅうない-すずめ [ス]【入内×雀】[名] ハタオリドリ科の小鳥。すずめに似て、やや小さい。東北アジアから群をなして渡来し、稲に害をあたえる。㊙秋

にゅう-ねん [0]【入念】[名][形動] じゅうぶん注意し、ていねいにすること。念いり。「―な仕上げ」

ニュー-ハーフ [ハ]〈new half〉[名]〔和製英語〕接客業で、女装して女性的な言動をする男性。また、性別転換手術を受けて女性として接客業や芸能界で活動する人の俗称。

にゅう-ばい [0]【入梅】[名] ❶梅雨の季節になること。こよみの上では六月十一日ごろ。ついり。つゆいり。⇩雑節(表)。❷梅雨。つゆ。㊂夏

にゅうはく-しょく [ハ]/[ク]【乳白色】[名] 乳のしるのように、すきとおっていない白色。

にゅう-ばち [ニュ]【乳鉢】[名] 薬品を入れて乳棒ですりつぶすガラス、また、陶器製のはち。

にゅう-ひ [0]【入費】[名] 必要な費用。かかり。↕出費。

にゅう-ふ [0]【入夫】[名] 旧民法で、女戸主と結婚して、その籍にはいること。

にゅう-ぶ [0]【入部】[名][自サ] 部員となって、その部にはいること。↕退部。

乳鉢

ニュー-フェース [フェ]〈new face〉[名]〔和製英語〕映画俳優などの新顔。新人。

にゅう-ぼう [ニュ]【乳棒】[名] 乳ばちで薬品をすりつぶす、ガラス、また、陶器製の棒。⇩乳ばち(図)。

にゅう-まく [0]【入幕】[名][自サ] 大相撲で、幕内力士になること。「新―」

ニュー-ミュージック [ミュ]〈new music〉[名]〔和製英語〕フォークソングから生まれ、各種のポピュラー音楽の特徴を取り入れた、日本独自の歌謡曲。

ニューム [ニュ][名]〔俗語〕アルミニウム。

にゅう-めつ [0]【入滅】[名][自サ] 入寂。

ニュー-メディア [メ]〈new media〉[名] 情報化社会の通信・伝達手段として新しく開発された媒体。衛星放送、インターネット、携帯電話など。

にゅう-めん [ニュ]【入麺】[名]〔煮麺の意からとも言う〕そうめんを、煮たもの。

ニュー-モード [モ]〈new mode〉[名] あたらしい流行の型。

にゅう-もん [0]【入門】㊀[名][自サ] ❶門の中にはいること。❷でしとなること。㊁[名] 初心者への手引き書。入門書。

にゅう-よう [0]【入用】㊀[名][形動] 用をたすために必要なこと。いりよう。「―な品」㊁[名] 入費。費用。

にゅうよう-じ [ヨ]【乳幼児】[名] 乳児と幼児。小学校入学前の子ども。

にゅう-よく [0]【入浴】[名][自サ] ふろにはいること。ゆあみ。

にゅう-らい [0]【入来】[名][自サ]〔文章語〕人がたずねてくること。来訪。じゅらい。[参考]「ご入来」の形で、敬って使う。

にゅう-らく [0]【乳酪】[名] 牛乳でつくった脂肪性の食べ物。バター・チーズなど。牛酪。

にゅう-らく [0]【入×洛】[名][自サ]〔文章語〕〔「洛」は「京都」。もとは古代中国の都「洛陽」〕京都にはいること。入京。じゅらく。

にゅう-りょう [リョ]/[ニュ]【乳量】[名] 母乳などの一回に出る分量。

にゅう-りょう [0]【入寮】[名][自サ] 寄宿のために、学生寮・社員寮などにはいること。

にゅう-りょく [0]【入力】[名][他サ] ↕出力。❶機械を動かすために外から力をあたえること。また、その力。❷インプット❶。「データを―する」

ニュー-ルック [ル]〈new look〉[名] 服装などの、最新流行の型。

にゅう-ろう [0]【入×牢】[名][自サ] 入獄。じゅろう。

ニューロン [ニュ]〈neuron〉[名]〔医〕神経を構成する単位。神経細胞とそれからのびる突起をいう。

にゅう-わ [0]【柔和】[形動] ダロ・ダッ・デ・ニ・ダ・ナ・ナラ・〇 性質がおとなしくて、やさしいようす。「―な顔つき」

にょ【女】[造] おんな。婦人。「女人・信女・仙女・天女」〔別音じょ・にょう｜女〕

にょ【如】[造] そのまま。そのよう。「如意・如実・如法・真如」〔別音じょ｜如〕

にょ-い [ニョ]【如意】[名] ❶〔文章語〕思いのままになること。❷〔仏〕読経・説法のとき講師の僧がもつ道具で、角・竹などで雲形につくり柄をつけたもの。

如意❷

―**棒** [イ]/[0] [名] 思い通りに伸び縮みさせて使える便利な棒。「西遊記」で孫悟空が使った。

にょいりん-かんのん《如意輪観音》如意宝珠と宝輪とをもち、一切衆生の願望をみたし、苦しみを救う観音。

にょ-いん [ニョ]【女院】[名] ➡にょういん。

にょう【女】[造] おんな。婦人。「女院・女御・女房」〔別音じょ・にょ｜女〕

にょう [ニョ]【尿】[名][造] 小便。小水。「尿意・尿素・尿道・検尿・排尿・夜尿症」

にょう [ニョ]【×繞】[名] 漢字の構成部分の一つ。しんにょう(辶)・そうにょう(走)など。

に-よう [0]【二様】[名] ふたとおり。ふたいろ。「―の方法」

によ・う【×呻ふ】[自四]〔古語〕❶うめく。うなる。「あくる日まで頭いたく、物食はず、によひ伏し」〈徒然〉❷なかなか歌が詠めないで苦しむ。苦吟する。「少輔、文やらんとて、歌をによひをるほど」〈落窪〉

にょう-い [ニョ]【尿意】[名] 小便をしたい感じ。「―をもよおす」↕便意。

にょう-いん [0]【女院】[名] 天皇の母や内親王などで、院号をもつ人を尊敬していう語。にょいん。

にょう-かん [0]【女官】[名] ➡にょかん。

にょう-かん [0]【尿管】[名] ➡ゆにょうかん。

にょう-ご【女御】[名]〔古語〕皇后・中宮に次ぐ位の女官で、天皇の寝所にはべることもあった。にょご。

にょう-さん [0]【尿酸】[名] 動物の血中・尿中にある有機酸の一種。人体の血液中にたまると痛風になる。

にょう-しっきん [シ]【尿失禁】[名] 小便が無意識のうちに出ること。寝小便など。

にょう-そ [ニョ]【尿素】[名] たんぱく質が体内で分解した最後の生成物。工業的にはアンモニアと二酸化炭素とでつくる。肥料・樹脂・医薬品などの原料。―**樹脂** [ジュ][名] 尿素を原料とする合成樹脂。

にょう-どう [0]【尿道】[名] 膀胱から小便を体外に出す管。

にょうどく-しょう [0]/[ド]【尿毒症】[名] 腎臓のはたらきがわるくて、排泄されるはずの尿素などが血液中に残るためにおこる中毒症状。

にょう-はち [ニョ]【×鐃×鈸】[名]〔仏〕両手に持ってうち合わせて鳴らす、まるくてひらたい銅製の楽器。法会用。

にょうはち

にょう-ぼう [ニョ]【女房】[名] ❶「妻」のくだけた言いかた。特に、夫が自分の妻を言うときに使われる。にょうぼ。かみさん。家内。↕亭主。⇩妻[参考]。❷宮中や院のそば近

くに仕え、専用の部屋をたまわった高位の女官。❸貴族の家に仕えた侍女。❹[古語]女性。婦人。―車(ぐるま)[ク][名]女房が乗った牛車(ぎっしゃ)。おんなぐるま。―言葉(ことば)[コ][名]室町(むろまち)時代のはじめごろから、宮中の女房たちによって使われだした隠語。衣食に関するものが多く、「おこわ(こわ飯)」「おひや(水)」「しゃもじ(杓子)」など現代語として一般化したものもすくなくない。―役(やく)[0][名]中心になる人を補助する役割。また、その人。「首相の―」

にょ-かん[0]【女官】[名]❶昔、宮廷に仕えた官女。❷じょかん。‖にょうかん。[参考]一説に、「にょかん」は上級の官女を、「にょうかん」は下級の官女を指したという。

にょき-にょき[1][ニョー][と][副]細長いものが、たくさん現れ出るようす。「―とたけのこがはえる」

にょ-くろうど[□]【女蔵人】(くらうど)[名]昔、宮中で、雑用をつとめた身分の低い女官。命婦(みょうぶ)につぐ地位。

にょ-ご【女御】[名][古語]⬇にょうご。

にょご-がしま[ガ]【女護が島】[名]女だけが住むという想像上の島。[参考]八丈島(はちじょうじま)の異称として使われたことがある。

にょ-じつ[0]【如実】[形動](ダロ・ダッ・デ・ニ/ダ・ナ・ナラ・〇)実際のとおりであるようす。「写真が―に真相をものがたる」

にょ-しょう[0]【女性】[名][文章語]おんな。じょせい。

にょぜ-がもん[ニョ][ガ]【如是我聞】[名]〔仏〕(このように自分は聞いたの意)釈迦(しゃか)の死後、諸経をまとめるとき、釈迦の弟子阿難(あなん)が経文の最初につけた語。

にょ-たい[0]【女体】[名][文章語]おんなのからだ。

ニョッキ[ニョ]〈gnocchi〉[名]小麦粉・ジャガいも・卵・牛乳・チーズなどでつくった団子状のパスタ。

に-よって[連語]❶受身文のとき、動作の主体をあらわす。「ショパン―作曲されたワルツ」[参考]作り上げる、生み出す、などの意味になる動詞では、「に」を使うことができず、「によって」が使われる。❷…が原因となって。…のはたらきで。「火山の噴火―できた湖」「社員の団結―事業は成功した」

にょ-にん[0]【女人】[名][文章語]おんな。女性。―禁制(きんぜい)[0][名]昔、女は修業のさまたげになるものとして、寺内にはいるのをさしとめたこと。―結界(けっかい)[0][名]女人禁制の地域。

にょ-ほう[0]【如法】[名]❶〔仏〕如来の教法どおりにすること。❷型のとおり。文字どおり。

にょ-ぼさつ[ボ]【如×菩×薩】[名]菩薩のように慈悲ぶかいこと。

にょ-ぼん[0]【女×犯】[名]〔仏〕僧が戒律を破り、女性と肉体関係をもつこと。

にょ-らい[0][ニョ]【如来】[名]〔仏〕(真理の体現者の意)仏をうやまっていうことば。「薬師―」

に-より[0]【似寄り】[名]よく似ていること・もの。「―の品」

にょろ-にょろ[ニョー][と][副][自サ]へびなど細長いものが、からだをくねらせながら進むようす。

にら[0][ラ]【×韮】[名]ユリ科の多年生植物。葉は肉質で細く、強いくさみがある。食用。かみら。こみら。[春]

にらみ[ミ]【×睨み】[名]❶にらむこと。「ひと―でちぢみあがる」❷服従させる威勢。「―がきく」

にらみ-あ・う[ア][0]【にらみ合う】【×睨合う】(あふ)[自五](ワ・オ・イ・ッ/ウ・ウ・エ・エ)❶たがいににらむ。❷対立して、はりあう。互いに敵対する。「国境で両軍が―」**にらみ合い**[名]

にらみ-あわ・せる[セ]【にらみ合(わ)せる】【×睨合せる】(あはせる)[他下一](セ・セ・セル・セル・セレ・セロ・セヨ)あれこれくらべて考えあわせる。「いろいろの条件を―」**にらみあは・す**[文語下二]

にらみ-す・える[エ]【にらみ据える】【×睨据える】(すゑる)[他下一](エ・エ・エル・エル・エレ・エロ・エヨ)相手が動けないように、強くにらみつける。**にらみす・う**[文語ワ下二]

にらみ-だい[ミ]【×睨×鯛】(だひ)[名]正月や婚礼の席にかざる、塩焼きのたい。[参考]その場では食べないところからいう。

にらみ-つ・ける[ケ]【にらみ付ける】【×睨付ける】[他下一](ケ・ケ・ケル・ケル・ケレ・ケロ・ケヨ)はげしくにらむ。「きっと―」**にらみつ・く**[文語下二]

にら・む[ラ]【×睨む】[他五](マ・モ・ミ・ン/ム・ム・メ・メ)❶するどい目でじっと見る。❷目星をつける。「あいつが犯人だと―」

にらめっ-こ[メ]【×睨めっこ】[名]❶にらみあうこと。❷ふたりでにらみあって、先に笑ったものが負けとなる遊び。にらみっくら。

にらんせい-そうせいじ[セ][2]【二卵性双生児】[名]二つの精子と二つの卵子とが別々に受精して、同時に同じ子宮のなかでそだったふたご。↕一卵性双生児。

にりつ-はいはん[ニ]【二律背反】[名]〔論〕同じ程度に正しいと思われる二つの原理または命題が、たがいにくいちがって、両立しないこと。甲が真なら乙は偽で、乙が真なら甲は偽であるというような関係。

に-りゅう[0]【二流】[名]❶[ニ]二つの流派。❷[0]第一等より、やや低い地位や程度。「―会社」

にりゅうか-たんそ[タ]【二硫化炭素】[名]炭素と硫黄(いおう)が高温のもとで化合した、臭気のある無色の液。猛毒。試薬・溶媒・殺虫剤用。

に-りん[0]【二輪】[名]❶二つの車輪。❷二輪車。―車(しゃ)[リ][名]❶自転車。❷オートバイやスクーター。単車。

に・る[0]【似る】[自上一](ニ・ニ・ニル・ニル・ニレ・ニロ・ニヨ)かたち・性質などに、たがいに共通点がある。同じように見える。「母に似た人」

に・る[0]【煮る】[他上一](ニ・ニ・ニル・ニル・ニレ・ニロ・ニヨ)食品を水や汁などに入れ、火にかけて、熱をとおす。「魚を―」

にるい[ニ]【二塁】[名]野球で、二番めのベース。セカンドベース。―手(しゅ)[ル][名]野球で、二塁を守る人。セカンド。―打(だ)[ル][名]野球で、打者が二塁まで進むことのできるヒット。

にれ[ニ]【×楡】[名]ニレ科の落葉高木。ふつう、はるにれをいい、高さ三〇㍍に達する。材は建築用・器具用。エルム。

にれ-が・む[ガ][他五](マ・モ・ミ・ン/ム・ム・メ・メ)[文章語]牛や羊などが、一度のみこんだ食物をまた口に出してかむ。反芻(はんすう)する。にれかむ。

にろくじ-ちゅう[0]【二六時中】[名][副]一日じゅう。四六時中。[参考]昔、一日を十二の時に分けたので、2×6=12から。

にわ[0]【庭】(には)[名]❶敷地のなかの建物の建っていない部分。「中―と裏―」❷樹木を植え、築山(つきやま)や泉水などをつくるため、区切った土地。庭園。❸[文章語]物事の行われる所。「教えの―」「いくさの―」

にわ-いし[0]【庭石】(には)[名]庭にながめをそえるためにおく石。また、庭の飛び石や敷き石。

にわ-いじり[イ]【庭いじり】(にはいぢり)[名]趣味で庭の草木の手入れをすること。

にわか[ニ]【×俄・仁輪加】(にはか)[名]にわか狂言。

にわか[ニ]【×俄】(にはか)[形動(の)]きわめて短いあいだに、今までとはちがう状態に変わるようす。「―の夕立」「病状が―に悪化する」[参考]「急に」と似た意味だが、「病気が急によくなる」のような使い方は「にわかに」にはない。

にわか-あめ[カ][ア]【にわか雨】【×俄雨】(にはか)[名]突然に降ってくる雨。

にわか-きょうげん[キョ]【にわか狂言】【×俄狂言】(にはか)[名]座興のためなどに行う茶番狂言。にわか。[参考]もと、即興的に演じたものだったので、「にわか」という。

にわか-ごしらえ ゴ【×俄×拵え】名 急場のまにあわせでつくること。にわかづくり。

にわか-じこみ ジ【にわか仕込み】【×俄仕込】名 急におぼえこむこと。急におぼえこんだもの。「―の芸」

にわか-づくり ヅ【にわか造り】【×俄造り】名 急にこしらえること。「―の納屋」

にわ-き ⓪【庭木】名 庭に植える木。庭に植えてある木。

にわ-きど ⓪【庭木戸】名 庭の出入り口の小さな門。

にわ-げた ⓪【庭げた】【庭下▲駄】名 庭ではくげた。

にわ-さき ⓪【庭先】名 庭で、建物に近い部分。えんさき。「―の花壇」

にわ-し ワ【庭師】名 庭造りや庭の手入れを職業とする人。庭造り。園丁。

にわ-たずみ【庭×潦】❶名〔古語〕雨が降って、地上に流れたまった水。❷枕「ながる」「すまぬ」などにかかる。

にわ-つくり ツ【庭造り】名 ❶庭に樹木を植えたり、築山・泉水などをつくったりすること。造園。❷庭師。

にわ-とこ ⓪【▲接▲骨▲木】名 スイカズラ科の落葉低木。四月ごろ白色の小花がさく。茎・葉は薬用。㊡

にわ-とり ⓪【鶏】名（「庭鳥」の意）キジ科の鳥。古くから飼育され、卵や肉は食用。観賞用のものもある。 **―を割くに牛刀を用う** 小さい事を処理するのに、大人物や大じかけの手段を使うことのたとえ。

にわ-ふみお《丹羽文雄》（一九〇四―二〇〇五）小説家。リアリズムによる風俗描写にすぐれ、後期は仏教を題材にした小説を書いた。「厭がらせの年齢」「親鸞」など。

にわ-も ⓪【庭▲面】名〔文章語〕庭の上。庭。

にん【妊】造 はらむ。みごもる。「妊娠・妊婦・懐妊・避妊・不妊」

にん【忍】造 ❶こらえる。がまんする。「忍苦・忍従・忍耐・隠忍・堪忍・受忍」❷むごい。「残忍」❸かくれてする。しのび。「忍者・忍術・忍法」

にん【認】造 ❶みとめる。ゆるす。「認可・認証・公認・承認・否認・黙認」❷みきわめる。「認識・認知・認定・確認・誤認」

にん【任】❶③名造 つとめ。しごと。役目。「―が重い」「―をおえる」「自分はその―でない」「任地・任務・解任・辞任・責任・留任」❷造 まかせる。まかす。「任意・任命・委任・信任・放任」 **任じる** 他上一 **任ずる** 自他サ

にん【人】❶③名 ひとがら。「―に合わない役がら」❷造 ひと。「人間・人形・人情・人数・人相・悪人・町人・犯人・病人・役人・案内人・管理人・見物人・立会人・仲買人・弁護人」参考「…人」の「…」に入る漢字二字の語には、動作をあらわす語のくることが多い。❸造接尾 ひとを数えることば。「数人・何人・百人・六千万人」参考「人」は一般的に広く使う。「名」はややあらたまった場合に使うこともある。〔別音じん｜人〕 **―を見て法を説け** ⇩ひとを見て法を説け。

にん-い ③【任意】名形動 その人の心まかせにすること。随意。 **―出頭** シュ名自サ 犯罪の疑いをかけられた者が、呼び出しを受けて、自分の意志によって警察署や検察庁に出むくこと。 **―捜査** ソ名 相手方の了解を得た上でおこなう捜査。↕強制捜査。

にん-か ③【認可】名他サ ❶みとめ許可すること。❷国家の同意を必要とする法律行為の実行に、許可をあたえる行政処分。

にん-がい ⓪/③【人外】名〔文章語〕人の道にはずれること。ひとでなし。じんがい。

にん-がい ⓪【人界】名〘仏〙人間の住む世界。人間界。

にん-かん ⓪【任官】名自サ ある官職・官位につくこと。

にん-き ⓪【人気】名 ❶世間のうけ。よい評判。「たいへんな―」「―力士」❷その土地の気風。じんき。「おだやかな―」 **―商売** ショ名 世間の評判が、特にたいせつな職業。芸能人・スポーツ選手など。 **―投票** ト名 人気のあるなしを決める投票。 **―取り** キ名 よい評判をとろうとする手段。また、それにたくみな人。「―の政策」 **―者** ⓪名 周囲から好かれて、評判のいい人。人気のある人。「クラスの―」

にん-き ③【任期】名 在職の期限。その職務にある期間。「―を全うする」「―満了」

にん-きょ ③【認許】名他サ みとめてゆるすこと。容認。

にん-ぎょ ③【人魚】名 胴から上は人間で、下は魚であるという想像上の動物。

にん-きょう ⓪/③【任×侠・▲仁×侠】名 弱い者を助け、強い者をたおす気性。また、そういう気性の人。おとこぎ。「―の徒」

にん-ぎょう ⓪【人形】名 ❶いろいろな材料で、人の形につくったもの。おもちゃや飾りものにする。「紙―」❷自分の意志でうごけない人のたとえ。 **―芝居** ジ名 俳優のかわりに、人形つかいのあやつる人形にそのしぐさをさせる芝居。あやつり芝居。人形劇。 **―遣い** ツ名 人形芝居などで、人形をあやつって、芝居をさせる人。⇩文楽（図）。 **―浄瑠璃** ジョ名 ぶんらく。 **―振り** ⓪名 歌舞伎で、あやつり人形の動作をまねて演じること。

にん-く ③【忍苦】名自サ 苦しみをしのぶこと。「―の十年」

にん-げん ⓪【人間】名 ❶ひと。特に「ひと」の❶❷❺。「―として強く生きる」「―ができている」❷（連体修飾語を伴い、軽んじる意味合いをもたせて使う）者。やつ。「私のような―」 **―愛** ゲ名 人間性にもとづく、人間に対する愛情。 **―▲到る所青山あり** ⇩「じんかん（人間）」の項。参考「じんかん」が本来の読み方。 **―衛星** エ名 なかに人間が乗っている人工衛星。第一号は一九六一年四月、旧ソ連によってうちあげられ、地球を一周して着陸した。 **―関係** カ名 ある組織内での人間と人間の心理的なつながり。ヒューマンリレーション（ズ）。 **―工学** コ名 人があつかう機械を、人間の生理的・心理的特性に適した設計にするための学問。 **―国宝** コ名 文化財保護法により、伝統芸能・特殊工芸を伝えている無形文化財に指定された人。重要無形文化財保持者の通称。 **―性** ⓪名 ❶人間の本性。ヒューマニティー。❷人間らしさ。 **―像** ゾ名 ❶人間としてあるべき姿。「期待される―」❷性格・容貌・行為・思想などすべてを含めたその人全体の姿・状態。 **―的** ⓪形動 人間味のあるようす。 **―ドック** ド名 健康状態を総合的に精密検査するための、短期間入院。参考 一定の航海を終えた船が、ドックに入って修理をうけることにたとえたことば。 **―並** ⓪名形動 ❶人間と同じ能力・資格をもつこと。❷ふつうの人と同様であるようす。ひとなみ。せけんなみ。「―の暮らし」 **―離れ** バ名自サ 能力・性質などが、なみの人間とかけはなれていること。「―した体力」 **―万事塞翁が馬** 人間の不幸と幸福とは変転きわまりないこと。⇩塞翁が馬 参考 **―味** ⓪名 人間としての情味・あたたかみ。人情味。「―に欠ける」 **―模様** モ名 複雑にからみあう人間関係を、織物の模様にたとえた語。 **―業** ⓪名 人間の能力でなしえる仕事・技術。「―とは思えない」↕神業

にんげんしっかく《人間失格》太宰治の長編小

説。一九四八年発表。作者と見られる主人公が人生に敗れ、社会から疎外されていく過程を手記の形で描く。

にん-ごく ①【任国】名 国司として任命された国。

にんさん-ばけしち ⓪【人三化七】名〔人間が三分で、ばけものが七分の意〕きりょうのよくない人を悪く言った語。

にんさん-ぷ サ【妊産婦】名 妊婦と産婦。

にん-しき ⓪【認識】名 他サ ❶みとめ知ること。❷物を感知・識別し、また判断・記憶する意識の作用。 **―不足**(ぶそく) ブ 名 形動 正しく判断するための知識がたりないこと。 **―論**(ろん) キ 名 認識の起源・本質・範囲・価値などについて研究する、哲学の一部門。

にん-じゃ ①【忍者】名 忍術使い。しのびの者。

にん-じゅう ⓪【忍従】名 自サ くるしいこと、いやなことにたえて、したがうこと。「—の一生」

にん-じゅつ ①【忍術】名 身をかくして敵陣や人家などに、ひそかにはいりこむ術。しのびのじゅつ。

にん-しょう ⓪【人称】名 人称代名詞の話し手・聞き手・第三者の別。第一人称・第二人称・第三人称・不定称。自称・対称・他称・不定称ともいう。 **―代名詞**(だいめいし) メ 名 人をさす代名詞。「わたくし」(第一人称)「あなた」(第二人称)「かれ」(第三人称)「どなた」(不定称)など。↕指示代名詞。

にん-しょう ⓪【人証】名 裁判所で、人の陳述を証拠とすること。じんしょう。↕書証。

にん-しょう ⓪【認証】名 他サ ある物事が法的に正式であることを公の機関がみとめて証明すること。 **―官**(かん) ショ 名 天皇の認証によって任免される官職。国務大臣・最高裁判所判事・検事総長など。 **―式**(しき) ショ 名 天皇の認証により、認証官が任命される儀式。

にん-じょう ⓪【人情】名 ❶思いやり。なさけ。❷人間が生まれつきそなえている感情。「子を思うのは—だ」 **―×噺**(ばなし) バ 名 庶民の人情を題材としたストーリーのある落語。↕落としばなし。 **―本**(ぼん) ⓪ 名 江戸時代後期に流行した、江戸町人の恋愛生活をえがいた小説の一種。 **―味**(み) ジョ 名 人としての心のあたたかさ。「—あふれる話」

にん-じょう ⓪【▲刃傷】名 他サ〔文章語〕刃物で人をきずつけること。 **―沙汰**(ざた) ⓪ 名 刃物で人が切られるような事件。

にん・じる ⓪/ジ【任じる】他上一 ジ・ジ・ジル・ジル・ジレ・ジロ・ジヨ ⬇にんずる。

にん-しん ⓪【妊娠】名 自サ みごもること。はらむこと。懐妊。懐胎。

にん-じん ⓪【人▲参】名 セリ科の二年生植物。根は黄赤色で、食用。㊅

にん-ずう ①【人数】名 人のかず。人かず。にんず。

にん・ずる ⓪/ズ【任ずる】ジ・ゼ・ズル・ズル・ズレ・ジロ・ゼヨ〔「任じる(上一段活用)」とも〕㊀ 自サ ❶自分の任務や責任としてひきうける。「先導の役に—」❷その任務がはたせるという自信をもつ。自任する。「政治家をもって—」㊁ 他サ 官職や役につかせる。任命する。「外務大臣に—」 にん・ず 文語サ変

にん-そう ①【人相】名 ❶人の顔かたち。容貌(ようぼう)。「—が変わる」❷顔かたちにあらわれている、その人の性格や未来の運命。「—を見る」 **―書**(がき) ⓪ 名 犯罪人・家出人などの人相を書いて、ほうぼうへくばる書類。 **―見**(み) ソ 名 人相を見て、その人の運命・吉凶を判断することを職業とする人。うらない師。

にん-そく ⓪【人足】名 力仕事をする労働者。

にん-たい ①【忍耐】名 他サ 苦しみ・怒りなどをがまんすること。「—が必要とされる仕事」「—力」

にん-ち ①【任地】名 任務のためにとどまる土地。「—におもむく」

にん-ち ①/⓪【認知】名 他サ ❶ある事柄をみとめ知ること。❷〔法〕婚姻関係をもたずに生まれた子を、その父または母が、その子の父または母であることをみとめること。❸〔心〕ものの意味を知る知的なはたらき。 **―科学**(かがく) カ 名 情報処理の観点から人の知の働きや性質を解明する学問分野。一九五〇年頃に成立。人が刺激を受けて反応を生じさせる間の生体内部の情報処理のメカニズムを探ろうとするもので、人工知能・心理学・言語学・人類学・神経科学・哲学と学際的に深く関わる学問分野。 **―症**(しょう) ⓪ 名 成人後、脳に障害がおきて記憶力や判断力が低下する症状の総称。参考 かつて「痴呆(ちほう)症」と呼ばれていた症状だが、差別意識を除くために言い換えられた。 **―度**(ど) チ 名 世間に知られている度合い。「—が高まる」

にん-ちくしょう ジョ【人畜生】名 人の道にはずれた行為を平気でする人間。

にん-ちゅう ①【人中】名〔文章語〕❶人間界のうち。大ぜいの人の中。❷顔の鼻の下、くちびるの上にあるみぞ。はなみぞ。

にん-てい ①【人体】名〔「じんたい」と読めば別語〕❶人のすがた・ようす。「いやしからぬ—」❷ひとがら。人品(じんぴん)。

にん-てい ⓪【認定】名 他サ 資格の有無などについて判断すること。「公益法人の—を受ける」 **―こども園**(えん) モ 名 幼稚園・保育所などで、未就学児の教育・保育に総合的な支援を行う機関として、都道府県から認定を受けたもの。

にんとう-ぜい ト【人頭税】名 人数に応じてかける租税。じんとうぜい。

にん-とく ⓪【人徳】名 ⬇じんとく。

にん-にく ⓪【▲大×蒜】名 ユリ科の多年生植物。強い臭気をもち、地下の鱗茎(りんけい)と葉・茎は食用・薬用。㊓

にん-にく ⓪【忍▲辱】名〔仏〕あなどり・迫害などをたえしのんで心をうごかさないこと。「慈悲—」

にん-にょう ⓪【人×繞】名 漢字の部首の一つ。「先」「光」などの「儿」。ひとあし。

にん-にん ①1【人人】名 めいめい。各人。「—それぞれくふうがちがう」

にん-のう ノ【人皇】名 神武(じんむ)天皇以後の代々の天皇。

にん-ぴ ①【認否】名〔文章語〕みとめることと、みとめないこと。みとめるかどうかということ。「罪状の—」

にん-ぴにん ⓪【人非人】名〔人間でありながら人間でないという意〕人道にはずれたことをする人。

ニンフ ①〈nymph〉名 ❶ギリシャ神話で、女の姿をした川・木・花などの精霊(せいれい)。❷美少女。

にん-ぷ ①【人夫】名 力仕事をする労働者。

にん-ぷ ①【妊婦】名 妊娠している女性。

にん-べつ ⓪【人別】名 ❶割りあてが各人ごとであること。人ごとにすること。❷戸籍。 **―改め**(あらため) ア 名 江戸時代の戸籍調べ・人口調査。 **―帳**(ちょう) ⓪ 名 江戸時代の戸籍簿。

にん-べん ⓪【人偏】名 漢字の部首の一つ。「任」「信」などの「イ」。

にん-ぽう ①【忍法】名 忍術。

にんまり マ(と)副 自サ 満足そうに声を出さずに笑うさま。「—とほくそえむ」

にん-む ①【任務】名 自分の責任で果たすべきつとめ。役目。「—を遂行する」

にん-めい ⓪【任命】名 他サ 官職につけること。職務を命じること。「—責任」

にん-めん ⓪【任免】名 他サ 任官と免官。任命と免職。

「—権」

にんめん-じゅうしん ⓪【人面獣心】名 ⬇じんめんじゅうしん。

にん-よう ⓪【任用】名 他サ 人を職務につけて使うこと。

にん-よう ⓪【認容】名 他サ ある物事を、よいとみとめ、ゆるすこと。認許。容認。

ぬ ヌ

ぬ：「奴」の草体。
ヌ：「奴」の右。

ぬ【▲寝・×寐】自下二〔古語〕ねる。ねむる。「ぬる夜おちず（欠ケルコトナク）夢いめには見れど」〈万葉〉

ぬ 助動 ㊀〔文章語〕〔動詞などの未然形につく〕打ち消しの意味をあらわす。ない。ん。「わしは知らぬ」参考 口語では、「ない」が一般的。「ぬ（ん）」は方言でも使われる。㊁〔古語〕（活用語の連用形につく）㋐動作・作用の完了また現在その状態が継続していることをあらわす。…てしまう。…てしまった。…ている。…てある。「いましはねといふ所に来きぬ」〈土佐〉㋑⬇ぬべし。㋒〔「…ぬ…ぬ」の形で〕動作を並列して述べる。（し）…たり…（し）たり。「（海上ニ扇ガ）浮きぬ沈みぬゆられければ」〈平家〉

ぬい-あげ【縫（い）上げ】名 ❶⓪縫って仕上げること。❷㋐子供の着物を、からだが大きくなっても着られるように大きめに仕立て、肩と腰の部分に上げをしておくこと。また、その部分。あげ。

ぬい-あわ・せる ⓪【縫（い）合（わ）せる】他下一 縫ってつなぎ合わせる。「表地と裏地を—」**縫い合わせ** 名 **ぬひあは・す** 文語下二

ぬい-いと ⓪【縫（い）糸】名 縫い物に使う糸。

ぬい-かえ・す ⓪【縫（い）返す】他五 縫ってあるものをほどいて、もう一度縫う。縫いなおす。**縫い返し** 名 **縫い返せる** 自下一〔…できる〕

ぬい-ぐるみ ⓪【縫いぐるみ】名 ❶中の物を包むように縫うこと。特に、わたなどを中に入れて縫った、動物などのおもちゃ。「くまの—」❷しばいで、役者が動物などに扮ふんするときに着る衣装。着ぐるみ。

ぬい-こ・む ⓪【縫（い）込む】他五 合わせた布のはしが、縫いめの奥にかくれるように縫う。**縫い込み** 名 **縫い込める** 自下一〔…できる〕

ぬい-しろ ⓪【縫（い）代】名 布地の縫い込みになる部分。

ぬい-とり ⓪【縫（い）取（り）】名 布に、色糸でいろいろな模様を縫い出すこと。刺繡しゅう。

ぬい-はく ⓪【縫×箔】名 金糸・銀糸を用いた刺繡しゅう。

ぬい-はり ⓪【縫（い）針】名 針しごと。さいほう。

ぬい-ばり ⓪【縫（い）針】名 縫い物をするための針。↕留め針・待ち針。

ぬい-め ⓪【縫（い）目】名 ❶縫いあわせたさかいめ。❷一針ごとのへだたり。はりめ。「こまかい—」

ぬい-もの ⓪【縫（い）物】名 ❶さいほう。縫ったもの。縫うべきもの。❷縫いとり。縫いとりしたもの。

ぬい-もん ⓪【縫（い）紋】名 縫いとりでつくった、はおりなどの紋。↕書き紋・染め紋。

ぬ・う ①【縫う】他五 ❶糸をとおした針で、布などをさしつづる。❷縫いとりをする。❸人や物の間をとおりぬける。「人波を縫って急ぐ」**縫い** 名 **縫える** 自下一〔…できる〕

ヌー ①〈gnu〉名 ウシ科の哺乳にゅう類。体は黒く、首のまわりには長いたてがみがある。アフリカの草原に生息する。

ヌーディスト ③〈nudist〉名 全裸で生活・行動することを主義とする人。裸体主義者。「—ビーチ」

ヌード ①〈nude〉名 はだか。裸体。裸体像らたいぞう。

ヌートリア ②〈nutria〉名 カプロミス科の哺乳にゅう類。ねずみに似るが、四〇センチメートル以上に達し、後あしにみずかきがある。南米に分布。

ヌードル ①〈noodle〉名 卵をまぜてつくる、西洋のめん類。また、広くめん類をいう。

ヌーベル-バーグ ⑤〈フ nouvelle vague〉名（新しい波の意）一九五八年ごろから、フランス映画界の若い映画監督たちがおこした、旧来の映画を否定して新しい作風をめざす運動。

ヌーボー〈フ nouveau〉㊀⓪名 ⬇アールヌーボー。㊁⓪名 形動 ぼうっとして、つかまえどころのないようす。「あいつはまったく—だ」参考 ぬうっとし、ぼうっとしていることを新芸術派の様式「アールヌーボー」の音にかけたしゃれ。

ぬえ ①【×鵺・×鵼】名 ❶とらつぐみ。夏 ❷源頼政みなもとのよりまさが紫宸殿ししんでんの上から射おとしたという怪獣。頭はさる、からだはたぬき、尾はへび、足はとらに似るという。❸実体のはっきりしないもののたとえ。「—的人物」

ぬか ②【×糠】㊀②名 玄米をついたとき出る、皮などのこな。㊁造 ❶ごくこまかいこと。「—雨」❷はかないこと。「—喜び」**—に×釘くぎ** 手ごたえや、ききめのないたとえ。

ぬか【▲額】名〔古語〕❶ひたい。❷ぬかずくこと。礼拝。

ぬか 助〔古語〕（終助詞。未然形につく）願望の気持ちをあらわす。…ないかなあ。…てほしい。「吾あが待つ月も早も照らぬか」〈万葉〉

ヌガー ①〈フ nougat〉名 ナッツなどをまぜた、やわらかな飴あめ。

ぬか-あぶら ③【ぬか油】【×糠油】名 米ぬかからとった油。食用・せっけん製造用。米のあぶら。

ぬか-あめ ③【ぬか雨】【×糠雨】名 きりさめ。こぬかあめ。

ぬか-ご ⓪【▲零▲余子】名 ⬇むかご。秋

ぬか・す ⓪【▲吐かす】他五〔俗語〕（ののしっていう語）言う。「よくもぬかしたな」**ぬかせる** 自下一〔…できる〕

ぬか・す ⓪【抜かす】他五 ❶入れもらす。おとす。はずす。間をとばす。「彼の名を抜かした」「仲間から—」「第三章を抜かして先へ進む」参考 不用意でする場合にも、故意でする場合にも使う。❷力や気がまえが抜けた状態になる。「腰を—」「遊びにうつつを—」**抜かせる** 自下一〔…できる〕

ぬが・す ②【脱がす】他五 他人の身につけているものをとる。また、脱ぐようにさせる。脱がせる。「子どものパジャマを—」↕着せる。

ぬか-ず・く ③【▲額ずく】自五 頭を地につけて礼拝する。神前・仏前で、ていねいにおじぎをする。参考「ぬかづく」のように「づ」を用いて書いてもよい。

ぬかた-の-おおきみ《額田王》生没年未詳。飛鳥あすか時代の歌人。大海人皇子おおあまのおうじに嫁かし、のち、天智天皇に召された。歌は「万葉集」におさめられている。

ぬか-づけ ⓪【ぬか漬（け）】【×糠漬】名 ぬかみそに野菜類をつけたもの。ぬかみそづけ。

ぬか-どこ ⓪【ぬか床】【×糠床】名 ぬか漬けを作るために、野菜などをつけておくぬかみそ。

ぬか-ばたらき ③【ぬか働き】【×糠働き】名 働いても働きがいのないこと。むだばたらき。骨折り損。

ぬか-ぶくろ ③【ぬか袋】【×糠袋】名 ぬかを小さな布袋

に入れたもの。からだをあらうのに使った。

ぬか-みそ ◎【×糠味×噌】名 ぬかに塩と水をまぜ、発酵させたもの。つけもの用。**―が腐る** 歌のへたなことをけなす言い方。**―臭い** サ形 女性が家事に追われて、見ばえがしない。

ぬか-よろこび ヨ【ぬか喜び】【×糠喜び】名 よろこんだのに、あてがはずれて、一時的な喜びになること。

ぬから-ぬ【抜からぬ】連語 ゆだんのない。「―顔」

ぬかり ◎【抜かり】名 ぬかること。てぬかり。「―はない」

ぬか・る ◎【抜かる】自五 ゆだんして失敗する。気づかないで、しくじる。「決して―なよ」

ぬか・る ◎【▲泥×濘る】自五 雨や雪どけなどで、地面や道がどろどろになる。ぬかるむ。「ぬかって歩けない」

ぬかる-み ◎ 名 ぬかっている所。どろ道。でいねい。

ぬかる・む ル 自五 ぬかる。「大雨で道が―」参考「ぬかるみ」を活用させて造られた語。最近では、「ぬかる」よりもよく使われる。

ぬき【抜き】名 ❶ 図 はぶくこと。なしにすること。「むだ口は―にして」「朝飯―で」❷ ◎ 競技で相手を負かすこと。「十人―」

ぬき ◎【▲貫】名 横に柱をつらぬくための、うすくてはばのせまい木材。

ぬき（貫）

ぬき ◎【緯】名 織物のよこ糸。ぬき糸。

ぬき-あし ◎/キ【抜(き)足】名 足音をたてないために、足を抜くように上げて歩くこと。**―差し足** 物音をたてないように、そっと歩くようす。「―しのび足」

ぬき-あわ・せる セ【抜(き)合(わ)せる】他下一 互いに刀を抜いて向きあう。**ぬきあは・す** 文語下二

ぬき-いと イ/◎【ぬき糸】【▲緯糸】名 織物のよこ糸。ぬき。↕たて糸。

ぬき-うち ◎ 名 ㊀【抜(き)打ち】❶刀を抜くと同時に斬りつけること。❷だしぬけにすること。「―に検査する」㊁【抜(き)撃ち】ピストルを腰からぬいたとたんに発射すること。

ぬき-えもん エ【抜きえもん】【抜▲衣紋】名 女性の和服の着かたの一つ。えりをうしろにおしさげ、えり足をだして着ること。抜きえり。

ぬき-えり ◎【抜(き)襟】【抜×衿】名 抜きえもん。

ぬき-がき ◎【抜(き)書(き)】名 ❶書物などの必要な所だけを書き写すこと。また、書き写したもの。書き抜き。「資料の一部を―する」❷ひとりの役者のうけもつ所だけを書きぬいた略式台本。書き抜き。

ぬき-がた・い タ【抜(き)難い】形 とりさることがむずかしい。根強い。「―不信の念」**ぬきがた・し** 文語ク

ぬぎ-ぎ ギ【脱ぎ着】名 他サ 脱いだり着たりすること。「―しやすい服」

ぬき-さし ◎/キ【抜(き)差し】名 ❶(抜くことと、差すこと)のぞくことと加えること。「一字の―もできない」❷どうにか処理すること。**―ならない** うごきがとれない。のっぴきならない。「―はめにおちいる」

ぬき-さ・る サ【抜(き)去る】自五 ❶すっかり取り除く。❷一気に追い越して先に進む。

ぬぎ-す・てる テ/◎【脱ぎ捨てる】他下一 脱いだものをかたづけないでおく。脱いでそのままにしておく。**脱ぎ捨て** 名 **ぬぎす・つ** 文語下二

ぬき-ずり ◎【抜(き)刷(り)】名 本や雑誌の一部分を抜き出して、余分に印刷すること。また、その印刷物。別刷り。

ぬき-だ・す ダ【抜(き)出す】他五 ❶ひき抜いて出す。「さいふから紙幣を―」❷えらび出す。「該当者を―」**抜き出せる** 自下一[…できる]

ぬきつ-ぬかれつ【抜きつ抜かれつ】連語 追い越したり、追い越されたりしながらはげしく争うようす。「―の熱い戦い」

ぬき-つら・ねる ネ【抜(き)連ねる】他下一 大ぜいが一斉に刀を抜く。抜き連れる。**ぬきつら・ぬ** 文語下二

ぬき-つ・れる レ【抜(き)連れる】他下一 ⬇ぬきつらねる。**ぬきつ・る** 文語下二

ぬき-て ◎【抜(き)手】名 日本在来の泳法で、両手をかわるがわる水上に出して進む泳ぎ方。ぬきで。**―を切る** 抜き手の泳法でおよぐ。

ぬき-と・る ト【抜(き)取る】他五 ❶ひき抜いて取る。❷一部分をえらび取る。**抜き取り** 名 **抜き取れる** 自下一[…できる]

ぬき-に ◎【抜(き)荷】名 運送中などの商品の一部をこっそり抜きとること。また、その品。

ぬき-はな・す ナ【抜(き)放す】他五 刀などを一気に抜く。抜きはなつ。

ぬき-はな・つ ナ【抜(き)放つ】他五 ⬇ぬきはなす。

ぬき-み ◎【抜(き)身】名 さやから抜きはなった刀・やりなどの刃。「―をひっさげる」

ぬき-よみ ◎【抜(き)読み】名 必要な部分だけを抜き出して読むこと。

ぬきん・でる デ【▲抽んでる・×擢んでる】自下一 他よりきわだってすぐれる。目立ってひいでる。「抜きんでた才能」**ぬきん・づ** 文語下二

ぬ・く【抜く】㊀ ◎ 他五 ❶細長いものをひき出す。ひいてとる。「刀を―」「とげを―」❷えらんでとり出す。「全員の中から五人を―」❸おいぬく。「前の車を―」❹うちまかす。「十人抜いて優勝する」❺はぶく。「朝食を―」❻ぬすみとる。「品物を―」❼攻めおとす。「敵の城を―」❽とりのぞく。「しみを―」「籍を―」❾入れてあったものをなくする。「力を―」**抜ける** 自下一[…できる] ㊁ 接尾 (動詞連用形について五段活用動詞をつくる)❶その動作を完全になしおえる。「予選から勝ち―」「救出まで生き―」❷普通ではない状態に達する。「難題に困り―」「裏の裏まで知り―」

ぬ・ぐ【脱ぐ】図 他五 ❶身につけていたものを、とりさる。「シャツを―」「帽子を―」「靴を―」参考 身につけるものでも、マスク、ネクタイ、マフラーなど簡単に取りはずせるものは「ぬぐ」と言わない。❷[俗語](自動詞的に)俳優、とくに女優が舞台や映画で裸体で演技をする。**脱げる** 自下一[…できる]

ぬく・い【▲温い】形 [方言](関西地方で)あたたかい。春 **ぬくさ** 名 **ぬく・し** 文語ク

ぬぐ・う グ【拭う】他五 ❶ふく。「涙を―」❷ふきとる。きよめる。「よごれを―」❸消す。つぐなう。「汚名を―」**ぬぐえる** 自下一[…できる]

ぬく-ぬく 図1/図2 と副 ❶あたたまるようす。「―と毛布にくるまっている」❷他の苦労などかえりみず、ずうずうしくしているようす。「―と巨利を得る」

ぬくま・る[マ]【▲温まる】[自五] ラ・ロ/リ・ッ/ル/ル/レ/レ ➡ぬくもる。
ぬく-み[ミ]【▲温み】[名] あたたかさ。あたたかみ。
ぬく・める[メ]【▲温める】[他下一] メ/メ/メル/メル/メレ/メロ・メヨ あたためる。「足を—」
ぬく-もり[0]【▲温もり】[名] あたたかみ。ぬくみ。「肌の—」
ぬくも・る[モ]【▲温もる】[自五] ラ・ロ/リ・ッ/ル/ル/レ/レ あたたまる。ぬくまる。「こたつで—」
ぬけ[0]【抜け】[名] ❶抜けていること。あるべきものがないこと。「データに漏れや—がないか確認する」❷まぬけなこと。また、その人。
ぬけ-あが・る[ガ]【抜(け)上がる】[自五] ラ・ロ/リ・ッ/ル/ル/レ/レ 髪の毛が抜けて、ひたいの方からだんだんうすくなる。
ぬけ-あな[0]【抜(け)穴】[名] ❶向こうがわまで抜けている穴。❷こっそり逃げだすための穴。「城の—」❸法律・規則などをのがれる方法。「税法の—」
ぬけ-うら[0]【抜(け)裏】[名] 通りぬけられる裏道。
ぬけ-お・ちる[チ]【抜(け)落ちる】[自上一] チ/チ/チル/チル/チレ/チロ・チヨ ❶生えていたものがとれる。「髪が—」❷平らに張っていたものがくずれる。「床が—」❸ひとまとまりのものが欠ける。脱落する。「ページが—」 **抜け落ち**[名] **ぬけお・つ** 文語上二
ぬけ-がけ[0]【抜(け)駆け】[名][自サ] ❶戦場で、こっそり陣営を抜け出して、さきがけをすること。❷他人をだし抜いて何かをすること。 **—の功名**(こうみょう) ぬけがけをしてたてた手がら。
ぬけ-がら[0]【抜(け)殻】【▲脱殻】[名] ❶へび・せみなどの、脱皮したあとのから。もぬけ。❷魂をうばわれたように、ぼんやりしている人。「魂の—」
ぬけ-かわ・る[ワ]【抜(け)替(わ)る】—かはる [自五] ラ・ロ/リ・ッ/ル/ル/レ/レ ふるいものが抜けて、新しいものとかわる。「羽毛が—」
ぬけ-げ[0]【抜(け)毛】【▲脱け毛】[名] 毛が抜け落ちること。また、抜け落ちた毛。
ぬけ-さく[0]【抜作】[名]〔俗語〕おろかな人をけいべつして呼ぶことば。まぬけを人の名まえらしくした言い方。
ぬけ-じ[0]【抜(け)字】[名] 書きおとし、または、印刷で組みおとした文字。脱字。
ぬけ-だ・す[ダ]【抜(け)出す】[自五] サ・ソ/シ/ス/ス/セ/セ ❶ひそかに、のがれて出る。そっと逃げだす。抜け出る。「城を—」❷抜けはじめる。「毛が—」 **抜け出せる**[自下一]〔…できる〕
ぬけ-・でる[デ]【抜(け)出る】[自下一] デ/デ/デル/デル/デレ/デロ・デヨ ❶ひそかにのがれ出る。抜け出す。❷あらわれ出る。「スタイルブックから抜け出たような人」
ぬけ-に[0]【抜(け)荷】[名] 江戸時代の、密貿易。
ぬけ-ぬけ[ヌ2/ヌ1]〔と〕[副] あつかましいようす。「—としらをきる」
ぬけ-まいり[マ]【抜(け)参り】—まゐり [名] 江戸時代、父母・主人などの許しをうけないで、伊勢(いせ)神宮に参拝したこと。あとでわかっても罰せられないならわしであった。(春)
ぬけ-みち[0]【抜(け)道】【抜▲路】[名] ❶近みち。間道(かんどう)。「—を使って先回りする」❷責任などをのがれる方法。逃げ道。「法の—」
ぬけ-め[0]【抜(け)目】[名] 不注意なところ。手おち。手ぬかり。「—のない人」
ぬ・ける[0]【抜ける】[自下一] ケ/ケ/ケル/ケル/ケレ/ケロ・ケヨ ❶細長いものをひきだすことができる。「とげが—」❷はなれ、おちる。「歯が—」❸もれる。おちる。「名簿から—」❹逃げさる。抜け出る。「会場から—」❺やめる。しりぞく。「組織から—」❻ある場所からはなれる。「夜中に床を—」❼入っていたもの、あったものが消える。なくなる。「力が—」「疲れが—」❽とおる。つらぬく。「針がうらまで—」❾通りぬける。「林を抜けて野原に出る」❿まがぬけている。「抜けた男」 **ぬ・く** 文語下二
ぬ・げる[ゲ]【脱げる】[自下一] ゲ/ゲ/ゲル/ゲル/ゲレ/ゲロ・ゲヨ 身につけたものがとれてはなれる。「靴が—」 **ぬ・ぐ** 文語下二
ぬさ[ヌ]【▲幣】[名] 神にいのるとき、神前にそなえる物。また、はらいに使うもの。上古は木綿(ゆう)・麻、後世は織った布や紙などを用いた。みてぐら。にぎて。

ぬさ

ぬし【主】㊀[ヌ][名] ❶所有者。持ち主。❷事の当人。本人。「声の—」❸山や川、沼・湖などに住みついて魔力・霊力を持つようになった動物。❹〔古語〕仕えている主人。また夫。殿。あるじ。❺〔古語〕(歌や句などの)作者。(家畜の)飼い主。「飼ひける犬の、暗けれど主を知りて」〈土佐〉❻〔古語〕人の尊称。大人(うし)。「仲麻呂のぬし」〈徒然〉㊁[代]〔古語〕二人称。あなた。「さてもぬしの御名はいかにぞや」〈大鏡〉
ぬ-し[ヌ]【▲塗師】[名]「ぬりし」の略。うるし塗りの職人。
ぬすっ-と[0][ト]【盗▲人】[名] ぬすびと。ぬすと。
ぬす-びと[0]【盗人】[名] どろぼう。ぬすっと。 **—猛猛**(たけだけ)**しい** 悪事をはたらきながら、ずぶとくて平気でいるようす。また、そういう人をののしって言うことば。 **—に追**(お)**い銭** 〔盗人にかねを取られた上に、さらにかねをくれてやること〕損をした上に、さらに損をすること。どろぼうに追い銭(せん)。 **—にも三分**(さんぶ)**の理**(り) 悪事をした者にも、悪事をしたことについて、それなりの理屈はあるものだ。 **—の昼寝**(ひるね) 〔どろぼうは夜かせぐために昼寝をする〕悪事の準備をすること。 **—を捕**(と)**らえてみれば我**(わ)**が子**(こ)**なり** 予想外の事態に、どうしたらよいかとまどうことのたとえ。また、親しい仲でも気を許せないたとえにもいう。 **—を見**(み)**て縄**(なわ)**を綯**(な)**う** 準備をおこたっていて、まに合わないことのたとえ。どろぼうを見てなわをなう。
ぬすみ[ミ]【盗み】[名] ぬすむこと。どろぼう。「—をはたらく」
ぬすみ-ぎき[0]【盗み聞き】[名][他サ] 人の話をこっそりと聞くこと。「電話を—する」
ぬすみ-ぐい[0]【盗み食い】—ぐひ [名][他サ] ❶食べ物をぬすんで食べること。❷人にかくれて食べること。つまみ食い。
ぬすみ-どり[0]【盗み撮り】【盗み▲録り】[名][自サ] 相手に気づかれないように、こっそり録音したり、写真やビデオで撮影をすること。盗撮(とうさつ)・盗聴(とうちょう)
ぬすみ-み[0]【盗み見】[名][他サ] 相手に気づかれないように、こっそりと見ること。「物陰から—する」
ぬすみ-・みる[ミ2]【盗み見る】[他上一] ミ/ミ/ミル/ミル/ミレ/ミロ・ミヨ 相手に気づかれないように、こっそり、ちらちらと見る。
ぬすみ-よみ[0]【盗み読み】[名][他サ] ❶他人の文書などをこっそり読むこと。❷他人の読んでいる物をはたからそっとのぞいて読むこと。
ぬす・む[ヌ]【盗む】[他五] マ・モ/ミ・ン/ム/ム/メ/メ ❶他人の物をひそかにとる。❷ごまかす。人に知られないように事をする。「人目を—」❸忙しい中で時間をやりくりする。「ひまを—」❹他人の作品・アイディアなどをまねる。盗作する。「人の論文を—」 **盗める**[自下一]〔…できる〕
ぬた[タ]【×饅】[名] 魚肉・野菜などを、すみそであえた料理。
ぬたく・る[ク][他五] ラ・ロ/リ・ッ/ル/ル/レ/レ ❶色などをでたらめに塗りつける。❷へたな字や和歌などを書きつける。のたくる。
ぬっ-と[0][ヌ][副] ❶急にあらわれるようす。のっと。「横から—手を出した」❷急に立ちあがるようす。
ぬ-なり[連語]〔古語〕〔完了助動詞「ぬ」と伝聞推定助動詞「なり」〕…てしまうのだそうだ。きっと…だそうだ。「また聞

げば侍従の大納言だいなごんの御女おんむすめなくなりたまひぬなり」〈更級〉

ぬ-なわ⓪【×蓴】なは 名 じゅんさい。夏

ぬの⓪【布】名 織物。きれ。

ぬの-きれ⓪/［キ］【布切れ】名 小さな布。布のきれはし。ぬのぎれ。

ぬの-こ⓪【布子】名 もめんのわたいれ。古くは、麻布のあわせ。

ぬの-ざらし［ザ］【布ざらし】【布×晒】名 ❶布をあらって日光にさらすこと。❷日本舞踊で、長い布を両手にして、洗いさらすようすのおどり。

ぬの-じ⓪【布地】名 織物。きれ。布。たんもの。

ぬの-びき⓪【布引(き)】名 さらすために布をひっぱること。

ぬの-め⓪【布目】名 ❶布の織り目。❷布の織り目のような模様。

ぬばたま-の【▲射干玉の】枕 〔「ぬばたま」はひおうぎの実み〕「ぬばたま」は黒色であるところから、「黒」「夜」「やみ」「夕」、それに縁のある「月」「夢」にかかり、また「妹いも」にもかかる。うばたまの。むばたまの。

ぬ-ひ［ヌ］【▲奴×婢】名〔文章語〕❶⬇どひ。❷律令制における賤民せんみんの男女。

ぬ-べし 連語〔古語〕〔完了助動詞「ぬ」と推量助動詞「べし」〕確信の強い推量をあらわす。…てしまいそうである。きっと…だろう。「潮満ちぬ。風も吹きぬべし」〈土佐〉

ぬ-ぼく⓪【▲奴僕】名〔文章語〕雑役をする男の召使い。どぼく。

ぬま［マ］【沼】名 どろの深い大きな池。

ぬまた⓪【沼田】名 どろ深い田。

ぬまち⓪【沼地】名 どろ深い湿地。

ぬめ［メ］【×絖】名 絹織物の一種。地がうすく、表面がなめらかでつやがある。日本画用・造花材料に用いられる。

ぬめ［メ］【▲滑】名 ❶銭の裏面の文字のないほう。なめ。❷しきい・かもいのみぞのないもの。

ぬめ-かわ⓪【▲滑革・×靴】かは 名 牛皮をタンニンでなめしたもの。靴・かばんなどの素材として用いる。

ぬめ-ぬめ［ヌ⁻］(と)副 自サ なめらかで、しめりけがあって、つやのあるようす。「ーと光る」

ぬめり［リ］【▲滑り】名 ❶ぬめること。ぬるぬるすること。❷ぬるぬるする液。粘液。

ぬ-めり 連語〔古語〕〔完了助動詞「ぬ」と推量助動詞「めり」〕…てしまったようだ。たしかに…のようだ。「日も暮れがたになりぬめり」〈更級〉

ぬめ・る［メ］【▲滑る】自五 (ラ・ロ|リ・ッ|ル|ル|レ|レ) ぬるぬるとすべる。

ぬら-くら［ヌ］(と)副 自サ ❶ぬらりくらり。❷なまけて、しまりがないようす。のらくら。「毎日ーとくらす」

ぬら・す⓪【×濡らす】他五 (サ・ソ|シ|ス|ス|セ|セ) ぬれるようにする。「タオルを湯でー」「枕を涙でー」

ぬら-ぬら［ヌ⁻］(と)副 自サ ぬるぬる。

ぬ-らむ 連語〔古語〕〔完了助動詞「ぬ」と、推量助動詞「らむ」〕❶きっと…ているだろう。「暁になりやしぬらむと思ふほどに」〈更級〉❷…てしまったのだろう。

ぬらり-くらり［ラ¹］-［ラ²］/［ク］(と)副 自サ ❶すべって、おさえにくいようす。❷あいまいに言ったり、言いのがれをしたりして、おさえどころのないようす。「ーと追及をかわす」

ぬり⓪【塗り】名 ❶塗ること。塗ったもの。「ーがはげる」❷塗りかた。「ーがいい」❸うるし塗り。参考「春慶塗」「輪島塗」のような場合は、送り仮名をはぶく。

ぬり-え⓪【塗(り)絵】名 クレヨンや絵の具などで着色できるように輪郭だけを描いた絵。

ぬり-おけ［オ］【塗りおけ】【塗×桶】をけ 名 うるし塗りのおけ。

ぬり-か・える［エ］/［カ］【塗(り)替える】かへる 他下一 (エ|エ|エル|エル|エレ|エヨ・エロ) ❶塗ったものの上から新しく塗る。❷人にあたえる感じをあらためる。「チームのイメージをー」

ぬり-かく・す［ク］【塗(り)隠す】他五 (サ・ソ|シ|ス|ス|セ|セ) ❶文字などの上を塗って見えなくする。❷うそや、失敗などを知られないようにする。「ておちをー」**塗り隠せる** 自下一〔…できる〕

ぬり-ぐすり［グ］【塗(り)薬】名 患部に塗って使う薬。軟膏なんこう。

ぬり-ごめ【塗×籠】名〔古語〕厚くかべを塗って、土蔵のようにしたへや。今の、納戸なんどの類。

ぬり-こ・める［メ］【塗(り)込める】他下一 (メ|メ|メル|メル|メレ|メヨ・メロ) 物を中に入れ、まわりを全部塗ってしまう。**ぬりこ・む** 文語下二

ぬり-し［リ］【塗(り)師】名 うるし塗りの職人。ぬし。

ぬり-たく・る［ク］【塗りたくる】他五 (ラ・ロ|リ・ッ|ル|ル|レ|レ) やたらにごてごてと塗りつける。「ペンキをー」

ぬり-た・てる［テ］【塗(り)立てる】他下一 (テ|テ|テル|テル|テレ|テヨ・テロ) ❶きれいに塗りかざる。❷おしろいなどを厚く塗る。**ぬりた・つ** 文語下二

ぬり-つ・ける［ケ］【塗(り)付ける】他下一 (ケ|ケ|ケル|ケル|ケレ|ケヨ・ケロ) ❶なすりつける。塗って付かせる。❷自分の責任や罪を、他人に負わせる。**ぬりつ・く** 文語下二

ぬり-つぶ・す［ブ］【塗(り)潰す】他五 (サ・ソ|シ|ス|ス|セ|セ) すきまのないように、ぜんぶ塗る。**塗りつぶせる** 自下一〔…できる〕

ぬり-ばし［バ］/⓪/［リ］【塗(り)箸】名 うるし塗りのはし。

ぬり-もの⓪【塗(り)物】名 うるし塗りの器物。漆器しっき。

ぬ・る⓪【塗る】他五 (ラ・ロ|リ・ッ|ル|ル|レ|レ) ❶物の表面に液体や塗料を薄くなすりつける。❷土・しっくいなどをなすりつけて、壁・へいなどを作る。「へいにペンキをー」❸化粧をする。「顔をー」**塗れる** 自下一〔…できる〕

ぬる・い［ル］【温い】形 (カロ|カッ・ク|イ|イ|ケレ|○) ❶期待していたほどの温度に達していない。「ー風呂」「ービール」❷きびしさが足りない。「ー処分」**ぬるさ** 名 **ぬる・し** 文語ク

ぬる・い［ル］【▲緩い】形 (カロ|カッ・ク|イ|イ|ケレ|○) ❶ゆるやかだ。❷きびしくない。「ー処置」**ぬるさ** 名 **ぬる・し** 文語ク

ぬる-かん⓪【温×燗】名 酒をすこしだけあたためること。また、その酒。↕あつかん。

ぬるで⓪【白×膠木】名 ウルシ科の落葉小高木。葉に生じた虫こぶは五倍子ごばい・ふしといい、タンニンを含み、染料などに用いる。ふしのき。秋

ぬる-ぬる［ヌ⁻］(と)副 自サ 表面がぬれていてねばりがあり、すべりやすいようす。「ーしてつかみにくい」

ぬるまゆ⓪/［マ］【ぬるま湯】【微▲温湯】名 温度のひくい湯。**ーに浸つかる** 何もしなくてもそれほど困らない状態に満足して、抜け出せずにいる。

ぬる・む［ル］【温む】自五 (マ・モ|ミ・ン|ム|ム|メ|メ) 少しあたたかになる。「水ー」

ぬるり［ル］(と)副 ぬるぬると。ぬらりと。

ぬれ-いろ⓪【ぬれ色】【×濡色】名 水にぬれた色。

ぬれ-えん⓪/［レ］【ぬれ縁】【×濡縁】名 雨戸のしきいの外がわにある、雨ざらしの縁側。

ぬれ-ぎぬ⓪【×濡衣】名 ❶無実の罪。「ーをきせる」❷〔古語〕水にぬれた着物。「松島の海女あまのぬれぎぬなれぬとて」〈源氏〉

ぬれ-ごと⓪【ぬれ事】【×濡事】名 ❶芝居で、男女の情事を演じるしぐさ。❷情事。

ぬれ-そぼ・つ［ボ］【×濡れそぼつ】自五 (タ・ト|チ・ッ|ツ|ツ|テ|テ)〔文章語〕ぬ

ぬ

れてびしょびしょになる。そぼぬれる。

ぬれ-て⓪【ぬれ手】【×濡手】名 ぬれた手。 **―で×粟**(あわ)**(のつかみ取**(ど)**り)** 苦労せずに利益を得ることのたとえ。

ぬれ-ねずみ[ネ]【×濡×鼠】名 衣服を着たまま全身ずぶぬれになること。「急な雨で―になる」

ぬれ-ば⓪【ぬれ場】【×濡場】名 芝居・映画で、情事を演じる場面。ラブシーン。

ぬればいろ⓪【ぬれ羽色】【×濡羽色】名 水にぬれたからすの羽のように、しっとりした黒色。「髪はからすの―」

ぬれ-ぼとけ[ボ]【ぬれ仏】【×濡仏】名 屋根をかけず、雨ざらしになっている仏像。

ぬ・れる⓪【×濡れる】自下一 (レ・レ・レル・レル・レ・レロ・レヨ) ❶物の表面に水などがかかったり、しみたりする。「シャツが汗で―」「顔が涙で―」 ❷情事をおこなう。 **ぬ・る** 文語下二

ぬんちゃく⓪名 二本の短いかしの棒を、ひもや鎖でつないだ武具。沖縄で使われた。

ね ネ

ね：「禰」の草体。
ネ：「禰」の左の筆書体。

ね⓪【▲子】名 ❶十二支の第一番め。⇩十干(表)。❷古語 方角について北を、時刻について真夜中の十二時、またその前後二時間を、また一説に十二時からの二時間をいう。⇩方位(図)・時(図)。 **―の日**(ひ)**の遊**(あそ)**び** 昔、正月の最初のねの日に、人々が野山で小さな松を抜いて宴を設けた行事。小松引き。新年

ね⓪【音】名 小さなおとや声。「笛の―」「虫の―に聞き入る」「ぐうの―も出ない」参考「おと(音)」「声」がいろいろな場面で使われる基本語であるのに対し、「ね(音)」は古風であり、小説や韻文で、心に染みいるひびきについて用いられる傾向が強い。「声」は生物の出す音に限られるが、比喩的に物に使われることもある。「虫のね／声」「鐘のね／おと／声」のように結びつきがゆれる場合もある。 **―に(を)泣**(な)**く** 古語 声を出して泣く。「女は船底にかしらをつきあてて、ねをのみぞ泣く」〈土佐〉 **―を上**(あ)**げる** 降参する。よわねをはく。「きびしい訓練に―」

ね⓪【値】【▲直】名 値段。あたい。代価。 **―が張**(は)**る** 値段が高い。

ね[ネ]【根】名 ❶植物の、地中にあって水分・養分を吸収し、地上の幹や茎をささえる部分。❷物の下方にあって、上のものをささえる土台となる部分。「歯の―」❸物事が生じるよりどころとなる部分。「問題の―が深い」❹生まれつきの性質。「―が正直な人」❺はれものの中のかたい部分。「おできの―」 **―が生**(は)**える** その位置や場所からすこしも動かない。 **―に持**(も)**つ** うらんでいつまでも忘れない。 **―の国**(くに) 古語 よみのくに。あの世。 **―も葉**(は)**もない** なんの根拠もない。でたらめだ。「―うわさ」 **―を下**(お)**ろす** 定着する。「他郷に―」

ね⓪【寝】名 寝ること。眠り。「―がたりない」

ね[ネ]感 ❶よびかけのことば。「―、花子さん」❷念をおすことば。「―、いいだろう」

ね助 ❶(終助詞)㋐軽い感動をあらわす。「すごい―」㋑念をおす気持ちをあらわす。「それだけだ―」参考㋐㋑の用法では、女性が使うとき、活用語につく場合は「わ」を前につけ、形容動詞につく場合は語尾の「だ」を省略することが多い。㋒(助詞「か」について)たずねる意味をあらわす。主に男性が使う。「今、何時か―」㋓古語 他にあつらえ望む意味をあらわす。…てほしい。…てください。「家聞かな。名告(の)らさね」〈万葉〉❷(間投助詞)ことばの切れ目につけて、調子をととのえ、あるいは、念を押す気持ちをあらわす。「じつは―、きのう―、…」

ね-あか⓪【根明】名 形動 俗語 表面だけでなく、本質的に性格が明るいこと。↕ねくら。

ね-あがり[ア]【根上がり】名 木の根が地上にあらわれ出ること。「―の松」

ね-あがり⓪【値上がり】名 自サ 値段が高くなること。↕値下がり。

ね-あげ⓪【値上げ】名 他サ 値段を高くすること。「便乗―」「供給不足で―する」↕値下げ。

ね-あせ⓪【寝汗】【▲盗汗】名 体調のよくないときなどに、眠っているあいだに出る汗。「―をかく」

ねい【寧】造 ❶やすらか。おだやか。「寧日・安寧」❷ねんごろ。「丁寧」

ねいあく【獰悪】「どうあく」のあやまり。

ねい-かん⓪【×佞×奸・×佞×姦】名 形動 文章語 うわべはおとなしく、口先ではうまいことを言うが、心はねじけてよくないこと。また、その人。

ね-いき⓪【寝息】名 眠っているときの呼吸。

ねい-じつ⓪【寧日】名 文章語 ぶじでおだやかな日。「多忙で―ない状態」

ねい-しん⓪【×佞臣】名 文章語 おべっかがうまく、忠義そうに見せかける心のよこしまなけらい。

ねい-じん⓪【×佞人】名 文章語 おせじがうまく、親切そうに見せかける心のよこしまな人。

ね-いす⓪【寝椅子】名 寝られるようになっているいす。ソファー。

ネイチャー[ネ]〈nature〉名 ➡ネーチャー。

ネイティブ[ネ]〈native〉名 ➡ネーティブ。

ねいり-ばな⓪【寝入りばな】【寝入▲端】名 眠ったばかりのころ。

ネイル⓪[ネ]〈nail〉＝**ネール** 名 つめ。 **―アート**[ア]〈nail art〉名 つめにさまざまな装飾をほどこすこと。 **―ケア**[ケ]〈nail care〉名 つめの手入れ。美容のためにつめの形や甘皮を整えたり、表面を磨いたりする。 **―サロン**[サ]〈nail salon〉名 つめの手入れをしたり、つめの表面に塗料や飾りをつけたりするサービスを行う店。

ね-い・る[イ]【寝入る】自五 (ラ・ロ・リッ・ル・ル・レ・レ) ❶ふかく眠る。寝こむ。❷眠りにはいる。

ね-いろ⓪【音色】名 一つ一つ区別される音の独特な性質。音の感じ。

ね-うお[ネ]【根魚】名 岩礁(がんしょう)の間や海草の茂る場所に生息し、他の場所へは移動しない魚。根付き魚。かさご・めばる・あいなめなど。

ね-うごき[ウ]【値動き】名 物価や株価の値段の変動。「小幅な―にとどまる」

ね-うち⓪【値打ち】名 ❶物のよしあしについての評価。「―が定まる」❷物を貨幣に換算したときのあたい。値段。価格。「―が出る」参考「お値打ち物」は、値段にくらべて品質のよい徳用品のこと。❸そのものが存在することの意義。価値。「人間としての―を高める発言」「―のある研究」

ね-うち⓪【寝撃ち】名 腹ばいになって小銃を撃つこと。↕立ち撃ち・ひざ撃ち。

ねえ[ネ]感「ね」をのばした形 ❶よびかけのことば。「―、きみ」❷念をおすことば。「―、そうだろう」

ねえ助「ね」をのばした形 ❶(終助詞)➡ね❶。「暑いのによく食べる―」❷(間投助詞)➡ね❷。「それで―、言いにくいんだけど―、…」

ねえ-さん ネ【姉さん】名 ❶あねを立てる言い方。「結婚された―はお元気ですか」「カレーの作り方は―のほうが上だ」❷としごろの女性。❸[×姐さん]旅館・料理屋などで、働く女性をよぶ語。❹[×姐さん]芸者などが、先輩の芸者をよぶ語。 ―▲被かぶり カ 名 あねさんかぶり。

ネーチャー ネ〈nature〉＝ネイチャー 名 自然。天然。本性。

ネーティブ ネ〈native〉＝ネイティブ 名 ❶その土地で生まれた人。❷ネーティブスピーカー。 ―スピーカー ピ〈native speaker〉名 ある言語を母語として話す人。ネイティブ。

ネービー ネ〈navy〉＝ネイビー 名 海軍。↕アーミー。 ―ブルー ル〈navy blue〉名 〔英国海軍の制服の色から〕濃い紺色。

ネーブル ネ 名 〔navel orangeから〕ミカン科の常緑低木。だいだいの一品種。果実はあまみがあり、かおりがよい。㊥春

ネーミング ０〈naming〉名 名まえをつけること。とくに、新商品に命名すること。 ―ライツ ラ〈naming rights〉名 名前をつける権利。特に、スタジアムや劇場、ホールなどの施設に名称をつける権利。命名権。

ネーム ネ〈name〉名 名。名まえ。姓名。 ―バリュー バ〈name value〉名 〔和製英語〕有名人などの名まえのもつ宣伝価値。 ―プレート レ〈nameplate〉名 名札。

ねえ-や ネ【姉や】名 若いお手伝いさんを親しみをこめてよぶ語。

ネオ〈neo〉接頭 あたらしい。新。「―リアリズム」

ね-おい ０【根生い】名 ❶草木が根から生えていること。また、その草木。根付き。「―の松」❷その土地で生まれ、そこで育つこと。はえぬき。「―の江戸っ子」

ね-おき ０【寝起き】名 ❶０目がさめて起きるときのようす。起きっぷり。めざめ。「―のいい子」❷ネ寝ることと起きること。ふだんのくらし。「―を共にする」

ね-おし ０【寝押し】【寝▲圧し】名 ズボンなどをふとんの下にしいて寝て、折りめをつけること。寝敷き。

ね-おち ０【寝落ち】名 自サ 〔俗語〕何かをしている時に、途中で眠ってしまうこと。「音楽を聞きながら―する」

ネオ-ロマンチ(ティ)シズム シ〈neo-romanticism; 「néo-romantisme〉名 新ロマン主義。一九世紀末のフランスの頽廃派・象徴派などをさきがけとして、二〇世紀初め、ドイツ・オーストリアなどにおこった叙情的・象徴主義的傾向をもつ。日本では、明治四〇年代からの反自然主義的な文芸思潮。

ネオン ネ〈neon〉名 ❶元素記号Ne 原子番号10 原子量20.1797 大気中に微量に存在する気体元素。無色・無味・無臭。❷ネオンサイン。 ―サイン サ〈neon sign〉名 ガラス管に低圧のネオン・ヘリウムなどを封入し、放電させて美しい色を出させるもの。広告・装飾・標示などに用いる。

ネガ ネ 名 〔「ネガティブ」の略〕明暗が実際と反対になっている陰画。↕ポジ。

ねがい ガ【願い】名 ❶思いがかなうように求めること。「平和への―」「―を伝える」❷願い出のための書類。「入学―」参考「休職願」「使用願」などは送り仮名を省く。

ねがい-あ・げる ゲ／０【願(い)上げる】他下一 おねがいをする。**ねがひあ・ぐ** 文語下二

ねがい-いで ０【願いいで】【願▲出】名 ねがい出ること。

ねがい-ごと ０／ゴ【願(い)事】名 ❶心に望んでいる事がら。❷神仏に願をかけた事がら。「―がかなう」❸人に頼みたいと思っていること。

ねがい-さげ ０【願(い)下げ】名 ❶一度ねがい出たことを取り消すこと。❷頼まれても、引き受けたくないこと。おことわり。「憎まれ役は―だ」

ねがい-・でる デ／０【願(い)出る】他下一 機関や施設にねがいを申し出る。**願い出** 名

ねが・う ガ【願う】他五 ❶思いが実現するように求める。⇩望む 参考。㋐他者に求める。「両親にゆるしを―」㋑信仰の力をかりる。「サッカーの女神に必勝を―」㋒役所や勤務先に希望を提出する。「市に援助を―」❷㋐(「お(ご)…願う」の形で)相手に丁寧に求める。「…ください。「おゆるし願います」「ご理解願います」㋑〔形容詞・形容動詞の連用形に付いて〕相手を立てた言い方で求める。「お早く願います」「お静かに願います」**願える** 他下一〔…できる〕

ね-がえり ０【寝返り】名 ❶寝たまま、からだの向きをかえること。❷味方にそむいて敵につくこと。 ―を打つ ❶寝たからだの向きをかえる。❷味方をうらぎる。

ね-がえ・る エ【寝返る】自五 ねがえりを打つ。

ね-がお ０【寝顔】名 眠っているときの顔。

ね-がけ ケ【根掛(け)】名 日本髪で、もとどりにかける飾り。

ね-がさ ０【値がさ】【値×嵩】名 取引相場で値段の高いこと。「―株」

ねかし-つ・ける ケ【寝かし付ける】他下一 (子どもなどを)眠らせる。「赤ん坊を―」

ねか・す ０【寝かす】他五 ❶寝るようにする。寝つくようにする。寝かせる。↕起こす。❷横にする。↕起こす。❸利用しないでおく。「材料を―」❹こうじやなっとうを発酵させる。❺売れない商品をもっている。「二年も寝かした商品」

ね-かた タ／０【根方】名 下のほう。ねもと。

ネガチブ ネ〈negative〉名 形動 ⬇ネガティブ。

願ったり×叶ったり ねがいどおりになること。

願っても無いこと ねがっても簡単にはできないことが、つごうよくできること。好つごうで、たいそうありがたいこと。「それは―だ」

ネガティブ ネ〈negative〉＝ネガチブ ↕ポジティブ。㊀名 形動 否定的。消極的。「―な意見」㊁名 ⬇ネガ。 ―キャンペーン ペ〈negative campaign〉名 対立する側をおとしめる宣伝活動。

ね-かぶ ネ【根株】名 株。木の切り株。

ね-から ネ【根から】副 ❶初めから。もともと。「―きらいだ」❷生まれたときから。「―の江戸っ子」❸さっぱり。まったく。「―元気が出ない」‖ねっから。

ねがわく-は ネ【願わくは】連語 ねがうことは。のぞむことは。こいねがわくは。どうか。ねがわくば。参考「ねがわくば」は誤用だが、江戸時代には広く行われた。

ねがわし・い シ【願わしい】形 ねがうところだ。のぞましい。**ねがは・し** 文語シク

ね-かん ０【寝棺】名 死体を寝かせたまま入れる棺。ねがん。↕座棺。

ねぎ ネ【×葱】名 ユリ科の多年生植物。白い部分の長い根ぶかねぎと、短い葉ねぎがある。食用。㊥冬

ねぎ ネ【×禰宜】名 ❶昔、神主の下で祝の上の職。❷神社で、宮司・権宮司を補佐する職。また、神職の総称。

ねぎ-とろ ０【×葱とろ】名 まぐろの骨や皮のまわりからそいだ身に、きざみねぎを散らしたすしだね。

ねぎ-ぼうず ボ【ねぎ坊主】【×葱坊主】名 ねぎの花。㊥春

ねぎ-ま [0]/[マ]【×葱×鮪】[名] ねぎとまぐろの肉をいっしょに、しょうゆ・砂糖などで煮る料理。ねぎまなべ。[冬]

ねぎら・う [ラ]【×労う・×犒う】(らふ)(ワ・オ・イ・ッ/ウ・ウ・エ・エ) [他五] 苦労をなぐさめる。ほねおりを感謝する。「部下の労を―」 **ねぎらい** [名]

ね-きり [リ]【根切り】[名] ❶樹木をうつし植えるために、根の先を切ること。❷根だやし。 **―葉は切(き)り** [ハ][副] あれこれと、あるかぎり。 **―虫(むし)** [リ][名] 地中にすみ、農作物などの根をかみ切る害虫の総称。やが類やこがね虫類の幼虫など。[夏]

ね-ぎ・る [ギ]【値切る】(ラ・ロ・リ・ッ/ル・ル・レ・レ) [他五] 値段をまけさせる。「値切って買う」 **値切れる** [自下一]〔…できる〕

ね-ぐさ・い [サ]【寝臭い】[形](カロ・カッ・ク/イ・イ・ケレ・○) 寝ている間にからだから生じたにおいがする。 **ねぐさし** [文語ク]

ね-ぐされ [グ]【根腐れ】[名][自サ] 根がくさること。「―を起こす」

ね-くずれ [ク]【値崩れ】(くづれ) [名][自サ] 供給が需要を上回ることなどのため、ねだんが急にさがること。「―を起こす」

ね-ぐせ [0]【寝癖】[名] ❶寝ている間に、からだを動かして、ふとんなどを乱すくせ。「―が悪い」❷寝てばかりいるくせ。「―がついた」❸寝ている間に、髪の毛がまくらに押しつけられて変な形になること。「―のついた髪」

ネクター [ネ]〈nectar〉[名] すりつぶした果肉を使った、とろみのあるジュース。

ネクタイ [ネ]〈necktie〉[名] ワイシャツのカラーの下に巻き、首・胸の飾りとする細長い布。タイ。 **―ピン** [タ]〈necktie pin〉[名] ネクタイの飾りにさすピン。

ネクタリン [0]〈nectarine〉[名] ももの品種の一つ。果実は普通のももより小さく黄赤色を帯び、毛はない。椿桃(つばいもも)。

ね-くび [0]【寝首】[名] 眠っている人の首。 **―を×掻(か)く** ❶眠っている人を殺す。❷ゆだんしている人をおとしいれる。

ね-くら [0]【根暗】[名][形動][俗語] 表面は明るそうだが、本質的には暗い性格であること。↕ねあか。

ね-ぐら [0]【×塒】[名] ❶鳥の寝るところ。「―に帰る」❷人の寝る所。

ネグリジェ [リ]〈ﾌ négligé〉[名] ワンピース型の、ゆったりした女性用のねまき。けしょう着。

ネグ・る [グ](ラ・ロ・リ・ッ/ル・ル・レ・レ) [他五][俗語] 〔「ネグレクト」の「ネグ」を活用させたもの〕無視する。

ね-ぐるし・い [シ]【寝苦しい】[形](カロ・カッ・ク/イ・イ・ケレ・○) 眠りにくい。「むし暑くて―夜」 **寝苦しげ** [形動] **寝苦しさ** [名] **ねぐる・し** [文語シク]

ネグレクト [レ]〈neglect〉[名][他サ] ❶無視すること。❷子ども・高齢者・病人などに対する養育・保護の責任を放棄すること。

ネグロイド [ロ]〈Negroid〉[名] 黒色人種。

ねこ [ネ]【猫】[名] ❶ネコ科の哺乳(にゅう)類。古くから愛玩(あいがん)用として飼われてきた。体はしなやかで、ひげや目は暗所の活動に役立つ。❷〔ねこの皮を使うことから〕三味線(しゃみせん)。❸〔三味線をひくことから〕芸者のこと。❹ねこかぶり。❺ねこぐるま。❻土製の小型のあんか。 **―に×鰹節(かつおぶし)** 好物を目の前におくこと。ゆだんがならないことのたとえ。 **―に小判(こばん)** どんなりっぱなものでも、価値のわからない人にはなんの値うちもないことのたとえ。ぶたに真珠(しんじゅ)。 **―にまたたび** 〔猫がまたたびを好むことから〕大好きなもののたとえ。[参考]「お女郎に小判」と続けて言うことがある。 **―の首(くび)に鈴(すず)を付(つ)ける** 思いつきはよいが、危険をおかして実行する者がいないことのたとえ。 **―の手(て)も借(か)りたい** ひどくいそがしいことのたとえ。 **―の額(ひたい)** ひどくせまいことのたとえ。「―ほどの土地」 **―の目(め)のよう** かわりやすいことのたとえ。 **―も×杓子(しゃくし)も** だれもかれも。 **―を▲被(かぶ)る** 本性をかくしておとなしそうにみせる。「先生の前では―」

ねこ-あし [0]【猫足(▲脚)】[名] 机・ぜんなどのあしの上がふくらみ、中が少しすぼまり、下がまるくて、ねこの足に似たもの。

猫足

ねこ-いた [0]【猫板】[名] 長火鉢の端にのせておく薄い板。ここへねこがあがるのを好むことから。

ねこ-いらず [イ]【猫いらず】[名] 黄燐(おうりん)・亜砒酸(あひさん)などを主とした、ねずみを殺す薬。

ねこ-かぶり [カ]【猫かぶり】【猫▲被り】[名] 本性をつつみかくして、おとなしそうにすること。また、その人。

ねこ-かわいがり [カ]/[ワ]【猫かわいがり】【猫可▲愛がり】(かはいがり) [名] 〔ねこをかわいがるように〕あまやかして、むやみにかわいがること。

ね-こぎ [ギ]【根こぎ】[名] 草木を根のついたままひき抜くこと。

ねこ-ぐるま [グ]【猫車】[名] 長い柄(え)のついた手押しの一輪車。土などをはこぶ、工事用。ねこ。

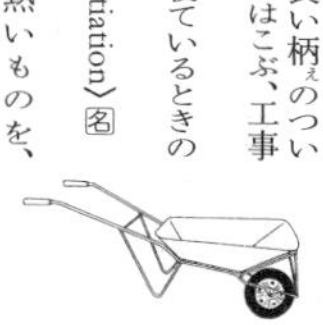
猫車

ね-ごこち [0]【寝心地】[名] 寝ているときの気分。「―がわるい」

ネゴシエーション [エ]〈negotiation〉[名] 仕事上の交渉。折衝。

ねこ-じた [0]/[コ]【猫舌】[名] 熱いものを、飲み食いすることができないこと。また、その人。

ねこ-じゃらし [ジャ]【猫じゃらし】[名] 「えのころぐさ」の俗称。

ねこ-ぜ [コ]【猫背】[名] 前かがみで、背中が丸くまがっている姿勢。また、その人。

ね-こそぎ [0]【根こそぎ】[副] すこしも残さないようす。全部。「―奪われる」

ねこ-だまし [ダ]【猫だまし】【猫×騙し】[名] 相撲の立ち合いで、相手の目の前で両手を打ち、相手をひるませ、自分に優位な体勢に持ち込む戦法。

ね-ごと [0]【寝言】[名] ❶眠っていて無意識に出すことば。❷わけのわからないことば。たわごと。「―をならべる」

ねこなで-ごえ [ゴ]【猫なで声】【猫×撫で声】(ごゑ) [名] ねこがからだをなでられて出すような、相手にとりいったり心をひらかせたりするときのやさしい作り声。[参考]ねこをかわいがるときの人の声からともいう。

ねこ-ばば [0]【猫ばば】【猫×糞】[名][他サ] 〔ねこがふんをして土砂をかけてかくすように〕拾い物をそのまま自分のものにすること。「―をきめる」

ねこ-またぎ [マ]【猫またぎ】【猫×跨ぎ】[名] 〔魚の好きなねこでさえ、またいで通る意〕まずい魚。また、残すところなくきれいに食べた魚の骨。

ね-こみ [0]【寝込み】[名] よく眠っているとき。ねごみ。「―をおそう」

ね-こ・む [コ]【寝込む】(マ・モ・ミ・ン/ム・ム・メ・メ) [自五] ❶ふかく眠る。よく寝ている。寝いる。❷病気で寝たきりになる。

ねこめ-いし [メ]【猫目石】[名] みがくと、ねこの目に似た色彩にかがやく、金緑色の宝石。キャッツアイ。

ねこ-めし [0]【猫飯】[名] みそ汁や、かつおぶしとしょうゆなどをかけためし。ねこまんま。

ねこ-やなぎ [ヤ]【猫柳】[名] ヤナギ科の落葉低木。春さきに咲く灰白色の花の穂は、毛が密生して、ねこの尾に似て

いる。いけばな用。[春]

ね-ごろ [0]【値頃】[名][形動] ❶値段が適当であること。❷買うのに手ごろな値段。「―感」

ね-ころが・る [ガ]/[0]【寝転がる】[自五] ごろりと横になる。ねっころがる。「畳の上に―」 **寝転がれる** [自下一]「…できる」

ね-ころ・ぶ [ロ]【寝転ぶ】[自五] ごろりと横に寝る。「寝転んで本を読む」 **寝転べる** [自下一]「…できる」

ね-さがり [0]【値下がり】[名][自サ] 値段が安くなること。「豊作で―する」 ↕値上がり。

ね-さげ [0]【値下げ】[名][他サ] 値段を安くすること。値引き。↕値上げ。[参考]「値下げ」は定価を下げることにいい、「値引き」はそのときだけ定価より安くすることにいう。

ね-ざけ [0]【寝酒】[名] 寝る前に飲む酒。[冬]

ね-ざ・す [ザ]【根ざす】【根差す】[自五] ❶植物の根が地中に張る。根づく。❷原因になる。もとづく。「この論争の―ところは深い」

ね-ざめ [0]【寝覚め】[名] 眠りからさめること。目ざめ。↕寝つき。 ―が悪い ❶眠りからさめたとき、気分がよくない。❷過去の悪いおこないを思いだし、良心にせめられる。

ね-ざや [0]【値ざや】【値×鞘】[名] 相場で、値段の差額。売り値と買い値の差など。

ねじ [ネ]【×螺子・▲捻子・×捩子】[名] ❶物をしめつけるための、らせんの形のみぞのあるもの。おねじとめねじ。❷ぜんまいを巻くしくみ。 ―が緩む はりつめた気分でなくなる。 ―を巻く ❶ぜんまいを巻く。「とけいの―」❷なまけているものに、きびしく注意する。活をいれる。

ねじ-あ・う [ア]【ねじ合う】【×捩合う】[自五] ❶たがいにねじる。❷組みあう。「土俵で―」 **ねじ合い** [名]

ねじ-あ・げる [ゲ]/[0]【ねじ上げる】【×捩上げる】[他下一] ひねり上げる。ねじり上げる。 **ねぢあ・ぐ** [文語下二]

ね-じき [0]【寝敷き】[名] 寝押し。

ねじ-きり [0]【ねじ切り】【×螺子切】[名] ボルトやナットの「ねじ❶」を刻むこと。また、その工具。「―盤」

ねじ-き・る [キ]/[0]【ねじ切る】【×捩切る】[他五] ねじって切りはなす。 **ねじ切れる** [自下一]「…できる」

ねじ-くぎ [ジ]【×螺子×釘】[名] 足の部分がねじになったくぎ。もくねじ。

ねじ-く・れる [レ]【×拗くれる】[自下一] ❶まがりくねる。ねじれる。「ふじづるが―」❷性質がすなおでない。ひねくれる。ねじける。「ねじくれた根性」 **ねぢく・る** [文語下二]

ねじ・ける [ケ]【×拗ける】[自下一] ねじくれる。

ねじ-こ・む [コ]/[0]【ねじ込む】【×捩込む】[一][他五] ねじっておし込む。「ポケットに―」[二][自五] ❶むりにはいり込む。❷つよく、苦情・文句を言いに行く。「環境問題で役所に―」 **ねじ込み** [名] **ねじ込める** [自下一]「…できる」

ね-しずま・る [マ]【寝静まる】[自五] 夜がふけ、人が眠って静かになる。

ね-しな [0]【寝しな】[名] 寝ようとするとき。また寝ついたばかりのとき。

ねじ-はちまき [チ]【ねじ鉢巻(き)】【×捩鉢巻】[名] ❶ねじった手ぬぐいを頭に巻き、額で結んだもの。❷熱心に仕事に取り組むようす。‖ねじりはちまき。

ねじ-ふ・せる [セ]/[0]【ねじ伏せる】【×捩伏せる】[他下一] ❶腕をねじって組みふせる。「犯人を―」❷力で相手をまかす。 **ねぢふ・す** [文語下二]

ねじ-ま・げる [ゲ]【ねじ曲げる】【×捩曲げる】[他下一] ❶ひねってそのほうに向かせる。❷わざと本来とは異なるほうに向かせる。「事件の本質を―」

ねじ-まわし [マ]【ねじ回し】【×螺子回し】[名]「ねじ❶」を回して、ねじこんだり抜いたりする道具。ドライバー。

ねじ-む・ける [0]/[ケ]【ねじ向ける】【×捩向ける】[他下一] むりにねじって、向かせる。 **ねぢむ・く** [文語下二]

ね-じめ [0]【音締め】[名] こと・しゃみせんなどの糸を巻きしめて、調子をあわせること。また、その後のさえた音。

ね-じめ [メ]【根締め】[名] ❶移植した木の根もとをしっかりと固めること。❷いけばなで、さした木や花の根もとをしめて固定すること。また、根もとにさしそえる草花。❸庭木や鉢植えの木の根もとに植える草。❹日本髪のまげで、たばねた髪の根もとをしめて整えること。

ねじ-やま [0]【ねじ山】【×螺子山】[名] ねじの、みぞとみぞの間の盛り上がった部分。「―がつぶれる」

ね-しょうがつ [ショ]【寝正月】[名] 新年にどこへも行かず、家でのんびり過ごすこと。[新年]

ね-しょうべん [ベ]【寝小便】[名] 寝ているあいだに、気づかずに小便をすること。おねしょ。

ねじり-はちまき [チ]【ねじり鉢巻(き)】【×捩鉢巻】[名] ➡ねじはちまき。

ねじ・る [ジ]【×捩(る)・▲捻(る)】[他五] ❶まっすぐな物を、くねらせて、まがらせる。❷棒などの両端にたがいに反対の方向の力を加えてまわす。また、一端を固定して、他端に力を加えて回す。ひねる。 **ね・づ** [文語ダ上二]

ねじ・れる [レ]【×捩(れる)・▲捻(れる)】[自下一] ねじった状態になる。ねじくれる。 **ねじれ** [名] **ねぢ・る** [文語下二]

ね-じろ [0]【根城】[名] ❶根拠とする城。本丸。❷行動の根拠とする場所。根拠地。

ねず [ネ]【×杜▲松】[名] ヒノキ科の常緑高木。雌雄異株。果実は利尿剤。材は建築・器具用。

ね-すがた [ス]【寝姿】[名] 寝ている姿。

ね-すご・す [ゴ]【寝過(ご)す】[自五] 目がさめないで、起きるべき時間がすぎる。「寝過ごして遅刻した」

ねず-なき [0]【ねず鳴き】【×鼠鳴き】[名] ➡ねずみなき。

ねず-の-ばん [バ]【寝ずの番】[名] 一晩じゅう、寝ないで番をすること。また、その人。不寝番。

ねずみ [0]【×鼠】[名] ネズミ科の哺乳類。種類が多い。人家やその周辺にもすみ、物を食いあらす。また、病原体を媒介する。 ―に引かれる 家に一人きりでこもってさびしいことのたとえ。

ねずみ-いらず [イ]【ねずみ入らず】【×鼠入らず】[名] ねずみがはいらないようにした、台所用のとだな。

ねずみ-いろ [0]【ねずみ色】【×鼠色】[名] 灰色。青味をおびたうすい黒色。にびいろ。

ねずみ-こう [0]【ねずみ講】【×鼠講】[名] 少額の出資で多額の利益が得られるとうたい、ねずみ算式に会員を集める金融組織。

ねずみ-ざん [ミ]【ねずみ算】【×鼠算】[名] ❶等比級数的にふえていく計算法。❷物が非常に速くふえること。

ねずみ-とり [ミ]【ねずみ取り】【×鼠捕り】[名] ❶薬や道具を使って、ねずみをつかまえること。また、その薬や道具。❷[俗語] 警察の交通速度違反の取り締まり。

ねずみ-なき [0]【ねずみ鳴き】【×鼠鳴き】[名] ❶ねずみが鳴くこと。❷ねずみの鳴きごえをまねた声。ねずなき。[参考] 昔、花柳界に、ねずみの鳴き声をまねしながら願いごとをするとかなうという俗信があった。

ねずみ-はなび ハ【ねずみ花火】【×鼠花火】名 火薬を詰めた細い筒状の紙を小さな輪にした花火。火をつけるとねずみのように地面をすばやく動き回る。夏

ね-ぜり ネ【根ぜり】【根×芹】名 根を食用とするせり。春

ね・せる ０【寝せる】他下一 セ・セ・セル・セル・セレ・セロ・セヨ 寝させる。寝かせる。寝かす。**ね・す** 文語下二

ね-ぞう ０【寝相】名 眠っているときのかっこう。寝姿。

ね-そび・れる レ【寝そびれる】自下一 レ・レ・レル・レル・レレ・レロ・レヨ 眠る時機をはずして、眠れなくなる。寝はぐれる。

ね-そべ・る ベ【寝そべる】自五 ラ・ロ・リ・ッ・ル・ル・レ・レ はらばいになり、両足をのばして寝る。

ねた ０ 名〔俗語〕〔「たね」のさかさ読み〕❶新聞記事の材料。❷小説や話の材料。❸証拠。「—が上がる」❹手品の仕掛け。❺料理などの材料。「すしの—」❻話芸の演目。**—が割れる** 話題の出どころや、手品の仕掛けがあらわれる。

ねだ ネ【根太】名 床下にわたしてある横木。⇨ぬき(図)。

ねだい ０【寝台】名 ベッド。しんだい。

ねたきり ０【寝たきり】名 病気などで、床についたまま起きられない状態。「—老人」

寝た子を起こす しなくてもよいことをして、わるい結果になる。

ねた・し【妬し】形ク〔古語〕にくらしい。しゃくにさわる。ねたましい。「つれなき心は、ねたけれど」〈源氏〉

ねた-だし ０【ねた出し】名自サ 寄席以外の、予定された公演で、落語などの演題を前もって公開すること。

ねた-ちょう ０【ねた帳】【ねた×帖】名 演芸場などで、公演当日の演題を記すために楽屋に備える帳面。また、落語家が自分の演じる演題を一覧にしておくメモ。

ねた-ば ０【ねた刃】【▲寝刃】名 切れあじのにぶくなった刀剣の刃。**—を合わす** ❶刀の刃をとぐ。❷こっそりよくないことを計画する。

ね-タバコ タ【寝たばこ】【寝▲煙▲草】名 寝床の中でたばこを吸うこと。また、そのたばこ。

ねた-ばれ ０ 名自サ〔俗語〕〔多く、小説・映画・番組などで〕内容や結末が、先にわかってしまうこと。「推理小説の結末が—する」

ねたまし・い シ【妬ましい】【▲嫉ましい】形 カロ・カッ・ク・イ・イ・ケレ・○ うらやましく、にくらしい。「人の成功が—」**ねたましげ** 形動 **ねたましさ** 名 **ねたま・し** 文語シク

ねた・む タ【妬む】【▲嫉む】他五 マ・モ・ミ・ン・ム・ム・メ・メ うらやみにくむ。そねむ。「美しさを妬まれる」**ねたみ** 名

ね-だめ ０【寝×溜め】名 これから先の睡眠不足を見こして、前もって十分に眠っておくこと。

ね-だやし ０タ【根絶やし】名 ❶根までとり去って、植物を絶やしてしまうこと。❷大もとからとり去ること。根絶すること。「悪習を—にする」

ねだ・る ０ダ 他五 ラ・ロ・リ・ッ・ル・ル・レ・レ あまえてほしがる。せびる。「菓子を—」**ねだれる** 自下一〔…できる〕

ね-だん ０【値段】名 品物や労働に相当する貨幣の額。価格。相場。「—が高い」「—をつける」

ね-ちが・える エ ガ【寝違える】自下一 エ・エ・エル・エル・エレ・エロ・エヨ 寝ているときに、首などのすじをちがえる。**ねちが・ふ** 文語ハ下二

ねちっこ・い コ 形 カロ・カッ・ク・イ・イ・ケレ・○ しつこくねばるようす。ねちこい。「—交渉をする」**ねちっこさ** 名

ねち-ねち ネ・イ (と)副 自サ ❶ねばりけの強いようす。❷しつこくて、さっぱりしないようす。「—文句を言う」

ねつ【×捏】造 こねる。でっちあげる。「捏造ねつぞう・でつぞう」

ねつ【熱】㊀ツ 名造 ❶物体の温度を変化させるはたらきのあるもの。エネルギーの一つのかたち。「—を発生する」「熱源・熱量・加熱・断熱・気化熱」❷体温。体温がふつうより高くなること。「—を計る」「風邪で—がある」「熱病・解熱げねつ・発熱・微熱・平熱」❸あることに心を集中すること。「—のはいった演技」「熱意・熱演・熱心・熱中・情熱・白熱・進学熱」㊁造 あつい。あつくする。「熱気・熱帯・熱湯・熱風・過熱」**熱する** 自他サ **—が冷める** 熱中している度合いがうすくなる。**—に浮かされる** ❶高熱のため、意識が正常でなくなる。❷夢中になる。**—を上げる** ❶のぼせあがる。熱中する。❷さかんに議論する。

ねつ-あい ０【熱愛】名他サ つよく愛すること。あつい愛情。

ねつ-い ネ【熱意】名 熱烈な意気ごみ。熱心。

ねつ・い ツ 形 カロ・カッ・ク・イ・イ・ケレ・○ ❶しつこい。❷熱心だ。ねばりづよい。

ねつ-エネルギー ネ ル【熱エネルギー】名 熱として存在するエネルギー。

ねつ-えん ０【熱演】名他サ 演技を熱心におこなうこと。

ねつ-かくはんのう ハ【熱核反応】名 核融合のときに、大きな熱エネルギーが出る現象。核融合反応。

ネッカチーフ チ〈neckerchief〉名 女性が首のまわりに巻くうすい布。頭部をおおうのにも使う。装飾・保温用。

ねっ-から ０ ネ【根っから】副〔俗語〕⬇ねから。

ねつ-かん ０【熱感】名 からだに感じられる熱っぽさ。「ひざに—がある」

ねつ-がん ０【熱願】名他サ 熱心にねがうこと。

ねっ-き ０【熱気】名 ❶高熱の気体。「—消毒」❷あつい空気。暑気。「—がこもる」❸熱心ないきごみ。興奮の高まり。「場内にたちこめる—」

ね-つき ０【根付き】名 植物が根づくこと。根をはること。

ね-つき ０【寝つき】【寝付き】名 寝つくこと。眠りに入ること。「—のよい子」↕寝ざめ。

ね-つぎ ギ【根継ぎ】名 柱の腐った部分を切りとって、他の木材で継ぎ足すこと。

ねつ-ききゅう キ【熱気球】名 バーナーなどで熱した軽い空気の力を利用して飛ぶ気球。ねっききゅう。

ねっ-きゅう ０【熱球】名 野球・バレーボールなどで、勢いのはげしい投球・打球。

ねっ-きょう ０【熱狂】名自サ 気がくるわんばかりにひどく興奮し、夢中になること。

ネッキング ネ〈ア necking〉名自サ たがいに首にだきついて、顔・耳・のどなどにキスすること。

ネック ネ〈neck〉名 ❶くび。❷衣服のえり。❸〔「ボトルネック」の略〕物事の進行に障害となるところ。隘路あいろ。「資金不足が—になる」**—レス** ネ〈necklace〉＝**ネックレス** 名 首飾り。

ね-つ・く ツ【寝付く】自五 カ・コ・キ・イ・ク・ク・ケ・ケ ❶眠りに入る。❷病気になって寝る。**寝つける** 自下一〔…できる〕

ね-づ・く ヅ【根付く】自五 ❶植えた植物の根が、その土になれておちつく。根ざす。❷新しい物事が定着する。「民主主義が—」

ね-つけ ケ【根付(け)】名 たばこ入れ・きんちゃくなどのひもの端につけて帯にはさみ、落ちないようにする細工物。

ねつ-け ケ【熱気】名 体温がつねよりも高い感じ。「—がある」

ねっ-けい ０【熱型】名 体温の上がり下がりの型。熱がた。

ねっ-けつ ０【熱血】名 血のわきかえるような熱烈さ。はげしい情熱。**—漢**かん ツ 名 はげしい情熱をもった男子。

ねつ-げん 0/ツ【熱源】名 熱を出すもと。

ねっ-こ 3【根っこ】名 ❶木の切り株。❷草木の根。

ねっ-さ ネ【熱砂】[熱沙] 名〔文章語〕❶日に焼けた、あついすな。ねっしゃ。夏 ❷あつい砂漠。

ねつ-さまし サ【熱冷まし】名 熱をさげる薬。解熱剤。

ねっしゃ-びょう 0【熱射病】名 あつい所にいたために神経がおかされ、体温の調節が困難になっておこる病気。

ねつ-しょう 0【熱唱】名 他サ 情熱を込めて歌を歌うこと。

ねつ-じょう 0【熱情】名 ある物事にそそぐ熱烈な気持ち。情熱。「研究に―をもつ」

ねつ-しょり ショ【熱処理】名 金属、特に合金を高温度で加熱し、焼き入れ・焼きもどしなどをして、性質をかえること。

ねっ-しん ネ/シ【熱心】名 形動 物事に心をこめること。「―に説明する」↕冷淡。

ねっ・する 0/ス【熱する】シ・セ・サ―シ・スル―スル・スレ―シロ・セヨ ■ 自サ 熱心になる。夢中になる。「熱しやすい性質」■ 他サ 熱を加える。あつくする。**ねっ・す** 文語サ変

ねっ-せい 0【熱性】名 病気で、高熱をともなうもの。「―けいれん」

ねっ-せい 0【熱誠】名 熱情をこめたまこと。「―こめて忠告する」

ねっ-せん 0【熱戦】名 競技・試合などで、はげしい戦い。「―をくりひろげる」

ねっ-せん 0【熱線】名 ❶赤外線。❷あつい光線。

ねつ-ぞう 0【×捏造】名 他サ（「でつぞう」の慣用読み。「捏」は土をこねるの意）ないことをあるように、いつわって作りあげること。でっちあげ。「事件を―する」

ねっ-たい 0【熱帯】名 赤道を中心に南北の緯度が、おのおの二三度二七分以内の地帯。また、年平均気温セ氏二〇度以上の地域。地球上で、もっともあつい区域。↕寒帯・温帯。**―魚**ぎょ タ 名 熱帯・亜熱帯地方原産の魚類。色や形の美しいものが多く、観賞用として飼われる。夏 **―低気圧**ていきあつ キ 名 熱帯地方で発生する低気圧。台風のように暴風雨をともなうことが多い。**―夜**や タ 名 最低気温がセ氏二五度以上のあつ苦しい夜。

ねっ-ちゅう 0【熱中】名 自サ 一つのことに心を集中すること。夢中になること。「囲碁に―する」**―症**しょう 0 名 暑さが原因で、体温の調節や血液の供給などの機能に障害が起こる症状。熱射病など。高温障害。

ねっ-ちり チ (と)副 自サ しつこくて、さっぱりしないようす。「ねちねち」を強調した言い方。「―食いさがる」

ねつっ-ぽ・い ポ【熱っぽい】形 カロ―カッ・ク―イ―イ―ケレ―○ ❶体温がいつもより高いように感じられる。熱があるようだ。「―顔」❷情熱的だ。「―口調」 **熱っぽさ** 名

ねっ-てつ 0【熱鉄】名 高熱でとけた鉄。**―を飲**のむ**思**おも**い** 熱でとけた鉄をのむような、ひどく苦しい気持ち。

ねつ-でんどう デ【熱伝導】名 物体内部や接触する物体の間で、高温度域から低温度域へ熱が移動する現象。「―率」

ネット ネ〈net〉名 ❶網。❷テニスやバレーボールのコートのしきりの網。❸ヘアーネット。❹正味しょうみ。↕グロス。❺「ネットワーク」の略。❻〔この用法では 0〕「インターネット」の略。**―イン** イ〈net in〉名 自サ（和製英語）テニス・卓球・バレーボールなどで、ボールがネットにふれて相手のコートにはいること。サーブのときは無効となることが多い。**―裏**うら 0 名 野球で、捕手のうしろの、網を張った観覧席。**―カフェ** カ 名（「インターネットカフェ」の略）インターネットの利用を主なサービスとする喫茶店。**―バンキング** バ 名 ➡インターネットバンキング。**―プレー** レ/プ〈net play〉名 テニスで、ネットぎわでするプレー。**―ワーク** ワ〈network〉名 ❶テレビやラジオで、同じ番組を放送するために作られた組織。放送網。❷データやソフトウエアを共用するために通信回線でコンピューターを接続したもの。❸情報を共有し活動を密接にするために、網状にめぐらされた組織。

ねつ-ど ネ/ツ【熱度】名 ❶熱の高さ・程度。❷熱心さの程度。

ねっ-とう 0【熱湯】名 煮えたぎっているあつい湯。

ねっ-とう 0【熱闘】名 熱の入った試合。「三時間の―」

ねっ-とり ト (と)副 自サ ねばるようす。ねばねば。

ねっ-ぱ ネ【熱波】名 夏に猛烈な暑さの気団の影響で異常な高温が続く現象。

ねっ-ぱつ 0【熱発】名 自サ 病気などで熱の出ること。発熱。

ねつ-びょう 0【熱病】名 高熱をともなう病気。猩紅熱しょうこうねつ・肺炎・腸チフスなど。

ねっ-ぷう 0【熱風】名 あついかぜ。夏

ねつ-べん 0【熱弁】名 熱心な弁論。情熱のこもった弁舌。「―をふるう」

ねつ-ぼう 0【熱望】名 他サ 熱心にのぞむこと。切望。

ね-づよ・い ヨ【根強い】形 カロ―カッ・ク―イ―イ―ケレ―○ 根が強くふかい。基礎がかたくて、容易に動じない。「―伝統の力」 **根強さ** 名 **ねづよ・し** 文語ク

ねつ-らい 0【熱雷】名 熱せられた空気に、急激に冷たい空気が入りこんだときに起こるかみなり。

ねつ-りきがく キ【熱力学】名 物理学の一分野で、熱と力学的仕事の関係を研究する学問。

ねつ-りょう ツ【熱量】名 熱を量的に考えた場合の呼び名。国際単位系における単位はジュール。記号は「J」 ⇩カロリー。

ねつ-るい 0【熱涙】名〔文章語〕感動してながす涙。

ねつ-れつ 0【熱烈】形動 ダロ―ダッ・デ・ニ―ダ―ナ―ナラ―○ 感情がたかぶって勢いのはげしいようす。「―な声援」

ねつ-ろん 0【熱論】名 熱心な論議。「―をたたかわす」

寝ね**ても覚**さ**めても** いつも。たえず。しょっちゅう。

ね-どい 0/ネ【根問い】―どひ 名 つきつめて根本まで問いただすこと。**―葉**は**問**ど**い** ネ=ハ 名 すみずみまで、のこさず問いただすこと。ねほりはほり。

ね-どこ 0【寝床】[寝▲所] 名 ❶寝るためのふとん。「―をしく」❷寝るところ。寝室。

ねと-ねと ネ1 (と)副 自サ ねばりけがあるようす。

ね-とぼ・ける ケ【寝とぼける】自下一 ケ―ケ―ケル―ケル―ケレ―ケロ・ケヨ 寝ぼける。

ね-とまり ト【寝泊(ま)り】名 泊まりこむこと。

ね-と・る ト【寝取る】他五 ラ・ロ―リ・ッ―ル―ル―レ―レ 人の夫や妻、または情人を自分のものにする。

ね-なし シ【根無し】名 ❶根のついていないこと。❷よりどころのないこと。「―のうわさ」**―草**ぐさ シ 名 ❶根のない浮き草。❷よるべのないこと。定住する所のないこと。「―の生活」**―言**ごと 0 名 つくりごと。

ネパール《Nepal》ヒマラヤ山系の中部南麓なんろくにある連邦民主共和国。首都はカトマンズ。

ねば・い バ【粘い】形 カロ―カッ・ク―イ―イ―ケレ―○ ねばりけが多い。**粘さ** 名 **ねば・し** 文語ク

ねば-つ・く 0【粘つく】自五 カ・コ―キ・イ―ク―ク―ケ―ケ ねばねばする。

ねばっ-こ・い コ【粘っこい】形 カロ―カッ・ク―イ―イ―ケレ―○ ねばねばした感じである。**粘っこさ** 名

ねば-つち 0【粘土】名 ねばねばする土。ねんど。

ね

ねば-ねば [ネ1]（と）副 自サ ねばってものにつくようす。↕さらさら。

ね-はば [0]【値幅】名 ❶売り手と買い手との間の値段のちがい。❷高値と安値との差。

ねばり [リ]【粘り】名 ❶ねばりつく力。ねばりつく感じ。❷もちこたえ、ささえる力。根気。「土俵際での―」「―がある米」

ねばり-がち [0]【粘り勝ち】名 根気よくねばった末に勝つこと。

ねばり-け [0]【粘り気】名 ねばり。

ねばり-ごし [0]【粘り腰】名 ❶相撲で、腰の力が強くて、なかなか倒れないこと。❷勝負・交渉などで、根気強くがんばること。

ねばり-づよ・い [ヨ]【粘り強い】形（カロ・カッ・ク／イ・イ・ケレ・○）❶ねばりけが多い。❷根気づよく、持久力がある。「粘り強く交渉する」 **粘り強さ** 名 **ねばりづよ・し** 文語ク

ねば・る [バ]【粘る】自五（ラ・ロ・リ・ッ／ル・ル・レ・レ）❶やわらかでねばねばする。❷根気づよく、なかなか物事をあきらめない。「最後まで―」 **粘れる** 自下一〔…できる〕

ねはん [0][ネ]【×涅×槃】名〔仏〕❶一切の迷いを離れた不生不滅の悟りの境地。❷死ぬこと。釈迦(しゃか)の入滅(にゅうめつ)。〔春〕 **―会**(え) [ハ] 名 陰暦二月十五日に寺々でおこなう、釈迦の入滅をとむらいしたう法会(ほうえ)。〔春〕

ね-びえ [0]【寝冷え】名 眠っているうちに、からだが冷えること。かぜをひいたり、腹をこわしたりする。〔夏〕 **―知**(し)**らず** [シ] 名 幼児などの寝冷えを防ぐために、くふうして腹あてなどをつけたねまき。〔夏〕

ね-びき [0]【値引(き)】名 他サ 値段をひいて安くすること。⇩値下げ 参考。

ね-びき [キ]【根引(き)】名 草木を根のついたままひきぬくこと。

ねび-まさ・る【ねび勝る】自四〔古語〕成長するにしたがって美しく、まさりっぱになる。「御かたちもいと清らにねびまさらせたまへるを」〈源氏〉

ねぶ [ネ]【合×歓】名 ➡ねむのき。

ね・ぶ [ネ]【▲老・成ぶ】自上二〔古語〕❶年とっている。ふけている。「かたちなどねびたれど清げにて」〈源氏〉❷おとなになる。おとなびる。「ねびたまふままに、ゆゆしきまでなりまさりたまふ御有様かな」〈源氏〉

ね-ぶか [0]【根深】名 ❶ねぶかねぎ。〔冬〕❷ねぎ。 **―×葱**(ねぎ) [ネ2] 名 根元の方の白みの多いねぎ。〔冬〕

ね-ぶか・い [カ]【根深い】形（カロ・カッ・ク／イ・イ・ケレ・○）❶根が深くはっている。❷原因が深く複雑で、なかなか解消しない。「―うらみ」 **根深さ** 名 **ねぶか・し** 文語ク

ね-ぶくろ [0]【寝袋】名 登山・キャンプなどで、中にはいって寝る袋。スリーピングバッグ。シュラーフザック。

ね-ぶそく [0][フ]【寝不足】名 眠りがたりないこと。睡眠不足。「―で頭が重い」

ね-ふだ [0]【値札】名 商品につける、ねだんを書いた小さなふだ。

ネプチューン《Neptune》❶ローマ神話の海神。❷[チュ] 名 海王星。

ネプツニウム [ニ]〈neptunium〉名 元素記号Np 原子番号93 原子量237の放射性元素。

ね-ぶと [0]【根太】名 ふともも・しりなど脂肪の多い所にできる、はれものの一種。

ね-ぶみ [0]【値踏み】名 他サ 値段を、見積もってつけること。評価。「作品を―する」

ねぶ・る [フ]【×舐る】他五（ラ・ロ・リ・ッ／ル・ル・レ・レ）なめる。 **ねぶれる** 自下一〔…できる〕

ネフローゼ [ロ]〈ド Nephrose〉名 おもに腎臓(じんぞう)内の糸球体の異常によっておこる病気。蛋白尿(たんぱくにょう)・むくみ・食欲不振などの症状が出る。

ね-ぼう [0]【寝坊】名 自サ 形動 朝おそくまで寝ること。また、その人。朝寝坊。

ね-ぼ・ける [ケ]【寝ぼける】【寝×惚ける】自下一（ケ・ケ・ケル・ケル／ケレ・ケロ・ケヨ）❶眠っていて、とつぜん起きあがり、わけのわからないことをする。寝とぼける。「寝ぼけて歩き回る」❷起きてもまだ頭がぼんやりしている。

ねぼ-すけ [ボ]【寝▲坊助】名〔俗語〕寝坊。人の名まえらしくした言い方。

ねほり-はほり [ネ]-[ハ]【根掘り葉掘り】副 細かいことまで残らず。徹底的に。根どい葉どい。「―たずねる」

ね-ま [マ][ネ]【寝間】名 寝るへや。寝室(しんしつ)。

ね-まき [0]【寝巻(き)】【寝間着】名 寝るときに着る衣服。

ねまち-づき [チ]【寝待(ち)月】名（月の出がおそく、寝て待つの意から）陰暦十九日の夜の月。寝待ちの月。ふし待ち月。〔秋〕↕立ち待ち月・居待ち月。⇩月(図)。

ねま・る 自四〔古語〕❶すわる。じっとしている。「これ軍右衛門がねまり申して手をつかへる」〈近松・心中宵庚申〉❷横になる。くつろぐ。「涼しさをわが宿にしてねまるなり」〈奥の細道〉 参考 方言では、「寝る」「腐る」などの意味にも使う。

ね-まわし [マ]【根回し】名 自サ ❶木を移植するときに、前もってまわりの余分な根を切っておくこと。❷事をおこなうのに、前もっていろいろ手をうっておくこと。「会議の出席者に―しておく」

ね-まわり [マ]【根回り】名 木の根のまわり。また、木の根のまわりに、植えそえる草木。

ねみだれ-がみ [レ]【寝乱れ髪】名 寝たためにみだれた髪。

ね-みだ・れる [レ]【寝乱れる】自下一（レ・レ・レル・レル／レレ・レロ・レヨ）寝たために、服装や髪が乱れる。 **寝乱れ** 名 **ねみだ・る** 文語下二

ね-みみ [0]【寝耳】名 眠っているときの耳。また、眠っていて、夢うつつに聞くこと。 **―に水**(みず) 不意のできごとにおどろくようすのたとえ。「―の辞任表明」

ねむ [ネ]【▲合▲歓】名 ➡ねむのき。

ねむ・い [0][ム]【眠い】形（カロ・カッ・ク／イ・イ・ケレ・○）眠りたい気持ちだ。眠たい。 **眠がる** 自五 **眠げ** 形動 **眠さ** 名 **ねむ・し** 文語ク

ねむ-け [0]【眠気】名 眠りたい気持ち。眠くなる気分。「―をもよおす」 **―覚**(ざ)**まし** [ザ] 名 眠けをさますようなもの・こと。

ねむた・い [0][タ]【眠たい】形（カロ・カッ・ク／イ・イ・ケレ・○）ねむい。 **眠たがる** 自五 **眠たげ** 形動 **眠たさ** 名 **ねむた・し** 文語ク

ねむ-のき [ネ]【▲合▲歓木】名 マメ科の落葉高木。夏、紅色の花をひらく。葉は夜になるととじてたれる。樹皮は薬用、材は器具用。ねむ。ねぶ。花は〔夏〕

ねむら・す [0]【眠らす】他五（サ・ソ・シ・ス／ス・セ・セ）➡ねむらせる。

ねむら・せる [0]【眠らせる】他下一（セ・セ・セル・セル／セレ・セロ・セヨ）❶眠りにつかせる。眠らす。❷〔俗語〕ころす。 **ねむら・す** 文語下二

ねむり [0]【眠り】名 ❶ねむること。睡眠。❷かいこが脱皮の前にくわを食べずに静止する状態。やすみ。

ねむり-ぐさ [リ]【眠り草】名 おじぎそう。〔夏〕

ねむり-ぐすり [ク]【眠り薬】名 ❶催眠剤(さいみんざい)。睡眠薬。❷麻酔薬。

ねむり-こ・ける [ケ]【眠りこける】自下一（ケ・ケ・ケル・ケル／ケレ・ケロ・ケヨ）眠って正体がなくなる。深い眠りについている。

ねむ・る [0]【眠る】自五（ラ・ロ・リ・ッ／ル・ル・レ・レ）❶心身の活動が一時やんで無意識の状態となる。❷死ぬ。❸活用しない状態である。「器材が眠っている」 **眠れる** 自下一〔…できる〕

ねむれ-る【眠れる】連語〔文章語〕（動詞「眠る」の命令形

ね

と文語助動詞「り」の連体形〕眠っている。「―森の美女」 ―×獅子 真の実力のあるものが、それにふさわしい活躍をしていないことのたとえ。

ねめ-つ・ける ケ/0 【ねめ付ける】【×睨め付ける】 他下一 にらみつける。**ねめつ・く** 文語下二

ねめ-まわ・す ワ 【ねめ回す】【×睨め回す】 他五 まわりをぐるりとにらむ。

ね・める メ 【×睨める】 他下一 にらむ。

ね-もと ト 【根元】【根本】 名 ❶草木の根のあたり。❷物事のいちばんのもと。こんげん。こんぽん。

ね-もの 0 【根物】 名 野菜で、おもに根を食用とするもの。根菜。↔葉物・実物。

ね-ものがたり ガ 【寝物語】 名 共に寝ながら話すこと。また、その話。

ね-や ネ/ヤ 【×閨】 名〔文章語〕寝るへや。寝室。

ね-ゆき 0 【根雪】 名 降り積もったまま、春までとけないでいる雪。冬

ねらい 0 【狙い】 名 ❶ねらうこと。「―をつける」「―がはずれる」❷ねらう目あて。目標。「―は別にある」

ねらい-うち 0 【狙い撃ち】 名 他サ ❶銃・ピストルなどで、よくねらって撃つこと。狙撃。❷【狙い打ち】対象をしぼって打つこと。また、行動をしかけること。

ねらい-すま・す マ 【狙い澄ます】 他五 ねらいをしっかりとつける。

ねらい-め 0 【狙い目】 名 ❶ばくちで、出てほしいと思っているさいころの目。❷ねらった結果が期待できそうな対象や機会。「格好の―」

ねら・う 0 【狙う】 他五 ❶ある物に目をつけて、それを手に入れようとうかがう。「すりが財布を―」❷目標をきめて射あてようとする。「鉄砲で―」❸機会をうかがう。「すきをねらって逃げる」 **狙える** 自下一〔…できる〕

ねり 2 【練り】 名 ❶絹をやわらかくすること。また、そのぐあい。❷【×錬り】金属を焼いてきたえること。また、そのぐあい。❸【×煉り】火にかけてこねてかためること。また、そのぐあい。❹練った絹、または、綾。❺練りあるくこと。❻祭礼の行列などが練り歩くこと。お練り。

ねり-あ・げる ゲ/0 【練(り)上げる】 他下一 じゅうぶんに練る。すぐれたものに仕上げる。「策を―」 **練り上げ** 名 **ねりあ・ぐ** 文語下二

ねり-ある・く ル/0 【練(り)歩く】 自五 ❶大ぜいが列を作ってしずかに歩く。調子をそろえ、ゆっくり行進する。❷選挙で候補者がスタッフとともに、にぎやかな通りを移動する。 **練り歩ける** 自下一〔…できる〕

ねり-あわ・せる セ/0 【練(り)合(わ)せる】【×煉合せる】 他下一 火にかけ、または、こねまぜて一つにする。 **練り合わせ** 名 **ねりあは・す** 文語下二

ねり-あん 0 【練りあん】【×煉×餡】 名 火にかけてこねたこしあん。

ねり-いと 0 【練(り)糸】 名 練ってやわらかくした絹糸。

ねり-え 0/リ 【練り餌】【×煉餌】 名 ❶ぬか・魚粉・菜などを水で練りあわせた小鳥のえさ。❷ぬか・ふすま・魚粉などを小麦粉で練りあわせた釣りのえさ。

ねり-おしろい オ 【練りおしろい】【×煉×白×粉】 名 練ってつくったおしろい。

ねり-がらし ガ 【練り×芥子】 名 粉末のからしに液体をまぜて練った香辛料。ねりからし。

ねり-ぎぬ ギ 【練(り)絹】 名 練ってやわらかくした絹布。

ねり-きり 0 【練(り)切り】【×煉切り】 名 白あんに求肥などを加え、ねり上げて花などの形に作った和菓子。

ねり-ぐすり グ 【練(り)薬】【×煉薬】 名 みつ・みずあめなどで練りあわせた薬。

ねり-こう リ 【練(り)香】【×煉香】 名 粉末の香を練り固めたもの。

ねり-せいひん セ 【練(り)製品】【×煉製品】 名 魚肉にかたくり粉などをまぜて、練って加工した食べ物。かまぼこ・ちくわなど。ねりもの。

ねり-なお・す オ/0 【練(り)直す】 他五 ❶もう一度練る。❷考えて修正する。「案を―」 **練り直し** 名 **練り直せる** 自下一〔…できる〕

ねり-ぬき 0 【練りぬき】【練×貫】 名 生糸をたて糸にし、練り糸をよこ糸にして織った絹布。

ねり-はみがき ミ 【練(り)歯磨(き)】 名 粉末に液体を加えて練った歯みがき。

ねり-べい リ 【練(り)塀】 名 練った土とかわらを交互に積み重ねてきずき、上をかわらでふいたへい。

ねりま-だいこん ダ 【練馬大根】 名 東京の練馬を原産地とするだいこん。冬

ねり-もの リ/0 【練(り)物】 名 ❶祭りなどに練り歩く行列・山車。❷練りかためてつくった食品。練り製品。

ねり-ようかん ヨ 【練りようかん】【×煉羊×羹】 名 寒天を煮てとかした中に、あずきなどのあんを加えて、練りながら固く煮つめた水気のすくないようかん。↔水ようかん。

ネル ネ 名「フランネル」の略。夏

ね・る ネ 【練る】 一 他五 ❶固い物やもろい物を、すったりたたいたりして、やわらかくねばり強い物にする。㋐絹をあくで煮て、やわらかくする。㋑【×煉る】水を加え、火にかけてかきまぜ、こねてねばらせる。「あんを―」「うどん粉を―」㋒【×錬る】金属を焼いてきたえる。❷文章・技術・考えなどを、工夫・努力によってよりよいものにする。「文案を―」「腕を―」「構想を―」 二 自五 行列を作ってゆっくり進む。 **練れる** 自下一〔…できる〕

ねる 0 【寝る】 自下一 ❶眠る。「毎日八時間―」↔覚める・起きる。❷体を横たえる。㋐横たわる。「あお向けに―」↔起きる・立つ。㋑病床につく。横伏す。「かぜで―」❸男女が同衾する。❹商談や資金が動かない状態にある。「前に仕入れた品が寝たままだ」 **ぬ** 文語下二

ねれ-もの レ 【練れ者】 名 ものなれた人。老練家。

ね・れる レ 【練れる】 自下一 ❶よく練った状態になる。❷修養・経験をつんで人がらが円満になる。「練れた人」

ね-わけ ケ/0 【根分け】 名 植物の根をわけて移植すること。春

ね-わざ 0 【寝技】 名 柔道・レスリングで、寝てたたかうわざ。↔立ち技。

ね-わざ 0 【寝業】 名 表面にあらわれないかけひき。「―のうまい政治家」 **―師** ザ 名 うらでのかけひきがたくみな人。

ね-わす・れる レ 【寝忘れる】 自下一 寝て時の過ぎるのを忘れる。寝すごす。**ねわす・る** 文語下二

ね-わら 0 【寝わら】【寝×藁】 名 家畜などの寝どこにするわら。

ねん 【捻】 造 ひねる。ねじる。「捻挫・捻出・捻転」

ねん 【粘】 造 ねばる。べとつく。「粘液・粘着・粘土」

ねん 【然】 造 そのまま。「天然」〔別音ぜん|然〕

ねん 【燃】 造 もえる。もやす。「燃焼・燃費・燃料・可燃・再燃・不燃」

ねん 【年】 一 ネ 名 造 ❶とし。十二か月。「―に二度の大会」「年金・年月・年収・昨年・来年・例年」❷とき。期

間。時代。「年代・往年・近年・積年・多年」❸ねんれい。「年長・年輩・青年・晩年」❹奉公の約束の期間。「—が明ける」「年季」❺学年。「留年」❻みのる。みのり。「豊年・凶年」㊁接尾 とし・学年などをかぞえることば。「五—十—」 —一年 一年一年。

ねん【念】 名造 ❶⓪気をつけること。注意すること。「念書・懸念・失念・入念」❷ネ気持ち。思い。「自責の—にかられる」「念願・念頭・一念・概念・記念・執念・断念」❸ネ仏の名をとなえる。「念珠・念誦・念仏」 **—には念を入れよ** 注意したうえにも注意せよ。 **—のため** いまいっそうの注意のため。 **—を入れる** じゅうぶん注意する。 **—を押す** まちがいのないように注意する。たしかめる。

ねん-あき ⓪【年明き】名 ➡ねんあけ。

ねん-あけ ⓪【年明け】名 奉公人などの年季の終わること。ねんあき。

ねん-いり ⓪【念入り】形動 ダロ・ダッ・デ・ニ／ダ・ナ・ナラ・○ 注意ぶかいようす。特にていねいにするようす。「—な描写」

ねん-えき ネ/⓪【粘液】名 ねばねばする液。↔漿液。 **—質** キ名 保守的で反応が鈍い傾向はあるが、ねばり強い気質。粘着質。

ねん-おし ⓪【念押し】名自他サ 念を押すこと。重ねて注意し、確認すること。「遅刻しないよう—する」

ねん-が ネ【年賀】名 新年の祝賀。年始。新年「—のあいさつ」 **—状** ガ名 年賀の手紙やはがき。年始状。新年

ねん-かい ⓪【年会】名 年に一度の集まり。

ねん-かい ⓪【年回】名 年忌。

ねん-がく ⓪【年額】名 一年間の総高。年々の高。

ねん-がっ-ぴ ガ【年月日】名 とし・つき・ひ。

ねんがら-ねんじゅう ネ2/ネ1-ネ2【年がら年中】【年柄年中】副 一年中。いつも。年びゃく年じゅう。年が年中。参考「年が年中」の「年が」に「ら」を添え、「年柄」と当てたものかという。

ねん-かん ⓪【年刊】名 一年に一回の刊行。↔季刊・月刊・旬刊・週刊・日刊。

ねん-かん ⓪【年間】名 一年のあいだ。「—の産額」↔月間・旬間・週間。

ねん-かん ⓪【年鑑】名 一年間の出来事・統計などをのせた定期出版物。イヤーブック。「出版—」

ねん-がん ⓪【念願】名他サ 心にふかくねがうこと。心にかけてねがうこと。「—がかなう」

ねん-き ⓪【年忌】名 人の死後、毎年めぐってくる命日。また、その日に行う法要。年回。回忌。

ねん-き ⓪【年季】名 ❶奉公人や徒弟などをおく約束の年限。「—をつとめあげる」❷年季奉公。❸長い間努力して得た熟練。「芸の伝承に—を入れる」 **—明け** ⓪名 年季がおわること。また、そのとき。年明け。 **—が入る** ❶長い間努力をかさね、その方面に熟練している。「年季が入った匠のわざ」❷道具などが長年使い込まれて古びる。「年季が入った太鼓」 **—奉公** ボ名 年限をきめてする奉公。

ねん-き ⓪【年期】名 一年を単位とした期間。年限。

ねん-きゅう ⓪【年休】名 年次休暇。

ねん-きゅう ⓪【年給】名 一年を単位として決めた給料。年俸。↔日給・月給。

ねん-きん ⓪【年金】名 毎年給付される、きまった額のかね。「厚生—」

ねん-きん ⓪【粘菌】名 アメーバのように動いたり、きのこのように胞子を飛ばしたりする、動物でも植物でも菌類でもないアメーバ動物に属する生き物。変形菌。

ねん-ぐ ⓪【年貢】名 ❶田畑・屋敷に課せられた税。冬 ❷小作料。 **—の納め時** 悪事をしつづけてきた者が、ついにつかまって罰を受けなければならないとき。

ねん-げつ ネ【年月】名 とし・つき。としつき。歳月。

ねんげ-みしょう ネ【×拈華▲微笑】名〔仏〕ことばを使わずに真理を伝えること。参考 釈迦が聴衆に華を拈って見せたところ、弟子の迦葉だけがその意味をさとって微笑したという故事から。

ねん-げん ゲ【年限】名 いつまでときめた年。年を単位として定めた期限。年期。

ねん-こう ⓪【年功】名 ❶多年の功績。「—にむくいる」❷長年の熟練。「—をつむ」 **—序列** ⓪名 年齢や勤務年数などによって決められる、職場内での地位の順序。

ねん-ごう ゴ【年号】名 としにつけた称号。元号。大正・昭和・平成など。

ねんごろ ⓪【懇ろ】形動 ダロ・ダッ・デ・ニ／ダ・ナ・ナラ・○ ❶真心をこめてするようす。親切。「—に教える」❷たがいにしたしみあうようす。「—な交際」❸男女が情を通じるようす。「—になる」

ねん-ざ ⓪【捻挫】名他サ 関節をねじりくじくこと。「足くびを—する」

ねん-さん ⓪【年産】名 一年間の生産高・産出高。↔月産・日産。

ねん-し ネ【年始】名 ❶年頭。↔年末。❷新年のあいさつ。年賀。新年「—に行く」 **—状** ⓪名 年賀状。新年 **—回り** マ名 新年のあいさつに、ほうぼうの家に行くこと。新年

ねん-し ネ【年歯】名〔文章語〕年齢。齢。参考「としは(年端)」に漢字を当て、それを音読してできた語。

ねん-し ネ【×撚糸】名 紡績糸を二本以上あわせて、よりをかけた糸。

ねん-じ ⓪【年次】名 ❶⓪一年ごと。「—計画」❷ネ年度。「卒業—」 **—休暇** キュ名 一年ごとに日数が定められた、有給の休暇。年次有給休暇。年休。

ねんじ-あ・げる ゲ【念じ上げる】他下一 ゲ・ゲ・ゲル・ゲレ・ゲロ／ゲヨ 心から思う。参考「みなさまのご多幸を念じ上げます」など、主に手紙文で使う。

ねん-しき ⓪【年式】名 自動車や機械などの製造年による型式。「新しい—の車」

ねん-じゅ ネ【念珠】名 じゅず。ねんず。

ねん-じゅ ネ【念×誦】名他サ 心に念じて、口にほとけの名号または経文をとなえること。

ねん-しゅう ⓪【年収】名 一年間の収入。↔月収・日収。

ねん-じゅう ネ【年中】㊀名 一年の間。ねんちゅう。㊁副 あけくれ。いつも。 **—行事** ギョ名 毎年きまっておこなわれる行事。ねんちゅうぎょうじ。

ねん-しゅつ ⓪【捻出】【×拈出】名他サ (ひねり出すこと)無理をして、かねなどを出すこと。「旅費を—する」

ねん-しょ ネ【年初】名〔文章語〕年始。年頭。新年

ねん-しょ ⓪【念書】名 後日の証拠として、念のため書いて相手にわたす書きつけ。「—を取る」

ねん-しょう ⓪【年商】名 一年間の売上高。「—五億」

ねん-しょう ⓪【燃焼】名自サ 物質が酸素と化合して、熱や光を出すこと。もえて焼けること。

ねん-しょう ⓪【年少】㊀名 形動(の) ❶とし下であること。また、とし下の人。↔年長。❷わかいこと。また、わかい人。㊁名 幼稚園・保育園で、三歳児。↔年中・年長。

ねん・じる ⓪/ジ【念じる】他上一 ジ・ジ・ジル・ジレ・ジロ／ジヨ ➡ねんずる。

ねん-ず ネ【念×珠】名 ➡ねんじゅ。

ねん・ず【念ず】他サ〔古語〕➡ねんずる。

ね

ねん‐すう【年数】[図][名] としのかず。「多くの―を経る」

ねん‐ずる【念ずる】[一] [◎/図][他サ] ジ・ゼ・ジ・ズル・ズル・ズレ・ジロ・ゼヨ 「念じる(上一段)」とも) ❶心のなかでいのる。「無事を―」 ❷心のなかでとなえる。「お経を―」 **ねん・ず** [文語サ変] [二] [他サ][古語] じっとがまんする。たえしのぶ。「『いまひと声呼ばれていらへむ』と、念じて寝たるほどに」〈宇治拾遺〉

ねん‐せい【粘性】[◎][名] ❶〔物〕流体が流動するとき、となりあった部分がたがいに抵抗しあう性質。❷ねばりけ。

ねん‐だい【年代】[◎][名] 時代。「―の差」 **―記**(き) [ダ][名] 年月順に事件を書きしるしたもの。 **―物**(もの) [◎][名] 長い年月を経ることによって高い価値が出るもの。時代物。「―のワイン」

ねん‐ちゃく【粘着】[◎][名][自サ] ねばりつくこと。「―テープ」 **―質**(しつ) [ク][名] ❶⇒ねんえきしつ。❷性格がしつこいこと。

ねん‐ちゅう【年中】[名] ❶[◎]幼稚園・保育園で、四歳児。「―のクラス」「―さん」 ↕年長・年少。❷[ネ]⇒ねんじゅう。 **―行事**(ぎょうじ) [ギョ][名] ⇒ねんじゅうぎょうじ。

ねん‐ちゅう【粘×稠】[◎][形動] ダロ・ダッ・デ・ニ・ダ・ナ・ナラ・◯ [文章語] ねばりけがあって、密度のこまかいようす。

ねん‐ちょう【年長】[◎] [一][名][形動(の)] としうえであること。また、としうえの人。↕年少。 [二][名] 幼稚園・保育園で、五歳児。↕年中・年少。

ねん‐てん【捻転】[◎][名][自サ] ねじれて方向がかわること。「腸―」

ねん‐ど【年度】[ネ][名] 事務または会計のつごうでくぎった一年の期間。四月一日から三月三十一日までを会計年度、新米のとれるころでくぎった十一月一日から十月三十一日までを米穀(べいこく)年度という。 **―替**(が)**わり** [ガ][名] 年度のあらたまること。また、そのとき。㊗春

ねん‐ど【粘土】[ネ][名] 岩石が風化し、ごくこまかく分解してできた物。水を加えるとねばりけが出るので、れんが・かわら・陶磁器の原料にする。 **―細工**(ざいく) [ザ][名] 粘土でいろいろな物をつくること。また、つくったもの。

ねん‐とう【年頭】[◎][名] (「としがしら」と読めば別語) としのはじめ。年始。㊗新年 「―所感」

ねん‐とう【念頭】[◎][名] こころ。思い。あたま。「―にない」「―にうかぶ」 **―に置**(お)**く** 心にかける。おぼえておく。

ねん‐ない【年内】[ネ][名] そのとしのうち。㊗冬

ねん‐な・し【念無し】[形ク][古語] ❶口惜しい。残念だ。「これを射も殺し、斬(き)りも殺したらんはむげに(大変ニ)念無かるべし」〈平家〉 ❷思いがけない。「念無う成人候ふ者かな」〈幸若〉 ❸たやすい。「高櫓(やぐら)一つ、念無く攻め破られて焼きけり」〈太平記〉

ねん‐ね [ネ⁻] [一][名][自サ] [幼児語] 寝ること。 [二][名] ❶あかんぼう。❷子どもっぽいこと。幼稚なこと。また、そういう人。「いくつになっても―で困る」

ねん‐ねこ [ネ2][名] 子どもをせおって上から着る綿入れのはんてん。ねんねこばんてん。㊗冬

ねん‐ねん【年年】[◎][名] 毎年。としごと。としどし。歳々。くる年も、くる年も。 **―歳歳**(さいさい) [◎][名] [文章語] 毎年毎年。

ねん‐ねん【念念】[◎][名] [文章語] ❶心をそのことだけにそそぐこと。❷いろいろの考え。❸その瞬間瞬間。「―に忘るべからず」

ねん‐ぱい【年輩・年配】[◎][名] ❶としのころ。としごろ。見たところの年齢。❷世間のことによく通じたとしごろ。相当の年齢。「―の紳士」

ねん‐ばらい【年払い】[バ/]ばらひ [名] ❶一年分をまとめて支払うこと。❷⇒ねんぷ(年賦)。

ねん‐ばらし【念晴(ら)し】[バ][名] 執念(しゅうねん)・疑念をはらすこと。

ねんばん‐がん【粘板岩】[バ][名] 泥岩や頁岩(けつがん)が弱い変成作用を受けて、板状にはがれやすくなった、黒色のちみつな岩石。すずり石やスレート用。

ねん‐ぴ【燃費】[◎/ネ][名] ❶燃料費。❷自動車などが燃料一リットルで走れるキロ数。燃料消費率。「―がよい」

ねんびゃく‐ねんじゅう【年百年中】[ネ⁻ネ2][副] 年がら年じゅう。

ねん‐ぴょう【年表】[◎][名] 年月の順にできごとを書きしるした表。

ねん‐ぷ【年賦】[◎][名] ある金額を、一年にいくらとわりあてて支払うこと。年払い。↕月賦。

ねん‐ぷ【年譜】[◎][名] ある個人、あるいは団体の経歴を、年を追って書きしるしたもの。

ねん‐ぶつ【念仏】[◎][名][自サ] 仏を信じてその名号(みょうごう)をとなえること。特に、阿弥陀仏(あみだぶつ)を信じ、「南無(なむ)阿弥陀仏」ととなえること。また、そのとなえもんく。 **―三昧**(ざんまい) [ザ][名] ❶一心に念仏すること。❷念仏によって雑念がなくなり、霊知が開けて仏を見ること。 **―宗**(しゅう) [ツ][名] 融通念仏宗(ゆうずうねんぶつしゅう)・浄土宗・浄土真宗・時宗など、念仏三昧(ねんぶつざんまい)により、極楽往生することを目的とする宗門。

ねん‐べつ【年別】[◎][名] としによる区別。年度別。

ねん‐ぽう【年俸】[◎][名] 一年を単位としてきめた俸給。年給。↕月給・週給・日給。

ねん‐ぽう【年報】[◎][名] 一年一年の報告。「研究所の―」 ↕月報・旬報・週報・日報。

ねん‐まく【粘膜】[ネ][名] 消化管・気道・泌尿器・生殖器などの内壁をおおう、粘液でしめっている組織。

ねん‐まつ【年末】[◎][名] としのすえ。歳末。㊗冬 ↕年始。 **―賞与**(しょうよ) [ショ][名] 十二月に支給される賞与。㊗冬 **―調整**(ちょうせい) [チョ][名] 給料から毎月さしひかれている所得税を、年末に全体として計算しなおし、過不足を清算すること。

ねん‐ゆ【燃油】[◎][名] 燃料用のあぶら。

ねん‐よ【年余】[ネ][名] 一年以上のこと。一年余。

ねん‐らい【年来】[ネ/◎][名] 数年以来。長年。「―の望みがかなう」

ねん‐り【年利】[◎][名] 一年で幾らとさだめた利息・利率。↕月利(げつり)・日歩(ひぶ)。

ねん‐りき【念力】[◎/ネ][名] 心をこめることによって生ずるちから。いっしょうけんめいの思い。精神力。「岩をもとおす―」

ねん‐りつ【年率】[◎][名] 一年単位で算出した比率。「―一〇(パーセント)の伸び」

ねん‐りょ【念慮】[ネ][名] [文章語] おもんぱかり。思慮。

ねん‐りょう【燃料】[リョ][名] まき・炭・石炭・石油・ガスなど、もやしてエネルギーを得るための材料。 **―デブリ** [デ][名] (「デブリ」はフ débris(破片・残骸の意)) 原子炉の事故で、炉心が過熱し、溶融した核燃料などが冷えて固まったもの。

ねん‐りん【年輪】[◎][名] ❶樹木の断面にみえる、同心円状の輪の層。❷一年一年きずきあげていく歴史。 **―を刻**(きざ)**む** 年齢や経験を重ねて人間的な深みをますことのたとえ。

年輪❶

ねん‐れい【年齢】[◎][名] 生まれてからの期間を、年数でかぞえたもの。とし。齢(よわい)。 **―層**(そう) [レ][名] 年齢で分けた層。「―を三段階に分ける」

◆年齢の異名

志学(しがく)	十五歳
弱冠(じゃっかん)	二十歳
而立(じりつ)	三十歳
不惑(ふわく)	四十歳
知命(ちめい)	五十歳
耳順(じじゅん)	六十歳
従心(じゅうしん)	七十歳

の ノ

の：「乃」の草体。
ノ：「乃」の第一画。

の【▲幅】接尾 布のはばをかぞえる単位。くじら尺で九寸(約三四センチメートル)ぐらい。「三—ぶとん」

の ノ【野】名 ❶ひろい平地。野原。❷野生。「—いちご」「—育ち」

の 助 ❶〔格助詞〕(「早く起きるんだ」のように、くだけた話し方では「ん」となることがある)㋐(体言・副詞・副助詞・そのほか一部の助詞について)連体修飾語を作り、所属・場所・性質・材料・期間・同格・内容的関連などを示す。「山—中」「妹—ノート」「町—まん中」「黒—ネクタイ」「十年—昔」「社長—山田氏」「経済—話」㋑(体言について)連体修飾句の中の、主語または対象の語を示す。「雨—ふるとき」「お茶—ほしい人」㋒(体言について)「…のもの」の意味をあらわす。「この靴はきみ—か」㋓(用言の連体形について)「こと」「もの」の意味をあらわす。「帰る—はまだ早い」参考「準体助詞」と呼ぶこともある。㋔(「ため」「上」などの形式名詞、助動詞「ようだ」に続いて)実質・内容をあらわす。「君—ためにほねおったのだ」「真冬—ような寒さ」㋕(用言の連体形につき、「だ」「です」などを伴って)断定・説明の気持ちをあらわす。「そういう態度が悪い—だ」⇩だ 参考 ㋖並列・列挙をあらわす。「…とか…とか。「買う—買わない—とうるさい話だ」参考「並立助詞」と呼ぶこともある。❷〔終助詞。活用語の終止形、形容動詞および形容動詞型助動詞の連体形について〕㋐断定の気持ちをやわらかくあらわす。「わたしは知らない—」㋑問いかけ・質問をあらわす。「なにが好きな—」㋒命令をあらわす。「だまって食べる—」

の-あそび ア【野遊び】名 野原にでかけて、摘み草をしたり、花見をしたり、狩りをしたりしてあそぶこと。春

ノアの箱舟 大水のときに、神が正直者のノア(Noah)だけ箱舟で避難させたという、旧約聖書創世記にある伝説。そのために人類は絶滅をまぬがれたという。

の-あらし ア【野荒(ら)し】名 田畑の作物を荒らすこと。また、それをする人・けもの。

ノイズ ノ/0〈noise〉名 雑音。

の-いちご イ【野×苺】名 山野に生え、いちご状の果実をつけるものの総称。ヘビイチゴ・ナワシロイチゴなど。

の-いばら イ【野茨・野×薔×薇】名 バラ科の落葉低木。茎・枝にとげがあり、初夏に、白色のかおり高い花をひらく。観賞用。のばら。夏

ノイローゼ ロ〈ドNeurose〉名 神経症。神経衰弱・ヒステリーなど。

のう【悩】造 なやむ。なやます。「悩殺・悩乱・懊悩・苦悩・煩悩」

のう【納】造 ❶おさめる。献上する。「納期・納税・納入・納品・納付・帰納・上納・滞納」❷いれる。しまう。「納棺・納骨・納受・格納・収納・笑納」❸おえる。「納会」〔別音なっ｜納〕

のう【濃】造 ❶こいこと。「濃厚・濃縮・濃度・濃密・濃淡・濃霧・濃硫酸」❷「美濃(旧国名)」のこと。「濃州・濃尾」

のう【×嚢】造 ふくろ。「嚢中・陰嚢・雑嚢・土嚢・背嚢・氷嚢」

のう【能】㊀名造 ❶ノ 物事をなしとげる力。はたらき。「何も—がない」「大食いのほかは—がない」「能率・能力・機能・技能・知能・本能・有能」❷ノ わざ。「芸能」❸0/ノ 能楽。「能面・能装束・能舞台」㊁造 ❶できる。よくする。「能筆・能弁・可能・堪能」❷ききめ。「効能・万能・放射能」❸はたらきかける。「能動」❹「能登(旧国名)」のこと。「能州・加越能」 **—ある×鷹は爪を隠す** 実力のあるものは、やたらにそれを外にあらわさないものだ。

のう ノ【脳】名造 ❶高等動物の中枢神経系の主要部。頭蓋骨に包まれ、大脳・間脳・中脳・小脳・橋・延髄にわかれる。「—の病気」「脳炎・脳死・脳出血・脳髄・脳波・頭脳」❷ものを考える力。「最近—が弱くて困る」「洗脳」❸中心となる人。「首脳」❹結晶性の化合物。「樟脳」

のう ノ【農】名造 ❶田畑をたがやし、食べる物をつくること。「—は国の大本」「農学・農業・農場・農地・農薬・酪農・離農」❷農民。「士・—・工・商」「豪農・貧農・小作農」

のう ノ【×膿】名造 はれもの・傷などがうんでできる、黄色・不透明の液。うみ。「膿汁・化膿・蓄膿症」

のう 助〔間投助詞〕感動をあらわす。なあ。ねえ。古風な言い方。「寒い—」

のう-いっけつ イ【脳×溢血】名 ⬇のうしゅっけつ。

のういん《能因》九八八—一〇五八? 平安時代中期の歌人。「能因法師集」「玄々集」など。

ノヴェル ノ〈novel〉名 ⬇ノベル

のう-えん 0【脳炎】名 脳に発生する炎症性疾患の総称。

のう-えん 0【農園】名 作物を栽培する農場。

のう-えん 0【濃艶】形動 ダロ・ダッ・デ・ニ・ダ・ナ・ナラ・〇 女性がつやっぽく美しいようす。

のう-か ノ【農家】名 農業を職業とする家。

のう-か 0【濃化】名自他サ こくなること。こくすること。

のう-かい 0【納会】名 ❶その年、その年度の最後の集会。おさめ会。❷株式市場で、その月最後の取引。↕発会。

のう-がき 0/キ【能書(き)】名 ❶売薬などのききめを書いた文章。❷宣伝の文句。「—を並べる」「—をたれる」

のう-がく 0【能楽】名 日本の古典芸能の一つ。田楽・猿楽などのいろいろな舞をとりあわせて、室町時代にできた楽劇。能。⇩能舞台(図)。 **—師** ク名 能楽を演じる役者。

のう-がく 0【農学】名 農業の原理・技術を研究する学問。耕種学・畜産学・農芸化学・農業経済学など。

のう-かしん カ【×膿×痂×疹】名 水ぶくれやかさぶたができて、かきむしることで広がる皮膚の病気。とびひなど。

のう-かすいたい ス【脳下垂体】名 脳底にある、えんどう豆ほどの内分泌腺。発育・生殖などに関係がある。

のう-かん 0【納棺】名他サ 死体を棺におさめること。入棺。

のうかん-き カ【農閑期】名 農業の仕事がひまな時期。↕農繁期。

のう-き ノ【納期】名 金銭や品物を納入する期限・期日。「—に遅れる」

のう-き ノ【農期】名 農業のいそがしい時期。農繁期。

のう-きぐ キ【農機具】名 農業用の機械や器具。

のう-きょう 0【納経】名 供養や信心などのために、経文をうつして寺に奉納すること。「平家—」

のう-きょう ⓪【農協】名「農業協同組合」の略。

のう-きょう ⓪【×膿胸】名 化膿菌(かのうきん)の感染によって、ろくまくと肺との間にうみがたまる病気。

のう-ぎょう ①【農業】名 土地に作物をつくり、家畜を飼って、それらの生産物をとりいれる産業。**—協同組合**(きょうどうくみあい) ク 名 農業技術の向上と、農業生産力の増大を目的とする、地域の農民の出資による協同組合。資金の貸し付け・加工・販売・購買などの事業をおこなう。農協。

のう-きょうげん キョ【能狂言】名 ❶能楽と狂言。❷能楽のあいだに演じる狂言。

のう-きん ⓪【納金】名 自サ かねをおさめること。また、おさめるかね。↕出金。

のう-ぐ ①【農具】名 農業用の器具。

のう-げい ⓪【農芸】名 ❶農業に関する技術。「—化学」❷農業と園芸。

のう-げか ゲ【脳外科】名 脳の手術を専門とする外科。

のう-けっせん ケ【脳血栓】名 脳の動脈硬化のため、脳の血管内に血液のかたまりがついて血管がつまる病気。半身不随・失語などの症状が現れる。

のう-こう ⓪【農耕】名 田畑をたがやすこと。耕作。「—生活」

のう-こう ⓪【農高】名「農業高等学校」の略。

のう-こう ⓪【濃厚】形動 ダロ・ダッ・デ・ニ ダ・ナ・ナラ・○ ❶こいようす。「—な色」↕淡泊。❷こってりしているようす。しつこいようす。「—な味」↕淡泊。❸はげしいようす。「敗色—」❹その可能性が強いようす。「—なラブシーン」

のう-こうそく コ【脳梗塞】名 脳の血管がつまり、血液が流れなくなることによって起こる病気。脳軟化症を伴うことが多い。

のう-こつ ⓪【納骨】名 自サ ❶火葬して、骨を骨つぼにおさめること。❷墓や寺などに遺骨をおさめること。

のう-こん ⓪【濃紺】名 濃い紺色。

のう-さい ⓪【納采】名 結納(ゆいのう)を取りかわすこと。「—の儀」参考 皇族などの場合に使う。

のう-さい ⓪【能才】名 文章語 物事がよくできること。また、その人。

のう-さいぼう サ【脳細胞】名 脳を形成する細胞。

のう-さぎょう サ【農作業】名 農作物を作る仕事。

のう-さく ⓪【農作】名 作物を栽培すること。**—物**(ぶつ・もつ) ク 名 田畑に栽培するもの。作物。

のう-さつ ⓪【納札】名 社寺に参拝して、祈願のためにその社寺の札を納めること。また、その札。

のう-さつ ⓪【悩殺】名 他サ 女性が、その美しさ・なまめかしさで男性の心をかき乱し、なやますこと。

のう-さんそん サ【農山村】名 農村や山村。

のう-さんぶつ サ【農産物】名 農業による生産物。穀物・野菜・果実・卵・まゆ・家畜など。

のう-し ①【▲直▲衣(なほし)】名 昔の貴族の平常服。えぼし・さしぬきとともに着用したもの。

直衣

のう-し ①/⓪【脳死】名 脳の機能がすべて停止して回復しないこと。参考 心臓死に対することば。人工呼吸器などを使えば、一定のあいだ心臓を動かし続けることができる。脳の一部が機能している植物状態とは異なる。

のう-じ ①【能事】名 できるかぎりのこと。**—終(お)われりとする** しなければならないことを十分にしたとして満足する。

のう-じ ①【農事】名 農業関係の事がら。「—暦」

のう-しゃ ①【農舎】名 収穫物の処理をする小屋。

のう-しゅ ①【×嚢腫】名 体内の管の一部がふさがって液体などがたまり、異常にふくらんだ腫瘍ができる病気。「卵巣—」

のう-じゅ ①【納受】名 他サ 文章語 ❶物をうけおさめること。うけつけること。受納。❷神仏が願いごとなどを聞きいれること。

のうしゅう《能州》⬇のと(能登)。

のうしゅう《濃州》⬇みの(美濃)。

のう-じゅう ⓪【×膿汁】名 うみ。うみじる。

のう-じゅうけつ ジュ【脳充血】名 脳の血管中の血液が異常にふえる状態。めまい・卒倒・失神などをおこす。

のう-しゅく ⓪【濃縮】名 他サ 液を煮つめてその濃度を高めること。「—ジュース」**—ウラン** ウ2 名 天然ウラン中の、ウラン二三五の濃度を人工的に高めたもの。動力用。

のう-しゅっけつ シュ【脳出血】名 脳動脈の硬化などでおこる脳内の出血。参考 もと「脳溢血(のういっけつ)」といったが、今は医学用語では「脳出血」。

のう-しゅよう シュ【脳腫瘍】名 脳に発生するできもの。頭痛・はき気・目まいなどをおこす。

のう-しょ ⓪【能書】名 文字のじょうずなこと。また、その人。能筆。「—家」

のう-しょう ⓪【脳症】名〔医〕脳の炎症のため頭痛、発熱、意識障害などがおこる病気。

のう-しょう ⓪【脳×漿】名 脳と脳膜のあいだや脳室内をみたす液体。

のう-しょう ⓪【農相】名 農林水産省の長官。農林水産大臣。

のう-じょう ⓪【農場】名 農業を経営するために、農舎・農具・家畜・労働力などをそなえた一定の土地。

のう-しんけい シ【脳神経】名 視神経・内耳神経・嗅(きゅう)神経など、脳から出ておもに頭部に分布し、運動・感覚を受けもっている神経。

のう-しんとう シ【脳震×盪】名 頭をつよく打って、脳が急に圧力を受けたためおこる一時的な機能障害。

のう-ずい ①【脳髄】名 脳。

のうすい-しょう ス【農水省】名「農林水産省」の略。

のう-せい ⓪【脳性】名 脳の障害が原因となっているもの。「—小児まひ」

のう-せい ⓪【農政】名 農業に関する行政。

のう-ぜい ⓪【納税】名 自サ 税金をおさめること。↕徴税。

のうせきずいまく-えん ク【脳脊髄膜炎】名 細菌やウイルスの侵入でおこる、脳とせきずいをつつむ膜の炎症。髄膜炎。

のうぜん-かずら カ【×凌×霄▲花(かづら)】名 ノウゼンカズラ科のつる性落葉植物。幹が他の物にからみついてのびる。夏、だいだい色の花を開く。夏

のう-そっちゅう ソ【脳卒中】名 脳の血液循環が、突然障害をおこしたときの症状。意識がなくなり、運動まひがおこる。脳出血や動脈硬化、血栓(けっせん)などが原因となる。参考 医学用語では「脳血管疾患」。

のう-そん ⓪【農村】名 住民の多くが農業を生業とする村落。↕漁村・山村。

のう-だい ⓪【農大】名「農業大学・農科大学」の略。

のう-たん ①【濃淡】名 色・味などのこいことと、うすいこと。こいものとうすいもの。「—のぼかし模様」

のう-ち ①【農地】名 農業につかう土地。**—改革**(かいかく) カ 名 農地制度を改革すること。特に、一九四五年から四八年にかけて行われた、農地を不在地主から小作人にゆ

ずり渡し、農村民主化と自作農確立とをめざした改革。

のう-ちゅう [ノ]【脳中】[名] 頭脳の中。心のなか。脳裏。

のう-ちゅう [ノ]【×嚢中】[名][文章語] ❶ふくろのなか。❷財布のなか。「━一文なしだ」 ━の×錐 〔ふくろの中にきりを入れておくと、しぜんに外に突き出るところから〕才能のある人は、しぜんにそれがあらわれることのたとえ。

のう-てい [0]【×嚢底】[名][文章語] ❶ふくろのそこ。❷財布のそこ。「━をはたく」

のう-てん [テ]【脳天】[名] 頭のいただき。頭頂。「━から声を出す」

のう-てんき [テ]【能天気・能転気・脳天気】[名][形動][俗語] のんきで軽薄なようす。「━なやつだ」

のう-ど [ノ]【農奴】[名] 封建社会で、農民と奴隷との中間に位置した農業労働者。

のう-ど [ノ]【濃度】[名] 液体などのこさ。溶液などの中に含まれる物質の割合。

のう-どう [0]【能動】[名] 作用を他におよぼすこと。積極的にはたらきかけること。↔受動・所動。 ━態 [0][名] 文法で、動作の主体を主語に立てたばあいに、述語の動詞が取る形式。↔受動態。 ━的 [0][形動] 自分からはたらきかけるようす。積極的。↔受動的・所動的。

のう-どう [0]【農道】[名] 農作物・肥料などを車で運ぶために設けた、農地の中の道。

のう-なし [0]【能無し】[名] 何のとりえもなく役に立たないこと。また、その人。

のうなんか-しょう [カ]【脳軟化症】[名] 動脈硬化などによって脳の血行の一部が止まり、その先の脳が壊死し、さまざまな機能障害をおこす病気。

のう-にゅう [0]【納入】[名][他サ] 金銭や品物などを、おさめいれること。納付。

のう-のう [ノ][0]〔と〕[副][自サ] なんの心配もなく、気楽にしているようす。「━と遊び暮らす」「忙しいのに━と昼寝をする」

のう-は [ノ]【脳波】[名] 脳の神経細胞の活動とともに発生する、電流の変化を記録した図形。

ノウ-ハウ [ノ]〈know-how〉＝ノーハウ [名] 新しい技術を開発・習得するために必要な知識や情報。

のう-はく [0]【農博】[名]「農学博士」の略。

のうはん-き [ハ]【農繁期】[名] 農業の仕事がいそがしい時期。↔農閑期。

のう-び《濃尾》 美濃の国と尾張の国。今の岐阜・愛知両県の各一部にあたる。「━平野」

のう-ひつ [0]【能筆】[名] 能書。「━家」

のう-びょう [0]【脳病】[名] ❶脳に関する病気。❷神経病。精神病。

のう-ひん [0]【納品】[名][自他サ] 品物を注文主におさめること。また、その品物。

のう-ひんけつ [ヒ]【脳貧血】[名] 脳の血管中の血液が異常に少なくなる状態。めまい・卒倒・失神などをおこす。

のう-ふ [ノ]【農夫】[名] ❶農業を生業とする男。男の農民。❷農作業にやとわれる男。

のう-ふ [ノ]【農婦】[名] 農業に従事する女性。

のう-ふ [0][ノ]【納付】[名][他サ] 納入。「━金」

のう-ぶたい [ブ]【能舞台】[名] 能楽を演じる舞台。板張りで三方を開け放した舞台、地謡座・橋懸かりなどからなる。

目付柱　シテ柱　ワキ柱　橋懸かり　鏡板　揚げ幕　笛柱　一の松　二の松　三の松　白洲　本舞台　後座　地謡座

能舞台

のう-ぶん [0]【能文】[名][文章語] 文章のうまいこと。また、うまい文章。

のう-へい [0]【農兵】[名] ❶平時は農業に従事し、変事のさいは兵となる者。❷江戸時代の末期に、いくつかの藩でつくった、非常時用の農民出身の兵隊。

のう-べん [0]【能弁】[名] 話や演説のうまいこと。また、その人。達弁。雄弁。↔訥弁。

のう-ほう [0]【農法】[名] 農業についての方法・技術。

のう-ほうしん [ホ]【×膿×疱×疹】[名] うみの多いできもの。

のう-ほん [0]【納本】[名][他サ] ❶できあがった書物を、注文主などにおさめること。❷法律に基づき国立国会図書館に本や雑誌をおさめること。

のうほん-しゅぎ [シュ]【農本主義】[名] 農業を重んじ、農村を社会組織の中心にしようとする考えかた。

のう-まく [ノ]【脳膜】[名] 脳脊髄膜の昔の呼称。脳髄と脊髄を包んでいる皮膜。硬膜・くも膜・軟膜の三層の膜からなる。 ━炎 [ク][0][名] 脳脊髄膜炎の昔の呼称。髄膜のいちばん内側の軟膜に急性の炎症をおこしたものの総称。

のう-みそ [ミ]【脳みそ】【脳味×噌】[名] ❶脳。❷知力。 ━が足りない [俗語] 頭の働きがにぶい。

のう-みつ [0]【濃密】[形動] ダロ・ダッ・デ・ニ・ダナ・ナラ・○ すきまがなくて、こまやかなようす。「━な関係」

のう-みん [0]【農民】[名] 農業にしたがう人。 ━一×揆 [イ][名] 農民がおこした一揆。

のう-む [ノ]【濃霧】[名] 見通しのきかないような、こい、きり。

のう-めん [0]【能面】[名] 能楽に使う仮面。おもて。女・老人・精霊・鬼神などがある。

のう-やく [0]【農薬】[名] 農作物に使う殺虫剤・殺菌剤などの薬剤。

のう-やくしゃ [ヤ]【能役者】[名] 能楽を演じる役者。能楽師。

のう-よう [0]【×膿瘍】[名]〔医〕うみのたまる病気。

のう-らん [0]【悩乱】[名][自サ][文章語] 心が狂いそうなほどなやむこと。

のう-り [ノ]【能吏】[名] 有能な役人。

のう-り [ノ]【脳裏】【脳×裡】[名] 心の中。頭。「━にひらめく」

のう-りつ [0]【能率】[名] 一定時間にできる仕事の量・割合。仕事のはかどりぐあい。「━が上がる」「━が良い」 ━給 [ツ][名] 仕事の能率に応じて支給する給与。↔年齢給・生活給。

のう-りょう [0]【納涼】[名] すずしさをあじわうこと。「━船」(夏)

のう‐りょく［ノ］【能力】［名］ ❶仕事のできるちから。❷〔法〕完全に私法上の権利をはたらかすことのできる資格。
―給(きゅう)［ク］［名］ 労働者の仕事をする能力に応じて支給する賃金。↕年齢給・生活給。

のう‐りょく［0］【濃緑】［名］ こいみどり色。「―色」

のう‐りん［0］【農林】［名］ 農業と林業。**―水産省**(すいさんしょう)［サ］［名］ 農業・林業・畜産業・水産業などに関する行政の事務をあつかう中央官庁。

ノエル［ノ］〈ﾌ Noël〉［名］ クリスマス。キリスト降誕祭。

ノー〈no〉㊀［ノ］［名］ だめ。否定。「結論は―だった」㊁［造］…がないこと。…しないこと。「―ネクタイ」「―スモーキング」㊂［ノ］［感］ いや。いいえ。↕イエス。

ノー‐カウント［カ］〈no count〉［名］〔和製英語〕競技で、点数に入れないで、やりなおしをすること。

ノー‐カット［カ］〈no cut〉［名］〔和製英語〕映画やビデオの、場面を省略したりフィルムを修整したりしないこと。

ノー‐ゲーム［ゲ］〈no game〉［名］〔和製英語〕野球で、試合が無効になること。

ノー‐コメント［コ］〈no comment〉［名］ 会談・会見などで、事情の説明や論評などをしないこと。

ノー‐サイド［サ］〈no side〉［名］ ラグビーで、試合が終了すること。

ノー‐ショー［ショ］〈no-show〉［名］ 航空機やホテルなどの予約客が連絡もなく現れないこと。また、その客。

ノー‐スモーキング［モ］〈no smoking〉［名］ 禁煙。

ノー‐スリーブ［リ］〈no sleeve〉［名］〔和製英語〕そでなしの婦人服。

ノー‐タイム［タ］〈no time〉［名］〔和製英語〕野球などで、タイムで中断した試合を再開するときのことば。

ノー‐ダウン［ダ］〈no down〉＝**ノーダン**［名］〔和製英語〕野球で、無死。

ノー‐タッチ［タ］〈no touch〉［名］〔和製英語〕❶さわらないこと。❷関係しないこと。「その問題には―だ」

ノート［ノ］〈note〉㊀［名］ ノートブック。㊁［名］［他サ］ ノートに書くこと。メモすること。**―パソコン**［パ］［名］ 軽量で携帯に便利な折りたたみ式パソコン。ラップトップ。**―ブック**［ブ］〈notebook〉［名］ 筆記帳。雑記帳。帳面。ノート。

ノー‐ハウ［ノ］〈know-how〉［名］ ➡ノウハウ。

ノー‐パン［0］［名］〔和製英語〕〔俗語〕パンツやパンティーをはかないこと。

ノー‐ヒット‐ノーラン［ノ］²〈no-hit no-run〉［名］ 野球で、投手が相手を無安打無得点におさえること。

ノー‐ブランド［ラ］〈no brand〉［名］ 商標がついていない商品。「―品」

ノーブル［ノ］〈noble〉［形動］ダロ-ダッ・デ・ニ-ダ-ナ-ナラ-○ 上品で高貴なようす。

ノー‐プレー［レ］〈no play〉［名］〔和製英語〕野球で、試合停止中のプレー。正規のプレーとは認められない。

ノーベル‐しょう［ル］【ノーベル賞】［名］ スウェーデンの化学者・工業家のノーベルNobelの遺産によってもうけられた賞。物理学、化学、生理学および医学、文学、経済学、世界平和の六部門で、世界的な功績のあった人にあたえられる。

ノー‐マーク［マ］〈no mark〉［名］〔和製英語〕特定の相手に対して、特に警戒したり防御したりしないこと。

ノーマライゼーション［ゼ］〈normalization〉［名］〔正常化の意〕高齢者や障害者が健常者とともに助け合いながら生活を送れるような社会をめざそうとする福祉の考え方。ノーマリゼーション。

ノーマル［ノ］〈normal〉［形動］ダロ-ダッ・デ・ニ-ダ-ナ-ナラ-○ 正常。常態。普通。↕アブノーマル。**―ヒル**［ヒ］〈normal hill〉［名］ スキーのジャンプ競技の種目の一つ。着地の限界点までの距離が八五～一〇九メートルのジャンプ台を使う。

ノー‐メーク［メ］〈no make〉［名］〔和製英語〕化粧をしていないこと。

ノー‐モア［モ］/［0］〈no more〉［名］ 二度とないこと。再び繰りかえさないこと。「―ヒロシマ」

の‐がい［0］【野飼(い)】［名］ 放し飼い。

の‐がけ［ケ］【野駆(け)】［名］ 郊外に遠出をして狩猟をすること。

のが・す［ガ］【逃す】［他五］サ・ソ-シ-ス-ス-セ-セ ❶のがれさせる。にげさせる。❷つかまえそこなう。にがす。「犯人を―」❸はずす。「チャンスを―」 **逃せる**［自下一］〔…できる〕

のがみ‐やえこ《野上弥生子》〔一八八五―一九八五〕小説家。本名はヤエ。夏目漱石(そうせき)門下。「真知子(まちこ)」「迷路」など。

のが・れる［レ］【逃れる】［自下一］レ-レ-レル-レル-レレ-レロ・レヨ ❶にげはしる。にげる。❷はなれ、とおざかる。「都会を―」❸まぬかれる。「難を―」 **のが・る**［文語下二］

のき［0］【軒】［名］ 屋根の下端の、壁の外へはりでた所。ひさし。

のぎ［0］【×芒】［名］ いね・むぎなどの、実(み)の外がわのさきにあるかたい毛。のげ。

の‐ぎく［ノ］【野菊】［名］ ❶野生の菊、または、菊に似た花の総称。㊎秋 ❷よめな。

のぎくのはか《野菊の墓》 伊藤左千夫(いとうさちお)の中編小説。一九〇六年発表。農村を舞台に、少年と少女の恋物語を詩情ゆたかにえがく。

のき‐さき［0］【軒先】［名］ 軒のはし。軒の下。のきば。

のき‐した［0］【軒下】［名］ 軒の下の空間。「―で雨やどり」

のき‐しのぶ［シ］【軒忍】［名］ ウラボシ科のしだ植物。樹皮・岩石につき、横にはう。やつめらん。㊎秋

ノギス［ノ］〈ﾄﾞ Nonius から〉［名］ ものの厚さや、球・穴の直径をはかる精密測定工具。

ノギス

のき‐たけ［キ］【軒丈】［名］ 軒の高さ。

のき‐なみ［0］【軒並(み)】㊀［名］ ❶軒のならび。❷家ごと。どの家にも。かどなみ。「―に祭り提灯(ちょうちん)をかかげる」㊁［に］［副］ どれもこれも。すべて。「列車は―一時間以上の遅れ」

のき‐ならび［ナ］【軒並び】［名］ 家の並びぐあい。のきなみ。

のき‐ば［0］【軒端】［名］ ❶軒のはし。軒さき。「―のふうりん」❷軒に近い所。「―の梅の木」

のぎ‐へん［0］【ノ木偏】［名］ 漢字の部首の一つ。「秋」「科」「種」などの「禾」。

のき‐わり［0］【軒割(り)】［名］ 寄付金などを、戸数に応じて割りあてること。

の・く［0］【▲退く】［自五］カ・コ-キ・イ-ク-ク-ケ-ケ ❶場所をあけてほかへうつる。しりぞく。さける。どく。「わきへ―」❷地位・職務から離れる。「会長を―」

の‐ぐそ［ノ］【野ぐそ】【野×糞】［名］〔俗語〕野外でくそをすること。また、そのくそ。

ノクターン［タ］〈nocturne〉［名］ 叙情的な趣きの、器楽、特にピアノのための小曲。夜想曲。

のぐち‐うじょう《野口雨情》〔一八八二―一九四五〕詩人。本名は英吉。民謡・童謡詩人として名高い。主な作品に「十五夜お月さん」「船頭小唄(せんどうこうた)」など。

のけ‐ぞ・る［ゾ］【のけ反る】【▲仰反る】［自五］ラ・ロ-リ・ッ-ル-ル-レ-レ あおむけにそりかえる。

のけ‐もの［0］【のけ者】【▲除者】［名］ 仲間はずれ。

の・ける［0］【▲退ける・▲除ける】［他下一］ケ-ケ-ケル-ケル-ケレ-ケロ・ケヨ ❶あ

る場所からほかにうつす。どける。「いすをわきに―」❷除外する。「反対者を仲間から―」❸〔「…てのける」の形で〕㋐やりとげる。「みごとにやって―」㋑あえてする。「悪口を言って―」

のこ [ノ]【×鋸】名〔俗語〕のこぎり。

のこ-ぎり [ギ]【×鋸】名 木材・金属などをひき切る工具。のこ。 **―草**(そう) [0]名 キク科の多年生植物。葉は、のこぎりの歯のように切れこみ、夏、白または淡紅色の花をつける。はごろもそう。㊗夏

のこ-くず [ク]【×鋸×屑】(くづ) 名 のこぎりで木材をひくときに出る木のこな。おがくず。

のこし【残し】造 ある動作を最後までしなかったためにのこったこと。また、のこったもの。「積み―」「飲み―」

のこ・す [コ]【残す】他五 (サ・ソ・シ・ス・ス・セ・セ) ❶その場にとどまらせる。「質問のある者を―」❷あまらせる。余分を出す。「食事を―」❸【▲遺す】あとにつたえる。死後にとどめる。「かずかずの名曲を―」❹相撲で、相手の攻めを土俵ぎわでもちこたえる。「土俵ぎわでけんめいに―」 **残せる** 自下一〔…できる〕

のこった [コ]【残った】感 相撲で、行司(ぎょうじ)のかけごえ。力士の足が土俵からまだ出ていないことをいう。「はっけよい、―、―」

のこ-のこ [ノ] 〔と〕副 平気で出てくるようす。「今さら―と出ていけない」

のこら-ず [コ]【残らず】副 みな。ことごとく。「話は―聞いた」

のこり [リ]【残り】名 のこること。のこるもの。 **―の月**(つき) 朝になっても、まだ空にのこっている月。残月(ざんげつ)。ありあけの月。のこんの月。 **―の年**(とし) 老いさきのみじかい年。

のこり-おお・い [オ]【残り多い】(おほい) 形 (カロ・カッ・ク・イ・イ・ケレ・○) 心残りが多い。なごり多い。なごり惜しい。残り惜しい。 **残り多さ** 名 **のこりおほ・し** 文語ク

のこり-おし・い [シ]【残り惜しい】(をしい) 形 (カロ・カッ・ク・イ・イ・ケレ・○) 残り多い。 **残り惜しがる** 自五 **残り惜しげ** 形動 **残り惜しさ** 名 **のこりを・し** 文語シク

のこり-が [リ]【残り香】名〔文章語〕その物がなくなったあと、または、その人がいなくなったあとにのこっているにおい。「―がただよう」

のこり-すくな [ス]【残り少な】形動 (ダロ・ダッ・デ・ニ・ダ・ナ・ナラ・○) 残りが少ないようす。「こづかい銭が―になった」

のこり-び [リ]【残り火】名 あとに燃えのこった火。

のこり-もの [0]【残り物】名 みんなが食べたあと、あるいは、分け取ったあとに残った物。「―に福あり」

のこり-ゆ [リ]【残り湯】名 つかり終わったあとに、浴槽に残った湯。「―を流す」

のこ・る [コ]【残る】自五 (ラ・ロ・リ・ッ・ル・ル・レ・レ) ❶自分の意志でそこにとどまる。「被災者の半数が現地に―」❷なくならないである。余る。㋐金や物が余る。「予算が―」「ごちそうが―」㋑時間が余る。「答案を書き終えて二〇分残った」❸あとあとまで消えないでいる。「思い出が―」「傷あとが―」❹たまる。「倹約すれば自然に金が―」❺相撲で、しかけたわざがきまらず、勝負がつかないでいる。 **残れる** 自下一〔…できる〕

のこん-の【残んの】連体〔古語〕〔「残ん」は「残り」の変化〕消えないでまだ残っている。「―月」「―雪」

のさか-あきゆき《野坂昭如》一九三〇―二〇一五。小説家・作詞家。戦災孤児の体験から戦争の悲惨さや人間の内面を描いた。「アメリカひじき」「火垂(ほた)るの墓」など。

の-さき【▲荷▲前】名〔古語〕平安時代、年末に宮中から大神宮・諸社・諸陵墓に国々のみつぎ物の初穂をたてまつったこと。 **―の使**(つか)**い** 荷前につかわされた勅使。㊗冬

のさば・る [バ] 自五 (ラ・ロ・リ・ッ・ル・ル・レ・レ) 気ままにふるまう。おうへいな態度をする。 **のさばれる** 自下一〔…できる〕

の-ざらし [ザ]【野ざらし】【野×晒】名 ❶野にさらすこと。また、そのもの。あまざらし。❷されこうべ。

のざらしきこう《野ざらし紀行》江戸時代前期の俳諧(はいかい)紀行。松尾芭蕉(まつおばしょう)の作。江戸から郷里伊賀(いが)をめざし、大和(やまと)・吉野(よしの)を経て江戸へ帰るまでの旅の記。

のざわ-な [0][ワ]【野沢菜】(のざは) 名 アブラナ科の一品種。葉を塩漬けにする。長野県野沢温泉村を中心に栽培される。㊗冬

のし [シ]【▲伸し】名 からだを横にのばし、あおりあしでおよぐ泳法。横泳ぎ。

のし [シ]【×熨▲斗】名 ❶ひのし。❷のしあわび。㊗新年 ❸のしあわびの細片を入れて折った色紙。また、その形をえがいて進物(しんもつ)や祝儀物(しゅうぎもの)に添えるもの。のし紙。 **―を付ける** よろこんで相手におくる。

の-じ [ジ]【野路】(ぢ) 名〔文章語〕野道。

のし-あが・る [ガ][0]【のし上がる】【▲伸上がる】自五 (ラ・ロ・リ・ッ・ル・ル・レ・レ) ❶地位などが急によくなる。急に金持ちになる。のす。❷他人の弱みにつけ込んでかってなことをする。 **のし上がれる** 自下一〔…できる〕

のし-ある・く [ル]【のし歩く】【▲伸歩く】自五 (カ・コ・キ・イ・ク・ク・ケ・ケ) 威勢よく、いばって歩く。「盛り場をわがもの顔で―」 **のし歩ける** 自下一〔…できる〕

のし-あわび [ア]【×熨▲斗×鮑】(あはび) 名 あわびの肉をうすく長くむいてかわかしたもの。進物(しんもつ)・祝儀物(しゅうぎもの)に添える。㊗新年

のし-いか [シ]【▲伸×烏▲賊】名 するめをうすくのばしたもの。

のし-かか・る [カ][2]【のし掛(か)る】【▲伸掛る】自五 (ラ・ロ・リ・ッ・ル・ル・レ・レ) ❶からだをのばして相手の上におおいかかる。❷おうへいな態度で相手をおさえつけようとする。❸責任や負担が身にかぶさる。

のし-がみ [シ]【のし紙】【×熨▲斗紙】名 進物(しんもつ)や祝儀物(しゅうぎもの)にかぶせる、のしと水引が印刷された紙。

のし-こんぶ [コ]【のし昆布】【×熨▲斗昆布】名 のしあわびのかわりとして祝儀(しゅうぎ)に使うこんぶ。

のし-ぶくろ [フ]【のし袋】【×熨▲斗袋】名 祝儀(しゅうぎ)のかねを入れる、のしと水引をつけた、または印刷した紙袋。

のし-め [メ]【のし目】【×熨▲斗目】名 江戸時代の武士が、礼服用として使った小そで。

のし-もち [シ]【▲伸餅】名 たいらに、うすくのばしたもち。㊗冬

の-じゅく [ノ]【野宿】名 自サ 野外に寝ること。露宿(ろしゅく)。

の・す [ノ]【▲伸す】(サ・ソ・シ・ス・ス・セ・セ) 一 自五 ❶のびていく。のびてひろがる。「売れ行きがぐんぐん―」❷勢力や規模が急に広がり、地位などが急に上がる。のし上がる。「億万長者にのした」❸さらに遠くへと進む。足をのばす。「東大寺にお参りしたついでに若草山まで―」 二 他五 ❶のばす。長くする。「餅を―」❷ひのしで、物のしわやちぢみをのばす。❸〔俗語〕なぐりたおす。「のしてしまえ」

の-ずえ [0]【野末】(ずゑ) 名〔文章語〕野のはて。

ノスタルジア [ル][タ]〈nostalgia〉＝ノスタルジー 名 故郷をなつかしく思う気持ち。過去の時をなつかしむ気持ち。郷愁。

ノズル [ノ][0]〈nozzle〉名 圧力を加えた気体・液体を、勢いよくふき出させるための先の細くなった筒口(つつぐち)。

の・せる [0]【乗せる】他下一 (セ・セ・セル・セル・セレ・セロ・セヨ) ❶高い場所に位置を移す。㋐高いところに上げる。「子どもを肩に―」「平均台に演技者を―」↕おろす。

㋑【載せる】物の位置を上にうつす。「網棚にスーツケースを—」「コーヒーカップを皿に—」「頭に麦わら帽を—」❷移動のために用意した物に位置をうつす。「タクシーが駅前で客を—」「避難者をヘリコプターに—」「ジェットコースターに—」↕おろす。❸勢いにまかすようにさせる。「軌道に—」「ブームに—」❹相手を自分の思うように行動させる。「計略に—」「口車に—」❺調子を合わせる。「ウクレレに乗せてハワイアンを歌う」❻広く伝わらせる。「電波に—」❼【載せる】記事としてあつかう。「容疑者の写真を—」「新聞に識者のコメントを—」 **の・す** 文語下二

のぞか・せる 0 他下一 (セ・セ・セ・セル・セル・セレ・セロ・セヨ) ❶物の一部分を外から見えるようにする。「ポケットからハンカチを—」❷相撲で、相手のわきを浅くさす。

のぞき 0【×覗き】名 ❶のぞくこと。❷のぞきみ。「—趣味」

のぞき-あな キ【のぞき穴】【×覗き穴】名 向こう側をのぞき見するための穴。「玄関の—」

のぞき-からくり カ【×覗きからくり】名 箱の中にいろいろの絵を入れておき、ひもでその絵を入れかえて、前面のレンズから客にのぞかせる見せもの。のぞきめがね。

のぞき-まど マ【のぞき窓】【×覗き窓】名 内側あるいは外側の様子を見るために、ドアなどに取り付けた小さな窓。

のぞき-み 0【のぞき見】【×覗き見】名 ❶狭い間から、のぞいて見ること。❷他人の私生活などを知ろうとすること。

のぞき-めがね メ【のぞき眼鏡】【×覗き眼鏡】名 ❶のぞきからくり。❷水の中をのぞく、底にガラスのついた箱。

のぞ・く 0【除く】他五 (カ・コ・キ・イ・ク・ク・ケ・ケ) ❶とり去る。はぶく。「不純物を—」❷その中に加えない。「未成年者を—」❸殺す。 **除ける** 自下一 […できる]

のぞ・く 0【×覗く・×覘く】(カ・コ・キ・イ・ク・ク・ケ・ケ) ㊀ 他五 ❶すきまから見る。うかがう。❷ほんの一部だけを見る。❸低い所を見おろす。❹すこしだけ知る。「英文学を—」㊁ 自五 物の一部が見える。「ポケットから手帳が—」 **のぞける** 自下一 […できる]

の-そだち ソ【野育ち】名 しつけをされずに育つこと。また、その人。いなか育ち。

のそ-のそ ノ¹ (と)副 自サ 動作がにぶく、ゆっくりしているようす。「—立ち上がる」

のぞまし・い シ/0【望ましい】形 (カロ・カッ・ク・イ・イ・ケレ・○) ❶そうあってほしい。ねがわしい。「健康で長生きができることが—」❷より理想的である。このましい。「事前に予約するのが—」 **のぞま・し** 文語シク

のぞみ 0【望み】名 ❶望むこと。願い。願望。「—を託す」❷よくなる見込み。「全快の—がある」

のぞ・む 0【臨む】自五 (マ・モ・ミ・ン・ム・ム・メ・メ) ❶施設などが目の前の場所に面する。「湖に—ホテル」「港に—工業地帯」❷改まった場面に対する。「入社試験に—」「決勝戦に—」❸普通ではない状況と向かい合う。「国難に—」❹特別な気持ちで向き合う。「違反者には厳罰主義で—」「必死の覚悟で—」 **臨める** 自下一 […できる]

のぞ・む 0【望む】他五 (マ・モ・ミ・ン・ム・ム・メ・メ) ❶遠くにあるものをながめる。「スカイツリーから富士山を—」「冬空にオリオン座を—」❷心の中で求める。「核兵器のない世界の実現を—」「感染症流行の終息を—」❸特定の相手に自分の思いの実現を期待する。「若者が地球温暖化防止に関心を持つことを—」「弟の息子に自分の跡を継ぐことを—」 参考 「望む」と「願う」は自分の心の中にある希望の実現を期待する点で共通する。ただし、「願う」にはそれが誰かの手によってかなえられることが含まれるのに対し、「望む」には話し手の心のうちでその状態の実現を期待する傾向が強い。「神仏に願う」とは言っても、「神仏に望む」とは言いにくいのはそのためである。 **望める** 自下一 […できる]

のぞむ-べくんば【望むべくんば】連語 のぞむことができるならば。希望としては。

のぞむ-らくは【望むらくは】ワ¹ 連語 ねがうところは。希望することは。

の-だ 連語 《格助詞「の」と断定の助動詞「だ」が複合した文末形式》❶前の文脈との関係から見て、すでに述べたことや状況の原因・理由・事情をあらわす。「昨日、仕事を休んだ。熱があった—」「仕事が忙しいから、研修会に参加しない—ろう」❷次に述べることの原因・理由・前提をあらわす。「この漢字が読めないのですが、教えてくれますか」❸聞き手に対する強い主張や命令、意志をあらわす。「即座に解決する—」「わたし何としても医者になる—」❹疑問語とともに用いると、聞き手に強く説明を求める気持ちがあらわれる。「何をしている—」「なぜそんなことをやった—」❺しなかったことを強く悔やむ言い方。「もっと早く起きる—った」 参考 「のだ」を一つの独立した助動詞とみなす立場もある。活用語の連体形を受ける「のだ」は、その事態をすでに定まった確かなものとしてとらえていることをあらわし、そのことを知らない相手を納得させようとする話し手の気持ちがあらわされる。また、「のだ」はそれまでに述べたことや状況に関係づけて聞き手の知らない「事情」を示すので、文章・談話がそこまでひとまとまりの内容であることを伝える役割を高める働きがある。話しことばでは「んだ」となり、その丁寧体は「んです」、さらに丁寧な形は「んでございます」「のでございます」。ただし話し手の一方的な主張をあらわす❸❺は「のです」「のでございます」にはならない。

の-だいこ ダ【野×幇▲間】名 芸をもたないたいこもちを、ひくく見ていうことば。

のたう・つ ウ 自五 (タ・ト・チ・ッ・ツ・ツ・テ・テ) くるしみもがいて、ころげまわる。「のたうちまわる」

のたく・る ク (ラ・ロ・リ・ッ・ル・ル・レ・レ) ㊀ 自五 くねくねとからだをまげる。「みみずが—」㊁ 他五 くねくねと書く。「へたな字を—」

の-だち 0【野立ち】名 ➡のだて(野立て)。

の-だて 0/テ【野だて】【野▲点】名 野外でたてる茶の湯。㊇

の-だて テ【野立て】【野立】名 建物の上や周りなどの敷地内ではなく、道沿いなど野外の場所に物を据えること。のだち。「—の看板」「—広告」

のたま・う ウ【▲宣ふ】(のたまふ) 他四 古語 「言う」の尊敬の言い方。おっしゃる。「母君もとみに(急ニ)えものもたまはず」〈源氏〉

のたまわ-く ワ【▲宣はく・×曰はく】(のたまは) 連語 古語 のたまうことには。おっしゃることには。「皇子(みこ)答へてのたまはく」〈竹取〉

のたり-のたり タ¹-タ² (と)副 波などが、ゆるくうねるようす。

のたれ-じに 0【のたれ死に】【野垂死】名 ❶行きだおれて死ぬこと。❷おちぶれて、みじめな死にかたをすること。

のち チ/0【後】名 ❶ある事のすんだあと。ある時間がたったあと。「晴れ—曇り」「二週間—に結果を公表する」↕まえ・さき。❷将来。未来。「—の世の中を占う」❸死

後。あと。「—の事を頼む」❹子孫。[参考]「あと」とほぼ同じ意味だが、文章語的。**—の世** ❶未来。後世。❷死後。あの世。**—の業**〔古語〕葬式。法事。

のち-ざん [チ]【後産】[名] 出産のあとで、母体から胎盤などの出ること。あとざん。

のち-じて [0]【後ジテ】[名] 能楽で、曲の中入りより後に登場する主人公。↕前ジテ。

のち-ぞい [0]【後添(い)】[—名] 後妻。のちづれ。

のち-のち [0]【のちのち・後後】[名][副] さきざき。将来。「—まで語りつがれる」

のち-ほど [0]【後ほど・後程】[副] すこし時がたってから。しばらくしてから。あとで。後刻。「—うかがいます」[参考]ていねいな言い方とともに使われることが多い。

ノッカー [ノ]〈knocker〉[名] ❶野球で、ノックをする人。❷玄関の戸につけてある訪問者のたたく金具。

のっか・る [0][自五]〔俗語〕乗る。**のっかれる** [自下一]〔…できる〕

ノッキング [0]〈knocking〉[名] 内燃機関の異常爆発。

ノック [ノ]〈knock〉[名][自他サ] ❶訪問や入室を知らせる合図に、戸をかるくたたくこと。❷野球で、守備の練習のために球を打ってやること。**—アウト** [ア]〈knockout〉[名][他サ] ❶ボクシングで、相手を打ちたおして、十秒以内に立ち上がれないようにすること。KO。これで勝ちがきまる。❷野球で、相手チームの投手をうちくずして、交替させること。**—ダウン** [ダ]〈knockdown〉[名][他サ] ボクシングで、相手を打ちたおすこと。

のっけ [ケ][名] 最初。「—から優勢だ」

のっ・ける [0]【乗っける】[他下一]〔俗語〕乗せる。

のっし-のっし [ノ1]/[ノ2][(と)副] からだの重いものが、ゆっくり地面を踏みつけて歩くようす。

のっそり [ソ][(と)副][自サ] ❶動作がのろいようす。「—と顔を出す」❷ぼんやり立つようす。

ノッチ [ノ]〈notch〉[名] 電車・電気機関車などで、速度を示すきざみ目のついた変速装置。

ノット [ノ]〈knot〉[名] 船舶の速度の単位。一ノットは、一時間に一海里(一八五二メートル)進む速さ。

のっ-と・る [ト]【則る・法る】[自五] 規範としてしたがう。「会則にのっとって選出する」

のっ-と・る [ト]【乗っ取る】[他五] ❶攻めてうばい取る。「敵の城を—」❷うばって自分のものにする。「会社を—」❸乗客が、運転する人をおどして、乗り物(飛行機など)を自分の望む方向に行かせる。**乗っ取り** [名] **乗っ取れる** [自下一]〔…できる〕

のっぴき-なら-ぬ [連語]〔「のきひきならぬ」の変化〕どうしてもさけられない。

ノッブ [ノ]〈knob〉[名] ➡ノブ。

のっぺい-じる [ジ]【のっぺい汁】【能平汁・濃餅汁】[名] 油あげ・にんじん・だいこん・しいたけなどをしょうゆで煮て、くず粉を入れてとろみをつけた料理。(冬)

のっぺら-ぼう [ラ]/[ペ][名][形動] ❶一面にたいらで、変化のないこと。❷目・鼻・口のないばけもの。‖のっぺらぼう。

のっぺり [ペ][(と)副][自サ] ❶顔が平面的で、しまりのないようす。❷たいらにひろがっているようす。変化のないようす。「—した丘」

のっぽ [ノ][名]〔俗語〕背の高いこと、また、その人。↕ちび。

の-づみ [0]【野積み】[名] 品物を建物の外に積むこと。

の-づら [0]【野面】[名]〔文章語〕野原の表面。

の-で [助]〔接続助詞。活用語の連体形につく〕原因・理由をあらわす。「しばらく気温が低かった—、作物の育ちがよくない」「電車が止まってしまった—、遅刻してしまいました」「子供の誕生日な—、帰らせていただきたいのですが」「危険です—、柵に寄りかからないでください」[参考]「から」が主観的に原因・理由を述べるのに対し、「ので」は主観を介さずに出来事の因果関係をあらわす。また「から」に比べて、「ので」のほうが丁寧な印象を与える。原因・理由をあらわす従属節の用法のほか、「みなさま、そろそろ時間になりましたので」のように主節が省略されて従属節で言いさす終助詞的な用法もある。

の-であ・る [連語]〔文章語〕「のだ」の改まった言い方。

の-てん [0]【野天】[名] 屋根のない所。屋外。露天。**—風呂** [テ][名] 屋外でたてるふろ。屋根のないふろ。野ぶろ。

のと《能登》昔の北陸道の国の一つ。今の石川県の北部。能州。

のど [ノ]【喉】【咽】[名] ❶口の奥の食道と気道に通じる部分。❷うたう声。「いい—だ」❸急所。「—をおさえる」❹本のとじめの方の部分。**—が鳴る** おいしそうなものを見て、ひどく食べたくなる。**—から手が出る** あるものが欲しくてたまらないことのたとえ。「—ほど車がほしい」

のど-か [ノ]【長閑】[形動] ❶おだやかでしずかなようす。のんびりしたようす。「—な口調」❷空が晴れておだやかなようす。(春)「—な天気」**のどかさ** [名]

のど-くび [ド]【喉首】【喉×頸】[名] ❶首の前面のあたり。のどっくび。❷だいじな所。急所。

のど-け・し [ド]【長閑けし】[形ク]〔古語〕❶のどかだ。うららかだ。(春)「久方の光のどけき春の日にしづ心なく花の散るらむ」〈古今〉❷ゆったりしている。おちついている。「世の中にたえて桜のなかりせば春の心はのどけからまし」〈古今〉

のど-ごし [0]【喉越し】[名] 飲食物がのどを通ること。また、その時の感じ。「—のさわやかさ」

のど-じまん [ジ]【喉自慢】[名] ❶声のよいことを自慢すること。❷放送局や団体などのもよおす、しろうとの歌い手の競演。のど自慢大会。

のど-ちんこ [チ]【喉ちんこ】[名]「口蓋垂」の俗称。

のど-びこ [ド]【喉×彦】[名]「口蓋垂」の俗称。のどひこ。

のど-ぶえ [0]/[プ]【喉笛】[名] のどを通る気管。

のど-ぼとけ [ボ]【喉仏】[名] のどの中間につきでている甲状軟骨。成年男子にははっきりあらわれる。

のど-もと [0]【喉元】[名] のどのところ。のどのあたり。**—過ぎれば熱さを忘れる** ❶苦しさやつらさも、過ぎてしまえばすっかり忘れる。❷苦しいときには人に頼み、よくなればその恩を忘れる。

のど-やか 【長閑やか】[なり形動]〔古語〕❶天気のうららかなようす。のどか。(春)❷ゆったりとおちついているようす。「いとのどやかに、御刀に、けづられたるものをとり具して(花山天皇に)奉らせ給ふに」〈大鏡〉**のどやかさ** [名]

のど-わ [0]【喉輪】[名] ❶よろいの、のどに当てる部分。❷相撲で、てのひらを相手のあごの下がわに押し当てて攻めるわざ。

の-なか [ノ]/[0]【野中】[名] 野原の中。「—の一軒家」

の-に [助]〔接続助詞〕❶〔活用語の連体形につく〕前の事がらと逆の事がらを結びつける。「二時間にもなる—、まだ来ない」[参考]「のに」は客観的に述べる場合に使う。推量や意志の言い方があとに続く場合には「ても」を使うことが多い。❷〔あとを表現せず、言いさしのままで〕終助詞的に、予期に反した結果になったことについての意外な気持ち、不満の気持ちをあらわす。「行けばよかった—」

の-ねずみ [ネ]【野×鼠】[名] 草地にすむねずみ類の総称。

のの-さま [ノ1]/[ノ2][名]〔幼児語〕❶神。仏。❷太陽。月。

[参考]僧が仏をおがんで経を読む声が「のんのん」と聞こえるところから出た語という。

のの-し・る【罵る】 ㊀ [シ] [他五] ラ・ロ｜リ・ッ｜ル｜ル｜レ｜レ 口ぎたなく悪口を言う。「相手を—」 ㊁ [自四] [古語] ❶やかましくさわぐ。「別れがたく思ひて、日しきりにとかくしつつののしるうちに夜ふけぬ」〈土佐〉 ❷世間で評判される。「この世でののしりたまふ光源氏」〈源氏〉 ❸勢いがさかんである。「勢ひ猛(まう)にののしりたるにつけて」〈徒然〉

の-の-みや【野の宮】 [名] [古語] 皇女が斎宮(さいぐう)・斎院(さいいん)になるとき、身をきよめるため一年間こもる、仮の御殿。

の-ばかま [バ] **【野ばかま】【野×袴】** [名] 江戸時代の上級武士が、旅行などに使った、すそに広いふちをつけたはかま。

のばし-のばし [ノ]2 **【延ばし延ばし】** [名] 物事に取り組むのを先送りにすること。「約束を—にする」

のば・す [バ] [他五] サ・ソ｜シ｜ス｜ス｜セ｜セ ㊀**【伸ばす】** ❶高さ・長さを増やす。「ひげを—」「朝顔がつるを—」↕縮める。❷ちぢんでいたものを広げまっすぐにする。「背筋を—」「アイロンでしわを—」 ❸能力を高める。「子どもの個性を—教育」 ❹大きくする。盛んにする。「輸出を—」 ❺[俗語]なぐり倒してぐったりとさせる。のす。「みんなで袋だたきにして—」 ㊁**【延ばす】** ❶予定した期日・時刻を遅らせる。延期する。「返事を—」「雨のため試合を次週に—」↕早める。❷時間を長くする。延長する。「滞在期間を—」 ❸さらに遠くに達するようにする。「鉄道を半島の先まで—」 ❹水などを加えて必要な濃さまで薄める。「絵の具を油で—」 **のばせる** [自下一] [...できる]

の-ばなし [バ] **【野放し】** [名] [形動(の)] ❶家畜などをはなしがいにすること。「—の犬」 ❷放任。ほったらかし。「こどもを—にする」

の-はら [ノ] **【野原】** [名] 草のはえた、ひろびろとした平野。

の-ばら [ノ] **【野×薔×薇】** [名] のいばら。[夏]

のび [ビ] **【伸び】** [名] ↕ちぢみ。❶**【延び】** ふえること。「税収の—」 ❷身長が増すこと。「—が早い」 ❸手足を広げること。「立ち上がって—をする」

の-び [ノ] **【野火】** [名] 早春に、野山のかれ草を焼く火。[春]

のび《野火》 大岡昇平(おおおかしょうへい)の長編小説。一九四八—四九年に発表。太平洋戦争中、フィリピンの戦場でひとりさまよう兵士の死に直面した心理を描く。

のび-あが・る [ガ]/[0] **【伸び上がる】** [自五] ラ・ロ｜リ・ッ｜ル｜ル｜レ｜レ つまさきで立って背を高くのばす。せのびする。**伸び上がれる** [自下一] [...できる]

のび-ざかり [ザ] **【伸び盛り】** [名] 子どもの育ちざかり。また、才能などがもっともはぐくまれる時期。

のび-しろ [0]/[ビ] **【伸び代】** [名] ❶金属を折り曲げたときに生じるのび。また、その長さ。❷なおまだ成長する可能性。「—のある選手」

のび-ちぢみ [0]/[ビ] **【伸び縮み】** [名] [自サ] のびることとちぢむこと。のびたりちぢんだりすること。

のび-なや・む [ヤ]/[0] **【伸び悩む】** [自五] マ・モ｜ミ・ン｜ム｜ム｜メ｜メ ❶向上・進展などの勢いが順調にはかどらない。「成績が—」 ❷相場が足ぶみして値が上がらなくなっている。**伸び悩み** [名]

のび-のび [0] **【延び延び】** [名] 物事が長びくこと。「返事が—になる」

のび-のび [ノ]2 **【伸び伸び】** [副] [自サ] ❶自由に伸びるようす。「—した成育ぶり」 ❷ゆるやかにくつろいだようす。のんびり。「気が—する」

のび-やか [ビ] **【伸びやか】** [形動] ダロ｜ダッ・デ・ニ｜ダ｜ナ｜ナラ｜○ のびのびとしているようす。**のびやかさ** [名]

のび-らか [なり形動] [古語] ❶長くのびたようす。「(鼻ガ)あさましう(アキレルホド)高うのびらかに」〈源氏〉 ❷ゆるやかにくつろいだようす。「(正月ハ)おのづから人の心ものびらかにぞ見ゆるかし」〈源氏〉 ❸おっとりしているようす。「まみ(目ツキ)のびらかに」〈源氏〉

のび-りつ [ビ] **【伸び率】** [名] 生産量・業績などの伸びる割合。「対前年度の—」

の-びる [0]/[ノ] **【野×蒜】** [名] ユリ科の多年生植物。地下に鱗茎(りんけい)があり、葉は長いくだの形。ねぎに似ていて、食用。ひる。ねびる。ぬびる。[春]

の・びる [ビ] [自上一] ビ｜ビ｜ビル｜ビル｜ビレ｜ビロ・ビヨ ㊀**【伸びる】** ❶高さ・長さが増す。「一年に十センチも背が伸びた」「髪が伸びて肩にとどく」↕縮む。❷全体に拡張される。「販路が—」「捜査の手が—」 ❸まっすぐになる。「脚がすらっと伸びている」「しわが—」 ❹能力が増す。「表現力がめざましく伸びた」 ❺長くなったまま弾力がなくなる。「ゴムひもが—」 ❻[俗語]疲れたり打ちのめされたりして、ぐったりする。「ノックアウトされて—」 ㊁**【延びる】** ❶予定した期日・時刻が遅れる。「出発が—」「予定が—」↕早まる。❷時間が長くなる。「質問をしたせいで授業時間が延びた」「話し合いが—」 ❸さらに遠くにまで及ぶ。「地下鉄が郊外に—」 ❹溶けたり柔らかくなったりして薄く広がる。「絵の具がよく—」 **の・ぶ** [文語上二]

ノブ [ノ]〈knob〉=ノッブ [名] ドアなどの取っ手。にぎり。

のぶこ《伸子》 宮本百合子(みやもとゆりこ)の長編小説。一九二四—二六年に発表。若い女流作家の恋愛・結婚・離婚の体験を描いた自伝的作品。

の-ぶし [ノ] **【野武士】【野伏】** [名] 山野にかくれていて、落武者の武具などをはぎとった武士や土民。のぶせり。

の-ぶせり [ブ] **【野伏せり】【野×臥り】** [名] ❶野武士。❷山野に野宿する浮浪者。❸山賊。

の-ぶと・い [ト] **【野太い】** [形] カロ｜カッ・ク｜イ｜イ｜ケレ｜○ ❶ひどくおうちゃくだ。ずぶとい。大胆だ。❷(声が)太い。「—声」 **野太さ** [名]

のぶれ-ば [ブ] **【▲陳▲者】** [あいさつ] [文章語] 〔手紙のはじめに使う語〕もうしあげますが。⇩さて [参考]。

のべ [ノ] **【延べ】** [名] 同一のものがいくつ重複しても、そのそれぞれを一つとして総計する数え方。たとえば、三〇人ずつ四日で延べ一二〇人。「—八千人の人手」↕異なり。

の-べ [ノ] **【野辺】** [名] [文章語] 野のあたり。野原。 **—送り** [オ] [名] 死者を埋葬場または火葬場まで見送ること。とむらい。葬送。 **—の煙(けむり)** 死者を火葬する煙。

のべ-いた [0] **【延(べ)板】** [名] 金属を打ち延ばして板のようにしたもの。延べがね。「銀の—」

のべ-がね [0]/[ベ] **【延(べ)金】** [名] ❶延べ板。❷切金(きりきん)の一つ。金銀を打ち延ばし、必要に応じて切り、貨幣の代用としたもの。❸刀剣のこと。

のべ-がみ [ベ] **【延(べ)紙】** [名] たて二〇センチメートル、横が三〇センチメートルぐらいの、小形のうすい日本紙。はながみなどに使う。

のべ-ギセル [ギ] **【延べギセル】【延▲煙▲管】** [名] 全体を金属でつくったきせる。

のべ-ざお [0] **【延べざお】【延×竿・延×棹】** [名] つぎざおでない、一本の長いつりざお。

のべ-じんいん [ジ] **【延(べ)人員】** [名] ある仕事に要した人数を、かりに一日でしあげるものとして換算した総人数。「三人で五日の—は、十五人」

のべ-たら [0] [(に)] [副] [俗語] 切れめなく、やたらにつづくようす。「—もんくを言う」

のべつ [ノ] [(に)] [副] ひっきりなしに。「—しゃべりまくる」 **—幕(まく)なし** 〔しばいで、休みなくひきつづいて演じることから」はじめから終わりまで、きれめなくつづくようす。

のべ-つぼ べ【延(べ)坪】名 建物の床面積の合計坪数。二階以上の建物は、それぞれの階の合計坪数。↕建坪。

のべ-にっすう 三【延(べ)日数】名 ある仕事に要した日数を、かりにひとりでしあげるものとして換算した総日数。「五人が三日はたらいた—は、十五日」

のべ-ばらい バ【延(べ)払い】名 かねの支払い期限を延ばすこと。

のべ-ぼう 0/べ【延(べ)棒】名 ❶金属を長くのばして棒の形にしたもの。❷うどんなどを平たくのばすための木の棒。

ノベライズ ラ/ノ〈novelize〉名他サ 映画やテレビドラマの脚本、漫画、コンピューターゲームなどを小説に作りかえること。

ノベル ノ〈novel〉＝ノヴェル 名 長編小説。また、広く小説。

の・べる べ【延べる】他下一 ❶のばす。「金を—」「予定を—」❷ひろげて敷く。「とこを—」❸【伸べる】さし出す。「救援の手を—」の・ぶ 文語下二

の・べる べ【述べる】【▲陳べる】他下一 ❶説く。かたる。「礼を—」「意見を—」❷文章を書きあらわす。の・ぶ 文語下二

ノベルティ(ー) べ〈novelty〉名 宣伝・広告のために会社名・商品名などを入れて配布する品物。「—グッズ」

の-ほうず ホ【野放図】【野方図】名 形動 ❶つつしみがなく、おうへいなこと。「—な態度」❷きりがないこと。「—にあそびまわる」❸しまりのないこと。「—な暮らし」

のぼ・す 0【上す】他五 ⬇のぼせる。

のぼせ-あが・る ガ【のぼせ上がる】【▲逆▲上せ上がる】自五 ひどくのぼせる。

のぼ・せる 0【▲逆▲上せる】自下一 ❶頭に血がのぼる。上気する。「湯に—」❷感情がたかぶって、一時本心を失う。正しい判断を失う。❸夢中になる。「ダンスに—」❹ほれこむ。「彼女に—」❺思いあがる。うぬぼれる。

のぼ・せる 0【上せる】他下一 〔「上す(五段活用)」とも〕❶上へ進ませる。高い所へあげる。「位を—」❷みやこへやる。「娘を京へ—」❸書きのせる。「記録に—」❹さしだす。「会議に案を—」のぼ・す 文語下二

のほほん ホ2 と副 俗語 何もせずに、のんきでいるようす。「—とした顔」

のぼり 0【上り】名 ↕くだり。❶上に向かってすすむこと。また、その経路。「急な—にさしかかる」❷〔鉄道や道路で〕郊外から都市部に向かう方向。また地方から東京に向かう方向。「—の最終列車」「—車線が渋滞する」❸のぼり坂。「道が—になる」

のぼり 0【×幟】名 のぼりばた。

のぼり-あゆ ア【上りあゆ】【上り×鮎】名 海でそだち、春、川をさかのぼる小さなあゆ。㊗春

のぼり-おり リ-【上り下り】名自サ のぼったりおりたりすること。「階段の—」

のぼり-がま リ【登り窯】名 斜面に作られた、陶磁器を焼くための窯。

のぼり-ぐち リ/0【登(上)り口】名 階段・通路などののぼりはじめの所。のぼりくち。↕降り口。

のぼり-ぐち リ/0【登り口】名 山道の登りはじめのところ。登山口。

のぼり-ざか 0【上り坂】名 ↕下り坂。❶のぼる坂道。❷だんだんによくなるようす。「成績が—だ」

のぼり-ちょうし チョ【上り調子】名 ❶調子がしだいに上がって勢いがよくなること。❷値だんが高くなるようすが現れること。

のぼり-つ・める メ【上(登・昇)り詰める】自下一 いちばん上までのぼる。「社長の座に—」のぼりつ・む 文語下二

のぼり-ばた 0【のぼり旗】【×幟旗】名 細長い布の横に多くの乳をつけ、さおを通して立てるもの。

のぼ・る 0【上る】自五 ❶㋐物が上に移動する。あがる。「煙が—」「頭に血が—」↕くだる・さがる・おりる。㋑【昇る】天体が空の高いところに移動する。「太陽が—」「月が—」❷【登る】斜面を上に移動する。「山に—」「坂道を—」「屋根に—」「階段を—」「サケが川を—」❸価値の高い場所に移動する。「大軍を率いて都に—」❹普通ではない状態に達する。「感染者数が一日一万人に—」「負債額は数十億円に—」❺目につくところに位置する。「選択的夫婦別姓制度が話題に—」「まつたけが食卓に—」参考「のぼる」は高いところへの移動をあらわす点で「あがる」と共通する。ただし、「山にのぼる」とは言っても、「山にあがる」とは言いにくい。これは、「あがる」が移動の結果や到着点に注目するのに対し、「のぼる」は移動の経過や通過の場所に焦点を合せた言い方であるためである。**のぼれる** 自下一〔…できる〕

のま・す マ【飲(ま)す】【×呑す】他五 飲ませる。

のま・せる セ【飲(ま)せる】【×呑せる】㊀他下一 ❶飲むようにさせる。「馬に水を—」「一杯—とよく働く」❷酒をごちそうする。㊁自下一 もっと飲みたいと思うようになる。「この地酒は—ね」

ノマド ノ〈nomad〉名 ❶遊牧民。放浪者。❷ノートパソコンなどを使い、特定の場所を決めずにさまざまな場所で行う仕事のしかた。「—ワーキング」

のま-ひろし《野間宏》一九一五〜九一。小説家。深い思想的・宗教的世界を独特な文体で描いた。作品に「暗い絵」「真空地帯」「青年の環」など。

のまれる【飲まれる】連語 ❶ひきこまれる。「波に—」❷相手の態度やその場のふんい気に圧倒されて、まいってしまう。「相手の気力に—」

のみ 三【×蚤】名 ノミ目の昆虫の総称。体長二〜三ミリ。めすのほうが大きい。からだはひらたく、翅はもたず、あと足の一対が強大でよくはねる。人畜に寄生して血をすう。㊗夏 **—の市** 古物市。**—の心臓** 気が小さいこと。**—の夫婦** 夫より妻のほうがからだの大きい夫婦。

のみ ノ【×鑿】名 木材や石材に穴をあけたり、みぞをほったりする工具。

のみ

のみ 三 名 ⬇のみこうい。

のみ 助〔副助詞〕❶〔文章語〕それと限る意味をあらわす。だけ。「君のこと—思う」参考「全力をあげて戦いぬくのみ」のように、あとを表現せず「のみ」で言い切り、表現を強調する場合がある。❷〔古語〕強調して言うのに使う。「ただ泣きのみ泣きたまふ」〈源氏〉

のみ-あか・す カ/0【飲(み)明(か)す】【×呑み明す】自五 夜どおし、酒を飲む。

のみ-か 連語〔文章語〕〔副助詞「のみ」と係助詞「か」〕…ばかりか。…だけでなく。「妻—子まで失う」

のみ-かい 0/三【飲(み)会】名 酒を飲みながら懇談して楽しむ会。

のみ-くい 三/ノ【飲(み)食い】名 飲んだり食べたりすること。「—にかねを使う」

のみ‐ぐすり [グ]【飲(み)薬】[名] 飲用する薬。内服薬。

のみ‐くだ・す [ダ]/[0]【飲(み)下す】[他五] (サ・ソ|シ|ス|ス|セ|セ) 飲んで胃に送る。

のみ‐くち [ミ]【飲(み)口】[名] ❶酒などを飲んだときの口あたり。「—のよい酒だ」❷さかずき・コップなどの口にあたる部分。❸酒飲みの人。上戸(じょうご)。「彼は—の方だ」

のみ‐ぐち [ミ]【のみ口】【×呑口】[名] 酒・しょうゆなどを入れたたるやかめの、下部にある出し口。

のみ‐こうい [コ]【のみ行為】【×呑行為】[名] ❶証券業者が取引所を通さないで株の売買をし、不当な利益を得ること。❷競馬・競輪などで、私設の馬券・車券を発行して、不当な利益を得ること。‖のみ。

のみ‐こみ [0]【飲(み)込み】【×呑込み】[名] 理解。納得。「—が早い」

のみ‐こ・む [コ]/[0]【飲(み)込む】【×呑込む】[他五] (マ・モ|ミ・ン|ム|ム|メ|メ) ❶飲んで、のどを通す。飲みくだす。❷かまないで、のどを通す。❸理解する。納得する。「要領を—」 **のみ込める** [自下一] […できる]

のみ‐さし [0]【飲(み)差し】[名] 飲みかけたままになっていること。

のみ‐しろ [0]【飲(み)代】[名] 酒を飲む代金。酒代(さかだい)。

のみ‐すけ [ミ]【飲助・×呑助】[名]〔俗語〕酒をよく飲む人。

のみ‐たお・す [オ]/[0]【飲(み)倒す】—たふす [他五] (サ・ソ|シ|ス|ス|セ|セ) ❶酒を飲んで代金を払わない。「客に飲み倒される」❷飲みつぶす。「身代を—」

の‐みち [ノ]【野道】[名] 野原の中の道。野路(のじ)。

のみ‐つぶ・す [ブ]/[0]【飲(み)潰す】【×呑潰す】[他五] (サ・ソ|シ|ス|ス|セ|セ) 酒を飲みすぎて、財産をなくしてしまう。

のみ‐つぶ・れる [レ]/[0]【飲(み)潰れる】【×呑潰れる】[自下一] (レ|レ|レル|レル|レレ|レロ・レヨ) ひどく酒に酔って、動けなくなる。酔いつぶれる。

のみ‐て [テ]【飲(み)手】[名] 酒をよく飲む人。上戸(じょうご)。

のみとり‐まなこ [マ]【のみ取り眼】【×蚤取眼】[名] (のみをとるときの目つきのように)ごく小さなものも見のがさない、真剣な目つき。

のみ‐なお・す [0]【飲(み)直す】—なほす [他五] (サ・ソ|シ|ス|ス|セ|セ) 場所や相手を変えて、さらに酒を飲む。「家で—」

のみ‐なら‐ず [連語]〔文章語〕〔副助詞「のみ」と、断定の助動詞「なり」の未然形と、打ち消しの助動詞「ず」〕…ばかりでなく。「きみ—、ぼくもそうだ」

ノミネート [ネ]〈nominate〉[名][他サ] 指名すること。賞の候補として名まえをあげること。「主演男優賞に—される」

のみ‐ほ・す [ホ]/[0]【飲(み)干す】【飲▲乾す】[他五] (サ・ソ|シ|ス|ス|セ|セ) すっかり飲んでしまう。 **飲みほせる** [自下一] […できる]

のみ‐まわ・す [ワ]/[0]【飲(み)回す】—まはす [他五] (サ・ソ|シ|ス|ス|セ|セ) 一つのうつわに入れた酒や茶などを、大ぜいで順々に飲む。

のみ‐みず [ミ][1]【飲(み)水】—みづ [名] 飲むための水。

のみ‐もの [ミ]/[モ]【飲(み)物】[名] ❶飲むための物。茶・酒など。飲料。❷料理の味をひきたたせるために飲む物。「お—は何になさいますか」

のみ‐や [ミ]【飲(み)屋】【×呑屋】[名] 酒を飲ませる飲食店。小料理屋。居酒屋。

のみ‐りょう [ミ]【飲み料】[名] ❶飲みもの。❷飲みしろ。酒代(さかだい)。

の・む [ノ]【飲む】【×呑む】[他五] (マ・モ|ミ・ン|ム|ム|メ|メ) ❶口に入れ、かまずにのどを通して胃へ送る。㋐液体や薬類を口から体に入れる。「茶を—」「粉薬を—」㋑とくに、酒を飲む。「毎晩—」「同僚と—」㋒固形物をかみくだかずに胃に入れる。「すいかの種を飲んでしまった」「蛇がかえるを—」㋓たばこを吸う。「一日に二十本余り—」❷〔比喩(ひゆ)的に〕中に包み込む。「激流が民家を—」「三人が波にのまれた」㋐急流や大波などが人や家などを引き込む。㋑大きな建物やグラウンドなどが多数の人を収容する。「五万人を—大競技場」❸出そうになるものをこらえる。「残念ながら涙を—」「驚いて声を—」「しばらく息を—」❹受け入れる。承知する。「要求を—」❺気分的に圧倒する。「敵を—」❻懐中にかくし持つ。「短刀を—」 **のめる** [自下一] […できる]

のめ・す [メ] [他五] (サ・ソ|シ|ス|ス|セ|セ) ❶のめらせる。❷(他の動詞の連用形について)徹底的にする。「しゃれ—」「たたき—」

のめ‐のめ [ノ][1] (と)[副] おめおめ。恥ずかしげもなく、平気で。

のめり‐こ・む [コ]【のめり込む】[自五] (マ・モ|ミ・ン|ム|ム|メ|メ) ❶からだを前の方へ倒して入り込む。❷その環境の中に深く入りこんで、抜け出せなくなる。「マージャンに—」「研究に—」

のめ・る [メ] [自五] (ラ・ロ|リ・ッ|ル|ル|レ|レ) 前へかたむく。前へ倒れかかる。

の・める [メ]【飲める】[自下一] (メ|メ|メル|メル|メレ|○) ❶飲むことができる。❷飲む値うちがある。「値段のわりに—酒だ」

の‐もり [野守] [名]〔古語〕野を守る人。野の番人。「あかねさす(枕詞)紫野行き標野(しめの)行き野守は見ずや(見ルデハアリマセンカ)君が袖振る」〈万葉〉 **—の鏡**(かがみ)〔古語〕野中にあるたまり水。[参考] 野守が自分の姿を映し見る鏡にたとえた言いかた。

の‐やき [0]【野焼(き)】[名] 春になって草がよくはえるように、冬から早春の間に野の枯草を焼くこと。㊗春

の‐やま [ノ]【野山】[名] ❶野と山。❷野山で仕事をすること。

の‐よ [連語] ❶(主に女性が用いる)おだやかな断定や命令に用いる。「ここのレストラン、おいしい—」「先生の言うことをちゃんと聞く—」❷(疑問表現とともに用いて)相手への非難の気持ちをあらわす。「あなたに何がわかる—」

の‐ら [ラ]【野良】[名](「良」は当て字)❶野。野原。❷田畑。「—仕事」

のら‐いぬ [0]【野良犬】[名] 飼い主のいない犬。

のら‐ぎ [0]/[ギ]【野良着】[名] 田畑で働くとき着る衣服。

のら‐くら [ノ] (と)[副][自サ] なまけて遊ぶようす。ぶらぶら。

のら‐しごと [シ]【野良仕事】[名] 田畑での耕作の仕事。

のら‐ねこ [0]【野良猫】[名] 飼い主のいないねこ。

のら‐むすこ [ム]【野良息子】[名] 怠けてのらくらしているむすこ。道楽むすこ。どらむすこ。

のらり‐くらり [ラ][1]=[ラ][2]/[ラ][1] (と)[副][自サ] おさえどころのないようす。ぬらりくらり。

のり [リ]【▲法・▲則】[名] ❶手本としてしたがい守るべき物事。規律。❷法律。おきて。❸仏法の教え。❹傾斜面の程度。❺さしわたしの寸法。「うち—」「そと—」

のり [0]【乗り】[名] ❶乗ること。乗るもの。「五人—」❷絵の具やファンデーションなどのなじみぐあい。「化粧の—がわるい」❸謡曲で、うたいと拍子(ひょうし)のあわせ方。❹芝居で、せりふを、三味線(しゃみせん)や合方の調子にあわせること。❺〔俗語〕あるものに調子や気分を合わせて行動すること。「その場の—で羽目をはずす」

のり [リ]【×糊】[名] でんぷん質の物を煮て、ねばりを出させたもの。接着剤や、せんたくした布を固くするために用いる。 **—と×鋏**(はさみ) (はさみで切りぬき、のりでつなぎあわせる)他人の説を抜きあつめ、つなぎあわせて自分の説のように見せることにいう語。「—でできた論文」

のり [リ]【▲海×苔】[名] ❶紅藻(こうそう)類・緑藻(りょくそう)類に属する海藻。あさくさのり・あおのりなど。㊗春 ❷あさくさのりを紙のようにすいて、ほした食べ物。

のり‐あい [0]【乗(り)合(い)】—あひ [名] 交通機関に人々がいっしょに乗ること。また、その乗り物。↕仕立て。[参考]

「乗合自動車」「乗合馬車」などは、送りがなをはぶく。

のりあ・げる ゲ【乗(り)上げる】自下一 (ゲ｜ゲ｜ゲル｜ゲル｜ゲレ｜ゲロ・ゲヨ) 船や車が障害物の上にあがる。「歩道に―」 **のりあ・ぐ** 文語下二

のりあわ・せる セ【乗(り)合(わ)せる】(―あはせる) 自下一 (セ｜セ｜セル｜セル｜セレ｜セロ・セヨ) 乗り物でたまたまいっしょになる。「同じ電車に―」 **のりあは・す** 文語下二

のりい・れる レ【乗(り)入れる】(レ｜レ｜レル｜レル｜レレ｜レロ・レヨ) ㊀他下一 乗ったまま、すすんではいる。「玄関先まで―」 ㊁自下一 鉄道やバスの線路・路線が、その地域まで延長される。また、別の会社・系統の路線に直通して運転する。 **乗り入れ** 名 **のりい・る** 文語下二

のりうつ・る ツ【乗(り)移る】自五 (ラ・ロ｜リ・ッ｜ル｜ル｜レ｜レ) ❶乗りかえて他の乗り物に移る。❷神仏・霊魂などが人にとりつく。

のりおく・れる レ【乗(り)遅れる】自下一 (レ｜レ｜レル｜レル｜レレ｜レロ・レヨ) ❶発車時刻に間にあわず、その乗り物に乗れなくなる。❷世の中の進歩に取り残される。「時流に―」 **のりおく・る** 文語下二

のりおり リ【乗(り)降り】名 乗り物に乗ることと降りること。「―はお早く願います」

のりかえ 0【乗(り)換(え)】(―かへ) 名 ❶乗り換えること。❷予備の乗り物。「―の馬」 参考「乗換駅」のような場合は、送りがなをはぶく。

のりか・える エ/カ【乗(り)換える】(―かへる) 自下一 (エ｜エ｜エル｜エル｜エレ｜エロ・エヨ) ❶乗り物を換える。「電車からバスに―」❷今までとってきた考えやりかたをやめて、別のものにする。 **のりか・ふ** 文語ハ下二

乗(の)り掛(か)かった船(ふね) (一度船に乗った以上は、航行中かってに船からおりられないことから)いったん着手した以上、中途で身をひくことのできないたとえ。

のりかか・る カ2【乗り掛(か)る】自五 (ラ・ロ｜リ・ッ｜ル｜ル｜レ｜レ) ❶乗ろうとする。❷物事をしはじめる。「乗りかかった仕事」❸乗ってからだをもたせかける。のしかかる。のっかかる。

のりき 0【乗(り)気】名 形動 事をしようと心のはずむこと。気のりがすること。「―になる」

のりき・る キ【乗(り)切る】(ラ・ロ｜リ・ッ｜ル｜ル｜レ｜レ) ㊀自五 乗ってつっ切る。㊁他五 事をやりとおす。切りぬける。「難局を―」 **乗り切り** 名 **乗り切れる** 自下一 […できる]

のりくみいん 三【乗組員】名 交通機関に乗りこんで、業務にあたる人。乗務員。

のりく・む ク【乗(り)組む】自五 (マ・モ｜ミ・ン｜ム｜ム｜メ｜メ) 船・飛行機・列車などに乗り、ほかの仲間とともに運送のしごとにつく。「漁船に―」

のりこ・える エ/コ【乗(り)越える】他下一 (エ｜エ｜エル｜エル｜エレ｜エロ・エヨ) ❶乗って上を越える。乗りこす。❷物の上を越える。「へいを―」❸困難にうちかつ。「不景気を―」❹他の人を越えて先に出る。「先人の業績を―」 **のりこ・ゆ** 文語ヤ下二

のりごこち 0【乗(り)心地】名 乗ったときの気持ち。乗ったときのぐあい。

のりこ・す コ【乗(り)越す】他五 (サ・ソ｜シ｜ス｜ス｜セ｜セ) ❶乗って上を越す。乗りこえる。❷乗り物で目的地をいきすぎる。乗りすごす。 参考「乗り越す」は、予定の地点よりもその先で下車することになる意で言う。「乗り過ごす」は、予定の地点で下車できず、その先まで行き過ぎてしまうことを言う。 **乗り越し** 名 **乗り越せる** 自下一 […できる]

のりこ・む コ【乗(り)込む】自五 (マ・モ｜ミ・ン｜ム｜ム｜メ｜メ) ❶乗り物に乗る。「一同バスに―」❷乗り物に乗ったままで、入り口や玄関まで行く。乗りつける。「自動車で―」❸大ぜいのものがある場所にくりこむ。「団体が―」❹勢いよくはいりこむ。「会場に―」❺旅先の興行地に役者や興行人が着く。 **乗り込み** 名 **乗り込める** 自下一 […できる]

のりしろ 0【のり代】【×糊代】名 紙などをつぎあわせるとき、のりをつけるための部分。

のりすご・す ゴ【乗(り)過(ご)す】自五 (サ・ソ｜シ｜ス｜ス｜セ｜セ) うっかりして、降りる駅などを通りすぎる。⇩のりこす 参考。

のりす・てる テ【乗(り)捨てる】他下一 (テ｜テ｜テル｜テル｜テレ｜テロ・テヨ) 乗り物からおりて、その乗り物をほうっておく。「車を乗り捨てて会場に急ぐ」 **乗り捨て** 名 **のりす・つ** 文語下二

のり・する リ/ス【×糊する】自サ (シ・セ・サ｜シ｜スル｜スル｜スレ｜シロ・セヨ) 〔文章語〕なんとか生活していく。 **のり・す** 文語サ変

のりだ・す ダ【乗(り)出す】自五 (サ・ソ｜シ｜ス｜ス｜セ｜セ) ❶乗って出かける。「漁船で沖に―」❷乗りはじめる。❸からだを前の方へぐっと出す。「ひざを―」❹すすんで、ことにあたる。「新しい事業に―」❺関係する。介入する。手を出す。「警察が―」 **乗り出せる** 自下一 […できる]

のりつ・ぐ ツ【乗(り)継ぐ】自五 (ガ・ゴ｜ギ・イ｜グ｜グ｜ゲ｜ゲ) 他の乗り物に乗りかえて、先に進む。 **乗り継ぎ** 名 **乗り継げる** 自下一 […できる]

のりづけ 0【のり付け】【×糊付】名 他サ ❶のりでつけること。「ポスターを―する」❷せんたくした布に、のりをつけること。‖のりつけ。

のりつ・ける ケ【乗(り)付ける】自下一 (ケ｜ケ｜ケル｜ケル｜ケレ｜ケロ・ケヨ) ❶乗り物でいそいで到着する。❷乗り物に乗ったままで、入り口や玄関まで行く。乗り込む。❸乗ることになれる。「乗り付けた車で行く」 **のりつ・く** 文語下二

のりつぶ・す ブ【乗(り)潰す】他五 (サ・ソ｜シ｜ス｜ス｜セ｜セ) 自動車や二輪車などを、こわれて乗れなくなるまで使う。

のりて 0【乗(り)手】名 ❶乗り物の客。乗る人。❷馬などに、じょうずに乗る人。「なかなかの―だ」

のりと 0【祝詞】名 神をまつり、神にいのるときに唱える古い文体の文章。

のりにげ 0【乗(り)逃げ】名 自サ ❶他人の乗り物を奪って逃げること。❷乗り物の代金をはらわないで逃げること。

のりのり 0【乗り乗り】形動(の) (ダロ｜ダッ・デ・ニ｜ダ｜ナ｜ナラ｜○) 〔俗語〕とても気分よく盛り上がっているようす。また、非常にリズミカルであるようす。「―で踊る」

のりば 0【乗(り)場】名 乗り物に乗るためにもうけられた場所。「タクシー―」

のりまき リ【のり巻(き)】【▲海×苔巻】名 のりで巻いたすし。

のりまわ・す ワ【乗(り)回す】(―まはす) 他五 (サ・ソ｜シ｜ス｜ス｜セ｜セ) 乗り物に乗って、ほうぼうをめぐる。「新車を―」 **乗り回せる** 自下一 […できる]

のりめん 0/リ【のり面】【▲法面】名 山地の切り取りや盛り土により作られる斜面。のりづら。「―保護」

のりもの 0【乗(り)物】名 馬・輿(こし)・駕籠(かご)・自動車・電車・船・飛行機など、人が乗って移動をするためのもの。 **―酔(よ)い** 0 名 乗り物に乗っているうちに吐き気をもよおすなど、気分が悪くなること。

の・る 0【乗る】自五 (ラ・ロ｜リ・ッ｜ル｜ル｜レ｜レ) ❶高い場所に位置が変わる。㋐高いところに上がる。「はしごに―」「屋根に―」「体重計に―」↕おりる。㋑【載る】物の位置が上にうつる。「盆の上にはグラスが載っている」「この車ならば一トンは荷物が―」❷移動のために用意した物に位置をうつす。「電車に―」「エレベーターに―」「ジェットコースターに―」↕おりる。❸勢いのままに進む。「波に―」「図に―」

「仕事に脂が―」❹相手になる。「相談に―」「その手には乗らない」❺調子に合う。「ギターの伴奏に―」「リズムに乗って聞こえる」「電波に―」❻遠くに伝わる。「野外コンサートの演奏が風に乗って聞こえる」❼【載る】記事としてとりあげられる。「国民的スターの訃報が一面に―」「新製品の紹介がホームページに―」 のれる 自下一〔…できる〕

の・る【▲宣る・▲告る】他四〔古語〕言う。つげる。述べる。「母は問ふとも(悪人ノ)その名はのらじ」〈万葉〉

ノルウェー《Norway》〔「諾威」とも書いた〕スカンジナビア半島の西部をしめる立憲君主国。首都はオスロ。

のるか-そるか【のるか反るか】【▲伸るか反るか】連語 成功するか失敗するか。いちかばちか。「―やってみる」

ノルディック ディ〈Nordic〉名〔「北欧の」の意〕ノルディック種目。 ―種目 シュ 名 スキー競技で、距離・ジャンプ・複合の総称。↕アルペン種目。

ノルマ ノ〈ロ norma〉名 各人にわりあてられた、仕事・労働の責任量。

ノルム ノ〈フ norme〉名 法則。規範。

のれそれ 0 名 あなごの稚魚。高知県の特産。酒のさかなに、生で食べることが多い。

の-れん 0【▲暖×簾】名 ❶商家で、屋号などをしるし、店先にかける布。また、それに似た室内のしきり用の布。❷店の信用・名声・格式。「―にかかわる」 ―に腕押し すこしも手ごたえなく、はりあいのないこと。ぬかにくぎ。 ―に傷を付ける その店の信用や名声を傷つける。のれんをけがす。 ―を下ろす ❶その日の営業をやめる。❷廃業する。 ―を分ける 長くつとめた店員などに、あらたに店を出させ、同じ屋号を名のらせる。

のろ ノ【▲鈍】名 のろいこと・人。のろま。

のろ ノ【×獐・×麞】名 シカ科の哺乳類。しかに似て小形。中国・朝鮮の草原にすみ、走るのが速い。のろじか。㊄冬

のろい 0【呪い】【×詛い】名 他者にわざわいがふりかかるようにいのること。「―をかける」

のろ・い 回【▲鈍い】形 ❶速度がおそい。「―自動車」「足が―」↕はやい。参考「おそい」は、時刻・時期にも速度にも使うことができる。「おそい」は速度が上がらないことを客観的に言うのに対し、「のろい」は速度が上がらないことを不快に思う気持ちがともなう。❷ぐずぐずしている。はかどらない。「仕事が―」↕はやい。❸おろかである。勘がわるい。❹女に甘い。 のろさ 名 のろ・し 文語ク

のろ・う 回/0【呪う】【×詛う】他五 相手にわざわいがあるようにといのる。

ノロ-ウイ(ヴィ)ルス イ〈ド Norovirus〉名 消化管の炎症や食中毒の原因となる病原体。経口感染する。

のろ-くさ ノ【のろ臭】【▲鈍臭】(と)副 自サ 動作のにぶいようす。のろのろ。「―歩くな」

のろけ 0/ケ【×惚気】名 のろけること。また、その話。「―を聞かされる」

のろ・ける 0/ケ【×惚気る】自下一 自分の恋愛・結婚生活やその相手のことを、うれしそうに、他人に話す。

のろし 0【×狼▲煙】名 警報・合図のため、火をもやしたり、煙をあげたりすること。 ―を上げる ❶合図のために、火をもやしたり、煙をあげたりする。❷事を起こすことを世の中に知らせ、気勢をあげる。

のろ-のろ ノ(と)副 自サ 動作のにぶいようす。のろくさ。「―と歩く」「―運転」

のろ-ま 0 名 形動 ❶のろくて気のきかないこと。また、その人。❷のろま人形。 ―人形 三 名 色の青黒い道化人形。

のろわし・い シ【呪わしい】形 のろいたい気持ちである。「あの大水害が―」 呪わしげ 形動 のろは・し 文語シク

の-わき 0/キ【野▲分】名〔文章語〕〔野の草を吹きわける風の意から〕秋に吹くつよい風。台風の古い言いかた。のわけ。「野分立ちてにはかに膚寒き夕暮れのほど」〈源氏〉㊄秋 ―立つ 自四〔古語〕野分の風が吹いてくる。

ノン〈non〉造 …がないこと。…でないこと。「無・非」などの意味をあらわす。「―アルコール」「―ステップバス」

ノン ノ〈フ non〉感 いいえ。ノー。否定の返事。↕ウイ。

ノン-オイル オ〈non-oil〉名 食品や化粧品などで、油を使っていないこと。

ノン-カロリー カ〈non calorie〉名〔和製英語〕食品に含まれる熱量が微量であること。

のん-き ノ【×暢気・×呑気】形動 気分や性格がのんびりしているようす。 のんきさ 名

ノン-キャリア キャ〈non career〉名〔和製英語〕国家公務員採用一種試験によらずに採用された公務員。ノンキャリ。

ノンシャラン ノ〈フ nonchalant〉形動 のんきで、むとんじゃくなようす。

ノン-ストップ ト〈nonstop〉名 交通機関などで、途中無停車、無着陸のこと。「京都まで―でとばす」

ノン-セクション セ〈nonsection〉名〔和製英語〕クイズの問題などで、分野が限定されていないこと。

ノン-セクト セ〈non-sect〉名〔和製英語〕政治的な党派に所属していないこと。無党派。

ノンセンス ノ〈nonsense〉名 形動 ➡ナンセンス。

のん-だくれ 0【飲んだくれ】名 大酒飲み。のんべえ。

のんど ノ【▲咽・▲喉】名〔「飲み処」の変化〕のど。

ノンバーバル-コミュニケーション ケ〈nonverbal communication〉名 ことばを使わず、身ぶり手ぶりなどで行うコミュニケーション。

ノン-バイナリー バ〈non-binary〉名 身体的な性別に関係なく、自分を男性・女性のどちらかに当てはめないこと。また、その人。

ノン-バンク バ〈nonbank〉名 銀行以外の、金銭の貸し付けなどを行う機関。預金は行わない。信販会社・リース会社など。

のんびり ビ(と)副 自サ ❶心も体もゆったりしているようす。「休日は家で―すごす」❷物事にこだわらないようす。「―した性格で得をする」

ノン-フィクション フィ〈nonfiction〉名 事実にもとづいた記録文学・記録映画。↕フィクション。

ノンブル 0〈フ nombre〉名〔数の意〕書物や書類などのページの数字。

ノン-プロ 0 名〔nonprofessional の略〕職業的・専門的でないこと。「―野球チーム」↕プロ。

のん-べえ ノ【飲んべえ】【飲(×呑)兵▲衛】名 大酒飲み。飲んだくれ。のんべ。人の名まえらしくした言い方。

のんべん-だらり ラ/リ(と)副 ろくに仕事をせず、時日をむだにすごすようす。

ノン-ポリ 0 名〔nonpolitical の略〕政治などに関心をもたないこと。また、そういう人。

ノン-レムすいみん ス【ノンレム睡眠】名〔non REM から〕脳が休息状態にある深い眠り。レム睡眠とセットで睡眠を形作る。↕レム睡眠。

は

ハ

は…「波」の草体。
ハ…「八」。

は【把】 造 ❶手にもつ。「把握・把持・把捉・大雑把」❷つか。握るところ。「把手」❸たばねたものを数える語。「一把・三把・十把」

は【波】 造 ❶なみ。「波濤・波紋・波浪・風波・余波・防波堤」❷波のような動きをする現象。「波長・波動・寒波・電波・脳波」

は【×爬】 造 ❶かく。ひっかく。「掻爬」❷はって歩く。「爬虫類」

は【×播】 造 ❶まく。種をまく。「播種・条播」❷ひろまる。敷く。「伝播」

は【破】 一 造 ❶やぶる。こわす。そこなう。「破壊・破損・突破・爆破」❷まかす。「破邪・打破・連破・論破」❸だめにする。こわれる。「破局・破産・破談・破約」❹なしとげる。つきぬける。「破天荒・看破・踏破・読破」❺はずれる。「破戒・破格・破調・破廉恥」二 [1] 名 能楽などの楽曲の中間部分。しだいに拍子の変化が多くなっていくところ。「序・—・急」

は【派】 一 [1] 名 造 流儀・思想などのちがいでわかれた人々の集まり。「別の—に属する」「派閥・学派・硬派・党派・流派・印象派・過激派・戦後派・多数派」二 造 ❶わかれる。「派生・分派」❷つかわす。ゆかせる。「派遣・派出・派兵・特派」 **派する** 他サ

は [1] **【覇】** 名 造 ❶昔、諸侯の長。はたがしら。「覇王」❷国を治めるのに武力やはかりごとを中心とするやりかた。「—をとなえる」「覇権」❸スポーツなどで優勝すること。「—を争う」「覇者・制覇・争覇」

は [1] **【刃】** 名 刃物のふちの、うすくてするどい、物を切る部分。やいば。「かみそりの—」

は [0] **【羽】** 名 ❶鳥のからだをおおっている羽毛。❷鳥のつばさ。昆虫のはね。

は [0] **【葉】** 名 高等植物の主要な器官で、ふつう、茎や枝から出て、光合成・蒸散・呼吸作用などをする。

は [1] **【歯】** 名 ❶鳥類以外の脊椎動物の口の中にある、かたい骨のような器官。食物をとらえ、またかみくだく作用をする。❷器具・機械のふちにこまかくならぶきざみめ。「歯車の—」「のこぎりの—」❸げた・あしだの下に出た、板の部分。❹くしの毛をすく部分。 **—が浮く** ❶歯の根がゆるむ。❷すっぱい物などを食べて歯がゆるんだように感じる。❸かるはずみなことを見たり聞いたりして、いやな感じがする。 **—が立たない** ❶かたくてかめない。❷相手が強くて、かなわない。 **—に衣着せぬ** おそれたり、遠慮したりせず、どしどし言う。 **—には歯を** ⇒目には目を歯には歯を。 **—の抜けたよう** ❶その場をうずめていた物のところどころがぬけて、まばらなようす。❷あるべき物が欠けて、さびしいようす。 **—の根が合わない** 寒さや恐怖のためにからだがふるえ、歯をかみしめていることができない。 **—を食いしばる** 苦痛・くやしさなどを必死にこらえる。 **—を見せる** 口をあけて笑うことのたとえ。

は [0] **【端】** 名 ❶はし。「山の—」「口の—」❷はした。はんぱ。「—数」

は [1] 感 相手の言うことに、問い返すことば。「—、何でしょうか」

は 助 (係助詞) ❶主題・題目をとりたてて示す。主題は、発話(会話)の中で話題になることがらである。主題につく「は」は、文の中ではたらきとしては「が」「を」「の」などに相当する。「雨—やんだ」「このケーキ—母が作りました」「象—鼻が長い」 参考 自己紹介で「わたしは高橋です」と言えば、聞き手がすでに知っている目の前の「わたし」(自分)を話題にしている(旧情報)。ただし、「高橋」という名は今はじめて知らされたとする(新情報)。「は」のはたらきの一つは、このように情報を二種類に分けるところにある。それに対して「わたしが高橋です」という文では、重要な新情報は「わたし」に変わる。「わたしが高橋です」という文は、すでに高橋という名前は知っているが、どの人が高橋さんかがわからない、という状況で使われる。そのような状況では「高橋」は旧情報であり、「わたし」が新情報となるので、「わたし」に「が」が付く。「わたしが高橋です」では「わたし」が新情報で「高橋」が旧情報であるので、「高橋はわたしです」とも言うことができる。❷複数のことがらを対比的・対照的に示す。「わたし—日本人ですが、陳さん—中国人です」「肉—食べませんが、魚—食べます」「酒—だめだが、ジュース—飲んでいい」 参考 一つの文の中に二つ以上の「は」が使われるとき、初めの「は」は主題を、二つ目以降の「は」は対比をあらわすと見られることがある。「フランス語は話すことはできない」という文は、「聞いて理解することはできる」などの意味を含んでいる場合がある。❸そのことがらの範囲や程度をとりたてて限定する。「少し—周りのことも考えなさい」「まだ読み終えて—いない」❹(数量表現に付いて)肯定文では最低限の数量をあらわし、否定文では最大限に満たない量をあらわす。「この部屋には十人—入る」「この部屋には百人—入らない」❺(時・場所・場面などをあらわす語について)さらにその時・場所・場面を限定する。「東京—神田の生まれよ」❻(活用語の連用形に付いて)順接条件、および反復的な条件をあらわす。「そんなことをして—みんなに嫌われるよ」「レポートを書いて—破り、書いて—破りして、何とか仕上げた」❼ 古語 (文末に位置して)感動・詠嘆をあらわす。「いかがはせむは(ドウショウゾ)」〈伊勢〉❽ 古語 (形容詞および打ち消しの助動詞「ず」の連用形について)仮定の条件をあらわす。…ならば。「恋しくはとぶらひ来ませ」〈古今〉

ば【馬】 造 ❶うま。「馬脚・馬車・馬術・馬力・愛馬・競馬」❷自分の年齢をかしこまって言う語。「馬齢」

ば【婆】 造 年をとった女性。「産婆・妖婆・老婆」

ば【罵】 造 ののしる。悪口をいう。「罵声・罵倒・悪罵・痛罵・面罵」

ば [0] **【場】** 名 ❶広さを持った空間。「—をふさぐ」「足の踏み—もない」「逃げ—を失う」「ごみ捨て—」「仕事—」 参考 それだけで使うよりも、「場面・職場・盛り場・立場・広場・本場・役場」など多くの複合語を作り、何らかの活動やそれにかかわる経験をあらわす。❷あることが起こっているそのところ。「たまたまその—に居合わせる」「場数・場違い・現場」❸あることが起こっているそのとき。「場合・急場・夏場・山場」❹劇で、舞台が変わらない同一場面の一続き。景。「二幕六—」「見せ—」「世話—」❺〘心〙行動・反応のしかたに直接関係する環境・条件。❻〘物〙物体間にはたらく力をなかだちする媒質空間。❼取引所の立会い場所。「—立ち」「相—」

ば 一 助 (接続助詞。活用語の仮定形につく) ❶仮定の条件を示す。もし…ならば。「すぐ行け—、間に合う」 参考 古語では未然形について「行かば」という。話しことばでは、「…ばいい」「…ばどうか」などの「ば」以下が省略され、「行きたいなら、行けば」のように、相手の行動を許可したり放任したりする言い方になることがある。また、仮定の条件

をあらわす言い方には、ほかに「と」がある。「ば」は、仮定の言い方一般に使われるが、「と」は、「風が吹くと、ほこりが立つ」のように、ある結果が生ずることがはっきりしている場合に使われやすい。❷順当な、またいつも同じ結果をともなう原因や条件を示す。…と。…といつも。「春になれ—花が咲く」❸あることをきっかけ・前提として、次のことが認められることを示す。「昔に比べれ—、今は便利になったものだ」❹共存することがらを並べて示す。…し。…のうえにまた。「妻もあれ—子もあるのだから、まじめに働きなさい」❺話題を引き出したり、次に述べることがらの出所などを示す。「ニュースによれ—、相当に大きな地震だったらしい」 二 助〔古語〕〈接続助詞〉❶(活用語の未然形につく)仮定の条件を示す。「盛りにならば(モシ年ゴロニナッタラ)、形も限りなくよく、髪もいみじく長くなりなむ」〈更級〉❷(活用語の已然形(いぜんけい)につく)同じ条件ではいつも決まったことが起こることを示す。「命長ければ恥多し」〈徒然〉❸ので。(活用語の已然形(いぜんけい)につく)原因・理由を示す。から。「いと幼ければ籠(こ)に入れて養ふ」〈竹取〉❹(活用語の已然形(いぜんけい)につく)偶然起こったことに続いて、次のことが起こることを示す。…すると。たまたま…したところが。「それを見れば三寸ばかりなる人いとうつくしうてゐたり」〈竹取〉❺(多く、打ち消しの助動詞「ず」の已然形(いぜんけい)「ね」について)逆接を示す。まだ…のに。…のに。「天の川浅瀬白波たどりつつわたりはてねば(渡リ終ワラナイノニ)明けぞしにける」〈古今〉

はあ 感 ❶ 八 肯定したり、あいづちを打ったりするときのことば。はい。「—、そうです」「—、なるほど」❷ 八 おどろいたり、困惑したりしたときのことば。「—、そういうものですか」❸ ０ きつく問い返すときのことば。「—、何を言っているんだ」 参考 語尾の上げ下げの調子で、感心・問い返しなど種々の表現に使い分けられる。

バー バ〈bar〉名 (「棒」の意から)❶走り高跳び・棒高跳びに使う横木。❷バレエの練習用の横木。❸サッカー・ラグビーなどで、ゴールの横木。❹出入り口に、車などをさえぎるために設けた横木。「—が開く」❺洋酒を飲ませるカウンター。また、カウンター席中心の洋酒酒場。❻飲食店などの、セルフサービスのコーナー。「ドリンク—」❼パソコンの画面で、帯状にアイコンを並べたもの。「ツール—」

ぱあ パ 名〔俗語〕❶ばか。❷ゼロになること。ご破算。「もうけが一晩で—になる」❸じゃんけんで、かみ。↕ぐう・ちょき。

パー パ〈par〉名 ❶価値がひとしいこと。❷有価証券や為替相場が額面と法定平価とひとしいこと。❸ゴルフで一ホールについてきめられた標準打数。参考 パーより一打多い打数をボギー、一打少ない打数をバーディという。

ばあい ０【場合】(あい) 名 ❶事にであったとき。おり。「雨の—は中止」❷事態。事情。「時と—による」

バーガー バ〈burger〉造 「ハンバーガー」の略。「チーズ—」「チキン—」

パーカ(ー) パ〈parka〉名 フードつきの防寒・防風用上着。参考 もとはアレウト語で、イヌイットの防寒服という。

パーカッション カ〈percussion〉名 ドラム・マリンバなどの打楽器の総称。また、その演奏。

パーキング パ〈parking〉名 車をとめて、ある時間そこにおくこと。駐車。 **—メーター** メ〈parking meter〉名 時間制の駐車料金を計算し、表示する器具。

パーキンソン-びょう ０【パーキンソン病】名 大脳の中心部の故障による病気。前かがみの姿勢になり、からだがふるえ、動作が不自由になる。参考 イギリスの医師パーキンソンParkinsonがはじめて報告したことから。

は-あく ０【把握】名 他サ ❶手でしっかりとにぎること。❷十分に理解すること。「文章の要旨を—する」

パーク パ〈park〉名 公園。遊園地。「サファリ—」

ハーケン ハ〈ドHaken〉名 登山用具の一つ。手がかりなどにするために岩のわれめに打ちこむくさび形の金具。

バーゲン バ〈bargain〉名 ❶安物。ほりだし物。❷バーゲンセール。 **—セール** セ〈bargain sale〉名 大安売り。

バー-コード コ〈bar code〉名 〔barは、線・しまの意〕光学読み取り機で使用する、太さの異なる線の集合からなる符号。商品の外箱・包装紙などに印刷され、物流管理などに用いられる。

パーコレーター レ〈percolator〉名 濾過(ろか)器のついたコーヒーわかし。

パーサー パ〈purser〉名 旅客機や客船の事務長。

ばあ-さん バ 名 ↕じいさん。❶【▲祖▲母さん】祖母のややくだけた言い方。❷【▲婆さん】老年の女性のややくだけた言い方。

パージ パ〈purge〉名 追放。公職追放。「レッド—」

バージョン バ/０〈version〉名 著作物に手を加えて作り替えたもの。版(はん)。 **—アップ** ア〈version up〉名 自他サ コンピューターのソフトを改訂すること。

バ(ヴァ)ージン バ〈virgin〉名 処女。 **—ロード** ロ〈virgin road〉名 〔和製英語〕キリスト教式の結婚式で、教会の入り口から祭壇に至る中央の通路。花嫁とその父親がここを通って入場する。

バース 〈birth〉造 出生。出産。 **—コントロール** ロ〈birth control〉名 産児制限。受胎調節。 **—デー** バ〈birthday〉名 誕生日(たんじょうび)。「—プレゼント」

バースト ０/バ〈burst〉名 自サ 走行中の車のタイヤが破裂すること。

パースペクティブ ペ〈perspective〉名 ❶遠近法。遠視図法。❷見取り図。❸展望。先の見通し。

パーセンテージ テ〈percentage〉名 パーセントで表される割合。百分率(ひゃくぶんりつ)。百分比。

パー-セント セ〈percent〉名 一〇〇分のいくつかを表す語。記号は「%」。「八〇—の成功」⇩ポイント 参考。

パーソナリティ(ー) ナ〈personality〉名 ❶個人の性格。個性。「作者の—が反映された作品」❷テレビ・ラジオで、視聴者への語りかけを中心に構成する番組の司会者。

パーソナル パ〈personal〉形動〔ダロ・ダッ・デ・ニ・ダ・ナ・ナラ・○〕個人に関するようす。個人的。個人用。 **—コンピューター** ピュ〈personal computer〉名 ⬇パソコン。

バーター バ/０〈barter〉名 ❶物資と物資の直接交換制度。「—取り引き」❷交換貿易。

ばあたり ア/０【場当(た)り】名 ❶演劇などで、その場の機転で人気を得ること。❷計画や思慮なしにその場その場の思いつきで事を行うこと。「—的な対応」

バーチャル バ〈virtual〉名 形動 ありそうだが、現実には存在しないこと。虚像。仮想。「—な空間」 **—リアリティー** ア〈virtual reality〉名 コンピューターなどで作られた立体的な仮想空間。また、そうした空間から得られる疑似的な現実感。ブイアール(VR)。

パーツ パ/０〈parts〉名 機器などの部分品。部品。

ぱあっ-と ０ 副 ❶ものが勢いよく広がるようす。「おもちゃを床に—広げる」❷一気に仕事をするようす。「急ぎの仕事を—仕上げる」

ぱあっ-と ０ 副 ❶急に広がるようす。「視界が—開ける」「悪いうわさが—広まる」❷〔多く「やる」「いく」とともに〕

気前よく、はでに行うようす。「今夜は―やろう」「―金を使う」❸すばやく動くようす。「―いなくなった」

パーティー パ〈party〉名 ❶社交や祝賀を目的とした集会。「出版記念―」❷登山のグループ。

パーティション ティ〈partition〉＝**パーテーション** 名 オフィスなどでの間仕切り。

バーテンダー テ〈bartender〉名 バー（酒場）のカウンターにいて、酒類の調合などをする人。バーテン。

ハート 0〈heart〉名 ❶心臓。❷心。❸赤い心臓形の模様「♥」があるトランプのふだ。

ハード ハ〈hard〉形動 ダロ・ダッ・デ・ニ／ダ・ナ・ナラ・○ きびしいようす。はげしいようす。「―な計画」 **―ウエア** エ〈hardware〉名 コンピューターの、機械そのものとその周辺機器。↕ソフトウエア。 **―カバー** カ〈hard cover〉名 表紙に厚紙の芯(しん)を用いて装丁した本。↕ペーパーバックス。 **―コピー** コ〈hard copy〉名 コンピューターの画面上の文字や画像を紙に印刷すること。また、その印刷した紙。 **―スケジュール** ケ〈hard schedule〉名 仕事・行事などで日程がぎっしりつまっていること。 **―ディスク** ディ〈hard disk〉名 コンピューターの記憶装置で、磁気を帯びた金属板でできたもの。また、それへの読み書き装置。「外付け―」 **―トレーニング** レ〈hard training〉名 猛訓練。 **―ボイルド** ボ〈hard-boiled〉（かたゆでの卵の意から）㊀名 簡潔で感情をおさえた硬質の文体。また、そのような文体の作品。特に、推理小説。㊁名 形動 非情で、意志を動かされないようす。 **―ロック** ロ〈hard rock〉名 エレキギターのはげしいサウンドと強烈なビートが特徴のロック音楽。

バード バ〈bird〉造 鳥。 **―ウイーク** イ〈bird week〉名（和製英語）五月十日から一週間行われる愛鳥週間。夏 **―ウオッチング** オ〈bird watching〉名 野鳥の観察。探鳥。

パート 0/パ〈part〉名 ❶部分。区分。❷職分。役割。❸音楽で、個々の声域・楽器の受け持つ部分。また、楽曲の一部。❹パートタイマー。❺パートタイム。 **―タイマー** タ〈part-timer〉名 パートタイムの勤務をする人。 **―タイム** タ〈part-time〉名 限られたみじかい時間だけつとめる労働形態。↕フルタイム。

パートナー パ〈partner〉名 ❶仲間。相手。❷ダンス・テニスなど、ふたりで一組となるときの相手。❸配偶者。または、それに相当する人物。 **―シップ** シ〈partnership〉名 対等な協力関係。連携(れんけい)。「―を築く」

ハードル 0〈hurdle〉名 ❶ハードル競走に使う金属製または木製の台つきのわく。❷ハードル競走。❸要求される能力や物事の困難さの程度。「―が高い」 **―競走**(きょうそう) キョ 名 トラック競技の一つ。一定の間隔で走路においたハードルをとびこえて走る競技。一一〇メートル（男）、一〇〇メートル（女）、四〇〇メートル（男女）がある。

ハードル❶

バーナー バ〈burner〉名 ❶ガスのもえ口。❷化学の実験などでガスをもやす道具。

ハーネス ハ〈harness〉名 ❶首輪がわりに犬の胴に付ける装具。車を引く馬や牛に付けるものもいう。❷登山で、墜落時の衝撃をやわらげるためにからだに付ける安全ベルト。

ばあば バー 名〔幼児語〕（ばば（祖母）の変化）祖母を親しんで言う語。↕じいじ。

はあはあ ハー （と）副 ❶苦しそうに呼吸をするようす。「―と肩で息をする」❷息を吹きかけるようす。「両手に―と息を吹きかける」

バーバリー バー〈Burberry〉名（商標名）防水加工をした布。また、それでつくったコート。バーバリーコート。

バーバリズム リ〈barbarism〉名 野蛮。不作法。

ハーフ ハ〈half〉㊀造 半分。二分の一。㊁ハ 名 ❶混血児。❷ハーフタイム。❸ハーフバック。 **―ウエー** エ〈halfway〉名 途中。特に、野球で、塁と塁の間。ハーフウエー。 **―コート** コ〈half coat〉名（和製英語）女性用のたけが腰のあたりまでのもの。 **―サイズ** サ〈half size〉名 半分の大きさ。 **―スイング** イ〈half swing〉名 野球で、打者がバットをふりかけて途中で止めること。バットをふらなかったことに判定される。 **―タイム** タ〈half time〉名 試合の時間がきまっている競技の中間におく休息時間。 **―トーン** ト〈halftone〉名 絵画・映画・写真などの画面の明るさで、中間の調子。 **―パイプ** パ〈half pipe〉名 スノーボードで、パイプを半分に切ったようなU字形のコースを左右に滑りながら進み、壁面からのジャンプや回転などの技をきそう競技。 **―バック** バ〈halfback〉名 サッカー・ホッケーなどの中衛(ちゅうえい)。 **―マラソン** マ〈half marathon〉名 フルマラソン（四二・一九五キロメートル）の半分の距離を走るマラソン。 **―メード** メ〈half-made〉＝**ハーフメイド** 名（和製英語）ほとんどできあがっている洋服を、注文者のからだに合わせて仕上げる方法。

ハーブ ハ〈herb〉名 薬用、食用にする香りの高い植物の総称。香草。「―キャンデー」

ハープ ハ〈harp〉名 ほぼ三角形の木の枠に弦を張り、指でかきならす弦楽器。たてごと。

ハープ

パーフェクト パ〈perfect〉名 形動 ❶完全であること。完璧(かんぺき)であること。「―な出来」❷「パーフェクトゲーム」の略。 **―ゲーム** ゲ〈perfect game〉名 ❶野球で、投手が一試合を完投し、相手チームを無安打・無四死球におさえ、味方に失策がなかった試合。完全試合。❷ボウリングで、全フレームにストライクを出したゲーム。

ハープシコード コ〈harpsichord〉名 ピアノの前身である鍵盤(けんばん)楽器。クラブサン。チェンバロ。

パープル パ〈purple〉名 紫色。赤味のつよい紫色。

バーベキュー ベ〈barbecue〉名 肉・野菜などを屋外で焼いて食べる料理。またそのための炉。参考「BBQ」と表記することがある。

バーベル 0〈barbell〉名 重量挙げなどで用いる、両端に鉄またはコンクリート製の円盤をつけた鉄の棒。

バーボン バ〈bourbon〉名 とうもろこしを主原料にしたアメリカ産のウイスキー。

パーマ パ 名「パーマネントウエーブ」の略。「―をかける」

パーマネント ネ〈permanent〉名（「永久」の意）「パーマネントウエーブ」の略。 **―ウエーブ** エ〈permanent wave〉名 電気や化学薬品で頭髪に波をうたせること。また、その髪形。パーマ。

パーミル パ〈per mill〉名 一〇〇〇分のいくつかを表す語。千分比。記号は「‰」。

ハーモニー ハ〈harmony〉名 ❶調和。一致。❷〘音〙和声。

ハ（ー）モニカ 0〈harmonica〉名 細長い箱形の中を、木やプラスチックで小さいわくにくぎり、それぞれにリードをつけ、口にあてて吹きならす楽器。

ばあや バ【▲婆や】名 年とった女性のお手伝い。また、その人を親しみをもって呼びかけた語。

パーラー パ〈parlor〉名 ❶洋菓子や軽い飲み物などを売

る食堂。喫茶室。❷美容院・パチンコ店などのしゃれた言い方。「ビューティー―」

ハーラーダービー ダ〈hurler derby〉名〔「ハーラー」は投手のこと〕プロ野球で、投手の勝利数の競争。

は-あり ◎【羽×蟻】名 交尾期の羽のはえたあり。夏

バール ◎〈bar〉名〔crowbarから〕先がL字型で、くぎ抜き・てこなどに用いる鉄製の工具。かなてこ。

バール バ〈ッbar〉名 圧力の単位。一バールは、百万ダインの力が一平方センチメートルにはたらくときの圧力単位。この千分の一をミリバールといい、一ミリバールは一ヘクトパスカルに等しい。⇩ヘクトパスカル。

パール パ〈pearl〉名 真珠しんじゅ。

バーレーン《Bahrain》ペルシャ湾にうかぶ島々からなる王国。一九七一年独立。首都はマナーマ。

バーレスク レ〈burlesque〉名 踊りの多い、風刺のきいたこっけいなしばい。おどけしばい。

ハーレム ハ〈harem〉＝**ハレム** 名 ❶イスラム教社会の女性の居室。またイスラム王宮の後宮こうきゅう。❷男性一人が大勢の女性をはべらせる所。

バーレル バ〈barrel〉名 ⬇バレル。

はい【×這ひ】はひ 接頭〔古語〕〔動詞の上について〕移動する意味を添える。「―いづ」「―かくる」

はい【×佩】造 おびる。身につける。「佩刀・佩用」

はい【拝】造 ❶頭をさげる。尊重する。「拝金・拝殿・拝礼・参拝さんぱい・崇拝・礼拝らいはい(れいはい)」❷自分の行為につけて、へりくだった意をあらわす。「拝観・拝見・拝察・拝借・拝受」❸ものごとをへりくだって受ける。「拝官・拝命」**拝する** 他サ

はい【背】造 ❶せなか。うしろ。「背筋・背景・背後・背部・紙背・腹背」❷そむく。うらぎる。「背信・背徳・背任・違背・向背・面従腹背」❸せにする。せを向ける。「背水・背日性はいじつせい」

はい【俳】造 ❶やくしゃ。「俳優」❷たわむれ。おかしみ。「俳諧はいかい」❸俳句。「俳画・俳号・俳人・俳壇・俳文」

はい【配】造 ❶くばる。「配給・配達・配当・配布・集配・宅配」❷気をつかう。「配意・配慮・心配しんぱい」❸したがえる。「配下・軍配ぐんばい・采配さいはい・支配」❹つりあう。あわせる。ならべる。ならぶ。「配合・配色・配置・配列・按配あんばい・交配」❺遠くへながす。「配所・配流はいる」❻めあわす。つれそう。「配偶・好配」**配する** 他サ

はい【排】造 ❶おしのける。そとに出す。「排煙・排気・排除・排水・排斥・排他・排卵」❷ならべる。「排架・排列」**排する** 他サ

はい【敗】㊀造 ❶まける。やぶれる。「敗因・敗者・大敗・連敗れんぱい」❷しくじる。「失敗・成敗」❸こわれる。いたむ。「敗血症・腐敗」㊁接尾 負けた回数をかぞえることば。「三勝二―」

はい【廃】造 ❶すたれる。おとろえる。「廃車・廃品・荒廃・衰廃・退廃・老廃物」❷やめる。よす。「廃案・廃刊・廃棄・廃止・全廃ぜんぱい・撤廃てっぱい」❸からだをこわす。「廃疾・廃人・廃兵」**廃する** 他サ

ハイ〈high〉㊀造 ↕ロー。❶高い。「―ヒール」❷上級の。高級な。「―クラス」❸速度が大きい。「―スピード」㊁ハ 名 形動〔俗語〕気分が高揚しているようす。「―な状態」

はい【杯】㊀ハ 名造 ❶さかずき。「―を重ねる」「乾杯かんぱい・祝杯・献杯けんぱい」❷特に賞品として与える金属やガラスのさかずき。「賜杯・優勝杯」㊁接尾 ❶わん・さかずきなどにもった中身をかぞえることば。「ごはん一―ぱい・二―はい・三―ばい」❷いか・たこなどをかぞえることば。

はい【肺】㊀◎ 名造 ❶脊椎せきつい動物の呼吸器官。人体では胸の両側、横隔膜おうかくまくの上部にあって心臓をつつむ。肺臓。「肺炎・肺臓・肺活量・心肺しんぱい」❷肺結核。「肺患・肺病」㊁造 こころ。「肺腑はいふ」

はい【×胚】㊀ハ 名造 動植物の発生の初期の段階。動物では、受精卵が発生して個体を形成するまでをいう。植物では、受精卵がある程度発達した種子の中の幼生物をいう。「胚芽・胚乳・胚嚢はいのう・胚葉」㊁造 みごもること。「胚胎」

はい ハ【×牌】名造 ❶ふだ。「位牌」❷たてふだ。かんばん。「招牌」❸メダル。「金牌きんぱい・賞牌」

はい【輩】㊀ハ 名造 連中。やから。ともがら。「無頼の―」「後輩・若輩・先輩せんぱい・同輩」㊁造 つづく。並ぶ。「輩出」

はい ◎【灰】はひ 名 物が焼けつくした後にのこるもの。**―になる** ❶焼けてなくなる。❷死んで火葬にされる。

はい ◎【×蠅】はひ 名 ⬇はえ。

はい ハ 感 ❶相手の言うことを肯定する返事のことば。ええ。「―、その通りです」↕いいえ・いえ。参考「ええ」よりも「はい」のほうが丁寧な言い方。⇩いいえ 参考。❷相手に注意をうながすことば。「―、こちらを見てください」❸呼びかけられて答えることば。「『山下さん』『―』」❹自分の発話の終わりに付けて、内容が確かであることを確認することば。また、かしこまりの態度をあらわすこともある。「本当にひどい目にあいましたよ、―」「承知いたしました、―」❺〔この用法では◎〕相手が言ったことを聞き返すときのことば。「『あした、どうする？』『―？（何の話ですか？）』」

ばい【売】造 うる。ゆずる。「売却・売店・売名・商売・発売・非売品」

ばい【梅】造 うめ。「梅園・梅花・梅林・観梅・紅梅・松竹梅」

ばい【×狽】造 よろける。あわてる。「狼狽ろうばい」

ばい【培】造 つちかう。そだてる。「培養・栽培」

ばい【陪】造 ❶したがう。おともをする。「陪従・陪乗・陪食」❷くわわる。ともにする。「陪審・陪席・陪聴」❸家来の家来。「陪臣」

ばい【媒】造 ❶なこうど。「媒酌・良媒」❷なかだちをする。「媒介・媒体・触媒・溶媒・霊媒・風媒花」

ばい【×焙】造 あぶる。「焙煎ばいせん」

ばい【買】造 かう。もとめる。「買価・買収・購買・売買・不買」

ばい【×煤】造 すす。「煤煙ばいえん」

ばい【賠】造 つぐなう。おぎなう。「賠償」

ばい【×黴】造 かび。「黴雨ばいう・黴菌ばいきん」

ばい【倍】㊀◎ 名造 二倍。「―になる」「倍加・倍増」㊁造 多くする。「倍率・倍数」㊂造 接尾 同じ数量をかさねる度数をあらわすことば。「数倍・千倍・二十倍」

ばい バ【▲枚】名 昔、軍隊が夜進むとき、声を出さないように口にくわえた木。〔別音まい｜枚〕**―を×銜ふくむ** だまって、息をつめ、静かにしている。

パイ パ【中×牌】名 麻雀マージャンのこま。

パイ パ〈pie〉名 ❶小麦粉をこねてのばし、くだもの・肉類などを包んで天火で焼いたもの。「アップル―」「ミート―」❷分配する前の全体。「小さくなった―の取り合い」

はい-あが・る ガ/◎【はい上がる】【×這上る】はひ 自五 ラ・ロ|リ・ッ|ル|ル|レ|レ ❶はって上にのぼる。「土手を―」❷努力をして、その地位につく。**はい上がれる** 自下一〔…できる〕

バイアグラ ア〈Viagra〉名〔商標名〕男性用の性的不能治療薬。

バイアス ◎〈bias〉＝**バイヤス** 名 ❶織り目がななめにな

っている布。❷偏見。「—をかけた見かた」❸バイアステープ。—テープ テ〈bias tape〉名 斜め地の細長い布のテープ。洋服のたちめや、そでぐりなどを縫いつつむのに使う。

バイアスロン ア|ス〈biathlon〉名 スキーの距離競技と射撃とを組み合わせた複合競技。

はい-あん ◎【廃案】名 採用・議決されず、廃止になった提案や議案。

はい-い 八【配意】名 こころづかい。配慮。

はい-い 八【廃位】名 国王などをその位から退かせること。

はい-いろ ◎【灰色】—はひ 名 ❶灰のような色。ねずみいろ。❷希望も楽しいこともないこと。「—の人生」↕ばら色。

はい-いん ◎【敗因】名 負けた原因。↕勝因。

ばい-いん ◎【売淫】名 売春。

ばい-う バ【梅雨】名 六月上旬から七月上旬にかけての長雨。つゆ。さみだれ。夏 —期 ウ名 つゆの時期。—前線 ゼ名 六月から七月にかけて日本の南岸にとどまり、梅雨をおこす前線。

ハイウエー エ〈highway〉名 高速道路。

はい-えい ◎【背泳】名 あおむけになっておよぐこと。せおよぎ。バックストローク。

はい-えき ◎【廃液】名 利用したあとの、役にたたなくなった液。

はい-えき ◎【廃駅】名 営業を廃止した鉄道の駅。

はい-えつ ◎【拝謁】名自サ 高貴の人にお目にかかること。

ハイエナ ◎〈hyena〉名 ハイエナ科の哺乳類の総称。死肉を食うが、えものもおそう。体長九〇～一八〇センチメートルで、形はいぬに似ている。夜行性。アフリカ・インドにすむ。

バイエル バ〈ドBeyer〉名 ドイツの作曲家バイエルが作った初心者向けのピアノ教則本。

はい-えん ◎【肺炎】名 細菌やウイルスによっておこる肺臓の炎症。高熱を発し、胸痛・呼吸困難などを伴う。

はい-えん ◎【排煙】名 煙突などからけむりを外にはき出すこと。また、はき出されたけむり。「—装置」

はい-えん ◎【廃園】名〔文章語〕あれはてた庭園。

ばい-えん ◎【梅園】名 うめの木のたくさんある庭園。春

ばい-えん ◎【×煤煙】名 石炭や油を燃したときに出るすすとけむり。

バイオ バ〈bio〉名 造 生物・生命に関すること。「—産業」—エシックス エ〈bioethics〉名 ➡生命倫理。—テクノロジー ノ〈biotechnology〉名 遺伝子の組み替えや細胞培養など、生物の機能を応用した技術。生命工学。生物工学。—燃料 ネ|リョ名 さとうきびなどの穀物から製造したアルコール燃料。—ハザード 八〈biohazard〉名 細菌やウイルスなどの生物が環境に漏れ出すことによって起こる災害。—マス オ〈biomass〉名 エネルギー源として利用できる生物由来の資源。さとうきびのしぼりかす、木材やもみ殻など。「—エネルギー」—リズム リ〈biorythm〉名 人間の身体・感情・知性の活動に見られるといわれる一定の周期。—ロジー オ〈biology〉名 生物学。

はい-おく ◎【廃屋】名 あれはてた家。あばらや。

ハイオク ◎名「ハイオクタン」の略〕オクタン価の高いガソリン。

ハイ-オクタン オ〈high-octane〉名 ガソリンのオクタン価の高いこと。また、そのガソリン。ハイオク。

はい-おとし オ|◎【灰落(と)し】—はひ 名 灰ざら。

パイオニア ◎/オ〈pioneer〉名 先駆者。開拓者。

バイオリニスト(ヴァ) ニ〈violinist〉名 バイオリン演奏者。

バイオリン(ヴァ) ◎〈violin〉名 四本の弦をはった弦楽器。馬の尾の毛などをはった弓でこすり、音をだす。提琴。ビオロン。

バイオリン

バイオレット(ヴァ) バ〈violet〉名 すみれ。すみれいろ。春

バイオレンス(ヴァ) バ〈violence〉名 暴力。

ばい-おん ◎【倍音】名〔物〕原音の整数倍の振動数をもつ音。↕基音・原音。

はい-か 八【配下】名 ❶手下。部下。「—の者」❷支配を受けるもの。「—の子会社」

はい-か 八【廃家】名 ❶住む人のいない荒れはてた家。あばらや。廃屋。❷旧民法で、戸主が他家にはいるために、また、相続人がいないために、その家を廃すること。また、その廃した家。

はい-か ◎/八【配架】【排架】名他サ 図書館で、蔵書や資料を分類番号に合わせて所定の場所にならべること。

参考「排」には「ならべる」という意味もあるが、「排列」を「配列」とするのに合わせ、「配架」と書くのが一般的。

はい-が ◎【×胚芽】名 たねの中の芽になる部分。—米 ◎名 はい芽がのこるように精白した米。

はい-が ◎【俳画】名 日本画の一種。俳句的なおもむきの略筆画。

はい-が 八【拝賀】名自サ〔文章語〕❶目上の人によろこびを申しあげること。❷任官・叙位のとき、お礼を申しあげること。❸朝賀。新年

ばい-か バ【売価】名 うりね。↕買価。

ばい-か バ【梅花】名〔文章語〕うめのはな。春

ばい-か ◎【倍加】名自他サ 二倍にふえること。また、ふやすこと。

ハイカー 八〈hiker〉名 ハイキングをする人。

はい-かい ◎【俳諧】【×誹諧】名 ❶こっけい味のある和歌・連歌の一体。↕本歌。❷俳諧連歌。連句。❸発句。俳句。—師 カ名 俳諧をつくるのがたくみな人。俳人。—連歌 レ名 室町時代の末、飯尾宗祇・山崎宗鑑・荒木田守武らによっておこされ、松永貞徳・西山宗因らをへて松尾芭蕉により幽玄閑寂なものに高められた文学。俳諧。連句。

はい-かい ◎【×徘×徊】名自サ〔文章語〕「徘」も「徊」もさまよう意〕うろうろと歩きまわること。ぶらつくこと。

はい-がい ◎【拝外】名 外国の人物・事物・思想・生活様式などをたっとぶこと。「—思想」↕排外。

はい-がい ◎【排外】名 外国の人物・事物・思想・生活様式などをしりぞけること。↕拝外。

ばい-かい ◎【媒介】名他サ ❶二つのもののあいだに立ってなかだちすること。仲介。「—者」❷病原菌をうつすこと。「蚊が—する病気」

はいかいしちぶしゅう【俳諧七部集】江戸時代中期の俳諧書。松尾芭蕉とその門人たちの連句・発句などの代表選集七種を、佐久間柳居が選定したもの。「冬の日」「春の日」「曠野」「ひさご」「猿蓑」「炭俵」「続猿蓑」の七部。芭蕉七部集。

ばい-がえし ガ【倍返し】—がへし 名他サ 贈られたものの倍額に相当するものを相手に返すこと。

はい-かき カ|キ【灰かき】【灰×掻】—はひ 名 火鉢の灰をたいらにならしたり、かき寄せたりする道具。

はい-がく ◎【廃学】名自サ 学業を中途でやめること。

は

ばい-がく ⓪【倍額】名 二倍の数量・金額。

はい-かぐら [カ]【灰神楽】名 火気のある灰に液体をこぼしたとき、灰のまいあがること。

はい-ガス ⓪【排ガス】名 おもに自動車から排出されるガス。排気ガス。排気❷。

はい-ガス ⓪【廃ガス】名 石油の精製や金属の精錬などで発生する余分なガス。

はいかつ-りょう [ツ]【肺活量】名 息をいっぱい吸いこんでから吐きだした空気の全量。

ハイ-カラ ⓪〈high collar〉名 形動 〔たけの高いえり〕西洋ふうをきどったり、新しがったりすること。また、その人。

はい-かん ⓪【肺肝】名 肺臓と肝臓。**―を砕く** 苦心する。心のかぎりをつくして考える。

はい-かん ⓪【肺患】名 肺結核。肺病。肺疾。

はい-かん ⓪【廃艦】名 軍艦を艦籍からのぞくこと。また、その軍艦。

はい-かん ⓪【配管】名 自サ ガスや水道の管をひいて、利用できるようにすること。

はい-かん ⓪【拝観】名 他サ 神社や寺院、またはその宝物などを見ることの改まった言い方。「―料」

はい-かん ⓪【廃刊】名 他サ 新聞・雑誌など定期刊行物の刊行をやめること。↕発刊。

はい-がん ⓪【肺×癌】名 肺臓にできる癌腫。

はい-がん ⓪【拝顔】名 自サ 〔文章語〕人にあうことの改まった言い方。おめにかかること。拝眉。「―の栄に浴する」

ばい-かん ⓪【陪観】名 他サ 〔文章語〕目上の人のおともをして、いっしょにものを見ること。

はい-き ⓪【排気】名 ❶中の空気をのぞき去ること。❷蒸気機関・内燃機関などで、仕事を終えて排出される蒸気・ガス。排ガス。**―管** ⓪ 名 排ガスを外へ出すくだ。**―量** [リョ] 名 内燃機関で、一回のピストン運動で排出されるガスの体積。

はい-き [ハ]【拝×跪】名 自サ 〔文章語〕ひざまずき、おがむこと。

はい-き [ハ]⓪【廃棄】名 他サ ❶無用のものとして捨てること。「―処分」❷やめて使わないこと。「条約を―する」

はいき-しゅ [キ]【肺気腫】名 慢性の気管支炎やぜんそくなどによって、肺胞が過度に空気をふくんでふくれ、呼吸が苦しくなる病気。

ばい-きゃく ⓪【売却】名 他サ 売りはらうこと。

はい-きゅう ⓪【配球】名 野球で、ピッチャーがバッターをうちとるためのコースや球種の組み合わせ。「絶妙の―」

はい-きゅう ⓪【排球】名 ⇩バレーボール。

はい-きゅう ⓪【配給】名 他サ ❶物資をわりあてて供給すること。❷統制経済で、一定の商品の一定量を、特別の方法や機関により消費者に売りわたすこと。

ばい-きゅう ⓪【倍旧】名 まえよりも、さらにふえること。「―のご愛顧をこう」

はい-きょ [ハ]【廃×墟】名 建物・市街のあれはてたあと。「ポンペイの―」

はい-きょう ⓪【背教】名 宗教の信者、特にキリスト教信者が、信仰をやめたり、他に改宗したりすること。

はい-ぎょう ⓪【廃業】名 自他サ 営業をやめること。

はい-きん ⓪【拝金】名 金銭の力を心から信じること。「―主義」

はい-きん ⓪【背筋】名 せなかの筋肉。「―力」

ばい-きん ⓪【×黴菌】名 人体に有害な細菌など、微生物の俗称。

ハイキング [ハ]〈hiking〉名 山野・海辺などを歩きまわること。徒歩旅行。遠足。ハイク。**―コース** [コ]〈hiking course〉名 ハイキングに適した道すじ。

バ(ヴァ)イキング [バ]〈Viking〉名 ❶八世紀から十一世紀にかけて、スカンジナビア半島からヨーロッパ各地に進出したゲルマン人の通称。❷バイキング料理。**―料理** [リョ] 名 各種とりそろえた料理を各自が皿に取り分ける形式の料理。多くは、一定の料金で食べ放題。参考 スウェーデンのパーティーの形式をまねて、日本で命名したもの。

はいきん-しゅぎ [シ]【拝金主義】名 金銭を非常にたいせつなものとする考え。

はい-く ⓪【俳句】名 俳諧連歌の発句が独立して一つの詩形となったもの。五・七・五の十七音からなり、ふつう季語をよみいれる。発句。

ハイク [ハ]〈hike〉名 ハイキング。

はい-ぐ [ハ]【拝具】あいさつ 〔文章語〕手紙の終わりに書く語。「つつしんで申す」の意味。⇩敬具 参考。

バイク [バ]〈bike〉名 〔「モーターバイク」の略〕⇩オートバイ。**―便** ⓪ 名 バイクで書類や軽量の荷物を配達する職業。

はい-ぐう ⓪【配偶】名 配偶者。**―者** [グ] 名 結婚して、戸籍を構成する相手。夫に対する妻。妻に対する夫。つれあい。

ハイ-クラス [ク]〈high class〉名 形動 高級。一流。「―のレストラン」

はい-ぐん ⓪【敗軍】名 たたかいに負けること。また、負けた軍隊。**―の将は兵を語らず** 失敗した者は、その事について意見をのべる資格がない。

はい-けい ⓪【背景】名 ❶絵画・写真で主要題材のうしろがわの部分。バック。❷舞台の後方のけしき。❸ある物事や人の背後にある勢力や事情。「財閥を―に活動する」

はい-けい [ハ]【拝啓】あいさつ 〔文章語〕手紙の初めに書く語。「つつしんで申す」の意味をあらわす。参考 手紙の書き出しは、直接あいさつからはいってもいいが、「拝啓・拝呈・(一筆)啓上・謹啓・粛啓」などの前文を用いる。「拝啓」がもっとも一般的で、「謹啓」は、かなりていねい。「拝啓」に対しては「敬具」、「謹啓」に対しては「謹言・謹白」で結ぶ。前文を省略するときは「前略」「冠省」。返信の場合は「拝復」。

はい-げき ⓪【排撃】名 他サ おしのけ、しりぞけようとして攻撃すること。「反対論を―する」

ばい-けつ ⓪【売血】名 自他サ 自分の血を売ること。

はい-けっかく [ケ]【肺結核】名 結核菌が肺にはいっておこす病気。肺病。

はいけつ-しょう [ツ][ケ]【敗血症】名 化膿菌が血管やリンパ管の中にはいっておこす、高熱の出る病気。

はい-けん ⓪【×佩剣】名 〔文章語〕腰につける刀剣。帯剣。

はい-けん ⓪【拝見】名 他サ 見ることの改まった言い方。⇩見る 参考。

はい-ご [ハ]【背後】名 ❶うしろ。後方。「―からおそう」❷物事の裏面。うら。「犯罪の―」**―関係** [カ] 名 物事の裏面のかかわりあい。「暴力事件の―」

はい-ご ⓪【廃語】名 すたれて使われなくなったことば。死語。

はい-こう ⓪【廃坑】名 掘りだすことをやめた炭坑や坑道。

はい-こう ⓪【廃校】名 他サ 学校の経営をやめること。また、廃止された学校。

はい-こう ⓪【廃鉱】名 自サ 鉱山の操業・経営をやめること。また、やめた鉱山。

はい-ごう ⓪【俳号】名 俳人の雅号。俳名。

はい-ごう ⓪【配合】名 他サ 二つ以上のものを組み合わせること。とりあわせること。「色彩の―」

はい-ごう⓪【廃合】名他サ 廃止と合併。「課の―」

ばい-こく⓪【売国】名 自国の内情・秘密を敵国に知らせて自分の利益をはかること。**―奴**ど ク名 売国行為をする人を軽べつし、ののしることば。

はい-ざい⓪【廃材】名 使われなくなった材木・材料。

はい-ざい⓪【配剤】名他サ ❶薬を調合すること。↕主剤。❷ほどよく、組みあわせること。「天の―」

ばい-ざい⓪【媒材】名 ❶〔文章語〕二つのもののなかだちとなる材料。❷絵の具をとくための材料。

はい-さつ⓪【拝察】名他サ〔文章語〕「推察」の謙譲語。

はい-ざら⓪/ザ【灰皿】はひ―名 たばこのすいがらや、灰を入れる器。灰落とし。

はい-ざん⓪【敗残】名 戦いに負けて生きのこること。

はい-ざん⓪【廃残】名 心身がそこなわれ、おちぶれて生きること。「―の身」

はい-し八【×胚子】名 胚。

はい-し⓪/八【俳誌】名 俳句の雑誌。

はい-し⓪【廃市】名 人が住まなくなって荒れたまち。

はい-し八【×稗史】名〔文章語〕（「稗」はこまかいの意）❶世の中のこまかなでき事を歴史のように書いたもの。↕正史。❷小説。

はい-し⓪【廃止】名他サ 今まであった制度などをやめること。おこなわなくなること。↕存置。

はい-じ八/⓪【廃寺】名 住職のいない、てら。すたれた、てら。

はい-じ八/⓪【拝辞】名他サ〔文章語〕❶つつしんで、いとまごいすること。❷「辞退」の改まった言い方。

はい-ジストマジ【肺ジストマ】名 さわがになどを中間宿主とする、肺の寄生虫。肺臓ジストマ。

はい-しつ⓪【肺疾】名 肺結核。肺病。

はい-しつ⓪【廃疾】【×癈疾】名〔文章語〕❶不治の病気。❷病気やけがのための身体障害で、起居動作が不自由なこと。参考 現在は「障害」という。

ばい-しつ⓪【媒質】名 物理的作用を、一つの場所から他の場所へつたえる仲介をする物質や空間。音波をつたえる空気、電磁波をつたえる電磁場など。

はいじつ-せい⓪【背日性】名 植物の器官が、光の来る方向と反対の方へ生長する性質。↕向日性・横日性。

は-いしゃ八【歯医者】名 歯の病をなおす専門医。歯科医。

はい-しゃ八【敗者】名 競争・勝負などに負けた人。敗北者。「―復活戦」↕勝者。

はい-しゃ⓪【廃車】名 ❶古くなって、使うのをやめた車。❷自動車など、車両の登録を抹消すること。

はい-しゃ八【拝謝】名自サ〔文章語〕礼を述べることや、あやまることの謙譲語。

はい-しゃ⓪【配車】名自他サ 車両をわりあてて、必要なところへまわすこと。

はい-しゃく⓪【拝借】名他サ 借りることの改まった言い方。⇩借りる 参考。

ばい-しゃく⓪【媒酌】【媒×妁】名他サ 結婚のなかだちをすること。また、その人。**―人**にん⓪名 結婚のなこうど。

ハイジャックジャ〈hijack〉名他サ（輸送中の荷物をうばいとることから）乗員をおどして、飛行機・船・バスなどを乗っとること。スカイジャック。

ハイ-ジャンプジャ〈high jump〉名 陸上競技の走り高とび。

はい-しゅ八【×胚珠】名 顕花植物の花の部分にあり、受精後種子となるもの。被子ひし植物では子房内にあり、裸子らし植物ではむきだしになっている。

はい-じゅ八【拝受】名他サ〔文章語〕受けることや、もらうことの改まった言い方。

ばい-しゅう⓪【買収】名他サ ❶買いとること。❷こっそり利益をあたえて、味方にひきいれること。

ばい-じゅう⓪【陪従】名自サ〔文章語〕目上の人のともをすること。また、その人。

はい-しゅつ⓪【輩出】名自サ すぐれた人材がつぎつぎと世に出ること。「学者が―する」

はい-しゅつ⓪【排出】名他サ ❶外へおしだすこと。❷生物体が体内で生じた有害物質などを体外に出すこと。排泄はいせつ。**―物**ぶつ ツ名 ❶動物体が、物質代謝の結果、有害物質として体外に出すもの。尿素・塩類・水分・炭酸ガスなど。排泄物。❷大便と小便。

はい-しゅみシュ【俳趣味】名 俳味。

ばい-しゅん⓪【買春】名 男性が女性に金銭を支払って性交を求めること。かいしゅん。

ばい-しゅん⓪【売春】名自サ 女性が、金銭とひきかえに男性に体をまかせること。**―婦**ふ シュ名 売春をする女性。

はい-じゅんかんジュ【肺循環】名 右心室から静脈血が肺動脈によって肺に送られ、肺で二酸化炭素と酸素を交換し、肺静脈によって左心房に帰ってくる血液循環。小循環。↕体循環・大循環。

はい-しょ⓪/八【俳書】名〔文章語〕俳諧はいかい・俳句に関する書物。

はい-しょショ【配所】名 罪によって流された土地。

はい-じょ八【排除】名他サ おしのけ、のぞくこと。「暴力を―する」

はい-しょう⓪【拝承】名他サ〔文章語〕承知することの改まった言い方。

はい-しょう⓪【拝×誦】名他サ〔文章語〕文書を読むことの改まった言い方。

ばい-しょう⓪【売笑】名 売春ばいしゅん。「―婦」

ばい-しょう⓪【賠償】名自他サ 他の人や国に与えた損害をつぐなうこと。「損害―」

ばい-じょう⓪【陪乗】名自サ〔文章語〕目上の人のおともをして、同じ乗り物に乗ること。

はい-しょく⓪【敗色】名 まけそうなようす。まけいろ。「―が濃くなってきた」

はい-しょく⓪【配色】名自サ 色をとりあわせること。また、その色。

はい-しょく⓪【配食】名自サ 調理した食事を配達すること。「―サービス」

ばい-しょく⓪【陪食】名自サ〔文章語〕目上の人といっしょに食事をすること。おしょうばん。

はい-しん⓪【背信】名〔文章語〕約束を守らず、また、義務を果たさないこと。信頼にそむくこと。「―行為」

はい-しん⓪【背進】名自サ 後ろへ向かって進むこと。

はい-しん⓪【配信】名他サ ❶新聞社・通信社・放送局などが取材した情報を関係機関に送ること。❷インターネットを通じて、音楽や動画などを提供すること。

はい-じん⓪【俳人】名 俳句をつくる人。俳諧はいかい師。↕歌人・詩人。

はい-じん⓪【廃人】【×癈人】名 心身障害のため、通常の生活をすることのできない人。

ばい-しん⓪【陪臣】名 けらいのけらい。またげらい。↕直参じきさん。

ばい-しん⓪【陪審】名 裁判の審理に、一般人が立ち会う制度。日本の裁判員制度と異なり、陪審員は量刑までは判断しない。**―員**いん シ名 陪審制度で、一般人から選ばれて被告人の有罪無罪を判断する人。

はい-しんじゅん [シ]【肺浸潤】[名] 肺に結核菌が侵入したときに、防衛反応として見られる肺の病巣。

はい・す [ハ]【排す】[他五]（サ・ソ・シ・ス・ス・セ・セ） ⇒はいする。

はい・す [ハ]【廃す】[他五]（サ・ソ・シ・ス・ス・セ・セ） ⇒はいする。

はい-すい [0]【背水】[名] 水のある場所を背にすること。 **―の陣**（じん）〔川や海などをうしろにした陣立て〕あとへしりぞけないようにして、全力をつくすこと。「―をしく」

はい-すい [0]【廃水】[名] 利用したあとの不用な水。「工場―」

はい-すい [0]【配水】[名][自サ] 水をくばること。「―管」

はい-すい [0]【排水】[名][自サ] ❶水を他に流しやること。内部の水をおし流すこと。「―工事」 ❷水にうかんだ物体が、その水中にかくれた部分の体積に等しい水を押しのけること。「―量」 **―トン** [ス][名] 排水量をトン数であらわしたもの。↕重量トン・総トン。 **―量**（りょう） [ス][名] 船などが浮かぶために押しのけた水の量。その重さが船などの重量にあたる。軍艦などの大きさをあらわすのに使う。

はい-すう [0]【拝×趨】[名][自サ]〔文章語〕先方へ出かけていくことの謙譲語。参上。

ばい-すう [ス]【倍数】[名] ある整数の何倍かの数。整数Aが整数Bで割りきれるとき、AはBの倍数。↕約数。

ハイ-スクール [ク]〈high school〉[名] ❶高等学校。❷アメリカの中・高等学校。

ハイ-スピード [ピ]〈high-speed〉[名] 速い速度。高速度。

はい-ずみ [0]【▲掃墨・灰墨】（はひ） [名] ごまあぶら・なたねあぶらの油煙で、墨・塗料・薬などの原料に用いた。

はいずりまわ・る [ワ]/[ス]【はいずり回る】【×這いずり回る】（はひずりまはる） [自五]（ラ・ロ・リ・ッ・ル・ル・レ・レ） あちこちはって動く。「地べたを―」

はい・する [ス]【拝する】[他サ]（シ・セ・サ・シ・スル・スル・スレ・シロ・セヨ）〔文章語〕❶頭をたれて敬礼する。おがむ。❷つつしんで受ける。「大命を―」❸つつしんで見る。拝見する。「尊顔を―」 **はい・す** [文語サ変]

はい・する [ス]【配する】[他サ]（シ・セ・サ・シ・スル・スル・スレ・シロ・セヨ）〔文章語〕❶くばる。分配する。わりあてる。「見はりを―」❷とりあわせる。組みあわせる。「色を―」❸夫婦にする。そわせる。❹流罪（ざい）の刑に処する。ながす。❺ある仕事場につかせる。配属させる。「管理部に―」 **はい・す** [文語サ変]

はい・する [ス]【排する】[他サ]（シ・セ・サ・シ・スル・スル・スレ・シロ・セヨ） ❶〔文章語〕おしひらく。「とびらを―」❷おしのける。「困難を―」❸並べる。 **はい・す** [文語サ変]

はい・する [ス]【廃する】[他サ]（シ・セ・サ・シ・スル・スル・スレ・シロ・セヨ） ❶やめる。すてる。「旧制度を―」❷〔文章語〕その地位から、しりぞかせる。 **はい・す** [文語サ変]

はいず・る [ス]【×這いずる】（はひ） [自五]（ラ・ロ・リ・ッ・ル・ル・レ・レ） 地面や床などに、手足や腹をすりつけながら動きまわる。

ばい・する [ス]【倍する】（シ・セ・サ・シ・スル・スル・スレ・シロ・セヨ） ━ [自サ] 倍になる。大いにふえる。「旧に―」 ━ [他サ] 倍にする。大いにふやす。 **ばい・す** [文語サ変]

はい-せい [0]【俳聖】[名] ❶すぐれた俳人。❷松尾芭蕉（まつおばしょう）のこと。

はい-せい [0]【敗勢】[名] 負けそうなようす。敗色。↕勝勢。

はい-せき [0]【排斥】[名][他サ] おしのけ、しりぞけること。

ばい-せき [0]【陪席】[名][自サ] ❶目上の人と同席すること。❷「陪席裁判官」の略。 **―裁判官**（さいばんかん） [バ2][名] 裁判長と同席して裁判をおこなう判事。

バイ-セクシャル [セ]〈bisexual〉[名] 異性、同性のいずれをも性愛の対象とすること。または、その人。

はい-せつ [0]【排×泄】[名][他サ] ❶外にもらし出すこと。❷排出❷。 **―物**（ぶつ） [ツ][名] 排出物。

はい-ぜつ [0]【廃絶】[名][自他サ]〔文章語〕すたれて、あとが絶えること。また、絶やすこと。「旧家が―する」「核兵器―」

はい-せん [0]【杯洗】【×盃洗】[名] 酒の席でさかずきをあらううつわ。

はい-せん [0]【肺×尖】[名] ❶肺の上部のとがった部分。❷肺尖カタル。 **―カタル** [カ][名] 肺尖の部分が結核菌におかされる病気。

はい-せん [0]【廃船】[名] 古くなったりして、使わなくなった船。

はい-せん [0]【廃線】[名] 鉄道の営業をやめた路線。

はい-せん [0]【敗戦】[名][自サ] 戦争・試合などにやぶれること。まけいくさ。

はい-せん [0]【配船】[名][自他サ] 船をわりあてて、必要なところにまわすこと。

はい-せん [0]【配線】[名][自他サ] ❶電力を送るために、電線をひくこと。❷電気機械の各部分を、電線などでつなぎあわせること。「テレビの―図」

はい-ぜん [0]【配膳】[名][自サ] 食事の膳を客の前にくばること・人。

はい-ぜん [0]【×沛然】[と副][たる連体]〔文章語〕雨が一時にはげしく降るようす。「―たる驟雨（しゅうう）にみまわれる」

ばい-せん [0]【媒染】[名] 染料が繊維に染まらないとき、薬品を使ってよく染まるようにすること。 **―剤**（ざい） [0][名] 媒染に使われる薬品。鉄・アルミニウムなどの水酸化物。

ばい-せん [0]【×焙煎】[名][他サ] コーヒー豆や麦芽（ばくが）を高い熱でいること。

ハイ-センス [セ]〈high sense〉[名][形動]〔和製英語〕趣味のよいこと。好みのよいこと。「―な服装」

はい-そ [ハ]【敗訴】[名][自サ] 裁判で、意見や主張がみとめられない判決が下ること。↕勝訴。

はい-そう [0]【背走】[名][自サ] 野球の守備などで、前向きのまま、あるいはボールを背にして後方に走ること。

はい-そう [0]【敗走】[名][自サ] 負けて逃げること。

はい-そう [0]【配送】[名][他サ] 配達してとどけること。「贈答品を―する」「―センター」

ばい-ぞう [0]【倍増】[名][自他サ] 二倍にふえること。二倍にふやすこと。

はい-ぞう [0]【肺臓】[名] 肺。

はい-ぞく [0]【配属】[名][他サ] 人をそれぞれの部署につけること。

ばい-そく [0]【倍速】[名] 磁気テープや光ディスクなどの回転が通常の倍の速度であること。

ハイ-ソサエティ（ー） [サ]〈high society〉[名] 上流社会。または上流社会の人々の集まる社交界。

ハイ-ソックス [ソ]〈high socks〉[名] ひざ下までの長さのくつ下。

はい-そん [0]【廃村】[名] 住む人のいなくなった村。

は-いた [0]【歯痛】[名] 歯がいたむこと。歯のいたみ。しつう。

はい-た [0]【排他】[名] 仲間でないものを、しりぞけること。「―主義」 **―的**（てき）**経済水域**（けいざいすいいき） [ス][名] 沿岸にある国が、領海とは別に海洋資源の探査と開発の権利が認められる海域。国際的条約により、沿岸から二百海里までをその範囲とする。イーイーゼット（EEZ）。

ばい-た [バ]/[0]【売▲女】[名] ❶売春婦。❷女性をいやしめ、ののしっていったことば。

はい-たい [0]【×胚胎】[名][自サ]〔文章語〕〔「胚」も「胎」もはらむの意〕物事のおこるきざし・原因を含んでいること。

は

はい-たい ⓪【敗退】名自サ 負けてしりぞくこと。退却。

はい-たい ⓪【廃退】【廃×頽】名自サ〔文章語〕退廃。「道義の―」

ばい-たい ⓪【媒体】名 ❶仲立ちとなるもの。メディア。❷媒質となる物体。

はい-たか ⓪【×鷂】名 タカ科の鳥。小形のたか。雌は雄よりやや大きい。昔、たかがりに使った。(冬)

ばい-だい ⓪【倍大】名 倍の大きさ。

はい-だ・す ダ/⓪【はい出す】【×這出す】はひ 自五 サ・ソ・シ・ス・ス・セ・セ ❶はいながら外に出る。「穴から―」❷はって動き始める。「赤ん坊が―」

はい-たつ ⓪【配達】名他サ 品物や郵便物を指定されたところにとどけること。「新聞―」「郵便―」

ハイ-タッチ タ〈high touch〉名 ❶高度技術社会において求められる、やさしい心のふれあい。❷友情や勝利の喜びなどを表すため、手のひらを高くかかげて相手の手のひらと打ち合うしぐさ。

バ(ヴァ)イタリティー タ〈vitality〉名 活動する力。活力。生命力。「―に富む」

はい-だん ⓪【俳壇】名 俳句をつくる人たちの社会。

はい-ち ⓪/ハ【背×馳】名自サ〔文章語〕そむくこと。「本会の精神に―する」

はい-ち ⓪【配置】名他サ 人や器具などを、それぞれの場所にわりあててくばりおくこと。布置。**―換え** ⓪名他サ ❶物の置き場所をかえること。❷その人の勤務する場所・職務などをかえること。**―転換** テ名他サ ➡配置換え❷。

ハイチ《Haiti》❶カリブ海にあるイスパニョーラ島の旧称。❷イスパニョーラ(ハイチ)島西部をしめる共和国。首都はポルトープランス。

はいち-せい ⓪【背地性】名 高等植物の茎が、重力と反対の方向にのびる性質。↕向地性・横地性。

はい-ちゃく ⓪【敗着】名 囲碁や将棋で、直接の敗因となった一手。

はい-ちゃく ⓪【廃嫡】名他サ 相続される人の意思により、判決によって推定相続人の地位をうしなわせること。参考 今の民法にはない。

はいちゅう-りつ チュ【排中律】名 論理学の根本原理の一つ。相反する二つのもの以外の、第三者の存在をみとめない原理。XはAであるか、あるいは非Aであるかで、AでもAでもない、中間的なものではありえないとする原理。

はい-ちょう ⓪【×蠅帳】はひ 名 かなあみをはって、はえを防ぎ、風通しをよくした食べ物用の戸棚。はえちょう。(夏)

はい-ちょう ⓪【拝聴】名他サ 聞くことの改まった言い方。

ばい-ちょう ⓪【陪聴】名他サ〔文章語〕目上の人と同席して聞くこと。

ハイツ ハ〈heights〉名 高台の集団住宅。集合住宅の名としても用いられる。

はい-つくば・う バ【×這×蹲う】はひつくばふ 自五 ワ・オ・イ・ッ・ウ・ウ・エ・エ はうようにしてうずくまる。平伏する。

はい-てい ⓪【廃帝】名〔文章語〕皇帝をやめさせられた人。

はい-てい ⓪【拝呈】❶名他サ〔文章語〕贈ることの改まった言い方。❷あいさつ 手紙のはじめに書く語。つつしんでさしあげるの意味をあらわす。⇨拝啓 参考。

ハイ-ティーン ティ〈high-teen〉名〔和製英語〕十代後半(十六歳から十九歳まで)の年代。また、そのころの少年・少女。↕ローティーン。

ハイ-テク ⓪〈high tech〉名 ➡ハイテクノロジー。

ハイ-テクノロジー ノ〈hightechnology〉名 最新の工業技術。高度先端技術。ハイテク。

はい-てん ⓪【配転】名他サ「配置転換」の略。人事異動によって、仕事や勤務場所がかわること。配置換え。

はい-でん ⓪【拝殿】名 拝礼するための、神社の本殿の前にある建物。↕本殿。

はい-でん ⓪【配電】名自サ 電流・電力をくばること。**―盤** ばん ⓪名 とり入れた電流を必要な所にわけて送る仕掛け。

ばい-てん ⓪【売店】名 駅・劇場・病院・学校・運動会などで、ちょっとした品物を売る小さなみせ。

バイト ⓪名 ➡アルバイト❷。

バイト ⓪〈オbeitel〉名 切ったりけずったりする工作器具。

バイト バ/⓪〈byte〉名 コンピュータで扱う情報量の単位。一バイトは八ビットからなる。アルファベットや数字は一バイト、漢字は二バイトで表す。

片刃バイト
突切りバイト
先丸剣バイト

バイト

はい-とう ⓪【×佩刀】名〔文章語〕腰に刀をつけること。また、その刀。

はい-とう ⓪【配当】名他サ ❶わりあてること。くばりわけること。❷株式会社が、純益金を株主に持ち株数に比例してくばること。利益配当。**―落ち** ⓪名 決算後で、その年の配当金が支払われたため、その株式の値のさがっていること。また、その株式。**―金** きん ⓪名 株主に対して、株の数に応じて配当されるかね。利益配当金。配当。

はい-とく ⓪【背徳】【×悖徳】名〔文章語〕道徳にそむくこと。「―行為」

はい-どく ⓪【拝読】名他サ 読むことの改まった言い方。「お手紙―いたしました」

ばい-どく バ/⓪【梅毒】【×黴毒】名 性病の一つ。トリポネマパリドムという病原菌によっておこる感染症。

パイナップル ナ〈pineapple〉【×鳳×梨】名 パイナップル科の多年生植物。中央アメリカ原産。実みは食用。アナナス。パイン。(夏)

ばい-にく ⓪【梅肉】名 梅の果肉。特に、梅干しの種をとり、すりつぶしたものをいう。

はい-にち ⓪【排日】名 外国人が、日本の国民・製品・勢力などをしりぞけること。↕親日しんにち・知日ちにち。

はい-にゅう ⓪【×胚乳】名 顕花植物の種子で、胚はいの周囲にあり、胚が発芽生長するための養分となるもの。

はい-にょう ⓪【排尿】名自サ 尿を体外に出すこと。小便をすること。

はい-にん ⓪【背任】名自サ 公務員・会社員などが、自分の利益のために、地位を悪用して、役所や会社に損害を与えること。**―罪** ざい ミ名 委託されて事務を処理する者が、自分または第三者の利益をはかり、委託者に損害を与える目的で、任務にそむき、財産上の損害を与える罪。

ばい-にん ⓪【売人】名〔俗語〕麻薬などを売る人。

ハイ-ネック ネ〈high-necked〉名 身ごろからつづいて、首にそって高くついた襟えり。「―のセーター」

はい-のう ⓪【背×嚢】名 兵士などが物を入れて背中にせおう四角形のかばん。

はい-のう ⓪【×胚×嚢】名 顕花植物の胚珠はいしゅ内にあり、受精ののち胚はいとなるもの。

ハイパー ハ〈hyper〉造 ❶過度の。極度の。超。「スーパー」よりも程度が上であるようすを表す。「―インフレ」「―マーケット」❷コンピューターで、文書、画像などの多様な情報が重層的に関連づけられているようす。「―メディア」

「―テキスト」 ―リンク [リ]〈hyper link〉[名] インターネットなどで、パソコン画面に表示された文字や記号から、他の関連するページに移動して参照できるようにすること。リンク❸。

はい-はい [ハ]【×這い×這い】(はひはひ) [名] 赤んぼうがはうこと。「―をする」

ばい-ばい [バ]【売買】[名][他サ] ❶あきない。❷当事者の一方が商品を相手にわたし、相手がこれに対して金銭を支払う契約。うりかい。

バイ-バイ [バ]〈bye-bye〉[あいさつ][俗語] さようなら。

バイ-パス [0]〈by-pass〉[名] ❶交通が混雑する地点をさけてつくられた自動車用の回り道。❷血流をよくするために、患者の静脈や、人工的な血管を用いて作った血の通り道。―**手術**(しゅじゅつ) [シュ][名] 血管や消化管などがせまくなったりつまったりした場合に、その部分を迂回(うかい)する管を作成する手術。

ハイ-パワー [パ]〈high power〉[名][形動] 高性能であること。出力が大きいこと。「―車」「―なエンジン」

はい-はん [0]【背反】【背×叛・×悖反・×悖×叛】[名][自サ][文章語] ❶一定の規準や従うべきものにそむくこと。「命令に―する」❷相いれないこと。互いに相手を否定すること。「二律―」

はい-ばん [0]【杯盤】【×盃盤】[名][文章語] さかずき・さら・はちなど、酒もりの道具。―**×狼×藉**(ろうぜき) [0][名][文章語] 杯盤が、酒もりの席上にちりみだれているようす。

はい-ばん [0]【廃番】[名] 製造をやめて、その製品の品番がなくなること。また、その品番。「部品が―になる」

はい-ばん [0]【廃盤】[名] 製造を停止したレコード・CDなど。

はいはん-ちけん [チ][ケ]【廃藩置県】[名] 一八七一年、明治政府がそれまでの藩(はん)を廃止し、県や郡を置いたこと。

はい-び [ハ]【拝眉】[名][自サ][文章語] 相手に会うことを、その相手を高めて言う語。拝顔。

はい-び [ハ]【配備】[名][他サ] 手配して事に備えること。「ミサイルの―」

ハイ-ヒール [ヒ]〈high heels〉[名] 婦人靴で、かかとの高いもの。↕ローヒール。

ハイ-ビジョン [ビ][名] (high difinition television から)高品質の映像を特徴とするテレビ放送。

ハイビスカス [ビ]〈hibiscus〉[名] アオイ科の熱帯性植物の総称。ハワイの代表的な花。

はい-びょう [0]【肺病】[名] 肺結核。

はい-ひん [0]【廃品】[名] 役にたたなくなった物。使えなくなった品。廃物。「―回収」

ばい-ひん [0]【売品】[名] 売るべき品物。売り物。↕非売品。

はい-ふ [0][ハ]【肺×腑】[名] ❶肺臓。❷心の奥。心の底。「―をえぐる」 ―**を突**(つ)**く** 心の奥をついて感動させる。「―忠言」

はい-ふ [0][ハ]【配付】[名][他サ] 一人一人にくばりわたすこと。⇩配布[参考]。

はい-ふ [0][ハ]【配布】[名][他サ] 広くゆきわたるように、大ぜいにくばりわたすこと。[参考]「配布」は公的なものをくばる場合にいい、その場で大ぜいにわたす場合にも使う。「議案を配付する」などせまい範囲にくばる場合には「配付」を使うが、「配布」が一般的。「配達」は、私的なものが主で、届けてまわる意味にしか使えない。

はい-ぶ [ハ]【背部】[名] せなかの部分。うしろのほう。

パイプ [0]〈pipe〉[名] ❶液体・気体などを通す、鉄・ゴム・ビニールなどのくだ。管。❷間に立って両者の連絡を取りもつもの。「交渉の―役」❸首の大きい西洋ふうのキセル。また、紙巻きタバコを吸う道具。―**椅子**(いす) [イ][名] 金属パイプを骨組みとした、折りたたみ式のいす。―**オルガン** [オ]〈pipe organ〉[名] 大小種々の管を音階的にならべ、それに空気を動力で送りこみ、鍵(けん)をおして音を出す鍵盤楽器。―**ライン** [ラ]〈pipeline〉[名] 油田地帯から消費地に石油・天然ガスなどを送るための遠距離輸送管。

パイプ❸

ハイ-ファイ [0]〈hi-fi〉[名] (high fidelity(高忠実度)の略)録音した音を、もとの音となるべくちがわないように再生すること。また、その装置。

ハイ-ファッション [ファ]〈high fashion〉[名] 流行の最先端。

はい-ふう [0]【俳風】【×誹風】[名] 俳句の作風。句風。

はいふうやなぎだる《誹風柳多留》⬇やなぎだる。

はい-ふき [キ]【灰吹(き)】(はひ) [名] たばこ盆についている、たばこの吸いがらを入れる竹製のつつ。

はい-ふく [ハ]【拝復】[あいさつ][文章語] 返事の手紙のはじめにつかう語。「つつしんで返事をします」の意味をあらわす。[参考] 返信の書き出しには、「拝復・復啓・お手紙拝見しました」などを用いる。「拝復」が一般的で、「復啓」はかなりあらたまった言い方。

はい-ぶつ [0]【廃物】[名] 利用したあとの役にたたなくなった物。廃品。「―利用」

はいぶつ-きしゃく [キ][0]【廃仏毀釈】[名] 明治政府の神道国教化政策による、仏教の排斥運動。仏像・仏堂などが破壊された。排仏棄釈。

ハイブリッド [0]〈hybrid〉(混成物・混合物の意)[名] ❶動植物の雑種。❷複数の部品を組み合わせた集積回路。❸異質な要素を組み合わせること。❹〔言〕混種語。―**カー** [ド][カ]〈hybrid car〉[名] 電気モーターとガソリンエンジンなど、複数の動力で動く自動車。ハイブリッド車。

バイブル [バ]〈Bible〉[名] ❶キリスト教の経典。聖書。❷ある分野でもっとも権威がある書物。「登山家の―」

はい-ふるい [フ]【灰ふるい】【灰×篩】(はひふるひ) [名] 灰をふるって、まじりものなどを取りさる道具。

バ(ヴァ)イブレーション [レ]〈vibration〉[名] ❶振動。❷ふるわせて出す声。

バ(ヴァ)イブレーター [レ]〈vibrator〉[名] こまかい震動によってマッサージをする電気器具。

バイ-プレーヤー [レ]〈byplayer〉[名] (和製英語)わき役。助演者。

ハイ-ブロー [ロ]〈highbrow〉[名] 知的で教養のあるようす。また、高級なようす。ハイブラウ。

ハイフン [ハ]〈hyphen〉[名] 英語などで、語と語とをつづけるための短い線。「-」

はい-ぶん [0]【俳文】[名] 俳諧(はいかい)の味わいをおびた文章。芭蕉(ばしょう)の「奥の細道」など。

はい-ぶん [0]【拝聞】[名][他サ][文章語] 相手から話などを聞くことを、その相手を高めて言う語。

はい-ぶん [0]【配分】[名][他サ] わりあててくばること。くばりわけること。「利益の―」

ばい-ぶん [0]【売文】[名][文章語] 文章を作り、それを売って生活すること。「―の徒」

はい-へい [0]【廃兵】[名] 戦場で負傷し、身体に障害をおった兵士。

ハイ-ペース [ペ]〈high pace〉[名] 進みぐあいが速いこと。「―で事を進める」

はい-べん [0]【排便】[名][自サ] 大便を出すこと。

ばい-べん [0]【買弁】【買×辦】[名] ❶中国で、外国貿易の仲介業者。❷外国資本の手先となり、自国の利益を忘れてもうけること。また、その人。

ハイポ [八]〈hypo〉[名] チオ硫酸ナトリウムのこと。写真の定着液に使う。

はい-ほう [0]【肺胞】[名] 肺にはいった気管支の末端についている、小さい袋状のもの。ガス交換の作用をする。

はい-ほう [0]【敗報】[名] 戦いに負けたしらせ。↕勝報。

はい-ぼう [0]【敗亡】[名][自サ]〔文章語〕たたかいにやぶれてほろびること。

ハイ-ボール [ボ]〈ᵃhighball〉[名] ウイスキーにソーダ水と氷を入れた飲み物。ソーダ割り。

はい-ぼく [0]【敗北】[名][自サ]（「北」は、逃げる意）負けて逃げること。負けること。↕勝利。

ばい-ぼく [0]【売×ト】[名]〔文章語〕料金をとってうらなうこと。

はい-ほん [0]【配本】[名][自他サ] ❶予約出版物を読者にくばること。また、その本。❷刊行物を小売書店や取次店にくばりとどけること。

はい-まくら [マ]【俳枕】[名] 俳句によみこまれた名所・旧跡。歌枕に対することば。

はい-まつ [0][イ]【×這松】(はひ—)[名] マツ科の常緑低木。高山に自生。幹は地をはい、針葉は五本ずつ生じる。いざりまつ。

はい-まつわ・る [ワ]【×這×纏わる】(はひまつはる)[自五](ラ・ロ・リ・ッ・ル・ル・レ・レ) はってとりつく。はってからみつく。「—つる草」

はい-み [ミ][八]【俳味】[名] 俳諧(かい)の味わい。俳趣味。

はい-めい [0]【俳名】[名]〔文章語〕俳人としての名。俳号。

はい-めい [0]【拝命】[名][他サ] ❶命令を受けることの改まった言い方。❷官に任命されることの改まった言い方。「国務大臣を—する」

ばい-めい [0]【売名】[名] 自分の名を世間にひろめるようにつとめること。「—行為」

バイ-メタル [メ]〈bimetal〉[名] 熱膨張率のちがう二種の金属をはりあわせたもの。温度変化に応じて変形するので、電気器具の温度自動調節装置などに使用する。

はい-めつ [0]【廃滅】[名][自サ]〔文章語〕すたれ、ほろびること。

はい-めん [0][メ]【背面】[名] うしろの方。うしろ側の面。↕正面。

はい-もん [0]【肺門】[名] 肺の内がわの部分で、肺動脈・肺静脈・気管支がはいる所。**—リンパ腺**(せん) [0][名] ❶肺門の部分にあるリンパ腺。❷肺門リンパ腺炎。**—リンパ腺炎**(せんえん) [セ][名] 肺門リンパ腺に炎症をおこす病気。

ハイヤー [八]〈hire〉[名]（街頭や駐車場で客をのせるタクシーに対して）客の申し込みに応じてのせる、貸切乗用自動車。↕タクシー。

バイヤー [バ][0]〈buyer〉[名] 商品などの買いつけ人。

はい-やく [0]【配役】[名] 演劇・映画などで、俳優に役をわりあてること。また、その役。

はい-やく [0]【背約】[名][自サ]〔文章語〕約束にそむくこと。違約。

ばい-やく [0]【売薬】[名] 医師の処方によって調剤するものでなく、薬店で売っているくすり。

ばい-やく [0]【売約】[名][自サ] 売り渡しの約束。**—済**(ず)**み** [0][名] 売約をしたこと。

バイヤス [0]〈bias〉[名] ⬇バイアス。

はい-ゆ [0]【廃油】[名] 使用済みの、または役に立たなくなった食用油・機械用油。

はい-ゆう [0]【俳友】[名] 俳句をつくる仲間。俳句友だち。

はい-ゆう [0]【俳優】[名] 演劇・映画・放送などに出演し、演技することを職業とする人。役者。

はい-よう [0]【肺葉】[名] 肺を形づくる部分の名。人間では右に上・中・下の三肺葉、左に上・下の二肺葉がある。

はい-よう [0]【廃用】[名] 使えなくなること。用をなさなくなること。

はい-よう [0]【×佩用】[名][他サ]〔文章語〕身につけること。着用すること。「勲章を—する」

ばい-よう [0]【培養】[名][他サ] ❶草木をやしない、そだてること。❷細菌・細胞や動植物の組織の一部などをそだて、増殖させること。❸物事の根本をやしない、大きく発展させること。「党の勢力を—する」**—基**(き) [ヨ][名] 細菌・細胞などの培養に使う液状、また、固形の物質。主として肉汁(にくじゅう)にペプトン・かんてんなどを加えて用いる。

ハイ-ライト [ラ]〈high light〉[名] ❶絵・写真などで、光が強くあたり、もっとも明るくみえる部分。❷（ニュース・劇・スポーツなどで）きわだって注目をひく重要な場面・部分。「試合の—」

はい-らん [0]【排卵】[名][自サ] 哺乳(ほにゅう)動物の雌が、卵巣(らんそう)から卵子を外へ出すこと。

はい-り [八]【背理】【×悖理】[名]〔文章語〕道理にそむくこと。「—の議論」

はい-り [八]【背離】[名][自サ]〔文章語〕互いにそむきはなれること。背反。

はいり-くち [リ]【入り口】(はひり—)[名] 建物の中や奥にはいるところ。

はいり-こ・む [コ][0]【入り込む】(はひり—)[自五](マ・モ・ミ・ン・ム・ム・メ・メ) 奥や中のほうにはいる。「窓から—」**入り込める** [自下一]〔…できる〕

ハイ-リスク [リ]〈high risk〉[名] 危険性が高いこと。「—ハイリターン」

はい-りつ [0]【廃立】[名][他サ]〔文章語〕けらいが君主をやめさせて、別の君主をたてること。

ばい-りつ [0]【倍率】[名] ❶あるものが他のものの何倍あるかの割合。❷望遠鏡・顕微鏡などで見た像と実物との大きさの比率。❸募集数と応募数との比率。競争率。

はい-りょ [八]【配慮】[名][自サ] 手落ちのないように、また、よい結果になるように、心づかいをすること。配意。「—に欠ける」

はい-りょう [0]【拝領】[名][他サ]〔文章語〕主君や目上の人から物をいただくこと。

ばい-りん [0]【梅林】[名] うめの木の林。うめばやし。(春)

バイリンガル [リ]〈bilingual〉[名] 二か国語を話すこと。また、その人。

はい-る [八]【配流】[名][他サ]〔文章語〕流罪に処すること。「—の身」

はい・る [八]【入る】【×這入る】(はひる)[自五](ラ・ロ・リ・ッ・ル・ル・レ・レ)〔「這(はひ)入る」の変化〕❶外から中に移動する。↕出る。㋐外のほうから特定の場所に位置がうつる。「船が港に—」「ほこりが目に—」「ボールが高目に—」㋑一部分がかくれて見えなくなる。「寝床に—」「こたつに—」❷ある環境や組織に身をうつす。「芸能界に—」「大学に—」❸ほかのものがまじって一つになる。「こしょうの入ったスープ」❹ある範囲にふくまれる。「品物が手に—」「ベストテンに—」❺あるものがそばにとどく。「連絡が—」「注文が—」❻ある状態になる。「雨期に—」「まもなく休憩に—」❼あるものが加わった状態に達する。「熱が—」「気合いが—」❽作用の結果がのこる。「茶わんにひびが—」「しまの入った服地」❾おさまる。収容される。「財布に—大きさ」❿飲み物がのめる状態になる。「お茶が—」[参考]可能の言い方の「はいれる」は、「希望していた学校にはいれた」のように、おもに❷の意味だけに使われる。**入れる** [自下一]〔…できる〕

パイル パ〈pile〉名 ❶原子炉。❷タオル・ビロードなど、布地の表面に輪奈(わな)やけばを織り出したもの。

はい-れい ⓪【拝礼】名自他サ 神仏に対し、頭をさげて礼をすること。

ハイ-レグ ⓪〈high leg〉名 足を長く見せるように、水着や下着の足のつけ根の部分をV字形に切りこむこと。ハイレグカット。

はい-れつ ⓪【配列】【排列】名他サ 順序よくならべること。ならびぐあい。ならんだもの。「―を乱す」

ハイ-レベル レ〈high level〉名形動 高い水準。

はい-ろ ⓪八【廃炉】名 原子炉や溶鉱炉などの使用を停止して、解体・撤去すること。

パイロット パ〈pilot〉名 ❶水先案内人。❷航空機の操縦者。飛行士。**―ランプ** ラ〈pilot lamp〉名 機械・器具や電気回路などの状態を示す豆電球。

はい-ろん ⓪【俳論】名 俳句に関する理論・評論。

はい-わ ⓪【俳話】名 俳句に関するはなし。

パイン パ〈pine〉名 パイナップル。「―ジュース」

バインダー ⓪〈binder〉名 ❶雑誌・書類などの、とじこみ用具。❷穀物を刈り取って束ねる機械。

は・う 八【×這う】(はふ) 自五 (ワ・オイ・ウ・ウ・エ・エ) ❶はらばって行く。腹を地につけて進む。❷手足をついて進む。❸四つんばいになる。「土俵に―」❹虫などがつたわって行く。❺植物などが、まつわり、つたわって行く。「つたが垣根を―」 **はえる** 自下一〔…できる〕

ハウジング 八〈housing〉名 住宅を建てること。また、住宅供給産業。

ハウス 八〈house〉名 ❶家。住宅。❷屋舎。建物。**―キーパー** キ〈housekeeper〉名 ❶家政婦。❷住居の管理人。**―クリーニング** リ〈house cleaning〉名 専門業者によって行われる家屋の清掃。**―栽培**(さいばい) サ名 ビニールハウスを使って野菜や花などを栽培すること。**―ダスト** ダ〈house dust〉名 家の中のほこり。だにやペットの毛などをふくむ。アレルギーの原因の一つ。**―ワイン** ワ〈house wine〉名 店が独自に選んで客にすすめる安価なワイン。

は-うた ⓪【端唄】名 江戸時代の末にはじまった、三味線(しゃみせん)にあわせてうたうみじかい歌。

パウダー パ〈powder〉名 ❶こな。粉末。「ベーキング―」❷粉おしろい。❸あせしらず。ベビーパウダー。**―スノー** ノ〈powder snow〉名 さらさらした雪。粉雪。**―ルーム** ル〈powder room〉名 おもに女性が身づくろいをする小部屋。

パウチ パ〈pouch〉名〔小袋の意〕食品などを密封するアルミやプラスチックの小袋。「レトルト―食品」

バウチャー バ〈voucher〉名 商品やサービスの引換券。

は-うちわ チ ウ【羽うちわ】【羽▲団▲扇】(うちは) 名 鳥のはねでつくったうちわ。

ハウ-ツー ツ〈how-to〉名 やり方・作り方などの実用技術。**―物**(もの) ⓪名 実用的技術を教える書物の類。

ば-うて ⓪【場打て】名 その場のふんい気におされて、気おくれがすること。「―がする」

バウム-クーヘン ク〈ド Baumkuchen〉名 木の幹を輪切りにしたような年輪状の模様がある洋菓子。

ハウリング ⓪〈howling〉名自サ〔遠ぼえの意〕スピーカーから出た音をマイクが拾って、再びスピーカーから再生されることにより、雑音が発生する現象。

バウンド ⓪〈bound〉名自サ ❶ボールなどが地面に落ちてはねかえること。❷車体などが弾力をもってはずむこと。

パウンド パ〈pound〉名 ⇒ポンド。**―ケーキ** ケ〈pound cake〉名 小麦粉にバター・砂糖・卵などをまぜて焼いた洋菓子。

はえ エ 名 ㊀【映え】はえること。また、そのようす。色・つやなど。「見映(ば)え」㊁【栄え】光栄。めんもく。ほまれ。「―ある優勝」

はえ 八【×鮠】名 ⇒はや。

はえ ⓪【×蠅】(はへ) 名 イエバエ科・クロバエ科・ニクバエ科・サシバエ科などに属する昆虫の総称。幼虫はうじ。伝染病の媒介など人畜に害を与えるものが多い。はい。㊰

はえ エ【▲南▲風】名 南から吹く風。㊰ 参考 中国・四国・九州で使う語。

はえ-かわ・る ワ⓪【生え替(わ)る】(かはる) 自五 (ラ・ロ・リ・ッ/ル・ル・レ・レ) 前に生えていたものが抜け、新しく生える。「髪の毛が―」「歯が―」 **生え替わり** 名

はえ-ぎわ ⓪【生え際】(ぎは) 名 髪の生えている部分と生えていない部分との境目。

はえ-ちょう ⓪【はえ帳】【×蠅帳】(はへ) 名 ⇒はいちょう。㊰

はえ-なわ ⓪【はえ縄】【▲延縄】(はへなは) 名 一本のなわに、つりばりのついた糸をたくさんとりつけて海中に投げいれ、魚をつる道具。まぐろ・たら・さけ・ますの漁用。

はえなわ

はえ-ぬき ⓪【生え抜き】名 ❶その土地に生まれ、その土地で成長したこと。また、その人。❷はじめからずっとひと所に勤めていること。また、その人。「この店―の店員」

はえばえ-し・い【映え映えしい】㊁ シ 形 (カロ・カッ・ク/イ・イ・ケレ・○)〔文章語〕はなやかで見ばえがする。**映え映えしさ** 名 **はえばえ・し** 文語シク ㊁ 形シク〔古語〕光栄である。おもはゆい。「講師(こうじ)も、はえばえしう思ふなるべし」〈枕〉

×這(は)えば立(た)て 子どもの成長に対して、際限なく期待する親の気持ちを言い表したことば。「―、立てば歩めの親心」

パエリア エ〈ス paella〉名 スペイン料理で、米に肉や魚介類、野菜などをまぜ、サフラン、オリーブオイルを加えて炊きあげたもの。パエーリャ。

は・える エ 自下一 (エ・エ・エル・エル・エレ・エロ・エヨ) ㊀【映える】光に照らされて、美しくかがやく。うつりあって、あざやかに見える。「もみじが夕日に―」㊁【栄える】りっぱに見える。「礼装が―」「栄えない男」 **は・ゆ** 文語ヤ下二

は・える エ【生える】自下一 (エ・エ・エル・エル・エレ・エロ・エヨ) ❶植物が地中から芽を出す。生じる。「草が―」❷植物が生活している。「大木が生えている」❸動物体の一部、特に毛・歯などが、体の表面にのびて出てくる。「ひげが―」「歯が―」 **は・ゆ** 文語ヤ下二

パオ パ〔中▲包〕名 モンゴルなどの遊牧民の組み立て式の家。まんじゅう形の骨組みの上に、フェルトをかぶせたもの。ゲル。

は-おう オ【覇王】名〔文章語〕❶諸侯をひきいて天下を治める者。❷覇者と王者。**―樹**(じゅ) オ名 サボテン。

は-おく ⓪【破屋】名〔文章語〕あばらや。廃屋(はいおく)。

パオズ パ〔中▲包▲子〕名 ぶた肉・野菜などを包んでむした中国料理のまんじゅう。肉まんじゅう。

は-おと ⓪【羽音】名 ❶鳥のはばたく音。また、虫の羽の音。❷矢の羽が風を切ってとぶ音。

は-おり ⓪【羽織】名 着物の上に着る、えりを折ったみじかい衣服。**―×袴**(はかま) マ名 羽織とはかまをつけた正装。

は-お・る オ【羽織る】他五 (ラ・ロ・リ・ッ/ル・ル・レ・レ) 着物や上着の上に、うちかけて着る。

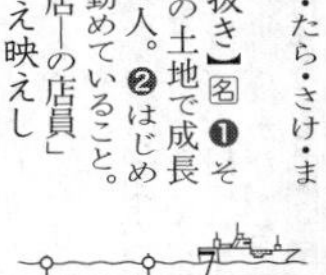

はか [カ]【捗】[名] 仕事の進みぐあい。はかどり。 **―が行く** 仕事がはかどる。

はか [カ]【墓】[名] 死体・遺骨を埋めほうむる所。多くは、そのしるしとして石や柱をたてる。

は-か [ハ]【破×瓜】[名]〔文章語〕〔「瓜」という字をわけると八・八となる〕❶〔八たす八＝十六〕女子十六歳のこと。❷〔八かける八＝六十四〕男子六十四歳のこと。❸処女膜が破れること。 **―期** [カ][名] 女子の月経の始まる年ごろ。

ばか [バ]【馬鹿・×莫×迦】━ [バ][名][形動]〔梵 moha(暗愚)、mahallaka(老弱)の意から。漢語の「破家」がそれに当てられたことからともいう〕❶おろかなこと。また、その人。❷つまらないこと。「―な目にあう」❸役に立たないこと。「ねじが―になる」❹とんでもないこと。とほうもないこと。「そんな―なことがあるか」━ [接頭] 度がすぎること。「―ていねい」 **―と×鋏は使いよう** 切れないはさみでも使い方によってはよく切れるように、役に立たないと思っていた人でも使いようによっては役に立つ。 **―にする** あなどる。かろんじる。 **―にならない** 軽く見られない。「月々の小遣いも―」 **―の一つ覚え** おろかな者は一つおぼえるといつまでも忘れず、そればかり得意になってふりまわすものだ。 **―を見る** つまらない結果になる。ばかな目にあう。

ばか-あたり [ア]【馬鹿当り】[名][自サ]〔俗語〕興行、販売、野球の打撃などで、信じられないくらいの成果をあげること。「五打数五安打の―」

は-かい [0]【破戒】[名] 僧が戒律をやぶること。↔持戒。 **―無×慚** [ム][名]〔仏〕〔「慚」は、はじの意〕戒律を破って恥じないこと。

は-かい [0]【破壊】[名][自他サ] こわして使いものにならなくすること。また、そうなること。「ダムを―する」「―活動防止法」[参考] 建物・施設など、大きな構造物や制度・組織などについていうことが多い。 **―的** [0][形動] ぶちこわしてしまおうとするようなようす。「―な考え方」↔建設的。

はかい《破戒》 島崎藤村の長編小説。一九〇六年刊行。被差別部落出身の教師を主人公に、新旧思想の衝突をえがいたもの。自然主義文学の代表作。

は-がい [0]【羽交(い)】[名] ❶鳥の左右のつばさのかさなるところ。❷はね。つばさ。 **―絞め** [0][名] 両手を相手のうしろからわきの下に入れ、えりくびの所で組んで、相手をしめること。

はか-いし [0]【墓石】[名] 死者の戒名・俗名・死亡年月日などをきざんで、墓に立てた石。石塔。墓標。ぼせき。

ばか-うれ [0]【馬鹿売れ】[名][自サ]〔俗語〕商売で、信じられないくらい商品が売れること。

ばか-がい [カ]【馬鹿貝】[名] バカガイ科の海産二枚貝。肉は食用となり、貝柱は特に賞味される。「あおやぎ」は、そのむきみ。[春]

は-がき [0]【はがき】【端書・葉書】[名] 一定の大きさの紙の表裏にあて名と通信文を書いて出す郵便物。また、その通信に使う用紙。ポストカード。郵便はがき。規格・様式が定まっている。

は-かく [0]【破格】[名] ❶一般の標準をやぶること。ふつう以上のこと。「―の出世」❷きまりにはずれていること。

ばか-くさ・い [サ]【ばか臭い】【馬鹿臭い】[形]〔カロ・カッ・ク・イ・イ・ケレ・○〕いかにもつまらない。ばからしい。 **ばか臭さ** [名]

は-がくれ [ガ][0]【葉隠れ】[名] 草木の葉の間にかくれること。

はがくれ《葉隠》 江戸時代中期の武士の修養書。肥前藩士山本常朝の談話を筆記したもの。武士道のありかたについて述べる。

は-かげ [0]【葉陰】【葉×蔭】[名] 木や草の葉の陰。

ばか-・げる [ゲ]【馬鹿気る】[自下一]〔○・ゲ・ゲル・ゲル・○・○〕ばかばかしく思われる。「ばかげた意見」[参考]「ばかげて」「ばかげた」の形で使うことが多い。

ばか-さわぎ [サ]【ばか騒ぎ】【馬鹿騒ぎ】[名] 度をこえた大さわぎ。

ばかし（ばかし）【▲許し】[助]〔副助詞〕ばかり。

はがし-ごよみ [ゴ]【剝がし暦】[名] 毎日一枚ずつめくってはぐ暦。日めくり暦。めくり暦。

はか-しょ [ショ][0]【墓所】[名] 墓のある所。墓場。ぼしょ。

ばか-しょうじき [ショ]【ばか正直】【馬鹿正直】[名][形動] 正直すぎて気がきかないこと。愚直。

はか-じるし [ジ]【墓じるし】【墓▲標】[名] 墓のしるしに立てた木・石。ぼひょう。

はか・す [カ]【×捌かす】[他五]〔サ・ソ・シ・ス・ス・セ・セ〕❶よく流れるようにする。「水を―」❷売りつくす。「残品を―」

はが・す [ガ]【剝がす】[他五]〔サ・ソ・シ・ス・ス・セ・セ〕表面にはりついているものを取り去る。「切手を―」「膏薬を―」 **剝がせる** [自下一]〔…できる〕

ばか・す [カ]【化かす】[他五]〔サ・ソ・シ・ス・ス・セ・セ〕人の心をまよわせる。だます。たぶらかす。 **化かせる** [自下一]〔…できる〕

ば-かず [0]【場数】[名] ❶場所・場面の数。❷経験の度数。たくさんの経験。 **―を踏む** 何度も経験する。経験をつむ。場をふむ。

はか-せ [ハ]【博士】[名] ❶律令制で、大学寮・陰陽寮の官職の名。❷ある専門の方面にくわしい人。「漢字―」❸博士の俗な言い方。

は-かぜ [0]【羽風】[名] 鳥・虫などが飛ぶとき、羽が起こす風。

は-かぜ [0]【葉風】[名] 草木の葉を動かして、音をたてる風。

はかた《博多》━ 福岡市の東部の区の一つで、商業の街。━ [0][名] ❶はかたおび。❷はかたおり。

は-がた [0]【歯形】[名] ❶歯でかんだあとにのこるかた。「―がつく」❷【歯型】歯並びの形を石膏などでうつしとったもの。「―を取る」

はかた-おび [オ]【▲博多帯】[名] はかたおりの帯。

はかた-おり [0]【▲博多織】[名] 博多でできる絹の織物。

はかた-にんぎょう [ニ]【▲博多人形】[名] 素焼きに胡粉をぬって彩色した人形。福岡県博多の特産。

は-がため [ガ]【歯固め】[名] ❶昔、正月の三が日に、長命をねがって、かがみもち・おしあゆ・だいこんなどを食べたこと。[新年][参考] 歯は年齢のこと。❷歯茎をじょうぶにするために、離乳期の乳幼児にしゃぶらせる器具。

ばか-ぢから [チ]【ばか力】【馬鹿力】[名] ふつうでない、なみはずれた力。あきれたり、さげすんだりしていう言い方。

ぱかっ-と [カ][副] 閉じたり、くっついたりしていたものが大きくひらくようす。「はまぐりが―開く」

ばか-づら [0]【ばか面】【馬鹿面】[名] まぬけな顔つき。

ばか-ていねい [テ]【ばか丁寧】【馬鹿丁寧】[名][形動] 度がすぎてていねいなこと。「―なあいさつ」

ばか-でか・い [カ2]【馬鹿でかい】[形]〔俗語〕驚くほど大きい。むだと思われるほど大きい。「―ビル」

はか-どころ [ド]【墓所】[名] ➡はかしょ。

はか-ど・る [ド]【▲捗る】[自五]〔ラ・ロ・リ・ッ・ル・ル・レ・レ〕仕事がすすむ。はかがいく。進捗する。

はかな・い [ナ]【果▲敢ない・×儚い】━ [ナ][形]〔カロ・カッ・ク・イ・イ・ケレ・○〕❶つかの間である。あっけない。かりそめである。無常だ。「―人生」「―命」❷たしかでない。期待がもてない。かいがない。「―望み」「―約束」 **はかながる** [自五] **はかなげ** [形動] **はかなさ** [名] **はかな・し** [文語ク] ━ [形ク]〔古語〕❶幼稚である。考えが足りない。たいしたことがない。「いとはかなう物したまふこそあはれにうしろめたけれ」〈源氏〉❷そまつである。みすぼらしい。「はかなき単衣（ひとへ）の萎（な）えたるを着たるに」〈宇津保〉❸表立たない。ひそかである。「はかなくうち忍び、物をもきこえて慰みなむや」〈源氏〉

はかなく-なる【果▲敢なくなる・×儚くなる】連語 死ぬ。なくなる。

はかな・む ナ【果▲敢なむ・×儚む】他五（マ・モ／ミ・ン／ム・ム／メ・メ） はかなく思う。「世を―」

ばか-に バ【ばかに】【馬鹿に】副 むやみに。ひどく。「―うれしそうだ」

はがね 0【鋼】名（「刃金」の意）鋼鉄（こうてつ）。

ばか-ね カ【ばか値】【馬鹿値】名 なみはずれて高い、または低い値段。

はか-ば バ【墓場】名 墓のあるところ。墓地。

ぱか-ぱか パ1 副 ❶馬が走るときの、ひづめの音の形容。❷小さなものを開閉させるときの音をあらわす語。

はかばか-し・い【▲捗▲捗しい】❶シ 形（カロ・カッ・ク／イ・イ・ケレ・〇）（ふつう、下に打ち消しの表現を伴う）順調に進んでいる。うまくいっている。はかどっている。「病状がはかばかしくない」

はかばか・し 文語シク ❷形シク 古語 ❶たのもしく、しっかりしている。確かである。「はかばかしき後見（うしろみ）しなければ」〈源氏〉❷はっきりしている。きわだっている。「木どもなどのはかばかしからぬ中に」〈枕〉❸公式である。表向きで、本格的だ。「この魚、…はかばかしき人の前へ出づること侍らざりき」〈徒然〉

ばかばかし・い シ【馬鹿馬鹿しい】形（カロ・カッ・ク／イ・イ・ケレ・〇） ❶ひどくばからしい。つまらない。❷はなはだしい。「―さわぎ」

ばかばかしげ 形動 **ばかばかしさ** 名

ばか-ばなし バ2【ばか話】【馬鹿話】名 つまらない話。

ばか-ばやし バ2【馬鹿×囃子】名 神社の祭礼に太鼓・鉦（しょう）・笛などで演じるはやし。やたいばやし。

は-かぶ 0【端株】名 取引所で取引できる単位の株数に満たない株。

バ（ヴァ）ガボンド ボ／バ〈vagabond〉名 放浪者。さすらい人。

はかま マ【×袴】名 ❶和服で、腰につけて、下半身をおおう、ゆるやかな衣服。❷草などの茎をまといおおう皮。「つくしの―」❸とくりをのせて卓上におく円筒形のうつわ。

はか-まいり マ【墓参り】（まゐり）名 墓に行っておがむこと。墓参（ぼさん）。秋

はかまぎ マ【×袴着】名 昔、子どもが、はじめてはかまをつける儀式。三歳から七歳ぐらいの間におこなった。冬

は-がみ ミ【歯がみ】【歯×噛み】名 くやしがって歯をつよくかみあわせること。また、歯をかみあわせて音をたてること。切歯（せっし）。歯ぎしり。

はか-もり 0／カ【墓守】名 墓の番人。

ばか-やろう ヤ／ロ【ばか野郎】【馬鹿野郎】名 ばかな人。また、そのような人をののしっていう語。

は-がゆ・い ユ【歯がゆい】【歯×痒い】形（カロ・カッ・ク／イ・イ・ケレ・〇） 思うようにならなくて、心がいらいらする。もどかしい。じれったい。**歯がゆがる** 自五 **歯がゆげ** 形動 **歯がゆさ** 名 **はがゆ・し** 文語ク

バカラ バ〈ᶠbaccara〉名 トランプを使ったかけごと。配られた二枚または三枚の手札の数字の合計の一けた目が九に最も近い者が勝ちとなる。「―賭博」

はからい 0【計らい】（はからひ）名 とりあつかい。心くばり。「適切な―」「いきな―」

はから・う ラ【計らう】（はからふ）他五（ワ・オ／イ・ッ／ウ・ウ／エ・エ） ❶よく考えてとりきめる。❷さばく。処置する。しまつをつける。「いいように―」❸相談する。「ふたりで―」 **計らえる** 自下一［…できる］

はからざる-に【図らざるに】連語 文章語 思いがけなく。はからずも。

ばからし・い シ【馬鹿らしい】形（カロ・カッ・ク／イ・イ・ケレ・〇） ばかげている。「―話だ」 **ばからしげ** 形動 **ばからしさ** 名

はからず-も ラ【図らずも】副 思いがけなく。「―再選される」

はかり リ【計り・量り・測り】名 長さ・量・重さをはかること。また、はかった数量。

はかり リ【×秤・▲権・▲衡】名 物の重さをはかる器具。**―に掛（か）ける** ❶重さをはかる。❷物事をくらべてみて利害・得失をよく考える。

ばかり【ばかり】【▲許】助（副助詞）（話しことばでは「ばっかり」とも） ❶数量をあらわす語について、おおよその程度を示す。ほど。くらい。「あれから三年―たつ」❷それと限る意味をあらわす。だけ。「見えるものといえば、波―だ」❸今にも…しそうであるという意味をあらわす。「泣かん―に頼む」❹いつでも…できる状態にあることを示す。「出かける―に用意ができている」❺状態が一方に限られていることを示す。「父のきげんは悪くなる―だ」❻それ以上のものでないことを示す。「形―のお礼」❼意味を強める。「それ―はご免こうむりたい」❽（助動詞「た」に続いて）動作が完了してまもない状態をあらわす。「さっき着いた―だ」❾（「ばかりに」の形で）それだけが原因となってある事態が起こったという意味をあらわす。「その一題ができなかった―に落ちた」❿古語 ころ。「さつきばかり山田をありくに」〈徒然〉**―が能（のう）ではない**（ほかのことばの後について）…するだけではだめだ。「勉強―」

はかり-うり リ1【量り売り】名 もとめられた分量だけ、はかって売ること。

ばかり-か 連語 ある範囲に限定されず、さらに他に及ぶことをあらわす。…だけでなく、そのうえ。「外国―わが国でも」「妹がさびしがっている―、父もつらそうだ」

はかり-きり 0【量り切り】名 はかった分量だけで、余分にそえないこと。

はかり-ご・つ【▲謀つ】他四 古語 ❶はかりごとをめぐらす。「舎利弗（しゃりほつ）に会ひて秘術を相競（くら）べむことをはかりごつ」〈今昔〉❷だます。「人（私）をはかりごちて、西の海のはてまでも」〈源氏〉

はかり-ごと 0／ト【▲謀】名 ❶たくらみ。計略。策謀。❷古語 おもいつき。くふう。「故郷の恋しきままに、せめての謀り事に、千本の卒塔婆（そとば）を作り」〈平家〉参考 室町（むろまち）時代の末ごろまで「はかりこと」と清音。

はかり-こ・む コ【量り込む】他五（マ・モ／ミ・ン／ム・ム／メ・メ） ますやはかりではかるとき、多くもりすぎる。**量り込み** 名

はかり-しれな・い 0／レ【計り知れない】形（カロ・カッ・ク／イ・イ・ケレ・〇） 量や範囲などの大きさを推測することができない。おしはかることができない。はかりがたい。「―損害」

はかり-べり 0【量り減り】名 一回ごとに多くはかりこんだために、全体として量や目方が不足すること。

はかり-め 0／メ【量り目】名 はかる分量。りょうめ。

はか・る カ 他五（ラ・ロ／リ・ッ／ル・ル／レ・レ） ❶【計る・量る・測る】物差し・はかり・時計などを使って、長さ・重さ・時間などを調べる。「ビルの高さを―」「体重を―」「血圧を―」❷【計る・量る】相手の気持ちや将来の成り行きなどをこうであろうと見当をつける。「先方の出かたを―」「真意をはかりかねる」❸㋐【図る・謀る】あることを企てて、その可能性を考える。また、実行に移す。「再起を―」「暗殺を―」「便宜を―」㋑【謀る】相手を計画的にだます。「まんま

と謀られた」❹【諮る】どうしたらよいか相談する。会議などに上程する。「委員会に—」 参考 ❶の意味で、「測」は面積・距離、「量」は重さや体積、「計」は時間や速度などに使われる傾向がある。 **はかれる** 自下一［…できる］

はが・れる レ【剝がれる】 自下一 (レ・レ・レル・レレ・レロ・レヨ) 表面にはってあるものや、ぬってあるものが、自然にとれる。「ポスターが—」「ペンキが—」

バカロレア ロ〈フ baccalauréat〉 名 フランスで、後期中等教育修了を証明する国家試験。合格者は大学入学資格を得る。

ばか-わらい ワ【ばか笑い】【馬鹿笑い】—わらひ 名 ❶おかしくもないことをげらげら笑うこと。❷とほうもない大声で笑うこと。

はがん-いっしょう ハ/0【破顔一笑】 名 自サ 〔文章語〕 顔をほころばせて、にっこり笑うこと。

バ(ヴァ)カンス バ〈フ vacances〉 名 保養などのために、連続してとる休暇。

は-き ハ【覇気】 名 ❶意気ごみ。進取の意気。「—にとぼしい」❷他をおさえて、優位になろうとする野心・野望。

は-き ハ【破棄】【破毀】 名 他サ ❶やぶりすてること。「誓約を—する」❷【破毀】上級裁判所が原判決を取り消すこと。

はぎ 0【▲接ぎ】 名 布や板などを継ぎ合わせること。「継ぎ—だらけの着物」

はぎ ギ【×脛】 名 ひざから下、くるぶしから上の部分。すね。

はぎ ハ/0【×萩】 名 マメ科の落葉低木。山野に生じ、秋、紅紫、または、白色の小さい花を開く。秋の七草の一つ。やまはぎ。㊌秋

はぎ-あわ・す ワ【はぎ合(わ)す】【▲接ぎ合す】—あはす 他五 (サ・ソ・シ・ス・ス・セ・セ) ➡はぎあわせる。

はぎ-あわ・せる セ【はぎ合(わ)せる】【▲接ぎ合せる】—あはせる 他下一 (セ・セ・セル・セレ・セロ・セヨ) 布・板などをつぎ合わせる。はぎ合わす。 **はぎ合わせ** 名 **はぎあは・す** 文語下二

はき-くだし 0/ク【吐(き)下し】 名 吐くことと、下すこと。

はき-け ケ【吐(き)気】【×嘔気】 名 胃の中の物を吐きたくなる気持ち。むかつき。

はぎ-しり ギ【歯ぎしり】【歯×軋り】 名 ❶眠っているとき、歯をかみ合わせて音をたてること。歯がみ。❷くやしがって歯をかみ合わせて音をたてること。切歯(せっし)。

パキスタン《Pakistan》インド半島の西北に位置する共和国。一九四七年独立。首都はイスラマバード。正式国名はパキスタン-イスラム共和国。

はき-す・てる テ【吐(き)捨てる】 他下一 (テ・テ・テル・テレ・テロ・テヨ) 口から出してすてる。「ガムを—」「—ようにつぶやく」

はき-そうじ ソ【掃き掃除】 名 ほうきで掃いてするそうじ。

はき-だし 0【掃(き)出し】 名 ❶ごみなどを掃いて出すこと。❷室内のほこりを掃きだすために、ゆかと同じ高さにつくった小さな窓。「—窓」

はき-だ・す ダ/0【吐(き)出す】 他五 (サ・ソ・シ・ス・ス・セ・セ) ❶口の外へ勢いよく出す。❷ためた物やおかねを出す。❸心の中にあることを、口に出して言う。「不満を—」 **吐き出し** 名 **吐き出せる** 自下一［…できる］

はき-たて 0【掃(き)立て】 名 生まれたてのかいこを蚕卵紙(さんらんし)から掃きとって、かいこだななどにうつすこと。㊌春

はき-だめ 0【掃きだめ】【掃×溜】 名 ごみを捨てるところ。ごみため。 **—に降(お)りた鶴(つる)** つまらないものばかりがいる所に、すぐれたものがはいってくるたとえ。

はき-ちが・える エ/ガ【履き違える】【×穿き違える】—ちがへる 他下一 (エ・エ・エル・エレ・エロ・エヨ) ❶あやまって、他人のはきものをはく。❷意味をとりちがえる。思いちがいをする。「自主独立を—」 **履き違え** 名 **はきちが・ふ** 文語ハ下二

はぎ-と・る ト/0【剝ぎ取る】 他五 (ラ・ロ・リ・ッ・ル・ル・レ・レ) ❶はいで取り去る。「皮を—」❷衣類をぬがせて奪う。 **剝ぎ取れる** 自下一［…できる］

はぎ-の-もち ノ【×萩の餅】 名 おはぎ。ぼたもち。

はき-はき ハ/1 (と)副 自サ 態度がしっかりしており、はっきりとものを言うようす。「—とあいさつする」

はき-もの 0【履(き)物】 名 くつ・ぞうりなど、足にはいて歩くものの総称。

は-きゃく 0【破却】 名 他サ こわすこと。すっかりこわすこと。

ば-きゃく 0【馬脚】 名 馬のあし。 **—を▲露(あら)わす** 〔芝居で馬のあしを演ずる役者が姿を現してしまう意から〕つつみかくしていた本性が、あらわれる。ばけの皮がはがれる。

は-きゅう 0【波及】 名 自サ 物事の影響がだんだんと広がり伝わっていくこと。「紛争が—する」

バキューム キュ〈vacuum〉 名 真空。「—クリーナー」 **—カー** ム/カ〈vacuum car〉 名 〔和製英語〕吸いこみ式の糞尿(ふんにょう)くみとり自動車。

は-きょう 0【破鏡】 名 〔文章語〕 ❶こわれたかがみ。❷夫婦わかれのこと。離婚。

は-ぎょう 0/ハ【覇業】 名 〔文章語〕 力で他をおさえて立てた偉大な業績。「優勝の—をとげる」

は-きょく 0【破局】 名 事件の悲劇的な終末。カタストロフィ。「みじめな—を迎える」

は-ぎれ レ/0【歯切れ】 名 ❶歯でかみ切るときの感じ。❷ものを言うときの発音・調子など。「—のよいことば」 参考 「歯切れが悪い」などの形で、本心や真相を言えずに苦しそうなさまを言う。

は-ぎれ 0【端切れ】 名 はんぱな布ぎれ。

はぎわら-さくたろう《萩原朔太郎》一八八六—一九四二。詩人。近代人の感情と生理を新しい形で表現し、現代詩に大きな影響を与えた。エッセイ・評論も多数ある。「月に吠(ほ)える」「青猫(あおねこ)」「氷島(ひょうとう)」など。

はく【拍】 ㊀ 造 ❶うつ。たたく。「拍手・拍車」❷音の時間的な単位。リズム。「拍動・脈拍」 ㊁ 接尾 拍子(ひょうし)を取る回数。 ㊂ ハ 名 〔言〕音韻論上の単位。ふつう、一子音と一母音が結びついた音の長さをいう。日本語では平仮名がほぼ一拍(いっぱく)に相当する。音韻論的音節。モーラ。

はく【泊】 ㊀ 造 ❶とまる。やどる。「外泊・宿泊・漂泊・機中泊」❷船がとまる。船をとめる。「泊地・停泊」❸あっさりしている。「淡泊(たんぱく)」 ㊁ 接尾 ❶宿泊の夜の数をかぞえることば。「二—三日」❷ビデオ・CDなどの貸し出しの日数をかぞえることば。

はく【迫】 造 ❶せまる。近づく。「迫撃・迫真・迫力・圧迫(あっぱく)・気迫・緊迫」❷おどす。「迫害・強迫・脅迫」

はく【剝】 造 ❶はぐ。むく。「剝製・剝奪」❷はがれる。「剝脱・剝落・剝離・落剝」

はく【×粕】 造 かす。酒かす。「糟粕(そうはく)」

はく【舶】 造 ❶大きなふね。「海舶・船舶(せんぱく)」❷ふねにつむ。「舶載・舶来」

はく【博】 造 ❶ひろい。「博愛・博識・博学」❷博士。「医博・文博」❸博覧会。「貿易博・花博(はなはく)」 **博する** 他サ ［別音ばく｜博］

はく【×魄】 造 ❶たましい。「気魄・魂魄(こんぱく)」❷おちぶれる。「落魄」

はく【薄】 造 ❶うすい。厚みがない。「薄氷・薄片・薄膜・希薄・厚薄」❷めぐまれない。「薄幸(はっこう)・薄命」❸少ない。「薄給(はっきゅう)・薄謝・薄利」❹心があさい。まごころに欠

ける。「薄情・薄志弱行・軽薄・酷薄・浮薄」❺せまる。近づく。「薄暮・薄明・肉薄」

はく【白】㊀八 名 造 ❶しろいこと・もの。「白煙・白鳥・紅白・純白」❷ベルギー(白耳義)。㊁造 ❶かがやく。あかるい。「白日・白熱・白夜」❷あきらか。「潔白・明白」❸なにもない。「白紙・白票・空白・余白」❹まったくの。「白痴」❺もうす。のべる。「白状・白話・告白・自白」❻白くする。「精白・漂白」[別音びゃく|白]

はく【伯】㊀八 名 造 ❶五等爵の第三。伯爵。「松方伯」❷〔文章語〕兄弟中の年長者。「―仲・叔・季」「伯仲」❸父母の年上のきょうだい。「伯父・伯母」❹ブラジル(伯剌西爾)。「日―親善」㊁造 ❶すぐれている人。「医伯・画伯」❷「伯耆(旧国名)」の略。「伯州・伯備・因伯」

はく⓪ク【×箔】㊀名 造 金・銀・銅・すずなどをうすくひらたくのばしたもの。「金箔・銅箔・アルミ箔」㊁名 値うち。貫禄。「―が落ちる」 ―が付っく 他人に尊重されるような値うちが身につく。貫禄がつく。「外国留学で―」

は・く⓪ 他五 (カ・コ・キ・イ ク・ク・ケ・ケ) ㊀【×穿く】❶はかまやズボンなどを下半身につける。❷靴下や、たびなどを足につける。㊁【履く】靴などのはきものを足につける。 はける 自下一[…できる]

は・く八【吐く】他五 (カ・コ・キ・イ ク・ク・ケ・ケ) ❶物を口から外に出す。「つばを―」❷胃の中のものを口から出す。もどす。❸中のものを外へ吹きだす。「煙突からけむりを―」❹ことばに出す。言う。「暴言を―」 吐ける 自下一[…できる]

は・く⓪【×佩く】他五 (カ・コ・キ・イ ク・ク・ケ・ケ) 腰につける。おびる。「刀を―」 はける 自下一[…できる]

は・く八【掃く】他五 (カ・コ・キ・イ ク・ク・ケ・ケ) ❶ほうきでそうじする。「落ち葉を―」「庭を―」❷【▲刷く】塗る。「おしろいを―」❸かいこの掃き立てをする。 掃ける 自下一[…できる]

ハグ八〈hug〉名 自他サ (あいさつや愛情表現として)抱きしめること。「別れの―をする」

は・ぐ⓪【×矧ぐ】他五 (ガ・ゴ・ギ・イ グ・グ・ゲ・ゲ) 羽を矢竹につけて矢をつくる。 はげる 自下一[…できる]

は・ぐ八【剝ぐ】他五 (ガ・ゴ・ギ・イ グ・グ・ゲ・ゲ) ❶表面をおおっているものを、力を加えて取りのぞく。「木の皮を―」❷着ているものを無理にぬがす。「上着を―」「身ぐるみはがれる」❸無理にうばう。「官位を―」❹隠そうとするものをあらわにする。「仮面を―」 剝げる 自下一[…できる]

は・ぐ⓪【▲接ぐ】他五 (ガ・ゴ・ギ・イ グ・グ・ゲ・ゲ) 布・板などをつぎあわせる。 はげる 自下一[…できる]

ばく【麦】造 むぎ。「麦芽・麦秋・麦飯・燕麦」

ばく【×莫】造 ない。否定の意味をあらわす。「莫逆・莫大」

ばく【博】造 かけごと。「博奕・博才・博徒・賭博」[別音はく|博]

ばく【幕】造 ❶まく。カーテン。「幕営・幕舎」❷将軍の陣営。「幕下・幕僚」❸幕府。「幕臣・幕末・佐幕・倒幕・討幕」[別音まく|幕]

ばく【×寞】造 ひっそりしている。「索寞・寂寞・落寞」

ばく【漠】造 ❶すなはら。「砂漠」❷はてしない。とりとめがない。「漠然・漠漠・空漠・広漠・荒漠・茫漠」

ばく【×駁】造 ❶人の意見を非難する。反論する。「駁撃・駁説・駁論・反駁・論駁」❷いりまじる。「雑駁」

ばく【暴】造 あばく。あらわす。「暴露」[別音ぼう|暴]

ばく【×瀑】造 たき。「瀑布・飛瀑・急瀑」

ばく【×曝】造 さらす。日にあてる。「曝書・曝露・被曝」

ばく【爆】造 ❶はじける。破裂する。「爆音・爆撃・爆破・爆薬・空爆・自爆」❷爆弾。「原爆・水爆」❸〔俗語〕ふつうの程度ではないこと。「爆買い・爆睡」

ばく バ【縛】名 造 しばること。「緊縛・呪縛・束縛・捕縛」 縛する 他サ ―に就っく たいほされる。罪人としてしばられる。

ばく バ【×貘・×獏】名 ❶バク科の哺乳類の総称。マレー産と南米産とがある。鼻と口は長く突き出る。夜行性。草食。❷夢を食うという、想像上の動物。

ば-ぐ バ【馬具】名 くら・くつわ・あぶみ・たづななど、馬につける用具。

バグ⓪/バ〈bug〉名 コンピューターで、作成したプログラムの欠陥。

はく-あ 八【白亜】【白×堊】名 ❶〔文章語〕白い色の壁。しらかべ。❷石灰岩の一種で、灰白色でやわらかいもの。白墨の原料。 ―館 ア 名 アメリカ大統領官邸「ホワイトハウス」の訳語。 ―紀 ア 名 中生代最後の時代。約一億四五〇〇万年～六五〇〇万年前。

はく-あい ⓪【博愛】名 すべての人を平等に愛すること。「―主義」「―精神」↕偏愛。

はく-い 八【白衣】名 医者・看護師・科学者などの着る、白い衣服。びゃくえ。 ―の天使 女性の看護師の美称。

はく-いん ⓪【博引】名〔文章語〕広く例を引用すること。 ―×旁証 ⓪ 名〔文章語〕広く例をひき、多く証拠をあげて論じること。

はく-う 八【白雨】名〔文章語〕にわか雨。夕立。㊆

はく-うん ⓪【白雲】名〔文章語〕白いくも。

ばく-えい ⓪【幕営】〔文章語〕㊀名 まくをはった陣営。㊁名 自サ 野外にテントをはり、宿営すること。

ばく-えき ⓪【博×奕】名〔文章語〕ばくち。

はく-えん ⓪【白煙】名〔文章語〕白いけむり。↕黒煙。

はく-おし ⓪/シ【はく押し】【×箔押し】名 まきえ・製本などで、金銀のはくをはりつけること。

ばく-おん ⓪【爆音】名 ❶火薬・火山などの爆発する音。爆発音。❷発動機のたてる音。「飛行機の―」

はく-が 八【博雅】名 形動〔文章語〕広い知識をもっていること。学問・技芸に広く通じ、おこないが正しいこと。また、その人。博識。「―の士」

ばく-か バ【幕下】名 ➡ばっか。

ばく-が ⓪【麦芽】名 大麦を発芽させたもので、ジアスターゼを多くふくむ。ビール・水あめの原料。 ―糖 ⓪ 名 麦芽中の酵素がでんぷんに作用して生ずる糖分。希硫酸とともに煮れば、加水分解してぶどう糖となる。

はく-がい ⓪【迫害】名 他サ 圧迫して、苦しめしいたげること。「―を受ける」

はく-がく ⓪【博学】名 形動 広くいろいろの学問に通じること。「―多才」

はく-がん ⓪【白眼】名 にらむ目つき。冷遇する目つき。↕青眼。参考 中国、竹林の七賢のひとりである阮籍が、きらいな人には白眼を、すきな人には青眼をもって迎えたということから。 ―視 ガ 名 他サ つめたい目つきで見ること。悪意をもって人をあつかうこと。冷遇すること。

は-ぐき 八【歯茎】名 歯のねもとを包んでいる筋肉。歯齦。

ばく-ぎゃく ⓪【×莫逆】名 (心に逆らう莫しの意)〔文章語〕たがいに心がそむくことのないこと。ばくげき。 ―の友 たがいに気心が通じ、たいそうしたしい友人。親友。

はく-きょい《白居易》七七二～八四六。中国の唐時代の詩人。字は楽天。「長恨歌」「白氏文集」など。

はくぎょく-ろう ク2【白玉楼】名 文人・詩人が死ぬと行くという天上の楼閣。**―中(ちゅう)の人(ひと)となる** 文芸にすぐれた人が死ぬこと。参考 唐(とう)の詩人李賀(りが)の臨終の床に天帝の使いが来て、「天帝の白玉楼ができあがったので、召してその記を書かせることになった」と告げたという故事から。

はく-ぎん 0【白銀】名 ❶銀。しろがね。❷降りつもった雪の形容。「―の峰」

はく-ぐう 0【薄遇】名 他サ 〔文章語〕つめたくもてなすこと。つめたいもてなし。冷遇。↕厚遇・優遇。

はぐく・む ク【育む】他五 マ・モ・ミ・ン・ム・ム・メ・メ 〔「羽含(くく)む」の意〕❶親鳥がひなを羽でおおいつつんで、そだてる。❷子をいつくしみそだてる。❸保護し発展させる。「文化を―」 **育み** 名 **育める** 自下一 〔…できる〕

はく-げき 0【迫撃】名 他サ 〔文章語〕敵に近づいて攻撃すること。**―砲(ほう)** 0 名 砲身が短くて、軽い大砲。接近戦用。

ばく-げき 0【×莫▲逆】名 ⇒ばくぎゃく。

ばく-げき 0【×駁撃】名 他サ 〔文章語〕人の説に反対し、攻撃すること。

ばく-げき 0【爆撃】名 他サ 爆弾などで攻撃すること。

はくげん-がく ゲ【博言学】名 「言語学」の古い名称。

はく-さ 八【白砂】名 ⇒はくしゃ。

はく-さい サ/0【白菜】名 アブラナ科の一、二年生植物。葉は大きく、一面にしわがより、内部のものは白色。食用。冬

はく-さい 0【舶載】名 他サ 〔文章語〕〔「舶」は大きな船の意〕外国から船にのせて運んでくること。舶来。

ばく-さい 0【博才】名 ばくちの才能。

ばく-さい 0【爆砕】名 他サ 爆撃してうちくだくこと。

はく-し 0【白紙】名 ❶白い紙。❷何も書いてない紙。❸先入観をもたないこと。「会議に―でのぞむ」❹何もなかったときの状態。「計画が―になる」 **―委任状(いにんじょう)** 三 名 委任した人の名まえだけを書いて、あとは白紙のままとし、委任を受けた人が自由に書きこめる委任状。**―撤回(てっかい)** テ 名 他サ 発言や提案をなかったこととして取り消すこと。**―に戻(もど)す・―に返(かえ)す** 問題を、何もなかったはじめの状態にもどす。

はく-し 八【博士】名 ❶もと、専門の学術について一定の業績をあげたと認められる者に対し、文部大臣からあたえられた学位。❷今、大学院博士課程に三年以上在学し、論文の審査に合格した者にあたえられる学位。

はく-し 八【薄志】名 〔文章語〕❶意志のよわいこと。❷わずかの謝礼。寸志。**―弱行(じゃっこう)** 八 名 〔文章語〕意志がよわくて実行力にとぼしいこと。

はく-じ 0【白磁】名 純白の磁器。

ばく-し 0【爆死】名 自サ 爆弾の破裂、火薬の爆発などによって死ぬこと。

はく-しき 0【博識】名 形動 ひろく物事を知っていること。博学。

はく-じつ 0【白日】名 〔文章語〕❶くもりのない日光。太陽。❷ひる。日中。白昼。**―の下(もと)にさらされる** すっかり明らかになる。「悪事が―」 **―夢(む)** ツ 名 〔文章語〕白昼夢(はくちゅうむ)。

はくしもんじゅう《白氏文集》中国の唐(とう)時代の詩文集。著者は白居易(はくきょい)。

はく-しゃ 八【白砂】名 白く美しいすな。はくさ。**―青松(せいしょう)** 八 名 〔文章語〕白い砂浜と青い松原。美しい海岸のけしきをいう。

はく-しゃ 0【拍車】名 馬にのる人がくつのかかとにつけ、馬の腹をけって走らせる金具。**―をかける** 〔「拍車」を馬の腹に当てて、馬を走らせることから〕物事の進行に、よりいっそうの力をそえる。拍車を加える。

拍車

はく-しゃ 0/八【薄謝】名 わずかの謝礼。参考 謝礼をへりくだっていう場合にも用いる。

ばく-しゃ バ【幕舎】名 〔文章語〕テントばりの営舎。

はく-しゃく 0【伯爵】名 もと、五等爵の第三位。伯。

はく-じゃく 0【薄弱】形動 ダロ・ダッ・デ・ニ・ダ・ナ・ナラ・〇 ❶よわよわしいようす。「意志―」❷たしかでないようす。「理由が―だ」

はく-しゅ 八【拍手】名 自サ 手をうちあわせて鳴らすこと。「―を送る」 **―喝采(かっさい)** 八 名 自サ 手をうち鳴らしてほめたたえること。

はく-じゅ 八【白寿】名 九十九歳。また、その祝い。参考 「百」の字から一をとると「白」の字になることから。⇩賀の祝い(表)。

はくしゅう《伯州》⇒ほうき(伯耆)。

ばく-しゅう 0【麦秋】名 麦のとりいれどき。初夏のころ。むぎあき。夏

はく-しょ 八【白書】名 政府の、政治・経済・社会など、それぞれの方面についての実情報告書。「経済―」参考 white paper の訳語。もと、イギリス政府の報告書の表紙に白紙をつかったことから。

はく-しょ 八【薄暑】名 初夏のころの、わずかに感じる暑さ。夏

ばく-しょ バ【×曝書】名 自サ 〔文章語〕〔「曝」は日にさらすの意〕書物の虫ぼし。夏

はく-じょう 0【白×杖】名 目の不自由な人が歩くときに使う白いつえ。

はく-じょう 八【白状】名 他サ 自分の罪や、つつみかくした事実をうちあけること。

はく-じょう 0 ジョ【薄情】形動 ダロ・ダッ・デ・ニ・ダ・ナ・ナラ・〇 人情や愛情のうすいようす。「―者(もの)」

ばく-しょう 0【爆笑】名 自サ はじけるように一時にどっとわらうこと。「―の渦(うず)」

はく-しょく 0【白色】名 白い色。**―人種(じんしゅ)** ジ 名 皮膚の色の白い人種。ヨーロッパの民族は多くこれに属する。白人種。↕有色人種・黄色人種・黒色人種。**―テロ** テ 名 政府・資本家などの支配階級が、反政府運動や革命運動に対して加える暴力行為。↕赤色テロ

はくしょん 八 感 くしゃみの音をあらわす語。

はく-しん 0【迫真】名 〔文章語〕真にせまること。真実のようであること。「―の演技(えんぎ)」

はく-じん 0【白人】名 白色人種に属する人。

はく-じん 0【白刃】名 さやから抜いた刀の刃(は)。しらは。

ばく-しん 0【幕臣】名 幕府の臣下。旗本(はたもと)・御家人(ごけにん)など。

ばく-しん 0【爆心】名 爆撃された地域の中心。爆心地。

ばく-しん 0【×驀進】名 自サ まっしぐらにすすむこと。

はく-じんしゅ ジ【白人種】名 白色人種。

はく・す ク【博す】他五 サ・ソ・シ・ス・ス・セ・セ ⇒はくする。

はく・する ス【博する】他サ シ・セ・サ・シ・スル・スレ・シロ・セヨ ❶ひろめる。ひろくする。「名声を―」❷得る。もうける。しめる。「巨利を―」 **はく・す** 文語サ変

ばく・する ス【×駁する】他サ シ・セ・サ・シ・スル・スレ・シロ・セヨ 〔文章語〕人の意見に反対して攻撃する。反駁(はんばく)する。反論する。**ばく・す** 文語サ変

ばく・する [ス]【縛する】[他サ]（シ・セ・サ|シ|スル|スル|スレ|シロ・セヨ）[文章語] しばる。くくる。**ばく・す** [文語サ変]

はく-せい [0]【剝製】[名] 動物の皮をはぎ、内臓・肉などをとり除き、中に綿などをつめ、防腐の処置をして原形に似せて、縫いあわせた標本。

ばく-せい [0]【幕政】[名] 幕府の政治。

はく-せき [0]【白×皙】[名][文章語]〔「皙」は肌の白いこと〕肌がしろく、きれいなこと。

ばく-せつ [0]【×駁説】[名][文章語] 他の説を攻撃した説。駁論。

はく-せん [0]【白扇】[名][文章語] 白いおうぎ。(夏)

はく-せん [0]【白線】[名] 白いすじ。「—をつけた帽子」

はく-せん [0]【白×癬】[名] はくせん菌によっておこる皮膚病。たむし・しらくも・みずむしなどの総称。

はく-ぜん [0]【白×髯】[名]〔「髯」はほおひげ〕白いひげ。

ばく-ぜん [0]【漠然】[と副][たる連体] とりとめがなく、はっきりしないようす。ぼんやりしたようす。「—と考える」「—とした説明」

は-くそ [八]【歯くそ】【歯×屎】[名] 歯にたまる、食べ物のかす。

はく-そう [0]【博捜】[名][他サ] ある事がらに関して、文献・資料などを広くさがし求めること。

はく-だい [0]【博大】[形動]（ダロ|ダッ・デ・ニ|ダ|ナ|ナラ|○）[文章語] ひろくて大きいようす。「—な知識」

ばく-だい [0]【×莫大】[形動]（ダロ|ダッ・デ・ニ|ダ|ナ|ナラ|○）〔「これ以上大きいものはない」の意〕きわめて大きいようす。「—な利益」

はく-だく [0]【白濁】[名][自サ] 白くにごること。

はく-だつ [0]【剝脱】[名][自サ] 塗料などがはがれ落ちること。

はく-だつ [0]【剝奪】[名][他サ] はぎとること。無理に取り上げること。「地位を—する」

はく-たん [タ]【白炭】[名] 木炭の一種。表面が灰白色のかたい炭。しろずみ。

ばく-だん [0]【爆弾】[名] 容器に爆薬などをつめ、手で投げたり、空中から落として爆発させるもの。**—を抱える** 急に悪くなる可能性のある危険や不安を持ちつづけている。「ひざに—力士」

はく-ち [0]【白痴】[名] 重度の知的障害をいった語。

はく-ち [八]【泊地】[名][文章語] 船のとまる場所。

ばく-ち [0]【博▲打・博×奕】[名] ❶かねや品物をかけて、さいころ・花札・トランプなどの、勝負をあらそうこと。とばく。❷結果を運にまかせた仕事。「一世一代の大—」**—打ち** [チ1][名] ばくちでくらす人。博徒。賭博師。

パクチー [パ]〈タイ phakchi〉[名] ➡コリアンダー。

ばく-ちく [チ]【爆竹】[名] ❶火薬をつめた小さい竹筒・紙筒をたくさんつなぎ、火をつけるとつぎつぎに爆発するようにしかけたもの。中国で、祝いや祭りに使う。❷左義長にたく火。どんど。(新年)

はく-ちず [0/チ]【白地図】[名] 陸地・島などの輪郭がかいてあるだけで、そのほかの記入のない地図。しろちず。

はく-ちゅう [0]【白昼】[名] まひる。ひるひなか。白日。「—堂々の犯行」**—夢** [チュ][名] まひるに見るゆめのような、非現実的な空想。白日夢。

はく-ちゅう [0]【伯仲】[名][自サ]〔長兄と次兄の意〕よく似ていて、まさりおとりのないこと。「—する技量」**—の間** 力がだいたい同じで、優劣がつけにくいこと。

はく-ちょう [0]【白鳥】[名] ❶白い色の鳥。しらとり。❷カモ科の大形の水鳥。体は白色。長い首をS字状に立てておよぐ。秋、日本にくる。(冬) ❸白い陶製のとくり。**—の歌** 西欧の言い伝えで、死に際に白鳥が歌うとされる歌。転じて、最後に作った歌や曲のこと。

はく-ちょう [0/チョ]【白丁】[名] ㊀神社の儀式に白い服装で物を持ちはこぶ人。㊁[古語] ❶【白張】白のかりぎぬ。❷からかさ・くつなどを持ったり、馬の口とりなどをする、白のかりぎぬをきた仕丁。

ばく-ちん [0]【爆沈】[名][自他サ] 爆弾や魚雷などを受けて艦船がしずむこと。また、しずめること。

ぱくつ・く [0][他五]（カ・コ|キ・イ|ク|ク|ケ|ケ）[俗語] 口を大きくあけて食べる。

バクテリア [0]〈bacteria〉[名] さいきん(細菌)。

バク-てん [0]【バク転】[名][自サ] ➡バックてん。

ばく-と [パ]【博徒】[名] ばくちうち。また、その仲間。

はく-とう [0]【白桃】[名] ももの一種。果肉が白く、水分が多い。(秋)

はく-とう [0]【白頭】[名][文章語] しらがのあたま。**—翁** [ト][名][文章語] ❶しらがあたまの老人。❷むくどり。❸おきなぐさの根を干した漢方薬。

はく-どう [0]【白銅】[名] ❶銅とニッケルの合金。銀白色。貨幣・家庭用具用。❷白銅貨。

はく-どう [0]【拍動】【×搏動】[名][自サ] 心臓が規則正しく脈打つこと。鼓動。

はく-とうゆ [ト]【白灯油】[名] 家庭で暖房に用いる、精製された無色透明の灯油。

はく-ないしょう [0/ナ]【白内障】[名] 眼球の水晶体が白くにごって、視力が低下する病気。しろそこひ。

はく-ねつ [0]【白熱】[名][自サ] ❶物体が千度以上に熱せられて、白い光を出すこと。❷物事のふんい気などが最高潮に達すること。「—した試合」**—的** [0][形動] 物事が白熱したようす。「—な論戦」**—電球** [デ][名] 真空または、アルゴンなどのガスを入れたガラス球の中にタングステンフィラメントを封入した電球。電流によってフィラメントが白熱して光を出す。

はく-ば [八]【白馬】[名] 毛色の白いうま。あおうま。

ばく-は [0/バ]【爆破】[名][他サ] 爆薬でうちこわすこと。

はく-ばい [0]【白梅】[名] 白い色のうめの花。しらうめ。(春) ↕紅梅。

バグ-パイプ [パ]〈bagpipe〉[名] スコットランドの木管楽器。革袋に口で空気を送り、数本の管を鳴らす。民謡やダンスの伴奏に使う。

はく-はく [0]【白白】[名][文章語] あきらかで、くもりのないこと。「明々—」

ばく-ばく [バ1] ㊀[(と)副] 勢いよく食べるようす。㊁[副][自サ][俗語] 過度な運動や緊張などで、心臓が激しく鼓動する音をあらわす語。

ばく-ばく [0]【漠漠】[(と)副][たる連体][文章語] ❶とりとめのないようす。ぼんやりしたようす。「—たる昔の思い出」❷広くてはてしないようす。「—たる荒野」

ぱく-ぱく [パ1][(と)副][自サ] ❶口をあけたり、とじたりするようす。❷ものをさかんに食べるようす。❸ものが、はがれかけてうごくようす。「くつの底が—している」

はく-はつ [0]【白髪】[名] 白い毛髪。しらが。**—三千丈** しらがが長くのびていることを大げさに表現した言葉。[参考] 李白の「秋浦の歌」にある表現から。もとは深い悲しみにしずむことの形容に用いた。

ばく-はつ [0]【爆発】[名][自サ] ❶多くのガスと熱量とが一度に発生し、光・音とともに破壊作用をおこす現象。❷おさえていた怒り・不満などが一度にふきだすこと。「不満が—する」

はく-はん [0]【白斑】[名] ❶白のまだら。❷しろなまず。❸太陽の表面で、特に光の強い部分。↕黒点。

はく-ばん 0【白板】名 ➡ホワイトボード。

ばく-はん 0【麦飯】名〔文章語〕むぎめし。

ばくはん-たいせい タ【幕藩体制】名 幕府(将軍)と藩(大名)との主従関係を基盤においた江戸時代の統治制度。

はく-び ハ【白眉】名〔文章語〕❶白いまゆ。❷多くのうちで、もっともすぐれたもの。参考 昔、中国の蜀に秀才ぞろいの兄弟五人のうち、特にすぐれていた長兄の馬良のまゆに白い毛がまじっていたということから。

はくび《伯備》伯耆・備前・備中・備後の四つの国の総称。美作を加えるときもある。

はく-びしん ビ【白鼻心】名 ジャコウネコ科の哺乳類。ねこ程度の大きさで、額から鼻筋を通る白い筋がある。雑食。

はく-ひょう 0【白票】名 ❶何も記入しないでする投票。❷国会で、記名投票のときに賛成をあらわす白い票。↕青票。

はく-ひょう 0【薄氷】名 うすく張ったこおり。―を踏む思い 失敗しそうでおそろしく、びくびくする気持ち。

はく-びょう 0【白描】名 日本画で、すみ一色の線描の絵。または、あっさりした色を塗った絵。白描画。すがき。

はく-ふ 0ハ【白布】名 白いぬの。しろぬの。

はく-ふ ハ【伯父】名〔文章語〕父、または、母の兄。おじ。↕叔父・伯母。

ばく-ふ バ【幕府】名 源頼朝以後、征夷大将軍が政治をとったところ。鎌倉・室町・江戸の武家政権。

ばく-ふ バ【×瀑布】名 滝。夏

ばく-ふう 0【爆風】名 爆発によっておこる、つよい風圧。

はく-ぶつ ク【博物】名 明治・大正・昭和初期の、博物学を主体とする、小・中学校の教科の一つ。―学 ツ名 動物学・植物学・鉱物学・地質学の総称。―館 ツ名 東西古今の、自然物・生産品・歴史資料・芸術品などをひろくあつめて保管・研究し、また系統的にならべて一般に見せる施設。

はく-ぶん 0【白文】名 返り点・送りがなをつけない漢文。

はく-ぶん 0【博聞】名〔文章語〕ひろく物事を聞いてよく知っていること。「―多識の人」

はく-へい 0【白兵】名〔文章語〕❶刀・槍など、敵を切り、また、つきさす武器。❷しらは。白刃。―戦 0名 刀剣をもって接戦すること。相手と接近して戦うこと。

はく-へん 0【剝片】名〔文章語〕はがれおちた、かけら。

はく-へん 0【薄片】名〔文章語〕❶うすいかけら。❷顕微鏡で見るためにうすくした標本。

はく-ぼ ハ【伯母】名〔文章語〕父、または、母の姉。おば。↕叔母・伯父。

はく-ぼ ハ【薄暮】名〔文章語〕ゆうぐれ。

はくほう-じだい《白鳳時代》美術史の時代区分で、飛鳥時代と天平時代との中間の時代。唐の影響が大きく、仏教美術がさかんだった。

はく-ぼく 0【白墨】名 焼石膏または、白亜のこなを水でこね、棒状に固めたもの。色をつけたものもある。黒板に書くためのもの。チョーク。

はく-ま ハ【白魔】名〔文章語〕被害が出るような大雪を魔にたとえていう語。

はく-まい ク【白米】名 精白したこめ。精米。↕玄米。

はく-まく 0【薄膜】名 うすい膜。「―工学」

ばく-まつ 0【幕末】名 江戸幕府の末期。

はく-めい 0【薄命】名〔文章語〕❶めぐまれない運命。不運。❷若くて死ぬこと。「佳人―」

はく-めい 0【薄明】名 あけがた・ゆうがたに地平線下の太陽の光で、空がぼんやり明るく見える現象。うすあかり。

はく-めん 0【白面】名〔文章語〕❶何もつけたりかざったりしない顔。すがお。❷色のしろい顔。❸年が若く、経験が少ないこと。未熟。「―の書生」

はく-や ハ【白夜】名 北極や南極に近い地方で、夏の夜、一晩じゅう、地平線近くに沈んでいる太陽の光の反映でうすあかるいこと。びゃくや。夏

ばく-やく 0【爆薬】名 熱または強圧によって爆発する物質。火薬など。

はくようきゅう《白羊宮》薄田泣菫の詩集。一九〇六年刊。さまざまな詩型を試み、叙情的な文語定型詩を確立した。

はく-らい 0【舶来】名 (「舶」は大きな船の意)❶外国から船にのせてくること。舶載。❷舶来品。↕国産・和製。―品 0名 外国から渡ってきた品物。輸入品。↕国産品。

ばく-らい 0【爆雷】名 潜水艦攻撃に使う、水中で爆発させる爆弾。

はぐらか・す カ 他五 (サ・ソ・シ・ス・ス・セ・セ) ❶いっしょにいる人などをはぐれるようにする。はぐれさせる。まく。❷他のことに言いまぎらす。そらす。「質問を―」 はぐらかせる 自下一 […できる]

はく-らく ク/0【伯楽】名〔文章語〕❶馬のよしあしをよく見わける人。❷人物を見抜く眼力のある人。参考 古代中国の、馬の良否をよく見分けたという人の名から。

はく-らく 0【剝落】名 自サ はがれおちること。

はく-らん 0【博覧】名 ひろく書物を見たり、見聞したりして、物事をよく知っていること。―会 ラ名 いろいろの生産品をあつめならべて一般に見せ、産業・技術などの振興を目的とする催し。「万国―」 ―強記 キョ名 書物をひろく見て、物事をよくおぼえていること。

バクラム バ〈buckram〉名 ➡バックラム。

はく-り ハ【薄利】名 すくない利益。わずかのもうけ。↕高利。―多売 ハ名 値を安くつけ、利益をすくなくするかわりに、数を多く売って、結果としてはもうけること。

はく-り ハ【剝離】名 自サ〔文章語〕はがれること。「網膜―」

ばく-り バ【幕吏】名 幕府の役人。

ぱくり ク (と)副 ❶口を大きくひらいて食べたり、のみこんだりするようす。❷割れ目や傷口などが大きくひらいているようす。‖ぱっくり。

はくりき-こ 0【薄力粉】名 小麦粉の一種。たんぱく質が少なく、水を加えてこねても、あまりねばらない。菓子やてんぷらのころもなどに使用する。↕強力粉。

ぱくり-や 0【ぱくり屋】名〔俗語〕金融や手形をたねに、おどしやたかりをはたらく者。

ばくりゅう-しゅ リュ【麦粒腫】名〔医〕まぶたにできるはれもの。ものもらい。

ばく-りょう 0【幕僚】名 司令官に直属する参謀将校。作戦・用兵などについて司令官を補佐する。―監部 カ名 防衛大臣のもとで、防衛警備や教育訓練・装備についての計画や運営を受け持つ機関。陸・海・空の三部に分かれ、これらの調整機関として統合幕僚監部がある。

ばく-りょう 0【幕領】名 江戸幕府が直接治める領地。天領。

はく-りょく ク/0【迫力】名 人の心に強くせまる力。「説得のしかたに―がある」

は・ぐる ア 他五 (ラ・ロ・リ・ッ・ル・ル・レ・レ) 物をまくって、かくれていた所をあらわにする。めくる。「こよみを―」

ぱく・る ク 他五 (ラ・ロ・リ・ッ・ル・ル・レ・レ)〔俗語〕❶かっぱらう。また、だましと

は

る。「手形を―」❷他人の着想や作品の内容、デザインなどをぬすむ。「ヒット曲を―」❸犯人などをつかまえる。「警察にぱくられた」

はぐるま [グ]【羽車】名 神社の神体を移すときに使う輿(こし)。

はぐるま [グ]【歯車】名 機械の部品として使う、まわりに歯をきざみつけた車。歯車どうしがかみ合って、動力をつたえる。ギア。**―が狂(くる)う** ひとつの失敗がきっかけとなって、物事が次々と悪い方向へ向かう。

はぐるま《歯車》芥川龍之介(あくたがわりゅうのすけ)の短編小説。一九二七年、遺稿として発表された。無数の幻覚で狂気の一歩手前まで追いつめられていく主人公の恐怖を描く。

ばくれつ [0]【爆裂】名 自サ 破裂すること。爆発。**―弾**(だん) [ツ] 名「爆弾」の古い言い方。

はぐ・れる [レ] 自下一 ❶つれの人を見失う、また、見失ってはなれる。「人ごみの中で父にはぐれた」❷〔動詞連用形について〕…しそこなう。「取り―」 **はぐ・る** 文語下二

はくれん [ク]【白×蓮】名 ➡びゃくれん。

ばくれん [0]【×莫連】名 すれっからし。あばずれ。「―おんな」

はくろ [ハ]【白露】名 ❶〔文章語〕すきとおったつゆ。しらつゆ。❷二十四節気の一つ。九月八日ごろ。㊙ ⇩二十四節気(表)。

ばくろ [バ]【暴露】【×曝露】名 自他サ ❶悪事・秘密があらわれること。また、あばくこと。「不正を―する」❷雨風にさらされること。また、さらすこと。❸化学物質・電磁波などにさらされること。また、さらすこと。

はくろう [0]【白×蠟】名 木ろうを日光にさらしてつくった、白いろう。**―病**(びょう) [0] 名 チェーンソーや鋲(びょう)打ち機など、振動の激しい工具を長期間使用することによって手に血行障害がおこり、指が白くなり、しびれや痛みなどがおこる職業病。振動障害。振動病。

ばくろう [0][ロ]【博労】【馬×喰】名〔「伯楽(はくらく)」の変化〕❶牛馬のよしあしを見わける人。❷牛馬の仲買いをする人。家畜仲買人。

はくロシア《白ロシア》➡ベラルーシ。

ばくろん [0]【×駁論】名 他サ 他人の説を非難・攻撃する議論。駁説。反論。

はくわ [ハ]【白話】名 中国語の口語。「―小説」

はけ [ケ]【×捌け】名 ❶水がとどこおらずに流れること。「水―」❷よく売れること。「―のいい品」

はけ [ケ]【▲刷毛】名 毛をたばねて柄(え)をつけたもの。塗料・のりなどを塗り、また、よごれ落としに使う。ブラシ。

はげ 名 ━[ハ]【×禿】毛髪のぬけおちた状態。また、そのようなあたま。━[ゲ]【剝げ】塗料などが、はがれ落ちたあと。「重箱(じゅうばこ)の―」

ばけ [ケ]【化け】名 ばけること。別のものに姿を変えること。「きつねは七―」**―の皮**(かわ) いつわりかざったこと・もの。みせかけだけで、ほんとうのこと・ものをかくしていること。「―がはげる」

はげあが・る [ガ]【はげ上がる】【×禿げ上がる】自五 ひたいから頭の上のほうまで毛髪がぬけおちる。

はけい [0]【波形】名 ❶波のように起伏した形。なみがた。波状。❷測定機器などに示される波動の時間的変化のデータ。「脳波の―」

はげいとう [ゲ]【葉鶏頭・×雁▲来▲紅】名 ヒユ科の一年生植物。葉には黄・紅・紫などのまだらがあり、美しい。夏のころ、小さな花を開く。観賞用。㊙

バ(ヴァ)ケーション [ケ]〈vacation〉名 休暇。バカンス。

ばけがく [ケ]【化学】名 ➡かがく(化学)。参考「科学(かがく)」とまぎれないためにいいわけたことば。

はけぐち [ケ]【はけ口】【×捌口】名 ❶水などの流れ出る口。❷内にたまった感情などを外に発散させる場や機会。「怒りの―」❸売れ口。販路。「商品の―」

はげし・い [シ]【激しい】【▲烈しい・▲劇しい】形 ❶変化や刺激がきわめて強いようす。㋐自然現象の程度が大きい。「―暴風雨」「―噴火」㋑動きの程度が大きい。「―運動を控える」「―タックル」「―論争」㋒体の状態が普通でない。「頭痛が―」「―発作」㋓性質や感情に普通でないものがある。「―気性」「好き嫌いが―」❷〔連用形を副詞のように用いて〕程度をこえて動作が行われるようす。「はげしく泣く」「はげしく批判する」参考 副詞的用法は、「ひどく」「すごく」などと共通するが、「はげしく」が修飾するのは動作をあらわす動詞に限られる。「はげしく悲しい」のような言い方は不適切である。**激しさ** 名 **はげ・し** 文語シク

はげたか [0]【×禿×鷹】名 はげわし。

はげちゃびん [0]【×禿茶瓶】名〔俗語〕頭髪のない人を茶瓶にみたててわるくいう語。

はげちょろ [0]【剝げちょろ・×禿げちょろ】名 形動 〔俗語〕頭髪・塗料などが、ところどころはげていること。はげちょろけ。

バケツ [0]〈bucket〉名 ブリキや合成樹脂製の水おけ。**―リレー** [リ]〈bucket relay〉名〔和製英語〕火災の際に、人々が一列に並んで水の入ったバケツを順々に手渡し、火元まで水を運んで消火すること。

バゲット [バ]〈ッ baguette〉名〔「棒」の意〕堅焼きの長い棒状のフランスパン。

はけついで [ツ]【▲刷毛▲序】名〔はけで塗るついで〕あることをするついで。「―にこれもしておこう」

パケット [パ]〈packet〉名 データ通信で、送受信するときに情報を一定の大きさに分割した単位。

ばけねこ [0]【化(け)猫】名 魔力を持ち、人などに化けるといわれる猫の妖怪。

はげま・す [マ]【励ます】他五 ❶勢いをつける。力づける。「疲れた人を―」❷強くする。いっそうはげしくする。「声を励まして応援する」**励まし** 名

はげみ [ミ]【励み】名 ❶はげむこと。精を出すこと。❷やろうとする意気ごみのささえ。「先生のことばが―になる」

はげ・む [ゲ]【励む】自五 精を出す。ふるって努める。「勉学に―」

はけめ [0][メ]【はけ目】【▲刷毛目】名 ❶はけで塗ったあと。❷はけで塗ったあとのような模様。

ばけもの [モ][ケ]【化(け)物】名 ❶超自然的な力をもった、人間以外のもの。化けてあやしい姿をする。へんげ。❷〔俗語〕普通人と異なる能力をもった人間。「あいつは―だ」

はげやま [0]【はげ山】【×禿山】名 草木のはえていない山。

は・ける [ケ]【×捌ける】自下一 ❶とどこおらずに流れていく。「下水が―」❷よく売れていく。

は・げる [ゲ]【×禿げる】自下一 頭髪がぬけおちる。**は・ぐ** 文語下二

は・げる [ゲ]【剝げる】自下一 ❶はがれおちる。❷色があせる。「ペンキが―」**は・ぐ** 文語下二

ば・ける [ケ]【化ける】自下一 ❶超自然的な力で、ちがったものの姿になる。「きつねが女に―」❷素姓(すじょう)をかくし、姿を変えて、別人をよそおう。「船員に化けて密航する」❸予定や期待と異なるものになる。「学費がギャンブル代に―」❹芝居や寄席の興行に思いがけなく

は

客が大ぜい詰めかける。また、芸人の人気が急に高くなったり、芸風ががらりと変わったりする。ば・く 文語下二

はげ-わし⓪【×禿×鷲】名 タカ科の大形の鳥。つばさをひろげると、一・五メートル(メートル)をこえる。頭・首には羽毛がない。動物の死体を食べる。ユーラシア・アフリカに分布。

は-けん⓪【覇権】名 ❶覇者(はしゃ)・頭領としての権力。❷武力によってにぎる国際間の権力。❸競技などで優勝して得る栄誉。**―を握(にぎ)る** ❶他を征服してはたがしらとなる。❷優勝する。「リーグ戦の―」

は-けん⓪【派遣】名 他サ ❶命令して現地に行かせること。「特使を―する」❷事業主が自分の雇用者を、他の事業主のところに行かせ労働させること。労働者派遣。**―社員**(しゃいん) シャ 名 人材派遣会社と雇用契約を結び、他の事業所に派遣されて勤務する労働者。

ば-けん⓪【馬券】名 競馬で、勝ち馬を予想しての投票券。

ば-げん⓪【罵言】名 ののしる言葉。ひどい悪口。「―を浴びせる」

はこ⓪【箱】【×函】名 ❶物を入れておく、木・紙・金属などでつくった容器。❷汽車の車両。❸三味線(しゃみせん)ばこ。また、三味線。

は-ご ゴ【羽子】名 むくろじの種子に鳥の羽をさしたもの。羽子板でついてあそぶ。はね。新年 **―板**(いた) ゴ 名 羽子をつくのに使う、柄(え)のついた板。新年

はこ-いり⓪【箱入(り)】名 ❶箱に入れてあること・もの。❷たいせつにしまってあること・もの。**―娘**(むすめ) ム 名 めったに外にも出さないようにして、だいじに育てられた娘。

は-こう⓪【×跛行】名 自サ 文章語 ❶不自由な足どりで歩くこと。❷つりあいがとれないこと。「―状態」

ば-こう⓪【馬耕】名 他サ うまを使って田をたがやすこと。

はこ-がい⓪【箱買い】(がひ) 名 他サ 商品を箱ごとまとめて買うこと。「ミネラルウオーターを―する」

はこ-がき⓪【箱書(き)】名 書画・器物などを入れた箱に、作者・鑑定家などが、本物であることの証明のために書いた品物の名や署名・押印など。

はこ-がまえ ガ【箱構え】(がまへ) 名 漢字の部首の一つ。「匠」「匡」などの「匚」。

は-ごく⓪【破獄】名 自サ 囚人が獄をやぶって逃げること。ろうやぶり。脱獄。

はこ-し コ【箱師】名 俗語 列車・電車などをかせぎ場とするすり。

は-ごし⓪【葉越し】名 葉のすきまから見えること。

はこ-せこ⓪【×筥▲迫】名 和装の女性がふところに入れてもつ、布でつくった箱形の紙入れ。

はこせこ

はこ-ぜん⓪【箱膳】名 一人分の食器を入れておく箱。食事の際はふたを膳として用いる。

ば-こそ 連語〔接続助詞「ば」と係助詞「こそ」〕❶強い打ち消しをあらわす。…などするものか。ぜったい…しない。「押しても引いても動か―」❷原因・理由を強めてあらわす。「君のからだを思え―、忠告するのだ」❸古語 仮定条件を強める。「また見知る人のはべらばこそあらめ、いかがはせん」〈落窪〉

パゴダ パ〈pagoda〉名 ❶東南アジアなどの仏塔。❷西洋で東洋の寺の塔をさすことば。

パゴダ❶

は-ごたえ ゴ【歯応え】(ごたへ) 名 ❶物をかんで、堅さを歯に感じること。❷かいのあること。はりあい。反応。「読んで―のある作品」

はこ-づめ⓪【箱詰(め)】名 箱につめること。つめたもの。

はこ-にわ⓪【箱庭】(には) 名 山水や庭園の模型を箱の中につくったもの。夏

はこ-のり⓪【箱乗り】名 俗語 自動車の窓わくに腰をかけ上半身を車外に出す乗りかた。

はこび⓪【運び】名 ❶はこぶこと。他の場所にものを持ってゆくこと。運送。❷すすむこと。はかどり。進行。「会の―」❸物事の進行した段階。「ようやく刊行の―となる」❹〔「お」をつけて〕歩くこと、来ることの尊敬語。「お―をいただき恐縮です」

はこび-だ・す ダ【運び出す】他五 (サ・ソ/シ・ス/ス/セ/セ) ものをはこんで外へ出す。「家財道具を―」**運び出し** 名 **運び出せる** 自下一〔…できる〕

はこび-や⓪【運び屋】名 ものをはこぶことを仕事とする人。特に、非合法なものをひそかにはこび届ける者。

はこ・ぶ⓪【運ぶ】(バ・ボ/ビ・ン/ブ/ブ/ベ/ベ) ━ 他五 ❶物を他の場所へ動かす。運搬する。「荷物を―」❷何かをするために、ある物を動かす。「筆を―」❸足を動かし、進める。「公園まで足を―」❹からだを動かし移す。「つかれたからだを病院まで―」❺物事を推し進める。「順調に会議を―」━ 自五 物事がすすむ。はかどる。「仕事が順調に―」**運べる** 自下一〔…できる〕

はこ-ぶね⓪【箱船】【▲方舟】名 四角な形の船。

はこべ⓪【▲繁×縷】名 ナデシコ科の二年生植物。春、小形・白色の花を開く。春の七草の一つ。食用。はこべら。春

は-こぼれ コ【刃こぼれ】【刃▲毀れ】名 自サ 刃物の刃がかけること。また、そのかけた部分。

はこ-まくら マ【箱枕】名 木の箱の上にくくりまくらをのせたもの。日本髪を結った人などが使う。

箱枕

はこ-もの⓪【箱物】名 庁舎・美術館など、自治体や企業が建設する建築物。

はこ-や⓪【箱屋】名 ❶箱をつくる人。箱を売る人。❷芸者の三味線(しゃみせん)を持ちはこぶ人。はこ。

はこ-やなぎ ヤ【箱柳】名 ヤナギ科の落葉高木。街路樹や防風林に植える。やまならし。春

はこや-の-やま【×藐×姑▲射の山】名 古語 ❶中国で、仙人がすむという想像上の山。❷上皇(じょうこう)の御所の別名。

は-ごろも⓪【羽衣】名 天人が着て、自由に空を飛ぶという、鳥の羽でつくった、うすくかるい衣。あまのはごろも。

は-こん⓪【破婚】名 文章語 結婚関係をなくすること。離婚。離縁。

はさ サ/ハ【▲稲▲架】名 刈った稲を干すためにかけておく横木。いなかけ。秋

バザー バ〈bazaar〉名 ❶福祉などの資金を集めるために、団体や学校が品物を持ち寄って催す市。慈善市。❷バザール。

ハザード ザ/ハ〈hazard〉名 ❶危険。危機。災害。「モラル―」❷ゴルフでコース内に設定されたバンカーや池などの障害区域。「ウオーター―」**―マップ** マ〈hazard map〉名 災害や危険にあう地域を予測して示した地図。防災地図。**―ランプ** ラ〈hazard lamp〉名 高速道路での緊急停車などの際、自動車のすべての方向指示灯を同時に点滅させて、後続車に注意をうながし、危険防止の合図を送るランプ。非常点滅表示灯。

バザール ザ〈ペルシャ bāzār〉名 ❶中近東諸国の屋外市場。バザー。❷デパートなどの特売。

は-さい ⓪【破砕】【破×摧】名自他サ 文章語 くだけこわれること。くだきこわすこと。

はざかい-き カ【端境期】―はざかひ 名 ❶市場で、古米と新米が入れかわろうとする九月・十月ごろ。❷市場に野菜・くだものなどが出回らなくなる、夏または冬の一時期。

は-さき キ【刃先】名 刃の先端。

は-ざくら ザ【葉桜】名 花が散って若葉の出た桜。夏

ば-さし ⓪【馬刺(し)】名 馬肉の刺し身。

ぱさ-つ・く ⓪ 自五 まとまっているものが乱れる。「風で髪が―」

ぱさ-つ・く ⓪ 自五 水分や油分がなくなってくる。「空気が乾燥して、髪の毛が―」

ばさっ-と サ 副 ❶紙や葉など薄くて広がりのあるものが大量に崩れたり落ちたりする音の形容。「コピーの山が―落ちる」「コートをソファに―置く」❷思い切って切るようす。勢いよく切り落とすようす。❸不要なものを切り捨てるようす。

ばさ-ばさ バ― と副 自サ 形動(の) 髪の毛などが乱れているようす。参考 形容動詞として使うときは⓪。

ぱさ-ぱさ パ― と副 自サ 形動(の) 本来あった水分や油分がなくなっているようす。「食パンが―になる」参考 形容動詞として使うときは⓪。

はざ-ま ⓪【▲狭間】名 ❶物と物との間のせまい所。❷谷あい。❸城壁の、矢・鉄砲をうち出すためのあな。

はさま・る マ【挟まる】自五 ❶物と物とのあいだにはいる。❷対立する人と人とのあいだに立つ。

はさみ ミ サ【×鋏】名 ❶二枚の刃をかみあわせて物をはさみ切る道具。❷切符などに穴をあける道具。パンチ。❸かに・えびなどの、物をつかむつめ。❹じゃんけんで、指を二本のばした形。ちょき。**―を入れる** ❶はさみで切り取る。❷検閲して、よくない所をけずる。❸開場式などで、テープを切る。❹切符に切れ目を入れる。

握りばさみ
裁ちばさみ
はさみ❶

はさみ-あげ ⓪【挟み揚(げ)】名 野菜などの間に具材をはさみ、ころもをつけて揚げたもの。「れんこんの―」

はさみ-うち ミ【挟み撃ち】名 敵を中にはさんで、両方から攻めうつこと。

はさみ-がみ ミ―【挟(み)紙】名 ❶書物の間に、注意のためなどにはさむ紙片。❷品物のすれあいなどをふせぐためにはさむ紙片。

はさみ-しょうぎ シヨ【挟(み)将棋】名 相手の将棋のこまを、前後または左右からはさんでとる遊び。

はさみ-ばこ ミ【挟(み)箱】名 昔、衣服・用具をおさめ、棒を通してともの者がかついだ箱。

挟み箱

はさ・む サ【挟む】【▲挿む】他五 ❶間に入れる。さしこむ。「わきに―」❷間に入れてもつ。両側からおさえる。「はしで―」❸中間におく。「川を挟んで向かい合う」❹話などの途中で口出しをする。「口を―」❺聞きこむ。「うわさを耳に―」❻心にいだく。「うたがいを―」 **挟める** 自下一 […できる]

はさ・む サ【×剪む・×鋏む】他五 はさみで切る。つむ。「枝を―」 **はさめる** 自下一 […できる]

ばさら バ【婆×娑羅】名 遠慮なく勝手にふるまうこと。また、はでにふるまうこと。参考 南北朝時代の流行をあらわす語で、はでな服装や自由気ままな価値観をあらわす。

ばさり-と サ リ 副 ⬇ばさっと。

は-ざわり ザ【歯触り】―ざはり 名 食べ物を歯でかんでみたときの感触。「かりっとした―」

は-さん ⓪【破産】㊀名 自サ 財産をすっかり失うこと。身代かぎり。㊁名 債務者が債権者に対して負っている債務を弁済することができなくなったとき、債権者全員に公平な弁済を受けさせようとする裁判上の手続き。

はし ⓪【端】名 ❶物の中央から遠い所。㋐周辺に近い部分。へり。ふち。「机の―」㋑細長い物の末端。「さおの―」㋒家のそとに近い所。❷きれはし。物事の一部分。「ことばの―」❸物事のいとぐち。

はし 八【×嘴】名 くちばし。

はし 八【箸】名 食物や物などをはさみとる二本の細い棒。**―が進む** おいしくてたくさん食べられる。**―にも棒にも掛からない** ひどすぎて、とりあつかうべき方法がない。**―の上げ下ろし** ほんのちょっとした動作の一つ一つ。「―に文句をつける」

はし シ【橋】名 川や道路などにかけわたして、人や車の行き来の道とするもの。橋梁。**―を渡す** ❶橋をかける。❷両方の間に立って、なかだちをする。

は・し【▲愛し】形シク 古語 かわいい。いとしい。愛すべきだ。「わぎもこが奥つ城ともへばはしき佐保山」〈万葉〉

はじ ジ【恥】【▲辱】はぢ 名 ❶恥じること。面目をうしない、名誉をきずつけられること。「―をかく」❷恥ずべきことを恥ずかしいと思う心。「―を知る」**―の上塗り** 恥の上に、かさねて恥をかくこと。**―を×曝す** おおぜいの前でひどく体面をそこなう。**―を▲雪ぐ** 受けた恥をぬぐい、名誉を回復する。

はじ ⓪【▲端】名 ⬇はし❶。

はじ 八【×櫨・黄×櫨】名 ❶はぜのき。❷はぜのきの葉汁でそめた赤みがかった黄色。はじいろ。

は-じ 八【把持】名 他サ 文章語 ❶にぎりもつこと。しっかりとつかむこと。❷心にとどめもつこと。

ばし 助 古語 〔副助詞〕❶〈疑問・推量・命令・仮定などの文中に用いられて〉…でも。…など。「幽霊ばし出たものでござらう」〈狂言・武悪〉❷〈禁止の文の中に用いられて〉〈決して〉…を(するな)。「こればし出だしまゐらすな」〈平家〉

はし-あらい ア【箸洗い】―あらひ 名 懐石料理の中ほどに小さな器で出される、うす味の吸い物。参考 一通り食事をした箸を清めることから。

はし-い ⓪【端居】―ゐ 名 文章語 縁がわなど、家のはし近くに出ていること。夏

はじ-い・る イ【恥(じ)入る】はぢ― 自五 ふかく恥じる。「自分の愚かさに―ばかりだ」

はし-うち ⓪【×嘴打ち】名 鳥のひながかえるとき、抱卵最後の段階で、卵の中から穴をあける行動。

はし-おき オ シ【箸置(き)】名 はしをのせておく小さな道具。はしまくら。

はしか カ【▲麻×疹】名 幼児に多い、ウイルスによる急性感染症。発熱して、からだに発疹があらわれ、口中の粘膜に白い斑点ができる。ましん。

はし-がかり ガ【橋懸(か)り・橋掛(か)り】名 能舞台で、楽屋から舞台に通じる、屋根のある渡り廊下。⇩能舞台(図)。

はし-がき ⓪【端書(き)】名 ❶手紙文の終わりに書きそえる文句。おってがき。❷書物や文章のはじめに、執筆の事情などをしるす文。序。序文。↕おくがき。

はじかみ ⓪ 名 ❶【×薑】しょうが。秋 ❷【×椒】さんしょう。

はじき ⓪【▲弾き】名 ❶キ はじくこと。また、はじく力。❷

キ 石やガラス製の小さなものをはじいてあそぶ遊戯。また、その道具。おはじき。❸ 八 俗語 ピストル。

はじき-だ・す ダ【はじき出す】【弾出す】他五 サ・ソ・シ・ス・ス・セ・セ ❶はじいて外へ出す。❷のけものにする。「じゃま者を—」❸費用をひねり出す。参考 そろばんをはじいてやりくりの計算をする意味。**はじき出せる** 自下一〔…できる〕

はしき-よ-し【愛しきよし】連語 古語（奈良時代の語）ああ、いとしい。ああ、かわいい。はしけやし。はしきやし。「はしきよし我家の方ゆ雲居立ち来も」〈書紀〉

はし-きれ 0【端切れ】名 ちぎれた小さな部分。切れ端。

はじ・く ジ【弾く】他五 カ・コ・キ・イ・ク・ク・ケ・ケ ❶まがったもののはねかえる力で、ものをとばす。はねとばす。❷はねて寄せつけない。「やきがねが水を—」❸計算する。「そろばんを—」❹楽器の弦をつまびく。「ギターを—」**はじける** 自下一〔…できる〕

はし-ぐい 0【橋ぐい】【橋×杙・橋×杭】ぐひ 名 橋げたをささえるくい。

はし-くよう ク【橋供養】名 あたらしくできあがった橋の上でおこなう法会。

はし-くれ 0【端くれ】名 ❶切れ端。「木の—」❷同類のもののうちの、おとったもの。つまらないもの。参考 へりくだったり、あなどったりしていうときにも使う。「医師の端くれ」

はしけ ケ【×艀】名 陸と本船とのあいだを、貨物・旅客などをのせてはこぶ小舟。

はし-げた 0【橋桁】名 橋ぐいの上に渡して、橋板をささえる材。

はじけ-と・ぶ ト【はじけ飛ぶ】【弾け飛ぶ】自五 バ・ボ・ビ・ン・ブ・ブ・ベ・ベ はじかれたように勢いよく飛び出す。

はじ・ける ケ【弾ける】自下一 ケ・ケ・ケ・ケル・ケル・ケレ・ケロ・ケヨ ❶裂けて割れる。❷成熟して割れる。割れて口をひらく。「くりのいがが—」❸俗語 内気だった人が何かのきっかけで外向的になる。**はじ・く** 文語下二

はし-ご 0【×梯子】名 ❶高い所に寄せかけ、あるいはつるしてのぼる道具。二本の長い材に幾段もの横木をつけて足がかりとするもの。❷だんばしご。かいだん。❸はしござけ。「—のくせがある」**—酒** ゴ 名 つぎつぎと場所をかえて、酒を飲むこと。**—車** ゴ 名 折りたたみ式のはしごを備えた消防自動車。高層建築の消火に使う。**—段** 0 名 だんばしご。また、その段。階段。**—乗り** ゴ 名 直立したはしごの上で芸当をすること。また、その人。出ぞめ式などにする。**—を外される** ものごとの中心的な立場にいた人が、支援を信じていた仲間に裏切られて孤立するようすのたとえ。

はしこ・い コ 形 カロ・カッ・ク・イ・イ・ケレ・○ ❶動作がすばやい。挙動がはやい。すばしこい。「—動き」❷頭の回転が速い。「—顔つき」**はしこげ** 形動 **はしこさ** 名 **はしこ・し** 文語ク

はじ-さらし サ【恥さらし】【恥×曝し】はぢ 名 形動 恥を世間にさらけ出すこと。また、その人。「—な話」

はじ-しらず シ【恥知らず】はぢ 名 形動 恥を恥とも思わないこと。また、その人。「—なふるまい」

ハシシュ シ〈hashish; hasheesh〉＝ハシッシュ・ハシシ 名 大麻の雌株から分泌する樹脂で作る麻薬。

はし-せん セ／シ【橋銭】名 橋をわたる通行料。

はした 0【端】名 ❶中途はんぱ。「—のかね」❷数のそろわないこと。少ないこと。「—の仕事」❸ある量よりあまっていること。また、その量。「—は切りすてる」❹はしため。

はした-がね 0【はした金】【端金】名 わずかのかね。ある額に達しないかね。

はしたな・い ㊀ ナ 形 カロ・カッ・ク・イ・イ・ケレ・○ つつしみがない。いやしい。下品だ。「—行為」**はしたなさ** 名 **はしたな・し** 文語ク ㊁ 形ク 古語 ❶どっちつかずだ。中途はんぱである。「思ほえずふる里に(古都ニ)いとはしたなくてありければ(不似合イデ)心地まどひにけり」〈伊勢〉❷まがわるい。きまりがわるい。「はしたなきもの、別人を呼ぶにわれぞとてさし出でたる」〈枕〉❸無情だ。つれない。「ならはぬ御宿りに、時雨の音さへはしたなくて」〈増鏡〉❹はなはだしい。はげしい。「雨風はしたなくて」〈宇治拾遺〉

はしたな・む 他下二 古語 ❶あなどる。かろんずる。❷困らせる。「こなたかなた心を合はせて(桐壺更衣ヲ)はしたなめ煩はせたまふ」〈源氏〉❸とがめる。たしなめる。「あだわざなせそとはしたなめられしかば」〈源氏〉

はした-め【端女】名 古語 下働きをする女性。はした。

はし-ぢか【端近】㊀ 0 名 形動 家の上がり口・縁がわに近い所。「—にすわる」㊁ なり形動 古語 上品でないようす。あさましい。「はしぢかに色めかしきさまなど」〈狭衣物語〉

はしっ-こ 0【端っこ】名 はし。

はしっこ・い コ 形 カロ・カッ・ク・イ・イ・ケレ・○ ⇒はしこい。

はし-づめ 0【橋詰(め)】名 橋のつきるところ。橋のたもと。

ばじ-とうふう バ【馬耳東風】名（馬の耳に東風が吹いても何とも感じないこと）人の意見や批評を心にとめず、聞きながすこと。馬の耳に念仏。

は-じとみ ジ【半×蔀】名 昔の日本建築で、上半部をしとみとして外へあげるようにし、下半部は格子または板張りにしたもの。

はしなくも ナ【はしなくも】【端無くも】副 はからずも。ふと。思いがけずに。「—旧友にめぐりあう」

はし-ぬい 0【端縫(い)】ぬひ 名 布の端を折り返して、こまかく縫うこと。はぬい。

はし-ばし シ【端端】名 あちこちのちょっとした部分。「ことばの—」

はしばみ 0【×榛】名 カバノキ科の落葉低木。春、花が咲き、雌花と雄花がある。果実はかたく、食用。実は ㊎

はし-まくら マ【箸枕】名 はしおき。

はじまら-ない マ【始(ま)らない】連語 何にもならない。してもむだだ。それほどの効果もない。「いまさら説明を聞いても—」

はじま・る 0【始(ま)る】自五 ラ・ロ・リ・ッ・ル・ル・レ・レ ❶物事が新しくおこる。「試合が—」「新学期が—」↕終わる。❷いつものくせが出る。「また、始まった」**始まり** 名

はじめ 0 ㊀【始め】名 ❶はじまり。はじめること。開始。「—のあいさつ」❷てはじめ。着手のとき。「—はよかった」❸おこり。もと。「野球の—はアメリカだ」❹その年に最初にそのことをすること。「仕事—」↕納め。❺【初め】最初。「年の—」㊁【初め】副 さき。まえ。以前。「—言ったこと」参考「初め」は、時間的に早いことで、「年の初め」「初めのうち」のように用い、「始め」は、ことのはじまり、「御用始め」「手始め」のように用いる。**—は処女の如く終わりは脱×兎の如し** 初めは、よわよわしく見せかけておいて、おわりに強い勢いをしめす。おわりになって見ちがえるように力を出す。

はじめ-て【初めて】㊀ ジ 副 そのとき、あたらしく。「手紙を見て—知った」㊁ 連語 古語〔「…をはじめて」の形で〕…をはじめとして。「四方の神たちの神楽の言葉をはじめて」〈十六夜日記〉

はじめ-ね メ【始(め)値】名 株式市場で、その日の取引き時間のうちで、最初に成立した値段。↕終わり値。

はじめ-まして マ【初めまして】あいさつ〔「はじめてお

目にかかります」の意）初対面の人に対してするあいさつのことば。

はじ・める⓪【始める】他下一（メ・メ・メル・メル・メレ・メロ・メヨ）❶【▲創める】物事をあたらしくおこす。あらたにつくる。「NPO法人が地域活動を―」❷物事を開始する。しはじめる。「練習を―」❸〈かながき〉おもなものとする。「監督をはじめ、選手一同よろこんでおります」↕終える。**はじ・む** 文語下二

はしもと-おさむ《橋本治》（一九四八－二〇一九）小説家・イラストレーター。社会風俗を独自の視点でとらえ、多岐な活動をおこなった。「桃尻娘」「蝶のゆくえ」など。

は-しゃ ハ【覇者】名❶諸侯のかしら。❷武力や権力で天下を治める者。↕王者。❸競技などの優勝者。

は-じゃ ハ【破邪】名〖仏〗仏の道にそむく邪説・邪道をうちやぶること。**―顕正**（けんしょう）ハーケ名❶〖仏〗仏の道にそむく邪説・邪道をうちやぶって正義・正道をあらわすこと。❷まちがった考えをうちやぶり、正しい道理をうち立てること。

ば-しゃ バ【馬車】名 人や物を乗せ、馬にひかせてはこぶ車。**―馬**（うま）⓪名 馬車をひく馬。**―馬のよう** わきめもふらず、はたらくようす。

はしゃ・ぐ シャ⓪【▲燥ぐ】自五（ガ・ゴ・ギ・イ・グ・グ・ゲ・ゲ）❶調子にのって、うかれさわぐ。「うれしそうに、はしゃいでいる」❷かわく。乾燥する。**はしゃげる** 自下一〔…できる〕

は-じゃく⓪【端尺】名❶規定の寸法に足りないもの。特に布。❷【羽尺】おとなの羽織にしたてる長さの反物。↕着尺（きじゃく）

はし-やすめ ヤ【箸休め】名 主となる料理を食べるあいまにつまむ軽いおかず。

ばしゃ-ばしゃ バ1（と）副 水を強く何度もたたいたり、水がなにかに当たったりする音をあらわす語。また、そのようす。

ぱしゃ-ぱしゃ パ1（と）副❶水を軽く何度もたたく音をあらわす語。❷カメラのシャッターを続けざまに切る音をあらわす語。

パジャマ パ〈pajamas〉名 上着とズボンからなるゆったりとしたねまき。

は-しゅ ハ【×播種】名自他サ〔文章語〕作物のたねをまくこと。

ば-しゅ バ【馬主】名 馬、とくに競馬用の馬の持ち主。うまぬし。ばぬし。

ば-しゅ バ【馬首】名〔文章語〕馬のくび。「―をめぐらす」

は-しゅつ⓪【派出】名他サ 人を出向かせること。**―所**（じょ）⓪名❶派出されている者がつめている所。↕本署。❷交番の旧称。**―婦**（ふ）ツ名 一般の家庭に出張して、家事のてつだいをする職業の女性。家政婦。

ば-じゅつ バ【馬術】名 馬をのりこなす術。

パシュミナ⓪〈pashmina〉名 ヒマラヤにすむやぎのあごと腹の毛でつくった高級織物。「―ショール」

ば-しょ⓪【場所】名❶ものが存在したり行われたりする、広さをもった空間。ところ。「寝る―」「置き―」❷いどころ。席。「―を取っておく」❸相撲興行の一定の期間。「春―」**―入**（い）**り**⓪名 力士が、相撲の興行場にはいること。**―柄**（がら）⓪名 その場所・場合のありさま・ようす。「―を考えろ」**―代**（だい）⓪名 出店する場所を借りるときの代金。**―塞**（ふさ）**ぎ** フ名❶場所をとって、迷惑になること。❷なんの役にもたたず、じゃまになるだけの人・物。自分についてへりくだっていうときにも使う。**―割**（わ）**り**⓪名 広場や会場などでの、場所の割り当て。席割り。「夜店の―」**―を踏**（ふ）**む** 場かずをふむ。

は-じょう⓪【波状】名❶波のように上下にうねった形。❷一定のへだたりをおいてくりかえすこと。「―攻撃」

ばしょう⓪【×芭×蕉】名 バショウ科の多年生植物。葉は長大な長円形。夏、淡黄色の花が咲く。茎・葉・根は薬用。(秋) **―布**（ふ）ショ名 ばしょうの繊維で織った布。沖縄（おきなわ）の名産。(夏)

ば-じょう⓪【馬上】名 人が乗るところとしての馬の背中。「―豊かにうちまたがる」「―の人となる」

ばしょうしちぶしゅう《芭蕉七部集》⬇はいかいしちぶしゅう。

はしょう-ふう⓪【破傷風】名 きず口からはいった破傷風菌のために全身の筋肉がけいれんする、急性の感染症。死亡率が高い。

は-しょく⓪【波食】【波×蝕】名 波による浸食作用。

ば-しょく⓪【馬食】名 馬のように、たくさんたべること。「牛飲―」

はしょ・る ショ⓪【▲端▲折る】他五（ラ・ロ・リ・ッ・ル・ル・レ・レ）（「はしおる」の変化）❶和服のすそをおって帯にはさむ。❷省略する。はぶいて、簡単にする。「話を―」**はしょれる** 自下一〔…できる〕

はしら【柱】㊀ ラ名❶建築物で、土台の上に直立して、むね・はりをささえる材。❷直立して物をささえるもの。「テントの―」❸支える人。たよりとなる人。「一家の―」❹貝柱。❺本の版面の余白に、書名・章題・項目名などを印刷したもの。㊁接尾 神体や遺骨などをかぞえることば。「二―の神」

はじら・う ラ【恥じらう】【▲羞らう】自五（ワ・オ・イ・ッ・ウ・ウ・エ・エ）恥ずかしがる。はにかむ。「花も―年ごろ」**恥じらい** 名

はしら-かけ ラ【柱掛（け）】名 柱に掛けるかざり。

はしら-ごよみ ゴ【柱暦】名 柱・かべに掛ける暦。

はしら・す ラ【走らす】他五（サ・ソ・シ・ス・ス・セ・セ）（「走らせる」（下一段活用）とも）❶走ることをさせる。駆けさせる。「馬を―」❷急いで行かせる。「使いの者を―」❸逃げさせる。「敵を―」❹すらすらと動かす。「ペンを―」

はしら・せる セ【走らせる】他下一（セ・セ・セル・セル・セレ・セロ・セヨ）⬇はしらす。

はしら-どけい ド【柱時計】名 柱に掛けるとけい。掛けどけい。↕置きどけい。

は-じらみ ジ【羽×虱】名 ハジラミ目の昆虫の総称。鳥類などに寄生し、羽や毛を食べる。

はしり リ【走り】名❶はしること。❷くだもの・野菜・魚などのはつもの。「―のみかん」↕しゅん。❸ある現象のはじまり。さきがけ。「ミニスカートの―」

はしり-い【走り井】（ゐ）ー名〔古語〕水がほとばしり出る泉。

はしり-がき⓪【走（り）書き】名 文字をつづけて速く書くこと。

バジリコ⓪／ジ〈イ basilico〉名 シソ科の多年草。イタリア料理に用いる香草の一つ。バジル。

はしり-こ・む コ【走り込む】自五（マ・モ・ミ・ン・ム・ム・メ・メ）❶走って中に入る。駆け込む。❷練習で十分に走っておく。「冬の間に―」

はしり-たかとび タ【走（り）高跳（び）】名 助走して、バーをとびこえ、その高さを競う陸上競技。ハイジャンプ。

はしり-づかい ヅ【走（り）使い】（づかひ）名 走りまわって用事をはたすこと。また、その人。こまごまとした用事をあれこれとする人。

はしり-づゆ リ【走（り）梅雨】名 五月下旬、梅雨の前ぶれのように降り続く雨。(夏)

はしり-ぬ・ける ケ【走り抜ける】自下一（ケ・ケ・ケル・ケル・ケレ・ケロ・ケヨ） 走って通り抜ける。駆け抜ける。

はしり-はばとび ハ2【走（り）幅跳（び）】名 助走して、

できるだけ遠くへとび、その距離を競う陸上競技。プロードジャンプ。

はしりまわ・る ワ0【走り回る】(まはる) 自五 (ラ・ロ・リ・ッ ル・ル・レ・レ) ❶あちこち走る。かけまわる。「公園の中を―」❷忙しく動きまわる。奔走する。「署名活動に―」

はしりよみ 0【走(り)読み】名 いそいで読むこと。

はし・る シ【走る】【奔る・×趨る】自五 (ラ・ロ・リ・ッ ル・ル・レ・レ) ❶はやくいく。かけていく。❷捕らえられないように逃げる。まけて逃げる。❸はやく流れる。「―水」❹ほとばしる。「水が―」❺川や道が通っている。「東西に―道路」❻しぜんにすべる。「刀がさやから―」❼その方向にかたむく。「悪事に―」❽すらすらと動く。「ペンが―」 **走れる** 自下一[…できる]

は・じる ジ【恥じる】【▲羞じる】(はぢる) 自上一 (ジ・ジ・ジル・ジル ジレ・ジロ・ジヨ) ❶自分の欠点・過ち・未熟などを知って、恥ずかしく思う。❷(打ち消しの形で使う)名誉・面目を傷つける。「代議士の名に恥じない言動」 **は・づ** 文語ダ上二

バジル バ〈basil〉名 ➡バジリコ。

はしわたし ワ【橋渡し】名 ❶橋をかけること。❷なかだち。「商売の―をする」

ばしん【馬身】㊀0名 馬のからだ。㊁接尾 馬の鼻先から尻までの長さ。競馬で、馬と馬との間隔をあらわすのに用いる。「三―差の圧勝」

はす 0【▲斜】名 ななめ。すじかい。はすかい。 **―に構(かま)える** ➡しゃにかまえる。

はす 0【×蓮】名 スイレン科の多年草。夏、水上に、大形でうす紅色・白色の花が咲く。地下茎・種子は食用。はちす。れんげ。㊂夏 **―の▲台(うてな)** 極楽(ごくらく)に往生(おうじょう)した人がすわるというはすの花の座。

はず 0【×筈】名 ❶弓の両はしの、つるをかけるところ。ゆはず。❷矢の、弓のつるにかけるところ。やはず。❸(形式名詞として用いられる)当然そうであるべきこと・状態。道理。予定。「それですむ―だ」「かれが来る―はない」

ハズ ハ名 「ハズバンド」の略。

バス バ〈bass〉名 ❶男声の最低音域。また、その歌手。❷和声の最低音部。❸弦楽器のコントラバス。ベース。❹管楽器で、低音を受けもつもの。

バス バ〈bath〉名 浴場。ふろ。浴槽(よくそう)。

バス バ〈bus〉名 乗合自動車。 **―に乗(の)り遅(おく)れる** 流行におくれる。時流からとりのこされる。

パス パ〈PAS〉名 (para-aminosalicylic acid から)結核の治療薬の一種。

パス パ〈pass〉㊀名 自サ ❶通過。合格。及第。❷トランプで、自分の番を休んで、次の者に回すこと。❸パスボール。❹バスケットボール・サッカーなどで、味方にボールを送り渡すこと。㊁名 ❶無料の入場券・乗車券・通行券。❷定期券。

は・すい 0【破水】名 自サ 出産のとき、胎児をつつむ膜がやぶれて羊水が出ること。

は・すう ス【端数】名 はしたのかず。はんぱのかず。「―は切り捨て」

バズーカ・ほう 0|カ【バズーカ砲】(「バズーカ」は、"bazooka")名 小型で軽便なロケット式の対戦車砲。

バスーン ス〈bassoon〉名 ➡ファゴット。

は・ずえ 0【葉末】(ずゑ) 名 ❶葉のさき。❷子孫。末裔(まつえい)。

ば・すえ 0【場末】(すゑ) 名 町の中心から離れたところ。

はず・おし 0【はず押し】【×筈押】名 相撲で、てのひらを相手のわきにあてがって押すこと。

はす・かい 0【▲斜交】(かひ) 名 ななめ。はす。

バス・ガイド ガ〈bus guide〉名 (和製英語)観光バスに乗りこんで、案内・説明をすることを職とする女性。

はずかし・い【恥ずかしい】(はづかしい) ㊀シ 形 (カロ・カッ・ク イ・イ・ケレ・○) ❶劣等感があって、人目を避けたい気持ちだ。「―成績」「どこへ出しても恥ずかしくない」❷羞恥(しゅうち)心のために人目につきたくない気持ちだ。「はだかで歩くのは―」「異性の目が―年ごろ」❸きまりが悪い。てれくさい。「ほめられて―」 **恥ずかしがる** 自五 **恥ずかしげ** 形動 **恥ずかしさ** 名 **はずか・し** 文語シク ㊁ 形シク 古語 ❶(こちらが恥ずかしさを感じてしまうほど)すぐれている。りっぱだ。美しい。「いとはづかしき御けはひ」〈源氏〉❷なんとなく遠慮される。気が許せない。「はづかしきもの、色好む男の心のうち。いざとき(目ザトイ)夜居(よゐ)の僧」〈枕〉

はずかし・める メ【辱める】(はづかしめる) 他下一 (メ・メ・メル・メル メレ・メロ・メヨ) ❶恥をかかせる。「公衆の面前で―」❷名誉・地位などを傷つける。自分がその地位や役職についていることをけんそんしていう。「課長の地位を―」❸性的な暴行を加える。 **辱め** 名 **はづかし・む** 文語下二

ハスカップ カ名 (アイヌ語から)北海道に生えるスイカズラ科の落葉低木。青紫色の果実を食用にする。

パスカル パ〈pascal〉名 (フランスの哲学者・数学者の名から)国際単位系の圧力の単位。一パスカルは、一平方メートルに、一ニュートンの力が働くときの圧力。記号は「Pa」。⇩ヘクトパスカル。

ハスキー ハ〈husky〉名 犬の品種の一つ。極地でそりを引くことなどに使われる。「シベリアン―」

ハスキー ハ〈husky〉形動 (ダロ・ダッ・デ・ニ ダ・ナ・ナラ・○) 声がしゃがれているようす。「―な歌声」 **―ボイス** ボ〈husky voice〉名 魅力的なしゃがれ声。

はす・ぎれ 0【はす切れ】【▲斜切れ】名 織り目に対してななめに切った布。バイアス。

バスケット ケ〈basket〉名 ❶ふじづるなどで編んだ洋風のかご。特にふたのある手さげかご。❷バスケットボールの、金属製の輪にさげた底のない網。❸バスケットボール。 **―ボール** ボ〈basketball〉名 五人ずつの二組がきまった時間内に、それぞれ相手のほうの「バスケット❷」にボールを入れあう球技。バスケット。籠球(ろうきゅう)。

はず・す 0【外す】(はづす) 他五 (サ・ソ・シ・ス ス・セ・セ) ❶取りつけてあるもの、はめてあるもの、掛けているものを取ってはなす。「つっかい棒を―」「ボタンを―」「眼鏡を―」❷その位置から追いやる。㋐今までの役割からはなす。「担任を―」㋑集団の中から除く。抜かす。「メンバーから―」㋒予定から除く。抜かす。「プログラムから―」❸その場所から退く。「席を―」❹相手からの働きかけをそらす。「質問を―」❺とらえそこなう。「チャンスを―」❻一定のわくを乗りこえる。「はめを―」 **外せる** 自下一[…できる]

バス・ストップ ト〈bus stop〉名 バスの停留所。バス停。

パスタ パ〈ᵗpasta〉名 イタリア料理で、小麦粉を水や卵で練った食品の総称。また、それを使った料理。スパゲッティ・マカロニ・ペンネ・ラザニアなど。

バス・タオル タ〈bath towel〉名 湯あがりにからだをふく大形のタオル。湯あがりタオル。

バス・タブ 0〈bathtub〉名 洋式の浴槽。

はすっ・ぱ 0【×蓮っ葉】形動 (ダロ・ダッ・デ・ニ ダ・ナ・ナラ・○) 女性の言語や動作が下品で、かるはずみなようす。「―な笑い声」

バス・てい 0【バス停】名 バスの停留所。

パスティーシュ ティ〈ᶠpastiche〉名 先行する芸術作品から主題や技法などの作風を模倣すること。またはその作品。

パステル パ|0〈pastel〉名 顔料をアラビアゴムでといて石灰粉にまぜ、棒状に練り固めたクレヨン。 **―カラー** カ

〈pastel color〉名 やわらかな感じの中間色。

バスト パ〈bust〉名 ❶(全身像・顔だけの像に対して)胸から上の像。半身像。❷胸まわり。胸囲。**―パッド** パ〈bust pad〉名 女性が胸の線を美しく見せるためのつめもの。

ハズバンド ハ〈husband〉名 夫。ハズ。↕ワイフ。

パス-ポート ポ〈passport〉名 各国の政府が外国への旅行者にあたえる旅行許可証。旅券。旅行免状。

パス-ボール ボ〈passed ball〉名 野球で、投手の投球を捕手が取りにがすこと。逸球。捕逸。

はずま・す 0【弾ます】他五 はずむようにする。はずませる。「息を―」

はずみ 0【弾み】名 ❶はずむこと。「―のいいボール」❷いきおい。調子。「―がつく」❸ひょうし。とたん。「手をふり上げた―に…」❹その場のいきおい。ことのなりゆき。ぐうぜん。「ものの―」**―を食らう** あおりを受ける。

はずみ-ぐるま グ【弾み車】名 工作機械などの回転軸に取りつけた大きく重い円盤。回転をなめらかにする。フライホイール。

はず・む 0【弾む】自五 ❶弾力のあるものが、はねかえる。「ボールが―」❷勢いにのる。調子づく。「話が―」❸あらくなる。「息が―」❹ふんぱつしてかねを出す。「おこづかいを―」

はす-むかい ム【▲斜向かい】名 ななめむかい。

は・する ス【派する】他サ〔文章語〕派遣する。**は・す** 文語サ変

バズ・る ズ 自五〔俗語〕〔「バズ(buzz うわさ・評判の意)」の動詞化〕インターネット上で大いに話題となり、肯定的な評価が寄せられることを指す。参考 否定的な評価が寄せられる場合は「炎上」と呼ばれる。

パズル パ〈puzzle〉名 ❶なぞ。考えもの。「クロスワード―」❷ジグソーパズル。

バス-ルーム ル〈bathroom〉名 ふろ場。浴室。

はずれ 0【外れ】名 ❶はずれること。はずれたもの。「―くじ」「―をひく」↕当たり。❷中心をはずれたところ。はし。はて。「町の―」

はずれ 0【葉擦れ】名 草木の葉がすれあうこと。「―の音」

バス-レーン レ〈bus lane〉名 車道に設けた、バスの専用または優先路線。

はず・れる 0【外れる】自下一 ❶本来あるべき場所からはなれる。「ガラス戸が敷居から―」「あごの骨が―」❷目標やねらいからそれる。「予想が―」「抽選に―」「くじに―」↕当たる。❸あるべき状態や正しいことにそむく。「音程が―」「道理に―」❹集団から除かれる。「メンバーから―」❺任務をやめさせられる。「幹事から―」❻中心からそれる。外に出る。「大学は市街から外れた所にある」「コースから―」**はづ・る** 文語下二

バス-ローブ ロ〈ᵃbathrobe〉名 湯あがりに着る長くゆるやかな着物。

パス-ワード ワ〈password〉名 合いことば。特に、コンピューターが管理している情報を利用するときなどに入力する、正式の登録者であることを確認する符号。

はせ 【×馳せ】造 走って。いそいで。「―戻る」「―参ずる」

はぜ ハ【×櫨・▲黄×櫨】名 ⬇はぜのき。

はぜ ハ【▲沙▲魚・×鯊】名 スズキ目ハゼ亜目の魚の総称。ふつう、まはぜをいう。大きいものは二〇センチメートルに達する。内湾・河口などにすむ。天ぷら・つくだ煮などにする。㊙

は-せい 0【派生】名 自サ 源となる物事からわかれて生じること・もの。「いろいろな問題が―する」**―語** 0 名 一つの単語に接頭語・接尾語がついて、新しくできた単語。「悲しい→悲しがる・悲しさ」「はだか→すっぱだか」など。

ば-せい 0【罵声】名〔文章語〕大声でののしる声。「―を浴びせる」

ば-せき 0【場席】名 場所。座席。

はせ-さん・じる ジ/0【はせ参じる】【×馳参じる】自上一 大いそぎで参上する。はせ参ずる。

はせ-つ・ける ケ/0【はせ着ける】【×馳着ける】自下一 走って到着する。かけつける。**はせつ・く** 文語下二

パセティック ティ〈pathetic〉形動 感動的なさま。また、悲壮なさま。

バセドー-びょう 0【バセドー病】名〔ドイツの医師Basedowから〕甲状腺ホルモンの出が多すぎておこる病気。全身がやせて甲状腺がはれ、眼球がつき出る。バセドー氏病。

はぜ-の-き ハ【×櫨木・▲黄×櫨木】名 ウルシ科の落葉高木。高さは約一〇メートル。秋にうつくしく紅葉する。実からろうをとり、樹皮は染料。はぜ。はじ。花は㊐・実は㊙

はせ-まわ・る 0/ワ【はせ回る】【×馳回る】自五 あちこち走りまわる。かけまわる。

はせ-むか・う 0/カ【はせ向(か)う】【×馳向う】自五 走ってそちらにむかう。いそいで行く。

はせ-もど・る ド/0【はせ戻る】【×馳戻る】自五 走ってもどる。いそいでもどる。

パセリ パ〈parsley〉名 セリ科の二年生植物。葉は、ちぢれる。独特の香気がある。食用。オランダぜり。㊐

パセリ

は・せる セ【×馳せる】□自下一 走る。□他下一 ❶走らせる。「車を―」❷名をひろめる。「文名を―」❸気持ちを遠くまで至らせる。「留学した子の上に思いを―」**は・す** 文語下二

は・ぜる ゼ【▲爆ぜる】自下一 裂けてひらく。裂けてとびちる。「くりのいがが―」「炭火が―」

は-せん 0【波線】名 波状の線。「〰〰」

は-せん 0【破船】名〔文章語〕難破したふね。難破船。

は-せん 0【破線】名 おなじ間隔で切れてつづく線。「------」↕実線・点線。

ば-せん 0【場銭】名 ❶劇場などの席料。❷夜店・露店などの場所代。しょばせん。しょばだい。

ば-ぜん 0【馬前】名 馬のまえ。馬に乗っている人の前。「殿の―で奮戦する」

は-そく 0【把捉】名 他サ ❶つかまえること。つかみとること。❷理解すること。把握。「大意を―する」

ば-ぞく バ【馬賊】名 清の末ごろの中国東北部で、馬に乗って荒らしまわった盗賊の集団。

パソ-コン 0 名〔「パーソナルコンピューター」の略〕個人用の使いやすい小型のコンピューター。インターネット接続・文書作成・事務計算・データ管理などのほか、遊戯用としても用いる。PC。

ば-そり 0【馬そり】【馬×橇】名 馬に引かせるそり。㊇

は-そん 0【破損】名 自他サ やぶれ傷つくこと。やぶり傷つけること。こわれること。こわすこと。「―したベンチ」参考「破損」は「破壊」にくらべて、比較的こわれた箇所が部分的な場合にいう。

はた タ/ハ【畑】【×畠】名 ⬇はたけ。

はた タ【旗】名 布地・紙などで作り、一端をさおにつけ、空中にひるがえし、目じるしやかざり・祝いなどに使うもの。

ーを揚(あ)げる 事業などをおこす。ーを振(ふ)る ある考え方にもとづき、集団の先頭に立って活動する。ーを巻(ま)く❶かかげていた旗をまきおさめる。❷計画を中止する。事業から手を引く。❸たたかいにやぶれる。降参する。

はた[0]【端】【▲側・▲傍】[名]❶ほとり。ふち。「池の―」❷わき。かたわら。「―の人」ーの見(み)る目(め) はたの人の見た感じ。第三者が見たようす。はた目。「彼のあわてぶりは―にも気の毒だ」

はた[タ]【機】[名]布を織る機械。

はた[ハ]【はた】【▲将】[文章語][一][副]もまた。その上にまた。また。[二][接続]それとも。そうではなくて、あるいは。「雲か山か―島か」

はだ[ハ]【肌】【▲膚】[名]❶ふだんは衣服におおわれている、人間の表皮。「―が荒れる」「―の手入れ」❷物の表面。「地―」「山―」❸気性。気質。「学者―」ーが合(あ)わない 気持ちがなんとなく合わない。「あの人とは―」ーで感(かん)じる 頭で理解するだけでなく、実際に体験して感じとる。「被害の実態を―」ーを入(い)れる 肌脱ぎしていた着物を着なおす。ーを脱(ぬ)ぐ❶上半身に着ているものを脱ぐ。はだぬぎになる。❷力をつくす。ひとはだ脱ぐ。「友人のために―」ーを許(ゆる)す 女が男に自分の肉体をまかせる。

バター[バ]〈butter〉[名]牛乳から分離した脂肪をかためた食品。ビタミンA・Dをふくみ栄養価が高い。ー臭(くさ)い[サ][形]西洋かぶれしている。西洋ふうだ。バタくさい。ーピーナツ[ピ]〈butter peanut〉[名]〔和製英語〕ピーナツを炒(い)って、バターなどの油脂と塩とをからめたもの。バタピー。ーボール[ボ]〈butter ball〉[名]〔和製英語〕バター入りのあめ玉。ーより大砲(たいほう) 国民の日常生活よりも軍備拡大に力を注ぐことのたとえ。ーロール[ロ]〈buttered roll〉[名]バターの多く入った小形のロールパン。

パター[パ]〈putter〉[名]ゴルフで、パットのときに使う金属製のクラブ。「―ゴルフ」

はだ-あい[0]【肌合い】(あひ)[名]❶肌ざわり。「なめらかな―」❷気質。気だて。「ふつうの人とは―がちがう」

はた-あげ[0]/[ゲ]【旗揚(げ)】[名]❶兵をあげること。❷はじめて事業をおこなうこと。「劇団の―公演」

ばた-あし[0]【ばた足】[名]水泳で、両足をばたばたと上下に動かして水を打つこと。

パターナリズム[リ]〈paternalism〉[名]〔pater はラテン語で父の意〕父が子どもに示すような温情で、相手に利益を与えようとすること。家父長的温情主義。医者と患者や雇用者と被雇用者などの関係において言われることがある。

はだ-あれ[0]【肌荒れ】[名]皮膚の水分や油分が少なくなって、肌がかさかさになること。

パターン[タ]〈pattern〉=パタン[名]❶模型。型。見本。❷図案。❸テストパターン。ー認識(にんしき)[ニ][名]音声・文字・図形など数量化しにくい情報を、複数の要素に分解して、コンピューターに識別させ処理させること。

ばだい[0]【場代】[名]場所を使うための料金。席料。

はた-いろ[0]【旗色】[名]戦争・試合などのなりゆき。情勢。「―がわるい」

はだ-いろ[0]【肌色】[名]❶人のはだの色。はだの色つや。「―がよい」❷赤みをおびた、うすい黄色。うすだいだい。ペールオレンジ。[参考]人種による肌の色の違いから差別にかかわるとして、クレヨンなどの色名としては使わない。

はだ-え[0]/[エ]【▲肌・▲膚】(へはだ)[名]〔文章語〕❶からだの表面。はだ。皮膚。❷刀剣の身の表面。

はた-おり[オ]/[リ]【機織(り)】[名]❶はたで布地を織ること。また、その人。❷はたおりむし。[秋] ー虫(むし)[リ][名]きりぎりす。[秋]

はだか[0]【裸】[名]❶肌のあらわれていること。身に衣類をつけていないこと。[夏]❷おおいのないこと。「―電球」❸財産・所持品のないこと。「―になって出なおす」ーの王様(さま)〔アンデルセンの童話の主人公から〕地位が高いために、忠告する人もなく、自分が正しいと思いこんで、真実の見えなくなった人。

はだか-いっかん[カ]2【裸一貫】[名]自分の身のほかには、なんの資本もないこと。「―からたたき上げる」

はだか-うま[カ]【裸馬】[名]くらの置いてない馬。

はだ-がけ[0]【肌掛(け)】[名]からだに直接触れる、薄くやわらかい布団。肌掛け布団。

はた-がしら[ガ]【旗頭】[名]かしらぶん。頭領。「一方の―」

はだか-むぎ[ム]【裸麦】[名]イネ科の一年生植物。大麦の一種。たねともみがはなれやすい。食用・飼料。

はだか-むし[カ]【裸虫】[名]❶羽や毛などのない、からだのむきだしになった虫。昆虫の幼虫など。❷衣服を身につけていない人。また、衣服などがない、まずしい人。

はだか・る[カ]/[0][自五](ラロ|リッ|ル|ル|レ|レ)❶(着物がみだれて)下着やはだがむき出しになる。「すそが―」❷手足をひろげて立つ。たちはだかる。「ゆくてに―」

はたき[キ]【×叩き】[名]羽毛・細い布などをたばねて柄(え)をつけた、ちりをはらう道具。「―をかける」

はだ-ぎ[0]【肌着】[名]はだにじかに着る衣類。いちばん下に着る衣服。下着。はだじゅばん・シャツなど。

はたき-こみ[0]【はたき込み】【×叩き込み】[名]相撲で、つっこんでくる相手の肩などをたたいて前へたおすわざ。

はた-ぎょうれつ[ギョ]【旗行列】[名]祝意を表すときに、列をつくり小旗を振って行進すること。

はた・く[タ]【×叩く】[他五](カ|コ|キ・イ|ク|ク|ケ|ケ)❶たたく。打つ。「頭を―」❷つよく打って、はらいのぞく。「ほこりを―」❸すっかり出す。使いつくす。「貯金を―」❹相撲で、相手の肩などをたたいて、前にのめらせる。はたける[自下一]〔…できる〕

はた-ぐも[グ]【旗雲】[名]〔文章語〕旗のように細長くなびく雲。

はたけ[0]【畑】【×畠】[名]❶水をたたえないで、野菜・穀類などをつくる耕地。はた。↕田。❷専門の領域。「文学―(ばたけ)」❸〔俗語〕母胎。

はたけ[0]【▲乾×瘡・×疥】[名]顔に白いまだらができ、かさかさになる皮膚病。児童に多い。

はたけ-しごと[シ]【畑仕事】[名]農作物をつくるために畑でおこなう作業。はたしごと。

はたけ-すいれん[ス]【畑水練】[名]畳水練。

はたけ-ちがい[チ]【畑違い】(ちがひ)[名][形動]専門ちがい。

はだ・ける[ケ][自他下一](ケケ|ケル|ケレ|ケロ・ケヨ)着ているものを開いて、はだを外に出す。また、そのようになる。「胸を―」はだ・く[文語下二]

はた-ご[0]【▲旅▲籠】[名]❶(昔の)旅館。宿屋。❷〔古語〕食物や、身のまわりの道具を入れる旅行用のいれもの。ー銭(せん)[ゴ][名]宿屋の宿泊料。やどせん。ー屋(や)[0][名]はたご❶。

はた-ざお[0]【旗ざお】【旗×竿】(ざを)[名]旗をつけるさお。

はた-さく[0]【畑作】[名]畑に作物をつくること。また、その作物。

はた-さしもの[シ]/[サ]【旗差(し)物】【旗指物】[名]昔、よろいの背にさして、目じるしにした小旗。

はださむ・い[ム]【肌寒い】【▲膚寒い】[形](カロ|カッ・ク|イ|イ|ケレ|○)はだに寒く感じる。[秋][参考]「はだざむい」は近年多くなった言い方。肌寒さ[名] はださむ・し[文語ク]

は

はだざわり ザ【肌触り】【膚触り】 名 ❶はだにふれる感じ。❷人に接して受ける感じ。「―のやわらかな人」

はだし【裸足・跣足】㊀ 0 名 足に何もはかないこと。また、その足。すあし。夏 ㊁ 接尾（名詞につく。専門家がはだしで逃げ出すの意から）すぐれた腕前であること。「くろうと―の技」

はたしあい 0【果（た）し合い】 名 争いの決着のために、命をかけてたたかいあうこと。決闘。

はたしじょう 0【果（た）し状】 名 決闘の申しこみ状。

はたして タ【果（た）して】 副 ❶思ったとおり。案のじょう。「―失敗した」❷（後に疑問の言い方が来る）まことに。実際に。「―成功するだろうか」

はだじゅばん ジュ【肌じゅばん】【肌×襦×袢】 名 肌にじかに着るじゅばん。はだぎ。

はたじるし ジ【旗印】【旗▲標】 名 ❶旗に目じるしとしてつける紋所・文字など。❷目標。標語。「民主主義の―」

はたす タ【果（た）す】 他五 ❶なしとげる。しおおせる。「約束を―」❷（動詞の連用形について）完全に…してしまう。「所持金を使い―」 **果たせる** 自下一［…できる］

はたせるかな【果（た）せるかな】 連語 やはり思ったとおり。案のじょう。「―失敗した」

はたち ハ【二十・二十歳】 名 二〇歳。

はたち 0【畑地】 名 畑となっている土地。

ばだち 0【場立ち】 名〔経〕証券取引所で、取引所会員の代わりに売り買いをした人。取引の電子化で廃止。

はだつき 0【肌つき】 名 ❶直接にはだにつけること。❷はだにつく感じ。❸はだぎ。❹はだのようす。

ばたつく 0 自五 ばたばたと動く。「干し物が風でばたついている」

ばたっと タ 副 重いもの、大きいものが急に音をたてて倒れることの形容。「立て看板が―倒れる」

ぱたっと タ 副 ❶物が倒れたり、落ちたりするようす。❷物事が急にとだえるようす。「音が―とまった」

はたと ハ 副 ❶急に動作が行われるようす。「―思いあたる」❷けわしくにらむようす。はったと。「―にらみつける」

はたとせ タ【二▲十▲歳】 名〔文章語〕二〇年。はたち。

はだぬぎ 0/ギ【肌脱ぎ】 名 衣服をぬいではだを出すこと。夏

はタバコ タ【葉たばこ】【葉▲煙▲草】 名 取り入れて乾燥させたたばこの葉。

はたはた 0/ハ2【×鱩・×鰰】 名 ハタハタ科の海水魚。秋田県・山形県の沿岸で多くとれる。食用。冬

はたはた ハ1（と）副 ❶つづけざまに軽くたたく音をあらわす語。❷旗などが風にひるがえって音をたてるようす。

ばたばた バ1（と）副 自サ ❶つづけざまにあたる、または、たたく音をあらわす語。❷つづけざまに落ちたり、倒れたりするようす。「―とたおれる」❸ことが次々とはかどるようす。「友達が―と就職する」❹足などをいそがしく動かすようす。いそがしく走りまわるようす。

ぱたぱた パ1（と）副 ❶軽くはたくようす。「障子に―はたきをかける」❷軽く音をたてるようす。「スリッパで―歩く」

はたび タ【旗日】 名（国旗を掲げる日）国民の祝祭日。

バタピーナッツ ピ〈butter peanut〉 名 ➡バターピーナッツ。

バタフライ バ〈butterfly〉 名 ❶ちょう（蝶）。❷平泳ぎから生まれた泳ぎ方の一つ。両手をうしろから同時に水上に出し、前にまわして水をかいて進む泳ぎ方。足はそろえて同時に水を打つ。

はたふり リ/フ【旗振り】 名 ❶旗を振って合図をすること。また、その人。❷ある考えを推し進めるために、率先して活動すること。また、その人。「改革の―を務める」

はたまた ハ【はたまた】【▲将又】 接続〔文章語〕それとも。また。もしくは。はた。「AかBか―Cか」

はだまもり マ【肌守り】 名 はだにつける、守りふだ。

はだみ ハ/ダ【肌身】 名 はだ。からだ。 **―離さず** からだからはなさないで。「―たいせつに持つ」

はため 0【はた目】【▲傍目】 名 はたの人の目。他人の見る感じ。よそ目。「―にも気の毒なくらい」

はためいわく メ【はた迷惑】【▲傍迷惑】 名 形動 そばの人が、迷惑すること。近所迷惑。

はためく メ 自五 旗などがはたはたとひるがえり、また、音をたてる。「風に―旗」 **はためき** 名

はたもと 0【旗本】 名 ❶戦陣で、大将のいる所。本陣。本営。❷江戸時代、幕府直参で、禄高が一万石未満、将軍の御目見えの資格がある武士。↔御家人。

―奴 ヤ 名 江戸時代、旗本や御家人で無頼をはたらいたもの。↔町奴。

はたや タ【機屋】 名 布を織る家。織物業の家。

ばたや タ【ばた屋】 名〔俗語〕廃品・廃物をあつめる人。再生資源回収業。

はだら【▲斑】 なり形動〔古語〕雪がはらはらと降り散るようす。また、それによってまだらに降り積もったようす。まだら。ほどろ。春「庭もはだらに雪ぞ降りたる」〈万葉〉

はたらかす 0【働かす】 他五 ❶はたらくようにする。はたらかせる。❷うごかす。活用する。「ちえを―」

はたらき 0【働き】 名 ❶はたらくこと。活躍。「―ざかり」❷てがら。功労。「りっぱな―」❸活動。機能。「胃腸の―」❹生活力。かいしょう。「―のある人」❺ききめ。効能。「くすりの―」❻作用。「重力の―」❼〔語〕活用語尾の変化。活用。

はたらきあり キ【働きあり】【働き×蟻】 名 巣をつくり、食料をあつめたりするあり。雌ありだが、産卵しない。

はたらきかける ケ【働き掛ける】 自下一 他に動作・影響をおよぼす。「積極的にこちらから―」 **働き掛け** 名

はたらきぐち 0/キ【働き口】 名 はたらいて金を得る職場。「―をさがす」「―を得る」

はたらきざかり ザ【働き盛り】 名 いちばん活動できる年ごろ。あぶらの乗りきった年ごろ。三、四十代ごろ。

はたらきて 0【働き手】 名 ❶よくはたらく人。❷一家のくらしをささえる人。

はたらきばち キ【働き蜂】 名 巣をつくったり、みつを集めたりするみつばち。雌だが、産卵しない。春

はたらきもの 0【働き者】 名 よく働く人。

はたらく 0【働く】㊀ 自五 ❶体を動かして作業や仕事をする。「畑で―」「休みなしに―機械」❷賃金を得るために労働をする。「デパートで―」「海外で―日本人」❸作用する。機能を発揮する。「冷房装置が―」「ブレーキが―」「頭を働かせる」㊁ 他五 悪いことを行う。「不正を―」「盗みを―」 **働ける** 自下一［…できる］

ぱたりと タ 副 ❶人や小さな物が倒れるようす。❷物がしまるようす。「本を―閉じる」❸物事が急にとだえるようす。「―風がやむ」

はだれ 0【▲斑】 名〔文章語〕❶まだら。❷はだれゆき。

はだれゆき レ【はだれ雪】【▲斑雪】 名 まだらに降り積もった雪。薄く降り積もった雪。はだれ。春

はたん 0【破綻】 名（やぶれ、ほころびること）物事がうま

は

くいかなくなること。失敗。「―を生じる」

は-だん ０【破談】名 一度とりきめた相談・縁談をとりけすこと。破約。

は-だん ０【破断】名自サ 金属などに力が加わって、割れたり折れたりすること。「配管が―する」

ばたん タと副 勢いよく物があたったり、倒れたりするようす。「立て看板が―と倒れる」

ぱたん タと副 軽く物があたったり、倒れたりするようす。「ドアが―と閉まる」

パタン タ〈pattern〉名 ⇒パターン。

ばたん-きゅう タ名俗語 家や宿などにたどり着いたとたんに疲れが出て、眠ってしまうこと。

はたん-きょう ０【×巴旦×杏】名 ❶すももの変種。果実は肉が厚く、甘い。食用。夏 ❷アーモンド。

はち チ【八】名造 ❶やっつ。「八分・八頭身・八方美人・尺八」❷八番め。第八位。**―の字を寄せる** ひたいに八の字形のしわをつくる。顔をしかめるようすにいう。

はち チ【鉢】一名造 ❶さらより深く、口の大きい容器。「乳鉢・火鉢」❷植木鉢。「鉢植え」❸ずがいこつのこと。頭のよこまわり。「鉢合わせ・鉢巻き」二名 かぶとの頭をおおう部分。

はち ０【蜂】名 膜翅目に属する、蟻以外の昆虫の総称。雌は産卵管を毒針として使う。ミツバチ・スズメバチなど。春

ばち チ【罰】名 神仏が人の悪事をこらしめること。「―が当たる」

ばち チ【×撥】名 ❶三味線などの弦をはじいてならす道具。❷【×枹】太鼓・どらなどをうちならす棒。［別音はつ｜撥］

ばち-あたり ア【罰当(た)り】名 ❶不敬や親不孝をはたらいて、ばちが当たるのが当然であること。また、その人。また、当たった人。❷悪いことをした人をののしっていう。「この―め」

はち-あわせ ０ア【鉢合(わ)せ】名自サ ❶頭と頭とを出あいがしらにうち合わせること。ぶつかること。「廊下のかどで―した」❷おもいがけずばったり出あうこと。

はち-うえ ０【鉢植(え)】名 植木ばちに植えた植物。

ばち-おと ０ト【ばち音】【×撥音】名 三味線などのばちでかきならす音。

ば-ちがい チ【場違い】名形動 その場所にふさわしくないこと。けんとうはずれ。「―な発言」

バ(ヴァ)チカン《Vatican》ローマ市内にある世界最小の独立国。主権者はローマ教皇。バチカン市国。

はちかん-じごく ジ【八寒地獄】名 八種類の寒い地獄。頞部陀・尼剌部陀・頞哳陀・臛臛婆・虎虎婆・嗢鉢羅・鉢特摩・摩訶鉢特摩の八つ。はっかんじごく。↕八熱地獄

はち-き-れる レ自下一 ❶みちみちて、あふれようとする。「はちきれんばかりの元気」❷中身がいっぱいになってやぶれる。「米袋が―」

は-ちく ０【破竹】名 竹を割ること。**―の勢い**（竹を割るとき、はじめのふしを割れば、あとは簡単に割れることから）とめようもないほど勢いのはげしいようす。また、その勢い。「―で勝ち進む」

は-ちく ０【淡竹】名 大形の竹で、高さは一〇メートルになる。たけのこは食用。幹は器具・かさ用。

ぱち-くり パ副自サ（驚いたり、面くらったりして）大きくまばたきをするようす。

はちじ-ひげ ジ【八字ひげ】【八字×髭】名 八の字に似た形をした口ひげ。はちのじひげ。

はちじゅうはち-や チ2【八十八夜】名 立春から八十八日め。たねまきによい時期。五月二日ごろ。春 ⇩雑節(表)。**―の別れ霜** この日まで霜がおりるといわれていること。春

はちじゅうはっ-かしょ カ【八十八箇所】名 四国にある八十八の弘法大師の霊地。四国札所。

はちじょう《八丈》東京都伊豆諸島南部にある島「八丈島」の略。

はちじょう-ぎぬ ギ【八丈絹】名 八丈島から産する平織りの絹布。

はちじょう-じま ０【八丈×縞】名 縞織りの八丈絹。

はちす【×蓮】名古語 はす。夏

ぱち-スロ ０名俗語 パチンコ店のスロットマシン。

はちだい-じごく ジ【八大地獄】名 等活・黒縄・衆合・叫喚・大叫喚・焦熱・大焦熱・無間(阿鼻)の八つの、熱気で苦しめられる大地獄。八熱地獄。

はちだい-しゅう ダ【八代集】名〔「八代和歌集」の略〕古今・後撰・拾遺・後拾遺・金葉・詞花・千載・新古今の八つの勅撰和歌集。

はち-たたき タ【鉢たたき】【鉢×叩き】名 鉦などをたたき念仏を唱えてまわる空也念仏の僧。冬

はち-どう チド【八道】名 ❶東海道・東山道・北陸道・山陰道・山陽道・南海道・西海道の七道に北海道を加えた言い方。❷十五世紀初頭、朝鮮半島におかれた八つの行政区域。

はちねつ-じごく ジ【八熱地獄】名 ⇒はちだいじごく。↕八寒地獄

はち-の-こ ０【蜂の子】名 クロスズメバチなど、はちの幼虫。煮たり煎ったりして食用にする。

はち-の-こ ０【鉢の子】名 僧が托鉢に使う鉄のはち。

はち-の-す ス０【蜂の巣】名 ❶はちの作る巣。多数の六角形の部屋がある。春 ❷穴がたくさんあいた状態のたとえ。「車が銃撃されて―のようになった」**―をつついたよう** 混乱して大さわぎになるようす。

ぱち-ぱち パ1（と）副自サ ❶まばたきするようす。「驚いて目を―させる」❷拍手をする音をあらわす語。「―と拍手が起こった」❸つぎつぎに写真をとるようす。「―とカメラに収める」❹そろばんをはじく音をあらわす語。❺続けざまにはねたり、はじけたりする音をあらわす語。「―と油がはねる」「暖炉の火が―と燃える」

はち-ぶ チ【八分】名 ❶八分目。八分どおり。「腹―」❷村八分。

はちぶん-おんぷ オ【八分音符】名 楽譜で、全音符の八分の一の長さを示す音符。「♪」。

はちぶん-め メ【八分目】名 ❶全体の十分の八程度。❷ひかえめにすること。「腹―」‖はちぶめ。

はち-まき チ【鉢巻(き)】名 ❶頭を幅のせまい布で巻くこと。また、その布。❷土蔵の軒下に、横に一段ぶあつに土を塗った所。❸帽子のつばぎわを布で巻いたもの。

はち-まん【八×幡】一チ名 ❶はちまんだいじん。❷はちまんぐう。二副古語 ちかって。断じて。「―いつわりはない」参考 八幡の神にちかって、の意。**―船** ０名 ばはんせん。**―宮** マ名 八幡大神をまつった神社。**―大神** ダ名 八幡宮の祭神としての応神天皇の称。源氏の氏神で、弓矢の神とされる。**―大×菩×薩** チ=ボ名 奈良時代からのち、神仏混淆により八幡の神をよんだ称。

はち-みつ ０【蜂蜜】名 みつばちがその巣にたくわえているみつ。食用・薬用。

は

はち-ミリ【八ミリ】チ 名 フィルムの幅が八ミリ(メートル)の小型映画。また、それを撮影するカメラ。

はち-めん【八面】⓪ 名 ❶八つの顔。❷八つの平面。❸四方と四すみ。八方。❹すべての方面。**―×玲×瓏**(れいろう) ⓪ チ 名 [文章語] ❶どの方面も美しくすきとおって、くもりのないこと。「―の富士山」❷心中にわだかまりがなく、さっぱりしていること。「―の人」**―六×臂**(ろっぴ) ⓪ 名 (八つの顔と六つのひじ)多くの方面で大活躍をするようす。「―のはたらき」

はち-もの【鉢物】⓪チ 名 ❶はち植えの草木。❷はちに盛った料理。

はちもんじや-ぼん【八文字屋本】⓪ 名 江戸時代中期に、京都の八文字屋から発行された浮世草子(うきよぞうし)。

は-ぢゃ【葉茶】⓪ハ 名 茶のわか葉や芽をつんでつくった茶。はちゃ。

ぱちゃ-ぱちゃ バ「と」副 水を激しくたたいたり、水しぶきをあげたりする音をあらわす語。また、そのようす。「―と水をかけあう」

はちゃ-めちゃ ⓪ 名 形動 [俗語] どうしようもないほど乱れていること。めちゃくちゃ。「―な行動」

はちゅう-るい【×爬虫類】チュ 名 脊椎(せきつい)動物の一つ。多くは陸上にすみ、変温性。大部分は卵生で、肺呼吸をし、からだにうろこや甲らがあり、四足は短小、または、ない。へび・かめ・とかげ・わになど。

は-ちょう【波長】⓪ 名 ❶波動の山と山、または、谷と谷との距離。❷[俗語] 話し合いの調子や考え方。「どうも彼とは―が合わない」

は-ちょう【破調】⓪ 名 自サ ❶調子がはずれていること。❷短歌・俳句などで、決まった音律をはずすこと。字余り・字足らずなど。

ぱちり チ「と」副 小さく固いものが当たって音をたてることの形容。「カメラのシャッターを―と押す」

バチルス バ (ドBazillus) 名 ❶病気のもとになる桿菌(かんきん)。❷他のものにつきまとって利益をうばったり、害を及ぼしたりするもの。「社会の―」

ぱちん チ「と」副 小さく固いものがはじけたり、ものをはさんだりする音をあらわす語。「小枝を―と切り落とす」

ぱちんこ ⓪ 名 ❶二またの木の枝などにつけたゴムで小石などを飛ばすおもちゃ。❷[俗語] ピストル。❸ばねじかけで玉をはじき上げ、うまく穴に入れて中の玉を出す遊び。

はつ【鉢】造 はち。僧侶の食器。「衣鉢(いはつ)・托鉢(たくはつ)」

はつ【髪】造 かみのけ。「遺髪・金髪(きんぱつ)・散髪(さんぱつ)・理髪・身体髪膚」

はつ【×撥】造 はねる。はねかえす。「撥音・撥水(はっすい)・挑撥(ちょうはつ)・反撥(はんぱつ)」[別音ばち|撥]

はつ【×潑】造 元気がよい。きびきびしている。「潑剌(はつらつ)・活潑(かっぱつ)」

はつ【×醱】造 かもす。菌の作用で炭水化物が分解する。「醱酵」

はつ【発】㊀ハ 名 造 ❶出発すること。「東京―大阪行」「発車・発進・始発・後発」↔着(ちゃく)。❷うつ。はなつ。電報などを発信すること。「ロンドン―の外電」「発射・爆発・不発・乱発(らんぱつ)」㊁造 ❶おこる。あらわれる。「発覚・発生・再発・自発」❷おこす。しょうじさせる。「発電・発案」❸外に向けてだす。「発音・発売」❹あきらかにする。「発明・発見・告発・摘発」❺はじめる。「発議・発会(はっかい)」❻ふるいたつ。「発奮(はっぷん)・奮発(ふんぱつ)」❼のびる。そだてる。「発育・発達・啓発・開発」❽はねかえす。「反発(はんぱつ)・挑発」❾いきいきしている。「活発(かっぱつ)」㊂接尾 弾丸の発射数をかぞえる語。「五―」 **発**(はっ)**する** 自他サ

はつ【初】㊀ツ 名 はじめてのもの。最初。「―の会合」㊁接頭「はじめての」の意味をあらわす。「―舞台」

ハツ ハ 名 (heartから)食材にする牛・豚・鶏などの心臓。

ばつ【末】造 すえ。おわり。「末子(ばっし)・末弟(ばってい)」[別音まつ|末]

ばつ【伐】造 ❶うつ。せめる。「殺伐・征伐・討伐・放伐」❷きる。きりたおす。「伐採・伐木・間伐・乱伐」

ばつ【抜】造 ❶ぬく。ひきぬく。選ぶ。「抜歯・抜粋・抜擢(ばってき)・簡抜・選抜」❷ぬきんでる。「抜群・奇抜・卓抜」

ばつ【×跋】㊀バ 名 造 書物の本文の終わりに書きそえる文。おくがき。「跋語・跋文」↔序。㊁造 ❶つまずく。足をはねあげる。「跋扈(ばっこ)」❷ふみこえる。「跋渉(ばっしょう)」

ばつ【罰】バ 名 造 罪・あやまちに対するこらしめ。「―を受ける」「罰金・罰則・処罰・刑事罰」

ばつ【閥】バ 名 造 ❶いえがら。「閥族・門閥」❷出身や利害関係などを同じくする者で形成する排他的な集まり。「学閥・財閥・派閥・長州閥」

ばつ ⓪ 名 (「場都合」の略からという)その場の調子。ぐあい。**―が悪**(わる)**い** きまりがわるい。**―を合**(あ)**わせる** その場の調子をほどよくとりつくろう。つじつまをあわせる。

ばつ バ 名 (「罰点(ばってん)」の略からという)あやまり、打ち消し、伏せ字などの意味をあらわす×じるし。ばっ点。ペケ。「―をつける」↔まる。

はつ-あき【初秋】⓪ 名 秋のはじめ。しょしゅう。(秋)

はつ-あん【発案】⓪ 名 自サ ❶最初に案を出すこと。❷議案を出すこと。

はつ-い【発意】ハ 名 他サ 意見や計画を思いつくこと。考えだすこと。ほつい。「氏の―にもとづく」

はつ-いく【発育】⓪ 名 自サ からだがそだつこと。成育すること。**―不全**(ふぜん) ⓪ 名 からだの全体、あるいは、一部の発育がよくないこと。発育不良。

ばつ-いち ツ 名 [俗語] 離婚経験が一回あること。

はつ-うま【初×午】⓪ 名 二月のはじめてのうまの日。稲荷(いなり)神社の祭りの日。(春)

ばつ-えい【末×裔】⓪ 名 [文章語] 子孫。血統のすえ。末孫(ばっそん)。後裔(こうえい)。まつえい。「平氏の―」

はつ-えき【発駅】⓪ツ 名 ↔着駅。❶出発した駅。始発駅。❷荷物を送りだした駅。

はつ-えん【発煙】⓪ 名 煙を出すこと。「―筒」

はつ-おん【×撥音】ツ 名 国語の語中や語尾にあって一音節をなす鼻音。「ん・ン」であらわす音。はねるおん。

はつ-おん【発音】⓪ 名 自他サ ことばとしての声を出すこと。「きれいな―」**―記号**(きごう) キ 名 言語音を書き写すための記号。音声記号。

はつおん-びん【×撥音便】オ 名 国語の音便の一つ。五段・四段活用動詞の連用形の語尾「び・み・に」が「て・た・り」などについたとき「ん」になったもの。「学びて」が「学んで」、「よみたり」が「よんだり」となる類。↔イ音便・ウ音便・促音便。

はっ-か【薄荷】⓪ 名 シソ科の多年生植物。茎は四角。茎・葉ともに、よいにおいがあり、はっか油をとる。ミント。花は(秋)

はっ-か【発火】⓪ 名 自サ ❶火がでること。燃えだすこと。↔鎮火。❷実弾をこめずに火薬だけの空砲をうつこと。「―演習」**―点**(てん) カ 名 ❶[物] 空気中でものを熱したとき、自ら発火して燃焼を始める最低温度。❷事件の起こるきっかけ。

はつ-か【二十日】⓪ 名 ❶月のはじめから二十日目。❷二十の日かず。「―ほど旅行した」**―恵比須**(えびす)(▲寿) ヱ 名 陰暦十月二十日に商売繁盛を祈ってえびすをまつる

行事。恵比須講。―正月(しょうがつ) ショ 名 旧暦の正月二十日。正月を祝う最後の日。新年 ―大根(だいこん) ダ 名 種をまいて一か月ぐらいで食べられる小形の大根。根はまるく、外がわは赤・紫・白など。―×鼠(ねずみ) ネ 名 ネズミ科の哺乳(ほにゅう)類。小形。白または灰かっ色。医学の実験用にする。

はつか【▲僅か】なり形動 [古語] わずか。いささか。かすか。「初雁(はつかり)のはつかに声を聞きしより」〈古今〉

はつ-が ⓪【発芽】名 自サ 草木が芽をだすこと。

ばっ-か バ【幕下】名 [文章語]「「まくした」と読めば別語。「ばくか」の変化〕❶陣営。❷指揮者直属の部下。❸将軍・大将の尊敬語。

ハッカー ハ〈hacker〉名 ❶ハッキング❶の技術にたけた人。❷他のコンピューターに侵入し、データやプログラムを不正に入手したり、破壊したりする人。クラッカー。⇩ハッキング 参考。

はつ-かい ⓪【発会】名 自サ ❶会の組織ができて、最初にその会合をひらくこと。❷〔経〕取引所で、その月はじめての立会(たちあい)。その年最初の立会は大発会。↕納会(のうかい)。

はつ-がい ⓪【初買(い)】(がひ) 名 一月二日、新年になってはじめての買い物。買いぞめ。新年

はつ-がお ⓪【初顔】(がほ) 名 ❶スポーツ、特に相撲で初めて対戦すること。また、その相手。初顔合わせ。「―の一番」❷会合にはじめて参加した人。新顔。

はつ-かおあわせ ア【初顔合(わ)せ】(かほあはせ) 名 ❶スポーツで、はじめてその相手と勝負をすること。初顔。❷演劇で、はじめてその相手と共演すること。❸関係者一同の最初の集まり。

はっ-かく ⓪【八角】名 ❶ ク 八つの角。また、八つの角のある形。八角形。❷ ⓪ 大茴香(だいういきょう)の実を乾燥させたもの。星形で、中国料理の香辛料に用いる。スターアニス。

はっ-かく ⓪【発覚】名 自サ かくしごと・わるだくみなどがあらわれること。露見。「不正が―する」

はつ-かけ ⓪【八掛(け)】名 あわせ・綿入れのすその裏につける布。すそまわし。

はつ-がしら ガ【発頭】名 漢字の部首の一つ。「発」「登」などの「癶」。

バッカス《Bacchus》 ギリシャ神話の酒の神。ディオニュソスの別名。

はつ-がつお ガ【初がつお】【初×鰹】(がつを) 名 初夏のころとれるその年最初のかつお。夏

はつ-がま ⓪【初釜】名 新年になって最初の茶の湯。新年

はつ-かり カ/⓪【初かり】【初×雁】名 その年の秋、はじめてわたってくるがん。秋

はっ-かん ⓪【発汗】名 自サ あせが出ること。あせを出すこと。

はっ-かん ⓪【発艦】名 自サ 飛行機が航空母艦からとびたつこと。↕着艦。

はっ-かん ⓪【発刊】名 他サ ❶書物を出版すること。❷定期刊行物をはじめて出すこと。創刊。↕廃刊。

はつ-がん ⓪【発×癌】名 自サ がんが体内にできること。―物質(ぶっしつ) フ 名 生体内にがんを発生させる物質。

ばっ-かん ⓪【麦×稈】名 [文章語]〔「ばくかん」の変化〕むぎわら。―▲真田(さなだ) サ 名 むぎわらを打って、さなだひものように編んだもの。

はっ-き ハ【白旗】名〔「はくき」の変化〕❶しろはた。白色のはた。降参、また軍使であることをしめす。「敵がついに―をかかげた」❷天気予報で晴れをしめすはた。

はっ-き ⓪【発揮】名 他サ もっている力・特性をあらわし出すこと。「実力を―する」

はっき【発起】「ほっき」のあやまり。

はつ-ぎ ハ【発議】名 自サ ❶会議などで意見を言いだすこと。ほつぎ。❷会議に議案を提出すること。

は-づき【葉月】名 [古語] 陰暦八月。秋 ⇩月(表)。

はっ-きゅう ⓪【白球】名〔「はくきゅう」の変化〕野球やゴルフで使う白いボール。

はっ-きゅう ⓪【薄給】名〔「はくきゅう」の変化〕少ない給料。↕高給。

はっ-きゅう ⓪【発給】名 他サ 役所が書類を発行して渡すこと。「証明書を―する」

はっ-きょう ⓪【発狂】名 自サ 精神に異常をきたすこと。

はつ-きょうげん キョ【初狂言】名 新年にはじめて演じる歌舞伎(かぶき)狂言。新年

はっきり キ〔と〕副 自サ ❶あきらかなようす。明快なようす。たしかなようす。「―書きつける」❷さわやか。「頭が―している」

はっ-きん ⓪【白金】名〔「はくきん」の変化〕金属元素の一つ。元素記号Pt 原子番号78 原子量195.078 灰白(かいはく)色で少しやわらかく、光沢があり、酸に強い。展性・延性にとむ貴金属。理化学器械用・装身具用。プラチナ。

はっ-きん ⓪【発禁】名 発売禁止。「―本」

ばっ-きん ⓪【罰金】名 ❶罰として、出させる金銭。❷財産刑の一つ。犯罪の処罰として、とりたてる金銭。

パッキン パ 名「パッキング❷❸」の略。

ハッキング ⓪〈hacking〉名 他サ ❶コンピューターのプログラムやネットワークを解析したり改造したりすること。参考 プログラムを破壊したりネットワークに不正アクセスしたりする違法行為については「クラッキング」と呼んで区別する。❷バスケットボールやハンドボールで、相手の手や腕をたたく反則。参考 バスケットボールでは、現在「イリーガルユースオブハンズ」と呼ばれる。❸ラグビーで、相手のすねを蹴る反則。

パッキング ⓪〈packing〉名 ❶荷造り。包装。❷荷造りで荷の間につめこむもの。つめもの。パッキン。❸管や容器の継ぎ目にはさみ、液体や気体のもれをふせぐもの。パッキン。

はっ-く ハ【八苦】名〔仏〕〔「はちく」の変化〕生・老・病・死の四苦に、愛別離苦(愛する人との生きわかれの苦)・怨憎会苦(おんぞうえく)(うらみにくむ人に会う苦)・求不得苦(ぐふとくく)(求めるものが得られない苦)・五陰盛苦(ごおんじょうく)(心身や環境すべてを形成している五要素にとらわれている苦)を加えた八つの苦しみ。

はっ-く ハ【白▲駒】名 [文章語]〔「はくく」の変化〕白い馬。―隙(げき)を過(す)ぐ〔白馬がかべのすきまの向こうを走りすぎるのが見える〕月日の過ぎ去ることの早いたとえ。

バック パ〈back〉一 名 ❶背。せなか。うしろすがた。↕フロント。❷背景。背後。↕フロント。❸背後の力。あとおし。後援(こうえん)。「有力な―」❹(テニス・ラグビーなどの)後衛(こうえい)。❺背泳(はいえい)。❻バックハンド。二 名 自他サ ❶うしろへ進むこと。❷受け取ったものを相手に返すこと。「キャッシュ―」―アップ ア〈backup〉名 他サ ❶うしろからささえ。あとおし。後援。「ぼくが―する」❷野球などで、ある選手がボールをとろうとするとき、エラーにそなえて、そのうしろでほかの選手が守備すること。❸コンピューターで、事故にそなえてファイルのコピーをとること。―オフィス オ〈back office〉名 営業など直接顧客とやりとりをする部門を支援する事務管理部門。―グラウンド ラ〈background〉名 背景。「事件の―」―グラウンド-ミュージック ミュ〈background music〉名 映画・劇などの背景として使われる音楽。作業の能率を高めたり、雰

囲気を盛り上げたりするためにも使われる。ビージーエム（BGM）。ースクリーン [リ]〈back screen〉[名]〔和製英語〕野球で、センターの後ろにある、黒や緑のへい。ーストレッチ [レ]〈backstretch〉[名] 競技場で決勝点の反対側の直線走路。↕ホームストレッチ。ーストローク [ロ]〈backstroke〉[名] 背泳(はいえい)。ー転(てん) [0][名][自サ] 直立姿勢から、後ろ向きにとび、一回転すること。バク転。ーナンバー [ナ]〈back number〉[名] ❶雑誌の既刊の号。❷インターネットで、すでに掲載された記事。❸自動車などの、車体の後部に掲示する番号。❹運動選手の背番号。ーネット [ネ]〈back net〉[名]〔和製英語〕野球場で捕手のうしろにあるあみ。ーパッカー [パ]〈backpacker〉[名] リュックサックを背負いながら低額の旅費で長期間にわたり旅行をする人。ーパック [パ]〈backpack〉[名] リュックサック。特に、バックパッカーが使う大型のリュックサックのこと。ーハンド [ハ]〈backhand〉[名] ❶テニス・卓球などで、逆手(さかて)で打つこと。↕フォアハンド。❷野球で、グラブをつけた手を逆の側に伸ばして捕球すること。逆シングル。バックハンドキャッチ。ーホーム [ホ]〈back home〉[名]〔和製英語〕野球で、攻撃側の選手が本塁に走り込んで得点するのを阻止するために、守備側が、本塁に送球すること。ーボーン [ボ]〈backbone〉[名] ❶せぼね。❷精神的なすじがね。しっかりした信条。「思想の―」ーマージン [マ]〈back margin〉[名]〔和製英語〕メーカー・問屋などが販売した商品の価格を一定期間後に下げ、その差額を販売先に返すこと。リベート。ーミラー [ミ]〈back mirror〉[名]〔和製英語〕自動車などにとりつけて、後方を見るための鏡。ーヤード [ヤ]〈backyard〉[名]〔「裏庭」の意から〕店舗や施設で、ふつうは客を入れない場所。調理場や倉庫など。

バッグ [バ]〈bag〉[名] ❶手さげかばん。❷ハンドバッグ。

パック [パ]〈pack〉[名][他サ] ❶物を箱の中などにつめ入れること。また、つめた荷物。❷美顔術の一つ。卵・小麦粉・化粧水などを練りあわせたものを塗って、肌をととのえること。ーツアー [ツ]〈pack tour〉[名]〔和製英語〕⬇パッケージツアー。

バックス [バ/0]〈backs〉[名] ❶野球で、投手のうしろにいて、守る人。内野手と外野手。❷ラグビーなどで、フォワードのうしろを守る人の総称。後衛(こうえい)。ハーフバックからフルバックまで。

バックスキン [キ/ス]〈buckskin〉[名] ❶しかのもみ皮。また、それに似せた牛・羊などの皮。❷しか皮に似せた織物。

はっ-くつ [0]【発掘】[名][他サ] ❶土中から掘りだすこと。❷まだ知られていない、すぐれたものを見つけだすこと。「人材を―する」

バックラム [バ]〈buckram〉＝**バクラム** [名] のり・にかわ・ゴムなどでこわばらせた布。書物の表紙用。

ぱっくり [ク]（と）[副] 傷口などが大きく開くようす。

バックル [0/バ]〈buckle〉[名] 革帯のとめ金具。尾錠(びじょう)。

は-づくろい [ヅ]【羽繕い】―づくろひ [名] 鳥がくちばしで羽をきれいにととのえること。

ばつ-ぐん [0]【抜群】[名][形動(の)] 多くの中で、特にすぐれていること。「―の成績」

はっ-け [0]【八×卦】[名] ❶易(えき)にあらわれる八種の形。❷占い。易者。はっけ見。ー見(み) [ケ][名] 占いをする人。易者。

はっ-けい [0]【白系】[名]〔「はくけい」の変化〕一九一七年十月革命後、帝政ロシアの復活を望んで、共産主義を掲げる赤軍と対立した立場。[参考] 共産主義の象徴、赤色に対して、帝政の象徴、白色からとされる。ーロシア人(じん) [ア][名] ロシア革命後に、ソビエト政府の体制から逃れて亡命したロシア人の総称。

パッケージ [パ]〈package〉[名] ❶荷物の包装。荷づくり。❷いくつかの種類のものを一つにまとめたもの。「―商品」ーツアー [ツ]〈package tour〉[名] 旅行会社が企画した運賃・宿泊費・食費込みの団体旅行。パックツアー。パック旅行。

ばつ-ゲーム [ゲ]【罰ゲーム】[名] 勝負ごとに負けたときなどに罰としてさせられる行為。「―でものまねをさせられる」

はっ-けっきゅう [ケ]【白血球】[名]〔「はくけっきゅう」の変化〕血液を構成する成分で、無色で核のある単一細胞。細菌・異物などから体を守る作用がある。↕赤血球。

はっけつ-びょう [0]【白血病】[名]〔「はくけつびょう」の変化〕血液中に、白血球が異常にふえる病気。

はっけよい [ハ][感] 相撲で、行司が土俵で力士にかける声。[参考]「発気良い」または「八卦良い」からという。

はっ-けん [0]【白鍵】[名]〔「はくけん」の変化〕ピアノ・オルガンなど、鍵盤楽器の白い鍵。↕黒鍵。

はっ-けん [0]【発券】[名][自サ] ❶銀行券を発行すること。「―銀行」❷乗車券・入場券・引換券などを発行すること。「自動―システム」

はっ-けん [0]【発見】[名][他サ] まだ知られていないものを、初めて見つけ出すこと。「新大陸の―」

はつ-げん [0]【発言】[名][自サ] 会議などで意見を言うこと。また、その意見。ー権(けん) [ゲ][名] 発言する権利。

はつ-げん [0]【発現】[名][自他サ]〔文章語〕あらわれでること。あらわしだすこと。「自意識の―」

バッケン [バ]〈ド Backen〉[名] スキーにくつを固定させるための金具。みみがね。

ばっ-けん [0]【抜剣】[名][自サ] 刀剣をさやから抜くこと。また、抜いた刀。

はっ-こ [0]【初子】[名] はじめて生まれた子。ういご。

はつ-ご [0]【発語】[名] ❶言いだすこと。❷〘語〙「いざ・さて・そもそも」など、ことばや文章のはじめにおく語。

ばっ-こ [バ]【×跋×扈】[名][自サ]〔「跋」はふみにじる。「扈」は魚をとる竹籠(たけかご)で、大魚はそれをとびこえて逃げることから〕悪いものがきままにのさばること。「暴力を―させるな」

ばつ-ご [0]【×跋語】[名] 書物のあとがきのことば。跋文。跋。

はつ-こい [0]【初恋】―こひ [名] はじめての恋。

はっ-こう [0]【八×紘】[名]〔文章語〕〔「紘」は広い地の果ての意〕八方のすみ。全世界。天下。ー一宇(いちう) [チ][名]〔「一宇」は一つの家のこと〕全世界を一軒の家のように仲よくさせること。[参考] 太平洋戦争中の日本のスローガン。

はっ-こう [0]【白光】[名]〔「はくこう」の変化〕❶〔文章語〕白い光。白色光。❷コロナ。

はっ-こう [0]【発光】[名][自サ] 光を出すこと。ー体(たい) [0][名] 自分から光をはなつ物体。太陽・ともしび・ほのおなど。ーダイオード [オ][名] ⬇エルイーディー。ー塗料(とりょう) [ト][名] 光などの刺激を受けて燐光(りんこう)や蛍光を発する顔料をまぜた塗料。

はっ-こう [0]【発向】[名][自サ]〔文章語〕目的地に出発すること。

はっ-こう [0]【発効】[名][自サ] 効力が発生すること。「この法律は即日―する」↕失効。

はっ-こう [0]【発航】[名][自サ] 船が航海に出ること。出帆。

はっ-こう [0]【発酵】【×醱酵】[名][自サ] 酵母類・細菌類などのために、有機化合物がアルコール類・有機酸類・炭酸ガスなどに分解する作用。酒・みそなどの製造に利用する。

はっ-こう [0]【発行】[名][他サ] ❶図書・新聞・雑誌などを世の中に出すこと。❷紙幣・証明書・入場券などを出すこと。「領収書を―する」

はっ‐こう [0]【薄幸】【薄×倖】名 形動(の)〔文章語〕〔「はくこう」の変化〕ふしあわせ。不運。不幸。

はつ‐ごおり [ゴ]【初氷(ごほり)】名 冬にはじめてはった氷。(冬)

はっ‐こつ [0]【白骨】名〔「はくこつ」の変化〕雨風にさらされた、白いほね。

はっ‐さ【発作】「ほっさ」のあやまり。

はっ‐さい [0]【発災】名 自サ 災害が発生すること。

ばっ‐さい [0]【伐採】名 他サ 樹木を切りとること。木材を切り出すこと。

はっ‐さく [0]【八×朔】名〔「朔」はついたちの意〕❶陰暦の八月一日。農家で、その年の新しい穀物をとりいれて祝う。田実(たのみ)の節句。(秋) ❷春さきに出まわるみかんの一種。甘い。(春)

ばっさ‐ばっさ [バ1](と)副 続けざまに切るようす。「敵を―と切り捨てる」

ばっさり [サ](と)副 ❶一刀のもとに切ってしまうようす。❷思いきって切り除くようす。「―人員を削る」

はっ‐さん [0]【発散】名 自他サ 光・熱・におい・力・気分などが、外へ出てちること。また、出してちらすこと。「若いエネルギーを―させる」↕集束。

はつ‐ざん [ツ]【初産】名 ⬇ういざん。

ばつざん‐がいせい [ツ]【抜山蓋世】名〔文章語〕力は山をぬき、意気は世をおおいつくすほど強く大きいこと。意気盛んで勇壮なこと。「―の英雄」

ばっ‐し [0]【末子】名 すえの子。すえこ。まっし。↕長子。

ばっ‐し [0]【抜糸】名 自サ 外科手術で傷口や切り口を縫いあわせた糸をぬきとること。

ばっ‐し [0]【抜歯】名 自サ 歯をぬくこと。

バッジ [バ]〈badge〉名 金属性の小さな記章。

はっし‐と [ハ]副〔「発止」は当て字〕かたいものがぶつかる音をあらわす語。「―打つ」

パッシブ [パ]〈passive〉形動 ダロ｜ダッ・デ・ニ｜ダ｜ナ｜ナラ｜○ 受け身的。受動的。受け身のようす。↕アクティブ。

はつ‐しも [0]【初霜】名 冬になってはじめておりた霜。(冬)

はっ‐しゃ [0]【発車】名 自サ 列車・バスなどが動きだすこと。↕停車。

はっ‐しゃ [0]【発射】名 他サ 矢を射ること。また、銃砲のたまなどをうちだすこと。

はっ‐しゅう [ハ]【八宗】名 平安時代の仏教の八つの流派。倶舎(くしゃ)・成実(じょうじつ)・律(りっ)・法相(ほっそう)・三論(さんろん)・華厳(けごん)・天台(てんだい)・真言(しんごん)の八宗。**―兼学(けんがく)** [ハ]名 ❶八宗の教義をすっかりまなぶこと。❷ひろく物事に通ずること。

ハッシュ‐タグ [タ]〈hashtag〉名 SNSで、ハッシュマーク「#」に続けて記述する文字列。その文字列に関する話題を抽出し、参照することができる。

はっ‐しゅつ [0]【発出】名 自他サ ある物事や状態があらわれ出ること。また、あらわし出すこと。「行政命令を―する」

ばつ‐じょ [バ]【末女】名 ⬇まつじょ。

はっ‐しょう [0]【発症】名 自サ 病気の症状が現れること。「感染してもすぐには―しない」

はっ‐しょう [0]【発祥】名 自サ〔文章語〕❶ことが起こり出ること。❷めでたいしるしがあらわれること。**―地(ち)** [ショ]名 物事がはじめて起こった土地。「文明の―」

はつ‐じょう [0]【発条】【×撥条】名 ぜんまい。ばね。

はつ‐じょう [0]【発情】名 自サ ❶情欲のおこること。❷主に哺乳(ほにゅう)類の動物が交尾可能な状態になること。繁殖期に限られる。

ばっ‐しょう [0]【×跋渉】名 自サ〔文章語〕〔「跋」は原野を行く、「渉」は水をわたる意〕❶山をこえ川をわたること。「山野を―する」❷ほうぼうめぐり歩くこと。

はっ‐しょく [0]【発色】名 自サ 色があらわれること。また、色のあらわれ方。「―がいい口紅」

パッショネート [ネ]〈passionate〉形動 ダロ｜ダッ・デ・ニ｜ダ｜ナ｜ナラ｜○ 情熱的。

パッション [パ]〈passion〉名 ❶情熱。熱情。❷キリストの受難。❸キリストの受難を主題にした楽曲。受難曲。**―フルーツ** [ル]〈passionfruit〉名 トケイソウ科の多年草。また、その実。果実は紫色に熟し、甘ずっぱい。ブラジル原産。

はっ‐しん [0]【発信】名 自サ ↕着信・受信。❶たよりを出すこと。❷電報・電波を出すこと。❸情報を送ること。

はっ‐しん [0]【発×疹】名 自サ 皮膚に小さなふきでものが出ること。ほっしん。**―チフス** [チ]名 高熱とともに、全身にうす赤いはっしんが出る伝染病。病原体はリケッチア。しらみが媒介する。ほっしんチフス。

はっ‐しん [0]【発進】名 自サ ❶飛行機・船・電車などが出発すること。自動車・バイクなどを発車させること。❷動き始めること。スタートすること。「優勝に向けて好―した」

はっ‐しん【発心】「ほっしん」のあやまり。

バッシング [0]〈bashing〉名 他サ きびしく非難すること。たたきのめすこと。「ジャパン―」

パッシング [0]〈passing〉名 自サ ❶ヘッドライトを点滅させて、対向車や前走車の運転者に何らかの合図を送ること。パッシングライト。❷テニスで、ネット際まで来ている相手のわきを抜くようにボールを打つこと。パッシングショット。

はっ‐すい [0]【×撥水】名 布・紙などが、表面の水をはじくこと。「―加工」↕親水。

ばっ‐すい [0]【抜粋】【抜×萃】名 他サ 文章や楽曲などのよい所や必要な部分をぬき出すこと。また、ぬき出したもの。「論文の―」

はつ‐すがた [ス]【初姿】名 新年のよそおいをした姿。(新年)

はつ‐ずり [0]【初刷(り)】名 ❶出版物の初版。❷新聞・雑誌の新年最初の刊行のもの。特に元旦の新聞。(新年)

ハッスル [ハ]〈hustle〉名 自サ はりきること。元気を出して活動すること。「勝利を目ざして―する」

はっ・する [0]【発する】シ・セ・サ｜シ｜スル｜スル｜スレ｜シロ・セヨ ㊀自サ ❶外へあらわれる。「酔いが―」❷おこる。生ずる。「感染症が―」❸出ていく。たびだつ。「成田空港を―」㊁他サ ❶外へあらわす。「大声を―」❷おこす。生じさせる。「怒りを―」❸つかわす。「使いを―」❹うち出す。発射する。**はっ・す** 文語サ変

ばっ・する [0]/[ス]【罰する】他サ シ・セ・サ｜シ｜スル｜スル｜スレ｜シロ・セヨ 罰をあたえる。「違反者を―」↕賞する。**ばっ・す** 文語サ変

はっ‐すん [ス]【八寸】名 ❶一寸の八倍の長さ。❷懐石料理に使われる八寸四方の器。また、それに盛られた料理。八寸膳(ぜん)。

はっ‐せい [0]【発生】名 自サ ❶うまれ出ること。「害虫が―する」❷おこりはじまること。「事件が―する」❸〘生〙受精卵が発育して個体となること。個体発生。

はっ‐せい [0]【発声】㊀名 自サ 声を出すこと。また、その声。㊁名 ❶最初に声・意見を出すこと。「会長の―で万歳を三唱する」❷歌会のとき、最初に歌をよみあげる役。

はっ‐せき [0]【発赤】名 自サ〘医〙炎症などで皮膚(ひふ)の一部分が赤くなること。

はつ‐せき [0]【初席】名 新年にはじめて行われる寄席(よせ)の興行。(新年)

は

ばっ-せき⓪【末席】名 ⇒まっせき。

はつ-ぜっく㋝【初節句】名 生まれた子の、はじめての節句。夏

はつ-ぜみ⓪【初ぜみ】【初×蟬】名 その年にはじめて鳴いたせみ。夏

はっ-せん㋩【八専】名 陰暦で、壬子(みずのえね)の日から癸亥(みずのとい)の日までの十二日間のうち、丑(うし)・辰(たつ)・午(うま)・戌(いぬ)の日を除いた八日。一年に六回あり、降雨が多いという。

ばっ-せん⓪【抜染】名 他サ 染めた布の地色をぬき消して、模様を出すこと。

はっ-そう⓪【発想】名 ❶思いつき。「おもしろい―だ」❷頭の中の考えが展開して形をとること。「―法」❸〔音〕曲のイメージを演奏のしかたで表現すること。

はっ-そう⓪【発走】名 自サ 競走で、走りだすこと。スタート。「第二レースの―時間が迫る」

はっ-そう⓪【発送】名 他サ 郵便物・荷物などをおくりだすこと。

はっ-そく⓪【発足】名 自サ ⇒ほっそく。

ばっ-そく⓪【罰則】名 法律・規則にそむいたものを罰する規則。「―を設ける」

ばつ-ぞく⓪【閥族】名〔文章語〕❶家がら。❷地位の高い家がら。❸閥を形づくる一団。閥。

はつ-ぞら㋡【初空】名〔文章語〕元日の朝の空。また、その空のけしき。新年

ばっ-そん⓪【末孫】名〔文章語〕血すじのすえ。末裔(まつえい)。まっそん。

はつ-だ⓪【発×兌】名 他サ〔文章語〕(「兌」は売るの意)書物や雑誌などを印刷・発売すること。発行。

ばった㋩ 名〔俗語〕通常価格よりも大幅に安く売ること。投げ売り。「―に売る」

ばった⓪【×蝗・虫】名 バッタ科の昆虫の総称。とのさまばった・しょうりょうばったなど。よくとびはねる。秋

バッター㋩〈batter〉名 野球の打者。**―ボックス**㋭〈batter's box〉名 野球で、打者の立つ、きまった位置。本塁の両わきに白線でくぎって示す。打席。

はつ-だい⓪【発題】名 他サ ある題を示して話をすること。「研究会の―者」

はつ-たいけん㋟【初体験】名 はじめて体験すること。特に、はじめて性交を体験すること。

はったい-こ⓪【はったい粉】【×糗粉】名 ⇒むぎこがし。

はつ-たけ⓪【初×茸】名 ベニタケ科のきのこ。秋、松林のしめった所にはえる。食用。秋

はっ-たつ⓪【八達】名〔文章語〕道路が八方へ通じていること。「四通(しつう)―した街路」

はっ-たつ⓪【発達】名 自サ ❶発育して完全なものになっていくこと。「筋肉の―」❷進歩して、すぐれたものになっていくこと。「科学の―」**―障害**(しょうがい)㋛ 名 脳機能の発達に障害があり、その症状が子どものころから現れるもの。自閉症、学習障害(LD)、注意欠陥多動性障害(ADHD)など。

はった-と㋩ 副 つよくにらみつけるようす。

ばった-ばった㋩ (と)副 続けざまに倒れるようす。「力尽きた戦士が―と倒れていく」

ばった-もの⓪【ばった物】名〔俗語〕正規のルート以外から仕入れた品物。

はつ-だより㋟【初便り】名 ❶季節の到来などを告げる、はじめてのたより。❷その年のはじめてのたより。新年

はったり⓪ 名〔俗語〕人をおどろかすように大げさに、また、いかにも本当らしく言ったり、したりすること。「―をかける」

ばったり㋟ (と)副 ❶急にたおれるようす。「気を失って―たおれる」❷ふいに出あうようす。「仕事先で学生時代の友人と―会った」❸急に止まったり、とだえたりするようす。「売れ行きが―とまる」

ぱったり㋟ (と)副 「ばったり」とほぼ同意で、やや軽い感じをあらわす語。「客足が―とだえる」

はっ-たん㋩【八端・八反】名 はったん織り。ねり糸を用いたあつみのある絹織物。

ハッチ㋩〈hatch〉名 船の甲板(かんぱん)の昇降口。

パッチ⓪ 名〔朝鮮語から〕長いももひき。冬

パッチ⓪〈patch〉名 ❶つぎ当てにする布。当て布。❷コンピューターで、ソフトウエアのプログラムの一部を更新し、不具合を修正するファイル。**―テスト**㋢〈patch test〉名 皮膚にアレルギーを起こす物質を含ませた布を貼り、反応を調べる検査。**―ワーク**㋻〈patchwork〉名 ❶各種の色や材質の端切れなどをつぎ合わせること。また、そのようにして作った手芸品。❷他人の文章や意見などをつぎはぎして作った文章や書物。「既存の論文の―」

ばっち・い㋠ 形〔幼児語〕きたない。

はっ-ちゃく⓪【発着】名 自サ 出発と到着。「列車の―」

はっ-ちゅう⓪【発注】【発×註】名 他サ 注文を出すこと。↔受注。

はっ-ちょう㋩【八丁】【八×挺】名 よくうごくこと。たっしゃ。「口も―手も―」参考 すこしいやしめていう語。**―味×噌**(みそ)㋯ 名 愛知県岡崎市を中心に作られる、赤色辛口の豆みそ。

ばっちり㋠ 副〔俗語〕首尾よくやるようす。ぬけめないようす。「―いただきだ」

ぱっちり㋠ (と)副 自サ 目が大きく開いているようす。

ばっ-てい⓪【末弟】名 ⇒まってい。

バッティング⓪〈batting〉名 野球で打撃。「―センター」**―ケージ**㋘〈ァ batting cage〉名 野球で、打撃練習用の移動式ネット。

バッティング⓪〈butting〉㊀名 ボクシングで、頭やひじを相手にぶつける反則行為。㊁名 自サ 予定や利害など、同時に複数の物事が重なること。「会議日程が―する」

ばっ-てき⓪【抜×擢】名 他サ (「擢」はぬきだすの意)すぐれた人を、ひきぬいて使うこと。「大ぜいの中から―する」

バッテラ⓪〈ポ bateira〉名 (「小舟」の意。それに見立てて関西で)さばの押しずし。バッテーラ。夏

バッテリー㋩〈battery〉名 ❶⓪蓄電池。❷㋩野球で、投手と捕手の組み合わせ。「―を組む」

はっ-てん⓪【発展】名 自サ ❶のびひろがること。「事件が―する」❷さかえていくこと。「貴家のご―を祈る」❸手びろく活躍すること。あれこれと手を出すこと。特に、異性との交際について言う。「―家」参考 手紙で、先方の安否を問うのに、会社や商店に対しては、次のような言い方を使う。「ますますご…の由」「相変わらずご…の趣」「…」には、次のことばがはいる。「隆昌・繁栄・繁盛・繁忙・発展」など。**―的解消**(てきかいしょう)⓪ 名 発展してもとの形がなくなり、新しい形が出来あがること。**―途上国**(とじょうこく)㋛ 名 国民一人当たりの所得が低く、工業化の遅れている国。開発途上国。参考「後進国・低開発国」に代わる語。

はつ-でん⓪【発電】名 自サ 電気をおこすこと。**―所**(しょ)⓪ 名 水力・火力・原子力などで発電機をまわし、電気を発生させる施設。

ばっ-てん㋢【ばつ点】名 (不合格を意味する「罰点」からという)×のしるし。ばつ。

はっ-と㋩⓪【法度】名 ❶法律。おきて。「武家諸―」❷禁止すること。禁制。「―をおかす」

は

ハット ハ〈hat〉名 まわりにつばのある帽子。↕キャップ。

はっ-と ハ 副 自サ ❶思いがけないことにぶつかっておどろくようす。❷急に気がつくようす。

バット バ〈bat〉名 野球・ソフトボールなどのボールを打つ道具。

バット バ〈vat〉名 ほうろう、プラスチック、ステンレスなどの平たい長方形の皿。写真の現像や料理に使う。

パット パ〈putt〉名 他サ ゴルフで、グリーン上のボールをホールをめがけて打つこと。

ぱっ-と パ/０ 副 自サ ❶急になにかをするようす。急にうごくようす。「―手を出す」❷急にとぶようす。「水が―散る」❸目だつようす。「―した花模様の服」**―しない** 見ばえがしない。あまりよくない。「―男」**―見**(み) ０ 副 俗語 ぱっと見たところ。見た目では。

パッド パ〈pad〉名 洋服の形をよくするために、肩や腰などにとりつける詰めもの。

はつ-どう ０【発動】名 自他サ ❶うごきだすこと。うごきださせること。❷法律にもとづく権力を行使すること。「強権の―」**―機**(き) ド 名 内燃機関(ないねんきかん)。エンジン。**―機船**(きせん) ０ 名 内燃機関によってすすむ小型の船。

ばっ-とう ０【抜刀】名 自サ 刀をぬきはなつこと。さやからぬいた刀。

はっ-とうしん ト【八頭身】名 身長が頭部の長さの八倍あること。現代的美人の標準とされる。

ハット-トリック リ/ト²〈hat trick〉名 サッカーやアイスホッケーで、一試合に一人の選手が三得点すること。参考 クリケットで、三球で打者三人を連続アウトにしたときに、帽子を贈って称えたことから。

はつ-とり ０【初×酉】名 十一月はじめての、とりの日。一のとり。

はっとり-らんせつ《服部嵐雪》一六五四―一七〇七。江戸時代中期の俳人。松尾芭蕉(まつおばしょう)の門人。著作に句集「玄峰集」など。

は-づな ０【端綱】名 馬の口につけて引く綱。

はつ-なき ０【初鳴き】名 鳥や虫が、その季節にはじめて鳴くこと。また、その鳴き声。「うぐいすの―」

ば-つなぎ ツ【場つなぎ】【場×繋ぎ】名 会話がとぎれそうなとき、あたりさわりのない話題をもちだして会話を続けること。

はつ-なつ ０【初夏】名 夏のはじめ。しょか。夏

はつ-なり ０【初なり】【初▲生り】名 ❶果実がはじめてその木になること。また、その果実。❷果実がその年にはじめてなること。また、その果実。

ばつ-なん ツ【末男】名 ⬇まつなん。

はつ-に ０【初荷】名 正月に、その年はじめての商売にかざりたてておくりだす商品。新年

はつ-ね ０【初音】名 鳥・虫などの、その年はじめて鳴く声。春 参考 多くうぐいすについていう。ほととぎすのばあいは「忍び音」というのが普通。

はつ-ね ０【初値】名〔経〕❶証券取引所に新規上場した銘柄の、最初に売買が成立した値段。❷取引所で、新年最初についた値段。

はつ-ねつ ０【発熱】名 自サ ❶熱を出すこと。「―体」❷体温がふだんより高くなること。熱が出ること。

はつ-のり ０【初乗り】名 ❶新年にはじめて乗り物に乗ること。新年 ❷新しくできた乗り物にはじめて乗ること。❸運賃の最低単位である、最初の乗車区間。「―百六十円」

はつ-ば ０【発馬】名 自サ 競馬(けいば)で、馬が走りだすこと。

はっ-ぱ ０【葉っぱ】名 葉。「木の―」

はっ-ぱ ０【発破】名 石や岩を火薬で爆破すること。また、その火薬。**―を掛**(か)**ける** ❶爆破する。❷ 俗語 強くはげます。気合いをかける。

はつ-ばい ０【発売】名 他サ 売りだすこと。売りだし。**―禁止**(きんし) ０ 名 社会に害悪を与えるとして、出版物・レコード・CD・商品などの発売をやめさせること。発禁。

ばっ-ぱい ０【罰杯】名 罰として飲ませる酒。

はっ-ぱく ０【八白】名 九星の一つ。土星にあたり、方位は東北。

はつ-ばしょ ０【初場所】名 毎年一月にひらかれる大相撲の興行。一月場所。新年 ⇩本場所(表)。

ぱっ-ぱと パ¹ 副 ❶かねなどをどんどん使うようす。❷遠慮なくものを言うようす。「言いたいことを―言う」❸動作がてきぱきしているようす。「―処理する」

はつ-はな ０【初花】名 ❶その年、その季節に最初に咲く花。特に、桜の花。春 ❷その草木に、はじめて咲く花。

はつ-はる ０【初春】名 春のはじめ。新春。新年。新年

はつ-ひ ０【初日】名 ❶元日の朝日。新年 ❷初日の出。新年

はっ-ぴ ０【法被】名 昔、武家で家の紋をつけて中間(ちゅうげん)に着せたはんてん。しるしばんてん。大工・土建業などの職業の人がよく着た。

ハッピー ハ〈happy〉形動 ダロ・ダッ・デ・ニ／ダ・ナ・ナラ・〇 幸福なようす。**―エンド** エ 名〔happy endingから〕物語・映画などがめでたい結末になること。めでたしめでたし。

はつ-ひかげ ヒ【初日影】名 文章語 元日の朝日の光。新年

はつ-ひので ヒ【初日の出】名 元日の日の出。新年

はっぴゃくや-ちょう ヤ【八百八町】名 江戸の町数の多いこと。江戸市中全体。

はつ-びょう ０【発病】名 自サ 病気がおこること。病気になること。

はっ-ぴょう ０【発表】名 他サ ひろく一般に知らせること。「論文を―する」「―会」

ばつ-びょう ０【抜×錨】名 自サ 文章語 船がいかりをあげて動き出すこと。出帆。↕投錨(とうびょう)。

はっ-ぷ ハ【髪膚】名 文章語〔かみの毛とはだ〕からだ。「身体―これを父母に受く」

はっ-ぷ ０/ハ【発布】名 他サ 新しい法律などをひろく世間に知らせること。「憲法―」

パップ パ〈pap〉名 薬剤をあたためて、皮膚の炎症部にはること。また、その薬剤。

バッファロー バ〈buffalo〉＝**バファロー** 名 ❶水牛のこと。❷北米大陸に生息する野牛。肩から背中部分にかけてもりあがっており、頭の部分は長い毛でおおわれている。アメリカバイソン。

はつ-ぶたい ブ【初舞台】名 ❶俳優となって、はじめて舞台に出演すること。「―を踏む」❷はじめて、公衆の前でおこなうこと。

はつ-ふゆ ０【初冬】名 冬のはじめ。しょとう。冬

はっ-ぷん ０【発憤・発奮】名 自サ 精神をふるいたたせること。「友人のがんばりを見て―する」

ばつ-ぶん ０【×跋文】名 書物の本文のおわりに書く文。跋。跋語。↕序文・本文。

はつ-ほ ０【初穂】名 ❶その年にはじめてみのった稲の穂。❷穀物・野菜・果実などで、その年最初にできたもの。❸神仏にそなえるはじめてとれた穀物や金銭のこと。

はっ-ぽう ポ【八方】名 ❶四方と四すみ。東・西・南・北と北東・北西・南東・南西の八つの方角。❷方々。諸方。多方面。**―×睨**(にら)**み** 三 名 ❶八方へ目をくばること。❷

は

画像などで、どの方面から見ても、その方をにらんでいるように見えること。また、そのもの。「—の仁王(におうさま)」—美人(びじん) ビ 名 だれからもよく思われるよう、要領よくふるまう人。—塞(ふさ)がり フ 名 ❶陰陽道(おんようどう)で、どの方角に対して事をしても不吉な結果を生ずること。❷すべてが、ぐあいわるくなること。—破(やぶ)れ ヤ 名 相手に対して構えた所がまったくなく、どこから見てもすきだらけであること。

はっ-ぽう ⓪【発×疱】名 皮膚に水ぶくれができること。

はっ-ぽう ⓪【発泡】名 自サ あわがたつこと。—酒(しゅ) ポ 名 ❶シャンパンなど、炭酸ガスを含んだ、泡の出る酒。❷酒税法上、ビールに比べて麦芽の使用比率が低い酒。—スチロール ロ 名 あわ状の空間をもつ、軽くてもろい合成樹脂。断熱用・品物の詰め物用などにする。

はっ-ぽう ⓪【発砲】名 自サ 大砲・小銃などをうつこと。

ばっ-ぽう ⓪【罰俸】名 官公吏の懲戒処分として、一定の期間給料をへらすこと。

はっぽう-さい ポ【八宝菜】名 中国料理で、豚肉、えび、野菜、しいたけなどの材料を取り合わせて炒(いた)め、調味してとろみをつけたもの。五目うま煮。

ばっ-ぼく ⓪【伐木】名 自サ 木を切りたおすこと。

はつ-ぼん ⓪【初盆】名 死んだ人のはじめてのうらぼん。にいぼん。あらぼん。㊎秋

ばっ-ぽん ⓪【抜本】名 根本の原因をのぞき去ること。—塞源(そくげん) ⓪ 名〔文章語〕(「塞」はふさぐの意)弊害の根本の原因をのぞき去り、みなもとをふさぐこと。—的(てき) ⓪ 形動 根本の原因をのぞき去るようなやりかた。「—な処置」

ばつ-まい ⓪【末妹】名 ➡まつまい。

はつ-まいり マ【初参り】—(まゐり) 名 ➡はつもうで。新年

はつ-まご ⓪【初孫】名 はじめてできた孫。ういまご。

はつ-みみ ⓪【初耳】名 はじめて聞くこと。また、その話。

はつ-めい ⓪【発明】一 ⓪ 名 他サ あたらしく物事を考えだし、また、作りだすこと。二 ツ 名 形動〔文章語〕かしこいこと。

はつ-もう ⓪【発毛】名 自サ 毛がはえはじめること。

はつ-もうで モ【初詣】—(まうで) 名 新年にはじめて社寺に参ること。初まいり。新年

はつ-もとゆい モ【初元結】—(もとゆひ) 名 ❶公卿(くぎょう)の元服のとき、髪をむすんだくみひも。❷元服。

はつ-もの ⓪【初物】名 ❶その季節にはじめてできた穀物・野菜・果実など。❷その季節にはじめて食べるもの。—食(ぐ)い ⓪ 名 ❶初物をこのんで食べること。また、その人。❷新しい物を好んで手に入れる人。

はつ-もん ⓪【発問】名 自サ 問いを出すこと。質問。

はつ-やく ⓪【初役】名 俳優がはじめてついた役。また、はじめて演じる役。

はつ-ゆ ⓪【初湯】名 ❶うぶゆ。❷新年にはじめてはいるふろ。正月二日の入浴。新年

はつ-ゆき ⓪【初雪】名 ❶その冬、はじめて降る雪。㊎冬 ❷新年にはじめて降る雪。

はつ-ゆめ ⓪【初夢】名 正月一日もしくは二日の夜に見る夢。新年

はつ-ゆるし コ【初許し】名 ➡しょゆるし。

はつ-よう ⓪【発揚】名 他サ〔文章語〕ふるいおこすこと。「士気を—する」

ばつ-よう ⓪【末葉】名〔文章語〕❶子孫。末孫。❷ある時代のおわりのころ。末期。まつよう。

はつ-らい ⓪【発雷】名 自サ 雲の中でかみなりが発生すること。「—確率」

はつ-らつ ⓪【×溌×剌・×溌×溂】と副 たる連体 生気があふれて、元気のいいようす。「生気—」

ばつ-りゅう ⓪【末流】名〔文章語〕➡まつりゅう。

はっ-る ツ【▲削る】他五 ラ・ロ・リ・ッ ル・ル・レ・レ ❶少しずつ、けずりとる。❷うわまえをはねる。

はつ-れい ⓪【発令】名 自サ 法令・辞令・警報などを出すこと。

はつ-ろ ハ【発露】名 自サ あらわれ出ること。「真情の—」

はつ-わ ⓪【発話】名 自サ ❶ことばを口に出すこと。また、そのことば。❷〔言〕ひとまとまりの内容をもった、ひとりの人物の談話。「—行為」

はて テ【果て】名 ❶果てること。果てるとき。おわり。「—のない欲望」❷おちぶれた状態。「なれの—」❸一番はしの所。「東洋の—」—は しまいには。

はて ハ 感 はてな。「—、どこへ行ったのかな」

は-で デ【はで】【派手】名 形動 ↔地味(じみ)。❶はなやかなこと。けばけばしいこと。「—な服装」❷おおげさにすること。目だつようにすること。「—にふるまう」参考 邦楽の「本手(ほんて)」に対する「破手(はで)」からというが未詳。

パテ パ〈フ pâté〉名 すりつぶしたレバーや肉類を、パイ生地で包んで焼いたり、容器につめて蒸し焼きにしたもの。

パテ パ〈putty〉名 石膏(せっこう)や酸化鉛の粉末を、あまに油などでこねたもの。窓ガラスをわくに固定したり、鉄管のつぎめをふさいだりする接合剤。

ば-てい ⓪【馬丁】名 馬の世話をすることを職業とする人。別当。

ば-てい ⓪【馬×蹄】名〔文章語〕馬のひづめ。—形(けい) ⓪ 名 馬のひづめのかたち。U字形。

パティシエ ティ〈フ pâtissier〉名 ケーキやデザートなどの洋菓子職人。パティシェ。

はてさて ハ 感 おどろいたり、感動したりした気持ちをあらわす語。さてさて。「—、困ったことだ」

はて-し ⓪ シ【果てし】名 (「し」はもと強意の副助詞)果て。おわり。かぎり。—ない ナ 形 かぎりもない。とめどもない。「はてしなく続く地平線」

はて-な ハ 感 怪しみいぶかる気持ちをあらわす語。はて。「—、おかしいぞ」

はで-やか デ【はでやか】【派手やか】形動 ダロ・ダッ・デ・ニ ダ・ナ・ナラ・○ はでなようす。はなやか。「—な生活」はでやかさ 名

は-てる テ【果てる】自下一 テ・テ・テル・テル テレ・テロ・テヨ ❶おわる。なくなる。つきる。「話が果てない」❷死ぬ。「七十五歳で—」❸〔他の動詞の連用形について〕㋐おえる。「し—」㋑すっかり…する。「こまり—」は・つ 文語下二

ば-てる テ 自下一 テ・テ・テル・テル テレ・テロ・テヨ〔俗語〕すっかり疲れてしまう。

バテレン ⓪【▲伴▲天連】名 (ポ padre(「師」「父」の意)から)❶一六世紀後半に日本に来た、キリスト教の外国人宣教師。❷キリシタン。キリスト教。

は-てんこう テ【破天荒】名 形動 (「天荒」は天地が始まる前のどんよりした状態。それをやぶりひらくことから)前人のまだしていないことをすること。これまでになかったことをするようす。前代未聞(みもん)。「—な行動」

パテント ⓪〈patent〉名 特許。特許権。専売特許。

はと ハ【×鳩】名 ハト科の鳥の総称。からだは中形。翼が長く大きくてよく飛ぶ。種類が多い。—が豆鉄砲(まめでっぽう)を食(く)ったよう 予想しなかったことが起こって、ひどくおどろくようす。—に三枝(さんし)の礼(れい)あり (はとは親鳥より三段下の枝にとまるということから)礼儀を重んじるべきだというたとえ。

は-とう ⓪【波頭】名〔文章語〕❶なみがしら。❷なみの上。海上。

は-とう ⓪【波×濤】名〔文章語〕おおなみ。「万里の—」

は-どう ⓪【波動】名 ❶なみのうごき。❷振動が、順次に連続的・周期的に他の部分につたわる現象。

は-どう 〇/八【覇道】名〔文章語〕覇者の政道。武力やはかりごとで、国をおさめるやり方。↕王道。

ば-とう 〇【罵倒】名 他サ ひどくののしること。はげしく悪口を言うこと。

ばとう-かんのん《馬頭観音》顔が三つ、腕が八本、宝冠に馬の頭をいただき、忿怒の相をした観音。馬の病気や災難、道路・旅行を守るという。馬頭観世音。

パト-カー ト 名「パトロールカー」の略。

はと-こ ト【▲再従▲兄弟・▲再従▲姉▲妹】名 またいとこ。ふたいとこ。

パトス パ〈ギ pathos〉名 感情。情熱。↕エートス。

はと-づえ ヅ/ト【×鳩×杖】名 頭部に、はとの形のついているつえ。もと、八十歳以上の臣に宮中からたまわった。

パドック パ〈paddock〉名 競馬場で、レース前の出走馬の状態を観客に見せるために設けた場所。

はと-どけい ド【はと時計】【×鳩時計】名 時刻を知らせるとき、中から作り物のはとが出て、時の数だけ鳴くしかけの掛け時計。

はと-は 〇【はと派】【×鳩派】名 力を用いず、平和的交渉で問題を解決しようとする人たち。穏健派。↕たか派。

はと-ば 〇【波止場】名 なみをよけ、船をつなぎ、荷物をつみおろしするための、海中につきだした構築物。埠頭。

はとば-いろ 〇【はと羽色】【×鳩羽色】名 くろみがかったうすい青緑色。

はと-ぶえ 〇/プ【はと笛】【×鳩笛】名 ❶はとの鳴き声を出す笛。❷土製の、はとの形をしたおもちゃの笛。

バドミントン ミ〈badminton〉名 ネットをはさんで、ラケットでシャトルコック(羽球)をうちあう競技。

はと-むぎ ト/〇【×鳩麦】名 イネ科の一年生植物。種子は食用・薬用。㊎

はと-むね ト【はと胸】【×鳩胸】名 胸が大きく前にはり出ていること。

はと-め 〇【はと目】【×鳩目】名 くつのひもなどを通す、金具のついたまるい穴。また、その金具。

は-どめ 〇/メ【歯止め】名 ❶車輪の回転をとめる制動機。ブレーキ。❷車輪が動かないように地面との間にはさんでおくもの。❸物事の変化をおさえるもの。「派閥間の―」

バトル バ〈battle〉名 戦い。戦闘。「親子の―」

パドル 〇〈paddle〉名 カヌーをこぐ短いかい。

パトロール ロ〈patrol〉名 自サ 巡回。巡察。警官などが担当の区域をみまわって、犯罪の防止と発見とにつとめること。また、その人。「ハイウエー―」 **―カー** ル〈patrol car〉名 パトロールに使う警察の巡回自動車。パトカー。

パトロン 〇〈patron〉名 ❶芸術家などの保護者。後援者。❷芸者などのだんな。

ハトロン-し ロ【ハトロン紙】名〔オ patroon から〕茶かっ色のじょうぶな西洋紙。包装・封筒用。

バトン 〇〈baton〉名 ❶リレー競走で走者がもつ棒。❷後任者にひきつぐ仕事。❸指揮棒。タクト。❹パレードなどで用いる、飾りのついた棒。 **―ガール** ガ〈baton girl〉名〔和製英語〕バトンをあやつりながら、音楽隊やパレードの先導をする少女。 **―タッチ** タ〈baton touch〉名 自サ〔和製英語〕❶リレー競走で、バトンの受け渡し。バトンパス。❷仕事のひきつぎ。 **―トワラー** ワ〈baton twirler〉名 バトンガール。 **―トワリング** ト2〈baton twirling〉名 音楽に合わせて行進しながら、バトンを回したり、投げ上げたりすること。また、バトンの扱い方や体の動きなどの技術をきそう競技。 **―を渡す** 仕事を後任者にひきつぐ。

はな ナ【花】名 ❶植物の生殖器官で葉の変形したもの。ふつう、花冠・おしべ・めしべ・がくから構成され、一定の時期に花冠を開く。色の美しいものが多く、人に愛される。❷さくらの花。参考 昔から「花」といえばさくらの花をさすことが多いが、さらに古くは、梅の花もさした。❸仏に供える植物。「仏壇にお―を上げる」❹生け花。「お―のけいこ」❺美しくはなやかなもの。「両手に―」❻【華】盛んでもっともよい時期。「青年時代が人生の―だ」❼【華】精髄。精華。「王朝文化の―」❽名誉。ほまれ。「若い者に―を譲る」❾【×纏▲頭】芸人などに与える祝儀。チップ。「―をはずむ」❿花札。花合わせ。「―を引く」 **―が咲く** ❶時勢にあってさかえる。❷にぎやかに、つぎつぎとつづく。「話に―」 **―に嵐** 人生は順調なことばかりでないことのたとえ。月にむら雲花に風。 **―の▲顔** 花のように美しい顔。 **―の雲** 多くのさくらが咲いて雲のように見えるようす。㊡ **―の都** ❶その国の首都。❷はなやかな都会。 **―は桜木人は武士** 花では桜が、人では武士がもっともいさぎよくてすぐれている。 **―も実もある** 名も実もそなわっている。外観も内容もすぐれている。「―りっぱな人」 **―より団子**〔美しくても食べられない花より、食べられるだんごのほうがよい〕❶風流を理解しないたとえ。❷名まえや外見よりも、内容・実利のほうがよいというたとえ。 **―を添える** 晴れの場所に、いっそうのはなやかさを加える。「優勝に―」 **―を咲かせる** 成功する。名をあげる。 **―を持たせる** 勝利やてがらを、他にゆずる。相手を立てる。「後輩に―」

はな 〇【×洟】名 鼻のあなから出る液。はなじる。鼻水。「―をかむ」

はな 八【▲端】名 ❶ことのはじめ。最初。「―からうまくいくわけがない」❷はし。はずれ。さき。「岬の―」

はな 〇【鼻】名 ❶動物の顔の中央にあって、呼吸をしたりにおいをかいだりする器官。また、発声を助ける。❷においを感じる力。嗅覚。「―がきく」❸➡はな(洟)。 **―が利く** ❶嗅覚がすぐれている。❷ものごとを探りあてることにたけている。 **―が高い** 得意である。面目のあるようす。「成績がよくて―」 **―が曲がる** ひどいにおいがする。 **―であしらう** けいべつして、つめたくあつかう。 **―で笑う** 相手を見下して笑う。嘲笑する。 **―にかかる** 息を鼻に通して発音する。「鼻にかかった声」 **―に掛ける** ほこる。自慢する。得意になる。「成績がいいのを―」 **―に付く** いやになる。あきる。「出すぎた親切が―」 **―の差**〔競馬用語から〕わずかな差。「―にある物」 **―の先** はなさき。 **―の先であしらう** 鼻であしらう。 **―の下が長い** 女性にあまい。鼻下長。 **―の下を伸ばす** 色香に迷い、だらしないようすになる。 **―も引っかけない** ひどくけいべつして、全然問題にしない。 **―を明かす** だしぬいてあっといわせる。 **―を折る** 人のおごり高ぶっているのをくじく。面目をうしなわせる。 **―を高くする** 自慢する。得意になる。 **―を突き合わす** 狭いところに人がくっつき合うようにして暮らす。 **―を突く** つよく鼻を刺激する。「―におい」 **―をつまむ** においのひどさにたえられないようす。 **―を鳴らす** 鼻にかかったあまえた声を出す。あまえる。

はな《鼻》芥川龍之介の短編小説。一九一六年発表。中世の説話を材料にした、作者初期の代表作。

ばな【ばな】【▲端】接尾 …のはじめ。…したとたん。「寝入り―」

バナー バ/〇〈banner〉名〔幟・横断幕の意〕ホームページに配置される、帯状の見出し画像。そこをクリックすることで、広告主や運営組織などのホームページに移動する。「―広告」

はなあかり ア【花明(か)り】名 桜などの花の白さのために、夜でもあたりがほんのり明るく見えること。春

はなあやめ ア【花×菖×蒲】名 ❶あやめ。夏 ❷〔古語〕かさねの色目。表は白、裏はもえぎ。

はなあらし ア【花嵐】名 ❶さくらの花があらしのように散ること。❷さくらの咲くころに吹くあらし。

はなあわせ ア【花合(わ)せ】―名 花札でする遊び。花。

はないかだ イ【花×筏】名 散った桜の花びらが水面に浮かんで流れていくようすをいかだにたとえた語。

はないき ◎【鼻息】名 ❶鼻でする息。❷いきごみ。いきおい。「すごい―」❸人のきげん。「社長の―ばかり気にしている」 **―が荒い** いきごみ・いきおいがはげしい。**―を×窺う** おそるおそる人のきげんをうかがう。

はないけ イ◎【花生け】【花活け】名 花をいけるうつわ。花器。花びん。

はないろ ◎【花色】名 はなだいろ。

はなうた ◎【鼻歌・鼻唄】名 鼻にかかった小声でうたうこと。また、その歌。**―交じり** マ名 鼻歌をうたいながら気軽に事をするようす。のんきなようす。「―の運転」

はなお ◎【鼻緒】名 げた・ぞうりにつける、足の指をかけてはくための緒。

はなおち チ◎【花落ち】名 花が落ちてまもなく取って食べる、若いきゅうり・なすなどの実。

はなかご ナ◎【花籠】名 花をつんで入れたり、花の枝をさしいれたりする竹のかご。花がたみ。

はながさ ガ◎【花がさ】【花×笠】名 生花や造花をかざりにつけたかさ。

はなかぜ ◎カ【鼻風邪】名 鼻がつまり、はなみずが多く出るかぜ。冬

はながた ◎ナ【花形】名 ❶花の形。花の模様。❷人気のある芸人など。人気者。**―役者** ヤ名 人気のある役者。人気者。スター。

はながたみ ガ【花がたみ】【花×筐】名 花かご。

はながつお ガ【花がつお】【花×鰹】―名 かつおぶしをうすくけずったもの。

はながみ ◎【鼻紙】名 はなじるなどをふく紙。ちり紙。

はながめ ◎ナ【花がめ】【花×瓶】名 花をいけるためのかめ。かびん。

はながら ◎【花柄】名 服地などの、花の形の模様。「―のワンピース」

はなガルタ ガ【花ガルタ】【花×骨×牌】名 花札。新年

はなかんざし カ【花かんざし】【花×簪】名 造花などをつけたかんざし。

はなぎ ◎【鼻木】名 牛の鼻に通す木、または、かねの輪。

はなキャベツ キャ【花キャベツ】名 はなやさい。カリフラワー。冬

はなぐすり グ【鼻薬】名 ❶鼻の病気に使う薬。❷子どもをなだめ、だますための菓子など。❸少額のわいろ。「―をきかす」

はなくそ ◎【鼻くそ】【鼻×糞】名 はなじるが鼻の中でかたまったもの。

はなぐもり ◎グ【花曇(り)】名 さくらの花の咲くころのうすぐもり。春

はなくよう ク【花供養】名 花祭り。春

はなげ ◎【鼻毛】名 鼻の中にはえる毛。**―を抜かれる** ❶出し抜かれる。❷女性にだまされる。**―を伸ばす** 女性の魅力にまよいおぼれる。**―を読む** 女性が自分にほれている男性を、思うとおりにあやつる。

はなごえ ◎ゴ【鼻声】名 ❶鼻にかかって出る声。❷涙にむせんで出る声。❸あまえて、鼻にかけてだす声。

はなごおり ゴ【花氷】名 中に花を入れてつくった、氷の柱。夏

はなござ ナ【花ござ】【花×茣×蓙】名 花模様などのあるござ。花むしろ。夏

はなことば コ【花言葉】【花×詞】名 花にそれぞれ意味をもたせたもの。ばらは純愛、うめは高潔など。

はなごよみ ゴ【花暦】名 四季の順に、花の咲く時節と名所とをしるしたもの。

はなざかり ザ【花盛り】名 ❶花のさかんに咲くこと。また、そのころ。春 ❷そのもののもっともさかんなころ。「人生の―」

はなさき ◎【鼻先】名 ❶鼻の先端。❷目の前。「―につきつける」

はなし【放し】接尾 ⇒っぱなし。

はなし シ【話】名 ❶話すこと。話した内容。「おもしろい―」❷ものがたり。談話。「―が尽きない」❸【×咄・×噺】昔話。落語。❹うわさ。評判。「世間の―」❺道理。「―のわからない人」❻相談。交渉。「―がある」「―をつける」❼実際にはなくて、言うだけのこと。「それは―にすぎない」❽話題。「―を変える」**―が落ちる** 会話の内容が下品になる。**―がかみ合わない** 話題の焦点がずれて議論がすすまない。**―がつく** 交渉などの話し合いが合意に達する。**―が遠い** ❶話がよく聞こえない。❷話がうまく通じない。**―が弾む** 興味のある話題で、話が活気をおびる。**―が早い** 事情をよく理解しており、説明の手間がかからないようす。「あなたが担当者なら―」**―変わって** 別の話になって。話題が別になるが。**―にならない** 問題にならない。ひどくあきれるようす。**―に花が咲く** それからそれへといろいろの話が出る。**―に実が入る** 話に熱中する。

はなしあいて ア【話(し)相手】―名 気軽に話しあえる相手。

はなしあう ア【話(し)合う】―自他五 たがいに話す。かたらう。相談する。**話し合い** 名 **話し合える** 自下一〔…できる〕

バナジウム ジ〈vanadium〉名 金属元素の一つ。元素記号V 原子番号23 原子量50.9415 バナジウム鋼という特殊鋼の原料。バナジン。

はなしか ◎【×咄家・×噺家】名 落語家。

はなしがい ◎【放(し)飼い】―名 家畜をつないだりしないで、広い所に放して飼うこと。放牧。野飼い。

はなしかける ケ【話(し)掛ける】自下一 ❶相手に話をしかける。❷話しはじめる。❸途中まで話す。**話し掛け** 名 **はなしか・く** 文語下二

はなしかた カ【話し方】名 ❶話す方法・態度。「―教室」❷話すこと。国語教育の基本となる、読む・書く・話す・聞くの四つの言語活動の一つ。

はなしごえ ゴ【話し声】―名 話している声。

はなしことば コ【話(し)言葉】名 ⇔書きことば。❶ふだんの会話・談話に使うことば。❷声であらわすことば。音声言語。口頭言語。

はなしこむ コ◎【話(し)込む】自五 話に夢中になる。時のたつのも忘れて話しつづける。

はなしじょうず ジョ【話(し)上手】名形動 話のじょうずなこと。また、その人。⇔聞きじょうず。

はなしずく ◎【話ずく】【話×尽く】―名 話し合いを中心にすること。「―で解決する」

はなしちゅう ◎【話し中】名 ❶話をしている最中。❷

電話の通話中。

はなし-て◎【話し手】名 話す人。↔聞き手。

はなし-はんぶん八2【話半分】名 事実は話の半分ぐらいで、あとはうそと誇張だということ。「―に聞いておく」

はなしょうぶショ【花×菖×蒲】名 アヤメ科の多年生植物。水辺や湿地にはえる。つるぎ形の葉をだし、初夏、むらさき・白・黄などの花が咲く。夏

はなじる◎【鼻汁】名 鼻の穴から出る粘液。

はなじろ-む回【鼻白む】自五 気おくれした顔つきをする。興ざめた顔つきをする。

はな-すナ 他五 ━【離す】❶一時的についていたものを分ける。「握っていた手を―」「目を―」❷あいだをあける。「椅子を離して座る」「二位の選手を十メートル―」 ━【放す】❶動物などを自由にさせる。「育ったトキを野に―」❷(動詞について接辞的に)そのままの状態にする。っぱなす。「窓を開け―」「助けを求めても突き―」

はなせる 自下一[…できる]

はな-すナ【話す】他五 ❶ある事がらやまとまった考えを、相手に告げ知らせたり、相談したりするために、声に出して言う。「事情を―」「やっと真実を話してくれた」❷ある事がらについて会話する。互いに語り合う。「将来について彼と―」❸ある言語を使って、口頭で表現をする。「私は英語を―」参考「話す」は「言う」に比べ、ある程度まとまった内容を言う意味に用いる。

はなすじ◎【鼻筋】名 眉間から鼻の先端までの線。「―が通っている」

はなすすきス-【花すすき】【花▲薄】名 穂の出たすすき。秋

はなずもうズ【花相撲】名 力士の引退や祝いごとのときなど、臨時に興行する相撲。秋

はな-せるセ【話せる】自下一 ❶話すことができる。「英語が―」❷話がよくわかる。理解がある。「―人」

はなぞの◎【花園】名 花の咲く草木のたくさん植えてある庭。秋

はなぞめ◎【花染(め)】名 ❶つゆくさの花で青紫に染めること。また、染めた色。❷桜の色に染めること。また、染めた色。

はなだ◎【×縹】名 はなだいろ。

はなだい◎【花代】名 芸者・遊女などのあげ代。玉代。線香代。

はなだ-いろ◎【はなだ色】【×縹色】名 うすいあい色。はな色。

はなたかだかカ-タ【鼻高高】形動(の)と副 大いに自慢するようす。得意なようす。「満点をもらって―だ」

はなだきよてる《花田清輝》一九〇九～七四。評論家・小説家。レトリックを駆使した独特な評論を書いた。評論に「復興期の精神」、小説に「鳥獣戯話」など。

はなたけ◎【鼻たけ】【鼻×茸】名 鼻の穴にできる、灰白色で半透明の腫瘍。鼻ポリープ。

はなたちばなチ【花たちばな】【花×橘】名 たちばなの花。夏

はなたてナ/タ【花立(て)】名 花をいけるうつわ。花いけ。

はなたばナ/タ【花束】名 幾本もの花をたばねたもの。

はなだよりダ【花便り】名 花、特に桜の花の咲いたようすを知らせる便り。花信。春

はなたらし◎【はな垂(ら)し】【×洟垂し】名 はなじるをたらしていること。また、そのような子ども。

はなたれ◎/レ【はな垂れ】【×洟垂れ】名 ❶はなじるをたらしていること。「―小僧」❷年の若い人や経験の少ない人をばかにしていうことば。「三十、四十はまだ―だ」

はなぢ◎【鼻血】名 鼻から出る血。

はなちいで【放▲出】名 古語 母屋から外につづけて、建てましした建物。はなちで。

はな-つナ【放つ】他五 文章語 ❶ときはなす。自由にしてやる。「犬を―」❷おいはらう。追放する。「罪人を遠国に―」❸あけはなす。「戸を―」❹出す。発する。「光を―」❺射る。とばす。「矢を―」❻火をつける。❼つかわす。送り出す。「スパイを―」 **放てる** 自下一[…できる]

はなづくしヅ【花尽(く)し】名 ❶いろいろの花の名をあげること。❷いろいろの花をかいた模様。

はなっ-つら◎【鼻っ面】名 俗語 ⇒はなづら。

はなづな◎【鼻綱】名 うしの鼻輪にかける綱。はななわ。

はなっ-ぱし◎【鼻っぱし】名 ⇒はなっぱしら。

はなっ-ぱしら◎【鼻っ柱】名 (「はなばしら」の変化)負けん気。人に負けまいとする強気。はなっぱし。**―が強い** 態度が強くて人にゆずらない。負けん気である。**―をへし折る** 負けん気のものをやりこめる。

はなつまみ◎【鼻つまみ】【鼻▲摘み】名 (鼻をつまんでくさいにおいをさけることから)ひどくきらわれること。また、その人。「近所の―」

はなづまり◎【鼻詰(ま)り】名 鼻の中がはれたりして鼻の穴がつまること。

はなづら◎【鼻面】名 鼻さき。鼻のはし。

はなでんしゃデ【花電車】名 祝日・記念日などに花やイルミネーションなどでかざりたてて運転する電車。

はなどき◎【花時】名 さくらの花の咲くころ。春

バナナバ〈banana〉名 バショウ科の多年生植物。熱帯アジアの原産で、ひろく熱帯各地で栽培され、品種が多い。果実は甘く、栄養価が高い。夏

はなぬすびとヌ【花盗人】名 花の枝を折り取る人。春

はなの◎【花野】名 秋草の花の美しく咲く野原。秋

はなの【花の】連語 ❶花のように美しい。「―十八歳」❷はなやかで、みばえのするようす。「―都」

はなばさみバ【花ばさみ】【花×鋏】名 花や木の小枝を切るはさみ。

はなばしら◎/バ【鼻柱】名 ❶鼻を高くもりあげている肉。また、鼻の骨。❷⇒はなっぱしら。

はなはずかし-いシ【花恥ずかしい】形 花もはじらうほどに美しい。若い女性についていう。「―美少女」

はなはづか・し 文語シク

はなはだ◎【はなはだ・甚だ】副 ふつうの程度をはるかにこえて。「出席できなくて―残念だ」「―面目ない」「―人を見下した態度だ」参考 話しことばにも使われるが、「非常に」よりは改まった感じが伴う。

はなはだし-いシ【甚だしい】形 ふつうの程度をはるかにこえているようす。「それは誤解も―」「一方的に契約を解除するのは不愉快も―」参考 連用形の「はなはだしく」は、「はなはだしく面目ない」のような形容詞に付く用法よりも「はなはだしく混乱している」のように動作に付く用法が多い。**甚だしさ**名 **はなはだ・し** 文語シク

はなはだもってモ【はなはだもって】【甚だ▲以て】副「はなはだ」を強めたことば。「―けしからん」

はなばなし-いシ【華華しい】形 はなやかである。めざましい。「―活躍ぶり」**華華しさ**名 **はなばな・し** 文語シク

はなび八【花火】【▲煙火】名 種々の火薬をまぜ合わせて筒玉にしたり細長く紙につつんだりして、火をつけて音や美しい光を楽しむもの。打ち上げ花火・仕掛け花火・線香花火・ねずみ花火など。夏

はなびえ 0【花冷え】名 さくらの花の咲くころにくる寒さ。(春)

はなびら ビ【花びら】名 花冠のひとつひとつ。花弁。

はなぶさ ナ【花房】名 ふさのようになって咲く花。「ふじの―」

はなふだ ナ【花札】名 花合わせに使う絵札。花ガルタ。また、それを使った遊び。

はなふぶき フ【花吹雪】名 さくらの花びらがふぶきのように散りみだれること。(春)

パナマ ❶《Panama》中央アメリカの共和国。首都はパナマ。❷パ名 パナマ帽。(夏)

はなまがり マ【鼻曲(が)り】名 ❶鼻がまがっていること。「―鮭(ざけ)」❷俗語 つむじまがり。へそまがり。

はなまき ナ【花巻(き)】名 火にあぶってもんだ海苔(のり)をふりかけたそば。花巻きそば。

はなまち ナ【花街】名 ❶待合・芸者屋・料理屋などの集まっている町。いろまち。❷遊郭。

はなまつり マ【花祭(り)】名 四月八日の釈迦(しゃか)の誕生日に花御堂(はなみどう)をつくり、釈迦の誕生像をすえ、甘茶をそそいでまつる行事。灌仏会(かんぶつえ)。花供養。(春)

パナマぼう マ【パナマ帽】名 パナマ特産の草の葉を白くさらし、編んでつくった夏帽子。(夏)

はなまる 0【花丸】名 二重丸を一筆書きし、まわりに花びらのようなかざりをつけた丸印。子供の作品がよくできたことをほめるときにつける。

は-なみ 0【羽並(み)】名 鳥のはねのそろいぐあい。

はな-み ミ【花見】名 花、特に、さくらの花を見てたのしむこと。(春)「―の酒もり」↕月見・雪見。

はな-み ハ/ナ【花実】名 花と実。「死んで―が咲くものか」

は-なみ 0/ハ【歯並(み)】名 歯のならんだようす。歯ならび。

はな-みず 0/ミ【鼻水】名 うすいはなじる。(冬)

はな-みずき ミ【花水木】名 ミズキ科の落葉高木。五月ごろ四枚の白色または淡紅色の苞(ほう)のある花が咲く。北アメリカ原産。(春)

はな-みぞ 0【鼻溝】名 鼻の下から上くちびるにかけてのややくぼんだところ。人中(にんちゅう)。

はな-みち ナ【花道】名 ❶劇場で、役者が舞台に出入りするために客席の中につけた道。⇩歌舞伎(図)。❷相撲場で、力士が土俵に出入りする道。❸人生の最も華々しいところ。「男の―」「―を飾る」

はな-みどう ミ【花▲御堂】名 四月八日の花祭りに、屋根を花でかざり、釈迦(しゃか)の誕生像をすえる小さい堂。(春)

はな-むけ 0/ケ【×餞・×贐】名 旅に出る人や別れゆく人のために、別れをおしみ、また、はげますために、かねや品物をおくったりすること。また、そのかねや品物。餞別(せんべつ)。

参考 馬の鼻向けの意。昔、旅に出る人を送る時に、その人の乗る馬の鼻を行く先に向けて安全を祈ったことから。

はな-むこ ナ/ム【花婿】【花×壻・花×聟】名 結婚したばかりの男性。新郎。↕花嫁。

はな-むしろ ム【花むしろ】【花×筵・花×蓆】名 ❶花ござ。❷一面に散りしいた草花や花びら。(春)

はな-むすび ム【花結び】名 糸でいろいろの花の形をむすびあらわすこと。また、そのむすんだもの。

はな-め ナ【花芽】名 成長して花となる芽。花芽(かが)。

はな-めがね メ【鼻眼鏡】名 ❶鼻すじをはさむようにしてかける、つるのないめがね。❷めがねを鼻先までずらしてかけること。

はな-もうせん モ【花毛×氈】名 花模様のあるもうせん。

はな-もじ 0/モ【花文字】名 ❶文や固有名詞などのはじめに使う西洋語の大文字。かしらもじ。キャピタルレター。❷かざりもじ。

はな-もち 0【鼻持ち】名 くさいにおいをがまんすること。

―ならない ❶悪いにおいのはなはだしいようす。❷見聞きするにたえないほど、言動がいやみだ。

はな-もと 0【鼻元】【鼻▲許】名 ❶鼻のつけね。鼻のあたり。❷目先。手近なところ。**―思案(じあん)** ジ名 あさはかな考え。

はな-もの ナ【花物】名 花をたのしむ植物。↕葉物(はもの)・実物(みもの)。

はな-もよう モ【花模様】名 花の形の美しい模様。

はな-もり ナ【花守】名 花の番人。(春)

はな-やか 【華やか】❶ナ 形動 ダロ・ダッ・デ・ニ/ダ・ナ・ナラ・○ ❶美しくきらびやかなようす。「―に着かざる」❷盛んで、よくめだつようす。「―な生活」**華やかさ** 名 ❷ なり形動 古語 ❶陽気だ。快活だ。「はなやかにうち笑ひたまひて」〈源氏〉❷にぎやかだ。栄えている。「はなやかなりしあたりも、人住まぬ野らとなり」〈徒然〉❸きわだっているようす。はっきりしているようす。「なにがしさぶらふと、はなやかに言ふ」〈枕〉

はな-や・ぐ 【華やぐ】❶ヤ 自五 ガ・ゴ・ギ・イ・グ・グ・ゲ・ゲ はなやかになる。はなばなしくなる。❷ 自四 古語 ❶陽気になる。快活にふるまう。「これは今すこしはなやぎ猿楽言(さるがうこと)(冗談)などしたまふを」〈枕〉❷時を得て、さかえる。時めく。「こもりゐたまひしを、取り返しはなやぎたまへば」〈源氏〉

はな-やさい ヤ【花野菜】【花×椰菜】名 西洋野菜の一つ。キャベツの変種。中心部の白色のつぼみを食べる。カリフラワー。花キャベツ。(冬)

はな-やしき ヤ【花屋敷】名 多くの花をつくって一般に見せる庭園。

はな-よめ ナ【花嫁】名 結婚したばかりの女性。新婦。↕花婿。**―御寮(ごりょう)** ゴ名 花嫁をうやまって言う語。

は-ならび ナ【歯並び】名 歯なみ。「―のきれいな人」

はなれ 【離れ】❶ハ名 はなれざしき。また、はなれや。↕おもや。❷造 (「…ばなれ」で) ❶かけ離れること。「現実―」「素人―」❷関係や関心がなくなること。「親―」「活字―」

ば-なれ 0【場慣れ】【場×馴れ】名 自サ その場所の物事・ふんい気に慣れること。「―していてあわてない」

はなれ-うま レ【放れ馬】名 つないである綱がとけて、走り回っている馬。

はなれ-こじま コ【離れ小島】名 陸からはなれている小さい島。

はなれ-ざしき ザ【離れ座敷】名 おもやからはなれて、べつむねになっているへや。はなれ。

はなれ-ばなれ バ【離れ離れ】名 別れ別れ。ちりぢりばらばら。

はなれ-や レ【離れ屋】名 おもやからはなれた、べつむねの建物。はなれ。

はなれ-や レ【離れ家】名 人里から一軒だけはなれている家。孤家。

はな・れる レ 自下一 レ・レ・レ・レル・レル・レレ・レロ・レヨ ❶【離れる】❶くっついていた状態が終わって、分かれる。「花びらが枝を―」「親元を―」「職を―」❷間隔があく。へだたる。「隣の家から百メートル離れている」「五歳離れた兄弟」❸ある事柄と関係がなくなる。「話が本筋から―」❷【放れる】❶つながれていた動物などが、解かれて自由になる。「犬がくさりから―」❷発射された矢などが飛んでゆく。「矢がつるを放れた」**はな・る** 文語下二

はなれ-わざ 0【離(放)れ業】名 大胆なわざ。思いきったわざ。「―を演じる」

はな-わ⓪【花輪】【花▲環】名 生花または造花などを、まるく輪につくったもの。祝いごとや悲しみごとに用いる。

はな-わ⓪【鼻輪】名 牛の鼻にとおす輪。

はなわ-ほきいち《塙保己一》一七四六―一八二一。江戸時代後期の盲人の国学者。「群書類従」の編者。

はに［ハ］【×埴】名 きめの細かい黄赤色のねんど。昔、かわら・陶器などの原料にした。

ハニー［ハ］〈honey〉名 ❶はちみつ。また、甘いもの。❷いとしい人。妻子などへの呼びかけにも用いる。―トラップ［ラ］〈honey trap〉名 女性を使って、高官や要人から機密情報を引き出すこと。

はにか-む［カ］【▲含▲羞む】自五 はずかしがる。はにかみ 名「はにかんだ笑み」

ば-にく⓪【馬肉】名 うまの肉。さくら肉。

パニク-る［ク］自五〔俗語〕〔パニックpanicを動詞化した語〕精神が混乱状態に陥り、正常な判断ができなくなる。「急かされて―」

バ(ヴァ)ニシング-クリーム［リ］〈vanishing cream〉名 脂肪分のすくない化粧下用のクリーム。

パニック［パ］〈panic〉名 ❶急な事態などでうろたえること。「パスポートをなくして―になる」❷景気がわるくなり、物価暴落などの大混乱をおこす最悪の経済状態。経済恐慌。❸思いがけない危機に直面した群衆がひきおこす混乱状態。―障害［ショ］名 突発的な強い不安感・めまい・動悸・吐き気などの発作にくり返しおそわれ、発作の再発に対する恐怖感にもとらわれる精神障害。パニック症。

バニティ-ケース［ケ］〈vanity case〉名 携帯用の化粧箱。

はにや-ゆたか《埴谷雄高》一九〇九―一九九七。小説家・評論家。本名、般若豊。雑誌「近代文学」の創刊に参加、長編小説「死霊」を連載。戦後の思想に影響を与えた。

はにゅう⓪【×埴▲生】名〔古語〕埴の取れる土地。―の宿〔文章語〕土で塗った小さく、粗末な家。

バニラ［バ］〈vanilla〉名 ❶ラン科のつる性植物。熱帯産。未熟の果実から香料をとる。❷バニラからとった香料。バニラエッセンス。

はに-わ⓪【×埴輪】名 古墳の上やまわりに立てならべた、素焼きの人や馬などの像。

はにわ

バヌアツ《Vanuatu》南太平洋のメラネシアにあるニューヘブリディーズ諸島からなる共和国。一九八〇年独立。首都はポートビラ。

ば-ぬし⓪【馬主】名 馬の持ち主。うまぬし。ばしゅ。

は-ね⓪【羽】名 ❶鳥のからだをおおっている羽毛。鳥類の表皮の変形物。❷鳥・昆虫の背面にある飛行器官。つばさ。翼。❸航空機のつばさ。❹【羽根】羽根つきで、うちあげるもの。羽子。新年 ❺風車・扇風器などにとりつけた「羽❷」の形の物。―が生えて飛ぶ よく売れることのたとえ。―を伸ばす 思うままにふるまう。

はね［ネ］【跳ね】名 ❶とびちるどろや水。「―があがる」❷〔かながき〕興行物などのおわること。

はね［ネ］【×撥ね】名 文字を書くときに筆先を払いあげること。また、その部分。

ばね［バ］【▲発▲条・×撥▲条】名 ❶鋼鉄などを、らせん状に巻いたり、まげたりして弾力をもたせたもの。スプリング。はつじょう。❷からだのはねる力。「腰の―」

はね-あがり⓪【跳ね上がり】名 ❶はねてうえに上がること。はね上がること。❷値段が急に上がること。❸おてんば。はねかえり。

はね-あが-る［ガ］/⓪【跳ね上がる】自五 ❶おどり上がる。とび上がる。❷急に上がる。「物価が―」

はね-あり⓪【羽×蟻】名 ➡はあり。

はね-お-きる［キ］/⓪【跳ね起きる】自上一 とび起きる。

はね-かえ-す［カ］/⓪【跳ね返す】他五 ❶押さえられていたのをはねてひっくりかえす。「重圧を―」❷つっかえす。受けつけない。「申し出を―」跳ね返せる 自下一〔…できる〕

はね-かえり⓪【跳ね返り】名 ❶はねかえること。❷かるはずみなこと。また、そういう人。はねっかえり。❸かるはずみで、つつしみのない女性。おてんば。はねっかえり。❹あたえた影響がもとへもどってくること。反動。

はね-かえ-る［カ］/⓪【跳ね返る】自五 ❶はねて、もとへ返る。❷勢い強くはねる。❸物事の影響がもとへもどってくる。

はね-がき⓪【羽がき】【羽×搔き】名 鳥がくちばしで羽をしごくこと。はがき。

はねか・ける［ケ］【はね掛ける】【×撥掛ける】他下一 水などをはねとばして掛ける。はねか・く 文語下二

はね-ぐるま［グ］【羽根車】名 水車やタービンの回転軸のまわりについて、水・蒸気の圧力を受けて軸を回転させる羽根の形の部品。

ばね-じかけ［ジ］【ばね仕掛(け)】【▲発▲条仕掛】名 ばねを応用した機械装置。

はねず【▲唐×棣▲花】名〔古語〕❶初夏に赤い花をつける植物の名。ニワウメ・ニワザクラなど諸説ある。❷はねず色。

はねず-いろ【▲唐×棣▲花色】名〔古語〕はねずの花のような赤。白みをおびた赤。

はね-ずみ［ネ］【跳ね炭】名 火にはぜてとぶ炭。走り炭。冬

はね-つき［ネ］/［キ］【羽根突(き)】【羽▲子突】名 羽子板で羽根をつく遊び。新年

はね-つ・ける［ケ］/⓪【×撥付ける】他下一 全く受けつけない。ぴしゃりとことわる。はねかえす。「申し出を―」はねつ・く 文語下二

はね-つるべ［ツ］【×撥釣▲瓶】名 柱の上に横木をつけ、その一端に石を、他の端につるべをつけ、石の重みでつるべをはねあげるようにして水をくむ仕掛け。

はね-の・ける［ケ］/⓪【×撥除ける】他下一 ❶とりだして、除き去る。「不良品を―」❷いきおいよくおしのける。「ふとんを―」❸外からの圧力をおしのける。「圧迫を―」はねの・く 文語下二

ばね-ばかり［バ2］【▲発▲条×秤】名 ばねの力を利用して重さをはかるはかり。ぜんまいばかり。

はね-ばし⓪/［ネ］【跳ね橋】【×撥橋】名 ❶城門などで、不要のときはつりあげるようにつくった橋。❷船をとおすとき、全部、または、一部をつりあげるようにした橋。開閉橋。

はね-ぶとん［ブ］【羽布団】【羽×蒲団】名 鳥の羽毛を入れたふとん。冬

はね-ぼうき［ボ］【羽ぼうき】【羽×箒】名 鳥の羽でつくったほうき。はぼうき。

はね-まわ・る［ワ］/⓪【跳ね回る】自五 ぴょんぴょんととんで回る。跳ね回れる 自下一〔…できる〕

ハネムーン［ム］〈honeymoon〉名 ❶結婚したその月。「―ベビー」❷新婚旅行。蜜月旅行。

はねつるべ

パネラー パ〈paneler〉名〔和製英語〕パネリスト。

パネリスト リ〈panelist〉名 討論会にまねかれて意見をのべる人。パネラー。

は・ねる ネ【跳ねる】自下一（ネ-ネ-ネル-ネル-ネレ-ネロ・ネヨ）❶おどりあがる。おどりたつ。「うさぎが—」❷とびちる。ほとばしる。「水が—」❸はじける。「炭が—」❹〔かながき〕その日の興行などが終わる。「芝居が—」 **は・ぬ** 文語下二

は・ねる ネ【×刎ねる】他下一（ネ-ネ-ネル-ネル-ネレ-ネロ・ネヨ）切る。「首を—」 **は・ぬ** 文語下二

は・ねる ネ【×撥ねる】他下一（ネ-ネ-ネル-ネル-ネレ-ネロ・ネヨ）❶先を勢いよくあげる。❷筆の先を払いあげるようにして書く。❸とりのぞく。「不良品を—」❹はじきとばす。「歩行者を—」❺かすめとる。「うわまえを—」❻とばすように、切りすてる。「松の小枝を—」❼「ん」で書く音を発音する。 **は・ぬ** 文語下二

パネル パ/0〈panel〉名 ❶鏡板（かがみいた）。羽目板（はめいた）。❷画板。画板にかいた絵。❸配電盤。 **—ディスカッション** カ〈panel discussion〉名 たがいにちがった意見をもつ数名の人が、多数の聞き手の前で議論する討議法。 **—ヒーター** ヒ〈panel heater〉名 金属製のついたて型の台に入れた油を電気で熱し、周囲に放熱する方式の暖房器具。

パノラマ 0〈panorama〉名 ❶高い所から広い範囲を見わたしたような感じを出すために、室内に半円形に遠方のけしきをえがき、前景に人形・草木などをおいた仕掛け。❷広びろとした展望。全景。

はは ハ1【母】名 ❶親である女性。女親。↕父。参考 他人の母をいう場合は、「（お）母上・母君・（ご）母堂」などという。自分の母を他人にいう場合は「老母・母」という。❷物事のできるもと。「必要は発明の—」 **—の日**（ひ） 母の愛をたたえ、感謝する日。五月の第二日曜日。アメリカにはじまる。夏

はば 0【幅】【▲巾】名 ❶物の、横のはしからはしまでの距離。❷はぶり。勢力。「—をきかす」❸ゆとり。よゆう。「—を持った考え方」❹複数のものの間の差。ひらき。「選択の—が広がる」❺値段・音声などの高低の差。❻動いてゆくものの二点の間のへだたり。「歩—」 **—が利**（き）**く** 勢力があっていばれる。 **—を利**（き）**かす** 威勢をふるう。

ばば 0 名〔幼児語〕❶くそ。大便。❷きたないもの。

ばば バ1 名 ❶【▲祖▲母】父母の母親。そぼ。↕じじ。❷【▲婆】年おいた女性。↕じじ。❸【▲婆】トランプのジョーカー。 **—を引**（ひ）**く**〔トランプの「ばば抜き」から〕損な役割を引き受ける。不利な目にあう。

ば-ば バ1【馬場】名 乗馬の練習や競馬をする場所。

パパ パ1〈papa〉名〔おもに幼児語〕おとうさん。↕ママ。

は-はあ ハ2 感 ❶思いあたったり、納得したりしたときに出す声。「—、なるほど」❷相手にかしこまって返事をすることば。「—、おそれいりました」

ばばあ バ2【▲婆】名〔ぞんざいな言い方〕老年の女性。↕じじい。

パバーヌ バ〈フ pavane〉名 一六世紀中ごろ、ヨーロッパで流行した宮廷舞踏。また、そのための舞曲。

パパイア パ2〈papaya〉＝**パパイヤ** 名 パパイア科の小高木。メキシコ原産。葉は頂に群生し、長円形のかおりのよい果実がなる。食用・薬用。パパヤ。木瓜（もっか）。夏

はは-うえ ハ2【母上】（うへ） 名 母をよぶ尊敬語。↕父上。

はは-おや 0【母親】名 母である女性。女親。↕父親。

はは-かた 0【母方】名 母の血つづき。↕父方。

はばかり 0【×憚り】名 ❶はばかること。おそれつつしむこと。遠慮。「—なく言う」❷便所。

はばかり-さま 0【はばかりさま】【×憚り様】 あいさつ ❶〔人に世話になるときの語〕おそれいります。古めかしい言い方。❷軽い皮肉をこめていう語。おあいにくさま。

はばかり-ながら 0/ナ【はばかりながら】【×憚り×乍ら】副 ❶おそれいりますが。恐縮ですが。「—お願い申します」❷生意気な言い方だが。「—私も学生です」

はばか・る【×憚る】㊀ カ（ラ・ロ-リ・ッ-ル-ル-レ-レ）㊀ 他五 おそれつつしむ。気がねして避ける。遠慮する。「人の目を—」「他見を—」「他聞を—」㊁ 自五 いっぱいになる。はびこる。はばをきかせる。「にくまれっ子、世に—」㊂ 自四〔古語〕（行く手を）さえぎられ、はばまれる。「天雲もい行きはばかり」〈万葉〉

ははき【×帚・×箒】名〔古語〕ほうき。「庭はくとて、ははきを持ちて」〈蜻蛉〉

はばき 0【×脛▲巾】名 旅行や作業のとき、すねに巻く幅の広い布。脚絆（きゃはん）。

ははき-ぎ【×帚木・×箒木】名〔古語〕❶ほうきぐさの古名。夏 ❷遠くからはほうきのように見えて、近づくと影も形もないという伝説上の木。信濃国、園原にあるといわれる。転じて、情があるように見えてほんとうは実（じつ）のないことのたとえ。「園原や伏屋に生ふるははきぎのありとて行けどあはぬ君かな」〈古今和歌六帖〉❸母のこと。「ははきぎ」の「はは」に掛けて用いる。「そのははきぎの永らへて」〈謡曲〉

はばき-き 0/キ2【幅利き】名 威勢・はぶりのよいこと。また、その人。「土地の—」

はは-ぎみ ハ2【母君】名〔文章語〕母をよぶ尊敬語。母上。↕父君。参考 古めかしい言い方。自分の母にも他人の母にも言う。

はは-こ ハ1【母子】名 母とその子。

はは-ご 0/ハ2【母御】名 他人の母をよぶ尊敬語。↕父御。

ははこ-ぐさ コ【母子草】名 キク科の二年生植物。葉に白い綿毛が密生。春夏に黄色い花を開く。春の七草の一つ。ごぎょう。春

ははじゃ-ひと【母者人】（ははぢゃ—） 名〔古語〕〔「母である人」の意〕子が母をしたしんでよぶ語。おかあさん。ははじゃ。

ははそ 0【×柞】名 こなら・くぬぎ・おおならなどの総称。秋

ははそば-の【×柞葉の】枕 同音によって「母（はは）」にかかる。「—母の命（みこと）は」〈万葉〉

は-ばた・く タ【羽ばたく】自五（カ・コ-キ・イ-ク-ク-ケ-ケ）❶鳥が両方のつばさをひろげて強くうごかす。はたたく。❷飛行機が空を飛ぶ。❸人が希望に満ちて行動する。 **羽ばたき** 名 **羽ばたける** 自下一〔…できる〕

は-ばつ 0【派閥】名〔党派と閥族〕出身や利益を共にする人々がつくり、他と対立する集まり。「—争い」

ばばっち・い チ 形〔幼児語〕きたない。

はは-とじ【母▲刀自】名〔古語〕ははごぜ（ん）。母上。

はば-とび ト/0【幅跳（び）】名 ❶立ちはばとび。❷走りはばとび。

ばば-ぬき ヌ/キ【ばば抜き】【▲婆抜き】名 トランプゲームの一つ。順番に隣の人の手札を一枚ずつ抜き、同じ数字の札が二枚そろったら場に捨て、最後までジョーカー（婆（ばば））を持っていた者が負けとなる。

はば-びろ 0【幅広】形動（の）（ダロ-ダッ・デ・ニ-ダ-ナ-ナラ-○）ふつうよりも幅の広いようす。はばひろ。「—のネクタイ」

はば-ひろ・い ロ【幅広い】形（カロ-カッ・ク-イ-イ-ケレ-○）❶ふつうより幅が広い。「—階段」❷範囲が広い。「—活動」❸視野が広い。「—議論」 **幅広さ** 名 **はばひろ・し** 文語ク

はば-へん 0【はば偏】【▲巾偏】名 漢字の部首の一つ。「幅」「帖」などの「巾」。

バハマ《Bahamas》アメリカの南部、大西洋上のバハマ諸島からなる国。一九七三年独立。英連邦の一員。首都はナッソー。

はば・む[バ]【阻む】【×沮む】[他五]〔マ・モ=ミ・ン=ム=ム=メ=メ〕ふせぐ。さまたげる。「行く手を—」 **阻める**[自下一]〔…できる〕

はは-もの[0]【母物】[名] 母性愛をあつかった劇・小説など。

はばよせ[0]【幅寄せ】[名] ❶走行中、並んで走っている自動車との間隔をつめ、その自動車を道路わきに寄せたり停止させたりすること。❷駐車位置を横にずらすこと。

パパラッチ[ラ]〈ィpaparazzi〉[名] ゴシップ写真の撮影をねらって、有名人を追いかけ回すカメラマン。

ババロア[0]〈ᶠbavarois〉[名] 卵黄・牛乳・ゼラチンなどをまぜ合わせて固め、冷やして食べる菓子。

ばはん-せん[0]【▲八×幡船】[名] ❶中世に、中国・朝鮮半島の沿海地方をあらしまわった日本の海賊船。はちまんせん。❷江戸時代、密貿易をした船。

はびこ・る[コ]【×蔓▲延る】[自五]〔ラ・ロ=リ・ッ=ル=ル=レ=レ〕❶ひろがりしげる。「雑草が—」❷はばをきかす。勢いをふるう。「悪人の—乱世」

ば-ひつ[0]【馬匹】[名]〔文章語〕馬。「—改良」

パビリオン[ビ]〈pavilion〉[名] 博覧会場に建てられた一つ一つの建物。展示館。

パピルス[パ]〈papyrus〉[名] ❶カヤツリグサ科の多年草。地中海南岸・ナイル川流域などに自生。❷古代エジプトにはじまる、パピルスの茎でつくった、一種の紙。文字や絵をかくのに使われた。

バビロニア《Babylonia》メソポタミアの南部に、紀元前十九〜十三世紀ごろ栄えた国。

は-ふ[0]【破風】【×搏風】[名] きりづま屋根の端につけた合掌形の装飾板。

はぶ[ハ][名] クサリヘビ科の毒へび。体長二メートルに達する。沖縄(おきなわ)・奄美(あまみ)大島・台湾などにすみ、猛毒を有する。㊰

ハブ[0]/[ハ]〈hub〉[名] ❶自転車などの車輪の中心部。❷中継地として中心となる場所。拠点。「—空港」❸コンピューターで、複数の機器をつなぐための装置。「USB—」

パフ[パ]〈puff〉[名] 粉おしろいを顔に軽くたたいてつける道具。

パブ[パ]〈pub〉[名]〔イギリスの大衆酒場の意から〕洋酒を主とした飲み物や軽食を提供する、洋風酒場。

パプアニューギニア《Papua New Guinea》太平洋の赤道近くにあるニューギニア島の東半分とビスマーク諸島からなる国。一九七五年独立。英連邦の一員。首都はポートモレスビー。

パフェ(ー)[パ]〈ᶠparfait〉[名] アイスクリームに、くだもの・ジャム・チョコレート・生クリームなどをそえた食べ物。

パフォーマー[フォ]〈performer〉[名] パフォーマンスをする人。特に、演技・演奏などの表現活動をする人。

パフォーマンス[フォ]〈performance〉[名]〔「実行」「遂行」の意から〕❶肉体の動作に主眼をおいた表現行為。❷人目を意識したことさらなふるまい。「政治家としての—」❸性能。能力。また、実績。「コスト—」

はぶ・く[フ]【省く】[他五]〔カ・コ=キ・イ=ク=ク=ケ=ケ〕❶必要でないものをとりのぞく。しないですませる。「時候のあいさつを—」「くわしい説明を—」❷けずる。少なくする。「交際費を—」「むだを—」 **省ける**[自下一]〔…できる〕

パブ-コメ[0][名]「パブリックコメント」の略。

はぶ-そう[0]【波布草】[名] マメ科の多年生植物。種子は薬用、また、茶の代用とする。

は-ぶたえ[ハ]/[フ]【羽二重】〔—ぶたへ〕[名] 良質の純白の絹織物。うすくなめらかで、つやがある。 **—肌**(はだ)[タ][名] 色白で、きめのこまかなはだ。

はぶ-ちゃ[フ]【波布茶】[名] はぶそうの種子をいってせんじた飲み物。健胃薬。

バプテスト[テ]〈Baptist〉[名] 洗礼を重んじるキリスト教新教の一派。浸礼(しんれい)教。

ハフニウム[三]〈hafnium〉[名] 元素記号Hf 原子番号72 原子量178.49の重金属元素。単体は灰白色の金属。中性子をよく吸収するので原子炉の制御用。

ハプニング[ハ]〈happening〉[名] 思いがけないできごと。

は-ブラシ[フ]【歯ブラシ】【歯▲刷▲子】[名] 歯をみがくための、小さいブラシ。

はふり【▲祝】[名]〔古語〕神につかえる職。かんぬし。

は-ぶり[0]/[リ]【羽振り】[名] 社会や仲間うちでの地位・勢力・人望。「—がいい」

パプリカ[プ]〈ハンガリーpaprika〉[名] ハンガリー原産のとうがらし。また、その粉末。赤や黄色で辛みは少なく、料理に用いる。

パブリシティー[リ]〈publicity〉[名] 政府・企業などが情報を提供し、記事や番組にしてもらおうとする広報活動。

パブリック[パ]〈public〉[形動]〔ダロ=ダッ・デ・ニ=ダ=ナ=ナラ=〇〕公的。公共的。↕プライベート。 **—コメント**[コ]〈public comment〉[名] 行政機関が施策の原案を公表し、広く一般の意見を募って検討を加えたのち、決定に至る制度。パブコメ。 **—スクール**[ク]²〈public school〉[名] ❶イギリスで、上流階級の子弟のための全寮制私立中等学校。❷アメリカで、初等・中等の公立学校。 **—スペース**[ペ]〈public space〉[名] ホテルのロビーやマンションの共用部分など、不特定多数の人が利用できる公共の空間。 **—ドメイン**[メ]〈public domain〉[名] 特許権や著作権の保護期間が経過したり、権利が放棄されたりして、誰でも自由に利用できる状態。「—ソフトウエア」 **—ビューイング**[ビュ]〈public viewing〉[名] 広場や競技場などに大型のスクリーンを設置し、別の会場で行われているスポーツの試合を放映・観戦するイベント。PV。 **—リレーションズ**[レ]〈public relations〉[名] ピーアール(PR)。

はふ・る【▲放る】〔古語〕㊀[他四] ❶はなしてすてる。追放する。「大君を島にはふらば」〈古事記〉❷さすらわせる。㊁[自下二] ❶はなれる。❷さすらう。「世の中に住みはふれて」〈宇津保〉❸おちぶれる。「その子、孫(まご)までは、はふれにたれど」〈徒然〉

バブル[バ]〈bubble〉[名]〔「泡」の意〕実体のない投機現象。「—経済」「—がはじける」

ば-ふん[0]【馬×糞】[名] 馬のふん。まぐそ。 **—紙**(し)[フ][名] わらを原料としてつくった板紙。ボールがみ。

は-へい[0]【派兵】[名][自サ] 軍隊を派遣すること。

はべ・り【▲侍り】[自ラ変]〔古語〕㊀❶貴人に伺候する。「誰にかはべる、と問ふこそをかしけれ」〈枕〉❷「ある・いる」の謙譲語。お仕えする。そば近くお付きもうしあげる。「宿直人(とのゐびと)にて(トナッテ)はべらむ」〈源氏〉❸「ある・いる」の丁寧語。あります。おります。ございます。「このごろは、見苦しきことさへはべりてなむ」〈和泉式部日記〉㊁〔補助動詞。動詞・助動詞などの連用形について、丁寧の意をあらわす〕…でございます。「夜更(ふ)けはべりぬべし」〈源氏〉

はべ・る[ベ]【▲侍る】[自五]〔ラ・ロ=リ・ッ=ル=ル=レ=レ〕貴人のおそばにつかえる。

バベルの塔(とう)〔「バベル」はBabel〕❶旧約聖書にある伝説の、天に達するような高い塔。❷実現できそうにない、空想的な計画。

は-へん◎【歯偏】名 漢字の部首の一つ。「齢」「齟」などの「歯(齒)」。
は-へん◎【破片】名 こわれたかけら。「ガラスの―」
は-ぼう◎【破帽】名〔文章語〕やぶれた帽子。「弊衣(へいい)―」
は-ぼうき[ボ]【羽×箒】(ばうき)名 ➡はねぼうき。
は-ぼう-ほう◎/[ボ]【破防法】名(「破壊活動防止法」の略)暴力的な破壊活動をおこなった団体を取り締まる法律。一九五二年に成立。
は-ぼく◎【破墨】名 墨絵(すみえ)で、うすいすみで書いた上に、すぐこいすみで書き、濃淡のおもむきを出す技法。
は-ぼたん[ボ]【葉×牡丹】名 アブラナ科の二年生植物。キャベツを改良したもの。観賞用。葉はちぢれ、白・黄・紫・紅などになる。(冬)
は-ほん◎【端本】名 全集や分冊になった書物の一部が欠けているもの。↔完本。
はま[マ]【浜】名 ❶海・湖にそった水ぎわの平地。浜べ。❷囲碁で、かこんでとった相手の石。❸〔俗語〕横浜。
は-ま[ハ]【破魔】名 ❶〔仏〕悪魔をうちやぶること。❷わらなわで輪の形につくった、破魔弓のまと。**―矢**(や)[マ]名 ❶破魔弓につがえてはなつ矢。(新年) ❷棟上(むねあげ)式にかざる矢の形をしたもの。**―弓**(ゆみ)[マ]名 ❶悪魔をうちはらうといって、昔、正月にこどもがあそんだ弓矢。(新年) ❷上棟式にかざる弓形のもの。
はま-えんどう[エ]【浜×豌豆】名 マメ科の多年生植物。海岸の砂地にはえ、初夏、赤紫色の花が咲く。(夏)
はま-おぎ[マ]【浜×荻】(をぎ)名 浜べにはえるおぎ。あし。(秋)
はま-かぜ[マ]【浜風】名 海岸に吹く風。
は-まき◎【葉巻】名 たばこの葉をきざまず、そのまま巻いたたばこ。葉巻たばこ。シガー。↔きざみタバコ・巻きタバコ。
はま-ぐり[マ]【×蛤】名(「浜の栗(くり)」の意)マルスダレガイ科の海産二枚貝。浅海のすなの中にすむ。肉は美味。(春)
はま-じ◎【浜路】(ぢ)名〔文章語〕浜べのみち。いそじ。
はまだら-か[ラ]【羽▲斑蚊】名 カ科ハマダラ亜科の昆虫の総称。羽に黒白のまだらがあり、とまるとき、尾の先をあげる。マラリアの病原体を媒介する。マラリアか。(夏)
はまち◎【×魬】名 ぶりの、成魚になる前の段階。いなだ。(夏)

はまだらか

はま-ちどり[チ]【浜千鳥】名 浜べにいるちどり。(冬)
はま-て◎【浜手】名 浜に近いほう。海手。↔山手。
はま-なす◎/[マ]【浜×茄子】名 バラ科の落葉低木。本州中部以北の海岸の砂地にはえる。花は紅色、実は食べられる。根は染料。はまなし。玫瑰(まいかい)。(夏)
はま-なっとう[ナ]【浜納豆】名 乾燥した、塩分の強い納豆。参考 浜名湖畔の大福寺で作り出した。
はま-なべ◎【×蛤鍋】名 むきたてのはまぐりを野菜などとともになべで煮て食べる料理。はまぐりなべ。
はま-びらき[ビ]【浜開き】名 ➡うみびらき。
はま-べ◎【浜辺】名 浜のほとり。海べ。
はま-ぼうふう[ボ]【浜防風】名 セリ科の多年生植物。海岸の砂地にはえる。わかばはかおりがあり、食用。根は薬用。いせぼうふう。はまにがな。(春)
はままつちゅうなごんものがたり《浜松中納言物語》平安時代後期の物語。作者は菅原孝標女(すがわらのたかすえのむすめ)とされる。夢・転生(てんせい)が物語の軸になっている。
はま-やき◎【浜焼(き)】名 たいなどを塩がまでむし焼きにしたり、塩焼きにしたもの。
はま-ゆう[マ]【浜×木×綿】(ゆふ)名 ヒガンバナ科の多年生植物。暖国の海岸にはえる。夏、花茎のいただきによいかおりの白い花をひらく。はまおもと。はまもめん。(夏)
はまり-やく◎【はまり役】【▲塡り役】名 ぴったりあてはまる役目。適役。
はま・る◎【▲塡る・×嵌る】自五(ラ・ロ・リッ・ル・ル・レ・レ) ❶ちょうどよくはいる。「戸が―」❷しっくりと合う。あてはまる。「役に―」❸すっぽりおちこむ。「池に―」❹だまされる。「まんまと計略に―」❺〔俗語〕熱中して抜け出せなくなる。「パソコンゲームに―」
はみ[ハ]【▲馬×銜】名 ❶くつわの、馬の口中にあたる部分。❷荒馬の口にかませてしばるなわ。
は-みがき[ミ]【歯磨(き)】名 ❶歯をみがくこと。❷歯をみがくとき、歯ブラシにつけるもの。
はみ-だ・す[ダ]/◎ 自五(サ・ソ・シ・ス・ス・セ・セ) あいだからそとに出る。はみでる。「境界線を―」
はみ-・でる[デ]/◎ 自下一(デ・デ・デル・デル・デレ・デロ・デヨ) はみだす。「枠から―」
ハミング[ハ]〈humming〉名 口をとじ、声を鼻にぬいてメロディーを歌うこと。また、その歌い方。
ハム[ハ]〈ham〉名 ぶた肉を塩づけしてから燻製(くんせい)にした食品。

ハム[ハ]〈ham〉名 アマチュアの無線通信をする人。
ハム[ハ]〈hum〉名 ラジオ・テレビの発するブーンという雑音。
は・む[ハ]【▲食む】他五(マ・モ・ミ・ン・ム・ム・メ・メ)〔文章語〕❶くう。たべる。「牧草を―牛」❷給料をうける。「禄(ろく)を―」
ばむ 接尾(体言などについて五段活用動詞をつくる)そのようすがあらわれること、そのようすをおびることをあらわす。「けしき―」「黄―」
ハム-エッグ[エ]〈ham and eggs〉名 うすく切ったハムの上に卵をおとして半熟に焼いた料理。
は-むか・う[カ]【刃向(か)う】【▲歯向(か)う】(むかふ) 自五(ワ・オ・イ・ッ・ウ・ウ・エ・エ) ❶かみつこうとして歯をむきだしてくる。❷さからう。手向かう。敵対する。抵抗する。「親に―」「権力に―」❸刃をもって向かう。**刃向かい** 名 **刃向かえる** 自下一〔…できる〕
は-むし◎【羽虫】名 ❶はじらみ。❷羽のある小さい昆虫の総称。
は-むしゃ◎【端武者】名 とるにたらない武者。雑兵(ぞうひょう)。
は-むら◎【葉むら】【葉×叢】名 おいしげった葉。はむれ。
ハムスター[ハ]/[ム]〈hamster〉名 ネズミ科の哺乳(ほにゅう)類。体長約一五センチ(メートル)、背は薄茶色。医学実験・愛玩用。
ハムレット[ハ]〈Hamlet〉名 シェークスピアの戯曲の主人公。**―型**(がた)◎名 ハムレットのように懐疑的で、決断・実行力にとぼしい内向的な性格。↔ドンキホーテ型。
は-め[メ]【羽目】【破目・端目】名 ❶はめ板。❷こまった立場。「ひどい―におちいる」**―板**(いた)◎名 かべの上に並べてはる板。**―を外**(はず)**す** 興(きょう)にのりすぎて限度をこえる。
はめき-ざいく[ザ]【はめ木細工】【×嵌木細工】名 一枚の板に種々の木をはめこんで、模様をあらわす寄木(よせぎ)細工。
はめ-こ・む[コ]【はめ込む】【▲塡(め)×嵌(め)込む】他五(マ・モ・ミ・ン・ム・ム・メ・メ) はめていれ込む。「わくの中に―」**はめ込み** 名 **はめ込める** 自下一〔…できる〕
はめ-ごろし◎【はめ殺し】【×嵌殺し】名 障子やガラス窓の、あけたてできないように、はめこんであるもの。
は-めつ◎【破滅】名 自サ やぶれほろびること。「身の―」
は・める◎【▲塡(め)×嵌める】他下一(メ・メ・メル・メル・メレ・メロ・メヨ) ❶さしこ

む。「指輪を―」❷かぶせる。「手袋を―」❸だます。おとしいれる。「敵をわなに―」

ば-めん [バ][0]【場面】[名]❶場所・舞台のようす。シーン。❷場合。「苦しい―に直面する」

は-も [八]【×鱧】[名] ハモ科の海魚。あたたかい海にすむ。からだは細長い。食用。(夏)

は-も [助]〔古語〕(終助詞)強い感動をあらわす。…よ。「父母はも」〈万葉〉

は-もの [八]【刃物】[名] ほうちょう・小刀・はさみなど、刃のある、ものを切るもの。**―三昧** [ザ][名] 刃物を持ちだしたり、ふりまわしたりすること。「―におよぶ」

は-もの [0]【葉物】[名]❶野菜で、おもに葉を食用とするもの。葉菜。葉物野菜。❷葉を観賞する植物。↕花物・実物。

は-もの [0]【端物】[名] たりないところがあって、そろわないもの。はしたもの。はんぱもの。

ハモ・る [モ][自他五](ハーモニーを動詞化した語)〔俗語〕合唱や合奏で、和声がよく調和する。「二人の歌声がよく―」

は-もれ-び [レ]【葉もれ日】【葉×洩日】[名] 立木の葉の間からさしてくる日光。

は-もん [0]【波紋】[名]❶物が落ちたときなどに水面にできる、波の模様。「―をえがく」❷影響。ひびき。「―を投げた発言」「―を広げる」「―を呼ぶ」

は-もん [0]【破門】[名][他サ] 門人・宗徒としての資格をうばって追い出すこと。

ハモンド-オルガン [オ]〈Hammond organ〉[名]〔商標名〕電気振動によって、パイプオルガンのような音を出させる楽器。電子式オルガン。アメリカのハモンドが考案したもの。

ハモンドオルガン

は-や [八]【×鮠】[名]❶川の上流にすむ、うぐいのこと。❷うぐい・おいかわ・かわむつなどの川魚をさす。‖はえ。

は-や [八]【早】[副] もう。すでに。「あれから―一年たった」

は-や [連語]〔古語〕(終助詞「は」と間投助詞「や」)強い感動をあらわす。…よ。「吾妻はや(アア、ワガ妻ヨ)」〈古事記〉

ば-や [連語]〔古語〕(接続助詞「ば」と係助詞「や」。未然形につく)❶話し手自身の希望をあらわす。…したいものだ。「声を聞かばや」〈古今〉❷(「あり」「侍り」につく)他にあつらえ望む気持ちをあらわす。…であってほしい。「馬はあらばや(アレバイイノニ)」〈平治〉❸〔鎌倉・室町時代以降の語〕意志をあらわす。…しよう。「初瀬に参らばや」〈謡曲・高砂〉

はや-あし [ヤ]【早足】[名]❶歩き方がはやいこと。↕並足。❷【速▲歩】普通の速度で歩調を取って歩くこと。❸騎馬で一分間約二一〇メートルの速度の歩き方。

はや・い [ヤ]【早い】[形] ↕おそい。❶【速い】スピードがある。一定時間の中での運動量が多い。すみやかだ。「足が―」「流れが―」「脈が―」❷時刻・時期が前だ。「今日は早く起きた」「やめるなら―方がいい」❸まだその時刻・時期になっていない。「あきらめるのは―」「まだ寝るには―」❹てっとりばやい。簡単だ。短時間ですむ。「わかりが―」「会って話す方が―」❺(「…するが早いか」の形で)…するとすぐ。…するやいなや。「食べ終わるが―か飛び出した」 **はや・し** [文語ク] **―ところ** すばやく。早いとこ。「―かたづけてしまおう」 **―話が** 簡単に言うと。てっとりばやく言えば。

はやい-もの-がち [0]【早い者勝ち】[名] 早く来た者や早くした者が、その利益を受けること。

はや-うち [0][チ]【早打ち】[名]❶馬などで行く急用の使い。❷花火などをつづけざまに打ち上げること。❸太鼓や碁の打ち方の早いもの。❹囲碁で、持ち時間が少ない対局。また、一方が石を打ったあと、すぐに対戦者が自分の石を打つこと。

はや-うち [0]【早撃ち】[名] ピストルなどをすばやく撃つこと。

はや-うま [0][ヤ]【早馬】[名]「早打ち❶」の乗る馬。

はや-うまれ [ウ]【早生(ま)れ】[名] 一月一日から四月一日までに生まれること。また、その間に生まれた人。↕おそ生まれ。[参考] 四月二日以後に生まれた人より、一年早く小学校に入学する。

はや-お [0]【早緒】―[名]❶舟の櫓につける綱。❷そり・車などにつけて引く綱。

はや-おき [ヤ]【早起き】[名] 朝はやく起きること。**―は三文の得(徳)** 早起きをすれば、何かとよいことがあるものだ。

はや-おくり [オ]【早送り】[名][他サ] 映像や音楽などを通常よりもはやい速度で再生すること。

はや-おけ [オ]【早おけ】【早×桶】―[名] そまつな棺おけ。

はや-がえり [ガ]【早帰り】―[名]❶きまった時刻より早く帰ること。❷朝帰り。

はや-かご [ヤ][0]【早かご】【早×駕▲籠】[名]❶はや足でいそいで走らせるかご。❷急ぎの使いが乗って昼夜通して走らせるかご。

はや-がてん [ガ]【早合点】[名][自サ] よくたしかめないで、ひとりぎめすること。はやがってん。はやのみこみ。「―して失敗する」

はや-がね [0]【早鐘】[名]❶はげしく鳴らす鐘。❷激しい動悸。「心臓が―をうつ」

はや-がわり [ガ]【早変(わ)り】―[名]❶すばやく変装すること。❷しばいで役者がすばやく姿をかえ、ひとりでふたり以上の役を演ずること。

は-やく [0]【端役】[名] 主要でない役。ちょっとした役。はした役。↕主役。

は-やく [0]【破約】[名][自サ]❶約束をやぶって実行しないこと。❷話しあって契約をとりけすこと。

はや-く [八]【早く】[副]❶すでに。以前に。「この事件は―問題となっていた」❷幼いころ。若いとき。「―両親に別れる」❸〔古語〕昔。「はやくの守の子(前ノ国司ノ子)」〈土佐〉❹〔古語〕もともと。「はやくあとなきことにはあらざめり」〈徒然〉 **―も** [八][副]❶もうすでに。もはや。「―十勝をあげた」❷早くても。「―三日はかかる」

はや-ぐい [0]【早食い】―[名]❶短時間で食べること。「―競争」❷きまった時刻より前に食べること。

はや-くち [ヤ]【早口】[名] ものの言い方が早いこと。 **―言葉** [コ][名] 同音がかさなって言いにくい文句・せりふを、早口に言うこと。「となりのきゃくはよくかきくうきゃくだ」の類。

はや-さ [八]【速さ】[名]↕遅さ。❶物事にかかる時間の程度。単位時間内に進む距離の量。スピード。「適切な―で話す」「歩く―」❷【早さ】時刻や時間のはやい程度。「出社時刻の―に驚く」

はや-ざき [0]【早咲き】[名] その種類の中で、ふつうのものより早く咲くこと。また、その花。「―の梅」↕おそ咲き。

はや-ざし [0]【早指し】[名] 将棋で、持ち時間が少ない対局。また、一方が手を指したあと、すぐに対戦者が自分の手を指すこと。

はや-し [0][シ]【林】[名] 木のむらがり生じている所。「森や

―」⇩森 参考。

はやし シ【×囃子】名 能・芝居などで伴奏として使う音楽。笛・鼓(つづみ)・太鼓・しゃみ線などを使う。

はやし-かた ⓪/タ【×囃子方】名 はやしの演奏にあたる人。

はやし-きょうこ《林京子》一九三〇―二〇一七。小説家。本姓、宮崎。自身の長崎での被爆体験に基づく「祭りの場」で高い評価を得る。他に「上海」「三界の家」など。

はやし-ことば コ【×囃子▲詞】名 調子をとるために歌の間に入れる、意味のないことば。

はやし-た・てる テ【はやし立てる】【×囃立てる】他下一 テ・テ・テル・テル・テレ・テロ・テヨ ❶わあっと声を立てて調子にのせる、あるいはほめる。❷わあっと声を立てて、あざける。わいわいと、ひやかす。「失敗を―」 はやした・つ 文語下二

はや-じに ⓪/三【早死(に)】名 自サ 若い年齢で死ぬこと。早世(そうせい)。夭逝(ようせい)。わかじに。↕長生き。

はやし-ふみこ《林芙美子》一九〇三―五一。小説家。本名はフミコ。独特の明るさを持つ叙情的な作品を残した。「放浪記」「浮雲(うきぐも)」など。

はや-じまい ジ【早仕舞】(じまひ) 名 自サ 定刻より早く仕事をやめ、また、店をしめること。「台風のため―する」

はや-じも ⓪【早霜】名 季節より早く降りる霜。↕遅霜。

ハヤシ-ライス ラ〈hashed rice〉名(和製英語)いためた牛肉・たまねぎなどをドミグラスソースで煮こみ、飯にかけた料理。

はやし-らざん《林羅山》一五八三―一六五七。江戸時代前期の儒学者。名は信勝。通称、又三郎。若くして徳川家康にみとめられ、林家官学の基をきずいた。著書に「羅山文集」「羅山詩集」など。

はや・す ヤ【生やす】他五 サ・ソ・シ・ス・ス・セ・セ はえるようにする。成長させる。「ひげを―」 **生やせる** 自下一[…できる]

はや・す ヤ【▲栄す】他五 まわりから、ほめそやす。

はや・す ヤ【×囃す】他五 サ・ソ・シ・ス・ス・セ・セ ❶声をあげて歌の調子をとる。❷はやしを奏する。❸ほめたり、あざけったりするために声をあげる。「わいわいと―」

はや-せ ⓪【早瀬】名 川の流れの早いところ。

はや-だし ⓪【早出し】名 他サ 野菜やくだものなどを、本来の時期よりも早く出荷すること。「―のすいか」

はや-だち ⓪【早立ち】名 朝早く出発すること。

はや-て ⓪【▲疾▲風】名 文章語 〔古くは「はやち」〕にわかに強く吹きおこる風。しっぷう。

はや-で ⓪【早出】名 早く家を出ること。早く出勤すること。↕おそ出。

はや-てまわし マ【早手回し】(てまはし) 名 形動 事のおこらないうちに、用意・処理をすること。

はや-と 八【×隼▲人】名 上古、九州南部地方に住んでいた種族。朝廷に服従後は、京の宮城(きゅうじょう)の守護をつとめた。

はや-とちり ト【早とちり】名 早がてんして、やりそこなうこと。

はや-なわ ⓪【早縄】(なは) 名 罪人をとらえるのに使うなわ。とりなわ。

はや-にえ ⓪【速×贄】(にへ) 名 ⬇もずのはやにえ。

はや-ね ヤ【早寝】名 夜、早く寝ること。「―早起き」

はや-のみこみ ノ【早飲(み)込み】【早×呑込】名 早がてん。「―でしくじった」

はや-ば ⓪【早場】名 米・まゆなどの早作りをする地方。早場所。↕遅場(おそば)。**―米**(まい) ⓪名 とりいれの早い地方の米。

はや-ばや バ【はやばや・早早】(と)副 たいそうはやく。すぐさま。「―お着きになる」「―とやってきた」

はや-ばん ⓪【早番】名 交代制で、早く勤務すること。また、その人。↕おそ番。

はや-びき ⓪【早引(き)】名 自サ きめられた時刻より早く退出すること。早退。

はや-びけ ⓪【早引け】名 自サ はやびき。

はや-ひる ⓪/ヒ【早昼】名 十二時ごろより前に食べる昼めし。

はや-ぶさ ⓪【×隼】名 ハヤブサ科の中形の鳥。動作がすばやく、たかがりに使われた。㊇

はや-ぶね ⓪【早舟・早船】名 早く走る小舟。いそいでこぎ進むふね。

はや-べん ⓪【早弁】名(俗語)昼食時間より前に弁当を食べること。

はや-ぼり ⓪【早掘り】名 いも類を、ふつうのとりいれどきより早く掘りとること。

はや-ま ⓪【端山】名 連山のはしの方にある山。村里に近い山。ふもとの山。外山(とやま)。↕奥山・みやま。

はや-まき ⓪【早まき】【早×蒔】名 本来の時期よりも早く種をまくこと。↕遅まき。

はやま-よしき《葉山嘉樹》一八九四―一九四五。小説家。プロレタリア文学作家の一人。「海に生くる人々」「セメント樽(だる)の中の手紙」など。

はやま・る マ 自五 ラ・ロ・リ・ッ・ル・ル・レ・レ ㊀【早まる】❶時期がはやくなる。「会期が―」❷まだその時でないのにする。いそいでして、やりそこなう。「―な、おちつけ」㊁【速まる】運動の速度や周期が速くなる。「機械の回転が―」「脈拍が―」

はや-まわし マ【早回し】(まはし) 名 他サ ❶はやく回転させること。❷音楽や映像を早送りで再生すること。

はや-み ⓪【早見】名 簡単で、すぐ見わけられるようにできている図や表。「年齢―表」

はや-みち ヤ【早道】名 ❶目的地に着くのに距離の短い道。近道。「こちらのほうが―だ」❷目的を達するのに手近な方法。近道。「直接聞く方が―だ」

はや-みみ ⓪【早耳】名 物事をすばやく聞きつけること。また、その人。

はや-め ⓪ 名 ㊀【早め】【早目】定刻より、早くすること。「―にでかける」㊁【速め】歩きかたが、はやいこと。「―に歩く」

はや-めし ⓪【早飯】名 ❶すばやく、飯を食べること。「―、早じたく」❷定刻より早く、飯を食べること。

はや・める メ 他下一 メ・メ・メル・メル・メレ・メロ・メヨ ㊀【早める】時刻・時期をはやくする。「開会を―」㊁【速める】速度をはやくする。「足を―」 はや・む 文語下二

はやら・す ラ【▲流▲行らす】他五 サ・ソ・シ・ス・ス・セ・セ はやるようにさせる。

はやり リ【▲流▲行】名 はやること。その時代のこのみ・風潮。りゅうこう。「―の髪型」↕すたり。

はやり-うた リ【はやり歌】【▲流▲行歌】名 世間に、はやっている歌謡・俗謡。流行歌。

はやり-かぜ リ【はやり風邪】【▲流▲行風邪】名 流行性感冒。インフルエンザ。㊇

はやり-すたり ⓪/ス【はやり廃り】【▲流▲行り廃り】名 はやることとすたれること。「若者の服装は―が早い」

はやり-た・つ タ/⓪【はやり立つ】【▲逸り立つ】自五 タ・ト・チ・ッ・ツ・ツ・テ・テ 興奮して勇み立つ。

はやりっ-こ リ【はやりっ子】【▲流▲行子】名 売れっ子。人気が高く、もてはやされている人。流行児。

はやり-め リ【はやり目】【▲流▲行目】名 流行性の眼

は

病。急性伝染性の結膜炎。

はやり‐やまい ヤ2【はやり病】【▲流▲行病】—やまひ 名 感染症。伝染病。流行病。

はや・る【▲逸る】一 ヤ 自五 はやくはやくと、いさみたつ。いきおい込む。「血気に—若者」二 自四 古語 調子にのる。調子づく。「おもしろがり、はやりいでて」〈枕〉

はや・る ヤ【▲流▲行る】自五 ❶一時的に世間で人気が高く広まる。「ジョギングが—」↕すたる。すたれる。❷病気が次々と広がる。「かぜが—」❸店に客が大勢来て繁盛する。「よく—レストラン」

はや‐わかり ワ【早分(か)り】名 ❶早く理解すること。❷早く簡単にわからせるもの。「文法—」

はや‐わざ ０【早業】名 すばやくて、たくみなうでまえ・技術。「一瞬の—」

はや‐わり ０【早割】名 〈商標名〉早期に予約・契約をした客が受ける割引。

はよう【早う】副 古語 〈「はやく」の変化〉❶もともと。元来。❷以前に。昔。「はやう見し女のことほめいひ出でなどするも」〈枕〉❸すでに。とうに。「親たちははやううせ給ひにき」〈源氏〉

はら 八【原】名 草などの生えた、たいらで広い土地。耕作していない野原。

はら ラ【腹】【×肚】名 ❶動物のからだの、胸から腰までの部分。胃や腸などの内臓のはいっている部分。「—を切る」「—が出る」❷胃腸。「—が痛い」❸女性が子どもを宿すところ。「—を痛める」❹心。感情。意志。「—を見せない」「—を読む」「—を固める」❺物事を恐れない心の大きさ。度量。「—の大きい人物」❻物の中央で、ふくらんでいる部分。「指の—」参考 ❶〜❸の意味の丁寧な言い方は「おなか」。**—が癒える** はらだちがおさまる。**—が下る** 下痢をする。腹を下す。**—が黒い** わるい考えをもっている。**—が据わる** 度胸があって物事におどろかない。**—が立つ** おこらずにはいられない。しゃくにさわる。立腹する。**—ができる** しっかりした考えをもつ。**—が張る** たくさん食べたり、ガスがたまったりして、腹がふくれる。**—が膨れる** ❶飲食して腹がいっぱいになる。❷子をはらむ。妊娠する。❸言うべきことを言わないで、不満がたまる。**—が太い** 胆力がある。度量が大きい。**—が減る** 空腹になる。おなかがすく。**—に一物** 心の中にたくらみのあること。参考 よい意味には用いない。**—に収める** 外に感情を表さず、心中にしまっておく。**—に据えかねる** がまんができない。いかりを心中におさめておくことができない。**—の内・—の中** 心のうち。本心。「—をうちあける」**—の皮が×捩れる** おかしくてたまらず、大笑いをする。腹をよる。**—も身の内** 腹もからだの一部なのだから、あまりむちゃな飲み食いをしてはいけない。**—を合わせる** ❶心をあわせる。協力する。❷ぐるになる。**—を痛めた子** 自分の産んだ子ども。実の子。**—を痛める** ❶子をはらんで、産むためにからだを苦しめる。子を産む。❷自分のかねを出す。**—を抱える** おかしくて大笑いをする。**—を固める** 決意する。心を決める。**—を決める** 決心する。覚悟する。**—を切る** ❶切腹する。❷責任をとって職をやめる。**—を▲括る** 腹をきめる。度胸をすえる。「もうだめだと—」**—を下す** 下痢をする。**—を肥やす** 立場を利用して、不当な利益を得る。私腹を肥やす。**—をこわす** 下痢をする。**—を探る** 相手の考えを知ろうとする。**—を据える** 覚悟をきめる。**—を立てる** おこる。立腹する。**—を読む** 相手の考えを推測する。相手の意向を見抜こうとする。**—を×縒る** おかしくて大笑いをする。腹の皮をよる。**—を割る** 本心をうちあける。

ばら【ばら】【▲輩】接尾 文章語 〈人をあらわす名詞にそえて〉複数をあらわす。たち。ら。「との—」「やつ—」

ばら パ 名 ❶ばらばらになっていること。また、そのもの。「えのぐを—で買う」❷ばら銭。

ばら ０【×荊×棘】名 とげのある低木。いばら。

ばら ０【×薔×薇】名 ❶バラ科の落葉低木の総称。花の色は多く、よいかおりがある。品種が多い。観賞用。花は香油・香水の原料。夏 ❷いばら。

はら‐あ・し【腹▲悪し】形シク 古語 ❶意地がわるい。「はらあしくて、物ねたみうちしたる」〈源氏〉❷おこりっぽい。「きはめてはらあしき人なりけり」〈徒然〉

はら‐あて ０ア【腹当(て)】名 ❶腹部をおおうだけのよろい。雑兵用。❷はらまき。はらがけ。夏

バラード ラ パ 〈フ ballade〉＝バラッド 名 ❶小さな叙事詩。物語詩。譚詩。❷叙事的な歌曲や器楽曲。譚詩曲。

ハラ(ー)ル ラ 〈アラビア Halal〉名 〈アラビア語で「認められた」の意〉イスラム教の教義にのっとっていると判断されるもの。特に、イスラム教徒が食べてもよいとされる食品。参考 イスラム教の教義で禁忌とされるものは「ハラーム」という。

はら‐あわせ ア【腹合(わ)せ】—あはせ 名 ❶向かいあうこと。↕背中合わせ。❷腹合わせおび。**—帯** オ 名 表と裏との布がちがう女帯。昼夜帯。

はらい ０【払い】はらひ 名 ❶しはらうこと。また、その代金。「—をすます」❷売りはらうこと。「蔵ばらい」❸筆の運びで、文字の線を斜めに引き抜くように書くこと。また、その部分。

はらい‐きよ・める メ【はらい清める】【×祓い▲浄める】—はらひ 他下一 おはらいをして、罪・けがれ・災難などをなくする。**はらひきよ・む** 文語下二

はらい‐きよ・める メ【払(い)清める】—はらひ 他下一 よごれを払って清らかにする。そうじして清潔にする。「神だなを—」**はらひきよ・む** 文語下二

はらい‐こ・む コ/０【払(い)込む】—はらひ 他五 金銭を支払いおさめる。**払い込み** 名 **払い込める** 自下一 […できる]

はらい‐さ・げる ゲ【払(い)下げる】—はらひ 他下一 官公庁などが、不要になったものを民間に売り渡す。↕買い上げる。**払い下げ** 名 **はらひさ・ぐ** 文語下二

はらい‐せ ０【腹いせ】【腹▲癒せ】名 いかりや、うらみをはらすこと。

はら‐いた ０【腹痛】名 腹がいたむこと。ふくつう。

はらい‐だ・す ダ【払(い)出す】—はらひ 他五 ❶はらい除く。追い出す。「ほこりを—」❷金銭をしはらう。❸預金をとり出す。**払い出し** 名 **払い出せる** 自下一 […できる]

はら‐いっぱい イ【腹一杯】名 副 ❶食物が腹にみちているようす。「—食べる」❷思う存分。はらさんざん。「—の悪口」

はらい‐の・ける ケ/０【払いのける】【払▲除ける】—はらひ 他下一 まつわりつくものを手で払ってのぞき去る。「飛んできた虫を—」**はらひの・く** 文語下二

はらい‐もど・す ド/０【払(い)戻す】—はらひ 他五 ❶きちんと計算して余分をかえす。「税金を—」❷預金をした本人に、その預金をかえす。**払い戻し** 名 **払い戻せる** 自下一 […できる]

はらい‐もの ０【払(い)物】—はらひ 名 売りはらっていい品物。不用品。

ばら‐いろ ０【ばら色】【×薔×薇色】名 ❶うすべに色。

❷未来が輝かしいこと。「―の青春」↔はい色。

はら・う ラ【払う】他五 ❶じゃまな物、不要な物を取り去る。除く。㋐じゃまな枝を切り落として取り去る。「下枝を―」㋑ほこりなどを取り除く。「机の上のほこりを―」❷手や足を横ざまに勢いよく動かす。「手で机の上の本を払いおとす」「右足で相手の足を―」❸人や動物をその場からいなくさせる。「うちわではえを―」❹不要なものを売り渡す。「古新聞を―」❺金を渡す。㋐支払う。「入場料を―」「給料を―」㋑納入する。「税金を―」「罰金を―」❻心や力をそのものに傾ける。㋐気持ちをそのものに注ぐ。「敬意を―」「注意を―」㋑そのもののために力を費やす。「努力を―」「犠牲を―」 **払える** 自下一[…できる]

はら・う ラ【×祓う】他五 神に祈って罪やけがれなどをのぞく。

ばら-うり 0【ばら売(り)】名 他サ ふつうまとめて売るものを小分けにして売ること。「―不可」

バ(ヴァ)ラエティー ラ〈variety〉名 ❶変化。多様性。「―に富む」❷小話・うた・おどり・寸劇などをとりあわせた演芸やテレビ番組。

パラオ《Palau》西太平洋、ミクロネシアのパラオ諸島にある共和国。一九九四年独立。首都はマルキョク。

はら-おび 0【腹帯】名 ❶腹を巻きしめる帯。はらまき。❷妊娠した女性が五か月めから腹に巻くさらしもめん。いわた帯。❸馬の腹に巻いて鞍をとりつける帯。

はら-がけ 0【腹掛(け)】名 ❶胸から腹をおおい、腹の部分に「どんぶり」というポケットのある、職人用の腹あて。❷子どものねびえ防止の腹あて。夏

はら-がまえ ガ【腹構え】名 心の準備。「―ができている」

はら-から 0/ラ【△同△胞】名〔文章語〕❶兄弟姉妹。❷同じ国民。どうほう。

はら-がわり ガ【腹変(わ)り】名 父が同じで母がちがう兄弟・姉妹。腹ちがい。

はら-ぎたな・い ナ【腹汚い】【腹×穢い】形 心がきたない。根性がわるい。**腹汚さ** 名 **はらぎたな・し** 文語ク

はら-きり リ/キ【腹切(り)】名 腹を切って自殺すること。切腹。

はら-ぐあい グ【腹具合】【腹△工合】名 胃や腸の調子。

パラグアイ《Paraguay》＝パラグァイ 南アメリカ中央部にある共和国。首都はアスンシオン。

はら-くだし ク【腹下し】名 腹をわるくして便がやわらかく、回数も多くなること。腹下り。下痢。

はら-くだり ク【腹下り】名 はらくだし。

パラ-グライダー ラ〈paraglider〉名 長方形のパラシュートを使い、山の斜面を駆け降りて滑空するスポーツ。

パラグラフ パ〈paragraph〉名 文章の節・項・段落。

はら-ぐろ・い 0【腹黒い】形 心がねじけている。心にわるだくみがある。**腹黒さ** 名 **はらぐろ・し** 文語ク

はら-げい 0【腹芸】名 ❶あおむけに寝た人の上で演じる、かるわざ。❷演劇で、役者がせりふ・しぐさをつかわずに、その人物の心の中や感情をあらわすこと。❸言葉や態度に出さず、度胸や迫力で物事をうまくはからうこと。

ばら・ける ケ 自下一 一つにまとまっていたものが、ばらばらになる。「髪の毛が―」「マラソンの先頭集団が―」

はら-ご 0【腹子】名 ❶牛・羊などの胎内の子。❷魚、とくに、さけなどの腹の中にあるたまごのかたまり。

はら-ごしらえ ゴ【腹ごしらえ】【腹×拵え】名 食事をすること。「―をして出る」

はら-ごなし ゴ【腹ごなし】名 食物の消化をよくすること。また、そのための運動など。「―の散歩」

パラサイト サ〈parasite〉名 寄生虫。**―シングル** シ〈parasite single〉名 経済的に自立せず、親と同居して、いつまでも独身でいる人。

はら-さんざん 0【腹さんざん】名副 思う存分。

パラシュート シュ〈parachute〉名 飛行中の航空機から人などが降下するとき、空中で開いて空気をはらみ、安全に着陸するための用具。落下傘。

はら-す 0 名「はらみ(腹身)❷」に同じ。「さけの―」参考「ハラス」と書くことが多い。

はら・す ラ【晴(ら)す】【×霽す】他五 ❶心中のわだかまりを取り除いて、気持ちをさっぱりさせる。「うらみを―」「念願を―」❷かかった疑いを解消させる。「疑いを―」**晴らせる** 自下一[…できる]

はら・す 0【腫らす】他五 はれるようにする。「真っ赤に目を―」

バラス バ 名「バラスト❷」の略。

ばら・す ラ 他五 ❶ばらばらにする。「機械を―」❷〔俗語〕盗品などを売りはらう。❸〔俗語〕秘密をあばく。暴露する。❹〔俗語〕殺す。

はら-すじ 0【腹筋】名 腹の筋肉。**―を×縒る** おかしくてたまらず大いに笑う。

ばら-ずし ラ【△散×鮨】名 ちらしずし。五目ずし。

バラスト ラ〈ballast〉名 ❶船の安定をはかるために船底に積む荷。❷線路や道路などに敷く小石。じゃり。バラス。

パラ-スポーツ ポ〈Para-sports〉名 障害のある人が行うスポーツ。障害者スポーツ。

ハラスメント ラ〈harassment〉名 いやがらせ。企業・大学などでの男女・上下・師弟などの関係における人権侵害。「セクシュアル―」「パワー―」

ばら-せん 0【ばら銭】名 はしたぜに。こぜに。

ばら-せん 0【ばら線】【×薔×薇線】名「有刺鉄線」の俗称。

パラソル パ〈parasol〉名 日よけのための女性用洋がさ。夏

パラダイス パ/ダ〈paradise〉名 ❶楽園。天国。❷苦しみ・悩みのない楽しい世界。

パラダイム ダ/パ〈paradigm〉名〈言語学の「範列」の意から〉ある時代を特徴づける思考や認識のしかたの基本的な枠組み。

はらだた-し・い シ【腹立たしい】形 しゃくにさわる。**腹立たしげ** 形動 **腹立たしさ** 名 **はらだた・し** 文語シク

はら-だち 0【腹立ち】名 おこること。立腹。「―をおさえる」

ばら-だま 0【ばら弾】【△散弾】名 ❶一発ずつうつたま。❷霰弾。

はら-たみき《原民喜》一九〇五―五一。詩人・小説家。広島で原爆にあい、その悲惨な状況を作品化した。「夏の花」など。

パラチオン チ〈ドParathion〉名 農業に使う強力な殺虫剤。猛毒。ホリドール。現在は使用禁止。

はら-ちがい チ【腹違い】名 父が同じで母が違う兄弟姉妹。腹がわり。「―の兄」↔種変わり。

パラチフス チ〈ドParatyphus〉名 パラチフス菌による急性

の消化器感染症。症状は腸チフスに似ているが、軽い。

バラック ラ〈barracks〉名 そまつな仮小屋。仮建築。

ばらつ・く ０ 自五 ❶大つぶの霰がばらばらと降る。❷ばらばらに乱れ散る。「髪が―」❸統計で数値が不規則に分布する。「数値が―」 **ばらつき** 名

ぱらつ・く ０ 自五 雨や霰などがすこし降る。ぱらぱらと降る。「小雨が―」

はらつづみ ツ【腹鼓】名 ふくれた腹をたたくこと。はらづつみ。**―を打つ** 飲み食いしてふくれた腹をたたく。

バラッド ラ〈ballad〉名 ⬇バラード。

はらっぱ ハ【原っぱ】名 野原。原。「―で遊ぶ」

ばらづみ ０【ばら積み】名 荷づくりしないで、ばらばらのまま貨物などを積むこと。

はらづもり ヅ【腹積(も)り】名 これからしようとすることに対する心の準備や計画。心づもり。

パラドクシカル シ〈paradoxical〉形動 逆説的。

はらどけい ド【腹時計】名 腹のすきぐあいから見当をつけたおおよその時刻。

パラドックス ド〈paradox〉名 ちょっと考えると真理にそむくようで、実際には真理である説。逆説。

ばらにく ０/ラ【ばら肉】名〔「ばら」は「あばら」から〕牛や豚のあばら骨近くにある肉。三枚肉。ばら。

パラノ パ 名〔「パラノイア」から〕特定のものの考え方にこだわり、自分の行動をそれに合わせようとする型の人。↕スキゾ。

パラノイア ノ〈ド Paranoia〉名 偏執狂。

はらのむし ０【腹の虫】名 ❶人間の体内に寄生する虫。回虫など。❷空腹時に腹が鳴ることのたとえ。❸腹立ちや不満などの感情のたとえ。「―がおさまらない」

はらばい ０【腹ばい】【腹×這い】名 腹を下にしてはって進んだり、ねそべったりすること。「―になる」

はらはちぶ チ【腹八分】名 腹いっぱいに食べず、八分目ぐらいにしておくこと。「―に医者いらず」

はらはら ハ/一 ㊀(と)副 木の葉・涙・しずく・雨などが落ちるようす。㊁副 自サ ひどく心配して、気をつかうようす。

ばらばら ㊀ ０ 形動(の) ❶統一のないようす。まとまっていないようす。「―なやり方」「―な会衆」❷こまかく切りはなされているようす。「―にちぎる」㊁ バ１ (と)副 ❶ほうぼうに散っているようす。「各所に―いる」❷雨などがひとしきり降るようす。❸たまなどがたくさん飛んでくるようす。❹何人かの人がとびだすようす。「―と出て来た」

ぱらぱら パ１ (と)副 ❶まばらにはなれているようす。「―と散在する」❷雨などがすこし降るようす。

パラフィン パ〈paraffin〉名 石油からとれる白色半透明の固体。ろうそく・軟膏の原料。

パラフレーズ レ〈paraphrase〉名 他サ ❶もとの文をわかりやすく言いかえること。❷音楽で、ある曲を他の楽器のために変形・編曲すること。また、その曲。

はらぺこ ０【腹ぺこ】名〔俗語〕腹が非常にへっていること。

パラボラアンテナ ア〈parabola antenna〉名 電波の反射面を放物面にした、おわん形のアンテナ。衛星放送の受信などに用いる。

はらまき ラ【腹巻(き)】名 ❶腹がひえるのをふせぐために巻く布、または筒形の毛糸の編み物。❷腹に巻き、背中で合わせる簡便なよろい。

ばらま・く マ【ばら×蒔く】他五 ❶ばらばらとまく。❷かねなどを大ぜいにあたえる。**ばらまき** 名 **ばらまける** 自下一〔…できる〕

はらみ ０【腹身】名 ❶焼肉の材料で、牛の横隔膜あたりの肉。❷脂の多い、魚の腹側の肉。はらす。参考 ふつう「ハラミ」と書く。

はらみつ ラ【波羅蜜】名〔仏〕⬇はらみった。

はらみった ミ【波羅蜜多】名〔仏〕〔梵 pāramitā から〕生死をはなれて絶対の真理をさとること。また、そのための修行。はらみつ。

はら・む ラ【×孕む】自他五 ❶みごもる。妊娠する。❷植物の穂が出ようとしてふくらむ。❸ふくむ。うちにもつ。「危険を―」

パラメーター メ〈parameter〉名 ❶〔数〕変数と変数の間の関係を求めるために用いる別の変数。助変数。媒介変数。❷コンピューターのプログラムを実行させるために必要な数値情報。

はらもち ０/チ【腹もち】【腹▲保ち】名 食物の消化に時間がかかり、腹の中に長い間あること。「―のよい食べ物」

バラモン ０/バ〈梵 Brāhmana〉【婆羅門】名 ❶インドの社会階級で、最高位の階級。❷バラモン教、または、その僧。**―教** ０ 名 仏教以前に、「バラモン❶」を中心におこなわれた宗教。

バラライカ ラ２〈ロ balalaika〉名 木製の三角形の胴に、三本の弦をはったロシアの民族楽器。指ではじいて演奏する。

バラライカ

はららご ラ２【×鮞】名 魚の卵、特に、さけの卵。また、そのしおづけ。はらこ。㊊

はらりと ラ/リ 副 かるく落ちるようす。「枯れ葉が―散る」

パラリンピック ピ〈Paralympic〉名〔paraplegia（下半身不随の意）と、Olympic から〕国際身体障害者スポーツ大会。一九六〇年から、オリンピックの開催地で、オリンピックと同じ年におこなわれる。

ぱらルビ ０ 名 文中の一部の漢字にだけふりがなをつけること。↕総ルビ。

パラレル パ〈parallel〉名 形動 平行。相ともなうこと。「―に進める」

はらわた ０/ワ【▲腸】名 ❶腸。大腸と小腸。❷内臓。臓腑。❸うりなどの内部に種子とともにある綿のような部分。❹しょうね。心。**―が腐る** 精神が堕落する。正しい心を失う。**―がちぎれる** たえがたいほどかなしい。**―が煮えくり返る** 腹がたって、こらえることができない。**―を断つ** かなしさにたえない。断腸。

はらん ０/ハ【葉×蘭】名 ユリ科の多年生常緑植物。葉は大きな長円形。観賞用。根茎は薬用。

はらん ０【波×瀾】名〔「瀾」は大波の意〕❶いろいろの変化・できごと。「―が起こる」❷もめごと。さわぎ。ごたごた。「―にとんだ一生」参考 新聞では「波乱」と書く。**―万丈** ハ 名〔文章語〕事件の変化のはなはだしいこと。「―の小説」

ばらん ０ 名 弁当箱の中で料理を分ける仕切り。参考 もとはハランの葉を用いたことから。

バランス ０〈balance〉名 つりあいがとれること。つりあい。均衡。「平均台で―を失う」「―を保った考え方」↕アンバランス。参考「バランス」は「つりあい」「均衡」よりも用法が広く、視覚的な状態にも、感覚・思想など抽象的な事柄にも使われる。**―シート** シ〈balance sheet〉名 貸借対照表。

はり ハ【針】名 ❶布地や革などをぬったり、さしたりするのに使う、細くするどくとがった道具。ふつう鋼鉄製。ぬいばり・とめばりなど。❷蜂などの尾部にあって、外敵を刺す

部分。❸レコードのみぞを走らせて音を出すのに使う金属製・宝石製のもの。❹小さいとげ。「いばらの―」❺注射器の先につけ、からだにさして薬を入れる中空の金属製のもの。❻計器などの目盛りをさし示すもの。「体重計の―」「時計の―」❼ホチキスの止めがね。❽【×鍼】はり医がつぼに刺す医療用具。また、それでする療法。鍼術(しんじゅつ)。❾【×鉤】魚をつるための、まがった針状のもの。つりばり。 ―のある言葉(ことば) 人の心を刺すようなことば。毒舌(どくぜつ)。 ―の×筵(むしろ) くるしいだけのつらい場所・環境のたとえ。 ―の山(やま) 地獄にあって、亡者(もうじゃ)を苦しめるという山。

はり【張り】㊀ [ロ] [名] ❶ひっぱること。ひっぱる力。「―の強い弓」❷はりあい。「ほめられて―が出る」❸いくじ。いきじ。「心に―のある人」❹ゆるみのない、引きしまった調子。「声に―がない」㊁【張(り)】[接尾] 弓やちょうちんなどをかぞえることば。

はり [リ]【×梁】[名] 建築で、屋根の重さをささえる横木の総称。特に、棟と直角にわたす横木。⇩ぬき(図)。

はり [ハ]【×玻璃】[名]〔文章語〕❶水晶。❷ガラス。❸火山岩に含まれている非結晶質の物質。

ばり【張(り)】[接尾] ❶弓のつるを張る人数によってあらわす、弓の強さ。「五人―」❷まねること。似せること。…ふう。「鷗外(おうがい)―の文章」

ば-り [バ]【罵×詈】[名] [他サ]〔文章語〕ののしること。悪口をあびせること。「―雑言(ぞうごん)」

バリア(ー) [バ]〈barrier〉[名] 障壁。防壁。バリヤ(ー)。「―を張る」 **―フリー** [リ]²〈barrier-free〉[名] 高齢者や障害者が日常生活を送るうえでの障害を取り除くこと。「―社会」「―住宅」

はり-あい [ロ]【張(り)合(い)】(あひ) [名] ❶はりあうこと。せりあうこと。対立。「両者のはげしい―」❷努力したかいのあること。「―のある仕事」 **―抜(ぬ)け** [ロ] [名] [自サ] がっかりすること。期待はずれ。ひょうしぬけ。

はり-あ・う [ア]【張(り)合う】(あふ) [自五] ワ・オ・イ・ッ/ウ・ウ・エ・エ きそいあう。せりあう。競争する。**張り合える** [自下一]〔…できる〕

はり-あ・げる [ゲ]【張(り)上げる】[他下一] ゲ・ゲ・ゲル・ゲル・ゲレ・ゲロ/ゲヨ 高く、強く声をだす。**はりあ・ぐ** [文語下二]

はり-い [リ]【×鍼医】[名] 鍼(はり)をからだに刺して治療することを業とする人。鍼医者。

はり-いた [ロ][イ]【張(り)板】[名] のりをつけた布や、すいた紙を張ってほす板。

バリウム〈barium〉[名] ❶[リ] 金属元素の一つ。元素記号Ba 原子番号56 原子量137.327 花火・塗料などの原料。❷[ロ][リ] 硫酸バリウムの俗称。胃のエックス線撮影をするときに飲む、白いどろりとした液体。

バ(ヴァ)リエーション [エ]〈variation〉[名] ❶変化。変種。「―に富む」❷変奏曲。

はり-えんじゅ [エ]【針×槐】[名] マメ科の落葉高木。北アメリカ原産。枝にとげがある。初夏、白い花がふさ状にたれて咲き、かおりがいい。公園樹・街路樹などにする。材は器具用。にせアカシア。㊐夏

はり-おうぎ [オ]【張(り)扇】(あふぎ) [名] たたんだまま、外側を紙で張りつつんだ扇。講談師が机をたたいて調子をとるのに使う。はりせん。

はり-か・える [エ][カ]【張(り)替える】(かへる) [他下一] エ・エ・エル・エル・エレ・エロ/エヨ ❶前から張ってあったものを除いて、新しく張る。「ふすまを―」「ラケットのガットを―」❷着物をほどいて洗い張りをする。❸【貼(り)替える】くっつけたものを取りかえる。「商品のシールを―」 **はり替え** [名] **はりか・ふ** [文語八下二]

はり-がね [ロ]【針金】[名] 金属を細長くのばして線状にしたもの。 **―虫(むし)** [ネ] [名] 水中にすむ昆虫や、かまきりなどに寄生する細長い線虫類。㊐秋

はり-がみ [ロ]【張(り)紙】[名] ❶【貼(り)紙】破れたところのつくろいに、のりではりつけた紙。❷はりふだ。伝達すべきことを書いた掲示の紙。❸付箋(ふせん)。

バリカン [ロ]〈フ Bariquand〉[名] 頭の髪を刈る器具。[参考] フランスの製作会社名から。

ば-りき [ロ]【馬力】[名] (荷役馬一頭の仕事量から)❶仕事率の実用単位。ヤード・ポンド法では一秒間に五五〇ポンドの物体を一フィート動かす力(HP)、メートル法では一秒間に七五キログラムの物体を一メートル動かす力(PS)。[参考] 日本では、一馬力を七三五・五ワットとしている。❷荷馬車。❸体力。精力。「―がある」

はり-き・る [キ]【張(り)切る】[自五] ラ・ロ・リ・ッ/ル・ル・レ・レ ❶つよく張る。❷元気がみちみちている。大いに意気ごむ。**張り切れる** [自下一]〔…できる〕

はり-くよう [ク]【針供養】[名] 二月(ところによっては十二月)八日に、針仕事を休み、折れた針をとうふなどにさして供養(くよう)すること。㊐春

バリケード [ケ]〈barricade〉[名] 攻撃・通行をとめるため、通路・出入り口などに木材や土のうなどで急造した、さく・障害物。防塞(ぼうさい)。

ハリケーン [ケ]〈hurricane〉[名] 西インド諸島・メキシコ湾・太平洋東部に発生する、強力な熱帯低気圧。台風と同じもの。

はり-こ [ロ]【針子】[名] おはりこ。

はり-こ [ロ]【張(り)子】[名] ❶木型に紙を張り重ねて形をつくり、かわいてから型をとりさってつくったもの。張り抜き。❷木・竹などの器に紙をはった、つづら・箱など。 **―の虎(とら)** ❶「張り子❶」でつくった、首の動くとらのおもちゃ。❷見かけは強そうにみえて実は弱い人のたとえ。

張り子の虎❶

はり-こ・む [コ]【張(り)込む】㊀ [他五] マ・モ/ミ・ン/ム・メ・メ ❶いっぱいにする。「おけに水を―」❷【貼(り)込む】台紙にぴったりつくようにする。「アルバムに写真を―」❸思いきってかねを使う。おごる。「上等のかばんを―」㊁ [自五] 犯人をとりおさえるために見はりをする。「刑事が―」 **はり込み** [名] **はり込める** [自下一]〔…できる〕

パリ-さい〈パリ祭〉七月十四日におこなわれるフランス革命の記念日の日本での呼び名。㊐夏

はり-さ・ける [ケ]【張(り)裂ける】[自下一] ケ・ケ・ケル・ケル・ケレ・ケロ/ケヨ ❶強く張りすぎてやぶれる。❷悲しみやいかりなどのために、胸が裂けるような気持ちになる。**はりさ・く** [文語下二]

はり-さし [サ][シ]【針刺(し)】[名] 綿やかみの毛を布でつつんでつくった、針を刺しておく裁縫用の道具。針山。針立て。

ばり-ざんぼう [バ]【罵×詈×讒×謗】[名]〔文章語〕(「罵」「詈」はののしる、「讒」「謗」はそしる意)ひどくののしること。また、そのことば。

パリジェンヌ [ジェ]〈フ Parisienne〉[名] パリで生まれ育った女性。

はり-しごと [シ]【針仕事】[名] 裁縫。おはり。

パリジャン [リ]〈フ Parisien〉[名] パリで生まれ育った男性。

バリスタ [リ]〈イ barista〉[名] バーや喫茶店で飲み物などをつくる職人。特にエスプレッソコーヒーをいれる職人をいう。

はり-せん [ロ]【張(り)扇】[名] はりおうぎ。

はり-たお・す [オ]【張(り)倒す】【×撲り倒す】(たふす) [他五] サ・ソ/シ・ス・ス・セ・セ 平手で打ってたおす。なぐりたおす。

はりだし[0]【張(り)出し】[名]❶外へ出っぱらせること・もの。「―窓」❷【貼(り)出し】はりがみ。はりふだ。❸相撲などで、番付の欄外にしるすこと。「―横綱」 **―窓(まど)**[マ][名] 壁面より外へつきだしてつくった窓。出窓。

はりだ・す[ダ]【張(り)出す】(サ・ソ|シ|ス|ス|セ|セ) ㊀[自五] 外へ出っぱる。「軒が―」「高気圧が―」㊁[他五]❶外へ出っぱらせる。「出窓を―」❷【貼(り)出す】紙やふだに書いて、かかげしめす。「注意事項を掲示板に―」 **はり出せる**[自下一][…できる]

はりたて[リ]【針立て】[名] 針さし。

はりつ・く[ツ]【張(り)付く】[自五](カ・コ|キ・イ|ク|ク|ケ|ケ) ❶【貼(り)付く】ひらべったいものがくっつく。❷いつもその人のそばから離れないでいる。「容疑者に張り付いている」

はりつけ[0]【×磔】[名] からだを柱にしばりつけたり、手足を十字架などにくぎでうちつけたりして、突き殺す刑罰。

はりつ・ける[ケ]【張(り)付ける】[他下一](ケ|ケ|ケル|ケル|ケレ|ケロ・ケヨ) ❶【貼(り)付ける】ものをひろげて、のりやピンで他のものにつける。❷人をある場所から離れないようにさせる。「記者を警察署に―」 **はりつ・く**[文語下二]

ばりっ‐と[リ]㊀[副]❶はりついている物がはがれる音をあらわす語。❷かたい、ひらたい物が割れる音をあらわす語。㊁[副][自サ]➡ぱりっと㊁。

ぱりっ‐と[リ]㊀[副] かたい、ひらたい物が割れる音をあらわす語。㊁[副][自サ] 衣服などが新しく、きちんとしたようす。ばりっと。「―したスタイル」

はりつ・める[メ]【張(り)詰める】[自下一](メ|メ|メル|メル|メレ|メロ・メヨ) ❶一面に張る。「氷が―」❷ひきしまる。緊張する。「張り詰めた気持ち」 **はりつ・む**[文語下二]

はりて[0]【張(り)手】【▲撲り手】[名] 相撲で、相手の顔を平手で打つわざ。

パリティー[パ]〈parity〉[名]❶等価。等しいこと。❷均衡。つりあいがとれること。「ジェンダー―」「―指数」「―計算」

はりとば・す[バ]【張(り)飛ばす】【▲撲り飛ばす】[他五](サ・ソ|シ|ス|ス|セ|セ) 平手ではげしくなぐる。

バリトン[0]〈baritone〉[名]❶テノールとバスの中間の男声音域。また、その歌手。❷管楽器で、中音を受けもつもの。

はりぬき[0]【張(り)抜(き)】[名] 張り子。

はりねずみ[ネ]【×蝟・針×鼠】[名] ハリネズミ科の哺乳(ほにゅう)類。背中全体に針のような毛がはえていて、敵にあうと体をまるくして針をたててふせぐ。やまあらしより針がみじかい。

はりばこ[0]【針箱】[名] さいほう用具入れ。

はりはり[0][名] ほしだいこんを細かくきざみ、三ばい酢(ず)につけたもの。はりはりだいこん。

ばりばり㊀[バ](と)[副]❶ものを割りくだく音をあらわす語。❷表面のこわばったものをひっかく音をあらわす語。❸活発にはたらくようす。「―仕事をかたづける」㊁[0][名][形動(の)]❶かたくこわばっているようす。「のりで―のシーツ」❷勢いがさかんなようす。「現役―の弁護士」

ぱりぱり㊀[パ](と)[副][自サ]❶薄くて軽いものをはがしたり、それがくだけたりするようす。「セロハンを―とはがす」❷表面に張りがあり、こわばっているようす。「のりがきいて―したシャツ」㊁[0][名][形動(の)]❶新しくてりっぱなようす。「―の新調の服」❷純粋で、まじり物などがないようす。「―の江戸っ子」

はりばん[0]【張(り)番】[名] 見はって番をすること。また、その人。見張り番。「―に立つ」

はりふだ[0/リ]【張(り)札】【貼札】[名] 紙や板にみんなに知らせることを書いて張りだすもの。掲示のふだ。掲示。

はりぼて[0]【張りぼて】[名] 張り子でつくったもの。特に、芝居の小道具。

はりま《播磨》 昔の山陽道の国の一つ。今の、兵庫県の南部。播州(ばんしゅう)。

はりまぜ[0]【張(り)混(交)ぜ】【貼▲雑ぜ】[名] いろいろの書画などを、まぜあわせて張ること。また、そのもの。「―のびょうぶ」

はりみち【▲墾道】[名][古語] あたらしく開いた道。新道。

はりめ[メ]【針目】[名] 針で縫った所。縫い目。

はりめぐら・す[ラ]【張(り)巡らす】[他五](サ・ソ|シ|ス|ス|セ|セ) まわり一面にぐるりと張る。

はりもの[0]【張(り)物】[名]❶布地を洗い、のりをつけ、張り板に張って、また、伸子(しんし)張りにしてかわかすこと。また、そのもの。❷木のほねに紙をはって、岩石・樹木などにみせかける舞台の大道具。

はりやま[0]【針山】[名] 針さし。

バ(ヴァ)リュー[バ]〈value〉[名] 価値。値うち。「ニュース―」「ネーム―」

ばりょう[0]【馬糧・馬料】[名] 馬の飼料。

はる[八]【春】[名]❶冬と夏の間の季節で、立春から立夏の前日まで。三月・四月・五月、陰暦では正月・二月・三月。㊀春 ❷正月。新年。❸人生の青春期。最盛期。さかり。「わが世の―」 **―立(た)つ**[古語](暦のうえで)春になる。「春立ちける日詠(よ)める」〈古今〉㊀春 **―の七草(ななくさ)** せり・なずな・ごぎょう(はこぐさ)・はこべら(はこべ)・ほとけのざ(たびらこ)・すずな(かぶ)・すずしろ(だいこん)の七種の菜。正月七日の七草粥(ななくさがゆ)に入れる㊀春 ↕秋の七草。 **―の目覚(めざ)め** 思春期に達して性欲を感じるようになること。 **―を売(う)る** 女性が、かねのためにからだを男性にまかせること。 **―をひさぐ** 春を売る。

春の七草

は・る[0]【張る】(ラ・ロ|リ・ッ|ル|ル|レ|レ)㊀[自五]❶一箇所から伸び広がって固定する。「根が張った草」❷たるんでいたものが引っぱられる。「ぴんと張った糸」❸一面にひろがってしっかりとおおう。「氷が―」❹内部の力が外に向かって働き、ふくれてくる。「肩が―」「腹が―」❺普通の状態をこえて表にあらわれる。「欲が―」「値が―」㊁[他五]❶外に向かってしっかりと伸ばし広げる。「根を―」「勢力を―」❷細長いものをたるまないように両端で固定する。「ロープを―」❸その部分をおおって一面に広げる。「プールに水を―」❹【貼る】広げたものをしっかりと固定する。「壁紙を―」「切手を―」❺平たいものを強くぶつける。「顔面を―」❻外に向かって、はっきり示す。「意地を―」「店を―」❼普通の程度以上にしようとする。「欲を―」「みえを―」 **はれる**[自下一][…できる]

ばる[張る][接尾]〈名詞について五段活用動詞をつくる〉そのような状態になる。「形式―」「四角―」「骨(ほね)―」

はる-あき 八【春秋】名 ❶春と秋。しゅんじゅう。❷年月。「―をすごす」

はる-あらし ア【春嵐】名 春先に吹く強い風。春はやて。春荒れ。(春)

はる-いちばん 八ニチ【春一番】名 立春(りっしゅん)のあと、その年最初に吹くつよい南風。(春)

バルーン ル〈balloon〉名 風船。気球。「アド―」

はるか [×遥か] 一 八 形動 ダロ・ダッ・デ・ニ|ダ|ナ|ナラ|〇 ❶距離・時間・程度がひどくへだたっているようす。「―な世界」「―な昔」❷(「はるかに」の形で)程度がはなはだしいさま。ひじょうに。ひどく。「―にすぐれている」二 なり形動 古語 気持ちがひどくへだたっているさま。気がすすまない。「そそのかしきこゆれど、いとはるかにのみおぼしたれば」〈源氏〉 参考 文語では心理的にへだたりの大きいことを言う語。

はる-がすみ ガ【春がすみ】[春×霞] 名 春の季節に立つかすみ。(春)

はる-かぜ ル【春風】名 春に吹く風。しゅんぷう。(春)

はる-ぎ ギ/〇【春着】名 ❶春の季節に着る着物。↕夏着・冬着。❷正月に着るあたらしい着物。はれぎ。(新年)

はる-け・し [×遥けし] 形 古語 はるか遠くに離れている。「はるけき国」

はる-ご 〇/ル【春蚕】名 春に飼うかいこ。(春) ↕夏ご・秋ご。

バルコニー コ/ル〈balcony〉名 ❶西洋建築で、室外にはりだした、屋根のない手すりつきの台。露台(ろだい)。バルコン。(夏) ❷劇場のさじき。

バルコン バ〈フbalcon〉名 バルコニー。(夏)

はる-さき 〇【春先】名 春のはじめ。(春)

はる-さく 〇【春作】名 ↕秋作。❶春、栽培すること。❷春とれる作物。

はる-さめ 〇【春雨】名 ❶春、しずかに降る雨。春の雨。(春) ↕あきさめ。❷緑豆(りょくとう)のでんぷんでつくった、透明な線状の食べ物。まめそうめん。

パルス パ〈pulse〉名 ごく短時間流れる電流。信号などに用いられる。 **―オキシメーター** ヌ〈pulse oximeter〉名 指先などに付けて、血中の酸素濃度の割合と脈拍数を測定する医療機器。

パルチザン チ〈フpartisan〉名 一般人民によって組織された軍隊。正規軍でない、人民軍・遊撃隊。

はるつげ-うお ゲ【春告(げ)魚】(うを) 名 文章語 〔春が来たことを知らせる魚の意〕にしん。

はるつげ-どり ゲ【春告(げ)鳥】名 文章語 〔春のはじめに鳴いて春を知らせることから〕うぐいすの異名。

パルテノン《ギParthenon》ギリシャのアテネにある、古代の神殿。

バルト-さんごく《バルト三国》〔Baltic States〕バルト海に面した、エストニア・ラトビア・リトアニアの三つの共和国。一九九一年に旧ソ連邦から独立。地理的・歴史的に関係が深い。

はるとしゅら《春と修羅》宮沢賢治(みやざわけんじ)の詩集。一九二四年刊。「心象(しんしょう)スケッチ」と名づけた独特の手法で人間の意識の流れをとらえようとした作品集。

はる-の-みや【春の宮】名 古語 〔「春宮(とうぐう)」の訓読み〕皇太子。東宮。

はる-ばしょ 〇【春場所】名 三月におこなわれる大相撲の興行。三月場所。(春) ⇩本場所(表)。

バルバドス《Barbados》カリブ海の小アンチル諸島の東部にある国。一九六六年に独立。首都はブリッジタウン。

はる-ばる バ/ル1【はるばる】[×遥×遥] (と)副 ❶はるかに遠いようす。「―みわたす」❷遠くから来るようす。遠くまで行くようす。「遠路―ようこそ」

バルブ 〇/バ〈bulb〉名 フィルム用カメラでシャッターボタンを押している時間だけシャッターが開いていること。記号は「B」。

バルブ 〇/バ〈valve〉名 ❶液体や気体の出入り口を調節するための、開閉する弁。❷真空管。バキュームチューブ。

パルプ パ〈pulp〉名 木材などをくだいたり化学処理したりして、植物をせんいの状態にしたもの。紙・人絹などの原料として利用される。

はる-まき 〇【春巻(き)】名 きざんで味つけした、ぶた肉・しいたけ・たけのこなどを、小麦粉の薄い皮で短冊状につつみ、油で揚げた中華料理。

はる-め・く ヌ【春めく】自五 カ・コ|キ・イ|ク|ク|ケ|ケ 春らしい感じになる。(春)「気候が春めいてくる」

パルメザン-チーズ チ〈Parmesan cheese〉名 イタリアのパルマ地方原産のナチュラルチーズ。硬質で、主に粉チーズにして用いる。パルミジャーノ。

はる-やすみ ヤ【春休み】名 学年末から学年初めにかけての学校の休暇期間。(春)

はる-やま 〇【春山】名 春のころの山。春らしい趣のある山。「―登山」「―スキー」(春)

はれ レ【晴(れ)】名 ❶空が晴れること。↕曇り。❷おもてむき。正式なこと。はれがましいこと。「―着(ぎ)」「―の卒業式」「―の舞台」↕褻(け)。❸うたがいのとけること。「―の身となる」

はれ 〇【腫れ】名 皮膚などがはれること。「―が引く」

はれ-あが・る ガ【晴(れ)上がる】自五 ラ・ロ|リ・ッ|ル|ル|レ|レ 雨や雪がやんで、きれいに晴れる。

はれ-あが・る ガ【腫(れ)上がる】自五 ラ・ロ|リ・ッ|ル|ル|レ|レ ひどくはれて、ふくれあがる。「虫歯でほおが―」

ば-れい 〇【馬齢】名 文章語 自分の年齢のかしこまった言い方。「―を重ねる」

ばれい-しょ 〇【馬鈴×薯】名 じゃがいも。(秋)

バレエ バ〈フballet〉名 多く劇的内容をもち、音楽伴奏や背景をともなう芸術的な舞台舞踊。

ハレーション レ/〇〈halation〉名 写真で、強い光のために、被写体の周辺が白くぼやけること。

ハレー-すいせい ス【ハレー×彗星】名 イギリスの天文学者ハレー E.Halley によって軌道が確認された、すい星の一つ。長円形の軌道をえがき、地球には約七六年ごとに接近する。ハリー彗星。

パレード レ/パ〈parade〉名 たくさんの人のはなやかな行進。

バレー-ボール ボ〈volleyball〉名 コートの中央にネットをはり、二組が相対し、手で大形の球を打ちあう競技。九人制と六人制がある。バレー。排球(はいきゅう)。

はれ-おとこ オ【晴(れ)男】(をとこ) 名 その人が出かけると晴れると言われる男。参考 なかば冗談で言う語。

はれ-がまし・い シ【晴れがましい】形 カロ|カッ・ク|イ|イ|ケレ|〇 ❶はればれしい。非常にはれやかだ。はえばえしい。「―席」❷表だっていて恥ずかしい。きまりが悪い。**晴れがましさ** 名 **はれがま・し** 文語シク

はれ-ぎ ギ【晴(れ)着】名 晴れの場所で着る衣服。↕ふだんぎ。

パレス パ〈palace〉名 ❶宮殿。❷娯楽または公益のための豪華な建築物。殿堂。

はれ-すがた ス【晴(れ)姿】名 ❶きれいな晴れ着を着た姿。❷晴れの場所に出るときの姿。

パレスチナ《Palestine》アラビア半島の地中海に面した

部分で、大部分イスラエルの領土。パレスタイン。

はれつ ⓪【破裂】名 自サ ❶やぶれさけること。「水道管が―する」❷談判などが決裂すること。**―音** ツ 名 くちびる、舌と歯ぐき・口蓋など発声器官の一部を閉じ、呼吸をとめたのち、これを破って出す音。p・t・k・b・d・gなどの音。

パレット レ バ〈palette〉名 絵をかくとき、えのぐをまぜあわせて、色をつくる板。調色板。**―ナイフ** ナ〈palette knife〉名 パレットのえのぐをこねたり、残ったえのぐをけずりとったりするナイフ。

パレット パ レ〈pallet〉名 フォークリフトで荷物を移動するときに使う荷台。

はれて ハ【晴れて】副 おもてだって。おおやけに。「―結婚する」

はれ-ばれ ハ【晴れ晴れ】と副 自サ さっぱりとしてわだかまりのないようす。「―した顔」

ばれ-ばれ ⓪ 形動 俗語 明らかにばれているようす。見えすいているようす。「うそをついているのが―だ」

はればれし・い シ【晴れ晴れしい】形 ❶空がよく晴れわたっている。❷心がくもりなくさっぱりしている。「―顔」❸おもてだって、はなやかである。**はればれ・し** 文語シク

はれ-ぼった・い タ ⓪【腫れぼったい】形 はれてふくれている感じである。「―目」

はれ-ま マ【晴(れ)間】名 ❶雨・雪などのやんでいる間。❷雲のきれま。❸心のさっぱりしたとき。「気持ちの―」

ハレム ハ〈harem〉名 ➡ハーレム。

はれ-もの ⓪【腫(れ)物】名 できもの。しゅもつ。**―に触るよう** びくびくしながらするようす。

はれ-やか レ【晴れやか】形動 ❶晴れわたっているようす。❷心のはればれしいようす。「心も―に旅立った」❸はなやか。「―によそおう」**晴れやかさ** 名

バレリーナ リ〈ballerina〉名 バレエの、女性のおどり手。

は・れる レ【晴れる】自下一 ❶雲・霧・もや・かすみなどがなくなる。↔曇る。❷【×霽れる】心がさわやかになる。「気持ちが―」❸疑いなどがなくなる。「容疑が―」**は・る** 文語下二

は・れる ⓪【腫れる】自下一 炎症・打撲などで、からだの部分がふくれる。「ゆびが―」**は・る** 文語下二

バレル ハ〈barrel〉名 ヤードポンド法での、液体容積の計量単位。一バレルは約一五九リットル。バーレル。

ば・れる レ 自下一 俗語 悪事などがあらわれる。露見する。

ハレルヤ レ〈halleluiah〉名 キリスト教で、よろこび・感謝をあらわす語。参考 ヘブライ語で、主を賛美せよの意。

はれ-わた・る タ ⓪【晴(れ)渡る】自五 一面に晴れる。すっかり晴れる。「晴れ渡った秋空」

ばれん ⓪【馬×棟・馬連】名 版木に当てた紙を上からこする道具。

ばれん ⓪【馬×簾】名 まといのまわりにさげる、細長い厚紙や革。

バレンタイン-デー イ〈Valentine's Day〉名 二月十四日。若い男女が愛を告白する日。特に、女性の方から打ち明けることが許されるとされる。聖バレンタインデー。春

は-れんち レ【破廉恥】名 形動 はずべきことをはじないこと。はじしらず。**―罪** チ 名 道徳的に非難されるべき犯罪。詐欺・窃盗・贈収賄など。

は-ろう ⓪【波浪】名 文章語 なみ。波濤。

は-ろう ⓪【破×牢】名 自サ 文章語 獄舎をやぶって逃げること。ろうやぶり。脱獄。

ハロウィ(ー)ン ウィ ハ〈Halloween〉名 西洋で十月三十一日の夜に死者の霊を迎えるために行われる行事。現在では、アメリカで子どもたちが仮装をしたり、かぼちゃをくりぬいた提灯を作ったりして遊ぶ行事として有名。

ハロー ハ〈hello〉感 (よびかけの語)もしもし。こんにちは。

パロール ロ〈フparole〉名 [言](規則の体系としての言語に対して)実際に話したり書いたりする、個別的・具体的に使用される言語。⇩ラング 参考。

ハローワーク ワ〈Hello Work〉名 (和製英語)公共職業安定所の愛称。一九九〇年から使用される。

ハロゲン ハ〈halogen〉名 弗素・塩素・臭素・沃素など、金属元素と化合しやすい物質。

バロック ロ〈フbaroque〉名 自由な表現と複雑・華麗な装飾とを特色とする、一六世紀末から一八世紀初めにかけてのヨーロッパ建築・美術・音楽の様式。

パロディー パ〈parody〉名 有名な詩文などをまねして、風刺などの要素を加え、こっけい味を出した作品。

バロメーター メ〈barometer〉名 ❶気圧計。晴雨計。❷ある物事の目じるし。「健康の―」

ハロン ハ〈furlong〉名 競馬で用いられる距離の単位。一ハロンは約二〇〇メートル。

バロン バ〈baron〉名 男爵。

パワー パ〈power〉名 ❶勢力。人間の力。「ヤング―」❷出力。馬力。「―のあるエンジン」**―ゲーム** ゲ〈power game〉名 国際政治上の主導権争い。**―ショベル** ショ〈power shovel〉名 (和製英語)土木工事などに使う、動力のついた大型のショベル。動力ショベル。**―ハラスメント** ラ〈power harassment〉名 (和製英語)職場における職務権限を利用したいやがらせ。パワハラ。

ハワイ《Hawaii》太平洋のほぼ中央にあって、米国の一州をなす諸島。

ハワイアン ワ〈Hawaiian〉名 (「ハワイの」の意)ハワイふうの音楽。「―ギター」

は-わたり ワ【刃渡り】名 ❶刃物の刃の長さ。「―十五センチの包丁」❷刀の刃の上を素足で歩くかるわざ。

パワ-ハラ ⓪ 名 ➡パワーハラスメント。

パワフル パ〈powerful〉形動 力強いようす。「―な突進」

はん 接尾 方言 関西方言で、「さん」の変化した語。「いと―」「旦那―」「木村―」

はん【反】㊀ 造 接頭 …に反対する。…にそむく。「反逆・反抗・違反・造反・反道徳的・反社会的」㊁ 造 ❶かえる。もどる。かえす。「反響・反射・反対・反論」❷くりかえす。「反復」**反する** 自サ

はん【汎】造 接頭 ひろく全体にわたることをあらわす語。「汎用・広汎・汎アジア主義」参考 英語の「パン(pan)」にあたる。

はん【凡】造 およそ。すべて。いろいろ。「凡例」[別音 ぼん|凡]

はん【氾】造 あふれる。ひろがる。「氾濫」

はん【犯】㊀ 造 ❶おかす。法をやぶる。「犯行・犯人・違犯・防犯」❷犯罪。「共犯・戦犯・確信犯・放火犯」㊁ 接尾 犯罪の回数を示すことば。「前科二―」

はん【帆】造 ほ。「帆船・帆走・帰帆・孤帆・出帆・順風満帆」

はん【伴】造 ともなう。つきしたがう。「伴侶・随伴・同伴」[別音 ばん|伴]

はん【坂】造 さか。「坂路・急坂・登坂」

はん【×釆】造 のごめ。ノと米に分けた名称。部首の一つ。

はん【阪】 [造]「大阪」の略。「阪神・阪大・帰阪・京阪神」

はん【板】 [造]❶いた。「甲板・合板・鉄板」❷印刷用に作られた板。「板画・板本・官板・木板」[別音ばん|板]

はん【畔】 [造]❶ほとり。「河畔・橋畔・湖畔・池畔・墓畔」❷あぜ。くろ。「畦畔」

はん【般】 [造]❶たぐい。種類。一通り。「一般・這般・諸般・全般」❷ころ。「過般・今般・先般」

はん【×絆】 [造] きずな。「羈絆・脚絆」

はん【販】 [造] ひさぐ。売る。「販売・販路・直販・通販」

はん【斑】 [造] ぶち。まだら。「斑点・斑紋・死斑」

はん【飯】 [造] めし。ごはん。「飯盒・飯店・飯場・残飯・炊飯・赤飯」

はん【搬】 [造] はこぶ。「搬出・搬送・搬入・運搬」

はん【頒】 [造] わける。ゆずる。「頒価・頒行・頒布」

はん【繁】 [造]❶しげる。ふえる。「繁殖・繁茂」❷さかえる。にぎわう。「繁栄・繁華・繁盛」❸おおい。わずらわしい。「繁雑・繁多・繁忙・繁用・頻繁」

はん【×攀】 [造] よじる。よじのぼる。「登攀」

はん【半】 ㊀[八][名][造]❶なかば。半分。二分の一。「半額・半径・過半・前半」❷(ばくちなどで、さいころの目について言う)奇数。「丁半」⇔丁。㊁[造]❶はんぱ。不完全。「半玉・半熟・半端・半島」❷中途。「半開・半旗・半途・夜半」

はん【判】 ㊀[八][名][造]❶印形。はんこ。「血判・連判・太鼓判」❷かきはん。花押。❸[文章語]見わけ区別すること。判定。「―を下す」「判断・判定・批判・評判」㊁[造]❶わかる。はっきりする。「判然・判明」❷裁判。「判決・判事・公判」❸紙や書物などの大きさを示すことば。「判型」 **判じる** [他上一] **判ずる** [他サ] [別音ばん|判] **―で押したよう** 変化のないことをくり返すようす。「―な毎日」

はん【版】 ㊀[八][名][造]❶印刷に用いる板。また、活字を組んだもの。印刷版。「版画・版木・活版・製版」❷印刷。出版。「―を重ねる」「版元・再版・絶版」㊁[造] ふだ。帳簿。「版籍」㊂[接尾] 出版物の刊行回数をかぞえることば。「初―・三―」

はん【×叛】 [八][名][造] そむくこと。反逆。むほん。「―をくわだてる」「叛旗・叛逆・叛乱・背叛」

はん【班】 ㊀[八][名][造] くみ。仲間。「―に分ける」「班員・班長・救護班・第二班」㊁[造] 席次。「首班」

はん【煩】 ㊀[八][名][造] わずらわしいこと。「―にたえない」「煩瑣・煩雑・煩多・煩忙」㊁[造] わずらう。なやむ。「煩悶」

はん【範】 ㊀[八][名][造] てほん。模範。「―として仰ぐ」「範読・範例・規範・師範・模範」㊁[造] くぎり。さかい。「範囲・範疇・広範」 **―を垂れる** 手本をしめす。模範となる。

はん【藩】 ㊀[八][名][造] 江戸時代、大名の領地、およびその統治組織。「藩主・藩閥・旧藩・尾張藩」㊁[造] まがき。かきね。「藩屏」

ばん【版】 [接尾]❶出版。出版物。「限定―」「普及―」❷製版。印刷版。「オフセット―」

ばん【判】 [造][接尾]❶紙や本などの大きさ。「大判・菊判・四六判・新書判・A5判」❷むかしの金貨。「大判・慶長小判」[別音はん|判]

ばん【万】 ㊀[造]❶よろず。たくさん。多数。「万国・万人・万能・万物」❷すべて。「万全・万端」[別音まん|万] ㊁[バ][副](多く下に打ち消しの語をともなって)❶どうしても。なんとしても。「―やむをえない事由」❷けっして。絶対に。「―遺漏なきを期す」

ばん【伴】 [造] ともなう。つきしたがう。「伴食・伴走・伴奏・相伴」[別音はん|伴]

ばん【板】 [造]❶いた。「板金・板書・看板・黒板・登板」❷変化がない。「平板」[別音はん|板]

ばん【×挽】 [造]❶ひく。ひきもどす。「挽回・推挽」❷死者の棺をのせた車をひく。「挽歌」

ばん【蛮】 [造]❶未開の異民族。外国人。「蛮人・蛮族・蛮地・蛮民・南蛮」❷あらあらしい。洗練されていない。「蛮行・蛮習・蛮声・蛮風・蛮勇・野蛮」

ばん【×鈑】 [造] いたがね。「鈑金」

ばん【×輓】 [造]❶ひく。ひきあげる。「推輓」❷死車のひつぎをのせた車をひく。「輓歌」❸ちかい。「輓近」

ばん【×磐】 [造]❶いわ。大きな石。「磐石・落磐」❷「磐城(旧国名)」の略。「磐越・常磐」

ばん【×蕃】 [造] 未開人。「蕃夷・蕃書・蕃人・蕃俗・南蕃」

ばん【晩】 ㊀[0][名][造]❶日が暮れてからしばらくの間。「―の食事」「晩餐・晩酌・晩鐘」❷夜。「きのうの―は眠れなかった」「今晩・毎晩」[参考]「晩❶❷」と対応する和語は「夕方」である。ただし、複合語の要素としては「夕」も、造語力を発揮している。⇩夕[参考]。㊁[造] おそい。「晩婚・晩年・早晩・大器晩成」

ばん【番】 ㊀[バ][名][造]❶順にその事にあたること。「―を待つ」「週番・当番・早番・輪番」❷見張り。「倉庫の―をする」「番犬・門番・店番」㊁[造]❶順序。序列。「番号・番地・連番」❷試合や演芸などの組みあわせ。「番外・番組・番付・本番」㊂[接尾]❶順序・等級をあらわすことば。「一―で卒業する」❷勝負事の回数をあらわすことば。「十―勝負」

ばん【盤】 ㊀[バ][名][造]❶食物を盛るうつわ。さら。「盤台・水盤」❷食器の台。❸碁盤。将棋盤。❹レコード盤。㊁[造]❶ものをのせる台。「鍵盤・旋盤」❷おおきな岩。「盤石・岩盤・地盤・落盤」❸勝負の局面。「終盤・序盤・中盤」❹わだかまること。「盤踞・盤根錯節」

ばん【×鷭】 [バ][名] クイナ科の水鳥。池・沼や水田などに住み、人間の笑い声のような鳴き方をする。㊇

バ(ヴァ)ン [バ]〈VAN〉[名](value added network から)電話回線から入力されたデータをコンピューターを使って処理し、利用価値の高いものに変換して提供する通信サービス。付加価値通信網。

バン [バ]〈van〉[名] 乗用車兼用の箱型の貨物自動車。ライトバン。

パン〈pan〉[接頭] 全。汎。「―アジア主義」

パン [造] パンツ。パンティー。「綿―」「ノー―」

パン [バ]【×麺×麭】〈ポ pão〉[名]❶小麦粉・ライ麦粉などを主原料とし、酵母菌を入れて、水でこねて発酵させ、焼きあげた食べ物。❷主食。食料。「人は―のみにて生くるものにあらず」

パン [バ]〈pan〉[名] 取っ手付きの、底のたいらなべ。「フライ―」

パン [バ]〈pan〉[名][他サ] 映画やテレビの撮影技法。カメラを一か所に固定し、レンズを水平方向に動かし、広範囲を撮影する。「―して町並みを映す」

はん-あい [0]【汎愛】[名][文章語] ひろく愛すること。博愛。「―主義」

パン-アメリカニズム [バ]=[ニ]〈Pan-Americanism〉[名] 汎米主義。

バンアレン-たい [0]【バンアレン帯】[名] 地球の赤道上空をドーナツ状にとりまく放射能帯。[参考] バン=アレンBan Allen は発見者の名。

はん-い [ハ]【犯意】名 罪をおかす意思。悪事をしようとする心。「別に―はなかった」

はん-い [ハ]【×叛意】名〔文章語〕そむこうとする気持ち。叛心。

はん-い [ハ]【範囲】名 一定のきまった区域内。さかい。「行動―」

ばん-い [バ]【蛮×夷・×蕃×夷】名〔文章語〕〔「蛮」は南方の未開人、「夷」は東方の未開人の意〕えびす。野蛮人。

はんい-ご [0]【反意語】名 対義語。反義語。↕同意語・同義語。

はん-いん [0]【班員】名 班を構成する人。

はん-えい [0]【反映】㊀名自サ ❶反射してうつること。てりかえし。「夕日が池の水に―する」❷影響がしぜんにあらわれること。「監督の性格が選手に―する」㊁名自他サ 一つのことの性質が、他のことの上にあらわれること。「平素の考えが行動に―する」

はん-えい [0]【繁栄】名自サ 発展し、さかえること。はんじょう。「国家の―」⇩発展 参考。

はん-えいきゅう [ハ]【半永久】名 ほとんど永久に近いこと。「―的な設備」

ばんえい-けいば [ケ]【ばんえい競馬】【×輓×曳競馬】名〔「輓」も「曳」も引く意〕競走馬が騎手と重量物をのせたそりを引き、障害物を設けた二〇〇メートルのコースを走る、北海道の地方競馬。

はん-えり [0]【半襟】名 じゅばん・長じゅばんのえりの上にかける、かざりのえり。

はん-えん [0]【半円】名 円を直径で二分した、その一方。

はん-おち [0]【半落ち】名〔俗語〕犯行の一部を自供すること。参考 警察用語で、自供することを「落ちる」ということから。

はん-おん [0]【半音】名 全音の二分の一の音程。ハ長調ではホ・ヘとロ・ハの間。↕全音。

はん-おんかい [オ]【半音階】名 各音のへだたりがすべて半音である音階。↕全音階。

はん-か [ハ]【反歌】名 長歌のあとに、その内容をまとめ、またおぎない、よみそえる短歌。かえしうた。

はん-か [ハ]【半価】名 半値。

はん-か [ハ]【繁華】名形動(の) いつも人出が多く、商売がさかえ、あかるくにぎわっていること。**―街**(がい) [カ]名 都市の中で、特ににぎやかな通り。さかりば。

はん-が [0]【版画】名 木版・銅版・石版などで刷(す)った絵。特に木版画・にしき絵のこと。

ばん-か [バ]【×挽歌】名〔文章語〕〔中国で、死者のかんおけを挽(ひ)くときにうたう歌の意〕人の死をいたみかなしむ歌。万葉集では、雑(ぞう)・相聞(そうもん)とともに、三大部立ての一つ。

ばん-か [バ]【晩夏】名〔文章語〕❶夏の終わり。❷陰暦六月。(夏) ↕初夏。

ハンガー [ハ]〈hanger〉名 洋服かけ。えもんかけ。 **―ボード** [ボ]〈hanger board〉名〔和製英語〕小さな穴を一定間隔にあけた壁板。台所用品・工具などをさげるのに用いる。

バンカー [バ]〈bunker〉名 ゴルフコース中の障害物で、砂の入っているくぼ地。

ハンガー-ストライキ [ラ]〈hunger strike〉名 絶食を手段としておこなうストライキ。ハンスト。

はん-かい [0]【半解】名〔文章語〕一部分だけを知って全体を理解しないこと。なまかじり。「一知―」

はん-かい [0]【半開】名自サ なかばひらくこと。半びらき。「―のドア」↕全開。

はん-かい [0]【半壊】名自サ なかばこわれること。「建物が―する」↕全壊。

ばん-かい [0]【×挽回】名他サ もとへもどすこと。とりかえすこと。「勢力を―する」

ばん-がい [0]【番外】名 ❶一定の番数・番組のほか。「―の余興」❷正式の構成員でない者。

はん-がえし [ガ]【半返し】(―がへし) 名 祝儀・不祝儀で、贈られた金品の半額程度の金品をお礼として返すこと。

はん-かく [0]【反核】名 核兵器の使用に反対すること。

はん-かく [0]【半角】名 印刷文字で、全角の半分にあたる文字。「―英数字」

はん-がく [0]【半額】名 ある金額の半分。↕全額。

はん-がく [0]【藩学】名 江戸時代に、藩主が、藩士の子弟を教育するためにもうけた学校。藩学校。藩校。

ばん-がく [0]【晩学】名 年とってから勉学をはじめること。

ばん-がさ [0]/[ガ]【番傘】名 じょうぶな油紙をはった雨傘。

はん-がた [0]【判型】名 ⬇はんけい(判型)。

ばん-がた [0]【晩方】名 ゆうがた。↕あさがた。

ハンカチ [カ]/[0] 名〔「ハンカチーフ」の略〕西洋ふうの四角な布の手ふき。ハンケチ。(夏)

ハンカチーフ [チ]〈handkerchief〉名 ⬇ハンカチ。

はんか-つう [0]/[カ]【半可通】名 よく知らないのに知ったようなふりをすること。また、その人。

ばん-カラ [0]【蛮カラ】名形動〔「ハイカラ」をもじったことば〕みなり・ことば・動作などが、あらっぽく野蛮なこと。

ハンガリー《Hungary》〔「洪牙利」とも書いた〕中部ヨーロッパ南東部の共和国。首都はブダペスト。

バンガロー [ガ]〈bungalow〉名 キャンプ地・避暑地などで、夏だけ開く簡単な小屋。(夏) 参考 もとは、インドのベンガル地方の、軒が深く、正面にベランダのある小住宅のこと。

はん-かん [0]【反間】名〔文章語〕❶敵のスパイを利用して相手の計略のうらをかくこと。❷相手の仲間割れの計略をめぐらすこと。**―苦肉**(くにく)**の策**(さく) 自分の身を犠牲にして、相手の仲間割れを起こそうとするはかりごと。

はん-かん [0]【反感】名 反抗する気持ち。いやだと思う感じ。「―をいだく」**―を買**(か)**う** 反感をもたれる。

はん-かん [0]【繁閑】名 いそがしいことと、ひまなこと。

はん-かん [0]【繁簡】名〔文章語〕繁雑と簡略。「―よろしきを得ず」

はん-がん [0]【半眼】名 すこしひらいた目。「―にひらいたまぶた」

はん-がん [ハ]【判官】名 ❶律令制で、四等官の第三位。特に、検非違使(けびいし)の尉(じょう)を指すことが多い。尉(じょう)。ほうがん。❷裁判官の、古めかしい言い方。**―×贔×屓**(びいき) [ヒ] 名 大衆が人気のある弱者や敗者に同情する気持ち。ほうがんびいき。参考 判官であった源義経(みなもとのよしつね)を、不幸な英雄として同情したことから。

ばん-かん [0]【万感】名 いろいろさまざまの感じ。「―胸にせまる」

はんかん-はんみん [0]【半官半民】名 政府と民間とが協同で出資・経営すること。

はん-き [ハ]【反旗】【×叛旗】名 むほん人の立てるはた。**―を翻**(ひるがえ)**す** むほんをおこす。

はん-き [ハ]【半季】名 ❶一季の半分。❷半年。半期。

はん-き [ハ]【半期】名 ❶一か年の半分。❷一期の半分。

はん-き [ハ]【半旗】名 弔意(ちょうい)をあらわすため、国旗などを、さおのいただきから三分の一ほどさげてかかげるもの。

はん-ぎ [0]/[ギ]【版木・板木】名 文字・絵画を彫りつけた印刷板。

ばん-き [バ]【万機】名〔文章語〕政治上のさまざまのたいせつな事がら。「―公論に決すべし」

ばん-き [バ]【晩期】名〔文章語〕❶晩年の時期。❷末期。「明治の―」↕早期。

はん-ぎ [バ]【板木】名 たたいて、合図や注意をする板。

はんき-かん [キ][カ]【半規管】名 ほとんどの脊椎動物の内耳にある、平衡感覚をつかさどる半規(半円)形の器官で、からだの回転を感じる。三半規管ともいう。⇩耳(図)。

ばん-ぎく [0]【晩菊】名 おそ咲きの菊。(秋)

はんぎ-ご [0]【反義語】名 対義語。

ばん-きしゃ [キ]【番記者】名 早く確かな情報を得るために、特定の人物についている記者。「総理の―」

はん-ぎゃく [0]【反逆】【×叛逆】名 自サ 主君や仲間にそむくこと。むほん。**―児** [ク] 名 独自の考え方をかたくもっていて、世間一般の風習に従おうとしない人。わざと一般にそむいた態度をとる人。「政界の―」

はん-きゅう [0]【半弓】名 すわって射ることができる小形のゆみ。小弓。↕大弓。

はん-きゅう [0]【半休】名 半日だけの休業・休暇。

はん-きゅう [0]【半球】名 ❶球を、その中心を通る平面で二分した、その一つ。球の半分。❷地球を、東西または南北に半分にくぎったその一つ。「南―」「東―」

はん-ぎょ [ハ]【半漁】名 生計の半分を漁業でたてること。「半農―」

ばん-きょ [バ]【盤×踞・×蟠×踞】名 自サ〔文章語〕❶わだかまること。とぐろをまくこと。❷土地を占めて勢力をふるうこと。「豪族が―する」

はん-きょう [0]【反共】名 共産主義に反対・反抗すること。↕容共。

はん-きょう [0]【反響】名 自サ ❶音波がかべにあたって反射し、ふたたび耳に聞こえること。また、その音。こだま。やまびこ。❷あることの影響を受けて、動きがおこること。「―を呼びおこす」「いくら宣伝しても―がない」

はん-きょうらん [キョ]【半狂乱】名 平静さをなくし、取り乱した状態。

はん-ぎょく [0]【半玉】名 芸者の、まだ一人まえでないもの。おしゃく。↕一本。

はんきり-がみ [リ]【半切(り)紙】名 手紙用の和紙の巻紙。半きれがみ。はんきり。

はん-きれ [0][レ]【半切れ】名 ❶ひときれの半分。❷はんきれがみ。はんきりがみ。

はん-きん [0]【半金】名 全金額の半分。

ばん-きん [0]【万×鈞】名 物がきわめて重いこと。「―の重み」

ばん-きん [0]【板金】名 ❶金属を板のように、うすくうちのばしたもの。いたがね。❷金属板の加工。「―工」

ばん-きん [0]【×輓近】名〔文章語〕(「輓」は古代に対する、のちの意)ちかごろ。最近。

バンキング [バ]〈banking〉名 銀行業務。「―システム」「インターネット―」

バンク [バ]〈bank〉名 ❶銀行。「メーン―」❷ある目的のために、必要なものや情報を蓄えておく機関。「骨髄―」「データ―」

バンク [バ]〈bank〉名 ❶土手。堤防。❷競輪や自動車レースのコースで、カーブしている斜面。

パンク [0] 名 自サ (puncture から) ❶タイヤのチューブなどが破れること。❷ものがふくれて破れ、中身が出ること。

ハング-グライダー [ラ]〈hang glider〉名 大形の西洋凧に似た装置に乗り手がぶらさがり空を飛ぶスポーツ。

ばん-ぐみ [0]【番組】名 演芸・放送・勝負事などの組みあわせ。また、それを書いたもの。プログラム。「ラジオの―」

バングラデシュ《Bangladesh》インド半島の東部の人民共和国。一九七一年にパキスタンから独立。首都はダッカ。

ハングリー [ハ]〈hungry〉形動 ダロ・ダッ・ダニ・ダナ・ナラ・〇 (「空腹」の意)❶何かに満たされないようす。❷ほしいものをひたすらに求めるようす。「―精神」

ハングル [ハ] 名 (「大いなる文字」の意)大韓民国と朝鮮民主主義人民共和国の国字。一〇の母音と一四の子音を組み合わせて音節をつくる文字。

ばん-くるわせ [ク]【番狂わせ】名 予想外の結果。

はん-ぐれ [0]【半ぐれ】名〔俗語〕暴力団に属さないが、暴力・恐喝などを行う反社会的な集団。〔参考〕「半グレ」と書くことが多い。

パンク-ロック [ロ]〈punk rock〉名 一九七〇年代にイギリスやアメリカで生まれたロックミュージック。反権力、反体制など、既成概念を否定する姿勢・表現を特徴とする。パンク。

パンクロマチ(ティ)ック [チ]〈panchromatic〉名 すべての可視光線によく感光する白黒の写真乾板・フィルム。全色感光板。自然に近い感じの写真がとれる。パンクロ。

はん-ぐん [0]【反軍】名 ❶軍国主義に反対すること。戦争に反対すること。反戦。「―思想」❷反乱軍。

はん-けい [ハ]【半径】名 円または球の中心から円周上または球面上の点にいたる線分。また、その長さ。↕直径。

はん-けい [0]【判型】名 本の大きさ。規格サイズにはA判とB判がある。はんがた。

ばん-けい [0]【晩景】名〔文章語〕夕方のけしき。

ばん-けい [0]【盤景】名 水盤の上に自然の景色を再現した芸術作品。

パンケーキ [ケ]〈pancake〉名 ❶小麦粉に卵・牛乳などを入れ、うすく焼いた菓子。❷固形おしろいの一種の商標名。

はん-げき [0]【反撃】名 自サ ❶攻めてくる敵を逆にうつこと。反攻。❷勢いがおされぎみだったのを、逆におし返すこと。「―に転じる」

はんげ-しょう [ゲ]【半夏生】名 夏至から十一日めで、七月二日ごろ。半夏(からすびしゃく)という薬草がはえるころ。田植えをこのときに終えるという。(夏) ⇩雑節(表)。

ハンケチ [ケ] 名 ➡ハンカチ。

はん-けつ [0]【判決】名 他サ 裁判所が法規にあてはめて訴訟事件を判断し、決定すること。

はん-げつ [ハ]【半月】名 ❶一か月の半分。はんつき。❷半円形をした月。ゆみはりづき。(秋) ❸半円形。**―板** [0] 名 ひざの関節に左右一対あり、ひざの運動を助ける軟骨組織。

バンケット [バ]〈banquet〉名 宴会。祝宴。「―ルーム」

はん-けん [0]【半券】名 入場券や預かり証の、客に渡される半片。

はん-けん [0]【版権】名 著作物を出版し、その利益を自分のものとする権利。〔参考〕「著作権」の旧称。「著作権」と対立するもののように言うのは誤り。

はん-げん [0]【半舷】名 軍艦の乗組員を左舷と右舷の当直とにわけて、その一方をいう語。「―上陸」

はん-げん [0]【半減】名 自他サ 半分にへらすこと。「―期」

ばん-けん [0]【番犬】名 家などの番をする飼い犬。

はん-こ [コ]【判子】名 はん。印。印判。印形。印鑑。

はん-ご [0]【反語】名 ❶問いかけるような形をとり、前のことばの意味を強く打ち消す表現。「どうして行かれよう

は

か」など。❷表面ではほめ、またはそしって、裏にはその反対の意味をふくませる言い方。ひにくな言い方。アイロニー。不正直な人に「きみは正直だね」というなど。

ばん-こ バ【万古】名 ❶〔文章語〕永久。永遠。❷ばんこやき。**—不易** バ-フ 名〔文章語〕永久にかわらないこと。**—焼** ◎ 名 江戸時代中期に、伊勢の沼浪弄山がはじめた異国趣味の陶器。

ばん-ご バ【蛮語】名〔文章語〕❶野蛮人のことば。❷昔、外国語をいやしんでいったことば。特に、スペイン語・ポルトガル語をさした。南蛮語。

パン-こ コ【パン粉】【麵麴粉】名 ❶パンをかわかして、こなにしたもの。フライのころもに用いる。❷パンの原料にする小麦粉。

はん-こう ◎【犯行】名 犯罪となるおこない。「—を重ねる」

はん-こう ハ【藩侯】名 藩主。とのさま。

はん-こう ハ/◎【藩校】名 ↓はんがく(藩学)。

はん-こう ◎【反抗】名 自サ てむかうこと。抵抗。敵対。「親に—する」**—期** コ 名 こどもが、自我の成長にともない、周囲の人に対して反抗的になる時期。幼年期(第一反抗期)と青年初期(第二反抗期)の二回。

はん-こう ◎【反攻】名 自サ 守勢のものが攻勢にかわること。攻めてくる敵を逆にうつこと。反撃。「—に転ずる」

はん-こう ◎【版行】名 自サ〔文章語〕書籍・文書などを印刷・発行すること。刊行。

はん-ごう ◎/ゴ【飯×盒】名 アルミニウムでつくった、炊事もできる、食糧携帯器。行軍や登山などに使う。

ばん-こう ◎【蛮行】名 やばんなおこない。

ばん-ごう ゴ【番号】名 順番のしるし。ナンバー。

はん-コート コ【半コート】名 ❶羽織より少し長い、女性の和服用のがいとう。❷みじかい洋服用のがいとう。ハーフコート。

ばん-こく バ【万国】名 よろずの国。たくさんの国。地球上のすべての国。万邦。**—博覧会** ラ 名 一八五一年にロンドンで第一回が開催された国際的博覧会。現在は国際博覧会条約の加盟国によって順次数年おきに開かれる。万国博。万博。**—標準時** バ-ジュ 名 世界共通の標準時間。英国のグリニッジ子午線での、ま夜中を零時としてあらわす。参考 今は廃止された。

ばん-こく ◎【万×斛】名〔文章語〕(一万石の意)たいそう多い分量。「—の涙」

はん-こつ ◎【反骨】【×叛骨】名〔文章語〕権威や世間的慣習に対して反抗する気力。「—精神」

ばん-こつ バ/◎【万骨】名〔文章語〕たくさんの人々のほね。「一将功成って—枯る」

ばんこっ-き コ【万国旗】名(「ばんこくき」の変化)世界各国の国旗。装飾などに使う世界の国々の小旗。

ばん-ごはん ゴ【晩御飯】名 夜の食事。夕御飯。夕食。夕飯。晩飯。↕朝御飯・昼御飯。参考 朝と昼の食事がほぼ類似の語形のまとまりでとらえられるのに対し、一日の最後の食事は、「晩○○」と「夕○○」とがセットになっている場合がある。「晩御飯」が普通であるのに、「夕御飯」はそれほどでもない。「夕食」はあっても「晩食」はない。これは、日本の生活習慣が明治期を境にして、二食から三食に替わったこと、それが「晩」「夕」の二つの語との結びつきの間にずれを生じたことによる。一般に「夕○○」のほうが「晩○○」よりも早い時刻を指す感じがある。「夜御飯」は比較的近年になってできた語。

ばん-ごや ◎【番小屋】名 番人のいる小屋。

はん-ごろし ◎【半殺し】名 もう少しで死ぬほどの目にあわせること。

はん-こん ◎【×瘢痕】名〔文章語〕きずあと。

ばん-こん ◎【晩婚】名 ふつうの結婚期がすぎてからの結婚。おそい結婚。↕早婚。

はんごん-こう ◎/ゴ【反魂香】名 たくと死者の魂がやってきて、その姿が煙の中にうつるという香。

ばんこん-さくせつ ◎【盤根錯節】名〔文章語〕(まがりくねっている根と、入りくんだ節)こみいっていて、処理・解決のしにくい事がら・事態。

はん-さ ハ【煩×瑣】形動 ダロ・ダッ・デ・ニ ダ・ナ・ナラ・○ こまごまとこみいっていて、わずらわしいようす。煩雑。

はん-さい ◎【半済】名 借金などを半分だけ返すこと。

はん-さい ◎【半裁】名 半分に切ること。半分に切ったもの。半截。「B判—」

はん-さい ハ【半歳】名〔文章語〕半年。はんとし。

はん-ざい ◎【犯罪】名 法律によって刑罰をあたえられるおこない。おかした罪。

ばん-ざい ザ【万歳】㊀名 ❶〔文章語〕永久にさかえること。「み世—を祈る」❷めでたいこと。「これでまずまず—だ」❸(㊁の両手を上にあげることから)降参すること。すっかりへいこうすること。お手あげ。㊁感 人や物事を祝福して大ぜいがいっしょに両手をあげてとなえることば。

はん-さく ◎【半作】名 作物の、ふつうの年の半分のとれ高。五分作。

ばん-さく ◎【万策】名 ありとあらゆる手段。「—つきる」

はん-さつ ◎【藩札】名 江戸時代、各藩で発行した、その領内だけに通用する紙幣。

はん-ざつ ◎【煩雑】【繁雑】形動 ダロ・ダッ・デ・ニ ダ・ナ・ナラ・○ 多くの事柄がからみ合い、ごたごたして、わずらわしいようす。めんどう。煩瑣。「—な手続き」↕簡単・簡潔。

ハンサム ハ〈handsome〉形動 ダロ・ダッ・デ・ニ ダ・ナ・ナラ・○ 男性の、容貌や風采がよいさま。

はん-さよう サ【反作用】名 作用と大きさがひとしく、方向が正反対である力。

ばん-さん ◎【晩×餐】名 夕飯。夕食。「—会」

はん-し ハ【半死】名 ❶死にかかっていること。❷年とって余命のすくないこと。「—の老人」**—半生** ハ-イ 名 もうすこしで死にそうなこと。「—の目にあう」

はん-し ハ【半紙】名 たて二四～二六センチメートル、よこ三二・五～三五センチメートルの大きさの和紙。

はん-し ハ【範士】名 弓道・剣道で八段以上の優秀者にあたえられる最高の称号。↕教士・錬士。

はん-し ハ【藩士】名 大名のけらいである武士。

はん-じ ハ【判事】名 ❶裁判官の官名の一つ。高等裁判所・地方裁判所・家庭裁判所におかれる。❷裁判官の旧称。

ばん-し バ【万死】名〔文章語〕何度も死ぬこと。**—に値する** なんど死んでもつぐなえないほど、罪が重い。**—に一生を得る** たいそうあぶなかった命がやっとのことでたすかる。万死一生。

ばん-し バ【番士】名 見張り当番の兵士。

ばん-じ バ【万事】名 すべてのこと。あらゆること。**—休す** もはやほどこす方法がない。もうおしまいだ。

パンジー パ〈pansy〉名 さんしきすみれ。

バンジー-ジャンプ ジャ〈bungy jump〉名 のび縮みする命綱をつけて高所から水面や地面近くまで飛び降りる遊び。

はんじ-え ジ【判じ絵】名 判じ物にした絵。絵の中に、文字や別の絵をかくして、人にあてさせるもの。

はん-しき ◎【範式】名 ❶かた。てほん。❷〘数〙公式。

はん-した⓪【版下】名 ❶版木を彫るためにはりつける下がき。❷印刷で、実際の印刷版面をつくるために、文字・図表などを台紙上に組んだもの。

はん-じつツ【半日】名 一日の半分。はんにち。

はんじ-もの⓪【判じ物】名 文字・絵画に、ある意味をかくして人にあてさせるなぞなぞの一つ。

はん-しゃ⓪【反射】名 自他サ ❶光・電波などが物質の境界面にあたって方向をかえること。❷知覚神経にうけた刺激が大脳にまで達せず、意識と無関係に筋肉や腱などの活動をおこすこと。**—運動**ウ 名「反射❷」の機能による無意識の運動。**—鏡**⓪ 名 光線を反射してあつめるようにしてある、中くぼみの鏡。**—光線**コ 名 物質の境界面にあたって方向をかえた光線。特に、もとの方向にもどる光線。**—神経**シ 名 刺激に対して瞬間的に反応する能力。「—がにぶい」**—的**⓪ 形動 意識しないで興奮・反応がおこったり、行動をしたりするようす。「—にとびおきる」**—炉**シャ 名 金属をとかすための炉。天井・側壁の輻射熱で金属をとかし、その成分をあまりかわらせないのが特徴。

はん-じゃハ【判者】名 ❶物事の優劣などをきめる人。❷歌合わせで歌のよしあしをきめる役。

ばん-しゃハ【万謝】名 自サ 文章語 ❶あつく感謝すること。❷ふかくわびること。「妄言—」

はんしゃかい-てきハ【反社会的】形動 ダロ・ダッ・デ・ニ／ダ・ナ・ナラ⓪ 社会の秩序や道徳から逸脱しているようす。「—な行動」「—勢力」

ばん-しゃく⓪【晩酌】名 自サ 夕食のとき酒を飲むこと。また、その酒。

ばん-じゃく⓪【盤石】【×磐石】名 文章語 ❶大きな岩。巨石。❷ひじょうにしっかりしていること。堅固。「—の守り」

はん-しゅハ【藩主】名 藩の領主。藩侯。

はん-じゅハ【半寿】名（「半」の字は分解すると「八十一」になることから）八十一歳の祝い。⇩賀の祝い（表）。

はん-しゅう⓪【半周】㊀名 他サ 周囲の半分をまわること。㊁名 円の周囲の半分。

ばん-しゅう⓪【晩秋】名 ❶秋の終わり。㊍ ↕初秋・中秋。❷陰暦九月。

ばん-しゅう⓪【蛮習】【×蕃習】名 野蛮な習慣。

ばんしゅう《播州》➡はりま（播磨）。

ばんしゅう《磐州》➡いわき（磐城）。

はんじゅう-しんジュ【半獣神】名 ➡ぼくしん（牧神）。

ばんしゅうへいや《播州平野》宮本百合子の小説。一九四七年刊。終戦の日の描写から始まる、記録ふうの自伝的小説。

はん-じゅく⓪【半熟】名 ❶なまにえ。なまやけ。「—卵」❷果実がすこし熟したこと。❸技芸などの未熟なこと。

ばん-じゅく⓪【晩熟】名 おくれて成熟すること。↕早熟。

はん-しゅつ⓪【搬出】名 他サ はこびだすこと。もちだすこと。↕搬入。

ばん-しゅん⓪【晩春】名 ❶春の終わり。㊍ ↕初春・早春。❷陰暦三月。

ばん-しょショ【番所】名 ❶番人のつめる所。❷江戸時代、江戸の南と北の町奉行所。

ばん-しょバ【×蕃書】名 江戸時代、外国、特に欧米の書籍・文書の称。

ばん-しょ⓪【板書】名 自他サ 黒板に書くこと。また、その文字や絵。

はん-しょう⓪【反照】名 ❶てりかえすこと。反射。❷夕ばえ。

はん-しょう⓪【半生】名（「はんせい」と読めば別語）➡半死半生。

はん-しょう⓪/ショ【半鐘】名 火の見やぐらの上などに取りつけた小形のつりがね。火事などの知らせに打ちならす。**—泥棒**ド 名（火の見やぐらの半鐘がとれるほど背が高い意）背の高い人をあざけり、または、からかっていう語。

はん-しょう⓪【汎称】名 文章語 同類のもの全体をひっくるめてのよび名。

はん-しょう⓪【半焼】名 自サ 火事で半分ぐらい焼けてしまうこと。「家財が—する」↕全焼。

はん-しょう⓪【反証】名 他サ 反対に証拠だてること。反対の証拠。相手の申したてや証拠を、うちまかすための証拠。「—をあげる」

はん-しょう【反省】「はんせい」のあやまり。

はん-じょう⓪【半畳】名 ❶ハ 一畳の半分。❷ジョ 昔、しばい小屋で、見物人が敷いた小さい敷き物。**—を入れる** 他人の言動をからかったり、まぜかえしたりする。参考 見物人が役者に不満を感じるとき、敷いている半畳を舞台に投げいれたことから。

はん-じょう⓪【犯情】名 犯罪に至るまでの事情。

はん-じょうハ【繁盛】【繁×昌】名 自サ にぎわいさかえること。「商売—」⇩発展 参考。

ばん-しょう⓪【万象】名 文章語 すべての、かたちある物。万物。「森羅—」

ばん-しょう⓪/バ【万障】名 いろいろのさしさわり。「—くりあわせる」

ばん-しょう⓪【晩鐘】名 文章語 夕方に鳴る寺院・教会のかね。いりあいのかね。

ばん-しょう⓪【番匠】名 ❶大工。❷昔、大和・飛驒などの諸国から交替で京都にのぼってつとめた大工。

ばん-じょう⓪【万丈】名 一丈の万倍。非常に高いこと。**—の気炎** たいそうさかんな意気ごみ。

ばん-じょう⓪【万乗】名 一万台の兵車。**—の君**（昔、中国で、一万台の兵車をもっていた大国の君主のことから）天下をおさめる君主。天子。

バンジョーバ（banjo）名 円形の胴に四本または五本の弦をはった弦楽器。アメリカ民謡・デキシーランドジャズなどに用いる。

バンジョー

はん-しょく⓪【繁殖】【×蕃殖】名 自サ 動物・植物がどんどん生まれてふえること。ふえはびこること。「細菌が—する」

はん-じょく⓪【繁×縟】名 形動 文章語 こまごまとして、わずらわしいこと。繁文縟礼。「—な規則」

ばん-しょく⓪【伴食】名 ❶主客のおともをして、ごちそうになること。陪食。相伴。❷その職や地位についているが実権・実力がないこと。「—大臣」

ばん-しょく⓪【晩食】名 夕食。

パン-しょく⓪【パン食】【▲麺×麭食】名 パンを主食とすること。

はん・じる⓪【判じる】他上一 ジジ・ジル・ジレ・ジロ・ジヨ ➡はんずる。

はん-しん⓪【反臣】【×叛臣】名 文章語 むほんをくわだてたけらい。逆臣。

はん-しん⓪【半身】名 ❶からだの半分。左または右半身。上または下半身。↕全身。❷上半身。「—像」**—不随**⓪/フ 名 脳出血などのために神経がまひして、からだの左か右の半分が思うように動かなくなる症状。**—浴**シ 名 胸から下だけぬるめの湯につかる入浴法。

はんしん《阪神》大阪と神戸。また、その地方。

ばん-じん 0/ジ【万人】名 ⬇ばんにん(万人)。

ばん-じん 0/ジ【蛮人】名 やばん人。未開の人。

ばん-じん 0/ジ【×蕃人】名 ❶未開の人。❷江戸時代、外国人のことをいったことば。

はんしん-はんぎ ハ2【半信半疑】名 半分は信じ、半分はうたがうこと。よくは信用しないこと。

はんしん-ろん シ【汎心論】名 万物にすべて心があるという説。

はんしん-ろん シ【汎神論】名 宇宙の万物が神であり、神のあらわれが万物であるという思想。

はん-すい 0【半睡】名〔文章語〕なかば眠っていること。「半醒はんせい—」

はん-すう ス【半数】名 全数の半分のかず。↕全数。

はん-すう 0【反×芻】名 他サ ❶うし・ひつじ・しか・らくだなどが、一度飲みこんだ食物を、また口に出してかむこと。❷記憶していることをくりかえして、味わったり、考えたりすること。

ハン-スト 0 名「ハンガーストライキ」の略。

パン-スト 0 名〔商標名〕「パンティーストッキング」の略。

パン-ズボン ズ【半ズボン】名 ひざまでの長さのズボン。

はん-する ス【反する】自サ シ・セ・サ/シ・スル・スレ・セヨ ❶反対になる。反対する。「意志に—おこない」❷違反する。たがう。「法律に—」❸そむく。むほんする。**はん・す** 文語サ変

はん-ずる 0【判ずる】他サ ジ・ゼ/ジ・ズル・ズレ・ジロ・ゼヨ 〔「判じる」(上一段活用)とも〕❶見わける。判断する。❷おしはかる。「手紙から—に」❸考えて意味をとく。「なぞ絵を—」**はん・ず** 文語サ変

はん-せい ハ【半生】名〔「はんしょう」と読めば別語〕一生の半分。「—をふりかえる」↕一生いっしょう。

はん-せい 0【藩政】名 藩の中の政治。

はん-せい 0【反省】名 他サ ❶自分の過去の言動をかえりみて、可否を考えること。❷自分の過去の言動のよくなかったことをかみしめて考えること。**—会**かい セ/0 名 業務・催し・試合などが終わったあとに、たがいに講評する集まり。多く、関係者の慰労を目的として催される。

はん-ぜい 0【反×噬】名 自サ〔文章語〕❶動物が飼い主に反抗してかみつくこと。❷恩を受けた人にそむくこと。

ばん-せい バ【万世】名〔文章語〕いつまでも。永世。永遠。よろずよ。万代。**—一系**いっけい バ 名 いつまでもおなじ一つの系統・血統がつづくこと。参考 日本の皇室についていう。**—不易**ふえき バ 名〔文章語〕永久にかわらないこと。

ばん-せい 0【晩生】名 おくて。↕早生。

ばん-せい 0【晩成】名〔文章語〕❶おそくできあがること。❷年をとってから成功すること。「大器—」

ばん-せい 0【蛮声】名 下品な大声。「—をはり上げる」

はんせい-いでん イ2【伴性遺伝】名 性染色体にある遺伝子に支配される遺伝。血友病など。

はんせい-ひん セ【半製品】名 完全に出来上がっていない、中途まで出来ている品物。

はん-せき 0【犯跡】名〔文章語〕犯罪のあとかた。「—をくらます」

はん-せき 0/ハ【版籍】名〔文章語〕❶領土と戸籍。❷土地と人民。**—奉還**ほうかん 0 名 一八六九年、全国の大名が自分の領地と領民を朝廷にかえしたこと。

はん-せつ 0【反切】名 漢字の音を、他の漢字二字の組み合わせでしめす方法。たとえば「南」は「那含切」と書き、「那」の頭音nと「含」の韻amでnanと読むことをしめす。

はん-せつ 0【半切】【半×截】名 ❶半分に切ること。❷唐紙とうし・画仙紙がせんしなどをたてに二つに切ったもの。また、それに書いた書や画。

ばん-せつ 0【晩節】名〔文章語〕晩年の節操。「—を全うする」

はん-せん 0【反戦】名 戦争に反対すること。↕好戦。**—論**ろん セ 名 戦争に反対する議論。

はん-せん ハ【半銭】名 ❶一銭の半分。五厘。❷わずかなかね。「一紙—」

はん-せん 0【帆船】名 帆をかけ、風の力で進むふね。ほまえせん。ほかけ舟。

はん-ぜん 0【判然】と副 自サ たる連体 はっきりとよくわかるようす。明らかなようす。「要因が—としない」

ばん-せん 0【番線】名 ❶太さによって番号のつけられた針金。❷駅のプラットホームに面した、番号のついている線路。また、線路の番号のよび方。「三—から発車」

ばん-ぜん 0【万全】名 形動(の) すこしも手落ちや欠点のないこと。「—の処置」参考「万善」と書くのはあやまり。

ハンセン-びょう 0【ハンセン病】名 らい菌きんによっておこる慢性の感染症。感染力は弱く、薬でなおる。レプラ。参考 らい菌きんの発見者、ノルウェー人ハンセンの名から。

はん-そ ハ【藩祖】名 藩主の祖先。

はん-そ ハ【反訴】名 自サ 民事訴訟で、被告が原告を相手にしておこす訴訟。

はん-そう 0【半双】名〔びょうぶなど〕二つで一組となるものの半分。対ついのものの片方。↕一双。

はん-そう 0【帆走】名 自サ 船が帆をかけてはしること。

はん-そう 0【搬送】名 他サ 荷物などを運びおくること。

ばん-そう 0【伴僧】名 法会ほうえ・葬式のとき、導師にしたがう僧。

ばん-そう 0【晩霜】名〔文章語〕晩春におりるしも。おそじも。㊎春

ばん-そう 0【伴走】名 自サ 走者のそばについて、いっしょにはしること。「—者」

ばん-そう 0【伴奏】名 自サ 声楽・器楽の演奏にあわせ、他の楽器で補助的に演奏すること。

ばんそう-こう 0【×絆創×膏】名 傷口の保護やガーゼの固定などに使う、粘着剤を塗った布。

はん-そく 0【反則】【犯則】名 自サ 規則や法令にそむくこと。規則違反。スポーツに多く使う。

はん-ぞく 0【反俗】名 世間一般のやり方に反対すること。「—精神」

ばん-ぞく バ【蛮族】【×蕃族】名 文明のひらけていない民族。野蛮民族。

ばん-そつ 0【番卒】名 番兵。

はん-そで 0/デ【半袖】名 ひじまでの長さのそで。↕長袖。

はん-た ハ【煩多】名 形動〔文章語〕物事が多くてわずらわしいこと。「—な規則」

はん-た ハ【繁多】名 形動〔文章語〕用事が多くていそがしいこと。「公務—」

はん-だ 0【半田】名 金属をつぎあわせるときにつかう、鉛とすずの合金。しろめ。「—づけ」「—ごて」参考 日本または外国の地名に由来するというが不詳。

ばん-だ バ【万×朶】名〔文章語〕多くの花の枝。多くの花。「—のさくら」

パンダ バ〈panda〉名 食肉目の哺乳ほにゅう類、ジャイアントパンダとレッサーパンダの総称。レッサーパンダはネパール付近にすむ。ジャイアントパンダは中国四川省の高地の竹林にすみ、竹を主食とする。参考 狭義では、ジャイアントパンダのほうをさす。

ハンター ハ〈hunter〉名 ❶猟師。かりゅうど。❷手に入

は

れようとして、さがしまわる人。あさる人。「ブック―」

はん-たい ⓪【反対】❶名 形動 うらはら。あべこべ。「―がわ」❷名 自サ そむきさからうこと。賛成しないこと。不賛成。↔賛成。 **―給付**(きゅうふ) キュ 名 一方の給付に対して対等価格の交換関係に立つ給付。売り主の品物に相当する代金を買い主が払うなど。 **―語** ⓪ 名 対義語。 **―尋問**(じんもん) ジ 名 裁判で、証人を申請した側の尋問(主尋問)に続いて、相手側が証人に尋問をすること。↔主尋問。

はん-だい ⓪【飯台】名 食事をする台。ちゃぶだい。

ばん-だい バ【万代】名 文章語 いつまでもつづくこと。永久。よろずよ。万世。「―不易」

ばん-だい ⓪【番台】名 ふろ屋の入り口に高くもうけた、料金を受けとったり見張りをしたりするための台。また、そこにいる人。

ばん-だい ⓪【盤台・板台】名 ひろい、だえん形のたらい。さかなを持ち運んだり、すし飯を盛ったりするのに使う。はんだい。

はんたい-じ タ【繁体字】名 簡体字に改められる以前に使われていた画数の多い漢字の字体。台湾、香港などで使われる。簡体字「车」・「乐」に対する、「車」・「樂」など。

はん-たいせい タ【反体制】名 既存の社会体制や政治体制に反対し、これを打破しようとすること。また、その運動。「―運動」

はん-だくおん ク【半濁音】名 両くちびるの無声破裂音pと、母音との結合。パピプペポの音。↔濁音・清音。

はん-だくてん ク/ダ【半濁点】名 半濁音パ・ぱ・ポ・ぽなどの字の肩についている「゜」。↔濁点。

パンタグラフ タ〈pantograph〉名 ❶絵や図などの大きさを自由にかえて写しとるための道具。パントグラフ。❷電車や電気機関車の屋根にとりつけた、のびちぢみのできる、架線から電気をとり入れる仕掛け。

パンタグラフ❶

バンダナ ⓪〈bandanna〉名 絞り染めの大判の木綿製ハンカチーフ。鉢巻きのように頭にまいたりする。

パン-だね ⓪【パン種】【▲麺×麹種】名 パンをふくらませたり、香味をもたせたりするための酵母(こうぼ)。イースト。

バンタム-きゅう ⓪【バンタム級】名 重量別による競技の階級の一つ。プロボクシングでは、体重一一五ポンド(五二・一六キログラム)から一一八ポンド(約五三・五二キログラム)まで。

ばん-たろう ⓪【番太郎】名 江戸時代、火の番やどろぼうの警戒のため、市内各所におかれた自身番の番人。

パンタロン バ〈フ Pantalon〉名 主として女性用のすその広いズボン。

はん-だん ハ【判断】名 他サ ❶真偽・善悪・美醜などを考えきめること。判定。「―を下す」❷うらない。「姓名―」

ばん-たん ⓪【万端】名 すべての物事。「用意―」

ばん-ち ⓪【番地】名 市町村のなかをこまかく分けてつけた番号。土地の番号。

ばん-ち バ【蛮地】【×蕃地】名 蛮人のすむ地。未開の地。

パンチ バ〈punch〉名 ❶切符や紙などに穴をあけること。また、そのはさみ。❷ボクシングで、打撃。❸げんこつでなぐること。❹相手を圧倒するほどの力強い効果。「―のきいた演説」 **―カード** カ〈punch(ed) card〉名 一定の紙に穴をあけ、穴の位置によって情報内容がちがい、機械によってそれを分類・集計するカード。 **―パーマ** パ² 名(和製英語。punchとpermanentから)短い髪をアイロン・パーマネントで小さな渦状にした、男性の髪形。

はん-ちか ⓪【半地下】名 建物で、半分または一部が地下にある空間。「―の部屋」

はん-ちく ハ【半ちく】名 形動 俗語 中途はんぱ。

ばん-ちゃ ⓪【番茶】名 摘み残りのかたい葉でつくった下等の葉茶。 **―も出花**(でばな) 〔番茶でも入れたてはかおりが高くておいしい〕きりょうのよくない女でも、娘ざかりは、かわいらしいものだということ。「鬼も十八、―」

パンチャー パ〈puncher〉名 カードなどに穴をあける機械、または、人。「キー―」

はん-ちゅう ⓪【範×疇】名 ❶範囲。種類。❷〔哲〕思惟(しい)の根本的な形式。カテゴリー。

はん-ちょう ハ【班長】名 班のかしら。

ばん-ちょう バ【番長】名 俗語 非行少年集団のリーダー。

ハンチ(ティ)ング ハ〈hunting〉名 鳥打ち帽子。

パンツ パ〈pants〉名 ❶ズボン。❷競技用のみじかいズボン。❸みじかい下ばき。参考 ❶の意で使うときは、多く⓪。

はん-つき キ【半月】名 一か月の半分。

はんつき-まい ⓪【半つき米】【半×搗米】名 ついて、なかば精白したこめ。五分(ごぶ)つき米。

ばん-づけ ⓪/ケ【番付】名 ❶演芸の番組を書いたもの。❷相撲で、力士の地位・序列を順番に書いたもの。❸「番付❷」にならって、人名などを順番に書いたもの。「長者―」

はん-つや ツ【半通夜】名 夜通しではなく、時間を限っておこなう通夜。

はん-づら ⓪【版面】名 ⬇はんめん(版面)。

ハンデ ハ 名 ⬇ハンデキャップ。

ばん-て ⓪【番手】名 糸の太さをしめす番号。数が大きくなるほど、糸は細い。

はん-てい ⓪【藩邸】名 江戸時代、江戸にあった諸大名のやしき。

はん-てい ⓪【判定】名 他サ 物事を見わけて、きめること。「合否を―する」 **―勝**(が)**ち** ⓪ 名 ボクシングなどで、はっきりした勝負のつかないとき、審判が優勢とみとめた方にあたえる勝利。↔判定負け。

ハンディ ハ 名 ⬇ハンデキャップ。

ハンディー ハ〈handy〉形動 ダロ・ダッ・デ・ニ・ダ・ナ・ナラ・○ 手がるな大きさで便利なようす。「―な参考書」

パンティー パ〈panties〉名 女性用の下ばき。 **―ストッキング** ト〈panty stocking〉名(和製英語)パンティーとストッキングが一つにつながったもの。パンスト。

ハンティング ハ〈hunting〉名 ⬇ハンチング。

バンデージ バ〈bandage〉名 ❶包帯。❷スポーツで、テーピングに使うテープ。❸ボクシングで、ボクサーが手を保護するために巻く布。

パンテオン テ〈Pantheon〉名 ❶古代ローマの丸屋根の神殿。❷パリにある、古典主義様式の石造りの寺院。

ハンデ(ィ)キャップ キャ〈handicap〉名 ❶競技などで、力を平均化するために優秀な者におわせる負担。❷不利な条件。ハンディ。ハンデ。❸ゴルフで、基準打数と各自の平均打数の差。

パンデミック ミ〈pandemic〉名 ある病気が世界的な規模で同時に流行すること。参考 コミュニティーでの流行(エピデミック)と地域的な流行(エンデミック)とを言い分けることがある。

はん-てん ⓪【半天】名 文章語 ❶天空の半分。「―がくもる」❷なかぞら。中天。「―の月」

はん-てん テ【半×纏・×袢×纏】名 ❶羽織に似て、たけがみじかく、折りえりでない、また、ひものない、うわっぱり。❷しるしばんてん。

はん-てん [テ]【斑点】[名] まだらな点。まだら。ぶち。

はん-てん [ハ]【飯店】[名] 中国料理店。[参考] 中国語ではホテル・旅館の意。

はん-てん [0]【反転】[名][自他サ] ❶ひっくりかえること。ひっくりかえすこと。❷進む向きを逆に変えること。「―して敵の背後をつく」❸陰画のフィルムを陽画にすること。「―フィルム」

はん-でん [0]【班田】[名] 律令時代に、すべての国民にあたえられた田地。**―収授の法** 大化二年(六四六年)にきまった土地制度。男女とも六歳になると口分田という一定の広さの土地をあたえられ、死ねば国に収める制度。

はん-と [ハ]【反徒】【×叛徒】[名] むほんをする者ども。逆徒。

はん-と [ハ]【半途】[名][文章語] ❶道のなかば。❷事のなかば。中道。「―にしてくずおれる」

はん-と [ハ]【版図】[名][文章語]〔戸籍と領土の地図のこと〕領土。

ハント [ハ]〈hunt〉[名][他サ] あさり求めること。とくに親しくなろうとして異性をあさること。「ガール―」

ハンド〈hand〉[造] 手。**―アウト** [ア]〈handout〉[名] 記者会見や研究発表会で配布する資料プリント。**―クラフト** [ラ]〈hand craft〉[名] 手工芸品。手細工。ハンディクラフト。**―クリーム** [リ]〈hand cream〉[名] 手が荒れるのを防ぐためのクリーム。**―タオル** [タ]〈hand towel〉[名]〔和製英語〕手などをふくのに使う小型のタオル。**―バッグ** [バ]〈handbag〉[名] 手回り品や化粧品などを入れる、女性用の小型の手さげかばん。**―ブック** [ブ]〈handbook〉[名] 手びき。便覧。案内書。**―ベル** [ベ]〈hand bell〉[名] 鈴に持ち手のついた楽器。多く、数人で編成を組んで演奏する。**―ボール** [ボ]〈handball〉[名] 七人ずつの二組が、ボールをパスやドリブルで送って相手のゴールに投げこんで勝負を争う競技。送球。**―メード** [メ]〈handmade〉＝ハンドメイド [名] 手作り。手製。「―のケーキ」

バント [バ]〈bunt〉[名][他サ] 野球で、バットを振らずに軽く当ててボールをころがすこと。「送り―」

バンド [0]〈band〉[名] ❶洋装用の、革または布の帯。ベルト。❷軽音楽の楽団。「ジャズ―」 **―マスター** [マ]〈bandmaster〉[名]「バンド❷」の指揮者。または、首席演奏者。

はん-ドア [ド]【半ドア】[名] 自動車などのドアが完全にしまっていない状態。

はん-とう [0]【半島】[名] 海の中に突きでて、まわりがほとんど海にかこまれた陸地。

はん-とう [0]【反騰】[名][自サ]〔経〕安くなっていた相場が急に高くなること。↔反落。

はん-どう [0]【反動】[名] ❶ある動きに対しておこる反対の動き。❷反作用。❸歴史の流れにさからう保守的な傾向。「―政治家」

ばん-とう [0]【晩冬】[名] ❶冬の終わり。[冬] ↔初冬。❷陰暦十二月。

ばん-とう [0]【晩稲】[名][文章語] おそくみのるいね。おくて。[秋]

ばん-とう [0]【番頭】[名] 商店の使用人のかしらで、営業・会計などの元じめをする人。

ばん-どう《坂東》関東。

はん-どうたい [0]【半導体】[名] 固体のうちで、電気伝導率が金属ほどはよくないが、絶縁体よりはずっとよいもの。整流器やトランジスターなどに利用。セレン・ゲルマニウムなど。↔導体。

ばんどう-たろう [バ]【*坂東太郎】㊀利根川のこと。㊁[名] 夏の、もりあがった白い雲。

はん-とうめい [ト]【半透明】[名][形動(の)] 透明と不透明との中間。

はん-とき [キ]【半時】[名] ❶[古語] 一時の半分。今の、約一時間。❷すこしの時間。

はん-どく [0]【判読】[名][他サ] 前後の文脈などから判断しながら、わかりにくい文字や文章を読むこと。

はん-どく [0]【×繙読】[名][他サ][文章語] 書籍をひもといて読むこと。

はん-とし [シ]【半年】[名] 一年の半分。半歳。はんねん。

パントテン-さん [0]【パントテン酸】[名]〔pantothenic acid の訳語〕ビタミンB複合体の一種。酵素をつくる材料の一つ。

バンドネオン [ネ]〈スbandoneón〉[名] 鍵盤の代わりにボタンを用いる、アコーデオンに似た楽器。タンゴの演奏に用いられる。

パントマイム [マ]〈pantomime〉[名] せりふを使わないで、身ぶり・表情などのしぐさだけで表現する劇。無言劇。

パンドラの箱 神がすべてのわざわいを詰めて、パンドラにわたした箱。[参考] パンドラ Pandora は、ギリシャ神話で神が最初につくった女性の名。パンドラが言いつけにそむき、ふたをあけたため、わざわいが地上にあふれたが、急いでふたをしめたので最後の希望だけは残ったという。

はん-とり [ト][リ]【判取(り)】[名] ❶同意者・加入者などの認めの印を取ること。❷判取帳。**―帳** [0][名] かねや品物の受け取りの証拠として印判を押してもらっておく帳面。

ハンドリング [0]〈handling〉[名] ❶サッカーで、キーパー以外の選手がボールを手で扱うこと。反則になる。ハンド。❷ラグビー・ハンドボールなどで、ボールを手で扱うこと。❸ハンドル操作。操縦。❹調整すること。また、運用。対応。処理。

ハンドル [0]〈handle〉[名] ❶ドアなどのとって。把手。❷機械を動かすために、手でにぎる部分。特に自動車・自転車についていう。**―ネーム** [ネ]〈handle name〉[名] インターネット上で、本名の代わりに用いる仮名や別名。

はん-ドン [0]【半ドン】[名]〔ドンはドンタク(オランダ語)で、日曜日・休日の意〕❶土曜日。❷午前中だけの勤務。また、その日。

はん-なき [0]【半泣き】[名][俗語] 今にも泣きそうになっている顔つき。「―になる」

はん-なま [0]【半生】[名][形動] ❶十分に火が通っていないこと。「肉が―だった」❷なまがわきであること。「―のそば」❸知識などが十分に身についていないこと。なまかじり。なまはんか。「―な学問」**―菓子** [マ][名] 最中など、含まれる水分の量が干菓子と生菓子の中間の菓子。

はんなり [ナ][と][副][自サ]〔関西方言で〕はなやかで上品な感じがするようす。

ばん-なん [0]【万難】[名] 多くの困難。さまざまのさしさわり。「―を排して行く」

はん-にえ [0]【半煮え】[名][形動] なま煮えのこと。

はん-にち [0]【反日】[名] 日本に反対すること。「―感情」↔親日。

はん-にち [チ]【半日】[名] 一日の半分。

はん-にゃ [ハ]【般若】[名] ❶〔仏〕真理を見きわめるちえ。❷能面の一つ。二本の角、大きく裂けた口をもつ鬼女の面。**―湯** [0][名] 僧の隠語で、酒のこと。

はん-にゅう [0]【搬入】名他サ はこび入れること。もちこむこと。「作品を会場に―する」↔搬出。

はん-にん [八]【犯人】名 ❶罪をおかした人。犯罪者。❷わるさをしたもの。「茶わんを割った―」

ばん-にん [0][三]【万人】名 世間の多くの人。すべての人。ばんじん。まんにん。「―のみとめるところ」

ばん-にん [三]【番人】名 番をする人。「山小屋の―」

はんにん-かん [三]【判任官】名 もと、各大臣・各地方長官などによって任命された官。↔勅任官・親任官・奏任官。

はんにん-そく [三]【半人足】名 一人まえの仕事ができないこと。また、その人。半人前。

はんにん-まえ [0]【半人前】まえ 名 ❶ひとり分の半分。❷一人まえになりきらないこと。「まだ―の見習いだ」

はん-ね [0][八]【半値】名 定価の半分。半価。

ばん-ねん [0]【晩年】名 一生の終わりに近い時期。年をとった時。老年。老後。

はん-のう [0]【半農】名 生計の半分を農業でたてること。「―半漁」

はん-のう [0]【反応】名自サ（「はんおう」の変化）❶〔化〕二種以上の物質間におこる化学変化。化学反応。❷〔心〕刺激に応じておこる生物体の運動。❸相手のようすの変化。てごたえ。

ばん-のう [0]【万能】名 ❶すべてにききめのあること。「―の薬」❷いろいろのことにすぐれていること。「―選手」**―細胞** さいぼう [サ]名 さまざまな組織の細胞に分化する能力を持つ未分化の細胞。ES細胞・iPS細胞など。

はん-の-き [八]【×榛の木】名（「はりのき」の変化）カバノキ科の落葉高木。二、三月ごろ紫褐色の花が咲く。材は建築・器具・薪炭用。樹皮と果実は染料。花は(春)

はん-ば [0]【飯場】名 鉱山・土木建築工事などの労働者の合宿所。

はん-ぱ [0]【半端】名形動(の) ❶全体の分量がそろわないこと。はした。はんま。「―の品」「―な時間」❷どちらともはっきりしないこと。どっちつかず。中途はんぱ。「―な考え方」❸気がきかないこと。はんま。まぬけ。「―な男」**―で(は)ない** ふつうではない。けたはずれである。「彼の読書量は―」**―者** もの [0]名 一人前の能力を持たない人。**―物** もの [0]名 数量が完全にそろっていない品物。

ばん-ば [バ1]【×輓馬】名〔文章語〕車をひく馬。「―競走」

ばん-ぱ [バ]【万波】名〔文章語〕多くのなみ。「千波せん―」

バンパー [バ]〈bumper〉名 自動車の緩衝器かんしょうき。

ハンバーガー [バ]〈ᵃhamburger〉名 ハンバーグを丸パンにはさんだもの。

ハンバーグ-ステーキ [テ]〈Hamburg steak〉名 牛肉などのひき肉にパン粉・玉ねぎなどをまぜて焼いた料理。ハンバーグ。

はん-ばい [0]【販売】名他サ 品物をうりさばくこと。

バンパイア [パ]〈vampire〉名 吸血鬼。

はん-ばく [0]【反×駁】名自他サ 他人の意見や攻撃に対して論じかえすこと。反論。はんぱく。

はん-ぱく [0]【半白】【斑白】名 しらがまじりの毛髪。ごましお頭。

ばん-ぱく [0]【万博】名「万国博覧会」の略称。

パンパス《pampas》アルゼンチンの中東部をしめる温帯草原。世界的な大農牧地帯。パンパ。

はん-ばつ [0]【藩閥】名 明治時代に、勢力のある藩の出身者が作った政治的派閥。薩摩さつま藩・長州藩などの出身者だけが政府の要職についた。「―政府」**―政治** じせい [セ]名 明治時代に、藩閥政府によっておこなわれた政治。

はん-ぱつ [0]【反発】【反×撥】名自サ ❶受けつけないで、はねかえすこと。「同じ磁極どうしは―しあう」❷反抗すること。「かれの意見には―を感じる」❸〔経〕さがっていた株式相場が、急にあがること。

はん-はば [0]【半幅】名 反物たんものの幅が、なみ幅の半分であること。また、そのもの。↔なみ幅。

はん-ばり [0]【半張(り)】名 くつの底革を、前の半分だけ張りかえること。また、張りかえたもの。

はん-はん [八2]【半半】名 半分ずつ。二つ割り。五分五分ごぶごぶ。「―にする」

ばん-ばん [バ1]副 ❶爆発するような大きな音が続けて鳴ることの形容。❷〔俗語〕乱暴なくらいに勢いよく続けるようす。「―金を使う」「―責める」

ばん-ばん [バ1]【万万】副 ❶じゅうぶんに。すっかり。まったく。「―承知した」❷決して。万一にも。「―まちがいはあるまい」参考 打ち消しの言い方をともなう。**―** いっ [バ2]名副 ➡まんまんいち。

ばん-ぱん [0]【万般】名 いろいろさまざまのこと。くさぐさ。百般。諸般。万端。「準備―ととのった」

パンパン [パ2]名〔俗語〕第二次世界大戦後、主として占領軍の兵士を対象とした街娼がいしょう。

ぱん-ぱん ㊀[パ1](と)副 小銃の発砲する音や、風船が続けて破裂する音などをあらわす語。㊁[0]形動 はりさけそうなくらいにふくらんだようす。「―になったかばん」「食べ過ぎて腹が―だ」

ばん-ばんざい [バ2]【万万歳】名「ばんざい」の強め。

バンバンジー [バ2]〔中〕【▲棒▲棒▲鶏】名 中国料理で、蒸したとり肉を細くさき、すりごまに調味料を加えたたれをかけたもの。冷やして食べる。

はん-びょうにん [ビョ/0]【半病人】名 ひどく心身がよわって、病人のようになっている人。

はん-びらき [0]【半開き】名 半分だけ開いていること。「―のドア」「唇を―にする」

はん-ぴれい [ピ]【反比例】名自サ 二つの数量のうちの一方が増す(へる)とともに、同じ割合で他方がへる(増す)こと。逆比例。↔正比例。

はん-ぷ [ハ/0]【頒布】名他サ 分けくばること。配布。「無料―」

ばん-ぷ [バ]【万夫】名〔文章語〕多くの男。多くの武士。**―不当** ふとう [バ]名〔文章語〕万夫があたってもかなわないほど強いこと。

バンプ [バ]〈vamp〉名 男を迷わす女。妖婦ようふ。

パンフ [パ]名 ➡パンフレット。

ばん-ぷう [0]【蛮風】名〔文章語〕野蛮な風俗や習慣。

はんぷう-し [プ]【半風子】名〔文章語〕しらみ。参考 漢字の「虱」(しらみ)の字形が、「風」の半分だとしゃれて言ったことから。

パンプキン [パ]〈pumpkin〉名 カボチャ。「―パイ」

はん-ぷく [0]【反復・反覆】名他サ くりかえすこと。たびたびすること。「―練習する」

ばん-ぷく [0]【万福】名〔文章語〕幸福の多いこと。まんぷく。

パンプス [パ/0]〈pumps〉名 ひもや止めがねなどがなく、甲の部分が広くあいた、女性用の靴。

ばん-ぶつ [バ]【万物】名 宇宙間にあるすべてのもの。**―の霊長** れいちょう すべての物のかしら。人類。

ハンブル [八]〈fumble〉＝ファンブル 名他サ 野球で、打球や送球をグラブなどではじいて、とりおとすこと。

パンフレット [パ]〈pamphlet〉名 宣伝・説明などのための、かりとじの小冊子しょうさっし。パンフ。

はん-ぶん [プ]【半分】名 同じくらいに二つに分けたものの

一つ。なかば。二分の一。

はんぶん-じょくれい [0]【繁文×縟礼】名〔文章語〕規則・礼法などがこまごまとわずらわしいこと。形式にとらわれて、めんどうなこと。繁縟（はんじょく）。

はんぶんすう [ブ]【繁分数】名 分母または分子が、分数からなる分数。複分数。

はん-ぺい [0]【藩×屏】名〔文章語〕❶かきね。へだて。❷皇室の守りとなること。また、その人。

ばん-ぺい [0]【番兵】名 番をする兵士。

はんべい-しゅぎ [シュ]【汎米主義】名 南北アメリカ州の諸国が団結して、他からの勢力に対抗しようとする主義。パンアメリカニズム。

はん-べそ [0]【半べそ】名 今にも泣きだしそうな顔つき。「—をかく」

はん-べつ [0]【班別】名 班ごとに分けること。グループ別。

はん-べつ [0]【判別】名 他サ 判断して区別すること。はっきりと見わけること。「是非を—する」

はん-ぺら [0]【半ぺら】名 紙などの半分の大きさ。

はん-ぺん [0]【半片】名 一片の半分。はんきれ。

はん-ぺん [ペ]【半片・半▲平】名 魚肉にやまいも・しん粉（こ）・調味料などをすりまぜて蒸した食品。

はん-ぼいん [ボ]【半母音】名 母音に近い性質を持つが、子音の要素もある音。ヤ行のj、ワ行のw。

はん-ぼう [0]【繁忙・煩忙】名 形動 用事が多く、いそがしいこと。「—をきわめる」⇩発展 参考

ばん-ぽう [0]【万邦】名〔文章語〕すべての国。万国。

はん-ぽん [0]/[ハ]【板本・版本】名 版木に文字などを彫って印刷した書物。木版本（もくはんぼん）。↕写本。

はん-ま [0]【半間】名 形動 ❶全体の量がそろわないこと。はんぱ。❷気のきかないこと。また、そういう人。まぬけ。「—な男」

ハンマー [ハ]〈hammer〉名 ❶大型のかなづち。❷ピアノなどの楽器で弦をたたいて音を出す装置。❸ハンマー投げで用いる鉄球。**—投（な）げ** [0] 名 陸上競技の一つ。取っ手のある鋼鉄線につけた鉄球を投げ、その距離を争うもの。

はん-まい [0]【飯米】名 めしにたくこめ。**—農家（のうか）** [ノ] 名 自分の家で飯米とするだけの分量しか生産できない農家。

はん-み [0]【半身】名 ❶相撲・剣道などで、相手に向かってからだをななめにして構えること。❷一匹のさかなの肉の半分。

はん-みち【半道】名 ❶[ハ]半里。約二キロメートル。❷[チ]全行程の半分。

はん-みょう [0]【斑▲猫】名 ハンミョウ科の昆虫。からだは緑色・銅色で、黄色などのはん紋がある。他の虫を食べ、道にそって飛ぶ。みちおしえ。㊂夏

ばん-みん [0]/[ミ]【万民】名 多くの人民。庶民。衆民。

ばん-みん [0]/[ミ]【蛮民】【×蕃民】名 未開人。

はん-む [ハ]【煩務】名〔文章語〕わずらわしいつとめ。めんどうな、いそがしい仕事。

はん-む [ハ]【繁務】名〔文章語〕いそがしいつとめ。

はん-めい [0]【判明】名 自サ はっきりとわかること。「事実が—する」

ばん-めし [0]【晩飯】名 夜の食事。夕御飯。夕飯（ゆうはん）。夕飯（ゆうめし）。夕食。↕朝食。⇩晩御飯 参考。

はん-めん [メ]/[0]【反面】名 ❶反対がわの面。裏面。❷他の面からみた場合。他面。**—教師（きょうし）** [キョ] 名〔中国から第二次大戦後に入ったことば〕まねをしてはならない、悪い手本。

はん-めん [0]/[メ]【半面】名 ❶顔の半分。片面。❷物事の片がわ。「—の真理」

はん-めん [0]【版面】名 本などのページで、余白を除いた、基本的な印刷部分。はんづら。

ばん-めん [0]【板面】名 ❶いたの表面。❷黒板のおもて。

ばん-めん [0]【盤面】名 ❶碁・将棋などの盤の表面。❷碁・将棋などの勝負のなりゆき。❸レコード・CDなどの表面。

はん-も [ハ]【繁茂】名 自サ 草や木がおいしげること。

はん-もう [0]【半盲】名 両眼の視野が半分ほどしかないこと。

はん-もく [0]【反目】名 自サ にらみあうこと。なかたがい。

ばん-もく [0]【万目】名〔文章語〕多くの人の見る目。衆目。まんもく。「—の見るところ」

ハンモック [モ]〈hammock〉名 じょうぶな糸のあみで仕立てたつり床。㊂夏

ハンモック

はん-もと [0]【版元・板元】名 本を出版するところ。発行所。出版社。

はん-もん [ハ]【半文】名 ❶一文（いちもん）の半分。❷わずかな金銭。

はん-もん [0]【斑文・斑紋】名 まだら模様。

はん-もん [0]【反問】名 自サ たずねられた人が逆にたずねること。問いかえすこと。

はん-もん [0]【煩×悶】名 自サ 精神的にもだえ苦しむこと。

はん-や [ハ]【半夜】名〔文章語〕❶一夜の半分。❷よなか。

ばん-や [ヤ]【番屋】名 番人のいる小屋。

パンヤ [0]〈ポ panha〉名 パンヤ科の常緑高木。熱帯産。果実につまっている、白いやわらかな毛は、ふとんの綿のかわりに用いる。木綿（わた）。

はん-やく [0]【反訳】名 他サ ❶翻訳されたことばを、もとのことばにもどすこと。❷速記記号から、ふつうの文字になおすこと。❸翻訳。

ばん-ゆう [0]【万有】名〔文章語〕宇宙間にある、すべてのもの。万物。**—引力（いんりょく）** [イ] 名 宇宙間にあるすべての物体が、たがいに引きあう力。

ばん-ゆう [0]【蛮勇】名 あとさきを考えない、向こう見ずの勇気。「—をふるう」

はん-よう [0]【繁用】名〔文章語〕用事の多いこと。

はん-よう [0]【汎用】名 他サ〔文章語〕一つの物をいろいろな用途にもちいること。「—性」

はん-ら [ハ]【半裸】名 半身はだかであること。↕全裸。

ばん-らい [0]【万雷】名 多くの雷鳴。また、大きくとどろく音のたとえ。「—の拍手」

ばん-らい [0]【万×籟】名〔文章語〕〔「籟」は、ひびきの意〕風のために、いろいろの物が鳴る音。

はん-ライス [ラ]【半ライス】名 飲食店で、通常の量の半分で提供されるライス。

はん-らく [0]【反落】名 自サ 〘経〙あがっていた相場が、急にさがること。↕反騰（はんとう）。

はん-らん [0]【反乱】【×叛乱】名 自サ 政府・支配者などに反抗して、乱をおこすこと。

はん-らん [0]【氾濫】名 自サ ❶水があふれひろがること。「河川が—する」❷物がやたらに多く出まわること。「にせ物が—している」

ばん-り [バ]【万里】名〔文章語〕❶一万里。❷たいそう遠いこと。「—の異郷」**—の長城（ちょうじょう）** 中国、秦（しん）の始皇帝が北辺防備のため、在来のものを増築してつくった大城壁。現在のものは明（みん）の中期にモンゴル人にそなえて補強されたもの。

ハン-りゅう [0]【▲韓流】名 ➡かんりゅう。

はん-りょ ⓪【伴侶】名 なかま。つれ。とも。「人生の―」

はん-りょう リョ【半量】名 一定の量の半分。

ばん-りょく ⓪/八【万緑】名〔文章語〕木の葉が勢いよく茂り、緑一色に感じられること。夏 **―×叢中紅一点** 〔緑の草むらの中にただ一点、赤い花が咲いていて、目だつこと〕たくさんの男性の中にいるひとりの女性のこと。紅一点。

はん-りん ⓪【半輪】名〔文章語〕一輪の半分。半円形。

はん-るい ⓪【煩累】名〔文章語〕わずらわしく、うるさいこと。

ばん-りょく 八【蛮力】名 ❶むやみやたらに勇みたって出す力。❷むちゃな腕力。「―をふるう」

はん-れい ⓪【凡例】名 書物の初めに、その書物の読み方・使い方などをしめした箇条書。例言。

はん-れい ⓪【反例】名 ある定義や理論が成り立たないことを示す例。「―を挙げる」

はん-れい ⓪【判例】名 判決の実例。判決例。

はん-ろ 八【販路】名 商品の売れみち・はけぐち。「―をひろめる」

はん-ろう ⓪【煩労】名〔文章語〕心やからだをわずらわせ、疲れさせること。「―をいとわない」

はん-ろう ⓪【藩老】名〔文章語〕藩の家老・重役。

はん-ろん ⓪【汎論】名〔文章語〕❶一般に通じた議論。❷概括した議論。通論。↔各論。

はん-ろん ⓪【反論】名 自サ 反対の立場から論じること。また、その議論。駁論。反駁。「―の余地がない」

ひ ヒ

ひ:「比」の草体。
ヒ:「比」の一方。

ひ【▲曽】接頭 ➡ひい。

ひ【被】㊀造 接頭 こうむる。うける。…される。「被害・被告・被災・被選挙人・被調査者」㊁造 おおう。「被服・被膜」

ひ【皮】造 ❶かわ。「皮革・皮膚・牛皮・脱皮・頭皮・表皮」❷表面を覆うもの。「皮相・外皮・樹皮」

ひ【×屁】造 へ。おなら。「放屁」

ひ【×庇】造 ❶かばう。おおう。たすける。「庇護・高庇」❷ひさし。「雪庇」

ひ【批】造 ❶みわける。さだめる。「批判・批評・高批」❷みとめる。「批准」❸そしる。「批難」

ひ【彼】造 あちら。むこう。「彼我・彼岸・彼此・海彼」

ひ【披】造 ❶ひらく。「披見・披講・直披」❷あらわす。発表する。「披瀝・披露」

ひ【泌】造 しみる。にじみでる。「泌尿器」〔別音ひつ|泌〕

ひ【肥】造 ❶こえる。こやす。「肥厚・肥大・肥満」❷地味が豊か。「肥沃」❸こえ。こやし。「肥料・施肥・金肥・堆肥・追肥」❹九州の地名。肥の国。「肥後・肥前」

ひ【卑】造 ❶いやしい。ひくい。「卑湿・卑小・卑俗・卑劣・卑猥・野卑」❷へりくだる。「卑屈・卑下」❸ありふれた。「卑近」❹いやしむ。いやしめる。「卑称・男尊女卑」

ひ【×匪】造 わるもの。「匪賊・土匪」

ひ【疲】造 つかれる。よわる。「疲弊・疲労」

ひ【悲】造 ❶かなしむ。かなしい。「悲哀・悲観・悲喜・悲劇・悲嘆・悲報・悲恋・悲話」❷あわれみ。「悲願・慈悲・大悲」

ひ【扉】造 とびら。「鉄扉・門扉」

ひ【×脾】造 ❶胃の下の内臓。「脾臓・脾腹」❷腿。「脾肉之嘆」

ひ【費】造 ❶ついやす。金をつかう。「費用・消費・浪費」❷必要とする金。「学費・経費・公費・接待費・人件費・旅費」

ひ【×痺】造 しびれる。「麻痺」

ひ【×鄙】造 ❶ひな。いなか。「都鄙・辺鄙」❷いやしい。「鄙見・鄙語・鄙俗・野鄙」

ひ【罷】造 やめる。やめさせる。「罷業・罷免」

ひ【×誹】造 そしる。非難する。「誹議・誹謗」

ひ【避】造 さける。よける。にげる。「避暑・避難・避妊・避雷針・回避・逃避」

ひ【×臂】造 ひじ。うで。「一臂・猿臂・八面六臂」

ひ【×譬】造 たとえる。「譬喩」

ひ ヒ【妃】名造 ❶もと、天子の妻のひとり。皇后の次位。「楊貴妃」❷皇族の正妻。「妃殿下・王妃・皇太子妃」

ひ ヒ【否】名造 ❶賛成しないこと。「答えは―」「否決・否定・否認・拒否」↔諾。❷そうでないこと。「可否・賛否・当否・認否」

ひ【非】㊀ヒ 名造 ❶よくないこと。道理にあわないこと。不正。「―をあばく」「非行・非道・非礼・是非・理非」↔是。❷欠点。「―をそしる」❸あやまち。つみ。「―を認める」「前非」❹その人にとって不利であること。「形勢は―だ」❺そうでないこと。「似て―なるもの」「非業・非常・非鉄金属・非番」㊁造 そしる。「非難」㊂接頭〔名詞・形容動詞の語幹につく〕あとにくる語を打ち消す意味をあらわす。…でない。「―公開・―国民・―戦闘員・―科学的・―改選議員」参考「非行」「非国民」などは、マイナスの意味を加える連体詞的用法といえる。「非改選議員」は「改選されない」＋「議員」の意味だが、構成上は「改選議員ではない」＋「議員」のように考えられる。**―の打ち所が無い** 非難する所がない。欠点がない。完全である。**―を鳴らす** 悪いところを激しく責める。

ひ【秘】㊀ヒ 名造 人に見せたり、言ったりしてはならないこと。「―中の―」「秘密・極秘・部外秘」㊁造 ❶おくふかい。「秘奥・秘境・神秘」❷ひめる。かくす。「秘策・秘蔵・秘宝」❸とどこおる。「秘結・便秘」**秘する** 他サ

ひ ヒ【×婢】名造 下働きの女。はしため。「婢女・下婢・奴婢」

ひ ⓪【碑】名造 石に文字をきざんだもの。いしぶみ。石碑。「碑文・碑銘・歌碑・記念碑」

ひ ⓪【×緋】名造 ひいろ。「緋縅・緋鯉・猩猩緋」

ひ ⓪【日】名 ❶太陽。❷日の出から日の入りまで。ひる。ひるま。「―が長くなる」↔夜。❸地球が一回の自転に要する時間。約二十四時間。一日。一昼夜。「真夏の―」⇩び(日)参考。❹太陽の光・熱。「強い―」❺日かず。日数。「―がたつ」❻日限。「―が切れる」❼期日。月日。「きめられた―」❽とき。おり。場合。「こうなった―には」❾天気もよう。「いい―になった」❿毎日。日々。「―に―に進む」⓫時期。時代。「ありし―の思い出」**―が浅い** 時間があまりたっていない。「入社してから―」**―が当たらない** 注目されない。正しい評価を受けない。**―暮れて道遠し** ❶年老いても、目的に近づいていない。❷期限はさしせまったが事ははかどらない。**―に月に** 一日一日、ひと月ひと月と。たえず。「―進歩する」**―の当たる場所** めぐまれた、よい地位・環境。**―の目を見る** 世に知られる。世に出る。「多年の研究がやっと―ことになった」**―を改める** 別

の日にする。次の機会にする。「日を改めて検討する」 **―を移す** 一日をすごす。 **―を追って** ❶日付の順に。❷日がたつにつれて。日に日に。「―快方に向かう」

ひ[ヒ]**【火】**[名] ❶物質が酸素と化合して燃えるときにできる光・熱。❷ほのお。❸火打ちの火。きりび。❹すみび。おき。「火ばちに―を入れる」 ❺火事。「―を出す」 ❻火のように光るもの。「ほたるの―」 ❼燃えるような感情。「胸の―」 ❽はげしいもののたとえ。「―となって突入する」 ❾食べ物などに加える熱。「―を通す」 **―がつく** ❶燃えだす。引火する。❷あわただしいようす。「火がついたように催促する」 ❸はげしいようす。「火がついたように泣く」 ❹差し迫った状態になる。また、危険が迫る。「尻に―」「足元に―」 **―が出る** ❶火事が起こる。❷行為・動作のはげしさのたとえ。「―ような訓練」 **―が入る** ❶火が燃えうつる。❷火がともる。「ストーブに―」「ちょうちんに―」 **―に油を注ぐ** いっそう勢いをつよくする。 **―の海** 一面に火が燃えて広がったようす。 **―の消えたよう** 活気をうしなってさびしくなったようす。 **―のない所に煙は立たぬ** うわさ・評判がたつには何かの根拠があるはずだ。 **―を落とす** 調理場など、いつも火を使っている場所の火を消す。 **―を通す** 生ものや冷めた食物に熱を加える。「野菜に―」 **―を吐く** ❶論争・弁論のはげしいようす。❷火山などが噴火する。❸野球で、はげしく打ちまくる。「打線が―」 **―を見るよりも明らかだ** 明白で、うたがう余地がない。

ひ[ヒ]**【灯】**[名] あかり。ともしび。「街に―がつく」「―が入る」 **―を絶やす** 長く続けてきたことをやめる。「伝統芸能の―」

ひ[ヒ]**【×樋】**[名] ❶水をみちびき送る長いくだ。とい。❷戸を開閉して水を出し入れする仕掛け。水門。❸物の表面につけた細長い溝。❹刀身の背にそった細長い溝。

ひ[ヒ]**【×檜】**[名] ひのき。

ひ【比】㊀[ヒ][名]〔文章語〕たぐい。ともがら。類。「世に―を見ない」「…の―でない」 ㊁[ヒ][名][造] ❶同じ種類の二つの数のあいだで、一方の数が他方の数の何倍、または何分のいくつであるかをしめすもの。わりあい。「比率・比例・三角比・前年比」 ❷フィリピン(比律賓)。「比国・日比」 ㊂[造] ❶くらべる。「比較・比類・対比・無比」 ❷ならべる。「比肩・比翼・比隣」 ❸たとえる。「比況・比喩」 **比する** [他サ]

ひ【飛】㊀[ヒ][名] 将棋の飛車。㊁[ヒ][名][造] 野球で、飛球。フライ。「右飛・左飛・邪飛」 ㊂[造] ❶とぶ。とばす。「飛球・飛行・飛躍・雄飛」 ❷いそぐ。「飛脚・飛報」 ❸飛騨(旧国名)の略。「飛州」

ひ【氷・×冰】[名]〔古語〕❶こおり。❷ひょう。あられ。みぞれ。

び【日】[造] 二十四時間。一日。「夏日・曜日・小春日・記念日・給料日・誕生日」 [参考] 二字漢語のあとに接辞的な単位がついて複合語をつくるとき、音読みとなるのが普通だが、この場合は「〇〇＋び」と訓読みになるのが特徴である。

び【尾】㊀[造] ❶お。「尾骨・尾骶骨・燕尾服」 ❷うしろ。おわり。末。「尾行・尾翼・首尾・末尾」 ❸まじわる。「交尾」 ㊁[接尾] さかなをかぞえることば。「たい五―」 ⇩ひき(匹) [参考]。

び【▲弥】[造] ❶ゆきわたる。「弥漫」 ❷つくろう。「弥縫」

び【眉】[造] まゆ。まゆげ。「眉目・愁眉・焦眉・白眉・柳眉」 [別音み｜眉]

び【備】[造] ❶そなえる。そろえる。「備考・備蓄・備品・準備・整備・設備」 ❷そなわる。そろう。「完備・具備・兼備・不備」 ❸吉備の国。現在の岡山県全域と広島県東部。「備前・備中・備後・伯備」

び【×媚】[造] ❶こびる。なまめかしくふるまう。「媚態・媚薬」 ❷美しい。「風光明媚」

び【鼻】[造] ❶はな。「鼻音・鼻孔・鼻腔・酸鼻・耳鼻・隆鼻術」 ❷初め。先頭。「鼻祖」

び【×靡】[造] ❶はなやか。おごる。「淫靡・華靡」 ❷くずれる。おとろえる。「萎靡」 ❸なびく。「風靡」

び【美】㊀[ビ][名][造] ❶うつくしいこと。「自然の―」「美術・美人・華美・健康美」 ↕醜。❷ほめるべきこと。りっぱなこと。「有終の―」「美談・美点・美徳」 ㊁[造] ❶うつくしくする。「美容・美顔術」 ❷ほめる。たたえる。「美称・賛美・賞美・褒美」 ❸うまい。おいしい。「美酒・美食・美味・甘美」

び【微】㊀[ビ][名][造] 小さいこと。こまかいこと。「微細・微妙・軽微・精微」 ㊁[造] ❶少し。わずか。「微量・微調整」 ❷ひそか。「微行」 ❸おとろえる。「衰微・式微」 ❹つまらない。「微意・微才」 **―に入り細を×穿つ** たいそうこまかいところまでゆきとどく。「―説明」

ビア(ー)[ビ]〈beer〉＝**ビヤ(ー)**[名] ビール。「―ガーデン」「―だる」 [参考] 単独では、オランダ語由来の「ビール」が使われる。

ひ-あい[0]**【悲哀】**[名] かなしみ。あわれ。「人生の―」

ビア-ガーデン[ガ]〈beer garden〉＝**ビヤガーデン**[名] 庭園ふうのビアホール。[夏]

ひ-あかり[ア][名] ❶**【火明(か)り】**燃える火の明るい光。また、その明るさ。❷**【▲灯明(か)り】**灯火の明かり。

ひ-あが・る[ガ]**【干上がる】**[自五] ラ・ロ一リ・ッ一ル一ル一レ一レ ❶すっかりかわく。「田が―」 ❷生活が立たなくなる。飢える。「失業して―」

ひ-あし[0]**【日足・日脚】**[名] ❶太陽が東から西へ移る動き。❷一日のうちの、昼間の時間。「―がのびる」

ひ-あし[0]**【火足・火脚】**[名] 火事の燃えひろがる速さ。「―がはやい」

ピアス[ピ][名]〔pierced earings から〕耳たぶに穴をあけて付けるイヤリング。

ひ-あそび[ア]**【火遊び】**[名] ❶火をおもちゃにすること。❷危険な遊び。特に、その場かぎりの恋愛。

ひ-あたり[0]**【日当(た)り】**[名] 日光が当たること。「―のよい部屋」

ビア-だる[0]**【ビア×樽】**[名] ❶ビールを入れる中央部のふくれた、たる。❷〔俗語〕ふとった人のたとえ。

ピアニシモ[三]〈イ pianissimo〉＝**ピヤニシモ**[名] 音楽で、音をできるだけ弱くせよの意味。↕フォルティシモ。

ピアニスト[三]〈pianist〉＝**ピヤニスト**[名] ピアノの演奏をする音楽家。

ピアノ[0]〈イ piano〉＝**ピヤノ**[名] ❶鍵盤楽器の一つ。大きな共鳴箱の中に多くの金属の弦をはり、キーをたたくとハンマーが弦を打って音を出すしくみのもの。❷音楽で、音を弱くせよの意味。↕フォルテ。 **―線** [0][名] 非常に強力な炭素鋼の線。ピアノなどの弦やワイヤロープに用いられる。

ひ-あぶり[ア]**【火あぶり】【火×炙・火×焙】**[名] 昔、罪人を火で焼き殺した刑罰。

ビア-ホール[ホ]〈ア beer hall〉＝**ビヤホール**[名] 生ビールを専門に飲ませる店。[夏]

ひ-あり[0]**【火×蟻】**[名] 南米原産の有毒のあり。体長は二・五～六ミリメートルで、体色は赤茶色が多い。

ヒアリング[0]〈hearing〉＝**ヒヤリング**[名] ❶外国語の聞きとり。⇩リスニング [参考]。❷聞き取り調査。「公開―」

ヒアルロン-さん[0]**【ヒアルロン酸】**[名] 皮膚の内部や関節などに多くふくまれる、水分をたくわえるはたらきのある糖類。

ひい 接頭 祖父母と孫の関係の、もう一代離れた関係。ひ。「―じいさん」「―まご」

ビー ビ〈B〉名〔black の略〕鉛筆のしんのやわらかさを示す符号。

ひ-い ヒ【非違】名〔文章語〕法にはずれること。違法。

び-い ビ【微意】名〔文章語〕〔わずかの志の意〕自分の志をいう謙譲語。「感謝の―をあらわす」

ピーアール ア〈PR〉名 他サ〔public relations から〕❶大衆に知らせる活動。広報。❷宣伝。広告。

ピーエイチエス エ²〈PHS〉名〔personal handyphone system の略〕簡易型の携帯電話。ふつうの携帯電話に比べて料金は割安だが、通話範囲は狭い。

ピーエイチディー ディ〈Ph.D.〉名〔ラテン語の Philosophiae Doctor から〕アメリカで、博士号。

ビーエス 0〈BS〉名〔broadcasting satelite から〕衛星放送。「―アンテナ」

ピーエス エ〈PS〉名〔postscript から〕手紙の追伸。二伸。

ビーエスイー イ〈BSE〉名〔bovine spongiform encephalopathy から〕うしの脳が海綿状になる中枢神経病。運動障害や行動異常などを起こし、死に至る。牛(うし)海綿状脳症。俗称は狂牛病。

ピーエスイーマーク マ【PSEマーク】名〔Product Safety Electrical Appliance and Materials から〕電気用品安全法(PSE法)による安全基準に適合する電気製品に付けるマーク。

ピーエッチ エ〈PH〉名 水素イオンの濃度をしめす指数。酸性・中性・アルカリ性をあらわすのに用いる。ペーハー。

ビーエッチシー シ〈BHC〉名〔benzene hexachloride から〕殺虫剤の一種。現在は製造禁止。

ピーエム 0〈PM〉名〔particulate matter の略〕粒子状大気汚染物質。参考「PM2.5」は直径二・五マイクロメートル以下の微小粒子状物質。

ピーエム エ〈p.m.〉名〔ラ post meridiem から〕午後。↕エーエム。

ピーエルほう 0【PL法】名〔Product Liability Law から〕製造物の欠陥によって消費者の生命・身体・財産に被害が生じた場合、製造者が損害賠償の責任を負うと定めた法律。製造物責任法。

ピーオーピー ピ²〈POP〉名〔point of purchase から〕⇒ポップ〈POP〉。

ビーカー ビ〈beaker〉名 化学実験に使う、コップ形のガラス器。

ビーカー

ビーガン ビ〈vegan〉名 卵や乳製品などをふくむ動物性食品をいっさいとらない完全菜食主義者。

ひいき ヒ【贔屓】名 他サ 心のひかれるほうに目をかけてひきたて、力をそえること。また、その人。「―が多い」**―の引(ひ)き倒(たお)し** ひいきすることにより、かえってその人を不利におとしいれること。**―目(め)** 0 名 好意を持った見方。「―で見る」

ビーきゅう 0【B級】名 A級に次ぐ二番目の等級。Bクラス。Bランク。「―アクション映画」

ひ-いく 0【肥育】名 他サ 食用肉をとるために家畜をふとらせること。運動をさせないで、たんぱく質・でんぷんなどを多くあたえる。

び-いく ビ【美育】名 美術・音楽・文学など芸術的材料によってする情操教育。

ピーク ピ〈peak〉名 ❶山のいただき。峰。頂上。❷頂点。「ラッシュアワーの―」

ピーケー ケ〈PK〉名〔penalty kick から〕⇒ペナルティーキック。**―戦(せん)** 0 名 サッカーで、試合時間が終わって同点のとき、五人ずつのペナルティーキックを行い、そのゴール数で勝敗を決めること。

ピーケーオー オ〈PKO〉名〔peace-keeping operations of the UN から〕国連が、紛争の起こっている地域に、監視団や治安維持のための小部隊などを派遣して、事態の平静化をはかること。国連平和維持活動。

ビーご 0【B5】名 たて二五・七センチメートル、よこ一八・二センチメートルの紙・本の大きさ。ふつうの週刊誌の大きさ。「―判」

ビーコン ビ〈beacon〉名 船や飛行機のための交通標識・信号所。灯台。

ビーシー シ〈B.C.〉名〔before Christ から〕西暦紀元前。↕エーディー。

ビージー ジ〈BG〉名〔business girl からの和製英語〕オーエル。

ピーシー シ〈PC〉名 ⇒パソコン。

ピーシーアールほう 0【PCR法】名〔「PCR」は polymerase chain reaction(ポリメラーゼ連鎖反応)から〕微量のDNAを、酵素ポリメラーゼを用いて大量に増やす技術。医学・薬学・生物学などで幅広く応用され、DNA鑑定・疾病の診断などで利用されている。特に、感染症の検査はPCR検査と呼ばれる。

ビージーエム エ〈BGM〉名〔background music から〕⇒バックグラウンドミュージック。

ビーシーシー シ²〈BCC〉名〔blind carbon copy から〕電子メールで、複数の人に同時に送信するとき、受信者にはその人以外の送信先を知らせないようにする機能。

ビーシージー ジ〈BCG〉名〔フ bacille de Calmette-Guérin から〕結核予防のために注射する、牛の結核菌でつくったワクチン。

ピーシービー ビ〈PCB〉名〔polychlorinated biphenyl から〕ポリ塩化ビフェニール。プラスチック製品・複写紙などにふくまれる、性質の変わりにくい物質。生体に害を及ぼすため、現在わが国では生産・使用が中止されている。

び-いしき イ【美意識】名 ❶美に関する意識。美を理解し感受する感覚。❷独自の美意識にもとづくふるまい。「日本人の―」

ひい-じじ ジ 名 祖父・祖母の父。そうそふ。↕ひいばば。

ビーズ ビ〈beads〉名 糸を通す穴のある、ガラスなどの小さなかざり玉。婦人服飾・手芸品などに使う。南京(なんきん)玉。

ピース ピ〈piece〉名 ❶小片。一部分。「パズルの―」❷音楽の小品。また、楽曲の一部。

ピースサイン サ〈peace sign〉名 ⇒ブイサイン。

ヒーター ヒ〈heater〉名 暖房装置。また、熱を出す器具。

ビーだま 0【ビー玉】名〔「ビードロ(ガラス)の玉」の意〕子どものおもちゃなどにする小さいガラス玉。

ピータン ピ【中 皮蛋】名 あひるの卵に木炭・石灰・塩・泥・茶の煮出し汁などを混合して塗り、冷暗所に貯蔵した食品。中国料理の前菜などに用いる。

ビーチ ビ〈beach〉名 造 うみべ。海岸。**―コート** コ〈beach coat〉名 夏、海岸で水着の上に着るコート。**―サンダル** サ〈beach sandals〉名〔和製英語〕砂浜などではく、ゴムやビニールなどで作ったぞうり。**―パラソル** パ〈beach parasol〉名〔和製英語〕海水浴場で日よけに使う大きな洋がさ。夏 **―バレー** バ〔beach volleyball から〕名 砂浜にコートを作って、二人または三人一チームで行うバレーボール。

ピーチ ピ〈peach〉名 ももの木。ももの実。

ひ-いちにち ヒ=チ²【日一日】名 と 副 一日ごとに。日ましに。「─と暖かくなる」

ビー-ディー エ〈BD〉名 ➡ブルーレイディスク。

ピー-ティー-エー エ〈PTA〉名 〔Parent-Teacher Association から〕父母と教師の会。両親と教師とが協力して児童・生徒の教育を高めようとする協力団体。

ピー-ティー-エス-ディー ティ〈PTSD〉名 〔post-traumatic stress disorder から〕心的外傷後ストレス障害。災害・戦争・事故などによって耐えきれないストレスを受けることで生じる精神障害。

ピー-ディー-エフ エ〈PDF〉名 〔portable document format から〕電子文書の規格のひとつ。コンピューターやOSの種類に関係なく、同じレイアウトで閲覧できる。

ひいて-は ヒ【ひいては】【▲延いては】ワ 副 それがきっかけとなって、別のものに及ぶようす。その結果。ひいて。

ひい-でる テ【秀でる】自下一 デ/デテ/デル/デレ/デロ・デヨ ❶ぬきんでる。まさる。すぐれる。「衆に─」「語学に─」❷めだつ。「ひいでた顔だち」 **ひい-づ** 文語下二

ヒート ヒ〈heat〉造 熱。熱気。「オーバー─」「デッド─」 **─アイランド** ア〈heat island〉名 都市部の気温が周囲の地域よりもいちじるしく高くなる現象。 **─アップ** ア〈heat up〉名 自サ だんだん熱くなり、はげしさを増すこと。「議論が─する」 **─ショック** ショ〈heat shock〉名 急激な温度の変化が体にあたえる衝撃。この衝撃によって、脈拍や血圧が急激に上昇し、心筋梗塞や脳血管障害などにつながることがある。 **─ポンプ** ポ〈heat pump〉名 水や空気の中にある熱を吸収し、圧縮して大きな熱エネルギーとして利用する装置。熱の流れを変えることで冷却にも用いられる。

ビート ◎〈beat〉名 ❶水泳で、足で水を打つこと。ばた足。❷音楽の拍子。特に、ポピュラー音楽の強いアクセントのリズム。

ビート ビ〈beet〉名 さとうだいこん。㊙秋

ビードロ ◎〈ポ vidro〉名 ❶ガラスやガラス製の器具の古い呼び名。室町時代末に長崎に製法が伝えられた。❷江戸時代のガラス製のおもちゃ。管から息を吹き入れると「ポピン」と音がする。ぽぴん。

ひいな ヒ【×雛】ひひな 名 ➡ひな❷。(春)

ビ(ヴィ)ーナス《Venus》❶ローマ神話で、美と愛の女神。❷ビ 名 金星。

ピーナツ ピ〈peanut〉＝**ピーナッツ** 名 落花生。特に、その種子を炒ったもの。なんきんまめ。 **─バター** バ〈peanut butter〉名 ピーナツをすりつぶしてペースト状にしたもの。砂糖を加えたものもある。

ビーバー ビ〈beaver〉名 ビーバー科の哺乳類。後足にはみずかきがある。欧州と北米の水辺にすむ。木をかじり倒して巣をつくる。毛皮は良質で乱獲された。うみだぬき。

ひい-ばば バ 名 祖父・祖母の母。そうそぼ。↕ひいじじ。

ビー-ばん ◎【B判】名 紙の日本標準規格の一つ。七二・八×一〇三センチの大きさをB1判とし、半分に切るたびに番号を1番ふやす。週刊誌などはB5判。↕A判。

ひい-ひい ヒ 副 痛みや苦しみのために出す声。「けがをした子が─泣く」「練習がきつくて選手が─言う」

ぴい-ぴい ピ ❶副 自サ 貧乏なようす。「いつも─している」❷と 副 鳥や虫などの鳴き声、また、笛の音をあらわす語。「─さえずる」

ピー-ビー エ〈PB〉名 〔private brand から〕➡プライベートブランド。

ピー-ピー-エム エ〈ppm〉名 〔parts per million から〕気体・液体中の微量成分の濃度をしめす単位。百万分率。一立方メートル中の一立方センチが一ppmにあたる。

ビーフ ビ〈beef〉名 牛肉。 **─ステーキ** テ〈beefsteak〉名 厚切りの牛肉を鉄板で焼いた料理。ビフテキ。

ビーフン ◎/ビ【中▲米粉】名 米の粉で作ったカめん類。

ひい-まご ヒ【▲曽孫】名 ➡ひまご。

ピーマン ピ〈フ piment〉名 からみの少ない、とうがらしの一種。緑色で長円形の実を食用とする。西洋とうがらし。(秋)

ビーム ビ〈beam〉名 光線・電磁波などの束になったような流れ。「─銃」

ビー-めん ◎【B面】名 アナログレコードやカセットテープの裏面。また、裏面に収録された曲。↕A面。

ビー-よん ◎【B4】名 たて三六・四センチ、よこ二五・七センチの紙・本の大きさ。週刊誌を開いた二ページ分の大きさ。「─判」

ピーラー ピ〈peeler〉名 野菜やくだものの皮をむく道具。

ひいらぎ ヒ【×柊】ひひらぎ 名 モクセイ科の常緑低木。葉にとげがある。秋、かおりのよい白い小花が咲く。クリスマスの飾り用。また、節分の夜、枝をいわしの頭とともに門口にさし、鬼よけのまじないとした。(冬)

ヒーリング ◎〈healing〉名 心身の緊張、疲れを取り除くこと。特に、心をいやすこと。癒し。「─ミュージック」

ヒール ヒ〈heel〉名 ❶かかと。特に、靴のかかと。「ハイ─」❷悪役。「─役を買って出る」

ビール ビ〈オ bier〉名 麦芽とホップを原料とし、酵母を加えて発酵させたアルコール飲料。ビヤ。(夏) **─掛け** ル 名 プロ野球の祝勝会などで、たがいにビールをかけあって祝うこと。

ビ(ヴィ)ールス ビ〈ド Virus〉名 ➡ウイルス。

ひ-いれ レ【火入(れ)】名 ❶たばこ用の小さな火種入れ。❷山野をこやすために、枯草を焼くこと。野焼き。❸酒などがくさらないように熱を加えること。❹溶鉱炉に初めて点火すること。

ひ-いろ ◎【×緋色】名 濃い朱色。

ヒーロー ヒ〈hero〉名 ❶英雄。勇士。❷勇者として人気のたかい人。めだって活躍した人。「きょうの試合の─」❸小説・戯曲などの男の主人公。↕ヒロイン。

ビー-ろく ◎【B6】名 たて一八・二センチ、よこ一二・八センチの紙・本の大きさ。週刊誌（B5）の半分の大きさ。「─判」

ビーン-ボール ボ〈bean ball〉名 野球で、ピッチャーがバッターの頭部をねらって投げる反則球。

び-う ビ【眉宇】名 文章語 〔「宇」は家の軒で、まゆの位置が家の軒にあたるから〕まゆ。まゆのあたり。「決意を─にみなぎらせる」

び-う ビ【微雨】名 文章語 こさめ。細雨。

ひ-うお ヒ【干魚】うを 名 魚をほしたもの。ひもの。ほしざかな。ほしうお。

ひ-うお ヒ【氷魚】うを 名 あゆの稚魚。半透明・白色で、体長約二～三センチ。ひお。(冬) 参考 秋の末ごろから冬にかけて、琵琶湖・宇治川などでとれるのが有名。

ひ-うち チ【火打(ち)】【×燧】名 火打ち石と火打ち金とを打ち合わせて火を出すこと。また、その道具。 **─石** チ 名 火打ち金と打ちあわせて火を出す石。石英の一種。 **─金** チ 名 火打ち石と打ちあわせて発火させる三角形の鋼鉄。火打ち鎌。

ひ-うん ヒ【非運】【否運】名 わるい運命。ふしあわせ。不

運。↕好運。

ひ-うん ヒ【悲運】名 かなしい運命。不幸な運命。「―をなげく」↕幸運。

ひえ エ【冷え】名 ❶外気がひえること。「今年一番の―を記録する」❷からだ、特に腰から下がひえること。また、その病気。「手足の―」

ひえ ◎/ヒ【×稗】名 イネ科の一年生植物。葉はいねに似る。種子は食用、また、家畜の飼料。㊊

ひえ

ひ-えいせい エ【非衛生】名 形動 ⇩ふえいせい。

ひ-えき ◎/ヒ【×裨益】名 自他サ ある事のおぎないとなり、利益をあたえること。役に立つこと。「会社の発展に―する」

ひえ-こ・む コ/◎【冷え込む】自五 ❶温度がひどくさがる。ひどく冷える。「朝晩、山間地は―」❷からだがひどく冷える。❸経済活動が不活発になる。「景気が―」**冷え込み** 名

ひえ-しょう エ/ショ【冷え性】名 からだの冷えやすい体質。

ひ-えつ ◎【飛越】名 他サ とびこえること。特に、馬術で、障害物をとびこえること。

ひえ-びえ ヒ【冷え冷え】(と)副 自サ ❶風や空気などのつめたいようす。㊊「―とした夜」❷関係がうとくなって、よそよそしいようす。「―とした家庭」

ヒエラルキー ラ〈hierarchy〉＝**ヒエラルヒー** 名 ピラミッド型の身分序列による階層組織。身分階層制。

ひ・える エ【冷える】自下一 ❶あたたかみがなくなる。つめたくなる。「冷えたごはん」❷寒く感じる。㊊「明け方は―」❸親愛の気持ちがなくなる。「ふたりの仲が―」❹景気が悪くなる。「消費が―」**ひ・ゆ** 文語ヤ下二

ピエロ ピ〈ﾌ pierrot〉名 ❶(喜劇の道化役の意から)サーカスでこっけいな役を演じる人。道化。❷自分では気づかずに、他人から笑われる役まわりの人物。「政界の―」

ヒエログリフ グ〈hieroglyph〉名 古代エジプトで使用された象形文字。聖刻文字。

ひ-えん ヒ【飛×燕】名 文章語 飛んでいるつばめ。

び-えん ◎【鼻炎】名 鼻粘膜の炎症。鼻カタル。

ビエンナーレ ナ〈ｲ biennale〉名 一年おきにおこなわれる美術の展覧会。

ひ-お ヒ【氷▲魚】名 ⇩ひうお。

ひ-おい ◎【日おい】【日▲覆】名 ⇩ひおおい。㊇

ひ-おう ◎【秘奥】名 文章語 知りにくい、物事のおくそこ。「学の―をさぐる」

ひ-おうぎ オ【×檜扇】名 ❶ひのきのうすい板をとじつらねて作ったおうぎ。❷アヤメ科の多年生植物。山野に自生。夏、橙黄色の花が咲く。黒色のたねを「ぬばたま」という。観賞用。㊇

ひ-おおい オー【日覆(い)】名 ❶日光をさえぎるひよけ。ひおい。㊇ ❷夏、学帽などをおおう白布。

ひ-おけ ケ/オ【火おけ】【火×桶】名 木製のまるひばち。㊄

ビオトープ ト〈ﾄﾞ Biotop〉名 生物が生息できる環境が備えられている空間。

ひ-おどし オ【×緋×縅】名 よろいのおどしの一つ。緋色の革でおどしたもの。くれないおどし。

ビ(ヴィ)オラ ◎/ビ〈ｲ viola〉名 バイオリンに似て、ひとまわり大型の弦楽器。

ビ(ヴィ)オロン ◎〈ﾌ violon〉名 バイオリン。 **―チェロ** チェ〈ｲ violoncello〉名 チェロ。

ビオラ

び-おん ◎【美音】名 うつくしい音・声。「―が響きわたる」

び-おん ◎【微音】名 かすかな音・声。

び-おん ◎【微温】名 少しあたたかいこと。なまぬるいこと。 **―的** ◎ 形動 中途はんぱで徹底しないようす。てぬるいようす。 **―湯** ◎ 名 温度の低い、ゆ。ぬるまゆ。

び-おん ◎【鼻音】名 息を口から出さず、鼻に通して出す有声子音。ナ行・マ行などの子音。

ひ-か カ【皮下】名 皮膚の下層、また、内部。「―脂肪」「―組織」 **―注射** チュ 名 皮下組織に針を入れてする注射。↕静脈注射・筋肉注射。

ひ-か ヒ【悲歌】名 文章語 ❶かなしい調子のうた。エレジー。❷かなしんで悲壮にうたうこと。

ひが ヒ【×僻】造〔古語〕まちがっている。うそである。ひがんでいる。「ひが覚え」「ひが者」「ひが耳」

ひ-が ヒ【彼我】名 文章語 かれと、われ。相手と自分と。「―の勢力は相等しい」

ひ-が ヒ【非我】名〔哲〕自我に対する外的世界。自我でないもの。↕自我・我。

び-か ビ【美果】名 文章語 ❶あじのよい果実。おいしいくだもの。❷よい結果。「―をおさめた」

び-か ビ【美化】名 他サ ❶きれいにしてよごさないこと。「校内―運動」❷実際以上にうつくしいものと見せること。「行為を―する」 **―語** ◎ 名 敬語の一種。話し手の品位をたもつための語や言い方。「あすはお休みをします」の「お休み」、「太郎ちゃん、こちらへいらっしゃい」の「いらっしゃい」、「お菓子」「お天気」「ご飯」「おいしい」「おひや」など。参考 丁寧語に似ているが、相手や話題の人物に対する敬意とは、直接に関係はない。⇩**(付)敬語の種類と使い方**

ひ-がい ヒ【被害】名 損害・危害をこうむること。 **―者** ガ 名 損害・危害を受けた人。↕加害者。 **―妄想** モ 名 いつも他から害を加えられていると思いこんでいる症状。

ぴか-いち カ【ぴか一】名〔俗語〕多数の中でいちばんすぐれていること。また、その人。「クラスの―」

ひかえ エ/カ【控え】名 ❶出番を待つためのもの。また、それを待つ人。「―の間」「―の力士」❷用にそなえておくこと。また、そのもの。「万一のときの―」「―の投手」❸後日のため、書きしるしておくもの。メモ。「―をとる」❹正式の書類と別にとっておく写し。

ひかえ-しつ エ【控(え)室】名 行事などがはじまるまで、ひかえて待っているへや。

ひかえ-ばしら バ【控え柱】名 塀や壁などがかたむくのを防ぐための支柱。

ひかえ-め ◎/メ【控(え)目】名 形動 うちわにすること。遠慮ぎみにすること。「―な態度」

ひ-がえり ◎【日帰り】名 その日のうちに行って帰ること。「―の旅」↕泊まりがけ。

ひか・える エ/カ【控える】㊀ 自下一 ❶進まないで待っている。「となりのへやに―」❷そばにかまえている。「主人のわきに―」㊁ 他下一 ❶ひきとどめる。「そでを―」❷うちわにする。すくなめにする。「食を―」❸みあわせる。中止する。「実行を―」❹用意しておく。「予備として―」❺…を間近にする。「前に川を―」❻書きとめておく。「要点を―」**ひか・ふ** 文語ハ下二

ひが-おぼえ【×僻覚え】名〔古語〕まちがった記憶。おぼえそこない。「ひがおぼえもし、忘れたるところもあらば」〈枕〉

ひ-かがみ [0]【×膕】[名]〔「ひきかがみ」の変化〕ひざのうしろの、くぼみ。⇩足(図)。

ひ-がき [ヒ]【×檜垣】[名] ❶ひのきのうす板を、斜めに編んでつくるかき。❷「ひがき❶」にかたどった模様。

ひ-かく [0]【非核】[造] 核兵器の開発・製造・配備・実験などを行わないこと。「―三原則」「―地帯」

ひ-かく [0]【皮革】[名] 動物の皮を加工したもの。レザー。

ひ-かく [0]【比較】[名][他サ] くらべること。くらべ合わせること。「―にならないほど大きい」 **―的** [0]〔に〕[副] ほかにくらべて、わりあいに。「この夏は―涼しい」 **―文学** [ブ][名] ある国の文学と他国の文学との交流・影響関係について研究する学問。

びがく [ビ]【美学】[名] ❶美の本質を考え、研究する学問。❷美意識。「スポーツマンとしての―」

ひ-かげ [0]【日陰】【日×蔭】[名] ❶日光のあたらない所。[夏]↕ひなた。❷世の中に表だって出られないこと。「―の身」 **―の×蔓** [カ2][名] ヒカゲノカズラ科の常緑多年生しだ植物。山地にはえ、茎は細長くて地にはい、葉はすぎの葉に似る。胞子は薬用。[冬] **―者** [0][名] 公然と世の中で生活することのできない人。世をかくれしのぶ人。

ひ-かげ [0]【日影】[名] ❶日の光。❷日あし。

ひ-がけ [0]【日掛(け)】[名] 毎日きまった額の掛け金をしてつみたてること。「―貯金」

ひ-かげん [カ]【火加減】[名] 火の強さのぐあい。「―を見る」

ひが-ごころ【×僻心】[名][古語] ❶ひがんだ心。ねじけた心。❷考えちがい。誤解。

ひが-ごと【ひが事】【×僻事】[名][古語] 道理に合わないこと。事実と違うこと。不都合なこと。ひがこと。

ひ-がさ [ガ]【日傘】[名] 日よけに使うさしがさ。[夏]↕雨がさ。

ひかされる【引かされる】[連語] 心がひきつけられる。「子に―」

ひがし [0]【東】[名]〔「ひむかし・ひんがし」の変化〕↕西。❶太陽の出る方角。❷東風。❸東本願寺。おひがし。❹相撲で、土俵を正面から見て向かって左の方。また、番付の東方。⇩土俵(図)。

ひ-がし [ガ]【干菓子】【▲乾菓子】[名] 水けの少ない菓子。砂糖菓子・うちもの・らくがんなど。↕なま菓子。

ひがし-アジア [ア]【東アジア】[名] アジアの東側にある地域の通称。日本、中国、朝鮮半島、台湾などをいう。[参考]範囲を広くとらえて、モンゴルやベトナムを含む考え方もある。

ひがし-がわ [0]【東側】[名] ↕西側。❶東の方角の所。❷ヨーロッパで、旧ソ連および旧ソ連に同調した諸国の側。

ひがし・する [0]【東する】[自サ][文章語] 東のほうへ行く。↕西する。

ひがし-ティ(チ)モール《東ティ(チ)モール》東南アジアにある民主共和国。首都はディリ。二〇〇二年、インドネシアから独立。

ひがし-ドイツ《東ドイツ》東独。⬇ドイツ。

ひがし-にほん [ホ]【東日本】[名] 日本国土の東半分。中部地方以東の関東・東北・北海道の各地域。↕西日本。

ひがし-はんきゅう [八]【東半球】[名] 地球を零度および一八〇度の子午線で二つの半球に分けた場合の東側の半分。アジア・アフリカ・ヨーロッパ・オセアニアをふくむ。↕西半球。

ひがしやま《東山》京都盆地の東側にあり、南北に連なる山地。室町時代のうち、将軍足利義政がこの一角に山荘(銀閣寺)を構え、文化の中核を担い、能・工芸・造園・茶道などが発達した。この時期を文化史では東山時代と称する。

ひか・す [0]【引かす】【▲落▲籍す】[他五] 芸者・遊女などの借金を払ってやって身を引きとる。

ひ-かず [0]【日数】[名] ひにちの数。ある事に要する日の数。にっすう。「―をかさねる」

ひ-がた [0]【干潟】[名] 潮のひいたときにあらわれる遠浅の砂浜。[春]

ピカタ [カ]〈piccata〉[名] イタリア料理の一つ。肉や魚の薄切りに小麦粉ととき卵をつけて焼いたもの。

び-カタル [カ]【鼻カタル】[名] 鼻の粘膜の炎症。

び-かちょう [カ]【鼻下長】[名]〔はなの下の長いこと〕女性にあまいこと。また、その男性。

ぴかっ-と [カ][副] 一瞬するどく光るようす。「稲妻が―光る」

ぴか-どん [カ][名][俗語]〔「ぴか」は閃光、「どん」は爆発音を表す〕原子爆弾。

ひがな-いちにち [ヒ]-[チ]【日がな一日】[副] 一日じゅう。朝から晩まで。「―本を読んでいた」

ひ-がね [0]【日金】[名] ❶毎日少しずつ返す約束の貸借金。❷日ごとに入る現金。ひぜに。

ひ-がのこ [ガ]【×緋▲鹿子】[名] 緋色のかのこしぼり。

ぴか-ぴか [カ]-[ピ]-〔と〕[副][自サ][形動]〔の〕 ❶光り輝くようす。「星が―とまたたいている」「靴を―にみがく」❷ま新しいこと。「―の一年生」[参考]形容動詞として使うときは[0]。

ひがひが・し【×僻×僻し】[形シク][古語] ❶ひねくれている。常識や道理をわきまえていない。「この雪いかが見ると、一筆のたまはせぬほどの、ひがひがしからむ人の仰せらるること」〈徒然〉❷調子がよくない。うまく働かない。「耳などもすこしひがひがしくなりたるにやあらむ」〈源氏〉

ひがみ [ミ]【×僻み】[名] ひがんだものの見方。「それは君の―だ」「―根性」

ひが-みみ [0][ガ]【ひが耳】【×僻耳】[名] 聞きちがえること。聞きそこない。「老いの―」

ひが・む [ガ]【×僻む】㊀[ガ][自五] ことさらにものをねじまげて見たり、考えたりする。自分だけがのけものにされているように考える。㊁[他下二][古語] ゆがめる。まげる。「斎院にはかなしごと聞こゆるや、もしおぼしひがむ方ある」〈源氏〉

ひが-め [又][0]【ひが目】【×僻目】[名] ❶見そこない。見ちがえ。「…と見たは―か」❷偏見。❸ひとみの位置が正しくないもの。また、その目つき。すがめ。

ひが-もの【×僻者】[名][古語] 心のひがんだ人。変人。

ひ-がら [0]【日柄】[名] その日のえんぎのよしあし。「よいお―」

ひから・せる [セ]【光らせる】[他下一] ❶光るようにする。光らす。「床にワックスをかけてぴかぴかに―」❷しっかり見とどける。「不正受験者がいないか目を―」

ひから・す [文語下二]

ひ-から・びる [ビ][0]【干からびる】【干(乾)×涸びる】[自上一] すっかりかわいてかさかさになる。「干からびた餅」 **ひから・ぶ** [文語上二]

ひかり [リ]【光(り)】[名] ❶ひかること。ひかるもの。❷【光】太陽などから出る比較的波長のみじかい電磁波で、人間の目に感じられるもの。光線。❸明るさを感じる力。視力。「―を失う」❹はえ。光栄。「―をそえる」❺威光。恩恵。「親の―」❻心に明るさを感じさせるもの。希望。のぞみ。「―を失った生活」 **―を当てる** 目立たず忘れられていたものごとに注目して取り上げる。「埋もれた研究に―」

ひかりごけ《ひかりごけ》武田泰淳の短編小

説。一九五四年発表。難破船の船員たちの人肉食事件を扱ったもの。

ひかり-つうしん ツ【光通信】名 光ファイバーを用いる通信方式。

ひかり-ディスク ディ【光ディスク】名 レーザー光線を当てることによって、デジタルデータの記録や読み出しを行うディスク(円盤)形の大容量記憶媒体。CD・DVD・ブルーレイディスクなど。

ぴかり-と カ 副 一瞬鋭く光るようす。

ひかり-ファイバー ファ【光ファイバー】名 光を送るためのガラスやプラスチックでできた細い線。光通信・内視鏡などに用いる。

ひかり-もの 0【光(り)物】名 ❶光をはなつもの。ひかるもの。❷金属。❸にぎりずしのたねで、こはだ・さばなど、青白いさかな。

ひか・る カ【光る】自五 ❶光を出す。また、光を反射する。かがやく。❷色彩などがうつくしく見える。❸一段とすぐれて見える。「彼の演技が光った」

ピカレスク レ〈picaresque〉名 一六世紀のスペインに起こった小説の形式。悪漢(ピカロ)を主人公とする。後世の写実主義の小説に影響を与えた。悪漢小説。

ひかれ-もの 0【引かれ者】名 刑場や刑務所に引かれて行く罪人。**—の小唄** ❶罪人が平気をよそおって小うたなどをうたうこと。❷まけおしみが強いこと。

ひか-れる【引かれる】【×惹かれる】連語 心がひきつけられる。「話のおもしろさに—」

ひ-がわり 0【日替(わ)り】名 呼び物となる商品・芸人などが毎日変わること。「—大サービス」

ひ-かん 0【避寒】名自サ 冬、あたたかい土地へ行って、寒さをさけること。冬 ↕避暑。

ひ-かん 0【悲観】名自他サ 物事が思うようにいかないので失望すること。かなしんでのぞみをなくすること。↕楽観。**—的** 0 形動 ↕楽観的。❶のぞみのないようす。「形勢は—だ」❷物事を悪い方に考えがちなようす。「現実を—にとらえる」

ひ-がん 0 ガ【彼岸】名 ❶〔仏〕(「むこうぎしに至る」の意)世の中のわずらわしさやなやみを、はらいすてた世界。また、その心の状態。涅槃の境地。❷春分・秋分の日を中日とする前後各三日間。法事や墓まいりをする。春 ⇩雑節(表)。❸ひがんえ。❹向こう岸。**—会** ガ 名 彼岸におこなう法事。春 **—桜** ザ 名 春の彼岸のころ咲く、さくらの一種。春 **—花** ガ 名 ヒガンバナ科の多年生植物。秋の彼岸のころ、赤い花が咲き、あとで葉が出る。有毒植物。鱗茎は薬用。まんじゅしゃげ。秋

ひがんばな

ひ-がん ヒ【悲願】名 ❶仏・菩薩が慈悲の心から人々を救おうとするちかい。❷ぜひやりとげようとする悲壮な願い。「優勝の—」

び-かん 0【美感】名 美の感じ。美に対する感覚。

び-かん 0【美観】名 うつくしいながめ。「—をそこなう」

び-がん 0【美顔】名 ❶うつくしいかお。❷かおをうつくしく化粧すること。**—術** ガ 名 かおのうつくしさをたもち、また、増すためにする、マッサージや化粧法。

ひ-かんざくら ザ【×緋寒桜】名 さくらの一種。日本では暖かい地方に植えられ、二月ごろ濃い紅色の花をひらく。かんひざくら。冬

ひき【匹】【×疋】接尾 (上にくる語によっては「びき」「ぴき」となる)❶獣・魚・虫などをかぞえることば。参考 動物をかぞえるには「匹」を使う。鳥には「羽」を使う。「頭」は大形の動物についていう。さかなはふつう「匹」でかぞえるが、「尾」を使うこともある。❷布地二反つづきのものをかぞえることば。❸昔、銭をかぞえたことば。一匹は十文または二十五文。

ひき【引き】一 0 名 ❶引くこと。引く力。「潮の—がつよい」❷ひいきすること。人をひきたてること。「重役の—で入社する」二 接頭 (動詞について)意味や語勢を強める。「—おこす」「—すえる」

ひき キ【×蟇】名 ひきがえる。夏

ひ-き ヒ【悲喜】名(文章語) かなしみとよろこび。かなしんだり、よろこんだりすること。**—×交×交** かなしみとよろこびとをかわるがわる味わうこと。

ひ-ぎ ヒ【秘技】名 他人にまねのできない特殊な技。

ひ-ぎ ヒ【秘儀】名 秘密におこなう儀式。密儀。

び-き ビ【美×姫】名(文章語) 美しいひめ。美しい女の人。

び-ぎ ビ【美×妓】名(文章語) 美しい芸者・まいこ。

び-ぎ ビ【美技】名 みごとなわざ。ファインプレー。

ひき-あい 0【引(き)合(い)】名 ❶売買の取引。取引の前に条件などを問いあわせること。❷引用する証拠や参考資料。「—に出す」

ひき-あ・う ア【引(き)合う】自五 ❶たがいに引く。❷取引する。❸わりにあう。不利でない。「千円なら—」

ひき-あけ 0【引(き)明け】名 夜の明ける時。明けがた。夜明け。

ひき-あ・げる ゲ 一【引(き)上げる】他下一 ❶引いて上にあげる。「沈没船を—」❷値段や給料を高くする。↕引き下げる。二【引(き)揚げる】他下一 ❶派遣していた人、出してあったものなどをとりもどす。❷えらんで役職につける。「後輩を—」三【引(き)揚げる】自下一 出むいていたところから帰る。「南米から—」**引きあげ** 名 **ひきあ・ぐ** 文語下二

ひき-あて 0【引(き)当て】名 ❶抵当。「土地を—に借金する」❷予定される支出のために、その金額を準備しておくこと。「—金」

ひき-あ・てる テ【引(き)当てる】他下一 ❶くじを引いて賞をあてる。「一等を—」❷ひきくらべる。あてはめる。「わが身に引き当てて考える」**ひきあ・つ** 文語下二

ひき-あみ 0【引(き)網】【×曳網】名 海岸または船上に引きあげて魚をとる網。地引網など。

ひき-あわ・せる セ【引(き)合(わ)せる】他下一 ❶引きよせて合わせる。「えり元を—」❷引きよせてくらべる。照合する。「原文に—」❸紹介する。「妹を友人に—」**引き合わせ** 名 **ひきあは・す** 文語下二

ひき-い・る イ【率いる】【▲帥いる】他上一 ❶ひきつれていく。「選手団を—」❷人の上に立って、行動や進退をさしずする。「部下を—能力に欠ける」

ひき-い・る【引き入る】自四〔古語〕❶ひきさがる。「(左大臣ハ光源氏ヲ)わが御車に乗せ奉り給うて、みづからは(後ノ席ニ)ひき入りて奉れり」〈源氏〉❷ひきこもる。「山林にひき入りつつまじらはむと」〈源氏〉❸遠慮する。「ひとへに物づつみし(内気デ)ひき入りたる方」〈源氏〉❹いきがたえる。「たびたび歌ひてひき入りにけり」〈十訓抄〉

ひき-い・れる レ【引(き)入れる】他下一 ❶引いて内へ入れる。引きこむ。「息を—」❷仲間にさそいこむ。「同志に—」**ひきい・る** 文語下二

ひき-う・ける ケ【引(き)受ける】他下一 ❶うけおって自分のつとめとする。「仕事を—」⇩かしこまる

参考。❷あとを受けつぐ。「兄のあとを―」❸頼みを聞いて承知する。❹自分の相手・敵とする。「三人ぐらいならぼくが―」❺保証する。「かれの人がらについては―」参考「引受人・引受時刻」のような場合は、送りがなをはぶく。ひきう・く 文語下二

ひき-うす ⓪/ウ【ひき臼】【×碾臼・×挽臼】名 二つのぶあつい円筒状の石をかさね、上の石をまわして二つの石のあいだで穀物を粉にするもの。↕つきうす。

ひき-うた ⓪【引(き)歌】名 和歌や詩文などに引用する古い和歌。引用歌。

ひき-うつ・す ツ【引(き)写す】他五 ❶書や絵画を紙の下に敷いて、その上から写しとる。敷き写す。❷文章などを、そのまま写しとる。**引き写し** 名 **引き写せる** 自下一[…できる]

ひき-うつ・る ツ【引(き)移る】自五 移転する。ひっこす。「一家をあげて郷里に―」**引き移れる** 自下一[…できる]

ひき-おこ・す コ【引(き)起(こ)す】他五 ❶たおれたのを起こして立たせる。❷すたれたものを再興する。❸【×惹起す】事件などをしでかす。「問題を―」

ひき-おとし ⓪【引(き)落(と)し】名 相撲で、相手の腕などをつかみ、前に引きたおすわざ。

ひき-おと・す ト【引(き)落(と)す】他五 ❶引いて前にたおす。❷支払い人の預金の口座から受け取り人の口座に送金する。**引き落とせる** 自下一[…できる]

ひき-おろ・す ⓪【引(き)下ろす】他五 ❶高いところから引いて下におろす。❷相手をその地位から引きずりおろす。「社長の座から―」❸預金を引きだす。**引き下ろし** 名 **引き下ろせる** 自下一[…できる]

ひきかえ-けん カ/エ【引(き)替(換)(え)券】ひきかへ 名 引きかえのときの証拠となるふだ。

ひき-かえし ⓪【引(き)返し】かへし 名 ❶ひきかえすこと。❷女性の和服で、すそまわしに表と同じ布地を使うこと。❸しばいで、しばらく幕を引いて道具立てを変え、また幕を開き、続きを上演すること。

ひき-かえ・す カ【引(き)返す】かへす 自五 進んで来た道をもとへもどる。ひっかえす。**引き返せる** 自下一[…できる] 二 他四 古語 ❶もとにもどす。「ひきかへし、その折り今の心地したまふ」〈源氏〉❷くりかえす。「ひきかへしひきかへし、見居たまへり」〈源氏〉❸うらがえす。さかさにする。「畳、所々ひきかへしたり」〈源氏〉

ひき-か・える エ/カ【引(き)替(換)える】かへる 他下一 ❶とりかえる。交換する。❷反対になる。逆にする。「きのうの晴天に引き替え、きょうは大雨だ」参考「引替券・引替所」のような場合は、送りがなをはぶく。**引きかえ** 名 ひきか・ふ 文語八下二

ひき-がえる ガ【×蟇×蛙】がへる 名 ヒキガエル科の両生類。大形で、背は暗かっ色、腹は灰色でまだらがある。背にいぼがたくさんある。動作がにぶい。がま。ひき。夏

ひき-がし ガ【引(き)菓子】名 祝儀・仏事などの儀式のとき引き物としてくばる菓子。

ひき-がたり ⓪【弾き語り】名 三味線をひきながら、浄瑠璃を語ること。また、楽器をひきながら歌ったり語ったりすること。

ひき-がね ⓪【引(き)金】名 ❶小銃・ピストルをうつとき、指で引いて弾丸を発射させる金具。❷あることを起こすきっかけとなる物事。「小さな紛争が戦争の―となる」

ひき-かぶ・る フ【引(き)▲被る】他五 ➡ひっかぶる。

ひき-ぎわ ⓪【引(き)際】ぎは 名 ❶地位・仕事をやめるまぎわ。「―が悪い」❷ひけぎわ。

ひき-ぐ・す ス【引(き)具す】他五〔文章語〕ひきつれる。ともなう。「供を―」ひきぐ・す 文語サ変

ひき-くら・べる ベ/⓪【引(き)比べる】【引▲較べる】他下一 いちいち照らし合わせて考える。「自分の行動に引き比べて反省する」

ひ-きげき キ【悲喜劇】名 ❶悲劇の要素と喜劇の要素とがふくまれている劇。❷かなしいことと、よろこばしいことが同時におこること。❸かなしいことが、他の面から見ると、こっけいであること。「離婚するのしないのという―」

ひき-ごと ⓪【引(き)言】名 説明のために他のことばなどを引用すること。また、引用した語句。

ひきこみ-せん ⓪【引(き)込(み)線】名 ❶幹線から屋内に引き入れた電線。❷鉄道の本線から特定の場所へ引き入れた専用の鉄道線。

ひき-こ・む コ【引(き)込む】他五 ❶引いて中へ入れる。引き入れる。❷仲間に入れる。**引き込み** 名 **引き込める** 自下一[…できる]

ひき-こもり ⓪【引(き)籠(も)り】名 家の中に長い間とじこもって、他人や社会とかかわらずに生活する状態。「―の若者」

ひき-こも・る モ【引(き)籠(も)る】自五 中にはいったまま外に出ないでいる。ひっこもる。「家に―」

ひき-さが・る ガ【引(き)下がる】自五 ❶さがる。しりぞく。「御前を―」❷自分の主張を取り下げる。手を引く。「このまま―わけにはいかない」**引き下がれる** 自下一[…できる]

ひき-さ・く サ【引(き)裂く】他五 ❶強くひっぱって破る。「身を引き裂かれる思い」❷親しい者どうしを、むりにはなれさせる。「二人の仲を―」**引き裂ける** 自下一[…できる]

ひき-さ・げる ゲ【引(き)下げる】他下一 ❶下げて低くする。「幕を―」❷値段を安くする。「定価を―」↕引き上げる。❸しりぞかせる。さがらせる。「部下を後方へ―」❹地位や身分を下げる。くだす。おとす。「下役に―」↕引き上げる。**引き下げ** 名 ひきさ・ぐ 文語下二

ひき-さ・る サ【引(き)去る】他五 ある数から、他の数を引く。へらす。「千円―」

ひき-ざん キ【引(き)算】名 ある数から他の数を引いて、その差を求める法。減法。↕足し算・寄せ算。

ひき-しお ⓪【引(き)潮】【引×汐】しほ 名 沖に引くしお。干潮。さげしお。↕満ち潮・上げ潮・差し潮。

ひき-しぼ・る ボ【引(き)絞る】他五 ❶強くしぼる。「手ぬぐいを―」❷弓に矢をつがえて、じゅうぶんに引く。❸声をむりに出す。「声を引き絞って歌う」**引き絞れる** 自下一[…できる]

ひき-しま・る マ【引(き)締(ま)る】自五 ❶かたくしまる。「肉が―」❷心がしまる。緊張する。「気分が―」❸相場が上がる。

ひき-し・める メ【引(き)締める】他下一 ❶引っぱってかたくしめる。「手綱を―」❷ゆるみをなくする。緊張させる。「部下を―」**引き締め** 名 ひきし・む 文語下二

ひぎ-しゃ ギ【被疑者】名 犯罪の疑いをうけて、まだ起訴されていない者。⇩容疑者 参考。

ひき-す・える エ【引(き)据える】すゑる 他下一 つかまえてきて、そこにすわらせる。「罪人を―」ひきす・う 文語ワ下二

ひき-ずり ⓪【引×摺】名〔俗語〕〈着物のすそをひきずる意〉

おしゃればかりして、なまける女。おひきずり。

ひきずり-おろ・す [ロ]【引きずり下ろす】【引×摺下ろす】[他五] ❶強い力で引っぱって下ろす。「旗を―」❷ある地位に就いている人を強引にやめさせる。「議長を―」

ひきずり-こ・む [コ]【引きずり込む】【引×摺込む】[他五] ❶引きずって、入れる。↔引きずり出す。❷むりに仲間に入れる。「不良グループに―」

ひきずり-だ・す [ダ]【引きずり出す】【引×摺出す】[他五] 引きずって、外へ出す。むりに出す。「部屋から―」↔引きずり込む。

ひきずり-まわ・す [ワ]【引きずり回す】【引×摺回す】[他五] あちこちを、むりに引っぱりまわす。「町中を―」

ひき-ず・る [0]【引きずる】【引×摺る】[他五] ❶地面をすって引いていく。「足を―」❷むりに引いていく。❸長びかせる。おくらせる。「返事をいつまでも―」❹つらい記憶などをふりはらえずにいる。「過去の思い出を―」 **引きずれる** [自下一]〔…できる〕

ひき-ぞめ [0]【弾き初め】[名] ❶新年に、はじめて琴・三味線(しゃみせん)・ピアノなどをひくこと。(新年) ❷あたらしい琴・三味線・ピアノなどを、はじめてひくこと。

ひき-たお・す [オ]【引(き)倒す】[他五] 引っぱって倒す。「大木を―」 **引き倒し** [名]

ひき-たが・う【引き違ふ】[他下二]〔古語〕❶予想・期待をうらぎる。ちがった方向にでる。「方塞(ふたが)げて(方塞ガリノ日ニヤッテ来テ)引きたがへほかざまへとおぼさむは」〈源氏〉❷今までの状態を変える。「かく引きたがへ、めでたき御さいはひにて」〈源氏〉

ひき-だし [0]【引(き)出し】[名] ❶【▲抽出し・▲抽▲斗】つくえ・たんすなどの、ぬきさしできる箱。❷貯金などを引き出すこと。 **―が多(おお)い** 多方面にわたる知識や能力を持っていて、すぐにどれでも使えるたとえ。

ひき-だ・す [ダ]【引(き)出す】[他五] ❶引いて外へ出す。❷さそい出す。「仲間を―」❸かくれているものを表に出す。「本音を―」「才能を―」❹入れておいたものを出す。「預金を―」 **引き出せる** [自下一]〔…できる〕

ひき-た・つ [タ]【引(き)立つ】[自五] ❶いさみたつ。盛んになる。「気分が―」❷いちだんとよく見える。見ばえがする。「背景で―」

ひき-たて [0]【引(き)立て(て)】[名] ひきたてること。ひいき。「お―をいただく」 **―役(やく)** [0] [名] そばにいて相手をりっぱに見せる役。

ひき-た・てる [テ]【引(き)立てる】[他下一] ❶引いてしめる。「戸を―」❷はげまして元気を出させる。「しょげているのを―」❸力を添えてたすける。とりたてて用いる。「後輩を―」❹むりにつれていく。ひったてる。「罪人を白州へ―」❺一段とりっぱに見えるようにする。「一枚の絵が、へやを―」 **ひきた・つ** [文語下二]

ひき-ちがい [0]【引(き)違い】[名] 二枚以上の引き戸を二本のみぞで開閉できるようにしたもの。

ひき-ちぎ・る [ギ]【引きちぎる】[他五] 引っぱって切り離す。「犬が縄を引きちぎって逃げる」

ひき-ちゃ [0]【ひき茶】【×碾茶・×挽茶】[名] うすでひいて、こなにした茶。抹茶(まっちゃ)。

ひき-つ・ぐ [ツ]【引(き)継ぐ】[他五] そのあとを受けつぐ。また、あとの人に申し送りをする。「後任に事務を―」 **引き継ぎ** [名] **引き継げる** [自下一]〔…できる〕

ひき-つくろ・う【引き繕ふ】[他四]〔古語〕❶欠点を改める。「直しひきつくろふべき所なく」〈源氏〉❷とりつくろう。体裁をととのえる。「(歌ヲ)例よりはひきつくろひて書きて」〈蜻蛉〉

ひき-つけ [0]【引(き)付け】[名] ❶ひきつけること。❷こどもの全身的けいれん。「―を起こす」

ひき-つ・ける [ケ]【引(き)付ける】㊀[他下一] ❶手もとへ近く、引きよせる。「火ばちを―」❷それが原因や理由ではないのに、そのせいにする。かこつける。❸【×惹付ける】人の心をひきよせる。魅惑する。「美声で―」㊁[自下一]〔かながき〕小児が全身けいれんをおこす。 **ひきつ・く** [文語下二]

ひき-つづき [0]【引(き)続き】[副] すぐつづいて。つづけざまに。「―三回入賞した」

ひき-つづ・く [ヅ]【引(き)続く】[自五] (「ひき」は接頭語)つづく。「まえに―」

ひき-づな [0]【引(き)綱】[名] 物につけて引く綱。

ひき-つ・る [ツ]【引きつる】【引×攣る】[自五] ❶筋がつれて痛む。❷皮膚がちぢれる。「やけどで―」❸けいれんする。「足が―」❹表情などがこわばる。「緊張で顔が―」

ひき-つ・れる [レ]【引きつれる】【引×攣れる】[自下一] ひきつったようすになる。「顔が―」 **引きつれ** [名] **ひきつ・る** [文語下二]

ひき-つ・れる [レ]【引(き)連れる】[他下一] 連れていく。ともなう。 **ひきつ・る** [文語下二]

ひき-て [0]【引(き)手】[名] ❶ふすま・障子などの、あけたてに手をかける所。❷引く人。「車の―」❸みちびく人。さそう人。よびかける人。❹柔道で、組み合って、相手の袖を持つほうの手。↕つり手。 **―茶屋(ぢゃや)** [テ] [名] 遊郭で、客を女郎屋に案内する茶屋。

ひき-て [0]【弾き手】[名] 琴・三味線(しゃみせん)・ピアノなどを演奏する人。また、じょうずにひく人。

ひき-でもの [0]【引(き)出物】[名] 祝宴などで、主人から客へおくる物。ひきもの。

ひき-ど [0]/[キ]【引(き)戸】[名] 左右に引いてあけたてする戸。やりど。↕ひらき戸。

ひき-どき [0]【引き時】【▲退き時】[名] 退出・引退などにちょうどよい時期。「今が―だ」

ひき-と・める [メ]【引(き)留める】[他下一] 行こうとする人をとまらせる。「客を―」 **引き留め** [名] **ひきと・む** [文語下二]

ひき-と・る [ト]【引(き)取る】㊀[自五] その場からしりぞく。「ひとまずお引き取りください」㊁[他五] ❶ひきうけて手もとにおく。「まごを―」❷返されたものをうけとる。「きずものを―」❸死ぬ。「息を―」 **引き取り** [名] **引き取れる** [自下一]〔…できる〕

ビギナー [ギ]/[ビ]〈beginner〉[名] 初心者。

ビギナーズ-ラック [ラ]〈beginner's luck〉[名] ゲームや賭け事で、初心者はしばしば幸運に恵まれるという俗信。

ひき-なお・す [オ]【引(き)直す】[他五] もう一度引く。「白線を―」「水道管を―」 **引き直し** [名] **引き直せる** [自下一]〔…できる〕

ビキニ [ビ]〈bikini〉[名] 胸と腰をわずかずつおおうツーピース型の女性用水着。[参考] 北太平洋のビキニ島で原子爆弾の実験があった直後、パリでの水着ショーにこの形をした水着が登場したことから。

ひき-にく [0]【ひき肉】【×挽肉】[名] ひいてこまかくした鳥・獣の肉。ミンチ。

ひき-にげ [0]【ひき逃げ】【×轢逃げ】[名] 自動車が人をひいて、そのまま逃げ去ること。

ひき-ぬき [0]【引(き)抜き】[名] ❶ひきぬくこと。❷しばいで、衣装に仕掛けた糸を引きぬき、下に着こんだ衣装をぱっとあらわすこと。

ひき-ぬ・く ヌ【引(き)抜く】他五 ❶ひっぱって抜きとる。❷他に属しているものをうばい取る。「有力選手を―」 **引き抜ける** 自下一〔…できる〕

ひき-の・く ノ【引きのく】【引▲退く】自五 ひきしりぞく。うしろへしりぞく。

ひき-の・ける ケ【引きのける】【引▲退ける】他下一 ❶引っぱって取り除く。❷ひきはなす。遠ざける。ひきの・く 文語下二

ひき-のば・す バ 他五 ━【引(き)伸(ば)す】❶引っぱって大きくする。❷写真を原板より大きくして焼き付ける。━【引(き)延(ば)す】時間をおくらせる。「会議を―」 **引きのばし** 名 **引きのばせる** 自下一〔…できる〕

ひき-はが・す ガ【引き剥(が)す】他五 ❶引っぱってはがす。「ポスターを―」❷つよくはがす。ひっぱがす。 **引き剥がせる** 自下一〔…できる〕

ひき-はな・す ナ【引(き)離す】他五 ❶引っぱってはなす。むりにはなす。「二人を―」❷後につづく者とのあいだをあける。「追っ手を―」 **引き離せる** 自下一〔…できる〕

ひき-はら・う ラ【引(き)払う】自五 あとに何ものこさず、そこから立ち去る。「借りた部屋を―」

ひき-ふだ ◎キ【引(き)札】名 ❶商品の売り出し・開店の広告などのちらし。びら。❷くじびきの札。

ひき-ふね ◎【引(き)船(舟)】【×曳船】名 ❶なわをつけ船を引くこと。また、引かれる船。❷船を引っぱる船。

ひき-まく ◎【引(き)幕】名 舞台などで、横に引いて開閉する幕。↕揚げ幕。

ひき-まど ◎マ【引(き)窓】名 つなであけたてする、屋根に取りつけられた天窓。

ひき-まゆ ◎マ【引(き)眉】名 すみでかいたまゆ。つくりまゆ。かきまゆ。引きまゆげ。

ひき-まわし ◎【引(き)回し】名 ❶指導して、せわをやくこと。「よろしく、お―を願います」❷江戸時代、斬罪以上の重刑者をしばったまま馬にのせ、市中を見せてまわったこと。❸インバネス。

ひき-まわ・す ワ【引(き)回す】他五 ❶まわりに引きめぐらす。「幕を―」❷あちこち連れあるく。「一日中、子どもに引き回された」❸指導して、せわをやく。「新人を―」❹「引き回し❷」の刑に処する。

ひき-め-かぎはな ◎【引目×鉤鼻】名 平安時代、大和絵で、目を細く一文字に、鼻をかぎの形にかいたこと。

ひき-も-きらず キ＝キ2 キ1【引きも切らず】副 たえず。ひっきりなしに。

ひき-もど・す ド【引(き)戻す】他五 ❶もとの場所・状態にもどす。「現実に引き戻される」❷連れて帰る。❸とりかえす。とりもどす。「与えた品を―」 **引き戻せる** 自下一〔…できる〕

ひき-もの ◎【引(き)物】名 ❶祝宴や法事で、客のみやげとする菓子など。引き出物。❷へやなどのしきりとする布類。

ひ-きゃく ◎【飛脚】名 ❶昔、急用を遠い土地に知らせる使いの人。❷江戸時代に手紙や品物を配達した人。

ひ-ぎゃく ◎【被虐】名 他人から残虐な扱いを受けること。いじめられること。「―的な趣味」↕加虐。

び-きゃく ◎【美脚】名 すらりとした、きれいなあし。

ひ-きゅう ◎【飛球】名 野球で、高く打ちあげたボール。フライ。↕匍球。

ひ-きゅう ◎【悲泣】名 自サ〔文章語〕かなしんで泣くこと。

び-きょ ヒ【美挙】名〔文章語〕りっぱなおこない・くわだて。

ひ-きょう ◎【比況】名〔語〕「ごとし・ようだ」などの用法のように、他とくらべる意味をあらわすこと。「―の助動詞」

ひ-きょう ◎【秘境】名〔文章語〕山奥などの人に知られていないところ。

ひ-きょう ◎【悲況】名〔文章語〕かなしむべきありさま。悲惨な状況。

ひ-きょう ◎【悲境】名〔文章語〕かなしい境遇。哀れな身の上。

ひ-きょう キョ【卑×怯】名 形動 ❶勇気のないこと。❷ずるいこと。卑劣。「―な手を使って勝つ」

ひ-ぎょう ヒ【罷業】名 わざと作業をやめること。わざと仕事をしないこと。ストライキ。「同盟―」

ひ-きょく キョ【秘曲】名 秘密にして、たやすくは他の人につたえない曲。秘伝の楽曲。

ひ-きょく キョ【悲曲】名〔文章語〕かなしい調子の曲。かなしい音楽。

ひき-よ・せる セ【引(き)寄せる】他下一 ❶引いて近づける。「たばこ盆を―」❷相手を近づかせる。「引き寄せて撃つ」 ひきよ・す 文語下二

ひ-きょり キョ【飛距離】名 ❶ゴルフや野球で、打ったボールの飛んだ距離。❷スキーのジャンプ競技で、踏み切りから着地までの飛んだ距離。飛行距離。

ひ-ぎり ◎【日切り】名 日数をあらかじめ定めること。「―で金を借りる」

ひ-ぎれ ◎【日切れ】名 前もって決めていた期日が来ること。「―法案」

ひき-わけ ◎【引(き)分(け)】名 勝負のつかないとき、そのまま中止すること。「二対二の―」

ひき-わ・ける ケ【引(き)分ける】━ 他下一 引きはなして別れさせる。━ 自下一 勝負がつかないままに中止する。ひきわ・く 文語下二

ひき-わざ ◎【引(き)技】名 相撲やレスリングで、相手を手前に引いて倒す技。

ひき-わた ◎【引(き)綿】名 ふとん・綿入れなどで、もめんわたの上に引きのばすまわた。

ひき-わた・す タ【引(き)渡す】他五 ❶長く渡して張る。「幕を―」❷手もとの人や物などを先方に渡す。「犯人を―」 **引き渡し** 名 **引き渡せる** 自下一〔…できる〕

ひき-わり ◎【ひき割り】【×挽割】名 のこぎりでひいて割ること。ひいて割った木材。

ひき-わり ◎【ひき割り】【×碾割】名 ❶うすなどでひいて割ること。「―なっとう」❷ひきわりむぎ。あらくひいたむぎ。

ひ-きん ◎【卑近】形動 身近で、よくわかるようす。高尚ではなく、俗なこと。「―な例をひく」

び-ぎん ◎【微吟】名 他サ〔文章語〕小さな声でうたうこと。

ひ-きんぞく キ【卑金属】名 水分や炭酸ガスなどにたやすくおかされる、産出量の多い金属。鉄・亜鉛など。↕貴金属。

ひ-きんぞくげんそ ゲ【非金属元素】名 金属以外のすべての元素。酸素・水素・炭素・窒素など。

ひ・く ◎【引く】━【×曳く・×牽く】他五 ❶自分のほうへ近づける。㋐何かの一部を手にとって寄せる。「綱を―」↕押す。㋑そのものの方に近づける。「磁石が鉄くずを―」㋒手にとってつれて行く。「老人の手を―」㋓自分に引き寄せながら、ついて来させる。「犬が

ひ

そりを—」㋔ひきずって行く。「着物のすそを—」㋕さそって自分の方へ寄せる。導き入れる。「客を—」㋖注意を向けさせる。さそう。「人目を—」「気を—」㋗体内にとりこむ。すいこむ。「息を—」「かぜを—」㋘自分のからだの一部を自分の方にもどす。ひっこめる。「あごを—」「腰を—」㋙これまで関係していたことからしりぞく。「身を—」「手を—」❷先から長くつづかせる。㋐長い物をうしろへ残す。「納豆が糸を—」「光が尾を—」㋑長くのばして書く。「線を—」㋒道や線をのばして、自分の所に導き入れる。特に、電灯・電話・ガス・水道などをとりつける。「水を—」「電気を—」㋓長くつづいたもののあとを受ける。「血すじを—」㋔長いものをひっぱり出す。「大根を—」㋕薄くのばす。「フライパンに油を—」❸多数の中から取り出す。㋐選んで抜き出す。「くじを—」㋑談話などに引用する。「例を—」㋒適切なことばを探す。「辞書を—」㋓量を少なくする。↕足す。「十から三を—」「定価から一割—」㋔しりぞいて数をへらす。「兵を—」❹ぴんと張った状態にする。㋐はりわたす。「幕を—」「カーテンを—」㋑弓の弦をはる。「弓を—」㋒指をかけてはじく。「拳銃の引き金を—」㋓【弾く】弦楽器や鍵盤楽器を演奏する。「バイオリンを—」「ショパンのワルツを—」❺直線や円に沿って動かす。㋐【×挽く】車などを前へ進める。「荷車を—」㋑【×挽く】刃物を使って分けたり細かくしたりする。「のこぎりを—」「牛肉を—」㋒【×碾く】うすを回してすりくだき、粉にする。「コーヒー豆を—」㋓【×轢く】車輪が物を押しつぶして通りすぎる。「何か動物のようなものを—」㊁【▲退く】[自五] ❶後ろにさがる。もどる。しりぞく。逃げる。「あとにはひけない」「潮が—」❷その状態がなくなる。取り除かれてもとの状態にもどる。「傷口のはれが—」「血の気が—」❸[俗語] その場にいたくなる。しらける。「ひどい冗談に引いてしまう」❹[俗語] 相手の積極的な態度に押される。「そこで—から彼女ができないんだ」 **ひける** [自下一]〔…できる〕

びく [ビ]【▲魚▲籠・▲魚×籃】[名] つった魚を入れる入れ物。

魚籠

びく [ビ]【▲比▲丘】[名] 出家した男子。僧。↕びくに。

ひく・い [ク]【低い】[形] カロ・カッ・ク／イ・イ・ケレ・○ ❶基準とする面から上への距離が小さい。↕高い。㋐物の位置が下の方にある。「—窓」㋑下端から上端までのへだたりが小さい。「背の—人」㋒前方へ長く出ていない。「—鼻」❷価値や序列が下である。㋐身分・地位が下である。「役職が—」㋑能力が劣っている。「見識が—」「知能が—」㋒品位・品格が劣っている。「レベルの—作品」㋓水準が下である。「生活水準が—」❸程度が下である。↕高い。㋐小さい。「目標が—」「理想が—」㋑数値が小さい。「血圧が—」「室温が—」❹声・音の振動数が少ない。「どすのきいた—声」↕高い。❺声・音が小さい。「声を低くして相談する」↕大きい。**低さ** [名] **ひく・し** [文語ク]

ひくい-どり [ク]【火食(い)鳥】[名] ヒクイドリ科の鳥の総称。オーストラリア、ニューギニアにすむ。だちょうに似ているが、小さく、足もみじかい。頭にかたい冠がある。大きくてうつくしい方が雌。走るのがはやく、また、よくおよぐ。

び-くう [0]【鼻×腔】[名] ➡びこう(鼻腔)。

び-くしょう [ク]【微苦笑】[名][自サ] 微笑と苦笑のまじったような複雑なわらい。[参考] 小説家久米正雄の造語とされる。

ピクセル [ビ]〈pixel〉[名] ➡がそ(画素)。

ひ-ぐち [ヒ]【火口】[名] ❶火事の火の燃えはじめ。また、その所。❷火をつける所。

ひぐち-いちよう《樋口一葉》一八七二―九六。小説家。本名は奈津。優美な文語文で明治時代の女性の悲しい運命を描いた。「たけくらべ」「にごりえ」などの小説のほか、日記を残す。

ひ-くつ [0]【卑屈】[形動] ダロ・ダッ・デ・ニ／ダ・ナ・ナラ・○ 気力がなくて品性がいやしく、人にこびたりして、いじけているようす。**卑屈さ** [名]

ひく-つ・く [0][自五] カ・コ・キ・イ／ク・ク・ケ・ケ 細かく震え動く。ひくひくと動く。「鼻が—」

びく-つ・く [0]/[ツ][自五] カ・コ・キ・イ／ク・ク・ケ・○ 恐れて、びくびくする。

びくっ-と [ク][副][自サ] 驚きや恐怖にからだが反応するようす。びくりと。「突然の物音に—する」

ぴくっ-と [ク][副][自サ] からだが一瞬、細かく震えるようす。ぴくりと。「人の気配に犬の耳が—動く」

ひく-て [0]【引く手】[名] ❶舞の所作で、手を手前に引くこと。↕差す手。❷さそいをかける人。 **—あまた** さそう人がたくさんいること。

ピクトグラム [グ]〈pictogram〉[名] 絵文字。絵を用いた図表。ピクトグラフ。

びく-と-も-し-ない [連語] ❶すこしも動かない。「力いっぱいひっぱっても—」❷すこしもおどろかない。「それくらいのことには—」❸影響を感じない。動揺しない。

びく-に [0]/[ビ]【▲比▲丘尼】[名] 出家した女子。尼僧。↕びく。

ピクニック [ピ]/[ニ]〈picnic〉[名] 野遊び。遠足。行楽。

ひく-ひく [ク][1][副][自サ] ときどき、ふるえるようにこまかく動くようす。「鼻を—させる」

びく-びく [ビ][1][副][自サ] 恐ろしがっておどおどするようす。不安がるようす。「いつばれるかと—する」 **—もの** [0][名] 恐ろしいことや困ることが起こりはしまいかと、心配すること。

ぴく-ぴく [ピ][1]/[ク][1][副][自サ] ふるえるように小きざみに動くようす。「まぶたが—する」

ひ-ぐま [0]【×羆】[名] クマ科の哺乳類。アジア北部・北アメリカなどにすむ。性質が荒い。大形で、うすい赤茶色・灰色など体色は変化が多い。肉食を主とする雑食性。㊅

ひく-ま・る [マ]【低まる】[自五] ラ・ロ・リ・ッ／ル・ル・レ・レ 低くなる。

ひく-み [ミ]【低み】[名] 低くなっている部分。低い所。

ひく-め [0]【低め】【低目】[名] やや低いと思われる程度。「—の直球」↕高め。

ひく・める [メ]【低める】[他下一] メ・メ・メル・メル・メレ・メロ・メヨ 低くする。「声を—」

ひ-ぐらし [0]/[グ]【×蜩・×茅×蜩】[名] せみの一種。体長約五センチメートルで、黒茶色。羽は透明。前の方の胸とせなかに黄茶色の大きなまだらがある。夏から秋の朝夕、すんだ声でカナカナと鳴く。かなかなぜみ。㊊

ひ-ぐらし [0]/[グ]【日暮(ら)し】[名][副] 一日じゅう。

びくり-と [ク]/[リ][副][自サ] ➡びくっと。

ぴくり-と [ク]/[リ][副][自サ] ➡ぴくっと。

ピクリン-さん [0]【ピクリン酸】[名] 石炭酸からつくる黄色の結晶。弱い毒性がある。かつては、爆薬・染料用、現在は分析用。

ピクル [ピ]〈picul〉[名] 東南アジアで用いられる、綿・砂糖などの重量単位。ふつう、一ピクルは約六〇キログラム。

ピクルス [ピ]〈pickles〉= **ピックルス** [名] 塩づけの野菜(主として、きゅうり)を、さらに香料をくわえて酢につけた食べ物。

ひ-ぐれ [0]【日暮(れ)】[名] 日の暮れようとするとき。夕ぐれ。

び-くん [0]【微×醺】[名][文章語] すこし酒に酔うこと。ほろよい。「―を帯びる」

ひけ⓪【引け】名 ❶仕事がおわって退出すること。❷まけること。おとること。**―を取る** 勝負にまける。おとる。

ひげ⓪【×髭・×鬚・×髯】名 ❶男の口・あご・ほおのあたりにはえる毛。参考「髭」は口ひげ、「鬚」はあごひげ、「髯」はほおひげ。❷動物の口の辺の長い毛。「猫の―」❸魚類などの口の辺にある毛のような突起物。「なまずの―」❹昆虫の触角。**―の×塵を払う** 目上の人の気に入るようにふるまう。おひげのちりをはらう。

ひ-げ ヒ【卑下】名自サ 自分をいやしめること。**―も自慢の内** 形だけは卑下しながら、実はいばっていること。

ピケ ケ 名 ⬇ピケット。

ピケ ケ〈ᶠpiqué〉名 ❶うねおり、または、布面にでこぼこの模様のある、厚いめんの織物。服地などに使う。❷ピケでつくった、ふちのある帽子。ピケ帽。

ビケ-あしば ア【ビケ足場】名（商標名）鉄パイプなどの部材をくさび形に連結する方式の足場。

ひ-けい⓪【飛型】名 スキーのジャンプ競技で、飛んでいる間の姿勢。「―点が高い」

ひ-けい⓪【秘計】名〔文章語〕秘密のはかりごと。秘策。

び-けい⓪【美形】名 容貌のうつくしいこと。

び-けい⓪【美景】名〔文章語〕うつくしいけしき。

ひ-げき ヒ【悲劇】名 ⇔喜劇。❶人生の不幸・悲惨をあらわした劇。❷人生のいたましいできごと。**―的**⓪ 形動 悲劇のような、いたましいようす。「―な結末」

ひけ-ぎわ⓪【引け際】名 一日の仕事がすんで退出するまぎわ。ひきぎわ。

ひ-けし⓪【火消(し)】名 ❶シ ケ 火を消すこと。❷ケ 江戸時代の、官営・民営の消防組織。また、消防夫。**―×壺** シ 名 おき火を入れ、ふたをしめて火を消すつぼ。

ひけ-そうば ソ【引け相場】名 取引所の立ち会いで、最終の値段。引け値。

ひげ-そり ソ リ【×髭×剃り】名 ❶ひげをそること。「―跡」❷ひげをそる道具。

ひげ-だいもく ダ【ひげ題目】【×髭題目】名 日蓮宗で、「南無妙法蓮華経」の題目の文字のはしを、ひげのようにほそくのばして書いたもの。

ひ-けつ⓪【秘×訣】名 内密の、特によい方法。「成功の―」

ひ-けつ⓪【秘結】名自サ 大便が出ないこと。便秘。

ひ-けつ⓪【否決】名他サ 議案を不賛成・不承認と決定すること。「法案は―された」⇔可決。

ピケット ケ〈picket〉名 ストライキの脱落者や妨害者をふせぐために、出入り口におく見張り。ピケ。「―を張る」**―ライン** ラ〈picket line〉名 ピケットのためにおく警戒線。ピケライン。

ひげ-づら⓪【ひげ面】【×髭面】名 ひげをたくさんはやした顔。

ひけ-どき⓪【引け時】【▲退け時】名 退出の時刻。「会社の―」

ひけ-ね⓪【引け値】名 ひけそうば。

ひげ-ね⓪【ひげ根】【×髭根】名 茎の下から数多く出る糸のような根。

ひけ-め⓪【引け目】名 ❶人に比べて自分が負け劣るという意識。かたみのせまい感じ。劣等感。「―を感じる」❷穀類・液体などを入れかえるとき量目のへること。また、その量。「一キログラムの―」

ひけらか・す カ 他五 見せびらかす。自慢する。

ひ・ける⓪【引ける】自下一 ❶勤めがすんで退出する。「会社は五時に―」❷気おくれがする。「気が―」❸引くことができる。

ひ-けん⓪【卑見】【×鄙見】名〔文章語〕自分の意見のことをいう謙譲語。

ひ-けん⓪【比肩】名自サ〔文章語〕かたをならべること。まさりおとりがないこと。「彼に―しうる者はいない」

ひ-けん⓪【披見】名他サ〔文章語〕ひらいて見ること。「書状を―する」

び-げん⓪【微減】名自サ わずかにへること。⇔微増。

ひ-げんぎょう ゲ【非現業】名 現場の仕事ではない、事務の仕事。⇔現業。

ひけん-しゃ ケ【被験者】名 試験・実験をされる人。

ひこ【×彦】名〔古語〕男をほめていう語。「海幸―、山幸―」〈古事記〉⇔ひめ。

ひ-こ⓪ コ【▲曽孫】名 まごの子。そうそん。ひいまご。ひまご。

ひご⓪ ゴ 名 竹をほそく割って、けずったもの。かご・ちょうちんなどの材料。

ひ-ご ヒ【卑語】【×鄙語】名〔文章語〕いやしいことば。下品なことば。

ひ-ご ヒ【飛語】【×蜚語】名 根拠のないうわさ。「流言―」

ひ-ご ヒ【×庇護】名他サ かばいまもること。「親の―のもとにある」

ひご《肥後》昔の西海道の国の一つ。今の熊本県。

ピコ〈pico〉造 国際単位系における接頭語の一つで、一兆分の一を表す。記号は「p」。⇩国際単位系（表）。

ひ-ごい⓪【×緋×鯉】名 こいの一変種。全身紅色または赤黄色。観賞用。夏 ⇔まごい。

ひ-こう⓪【非行】名 社会のきまりを守らない、よくない行為。「―少年」「―に走る」参考 法律では、「非行少年」は、十四歳未満で罪をおかしたり、おかすおそれのある二十歳未満の者、をいう。

ひ-こう⓪【披講】名自サ〔文章語〕詩歌などの会で、詩歌をよみあげること。また、その人。

ひ-こう⓪【肥厚】名自サ〔文章語〕肥えてあつくなること。**―性鼻炎** ヒ 名 鼻の粘膜がはれ、鼻のあながつまって分泌物の出る慢性病。

ひ-こう⓪【飛行】名自サ 空中をとんでいくこと。**―機** コ 名 プロペラを回転させ、またはガスを噴出させて空中をとぶ乗り物。航空機。**―機雲** グ 名 高空を飛ぶ飛行機のうしろに細長くできる雲。**―士** コ 名 飛行機を操縦する人。**―場**⓪ 名 飛行機が発着する場所。**―船**⓪ 名 空気よりも軽い水素・ヘリウムなどのガスをみたしたふくろで空中にうかび、プロペラを回転させて飛行するもの。**―艇**⓪ 名 水上飛行機の一種。胴体がボートの形になっていて、水上に発着できる。**―便**⓪ 名 航空便。エアメール。

ひ-ごう⓪【非業】名〔仏〕前世のむくいではないこと。非命。**―の最期** 思いがけない災難などで死ぬこと。非業の死。「―を遂げる」

び-こう⓪【備考】名 参考のために書き添えること。また、その事がら。「―欄」

び-こう⓪【備荒】名〔文章語〕不作や災害などに、前もってそなえること。**―作物** ク 名 じょうぶで、不作の年でもある程度、収穫できる作物。ひえ・そばなど。

び-こう⓪【微光】名〔文章語〕かすかなひかり。

び-こう⓪【鼻孔】名 鼻のあな。

び-こう⓪【鼻×腔】名 鼻のあなの中の空間。参考「びくう」は医学界の慣用的な読み方。

び-こう⓪【微行】名自サ〔文章語〕身分の高い人が姿・身分をかくして出あるくこと。しのび歩き。

び-こう [0]【微香】[名] かすかなかおり。「—性整髪料」

び-こう [0]【尾行】[名][他サ] 気づかれないように、人のあとをつけていくこと。「容疑者を—する」

ひ-こうかい [コ]【非公開】[名] 一般の人に見せたり聞かせたりしないこと。「—の審議」↕公開。

ひ-こうしき [コ]【非公式】[名][形動] おもてむきでないこと。「—に発表する」↕公式。

ひ-ごうほう [ゴ]【非合法】[名][形動] 法律の定めにそむくこと。↕合法。**—運動** [ウ] [名] 法律に反し、または法律の範囲をこえて秘密におこなう政治運動や労働運動など。

ひ-ごうり [ゴ]【非合理】[名][形動] 道理・論理にあわないこと。不合理。↕合理。

ひ-こく [0]【被告】[名]〘法〙民事訴訟または行政訴訟でうったえられた側の当事者。↕原告。**—人** [0][名]〘法〙刑事訴訟でうったえられた側の当事者。刑事被告人。[参考]「被告人」に対して、「原告人」という用語はない。

ひ-こくみん [コ]/[ク]【非国民】[名] 国民としての義務・本分に反する国民。

ひ-こつ [0]/[コ]【×腓骨】[名] ひざと足首の間の二本の骨のうち、外側の細い骨。⇩骨格(図)。

び-こつ [0]【尾骨】[名] びていこつ。⇩骨格(図)。

び-こつ [0]/[ビ]【鼻骨】[名] 鼻のつけ根にある左右二つの骨。

ピコット [コ]〈フ picot〉[名] ふち取りなどで、小さな輪の突起をつくって編むこと。ピコ。

ひ-ごと [0]【日ごと】【日▲毎】[名] 毎日。日日。↕夜ごと。

ひご-の-かみ [ノ]【肥後の▲守】[名]「肥後守」と銘のある、折りこみ式の小刀。

ひこ-ばえ [0]【×蘖】[名] 草木の切りかぶから出た芽。[春]

ひこ-ぼし [コ]【ひこ星】【×彦星】[名] 織女星の夫とされる牽牛星のこと。鷲座の首星、アルタイル。[秋]

ひこ-まご [ゴ]/[コ]【▲曽孫】[名] ⬇ひこ。

ひ-ごろ [0]【日頃】[名] ❶つね。ふだん。つねひごろ。「—の心がけ」❷〔古語〕数日。数日来。「日ごろへて宮に帰り給へり」〈伊勢〉↕夜ごろ。

ひ-こん [0]【非婚】[名] 結婚しない生き方を選ぶこと。[参考]「未婚」に対して、主体的に選択する意味をもつ造語。

ひざ [0]【膝】[名] ももの下端と、すねの上端とのあいだの、関節の前面。⇩足(図)。**—が抜ける** ❶ズボンのひざの部分の布がすり切れたり、伸びたりする。❷ひざの力が抜けて、立っていられなくなる。「がっくりとひざが抜けた」**—が笑う** 登山などで足がつかれて、ひざががくがくになる。**—突き合わせて** 相手とひざが触れるほどの位置で。⇩ひざを突き合わせる。**—とも談合**（思案にこまれば、自分のひざとでも相談する）困ったときは、だれとでも相談すれば、それだけのかいはある。**—を打つ** ❶はたと思いあたった時の動作。❷感心・同感した時の動作。**—を抱える** からだを丸めて座り、たてたひざを腕で抱く。心細いさま、考え込んでいるさまなどをあらわす。「膝を抱えて泣いていた」**—を屈する** 負けて服従する。**—を崩す** 楽な姿勢ですわる。**—を組む** あぐらをかく。**—を進める** ❶すわったまま前に進む。❷のり気になる。**—を正す** あらたまってきちんとすわる。**—を突き合わせる** 話し合いの席で、ひざが触れるほど、近く向き合う。また、そうして率直に話しあう。**—を乗り出す** 相手の話などに強い興味を持ったり、しっかり話を伝えたいと思ったりして、からだを乗り出す。「もうけ話に思わず—」**—を交える** たがいにからだを近づけて、ひざを組みあわせるほどうちとけて話しあう。

び-さ [ビ]【微差】[名] ごくわずかな差。

ビザ [ビ]〈visa〉[名] 外国人の入国申請に対し、これを許すための旅券の裏書き。査証。「—がおりない」

ピザ [ビ]〈イ pizza〉＝**ピッツア** [名] 小麦粉を練ったものにトマト・チーズ・肉などをのせてやいた、イタリアふうの平たいパイ。ピザパイ。

ひ-さい [0]【非才】【×菲才】[名]〔文章語〕❶才能のないこと。❷自分の才能の謙譲語。不才。「浅学—」

ひ-さい [0]【被災】[名][自サ] 災害にあうこと。⇩罹災。[参考]。**—者** [サ][名] 災害にあった人。

び-さい [0]【微細】[形動] ダロ・ダッ・デ・ニ／ダ・ナ・ナラ・○ 非常に小さいようす。「—な欠点」

び-ざい [0]【微罪】[名] 罪の程度が軽いこと。「—釈放」

ひざ-おくり [オ]【膝送り】[名] ひざを動かして順に座席をつめること。

ひざ-かくし [カ]【膝隠し】[名] 上方落語で、見台の前に置く、たけの低いついたて。

ひざ-かけ [カ]/[ケ]【膝掛(け)】[名] 寒さを防ぐため、ひざの上に掛ける毛布や布。[冬]

ひざ-がしら [ガ]【膝頭】[名] ひざの関節の前面の出っぱったところ。ひざこぞう。

ひさかた-の【久方(の)】[枕] 天空にかかわりのある「天」「雨」「日」「月」「光」「星」「雲」、また「都」「鏡」などにかかる。「ひさかたの光のどけき春の日に静心なく花の散るらむ」〈古今〉

ひさかた-ぶり [0]/[リ]【久方ぶり】[名][形動] ひさしぶり。

ひざ-かぶ [0]【膝株】[名] ひざがしら。

ひ-ざかり [0]/[ザ]【日盛り】[名] 一日のうち、太陽がさかんに照りつけるころ。[夏]

ひざ-がわり [0]/[ガ]【膝代(わ)り】[名] 寄席の番組で、最後に高座に上がるトリ(落語家)の前に出る芸人。多くは漫才・紙切りなどの色物がつとめる。

ひさ-ぎ【久木・×楸】[名]〔古語〕きささげ、あかめがしわの古名。[秋]

ひ-さく [0]【秘策】[名] 秘密のはかりごと。「—をさずける」

ひさ・ぐ [0]/[サ]【×鬻ぐ・▲販ぐ】[他五] ガ・ゴ・ギ・イ／グ・グ・ゲ・ゲ〔文章語〕売る。あきなう。「雑貨をひさいでくらす」

ひざ-ぐみ [0]【膝組み】[名] あぐらをかくこと。

ひざ-くりげ [ク]【膝×栗毛】[名]（ひざを、くり毛の馬のかわりとする意）徒歩で旅をすること。

ひさげ【▲提・▲提▲子】[名]〔古語〕銀・すずなどでつくった、つるのついたなべの形のちょうし。

ひざ-げり [0]【膝蹴り】[名] 格闘技で、ひざで相手の体をけり、打撃をあたえること。

ひさご [0]【×瓢・×瓠・×匏】[名] ❶ゆうがお・ひょうたん・とうがんなどの総称。[秋] ❷ひょうたんの実の中身を取り去ってつくった、酒などの入れ物。

ひさご【▲柄×杓・×杓】[名]〔古語〕❶ひょうたんでつくったひしゃく。❷ひしゃく。

ひざ-こぞう [ゾ]【膝小僧】[名] ひざがしら。

ひざ-ざら [0]【膝皿】[名] ひざの関節の前がわにある、さらのような骨。膝蓋骨。

ひさし [0]【×庇・×廂】[名] ❶㋐建物から外がわにさしだした小さな片屋根。㋑寝殿造りの建物で、母屋のまわりの、すのこ縁の内の所。ひろびさし。↕もや。❷学生帽などの、前にさしでた所。つば。❸ひさしがみ。**—髪** [0][名] 前髪とびんとを、特に前につきだしてゆった束髪。[参考] 明治後期から大正時代に流行し、特に女学生に多かった。**—を貸して母屋を取られる** ❶一部を貸したのがもとで、本

ひさし髪

体をうばいとられる。❷恩をあだで返される。

ひ-ざし ⓪【日差し】【▲陽▲射し】名 日光がさすこと。太陽の光線。日射(にっしゃ)。「やわらかな春の―」

ひさし・い シ【久しい】形 カロ・カッ・クー・イ・イ・ケレ・○ ❶時間が長くつづいている。「―間のごぶさた」❷久しぶりである。「きみとはずいぶん―ね」 **ひさ・し** 文語シク

ひさし-ぶり ⓪【久しぶり】【久し振り】名 形動 長い間たったあと。しばらくぶり。ひさかたぶり。「―に会う」

ひざ-づめ ⓪【膝詰め】名 ひざとひざをつきあわせること。 **―談判**(だんぱん) ダ 名 相手にせまって、きびしく交渉すること。

ピザ-パイ パ|⓪〈pizza pie〉名 ピザ。

ひさ-びさ ⓪【久久】形動(の) ダロ・ダッ・デ・ニ・ダ・ナ・ナラ・○ 時日のへだたりのながいようす。久しぶり。「―の対面」

ひざ-びょうし ビョ【膝拍子】名 ひざをたたいてとる拍子。

ひざ-まくら マ【膝枕】名 人のひざをまくらにして寝ること。

ひざまず・く ズ【×跪く】(づく) 自五 カ・コ・キ・イ・ク・ク・ケ・ケ ひざがしらを下につけて、かがまる。「ひざまずいて祈る」参考「ひざまづく」のように「づ」を用いて書いてもよい。 **ひざまずける** 自下一[…できる]

ひ-さめ ⓪【氷雨】名 ❶ひょう。あられ。夏 ❷みぞれなどの冷たい雨。冬

ひざ-もと ⓪【膝元】名 ❶ひざのした。ひざの近く。❷身に近い所。身近。手もと。「親の―をはなれる」❸おひざもと❷。

ひ-ざら ヒ【火皿】名 ❶昔の小銃で、火薬をもる所。❷キセルの、たばこをつめる所。❸だんろ・汽かんなどで、燃料をもやす所の下にある鉄のこうし。ロストル。

ひ-さん ⓪【×砒酸】名 無水亜砒酸を濃硝酸で熱し、酸化させて得る、水にとけやすい結晶。染料・農薬用。

ひ-さん ⓪【飛散】名 自サ こまかい粒になってとびちること。「花粉の―状況」

ひ-さん ⓪【悲惨】名 形動 かなしくいたましいこと。みじめであわれなこと。「―な生活」

ビザンチン-しき ⓪【ビザンチン式】名 五～一五世紀に、ビザンチン(東ローマ帝国)でさかえた建築や美術の様式。

ひし ⓪【×菱】名 ❶ヒシ科の一年草。池・沼などの水面に浮かび、夏、白い花を開く。実(み)は四角形で突起がある。食用。花は夏 実は秋 ❷ひしがた。

ひ-し ヒ【皮脂】名 皮膚にある皮脂腺から分泌される乳状の液体。

ひ-し ヒ【彼×此】名 文章語 かれと、これ。あれと、これ。

ひ-し ヒ【秘史】名 文章語 人に知られていない、かくされた歴史。「南朝の―」

ひじ ジ【肘】【×肱・×臂】(ひぢ) 名 ❶肩と手首のあいだの関節の外がわのところ。❷「ひじ❶」の形に折れまがったもの。

ひ-じ ヒ【秘事】名 文章語 秘密にしていること。ひめごと。

び-じ ビ【美辞】名 文章語 うつくしくかざったことば。 **―麗句**(れいく) ビ 名 うつくしい語句をつらねて、うわべを飾ったことば。「―を並べたてる」

ひ-しお ―(しほ) 名 古語 ❶【×醤】なす・うりなどを入れた、なめみその一種。❷【×醢】魚肉などの塩づけ。塩から。

ひし-かく・す ク【秘し隠す】他五 サ・ソ・シ・ス・ス・セ・セ 秘密にしてかくす。ひたすらにかくす。 **秘し隠し** 名

ひじ-かけ ⓪|カ【肘掛(け)】(ひぢ) 名 ❶ひじをまげて軽くのせるもの。「―いす」❷きょうそく。

ひし-がた ⓪【ひし形】【×菱形】名 ❶ひしの実(み)のような形。ひしなり。❷各辺の長さが等しく、どの角も直角ではない四辺形。りょうけい。

ひじ-がね ⓪【肘金】(ひぢ) 名 開き戸の開閉に使う金具。鉄でひじのようにまげてつくり、戸に打ちつけ、柱に打ちつけたひじつぼに差しこむ。

ひじき ヒ【▲鹿▲尾菜】名 褐藻類(かっそうるい)の海藻。若いものは食用。春

ひし・ぐ シ【▲拉ぐ】他五 ガ・ゴ・ギ・イ・グ・グ・ゲ・ゲ ❶おしつけてくだく。「鬼をも―勇士」❷勢いをくじく。「敵の気勢を―」

ひし・げる ゲ【▲拉げる】自下一 ゲ・ゲ・ゲル・ゲレ・ゲロ・ゲヨ ❶押されてくだける。ひしゃげる。❷勢いなどがくじける。「気持ちが―」 **ひし・ぐ** 文語下二

ひし-しょくぶつ ク【被子植物】名 種子植物のうち、胚珠(はいしゅ)が子房(しぼう)に包まれているもの。さくら・いねなど。↕裸子(らし)植物。

ひ-しずめ シ【火鎮め】(しづめ) 名 火を消すこと。 **―の祭**(まつ)**り** 昔、六月・十二月のみそかに、火災をふせぐため、御所の四方のかどに神を祭った行事。今も、神社でおこなわれる。

ビジター ビ〈visitor〉名 ❶訪問者。❷野球で、本拠地以外の球場へ遠征したチーム。❸ゴルフ場や会員制の施設などで、会員でない利用者。↕メンバー。

ひじ-ちょうもく ヒ【飛耳張目】名 文章語 ❶遠方のできごとを見聞きできる耳と目。❷観察が鋭敏なこと。

ひ-しつ ⓪|ヒ【皮質】名 ❶副腎(ふくじん)・腎臓(じんぞう)などの表層をつくる部分。↕髄質。❷大脳・小脳の表層部の灰白質部。

ひ-しつ ⓪【卑湿】名 形動 文章語 土地が低くてしめっていること。

び-しつ ⓪【美質】名 文章語 すぐれた性質。よい性質。

ひじ-つき ジ|キ【肘突(き)】(ひぢ) 名 机の上において、ひじをのせる小さいふとん。ひじぶとん。

びしっ-と シ 副 ❶強く打ったり、瞬時にひびが入ったり折れたりする音をあらわす語。「ガラスに―亀裂がはいる」❷非常にきびしくおこなうようす。「わがままな子どもを―しかる」❸すきがなくきっちりと終えるようす。「―技が決まる」

ぴしっ-と シ 副 ❶むちなどで強く打つ音、戸などを勢いよくしめる音をあらわす語。❷ぴったり予定どおりにするようす。「―期日を守る」❸きびしくするようす。「―言い渡す」

び-してき ⓪【微視的】形動 ダロ・ダッ・デ・ニ・ダ・ナ・ナラ・○ ↕巨視的。❶肉眼で見わけのできないほど、細かいようす。❷細かに観察するようす。「―な研究」

ひじ-てつ ⓪【肘鉄】(ひぢ) 名 俗語 ひじでっぽう❷。

ひじ-でっぽう テ【肘鉄砲】(ひぢ) 名 ❶ひじで突きのけること。❷俗語 さそいや申し込みをはねつけること。ひじてつ。「―をくわす」参考 おもに女性が男性に対してすることをいう。

ひし-と ヒ【ひしと】【×犇と】副 ❶ぴったりと。しっかりと。「―だきしめる」❷つよく。きびしく。「―身にこたえる」❸古語 ぎしぎしと。みしみしと。「この床のひしと鳴るまで嘆きつるかも」〈万葉〉❹古語 がぶりと(食いつく)。「肩をひしと食ひたりければ」〈今昔〉

ビジネス ビ〈business〉名 事務。職業。実業。商業上の取引。 **―ガール** ガ〈business girl〉名 和製英語 ビージー。⇒オーエル。 **―クラス** ク〈business class〉名 旅客機の座席で、ファーストクラスとエコノミークラスの間にある等級。 **―スクール** ク〈business school〉名 ❶経理や事務の実務訓練を行う専門学校。❷アメリカの経営学専門の大学院。 **―センター** セ〈business center〉名 各種の会社の集中した地域。 **―ホテル** ホ〈business hotel〉名〔和製英語〕用事をもった旅行者のための、低料金で実用的なホテル。 **ーマン** ス〈businessman〉名 ❶実業家。❷会社員。 **ーモデル** モ〈business model〉名 事業として成り立つしくみや方法。 **ーライク** ラ〈businesslike〉形動 感情をまじえず、てきぱきとおこなうようす。事務的。

びし-ばし ビ (と)副 俗語 ❶⬇びしびし。❷むちや手で強くたたく音をあらわす語。

ひし-ひし シ／ヒ【ひしひし】【×犇×犇】(と)副 ❶たゆみなく、確実に迫りくるようす。「―と攻めよせる」❷からだや心に強く感じるようす。「―と身にしみる」❸古語 みしみしと。ぎいぎいと。「ものの足音ひしひしと踏み鳴らしつつ」〈源氏〉❹古語 むしゃむしゃと。「ひしひしとただ食ひに食ふ音のしければ」〈宇治拾遺〉❺古語 てきぱきと。ずんずんと。「ひしひしと事定まりぬ」〈源平盛衰記〉

びし-びし ビ (と)副 手かげんせず、きびしくするようす。「―ときたえる」

ぴし-ぴし ピ／シ (と)副 ❶きびしく。ようしゃなく。びしびし。「―と罰する」❷木の枝などをつづけて折る音をあらわす語。❸ものをつづけて強く打つ音をあらわす語。「―とむちうつ」

ひじ-まくら マ【肘枕】(ひぢ) 名 ひじを曲げて、まくらのかわりにすること。

ひし-め・く ヌ【×犇めく】自五 カ・コ・キ・イ ク・ク・ケ・ケ 大勢の人がおしあいへしあいして、さわぐ。「観衆が―」

ひし-もち シ【ひし餅】【×菱餅】名 赤・白・緑の三種の色をつけた、ひしがたのもち。ひなまつりにそなえる。㊍春

ひ-しゃ ◎【飛車】名 将棋の駒(こま)の一つ。たてとよこに、いくますも自由に動かすことができる。

ひ-しゃく ◎【×柄×杓・×杓】名 木・竹・金属などでつくり、長い柄(え)をつけた湯・水などをくむ道具。

ひしゃく

び-じゃく ◎【微弱】形動 ダロ・ダッ・デ・ニ ダ・ナ・ナラ・○ かすかでよわいようす。

ひしゃ・げる ◎／ゲ 自下一 ゲ・ゲ・ゲル・ゲル・ゲレ・ゲロ・ゲヨ おされてつぶれる。ひしげる。「箱が―」 **ひしゃ・ぐ** 文語下二

ひしゃ-たい ◎【被写体】名 写真にうつされるもの。

びしゃっ-と シャ 副「ぴしゃっ」を強めたもの。

ぴしゃっ-と シャ 副 水や泥が勢いよくはねるようす。「車が水たまりを―はねる」

びしゃ-びしゃ ❶ ビ (と)副 水などが勢いよく、続けざまにはね返るようす。びしょびしょ。❷ ◎ 形動(の) 水や雨などですっかりぬれているようす。‖びちゃびちゃ。

ぴしゃ-ぴしゃ ピ (と)副 ❶水などが軽く続けざまにはね返るようす。「水しぶきが―とはね返る」❷平手で続けて打つようす。「背中を―とたたく」‖ぴちゃぴちゃ。

ヒジャブ ヒ〈アラビア hijab〉名 イスラム教徒の女性が頭髪を隠すのに用いる布。ヘジャブ。ヒジャーブ。

びしゃもん-てん《毘沙門天》四天王の一つ。よろい・かぶとをつけ、ほこをもち、仏法を守護する。多聞天(たもんてん)。日本では七福神の一つ。⇩七福神(図)。

ぴしゃり-と シャ 副 ❶引き戸をいきおいよく、しっかり閉めるようす。「障子を―閉める」❷音をたてて打つようす。「ほおを―打つ」❸強く、きっぱりと言うようす。「―ことわる」❹⬇ぴしゃっと。

ひ-しゅ ヒ【×匕首】名 文章語 あいくち。懐剣。

び-しゅ ビ【美酒】名 味のよいさけ。「勝利の―」

ビジュアル(ヴィ) ビ〈visual〉形動 ダロ・ダッ・デ・ニ ダ・ナ・ナラ・○ 目に見えるようす。視覚にうったえるようす。「―デザイン」

ひ-しゅう ◎【悲愁】名 文章語 うれえかなしむこと。

ひ-しゅう《肥州》肥前(ひぜん)の国と肥後(ひご)の国の総称。

ひ-しゅう《飛州》⬇ひだ(飛騨)。

ひ-じゅう ◎【比重】名 ❶ある物質の重さと、同体積のセ氏四度の純粋の水の重さとの比。❷あるものの、全体の中での割合、また、他のものに対する割合。「地方財政における教育費の―」「取り締まりよりも指導に―をおく」

び-しゅう ◎【美醜】名 うつくしいことと、みにくいこと。

び-しゅう《尾州》⬇おわり(尾張)。

び-しゅう《備州》⬇きび(吉備)。

ひ-じゅうか ジュ【非住家】名 人の住まない建物。学校・病院・倉庫など。↕住家。

ひしゅうしょく-ご ヒ【被修飾語】名 他の語のあとにつづいて、その内容を説明される語。「高い山」の「山」、「ゆっくり歩く」の「歩く」など。↕修飾語。

ひ-じゅつ ヒ【秘術】名 ❶かくして人に知らせない術。❷ふだんあまり使わない、とっておきの方法。おくのて。「―をつくす」

び-じゅつ ビ【美術】名 ❶美を視覚的にあらわす芸術。造形芸術。絵画・彫刻・建築・工芸など。❷美術を学ぶ教科。 **ー館**(かん) ツ 名 各種の美術品をあつめ、一般の人に見せる施設。 **ー品**(ひん) ◎ 名 美術の作品。絵画・書・彫刻など。

ひ-じゅん ◎【批准】名 他サ 〔「批」は君主が書類の決裁をする、「准」はゆるす〕条約を、国家が最終的に確認し、同意する手続き。「―国」

ひ-しょ ヒ【秘書】名 ❶文章語 かくして人に見せない書物・文書。❷重要な職務をもつ人のそばにいて、機密の仕事や文書をとりあつかう役の人。「社長―」

ひ-しょ ショ／ヒ【避暑】名 自サ 夏、すずしい土地へ行って、暑さをさけること。㊇夏 ↕避寒。

び-じょ ビ【美女】名 容姿のうつくしい女性。美人。↕美男。

ひ-しょう ◎【卑称】名 ❶けんそんして自分をよぶことば。「わたくしめ」など。❷相手をけいべつしてよぶことば。「貴様」「てめえ」など。↕尊称。

ひ-しょう ◎【悲傷】文章語 ❶名 かなしくいたましいこと。❷名 他サ かなしみなげくこと。

ひ-しょう ◎【飛×翔】名 自サ 文章語 空中をとぶこと。

ひ-しょう ◎【費消】名 他サ かねや品物をつかってなくすること。消費。

ひ-しょう ◎【卑小】形動 ダロ・ダッ・デ・ニ ダ・ナ・ナラ・○ 文章語 みすぼらしく、小さいようす。取るに足りないようす。「―な考え」 **卑小さ** 名

ひ-じょう ◎【非常】名 形動 ❶ふつうでないこと。思いがけないこと。「―の場合」↕通常。❷度をこえていること。「―な高齢」 **ー口**(ぐち) ジョ 名 火事や地震などの急な事故のときに使う出入り口。 **ー時**(じ) ジョ 名 国家や社会が戦争・災害・疫病などにより重大な事態にあるとき。↕平時・常時。 **ー事態**(じたい) ジ 名 ふつうではない状況。特に、国家・社会について言うことが多い。⇩緊急事態 参考。 **ー手段**(しゅだん) シュ 名「非常❶」のときにとられる処置。ふつうでない手段。 **ー食**(しょく) ジョ 名 災害などの非常時に備えて蓄えておく食料。 **ー線**(せん) ◎ 名 ❶火事などのとき、一般民衆の通行や立ち入りを禁止するため、一定の区域をくぎる線。❷犯人逮捕などのとき、一定の区域にわたり、警官を配置し、通行人などをしらべること。警戒線。 **ーに** ◎ 副 かなりの程度であることをあらわす。「―レベルの高い競技会」「景気の早期回復は―困難だ」「突然の転勤命令には―驚いた」参考 改まった言い方だが、「はなはだ」ほどではない。⇩

大変参考。

ひ-じょう⓪【非情】名 形動 ❶〔仏〕感情や意識をもたない草・木・石などの無生物。無情。↕有情(うじょう)❶。❷人情のないこと。冷酷なこと。無情。「―な処置」「弱肉強食の―のおきて」

び-しょう⓪【美称】名 ほめていう言い方。

び-しょう⓪【美粧】名 うつくしく化粧(けしょう)すること。

び-しょう⓪【微傷】名 わずかのきず。かすりきず。

び-しょう⓪【微笑】名 自サ ほほえむこと。すこしわらうこと。ほほえみ。「―を浮かべる」

び-しょう⓪【微小】形動 ダロ・ダッ・デ・ニ／ダ・ナ・ナラ・〇 たいそう小さいようす。「―な粒子」

び-しょう⓪【微少】形動 ダロ・ダッ・デ・ニ／ダ・ナ・ナラ・〇 きわめて少ないようす。「―な差異」

び-じょう⓪【尾錠】名 チョッキやズボンのうしろ、また、帯革などにつけて、左右から寄せて締めるかなぐ。しめがね。バックル。

ひ-じょうきん[ジョ]【非常勤】名 常勤でないこと。限られた日数・時間数だけ勤務すること。「―講師」↕常勤。

ひ-じょうしき[ジョ]【非常識】名 形動 常識にはずれていること。「―なふるまい」↕常識的。

び-しょうじょ[ジョ]【美少女】名 容姿のうつくしい少女。↕美少年。

ひ-じょうすう[ジョ]【被乗数】名 掛け算で、掛けられる数。「5×3=15」の5が被乗数。↕乗数。

び-しょうねん[ショ]【美少年】名 容姿のうつくしい少年。↕美少女。

び-じょうふ[ジョ]【美丈夫】名 うつくしい、りっぱな男子。

ひ-しょく⓪【非職】名〔文章語〕❶現職でないこと。❷公務員が地位はそのままで、職務を免ぜられること。

び-しょく⓪【美食】名 自サ ぜいたくな食事。「―家」↕粗食。

ひ-じょすう[ジョ]【被除数】名 割り算で、割られる数。「15÷3=5」の15が被除数。↕除数。

ビショップの輪(わ) 火山の爆発などのとき、太陽の光線が空中のちりのため屈折して、太陽のまわりに、外縁が赤色のまるい輪のみえる現象。参考 最初の観測者ビショップBishopにちなんで名付けられた。

びしょ-ぬれ⓪【びしょ×濡れ】名 ひどくぬれること。ぐしょぬれ。「急な雨で―になる」⇩ぐっしょり参考。

びしょ-びしょ⓪ 副 形動(の) ❶雨がたえまなく降るようす。「朝から―雨が降る」❷ひどくぬれるようす。びっしょり。「頭から―になる」⇩ぐっしょり参考。

ビ(ヴィ)ジョン[ビ]〈vision〉名 ❶幻影。❷将来実現しようとする計画。未来図。

ひ-じり⓪[ヒ]【聖】名〔文章語〕❶徳が高く神のような人。聖人。❷学問・技能のきわめてすぐれている人。「歌の―」❸高僧。❹〔古語〕天子。

び-しん⓪【美神】名〔文章語〕❶美の神。❷ビーナス。

び-しん⓪【微臣】名〔文章語〕❶地位の低いけらい。❷臣下が自分をいう謙譲語。

び-しん⓪【微震】名 ❶かすかな地震。❷地震の強さの旧階級。静止している人や、特に注意している人だけに感じられる程度の地震。震度1。

び-じん[ビ]【美人】名 顔かたちのうつくしい女性。美女。

びじん【微塵】「みじん」のあやまり。

ピジン[ピ]〈pidgin〉名 異なる言語を話す人たちの間で生まれた中間言語。「―英語」⇩クレオール❷。

ひしん-けい⓪【披針形】名 竹の葉のように、ひらたくて細長く先のとがっている葉の形。

ヒス[ヒ] 名〔俗語〕「ヒステリー」の略。

ひ-ず⓪[ヒ]【氷頭】名 サケなどの頭の部分の軟骨。薄切りにして食用にする。

ビス[ビ]〈ᶠvis〉名 ねじ。

ビズ〈biz〉造〔business の略〕業界。職業。商売。「クール―」

ひ-すい⓪【×翡×翠】名 ❶かわせみ。夏。❷緑色の宝石。

び-すい⓪⓪【微酔】名〔文章語〕少し酒に酔うこと。ほろよい。

び-すい⓪【微睡】名〔文章語〕すこし眠ること。まどろむこと。

ビスケット[ケ]〈biscuit〉名 小麦粉に砂糖・牛乳などをまぜて焼いた菓子。

ビスコース[コ]〈viscose〉名 木材パルプをかせいソーダで処理し、二硫化炭素を加えてつくった粘りけのある液。セロハン・人造絹糸の原料。

ビスタ-カー[タ]〈Vista Car〉名〔和製英語。vista は展望の意〕二階に展望室のある鉄道車両。二階式展望車。

ビスタ-ビジョン[ビ]〈Vista Vision〉名〔商標名〕普通の映画の二倍の大きさのフィルムを使った、ワイド映画方式の一つ。

ヒスタミン⓪〈histamine〉名 アミノ酸の一つ。動物の細胞内に存在するが、細胞外に放出されるとアレルギー症状の原因となる。

ヒステリー[テ]〈ᵈHysterie〉名 ❶身体的な欠陥がないのに、感情的な葛藤(かっとう)が原因で現れる病的な症状。大げさで、演技的な症状をしめす。女性に多いといわれた。❷かっとなって感情のおさえがきかず、泣いたり怒ったりする状態。ヒス。

ヒステリック[リ]〈hysteric〉形動 ダロ・ダッ・デ・ニ／ダ・ナ・ナラ・〇 「ヒステリー❷」のようなさま。異常に興奮するようす。

ヒストリー[ヒ]〈history〉名 ❶歴史。❷履歴。経歴。

ピストル⓪〈pistol〉名 短銃。拳銃(けんじゅう)。

ビストロ⓪〈ᶠbistro〉名 格式ばらない小レストラン。

ピストン[ピ]〈piston〉名 蒸気機関・内燃機関・ポンプなどのシリンダー(円筒)内を、内壁に密着しながら往復運動する栓(せん)。活栓(かっせん)。活塞(かっそく)。**―輸送**(ゆそう)[ユ] 名 列車や自動車などをピストンのように休みなく往復させて、人や荷物を続けざまに輸送すること。**―リング**[リ]〈piston ring〉名 ピストンにはめて、シリンダー(円筒)内部のガス体や蒸気のもれを防ぐ輪。

ヒスパニック[パ][ニ]〈Hispanic〉名 アメリカ合衆国に在住し、ふだんはスペイン語を用いるラテン系アメリカ人の総称。

ビスマス[ビ]〈bismuth〉名 元素記号Bi 原子番号83 原子量208.98038の金属元素。かすかに赤みをおび、灰白色でもろい。くすり・顔料用。蒼鉛(そうえん)。

ひずみ⓪【×歪み】名 ❶ひずむこと。ひずんだ形・もの。いびつ。❷物体に外力を加えた時に起こる形・体積などの変化。❸ある事をした結果として生じたわるい影響。「公害は高度成長政策の―だ」

ひず・む⓪【×歪む】自五 マ・モ・ミ・ン／ム・ム・メ・メ 物体の形が正しくないようになる。ゆがむ。

ひ・する[ス]【比する】他サ シ・セ・サ・シ・スル・スル／スレ・シロ・セヨ くらべる。比較する。**ひ・す** 文語サ変

ひ・する[ス]【秘する】他サ シ・セ・サ・シ・スル・スル／スレ・シロ・セヨ〔文章語〕かくしてあらわさない。秘密にする。秘める。「秘して語らず」**ひ・す** 文語サ変

ひ-せい⓪【×秕政】名〔文章語〕〔「秕」はわるい米〕わるい政治。

ひ-せい⓪【批正】名 他サ 批評し訂正すること。「―を請

「う」

び-せい [0]【美声】名 うつくしいこえ。↕悪声。

び-せいぶつ [セ]【微生物】名 ウイルス・細菌その他の単細胞生物など、肉眼で見えない、小さい生物。

ひ-せき [ヒ/セ]【×砒石】名 銀鉱や鉛鉱にふくまれる、砒素(ひそ)といおうと鉄とからなる、猛毒の鉱物。

ひ-せき [0]【秘跡】【秘×蹟】名 サクラメント。

ひ-せき [0]【碑石】名 ❶石碑の材料となる石。❷石碑。

び-せき-ぶん [セ]【微積分】名 微分と積分。

ひ-ぜに [0]【日銭】名 一日一日ごとにはいってくる現金。「—のはいる商売」

ひ-ぜめ [メ/0]【火攻め】名 敵の城・陣などに火をつけて攻めること。焼き討ち。

ひ-ぜめ [メ/0]【火責め】名 火を使ってする拷問(ごうもん)。↕水責め。

ひ-せん [0]【非戦】名 戦争をしないこと。「—の誓い」 **—論**(ろん) [セ] 名 戦争はすべきでないという主張。

ひ-せん [0]【飛泉】名〔文章語〕勢いよく落ちる水。たき。

ひ-せん [0]【卑×賤】名 形動〔文章語〕身分・地位が低くていやしいこと。微賤。

ひ-ぜん [0]【皮×癬】名 かいせん。

ひぜん《肥前》昔の西海道の国の一つ。今の、佐賀県の全部と長崎県の大部分。

び-せん [0]【微×賤】名 形動〔文章語〕身分や地位のいやしいこと。卑賤。

び-ぜん [0]【美×髯】名〔文章語〕みごとなひげ。みごとなほおひげ。

びぜん《備前》昔の山陽道の国の一つ。今の、岡山県の南東部。

び-ぜん [0]【×靡然】と副 たる連体〔文章語〕力のある者になびき、従うようす。

ひせんきょ-けん [キョ]【被選挙権】名 ↕選挙権。❶選挙される権利。❷国民の公選により、一定の公職につくことのできる権利。

ひ-せんとういん [ト]【非戦闘員】名 ❶戦闘に直接加わらない人。軍人以外の国民。❷国際法上、交戦国の兵員ではあるが、戦闘以外の事務にしたがう者。軍医・従軍記者など。

びぜん-もの [0]【備前物】名 備前の国の刀工がつくった日本刀。品質のよいので有名。

ひ-そ [ヒ/ソ]【×砒素】名 元素記号As 原子番号33 原子量74.9216の元素。灰白色の金属光沢のある結晶性のもろい固体で、有毒。

び-そ [ビ]【鼻祖】名〔文章語〕〔「鼻」は「はじめ」の意〕物事を最初にはじめた人。先祖。元祖(がんそ)。「近代詩の—」

ひ-そう [0]【皮相】名 形動 観察・推理・判断などが、表面的で浅いこと。うわつら。「—な見方」

ひ-そう [0]【悲壮】名 形動 あわれで、また、いさましいこと。かなしさの中にも意気ごみのあること。「—な決心」 **—美**(び) [ソ] 名 かなしみの中に、雄々しく、けだかさのある美。

ひ-そう [0]【悲×愴】名 形動〔文章語〕かなしくいたましいこと。「—な最期」

ひ-ぞう [0]【×脾臓】名 脊椎(せきつい)動物の胃の付近にある器官。赤血球・白血球・リンパ球が多くたくわえられる。古くなった赤血球の破壊もおこなう。

ひ-ぞう [0]【秘蔵】名 他サ ❶だいじにしまってもっていること。「—の壺(つぼ)」 ❷だいじにしてかわいがること。「—の弟子」

び-そう [0]【美装】名〔文章語〕❶うつくしくよそおうこと。うつくしい服装。❷うつくしく表装すること。また、うつくしい表装。

び-ぞう [0]【微増】名 自サ わずかにふえること。↕微減。

ひそうぞく-にん [ヒ]【被相続人】名〔法〕相続人に引き継がれる財産上の権利・義務の、もとの所有者。相続される人。↕相続人。

ひそか [ソ/ヒ]【▲密か・▲窃か・▲秘か・▲私か】形動 人にかくれてこっそりするようす。

ひ-ぞく [ヒ]【卑属】名 親族関係で、自分の子ども以下およびそれと同じ世代にあるめい・おいなどの親族。↕尊属。

ひ-ぞく [ヒ]【×匪賊】名 集団で出没する盗賊。

ひ-ぞく [0]【卑俗】名 形動 下品で俗っぽいこと。「—に流れる」

び-ぞく [ビ]【美俗】名〔文章語〕よい風俗。「良風—」

ひぞっ-こ [0]【秘▲蔵子】名 たいせつにしてかわいがっている子・弟子など。

ひそ-ひそ [ソ/ヒ]（と）副 人に聞こえない程度の大きさで会話をするようす。「教室のすみで—やっている」 参考「こそこそ」のほうが意図的に隠れてする感じが強い。 **—話**(ばなし) [パ] 名 他人に聞こえないように小声でする話。こそこそ話。↕たかばなし。

ひそま・る [マ]【潜まる】自五 ❶他の人から見えないようになる。かくれる。❷ひっそりとしずかになる。おちつく。「さわぎが—」

ひそみ [ミ]【×顰】名 まゆをしかめること。 **—に倣**(なら)**う** 考えもなしに人のまねをする。参考 中国で昔、美女、西施(せいし)が病気でしかめた顔がなおうつくしかったので、うつくしくもない女たちがまねたということから。

ひそ・む [ソ]【潜む】自五 ❶ひそかにかくれる。「物陰に—」 ❷外に現れないで内部にある。潜在する。「胸の奥に—熱い思い」

ひそ・む【×顰む】自四〔古語〕❶口・顔などをゆがめる。「口ひそみきこゆ」〈源氏〉 ❷泣き顔になる。「らうたげにうちひそみたまへば」〈源氏〉

ひそ・める [メ]【潜める】他下一 ❶かくす。しのばせる。人の目につかないようにする。「身を—」 ❷声を低くする。「声を潜めて話す」 **ひそ・む** 文語下二

ひそ・める [メ]【×顰める】他下一 不快・心配の気持ちから、まゆにしわをよせて顔をしかめる。参考「眉(まゆ)をひそめる」のかたちで用いる。 **ひそ・む** 文語下二

ひそ-やか [ソ]【▲密やか】形動 ❶ひそか。しのびやか。「—な楽しみ」 ❷ものしずかなようす。「—に座る」

ひ-ぞ・る [ゾ]【干反る】【▲乾反る】自五 日にあたり、また、かわいて、そりかえる。 **ひぞり** 名

ひた【ひた】【▲直】接頭〔動詞の連用形につく〕「いちず・まったく・ひたすら」などの意味をあらわす。「—かくし」

ひだ [ヒ]【×襞】名 ❶衣服類につけたほそ長い折り目。「はかまの—」 ❷ほそく折りたたんだように見えるもの。「山の—」

ひだ《飛騨》昔の東山道の国の一つ。今の、岐阜県の北部。飛州(ひしゅう)。

ビター [ビ]〈bitter〉名 形動 苦みのあるようす。また、苦みそのもの。「—チョコレート」

ひた-あやまり [ア]【ひた謝り】【▲直謝り】名〔「ひた」は接頭語〕ひたすらに罪をあやまること。ひらあやまり。

ひたい [0]【額】(ひたい) 名 髪のはえぎわから、まゆまでの間。 **—に汗**(あせ)**する** 一所懸命に働く。 **—を集**(あつ)**める** 大ぜい寄って相談をする。

ひ-だい [0]【肥大】名 自サ ふとって大きくなること。「心臓—」

び-たい [0]【×媚態】名 女性が男性にこびる、なまめかしい

態度。「—を示す」

び-だい ⓪【尾大】名 尾が大きいこと。**—振るわず**〔けものの尾が大きくて、自由に動かすことができない〕上部の勢力が弱小で下部の勢力が強大なために、おさめにくいようす。

び-だい ⓪【美大】名「美術大学」の略。

ひたい-ぎわ ⓪【額際】名 ひたいの髪の毛のはえぎわ。

びた-いちもん ビ/チ【びた一文】【×鐚一文】名〔びた銭一つ〕ほんのわずかなかね。「—渡すものか」

ひた-おし ⓪【ひた押し】【▲直押し】名〔「ひた」は接頭語〕ひたすらに押すこと。「—に攻める」

ひた-おもて ⓪【▲直面】〔古語〕一 名 ❶顔をかくさずに向かいあうこと。❷能楽で、面をつかわないこと。ひためん。二 名 なり形動 むきだしであるようす。あらわなようす。「明かうなりゆけば、さすがにひたおもてなるここちして」〈源氏〉

ひた-かくし ⓪/カ【ひた隠し】【▲直隠し】名〔「ひた」は接頭語〕ひたすらにかくすこと。「—に隠す」

ひたき ⓪【×鶲】名 ヒタキ科の鳥の大部分と、ツグミ科のるりびたき・じょうびたきなどの俗称。秋

び-だくおん ダ/ク【鼻濁音】名 発声のとき、吐く息が鼻へ流れる濁音。東京語などでは、文節の初め以外にあらわれるガ行音が鼻濁音となる。「かがみ」「すぎ」「どうぐ」などの「が」「ぎ」「ぐ」などの発音。

ひたし-もの ⓪【浸し物】名 野菜をゆでて、しょうゆ・酢などをかけた食べ物。おひたし。

ひた・す ⓪/タ【浸す】【▲漬す】他五 サ・ソ—シ—ス—ス—セ—セ ❶液体の中につける。「豆を水に—」❷ぬれるようにする。ぬらす。**浸せる** 自下一〔…できる〕

ひた-すら ⓪【ひたすら】【×只▲管】〔に〕副 ❶ただそればかり。ひたむきに。「—無事を祈る」❷まったく。すっかり。「—恐縮していた」

びた-せん ⓪【びた銭】【×鐚銭】名 ❶すりへったり、欠けたりした銭。❷室町時代から江戸時代にかけて使われた、永楽銭以外の粗雑な銭。

ひた-たれ ⓪【▲直垂】名 もと庶民の平服で、のち、武家の礼服。角えり・無紋で、そでくくり・胸ひものあるもの。のちには紋をつけた。

ひたたれ

ひたち《常陸》昔の東海道の国の一つ。今の、茨城県の大部分。常州。

ひ-だち ⓪【肥立ち】名 ❶日がたつにつれて成長すること。「—のいい子」❷日がたつにつれて、病気や産後の体調などがよくなること。「順調な—」

ぴたっ-と タ 副「ぴたり」を強めた言い方。

ひ-だて ⓪【日(建)て】名 芸能人などの日払いの給料。

ひた-と タ【ひたと】【▲直と】副〔文章語〕❶ぴったり。すき間をおかないようす。「—よりそう」❷にわかに。急に。「—足音がやむ」

ひ-だね ⓪/タ【火種】名 ❶火をおこすときに、もととなる火。❷事件や争いなどのおこるもととなる物事。「—を残す」

ひた-はしり ⓪/ハ【ひた走り】【▲直走り】名 形動〔「ひた」は接頭語〕いっしょうけんめい走ること。走りに走ること。ひたばしり。「ゴール目ざして—に走る」

ひたひた 一 タ/ヒ〔と〕副 ❶水が岸を打つ音をあらわす語。❷どんどん迫ってくるようす。「—迫る敵兵」二 ⓪ 形動(の) 料理で、材料がちょうど隠れるほど水や汁がひたすようす。「だし汁を—に加える」

ひた-ぶる ⓪ 形動 ダロ—ダッ・デ・ニ—ダ—ナ—ナラ—○〔文章語〕一つのことに心が向くようす。ひたすら。「—な態度」

ひ-だま マ【火玉】名 ❶玉になって飛ぶ火。火の玉。❷キセルの火ざらに詰めて火をつけた、タバコのかたまり。

ひ-だまり ⓪【日だまり】【日×溜り】名 日光がよくさしてあたたかい場所。冬

ひた-みち【▲直▲路】名 なり形動〔古語〕一筋にすすむようす。ひたすらなようす。いちず。「ひたみちに行ひ(仏道修行)におもむきなんに」〈源氏〉

ビ(ヴィ)タミン タ〈vitamin〉名 動物の体内では合成できない栄養素の一つ。ごく少量で栄養成長を支配する有機化合物。食物にふくまれる。A、B、C、D、E、K、L、M、Pなど。

ひた-むき ⓪【ひた向き】【▲直向き】形動 ダロ—ダッ・デ・ニ—ダ—ナ—ナラ—○ いちずに熱中するようす。ひとむき。「—な心」**ひたむきさ** 名

ひた-めん ⓪/ヒ【▲直面】名 能楽を演ずるとき、面をつけないこと。ひたおもて。

ひ-だら ⓪【干だら】【干×鱈】名 塩をまぶして、ほしかためたたら。春

ひだり ⓪【左】名 ↕右。❶東に向かって、北にあたるほう。大部分の人にとって、はしを持つ手と反対のほう。❷左手。❸左翼の思想。

ぴたり タ〔と〕副 ❶すきまなく、くっつくようす。「障子を—としめる」❷ずれやゆるみがなく、あてはまるようす。「スーツが—とからだに合う」❸物事が急にやむようす。「風が—とやむ」「たばこを—とやめる」‖ぴったり。

ひだり-うちわ チ/ウ【左うちわ】【左▲団▲扇】名〔利き手でない左手でうちわを使うこと〕安楽に暮らすこと。

ひだり-きき ⓪【左利き】名 ❶右手より左手がよく使えること。また、その人。ぎっちょ。❷酒飲みのこと。参考 固いものを彫るとき、右手に「つち」を、左手に「のみ」を持つから、その「のみ」と「飲み」とをかけて。

ひだり・する ⓪【左する】自サ シ・セ・サ—シ—スル—スル—スレ—シロ・セヨ〔文章語〕左のほうへ行く。↕右する。

ひだり-づま ヅ【左づま】【左×褄】名〔左手で着物のつまをもって歩くことから〕芸者。**—を取る** 芸者になる。

ひだり-て ⓪【左手】名 ↕右手。❶左の手。❷左の方。左方。「—に見える山」

ひだり-とう ⓪【左党】名 酒の好きな人。さとう。

ひだり-のう リ【左脳】名 ⇒さのう。

ひだり-まえ ⓪/リ【左前】名 ❶衣服の右のおくみを、左のおくみの上にかさねて着ること。ふつうとは反対の着かた。死に装束の着せかた。❷経済状態がわるくなること。ひだりむき。「あの会社も近ごろは—だ」

ひだり-まき ⓪【左巻き】名 ❶左に巻くこと。❷〔俗語〕頭の働きがおかしいこと。また、その人。

ひだり-むき ⓪【左向き】名 ❶左に向くこと。左に向いたもの。↕右向き。❷おとろえかかること。ひだりまえ。

ひだり-よつ ⓪【左四つ】名 相撲で、お互いに左手を相手の右わきにさし込んで組む組み方。↕右四つ。

ひた・る ⓪【浸る】【▲漬る】自五 ラ・ロ—リ・ッ—ル—ル—レ—レ ❶水につかる。ぬれる。❷その気持ちの状態のなかにいる。「喜びに—」**浸れる** 自下一〔…できる〕

ひ-だる・い ル 形 カロ—カッ・ク—イ—イ—ケレ—○ ひもじい。空腹だ。**ひだるげ** 形動 **ひだるさ** 名 **ひだる・し** 文語ク

ひ-だるま タ【火だるま】【火▲達磨】名 全身に火がついて燃えあがること。

ひ-たん ⓪【悲嘆】【悲×歎】名 自サ かなしみなげくこと。「—に沈む」

ひ-だん ⓪【飛弾】名〔文章語〕飛んでくる弾丸。

ひ-だん ◎【被弾】名自サ 弾丸を当てられること。

び-だん ビ【美談】名 りっぱな行いに関する、うつくしい話。「—の主(ぬし)」

び-だんし ダ【美男子】名 ⇩びなんし。

ひぢ【泥】名〔古語〕どろ。泥土。

ピチカート カ〈ィ pizzicato〉名 弦楽器を、弓を使わずに指ではじいてする演奏法。

ひ-ちく《肥筑》肥前(ひぜん)・肥後(ひご)・筑前(ちくぜん)・筑後(ちくご)の四つの国の総称。

び-ちく ◎【備蓄】名他サ〔文章語〕万一のときにそなえて、たくわえること。「—食糧」「石油を—する」

ひち-しゃ チ【被治者】名 おさめられるもの。統治されるもの。↕治者。

ぴち-ぴち チ↑ピ↑ (と)副自サ ❶魚などが勢いよくはねるようす。❷張り切って元気のいいようす。「—したからだ」「—した娘さん」

ひ-ちゃくしゅつし ヒ↑ツ【非嫡出子】名 法律上の婚姻関係にない男女の間に生まれた子。

ぴちゃ-ぴちゃ ピ↑ (と)副 飲み食いするときに舌でたてる音をあらわす語。「犬が—と水を飲む」

ひ-ちゅう ◎【秘中】名 秘密にしている物事のうち。**—の秘(ひ)** 特に秘密にしている事がら。

び-ちゅう ◎【微衷】名〔文章語〕自分の本心をへりくだっていう語。「—をお察しください」

ひ-ちょう ◎【飛鳥】名〔文章語〕空を飛ぶとり。「—の早わざ」

ひ-ちょう ◎【秘×帖】名〔文章語〕秘密のことを書いてある手帳。

ひ-ちょう ◎【悲調】名〔文章語〕かなしい音調。

ひちょう-きん チョ【×腓腸筋】名 ふくらはぎにあって、足をまげるはたらきをする筋肉。腓腹筋(ひふくきん)。

び-ちょうせい チョ【微調整】名他サ 大まかに調整したあとで、さらに細かく調整をすること。「画質の—」「計画の—」

ひち-りき ◎チ【×篳×篥】名 奈良時代に中国から伝来した管楽器の一つ。二〇センチメートルほどの竹の管を樺(かば)の皮でまき、表に七つ、裏に二つ穴がある。

ひちりき

ひ-ぢりめん チ【×緋縮×緬】名 ひ色のちりめん。

ひっ【引っ】接頭（動詞につく）意味や語勢を強める。勢いよくするようす。「—つかむ」「—かきまわす」

ひつ【匹】造 ❶ならぶ。つりあう。つれそう。「匹敵」❷ひとつの。身分の低い。「匹夫・匹婦」❸たぐい。なかま。「匹儔(ひっちゅう)」

ひつ【必】造 ❶かならず。きっと。間違いなく。「必殺・必死・必勝・必定(ひつじょう)・必然・生者必滅(しょうじゃひつめつ)」❷そうすることがのぞましい。ぜひとも。「必携・必修・必須・必読・必要・信賞必罰」

ひつ【泌】造 しみる。にじみでる。「分泌(ぶんぴつ)(ぶんぴ)」〔別音ひ｜泌〕

ひつ【×畢】造 ❶おわる。おえる。「畢生(ひっせい)」❷ついに。結局。「畢竟(ひっきょう)」

ひつ【×逼】造 せまる。おしよせる。「逼塞(ひっそく)・逼迫(ひっぱく)」

ひつ【筆】㊀ツ名 ❶字をしるす。また、その結果としての作品。「空海の—」「筆順・筆跡・悪筆・達筆・名筆」❷文章をあらわす。「筆記・筆者・筆名・随筆・遅筆」❸字や絵をかく道具。ふで。「筆硯(ひっけん)・筆墨・鉛筆・万年筆」❹登記簿上の土地区画。「一筆・合筆・分筆」㊁接尾 署名者の人数。「五万—をこえる署名が集まる」

ひつ ◎【×櫃】名 ❶ふたのある大形の箱。❷「お」をつけてごはんを入れる丸い木のうつわ。

ひ・つ【▲漬つ・×沾つ】〔古語〕㊀自四 自上二 水につかる。ぬれる。「そでひちてむすびし(スクッタ)水のこほれるを」〈古今〉㊁他下二 水につける。ぬらす。ひたす。「桂川(かつらがは)そでをひてても渡りぬるかな」〈土佐〉

ひつ-あつ ◎【筆圧】名 文字を書くときに、筆やペンの先に加わる力。

ひつ-い ツ【筆意】名〔文章語〕❶ふではこびのぐあい。ふでづかい。❷書画のおもむき。

ひ-つう ◎【悲痛】名形動 心がひどくかなしみ痛むこと。

ひっ-か ◎【筆禍】名〔文章語〕発表した文章のために受ける災難。「—にあう」↕舌禍(ぜっか)。

ひっ-かえ・す カ【引っ返す】[—かへす] 自他五 (サ・ソ・シ・ス・ス・セ・セ) ⇩ひきかえす。**引っ返せる** 自下一 […できる]

ひっ-かかり ◎【引っ掛(か)り】名 ❶ひっかかること。❷気持ちのすっきりしないこと。わだかまり。❸関係。「あの問題とは—がある」

ひっ-かか・る カ2【引っ掛(か)る】自五 (ラ・ロ・リ・ッ・ル・ル・レ・レ) ❶物にかかってはなれない。❷途中で止められる。「検問に—」❸だまされる。「わるだくみに—」❹関係をもたされる。「変なことに—」❺気持ちがすっきりしない。こだわる。「つまらないことに—」

ひっかき-まわ・す ワ【引っかき回す】[引っ×掻き回す] 他五 (サ・ソ・シ・ス・ス・セ・セ) (「ひっ」は接頭語) ❶ひどくかきまわす。❷かってにふるまってみだす。「会社を—」

ひっ-かく ◎【筆画】名 漢字の点や画。字画。

ひっ-か・く カ【引っ×掻く】他五 (カ・コ・キ・イ・ク・ク・ケ・ケ) (「ひっ」は接頭語) つめなどでかく。「相手の顔を—」

ひっ-か・ける ケ【引っ掛ける】他下一 (ケ・ケ・ケル・ケル・ケレ・ケロ・ケヨ) ❶掛けてつりさげる。❷曲がったものなどでとらえる。❸むぞうさに身につける。「上着を—」❹あざむく。だます。「計略で—」❺水などをあびせかける。❻酒などをぐいと飲む。「いっぱい—」 **ひっか・く** 文語下二

ひっ-かつ・ぐ ツ【引っ担ぐ】他五 (ガ・ゴ・ギ・イ・グ・グ・ゲ・ゲ) (「ひっ」は接頭語) いきおいよくかつぐ。てあらく肩にのせる。

ひっ-かぶ・る オ【引っ▲被る】他五 (ラ・ロ・リ・ッ・ル・ル・レ・レ) (「ひっ」は接頭語) ❶勢いよくかぶる。「ふとんを—」❷仕事や責任などをせおいこむ。「事件のあと始末を—」

ひっ-き ◎【筆記】名他サ 書きしるすこと。**—試験(しけん)** ケ名 答案を紙に書いて、こたえさせる試験。↕口述試験・口頭試問。**—体(たい)** ◎名 ボールペンや毛筆などで書いたときの手書きの書体。↕活字体。

ひ-つき キ【火付き】名 火が燃えつくこと。火のつきぐあい。「—がいい」

ひつぎ ◎【▲棺・×柩】名 死体を入れる箱。棺おけ。

ひ-つぎ【日▲嗣】名〔古語〕天皇の位。皇位。あまつひつぎ。**—の皇子(みこ)**〔▲御子〕〔古語〕皇位を継承する皇子。

ひっ-きょう ◎【×畢×竟】副〔文章語〕つまり。結局。**—するに** ル副 つまるところ。

ひっきりなし リナ【ひっきりなし】[引切無し] に副形動 (「ひっ」は接頭語) きれめなくつづくようす。たえまがないようす。きりなし。「—に客が来る」

ピッキング ◎〈picking〉名自サ ❶物流業で、倉庫などから商品を取り出したり、仕分けしたりすること。❷特殊な道具を使って錠(じょう)をこじあけること。

ビッグ ビ〈big〉形動 ❶大きい。「—な夢」❷重要な。「—イベント」**—データ** デ〈big data〉名 情報通信技術を活用することで生成、収集、蓄積される膨大で多種多様なデータ。**—ニュース** ニュ〈big news〉名 伝える価値のき

わめて高いニュース。特だね。**ーバン** バ〈big bang〉名 ❶宇宙創成期に起こったとされる大爆発。❷(一九八六年にイギリスで行われた証券制度の抜本的改革に対する命名から)金融・証券制度の抜本的改革。

ピック ピ〈pick〉名 ❶サリチル酸をまぜた黄茶色の硬膏こうこう。はれもののうみを吸い出すためにはる。ピック膏。❷ギター・マンドリンなどの弦をはじくつめ。❸氷割り用のきり。アイスピック。

ピック-アップ ア〈pickup〉❶名 他サ ❶多くの中から選んでとりだすこと。「よい品を―する」❷荷物を回収したり、指定の場所で人を車に乗せたりすること。「途中で友人を―していく」❷名 ❶レコードプレーヤーの、レコードの音を再生する装置。また、光ディスクの読み出しなどをおこなう、機器の光学部品。❷「ピックアップトラック」の略。後部が尾根のない荷台になっている、中型以下の貨物自動車。

ひっ-くく・る ク2【引っ▲括る】他五(ラ・ロ―リ・ッ―ル―ル―レ―レ) (「ひっ」は接頭語) ❶くくる。しばる。「どろぼうを―」❷乱暴にしめくくる。大ざっぱにまとめる。**ひっくくれる** 自下一[…できる]

びっくり ク【×吃▲驚・▲喫▲驚】名 自サ (「びくり」の変化)おどろくこと。また、そのようす。「―箱」

ひっくり-かえ・す カ【ひっくり返す】【引繰返す】他五(サ・ソ―シ―ス―ス―セ―セ) ―かへす ❶上下やうらおもてを反対にする。うらがえす。「魚の身を―」❷横や後ろにたおす。「花びんを―」❸くまなくさがす。「引き出しを―」❹状況を反転させる。くつがえす。「判決を―」「十点差を―」❺ひどく混乱させる。大きく変える。「世の中を―」 **ひっくり返せる** 自下一[…できる]

ひっくり-かえ・る カ【ひっくり返る】【引繰返る】自五(ラ・ロ―リ・ッ―ル―ル―レ―レ) ―かへる ❶たおれる。❷くつがえる。うらがえる。❸ひどく混乱する。「予定が―」

びっくり-ぎょうてん ク【びっくり仰天】名 自サ たいそうおどろくこと。

びっくり-ばこ リ【びっくり箱】名 箱のふたを開けると、中の物がばねじかけで飛び出して人を驚かせるおもちゃ。

びっくり-マーク マ 名 感嘆符「!」の俗称。

ピックルス ピ〈pickles〉名 ➡ピクルス。

ひっ-くる・める ×【引っ▲括める】他下一(メ・メ―メル―メル―メレ―メロ・メヨ) (「ひっ」は接頭語) 一つにまとめる。「全部ひっくるめた料金です」

ひ-つけ ケ【火付け】名 建造物に火をつけること。また、その人。つけび。放火。放火犯人。**ー役**やく 回 名 改革運動などのきっかけをつくる役目。また、その人。

ひ-づけ 回【日付】名 文書・手紙などに書き入れる年月日。**ー変更線**へんこうせん 回 名 地球上の地方時のずれによる暦の日付のくるいをなおすためにきめた、だいたい経度一八〇度にそう線。この線を東にこえれば同じ日をもう一日かさね、西にこえれば、一日はぶく。

日付変更線

ひっ-けい 回【必携】名 かならず持っていなければならないこと。また、そのもの。「筆記用具―のこと」

ピッケル 回/ピ〈ド Pickel〉名 登山用のつるはし。アイスアックス。

ピッケル

ひっ-けん 回【必見】名 ぜひ見なければならないこと。「―の書」「―の映画」

ひっ-けん 回【筆×硯】名 [文章語] ❶ふでとすずり。❷文字・文章を書く仕事。「―ますますご多祥たしょう」

びっこ ビ【×跛】名 ❶片方の足に障害があって、歩くときつりあいがとれないこと。❷対ついであるはずの物の大きさや形などがそろわないこと。

ひっ-こう 回【筆耕】名 ❶報酬をうけて筆写をすること。また、その人。❷文筆活動で収入を得ること。↔舌耕ぜっこう。

ひっ-こし 回【引っ越し】名 引っ越すこと。転居。移転。**ー×蕎▲麦**そば ソ 名 引っ越したとき、近所の人にあいさつにくばるそば。参考 そばのように長くつきあうというしゃれから出たといわれる。

ひっ-こ・す コ【引っ越す】自五(サ・ソ―シ―ス―ス―セ―セ) よそへうつる。転居する。**引っ越せる** 自下一[…できる]

ひっ-こ-ぬ・く ヌ【引っこ抜く】他五(カ・コ―キ・イ―ク―ク―ケ―ケ) (「引き抜く」のくだけた言い方) ❶つよく抜きとる。「くぎを―」❷よその職員・選手などをぬきとる。「A球団からB選手を―」 **引っこ抜き** 名 **引っこ抜ける** 自下一[…できる]

ひっ-こま・す マ【引っ込ます】他五(サ・ソ―シ―ス―ス―セ―セ) 引っこむようにさせる。物を引いて中へ入れる。引っこめる。

ひっ-こみ 回【引っ込み】名 引っこむこと。しりぞくこと。「―がつかない」 **ー思案**じあん ジ 名 形動 すすんで物事をする意気ごみのないこと。**ー線**せん 回 名 ➡ひきこみせん。

ひっ-こ・む コ【引っ込む】自五(マ・モ―ミ・ン―ム―ム―メ―メ) ❶しりぞく。「会長をやめて―」❷家にこもる。ひきこもる。❸しりごみする。❹さがる。でしゃばらない。「うるさい、引っ込んでいろ」❺奥のほうになっている。奥まる。「通りからずっと引っ込んだ家」 **引っ込める** 自下一[…できる]

ひっ-こ・める メ【引っ込める】他下一(メ・メ―メル―メル―メレ―メロ・メヨ) ❶ひっこます。❷さげて低くする。「頭を―」❸一度出したものをもとへもどす。「辞表を―」 **ひっこ・む** 文語下二

ひっ-こ・もる モ【引っ籠(も)る】自五(ラ・ロ―リ・ッ―ル―ル―レ―レ) ➡ひきこもる。

ヒッコリー ヒ〈hickory〉名 ❶クルミ科の落葉高木。木材はスキー板やドラムのスティックなどに使われる。実はピーカンナッツとして食用となる。❷縞しま模様のデニム。「―ストライプ」

ピッコロ ピ/回〈イ piccolo〉名 (「小さい」の意) フルートより一オクターブ高い音域の木管楽器。音色はあかるくするどい。

ピッコロ

ひっ-さい 回【筆才】名 文章を書く才能。文才。

ひっ-さ・げる ゲ【引っ提げる】他下一(ゲ・ゲ―ゲル―ゲル―ゲレ―ゲロ・ゲヨ) (「ひっ」は接頭語) ❶手にさげもつ。たずさえる。「右手に太刀を―」❷ひきつれる。ひきいる。「配下の軍勢をひっさげて」❸無理をおして行動する。「老軀ろうくをひっさげて出陣する」 **ひっさ・ぐ** 文語下二

ひっ-さつ 回【必殺】名 相手を必ず倒すこと。「―の意気込み」

ひっ-さん 回【筆算】名 他サ 紙などに、数字を書いて計算すること。↔暗算・珠算。

ひっ-し 回【必至】名 かならずそこへ行きつくこと。きっとそうなること。「敗北は―の形勢」

ひっ-し ヒ/回【筆紙】名 ふでとかみ。**ーに尽**つくしがたい 文章に書き表すことがむずかしい。「この喜びは―」

ひっ-し 回【必死】名 形動(の) ❶必ず死ぬこと。❷死を覚悟してすること。死にものぐるい。決死。「―の努力」❸【必至】将棋で、どう守っても必ず王将が詰んでしまう形。

ひつじ 回【▲未】名 ❶十二支の八番目。⇩十干(表)。❷[古語] 方角について南南西を、時刻について午後二時、ま

たその前後二時間を、また一説に午後二時からの二時間をいう。⇩方位(図)・時(図)。

ひつじ ◎【羊】名 ウシ科の哺乳(ほにゅう)類。家畜として飼育し、毛は毛織物の原料。肉は食用。皮も用途がひろい。

ひつじ-さる サ【▲未▲申・×坤】名 方角の名。西と南との間。南西。⇩方位(図)。

ひっ-しゃ ヒ【筆者】名 文字や文章を書いた人。

ひっ-しゃ ◎【筆写】名 他サ 書きうつすこと。書写。

ひつ-じゅ ◎【必需】名 どうしても必要なこと。 **—品**(ひん) ◎名 必要で、欠くことのできない品物。

ひっ-しゅう ◎【必修】名 かならず学んで身につけなければならないこと。 **—科目**(かもく) カ名 かならず履修(りしゅう)しなければならない科目。↕選択科目。

ひっ-しゅつ ◎【必出】名 自サ かならず出題されること。「—問題」

ひつ-じゅつ ◎【筆述】名 他サ 書いて文章にすること。↕口述。

ひつ-じゅん ◎【筆順】名 文字、特に、漢字を書くときの点や画(かく)の順序。書き順。

ひっ-しょう ◎【必勝】名 かならず勝つこと。「—の信念」

ひつ-じょう ◎【必定】名副〔文章語〕きっとそうなること。たしかなこと。「勝利は—である」

ひっ-しょく ◎【筆触】名 絵のふでづかい。タッチ。

びっしょり ショ副 ひどくぬれるようす。「赤ん坊のおしめが—だ」⇩ぐっしょり 参考。

びっしり シ(と)副 ❶一面につまって、すきまのないようす。「家が—建ちならぶ」「—予定がつまっている」 ❷じゅうぶんにおこなうようす。「—練習する」

ひつ-じん ◎【筆陣】名〔文章語〕文章をもって論戦するかまえをとること。「堂々の—を張る」

ひっ-す ◎/ヒ【必須】名 形動(の) かならず、なくてはならないこと。「—の条件」 **—アミノ酸**(さん) ◎名 栄養素として必要なアミノ酸のうち、体内では合成できないため、食物からとらなければならないもの。

ひっ-する ◎【必する】他サ シ・セ・サ—シ—スル—スル—スレ—シロ・セヨ〔文章語〕❶かならずそうなるときめる。❷あることをなしとげようと心にきめる。「合格を—」 **ひっ・す** 文語サ変

ひっ-せい ◎【×畢生】名 (「畢」はおわるの意)命のおわるまでのあいだ。一生。終生。「—の大事業」

ひっ-せい ◎【筆生】名 文書を書きうつす職業の人。

ひっ-せい ◎【筆勢】名 ❶書画にあらわれた、筆のいきおい。筆力。❷文章のいきおい。筆鋒(ひっぽう)。

ひっ-せき ◎【筆跡】【筆×蹟】名 その人の書いた文字。書いた文字のありさま・特徴。手跡。「山本君の—」

ひつ-ぜつ ◎【筆舌】名〔文章語〕文章やことば。 **—に尽**(つ)**くしがたい** 文章やことばにあらわすことがむずかしい。なんとも表現のしようがない。「この感動は—」

ひっ-せん ◎【筆洗】名 ふでをあらううつわ。ふであらい。

ひっ-せん ◎【筆戦】名〔文章語〕文章による論戦。↕舌戦。

ひつ-ぜん ◎【必然】名 かならずそうなること、そうあるべきこと。「—的」「—の結果」↕偶然。 **—性**(せい) ◎名 かならずそうなるはずの性質。

ひっ-そく ◎【×逼塞】名 自サ ❶経済的にゆきづまること。❷おちぶれて、ひっそりと暮らすこと。❸江戸時代、武士・僧侶(そうりょ)に科した刑で、門をとじて昼間の出入りを禁じたもの。

ひっそり ソ(と)副 自サ 物音がせず、しずまっているようす。「—した町」 **—閑**(かん)**と** しずまりかえっているようす。

ひったくり ◎名 路上などで不意をついて他人の持ち物を奪う犯罪。

ひった-くる ク 他五 ラ・ロ—リ・ッ—ル—ル—レ—レ むりにうばいとる。「バッグをひったくられる」

ひった-てる テ【引っ立てる】他下一 テ—テ—テル—テル—テレ—テロ・テヨ ❶むりにつれていく。ひきたてる。「警察に—」 ❷元気を出させる。はげます。 **ひった・つ** 文語下二

ぴったり タ(と)副 自サ ❶すきまなく、合うようす。「—はりつける」 ❷ついてはなれないようす。「親に—くっついている」 ❸すきまなく戸をしめるようす。❹よくあてはまるようす。「その場に—したことば」

ひっ-たん ◎【筆端】名〔文章語〕ふでの先。文字の勢い。

ひつ-だん ◎【筆談】名 自サ 言いたいことを字に書いて意志を伝えあうこと。

ひっ-ち ◎/ヒ【筆致】名 ふでつき。書きぶり。「強い—」

ピッチ ピ〈pitch〉名 ❶音の高さ。「—アクセント」 ❷同じことをくり返したり、一定の間隔で物事を行ったりする時の速度や回数。また、ボートこぎ・ランニング・水泳などで、一定時間内にくり返す回数。「—をあげる」「急—」 ❸野球で、投手の投球。「ワイルド—」 ❹サッカーの競技場。フィールド。❺ねじの山と山の間、歯車の歯と歯の間の長さ。❻原油やコールタールを蒸留したあとにのこる黒色のかたまり。道路の舗装(ほそう)や乾電池などに用いる。チャン。

ヒッチ-ハイク ハ〈ᵃhitchhike〉名 通りがかりの自動車などに、乗せてもらい、それを乗りついでする旅行。

ピッチャー〈pitcher〉名 ❶ピ 野球で、投手。❷ピ/◎ 水差し。飲み物を入れる卓上の容器。「ビールの—」

ひっ-ちゃく ◎【必着】名 自サ 手紙などがかならず到着すること。「来月十日—でご返事ください」

ひっ-ちゅう ◎【匹×儔】名〔文章語〕(「匹」も「儔」もなかまの意)たぐい。仲間。つれあい。

ひっ-ちゅう ◎【必中】名 かならずあたること。「一発—」

ひっ-ちゅう ◎【筆×誅】名〔文章語〕(「誅」は罰をせめるの意)罪悪・過ちなどを書きたてて、責めること。「—を加える」

びっちゅう《備中》昔の山陽道の国の一つ。今の岡山県の西部。

ピッチング ◎〈pitching〉名 自サ ❶野球で、投手の投球。❷船がたてにゆれること。↕ローリング。 **—マシ(ー)ン** シ〈pitching machine〉名 野球の打撃練習のとき、投手にかわってボールを投げる機械。

ピッツァ ピ〈ᵢpizza〉名 ➡ピザ。

ひっ-つか-む カ【引っつかむ】【引っ×摑む】他五 マ・モ—ミ・ン—ム—ム—メ—メ (「ひっ」は強めの接頭語)強い勢いでつかむ。

ひっ-つ-く ツ【引っ付く】自五 カ・コ—キ・イ—ク—ク—ケ—ケ (「ひっ」は接頭語)ぴったりとつく。

ひっ-つめ ◎【引っ詰め】名 きゅっとうしろに引きつめてゆう、女性の髪のゆい方。「—髪」

ひっ-つれ ◎【引っつれ】【引っ×攣れ】名 (「ひきつれ」の変化)やけどなどのあとの皮膚が、ちぢんでつれること。ひっつり。

ヒッティング ◎〈hitting〉名 野球などで、積極的に打つこと。「—に出る」↕ウエーティング。

ひっ-てき ◎【匹敵】名 自サ (「匹」も「敵」も、つりあう意)かたをならべること。力がつりあうこと。比肩(ひけん)。

ヒット ヒ〈hit〉名 自サ ❶野球で、安打。❷大成功。大あたり。「新作映画が—した」 ❸コンピューターで、求める情報がみつかること。「新刊情報が五件—した」 **—エンド-ラン** ラ〈hit-and-run〉名 野球で、打者がボールを打つと同時に、しめしあわせて走者が次塁に走ること。 **—チャート** チャ〈hit chart〉名 流行曲の人気による順位を示した一覧表。

ビット⓪〈bit〉名（binary digit の略）二進数の一けた。0か1の値をもつ。情報理論では、情報量を表す最小の単位。**ーコイン**[コ]〈bitcoin〉名〔商標名〕インターネット上で利用できる仮想通貨の一つ。

ピット[ピ]〈pit〉名 ❶穴。くぼみ。「オーケストラー」「配管ー」❷サーキットで行われる自動車レースで、自動車のタイヤ交換や燃料補給、修理・点検などを行う整備所。「ーイン」❸陸上競技の跳躍種目で、競技者が着地する場所。マット・砂場など。❹ボウリングで、倒されたピンが落ちる穴。

ひっとう⓪【筆頭】名 ❶連名のものの中で一番目の人。「ー株主」❷もっともおもだった人・もの。「強硬派のー」「この地の農産物のー」❸ふでさき。

ひっとう⓪【筆答】名 自サ 文字で書いてこたえること。また、そのこたえ。↕口答。

ひつどく⓪【必読】名 かならず読まねばならないこと。「ーの参考書」

ひっとら・える[エ]【引っ捕(ら)える】〔ーとらへる〕他下一〔エ・エ・エル・エル・エレ・エロ・エヨ〕（「引っ」は強めの接頭語）しっかり捕らえる。ひっつかまえる。**ひっとら・ふ** 文語八下二

ひつにょうき[ニョ]【泌尿器】名 ➡ひにょうき。

ひっぱが・す[ガ]【引っ剝(が)す】他五〔サ・ソ・シ・ス・ス・セ・セ〕つよく引いてはがす。ひきはがす。ひっぺがす。**引っ剝がせる** 自下一〔…できる〕

ひっぱく⓪【×逼迫】名 自サ ❶事態がさしせまること。「ーした状態」❷経済が苦しくなること。「財政ー」

ひっぱた・く[タ] 他五〔カ・コ・キ・イ・ク・ク・ケ・ケ〕（「ひっ」は接頭語）強くたたく。

ひつばつ⓪【必罰】名 罪ある者をかならず罰すること。「信賞ー」

ひっぱりこ・む[コ]【引っ張り込む】他五〔マ・モ・ミ・ン・ム・ム・メ・メ〕引っ張って中へ入れる。**引っ張り込める** 自下一〔…できる〕

ひっぱりだこ[ダ]【引っ張りだこ】【引っ張×凧】名 人気があること。また、その人。一つのもの・人を大ぜいが求めること。「あちこちからーだ」

ひっぱりまわ・す[ワ]【引っ張り回す】〔ーまはす〕他五〔サ・ソ・シ・ス・ス・セ・セ〕❶あちこち連れて歩く。連れ回す。「あいさつにー」❷好きなように人を動かす。振り回す。「彼のわがままに引っ張り回される」

ひっぱ・る[パ]【引っ張る】他五〔ラ・ロ・リ・ッ・ル・ル・レ・レ〕（「ひきはる」の変化）❶引いて、ぴんと張る。❷自分の方へ引きよせる。仲間にさそいこむ。❸むりにつれて行く。「警察にー」❹力を入れて引いてゆく。「車をー」❺期限をひきのばす。「そう引っ張られてはこまる」❻引いて長くのばす。「語尾をー」**引っ張れる** 自下一〔…できる〕

ひつび⓪【必備】名 形動(の) 必ず備えるべきこと。備える必要のあること。「図書館にーの書」

ヒッピー[ヒ]〈hippie〉名 既成の権威や社会通念に反抗し、自然にかえることをモットーとし、特殊な服装などをした青年たち。一九六〇年代のアメリカに現れた。「ー族」

ひっぷ[ヒ]【匹夫】名〔文章語〕身分のひくい男。教養のない、つまらない男。↕匹婦。**ーの勇**〔ゆう〕 向こうみずにいさみたつ勇気。

ひっぷ[ヒ]【匹婦】名〔文章語〕身分のひくい女。教養のない、つまらない女。↕匹夫。

ヒップ[ヒ]〈hip〉名 ❶しり。❷腰まわり。また、その寸法。

ビップ[ビ]〈VIP〉名 ➡ブイ・アイ・ピー。

ヒップ-ホップ[ホ]〈hip-hop〉名 一九八〇年代、ニューヨークの黒人を中心に起こった音楽とダンスの文化。リズムにのって語るように歌うラップ音楽と、はげしい動きのブレークダンスが特徴。

ひっぺが・す[ガ] 他五〔サ・ソ・シ・ス・ス・セ・セ〕➡ひっぱがす。

ひっぽう⓪【筆法】名 ❶ふでのはこび方。書法。❷文章の書き方。いいまわし。❸方法。手段。「うまいーだ」

ひっぽう⓪【筆×鋒】名〔文章語〕（「鋒」はきっさきの意）文筆のいきおい。「ー鋭く攻めたてる」

ひつぼく⓪【筆墨】名〔文章語〕❶ふでと、すみ。❷ふでで書いたもの。

ひづめ⓪【×蹄】名 牛・馬などの足の先にある角質のつめ。

ひつめい⓪【筆名】名 文章を書いて発表するときに使う、本名とは別のなまえ。ペンネーム。↕本名。

ひつめつ⓪【必滅】名〔文章語〕かならずほろびること。「生者〔しょうじゃ〕ー」

ひつもん-ひっとう⓪【筆問筆答】名 筆記し、または印刷した問題に対し、書いてこたえること。

ひつよう⓪【必用】名 かならず使用すること。「夏季ーの道具」

ひつよう⓪【必要】名 形動 ぜひとも入用なこと。なくてはならないこと。↕不必要・不要・不用。**ー悪**〔あく〕[ヨ] 名 それ自体は悪だが、その社会や当事者の存続のためには必要とされるもの。**ー経費**〔けいひ〕[ケ] 名 所得税を計算する際、その収入を得るのに必要なものとして収入金額から控除される経費。**ー条件**〔じょうけん〕[ジョ] 名〔論〕それを事実であると判断する上に、必ず備えていなければならない条件。「pならばq」という命題が正しいとき、「qをpであるための必要条件」という。**ー性**〔せい〕⓪ 名 必要であること。また、その程度。**ーは発明**〔はつめい〕**の母**〔はは〕 発明は必要を感じたときに自然に生まれるということのたとえ。

ひつりょく[ツ]【筆力】名 ❶筆に加わるちから・いきおい。❷文章のちから・いきおい。「ーがある作家」

ひつろく⓪【筆録】名 他サ 書いて記録にとどめること。また、その記録。

ビデ[ビ]〈ᶠbidet〉名 女性の性器洗浄器。

ひてい⓪【比定】名 他サ 類似のものと比較して、ある事がらを推定すること。「成立年代をーする」

ひてい⓪【否定】名 他サ そうではないと打ちけすこと。うちけし。↕肯定。**ー的**〔てき〕⓪ 形動 賛成でないようす。反対のようす。「ーな答え」↕肯定的。

びていこつ[テ]【尾×骶骨】名 脊柱〔せきちゅう〕の末端にある、とがった三角形のほね。びこつ。

ビ(ヴィ)デオ[ビ]〈video〉名 テレビの、音声（オーディオ）に対する映像。**ーオンデマンド**[マ]〈video on demand〉名 利用者が希望の動画をいつでも視聴できる配信サービス。VOD。**ーカセット**[セ]〈videocassette〉名 カセット式のビデオテープ。**ーカメラ**[カ]〈video camera〉名 動画を撮影し、記録用メディアに残すためのカメラ。**ーゲーム**[ゲ]〈video game〉名 ➡テレビゲーム。**ーディスク**[ディ]〈videodisk〉名 レコード状の盤に記録した映像を画面に再生する装置。また、その盤。**ーテープ**[テ]〈videotape〉名 テレビジョンの音声と映像を記録する磁気テープ。**ーテープレコーダー**[コ]〈videotape recorder〉名 映像・音声を録画・再生する装置。VTR。ビデオデッキ。**ーデッキ**[デ2] 名 ➡ビデオテープレコーダー。

ピテカントロプス[ロ]〈ᵗPithecanthropus〉名 ジャワ島でその化石が発見された数十万年前の化石人類。立って歩き、石器を使った。学名はホモ-エレクトゥス。ジャワ原人。直立猿人。

び-てき⓪【美的】形動〔ダロ・ダッ・デ・ニ・ダ・ナ・ナラ・○〕物事のうつくしいようす。美に関するようす。「ー感覚」

ひてつ-きんぞく[キ]【非鉄金属】名 鉄以外の銅・なま

り・白金・すず・ニッケル・アンチモンなどの金属の総称。

ひ-でり ⓪【日照り】【×旱】名 ❶日が照ること。❷長く雨が降らないこと。旱魃(かんばつ)。(夏) ❸(俗語) 必要なものが不足すること。「嫁―」 **―雨**(あめ) ア 名 日が照っているのに降る雨。

ひ-てん ⓪【批点】名 (文章語) ❶詩歌(しいか)・文章を訂正して評点をつけること。また、その評点。❷訂正・批判すべき点。欠点。きず。

ひ-でん ⓪【飛電】名 (文章語) ❶いなずま。❷至急の電報。

ひ-でん ⓪【秘伝】名 秘密にしてたやすく人につたえない、その道の奥義。「―を授ける」

び-てん ⓪【美点】名 人のすぐれているところ。長所。特長。「―をみならう」 ↔欠点。参考「美点」は人間の性格などについて言い、「長所」は人のほか機械などの物を対象にする場合にも使う。

び-でん ⓪【美田】名 (文章語) 地味(ちみ)のこえた、よい田地。

ひでん-いん【悲田院】名 (古語) 古代日本で、孤児や病人を救うための慈善施設。京都のほか、諸国におかれた。

ひ-でんか テ【妃殿下】名 殿下という敬称をつけて呼ばれる皇族男子の配偶者の敬称。↔殿下。

ひと【一】㊀ 造 ひとつの。一回の。「―そろい」「―勝負」 ㊁ 接頭 ❶かなりの。「―財産」「―苦労」 ❷少しの。ちょっと。「―雨」「―休みする」

ひと ⓪【人】名 ❶言語を用いるなどの特徴があり、われわれが属している、生物の一類。ホモサピエンス。人類。人間。「霊長目―科」参考この観点をはっきり示すときは、カタカナで書くことが多い。❷人格をもち、社会的責任を負う主体。特に成人。また、そのひとりひとり。「―となる」「都会に―が集まる」❸あることに関係する特別な人間。㋐特定の個人。「間に―を立てて話し合う」「うちの―(夫を言う、妻のことば)」「いい―(恋愛の対象である相手)」㋑あることをするために有用な個人。人材。人物。「―を得る」㋒人手。労働力。「―を集める」㋓客。「―が来る」「―が多い」❹立場がことなるものとして見たときの人間。㋐他人。「―にわからない苦労」㋑何かをするときの相手。「―を替える」㋒だれかが何かをしたとき、その相手としての自分。「―を甘く見るものではない」❺抽象的・一般的にとらえた個人。㋐普通のひと。「並の―」㋑ある種類のひと。「困った―だ」❻世間。「―の目がうるさい」❼人がら。「―が変わる」 **―がいい** ❶人がらがいい。❷善良で他人をうたがわない好人物だ。お人よしだ。 **―が変**(か)**わる** その人の、それまでの性格や性質が全く変わる。「母の死をきっかけに息子は人が変わった」 **―が悪**(わる)**い** ❶人がらがよくない。❷ふざけて、意地わるをする。 **―には添**(そ)**うてみよ、馬**(うま)**には乗**(の)**ってみよ** 何事も直接試してみないと本当のことはわからないといういましめのことば。 **―の×噂**(うわさ)**も七十五日**(しちじゅうごにち) 人がうわさをするのもしばらくの間のことで、長続きはしないということ。 **―の口**(くち)**に戸**(と)**は立**(た)**てられない** 人が非難したり、うわさしたりするのを、とめることはできない。 **―の子**(こ) ❶普通の人間。「かれも―だ」❷他人の子。 **―の×疝気**(せんき)**を頭痛**(ずつう)**に病**(や)**む** 自分に無関係な物事を心配することのたとえ。 **―のふり見**(み)**て我**(わ)**がふり直**(なお)**せ** 他人の欠点や失敗を見たときに、自分自身のふるまいも見直せ。 **―の×褌**(ふんどし)**で相撲**(すもう)**を取**(と)**る** 他人の物を利用して自分の利益をはかる。 **―の道**(みち) 人間として守るべき事がら。 **―は一代**(いちだい)**名**(な)**は末代**(まつだい) いのちは死ねばなくなるが、その名は死後いつまでものこる。 **―はパンのみにて生**(い)**くるものにあらず** 人は物質的に満たされるためだけに生きるのではなく、精神的満足を求めることが大切であるということ。参考新約聖書のことばから。 **―は人**(ひと)**我**(われ)**は我**(われ) ❶他人のことはかまわず、自分のことだけを考えたり、したりすること。❷他人の言うことを気にせず、自分の立場をつらぬくこと。 **―もあろうに** ほかにいくらでもふさわしい人がいるだろうに。参考不適当な人選をして悔いるときに用いる。 **―も無**(な)**げ** あたりに見ている人がいないかのようにふるまうようす。傍若無人(ぼうじゃくぶじん)。 **―呼**(よ)**んで** 人が呼ぶことには。人に呼ばれる名は。「―花川戸の助六」 **―を食**(く)**う** 人をばかにする。「人を食った話」 **―を立**(た)**てる** ❶本人に代わって交渉や仲介をする人をたのむ。「間に人を立てて話し合う」❷他人の立場や気持ちを尊重し、自分は控えめにする。 **―を呪**(のろ)**わば穴**(あな)**二**(ふた)**つ** 人に害をあたえようとすれば、自分もまた害を受ける。 **―をばかにする** 人をあなどる。軽視する。 **―を人**(ひと)**とも思**(おも)**わない** 他人を一人前の人間としてあつかわない。 **―を見**(み)**て法**(ほう)**を説**(と)**け** 相手に応じてふさわしい処置をとれ。

ひ-と ヒ【費途】名 (文章語) 金銭のつかいみち。使途。

ひと-あし ト【一足】名 ❶一歩(いっぽ)。❷ちょっとの時間・距離。 **―違**(ちが)**い** チ 名 少しの時間の違い。「―で会えなかった」

ひと-あし ⓪【人足】名 ❶人のゆきき。往来。「―の絶えない街」❷漢字の部首の一つ。にんにょう。「兄」「元」などの「儿」。

ひと-あじ ト【一味】(あぢ) 名 味のうまさを区分したときの一段階。「―違う」

ひと-あしらい ア【人あしらい】(あしらひ) 名 人との応対。

ひと-あせ ト【一汗】名 一度汗をかくこと。ひとほねおりすること。「―かいた」

ひと-あたり ト【一当(た)り】名 自サ ためしに一度あたってみること。また、ひととおりあたること。「―して敵の戦力を見きわめる」

ひと-あたり ⓪【人当(た)り】名 人に対する応対ぶり。人づきあい。「やわらかな―」

ひと-あな ⓪【人穴】名 火山のふもとなどで溶岩がかたまるときに、中のガスがぬけ出てできたほら穴。昔、この穴に人が住んだという。

ひと-あめ ト【一雨】名 ❶雨が一回降ること。「―ほしい」「―ごとのあたたかさ」❷ひとしきり降る雨。

ひと-あれ ト【一荒れ】名 ひとしきり荒れること。

ひと-あわ ト【一泡】名 ひどく驚くこと。 **―吹**(ふ)**かせる** 不意をついて人を驚きあわてさせる。

ひと-あんしん ト/ア【一安心】名 自サ ひとまず安心すること。ほっとすること。「まずまず―だ」

ひど・い ド【×酷い】形 (カロ・カッ・ク/イ・イ・ケレ・〇) ❶人の道に外れるようす。人の心を傷つけるようす。むごい。「テロの現場の状況はひどかった」「―しうち」「―目にあう」❷程度がふつうをこえているようす。「洪水の被害が―」「着ているものが―」❸(連用形を副詞のように用いて)程度がふつうではなく。「風邪を引いたのかひどく熱がある」「ボンネットがひどく壊れていた」参考❶❷ではマイナスの意味にしか使われないが、❸の場合は「プレゼントはひどく喜ばれた」のような使い方もできる。**ひどさ** 名 **ひど・し** 文語ク

ひと-いき ト【一息】名 ❶一度の息つぎ。一呼吸。❷一度吸いこむ息のあいだ。一気。「―に飲む」❸一休み。「―つく」❹続けざまにすること。「―にする」❺すこしの努力。「あと―だ」 **―入**(い)**れる** ひと休みする。

ひと-いきれ ⓪/イ【人いきれ】【人×熱れ】名 人が多く集まったため、からだから出る熱やにおいで、むんむんすること。「―で、むせかえる」

ひと-いちばい ⓪【人一倍】名 ふつうの人より一段とは

げしいこと。「—の努力」

ひと-いれ [0]【人入れ】[名] 雇い人を紹介する職業。「—稼業(かぎょう)」

ひと-いろ [ト]【一色】[名] ❶一つの色。いっしょく。「赤—にぬりつぶす」❷一つの種類。「—しかない品物」

ひ-とう [0]【秘湯】[名] 山奥の人に知られていない温泉。

ひ-どう [0]【非道】[名][形動] 道理にもとること。非理。人道にはずれること。「極悪(ごくあく)—」

び-とう [0]【尾灯】[名] 自動車・電車などの後尾につける赤い灯火。テールランプ。↔前照灯。

び-とう [0]【微糖】[名] 糖分がわずかであること。「—の缶コーヒー」

び-どう [0]【微動】[名][自サ] かすかにうごくこと。「—だにしない」

ひと-うけ [0]【人受け】[名] 他人の評判・信用。

ひと-え [ト]【一重】(へ) [名] ❶うすいものが一枚だけのこと。かさならないこと。「—まぶた」❷花びらがかさなっていないこと。「—咲き」❸【▲単・▲単▲衣】ひとえ物。↔あわせ。**—帯(おび)** [オ][名] 厚地の博多織やつづれ織で作られた、裏地や芯をつけない帯。主に女性の夏帯として用いる。(夏) **—物(もの)** [0][名] 裏のない和服。ひとえ。(夏)

ひとえ-に [ト]【ひとえに】【▲偏に】(ひとへ) [副] ひとすじに。ひたすらに。いちずに。「—お願いいたします」

ひと-おし [ト]【一押し】[名] ❶一度おすこと。「あと—で土俵を割る」❷あとすこしの努力。「もう—で敵は降参する」

ひと-おじ [0]【人おじ】【人▲怖じ】(おぢ) [名][自サ] 子どもなどが知らない人の前でおそれること。人みしり。

ひと-おと [0]【人音】[名] 人のいるらしい音。人のけはい。

ひと-おもい [オ/ト]【一思い】(おもひ) [に副] ぐずぐずせず、思いきってするようす。「—にやってしまおう」

ひと-かい [0]【人買い】(かひ) [名] 女・子どもなどをだまして、売り買いする者。人商人(ひとあきびと)。

ひと-かかえ [ト/カ]【一抱え】(かかへ) [名] 両手をひろげて、かかえるほどの大きさや太さ。

ひと-がき [0]【人垣】[名] 多くの人が、かきねのように立ち並ぶこと。「—ができる」

ひと-かげ [0]【人影】[名] 人の姿。「—もない」

ひと-かず [0]【人数】[名] ❶人のかず。人員。にんずう。❷一人前として数えられること。「—に入れられる」

ひと-かた【一方】㊀[ト][名]〔ふつう「お」を添えて〕「ひとり」のていねいな言い方。「あとで、もうお—がみえます」㊁[0][名][形動(の)] 並の。とおりいっぺんの。「—ならぬ努力」

ひと-がた [0]【人形】[名] 人間の形をしたもの。特に、みそぎ・祈りのときに用いる。形代(かたしろ)。

ひと-かたけ [ト]【一片▲食】[名] 一回分の食事。ひとかたき。

ひとかた-ならず [ナ][副] ひととおりでなく。たいへん。「—お世話になりました」

ひと-かど [0]【一角・一▲廉】[名] ひときわ目だつこと。すぐれていること。いっかど。「—の人間」

ひと-がまし・い [シ]【人がましい】[形](カロ/カッ・ク/イ/イ/ケレ/○) ❶人なみであるようす。人間らしい。「—生活」❷相当の人物らしい。**ひとがま・し** [文語シク]

ひと-がら [0]【人柄】[名] ❶人物の品位。性質。❷よい人物。よい性質。「なかなかのお—だ」

ひと-からげ [ト]【一絡げ】[名] たくさんのものを一つにまとめること。ひとまとめ。「十把(じっぱ)—」

ひと-かわ [ト]【一皮】(かは) [名] いちばん上の一枚の皮。**—▲剝(む)ける** ❶日焼けなどで、一回皮膚がむける。❷容姿・性格などが、以前よりよくなる。

ひと-ぎき [0]【人聞き】[名] 人に聞かれること。外聞。「—がわるい」[参考] ふつう、よい意味では使わない。

ひと-ぎらい [ギ]【人嫌い】(ぎらひ) [名][形動(の)] 人に会うことをきらうこと。「弟は—でこまる」

ひと-きり [ト]【一切り】[名] ❶一段落。くぎり。「—ついた」❷ひところ。一時。「—はやったうた」

ひときり-ぼうちょう [ボ]【人斬(り)包丁】[名]〔俗語〕刀。

ひと-きわ [0]【ひときわ】【一際】(きは) [副] 他と比べて程度がはげしいようす。いちだん。「—目だつ」

ひ-とく [0]【秘匿】[名][他サ]〔文章語〕〔「匿」はかくすの意〕秘密にしてかくすこと。

び-とく [0]【美徳】[名] りっぱな徳。よいおこない。「謙譲の—」↔悪徳。

ひとくい-じんしゅ [ジ]【人食(い)人種】【人×喰人種】(ひとくひ—) [名] 人肉を食う風習のある人種。食人(しょくじん)種。

ひと-くぎり [ト/ク]【一区切り】[名] ちょうどよい切れ目。一段落。「作業に—つける」「人生の—」

ひと-くくり [ト/ク2]【一▲括り】[名] 一つにくくること。一つにくくったもの。

ひと-くさ・い [サ]【人臭い】[形](カロ/カッ・ク/イ/イ/ケレ/○) ❶人間のにおいがする。人けがある。❷人間らしい。**人臭さ** [名] **ひとくさ・し** [文語ク]

ひと-くさり [ト]【一×齣】[名] 話・語りものなどのひとくぎり。一段落。ひとこま。「応援演説を—ぶつ」

ひと-くせ [ト]【一癖】[名] どこかにみとめられる、他人とちがった、変わったところ。「—ある人物」**—も二▲癖(ふたくせ)もある** ひとから警戒されるような特異な性格である。

ひと-くだり [ト/ク]【一▲行】[名] ❶文章の一行。❷文章の、ある一つの部分。

ひと-くち [ト]【一口】[名] ❶一度に口に入れること。「—に飲み込む」❷少し飲食すること。「—いかがです」❸まとめて簡単に言うこと。「—には言えない」❹一言。ひとこと。少し言うこと。「—しゃべる」❺寄付などの一単位。「—千円」❻一部分を受けもつこと。「—乗る」**—話(ばなし)** [バ][名] ちょっとしたおもしろい話。短い笑話。

ひと-くふう [ト]【一工夫】[名] あと少し工夫すること。「味付けに—加える」

ひと-ぐり [0/リ]【人繰り】[名] 仕事上必要な人員をやりくりすること。「—がつかない」

ひと-くろう [ト/ク]【一苦労】[名][自サ] かなりの苦労をすること。また、その苦労。「許可を得るのに—だ」

ひと-け [0]【人気】[名] 人のいるようす。「—のない山の中」

ひと-げ【人気】[名]〔古語〕❶人のけはい。人のいるようす。❷人間らしいこと。人なみであること。

ひ-どけい [ド]【日時計】[名] 目もりをつけた円盤に指針を立て、日光によるそのかげの位置で時刻を知るしくみ。

ひと-けた [ト]【一桁】[名] ❶十進法で数を表すときの桁ひとつ。「値段が—違う」❷十進法で数を表すときの一の位の数。一から九までの数。「昭和—生まれ」「—の勝ち星」

ひと-ゲノム [ゲ]【人ゲノム】[名] 人間のもつすべての遺伝情報。[参考]「ヒトゲノム」と書くことが多い。

ひと-こいし・い [シ]【人恋しい】(こひしい) [形](カロ/カッ・ク/イ/イ/ケレ/○) さびしくて、誰かと会いたい気持ちだ。「秋は—季節だ」

ひと-こえ [ト]【一声】(こゑ) [名] ❶一度出す声。❷口に出す一言。「—かける」❸せりで値を決める時の、もう一段階上の値を言う声。「もう—ないか」

ひと-ごえ [0]【人声】(ごゑ) [名] 人の話し声。

ひと-こきゅう [ト]【一呼吸】[名] 少し間をあけること。ひと息。「—おいて話を続ける」

ひと-ごこち◎【人心地】名 はっきりした意識。正常の気分。ひとごころ。「—がつく」

ひと-ごころゴ【人心】名 ❶人間の心。情愛。人情。❷正常の気分。ひとごこち。正気（しょうき）。

ひと-こしト【一腰】名〔「腰」は「腰の物」で、刀のこと〕一本の刀。

ひと-ことト-【一言】名 一つのことば。わずかのことば。ひとくち。いちごん。いちげん。「—言わせてほしい」

ひと-ごと◎【ひと事】【▲他▲人事】名 他人のこと。自分に関係のないこと。「—のように考えている」参考 もとは「他人事」と書いて「ひとごと」と読んだが、今は「他人事（たにんごと）」ということばができている。

ひと-こまト【一×齣】名 長い劇などのひとくぎり。一場面。

ひと-ごみ◎【人混(込)み】名 人でこみあうこと。また、その場所。「—にまぎれる」

ひと-ころト【ひところ・一頃】名副 以前のあるとき。一時。いっとき。ひととき。「—はやった店」⇩ちかごろ 参考。

ひと-ごろし◎【人殺し】名 人を殺すこと。人を殺した人。

ひと-さかりト【一盛り】㊀名 一時さかんになること。㊁副 ひとしきり。

ひと-さしト【一差(指)し】名 将棋・舞などの一回・一番。「—舞う」

ひと-さし-ゆびシ【人差(し)指】名 親指のとなりの指。

ひと-ざと◎【人里】名 人の住んでいる村。人家のある所。「—離れた場所」

ひと-さまト【人様】名「他人」の尊敬語。

ひと-さまざまマ-【人様様】名 人間はひとりひとりちがっていること。「顔も考えも—だ」

ひと-さらいサ【人さらい】【人×攫い】—さらひ 名 子どもなどを、だまして無理に連れ去ること。また、その人。

ひと-さわがせサ【人騒がせ】名形動 わけもなく他人をおどろかし、さわがせること。「—な事件」

ひと-し・いシ【等しい】【▲均しい・▲斉しい】形〔カロ・カッ・クイ・イ・ケレ・○〕❶数量・程度・性質などが同一である。「正方形は四辺の長さが—」参考「AはBに等しい」では、Bに焦点があり、「AはBと等しい」は両者を対等に比べている。❷似ている。「さぎに—やり方」「無きに—」❸⬇ひとしく。

ひと・し 文語シク

ひと-しおト【一塩】—しほ 名 さかな・野菜などに、すこし、塩を振ること。また、そうしてあるもの。

ひと-しお◎【一▲入】—しほ 副形動 ひときわ。いっそう。いちだん。「感動も—だ」

ひと-しきりト◎【一▲頻り】副 一時さかんなようす。ひとさかり。「—せみが鳴く」

ひと-しくト【等しく】【▲均しく・▲斉しく】副〔形容詞「ひとしい」の連用形から〕どれも同じように。そろって。「全員が—負担する」

ひと-しごとト-シ【一仕事】名 ❶少しまとまったしごと。「—してから出かける」❷かなり量のまとまったしごと。「準備も大変だが後始末もまた—だ」

ひと-じち◎【人質】名 ❶約束の保証として、相手がわに渡された人。❷要求を通すためにとらえておく相手側の人。「店員を—にした暴漢」

ひと-しなみ◎【等し並み】名形動 ひとしいこと。同等。同列。「—にあつかう」

ひと-じに◎【人死(に)】名 思いがけない出来事で、人が死ぬこと。

ひと-しれず◎【人知れず】副 人には知られないで、ひそかに。「—悩む」

ひと-しれぬ◎【人知れぬ】連体 人の知らない。「—苦労」

ひと-ずき◎【人好き】名 人がすきこのむこと。人にすかれること。「—のする顔」

ひと-すじト【一筋】—すぢ ㊀名 ❶筋が一本であること。❷その道に専念すること。「学問—」㊁名形動 ひたすらなこと。いちず。一本気。「—にしたう」 **—縄（なわ）では行（い）かぬ** ふつうの手段では、処理ができない。

ひと-ずれ◎【人擦れ】名自サ 人にもまれて、わるく世なれしていること。

ひと-そろいト-ン【一×揃い】—そろひ 名 あるべきものの全部。一組。一式。「世帯道具—を買いあつめる」

ひと-だかり◎【人だかり】【人▲集り】名 大ぜい人があつまっていること。あつまった群衆。「黒山のような—」

ひと-だすけダ◎【人助け】名 人をたすけること。

ひと-たちト【一太刀】名 刀で一度切りつけること。一刀（いっとう）。

ひと-だのみダ◎【人頼み】名 他人をあてにすること。

ひと-たびト【一度】㊀名 一回。いちど。㊁副〔かながき〕いったん。「—思いたったからには」

ひと-だま◎【人だま】【人▲魂】名 夜間、地中から空中に、ほそく尾をひいて飛んでいく青白い燐火（りんか）。火の玉。人体をはなれたたましいが飛ぶものと考えられた。

ひと-たまり◎【一×溜り】名 しばらく持ちこたえること。「—もない」

ひと-だまりダ【人だまり】【人×溜り】名 大ぜい人があつまっていること。また、その場所。

ひと-だんらくダ【一段落】名 ⬇いちだんらく。参考「いちだんらく」が本来の言い方。

ひと-ちがいチ【人違い】—ちがひ 名 他の人をその人と思いちがえること。

ひと-つト【一つ】㊀名 ❶自然数のはじめの数。いち。❷そのものだけであること。単一。「—の方針でいく」❸同じであること。「思いは—だ」❹似ていること。「性質が—だ」❺まとまった全体。「国民が—になる」❻一方。一面。「—にはこういうこともある」❼意味を強める。「あいさつ—しない」参考 あとに打ち消しの言い方がくる。㊁副〔かながき〕ちょっと。まあ。ためしに。「—やってみよう」 **—穴（あな）**ト名 ❶同じ穴。❷協力してわるだくみをする者。 **—穴（あな）の×貉（むじな）** ❶いっしょにわるだくみをする仲間。❷無関係のように見えるが、実は、同じ仲間の悪者であるというたとえ。同じ穴のむじな。 **—覚（おぼ）え**オ名 一つのことしか頭になくて融通（ゆうずう）のきかないこと。「ばかの—」 **—書（が）き**◎名「一、…一、…」と箇条書きにすること。 **—釜（かま）**ト名 同じかま。 **—釜（かま）の飯（めし）を食（く）う** 生活を共にする。 **—所（ところ）**ト-名 ある一つの場所。同じ場所。ひとところ。「—に長く勤められない」 **—として** 連語〔打ち消しの言い方とともに〕まったく。ひとつも。「—いいところがない」 **—話（ばなし）**バ名 ❶いつも得意になってする話。「おじいさんの—」❷後々まで伝えられる、おもしろい話。 **—一（ひと）つ**ト2名副 たくさんのものの、それぞれ。一つごとに。いちいち。 **—身（み）**ツ名 並幅（なみはば）一枚をみごろにした、一、二歳の子どもの着物。 **—家（や）**ツ名 ❶山・野などにぽつんと一軒だけあるいえ。一軒家。❷同じいえ。「—にくらす」

ひと-づかいツ◎【人使い】—づかひ 名 人を使うこと。また、そのやり方。「—が荒い」

ひと‐づき[0]【人付き】名 ❶人づきあい。❷他人の気受け。「—のわるい男」

ひと‐づきあい[ヅ]【人付(き)合(い)】(づきあひ) 名 他人とのつきあい。交際。「—がうまい」

ひと‐っ‐こ[0]【人っ子】名「人」を強めていう語。「—ひとり通らない」

ひと‐づて[0]【人づて】【人▲伝】名 直接でなく、人をとおして伝えること。「—に聞く」

ひと‐っ‐ぱしり[ト]【一っ走り】名 ⇒ひとはしり。

ひと‐つぶ[ト]【一粒】名 ひとつの粒。 **—▲選(え)り**[0] 名 一粒より。 **—種(だね)**[ダ] 名 だいじな、ひとりっ子。 **—の麦(むぎ)** 参考 大勢の人のために進んで犠牲になるひとりの人間。「一粒の麦は落ちて死なければ、一粒のままである。だが、死ねば、多くの実を結ぶ」と説いたイエス＝キリストのことばから。 **—▲選(よ)り**[0] 名 〔一粒ずつ、よりだすこと〕ていねいによりすぐること。よりすぐったもの。ひとつぶえり。「—の秀才たち」

ひと‐づま[0]【人妻】名 人の妻。夫のある女。

ひと‐つまみ[ト/ツ]【一▲摘み】名 ❶指で一度つまむ量。❷わずかの量。

ひと‐て[ト]【一手】名 ❶ひとりじめにすること。ひとりで受けもつこと。いって。「—にひきうける」❷一回のわざ。「—おくれる」❸一つの方法。「この—しかない」❹ひとくみ。一隊。「この—はぼくがひきうける」

ひと‐で[0]【人手】名 ❶他人の手。他人。「—にわたす」❷人のしわざ。人工。「—を加える」❸他人の助け・力。「—を借りる」❹はたらきて。はたらく人。「—が不足だ」

ひと‐で[0]【人手・海星】名 ヒトデ綱の、棘皮(きょくひ)動物の総称。海底にすみ、からだはひらたくて星形または五角形。

ひと‐で[0]【人出】名 人がおおぜいある所へ出ること。「祭りのような—だ」

ひと‐でなし[0]【人でなし】名 形動(の) 恩義・人情を知らない人間。人道にはずれた行為を平気でする人。

ひと‐てま[ト]【一手間】名 よりよく仕上げるために通常よりも少し多くかける労力。また、そのための工夫や時間。「—かけると格段においしくなる」

ひと‐とおり[0]【一通り】(とほり) ❶名 世のつね。なみ。ふつう。「—の人間ではない」参考 下に打ち消しの言い方がくることが多い。❷副 ていねいではないが、ざっと事をすませるようす。ひとわたり。「—読みおわる」「—調べた」

ひと‐どおり[0]【人通り】(どほり) 名 人の通行。人のゆきき。

ひと‐とき[ト]【一時】名 ❶しばらくの間。暫時。いっとき。「歓談の—」❷以前の、あるころ。「—は苦労した」❸【一▲刻】古語 今の二時間。 **—に**[ト] 副 いっぺんに。同時に。

ひと‐ところ[ト]【一所】名 同一の場所。同じ所。

ひと‐とせ[ト]【一▲年】名 文章語 ❶一か年。いちねん。❷あるとし。

ひと‐となり[0]【人となり】【▲為▲人】名 文章語 生まれつきの性質。もちまえ。

ひと‐なか[0]【人中】名 ❶おおぜいの人の中。「—に出る」❷他人の中。世の中。世間。「—でもまれる」

ひと‐なかせ[ナ/0]【人泣かせ】名 形動 人を苦しめ、困らせること。また、そのしわざ。「—ないたずら」

ひと‐ながれ[ト]【一流れ】名 はた・のぼりなどの一本。

ひと‐なだれ[ナ/0]【人雪崩】名 群衆が押されて、なだれのようにくずれること。

ひと‐なつかし・い[シ]【人懐かしい】形 (カロ・カッ・ク／イ・イ・ケレ・○) 人がなつかしく思われる。人恋しい。 **人懐かしげ** 形動

ひと‐なつこ・い[コ]【人懐こい】形 (カロ・カッ・ク／イ・イ・ケレ・○) 人をなつかしがるようす。すぐ人としたしむようす。ひとなつっこい。「—犬」 **人懐こさ** 名

ひと‐なのか[ト]【一七日】名 人の死後七日め。しょなぬか。いちしちにち。ひとなぬか。

ひと‐なみ[0]【人並(み)】名 ふつうの人と同じであること。尋常。せけんなみ。「—の暮らし」

ひと‐なみ[0]【人波】名 多くの人々が押しあって、波のようにうごくこと。「—にのまれる」

ひと‐な・れる[レ]【人なれる】【人×馴れる】自下一 (レ・レ・ル・ルレ・レレ・レロ・レヨ) ❶人づきあいになれる。❷動物が人になつく。 **人なれ** 名 **ひとな・る** 文語下二

ひと‐にぎり[ニ/ト]【一握り】名 ❶片手でにぎること。また、その量。❷わずかの量。「—の財産」

ひと‐ねいり[ト/ネ]【一寝入り】名 自サ ひとねむり。

ひと‐ねむり[ト/ネ]【一眠り】名 自サ しばらくの間眠ること。ひとねいり。

ひと‐ばしら[バ/0]【人柱】名 ❶昔、橋・堤防・城などをきずくとき、神の心をやわらげるためにと、人を生き埋めにしたこと。また、そのうめられた人。❷ある目的のためにぎせいになった人。「平和確立のための—となる」

ひと‐はしり[ト]【一走り】名 ちょっと走ること。ひとっぱしり。「—行ってくる」

ひと‐はた[ト]【一旗】名 一本の旗。 **—揚(あ)げる** 新しい事業をはじめる。事業に成功してみとめられる。

ひと‐はだ[ト]【一肌】名 片方の肩の肌。 **—脱(ぬ)ぐ** 〔肌脱ぎになり、仕事にとりかかる意から〕ふんばつして力を貸す。

ひと‐はだ[0]【人肌】【人▲膚】名 ❶人間の肌。❷人間の肌のぬくもりと同じくらいの温度。「—のぬるま湯」

ひと‐はたらき[ト/ハ]【一働き】名 発奮してはたらくこと。「今からもう—してほしい」

ひと‐はな[ト]【一花】名 ❶一輪のはな。❷いっときの栄華。 **—咲(さ)かせる** ぱっと盛んな状態にする。一時はなやかにさかえる。

ひと‐はら[ト]【一腹】名 ❶同じ母親から生まれること。❷一匹の魚の腹に入っている卵の全部。

ひと‐ばらい[バ]【人払い】(ばらひ) 名 ❶密談などのとき、他人をその席からしりぞかせること。❷貴人の通行などのとき、往来の人を遠ざけること。

ひと‐ばん[ト]【一晩】名 ❶晩から朝までのあいだ。ひとよ。「—考える」❷ある晩。

ひと‐ひ[ト]【一日】名 文章語 ❶終日。ひねもす。❷ある日。「—京にあそぶ」

ひと‐ひと[ト]【人人】名 めいめいの人。「—によって考えがちがう」

ひと‐びと[ト]【人人】名 多くの人。また、一般の人。「沿道に集まる—」「—の意見に耳を傾ける」

ひと‐びと・し【人人し】形シク 古語 ❶〔身分・官位などが〕一人まえである。人なみである。「すこしひとびとしき限り、六位まで集まりて」〈枕〉❷人間らしい。「ひとびとしくふるまふめり」〈源氏〉

ひと‐ひねり[ト/ヒ]【一▲捻り】名 他サ ❶ふつうとは少し異なっていること。少し、工夫や趣向をこらすこと。「—した趣向」❷苦もなくうちまかすこと。「軽く—する」

ひと‐ひら[ト]【一▲枚】名 いちまい。ひときれ。「—の雪」

ひと‐ふし[ト]【一節】名 ❶竹・あしなどの一つの節。❷音楽の一曲。また、一くぎり。❸一つの特異な点。「—変わったところがある」

ひと‐ふで[ト]【一筆】名 ❶ちょっと書きつけること。いっぴつ。❷筆をやすめないで書きつづけること。ひとふでが

ひ

き。ーー書(描)き⓪名「一筆❷」でかくこと、また、かいた書画。

ひと-べらし⓪/ベ【人減(ら)し】名 会社などで社員を整理すること。

ひと-ほねト【一骨】名 一回の労力。すこし努力すること。「ーー折る」

ひと-ま【人間】名古語（「にんげん」と読めば別語）❶人の気づかないとき。人のいないとき。「梅の花いつの人まに移ろひぬらむ」〈古今〉❷人間の住む世界。世間。「人間を離れて後は」〈今昔〉

ひと-まえ⓪【人前】名 公衆のいるところ。他人の目の前。「ーーをはばかる」

ひと-まかせマ/⓪【人任せ】名 他人にまかせて、させること。「ーーにはできない」

ひと-まくト【一幕】名 ❶戯曲・演劇で、幕を上げてから降ろすまでのひとくぎり。❷一場面。「上役とやりあうーーがあった」 ーー見⓪/ク名 演劇のひとくぎりだけ見ること。幕見。 ーー物⓪名 一幕だけでおわる戯曲・演劇。

ひと-まじわりマ【人交わり】名 他人とのつきあい。人づきあい。

ひと-まずト【ひとまず】【一▲先ず】副 あとのことはともかく、さしあたり。一応。「病人はーー落ち着いたようだ」参考「一応」が後の事態を想定するのに対して、「ひとまず」はとりあえずの判断を示す。

ひと-またぎト【一×跨ぎ】名 一足でまたぐこと。また、それくらいのわずかな距離。

ひと-まちがお⓪【人待(ち)顔】名 形動(の) 人を待っているような、顔つき・そぶり。

ひと-まとめト/マ【一×纏め】名 ばらばらになっているものを、一つにまとめること。「荷物をーーにする」

ひと-まね⓪【人まね】【人真▲似】名 ❶他人のまねをすること。❷動物が人間のまねをすること。

ひと-まわりマ/ト【一回り】━名自サ 一回まわること。ひとめぐり。「湖畔をーーする」「打順がーーする」━名 ❶十二支で、生まれ年が次にまわってくる年数。十二年。「ーー若い」❷両腕でかかえるほどの大きさ。ひとかかえ。❸人物の度量・才能・手腕や、物の大きさなどの、一段。「ーー大きい人物」

ひとみ⓪【瞳】名 眼球の中心の黒い部分。くろめ。瞳孔。 ーーを凝らす じっと見つめる。

ひと-みごくうゴ【人身御▲供】名 ❶いけにえとして人のからだを神にそなえること。また、その人。❷ある人の欲望を満足させるために、ぎせいとなること。また、その人。

ひと-みしり⓪/ミ【人見知り】名自サ 子どもが、見なれない人を見て、はにかんだり、泣いたりすること。

ひと-むかしト/ム【一昔】名 一応、昔と感じられる過去。ふつう十年。「十年ーー」

ひと-むらト【一×叢】名 むらがりはえている、植物のひとかたまり。

ひと-めト【一目】名 ❶一度見ること。ちょっと見ること。「ーー会いたい」❷一度で見える範囲。「ーーで見わたす」 ーー×惚れ⓪名 一目見ただけで、ほれること。

ひと-め⓪【人目】名 人が見ていること。「ーーを気にする」 ーーが×煩い 人が見ていろいろうわさしたり非難したりする。 ーーにつく 他人の視界に入る。目立つ。「ーー服装」 ーーの関 人目をしのぶようすを、関所を通るときの気持ちにたとえた言い方。 ーーを忍ぶ 他人に見られないように、身をかくす。かくれてする。 ーーを盗む 人に見られないように、こっそりとする。 ーーを×憚る 人目をしのぶ。 ーーを引く 他人の注意をひく。

ひと-めぐりメ/ト【一巡り】名自サ ❶一回まわること。ひとまわり。「町をーーする」❷人が死んで、まる一年たつこと。「明日は父のーーだ」

ひと-もうけト/モ【一×儲け】名自サ かなりの利益をあげること。

ひと-もじト【一文字】名 ❶一つの文字。一字。❷〈女房ことば〉ねぎ。

ひと-もじ⓪【人文字】名 遠くから見ると文字に見えるように、おおぜいの人が並んで作った形。

ひともし-ごろゴ【火ともし頃】【火▲点し頃】名 文章語 あかりをともすころ。ゆうぐれ。夕方。

ひと-もとト【一本】名 いっぽん。「ーーのやなぎの木」

ひと-や⓪【人屋・▲獄】名 文章語 罪人をとらえておく所。刑務所。牢屋。

ひと-やくト【一役】名 一つの役目・役割。 ーー買う 一つの役割をひきうける。進んで仕事をひきうける。

ひと-やすみト【一休み】名自サ すこし休むこと。一服。

ひと-やまト【一山】名 ❶山ひとつ。❷一つの山全体。❸積みかさねた、ひとかたまり。「みかんーー」 ーー当てる（「やま」は鉱山の意）❶鉱山を一つ掘り当てる。❷万一をねらってうまく成功する。「株でーー」 ーー越す 困難な段階をのりこえる。一段落する。一山越える。

ひと-やま⓪【人山】名 多くの人があつまっているようす。 ーーを築く たいそうたくさんの人々があつまる。

ひと-やり【人▲遣り】名古語 自分の心からではなく、他からしいられてすること。たいてい官命などで遠くへ行かされる場合に用いる。「人やりの道ならなくに」〈古今〉 ーーならず古語 他からしいられるのでなく、自分の心からするようす。「人やりならずものさびしげにながめ暮らしたまふ」〈源氏〉

ひと-よト【一世】名 文章語 この世に生きている間。生涯。一生。

ひと-よト【一夜】名 ❶ひとばん。いちや。❷ある夜。 ーー酒ヨ名（一晩でできあがることから）あまざけ。 ーー妻ツ名 ❶一晩だけ交わりを結んだ女。❷売春婦。遊女。❸（牽牛星と年に一度しか会えないことから）織女星。

ひとよぎり⓪/ヨ【一▲節切り】名 尺八に似た音の管楽器。約三三センチメートル（一尺一寸一分）ほどの竹でつくり、ふしを一つだけ入れたもの。参考 室町時代から使われたが、江戸時代末期になくなった。

ひと-よさト【一夜さ】名 文章語 ひとよ。ひとばん。

ひと-よせ⓪【人寄せ】名 ❶大ぜいの人をまねき寄せること。❷人を寄せる手段としての芸や口上。

ヒドラヒ〈hydra〉名 ヒドラ科の腔腸動物の総称。約一センチメートルで、池・沼などの底の、かれ葉・石などにつく。

ヒドラ

ひとりト━名 ❶【一人】一個人。いちにん。❷【独り】ア自分だけのこと。「ーーで思案する」イ独身。「まだーーです」━副 かながき それだけのこと。単に。「ーー我が社だけでなく業界全体の問題だ」 ーーを慎む 自分ひとりきりでいるときでも、まちがったおこないをしないよう気をつける。

ひ-どり⓪【日取(り)】名 そのことをする日をとりきめること。期日。日程。「結婚式のーーを決める」

ひとり-あたまア【一人頭】名 経費を人数で割った、一人当たりの額。

ひとり-あるきア【独り歩き】名自サ ❶一人だけで歩くこと。❷人の手をかりず、自分の力で歩くこと。「ーーでき

ひ

るまでに元気になった」❸独力で生活や事業をすること。❹勝手に事態などが動き出すこと。
ひとり-あんない ア【独り案内】名 それを読めば、ひとりで習えるようになっている本。独習書。
ひとり-うらない ウ【独り占い】(—うらなひ) 名 自分自身の運命を占うこと。
ひとり-おや ０【一人親】名 両親のどちらかがいないこと。また、その残っているほうの親。片親。「―家庭」
ひとり-がち ０【一人勝ち・独り勝ち】名 自サ 他の大勢は負けて、一人だけが勝利や利益を独占すること。「繁盛店が―する」↔一人負け。
ひとり-がってん ガ【独り合点】名 自サ 自分だけで、わかったつもりでいること。ひとりがてん。
ひとり-ぎめ ０【独り決め】名 自サ ❶自分だけで決めること。独断。❷ひとりで思いこむこと。
ひとり-ぐち ０リ【一人口】名 ひとりでくらしをたてること。
ひとり-ぐらし ク【一人(独り)暮(ら)し】名 ひとりで生活すること。独身生活。
ひとり-ご リ【一人子】名 兄弟姉妹のない子。
ひとり-ご・つ【独ごつ】自四 古語「「ひとりごと」の動詞化」ひとりごとを言う。つぶやく。「『明け侍りぬなり(夜ガ明ケタヨウデゴザイマス)』とひとりごつを」〈枕〉
ひとり-ごと ０【独り言】名 相手がいないのにひとりでものを言うこと。また、そのことば。独語(どくご)。
ひとり-じめ ０【独り占め】名 他サ ただひとりで自分のものにすること。独占。「利益を―する」
ひとり-ずもう ス【独り相撲】(—ずまふ) 名 他人は関心がないのに、自分ひとりで勢いこむこと。
ひとり-だち ０【独り立ち】名 自サ ❶子どもがひとりで立ち、歩けるようになること。❷自分の力で世に立つこと。一本立ち。独立。「店を持って―する」
ひとりっ-こ リ【一人っ子】名 ひとりご。
ひとり-でに ０ 副 しぜんに。おのずから。「ドアが―開いた」
ひとり-でんか テ【一人天下】名 ひとりで思う存分にふるまうこと。ひとりぶたい。ひとりてんか。
ひとり-ね ０【独り寝】名 つれあいがおらず、ひとりだけで寝ること。
ひとり-のみこみ ノ【独り飲み込み】【独り×呑込み】名 自分だけでわかったつもりになること。
ひとり-ひとり ト²【一人一人】名 ❶ひとりずつ。「―呼びだす」❷各人。めいめい。「―の覚悟」＝ひとりびとり。
ひとり-ぶたい フ【独り舞台】名 大ぜいの中で、ただひとりの才能がすぐれていたり、ひとりだけ自分の思いどおりにしたりすること。
ひとり-ぼっち ボ【一人(独り)ぼっち】【独▲法▲師】名 ただひとりだけであること。たったひとり。
ひとり-まえ ０【一人前】(—まへ) 名 (「いちにんまえ」とも)❶ひとりにあたえるべき分量。❷ひとりの負担額。「―の会費」❸おとなになること。「かれも―だ」❹成人としての力や仕事の量。「―の仕事」
ひとり-み ０リ【独り身】名 ひとりもの。独身。独身者。
ひとり-むし リ【火取(り)虫】名 夏、あかりや火にあつまる虫の類。夏
ひとり-むすこ ム【一人息子】名 ❶兄弟姉妹のない男の子。❷兄弟のない男の子。
ひとり-むすめ ム【一人娘】名 ❶兄弟姉妹のない女の子。❷姉妹のない女の子。
ひとり-もの ０【独り者】名 ひとりみ。つれあいのない人。独身者。
ひとり-よがり ヨ【独りよがり】【独善がり】名 形動 自分でよいときめて、他の意見をかえりみないこと。独善。「―な言動」
ひと-わたり ワト【ひとわたり】【一渡り・一▲渉り】副 対象になるものはすべて。ひととおり。「みんなの話が―すんだ」
ひと-わらわせ ワ【人笑わせ】(—わらはせ) 名 形動 人を笑わせるような、ばかげたこと。
ひな ヒ【×鄙】名 文章語 いなか。「―にはまれな」↔みやこ。
ひな ヒ【×雛】名 ❶ひよこ。ひなどり。❷女の子がおもちゃにする紙・土などで作り、衣服を着せた人形。また、ひなにんぎょう。春 ＝ひいな。―の節句(せっく) 三月三日のひな祭りの節句。上巳(じょうし)の節句。桃の節句。春
ひな-あそび ア【ひな遊び】【×雛遊び】名 ひな人形をかざってあそぶこと。ひな祭り。ひいなあそび。春
ひな-あられ ア【×雛×霰】名 米つぶをふくらませ、紅白の色をつけた、ひな祭りにそなえる菓子。春
ひな-うた ナ【ひな歌】【×鄙歌】名 文章語 ❶いなかのはやりうた。民謡。俗謡。❷狂歌。
ひ-なか ０【日中】名 ❶ひるなか。ひるま。にっちゅう。❷半日。「―仕事」
ひ-なが ０【日長・日永】名 ひるまの長いこと。特に、春のひるまの長いこと。春
ひな-がし ガ【ひな菓子】【×雛菓子】名 ひな祭りにそなえる菓子。春
ひな-がた ０【ひな型】【×雛型】名 ❶実物に似せて小さくつくったもの。もけい。❷書類の見本。書式。
ひな-ぎく ナ【×雛菊】名 キク科の多年生植物。春から秋ごろまで、白色または淡紅色の花が茎の上に咲く。観賞用。えんめいぎく。デージー。春
ひな-げし ナ【×雛×罌×粟】名 ケシ科の二年生植物。五月ごろ、赤・白・オレンジなどの美しい花をひらく。観賞用。薬用。ぐびじんそう。夏

ひなげし

ひ-なし ０【日なし】【日▲済し】名 借金を毎日すこしずつ返すこと。また、その約束で借りるかね。
ひ-なた ０【日▲向】名 日のあたる場所。↔ひかげ。―臭(くさ)い サ 形 日光に干したにおいがする。―ぼっこ ボ 名 ひなたに出てあたたまること。冬 ―水(みず) タ 名 日光があたってぬるくなった水。夏
ひな-だん ナ０【ひな壇】【×雛壇】名 ❶ひなの節句に、ひな人形をならべてかざる階段形の壇。春 ❷しばいで、はやしや長唄(ながうた)連中がすわる二段になった席。❸国会の議場などで、「ひな壇❶」のようにつくってある座席。
ひなつ-こうのすけ【日夏耿之介】一八九〇～一九七一。詩人・英文学者。本名は樋口国登(ひぐちくにと)。象徴詩風の詩集「転身の頌(しょう)」、詩史「明治大正詩史」など。
ひな-どり ナ【ひな鳥】【×雛鳥】名 ❶とりのひな。❷にわとりのひな。
ひな-にんぎょう ヨ【ひな人形】【×雛人形】名 ひな祭りにかざる人形。おひなさま。ひな。春
ひな・びる ビ【×鄙びる】自上一 ビ・ビ・ビル・ビレ・ビロ・ビヨ いなかめく。いかにもいなからしい。↔みやびる。ひな・ぶ 文語上二
ひな-ぶり ０【×鄙振】名 ❶古代の歌曲の一つ。❷狂歌。へなぶり。
ひな-まつり マ【ひな祭(り)】【×雛祭】名 三月三日の節句に、ひな人形をかざり、ひしもち・白酒・桃の花などを

そなえる女子の行事。ひいなまつり。(春)

ひ-なみ 0【日並(み)】【日▲次】名 日のよしあし。日がら。「―をえらんで旅だつ」

ひ-ならず ナ【日ならず】副 遠からず。ちかいうちに。日ならずして。「―完成するであろう」

ひ-なわ 0【火縄】名 もめん糸などのなわに硝石をしみこませたもの。点火用。**―銃** ワ 名 火なわで点火して発射する方式の小銃。

ひ-なん ヒ【避難】名 自サ 災難の起こりそうな場所からたちのき、身の安全をはかること。「―訓練」参考「災害対策基本法」では、自治体が発する五段階の避難情報のうち「避難指示」(第四レベル)と「高齢者避難」(第三レベル)に「避難」という語が含まれる。**―民** ナ 名 風水害・戦災・火災などから避難した人々。

ひ-なん ヒ【非難】【批難】名 他サ 欠点やあやまちなどを、責めとがめること。「―を浴びる」

び-なん ヒ【美男】名 容姿のうつくしい男性。びだん。「―美女のカップル」↕美女。

び-なんし ナ【美男子】名 美男。びだんし。

ビニ(ー)ル 日〈vinyl〉名 ビニール樹脂、また、その製品の総称。**―樹脂** ジュ 名 合成樹脂の一つ。アセチレンを主原料とする樹脂。合成繊維などの原料。**―ハウス** 八〈vinyl house〉名〈和製英語〉透明なビニールでおおった簡易温室。

ひ-にく 0【×髀肉・×脾肉】名 ふとももの肉。**―の嘆**〈長いあいだ、馬にのらないため、足にむだな肉がつくのをなげいた、蜀の劉備の故事から〉てがらを立てたり、才能をあらわしたりする機会のないことをなげくたとえ。

ひ-にく 0【皮肉】名 形動 ❶遠まわしの、いじのわるい非難。あてこすり。「―を言う」❷予期・希望に反した、よくない結果となること。「―な結果となる」

ひにく・る ク【皮肉る】他五〈「皮肉」の動詞化〉ひにくを言う。

ひ-にち 0【日にち・日日】名 ひ。ひかず。

ひに-ひに ヒ-0【日に日に】副 一日一日と。日ましに。「―大きくなる」

ひにょう-き 三ヨ【泌尿器】名 尿を分泌・排出する器官。腎臓・輸尿管・膀胱・尿道から成る。ひつにょうき。

ビニロン ヒ〈vinylon〉名〈和製英語〉ビニールからつくる合成繊維。まさつに強く、着色が自由。

ひ-にん 0【非人】名 ❶〖仏〗人間の形をしていて、人間でないもの。悪鬼・夜叉など。❷江戸時代、刑場の雑役などをした被差別階層の人。

ひ-にん 0【避妊】名 自サ 妊娠しないようにすること。

ひ-にん 0【否認】名 他サ 事実をみとめないこと。↕是認。

ひ-にんげんてき ヒ【非人間的】形動 人間らしくないようす。人情をもたず冷酷なようす。

ひ-にんじょう 三【非人情】名 形動 ❶人情のないこと。つめたくて、おもいやりのないこと。❷義理・人情を超越して、それにわずらわされないこと。

ひね ヒ【▲陳】名 ❶一年以上たった、古い穀物・つけものなど。「―米」「―しょうが」❷ませているもの。完成しているもの。

ビネガー ヒ〈vinegar〉名 西洋料理の食用酢。

ひねくり-まわ・す ワ【ひねくり回す】【▲捻くり回す】他五 ⬇ひねりまわす。

ひね-く・る ク【×拈くる・▲捻くる】他五「ひねる」のややくだけた言い方。

ひねくれ-もの 0【×拈くれ者】名 考え方が素直でない人。

ひね-く・れる レ【×拈くれる】自下一 ねじける。ねじれまがる。「性質が―」

ひね-こ・びる ヒ 自上一 変にませて、子どもらしくなくなる。

ひね-しょうが ショ【▲陳生×薑・▲陳生×姜】名 収穫後に一定期間貯蔵してから出荷するしょうがの根茎。薬味などに用いる。

ひ-ねつ 0【比熱】名 ある物質一グラムの温度をセ氏一度だけ高めるのに要する熱量。正しくは比熱容量。

び-ねつ 0【微熱】名 ❶健康なときの体温よりも、すこし高い体温。「―がつづく」❷少しの熱。「―を加える」

ひねもす 0【▲終▲日】名 副〔文章語〕朝から晩まで。一日じゅう。終日。「―家にこもる」↕よもすがら。

ひねり リ【×拈り・▲捻り】名 ❶ひねること。❷ふつうとちがった趣向。「―がきいた作品」❸⬇おひねり。

ひねり-だ・す ダ【ひねり出す】【▲捻り出す】他五 ❶考え出す。「名案を―」❷むりして金銭を出す。「経費を―」**ひねり出せる** 自下一〔…できる〕

ひねり-つぶ・す ヲ【ひねり潰す】【▲捻り潰す】他五 ❶指先でひねってつぶす。❷相手を軽く打ち負かす。「平幕力士を―」

ひねり-まわ・す ワ【ひねり回す】【▲捻り回す】他五 ひねってもてあそぶ。ひねくり回す。**ひねり回せる** 自下一〔…できる〕

ひね・る ネ【×拈る・▲捻る】他五 ❶物を指の先でねじまわす。「スイッチを―」❷まげる。まわす。「腰を―」❸考えめぐらす。「あたまを―」❹わざとふつうとかわったようにする。「ひねった問題」❺やすやすと負かす。「簡単にひねられた」❻歌や俳句などをつくる。「一句―」**ひねれる** 自下一〔…できる〕

ひ・ねる ネ【▲陳ねる】自下一 ❶ふるびる。「ひねたうめぼし」❷おとなびる。ませる。「ひねた子ども」

ひのあしへい《火野葦平》一九〇七〜六〇。小説家。本名は玉井勝則。戦時下の軍隊生活を主題にした「麦と兵隊」など。

ひ-の-いり 0【日の入(り)】名 夕日が沈むこと。また、その時刻。↕日の出。参考⇩日没。

ひ-の-え 0【▲丙】名〈「火の兄」の意〉十干の第三位。⇩十干(表)。**―▲午** 0 名 ひのえうまにあたる年。火災が多い年とされ、また、この年に生まれた女性は、夫をころすという迷信があった。

ひのき 0/ヒ【×檜】名 ヒノキ科の常緑高木。高さ三〇メートル、太さ一・五メートルにもなる。材質がすぐれ、建築用・器具用として重用される。皮は屋根ふきなどに使う。

ひのき-ぶたい ヲ【×檜舞台】名 ❶ひのきの板ではった、歌舞伎の舞台。❷うでまえをふるう、はれの場所。「オリンピックの―」

ひ-の-くるま ヒ【火の車】名〈「地獄にある、火のもえている車」の意から〉財政がひどく苦しいようす。

ひ-の-くれ 0【日の暮れ】名 夕暮れ。夕方。

ひ-の-け ヒ【火の気】名 火のあたたかみ。火気。「―のないへや」

ひ-の-こ ヒ【火の粉】名 とびちる小さい火。

ひ-のし シ【火のし】【火×熨▲斗】名 底のたいらな金属製の器具で、中に入れた炭火の熱で布地のしわをのばすもの。

ひのした-かいさん カ【日の下開山】名〈「日の下」は世間・世の中、「開山」ははじめてひらく人の意〉武芸やすもうで、天下無敵のこと。「—横綱」

ひ-の-たま [ヒ]/[マ]/[ヒ]【火の玉】名 ❶玉のようにかたまった火。❷おにび。ひとだま。

ひ-の-て [ヒ]【火の手】名 火事で、燃えあがるほのお。「—があがる」

ひ-の-で [0]【日の出】名 ❶朝日がのぼり出ること。また、その時刻。↕日の入り。参考 ⇩日出(にっしゅつ)。❷朝日ののぼるように勢いのさかんなようす。「—の勢い」

ひ-の-と [ノ]【▲丁】名〔「火の弟(と)」の意〕十干(じっかん)の第四位。⇩十干(表)。

ひのとり《火の鳥》伊藤整(いとうせい)の長編小説。一九四九年発表。現代芸術家たちの生活を、混血女優の独白体でえがく。

ひ-の-ばん [ノ]【火の番】名 火事の警戒をする番人。㊅

ひ-の-べ [0]【日延べ】名 ❶期日を先へのばすこと。延期。「出発が—になる」❷期間を長くのばすこと。

ひ-の-まる [0]【日の丸】名 ❶太陽をかたどった赤色の丸い形。❷日の丸の旗。日本の国旗。日章旗。**—弁当**(べんとう) [ベ] 名 飯のまん中にうめぼしを入れた弁当。

ひのみ-やぐら [ヤ]【火の見やぐら】【火の見×櫓】名 火事の見張りをし、出火の方向や距離を見るためのやぐら。火の見。㊅

ひ-の-もと [ノ]【日の本】名〔文章語〕日の出始めるくに。日本の美称。

ひ-の-もと [ノ]【火の元】名 火事のもととなるような火を発するもと。「—用心」

ひ-の-ようじん【火の用心】連語 火の元に注意すること。また、それをうながすかけ声。㊅

ひ-ば [ヒ]【干葉】【乾葉】名 ❶枯れてかわいた葉。❷だいこんの葉をかわかしたもの。食用。

ひ-ば [ヒ]【×檜葉】名 ❶ひのきの葉。❷ひのき。❸あすなろ。

ひ-ば [ヒ]【肥馬】名〔文章語〕こえているうま。

ビバーク [バ]〈フ bivouac〉名 自サ 登山で、テントなどを用いずに露営すること。野営。野宿。

ひ-ばい [0]【肥培】名 他サ こやしをやって農作物をそだてること。

ひばい-どうめい [ド]【非買同盟】名 生産者や販売者のやり方に反対する消費者が、団結してその商品を買わないこと。不買同盟。ボイコット。

ひ-ばい-ひん [0]【非売品】名 一般の人に売らないしな。見本や、特定の人にくばるためのものなど。↕売品。

ビハインド [ハ]〈behind〉名 スポーツで、相手よりも得点のうえで負けていること。またはその得点差。「三点の—」

ひ-はく [0]【飛白】名〔文章語〕❶墨色のかすれた漢字の書体。かすれ。❷かすりじまの模様。また、その織物。かすり。

ひ-ばく [0]/[ヒ]【飛×瀑】名〔文章語〕高い所から落ちるたき。㊇

ひ-ばく [0]【被×曝】名 自サ 放射線にさらされること。

ひ-ばく [0]【被爆】名 自サ 爆撃されること。特に原水爆による攻撃を受けること。

び-はく [0]【美白】名 顔にしみなどがない、きれいな肌にすること。「—化粧品」

ひば-ご [0]【卑罵語】名 他人をいやしめたり、ののしったりするのに使うことば。「てめえ」「…しやがる」など。

ひ-ばし [ヒ]【火箸】名 炭や炭火などをはさむ金属製のはし。

ひ-ばしら [バ]【火柱】名 柱のように空中高く燃えあがる火。

び-はだ [0]【美肌】【美▲膚】名 ❶うつくしいはだ。❷はだをうつくしくすること。

ひ-ばち [ヒ]【火鉢】名 灰を入れ、炭火を加えて、あたたまるための道具。ひおけ。㊅

火鉢

び-はつ [0]【美髪】名 ❶うつくしい頭髪。❷かみをうつくしくすること。

ひ-ばな [ヒ]【火花】名 ❶とびちる火。❷金属・石などがはげしくぶつかるときに出る光。❸放電で発する光。スパーク。**—を散**(ち)**らす** はげしく戦う、また、あらそう。

ひ-ばら [0]【×脾腹】名 よこばら。

ひばり [0]【▲雲×雀】名 ヒバリ科の小鳥。春さきに、畑地や、草原などに巣をつくり、空高くのぼって、きれいな声でさえずる。㊆

ひばり

ビバレッジ [ビ]〈beverage〉=**ビバリッジ** 名 水以外の飲み物。ベバレッジ。

ひ-はん [0]【批判】名 他サ ❶物事や、人の行動・意見などの欠点を指摘し、正しいかどうかを論ずること。⇩批評 参考。❷事物や学説の意味を研究して、その論理的基礎をあきらかにすること。**—的**(てき) [0] 形動 否定的に批判する立場に立つようす。「—な見方」

ひ-ばん [0]【非番】名 当番・当直でないこと。また、その人。↕当番。

ひ-ひ [ヒ]【×狒×狒】名 ❶オナガザル科の哺乳(ほにゅう)類。口先が突出し、先端に鼻孔がある。四つ足で歩く。アフリカ・アラビアにすむ。マンドリル・マントヒヒなどがある。❷色欲のさかんな中年以上の男性をののしっていう語。

ひ-ひ [ヒ]【比比】(と)副〔文章語〕❶たくさんのものがたちならんでいるようす。❷どれもこれも。「—みな同じ」❸しばしば。

ひ-ひ [ヒ]【×霏×霏】と副 たる連体〔文章語〕雪やこまかい雨がしきりに降るようす。

ひび [ヒ]【×皹・×皸】名 手足の皮膚が寒さのためにあれて、こまかく裂けたもの。㊅「—が切れる」

ひび [ヒ]【×篊】名 のり・かきなどをそだてるために海の中に立てる竹・そだの類。㊆

ひび [ヒ]【×罅】名 地面や陶器などにできるほそい割れめ。**—が入**(い)**る** ❶細いわれめができる。❷一族や仲間同士が、仲たがいする。「友情に—」

ひ-び [ヒ]【日日】名 ❶時間の区切りとしての毎日。日に日に。「—に進歩する」❷それほど変化のない毎日。日常。「おだやかな—を過ごす」**—▲是**(これ)**好日**(こうじつ) [0] 名 ⬇にちにちこれこうじつ。

び-び [ビ]【微微】と副 たる連体 かすかなようす。すこしのようす。ごく小さなようす。「—たる功績」

ひびか・す [カ]【響かす】他五 サ・ソ—シ—ス—ス—セ—セ 〔「ひびかせる(下一段活用)」とも〕❶音などをひびくようにする。❷世の中にとどろかせる。「勇名を—」

ひびか・せる [セ]【響かせる】他下一 セ—セ—セル—セル—セレ—セロ・セヨ ⬇ひびかす。

ひびき [キ]【響き】名 ❶ひびくこと。「列車の—」「—のよいホール」❷声やことばの印象。「—のよいことば」**—の声**(こえ)**に応**(おう)**ずる▲如**(ごと)**し** 応答・反応のたいそう早いようす。

ひび・く [ビ]【響く】自五 カ・コ—キ・イ—ク—ク—ケ—ケ ❶音声がとどろく。❷余韻がつづく。❸反響する。こだまする。❹世の中にとどろく。評判になる。「名が—」❺こたえる。通じる。「何を言ってもかれにはいっこう響かない」❻影響する。「減収は家計に—」❼振動がつたわる。「手に—」

びびし・い シ【美美しい】形 カロ・カッ・ク/イ・イ・ケレ・○〔文章語〕はなやかに、うつくしい。**美美しさ** 名 **びび・し** 文語シク

びびっ-と ヒ2 副 刺激が瞬時に伝わるようす。また、直感的に理解したり、衝撃をうけたりするようす。「出会った瞬間に—きた」

ビビ(ヴィヴィ)ッド ヒ〈vivid〉形動 ダロ・ダッ・デ・ニ/ダ・ナ・ナラ・○ いきいきしたようす。「—に表現する」

ひ-ひょう ⓪【批評】名 他サ 物事や、人の行動・意見などの善悪・美醜・価値などについて考えをのべること。批判。参考「批判」は反対の立場から攻撃する意味に、「批評」は公平な立場で判断する意味に使うことが多い。

ひ-びょういん ヒョ【避病院】名 法定伝染病の患者を隔離・収容して治療した病院の旧称。

びび・る ヒ2 自五 ラ・ロ・リ・ッ/ル・ル・レ・レ〔俗語〕恐れてちぢこまる。「ピッチャーがびびって打たれた」

ひび-われ ⓪【ひび割れ】【×罅割れ】名 ひびがはいって割れ目ができること。また、その割れ目。「壁の—」

び-ひん ⓪【美品】名 傷みや汚れが少なく、美しい状態にある中古の品物。

び-ひん ⓪【備品】名 そなえつけの物。

ビビンバ ヒ2〈朝 bibimbab〉名〔朝鮮語で「混ぜご飯」の意〕朝鮮料理で、どんぶりに入れた白飯の上にさまざまな具材をのせ、まぜて食べるもの。ビビンパ。「石焼き—」

ひ-ふ ヒ【皮膚】名 人や動物のからだの表面をおおいつつむかわ。**—炎**(えん) ヲ 名 かぶれ、湿疹(しっしん)など、皮膚の表面におこる炎症の総称。**—科**(か) ⓪ 名 皮膚の病気などの研究・治療をする医学・医術。**—呼吸**(こきゅう) コ 名 皮膚から炭酸ガスを出して、酸素をとり入れること。**—病**(びょう) ⓪ 名 かいせん・たむしなど、皮膚にあらわれる病気。

ひ-ふ ⓪【被布】名 羽織に似て、おくみの深い、丸えりの和服。女性が着物の上に防寒用として着る。冬

被布

ひ-ぶ ⓪【日歩】名 元金(がんきん)百円に対する一日の利息。↕月利・年利。

ひ-ぶ ヒ【秘部】名 ❶秘密の部分。「心の—」❷陰部。

ビフィズス-きん ⓪【ビフィズス菌】名〔ラ bifidus から〕人間の腸にいる乳酸菌の一種。整腸機能をもつとされる。ビヒダス菌。

ひ-ふう ⓪【悲風】名〔文章語〕さびしくかなしげに聞こえるかぜ。秋のかぜを言う。

び-ふう ⓪【美風】名〔文章語〕うつくしい風俗。よいならわし。

び-ふう ⓪【微風】名 かすかに吹くかぜ。そよかぜ。

ひふき-だけ キ【火吹(き)竹】名 火を吹きおこすための竹のつつ。

ひ-ふく ヒ/⓪【被服】名〔文章語〕衣服。衣類。

ひ-ふく ⓪【被覆】名 他サ〔文章語〕おおいかぶせること。かぶせつつむこと。「電線の—」

び-ふく ⓪【微服】名 自サ〔文章語〕人目につかない、そまつな身なりをすること。しのびの姿。

ひ-ぶくれ ヲ【火膨れ】【火×脹れ】名 やけどで皮膚がはれふくれること。また、ふくれたもの。

ひ-ぶくろ ヲ【火袋】名 ❶石どうろうなどの火をともす所。❷暖炉の薪炭(しんたん)をたく所。

ひ-ぶた ヒ【火蓋】名 火縄銃の火皿の火口をおおうふた。**—を切**(き)**る**〔昔の銃は火ぶたを開いて発砲したことから〕戦闘や試合をはじめる。「選挙戦の—」

ひ-ぶつ ヒ/⓪【秘仏】名 だいじにして人に見せない仏像。厨子(ずし)の中にかくして、開帳のときだけおがませる仏像。

ビフテキ ⓪〈フ bifteck〉名 ➡ビーフステーキ。

ひふよう-しゃ ヒ=ヨ/ヨ【被扶養者】名 扶養されている人。配偶者や子など。

ビ(ヴィ)ブラート ラ〈イ vibrato〉名 声楽や器楽演奏で、高さの違う音を、くりかえして速くふるわせる技法。

ビ(ヴィ)ブラフォン ラ〈vibraphone〉名 鉄琴の一種。鉄片の下に電動ファンの共鳴体をつけた楽器。

ビブリオ ヲ/⓪〈ラ vibrio〉名 ビブリオ属の細菌。コレラ菌・腸炎ビブリオなど。

ビブリオ-マニア マ〈bibliomania〉名〔biblio は「本の」の意〕本をあつめることに異常な熱意をしめす人物。蔵書狂。書痴。

ひ-ふん ⓪/ヒ【悲憤】名 自サ かなしみ、いきどおること。「—慷慨(こうがい)」

ひ-ぶん ⓪【碑文】名 石碑に彫りつける文章。いしぶみ。

び-ぶん ⓪【美文】名 ことばをかざりたてた文章。**—調**(ちょう) ⓪ 名 ことばの調子をととのえ、うつくしいことばをつづって書く文章の書き方。

び-ぶん ⓪【微分】㊀ 名 独立した変数の極微量の変化に対するその関数の値の変化量。㊁ 名 他サ ある関数の微係数(微小変化の割合の極限)を求めること。微分法。↕積分。**—学**(がく) ヲ 名 関数の微分に関する性質を研究する高等数学の一分科。↕積分学。

ひぶん-しょう ヲ【飛▲蚊症】名 眼球の硝子体(しょうしたい)に濁った部分ができ、目の前を蚊(か)が飛んでいるように見える症状。

ひ-へい ⓪【疲弊】名 自サ〔文章語〕❶心身がつかれ弱ること。❷経済的に窮乏して、つかれ弱ること。「水害で—した村」

ピペット ペ〈pipette〉名 先端が細くまんなかが太い、または、目もりのある細いガラス管。化学実験で、液体の一定量をはかるのに使う。

メスピペット
ホールピペット
ピペット

ひ-へん ⓪【日偏】名 漢字の部首の一つ。「明」「昭」などの「日」。

ひ-へん ⓪【火偏】名 漢字の部首の一つ。「燃」「焼」などの「火」。

ひ-べん ⓪【非弁】名 弁護士の資格を持たないこと。**—活動**(かつどう) カ 名 非弁者が弁護士活動をして報酬を得る違法な行為。非弁行為。

ひ-ぼ ヒ【悲母】名〔文章語〕あわれみぶかいはは。慈母。ひも。「—観音(かんのん)」

ひ-ほう ⓪【非法】名 法にはずれること。不法。

ひ-ほう ⓪【飛報】名〔文章語〕いそぎの知らせ。急報。

ひ-ほう ⓪【秘方】名〔文章語〕秘密にしている薬のつくりかた。

ひ-ほう ⓪【秘宝】名 秘蔵する宝物。

ひ-ほう ⓪【秘法】名 ❶真言宗で、秘密のいのり。❷秘密の方法。「—を伝授する」

ひ-ほう ⓪【悲報】名〔文章語〕かなしい知らせ。

ひ-ぼう ⓪【非望】名〔文章語〕身のほどを知らないのぞみ。

ひ-ぼう ⓪【×誹×謗】名 他サ〔文章語〕そしること。悪口を言うこと。「同僚を—する」「—中傷」

び-ほう ⓪【▲弥縫】名 他サ〔文章語〕〔「弥」はつくろうの意〕❶一時しのぎに間に合わせること。❷失敗・欠点などをとりつくろうこと。**—策**(さく) ホ 名 失敗・欠点をつくろう一時

のがれの対策。「—をほどこす」
び-ぼう ⓪【美貌】名 うつくしい顔つき。きれいな容貌(ようぼう)。「—の持ち主」
び-ぼう ⓪【備忘】名〔文章語〕わすれたときのためにそなえること。—**録**(ろく) ボ 名 わすれたときの用意に書いておくメモ。
ひ-ぼく ⓪【×婢僕】名〔文章語〕雑役に従う男と女。
ひほけん-しゃ ヒ/ケ/ケ【被保険者】名 保険の契約で、保険をつけられる人。↕保険者。
ヒポコンデリー テ〈ド Hypochondrie〉名 軽い病気でも大げさに考え、不快・不安・おそれなどをつよく感じる精神状態。心気症。
ひ-ぼし ⓪/シ【干ぼし】【干▲乾し】名 食物がなくて飢えること。
ひ-ぼし ⓪/シ【日干し】【日▲乾し】名 日光に干すこと。また、干したもの。
ひ-ほん ⓪【秘本】名 ❶秘密の本。❷春本。❸秘蔵の本。
ひ-ぼん ⓪【非凡】名 形動 ひとなみでないこと。特にすぐれていること。「—な画家」↕平凡・凡。
び-ほん ⓪【美本】名 ❶造本の美しい本。❷保存のよい、きれいな中古の本。
ひま ⓪【暇】㊀名 ❶わずかの時間。「話す—もない」❷休息の時。仕事のたえま。「仕事の—に読む」❸休暇。「十日間の—」❹主従・夫婦などの縁を断つこと。「—をやる」❺【▲隙】〔古語〕物と物とのすきま。㊁形動 することがないようす。「—な時間」 —**に飽**(あ)**かす** 時間をおしまずに使う。—**を割**(さ)**く** そのことをするために時間を作る。—**を出**(だ)**す** ❶使用人などをやめさせる。❷離縁する。—**を潰**(つぶ)**す** 空いている時間を適当なことをして過ごす。「パチンコで—」 —**を取**(と)**る** ❶願い出て休暇を取る。❷奉公人が勤め先を辞める。—**を盗**(ぬす)**む** わずかな時間を利用する。
ひ-ま ヒ【×蓖麻】名 トウダイグサ科の一年生植物。種子からひまし油をとるため栽培する。とうごま。—**子油**(しゆ) シ 名 ひまの種子をしぼってつくる油。工業用・薬用。
ひ-まく ⓪【皮膜】名 ❶かわのような膜。❷皮膚と粘膜。❸微妙なちがい。「虚実—の間」
ひ-まく ⓪【被膜】名〔文章語〕おおいつつむ膜。
ひ-まご ⓪【▲曽孫】名 まごの子。ひこ。ひいまご。
ひ-まし ⓪【日増し】名 日が経過すること。日ごと。「—に成長する」
ひま-じん ⓪【暇人】【▲閑人】名 用事がなく、ひまのじゅうぶんにある人。有閑人。
ひ-まち ⓪【日待(ち)】名 ❶農村などで、陰暦正月・五月・九月の吉日に、前夜から人々があつまって潔斎し、翌朝、日の出を拝む行事。❷農村で、田植え・収穫などのあとに行う、宴会。
ひ-まつ ⓪【飛×沫】名〔文章語〕とびちる水たま。しぶき。
ひま-つぶし ⓪/ツ【暇潰し】名 ❶あまった時間を何かして適当にすごすこと。「—にテレビをみる」❷時間をむだにすごすこと。時間つぶし。
ひ-まつり マ【火祭(り)】名 ❶火災をふせぐためにする祭り。❷火をたいて、神を祭る行事。京都鞍馬(くらま)の由岐(ゆき)神社の火祭りが有名。(秋)
ひま-ど・る ド【暇取る】【▲隙取る】自五 ラ・ロ―リ・ッ―ル―ル―レ―レ 時間がかかる。手間どる。
ひま-ひま マ1【暇暇】【▲隙▲隙】名 ❶すきますきま。❷用事のあいだあいだ。「—に読書する」
ヒマラヤ-すぎ ヤ【ヒマラヤ杉】名 ヒマラヤ地方原産のマツ科の常緑高木。枝が水平またはやや下垂し、全体が円錐(えんすい)形。姿が美しいので庭木にする。
ひ-まわり マ【▲向▲日×葵】―まはり 名〔太陽の方に向かって花がまわると考えられていたから〕キク科の一年生植物。夏、大形で黄色の花が咲く。観賞用。種子は製油用・食用。日輪草。(夏)
ひ-まん ⓪【肥満】名 自サ からだが、こえふとること。「—児」
び-まん ⓪【×瀰漫】名 自サ〔文章語〕風潮などが広がりはびこること。「いじめの風潮が—する社会」
び-み ビ【美味】名 うまいあじ。うまい食べ物。
ひ-みず ヒ【火水】―みづ 名 ❶火と水。苦しみ。水火(すいか)。「—もいとわない」❷たがいに相入れない関係。「—の仲」
ひ-みつ ⓪【秘密】名 形動(の) ❶隠して人に知らせないこと。また、隠していることがら。「—にする」「—がもれる」❷人に知られないようにすること。「—に交渉する」❸人に知られていない理由。「祖父の健康の—は早寝早起きにある」 —**警察**(けいさつ) ケ 名 国家の体制や治安の維持のために、活動の実態が秘密にされている警察組織。—**結社**(けっしゃ) ケ 名 特定の目的を実現するため、秘密に組織された集団。—**選挙**(せんきょ) セ 名 無記名投票による選挙。—**裏**・×**裡**(り) ツ 名 人に知らせないままであること。「—に調査をすすめる」
び-みょう ⓪【美妙】名 形動〔文章語〕すぐれてうつくしいこと。「—な楽の音」
び-みょう ⓪【微妙】形動 ダロ・ダッ・デ・ニ／ダ・ナ・ナラ・○ 細かく複雑で、たやすくは言いあらわせないようす。「—なちがい」
ひむかし【▲東】名〔古語〕ひがし。ひんがし。
ひ-むろ ヒ【氷室】名 氷を夏までたくわえるへや・穴。(夏)
ひめ【姫】㊀ ヒ 名 ❶女子の美称。「一—二太郎」「歌—」「かぐや—」↕ひこ。❷貴人の娘。「お—さま」㊁接頭 小さくて、かわいいものをあらわす語。「—鏡台」「—百合(ゆり)」
ひ-めい ヒ【非命】名〔文章語〕天命でないこと。異変・災難によって死ぬこと。横死。「—の最期」
ひ-めい ⓪【悲鳴】名 苦しいとき、驚いたとき、おそろしいときにあげる叫び声。—**を上**(あ)**げる** ❶おどろいたり、おそろしかったり、苦しかったりして叫び声を出す。❷よわねをはく。ねをあげる。
ひ-めい ⓪【碑銘】名 碑にきざみつけた文章。碑文。
び-めい ⓪【美名】名 ❶りっぱな名目。❷すぐれた名声。名誉。令名。—**に隠**(かく)**れる** おもての名目はりっぱにしておいて、うらでわるいことをたくらむ。
ひめ-がき メ【姫垣】名 たけのひくいかきね。
ひめ-ぎみ メ【姫君】名 貴人のむすめの敬称。
ひ-めくり メ【日めくり】【日×捲り】名 柱・壁などにかけて、毎日一枚ずつはぎとるこよみ。めくりごよみ。
ひめ-ごぜん ゴ【姫御前】名〔文章語〕姫君。ひめごぜ。
ひめ-ごと ⓪/メ【秘め事】名 かくして人に知らせない事がら。かくし事。ないしょ事。
ひめ-こまつ コ【姫小松】名 ❶マツ科の常緑高木。葉が五本ずつかたまってはえる。観賞用。材は器具用。ひめまつ。ごようまつ。❷小さい松。(新年)
ひめ-ます メ【姫×鱒】名 湖水で育ったべにます。(夏)
ひめ-まつ メ【姫松】名 小さい松。ひめこまつ。
ひめ-みや メ【姫宮】名 皇女。内親王。姫御子(ひめみこ)。
ひめ-やか メ【秘めやか】形動 ダロ・ダッ・デ・ニ／ダ・ナ・ナラ・○ ひっそりと隠して、他人には知られないようす。「—な恋心」
ひめ-ゆり メ【姫▲百▲合】名 ユリ科の多年生植物。初夏に、赤・黄色の六弁花を開く。観賞用。(夏)
ひ・める メ【秘める】他下一 メ・メ・メル・メル・メレ・メロ・メヨ 人にかくして示さない。ないしょにする。秘する。ひ・む 文語下二ひ-めん ⓪【罷免】名 他サ 職務をやめさせること。免職。「―権」

ひも ⓪【×紐】名 ❶物をむすびたばねたりするための、糸・紙・革などのほそ長いもの。❷〔俗語〕条件や背後関係。「―つき」❸〔俗語〕女を働かせて、それで食っている情夫。

ひも-かわ ⓪【×紐革】(―かは) 名 ❶革でこしらえたひも。❷幅ひろく、ひらたくつくったうどん。ひもかわうどん。

ひ-もく ⓪【費目】名 費用を支出する名目。帳簿上の費用の項目。

び-もく ヒ【眉目】名〔文章語〕かおかたち。みめ。「―秀麗」

ひもじ-い ジ 形 (カロ・カッ・ク・イ・イ・ケレ・○) (女房ことば「ひ文字」(「ひだるし」の意)から)腹がへって、食べ物がほしい。ひだるい。ひもじがる 他五 ひもじさ 名 ひも・じ 文語シク

ひ-もすがら ⓪【日もすがら】【▲終▲日】副 一日じゅう。ひねもす。↕夜もすがら。

ひ-もち ⓪ チ【日もち】【日▲保ち】名 食べ物が何日もくさったりせずに、もつこと。「―のするお菓子」

ひ-もち ⓪ チ【火もち】【火▲保ち】名 火をたもつこと。また、その程度。「この炭は―がいい」

ひも-つき ⓪【ひも付き】【×紐付】名 ❶ひもが付いていること。❷〔俗語〕条件付き。背後関係のあること。「―の寄付金」❸〔俗語〕商売女などに情夫のあること。

ひも-づ・ける ケ【ひも付ける】【×紐付ける】他下一 (ケ・ケ・ケル・ケル・ケレ・ケロ・ケヨ) 複数のことがらを関連づけること。特に、コンピュータで、データ間をたがいに関連づけること。「電子マネーとクレジットカードを―」 ひも付け 名

ひ-もと ト【火元】名 ❶火のある所。❷火災の出た場所・家。❸事件・騒動のもとになった人。

ひもと・く ト【×繙く】他五 (カ・コ・キ・イ・ク・ク・ケ・ケ) 本を開いて読む。「史書を―」 ひもとける 自下一 …できる

ひ-もの ノ【干物】【▲乾物】名 ほした魚や貝。「さばの―」

ひ-もも ⓪【×緋桃】名 赤い花をつける桃。(春)

ひもろぎ ⓪【▲神×籬】名 古代日本で、神祭のとき、清浄の地を選び、周囲にときわ木を植えて神座としたもの。後世、神霊をまねくため、室内または庭上にさかきの枝を立てたもの。

ひ-もん ⓪【秘文】名〔文章語〕秘密のまじないの文句。

ひや ヒ【冷や】名 ❶つめたい水や酒。「―で一ぱい」参考 一般に「おひや」は水のことを言い、「ひや」は酒のことを言う。❷ひや酒。

ひ-や ヒ【火矢】名 当たると燃えうつるように火を仕掛けて射る矢。

ビヤ(ー) ヒ〈beer〉名 ➡ビア(ー)。

ひや-あせ ア【冷(や)汗】名 はずかしかったり、おそれたり、心配したりしたときに出る汗。れいかん。

ひや-おろし オ【冷(や)卸(し)】名 冬から春にかけてつくった日本酒を、殺菌のため二回火入れをして出荷するところを一回だけにし、夏に常温で貯蔵して、秋に飲みごろに熟成したもの。秋上がりともいう。

ビヤ-ガーデン ガ〈beer garden〉名 ➡ビアガーデン。

ひやか・す カ【冷(や)かす】他五 (サ・ソ・シ・ス・ス・セ・セ) ❶氷・水などにつけて冷やす。❷値段を聞くだけで買わない。「夜店を―」❸ことばでなぶる。からかう。「アベックを―」 冷やかし 名 冷やかせる 自下一 …できる

ひゃく ク【百】名 造 ❶十の十倍。「百分率・百人一首・数百」❷多くのもの。「―の説教」「百害・百獣・百科(ひゃっか)事典」 ―も承知(しょうち) じゅうぶん知っている。「―、二百も合点(がてん)だ」

ひ-やく ⓪【非役】名 担当する役がなくて、つとめていること。役をやめさせられたこと。「―になる」

ひ-やく ⓪ ヒ【秘薬】名 ❶作り方を人に知らせないくすり。❷特によくきくくすり。

ひ-やく ⓪ ヒ【秘×鑰】名〔文章語〕秘密のかぎ。秘密をとき明かす手がかり。

ひ-やく ⓪【飛躍】名 自サ ❶とびあがること。おどりあがること。❷勢いよく活動すること。「実業界で―する」❸成績・地位などが急に進むこと。「いっそうの―が期待される」❹正しい段階をふまないで進むこと。「議論が―している」 ―的(てき) ⓪ 形動 物事の進歩や成長がたいそうはやいようす。

びゃく【白】造 ❶しろい。しろ。「白衣(びゃくえ)(はくい)・黒白」❷かがやく。あかるい。「白夜(びゃくや)(はくや)」〔別音 はく｜白〕

び-やく ⓪【×媚薬】名 性欲を起こさせる薬。

びゃく-え ビャ【白▲衣】名〔文章語〕白色の衣服。はくい。 ―の天使(てんし) 女性の看護師をほめていう語。

ひゃくえん-ショップ ショ【百円ショップ】名 すべての商品を百円で売る店。百均(ひゃっきん)。

ひゃく-がい ⓪【百害】名 多くの弊害。「―あって一利なし」

びゃく-ごう ⓪【白×毫】名 仏の眉間(みけん)にあって光を放つという白い毛。仏像では、ひたいにはめこんだ玉でこれをあらわす。

ひゃく-じ ヒャ ク【百事】名〔文章語〕多くのこと。すべてのこと。万事。

ひゃくじつ-こう ツ ジ【百日紅】名 さるすべり。(夏)

ひゃくしゃく-かんとう ⓪【百尺×竿頭】名 ❶百尺もある長い竿(さお)の先端。❷到達できる、ぎりぎりの段階。 ―一歩(いっぽ)を進(すす)める すでに到達すべき所におよんだが、さらにもう一段と努力・発展をしようとすること。

ひゃく-じゅう ⓪【百獣】名 多くのけもの。すべてのけもの。 ―の王(おう) 獅子(しし)。ライオンのこと。

ひゃくじゅうきゅう-ばん キュ【一一九番】名 非常のばあい、消防車や救急車を呼ぶ電話番号。

ひゃくしゅ-うた シュ【百首歌】名 百首で一まとまりになるよう和歌をよむこと。また、その和歌。

ひゃくしゅ-うたあわせ ク ア【百首歌合(わ)せ】(―うたあはせ) 名 作者が、それぞれあたえられた題により百首の歌をよみ、その一首ずつを左右に組みあわせるというやりかたの歌合わせ。

ひゃく-しゅつ ⓪【百出】名 自サ いろいろさまざまに、数多く出ること。「議論―」

ひゃく-しょう ショ【百姓】名 (「ひゃくせい」と読めば別語) 農民。 ―一×揆(いっき) イ 名 江戸時代、領主の悪政などに反抗して農民がおこした暴動。 ―読(よ)み ⓪ 名 漢字の偏(へん)や旁(つくり)から類推した、誤った読み方。絢爛(けんらん)を「じゅんらん」と読むなど。

ひゃく-せい ⓪【百姓】名〔文章語〕(「ひゃくしょう」と読めば別語) 一般の人民。万民。

ひゃくせつ-ふとう ⓪【百折不×撓】名〔文章語〕いくど失敗してもくじけないこと。

ひゃく-せん セ【百千】名 数の多いこと。たくさん。「―の苦難にうちかつ」

ひゃく-せん ⓪【百戦】名 百度におよぶほどの、多くの戦い。 ―百勝(ひゃくしょう) ⓪ 名 戦うたびに勝つこと。 ―錬磨(れんま) レ 名 たびたびの戦いで、きたえあげること。「―の勇士」

ひゃく-たい ⓪ ク【百態】名〔文章語〕いろいろなようす・すがた。「美人―」

ひゃく-だい ク【百代】名 ❶百の代。❷(古くは「はくたい」とも) 長い時。永遠。

びゃく-だん ク【白×檀】名 ビャクダン科の常緑高木。材

は香気が強い。器具用。皮は香料・薬用。せんだん。

ひゃく-ど ク【百度】名 ❶百回。❷〔「お」をつけて〕百度まいり。「お―をふむ」 **―参(まい)り** マ名 ➡おひゃくどまいり。

ひゃくとおばん ト【一一〇番】ひゃくとをばん 名 ❶非常のばあい、警察を呼ぶ電話番号。❷緊急の相談や苦情処理に応じるための専用電話。「赤ちゃん―」

ひゃく-にち チ/ク【百日】名 百の日かず。多くの日。**―×鬘(かずら)** カ名 歌舞伎(かぶき)で、盗賊・囚人などの役に使う毛の長いかつら。**―×咳(ぜき)** チ名 幼児に多い伝染性感染症。気管に炎症をおこし、ひどくせきをし、回復まで長くかかる。**―草(そう)** 〇名 キク科の一年生植物。夏から秋まで、もも色・赤色などの花を開く。観賞用。夏 **―の説法(せっぽう)×屁(へ)一(ひと)つ** 長い間の苦心も、終わりのわずかなしくじりで、全くむだになる。

ひゃくにん-いっしゅ イ【百人一首】名 百人の歌人の和歌を一首ずつえらびあつめたもの。特に、藤原定家のえらんだといわれる、小倉(おぐら)百人一首。ひゃくにんしゅ。

ひゃくにん-りき 〇【百人力】名 ❶百人の力を合わせたほどの力があること。❷非常に力づよく感ずること。「彼が加われば―だ」

ひゃく-ねん ク【百年】名 ❶百の年。百歳。❷数多くの年。**―河清(かせい)を待(ま)つ** 〔いつもにごっている黄河の水のすむのを待つの意〕いつまで待っても実現の見込みのないこと。**―の計(けい)** ながい将来を考えてのはかりごと。**―目(め)** 文名 ❶第百年。❷わるだくみなどがばれたとき、「おしまいだ」の意味でいうことば。「見つけられたが―」

ひゃく-パーセント セ【百パーセント】㊀名 一パーセントの百倍。百分の百。十割。㊁名副 申し分ないこと。完全にそうであること。「彼は―信頼できる」

ひゃくはちじゅう-ど ジュ【百八十度】名 ❶一直線をなす角度。❷正反対の方向。「―の転身」

ひゃくはち-の-かね チ【百八の鐘】名 百八回つく、除夜の鐘。冬 参考 百八煩悩(ぼんのう)をさますためとも、十二月、二十四気、七十二候の合計の数にちなむともいう。

ひゃくはち-ぼんのう ボ【百八煩悩】名〔仏〕目・耳・鼻・舌・身・意の六根(ろっこん)がもととなっておこる、人間の百八の煩悩。六根の一つに六つずつあるので6×6＝36とし、さらに過去・現在・未来で36×3＝108とかぞえた。

ひゃく-ぶん 〇【百聞】名 なんども聞くこと。**―は一見(いっけん)にしかず** なんど聞くよりも、一度実際に見て知り、たしかめるほうがよくわかる。

ひゃく-ぶん 〇【百分】名 他サ ある数・量を百にわけること。また、わけたもの。**―比(ひ)** ブ名 百分率。**―率(りつ)** ブ名 パーセンテージ。百分比。

ひゃく-まん マ【百万】名 ❶一万の百倍。❷非常に数の多いこと。**―言(げん)** 〇名 たいそう多くのことば。「―を費やす」 **―×陀羅(だら)** 〇名〔俗語〕何回もくりかえして言うこと。「ぐちの―」 **―長者(ちょうじゃ)** チョ名 富豪。大がねもち。**―遍(べん)** 〇名 ❶百万回。❷念仏を百万回となえること。浄土宗の仏事。

ひゃく-み ク【百味】名〔文章語〕数多くの食物。いろいろの料理。**―×箪×笥(だんす)** ダ名 小さいひきだしのたくさん付いた、漢方の薬を入れるたんす。

ひゃくめ-ろうそく ロ【百目ろうそく】【百目(×匁)×蠟×燭】名 一つで百匁ある、大きなろうそく。

ひゃく-めんそう 〇【百面相】名 ❶顔の表情をいろいろに変えること。また、その顔。❷顔のつくりや前半身の衣装をいろいろ変えて見せる芸。

ひゃく-ものがたり ガ【百物語】名 夜間、数人があつまって、いろいろの怪談をする遊び。また、その怪談。夏

びゃく-や ビャ【白夜】名 ➡はくや。夏

ひゃく-やく 〇【百薬】名 あらゆる薬。**―の長(ちょう)** 酒をたたえて言うことば。

ひゃくよう-ばこ ヨ【百葉箱】名 野外にもうけられた、よろい戸のついた箱で、温度計・湿度計などを入れて気象観測をするもの。ひゃくようそう。

ひゃく-らい 〇【百雷】名〔文章語〕多くのかみなり。また、その鳴る音。万雷(ばんらい)。物音や衝撃の大きいことにたとえる。

ひゃく-れん 〇【百練・百錬】名〔文章語〕いくたびも、ねりきたえること。「―千磨(せんま)」

百葉箱

びゃく-れん ク/ビャ【白×蓮】名 ❶白い花のはす。しらはす。はくれん。夏 ❷白もくれんの別称。春

ひ-やけ 〇【日焼(け)】名 自サ ❶日光に直射され、はだのいろが黒くかわること。夏 ❷日にあたって物の表面の色がかわること。

ひや-ざけ ヤ/〇【冷(や)酒】名 ❶あたためてない酒。かんをせず、そのまま飲む酒。ひや。↕かん酒。❷ひやして飲む酒。ひや。れいしゅ。夏

ひやし-ちゅうか チュ【冷(や)し中華】名 ゆでた中華麺を冷やし、せん切りのきゅうり・錦糸卵・トマトなどの具材をのせ、たれをかけて食べる料理。

ヒヤシンス シ〈hyacinth〉【▲風信子】名 ユリ科の多年生植物。球根を秋植えると、四月ごろ青・紫・紅・黄色などの花を、ふさの形につける。水栽培もされる。観賞用。春

ヒヤシンス

ひや・す ヤ【冷やす】他五 サ・ソ・シ・ス・ス・セ・セ ❶冷えるようにする。つめたくする。❷ひやっとする。「肝を―」⇩さます 参考。**冷やせる** 自下一 …できる

ひゃっ-か ヒャ【百花】名〔文章語〕〔「ひゃくか」の変化〕いろいろさまざまのはな。万花。**―斉放(せいほう)** ヒャ名 〔「たくさんの花がいっせいに咲く」の意〕芸術の各分野で、創作と批評が自由であること。参考 かつて中華人民共和国で芸術社会のあり方を表したことば。**―×繚乱(りょうらん)** ヒャ名 いろいろな花が咲きみだれること。

ひゃっ-か ヒャ【百科】名〔「ひゃくか」の変化〕もろもろの学科・科目。**―事典(じてん)** ジ名 学術・技芸・社会・家庭など各種の事がらについて、きまった順序に配列して説明した書物。エンサイクロペディア。**―全書(ぜんしょ)** ゼ名 ❶ある体系によって、百科の知識を説明・解説した書物。特に、フランスで一七五一―七二年に刊行された大百科全書。❷百科事典。

ひゃっ-か ヒャ【百貨】名〔「ひゃくか」の変化〕いろいろの商品。**―店(てん)** カ/〇名 大きな構えの建物を、いくつにも分け、多種類の商品を販売する大規模な小売店。デパート。参考 法令では「百貨店」を用いる。「デパート」は日常語として会話に多く使われる。

ひゃっか-そうめい ヒャ【百家争鳴】名 多数の学者や多くの人が、自由に意見を出して論争すること。参考 かつて中華人民共和国で科学研究のあり方を表したことば。

ひゃっか-にち ヒャ/カ【百箇日】名〔「ひゃくかにち」の変化〕❶百日。❷人の死後百日め。また、その日に行う法事。

ひゃっ-かん 〇/カ【百官】名〔文章語〕〔「ひゃくかん」の変化〕いろいろの役人。「文武―」

ひゃっき-やこう ヒャ【百鬼夜行】名〔「ひゃくきやこう」

の変化〕❶さまざまのばけものが列をつくって夜中に歩くこと。❷多くの人が、悪いことやみにくいおこないをすること。「―の乱世」‖ひゃっきやぎょう。

ひゃっ-きん ◎【百均】名〔「百円均一」の略〕⬇ひゃくえんショップ。

ひゃっ-けい ◎【百計】名 文章語〔「ひゃくけい」の変化〕いろいろなはかりごと。「―を案ずる」

びゃっこ《白虎》中国の伝説で、四神の一つ。天の西方をつかさどる神獣。

びゃっ-こ ビャ【白×狐】名〔「びゃくこ」の変化〕毛の白いきつね。

ひゃっ-こ・い コ【冷やっこい】形（カロ・カッ・ク／イ・イ・ケレ・○）つめたい。よく冷えている。ひゃっこい。**ひゃっこさ** 名

ひゃっ-こう ◎【百行】名 文章語〔「ひゃくこう」の変化〕すべてのおこない。いろいろな行動。「孝は―のもと」

ひやっ-と ヤ【冷やっと】副 自サ ⬇ひやりと。

ひゃっぱつ-ひゃくちゅう ◎【百発百中】名 形動〔「ひゃくはつひゃくちゅう」の変化〕❶発射するとかならずあたること。❷予想・計画などが、すべてうまく実現すること。

ひゃっ-ぱん ◎【百般】名 文章語〔「ひゃくはん」の変化〕さまざま。種々。万端。万般。「諸芸―」

ひゃっ-ぽ ヒャ【百歩】名 ❶百回、歩を進めること。❷一歩の百倍の距離。**―譲って** 大はばに自分の考えを曲げて。「かりに―も賛成できない」

ひゃっ-ぽう ホ【百方】名〔「ひゃくほう」の変化〕あらゆる方面。「―手をつくす」

ひ-やとい ◎【日雇(い)】【日×傭】名 一日ごとにやとうこと。また、やとわれる人。自由労働者。

ピヤニシモ 三〈ィpianissimo〉名 ⬇ピアニシモ。

ピヤニスト 三〈pianist〉名 ⬇ピアニスト。

ピヤノ ◎〈ィpiano〉名 ⬇ピアノ。

ひや-ひや ヒ【冷や冷や】副 自サ ❶つめたいようす。❷あやぶみ、おそれるようす。気がもめるようす。

ヒヤ-ヒヤ ヒ 感〔Hear! Hear! から〕昔、演説などに対するかけ声〕謹聴謹聴！ 賛成賛成！

ビヤ-ホール ホ〈ァbeer hall〉名 ⬇ビアホール。

ひや-みず ヤ【冷(や)水】名 つめたい水。おひや。れいすい。

ひや-むぎ ム ヤ【冷(や)麦】名 細作りのうどんをゆで、水や氷で冷やし、つゆをつけて食べる夏のめん料理。夏

ひや-めし ◎【冷(や)飯】名 冷えた飯。**―食い** シ 名 ❶いそうろう。❷江戸時代、家をつがない次男以下の男。**―草履** ゾ 名 そまつなわらぞうり。**―を食わせる** 冷遇する。めぐまれない地位におく。

ひや-やか ヤ【冷(や)やか】形動（ダロ・ダッ・デ・ニ／ダ・ナ・ナラ・○）❶つめたいようす。秋「―な夜風」❷思いやりのないようす。冷淡なようす。「―な目で見る」❸おちついて、ものに動じないようす。「―な態度」**冷ややかさ** 名

ひや-やっこ ヤ【冷(や)やっこ】【冷▲奴】名 ひやしたとうふに、しょうゆ・薬味などをつけて食べる料理。夏

ひやり-と ヤ リ 副 自サ ❶急に冷たく感じるようす。ひやっと。「洞窟に入ったら―した」❷急に危険な状況に陥り、びっくりしたり恐れたりするようす。ひやっと。「スリップしそうになって―する」

ひやり-はっと ハ 名 危険を感じてひやりとしたり、はっとしたりすること。重大な事故に発展したかもしれない出来事。「―案件」参考「ヒヤリハット」と書くことが多い。

ヒヤリング ◎〈hearing〉名 ⬇ヒアリング。

ひ-ゆ ヒ【比喩】【×譬喩】名 たとえること。たとえ。参考「鏡のような海」のような直喩、「雪の肌」のような隠喩など、言語表現の技法として、種々のものがある。

ピュア(ー) ピュ〈pure〉形動（ダロ・ダッ・デ・ニ／ダ・ナ・ナラ・○）純粋であるようす。まじりけがないようす。「―な瞳」

びゅう【×謬】造 あやまる。まちがえる。「謬見・誤謬」

ビュー ビュ〈view〉名 ❶景色。ながめ。「―カメラ」❷見ること。「プレ―」「―ポイント」

ビューア(ー) ビュ〈viewer〉名 ❶スライドを見るための簡便な装置。❷コンピューターで、ファイルの内容を見るためのソフトウエア。

ひゅうが《日向》昔の西海道の国の一つ。今の宮崎県の全部と、鹿児島県の一部。

びゅう-けん ◎【×謬見】名 文章語 あやまった考え。「―を正す」

ヒュ(ー)ズ ヒュ〈fuse〉名 鉛・すずなどの合金の針金。電気の回路に用い、電流が流れすぎると熱でとけて切れ、電流を止めるもの。

びゅう-せつ ◎【×謬説】名 文章語 まちがった説。

ビューティー〈beauty〉造 美。うつくしさ。**―サロン** サ〈beauty salon〉名 美容院。**―スポット** ボ〈beauty spot〉名 つけぼくろ。**―パーラー** パ〈beauty parlor〉名 美容院。ビューティサロン。

ひゅう-ひゅう ヒュ 一〔と〕副 風がふいたり、すき間を通ったりするときに聞こえる音をあらわす語。「こがらしが―ふく」「苦しげに―と息をする」二 感 俗語 冷やかすときのかけ声。「―ご両人」

びゅう-びゅう ビュ〔と〕副 風がはげしくふくようす。

ぴゅう-ぴゅう ピュ〔と〕副 ❶すきま風の音をあらわす語。❷強風が高い音をたてて吹きつづけるようす。

ピューマ ピュ〈puma〉名 ネコ科の哺乳類。南北アメリカの森林にすむ。体長一・三〜一・九メートルで赤茶色。木登りがうまい。アメリカライオン。

ヒューマニスティック ティ〈humanistic〉形動（ダロ・ダッ・デ・ニ／ダ・ナ・ナラ・○）人道主義的。人道的。人文主義的。

ヒューマニスト 三〈humanist〉名 人道主義者。人文主義者。

ヒューマニズム 三〈humanism〉名 人道主義。人文主義。

ヒューマニティー マ〈humanity〉名 人間性。人間味。人情。人道。

ヒューマン ヒュ〈human〉形動（ダロ・ダッ・デ・ニ／ダ・ナ・ナラ・○）人間的。人間味のあるようす。「―な感情」**―ドキュメント** ド〈human document〉名 生きた人間の生活記録。**―リレーション(ズ)** レ〈human relations〉名 とくに職場などでの、人間関係。

ヒューム-かん ◎【ヒューム管】名 遠心力を利用してコンクリートを固めて作った鉄筋コンクリート製の管。参考 オーストラリアの発明者ヒューム Hume の名から。

ピューリタン ピュ リ 名 ❶〈Puritan〉清教徒。❷〈puritan〉謹厳で、潔癖な人。

ピューレ(ー) ピュ〈フpurée〉名 野菜・くだものなどを煮て、裏ごししたもの。ピュレ。「トマト―」

ビュ(ー)レット レ〈burette〉名 液体の容積をはかるのに使う、目もりのあるガラス管。目もりガラス管。

ビューロー ビュ〈bureau〉名 ❶官庁の局・部・課。❷事務所。事務局。❸案内所。「ツーリスト―」

ヒュッテ ヒュ〈ドHütte〉名 登山者のために設けられた山小屋。

ビュッフェ ビュ〈フbuffet〉名 ❶列車内などの、客がカウンターの前に立ったままで食べる軽食堂。❷立食パーティ

ー。
ピュレ【ピュ】〈フ purée〉名 ➡ピューレ(一)。
びゅん-びゅん【ビュ】〔と〕副 高速で勢いよく動くようす。「車が―走る大通り」
ひょい-と【0】【ヒョ】副 ❶かるがると。らくらくと。「―持ち上げる」❷不意に。思いがけず。ふと。「―あらわれた」
ひょう【氷】造 こおり。こおる。「氷河・氷結・氷山・氷点・砕氷・薄氷」
ひょう【兵】造 ❶つわもの。軍人。「兵糧・軍兵・雑兵」❷いくさ。たたかい。［別音 へい｜兵］
ひょう【俵】㊀造 たわら。「土俵・四斗俵」㊁接尾〔上にくる語によっては「びょう」「ぴょう」となる〕たわらに入れたものをかぞえる語。「麦五―」
ひょう【×剽】造 ❶おどしてとる。「剽盗」❷かすめとる。「剽窃」❸はやい。「剽悍・剽軽」
ひょう【漂】造 ❶ただよう。「漂着・漂泊・漂流」❷さらす。「漂白」
ひょう【×憑】造 ❶よる。たのみとする。「信憑」❷つく。とりつく。「憑依」
ひょう【×瓢】造 ひさご。ふくべ。ひょうたん。「瓢簞・干瓢」
ひょう【▲平】【ヒョ】名造 四声の一つ。「―・上・去・入」「平声・平仄」［別音 びょう・へい｜平］
ひょう【表】㊀【0】名造 項目・要領などを見やすくした図や文書。「―に記入する」「図表・年表・表計算・一覧表・時刻表・集計表」㊁造 ❶おもて。うわべ。「表情・表層・表面・表裏・地表」❷あらわす。「表音・表記・表現・表明・公表・発表」❸おもてにたつ。「代表」❹しるし。「表徴」❺上位者にさしだす文書。「辞表」❻巻物にする。「表具・表装」**表す** 他五 **表する** 他サ
ひょう【×豹】【ヒョ】名造 アジア・アフリカにすむネコ科の哺乳類。からだは黄色で、黒色のはん点があるが、全身黒色のものもいる。サバンナや森林にすみ、小形の獣をおそう。「豹変・全豹」
ひょう【票】㊀【0】名造 選挙・採決などで、入れる札。また、それを数える語。「―を集める」「―が開く」「票数・票田・得票・浮動票」㊁造 ふだ。ちいさな紙。「証票・伝票」**―が割れる** 選挙などで複数の候補に支持が分散する。**―を読む** 投票結果を推測する。
ひょう【評】㊀【0】名造 価値を考えきめること。しなさだめ。批評。「評価・評判・評論・書評」㊁造 うわさ。評判。「悪評・風評・不評・下馬評」**評す** 他五 **評する** 他サ
ひょう【×雹】【ヒョ】名造 雷のときなどに積乱雲から降る、直径五〜五〇ミリメートルの丸い氷のかたまり。「雹害・降雹」夏
ひょう【標】㊀【0】名造 目じるし。「標語・標識・商標・目標」㊁造 みほん。ひながた。「標本」
ひ-よう【0】【日×傭】名 日やとい。日やといの賃銀。**―取り**【ヨ】名 日やといで働くこと。また、その人。
ひ-よう【ヒ】【費用】名 物を買ったり、事をおこなったりするのに必要なかね。入費。**―対効果**【タ】名 ➡コストパフォーマンス。
ひ-よう【0】【飛揚】名 自サ〔文章語〕飛んで高くあがること。
びょう【平】造 ひとしい。「平等」［別音 ひょう・へい｜平］
びょう【苗】造 なえ。なわ。「苗圃・育苗・種苗」
びょう【×屛】造 ついたて。かこい。おおい防ぐ。「屛風」［別音 へい｜屛］
びょう【病】造 ❶やむ。やまい。「病院・看病・発病・皮膚病」❷欠点。「病癖・臆病」
びょう【描】造 えがく。かく。「描写・描出・描破・線描・素描・点描」
びょう【猫】造 ねこ。「猫額大・愛猫」
びょう【×錨】造 いかり。「錨地・投錨・抜錨」
びょう【秒】【ビョ】名造 ❶国際単位系の七つの基本量の一つである時間の単位。記号は「s」。「秒針・秒速・十五秒」❷角度・経度・緯度などの単位で、一度の三六〇〇分の一。
びょう【×廟】㊀【ビョ】名造 死者の霊をまつってある建物。みたまや。「廟堂・霊廟・孔子廟」㊁造 朝廷。「廟議」
びょう【×鋲】【ビョ】名造 ❶頭部の大きなくぎ。リベット。「鋲打ち」❷おしピン。画びょう。❸靴のうらに打ちつける金具。
びょう【▲可う】べう〔古語〕➡べう。
び-よう【0】【美容】名 ❶うつくしい顔かたち。❷化粧や整髪によって顔かたちをうつくしくすること。「―術」**―院**【ヨ】名 美容術をほどこす所。**―体操**【タ】名 からだのスタイルをよくするためにおこなう体操。
び-よう【0】【微×恙】名〔文章語〕かるい病気。気分がはればれしないていどの病気。
びょう-あ【ビョ】【病×痾】名〔文章語〕〔「痾」は長い、または、重い病気の意〕ながい病気。宿痾。
ひょう-い【ヒョ】【表意】名 意味を表すこと。**―文字**【モ】名 一字が単語など意味をもった言語単位に相当する文字。意字。漢字など。⇔表音文字。
ひょう-い【ヒョ】【×憑依】名 自サ 霊や別の人格がのりうつること。「ドラマの主人公が―したような演技」
ひょう-いつ【0】【×飄逸】名 形動 世間ばなれがしていて、のんきなようす。「―な人物」
びょう-いん【0】【病因】名 病気の原因。
びょう-いん【0】【病院】名 病人を収容し、医師が治療する施設。参考「病院」は、一定数以上の医師・看護師や、施設のあるもの。「診療所」は、一般の開業医の経営するもの。「診療所」を「医院」ともいう。⇩診療所参考。
ひょう-え【ヒョ】【兵▲衛】名 平安時代に、兵衛府に属し、皇居の門を守り、行幸を警備した武官。**―府**【エ】名 律令制で、内裏の外の警護などをつかさどった役所。
びょう-えい【0】【苗×裔】名〔文章語〕子孫。末裔。
ひょう-おん【0】【氷温】名 食品が凍り始める直前の温度。生鮮食品の貯蔵などに利用する。「―冷凍」
ひょう-おん【0】【表音】名 音声や音韻を表すこと。**―的仮名遣い**【ヅ】名 現在用いている、発音に近く書き表すかなづかい。**―文字**【モ】名 単語を構成している一つ一つの、音声を表す文字。音節を表す仮名文字、単音を表すローマ字など。音字。⇔表意文字。
ひょう-か【ヒョ】【氷菓】名〔文章語〕つめたくこおらせた菓子。アイスクリーム・シャーベットなど。夏
ひょう-か【ヒョ】【評価】名 他サ ❶ねだんをきめること。「―額」❷価値を論じきめること。「作品の―をする」❸価値をみとめること。「たかく―された作品」❹学業の進みぶりや結果をしらべはかること。
ひょう-が【ヒョ】【氷河】名 極地や高山の雪線以上のところにたまった万年雪が、氷のかたまりとなり、斜面にそってしずかに流れくだるもの。**―期**【ガ】名 ❶➡ひょうき(氷期)。❷比喩的に、不況で就職が困難な時期。
びょう-か【ビョ】【病家】名〔文章語〕病人のいるいえ。患家。医者のがわから言うことば。
びょう-が【ビョ】【病×臥】名 自サ〔文章語〕病気で床につくこと。

ひょう-かい [0]【氷海】名 一面にこおったうみ。こおりのうみ。㊅

ひょう-かい [0]【氷塊】名 こおりのかたまり。

ひょう-かい [0]【氷解】名 自サ こおりがとけるように、うたがいがすっかりとけること。「疑問が―した」

ひょう-がい [0]【表外】名 表や図の外にはみ出ること。表や図にふくまれないこと。 **―字**(じ) [ガ] 名 常用漢字表にない漢字。外字(がいじ)。

ひょう-がい [0]【×雹害】名 ひょうのために受ける農作物の損害。

びょう-がい [0]【病害】名 病気のために受ける農作物や家畜の損害。

びょう-がいちゅう [ガ]【病害虫】名 農作物に被害を与える病気や害虫。「―の駆除」

ひょう-かく [0]【×嫖客】名〔文章語〕遊里であそぶ男の客。

びょうがく-だい [0]【猫額大】名〔文章語〕ねこのひたいほどの大きさ。たいそうせまいこと。「―の土地」

ひょう-がため [ガ]【票固め】名 選挙で当選するために、あらかじめ票の確保を行うこと。

ひょう-かん [0]【×剽×悍】名 形動〔文章語〕すばしこく、あらあらしくて強いこと。「―な野盗」

びょう-かん [0]【病患】名〔文章語〕病気。

びょう-かん [0]【病間】名〔文章語〕❶病気のあいだ。病中。「―の食養生」❷病気が少しなおっているとき。

ひょう-き [ヒョ]【表記】名 他サ ❶文字に書き表すこと。「ローマ字で―する」❷おもてがわに書くこと。おもてがき。「―の住所に転居しました」 **―法**(ほう) [0] 名 文字や、句読(くとう)点・かっこなどの符号を用いて、ことばを書き表すきまり。

ひょう-き [ヒョ]【標記】名 他サ ❶目じるしや見出しをしるすこと。目じるしや見出しの文字・符号。❷標題。標題を書くこと。

ひょう-き [ヒョ]【氷期】名 地球上の気候が現代よりも寒冷で、地表の大部分が氷河におおわれていた時期。氷河期。↕間氷期。

ひょう-ぎ [ヒョ]【評議】名 他サ いろいろ意見を出して、みなで相談すること。 **―員**(いん) [ギ] 名 団体の会員などで、評議するためにえらばれた人。

びょう-き [0]【病気】名 身体や精神に生理状態の変化を生じて、苦痛や、健康のときとはちがった感じを感じる現象。やまい。疾病(しっぺい)。

びょう-ぎ [ヒョ]【×廟議】名〔文章語〕朝廷の評議。

ひょう-きん [キ]【×剽▲軽】形動 ダロ・ダッ・デ・ニ／ダ・ナ・ナラ・〇 気がるで、おどけた感じを与えるようす。こっけいなようす。おどけたようす。「―な顔」

びょう-きん [0]【病菌】名 病気のもとになる細菌。病原菌。

ひょう-ぐ [グ]【表具】名 表装。 **―屋**(や) [0] 名 表装を職業とする人。また、その店。表具師。

びょう-く [ヒョ]【病苦】名 病気のくるしみ。

びょう-く [ヒョ]【病×軀】名〔文章語〕病気にかかっているからだ。「―をおして出かける」

ひょう-けい [0]【表敬】名 自サ 敬意を表すこと。「―訪問」

ひょう-けいさん [ケ]【表計算】名 コンピューターで、集計用紙のようなわくに入力した種々のデータの計算・集計などを処理するプログラム。「―ソフト」

ひょう-けつ [0]【氷穴】名 氷のとけることがない風穴(ふうけつ)。

ひょう-けつ [0]【氷結】名 自サ 液体がこおること。

ひょう-けつ [0]【表決】名 他サ 議案に対して構成員が賛否をあらわし、議決すること。⇩議決 参考。

ひょう-けつ [0]【票決】名 他サ 投票してきめること。

ひょう-けつ [0]【評決】名 他サ 相談し論議してきめること。

びょう-けつ [0]【病欠】名 自サ 病気のための欠席・欠勤。

ひょう・げる [ゲ]【×剽げる】自下一 ゲゲ・ゲル・ゲル・ゲレ・ゲロ・ゲヨ おどける。ふざける。

ひょう-げん [0]【氷原】名 氷でおおわれている広い原野。㊅

ひょう-げん [0]【評言】名 批評のことば。評語。

ひょう-げん [ゲ]【表現】名 他サ 内面的・主観的なものを絵・記号・ことばなどにあらわすこと。また、そのあらわされたもの。表出。 **―主義**(しゅぎ) [シュ] 名 第一次大戦後、ドイツを中心に流行した芸術上の立場で、自然主義的写実に対し、主観の表現を重んじたもの。

びょう-げん [0]【病原・病源】名 病気のもと。病因。病根。 **―菌**(きん) [0] 名 病気のもとになる細菌。病菌。 **―性**(せい)**大腸菌**(だいちょうきん) [0] 名 下痢や出血などをともなう病気の原因となる大腸菌。 **―体**(たい) [0] 名 病気をおこすもとになる、ごく小さい生物。細菌・ウイルスなど。

ひょう-ご [0]【評語】名 ❶批評のことば。評言。❷成績を評価したことば。「優・良・可」など。

ひょう-ご [0]【標語】名 主義・綱領・理想などを、簡潔にあらわす語句。モットー。スローガン。

びょう-ご [0]【病後】名 病気のなおったあと。やみあがり。

ひょう-こう [0]【標高】名 ある地点の、平均海水面からの垂直の高さ。海抜。

ひょう-ごう [0]【表号・標号】名〔文章語〕目じるし。しるし。

ひょうご-けん《兵庫県》近畿地方西部の県。県庁所在地は神戸(こうべ)市。

びょう-こん [0]【病根】名 ❶病気のもと。病原。❷悪習・悪弊のもと。「―をたち切る」

びょう-さい [0]【病妻】名 病気をしている妻。↕病夫。

ひょう-さつ [0]【表札】名 ❶氏名をしるして、戸口・門柱などにかかげるもの。門札。門標。❷【標札】目じるしにかかげるふだ。「団地自治会の―」

びょう-さつ [0]【秒殺】名 他サ 格闘技などで、瞬時に相手を打ち負かすこと。「立ち技で相手を―する」

ひょう-ざん [ヒョ]【氷山】名 氷河の末端などが分離して、極地の海上にうかんだ巨大な氷塊。 **―の一角**(いっかく)〔氷山は、そのわずかな一部が水面上にあらわれているだけであることから〕物事の一部だけがあらわれていること。

ひょう-し [シ]【拍子】名 ❶㋐楽曲のリズムのもとになる、周期的にくりかえされる強弱の音の組み合わせ。「三―の歌」㋑手を打ったりして音楽・歌舞の調子をとること。㋒能楽で、楽器によるはやし。❷はずみ。とたん。機会。「たちあがった―に」 **―木**(ぎ) [シ] 名 手に持って打ちあわせて鳴らす、方柱形の一対(いっつい)の木。 **―抜け**(ぬけ) [0] 名 はりあいがぬけること。気抜け。

ひょう-し [シ]【表紙】名 書物などの表裏につける、紙・クロースなどのおおい。

ひょう-じ [0]【表示】名 他サ ❶あらわししめすこと。「意思―」❷図表にしてしめすこと。「人口の動態を―する」

ひょう-じ [0]/[ヒョ]【標示】名 他サ しるしをつけてしめすこと。「道路―」

びょう-し [0]【病死】名 自サ 病気で死ぬこと。

びょう-じ [ヒョ]【病児】名 病気をしている子ども。

ひょう-しき [0]【標識】名 しるし。目じるし。「交通―」

ひょう-しつ [0]【氷室】名 氷をたくわえる倉庫。ひむろ。

びょう-しつ ⓪【病室】名 病人のいるへや。

ひょう-しゃ ヒョ【評者】名 批評・評価をする人。

ひよう-しゃ ヨ【被×傭者】名 やとわれた人。

びょう-しゃ ビョ【病舎】名 病室のある建物。病棟(びょうとう)。

びょう-しゃ ビョ【病者】名〔文章語〕病人。

びょう-しゃ ⓪【描写】名 他サ えがきうつすこと。絵画・文学などで、物事の状態をうつしあらわすこと。「心理―」「自然―」

ひょう-しゃく ⓪【評釈】名 他サ 古典・文学作品などを、解説して批評を加えること。

びょう-じゃく ⓪【病弱】名 形動 病気がちで、からだがよわいこと。「―なたち」

ひょう-しゅつ ⓪【表出】名 他サ 心の内部のものを外にあらわし出すこと。表現。「感情の―」

びょう-しゅつ ⓪【描出】名 他サ〔文章語〕えがきだすこと。

ひょう-じゅん ⓪【標準】名 ❶目あてとする典型的なもの。❷手本。規範。かた。**―化**(か) ⓪ 名 他サ 幾つかの規格があるものを統一すること。規格化。**―軌**(き) ジュ 名 鉄道線路のはばが一・四三五メートルのもの。↕狭軌・広軌。**―語**(ご) ⓪ 名 ある国・民族のなかで、その国語の規準としてみとめられる言語。↕方言・俗語。**―時**(じ) ジュ 名 一定地点における地方時をもって、その地域の共通の時刻とするもの。参考 日本では明石(あかし)市をとおる東経一三五度の経線を標準経度とし、グリニッジ時より九時間早い。**―式**(しき) ⓪ 名 ローマ字の書き方の一種。ye→e wo→oとするなど、ヘボン式を一部修正したもの。標準式ローマ字つづり方。**―時計**(どけい) ド 名 標準時を知らせるとけい。**―木**(ぼく) ジュ 名 ⇓標本木。

びょう-しょ ビョ【×廟所】名〔文章語〕❶おたまや。みたまや。❷はかば。墓所。

ひょう-しょう ⓪【▲平声】名 漢字の四声(しせい)の一つ。古代の日本漢字音や国語アクセントでは高く平らな調子の音(おん)。ひょうせい。↕上声(じょうしょう)・去声(きょしょう)・入声(にっしょう)・平仄(ひょうそく)。

ひょう-しょう ⓪【氷晶】名 大気中の微粒子が核となってできる氷の結晶。雪の成分にもなる。(冬)

ひょう-しょう ⓪【表象】名 ❶象徴。❷〔哲〕心的観念。❸〔心〕㋐ある対象を、対象としてみとめる意識内容。ものが見える、ものの意味がわかるなど。㋑再現された対象の心象。記憶・想像など。

ひょう-しょう ⓪【表彰】名 他サ 善行・功労などをほめたたえ、広く一般に知らせること。「―式」

ひょう-じょう ⓪【氷上】名 こおりのうえ。「―競技」

ひょう-じょう ⓪【兵×仗】名 ❶武器。❷武器をもった武官である随身(ずいじん)。❸戦乱によって被害を受けること。═へいじょう。

ひょう-じょう ジョ【表情】名 ❶感情を外部にあらわすこと。「愛きょうのある―」❷感情の変化によってかわる、顔つき・身ぶり。「―にとぼしい」❸表面にあらわれたようす。「新年をむかえた各地の―」

ひょう-じょう ジョ【評定】名 他サ (「ひょうてい」と読めば別語)人々が集まって相談すること。「―が長びく」

びょう-しょう ⓪【病床】【病×牀】名 ❶病人のねどこ。病褥(びょうじょく)。❷入院患者のためのベッド。

びょう-しょう ⓪【病症】名〔文章語〕病気の性質。

びょう-じょう ⓪【病状】名 病気のぐあい。病態。

びょう-じょく ⓪【病×褥】名〔文章語〕(「褥」はふとんの意)病床。

びょう-しん ⓪【秒針】名 時計で、秒の目もりをさししめすはり。↕時針・分針。

びょう-しん ⓪【病身】名 病気のからだ。また、よわくて病気がちな体質。「―をいたわる」

ひょう・す ヒョ【表す】他五 サ・ソ|シ|ス|ス|セ|セ ⇓ひょうする。**表せる** 自下一〔…できる〕

ひょう・す ヒョ【評す】他五 サ・ソ|シ|ス|ス|セ|セ〔文章語〕⇓ひょうする。

ひょう・する ス【表する】他サ シ・セ・サ|シ|スル|スル|スレ|シロ・セヨ あらわす。しめす。表(ひょう)す。「敬意を―」「哀悼の意を―」**へう・す** 文語サ変

ひょう・する ス【評する】他サ シ・セ・サ|シ|スル|スル|スレ|シロ・セヨ しなさだめをする。批評する。評す。**ひゃう・す** 文語サ変

びょう-せい ⓪【病勢】名 病気のぐあい・ようす。

ひょう-せつ ⓪【氷雪】名〔文章語〕❶こおりとゆき。❷心のきよいようす。「―の志操」

ひょう-せつ ⓪【×剽窃】名 他サ (「剽」はかすめる、「窃」はぬすむ意)他人の詩歌(しいか)・文章などの文句を、そのまま自分のものとしてつかうこと。

ひょう-ぜん ⓪【×飄然】と副 たる連体〔文章語〕❶ふらふらしていて、居所の定まらないようす。❷ぶらりと来たり去ったりするようす。「―と去る」

ひょう-そ ⓪ ヒョ【×瘭×疽】名 手足の指の爪(つめ)の下におこる化膿(かのう)性の炎症。痛みがはげしい。ひょうそう。

ひょう-そう ⓪【表層】名 表面の層。↕深層。**―雪崩**(なだれ) ナ 名 古い積雪層をのこし、その上にふりつもった新雪がくずれおちるなだれ。↕全層雪崩。

ひょう-そう ⓪【表装】【×裱装】名 他サ 書画を軸物や額にしたてること。表具。

ひょう-ぞう ⓪【氷像】名 氷を彫刻して作った像。

びょう-そう ⓪【病巣】【病×竈】名 病菌におかされているところ。

ひょう-そく ⓪【▲平×仄】名 漢字の平声(ひょうしょう)と仄声(そくせい)。漢詩作法上、たいせつな声調の分類。**―が合**(あ)**わない** つじつまがあわない。前後の筋道がとおらない。

びょう-そく ⓪【秒速】名 一秒間に進む距離で表すはやさ。

ひょう-だい ⓪【表題・標題】名 ❶表紙にしるされた書物の名。❷演説・談話・作品・記事などの題目。❸演劇・芸術作品などの題目。タイトル。**―音楽**(おんがく) オ 名 内容を示す題がつけられた音楽。ベルリオーズの「幻想交響曲」など。参考 ふつう「標題音楽」と書く。

びょう-たい ⓪【病体】名 病気のあるからだ。病人のからだ。

びょう-たい ⓪【病態】名 病気のぐあい。症状。病状。

びょう-たる ビョ【×眇たる】連体〔文章語〕ちっぽけな。わずかな。「―小島」

ひょう-たん ⓪【氷炭】名 こおりとすみ。**―相**(あい)**▲容**(い)**れず** こおりとすみのように、その性質がまったく反対であって調和しないこと。

ひょう-たん タ【×瓢×箪】名 ❶ウリ科のつる性一年草。夏、白色の五弁花をひらく。実(み)は中ほどがくびれ、上下がふくれる。(秋) ❷ひょうたん❶の実をくりぬいてつくった器。酒などを入れる。ひさご。**―から駒**(こま) 意外な所から意外なものが出ること。じょうだんに考えたり、言ったりしていたことがほんとうになること。**―×鯰**(なまず) ナ 名 (ひょうたんでなまずを押さえる)のらくらりとして要領をえないようす。とらえどころがないこと。

びょう-ち ビョ【×錨地】名 船がいかりをおろしてとまる所。

ひょう-ちゃく ⓪【漂着】名 自サ〔文章語〕ただよいながれて、ある所へつくこと。漂流してつくこと。

ひょう-ちゅう ⓪【氷柱】名 ❶つらら。❷角柱形のこおり。夏、涼しい感じを出すために室内に立てる。(夏)

ひょう-ちゅう ◎【評注】【評×註】名 古典・文学作品などを、批評して注釈すること。また、その評釈。

ひょう-ちゅう ◎【標注】【標×註】名〔文章語〕書物の欄外の注釈。頭注や脚注。

ひょう-ちゅう ◎【標柱】名 ❶目じるしのはしら。❷測量用の棒。

びょう-ちゅう ◎【病中】名 病気中。病気のあいだ。

びょう-ちゅう-がい チュ【病虫害】名 病気や害虫のために受ける農作物の害。

ひょう-ちょう ◎【表徴】名〔文章語〕❶外にあらわれたしるし。❷象徴。シンボル。

ひょう-ちょう ◎【漂鳥】名 季節により、みじかい距離の地域移動をする鳥。うぐいす・もず・めじろなど。

ひょう-てい ◎【評定】名 他サ（「ひょうじょう」と読めば別語）ある基準に従って価格・成績などを考えきめること。

ひょう-てき ◎【標的】名 目あて。まと。

びょう-てき ◎【病的】形動 ダロ・ダッ・デ・ニ / ダ・ナ・ナラ・◎ 健全・健康でないようす。「—な考え」

ひょう-てん ビヨ【氷点】名 水がこおるとき、また、氷がとけるときの温度。一気圧のもとでセ氏零度。 **—下** か テ 名 氷点以下の温度。零下。マイナス。

ひょう-てん ◎【評点】名 成績をあらわす点数。

ひょう-でん ◎【票田】名 選挙で、ある政党または立候補者を支持する投票がたくさん見込まれる地域。

ひょう-でん ◎【評伝】名 人物評をまじえた伝記。

ひょう-ど ビヨ【表土】名 作物を栽培するとき、掘りおこしてたがやす上層の土地。

ひょう-とう ◎【氷島】名 北極海にうかぶ、島のように巨大な氷のかたまり。

びょう-とう ◎【病棟】名 病院などで、病室のある建物。「救急—」「一般—」

びょう-どう ◎【×廟堂】名〔文章語〕❶みたまや。❷朝廷。

びょう-どう ◎【平等】名 形動(の) すべてかたよりなく、ひとしいこと。差別がなく一様であること。「男女—」↕不平等。

びょう-どく ◎【病毒】名 病気のもととなる毒。

びょう-にん ◎【病人】名 病気にかかっている人。患者。

ひょう-のう ◎【氷×嚢】名 こおりや水を入れて熱のある患部をひやす、ゴムや防水布などでつくったふくろ。

びょう-は ビヨ【描破】名 他サ〔文章語〕文章や絵で十分にえがきつくすこと。「真実を—する」

ひょう-はく ◎【漂泊】名 自サ ❶ながれ、ただようこと。❷目的なくさまようこと。さすらい。「—の旅」

ひょう-はく ◎【表白】名 他サ〔文章語〕考えをのべあらわすこと。

ひょう-はく ◎【漂白】名 他サ さらすか、または、化学薬品を使って色をぬき、白くすること。「—剤」

ひょう-ばん ◎【評判】名 ❶うわさ。とりざた。世評。❷名高いこと。「近ごろ—の作品」 **—記** き ハ 名 ある物事についての世評や、うわさをまとめた読み物。「東京名所—」 **—倒れ** だおれ ダ 名 評判が高いわりに実態がともなわないこと。「—の高級レストラン」

ひょう-ひ ビヨ【表皮】名 動植物体の表面をおおう細胞層。

ひょう-ひょう ◎【×飆×飆】と 副 たる連体〔文章語〕風のはげしく吹くようす。

ひょう-ひょう ◎【×飄×飄】と 副 たる連体 ❶風にひるがえるようす。❷物をひるがえすように風が吹くようす。❸ふわふわと、あてもなく歩くようす。「—とした人物」❹世間ばなれして、つかまえどころのないようす。

ひょう-びょう ◎【×縹×渺】と 副 たる連体〔文章語〕❶かすかではっきりしないようす。「—たる余韻」❷はてしなく広いようす。「—たる原野」

びょう-びょう ◎【×渺×渺】と 副 たる連体〔文章語〕水面や野などがひろびろと、はてしのないようす。「—たる大洋」

びょう-ふ ビヨ【病夫】名 病気をしている夫。↕病妻。

びょう-ふ ビヨ【病父】名 病気をしている父。↕病母。

びょう-ぶ ◎【×屏風】名 ふすまに似たものを二・四・六枚とつないで、折りたためるようにし、室内にたて、物をへだて風を防ぎ、また、かざりにするもの。冬 **—倒し** だおし ダ 名 あおむけに倒れること。びょうぶ返し。

びょうぶ

びょう-へい ◎【病弊】名 物事の奥にひそむ弊害。「社会の—」

ひょう-へき ◎【氷壁】名 氷山などの絶壁。また、こおりついた岩壁。冬

びょう-へき ◎【病癖】名〔文章語〕病的なくせ。よくないくせ。

ひょう-へん ◎【氷片】名 こおりのかけら。

ひょう-へん ◎【×豹変】名 自サ 態度などが急にかわること。⇩君子は豹変す。

びょう-へん ◎【病変】名〔医〕病気によるからだの変化や、体の組織の変化。

びょう-ほ ビヨ【苗×圃】名 苗木・苗草を育てるはたけ。

びょう-ぼ ビヨ【病母】名 病気をしている母。↕病父。

ひょう-ほう ビヨ【兵法】名 ➡へいほう。

ひょう-ぼう ◎【標×榜】名 他サ 主義・主張などを、かかげあらわすこと。「民主主義を—する」

びょう-ほう ◎【描法】名 絵画や文章を描く技法。「写実的な—」

びょう-ぼう ◎【×渺×茫】と 副 たる連体〔文章語〕ひろびろとしてかぎりのないようす。「—たる大海原(おおうなばら)」

びょう-ぼつ ◎【病没】【病×歿】名 自サ 病気のために死ぬこと。病死。

ひょう-ほん ◎【標本】名 ❶実物に似せて作った見本。ひながた。❷動物・植物・鉱物などの、学習用・研究用の実物見本。「植物—」❸ある物事全体の性質を示すものとして、ぬき出された一部のもの。サンプル。↕母集団。 **—抽出** ちゅうしゅつ チュ 名 統計調査のため、ある集団から「標本❸」をぬき出すこと。サンプリング。 **—調査** ちょうさ チョ 名 全体からぬき出した一部について調査し、その結果から全体を推定する調査の方法。↕全数調査。 **—木** ぼく ホ 名 気象庁が開花宣言などと称して発表するめやすとなる特定の木。標準木。

びょう-ま ビヨ【病魔】名 病気を魔にたとえていう語。「—におかされる」

ひょう-む ビヨ【氷霧】名 霧(きり)の一種で、霧の粒がごく細かなこおりの結晶であるもの。

ひょう-めい ◎【表明】名 他サ 意見・意思などをはっきりと、あらわすこと。「所信を—する」

びょう-めい ◎【病名】名 病気の名まえ。

ひょう-めん ◎【氷面】名 こおりの表面。

ひょう-めん ③【表面】名 ❶いちばん外がわの面。❷他人から見えるところ。おもて。うわべ。「—をかざる」↕裏面・内面。 **—化** か ◎ 名 自サ おもてにあらわれること。「事件が—する」 **—張力** ちょうりょく チョ 名 液体の表面がちぢみ、なるべく小さな面積をとろうとする力。 **—的** てき ◎ 形動 物事のうわべだけに関係するようす。「—な見方」↕内面的・実質的。

ひょう-めんせき ⊠【表面積】名 立体の表面の面積。

ひょう-もく ⓪【標目】名〔文章語〕❶目次。❷目じるし。

びょう-ゆう ⓪【病友】名〔文章語〕❶病気をしている友人。❷同じ病気の友人。❸同じ病院で療養している人。

ひょう-よみ ⓪【票読み】名 ❶投票の数の予想を立てること。❷投票したふだを読みあげること。

びょう-よみ ⓪【秒読み】名 ❶残り時間を、あと何秒と、秒単位で読みあげること。❷期限がひどくさしせまっていること。「決行は―の段階にはいった」

ひょう-り ヒョ【表裏】㊀名 おもてとうら。表面と裏面。また、おもてとうらの関係にあること。「―のある人」「―をなす」㊁名 自サ おもてとうらとがかわること。「言行が相―している」 **―一体**(いったい) ヒョ 名 二つのものの関係が密接であること。

びょう-り ヒョ【病理】名 体から取った組織を顕微鏡などで調べて、病気の原因や診断を確定する、基礎的な医学の方法。「―学」 **―解剖**(かいぼう) カ 名 病死した人を解剖して、死因や治療効果を調べること。 **―検査**(けんさ) ケ 名 病気の診断のために、患者から採取した組織・細胞などをくわしく調べること。

ひょう-りゅう ⓪【漂流】名 自サ ただよいながれること。「かじを失って―する」

ひょう-りょう ⓪【×秤量】㊀名 他サ ❶はかりで目方をはかること。❷物事の軽重(けいちょう)を判断すること。㊁名 はかりではかることのできる限度。「―一〇〇キロの体重計」

びょう-れき ⓪【病歴】名 今までにかかった病気の経歴。

ひょう-ろう ⓪【兵糧】名 ❶軍隊の食糧。❷〔俗語〕食べ物。 **―攻め**(ぜめ) ⓪ 名 敵の食糧補給の道をたちきって降参させようとする戦法。

ひょうろく-だま ⓪【兵六玉】名〔俗語〕まぬけ。とんま。

ひょう-ろん ⓪【評論】名 他サ 物事の価値・優劣などについて、批評し、論ずること。また、その文章。 **―家**(か) ⓪ 名 評論を仕事にする人。

ひ-よく ⓪【比翼】名 ❶二羽の鳥がつばさをならべること。ひよくのとり。❷着物のふち・すそ・そでなどを二重にして、胴の部分は一枚にしたもの。 **―塚**(づか) ク 名 互いに愛しあって死んだ男女をいっしょにほうむって、立てた墓。 **―の鳥**(とり) ❶雌雄(しゆう)が、それぞれ一つの翼、一つの目をもち、いつも一体となって飛ぶという想像上の鳥。❷深いちぎりをむすんだ男女。仲のよい夫婦。 **―連理**(れんり) ヒ=レ 名〔「比翼の鳥、連理の枝」の略〕男女の深いちぎりのこと。仲むつまじいことのたとえ。

ひ-よく ⓪【肥沃】形動 ダロ・ダッ・デ・ニ／ダ・ナ・ナラ・〇 土地がこえているようす。「地味―な地」

び-よく ⓪【尾翼】名 飛行機の後部の翼。水平尾翼と垂直尾翼から成る。

び-よく ⓪【鼻翼】名 はなの両はしのふくれた部分。こばな。

ひ-よけ ⓪【日よけ】【日▲除け】名 日光をさけるおおい。㊊

ひ-よけ ⓪/ケ【火よけ】【火▲除け】名 火事の燃えひろがるのをさけること。また、そのためのもの。

ひよ-こ ⓪ 名 ❶にわとりやあひるの子。ひな。❷からだ・学問・技術などの未熟なもの。一人前になっていないもの。＝ひよっこ。

ひょこ-ひょこ ヒョ ⟨と⟩副 ❶身軽に、または、不用意に動き回るようす。「―出歩く」❷平面の上に、あちこち現れるようす。「―首を出す」

ぴょこ-ぴょこ ピョ ⟨と⟩副 ❶ひょこひょこ。「―飛んで歩く」❷しきりに頭を下げるようす。

ひょっこり ③ ⟨と⟩副 思いがけないときに出たり、出会ったりするようす。ひょっくり。「―と顔を出す」

ひょっ-と ⓪ 副 ❶不意に。「―思い出す」❷もしも。万一。「―そんなことがおこると、こまる」 **―したら** タ 副 もしかしたら。あるいは。ひょっとすると。「―勝てるかもしれない」 **―して** ⓪ 副 ❶もしも。偶然に。❷ひょっとしたら。 **―すると** ⓪ 副 ひょっとしたら。

ひょっとこ ⓪ 名〔「火男」(火を吹きおこす男)の変化〕↔おかめ。❶片目が小さかったり、口がとがったりしたこっけいな男の仮面。❷男をののしった語。

ひょっとこ❶

ひよ-どり ③【×鵯】名 ヒヨドリ科の鳥。せなかは青黒く、胸腹部は灰青色。多くは山林にすむ。㊎

ぴよ-ぴよ ピ 副 ひよこの鳴き声をあらわす語。

ひ-よみ ⓪【日読み】名 こよみ。

ひよめき ⓪ 名 乳児の頭のいただきの骨の一部にある穴。脈拍(みゃくはく)につれてうごくところ。おどりこ。

ひ-より ⓪【日和】名 ❶晴れておだやかな天気。晴天。「あすの―」❷空もよう。天気。「よいお―です」❸好事のなりゆき。形勢。「―を見る」 **―下▲駄**(げた) リ 名 おもに天気のよいときにはく、歯の低いげた。 **―見**(み) ⓪ 名 ❶天気もようを見ること。❷態度をはっきりさせずに、形勢をうかがい見ること。 **―見感染**(みかんせん) カ 名 からだの抵抗力が弱っているときに、ふつうは病原性を示さない菌によって感染すること。 **―見主義**(みしゅぎ) シュ 名 自分の利益になる方にと、態度をはっきりさせず、形勢を見ているやりかた。

ひ-よ・る ③【日▲和る】自五 ラ・ロ リ・ッ／ル ル レ レ〔「ひより(日和)」の動詞化〕❶「日和見❷」をする。都合のよい側につく。「ひよって多数派にまわる」❷〔俗語〕積極的にかかわらないで傍観する。「ひよって判断を避ける」

ひょろ-つ・く ⓪ 自五 カ・コ キ・イ／ク ク ケ ケ 足に力が入らず、ひょろひょろする。

ひょろ-っと ② 副 ⇩ひょろりと。

ひょろ-なが・い ガ/⓪【ひょろ長い】形 カロ・カッ・ク／イ・イ・ケレ・〇 ひょろひょろと長い。

ひょろ-ひょろ ヒョ ⟨と⟩副 自サ ❶足どりがおぼつかないようす。❷細長くて弱々しいようす。「―と伸びた草」

ひょろりと ロ/リ 副 やせて、ひ弱なようす。また、たよりないようす。「背が高く―した体格」

ひ-よわ ⓪【ひ弱】形動 ダロ・ダッ・デ・ニ／ダ・ナ・ナラ・〇 弱々しいようす。「―なからだ」

ひ-よわ・い ワ【ひ弱い】形 カロ・カッ・ク／イ・イ・ケレ・〇 弱々しい。かよわい。 **ひ弱げ** 形動 **ひ弱さ** 名 **ひよわ・し** 文語ク

ぴょん-と ピョ 副 身軽に一度とんだり、はねたりするようす。「膝に―飛び乗る」

ひょん-な ヒョ 連体 意外な。とんでもない。妙な。「―ところで会った」

ぴょん-ぴょん ピョ ⟨と⟩副 身軽にくり返しはねるようす。「うさぎが―はねる」

ひら【ひら】【▲片・▲枚】接尾 紙などのような、うすくひらたいもの。また、それをかぞえる語。「一―の花弁」

ひら ヒ【平】名 ❶たいらなこと。ひらたいこと。ひらたい所。「手の―」❷役職についていないこと。「―社員」

びら ⓪ 名〔bill(はりふだ)のなまり。「片(ひら)」の変化ともいう〕広告・宣伝のために人目につく所にはりだし、または、くばる紙片。ちらし。「―配り」

ビ(ヴィ)ラ ビ〔villa〕名 別荘。

ひら-あやまり ア【平謝り】名 ひたすらにあやまること。「―にあやまる」

ひ-らい [0]【飛来】名 自サ〔文章語〕とんでくること。「大陸から黄砂が―する」

ひらい-しん [0]【避雷針】名 落雷の被害から建造物などをまもるために、先をとがらせた金属製の棒を高い所にたて、雷の電流を導線で直接地下にみちびく仕掛け。

ひら-うち [0]【平打(ち)】名 ❶ひもを平たく編むこと。また、編んだひも。❷金属を平たく打ちのばすこと。また、そのもの。❸かんざしの一種。平たい形のもの。

ひら-おし [0]【平押し】名 一気に押しすすむこと。ひた押し。

ひら-およぎ [オ]【平泳(ぎ)】名 からだを下向きにし、両手を水平に開いて水をかき、両足をかえるのように動かすおよぎかた。ブレスト。

ひら-おり [0]【平織(り)】名 縦糸と横糸とを一本ずつまじわらせる織りかた。ふつうの織りかた。

ひら-がい [0]【平飼い】名 食用のにわとりをケージではなく、平らな地面で放し飼いにすること。

ひらが-げんない《平賀源内》一七二八～七九。江戸時代中期の博物学者、滑稽本・浄瑠璃作者。風来山人と号する。多才で発電機などの発明も多い。「風流志道軒伝」「神霊矢口渡」など。

ひら-がな [ガ]【平仮名】名 漢字の草体からつくられた日本語の音節文字。おんなで。↔かたかな。

ひらき [キ]【開き】名 ❶ひらくこと。あくこと。「戸の―」❷魚などを切りひらいて干したもの。「あじの―」❸へだたり。「得点の―」❹ひらきど。❺↓おひらき。

びらき【開き】造 その日から何かを始めること。「海―」「店―」「プール―」

ひらき-ど [キ]【開き戸】名 ちょうつがいなどで一端を柱に固定し、他の端をあけたてする戸。↔引き戸・やり戸。

ひらき-なお・る [オ]【開き直る】自五 それまでと変わって、改まった態度になる。また、ふてぶてしくいなおる。**開き直れる** 自下一〔…できる〕

ひら-ぎぬ [0]/[ギ]【平絹】名 平織りにした絹の布。

ひらき-ふう [0]/[キ]【開き封】名 封の上端を切りとり、中が見えるようにした郵便物。開封。

ひら・く [ラ]【開く】■ 自五 ❶とじていたものがあけられる。あく。「とびらが―」「つぼみが―」↔閉じる。❷力量や値段などの差ができる。「実力が―」❸物事が始まる。「銀行が―」■ 他五 ❶おしあける。ひろげる。「戸を―」「書物を―」「ファイルを―」❷はじめる。おこす。「会議を―」「事業を―」❸開墾する。「原野を―」❹あけて通す。「血路を―」❺〔数〕乗根を求める。「二十五を開くと五になる」参考「ひらく」「とじる」は「ひらいたりとじたりする」物の動作を表す。「あく」「あける」には、そのような制約はない。■ 自四〔古語〕❶〔武士が戦場で用いる忌みことば〕しりぞく。逃げる。落ちのびる。「急ぎいづ方へも御ひらき候ふべし」〈保元〉❷〔慶事での忌みことば〕〔宴会などを〕終わりにする。解散する。

ひら-ぐけ [0]【平ぐけ】【平×絎】名 ❶たいらにくけること。❷ひらぐけおび。**―帯** [オ] 名 しんを入れず、平たくくけた幅のせまい男物の帯。

ひら-くび [ラ]【平首】名 馬の首の横がわ。

ひら-ぐも [0]【平×蜘×蛛】名 ヒラタグモ科の節足動物。かべなどに、まるくて平たい白い巣をつくる。ひらたぐも。**―のよう** はいつくばって、あやまるようす。

ひら・ける [ケ]【開ける】自下一 ❶とじているものがあく。「進学の道が―」❷ひろがる。広く見渡される。「けしきが―」❸人知が進む。文明が進む。「世が―」❹人が多く住むようになる。にぎやかになる。「開けた町」❺人情に通じている。「開けた人」**ひら・く** 文語下二

ひら-ざむらい [ザ]【平侍】名 なみの身分の侍。

ひら-じろ [0]【平城】名 平地に築いた城。

ひらた-あつたね《平田篤胤》一七七六～一八四三。江戸時代後期の国学者。本居宣長の古道研究を継ぎ、復古神道を主張。「古道大意」など。

ひらた・い [0]/[タ]【平たい】形 ❶うすくてひろい。❷たいらである。❸よくわかる。やさしい。「平たく言えば」**平たさ** 名 **ひらた・し** 文語ク

ひら-だい [0]【平台】名 書店で、本や雑誌を平積みにする台。

ひらた-ぐも [グ]【▲平×蜘×蛛】名 ↓ひらぐも。

ひら-ち [0]【平地】名 たいらな土地。へいち。

ひら-づみ [0]【平積み】名 他サ 書店で、本の表紙が見えるように台の上に積み重ねて陳列すること。

ひら-て [0]【平手】名 ❶開いた手のひら。「―でうつ」❷将棋で、駒の数をへらさずに対等にさすこと。

ひら-どま [0]【平土間】名 昔の劇場で、舞台正面の、低い、ますがたにくぎった見物席。ひらば。

ひら-なべ [0]【平鍋】名 全体が浅くて、底のひらたいなべ。

ひら-に [ヒ]【平に】副 ❶〔へりくだって、願い頼むときのことば〕どうか、ぜひとも。なにとぞ。「―御容赦たまわりますように」❷〔古語〕たいらに。ぺたんと。「さながらひらに倒れたるもあり」〈方丈記〉❸〔古語〕ぶじに。容易に。「念誦の間にひらに生まれけり」〈著聞集〉❹〔古語〕ひたすら。せつに。「新大納言成親の卿もひらに申されけり」〈平家〉

ピラニア [0]〈piranha〉名 カラシン科の熱帯淡水魚。南米のアマゾンなどにすむ。鋭い歯をもち、群れをなして人畜をおそうこともある。

ひら-ば [0]【平場】名 ❶平地。ひらち。❷平土間。❸一部の関係者に限らず、一般に開かれた場。「―の議論」

ひらばやし-たいこ《平林たい子》一九〇五～七二。小説家。本名はタイ。プロレタリア文学作家として出発したが、のちにそれを否定した。「かういふ女」など。

ひら-び [ラ]【平日】名 漢字の部首の一つ。「書」「最」などの「日」。

ひら-ひら [ヒ]〔と〕副 自サ ❶紙などが舞うようす。❷旗などがひるがえるようす。

ピラフ [ピ]〈フ pilaf〉名 米と、たまねぎ・肉・えびなどをバターでいため、スープでたき込んだ料理。

ひら-ぶん [0]【平文】名 暗号文に対して、普通の文章。へいぶん。

ひら-べった・い [タ]【平べったい】形 「ひらたい」を強調した言い方。**平べったさ** 名

ひら-まく [0]【平幕】名 相撲で、三役にはいらない幕内の力士。前頭。

ひら-まさ [0]【平政】名 アジ科の海水魚。全長約二メートル。ぶりに似る。日本の南よりに分布する。食用。㊂夏

ピラミッド [ミ]〈pyramid〉名 古代エジプトの王・女王などの、大きな角錐状の石の墓。金字塔。

王の玄室
大通廊
入口
女王の玄室
廊下

ピラミッド

ひら-むぎ [ム]【平麦】名 精白してひらたくおしつぶした麦。↔丸麦。

ひら-め [0]【▲比▲目▲魚・×鮃】名 ヒラメ科の海魚。沿岸の砂泥の中に横たわる。からだは偏平で左がわを上にしている。左がわは暗褐色、右がわは白色。食用。㊂冬

ひらめか・す [カ]【×閃かす】他五 ❶きらりと光らせる。ひらめかせる。❷するどい動きをみせる。「才知を

「—」

ひら-め・く [ヒ]【×閃く】[自五] ❶物が動いてぴかぴかと光る。瞬間的に光る。❷旗などが風にひるがえる。❸瞬間的に心の中に思い浮かぶ。「いい案が—」 **ひらめき** [名]

ひら-や [0]【平屋】[名] 一階建ての家。[参考] 建築用語では、「平家」と書く。

ひらり [ラ][リ] (と)[副] ❶ひるがえるようす。❷すばやく飛びうつるようす。「—と身をかわす」

ひら-わん [0]【平わん】【平×椀】[名] 浅くてひらたいわん。おひら。ひら。

び-らん [0]【×糜×爛】[名][自サ][文章語] ただれること。

ひ-り [ヒ]【非理】[名][文章語] 道理にそむくこと。理屈にはずれること。

びり [ビ][名][俗語] 席次・順番などがいちばんすえであること。「徒競走で—になる」

ビリアード [ア]〈billiards〉[名] ➡ビリヤード。

ピリオド [ピ]〈period〉[名] 欧文・ローマ字文などの文のおわりをしめす終止符。「.」 **—を打つ** ❶終止符をしるす。❷ある物事をおわりにする。終了する。「論争に—」

ぴり-から [0]【ぴり辛】[名] 薬味が舌を刺激するようなからさ。「—いため」

ひ-りき [0][ヒ]【非力】[名][形動] ❶力がないこと。「おのれの—を嘆く」❷勢力・能力のとぼしいこと。「—な打者」

ビリケン [0]〈ア Billiken〉[名] ❶頭のとがった、つり上がった眉の、はだかのアメリカの福の神。❷頭のとがった人をからかって言うことば。

ひり-だ・す [ダ]【×放り出す】[他五] 体内のものを力をこめて外に出す。「くそを—」 **ひり出せる** [自下一] […できる]

ひ-りつ [0]【比率】[名] 二つ以上の数や量をくらべた割合。比。

びりっ-と [リ] ㊀[副] 紙や布が勢いよくやぶける音の形容。㊁[副][自サ] 電気などの刺激を受けてしびれるようす。「ドアに触ったら静電気が—きた」

ぴりっ-と [リ][副][自サ] ❶辛味などの強い刺激を感じるようす。「スパイスが—きいている」❷緊張感があるようす。「現場に—した空気が走る」

ひり-ひり [ヒ] (と)[副][自サ] ❶すりきずややけどなどで、皮膚が痛むようす。「すりむいた傷が—痛む」❷口の中が辛味で刺激されるようす。

びり-びり [ビ] ㊀(と)[副][自サ] ❶窓ガラスなどがこまかくふるえるようす。❷電気の刺激をからだで感じるようす。㊁(と)[副][形動] 紙や布がひきさかれるようす。「紙を—と裂く」「シャツが—になる」[参考] ㊁の意で形容動詞として使うときは[0]。

ぴり-ぴり [ピ] ㊀(と)[副][自サ] ❶皮膚が刺されるように痛むようす。❷辛味で口の中が強く刺激されるようす。❸神経が過敏になっているようす。「試験前で—している」㊁(と)[副] 警笛などの鳴る音をあらわす語。

ビリヤード [ヤ]〈billiards〉= **ビリアード** [名] たまつき。撞球。

び-りゅうし [リュ]【微粒子】[名] 粒子のごくこまかなもの。

ひ-りょう [ヒ]【肥料】[名] 土の中に入れる植物の栄養物質。こやし。

び-りょう [0]【微量】[名] ごくわずかの量。

び-りょう [0]【鼻×梁】[名][文章語] はなすじ。

ヒリョウズ [リョ]【飛▲竜頭】[名] 〔ポルトガルの菓子 filhos から〕がんもどき。ヒリュウズ。ヒロウス。

び-りょく [0]【微力】[名] ❶勢力の弱いこと。❷自分の労力や力量をへりくだって言う語。「—を尽くす」「—ながら」[参考] 自分以外に使うのは誤り。

ひ-りん [0]【比倫】[名][文章語] 比べるもの。同列のもの。たぐい。「—を絶したはたらき」

ひ-りん [0]【比隣】[名][文章語] のきをならべたとなりの家。

ひ-りん [0]【×賁臨】[名] 〔「ふんりん」は慣用読み〕[文章語] 〔「賁」は光をそえるの意〕ひとがたずねてくることの尊敬語。「ご—をたまわる」

び-りん [0]【美林】[名] 美しい林。みごとな林。

ピリン-けい [0]【ピリン系】〔ピリンは pyrine〕[名] かぜ薬として用いられるアンチピリン・スルピリンなどの系統のくすり。

ひる [ル]【昼】[名] ❶日の出から日の入りまで。↕夜。❷一日のうち、特に朝夕をのぞいたあかるい時間。ひるま。日中。❸まひる。正午。「—になる」❹ひるめし。ひるげ。「—にする」 **—を欺く** 昼かと思われるように明るいようす。

ひる [ヒ]【×蛭】[名] ヒル綱の環形動物の総称。池・沼・水田にすみ、吸盤をもち、人畜の血を吸う。㊦

ひる

ひる [ヒ]【×蒜】[名] ❶のびる。❷にんにく。㊢

ひる [ヒ]【干る】[自上一] ❶かわく。❷潮が引いて海底が現れる。

ひ・る [ヒ]【▲放る】[他五] 体外へつよく出す。「へを—」 **ひれる** [自下一] […できる]

ひる [ヒ]【×簸る】[他上一] 箕で穀物などをあおって、くずをのぞきさる。

ひる 【×嚔る】[他上一][古語] くさめをする。「したり顔なるもの、正月一日に最初に鼻ひたる人」〈枕〉

びる [接尾] 〔上一段活用動詞をつくる〕…のふうになる。「おとな—」

ビル [ビ][名] 「ビルディング」の略。

ビル [ビ]〈bill〉[名] ❶勘定書き。請求書。❷〖経〗手形。

ピル [ピ]〈pill〉[名] 〔丸薬・錠剤の意〕女性用の経口避妊薬の俗称。

ひる-あんどん [ア]【昼あんどん】【昼行▲灯】[名] 〔日中にともっているあかりが何の役にも立たないところから〕ぼんやりした、役に立たない人をばかにしていう語。

ひ-るい [0]【比類】[名][文章語] くらべることのできるもの。たぐい。「—がない」

ビル-がい [ル]【ビル街】[名] たくさんのビルディングがあつまり建っている区域。

ひる-がえ・す [ガ]【翻す】[他五] ❶うらがえす。ひっくりかえす。反対にする。「てのひらを—」❷変える。あらためる。「態度を—」❸おどらす。「身を—」❹ひらさせる。ひらめかす。「旗を—」

ひるがえっ-て [ガ]【翻って】[副] 〔今まで述べてきたことと別の立場に立ってものを言う時に使うことば〕反対に。さて。「—考えてみるに」

ひる-がえ・る [ガ]【翻る】[自五] ❶ひらりとかえる。うらがえる。❷風にひらひらする。「国旗が—」

ひる-がお [0]【昼顔】[名] ヒルガオ科のつる性多年草。原野にはえ、夏の昼、あさがおに似たうす紅色の花を開く。薬用。㊦

ビル-かぜ [ル]【ビル風】[名] 高層ビルの周辺で、局所的に吹く強い風。

ひる-げ [0]【昼げ】【昼×餉】[名][文章語] ひるめし。↕朝げ・夕げ。

ひる-ごはん [ゴ]【昼御飯】[名] 昼の食事。↕朝御飯・夕御飯・晩御飯。[参考] 「昼御飯」は「昼飯」にくらべるとやや改まった普通の言い方。「昼飯」は、主に男性が会話で使う。「昼食」は文章語にも使う標準的な表現。

ひる-さがり [サ]【昼下がり】名 正午から午後三時ごろまでの昼間の時間帯。参考 午後の前半を指したが、近年「昼過ぎ」との区別が失われつつある。

ひる-ざけ [0]【昼酒】名 昼のうちから飲む酒。

びるしゃなぶつ《毘盧遮那仏》 大乗仏教の仏。全世界に光明を放つ存在としての仏。特に、華厳経では中心的存在で、奈良の大仏が有名。密教では大日如来。るしゃなぶつ。参考「びるしゃな」は梵語 Vairocana の音訳から。

ひる-すぎ [ギ]/[ス]【昼過ぎ】名 正午を過ぎたころ。「新幹線の運転は—の十二時半に再開しました」参考 若年層ほど時間帯を長くとる傾向がある。気象情報などでは、午後二時ごろまでを含む。

ひる-せき [0]【昼席】名 寄席で、昼に行う興行。昼の部。↕よるせき。

ひる-つ-かた【昼つ方】名〔古語〕昼時分。お昼のころ。

ビルディング [ビ]〈building〉名 コンクリートなどでつくった高層建築。ビル。

ひる-どき [0]【昼時】名 正午から一時間ほどのあいだ。昼食をとる時間。

ひる-とんび [ト]【昼とんび】【昼×鳶】名 昼間、よその家からかねや品物をさらって逃げるぬすびと。

ひる-なか [0]【昼中】名 ひるま。日中。まひる。↕夜中。

ひる-ね [0]【昼寝】名 ひるま眠ること。午睡。夏

ひる-ひなか [ヒ]/[0]【昼日中】名 まっぴるま。まひる。

ひる-ま [マ]【昼間】名 昼。特に、そのうちから朝夕をのぞいたあかるい時間。日中。ちゅうかん。

ビルマ《Burma》➡ミャンマー。

ひる-まき [ル]【ひる巻き】【×蛭巻】名 やり・なぎなたの柄、刀のさやなどを、籐などで間をおいて巻いたもの。

ひる・む [ル]【×怯む】自五 「相手の勢いに—」 気力がくじける。おそれてちぢむ。 ひるみ 名

ひる-めし [0]【昼飯】名 昼の食事。昼食。↕朝飯・晩飯。⇩昼御飯 参考

ひる-やすみ [ヤ]【昼休み】名 昼食時の休み。昼食後の休み。

ひれ [レ]【×鰭】名 ❶魚類の運動器官。むなびれ・はらびれ・せびれ・おびれなど。❷魚のひれぎわの肉。ひれにく。

ひれ【▲領▲巾】名〔古語〕女性が首にかけてかざりとした布。

ヒレ [0]〈ᶠfilet〉=フィレ 名 うし・ぶたなどの、腰から背中にかけての肉。ヒレ肉。最上等の肉とされる。

ひ-れい [0]【比例】名自サ ❶一つの数・量が二倍・三倍になれば、他の数・量も二倍・三倍になるという関係。正比例。❷二つの数・量の比が、他の二つの数・量の比に等しいこと。正比例。❸一つの量の増減につれて、もう一方の量も増減すること。「努力に—して成績が上がる」 —代表区 [ヒョ] 名 比例代表制の選挙で、政党の得票率によって当選者が決まる地域的区分。比例区。 —代表制 [0] 名 選挙区内の各党派への投票数に比例して、当選者の数をきめる選挙の方法。 —配分 [八] 名 あたえられた数量を、きまった割合で分けること。案分。

ひ-れい [ヒ]【非礼】名形動〔文章語〕礼儀にはずれること。また、そのおこない。無礼。

び-れい [0]【美麗】名形動〔文章語〕物の姿がうつくしいこと。

ひ-れき [0]【披×瀝】名他サ 心の中をかくさずうちあけること。「誠意を—する」

ひれ-ざけ [0]/[レ]【ひれ酒】名 ふぐやえいのひれを火であぶって、熱燗の日本酒に入れたもの。冬

ひ-れつ [0]【卑劣】【×鄙劣】名形動 性質・行動などが、いやしくてきたならしいこと。卑怯で下劣なこと。

ひれ-ふ・す [フ]/[0]【ひれ伏す】【▲平伏す】自五 身をひらたくして伏す。平伏する。

ひ-れん [0]/[ヒ]【悲恋】名 かなしい結果となる恋。悲劇的な恋。

ひろ [ヒ]【▲尋】名 おとなが両手を左右にのばしたときの、両方の指先までの距離。六尺。約一・八メートル。

ひろい [0]【拾い】名 ❶ひろうこと。「くず—」❷身分の高い人が歩くこと。おひろい。

ひろ・い [ロ]【広い】【×弘い】形 ↕狭い。❶面積が大きい。「—野原」❷幅が大きい。「—肩幅」「—道」❸大きく開けている。「—ながめ」❹範囲が大きく、ゆきわたっている。「—知識」「顔が—」❺こせこせしないで、ゆったりしている。「心が—」「度量が—」 ひろ・し 文語ク

ひろい-あ・げる [ゲ]/[0]【拾い上げる】他下一 ❶拾って持ち上げる。「球を—」❷多くの中から選んで取り上げる。「少数意見を—」❸不遇な人を助け出す。 ひろひあ・ぐ 文語下二

ひろい-あるき [ア]【拾い歩き】名 ❶車に乗らずに歩いて行くこと。❷道のわるい所をよけて歩くこと。

ヒロイズム [イ]〈heroism〉名 英雄的な行動を愛する心情。英雄を崇拝する主義。英雄主義。

ひろい-だ・す [ダ]【拾い出す】他五 多くの中から選び出す。「質の高い情報を—」 拾い出し 名 拾い出せる 自下一〔…できる〕

ヒロイック [イ]〈heroic〉形動 英雄的で勇ましいようす。おおしい。壮烈な。

ひろい-もの [0]【拾い物】名 ❶ひろったもの。❷思いがけない、もうけもの。

ひろい-よみ [0]【拾い読み】名 ❶一字ずつ、ぽつりぽつりと読むこと。❷あちこちをすこしずつ読むこと。

ヒロイン [ロ]〈heroine〉名 小説・劇などの女主人公。↕ヒーロー。

ひ-ろう [0]【疲労】名自サ 心やからだがくたびれること。つかれ。 —骨折 [コ] 名 骨の同じ部位にくり返し力が加わり、小さなひびが入っておこる骨折。 —困×憊 [0] 名 つかれはてること。

ひ-ろう [ヒ]【披露】名他サ ❶ひろく発表すること。「結婚の—」❷広告。「開店の—」 —宴 [ロ] 名 結婚・就任などを発表する宴会。

ひ-ろう [0]【卑×陋】名形動〔文章語〕品性や言動などが下劣なこと。下品。

ひろ・う [0]【拾う】他五 ❶落ちたものをとりあげる。↕捨てる。❷えらびとる。「活字を—」❸かくれているものを見つけだす。「A氏に拾われて出世した」❹あやうくたすかる。「命を—」❺車をとめて乗る。「タクシーを—」❻徒歩で行く。 拾える 自下一〔…できる〕

び-ろう [0]【×檳×榔・×蒲×葵】名 ヤシ科の常緑高木。シュロに似て、高さは八〜一〇メートルに達する。雌雄異株。昔、葉を裂いて白くさらしたものを貴人の乗る牛車の飾りとした。

び-ろう [0]【尾籠】形動 けがらわしいようす。きたないようす。「—な話」参考「をこ(痴の意)」のあて字「尾籠」を音読したもの。

ひろ-えん [ロ]【広縁】名 ❶幅の広い縁側。❷寝殿造りのひさし。広びさし。

ピロー [ロ]〈pillow〉名 まくら。「—ケース」

ビロード [0]【▲天×鵞×絨】〈ポveludo〉名 表面が毛を立たせたようになっている、なめらかでやわらかい織物。地質は、

もめん・きぬ・毛など。ベルベット。

ひろがり⓪【広がり】【▲拡がり】名 ひろがること。また、その程度。広さ。範囲。

ひろが・る⓪【広がる】【▲拡がる】自五 ラ・ロ・リ・ッ・ル・ル・レ・レ ❶面積・規模・間隔が大きくなる。広くなる。「道幅が―」「事業が―」「差が―」❷広い範囲に行きわたる。広まる。「うわさが―」「変な風習が―」❸たたんだ物・折った物が開く。「スカートが―」❹のび開ける。展開する。「すばらしい景色が眼下に―」

ひ・ろく⓪/ヒ【秘録】名〔文章語〕秘密の記録。一般に公開されない記録。

び・ろく⓪【美×禄】名〔文章語〕❶いい給与。てあつい俸禄(ほうろく)。❷酒のこと。「天の―」

び・ろく⓪【微×禄】㊀名 薄給。少ない俸禄(ほうろく)。㊁名 自サ おちぶれることの、古めかしい言い方。零落(れいらく)。

ひろ・くち⓪【広口】名 ❶びんなどの口のひろいこと。また、そのようなびん。❷いけばな用の水盤(すいばん)。

ひろ・げる⓪【広げる】【▲拡げる】他下一 ゲ・ゲ・ゲル・ゲル・ゲレ・ゲロ・ゲヨ ❶面積・範囲・規模を大きくする。広くする。「道路を―」「販路を―」「事業を―」「視野を―」❷閉じた物、巻いた物、包んだ物、たたんだ物を開く。「教科書を―」「巻物を―」「弁当を―」「ハンカチを―」❸たくさんの物を並べて場所を取る。「持ち寄った物をテーブルの上に―」 **ひろ・ぐ** 文語下二

ひろ・こうじ⓪【広小路】(こうぢ) 名 はばのひろい街路。

ひろ・ご・る【広ごる】自四〔古語〕ひろがる。ひろまる。「好き給へる御名のひろごりて」〈源氏〉

ひろ・さ⓪【広さ】名 面積や幅の大きさ。また、面積や幅が大きいこと。「―のあるリビング」

ピロシキ⓪〈ロ pirozhki〉名 肉・野菜などを小麦粉の皮でつつんで揚げた、ロシア風肉まんじゅう。

ひろしま・けん《広島県》中国地方中部の瀬戸内海がわの県。県庁所在地は広島市。

ひろ・そで⓪【広袖】名 そでぐちの下方を縫いあわせないそで。ひらそで。

ひろつ・かずお《広津和郎》一八九一〜一九六八。小説家・評論家。時代・社会に関心を持ち続けた。小説に「神経病時代」、評論に「松川裁判」など。

ひろっ・ぱ⓪【広っぱ】名〔俗語〕広場。

ピロティ⓪〈フ pilotis〉名 一階を通り抜けるようにした建物の柱やその空間部分。また、そのような建て方。

ひろ・の⓪【広野】名 ひろい野。こうや。

ひろ・ばヒ【広場】名 建造物や樹木でふさがれていない、ひろい場所。広っぱ。「駅前―」

ひろ・はば⓪【広幅】名 反物(たんもの)の幅がふつうよりひろいこと。また、その反物。約七二センチメートル。↔並幅(なみはば)。

ひろ・びろヒ【広広】(と)副 自サ ひらけて、ひろいようす。

ひろ・ぶた⓪【広蓋】名 ❶衣服を入れる箱のふた。昔、貴人が衣服を与える時、これにのせて与えた。❷ふたの形につくって、食べ物などを持ちはこぶ大形のぼん。

ヒロポンヒ〈Philopon〉名〔商標名〕覚醒(かくせい)剤の一種。

ひろ・まヒ【広間】名 ひろい部屋。

ひろ・まえ⓪【広前】(まへ) 名 ❶神仏の前。大前(おおまえ)。❷社寺・宮殿の前庭。

ひろま・るマ/⓪【広まる】【×弘まる】自五 ラ・ロ・リ・ッ・ル・ル・レ・レ ❶範囲がひろくなる。「知識が―」↔せばまる。❷ひろくつたわる。「うわさが―」

ひろ・めメ【広め】名 ⇒おひろめ。

ひろ・め・く 自四〔古語〕おちつきなく動きまわる。「ゐも定まらず(スワリモセズニ)ひろめきて」〈枕〉

ひろめ・や⓪【広目屋】名〔「広目」は「広める」の連用形「広め」から〕広告屋。ちんどん屋。

ひろ・めるメ【広める】【×弘める】他下一 メ・メ・メル・メル・メレ・メロ・メヨ ❶ひろくする。ひろげる。「やしきを―」↔せばめる。❷ひろく行われるようにする。「キリスト教を―」❸一般にひろく伝える。「うわさを―」❹範囲をひろくする。「知識を―」 **ひろ・む** 文語下二

ひろ・やか⓪【広やか】形動 ダロ・ダッ・デ・ニ・ダ・ナ・ナラ・○ ひろびろとしているようす。「―な座敷」

ピロリ・きん⓪【ピロリ菌】名〔ピロリ pylori は胃の末端にある幽門部の意〕胃の中に住む細菌の一種。胃潰瘍(かいよう)などの原因になるとされる。

ひわヒ【×鶸】(ひは) 名 ❶アトリ科の小鳥。羽毛は黄緑色。美しい声で鳴く。秋、北方からわたってくる。まひわ。㊙秋 ❷ひわいろ。

ひ・わヒ【秘話】名 人に知られていない話。「誕生―」

ひ・わヒ【悲話】名〔文章語〕かなしい物語。

び・わヒ【×枇×杷】名 バラ科の常緑高木。暖地にはえる。十一月ごろ白色の花をひらき、翌年初夏に赤黄色の果実をむすぶ。果実は食用。種子は薬用。㊙夏

び・わヒ【×琵×琶】名 東洋の弦楽器の一つ。大きなしゃもじ形の胴に、四本、または、五本の弦をはり、ばちではじいて演奏する。**―歌**(うた) ワ 名 びわに合わせてうたう歌。また、語り物。**―法師**(ほうし) ホ 名 ❶びわをひく僧。❷昔、びわに合わせて平家物語をかたった盲人。

びわ法師

ひ・わい⓪【卑×猥・×鄙×猥】形動 ダロ・ダッ・デ・ニ・ダ・ナ・ナラ・○ 下品で、みだらなようす。「―な話」 **ひわい・さ** 名

ひわ・いろ⓪【ひわ色】【×鶸色】(ひは) 名 ひわの羽色のような黄緑色。もえぎ色。ひわ。

ひ・わだ⓪【×檜▲皮】(はだ) 名 ❶ひのきのかわ。❷ひわだぶき。**―×葺**(ぶき) ⓪ 名 ひのきの皮で屋根をふくこと。また、その屋根。

ひ・わたりワ【火渡り】名 修験者(しゅげんじゃ)などが、燃えさかる火の上を呪文や経文を唱えながらはだしで歩くこと。

ひ・わり⓪【日割(り)】名 ❶日数に割りあてること。「作業の―」❷給金などを一日いくらと決めること。「―計算」

ひ・われ⓪【干割れ】名 乾燥のために、木材や地面などに割れめのはいること。

ひ・われ⓪【日割れ】名 日光に当たったために、木材などがたてに裂けること。

ひ・わ・れるレ/⓪【干割れる】自下一 レ・レ・レル・レル・レレ・レロ・レヨ かわいて割れ目ができる。「田が―」 **ひわ・る** 文語下二

ひん 接頭〔俗語〕〔動詞につく〕意味や語勢を強める。「―まげる」「―むく」

ひん【×牝】造 めす。「牝鶏・牝馬」

ひん【浜】造 ❶はま。「海浜」❷「横浜(地名)」の略。「京浜(けいひん)」

ひん【×稟】造 さずける。さずかる。「稟性・気稟・天稟(てんぴん)」〔別音りん｜稟〕

ひん【頻】造 しきり。たびたび。「頻出・頻度・頻尿・頻発・頻繁」

ひん【×瀕】造 せまる。すれすれに接する。「瀕死」 **瀕する** 自サ

ひん【品】㊀⓪ 名 造 ひとがら。品格。上品さ。「―のいい

老人」「品位・品性・気品」㊁造 ❶しな。しなもの。「品質・品目・金品・商品・食料品・日用品」❷くべつ。「品詞・品種」[別音ほん|品]

ひん【貧】㊀[ヒ] 名 造 まずしいこと。「貧窮・貧苦・貧困・極貧・清貧」㊁造 すくない。とぼしい。「貧血・貧弱・貧相・貧打」 **貧する** 自サ **ーに迫る** ひどく貧乏になる。

ひん【賓】㊀[ヒ] 名 造 主となるものに従うもの。「賓辞」㊁造 きゃく。まねかれた人。「賓客・貴賓席・国賓・主賓・来賓」

ひん [ヒ]【×顰】名 造 顔をしかめる。ひそみ。「顰蹙・一顰一笑」 **ーに倣う** ⬇ひそみにならう。

びん【敏】造 すばやい。かしこい。「敏感・敏速・敏腕・鋭敏・過敏・明敏」

びん【×紊】造 みだす。みだれる。「紊乱」

びん【×憫】造 あわれむ。うれえる。「憫察・憫笑・不憫・憐憫」

びん【便】㊀[ヒ] 名 造 ❶手紙のおとずれ。音信。「別便・郵便」❷ついで。つごうのよいとき。「ーを待ってとどける」❸交通・輸送の手段。「朝のーで届ける」「便乗・便船」「航空便・速達便・船便」㊁造 つごうがよい。「便覧・穏便」[別音べん|便]

びん【瓶】㊀[ヒ] 名 造 液体などを入れるうつわ。おもに口が狭くて細長いガラス製のものをいう。「瓶詰・大瓶・角瓶・ビール瓶」㊁造 ❶かめ。「花瓶・魔法瓶」❷水を入れて煮たてる器。湯わかし。「鉄瓶・土瓶」

びん [ヒ]【×鬢】名 頭の左右の側面の髪。

ピン [ヒ]〈pin〉名 ❶とめばり。❷機械部品のはずれを防ぐためにさしこむ、ほそい金具。❸ボウリングの、とっくり形をした的。 **ーバッジ** [四]〈pin badge〉名 裏にピンがついていて、それで服などにとめるバッジ。

ピン [ヒ]〈ポ pinta〉名 〔「点」の意から〕❶カルタ・さいころの目の一の数。❷最上のもの。はじめ。第一。↕キリ。 **ーからキリまで** 最上のものから最下等のものまで。始めから終わりまで。ピンキリ。

ピン-アップ [ア]〈pinup〉名 ⬇ピンナップ。

ひん-い [ヒ]【品位】名 ❶品格。ひん。「ーを保つ」❷鉱石中にふくまれる金属の割合。❸品質。「高ー画面のテレビ」

ピン-イン [0]【中×拼音】名 ローマ字による中国語の発音の表記法。

ひん-か [ヒ]【貧家】名 暮らしのまずしい家。↕富家。

ピン-カール [カ]〈pin curl〉名 女性が髪形をととのえるため、頭髪をすこしずつ巻いてピンでとめること。

ひん-かく [0]【品格】名 身についた上品さ。品位。気品。

ひん-かく [0]【賓客】名〔文章語〕客。客人。ひんきゃく。

ひんがし [0]【▲東】名〔古語〕〔「ひむかし」の変化〕ひがし。

びん-がた [0]【▲紅型】名 沖縄の伝統的な模様染め。一枚の型紙を使って多彩に染め分ける。

びん-かつ [0]【敏活】名 形動 すばやく頭が働いて、てきぱき行動をすること。

ひん-かん [0]【貧寒】と副 たる連体 〔「寒」はまずしいの意〕まずしくてみすぼらしいようす。

びん-かん [0]【敏感】形動 ダロ|ダッ・デ・ニ|ダ|ナ|ナラ|○ すばやく感じるようす。こまかく、小さなことによく気づくようす。「ーに反応する」↕鈍感。

びん-ぎ [ヒ]【便宜】名 形動 ❶⬇べんぎ。❷よいおり。好機会。❸〔かながき〕たより。音信。

ひん-きゃく [0]【賓客】名〔文章語〕⬇ひんかく。

ひん-きゅう [0]【×殯宮】名〔文章語〕天皇・皇族のひつぎを葬式のある日まで安置しておく、仮の御殿。あらきのみや。

ひん-きゅう [0]【貧窮】名 自サ 生活がまずしくて、くるしむこと。貧困。貧苦。「ーにあえぐ」

ひん-く [ヒ]【貧苦】名 まずしくてくるしむこと。貧困。

ピンク [ヒ]〈pink〉名 淡紅色。ももいろ。

ひん-けつ [0]【貧血】名 自サ 血液中の赤血球・血色素の量が少なくなること。

びんご《備後》昔の山陽道の国の一つ。今の広島県の東部。

ビンゴ [ヒ]〈bingo〉名 ❶数字合わせのゲームの一つ。縦・横五列のます目に数字が記されたカードを用い、くじで出た数字を消していき、縦・横・ななめのいずれかで一列そろえば勝ちとなる。❷〔❶の勝者のかけ声から〕予想が的中したり、うまくいったりしたときに発する声。

ひん-こう [0]【品行】名 おこない。身もち。行状。「ーがおさまらない」 **ー方正** [0] 名 形動 おこない・身もちがまじめで、他の模範となるようす。

ひん-こう [0]【貧鉱】名 ↕富鉱。❶有用な鉱物成分の少ない鉱石。❷産出量の少ない鉱山。

びんご-おもて [オ]【▲備後表】名 備後に産するたたみおもて。

ひん-こん [0]【貧困】名 形動 ❶まずしくて生活のくるしいこと。貧苦。❷大切なものがとぼしいこと。「ーな知識」

びん-さつ [0]【×憫察】名 他サ ❶あわれみ思いやること。❷相手がこちらを察することの尊敬語。「ごーください」

ぴん-さつ [0]【ぴん札】名〔俗語〕印刷したてで、しわや折り目のない紙幣。

ひん-し [0]【品詞】名 単語を意義・職能・形態から分けたもの。名詞・動詞・形容詞・形容動詞・副詞・連体詞・接続詞・感動詞・助動詞・助詞など。⇩**(付)品詞分類**

ひん-し [0]【×瀕死】名 死にかかること。「ーの重傷を負う」

ひん-じ [ヒ]【賓辞】名 ❶〘論〙命題(判断)の主辞について陳述される名辞(概念)。↕主辞。❷〘語〙客語。目的語。

ひん-しつ [0]【品質】名 品物の質。しながら。 **ー管理** [カ] 名 工場などで、製品の品質を一定に保ち、あるいは向上させるために使う経営管理の方法。

ひん-しつ [0]【×稟質】名〔文章語〕生まれつきの性質。ひんせい。

ひん-じゃ [ヒ]【貧者】名 まずしい人。びんぼうな人。↕富者。 **ーの一灯** まずしい人のこころからのささげ物は、たとえわずかでも、金持ちの多くのささげ物よりまさる。長者の万灯より貧者の一灯。

ひん-じゃく [0]【貧弱】形動 ダロ|ダッ・デ・ニ|ダ|ナ|ナラ|○ 見おとりがして、みすぼらしいようす。「ーな設備」

ぴん-しゃん [ヒ] 副 自サ〔俗語〕年をとってもおとろえることなく、元気でしっかりしているようす。

ひん-しゅ [0]【品種】名 ❶種類。たぐい。❷同一種の農作物、または家畜中で、遺伝的に形態・性質を同じくする最小の一群。 **ー改良** [カ] 名 農作物などの品種を、人工的にいっそうよくしていくこと。

ひん-しゅく [0]【×顰×蹙】名 自サ 顔をしかめること。まゆをひそめてきらうこと。 **ーを買う** きらわれる。

ひん-しゅつ [0]【頻出】名 自サ しきりにあらわれること。

ひん-しょう [0]【貧小】名 形動〔文章語〕みすぼらしくて小さいこと。

びん-しょう [0]【×憫笑・×愍笑】名 他サ〔文章語〕あわれみ、わらうこと。

びん-しょう [0]【敏×捷】形動 ダロ|ダッ・デ・ニ|ダ|ナ|ナラ|○ すばしこいようす。「ーな動き」

びん‐じょう [0]【便乗】名自サ ❶他人の乗り物を利用して、いっしょに乗ること。「社長の車に―する」❷よい機会をうまく利用すること。「時勢に―する」「―値上げ」

ヒンズー‐きょう [0]【ヒンズー教】名〈ヒンズーは Hindu〉インドの民族宗教。四世紀ごろに成立した。ヒンドゥー教。

ひん・する [ス]【貧する】自サ（シ・セ・サ―シ・スル―スル・スレ―シロ・セヨ）〔文章語〕びんぼうになる。ひん・す 文語サ変

ひん・する [ス]【×瀕する】自サ（シ・セ・サ―シ・スル―スル・スレ―シロ・セヨ）せまる。近づく。「死に―」ひん・す 文語サ変

びんずる《賓頭盧》十六羅漢(らかん)の第一。頭は白く、まゆは長い。その像をなでた手で患部にふれると病気がなおるという俗信がある。

貧(ひん)すれば鈍(どん)する びんぼうすると、りこうな人でも、ついおろかなことをする。

ひん‐せい [ヒ]【品性】名 ひとがら。人格。人品。特に、道徳的基準から見る場合に使う。「―を疑う」

ひん‐せい [ヒ]【×稟性】名〔文章語〕生まれつきの性質。天性。

ひん‐せき [0]【×擯斥】名他サ〔文章語〕しりぞけること。のけ者にすること。

ピンセット [セ]〈オ pincet〉名 小さい物をはさむためのV字形の器具。

ひん‐せん [0]【貧×賤】名形動 びんぼうで身分が低いこと。↕富貴。

びん‐せん [0]【便船】名 つごうよく出て、うまいぐあいに乗れるふね。「―を待って出発する」

びん‐せん [0]【便箋】名 手紙を書く紙。レターペーパー。

びん‐ぜん [0]【×憫然】と副 たる連体〔文章語〕かわいそうなようす。あわれむべきようす。

ひん‐そう [ヒ]【貧相】━名形動 顔つきや身なりがみすぼらしいこと。━名 貧乏そうな人相。↕福相。

びん‐そく [0]【敏速】形動（ダロ・ダッ・デ・ニ／ダ・ナ・ナラ・○）すばやいようす。「―な行動」↕遅鈍(ちどん)。

ひん‐だ [ヒ]【貧打】名 野球で、打撃がふるわないこと。

びん‐た [ヒ]【×鬢た】名 ❶頭髪のびんの所。❷他人のほおを、ひら手で打つこと。「―をくわす」

ヒンターランド [ラ]〈ド Hinterland〉名 主要な都市や港の後方にあって、その都市や港で生産・消費あるいは輸出入する商品を生産したり、消費したりする地域。

ピンチ [ピ]〈pinch〉名 もっとも重大な場合。危機。「―を脱した」 **―ヒッター** [ヒ]〈pinch hitter〉名 ❶野球で、打つ順番の来た打者にかわって出る打者。代打。❷ある人にかわって仕事をする人。 **―ランナー** [ラ]〈pinch runner〉名 野球で、代走者。代走。

びんちょう‐たん [0]/[チョ]【▲備長炭】名 ウバメガシを材料とする、火力の強い良質の炭。びんちょうずみ。参考 元禄年間に紀伊田辺の備中屋長左衛門(びっちゅうやちょうざえもん)が作りはじめたといわれる。

びんつけ‐あぶら [ア]【びん付け油】【×鬢付油】名 もくろう・なたね油・香料などをねりあわせた、日本髪用の油。びんつけ。

びん‐づめ [0]/[ヅ]【瓶詰(め)】【×壜詰】名 食品を長もちさせるため、ガラスのびんに入れて封をしたもの。「―のジャム」

ヒンディー‐ご [0]【ヒンディー語】名 インド‐ヨーロッパ語族の一種。インドの公用語。

ビンディング [0]〈ド Bindung〉名 くつをスキーやスノーボードに取りつけて固定する道具。

ビ(ヴィ)ンテージ [ビ]〈vintage〉名 ❶ワイン用ぶどうの収穫年。また、上質のワインが醸造された年。「―イヤー」「―ワイン」❷時間が経過してあじわいが出たり、価値が高まったりした品物。「―もののジーンズ」

びん‐でん [0]【便殿】名〔文章語〕天皇・皇后・皇太后・皇太子・皇太子妃の行幸先での臨時の休憩所。

ヒント [ヒ]〈hint〉名 それとなくほのめかすこと。暗示。示唆(しさ)。「―を出す」

ひん‐ど [ヒ]【貧土】名〔文章語〕生産物の少ない土地。

ひん‐ど [ヒ]【頻度】名 同じことがくりかえしあらわれたり、おこったりする度数。頻度数。「使用―」

ピント [0]名〔オ brandpunt の略のなまり〕レンズの焦点。 **―が合(あ)わない** ❶レンズの焦点が合わない。❷物事の大事な点がくいちがう。 **―外(はず)れ** [ハ]名形動 意見や質問が、問題の中心からずれていること。見当違い。「―の主張」

ぴん‐と [0]副 ❶まっすぐに強く張るようす。「洗濯ひもを―張る」❷はねあがったり、そり返ったりするようす。「寝ぐせで髪が―はねる」❸直感的にそれと感じとるようす。すぐにわかるようす。 **―来(く)る** ❶直感的に感じ取る。「犯人は彼だとぴんと来た」❷自分の考えや感性に合う。「この服はぴんと来ない」

ひん‐とう [0]【品等】名 ❶品位と等級。❷品柄の等級。

ヒンドゥー‐きょう [0]【ヒンドゥー教】名 ➡ヒンズーきょう。

びん‐なが [0]【×鬢長】名 全長一メートル、胸びれが長いまぐろの一種。缶詰のほか、さしみ、すし種に使われる。びんながまぐろ。びんちょう。

びん‐な・し【便無し】形ク〔古語〕❶つごうがわるい。「人目多くて、便なければ」〈源氏〉❷ふさわしくない。けしからぬ。「〈肝ダメシトハ〉便なきことをも奏してけるかな」〈大鏡〉❸あわれだ。きのどくだ。「いと悲しく思さるれば、便なしと思ふべけれど」〈源氏〉

ピンナップ [ナ]〈pinup〉＝**ピンアップ** 名 ピンで壁などに留めて飾る写真。「―ボード」

ひん‐にょう [0]【頻尿】名 たびたび小便が出ること。

ひん‐のう [0]【貧農】名 まずしい農家・農民。↕富農。

ひん‐ば [ヒ]【×牝馬】名 めすの馬。めすうま。↕牡馬(ぼば)。

ひん‐ぱつ [0]【頻発】名自サ ❶数多く、たびたびおこること。「地震が―する」❷短い間隔で発車すること。

びん‐ぱつ [0]【×鬢髪】名 鬢(びん)の部分のかみの毛。

ピン‐はね [0]【ピン×撥ね】名 賃金などの一部を、本人にわたす途中でよこどりすること。うわまえをとること。

ひん‐ばん [0]【品番】名 商品につけられる番号。

ひん‐ぱん [0]【頻繁】形動（ダロ・ダッ・デ・ニ／ダ・ナ・ナラ・○）たびたびくり返されるようす。「―に連絡する」

ひん‐ぴょう [0]【品評】名他サ よしあし・まさりおとりを論じきめること。しなさだめ。 **―会(かい)** [ピョ]名 産物・製品などをあつめてよしあしをきめ、一般の人に見せる会。

ひん‐ぴん [0]【頻頻】と副 たる連体 あることがしきりにおこるようす。

びん‐びん [ビ](と)副 ❶耳ざわりなほど大きな音がするようす。「音楽が―響く」❷心に強い刺激が伝わるようす。「彼のことばが胸に―響いた」

ぴん‐ぴん [ピ](と)副自サ ❶勢いよくはねるようす。❷元気なようす。「年はとっても―している」

ひん‐ぷ [ヒ]【貧富】名 貧しいことと富むこと。「―の差」

ひん‐ぷん [0]【×繽紛】と副 たる連体〔文章語〕たくさんのものがいりみだれるようす。「―たる落花」

ピン‐ポイント [ポ]〈pinpoint〉名〈「針の先」の意〉きわめて限られた場所。「―爆撃」

びん-ぼう ビ【貧乏】名自サ形動 収入・財産が少なく、くらしがまずしいこと。 **―神**がみ ボ名 ❶その人や家をまずしくさせるという神。❷相撲の番付で、十両の筆頭力士。 **―×籤**くじ ボ名 いちばん不利なくじ。不運なまわりあわせ。損な役わり。「―を引く」 **―性**しょう 0名 けちけちしてゆとりのない生活や考えかたをする性質。 **―たらしい** シ形 いかにも、貧乏らしく見える。 **―徳利**どくり ド名 円筒形で口が細長い、大きなとくり。 **―暇**ひま**なし** びんぼうで生活に追われ、のびのびとするひまがすこしもない。 **―揺**ゆ**すり** ユ名 たえず、ひざやからだをこまかくゆすること。 **―揺**ゆ**るぎ** ユ名 貧乏ゆすり。

貧乏徳利

ピン-ぼけ 0名 〔「ピン」はピントの略〕❶写真の焦点が合わないで、画面がはっきりしないこと。❷俗語 物事の大事な点がはっきりしていないこと。

ピン-ホール ホ〈pinhole〉名 針でついたような小さな穴。

ぴん-ぽん ピ ㊀名副 チャイム・インターホンなどを鳴らすこと。また、その音をあらわす語。㊁感俗語 〔クイズ番組で使う効果音から〕正解したことをあらわすことば。「―！大正解！」↕ブー。参考「ピンポン」と書くことが多い。

ピンポン ピ〈ping-pong〉名 卓球。

ひん-ま-げる ゲ【ひん曲げる】他下一 ゲゲゲルゲルゲレゲロ・ゲヨ 〔「ひん」は強めの接頭語〕ひどくまげる。「口を―」

ひん-みん ミ【貧民】名 まずしい人民。細民。↕富民。 **―窟**くつ ミ名 スラム。貧民街。

ひん-む-く ム【ひん剝く】他五 カコキクケケ 〔「ひん」は強めの接頭語〕勢いよく乱暴にはがしとる。「化けの皮を―」 **ひんむける** 自下一〔…できる〕

ひん-めい 0【品名】名 しなものの名まえ。

ひん-もく 0【品目】名 しなものの目録・種目。

ひんやり ヤ（と）副自サ はだに冷たく感じられるようす。

びん-らん 0【便覧】名 ⬇べんらん。

びん-らん 0【×紊乱】名自他サ〔文章語〕〔「ぶんらん」の慣用読み〕みだれること。みだすこと。「風俗―」

びんろう-じゅ ロ【×檳×榔樹】名 ヤシ科の常緑高木。東南アジア原産。幹は直立し、上部に大形の葉がある。果実は嗜好し品、また、薬用・染料用。

びん-わん 0【敏腕】名形動 ことの処理がてきぱきとできるうでまえ。うできき。「―をふるう」

ふ フ

ふ：「不」の草体。
フ：「不」の略体。

ふ【不】 造接頭 ❶そうではない。動作や状態を打ち消す意味をあらわす。「不安・不快・不変・不便・不可能・不成功・不十分・不連続」❷〔名詞について〕よくない、悪いという意味をあらわす。「不運・不調・不漁・不衛生・不景気・不道徳・不名誉」参考「不」の接辞としての特徴は、統合したかたち全体を、「不安定な」「不規則な」のように、形容動詞にする力の強いことにある。〔別音ぶ｜不〕

ふ【夫】 造 ❶おっと。「夫君・夫妻・亡夫」❷おとこ。「情夫・凡夫ぼん」❸仕事。仕事をする男性。「漁夫・坑夫・潜水夫」〔別音ふう｜夫〕

ふ【父】 造 ❶ちち。男親。「父兄・父祖・父母・祖父・神父・養父」❷おじ。「叔父・伯父」❸〔年をとった〕男。「漁父ふぎょ ほぎょ」

ふ【付】 造 あたえる。わたす。「付託・付与・給付・交付」⇩ふ〔附〕参考。

ふ【布】 造 ❶ぬの。「布巾ふきん・布団ふとん・画布・湿布しっぷ・毛布」❷しく。ひろめる。ゆきわたる。「布教・布告・布石・配布・分布ぶんぷ・流布るふ」

ふ【×巫】 造 みこ。かんなぎ。「巫女ふじょ｜みこ」

ふ【扶】 造 たすける。めんどうをみる。「扶助・扶養」

ふ【怖】 造 こわい。おそれる。おそろしい。「畏怖いふ・恐怖」

ふ【×斧】 造 おの。木を切る道具。「斧鉞ふえつ・石斧」

ふ【阜】 造 ❶おか。「丘阜」❷地名「岐阜ぎふ」の表記に用いる。

ふ【附】 造 つける。つけくわえる。「附加・附記・附言・附随・附則・附属・附録・寄附・添附ぶてん」参考もともと「付」は「あたえる」、「附」は「したがう」の意味だが、混同して用いられる。法令用語は「附則・附帯・附属・附置・寄附」以外を「付」に統一している。新聞・放送ではすべて「付」に統一。**附する** 自他サ

ふ【×俘】 造 とりこ。「俘囚・俘虜」

ふ【赴】 造 おもむく。「赴任」

ふ【×俯】 造 うつむく。ふす。「俯角・俯瞰ふかん・俯仰」

ふ【浮】 造 ❶うく。うかぶ。うかべる。「浮上・浮沈・浮木・浮遊・浮力」❷うかれる。よりどころのない。うわついた。「浮生・浮説・浮薄・浮浪」

ふ【×埠】 造 はとば。船着き場。「埠頭」

ふ【婦】 造 ❶つま。よめ。「主婦・寡婦・新婦しんぷ」❷おんな。「婦女・婦人・情婦・裸婦」❸仕事をする女性。「家政婦・助産婦じょさんぷ」

ふ【富】 造 ❶とむ。ゆたか。たくさん。「富強・富豪・富農・富裕・貧富ひんぷ・豊富」❷とみ。「富力・巨富・豪富・国富」❸ゆたかにする。「富国強兵・富民政策」

ふ【普】 造 ❶あまねく。ゆきわたる。「普及・普遍・普茶料理」❷つね。なみ。「普段・普通」❸「普魯西プロシア」の意。「普仏戦争ふふつせんそう」

ふ【×孵】 造 かえる。卵をかえす。「孵化・孵卵」

ふ【腐】 造 ❶くさる。「腐臭・腐食・腐敗・腐乱・豆腐・防腐剤」❷古い。「陳腐ちんぷ」❸心を痛める。「腐心」

ふ【×蒲】 造 ❶かま。がま。ガマ科の草。「蒲団ふとん」❷しょうぶ。「菖蒲しょうぶ」

ふ【敷】 造 しく。ひろめる。「敷衍ふえん・敷設」

ふ【膚】 造 ❶はだ。「完膚かんぷ・肌膚きふ・皮膚」❷うわべ。表面的。「膚浅」

ふ フ【訃】名造 死亡のしらせ。「―に接する」「訃音ふいん・訃報」

ふ【負】 ㊀フ名造 負数。負号。マイナス。「正負」↕正せい。㊁造 ❶おう。ひきうける。「負債・負傷・負担」❷たよる。たのむ。「自負・抱負」❸まける。「勝負しょうぶ・先負せんぶ」 **―の遺産**いさん ❶相続される負債。❷後の世代にとって迷惑になるものごと。❸人類が犯したあやまちのあとをとどめる物件。原爆ドームなど。

ふ【符】 ㊀フ名造 神仏のまもりふだ。護符。「呪符」㊁名〔古語〕❶わりふ。❷上級の官庁から下級の官庁に出す公文書。㊂造 ❶しるし。「符号・符丁ふちょう・音符おんぷ・疑問符」❷ふだ。ぴったり合うこと。「符合・切符きっぷ・勘合符かんごうふ」

ふ 0【×腑】名造 ❶はらわた。ぞうふ。「胃の―」「臓腑・五臓六腑ごぞうろっぷ」❷性根しょうね。「―のぬけた人間」「肺腑」 **―に落**お**ちない** なっとくできない。

ふ【賦】 ㊀フ名造 ❶漢詩体の一つ。感想をそのままのべたもの。「辞賦」❷漢文体の一つ。多くは対句ついをなし、韻をふんだ文章。「赤壁の―」㊁名〔古語〕ぶやく。公役。㊂造 ❶とりたてる。わりあてる。「賦課・月賦げっぷ・年賦ねんぷ」

❷あたえる。「賦与・天賦」 **賦する** 他サ

ふ 回【譜】名造 ❶音楽の曲節を符号でしるしたもの。楽譜。音譜。❷囲碁・将棋などの対局記録。棋譜。❸物事を系統・順序だててしるしたもの。「系譜・年譜」

ふ 回【▲斑】名 ぶち。まだら。はんてん。「―のはいった葉」

ふ【府】 ❶ア名 物事の中心となるところ。「学術の―」「行政の―」❷ア名造 地方行政区画の一つ。都・道・県とともに、地方自治団体で、京都府・大阪府の二つ。「府庁・府民・府立・府知事」❸造 ❶みやこ。人の集まるところ。「首府・都府・最高学府」❷役所。官庁。「政府・幕府・総理府・大宰府」

ふ 回【歩】名 将棋のこまの一つ。盤上の目を一つずつ前進するもの。歩兵。[別音ほ・ぶ|歩]

ふ 回【×麩】名 小麦粉の中のでんぷん質をとりさってつくった食料品。なまふと、やきふとがある。「麩菓子」

ふ【▲経】 自下二 古語 ⬇へる(経る)。「あらたまの年経るまでに」〈万葉〉

ふ 助動 ハ・ヒ・フ・フ・ヘ・ヘ 古語 〔四段活用動詞の未然形につく。奈良時代の語〕❶動作のくり返しをあらわす。何度も…する。「隠さふべしや」〈万葉〉❷動作の継続をあらわす。…しつづける。「ひなに五年住まひつつ」〈万葉〉

ブ〈V〉⬇ヴ(ウの項)。

ぶ【不】 造 接頭 〔名詞・形容動詞語幹につく〕よくない。「不器用・不細工・不作法・不用心」 参考 「ぶざま」「ぶおとこ」などの「ぶ」とも関係があるが、漢語・和語のどちらが起源かは不明。[別音ふ|不]

ぶ【無】 造 接頭 〔名詞・サ変動詞語幹につく〕打ち消しの意味をあらわす。…がない。「無事・無難・無精・無愛想・無遠慮・無沙汰」[別音む|無]

ぶ【侮】 造 あなどる。みくびる。「侮言・侮辱・侮蔑・軽侮」

ぶ【×撫】 造 ❶なでる。いつくしむ。「撫育・愛撫」❷おちつかせる。「慰撫・宣撫・鎮撫」 **撫する** 他サ

ぶ【舞】 造 ❶まう。まい。「舞曲・舞台・舞踊・剣舞・乱舞・輪舞」❷力づける。「鼓舞」❸もてあそぶ。「舞文」

ぶ【×蕪】 造 あれる。みだれる。「蕪雑・荒蕪」

ぶ【武】 ❶ア名造 武術。武芸。軍事。武力。「―を練る」「武官・武器・武装・武道」↕文。❷造 ❶つよい。いさましい。「武名・武勇・威武」❷ひとまたぎ。「歩武堂堂」❸「武蔵(旧国名)」のこと。「武州・西武・総武線」

ぶ【部】 ❶ア名造 ❶いくつかに分けた区分の一つ。「夜の―」「部位・部品・部分・患部・細部・全部・内部」❷組織の機能にかかわるところ。「幹部・本部・執行部・首脳部・司令部」❸官庁や会社などの業務組織の一つ。ふつう、課の上、局の下。「部局・部長・学部・営業部・経理部・社会部・宣伝部」❹学校・会社などの運動や文化関係のサークル。「部活・部室・部費・演劇部・山岳部・バスケット部」❷造 接尾 ❶書物や新聞を数える語。「部数・大部・百部」❷数冊で一そろいになっている本を数える語。「漱石全集一部」❸部分。「都市部・心臓部」

ぶ【分】 ❶回名 勝負事での、優劣の形勢。「―が悪い」❷接尾 ❶歩合の単位。一割の十分の一。❷一寸・一文(足袋の大きさ)・一度(温度)などの十分の一。「九寸五分」「三十六度三分」 参考 江戸時代の貨幣単位では一両の四分の一。「二分金」[別音ふん・ぶん|分]

ぶ【歩】 ❶回名 歩合。「日歩」❷接尾 土地の面積の単位。六尺四方。約三・三平方メートル。坪。「三畝五歩」[別音ふ・ほ|歩]

ファー ファ〈fur〉名 毛皮。また毛皮の生地。「リアル―」「フェイク―」「―のコート」

ファ(ー)ザー ファ〈father〉名 ❶父。↕マザー。❷カトリックの神父。 **ーコンプレックス** レ〈father complex〉名〔和製英語〕父親に極端に依存し、親離れできない傾向。ファザコン。

ファースト〈first〉❶回名 ❶第一。❷〔「ファーストベース」の略〕野球で、一塁。また、一塁手。❷造 第一の、最初の、第一級の。また、それを第一に考えること。「―キス」「都民―」 **ークラス** ク〈first class〉名 航空機や客船の一番よい席。↕エコノミークラス。 **ーネーム** ネ〈first name〉名 姓に対して、名。↕ファミリーネーム。 **ーレディー** レ〈first lady〉名 ❶大統領夫人。その国の主権者・首相などの夫人。❷ある分野での代表的な女性。

ファーストフード フ2〈fast food〉＝**ファストフード** 名〔fastは「速い」の意〕スタンドなどで手軽に食べられ、持ち帰りのできる外食用の食品。ハンバーガー、おにぎりなど。

ファ(ー)ニチャー ファ〈furniture〉名 家具。調度。

ファーマシー ファ〈pharmacy〉名 薬局。

ファーム ファ〈farm〉名 ❶農場。❷「ファームチーム」の略。 **ーチーム** チ〈farm team〉名 プロ野球の二軍。

ぶあい 回【歩合】名 ❶ある数の、基準となる数に対する比の割合。❷取引高・生産高などの、ある割合に当たる手数料・分配高。

ファイア(ー)〈fire〉＝**ファイヤ(ー)** 造 火。炎。 **ーウォール** ウォ〈fire wall〉名〔本来は「防火壁」の意〕コンピュータのネットワークに外部から不正な侵入ができないようにするしくみ。またはそのためのソフトウエア。 **ーストーム** ト〈fire storm〉名〔和製英語〕キャンプ場などで、たき火を囲んで歌ったり踊ったりすること。

ぶあいきょう ア【無愛▲敬・無×愛×嬌】名 形動 あいきょうがないこと。「―な性格」

ぶあいそう ア【無愛想】名 形動 あいそうがよくないこと。ぶあいそ。「―な店員」

ファイター ファ〈fighter〉名 ❶闘志のある人。❷ボクシングで、わざより力でたたかうタイプの選手。

ファイティング-スピリット ピ〈fighting spirit〉名 たたかおうとする気力。ファイト。闘志。

ファイト ファ〈fight〉❶名 ❶戦闘。試合。❷ファイティングスピリット。❷感 スポーツで、選手へのかけ声。 **ーマネー** マ〈fight money〉名 プロボクシングの選手が試合に出場することでもらうかね。

ファイナライズ ラ〈finalize〉名 他サ 録音や録画をしたCDやDVDなどの光ディスクを、他の機器でも再生できるように処理すること。

ファイナリスト リ〈finalist〉名 スポーツの大会や、各種のコンクール・コンテストなどで、最終段階まですすんだ出場者。

ファイナル ファ〈final〉名 ❶最終。最後。「―セット(ゲーム)」「―コンサート」❷決勝戦。「―にすすむ」❸最終日。最終回。「コンサートのツアー―」

ファイナンシャル〈financial〉＝**フィナンシャル** 造 財政・金融に関するようす。「―コンサルタント」「―プランナー」

ファイナンス ファ〈finance〉名 ❶財政。❷資金を調達すること。金融。融資。

ファイバー ファ〈fiber〉名 ❶繊維。繊維質。❷木綿繊維などを薬品にひたしておしかためたもの。革の代用品。❸ステープルファイバー。スフ。 **ースコープ** コ〈fiberscope〉名 細いガラス繊維をたばねた管の先にレンズがついている医療器具。内視鏡。

ファイブ ファ〈five〉名 いつつ。五。

ファイル ファ〈file〉一 名 他サ 書類のとじこみ。書類をとじこむこと。二 名 コンピューターで、ハードディスクなどの記憶装置に記録されるひとまとまりのデータ。「画像―」「―をUSBメモリーにコピーする」

ファインダー 0〈finder〉名 写真機の焦点・構図などをきめるのぞき窓。

ファイン‐プレー レ テ〈fine play〉名 スポーツでみごとなわざ。美技。「―を連発する」

ファウル ファ〈foul〉名 ❶運動競技で、反則。❷ファウルボール。 **―チップ** チ〈ァfoul tip〉名 野球で、振ったバットをかすって捕手にとられた球。ツーストライク後の場合は、打者はアウトになる。 **―ボール** ボ〈foul ball〉名 野球で、打ったボールが内野・外野の外に落ちること。

ファウンデーション テ〈foundation〉名 ⇒ファンデーション。

ファクシミリ ファ〈facsimile〉名 文書や図表などの文字や図形を電気信号にかえて、通信回線により遠距離に電送する装置。ファックス。

ファクター ファ〈factor〉名 ❶要素。因子。❷〘数〙因数。

ファクタリング 0〈factoring〉名 企業の保有する債権などを期日前に一定の手数料を課して買い取り、その債券回収を代行する金融サービス。

ファクト ファ〈fact〉名 実際にあったこと。事実。「―チェック」

ファゴット ファ〈ィfagotto〉名 長いつつ形の低音木管楽器。バスーン。

ファゴット

ファサード サ〈フfaçade〉名 建物の正面、前面。外観。

ファジー ファ〈fuzzy〉名 形動 ぼんやりとしたようす。あいまい。 **―理論** リ 名 数値であらわせない人間の微妙な感覚を、コンピューターを使って機械に理解させようとする考え方。家電製品などに応用する。

ファシスト シ 名 ❶〈fascist〉ファシズムを信ずる者。❷〈Fascist〉もと、イタリアの国粋党員。

ファシズム シ 名 ❶〈Fascism〉第一次大戦後、イタリアのムッソリーニを中心とした、右翼的独裁政治とその主義・運動。対内的には暴力的手段で民主主義的自由を奪い、対外的には帝国主義的侵略主義を主張するもの。❷〈fascism〉イタリアのファシズムと共通の本質をもつ傾向・運動・支配体制。

ファスティング 0〈fasting〉＝**ファースティング** 名 〔「断食」の意から〕絶食を中心とする医療法の一種。ダイエットとは異なる。

ファスナー ファ〈fastener〉名 たがいにかみあう金属などの小片を布テープにとりつけ、二本合わせて衣類や袋物の開閉に使うもの。チャック。ジッパー。

ぶ‐あつ 0【分厚】形動 ダロ・ダッ・デ・ニ ダ・ナ・ナラ・○ ぶあついようす。「―な本」

ぶ‐あつ・い 0 ツ【分厚い】形 カロ・カッ・ク イ・イ・ケレ・○ たいらなものの、厚みがあるようす。「―板」 **分厚さ** 名 **ぶあつ・し** 文語ク

ファック ファ〈fuck〉名 自サ 〔アメリカの俗語から〕性交。

ファックス ファ〈ァfax〉名 ファクシミリ。

ファッショ ファ〈ィfascio〉名 ファシズムの運動。ファシストの独裁政治。

ファッショナブル ファ〈fashionable〉形動 ダロ・ダッ・デ・ニ ダ・ナ・ナラ・○ 流行に合っているようす。

ファッション ファ〈fashion〉名 衣装についての流行・はやり。「ニュー―」 **―ショー** ショ〈fashion show〉名 あたらしいデザインの衣装をモデルに着せて一般に見せるもよおし。 **―ブック** フ〈fashion book〉名 衣装などの流行を写真や図で示した本。スタイルブック。 **―モデル** モ〈fashion model〉名 衣装を着てファッションショーに出たり、写真にとらせたりする人。

ファナティック ティ ファ〈fanatic〉＝**ファナチック** 形動 ダロ・ダッ・デ・ニ ダ・ナ・ナラ・○ 狂信的。熱狂的。

ファニー‐フェース フェ〈funny face〉名 女性の、個性的で魅力のある顔。

ファブリック ファ〈fabric〉名 織物。布地。

ファミ‐コン 0 名 〔和製英語。「ファミリーコンピュータ」の略。商標名〕テレビゲーム用のコンピューター。

ファミリー ファ〈family〉名 ❶家族。家庭。❷一家。一門。 **―ネーム** ネ〈family name〉名 姓。名字。↔ファーストネーム。 **―レストラン** レ〈family restaurant〉名 〔和製英語〕主に郊外や住宅地にあり、安価で、家族連れでも手軽に利用できるチェーン形式のレストラン。ファミレス。

ファミレス 0 名 「ファミリーレストラン」の略。

ファラオ ファ〈Pharaoh〉名 古代エジプトの王の称号。

ファン ファ〈fan〉名 扇風機。換気扇。送風機。

ファン ファ〈fan〉＝**ファン** 名 諸種の興行物・スポーツやその俳優・選手などの熱心な愛好家。ひいき。

ふ‐あん 0【不安】名 形動 安心できないこと。また、気がかりなこと。「―がつのる」

ファンキー ファ〈funky〉形動 ダロ・ダッ・デ・ニ ダ・ナ・ナラ・○ ❶ジャズやロックなどの音楽で、野性味のあるようす。「―なボーカル」❷服装などが原色を多用し、はでなようす。「―なファッション」

ファンクション ファ〈function〉名 機能。はたらき。

ファン‐クラブ ク〈fan club〉名 特定の歌手や俳優などの後援会。

ファンシー ファ〈fancy〉〔「空想」「幻想」の意から〕一 名 可愛らしい装飾をほどこした小物。「―グッズ」「―ショップ」 二 形動 ダロ・ダッ・デ・ニ ダ・ナ・ナラ・○ 普通と変わっていて、デザインなどがしゃれているようす。「―なバッグ」

ファンタジア タ〈ィfantasia〉名 幻想的な内容をもつ、自由な形式の曲。幻想曲。ファンタジー。

ファンタジー ファ〈fantasy〉名 ❶空想。奇想。幻想。❷ファンタジア。

ファンタジック ジ 形動 ダロ・ダッ・デ・ニ ダ・ナ・ナラ・○ 〔日本で「ファンタジー」を誤って形容動詞化した語〕⇒ファンタスティック❶。

ファンタスティック ティ タ〈fantastic〉形動 ダロ・ダッ・デ・ニ ダ・ナ・ナラ・○ ❶空想的。幻想的。❷非常にすばらしいようす。感動的。

ファンダメンタリズム リ〈fundamentalism〉名 原理主義。

ファンダメンタルズ メ〈fundamentals〉名 経済の基礎的条件。国や企業などの経済状態などをあらわす指標。経済成長率・物価上昇率・財政収支など。

ふ‐あんてい ア【不安定】形動 ダロ・ダッ・デ・ニ ダ・ナ・ナラ・○ 安定しないようす。おちつかないようす。「―な気持ち」

ファンデーション テ〈foundation〉＝**ファウンデーション** 名 〔「土台」の意〕❶化粧下にぬるクリーム。また、クリーム状や固形のおしろい。❷女性用下着のうち、ブラジャー・コルセットなど。

ファンド ファ〈fund〉名 ❶資金。基金。❷投資家から資金を預かって投資をおこない、利益を投資家に分配するしくみ。また、それをおこなう組織。

ふ-あんない ア【不案内】名形動 経験・知識がなくて、ようすや勝手のわからないこと。「ＳＮＳのことは―だ」

ファン-ヒーター ヒ〈fan heater〉名 加熱された空気をファンを使って送り出す方式の暖房器具。「ガス―」

ファンファーレ ファ²〈ィ fanfare〉名 トランペットまたはトランペットと太鼓だけの、はなやかな短い曲。儀式に使う。

ファンブル ファ〈fumble〉名他サ ⇒ハンブル。

ファン-レター レ〈fan letter〉名 ファンが、芸能人や選手などに出す手紙。

ふい フ名 むだ。だめ。水のあわ。「努力が―になる」

ふ-い フ【布衣】名 ⇒ほい。

ふ-い ◎【不意】名形動(の) 思いがけないこと。突然。だしぬけ。「―をつく」 **―打ち** ◎名 だしぬけにおそうこと。奇襲。「―をかける」

ぶ-い フ【武威】名〔文章語〕武力による威勢。

ぶ-い フ【部位】名 全体に対する部分の位置。

ブイ フ〈buoy〉名 ❶浮標。❷水泳用のうきぶくろ。救命袋。

ブイ-アール ア〈ＶＲ〉名〔virtual reality から〕⇒バーチャルリアリティー。

ブイ-アイ-ピー ピ〈ＶＩＰ〉名〔very important person から〕要人。貴賓。ビップ。

フィアンセ フィア〈フ fiancé(男性),fiancée(女性)〉名 婚約の相手。婚約者。いいなずけ。

フィート フィ〈feet〉【×呎】名〔「フート」の複数〕ヤードポンド法での長さの単位。一フィートは三分の一ヤードで、一二インチ。約三〇・四八センチメートル。記号は「ft」

フィード-バック バ〈feedback〉名他サ ❶電気回路などで、出力の一部を入力にもどしてやり、出力の調整をはかること。自動制御などに応用される。❷作業などの結果を分析して、全体のシステムに反映させること。

フィーバー フィ〈fever〉名自サ 熱狂すること。

フィーリング ◎〈feeling〉名 ❶感じ。「―が合う」 ❷音楽家が演奏するときに表現する感情・ふんい気。

フィールディング ◎〈fielding〉名 野球で、守備。守り。

フィールド ◎〈field〉名 ❶陸上競技場で、トラックの内がわの部分。また、そこでおこなわれる跳躍や円盤投げなどの競技。↔トラック。❷〔物〕電動機・発電機などで電磁石のつくる磁場。❸分野。領域。 **―アスレチックス** チ〈field athletics〉名 丸木橋やロープなどを配置したコースを一巡りする野外スポーツ。 **―競技** キョ名 フィールドでおこなう競技。走り幅跳び・棒高跳び・やり投げ・円盤投げなど。↔トラック競技。 **―ワーク** ワ〈field work〉名 現地での採集・調査・研究。

ブイ-エス エ〈vs.〉名〔versus から〕試合や論争の組み合わせを表すことば。対。「阪神―巨人」

ブイ-エッチ-エフ エ²〈ＶＨＦ〉名〔very high frequency から〕周波数が三〇メガヘルツから三〇〇メガヘルツまでの電波。普通のテレビ放送に用いる。

フィギュア フィ〈figure〉名 ❶形。姿。❷「フィギュアスケーティング」の略。❸テレビアニメやゲームの登場人物などをかたどった人形。 **―スケーティング** ケ〈figure skating〉名 氷上で、音楽に合わせて、形・模様をえがきながらすべり、その技術や表現力を競うスケート競技。フィギュア。

ふ-いく ◎【扶育】名他サ〔文章語〕世話をしてそだてること。

ふ-いく フ◎【×傅育】名他サ〔文章語〕〔「傅」は、かしずきもる意〕付き添ってたいせつにそだてること。

ぶ-いく フ【×撫育】名他サ〔文章語〕〔「撫」は、なでる意〕愛情をこめてそだてること。

フィクサー フィ〈fixer〉名 ❶まとめ役。もみ消し役。❷事件のおぜんだてをする人。黒幕。

ふいく-しょう ◎【不育症】名 妊娠はするが、流産や死産をくり返し、生児を得られないこと。

フィクション フィ〈fiction〉名 ↔ノンフィクション。❶虚構。作り事。❷作り話。小説。

ふいご ◎【×鞴】名 鍛冶屋などが、火をおこすために手・足で押して風をおくる器具。

ふいご

フィジー《Fiji》南太平洋のメラネシアにあるフィジー諸島からなる共和国。一九七〇年独立。首都はスバ。

ブイ-サイン サ【Ｖサイン】名〔V sign から。「Ｖ」は victory(勝利)の略〕人さし指と中指で作るＶ字形。勝利・必勝のしるし。

ブイじ-かいふく カ【Ｖ字回復】名自サ〔グラフであらわせばＶ字を描くように見えるところから〕短期間に下落した評価や業績が、短期間のうちに上昇し、もとの水準まで戻ること。「昨年度の赤字決算から―する」

フィジカル フィ〈physical〉形動 ダロ・ダッ・デ・ニ／ダナ・ナラ ❶物質に関係するようす。物理的。物理学的。「―サイエンス」❷肉体に関係するようす。肉体的。身体的。「―トレーニング」↔メンタル。

ふい-ちょう ◎【▲吹聴】名他サ 言いふらすこと。宣伝。

ふ-いつ フ【不一】あいさつ〔文章語〕手紙のおわりに書く語。「気持ちをじゅうぶんあらわしきっていない」という意味。⇩敬具〔参考〕。

フィックス フィ〈fix〉名他サ ❶決めること。確定すること。「外遊の日程を―する」❷固定すること。「窓枠を―する」❸修正すること。「配列プログラムを―する」

フィッシング フィ〈fishing〉名 魚つり。つり。「ルアー―」 参考 スポーツや競技としてのつりという意味合いが強い。

フィッシング ◎〈phishing〉名 インターネットのしくみを使った詐欺。信頼できそうな存在になりすまして、相手をだまして個人情報などを入手する。

フィット フィ〈fit〉名自サ 洋服などが、からだにぴったりと合うこと。「よく―したスーツ」

フィットネス フィ〈fitness〉名 健康をたもつために、運動などを通じて体を最良の状態にととのえること。「―ジム」

ブイ-ティー-アール ア〈ＶＴＲ〉名〔videotape recorder から〕ビデオテープレコーダー。参考「ビデオテープ」の意味にも使うことがある。

ぷい-と ◎フ副 ❶急にぶあいそうになるようす。「―横を向く」❷急にいなくなるようす。「―出て行ったきり、戻ってこない」

フィナーレ ナ〈ィ finale〉名 ❶交響曲などのおわりの楽節・楽章。❷オペラなどの最終の場面。演劇などの終幕。

フィナンシャル フィ〈financial〉造 ⇒ファイナンシャル。

フィニッシュ フィ〈finish〉名 ❶おわり。終結。仕上げ。❷競技の決勝。また、競技・試合の最終場面。

ブイ-ネック ネ【Ｖネック】名〔V neck から〕セーターなどのＶ字形のえり。

フイフイ-きょう ◎【フイフイ教】【▲回▲回教】名 イスラム教。参考「フイフイ」は、明代の中国人が、中央アジアの「ウイグル(民族)」に当てた「回回」の読み方から。

フィフティー-フィフティー フィ²〈fifty-fifty〉名 五分

五分。半々。「成功か失敗か、見込みは―だ」
フィフティーン 〔ティ〕〈fifteen〉名 ラグビーで、一チームの全選手。「ベスト―に選ばれる」
ブイヤベース 〔ベ〕〈ᶠbouillabaisse〉名 魚や貝をトマトや香辛料とともに煮込んだ、南フランス地方の料理。
フィヨルド 〔ヨ〕〈fjord; fiord〉名 峡湾。
ブイヨン 〔オ〕〈ᶠbouillon〉名 牛・にわとりの肉・骨を煮出した、スープのもとになる汁。
フィラメント 〔フィ〕〈filament〉名 電球や真空管内の電流を通じて光らせる細い線。
フィラリア ⓪〈filaria〉名 糸状虫科の寄生虫。人間に寄生して象皮病などをおこす。
ふ-いり ⓪【▲斑入り】名 地の色とちがった色がまだらにまじっていること。「―のあさがお」
ふ-いり ⓪【不入り】名 興行などの入場者がすくないこと。観客の入りのわるいこと。⇔大入り。
フィリピン《Philippines》〔「比律賓」とも書いた〕南シナ海の東方にある共和国。一九四六年独立。首都はマニラ。
フィルター ⓪〈filter〉名 ❶濾過器。❷写真で、ある光を通したり、さえぎったりする、特殊なガラス板。❸録音機の雑音をのぞく仕掛け。❹ニコチンやタールをのぞくためにつけてある、巻きたばこの吸い口。
フィルダー 〔フィ〕〈fielder〉＝フィールダー 名 ❶野球で、投手と捕手以外の守備につく選手。❷サッカーで、中間に位置し、攻撃と守備の両方の役割を果たす選手。「ミッドー」
フィルダーズ-チョイス 〔チョ〕〈fielder's choice〉名 野球で走者があるとき、野手が捕った打球の送球先を誤って、打者と走者の両方を生かすこと。野手選択。野選。フィルダースチョイス。
フィルタリング ⓪〈filtering〉名 インターネットで、有害とされる情報を提供するサイトを選別し、接続しないようにすること。
フィルハーモニー 〔ハ〕〈ᵈPhilharmonie〉名 〔音楽愛好の意〕交響楽団の名称に用いられる。「ウィーン―」
フィルム 〔フィ〕〈film〉＝フィルム 名 ❶ポリエステルなどの透明なうすい膜に感光乳剤をぬった、写真の感光材料。また、それを現像した陰画・陽画。❷映画。「―ライブラリー」 **―に収める** 写真にとる。

フィレ ⓪〔フィ〕〈ᶠfilet〉名 ⇒ヒレ。
フィロソフィー 〔ロ〕〈philosophy〉名 哲学。
ふ-いん ⓪【訃音】名〔文章語〕死んだことの知らせ。訃報。「―に接する」
ぶ-いん ⓪【部員】名 部を構成する人。部に属する人々。
ぶ-いん ⓪【無音】名〔文章語〕長い間たよりをしないこと。「ご―にうち過ぎ」
フィンガー 〔フィ〕〈finger〉名 ❶指。❷〔finger deck の略〕飛行場の送迎用デッキ。 **―ボウル** 〔ボ〕〈finger bowl〉名 西洋料理で、指先をあらうための水を入れるうつわ。
ふいんき【雰囲気】「ふんいき」のあやまり。
フィンランド《Finland》〔「芬蘭」とも書いた〕北ヨーロッパ、バルト海に面した共和国。首都はヘルシンキ。
ふう【夫】造 ❶おっと。「夫婦」❷考えをめぐらす。「工夫」〔別音ふ｜夫〕
ふう【×諷】造 ❶そらんじる。「諷詠・諷誦」❷あてこする。それとなくさとす。「諷諫・諷刺・諷諭」
ふう【封】㊀〔フ〕名造 すぐに開かないように、とじること。とじた所。「―をする」「封印・封鎖・開封・密封」⇩締め 参考 ㊁〔フ〕名 封じ目につけるしるし。「封・緘・〆」など。㊂接尾 書状や包み物などをかぞえる語。「書状五―」〔別音ほう｜封〕
ふう【風】㊀〔フ〕名造 ❶ならわし。やりかた。「昔の―」「風習・風俗・家風・校風」❷おもむき。ぐあい。「こんな―」「風雅・風流・威風・書風」❸なり。すがた。「―をかまわない」「風格・風体・風貌」㊁〔フ〕名〔仏〕四大の一つ。ものを成長させる力。㊂造 ❶かぜ。「風化・風速・台風・偏西風」❷しぜん。景色。「風景・風光・風致」❸世間のうわさ。「風説・風評・風聞」❹とおまわしにいう。ほのめかす。「風刺・風諭」❺なびかせる。おしえ。「風化・風教」❻病気。「風疹・中風」㊃造 接尾 …のような。それらしいようす。「今風・和風・当世風・フランス風」
ふう-あい ⓪【風合(い)】名 織物などのかたさ・やわらかさ・なめらかさなど、手ざわりや見た目の感じ。
ふう-あつ ⓪【風圧】名 風が物体に加える圧力。
ふう-い 〔フ〕【風位】名 風の吹いてくる方向。かざむき。風向。
ふう-い 〔フ〕【×諷意】名 遠まわしに、ほのめかして言う意味。
ふう-いん ⓪【風韻】名〔文章語〕おもむき。風趣。

ふう-いん ⓪【封印】名 自他サ ❶封じ目に印をおすこと。また、そのおした印。❷おもてに出さないようにすること。「魔力を―する」
ブーイング ⓪〈booing〉名 スポーツや芸能の催しで、観客が不満の気持ちをあらわすために、声をあげたり物音をたてたりすること。「―が起こる」
ふう-う 〔フ〕【風雨】名 ❶かぜとあめ。「―にさらされる」❷あめが降り、つよいかぜが吹くこと。あらし。「―をついて出かける」
ふう-うん ⓪【風雲】名〔文章語〕❶かぜとくも。❷変事がおこりそうなようす。❸竜が風と雲を得て天にのぼるように、英雄・豪傑が事をなすによい機会、また、事変。「―に乗ずる」 **―急を告げる** 大きな異変が起こりそうな不穏な気配である。 **―児** 〔ウ2〕名 よい機会をとらえて世に出た英傑。
ふう-えい ⓪【×諷詠】名 他サ〔文章語〕詩歌をつくること。
ふうえい-ほう ⓪【風営法】名〔「風俗営業等の規制及び業務の適正化等に関する法律」の略〕風俗営業などについて規制や罰則を定めた法律。
ふう-か 〔フ〕【富家】名 財産家。かねもち。ふか。⇔貧家。
ふう-か ⓪【風化】名 自サ ❶地上の岩石が、雨・熱・風などのため、しだいにくずれて土になること。風化作用。❷⇩ふうかい(風解)。❸災害や事件の記憶・印象が時とともにうすれること。「戦争体験の―」
フーガ 〔フ〕〈ⁱfuga〉名 遁走曲。
ふう-が 〔フ〕【風雅】㊀名 形動 風流で上品なこと。みやびやか。㊁名 詩歌・文芸・書画の道。
ふう-かい ⓪【風解】名 自サ 結晶水をふくんだ結晶が、空気中でしだいに水分を失ってくだけ、こなのように細かくなること。風化。
ふう-がい ⓪【風害】名 強風のために受ける損害。風災。
ふう-かく ⓪【風格】名 ❶ふうさいと品格。ひとがら。「おっとりした―」❷おもむき。味わい。「―のある字」
ふう-がら ⓪【風柄】名 ❶なりふり。すがた。容姿。❷人柄。
ふうがわかしゅう《風雅和歌集》南北朝時代の勅撰和歌集。編者は光厳院。十七番めの勅撰集。
ふう-がわり 〔ガ〕【風変(わ)り】名 形動〔ダロ・ダッ・デ・ニ／ダ・ナ・ナラ・〇〕見た目や人がらなどがふつうとかわっているようす。「―な作品」

ふ

ふう-かん [0]【封×緘】[名][他サ] 封をして、とじること。封。「―はがき」

ふう-かん [0]【×諷×諫】[名][他サ]〔文章語〕それとなく、遠まわしにいさめること。

ふう-き [フ]【風紀】[名] 社会生活上の規律。特に、男女間のつきあいの上の規律。「―がみだれる」

ふう-き [フ]【富貴】[名][形動] 財産があり、地位が高いこと。ふっき。↕貧賤(ひんせん)。

ふう-ぎ [フ]【風儀】[名] ❶行儀作法。❷ならわし。風習。

ふう-きょう [0]【風狂】[名]〔文章語〕❶気が狂うこと。❷風流を強くもとめること。また、その人。

ふう-きょう [0]【風教】[名]〔文章語〕徳をもって人民を教化すること。

ふう-きり [0]【封切(り)】[名] ❶封を切ること。また、封を切ったばかりのもの。❷制作した映画をはじめて公開すること。**―館**(かん) [リ][名] 封切りの映画を上映する映画館。

ふう-きん [0]【風琴】[名] ❶オルガン。❷アコーデオン。

ブーケ [フ]〈フ bouquet〉[名] 花束。

ふう-けい [フ]【風景】[名] ❶絵のようにとらえた、自然・町並みなどのながめ。風光。❷人間を中心にした、その場の状態・情景。ようす。「サラリーマンの初出勤―」 **―画**(が) [0][名] 自然のけしきをかいた絵。

ふう-けつ [0]【風穴】[名] 溶岩などの作用でできた、かざあな。

ふう-げつ [フ]【風月】[名]〔文章語〕おもむきのある自然。**―を友**(とも)**とする** 自然にしたしみ、風流な生活を送る。

ブーゲンビリア [ビ]〈ラ Bougainvillea〉[名] オシロイバナ科の低木。南アメリカ原産。白、赤紫、だいだいなどの苞(ほう)をもつ黄白色の小花が咲く。観賞用。ブーゲンビレア。

ふう-こう [0]【風光】[名] 自然のけしき。風景。「―明媚(めいび)」

ふう-こう [0]【風向】[名] かぜのふいてくる方向。かざむき。風位。**―計**(けい) [0][名] 風向をはかる計器。風信器。

ふう-こつ [0]【風骨】[名] ❶姿や様子。風姿。❷詩歌(しいか)などの作者の作風や根本の精神。「芭蕉(ばしょう)の―を探る」

ふう-さ [0]【封鎖】[名][他サ] とざして出入り・出し入れなどさせないこと。「道路―」「預金―」

ふう-さい [0]【風災】[名]〔文章語〕風害。

ふう-さい [0]【風采】[名] すがた。ふうてい。みなり。風姿。「―があがらない」

ふう-さつ [0]【封殺】[名][他サ] ❶野球で、次の塁へ進まなければならない走者を、次の塁へはいる前にボールを送ってアウトにすること。フォースアウト。❷相手の言動を封じこめること。

ふう-し [フ]【夫子】[名]〔文章語〕❶男の敬称。❷孔子(こうし)の尊称。❸長者。賢者。❹そういう話をしている当のあなた・彼。「―自身」

ふう-し [フ]【風姿】[名]〔文章語〕すがた。みなり。ふうさい。

ふう-し [0]【風刺】【×諷刺】[名][他サ] 社会や人物の欠点・罪悪などを、それとなくそしること。あてこすり。「―小説」

ふうしかでん《風姿花伝》 室町(むろまち)時代初期の能楽論書。世阿弥(ぜあみ)の作。能役者がいかにして観衆に感動を与える「花」を獲得するかを論じたもの。

ふうじ-こ・む [コ]【封じ込む】[他五] (マ・モ―ミ・ン―ム―ム―メ―メ) ❶中に入れて封をし、取り出せないようにする。❷封じ込める。

ふうじ-こ・める [メ]【封じ込める】[他下一] (メ―メ―メル―メル―メレ―メロ・メヨ) ❶中に入れ、出られなくする。❷相手の活動をおさえて動けないようにする。 **封じ込め** [名] **ふうじこ・む** [文語下二]

ふうじ-て [0]/[ジ]【封じ手】[名] ❶碁・将棋で、対局が翌日につづくとき、最後の手を打たずに、紙に書いて封じておくこと。翌日その手から再開される。❷武術などで、使うことをとめられているわざ。

ふうじ-め [0]/[メ]【封じ目】[名] 封をした所。

ふう-しゃ [フ]/[0]【風車】[名] ❶風の力で羽根車を回し、動力を得る装置。❷かざぐるま。(春)

ふう-じゃ [フ]【風邪】[名]〔文章語〕かぜひき。かぜ。感冒。(冬)

ふう-しゅ [フ]【風趣】[名] おもむき。風韻。風致(ふうち)。

ふう-じゅ [フ]【風樹】[名] 風にゆれる木。**―の嘆**(たん) 孝行をしようと思いたったときは、すでに親がなく、二度と会うこともできないというなげき。[参考]「樹(き)静かならんと欲すれども風やまず。子、養わんと欲すれども親待たず」〈韓詩外伝〉から。

ふう-じゅ [フ]【×諷×誦】[名][他サ]〔文章語〕声をはりあげて読むこと。とくに経文(きょうもん)を読み唱えること。ふじゅ。

ふう-しゅう [0]【風習】[名] ならわし。慣習。風俗習慣。「古くからの―」

ふう-しょ [0]【封書】[名] 封をした書状・手紙。

ふう-しょく [0]【風食】【風×蝕】[名][他サ]〘地〙風が岩石の表面に砂を吹きつけて、岩石をすりへらすこと。

ふう・じる [0]/[ジ]【封じる】[他上一] (ジ―ジ―ジル―ジル―ジレ―ジロ・ジヨ) 〔「ほうじる」と読めば別語。「封ずる(サ変活用)」とも〕❶手紙などに封をする。❷とじこめる。ふさぐ。「出口を―」❸自由にさせなくする。「口を―」「強豪チームを一安打に―」❹碁・将棋で、封じ手をする。「五十手目を―」

ふう-しん [0]【風信】[名]〔文章語〕❶たより。うわさ。❷かざむき。[参考] ヒヤシンスを「風信子」と書くのは当て字。**―器**(き) [シ][名] 風向計。

ふう-しん [0]【風×疹】[名] ウイルスによる急性感染症で、はしかに似た発しんができる。子どもに多い。三日ばしか。

ふう-じん [0]【風神】[名] 風をつかさどる神。風の神。↕雷神。

ふう-じん [0]【風×塵】[名]〔文章語〕❶風のためにたつ、ちり。❷きわめて軽いもの。❸わずらわしい俗事・俗世間。「―をさける」❹戦乱。

フーズ〈foods〉[造] 食品。食べ物。フード。「ペット―」「コンビニエンス―」

ブース [ブ]〈booth〉[名] ❶仕切りをしてある場所や小部屋。❷仮設の小屋。高速道路の料金徴収所など。

ふう-すい [フ]【風水】[名] 風や水の流れと地勢が吉凶に深くかかわるという古代中国の思想から、都市や建造物の適切な方位や位置を定めるという術。

ふうすい-がい [ス]【風水害】[名] 風害と水害。大風や大水で受ける損害。

ブースター [ブ]〈booster〉[名] ❶機械の圧力や電圧を高める装置。増幅器。❷ロケットが発進するときに必要な速度を与える補助推進装置。「―ロケット」

フーズ-フー [フ2]〈who's who〉[名] 人名録。現代名士録。

ふう・する [ス]【×諷する】[他サ] (シ・セ―サ―シ―スル―スル―スレ―シロ・セヨ)〔文章語〕遠まわしにあてこする。風刺する。 **ふう・す** [文語サ変]

ふう・ずる [0]/[ズ]【封ずる】[他サ] (ジ・ゼ―ジ―ズル―ズル―ズレ―ジロ・ゼヨ) ➡ふうじる。 **ふう・ず** [文語サ変]

ふう-せい [0]【風声】[名]〔文章語〕❶かぜの音。❷たより。おとずれ。❸うわさ。風聞。**―鶴×唳**(かくれい) [0][名]〔文章語〕風の音やつるの鳴き声にも、敵が攻めてきたかとおびえるほど、ちょっとしたことにびくびくすること。

ふう-せい [0]【風勢】[名] かぜのいきおい。風力や風圧。

ふう-せつ [0]【風雪】[名] ❶かぜとゆき。❷かぜとともに降るゆき。ふぶき。❸いろいろな苦労や困難。「人世の―」

ふう-せつ [0]【風説】[名] うわさ。とりざた。風評。風聞。「―が流れる」「―の流布」

ふう-せん [0]【風船】[名] ❶軽気球。❷かみふうせん。風船玉。㊊ **―玉**(だま) [0][名] ❶紙・ゴムなどのふくろに空気や水素を入れてふくらませたおもちゃ。㊊ ❷ふわふわしておちつかない人のこと。

ふう-ぜん [0]【風前】[名]〔文章語〕風の吹きあたる所。**―の×塵**(ちり) 物事のあやうく、はかないようす。**―の▲灯火**(ともしび) 物事の今にもほろびそうなようす。

ふう-そう [0]【風葬】[名] 死体を風雨にさらすほうむり方。⇔土葬・火葬・水葬。

ふう-そう [0]【風霜】[名]〔文章語〕❶かぜとしも。❷世わたりのきびしさ。「うき世の―にたえる」❸年月。星霜。

ふう-そう [0]【風騒】[名]〔文章語〕「風」は詩経の国風、「騒」は楚辞(そじ)の離騒で、ともに詩文の模範」詩文。風雅の道。

ふう-そく [0]【風速】[名] 風の吹く速力。ふつう秒単位で示す。「瞬間最大―」 **―計**(けい) [0][名] 風速を測定する計器。

ふう-ぞく [フ]【風俗】[名] ❶ならわし。しきたり。風習。❷風俗歌。❸風俗営業。**―歌**(うた) [ク][名] 平安時代、貴族社会にとり入れられた諸国の民謡。ふうぞく。ふぞくうた。**―営業**(えいぎょう) [エ][名] ❶客に遊興・飲食をさせる待合・料理屋・キャバレーなど。また、遊技をさせる玉突き場・マージャン屋などの商売。❷セックスに関するいろいろな商売。**―小説**(しょうせつ) [ショ][名] 世の中のようすや風俗を表面的にえがく小説。

ふう-だ [連語] 状態やようすをあらわすことば。ようだ。「あの男はいつもあんな―」「こういうふうに答えたよ」

ふう-たい [フ]【風体】[名] ➡ふうてい。

ふう-たい [フ]【風袋】[名] ❶物をはかるときの容器・上包みなど。❷うわべ。見かけ。

ふう-たく [0]【風×鐸】[名] 堂塔などの軒の四すみにつるしてある青銅製の鈴。

ぷう-たろう [0]【▲風太郎】[名]〔俗語〕決まった仕事や住居を持たず、ぶらぶらしている人。[参考]「プー太郎」「プータロー」と書くことが多い。

ブータン《Bhutan》ヒマラヤ山脈中にある王国。首都はティンプー。

ふう-ち [フ]【風致】[名] おもむき。あじわい。風趣。**―地区**(ちく) [チ]2 [名] 都市計画上、自然を保護するために指定された地域。**―林**(りん) [チ][名] 風景の美をたもつために、国が保護する林。

ふう-ちょう [0]【風鳥】[名] ごくらくちょう。

ふう-ちょう [0]【風潮】[名] 世の中のなりゆき・傾向。「社会の―」

ふう-ちん [0]【風鎮】[名] かけものの軸の両端にかける玉や石などのおもし。

ブーツ [ブ]〈boots〉[名] 長ぐつ。

ふうつう-おり [0]【風通織(り)】[名] 縦糸・横糸の色を別にして、表裏反対の色の模様を出す織り方。また、その織物。

ふう-てい [フ]【風体】[名] なりふり。すがた。ふうさい。ふうたい。「異様な―の人物」

ふう-てん [0]【×瘋×癲】[名] ❶精神の状態が正常でないこと。❷定職をもたず、盛り場などでごろごろしている人。[参考] ❷は「フーテン」と表記することが多い。

フート [フ]〈foot〉【×呎】[名]（フィートの単数形）➡フィート。

ふう-ど [フ]【風土】[名] ❶土地の状態・気候・地味(ちみ)など。❷そこにいる人の気質や考え方を形づくる環境。「精神的―」 **―病**(びょう) [0][名] その土地の気候・地質などから生ずる、特有の病気。マラリア・つつがむし病など。

フード [フ]〈food〉[名] 食べ物。食品。「ファスト―」「ドッグ―」 **―コート** [コ]〈food court〉[名] 大型商業施設の中にある飲食店街。各種飲食店から客が好みの料理を注文し、中央にある座席まで各自が運んで飲食をする。**―バンク** [バ]〈food bank〉[名] 企業などから食品の寄付を受け、必要な人や団体に無償で提供する活動。食糧銀行。

フード [フ]〈hood〉[名] ❶かまどの空気ぬき。❷ずきん。❸写真機のレンズにつける光線よけ。

ふう-とう [0]【封筒】[名] 手紙などを入れて郵送するための紙袋。状袋。

ふう-どう [0]【風洞】[名] 人工的に空気の流れを生じさせ、飛行機などの空気力学的性質を実験するためのトンネル形の装置。

ふうとう-ぼく [ト]【風倒木】[名] 台風などの強い風で倒された木。

プードル [プ]〈poodle〉[名] ヨーロッパ原産の犬の一種。独特の毛の刈り込み方をする。愛がん用。

ふう-にゅう [0]【封入】[名][他サ] 袋に入れて封じること。

ふう-は [フ]【風波】[名] ❶かぜとなみ。風浪。❷かぜのために立つなみ。❸もめごと。ごたごた。「家庭に―がたえない」

ふうばい-か [バ]【風媒花】[名] 風の力で受粉する花。松・くわなどの花。⇔虫媒花・鳥媒花。

ふうば-ぎゅう [バ]【風馬牛】[名]〔文章語〕自分との関係を認めない態度をとること。関心を示さないこと。「勉強など―の態度」[参考] 中国の古典「左伝」の中の「風馬牛も相及ばず」（さかりのついた馬や牛も相会うことができないほどへだたっている）という句から。

ふう-はつ [0]【風発】[名][自サ]〔文章語〕風が吹きおこるように弁論がいきおいよく口から出ること。「談論―」

ふう-び [フ]【風×靡】[名][他サ] 風に草木がなびくように、なびかせしたがわせること。「一世を―する」

ブービー [ブ]〈booby〉[名] ゴルフなどの競技会で、成績が悪いほうから二番目になること。「―賞」

ふう-ひょう [0]【風評】[名] せけんのとりざた。評判。うわさ。**―被害**(ひがい) [ヒ][名] 根拠のないうわさや臆測で経済的な被害を受けること。

ふう-ふ [フ]【夫婦】[名] 結婚した男と女。めおと。夫妻。⇩夫妻[参考]。**―×喧×嘩**(げんか)**は犬**(いぬ)**も食**(く)**わない** 夫婦げんかは一時的なものですぐにおさまるから仲裁の必要などない、という教え。**―は二世**(にせ) 夫婦の関係は、この世ばかりでなく、次の世までつづくということ。「親子は一世、―、主従は三世」 **―別姓**(べっせい) [フ][名] 結婚後、夫と妻が別の姓を名のること。[参考] 現在の日本の民法では、夫婦の氏(姓)は「同氏(同姓)」のみが認められている。別氏(姓)を望む人たちは、妥協案として「選択的夫婦別氏(姓)」制度を提唱し、支持者が増えつつある。

フープ [フ]〈hoop〉[名] ❶こどもの輪回しの遊びの輪。❷直径約二㍍の二つの鉄の輪を数本の横棒で結合し、両輪の間にはいり、横棒に手足をかけて回転させる運動用具。

ふう-ふう [フ][副] ❶息を吹きかけるようす。❷苦しそうに息をするようす。❸苦しめられたり、仕事に追い回されたりするようす。「いそがしくて―言っている」

ぶう-ぶう [ブ] ㊀[名]〔幼児語〕自動車。㊁[副] ❶不平や不満を言うようす。「―文句を言う」❷らっぱなどの、低くて大きな音をあらわす語。

ふう-ぶつ [フ]【風物】[名] ❶風景。❷土地や季節に特有のもの。「早春の―」 **―詩**(し) [ツ][名] ❶風景や季節をうたった詩。❷季節の感じを出すもの。「夏の―朝顔市」

ふう-ぶん [0]【風聞】[名] うわさ。風説。風評。

ふう-ぼう 0【風防】名 風をふせぐこと。かざよけ。防風。

ふう-ぼう 0【風貌】【風×丯】名 顔かたちとすがた。

ふう-み フ/ミ【風味】名 上品なあじ。「—のある菓子」

ブーム フ〈boom〉名 世の中で急にある事が盛んになること。にわか景気。「旅行—」「—が下火になる」⇩流行 参考。

ブーメラン ヲ〈boomerang〉名 オーストラリア先住民の使った飛び道具。「く」の字形の木片で、投げても目標に当たらないと手もとにもどってくる。狩猟・戦闘用。また、それをまねたおもちゃ。

ふう-もん 0【風紋】名 かぜが吹いて、砂の上にできた模様。

ふう-ゆ 0/フ【風諭】【×諷諭・×諷喩】名他サ 〔文章語〕 それとなく、遠まわしにさとすこと。

ふうらい-ぼう ラ【風来坊】名 ❶どこからともなく来た人。❷気まぐれで、落ち着きのない人。

フーリガン フ〈hooligan〉名 サッカーファンのうち、熱狂のあまり事件や事故をおこす人々。

ふう-りゅう フ【風流】名形動 みやびやかで俗でないこと。上品でおもむきのあること。風雅。**—韻事**(いんじ) イ名 〔文章語〕 風流なあそび。詩歌などをつくってたのしむこと。**—人**(じん) リュ名 風流をたのしむ人。

ふうりゅうぶつ《風流仏》幸田露伴(こうだろはん)の小説。一八八九年発表。恋にやぶれた彫刻師を主人公とする。

ふう-りょく フ【風力】名 ❶かぜの強さ。❷風によって生じるエネルギー。「—で地下水をくみ上げる」**—階級**(かいきゅう) カ名 かぜの強さの段階。現在はふつう十三階級に区分する。風級。**—発電**(はつでん) ハ名 大きな風車の動力をもとに電気を起こす発電方式。

ふう-りん 0【風鈴】名 風に吹かれて鳴る、つりがね形をした金属・ガラス・陶器製のすず。軒下などにさげる。㊡夏

ふうりん-かざん カ【風林火山】名 風のようにすばやく、林のように静かに、火のようにはげしく、山のようにどっしりかまえる意。参考 武田信玄(たけだしんげん)が軍旗に用いた「孫子」の句「疾(はや)きこと風の如(ごと)く、徐(しず)かなること林の如く、侵(おか)し掠(かす)めること火の如く、動かざること山の如し」から。

プール フ〈pool〉㊀名 ❶人工の水泳場・水泳競技場。㊡夏 ❷たまり場。置き場。「モーター—」㊁名他サ たくわえること。「資金を—する」

ブールバール バ〈ﾌ boulevard〉名 並木のある大通り。

ふう-ろ フ【風炉】名 ❶⬇ふろ(風炉)。❷溶解用の小さいるつぼ。

ふう-ろう 0【封×蠟】名 びんなどの封じめに使う樹脂質の混合物。

ふう-ろう 0【風浪】名 〔文章語〕 ❶かぜとなみ。風波。❷かぜのために立つなみ。

ふ-うん フ【浮雲】名 〔文章語〕 ❶うかんでいるくも。うきぐも。❷不安定なこと。とりとめのないこと。はかないこと。

ふ-うん フ【不運】名形動 ふしあわせ。不幸。非運。不遇。「—な事故」

ふうん 0 感 軽く同意をしたり、また感心したりするときに発する語。「—、なるほど」

ぶ-うん フ【武運】名 武人としての運命。戦いの運命。

ぶうん 0 と副 ❶小さな虫の羽音の形容。また、その飛ぶようす。「はちが—と飛ぶ」❷機械などの低く響く音の形容。また、そのようす。「—とエンジンをかける」

ぷうん-と 0/ウ 副自サ においがただよってくるようす。「酒のにおいを—させる」

ふえ 0【笛】名 ❶吹奏楽器の一つ。竹・木・金属でつくったくだで、いくつかの穴のあるもの。❷よこぶえ。❸のどぶえ。❹合図するためにふきならす道具。ホイッスル。「試合終了の—が鳴る」**—吹(ふ)けど踊(おど)らず** 準備をととのえて人にはたらきかけても、人がそれに応じない。

ふ-え フ【不▲壊】名 〔文章語〕 こわれないこと。「金剛—」

フェア フエ〈fair〉名 ❶野球で、打ったボールがきめられた線の内側にはいること。フェアボール。↕ファウル。❷見本市。大売出し。祭り。「オーディオ—」

フェア フエ〈fair〉形動 ダロ・ダッ・デ・ニ／ダ・ナ・ナラ・〇 公明正大なようす。かけひきのないようす。「—な行動」↕アンフェア。

フェア-ウエー エ〈fairway〉名 ゴルフコースで、ティーグラウンドからグリーンまでの間の、芝を短く刈りそろえてあるところ。

フェア-トレード レ〈fair trade〉名 発展途上国で作られた作物や製品を適正な価格で継続的に取り引きすることで、生産地の自然環境や労働者の生活を支えようとする貿易のしくみ。公平貿易。

フェア-プレー レ〈fair play〉名 ❶正々堂々とした試合・勝負・競技のしかた。❷かけひきのない公正なやり方。

フェアリー フエ〈fairy〉名 妖精(ようせい)。仙女。**—ランド** ラ〈fairyland〉名 おとぎの国。妖精の国。

フェイク フエ〈fake〉＝**フェーク** 名 ❶だますこと。にせもの。「—ニュース」❷アメリカンフットボールやバスケットボールでフェイントをかけること。❸ジャズの即興演奏。

ふ-えいせい エ【不衛生】名形動 病気の予防や健康の増進にこのましくないようす。↕衛生的。参考「衛生的」の対義語は「非衛生的」だったが、「不衛生」が優勢となった。「非衛生」という語形は不安定で定着しなかった。

ふえいよう-か フ【富栄養化】名 湖沼や内湾などの閉鎖的水域に燐(りん)や窒素などの栄養塩類が蓄積されること。プランクトンが異常繁殖して水質が汚染される。

フェイント 0〈feint〉名 バスケットボール・バレーボール・ボクシングなどで、相手をまどわすためにタイミングをはずして行う動作。「—をかける」

フェース〈face〉＝**フェイス** 造 ❶顔。表情。「ポーカー—」❷人。「ニュー—」**—シールド** シ〈face shield〉名 感染症予防などのために顔面をおおうカバー。**—ブック** ブ〈Facebook〉名〔商標名〕SNSの一つ。実名を登録し、文章・画像・動画などで情報を共有する。**—ペインティング** イ〈face painting〉名 顔に塗料などで絵や模様を描くこと。

フェーズ フエ〈phase〉＝**フェイズ** 名 ❶段階。局面。「新たな—をむかえる」❷⬇いそう(位相)❷。

フェード〈fade〉＝**フェイド** 造 ❶色があせること。❷演劇などで、明暗の変化により場面転換をすること。**—アウト** ア〈fade-out〉名自サ 映画・演劇で、画面や舞台をしだいにくらくして、見えなくすること。溶暗。↕フェードイン。**—イン** イ〈fade-in〉名自サ 映画・演劇で、画面や舞台をしだいにあかるくすること。溶明。↕フェードアウト。

フェーン フエ〈ﾄﾞ Föhn〉名 風が山地を越えて平地へ吹きおりるとき、温度が上がり、乾燥する現象。フェーン現象。㊡春

ふ-えき フ【夫役】名 ⬇ぶやく。

ふ-えき フ【賦役】名 〔文章語〕 地租と夫役(ぶやく)。

ふ-えき フ【不易】名形動(の) 〔文章語〕 かわらないこと。不変。「万古—」**—流行**(りゅうこう) フ名 かわらないことと、時にしたがってかわること。蕉風(しょうふう)俳諧(はいかい)の理念。

フェザー-きゅう 0【フェザー級】名 〔「フェザーfeather」は鳥の羽の意〕スポーツで、体重による選手の階級の一つ。プロボクシングでは、体重一二二ポンド(約五

五・三(キログラム)から一二六ポンド(約五七・一キログラム)までの階級。

フェスティバル [フェ]〈festival〉[名] 祭り。祭典。催し物。フェス。「ジャズ―」

ふえ-たけ [エ]【笛竹】[名] ❶竹の笛。❷〔文章語〕管弦。音楽。

フェチ [フェ][名] ➡フェティシズム❸。

ふえつ [フ][0]【×斧×鉞】[名] おのとまさかり。**―を加(くわ)える** 文章などに大きな修正を加える。

ふ-えて [エ][フ]【不得手】[名][形動(の)] ❶得意でないこと。不得意。「―な科目」↕得手。❷たしなまないこと。「酒は―だ」

フェティシズム [シ]〈fetishism〉[名] ❶石や木片などを神聖なものとして崇拝すること。呪物(じゅぶつ)崇拝。❷異常性欲の一つ。好意を寄せる対象の身につけているものに性欲を感じること。❸特定の種類のものに異常な執着を示すこと。フェチ。

フェニックス [フェ][三]〈(ラ)phoenix; phenix〉[名] ❶エジプト神話の霊鳥。五百年ごとに祭壇の火で焼け死に、その灰の中から生きかえるという鳥。不死鳥。❷ヤシ科の観葉植物。

フェミニスト [三]〈feminist〉[名] ❶女性の多様な権利をひろげようと考える人。女性解放論者。❷女性を大切にする男性。

フェミニズム [三]〈feminism〉[名] ❶女性の人権を尊重し、社会的・政治的・経済的権利をひろげようとする主義。女性解放論。❷女性を大切にする主義。

フェリー [フェ]〈ferry〉[名] ❶渡し場。渡船場。❷フェリーボート。**―ボート** [ボ]〈ferryboat〉[名] 自動車を、人や荷物をのせたまま運ぶ船。カーフェリー。

ふ・える [エ]【増える・殖える】[自下一] (エ―エ―エル―エル―エレ―エロ・エヨ) 数・量が多くなる。増(ま)す。「生産台数が―」「需要が―」↕減る。

[参考]「増える」は数量が大きくなることに重点があるため、「実力が増す」「涼しさが増す」のように程度がくわわる言い方には使われない。「増える」を「殖える」と書くのは、金銭や財産について使う場合が多い。**ふ・ゆ** [文語ヤ下二]

フェルト [0]〈felt〉＝**フエルト** [名] 羊毛などを圧縮加工したもの。帽子・しきもの・はきもの・手芸材料などに用いる。**―ペン** [ト]〈felt pen〉[名] 容器の口にフェルト製のペン先をつけた速乾性の筆記具。

フェロー [フェ]〈fellow〉[名] ❶仲間。❷大学や企業の特別研究員の地位。また、その人に支給される研究奨学金。**―シップ** [シ]〈fellowship〉[名] 大学の特別研究員。

フェロモン [フェ]〈pheromone〉[名] 動物の体内につくりだされ、体外に放出して、同種の他の個体の行動や生理状態に影響を与える分泌物質の総称。

ふ-えん [フ]【不縁】[名] ❶夫婦・養子などの縁組みの切れること。離縁。❷縁組みのまとまらないこと。「―におわる」

ふ-えん [0]【敷×衍・布×衍】[名][他サ]〔「衍」はひろげる意〕意味をおしひろげて、くわしく説くこと。

フェンシング [フェ]〈fencing〉[名] 中世に発達した西洋流の剣術。また、その競技。

フェンス [フェ]〈fence〉[名] かきね。さく。「打球が―をこす」

フェンダー [0]〈fender〉[名] 自動車などのどろよけ。

ぶ-えんりょ [エ]【無遠慮】[名][形動] 遠慮をしないこと。思いのままにふるまうこと。不作法(ぶさほう)。

フォア [フォ]〈four〉[名] ❶四。よん。フォー。❷四人でこいで競漕(きょうそう)するボート。

フォア-グラ [0]〈(フ)foie gras〉[名] ふとらせたガチョウの肥大した肝臓。オードブルとして珍重されている。フォワグラ。

フォア-ハンド [八]〈forehand〉[名] テニス・卓球などで、ラケットを持つ手と同じ側にくるたまを打つ打ち方。↕バックハンド。

フォア-ボール [フォ][ボ]〈four balls〉[名]〔和製英語〕野球で、ひとりの打者に、ストライクでないたまを四回投げること。四球。打者は一塁に出られる。

フォー [フォ]〈(ベトナム)pho〉[名] 米粉で作ったベトナムの麺。香草や肉などの具の入ったスープとともに食べる。

フォーヴィスム [ヴィ]〈(フ)fauvisme〉[名] ➡フォービスム。

フォーカス [フォ]〈focus〉[名][自サ] レンズの焦点。ピント。焦点を合わせること。「オート―」

フォーク [フォ]〈folk〉[一][造] 民俗の。民衆の。「―アート」[二][フォ][名] フォークソング。「―グループ」**―ソング** [ソ]〈folk song〉[名] アメリカで生まれた民謡風の歌。素朴な感情や社会問題などを歌うものが多い。**―ダンス** [ダ]〈folk dance〉[名] ❶各国・各地方に昔からある民俗舞踊。❷レクリエーションとして、多人数で踊るダンス。**―ロア** [ロ]〈folklore〉[名] ❶民間伝承。❷民俗学。

フォーク [フォ]〈fork〉[名] 洋食につかう、食べ物を突き刺して口に運ぶ道具。**―ボール** [ボ]〈fork ball〉[名] 野球の投球で、人さし指と中指にはさんで投げる、回転の少ないボール。**―リフト** [リ]〈fork lift〉[名] 車体前部の二本のフォーク形の手で荷物の積みおろし、運搬をする特殊自動車。

フォース-アウト [ア]〈force-out〉[名] 野球で、封殺(ふうさつ)。

フォービ(ヴィ)スム [ビ]〈(フ)fauvisme〉[名] 二〇世紀初めにマチスやルオーなどが起こしたあたらしい画風。太い筆づかいで原色を使うのが特徴。野獣派。

フォーマット [フォ]〈format〉[一][名] 書式。体裁。[二][名][他サ] コンピューター用語で、初期化。

フォーマル [フォ]〈formal〉[形動] (ダロ―ダッ・デ・ニ―ダ―ナ―ナラ―〇) 公式なようす。格調あるようす。「―ウエア」↕インフォーマル。

フォーム [フォ]〈form〉[名] ❶スポーツを行うときの姿勢。「投球―」❷形式。様式。書式。

フォーメーション [メ]〈formation〉[名] バスケットボール・サッカー・ラグビーなどで、選手の配置。陣形。

フォーラム [フォ]〈forum〉[名] 公開の討論会。

フォール [フォ]〈fall〉[名][自サ] ❶レスリングで、相手の両肩を同時にマットにつけること。これによって勝ちとなる。❷プロレスリングで、両肩をマットに三秒以上つけること。ピンフォール。

フォ(ー)ルト [フォ]〈fault〉[名] テニス・バレーボールなどの球技でサーブを失敗すること。「ダブル―」

フォックス-テリア [テ]〈fox terrier〉＝**フォックステリヤ** [名] 英国原産のテリア犬の一種。小さくて毛が短い。きつね狩りに用いた。

フォックス-トロット [ロ]〈fox trot〉[名] 社交ダンスの一つ。二拍子または四拍子でおどる。また、その伴奏音楽。

フォッサ-マグナ [マ]〈(ラ)Fossa Magna〉[名]〔大きなみぞの意〕本州の中央部を南北に横切る断裂帯。日本のもっとも重要な地質構造の一つ。大地溝帯。

ぶ-おとこ [オ]【醜男(ぶおとこ)】[名] 容貌(ようぼう)のおとる男。↕ぶおんな。

フォトジェニック [ジェ]〈photogenic〉[形動] (ダロ―ダッ・デ・ニ―ダ―ナ―ナラ―〇) 写真うつりのよいようす。写真向きであるようす。

フォト-スタジオ [タ]〈photo studio〉[名] 写真撮影所。

フォルクローレ [ロ]〈(ス)folklore〉[名] 南米の民俗音楽。アンデス地方やアルゼンチンのものなど。

フォルダー [0][フォ]〈folder〉[名] ❶紙ばさみ。❷コンピューターの中で、分類したファイルをそれぞれに収納しておくところ。

フォルテ[フォ]〈ィforte〉[名]〖音〗音を強く、の意味。↕ピアノ。

フォルティシモ[ティ]〈ィfortissimo〉[名]〖音〗音をもっとも強く、の意味。↕ピアニシモ。

フォルト[フォ]〈fault〉[名]⬇フォールト。

フォルマリン[0]〈ドFormalin〉[名]⬇ホルマリン。

フォルム[フォ]〈フforme; ドForm〉[名]芸術で、形態・形式。フォーム。

フォルムアルデヒド[デ]〈ドFormaldehyd〉[名]⬇ホルムアルデヒド。

フォロー[フォ]〈follow〉[名][他サ]〔あとにつづくの意〕❶あとからおぎなうこと。補助すること。「首相の発言を―する」❷番組や記事の取材をつづけて行うこと。❸ラグビー・サッカーなどで、攻撃中の味方のあとについて走ること。❹ツイッターなどのＳＮＳで、特定のユーザーの投稿が継続して読めるように登録すること。**―アップ**[ア]〈follow-up〉[名][他サ]❶事後までめんどうを見ること。フォロー。「新入社員への―研修」❷事後点検のための追跡調査。

フォロワー[フォ/0]〈follower〉[名]❶あとにつづく人やもの。「多くの―を生み出した歌手」❷ＳＮＳで、各ユーザーの登録読者。「―数の多い芸能人」

フォワード[0]〈forward〉[名]ラグビー・サッカーなどの前衛。↕バックス。

フォン[フォ]〈phon〉[名]音の大きさの単位。騒音レベルの単位「ホン」とは一致しない。⇩ホン。

ふ-おん[0]【不穏】[形動]（ダロ・ダッ・デ・ニ/ダ・ナ・ナラ・○）形勢がおだやかでないようす。険悪。「―な世相」

フォンデュ(ー)[フォ]〈フfondue〉[名]とかしたチーズに、パンをつけて食べる料理。また、くしに刺した牛肉の角切りを煮立った油で揚げながら食べる料理。

フォント[0]〈font〉[名]❶活字で、同一の書体・大きさの文字の一そろい。❷コンピューターで使われる書体データ。「―サイズ」

ふ-おんとう[オ]【不穏当】[形動]（ダロ・ダッ・デ・ニ/ダ・ナ・ナラ・○）穏当でないようす。おだやかでないようす。↕穏当。

ぶ-おんな[オ]【×醜女】ぶをんな[名]容貌（ようぼう）のおとる女。↕ぶおとこ。

ふか[0]【×鱶】[名]さめ類の大形のもの。[冬]

ふ-か[フ/カ]【不可】[名]↕可。❶よくないこと。承認できないこと。「立ち入り―」❷成績の段階をしめす語の一つ。可の下。最下位。不合格をしめす。

ふ-か[フ]【府下】[名]❶その府の区域内。「大阪―」❷大阪府・京都府で、大阪市・京都市をのぞいた地域。

ふ-か[フ]【富家】[名]財産家。かねもち。ふうか。↕貧家。

ふ-か[フ/カ]【付加・附加】[名][他サ]つけくわえること。「―税」 **―価値**（かち）[カ2][名]生産する過程で新たに加えられた価値。「商品の―を高める」

ふ-か[フ]【負荷】㊀[名][他サ]〔文章語〕ひきうけ、になうこと。「責任を―する」㊁[名]運動や仕事において消費されるエネルギー量。負担。「―がかかる」

ふ-か[カ/フ]【賦課】[名][他サ]租税などをわりあてて支払わせること。わりあてられた税金などの負担。

ふ-か[フ/カ]【×孵化】[名][自他サ]卵がかえること。卵をかえすこと。「人工―」

ふ-か[フ/カ]【浮華】[名][形動]〔文章語〕うわべがはなやかで実質のないこと。

ぶ-か[フ]【部下】[名]ある人のさしず・かんとくを受ける人。てした。配下。

ふか-あみがさ[ガ]【深編×笠】[名]顔がかくれる、深いあみがさ。

深あみがさ

ふ-かい[0]【付会・附会】[名][他サ]〔文章語〕こじつけること。「牽強（けんきょう）―」

ふ-かい[0]【不快】[名][形動]❶気持ちがわるいこと。不愉快。❷病気。「―のため欠席」 **―指数**（しすう）[ス][名]温度と湿度の関係で、人体に感じる快・不快の程度を数字であらわしたもの。七〇以上は一部不快、七五以上は半数不快、八〇以上は全員不快を感じるとされる。

ふか・い【深い】（カロ・カッ・ク/イ・イ・ケレ・○）㊀[形][カ]↕浅い。❶表面・入り口から底・奥までの距離が長い。㋐(垂直方向に)表面から底までが遠い。「―穴」「―湖」「雪の―地方」㋑(水平方向に)入口から奥までが遠い。「―森」❷程度が大きい。㋐色が濃い。「夏山は―緑色だ」「霧が―」㋑量・程度が大きい。「思慮が―」「―知識」「欲が―」「罪が―」㋒だいぶ時間がたっている。「夜も―」「秋が―」㋓特別に親しい。関係が密接である。「二人は―仲だ」❸表面から見えないで、深遠である。「―事情」「―意味」❹からだの内部から発する。からだの内部に達する。「―ため息」「―呼吸」 **深さ**[名] **ふか・し**[文語ク] ㊁[接尾]〔多くは「ぶかい」の形で。形容詞をつくる〕❶…がふかい。「奥―」「山―」❷程度が強い。「欲―」「毛―」「情け―」

ぶ-かい[0]【部会】[名]❶大きな集まりの中の、部門の会。「国語審議会仮名遣い―」❷部に所属する人の会合。

ぶ-がい[ブ]【部外】[名]その部に関係のないこと。外部。「―秘」↕部内。

ふがい-な・い[ナ]【×腑▲甲×斐無い】ふがひ―[形]（カロ・カッ・ク/イ・イ・ケレ・○）歯がゆいほど、いくじがない。役にたたず、はがゆい。 **ふがいなさ**[名] **ふがひな・し**[文語ク]

ふか-いり[0]【深入り】[名][自サ]度をこしてはいりこみ、また関係すること。「その問題には―しないほうがいい」

ふか-おい[0]【深追い】おひ―[名][他サ]どこまでも追うこと。

ふ-かかい[カ1]【不可解】[形動]（ダロ・ダッ・デ・ニ/ダ・ナ・ナラ・○）理解ができないようす。わからないようす。「―な事件」

ふかがわ-めし[ワ]【深川飯】ふかがは―[名]あさりのむき身とねぎなどのみそ汁をかけたどんぶりめし。また、あさりを炊き込んだ飯。[参考]江戸の深川あたりで名物とされたことから。

ふ-かぎゃく[カ]【不可逆】[名][形動]ある方向にだけ向かって、もとの状態にもどせないこと。「―変化」「―性」

ふ-かく[0]【×俯角】[名]目の高さより下にある対象物の一点と目とをむすんだ線が、水平面となす角度。↕仰角。

ふ-かく[0]【不覚】[名][形動]❶ゆだんして、しくじること。「一生の―」「これは―だった」❷知覚が確かでないこと。思わずそうなってしまうこと。「前後―に眠る」「―の涙」❸〔古語〕ひきょうなこと。おくびょうなこと。❹〔古語〕おろかなこと。あさはか。「母にも似ず、不覚の者にてありければ」〈今昔〉 **―を取**（と）**る** ゆだんして失敗する。

ふ-がく[フ]【不学】[名][形動(の)]〔文章語〕無学。「―の身」[参考]おもに、自分の学問のなさをけんそんした言い方。

ふがく《富岳》〔文章語〕富士山。

ぶ-がく[ブ]【舞楽】[名]まいのある古楽。雅楽。

ふ-かくだい[カ]【不拡大】[名]事件を大きくしないこと。

ふ-かくてい[カ]【不確定】[形動(の)]（ダロ・ダッ・デ・ニ/ダ・ナ・ナラ・○）はっきりときまっていないようす。「―の要素」

ふか-けつ[カ]【不可欠】[形動(の)]（ダロ・ダッ・デ・ニ/ダ・ナ・ナラ・○）欠くことのできないようす。ぜひ必要なようす。「―な条件」

ふかこう-りょく[コ]【不可抗力】[名]天災地変などのように、人力ではどうすることもできないこと。「―の災害」

ふか-ざけ[0/カ]【深酒】[名]酒を飲みすぎること。

ふ-かし カ【不可視】名 形動 肉眼で見ることができないこと。「―光線」↕可視。

ふか-しぎ カ【不可思議】名 形動 ❶とうてい考えることのできないこと。想像のつかないこと。「―な現象」❷あやしいこと。不思議。「―な行動」

ふかしん-じょうやく ジョ【不可侵条約】名 たがいに相手の国を侵略しないという条約。

ふか・す カ【吹かす】他五 サ・ソ・シ・ス・ス・セ・セ ❶たばこを吸って、煙を出す。❷いばってそのふうをする。…ぶる。「先輩かぜを―」❸エンジンの回転数をあげる。

ふか・す カ【更かす】他五 サ・ソ・シ・ス・ス・セ・セ 夜おそくまで、起きている。「夜を―」

ふか・す カ【▲蒸す】他五 サ・ソ・シ・ス・ス・セ・セ 蒸気で熱して、食べられるようにする。「いもを―」 **ふかせる** 自下一[…できる]

ふか-そく カ【不可測】名 形動(の) おしはかることができないこと。予測できないこと。「―の事態」

ふか-ぞり 0【深×剃り】名 自サ かみそりを肌に密着させて、ひげを根元ちかくからしっかりそること。

ふか-ち カ【不可知】名 形動(の) 文章語 ❶知ることができないこと。❷〖哲〗物の本質・実在の最後の根拠は、認識・経験の外に超越していて、人間には知ることができないということ。「―論」

ふ-かつ 0【賦活】名 自サ 活力をあたえること。

ぶ-かつ 0【部活】名 (「部活動」の略)児童・生徒が教科以外の文化・体育のサークルに入り、自主的に活動すること。クラブ活動。

ぶ-かっこう カ【不格好】【不×恰好】名 形動(の) かっこうのわるいこと。

ふか-づめ 0【深爪】名 つめをふかく切りすぎること。

ふか-で 0【深手】【深▲傷】名 ふかいきず。重傷。「―を負う」↕あさで・うすで。

ふか-なさけ ナ【深情け】名 強い情愛。特に異性に対して度の過ぎた思いをよせること。「悪女の―」

ふ-かのう カ【不可能】名 形動 努力しても、できないこと。なし得ないこと。「実現―」↕可能。

ふか-ば 0【深場】名 水深のふかいところ。↕浅場。

ふか-ひ カ【不可避】名 形動(の) さけられないこと。

ふか-ひれ 0【×鱶×鰭】名 大型のさめの背びれや尾びれを乾燥させたもの。中国料理の食材として用いられる。ふかのひれ。

ふか-ふか カ1/フ1 (と)副 自サ 形動(の) 柔らかくふくれているようす。「―したふとん」参考 形容動詞として使うときは0。

ぶか-ぶか 0 形動(の) 身に着けるものがゆるすぎるようす。「上着が―だ」

ぷか-ぷか プ1/カ1 (と)副 ❶タバコをふかすようす。❷物が軽そうに水に浮いているようす。「―と流れるささ舟」

ふかぶか-と フ【深深と】副 いかにも深く感じられるようす。「―ソファーに腰をおろす」「―頭をさげる」

ふか-ぶん カ【不可分】名 形動(の) 分けることができないこと。

ふか-ぼり 0【深掘り】名 他サ ❶深く掘ること。「地盤を―する」❷より深く、考察したり追及したりすること。「問題を―する」

ふか-ま マ【深間】名 ❶水のふかい所。ふかみ。❷男女間の、深い間がら。「―にはまりこむ」

ふかま・る マ【深まる】自五 ラ・ロ・リ・ッ・ル・ル・レ・レ 深くなっていく。「秋も―」 **深まり** 名

ふか-み ミ【深み】名 ❶ふかいこと。また、ふかさの程度。❷水や谷などのふかい所。深間。「―にはまる」❸深入りして、のがれることのできない状態や立場。「―におちいる」

ふか-みどり ミ【深緑】名 こい緑。濃緑。

ふか・める メ【深める】他下一 メ・メ・メル・メル・メレ・メロ・メヨ 深くする。「理解を―」 **ふか・む** 文語下二

ふか-よい 0【深酔い】名 自サ 酒を飲んで、ひどく酔うこと。「前後不覚になるまで―した」

ふか-よみ 0【深読み】名 ❶文章の意味を深く理解するような読み方。❷深く考えすぎて、ほんとうの意味を曲解すること。

ふ-かん 0【×俯×瞰】名 他サ 文章語 高い所から見おろすこと。「―撮影」 **―図** カ 名 上から見おろしたようにえがいた絵や地図。鳥瞰図。

ぶ-かん フ【武官】名 軍事にしたがう官吏。↕文官。

ぶ-かん フ【武鑑】名 江戸時代、旗本・大名などの氏名・禄高・系図などをしるした本。

ふかん-しへい シ【不換紙幣】名 金貨などの本位貨幣ととりかえられない紙幣。↕兌換紙幣。

ふかん-しょう 0/カ【不感症】名 ❶女性が、性交にあたって快感を感じない症状。冷感症。❷感覚がにぶく、また、なれてしまって何とも思わないこと。「騒音には―だ」

ふ-かんせい-ゆ セ【不乾性油】名 空気中ではかわかない油脂。オリーブ油・ひまし油・つばき油など。↕乾性油。

ふ-かんぜん カ【不完全】名 形動 完全でないこと。**―燃焼** ネ 名 自サ ❶酸素が不十分で、燃えるべき物がじゅうぶんに燃えないこと。↕完全燃焼。❷力を出し切ることができず、悔いが残ること。**―変態** ヘ 名 昆虫が、さなぎにならずに、幼虫からすぐ成虫になる変態。とんぼなど。↕完全変態。

ふき 0【×袘・×衽】名 あわせ・綿入れなどのそでぐちやすその裏をかえして、へりにしたもの。ふきかえし。⇩和服(図)。

ふき 0【×蕗】名 キク科の多年生植物。葉は丸く、葉柄と花茎とは食用。夏

ふ-き フ【不軌】名 文章語 ❶法に従わないこと。「―のやから」❷むほんをたくらむこと。

ふ-き フ/キ【不帰】名 かえらないこと。**―の客** 死者。「―となる」

ふ-き フ/キ【付記・附記】名 他サ つけたして書きしるすこと。また、その書きしるした記事。

ふ-き フ【不×羈】形動(の) ダロ・ダッ・デ・ニ・ダ・ナ・ナラ・○ 文章語 ❶物事にしばられず自由気ままなようす。「奔放―」❷才能がすぐれていて、おさえつけられないこと。「―の才」

ふ-ぎ フ【不義】名 ❶正しいことにそむき、道にはずれること。❷男女間の、道にはずれた情交。密通。

ふ-ぎ フ【付議・附議】名 他サ 会議にかけること。「法案を国会に―する」

ぶ-き オ【武器】名 ❶人を殺傷するための道具。刀・銃・砲など。兵器。「―を取る」❷目的を達成するための有力な手段。「カーブを―に投げぬく」

ぶ-ぎ フ【武技】名 武術。武芸。

ふき-あげ 0 名 ❶【吹(き)上げ】風の吹き上げる所。❷【噴(き)上げ】水を吹き上げる仕掛け。噴水。夏

ふき-あ・げる ゲ/0 ゲ・ゲ・ゲル・ゲル・ゲレ・ゲロ・ゲヨ ❶【吹(き)上げる】自他下一 風が物を吹いて舞いあげる。「風が木の葉を―」❷【噴(き)上げる】自他下一 気体や液体がいきおいよく上にあがる。また、気体や液体をいきおいよく上に出す。「煙を―」 **ふきあ・ぐ** 文語下二

ふき-あ・れる レ/0【吹(き)荒れる】自下一 レ・レ・レル・レル・レレ・レロ・レヨ 風が荒々しく吹き回る。**ふきあ・る** 文語下二

ふき-いた 0【ふき板】【×葺板】名 屋根をふく板。屋根板。

ふき‐いど [イ]【噴(き)井戸】ゐど 名 水をふきだしている井戸。ほりぬき。(夏)

ブギウギ [ブ]〈boogie-woogie〉名 ピアノにより一小節を八拍のリズムで奏するブルース演奏の一つ。ブギ。

ふき‐おろ・す [ロ/0]【吹(き)下ろす】自五 サ・ソ|シ|ス|ス|セ|セ 風が高い方から低い方へ向かって強く吹く。

ふき‐かえ [0]【ふき替え】【×葺替え】かへ 名 屋根のかわら・板などを取りかえること。

ふき‐かえ [0]【吹(き)替え】かへ 名 ❶映画・演劇での代役。❷外国映画のせりふを、自国語に入れかえること。❸貨幣・金属器具をとかして鋳なおすこと。改鋳。

ふき‐かえ・す [カ/0]【吹(き)返す】かへす サ・ソ|シ|ス|ス|セ|セ ㊀自五 風が逆に吹いてくる。㊁他五 ❶吹いてうらがえす。❷貨幣・金属器具をとかして鋳なおす。❸呼吸を回復する。生きかえる。「息を―」

ふき‐か・ける [ケ/0]【吹(き)掛ける】他下一 ケ|ケ|ケル|ケル|ケレ|ケロ・ケヨ ❶はげしく吹きつける。「息を―」❷値段を法外に高く言う。「倍の値段を―」❸しかける。「けんかを―」‖ふっかける。ふきか・く 文語下二

ふき‐け・す [ケ/0]【吹(き)消す】他五 サ・ソ|シ|ス|ス|セ|セ 息をふきかけたり風がふいたりして、火をけす。「ろうそくの火を―」

ふ‐きげん [キ]【不機嫌】名 形動 きげんがわるいこと。「―な表情」↕上機嫌。

ふき‐こぼ・れる [レ]【噴きこぼれる】自下一 レ|レ|レル|レル|レレ|レロ・レヨ 煮ている途中で、湯や汁がふきあがってこぼれる。噴きこぼれ 名 ふきこぼ・る 文語下二

ふき‐こ・む [コ]【吹(き)込む】マ・モ|ミ・ン|ム|ム|メ|メ ㊀自五 風・雨・雪などが吹いてはいりこむ。㊁他五 ❶吹いて中に入れる。「息を―」❷考えや知識を教えこむ。「過激な思想を―」❸レコード・テープなどに録音する。「新曲を―」吹き込み 名 吹き込める 自下一〔…できる〕

ふき‐こ・む [コ]【拭(き)込む】他五 マ・モ|ミ・ン|ム|ム|メ|メ じゅうぶんにふく。「ゆかをぴかぴかに―」

ふき‐さらし [0]【吹きさらし】【吹×曝し】名 おおうものがなく、じかに風のあたること・場所。ふきっさらし。「―のプラットホーム」

ふき‐し・く【吹き▲頻く】自四〔古語〕はげしく吹く。しきりに吹く。「白露に風の吹きしく秋の野は」〈後撰集〉

ふき‐すさ・ぶ【吹きすさぶ】【吹▲荒ぶ】バ・ボ|ビ・ン|ブ|ブ|ベ|ベ ㊀[サ/0] 自五 風が吹きあれる。㊁他四〔古語〕笛などをなぐさみに吹く。「笛をなつかしう吹きすさびつつ」〈源氏〉

ふき‐そ [キ]【不起訴】名 犯罪をしらべて、証拠が見つからない時や処罰の必要がない時、検察官が起訴しないこと。

ふき‐そうじ [ソ]【拭(き)掃除】名 ぞうきんなどでふいて、きれいにすること。

ふ‐きそく [キ]【不規則】名 形動 規則正しくないこと。規則的でないこと。「―なリズム」

ふき‐たお・す [オ/0]【吹(き)倒す】たふす 他五 サ・ソ|シ|ス|ス|セ|セ 風が吹いて物をたおす。

ふき‐だし [0]【吹(き)出し】名 ❶高気圧の中心から時計回りに風が吹くこと。❷まんがで、作中人物のせりふを囲んだ部分。

ふき‐だ・す [ダ] 自五 サ・ソ|シ|ス|ス|セ|セ ㊀【吹(き)出す】吹きはじめる。「風が―」㊁【噴(き)出す】❶気体や液体がいきおいよく出る。「温泉が―」❷こらえきれずに笑いだす。「思わず―」

ふき‐だまり [0]【吹きだまり】【吹×溜り】名 ❶雪や木の葉などが、風に吹かれて、ひとところにたまった所。❷行き場のない人たちが自然に寄り集まる所。「社会の―」

ふき‐ちぎ・れる [レ]【吹きちぎれる】【吹千切れる】自下一 レ|レ|レル|レル|レレ|レロ・レヨ 風が強く吹いて、ちぎれる。「炎が風の勢いに―」吹きちぎる 他五

ふ‐きつ [0]【不吉】名 形動 えんぎのわるいこと。めでたくないこと。凶。「―な予感」↕吉きち。

ふき‐つ・ける [ケ/0]【吹(き)付ける】ケ|ケ|ケル|ケル|ケレ|ケロ・ケヨ ㊀他下一 吹いて付着させる。「ラッカーを―」㊁自下一 風がはげしく吹きあたる。吹き付け 名 ふきつ・く 文語下二

ぶきっちょ [キ] 名 形動〔俗語〕ぶきよう。ぶきっちょう。

ふき‐つの・る [ノ/0]【吹(き)募る】自五 ラ・ロ|リ・ッ|ル|ル|レ|レ 風が一段とはげしく吹く。「北風が―」

ふき‐でもの [0]【吹(き)出物】名 皮膚にできる小さなできもの。「にきび―」

ふき‐とば・す [バ]【吹(き)飛ばす】他五 サ・ソ|シ|ス|ス|セ|セ ❶吹いて物を飛ばす。「屋根のかわらを―」❷払いのける。「悲しみを―」❸おおげさなことを言っておどろかす。‖ふっとばす。吹き飛ばせる 自下一〔…できる〕

ふき‐と・ぶ [ト]【吹(き)飛ぶ】自五 バ・ボ|ビ・ン|ブ|ブ|ベ|ベ ❶大風や爆発などによってものが飛ばされる。あとかたもなく消える。「強風で家の屋根が―」❷いっぺんに消えうせる。「山頂の景色は疲れも―美しさだ」‖ふっとぶ。

ふき‐ながし [0]【吹(き)流し】名 ❶旗の一種。いくすじかの長い布を、半円形・円形の輪にとりつけて、長いさおのはしに結びつけ、風になびかせるもの。❷こいのぼりなど風に吹きながれるもの。(夏)

ふきながし❶

ふき‐ぬき [0]【吹(き)抜(き)】【吹▲貫】名 ❶風の吹き通ること。また、その場所。❷ふきぬけ。

ふき‐ぬけ [0]【吹(き)抜け】【吹▲貫け】名 二階以上の建物で、間に床をつくらないで高い天井のあること。また、その場所。

ふき‐ぬ・ける [ケ/0]【吹(き)抜ける】自下一 ケ|ケ|ケル|ケル|ケレ|ケロ・ケヨ 風が吹いてとおり過ぎていく。「さわやかな風が部屋を―」ふきぬ・く 文語下二

ふき‐の‐とう [ト]【×蕗の×薹】名 春のはじめ、ふきの根茎から出る花茎。(春)

ふき‐はら・う [ラ/0]【吹(き)払う】はらふ 他五 ワ・オ|イ・ッ|ウ|ウ|エ|エ 吹いて、払いのける。吹き払える 自下一〔…できる〕

ふき‐ぶり [0/キ]【吹(き)降り】名 強い風とともに雨や雪が降ること。

ふき‐まく・る [ク/0]【吹きまくる】【吹×捲る】ラ・ロ|リ・ッ|ル|ル|レ|レ ㊀自五 ひどい勢いで風が吹く。㊁他五 さかんに大げさなことを言う。「ほらを―」

ふき‐まわし [0]【吹(き)回し】まはし 名 ❶風の吹きまわるぐあい。❷そのときのぐあい。調子。「どういう風の―か」

ぶ‐きみ [0]【不気味】【不(無)気味】形動 ダロ・ダッ・デ・ニ|ダ|ナ|ナ|ラ|○ 気味がわるいようす。恐ろしいような、いやな感じがするようす。「―な物音」不気味さ 名

ふき‐や [キ]【吹(き)矢】名 矢を筒に入れ、息を吹いて飛ばすもの。

ふ‐きゅう [0]【不休】名〔文章語〕やすまないこと。「不眠―」

ふ‐きゅう [0]【不朽】名〔文章語〕すたれないこと。いつまでも、値うちが失われないこと。「―の名作」

ふ‐きゅう [0]【普及】名 自他サ ひろくゆきわたること。また、ゆきわたらせること。**―版** ばん [0] 名 内容は同じだが、紙・装丁などを簡易にして値段を下げた本。大衆版。↕豪華版。

ふ‐きゅう [0]【腐朽】名 自サ くさること。

ふ‐きゅう [0]【不急】名 形動(の)〔文章語〕いそがないこと。

あとまわしにしてよいこと。「不要―」

ふ-きょ [フ]【不許】[名]〔文章語〕ゆるさないこと。不許可。

ふ-きょう [0]【不況】[名] 景気がわるいこと。不景気。「―に強い産業」↔好況。

ふ-きょう [0]【不興】[名] 目上の人のきげんを損じること。ふきげん。「―を買う」

ふ-きょう [0]【布教】[名][自他サ] 宗教をひろめること。**―師**(し) [キョ][名] 布教をする人。宣教師。

ふ-きょう [0]【富強】[名][形動(の)] 国力などが富んでいてつよいこと。

ふ-ぎょう [0]【×俯仰】[名]〔文章語〕うつむいたり、あおむいたりすること。**―天地**(てんち)**に恥**(は)**じず** 自分の心中・行動に、うしろぐらいところがすこしもない。

ぶ-きよう [キ]【不(無)器用】[名][形動] 器用でないこと。↔器用。

ぶ-ぎょう [フ]【奉行】[名] 武家時代に、政務の一部を受けもった部門の長官の職名。「江戸町―」**―所**(しょ) [0][名] 奉行が事務をとるために詰めた役所。

ふ-ぎょうぎ [ギョ]【不行儀】[名][形動(の)] 行儀が悪いこと。

ふ-ぎょうじょう [ギョ]【不行状】[名][形動(の)] 品行がわるいこと。身持ちのわるいこと。不行跡。

ふ-ぎょうせき [ギョ]【不行跡】[名][形動(の)] 不行状。

ふきょうわ-おん [ワ]【不協和音】[名] ❶同時に出されたとき、調和せず、いやな感じのする二つ以上の音。↔協和音。❷物事が不調和であること。「部内に―が絶えない」

ふ-きょく [0]【布局】[名] 碁石を盤面に配置すること。

ぶ-きょく [フ/0]【部局】[名] 官庁の事務の一部を分担するところ。部や局。

ぶ-きょく [フ]【舞曲】[名] 舞踊のための楽曲。

ふき-よせ [0]【吹(き)寄せ】[名] ❶吹いて寄せあつめること。❷いろいろのものを集めること。また、集めたもの。「音曲(ぎょく)―」❸数種類の煮物や揚げ物をいろどりよく盛り合わせた料理。また、もみじなどにかたどった干菓子を盛り合わせたもの。❹たる木・格子・障子のさんなどを一か所に二、三本ずつ集める建築の形式。

ふ-ぎり [フ/ギ]【不義理】[名][形動] ❶義理にそむくこと。義理をつくさないこと。❷借金をかえさないこと。「―を重ねる」

ふ-きりつ [キ]【不規律】[名][形動(の)] 規律を守らないこと。ふしだら。

ぶ-きりょう [キ]【不(無)器量】[名][形動(の)]（もとは才能のとぼしい意）顔かたちのみにくいこと。器量のわるいこと。

ふき-わ・ける [ケ]【吹(き)分ける】[他下一] ケレ・ケロ・ケヨ ❶風が吹いて草木を分ける。「野を―」❷鉱物をとかして含有物を分けとる。**ふきわ・く** [文語下二]

ふき-わた・る [タ/0]【吹(き)渡る】[自五] ラ・ロ・リ・ッ ル・ル・レ・レ ひろびろとしたところを、風が遠くまで吹いて通る。「野を―風」

ふ-きん [キ/フ]【付近・附近】[名] ちかい所。あたり。近所。近辺。「―を散歩する」

ふ-きん [キ]【布巾】[名] 食器類をふく、小さい布ぎれ。

ふ-きん [0]【賦金】[名] ❶わりあてられた負担金。❷月賦または年賦で返すかね。

ふ-きんこう [キ]【不均衡】[名][形動(の)] つり合いが取れていないこと。「貿易―」

ふ-きんしん [キ]【不謹慎】[名][形動(の)] つつしみのないこと。ふまじめ。「―な行動」

ふく【伏】[造] ❶ふせる。ふす。「伏臥(が)・起伏・平伏」❷かくれる。「伏在・伏線(せん)・伏兵・伏流・伏魔殿・潜伏(せんぷく)」❸したがう。したがわせる。「圧伏(あっぷく)・屈伏(くっぷく)・降伏・雌伏・承伏」❹六月の節の名。「三伏(さんぷく)」**伏する** [自他サ]

ふく【復】[造] ❶かえる。もどる。もどす。「復縁・復活・復路・往復・回復・修復」❷かえす。むくいる。「復讐(しゅう)・報復」❸くりかえす。「復習・復唱・反復」❹こたえる。「復啓・復文・拝復」**復す** [自他五] **復する** [自他サ]

ふく【腹】[造] ❶はら。「腹水・腹痛・腹膜・開腹・空腹・満腹(まんぷく)」❷こころ。かんがえ。「腹案・腹心・腹蔵・剛腹・立腹(りっぷく)・面従腹背」❸なかほど。「山腹(さんぷく)・船腹(せんぷく)・中腹」❹母親。「異腹・妾腹(しょうふく)・同腹」

ふく【覆】[造] ❶くつがえす。くつがえる。「覆車・覆水・覆轍(てつ)・覆没・転覆(てんぷく)」❷くりかえす。「覆刻・反覆(はんぷく)」❸おおう。「覆面・被覆」

ふく【服】㊀[ク][名][造] 洋服。きもの。「―を着る」「服地・服飾・衣服・既製服」㊁[造] ❶つとめにつく。おこなう。「服役(えき)・服務・忌服(きぶく)」❷したがう。したがえる。「服従・感服・征服・不服」❸のむ。「服毒・服用・一服(いっぷく)・内服」㊂[接尾] ❶こな薬の包みをかぞえる語。❷茶・たばこ・くすりなどをのむ回数。**服する** [自他サ]

ふく【副】↔正。㊀[ク][名][造] 主となるものにそって、その補助となるもの。つぎの。「正・―二名の委員」「副因・副官・副収入・副都心・副委員長」㊁[ク][名] うつし。副本。㊂[造] そう。そえる。「副食・副作用」

ふく [ク]【福】[名][造] さいわい。幸福。「―の神」「福祉・福利・幸福・至福・祝福・裕福」↔禍。**―は内**(うち)**鬼**(おに)**は外**(そと) 鬼は外福は内。

ふく【複】㊀[ク][名][造] ↔単。❶かさなること。単一でないこと。「複眼・複合・複雑・複数」❷複式。❸テニス・卓球などで二人が一組になってする試合。ダブルス。㊁[造] 同じことをする。「複写・複製」

ふく【幅】㊀[ク][名] かけもの。軸物。㊁[造] ❶はば。「幅員・紙幅・振幅(しんぷく)」❷ふち。へり。「辺幅(へんぷく)」㊂[接尾] かけ軸などをかぞえる語。

ふ・く [フ]【吹く】カ・コ・キ・イ ク・ク・ケ・ケ ㊀[自五] ❶風がおこる。自然に空気が動く。「こがらしが―」❷内部から表面にあらわれる。「汗が吹き出る」「ほしがきに粉が―」「芽が―」「銅の屋根に緑青(ろくしょう)が―」❸【噴く】勢いよく外にあらわれる。「火山のマグマが噴き出る」「石油が噴き出す」「不満が噴き出す」[参考] この❸の用法は、「鯨が潮を噴く」のように他動詞的でもある。㊁[他五] ❶息を出す。㋐息といっしょに送りだす。「たばこの煙を―」㋑つよく息を出して物にあてる。「机の上のほこりを―」㋒息をこめて鳴らす。「ふえを―」❷水をはき出す。「鯨が潮を―」❸あらわし出す。「芽を―」❹大きなことをでまかせに言う。「ほらを―」❺金属をとかして成分をわける。❻鋳物をつくる。**吹ける** [自下一][…できる]

ふ・く [0]【拭く】[他五] カ・コ・キ・イ ク・ク・ケ・ケ 布や紙などでぬぐってきれいにする。**ふける** [自下一][…できる]

ふ・く [0]【×葺く】[他五] ❶屋根をかわら・かやなどでおおう。❷軒にさす。「しょうぶを―」**ふける** [自下一][…できる]

ふぐ [フ]【▲河▲豚】[名] フグ科の海魚の総称。まふぐ・とらふぐなどは、卵巣(らんそう)・肝臓(かんぞう)に猛毒をもつが、肉は美味。㊅ **―は食**(く)**いたし命**(いのち)**は惜**(お)**しし**〔ふぐはうまいが、中毒の危険がある〕利益はあるのだが、危険があるので、どうしようかと迷う。

ふ-ぐ [フ]【不具】㊀[名] ❶備わっていないこと。不備。❷身体の一部に障害があること。身体障害。㊁[あいさつ]〔文章語〕手紙の終わりに書く語。気持ちをあらわしつくさないという意。不尽。不備。

ぶ-ぐ [フ]【武具】[名] いくさの道具。武器。

ふ-ぐあい [グ]【不具合】—(ぐあひ) [名] [形動] 具合がよくないこと。

ふく-あん [0]【腹案】[名] 心の中で考えていて、外に発表していない案。

ふく-い [ク]【腹囲】[名] 腹のまわり。また、その寸法。

ふく-い [ク]【復位】[名] [自サ] 〔文章語〕もとのくらいにかえること。

ふく-いく [0]【×馥×郁】[と副] [たる連体] 〔文章語〕香気のかおるようす。よいにおいがするようす。「―たるうめの香」

ふくい-けん《福井県》中部地方西部の日本海がわの県。県庁所在地は福井市。

ふく-いん [0]【副因】[名] 第二次的な原因。↕主因。

ふく-いん [0]【幅員】[名] 広さ。はば。「道路の―」

ふく-いん [0]【福音】[名] ❶よろこばしいしらせ。❷キリスト教で、キリストによって人類がすくわれるという教え。**―書**(しょ) [0] [名] 新約聖書の中で、キリストの一生と言行をしるした本。マタイ・マルコ・ルカ・ヨハネの四書。

ふく-いん [0]【復員】[名] [自他サ] 召集した軍人の兵役をとくこと。また、とかれること。

ふ-ぐう [0]【不遇】[名] [形動(の)] よい運にめぐりあわず、世に認められないこと。「身の―をかこつ」

ふく-うん [0]【福運】[名] めでたい運命。幸運。

ふく-えき [0]【服役】[名] [自サ] 夫役(ぶやく)・兵役・懲役などに服すること。

ふく-えん [0]【復円】[名] [自サ] 日食や月食がおわって、太陽や月がもとの円形にもどること。

ふく-えん [0]【復縁】[名] [自サ] 離縁をしたものが、また、もとの関係にもどること。

ふくおうじでん《福翁自伝》福沢諭吉の自叙伝。一八九八年から翌年にかけて発表。多事多端であった著者の生涯をしるしたもの。

ふくおか-けん《福岡県》九州地方北部の県。県庁所在地は福岡市。

ふく-おん [0]【複音】[名] ↕単音。❶ちがった二つ以上の発音体が同時に発する音。❷ハーモニカで、音を出す穴が二列に並んでいるもの。

ふく-おんせい [オ]【副音声】[名] テレビの音声多重放送やDVDなどで、主音声とは別の音声。二か国語放送や視覚障害者向けの画面解説などで使われる。↕主音声。

ふく-が [ク]【伏×臥】[名] [自サ] 〔文章語〕うつぶせに寝ること。↕仰臥・側臥。

ふく-がく [0]【復学】[名] [自サ] 停学・休学していた学生・生徒が所属の学校にかえること。

ふく-かげん [カ]【服加減】[名] 茶の湯で、茶の温度や味のぐあい。

ふく-かん [0]【副官】[名] →ふっかん。

ふく-がん [0]【複眼】[名] 節足動物の目で、多くの小さな目があつまって、一つの大きな目のようにみえるもの。とんぼの目など。↕単眼。

ふく-ぎょう [0]【副業】[名] 本業のほかにする仕事。内職。↕本業。

ふく-きょうざい [キヨ]【副教材】[名] 主要な教材を補うために用いる教材。資料集や問題集など。補助教材。

ふく-くう [0]【腹×腔】[名] →ふくこう。**―鏡**(きょう) [0] [名] →ふくこうきょう。

ふく-けい [0]【復啓】[あいさつ] 〔文章語〕手紙の返事の最初に書く語。「返事を申しあげる」の意味。⇨拝復 [参考]。

ふく-げん [0]【復原・復元】[名] [自他サ] もとにもどすこと。もとにもどること。「法隆寺の壁画を―する」

ふく-こう [0]【腹×腔】[名] 脊椎(せきつい)動物の腹部の、内臓(ないぞう)のはいっているところ。ふっこう。ふくくう。**―鏡**(きょう) [0] [名] 腹部の表面から挿入し、手術を行うための内視鏡。ふくくうきょう。

ふく-ごう [0]【複合】[名] [自他サ] 二種以上のものが合わさって一つになること。また、一つに合わせること。**―競技**(きょうぎ) [キヨ] [名] スキーで、距離とジャンプとをひとりの選手がおこなって、その総得点を争うもの。**―語**(ご) [0] [名] 二つ以上の単語が結合して一つの単語となったもの。合成語の一種。「はる-かぜ」「かき-あらわす」「核-兵器」など。

ふく-こうかんしんけい [シ]【副交感神経】[名] 自律神経の一種。交感神経とは逆の作用をすることで、からだのはたらきをととのえる役目をする。心臓に対しては抑制、胃腸に対しては促進の作用をする。↕交感神経。

ふく-さ [サ]【服×紗・×帛×紗・×袱×紗】[名] ❶絹・ちりめんの小形のふろしき。進物の上に掛けたり、物をつつんだりする。❷茶の湯に使う、方形の絹の布。茶器をふいたり、茶わんをうけたりするのに使う。**―×捌き**(さばき) [サ]2 [名] 茶の湯のときの、ふくさのあつかい方。

ふく-さ [ク]【副査】[名] 主査を助け審査を行う人。↕主査。

ふく-さい [0]【副菜】[名] 主となるおかずのほかに、出されるもの。サラダ・漬け物・つくだ煮など。↕主菜。

ふく-ざい [0]【伏在】[名] [自サ] 〔文章語〕ひそみかくれていること。潜在。「―する原因をつきとめる」

ふく-ざい [0]【服罪】[名] [自サ] 刑に服すること。

ふぐ-さし [0]【×河×豚刺し】[名] ふぐのさしみ。てっさ。

ふく-ざつ [0]【複雑】[形動] ダロ・ダッ・デ・ニ／ダナ・ナラ・〇 ものの仕組みや関係がからみ合って、わかりにくいようす。「―な組織」↕簡単・簡潔・単純。**複雑さ** [名] **―系**(けい) [0] [名] あるできごとが、種々の要素と複雑にからみ合い、相互に作用しあって、全体を形づくっているようなシステム。

ふく-さよう [サ]【副作用】[名] 治療や予防のために用いる医薬品の主なはたらきと異なる、からだに悪い作用。⇨副反応 [参考]。

ふくざわ-ゆきち《福沢諭吉》一八三四―一九〇一。思想家・教育者。明治時代の啓蒙(けいもう)思想家として西洋思想を紹介した。慶応義塾(けいおうぎじゅく)の創始者。「学問のすゝめ」「福翁自伝」など。

ふく-さんぶつ [サ]【副産物】[名] ❶主産物をつくる過程で、それに付随してできるもの。❷ある物事につれて、おこる物事。

ふく-し [ク]【副使】[名] 正使をたすけたり、正使の代理をするつかい。↕正使。

ふく-し [0]【副詞】[名] 他の語、特に用言を、時に他の副詞や体言を修飾する語。「ゆっくり・はなはだ・かならず」など。⇨(付)品詞分類

ふく-し [ク]【福祉】[名] さいわい。幸福。「社会―」**―国家**(こっか) [コ] [名] 国民の幸福を増すことを目的とする国家。

ふく-じ [0]【服地】[名] 洋服のぬのじ。

ふく-しき [0]【複式】[名] ↕単式。❶二つ以上からなる方式。❷複式簿記。**―火山**(かざん) [カ] [名] 火口内にさらに噴火して、外輪山と内輪山とをもつ火山。箱根(はこね)・阿蘇山(あそさん)など。**―学級**(がっきゅう) [ガ] [名] 二学年以上の児童・生徒を一つにまとめた学級。↕単式学級。**―簿記**(ぼき) [ボ] [名] 簿記で収支(取引)ごとに貸し方・借り方の両方を記入する簿記。↕単式簿記。

ふくしき-こきゅう [コ]【腹式呼吸】[名] 腹の筋肉をのびちぢみさせておこなう呼吸。腹呼吸。↕胸式呼吸。

ふくじ-てき [0]【副次的】[形動] ダロ・ダッ・デ・ニ／ダナ・ナラ・〇 主となるものではなく、従となるものであるようす。二次的。「―な成果」

ふくしま-けん《福島県》東北地方南端の県。県庁所在

在地は福島市。

ふく-しゃ ㋗【覆車】名〔文章語〕車がひっくりかえること。**—の戒**いましめ〔まえの車がひっくりかえったのを見て、あとの車が気をつけること〕まえの人の失敗を見て、あとの人が注意すること。

ふく-しゃ ⓪【伏射】名他サ 伏した姿勢で銃をうつこと。ふせうち。↕膝射しっしゃ・立射。

ふく-しゃ ⓪【複写】名他サ ❶文書などを原物どおりうつしとること。コピー。❷同じものを同時に二つ以上うつすこと。**—紙**し ［シャ］名 複写用の炭酸紙。カーボンペーパー。

ふく-しゃ ⓪【×輻射】名他サ 中央から周囲に放射すること。参考 現在では一般に「放射」を用いる。

ふく-しゅ ⓪【副手】名 ❶主となる人を助ける人。❷大学で研究室の事務を扱う職員。

ふく-じゅ ㋗【福寿】名〔文章語〕幸福で長命なこと。

ふく-しゅう ⓪【復×讐】名自サ あだをかえすこと。かたきうち。しかえし。

ふく-しゅう ⓪【復習】名他サ すでにならったことをくりかえしてならうこと。おさらい。↕予習。

ふく-じゅう ⓪【服従】名自サ 他人の意志や命令にしたがうこと。「—を強いる」

ふく-しゅうにゅう ［シュ］【副収入】名 副業・内職などによる収入。↕主収入。

ふく-じゅ-そう ⓪【福寿草】名 キンポウゲ科の多年生植物。早春、黄色の花をつける。正月の飾りにする。根は薬用。元日草がんじつそう。新年

ふく-しょ ⓪【副書】名 もとになる書物や文書の写し。副本。

ふく-しょ ⓪【副署】名自サ 明治憲法下、天皇の公布する文書などに国務大臣が天皇の名のつぎに署名したこと。

ふく-しょう ⓪【副将】名 主将の次に位する将。↕主将。

ふく-しょう ⓪【副賞】名 正式の賞にそえるかねや品物。

ふく-しょう ⓪【復唱】【復×誦】名他サ 命令を確認するために、それをくりかえしてとなえること。「命令を—する」

ふく-しょう-しき ⓪【複勝式】名 競馬・競輪・競艇などで、一・二着または一・二・三着のいずれかを当てる方式。↕単勝式・連勝式。

ふく-しょく ⓪【服飾】名 ❶衣服と装身具。❷衣服のかざり。**—品**ひん ⓪名 服装のかざりとするもの。アクセサリー。

ふく-しょく ⓪【副食】名 主食に添えてたべるもの。おかず。さい。「—物」↕主食。

ふく-しょく ⓪【復職】名自サ はなれていた、もとの職にもどること。「全快して—する」↕休職。

ふく-じょし ［ジョ］【副助詞】名 副詞の性質と機能とを上の体言にもたせて、下の用言の意味を限定する助詞。「まで・ばかり・だけ・ほど・くらい」など。

ふく-しん ⓪【副審】名 主審を助ける審判員。↕主審。

ふく-しん ⓪【腹心】名〔文章語〕❶心のおくそこ。まごころ。「—をうちあける」❷心から信頼して、なんでも話しあったり、まかせたりすることのできる人。「—の部下」参考 その人の同輩か、その人よりも地位の低い人について言う。

ふく-じん ⓪【副腎】名 両側の腎臓じんぞうの上にのっている、黄白色で三角形の内分泌腺ないぶんぴつせん。

ふくじん-づけ ⓪【福神漬(け)】名 塩づけした、だいこん・なす・なたまめなど、七福神になぞらえた七種の野菜をきざんでみりんや砂糖で調味し、しょうゆに漬けた食品。

ふく・す ㋗【服す】自他五 サ・ソ|シ|ス|ス|セ|セ ⇩ふくする。

ふく・す ㋗【復す】自他五 サ・ソ|シ|ス|ス|セ|セ ⇩ふくする。

ふく-すい ⓪【腹水】名 腹腔ふくこうに液体のたまる病状。また、その液体。心臓・肝臓などの病気による。

ふく-すい ⓪【覆水】名〔文章語〕こぼれた水。**—盆**ぼん**に返**かえ**らず** ❶一度わかれた夫婦の仲はもとどおりにならない。❷一度失敗したことは、とりかえしがつかない。参考 昔、中国の太公望が斉の国に仕えて出世した時、かつて貧しかった時に自分から離縁して去った妻が、復縁を求めてきたので、盆の水をひっくり返して見せ、この水をもとにもどすことができたなら復縁しようと言ったということから。

ふく-すう ［ス］【複数】名 二つ以上の数。↕単数。

ふく-すけ ㋗【福助】名 ❶背がひくく、頭の大きい、幸福を招くという人形。❷頭が特に大きい人。

福助❶

ふく・する ［ス］【伏する】 シ・セ・サ|シ|スル|スル|スレ|シロ・セヨ〔文章語〕㊀自サ ❶したがう。「権力に—」❷かがむ。「墓前に—」㊁他サ ❶したがわせる。❷かがませる。ふく・す 文語サ変

ふく・する ［ス］【服する】 シ・セ・サ|シ|スル|スル|スレ|シロ・セヨ〔「服す(五段活用)」とも〕㊀自サ ❶心服する。「師の説に—」❷それを受けて従う。「任務に—」「命めいに—」「喪に—」「刑に—」㊁他サ 飲む。「くすりを—」ふく・す 文語サ変

ふく・する ［ス］【復する】 シ・セ・サ|シ|スル|スル|スレ|シロ・セヨ〔「復す(五段活用)」とも〕㊀自サ かえる。もどる。「原状に—」「旧に—」㊁他サ ❶かえす。もどす。❷こたえる。復申ふくしんする。ふく・す 文語サ変

ふく-せい ⓪【服制】名 衣服に関するきまり。

ふく-せい ⓪【復姓】名自サ 離婚・離縁などして、もとの姓にもどること。

ふく-せい ⓪【複製】名他サ 美術品・書籍などを、もとのものと同じようなものを作ること。また、その作ったもの。参考「復製」と書くのはあやまり。

ふく-せき ⓪【復席】名自サ もとの席にかえること。

ふく-せき ⓪【復籍】名自サ 離婚した者、養子縁組を解消した者などが、もとの戸籍にかえること。

ふく-せん ⓪【伏線】名 あとにのべることに関連したことを前もって、それとなくのべておくもの。「—を張る」

ふく-せん ⓪【複線】名 二つ以上並行している線路。特に、上り用と下り用が別である鉄道線路。↕単線。

ふく-そう ⓪【服装】名 身につける衣服。よそおい。

ふく-そう ⓪【×輻×輳】名自サ〔「輳」は集まるの意。車の輻やが中心のこしきに集まるように〕物事が寄り集まって、こみあうこと。「貨物が—する」

ふく-そう ［ソ］【福相】名形動 ふくぶくしい人相。幸運にめぐまれたような人相。↕貧相。

ふく-ぞう ⓪【腹蔵】名 心中にかくしてあらわさないこと。「—なく話す」参考「腹臓」と書くのはあやまり。

ふくそう-ひん ⓪【副葬品】名 死者を埋葬するときに、死者の遺体に添える品物。

ふく-ぞく ⓪【服属】名自サ 部下となってしたがいつくこと。

ふくそく-るい ［ク2］【腹足類】名 軟体動物の一種で、巻き貝の類。多く、らせん形の貝がらで、頭部に触角・目・口がある。かたつむり・さざえなど。

ふく-だい ⓪【副題】名 書籍・論文などの標題のそえがき。サブタイトル。

ふく-だいじん ［ダ］【副大臣】名 大臣の命を受け、政策・企画をつかさどり、大臣不在のときに職を代行する特別

ふ

職の国家公務員。普通は、与党の国会議員から任命される。

ふぐ-たいてん [フ]【不×倶戴天】[名]〔「ともに天をいただかず」から〕にくしみやうらみの深いこと。「―のかたき」

ふく-ちじ [チ]【副知事】[名] 知事の仕事を助ける役・人。

ふく-ちゃ [ク]【福茶】[名] くろまめ・こんぶ・さんしょうなどを加えてせんじ出した茶。(新年)

ふく-ちゅう [0]【腹中】[名] ❶はらのなか。❷心のうち。「―をさぐる」

ふく-ちょう [0]【副長】[名] 長を補佐する役・人。特に、もと軍艦で、艦長をたすけ、艦内をとりしまる役・人。

ふく-ちょう [0]【復調】[名][自サ] 調子がもとにもどること。

ふぐ-ぢょうちん [ヂョ]【▲河▲豚▲提▲灯】[名] ふぐの皮をほし固めて、ふぐの形につくったちょうちん。

ふ-くつ [0]【不屈】[名][形動(の)] くじけないこと。「―の精神」

ふく-つう [0]【腹痛】[名] 腹部がいたむこと。はらいた。

ふく-てつ [0]【覆×轍】[名]〔文章語〕〔くつがえった前車のわだち〕失敗の前例。

ふく-ど [ク]【覆土】[名][自サ] 土をかぶせること。また、その土。

ふく-とう [0]【復党】[名][自サ] もと属していた党へもどること。

ふく-とく [0]【福徳】[名] 幸福と利益。「―円満」

ふく-どく [0]【服毒】[名][自サ] 毒をのむこと。「―自殺」

ふく-どくほん [ド]【副読本】[名] 主となる読本の、補助として使う読本。ふくとくほん。サイドリーダー。

ふく-としん [ト]【副都心】[名] 大都市の中心部の外側にできる新しい中心地区。

ふくなが-たけひこ《福永武彦》 一九一八―七九。小説家・詩人。前衛的手法を用いながら、物語的な叙情性を持つ作品が多い。「海市」「死の島」など。

ふく-の-かみ [ノ]【福の神】[名] 幸福をさずけるという神。

ふく-はい [0]【腹背】[名]〔文章語〕 はらとせなか。前面と背面。まえとうしろ。「―の敵」

ふく-はんのう [ハ]【副反応】[名] ワクチン接種により期待される免疫反応のほかに起こる有害な事象。[参考] 副反応は副作用と似ているが、副反応はワクチン接種のみに限った現象である。

ふく-ひ [ク]【複比】[名] 二つ以上の比をかけあわせた比。相乗比。↔単比。

ふく-びき [0]【福引(き)】[名] くじびきで景品を出すこと。

ふく-びくう [ビ]【副鼻×腔】[名] ➡ふくびこう。

ふく-びこう [ビ]【副鼻×腔】[名] 鼻腔のまわりの骨の中にある、鼻腔とつながっている空洞。左右に四つずつある。ふくびくう。 **―炎**(えん) [コ][名] 副鼻腔に炎症がおこり、膿(うみ)がたまる病気。

ふく-ぶ [ク]【腹部】[名] ❶はらの部分。❷長い物のなかほど。「船の―」

ぶく-ぶく [ブ][1] ㊀[(と)副] ❶大きなあわが次々とたつようす。「海中で―と息を吐く」❷ひどく太っているようす。「暴飲暴食で―太る」㊁[名][自サ]〔幼児語〕口を水でゆすぐ音。「きちんと―しなさい」

ぷく-ぷく [プ][1] [(と)副][自サ] ❶小さなあわがいくつもできるようす。❷やわらかくふくらんだようす。「赤ん坊のほおが―している」

ふくぶくし・い [シ]【福福しい】[形] カロ・カッ・ク・イ・イ・ケレ・○ 顔が丸くふとって、福徳がみちているようにみえる。「―顔」 **福福しげ** [形動] **福福しさ** [名] **ふくぶく・し** [文語シク]

ふく-ふくせん [0]【複複線】[名] 二つの複線の並行したもの。「―の鉄道」

ふく-ぶくろ [フ]【福袋】[名] デパートなどの初売りで、袋に種々の商品を入れ、口を閉じ、一定の値段で売るもの。

ふく-ぶん [0]【副文】[名] 条約・契約などの正文のあとに書きそえる文章。↔正文。

ふく-ぶん [0]【復文】[名] ❶返事の文。❷翻訳や速記、かなまじり文に書きおろした漢文を元の文にかえすこと。

ふく-ぶん [0]【複文】[名] 主語と述語とから成る文中で、その中にさらに主語・述語の関係が認められる構成の文。「雨の降る日がつづく」など。↔単文・重文。

ふくべ [0]【×瓠・×瓢】[名] ひょうたん。(秋)

ふく-へい [0]【伏兵】[名] ❶敵の不意をおそうため、敵の気づかない所に待ちぶせる兵。ふせぜい。❷突然あらわれて攻撃・非難するもの。

ふく-へき [0]【腹壁】[名] 腹腔(ふくこう)の周囲、特に前面のかべ。

ふく-へき [0]【復×辟】[名][自サ]〔文章語〕〔「辟」は君主〕退位した君主が、また帝位につくこと。

ふく-ほう [0]【複方】[名] ほかの薬品とまぜて調合した薬剤。

ふく-ぼく [0]【副木】[名] 手や足などの骨が折れたとき、そこにあてがって固定し、ささえるもの。そえ木。

ふく-ぼつ [0]【覆没】[名][自サ]〔文章語〕❶船がひっくりかえって、沈むこと。❷敗れ滅びること。

ふく-ほん [0]【副本】[名] ❶原本の写し。複本。❷正本の予備とする、正本と同一内容の文書。↔正本。❸図書館で、予備として取っておく、その本と同じ本。

ふく-ほん [0]【複本】[名]〔経〕一つの手形(てがた)関係について作った、同じ内容の数通の手形証券。

ふく-ほんい [ホ]【複本位】[名]〔経〕二種の貨幣を本位貨幣とすること。「金銀―制」↔単本位。

ふく-まく [0]【腹膜】[名] ❶腹壁のうちがわにあって、腹部の内臓をおおう膜。❷腹膜炎。 **―炎**(えん) [ク][2] [名] 腹膜の炎症。

ふくま・せる [セ]【含ませる】[他下一] セ・セ・セル・セル・セレ・セロ・セヨ ❶ふくむようにさせる。「筆に墨を―」「口に水を―」❷味をしみこませる。「煮汁を―」

ふくま-でん [マ]【伏魔殿】[名] ❶ばけものやしき。❷悪人どもがあつまって、わるだくみをする所。

ふく-まめ [ク]【福豆】[名] 節分の豆まきに使う豆。(冬)

ふくみ [三]【含み】[名] ❶おもてにあらわさない内容。ことばなどの裏にかくされている意味。「―のあることば」❷市場で、将来に予想される動向。「強―」

ふくみ-えき [三]【含み益】[名] 所有する資産の時価が上がったとき、会計簿に記された価格との間に生じた差額。事実上の利益。↔含み損。

ふくみ-ごえ [ゴ]【含み声】ごゑ [名] 口の中に音がこもっているような声。

ふくみ-しさん [シ]【含み資産】[名] 含み益の発生した資産。

ふくみ-ぞん [0]【含み損】[名] 所有する資産の時価が下がったとき、会計簿に記された価格との間に生じた差額。事実上の損失。↔含み益。

ふく-みみ [ク]【福耳】[名] 耳たぶが大きく、ふくぶくしい耳。

ふくみ-わらい [ワ]【含み笑い】わらひ [名] 声が口の中にこもっているような笑い方。

ふく-む [ク]【服務】[名][自サ] 業務に従事すること。「―規程」

ふく・む [ク]【含む】[他五] マ・モ・ミ・ン・ム・ム・メ・メ ❶中に入れてもつ。㋐口の中に入れたままにしておく。㋑内部にもっている。「税を―」「鉄分を―食品」「深い意味を―」㋒心中にうらみ

ふ

などをもつ。「―ところがある」。㊁心にとめておく。「事情を含んでおいてください」「お含みおきください」❷表情に出る。ようすをおびる。「はじらいを―」

ふく-めい [0]【復命】[名][他サ] 命令により処理したことの始末を報告すること。

ふく-めつ [0]【覆滅】[名][自他サ][文章語] 攻撃されて完全にほろびること。攻撃して完全にほろぼすこと。

ふくめ-に [0]【含め煮】[名] 野菜・乾物類を、煮じるのなかで、味がしみるようにゆっくり煮ること。また、煮たもの。

ふく・める [メ]【含める】[他下一] メ・メ・メル・メル・メレ・メロ・メヨ ❶ふくませる。中に入れていっしょに扱う。「海綿に水分を―」「わたしを含めて半数が反対した」❷のみこませる。言いきかせる。「かんで―ように話す」「因果を―」 ふく・む [文語下二]

ふく-めん [0]【覆面】[名] ❶顔を布などでおおい包んでかくすこと。また、その布など。❷おもてに名や正体などを出さないこと。匿名(とくめい)。「―座談会」

ふく-も [ク]【服喪】[名] 喪に服すること。

ふく-やく [0]【服薬】[名][自サ] くすりを飲むこと。服用。

ふく-よう [0]【複葉】[名] ❶一つの葉がさらに多くの小さな葉に分かれているように見えるもの。❷飛行機の主翼が上下二枚のもの。↔単葉。

ふく-よう [0]【服用】[名][他サ] 服薬。

ふく-よう [0]【服×膺】[名][他サ][文章語] (「膺」は胸の意)心にとどめてわすれないこと。「拳拳(けんけん)―する」

ふく-よか [ク][形動] ダロ・ダッ・デ・ニ・ダ・ナ・ナラ・〇 ふっくらとして柔らかそうなようす。ふくらか。「―な顔」 **ふくよかさ**[名]

ふくら-か [ク][形動] ダロ・ダッ・デ・ニ・ダ・ナ・ナラ・〇 ⬇ふくよか。

ふくらし-こ [0]【膨らし粉】【×脹し粉】[名] パンや菓子などをふくらますために使う粉。ベーキングパウダー。

ふくら・す [0]【膨らす】【×脹す】[他五] サ・ソ・シ・ス・ス・セ・セ ふくれるようにする。ふくらせる。「ほおを―」

ふくら-すずめ [ス]【膨(ら)×雀】【×脹(ら)×雀】[名] ❶ふっくらとふとった子すずめ。また、寒さを防ぐために全身の羽毛をさかだてているすずめ。[冬] ❷❶が羽をのばした姿を図案化した文様。❸少女の日本髪の形や、若い女性の帯の結び方の一つ。

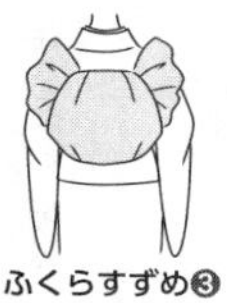
ふくらすずめ❸

ふくら-はぎ [ラ]/[0]【膨(ら)×脛】【×脹(ら)×脛】[名] すねのうしろの肉のふくれた部分。こむら。こぶら。⇩足(図)。

ふくらま・す [0]【膨らます】【×脹ます】[他五] サ・ソ・シ・ス・ス・セ・セ ふくらむようにする。ふくらませる。「風船を―」「予算を―」

ふくら・む [0]【膨らむ】【×脹む】[自五] マ・モ・ミ・ン・ム・ム・メ・メ ❶内側から外に向かい丸みを帯びて大きくなる。「つぼみが―」「干した布団が―」「風で帆が―」❷目に見えないものへの期待が大きくなる。「イメージが―」「夢が―」⇩ふくれる[参考]。 **膨らみ**[名]

ふく-り [ク]【福利】[名] 幸福と利益。さいわい。 **―施設**(しせつ) [シ][名] 国民・住民・従業員などの福利のためにつくられた、営利を目的としない、医療や娯楽施設。

ふく-り [ク]【複利】[名] ❶複利法で計算される利息・利率。↔単利。❷複利法。 **―法**(ほう) [0][名] 一定の期間の末ごとに利子を元金にくり入れ、その合計額を、次の期間の元金とする法。↔単利法。

ふぐり [フ][名] いんのう。睾丸(こうがん)。きんたま。

ふく-りゅう [0]【伏流】[名] 地上の水の流れが、ある場所だけ、地下を流れること。 **―水**(すい) [リュ][名] 雨水や雪どけ水が地中を川のように流れるもの。地表の川の流水に対していう。

ふくりゅう-えん [リュ]【副流煙】[名] 火をつけたたばこの先から立ちのぼるけむり。有害物質が多くふくまれる。

ふく-りん [0]【覆輪】[名] ❶刀のさや、馬のくらのふちなどを金銀などでおおいかざったもの。❷女性の衣服の八つ口に他の布地で細くふちをとったもの。❸天目(てんもく)茶わんなどのふちをつつむ、金属製のおおい。

ふくれ-あが・る [ガ]【膨れ上がる】【×脹れ上がる】[自五] ラ・ロ・リ・ッ・ル・ル・レ・レ ❶外に張り出すように大きくなる。「抜歯でほおが―」❷異常に大きくなる。「恐怖心が―」

ふくれっ-つら [0]【膨れっ面】【×脹れっ面】[名] 不平・不満でほおをふくらませた顔つき。不満顔。

ふく・れる [0]【膨れる】【×脹れる】[自下一] レ・レ・レル・レル・レレ・レロ・レヨ ❶内側から外に向かって飛び出たり張り出したりする。「財布や定期入れでポケットが―」「食べすぎて腹が―」❷規模や枠をはみ出す。「予備費からの支出が―」❸腹を立ててふくれっつらになる。「しかられるとすぐに―」[参考]「ふくらむ」がおおむね好ましい状態をあらわすのに対し、「ふくれる」には望ましくない状況を言うことも含まれる。「不安がふくらむ」「夢がふくれる」などとは言いにくい。 ふく・る [文語下二]

ふくろ [ロ]【袋】[名] ❶布・革・紙などで作り、中に物を入れるもの。❷みかんなどの果肉をつつむ皮。❸ふくらんで物のはいるようになったもの。「胃―」❹行きづまって出口のないこと。「―小路(こうじ)」 **―の×鼠**(ねずみ) 逃げることのできないたとえ。袋の中のねずみ。

ふく-ろ [ク]【復路】[名][文章語] かえり道。↔往路。

ふくろ-あみ [ロ]【袋網】【×嚢網】[名] ふくろの形をした魚をとる網。

ふくろう [ク]【×梟】(ふくろふ)[名] フクロウ科の鳥。全長約五〇センチメートルの灰白色の鳥で、森の茂みや木のほらにすみ、夜出て、もぐら・ねずみなどをとらえてたべる。[冬]

ふくろ-おび [オ]【袋帯】[名] 袋織りでつくった帯。

ふくろ-おり [0]【袋織(り)】[名] 二重織りの一種。ひとつの種類の糸で、筒状に織る織り方。また、その布。

ふく-ろく [0]【福×禄】[名] ❶[文章語] 幸福と封禄(ほうろく)。しあわせ。幸福。❷福禄寿(ふくろくじゅ)。

ふくろくじゅ《福禄寿》 七福神の一つ。背が低く、頭が長く、ひげをたれ、つえをついている。幸福と封禄と寿命の神。⇩七福神(図)。

ふくろ-こうじ [コ]【袋小路】(こうぢ)[名] ❶行きづまりになっているこみち。❷行きづまりの状態。「―に入りこんだ」

ふくろ-じ [ロ]【袋地】[名] 他人の土地にかこまれて、直接公道に通じない土地。

ふくろ-だたき [ダ]【袋だたき】【袋×叩き】[名] 大ぜいでとりかこんで、さんざんにうちたたくこと。また、大ぜいで一人を非難・攻撃すること。

ふくろ-だな [ロ]【袋棚】[名] 袋戸棚。

ふくろ-づめ [0]【袋詰め】[名][他サ] ❶商品などを袋につめること。またはつめたもの。「―の菓子」❷送付・配布する書類一式を袋に入れること。

ふくろ-ど [ロ]【袋戸】[名] 袋戸棚のふすま戸。

ふくろ-とじ [0]/[ロ]【袋とじ】【袋×綴じ】(とぢ)[名] 和漢書のとじ方の一つ。紙を二つに折ってかさね、折り目でない方をとじたもの。

ふくろ-とだな [ト]【袋戸棚】[名] かもいの上や違い棚の下につくられた、小さな押し入れ。袋棚。

ふくろ-ぬい [0]【袋縫(い)】(ぬひ)[名] 布のはしのほつれをふせぐ縫い方。表を合わせて縫い、裏返してもう一度縫う。

ふくろ-みみ [ロ]【袋耳】[名] ❶一度聞いたら忘れないこと。また、そういう人。❷織物の耳(へり)を袋織りにしたもの。

ふくろ-もの [0]【袋物】[名] かみいれ・てさげ・がまぐちなど、

袋の形の携帯品の総称。

ふく-わけ⓪【福分け】名 もらいものを分けること。おふく分け。おすそわけ。

ふくわ-じゅつ[ワ]【腹話術】名 くちびるを動かさずにものを言う方法。

ふく-わらい[ワ]【福笑い】―わらひ 名 正月に行う遊びの一つ。目隠しをして、顔の輪郭だけを書いた台紙の上にまゆ・目・鼻・口などの形に切り抜いた紙を置いていくもの。(新年)

ふ-くん[フ]/[ク]【夫君】名[文章語] 人の夫をよぶ尊敬語。

ふ-くん[フ]/[ク]【父君】名[文章語] 人の父をよぶ尊敬語。ちちぎみ。⇩父（ちち）参考。

ぶ-くん[ブ]【武勲】名 戦争でのてがら。武功。

ふけ[ケ]【▲雲▲脂】名 頭の皮膚にできた皮脂に上皮細胞がまじった、小さなうろこ状のもの。

ぶ-け⓪/[ブ]【武家】名 ❶武士。武士の系統の家。❷鎌倉時代以後、将軍・大小名とその家臣。**―時代**（じだい）[ジ]名 武家が政治の実権をもっていた時代。鎌倉時代から江戸時代まで。**―政治**（せいじ）[セ]名 武家が実権をとっていた政治。**―造り**（づくり）[ヅ]名 鎌倉時代以後、武家の間におこった邸宅様式。のちに書院造りとして発展。

ふ-けい[ケ]/[フ]【父兄】名[文章語] 父や兄。↔子弟。**―会**（かい）[ケ]名 児童・生徒の保護者の会。参考 現在は「保護者会」と言う。

ふ-けい⓪【父系】名[文章語] ↔母系。❶父方から伝わる系統。❷家系が父方の系統で相続されること。

ふ-けい⓪【府警】名「府警察」の略。

ふ-けい[ケ]【婦警】名「婦人警察官」の略。参考 いまは「女性警察官」と言う。

ふ-けい[ケ]【不敬】名 形動 敬意をあらわさず、失礼な態度をとること。**―罪**（ざい）[ケ]名 天皇・皇后その他の皇族に対して不敬な行為をした罪。現在は廃止されている。

ぶ-げい[ブ]【武芸】名 剣・弓・馬・やり・銃砲などの武道に関する技芸。武術。**―者**（しゃ）[ゲ]名 武芸をまなぶ人。武芸にすぐれた人。**―十八般**（じゅうはっぱん）[ブ]‐[ハ]名 十八種目の武芸。すべての種類の武芸。

ふ-けいき[ケ]【不景気】名 形動 ↔好景気。❶物価・労賃の下落、生産の全般的なゆるみ、失業の増大などによって景気がわるいこと。不況。❷繁盛しないこと。「―な店」❸活気やあいきょうがないこと。「―な顔」

ふけい-ざい⓪/[ケ]【賦形剤】名 薬を飲みやすく、または、あつかいやすくするためのまぜもの。乳糖など。賦形薬。

ふ-けいざい[ケ]【不経済】名 形動 経済的でないこと。費用・時間・労力などがむだにかかること。「―なやり方」

ぶけぎりものがたり《武家義理物語》江戸時代前期の浮世草子（うきよぞうし）。井原西鶴（いはらさいかく）の作。義理のためにつくした武士の物語を集めたもの。

ふけ-こ・む⓪【老け込む】自五 マ・モ・ミ・ン/ム・ム・メ・メ 老人くさくなってしまう。「病気でめっきり―」**老け込み** 名

ふけ-しゅう《普化宗》禅宗の一派。中国の、唐の普化禅師（ふけぜんじ）のはじめたもの。

ふけ-そう[ケ]【普化僧】名 普化宗の僧。虚無僧（こむそう）。

ふ-けつ⓪【不潔】名 形動 清潔でないこと。けがれて、きたないこと。物質面についても、精神面についても使う。「―な食器」「―な行為」↔清潔。

ふ-けっか[ケ]【不結果】名 形動 よくない結果。おもわしくない結果。不成功。不首尾（ふしゅび）。「―におわる」

吹けば飛ぶような 規模が小さく不安定なようす。「―会社」

ふけ-やく⓪【老け役】名 しばいで、老人役。

ふけ・る[ケ]【×耽る】自五 ラ・ロ・リ・ッ/ル・ル・レ・レ 熱中する。度をこして心をそそぐ。「読書に―」

ふ・ける[ケ] 自下一 ケ・ケ・ケル・ケル・ケレ・ケロ・ケヨ [俗語] 逃げる。抜けだす。姿をくらます。「授業を―」

ふ・ける[ケ]【老ける】自下一 ケ・ケ・ケル・ケル・ケレ・ケロ・ケヨ 年よりじみる。高齢者の特徴があらわれる。「年齢のわりには老けてみえる」ふ・く 文語下二

ふ・ける[ケ]【▲深ける】自下一 ケ・ケ・ケル・ケル・ケレ・ケロ・ケヨ ❶季節が深まる。たける。「秋が―」❷夜が深くなる。深夜に及ぶ。ふ・く 文語下二

ふ・ける[ケ]【▲蒸ける】自下一 ケ・ケ・ケル・ケル・ケレ・ケロ・ケヨ むされてやわらかくなる。「いもが―」

ふ-けん⓪【夫権】名 旧民法で、夫が妻に対してもった権利。

ふ-けん⓪【父権】名 ↔母権。❶旧民法で、父が家長としてもった権利。家父権。❷父親としての親権。

ふ-けん[フ]/[ケ]【府県】名 府と県。「都道―」

ふ-げん[フ]/[ケ]【不言】名[文章語] 口に出して並べたてないこと。**―実行**（じっこう）[フ]名 だまって、ただ実行すること。**―不語**（ふご）[フ]2 名[文章語] 言わずかたらず。ことばに出して言わないこと。

ふ-げん⓪【富源】名[文章語] とみの生ずるみなもと。

ふ-げん⓪【付言・附言】名 他サ つけくわえて言うこと。また、そのことば。

ぶ-げん[ブ]【分限】名 ❶身のほど。分際（ぶんざい）。❷金持ち。分限者。**―者**（しゃ）[ゲ]名 ものもち。金持ち。ぶげん。

ぶ-げん⓪【侮言】名[文章語] 人をあなどることば。

ふ-げん⓪【×誣言】名[文章語] わざと事実をまげて言うこと。また、そのことば。

ふ-けんしき[ケ]【不見識】名 形動 見識がないこと。見識がひくいこと。

ふげん-ぼさつ《普賢菩薩》釈迦（しゃか）の右の方の脇侍（きょうじ）。理法・慈悲を受けもつぼさつ。普賢。

ふご[フ]【×畚】名 ❶わら・竹・なわなどで編んだ、物をはこぶ道具。もっこ。❷魚類を入れる竹かご。

ふ-こう⓪【富鉱】名 ↔貧鉱。❶有用な鉱物成分の多い鉱石。❷産出量の多い鉱山。

ふ-こう[コ]【不幸】名 形動 ↔幸福。❶つらく悲しい状態にあるようす。ふしあわせ。不運。❷家族・親類の死去。**―中の幸い**（ちゅうのさいわい） 不幸なできごとの中で、わずかでも救いになること。「死者が出なかったのは―だ」

ふ-こう[コ]【不孝】名 形動(の) 孝行でないこと。親をそまつにすること。↔孝・孝行。

ふ-ごう⓪【負号】名 負数をしめす符号。マイナス「－」のしるし。↔正号。

ふ-ごう⓪【符号】名 しるし。記号。⇩（付）くぎり符号の使い方

ふ-ごう⓪【富豪】名 大金持ち。財産家。

ふ-ごう⓪【符合】名 自サ（割り符が合うこと）二つ以上のものが、ぴったり合うこと。「かれのことばと―する」

ぶ-こう⓪【武功】名 いくさのてがら。武勲（ぶくん）。

ふ-こうへい[コ]【不公平】名 形動 かたよっていて平等でないこと。「―是正」↔公平。

ふ-ごうり[ゴ]【不合理】名 形動 道理にあわないこと。論理的な筋の通らないこと。↔合理。

ふ-こく[コ]【富国】名 ❶国を富ますこと。❷富んでいる国。**―強兵**（きょうへい）[コ]名 国を富まし、兵力を強めること。

ふ-こく⓪【布告】㊀名 他サ 一般につげ知らせること。特に、国家の決定的意思を公式に一般につげ知らせること。㊁名 明治初期に出された、今の法律・政令に当たるもの。

ぶ-こく⓪【×誣告】名 他サ ❶[文章語] 事実をまげて言う

こと。❷うその事実にもとづき、他人を告発・告訴したりすること。ー罪ざい ク名 誣告をした罪。

ふ-こころえ コー【不心得】名 形動 こころがけのわるいこと。考えがまちがっていること。「ーな了見」

ぶ-こつ 0【無骨】【武骨】形動 ダロ・ダッ・デ・ニ ダ・ナ・ナラ・○ ❶ごつごつしていて、洗練されていないようす。無風流なようす。不器用で上品でないようす。「ーなあいさつ」「ー者」❷ぶさほうなようす。**無骨さ** 名

ふさ サ【房】【▲総】名 ❶たばねた糸のはしをちらしたもの。❷花や実みが一つの茎・枝にむらがり生じたもの。

ふ-ざ フ【×趺×坐】名 自サ 〔仏〕足を組んで、すわること。

ブザー ブ〈buzzer〉名 電磁石で振動板を振動させて音を出す器具。とけい・呼びりんなどに使う。

ふ-さい フ|サ【夫妻】名 おっと、つま。夫婦。「山田氏ー」参考「夫婦」よりも改まった、また敬意をともなった言い方。

ふ-さい 0【負債】名 借金。債務。借財。

ふ-さい 0【付載・附載】名 他サ 本文につけ加えて載せること。「年譜をーする」

ふ-さい 0【不才】名 形動(の) 〔文章語〕❶才能のとぼしいこと・人。❷自分の才能の謙譲語。非才。「ーの身」

ふ-ざい 0【不在】名 その場所・家にいないこと。るす。ー**地主**じぬし ジ名 その所有農地のある地域に住んでいない地主。ー**者**しゃ**投票**とうひょう ト名 不在・病気などで投票所へ行けない有権者が、投票日より前に投票すること。不在投票。

ぶ-ざい 0|ブ【部材】名 構造物の一部に用いられる材料。「建築ー」

ぶ-さいく サ【不細工】名 形動 ❶細工のへたなこと。❷かっこうの悪いこと。不器量。「ーな顔」‖ぶざいく。

ふさが・る 0【塞がる】自五 ラ・ロ・リ・ル・ル・レ・レ ↕あく。❶開いていたものがとじる。しまる。「あいた口がふさがらない」「傷口がー」❷つまって通れなくなる。「通路が自転車でー」❸他に使われているために使えない。「手がー」「電話がふさがっている」❹いっぱいに満ちる。「悲しみで胸がー」「二階席はふさがった」

ふさぎ 0【塞ぎ】名 ふさぐこと。気分が晴れないこと。ー**の虫**むし 気分が晴れない原因。虫のためだとして言った語。「ーにとりつかれる」

ふさぎ-こ・む コ【塞ぎ込む】自五 マ・モ・ミ・ン ム・ム・メ・メ 気分が晴れず、ひどくゆううつになる。

ふ-さく 0【不作】名 作物がよくみのらないこと。凶作。↕豊作。

ふ-さく 0【×斧×鑿】名 おのとのみ。ー**の跡**あと 詩や文章で技巧をこらしたあと。

ふさ・ぐ 0【塞ぐ】ガ・ゴ・ギ・イ グ・グ・ゲ・ゲ ㊀【▲鬱ぐ】自五 気分が晴れないで、ゆううつである。沈む。めいる。「気がー」㊁他五 ❶あいているところをおおう。㋐とじる。とざす。「穴をー」「口をー」↕あける・ひらく。㋑何かを置いて通れなくする。また、使えなくする。とざす。「道を土砂がー」「席をー」↕あける。❷欠けた所がないように満たす。「時間をー」❸役目をはたす。「責せめをー」 **ふさげる** 自下一〔…できる〕

ふ-さくい サ【不作為】名 〔法〕なすべきことをしないこと。わざと積極的に行わないこと。「ー犯」

ふさ・げる 0【塞げる】他下一 ゲ・ゲ・ゲル・ゲル・ゲレ・ゲロ・ゲヨ ❶ふさぐようにする。❷場所などを占有する。

ふざ・ける 0【×巫▲山▲戯る】自下一 ケ・ケ・ケル・ケル・ケレ・ケロ・ケヨ ❶おもしろがって、じょうだんを言ったりしてさわぐ。ざれる。「授業中にー」❷ふまじめで、人をばかにした態度をとる。「ふざけたまねをするな」❸男女が人前でたわむれる。**ふざけ** 名

ぶ-さた 0【無(不)沙汰】名 たよりをしないこと。おとずれのないこと。「ーをわびる」

ぶ-ざつ 0【×蕪雑】名 形動 ごたごたして、ととのわないこと。「ーな文章」

ふさ-ふさ サ|フ〔と〕副 自サ ゆたかに房のようにたれさがるようす。「ーとゆれるふじの花」「ーした髪」

ぶ-さほう サ【不(無)作法】名 形動 作法にはずれること。礼儀をこころえないこと。「ーなふるまい」

ぶ-ざま ブ【無様・不様】名 形動 ふていさい。醜態しゅうたい。「ーな姿」

ふさわし・い シ【▲相▲応しい】ふさはし 形 カロ・カッ・ク イ・イ・ケレ・○ ある物が他の物とつりあいが取れて、適当である。似合っている。**ふさわしさ** 名 **ふさは・し** 文語シク

ふ-さん 0【不参】名 自サ 〔文章語〕行かないこと。参列や出席などをしないこと。不参加。

ふし【節】㊀ シ 名 ❶たけ・あしなどの茎にあるくぎり。❷木の幹で、枝の出たあと。「ーのある板」❸人間や動物の骨の関節。「指のー」❹糸のこぶ状になった所。❺くぎり。段落。せつ。「最初のー」❻点。箇所。「わかりにくいー」❼とき。おり。❽うたのメロディー。旋律。❾文章やことばの抑揚。「ーをつけて読む」❿魚の身をたてに四つ割りにしたもの。⓫かつおぶし。「削りー」「土佐ー」㊁ 接尾 (多くは「ぶし」と発音する) ❶江戸時代に流行した三味線を伴奏とする俗謡。「一中ー」「清元ー」❷各地に伝わる民謡。「ソーランー」「黒田ー」❸(人名の下に付けて)その人独特のくせのある話しかた。

ふし シ【付子・▲五▲倍▲子】名 ぬるでの若芽・若葉などに寄生虫がついてできる、袋状の物。タンニンをふくみ、インキや染料用。ごばいし。㊎秋

ふ-し フ|シ【不死】名 〔文章語〕死なないこと。「不老ー」

ふ-し フ【父子】名 ちちと、こ。ー**家庭**かてい カ名 家族構成で、配偶者のいない男性と未成年の子供からなる家庭。↕母子家庭。

ふじ 0【藤】ふぢ 名 ❶マメ科のつる性落葉低木。初夏、うす紫色の花がふさとなってたれる。つるでかごを編んだりする。観賞用。㊎春 ❷ふじ色。

ふ-じ フ【不二】名 ㊀〔文章語〕❶二つとないこと。並ぶもののないこと。❷二つでなく、一つであること。「乾坤けんこんー」㊁〔あいさつ〕手紙の末尾に書く語。十分に意をつくさないの意。

ふ-じ フ【不治】名 ↓ふち。

ふ-じ フ【不時】名 ❶きまったとき以外。臨時。「ーの経費」❷おもいがけないとき。「ーの災難」ー**着**ちゃく 0名 自サ 航空機が事故などで予定していない所におりること。

ふじ《富士》静岡県と山梨県の境にある火山。日本で最も高い山。高さ三七七六メートル。円錐えんすい状の美しい形をもち、古代から信仰の対象となる。富士山。

ぶし ブ【節】接尾 ↓ふし(節)。

ぶし ブ【武士】名 昔、武芸を身につけ、軍事にしたがった者。さむらい。もののふ。武者むしゃ。↕町人。ー**道**どう ジ名 武士の間の道徳。ー**に二言**にごん**なし** 武士は一度言ったことはかならず守る。ー**の情**なさ**け** 強い者が弱い者に思いやりをかけること。ー**は相身(見)互**たがい**い** 〔武士どうしはたがいに同じ立場であることから〕立場が同じ者どうしはたがいに思いやって助け合うべきだということ。ー**は食**く**わねど高×楊枝**ようじ 武士は、たべなくてもたべたふりをして、ようじを使い、人に空腹のようすを見せないこと。武士の清貧に安んずること、気位の高いことにいう。

ふ

ぶ-じ [フ]【武事】名〔文章語〕武芸・戦争などに関する事がら。↕文事。

ぶ-じ [フ]【×蕪辞】名〔文章語〕❶粗雑な整わないことば。❷自分のあいさつのことばなどをへりくだっていう語。「—をつらねる」

ぶ-じ [0]【無事】名 形動 ❶かわったことのないこと。平穏。↕有事。❷つつがないこと。元気なこと。「—にすごす」❸仕事のないこと。「—にくるしむ」❹過失のないこと。「—につとめをはたす」

ふし-あな [0]【節穴】名 板の、節のぬけたあとの穴。**—同然**(どうぜん) 見えるはずの物を見おとしたり、見分けたりする力のないことをののしることば。

ふし-あわせ [ア]【不幸せ】【不仕合せ】—しあはせ 名 形動 しあわせでないこと。不幸。不運。↕幸せ。

ふし-いと [0]【節糸】名 ところどころ節のある糸。玉まゆからとった節のある糸。

ふじ-いろ [0]【藤色】ふぢ— 名 うすい、むらさきいろ。ふじ。

ふし-おが・む [ガ]【伏(し)拝む】—をがむ 他五 マ・モ・ミ・ン ム・ム・メ・メ 平伏しておがむ。ひれふしておがむ。

ふし-おり [0]【節織(り)】名 節糸の織物。

ふじ-かずら [カ]【藤▲葛】ふぢかづら 名 ❶ふじづる。❷つるをもった植物の総称。ふじ・くずなど。

ふ-しぎ [0]【不思議】名 形動 なぜそうなのか、わからないこと。へんに思われること。想像もつかないこと。不可思議。

ふしくれ-だ・つ [ダ]【節くれだつ】【節×榑だつ】自五 タ・ト・チ・ッ ツ・ツ・テ・テ ❶節が多くて、でこぼこになっている。❷関節がふくれて、ごつごつしている。

ふし-しず・む [0]【伏(し)沈む】—しづむ 自五 マ・モ・ミ・ン ム・ム・メ・メ 心がしずむ。深く思いに沈む。

ふ-しぜん [シ]【不自然】形動 ダロ・ダッ・デ・ニ ダ・ナ・ナラ・○ わざとらしさや無理なところの感じられるようす。「—な言動」↕自然。

ふじ-だな [0]【藤棚】ふぢ— 名 ふじのつるをのばして、はわせたたな。(春)

ふじたに-なりあきら《富士谷成章》一七三八—七九。江戸時代中期の国学者・歌人。国語史・語法研究などに業績を残す。著書に「かざし抄」「脚結(あゆい)抄」など。

ふし-だら [シ] 名 形動 ❶しまりのないこと。だらしのないこと。「—な服装」❷品行のわるいこと。「—をする」

ふし-ちょう [0]/[シ]【不死鳥】名 フェニックス。

ふ-しつ [0]/[フ]【不×悉】あいさつ〔文章語〕手紙のおわりに書く語。「気持ちをあらわしつくしていない」という意味。不一(ふいつ)。不尽(ふじん)。

ふ-じつ [フ]【不実】名 形動 ❶誠実でないこと。親切心のないこと。「—な人」❷事実でないこと。

ふ-じつ [フ]【不日】副〔文章語〕そのうちに。近日(きんじつ)。

ぶ-しつ [0]【部室】名 クラブやサークルなど、部に割り当てられたへや。

ふし-づけ [0]【節付(け)】名 歌詞に節をつけること。作曲。

ぶ-しつけ [0]/[シ]【不×躾】名 形動 不作法。ろこつにすること。失礼。「—な態度をとる」「—な質問」

ふじ-つぼ [0]【富士×壺】名 フジツボ科・イワフジツボ科の甲殻類の総称。海産で岩礁や船底などに固着する。頂を欠く円錐形(えんすいけい)の殻をもつ。

ふじ-づる [0]【藤づる】【藤×蔓】ふぢ— 名 ふじのつる。ふじかずら。

ふして【伏して】連語〔文章語〕願いを聞いてくれるよう心から願う気持ちを表す語。つつしんで。くれぐれも。

ふし-ど [シ]【×臥▲所】名〔文章語〕ねどこ。ねや。

ふじ-なみ [0]【藤波】ふぢ— 名 ふじの花のなびきうごくようすを波に見立てた語。(春)

ふじ-ばかま [バ]【藤×袴】ふぢ— 名 キク科の多年生植物。秋、うす紫色の花を開く。秋の七草の一つ。(秋)

ふじ-びたい [ビ]【富士額】—びたひ 名 髪のはえぎわが、富士山の形をしたひたい。

ふし-ぶし [シ]【節節】名 ❶あちこちの関節。「—がいたむ」❷かずかずの点。「失礼の—」

ふしまち-づき [チ]【ふし待ち月】【×臥待月】名 (月の出が遅いので寝て待つ意)陰暦十九日の夜の月。寝待ち月。(秋) ⇩月(図)。

ふ-しまつ [シ]【不始末】名 形動 ❶始末のわるいこと。「たき火の—」❷ふつごうなこと。「—をしでかす」

ふし-まわし [マ]【節回し】【節×廻し】—まはし 名 うた・語り物などの調子・抑揚。メロディー。

ふじ-み [0]【不死身】名 形動(の) ❶どんなに打撃を受けても屈しない強いからだ。❷どんな困難にもくじけないこと。また、そのような人。

ふじ-むらさき [ラ]【藤紫】ふぢ— 名 ふじの花のような、薄い紫色。

ふし-め [0]/[メ]【伏(し)目】名 うつむいて見ること。視線を下に向けること。「—がち」

ふし-め [メ]【節目】名 ❶木材の節のあるところ。「—の多い板」❷物事の区切り目。「結婚は人生の—」参考 事業などでは「創立十年の節目に当たる」など、五の倍数を言うことが多い。

ふ-しゃ [フ]【富者】名 富んでいる人。かね持ち。↕貧者。

ふしゃく-しんみょう [シャ]【不▲惜身命】名 仏道修行のために、からだもいのちも惜しまないこと。

ふ-しゅ [フ]【浮腫】名〔医〕皮下の組織に水分がたまってむくむこと。むくみ。

ふ-じゅ [フ]【腐儒】名〔文章語〕役にたたない学者をののしって言う語。また、学者が自分をいう謙譲語。

ぶ-しゅ [フ]【部首】名 漢字を成り立ちによって分類するときに、共通要素となる字。漢和辞典ではそれぞれの部の先頭に配列される。「水」「土」など。参考「氵(さんずい)」や「艹(くさかんむり)」などの偏旁冠脚(へんぼうかんきゃく)を部首というのは、本来は誤り。

ふ-しゅう [0]【×俘囚】名〔文章語〕とりこ。とらわれびと。

ふ-しゅう [0]【腐臭】名 くさった物が放つにおい。

ふ-じゆう [フ]/[ジ]【不自由】名 自サ 形動 不足・欠陥があって自由でないこと。思うままにならないこと。束縛されていること。ふじゅう。「右手が—だ」「—なくらし」「遊ぶかねに—する」

ぶしゅう《武州》⬇むさし(武蔵)。

ぶ-しゅうぎ [シュ]【不祝儀】名 人の死など、めでたくないできごと。

ふ-じゅうぶん [ジュ]【不十分】【不充分】名 形動(の) じゅうぶんでないこと。不完全なこと。

ぶしゅ-かん [0]/[シュ]【▲仏手×柑】名 ミカン科の常緑小高木。初夏に、白色五弁の花を開く。果実は先端が手の指のように分かれる。観賞用。(冬)

ふ-じゅく [0]【腐熟】名 自サ 積みごえ・しもごえなどが、じゅうぶんにくさって、作物にあたえられるようになること。

ふ-じゅく [0]【不熟】名 形動 ❶果実などが熟さないこと。❷学問・技術などが未熟なこと。❸夫婦などが和合しないこと。不和。

ふ-しゅつ [0]【不出】名〔文章語〕外へ出さないこと。「門外—の書」

ふ-じゅつ [フ]【×巫術】名 シャーマニズム。

ぶ-じゅつ [フ]【武術】名 武器を使う技術。武芸。

ふ-しゅび ジュ【不首尾】名形動 ❶結果のわるいこと。不成功。「―におわる」↕上首尾。❷上の人などに、うけの悪いこと。

ふ-じゅん 0【不純】名形動 純粋でないこと。「―な動機」**―物**(ぶつ) ジュ名 本来の成分以外のよけいなもの。「―の除去」

ふ-じゅん 0【不順】名形動 ❶順調ではないこと。調子がよくないこと。「―な天候」❷すなおでないこと。

ふ-じょ フ【×巫女】名〔文章語〕みこ。

ふ-じょ フ【婦女】名 女性。婦人。

ふ-じょ フ【扶助】名他サ〔文章語〕たすけること。力を添えること。**―料**(りょう) ジョ名 ❶生活をたすけるために与えられるかね。❷一定の条件をそなえた公務員、または現に退職年金をうけている公務員が死亡したとき、一定の資格のある遺族に与えられるかね。

ぶ-しょ ブ【部署】名 わりあてられた役目。もち場。「―につく」

ふ-しょう 0【不詳】名 くわしくはわからないこと。未詳。「作者―」

ふ-しょう 0【付章・附章】名 本文のあとにつけ加えて書いた一章。

ふ-しょう 0【負傷】名自サ けがをすること。「―者」

ふ-しょう 0【不承】名他サ ❶承知しないこと。不承知。「―ならばしかたない」❷いやいや。いやいやながら承知すること。「やっと―した」**―不承**(ぶしょう) ブ副 いやいやながら。しぶしぶ。「―出かける」

ふ-しょう 0【不祥】名形動〔文章語〕めでたくないこと。えんぎのわるいこと。不吉。**―事**(じ) ジョ名 好ましくないこと。不名誉なできごと。「社内の―」

ふ-しょう 0【不肖】❶名形動(の)〔文章語〕父や先生に似ないでおろかなこと。「―の子」❷代 自分をいう謙譲語。

ふ-じょう 0【不定】名〔仏〕(「ふてい」と読めば別語)一定しないこと。世の中のことは定めなく、はっきりしないこと。「老少―」

ふ-じょう 0【浮上】名自サ ❶水中からうかびあがること。また、表面に現れ出ること。「責任問題が―する」❷下位から上位にあがること。「首位に―した」

ふ-じょう 0【不浄】❶名 ❶大小便。❷月経。❸(「ご」をつけて)便所。❷名形動 けがれていること。↕清浄。**―役人**(やくにん) ヤ名 罪人をつかまえる役人。また、それをののしりあざけって言ったことば。

ぶ-しょう 0【武将】名 武士の大将。

ぶ-しょう 0【部将】名 一部隊のかしら。

ぶ-しょう ショ【不精・無精】名形動自サ せいを出さないこと。ほねおしみするようす。ものぐさ。ずぼら。「―者」**―×髭**(ひげ) ショ名 そるのがめんどうで、のびたままにしているひげ。「―を決め込む」

ふ-しょうか ショ【不消化】名形動 消化がわるいこと。食べ物がこなれないこと。

ふしょう-ふずい 0/フ2【夫唱婦随】名 夫が言いだし、妻がそれにしたがうこと。

ふ-じょうり ジョ【不条理】名形動 すじみちがきちんと立たないこと。道理にあわないようす。「―な言い分」

ふ-じょき ジョ【不如帰】名〔文章語〕ほととぎす。

ふ-しょく 0【扶植】名他サ〔文章語〕勢力などをうえつけること。

ふ-しょく 0【腐食】【腐×蝕】名自他サ くさって形がくずれること。くさらせて形をくずすこと。

ぶ-じょく 0【侮辱】名他サ ばかにして、はずかしめること。「友人を―されて憤る」

ふしょく-ど ク【腐植土】名 土の中で微生物の作用により分解した有機質を多くふくむ、茶色または暗黒色の土。作物の栽培に適するが、有機質があまり多すぎると不適。くろぼく。

ふしょく-ふ ク【不織布】名 織って作ったものではなく、化学繊維を接着剤で結合させた布。軽くてじょうぶで張りがある。おもに芯(しん)地用。

ふじょ-し ジョ【婦女子】名 ❶女性。❷女性とこども。

ふ-しょぞん ショ【不所存】名形動〔文章語〕考えのよくないこと。不心得。

ふ-しょぶん ショ【不処分】名 ❶処分しないこと。❷〔法〕少年事件の審判で、家庭裁判所が保護観察などの処分をしないと決定すること。

ふじわらの-あきすけ《藤原顕輔》一〇九〇―一一五五。平安時代後期の歌人。「詞花(しか)集」の編者。

ふじわらの-あきひら《藤原明衡》九八九―一〇六六。平安時代中期の学者。漢詩文集「本朝文粋(ほんちょうもんずい)」の編者。

ふじわらの-いえたか《藤原家隆》一一五八―一二三七。鎌倉(かまくら)時代前期の歌人。「新古今和歌集」の編者の一人。家集に「壬二(みに)集」。

ふじわらの-きよすけ《藤原清輔》一一〇四―七七。平安時代後期の歌人・歌学者。「奥義抄(おうぎしょう)」「袋草紙(ふくろぞうし)」など。

ふじわらの-きんとう《藤原公任》九六六―一〇四一。平安時代中期の歌人・歌学者。歌論に「新撰髄脳(しんせんずいのう)」、編書に「和漢朗詠集(わかんろうえいしゅう)」などがある。

ふじわらの-さだいえ《藤原定家》一一六二―一二四一。鎌倉(かまくら)時代前期の歌人。「ていか」ともいう。藤原俊成(としなり)の子。新古今調を代表する歌人。「新古今和歌集」の編者の一人。のちに「定家仮名遣い」と呼ばれる古典仮名遣いを体系化。家集に「拾遺愚草(しゅういぐそう)」、日記に「明月記(めいげつき)」。

ふじわらの-ためいえ《藤原為家》一一九八―一二七五。鎌倉(かまくら)時代前期から中期の歌人。「続後撰(しょくごせん)和歌集」などの編者。

ふじわらの-としなり《藤原俊成》一一一四―一二〇四。平安時代後期、鎌倉(かまくら)時代初期の歌人。「しゅんぜい」ともいう。藤原定家の父。「千載(せんざい)和歌集」の編者。家集に「長秋詠藻(ちょうしゅうえいそう)」、歌論書に「古来風体抄(こらいふうていしょう)」。

ふじわらの-みちつなのはは《藤原道綱の母》?―九九五。平安時代中期の歌人。藤原兼家(かねいえ)と結婚し道綱を生む。「蜻蛉(かげろう)日記」を残す。

ふじわらの-もととし《藤原基俊》?―一一四二。平安時代後期の歌人・歌学者。編著に「新撰(しんせん)朗詠集」、歌集に「基俊集」がある。

ふ-しん 0【不信】名〔文章語〕❶信義を守らず、人をだますこと。「―の行為」❷信用しないこと。「友人の―を買う」

ふ-しん 0【腐心】名自サ ひどく心をつかうこと。苦心。「経営に―する」

ふ-しん シ【普請】名他サ (「請(しん)」は唐音)❶建築。❷土木工事。「みち―(ぶしん)」

ふ-しん 0【不振】名形動(の) ふるわないこと。さかんでないこと。「売れ行き―」

ふ-しん 0【不審】名形動(の) うたがわしいこと。「―尋問」**―紙**(がみ) シ名 本を読んでいて不審な箇所にはる紙。**―火**(び) シ名 原因がわからない火事。放火のうたがいのある火事。

ふ-じん 0【不尽】❶名〔文章語〕いつまでも続いて、つきないこと。❷あいさつ〔文章語〕手紙のおわりに書く語。気持ちをあらわしつくさない、という意味。不悉(ふしつ)。不一(ふいつ)。

ふ-じん【夫人】❶0名 他人の妻に対する敬意をともなう

言い方。おくさま。令室。「来客は―同伴で招かれた」㊁ 接尾〔姓または名に付いて〕その人を立てた言い方をあらわす。「山田―は今夜はご欠席です」「明子―、こちらにおいでなさい」参考 古代中国語では貴人の妻を指し、日本でも文章語として受け入れた。一般に使われるのは近代になってからで、ある程度の階層性を持った社会構造の中で広まった。

ふ-じん ⓪【婦人】名〔古代中国語では「婦」は「よめ」の意〕成人した女性。「―雑誌」「―子供服売場」「職業―」参考 近代になって、家庭をあずかる主婦の地位が確立してから使用が広がった。ただし、昭和期に入り、男女同権の考え方が普及するとともに「女性」に使用範囲の広さをゆずった。⇨おんな 参考。**―運動**(うんどう) ウ1 名 女性の権利を拡張し、女性の地位を向上させるための社会運動。**―科**(か) ⓪ 名 女性の生殖器の病気を治療する医術の部門。

ふ-じん ⓪【布陣】名 自サ 戦闘・闘争・論争などのかまえ。

ぶ-しん フ【武臣】名〔文章語〕武人である臣下。↕文臣。

ぶ-じん ⓪【武神】名〔文章語〕戦争のかみ。軍神。

ぶ-じん ⓪/フ【武人】名〔文章語〕武士。軍人。↕文人。

ふ-しんじん シ【不信心】名 形動 神仏を信じる心のないこと。不信仰。

ふ-しんせつ シ【不親切】名 形動 親切でないようす。配慮が足りないようす。「―な係員」「―な説明書」↕親切。

ふ-しんにん シ【不信任】名 信任しないこと。「内閣―案」↕信任。

ふしん-ばん ⓪/シ【不寝番】名 寝ないで見はりをすること。また、その人。ねずの番。

ふ-す フ【伏す】【×臥す】自五 ❶顔を下に向け、からだを地面に接する。❷足をのばして、はらばいになる。❸かくれる。「物かげに―」❹ひれふす。「伏して願う」❺病気になって寝る。「かぜで―」

ふ・す フ【付す・附す】自他五 ⬇ふする。

ふ-ず フ【付図・附図】名 付属する図面・地図。

ぶす フ 名〔俗語〕容貌(ようぼう)の見おとりするおんな。ぶおんな。参考 使用者に差別的な意識がともなうことがある。

ふ-ずい ⓪【不随】名 自由に動かないこと。「半身―」

ふ-ずい ⓪【付随・附随】名 自サ あることにつきしたがっておこること。「新事業に―する諸問題」

ぶ-すい ⓪【無粋・不粋】名 形動 粋(いき)でないこと。やぼなこと。「―な質問」

ふ-ずいい ス【不随意】名 心のままにならないこと。↕随意。**―筋**(きん) ⓪ 名 内臓(ないぞう)のかべの筋肉のような、意志の力で動かすことのできない筋肉。平滑筋(へいかつきん)。↕随意筋。

ふ-すう ス【負数】名 ゼロより小さい数。「－」記号をつけてあらわす。↕正数。

ぶ-すう ス【部数】名 書籍・雑誌などの数。

ぶすっ-と ス ㊀副 にぶい音を立てて突きささるようす。「的に矢が―ささる」㊁副 自サ ふきげんな顔をして黙っているようす。「―している」

ぶす-ぶす オ1 副 ❶物がいぶりながら燃えるようす。「―くすぶる」❷つぶやくように不満を言うようす。❸とがった物がたびたび突きささる音をあらわす語。

ふすぶ・る フ【×燻ぶる】自五 ❶ほのおが出ないで、けむりだけ出してもえる。くすぶる。❷すすける。❸内部でもめる。❹家にとじこもってくらす。❺心中にこもって気もちがはれない。＝ふすぼる。**ふすぶり** 名

ふす・べる ベ【×燻べる】他下一 ❶燃やしてけむりをたたせる。くすべる。❷すすけさせる。**ふす・ぶ** 文語下二

ふすぼ・る ボ【×燻ぼる】自五 ⬇ふすぶる。

ふすま ⓪/マ【×衾・▲被】名 身をおおう夜具。ふとん。㊁冬

ふすま ⓪/マ【×麩・×麬】名 小麦をひいたときにでる、皮のくず。

ふすま ⓪/マ【×襖】名 木で骨を組み、両側から紙や布などをはった建具。からかみ。(冬)

ふすま-え マ【ふすま絵】【×襖絵】名 ふすまにかかれた絵。障屏画(しょうへいが)。

ふ・する ス【付(附)する】㊀自サ つく。従う。「驥尾(きび)に―」㊁他サ ❶つける。「条件を―」❷まかせる。「あやまちを不問に―」**ふ・す** 文語サ変

ふ・する ス【賦する】他サ〔文章語〕❶わりあてる。課する。「税金を―」❷与える。授ける。❸詩をつくる。**ふ・す** 文語サ変

ぶ・する ス【×撫する】他サ 手で、なでたりさわったりする。「腕をぶして待つ」**ぶ・す** 文語サ変

ふ-せ セ【布施】名 ❶僧にかねや品物をほどこし与えること。また、その金品。❷葬儀・法事などのときの、僧への謝礼。

ふ-せい ⓪【父性】名 ちちとしてもつ性質。↕母性。**―愛**(あい) セ 名 子に対するちちとしての愛情。↕母性愛。

ふ-せい ⓪【×斧正】名〔文章語〕〔斧(おの)でけずる意〕人に詩文のなおしをたのむことの改まった言い方。「先生のご―を乞う」

ふ-せい ⓪【浮世】名〔文章語〕さだめない世の中。うきよ。

ふ-せい ⓪【浮生】名〔文章語〕はかない人生。

ふ-せい ⓪【賦性】名〔文章語〕うまれつき。天性。

ふ-せい ⓪【不正】名 形動 ただしくないこと。「―をはたらく」

ふ-せい ⓪【不整】名 形動 形・順序などがととのわないこと。「―脈」

ふ-ぜい【風情】㊀フ 名 ❶その情景から感じられる独特の味わい。風流な感じ。おもむき。「―のある庭」❷そのものから感じられるようす。気配。「消え入りそうな―」㊁接尾〔人をあらわす語について「…のような者」の意をあらわす。〕❶相手を見下した言い方。「町人―に用はない」❷自分の側を低くする言い方。「われわれサラリーマン―には手の出ない高級車」

ぶ-ぜい ⓪【無勢】名 形動 軍勢や人数の少ないこと。寡勢。↕多勢。

ふ-せいさん セ【不生産】名 ❶生産しないこと。❷生産に直接関係のないこと。

ふ-せいしゅつ セ【不世出】名 めったに世にあらわれないほど、すぐれていること。「―の天才」

ふ-せいせき セ1【不成績】名 形動(の) 成績がよくないこと。↕好成績。

ふ-せき ⓪【布石】名 ❶碁で、対局の初めの碁石の配置。❷将来にそなえての準備。「社長になるための―」

ふせ・ぐ セ【防ぐ】【×禦ぐ】他五 ❶攻撃をくいとめる。「敵を―」❷さえぎりとどめる。さえぎる。「風を―」**防げる** 自下一〔…できる〕

ふせ-ご セ【伏せご】【伏▲籠】名 ❶火鉢などの上にかぶせて、衣服を暖める竹のかご。❷ふせて鶏を入れておくかご。

ふせ-じ ⓪【伏(せ)字】名 ❶明記しにくい文字をかくして、○や×などで書いたり印刷したりしたもの。❷必要な活字のない所を、あり合わせの活字を裏にしてかりにうめておくこと。また、その活字。げた。

ふせ-ぜい ⓪【伏(せ)勢】名 伏兵。ふくぜい。

ふ-せつ ⓪【浮説】名〔文章語〕根拠のないうわさ。流言。

ふ-せつ ⓪【符節】名 わりふ。手形。 **―を合(あ)わせたよう** 二つのものがまったく一致するようす。

ふ-せつ ⓪【付設・附設】名 他サ 付属的に設備すること。

ふ-せつ ⓪【付説・附説】名 他サ つけ加えて説明すること。また、その説明。

ふ-せつ ⓪【敷設】【布設】名 他サ 鉄道・水雷などをその場所にもうけること。

ふ-せっせい セ一【不摂生】名 形動 健康に気をつけないこと。「―な暮らし」

ふ-せっせい セ一【不節制】名 形動 控えめでないこと。「酒量の―を医師から注意される」

ふせ-ぬい ⓪【伏(せ)縫い】(ぬひ) 名 ❶縫い目の見えないように縫うこと。❷二枚の布を合わせ縫うとき、一方の縫いしろで他方を包み込むようにして縫いつけること。

ふせ-や【伏せ屋】名〔古語〕屋根のひくいそまつな家。

ふせ-る セ【伏せる】【×臥せる】自五 (ラ・ロ・リ・ッ・ル・ル・レ・レ) 横になって寝る。病気で床につく。「高熱で伏せっている」

ふ-せる セ【伏せる】他下一 (セ・セ・セル・セル・セレ・セロ・セヨ) ❶下へ向ける。「顔を―」❷物の表側を下に向けて置く。「さかずきを―」❸かくす。公表しない。「しばらく伏せておく」❹おおいかぶせる。「ひよこをかごで―」ふ・す 文語下二

ふ-せん ⓪【不戦】名 たたかわないこと。 **―勝**(しょう) ⓪名 試合で、相手が棄権などをしたため、たたかわないで勝つこと。↕不戦敗。

ふ-せん ⓪【付箋・附箋】名 不審・疑問などを示し、また、目じるしとするために、書類などにはりつける紙片。

ふ-せん ⓪【普選】名「普通選挙」の略。

ふ-せん ⓪【不宣】〔あいさつ〕〔文章語〕手紙のおわりに書く語。言いつくさない、という意味。不悉(ふしつ)。不一(ふいつ)。不尽(ふじん)。

ふ-ぜん ⓪【不善】名〔文章語〕よくないこと。道徳にはずれること。悪(あく)。「小人(しょうじん)閑居して―をなす」

ふ-ぜん ⓪【不全】名 形動 不完全。「発育―」

ぶ-ぜん ⓪【×憮然】と副 たる連体〔文章語〕意外なことに驚いて、がっくりするようす。失望して心のしずむようす。「―たる表情」

ぶぜん《豊前》昔の西海道の国の一つ。今の大分県の北部と福岡県の東部。

ふ-そ フ ソ【父祖】名〔文章語〕先祖。祖先。「―の業をつぐ」

ふ-そう ⓪【扶桑】名〔文章語〕日本国の別の呼び名。扶桑国。〔参考〕昔、中国で、太陽の出る国にあるといわれた神木を、また、それのある地をさしたところから。

ぶ-そう ⓪【武装】名 自サ 戦闘の装備。いくさのよそおい。「―解除」

ふ-そうおう ソ【不相応】名 形動 つりあわないこと。ふさわしくないこと。「身分―」↕相応。

ふ-そく ⓪【不測】名 はかり知ることができないこと。予想できないこと。「―の事態」

ふ-そく ⓪【付則・附則】名 ある規則につけられた補助的な規則。↕本則。⇩ふ(附)〔参考〕。

ふ-そく ⓪【不足】㊀名 自サ 形動 たりないこと。欠けていること。「資金―」↕充足。㊁名 不平。不満。「―を言う」

ふ-ぞく ⓪【付属・附属】名 自サ ❶主となるものにつきしたがっていること。また、そのもの。「本体に―する部品」❷主たるものとつながりのある施設。「大学の―小学校」⇩ふ(附)〔参考〕。 **―語**(ご) ⓪名 つねに自立語について使われ、いろいろの意味を添えたり、自立語どうしの関係をあらわしたりする語。助詞・助動詞の総称。↕自立語。

ぶ-ぞく フ【部族】名 同じ宗教・言語などをもち、一定の地域に住む集団。

ぶ-ぞく ⓪【部属】名 ❶部を分けて、それに所属させること。「―をきめる」❷部下。てした。

ふそく-ふり フ2【不即不離】名 形動 つきもせず、はなれもしない関係をたもつこと。つかずはなれず。「―の態度」

ふそく-るい ク【×斧足類】名 はまぐり・かきなどの二枚貝類の別名。

ふ-ぞろい ゾ【不ぞろい】【不×揃い】(ぞろひ) 名 形動(の) そろわないこと。ばらばらなようす。「―の編み目」

ふ-そん ⓪【不遜】名 形動 〔「遜」はへりくだるの意〕おうへい。高慢。無礼。「―な態度」↕けんそん。

ふた【二】造 ふたつの。「―回り」「―子」「―葉」

ふた【双】造 ふたつで、ひとそろいになっているもの。ペア。

ふた ⓪【蓋】名 入れものの口をおおいふさぐもの。↕身。 **―を明(あ)ける** ❶物事をはじめる。❷劇場などが開場する。❸事の実情や結果などを見る。「―まではわからない」 **―をする** 不都合な事実に気づかないふりをする。本当のことをかくして言わない。「心に―」「訴えに―」

ふだ ⓪【札】名 ❶文字や絵を書きつけた小さな木片や紙片。「荷―」❷目だつ所に立てたり、かけたりする板。立て札・看板など。「立ち入り禁止の―」

ぶた ⓪【豚】名 イノシシ科の哺乳(ほにゅう)類。いのししを改良した家畜。からだはよく肥え、肉は食用。毛・皮も使う。 **―に真珠**(しんじゅ) その値うちを知らないものに高価なものをあたえても、なんの役にも立たないことのたとえ。ねこにこばん。

ふた-あい【二藍】(あゐ) 名〔古語〕❶染色の名。紅花とあいとで染めた色。青みがかった紫色。❷かさねの色目の名。表は、こいはなだの赤みがかったもの。裏は、はなだ。

ふた-あけ ⓪【蓋明け】名 はじめること。開始すること。

ふ-たい ⓪【付帯・附帯】名 自サ 主となるものにともなうこと。「―条件」⇩ふ(附)〔参考〕。

ふ-だい ⓪ フ【譜代・譜第】名 ❶代々臣下として属すること。また、その臣下。❷江戸時代、幕府のできる以前から徳川氏につかえた武士。↕外様(とざま)・親藩。 **―大名**(だいみょう) タ2 名 江戸時代、関が原の戦い以前から徳川氏の臣下であった大名。↕外様大名。

ぶ-たい フ【部隊】名 ❶軍隊の一部をなす兵士の集団。❷共通の目的をもって行動する人々の集団。「買出し―」

ぶ-たい フ【舞台】名 ❶能楽・演劇などの演技をおこなう場所。ステージ。❷舞台でわざを演ずること。「初(はつ)―」❸うでまえを披露(ひろう)・発揮する場所。「はれの―」 **―裏**(うら) ⓪名 ❶客席から見えない舞台の裏側。❷外部から見えない内幕。裏面。楽屋裏。「政界の―」 **―監督**(かんとく) カ 名 演劇上演のとき演出家の下で舞台装置・照明・進行などを総合的に指導監督すること。また、その人。 **―稽古**(げいこ) ゲ 名 演劇で上演の前に、衣装などもつけてする最終的なけいこ。 **―劇**(げき) タ 名 舞台でおこなう劇。↕映画劇・テレビ劇・放送劇。 **―装置**(そうち) ソ 名 舞台の大道具・小道具その他演劇の効果を高めるすべての作り物や用具。

ふ-たいてん タ【不退転】名 ❶〘仏〙怠らず、しりぞくことなく仏道修行をすること。❷どんな苦労やさまたげにもまけないこと。「―の決意」

ふた-いとこ イ【二▲従▲兄▲弟・二▲従▲姉▲妹】名 親たちがいとこであるものの、その子どもどうしの関係。またいとこ。

ふた-え タ【二重】(へ) 名 ❶二つかさなっていること。また、そのもの。にじゅう。❷二つに折れまがること。 **―目蓋**(まぶた)

[マ][名] まぶたのひだが二重になっているもの。ふたかわ目。

ふた-おや [0]【二親】[名] 父と母。両親。↔片親。

ふたが・る【▲塞がる】[自四][古語] ふさがる。「胸もつとふたがりて出で給ふ」〈源氏〉

ふたかわ-め [ワ]【二皮目】【二皮▲眼】―ふたかは [名] ふたえまぶた。また、その目。

ふ-たく [0]【付託】[名][他サ] たのみまかせること。ゆだねること。「委員会に―する」

ふ-たく [0]【負託】[名][他サ][文章語] 人に引き受けさせ、まかせること。「友人にすべてを―する」

ふた・ぐ【▲塞ぐ】[他四][他下二][古語] ふさぐ。さえぎる。「今まうでのぼりける道にふたげられて」〈源氏〉

ふた-ご [0]【双子】[名] そうせいじ。

ふた-ごころ [ゴ]【二心】[名] ❶二様に心をもつこと。うわきな心。❷むほんの心。不忠な心。逆心。「―をいだく」

ふた-こと [タ][ト]【二言】[名] 二つのことば。二くち。「―三言しゃべる」 **―目** [メ][名] 二度目には必ずいうことば。くちぐせに言うことば。「―には『勉強しろ、勉強しろ』という」

ふだ-さし [シ][0]【札差】[名] ❶宿場の問屋場で、荷物の重さを検査した人。❷江戸時代、旗本や御家人の禄米の受け取りや、売りさばきを職業としたもの。

ふ-たしか [タ]【不確か】[形動] ダロ・ダッ・デ・ニ ダナ・ナラ・〇 確かでないようす。「―な情報」

ふだ-しょ [0]【札所】[名] 参拝者が札を受ける所。三十三か所の観音や八十八か所の弘法大師の霊場。

ふた-たび [0]㊀【二度】[名] 二回。二度。㊁【再び】[副] かさねて。また。「あやまちを―おかす」

ふた-つ [ツ]【二つ】[名] ❶一に一を加えたかず。二。❷二歳。 **―と無い** ほかに同じようなものがない。もっともすぐれている。 **―に一つ** ❶二つのうちどちらか一方。❷のるか、そるか。いちか、ばちか。 **―返事** [ヘ][名]「はい、はい」と気持ちよくすぐにひきうけること。「―で承知する」 **―目** [0][名] ❶二番目。❷(前座の次に高座にあがることから)東京の寄席で、前座と真打との間の落語家の階級。 **―割り** [0][名] ❶全体を二分すること。❷二斗入りの酒だる。二斗だる。ふつうの酒だるは四斗入り。

ふ-たつ [0]【不達】[名] 送ったものが先方に届かないこと。不着。「―メール」

ふ-たつ [0]【布達】㊀[名][他サ][文章語] 官庁などが、一般に、ひろく、ふれ知らせること。㊁[名] 明治初期に行政官庁から出された命令の総称。

ふだ-つき [0]【札付(き)】[名] わるいと定評のあること。また、その人。「―の悪者」

ふた-て [テ]【二手】[名] 二つの集団。二組。「―に分かれる」

ぶ-だて [0]【部立て】[名] 部類・部門を分けること。分類。

ふだ-どめ [0]【札止(め)】[名] ❶立ち入り禁止の札をたてること。❷満員のため入場券を売らないこと。

ふた-なのか [ナ][タ]【二七日】[名] 人が死んでから十四日めの日。また、その日の法事。ふたなぬか。

ふた-なり [0]【二▲形】[名] ❶一つのもので、二つの形をそなえるもの。❷男女両性の生殖器をそなえた人。半陰陽。

ぶた-にく [0]【豚肉】[名] 食用にするぶたの肉。

ぶた-ねつ [タ]【豚熱】[名] ぶた・いのししが感染するウイルス性の伝染病。伝染力が強く、致死率が高い。豚コレラ。CSF。

ふた-の [タ]【二▲布・二▲幅】[名] ❶並幅の布を二枚つないだ幅。ふたはば。約七二センチメートル。❷(二幅の布でつくるから)女の腰巻き。ゆもじ。

ふた-ば [タ][0]【二葉・双葉】[名] ❶芽が出てすぐに出る葉。[春] ❷物事のはじめ。おさないころ。

ぶた-ばこ [0]【豚箱】[名][俗語] 警察署の留置施設のこと。

ふたばてい-しめい《二葉亭四迷》 一八六四―一九〇九。小説家・翻訳家。本名は長谷川辰之助。ロシア文学の翻訳、言文一致体の創始などの業績を残した。小説に「浮雲」「平凡」、翻訳に「あひびき」など。

ふた-また [0]【二股】[名] ❶もとが一つで、末が二つにわかれていること。また、そのもの。「―だいこん」❷一方にきめずに両方の用意をすること。ふたみち。「―をかける」 **―×膏薬** [ゴ][名] (またにはったこうやくが、両がわのももに張りつくことから)はっきりした立場をもたず、あちらについたり、こちらについたりすること。また、その人。

ぶた-まん [0]【豚×饅】[名][俗語] (主に関西地方で)「肉まんじゅう」をさす言い方。

ふた-みち [0]【二道】[名] ❶二またの道。❷二つの方法。❸⇒ふたまた❷。

ふた-め [タ][メ]【二目】[名] 二度見ること。 **―と見られぬ** あまりにひどいありさまで、二度と見るにたえない。

ふ-ため [タ]【不▲為】[名][形動] ためにならないこと。不利益。「それはきみにとって―だ」

ふた-もの [0]【蓋物】[名] ❶ふたのある器物、特に、陶器。❷ふたのある器に盛った料理。

ふだらく [ダ]【▲補陀(普)×陀落】[名] ❶インドの南海岸にある、観音が住んだという八角形の山。❷観音の霊場。

ふた-り [リ]【二人】[名] 二個の人。ににん。両人。

ふ-たん [0]【負担】㊀[名][他サ] 身にひきうけること。ひきうけた仕事や費用。「経費はぼくが―する」㊁[名] 多すぎる、また、大きすぎる責任や仕事。「―に感じる」

ふ-だん [0]【不断】[名] ❶絶えることがないこと。「―の努力」❷思い切って事が行えないこと。「優柔―」

ふ-だん [フ]【普段】【不断】[名] 特別に変わったことのない状況・時。日常。「―は口答えなどしない子なのに」「防災には―から気をつかっている」 **―着** [ダ][名] つねに気楽に着ている着物。↔晴れ着。 **―草** [0][名] アカザ科の一年草、または越年草。若葉は食用となる。とうぢさ。とうぢしゃ。[夏] **―使い** [ヅ][名] 特別にあらたまった場ではなく、日常的に使うこと。また、そのもの。「―のバッグ」

ブタン [ヲ]〈butane〉[名] メタン系炭化水素の一つ。天然ガスや石油ガスに含まれ、常温では気体だが、容易に液化する。化学工業の原料。

ぶ-だん [0]【武断】[名] 武力を背景にして強引に政治を行うこと。↔文治。 **―政治** [セ][名] 武力を使って専制的に行う政治。

ふち [チ]【×淵・×潭】[名] ❶川の流れのよどんでふかい所。↔瀬。❷抜け出ることの困難な境遇。「かなしみの―」

ふち [チ]【縁】[名] ❶へり。「川の―」❷めぐり。まわり。「池の―」❸まわりにとりつけたもの。わく。「めがねの―」

ふ-ち [チ]【不知】[名][文章語] ❶知らないこと。❷知識のないこと。 **―案内** [ア][名][文章語] ようすや内容がわからないこと。

ふ-ち [フ]【不治】[名] 病気がなおらないこと。ふじ。「―の病」

ふ-ち [チ]【扶▲持】[名] 昔の武士の給与。 **―高** [チ][名] 扶持米の石高。 **―米** [0][名] 武士の給与としての米。

ふ-ち [チ]【付置・附置】[名][他サ] 主となるものにつけて設置すること。「大学―の研究所」⇩ふ(附)[参考]。

ふ-ち [チ]【布置】[名][他サ][文章語] それぞれの場所へくばりおくこと。配置。

ぶち【▲打ち】[接頭] (動詞につく。「うち」の変化)意味や語勢をつよめる。「—こわす」「—のめす」

ぶち ブ【斑】名 いろいろの色がまだらにまじっていること。また、そのもの。まだら。「—の犬」

プチ〈フ petit〉造 小さい、小型の、小規模な、などの意をあらわす。「—トマト」「—整形」

ぶち-あ・ける ケ【▲打明ける】他下一 俗語 〔「うちあける」の強め〕思っていることを余さず口に出す。

ぶち-あ・げる ゲ【ぶち上げる】【▲打上げる】他下一 大きなことを言う。「大胆な構想を—」 **ぶちあ・ぐ** 文語下二

ふち-いし チ【縁石】名 ⇩えんせき(縁石)。

ふち-かがり カ【縁かがり】【縁×縢】名 布の端がほつれないように、糸でかがること。

ぶち-かま・す マ【▲打×噛ます】自五 相撲で、全身の力をこめて相手に体当たりをする。**ぶちかまし** 名

ぶち-ぎれ 回【▲打切れ】名 俗語 突然はげしくおこりだすこと。

ぶち-こ・む 回コ【ぶち込む】【▲打込む】他五 〔「うちこむ」の強め〕投げ込むようにして入れる。「留置場に—」 **ぶち込める** 自下一 …できる

ぶち-ころ・す 回【ぶち殺す】【▲打殺す】他五 〔「うちころす」の強め〕❶「ころす」の強めた言い方。❷なぐって殺す。**ぶち殺せる** 自下一 …できる

ぶち-こわ・す ワ回【ぶち壊す】【▲打壊(▲毀)す】他五 〔「うちこわす」の強め〕❶たたきこわす。❷物事をめちゃめちゃにする。「せっかくの計画を—」 **ぶち壊し** 名 **ぶち壊せる** 自下一 …できる

ふち-せ チ【ふち瀬】【×淵瀬】名 ❶水の流れの深い所と浅い所。❷世の中のうつりかわりのはげしいことのたとえ。

ふち-どり 回【縁取り】名 他サ もののへりを彩ったり、細工をしたりすること。また、そのもの。「レースの—」「白で—した文字」

ぶち-ぬ・く 回ヌ【ぶち抜く】【▲打抜く】他五 〔「うちぬく」の強め〕❶たたいて穴をあける。うち抜く。「壁を—」❷しきりを取り払う。「三部屋をぶち抜いて式場にする」

ぶち-のめ・す メ回【▲打ちのめす】他五 〔「うちのめす」の強め〕うちのめす。ひどくたたいて再び立ち上がれないようにたおす。**ぶちのめせる** 自下一 …できる

ぷち-ぷち ❶ ブ (と)副 自サ 小さなものを次々とつぶすようす。また、粒状のものがつぶれるようす。「—した食感」❷ 回 名 〔商標名。「プチプチ」と書く〕気泡の入った、包装用の緩衝材。

プチ-ブルジョア ル〈フ petit bourgeois〉名 〔「プチ」は「小」の意〕ブルジョアとプロレタリアの中間の階級。中産階級。小市民。プチブル。

ぶち-ま・ける ケ回 他下一 〔「うちまける」の強め〕❶乱暴に中のものを、みな出し散らす。❷つつみかくさず言う。なにもかも全部言う。「不満を—」

ふ-ちゃく 回【不着】名 到着しないこと。

ふ-ちゃく 回【付着・附着】名 自サ 他のものにくっつくこと。「よごれが—する」

ふちゃ-りょうり リョ【普茶料理】名 中国式の精進料理。黄檗料理。

ふ-ちゅう 回【付注・附注】名 自サ 注をつけること。また、その注。

ふ-ちゅう チュ【不忠】名 形動(の) 忠義でないこと。臣の道にそむくこと。「—の臣」↕忠義。

ふ-ちゅうい チュ【不注意】名 形動(の) 注意がたりないこと。「—による事故」

▲釜中の魚 死がせまっているようす。

ふ-ちょう フ【婦長】名 看護婦の長を言った語。現在は看護師長。

ふ-ちょう 回【符丁】【符×牒】名 ❶商品につける値段のしるし。❷仲間だけにわかることば。あいことば。隠語。

ふ-ちょう 回【不調】名 形動(の) ❶ととのわないこと。成立しないこと。「交渉は—におわった」❷調子がわるいこと。「エンジン—」↕好調。

ぶ-ちょう 回【部長】名 役所・会社などの部の長。ふつう、課長の上役。↕課長・係長。

ぶ-ちょうほう チョ【不(無)調法】名 形動(の) ❶行きとどかないこと。へたなこと。「口が—だ」❷あやまち。そそう。失敗。「—をいたしました」❸酒・たばこなどがのめないこと、芸事のできないことをいう謙譲語。

ふ-ちょうわ チョ【不調和】名 形動(の) 調和しないこと。

ふ-ちん 回【不沈】名 艦船などが絶対に沈没しないこと。「—空母」

ふ-ちん 回【浮沈】名 文章語 さかえることと、おとろえること。うくか、しずむか。「一家の—にかかわる」

ふっ【吹っ】接頭 〔動詞に付く。「ふき」の変化〕勢いよくその動作をする意をあらわす。「—きれる」「—飛ぶ」

ふつ【払】造 はらう。すっかりなくなる。「払暁・払拭・払底」

ふつ【沸】造 わく。わかす。にえたつ。「沸点・沸騰・煮沸」

ふつ《仏》フランス(仏蘭西)。「日—親善」

ぶっ【▲打】接頭 〔動詞につく〕意味や語勢をつよめる。「—とばす」「—こわす」

ぶつ【物】造 ❶もの。「物価・物体・物理・器物・産物・生物・遺失物・建築物・不燃物」❷ひとがら。「人物・俗物」❸世間。「物議・物情」❹うかがう。「物色」❺死ぬ。「物故」〔別音もつ｜物〕

ぶつ ブ【仏】名 造 ❶ほとけ。「仏教・仏像・仏陀・仏道・仏法・神仏・念仏」❷仏教。「仏典・仏徒・儒仏」❸仏像。「大仏・持仏・秘仏」

ぶつ ブ 名 「ぶつ切り」の略。「まぐろの—」「たこ—」

ぶ・つ ブ【▲打つ】他五 ❶うつ。なぐる。❷ 俗語 演説などをする。「一席—」 **ぶてる** 自下一 …できる

ふ-つう 回【不通】名 ❶とおらないこと。交通・通信が断たれること。「鉄道の—箇所」❷たよりをしないこと。「音信—」❸意味などが通じないこと。

ふ-つう 回【普通】❶名 形動(の) ↕特別。❶あたりまえのようす。特に変わっていないようす。「父は—の会社員だ」「緊張しないで—にしていなさい」❷程度が中ぐらいのようす。「—の成績で卒業した」「ことしの暑さは—ではない」❷副 多くの場合そうであるようす。いつもそうであるようす。通常。ふだん。たいてい。「祖母は—六時には起床する」「この地方では—一メートルの積雪がある」参考 近年「このケーキは普通にうまい」のように「に」をともない、それほど特別ではないが一応の評価ができるという意味で副詞的に使うことがある。まだ定着はしていない。**—教育** キョ 名 社会人として必要な一般的教養を与える教育。初等普通教育(小学校)・中等普通教育(中学校)・高等普通教育(高等学校)の三段階がある。↕職業教育。**—校** コ 名 職業課程をもたない普通課程だけの高等学校。**—文** ブン 名 明治時代に広く行われた、文語体の文章。**—名詞** メイ 名 共通する特徴をもつ事物をまとめて呼ぶために使われる名詞。「人・花・書物・学校」など。↕固有名詞。**—預金** キン 名 いつでも自由に預け入れや払い戻しができる銀行預金。

ぶつ-えん 回【仏縁】名 ❶ほとけとの間にむすばれる縁。

ふ

❷ほとけのひきあわせ。

ふつ-か ⓪【二日】名 ❶一日に一日を加えた日かず。❷月の第二の日。特に一月二日。新年 **—月** カ 名 陰暦の二日、特に八月二日の月。秋 **—酔い** ⓪ 名 酒を飲みすぎて、次の日まで気分が悪いこと。宿酔。

ぶっ-か テ【仏花】名 墓や仏壇などにそなえる花。

ぶっ-か テ【仏果】名 成仏という結果。仏道の修行によって受けるよいむくい。

ぶっ-か テ【仏家】名〔仏〕❶寺院。ぶっけ。❷僧と尼。仏者。

ぶっ-か ⓪【物価】名 諸種の商品の市価。ものの値段。 **—指数** ス 名 一定の場所・時期におけるある商品の価格を一〇〇とし、物価の変動を比例数で示す統計数字。

ぶつ-が ⓪【仏画】名 ほとけや仏教に関することを題材とした絵画。

ぶつ-が テ【物我】名 外界のいっさいのものと自分。客観と主観。

ぶっ-かい ⓪【仏界】名 ほとけのすむ浄土の世界。

ぶっ-かい ⓪【物界】名〔文章語〕物質の世界。↔心界。

ぶつが-いちにょ フ=チ【物我一如】名 自我以外のもの（客観）と自我（主観）とが一つになること。

ぶっ-かき ⓪【ぶっ欠き】【▲打欠き】名〔俗語〕〔「ぶっかき氷」の略〕小さくくだいた食用の氷。かちわり。

ふっ-かく ⓪【伏角】名〔「ふくかく」の変化〕地球上においた磁石の針が、水平面となす角度。

ぶっ-かく ⓪【仏閣】名 寺の建物。寺院。「神社—」

ぶっ-か・く カ【ぶっ欠く】【▲打欠く】他五 カ・コ・キ・イ・ク・ク・ケ・ケ 打って欠く。たたいてこわす。「氷を—」

ぶつ-がく ⓪【仏学】名 仏教に関する学問。

ぶっ-かけ ⓪【ぶっ掛け】【▲打掛け】名 汁などをかけただけの食べ物。特に、そのようにしたそばやうどん。参考 西日本では、うどんに冷たい汁をかけ、てんぷらなどをのせたものも言う。

ふっ-か・ける ケ/⓪【吹っ掛ける】他下一 ケ・ケ・ケル・ケル・ケレ・ケロ・ケヨ〔「ふきかける」の変化〕❶はげしく吹きつける。❷しかける。「けんかを—」❸値段を高く言う。「十万円と—」

ぶっ-か・ける ケ【ぶっ掛ける】【▲打掛ける】他下一 ケ・ケ・ケル・ケル・ケレ・ケロ・ケヨ 荒っぽく液体などをかける。「たき火に水を—」 **ぶっか・く** 文語下二

ふっか-すいそ ヌ【×弗化水素】名 無色、刺激性の有毒気体。その水溶液はガラスをくさらせる。工芸・工業用。

ふっ-かつ ⓪【復活】〔「ふくかつ」の変化〕㊀名 自他サ ❶いきかえること。いきかえらせること。❷一度やめたものを、またいかし使うこと。廃止されたものが、またいかされること。「旧制度を—する」㊁名 ❶死んだ者がいきかえり、新生活をはじめるという、ユダヤ教・キリスト教での信仰。❷キリストが、自分自身の預言どおりによみがえったこと。 **—祭** ツ 名 キリストの復活を記念する祭り。イースター。春

ぶつか・る ⓪【▲打つかる】自五 ラ・ロ・リ・ッ・ル・ル・レ・レ ❶うちあたる。つきあたる。「電柱に—」❷不意に出会う。「困難に—」❸直接に会う。まともに取り組む。「相手にぶつかってみる」「制度改革の問題にぶつかってみる」❹同じ時間にかさなる。「会議が—」❺衝突する。けんかをする。「仕事のことで同僚と—」 **ぶつかれる** 自下一〔…できる〕

ふっ-かん ⓪【副官】名〔「ふくかん」の変化〕もと、陸海軍の司令部や部隊で、その長をたすけた職。また、その軍人。

ふっ-かん ⓪【復刊】名 他サ〔「ふくかん」の変化〕一時、中止または廃止していた出版物を、また発行すること。

ふっ-き ⓪【復帰】名 自サ〔「ふくき」の変化〕もとの地位・状態などにもどること。「職場に—する」

ふっ-き フ【富貴】名 形動 ⬇ふうき。

ふ-づき ブ【▲文月】名〔古語〕⬇ふみづき。秋

ぶつ-ぎ テ【物議】名 世間の議論。世評。 **—を醸す** 世の中に議論や批判をよびおこす。問題になる。

ふっ-きゅう ⓪【復×仇】名 自サ〔文章語〕〔「ふくきゅう」の変化〕かたきうち。あだうち。

ふっ-きゅう ⓪【復旧】名 自他サ〔「ふくきゅう」の変化〕もとどおりになること。もとどおりにすること。「—工事」

ふつ-ぎょう ⓪【払暁】名〔文章語〕あかつき。夜の明けがた。

ぶっ-きょう テ【仏教】名 紀元前五世紀のはじめ、釈迦がインドではじめた宗教。さとりを開いて成仏し、仏陀になることを目的とする。仏法。

ぶっきら-ぼう ラ/キ 形動 ダロ・ダッ・デ・ニ・ダ・ナ・ナラ・○ 言い方や態度などがそっけないようす。「—な返事」

ぶつ-ぎり ⓪【ぶつ切り】名 料理の材料などを、大きめに切ること。また、その切ったもの。

ぶっきり-あめ リ【ぶっ切りあめ】【ぶっ切×飴】名 棒状のあめをみじかく切ったもの。ぶっきり。

ふっ-き・る キ/⓪【吹っ切る】他五 ラ・ロ・リ・ッ・ル・ル・レ・レ〔「ふききる」の変化〕悩みや未練などをさっぱりと捨てる。「執着を—」

ふっ-き・れる レ【吹っ切れる】自下一 レ・レ・レル・レル・レレ・レロ・レヨ〔「ふききれる」の変化〕❶はれものの口があいて、うみが出る。❷悩みや未練などがさっぱりとなくなる。「迷いが—」

ふっ-きん ⓪【腹筋】名〔「ふくきん」の変化〕はらの部分の筋肉。

ブッキング ⓪〈booking〉名 他サ ❶ホテルや乗り物などの予約。「ダブル—」「オーバー—」❷興行・出演の契約。また、映画の配給契約。「ドラマに人気俳優を—する」

フック フ〈hook〉名 ❶⬇ホック。❷ボクシングで、ひじを曲げ、からだをねじるようにしてわきからうつ打ち方。

ブック〈book〉造 本。書物。書籍。 **—エンド** エ〈book end〉名 ならべ立てた本がたおれないように両端にたてて支える器具。 **—カバー** カ〈book cover〉名 書物の表紙のおおい。 **—マーク** マ〈bookmark〉名 インターネットのブラウザーで、よくアクセスするウェブサイトを登録する機能。お気に入り。 **—メーカー** メ〈bookmaker〉名 安っぽい本をむやみに書く人。 **—レット** テ〈booklet〉名 比較的薄く、製本も簡単な小冊子。読み物として作られる。宣伝を目的とするパンフレットとは異なる。 **—レビュー** レ〈book review〉名 新刊書の批評・紹介。書評。

ぶつ-ぐ テ【仏具】名 花瓶・香炉など、仏壇をかざり、また、仏事に使う器具。

ふ-づくえ ツ【▲文机】名〔「ふみづくえ」の変化〕読み書きをするための和風のつくえ。

ぶつ-くさ テ 副 不平などをつぶやくようす。ぶつぶつ。「かげで—言うな」

ふっくら ク（と）副 自サ ふくよかなさま。やわらかくふくらんだようす。「—した顔」「パンが—焼けた」

ぶっ-け テ【仏家】名 ⬇ぶっか。

ふっ-けい ⓪【復啓】あいさつ〔文章語〕⬇ふくけい。

ぶっ-つ・ける ⓪【▲打つける】他下一 ケ・ケ・ケル・ケル・ケレ・ケロ・ケヨ ❶投げつける。強くあてる。「ボールを壁に—」「車を—」❷相手に強くせまる。「怒りを—」「問題を—」❸試合の相手として取り組ませる。「初日から大関どうしを—」

ふっ-けん ⓪【復権】名 自他サ〔「ふくけん」の変化〕❶刑の宣告によってうしなった公法上の権利や資格をとりかえすこと。❷破産の宣告を受けたものが、債務をはたして法律上の資格を回復すること。

ぶっ‐けん[0]【物件】[名] 物品。品物。↕人件。―費[ケ]

ぶっ‐けん[0]【物権】[名] 所有権・永小作権・地上権・抵当権など、直接に物を自分で支配し、自分で利益を取ることのできる権利。財産権の一つ。

ふっ‐こ[フ]【復古】[名][自他サ]（「ふくこ」の変化）昔の考えかたや、ありさまにもどること。また、もどすこと。

ふつ‐ご[0]【▲仏語】[名]（「ぶつご」と読めば別語）フランス語。

ぶっ‐こ[ブ]【物故】[名][自サ]〔文章語〕死ぬこと。死去。「―者」

ぶつ‐ご[0]【仏語】[名]（「ふつご」と読めば別語）仏教の用語。

ふっ‐こう[0]【復航】[名]（「ふくこう」の変化）船・航空機の帰りの運行。↕往航。

ふっ‐こう[0]【腹×腔】[名] ⇒ふくこう。

ふっ‐こう[0]【復交】[名][自サ]（「ふくこう」の変化）断絶していた国交を回復すること。

ふっ‐こう[0]【復校】[名][自サ]（「ふくこう」の変化）退学・休学したものが、もと在学していた学校にもどること。

ふっ‐こう[0]【復興】[名][自他サ]（「ふくこう」の変化）一度こわれたり衰えたりしたものがもとどおりにさかんになること。また、そのようにすること。「戦災後の―に目をみはる」

ふ‐つごう[ツ]【不都合】[名][形動(の)] ❶つごうのわるいこと。「―が生じる」↕好都合。❷ふとどき。けしからぬこと。「―をはたらく」

ぶっ‐こう[0]【仏工】[名] 仏像・仏具をつくる人。

ふっ‐こく[0]【復刻・覆刻】[名][他サ]（「ふくこく」の変化）以前に出版された書物を、もとの版を新しく作り直し、原本どおりの体裁で出版すること。また、その書物。「戦前の名著を―する」

ふっ‐こく《仏国》⇒フランス(仏蘭西)。

ぶっ‐こわ・す[ワ]【ぶっ壊す】【▲打壊す・▲打▲毀す】[他五]「ぶちこわす」のくだけた言い方。

ぶつ‐ざ[0]【仏座】[名] 仏像を安置する台。蓮台。

ぶっさき‐ばおり[バ]【▲打裂羽織】[名] 背縫いの下半分ぐらいを縫いあわせない羽織。昔、武士の乗馬・旅行用。

ぶっ‐さ・く[サ]【ぶっ裂く】【▲打裂く】[他五]（「ぶっ」は強めの接頭語）勢いよく裂く。

ぶっ‐さつ[0]【仏刹】[名] てら。寺の塔。仏寺。ぶっせつ。

ぶっ‐さん[0]【物産】[名] その土地で産出する品物。産物。「―展」

ぶっ‐さん[0]【仏参】[名][自サ] 寺にまいって仏をおがむこと。寺まいり。

ぶっ‐し[ブ]【仏子】[名]〔仏〕❶出家して仏弟子となったもの。出家。僧。❷すべての衆生。

ぶっ‐し[ブ]【仏師】[名] 仏像をつくる人。ぶし。

ぶっ‐し[ブ]【物資】[名] 生活を支えるのに必要な物。衣料や食料。「救援―」

ぶつ‐じ[ブ]【仏寺】[名] てら。寺院。仏刹。

ぶつ‐じ[ブ]【仏事】[名] 仏教の祭事。法事。法会。

ブッシェル[ブ]〈bushel〉[名] ❶ヤードポンド法で、穀物などの重量の単位。一英ブッシェルは六二ポンド（約二八・一キログラム）。一米ブッシェルは六〇ポンド（約二七・二キログラム）。❷ヤードポンド法で、容積の単位。一英ブッシェルは八英ガロン（約三六・三七リットル）。一米ブッシェルは九・三一米ガロン（約三五・二四リットル）。

ふっ‐しき[0]【払▲拭】[名][他サ]〔文章語〕⇒ふっしょく。

ぶっ‐しき[0]【仏式】[名] 葬式・結婚式・慰霊祭などの、仏教によるやり方。↕神式。

ぶっ‐しつ[0]【物質】[名] ❶意識の外にあって、見たりさわったりして、その存在が認識されるもの。「―文明」↕精神。❷物体を形づくっている実質。「紙は木の繊維という―からつくられる」 ―**交代**[コ][名] ⇒新陳代謝。 ―**主義**[シュ][名] ❶（精神的なものに対して）衣食住などの物質的なものを第一義とする立場。↕精神主義。❷〔哲〕唯物論にたつ立場。 ―**代謝**[タ][名] ⇒新陳代謝。 ―**的**[0][形動] ❶物質に関するようす。❷物質を第一とするようす。物的。↕精神的。

ぶっ‐しゃ[ブ]【仏者】[名] 仏門にはいった人。僧。

ぶっ‐しゃり[0]【仏舎利】[名] 釈迦の遺骨。仏骨。

プッシュ[ブ]〈push〉[名][他サ] ❶押すこと。「―ボタン」❷あと押しすること。支援。❸おしすすめること。推進。 ―**バント**[バ]〈push bunt〉[名] 野球で、ボールを押し出すようにして強めに転がすバント。 ―**ホン**[シコ]〈push phone〉[名]〔和製英語〕押しボタン式の電話機。

ぶっ‐しょ[ブ]【仏書】[名] 仏教に関する本。仏典。内典。

ぶっ‐しょう[0]【仏性】[名] ❶衆生がもっている成仏することのできる本性。仏心。❷仏の本性。

ぶっ‐しょう[0]【物証】[名] 物的証拠。↕口証。

ぶっ‐しょう[0]【物象】[名] ❶無生物に関する現象。物のかたち。❷旧制中学校の学科の一つ。物理・化学・鉱物などの総称。

ぶつ‐じょう[0]【物情】[名]〔文章語〕❶もののようすやありさま。❷世間の人心。世間のありさま。「―騒然」

ふっ‐しょく[0]【払拭】[名][他サ] はらいぬぐうように、すっかりなくすること。ふっしき。「因習を―する」

ぶっ‐しょく[0]【物色】[名][他サ] 多くの中から適当なものをさがすこと。「みやげ物を―する」

ふつ‐じん[0]【▲仏人】[名] フランス人。

ぶっ‐しん[0]【仏心】[名] ❶慈悲のある、ほとけのこころ。❷人間の心に本来そなわっている仏性。

ぶっ‐しん[0]【仏身】[名] ほとけのからだ。法身・報身・応身の三身とする。

ぶっ‐しん[0]【仏神】[名] ほとけと、かみ。神仏。「―の守り」

ぶっ‐しん[0/ブ]【物心】[名]〔文章語〕ものと、こころ。物質と精神。「―両面の援助」

ぶっ‐しん[0]【物神】[名] 呪力や神秘性をもつとしてあがめる対象となる物。「―崇拝」

ブッセ[ブ][名]（ﾌ bouchée（「ひと口」の意）から）クリームやジャムをはさんだ、円形でやわらかく軽い食感の焼き菓子。

ぶっ‐せい[0]【物性】[名] 物質のもっている性質。

ぶっ‐せき[0]【仏跡】【仏×蹟】[名] 仏教関係の遺跡。

ぶっ‐せつ[0]【仏刹】[名] ⇒ぶっさつ。

ぶっ‐せつ[0]【仏説】[名] ほとけの説いた教え。

ふつ‐ぜん[0]【×怫然】[と副][たる連体]〔文章語〕むっとして、顔色をかえるようす。「―たる表情」

ぶつ‐ぜん[0]【仏前】[名] ほとけのまえ。「―のそなえ物」

ふっ‐そ[フ]【×弗素】[名] ハロゲン元素の一つ。元素記号F 原子番号9 原子量18.9984032 うす緑色の気体。化合力が非常に強い。

ぶっ‐そ[ブ]【仏祖】[名] 仏教の始祖である、釈迦牟尼。

ぶっ‐そう[0]【仏葬】[名] 仏式による葬儀。↕神葬。

ぶっ‐そう[ソ]【物騒】[形動] ❶悪いことが起こりそうで、世間がおだやかでないようす。不穏。「―なうわさ」❷あぶないようす。危険。「―な刃物」

ぶつ‐ぞう[0]【仏像】[名] ほとけのすがた。仏の彫像・画像。

ぶっそくせきのうた《仏足石歌》奈良薬師寺の仏足石（釈迦の足裏の形に刻まれたという石）歌碑にきざまれている歌。五・七・五・七・七・七の形式の歌。

ぶっ-そん回【物損】名 交通事故などによる物質的な損害。「—事故」

ぶつ-だブ【仏陀】名 〈Buddhaの音訳〉仏(ほとけ)。ぶっだ。

ぶつ-たい回【仏体】名 ❶ほとけのからだ。❷仏像。

ぶっ-たい回【物体】名 ❶形体のある物質。❷長さ・はば・高さをもって空間をみたしているもの。❸形があって精神や感覚のないもの。

ぶっ-たお・れるレ【ぶっ倒れる】【打倒れる】自下一 はげしく倒れる。また、「たおれる」の俗語的な言い方。「酔っ払いが地面にぶっ倒れている」 **ぶったふ・る** 文語下二

ぶっ-たぎ・るギ【ぶった切る】他五 俗語 「切る」の強め。「なたで—」

ぶっ-たく・るク 他五 ❶むりにうばう。❷俗語 高く売って利をむさぼる。

ぶっ-たま・げるゲ【打魂消る】自下一 俗語 〈「ぶっ」は強めの接頭語〉ひどくびっくりする。

ぶつ-だん回【仏壇】名 仏像・位牌(いはい)をまつる壇。

ぶっ-ちがい回【打違い】名 俗語 うちちがい。

ぶっ-ちぎり回【打千切り】名 競走で他者を大きく引き離すこと。勝敗をあらそう物事にもいう。「—で優勝する」

ぶっちゃ・ける回【打明ける】他下一 俗語 「ぶちあける」を強めた言い方。

ぶっちょう-づら回【仏頂面】名 ふくれっつら。ぶあいそうな顔。「—で黙り込む」

ふつつか【不束】一 ツ 形動 (身内のもの、また自分自身のことを)ゆきとどかない、気が回らない、と謙そんして言うときのことば。「—な者でございますが、どうぞ宜しくお願いいたします」 二 なり形動 古語 ❶がっしりしている。重々しい。「ふつつかなる後見(うしろみ)」〈源氏〉❷(声などが)太くて、ごつごつしている。「声、ふつつかに」〈源氏〉❸ぶかっこうで、みっともない。下品だ。「すこし黒みやつれたる旅姿、いと、ふつつかに」〈源氏〉

ぶっ-つけ回【打っつけ】名 ❶いきなりすること。「—なおねがい」❷準備なしでいきなりすること。「—でいこう」❸初め。最初。「—からうまくいかない」 **—本番(ほんばん)**回名 練習や準備もなく、すぐさまはじめること。

ぶっ-つ・ける回【打っつける】他下一 ➡ぶつける。

ぶっ-つづけ回【ぶっ続け】【打続け】名 〈「ぶっ」は強めの接頭語〉休まずに長く続けてすること。「一週間—に残業する」

ぷつっ-とツ 副 ❶張っていたものが切れたり破れたりするようす。「糸が—切れる」❷続いていたものが途切れるようす。「連絡が—来なくなる」❸小さなものが表面に突き出るようす。「—水ぶくれができる」

ぶっ-つぶ・すブ【ぶっ潰す】【打潰す】他五 〈「ぶっ」は強めの接頭語〉激しい勢いでつぶす。

ふっつりツ (と)副 ❶ひもなどの切れるようす。❷続けていたことを、きっぱりとやめてしまうようす。「—酒を断つ」❸続いていたことがすっかりとだえるようす。「—音信がとぎれる」

ぷっつりツ (と)副 ❶ひもなどの切れるようす。また、その音。ぷつんと。❷続いていたことがとだえたり、それをやめたりするようす。ふっつり。

ぷっつんツ (と)副 自サ ❶張った糸や緊張感が切れるようす。ぷつん。「つり糸が—と切れる」❷俗語 がまんが限度をこえ、怒りだすようす。「あまりのことに、ついに—した」

ふってい回【払底】名 自サ 品物がひどく少なくなること。しな切れ。「野菜が—する」

ぶってき回【物的】形動 物質的。↔心的・人的。 **—証拠(しょうこ)**回名 文書・品物などの証拠。物証。↔人的証拠。

ぶつ-でし回【仏弟子】名 ❶釈迦(しゃか)のでし。❷仏教信者。

ふっ-てんフ【沸点】名 液体が沸騰しはじめるときの温度。水は一気圧のもとでは、セ氏一〇〇度。ふっとうてん。

降(ふ)って湧(わ)いた 思いがけずに起こった。「—災難」

ぶっ-てん回【仏典】名 仏教に関する書物。仏書。内典。

ぶつ-でん回【仏殿】名 仏像をまつってある殿堂。仏堂。

フット〈foot〉造 足。足もと。 **—ボール**ボ〈football〉名 サッカー・アメリカンフットボール・ラグビーの総称。蹴球(しゅうきゅう)。 **—ライト**ラ〈footlight〉名 舞台のゆかの前のはしにとりつけて、演技者を下から照らす照明灯。脚光(きゃっこう)。 **—ワーク**ワ〈footwork〉名 ボクシング・卓球などでの、足さばき。

ふっ-とフ 副 ❶思いがけず。ふと。「町かどで—出あう」❷息をつよく出すようす。「—ためいきをつく」❸古語 勢いよく断ち切ったり、貫いたりするようす。ぷっつりと。「薩摩(さつま)の守(かみ)の右の腕(かひな)を肘(ひぢ)の本(もと)よりふっと斬(き)り落とす」〈平家〉

ぶっ-とブ【仏徒】名 仏教の信者。

ぶっ-とブ【仏都】名 仏教のさかんな都市。仏寺(ぶつじ)の多い都市。

ぶつ-どブ【仏土】名 ほとけの住む土地。ほとけの教化を受けることのできる世界。

ふっ-とう回【沸騰】名 自サ ❶煮えたつこと。❷もりあがり起こること。さわぎたつこと。「世論が—する」 **—点(てん)**ト名 ふってん。

ぶっ-とう回【仏塔】名 寺の塔。

ぶつ-どう回【仏堂】名 仏像をまつる殿堂。仏殿。

ぶつ-どう回【仏道】名 ほとけの説いた道。仏法。仏教。

ぶっ-とおし回【ぶっ通し】【打通し】—(とおし)名 〈「ぶっ」は強めの接頭語〉休まず続けること。「丸一日—の作業」

フットサルサ〈futsal〉名 五人制で行うサッカーに似た球技。主に室内で行い、コートはサッカーより小さく、試合時間やルールなどにサッカーと異なる点がある。

ぶっ-とば・すバ【ぶっ飛ばす】【打飛ばす】他五 ❶〈「ぶっ」は強めの接頭語〉勢いよく走らせる。「オートバイを—」❷勢いよく投げたり、なぐったりして、相手を飛ばす。 **ぶっ飛ばせる** 自下一[…できる]

ふっ-と・ぶト【吹っ飛ぶ】自五 〈「ふきとぶ」の変化〉❶吹かれて飛ぶ。「風で洗濯物が吹っ飛んだ」❷すっかりなくなる。「悲しみが—」❸はねとばされる。

ぶっ-と・ぶト【ぶっ飛ぶ】【打飛ぶ】自五 俗語 ❶勢いよく飛ぶ。「なぐられて壁までぶっ飛んだ」❷常識はずれである。奇抜である。「ぶっ飛んだ発想」❸非常におどろく。ぶったまげる。 **ぶっ飛び** 名

ふつ-トン回【仏トン】名 一トンを一〇〇〇キログラムとするトン。メートルトン。トン。

ぶつ-のう回【物納】名 他サ 物品で租税などをおさめること。↔金納。

ぶつ-ばち回【仏罰】名 仏があたえる罰。「—があたる」

ぶっ-ぱな・すナ【ぶっ放す】【打放す】他五 打ちはなす。つよく発射する。「ピストルを—」 **ぶっ放せる** 自下一[…できる]

ぶっ-ぱん回【物販】名 〈「物品販売」の略〉(形のある)品物・製品を売ること。「—コーナー」

ぶっ-ぴん ⓪【物品】名 ❶もの。しなもの。❷〘法〙不動産をのぞいた形のある財物。動産。**—税** [ビ]名 一定の物品を対象として、課される間接税。一九八九年、消費税の導入で廃止。

ブッフェ [ブ]〈ﾌ buffet〉名 ➡ビュッフェ。

ふつ-ふつ [ツ]/[フ] (と)副 ❶煮えてわきあがるようす。❷わきあがるように心の中が動くようす。「—と恋情がわく」

ぶつ-ぶつ ⓪名 たくさんならんだ粒の形のもの。「背中に—ができた」

ぶつ-ぶつ [ブ] 副 ❶口の中でつぶやくようす。不平・不満を言うようす。❷とがった物が、たびたび突きさきさるようす。❸細長いものを大まかに切るようす。❹粒状の物が一面にならぶようす。「汗が—と吹き出す」

ぶつぶつ-こうかん [コ]【物物交換】名 自サ 物と物とを、直接とりかえること。物交。バーター。

ふつ-ぶん ⓪【▲仏文】名 ❶フランス語の文章。❷フランス文学。「—科」

ぶっ-ぽう ⓪/[ボ]【仏法】名 ほとけの教え。仏道。↕王法。

ぶっぽう-そう [ボ]【仏法僧】名 ❶ほとけと、その教え(法)と、教えを伝える者(僧)の三者。三宝。❷鳥の名。㋐ブッポウソウ科の鳥。からだは青緑色。ゲーゲーと鳴く。山奥の森林にすみ、古来、霊鳥とされた。㊰ ㋑このはずくのこと。鳴き声が「ぶっぽうそう」と聞こえる。

ぶつ-ぼさつ [ボ]【仏×菩×薩】名 ほとけとぼさつ。

ぶつ-ま ⓪【仏間】名 仏像や位牌のまつってあるへや。

ぶ-づみ ⓪【歩積み】名 銀行で手形を割り引く時に、その一部を強制的に預金させること。

ぶつ-みょう ⓪【仏名】名 ❶ほとけの名。❷ぶつみょうえ。**—会** [ミョ]名 昔、陰暦十二月十九日から三日間、宮中・諸寺で仏名をとなえて罪ほろぼしをした法会。㊄

ぶつ-めつ ⓪【仏滅】名 ❶ほとけの死ぬこと。釈迦の死。❷ぶつめつにち。**—日** [ツ2]名 陰陽道で、万事に不吉であるとする日。

ぶつ-もん ⓪【仏門】名 ❶仏道。「—に入る」❷寺。寺院。

ぶつ-よく ⓪【物欲】【物×慾】名 物がほしい、また、物を自由にしたいという欲望。

ぶつ-り [ブ]【物理】名 物理学。**—学** [リ]名 自然科学の一部門。物質の性質や運動、熱・光・電磁気・音の作用や物質の構造などを研究する学問。**—的** ⓪ 形動 事物の性質や法則にかなっているようす。「ここから犯人が逃げ出すのは—に不可能だ」**—変化** [ヘ]名 物質の成分は変わらずに状態が変化すること。↕化学変化。**—療法** [リョ]名 電気・温熱・水・光線・機械などの物理的なはたらきを使ってする治療法。物療。↕化学療法。

ふ-つりあい [ツ]【不釣(り)合(い)】名 形動 つりあわないこと。つりあいのとれていないこと。「—な服装」

ぶつ-りき ⓪【仏力】名 〔文章語〕ほとけのもつふしぎな力。

ぶつ-りゅう ⓪【物流】名 (「物的流通」の略)商品が生産者から消費者に届くまでのすべての活動。「—管理」

ふつ-りょう ⓪【▲仏領】名 フランスの領土。

ぶつ-りょう ⓪【物量】名 物の分量、多さ。「—作戦」

ぶつ-りょう ⓪【物療】名 「物理療法」の略。

ふつ-わ ⓪【▲仏和】名 ❶フランス語と日本語。❷仏和辞典。フランス語に日本語で説明をつけた辞典。↕和仏。

ふで【筆】㊀⓪名 ❶墨・絵の具をふくませ、文字や絵画をかく文房具。毛筆。❷筆でかいたもの・文字・文章・絵。「兼好法師の—」㊁接尾 ❶筆に墨をつける回数、また、筆や鉛筆を動かす回数をあらわすことば。「ひと—書きの絵」❷土地台帳に面積を記す一まとまりを数えることば。**—が滑る** 書いてはいけないことを、うっかり書く。**—が立つ** 文章を書くのがうまい。**—の跡** 書いた文字。筆跡。**—を入れる** 文をなおす。添削する。**—を起こす** 書き出す。**—を置く** 書きおえる。擱筆する。**—を折る・—を捨てる** 書くのをやめる。二度と書くことをしない。**—を下ろす** ❶筆に墨をふくませて、すぐ書けるようにする。❷書き出す。**—を加える** ❶文章に手を入れて、なおす。筆を入れる。❷文書などに書き加える。加筆する。**—を染める** 字や絵をかく。染筆する。**—を断つ** 書くことをやめる。**—を取る** 文章・文字・絵などをかく。**—を走らせる** 勢いよく書く。走りがきをする。**—を▲揮う** 字や絵をかく。揮毫する。**—を曲げる** 事実や自分の考えとは異なることを書く。自分の利益を図ってうそを書く。「圧力に屈して—」

ふ-てい ⓪【不定】名 形動(の) (「ふじょう」と読めば別語) さだまらないこと。「住所—」**—愁訴** [シュ]名 更年期障害などで、たえずからだのどこかに異常を感じ、それを他人に訴えること。**—称** [テ]名 自分と相手との間の位置づけがはっきりしない物・事をさしめす代名詞。「だれ・なに・どこ・どれ」など。↕近称・中称・遠称。

ふ-てい ⓪【不貞】名 形動(の) 夫婦や愛し合っている者どうしの一方が、他の相手と性的関係をもつこと。

ふ-てい ⓪【不×逞】名 形動(の) 無法なこと。「—の徒」

ふ-ていき [テ]【不定期】名 形動(の) 時期のきまっていないこと。「—航路」

ふ-ていけい ⓪【不定型】名 形動(の) 型や形式のきまっていないこと。「—詩」↕定型。

ふ-ていさい [テ]【不体裁】名 形動 体裁のわるいこと。かっこうのわるいこと。ぶていさい。

ブティック [ブ]〈ﾌ boutique〉名 (小売店の意)女性用の既製服や洋装小物などを売る、しゃれた感じの店。

ふで-いれ [レ]/[イ]【筆入れ】名 鉛筆・万年筆・ボールペンなどをいれるケースやサック。

プディング [プ]〈pudding〉名 卵・牛乳・砂糖などをまぜて蒸した洋ふうがし。プリン。

ふで-がしら [ガ]【筆頭】名 ひっとう。

ふ-てき ⓪【不適】名 適当でないこと。↕適。

ふ-てき ⓪【不敵】名 形動(の) 大胆で、恐れを知らないこと。「—なつらだましい」「大胆—」

ふ-でき [フ]【不出来】名 形動(の) できがわるいこと。「—な成績」↕上出来。

ふ-てきかく [テ]【不適格】形動 (ダロ・ダッ・デ・ニ・ダ・ナ・ナラ・○) 資格が十分でなく、ふさわしくないようす。「パイロットには—な人物」

ふ-てきせつ [テ]【不適切】形動 (ダロ・ダッ・デ・ニ・ダ・ナ・ナラ・○) あてはまらないようす。その場にふさわしくないようす。「—な発言」

ふ-てきとう [テ]【不適当】形動 (ダロ・ダッ・デ・ニ・ダ・ナ・ナラ・○) 程度がふさわしくないようす。該当しないようす。「—な賠償要求」

ふ-てぎわ [テ]【不手際】名 形動 やり方がへたで、できあがりのわるいこと。「—な作品」

ふてくさ・る [サ]【不▲貞腐る】自五 (ラ・ロ・リ・ッ・ル・ル・レ・レ) ➡ふてくされる。

ふてくさ・れる [レ]【不▲貞腐れる】自下一 (レ・レ・レ・レル・レル・レレ・レロ・レヨ) (「ふてくさる(五段活用)」とも。「不貞」は当て字) ❶不平で命令にしたがわない。「ふてくされた顔」❷不満で、やけを起こす。「ふてくされて寝ている」 **ふてくさ・る** 文語下二

ふで-さき ⓪【筆先】名 ❶筆の先。❷筆のはこび。「すぐれた—」❸筆跡。文字。文章。「大師さまのお—」

ふで-たて [テ]/[タ]【筆立(て)】名 筆をたててさしておく用

具。

ふで-づか[0]【筆塚】[名] 使えなくなった筆をうめて、その供養(くよう)のために立てたつか。

ふで-づかい[ヅ]【筆遣い】―づかひ [名] 筆のつかい方。運筆。

ふで-つき[0]【筆つき】[名] ❶筆でかいた文字や絵のようす。筆致(ひっち)。❷筆で書くときのようす。「たくみな―」

ふで-つくり[ツ]【筆つくり】【筆×旁】[名] 漢字の部首の一つ。「肆」「律」などの「聿」。

ふ-てってい[テ]【不徹底】[形動] ダロ・ダッ・デ・ニ／ダ・ナ・ナラ・○ 中途半端で十分にゆきとどかないようす。「改革は―に終わった」

ふて-ね[0]【ふて寝】【不▲貞寝】[名] ふてくされて寝ること。「腹を立てて―をした」

ふで-ばこ[0]【筆箱】[名] 鉛筆などをいれる箱型の容器。

ふで-ぶしょう[フ]【筆不(無)精】[名][形動(の)] 手紙などを書くのをおっくうがること。また、その人。↕筆まめ。

ふてぶて-し・い[シ][形] カロ・カッ・ク／イ・イ・ケレ・○ ずうずうしい。ひらきなおっている。「―態度」 **ふてぶてしさ**[名]

ふで-ぶと[0]【筆太】[名][形動(の)] 文字を太く書くこと。「―の字」

ふで-ペン[0]【筆ペン】[名] 軸内にインクをふくみ、毛筆のように文字が書けるペン。

ふで-まめ[0]【筆まめ】【筆▲忠▲実】[名][形動(の)] 手紙や日記などを、めんどうがらずに書くこと。↕筆不精。

ふ-て・る[テ]【不▲貞る】[自下一] テ・テ・テル・テル・テレ・テロ／テヨ 〔「不貞(ふてい)」は当て字。「ふと(太)」を動詞化した語〕⬇ふてくされる。

ふ-てん[テ]【普天】[名] 大地をあまねくおおう天。**―の下(もと)率土(そっと)の浜(ひん)** 天が広くおおうかぎり、地のつづくかぎり。世界じゅう。普天率土。

ふ-でんき[テ]【負電気】[名] 陰電気。↕正電気・陽電気。

ふ-と[ト]【浮×屠】[名] ❶ほとけ。仏陀(ぶっだ)。❷塔。そとば。❸僧。

ふ-と[0][フ][副] ❶ちょっと。かるく。「―横をむく」❷何かのひょうしに。ふっと。「―思い出す」❸[古語] かんたんに。たやすく。「ふと射殺(いころ)して」〈竹取〉❹[古語] すばやく。さっと。「ふと寄り来て」〈徒然〉❺[古語] おもいがけず。不意に。「ふと行幸(ゆき)して御覧ぜむに」〈竹取〉

ぶと[フ]【×蚋】[名] ⬇ぶゆ。[夏]

ふと-い[ト]【太×藺】―ゐ [名] カヤツリグサ科の多年生植物。沼地などにはえる。はなむしろ用。[夏]

ふと・い[ト]【太い】[形] カロ・カッ・ク／イ・イ・ケレ・○ ❶まわりが大きい。↕細い。❷こえている。↕細い。❸声が低くて大きい。↕細い。❹だいたんで物におそれない。ずぶとい。「―やつ」 **太さ**[名] **ふと・し**[文語ク]

ふ-とう【不凍】[造] こおらないこと。「―液」 **―港(こう)**[ト][名] 寒い土地にありながら、冬、水面がこおらないみなと。

ふ-とう[0]【不倒】[名] たおれないこと。「最長―距離」 **―翁(おう)**[ト][名][文章語] おきあがりこぼし。

ふ-とう[0]【不等】[名] 数量などがひとしくないこと。 **―号(ごう)**[ト][名] 二つの数がひとしくないことを示す「＞」「＜」などの記号。↕等号。 **―式(しき)**[ト][名] 不等号でむすばれている式。↕等式。

ふ-とう[0]【×埠頭】[名] 港で、陸から海中につきだしてつくられた、船を横づけにする所。波止場(はとば)。ふなつきば。

ふ-とう[0]【不当】[名][形動] 正当でないこと。不法。無法。↕正当。「―な利得」 **―表示(ひょうじ)**[ヒョ][名] 広告や説明書などで、消費者をだますような、誇張した、また、偽った表現。 **―労働行為(ろうどうこうい)**[コ][名] 労働組合の活動に対して、使用者が行う妨害行為。

ふ-とう[0]【不×撓】[名][形動] たわまないこと。心がくじけないこと。「―の気力」 **―不屈(ふくつ)**[0][名][文章語] どんな困難に際会してもまけないこと。「―の精神」

ふ-どう[0]【不動】[名] ❶[0]うごかないこと。びくともしないこと。「―の姿勢」「―の地位」↕動。❷[0]みだされないこと。「―の信念」❸[フ]不動明王。 **―尊(そん)**[ド][名] 不動明王。 **―明王(みょうおう)**[オ][名] 五大明王の一つ。大日如来(だいにちにょらい)がすべての悪魔・煩悩(ぼんのう)を降伏(ごうぶく)させるために怒りのすがたをあらわしたもの。右手に剣、左手に縄をもち、火炎を背にしている。不動尊。不動。

不動明王

ふ-どう[フ]【婦道】[名][文章語] 女性の守るべきみち。婦徳。

ふ-どう[0]【浮動】[名][自サ] ふわふわとうごくこと。固定しないこと。 **―票(ひょう)**[0][名] 選挙で、どの候補者・政党に投票されるか予想できない票。↕固定票。

ふ-どう[0]【不同】[名][形動(の)] ❶おなじでないこと。↕同。❷そろわないこと。「大小―」❸ととのわないこと。「順序―」

ぶ-とう[0]【武闘】[名] 武力や腕力で対抗しようとすること。「―派」

ぶ-とう[0]【舞踏】【舞×蹈】[名][自サ] ❶足を活発に動かして踊ること。ダンス。「―会」❷肉体の表現に重点を置く前衛舞踊(ぶよう)。

ぶ-どう[フ]【武道】[名] ❶武芸。武術。❷武士のみち。

ぶ-どう[0]【×葡×萄】[名] ブドウ科のつる性落葉低木。球形の果実は食用・ぶどう酒用。[秋] **―色(いろ)**[0][名] 赤みがかった紫色。 **―球菌(きゅうきん)**[キュ][名] ぶどうの実(み)のあつまったような丸い細菌。うみの出る病気のもとになる。ぶどう状球菌。 **―酒(しゅ)**[ド][名] ぶどうの実(み)のしるを発酵させてつくった酒。ワイン。 **―糖(とう)**[0][名] くだものやはちみつの中にある糖分。

ふ-とういつ[ト]【不統一】[名][形動(の)] 統一のないこと。まとまりのないこと。「意見の―」

ふ-とうこう[ト]【不登校】[名] 登校したいという気持ちはあるのに、心理的な原因で学校に行けなくなること。

ふ-どうさん[ド]【不動産】[名] たやすくその所在をかえにくい財産。民法上は、土地とその定着物である建造物・木立など。↕動産。

ふ-どうたい[0]【不導体】[名] 熱または電気の伝導率のごく小さな物体。不良導体。絶縁体。↕導体。

ふ-どうとく[ド]【不道徳】[名][形動(の)] 道徳にそむくこと。

ふ-とうめい[ト]【不透明】[名][形動] ↕透明。❶すきとおっていないこと。物体が光をとおさないこと。❷なりゆきや実情がはっきり見通せないこと。「世界経済の先行きに―感が増す」「―な資金の流れ」

ふと-おり[0]【太織(り)】[名] あらくて太い絹糸の織物。

ふ-どき[ド]【風土記】[名] 地方別に風土・文化などを書いたもの。「人物―」

ふどき《風土記》 奈良時代前期の地誌。地名の由来・産物・伝説などをしるして、朝廷にさし出させたもの。出雲(いずも)・播磨(はりま)・常陸(ひたち)・肥前(ひぜん)・豊後(ぶんご)のものが現存する。

ふ-とく[ト]【婦徳】[名][文章語] 婦人が守るべき道徳。婦道。

ふ-とく[0]【不徳】[名][形動] ❶道徳にそむくこと。不道徳。「―漢」❷徳をそなえていないこと。「わが身の―をはじる」

ふ-とくい[ト]【不得意】[名][形動(の)] 得意でないこと。ふえて。「―な科目」↕得意。

ふ-とくぎ[ト]【不徳義】[名][形動(の)] 人の守るべき道や社会の道徳にそむくこと。

ふ-とくさく[ト]【不得策】[名][形動] ためにならないこと。また、そのやり方。

ふ-とくてい[ト]【不特定】[形動(の)] 特にきまっていないようす。**―多数**(たすう)[ス][名] だれときまっていない多数の人。

ふとく-ようりょう[ヨ]【不得要領】[名][形動(の)] あいまいで、わけがわからないこと。はっきりしないこと。「―な説明」「―の読者」

ふところ[0]【懐】[名] ❶着物の胸のところの内がわ。❷まわりをかこまれた所。「山の―」❸内部。うちまく。❹所持金。「―がゆたかだ」 **―が温**(あたた)**かい** 持ちあわせのかねがたくさんある。**―が寂**(さび)**しい** ふところが寒い。**―が寒**(さむ)**い** 持ちあわせのかねが少ない。また、ない。**―が深**(ふか)**い** ❶度量が広い。❷相撲で四つに組んだとき、胸まわりが大きいために、まわしを相手にとられにくいようす。**―に入れる** 金銭を自分のものにする。「差額を―つもりか」 **―にする** ふところに入れて持っている。**―に入**(はい)**る** ❶金銭が自分のものとなる。「業者の―金」❷柔道や相撲などの格闘技で、相手の胸近くに体を寄せる。❸相手の信頼を得て親しくなり、自分に有利な関係をもつ。「上司の―のがうまい」 **―を痛**(いた)**める** 自分のかねをつかう。**―を肥**(こ)**やす** 不当の利益をえる。

ふところ-がたな[ガ]【懐刀】[名] ❶懐剣(かいけん)。❷いつもたいせつな計画に加わる部下。

ふところ-がみ[0]【懐紙】[名] はな紙。かいし。

ふところ-かんじょう[カ]【懐勘定】[名] かねのぐあいを心の中で見つもること。胸算用。

ふところ-ぐあい[グ]【懐具合】[名] かねまわり。もちがねのつごう。「―がいい」

ふところ-で[0]【懐手】[名] ❶ふところに手を入れていること。(冬) ❷人にさせて自分はなにもしないこと。「―で見ている」

ふと-ざお[0]【太ざお】【太×棹】[名] 義太夫(ぎだゆう)などに使う、さおの太い三味線(しゃみせん)。↔細ざお。

ふと-じ[0]【太字】[名] 線の太い字。↔細字(さいじ・ほそじ)。

ふとし-く【太敷く】[他四][古語] ❶りっぱに宮をつくる。「宮柱ふとしきませば」〈万葉〉❷天下をりっぱにおさめる。「宮柱ふとしかす都をおきて」〈万葉〉

ふと-した[連語] 思いがけない。ちょっとした。「―きっかけ」

ふとっ-ちょ[チョ]【太っちょ】[名][俗語] ふとった人をからかったり、けいべつしたりする言い方。

ふとっ-ぱら[0]【太っ腹】[名][形動] 度量の大きいこと。小さいことにこだわらないようす。「―なところを見せる」

ふ-とどき[ト]【不届き】[形動](ダロ・ダッ・デ・ニ／ダ・ナ・ナラ・○) けしからぬようす。ふらち。「―な態度」

ふと-ぶと[フ]【太太】[と][副] いかにもふとく感じられるようす。「―と書く」

プトマイン[マ]〈ドPtomain〉[名] 死滅した有機物や腐敗したたんぱく質からできる毒物。

ふと-まき[0]【太巻(き)】[名] ふとく巻くこと。また、ふとく巻いたもの。「―ずし」

ふと-まに[0]【太▲占】[名] 上代、しかの肩の骨を焼き、その割れめの形でうらないをしたこと。

ぶ-どまり[ド]【歩止(留)(ま)り】[名] 加工する場合の、原料と、製品として残ったものとの分量の割合。「―がいい」

ふと-め[0]【太め】[名] ❶普通よりややふといこと。「―の麺」↔細め。❷ふとったからだつきであること。

ふと-もの[0]【太物】[名] たんもの。衣服にする布地。

ふと-もも[0]【太もも】【太▲股】[名] ものの上部のふとい部分。

ふとり-じし[リ]【太りじし】【太り▲肉】[名] 肉づきのよいこと。

ふと・る[ト]【太る】【▲肥る】[自五](ラ・ロ・リ・ッ／ル・ル・レ・レ) ❶ふとくなる。こえる。↔やせる。❷ふえる。財産が増す。**太れる**[自下一][…できる]

ふ-とん[0]【布団】【×蒲団】[名] (「ふ」「とん」は「蒲」「団」の唐音)中に、わた・鳥の毛などを入れ、布で縫いくるんだもの。ざぶとんや夜具。(冬) **―蒸**(む)**し**[0][名] ふとんを上からかぶせたり、ふとんにくるんだりして人を苦しめること。

ふとん《蒲団》田山花袋(たやまかたい)の中編小説。一九〇七年発表。中年の小説家の、若い女弟子への恋をえがく。日本の自然主義文学に大きな影響をあたえた。

ふな【船・舟】[造] ふねの。「―主」「―あそび」「―旅」

ふな[フ]【×鮒】[名] コイ科の淡水魚。種類が多い。こいに似ているが、小形でひげがない。食用。

ぶな[ブ]【×橅・▲山毛×欅】[名] ➡ぶなのき。

ふな-あし[0]【船脚(足)】[名] ❶ふねのはやさ。「―が速い」❷ふねの水中に沈む程度。喫水(きっすい)。

ふな-あそび[ア]【船(舟)遊び】[名] ふねを乗りまわしてあそぶこと。(夏)

ぶ-ない[ナ]【部内】[名] その部・組織の内部。↔部外。

ふな-いくさ[イ][名] ㊀【船戦】船に乗り、水上でたたかうこと。㊁【船▲軍】[古語] 軍船に乗った兵。水軍。

ふな-いた[0]【舟板】[名] ❶船中のあげいた。❷造船用の板。**―塀**(べい)[タ][名] 和船のふるい板でつくったへい。

ふな-うた[ナ]【舟歌・舟唄】[名] 船頭が船をこぎながらうたう歌。

ふ-なか[フ]【不仲】[名][形動] 仲がよくないこと。

ふな-がかり[ガ]【船(舟)掛(か)り】【船×繋り】[名] 港にふねをつないでとめること。また、その場所。

ふな-かた[0]【船方・舟方】[名] 船乗り。せんどう。

ふな-ぐ[ナ]【船具・舟具】[名] ふねの道具。せんぐ。かじ・ろ・いかりなど。

ふなくい-むし[ク]【船食(い)虫】(ふなくひ)[名] フナクイムシ科の海産二枚貝。木造船について船材に穴をあける。

ふな-くだり[ク]【船(舟)下り】[名] 観光などの目的で、川をふねでくだること。

ふな-ぐら[0]【船倉・船蔵】[名] ❶船の下部にあって、荷物を入れる所。せんそう。❷船をしまっておく建物。船小屋。

ふな-けん[0][ナ]【舟券】[名] 競艇で、勝者を予想して買う券。勝舟投票券。

ふな-こ[0]【船子・舟子】[名] 船員。水夫。

ふな-ごや[0]【船(舟)小屋】[名] ふね・ふなぐを入れておく小屋。

ふな-じ[0]【船路・舟路】(ぢ)[名] ❶ふねの通る道。航路。❷ふねでゆく旅路。「―の安全を祈る」

ふな-ぞこ[0]【船底・舟底】[名] ❶ふねのそこ。せんてい。❷ふねの底のように弓形であること。「―形の天井」

ふな-だいく[ダ]【船(舟)大工】[名] 木造船をつくる大工。

ふな-だな[0]【船棚・舟棚】[名] ふねの左右のへりにとりつけてある板。せがい。

ふな-たび[0]【船旅】[名] 船で旅行をすること。

ふな-だま[0]【船霊・舟霊】[名] ふねの中にまつる、ふねを守る神。

ふな-だまり[ダ]【船×溜まり】[名] 風や波を避けて、船がいかりをおろして泊まる場所。

ふな-ちん[ナ]【船賃・舟賃】[名] 人や物をふねではこぶ料金。ふねに乗るときや、ふねを借りるときにはらう料金。

ふなつき-ば[0]【船(舟)着き場】[名] ふねがついてとまる

所。ふながかり。参考「港」の意味にも使うが、多くは小さな和船のための小規模のものを言う。

ふなづみ [0]【船(舟)積み】名 ふねに荷物などを積みこむこと。

ふなで [0]【船出・舟出】名自サ ふねが港を出ること。出港。でふね。

ふなどめ [0]【船(舟)止(留)め】名 ❶ふねの通行をさしとめること。❷船出をさしとめること。

ふなどんや [ド]【船(舟)問屋】名 海上運送に関する仕事をとりあつかう問屋。

ふなに [0]【船荷・舟荷】名 ふねで運送する荷物。

ふなぬし [ナ]【船主・舟主】名 ふねの持ちぬし。せんしゅ。

ぶなのき [フ]【×橅木・▲山毛×欅木】名 ブナ科の落葉高木。やや高い山地にはえ、実みは食用・ぶな油の原料。木材は器具用。樹皮は染料用。ぶな。そばぐり。

ふなのり [ナ]【船(舟)乗り】名 ふねに乗って、ふねの仕事をする人。船員。

ふなばし [ナ]【船橋・舟橋】名 多くのふねを横に並べ、その上に板を渡したうき橋。

ふなばた [0]【船端・舟端】【▲舷】名 ふねのへり。ふなべり。

ふなびと [0]【船人・舟人】名 ❶〔古語〕せんどう。かこ。❷ふねに乗っている人。

ふなびん [0]【船便】名 ❶荷物・郵便をふねで送ること。❷輸送などに船が使えること。「—がない離島」

ふなべり [0]【船(舟)べり】【船▲縁】名 ふなばた。

ふなまち [0]【船(舟)待ち】名 出ふねを待つこと。

ふなむし [ナ]【船虫】名 フナムシ科の節足動物。からだは長い卵形で三センチメートルくらい。茶色で触角が長く足が多くて、すばしこい。海岸の岩・船板などに、むれをなしてすむ。(夏)

ふなもり [0]【舟盛り】名 刺し身を舟の形のうつわに盛りつけたもの。

ふなやど [0][ヤ]【船宿・舟宿】名 ❶ふねによる運送を業とする家。❷船遊び・魚つりなどに、貸し船の世話をする家。

ふなよい [0]【船(舟)酔い】―よひ 名自サ ふねに酔うこと。

ふなれ [フ]【不慣れ】【不×馴れ】名形動 慣れないこと。

ふなわたし [フ]【船(舟)渡し】名 ❶ふねで人や物をはこぶこと。また、その場所。渡し場。❷商品を運送船の中へ送りとどけるまでの費用を売り手が負担する取り引き。

ぶなん [0]【無難】名形動 ❶危険のないこと。無事。「やめた方が—だ」❷目立った欠点のないこと。「新味はないが—なやり方」

ふにあい [ニ]【不似合い】―にあひ 名形動 つり合いがとれず、似合わないようす。

ふにく [0]【腐肉】名〔文章語〕くさった肉。

ぶにち [0]【侮日】名〔文章語〕日本、また日本人をあなどること。↕親日・知日。

ふにゃふにゃ [フ]-[と]副形動(の)自サ ❶柔らかでこしがないようす。「ゆですぎて—になったうどん」❷しっかりしていないようす。頼りないようす。「言うことが—して頼りない」参考 形容動詞として使うときは[0]。

ふにょい [ニョ]【不如意】名形動 ❶思うようにならないこと。「右半身の動きが—だ」❷金銭が乏しいこと。「手元—」

ふにん [0]【不妊】名 妊娠しないこと。また妊娠できないこと。「—症」

ふにん [0]【赴任】名自サ 任地におもむくこと。

ぶにん [0]【▲補任】名 ↓ほにん。—状 ―じょう [0]名 武家時代に行われた、補任の辞令。

ぶにん [0]【無人】名形動(の) ❶人のいないこと。むじん。❷人の少ないこと。人手の少ないこと。

ふにんき [ニ]【不人気】名形動 人気のないこと。

ふにんじょう [ニ]【不人情】名形動 人情のないこと。人情にそむくこと。「—な仕打ち」

ふぬけ [0][ケ]【×腑抜け】名 いくじのないこと。また、その人。こしぬけ。「—のようになる」

ふね [フ]名 ㊀【船・舟】木材や鉄などで造り、人や物をのせて水上を走るもの。参考「舟」は「小舟」「舟遊び」のように小さいふねについて、「船」はおもに大型のふねについて使う。㊁【舟】❶水や酒、その他の液体を入れる箱形の器。❷魚や貝などを入れる底のあさい箱。❸死体をおさめる箱。かんおけ。—を×漕こぐ いねむりをする。

ふねへん [0]【舟偏】名 漢字の部首の一つ。「船」「舶」などの「舟」。

ふねん [0]【不燃】名〔文章語〕もえないこと。「—塗料」—性 ―せい [0]名 もえない性質。↕可燃性。

ぶねん [0]【無念】【不念】名形動〔文章語〕注意がゆきとどかず、残念なこと。不注意。

ふのう [0]【不納】名 おさめるべきものを、おさめないこと。

ふのう [0]【富農】名〔文章語〕多くの耕作地をもつ、ゆたかな農民・農家。↕貧農。

ふのう [0]【不能】名形動(の) ❶できないこと。不可能。「再起—」❷才能・能力のないこと。無能。❸インポテンツ。

ふのり [0]【布▲海×苔】名 フノリ科の紅藻こう。浅い海の岩石についてはえる。煮出した汁は着物の、のりづけ用。(夏)

ふはい [0]【不敗】名 まけないこと。まけたことがないこと。「—を誇る」

ふはい [0]【腐敗】名自サ ❶たんぱく質などの有機物が、腐敗菌のために分解して、有毒物質を生じたり悪臭を放ったりすること。くさること。❷堕落すること。「—した社会」

ふばい [0]【不買】名 消費者が団結してその商品を買わないこと。ボイコット。「—運動」「—同盟」

ふはく [0]【布×帛】名〔文章語〕❶もめんと、きぬ。❷織物。

ふはく [0]【浮薄】名形動〔文章語〕軽薄。あさはかで、かるがるしいこと。軽薄。「軽佻けいちょう—」

ふばこ [フ]【▲文箱】名 ❶手紙などを入れておく手箱。❷手紙などを入れて持ちはこぶ細長い箱。状箱。❸書物を入れて、せおい運ぶ箱。

ふはつ [0]【不発】名 ❶うちだした弾丸や爆弾が破裂しないこと。「—弾」❷故障のため弾丸が出ないこと。❸計画した行動をしないこと。「ストは—におわった」

ふばつ [0]【不抜】名形動(の)〔文章語〕心がかたく、動かないようす。「—の信念」「堅忍—」

ふばらい [バ]【不払い】―ばらひ 名 支払わねばならないかねを払わないこと。「賃金の—」

ぶばる [バ]【武張る】自五 ラ・ロ(リ・ッ)・ル・ル・レ・レ ❶強くいさましいようすをする。❷ごつごつして、いかめしいようすをする。

ふび [フ]【不備】㊀名形動(の) 必要なもの・条件がととのっていないこと。「提出書類の—」㊁あいさつ〔文章語〕手紙文のおわりに書く語。ことばがととのわないの意。⇩敬具参考。

ぶひ [0]【部費】名 学校や職場にある部が活動するための費用。

ぶび [フ]【武備】名 いくさのそなえ。軍備。戦備。

ぶびき [0]【分(歩)引(き)】名 いくらか値段の割引をす

ること。

ふ-びじん【不美人】[ビ][名] うつくしくない女性。

ふ-ひつよう【不必要】[ツ][ビ][名][形動] 必要がないこと。よけいなこと。「—な家具」↕必要。

ふ-ひょう【不評】[0][名] 評判がわるいこと。「—を買う」

ふ-ひょう【付表・附表】[0][名] 書物・書類などにつけそえてある表。

ふ-ひょう【付票・附票】[0][名] 荷物などにつけたふだ。つけふだ。

ふ-ひょう【浮氷】[0][名] 水上にうかぶこおり。[春]

ふ-ひょう【浮標】[0][名] ❶暗礁・航路などをしめすために、水上にうかばせておくめじるし。ブイ。❷魚網などに取りつけたうき。

ふ-ひょう【譜表】[0][名] 音符を書きしるす、五線の表。五線譜表。

ふ-びょうどう【不平等】[ビョ][名][形動] 平等でないこと。差があること。「—な世の中」「—条約」↕平等。

ふ-びん【不×憫・不×愍】[一][フ][名][形動] 気のどくなこと。あわれに思うこと。「捨てられた子犬が—でならない」[二]【不便】[名][なり形動][古語] ❶つごうの悪いこと。「いと不便なるわざかな」〈源氏〉❷かわいいさま。「僧都の、幼うより不便にして召し使はれける童(わらは)あり」〈平家〉

ふ-びん【不敏】[0][名][形動(の)][文章語] ❶にぶいこと。びんしょうでないこと。❷才知・才能がすくないこと。おもに自分をけんそんするときに使う。

ぶ-ひん【部品】[0][名] 機械・器具の一部分。

ふ-ひんこう【不品行】[ヒ][名][形動(の)] 品行・身持ちのわるいこと。

ぶ-ふうりゅう【無(不)風流】[フ][名][形動(の)] ❶風流でないこと。味わいがないこと。「—な飾りつけ」❷おもむきのわからないこと。風流を心得ていないこと。「—な人」

ふぶき【吹雪】[フ][名] はげしい風とともに降る雪。[冬]

ふ-ふく【不服】[0][名][形動] 得心しないこと。不平に思うこと。「—らしい顔」

ふぶ-く【▲吹▲雪く】[フ][自五] カ・コ|キ・イ|ク|ク|ケ|ケ 降る雪がはげしく風に吹きとばされる。[冬]

ふふ-む【▲含む】[古語] [一][自他四] ふくむ。「赤土(はに)をふふみて唾(つば)き出だし給へば」〈古事記〉[二][自四] 花が、まだひらかない。「いはつつじ…ふふみてあり待ちて」〈万葉〉

ふふん [フ2][感] ❶見下したり、軽くあしらったりするときの声。「—、おまえに何ができるものか」「—、なるほど」❷納得したり、同意したりするときに出す声。

ふ-ぶん【不文】[0][名][文章語] ❶文書・文章に書きあらわしていないこと。「—の規則」❷文字・学問を知らないこと。❸文章がまずいこと。**—律**(りつ)[フ][名] ❶文書で公布していない規則。不文法。慣習法・判例など。↕成文法。❷仲間どうしが心で了解しあっているきまり。

ぶ-ぶん【部分】[フ1][名] 大きなまとまりを構成する一つ一つのもの。一部。「この破片は機体のどの—だろう」「コンピューターは生活のあらゆる—に関わっている」「この映画で気に入ったのは冒頭の—だ」↕総体・全体・全部。**—食**(しょく)(×蝕)[フ2][名] 日食・月食で、太陽や月の一部分がかけること。↕皆既食(かいきしょく)。**—的**(てき)[0][形動] 一部分に限られているようす。「この計画書は—におかしいところがある」↕全体的。**—品**(ひん)[0][名] 機械や器具の一部分に使われる品物。部品。

ぶぶん-きょくひつ【舞文曲筆】[0]/[フ1][名][文章語] 文章をむりにかざり、事実をまげて書くこと。

ふ-へい【不平】[0][名][形動] 心のうちがおもしろくないこと。不満。**—家**(か)[0][名] いつも不平・不満・不足を言う人。

ぶ-べつ【侮蔑】[0][名][他サ] あなどり見さげること。けいべつ。「—した態度をとる」

ふ-へん【普遍】[0][名] ❶ひろくゆきわたること。❷すべてに通じること。一般。↕特殊。**—性**(せい)[0][名] すべての物事・場合にあてはまる性質。↕特殊性。**—妥当性**(だとうせい)[0][名]【哲】どんな場合にも、あてはまり正しく通用する性質。**—的**(てき)[0][形動] すべての物事にあてはまるようす。「—真理」

ふ-へん【不変】[0][名][形動(の)] 変化しないこと。↕可変。**—資本**(しほん)[シ][名] 原料・工具など、生産手段の購入に支出される資本。↕可変資本。

ふ-へん【不偏】[0][名][形動(の)][文章語] かたよらないこと。**—不党**(ふとう)[0][名] どの党・主義にも加わらず、公平・中立の立場に立つこと。

ふ-べん【不弁】[0][名][文章語] うまく話せないこと。口べた。

ふ-べん【不便】[フ][名][形動] 便利でないこと。不自由なこと。「交通の—な地域」

ぶ-へん【武辺】[フ][名][文章語] 武道に関係した事がら。

ぶ-べん【武弁】[0][名][文章語]（武官のかんむりの意から）武人。武官。武家。「一介の—ではない」

ふ-べんきょう【不勉強】[ベ][名][形動] 仕事・学問などに精をださないこと。「—を恥じる」

ふ-ぼ【父母】[フ][名] ちちと、はは。両親。ちちはは。**—会**(かい)[ボ][名] 保護者会。

ふ-ほう【訃報】[0][名][文章語] 人が死んだしらせ。訃音(ふいん)。「—に接する」

ふ-ほう【不法】[0][名][形動] 法にはずれること。「—行為」

ふぼくわかしょう《夫木和歌抄》 鎌倉(かまくら)時代後期の私撰(しせん)和歌集。撰者は藤原長清(ふじわらながきよ)。成立は一三一〇年ごろ。全三六巻。

ふ-ぼん【不▲犯】[0][名] 僧や尼が、邪淫(じゃいん)のいましめをおかさないこと。

ふ-ほんい【不本意】[ホ][名][形動] もともとの考え・希望にあわないこと。「—ながら同意する」

ふ-ま【不磨】[フ][名][文章語] すりへらないこと。なくならないこと。ほろびないこと。不朽。「—の金言」

ぶ-ま【不間】[フ][名][形動][俗語] 気のきかないこと。まぬけ。へま。「—をする」

ふまえ-どころ【踏まえ所】[ド] ふまへ [名] ❶ふみしめる場所。❷もとづくところ。立脚地。

ふま・える【踏まえる】[エ][マ] ふまへる [他下一] エ|エ|エル|エル|エレ|エロ・エヨ ❶しっかりとふみつける。❷根拠・基盤とする。「証拠を踏まえて責めたてる」「道理を踏まえたことば」 **ふま・ふ** [文語八下二]

ふ-まじめ【不まじめ・不真面目】[マ][名][形動] ダロ|ダッ・デ・ニ|ダ|ナ|ナラ|〇 まじめでないようす。「—な態度をとる」

ふ-まん【不満】[0][名][形動(の)] 不満足とする気持ち。不平。「—をいだく」

ふ-まんぞく【不満足】[マ][形動] ダロ|ダッ・デ・ニ|ダ|ナ|ナラ|〇 満足しないようす。

ふみ【文】【▲書】[フ][名] ❶[文章語] 物事を書きしるしたもの。文書。書物。❷[文章語] 手紙。書状。❸[古語] 学問。文学、特に漢学のこと。「ありたきことは、まことしき文の道」〈徒然〉❹[古語] 漢詩文。「唐土(もろこし)には限りなきものにて文にも作る」〈枕〉

ふ-み【不味】[フ][名][形動][文章語] あじのまずいこと。

ふみ-あら・す【踏(み)荒らす】[ラ][他五] サ・ソ|シ|ス|ス|セ|セ ふみつけてめちゃめちゃにする。「花壇を—」

ふみ-いし【踏(み)石】[0][名] ❶くつぬぎの所におく石。❷庭などにとびとびにおく、たいらな石。飛び石。

ふみ-いた【踏(み)板】[0][名] ❶みぞなどをおおい、その上

ふ

をふんでわたる板。❷オルガンの空気をおくるために足でふむ板。❸階段の、足をのせる板。

ふみ-い・れる[レ]【踏(み)入れる】[他下一]レ-レ-レル-レル-レレ-レロ・レヨ ❶足を中につっこむ。「ぬかるみに靴を―」❷(「足を踏み入れる」の形で)ある場所をはじめて訪れる。「秘境に足を―」

ふみ-うす[0]【踏(み)臼】[名]足でふんで、きねを上下させるうす。

ふみ-え[0]【踏(み)絵】[名]❶江戸時代、キリスト教徒かどうかをしらべるためにふませた、キリストやマリアなどの像を浮き彫りにした板。[春] [参考]近年まで絵や像をふむ行為そのものの意味にも使われた。⇩絵踏み[参考]。❷その人の主義・本心をためすための手段。「―を迫る」

ふみ-かた・める[メ]【踏(み)固める】[他下一]メ-メ-メル-メル-メレ-メロ・メヨ 踏んでかたくする。基礎をしっかりさせる。「土を―」

ふみ-がら[0]【文殻】[名]読んでしまった不用の手紙。

ふみ-きり[0]【踏切】[名]❶鉄道線路と道路がまじわる所。「―警守」❷【踏(み)切り】体操・陸上競技で、跳躍する前に足で地面をけること。また、その場所。

ふみ-き・る[キ]【踏(み)切る】[自五]ラ-ロ-リ・ッ-ル-ル-レ-レ ❶跳躍などで、地面をつよくふんで、反動をつける。❷ある行動を起こすことを決心する。「新事業への着手に―」❸相撲で、足を土俵の外に出す。**踏み切れる**[自下一][…できる]

ふみ-こ・える[エ]【踏(み)越える】[他下一]エ-エ-エル-エル-エレ-エロ・エヨ ❶ふんで越える。❷苦難などをおしきってすすむ。**ふみこ・ゆ**[文語ヤ下二]

ふみ-こし[0]【踏(み)越し】[名]相撲で、足を土俵の外へふみだすこと。

ふみ-こた・える[エ/タ]【踏みこたえる】[踏▲堪える]―こたへる[他下一]エ-エ-エル-エル-エレ-エロ・エヨ ❶足をふんばってがまんする。❷がまんしてささえる。**ふみこた・ふ**[文語ハ下二]

ふみ-こみ[0]【踏(み)込み】[名]❶ふみこむこと。❷玄関などで、はきものをぬいでおく所。

ふみ-こ・む[コ]【踏(み)込む】マ-モ-ミ・ン-ム-ム-メ-メ ㊀[自五]❶ふんで落ちこむ。「どろ田に―」❷いきおいよく、足を前にふみだす。「敵地に―」❸突然はいりこむ。「賊のかくれがに―」❹物事の奥深く入り込む。「内面の事情に―」㊁[他五]ふんでおしこむ。「アクセルを―」**踏み込める**[自下一][…できる]

ふみ-しだ・く[ダ]【踏みしだく】[他五]カ-コ-キ・イ-ク-ク-ケ-ケ ふんであらす。ふみにじる。「花畑を―」

ふみ-し・める[メ]【踏(み)締める】[他下一]メ-メ-メル-メル-メレ-メロ・メヨ しっかりふむ。ふみかためる。「両足を―」**ふみし・む**[文語下二]

ふみ-だい[0]【踏(み)台】[名]❶高いところに物をあげおろししたりするときにのる台。あしつぎの台。ふみつぎ。❷目的のために利用するもの。「出世の―」

ふみ-たお・す[オ]【踏(み)倒す】―たふす[他五]サ-ソ-シ-ス-ス-セ-セ ❶ふんでたおす。「花を―」❷代金や借金をはらわないで、人に損をさせる。**踏み倒し**[名] **踏み倒せる**[自下一][…できる]

ふみ-だ・す[ダ]【踏(み)出す】[自五]サ-ソ-シ-ス-ス-セ-セ ❶ふんで足を前へ出す。すすむ。❷出発する。仕事をはじめる。「新事業に―」**踏み出せる**[自下一][…できる]

ふみ-だわら[ダ]【踏(み)俵】[名]相撲の土俵で、足をかけるために、土俵の外側の斜面に埋めてあるたわら。⇩土俵(図)。

ふみ-だん[0]【踏(み)段】[名]ふんでのぼる段。階段。

ふみ-ちが・える[エ/ガ]【踏(み)違える】―ちがへる[他下一]エ-エ-エル-エル-エレ-エロ・エヨ ❶まちがった方向に足をすすめる。「人生の道を―」❷まちがって足を出す。「階段を―」

ふみ-づかい[ヅ]【文使い】―づかひ[名]手紙をもたせてやる使い。

ふみ-づき[文月][名][古語]陰暦七月。ふづき。[秋] ⇩月(表)。

ふみ-づくえ[ヅ]【文机】[名]➡ふづくえ。

ふみ-つ・ける[ケ]【踏(み)付ける】[他下一]ケ-ケ-ケル-ケル-ケレ-ケロ・ケヨ ❶ふんでおさえる。「うっかり人の足を―」❷あなどる。ばかにする。無視する。「人をふみつけたやり方だ」**踏み付け**[名] **ふみつ・く**[文語下二]

ふみ-つぶ・す[ブ]【踏(み)潰す】[他五]サ-ソ-シ-ス-ス-セ-セ ❶ふんでつぶす。「空きかんを―」❷体面をきずつける。「学者の権威を―」

ふみ-とどま・る[マ]【踏みとどまる】[踏▲止る][自五]ラ-ロ-リ・ッ-ル-ル-レ-レ ❶足に力をいれてとまる。「土俵ぎわで―」❷人が去ってもあとに残る。「最後まで―」❸がまんして、やめる。「いいかげんのところで―」**踏みとどまれる**[自下一][…できる]

ふみ-なら・す[ラ]【踏みならす】[踏▲均す][他五]サ-ソ-シ-ス-ス-セ-セ 足でふんでたいらにする。**踏みならせる**[自下一][…できる]

ふみ-なら・す[ラ]【踏(み)鳴らす】[他五]サ-ソ-シ-ス-ス-セ-セ ふんで鳴りひびかせる。「大地を―」**踏み鳴らせる**[自下一][…できる]

ふみ-にじ・る[ジ]【踏みにじる】[踏×躙る][他五]ラ-ロ-リ・ッ-ル-ル-レ-レ ❶ふんで、めちゃめちゃにする。❷他人を無視してことをし、その面目・名誉などをきずつける。「人の好意を―」**踏みにじれる**[自下一][…できる]

ふみ-ぬ・く[ヌ]【踏(み)抜く】[他五]カ-コ-キ・イ-ク-ク-ケ-ケ ❶ふんで物に穴をあける。「床板を―」❷ふみつけた足につきささる。「くぎを―」**踏み抜ける**[自下一][…できる]

ふみ-ば[0]【踏(み)場】[名]足をふみ入れて動く場所。「足の―もない部屋」

ふみ-はず・す[ズ]【踏(み)外す】―はづす[他五]サ-ソ-シ-ス-ス-セ-セ ❶ふむ所をまちがえて足をはずす。「階段を―」❷失敗して地位をうしなう。「出世の道を―」❸正しい道からそれた行いをする。「人の道を―」**踏み外し**[名]

ふみ-まよ・う[ヨ]【踏(み)迷う】―まよふ[自五]ワ-オ-イ・ッ-ウ-ウ-エ-エ ❶道に迷う。❷あやまちをおかし、悪事をする。「悪の道に―」

ふ-みもち[ミ]【不身持(ち)】[名][形動]身持ちのわるいこと。ふしだら。不品行。

ふみ-やぶ・る[ブ]【踏(み)破る】[他五]ラ-ロ-リ・ッ-ル-ル-レ-レ ❶ふみこわす。ふみつぶす。けやぶる。❷ふみこえて進む。踏破(とうは)する。「大陸の山河を―」**踏み破れる**[自下一][…できる]

ふみ-わ・ける[ケ]【踏(み)分ける】[他下一]ケ-ケ-ケル-ケル-ケレ-ケロ・ケヨ ふんでひらき進む。「山みちを―」**ふみわ・く**[文語下二]

ふ-みん[0]【不眠】[名]❶ねむれないこと。「―になやむ」❷ねむらないこと。**―症**(しょう)[0][名]神経衰弱、心身の過労などのため、安眠ができない病的状態。**―不休**(ふきゅう)[0][名]眠ることも休むこともしないこと。「―の救助活動」

ふ-みん[0]【富民】[名][文章語]❶民をゆたかにすること。❷ゆたかな人民。↕貧民。

ふ・む[0]【踏む】[▲履む][他五]マ-モ-ミ・ン-ム-ム-メ-メ ❶足でおさえつける。❷そこへ行く。「郷里の土を―」❸経験する。「場かずを―」❹まもりしたがう。「人の道を―」❺ある過程を経る。「手続きを―」❻詩の句末に韻字をつかう。「韻を―」❼値段をつける。「二千円と―」❽予想する。「だいじょうぶと―」**踏める**[自下一][…できる]

ふむ[フ][感]了解したり、同意したりするときに出す声。「―、そういうわけか」[参考]くりかえして「ふむふむ」とも言う。

ふ-むき[フ]【不向き】[名][形動]❶適さないこと。「子どもには―な雑誌」❷好みに合わないこと。「ぼくには―な遊びだ」

ふ-めい [0]【不明】名 形動 ❶あきらかでないこと。「作者は―」❷識見がとぼしいこと。おろか。「身の―をはじる」

ぶ-めい [ブ]【武名】名 武勇のほまれ。「―をとどろかす」

ふめい-すう [メ]【不名数】名 単位の名を付けない、ただのかず。無名数。一・二・三…など。↕名数。

ふ-めいよ [メ]【不名誉】名 形動 名誉をきずつけること。不面目。↕名誉。

ふ-めいりょう [メ]【不明瞭】形動 ダロ-ダッ・デ・ニ ダ-ナ-ナラ-○ はっきりしないようす。「―な発音」「―な方針」

ふ-めいろう [メ]【不明朗】形動 ダロ-ダッ・デ・ニ ダ-ナ-ナラ-○ 明朗でないようす。かくし事やごまかしがあり、はっきりしないこと。「会計が―だ」

ふ-めつ [0]【不滅】名 形動(の) いつまでもほろびないこと。消えないこと。「―の功績」

ふ-めん [0]【譜面】名 楽譜。

ぶ-めん [ブ]【部面】名 ❶いくつかの部に分けたその面。「現代史の一―」❷ある方面。「まだ、わからない―がある」

ふ-めんもく [メ]【不面目】名 形動 めんぼくないこと。名誉をきずつけること。ふめんぼく。

ふ-もう [0]【不毛】名〔文章語〕❶気候が寒すぎたり、土地がやせていたりして、作物ができないこと。「―の地」❷そのものからは何の進歩も、得るところもないこと。「―の論争」

ふもと [ト]【麓】名 山のすそ。「―まで滑り降りる」

ふ-もん [0]【不問】名 問いただしたりしないこと。**―に付(ふ)す** 問いたださず、そのままにしておく。「あやまちは―」

ぶ-もん [ブ]【武門】名〔文章語〕武士の家。武家。

ぶ-もん [ブ/0]【部門】名 分類した部分・部類。

ふやか・す [カ] 他五 サ・ソ-シ-ス-ス-セ-セ ふやけるようにする。

ぶ-やく [ブ]【▲夫役】名 昔、人民に強制的に労役を課したこと。また、その労役。

ふや・ける [ケ] 自下一 ケ-ケ-ケル-ケル-ケレ-ケロ・ケヨ ❶水にひたってふくれる。「豆が―」❷だらける。だらだらする。「ふやけた精神」

ふや-じょう [ヤ]【不夜城】名〔文章語〕灯火やネオンのために、夜も昼のようにあかるく、にぎやかなようす・場所。

ふや・す [ヤ]【増やす・殖やす】他五 サ・ソ-シ-ス-ス-セ-セ 数・量を多くする。増(ま)す。「定員を二倍に―」「図書館を―」「輸出を―」↕減らす。⇩ふえる 参考。**ふやせる** 自下一〔…できる〕

ふゆ [ユ]【冬】名 秋と春との間の季節で、立冬から立春の前日まで。ふつう十二月・一月・二月、陰暦では十月・十一月・十二月。冬 **―来(きた)りなば春(はる)遠(とお)からじ**〔英国の詩人シェリーの「西風の賦」の一節から〕苦しいときを耐えぬけば、幸せなときはきっと来るというたとえ。また、長い冬を耐えて春の訪れを待つ気持ちの表現。**―の時代(じだい)** 経済や文化などの活動で、勢いが衰えて低迷を続ける時期。「―を経て活況を呈する業界」

ぶゆ [ブ]【×蚋】名 ブユ科の昆虫。大きいもので体長約四ミリメートル。灰色を帯びた黒褐色。人畜の血を吸う。ぶよ。ぶと。夏

ふ-ゆう [0]【×蜉×蝣】名 ❶〔文章語〕かげろう。❷〔ふゆう❶が朝生まれ、夕べに死ぬといわれることから〕はかないこと。「―のいのち」

ふ-ゆう [0]【浮遊】【浮×游】名 自サ 空中や水中にうかび、ただようこと。「―物」**―生物(せいぶつ)** [セ] 名 プランクトン。

ふ-ゆう [0]【富裕】名 形動 財産があって、生活がゆたかなこと。裕福。「―層」「―な商人」

ぶ-ゆう [ブ]【武勇】名 武術にすぐれ、勇気があること。**―伝(でん)** [ユ] 名 武勇をふるった物語。いさましいてがらばなし。「―」

フュージョン [フュ]〈fusion〉名 ❶融合。「伝統と革新の―」❷ジャズ・ロック・ソウル・ラテン音楽などの要素が融合した音楽。

フューズ [フュ]〈fuse〉名 ➡ヒューズ。

ふ-ゆかい [ユ]【不愉快】名 形動 いやな心持ちで、たのしくないこと。**不愉快がる** 自五 **不愉快げ** 形動 **不愉快さ** 名

ふゆ-がこい [ガ]【冬囲い】(がこひ) 名 ❶冬の寒さを防ぐため、家屋のまわりをかきねでかこうこと。または、そのかこい。❷冬に備えて樹木をむしろなどでおおうこと。❸冬の間使わない船を陸に上げてむしろなどでおおうこと。

ふゆ-がれ [0]【冬枯(れ)】名 ❶冬、草木の葉が枯れ、また、落ちること。冬 ❷冬、特に二月ごろ、商店の客が減って不景気なこと。↕夏枯れ。

ふゆ-き [0]【冬木】名 ❶冬枯れの木。❷冬も枯れないでいる、ときわぎ。冬

ふゆ-ぎ [0/ギ]【冬着】名 冬に着る衣服。冬物。冬 ↕夏着。

ふ-ゆきとどき [ト/ユ]【不行(き)届き】名 形動 監督や接待などで注意の行きわたらないこと。気がきかないこと。手落ちがあること。

ふゆ-くさ [0]【冬草】名 冬でも青く枯れのこっている草。冬

ふゆ-げしょう [ゲ]【冬化粧】名 雪が降り積もり、冬らしくなった情景のたとえ。「山は早くもうっすらと―」

ふゆ-ごし [0]【冬越し】名 自サ 冬を越すこと。越冬。冬

ふゆ-こだち [コ]【冬木立】名 冬、葉の落ちた立ち木。冬

ふゆ-ごもり [ゴ]【冬籠(も)り】名 自サ 冬のあいだ、寒さをさけて家の中や巣の中にこもっていること。冬

ふゆ-さく [0]【冬作】名 冬のあいだにそだて、春とりいれる作物。麦・そらまめ・えんどうなど。

ふゆ-ざれ [0]【冬ざれ】名 冬の、さびしいようす。冬

ふゆ-しょうぐん [ショ]【冬将軍】名〔ナポレオンの軍隊がモスクワの冬の寒さに負けたことから〕寒さのきびしい冬のこと。冬

ふゆ-ぞら [ゾ/0]【冬空】名 冬の、空気のさえ返った空。冬 ↕夏空。

ふゆ-どり [ユ]【冬鳥】名 秋、わが国にわたってきて冬を越し、春になると帰っていく渡り鳥。冬 ↕夏鳥。

ふゆのやど《冬の宿》阿部知二(あべともじ)の小説。一九三六年発表。昭和十年前後の時代を背景に、貧しい夫婦の葛藤(かっとう)と青年たちの青春をえがいたもの。

ふゆ-ば [0]【冬場】名 冬のあいだ。冬のころ。↕夏場。

ふゆ-ばれ [0]【冬晴(れ)】名 冬に太平洋岸の地域がからりと晴れること。冬

ふゆ-び [ユ]【冬日】名 ↕夏日。❶冬の弱い日ざし。冬 ❷冬の日々。冬 ❸最低気温がセ氏零度未満の日。⇩夏日(表)。

ふゆ-びより [ビ]【冬日和】名 冬らしい空もよう。冬

ふゆ-ふく [0]【冬服】名 冬に着る衣服。冬着。冬 ↕夏服。

ふゆ-もの [0]【冬物】名 冬に着る衣服。冬着。冬 ↕夏物。

ふゆ-やすみ [ヤ]【冬休み】名 学校などの冬季の休暇。正月休み。冬 ↕夏休み。

ふゆ-やま [0]【冬山】名 ❶冬がれの山。冬 ❷冬に登山する山。冬 ↕夏山。

ふ-よ [フ]【不×豫】名〔文章語〕〔「豫」は「よろこぶ」意〕天子の病気。

ふ-よ [フ]【付与】名 他サ さずけあたえること。「権限を―する」

ふ-よ [フ]【賦与】名 他サ〔文章語〕神・天がくばりあたえること。「天の―した才能」

ふ

ぶよ [ブ]【×蚋】[名] ➡ぶゆ。[夏]

ふよう [0]【×芙×蓉】[名] ❶はすの花。❷アオイ科の落葉低木。夏秋に、大きい赤や白の花を開く。観賞用。[秋] **―峰**（ほう） [ヨ][名]〔文章語〕富士山のこと。

ふよう [0]【浮揚】[名][自サ] 沈んでいたものがうかびあがること。「景気の―」

ふよう [0]【扶養】[名][他サ] 世話をし、やしなうこと。**―家族**（かぞく） [カ][名] 自分の収入で、やしなっている家族。

ふよう [0]【不用】[名][形動(の)] ❶もちいないこと。「―施設」❷いらないこと。不要。↕必要。

ふよう [0]【不要】[名][形動(の)] いらないこと。不用。「不急―」「―の書物」↕必要。

ぶよう [0]【舞踊】[名] まい。おどり。「舞」は上体・手振りの動きを主とし、「踊」は足取りの変化に重きをおく動作。「日本―」

ふようい [ヨ]【不用意】[名][形動] 用心しないこと。「―な発言」

ふようじょう [ヨ]【不養生】[名][形動] からだをだいじにしないこと。「医者の―」

ぶようじん [ヨ]【不(無)用心】[名][形動] ❶用心をしないこと。警戒がふじゅうぶんなこと。❷用心がわるいこと。ぶっそうなこと。「戸じまりの悪い―な家」

ふようど [ヨ]【腐葉土】[名] 落ち葉がくさってできた土。園芸用。

ふよく [フ]【扶翼】[名][他サ]〔文章語〕力をそえて、たすけること。

ぶよぶよ [ブ・] [副][形動(の)][自サ] やわらかくふくれているようす。「熟して―になったかき」[参考] 形容動詞として使うときは[0]。

フラ [フ]〈hula〉[名] ➡フラダンス。

プラーク [ラ]〈plaque〉[名] ➡しこう(歯垢)。

フライ [0]〈fly〉[名] 野球で、高く打ちあげたボール。飛球。

―級（きゅう） [0][名] スポーツで、体重による選手の階級の一つ。プロボクシングでは、体重一〇八ポンド(四八・九九キログラム)から一一二ポンド(約五〇・八キログラム)の階級。

フライ [0]〈fry〉[名] 獣肉・魚肉などに、パン粉のころもをつけて油であげた料理。**―パン** [0]〈frypan〉[名] フライ・いためものなどをつくる、柄（え）のついたあさいなべ。

ぶらい [0]【無頼】[名][形動(の)] 一定の職業がなく、無法なことをすること。また、その人。「―派」 **―漢**（かん） [0][名] ならず者。ごろつき。

プライオリティ(ー) [オ]〈priority〉[名] 先に権利を保有すること。優先権。先取権。

プライス [ラ]〈price〉[名] 値段。価格。

フライス-ばん [0]【フライス盤】[名] 刃物を回転させ、金属の表面をけずる工作機械。ミーリング盤。

フライス盤

ブライダル〈bridal〉[造] 結婚の。結婚に関する。「―家具」

フライト [0]〈flight〉[名] ❶飛ぶこと。飛行。❷スキーで、ジャンプ。**―アテンダント** [テ]〈flight attendant〉[名] ➡キャビンアテンダント。**―レコーダー** [コ]〈flight recorder〉[名] 航空機の飛行高度・速度・方向・時間などを自動的に記録する装置。

フライド〈fried〉[造] 油で揚げた。「―チキン」

プライド [0]〈pride〉[名] 自尊心。自負心。ほこり。「―を傷つけられる」

プライバシー [ラ]〈privacy〉[名] 個人の私生活に他人から干渉（かんしょう）を受けないこと。「―の権利」

プライベート [ベ/ラ]〈private〉[形動]（ダロ・ダッ・デ・ニ／ダ・ナ・ナラ・〇） 個人的。私的。↕パブリック。**―ブランド** [ラ][2]〈private brand〉[名] スーパーやコンビニエンスストアなどが独自に企画・販売する商品やその商標。PB。↕ナショナルブランド。

プライマリーケア [ケ]〈primary care〉[名] 最初に施される治療。初期診療。一次医療。

プライム〈prime〉[造] もっとも重要であること。もっとも信用度の高いこと。**―タイム** [タ]〈prime time〉[名] 放送で、もっとも視聴率の高い時間帯。午後七時から十一時ごろ。ゴールデンアワー。**―レート** [レ]〈prime rate〉[名] 銀行が一流企業に対して貸し出しを行うときに適用する最優遇金利。

フライヤー [0]〈fryer〉[名] 揚げ物用の調理器具。

フライング [0]〈flying〉[名] 競走・競泳などで、スタートの合図よりも先に飛びだすこと。**―ヒル** [ヒ]〈flying hill〉[名] スキーのジャンプ競技の種目の一つ。着地の限界点までの距離が一八五メートル以上のジャンプ台を使う。

ブラインド [0]〈blind〉[名] まどの日よけ。よろい戸。**―テスト** [テ]〈blind test〉[名] 目かくしテスト。

フラウ [ラ]〈ドFrau〉[名] 妻。夫人。細君。[参考] 大正期から昭和初期の学生用語。

ブラウザ(ー) [0/ラ]〈browser〉[名] コンピューターで、ホームページを見るためのソフトウエア。ウェブブラウザ。

ブラウス [ラ]〈blouse〉[名] 女子用の上半身をおおう上着。

ブラウン [ラ]〈brown〉[名] 茶色。褐色。きつね色。**―ソース** [ソ]〈brown sauce〉[名] 小麦粉をバターで炒（いた）め、ブイヨンを加えて煮つめた茶褐色のソース。シチューなどに用いる。

ブラウン-かん [0]【ブラウン管】[名]〔「ブラウンBraun」は発明者の名から〕電気信号を目に見える像にかえる特殊な真空管。テレビ受像用など。

プラカード [カ]〈placard〉[名] 宣伝文句やスローガンなどを書いて持ちあるく看板。デモなどで使う。

フラグ [0]〈flag〉[名] ❶➡フラッグ。❷コンピューターのプログラムで、ある条件が成立したか否かを確認するための変数。❸〔俗語〕物語の展開を予想させる、登場人物の言動。伏線。前ぶれ。「恋愛―が立つ」

ぶらく [フ]【部落】[名] ❶農村や山村で、いくつかの民家がひとかたまりになった所。集落。❷江戸時代の封建身分制度によって、不当な差別を受けてきた人々の居住地区。被差別部落。

プラグ [プ/0]〈plug〉[名] 電気回路の接続・切断に用いるさしこみせん。⇩コンセント(図)。

フラクション [ラ]〈fraction〉[名] 革新政党が労働組合などの内部に設ける党員組織。フラク。

プラクティカル [ラ]〈practical〉[形動]（ダロ・ダッ・デ・ニ／ダ・ナ・ナラ・〇） 実際的。実用的。実地。

プラグマティズム [ティ]〈pragmatism〉[名]【哲】思想の真偽や価値が、実社会でどれだけ有益かという観点から判断する考え方。実用主義。道具主義。

プラグマティック [ティ]〈pragmatic〉[形動]（ダロ・ダッ・デ・ニ／ダ・ナ・ナラ・〇） 実用主義的。実用的。

ブラケット [ラ]〈bracket〉[名] ❶壁などに取り付ける形式の照明器具。❷括弧の一種。角型の括弧のうち[ ]など。

プラザ [プ/ラ]〈plaza〉[名]〔元はスペイン語〕広場。市場。[参考] 商店街の名称などに使う。

ぶらさがり [0]【ぶら下がり】[名] ❶ぶらさがること。❷

報道用語で、移動途中の人を記者が取り囲んで行う取材形式。「首相が―の会見に応じる」

ぶら‐さが・る ⓪/ガ【ぶら下がる】自五 ぶらりとたれ下がる。「ひょうたんが―」 **ぶら下がれる** 自下一 […できる]

ぶら‐さ・げる ⓪/ゲ【ぶら下げる】他下一 ぶらりとつり下げる。「通行証を首に―」

ブラシ ア〈brush〉名 はけ。

プラシーボ シ〈placebo〉名 偽薬。プラセボ。「―効果」

ブラジャー ラ〈brassiere〉名 乳房の形をととのえる、女性用の下着。ブラ。

ブラジル《Brazil》（「伯剌西爾」とも書いた）南アメリカ東部の連邦共和国。首都はブラジリア。

ふら・す ラ【降らす】他五 降らせる。「人工の雪を―」

ブラス ア〈brass〉名 ❶真鍮。❷金管楽器。 **―バンド** バ〈brass band〉名 管楽器を主体に打楽器などを加えた楽隊。吹奏楽団。

プラス プ/⓪〈plus〉↔マイナス。㊀名 他サ 加えること。また、その符号。「＋」㊁名 ❶正数の符号。「＋」❷利益。赤字。㊂名 形動 有利なこと。「かれの参加は大きな―だ」 **―アルファ** ア〈plus α〉名（和製英語）いくらかの余分な数量を加えること。加えられる数量。 **―思考** シ 名 ものごとをよい方向に考えること。↔マイナス思考。 **―マイナス** マ〈plus minus〉名 加えることと引くこと。差し引き。

フラスコ ⓪〈ポ frasco〉名 ❶くびの長いガラスのとくり・水さし。❷化学実験用のくびの長いガラスの容器。

フラスコ❷

プラスチ(ティ)ック チ〈plastics〉名 熱や圧力を加えて形を自由につくることのできる、高分子化合物の総称。ビニール系合成樹脂など。

フラストレーション レ〈frustration〉名 欲求がみたされず、いらいらしている状態。欲求不満。

プラスマ ⓪〈ド Plasma〉名〘医〙血漿。

プラズマ ⓪〈plasma〉名 ❶超高温のために、電離してガス状になった原子。❷プラスマ。

プラセボ ⓪〈placebo〉名 ⇒プラシーボ。

プラタナス タ〈ラ platanus〉名 スズカケノキ科の落葉高木。街路樹・庭園樹用。すずかけのき。

フラ‐ダンス ダ〈hula dance〉名（和製英語）ハワイの民族舞踊。女性が腰や手をくねらせておどるものが有名。フラ。

ふ‐らち フ【不×埒】名 形動 言動がけしからぬこと。ふとどき。「―なふるまい」

プラチナ ⓪〈オ platina〉名 白金。 **―ペーパー** ペ〈platina paper〉名（和製洋語）普通には手に入れるのがむずかしい、催し物の入場券。プラチナチケット。

ふら‐つ・く ⓪ 自五 ❶ふらふらとする。しっかりとしていない。「足が―」❷うろつく。「あちこち―」

フラッグ ラ〈flag〉名 旗。フラグ。 **―ショップ** ショ〈flag shop〉名（和製英語）⇒旗艦店。

ブラック ラ〈black〉㊀名 ❶黒。黒色。❷黒人。❸クリーム・砂糖を入れないコーヒー。㊁名 形動 不正であること。悪質なこと。「―企業」 **―アウト** ア〈blackout〉名 災害や大きな事故がもとで起こる広い地域での停電。 **―バス** バ〈black bass〉名 スズキ目サンフィッシュ科の淡水魚。北アメリカ原産。肉食性。 **―ホール** ホ〈black hole〉名 巨大な恒星が大爆発したあと収縮して重力が非常に大きくなり、光さえも外部に出られなくなった状態。 **―ボックス** ボ〈black box〉名 ❶入力と出力の部分だけがはっきりしていて、その内部構造が不明の装置。❷飛行機の飛行記録装置やボイスレコーダーが壊れないようにおさめた箱。❸原因と結果だけがわかっていて、途中の経過がわからないこと。 **―ユーモア** ユ〈black humor〉名 おかしさのなかに、ぞっとするような感じをふくむユーモア。 **―リスト** リ〈blacklist〉名 注意人物の名などを書きつらねた表。黒表。

ぶら‐つ・く ⓪ 自五 ❶ぶらぶらとゆれる。「ちょうちんが風で―」❷目的なしに散歩する。「盛り場を―」

フラッシャー ラ〈flasher〉名 光が自動的に点滅する装置。自動車のウインカーなど。⇩ウインカー。

フラッシュ ラ〈flash〉名 ❶ひらめき。閃光。❷写真をうつすときに使う閃光。❸映画の瞬間的の場面。ごくみじかい場面。❹放送や通信社の速報。「ニュース―」 **―バック** バ〈flashback〉名 ❶映画で、ごくみじかいちがった場面を交互につないで、はげしい心理の動きなどを表現する方法。❷過去に経験した記憶が突然、鮮明に思い出されること。強い心理的ストレスを受けたことによって起こる症状とされる。PTSDなどに多く見られる。

ブラッシュ‐アップ ア〈brush up〉名 他サ（みがき上げる意から）技量や能力を向上させること。よりすぐれたものにすること。「英語を―する」

ブラッシング ラ/⓪〈brushing〉名 自他サ ブラシをかけること。

フラット ラ〈flat〉名 ❶平面。たいらなようす。❷楽譜で、半音下げる記号。変記号。「♭」↔シャープ。❸マンションなどの集合住宅で、各戸が一つの階のみを所有する形式のもの。↔メゾネット。❹競技記録などで、時間が分秒までで、かっきりのこと。「一一秒―」

ふらっ‐と ラ 副 ❶からだがふらついて倒れそうになるようす。❷ふらりと。「―でかける」

ぶらっ‐と ラ 副 ⇒ぶらり。

ブラッドストーン ト〈bloodstone〉名 濃緑色で朱色の斑点のある鉱物。宝石に準ずる。三月の誕生石。

プラットホーム ホ〈platform〉＝**プラットフォーム** 名 ❶駅の、列車・電車に乗り降りする所。ホーム。❷情報処理で、種々のソフトウエアによる情報交換を整理・制御する機関。

フラッパー ラ〈flapper〉名 おてんばむすめ。はすっぱな女。

フラッペ ラ〈フ frappé〉名 アイスクリームやくだものをのせた、かき氷。

プラトニック ニ〈Platonic〉形動 精神的であるようす。 **―ラブ** ラ²〈Platonic love〉名 精神的な恋愛。

プラネタリウム リ〈planetarium〉名 投映機で半球形の天井に惑星や恒星を映し、天体の運行を示す光学装置。

フラノ フ 名（flannel から）フランネルの一種の洋服地。

ブラフ ブ〈bluff〉名 はったり。虚勢。「―をかける」

ふら‐ふら ㊀フ（と）副 自サ ❶よろめくようす。❷気持ちや態度がはっきりせず迷うようす。「方針がきまらず―している」❸十分考えないで行動するようす。「つい―と悪の道に入る」❹目的もなく歩きまわるようす。㊁⓪ 形動(の) 病気や過労などで、ふつうに歩けないくらいに弱るようす。「高熱で―になる」

ぶら‐ぶら ㊀ブ（と）副 自サ ❶物がぶらさがってゆれ動くようす。❷目的なしにさまようようす。❸職業についていないようす。「半年も―している」❹病気が長びくようす。 **―病** ヤ 名 長びいて、はっきりしない病気。

ブラボー [ラ]〈ᶦbravo〉[感] すてきだ。でかした。ばんざい。

フラミンゴ [ミ]〈flamingo〉[名] フラミンゴ科の鳥の総称。羽がうす赤く、首と足の長い水鳥。アフリカ・南欧・インド・アメリカ熱帯地方などに住む。

プラム [プ]〈plum〉[名] 西洋種のすもも。

フラメンコ [メ]〈ˢflamenco〉[名] スペインのアンダルシア地方に伝わるジプシーの民族舞踊。

プラ-モデル [モ][名]〔plastic model の略〕〔商標名〕プラスチック製の飛行機・自動車などの模型。

ふらり [ラ][と副] ❶突然、予告なく行動するようす。ふらっと。「ときどき―とやってくる」 ❷力なく動いたり、ゆれたりするようす。「立ち上がった拍子に―とする」「外野に―とあがった打球」

ぶらり [ラ][と副] ❶たれ下がるようす。「鉄棒に―とぶらさがる」 ❷目的もなしに出かけるようす。ぶらっと。ふらっと。「―と旅に出る」 ❸何もしないでいるようす。「―として暮らす」

ふられる【振られる】 [連語]〔俗語〕つきあいを、あっさりとことわられる。「また、ふられちゃった」

フラワー〈flower〉[造] 花。 **―アレンジメント** [レ]〈flower arrangement〉[名] 洋風の生け花。 **―シャワー** [シャ]〈flower shower〉[名] 結婚式を終えて、教会から出てくる新郎新婦に参列者が花びらを投げかけて結婚を祝福すること。 **―デザイン** [ザ]〈flower design〉[名]〔和製英語〕生花を使って、花束・室内装飾などを作ること。

ふ-らん [0]【×孵卵】[名] 卵がかえること。また、卵をかえすこと。「―器」

フラン [ラ]〈ᶠfranc〉【*法】[名] もとフランス・ベルギー・スイスなどの貨幣単位。スイスなどでは現在も使用。

ふ-らん [0]【腐乱】【腐×爛】[名][自サ] くされ、ただれること。

プラン [プ]〈plan〉[名] 計画。案。「―を立てる」「旅行の―を練る」

フランク [ラ]〈frank〉[形動] ダロ・ダッ・デ・ニ／ダ・ナ・ナラ・〇 率直なようす。ざっくばらん。

ブランク [ラ]〈blank〉[名] ❶空白。❷書きこんでない部分。余白。空欄。❸時間的な空白。「三年間の―」

プランクトン [ラ]〈plankton〉[名] 水面・水中に浮遊する小さな生物。魚類のえさとなる。浮遊生物。

フランクフルト-ソーセージ [ジ]〈Frankfurt sausage〉[名]〔和製洋語。ドイツのフランクフルトで作られたことから〕やや太めの燻煙(くんえん)ソーセージ。フランクフルト。

ブランケット [ラ][ケ]〈blanket〉[名] 毛布。ケット。

ぶらんこ [ラ][コ]【×鞦×韆】[名] つりさげた二本の綱の先に横木をわたし、それに乗って前後にふりうごかす遊戯用具。[春] [参考] 方言には「ふらここ」などの語形もある。

フランジ [ラ]〈flange〉[名] ❶軸や管などの外周を取り巻く輪状の部分。❷脱輪防止のため、鉄道車両の車輪の外周につけたつば状の突起部分。

フランス《France》〔「仏蘭西」とも書いた〕ヨーロッパ西部の共和国。首都はパリ。仏国。 **―革命**(かくめい) [カ][名] 一七八九―九九年にフランスにおこったブルジョア革命。ルイ十六世夫妻は殺され、共和制の国となった。 **―デモ** [デ][名]〔「デモ」は「デモンストレーション」の略〕手をつなぎ合って道幅いっぱいに広がった隊列で進むデモ。 **―パン** [パ][名]〈France と ᵖpão から〉皮をかたく焼いた塩味の白パン。

プランター [ラ][0]〈planter〉[名] 草花や野菜を栽培するための小形のプラスチック製容器。土を入れ、庭先やベランダに置く。

ブランチ [ラ]〈branch〉[名] ❶枝。枝分かれしたもの。❷部門。分科。❸支店。分店。❹辞書の語義区分の一つ一つ。

ブランチ [ラ]〈brunch〉[名]〔breakfast と lunch との合成語〕昼食を兼ねた遅めの朝食。

フランチャイズ [チャ]〈ᵃfranchise〉❶[名] プロスポーツチームの根拠地。また、そこでの興行権。❷親会社が加盟店に対して、一定地域内での販売権を与えること。また、その権利。「―チェーン」

ブランデー [0]〈brandy〉[名] ぶどう酒を蒸留してつくったアルコール分の強い酒。

ブランド [0]〈brand〉[名] 商標。銘柄。「―商品」「一流―」 **―志向**(しこう) [シ][名] 高級で有名なものを好み、求める気持ち。

プラント [0]〈plant〉[名] ❶工場の設備一式。❷一貫作業のための機械一そろい。 **―輸出**(ゆしゅつ) [ユ][名] 工場施設や機械設備一式の輸出。

プランナー [ラ]〈planner〉[名] 計画を立てる人。立案者。

プランニング [ラ]〈planning〉[名] 企画。企画すること。

フランネル [ラ]〈flannel〉[名] 太い糸であらく織ってけば立たせた、やわらかくて厚手の毛織物。フラノ。ネル。

ふり【振り】 [一][リ][名] ❶すがた。なりふり。動作。挙動。「へんな―をした男」 ❷それらしくよそおうこと。「知らぬ―をする」 ❸〔この用法では[0]〕なじみではないこと。はじめてであること。「―の客」 ❹舞踊のしぐさ。「―をつける」 [二][接尾] 刀をかぞえることば。

ふり [リ]【降り】[名] 雨や雪などの降ること・程度。「激しい―」

ふ-り [フ]【不離】[名]〔文章語〕はなれないこと。はなせないこと。「不即―の関係」

ふ-り [フ]【不利】[名][形動] 利益にならないこと。「―な条件」↔有利。

ぶり【ぶり】【振り】[接尾] ❶形。すがた。「手―」「枝―」 ❷そのようす。「混雑―」「あわて―」 ❸時日の過ぎさった程度など。「三年―」 [参考] ❶❷は「枝っぷり」「あわてっぷり」など「…っぷり」の形になることもある。

ぶり [ブ]【×鰤】[名] アジ科の海魚。全長一メートル以上。食用。[冬] [参考] 出世魚で、成長するにつれて関東では「わかし→いなだ→わらさ→ぶり」、関西では「つばす→はまち→めじろ→ぶり」と名が変わる。

ふり-あい [0]【振(り)合い】(あひ) [名] 他と比較してのつりあい。バランス。

ふり-あ-う [ア]【触(り)合う】(あふ) [自五] ワ・オ／イ・ッ ウ・ウ・エ・エ たがいにふれる。「そで―も他生の縁」

ふり-あお-ぐ [オ]【振り仰ぐ】(あふぐ) [自五] ガ・ゴ／ギ・イ グ・グ・ゲ・ゲ 顔を上に向けて見る。「山頂を―」

ふり-あ-げる [ゲ]【振(り)上げる】[他下一] ゲ・ゲ・ゲル・ゲル／ゲレ・ゲロ・ゲヨ うち振って高くあげる。振りかざす。「こぶしを―」 **ふりあ・ぐ** [文語下二]

ふり-あ-てる [テ]【振(り)当てる】[他下一] テ・テ・テル・テル／テレ・テロ・テヨ わり当てる。「寄付を―」 **振り当て** [名] **ふりあ・つ** [文語下二]

フリー〈free〉[一][リ][名][形動] ❶自由。束縛のないこと。解放的。「―な立場」「―トーキング」 ❷無料。「―ドリンク」 ❸フリーランサー。 [二][造] ふくんでいないこと。使っていないこと。また、なくてよいこと。「バリアー―」「アルコール―」「メンテナンス―」 **―ウエア** [エ]〈freeware〉[名] コンピューターのソフトウエアで、無料で配布されるもの。フリーソフト。 **―エージェント** [エ]〈free agent〉[名] プロ野球で、一定の条件を満たした選手が、どの球団とも自由に契約ができる制度。エフエー(FA)。 **―キック** [キ]〈free kick〉[名]〔サッカーやラグビーで〕相手側が反則した時、その地点にボールを置き、妨害されずに行うキック。 **―クライミング** [ラ]〈free climbing〉[名] 命綱以外には道具を使わず、両手両足だけで登るロッククライミング。**ーサイズ** サ〈free size〉名 衣類のサイズに制限がないこと。どのような体格の人でも合う大きさ。**ースタイル** タ〈freestyle〉名 ❶水泳の自由形。❷レスリングで、全身を使ってもよい種目。↕グレコローマンスタイル。**ースロー** ロ〈free throw〉名 バスケットボールや水球で、相手が反則したとき、一定の線からゴールへ向かって球を投げること。**ータイム** タ〈free time〉名（和製英語）❶出・退社時間を勤労者の自由にする制度。フレックスタイム制よりも自由なやりかた。「ー制の企業」❷（団体行動などの中で）自分の自由に使える時間。自由時間。「終日ーのツアー」 **ーダイヤル** ダ〈free dial〉名 電話を受けたがわが料金を払うシステムの電話サービス。**ートーキング** ト〈free talking〉名 自由な討論。**ーパス** パ〈free pass〉名 ❶無料の乗車券や入場券。❷自由に通行できること。❸無条件の合格。**ーバッティング** バ〈free batting〉名（和製英語）野球で、すきなように打つ打撃練習。**ーハンド** ハ〈freehand〉名 ❶製図などで、定規（じょうぎ）やコンパスを使わないで描くこと。❷制約を受けずに行動できること。自由裁量。「ーを得る」 **ーペーパー** ペ〈free paper〉名 無料で配られる新聞や雑誌。**ーライター** ラ〈free writer〉名（和製英語）特定の会社などと専属契約を結ばない、自由契約の文筆家や記者。**ーランサー** ラ〈free-lancer〉名 専属でない、自由契約の俳優・歌手・記者など。**ーランス** リ ラ〈freelance〉名 自由契約を結んで仕事をすること。またはその人。

フリーク リ〈freak〉名 趣味や遊びなど、ひとつのことに夢中になっている人。マニア。「パソコンー」「映画ー」

フリーザー リ〈freezer〉名 ❶冷凍機。❷冷蔵庫の冷凍室。

フリージア リ〈freesia〉名 アヤメ科の多年生植物。淡黄色・白色で、よいにおいの花をひらく。㊡春

フリージング リ〈freezing〉名 食品を冷凍保存すること。

フリース ０〈fleece〉名（羊毛の意）刈り取った羊毛のように起毛した、ポリエステル製の織物。

フリーズ-ドライ ラ〈freeze dry〉名 食品などを急速に冷凍し、氷となった水分を真空状態の中で取り除く乾燥法。凍結乾燥。「ー製法」

フリーター ０ 名（フリー free とアルバイター ᵈArbeiter からの和製洋語）定職につくのをきらって、アルバイトをしながら生活している人。

ブリーダー ０〈breeder〉名 家畜や植物の交配・繁殖を職業とする人。

フリーダム リ〈freedom〉名 自由。

ブリーチ リ〈bleach〉名 他サ 布などを漂白・脱色すること。

プリーツ リ〈pleats〉名 スカートなどのひだ。

ブリーフ リ〈brief〉名（「簡潔」の意から）股下の短い、男性用の下着。**ーケース** ケ〈brief case〉名 革製の角張った書類カバン。アタッシェケース。

ブリーフィング ０ リ〈briefing〉名 政府の報道担当官が記者団に対して行う、事態や事情の簡単な説明。

フリー-マーケット マ〈flea market〉名（flea は「のみ」の意）家庭の不用品を持ち寄って開く古物市。のみの市。フリマ。

ふり-うり ０【振（り）売（り）】名 売り声を出して売りあるくこと。また、その人。ふれうり。

ふ-りえき リ【不利益】名 形動 利益にならないこと。不利。損。「ーをこうむる」↕利益。

ブリオ（ッ）シュ オ〈ᶠbrioche〉名 卵・バターをたっぷり使って作るやわらかい菓子パン。

ふり-おと・す ト【振（り）落（と）す】他五 ❶ふり動かして落とす。「しずくをー」❷不合格にする。「試験でー」 **振り落とせる** 自下一〔…できる〕

ふり-おろ・す ロ【振（り）下ろす】他五 高く上げた手や手に持ったものを、勢いよくおろす。「竹刀（しない）をー」 **振り下ろし** 名 **振り下ろせる** 自下一〔…できる〕

ふり-かえ ０【振替】（かへ）名 ❶【振（り）替え】振り替えること。❷簿記で、ある勘定科目の記載を他の勘定科目に移すこと。❸郵便振替。**ー休日**（きゅうじつ） キュ 名 祝日が日曜日と重なったとき、祝日の分として休日となる翌日の月曜日。**ー口座**（こうざ） コ 名 郵便振替の口座。**ー輸送**（ゆそう） ユ 名 事故などで交通機関が不通になったとき、代わりに他の交通機関を使って輸送すること。

ぶり-かえ・す カ ０【ぶり返す】（かへす）自五 ❶なおりかけた病気が、もとにかえる。「かぜがー」❷季節のかわりめなどに、もとの気候にもどる。「寒さがー」❸一度おさまったことが、また問題になる。 **ぶり返し** 名

ふり-かえ・る カ【振（り）返る】（かへる）自五 ❶うしろをふりむく。❷思いかえす。反省する。「わが身をー」❸過去のことを思う。「昔をー」 **振り返れる** 自下一〔…できる〕

ふり-か・える エ【振（り）替える】（かへる）他下一 一時とりかえて他のものを使う。流用する。「月曜日を休日にー」 **ふりか・ふ** 文語ハ下二

ふり-かか・る カ２【降（り）掛（懸）（か）る】自五 ❶降ってからだにかかる。そそぎかかる。「雨がー」❷よくないことが自分の身に及ぶ。「災難がー」

ふり-かけ ０【振（り）掛け】名 飯などの上に振り掛けて食べるもの。「ーのり」

ふり-か・ける ケ【振（り）掛ける】他下一 まいて上に散らす。「消毒薬をー」 **ふりか・く** 文語下二

ふり-かざ・す ザ【振（り）かざす】【振×翳す】他五 頭の上にふり上げて、高くかまえる。「刀をー」 **振りかざせる** 自下一〔…できる〕

ふり-かた ０【振（り）方】名 ❶振る方法。振るしかた。「バットのー」❷処置のしかた。扱い方。「身のー」

ふり-がな ガ ０【振（り）仮名】名 漢字のわきにつけるよみがな。活字印刷でのルビ。

ふり-かぶ・る ブ【振りかぶる】他五 刀などを頭上に大きくふりあげる。 **振りかぶれる** 自下一〔…できる〕

ブリキ ０〈ᵒblik〉【×錻力】名 うすい鉄板に、さびないようにすずをめっきしたもの。

ふり-き・る キ【振（り）切る】他五 ❶つかまえられているのをむりにはなす。振りはなす。「そでをー」❷人のひきとめるのを、強くことわる。❸追ってくるものに追いつかせない。「相手を振り切ってゴールにはいる」❹野球で、打者がバットを十分に振る。振り抜く。 **振り切れる** 自下一〔…できる〕

ふり-き・れる レ【振（り）切れる】自下一 計器が測定できる限界以上の数値となり、針が目盛りの外へ出る。「電流計の針がー」

プリ-クラ ０ 名〔「プリント倶楽部」の略。商標名〕写真を撮影し、シールに印刷できる機械。また、そのシール。

ふり-くら・す ラ【降（り）暮（ら）す】自五 雨や雪などが一日じゅう降りつづく。

フリゲート-かん ０【フリゲート艦】〈frigate〉名 簡単な武装をした対潜対空用の小型軍艦で、排水量約一五〇〇トンぐらいのもの。

ふり-こ ⓪【振(り)子】名 糸や棒の一端を固定し、他端におもりをつけ、一定の周期で左右に往復運動をするようにしたしかけ。 **―時計(どけい)** ド 名 ふりこの動きを利用した時計。

ふ-りこう リ【不履行】名 契約などを実行しないこと。

ふり-ごと ⓪【振り事】名 所作事(しょさごと)。

ふり-ごま ⓪【振り駒】名 将棋で、五枚の歩(ふ)を振り、「歩兵」の表と「と」の裏、どちらの数が多いかによって先手と後手を決める方法。

ふり-こ・む コ【降(り)込む】自五 (マ・モ・ミ・ン／ム・ム・メ・メ) 家の中などに雨や雪が降ってはいる。

ふり-こ・む コ【振(り)込む】他五 (マ・モ・ミ・ン／ム・ム・メ・メ) ❶振って中に入れる。❷振替や貯金・預金などの口座に金銭をはらい込む。❸マージャンで、相手のあがりパイを自分が捨てる。 **振り込み** 名 **振り込める** 自下一 […できる]

ふりこめ-さぎ サ【振(り)込め詐欺】名 電話やメールなどで相手をだまし、指定口座に金銭を振り込ませる詐欺。

ふり-こ・める メ/⓪【降りこめる】【降▲籠める】他下一 (メ・メ・メル・メル・メレ・メロ・メヨ) 雨や雪などがひどく降って、外出ができないようにする。「雨に降りこめられた」 **ふりこ・む** 文語下二

ブリザード ザ〈blizzard〉名 極地特有の、雪あらし。

ふり-さけ・みる【振り▲放け見る】他上一 古語 はるかなたをあおぎみる。ながめ見上げる。「天(あま)の原ふりさけ見れば」〈万葉〉

ふり-しき・る キ/⓪【降りしきる】【降▲頻る】自五 (ラ・ロ・リ・ッ／ル・ル・レ・レ) しきりに降る。さかんに降る。

ふり-し・く シ【降(り)敷く】自五 (カ・コ・キ・イ／ク・ク・ケ・ケ) 地面いちめんに降る。「―白雪」

ふり-しぼ・る ボ【振(り)絞る】他五 (ラ・ロ・リ・ッ／ル・ル・レ・レ) 力・声・知恵などをいっしょうけんめいに、ぜんぶ出す。「力を―」

ふり-す・てる テ【振(り)捨てる】他下一 (テ・テ・テル・テル・テレ・テロ・テヨ) 振りはなして捨てる。見捨ててかえりみない。「長年の友を―」 **ふりす・つ** 文語下二

フリスビー リ〈Frisbee〉名〈商標名〉回転させながら投げあって遊ぶ、プラスチック製の円盤。また、それを使って行う遊びや競技。フライングディスク。

プリズム リ〈prism〉名 光の屈折や分散などにつかう、ガラスなどの三角柱。

ふり-そそ・ぐ ソ/⓪【降(り)注ぐ】自五 (ガ・ゴ・ギ・イ／グ・グ・ゲ・ゲ) 集中的に降りかかる。「日光が―」

ふり-そで ⓪【振(り)袖】名 女性の和服の長いそで。また、その着物。未婚の女性の礼装用。↕留め袖。

ぶり-だいこん ダ【ぶり大根】【×鰤大根】名 ぶりのあらや切り身と大根をしょうゆで煮付けた料理。

ふり-だし ⓪【振(り)出し】名 ❶中のものを小さい穴から振りだす器具。❷かわせ、または手形を発行すること。参考「振出人」のような場合は、送りがなをはぶいて書く。❸振りだしぐすり。❹さいころを振りはじめる所。❺事がらのはじめ。「人生の―」 **―薬(ぐすり)** グ 名 布の袋に入れて湯にひたし、動かしてその薬の成分を出して液を飲むもの。

ふり-だ・す ダ【振(り)出す】他五 (サ・ソ・シ・ス／ス・セ・セ) ❶振って出す。❷振り始める。❸振りだしぐすりの薬の成分を出す。❹かわせや手形を発行する。 **振り出せる** 自下一 […できる]

ふり-た・てる テ【振(り)立てる】他下一 (テ・テ・テル・テル・テレ・テロ・テヨ) ❶強く振る。勢いよく振る。「頭を振り立てて論じる」❷声をはりあげる。 **ふりた・つ** 文語下二

ふ-りつ フ【府立】名 府で設立し維持すること。「―高校」

ふり-つけ ⓪【振(り)付(け)】名 おどりや芝居の所作事(しょさごと)の型をくふうし、おしえること。また、その人。

ぶりっ-こ リ【ぶりっ子】名 俗語 ほんとうは違うのに、そのふりをする子。特に、いい子のふりをする若い女性。

ブリッジ リ〈bridge〉名 ❶橋。陸橋。❷船橋。艦橋。❸トランプあそびの一種。❹両どなりの歯を支柱として、かけわたすように装着する入れ歯。❺レスリングで、頭と足先だけであおむけにからだを支え、弓なりになってフォールを防ぐこと。

フリッター リ〈fritter〉名 卵白を泡立て、卵黄・小麦粉・牛乳などを加えた衣で、肉・魚・野菜などを揚げた料理。

フリップ リ/フ〈flip〉名〈flip chart から〉テレビ放送などで説明に用いる、図表・グラフなどを描いた大型のカード。

ふり-つ・む ツ【降(り)積む】自五 (マ・モ・ミ・ン／ム・ム・メ・メ) 文章語 ふりつもる。

ふり-つも・る モ【降(り)積(も)る】自五 (ラ・ロ・リ・ッ／ル・ル・レ・レ) 雪などが降って積もる。ふりつむ。

ふり-にげ ⓪【振(り)逃げ】名 自サ 野球で、三振した球を捕手がとりそこねたすきに打者が一塁へ走り込んでセーフになるプレー。参考 一塁に走者がいないとき、あるいは走者がいても二死のときに成り立つ。

ふり-ぬ・く ヌ/⓪【振(り)抜く】他五 (カ・コ・キ・イ／ク・ク・ケ・ケ) スポーツで、バットやラケットなどを最後まで振る。振り切る。 **振り抜き** 名 **振り抜ける** 自下一 […できる]

ふり-はな・す ナ【振(り)放す】他五 (サ・ソ・シ・ス／ス・セ・セ) ❶くっついていたものを、からだを振りうごかして、はらう。❷追ってくるものをひき放す。振りきる。 **振り放せる** 自下一 […できる]

ふり-はら・う ラ【振(り)払う】他五 (ワ・オ・イ・ッ／ウ・ウ・エ・エ) 振り放す❶。「相手の手を―」 **振り払える** 自下一 […できる]

ぷり-ぷり 副 自サ ❶ 腹を立てているようす。ぶりぶり。「―怒ったまま帰る」❷⓪ 肉付きなどの弾力性に富んでいるようす。ぴちぴち。「身が―したさしみ」

プリペイド-カード カ〈prepaid card〉名 料金を前払いし、利用のたびに機械に支払いを記録させる方式のカード。テレホンカード、交通機関の乗車カードなど。

ふり-ほど・く ド【振(り)ほどく】【振▲解く】他五 (カ・コ・キ・イ／ク・ク・ケ・ケ) つかまえられているのを振り放す。振りきる。「腕を―」 **振りほどける** 自下一 […できる]

ふり-ま・く マ【振りまく】【振×撒く】他五 (カ・コ・キ・イ／ク・ク・ケ・ケ) ❶まきちらす。「あいきょうを―」❷おしまず、分けあたえる。 **振りまける** 自下一 […できる]

プリマ-ドンナ ド〈イ prima donna〉名 歌劇の主役女性歌手。プリマ。

ふり-まわ・す ワ【振(り)回す】他五 (サ・ソ・シ・ス／ス・セ・セ) ❶振りながらまわす。❷自慢してしめす。「知識を―」❸むやみやたらに使う。「権力を―」❹人を思いのままに動かす。「彼に振り回された」 参考 受け身の形で使われることが多い。 **振り回せる** 自下一 […できる]

ふり-みだ・す ダ【振(り)乱す】他五 (サ・ソ・シ・ス／ス・セ・セ) うち振ってみだす。「髪を―」

プリミティブ リ〈primitive〉=**プリミチブ** 形動 (ダロ・ダッ・デ・ニ／ダ・ナ・ナラ・○) 原始の。そぼく。原始的。「―アート」

降(ふ)りみ降(ふ)らずみ 降ったり、降らなかったり。「―の空模様」

ふり-む・く ム【振(り)向く】自五 (カ・コ・キ・イ／ク・ク・ケ・ケ) ❶その方へ向く。❷注意を向ける。関心を寄せる。「彼の苦労に―人はいない」 **振り向ける** 自下一 […できる]

ふり-む・ける ケ【振(り)向ける】他下一 (ケ・ケ・ケル・ケル・ケレ・ケロ・ケヨ) ❶他の方向へ向かせる。❷他の方へまわして使う。流用する。「あまった金を不足のほうへ―」 **ふりむ・く** 文語下二

プリムラ [リ]〈primula〉[名] サクラソウ科の多年生植物。園芸品種が多い。せいようさくらそう。(春)

ぶ-りゃく [フ]【武略】[名]〔文章語〕戦争上のはかりごと。戦略。

ふり-や・む [ヤ]/[0]【降(り)やむ】【降▲止む】[自五]〔マ・モ・ミ・ム・ム・メ〕 降っていた雨や雪などがやむ。「朝まで雪は降りやまなかった」

ふ-りゅう [フ]【風流】[名] 中世に行われた、はなやかな踊りの芸能。現在の民俗芸能にもなごりをとどめる。風流踊り。

ふ-りゅう [0]【浮流】[名][自サ]〔文章語〕うかんで、ながれること。

フリュート [リュ]〈flute〉[名] ⬇フルート。

ふりゅう-もんじ [モ]【不立文字】[名]〔仏〕さとりは、文字などによって言いあらわせるものではなく、心から心につたえるべきものであるとの、禅宗の立場をしめす標語。

ふ-りょ [フ]【不慮】[名] 思いがけないこと。不意。意外。「―の災難」

ふ-りょ [フ]【×俘虜】[名]〔文章語〕とりこ。捕虜。

ふ-りょう [0]【不猟】[名][形動] 鳥獣があまりとれないこと。

ふ-りょう [0]【不漁】[名][形動] 魚介があまりとれないこと。

ふ-りょう [0]【不良】[名][形動(の)] ❶よくないこと。正常でないこと。また、ふじゅうぶん・不完全なこと。「整備―」❷性質や品行のわるいこと。また、そういう青少年。不良青少年。 **―債権** [サ][名] 金融機関などが融資した貸付金のうち、貸付先の経済状況が悪化したことにより、回収できる見込みのないもの。または回収の可能性がきわめて低いもの。 **―導体** [ド][名] 電気・熱をみちびきにくい物体。不導体。絶縁体。↕良導体。

ぶ-りょう [0]【無×聊】[名][形動]〔文章語〕たいくつなこと。「―をかこつ」

ふ-りょうけん [リョ]【不了見】【不料▲簡】[名][形動] 心構え・考えのよくないこと。「―を起こす」

ぶりょう-とうげん [フ]【武陵桃源】[名]〔文章語〕世の中とかけはなれた幸福な別世界のこと。桃源郷。[参考]武陵の奥地、桃花の咲きみだれる所に世俗をはなれた人が住んでいたという、中国の陶淵明の文章から。

ふ-りょく [フ]【浮力】[名] 流体の中にある物体を、その流体の圧力で、上方におしあげる力。

ふ-りょく [フ]【富力】[名]〔文章語〕とみのちから。財力。

ぶ-りょく [フ]【武力】[名] 武備のちから。兵力。軍事力。

フリル [フ]〈frill〉[名] 婦人服などの縁かざりにする小さなひだ。

ふりわけ [0]【振(り)分(け)】[名] 二つに分けること・もの。 **―髪** [ケ][名] 昔の子供の髪形の一つ。肩のところで切り、いただきから両方にかき分けてたらしたもの。はなちがみ。 **―荷物** [ニ][名] 二つの荷物をひもでつなぎ、肩にかけて前後に振りわけるもの。

ふり-わ・ける [ケ]【振(り)分ける】[他下一]〔ケ・ケ・ケル・ケル・ケレ・ケロ・ケヨ〕 ❶二つに分ける。「荷物を振り分けてかつぐ」❷わりあてる。「予算を各部に―」 ふりわ・く [文語下二]

振り分け荷物　振り分け髪

ふ-りん [0]【不倫】[名][形動] 人の道にそむくこと。特に、道徳的にゆるされない恋愛関係をもつこと。「―の恋」

プリン [フ][名] ⬇プディング。

フリンジ [0]/[リ]〈fringe〉[名] 服のすそやショールのふちなどにつけた房飾り。

プリンシプル [リ]〈principle〉[名] ❶基本。原則。原理。❷主義。信条。

プリンス [リ]〈prince〉[名] ❶皇子。王子。↕プリンセス。❷ある団体の中で、将来を期待される男子。「劇団の―」 **―メロン** [メ]〈prince melon〉[名]〔和製英語〕まくわうりとメロンを交配して作ったメロンの一品種。皮には網目がなく、果肉はオレンジ色。

プリンセス [リ]〈princess〉[名] 王女。王子妃。皇女。親王妃。↕プリンス。

プリンター [0]〈printer〉[名] ❶印刷機。❷写真の焼きつけ機。❸コンピューターで作成した文書や画像のデータを用紙に打ち出す機器。

プリント [0]〈print〉[名][他サ] ❶印刷。印刷物。❷写真で、フィルムから印画紙に焼きつけること。❸映画で、陰画から陽画を焼きつけること。また、そのフィルム。❹型紙をあてて布に模様を染めつけること。また、その染めた模様。「―模様のブラウス」 **―アウト** [ア]〈print out〉[名][他サ] コンピューターで作成した文書・画像などを、プリンターを使って印刷すること。 **―配線** [ハ][名] 電子回路などで、導線のかわりに金属の箔などをはりつけること。また、そのはりつけたもの。

フル〈full〉❶[造]「満ちた」「いっぱいの」の意。「―ベース」「―セット」❷[フ][に副] 十分であるようす。「―に働く」

ふる【古】❶[フ][名] ふるくなったもの。「お―」❷[造] ふるいこと。「―本」「―新聞」「―道具」

ふ・る [フ]【降る】[自五]〔ラ・ロ・リ・ッ・ル・ル・レ・レ〕 ❶雨や雪などが広い範囲にわたって空からおちる。「雹が―」❷上のほうからおちてくる。「火山灰が―」❸幸運や不運が、ふいにおこる。「降ってわいたような話」❹一度にたくさんおこる。「―ような縁談」

ふ・る [0]【振る】[他五]〔ラ・ロ・リ・ッ・ル・ル・レ・レ〕 ❶物の一端を固定し、離れている方をゆり動かす。㋐一端を手に持って何度か往復させるように動かす。「ハンカチを―」「旗を―」㋑体のある部分を前後・左右・上下に動かす。「首を横に―」「犬がしっぽを―」「大手を―」❷向きを変える。「針路を東南に―」❸手にした物を下に投げる。また、まきちらす。振りかける。「さいころを―」「塩を―」❹役割などを割り当てる。「大役を―」❺〔俗語〕相手にせず、はねつける。「結婚の申し込みを―」❻得ていたものを失う。ふいにする。「社長の地位を―」「一日を棒に―」❼ふりがな・番号などをつける。「ルビを―」「番号を―」❽落語で、まくらを話す。❾〔俗語〕会議などで、司会者が別の人に発言をさそいかける。 **振れる** [自下一]〔…できる〕

ふ・る【震る】[自四]〔古語〕地面がゆれる。震動する。「大地震ふることはべりき」〈方丈記〉

ふ・る【旧る・古る】[自上二]〔古語〕❶ふるくなる。ふるびる。「世にふりたることなれど」〈源氏〉❷年をとる。「ふりにし嫗」〈万葉〉

ブル [フ][名] ❶「ブルジョア」「ブルジョアジー」の略。❷「ブルドッグ」の略。

ぶ・る ❶[フ][自五]〔ラ・ロ・リ・ッ・ル・ル・レ・レ〕〔俗語〕高慢なようすをする。きどる。てらう。「あの人はぶっている」❷[接尾]〔五段活用動詞をつくる〕いかにも、そのものらしいようすをする。そのものらしく気どる。「学者―」

ふるい [0]【×篩】[名] 穀物・粉・砂などを入れ、ふり動かして、よりわける道具。底が網張りになっている。 **―に掛ける** ❶ふるいを使ってより分ける。❷ある条件・基準によって、人や物事をより分ける。「年齢で―」

ふる・い [ル]【古い】【▲旧い】[形]〔カロ・カッ・ク・イ・イ・ケレ・○〕 ↕新しい。❶長い時間がたっている。㋐出来てから、また、始まってから、長い年月がたっている。「—柱時計」「エジプトは—国だ」㋑ずっと長い間続いている。「—友人」「わが家の—習慣」㋒新しくない。生き生きしていない。「—魚の目は濁っている」「しなびた—野菜」㋓ずっと以前のことである。昔のことだ。「そんな—話を今さら持ち出すな」❷前の時代のものである。㋐以前にあって、今はなくなっている。「—制度」㋑時代おくれで古くさい。「彼の考えは—」 **古さ** 名 **ふる・し** 文語ク

ぶ-るい 0/テ【部類】名 ❶種類分けした組。❷なかま。「優秀の—」

ふるい-おこ・す コ【奮い起(こ)す】他五 おとろえかけたものを、はげまし、ひき起こす。「勇気を—」 **奮い起こせる** 自下一〔…できる〕

ふるい-おと・す ト【ふるい落(と)す】【×篩落す】他五 ❶ふるいにかけて、よくないものをのぞく。❷多くの中からよくないものを捨てる。「悪い品を—」 **ふるい落とせる** 自下一〔…できる〕

ふるい-た・つ タ【奮い立つ】【奮い▲起つ】自五 心がいさみたつ。

ふるい-つ・く ツ【震い付く】自五 つよくだきつく。むしゃぶりつく。

ふるい-わ・ける ケ【×篩い分ける】他下一 ❶ふるいにかけて、より分ける。❷一定の基準で選び分ける。選別する。「成績で—」 **ふるい分け** 名 **ふるひわ・く** 文語下二

ふる・う 0 ㊀自五 ❶【奮う】いさみたつ。「士気が—」❷【振るう】㋐さかんになる。「事業が—」㋑〔かながき〕〔「ふるっている」「ふるった…」の形で〕ふうがわりでおもしろい。「言うことがふるっている」㊁他五【振るう】❶ふりうごかす。ふる。「刀を—」❷のこらず、はたきだす。「さいふを—」❸はたらかせる。「権力を—」❹勢いよく出す。「勇気を—」❺【▲揮う】勢いよく使う。「筆を—」 **ふるえる** 自下一〔…できる〕

ふる・う 0【震う】自五 ふるえる。「体が—」 **震い** 名

ふる・う 0【×篩う】他五 ❶ふるいで、ふるい分ける。❷人や物をえらび分ける。「まず書類選考で—」 **ふるえる** 自下一〔…できる〕

ブルー ル〈blue〉㊀名 青。あい色。㊁形動 気がふさぐようす。ゆううつなようす。「—な気分」 **—カラー** カ〈ァblue-collar〉名 肉体労働者。↔ホワイトカラー。 **—シート** シ〈blue sheet〉名〔和製英語〕主に青い色の合成樹脂製の防水の布のこと。屋外で敷き物として使ったり、雨よけとして屋根をおおったりする。 **—チーズ** チ〈blue cheese〉名 青かびで熟成させたチーズ。イタリアのゴルゴンゾーラ、フランスのロックフォール、イギリスのスティルトンなど。 **—トレーン** レ〈blue train〉名 青色のJRの寝台特急列車の愛称。定期運行の列車としては二〇一五年に廃止された。ブルートレイン。 **—フィルム** フィ〈blue film〉名 一般公開が許されていない、わいせつな映画。 **—ブラック** ラ〈blue-black〉名 濃い、あい色。 **—ベリー** ベ〈blueberry〉名 北アメリカ原産のツツジ科の果樹。小さな球形の濃い青紫色になった実を生で食べたり、ジャムやジュースにしたりする。 **—ライト** ラ〈blue light〉名 パソコンやスマートホンなどの液晶画面から発せられる青い光。

ブルース ル〈blues〉名 アメリカの黒人のあいだに生まれた、四分の四拍子の歌曲。ジャズやロックなどの源となった。

フルーツ ル〈fruits〉名 くだもの。果実。 **—パーラー** パ〈fruit parlor〉名〔和製英語〕くだもの店をかねた喫茶店。 **—ポンチ** ポ〈fruit punch〉名 小さく切ったくだものに、炭酸ソーダ・シロップ・氷・洋酒などを加えたもの。

フルーティー ル〈fruity〉形動 くだものの風味が感じられるようす。「—なワイン」

フルート ル〈flute〉名 木製または金属製の管楽器。フリュート。

ブルーマー ル〈bloomers〉名 ➡ブルマー。

ブルーレイ-ディスク ティ〈Blu-ray Disc〉名〔商標名〕高音質・高画質でデータを記憶する光ディスク。DVDよりも記憶容量が大きい。BD。

フルート

プルーン ル〈prune〉名 西洋すももの一種。また、その実を乾燥させた食品。

ふるえ-あが・る 0 ガ【震え上がる】自五 おそれや寒さで、ちぢみあがる。

ふる・える 0【震える】自下一 ❶こまかく動く。わななく。「からだが—」❷おそれる。「権力の怖さに—」 **震え** 名 **ふる・ふ** 文語八四

プルオーバー オ〈pullover〉名 頭からかぶって着る衣服。

フル-カウント〈full count〉名 ❶カ/フ 野球で、打者に対する投手の投球が、ツーストライク、スリーボールになること。❷カ ボクシングで、倒れた選手に対し審判が一〇まで数え終わること。

ふる-がお 0【古顔】名 その会社・店・仲間などに、ずっとまえからいる人。古参。ふるかぶ。↔新顔。

ふる-かぶ 0【古株】名 ❶木・草・いねなどの古い株。❷ふるがお。「—の社員」

ブルガリア《Bulgaria》〔「勃牙利」とも書いた〕バルカン半島にある共和国。首都はソフィア。

ふる-かわ ル【古川】名 昔から流れている川。 **—に水絶えず** ❶基礎のしっかりしているものはおとろえたようでも、ちゃんと残っている。❷代々富みさかえてきた家は、衰えても豪華なごりをとどめている。

ふる-ぎ 0【古着】名 着ふるした衣服。

ふる-きず 0/ル【古傷】【古▲創・古×疵】名 ❶ふるくなった傷。ふるい傷あと。↔生傷。❷以前におかした罪・あやまち。「—に触れる」

ふる-ぎつね ギ【古ぎつね】【古×狐】名 ❶年をとったきつね。❷経験を積んで、わるがしこくなった者。ふるだぬき。「業界の—」

ブルキナファソ《Burkina Faso》アフリカ西部の共和制の国。一九六〇年、オートボルタとして独立。一九八四年改称。首都はワガドゥグー。

古きを▲温ねて新しきを知る 温故知新。

ふる-く フ【古く】副〔形容詞「古い」の連用形〕❶ずっと以前に。ずっと昔。❷ずっと以前から。「—伝わる宝物」

ふる-くさ・い サ【古臭い】形 いかにもふるぼけている。あたらしみがない。時代おくれだ。「—考えかた」 **古臭さ** 名 **ふるくさ・し** 文語ク

フル-コース コ〈full course〉名 西洋料理で、前菜にはじまってデザートに至るまでの、正式なひとそろいの料理。

プルコギ 0〈朝 bulgogi〉名〔朝鮮語で「火」と「肉」の意〕朝鮮料理で、薄切りの肉を野菜や春雨などとともに甘辛く炒め煮にしたもの。

ふる-こと【古言】名〔古語〕❶ふるくからの言いつたえ。また、昔の人の詩歌や文章。「あはれなる古言ども、唐のも日本のも」〈源氏〉❷昔の話。思い出話。‖ふるご

と。

ふる‐ごと[0]【▲古事】【▲故事】[名] 昔あった事がら。また、昔からつたわってきた事がら。故事(こじ)。

プル‐サーマル[サ]〈plu-thermal〉[名]〈plutonium thermal use から〉原子力発電で、使用済み燃料を再処理し、取り出したプルトニウムを加工し、再び燃料として原子炉で利用すること。

ふる‐さと[ル]【古里】【▲故里・▲故▲郷】[名] ❶自分の生まれた土地。郷里。❷〔古語〕かつて都などがおかれ、今は荒れはててしまったところ。旧都。古跡。「古里の飛鳥(あすか)はあれど」〈万葉〉❸〔古語〕かつて住んでいた土地。またよく行った場所。「人はいさ心も知らず古里は花ぞ昔の香ににほひける」〈古今〉

フル‐シーズン[シ]〈full season〉[名]〔和製英語〕一年中。また、スポーツの一シーズンの全期間。

ブルジョア[0]〈フ bourgeois〉[名] ❶ヨーロッパ中世都市で、上層の貴族や僧と、下層の人民との中間にあった中産自由市民。市民。❷近代社会で、資本家・有産者。↕プロレタリア。❸〔俗語〕金持ち。財産家。↕プロレタリア。

ブルジョアジー[ア]〈フ bourgeoisie〉[名] 資本家階級。有産階級。ブル。↕プロレタリアート。

ふる‐す【古す】【▲旧す】[接尾]〈動詞連用形について、五段活用動詞をつくる〉古くする。「使い―」「言い―」

ふる‐す[0]【古巣】[名] ❶古い巣。㊡春 ❷住みふるした家。以前に住んでいた所。❸以前に勤めていた職場。

フル‐スイング[イ]〈full swing〉[名][他サ] 野球やゴルフで、バットやクラブを全力で振り抜くこと。

フル‐スピード[ピ]〈full speed〉[名] 全速力。最高の速度。

フル‐セット[セ][フ]〈full set〉[名] テニス・バレーボールなどで試合の勝ち負けが最終セットで決まること。

ブルゾン[ブ]〈フ blouson〉[名] すそをしめて背中にふくらみをもたせる、ジャンパーふうの上着。

フル‐タイム[タ][フ]〈full time〉[名] 決められた範囲の全部の勤務時間。↕パートタイム。

プル‐ダウン[ダ]〈pull-down〉[名] コンピューターの表計算ソフトなどで、特定の位置を押すと、隠れていた選択肢が垂れ下がるように表示されるしくみ。プルダウンメニュー。

ふる‐だぬき[ダ]【古だぬき】【古×狸】[名] ❶年をとったたぬき。❷経験を積み、わるぢえのある者。ふるぎつね。

プル‐タブ[0]〈pull tab〉[名] ジュースやビールなどの缶をあける際に指にかけて引く、金属のつまみ。

ふる‐づけ[0]【古漬(け)】[名] 長い間漬けておいた漬け物。

ふるっ‐て[0]【奮って】[副] すすんで。積極的に。「―ご参加ください」

ふる‐つわもの[ワ][ツ]【古つわもの】【古▲兵・古▲強者】(―つはもの)[名] ❶歴戦の武士。❷経験豊富なやりて。ベテラン。

ふる‐て[0]【古手】[名] ❶衣類・道具などのふるくなったもの。❷〔俗語〕ある職業や役に、長くつとめた人。「官僚の―」

ふる‐どうぐ[ド]【古道具】[名] 使いふるした家具や調度。

ブルドーザー[ド]〈bulldozer〉[名] キャタピラー式のトラクターの前に鉄板をつけた、地ならし・もり土や土のきりくずしなどをする機械。

ふる‐とし【▲旧年】[名]〔古語〕❶去年。こぞ。㊡新年 ❷〈新年に対して〉年内。年の内。

ブルドッグ[ド]〈bulldog〉[名] 英国原産の中形犬。背が低く、頭が大きくて、口はばがひろい。番犬・闘犬用。

プル‐トップ[ト]〈pull top〉[名] 指で輪を引き上げて開けるように作られた缶のふた。

プルトニウム[ニ]〈plutonium〉[名] 元素記号 Pu 原子番号94 質量数239の放射性元素。一九四〇年アメリカで人工的に造られた。原子爆弾の材料。

ふる‐とり[0][名] 漢字の部首の一つ。「難」「隻」などの「隹」。

ふる‐なじみ[ナ]【古なじみ】【古×馴染】[名] ❶ふるくから、したしくしていること。また、その人。❷昔、したしくしていたこと。また、その人。昔なじみ。

プルニエ[0]〈フ prenier〉[名] 魚を主材料としたフランス料理。また、それを食べさせるレストラン。

ブルネイ《Brunei》ボルネオ島北部にある立憲君主国。一九八四年独立。首都はバンダルスリブガワン。正式国名は、ブルネイ-ダルサラーム国。

フル‐ネーム[ネ]〈full name〉[名] 略さない形の姓名。たとえば、T・S・エリオットのフルネームは Thomas Stearns Eliot

ブルネット[ネ]〈brunette〉[名] 皮膚・目・髪の色が黒みがかった女性。また、その髪。

フル‐バック[フ]〈fullback〉[名] ラグビーやサッカーなどで、味方ゴールの前で、敵の攻撃をふせぐプレーヤー。最後衛。

ふる‐びと【古人・▲旧人】[名]〔古語〕❶昔の人。古人(こじん)。❷老人。❸古参の人。❹昔なじみ。旧友。

ふる・びる[ビ]【古びる】[自上一] ビ・ビ・ビル・ビル・ビレ・ビロ・ビヨ ふるくなる。「古びた建物」 ふる・ぶ [文語上二]

ぶる‐ぶる[ブ][1]〈と〉[副] こきざみにふるえ動くようす。「寒さで―ふるえる」

ぷる‐ぷる[プ][1]〈と〉[副][自サ] ❶体が細かく震えるようす。「子犬が―震えている」❷弾力があり、やわらかいようす。「ゼリーが―する」

フル‐ベース[フ]〈full base〉[名]〔和製英語〕野球で、満塁。

ブル‐ペン[ブ]〈bull pen〉[名] 野球場内の、投手練習場。

ふる‐ぼ・ける[ケ]【古ぼける】【古×惚ける】[自下一] ケ・ケ・ケル・ケル・ケレ・ケロ・ケヨ ふるびて、きたなくなる。ふるくさくなる。「古ぼけた家」

ふる‐ほん[0]【古本】[名] 読みふるした本。すでに人が読んで手放した本。↕新本。

ブルマー[ブ]〈bloomers〉=ブルーマー [名] ❶女性用の下ばきで、ゆったりとつくられたもの。❷女学生の体育着。

ふる‐まい[0]【振(る)舞(い)】(―まひ)[名] ❶行動。しわざ。「傍若無人な―」❷もてなし。「―酒」

ふる‐ま・う[マ]【振(る)舞う】(―まふ) ワ・オ・イ・ッ・ウ・ウ・エ・エ ㊀[自五] おこなう。はたらく。「かってに―」㊁[他五] もてなす。ちそうする。「酒を―」 **振る舞える** [自下一]〔…できる〕

フル‐マラソン[マ]〈full marathon〉[名] 四二・一九五キロメートルの正式な距離を走るマラソン。↕ハーフマラソン。

ふる‐めかし・い[シ]【古めかしい】[形] カロ・カッ・ク・イ・イ・ケレ・○ いかにもふるい。かなりの年月を経ている。「―洋館」 **古めかしさ** [名] **ふるめか・し** [文語シク]

ふる‐もの[0]【古物】[名] 古びた物。とくに古着・古道具。

ふるわ・す[0]【震わす】(ふるはす)[自五] サ・ソ・シ・ス・ス・セ・セ ふるわせる。

ふるわ・せる[0]【震わせる】(ふるはせる)[他下一] セ・セ・セル・セル・セレ・セロ・セヨ ふるえさせる。ふるえるようにする。「肩を―」「声を―」

ふるわ‐ない【振るわない】(ふるは―)[連語] 成績や業績がよくならない。力が十分にあらわれない。「商売が―」

ブルンジ《Burundi》アフリカ中央部にある共和国。一九六二年に独立。首都はブジュンブラ。

ふれ[0]【振れ】[名] ❶振れること。またその程度。「メーターの針の―」❷数値や位置などの、一定の基準からのず

ふ

れ。「—が大きい」

ふれ [レ]/[0]【触れ】[名] ❶広く人々につげ知らせること。また、その文書。特に官庁の告知。布告。ふれがき。ふれぶみ。❷相撲で、力士の名を呼びあげて土俵にあがらせること。また、その呼びだし。

ぶれ [レ][名] ❶写真撮影でカメラがぶれること。また、それにより画像がぼやけること。❷意見や発言が一貫性に欠けること。「発言に—がない」

プレ〈pre〉[造] 時間や時期が「前の」「以前の」を表す。「—オリンピック」

フレア [レ]〈flare〉[名] 洋服の、とくにスカートのすそなどの、朝顔の花のような形に作られた広がり。

ふれ-あい [0]【触れ合い】(あひ)—[名] 二つ以上のものがたがいに触れること。「心の—」

ふれ-あ・う [ア]【触れ合う】(あふ)—[自五](ワ・オ・イ・ッ/ウ・ウ・エ・エ) ❶たがいに触れる。「指が—」❷たがいに親しくする。気持ちを通じさせる。「仲間どうしが—場所」

ふれ-ある・く [ル]【触れ歩く】[自五](カ・コ・キ・イ/ク・ク・ケ・ケ) あちこちに知らせて歩く。ふれまわる。「他人の悪口を—」

ふ-れい [0]【不例】[名]〔文章語〕貴人の病気。

ふ-れい [0]【布令】[名] 役所が一般に出す命令。

ぶ-れい [オ]【無礼】[名][形動] 礼儀にはずれること。失礼。「—者」 **—講**(こう) [0][名] 地位などの違いを気にせず、礼儀ぬきでする宴会。

フレー [レ]〈hurray〉[感] 競技などの応援のかけ声。

プレー [レ]〈play〉＝**プレイ** [名] ❶遊び。ゆうぎ。❷勝負ごと。競技。❸競技のわざ。❹プレーボール。「—をかける」❺演劇。芝居。 **—オフ** [オ]〈play off〉[名] スポーツ競技で、一位が二名(二チーム)以上あったときに行われる優勝決定戦。 **—ガイド** [ガ]〈play guide〉[名]〔和製英語〕興行物の切符の前売りや案内などをする所。演芸案内所。 **—バック** [バ]〈playback〉[名][自他サ] 録音や録画の再生。 **—ボーイ** [ボ]〈playboy〉[名] 遊び好きの青年。女性を次々ともてあそぶ男。 **—ボール** [ボ]/[レ]〈play ball〉[名] 野球・テニスなどの競技で、試合開始の宣告。

ブレーカー [0]/[レ]〈breaker〉[名] 一定以上の電流が流れると、危険防止のため、自動的に回路を断つ装置。

ブレーキ [レ]〈brake〉[名] ❶うごいている機械を止めたり、速度を調節したりする装置。制動機。「—をかける」❷物事の進行や活動の勢いをさまたげたり、おさえたりするもの。歯止め。「民主化の—になる」「人口減少に—がかかる」

フレーク [レ]〈flake〉[名] 薄いかけらにしたり、身をほぐして細かくしたりした食品。「コーン—」「ツナ—」

ブレーク [レ]〈break〉＝**ブレイク** [名][自サ] ❶ボクシングで、クリンチの体勢となった両選手にレフェリーが離れるように命じることば。❷テニスで、レシーブ側が相手のサービスゲームに勝つこと。❸中断。休憩。「キャリアー」「コーヒー—」❹急に人気が出ること。「今年大—したスイーツ」 **—スルー** [ル]〈breakthrough〉[名] ❶困難や障壁を突破すること。打ち破ること。また、その突破口。❷科学技術における飛躍的な進歩。 **—ダンス** [ダ][名]〔breakdancingから〕アクロバット的な動作をふくむ、全身を使って行う踊り。一九七〇年代後半からアメリカで流行。

フレーズ [レ]/[0]〈phrase〉[名] ❶句。成句。慣用句。❷まとまった意味を持つことば。「キャッチ—」「ありふれた—」❸音楽でまとまったメロディーの区切り。

プレース〈place〉＝**プレイス** ㊀[造] 場所。「マーケット—」㊁[レ][名][他サ] ゴルフの競技中に、プレーヤー本人が、ルールに基づいて手でボールを地面に置くこと。 **—キック** [キ]〈place kick〉[名] ラグビーやサッカーなどで、地面に置いた状態のボールをけること。 **—ヒット** [ヒ]〈place hit〉[名] 野球で、守備の弱い場所や野手のいない場所をねらって打つヒット。

プレート [0]〈plate〉[名] ❶板。金属板。「ネーム—」❷真空管の陽極。❸写真の感光板。❹野球で、㋐本塁。ホームプレート。㋑投手板。ピッチャーズプレート。❺地球の表層にある巨大な岩盤。その移動が地震や火山活動の原因になるとされる。❻皿。「ワン—ごはん」

フレーム [0]/[レ]〈frame〉[名] ❶わく。縁。「めがねの—」❷木のわくなどでつくった温床。[冬] **—ワーク** [ワ]〈framework〉[名] わくぐみ。骨格。組織。体制。

プレーヤー [レ]〈player〉[名]〔プレー(play)をする人・物の意〕❶競技者。❷演技者。❸演奏者。❹〔この意味では[0]〕レコードの演奏器。レコードプレーヤー。

フレール [レ]＝**フレイル** [名]〔もろさ・虚弱の意の「フレールティー(frailty)」から〕加齢にともなって運動機能や認知機能が低下してきた状態。介護が必要になる前の段階。

ブレーン [レ]〈brain〉[名] ❶頭脳。❷ブレーントラスト。 **—ストーミング** [ト]〈brainstorming〉[名] 多くの人があつまって自由に意見を述べあう中から、あたらしいアイディアなどを生みだすこと。 **—トラスト** [ラ]〈brain trust〉[名] 政府当局者・会社幹部などをかこむ学者の顧問。

プレーン [レ]〈plain〉[形動](ダロ・ダッ・デ・ニ/ダ・ナ・ナラ・○) ❶模様や飾りのないようす。「—なブラウス」❷味などがついていないようす。「—ヨーグルト」 **—オムレツ** [オ]〈plain omelet〉[名] 具が入っていないオムレツ。

ふれ-がき [0]【触(れ)書(き)】[名] 人々に告げしらせる文書。

フレキシブル [レ]〈flexible〉[形動](ダロ・ダッ・デ・ニ/ダ・ナ・ナラ・○) しなやかなようす。柔軟なようす。

フレグランス [レ]〈fragrance〉[名] よい香り。芳香。また、香水・室内香料などの芳香製品。「ルーム—」

ふれ-こみ [0]【触(れ)込み】[名] 言いふらすこと。前ぶれ。ふれ出し。「秀才という—」

ふれ-こ・む [コ]【触(れ)込む】[他五](マ・モ・ミ・ン/ム・ム・メ・メ) 言いふらす。まえぶれをする。 **触れ込める** [自下一]〔…できる〕

フレコン-バッグ [バ][名]〔「フレキシブルコンテナバッグ」の略〕粉末や粒状物の輸送や保管に用いる、大型で袋状の包装材。フレコン。

ブレザー [レ]〈blazer〉[名] スポーティーな背広型のジャケット。主にフラノ地を用い、紋章や金ボタンなどをつける。ブレザーコート。 **—コート** [コ]〈blazer coat〉[名]〔和製英語〕ブレザー。

プレジャー-ボート [ボ]〈pleasure boat〉[名] レジャー目的で個人が使用するモーターボートやヨットなどの小型船舶。

ふれ-じょう [0]【触(れ)状】[名] ふれがき。回章。

プレス [プ]/[レ]〈press〉㊀[名][他サ] ❶おしつけること。❷衣服や布地にアイロンをかけること。㊁[名] ❶印刷。新聞。出版。❷金型をおして板金に、穴や模様をうちだす機械。❸圧力をかけてしぼる機械。 **—キャンペーン** [ペ]〈press campaign〉[名] 社会問題・政治問題などを新聞が積極的にとり上げ、連続的に報道して、世論をもりたてること。 **—センター** [セ]〈press center〉[名] 大きな行事や催しものがあるとき、報道関係者が詰める場所。 **—ハム** [ハ]〈pressed ham〉[名] 豚・羊・馬などの肉をまぜてかためたハム。 **—リリース** [リ]²〈press release〉[名] 官庁・企業・団体などが報道機関に向けて行う情報の提供や発表。また、そのための配布資料。ニュースリリース。

フレスコ ⓪〈ィ fresco〉名〔「新鮮な」の意〕下地の漆喰が乾かないうちに水で溶いた顔料で描いた壁画。「―画」

プレステージ テ〈prestige〉名 威信。社会的な評価。

ブレスト レ/⓪〈breast〉名 ❶胸。胸部。❷平泳ぎ。ブレストストローク。

ブレスレット レ〈bracelet〉名 腕輪。

プレゼンター ゼ〈presenter〉名 式典や授賞式などで賞を手渡す人。

プレゼンテーション テ〈presentation〉名 ❶自分の意見や考えを発表すること。❷依頼主や発注者などを前にして、商品・新企画などの提案をすること。プレゼン。

プレゼンテーター テ〈presentator〉名〔和製英語〕プレゼンテーションをする人。

プレゼント レ〈present〉名 他サ おくりもの。「クリスマスの―」

ふれ-だいこ ダ【触れ太鼓】名 相撲・しばいなどの興行を触れ知らせるために、前日に打ってまわる太鼓。

ふれ-だし ⓪【触れ出し】名 ふれこみ。

プレタ-ポルテ ポ〈フ prêt-à-porter〉名 高級な既製服。

フレックス-タイム タ〈flextime〉名〔flexible time から〕所定の労働時間内で出退社が自由な勤務時間。「―制」

フレッシャー レ〈fresher〉名 新人。新入社員。新入生。フレッシュマン。

プレッシャー ⓪/レ〈pressure〉名 圧力。精神的な圧迫。「―に弱い」

フレッシュ レ〈fresh〉形動 ダロ・ダッ・デ・ニ ダ・ナ・ナラ・〇 ❶あたらしいようす。新鮮なようす。❷新参の。「―なメンバー」 **―マン** レ〈freshman〉名 新進の人。新人。新入生。

プレッツェル レ〈pretzel〉名 ひもをゆるく結んだような形にして焼いたかたいパン。

ブレッド レ〈bread〉名 パン。参考 特に食パンのことをいう。うすく切って、焼いたものは「トースト」。

プレハブ ⓪〈prefab〉名 工場で作った部分品を使って組み立てる建築の方法。「―住宅」

プレパラート ラ〈ド Präparat〉名 二枚のガラスのあいだに観察材料をはさんだ顕微鏡標本。

プレ-ビュー レ〈preview〉名 ❶映画の試写や演劇の試演。❷コンピューターのソフトウエアで作成した文書や画像を、印刷前に画面上で確認すること。また、その機能。

ふれ-ぶみ ⓪【触れ文】【触▲書】名 ふれ書き。

ふれ-まわ・る ワ【触れ回る】自五 ラ・ロ―リ・ッ ル―ル―レ―レ ❶触れをつたえ歩く。❷いいふらして歩く。「悪口を―」 **触れ回れる** 自下一〔…できる〕

プレミア ⓪ 名 ⬇プレミアム。 **―ショー** ア〈premier show〉名 映画で、有料試写会。封切り映画の披露興行。

プレミアム ⓪/レ〈premium〉名 ❶債権などの額面以上の金額。❷入場券などの定価を上回る料金。❸景品。❹特別に上等であること。「―ビール」

プレリュード リュ〈prelude〉名 前奏曲。

ふ・れる ⓪【▲狂れる】自下一 レ―レ―レル―レル― レレ―レロ・レヨ 〔「気が―」の形で〕正気でなくなる。 **ふ・る** 文語下二

ふ・れる ⓪【振れる】自下一 レ―レ―レル―レル― レレ―レロ・レヨ ❶ゆれてうごく。❷振ることができる。❸方向がかたよる。「体が左右に―」「すこし西に―」

ふ・れる ⓪【触れる】 レ―レ―レル―レル― レレ―レロ・レヨ ㊀自下一 ❶くっつく。さわる。接触する。㋐体の一部や物が他に軽くくっつく。「ガラス細工は触れただけでこわれそうだ」「木の枝が電線に―」 ㋑体の一部に物が軽くくっつく。「足の先に―物がある」❷かかわりをもつ。さわる。接触する。「だれも触れたがらない問題」❸目・耳など知覚器官で感じる。「赤ちゃんには、目・耳に―物すべてが新鮮だ」❹その機会・物事に当たる。「事に触れ、折に触れて両親のことを思い出す」❺関係する。「根本に触れて考える」❻述べる。言及する。「その件については簡単に触れておく」❼身近にかかわる。接する。「すばらしい絵画に触れた感動」❽規則に反する。「法に―行い」❾はげしい力をもったものに当たる。「社長の怒りに―」㊁他下一 ❶体の一部を物に軽くくっつくようにする。「陳列品に手を触れないでください」❷広く知らせる。「町じゅうに触れて回る」 **ふ・る** 文語下二

ぶ・れる レ 自下一 レ―レ―レル―レル― レレ―レロ・レヨ ❶写真をうつすときに、カメラが動く。❷正常な位置からずれる。「体の軸が―」❸考え方や言動・態度・方針などがゆれ動く。「発言が―」

ふれんぞく-せん ⓪【不連続線】名〔天〕空気の温度・湿度・風向などが、急激にかわっている面の、地表面とまじわる線。参考「前線」ともいうが、「不連続線」のほうが意味がひろく、「前線」は、「不連続線」の一種。

フレンチ〈French〉㊀造 フランスの。フランスふう。「―サラダ」㊁レ 名 フランス料理。「昼食は―だ」 **―カンカン** カ1〈French cancan〉名 ⬇カンカン。 **―トースト** ト1〈French toast〉名 卵と牛乳をまぜ合わせたものにパンをひたし、フライパンで焼いた料理。 **―ドレッシング** レ2〈French dressing〉名 生野菜などにかける調味料で、酢とサラダ油をまぜ、塩やこしょうをくわえたもの。 **―ホルン** ホ〈French horn〉名 金管楽器。やわらかな音色を出す。ホルン。

フレンチホルン

フレンド レ〈friend〉名 友人。ともだち。「ガール―」 **―シップ** シ〈friendship〉名 友情。

ブレンド ⓪〈blend〉名 他サ 洋酒・コーヒー・タバコなどで、ちがった品種のものをまぜ合わせること。

フレンドリー レ〈friendly〉形動 ダロ・ダッ・デ・ニ ダ・ナ・ナラ・〇 友好的なようす。親しみやすいようす。「だれとでも―に話す」

ふ-ろ ⓪【風呂】名〔茶の湯の「風炉」と語源が同じだとする説と、和語の「室」が語源だとする説があるが、ここでは前者による〕❶はいったり浴びたりして、からだをあらう湯。また、そのゆぶね。❷ふろや。銭湯。湯桶。 **―×桶** オ 名 ❶湯船。❷風呂で使う小さなおけ。 **―釜** ⓪ 名 ❶据え風呂の、火をたいて湯をわかす口。❷ガスや電気などによる風呂の給湯装置。 **―敷** ⓪ 名〔もと、湯からあがったとき、足をぬぐったり、衣類を包んだりした布〕物を包む四角な布。 **―場** バ 名 浴室。浴場。 **―吹き** ⓪ 名 だいこん・かぶらなどを輪切りにしてゆで、熱いうちにみそをつけて食べる料理。㊇ **―屋** ⓪ 名 銭湯。

ふ-ろ ⓪【風炉】名 茶の湯で、湯をわかす火ばち形の炉。

プロ プ 名 ❶演劇・映画などのプログラム。❷専門家。職業人。プロフェッショナル。「―野球」↕アマ・ノンプロ。❸プロダクション。「芸能―」❹プロパガンダ。❺プロレタリア。プロレタリアート。

風炉

フロア(ー) ⓪〈floor〉名 ❶ゆか。クラブなどの踊り場。講演会場の一般座席。❷階。「閲覧者用の―」

フロアリング ⓪〈flooring〉名 ⬇フローリング。

ふ

ブロイラー [1]〈broiler〉[名] 食肉用の若いにわとり。

ふ-ろう [0]【不老】[名][文章語] 年をとらないこと。 **―長寿**(ちょうじゅ) [チョ][名] いつまでも、年をとらないで長生きをすること。 **―不死**(ふし) [フ][2][名] 年もとらず、死にもしないこと。

ふ-ろう [0]【浮浪】[名][自サ] 定まった生活の場がなく、諸所をうろつきくらすこと。「―者」 **―児**(じ) [3][名] 保護者からはなれ、居所が定まらず、うろつく子ども。

ふろう-しょとく [ショ]【不労所得】[名] 利子・地代などのように、勤労しないで得る収入。↔勤労所得。

ブローカー [1]〈broker〉[名] 商行為の仲立人。仲買人。

ブロークン [1]〈broken〉[形動] ダロ・ダッ・デ・ニ／ダ・ナ・ナラ [1][0] 変則。不完全。破格。「―な英語で通訳する」

プロージット [1]〈ドProsit〉[感]（乾杯のときの語）「おめでとう」「健康を祝す」の意。

ブローチ [1]〈brooch〉[名] えりや胸にピンでとめる飾り。

フローチャート [チャ]〈flow chart〉[名] 作業の手順を分析し、図式化した表。流れ図。

フロート [1]〈float〉[名] ❶浮き。浮標。また、水上にうかべて遊ぶ遊具。❷水上飛行機の浮き舟。❸うかせたもの。「コーヒー―」

ブロード [0][名]（broadclothから）❶つやのある、平織りのもめんの布地。ワイシャツなどに使う。❷上質の紡毛糸で手織りにした、薄地の毛織物。婦人服・コートなどに使う。

ブロードバンド [バ]〈broadband〉[名] インターネットへの接続で、高速回線を使って大容量のデータ通信ができるサービス。

ブローニー [1]〈Brownie〉[名] 写真フィルムの大きさの一つ。九×六センチメートルのもの。

ブローニング [1]〈Browning〉[名]（発明者の名から）自動式のピストルの一種。

フローリング [0]〈flooring〉＝**フロアリング** [名] 床(ゆか)張り材。また、床を板張りにすること。

ブロガー [0]〈blogger〉[名] ブログを公開し、更新している人。

プロキシ(ー) [1]/[0]〈proxy〉＝**プロクシ(ー)** [名]（「代理」の意）企業や学校などの内部のネットワークから外部のインターネットへ接続する際、その中継をするサーバー。通信の安全性を高める。プロキシサーバー。

ふ-ろく [0]【付録・附録】[名] ❶本文に付属した巻末の記録・記事。❷書籍・新聞・雑誌にそえる、おまけとしての冊子(さっし)など。⇩ふ(附)[参考]。

ブログ [0]〈blog〉[名]（webとlogの「ウェブログ」から）ウェブ上に自分の日記、意見や感想などを述べる場として公開したもの。ホームページよりも簡便な方法で作成でき、閲覧者が感想を書き込めることが多い。

プログラマー [ラ][グ]〈programmer〉[名] コンピューター・ティーチングマシンなどのプログラムを作る人。

プログラミング [ラ]〈programming〉[名] 学習や作業の内容・順序について分析を行い、段階をつけて計画を立てること。特に、コンピューターのプログラムをつくること。

プログラム [グ]〈program〉[名] ❶もよおしなどの計画。その順序・番組・配役などを書いたもの。❷予定。計画。また、それを書いたもの。❸コンピューターに仕事をさせるための作業手順。 **―言語**(げんご) [ゲ][名]「プログラム❸」で用いる人工的な言語。

プログレッシブ [レ]〈progressive〉[名][形動] 進歩的なようす。革新的なようす。また、進歩主義者。「―な思考」

プロジェクター [ジェ]〈projector〉[名] 映写機。投光機。

プロジェクト [1]/[ジェ]〈project〉[名] 特定の研究計画。研究課題。「―チーム」

プロ-スポーツ [ポ][名]（professional sportsから）入場料をとって試合を行い、チームの運営や選手の報酬にあてる競技。

プロセス [1]〈process〉[名] ❶手順。方法。❷過程。経過。 **―チーズ** [チ]〈process cheese〉[名] 生チーズを加熱してとかし、殺菌して一定の型に固めたもの。加工チーズ。

プロセッサー [セ]〈processor〉[名] コンピューターで、プログラムの命令を実行する装置。CPUなど。

プロダクション〈production〉[名] ❶[ダ] 生産。❷[ダ] 映画・放送・出版などで、企画・製作をする事務所。プロ。❸[0] 所属するタレントの出演企画などをする事務所。プロ。

フロック [1]〈fluke〉[名] ❶玉つきで、まぐれ当たり。❷まぐれでうまくいくこと。「―で優勝する」

フロック [1]〈frock〉[名]「フロックコート」の略。 **―コート** [コ]〈frock coat〉[名] 昼間の男子通常礼服の一つ。上着はダブルで、たけはひざまでとどく。

ブロック [1]〈bloc〉[名]（もとはフランス語）❶政治や経済上の利益のためにむすびついた団体や国家間の連合。❷いくつかに分けた、それぞれの地域。 **―紙**(し) [ク][名] 地方紙のうち、複数の県にまたがって発行されるもの。

ブロック [1]〈block〉㊀[名] ❶かたまり。❷一区画。❸版木。❹コンクリート製の大型れんが。コンクリートブロック。❺小片を組み合わせてさまざまな形を作って遊ぶおもちゃ。㊁[名][他サ] ❶遮断すること。「神経―」❷防ぐこと。阻止すること。「進入を―する」 **―建築**(けんちく) [ケ][名] コンクリートブロックを積みかさねる建築法。また、その建物。 **―サイン** [サ]〈block sign〉[名] 野球で、相手方に見破られないように、複雑な動作を加えた合図。[参考]正しい英語ではblocking signまたはblock signal **―塀**(べい) [ク][名] コンクリートブロックを積み重ねてつくった塀。

フロッグ-マン [1]〈frogman〉[名] 潜水装備をして水中で作業をする人。[参考]「フロッグ」は「かえる」のことで、ひれをつけた足が、かえるの足に似ているから。

ブロッケン-げんしょう [ゲ]【ブロッケン現象】[名] 山頂で、自分の姿のかげが雲や霧にうつり、その回りに、にじのような輪ができる現象。御来迎。[参考]ドイツのブロッケンBrocken山で多く見られることから。

ブロッコリー [1]〈イbrocoli〉[名] キャベツの変種。カリフラワーの一種で、花芽を食用にする。(冬)

プロット [1]〈plot〉[名] 小説・脚本などの筋。

フロッピー-ディスク [ディ]〈floppy disk〉[名]（floppyは「ぺらぺらした」の意）四角いケースに入った、プラスチック製のレコード状円盤。磁気ディスクの一種。コンピューターなどで用いる、外部記憶装置の一つとして広く使われた。

プロテイン [テ]〈protein〉[名] たんぱく質。「―ドリンク」

プロテクター [テ]〈protector〉[名] 防護用具。野球で、捕手・審判員の胸あて。

プロテクト [テ]〈protect〉[名][他サ] ❶保護すること。❷コンピューターで、データが不正に複製されないよう処理すること。「コピー―」

プロテスタント [テ]〈Protestant〉[名] キリスト教の新教。新教徒。↕カトリック。

プロテスト [テ]〈protest〉[名][自サ] 抗議すること。

プロデューサー [デュ]〈producer〉[名] 映画・演劇・放送などの企画・制作責任者。

プロデュース [デュ]〈produce〉＝**プロジュース** [名][他サ] 映画・演劇・放送や商業イベントなどを企画・制作すること。

プロトコル [ロ]〈protocol〉[名] ❶議定書。❷外交儀礼。❸コンピューター間でデータ通信を行うための規格。「インターネット―」

プロトタイプ [タ]〈prototype〉[名] ❶なにかを作りだすときの元になるもの。原型。手本。❷試作モデル。

プロトン [ロ]〈proton〉[名]【物】陽子。

プロパー [ロ]〈proper〉[名] ❶本来。固有。「数学―の問題」❷その方面の専門であること。「人事―の人」

プロバイダー [バ]〈provider〉[名] インターネットへの接続サービスを提供する業者。

プロパガンダ [ガ]〈propaganda〉[名] 宣伝。プロ。

プロバビリティー [ビ]〈probability〉[名] あることが起こりうる確実性の度合い。公算。蓋然性。確率。

プロパン-ガス [ガ]〈propane gas〉[名] 石油または天然ガスからとれるガス。燃料用。プロパン。

プロフ [0][名] ❶〔俗語〕「プロフィール」の略。❷〔「プロフィール」から〕インターネット上に簡単な自己紹介のページを作成し、情報交換を行うことのできるサービス。

プロファイリング [ファ]〈profiling〉[名][他サ] ❶データベース化された過去の犯罪記録を活用し、事件の犯人像を推定する捜査手法。❷その人の属性や行動記録から、今後の行動を推測すること。「購買者の―」

プロフィール [フィ]〈ᶠprofil〉[名] ❶横から見た顔。横顔。❷側面からみた人物評。

プロフェッサー [フェ]〈professor〉[名] 大学などの教授。

プロフェッショナル [フェ]〈professional〉[名][形動] 職業的。本職の。プロ。↕アマチュア。

プロペラ [0]〈propeller〉[名] 空中または水中でまわる回転翼。航空機・船などの推進に利用する。船のものは特に「スクリュープロペラ」という。

プロポーション [ポ]〈proportion〉[名] ❶比率。❷からだつきなどのつりあい。

プロポーズ [ポ]〈propose〉[名][自サ] 申し込むこと。特に、結婚の申し込み。

ブロマイド [マ]〈bromide〉[名]〔臭化銀を用いた印画紙 bromide paper から〕人気選手・人気俳優などの肖像写真。プロマイド。

プロマイド [マ][名]「ブロマイド」のなまり。

プロミネンス [ロ]〈prominence〉[名] 文の中のあることばを強調するために、特に強く発言すること。

プロムナード [ナ]〈ᶠpromenade〉[名] 舗装された散歩道。

プロモーション [モ]〈promotion〉[名] 販売を促進するための宣伝活動。「―ビデオ」

プロモーター [モ]〈promoter〉[名] ❶興行主。❷発起人。

プロ-やきゅう [ヤ]【プロ野球】[名] プロスポーツとして見せる野球。学生野球を中心とするアマチュア野球に対する言い方。一九五〇年ごろまでは、職業野球とも言った。

プロ-レスリング [レ][名]〔professional wrestlingから〕プロスポーツとして見せるレスリング。プロレス。

プロレタリア [タ]〈ᵈProletarier〉[名] ❶賃金労働者。無産者。↕ブルジョア。❷貧乏人。**―文学** [ブ][名] プロレタリア階級の生活をもととして、現実をその階級的立場からとらえようとする文学。

プロレタリアート [ア]〈ᵈProletariat〉[名] 無産者階級。労働者階級。プロ。↕ブルジョアジー。

プロローグ [ロ][2]〈prologue〉[名] ↕エピローグ。❶前おき。序詞。序詩。❷序曲。

フロン [フ]〈flon〉[名] 弗素・塩素・炭素などをふくむ化合物の総称。スプレー式の化粧品、電子部品の洗浄剤などに使われる。オゾン層を破壊するため、規制が積極的に行われている。フロンガス。

ブロンズ [0]〈bronze〉[名] ❶青銅。青銅細工。❷銅像。

フロンティア [ロ]〈frontier〉[名] アメリカ開拓時代の辺境地方。**―スピリット** [ピ]〈frontier spirit〉[名] ❶アメリカ人の、困難にうちかって、土地を開拓していく進取的な精神。❷開拓者精神。

フロント [0]〈front〉[名] ❶正面。前面。↕バック。❷ホテルなどの玄関にある受付。❸〔「フロントオフィス」の略〕プロ野球でユニホームを着ないで働く、オーナー・球団社長・営業担当などのスタッフ。**―ガラス** [ガ]〈front glass〉[名]〔和製英語〕自動車の運転席前面の窓ガラス。

ブロンド [0]〈blond(e)〉[名] 金髪。

プロンプター [ロ]〈prompter〉[名] ❶舞台のかげで、観客にわからないように役者にせりふをおしえる役目の人。❷講演や放送で用いる光学的な原稿表示装置。

ふ-わ [フ]【不和】[名][形動] 仲がわるいこと。「―をおさめる」

ふ-わく [0][フ]【不惑】[名]〔文章語〕❶まどわないこと。❷四〇歳のこと。[参考] 論語「四十而不惑」から。⇩年齢(表)。

ふ-わけ [0]【腑分け】[名]〔古語〕解剖。

ぶ-わけ [0]【部分け】[名] 部類に分けること。部類分け。

ふ-わたり [ワ]【不渡り】[名] 手形・小切手の所持人が、支払日に支払銀行から支払いをことわられること。**―手形** [テ][名] ❶支払銀行から支払いをことわられた手形。満期日に支払われない手形。❷実行されない約束のこと。[参考] 表記は「不渡手形」でもよい。

ふわ-つ-く [0]〔カ・コ・キ・イ・ク・ク・ケ・ケ〕[自五] ふわふわする。おちつかない。「心が―」

ふわ-ふわ [フ] ㊀(と)[副][自サ][形動] 軽くてやわらかいようす。「ふとんが―になった」[参考] 形容動詞として使うときは[0]。㊁(と)[副][自サ] ❶軽いものが風などでただようようす。「風船が―飛んで行く」❷おちつかないようす。「いつまでも―していてはいけない」

ふわ-らいどう [フ]【付(附)和雷同】[名][自サ] きまった見識がなく、むやみに他人の説にしたがうこと。

ふわり [ワ] (と)[副] ❶軽くただようようす。「風に―と舞う」❷やわらかい物をそっとのせるようす。「―と毛布をかける」

ふん [接頭]〔動詞「ふむ(踏)」の連用形「ふみ」の変化〕動詞の前について、動作の荒々しさをあらわす。「―じばる」「―だくる」

ふん【×吻】[造] ❶くちびる。くちさき。「吻合・接吻」❷くちぶり。「口吻」

ふん【×扮】[造] よそおう。かざる。「扮飾・扮装」「王様に扮する」**扮する** [自サ]

ふん【粉】[造] ❶こな。こ。「粉塵・粉乳・粉末・花粉・受粉・製粉」❷こなごなにする。「粉砕・粉骨砕身」❸おしろい。かざる。「粉飾・紅粉・脂粉」

ふん【紛】[造] ❶まぎれる。みうしなう。「紛失」❷みだれる。ごたごたする。「紛糾・紛然・紛争・内紛・紛紛」

ふん【×焚】[造] たく。やく。もす。「焚書」

ふん【雰】[造] きり。もやもやとたちこめる空気。「雰囲気」

ふん【噴】[造] ふく。勢いよくふきだす。「噴煙・噴火・噴射・噴出・噴水・噴飯」

ふん【墳】[造] はか。つか。「墳墓・古墳・前方後円墳」

ふん【憤】[造] いきどおる。いかる。「憤慨・憤激・鬱憤・義憤・痛憤・悲憤」

ふん【奮】[造] ふるう。気がたかぶる。「奮起・奮迅・奮戦・興奮・発奮（はっぷん）」

ふん【分】㊀[フ]名造 ❶時間の単位。一時間の六〇分の一。一秒の六〇倍。「分針・分速・分秒・十五分」❷角度の単位。一度の六〇分の一。「二十三度三十分（ぷん）」❸重さの単位。一匁の十分の一。「分銅」㊁造 みわける。理解する。「分別」[別音 ぶ・ぶん|分]

ふん【×糞】㊀[フ]名造 大便。くそ。「糞尿・糞便・脱糞（だっぷん）」㊁造 けがれ。「糞土」

ふん [0]感 ❶ぞんざいに応じたりするときに、相づちに発する語。❷人の話を鼻であしらうときに発する語。「—、そんなことか」

ぶん 接頭 〔「ぶち」の変化。動詞につく〕意味や語勢をつよめる。「—なぐる」

ぶん【聞】造 ❶きく。きこえる。「寡聞・見聞・側聞・伝聞」❷きこえ。うわさ。しらせ。「艶聞（えんぶん）・奇聞・醜聞・新聞・風聞」[別音 もん|聞]

ぶん【文】㊀[ブ]名造 ❶言語の単位となる、ひと続きのことば。センテンス。「文節・文法・単文・疑問文・命令文」↕単語。❷ひとまとまりの内容をあらわす、書いたことば。「文学・文章・文体・原文・作文・論文・紀行文・文語文・論説文」❸学芸。「文化・文武・文物・人文」↕武。㊁造 ❶もじ。「金石文」❷ふみ。書いた物。「文献・文書・雑文」❸文学。「文才・文士・文壇」❹かざる。「文飾・文身（ぶんしん）」[別音 もん|文] **—の成分（せいぶん）**〔文法で〕文を組み立てている要素。国文法では一般に主語・述語・修飾語（連体修飾語・連用修飾語）・接続語・独立語の五種類があるとされる。参考 文を作る材料は語であるが、それぞれの語は、文の中でさまざまな要素になる。たとえば、名詞「わたし」は主語になることが多いが（わたしは泳いだ）、連体修飾語にもなり（わたしの本）、述語にもなる（選ばれたのはわたしだ）。英文法で言うところの目的語や補語は、国文法では連用修飾語とされる。**—は人（ひと）なり** 文章はその筆者の人柄をよくあらわすものだ。

ぶん【分】㊀[ブ]名 ❶わりあて。わけまえ。「これはきみの—だ」❷ようす。「この—だとうまくいくよ」❸身のほど。「—をわきまえる」❹人のつとめ。「親としての—をつくす」㊁造 ❶わける。「分解・分離・細分・二分」❷わかれでたもの。「分家（ぶんけ）・分室・分身・分派（ぶんぱ）」❸わけたものの一つ。「分野・半分・部分・余分」❹成分。「水分・養分・糖分」❺地位。相当する身分。「分際（ぶんざい）・分相応・兄弟分」❻程度。状態。「分量・幾分・気分・多分」❼うまれつき。「性分・天分」❽とき。「時分・当分・夜分」[別音 ぶ・ふん|分]

ぶん-あん [0]【文案】名 文章の下がき。

ぶん-い [ブ]【文意】名 文章のあらわす意味。

ふんい-き [イ]【雰囲気】名 〔もとは「大気」の意〕その場やその場にいる人々によって自然につくりだされる、ある傾向をもつ気分。ムード。「家庭的な—の店」参考 誤って、「ふいんき」と発音されることがある。⇩ムード 参考。

ふん-いん [0]【分陰】名 〔文章語〕わずかの時間。寸陰。

ぶん-いん [0]【分院】名 病院などの、本院のほかにもうけた所。↕本院。

ぶん-うん [0]【文運】名 〔文章語〕学問・芸術がさかんになる気運。文化・文明のすすむ勢い。

ふん-えん [0]【噴煙】名 ふきだすけむり。「浅間山の—」

ぶん-えん [0]【分煙】名 間接喫煙による害を防ぐため、喫煙できる場所を限定すること。禁煙車両など。

ぶん-えん [0]【文園】【文×苑】名 〔文章語〕❶文壇。❷文集。

ふん-か [0]【噴火】名 自サ 火山が溶岩・火山灰・水蒸気などを急速にふきだすこと。**—口（こう）**[カ]名 火山の噴火する穴。火口。**—山（ざん）**[カ]名 噴火している山。活火山。

ぶん-か [ブ]【分科】名 科目や業務を分けること。分けられた科目や業務。

ぶん-か [ブ]【文化】名 ❶世の中がすすんで生活が高まる状態。文明開化。「—交流」「—の継承」⇩文明 参考。❷自然を材料として理想を実現していく人間の活動。また、それによってつくりあげられた結果。学問・芸術・道徳など。↕自然。❸社会のなかで学び、うけついでいく生活のしかた。「食事に関する—」**—遺産（いさん）**[イ]名 前の時代の文化財で、現代にのこされているもの。**—科学（かがく）**[カ2]名 歴史的・精神的現象を研究する科学。↕自然科学。**—勲章（くんしょう）**[ク]名 科学・芸術など、日本の文化の発展に大きな功績のあった人にあたえられる勲章。一九三七年に制定。**—功労者（こうろうしゃ）**[ロ]名 日本の文化の発展につくしたことにより、年金をあたえられる人。**—祭（さい）**[カ]名 文化的行事を中心とするまつり。ふつう、学校で行われるものをいう。**—財（ざい）**[カ]名 ❶人間の文化活動によってつくり出されたもの。学問・芸術・道徳・法律など。❷文化財保護法で、保護されるもの。美術品・古文書（こもんじょ）などの有形文化財と、演劇・音楽などの無形文化財・民俗資料・史跡・天然記念物など。**—住宅（じゅうたく）**[ジュ]名 ❶和風の家屋に洋風の玄関や応接間を備えるなどした和洋折衷住宅。参考 大正から昭和初期に流行した。❷〔関西地方で〕木造二階建ての棟割り式集合住宅の俗称。**—人（じん）**[カ]名 ❶学問や芸術などを職業としている人。❷高い教養を身につけている人。**—人類学（じんるいがく）**[ル]名 人類学のうち、制度・宗教・言語など社会生活に関する現象を研究する分野。**—庁（ちょう）**[カ]名 文化・芸術の振興、文化財保護など、文化行政に当たる役所。文部科学省の外局の一つ。**—的（てき）**[0]形動 ❶文化にかかわりのあるようす。「—な施設」❷文化にかなっているようす。「—な生活」**—の日（ひ）** 国民の祝日の一つ。十一月三日。自由と平和を愛し、文化をすすめる。㊎

ぶん-か [ブ]【文科】名 ↕理科。❶人間の精神的活動に関する学科。文学・史学・哲学など。❷大学の文学部。

ぶん-か [ブ/0]【分化】名 自サ ❶一つのものから、わかれて発達すること。❷生物のある組織や器官が特殊な発達をとげて、その形やはたらきが、すっかりかわってしまうこと。

ぶん-が [ブ]【文雅】名 〔文章語〕詩や文章をよくつくり、よく味わって、風流なこと。

ふん-がい [0]【憤慨】名 自他サ いきどおり、なげくこと。ひどく腹を立てること。「不公平な扱いに—する」

ぶん-かい [0]【分会】名 ある会の一部である小さな会。

ぶん-かい [0]【分界】名 土地などのさかいめをつけること。また、そのさかい。

ぶん-かい [0]【分解】㊀名 自サ ❶合成物がその構成要素に分かれること。❷化合物が二種以上の物質に分かれること。㊁名 他サ 一体となっているものを、こまかく分けほどくこと。「古時計を—する」

ぶん-がい [0]【分外】名 形動（の）〔文章語〕身分に過ぎること。身分不相応なこと。過分。「—のしあわせ」

ぶん-がく [ブ]【文学】名 ❶人間や自然に対する思想・感情を、言語・文章で表現した芸術作品。文芸。詩歌・小説・戯曲・随筆・評論など。❷文芸作品を研究する学問。文芸学。**—史（し）**[ガ]名 文学の発達の歴史。また、その歴史を研究する学問。**—者（しゃ）**[ガ]名 ❶文学作品をつくる人。作家。❷文学の研究者。**—青年（せいねん）**[セ]名 文学を好み、作家をこころざす青年。**—的（てき）**[0]形動 言語表現に芸術的なあじわいのあるようす。「—文章」**—論（ろん）**[ク]名 文学作品の性質や文芸の本質に関する理論。

ぶんがくかい《文学界》❶一八九三—九八年。北村透谷・島崎藤村らが中心となった文芸雑誌。浪漫主義的傾向が強い。❷一九三三年以降、昭和の「文芸復興」期に小林秀雄・林房雄らが中心となって創刊した文芸雑誌。

ぶんかしゅうれいしゅう《文華秀麗集》平安時代初期の勅撰漢詩集。嵯峨天皇の命をうけて藤原冬嗣らが八一八年に編集。一四八首を収める。現存本では一四三首。

ぶん-かん ⓪【分館】名 本館のほかに建てたもの。別館。↕本館。

ぶん-かつ ⓪【分割】名 他サ いくつかに分けること。「土地を—する」 **—払い** [パ]名 代金を何回にも分けて、はらうこと。↕一時払い・一括払い。

ぶん-かん ⓪【文官】名 武官でない官吏。↕武官。

ふん-き ㋫【噴気】名 蒸気・ガスなどをふきだすこと。また、そのふきだされるもの。 **—孔** ㋖⓪名 火山活動によって、蒸気やガスをふきだすあな。

ふん-き ㋫【奮起】名 自サ ふるいたつこと。「—をうながす」

ふん-ぎ ㋫【紛議】名〔文章語〕もつれた議論。

ぶん-き ⓪㋫【分岐】名 自サ 道などが分かれること。 **—点** ㋖名 道などの分かれる所。「鉄道の—」

ぶん-きざみ ㋖【分刻み】名 一分を単位にして時間を数えること。「—の多忙なスケジュール」

ふん-きゅう ⓪【墳丘】名 土や石を積み上げて墓としてつくられた丘。

ふん-きゅう ⓪【紛糾】名 自サ 物事がもつれみだれること。ごたごた。紛乱。「両者間に—がおきた」

ぶんきゅう-せん ⓪【文久銭】名 江戸幕府が文久三年(一八六三)につくった穴あきの銅銭。文久永宝。

ぶん-きょう ⓪【文教】名〔文章語〕学問と教育。また、それに関する行政。 **—地区** ㋠名 学校など教育の施設があつまっている地区。 **—の府** 教育行政をおこなう官庁。文部省のことを言った。

ぶん-ぎょう ⓪【分業】名 他サ ❶生産の工程を分けて受けもつこと。❷手わけして、すること。

ぶん-きょうじょう ⓪【分教場】名 通学に不便な所の児童・生徒のために、本校から分かれてつくられた小さな学校。↕本校。

ぶん-きょく ⓪【分局】名 本局から分かれて設けられた局。↕本局。

ぶん-きょく ⓪【分極】名 二つの対立する方向が存在すること。 **—化** ⓪名 自サ 対立する二つの立場に分かれること。「政党の—」

ふん-ぎり ⓪【踏ん切り】名〔「ふみきり」の変化〕ふんぎること。思いきり。決断。「—がつかない」

ふん-ぎ・る ㋖【踏ん切る】自五〔「ふみきる」の変化〕思いきってきめる。決断する。ラ・ロ(リ・ッ)・ル・ル・レ・レ **踏ん切れる** 自下一〔…できる〕

ぶんきん-たかしまだ ㋛【文金高島田】名 日本髪の一つ。根もまげも高い上品な島田まげ。花嫁のゆうもの。

ぶん-ぐ ㋫【文具】名 文房具。

文金高島田

ぶん-け ⓪【分家】名 自サ 家族の一部が分かれて、別に一家をたてること。また、そのたてた家。↕本家。

ふん-けい ⓪【×刎×頸】名 首をはねること。 **—の交わり** その友人のためなら、首をはねられてもいいというほどの深いまじわり。

ぶん-けい ⓪【文系】名 文学・政治・法律・商業などの方面。↕理系。

ぶん-けい ⓪【文型】名 文の成分の関係からきまる組み合わせのパターン。

ぶん-げい ⓪【文芸】名 ❶ことばによる芸術。文学。❷学問と芸術。学芸。 **—学** ㋘名 文学の本質・方法・歴史を客観的な方法で研究しようとする文化科学。 **—復興** ㋫名 ルネッサンス。

ぶんげいじだい《文芸時代》文芸雑誌。一九二四—二七年。横光利一・川端康成ら「新感覚派」の同人誌。

ぶんげいせんせん《文芸戦線》文芸雑誌。一九二四—三二年。雑誌「種蒔く人」のあとを受けて創刊、プロレタリア文学運動の拠点となった。

ふん-げき ⓪【憤激】名 自サ ひどく腹をたてること。

ぶん-けつ ⓪【分×蘖】名 自サ いね・むぎなどで、根に近い関節から茎がふえて出ること。かぶはり。

ぶん-けん ⓪【分権】名 権限をいくつかに分けること。「地方—」↕集権。

ぶん-けん ⓪【文献】名〔「文」は記録、「献」は賢者による記憶の意〕❶昔の制度・文物を知るためのよりどころとなる書物。❷研究の参考とする書物・文書。 **—学** ㋘名 ❶「文献❶」についてしらべる学問。書誌学。❷「文献❶」によって、過去の文化を歴史的に研究する学問。古典学。

ぶん-けん ⓪【分遣】名 他サ 本隊から人を分けて行かせること。 **—隊** ⓪名 軍隊などで、あちこちに分けて派遣する小部隊。

ぶん-げん ㋘⓪【分限】名 ❶身分。身のほど。分際。❷公務員の法律上の地位や資格。❸〔古語〕ようす。ありさま。❹〔古語〕かねもち。ぶげん。ぶげん者。

ぶん-げん ⓪【文言】名〔文章語〕文章や手紙の中の文句。もんごん。

ぶんけん-ちず ㋠【分県地図】名 日本全国を都・道・府・県に分けて別々につくった地図。

ぶん-こ ㋫【文庫】名 ❶書物を入れておくくら。書庫。❷書類や雑品を入れる手箱。「手—」❸収集された書籍。まとまった蔵書。「東洋—」❹〔この意味では⓪〕小型で値段の安い、有名な作品などの双書。 **—判** ⓪名 本の大きさの一種。A6判。 **—本** ⓪名 文庫判で比較的値段の安い本。

ぶん-ご ⓪【文語】名 ↕口語。❶文章を書くときに使う語。書きことば。文字言語。❷文語体の文章。❸文語体。 **—体** ⓪名 江戸時代までの古典的なことば。また、それに似たことばによって書かれた文章の形態。文語。↕口語体。 **—文** ㋙名 文語体で書いた文章。↕口語文。 **—法** ⓪名 文語体の文の文法。↕口語法。

ぶんご《豊後》昔の西海道の国の一つ。大分県の大部分。

ふん-ごう ⓪【×吻合】名 自サ〔文章語〕〔「吻」はくちびる。上下のくちびるが合うように〕物事がぴったり合うこと。

ぶん-こう ⓪【分光】名 プリズムを通し、光がスペクトルに分かれること。また、分けること。 **—器** ㋙名 光のスペクトルを観測する器械。プリズム分光器・格子分光器など。

プリズム分光器

ぶん-こう [0]【分校】名 本校から分かれて他の地につくられた学校。↕本校。
ぶん-こう [0]【聞香】名 香をかぎわけること。もんこう。
ぶん-ごう [0]【文豪】名 文学・文章の大家。特に、すぐれた文学作家。
ぶん-ごう [0]【分合】名 他サ 〔文章語〕❶分けることと、合わせること。❷分けてその部分を他に合わせること。
ぶん-こつ [0]【分骨】名 自サ 火葬にした死者のほねを、二か所以上に分けておさめること。また、そのほね。
ふんこつ-さいしん [0]/[フ]【粉骨砕身】名 自サ 〔骨をこなにし、身をくだくの意から〕力のかぎりをつくすこと。
ぶんご-ぶし [0]【▲豊後節】名 江戸時代、宮古路豊後掾がはじめた、浄瑠璃の一流派。
ふん-ご・む [ゴ]【踏ん込む】自五 〔「ふみこむ」の変化〕➡踏み込む❶。
ふん-ころがし [コ]【ふん転がし】【×糞転がし】名 コガネムシ科の昆虫タマオシコガネの俗称。動物のふんを集めて丸め、後ろ向きに転がして巣に運ぶ。
ふん-さい [0]【粉砕】名 他サ ❶こまかく、くだくこと。「—機」❷完全にうち破ること。「敵を—する」
ふん-ざい [0]【粉剤】名 こなぐすり。↕液剤・錠剤。
ぶん-さい [0]【文才】名 文章・文学作品をつくる才能。
ぶん-ざい [0]/[ザ]【分際】名 ❶身のほど。身分。分限。「学生の—」参考 軽く見くだした気持ちで用いる。❷〔古語〕程度や限度。また、物の数量。「敵に勢の分際を見えじと(知ラレマイト)」〈太平記〉
ぶん-さつ [0]【分冊】名 他サ 一部の書物をいく冊かに分けること。また、分けた本。
ぶん-さん [0]【分散】名 自他サ 分かれちること。分けちらすこと。「人口が—する」
ふん-し [0]【憤死】名 自サ ❶〔文章語〕いきどおりなげいて死ぬこと。❷野球で、走者が惜しいところでアウトになること。
ぶん-し [ブ]【分子】名 ❶原子の結合体で、物質がその化学的性質をうしなわないで存在しうる最小の構成単位。❷ある集団を形づくっている各個人。「不平—をのぞく」❸分数または分数式で、横線の上にある数、または、式。↕分母。**—式** [シ] 名 元素記号をつかって、物質の分子の組み立てをあらわす式。たとえば水の分子式はH_2O。**—生物学** [ツ] 名 生物学の事実を、細胞の中の分子のしくみやはたらきから解明しようとする学問。**—量** [シ] 名 炭素一二の原子の質量を一二とし、これを基準に他の物質分子の質量を表した数。
ぶん-し [ブ]【文士】名 文筆を業とする人。特に、小説家。
ぶん-し [0]/[ブ]【分×祀・分×祠】名 他サ 本社と同じ祭神を、別に神社を設けてまつること。また、その神社。
ぶん-じ [ブ]【文事】名 〔文章語〕学問・芸術などに関すること。↕武事。
ぶん-じ [ブ]【文治】名 〔文章語〕➡ぶんち。
ぶん-じ [ブ]【文辞】名 〔文章語〕❶文章のことば。文詞。❷文章。
ふん-しつ [0]【紛失】名 自他サ 物がまぎれて、なくなること。また、なくすこと。「かぎを—する」
ぶん-しつ [0]【分室】名 本所・本室などから分けてつくったもの。「研究所の—」
ぶんしつ-ひんぴん [ヒ]【文質×彬×彬】名 〔文章語〕〔「文」はかざり、「質」は実質、「彬彬」はほどよくそなわっていること〕外見と中身とがよく調和していること。
ふん-じば・る [バ]【ふん縛る】他五 〔俗語〕「しばる」を強めた言い方。
ふん-しゃ [0]【噴射】名 他サ ❶気体・液体をつよくふきだすこと。❷燃料を爆発させ、その排気をふきださせること。「—推進」
ぶん-しゃ [0]【分社】㊀名 本社から神霊を分けてまつった神社。↕本社。㊁名 自他サ 会社のある部門を別の会社として独立させること。
ぶん-じゃく [0]【文弱】名 形動(の) 文事にふけってよわよわしいこと。「—に流れる」
ぶん-しゅう [0]【分衆】名 それぞれが異なる価値観や生活意識をもち、集団化しないひとびと。参考「大衆」に対してつくられたことば。
ぶん-しゅう [0]【文集】名 作文・詩歌などを集めて一冊にしたもの。
ぶん-しゅく [0]【分宿】名 自サ 団体の人が何か所かに分かれてとまること。
ふん-しゅつ [0]【噴出】名 自他サ 気体・液体などが強くふきでること。また、ふきだすこと。
ふん-しょ [フ]【×焚書】名 〔文章語〕書物を焼きすてること。**—坑儒** [フ]/[コ] 名 秦の始皇帝が、医薬・農業・占い以外の書籍をあつめて焼き、数百人の学者を生きうめにしたこと。
ぶん-しょ [0]【分所】名 本所から分かれた事務所・営業所・製作所など。
ぶん-しょ [ブ]【分署】名 本署から分かれてつくられた役所。↕本署。
ぶん-しょ [ブ]【文書】名 文字で書きあらわしたもの。書きもの。書類。「公—」
ふん-じょう [0]【紛×擾】名 自サ 〔文章語〕ごたごたと、もめること。もめごと。
ぶん-しょう [0]【文相】名 もと、文部省の長官。文部大臣。
ぶん-しょう [ブ]【文章】名 いくつかの文をつらねて、まとまった思想・感情をあらわしたもの。**—語** [0] 名 ❶文章を書くときにもっぱら使われることば。❷書きことば。文語。**—題** [ジョ] 名 文章の形で与える数学の問題。応用問題。**—法** [0] 名 ❶文章のつくりかた。❷文法上、文の構造に関する法則。構文論。シンタックス。
ぶん-しょう [0]【分掌】名 他サ 手わけして仕事を受けもつこと。
ぶん-じょう [0]【分乗】名 自サ 大ぜいが二台以上の乗り物に分かれて乗ること。
ぶん-じょう [0]【分譲】名 他サ 一まとまりのものを、いくつかに分けてゆずること。「—住宅」**—地** [ジョ] 名 いくつかに小さくくぎって売る土地。
ふん-しょく [0]【粉食】名 穀物をこなにし、パン・うどんなどにしてたべること。↕粒食。
ふん-しょく [0]【粉飾】【×扮飾】名 他サ よそおいかざって、りっぱに見せること。**—決算** [ケ] 名 企業経営の実態が赤字であるのに、黒字のように見せかける決算。
ぶん-しょく [0]【文飾】名 〔文章語〕❶文章をかざること。「—をほどこす」❷かざり。いろどり。あや。
ふん-しん [0]【分針】名 時計の、分を示すはり。長針。↕時針・秒針。
ふん-じん [0]【粉×塵】名 粉のような細かいちり。
ふん-じん [0]【奮迅】名 〔文章語〕勢いはげしくふるいたつようす。「獅子—の勢い」
ぶん-しん [0]【分身】名 一つのものから分かれでたもの。「子は親の—」
ぶん-しん [0]【文身】名 〔文章語〕からだにほりものをすること。いれずみ。

ぶん‐じん⓪【文人】名 詩文・書画などの道にたずさわる風流人。↕武人。―**画**が⓪名 ❶文人が手なぐさみにかく画。❷水墨、または淡彩でかかれた、山水や人物の絵。南画の一つ。―**墨客**ぼっかく・ぼっきゃく⓪名 詩文をつくる人と書画をかく人。文士・画家・書家などの、風雅の道にたずさわる人。

ふん‐すい⓪【噴水】名 ❶ふきでる水。❷庭・池などに水がふきでるようにした仕掛け。夏

ぶん‐すい⓪【分水】名自他サ ❶流水が両方に分かれること。❷流水を本流から分けること。また、分かれた水。―**界**かい②名 降った雨が、二つ以上の河川に流れ分かれる境界線。―×**嶺**れい②名 分水界となっている山のつらなり。―**路**ろ②名 川の本流から水を分けて流すための小さな運河。

ぶん‐すう②【分数】名 ある数を他の数で割る形を、横線をひいてあらわしたもの。3/5、7/12など。

ふん・する②【×扮する】自サ シ・セ・サ|シ|スル|スル|スレ|シロ・セヨ ❶ほかの人の身なりをする。変装や仮装をする。❷役者がその人物の姿をする。「美少女に―」 **ふん・す** 文語サ変

ぶん‐せい⓪【文勢】名〔文章語〕文章のいきおい。

ふん‐せき⓪【噴石】名 噴火した火山の火口から噴出する岩石。

ぶん‐せき⓪【文責】名〔文章語〕談話などをまとめて文章にした場合の、その文章に関する責任。「―編集部」

ぶん‐せき⓪【分析】名他サ ❶化合物・溶液・混合物などを元素や単純な化合物に分解し、その分量・性質をしらべること。❷複雑なものをその要素に分けて、はっきりさせること。↕総合。―**的**てき⓪形動 分析の方法を用いるようす。「―に判断する」↕総合的。

ぶん‐せつ⓪【文節】名 日本語のことばの単位の一つ。文を不自然にならない程度にできるだけ小さくくぎったもので、文を組みたてる単位。「こんどの　授業は　国語です」は三文節から成る。

ぶん‐せつ⓪【分節】名他サ 一連のものをいくつかに分けること。また、分けたもの。

ふん‐せん⓪【噴泉】名〔文章語〕ふきだすいずみ・温泉。

ふん‐せん⓪【奮戦】名自サ 力のかぎりたたかうこと。奮闘。

ふん‐ぜん⓪【憤然】(と)副 たる連体 ひどく怒るようす。「―として退席する」

ふん‐ぜん⓪【紛然】(と)副 たる連体〔文章語〕ごたごたといりまじっているようす。

ふん‐ぜん⓪【奮然】(と)副 たる連体〔文章語〕ふるいたつようす。「―として反撃する」

ぶん‐せん⓪【文選】名 活版印刷で、原稿にあわせて活字をひろうこと。また、その工員。「―工」

ふん‐そう⓪【紛争】名 物事がもつれて、あらそうこと。もめごと。「国際―」

ふん‐そう⓪【×扮装】名自サ ❶演技するために、役者がよそおいをすること。❷ある人物に似せてよそおうこと。

ぶん‐そう⓪【文藻】名〔文章語〕❶文章や詩歌しいかをつくる才能。文才。❷文章のかざり。

ぶん‐そうおう①【分相応】名 形動(の) 身分にふさわしいこと。身分につりあっていること。「―の住まい」

ふん‐そく⓪【分速】名 一分間に進む距離で表すはやさ。

ふんぞり‐かえ・る③【踏ん反り返る】―かへる 自五 ラ・ロ|リ・ッ|ル|ル|レ|レ ❶足を前に出して上体をうしろにそらす。そっくり返る。「いすの上に―」❷人を見くだしていばった態度をとる。

ぶん‐そん⓪【分村】名自サ ❶村の一部の人々がよその土地へうつって、あたらしい村をつくること。また、その村。❷一つの村を二つ以上に分割すること。

ふん‐たい⓪【粉×黛】名〔文章語〕❶おしろいとまゆずみ。また、それを塗ること。化粧。「―をほどこす」❷化粧をした美人。❸うわべを美しくぬりかくすこと。

ぶん‐たい⓪【分隊】名 もと、陸海軍の編制単位の一つ。陸軍では指揮上の最小単位。海軍では陸軍の中隊に相当。↕小隊・中隊・大隊。

ぶん‐たい⓪【文体】名 ❶作者の個性が文章の表現と一体となり、独自の特徴・傾向をなしているもの。スタイル。↕話体。❷文章の様式。和文体・漢文体・書簡体など。

ぶん‐だい⓪【文題】名 文章・作文の題目。

ぶん‐だく・る③ 他五 ラ・ロ|リ・ッ|ル|ル|レ|レ〔俗語〕乱暴にうばいとる。

踏ふ**んだり蹴**け**ったり** さんざんな目にあうようす。ひどいしうちにあうようす。

ふん‐たん⓪【粉炭】名 こなになった石炭。↕塊炭。

ふん‐だん⓪ 形動 ダロ・ダッ・デ・ニ|ダ|ナ|ナラ|○ ゆたかなようす。多いようす。たくさん。「品物が―にある」

ぶん‐たん⓪【文旦】名 ザボンの別名。ぼんたん。

ぶん‐たん⓪【分担】名他サ 負担すべきことをなん人かで分けて受けもつこと。「事務―」

ぶん‐だん⓪【分団】名 団体の本部から分設された組織。

ぶん‐だん⓪【文壇】名 文学者の社会。文士のなかま。

ぶん‐だん⓪【分断】名他サ まとまったものを、幾つかにたち切ること。「大雨で鉄道が―された」

ぶん‐ち①【文治】名〔文章語〕武力によらないで、法令・教化などで世をおさめること。文政。ぶんじ。↕武断。

ぶん‐ち①【聞知】名他サ〔文章語〕聞いて知ること。

ぶん‐ちゅう⓪①【文中】名 ❶文章のなか。「―に引用する」❷一つの文のなか。「―の主語」

ぶん‐ちょう⓪【文鳥】名 カエデチョウ科の小鳥。すずめよりすこし大きい。人によくなれる。観賞用。

ぶん‐ちん⓪【文鎮】名 文書・紙類のおもしに使う道具。

ぶん‐つう⓪【文通】名自サ 手紙のやりとり。

ふん‐づかま・える⑤|⓪【ふん捕まえる】―づかまへる 他下一 エ・エ|エル|エル|エレ|エロ・エヨ〔俗語〕ぐっとつかまえる。取り押さえる。

ふん‐づ・ける③【踏ん付ける】他下一 ケ・ケ|ケル|ケル|ケレ|ケロ・ケヨ〔「ふみつける」の変化〕ふんでおさえる。「足を―」

ふん‐づまり⓪【ふん詰(ま)り】【×糞詰り】名 便秘。

ぶん‐てん⓪【分店】名 本店から分かれて別に作った店。支店より小さい場合が多い。

ぶん‐てん⓪【文典】名〔文章語〕文法について述べた本。

ぶん‐てん⓪【文展】名 「文部省美術展覧会」の略。もと、文部省が主催して毎年開催していた美術展覧会。

ふん‐ど①【×糞土】名〔文章語〕❶きたない土。❷役にたたないもの。けがらわしいもの。

ふん‐ど①【憤怒】【×忿怒】名自サ〔文章語〕➡ふんぬ。

ぷん‐と①/⓪ 副自サ ❶急に強くにおいがするようす。「悪臭が―鼻をつく」❷腹を立ててふくれるようす。「―して口をきかない」

ふん‐とう⓪【噴騰】名自サ〔文章語〕気体・液体が、いきおいよくふきあがること。「鉄管から水が―する」

ふん‐とう⓪【奮闘】名自サ ❶力いっぱいたたかうこと。❷力いっぱい努力すること。「孤軍―」

ぶん‐どう⓪【分銅】名 はかりのおもり。

ぶん‐とう⓪【文頭】名 文や文章のはじめの部分。↕文末。

ぶん‐どき③【分度器】名 角度をはかる器具。

ふんどし⓪【×褌】名 男子の陰部をおおいかくす布。したおび。―**を締**し**める** 決心をかたくし、覚悟をあらたにす

ふ

る。

ふんどし-かつぎ [カ]【〈ふんどし担ぎ〉】【×褌担ぎ】[名] ❶〔関取(せきとり)のまわしをかついで歩くことから〕相撲取りの下っぱの者。とりてき。❷〔俗語〕下級の者。

ぶん-ど・る [ド]【分捕る】[他五]〔ラ・ロ｜リ・ッ｜ル｜ル｜レ｜レ〕❶戦争で敵の武器などをうばう。❷他人の物をうばいとる。**分捕り** [名] **分捕れる** [自下一]〔…できる〕

ぶん-なぐ・る [グ]【▲打ん殴る】[他五]〔ラ・ロ｜リ・ッ｜ル｜ル｜レ｜レ〕〔俗語〕勢いよくなぐる。激しくなぐる。「ぶんなぐってやりたいくらい憎い」「ぶん」は強めの接頭語。

ぶん-な・げる [ゲ]【▲打ん投げる】[他下一]〔ゲ｜ゲ｜ゲル｜ゲル｜ゲレ｜ゲロ・ゲヨ〕〔俗語〕力まかせに投げる。「ぶん」は強めの接頭語。

ふん-にゅう [0]【粉乳】[名] 水分を蒸発させて、こなにした牛乳。こなミルク。ドライミルク。

ふん-にょう [0]【×糞尿】[名] 大便と小便。

フンヌ [フ]【×匈▲奴】[名] きょうど。フン族。

ふん-ぬ [フ]【憤▲怒・×忿▲怒】[名][自サ] ひどくおこること。ふんど。「―の形相」

ぶん-のう [0]【分納】[名][他サ] 一定のかねを、何回かに分けておさめること。「税金を―する」↔全納。

ぶん-ぱ [ブ]【分派】[名][自サ] 集団の中で、中心勢力からわかれて別の勢力をつくること。また、その一派。「―行動」

ぶん-ばい [0]【分売】[名][他サ] 少しずつ分けて売ること。

ぶん-ぱい [0]【分配】[名][他サ] 皆に分けてくばること。

ぶん-はく [0]【文博】[名]「文学博士」の略。

ふん-ぱつ [0]【奮発】[名][自他サ] ❶心をふるいおこすこと。❷おもいきってかねを出すこと。「一万円―する」

ふんば・る [バ]【踏ん張る】[自五]〔ラ・ロ｜リ・ッ｜ル｜ル｜レ｜レ〕❶ふみこたえる。「土俵際で―」❷主張して自説をまげない。❸気力を出して、じっとこらえる。**踏ん張り** [名] **踏ん張れる** [自下一]〔…できる〕

ふん-ぱん [0]【噴飯】[名] 口の中のめしをふきだすほど、おかしいこと。**―物**(もの) [0][名] 人に笑われるような物事。こっけいなこと。「そんなことを言うなんて―だぞ」

ぶん-ぱん [0]【文範】[名]〔文章語〕文章の手本。「書簡―」

ぶん-ぴ [0]【分泌】[名][自他サ] ⬇ぶんぴつ。

ぶん-ぴつ [0]【文筆】[名]〔文章語〕詩歌(しいか)や文章をつくること。**―家**(か) [0][名] 文筆を職業とする人。**―業**(ぎょう) [ツ][名] 文筆にたずさわる職業。

ぶん-ぴつ [0]【分筆】[名][自サ] 一筆(いっぴつ)(土地台帳で一区切り)の土地をさらに二つ以上に区分すること。

ぶん-ぴつ [0]【分泌】[名][自他サ] 生物の腺(せん)細胞が、汗・消化液・ホルモンなどの特有の物質をにじみ出すこと。ぶんぴ。「胃液の―」

ふん-びょう [0]【分秒】[名] ごくみじかい時間。「―のくるいもない」**―を争**(あらそ)**う** ひどくさしせまっている。

ぶん-ぶ [ブ]【文武】[名] 学問と武道。「―にたけた名将」**―両道**(りょうどう) [ブ][名] 文と武の二つの方面。

ぶん-ぷ [0]【分布】[名][自サ] ❶方々に分かれてあること。分かれて広まること。「人口―」❷動植物の種類によって、住む場所、はえる場所に区別があること。「垂直―」

ぶん-ぷく [0]【分服】[名][他サ] なん回かに分けて薬をのむこと。

ぶん-ぶつ [ブ]【文物】[名] 宗教・芸術・学問・法律など文化の産物。「平安時代の―」

ふん-ふん [フ] ㊀[と][副] においをかぐようす。「鼻を―させる」㊁[感] あいづちとして発する語。「『それで、どうした』『それから帰って寝ました』『―』」

ふん-ぷん [0]【×芬×芬】[と][副][たる連体]〔文章語〕においが強く感じられるようす。

ふん-ぷん [0]【紛紛】[と][副][たる連体]〔文章語〕いりまじって、みだれるようす。「諸説―」

ぷん-ぷん [ブ][副][自サ] ❶腹を立ててふくれているようす。ぷりぷり。❷強くにおうようす。「香水を―させる」

ふん-べつ [フ]【分別】[名][他サ]〔「ぶんべつ」と読めば別語〕経験にとみ、物の道理をよく知っていること。道理を考えわけること。常識にそった判断力。「―がある」「―がつかない」**―臭**(くさ)**い** [サ][形] いかにも分別があるといわんばかりのようすである。**―盛**(ざか)**り** [ザ][名] 経験もあり、物の道理がよくわかる年ごろ。**―らしい** [シ][形] 分別があるように見える。

ぶん-べつ [0]【分別】[名][他サ]〔文章語〕〔「ふんべつ」と読めば別語〕種類によって区別すること。類別。「ごみの―収集」**―書**(が)**き** [0][名] 語と語、文節と文節などの間をあけて書くこと。わかちがき。

ふん-べん [0]【×糞便】[名] 大便。くそ。

ぶん-べん [0]【分×娩】[名][他サ] 子をうみだすこと。出産。

ふん-ぼ [フ]【墳墓】[名]〔文章語〕はか。はかば。**―の地**(ち) ❶はかのある土地。墓地。❷祖先のはかのある土地。故郷。

ぶん-ぼ [ブ]【分母】[名] 分数または分数式で、横線の下にある数、または式。↔分子。

ぶん-ぽう [0]【文法】[名] ❶語句と語句とを結びつけて文を作る時の法則、または法則性。語句の形に関する分野(形態論)と語句を文に構成する法則に関する分野(統語論)に分けられる。❷❶を研究する学問。文法論。❸文の集合である文章を作る際の法則。文章作法。また、広く表現のしかたやしくみをさすこともある。「映画の―」

ぶん-ぽう [0]【分包】[名][他サ] 粉薬などを分けて一包みずつにすること。

ぶん-ぽう [0]【分封】㊀[名][他サ]〔文章語〕領地を分け与えること。また、分け与えられた領地。㊁[名][自サ] みつばちの巣に新しい女王ばちができ、古い女王ばちが一部のはたらきばちとともに新しい巣をつくること。

ぶんぼう-ぐ [ボ]【文房具】[名] 書きものに必要な道具。筆・ペン・紙・インク・ノート・けしゴム・定規など。文具。

ふん-ぽん [0]【粉本】[名]〔文章語〕❶絵のしたがき。❷絵・文章などの手本。❸絵・文章などを写したもの。

ふん-ま・える [エ][マ]【踏んまえる】[他下一]〔エ｜エ｜エル｜エル｜エレ｜エロ・エヨ〕⬇ふまえる。

ふん-まつ [0]【粉末】[名] こ。こな。

ぶん-まつ [0]【文末】[名] 文や文章のおわり。↔文頭。

ぶん-まわし [マ]〔まはし〕[名] 円形をえがく器具。コンパス。

ふん-まん [0]【憤×懣・×忿×懣】[名]〔文章語〕いきどおり、なやむこと。心中にわだかまっているいかり。「―やるかたない」

ぶん-みゃく [0]【文脈】[名] 文章・文のすじみち。文章の中での文や語句のつづきぐあい。「―をたどる」

ぶん-みん [0]【文民】[名]〔文章語〕職業軍人以外の一般人。日本国憲法第六十六条にある語。**―統制**(とうせい) [ト][名] 文民が防衛計画に決定権をもつこと。

ふんむ-き [ム][名] ㊀【噴霧器】液体を霧のようにふきだす器具。霧吹き。㊁【噴霧機】農薬などを散布する機器。

ぶん-めい [0]【文名】[名]〔文章語〕詩歌(しいか)・小説・戯曲などの作者としての名声・評判。「―高い作家」

ぶん-めい [0]【文明】[名] 人のちえが進み、世の中が便利にゆたかになること。↔野蛮。[参考] 文化と区別して、物質的方面の発達をさすことが多い。**―開化**(かいか) [カ][名] ❶人知がひらけ世の中が進むこと。❷西洋文明をとりいれ、旧弊(きゅうへい)をうちやぶること。明治時代初期の流行語。**―批評**

ヒ 名 文明の諸現象を研究・分析し、その本質・価値について論じること。また、その評論。━病(びょう) 0 名 ❶物質文明が発達しすぎたことによって生じる病気。❷性病の別名。

ぶん-めい 0【分明】名 形動〔文章語〕はっきりしていること。ぶんみょう。明白。「━な事実」

ぶんめいろんのがいりゃく《文明論之概略》福沢諭吉(ふくざわゆきち)の評論。一八七五年刊。西洋文明を手本とする、日本の文明開化の必要性を説いた。

ぶん-めん 0|又【文面】名 手紙などの文章から読み取れる趣旨・意味。「━から察する」

ぶんもう【文盲】「もんもう」のあやまり。

ふん-もん 0【噴門】名 食道から胃への入り口。↕幽門。

ぶん-や ブ【分野】名 範囲。領域。「新━の開拓」

ぶん-ゆう 0【分有】名 他サ 分けて所有すること。

ぶん-よ ブ【分与】名 他サ 一つのものを分けあたえること。

ぶん-らく ブ【文楽】名 浄瑠璃(じょうるり)に合わせて行うあやつり人形の芝居。参考 寛政年間、植村文楽軒が大坂にはじめた人形芝居の一座、文楽座の名から。

文楽の舞台

ふん-らん 0【紛乱】名 自サ〔文章語〕ごちゃごちゃに入り乱れること。混乱。

ぶん-らん 0【×紊乱】名 自他サ〔文章語〕(「びんらん」は慣用読み。「紊」はみだれる意)みだれること。みだすこと。「風紀が━する」

ぶん-り ブ【文理】名 ❶〔文章語〕すじめ。あや。きめ。「大理石の━」❷〔文章語〕文章のすじみち。文脈。「━をたどる」❸文科と理科。「━学部」

ぶん-り 0|ブ【分離】名 自他サ ❶一つのものから分かれ、はなれること。分けはなすこと。❷結晶・昇華・蒸留などの方法で、ある物質を分けて取り出すこと。

ぶん-りつ 0【分立】㊀名 自サ 分かれて存立すること。ぶんりゅう。「三権━」㊁名 他サ 分けて設立すること。「支店を━する」

ふん-りゅう 0【噴流】名 ふき出すようなはげしいながれ。

ぶん-りゅう 0【分流】名 ❶本流から分かれたながれ。「利根(とね)川の━」❷一つの系統から分かれた流派。分派。

ぶん-りゅう 0【分留】【分×溜】名 他サ 沸点(ふってん)のちがった数種の液の混合物を熱して、沸点のひくいものから順々に各成分を分けてとりだすこと。

ぶん-りょう リョ【分量】名 目方・容積・数などの量。

ふん-りん 0【×賁臨】名 ⇒ひりん。

ぶん-るい 0【分類】名 他サ 種類・性質などによって分けること。「図書の━」━体(たい) 0 名 全体をある基準によって分類し、まとめたもの。「意味━辞書」

ふん-れい 0【奮励】名 自サ 心をふるいおこして、はげむこと。「━努力する」

ぶん-れい 0【分霊】名 神社の祭神を分けて、他の神社の祭神とすること。また、その祭神。

ぶん-れい 0【文例】名 ❶文章の作り方の実例。❷文について説明するとき、具体例として示される文。

ぶん-れつ 0【分列】名 自サ それぞれの列に分かれならぶこと。「━行進」━式(しき) ツ 名 隊形をととのえた部隊が行進して、査閲者などに敬礼を行う式。

ぶん-れつ 0【分裂】名 自サ ❶一つのものが分かれて、いくつかになること。「党が━する」❷細胞や核が分かれて、ふえること。

ぶん-わ 0【文話】名 文章や文学についてのはなし。

ふんわか ワ と 副 自サ ふわふわとして気持ちのよいようす。「━した気分」

ふんわり ワ と 副 自サ とてもやわらかくて軽いようす。「━としたショール」

へ

へ ※ ひらがな・かたかなともに「部」の右。

へ ヘ【×屁】名 ❶腸内に発生したガスが肛門(こうもん)から出るもの。おなら。❷つまらないもの。問題にならないもの。「━のような話だ」━とも思(おも)わない なんとも思わない。眼中におかない。「他人の評価など━」━の河童(かっぱ) 平気であること。━を放(ひ)って尻(しり)すぼめ しくじったあとでとりつくろっても、まにあわない。

へ【▲辺】名〔古語〕❶近く。ほとり。はた。「大君のへにこそ死なめ」〈万葉〉❷海べ。「沖つ藻はへには寄れども」〈書紀〉

へ ェ 助〔格助詞〕❶動作や作用の方向・方角を示す。「東━向かう」❷相手・対象を示す。「これは君━の贈り物だ」❸到着点を示す。「東京━着いたら手紙をくれ」❹〔「…ところへ」の形で〕ある状態が継続しているうえに、あたらしい事態がおこることをあらわす。「寝ているところ━、電話だ」参考 動作の対象をあらわす場合、「へ」と「に」を用いるが、「へ」は、「荷物を九州から東京へ輸送する」のように、移動に重点がある場合に使う。「送った荷物のうち一部は東京に残す」のように、位置が動かないことを意味する場合は「に」を使う。

べ【辺】接尾 ❶ほとり。あたり。「海━」❷〔古語〕ころ。「今を春べと咲くやこの花」〈古今〉

ペ 接尾〔文章語〕「ページ」の略。「全二百━」

ヘア ヘ〈hair〉＝ヘアー 名 ❶髪の毛。❷陰毛。毛。

ベア ベ 名「ベースアップ」の略。

ペア ペ〈pair〉名 二つでひとそろいになっているもの。二人で一組になること。一対(いっつい)。「━スケーティング」

ヘア-カラー カ〈hair color〉名 染毛剤を使って髪の色を変えること。また、その染毛剤。参考 日本語での用法。

へ-あが・る ガ【経上がる】自五 高い地位にあがる。なりあがる。

ヘア-トニック ト〈hair tonic〉名 髪の毛の強壮剤・香水。

ヘア-ドネーション ネ〈hair donation〉名 病気や事故で頭髪を失った人のための医療用かつらの材料として、切った髪を寄付すること。

ヘア-ドライヤー [ラ]〈hair dryer〉[名] ぬれた髪に風をふきかけ、乾燥させる機械。ドライヤー。

ヘア-ピース [ピ]〈hairpiece〉[名] 頭髪の一部につけるかつら。つけ毛。

ヘア-ピン [0]〈hairpin〉[名] 頭髪をととのえたり、装飾として用いるピン。 **―カーブ** [カ]〈hairpin curve〉[名] 道路がヘアピンのように急に折れ曲がっているところ。

ヘア-リキッド [リ]〈hair liquid〉[名] (和製英語) 主に男性用の液体整髪料。

ペア-リング [リ]〈pair rings〉[名] 恋人どうしで作る、そろいのデザインの指輪。

ベアリング [0]〈bearing〉[名] 回転軸の心棒をささえて、自由に回転させる部分。軸受け。「ボール―」

ペアリング [0]〈pairing〉[名][自他サ] ❶二つの物を組み合わせること。「ワインと料理との―」 ❷繁殖のために動物を交尾させること。 ❸一対の電子機器を無線接続するために、たがいを認証する作業。

ペア-ルック [ル]〈pair look〉[名] (和製英語) 恋人・家族・仲間など、親しい人どうしが着る、おそろいの服装。

へい【平】 [造] ❶たいら。ひらたい。「平行・平原・平地・平面・水平・地平線」 ❷ひとしい。「平均・公平」 ❸おだやか。しずか。しずめる。「平安・平穏・平気・平定・不平・和平」 ❹つね。ふつう。「平時・平常・平生(へいぜい)・平素・平熱・平凡」 ❺たやすい。「平易(へいい)・平明」 ❻平方。「平米(へいべい)・開平」[別音ひょう・びょう|平]

へい【並】 [造] ならぶ。ならべる。「並行・並立・並列」

へい【併】 [造] ❶あわせる。「併記・併設・併用・合併(がっぺい)」 ❷かさなる。「併殺・併存・併発」 ❸ならぶ。「併進」

へい【柄】 [造] ❶え。つか。とって。「葉柄」 ❷いきおい。勢力。「横柄・権柄(けんぺい)」 ❸材料。たね。「話柄」

へい【陛】 [造] 天子の宮殿にのぼる階段、きざはしの意から、天子の尊称。「陛下」

へい【×屏】 [造] ついたて。かこい。おおい防ぐ。「藩屏(はんぺい)・障屏画」[別音びょう|屏]

へい【閉】 [造] ❶とじる。とざす。しめる。しまる。「閉口・閉鎖・閉塞(へいそく)・閉門・開閉・密閉(みっぺい)」 ❷おえる。「閉会・閉経・閉店・閉幕」

へい【×聘】 [造] まねく。「招聘」 **聘する** [他サ]

へい【蔽】 [造] おおう。かくす。「隠蔽(いんぺい)・掩蔽(えんぺい)・遮蔽(しゃへい)」

へい【餅】 [造] もち。「画餅(がべい)・月餅(げっぺい)・煎餅(せんべい)」

へい【×斃】 [造] たおれる。たおれて死ぬ。「斃死」

へい【丙】 [へ][名][造] ❶十干(じっかん)の第三位。ひのえ。「丙午(へいご/ひのえうま)」 ❷物事の第三位。「甲乙―」

へい【兵】 [へ][名][造] ❶[文章語] 武器。武具。「短兵急」「白兵戦」 ❷軍人。兵士。つわもの。「兵役(へいえき)・兵火・兵乱」「―を挙(あ)げる」 ❸軍事。たたかい。「兵力・挙兵・徴兵」 ❹軍人の最下級の階級。旧陸軍で下士官の下のもの。「二等兵」[別音ひょう|兵]

へい [0]**【塀】** [名][造] 板・石などでつくった、土地のしきり。かこい。かき。「板塀(いたべい)・黒塀(くろべい)・石屏(せきべい)」

へい【幣】 ❶ [へ][名][造] ❶神前に供える布帛(ふはく)。ぬさ。みてぐら。「幣帛(へいはく)・御幣(ごへい)」 ❷みつぎもの。「幣物(へいもつ|へいぶつ)」 ❷ [造] かね。通貨。「貨幣・紙幣・造幣局」

へい【弊】 ❶ [へ][名][造] あやまり。悪いならわし。欠点。「社会の―」「弊害・弊習・悪弊・語弊」 ❷ [造] ❶つかれる。くるしむ。「疲弊」 ❷自分に関する物事のあらたまった言い方。「弊社・弊店」 ❸やぶれる。「弊履・弊衣破帽」

へい [へ][あいさつ] ❶応答のことば。 ❷肯定を表すことば。もと、商人・召し使い・子分などが使った。

べい【米】 [造] ❶こめ。よね。「米価・米穀・米作・米飯」 ❷「亜米利加(アメリカ)」の略。「米英・米国・欧米・渡米・中南米」 ❸メートル。長さの単位。「平米(へいべい)・立米(りゅうべい)」[別音まい|米]

ベイ [ベ]〈bay〉[名] 湾。入り江。「―サイド」

べい [助動][古語] 推量の助動詞「べし」の連体形「べき」の変化。「はしたなくもあべいかな」〈源氏〉[参考] 関東では室町時代ごろから終助詞のように用いられ、現代にも方言として残る。⇩べえ。

ペイ [ペ]〈pay〉❶[名] 賃金。給料。 ❷[名][自サ] 経費に応じた収入のあること。ひき合うこと。「この計画は―する」

へい-あん [0]**【平安】** [文章語] ❶[名][形動] 無事で、おだやかなこと。「航海の―を祈る」 ❷[名] 手紙の封筒のわき付けの語。変事の報でないことを示す。⇩外わき付け[参考]

へいあん《平安》 京都市中心部の古い言い方。ここに、桓武(かんむ)天皇がみやこを移し、平安京とよばれた。平安に遷都してから、鎌倉幕府が開かれるまでの時期(七九四―一一八五)を平安時代(平安朝)と称する。

へい-い [へ]**【平易】** [名][形動] たやすいこと。やさしいこと。「―な文章」

へいい-はぼう [へ]**【弊衣破帽】** [名] やぶれた衣服と、やぶれた帽子。

へい-いん [0]**【兵員】** [名] 兵のかず。兵の人数。

へい-いん [0]**【閉院】** [名][自サ] ↔開院。❶衆議院・参議院などの会期を終えること。 ❷病院などが業務をやめること。

へい-えい [0]**【兵営】** [名] 兵舎のある一定の区域。

へい-えき [0]**【兵役】** [名] 軍隊に入り兵士の任務につくこと。「―拒否」[参考] 大日本帝国憲法(一九四七年廃止)では国民の義務とされた。

へい-えん [0]**【閉園】** [名][自他サ] ↔開園。❶動物園・遊園地などがその日の業務を終えること。 ❷幼稚園・動物園などが事業をやめること。

べい-えん [0]**【米塩】** [名][文章語] こめとしお。食生活に欠かせないもの。 **―の資(し)** 生活に必要なかね。

へい-おく [0]**【弊屋】** [名] ❶みすぼらしい家。あばらや。 ❷自分の家のあらたまった言い方。拙宅。

ペイオフ [オ]〈payoff〉[名] 金融機関が破綻したとき、預金金額のうち一定額を預金保険機構が預金者に払い戻す制度。

へい-おん [0]**【平温】** [名] 平常の温度。

へい-おん [0]**【平穏】** [名][形動] おだやか。やすらか。「―な日々」

へい-か [へ]**【平価】** [名]〖経〗❶通貨の対外的な位置。金本位制では本位貨幣の金(きん)の含有量により、固定相場制では交換比率により表された。 ❷有価証券の価格が、額面金額にひとしいこと。 **―切(き)り下(さ)げ** [へ][名]〖経〗固定為替相場制で、基軸通貨に対して自国通貨のデバリュエーション。[参考] 表記は「平価切下げ」でもよい。

へい-か [へ]**【兵×戈】** [名][文章語]「兵」は刃物、「戈」はほこ。❶武器。 ❷戦争。いくさ。

へい-か [へ]**【兵火】** [名][文章語] 戦争でおこる火災。

へい-か [へ]**【兵科】** [名] 旧軍隊の兵士の職域。歩兵・砲兵など。

へい-か [へ]**【兵家】** [名][文章語] ❶武士。軍人。「勝敗は―の常」 ❷中国、春秋戦国時代の兵法を研究した学派。孫子・呉子など。

へい-か [へ]**【陛下】** [名] 天皇・皇后・皇太后・太皇太后をよぶ尊敬語。

へい-か [へ]**【併科】** [名][他サ]〖法〗同時に二つ以上の刑に処

すること。「罰金と科料とを—する」

へい-が【平×臥】ヘ 名 自サ〔文章語〕❶横になること。❷病気で寝ること。

べい-か【米価】ベ 名 こめの価格。「—の引き上げ」

べい-か【米菓】ベ 名 こめでつくった菓子。せんべいなど。

べい-か【米貨】ベ 名 アメリカのかね。また、貨物。

へい-かい【閉会】0 名 自他サ 会議・集会がおわること。また、おえること。「—の辞」「—式」↕開会。

へい-がい【弊害】0 名 わるいこと。害となること。「—をのぞく」参考「幣害」と書くのはあやまり。

へい-かく【兵革】0 名〔文章語〕（「兵」は刃物、「革」はよろいかぶと）❶戦争道具。武器。❷戦争。

へい-がく【兵学】0 名 戦う方法を研究する学問。軍学。

へいか-しき【閉架式】0 名 図書館で、利用者が資料を請求して書庫から取り出してもらうやり方。↕開架式。

へい-かつ【平滑】0 名 形動〔文章語〕たいらで、なめらかなこと。**—筋** 0 ツ 名 不随意筋。

へい-かん【閉館】0 名 自他サ ↕開館。❶図書館・映画館など「館」のつく施設がその日の業務を終えること。「—時間を早める」❷「館」のつく施設が事業をやめること。「今月末をもって—する」

へい-がん【併願】0 名 他サ いくつかの学校を同時に志願して受験すること。「—校」↕単願。

へい-き【兵器】ヘ 名 戦争のための用具。武器。「核—」「化学—」 **—×廠** キ 名 もと、兵器の買い入れ・保存・修理などをとりあつかった機関。

へい-き【併記】ヘ 名 他サ いっしょにならべて書くこと。「賛否両論を—する」

へい-き【平気】0 名 形動 ❶おちついて心がおだやかなこと。「—をよそおう」❷むとんちゃくなこと。「そんなことは—だ」「こわれても—でいる」❸さしつかえないこと。 **—の平左**（**衛門**）〔俗語〕（人名にかけたしゃれ）すこしも気にかけないこと。

へい-きょ【閉居】ヘ 名 自サ 家にとじこもっていること。

へい-ぎょう【閉業】0 名 自他サ 営業をやめること。「移転のため—」↕開業。

へい-きょく【平曲】0 名 平家びわ。

へい-きん【平均】0 ㊀ 名 他サ 数量を同じにしてならすこと。㊁ 名 ❶数多くの量または数の中間的な値。平均値。「二科目の—は七八点」❷つりあいのとれていること。平衡。「—を保つ」 **—寿命** ジュ 名 ゼロ歳児が平均してあと何年生きられるかを示した年数。 **—台** 0 名 ❶体操で使う、平均運動用の道具。幅十センチメートル、長さ五メートル、高さ一・二メートルの台。❷女子体操競技種目の一つ。 **—値** キ 名 ↓平均㊁❶。 **—点** キ 名 ❶得点を平均した値。❷普通の成績・できばえ。 **—余命** ヨ 名 ある年齢の人が、平均してあと何年生きているかを示した年数。

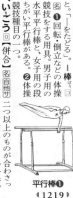

平均台❶

へい-け《平家》❶平を姓とする一族。平氏。↕源氏。❷「平家物語」の略。

へい-げい【×睥×睨】0 名 他サ〔文章語〕❶横目でにらみつけること。「あたりを—する」❷にらみつけて威厳をしめすこと。「天下を—する」

へい-けいき【閉経期】ケ 名 女性の月経がなくなる年齢。更年期。

へいけ-がに【平家がに】【平家×蟹】ケ 名 ヘイケガニ科の甲殻類。こうらの表は人の顔に似ている。瀬戸内海方面に多く、平家一族の亡霊が化したものという伝説がある。㊉夏

へいけ-びわ【平家びわ】【平家×琵×琶】ビ 名 平家物語をびわに合わせて語る音曲。平曲。

へいけものがたり《平家物語》鎌倉時代の軍記物語。作者不明。平清盛を中心に平家の盛衰を仏教的無常観を基調にえがく。

へい-けん【兵権】0 名〔文章語〕兵馬の権。軍をうごかす権力。

へい-げん【平原】0 名 たいらに広がる野原。平野。

へい-こ【×炳×乎】ヘ と副 たる連体〔文章語〕光りかがやくようす。あきらかなようす。「歴史上に—としてかがやく」

へい-ご【平語】0 名〔文章語〕ふだんに使うことば。

べい-ご【米語】0 名 アメリカ英語。

へい-こう【平衡】0 名（はかりのさお(衡)がたいらになる意）❶物事が安定した状態を保つこと。均衡。バランス。❷物質に二つ以上の力が作用し合って、変化が起こりにくくなっている状態。 **—感覚** カ 名 ❶重力の方向に対するからだの位置やつり合いを知る感覚。❷バランスの取れた物事の感じ方。

へい-こう【並行】0 名 自サ ❶ならんでいくこと。「道路と線路が—する」❷同時におこなわれること。「授業と身体検査を—しておこなう」

へい-こう【閉口】0 名 自サ こまること。「難問を出されて—した」 **—頓首** ト 名 自サ〔文章語〕どうしようもなくて困り果てること。

へい-こう【閉校】0 名 自サ 学校をとざすこと。廃校。↕開校。

へい-こう【閉講】0 名 自サ 講義・講習会などがおわること。また、おえること。↕開講。

へい-こう【平行】0 名 形動 自サ ❶同一平面上の二直線や空間内の二平面、あるいは、一直線と一平面が、どんなに延長しても相交わらないこと。❷並行。 **—四辺形** ヘ 名 二組の相対する辺が平行である四辺形。 **—線** 0 名 ❶同一平面上にある二本、または、それ以上の、相互に平行な直線。❷たがいの主張が一致せず、いつまでたっても話し合いがつかないこと。「—をたどる」 **—棒** コ 名 ❶回転・倒立などの体操競技をする用具。男子用の水平平行棒と、女子用の段ちがい平行棒がある。❷体操競技種目の一つ。

平行棒❶

へい-ごう【併合】0 名 自他サ 二つ以上のものが合わさって、一つになること。また、合わせて一つにすること。合併。「町村の—」

べい-こく【米穀】0 名 こめ。また、穀物一般をもさす。 **—年度** ネ 名 こめの取り入れにもとづいて区切った年度。十一月から翌年十月まで。

べい-こく《米国》「アメリカ（亜米利加）合衆国」の略。米。

べい-ごま【▲貝▲独▲楽】0 名 蛽の貝がらに、とかしたなまりをつぎこんでつくったこま。また、これに似せて木や鉄でつくったこま。べえ。ばい。㊉秋

へいこら ヘ 副 自サ〔俗語〕ぺこぺこ頭を下げるようす。「上役に—する」

へい-さ【閉鎖】0 名 自他サ ❶入り口などをかたくとざすこと。とじること。「校門を—する」❷機関や組織が、その活動をやめること。「設備の古くなった工場を—する」

―的(てき) [0] 形動 他者にはいりこまれるのをきらうようす。「―な国民性」↕開放的。

べい-ざい [0]【米材】名 アメリカ合衆国やカナダから輸入する木材。

へい-さく [0]【平作】名 平年なみの収穫。↕豊作・凶作。

べい-さく [0]【米作】名 ❶こめの栽培。「―農家」❷こめのできぐあい。

へい-さつ [0]【併殺】名 他サ 野球で、連続したプレーで二つのアウトをつづけてとること。ダブルプレー。重殺。

へい-ざん [0]【閉山】名 自他サ ❶その山の登山期間をおえること。❷鉱山・炭鉱などが採鉱・採炭をやめること。

べい-さん [0]【米産】名 こめの生産。

へい-し [ヘ]【兵士】名 軍隊に属して、指揮にしたがって軍事につく士卒。下級の軍人。兵隊。兵卒。

へい-し [0]【閉止】名 自サ 活動がとまること。「月経―」

へい-し [0]【×斃死】名 自サ たおれ死ぬこと。のたれ死に。

へい-し《平氏》平(たい)らを姓とする一族。平家。↕源氏。

へい-じ [ヘ]【平時】名 ❶つねのとき。ふだん。↕非常時。❷戦争のないとき。↕戦時。

へい-じ [ヘ]【兵事】名 軍人・軍事に関する事がら。

へい-じ [ヘ]【▲瓶子】名 〔文章語〕 口の細長い、酒を入れるとくり。

べいしき-しゅうきゅう [シュ]【米式蹴球】名 アメリカンフットボール。

へい-じつ [0]【平日】名 つねの日。ふだん。日曜・祝祭日などでない日。ウイークデー。↕休日。

へいじものがたり《平治物語》鎌倉(かまくら)時代前期の軍記物語。作者不明。一一九五年に、源義朝(みなもとのよしとも)らがおこした平治の乱をえがいたもの。この内乱で義朝はやぶれ、平氏全盛の途を開いた。

へい-しゃ [ヘ]【兵舎】名 兵士が寝食・休養をとる建物。

へい-しゃ [ヘ]【弊社】名 〔文章語〕 自分の会社のあらたまった言い方。小社。⇩当社 参考。

へい-しゅ [ヘ]【兵種】名 もと、兵科の種別。旧陸軍の歩兵・騎兵・砲兵などや、旧海軍の砲術科・機械科など。

べい-じゅ [ベ]【米寿】名 「米」の字は分解すると「八十八」になることから）八十八歳。また、その祝い。⇩賀の祝い(表)。

へい-しゅう [0]【弊習】名 〔文章語〕 よくないならわし。弊風。

べい-しゅう [0]【米収】名 こめの収穫。

べい-しゅう [ベ]【米州】名 南北アメリカ大陸の総称。

へい-じゅつ [0]【兵術】名 戦争のしかた。戦術。

へい-じゅん [0]【平準】名 〔文章語〕 ❶水準器ではかって水平にすること。❷程度や数量を均等にすること。「賃金の―化」

へい-しょ [ヘ]【兵書】名 兵法の書物。兵学書。

へい-しょ【閉所】㊀ [0] 名 自他サ 事務所や保育所などの施設が業務を終えること。また、閉鎖すること。「―時間」↕開所。㊁ [ヘ] 名 閉ざされて外に出られない場所。 ―**恐怖症**(きょうふしょう) [フ] 名 閉ざされた狭い場所にいることに恐怖を覚える症状。

へい-じょ [ヘ]【平叙】名 他サ 〔文章語〕 ❶ふつうの言い方で、ありのままにのべること。❷感動・命令・疑問以外のふつうの表現。「―法」 ―**文**(ぶん) [ジョ] 名 感動・命令・疑問以外の、ふつうの表現の文。断定・推量などをふくむ。↕感動文・命令文・疑問文。

へい-しょう [0]【併称】名 他サ ❶あわせ、となえること。ならべて呼ぶこと。❷他といっしょにほめたたえること。「人麿(ひとまろ)と―される大歌人」

へい-じょう [0]【平常】名 物事が、安定した状態にあること。つね。通常。「熱が―に復す」 ―**心**(しん) [ジョ] 名 ふだんと変わりない、落ち着いた心。「―を失う」

へい-じょう [0]【兵×仗】名 ➡ひょうじょう。

へい-じょう [0]【閉場】名 自他サ ↕開場。❶会場などがその日の行事を終えて、人を入れないようにすること。「午後十時―」❷劇場などが、営業をやめること。「今月末かぎりで―する」

へいじょうきょう《平城京》奈良時代に、今の奈良市から大和郡山(やまとこおりやま)市の北方にかけてあったみやこ。「七一〇―七八四」

べい-しょく [0]【米食】名 こめを主食とすること。

へい-しん [0]【平信】名 〔文章語〕 ❶手紙の封筒のわき付けの語。特別の用事ではないということをあらわす。⇩外わき付け 参考。❷変事の知らせや急の用件ではない手紙。

へい-しん [0]【並進・併進】名 自サ ならんで、すすむこと。「ふたりが課長に―する」

へいしん-ていとう [0]【平身低頭】名 自サ 平伏して頭をひくく下げ、おそれいること。「―してわびる」

へい-すい [0]【平水】名 〔文章語〕 ❶河川などの、ふだんの水かさ。❷波だっていない水。

へい・する [ス]【×聘する】他サ 〔文章語〕 礼儀をつくして人を迎える。**へい・す** 文語サ変 シ・セ・サ―シ―スル―スルースレ―シロ・セヨ

へい-せい [0]【兵制】名 兵備に関する制度。

へい-せい [0]【幣制】名 貨幣に関するきまり。貨幣制度。

へい-せい [0]【弊政】名 〔文章語〕 わるい政治。悪政。

へい-せい [0]【平静】名 形動 おだやかで、おちついていること。「心の―を保つ」

へい-ぜい [0]【平生】名 ふだん。つねひごろ。

へい-せき [0]【兵籍】名 ❶軍人の身分。軍籍。❷もと兵役に関係ある人を登録した帳簿。兵籍簿。

へい-せつ [0]【併設】名 他サ おもなものに、あわせて設置すること。「工場に研究所を―する」

へい-せん [0]【兵船】名 いくさぶね。軍艦。

へい-ぜん [0]【平然】と副 たる連体 平気なようす。おちついて心の動かないようす。「―たる態度」

べい-せん [0]【米銭】名 〔文章語〕 ❶こめとぜに。❷こめ代。生活費。

へい-そ [ヘ]【平素】名 副 つね。ふだん。平常。平生。「―のごぶさた」

へい-そう [ヘ]【兵曹】名 旧海軍の下士官の階級。上等・一等・二等にわかれていた。 ―**長**(ちょう) [ソ] 名 旧海軍の軍人の階級の一つ。少尉の下、上等兵曹の上。

へい-そう [0]【並走】名 自サ 並んで走ること。

へい-そく [0]【×屏息】名 自サ 〔文章語〕 ❶息をころしてじっとしていること。❷おそれてちぢこまること。

へい-そく [0]【閉塞】名 自他サ とじふさがること。とざしふさぐこと。「腸―」

へい-ぞく [0]【平俗】名 形動 平凡で俗っぽいこと。

へい-そつ [0]【兵卒】名 最下級の軍人。兵士。

へい-そん [0]【弊村】名 〔文章語〕 ❶おとろえた村。❷自分の村のあらたまった言い方。参考 ❷の意で使うときは [ヘ]。

へい-そん [0]【併存】名 自サ 〔文章語〕 ともに存在すること。へいぞん。「利害相反するものの―はむずかしい」

へい-たい [0]【兵隊】名 ❶兵士。軍人。❷兵士の隊。軍隊。

へい-たん [0]【兵×站】名 戦場の後方にあって、糧食・軍需品の供給・輸送などをとりあつかうところ。

へい-たん [0]【兵端】名 〔文章語〕 戦いの起こるきっかけ。戦端。「―を開く」

へい-たん [0]【平×坦】[名][形動] 土地のたいらなこと。「―な道」

へい-たん [0]【平淡】[名][形動] あっさりしていること。さっぱりしているようす。「―な文章」

へい-だん [0]【兵団】[名] いくつかの師団をあわせた、独立して作戦ができる部隊。

へい-ち [0]【平地】[名] たいらな地面。ひらち。↕山地。**―に波乱(はらん)を起(お)こす** おだやかで何事もないところに、わざといざこざをおこす。

へい-ち [0]【併置】[名][他サ] 二つ以上のものを同じ所に設けること。「文学部と教育学部を―する」

へい-ちゃら [0]【平ちゃら】[形動] ダロ・ダッ・デ・ニ ダ・ナ・ナラ・○ [俗語] 平気なようす。へっちゃら。

へい-ちょう [ヘ]【兵長】[名] 旧陸軍の兵の一番上の階級。伍長(ごちょう)の下。

へい-てい [0]【閉廷】[名][自サ] 法廷をとじ、その日の裁判をやめること。↕開廷。

へい-てい [0]【平定】[名][自他サ] うちたいらげ、おさめること。たいらぎ、おさまること。「反乱を―する」

へい-てん [ヘ]【弊店】[名][文章語] 自分の店のあらたまった言い方。弊舗。⇩当社 [参考]。

へい-てん [0]【閉店】[名][自他サ] ↕開店。❶店をやめ、営業を停止すること。「商売不振で―する」❷その日の営業をおわりにすること。「六時―」

ヘイト [ヘ]〈hate〉[名] 憎むこと。憎悪。反感。**―クライム** [ラ]〈hate crime〉[名] 人種や国籍、宗教などに対する偏見や差別感情が動機となった犯罪。**―スピーチ** [ピ]〈hate speech〉[名] 特定の人種や国籍、宗教などに対する差別感情をあおるような、過激な発言。[参考]「ヘイトクライム」を「憎悪犯罪」、「ヘイトスピーチ」を「憎悪表現」と言い換えることもあるが、差別をする側の憎悪や反感も容認されるかのような誤解をまねく懸念があり、適切ではない。

へい-どく [0]【併読】[名][他サ] 二種以上のものをあわせ読むこと。「二種の新聞を―する」

へいとう【平等】「びょうどう」のあやまり。

へい-として [0]【×炳として】[連語] [文章語] あきらかなようす。光りかがやくようす。「映画史上に―かがやく作品」

へい-どん [0]【併×呑】[名][他サ] [文章語] (あわせのむこと)一つにあわせ、従えること。「隣国を―する」

へい-にん [0]【併任】[名][他サ] もともとの役職のほかに別の役職をかねること。兼任。「文学部長が図書館長を―する」

へい-ねつ [0]【平熱】[名] 健康なときのふつうの体温。おとなはふつうセ氏三六度〜三七度くらい。

へい-ねん [0]【平年】[名] ❶閏年(うるうどし)でない年。二月が二八日で、一年が三六五日の年。❷豊作でも凶作でもないふつうの収穫高の年。「―作」❸いつもの年。ふつうの年。例年。「気温は―なみ」

へい-ば [ヘ]【兵馬】[名] [文章語] ❶兵器と軍馬。❷軍馬。❸軍隊。軍備。❹いくさ。戦争。**―の権(けん)** 軍隊を編制し、それを支配する権力。統帥(とうすい)権。

へい-はく [0]【幣×帛】[名] 神にそなえる物。御幣(ごへい)。

べい-ばく [0]【米麦】[名] [文章語] ❶こめとむぎ。❷穀物。

へい-はつ [0]【併発】[名][自他サ] 同時におこること。同時におこすこと。「余病を―する」

へい-はん [0]【平版】[名]「平版印刷」の略。オフセット・コロタイプなど平らな版面による印刷法。↕凸版・凹版。

へい-ばん [0]【平板】㊀[名] ひらたい板。㊁[名][形動] 詩や文章、また、演劇・映画などで、内容に変化がなく、単調でおもしろみがないようす。

べい-はん [0]【米飯】[名] [文章語] こめのめし。

へい-び [ヘ]【兵備】[名] 戦争の用意。軍事上の準備。軍備。

へい-ふう [0]【弊風】[名] [文章語] わるいならわし・風俗。

へい-ふく [0]【平服】[名] 日常に着用する衣服。ふだんぎ。↕礼服。

へい-ふく [0]【平伏】[名][自サ] ひれふすこと。

へい-ふく [0]【平復】[名][自サ] [文章語] 病気がすっかりなおること。快復。平癒。

へい-ぶん [0]【平文】[名] ➡ひらぶん。

へい-ぶん [0]【平分】[名][他サ] 平等(びょうどう)に分けること。

へい-へい [ヘ1] ㊀[あいさつ] 応答・肯定の「へい」を重ねた言い方。㊁[副][自サ] 目上の人の言いなりに従うようす。

へい-べい [ヘ]【平米】[名] (「米」は「メートル」のあて字)平方メートル。↕立米(りゅうべい)。

ぺい-ぺい [ペ2][名] [俗語] 地位のひくい者をあざけっていう語。下っぱ。ぺえぺえ。「駆け出しの―」

へいへい-たんたん [0]【平平×坦×坦】[と副][たる連体] (「平坦」を強めた言い方)❶土地などがまったく平らで、起状がないようす。❷変化・波乱がなく、平穏なようす。

へいへい-ぼんぼん [0]【平平凡凡】[名][形動] たいそう平凡なこと。「―にくらす」

へい-ほ [ヘ]【弊舗】[名] [文章語] 自分の店のあらたまった言い方。弊店。

へい-ほう [ヘ]/[0]【兵法】[名] ❶いくさの方法。戦略・用兵の法。❷武芸。‖ひょうほう。

へい-ほう [0]【平方】㊀[名][他サ] ある数を二乗すること。自乗。㊁[名] ❶(長さの単位の前につけて)面積の単位をあらわすことば。❷(長さの単位の後につけて)その長さを一辺とする正方形の面積をあらわすことば。「五メートル―」**―根(こん)** [ホ][名] ある数を二乗して得た数に対し、元の数。

へい-ぼん [0]【平凡】[形動] ダロ・ダッ・デ・ニ ダ・ナ・ナラ・○ とりたてて優れた点や変わったところのないようす。普通。「―な人物」↕非凡・超凡。

へいぼん《平凡》二葉亭四迷(ふたばていしめい)の中編小説。一九〇七年発表。人生と文学に対する作者の晩年の思想をしめしたもの。

へい-まく [0]【閉幕】[名][自サ] ↕開幕。❶演劇などがおわって幕をとじること。❷物事がおわること。

へい-みゃく [0]【平脈】[名] 健康なときの、ふつうの脈はく。ふつうおとなは一分間に六〇〜七五。

へい-みん [0]【平民】[名] ❶官職・位階のない人民。❷旧憲法で、族称の一つ。華族・士族以外の人々。一九四七年日本国憲法施行により廃止。↕華族・士族。**―的(てき)** [0][形動] 地位などにとらわれず、くだけているようす。

へい-めい [0]【平明】㊀[名][形動] やさしくて、よくわかること。「―な文章」㊁[名] [文章語] よあけがた。

へい-めん [0]/[メ]【平面】[名] たいらな表面。↕曲面・立体。**―幾何学(きかがく)** [カ][名] 平面上における図形の性質を研究する幾何学。**―図(ず)** [ズ][名] 物体の平面上における投影によって生じる図。**―的(てき)** [0][形動] ↕立体的。❶奥ゆきの感じられないようす。❷内部に立ち入らず、表面的なようす。「―な観察」**―描写(びょうしゃ)** [ビョ][名] 作者の主観を加えず、事件の表面だけをえがく小説の技法。田山花袋(たやまかたい)がとなえた。

へい-もつ [0]【幣物】[名] [文章語] ❶幣帛(へいはく)。❷進物。

へい-もん [0]【閉門】㊀[名][自サ] 門をとじること。↕開門。㊁[名] 江戸時代、武士や僧などに科した刑。門や窓をかたく閉じ、家にとじこもらせた。

へ

へい-や 0【平野】名 たいらに広がる地形。平原。 **―部** ヤ 名 平野の方面。「―は晴れ間が広がる」↕山間部(さんかんぶ)。

へい-ゆ ヘ【平癒】名 自サ 病気がなおること。平復。

へい-ゆう 0【併有】名 他サ あわせもつこと。二つ以上のものをいっしょに所有すること。

へい-よう 0【併用】名 他サ 二つ以上のものをいっしょに使うこと。「二種のくすりを―する」

へい-らん 0【兵乱】名 戦争で世がみだれること。

へい-り ヘ【弊履】【×敝履】名〔文章語〕やぶれたはきもの。 **―のごとく捨(す)てる** やぶれたはきものを捨てるように、おしげもなく捨てること。

へい-りつ 0【並立】名 自サ 二つ以上のものが同時に立つこと。「三者―」 **―語** 0 名 文の中で対等の資格で並ぶ二つ以上の語または文節。参考「ノートと鉛筆とを買った」では、「ノート(と)」と「鉛筆(と)」は並立語である。しかし、「ノートと鉛筆を買った」では、「ノートと」という文節と「鉛筆を」という文節は、文の成分としてはたらきが同じでなく、厳密に対等な関係とは言えない。

へい-りゃく 0【兵略】名 軍事上のはかりごと。軍略。

へい-りょく ヘ【兵力】名 兵員・軍艦・航空機などの総体の力。軍隊の力。戦闘力。武力。

へい-れつ 0【並列】㊀名 自他サ 横にならびつらなること。また、ならべつらねること。㊁名 電池などの、陽極は陽極だけ、陰極は陰極だけをそれぞれつなぐこと。↕直列。

へい-わ 0【平和】名 形動 ❶戦争などがなく、おだやかにおさまっていること。「―な時代」❷安らかなこと。「―な顔」参考「平和」は、争いなどのない状態。「和平」は、平和な状態にする行為。 **―共存(きょうそん)** 0 名 ❶社会体制のちがう二つの国(資本主義国と社会主義国)が、戦わずに共に存在すること。❷利害の相反する者どうしが、争わずに共に成り立っていくこと。

ペイン-クリニック リ〈pain clinic〉名 神経痛・リューマチ・がんなどの、継続する痛みの軽減のために治療を行う診療部門。

ペインティング イ〈painting〉名 ❶絵を描くこと。「―ナイフ」「フェイス―」❷ペンキをぬること。

ペイント 0〈paint〉名 顔料を溶剤でといた、不透明な塗料。ペンキ。

べう 助動〔古語〕推量助動詞「べし」の連用形「べく」の変化。「生くべうも覚えはべらぬを」〈源氏〉

へえ 0 ㊀感 感心したり、驚いたりするときに言う。「―、ちっとも知らなかった」㊁あいさつ ⬇へい。

べえ 助〔終助詞。助動詞「べい」の変化。東日本方言〕❶推量をあらわす。「雨になる―」❷意志をあらわす。「めしを食う―」‖べ。っぺ。

ベーカリー ベ〈bakery〉名 パン・洋菓子を製造・販売する店。

ベーキング-パウダー パ〈baking powder〉名 ふくらし粉。

ベークライト ラ〈Bakelite〉名〔商標名〕石炭酸とホルマリンを材料とした合成樹脂。日用器具・電気絶縁物用。

ベーグル ベ〈bagel〉名 ドーナツ状の生地をゆでてから焼いたパン。かための外側ともちもちした中身で独特の食感がある。

べえごま 0 名 ⬇べいごま。

ベーコン ベ〈bacon〉名 塩づけにしたぶたの背・横腹などの肉を薫製(くんせい)にした食品。

ページ 0〈page〉【×頁】名 書物・帳簿などの紙の一面。

ページェント ペ〈pageant〉名 ❶野外で臨時に行われる劇。野外劇。❷野外で行われる大がかりの見世物。❸中世ヨーロッパの宗教劇の移動舞台。また、その劇。

ベーシック ベ〈BASIC〉名〔Beginner's All-Purpose Symbolic Instruction Codeから〕初心者向き会話型プログラム言語。パソコン用として普及。

ベーシック ベ|シ〈basic〉形動〔ダロ・ダッ・デ・ニ／ダ・ナ・ナラ・〇〕基本的。基礎的。「―デザイン」

ベージュ 0〈フ beige〉名 うすくてあかるい茶色。

ベース ベ|0〈base〉名 ❶基本。基礎。基地。❷野球で、塁(るい)。 **―アップ** ア〈base-up〉名 自サ〔和製英語〕基準賃金の引きあげ。ベア。 **―キャンプ** キャ〈base camp〉名 登山で、根拠地として設けるキャンプ。 **―ボール** ボ〈baseball〉名 野球。

ベース ベ〈bass〉名 ❶男声の低音・低音部。バス。❷楽曲の最低音・最低音部。❸コントラバス。

ペース ペ〈pace〉名 ❶歩調。速度。走り方。❷仕事などの進み方。調子。「―を乱す」「相手の―にまきこまれる」 **―ダウン** ダ〈pace down〉名 自サ〔和製英語〕速度が落ちること。仕事などの進み具合が鈍くなること。 **―メーカー** メ〈pacemaker〉名 ❶中距離以上の競走で、選手の調子をあげ、実力を完全に出させるために選手のわきを走る役目の人。また、その機械。❷心臓に電気刺激を与えて、脈拍を一定にする装置。

ペースト 0|ペ〈paste〉名 ❶のりのように練った食べもの。「レバー―」❷のり状の接着剤。はんだ付けに用いる。❸コンピューターで、データを別の位置にはりつけること。「コピーアンド―」

ペーズリー ペ〈paisley〉＝**ペイズリー** 名 まが玉のような形の模様。参考 この模様の織物を産したスコットランドの都市の名から。

ベーゼ ベ〈フ baiser〉名 せっぷん。キス。

ペーソス ペ〈pathos〉名 哀愁。悲哀感。

ベータ ベ〈beta〉名 ギリシャ文字の二番目の「Β・β」。⇩ギリシャ文字(表)。 **―線(せん)** 0 名〔β-rayから〕放射性元素から出る放射線の一種。高速度の電子からなる。

べ(ヴェ)ーダ《ボン Vēda》バラモン教の経典。

ベーチェット-びょう 0【ベーチェット病】名〔ベーチェット Behçet は発見者の名〕全身、特に口内・皮膚・目などに急性の炎症を起こす原因不明の病気。

ペーチカ ペ〈ロ pechka〉名 ロシア式の暖房装置。石・れんが・粘土などで、建物の一部として壁や床につくりつけた暖炉。ペチカ。冬

ペーハー ハ〈ド pH〉名 ⬇ピーエッチ。

ペーパー 0|ペ〈paper〉名 ❶紙。特に洋紙。❷文書。書類。論文。❸書類上だけのもので、実体がないこと。「―カンパニー」❹ラベル。❺紙やすり。サンドペーパー。 **―クラフト** ラ〈paper craft〉名 紙で作る立体的な工芸品。紙工芸。 **―タオル** タ〈paper towel〉名 台所などで使う紙製のタオル。 **―テスト** テ〈paper test〉名 筆記試験。 **―ドライバー** ラ〈paper driver〉名〔和製英語〕免許証は持っているが実際には自動車を運転することのないドライバー。 **―ナイフ** ナ〈paper knife〉名 紙を切るための小刀。 **―バックス** バ〈paper backs〉名 紙製の表紙をつけた安い本。 **―プラン** プ〈paper plan〉名 書類の上だけの、実際的でない計画。デスクプラン。

ペーブメント ペ〈pavement〉名 舗道。舗装道路。また、その敷石。

ぺえ-ぺえ ペ|2 名 ⬇ぺいぺい。

べ(ヴェ)ール ベ〈veil〉名 ❶女性の顔をおおう、あみやう

すぎぬ。❷おおいかくすもの。とばり。「夜の—」

ペール-オレンジ レ〈pale orange〉名〔pale は薄いの意〕色の名前の一つ。「肌色(はだいろ)」の言い換えとして使う。

ペーンテックス テ〈paintex〉＝**ペインテックス** 名 油性の顔料で模様をかく手芸。

ヘおん-きごう キ【ヘ音記号】名 楽譜でヘ音(F音)の位置を示す記号「𝄢」。低音部記号。

ペガサス ペ〈Pegasus〉名 ギリシャ神話で、つばさのある天馬。

べか-なり 連語〔古語〕〔「べかるなり」の撥音便化した「べかんなり」の「ん」が表記されていない形〕…するはずだそうだ。…するはずらしい。「あなかま。皆聞きて侍り。内侍のかみになるべかなり」〈源氏〉

べか-めり 連語〔古語〕〔「べかるめり」の撥音便化した「べかんめり」の「ん」が表記されていない形〕…するはずであるらしい。…するにちがいないらしい。「女は髪のめでたからむこそ人の目たつべかめれ」〈徒然〉

べから-ず 連語〔「べし」の補助活用の未然形と打ち消しの助動詞「ず」〕❶いけない。…すべきではない。「この中に入る—」❷…できない。「いかんともす—」❸…するはずがない。「ありうべからざること」

べかり 連語〔古語〕〔「べくあり」の変化。「べし」の補助活用として用いられる〕「べし」とおなじ意味。「月夜にはそれとも見えず梅の花香をたづねてぞ知るべかりける」〈古今〉

べかん-なり 連語〔古語〕〔「べかるなり」の変化〕⬇べかなり。

べかん-めり 連語〔古語〕〔「べかるめり」の変化〕⬇べかめり。

へき【×碧】造 ❶あおいし。宝石。「碧玉」❷みどり。あお。「碧海・碧眼・碧空・碧落・紺碧(こんぺき)」

へき【×僻】造 ❶かたよっている。中央から離れている。「僻遠・僻在・僻陬(へきすう)・僻地」❷ひがむ。かたよる。よこしま。「僻見・僻説」

へき【璧】造 玉。玉のように立派なもの。「完璧(かんぺき)・双璧」

へき【壁】㊀ヘ名造 かべ。しきり。「壁画・壁面・障壁・城壁」㊁造 がけ。きりたったところ。「岸壁(がんぺき)・絶壁(ぜっぺき)」

へき【癖】㊀ヘ名造 くせ。習性。「—がある」「悪癖・奇癖・放浪癖」㊁造 性質。「潔癖(けっぺき)・性癖」

へぎ ギ名 ❶へぎ板。❷へぎ板でつくった、そまつな膳(ぜん)。おしき。

べき 助動〔「べし」の連体形〕⬇べきだ。

べき ベ【×冪】名 同じ数を何回も掛け合わせること。累乗。「冪数」

へぎ-いた ⓪【へぎ板】名 すぎ・ひのきなどをうすくけずりとった板。

へき-うん ⓪【×碧雲】名〔文章語〕あおいくも。

へき-えき ⓪【×辟易】名自サ しりごみすること。勢いにおされてたじたじとなること。閉口。

へき-えん ⓪【×僻遠】名〔文章語〕中央から遠く離れていること。「—の地」

へき-が ⓪【壁画】名 かべや天井にえがいた絵画。

へき-かい ⓪【×碧海】名〔文章語〕あおいうみ。

へき-かい ⓪【×劈開】名自サ 結晶が一定の方向に割れたり、はがれたりすること。方解石・雲母(うんも)などのもつ性質。

へき-がん ⓪【×碧眼】名 ❶〔文章語〕あおい目。❷欧米人。「紅毛—」

へき-ぎょく ⓪【×碧玉】名 ❶〔文章語〕みどり色のたま。❷不純物をふくむ石英で、装飾用にするもの。

へき-くう ⓪【×碧空】名〔文章語〕あおぞら。

へき-けん ⓪【×僻見】名〔文章語〕かたよった意見。偏見。

へき-ざい ⓪【×僻在】名自サ〔文章語〕❶かたよってあること。❷へんぴな遠い所に住んでいること。

へき-すい ⓪【×碧水】名〔文章語〕青緑色にすんだ水。

へき-すう ⓪【×僻×陬】名〔文章語〕〔「陬」は隅〕かたいなか。

へき-する ス【×僻する】自サ シ・セ・サ・シ・スル・スル・スレ・シロ・セヨ〔文章語〕❶かたよる。❷ひがむ。ねじける。**へき・す** 文語サ変

へき-せつ ⓪【×僻説】名〔文章語〕かたよった説。僻論。

へき-そん ⓪【×僻村】名 かたいなかの村。

べき-だ 連語〔助動詞「べし」の連体形と助動詞「だ」〕❶当然のこととして義務づける。強く勧めたり、指示したりする。「過ちは素直に認める—」❷〔「べきだった」の形で〕過去の判断が間違っていたと、くやむ。「あのときやめておく—った」参考 ❶は自分の判断を自分以外の人に対して言う。❷は自分の過去の判断に言う。近年、「責任を果たすべき」のように文末を「べき」で止める言い方が見られるが、押しつけがましい語感になることがある。

へき-たん ⓪【×碧×潭】名〔文章語〕川の、あおあおとして深い淵(ふち)。

へき-ち ヘ【×僻地】名 都会から遠い、交通不便な土地。かたいなか。辺地。「山間—」

へき-とう ⓪【×劈頭】名 まっさき。最初。冒頭。「開会—」

へき-めん ⓪【壁面】名 かべの表面。

へき-らく ⓪【×碧落】名〔文章語〕❶あおぞら。❷遠い所。はて。

へき-るり ⓪【×碧瑠璃】名〔文章語〕❶あお色のるり。❷あおあおとして、きよらかな水や空のこと。

へき-れき ⓪【×霹×靂】名〔文章語〕❶かみなり。いかずち。雷鳴。「青天の—」❷はげしい音。

へき-ろん ⓪【×僻論】名〔文章語〕筋の通らないかたよった論。僻説。

ペキン《北京》中華人民共和国の首都。

ペキン-ダック ダ【▲北▲京ダック】名 ❶中国原産のあひる。肉や卵が食用。❷中国料理の一つ。あひるを丸焼きにして、皮をそぎ、ねぎのせん切りと甘味噌(みそ)を添え、クレープ状のうすい皮に包んで食べる。

ペキン-げんじん ゲ【▲北▲京原人】名 一九二七年、中国のペキンの近郊、周口店で発見された化石人類。原始的な石器を用い、火を使った。ホモエレクトゥス-ペキネンシス。参考 化石発見時の学名は、シナントロプス-ペキネンシス。

へ・ぐ ヘ【▲剝ぐ】他五 ガ・ゴ・ギ・イ・グ・グ・ゲ・ゲ うすくけずりとる。

べく-して 連語〔助動詞「べし」の連用形「べく」と接続助詞「して」〕❶…することはできるが。「言う—行いがたい」❷当然…するはずで。「おこる—おこった事件だ」

べく-そうろう【可く候】(さうらふ) 連語〔古語〕〔助動詞「べし」の連用形と動詞「さうらふ」〕❶…しましょう。…するつもりでございます。「参上いたす—」❷相手に対してすすめる意をあらわす。「お立ちよりくださる—」

ヘクタール タ〈フ hectare〉名 面積の単位。一〇〇アール。記号は「ha」。

ヘクト〈hecto〉造 国際単位系における接頭語の一つで、百倍を表す。記号は「h」。⇩国際単位系(表)。—**パスカル** パ〈hecto-pascal〉名 圧力の単位。一パスカルの百倍。記号は「hPa」。一ヘクトパスカルは一ミリバールと同じ。ミリバールにかわるものとして、一九九二年から使われている。⬇パスカル。

ベクトル ⓪ベ〈ド Vektor〉名 大きさと方向をもった量。たとえば力・速度など。

べく-も-あら-ず 連語〔古語〕〔「べし」の連用形と係助詞「も」と「あり」の未然形と打ち消しの助動詞「ず」〕❶…で

あるはずもない。「かの家に行きてたたずみ歩きけれど(ウロウロ歩キ回ッタガ)甲斐あるべくもあらず」〈竹取〉❷…しそうもない。「聞き入る―」❸…できそうもない。「この御にほひ(光源氏ノオ美シサ)には並び給ふべくもあらざりければ」〈源氏〉

べく-も-ない 連語 …する余地もない。…する方法がない。「知りう―」

ベクレル ベ〈becquerel〉名〔フランスの物理学者の名から〕国際単位系における放射能の単位。一ベクレルは、放射性核種が一秒間に一回崩壊する放射能の強さ。記号は「Bq」

べく-ん-ば 連語〔文章語〕〔「べくは」の変化〕…することができるならば。「頼む―頼め」

ペケ ペ 名〔俗語〕❶〔マレー語または中国語からとする説があるが、不詳〕役にたたないこと。だめ。「この品は―だ」❷だめだというしるし。ばつじるし。「×」

ヘゲモニー ゲ/ヘ〈ド Hegemonie〉名 指導権。覇権。

べけん-や 連語〔古語〕〔推量の助動詞「べし」の未然形の古い形と推量の助動詞「む(ん)」と終助詞「や」〕反語をあらわす。…してよいだろうか、いやよくない。「臣をもて君を弑するは、仁と謂ふべけんや」〈史記〉

へこ-おび ⓪【へこ帯】【▲兵▲児帯】名 男性や子どもの使うしごき帯。

へこ-た・れる ⓪ 自下一 意志がくじけて、よわる。もうだめだと思って気力をなくす。へたばる。「失敗してもへこたれない」 **へこた・る** 文語下二

ベゴニア ⓪〈begonia〉=ベコニア 名 シュウカイドウ科の多年生植物、または、低木。種類が多い。白・紅などの花をひらき、葉もうつくしい。観賞用。(夏)

ぺこ-ぺこ ㊀ ペ 副 自サ ❶へこんだりふくらんだりして、音のするようす。❷人に頭を下げてへつらうようす。㊁ ⓪ 形動 たいそう腹のすいたようす。

へこま・す ⓪【▲凹ます】他五 ❶くぼませる。へこませる。❷屈服させる。だまらせる。「理屈で相手を―」

へこ・む ⓪【▲凹む】自五 ❶くぼむ。おちこむ。❷よわりくじける。屈服する。「そんなことで―ようじゃだめだ」❸損をする。**へこみ** 名

ぺこり コ と副 頭をすばやく下げるようす。「―とおじぎをする」

へ-さき キ【×舳先】名 ふねの先の方。みよし。↕とも。

べし 助動〔古語〕〔活用語の終止形、ラ変型活用には連体形につく〕❶確信をもった推量の意をあらわす。きっと…だろう。…しそうだ。「咲きわたるべし」〈万葉〉❷可能の意をあらわす。…することができる。「その山見るに、さらに(マッタク)登るべきやうなし」〈竹取〉❸決意・意志の意をあらわす。…しよう。…するつもりだ。「この一矢に定むべしと思へ」〈徒然〉❹義務・当然の意をあらわす。…なければならない。…はずだ。「言ひおくべきことあり」〈竹取〉❺適当の意をあらわす。…するとよい。「家の作りやうは、夏をむねとすべし」〈徒然〉❻命令・勧誘の意をあらわす。…しなさい。…せよ。「一事をはげむべし」〈徒然〉

参考 ❶の主語は多く三人称。❷は多く打ち消しの意をともなう。❸は終止形だけの用法。主語は多く一人称。❹の主語は多く二人称または三人称。❺❻の主語は多く二人称。なお、現代語でも用いられるが「べき」「べきだ」の形で用いられる。また、連用形「べく」を「成功するべく努力する」のように「…のために」「…するように」の意で用いることがある。

へし-あ・う ア【へし合う】【▲圧し合う】自五 おしつけあう。**へし合い** 名

へし-お・る オ/⓪【へし折る】【▲圧し折る】他五 おしつけて折る。**へし折れる** 自下一〔…できる〕

ベジタブル ベ〈vegetable〉名 野菜。

ベジタリアン タ〈vegetarian〉名 野菜・海草・穀物など植物性の食物だけを食べて生活する人。菜食主義者。

へし-ま・げる ゲ【へし曲げる】【▲圧し曲げる】他下一 おしつけて曲げる。「針金を―」

ペシミスティック ティ〈pessimistic〉形動 悲観的。厭世的。

ペシミスト ミ〈pessimist〉名 人生を悲観的に見る人。悲観論者。↕オプティミスト。

ペシミズム ミ〈pessimism〉名 人生を悲観的に見る論。悲観論。↕オプティミズム。

ベシャメル-ソース ソ〈bechamel sauce〉名 濃厚なホワイトソース。

ぺしゃん-こ シャ 形動 ⇩ぺちゃんこ。

へ・す ⓪【減す】他五 少なくする。へらす。↕増す。

ペスカトーレ ト〈イ pescatore〉名〔漁師の意〕イタリア料理で、魚介類を多く使ったもの。

ベスト ベ〈best〉名 ❶最善。最良。❷全力。「―をつくす」 **―セラー** セ〈best seller〉名 ある期間にいちばんよく売れる商品。おもに、本についていう。 **―テン** ト/テ〈best ten〉名 ある部門でもっともすぐれた十人、また、十種。 **―ドレッサー** レ〈best dresser〉名 衣服の好みと着こなしがきわめて洗練されている人。 **―メンバー** メ〈best member〉名 えりぬきの顔ぶれ。つぶよりの選手。

ベ(ヴェ)スト ベ〈vest〉名 ❶チョッキ。❷写真フィルムで、たて約四センチメートル、よこ約六・五センチメートルの大きさのもの。ベスト判。

ペスト ペ〈pest〉名 ペスト菌によっておこる急性感染症。死亡率が高い。黒死病。

ペストリー ペ〈pastry〉名 パン生地に油脂を多く加え、パイ状に焼き上げたもの。

へず・る ズ/⓪ 他五 ❶けずりとる。かすめとる。❷へらす。「予算を―」 **へずれる** 自下一〔…できる〕

へそ ⓪【×臍】名 ❶腹部の中央にある、へその緒のとれたあとのくぼみ。ほぞ。❷「へそ❶」に似た小さなくぼみや突起。「あんパンの―」 **―が茶を沸かす** おかしくてたまらない。 **―を曲げる** きげんをわるくする。つむじを曲げる。

べそ ベ 名 泣き顔になること。「―をかく」

ペソ ペ〈ス peso〉名 メキシコ・アルゼンチン・フィリピンなどで使われる貨幣の単位。

へそ-くり ⓪【へそ繰り】【×臍繰】名〔「へそ」は「綜麻」のことで、機でつむいだ麻糸を巻いたものという〕倹約して、ないしょでたくわえた金。へそくりがね。

へそ-の-お オ【へその緒】【×臍の緒】名 胎児のへそから母体の胎盤に通じる細長い器管。胎児はこれで母体から栄養をとる。臍帯。 **―切って以来** 生まれてからこのかた。誕生以来。

へそ-まがり ⓪/マ【へそ曲(が)り】【×臍曲り】名 形動 すなおでないこと。また、その人。あまのじゃく。つむじまがり。

へた ⓪【×蔕】名 なす・トマト・かきなどの実についているがく。

へた タ【へた・下手】名 形動 技術などのうまくないこと。また、その人。↕上手。 **―な鉄砲も数撃ちゃ当たる** やり方がへたでも数多くためせば、まぐれで成功することもあるというたとえ。 **―の考え休むに似た**

り碁や将棋で、へたな人の考えることは時間をむだにするだけで、なんの役にもたたない。 **—の長談義(ながだんぎ)** 話べたな人にかぎって話が長くなること。 **—の横好(よこず)き** へたのくせに、そのことをひどくこのむこと。 **—をすると** うまく対応できないと。最悪の場合。「—遭難しかねないような猛吹雪」

べた ㊀ ベ 名 ❶「べた焼き」の略。❷〔俗語〕新聞で、一段だけで扱われる小さな記事。㊁ 造 すきまのないこと。ぴったりくっつくこと。また、すっかりそうなる意をあらわす。「—つく」「—ぼめ」「—ぼれ」 ㊂ ベ 形動〔俗語〕ありふれていて、おもしろみに欠けるようす。「—なしゃれ」

ベター ベ〈better〉形動 ダロ・ダッ・デ・ニ・ダ・ナ・ナラ・〇 よりよいようす。最上ではないが、一応、上の部であること。「このほうが—だ」 **— ハーフ** ハ〈better half〉名〔「よりよい半身」の意〕よいつれあい。愛妻。

べた-あし 〇/タ【べた足】名〔俗語〕偏平足。

べた-いちめん ベ【べた一面】名 ものの表面全体にわたってすきまのないこと。

へた-くそ ソ/〇【へたくそ】【下手×糞】名 形動〔俗語〕たいそうへたなこと。「—な字」

べた-ぐみ 〇【べた組み】名 印刷で、字間をあけずに活字を組むこと。

へだた・る タ【隔(た)る】自五 ラ・ロ・リ・ッ・ル・ル・レ・レ ❶離れる。遠ざかる。❷年月がすぎる。❸差がある。「実力が—」 **隔たり** 名

べた-つ・く 〇【べた付く】自五 カ・コ・キ・イ・ク・ク・ケ・ケ 〔べたべたすること〕❶物がねばりつく。「油が—」❷人にまといつく。甘えてよりそう。「客に—」 **べた付き** 名

へだて テ【隔て】名 ❶あいだを仕切るもの。しきり。❷差別。分け隔て。❸うちとけないこと。「—のない間がら」

へだ・てる テ【隔てる】他下一 テ・テ・テ・テル・テル・テレ・テロ・テヨ ❶あいだに物をおく。さえぎる。「ついたてで—」❷年月をすごす。「一〇年を—」❸距離をおく。「一〇メートルを—」❹遠ざける。うとむ。「気にいらぬ人を—」❺ひきはなす。「ふたりの仲を—」 **へだ・つ** 文語下二

へたば・る バ 自五 ラ・ロ・リ・ッ・ル・ル・レ・レ ❶弱る。へばる。「猛暑に—」❷弱ってすわりこむ。

へた-へた へ- (と)副 急に力がぬけて、くずれるようにすわりこむようす。「—としゃがみこむ」

べた-べた ベ- (と)副 自サ ❶物がねばりつくようす。べとべと。❷ねばり気のある物をたくさん塗るようす。べったり。「のりを—塗る」❸(紙などを)たくさんならべてはるようす。「びらを—とはる」❹しつこく人にまといつくようす。

ぺた-ぺた ペ- (と)副 ❶平手で軽くたたくようす。❷サンダル・ぞうりなどで歩く音をあらわす語。❸小さい物をたくさんはりつけたり、判などをたくさん押したりするようす。「判を—押す」

べた-ぼめ 〇【べた褒め】名 他サ けなすことは少しもなく、徹底的にほめること。

べた-ぼれ 〇【べた×惚れ】名 自サ すっかりほれこむこと。

べた-やき 〇【べた焼き】名 写真で、密着焼き。特に、三五ミリフィルム一本分を一枚の印画紙に密着焼きすること。↕引き伸ばし。

べた-ゆき 〇/タ【べた雪】名 水分の多い雪。

へたり-こ・む コ【へたり込む】自五 マ・モ・ミ・ン・ム・ム・メ・メ からだの力がぬけて、立っていられなくなり、その場にすわりこむ。

べたり-と タ/リ 副 ❶ねばりけのあるものがくっつくようす。べたっと。「油汚れが—ついている」❷しりをつけてだらしなく座るようす。「床に—座り込む」

ぺたり-と タ/リ 副 ❶軽い感じではりつけるようす。「切手を—とはる」❷しりをつけて座るようす。

へた・る タ 自五 ラ・ロ・リ・ッ・ル・ル・レ・レ ❶しりをついてすわる。しりもちをつく。❷弱る。元気がなくなる。「へたって動けない」❸部品が劣化する。「ばねが—」

ペダル 〇〈pedal〉名 自転車・オルガンなどの、足でふんで操作するところ。

ペダンティック ティ〈pedantic〉= **ペダンチック** 形動 ダロ・ダッ・デ・ニ・ダ・ナ・ナラ・〇 いかにも学問・教養のあるようなふりをするようす。学識をてらうようす。衒学的(げんがくてき)。

ペダントリー ダ〈pedantry〉名 学識をてらうこと。学者ぶること。

ペチカ ペ〈ロ pechka〉名 ➡ペーチカ。㊎冬

ペチコート コ/ペ〈petticoat〉名 スカートの下につける女性用の下着。

へちま 〇【▲糸×瓜】名 ❶ウリ科のつる性一年草。円柱形の果実をむすぶ。茎からとれる液は薬用・化粧水用。実(み)の繊維は、あかすり用。㊎秋 ❷つまらないもの。役にたたないもの。❸〔「…もへちまもない」の形で〕強い否定をあらわす。「すまないも—もない」

へちま-やろう ヤ【▲糸×瓜野郎】名〔俗語〕何の役にもたたない男をののしることば。

ぺちゃ-くちゃ ペ (と)副 口数多くしゃべるようす。べちゃくちゃ。「—とやかましい」

ぺちゃ-ぺちゃ ペ- (と)副 ❶スープや汁の多い料理などを音をたてながら口にするようす。❷口数が多くてうるさいようす。ぺちゃくちゃ。

ぺちゃん-こ チャ/〇 形動 ダロ・ダッ・デ・ニ・ダ・ナ・ナラ・〇〔俗語〕❶おしつぶされてひらたくなったようす。❷完全に負けて元気がなくなってしまったようす。「—に言いまかされる」 ＝ぺしゃんこ。

べつ【蔑】造 さげすむ。ないがしろにする。「蔑視・蔑称・軽蔑・侮蔑(ぶべつ)」

べつ【×瞥】造 ちらりと見る。「瞥見・一瞥」

べつ【別】㊀ 〇 名 形動 造 ❶ちがうこと。ことなること。「それとこれとは—だ」「別個・別人・別名・別世界」❷ほかのものとはくらべものにならないこと。「—にかわりはない」「別格・別段・特別・格別」❸ちがいによって分けること。「うめとあんずとの—」「区別・判別・類別・男女別・年齢別」㊁ 造 わかれる。「別居・別離・決別・送別」 **—として** …は含めず。…は考慮に入れず。「この道路は休日は—いつも混んでいる」「テストの点数は—国語が好きだ」

べつ-あつらえ ア【別あつらえ】【別×誂え】あつらへ 名 特別に注文してつくること。また、その物。

べつ-いん 〇【別院】名 ❶寺に付属し、僧の住居として建てられた別区域の建物。❷本山の寺が、出先機関として他所に設けた寺院。❸真宗で、本山直属の各地の寺院。

べつ-うり 〇【別売(り)】名 他サ 本体とは別料金で、付属品や消耗品などを売ること。別売(べつばい)。

べつ-えん 〇【別宴】名〔文章語〕送別の宴。わかれのさかもり。

べっ-か 〇/ベ【別科】名 高校・大学で、特定の目的のために設けられた課程。「留学生—」↕本科。

べっ-かく 〇【別格】名 地位や能力が優れているため、例外的な扱いをすること。「過去の優勝者は—とする」

べつ-がく 〇【別学】名 男女が別の学校でまなぶこと。↕共学。

べっ-かん 〇【別巻】名 全集などで、本体となる本のほかに、つけ加えた本。

べっ-かん 〇【別館】名 本館のほかにもうけた建物。↕本館。

べっかん-こ [ベ][名]〔俗語〕下まぶたを指で引きさげて、相手に軽蔑・反抗の意味をしめすしぐさ。あかんべい。

べっ-き [0]/[ベ]【別記】[名][他サ] 本文のほかに、別に書きそえること。また、その記述。

べつ-ぎ [0]【別儀】[名]〔文章語〕ほかのこと。別事。「―ではない」

べっ-きょ [0]【別居】[名][自サ] 夫婦や親子などが、わかれて別々に住むこと。↕同居。

べつ-ぎょう [0]【別業】[名] ❶ほかの職業。❷〔文章語〕〔「業」はたてもの〕別荘。

べつ-くち [0]【別口】[名] ❶ほかの種類。❷ほかの口座。

べっ-け [0]【別家】[名][自サ] ❶分家。↕本家。❷使用人などが、主家と分かれて店を出すこと。また、その家。

べっ-けい [0]【別掲】[名][他サ]〔文章語〕ほかにかかげること。「―の表」

べっ-けん [0]【別件】[名] 別の事件。↕本件。**―逮捕**(たいほ) [タ][名] 目的とする事件について直接の証拠のないとき、ほかの事件にことよせて被疑者を逮捕すること。

べっ-けん [0]【×瞥見】[名][他サ]〔文章語〕ちらっと見ること。

べつ-げん [0]【別言】[名][他サ]〔文章語〕別のことばで言うこと。「―すれば」

べっ-こ [0]/[ベ]【別個】【別▲箇】[名][形動(の)] ❶べつべつ。「―のとりあつかい」❷そのことと無関係であること。「―の問題」

べっ-こう [0]【別項】[名] ほかの項目。

べっ-こう [0]【×鼈甲】[名] 海がめの一種、たいまいの甲らを煮て作ったもの。くし・帯どめなどの材料。**―×飴**(あめ) [コ][名]〔色がべっこうに似ていることから〕砂糖と水を加熱して溶かし、うすくのばして固めたあめ。

べっ-こん [0]【別懇】[名][形動(の)] 特別にしたしいこと。じっこん。「―の間柄」

べっ-さつ [0]【別冊】[名] 本誌とは別にして作った冊子・本。「―付録」

ペッサリー [ペ]〈pessary〉[名] 子宮の位置の矯正や、避妊のため、女性の体内に挿入する帽子状のゴム製品。

ヘッジ [ヘ]〈hedge〉[名][他サ]〔経〕株式・商品・外国為替などの取引で、損失を避けるための手段を講ずること。「外国為替のリスクを―する」**―ファンド** [フ]〈hedge fund〉[名] 機関投資家や個人資産家などから集めた資金で、高い運用利回りをねらう投資信託。

べっ-し [0]/[ベ]【別紙】[名] ❶別のかみ。❷本書のほかに添える書面。「―参照」

べっ-し [0]/[ベ]【蔑視】[名][他サ] けいべつして見ること。見さげること。さげすみ、ばかにすること。

べつ-じ [ベ]【別事】[名] ❶ほかのこと。別のこと。余事。❷ふつうとかわったこと。「―なく平安にくらす」

べつ-じ [ベ]【別辞】[名]〔文章語〕わかれのあいさつ。

べっ-しつ [0]【別室】[名] ほかのへや。

べっ-して [0]【別して】[副]〔文章語〕とりわけ。特別に。「―のご配慮に感謝します」

べっ-しゅ [0]【別種】[名] ほかの種類。

べっ-しょ [0]【別×墅】[名]〔文章語〕別荘。

べっ-しょう [0]【別称】[名] ほかの呼び名。一名。別名。

べっ-しょう [0]【蔑称】[名] けいべつした呼び名。

べつ-じょう [0]【別条】[名] 普通と変わったこと。「―なく暮らす」

べつ-じょう [0]【別状】[名] 普通と変わった状態。異状。「命には―ない」

べつ-じん [0]【別人】[名] その人とはちがう、ほかの人。

べつ-ずり [0]【別刷(り)】[名] ❶書物のさしえなど、本文とちがった紙に印刷したもの。❷雑誌に発表されたある論文などを、別にそれだけ印刷したもの。抜き刷り。[参考]「別刷り」は主として自然科学関係に、「抜き刷り」は人文科学関係に使う。

べっ-せい [0]【別姓】[名] ❶別の姓。❷婚姻届を提出しても、夫婦がそれぞれ別の姓を名のること。「夫婦―」

べっ-せい [0]【別製】[名] 特別に念を入れてつくること。また、つくったもの。特製。

べっ-せかい [セ]【別世界】[名] ❶現実とはかけはなれた世界。別天地。❷全くちがった環境。

べっ-せき [0]【別席】[名] ❶別の座席。「―を設ける」❷別のへや。

べっ-そう [ソ]【別荘】[名] 本宅以外の地に設けてある家。おもに休養のために使うものをいう。別業。

べっ-そう [0]【別送】[名][他サ] 別にしておくること。

べつ-ぞめ [0]【別染め】[名][他サ] 着物で、特別の注文によって染めること。また、染めたもの。

べっ-たく [0]【別宅】[名] 別邸。↕本宅。

へったくれ [0][名]〔俗語〕考える価値のない、つまらないこととして、ののしるときのことば。「理屈も―もない」[参考] 主に、「―もへったくれもない」のように並列させて使う。

べったら-づけ [0]【べったら漬(け)】[名] こうじと塩でつけた甘みのあるだいこんのつけもの。東京の名産品。

べったり [タ][と][副] ❶ねばりけのあるものが一面につくようす。「―墨をぬる」❷ぐったりと座り込むようす。❸たがいに密接な関係をもつようす。「使用者側に―の組合」

ぺったり [タ][と][副]「べったり❶❷」よりやや軽い感じをあらわす語。

べつ-だん [0]【別段】[副] とりわけ。とくに。格別。別に。「―変化はなかった」

ぺったん [ペ]/[タ][と][副] もちをついたり、ねんどなどのねばりけのあるものをたたいたりする音をあらわす語。

ぺったん-こ [タ][副]〔俗語〕❶押しつぶされたように平らなようす。ぺちゃんこ。❷もちをつくときの音をあらわす語。ぺったん。

べっ-ち [0]/[ベ]【別置】[名][他サ] 図書館で、図書を種類や形により別の離れた書棚や場所に保管すること。

へっちゃら [0][形動]〔ダロ・ダッ・デ・ニ／ダ・ナ・ナラ・〇〕〔俗語〕⬇へいちゃら。

べっ-ちゅう [0]【別注】[名][他サ] 特別に注文して作ること。「―家具」

べっ-ちん [0]【別珍】[名] 綿ビロード。

へっつい [0]【×竈】[名] ❶かまど。❷かまどの神。へっつい。

べっ-てい [0]【別邸】[名] 本邸・本宅以外に設けた邸宅。別宅。↕本邸。

ヘッディング [0]〈heading〉[名] ⬇ヘディング。

ペッティング [0]〈petting〉[名] 性的な愛撫(あいぶ)。性交には至らないもの。

べっ-てん [0]【別添】[名] 別にそえること。「明細書―」

べつ-でん [0]【別伝】[名] ふつうとちがう、別の言い伝え。

べっ-てんち [テ]【別天地】[名] この世以外の世界。ふつうとちがう世界。別世界。

ヘット [ヘ]〈オvet; ドFett〉[名] 牛の脂肪からとった料理用のあぶら。

ヘッド [ヘ]〈head〉[名] ❶頭。❷首脳部。❸首位。首席。「―コーチ」❹テープレコーダーの、テープに触れる突き出た部分。**―ギア** [ギ]〈headgear〉[名] ボクシングやラグビーなどで、頭部を保護するための防具。**―コーチ** [コ]〈head coach〉[名] スポーツで、何人かのコーチの中心になる人。**―スライディング** [ラ]〈head sliding〉[名] 野球で、走者が頭から塁にすべりこむこと。ーハンティング[ハ]〈headhunting〉[名]〈「首狩り」の意〉他社の有能な社員や技術者を、有利な条件で引き抜くこと。ーホン[ド]〈headphone〉＝ヘッドフォン[名]ステレオなどを一人で聞くために、耳に当てる小型スピーカー。ーライト[ラ]〈headlight〉[名]電車・自動車などの前部につけてあるあかり。前照灯。↕テールランプ。ーライン[ラ]〈headline〉[名]❶新聞や雑誌の見出し。❷ニュース放送などの主な項目。ーワーク[ワ]〈headwork〉[名]頭を使う仕事。頭脳労働。

べっ-と[ベ][0]【別途】[名]❶ちがった仕方。「ーの解決策」❷別の方面。「ーの収入」[参考]「別途考慮する」のように副詞的にも使う。

ベッド[ベ]〈bed〉[名]西洋ふうの寝床。寝台。ー**イン**[イ]〈bed-in〉[名]ベッドに入ること。また、性的に交わること。ー**シーン**[シ]〈bed scene〉[名]映画やテレビドラマなどで、性愛を描く場面。ぬれ場。ー**タウン**[タ]〈bed town〉[名]〈和製英語〉住民の多くが、昼は大都市へ通勤・通学して、夜になると寝るために帰る郊外の住宅都市。ー**ルーム**[ル]〈bedroom〉[名]寝室。ねべや。

ペット[ペ]〈pet〉[名]❶かわいがって飼育している動物。❷特にかわいがっている子ども。お気に入りの人。ー**フード**[フ]〈pet food〉[名]ペット用に市販されているえさ。ー**ロス**[ロ]〈pet loss〉[名]ペットがいなくなったことによる飼い主の精神的打撃。

べっ-とう[ト][0]【別当】[名]❶昔の院庁(いんのちょう)・検非違使(けびいし)庁などの長官。❷平安時代以降、皇族諸家の職員の長官。❸盲人の官位の第二。検校(けんぎょう)の次。❹馬丁(ばてい)。

べつどう-たい[0]【別働(動)隊】[名]特別の任務のため、本隊と別に行動する部隊。

ペット-ボトル[ポ]〈PET bottle〉[名]〈PETはpolyethylene terephthalateから〉ポリエステルの一種を加工した、清涼飲料水などの容器。軽くて割れにくい。

べっとり[ト][と][副]ねばりけのあるものが広い面につくようす。「ーとペンキがつく」[参考]「べったり」よりも強い感じ。

べつ-に[0]【別に】[副]❶とりたてて問題とするようす。特に。別段。「ー困ることはない」「見たい映画はーない」[参考]下に打ち消しの語がくる。❷主になるものとは分けて。「旅費はー支給する」

べつ-のう[0]【別納】[名][他サ]別にしておさめること。「料金ー郵便」

べっ-ぱ[0][ベ]【別派】[名]ほかの流派・党派。

ペッパー[ペ]〈pepper〉＝ペパー[名]胡椒(こしょう)。

べつ-ばい[0]【別売】[名][他サ]⇩べつうり。

べっ-ぱい[0]【別杯】【別×盃】[名][文章語]わかれのとき、酒を飲みあうさかずき。わかれのさかずき。

べつ-ばら[0]【別腹】[名]満腹でも好物ならまだ食べられることのたとえ。「甘い物はー」

べっ-ぴょう[0]【別表】[名]別にして添えた表。

へっぴり-ごし[リ][ピ]【へっぴり腰】【×屁っ▲放り腰】[名]❶からだをかがめて、しりをうしろへつきだした、不安定な腰つき。❷自信がなく不安なようす。「ーの答弁」

へっぴり-むし[リ]【へっぴり虫】【×屁っ▲放り虫】[名]ごみむし・おさむし・かめむしなどのように、とらえると悪臭を出す昆虫。へひり虫。(秋)

べつ-びん[0]【別便】[名]別の郵便。また、別の輸送手段。「ーで送る」

べっ-ぴん[0]【別×嬪】[名]美人のやや古風な言い方。

べっ-ぷう[0]【別封】[名][他サ]❶別々に封をすること。別に封じたもの。❷別に添えた封書。

べつ-べつ[0]【別別】[形動(の)](ダロ・ダッ・デ・ニ／ダ・ナ・ナラ・○)❶それぞれにちがっているようす。「ーの方法」❷わかれわかれ。ちりぢり。「ーに出発する」

べっ-ぽう[0]【別法】[名]ほかの方法。「ーを講じる」

へっ-ぽこ[0][名][形動][俗語]へたなこと、また、へたな人や役に立たないものをけいべつしたことば。

べつ-ま[0]【別間】[名]別のへや。別室。

べつ-むね[0]【別棟】[名]おもな建物の、ほかに建っている建物。「兄と二人でーに住む」

べつ-めい[0]【別名】[名]本名以外のなまえ。

べつ-めい[0]【別命】[名][文章語]❶特別の命令。❷別の、ちがった命令。

べつ-もの[0]【別物】[名]それとはちがうほかの物。「見本とーだ」

べつ-もんだい[モ]【別問題】[名]ほかの事がら。その問題と無関係な事がら。

べつ-よう[0]【別様】[名]ちがったようす。「ーの処置」

へつら・う[ラ]【×諂う】(へつらふ)[自五](ワ・オ・イ・ツ／ウ・ウ・エ・エ)人の気にいるようにふるまう。おもねる。「媚(こ)びー」 **へつらい**[名]

べつ-り[ベ]【別離】[名]わかれること。離別。「ーの涙」

べつ-わく[0]【別枠】[名]決められたものとは別の基準や範囲で扱われるもの。「ーの予算」

ペディキュア[0][ディ]〈pedicure〉[名]足のつめの化粧。↕マニキュア。

ヘディング[0]〈heading〉[名]❶みだし。項目。標題。❷サッカーで、ボールを頭で受けたり打ったりすること。「ーシュート」

ベデカ[ベ]〈ド Baedeker〉[名]❶ドイツの出版業者ベデカ発行の旅行案内書。❷旅行案内書。

ペデストリアン-デッキ[デ]〈pedestrian deck〉[名]〈「ペデストリアン」は歩行者の意〉道路をまたいで、建物と建物をつなぐ歩行者用の通路。

ベテラン[0]〈veteran〉[名]その道で長い経験をもつ人。熟練者。「ーぞろいのチーム」

ぺてん[0][名][俗語]〈詐欺(さぎ)の意の中国語からとする説がある〉いつわりだますこと。「ーにかかる」「ー師」

へ-ど[ヘ]【▲反吐】[名]食べたものを吐くこと。また、吐いた物。「ーが出る」

べと-つ・く[0]【べと付く】[自五](カ・コ・キ・イ／ク・ク・ケ・ケ)べとべとと、ねばりつく。**べと付き**[名]

ベトナム《Viet Nam》インドシナ半島にある共和国。一九七六年、ベトナム共和国・ベトナム民主共和国が統一して、ベトナム社会主義共和国となる。首都はハノイ。

へと-へと[0][形動(の)](ダロ・ダッ・デ・ニ／ダ・ナ・ナラ・○)非常に疲れて、からだの力が抜けたようす。「歩きづめでーだ」

べと-べと[ベ][副][自サ]物がねばりつくようす。べたべた。「汗でーする」↕さらさら。

へど-もど[ヘ][副][自サ]あわて、うろたえるようす。うろたえて、しっかりした受け答えができないようす。「ーの答弁」

へどろ[0][名]❶水底のねばねばした細かいどろ。❷川や海に捨てられた汚水・汚物の沈殿物。

ベトン[ベ]〈フ béton〉[名]コンクリート。

へな-ちょこ[0][名][俗語]〈へな土でつくった猪口(ちょこ)の意から〉つまらない人間をけいべつしたことば。

へな-つち[0]【へな土】【▲粘土・×埴土】[名]水底にある、黒くてねばりけのある土。荒壁に塗るもの。へな。

へな-ぶり[0][名]〈「夷曲(ひなぶり)」のもじり〉流行語を取り入れてよんだ狂歌。明治三十七、八年ごろ流行。

へな-へな[ヘ][と][副][自サ]❶力がなく、よわよわしいようす。「ーとすわりこむ」❷性格・態度がたよりないようす。

へ

「―した人」

ペナルティー [ナ]〈penalty〉[名] ❶罰。罰金。❷球技などで反則を犯したばあいの罰則。「―を科す」 **―キック** [キ]〈penalty kick〉[名] サッカー・ラグビーで、相手に反則があったとき、ゴールをねらって、ボールをけることを許されること。PK。 **―ゴール** [ゴ]〈penalty goal〉[名] ラグビーで、ペナルティーキックによる得点。三点が入る。PG。

ベナン《Benin》アフリカ西海岸、ギニア湾に面した共和国。一九六〇年にフランス領から独立。一九七五年、国名をダオメーからベナンに改称。首都はポルトノボ。

ペナント [O]〈pennant〉[名] ❶細長い三角旗。❷野球などの優勝旗。❸優勝。覇権(けん)。 **―レース** [レ]〈pennant race〉[名] プロ野球で、優勝をあらそう公式戦。

べに [べ]【紅】[名] ❶べにばなの花からとった紅色の顔料。❷紅色。くれない。また、紅色の顔料・染料・絵の具。❸口紅。また、ほお紅。「―をさす」

ペニー [ペ]〈penny〉[名] 英国の貨幣単位。百分の一ポンド。複数はペンス。

べに-いろ [O]【紅色】[名] あざやかな赤色。べに。くれない。

べに-おしろい [オ]【紅おしろい】【紅▲白▲粉】[名] ❶紅とおしろい。❷化粧すること。

べに-かね [ニ/ベ]【紅かね】【紅▲鉄×漿】[名] ❶紅とかね(おはぐろ)。❷化粧。「―をつける」

べに-がら [O]【紅殻】[名] ⇒ベンガラ。

べに-こ [O]【紅粉】[名] アニリンからつくる紅。唐紅(とうべに)。

べにさし-ゆび [シ]【紅差(し)指】[名] (紅をつけるときに使う指の意から)おや指から四番目の指。くすり指。

べに-しょうが [ショ]【紅しょうが】【紅生×薑(×姜)】[名] 梅酢につけて、紅色になったしょうが。

ペニシリン [O]〈penicillin〉[名] 青かびの一種を培養して得た抗菌性物質。肺炎・化膿(かのう)性疾患に用いる。 **―ショック** [ショ]〈penicillin shock〉[名] ペニシリン注射によっておこるアレルギー反応。強度の場合は死ぬこともある。

ペニス [ペ]〈ラ penis〉[名] 陰茎(いんけい)。

べに-ばな [O]【紅花】【▲紅▲藍花】[名] キク科の二年生植物。花から紅色の染料、種子から油がとれる。べに。(夏)

べに-ふで [ニ]【紅筆】[名] 口紅をつけるのに使う筆。

べに-ます [O/ニ]【紅×鱒】[名] サケ科の海魚。秋、赤色になる。肉は鮮紅色で美味。北洋に産する。日本では北海道の川にだけさかのぼる。べにざけ。(春)

ベニヤ [O]〈veneer〉[名] 建築・建設用にうすくけずった板。厚さは、〇・六～三ミリメートル。単板(たんばん)。 **―板**(いた) [ヤ][名] ベニヤを何枚も重ねて接着させたもの。厚さは用途によりことなる。合板(ごうはん)。[参考]普通は、この合板のことも「ベニヤ」と言う。

ベネズエラ《Venezuela》南アメリカ北部の共和国。首都はカラカス。正式名称は、ベネズエラ・ボリバル共和国。

ベネルックス《Benelux》ベルギー・オランダ(ネーデルラント)・ルクセンブルクの三国の頭文字を組み合わせた呼称。

へ-の-じ [ノ]【への字】[名] 「へ」の字のような形。「口を―に結ぶ」「―まゆ」

へのへのもへじ [O/モ][名] 文字遊びの一つ。平仮名「へのへのもへじ」を使って人の顔を描くもの。[参考]「へへののもへじ」「へのへのもへの」という地域もある。

へのへのもへじ

ペパー [ペ]〈pepper〉[名] ⇒ペッパー。

ペパーミント [ミ]〈peppermint〉[名] ❶はっか。❷洋酒の一種。はっかなどの香料を入れてつくったリキュール酒。

へばり-つ・く [ツ][自五](カコキイク/クケケ) ❶こびりつく。強くついて、はなれない。「岩肌に―いわのり」❷いつもそばにくっついている。「母親に―」

へば・る [バ][自五](ラロリッル/ルレレ) [俗語] ひどく疲れて動けなくなる。へたばる。

ベバレッジ [ベ]〈beverage〉[名] ⇒ビバレッジ。

へび [ヘ]【蛇】[名] ヘビ亜目の爬虫(はちゅう)類の総称。からだは細長く、うろこにおおわれている。有毒のものもあり、種類が多い。くちなわ。ながむし。(夏) **―に×睨**(にら)**まれた蛙**(かえる) おそろしさのあまり身がすくんでしまうことのたとえ。蛇に見込まれた蛙。 **―の生殺**(なまごろ)**し** (蛇は生命力が強いので、殺そうとしてもなかなか死なないことから)半死半生のままにして苦しめること。物事の決着をつけず、中途半端な状態のまま苦しめることのたとえ。

ヘビー [ヘ]〈heavy〉[一][名][形動] ❶重いこと。❷程度がはなはだしいこと。「―スモーカー」[二][名] ❶馬力を出すこと。「ラスト―」❷ヘビー級。 **―級**(きゅう) [O][名] スポーツで、体重による選手の階級の一つ。プロボクシングでは最重量級で、体重二〇〇ポンド(約九〇・七二キログラム)以上の階級。 **―メタル** [メ]〈heavy metal〉[名] ハードロックから派生し、一九八〇年代に起こった音楽ジャンル。スピード・重厚感・金属音が特徴。ヘビメタ。 **―ユーザー** [ユ]〈heavy user〉[名] ❶非常によく使う人。「インターネットの―」❷パソコンなどの知識が深く、操作にたけている人。パワーユーザー。

ベビー [ベ]〈baby〉[名] 赤ん坊。ちのみご。 **―カー** [ビ]〈baby car〉[名] (和製英語)赤ん坊を座らせてはこぶうば車。 **―サークル** [サ]〈baby circle〉[名] (和製英語)赤ん坊がその中で安全に遊べるための囲い。 **―シッター** [シ]〈baby-sitter〉[名] 親のかわりに、やとわれてその子どもの世話をする人。 **―パウダー** [パ]〈baby powder〉[名] 乳児用の汗しらず。 **―ブーム** [ブ]〈baby boom〉[名] 出生率が非常に高いこと。日本では、特に第二次大戦後の一九四七年から一九四九年ごろを指す。⇨団塊[参考]。 **―フェース** [フェ]〈baby face〉[名] 童顔。

へび-いちご [イ]【蛇×苺】[名] バラ科の多年生植物。四～六月ごろに黄色の五弁花を開き、果実は紅色。(夏)

ヘビ-メタ [O][名] 「ヘビーメタル」の略。

ペプシン [ペ]〈ド Pepsin〉[名] 胃液の中にあり、たんぱく質を分解する酵素。

ペプトン [ペ]〈ド Pepton〉[名] たんぱく質が、胃液中のペプシンなどによって分解されたもの。

ヘブライ《ギ Hebraios》他民族がイスラエル民族をいう名称。また、西南アジアにあった古代王国の一つ。エルサレムが都で、ソロモン王のときさかえた。

ヘブライズム [イ]〈Hebraism〉[名] 古代ヘブライ人の思想から出て、キリスト教思想のもととなった思潮。ヘレニズムとともに西洋文明の二大潮流を構成する要素。

べべ [O][名][幼児語] きもの。

へべれけ [O][形動](ダロ・ダッ・デ・ニ/ダ・ナ・ナラ・〇) [俗語] ひどく酒に酔ったようす。

ペペロンチーノ [チ]〈イ peperoncino〉[名] (とうがらしの意)イタリア料理で、にんにくととうがらしをオリーブ油で炒(いた)め、ゆでたパスタにからめたもの。

へぼ [ヘ][名][俗語] ❶へた。「―将棋」❷野菜・くだものなどの形やできがわるいこと。「―きゅうり」

ヘボン-しき [O]【ヘボン式】[名] ローマ字のつづり方の一つ。シ・チ・フをshi, chi, fuと書くなど。↔訓令式・日本式。[参考]アメリカ人ヘボンHepburnがその著作である和英辞典に使用して普及した。英語から見て日本語の発音を忠実に表記することを特徴とする。

へま [ヘ] [名] [形動] 〔俗語〕 ❶まのぬけていること。「―なやつ」 ❷ばかげた失敗。「―をする」

べ-み [助動] 〔古語〕 〔推量の助動詞「べし」の語幹と接尾語「み」〕…しそうなので。「なげきせば人知りぬべみ山川(やまかは)のたぎつ心を塞(せ)かへてあるかも」〈万葉〉

べ-みん [0] 【▲部民】 [名] 大化改新以前、代々、氏(うじ)に属し、生産に直接たずさわった階級の人々。

へ-めぐ・る [グ]/[0] 【経巡る】【経▲回る】 [自五] (ラ・ロ|リ・ッ|ル|ル|レ|レ) あちこちをめぐりあるく。遍歴する。「諸国を―」

ヘモグロビン [0]/[ロ] 〈ド Hämoglobin〉 [名] せきつい動物の赤血球に含まれ、酸素を体内へ運ぶもの。血色素(けっしきそ)。

へ-や [ヤ] 【部屋】 [名] ❶家の中をくぎってできているところ。ま。室。❷大相撲で年寄りが経営し、その弟子たちが所属している集まりのよび名。「高砂(たかさご)―」 ❸江戸時代、諸大名の江戸屋敷で、小者(こもの)・人足などの詰め所。❹殿中で、宮仕えの女の居間。つぼね。 **―着(ぎ)** [0] [名] 自宅の部屋などで着る、くつろげる衣服。 **―住(ず)み** [0] [名] ❶長男で、まだ家督を相続しない者。❷次男以下で、家督相続のできない者。 **―干(ぼ)し** [0] [名] [自サ] せんたく物を家屋の中に干すこと。室内干し。 **―割(わ)り** [0] [名] だれにどの部屋を使わせるのか割り当てをすること。「合宿の―」

へら [ヘ]/[ラ] 【×箆】 [名] 竹・木・金属などを細長く、ひらたくした用具。折り目をつけたり、うるしやのりなどを練ったり、塗ったりするのに使う。

べら [0] [名] ベラ科の海魚。からだの色が美しい。食用。[夏]

ぺら [ペ] [名] [接尾] 〔俗語〕 折りも閉じもしない一枚の紙。「―の紙」「半―」

へら・す [0] 【減らす】 [他五] (サ・ソ|シ|ス|ス|セ|セ) 数・量を少なくする。「輸出を―」「与党が議席を―」 ↕ふやす・増す。⇩減る [参考]。 **減らせる** [自下一] 〔…できる〕

へらず-ぐち [0]/[ズ] 【減らず口】 [名] まけおしみで言う、にくまれ口。「―をたたく」

へら-つけ [ラ] 【へら付け】【×箆付】 [名] 裁縫で、縫う所に、へらでしるしを付けること。

べら-なり [連語] 〔古語〕 〔「べし」の語幹「べ」に接尾語「ら」が接続し、指定・断定の「なり」がついたもの〕…するようだ。…であろう。「くらぶの山も越えぬべらなり」〈古今〉

へら-ぶな [0] 【×箆×鮒】 [名] ふなの一種。からだが平たく、頭が左右に出っぱっている。げんごろうぶなの人工飼育種。

へら-へら [ヘ]1 〔と〕[副] ❶だらしなく笑うようす。相手に迎合し、へつらうようす。「―とおせじを言う」 ❷軽々しくしゃべるようす。

べら-べら [ベ]1 〔と〕[副] 続けざまに、また、軽々しくしゃべるようす。「―おしゃべりをする」

ぺら-ぺら [ペ]1 ㊀〔と〕[副] 軽々しくよくしゃべるようす。「家庭の事情を―話す」 ㊁[副] [形動] 外国語などを流ちょうに話すようす。㊂[副] [形動(の)] 紙や布などがうすいようす。また、それをめくるようす。「ページを―めくる」 [参考] ㊁㊂で、形容動詞として使うときは[0]。

べら-ぼう [0] [形動] (ダロ|ダッ・デ・ニ|ダ|ナ|ナ|ラ|○) 〔俗語〕 ❶あまりにはなはだしいようす。「―に寒い」 ❷無謀でばかげているようす。「―な話」 **―め** [0] [感] 〔俗語〕 相手をののしる語。「この―」

ベラルーシ 《Belarus》 東ヨーロッパ北部にある共和国。一九九一年に解体した旧ソ連の構成国の一つ。首都はミンスク。白ロシア。

ベ(ヴェ)ランダ [0] 〈veranda(h)〉 [名] 洋風建築で、外に張りだした縁。[夏]

べらん-めえ [0]/[メ] [感] 〔俗語〕 〔「べらぼうめ」の変化〕相手をののしる語。 **―口調(くちょう)** [ク] [名] 「べらぼうめ」を「べらんめえ」というような、江戸っ子の、巻き舌で早口にしゃべる話しぶり。べらんめえ調。

へり [リ] 【▲縁】 [名] ❶物のふち。はし。「机の―」 ❷川・池・穴などに接するそば。「川の―」 ❸物のはしやふちにつける布や飾り。「畳の―」「―をつける」

ヘリ [ヘ] [名] 「ヘリコプター」の略。

へり-いし [0] 【へり石】【▲縁石】 [名] ➡えんせき。

ベリーズ 《Belize》 中央アメリカ、カリブ海に面した国。一九八一年独立。英連邦の一員。首都はベルモパン。

ベリー-セット [セ] 〈berry set〉 [名] 〔和製英語〕〔berry は、いちごなどの小さな果実の意〕くだものなどを入れる、一組のさら。

ベリー-ダンス [ダ] 〈belly dance〉 [名] 女性が腹部や腰をくねらせておどる、西アジアや北アフリカのダンス。

ヘリウム [リ] 〈helium〉 [名] 元素記号 He 原子番号 2 原子量4.002602の気体元素。空気中に、ごく少量ある。水素につぐ軽い気体で、他の元素とは化合しない。

ヘリオトロープ [ロ] 〈heliotrope〉 [名] ❶ムラサキ科の小低木。春から夏に、紫色の花をひらく。花は香水用・観賞用。[春] ❷ヘリオトロープからつくった香水の名。

ペリカン [0] 〈pelican〉 [名] ペリカン科の鳥の総称。大形の水鳥で、下くちばしに大きい袋があり、とらえた魚を入れる。

へり-くだ・る [ダ]/[0] 【▲遜る】 [自五] (ラ・ロ|リ・ッ|ル|ル|レ|レ) 相手をうやまって、自分を低い立場におく。けんそんする。「へりくだった態度」 **へりくだれる** [自下一] 〔…できる〕

へ-りくつ [リ] 【×屁理屈】 [名] つまらない理屈。道理にあわない議論。「―をこねる」

ヘリコプター [コ] 〈helicopter〉 [名] 竹とんぼ式の大きな回転翼を、エンジンで回転させて飛ぶ航空機。前後・左右・垂直の運動や、空中での停止ができる。

ペリスコープ [コ] 〈periscope〉 [名] 潜望鏡。

ヘリ-ポート [ポ] 〈heliport〉 [名] ヘリコプター用の飛行場。

ベリリウム [リ]2 〈beryllium〉 [名] 元素記号 Be 原子番号 4 原子量9.012182の金属元素。

ヘル [ヘ] [名] 〔ド Mohär から〕たて糸に梳毛(そもう)、よこ糸に紡毛(ぼうもう)を用いたサージ。学生服・作業服などに用いられる。

へ・る [0] 【減る】 [自五] (ラ・ロ|リ・ッ|ル|ル|レ|レ) 数・量が少なくなる。「人口が―」「交通事故が半分に―」 ↕ふえる・増す。 [参考] 「減る」は「増す」の反対の意味をあらわすが、「寂しさが増す」のような、程度をあらわす言い方の否定には使われない。 **減り** [名]

へ・る [ヘ] 【経る】 [自下一] (ヘ|ヘ|ヘル|ヘル|ヘレ|ヘロ・ヘヨ) ❶時がたつ。時が過ぎる。「三年を―」 ❷その過程や段階を通る。「正式の手続きを―」 ❸その場所を通過する。「横浜を経て東京にいたる」 **ふ** [文語下二]

ベル [ベ] 〈bell〉 [名] ❶よびりん。電鈴。❷西洋ふうの鐘(かね)。❸合図にならす電鈴。「非常―」

ペルー 《Peru》 〔「秘露」とも書いた〕南アメリカ西部の共和国。首都はリマ。

ベル-カント [カ] 〈イ bel canto〉 [名] 〔「美しい歌」の意〕イタリアで発達した、声の美しさを強調する歌唱法。「―唱法」「―オペラ」

ベルギー 《Belgium》 〔「白耳義」とも書いた〕ヨーロッパ北西部にある立憲王国。首都はブリュッセル。

ヘルシー [ヘ] 〈healthy〉 [形動] (ダロ|ダッ・デ・ニ|ダ|ナ|ナ|ラ|○) 健康そうだ。健康によい。「―な食事」

ペルシャ 《Persia》 ＝ペルシア 〔「波斯」とも書いた〕紀元前七世紀の初め、キロス王が立て、いくつもの王朝の盛衰・興亡をへて一九三五年イランと改めた国。

ヘルス〈health〉造 健康。**―ケア** ケ〈health care〉名 健康管理。**―センター** セ〈health center〉名〔和製英語〕保養・娯楽のための施設を集めた所。**―メーター** メ〈health meter〉名〔和製英語〕家庭用の小型の体重計。

ペルソナ 0〈ﾗ persona〉名 ❶人。人格。❷キリスト教で、神の存在様式。❸美術で、人体像。

ヘルツ ヘ〈ﾄﾞ Hertz〉名 国際単位系の周波数または振動数の単位。記号は「Hz」

ベルツ-すい ツ【ベルツ水】名〔商標名〕皮膚のあれどめ、しもやけのくすり。ドイツ人ベルツ Bälz の処方によるもの。

ベルト 0〈belt〉名 ❶おびかわ。服の、胴にしめる帯。❷二つの車にかけて回転をつたえ、また、物をはこぶ帯状のもの。**―コンベヤー** ベ2〈belt conveyor〉名 土木工事や工場などで、土や品物をのせてはこぶ回転式の広い帯。**―コンベヤー-システム** シ〈belt conveyor system〉名 流れ作業のやり方。

ヘルニア 0〈ﾗ hernia〉名 体内の臓器が本来の位置におさまっていないで、外方に脱出した状態。脱腸。

ヘルパー ヘ〈helper〉名 ❶手助けをする人。助手。❷からだの不自由な人のせわをする人。

ヘルプ ヘ〈help〉名 ❶助けること。手伝うこと。❷コンピューターで、アプリケーションソフトなどの操作方法を画面上で説明する機能。また、その画面。**―マーク** マ〈help mark〉名〔和製英語〕義足や人工関節の使用者、内部障害・難病のある人、妊娠初期の女性など、外見ではわかりにくいが、日常生活や災害時に援助・配慮が必要であることを示すマーク。

ヘルプマーク

ヘルペス ヘ〈ﾄﾞ Herpes〉名 ウイルスによって皮膚に小つぶの水疱が群れをなしてできるもの。疱疹。帯状のものを帯状疱疹という。

ベルベット ベ2〈velvet〉名 ビロード。

ベル-ボーイ ボ〈bell boy〉名 ホテルで、客の荷物を玄関から客室まで運ぶサービスをする人。

ヘルメット ヘ/メ〈helmet〉名 ❶暑さや危険をよけるために、厚地でじょうぶに作った帽子。❷頭を保護するためにかぶる硬質プラスチック製の帽子。

ベ(ヴェ)ルモット モ〈ﾌ vermout(h)〉名 洋酒の一種。ぶどう酒に、にがよもぎなどの香草の成分をしみ出させたもの。

ベレー ベ〈ﾌ béret〉名 丸く平たい、ふちのない帽子。ベレー帽。

ペレストロイカ 0〈ﾛ perestroika〉名〔「建て直し」の意〕一九八六年から旧ソ連のゴルバチョフ大統領が推進した政策のスローガン。

ペレット ペ/レ〈pellet〉名 ❶粒状のえさや錠剤。「うさぎ用―」❷乾燥した木材を細かく粉状にくだき、圧力をかけて円柱状に成形した燃料。「―ストーブ」「木質―」❸濃縮ウラン粉末を高温で焼きかため、円柱状に成形したもの。原子炉の燃料棒に使う。

ヘレニズム 三〈Hellenism〉名 アレキサンダー大王からアウグスツス帝まで[前三三四―前三〇]の、ギリシャ・ローマ文化の性格。純ギリシャ的なものと東方的なものがとけあった超民族的な文化。「ヘブライズム」とともに、西洋文化の主要な要素となった。

べろ ベ 名〔俗語〕舌。「―を出す」

ベロア ベ/0〈ﾌ velours〉名 やわらかな毛足の長い光沢のある毛織物。

ヘロイン 0〈ﾄﾞ Heroin〉名 モルヒネからつくる麻酔薬。

ぺろっ-と 0 副「ぺろりと」のくだけた言い方。

へろ-へろ 0 形動 (と)副〔俗語〕力がなく、ふらふらしているようす。ひょろひょろ。「―な球」

べろ-べろ ㊀ ベ 副 舌でなめまわすようす。ぺろぺろ。㊁ 0 形動 べろんべろん。

ぺろ-ぺろ ペ (と)副 ❶舌で盛んに物をなめるようす。❷へびなどが舌をしきりに出し入れするようす。

ぺろり-と 0 副 ❶舌を出したり、舌でなめたりするようす。❷たちまち食べてしまうようす。「―平げる」

べろん-べろん 0 形動 ダロ・ダッ・デ・ニ／ダナ・ナラ・〇 ひどく酒に酔っているようす。べろべろ。

へん【片】 ㊀ 造 ❶一方。半分。「片頭痛」❷かけら。わずか。「片鱗・紙片・破片」❸イギリスの貨幣単位ペンス。「五片」㊁ 接尾 きれはしをかぞえる語。「二片」

へん【返】 造 かえす。かえる。「返還・返却・返事・返上・返信・返品」

へん【×扁】 造 ❶ふだ。「扁額」❷ひらたい。「扁桃・扁平」

へん【遍】 ㊀ 造 あまねく、ゆきわたる。「遍在・遍歴・普遍」㊁ 接尾 度数や回数を示すことば。「度」や「回」よりも用法は狭い。⇩度 参考「一―しかお目にかかっていない」

へん【×篇】 造 ❶書き物。作品。「巨篇・掌篇・断篇・長篇」❷作品の部わけ。「全篇・前篇・続篇」

へん【辺】 ㊀ 名造 ❶ 0 あたり。ほとり。「海辺・近辺・周辺・身辺」❷ 0/ヘ〔数〕㋐角をはさむ直線。多角形・多面体などをつくっている線分。「四角形の四つの―」「二等辺三角形」㋑代数学で等号の左右にある式または数。「右辺」㊁ 0 名 ほど。くらい。「この―でやめよう」㊂ 造 はて。いなか。「辺境・辺地・辺鄙」

へん【変】 ㊀ ヘ 名造 ❶不時のできごと。変事。「本能寺の―」「異変・事変・政変・天変地異」❷〔音〕音の高さを半音下げること。記号は「♭」。「変記号・変ホ長調」↕嬰 ㊁ ヘ 形動 造 ❶かわっているようす。異常だ。「どうもようすが―だ」「変死・変則・変調」❷あやしいようす。「―な男がいた」「変人」㊂ 造 かわる。かえる。「変化・変質・変遷・急変・激変・不変」**変ずる** 自他サ

へん【偏】 ㊀ 0 名造 漢字の構成部分の一つ。漢字の左側の部分。きへん(木)・いとへん(糸)・にんべん(イ)など。「偏旁・金偏」↕つくり。㊁ 造 かたよる。「偏見・偏向・偏在・偏食」**偏する** 自サ

へん【編】 ㊀ ヘ 名造 ❶首尾のととのった詩文。「詩編・短編」❷書物の一部分・部分け。「前編・資料編・分析編」❸編集。「共編・続編・日本語学会編」㊁ 造 ❶あむ。組み合わせて一つのものにする。「編曲」❷組み入れる。組み立てる。「編成・編入・改編」㊂ 接尾 書物や作品などをかぞえることば。「全十三編」

へん ヘ 感 相手をあざけったり、やせがまんをしたりするときに出す声。「―、ざまを見ろ」「―、さびしくなんかないぞ」

べん【勉】 造 つとめる。はげむ。「勉学・勉強・勉励・勤勉」

べん【×娩】 造 子をうむ。「分娩」

べん【×鞭】 造 むち。むちで打つ。はげます。「鞭撻・鞭毛・教鞭・先鞭」

べん【弁】 ㊀ ベ 名造 ❶[×瓣] ㋐はなびら。「花弁」㋑バルブ。「安全弁」㋒心臓や血管の中にある、べんまく。❷[×辯] ㋐ある地域のことば。「関西弁・東京弁」㋑ものの言いぶり。口をきくこと。「―が達者だ」「弁解・弁論・熱弁・雄弁」㋒中古の太政官の官名。弁官。❸[×辨] ㋐区別。「上下の―」㋑わきまえ。㊁ 造 ❶わきまえる。明らかにする。「弁別・弁理・弁証法・思弁」❷はらう。「弁済・弁償・支弁」**弁ずる** 自他サ **―が立つ** 談

話・演説などがうまい。雄弁である。

べん【便】一 ベ 名 造 ❶つごう。便利。「―がよい」「便宜・簡便・不便・方便」❷大便と小便。特に、大便。「便意・便通・大小便」二 造 ❶くつろぐ。「便衣・便殿」❷口がうまい。「便佞」**便ずる** 自他サ ［別音びん｜便］

ペン ペ〈pen〉名 ❶インクをつけて書く筆記用具。❷文筆活動。「―で身をたてる」**―は剣よりも強し** 言論の力は暴力にまさる。**―を置く** 文章を書き終える。ふでをおく。擱筆する。**―を折る** 二度と書くことをしない。筆を折る。**―を走らせる** 手紙や文章を休まずにすらすらと書く。

へん-あい 0【偏愛】名 他サ かたよって、ある人やものだけを愛すること。「長男を―する」↔博愛。

へんあつ-き ツ/ア【変圧器】名 交流電流の電圧をかえる装置。トランス。

へん-い ヘ【変異】名 ❶〔文章語〕通常とかわった出来事。異変。「世の中に―が生じる」❷同種の生物やウィルスがもつ遺伝物質が変化し、形や性質に異同が生ずること。「突然―」**―株** イ 名 生物の遺伝情報に変化が起こることによって生まれ、新しい性質をもった子孫。

へん-い ヘ【変位】名 自サ 〘物〙物体が位置をかえること。また、その変化した位置。

へん-い ヘ【変移】名 自サ〔文章語〕うつりかわること。変遷。

へん-い ヘ【便衣】名 中国の、袖を短く小さくした衣服。平服。

べん-い ベ【便意】名 大便をしたいという気持ち。「―をもよおす」↔尿意。

へん-うん 0【片雲】名〔文章語〕ちぎれぐも。

へん-えい 0【片影】名〔文章語〕わずかに認められたすがた。ちらりと見えたすがた。

べん-えき 0【便益】名 便利で利益があること。つごうのよいこと。「―をはかる」

へんおん-どうぶつ ド【変温動物】名 体温が外界の温度によって左右される動物。哺乳類・鳥類以外の動物。冷血動物。↔恒温動物。

へん-か ヘ【返歌】名 人からおくられた歌にこたえてよむ歌。返事のうた。かえしうた。

へん-か ヘ【変化】名 自サ 「「へんげ」と読めば別語」❶性質・状態などのかわること。「気候の―」❷単語の語形が用法に応じてかわること。「語尾―」**―球** カ 名 野球の投手の投球で、打者の近くでコースをかえるもの。カーブ・スライダーなど。↔直球。

ペンが 0【ペン画】名 ペンでかいた絵。

へん-かい 0【変改】名 自他サ〔文章語〕かわり、あらたまること。かえ、あらためること。改変。へんがい。

べん-かい 0【弁解】名 自サ いいひらき。いいわけ。

へん-がえ 0【変替(え)】名 他サ 「「変改」の変化」かえ改めること。「約束を―する」

へん-かく 0【変格】名 正規でない格。↔正格。**―活用** カ2 名 動詞のうち、口語の「来る・する」、文語の「来・す・死ぬ・あり」などのように、不規則な活用をするもの。↔正格活用。

へん-かく 0【変革】名 他サ かえ改めること。「機構を―する」

へん-がく 0【×扁額】名 横に長い額。よこ額。

べん-がく 0/ベ【勉学】名 自サ いっしょうけんめいにまなぶこと。勉強。「―にはげむ」

ベンガラ 0〈オ Bengala〉名 ❶〔インドのベンガル地方に産したことから〕さびどめなどに使う赤色顔料。主成分は酸化第二鉄。べにがら。❷ベンガラじま。**―×縞** 0 名 たては絹糸、よこはもめん糸の、しまの織物。

へん-かん 0【返還】名 他サ 獲得したもの、借りていたものなどをもとの所有者にかえすこと。「優勝旗を―する」

へん-かん 0【変換】名 自他サ かわること。かえること。「方針を―する」

べん-き ベ【便器】名 大小便をとるうつわ。おまる。おかわ。

べん-ぎ ベ【便宜】名 ❶つごうのよいこと。便利なこと。❷特別なはからい。「―をはかる」**―上** 0 副 そのほうがつごうがいいので。つごうじょう。**―的** 0 形動 その場のつごうだけを考えてするようす。まにあわせにするようす。

ペンキ 0 名〔オ pek, pik のなまり〕油などに顔料をまぜた不透明な塗料。ペイント。

へん-きごう キ【変記号】名 音楽で、音の高さを半音下げることをしめすしるし。フラット。「♭」。↔嬰記号。

へん-きゃく 0【返却】名 他サ 借りたもの、受けとったものなどをかえすこと。返戻。「図書館の本を―する」

へん-きゅう 0【返球】名 他サ ❶野球で、ボールを投げ返すこと。また、外野手が内野手や捕手に送球すること。❷テニス・卓球・バレーボールなどで、相手のコートに球を打ち返すこと。

へん-きょう 0【辺境】【辺×疆】名〔文章語〕❶中央から遠くはなれた国境。❷都から遠くはなれた土地。辺地。

へん-きょう 0【偏狭】名 形動 ❶度量がせまいこと。「―な考え」❷土地がせまいこと。

べん-きょう 0【勉強】名 自他サ ❶仕事・学問などに精をだしてつとめること。❷ものを学ぶこと。学習。❸商品を値びきすること。「もう少し―します」

へん-きょく 0【変局】名 かわった局面。非常事のとき。

へん-きょく 0【編曲】名 他サ ある楽曲を他の様式・リズムの曲につくりかえること。↔原曲。

へん-きん 0【返金】名 自サ 借金をかえすこと。また、そのかね。「―を要求する」

ペンギン 0〈penguin〉名 ペンギン科の鳥の総称。南極地方に多い。つばさはひれのようで、足にみずかきがあり、よくおよぐが、とぶことはできない。

へん-くつ ヘ/0【偏屈】名 形動 性質がかたよっていて、すなおでないこと。「―な人間」

ペン-クラブ ク〈PEN Club〉名 文筆家の親善と世界平和のために、第一次世界大戦後にできた文化団体。国際ペンクラブ。日本ペンクラブ。PEN は、Poets（詩人）、Playwrights（劇作家）、Editors（編集者）、Essayists（評論家）、Novelists（小説家）の頭文字を合わせ、文筆活動の象徴であるペンの意味もしめしたもの。

へん-げ ヘ【変化】名〔文章語〕「「へんか」と読めば別語」❶動物などが姿を変えて現れること。また、そのもの。ばけもの。妖怪。❷神仏が人の姿となって現れること。また、その現れたもの。

へん-けい 0【×扁形】名 扁平な形。ひらたい形。**―動物** ド 名 からだがひらたく、体節がなく、雌雄同体で多くは寄生性の動物。渦虫・吸虫・条虫の三種がある。

へん-けい 0【変形】名 自他サ 形がかわること。形をかえること。かわった形。「乱暴な扱いで箱が―した」

べんけい《弁慶》鎌倉初期の僧。源義経の腹心という。武蔵坊。豪傑と伝えられることから、「内弁慶」のように、強いもの、強がるもののたとえにも使われる。また、弁慶のせおった七種の武具を「弁慶の七つ道具」と言いならわす。**―の泣き所** ❶〔弁慶でも、そこをけられると痛くて泣くほどであるから〕むこうずね。❷強い者のもっている弱点。

べんけい-じま ⓪【弁慶×縞】名 紺とあさぎ、紺と茶など二色の色糸をたて・よこに使って織った幅の広いこうしじま。

へん・げる ゲ【変化る】自下一〔ゲ／ゲ／ゲル／ゲル／ゲレ／ゲロ・ゲヨ〕〔「変化(へんげ)」の動詞化〕形を変えて現れる。ばける。

へん-けん ⓪【偏見】名 かたよった考え・見かた。

へん-げん ⓪【片言】名〔文章語〕ちょっとしたことば。一言。**―隻句**(せっく) セ名〔文章語〕わずかなことば。片言隻語(せきご)。

へん-げん ⓪【変幻】名〔文章語〕出没変化のすみやかなこと。「―自在」

べん-ご ベ【弁護】名 他サ 人のために、いいひらきをしてたすけること。その人の利益を主張してたすけること。**―士** ゴ名 民事・刑事の訴訟で、被告や原告の代理として訴訟をし、その権利・利益をまもる職の人。**―人** ⓪名 刑事被告人を弁護する役目の人。原則として弁護士が選ばれる。

へん-こう ⓪【偏光】名 ある特定の方向にだけかたよって振動する光。「―レンズ」

へん-こう ⓪【偏向】名 中正をうしない、かたよっていること。かたよった傾向。「―教育」

へん-こう ⓪【変更】名 他サ かえ、あらためること。変改。「予定を―する」

べん-こう ⓪【弁口】名〔文章語〕ものの言いぶり。口先がうまいこと。

へんこう-せい ⓪【変光星】名 時により明るさがかわる恒星。

へん-さ ヘ【偏差】名 ❶標準となる数値・位置・方向などからかたよりはずれること。❷〔数〕統計で、個々の数値と平均値との差。**―値** サ名 学力検査で、その人の得点が全体の中でどの程度の水準にあるかを示す数値。平均を五〇とする。

べん-ざ ⓪【便座】名 洋式便器で、腰かけるところ。

へん-さい ⓪【辺際】名〔文章語〕国や土地のはて。

へん-さい ⓪【変災】名〔文章語〕天変地異のわざわい。地震・大風・大水などの災難。

へん-さい ⓪【返済】名 他サ 借りたかねや物をかえすこと。「ローンの―」

へん-ざい ⓪【偏在】名 自サ かたよって存在すること。「富の―」↕遍在。

へん-ざい ⓪【遍在】名 自サ〔文章語〕ひろく存在すること。ひろくゆきわたっていること。↕偏在。

べん-さい ⓪【弁才】名〔文章語〕弁舌の才能。口がたっしゃなこと。「―にたける」

べん-さい ⓪【弁済】名 他サ 債務を実行すること。借りたかねや物をかえすこと。

べんざい-てん《弁財(才)天》七福神のひとり。音楽・弁舌・財福・知恵をつかさどる女神。琵琶をかかえている。弁天。⇩七福神(図)。

ペン-さき サ【ペン先】名 ペン軸の先につけて文字を書く、金属製のもの。ペン。

へん-さん ⓪【編×纂】名 他サ 材料をあつめて書物をつくりあげること。編集。「辞典を―する」

へん-し ⓪【変死】名 自サ 病気・老衰などによらない、不自然な死にかた。自殺・他殺・事故死など。横死。

へん-じ ヘ【片時】名〔文章語〕わずかの時間。かたとき。ちょっとの間。参考 古語では「へんし」と清音。

へん-じ ヘ【変事】名 かわった悪いできごと。異変。

へん-じ ジ【返事】【返辞】㊀名 自サ 呼びかけにこたえること。こたえることば。「二つ―」㊁名 返信。「―を出す」

べん-し ベ【弁士】名 ❶弁才のある人。❷演説・講話などをする人。❸無声映画の説明者。

ペン-じく ⓪【ペン軸】名 ペン先をとりつけて柄とする軸。

へん-しつ ⓪【偏執】名 ⬇へんしゅう。

へん-しつ ⓪【変質】㊀名 自サ 性質のかわること。㊁名 異常な性質。**―者** ツ名 性格・気質の異常な者。特に、性的に異常な者。

へん-じゃ ヘ【編者】名 書物を編集する人。

へん-しゅ ⓪／ヘ【変種】名 ❶原種から変化してできた種類。かわりだね。↕原種。❷同類の中で、かわったもの・人。

へん-しゅう ⓪【×扁舟】名〔文章語〕小さいふね。こぶね。

へん-しゅう ⓪【偏執】名 ある物事に強く執着すること。かたいじで他の意見を入れないこと。へんしつ。**―狂** ⓪名 ある一つの物事に異常に執着し、異常な行動をする症状。また、その人。モノマニア。**―病** ⓪名 精神病の一種。妄想を起こすことを特徴とする。パラノイア。

へん-しゅう ⓪【編修】名 他サ 書物を編み、ととのえること。

へん-しゅう ⓪【編集】【編×輯】名 他サ 諸種の材料をあつめ、書籍・雑誌・新聞にまとめること。**―者** シュ名 編集を職業とする人。

ペン-しゅうじ シュ【ペン習字】名 ペンを使って書く習字。硬筆習字。

へん-しょ ヘ【返書】名〔文章語〕返事の手紙。返信。返簡。

べん-じょ ジョ【便所】名 大小便をする所。かわや。

へん-しょう ⓪【返照】名〔文章語〕❶光がてりかえすこと。❷夕日の光。夕ばえ。❸〔仏〕過去に照らして現在を考えること。自分の本源を明らかにすること。

へん-じょう ⓪【遍照】名 仏の光明がひろく世界を照らすこと。

へん-じょう ⓪【返上】名 他サ ❶かえすことの謙譲語。❷もらったものをかえすこと。「休日を―してはたらく」

へんじょう《遍昭》八一六〜八九〇。平安時代前期の歌人。作品は「古今和歌集」などにのっている。

べん-しょう ⓪【弁償】名 他サ 相手にあたえた損害を、かねや物でつぐなうこと。「―金」

べんしょう-ほう ⓪【弁証法】名〔論〕自己の内にある矛盾をみずからの発展によってなくして、あたらしく総合された統一に到達する論理。**―的唯物論** ツ名 マルクス主義における世界観で、一八四〇年代にマルクスとエンゲルスがはじめ、レーニン・スターリンらが発展させた唯物論。唯物弁証法。

へん-しょく ⓪【変色】名 自サ 色がかわること。

へん-しょく ⓪【偏食】名 自サ すききらいがひどく、食物をかたよってとること。

ペンション ペ《pension》名 ホテルふうの民宿。

へん・じる ⓪／ジ【変じる】自他上一〔ジ／ジ／ジル／ジル／ジレ／ジロ・ジヨ〕⬇へんずる。

べん・じる ⓪／ジ【弁じる】自他上一〔ジ／ジ／ジル／ジル／ジレ／ジロ・ジヨ〕⬇べんずる。

べん・じる ⓪／ジ【便じる】自他上一〔ジ／ジ／ジル／ジル／ジレ／ジロ・ジヨ〕⬇べんずる。

ペンシル ペ《pencil》名 鉛筆。「シャープ―」

へん-しん ⓪【返信】名 返事の手紙・電信。返事。↕往信。

へん-しん ⓪【変心】名 自サ こころがわり。「恋人の―」

へん-しん ⓪【変身】名 自サ 姿をかえること。また、かえた姿。「華麗なる―」「―願望」

へん-じん ⓪【変人】【偏人】名 一般とかわった性質の

人。かわりもの。「—扱いされる」

ベンジン [ベ]〈benzine〉[名] 揮発油の一種。石油を蒸留してつくった、無色で引火性のつよい液体。燃料・消毒・しみぬき用。石油ベンジン。

ペンス [ペ]〈pence〉[名]「ペニー」の複数形。

へん-すう [0]【辺×陬】[名]〔文章語〕(「陬」は隅の意)都を遠くはなれた地。辺境。

へん-すう [ス]【変数】[名]〔数〕ある関係・範囲内で、任意の値となり得る数や記号。↕常数・定数。

へん-ずつう [ス]【片頭痛・偏頭痛】[名] 頭の片がわの頭痛。

へん-する [ス]【偏する】[自サ] シ・セ・サ・シ・スル スル・スレ・シロ・セヨ 一方にかたよる。「西に—」 **へん-す** [文語サ変]

へん-する [ス]【×貶する】[他サ] シ・セ・サ・シ・スル スル・スレ・シロ・セヨ〔文章語〕❶けなす。そしる。❷地位や身分を下げる。 **へん-す** [文語サ変]

へん-ずる [ス]【変ずる】[自他サ] ジ・ゼ・ジ・ズル・ズル ズレ・ジロ・ゼヨ かわる。あらたまる。かえる。あらためる。変じる。 **へん-ず** [文語サ変]

べん-ずる [ス]【弁ずる】ジ・ゼ・ジ・ズル・ズル ズレ・ジロ・ゼヨ (「弁じる(上一段活用)」とも)■一 [自サ] すむ。ととのう。成る。「用が—」■二 [他サ] ❶わきまえる。区別する。識別する。「善悪を—」❷はからう。処理する。「用を—」❸しゃべる。論じる。「一席—」❹言いわけをする。「あれこれと—」 **べん-ず** [文語サ変]

べん-ずる [ス]【便ずる】[自他サ] ジ・ゼ・ジ・ズル・ズル ズレ・ジロ・ゼヨ 用がたりる。用をたす。便じる。「鉛筆で用は—」「手紙で用を—」

へん-せい [0]【編成】[名][他サ] 多くの人や物をあつめて、組みたててつくること。「楽団を—する」[参考]「編制」に比べて、「編成」は用法が広く、「予算(番組・チーム)の編成」のように使う。

へん-せい [0]【編制】[名][他サ] 軍隊・団体を組織すること。軍隊・団体の組織。⇩編成[参考]。

へん-せい [0]【編製】[名][他サ] 戸籍などを新しくつくること。

へん-せい [0]【変成】[名][自他サ]〔文章語〕形がかわってできること。形をかえてつくること。 **—岩**がん [セ][名] 火成岩・水成岩が、高温・高圧のため成分・組織をかえたもの。片麻岩へんまがん・結晶片岩など。

へんせい-き [セ]【変声期】[名] 男性の思春期に起こる声変わりの時期。

へんせい-ふう [0]【偏西風】[名] 地球の南北両半球の中緯度地方の上空を、一年じゅう吹いている強い西風。⇩貿易風(図)。

へん-せつ [0]【変節】[名][自サ]〔文章語〕❶節操をかえること。うらぎること。❷主義・主張をかえること。 **—漢**かん [ツ][セ][名] 節義・節操をかえる男。

へん-せつ [0]【変説】[名][自サ]〔文章語〕これまでの主張や考えをかえること。

べん-ぜつ [0]【弁舌】[名] ものを言うこと。話し方。「さわやかな—」「—がたくみだ」

へん-せん [0]【変遷】[名][自サ] 歳月をかけて、うつりかわること。推移。「幾多の—を経る」

ベンゼン [ベ]〈benzene〉[名] コールタール・石油ガスなどからつくる揮発性のつよい無色の液体。医薬・染料・香料・爆薬の原料。ベンゾール。

べん-そ [ベ]【弁×疏】[名][他サ]〔文章語〕言いわけをすること。弁解。

へん-そう [0]【変装】[名][自サ] 顔や服装をかえて、別人に見せかけること。

へん-そう [0]【返送】[名][他サ] おくりかえすこと。

へん-ぞう [0]【変造】[名][他サ] 物の形や内容をかえること。「—紙幣」

へんそう-きょく [ツ]【変奏曲】[名] ある主題と、それをもとにした旋律をいろいろに変えたものとからできた楽曲形式。バリエーション。

ベンゾール [ツ]〈benzol〉[名] ベンゼン。

へん-そく [0]【変速】[名][自サ] 速力をかえること。「—装置」

へん-そく [0]【変則】[名][形動(の)] 普通の規則や方法にはずれていること。「—的なスケジュールを組む」↕正則。

へん-たい [0]【変体】[名] ふつうの体裁ていさいとちがっていること。また、そのもの。 **—仮名**がな [0][名] ふつうのひらがなと字体のちがうかな。草そうがな。「[illegible]・[illegible]・[illegible]」(い・ろ・は)など。 **—漢文**かんぶん [カ][名] 漢文にならって、漢字だけで書いた日本語の文章。平安時代以降、主に男子の日記・書簡などに用いられた。本来の漢文からずれた日本式漢文。

へん-たい [0]【変態】[名] ❶ふつうとかわった形や状態。❷動物が発育の過程で、時期に応じて形をかえること。❸植物の茎・葉・根が、形を変えること。茎が巻きひげ、葉がとげ、根が気根となるなど。 **—性欲**せいよく [セ][名] ふつうとちがった形であらわれる性欲。正常からはみ出した性欲。

へん-たい [0]【編隊】[名] 飛行機などが隊形を組んだもの。「五機の—飛行」

ペン-だこ [0]【ペン×胼×胝】[名] ペンを長く使い続けたために、ふつう右手中指にできるたこ。

ペンタゴン [ペ]〈pentagon〉[名] ❶五角形。❷(建物が五角形であることから)アメリカ国防総省の通称。

べん-たつ [0]【×鞭×撻】[名][他サ] (むちうつこと)いましめ、はげますこと。「ご—を願う」

ペンダント [ペ]〈pendant〉[名] くさりやひもでつるして首や耳につける宝石・メダルなど。

へん-ち [ヘ]【辺地】[名] 交通不便な、へんぴな土地。かたいなか。僻地へきち。辺境。辺土。

ベンチ [ベ]〈bench〉[名] ❶木製・石製の長いす。共同いす。❷野球場内の監督席・選手席。ダグアウト。 **—マーク** [マ]〈bench mark〉[名] ❶測量で、水準点。❷ものごとの比較や判断のための基準。指標。❸コンピューターで、ハードウエアやソフトウエアの性能を評価する基準。

ペンチ [ペ][名] (pinchersから)針金を切ったり、曲げたりする鋏はさみ状の工具。

へんちくりん [0]【変ちくりん】[形動] ダロ・ダッ・デ・ニ ダ・ナ・ナラ・○〔俗語〕ひじょうに変なようす。へんてこりん。

へん-ちつ [0]【×篇×帙】[名]〔文章語〕❶書物をおおう帙ちつ。❷書物。

ベンチャー [ベ]〈venture〉[名] (「冒険」の意から)未開拓の独創的な技術の研究・開発をめざす小規模な企業。「—ビジネス」「—支援」

べんちゃら [0][名]〔俗語〕(もとは西日本の方言)口先だけうまいこと。お世辞を言っておもねること。また、そういう人。おべんちゃら。

へん-ちょ [ヘ]【編著】[名] 編集・著作した書物。

へん-ちょう [0]【偏重】[名][他サ] ある物事だけをおもんずること。「学歴—」

へん-ちょう [0]【変調】■一[名][自他サ]〔音〕調子がかわること。調子をかえること。移調。■二[名] ふつうと、ようすがかわること。変調子。「からだの—」

へん-ちょうし [チョ]【変調子】[名] 調子・ようすが、ふだんとちがうこと。変調。

ベンチレーター [レ]〈ventilator〉[名] 空気を入れかえる装置。通風機。

ベンツ [ベ]〈vents〉[名] 背広やコートのすその背中や両わきに

ある切り込み。「サイド―」

へん‐つう ⓪【変通】名 自サ〔文章語〕その場合に応じた処理・態度をすること。「―自在」

べん‐つう ⓪【便通】名 大便が出ること。

ペンディング ⓪〈pending〉名 未決定のままにしておくこと。保留。「その問題は―にする」

へんてこ ⓪ 形動 ダロ・ダッ・デ・ニ / ダナ・ナラ・○〔俗語〕(「変挺」は当て字)変なようす。妙なようす。みょうちきりん。へんてこりん。

へん‐てつ ⓪【変哲】名 普通と変わっていること。**―も無(な)い** 特にかわっていることもない。平凡だ。「なんの―」

へん‐てん ⓪【変転】名 自サ 状態がうつりかわること。「時勢の―」

へん‐でん ⓪【返電】名 返事の電報・電話。

べん‐てん《弁天》べんざいてん。

べん‐でん ⓪【便殿】名 ⬇びんでん。

へんでん‐しょ ⓪【変電所】名 変圧器などをおき、発電所からくる高圧の交流電力の電圧を下げ、配電する所。

へん‐ど ヘ【辺土】名〔文章語〕かたいなか。辺地。

へん‐とう ト/⓪【返答】名 自サ 問われたり、呼ばれたりしたとき、こたえること。返事。「すぐに―する」

へん‐どう ⓪【変動】❶名 自サ かわりうごくこと。「物価の―」↕安定。❷名 世の中のさわぎ。事変。

べん‐とう ト【弁当】名 ❶よそで食事をするためにたずさえる食品。❷外出先で買って食べる食事。「駅売りの―」

へんとう‐せん ⓪【×扁桃腺】名 のどの入り口にある、扁桃(アーモンド)の形をしたリンパせん。

へん‐にゅう ⓪【編入】名 他サ 組みいれること。その団体や部類などに組みこむこと。「三年生に―する」

ペンネ ペ〈イ penne〉名 太めで筒状のパスタで、両端がペン先のように切られたもの。

べん‐ねい ⓪【便×佞】名〔文章語〕心がねじけていて、口先とごきげんとりのうまいこと。

ペン‐ネーム ネ〈pen name〉名 詩や文章を書くときなどに使う名まえ。筆名。雅号(がごう)。

へんねん‐し ネ【編年史】名 編年体でしるされた歴史。

へんねん‐たい ⓪【編年体】名 年の順をおって書きしるす歴史書の形式。↕紀伝体・紀事本末体・列伝体。

へん‐のう ⓪【返納】名 他サ もとのところへ返しおさめること。「運転免許証を―する」

へんのう‐ゆ ノ【片脳油】名 樟脳(しょうのう)油から、樟脳をとった残りの油を精製した白色揮発性の液体。防臭・殺虫用。塗料の溶剤にも使う。

へん‐ぱ ヘ【偏×頗】名 形動 (「頗」は不公平)えこひいき。不公平。「―な処置」

へん‐ぱい ⓪【返杯】【返×盃】名 自サ さされたさかずきの酒を飲みほし、さかずきをかえすこと。また、そのさかずき。

べん‐ばく ⓪【弁×駁】名 他サ〔文章語〕他人の説のあやまりを論じ破ること。べんぱく。

べん‐ぱつ ⓪【×辮髪】名 男のかみの毛を編んでうしろへたらしたもの。中国、清(しん)の時代の風俗。

ペン‐パル ペ〈pen pal〉名 (palは仲間の意)ペンフレンド。

へん‐ぴ ヘ【辺×鄙】名 形動 中央からはなれて不便なこと。かたいなか。

べん‐ぴ ⓪【便秘】名 自サ 大便が出にくいこと。秘結(ひけつ)。

へん‐ぴん ⓪【返品】名 自サ 買ったり、仕入れたりした品をかえすこと。また、かえされた品。「不良品を―する」

へん‐ぷ ヘ【返付】名 他サ〔文章語〕かえし、わたすこと。還付。返還。

へん‐ぷく ⓪【辺幅】名〔文章語〕うわべ。外見。**―を飾(かざ)る** 外見だけりっぱに見せかける。

へん‐ぶつ ⓪【変物】【偏物】名 ふつうの人とかわっている人。かわり者。変人。偏屈者。

ペン‐フレンド レ〈pen-friend〉名 手紙を交換する友人。文通仲間。ペンパル。

へん‐ぺい ⓪【偏平】【×扁平】名 形動 ひらたいこと。**―足(そく)** ペ 名 足の裏がひらたく、土ふまずの部分がほとんどみられない足。

べん‐べつ ⓪【弁別】名 他サ 見分けること。識別。

ベンベルグ ベ2〈ド Bemberg〉名 (商標名)ドイツのベンベルグ社でつくりはじめた、しなやかな人絹。

へん‐ぺん ⓪【片片】と副 たる連体〔文章語〕❶きれぎれの状態。「―たる知識」❷うすっぺらで、重みのないようす。「―たる意見」❸ひらひらとひるがえるようす。かるそうにとびちるようす。「―と舞う花びら」

べん‐べん ⓪【便便】と副 たる連体〔文章語〕❶むだに時がすぎるようす。「―とくらす」❷腹が太って出ているようす。

ぺんぺん‐ぐさ ペ2【ぺんぺん草】名 なずな。さやの形が三味線(しゃみせん)のばちに似ているので、三味線の音をとって名づけたもの。(春) **―が生(は)える** 家や敷地などが、あれはてているようすのたとえ。

へん‐ぼう ⓪【偏×旁】名 漢字の構成部分である、へんとつくり。**―冠脚(かんきゃく)** ⓪ 名 漢字のへん・つくり・かんむり・あし。広義には、たれ・にょう・かまえを含めて、漢字の構成部分の総称。

へん‐ぼう ⓪【変貌】名 自サ 様相のかわること。変容。「―をとげる」

へん‐ぽう ⓪【返報】名 自サ ❶人のしてくれたことにむいること。返礼。❷人のしかけたことにしかえしすること。しかえし。報復。

べん‐ぽう ⓪【便法】名 便利な方法。便宜上とる手段。「―を講ずる」

ペン‐ホルダー ホ〈pen holder〉名〔penholder grip から〕卓球で、ペン軸を持つようなラケットのにぎり方。↕シェークハンド。

へん‐ぽん ⓪【返本】名 自サ 書店が仕入れた本を出版元や取次店へかえすこと。また、その本。

へん‐ぽん ⓪【×翩翻】と副 たる連体〔文章語〕ひらひらとひるがえるようす。「―とひるがえる旗」

べん‐まく ⓪/ベ【弁膜】名 心臓や静脈・リンパ管などの内部にある膜で、血液やリンパ液の逆流をふせぐもの。

へん‐みょう ⓪【変名】名 へんめい。

べんむ‐かん ム【弁務官】名 本国から派遣されて、植民地や占領地の行政事務をとりあつかう官吏。

へんむ‐けいやく ケ【片務契約】名〔法〕当事者の一方だけが債務をおう契約。↕双務契約。

へん‐めい ⓪【変名】名 自サ 本名をかくして別の名を使うこと。また、その名。へんみょう。「―を使う」

べん‐めい ⓪【弁明】名 他サ 自分の言行などについて、言いひらきをすること。弁解。釈明。

べん‐もう ⓪【便×蒙】名〔文章語〕(「蒙」は道理を知らない者)初学者にわかりやすく説いた書物。

べん‐もう ⓪【×鞭毛】名 細胞の一部が変化してできた、尾や羽のようなもの。動物の精子、鞭毛虫類、植物の遊走子(ゆうそうし)などにある。**―虫類(ちゅうるい)** チュ 名 原生動物の一類。単細胞で一本または多数の鞭毛をもつ。みどりむしなど。

へん‐やく ⓪【変約】名 自サ 約束をかえること。

へん‐よう ⓪【変容】名 自他サ 姿・形がかわること。姿・形をかえること。変貌(へんぼう)。「―する大都会」

へん‐らん ⓪【変乱】名〔文章語〕事変による、世のみだれ。

べん-らん ⓪【便覧】名 関係のある物事をてっとりばやく知るのに便利なようにつくられた小冊子。びんらん。

べん-り ベ【弁理】名〔文章語〕物事を判断して処理すること。**―公使**(こうし) コ名 外交使節の三番目の階級。特命全権公使と、代理公使のあいだにあたる。現在この名称は使われない。**―士**(し) リ名 特許・実用新案・意匠・商標などに関し、特許庁に対する申請・出願などの代理を職業とする人。

べん-り ベ【便利】名 形動 つごうのよいこと。役にたつこと。「―な機能」**―屋**(や) ⓪名 配達・伝言その他の雑用を引き受ける職業。また、その人。

へん-りん ⓪【片×鱗】名〔一枚のうろこ〕ごく少しの部分。「才能の―を示す」

ヘンルーダ ル名〈オ wijnruit のなまり〉ミカン科の多年生植物。初夏に、黄緑色の小花をひらく。強い香気があり、薬用・観賞用。㊍夏

へん-れい ⓪【返礼】名 自サ もらいものや恩義に対して礼を返すこと。また、そのための贈り物。「―品」

へん-れい ⓪【返戻】名 他サ〔文章語〕借りたものなどをかえしもどすこと。「―金」

べん-れい ⓪【勉励】名 自サ 仕事などにつとめはげむこと。「刻苦―」

べんれい-たい ⓪【×駢×儷体】名 中国の六朝(りくちょう)・唐のころ流行した文体。四字・六字の対句を基本とする華麗なもの。四六駢儷体。

へん-れき ⓪【遍歴】名 自サ ❶あちらこちらを、めぐりあるくこと。「諸国を―する」❷さまざまな経験をすること。「人生―」

へん-ろ ヘ【遍路】名 祈願のため、四国や、小豆島(しょうどしま)の弘法(こうぼう)大師の霊場をめぐること。また、その人。巡礼。㊍春

べん-ろん ⓪【弁論】名 自サ ❶大ぜいの前で意見をのべること。「―大会」❷たがいに論じあうこと。いいあらそい。❸法廷で訴訟当事者のする申し立て・陳述。

ほ ホ

ほ：「保」の草体。
ホ：「保」の右下。

ほ【保】造 ❶たもつ。まもる。「保管・保守・保全・保存・確保・留保」❷かばう。せわをする。「保育・保護・保母」❸うけあう。ひきうける。「保険・保釈・保証・担保(たんぽ)」❹雇われている人。「酒保」**保する** 他サ

ほ【哺】造 はぐくむ。「哺育・哺乳」

ほ【×圃】造 はたけ。菜園。「圃場・田圃(でんぽ／たんぼ)」

ほ【捕】造 ❶とらえる。つかまえる。「捕捉(ほそく)・捕縛・捕虜・拿捕(だほ)・逮捕」❷とる。「捕獲・捕球・捕鯨・捕手」

ほ【×堡】造 とりで。「橋頭堡(きょうとうほ)」

ほ【補】㊀造 ❶おぎなう。「補完・補強・補助・増補」❷たすける。「補佐・補導」❸官職を授ける。「補任」㊁造 接尾 ある地位につく資格のある人。見習い。一段下の位。「候補・警部補・次官補」

ほ【×蒲】造 がま。かわやなぎ。「蒲柳(ほりゅう)」

ほ【舗】造 ❶しく。しきつめる。「舗装・舗道」❷みせ。「店舗(てんぽ)・本舗(ほんぽ)・老舗(ろうほ／しにせ)」

ほ ホ【×輔】名 造 たすけること。また、その人。「幼主の―」「輔佐・輔導」

ほ ホ【帆】名 帆柱につりあげ、風を受けて船をすすめる布製の船具。もめん・麻布などでつくる。

ほ ホ【穂】【▲秀】名 ❶植物の花や実が、長いくきの先にたくさんついたもの。❷とがったものの先。「やりの―」❸外にあらわれ出ること。❹毛筆の、毛の部分。**―に出**(で)**る** おもてにあらわれる。目だつようになる。「思いが―」

ほ【歩】㊀ホ 名 造 ❶あるく。あゆむ。「―を進める」「歩行・歩数・歩道・歩兵・徒歩・遊歩」❷進み具合。「初歩・進歩(しんぽ)・退歩」㊁接尾 歩くとき足をはこぶ回数をかぞえることば。「一―(ぽ)・二―(ほ)・三―(ぽ)」〔別音 ふ・ぶ|歩〕

ぼ【母】造 ❶はは。女親。「母系・母性・母体・実母・祖母・保母」❷もといたところ。「母校・母国」❸もとになるもの。「母音・母語・母港・空母・酵母・字母」

ぼ【×牡】造 おす。「牡馬」

ぼ【募】造 つのる。あつめる。もとめる。はげしくなる。「募金・募集・応募・急募・公募」

ぼ【墓】造 はか。「墓穴(ぼけつ／はかあな)・墓参・墓地・展墓・墳墓・陵墓」

ぼ【慕】造 したう。なつかしむ。「慕情・愛慕・思慕・追慕・恋慕」

ぼ【暮】造 ❶くれる。ひぐれ。「暮色・暮夜・薄暮・朝三暮四・朝令暮改」❷くれ。年や季節のすえ。「暮春・歳暮」

ぼ【模】造 ❶かたち。大きさ。「規模」❷まねる。にせる。「模写(ぼしゃ／もしゃ)・臨模(りんぼ／りんも)」〔別音も|模〕

ぼ【簿】造 ちょうめん。紙をとじたもの。「簿記・原簿・帳簿・名簿・出勤簿・通信簿」

ぼ ボ【×戊】名 造 十干の第五。つちのえ。「戊辰(ぼしん)の役(えき)」

ポ 接尾「ポイント❼」の略。「八―の活字」

ボア ボ〈boa〉名 ❶毛皮・羽毛でつくった、女性用えりまき。また、それに似せた織物で、コートの裏などにつける。❷南アメリカ産の、無毒の大へび。

ぼ-あい ⓪【暮×靄】名〔文章語〕夕方のもや。ゆうもや。

ホアジャオ ア【中▲花×椒】名 ⬇かしょう(花椒)。

ほ-あん ⓪【保安】名 社会の平安や秩序をたもつこと。安全をたもつこと。**―官**(かん) ア名 アメリカで、郡の治安を守るために選出される役人。**―帽**(ぼう) ア名 ヘルメット型の鉄・硬質プラスチック製の帽子。工事現場などの危険防止用。**―要員**(よういん) ヨ名 鉱山・工場・病院などで、人命安全や施設の維持に必要な作業をする人。**―林**(りん) ア名 水源をやしない、風水害を予防し、風景をまもるなどのために、農林水産大臣または知事が指定して保護する森林。

ほ-い ホ【▲布衣】名 ❶〔文章語〕平民の着た服。また、庶民。❷布製の狩衣(かりぎぬ)。❸江戸時代の礼服の一種。‖ふい。ほうい。

ほ-い ホ【▲本意】名〔古語〕本来の志。かねてから達したかった願い。本懐(ほんかい)。「『人の本意は、必ずかなふなれば』と宣ふ」〈源氏〉**―あり** 願い望んでいる。期待している。また、期待どおりで、満足である。「うとからず思ひ睦びたまはむこそ、本意ある心地すべけれ」〈源氏〉**―無**(な)**し** 形 残念である。もの足りない。「(いいかげんに)交じらはせむは本意なからむ」〈源氏〉

ほ-い ホ【補遺】名〔文章語〕書きもらしたことを、あとからおぎなうこと。また、そのおぎなったもの。

ほい ホ 感 ❶相手の頼みや呼びかけに気安く応じることば。「『これやってくれる』『―、来た』」❷相手の気を向けさせることば。ほら。ほれ。それ。「―、これ受け取って」

ぽい 接尾 ⬇っぽい。

ホイール イ〈wheel〉名 ❶車輪。❷ラグビーで、スクラムを回転させるプレー。

ぼ-いき ボ【墓域】名 墓場としてくぎられている土地。

ほ-いく ⓪/ホ【保育】㊀名 他サ 子どもをまもりそだてること。㊁名 幼稚園・保育所・託児所などでの教育。**―園**(えん)

ほ

[ク][名] 保育所の通称。 **―器** [ク][名] 未熟児を入れて育てる、温度・湿度が自動的に調節できる装置。 **―士** [ク][名] 保育所・養護施設などで、児童の保育にあたる職員。所定の学校を卒業したり、国家試験に合格したりすることを資格とする。 **―所** [0][名] 乳児・幼児を保育する所。保育園。

ほ-いく [0]【哺育】[名][他サ] 親が乳や食物をあたえて子をそだてること。[参考] 動物に対して使うことが多いが、人間でも使うことがある。

ボイコット [コ]〈boycott〉[名][他サ] ❶消費者が団結してある商品を買わないこと。不買同盟。❷団結して、授業・集会などに出ることをやめること。❸特定のあるものや人を共同で排斥すること。

ボイス〈voice〉[造] 声。音声。「ハスキー―」 **―トレーニング** [レ]〈voice training〉[名][自サ] 発声訓練。またはその方法。 **―レコーダー** [コ]〈voice recorder〉[名] 航空機の操縦室内にある音声記録装置。

ぽい-すて [0]【ぽい捨て】[名][自サ] 路上でごみを無造作に捨てること。「空きかんの―」「―禁止条例」

ほ-いつ [0]【捕逸】[名][他サ] 野球で、捕手が投手のたまをとりにがすこと。

ホイッスル [イ]〈whistle〉[名] ❶汽笛。警笛。❷競技で、審判員や指導者の鳴らす笛。

ホイップ [イ]〈whip〉[名][他サ] 卵やクリームなどを勢いよくかきまぜて泡立たせること。また、その泡立てたもの。「―クリーム」「卵白を―する」

ほ-いっぽ [ホ]=[イ]【歩一歩】[副][文章語] 一歩ずつ。少しずつ。「―改革を進める」

ほい-と [0]【▲乞▲食】[名] こじき。

ぽい-と [ポ][副] 軽く投げ捨てるようす。

ほい-ほい [ホ1][と][副][自サ] 相手の希望をなんでも気軽にかなえてやるようす。「―ついていく」

ぽい-ぽい [ポ1][と][副] 軽やかに次々と物を投げるようす。

ボイラー [ボ]〈boiler〉[名] 蒸気機関のかま。汽缶。

ホイル [ホ]〈foil〉[名] 包んでむし焼きの料理を作ったり、物を包んだりする、アルミニウムのはく。

ボイル [ボ]〈voile〉[名] よりの強くかかった糸で平織りした、うす地の織物。

ボイル [ボ]〈boil〉[名][他サ] ゆでること。

ほい-ろ [ホ]【×焙炉】[名] 茶の葉を入れ、火にかけてほうじたり、物を乾かしたりする用具。

ぼ-いん [0]【母音】[名] 声帯の振動によって生じた声が、口の中で通路をさまたげられないで発音される音。ア・イ・ウ・エ・オなど。ぼおん。↕子音。

ぼ-いん [0]【×拇印】[名] 印鑑のかわりに、手のおやゆびに印肉またはすみをつけて指紋をおすこと。つめいん。

ぼいん [イ][名][形動][俗語] 女性の乳房が大きいようす。またはその乳房。[参考] ふつう「ボイン」と書く。

ポインセチア [セ]〈poinsettia〉[名] トウダイグサ科の常緑低木。メキシコ原産で、鉢植えにする。クリスマスのころ、頂上の数枚の苞が濃紅色になる。[冬]

ポインター [イ]〈pointer〉[名] 西洋種の猟犬・番犬の一種。白地に茶・黒などのまだらがあり、中形。

ポイント [0]〈point〉[名] ❶点。得点。「―をかせぐ」❷百分率であらわされた、二つ以上の数値の差をいう語。[参考]「賛成者が五ポイント増えて三〇パーセントになった」は、「二五パーセントのものが三〇パーセント」になったことを示す。❸場所。地点。❹時機。「うまい―をつかむ」❺物事の中心点。「―を押さえた質問」❻購入額や店舗の利用数などに応じて利用者に付与される点数。「―カード」❼活字の大きさの単位。一ポイントは七二分の一インチ(〇・三五一四ミリメートル)。❽小数点。❾鉄道の転轍機。❿トランプの1。エース。 **―活字** [カ][名] ポイントで大きさをあらわした活字。↕号活字。 **―ゲッター** [ゲ]〈point getter〉[名] スポーツなどで、攻撃の中心として、点を多くとる選手。

ほう【包】[造] ❶つつむ。くるむ。「包囲・包摂・包装・内包・薬包紙」❷弾。「空包・実包」

ほう【×呆】[造] ぼける。おろか。「阿呆・痴呆」[別音ぼう|呆]

ほう【×彷】[造] ❶さまよう。「彷徨」❷にている。はっきりしない。「彷彿」

ほう【芳】[造] ❶かんばしい。かおりがよい。「芳香・芳醇」❷相手の物事を尊敬する言い方。「芳名・芳書」

ほう【邦】[造] ❶くに。「邦家・友邦・連邦・異邦人」❷わが国の。日本の。「邦貨・邦楽・邦人・邦訳」

ほう【奉】[造] ❶たてまつる。うやまう。「奉献・奉戴・奉納」❷つかえる。つくす。「奉公・奉仕」❸つつしんで従う。うけたまわる。「奉勅・遵奉・信奉」❹つつしんで行う。「奉賀・奉迎・奉賛・奉祝」 **奉じる** [他上一] **奉ずる** [他サ]

ほう【宝】[造] ❶たから。たいせつにするもの。「宝冠・宝石・宝刀・国宝・重宝・秘宝」❷天子・神物に関する物事の美称。「宝算・宝祚・宝塔」

ほう【×庖】[造] くりや。台所。「庖厨」

ほう【抱】[造] ❶だく。かかえる。「抱腹・抱擁・介抱・懐抱」❷いだく。心に持つ。「抱懐・抱負・辛抱」

ほう【×抛】[造] なげうつ。遠くへとばす。「抛棄・抛擲・抛物線」

ほう【放】[造] ❶はなす。はなつ。「放課・放逐・放免・解放・開放・追放」❷だす。発する。「放映・放射・放水・放送・放電」❸すてる。なげる。うっちゃる。「放棄・放置・放任・放物線」❹ほしいままにする。「放逸・放吟・放浪・豪放・粗放・奔放」

ほう【×朋】[造] とも。なかま。「朋党・朋輩・朋友・同朋」

ほう【泡】[造] あわ。あぶく。「泡沫・気泡・水泡・発泡」

ほう【封】[造] 領地を与える。「封建・封禄・移封・素封・分封」[別音ふう|封]

ほう【胞】[造] ❶はら。胎内。「同胞」❷生物体の組織。膜につつまれた組織。「胞子・気胞・細胞」

ほう【倣】[造] ならう。まねをする。「模倣」

ほう【俸】㊀[造] 公務員や会社員に支払われる給料。「俸給・俸禄・月俸・減俸・年俸・本俸」㊁[接尾] 給料の等級。「二等級三号―」

ほう【峰】[造] みね。けわしく高い山。「鋭峰・高峰・名峰・霊峰・連峰・最高峰」

ほう【崩】[造] ❶くずれる。「崩壊・崩落・潰崩」❷天子が死ぬ。「崩御」 **崩ずる** [自サ]

ほう【×捧】[造] ささげる。さしあげる。だく。「捧持・捧呈・捧腹」

ほう【×烹】[造] にる。火をとおす。「割烹」

ほう【×萌】[造] もえる。芽ぐむ。きざす。「萌芽」

ほう【訪】[造] おとずれる。たずねる。おとなう。「訪客・訪米・訪問・探訪・来訪・歴訪」

ほう【蜂】[造] はち。「蜂窩・蜂起・養蜂」

ほう【豊】[造] ❶ゆたか。たくさん。「豊潤・豊富・豊満・豊漁」❷穀物がよく実る。「豊作・豊穣・豊年」❸豊国。現在の九州北東部の一帯。「筑豊」

ほう【飽】造 ❶あきる。「飽食・飽満」❷いっぱいになる。「飽和」

ほう【×蓬】造 みだれる。「蓬頭・蓬髪」

ほう【×鳳】造 ❶おおとり。めでたいしるしとされる想像上の鳥。「鳳凰・鳳雛」❷天子・宮中に関する語に付ける。「鳳闕・鳳声・鳳輦」

ほう【褒】造 ほめる。たたえる。「褒賞・褒美・褒貶・過褒・称褒」

ほう【×鋒】造 ほこさき。とがっているもの。「鋒芒・先鋒・筆鋒・論鋒」

ほう【縫】造 ぬう。ぬいあわせる。「縫合・縫製・裁縫・天衣無縫」

ほう⓪**【法】**㊀名造 ❶きまり。「法規・法律・法令・違法・刑法・憲法・合法・国際法・道路交通法」❷手段。「彼を引き止める―はないか」「手法・製法・方法・計算法」❸礼儀。「―にかなったふるまい」「作法・礼法」❹〔言〕話し手・書き手の表現態度が語形の上にあらわれたもの。「仮定法・命令法」❺仏の教え。「法話・仏法」㊁名 下に打ち消しを伴い、「…するのは不当だ」という判断を示す。「今帰るという―はない」 **―に照らす** 法律の条文に基づいて判断する。

ほう【砲】㊀ホ名造 大砲。火砲。「砲火・砲丸・砲撃・砲身・砲声・砲弾」㊁造 つつ。たまを飛ばす道具。「鉄砲・高射砲」

ほう【報】㊀⓪名造 しらせ。しらせる。「安着の―を受ける」「第一―」「報告・報知・報道・急報・通報・予報」㊁造 むくいる。かえす。「報恩・報酬・応報・果報」 **報ずる** 他サ

ほうホ**【×鵬】**名造 つばさの長さ三千里、九万里を一気に飛ぶという想像上の大鳥。おおとり。「大鵬」

ほう【方】㊀ホ名 ❶あるものの向かっていくところ。あるいは、向いている側。方向。「西の―に進む」「奥の―に座る」❷話し手の気持ちの向かうところを示す。方面。分野。「スポーツの―では自信がある」❸あるものをはっきり示さずにぼかして言う語。「学校の―から警告があった」❹二つのもののどちらか一つを選ぶ場合に使う語。「弟の―が兄より大きい」❺どちらかといえばこれだという部類を示す語。「出席しない―がいい」 参考 ❷～❺の用法では「ほう」と書くことも多い。㊁造 ❶かた。むき。「方角・方針・後方・東方」❷いくつかあるもののどれか。「他方・両方」❸ひと。あいて。「先方・双方・当方」❹ところ。場所。「方言・遠方・地方」❺四角。「方丈・方陣・方正・直方体」❻やりかた。「方策・方式・方便・処方」

ほうホ**【×苞】**名 植物の芽や花冠の下部にあってそれをつつんでいる葉、または、花びら状のもの。

ほうホ**【×袍】**名 公家の装束の上着。

ほうホ 感 おどろいたり感心したりしたときに出す声。「―、うまいことを言うね」

ぼう【某】造 接頭 ある。「某国・某所・某青年・某研究所」

ぼう【亡】造 ❶ほろびる。なくなる。「亡国・興亡・滅亡」❷にげる。「亡命・逃亡・敗亡」❸死んだ。「亡夫・亡友・亡祖父」

ぼう【乏】造 とぼしい。たりない。「窮乏・欠乏・耐乏・貧乏」

ぼう【忙】造 いそがしい。ひまがない。「忙殺・忙中・多忙・煩忙・繁忙」

ぼう【×呆】造 あきれる。「呆然」〔別音ほう｜呆〕

ぼう【妨】造 さまたげる。じゃまする。「妨害」

ぼう【忘】造 わすれる。記憶が消える。「忘恩・忘却・忘年会・備忘・健忘症」

ぼう【×芒】造 ❶のぎ。すすき。先端。「芒種・光芒」❷ぼんやりする様子。「芒芒・芒洋」

ぼう【防】造 ❶ふせぐ。まもる。「防衛・防火・防犯・攻防・消防・予防」❷物質の変化をとどめる。「防臭・防食・防腐」❸つつみ。「堤防」❹「周防(旧国名)」の意。「防長・防予」

ぼう【房】㊀ボ名造 へや。つぼね。「独房・工房・冷房」㊁造 ふさ。たれさがったもの。「乳房」

ぼう【肪】造 けもののあぶら。「脂肪」

ぼう【×茅】造 かや。草ぶき。「茅屋・茅舎」

ぼう【冒】造 ❶おかす。おしきる。「冒険・冒瀆・感冒」❷おおう。はじめ。「冒頭」

ぼう【×茫】造 ❶ひろびろとしている。「茫漠・茫洋・蒼茫」❷ぼんやりする。「茫然」

ぼう【剖】造 さく。わける。「剖検・解剖」

ぼう【×旁】造 ❶かたわら。かたがた。「旁若無人」❷あまねく。「博引旁証」❸つくり。漢字を組み立てている右側の部分。「偏旁」

ぼう【紡】造 つむぐ。糸をつくる。「紡錘・紡績・混紡・綿紡」

ぼう【×眸】造 ひとみ。「眸子・双眸・明眸」

ぼう【傍】造 かたわら。そば。「傍観・傍証・傍聴・傍流・傍若無人・近傍・路傍」

ぼう【貿】造 あきなう。とりひきをする。「貿易」

ぼう【貌】造 かたち。すがた。「全貌・美貌・風貌・変貌・容貌」

ぼう【膨】造 ふくれる。ふくらむ。大きくなる。「膨大・膨張・膨脹」

ぼう【謀】造 はかる。くわだてる。たくらむ。「謀議・謀略・陰謀・遠謀・共謀・無謀」

ぼう【×謗】造 そしる。「讒謗・誹謗」

ぼう【坊】㊀ボ名造 ❶皇太子の御所。「東宮坊」❷僧のすむ家。僧。「坊主・宿坊」❸男の子。「坊や・坊っちゃん」㊁ボ代 男の子の称。ぼうや。㊂接尾 ❶親しみ、または、あざけってよぶことば。「あまえん坊・けちん坊」❷男の子の名につけて親しみをあらわす。「賢坊・正坊」

ぼう【望】㊀ボ名造 ❶満月。もちづき。もち。「望月・既望」❷のぞみ。❸陰暦十五日。「三月の―」㊁造 ❶のぞむ。ねがう。「望外・望郷・希望・要望」❷みわたす。ながめる。「望遠鏡・遠望・眺望」❸にんき。よい評判。「信望・人望・声望」〔別音もう｜望〕

ぼうボ**【帽】**名造 ぼうし。「学帽・脱帽・登山帽・ベレー帽」

ぼう【棒】㊀⓪名造 ❶細長い木や竹や金属など。「警棒・鉄棒・指揮棒」❷てんびんぼう。❸ひいた線。「棒縞・棒線」㊁⓪名 棒術で使う道具。かしの木でつくった約一・八メートルのもの。㊂造 ことばの意味を考えない。「棒読み・棒暗記」 **―に振る** 今までの努力・苦心などをむだにする。

ぼうボ**【暴】**名造 ❶あばれる。あらあらしい。「―にむくいるに―をもってする」「暴君・暴行・凶暴・乱暴」❷度がすぎる。「暴走・暴投・暴利・暴論」❸にわかに。急に。「暴騰・暴発・暴落」〔別音ばく｜暴〕

ぼう-あく⓪**【暴悪】**名 形動〔文章語〕乱暴で非道なこと。

ぼう-あげ⓪**【棒上げ】**名 相場が一時に上がること。↕棒下げ。

ぼう-あつ⓪**【防×遏】**名 他サ〔文章語〕侵入や拡大を防ぎとめること。

ぼう-あつ⓪**【暴圧】**名 他サ〔文章語〕人の自由を暴力によって無法に抑圧すること。

ほ

ほう-あん [0]【法案】名 法律のしたがき。法律の原案。

ほう-あん [0]【奉安】名 他サ 〔文章語〕とうといものを安置すること。「神霊を神殿に―する」「―殿」

ぼう-あんき [ア]【棒暗記】【棒×諳記】名 他サ 意味を理解しないまま、そらでおぼえること。

ほう-い [ホ]【方位】名 ❶東西南北を基準とした方角。❷方角の吉凶。「―をうらなう」

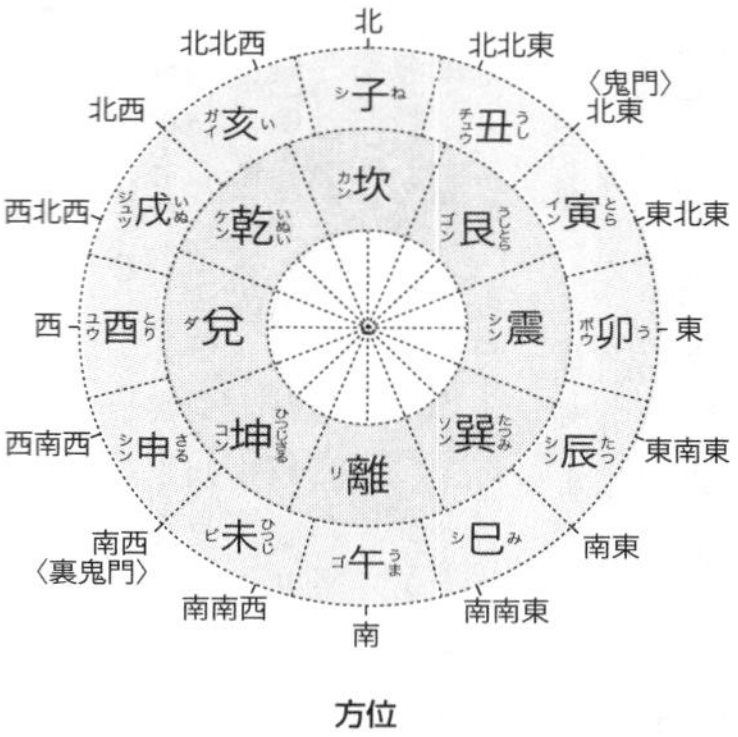

北　北北東　〈鬼門〉北東　東北東　東　東南東　南東　南南東　南　南南西　南西〈裏鬼門〉　西南西　西　西北西　北西　北北西
子(ね・シ)　丑(うし・チュウ)　寅(とら・イン)　卯(う・ボウ)　辰(たつ・シン)　巳(み・シ)　午(うま・ゴ)　未(ひつじ・ビ)　申(さる・シン)　酉(とり・ユウ)　戌(いぬ・ジュツ)　亥(い・ガイ)
坎(カン)　艮(うしとら・ゴン)　震(シン)　巽(たつみ・ソン)　離(リ)　坤(ひつじさる・コン)　兌(ダ)　乾(いぬい・ケン)

方位

ほう-い [ホ]【▲布衣】名 ⇩ほい。

ほう-い [ホ]【法衣】名 ⇩ほうえ。

ほう-い [ホ]【包囲】名 他サ とりかこむこと。

ぼう-い [ポ]【暴威】名〔文章語〕はげしく荒れる、おそろしい勢い。「台風が―をふるう」

ほう-いがく [イ]【法医学】名 民法・刑法上の、医学に関係した問題を研究する学問。死因の推定、毒物の分析、指紋・血液型による個人および親子関係の鑑別などを扱う。

ほう-いつ [0]【放逸】【放×佚】名 形動〔文章語〕勝手気ままにふるまうこと。放縦。放恣(ほうし)。

ほう-いん [0]【法印】名 ❶僧の最高の位。❷中世以降、儒者(じゅしゃ)・医師・画工・連歌師などにさずけた称号。⇔法眼(ほうげん)・法橋(ほっきょう)。

ぼう-いん [0]【暴飲】名 酒などを、飲みすぎること。「―暴食」

ぼう-う [ポ]【暴雨】名〔文章語〕はげしくひどい雨。

ほう-え [0][ホ]【法会】名 ❶人をあつめて仏法を説く行事。❷死者の供養(くよう)のためにおこなう仏教の儀式。法事。法要。

ほう-え [ホ]【法▲衣】名 僧や尼の衣服。ころも。僧衣。僧服。ほうい。

ほう-えい [0]【放映】名 他サ テレビで放送すること。

ぼう-えい [0]【防衛】名 他サ ふせぎ、まもること。**―省**(しょう) [エ]名 自衛隊の管理・運営を任務とする国の行政機関。二〇〇七年に防衛庁を改組して発足。**―大学校**(だいがっこう) [ガ]名 防衛省に所属し、自衛官の幹部を養成する学校。

ぼう-えき [0]【防疫】名 感染症の発生や侵入の予防をすること。

ぼう-えき [0]【貿易】名 自サ 外国と商業取引をすること。**―尻**(じり) [0]名 一国の一定期間の末における輸出と輸入との差し引き。**―風**(ふう) [キ]名 赤道を中心とする地域で、いつもふいている東よりの風。恒信風(こうしんふう)。

偏西風　北東貿易風　南東貿易風　偏西風

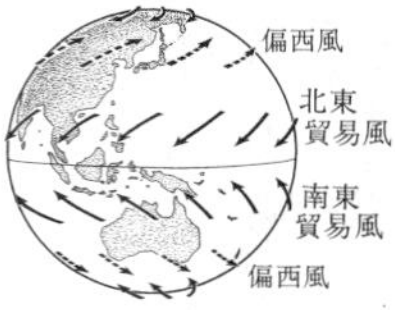

貿易風

ほう-えつ [0]【法悦】名 ❶仏の教えを聞き、それによって救いを得てよろこぶこと。法喜。❷うっとりとするようなよろこび。陶酔。「―の境にひたる」

ほう-えん [0]【方円】名〔文章語〕四角と、まる。方形と円形。「水は―のうつわに従う」

ほう-えん [0]【砲煙】名 大砲を発射するとき出る煙。**―弾雨**(だんう) [ダ]名〔文章語〕大砲のけむりや、はげしく落ちるたま。

ほう-えん [0]【豊艶】名 形動〔文章語〕女性が、肉づきゆたかで美しいこと。

ぼう-えん [0]【望遠】造 遠くの物を見ること。**―鏡**(きょう) [0]名 遠くの物を大きくして見るのに使う器械。とおめがね。**―レンズ** [レ]名 遠くにあるものを写すためのレンズ。

ぼう-えん [0]【防炎】【防×焔】名 炎が燃え上がるのをふせぐこと。「―加工」

ぼう-えん [0]【防煙】名 火災などで、煙が広がるのをふせぐこと。「―シャッター」

ほう-おう [オ]【法王】名 ❶ローマ法王。教皇(きょうこう)。参考 二〇一九年より日本政府は呼称を「ローマ教皇」に統一。❷〔仏〕如来(にょらい)。

ほう-おう [オ]【法皇】名 出家して僧になった上皇(じょうこう)。

ほう-おう [オ]【×鳳×凰】名 昔、中国でめでたいものとされた想像上の鳥。「後白河(ごしらかわ)―」

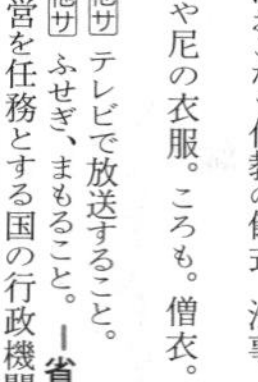

鳳凰

ほう-おう [0]【訪欧】名 自サ ヨーロッパを訪問すること。

ぼう-おく [0]【×茅屋】名〔文章語〕❶かやなどで屋根をふいた家。❷そまつな家。参考 自分の家のへりくだった言い方にも用いる。

ほう-おん [0]【芳恩】名〔文章語〕相手から受けた恩をうやまっていう語。ご恩。

ほう-おん [0]【報恩】名 恩にむくいること。恩返し。

ぼう-おん [0]【忘恩】名〔文章語〕恩をわすれること。恩しらず。「―の徒」

ぼう-おん [0]【防音】名 音が内部にはいるのをふせいだり、内部の音が外にもれないようにすること。「―装置」

ほう-か [ホ]【邦家】名〔文章語〕❶くに。国家。❷自分のくに。

ほう-か [ホ]【邦貨】名〔文章語〕わが国の貨幣。⇔外貨。

ほう-か [0]【放課】名 学校で、その日の課業を終わること。「―後」

ほう-か [ホ]【法科】名 ❶法律研究の学科。❷大学の法学部。**―大学院**(だいがくいん) [ク]名 ⇩ロースクール。

ほう-か [ホ]【法家】名 ❶古代中国の諸子百家の一つ。政治の中心はきびしい法であるべきだと説いた一派。❷法律家。

ほう-か [ホ]【法貨】名 法律によって通用力をもつ貨幣。法定貨幣。

ほう-か [ホ]【砲火】名 大砲・火砲を発射したときに出る火。

ほう-か [ホ]【×烽火】名〔文章語〕のろし。とぶひ。

ほう-か [ホ]【蜂×窩】名〔文章語〕はちのす。

ほう-か [0]【放火】名 自サ 火事を起こそうとして火をつけること。つけび。

ほう-か [ホ]【放歌】名 自サ〔文章語〕大きな声でうたうこと。「―高吟」

ほう-か【放下】[名][他サ][文章語]❶[0]投げおろすこと。投げすてること。❷[0]すててかえりみないこと。❸[ホ]田楽(でんがく)から転化した大道芸の一つ。

ほう-が[0]**【邦画】**[名]↕洋画。❶日本画。わが国の絵画。❷日本でつくった映画。

ほう-が[ホ]**【×萌芽】**[名][文章語]❶草木の芽のもえでること。めばえ。❷物事のきざし。「民主化運動の―」

ほう-が[ホ]**【奉加】**[名][他サ]社寺に寄付すること。寄進。**―帳(ちょう)**[0][名]社寺への寄付の金品の目録や氏名を書きこむ帳簿。

ほう-が[ホ]**【奉賀】**[名][他サ][文章語]お祝い申しあげること。

ぼう-か[0]**【防火】**[名]火災をふせぐこと。「―設備」

ぼう-が[ボ]**【忘我】**[名][文章語]夢中になったり、うっとりしたりして、われをわすれること。「―の境」

ほう-かい[0]**【法界】**[名]〘仏〙❶因果の理に支配されている範囲。全宇宙。❷宇宙の本性。真如(しんにょ)。❸意識の対象となる世界。＝ほっかい。**―×悋気(りんき)**[リ][名]関係のない人のことにやきもちをやくこと。特に、他人の恋をねたむこと。おかやき。

ほう-かい[0]**【崩壊・崩潰】**[名][自サ]❶くずれこわれること。❷放射性元素が放射線を出して、より安定した他の元素に変化すること。

ほう-かい[0]**【抱懐】**[名][他サ][文章語]心の中にある考えを持つこと。「決意を―する」

ほう-がい[0]/[ホ]**【法外】**[名][形動(の)]度が過ぎること。度はずれ。「―な値段」

ぼう-がい[0]**【妨害】【妨×碍】**[名][他サ]さまたげること。じゃま。「交通―」[参考]「防害」と書くのはあやまり。

ぼう-がい[0]**【望外】**[名][形動(の)][文章語]のぞんでいたより以上によいこと。「―の幸せ」

ほうかい-せき[カ]**【方解石】**[名]炭酸カルシウムを成分とする無色透明や白色のガラスのようなつやをもった鉱物。いろいろの形に結晶し、一定の方向に割れる。

ほう-がく[0]**【方角】**[名]❶東西南北の方位。❷方向。「駅の―に歩く」**―違(ちが)い**[チ][名]❶目的とちがった方向へ行くこと。❷見当ちがい。

ほう-がく[0]**【邦楽】**[名]わが国古来の音楽。日本音楽。和楽。神楽(かぐら)・雅楽・能楽・箏曲(そうきょく)・民謡など。↕洋楽。

ほう-がく[0]**【法学】**[名]法律の原理・適用を研究する学問。法律学。

ほう-かつ[0]**【包括】**[名][他サ]一つにまとめること。「問題点を―して質問する」

ほう-かん[0]**【宝冠】**[名]宝石でかざったかんむり。

ほう-かん[0]**【宝鑑】**[名]日常生活上の問題の手本になるようなことを書いた書物。宝典。

ほう-かん[0]**【法官】**[名]司法の官吏。裁判官。

ほう-かん[0]**【砲艦】**[名]喫水(きっすい)の浅い、軽易な武装の小型の軍艦。

ほう-かん[0]**【×幇間】**[名]宴会の席で芸などをし、客の遊びに興をそえる男。たいこもち。男芸者。

ほう-かん[0]**【奉還】**[名][他サ][文章語]つつしんで、おかえしすること。「大政―」「版籍―」

ほう-がん[ホ]**【▲判官】**[名]❶平安時代、四等官の第三。尉(じょう)。はんがん。❷検非違使(けびいし)の尉(じょう)。はんがん。**―×贔×屓(びいき)**[ビ][名]↓はんがんびいき。

ほう-がん[0]**【砲丸】**[名]砲丸投げ用の、金属製のたま。**―投(な)げ**[0][名]フィールド競技で、直径二・一三五メートルの円内から砲丸を片手で投げて、到達距離の長さをきそうもの。

ほう-がん[0]**【包含】**[名][他サ]物事を、中にふくむこと。「種々の意味を―する」

ぼう-かん[0]**【防寒】**[名]さむさをふせぐこと。[冬]↕防暑。**―着(ぎ)**[カ][名]寒さを防ぐための衣服。

ぼう-かん[0]**【暴漢】**[名]無法な乱暴をしかける男。

ぼう-かん[0]**【傍観】**[名][他サ]そばで見ていること。そのことに関係しないで見ていること。「拱手(きょうしゅ)―」「―者」

ボウ-ガン[ボ]〈bow gun〉＝**ボーガン**[名]銃のように引き金を引いて矢を発射する弓。クロスボウ。

ほうがん-し[ガ]**【方眼紙】**[名]直角にまじわるたて・よこの線を多くひいて、多数の正方形をえがいた製図用紙。セクションペーパー。

ほうき[0]/[ホ]**【×帚・×箒】**[名]ちり・ごみをはく用具。

ほう-き[ホ]**【芳紀】**[名]年ごろの若い女性の年齢をいう語。「―まさに十九歳」

ほう-き[ホ]**【宝器】**[名][文章語]とうとい器物。とうとい宝。

ほう-き[ホ]**【法規】**[名]法律上のきまり。

ほう-き[ホ]**【蜂起】**[名][自サ][文章語]はちが巣から一時にとびたつように、暴動・反乱などがむらがり起こること。「暴徒の―」

ほう-き[ホ]**【放棄】【×抛棄】**[名][他サ]投げすてること。うちすてること。「権利を―する」**―試合(じあい)**[ジ][名]野球で、審判の判定に不服のため、試合を中途でやめること。放棄したチームの負けになる。

ほうき《伯耆》昔の山陰道の国の一つ。今の鳥取県の西部。伯州(はくしゅう)。

ぼう-ぎ[ボ]**【謀議】**[名][自サ]❶計画し相談すること。❷特に、犯罪の計画や手段を相談すること。

ほうき-ぐさ[キ]**【×箒草】**[名]アカザ科の一年生植物。夏、黄緑色の小さな花を開く。茎は干してほうきとし、実は薬用。[夏]

ほうき-ぼし[キ]**【ほうき星】【×箒星】**[名]彗星(すいせい)。

ほうき-め[0]/[メ]**【ほうき目】【×箒目】**[名]地面をほうきではいたあとにのこる、筋目。

ほう-きゃく[0]**【訪客】**[名][文章語]たずねてくる客。訪問客。

ぼう-きゃく[0]**【忘却】**[名][他サ]わすれてしまうこと。忘失。

ぼう-ぎゃく[0]**【暴虐】**[名][形動(の)][文章語]むごいしうちで人を苦しめ、しいたげること。

ほう-きゅう[0]**【俸給】**[名]公務員や会社員に支払われる給料。

ほう-ぎょ[ホ]**【崩御】**[名][自サ]天皇・皇后・皇太后・太皇太后の死去をいう語。昔は上皇・法皇の死去にも用いた。

ぼう-きょ[ボ]**【暴挙】**[名]❶乱暴な行動。「―に出る」❷考えもなしにする、むちゃなくわだて。

ぼう-ぎょ[ボ]**【防御】【防×禦】**[名][他サ]ふせぎまもること。敵の攻撃をふせぐこと。**―率(りつ)**[ギョ][名]野球で、投手の自責点の一試合(九イニング)あたりの平均。

ほう-きょう[0]**【豊凶】**[名][文章語]豊年と凶年。豊作と凶作。

ほう-きょう[0]**【豊胸】**[名]女性の豊満な乳房。**―術(じゅつ)**[キョ][名]薬剤を注入したりして、女性の乳房を大きく整形する方法。

ほう-きょう[0]**【豊▲頰】**[名][文章語]肉づきのゆたかなほお。多く、美人を形容する語。

ぼう-きょう[0]**【防共】**[名]共産主義勢力の侵入を防ぐこと。↕容共。

ぼう-きょう[0]**【望郷】**[名]故郷を思いなつかしがること。懐郷。「―の念」

ほう-ぎょく[0]**【宝玉】**[名]貴重なたま。宝石。

ぼう-きれ⓪【棒切れ】名 棒の切れはし。

ほう-きん⓪【砲金】名 青銅(銅とすずの合金)の一種。亜鉛を加えることもある。軸受けや、腐食をきらう機械の部品用。昔、大砲の砲身用。

ほう-ぎん⓪【放吟】名自サ〔文章語〕あたりかまわず大声で詩や歌をうたうこと。「高歌―」

ほう-ぐ ホ【反故】名 ➡ほご。

ぼう-ぐ ボ【防具】名 剣道などで、からだにつけて危険をふせぐ道具。面・こて・胴など。

ぼう-ぐい⓪【棒ぐい】【棒×杙・棒×杭】―ぐひ 名 木の棒でつくったくい。

ぼう-くう⓪【防空】名 航空機などの攻撃をふせぐこと。―×壕(ごう) ク名 空襲の被害をさけるため、地中に造る穴。―頭巾(ずきん) ズキ名 第二次大戦時、空襲などの際に落下物や飛来物から頭を保護するためにかぶった綿入れの頭巾。

ぼう-ぐみ⓪【棒組(み)】名 ❶相棒。仲間。❷活字を出来上がりの体裁と関係なくつづけて組むこと。↕本組み。

ぼう-グラフ グ【棒グラフ】名 数量を線の高さや長さであらわした図表。

ぼう-くん ボ【亡君】名〔文章語〕死んだ主君。先君。

ぼう-くん⓪【傍訓】名 漢字のわきにつけるよみがな。ふりがな。

ぼう-くん ボ【暴君】名 ❶むじひで、民をくるしめる君主。❷横暴をとおす人。

ほう-げ⓪【放下】名他サ〔仏〕すべての執着を捨てさること。

ほう-けい⓪【方形】名 四角。四角形。

ほう-けい⓪【包茎】名 成人男性の陰茎の先端が皮に包まれたままになっていること。かわかむり。

ほう-げい⓪【奉迎】名他サ 貴人をむかえること。↕奉送。

ぼう-けい⓪【亡兄】名〔文章語〕死んだあに。↕亡弟。

ぼう-けい⓪【傍系】名 直系から分かれて出た系統。「―の会社」↕直系・正系。

ぼう-けい⓪【謀計】名〔文章語〕はかりごと。「―をめぐらす」

ほう-げき⓪【砲撃】名他サ 大砲で攻撃すること。

ほう-けつ⓪【×鳳×闕】名〔文章語〕❶皇居の門。❷皇居。

ぼう-げつ ボ【某月】名 あるつき。「―某日」

ほう・ける ケ【×惚ける】自下一 ケ―ケ―ケル―ケル―ケレ―ケロ・ケヨ ❶頭がぼける。❷夢中になる。「遊び―」 ほう・く 文語下二

ほう-けん⓪【宝剣】名 たからとするたいせつな剣。

ほう-けん⓪【封建】名 ❶君主の直轄領以外の土地を諸侯に分けあたえて、おさめさせたこと。❷封建制度。―時代(じだい) ジ名 封建制度の時代。わが国では鎌倉(かまくら)時代から江戸時代まで。―主義(しゅぎ) シュ名 支配者が人民の意志を無視して、政治や社会生活をおしつけるやりかた。―制度(せいど) セ名 帝王の下に、諸侯が自分の領内の政治の全権をにぎる国家組織。国王・貴族・家臣の間に、絶対的な主従関係がある制度。中世社会に見られた。―的(てき)⓪形動 封建制度に見られる専制的・強圧的なようす。↕民主的。

ほう-けん⓪【奉献】名他サ〔文章語〕謹んでさしあげること。

ほう-げん ゲ【方言】名 ❶ある地域だけで使用されることば。俚言(りげん)。↕共通語・標準語。❷一つの言語を地域的な特色によって分けたときの、その地域の言語。「九州―」

ほう-げん ホ【法眼】名 ❶法印の次の僧位。❷中世以降に儒者・医師・画工・連歌師などにさずけた称号。↕法印・法橋(ほっきょう)。

ほう-げん⓪【放言】名自他サ 無責任に、口から出るにまかせて言うこと。また、言ったことば。

ぼう-けん⓪【冒険】名自サ ❶危険をおかしてすること。「―旅行」❷成功のたしかでないことをおこなうこと。「その投資は―だ」

ぼう-けん⓪【剖検】名他サ〔医〕解剖して調べること。

ぼう-けん⓪【望見】名他サ とおくからのぞみ見ること。

ぼう-げん⓪【妄言】名〔文章語〕出まかせを言うこと。出まかせのことば。もうげん。妄語(ぼうご)。―多謝(たしゃ) かってなことばをお許しください。自分のしゃべったことについて、聞き手に失礼をわびることば。

ぼう-げん⓪【暴言】名自サ 無礼で乱暴なことば。「―を吐く」

ほうげんものがたり《保元物語》鎌倉(かまくら)時代前期の軍記物語。作者は不明。一一五六年に崇徳上皇(すとくじょうこう)と後白河(しらかわ)天皇との対立に、貴族、源平両氏の武士がくわわっておこった保元の乱をえがいたもの。この内乱で上皇方は大敗し、上皇は讃岐(さぬき)に流された。

ほう-こ ホ【宝庫】名 ❶たからを入れる倉。❷よい産物の多い所。転じて、貴重な物の多い所。「研究資料の―」

ほう-ご ホ【反故】名 ➡ほご。

ほう-ご⓪【邦語】名〔文章語〕国語。日本語。

ほう-ご⓪【法語】名 ❶高僧が仏の教えをのべた訓話や文章。法談。法話。❷手本となる正しいことば。

ぼう-こ ボ【×茫×乎】と副 たる連体〔文章語〕ぼんやりしているようす。「―たる水平線」

ぼう-ご ボ【防護】名他サ 危険・危害などからふせぎまもること。

ほう-こう⓪【方向】名 ❶むき。方角。「―感覚」「進行―」❷めあて。方針。「将来の―」―音痴(おんち) オ名 方向に関する感覚のにぶいこと。また、その人。―探知器(たんちき) テ名 電波の来る方向をさぐる装置。―付け(づけ)⓪名 進むべき方向や指針を示すこと。

ほう-こう⓪【芳香】名 かんばしいかおり。よいかおり。

ほう-こう⓪【砲口】名 大砲のたまの出る口。つつぐち。

ほう-こう⓪【×彷×徨】名自サ〔文章語〕さまよい、うろつくこと。「荒野を―する」

ほう-こう⓪【×咆×哮】名自サ〔文章語〕けものなどが、ほえさけぶこと。また、その声。

ほう-こう ホ【奉公】名自サ ❶朝廷・国家などのために力をつくすこと。❷主人につかえること。他家に使われること。―人(にん)⓪名 他家に使われている人。やとい人。

ほう-こう⓪【放校】名他サ 学生・生徒を、退学処分にすること。「―処分」

ほう-ごう ゴ【法号】名 ❶受戒(じゅかい)して授けられた称号。❷死者の戒名。法名。

ほう-ごう⓪【縫合】名他サ 外傷や手術をしたあとを、縫いあわせること。

ぼう-こう⓪【×膀×胱】名 腎臓(じんぞう)から出てくる尿を一時ためておく器官。

ぼう-こう⓪【暴行】名自サ ❶他人に暴力をくわえること。また、そのおこない。❷暴力で女性をおかすこと。

ほう-こく ホ【邦国】名〔文章語〕国家。くに。

ほう-こく⓪【報国】名〔文章語〕国恩にむくい、国のためにつくすこと。

ほう-こく⓪【奉告】名他サ〔文章語〕神や貴人に申しあげること。

ほう-こく⓪【報告】名他サ 任務や調査の状況・結果を

のべること。また、その文章。「事件の経過を―する」「会計―」

ぼう-こく ◎【亡国】名 ❶ほろびた国。「―の民」↕興国。❷国をほろぼすこと。「―のくわだて」

ぼう-こく ボ【某国】名 あるくに。

ぼうこ-ひょうが ボ―ヒョ【暴虎×馮河】名〔文章語〕〔とらに素手で立ちむかい、黄河を歩いてわたること〕血気の勇にはやり、命知らずのことをすること。「―の勇」

ほう-こん ◎/ホ【方今】名〔文章語〕いま。ただいま。現在。現今。

ぼう-こん ボ/◎【亡魂】名〔文章語〕死者のたましい。

ぼう-さ ◎/ボ【防砂】名 土砂のくずれをふせぎとめること。砂防。ぼうしゃ。「―林」

ほう-さい ◎【報祭】【報×賽】名 自サ〔文章語〕願いのかなったときに、神仏にお礼参りをすること。

ぼう-さい ◎【亡妻】名 死んだつま。↕亡夫。

ぼう-さい ◎【防災】名〔主に地域や行政が主体となって〕災害を防ぐ対策を立てたり、災害発生後の救済、復旧などの準備をすすめること。「―計画」「―グッズ」

ぼう-さい ◎【防塞】名 敵をふせぐ、とりで。

ぼう-さき ◎【棒先】名 ❶棒の先。❷かごをかつぐ棒の先。また、それをかつぐ人。先棒(さきぼう)。

ほう-さく ◎【方策】名 はかりごと。手立て。「―を立てる」

ほう-さく ◎【豊作】名 作物がゆたかにみのること。満作。(秋) ↕凶作・不作。**―貧乏**(びんぼう) ビ 名 豊年ききん。

ぼう-さげ ◎【棒下げ】名 相場が一時(いちどき)に下がること。↕棒上げ。

ぼう-さつ ◎【忙殺】名 他サ〔「殺」は強めのことば〕ひどくいそがしいこと。「雑務に―される」参考「忙殺される」の形で使われることが多い。

ぼう-さつ ◎【謀殺】名 他サ 計画的に人をころすこと。↕故殺。

ほう-さん ◎【宝算】名〔文章語〕天皇の年齢を尊敬していう語。

ほう-さん ◎【×硼酸】名 無色・無臭で、つやのある、うろこ状の結晶。工業用・薬用。

ほう-さん ◎【奉賛】【奉×讃】名 他サ〔文章語〕〔神社などの事業に〕つつしんで賛助すること。「神宮―会」

ほう-さん ◎【放散】名 自他サ 諸方にはなれ散ること。諸方にはなし散らすこと。「痛みが―する」

ぼう-さん ◎【坊さん】名 僧をしたしんでよぶ語。

ほう-さんしょう サ【法三章】名 古代中国の漢の高祖が、秦の厳しい法律を廃して、殺人・傷害・窃盗だけを罰するとした三章の法律。転じて、法律を簡略にすること。

ほう-し ホ【芳志】名〔文章語〕相手の親切な心を敬っていう語。芳情。「ご―感謝いたします」⇩高配 参考。

ほう-し ホ【法師】名 仏法によく通じてその教えの師となるもの。僧。**―×蟬**(ぜみ) シ 名 つくつくぼうし。(秋)

ほう-し ホ【法嗣】名 仏教の伝統を受けつぐあととり。

ほう-し ホ【胞子】名 シダ植物・菌類などで、母体をはなれてふえる生殖細胞。

ほう-し ホ【褒詞】名〔文章語〕ほめことば。賛辞。

ほう-し ホ/◎【奉仕】名 自サ ❶つつしんでつかえること。「神に―する」❷国家・社会・他人のためにつくすこと。❸商品を安く売ること。サービス。「―品」

ほう-し ◎【放資】名 自サ 金もうけの目的で資本を投じること。投資。

ほう-し ホ【奉伺】名 他サ〔文章語〕おうかがい申すこと。「ごきげん―」

ほう-し ホ【奉×祀】名 他サ〔文章語〕おまつり申すこと。「祖先の霊を―する」

ほう-し ホ【放恣】【放×肆】名 形動〔文章語〕かってきままなこと。わがまま。放縦。「―な生活」

ほう-じ ホ【邦字】名〔文章語〕日本の文字。「―新聞」

ほう-じ ◎【法事】名 仏教で、死者の追善・供養(くよう)のためにおこなう儀式。法要。法会(ほうえ)。

ほう-じ ホ【×捧持】名 他サ〔文章語〕ささげもつこと。

ぼう-し ボ【亡姉】名〔文章語〕死んだあね。↕亡妹(ぼうまい)。

ぼう-し ボ【某氏】名 ある人。わざと名をふせるときの言い方。

ぼう-し ボ【×眸子】名〔文章語〕ひとみ。

ぼう-し ◎【帽子】名 ❶頭にかぶって、寒暑・ほこりなどをさけ、また、みなりをととのえるもの。帽。❷物の頭にかぶせるもの。「筆の―」

ぼう-し ボ【×鋩子】名〔文章語〕刀のきっさき。

ぼう-し ◎【防止】名 他サ ふせぎとめること。「事故―」

ぼう-じ ボ【亡児】名 死んだ子ども。

ぼう-じ ボ【房事】名 閨房(けいぼう)での性のいとなみ。

ほう-しき ◎【方式】名 決まった形式や手続きにもとづいた、やりかた。

ほう-しき ◎【法式】名 おきて。のり。儀式などのきまり。

ほうじ-ちゃ ジ/◎【ほうじ茶】【×焙じ茶】名 番茶を、強火にあぶったもの。

ぼう-しつ ◎【防湿】名 湿気(しっけ)をふせぐこと。**―剤**(ざい) ツ 名 湿気をふせぐ薬剤。乾燥剤。

ぼう-しつ ◎【忘失】名 他サ〔文章語〕❶わすれること。❷わすれてなくすこと。

ぼう-しつ ◎【亡失】名 自他サ〔文章語〕なくなること。また、なくすこと。

ぼう-じつ ボ【某日】名 ある日。

ぼう-じま ◎【棒じま】【棒×縞】名 太いたてのしま。また、その織物。

ほう-しゃ ホ/◎【×硼砂】名 無色の結晶で白い粉のように見える、硼酸のナトリウム塩。水溶液はアルカリ性を示す。防腐・防虫用。光学ガラスの原料。

ほう-しゃ ホ【報謝】名 自サ〔文章語〕❶恩がえしをし、徳を謝すること。❷僧や巡礼に、布施(ふせ)をあたえること。

ほう-しゃ ◎【放射】名 他サ ❶中央の一点から四方八方へ分かれて出ること。「―状の高速道路」❷物体が光や熱などのエネルギーを外に放出すること。輻射(ふくしゃ)。「―熱」**―霧**(ぎり) シャ 名 夜から朝にかけ、晴れて風がよわいときに放射冷却によってできる霧。**―性**(せい) ◎ 名 放射能をもっている性質。「―物質」**―性元素**(せいげんそ) ゲ 名 放射線を出す元素。**―性同位元素**(せいどういげんそ) ゲ 名 原子番号が同じで原子量がちがう放射性元素。ラジオアイソトープ。放射性同位体。**―線**(せん) ◎ 名 放射性物質から放出されるアルファ線・ベータ線・ガンマー線など。**―能**(のう) シャ 名 放射線を出すはたらき。**―冷却**(れいきゃく) レ 名 地表から空に向かって熱が放出され冷える現象。

ぼうじゃく-ぶじん ◎【傍若無人】名 形動(の)〔かたわらに人無きがごとしの意〕人の迷惑などを無視して、かってきままにふるまうこと。「―な態度」

ほう-しゅ ホ【宝珠】名 ❶たからの玉。❷宝珠の玉。**―の玉**(たま) 上がとがって、ほのおの形をした玉。⇩九輪(図)。

ほう-しゅ ◎【法主】名 ❶一宗派の首長。特に真宗でいう。❷法会(ほうえ)の主宰(しゅさい)者。‖ほっしゅ。ほっす。

ほう-しゅ ホ【砲手】名 火砲を発射するかかりの人。

ぼう-しゅ ボ【×芒種】名〔むぎを刈り、いねを植える意〕

二十四節気の一つ。六月六日ごろ。(夏) ⇩二十四節気(表)。

ぼう-じゅ (ボ)【傍受】名 他サ 電信・電話などを、送り手と受け手以外の者が受信すること。

ほう-しゅう ⓪【報酬】名 労力などに対する謝礼のかねや品。返礼。

ほう-じゅう ⓪【放縦】名 形動 きまま。わがまま。ほうしょう。放恣(し)。「―な性格」

ぼう-しゅう ⓪【防臭】名 いやなにおいが生じないようにすること。「―スプレー」

ぼうしゅう《防州》➡すおう(周防)。

ぼうしゅう《房州》➡あわ(安房)。

ほう-しゅく ⓪【奉祝】名 他サ おいわい申しあげること。

ほう-じゅく ⓪【豊熟】名 自サ 〔文章語〕農作物がよくみのること。「―したこがね色のいね」

ぼう-しゅく ⓪【防縮】名 自他サ 布がちぢまないようにすること。「―加工」

ほう-しゅつ ⓪【放出】名 他サ ❶水・ガスなどをふき出すこと。❷たくわえているものを、外部に出すこと。「―物資」

ほう-じゅつ ⓪【方術】名 ❶てだて。方法。❷わざ・技術。❸仙人などが行う奇怪な術。

ほう-じゅつ ⓪【砲術】名 大砲をあつかう技術。

ぼう-じゅつ ⓪【棒術】名 長さ一・八メートルほどのかしの棒で、身を守り、他を攻撃する武術。

ほう-しゅん ⓪【芳春】名 〔文章語〕❶花ざかりの春。(春) ❷青春。

ほう-じゅん ⓪【芳×醇】名 形動 〔文章語〕酒の、かおりが高く、味のよいこと。「―な古酒」

ほう-じゅん ⓪【豊潤】名 形動 〔文章語〕ゆたかでうるおっていること。「―な土地」

ほう-しょ (ホ)【方処・方所】名 〔文章語〕方向と場所。

ほう-しょ (ホ)【芳書】名 〔文章語〕相手の手紙の尊敬語。芳墨(ほうぼく)。

ほう-しょ ⓪【奉書】名 ❶命令を下に伝える文書。❷奉書紙。こうぞの繊維でつくった上質の日本紙。

ほう-じょ (ホ)【×幇助】名 他サ 〔「幇」も助けるの意〕力をかして、手助けすること。「自殺―」

ぼう-しょ (ボ)【防暑】名 暑さをふせぐこと。(夏) ↕防寒。

ぼう-しょ (ボ)【某所】名 あるところ。「市内―」

ぼう-じょ (ボ)【防除】名 他サ 災害をふせぎ、のぞくこと。「害虫の―」

ほう-しょう ⓪【法相】名 法務省の長官。法務大臣。

ほう-しょう ⓪【報償】名 ❶損害をうめあわせること。「―金」❷しかえし。報復。

ほう-しょう ⓪【褒章】名 国家・社会にとって有益な行いをした人にさずける記章。紅綬(こうじゅ)・緑綬(りょくじゅ)・藍綬(らんじゅ)・紺綬(こんじゅ)・黄綬(おうじゅ)・紫綬(しじゅ)の六種。

ほう-しょう ⓪【奉唱】名 他サ つつしんでとなえ、または、うたうこと。

ほう-しょう ⓪【報奨】名 他サ ある行為にむくいてかねや品物を出し、ほめはげますこと。「―金」⇩褒賞 参考。

ほう-しょう ⓪【褒賞】名 他サ ほめたたえること。ほめたたえてあたえるもの。参考「報奨」と意味が近いが、ほめることに重点がある。

ほう-しょう ⓪【放▲縦】名 形動 きまま。わがまま。ほうじゅう。「―な生活」

ほう-じょう ⓪【方丈】名 ❶〔文章語〕一丈(約三・〇三メートル)四方。また、その大きさのへやや家。❷寺院の長老・住職の居所。くり。❸住職。

ほう-じょう ⓪【芳情】名 〔文章語〕人の親切心の尊敬語。芳心。芳志。「ご―感謝にたえません」⇩高配 参考。

ほう-じょう ⓪【法×帖】名 手本となる筆跡を石ずりにした折り本。**―仕立**(じた)**て** (ジ) 名 折り本のしたて方。

ほう-じょう ⓪【法城】名 仏教のこと。

ほう-じょう ⓪【褒状】名 ほめることばを書いた文書。

ほう-じょう ⓪【豊×饒】名 形動(の) 〔文章語〕土地がこえ、作物がよく実ること。「―の地」

ほう-じょう ⓪【豊×穣】名 形動(の) 〔文章語〕こくもつがよく実ること。豊作。「―の秋」

ぼう-しょう ⓪【傍証】名 間接的な証拠。「―を固める」

ぼう-しょう ⓪【帽章】名 帽子につける記章。

ぼう-しょう ⓪【謀将】名 計略にひいでた将。

ぼう-じょう ⓪【暴状】名 〔文章語〕乱暴なありさま。「見のがせない―」

ほうじょう-え (ジョ)【放生会】名 陰暦八月十五日に、とらえていた生き物をはなしてやる法会(ほうえ)。(秋)

ほうじょうき《方丈記》鎌倉(かまくら)時代前期の随筆。鴨長明(かものちょうめい)の作。体験した多くの天変地異、日野外山(ひのとやま)の庵(いおり)の生活、無常観による心境を語る。

ほう-しょく ⓪【宝飾】名 宝石や貴金属などの装飾品。

ほう-しょく ⓪【奉職】名 自サ 公の職につくこと。

ほう-しょく ⓪【飽食】名 自他サ 〔文章語〕飽きるほどたくさん食べること。ありあまるほど食べ物がたくさんあること。「―の時代」「暖衣―」

ぼう-しょく (ク)【防食】【防×蝕】名 金属の表面がさびてくさるのをふせぐこと。「―剤」

ぼう-しょく ⓪【紡織】名 〔文章語〕糸をつむぐことと、布を織ること。

ぼう-しょく ⓪【望×蜀】名 〔文章語〕一つの望みをとげ、さらにその上をのぞむこと。参考 後漢書の「すでに隴(ろう)を得てまた蜀を望む」から。

ぼう-しょく ⓪【暴食】名 他サ むやみに食べること。むちゃ食い。「暴飲―」

ほう・じる ⓪/(ジ)【奉じる】他上一 ジ/ジ/ジル/ジル/ジレ/ジロ・ジヨ ➡ほうずる。

ほう・じる ⓪/(ジ)【報じる】他上一 ジ/ジ/ジル/ジル/ジレ/ジロ・ジヨ ➡ほうずる。

ほう・じる ⓪/(ジ)【×焙じる】他上一 ジ/ジ/ジル/ジル/ジレ/ジロ・ジヨ あぶって、しめり気をとる。「茶を―」

ほう-しん ⓪【方針】名 ❶めざす方向。「卒業後の―を定める」❷行為の原則。やり方。「薄利多売を―とする」

ほう-しん ⓪【芳心】名 〔文章語〕人の親切心の尊敬語。芳志。芳情。⇩高配 参考。

ほう-しん ⓪【芳信】名 〔文章語〕❶花の咲いたしらせ。花信。❷人の手紙の尊敬語。

ほう-しん ⓪【砲身】名 大砲の、円筒形の部分。

ほう-しん ⓪【×疱×疹】名 ➡ヘルペス。「帯状―」

ほう-しん ⓪【放心】名 自サ ❶精神状態がぼんやりすること。「―状態」❷【放神】〔文章語〕気にしないこと。安心すること。放念。安堵(あんど)。「他事(たじ)ながらご―ください」

ほう-じん ⓪【方陣】名 四角形の陣立て。

ほう-じん ⓪【邦人】名 自国人。日本人。「在留―」

ほう-じん ⓪【法人】名 〔法〕会社・団体など、個人と同じように、人格があるとみなされ、権利・義務の主体となることのできる集団。↕自然人。**―税**(ぜい) (ジ) 名 営利法人などの所得に対してかける税。

ぼう-しん ⓪【防振】名 振動をふせぐこと。「―構造のスピーカー」

ぼう-じん ⓪【防×塵】名 ほこりのはいるのをふせぐこと。「―装置」

ほう-しんのう (ノ)【法親王】名 天皇の子で、出家したあと親王の位をさずけられた人。ほっしんのう。

ほう‐ず [0]【方図】[名] かぎり。際限。**―がない** かぎりがない。「かれの望みには―」

ぼう‐ず [ボ]【坊主】[名] ❶寺院の坊の主である僧。❷僧のぞんざいな呼び方。❸髪の毛をそった頭。短く刈った頭。坊主頭。丸坊主。❹表面をおおっているもののない状態のもの。「山が―になる」❺幕府・大名につかえ、茶の湯や給仕などを受けもった人。茶坊主。❻男の子。**―頭** [ア][名] 髪の毛をそった頭。また、その人。**―憎けりゃ×袈×裟まで憎い** その人を憎むあまり、その人に関係のある物すべてが憎くなる。**―枕** [マ][名] くくりまくら。**―めくり** [ズ][名] 百人一首の読み札を裏返しにしてつみ重ね、僧の絵をめくったときはすべての持ち札を場に出し、姫の札を引いたときは場にある札を自分の持ち札とし、最後に持ち札の多少をあらそう遊び。**―山** [0][名] 木のはえていない山。はげやま。

ほう‐すい [0]【方×錐】[名] 底面が正方形の角錐。

ほう‐すい [0]【豊水】[名]〔文章語〕水量がたっぷりあること。「―期」↔渇水。

ほう‐すい [0]【放水】[名][自サ] ❶貯水池の水を流したり、川の水を導き流したりすること。❷ホースで水をかけること。**―路** [ズ][名] 灌漑や洪水防止などのため、川の水を通じ流す、本流とは別の水路。

ぼう‐すい [0]【紡×錘】[名] 糸をつむぐ機械の一部。つむ。おさ。**―形** [0][名] 両はしの細くとがった円柱形。

ぼう‐すい [0]【防水】[名][自サ] 水がしみこむのをふせぐこと。

ほう‐すう [0]【×鳳×雛】[名]〔文章語〕(大きな鳥のひなの意)将来大人物となることの期待される子ども。

ほう・ずる [0][ズ]【崩ずる】[自サ]〔ジ・ゼ｜ズル｜ズレ｜○〕天皇などがなくなる。おかくれになる。崩御する。**ほう・ず** [文語サ変]

ほう・ずる [0][ズ]【奉ずる】[他サ]〔ジ・ゼ｜ズル｜ズレ｜ジロ・ゼヨ〕〔文章語〕❶たてまつる。献ずる。奉じる。❷うやうやしくもつ。❸うけたまわる。「仰せを―」❹主君としていただく。「幼君を―」❺つつしんで勤める。「職を―」**ほう・ず** [文語サ変]

ほう・ずる [0][ズ]【封ずる】[他サ]〔ジ・ゼ｜ズル｜ズレ｜ジロ・ゼヨ〕大名にとりたてて、領地をあたえる。**ほう・ず** [文語サ変]

ほう・ずる [0][ズ]【報ずる】[他サ]〔ジ・ゼ｜ズル｜ズレ｜ジロ・ゼヨ〕❶むくいる。報じる。「先生のご恩に―」❷ことばで知らせる。告げる。「急変を―」**ほう・ず** [文語サ変]

ぼう・ずる [0][ズ]【忘ずる】[他サ]〔ジ・ゼ｜ズル｜ズレ｜ジロ・ゼヨ〕〔文章語〕わすれる。**ぼう・ず** [文語サ変]

ほう‐すん [0]【方寸】[名]〔文章語〕❶一寸(約三・〇三センチメートル)四方。❷ごく小さなところ。「―の地」❸こころ。心中。「計略はわが―にあり」

ほう‐せい [0]【法制】[名] ❶法律と制度。❷法律で定めた制度。**―局** [セ][名] 正式には「内閣法制局」。内閣に所属して、法律・政令・条約の原案などをつくったり、調べたりする機関。

ほう‐せい [0]【砲声】[名] 大砲をうち出す音。

ほう‐せい [0]【×鳳声】[名]〔文章語〕伝言や音信についてその相手を高めていう語。「奥様にご―を賜りたく」「ご―に接す」

ほう‐せい [0]【縫製】[名][他サ] 縫ってつくること。「―業」

ほう‐せい [0]【方正】[名][形動(の)] 心のもち方や行動がただしいこと。「品行―」

ぼう‐せい [0]【防×銹】[名]〔文章語〕さび止め。

ぼう‐せい [0]【暴政】[名] 乱暴な、わるい政治。悪政。

ほう‐せき [0]【宝石】[名] 産出量が少なく、質がかたくて美しく、装飾品としてとうとばれる鉱石。ダイヤモンドなど。

ぼう‐せき [0]【防石】[名] 落石や投石による被害をふせぐこと。「―ネット」「―面」

ぼう‐せき [0]【紡績】[名] ❶動植物の繊維(綿・羊毛・麻・絹など)をつむいで糸にすること。❷紡績加工でつくった糸。特に、綿糸。

ほう‐せつ [0]【包摂】[名][他サ] ❶〔論〕ある概念が、より一般的な概念にとりいれられること。❷ある範囲の中に包みいれること。

ぼう‐せつ [0]【妄説】[名]〔文章語〕➡もうせつ。

ぼう‐せつ [0]【防雪】[名] 雪害をふせぐこと。(冬)「―林」

ほう‐せん [0]【砲戦】[名] 大砲を使う戦い。砲撃戦。

ぼう‐せん [0]【傍線】[名] 文字のわきに引く線。サイドライン。

ぼう‐せん [0]【棒線】[名] まっすぐに引いた線。

ぼう‐せん [0]【防戦】[名][自サ] 相手の攻撃をふせいで戦うこと。

ぼう‐ぜん [0]【×呆然】[(と)副][たる連体] ❶あっけにとられるようす。「―たる顔」❷気抜けして、ぼんやりしているようす。

ぼう‐ぜん [0]【×茫然】[(と)副][たる連体] ❶とりとめがなく、漠然としているようす。「前途は―として」❷気抜けして、ぼんやりしているようす。呆然。「―と日をくらす」**―自失** [0][名][自サ] おどろきなどのあまり、気抜けして、ぼうっとなっていること。

ほうせん‐か [セ]【×鳳仙花】[名] ツリフネソウ科の一年生植物。夏、赤・白・紫・しぼりなどの花を開く。実は、熟すると種子をはじきだす。観賞用。(秋)

ぼうせん‐もう [セ]【防潜網】[名] 港などに潜水艦の侵入するのをふせぐため、海中にはりめぐらす網。

ほう‐そ [ホ]【宝×祚】[名]〔文章語〕天皇の位。皇位。

ほう‐そ [ホ]【×硼素】[名] 元素の一つ。元素記号B 原子番号5 原子量10.81 黒褐色のかたい固体。硼酸の成分。

ほう‐そう [0]【法曹】[名] 法律事務にたずさわる人。特に、司法官や弁護士。**―界** [ソ][名] 司法官・弁護士などの社会。

ほう‐そう [ホ]【×疱×瘡】[名] てんねんとう。痘瘡。

ほう‐そう [0]【包装】[名][他サ] ❶品物をつつむこと。また、うわづつみ。❷荷造り。**―紙** [ソ][名] 品物をつつむかみ。

ほう‐そう [0]【奉送】[名][他サ]〔文章語〕貴人をお見送りすること。↔奉迎。

ほう‐そう [0]【放送】[名][他サ] 電波を利用して、不特定の対象をふくむ多数の人々に、映像・音声・文字などの情報により編成した、ニュース、実況中継などの番組をテレビ、ラジオから送信すること。有線による限られた地域を対象とするものもある。「公共―」「車内―」**―衛星** [エ][名] 地上局からの電波を、家庭で受信できるように中継する静止衛星。BS。**―大学** [ダ][名] ラジオ・テレビ放送による授業を中心とした、一般社会人を対象とする大学。

ほう‐ぞう [0]【宝蔵】[名] 宝物を入れておく倉。

ほう‐ぞう [0]【包蔵】[名][他サ]〔文章語〕うちに、ふくんでいること。「問題点を―している」

ぼう‐そう [0]【妄想】[名] ➡もうそう。

ぼう‐そう [0]【暴走】[名][自サ] ❶乱暴につっぱしること。「―するダンプカー」❷運転する人のいない車がはしりだすこと。❸野球で、無謀な走塁をすること。❹考えなしにむちゃな行動をすること。**―族** [ソ][名] オートバイやスポーツカーなどを、交通法規を無視して乗り回すグループ。

ぼうそう《房総》❶安房・上総・下総の三国の総称。❷千葉県の大部分をしめる房総半島。

ほう‐そく [0]【法則】[名] ❶かならず守らなければならない

おきて。きまり。❷事物相互のあいだにある、普遍的、または、必然的な関係。「遺伝の―」

ぼう-だ [ボ]【×滂×沱】(と)副 たる連体 〔文章語〕涙がとめどなく流れるようす。

ほう-たい [0]【包帯】【×繃帯】名 傷口などを保護するため、布などを巻くこと。また、巻きつける布。

ほう-たい [0]【法体】名 ⬇ほったい。

ほう-たい [0]【奉戴】名 他サ 〔文章語〕❶上にいただくこと。「君主として―する」❷つつしんで、ちょうだいすること。「ご趣旨を―する」

ほうだい【放題】接尾 〔形容動詞をつくる〕思うぞんぶんにすること。「食い―」「遊び―」

ほう-だい [0]【邦題】名 映画や小説などで、外国作品の原題に対して、日本語で付けた題。

ほう-だい [0]【砲台】名 大砲をすえつけた構築物。

ぼう-だい [0]【傍題】名 副題。サブタイトル。

ボウ-タイ [0]〈bow tie〉名 ⬇ボータイ。

ぼう-だい [0]【膨大】❶【×厖大】名 形動 非常に大きいこと。非常に多いこと。「―な予算」❷名 自サ ふくれて大きくなること。

ぼう-たおし [タ]【棒倒し】名 二組に分かれ、相手がわの立てている長い棒を先にたおした方が勝ちになる競技。

ぼう-たかとび [タ][カ]【棒高跳(び)】名 フィールド競技の一つ。棒を使ってバーをとびこえるもの。

ほう-たく [0]【宝×鐸】名 寺院で、建物の四すみの軒につるす青銅製の鈴。風鐸。

ぼう-だち [0]【棒立ち】名 驚きや緊張のあまり、棒のようにまっすぐに立つこと。「息をのんで―になる」

ぼう-だま [0]【棒球】名 野球で、まっすぐな、打ちやすい球。

ぼう-だら [0]【棒だら】【棒×鱈】名 たらを三枚におろし、頭部や内臓をとり去って干物にしたもの。㊗春

ほう-たん [タ]【放胆】名 形動 〔文章語〕ひどく大胆なこと。「―なはなれわざ」

ほう-だん [0]【法談】名 仏の教えをのべた訓話。法話。

ほう-だん [0]【砲弾】名 大砲の弾丸。

ほう-だん [0]【放談】名 自サ 〔文章語〕思うことを遠慮なく語ること。また、その談話。「車中―」

ぼう-だん [0]【防弾】名 銃弾があたっても通らないようにすること。「―ガラス」

ほう-ち [ボ]【法治】名 法律にしたがって行われる政治。―国 [チ] 名 国民の意思によって定められた法律にもとづいて、政治が行われている国。

ほう-ち [ボ]【封地】名 大名などがもらった領地。

ほう-ち [ボ]/[0]【放置】名 他サ ❶置きっぱなしにすること。「車を道路に―する」❷手をつけずに、ほうっておくこと。かまわずにおくこと。「紛争を―する」

ほう-ち [0]【報知】名 他サ 告げしらせること。通知。

ぼう-ちぎり [チ]【棒ちぎり】名 棒のきれはし。棒っきれ。

ほう-ちく [0]【放逐】名 他サ 追い出すこと。追放。「国外―」

ほう-ちゃく [0]【×逢着】名 自サ 〔文章語〕出くわすこと。「困難に―する」

ほう-ちゅう [0]【×庖×厨】名 〔文章語〕台所。くりや。

ぼう-ちゅう [0]/[ボ]【忙中】名 〔文章語〕いそがしいさなか。―閑あり いそがしいあいだにも、ゆとりをもって一時のんびりしていること。

ぼう-ちゅう [0]【防虫】名 衣服や書物・書画などに虫がつくのをふせぐこと。「―剤」

ぼう-ちゅう [0]【傍注】【×旁×註】名 本文のわきに書きそえた注解。

ほう-ちょう [0]【包丁】【×庖丁】名 ❶料理に使う刃物。❷料理。料理のてぎわ。「―のさえを見せる」

ほう-ちょう [0]【放鳥】名 自他サ ❶放生会や葬儀のときに供養のため、とらえておいた鳥をはなすこと。❷繁殖のため、野鳥のひなを人手で育ててからはなすこと。❸調査のため、とらえた野鳥に標識をつけてはなすこと。

ぼう-ちょう [0]【防潮】名 大波・高潮を防ぐこと。「―堤」

ぼう-ちょう [0]【防×諜】名 〔文章語〕スパイの侵入・活動をふせぐこと。

ぼう-ちょう [0]【膨張】【膨×脹】名 自サ ❶ふくれて大きくなること。ふくれ広がること。「風船が―する」❷発展して大きくなること。また、数量がふえること。「都市が―する」「予算が―する」❸固体・液体・気体が熱のために、その体積をふやすこと。「熱―」

ぼう-ちょう [0]【傍聴】名 他サ 会議・公判などを、許可されてその場で聞くこと。「―席」

ほう-ちょく [0]【奉勅】名 〔文章語〕勅命を承ること。

ぼうっ-と [0] 副 自サ ❶意識がぼんやりしているようす。「一日中―している」❷かすんで見えるようす。「島影が―見える」

ぽうっ-と [0] 副 自サ ❶顔が赤くなるようす。また、上気するようす。「―ほおをそめる」❷火がすこし燃えるようす。

ほう-てい [0]【法廷】名 裁判が行われる場所。―闘争 [ト] 名 革新政党・労働組合などが、自己の主張の正しさを内外に訴えるため、裁判にもちこんであらそうこと。

ほう-てい [0]【法定】名 法律によってさだめること。「―利息」―貨幣 [カ] 名 国法で通用力をあたえられた貨幣。法貨。―伝染病 [0] 名 患者をかならず病院に隔離しなければならないと、法律で指定されていた伝染病。コレラ・腸チフス・パラチフス・赤痢・ジフテリア・しょうこう熱・天然痘・発疹チフス・ペスト・流行性脳せきずい膜炎・日本脳炎の十一種。参考 一九九九年、感染症法施行により廃止され、「感染症」として規定しなおされた。

ほう-てい [0]【×鵬程】名 〔文章語〕(「鵬」は想像上の大鳥。鵬の飛ぶ道のりの意)はるかに遠い道のり。「―万里」

ほう-てい [0]【奉呈】名 他サ 〔文章語〕つつしんで、さしあげること。

ほう-てい [0]【×捧呈】名 他サ 〔文章語〕手にささげて、さしあげること。

ぼう-てい [0]【亡弟】名 〔文章語〕死んだおとうと。↔亡兄。

ほうてい-しき [テ]【方程式】名 ❶未知数に、ある特別の数値をあたえるとき成立する等式。❷〔俗語〕問題を解決するための決まった手順。「―どおりの投手リレー」

ほう-てき [0]【法敵】名 仏教の敵。仏敵。

ほう-てき [0]【放×擲・×抛×擲】名 他サ 投げすてること。うちすてて、かえりみないこと。「権利を―する」

ほう-てき [0]【法的】形動 ダロ・ダッ・デ・ニ ダ・ナ・ナラ [0] 法律の立場にたつようす。法律的。「―な根拠がない」

ほう-てん [0]【宝典】名 ❶とうとい書物。❷実用的知識を集めた便利でよい本。「手紙―」

ほう-てん [0]【法典】名 ❶おきて。❷同じ種類の法律をまとめたもの。

ほう-てん [0]【奉×奠】名 他サ 〔文章語〕つつしんで、神仏にそなえること。「玉ぐしの―」

ほう-でん [0]【宝殿】名 〔文章語〕❶宝物を納めておく建物。宝物殿。❷神仏の御殿。

ほう-でん [0]【放電】名 自サ ❶はなれた二つの電極のあ

いだに電流が流れること。火花放電など。❷蓄電池・蓄電器にたくわえてある電気を放出すること。↕充電。

ぼう-てん ⓪【傍点】名 注意をひき、また、強調のためなどに文字のわきに打つ点。

ほう-と ⓪ホ【方途】名〔文章語〕とるべき方法。進むべき道。「―を探る」「改革の―が立たない」

ほう-ど ⓪ホ【邦土】名〔文章語〕わが国土。

ほう-ど ⓪ホ【封土】名 君主が臣下の大名に与えた領地。

ぼう-と ⓪ボ【暴徒】名 暴動をおこした者ども。凶徒。「群衆が―と化す」

ほう-とう ⓪【宝刀】名 たからとするたいせつな刀。「伝家の―を抜く」

ほう-とう ⓪【宝塔】名 ❶仏塔の美称。❷たからでかざった塔。❸多宝塔。

ほう-とう ⓪【×朋党】名〔文章語〕主義・利害などの共通する仲間。

ほう-とう ⓪【法灯】名 ❶迷いのやみを照らす、正しい仏法。❷仏前のともしび。

ほう-とう ⓪【法統】名 仏法、特に、その宗派の伝統。

ほう-とう ⓪【砲塔】名 軍艦や要塞(ようさい)で、大砲・砲手などを保護するためにつくった、厚い鋼鉄のかこい。

ほう-とう ⓪【×餺×飥】名 小麦粉を練り、のばして切ったもの。また、それをカボチャなどの野菜とともに、味噌(みそ)で煮込んだもの。山梨県の郷土料理。

ほう-とう ⓪【奉答】名自サ〔文章語〕つつしんでおこたえすること。

ほう-とう ⓪【放×蕩】名自サ 酒や女遊びにふけって身をもちくずすこと。どうらく。「―者」

ほう-どう ⓪【報道】名他サ 一般の人にひろくつたえ知らせること。参考「報導」と書くのはあやまり。**―機関**(きかん) キカ名 ニュースなどを取材し、知らせるための組織。新聞社・放送局など。**―人**(じん) ド名 報道事業に関係する人。ジャーナリスト。**―陣**(じん) ド名 新聞社・放送局などから、取材のためにさしむけられた、記者やアナウンサーたち。

ぼう-とう ⓪【冒頭】名 文章・談話などのはじめ。↕末尾。**―陳述**(ちんじゅつ) チ名 刑事裁判で、証拠しらべの最初に検察官がおこなう陳述。

ぼう-とう ⓪【暴投】名自サ 野球で、相手が受けとれないようなたまを投げること。ワイルドピッチ。

ぼう-とう ⓪【暴騰】名自サ「暴」は「にわか」の意)物の値段が急に大はばにあがること。↕暴落。

ぼう-どう ⓪【暴動】名 群集がさわぎを起こし、社会をみだすこと。

ほう-とく ⓪【報徳】名 徳にむくいること。恩がえし。

ほう-どく ⓪【奉読】名他サ〔文章語〕つつしんで読むこと。

ぼう-とく ⓪【冒×瀆】名他サ 尊厳なもの、清らかなものを、おかし、けがすこと。「神に対する―」

ぼう-どく ⓪【防毒】名 毒、特に毒ガスをふせぐこと。**―マスク** マ名 毒ガスから目や呼吸器をまもるマスク。

ほう-なん ⓪【法難】名 仏教をひろめるときに受ける迫害。

ほう-にち ⓪【訪日】名自サ 日本にたずねてくること。

ほう-にょう ⓪【放尿】名自サ 小便をすること。

ほう-にん ⓪【放任】名他サ なりゆきにまかせること。当事者の自由にまかせておくこと。「―主義」

ほう-ねつ ⓪【放熱】名自サ ❶機械などをひやすために、熱をちらすこと。❷熱を出して室内をあたためること。

ぼう-ねつ ⓪【防熱】名 外部からの熱をふせぐこと。

ほう-ねん ⓪【豊年】名 農作物のよくみのる年。㊎秋 ↕凶年。**―飢×饉**(ききん) キ2名 豊作のために作物の値が下がり、農村の人が生活に苦しむこと。豊作貧乏。

ほう-ねん ⓪【×放念】名自サ〔文章語〕気にかけないこと。放心。放神。「他事(たじ)ながらご―ください」

ほうねん《法然》一一三三―一二一二。平安・鎌倉(かまくら)時代の僧。浄土宗をおこした。親鸞(しんらん)はその弟子。著書に「往生要集大綱」など。

ぼう-ねん ⓪【忘年】名 ❶〔文章語〕年齢のちがいをわすれること。「―の友」❷その年の苦労をわすれること。**―会**(かい) ネ名 その一年間の苦労をわすれるために、年末にひらく宴会。としわすれ。㊍冬

ほう-のう ⓪【奉納】名他サ つつしんで神仏に物品をおさめること。**―試合**(じあい) ジ名 祭礼のときなどに、神仏の霊をなぐさめるために社寺でおこなう武芸の試合。

ほう-はい ⓪【奉拝】名他サ〔文章語〕つつしんでおがむこと。

ほう-はい ⓪【×澎×湃】と副 たる連体〔文章語〕❶水がみなぎり、なみうつようす。「―たる大洋」❷物事がつよく全体におこりひろがるようす。「―たる改革の気運」

ほう-ばい ⓪【×傍輩・×朋輩】名 ❶なかま。ともだち。❷同じ師・主人につかえる仲間。

ほう-はく ⓪【法博】名「法学博士」の略。

ぼう-はく ⓪【傍白】名〔文章語〕演劇で、観客には聞こえるが相手役には聞こえないことにして言うせりふ。わきぜりふ。

ぼう-ばく ⓪【×茫漠】と副 たる連体 広くて、とりとめのないようす。「―たる砂漠」

ほう-はつ ⓪【×蓬髪】名〔文章語〕(「蓬」はよもぎ)長くのびて、乱れた髪の毛。

ほう-ばつ ⓪【放伐】名〔文章語〕古代中国で、徳の無いわるい天子を追い討つこと。

ぼう-はつ ⓪【暴発】名自サ 不注意でピストルや小銃などのたまがとび出すこと。

ぼう-はてい ⓪【防波堤】名 外海からの波をふせぎ、港湾内をまもるために、きずいた突堤(とってい)。

ぼう-はん ⓪【防犯】名 犯罪をふせぐこと。

ほう-ひ ⓪ホ【包皮】名 ❶表面を包む皮。「種子の―」❷陰茎の亀頭部を包む皮膚。

ほう-ひ ⓪ホ【法×匪】名 法律の解釈にこだわり、人に害をおよぼす人。

ほう-ひ ⓪ホ【放×屁】名自サ〔文章語〕おならをすること。

ほう-び ⓪【褒美】名 ほめてあたえるかねや品物。

ぼう-び ⓪ボ【防備】名 外敵・災害などをふせぎまもること。また、そのそなえ。「―を固める」

ぼう-びき ⓪【棒引(き)】名 ❶線を引くこと。特に、線を引いて記載事項を消すこと。❷〔線を引いて文字・数字を消すことから〕貸し借りをなしにすること。帳消し。「借金を―にする」

ぼう-ひょう ⓪【妄評】名〔文章語〕➡もうひょう。

ぼう-ひょう ⓪【暴評】名他サ 乱暴な批評。

ぼうび-ろく ビ【忘備録】名 ➡びぼうろく。

ほう-ふ ⓪【抱負】名 心中にいだく志望や計画。「―をのべる」

ほう-ふ ⓪【豊富】形動 ダロ・ダッ・デ・ニ ダ・ナ・ナラ・〇 たっぷりあるようす。「―な資金」

ほう-ぶ ⓪【邦舞】名 日本舞踊。日舞(にちぶ)。↕洋舞。

ぼう-ふ ボ【亡夫】名 死んだおっと。↕亡妻。

ぼう-ふ ボ【亡父】名 死んだちち。↕亡母。

ぼう-ふ ⓪【防腐】名 くさるのをふせぐこと。「―剤」

ぼう-ふう ⓪【防風】名 ❶⓪かぜをふせぐこと。❷フセリ科の多年生植物。夏・秋のころ白色の花をひらく。根は薬用。㊍春 ❸フはまぼうふう。**―林**(りん) フ名 風害をふせぐための林。

ぼう-ふう [フ]/[0]【暴風】[名] はげしく吹きあれる風。大損害をおこすつよい風。風速は毎秒二五㍍以上。**―域**(いき) [フ][名] 台風や低気圧のまわりのつよい風が吹く区域。

ぼう-ふうう [フ]【暴風雨】[名] はげしい雨と風。大あらし。大しけ。

ぼう-ふうせつ [フ]【暴風雪】[名] はげしい風をともなって降る大雪。

ほう-ふく [0]【法服】[名] ❶裁判官の制服。❷法衣(ほうえ)。

ほう-ふく [0]【報復】[名][自サ] しかえしをすること。返報。「―手段」

ほうふく-ぜっとう [0]【抱腹絶倒】[名][自サ] 腹をかかえ、たおれそうになるまで笑うこと。「―の場面」

ほう-ふつ [0]【×髣×髴・×彷×彿】[自サ][と副][たる連体] ❶よく似ていること。よく似ているものが思いうかぶこと。「故人を―させる」❷はっきりしないようす。ぼんやり見えること。「水天―」[参考] 動詞としては「ほうふつさせる」の形で使われることが多い。

ほうぶつ-せん [0]【放物線】【×抛物線】[名] ❶斜めに投げられた物が空中にえがく曲線。❷〔数〕定点と定直線とから、それぞれ等距離にある点をつないだ曲線。

ぼう-ふら [0]【×孑×孒・×孑×孑】[名] 蚊の幼虫。水たまりなどに発生する。ぼうふり。[夏]

ほう-ぶん [0]【邦文】[名] 日本の文字・文章。和文。**―タイプライター** [ラ][名] 日本語の文章を印字できるようにつくられたタイプライター。和文タイプライター。

ほう-ぶん [0]【法文】[名] (「ほうもん」と読めば別語) ❶法令の文章。❷法学部と文学部。

ほう-へい [0]【奉幣】[名]〔文章語〕神にぬさをたてまつること。

ほう-へい [ホ]【砲兵】[名] 大砲を使って戦う兵士。

ぼう-へき [0]【防壁】[名] 敵や風・雨・火事などをふせぐかべ。

ほう-へん [0]【褒×貶】[名]〔文章語〕ほめることと、けなすこと。「毀誉(きよ)―」

ほう-べん [ホ]【方便】[名] ❶仏が衆生(しゅじょう)をおしえみちびくための、一時的な手段。❷便宜的手段。「うそも―」

ぼう-ぼ [ボ1]【亡母】[名] 死んだはは。↔亡父。

ほう-ほう [0]【方法】[名] 目的をとげるために計画的に考えたやりかた。てだて。**―論**(ろん) [ホ2][名] ❶学問の研究方法を論ずる論理学の一部門。❷研究方法に関する理論。

ほう-ほう [0]【×這う×這う】(はうはう)[名] (動詞「はう(這う)」のくりかえし」はうように進むようす。「―で逃げかえる」**―の体**(てい) あわてふためいて、逃げるようす。

ほう-ぼう [ホ]【方方】[名] いろいろな場所。あちこち。「所所―」「―を訪ね歩く」

ほう-ぼう [0]【×鋒×鋩】[名]〔文章語〕❶刃物のきっさき。❷鋭い気性。

ほう-ぼう [0]【×魴×鮄】[名] ホウボウ科の海魚。沿岸の海底にすみ、胸びれではう。雄は鳴く。食用。[冬]

ほうぼう

ぼう-ぼう [ボ1]【某某】[名] だれだれ。「―のしわざだ」[参考] 氏名のわからないときや、氏名をかくしていうときに使う。

ぼう-ぼう [と副] ❶[0] 草がおい茂るようす。❷[0] かみの毛が乱れているようす。❸[ボ1] 火が燃えさかるようす。

ほう-ぼう [0]【×茫×茫】[と副][たる連体]〔文章語〕❶広くはてのないようす。茫漠(ぼうばく)。「―たる原野」❷とりとめなく、はっきりしないようす。「―たる五十年の昔」

ほう-ぼく [0]【芳墨】[名]〔文章語〕❶かおりのよい墨(すみ)。❷相手の筆跡や手紙の尊敬語。芳書。

ほう-ぼく [0]【放牧】[名][他サ] 牛馬をはなしがいにすること。「―地」

ぼう-まい [0]【亡妹】[名]〔文章語〕死んだいもうと。↔亡姉。

ほう-まつ [0]【泡×沫】[名] ❶水のあわ。❷すぐ消えたりなくなったりするもの。「―候補」

ほう-まん [0]【飽満】[名]〔文章語〕あきるまで食べて腹がいっぱいになること。

ほう-まん [0]【放漫】[名][形動] 気まま、いいかげんでしまりのないこと。「―財政」

ほう-まん [0]【豊満】[名][形動] ❶物がゆたかに満ち満ちていること。❷肉づきがよいこと。「―なからだつき」

ぼう-まん [0]【暴慢】[名][形動]〔文章語〕乱暴で気ままなこと。

ほう-みょう [0]/[ホ]【法名】[名] 法号。↔俗名。❶仏門にはいった人につけた名。❷死者につける号。戒名。

ぼう-みん [0]【暴民】[名] 暴動をひき起こした人民。

ほう-む [ホ]【法務】[名] ❶司法上の事務。❷仏法に関する事務。寺の事務。**―省**(しょう) [ム][名] 行政官庁の一つ。法律の運用や人権の保護などの仕事をあつかう。

ほうむ・る [ム]【葬る】(はうむる)[他五] (ラ・ロ・リ・ッ・ル・ル・レ・レ) ❶死体や遺骨を墓におさめる。葬式をする。❷世の中から消す。「独裁者を―」❸世間に知られないようにかくす。「真相をやみに―」**葬れる** [自下一]〔…できる〕

ほう-めい [0]【芳名】[名]〔文章語〕❶ほまれのある名。よい評判。「―を後世に残す」❷相手の名の尊敬語。[参考] 返信用の葉書などでは、「芳」の字を消して出すのが作法。「御芳名」は二重尊敬だが、一般に使われることが多い。

ぼう-めい [0]【亡命】[名][自サ] 政治上の理由から他国へのがれること。

ほう-めん [ヌ]【方面】[名] ❶その方向の土地・場所。そのあたり。「大阪―」❷分野。「その―にあかるい人」

ほう-めん [0]【放免】[名][他サ] ❶勾留(こうりゅう)中の被疑者・被告人を釈放すること。「無罪―」❷刑期のおわった囚人を出所させること。

ほう-もう [0]【法網】[名] 法律の制裁を網にたとえたことば。「―にかかる」**―をくぐる** 法律のすき間をねらって悪事をする。

ぼう-もう [0]【紡毛】[名] ❶けものの毛をつむぐこと。❷紡毛糸。**―糸**(し) [モ][名] けものの毛をつむいでつくった糸。

ほう-もつ [0]【宝物】[名] たから。たからもの。

ほう-もん [0]【法文】[名] (「ほうぶん」と読めば別語) 仏の教えを説いた文章。

ほう-もん [0]【法門】[名] 仏の教えをまなぶ道。仏門。

ほう-もん [0]【砲門】[名] 大砲のつつ口。**―を開**(ひら)**く** 砲撃をはじめる。戦闘を開始する。

ほう-もん [0]【訪問】[名][他サ] 人をたずねること。他家や他国などをおとずれること。「会社―」「親類宅を―する」**―介護**(かいご) [カ][名] 介護保険制度で、介護福祉士やホームヘルパーが要介護者の自宅におもむき、身体介護や日常生活の援助などを行うサービス。**―看護**(かんご) [カ][名] 在宅療養者を保健師や看護師などが訪問して行う看護。**―着**(ぎ) [モ][名] 女性の和装の略式礼服。

ぼう-や [ボ1]【坊や】[名] 小さい男の子を親しんでいう語。「―はいくつかな」

ほう-やく [0]【邦訳】[名][他サ] 外国語を日本語に訳すこと。また、訳したもの。和訳。

ほう-ゆう [0]【×朋友】[名] ともだち。友人。

ぼう-ゆう [0]【亡友】[名]〔文章語〕死んだともだち。

ぼう-ゆう [0]【暴勇】[名]〔文章語〕乱暴でむこうみずな勇気。

ほう-よう [0]【法要】[名] 法事。法会(ほうえ)。

ほう-よう [0]【包容】[名][他サ] ❶つつみいれること。❷寛大に許して、受けいれること。「相手のわがままを―する」

―力(りょく) ヨ名 欠点・失敗をとがめず受けいれる、心の広さ。

ほう-よう ⓪【抱擁】名 他サ だきあうこと。だきかかえること。

ぼう-よう ⓪【亡羊】名〔文章語〕逃げた、ひつじ。 **―の嘆(たん)** ❶学問の道が多方面にわたり、真理が得がたいことのなげき。❷途方にくれ、どうしてよいかわからないこと。参考「列子」にある、逃げたひつじを追ったが、わかれ道が多くて、そのゆくえを見うしなったという話から。

ぼう-よう ⓪【×茫洋・×芒洋】と副 たる連体〔文章語〕❶ひろびろとして限りないこと。「―たる大洋」❷広くて見当のつかないこと。「―とした大人物」

ほう-よく ⓪【×鵬翼】名〔文章語〕〔おおとりのつばさ〕飛行機。

ほう-よく ⓪【豊沃】名 形動〔文章語〕土地がこえていること。

ぼう-よみ ⓪【棒読み】名 句読(くとう)点や抑揚(よくよう)にかまわず、文章をいっぽん調子に音読すること。

ほう-らい ⓪【×蓬×萊】名 ❶ほうらい山。❷ほうらい飾り。新年 ❸台湾(たいわん)。 **―飾(かざ)り** カ名 三方(さんぼう)の上に米をもり、その上にのしあわび・かちぐり・こんぶなどをかざった新年の祝い物。新年 **―山(さん)** ラ名 中国の伝説で、東海にあって仙人(せんにん)の住むという山。

ほう-らく ⓪【法楽】名 ❶法会(ほうえ)・神事の音楽。音楽などで神仏をたのしませること。❷【放楽】たのしみ。なぐさみ。

ほう-らく ⓪【崩落】名 自サ ❶くずれおちること。「崖が―する」❷〔経〕相場が急に下がること。

ぼう-らく ⓪【暴落】名 自サ〔「暴」は「にわか」の意〕物価や相場が急にひどく下がること。↔暴騰(ぼうとう)。

ほう-らつ ⓪【放×埒】名 形動〔「埒」は馬場のさく。馬がさくを越えてとび出すこと〕気ままにふるまって身持ちがわるいこと。放蕩(ほうとう)。放縦(ほうじゅう)。「―な生活」

ほう-らん ⓪【抱卵】名 自サ 親鳥が卵を抱えて温めること。

ほう-り ホ【法理】名〔法〕法律の原理。

ぼう-り ボ【暴利】名 不当な利益。法外なもうけ。「―をむさぼる」

ほうり-あ・げる ゲ【放り上げる】(はふり) 他下一 ゲ・ゲ・ゲル・ゲル・ゲレ・ゲロ・ゲヨ 上のほうになげる。「ボールを―」

ほう-りき ⓪【法力】名 ❶仏法の功徳(くどく)の力。仏法の威力。❷仏法修行によって得たふしぎな力。

ほうり-こ・む ヨ【放り込む】(はふり) 他五 マ・モ・ミ・ン・ム・ム・メ・メ 投げ込む。 **放り込める** 自下一〔…できる〕

ほうり-だ・す ダ【放り出す】(はふり) 他五 サ・ソ・シ・ス・ス・セ・セ ❶投げてそとへ出す。❷つき出す。排斥する。「乱暴者をクラスから―」❸するのをやめる。「仕事を中途で―」❹ほうり始める。 **放り出せる** 自下一〔…できる〕

ほう-りつ ⓪【法律】名 ❶社会生活上のおきて。法。❷国会の賛成を得て成立し、公布される法規。 **―行為(こうい)** ヨ名 法律効果の発生することをのぞんで、当事者がする行為。

ほうり-な・げる ゲ【放り投げる】(はふり) 他下一 ゲ・ゲ・ゲル・ゲル・ゲレ・ゲロ・ゲヨ ❶無造作に、また、乱暴になげる。「ぞうきんを―」❷途中でやめる。「仕事を―」

ほう-りゃく ⓪【方略】名〔文章語〕はかりごと。計略。

ぼう-りゃく ⓪【謀略】名 人をおとしいれるはかりごと。「―をめぐらす」

ほう-りゅう ⓪【放流】名 他サ ❶せきとめた水をながすこと。「ダムの水門をあけて―する」❷養殖のために稚魚を流れにはなすこと。「あゆの―」

ぼう-りゅう ⓪【傍流】名 ❶本流からわかれた流れ。支流。↔本流。❷主流からはずれた流派・系統。↔主流。

ほう-りょう ⓪【豊猟】名 狩りで鳥やけものがたくさんとれること。大猟。↔不猟。

ほう-りょう ⓪【豊漁】名 魚や貝がたくさんとれること。大漁。↔不漁。

ぼう-りょく ボ【暴力】名 乱暴な力。無法な腕力。「―をふるう」 **―団(だん)** ク名 暴力をふるって悪事をはたらく無法者の団体。

ほう-りん ⓪【法輪】名 仏の教え。仏の教えが、ころがって行く輪のように、ひろく衆生(しゅじょう)に達することから。

ボウリング ⓪〈bowling〉名 ボールをころがして、とくり形の十本のピンをたおす室内競技。ボーリング。

ほう・る ⓪【放る】【×抛る】(はふる) 他五 ラ・ロ・リ・ッ・ル・ル・レ・レ ❶投げる。「ボールを―」❷すておく。「勉強をほうって遊びに行く」

ほうれる 自下一〔…できる〕

ボウル ボ⓪〈bowl〉=ボール 名 粉を練ったりサラダを作ったりするための底の深い大きな容器。食器洗いにも使う。

ほう-るい ⓪【×堡塁】名 石・土砂・コンクリートなどでつくったとりで。

ぼう-るい ⓪【防塁】名 敵の攻撃をふせぐためのとりで。防塞(ぼうさい)。

ほう-れい ⓪【法令】名 法律と命令。国のきまり・おきて。「―を遵守する」

ほう-れい ⓪【法例】名 法規を適用する上での原則を定めた規定。

ほう-れい ⓪【豊麗】名 形動(の)〔文章語〕肉づきがゆたかで美しいこと。女性について言う。

ぼう-れい ⓪【亡霊】名 ❶死者のたましい。❷ゆうれい。

ぼう-れい ⓪【暴戻】名 形動(の)〔文章語〕〔「戻」は、ひどく悪いこと〕乱暴で道理にそむくこと。

ほうれい-せん ⓪レ【ほうれい線】【法令線】名 鼻の両側から口の両端にむかう、ほおと口元の境界線。参考 中国の人相学でいう「法令紋」が語源だという。「豊麗線」「豊齢線」は当て字。

ほう-れつ ⓪【放列】【砲列】名〔「砲列」は、もとは誤用〕大砲を横にずらりと並べた射撃隊形。また、それに似た、カメラなどのずらりと並んだようす。「―をしく」

ほう-れつ ⓪【芳烈】形動 ダロ・ダッ・ダ・ニ・ダ・ナ・ナラ・○〔文章語〕❶たいそうかおりのよいようす。❷主義を守る心のきわめて強いようす。

ほう-れん ⓪【×鳳×輦】名〔文章語〕❶屋形(やかた)の上に金色の鳳凰(ほうおう)をとりつけたみこし。即位などの時、天皇が乗る。❷天皇の乗り物。

ほうれん-そう レ【×菠×薐草】名 アカザ科の一年生、または、二年生植物。茎・根は赤い。甘味があり食用。春

ぼうろ【暴露】「ばくろ」のあやまり。

ほう-ろう ⓪【×琺×瑯】名 金属器の表面に焼きつけるうわぐすりで、さびをとめ、かざりとするもの。瀬戸びき・七宝焼(しっぽうやき)など。 **―質(しつ)** ロ名 歯の外がわをおおうかたい物質。

ほう-ろう ⓪【放浪】名 自サ さまよいあるくこと。「―の旅」 **―芸(げい)** ロ名 万歳(まんざい)・瞽女(ごぜ)など、地方を回り歩く遊芸人による芸能。

ぼう-ろう ⓪【望楼】名 ものみのやぐら。

ほうろうき《放浪記》林芙美子(はやしふみこ)の長編小説。一九三〇―四九年刊。若き日の放浪生活を日記体で書いた自伝的作品。

ほう-ろく ⓪【俸×禄】名〔文章語〕給与。俸給。扶持(ふち)。

ほ

ほう-ろく [0]【×焙×烙】名 ふちの浅い、すやきの土なべ。

ぼう-ろん [0]【暴論】名 乱暴で、理に合わない議論。「―を吐く」

ほう-わ [0]【法話】名 仏の教えをのべた訓話。法談。法語。

ほう-わ [0]【飽和】名 自サ ふくむことのできる極限に達すること。「都市人口が―状態に達する」

ぼ-うん [0]【暮雲】名〔文章語〕ゆうがたの雲。

ほ-えき [0]【補益】名 自他サ〔文章語〕おぎなって利益をあたえること。

ポエジー ポ〈フ poésie〉名 ❶詩。ポエム。❷詩情。詩想。

ほえ-づら [0]【×吠面】名〔俗語〕泣きがお。

ポエム ポ〈フ poème〉名 詩。韻文。

ほ・える エ【×吠える・×吼える】自下一 エ:エ:エル:エル:エレ:エロ・エヨ ❶犬や猛獣などが大声で鳴く。❷どなる。**ほ・ゆ** 文語ヤ下二

ぼ-えん [0]【墓園】【墓×苑】名 霊園。

ほお ホ【▲朴】名 ➡ほおのき。

ほお ホ【頰】名 顔の両わきの部分。ほほ。**―が落ちそう** 食物の味がたいそうよいこと。ほっぺたが落ちそう。**―を染める** はずかしさに顔を赤くする。**―を×抓る** 信じられないようなうれしいことがあったときに、夢でないことを確かめる動作。**―を膨らます** 不満・不承知などのようすをあらわす。

ボーイ〈boy〉名 ❶ ボ 男の子。少年。↔ガール。❷ [0] レストランなどの給仕。**―スカウト** カ〈Boy Scouts〉名 少年の心身をきたえ、社会に奉仕する善良な公民になることを目的として団体訓練をする少年団。↔ガールスカウト。**―フレンド** レ〈boyfriend〉名 女性が交際する相手の男性。男友だち。↔ガールフレンド。

ボーイッシュ イ/ボ〈boyish〉形動 ダロ:ダッ・デ・ニ:ダ:ナ:ナラ:○ 女性の服装・髪形などが少年ふうであるようす。

ポーカー ポ〈poker〉名 トランプ遊びの一種。**―フェース** フェ〈poker face〉名 内心をおしかくした無表情な顔。参考 トランプのポーカーで、持ち札のよしあしを相手に知らせないため、わざと知らぬ顔をする、その無表情な顔から。

ほお-かぶり カ【頰かぶり】【頰▲被り】名 自サ ❶頭からほおにかけて、つつむこと。冬「手ぬぐいで―する」❷ほおかむり。ほ非難や忠告などに知らぬふりをすること。ほっかぶり。

ボ(ヴォ)ーカリスト リ〈vocalist〉名 歌手。声楽家。

ボ(ヴォ)ーカル [0]/ボ〈vocal〉名 ❶声楽。❷演奏活動をするグループで主に歌を担当する人。**―フォア** フォ〈vocal four〉名 四重唱団。

ボーキサイト サ〈bauxite〉名 アルミニウムの原料となる鉱石。茶色で塊状または粘土状。

ボーク ボ〈balk〉名 野球で、走者があるとき、投手が反則的な投球動作をすること。走者は一つ進塁できる。

ポーク ポ〈pork〉名 ぶたの肉。豚肉。

ほお-げた タ/[0]【頰桁】名 ほおぼね。ほお。

ほお・ける ケ【×蓬ける】自下一 ケ:ケ:ケル:ケル:ケレ:ケロ・ケヨ 古くなって、けばだつ。けばだってみだれる。ほける。「ほおけた髪」

ほほ・く 文語下二

ボーゲン ボ〈ド Bogen〉名 スキーの制動回転。スキーの後端を開いて回転すること。

ボ(ー)ジョレ(ー)-ヌーボー ヌ〈フ Beaujolais nouveau〉名 その年にフランスのボージョレ地方で収穫されたブドウからつくられる赤ワインの新酒。毎年一一月第三木曜日を発売解禁日としている。

ほお-じろ [0]【頰白】名 ホオジロ科の鳥。全長十六センチメートルくらい。ほおに白い線がある。からだはかっ色。春

ホース ホ〈オ hoos〉名 水・ガスなどを送り流すための、ゴム・ビニールなどでつくったくだ。

ポーズ ポ〈pause〉名 休止。間。「―をおく」

ポーズ ポ〈pose〉名 ❶すがた。姿勢。「気どった―」❷彫刻・絵画・写真・舞踊などにあらわされた人物の姿勢。また、モデルがとる姿勢。「―を取る」❸見せかけの態度。「彼の心配顔は単なる―だ」

ほお-ずき [0]【▲酸×漿・▲鬼▲灯】名 ❶ナス科の多年生植物。果実は、ふくろ状のがくに包まれて秋に赤く熟す。実の中身を取り出した皮を口に入れて鳴らす。秋 ❷うみほおずき・ゴムほおずきなど、❶と同じように口に入れて舌で押して鳴らすおもちゃ。参考「ほおづき」のように「づ」を用いて書いてもよい。**―▲提▲灯** チョ 名 赤い紙をはった球形のちょうちん。

ほお-ずり ズ/リ【頰擦り】【頰×摺】名 自分のほおを相手のほおにすりつけること。

ボースン ボ〈boatswain〉名 船の甲板長。水夫長。

ボーダー〈border〉名 ❶ ボ へり。はし。境界。❷ [0] 横じま。**―ライン** ラ〈border line〉名 境界線。さかい目。また、どちらともきめにくい、すれすれの場合。「当落の―」**―レス** ボ〈borderless〉名 形動 境界がないこと。物事の基準があいまいなこと。ボーダレス。「―の時代」

ポーター ポ〈porter〉名 ❶登山隊の荷物をはこぶ人。運搬人。❷駅・空港・ホテルなどで客の荷物をはこぶ人。

ボー-タイ [0]〈bow tie〉=**ボウタイ** 名 蝶ネクタイ。

ポータビリティー ビ〈portability〉名 携帯できること。持ち運びできること。「データー」「ナンバー―」

ポータブル ポ〈portable〉名 ❶携帯用。❷携帯用の小型のテレビ・ラジオ・CDプレーヤーなど。

ポータル-サイト サ〈portal site〉名 インターネット上の情報を探すとき、種々のページへの入り口をまとめたサイト。

ポーチ ポ〈porch〉名 洋風建築のひさしのある入り口。

ポーチ ポ〈pouch〉名 小物を入れる袋。

ほお-づえ ヅ/[0]【頰づえ】【頰×杖】名 ひじをたて、手のひらでほおをささえること。

ボート ボ〈boat〉名 西洋式の小舟。短艇。夏 **―ピープル** ピ〈boat people〉名 船で他国へのがれる難民。参考 一九七五年のベトナム戦争終結後に使われるようになった語。**―レース** レ〈boat race〉名 ボートをこぐ競争。春

ボード [0]/ボ〈board〉名 板。特に、加工した板。合板。「ホワイト―」**―セーリング** セ〈boardsailing〉名 大型のサーフボードに帆を付けて水上を滑走するスポーツ。ウインドサーフィン。

ボ(ヴォ)ードビ(ヴィ)リアン ビ〈vaudevillian〉名 通俗的な喜劇やショーに出演する人。軽喜劇俳優。

ボ(ヴォ)ードビ(ヴィ)ル ビ〈フ vaudeville〉名 ❶通俗的な喜劇。❷踊り・歌・喜劇などをとりまぜて演じる演芸。バラエティー。

ポートレート レ〈portrait〉名 肖像。

ポート-ワイン ワ〈port wine〉名 暗赤紫色で、かおり・甘味のあるぶどう酒。

ボーナス ボ〈bonus〉名 ❶賞与。期末の一時金。❷株式の特別配当。

ほお-のき ホ【▲朴の木】名 モクレン科の落葉高木。材は細工しやすい。家具・器具用。ほお。花は夏

ほお-ば ホ/[0]【ほお歯】【▲朴歯】名 ほおの木でつくったげたの歯。また、それを入れたげた。

ホーバークラフト ラ〈Hovercraft〉名 ⬇ホバークラフト。

ほおば・る バ【頬張る】他五 口の中にいっぱいに食べものをふくむ。また、そのようにして食べる。「おにぎりを―」

ホープ ホ〈hope〉名 ❶希望。のぞみ。❷期待をかけられる人。「水泳界の―」

ほお-べに ◎/ベ【頬紅】名 ほおにつける、化粧用の紅。

ほお-ぼね ◎【頬骨】名 ほおの上部の高い骨。かんこつ。

ホーマー 〈ᵃhomer〉造 ホームラン。「ツーラン―」

ホーム ホ 名「プラットホーム」の略。

ホーム ホ〈home〉名 ❶家庭。❷本拠地。↕アウエー。❸療養所などの施設。「老人―」❹野球で、ホームベース。本塁。 **―イン** ム〈home in〉名〔和製英語〕野球で、走者がホームベースにかえり、得点をあげること。 **―グラウンド** ラ〈home ground〉名 ❶自分の故郷。自分の本拠地。❷野球で、チームの本拠地としている球場。 **―シック** シ〈home sick〉名 旅先や外国で、故郷や家庭を恋しく思うこと。郷愁。「―にかかる」 **―スチール** チ〈home steal〉名〔和製英語〕野球で、本塁への盗塁。本盗。 **―ステイ** テ〈home stay〉名 外国で、その国の一般家庭にとまり、家族同様に生活させてもらうこと。 **―ストレッチ** レ〈homestretch〉名 陸上競技場で、決勝線の前の直線コース。↕バックストレッチ。 **―スパン** ス〈homespun〉名 目のあらい手織りの毛織物。 **―センター** セ〈home center〉名 日曜大工用品などの生活雑貨の大型販売店。 **―ソング** ソ〈home song〉名〔和製英語〕家庭で、親子そろってうたえるような歌。 **―ドクター** ド〈home doctor〉名〔和製英語〕かかりつけの近所の医者。 **―ドラマ** ド〈home drama〉名〔和製英語〕家庭内のできごとを扱った、劇や映画。 **―ドレス** ド〈home dress〉名〔和製英語〕女性が家庭内で着るふだん着の洋服。 **―バー** バ〈home bar〉名〔和製英語〕自分の家につくった酒場ふうの設備。 **―プレート** レ〈home plate〉名 ホームベース。 **―ページ** ペ〈home page〉名 ❶組織や個人が、インターネット上で情報を提供するために公開している画面。ワールドワイドウェブ(WWW)システムで検索する。❷ホームページ❶の最初に現れる、目次や内容紹介を主とした画面。トップページ。 **―ベース** ベ〈home base〉名 野球の本塁。ホームプレート。 **―ヘルパー** ヘ〈home helper〉名〔和製英語〕高齢者や身体障害者など日常生活に支障をもつ人のいる家庭に行き、家事や介護を代行する人。 **―メード** メ〈homemade〉＝**ホームメイド** 名 自分の家で作ること。また、作ったもの。自家製。手製。「―のクッキー」 **―ラン** ム〈ᵃhome run〉名 野球の、本塁打。ホーマー。 **―ルーム** ル〈ᵃhome room〉名 中学校・高等学校で、一学級の生徒がその担任教師と特定の時間にあつまって、話しあうこと。また、その時間。 **―レス** ホ〈homeless〉名 住む家がないこと。また、家のない人。

ポーラ(ー) ポ〈Poral〉名〔商標名〕夏服用の気孔の多い毛織物。

ポーランド《Poland》〔「波蘭」とも書いた〕東ヨーロッパ北部、バルト海に面した共和国。首都はワルシャワ。

ボーリング ◎〈bowling〉名 ⬇ボウリング。

ボーリング ◎〈boring〉名自サ ❶穴をあけること。❷地質調査や、温泉・石油・鉱物の試掘や発掘のため、また井戸を掘るために、地中深く穴を掘ること。

ホール ホ〈hall〉名 ❶大広間。❷会館。❸ダンスホール。

ホール ホ〈hole〉名 ゴルフ場の、ボールを入れる穴。カップ。 **―イン-ワン** ワ〈hole in one〉名 ゴルフで、一回打っただけでボールが穴にはいること。

ボール〈ball〉名 ❶◎球技に使うたま。また球状のもの。「サッカー―」「ミート―」❷◎交渉の過程で、かけひきの材料となる課題のたとえ。「相手方に―を投げる」❸ボ 野球で、ストライクにならなかった投球。「フォアー―」↕ストライク。 **―カウント** カ〈ball count〉名 野球で、ピッチャーが、ひとりのバッターに対して投げたストライクやボールの数。 **―ベアリング** ベ〈ball bearing〉名 機械の軸の回転をなめらかにさせるための、鋼鉄の球いりの軸受け。 **―ペン** ◎〈ballpen〉名〔ball-point pen から〕回転する小さな球をペン先にはめこみ、そこからインクが出るしかけのペン。

ボール ボ〈bowl〉名 ⬇ボウル。

ポール ◎〈pole〉名 ❶棒。さお。柱。❷電車の屋根にとりつけた、架線から電流を取る棒。❸棒高とび用の棒。

ボール-がみ ◎【ボール紙】名〔「ボール」は、board から〕わらを原料とした、質のあらい厚手の紙。馬糞紙(ばふんし)。

ホールディング ◎〈holding〉名 ❶バレーボールで、受けたボールを手で保持する反則。❷サッカー・ハンドボール・バスケットボールなどで、相手をおさえつける反則。

ホールディングス ホ〈holdings〉名 ⬇もちかぶがいしゃ。

ボールド ボ〈board〉名 黒板。

ホールド-アップ ア〈ᵃhold up〉名自サ 両手を上げて無抵抗の姿勢を示すこと。また、それを命じることば。

ボーロ ボ〈ᵖbolo〉名 小麦粉に鶏卵をまぜてかるく焼いた、小さな丸い菓子。

ホーン ホ〈phon〉名 ⬇ホン。

ほ-おん ◎【保温】名自サ 一定の温度をたもつこと。

ぼ-おん ◎【母音】名 ⬇ぼいん。

ぽおん-と オ/ポ 副「ぽんと」を強めた言い方。

ボーンヘッド ヘ〈bonehead〉名 野球などで、まのぬけたプレー。

ほか ◎【外・他】名 ❶問題となる物事を含む範囲のそとにあること。「―に質問はありませんか」「―を探してみてください」「一郎―八名の選手」「中止するより―はない」❷問題となる物事をのぞいた別の物事。「カラオケの―はパチンコが趣味だ」「―の人に聞いてみてください」「北海道は札幌の―はどこへも行ったことがない」参考「他」という表記は、「別の」「別に」と言い換えられるときに、使うことがある。 **―でもない** 別のことでない。まさにそのことだ。「たのみというのは―、わたしの息子のことなんだが」 **―ならない** ❶ほかでもない。特別のあいだがらである。ほかならぬ。「―あなたのことだから」❷…以外のものではない。「一致協力のたまものに―」

ほか 助〔係助詞。打ち消しを伴って〕それ以外にはないことを示す。「じっと待つ(より)―ない」「その人より―師と仰ぐべき人物はいない」参考 同じ意味で「待つしかない」のように言うのは、新しい使い方。

ぼ-か ボ【簿価】名〔「帳簿価額」の略〕帳簿に記入された資産や負債などの価額。

ぽか ボ 名〔俗語〕なんでもない場面での、不注意による失敗。

ほがい【▲祝】名〔古語〕いわうこと。

ほ-かく ホ【保革】名 保守(政党)と革新(政党)。「―伯仲」

ほ-かく ◎【補角】名 和が二直角である二つの角の関係。

ほ-かく ◎【捕獲】名他サ ❶魚・鳥・けものをとらえること。いけどること。❷敵の軍艦などをとりおさえること。ぶんどること。参考「捕穫」と書くのはあやまり。

ほ-かげ ◎/カ【火影】名〔文章語〕❶灯火の光。❷ともしびに照らしだされた形や姿。「—がゆれる」

ほ-かげ ⓪【帆影】名 遠くに見える帆。

ほかけ-ぶね ⓪【帆掛(け)船】名 帆をかけた船。帆船(はんせん)。

ほか・す カ【▲放す・▲放下す】他五 (サ・ソ・シ・ス・ス・セ・セ) ❶すてる。❷すてておく。放置する。 **ほかせる** 自下一[…できる]

ぼか・す カ【×暈す】他五 (サ・ソ・シ・ス・ス・セ・セ) ❶濃淡のさかいを、ぼんやりさせる。❷あいまいにする。ぼやかす。「答えを—」 **ぼかし** 名 **ぼかせる** 自下一[…できる]

ぽかっ-と カ 副 ❶頭などをなぐるようす。❷ある一部分だけが抜けているようす。「—あながあく」

ほか-ほか【外外】名 なり形動[古語] 別の所。よそ。離れ離れであるようす。「はやうありし者どものほかほかなりつる」〈枕〉

ほか-ほか ホ一 (と)副 自サ あたたかみの感じられるようす。ほっかほか。「足が—する」

ぽか-ぽか ポ一 ㊀(と)副 自サ からだが暖かく感じられるようす。「—とした陽気」㊁(と)副 続けざまになぐるようす。

ほがら-か【朗らか】㊀ ガ 形動 (ダロ・ダッ・デ・ニ・ダ・ナ・ナラ・○) さわやかで、明るいようす。心にこだわりがなく、はれやかであるようす。明朗。「—な笑い声」 **朗らかさ** 名 ㊁なり形動[古語] ❶明るく澄んでいるようす。「秋の月のほがらかに」〈後拾遺〉❷明晰(めいせき)であるようす。すぐれているようす。「内外の才知、ほがらかにして」〈撰集抄〉参考 ふるくは、人の気分や性質についてばかりでなく、ひろく物事の状態の明瞭・明晰なさまをあらわしたことば。

ほがら-ほがら【朗ら朗ら】副[古語] 朝日がのぼりはじめ、晴れやかに夜が明けて行くようす。「東雲(しののめ)のほがらほがらに明けゆけば」〈古今〉

ほ-かん ⓪【保管】名 他サ 他人の物や公の物などをあずかって、たいせつに管理すること。

ほ-かん ⓪【補完】名 他サ 不十分な所を補って完全なものにすること。「欠点を—する」

ぼ-かん ⓪【母艦】名 潜水母艦。航空母艦。

ぽかん-と カ 副 自サ ❶あっけにとられたようす。ぼんやりと気ぬけしたようす。「—して見ていた」❷ものをたたくようす。「頭を—なぐる」

ほ-き ホ【補記】名 他サ おぎなって書きしるすこと。また、そのしるしたもの。

ぼ-き ボ【簿記】名 企業体などの出納(すいとう)・取り引きを記入、整理し、結果をはっきりさせる記帳法。

ボギー ボ〈bogey〉名 ゴルフで、そのホールの標準打数(パー)より一打多く打つこと。⇩パー❸参考

ボギー-しゃ ギ【ボギー車】〔bogie carから〕名 台車二台の上に車体をのせた大型鉄道車両。カーブでの回転が楽。

ほぎ-うた【▲祝歌】名[古語] いわいの歌。

ほき-だ・す ダ【ほき出す】他五 (サ・ソ・シ・ス・ス・セ・セ)[俗語] 吐き出す。

ぽきっ-と キ 副 細くかたいものが簡単に折れる音をあらわす語。また、そのようす。ぽきんと。「鉛筆の芯が—折れる」

ぼき-ぼき ボ一 (と)副 かたくて太いものが次々と折れたり、折れ曲がったりする音をあらわす語。また、そのようす。「枝を—折る」

ぽき-ぽき ポ一 (と)副 細くかたいものが次々と折れる音をあらわす語。また、そのようす。「指を—鳴らす」

ボ(ヴォ)キャブラリー キャ〈vocabulary〉名 語彙(ごい)。

ほ-きゅう ⓪【捕球】名 自サ 野球で、ボールをとること。

ほ-きゅう ⓪【補給】名 他サ たりない分をおぎなうこと。「燃料を—する」

ほ-きょう ⓪【補強】名 他サ 弱い所をおぎなってつよくすること。

ほ-きん【保菌】造 発病はしていないが、体内に病原菌をもっていること。「—者」

ぼ-きん ⓪【募金】名 自サ 寄付金をつのること。

ぽきん-と キ 副 ⇩ぽきっと。

ほく【北】造 ❶きた。「北極(ほっきょく)・北上・北洋・東北・南北(なんぼく)」❷にげる。そむく。「敗北(はいぼく)」

ほ-ぐ ホ【▲反▲故】名 ⇩ほご。

ほ・ぐ【▲祝ぐ】他四[古語] たたえていわう。ことほぐ。

ぼく【×卜】造 うらなう。「卜筮(ぼくぜい)・卜占・亀卜(きぼく)」

ぼく【木】造 ❶き。たちき。「木石・灌木(かんぼく)・原木・大木(たいぼく)」❷材木。ものを作るための木。「木鐸(ぼくたく)・木刀・土木・用木」❸かざりけがない。「木訥(ぼくとつ)」[別音もく|木]

ぼく【朴】造 すなおで飾りけがない。自然のまま。「朴直・朴訥(ぼくとつ)・朴念仁・質朴・純朴・素朴」

ぼく【牧】造 ❶まき。牛や馬をはなしがいにする。「牧歌・牧場(ぼくじょう・まきば)・牧畜・放牧・遊牧」❷おさめる。みちびく。「牧師・牧民」

ぼく【睦】造 むつぶ。親しくする。「親睦・和睦」

ぼく【墨】造 ❶すみ。「墨痕(ぼっこん)・墨汁(ぼくじゅう)・筆墨・水墨画」❷字を書く堅いもの。「石墨・白墨」❸書画。「墨客(ぼっかく)・遺墨」❹隅(墨)田川(すみだがわ)。「墨堤・墨東」❺「墨西哥(メキシコ)」のこと。「日墨・米墨(べいぼく)」

ぼく【撲】造 なぐる。うつ。「撲殺・撲滅・打撲」

ぼく ボ【僕】㊀名 造 男のしもべ。「下僕(げぼく)・公僕・忠僕」㊁代 男子が自分をさして、相手に軽い親しみをこめて言う語。「—には、君のまねはできないよ」↕きみ。参考 仲間や目下の者に対して用いる。社会人としては「わたし」のほうがよい。

ほく-い ホ【北緯】名 赤道から北極にいたる緯度。↕南緯。

ほく-ア《北阿》北アフリカ。

ほく-えつ《北越》越後(えちご)と越中(えっちゅう)。特に越後。

ほく-おう ⓪【北欧】名 ヨーロッパの北部。ふつうアイスランド・デンマーク・スウェーデン・ノルウェー・フィンランドの五国をいう。↕南欧。

ほく-おう《北奥》奥羽地方の北部。青森・秋田・岩手三県のあたり。

ほく-が ⓪【北画】名 東洋画の一流派。中国の唐代におこり、山水画を主とし、線がつよい。室町(むろまち)時代の雪舟(せっしゅう)らがこれを取り入れた。北宗画(ほくしゅうが)。↕南画。

ぼく-が ⓪【墨画】名 すみだけでかいた絵。水墨画。すみえ。

ほく-がん ⓪【北岸】名 北がわのきし。↕南岸。

ぼく-ぎゅう ⓪【牧牛】名 牛をはなしがいにすること。はなしがいの牛。

ほく-げん ⓪【北限】名 北のはし。「日本の—」

ボクサー ボ〈boxer〉名 ❶ボクシングの選手。拳闘家(けんとうか)。❷ブルドッグやグレートデーンなど、ヨーロッパ原産の犬を交配させて作り出された中形犬。番犬などにする。

ぼく-さつ ⓪【撲殺】名 他サ なぐりころすこと。

ぼく-し ボ【牧師】名 キリスト教のプロテスタントで、信者を指導する人。

ぼく-しゃ ボ【×卜者】名[文章語] うらないをする人。易者。

ぼく-しゃ ボ【牧舎】名 牧場で家畜を入れる建物。

ぼく-しゃ ボ【牧者】名[文章語] 牧夫(ぼくふ)。牧人(ぼくじん)。

ぼく-しゅ ボ【墨守】名 他サ[文章語] 習慣・説などをかたくまもること。「旧習を—する」参考 中国で昔、墨子がかたく城をまもったことから。

ぼく-じゅう [0]【墨汁】[名] すみをすったしる。

ぼくじゅういってき《墨汁一滴》正岡子規の随筆。一九〇一年刊。病床での感想や身辺の雑事を心のおもむくままにしるしたもの。

ほくしゅう-が [0]【北宗画】[名] 北画。

ぼく-しょ [ボ]【墨書】[名][他サ][文章語] すみでかくこと。また、かいたもの。

ほく-じょう [0]【北上】[名][自サ] 北方へ進んで行くこと。↕南下。

ぼく-じょう [0]【牧場】[名] 牛・馬・羊などの家畜をはなしがいにする所。まきば。

ぼく-しょく [0]【墨色】[名][文章語] すみのいろ。すみいろ。

ほく-しん [0]【北×辰】[名][文章語] 北極星。

ほく-しん [0]【北進】[名][自サ] 北方へすすむこと。↕南進。

ぼく-しん [0]【牧神】[名] ギリシャ神話・ローマ神話で、半人半獣の林野・牧畜の神。牧羊神。

ぼく-じん [0]【牧人】[名][文章語] 牧夫。牧者。

ボクシング [ボ]〈boxing〉[名] こぶしに、皮のグラブをはめてうちあう競技。拳闘。

ほぐ・す [グ]【解す】[他五] ❶とく。ほどく。「糸のもつれを―」❷ときやわらげる。「緊張を―」‖ほごす。

ほぐせる [自下一]〔…できる〕

ぼく・する [ス]【×トする】[他サ][文章語] ❶うらなう。❷選んで定める。「居を―」ぼく・す[文語サ変]

ほく-せい [0]【北西】[名] 北と西との中間の方角。西北。↕南東。

ぼく-ぜい [0]【×ト×筮】[名][文章語]（「ト」は亀の甲でのうらない。「筮」は筮竹でのうらない）うらない。

ぼく-せき [0]【木石】[名][文章語]（きと、いし）情のないもの。「心は―にあらず」―漢 [キ][名] 人情の機微や男女間の情愛を解さない男。かたいばかりで、人間としてのおもしろみのない男。石部金吉。

ぼく-せき [0]【墨跡】【墨×蹟】[名][文章語] 筆で書いたあと。筆跡。墨痕。

ぼく-せん [0]【×ト占】[名][文章語] うらない。

ほ-くそ [0]【火×糞】[名] ❶ろうそくの燃えがら。❷火口。

ぼく-そう [0]【牧草】[名] 家畜の飼料にするくさ。

ほくそ-え・む [エ]【ほくそ笑む】【北×叟笑む】[自五] 思いどおりになって満足して、ひとりでにやりと笑う。

ぼく-たく [0]【木×鐸】[名][文章語] ❶古代中国で、法令などを人民に示すときに打ちならした、木製の舌のある大鈴。❷世の人をおしえみちびく人。指導者。「社会の―」

ほく-たん [0]【北端】[名] 北のはし。↕南端。

ほ-くち [ホ]【火口】[名] 火うち石で打ちだした火を移すもの。

ぼく-ち [ボ]【墨池】[名][文章語] ❶すずりで水をたたえるへこんだ所。❷すみつぼ。

ぼく-ちく [0]【牧畜】[名] 産業として、牧場で、牛・馬・羊などを飼うこと。

ほく-ちょう [0]【北朝】[名] ❶中国では、北方の北魏以後、隋の統一（五八九）まで一五〇年間。↕南朝。❷日本では、足利氏が京都にたてた朝廷。［一三三六―九二］↕南朝・吉野朝。

ぼく-ちょく [0]【朴直】【×樸直】[名][形動] かざりけがなくて、すなおなこと。実直。「―な青年」

ぼく-てい [0]【墨堤】[名][文章語] 隅田川のつつみ。

ほく-てき [0]【北×狄】[名][文章語] 北方の野蛮人。昔、中国人が北方に住む異民族をけいべつして呼んだ語。↕南蛮・東夷・西戎・中華。

ほく-と [ホ]【北斗】[名] 北斗星。北斗七星。**―七星** [チ][名] 北の空にある、ひしゃく形をした、大ぐま座の七つの星。北斗星。

ほく-とう [0]【北東】[名] 北と東との中間の方角。東北。↕南西。

ぼく-とう [0]【木刀】[名] 木でつくった、たち。木剣。

ぼく-とう [0]【墨東】【×濹東】[名]（「墨」は東京の隅(墨)田川のこと）隅田川の東の区域。[参考]「濹」は江戸時代の漢学者林述斎が「墨」と「水(氵)」からつくった字。

ぼく-どう [0]【牧童】[名] ❶牧場で飼う家畜の世話をする少年。❷牧者。牧夫。

ぼくとうきだん《濹東綺譚》永井荷風の中編小説。一九三七年刊。隅田川の東、玉の井の私娼窟での小説家と一人の女との交渉を描く。

ぼく-とつ [0]【木×訥・朴×訥】[名][形動] ぶこつで、かざりけのないこと。「―な人柄」

ぼくねん-じん [ネ]【朴念仁】[名] ❶無口でぶあいそうな人。❷道理・人情のわからない人間。

ぼく-ひ [ボ]【僕×婢】[名][文章語] 雑用に従う男と女。下男と下女。

ほくひょう-よう《北氷洋》➡ほっぴょうよう。

ほく-ぶ [ホ]【北部】[名] 北のほうの部分。↕南部。

ぼく-ふ [ボ]【牧夫】[名] 牧場で家畜の世話をする男性。牧者。牧人。

ほく-ふう [0]【北風】[名] 北から吹くかぜ。北かぜ。[冬] ↕南風。

ほく-べい [0]【北米】[名] 北アメリカ。↕南米・中米。

ほく-へん [0]【北辺】[名][文章語] 北のあたり。国土の北のはて。「―の守り」

ほく-ほく [ホ][副][自サ] ❶うれしそうなようす。「お年玉をもらって―する」❷ふかしいもなどが、あたたかくて水けが少なく、うまそうなようす。ぽくぽく。

ぽく-ぽく [ボ] ㊀（と）[副] 木魚などをたたく音をあらわす語。㊁[副][自サ] ➡ほくほく❷。

ほく-ほくせい [0]【北北西】[名] 北と北西の中間の方向。↕南南東。

ほく-ほくとう [0]【北北東】[名] 北と北東の中間の方向。↕南南西。

ぼくみん-かん [ミ]【牧民官】[名][文章語]（「牧民」は人民をおさめるの意）地方長官のこと。

ほく-めい [0]【北×溟】[名][文章語] 北方にある大海。↕南溟。

ぼく-めつ [0]【撲滅】[名][他サ] うちほろぼすこと。根だやしにすること。「害虫を―する」

ほく-めん [0]【北面】㊀[名] ❶北がわの面。「建物の―」↕南面。❷北面の武士。㊁[名][自サ] ❶北方に向くこと。きたむき。↕南面。❷[文章語] 臣下として君主につかえること。**―の武士** 院の御所を守った武士。

ぼく-や [ボ]【牧野】[名] 牛・馬・羊などを放しがいにする野原。

ほく-よう [0]【北洋】[名] 北の大海。北海。「―漁業」

ぼく-よう [0]【牧羊】[名] 羊をかうこと。また、その羊。**―神** [ヨ][名] 牧神。

ぼく-り [ボ]【木履】[名][古語] ❶木製のくつ。❷げた。あしだ。

ほくりく《北陸》❶中部地方のうち、日本海に面した、福井・石川・富山・新潟の四県。新潟を除く三県を指す場合もある。❷北陸道。

ほくりく-どう《北陸道》昔の七道の一つ。越前（福井県）から越後（新潟県）に至る諸国。北国。ほくろくどう。⇩**（付）日本の旧国名**

ほく-れい [0]【北×嶺】[名] ❶比叡山。❷延暦寺。↕南都。

ほぐ・れる [レ]【▲解れる】[自下一] レ・レ・ル・レル・レレ・レロ・レヨ ❶とけはなれる。とける。「もつれた糸が—」❷緊張していた感じがやわらぐ。「気分が—」**ほぐ・る** [文語下二]

ほくろ [0]【▲黒▲子】[名] 人の皮膚にできる、小さな黒い点。

ほくろく-どう《北陸道》⬇ほくりくどう。

ぼけ [ケ]【×惚け】[名] ❶ぼけること。「時差—」❷漫才で、とぼけたことを言って笑わせる役目の人。↕つっこみ。❸加齢によっておこる精神障害。

ぼけ [ボ]【▲木×瓜】[名] バラ科の落葉低木。春、紅白の花をひらく。観賞用。果実は薬用。[春]

ほ-げい [0]【捕鯨】[名] くじらをとらえること。「—船」[冬]

ぼ-けい [0]【母系】[名] 母方の系統。↕父系。**—制** [0][名] 家族組織の一形式。子どもや財産が母方に属し、母から娘へと相続していくもの。↕父系制。

ぼ-けい [0]【母型】[名] 活字をつくるもとの、金属製のかた。

ほけ-きょう《法華経》「妙法蓮華経」の略。

ほ-げた [0]/[ホ]【帆桁】[名] 帆をはるために、帆柱の上に横にわたす材。

ほ-けつ [0]【補欠】[名] 欠けた分をおぎなうこと。人や物の数が欠けたときにおぎなうための予備の人や物。「—で合格する」**—選挙** [セ][名] 欠員になった議員を、おぎなうためにする選挙。

ほ-けつ [0]【補血】[名][自サ] 貧血症の患者に血液を造るのに必要な成分などをおぎなうこと。

ぼ-けつ [0]【墓穴】[名]〔文章語〕はかあな。**—を掘る** 自分の行為が原因となって破滅する。

ぼけっ-と [ケ][副][自サ] 何もしないで、ぼんやりしているようす。「だまって—立っている」

ポケット [ケ]/[ポ]〈pocket〉[名] 洋服につけた袋状のものいれ。かくし。**—型** [0][名] 書籍・帳簿などで、ポケットにはいるぐらいの大きさのもの。**—チーフ** [チ]〈pocketchief〉[名]〔和製英語〕上着の胸ポケットに入れてかざりとするハンカチーフ。**—ティッシュ** [ティ]〈pocket tissue〉[名] ポケットに入る大きさの、小型のティッシュペーパー。**—ブック** [ブ]〈pocket book〉[名] ❶手帳。❷ポケットにはいるような小型の本。**—ベル** [ベ]〈pocket bell〉[名]〔商標名〕移動中の人に、信号音や振動で呼び出しを知らせる携帯用無線受信機。ポケベル。**—マネー** [マ]〈pocket money〉[名] こづかいせん。

ぼけ-なす [0]【×惚け×茄子】[名]〔俗語〕まぬけでぼんやりしているとして、人をばかにしていう語。

ポケ-ベル [0][名]「ポケットベル」の略。

ほ・ける [ケ]【×惚ける】[自下一] ケ・ケ・ケル・ケル・ケレ・ケロ・ケヨ ⬇ほうける。

ぼ・ける [ケ]【×惚ける】[自下一] ケ・ケ・ケル・ケル・ケレ・ケロ・ケヨ 知覚がぼんやりする。頭のはたらきがにぶる。ほうける。

ぼ・ける [ケ]【×暈ける】[自下一] ケ・ケ・ケル・ケル・ケレ・ケロ・ケヨ 色や形などがはっきりしなくなる。「水平線がぼけている」「ピントが—」

ほ-けん [0]【保健】[名] 健康をたもつこと。**—師** [ケ][名] 国家試験に合格して、健康教育・保健指導など、地域の公衆衛生活動にあたる専門家。[参考] もと保健婦・保健士といった。**—所** [0][名] 医師・保健師がいて、健康の相談、衛生の指導、栄養改善への助言などにあたる公立の施設。

ほ-けん [0]【保険】[名] ❶死亡・火災などの偶然の事故によって生ずる損害にそなえて、契約者から保険料をとり、定められた額の保険金を支払うしくみ。❷損害をつぐなう保証。確実なことの保証。**—金** [0][名] 契約にもとづいて、保険会社が加入者に支払う金。↕保険料。**—料** [ケ][名] 保険の加入者が、保険会社に払いこむ金。↕保険金。

ぼ-けん [0]【母権】[名] ↕父権。❶母のもつ親権。❷母系制度で一家を支配する母の権利。

ほこ [ホ]【矛】【×戈・×鉾】[名] ❶両刃の剣に長い柄をつけた武器。❷ほこだし。やまぼこ。**—を収める** 攻撃をやめる。

ほ-ご [ホ]【▲反古(故)】[名] 文字を書き損じて、いらなくなった紙。ほうご。ほうぐ。ほぐ。**—にする** ❶不要のものとして捨てる。❷約束などをやぶる。

ほ-ご [ホ]【補語】[名] ❶「に」「と」などを伴って、述語の意味をおぎなう語。連用修飾語の一部。「弟と出かける」の「弟と」など。❷英文法などで、不完全自動詞・不完全他動詞の意味をおぎなう語。コンプリメント。

ほ-ご [ホ]【保護】[名][他サ] たすけまもること。かばいまもること。**—観察** [カ][名] 罪をおかした人を更生させるため、その生活を指導監督する制度。**—関税** [カ][名] 国内の産業をまもるために、輸入品に課する税。↕財政関税。**—検束** [ケ][名] よっぱらいや自殺のおそれのある者などを保護するためにおこなった検束。**—国** [ゴ][名] 条約により他国から保護を受け、外交の一部を処理してもらう国。**—司** [ゴ][名] 国から頼まれ、社会奉仕の精神をもって、犯罪者の更生を助け、再犯の防止をはかる人。**—者** [ゴ][名] 親、または親にかわって子どもを保護する人。「—会」**—主義** [シュ][名] ⬇保護貿易。**—色** [ゴ][名] 外敵に見つからないように、動物の体色が、周囲の物の色に似ているもの。↕警戒色。**—水域** [ス][名] 漁業資源をまもるために、漁業が制限される、公海の特定区域。**—鳥獣** [チョ][名] 法律で捕獲が禁止されている鳥獣。狩猟鳥獣以外の鳥獣。↕狩猟鳥獣。[参考]「鳥獣の保護及び管理並びに狩猟の適正化に関する法律」(二〇一四年)では、鳥類は二十八種、獣類で二十種が狩猟鳥獣として認められている。**—貿易** [ボ][名] 国内産業の保護・育成のため、保護関税や輸入制限などによって国家が対外的に干渉する貿易。保護主義貿易。↕自由貿易。

ぼ-ご [ボ]【母語】[名] ❶うまれたときから使っている国語。母国語。❷同じ系統に属する諸言語のもとになる言語。

ほ-こう [0]【歩行】[名][自サ] あるくこと。「—者優先」

ほ-こう [0]【補講】[名][自サ] 補充の講義。

ぼ-こう [ボ]【母校】[名] 自分が卒業した学校。

ぼ-こう [ボ]【母港】[名] その船の根拠地とするみなと。

ぼ-こく [ボ]【母国】[名] 自分の本国。**—語** [0][名] 母国の言葉。母語。

ほこ-さき [0]【矛先】【×鉾先】[名] ❶ほこのきっ先。❷攻撃。攻撃の方向。「非難の—を向ける」

ほご・す [ゴ]【▲解す】[他五] サ・ソ・シ・ス・ス・セ・セ ほぐす。**ほごせる** [自下一]〔…できる〕

ほこ-だし [0]【矛山車】[名] ほこをかざっただし。ほこ。

ぽこっ-と [コ][副] ❶急につき出たり、へこんだり、穴があいたりするようす。「—こぶができる」❷物事が急に生じたり消えたりするようす。「—欠員ができる」

ぼこ-ぼこ [ボ]一 ㊀[(と)副] ❶中が空洞のものをたたく音をあらわす語。「空の樽を—たたく」❷水や泡などがわき上がるようす。「温泉が—とわき出る」㊁[(と)副][形動(の)][自サ] でこぼこしているようす。くぼみや穴がたくさんあるようす。「道が—している」㊂[形動]〔俗語〕ひどくなぐるようす。いためつけるようす。「腹が立って相手を—にする」[参考] 形容動詞として使うときは[0]。

ぽこ-ぽこ [ポ]一 [(と)副]「ぼこぼこ㊀㊁」よりやや軽い感じをあらわす語。

ほこら 0【×祠】名 神をまつる小さなやしろ。

ほこら-か コ【誇らか】形動 とくいそうなようす。ほこりか。「―な顔」

ほこらし・い シ【誇らしい】形 とくいである。「―気分」 **誇らしげ** 形動 **誇らしさ** 名 **ほこら・し** 文語シク

ほこり 0【×埃】名 こまかなちり。⇨ちり 参考

ほこり 0【誇り】名 名誉に思うこと。「―を持つ」

ほこり-か コ【誇りか】形動〔文章語〕➡ほこらか。

ほこり-がお 0【誇り顔】名 じまんらしい顔つき。

ぽこり-と コ/リ 副 ➡ぽこっと。

ほこ・る コ【誇る】自五 ❶名誉とする。「伝統を―」❷じまんする。「うでを―」 **誇れる** 自下一〔…できる〕

ほころば・す バ【綻ばす】他五 ほころびるようにする。ほころばせる。「顔を―」

ほころ・びる【綻びる】㊀ ビ 自上一 ❶縫った部分がほどける。ほつれる。❷つぼみがひらく。花が咲きはじめる。❸笑顔になる。ほつれる。「口もとが―」 **綻び** 名 **ほころ・ぶ** 文語上二 ㊁ 自上二〔古語〕❶心の中が、おもてにあらわれ出る。「その御心ばへほころぶべからむ」〈源氏〉❷鳥などが鳴く。「ねぐらの鳥もほころびなまし」〈源氏〉

ほころ・ぶ【綻ぶ】㊀ 0 自五 ➡ほころびる㊀。㊁ 自上二〔古語〕➡ほころびる㊁。

ぽこん-と コ 副 ➡ぽこっと。

ほ-さ ホ【補佐】【×輔佐】名 他サ 人をたすけてその任務をはたさせること。また、その役。「課長―」

ぼ-さい 0【募債】名 自サ 公債・社債を募集すること。

ほ-さき 0/キ【穂先】名 ❶植物の穂の先。❷植物の穂のような形のもの。「筆の―」「やりの―」

ほざ・く ザ 他五〔俗語〕〔ののしった言い方〕ぬかす。「なにを―か」

ほ-さつ 0【捕殺】名 他サ〔文章語〕とらえて、ころすこと。

ほ-さつ 0【補殺】名 他サ 野球で、ある野手の守備動作が、他の野手による走者刺殺を助けること。捕手が二塁手へ投球して走者をアウトにしたとき、二塁手が刺殺、捕手が補殺したことになる。

ぼ-さつ ボ【×菩×薩】名〔仏〕❶仏の次に位し、将来、仏になりうるもの。❷朝廷から徳の高い僧に賜った称号。「行基―」❸本地垂迹の思想により、神につけた称号。「八幡大―」 参考 梵語 Bodhisattva の漢訳「菩提薩埵」の略からとされる。

ぼさっ-と サ 副 自サ ぼんやりして何もしないでいるようす。「―して日を過ごす」

ボサ-ノバ 0〈ポ bossa nova〉名 サンバにジャズの要素を加えた新しい感覚のポピュラー音楽。一九五〇年代にブラジルで興ったとされる。

ぼさ-ぼさ ボ ㊀ 副 形動 自サ 髪などが乱れているようす。 参考 形容動詞として使うときは 0。㊁ 副 自サ 動作がにぶくて、気のきかないようす。何もしないでぼんやりしているようす。もさもさ。「―するな」

ほさ-れる【干される】連語 仕事や役割をあたえられなくなる。「役を―」

ぼ-さん 0【墓参】名 自サ はかまいり。㊙

ほし 0【星】名 ❶晴れた夜空にきらめく天体のうち、月以外のもの。すべての恒星・惑星。❷星の輝きに似た図形。「☆」など。等級などをあらわす印にも使われる。「五つ―のホテル」❸小さくてまるい点。ぽち。てん。❹眼球に生ずる白い小さい点。「目に―ができる」❺めど。めぼし。「―をつける」❻〔文章語〕歳月。「―移る」❼相撲などで勝敗をしるす、まるい点。❽まとの中心の黒まる。❾九星の中で、生まれ年にあたる星。運勢。「よい―のもとに生まれる」❿碁盤上の九つの丸い点。⓫〔俗語〕犯人。警察関係の用語。 **―をあげる** 犯人を逮捕する。 **―を頂く** 朝早くから夜おそくまではたらく。 **―を落とす**〔「星」は勝ち星の意〕相撲などで負ける。

ほ-じ ホ【保持】名 他サ もちつづけること。もっていること。「世界記録の―者」

ぼ-し ボ【母子】名 ははと、こ。 **―家庭** カ 名 家族構成が配偶者のいない女性と未成年の子供からなる家庭。↕父子家庭。 **―健康手帳** テ 名 地方自治体から妊産婦に交付される手帳で、母親と乳幼児の健康状態や指導事項を記入する。 **―手帳** テ 名「母子健康手帳」の略称。 **―年金** ネ 名 一定期間掛け金を納めた、扶養者のいない母子が支払いを受ける国民年金の一種。一九八六年の制度改正により、遺族基礎年金に吸収された。 **―寮** シ 名 父親のいない母親と子を収容し、生活させる施設。現在の母子生活支援施設にあたる。

ぼ-し ボ【母指】【×拇指】名 手の第一指。おやゆび。

ぼ-し ボ【×拇×趾・母×趾】名 足の第一指。足のおやゆび。「外反―」

ぼ-し ボ【墓誌】名 墓石に刻まれた戒名・俗名・没年月日など。多くは、家の墓に記された、共に葬られたその一族の記録として並記される。 **―銘** シ 名 墓誌を、故人の事績を含め、文章化したもの。ただし、個人の墓では「墓碑銘」とまぎらわしいので、近年ではこの語は用いられない傾向にある。

ポジ ポ 名〔「ポジティブ」の略〕写真の陽画。↕ネガ。

ほし-あい 0【星合い】名 陰暦七月七日の夜、牽牛星と織女星とが会うこと。㊙ **―の空** 牽牛と織女の二星が会うという夜の空。

ほし-あかり ア【星明(か)り】名 星の光によるあかるさ。

ほし-あ・げる ゲ【干し上げる】他下一 ❶すっかり乾燥させる。「魚を天日で―」❷池や湖などの水をすっかり出してしまう。「貯水池を干し上げて水質を浄化する」❸〔俗語〕食べ物や必要なお金を与えないで苦しめる。「政敵を―」 **干し上がる** 自五

ほしい シ【×糒】名 ➡ほしいい。

ほし・い シ【欲しい】形 ❶自分のものにしたい。「―物は山のようにある」「時間が―」「子どもが―」❷そうあることが望ましい。「部長には寛容さが―」「職員の協力が―」❸〔かながき〕〔「…てほしい」の形で〕他者にそうすることを望む。「本当のことを言って―」「誤解しないで―」 **欲しげ** 形動 **欲しさ** 名 **ほ・し** 文語シク

ほし-いい シ【×乾×飯】名 蒸した米をほした保存用食糧。ほしい。㊙

ほしい-まま シ【×縦・×恣】形動 わがままかってなようす。思うまま。「―な態度」 **―にする** ❶自分かってにする。「権力を―」❷思う存分にする。「想像を―」

ほし-うお シ【干し魚】名 さかなのひもの。ひうお。

ほし-うらない ウ【星占い】名 星の動きを見て、吉凶を判断すること。占星術。

ポシェット ポ/シエ〈フ pochette〉名 肩からさげる、小さなバッグ。

ほし-か 0【干×鰯・乾×鰯】名 いわし・にしんの脂肪をしぼった残りかすを干したもの。肥料にする。

ほし-がき シ【干(し)柿】名 渋がきの皮をむいて干し、甘味を出したもの。㊙

ほし-かげ 0/カ【星影】名〔文章語〕星の光。星あかり。

ほし-が・る ガ【欲しがる】自他五 自分のものにしたいと思う。「女の子の―おもちゃ」

ほし‐くさ ⓪【干し草】名 刈り取って干した草。家畜のえさにする。夏

ほし‐くず ⓪ ク【星くず】【星×屑】名 夜空にたくさんちらばっている小さい星。

ほじく・る ク【×穿る】他五 ❶穴を掘って、つつきまわす。ほじる。❷かくされていることを、しつこく追及する。「人のあらを―」

ほし‐こ コ【▲乾▲海×鼠】名 はらわたをぬいて、ゆでてから干したなまこ。食用。

ほし‐ころ・す ロ【干し殺す】他五 食べ物を与えないで、うえ死にさせる。

ポジション ジ〈position〉名 ❶位置。地位。❷球技で、守備位置。

ほし‐じるし ジ【星印】名 ❶★・☆・✡など、星をかたどった印。❷アステリスク(＊)のこと。

ほし‐ぞら ゾ【星空】名 晴れて、星のたくさん見える夜空。

ほ‐しつ ⓪【保湿】名 自他サ 一定の湿度に保つこと。「―クリーム」

ほし‐づきよ キ ヅ【星月夜】名 星の光で、月夜のようにあかるい夜。ほしづくよ。秋

ポジティブ ポ〈positive〉↕ネガティブ。㊀形動 積極的。肯定的。「―な思考」㊁名 写真・フィルムの陽画。ポジ。

ほしとり‐ひょう ⓪【星取(り)表】名 相撲で、力士の勝敗を白丸・黒丸などの記号であらわした表。

ほし‐のり シ【干しのり】【▲乾▲海×苔】名 生ののりを紙のように薄くすいて干したもの。

ほし‐ぶどう ブ【干(し)×葡×萄・▲乾×葡×萄】名 ぶどうの実を干したもの。レーズン。

ほし‐まつり マ【星祭(り)】名 たなばた祭り。秋

ほし‐まわり マ【星回り】名 人の運命をつかさどるという、本命星(ほんみょうじょう)(その人の生まれた年に当たる星)のめぐりあわせ。運命。「―がわるい」

ほし‐め ⓪【星目】【星▲眼】名 眼球の角膜にあわつぶ大の白いはん点ができる病気。

ほし‐もの モ【干し物】【▲乾し物】名 せんたくして、かわかすもの。また、かわかしたもの。「―を取りこむ」

ほ‐しゃく ⓪【保釈】名 他サ 一定の保証金をおさめさせて、勾留(こうりゅう)中の被告人を釈放すること。

ぽしゃ・る シャ 自五〔俗語〕途中でだめになる。「計画が―」

ほ‐しゅ ホ【捕手】名 野球で、投手の投げたボールを受ける人。キャッチャー。↕投手。

ほ‐しゅ ホ【保守】㊀名 以前からの習慣・制度・方法をのこし、伝統をまもること。「若者の―化」「―主義」↕革新。㊁名 他サ 機械や設備の状態を点検し、いつでも使えるようにすること。「線路を―する」 **―的** ⓪ 形動 ものごとを変えるのに消極的なようす。↕進歩的。

ほ‐しゅう ⓪【補修】名 他サ こわれたところを、おぎないつくろうこと。「―工事」

ほ‐しゅう ⓪【補習】名 他サ 正規の授業のほかに、さらに補いならうこと。「―授業」

ほ‐じゅう ⓪【補充】名 他サ 不足をおぎないみたすこと。「欠員の―」

ぼ‐しゅう ⓪【暮秋】名 ❶〔文章語〕秋のすえごろ。晩秋。秋 ❷陰暦九月。

ぼ‐しゅう ⓪【募集】名 他サ つのりあつめること。「生徒―」

ぼしゅう‐だん シュ【母集団】名 統計調査で、一部分をえらんで調査するときの、もとの全体の集団。↕標本。

ぼ‐しゅん ⓪【暮春】名〔文章語〕❶春のすえごろ。晩春。春 ❷陰暦三月。

ほ‐じょ ホ【補助】名 他サ 不足をおぎないたすけること。また、そのもの。「―を受ける」 **―貨幣** カ 名 本位貨幣の補助として使う、小額の貨幣。銅貨・アルミ貨など。 **―記号** キ 名 ⬇ほじょふごう。 **―形容詞** ヨ 名 形容詞としてのもとの意味をうしなって、他の語の下について、助動詞のような役目をする形容詞。「よくない」の「ない」、「貸してほしい」の「ほしい」など。 **―犬** ⓪ 名 からだに障害のある人の生活を助ける犬。盲導犬・介助犬・聴導犬など。身体障害者補助犬。 **―席** ジョ 名 劇場・ホール・乗り物などで、満員のとき臨時に使う座席。 **―線** ジョ 名〔数〕図形の問題で、あたえられた図形にはないが、答えをみちびきやすくするために描き加える線。 **―動詞** ド 名 動詞が、動詞としてのもとの意味をうしなって、他の語の下について、助動詞のような役目をするもの。「生徒である」の「ある」、「書いてみる」の「みる」など。 **―符号** フ 名 ことばを書きあらわすとき、文章を読みやすくするために使う、文字以外のいろいろの符号。補助記号。「、」「。」「！」「？」など。 **―用言** ヨ 名 用言としてのもとの意味をうしない、他の語について、助動詞的なはたらきをする用言。補助動詞と補助形容詞とがある。

ぼ‐しょ ボ【墓所】名 はかば。墓地。

ほ‐しょう ⓪【歩×哨】名 軍隊で、警戒や見はりをする兵。

ほ‐しょう ⓪【保証】名 他サ 確かであることをうけあうこと。「品質の―」 **―金** ⓪ 名 ある契約・債務をむすんだとき、担保として、あらかじめ債権者に渡す金銭。「レンタカーの―」 **―責任** セ 名 保証人がおう責任。 **―人** ⓪ 名 ❶本人が借金を払えない場合、かわってそれを支払うことを約束した人。「連帯―」❷身元を保証する人。

ほ‐しょう ⓪【保障】名 他サ 立場や権利などがじゃまされたり、おかされたりしないようにまもること。⇩補償 参考

ほ‐しょう ⓪【補償】名 他サ 損害をおぎないつぐなうこと。参考「保障」は「社会―」「最低賃金―」のように不利にならないようにまもる意で、「補償」は「損害―」「―金」のように不利になった場合のつぐないの意に用いる。

ほ‐じょう ⓪【×圃場】名〔文章語〕❶農地。特に、水田。❷試験農場。

ほ‐じょう ⓪【捕縄】名 警察官が犯人などをとらえるのにつかうなわ。とりなわ。

ぼ‐じょう ⓪【慕情】名〔文章語〕恋いしたう心。

ほ‐しょく ⓪【補色】名 二色以上の色をまぜて、絵の具では灰色、光では白色となるとき、一方の色を他方に対していう語。余色。赤と青緑、青とだいだいなど。

ほ‐しょく ⓪【補食】名 必要な栄養をとるために、通常の食事に加えてとる食事。

ほ‐しょく ⓪【捕食】名 他サ〔文章語〕とらえて、くうこと。

ぼ‐しょく ⓪【暮色】名〔文章語〕❶夕方のうすぐらい色。❷夕方のけしき。「湖上の―」 **―×蒼然** ⓪ 夕方になってうすぐらくなったようす。

ほじ・る ジ【×穿る】他五 ⬇ほじくる。

ほ‐しん ⓪【保身】名 自分の地位・身分などをうしなうまいとすること。「―の術」

ほ・す ホ【干す】【▲乾す】他五 ❶日や火で水気を蒸発させる。かわかす。「洗濯物を外に―」❷池などの水をすっかり出してしまう。❸のみつくす。「さかずきを―」❹食物をとらせない。❺故意に仕事や役割をあたえない。「仕事を干される」 **ほせる** 自下一〔…できる〕

ボス ボ〈boss〉名 ❶徒党のかしら。親分。親方。大将。❷組織の長。

ポス [ポ]〈POS〉[名]〔point of sale systemから〕店頭での商品の動きをコンピューターで即時に総合的に管理するシステム。

ほ-すい [0]【保水】[名][自サ] 水分をたくわえること。「森林の—力」

ほ-すう [ス]【歩数】[名] あるくときの、足でふむ回数。

ほ-すすき [スー]【穂すすき】【穂▲薄・穂×芒】[名] 穂の出ているすすき。(秋)

ポスター [ポ]〈poster〉[名] 文句や絵・写真をいれた広告・宣伝のはりふだ。 **—カラー** [カ]〈poster color〉[名] ポスターなどを書くのに使う絵の具。

ポスティング [0]〈posting〉[名] 投函(とうかん)すること。特に、ちらしなどの広告物を家々の郵便受けに配ること。 **—システム** [シ]〈posting system〉[名] メジャーリーグの球団が、日本のプロ野球選手との交渉権を得るための入札制度。事前に日本の所属球団の了承が必要となる。

ホステス [ホ]〈hostess〉[名] ↕ホスト。❶客をまねくがわの女主人。❷バー・キャバレーで客をもてなす職業の女性。

ホステル [ホ]〈hostel〉[名] ❶簡易宿泊所。❷「ユースホステル」の略。

ホスト [ホ]〈host〉[名] ❶客をまねくがわの男の主人。主人役。↕ホステス。❷バー・ナイトクラブで客をもてなす職業の男性。↕ホステス。❸中心になる物。 **—クラブ** [ク]〈host club〉[名]〔和製英語〕男性の接待係が女性客をもてなす風俗営業店。 **—コンピューター** [ピュ]〈host computer〉[名] コンピューターネットワークで、中心的役割を果たす大型コンピューター。

ポスト〈post〉㊀[ポ][名] ❶郵便ばこ。❷もちば。位置。役職。㊁[接頭] それ以後、そのあと、の意味を表す。「—冷戦」 **—モダン** [モ/ポ]〈postmodern〉[名] 近代の行き詰まりを超えようとする二〇世紀後半の思想。脱近代。近代の合理主義、機能主義的傾向を批判する建築の分野から芸術や思想の分野へと広がりをみせた。

ボストン-バッグ [バ]〈Boston bag〉[名] 底は長方形で、中のふくらんだ旅行用のかばん。ボストン。[参考] アメリカのボストン大学の学生が使ったことからという。

ボスニア-ヘルツェゴビナ《Bosnia and Herzegovina》バルカン半島にある共和国。首都はサラエボ。旧ユーゴスラビアから一九九二年に独立。

ホスピス [ホ]〈hospice〉[名] 死期の近い患者の身体的・精神的苦痛をやわらげるための医療・看護をする施設。[参考] もとはラテン語の「巡礼者の宿泊所」の意味。

ホスピタリティー [タ]〈hospitality〉[名] 心のこもったもてなし。あたたかく親切なもてなし。「—産業」

ほ・する [ス]【保する】[他サ]〔シ・セ・サ｜シ｜スル｜スル｜スレ｜シロ・セヨ〕〔文章語〕うけあう。保証する。保す。「安全を—」 **ほ・す** [文語サ変]

ほ・する [ス]【補する】[他サ]〔シ・セ・サ｜シ｜スル｜スル｜スレ｜シロ・セヨ〕〔文章語〕公務員に職務のうけもちを命ずる。「教諭に—」 **ほ・す** [文語サ変]

ほ-せい [0]【補正】[名][他サ] おぎなって、ぐあいの悪い所をただすこと。 **—予算**(よさん) [ヨ][名] 事情に応じて本予算の不足をおぎなったり、内容を修正したりするための予算。↕本予算。

ほ-せい [0]【補整】[名][他サ] 足りないところをおぎなって整えること。「統計結果を—する」 **—下着**(したぎ) [シ][名] 体型に合わせて調整する女性用の下着。

ぼ-せい [0/ボ]【母性】[名] 女性が本来もっている母親としての性質。↕父性。 **—愛**(あい) [セ][名] 子どもに対してもつ、母親としての愛情。↕父性愛。

ほぜい-そうこ [ソ]【保税倉庫】[名] 輸入手続きがすまず、税がかけられていない外国貨物を入れておく倉庫。

ぼ-せき [0]【墓石】[名]〔文章語〕はかいし。墓碑(ぼひ)。

ほ-せつ [0]【補説】[名][他サ] 説明をつけくわえること。また、その説明。

ほ-せん [0]【保線】[名] 鉄道線路の安全をまもること。 **—区**(く) [セ][名] 保線のために、全線を多くの区間にわけたもの。

ほ-せん [0]【補選】[名]「補欠選挙」の略。

ほ-ぜん [0]【保全】[名][他サ] 保護して安全であるようにすること。「環境—」

ぼ-せん [0]【母船】[名] 多くの漁船をひきいて、その漁獲物の加工処理や保存をする船。おやぶね。

ぼ-せん [0]【母線】[名] ❶〔数〕ある条件のもとで、運動して一つの曲面をつくりだす直線。❷発電所・変電所などで、電源から電流を取りいれるふとい幹線。

ぼ-ぜん [0]【墓前】[名] はかのまえ。「—に報告する」

ぼせん-こく [セ]【母川国】[名] さけ・ますなどの回遊魚が戻ってくる川を領有する国。

ほぞ [ホ]【×枘】[名] 木材などをつなぐために一方の面につくった突起。これを他方のへこみにさしこむ。

ほぞ [ホ]【×臍】[名] ❶へそ。❷果実のへた。 **—を固**(かた)**める** 決心する。かくごする。 **—を×噛**(か)**む** 後悔する。

ほそ・い [ソ]【細い】[形]〔カロ｜カッ・ク｜イ｜イ｜ケレ｜○〕 ❶棒状のもののまわりの長さが小さい。やせている。「—糸」「—腕」↕太い。❷せまい。「—道」❸声量が少ない。「声が—」↕太い。❹食べる量が少ない。「食が—」 **細さ** [名] **ほそ・し** [文語ク]

ほ-そう [0]【舗装】【×鋪装】[名][他サ] 道路の表面を、れんが・コンクリート・アスファルトなどでかためること。

ほそう-ぐ [ソ]【補装具】[名] 身体障害者が体を動かすのを補助するために身につける器具。義肢など。

ほそ-うで [0]【細腕】[名] ❶ほそい、かよわい手。❷かよわい力。弱い生活力。「女の—で家族を養う」

ほぞ-おち [0]【ほぞ落ち】【×臍落ち】[名] くだものなどが熟してへたからおちること。また、そのくだもの。

ほそ-おび [0]【細帯】[名] 幅のほそい帯。

ほそ-おもて [オ]【細面】[名] ほそい顔。おもなが。「—の美人」

ほ-そく [0]【補則】[名] 規則の不足をおぎなうためにもうけた規則。

ほ-そく [0]【歩測】[名][他サ] あるいて距離をはかること。

ほ-そく [0]【捕捉】[名][他サ] つかまえること。とらえること。「真意が—しがたい」「レーダーで機影を—する」

ほ-そく [0]【補足】[名][他サ] 不足をおぎないたすこと。「—説明」

ほそ-ざお [0]【細×棹】[—ざを][名] 清元(きよもと)・長唄(ながうた)などに使う、さおのほそい三味線(しゃみせん)。↕太ざお。

ほそ-じ [0]【細字】[名] 線の細い字。↕太字。

ほ-そつ [0]【歩卒】[名]〔文章語〕徒歩の兵卒。

ほそ-づくり [ヅ]【細作り】[名][形動] ❶ほそくつくること、つくったもの。「—の刀」❷からだのほそいこと。「—の女」

ぼそっ-と [ソ][副] ❶小声で短いことばを言うようす。「—つぶやく」❷ぼんやりしているようす。「—立っている」

ほそなが・い [ガ]【細長い】[形]〔カロ｜カッ・ク｜イ｜イ｜ケレ｜○〕 ほそくて長い。 **ほそなが・し** [文語ク]

ほぞ-の-お [ホ/ホ=オ]【ほぞの緒】【×臍の緒】[—を][名] へそのお。

ほそ-びき [0]【細引】[名] ほそいあさなわ。

ほそ-ぼそ [ボ]【細細】[(と)副] ❶いかにも細いようす。「—つづく道」❷どうやらこうやらつづくようす。「—とくらす」

ぼそ-ぼそ [ボ1][(と)副] ❶小さな声で不明瞭に話すようす。「困ったように—とつぶやく」❷パンやケーキなどの水分がぬけ、弾力がないようす。「パンが—として味がしない」

ほ

ほそ-み ⓪【細み】名 松尾芭蕉の俳諧の根本精神の一つ。句の境地が幽玄微妙にある状態。

ほそ-み ⓪【細身】名 幅のせまい、きゃしゃなつくり。「―の刀」

ほそ-め【細目】㊀名 ❶ゾ 細くひらいた目。「―をあける」 ❷⓪ 細い織り目・編み目。㊁⓪【細め】名 普通よりやや細い程度。「―の毛糸」↕太め。

ほそ-める メ【細める】他下一 ほそくする。「目を細めて笑う」 **ほそ-む** 文語下二

ほそ-やか ゾ【細やか】形動 ほっそりしたようす。「―なからだつき」

ほそ-る ゾ【細る】自五 ほそくなる。やせほそる。

ほ-ぞん ⓪【保存】名 他サ そのままの状態で維持すること。もとのままにたもつこと。「文化財の―」 **―食** ゾ名 そのまま保存しておいても長期間くさらないように加工した食料。 **―料** ゾ名 食品の長期保存がきくようにするための添加物。

ほだ ⓪【×榾】名 たきものにする木のきれはし。ほた。冬

ぼた ボ名 俗語 石炭にまじってほり出された石や、石炭などを取ったあとのくず石炭。

ポタージュ タ〈フ potage〉名 不透明な濃いスープ。↕コンソメ。

ぼ-たい ⓪【母体】名 ❶子をうむははのからだ。「―の保護」 ❷分かれでた、もとの本体。「国連を―とする組織」

ぼ-たい ⓪【母胎】名 はは親の胎内。

ぼだい ⓪【×菩▲提】名〔仏〕〈梵 Bodhi 道・知・覚の意〉❶迷いを去って得た無上のさとり。❷仏果を得て、極楽往生すること。 **―寺** ダ名 ぼだいしょ。 **―樹** ダ名 ❶釈迦がその下でさとりを開いたという木。クワ科の常緑高木。インド産。❷シナノキ科の落葉高木。中国原産。観賞用。花は夏 **―所** ショ名 先祖代々の葬式や法事をいとなみ、位牌をまつってある寺。だんなでら。ぼだいじ。 **―心** ダ名 さとりを求める心。仏道にはいるこころ。発心。 **―を弔う** 死者の極楽往生をいのる。

ほださ-れる【×絆される】連語 ❶情にからまれる。情にひかされる。❷自由を束縛される。

ほだし ⓪【×絆】名 ❶うまの足などをつなぐ縄。❷手かせ。足かせ。❸人の自由を束縛するもの。

ほだ-す ダ【×絆す】他五 つなぎとめる。縛る。

ほたて-がい テ【帆立(て)貝】名 イタヤガイ科の海産二枚貝。貝がらは扇状。貝柱は太く食用。夏

ほだ-び ⓪/ダ【ほだ火】【×榾火】名 ほだをたく火。たき火。ほたび。冬

ぽた-ぽた ポ[1] (と)副 多めの水滴などがしたたり落ちるようす。

ぼた-ぼた ボ[1] (と)副 水滴などがしたたり落ちるようす。

ぼた-もち タ【ぼた餅】【×牡▲丹餅】名 おはぎ。はぎのもち。 参考 あずきをつぶして餅にまぶした色がぼたんの花に似ているところから。

ぼた-やま ⓪【ぼた山】名 炭鉱でぼたをつみ上げた山。

ほたる ホ【蛍】名 ホタル科の昆虫の総称。からだは黒色。多くは水辺にすみ、夏の夜、腹部の発光器から光をだす。夏 **―の光窓の雪** 苦労して勉強すること。蛍雪。 参考 中国で昔、貧しくて灯油の買えなかった車胤がほたるの光で、孫康が窓の外の雪あかりで、本を読んだという故事から。

ほたる-いか ル【蛍×烏▲賊】名 ホタルイカモドキ科の軟体動物。小形のいかで、からだから強い光を出す。食用。春

ほたる-がり ⓪【蛍狩(り)】名 ほたるをとらえる遊び。夏

ほたる-ぐさ ル【蛍草】名 つゆくさ。秋

ほたる-び ル【蛍火】名 ❶ほたるの火。夏 ❷ほたるの火のような小さな火。

ほたる-ぶくろ ブ【蛍袋】名 キキョウ科の多年生植物。夏、淡紫色や白のつりがね形の花を垂れる。つりがねそう。夏

ぼ-たん ボ【×牡丹】名 ❶ボタン科の落葉低木。四、五月ごろ紅・白などの大形の花をひらく。観賞用。根の皮は薬用。夏 ❷いのししの肉。 **―▲海▲老・×蝦** タ名 タラバエビ科の、日本固有のえび。体長は一五センチ前後になり、色は淡紅で濃い紅色の斑紋がある。北海道から四国にかけての太平洋岸に分布する。食用で美味。 **―▲刷毛** タ名 化粧用の、毛の開いた丸いはけ。 **―雪** タ名 大きなかたまりで降る雪。春 ↕こなゆき。

ボタン ⓪/ボ〈ポ botão; button〉【×釦】名 ❶洋服などのかさなる部分の一方につけ、他方の穴にはめてとめるもの。❷それを押すと、電気じかけである作用のおこる小さな突起物。「呼び鈴の―」 **―ダウン** ダ〈button-down〉名 えり先を、身頃に付けたボタンでとめる型のシャツ。 **―の掛け違い** 物事の手続きが、はじめから間違っていること。 **―ホール** ホ〈button hole〉名 ボタンを通してとめるための穴。ボタン穴。

ほ-ち ボ【墓地】名 はかのある所。はかば。

ぽち ポ名 ❶小さな点。ぽち。ぽつ。「―を打つ」 ❷〔もと関西方言〕雇い人や芸人などへの祝儀。チップ。「―袋」

ホチキス ホ〈Hotchkiss〉＝ホッチキス 名 ❶〔商標名〕コの字形の針金で、紙をとじあわせる器具。ステープラー。❷機関銃の一種。

ぽち-ぶくろ ブ【ぽち袋】名 心づけやお年玉などを入れる小さな袋。

ぼち-ぼち ボ[1] ㊀副 ❶そろそろある状態に近づくようす。ぼつぼつ。「―出かけようか」 ❷ゆっくり。「―歩いて行こう」 ㊁形動〔関西地方で〕ある程度、満足がいくようす。まずまず。

ぽちゃ-ぽちゃ ポ[1] (と)副 自サ ❶肉づきがよくてかわいらしいようす。ぽっちゃり。「―した顔」 ❷水をあつかうときの音をあらわす語。ぽちゃぽちゃ。

ぽちゃん チャ (と)副 小さくてかたいものが水に落ちる音をあらわす語。

ほ-ちゅう ⓪【補注】【補×註】名 不足の所をおぎなった注釈。

ほちゅう-あみ チュ【捕虫網】名 昆虫をとらえる網。夏

ほ-ちょう ⓪【歩調】名 ❶歩行の調子。特に、多くの人がいっしょに歩く時の調子。足なみ。「―がそろう」 ❷ことをするときの人々の調子。「―が合って仕事がはかどる」

ほちょう-き チョ【補聴器】名 難聴者が聴力をおぎなうための器具。

ほつ【発】造 ❶でる。おこる。あらわれる。「発作・発心・発疹・発端」 ❷はじめる。「発起・発足」〔別音はつ―発〕

ぼつ【×歿】造 死ぬ。なくなる。「歿年・死歿・病歿」 **歿する** 自サ

ぼつ【勃】造 ❶さかんになる。力がわく。「勃起・勃興・鬱勃」 ❷急に。突然。「勃発」 ❸いかる。「勃然」

ぼつ【没】㊀ボ 名 造 ❶投稿を不採用にする。「原稿を―にする」「没書」 ❷死ぬ。なくなる。「昭和二十年―」「没後・没年・戦没・病没」 ㊁造 ❶しずむ。はいりこむ。「没頭・没入・沈没・日没」 ❷おちぶれる。「没落」 ❸無視する。「没却」 ❹ない。欠ける。「没我・没交渉・没常識」

❺取り上げる。「没収」**没する** [自他サ]

ほつ-い [ホ]【発意】[名][他サ] ⬇はつい。

ほ-つ-え【▲上▲枝】[名][古語] 木の上の方の枝。↕しずえ。

ぼっ-か [ボ]【▲歩荷】[名] 重い荷物を背負って山に入ること。特に山小屋に物資を運ぶこと。また、それを仕事とする人。「尾瀬の―」

ぼっ-か [ボ]【牧歌】[名][文章語]〔「ぼくか」の変化〕❶牧人・牧童のうたううた。❷田園ののどかな生活をうたった叙情詩。**―的**(てき) [0][形動]「牧歌❷」のような味わいのあるようす。

ぼつ-が [ボ]【没我】[名] 物事にうちこんで、自分をわすれること。無我。「―の境(きょう)」

ほっ-かい [0]【北海】[名]〔「ほくかい」の変化〕北方のうみ。↕南海。

ほっ-かい [0]【法界】[名] ⬇ほうかい。

ぼっ-かい《渤海》❶八～十世紀、今の中国の東北部にあった国。❷中国大陸と遼東(りょうとう)半島にかこまれた湾。

ほっかい-どう《北海道》❶日本列島最北端の大島、およびそれに属する周辺の島々。❷地方公共団体の一つで、道庁所在地は札幌(さっぽろ)市。

ぼっ-かく [0]【墨客】[名][文章語]〔「ぼくかく」の変化〕書画をかく人。ぼっきゃく。「文人―」

ほっ-かぶり [カ]【▲頰っ▲被り】[名] ⬇ほおかぶり。

ぽっかり [カ][(と)副] ❶軽そうに浮かんでいるようす。「―浮かぶ白雲」❷急に大きく割れるようす。「―穴があく」

ほつ-がん [0]【発願】[名][自サ] ❶神仏に願(がん)をかけること。❷[文章語] 念願を立てること。仕事をくわだておこすこと。

ほっ-き【発起】[一] [0][名][他サ] 新しい計画をくわだて、実行にうつすこと。[二][名][自サ][古語]〘仏〙信仰をおこして、仏門に入ること。発心(ほっしん)。発願(ほつがん)。「一念―」 **―人**(にん) [0][名] ❶思いたってある事業をはじめる人。「設立の―」❷株式会社の設立をくわだて、定款(ていかん)に署名する人。

ほつ-ぎ [ホ]【発議】[名][自サ] 会議などで意見を提出すること。はつぎ。

ぼっ-き [0]【勃起】[名][自サ] ❶むくむくとおこり立つこと。❷陰茎が充血してかたくなること。

ほっき-がい [キ]【北寄貝】―(がひ)[名] バカガイ科の二枚貝。北海の海底のどろの中にすむ。うばがい。食用。[春]

ぼっ-きゃく [0]【墨客】[名][文章語] ⬇ぼっかく。

ぼっ-きゃく [0]【没却】[名][他サ] ❶捨てて、すっかりなくすること。「利己心を―する」❷すっかり忘れ、無視すること。「建学の精神を―する」

ぼっ-きょ [ボ]【×卜居】[名][自サ][文章語]〔「ぼくきょ」の変化。「卜」はうらなうの意〕土地をきめてすむこと。

ほっ-きょう [ホ]【法橋】[名] ❶法眼(ほうげん)の次の僧の位。❷武家時代に医師・画家・儒者などにさずけた称号。↕法印・法眼。

ほっ-きょく [0]【北極】[名]〔「ほくきょく」の変化〕↕南極。❶地軸の延長が天球と交わる北端。❷地球上の北のはての地方。北極点。❸磁石の、北をさす端。記号Nであらわす。**―海**(かい) [ク][名] 北極地方の海。北氷洋。**―熊**(ぐま) [ク][名] クマ科の哺乳(ほにゅう)類。北極圏にすむ、白色のくま。白熊(しろくま)。[冬] **―圏**(けん) [ク][名] 北緯六六度三三分より北の地域。**―星**(せい) [ク][名] 真北にかがやく、小ぐま座の主星。

ぽっきり [一] [キ][副] かたくて長いものが折れるようす。[二] [接尾]〔数量を表す語について〕ちょうどそれだけ。わずかそれだけ。「一人前三百円―」「一日千円―の食費」

ほっ-く [0]【発句】[名] ❶和歌や漢詩の初句。❷連歌・連句の五・七・五音からなる第一句。↕挙句(あげく)。❸俳句。

ホック [ホ]〈(オ)hoec〉[名] 洋服などにつける、かぎ状の小さなとめがね。フック。

ボックス [ボ]〈box〉[名] ❶はこ。❷箱のようにしきった席。「オーケストラ―」❸箱形の小さな小屋。「ポリス―」「電話―」❹子牛のなめしがわ。「―のかばん」❺野球で、打者のたつところを示すしきり。「バッター―」 **―コート** [コ]〈box coat〉[名] 箱型の直線的な仕上げのコート。

ぽっくり [ポ]【▲木履】[名]〔「ぼくり」の変化〕台の底をくりぬいた少女用のこまげた。晴れ着を着たときにはく。ぼっくり。

ぽっくり

ぽっくり [ク][(と)副] ❶もろく折れたり、こわれたりするようす。❷とつぜん死ぬようす。「―死んだ」

ぽっくり-びょう [0]【ぽっくり病】[名] 元気だった人が急に死ぬ病気。原因不明で、若い男子に多い。

ほっけ [0]【×䱰】[名] アイナメ科の海魚。体長約四〇センチメートル。北海に産する。食用。

ほっ-け《法華》❶ほっけしゅう。❷ほけきょう。**―三昧**(ざんまい) 一心に法華経(ほけきょう)を読んで、真理を思いつづけること。

ポッケ [ポ][名][幼児語] ポケット。

ホッケー [ホ]〈hockey〉[名] 一一人ずつの二組が、スティックで円球を打ち、相手のゴールに入れあう競技。

ほっけ-しゅう《法華宗》❶天台宗。❷日蓮(にちれん)宗。

ぼっ-けん [0]【木剣】[名]〔「ぼくけん」の変化〕木製の太刀。

ぼつ-ご [0]/[ボ]【没後】【×歿後】[名] 死んだのち・あと。↕没前。

ぼっ-こう [0]【勃興】[名][自サ] 急にいきおいよくさかえること。「新勢力の―」

ぼっ-こうしょう [コ]【没交渉】[名][形動(の)] かかわりあいのないこと。無関係。ぼつこうしょう。「世間と―の生活」

ほっ-こく [0]【北国】[名]〔「ほくこく」の変化〕❶北のほうの国。きたぐに。↕南国。❷北陸道の諸国。

ぼつ-こせい [コ]【没個性】[名][形動(の)] 個性がないこと。「―の作品」

ほっこり [コ][(と)副][自サ] ❶暖かそうなようす。❷心がおだやかになり、なごむようす。❸いもやくりなどをゆでたり蒸したりして、やわらかくなったようす。

ぼっ-こん [0]【墨痕】[名][文章語]〔「ぼくこん」の変化〕すみで書いたふでのあと。筆跡。「―あざやか」

ほっ-さ [0]【発作】[名] 症状がにわかにおこること。また、その症状。「せきの―」 **―的**(てき) [0][形動] にわかにおこるようす。「―な行動」

ほっ-しゅ [0]【法主】[名] ⬇ほうしゅ。

ぼっ-しゅう [0]【没収】[名][他サ] 強制的にとりあげること。「所持品を―する」 **―試合**(じあい) [ジ][名] 野球で、規則違反のチームに対し、試合終了を宣告し、そのチームの敗戦を宣言すること。

ぼつ-しゅみ [シュ]【没趣味】[名][形動] ❶おもしろみのないこと。「―なけしき」❷趣味をもたないこと。「―な男」↕多趣味。

ぼっ-しょ [0]【没書】[名] 新聞社・雑誌社などで、投書をとりあげないこと。没にされた投書。ぼつ。

ぼつ-じょうしき [ジョ]【没常識】[名][形動] 常識がないこと。

ぼっしょく-し [ク]【没食子】[名] ⬇もっしょくし。

ほっ-しん [0]/[ホ]【発心】[名][自サ] ❶信仰心をおこすこと。出家して僧になること。発起。❷思い立つこと。

ほっ-しん [0]【発×疹】[名][自サ] ⬇はっしん。

ほっしんしゅう《発心集》鎌倉(かまくら)時代前期の仏教説話集。編者は鴨長明(かものちょうめい)といわれる。

ほっ-しんのう◎【法親王】名 ➡ほうしんのう。

ほっ-す◎【払子】名 僧が使う、獣の毛や麻などをたばねて柄(え)をつけたもの。

ほっ-す◎【法主】名 ➡ほうしゅ。

ほっ-する◎【欲する】他サ (シ・セ・サ|シ|スル|スル|スレ|シロ・セヨ)〔文章語〕❶ほしいと思う。❷のぞむ。ねがう。ほっ・す 文語サ変

ぼっ-する◎【没する】(シ・セ・サ|シ|スル|スル|スレ|シロ・セヨ) ㊀自サ ❶しずむ。かくれる。「太陽が―」❷うずまり隠れる。おちこむ。「水中に―」❸【×歿する】死ぬ。㊁他サ ❶しずめる。うずめる。「ひざを―水」❷とりあげる。「領土を―」ぼっ・す 文語サ変

ぼつ-ぜん◎【没前】【×歿前】名 死ぬまえ。生前。↕没後。

ぼつ-ぜん◎【勃然】(と)副 たる連体〔文章語〕❶急に起こり立つようす。❷怒って顔色をかえるようす。「―として色をなす」

ほっそうしゅう《法相宗》南都六宗の一つ。奈良の興福寺・薬師寺を大本山とする。

ほっ-そく◎【発足】名 自サ ❶出発すること。出立。❷活動がはじまること。はっそく。「研究会が―した」

ほっそり ソ (と)副 自サ やせているようす。↕でっぷり。

ほっ-たい◎【法体】名〔仏〕❶いっさいのものの本体。❷僧の姿。↕俗体。‖ほうたい。

ぼっ-たくり◎名〔動詞「ぼったくる」の名詞形〕不当に高い料金を請求し、暴力的に取り立てること。

ほっ-たて◎【掘っ建て】名〔「ほりたて」の変化〕土台をきずかず、柱の根を直接土中にうずめてたてること。**―小屋**(ごや)◎名 ❶ほったてで作った小屋。❷そまつな小さな家。

ほったよしえ《堀田善衛》一九一八-九八。小説家。国際的視野を持つ戦後派作家として注目された。作品に「広場の孤独」「ゴヤ」など。

ほったらかす カ 他五 (サ・ソ|シ|ス|ス|セ|セ)〔俗語〕ほうっておく。ほうりっぱなしにしておく。放置する。**ほったらかし** 名

ほっ-たん◎【発端】名 物事のおこりはじめ。「事件の―」↕終局。

ぼっち 接尾 だけ。ばかり。ぽち。「ひとり―」参考「ほうし(法師)」に僧の意味が薄れ、「人」を指す「かげぼうし(影法師)」「ひとりぼうし(一人法師)」のような使い方が生まれた。この「ぼうし」が「ぼっち」「ぼち」ともなった。また、「ぼっち→ぽっち→ぽち」という変化も起こった。

ぽっち ㊀◎名 小さい突起(とっき)。「―を押して開く」㊁接尾〔指示代名詞や数詞につく〕それだけであること。それしかないこと。「これっ―では足りない」「月千円―のこづかい」⇩ぼっち 参考。

ホッチキス ホ〈Hotchkiss〉名 ➡ホチキス。

ボッチャ ボ〈イ boccia〉名 パラスポーツの一つ。ジャックボールと呼ばれる白い目標球に、赤や青の球をどれだけ近づけられるかを競う。重度の脳性麻痺(まひ)者や運動機能に障害がある人のために考案された。

ぽっちゃり チャ (と)副 自サ 肉づきがよくて、かわいらしいようす。「―した顔」

ぼっ-ちゃん ボ【坊ちゃん】名 ❶身分のある人、または、他人の男の子を親しんでいう語。⇩むすこ 参考。❷世事にうとい男。「―育ち」**―刈**(が)**り**◎名 前髪を切りそろえ、側頭部と後頭部を刈り上げた、男児の髪型。

ぼっちゃん《坊っちゃん》夏目漱石(なつめそうせき)の中編小説。一九〇六年発表。江戸っ子で正義派の青年教師が四国の中学を舞台に活躍する、ユーモアあふれる作品。

ぽっちり チ 副 少し。わずか。「―小遣い銭をやる」

ほ-づつ◎【火筒】名〔文章語〕銃砲。

ほっつ-く ツ 自五 (カ・コ|キ・イ|ク|ク|ケ|ケ)〔俗語〕うろつく。歩きまわる。

ぽつっ-と ツ 副 小さな点のようなものが見えたり現れたりするようす。「雨が―落ちてくる」「シャツに―しみができる」

ぼってり テ (と)副 自サ 厚くもり上がって、重苦しい感じのようす。「―した服地」

ホット ホ〈hot〉㊀名 ❶熱いこと。↕コールド。❷熱いコーヒー。❸はげしいこと。強烈なこと。「―ジャズ」↕クール。㊁形動 あたらしく、なまなましいようす。「―な話題」**―ケーキ** ケ〈hot cake〉名 小麦粉に、たまご・牛乳・砂糖・ベーキングパウダーなどをまぜて、まるく焼いた菓子。バター・蜜をぬって食べる。㊇ **―コーナー** コ〈hot corner〉名 野球の三塁のこと。強い打球がしばしばとんでくるためにいう。**―スポット** ポ〈hot spot〉名 ❶放射線量が高く、放射能汚染がひどい場所。❷危険な場所。紛争地帯や犯罪の多発地帯など。❸注目をあび、流行している場所。❹地殻のマントル深部でマグマを出し続ける高温部。❺無線LANなどを通じてインターネット接続サービスを提供する場所。Wi-Fi(ワイファイ)ホットスポット。**―ドッグ** ド〈ア hot dog〉名 細長いパンの間に、熱くしたソーセージをはさんだもの。**―ニュース** ニュ〈hot news〉名 なまなましい最新のニュース。**―パンツ** パ〈hot pants〉名 女性用のショートパンツのうち、股下が極端に短いもの。**―プレート** レ〈hot plate〉名 電気で鉄板を加熱する調理器具。主に食卓で使う。**―ライン** ラ〈hot line〉名 二国の政府首脳が、緊急時に直接に通話するための直通通信線。**―ワイン** ワ〈hot wine〉名〔和製英語〕ワインに香辛料・砂糖などを加えて温めた飲み物。グリューワイン。

ほっ-と◎㊀副 ためいきをつくようす。㊁副 自サ 安心するようす。「―した表情」

ポット ポ〈pot〉名 ❶つぼ。「シュガー―」❷魔法びん。

ぽっ-と ポ 副 ❶顔が赤くなるようす。「―ほおを染める」❷小さな炎が燃えだすようす。

ぼっ-とう◎【没頭】名 自サ 一つのことに熱中すること。没入。「研究に―する」

ほっとうにん◎【発頭人】名 事をはじめにくわだてる人。張本人。首謀者。

ポッドキャスト キャ〈podcast〉名 インターネットを通じて音楽やラジオ番組などを配信する方式。また、その方式によるサービス。ポッドキャスティング。

ほっと-く◎ト 他五 (カ・コ|キ・イ|ク|ク|ケ|ケ) ほうっておく。そのままにしておく。**ほっとける** 自下一〔…できる〕

ぽっと-で◎【ぽっと出】名 地方からはじめて都会に出てきたこと。また、その人。「―の男」

ほ-づな◎【帆綱】名 帆をあげおろしするのに使う綱。

ぼつ-にゅう◎【没入】名 自サ ❶おちいること。沈み入ること。「水中に―する」❷一つのことに熱中すること。没頭。「研究に―する」

ぼつ-ねん◎【没年】【×歿年】名 ❶死んだ年齢。❷死んだ年次。

ぽつねん-と◎ネ 副 さびしそうに、ひとりでいるようす。「―すわっている」

ホッパー ホ〈hopper〉名 石炭・じゃりなどの貯蔵槽。下の口をあけると自然に流れ出るようにしてある。

ぼっ-ぱつ◎【勃発】名 自サ 事件などがにわかにおこること。「戦争の―」

ほっ-ぴょうよう《北氷洋》北極海。ほくひょうよう。↕南氷洋。

ホップ[ホ]〈オ hop〉[名] クワ科のつる性多年草。長さ五メートルぐらい。雌花はまつかさの形。ビールのにがみ・芳香を出すのに使う。[秋]

ホップ

ホップ[ホ]〈hop〉[名][自サ] ❶とぶこと。❷はねあがること。「球が胸もとで━する」

ポップ〈pop〉[造] 飛び出す。飛び出る。**ーアップ**[ア]〈pop-up〉[名] ❶ぽんと飛び出すこと。「━絵本」❷突然姿を現すこと。「━ストア」❸コンピューターで画面の最前面に出てくるウィンドー。「━メニュー」 **ーコーン**[コ]〈ア popcorn〉[名] 煎いってはじけさせた、とうもろこしの実み。菓子の一種。 **ーフライ**[フ]〈pop fly〉[名] 野球で、打球に力がない小飛球。平凡なフライ。

ポップ[ポ]/[0]〈POP〉[名]〔point of purchase から〕小売店で、客の目を引くように商品に添えられたカードやパネルなど。ポップ広告。「手書き━」

ポップ[ポ]〈pop〉㊀[名][形動]〔popular から〕大衆的で、軽妙なようす。時流に合って、斬新であるようす。「━なリズム」 ㊁[名]➡ポップス。 **ーアート**[ア]〈pop art〉[名] 一九六〇年代のアメリカで盛んになった前衛芸術。漫画や広告などの大衆的な画像を主題としてとり入れた。 **ーカルチャー**[カ]〈pop culture〉[名] 大衆に広く愛される文化。 **ーミュージック**[ミュ]〈pop music〉[名] 欧米のロックなどから派生した、大衆に人気のある軽音楽。ポピュラーミュージック。

ぼつ-ふうりゅう[フ]【没風流】[名][形動] 風流を解しないこと。無風流。

ポップス[ポ]〈pops〉[名] 歌謡曲・クラシック音楽以外の音楽の総称。特に、欧米の通俗音楽やそれを日本でまねたもの。ポピュラーミュージック。

ボッブスレー[ボ]〈bobsleigh〉[名]➡ボブスレー。

ぼつぶんぎょう-かん[ギョ]【没分暁漢】[名]〔文章語〕人情・道理のわからない男。わからずや。

ほっ-ぺ[ホ]【▲頬っぺ】[名]〔幼児語〕ほっぺた。

ほっ-ぺた[0]【▲頬っぺた】[名] ほお。ほっぺ。「赤い━」

ぽっぽ[ポ1][名] ❶〔俗語〕ふところ。ポケット。「━に入れる」❷〔幼児語〕〔鳴き声から〕はと。❸〔幼児語〕〔音から〕汽車。

ーと[ポ1] ㊀[副] ゆげ・炎などが立ちのぼるようす。㊁[副][自サ] からだが熱くなるようす。「からだが━ほてる」

ほっ-ぽう[0]【北方】[名] 北の方角。「━領土」↕南方。

ぼつ-ぼつ[ボ1][副] ❶すこしずつするようす。ゆっくりと。「━歩く」❷そろそろ。「━帰ろうか」❸あちこちに、散らばるようす。❹穴があちこちにあくようす。

ぼつ-ぼつ[0]【勃勃】(と)[副] たる[連体]〔文章語〕さかんにおこるようす。「━たる気概」

ぽつ-ぽつ[ポ1][副] ❶少しずつあちこちにあるようす。❷雨がすこし降るようす。ぽつりぽつり。

ほっぽらか・す[カ][他五] サ・ソ|シ|ス|ス|セ|セ〔俗語〕ほったらかす。**ほっぽらかせる**[自下一]〔…できる〕

ほっぽ・る[ポ][他五] ラ・ロ|リ・ッ|ル|ル|レ|レ〔俗語〕投げすてる。ほうる。

ぼつ-らく[0]【没落】[名][自サ] さかえていたものが、おとろえほろびること。「旧家の━」

ぼつ-りそう[リ]【没理想】[名] ❶〔文章語〕理想をもたぬこと。無理想。❷文学作品で、理想や主観を直接あらわさず、客観的にえがくのを主とすること。

ボツリヌス-きん[0]【ボツリヌス菌】〔ラ botulinus は「腸詰め」の意〕[名] ハム・ソーセージ・肉類のかんづめなどの食中毒の原因になる細菌。菌も毒素も熱につよい。

ぽつり-ぽつり[ツ1]=[ツ2](と)[副] ❶雨やしずくが間をおいて落ちてくるようす。「━降ってきた」❷話が切れ切れに続くようす。「━と話し始める」

ほつ・れる[レ]【▲解れる】[自下一] レ|レ|レル|レル|レレ|レロ・レヨ 端からほどける。ほどけて乱れる。「毛糸が━」 **ほつれ**[名] **ほつ・る**[文語下二]

ボツワナ《Botswana》アフリカ南部にある共和国。一九六六年に独立。首都はハボローネ。

ぽつん-と[ツ][副] ❶水のしずくの落ちるようす。ぽつり。「雨が━顔にあたる」❷紙などに小さな穴のあくようす。ぷつん。「障子に━穴があく」❸たったひとりでいるようす。ぽつねんと。「━すわっている」

ほてい《布袋》七福神のひとり。僧の姿で、ふとって腹がつきでている。⇩七福神(図)。

ほ-てい[0]【補訂】[名][他サ] 書物の内容をおぎない訂正すること。

ほ-てい[0]【補×綴】[名][他サ]〔文章語〕❶不足をつくろいつづること。❷古句をつづりあわせて詩文をつくること。‖ほてつ。

ボディー[ボ]〈body〉=ボデー[名] ❶からだ。❷ボクシングで、胴の部分。❸車体。船体。機体。❹洋裁で、人台じんだい。 **ーガード**[ガ]〈bodyguard〉[名] ある人の身辺を、身をもって守る護衛者。 **ーコピー**[コ]〈body copy〉[名] 広告文の本文。見出しに対していう。 **ーチェック**[チェ]〈body check〉[名] ❶〔日本での用法〕空港や会場入り口などで、危険物を持ち込ませないために行う身体検査。セキュリティーチェック。❷アイスホッケーで、相手選手に体当たりして動きを阻止すること。 **ービルディング**[ビ]〈body-building〉[名] 体操器具を用いて筋肉を発達させ、肉体美をつくること。ボディビル。 **ーブロー**[ロ]〈body blow〉[名] ボクシングで、腹を打つ攻撃法。 **ーライン**[ラ]〈body line〉[名] 人のからだや自動車など、外形が描く線。「なめらかな━」 **ーランゲージ**[ラ]〈body language〉[名] 文字や音声を用いず、身ぶりや表情など、体をつかって意志をつたえる方法。身ぶり言語。

ほてい-ばら[0]【▲布▲袋腹】[名] ほていの腹のように張り出した大きな腹。たいこ腹。

ほ-てつ[0]【補×綴】[名][他サ]〔文章語〕ほてい。

ポテト[ポ]〈potato〉[名] じゃがいも。 **ーチップ**[チ]〈potato chip〉[名] じゃがいもの薄切りを油で揚げ、塩味をつけた食べ物。

ぼて-ふり[0]【ぼて振り】【▲棒手振】[名] ❶商品をてんびん棒でかついで、売り声を立てて売りあるく人。ふりうり。❷魚市場と料理屋との間に立ち、魚の売買をする人。

ぼて-ぼて ㊀[ボ1](と)[副][自サ] 重たげに厚みのあるようす。「━とした唇」「━の腹」 ㊁[0][名] 野球で、勢いのない打球がはずみ転がること。「━の当たりに打ち取る」

ホテル[ホ]〈hotel〉[名] 西洋風の設備をそなえた宿泊施設。宴会などの会合にも使う。[参考] 温泉地などでは、日本風の旅館でも「ホテル」の名称をもつものがある。

ほ-て・る[テ]【火照る】[自五] ラ・ロ|リ・ッ|ル|ル|レ|レ 顔やからだが熱くなる。「ほっぺたが━」 **ほてり**[名]

ほ-てん[0]【補塡】[名][他サ] おぎなって、足りないところをうめること。「赤字を━する」「損失━」

ポテンシャル[テ]〈potential〉[名] 潜在する力。

ぽてん-ヒット[ヒ][名]〔俗語〕野球で、内野と外野の間にぽとんと落ちるヒット。テキサスヒット。

ほど[0]【程】[名] ❶程度。ほどあい。「力の━を考えてやれ」❷かぎり。際限。「いたずらにも━がある」❸ようす。「真偽の―はわからない」「覚悟の―を示す」❹距離。へだたり。「―近いあたり」❺ころ。おり。時分。「さき―」参考「けさほど」「さきほど」のような言い方は、「けさ」「さっき」よりも、あらたまった言い方。❻身分。家柄。「家の―、身の―」❼こと。「厚意の―を謝す」「ご自愛の―祈り上げます」❽古語 あたり。付近。「まみ(目モト)の―」❾古語 あいだ。うち。「明け方の―」❿古語 時間。月日。⓫古語 広さ。「庭の―」 **―がある**〔「にも程がある」の形で〕限度がある。その限度をこえているのであきれたという気持ちをあらわす。「わがままにも―」 **―経へて** しばらくたって。

ほ-ど ホ【歩度】名 文章語 あるく速さや歩幅の程度。「―をそろえる」

ほど 助〔副助詞〕❶だいたいの数量をあらわす。「宿まで三キロ―あります」❷程度をあらわす。「立っていられない―疲れた」❸比較の基準を示す。「君―早く走れない」❹程度が進むにつれて他の事がらも進むことをあらわす。「読めば読む―味わいが深まる」

ほど-あい ア【程合(い)】あひ 名 ちょうどよい程度。ころあい。「―を見はからって火を止める」

ほ-どう 0【歩道】名 ひろい道の端をくぎった歩行者用の部分。人道。↔車道。 **―橋** きょう 0 名 歩行者の道路横断用に、道路をまたぐようにしてかけられた橋。

ほ-どう 0【舗道】【×鋪道】名 舗装した道路。

ほ-どう 0【補導】【×輔導】名 他サ 正しい方向にみちびくこと。特に、非行を防ぐために青少年を指導すること。「未成年者を―する」

ぼ-どう ボ【母堂】名 文章語 他人のははの尊敬語。⇩母はは 参考。

ほとぎ【▲缶・×瓮・×瓫】名 古語 ❶湯や水を入れて使った、胴が太く口の小さい素焼きのかめ。❷宮中の産湯うぶゆの儀式で、湯を入れるのに使ったかめ。参考 ふるく平安時代初めごろまでは「ほとき」と清音。

ほどき-もの 0【ほどき物】【▲解き物】名 衣服の縫い目をときはなすこと。また、その予定の衣服。ときもの。

ほど・く ド【▲解く】他五 カコ二キイクク ケケ 縫ったものや、むすんだものをときはなす。 **ほどける** 自下一〔…できる〕

ほとけ ケ|0【仏】名 ❶悟さとりを得た者。仏ぶつ。仏陀ぶっだ。❷釈迦しゃか。❸仏像。❹仏葬にした死者の霊。死者。故人。❺慈悲ぶかい人。 **―作つくって魂たま入いれず** 大部分できあがっているが、かんじんなところがぬけおちている。 **―の顔かおも三度さんど** どんなにおとなしい人、なさけぶかい人でも、道理にはずれたことを三度もしむけられるとおこる。

ほとけ-いじり イ【仏いじり】【仏▲弄り】いぢり 名 やたらと寺まいりや仏事を熱心にすること。

ほとけ-がお 0【仏顔】がほ 名 仏のように、やさしくなさけぶかい顔。

ほとけ-ごころ ゴ【仏心】名 なさけぶかい心。慈悲心。

ほとけ-しょう 0【仏性】名 なさけぶかい生まれつき。

ほとけ-の-ざ 0【仏の座】名 ❶シソ科の越年草。茎は地面をはい、春、紅むらさき色の小さな花が咲く。春 ❷キク科の二年草。湿地や田に生える。春の七草の一つ。たびらこ。新年

ほど・ける ケ【▲解ける】自下一 ケケケルケレケロ・ケヨ とけはなれる。「はちまきが―」 **ほど・く** 文語下二

ほどこ・す コ【施す】他五 サソシスセ ❶めぐみを与える。「恩恵を―」❷広くあらわす。「面目を―」❸使う。行う。「手段を―」「予防注射を―」❹つけ加える。設ける。「装飾を―」 **施し** 名 **施せる** 自下一〔…できる〕

ほど-ちか・い カ【程近い】形 カロカッ・クイイケレ○ みちのりや時間のへだたりがすくない。「駅に―所」↔程遠い。 **ほどちか・し** 文語ク

ほど-とお・い 0|ト【程遠い】とほい 形 カロカッ・クイイケレ○ ❶みちのりや時間のへだたりが多い。↔程近い。❷程度のへだたりが大きい。「理想には―」 **ほどとほ・し** 文語ク

ほととぎす ト2【▲時▲鳥・▲子規・▲不▲如帰・×杜×鵑・×郭公】名 カッコウ科の鳥。五、六月ごろ渡来して、卵をうぐいすの巣などにうみ、そだてさせる。冬は南にわたる。古来、鳴き声が歌などに詠よまれた。夏

ほととぎす《ホトトギス》俳句雑誌。正岡子規まさおかしきを中心として一八九七年に創刊。俳壇の主流をなした。

ほととぎす《不如帰》徳富蘆花とくとみろかの長編小説。一八九八―九九年に発表。日清戦争を背景に海軍軍人と妻の悲劇をえがく。

ほど-なく ド|ナ【程なく】副 まもなく。やがて。「―迎えの者がまいります」

ほど-な・し【程無し】形ク 古語 ❶あまり時間がたっていない。まもない。「ほどなく卒都婆そとばもこけむし」〈徒然〉❷せまい。「ほどなき庭」❸ひくい。「ほどなき山」❹小さい。「ほどなきあこめ(衣ノ一種)、人よりは黒う染めて」〈源氏〉❺年が若い。「ほどなき御身に、さる恐ろしきこと(出産)をしたまへれば」〈源氏〉❻身分が低い。いやしい。「ほどなき身には置きどころなし」〈古今六帖〉

ほど-に【程に】連語〔名詞「ほど」と格助詞「に」〕❶古語〔接続助詞的用法。活用語の連体形につく〕…から。…ので。「人目をつつむほどにとひ訪とぶらふ者一人もなし」〈平家〉❷…につれて。

ほとばし・る シ【×迸る】自五 ラロリ・ッルルレレ 勢いよく、とびちる。たばしる。「水が―」 **ほとばしり** 名

ほと・びる ビ【▲潤びる】自上一 ビビビルビルレビロ・ビヨ 水分をふくんでふくれる。ふやける。 **ほと・ぶ** 文語上二

ポトフ ポ〈ッpot-au-feu〉名 牛肉や野菜を長時間煮込んだ料理。ポトフー。

ほと-ほと 0|ト1 副 ❶古語 もうすこしのところで。ほとんど。「ほとほとうち橋より落ちぬべし」〈枕〉❷ひどく。全く。「―困った」

ほど-ほど 0【程程】名 形動(の) ちょうどよい加減であること。適度。適当。「冗談も―にしろ」

ぼと-ぼと ボ1〔と〕副 多めの水などが音をたててしたたり落ちるようす。

ぽと-ぽと ポ1〔と〕副 水などが少しずつしたたり落ちるようす。

ほとぼり 0 名 ❶残っている熱気。❷感情のなごり。「興奮の―」❸事件のおさまったのちにつづく世間の関心やうわさ。「―がさめるまで身をかくす」

ボトム ボ|0〈bottom〉名〔「底」の意〕スカート・パンツなど、腰から下につける衣服の総称。ボトムス。 **―アップ** ア〈bottom-up〉名 下位の者の情報やアイディアが、上位の者に伝わる方式。↔トップダウン。

ほど-よ・い ヨ【程良い】【程▲好い】形 カロカッ・クイイケレ○ ちょうどよい程度である。「―湯かげん」 **程よさ** 名 **ほどよ・し** 文語ク

ほとり 0|リ【▲辺】名 あたり。そば。「川の―」

ぽとり-と ト1 副 しずくや物が軽く落ちるようす。「なみだが―落ちる」

ボトル 0〈bottle〉名 飲料を入れるびん。「ステンレス―」「紹興酒の―」 **―キープ** キ〈bottle keep〉名〔和製英語〕いきつけの飲食店で飲む酒を、びんごと買ってあずけておくこと。 **―ネック** ネ〈bottleneck〉名〔びんの首の意。せまいことから〕進行や活動をさまたげるもの。隘路あいろ。障

害。ネック。

ほ-どろ 名 古語 〔「夜のほどろ」の形で〕夜がしらじらと明け始める時分。明けがた。「夜のほどろ出でつつ来らく(帰ッテ来ルコト)」〈万葉〉

ほどろ【▲斑】形動 古語 まだら。はだら。「庭もほどろに雪ぞ降りたる」〈万葉〉

ほとんど ト【ほとんど】[×殆ど] 一 名 全部に近い量。大部分。「会員の―が賛成だ」 二 副 ❶全部・完全に近いようす。ほぼ。おおかた。「―満員だ」「仕事は―かたづいた」 ❷〔打ち消しの語を伴って〕全然と言っていいほど。「雨が―降らない」 ❸もう少しで。あやうく。「―乗りおくれそうになった」

ほ-なみ 0【穂並(み)】名 穂の出そろっていること。

ほ-なみ 0【穂波】名 いねなどの穂が一面に風にゆれて、波のように見えること。また、その穂。

ボナンザグラム グ〈bonanzagram〉名 文句や文章の穴うめをさせるクイズ。

ポニーテール テ〈ponytail〉名〔小馬のしっぽの意〕女性の髪形で、髪の毛をうしろでたばねて、たらしたもの。

ほ-にゅう 0【哺乳】名 自サ 動物が子に乳を飲ませること。授乳。 **―動物**(どうぶつ) ド 名 哺乳(ほにゅう)類の動物。 **―瓶**(びん) ニュ 名 赤ん坊にミルクなどを飲ませるためのびん。 **―類**(るい) ニュ 名 脊椎(せきつい)動物の一綱。動物中もっとも高等で、大脳がよく発達している。ふつうは胎生(たいせい)。子を母乳でそだてる。

ぼ-にゅう 0【母乳】名 母体から出るちち。

ほ-にん 0【補任】名 他サ 文章語 官に任じ、職をあたえること。ぶにん。

ほ-ぬの 0【帆布】名 帆につかう厚い綿布・麻布など。はんぷ。

ほね ネ【骨】名 ❶脊椎(せきつい)動物の体内にあって骨格を形づくり、全身をささえ、器官をまもり、運動をおこなうかたい組織。❷器具などを内部からささえる材料。「かさの―」❸中心となる人や物。❹物事にたえる気力・気概。「―のある人」❺骨が折れること。苦労。「この仕事は―だ」 **―が折**(お)**れる** 苦労する。 **―が舎利**(しゃり)**になっても**〔「舎利」は火葬にしてくだけた骨〕たとえ死んでも。どんなに苦労をしても。 **―と皮**(かわ) ひどくやせているようす。 **―に刻**(きざ)**む** 深く感じてわすれない。きもに銘じる。「苦しさを―」 **―に染**(し)**みる** ❶骨までしみとおるほど苦しく、つらい。「―寒さ」❷深く心に感じる。「ご恩は―」 **―に徹**(てっ)**する** ほねにしみる。 **―の髄**(ずい)**まで** 徹底的に。完全に。「彼は―スポーツマンだ」 **―までしゃぶる** 自分の利益のために、徹底的に人を利用する。 **―を▲埋**(うず)**める** ❶死ぬ。「他郷に―」❷そのことに一生をささげる。 **―を折**(お)**る** 精をだす。苦労をいとわない。ほねおる。 **―を拾**(ひろ)**う** ❶死後のめんどうをみる。❷その人のした事業などのあとしまつをする。

ほね-おしみ オ/0【骨惜しみ】(をしみ) 名 苦労するのをいやがること。なまけること。

ほね-おり 0/オ【骨折り】(をり) 名 ほねおること。精をだして努力すること。労苦。尽力。 **―損**(ぞん) ゾ 名 苦労して努力しても効果がなく、それだけ損をすること。 **―損**(ぞん)**の▲草×臥**(くたび)**れ×儲**(もう)**け** 苦労するだけでなんの効果もないこと。

ほね-お・る オ【骨折る】(をる) 自五 ラ・ロ|リ・ッ|ル|ル|レ|レ 精をだしてはたらく。努力する。

ほね-がらみ ガ【骨絡み】名 ❶梅毒が進行して骨髄(こつずい)にまで入り、うずき痛むこと。❷すっかり悪い状態になって、そこから抜け出せないこと。

ほね-ぐみ 0/ミ【骨組(み)】名 ❶骨の組みあわせ。骨格。「がっちりした―」❷機械や建造物などの基本の構造。「ビルの―」❸事がらの大体の構想。「計画の―」

ほね-つぎ ギ/ツ【骨接ぎ】名 骨が折れたり、関節がはずれたりしたときの治療。整骨。接骨。

ほねっ-ぷし 0【骨っ節】名 ❶骨のつがいめ。関節。「―が太い」❷気骨。気概。「―がある」

ほねっ-ぽ・い ポ【骨っぽい】形 カロ|カッ・ク|イ|イ|ケレ|○ ❶魚の肉などに骨が多い。❷信念をもち、たやすく人に従わない。「―人」 **骨っぽさ** 名

ほね-なし 0【骨無し】名 主義・節操・いくじのないこと。また、その人。

ほね-ぬき 0【骨抜き】名 ❶魚・鳥などの骨を抜き去ること。また、抜き去った料理。❷計画・方針などのたいせつなところを除き去ること。「―になった計画」

ほね-ばなれ バ【骨離れ】名 焼き魚・煮魚の骨が、身から離れるぐあい。身ばなれ。「―のいい魚」

ほね-ば・る バ【骨ばる】自五 ラ・ロ|リ・ッ|ル|ル|レ|レ ❶骨が皮膚の下でごつごつしている。❷いじがつよくて、かどだつ。

ほね-ぶと 0【骨太】名 形動(の) 骨が太くて体格ががっちりしていること。

ほね-へん 0【骨偏】名 漢字の部首の一つ。「骸」「髄」などの「骨」。

ほね-み ネ/ミ【骨身】名 骨と肉。からだ。 **―にこたえる** 心身にひどくこたえる。強く感じる。 **―に染**(し)**みる** からだの芯まで強く感じる。また、こころに深く感じる。「―寒さ」 **―を惜**(お)**しまない** 苦労をいやがらない。いっしょうけんめいにはたらく。 **―を削**(けず)**る** いっしょうけんめいに努力し苦労する。

ほね-やすめ ヤ【骨休め】名 からだをやすめること。休息。ほねやすみ。

ほの【ほの】[×仄] 接頭〔動詞・形容詞につく〕ほのかに。わずかに。「―白い」「―見える」

ほの-あかり ア【ほの明(か)り】[×仄明(か)り] 名 かすかなあかり。「月の―」

ほ-の-お ホ【炎】[×焔](ほのほ) 名 ❶ものが燃えるときに光りかがやく部分。「―があがる」❷心の中に燃えたつ情。激情。「怒りの―」

ほの-か[×仄か] 一 ホ 形動 ダロ|ダッ・デ・ニ|ダ|ナ|ナラ|○ はっきりしないようす。かすか。「―な香り」 二 なり形動 古語 ほんのわずかである。「若木の桜、ほのかに咲きそめて」〈源氏〉

ほの-ぐら・い ラ【ほの暗い】[×仄暗い] 形 カロ|カッ・ク|イ|イ|ケレ|○ うす暗い。「―電灯」 **ほの暗さ** 名 **ほのぐら・し** 文語ク

ほの-じ ノ【ほの字】名〔「ほ」は「ほれる(惚れる)」の語頭の字〕ほれていること。「おまえも彼女に―なんだな」

ほの-ぼの ボ【ほのぼの】[×仄×仄] (と)副 自サ ❶かすかに。ほんのり。「―と夜があける」❷なんとなくあたたかみのあるようす。「―した気分」 **―明**(あ)**け** 0 名 夜が明けはじめること。また、そのころ。

ほの-み・える エ【ほの見える】[×仄見える] 自下一 エ|エ|エル|エル|エレ|○ ぼんやり見える。ほのかに見える。 **ほのみ・ゆ** 文語ヤ下二

ほの-めか・す[×仄めかす] 一 カ 他五 サ・ソ|シ・ス|ス|セ|セ 心のなかをそれとなくあらわす。ことばやそぶりでにおわせる。「引退を―」 二 他四 古語 ほめて、もてはやす。「世になべてほのめかす作者を、第一の人と申し侍らんや」〈ささめごと〉

ほの-め・く[×仄めく] 一 メ 自五 カ・コ|キ・イ|ク|ク|ケ|ケ* 文章語 ほのかに見える。なんとなく感じられる。「けいべつの色がほのめいている」 二 自四 古語 ❶かすかに、または、すこし見える・聞こえる・言う・する。「をりをりほのめく(カスカニ耳ニスル)

ほ

箏（そう）の琴の音（ね）こそ」〈源氏〉❷それとなく言う。「いろいろ聞きにくき事どもほのめくめり」〈源氏〉

ぼ-ば [ボ]【×牡馬】[名] おすの馬。おすうま。↕牝馬（ひんば）。

ホバークラフト [ラ]〈Hovercraft〉[名]（商標名）高圧空気を噴射して、地面・水面すれすれにうかび上がり、空気クッションを作って走る乗り物。エアカー。

ほ-ばく [0]【捕縛】[名][他サ]〔文章語〕とらえてしばること。

ほ-ばしら [バ]【帆柱】[名] 船の、帆をあげる柱。マスト。

ほ-はば [0]【歩幅】【歩▲巾】[名] あるくときの左右の足の幅。一歩の幅。

ほ-ばらみ [バ]【穂ばらみ】【穂×孕み】[名] いね・むぎなどで、穂をつつんでいる部分が発育してふくれること。

ぼ-はん [0]【墓畔】[名]〔文章語〕はかのほとり。

ほ-ひ [ホ]【補肥】[名] 作物の成育中にあたえる肥料。おいごえ。追肥。↕基肥（きひ）。

ぼ-ひ [0]/[ボ]【墓碑】[名] 個人または共になくなった複数の死者を弔うために建てられた墓石。**―銘**（めい）[ヒ][名] 故人の事績やその碑が建てられた事由を文章の形式で述べたもの。石や金属の板に刻される。災害や事故で亡くなった人々を対象にすることもある。

ホビー [ホ]〈hobby〉[名] 趣味。遊び。

ポピー [ポ]〈poppy〉[名] けし。ひなげし。㊣夏

ほ-ひつ [0]【補筆】[名][自サ] 書きくわえること、また、その部分。

ほ-ひつ [0]【補×弼・×輔×弼】[名][他サ]〔文章語〕（「弼」はたすけるの意）天子・君主の政治をたすけること。補佐。

ポピュラー [ポ]〈popular〉[形動] ダロ・ダッ・デ・ニ・ダ・ナ・ナラ・○ ❶一般によく知られて、人気のあるようす。「―な曲」❷ふつうの。あたりまえの。「―な服装」 **―ソング** [ソ]〈popular song〉[名] 大衆に人気のある歌。

ポピュリズム [リ]〈populism〉[名] ❶エリートに対立する大衆の感情を重視し、その支持の上に立つ政治思想。❷大衆に迎合する態度。大衆迎合主義。

ぼ-ひょう [0]【墓標・墓表】[名] はかのしるしとして立てる柱・石など。はかじるし。

ボビン [ボ]〈bobbin〉[名] ❶つつがたの糸巻き。巻きわく。❷ミシンの下糸を巻く金具。

ほ-ふ [ホ]【保父】[名] 男性で保育士の資格を持つ人の通称。

ほ-ぶ [ホ]【歩武】[名]〔文章語〕あしどり。あゆみ。「―堂々と進む」

ほ-ふく [0]【×匍×匐】[名][自サ] はらばうこと。地にふして、手と足ではい進むこと。「―前進」

ボブスレー [ボ]〈bobsleigh〉[名] 雪を凍らせてつくったコースを、鋼鉄製のそりですべり降りる競技。冬季オリンピックの正式種目の一つ。ボッブスレー。㊣冬

ほ-ぶね [0]【帆船】[名] ほかけぶね。

ポプラ [ポ]〈poplar〉[名] ヤナギ科の落葉高木。北欧・北米産で、雌雄異株。

ポプリ [ポ]〈ᵛpot-pourri〉[名] 香りのつよい草花を乾燥（かんそう）させ、びんやつぼにつめたもの。

ポプリン [ポ]〈poplin〉[名] たて糸をよこ糸より密に織り、細いよこうねが見える平織物。綿・絹・毛などで織る。

ほふ・る [フ]【×屠る】[他五] ラ・ロ・リ・ッ・ル・ル・レ・レ〔文章語〕❶鳥獣のからだを切りさく。❷殺す。❸敵をやぶる。 **ほふれる** [自下一]〔…できる〕

ほ-へい [0]【歩兵】[名] ❶陸軍の主力となり、徒歩で戦う兵士。❷徒歩で戦う兵士。あしがる。雑兵（ぞうひょう）。

ぼ-へい [0]【募兵】[名][自サ] 兵士になる希望者をつのること。

ボヘミアン [ヘ]〈Bohemian〉[名]（ボヘミア人の意。「ボヘミア」はチェコ共和国の西部地方）❶ジプシー。❷社会の決まりにとらわれず、放浪的で自由な生活をする人。

ほほ [ホ1]【▲頬】[名] ⇩ほお。

ほ-ほ [ホ1]【歩歩】[名][副]〔文章語〕ひとあしずつ。一歩一歩。

ほ-ぼ [ホ]【保母】[名] 保育士の資格を持つ女性の通称。

ほぼ [ホ][副] おおかた。およそ。「―決定した」

ほほ-えまし・い [シ]【▲微笑ましい】[形] カロ・カッ・ク・イ・イ・ケレ・○ ほほえみたくなるようである。「―情景」 **ほほえましさ** [名] **ほほゑま・し** [文語シク]

ほほ-え・む [エ]【▲微笑む】[自五] マ・モ・ミ・ン・ム・ム・メ・メ ❶にっこりわらう。微笑する。❷つぼみがひらく。「さくらが―」 **ほほえみ** [名]

ポマード [マ]〈pomade〉[名] おもに男性の使う、調髪用のねり香油。

ほまえ-せん [0]【帆前船】[名] 帆をはり、風を利用してはしる船。帆船（はんせん）。

ほまち [0]/[ホ][名]〔俗語〕❶臨時の収入。❷へそくり。

ほまれ [0]【誉れ】[名] ほめられて光栄なこと。評判がよいこと。名誉（めいよ）。

ほ-むぎ [0]【穂麦】[名] 穂を出した麦。㊣夏

ほ-むら [0]【▲炎・×焔】[名]〔文章語〕❶ほのお。火炎。❷恨み・怒り・嫉妬（しっと）などを火にたとえていう語。「嫉妬の―をもやす」

ぼ-めい [0]【墓銘】[名] 墓碑銘。

ほめ-ことば [コ]【褒め言葉】【▲誉め言葉】[名] 他人の行為をたたえることば。「がんばったね」「おみごと」など。ほめ。[参考] 社会言語学では、異なる言語を対照的に観察する尺度の一つとして使われる。日本語では、目上の人物には褒め言葉は使いにくく、感謝表現になることが多いなど。

ほめ-ころし [0]【褒め殺し】[名] むやみに人をほめること。特に、そうすることで、かえってその人の立場を悪くさせること。ほめごろし。

ほめ-そや・す [ヤ]【褒めそやす】【▲誉めそやす】[他五] サ・ソ・シ・ス・ス・セ・セ さかんにほめる。ほめたてる。

ほめ-たた・える [エ]【褒めたたえる】【▲誉め▲称える】[他下一] エ・エ・エ・エル・エル・エレ・エロ・エヨ ほめそやす。大いにほめる。「善行を―」 **ほめたた・ふ** [文語ハ下二]

ほめ-ちぎ・る [ギ]【褒めちぎる】【▲誉めちぎる】[他五] ラ・ロ・リ・ッ・ル・ル・レ・レ 口をきわめてほめそやす。「わが子を―」

ほめ-もの [0]/[メ]【褒め者】【▲誉め者】[名] ほめられる人。

ポメラニアン [ラ]〈Pomeranian〉[名] 小形の愛がん犬。長い毛をもち、耳が立つ。ドイツ東部とポーランド西部のポメラニア地方原産。

ほ・める [メ]【褒める】【▲誉める】[他下一] メ・メ・メル・メル・メレ・メロ・メヨ すぐれている、よくやったと言う。たたえる。「我が子の健闘を―」「あまり褒められた話ではない」[参考] ふつう、「ほめる」は自分と同等、または目下の者について使い、「たたえる」は目上についても使う。 **ほ・む** [文語下二]

ホモ [ホ][名] ❶〈ᵛhomo〉人間。ひと。「―サピエンス」❷〈homogenized の略〉同一、均質にしたもの。「―牛乳」❸「ホモセクシャル」の略。

ホモ-サピエンス [サ]〈ᵛHomo sapiens〉[名]「ひと」の学名。「知恵ある人」の意。

ホモ-セクシャル [セ]〈homosexual〉= **ホモセクシュアル** [名] 同性愛。特に、男性どうしの同性愛。ホモ。

ほ-や [ホ]【火屋】[名] ❶香炉や手あぶりなどのふた。❷ランプの火をおおいつつむ、ガラスのつつ。

ほや [ホ]【▲海×鞘】[名] ホヤ目の原索（げんさく）動物の総称。単独または群体をなして、海底の岩石などに付く。食用。㊣夏

ぼや ボ【▲小▲火】名 ごく一部を焼いただけで消しとめた火事。冬

ぼ-や ボ【暮夜】名〔文章語〕よる。「—ひそかにしのび出る」

ぼやか・す カ 他五 ぼんやりさせる。あいまいにする。ぼかす。「話を—」

ぼや・く ヤ 自五〔俗語〕不平を言う。ぶつぶつ言う。 **ぼやき** 名

ぼや・ける ケ 自下一 ぼんやりする。はっきりしなくなる。ぼける。「輪郭が—」「頭が—」

ぼやっ-と ヤ 副 自サ ❶ぼんやり見えるようす。❷ぼんやりしているようす。「—立っている」

ほや-ほや 0 名 形動 ❶やわらかで、温かいようす。「—のご飯」❷できたばかりであるようす。「できたての—」❸その状態になったばかりであるようす。「新婚—」

ぼや-ぼや ボ 副 自サ ぼんやり。「—するな」

ほ-ゆう 0【保有】名 他サ もちつづけること。「核—国」

ほ-よう 0【保養】名 自サ 健康をたもつために、心身を休めること。養生。 **—所** 0 名 会社・官庁などで、職員の保養のため観光地などに設けた宿泊所。

ほら ラ/ホ【洞】名 がけ・岩・大木などにある、中のうつろなあな。ほらあな。

ほら ホ【▲法×螺】名 ❶ほらがい。❷おおげさなことを言うこと。「—を吹く」 **—貝** ラ 名 ❶フジツガイ科の大形の海産巻き貝。わが国の南部に産する。肉は食用。❷ほらがいの貝がらの頭部に穴をあけ、吹きならすようにしたもの。 **—吹き** ラ 名 おおげさなことを言う人。うそつき。

ほら ホ 感 ❶相手の注意を引きたいときに言うことば。「—、できたよ」❷自分の考えのとおりであったことを相手に伝えることば。「—、だから危ないと言っただろう」

ぼら 0【×鯔】名 ボラ科の魚。淡水・海水のどちらにもすみ、養殖もされる。食用。幼魚を「おぼこ」、やや成長したものを「いな」、成魚を「ぼら」といい、出世魚の一つ。秋

ホラー ホ〈horror〉名 恐怖。こわさ。「—映画」

ほら-あな 0【洞穴】名 どうくつ。ほら。

ほらが-とうげ ト【洞が峠】名 有利なほうに付こうと思って、ようすを見ていること。ひよりみ。「—をきめこむ」参考 大阪府と京都府の境にある峠。一五八二年、山崎の戦いのとき、筒井順慶がこの峠に陣して形勢をうかがっていたことから。

ポラロイド-カメラ カ〈Polaroid camera〉名〔商標名〕内部に現像装置があり、撮影後、すぐに写真が得られるカメラ。アメリカ人ランドが発明し、ポラロイド社が発売した。参考「Polaroid Land camera」の略。

ボランティア ラ〈volunteer〉名〔志願者の意〕福祉事業・社会奉仕に、自発的に無報酬で奉仕活動をする人。

ほり リ【堀】【×濠】名 ❶土地を掘って水を通じ、運送などに利用した所。❷城などのまわりを掘って水をたたえた所。

ほり リ【彫り】名 ❶彫ること。彫ったかたち。❷彫りかた。彫ったできばえ。「いい—だ」❸鼻が高く顔つきがひきしまっていること。「—の深い顔だち」参考「鎌倉彫」のような場合は、送りがなをはぶく。

ほ-り ホ【捕吏】名〔文章語〕犯人をとらえる役人。とりて。

ポリ ポ 名 造「ポリエチレン」などの略。「素材は—」「—容器」

ポリ ポ 名〔俗語〕(「ポリス」の略)警官。

ほりあ・てる テ【掘り当てる】他下一 探していたものや価値あるものを掘って見つける。「温泉を—」「埋蔵金を—」「天才歌手を—」

ポリープ リ〈polyp〉名 粘膜や皮膚に発生し、細長いきのこ状に成長するはれもの。

ポリウレタン ウ/レ〈ド Polyurethan〉名 ⬇ウレタン。

ほり-え 0【掘(り)江】【堀江】名 掘ってつくった川。

ポリエステル エ〈ド Polyester〉名 プラスチックの一つ。塗料・合成繊維・建築材料などに使う。

ポリエチレン エ/チ〈ド Polyäthylen〉名 プラスチックの一つ。袋・気球・瓶などをつくる。

ポリオ ポ〈polio〉名 ポリオウイルスによる感染症。小児に多く、かぜに似た症状のあと、手足のまひが生じる。急性灰白髄炎。脊髄性小児麻痺。

ほりおこ・す コ/0【掘(り)起(こ)す】他五 ❶掘って土をかえす。「土を—」❷掘って出す。「うもれた碑を—」❸開発する。あたらしく発見する。「才能を—」 **掘り起こせる** 自下一〔…できる〕

ほりかえ・す カ/0【掘(り)返す】他五 ❶掘って下の土を上に出す。「畑を—」❷埋めたところをまた掘る。「道路を—」❸忘れていたものを思い出す。「歴史の記憶を—」 **掘り返せる** 自下一〔…できる〕

ほり-きり 0【掘(り)切(り)】【堀切】名 地を掘って切りとおした水路。

ほりぐち-だいがく《堀口大学》一八九二—一九八一。詩人・翻訳家。訳詩集「月下の一群」や象徴詩的な詩集「月光とピエロ」などで昭和の詩壇に大きな影響を与えた。

ポリグラフ グ〈polygraph〉名 心電図・脈拍・呼吸・脳波などの状態を、同時にグラフに描く装置。心の動きを身体の状況から診断しようとするもので、うそ発見器は、これの一種。

ほり-ごたつ ゴ【掘りごたつ】【掘×炬×燵】名 床の一部を切って下に作ったこたつ。

ほりさ・げる ゲ/0【掘(り)下げる】他下一 ❶下の方へ深く掘る。「井戸を—」❷深く考える。深く研究する。「問題を—」 **掘り下げ** 名 **ほりさ・ぐ** 文語下二

ポリシー ポ〈policy〉名 政策。方針。

ポリス ポ〈police〉名 ❶巡査。警官。❷警察。 **—ボックス** ボ〈police box〉名 交番。

ポリス〈ギ polis〉❶ ポ 名 古代ギリシャの都市国家。紀元前九世紀から前八世紀ごろに成立した。❷ 造 都市を意味することばをつくる。「メガロ—」「メトロ—」

ほりだし-もの 0【掘(り)出(し)物】名 思いもよらず見つかっためずらしい品や、意外に安く手に入れた品。

ほりだ・す ダ/0【掘(り)出す】他五 ❶掘ってとり出す。❷めずらしいものをさがし出す。よいものを安く手に入れる。「貴重本を—」 **掘り出せる** 自下一〔…できる〕

ほり-たつお《堀辰雄》一九〇四—五三。小説家。フランス近代小説の影響のもとに、叙情詩的な小説を書いた。「聖家族」「風立ちぬ」「菜穂子」など。

ポリ-タンク タ〈poly-tank〉名〔和製英語〕水や灯油など、液体を入れるポリエチレン製の容器。

ポリティ(ッ)クス ティ/ポ〈politics〉名 政治。政策。政治学。「パワー—」

ホリデー ホ〈holiday〉＝**ホリデイ** 名 祝日。休日。

ホリドール ド〈ド Folidol〉名〔商標名〕農作物の害虫を殺す農薬。有機燐を主体とする。パラチオンの商品名。現在は使用禁止。

ほりぬき-いど イ【掘(り)抜(き)井戸】名 土地を深く掘り、地下水をわき出させる井戸。

ポリネシア《Polynesia》オセアニア東部、ハワイ、ニュージーランド、イースター島を結ぶ三角形に含まれる島々や地域。大部分は火山島、珊瑚島。

ポリ-バケツ バ 名〔商標名〕ポリエチレン製のバケツ。

ほ

ほり-ばた ⓪【堀端】名 ほりのあたり。ほりのそば。

ボリビア《Bolivia》南アメリカ中央部の共和国。首都はラパス。

ポリフェノール ノ〈polyphenol〉名 植物の色素や苦みの成分に含まれる有機化合物の総称。カテキン、イソフラボン、ルチンなど多種多様のものがあり、活性酸素を除去する作用があるともいわれ、食品では赤ワインやコーヒーなどに多く含まれるとされる。

ポリ-ぶくろ ヲ【ポリ袋】名 ポリエチレンで作った薄い透明、あるいは半透明の袋。

ポリプロピレン ピ〈polypropylene〉名 石油から作られる合成樹脂。軽量で、耐熱性・耐水性・耐酸性にすぐれ、成形加工が容易。家庭電化製品・食品包装フィルム・玩具(がん)などに利用される。

ぼり-ぼり ボ-[と]副 ❶かたいものを続けざまにかむ音をあらわす語。「せんべいを—とかむ」❷かゆいところなどを続けざまにかくようす。また、その音をあらわす語。「背中のあせもを—とかく」

ぽり-ぽり ポ-[と]副 「ぼりぼり」より弱い感じをあらわす語。

ポリマー ポ〈polymer〉名 重合によってできた化合物。重合体。

ほり-もの モ|リ【彫(り)物】名 ❶彫刻。❷いれずみ。 **—師** シ|ノ名 ❶彫刻する人。彫刻師。❷いれずみをほどこす人。

ほ-りゅう ⓪【×蒲柳】名〔文章語〕❶川柳(かわやなぎ)の別称。❷〔やなぎのように弱々しいことから〕からだの弱いこと。 **—の質**(しつ) ⓪ ひよわな体質。

ほ-りゅう ⓪【保留】名他サ その場でかたづけないで一時あとへのばすこと。「態度を—する」「返事を—する」

ボリューム ⓪〈volume〉名 ❶分量。かさ。「—のある食事」❷音量。「ラジオの—を調節する」

ほ-りょ ホ【捕虜】名 とりこ。いけどり。俘虜(ふりょ)。

ほり-わり ⓪【掘(り)割(り)】【堀割】名 地面を掘りひらいてつくった水路。

ほ・る ホ【彫る】他五 ラ・ロ|リ・ッ|ル|ル|レ|レ ❶木や石に文字や絵をきざむ。きざんで、形のあるものをつくりだす。「版木を—」「仏像を—」❷いれずみをする。 **彫れる** 自下一[…できる]

ほ・る ホ【掘る】他五 ラ・ロ|リ・ッ|ル|ル|レ|レ ❶地に穴をあける。「トンネルを—」❷地に穴をあけて物をとりだす。「芋を—」❸とりのぞく。「雪を—」

ぼ・る ボ 自五 ラ・ロ|リ・ッ|ル|ル|レ|レ〔俗語〕〔「暴利」を動詞にした言い方〕むやみに高い代価をとる。「飲み屋でぼられた」 **ぼれる** 自下一[…できる]

ポルカ ポ〈polka〉名 一九世紀にチェコ西部のボヘミアでおこった、四分の二拍子の、あかるい快活なダンス曲。

ボルシチ ⓪〈ロ borshch〉名 ロシアふうシチュー。トマト・ビートを主体に、牛肉・じゃがいも・キャベツ・玉ねぎなどをスープで煮こんだもの。

ホルスタイン タ〈ド Holstein〉名 オランダ原産の乳牛。毛色は黒白のまだら。乳量が多い。

ホルダー ホ〈holder〉名 ❶ささえもつもの。「ペン—」❷保持者。「レコード—」

ボルタ-でんち デ【ボルタ電池】名 銅と亜鉛とを希硫酸にひたして電流を得るしくみの電池。参考 古イタリアのボルタ volta が発明した最初の電池。現在は使われない。

ボルダリング ⓪〈bouldering〉名 スポーツクライミングの一つ。ロープは用いずに高さ五メートル以下の壁に設けられたコースを登る。制限時間内に登れたコースの数を競う。

ボルテージ ボ|テ〈voltage〉名 ❶ボルト。電圧。❷物事に対する熱意・興奮・怒りなどの度合い。「—があがる」

ボルト ⓪〈bolt〉名 一端に頭、他端にねじを切ってある、太い、くぎや鉄棒。↕ナット。⇩ナット(図)。

ボルト ⓪〈volt〉名 電圧の単位。抵抗一オームの導線に一アンペアの電流を通じるとき、導線の両端に生じる電位差。記号は「V」

ボルドー-えき ド【ボルドー液】〔フランスのボルドーで初めて使用したことから〕名 硫酸銅と生石灰との混合液。農作物の殺菌用。

ポルトガル《Portugal》〔「葡萄牙」とも書いた〕ヨーロッパの南西端にある共和国。首都はリスボン。

ポルノ ポ〈porno〉名「ポルノグラフィー」の略。

ポルノグラフィー グ〈pornography〉名 性行動を露骨にえがいた絵・小説・写真・映画など。ポルノ。

ホ(フォ)ルマリン ⓪〈ド Formalin〉名 ホルムアルデヒドの水溶液。写真化学用薬品や合成色素の製造・消毒・殺菌に使う。

ホ(フォ)ルムアルデヒド デ〈ド Formaldehyd〉名 メチルアルコールを酸化させた、刺激的なにおいのする無色のガス。水溶液はホルマリン。

ホルモン ホ〈ド Hormon〉名 動物の内分泌腺(ないぶんぴつせん)から分泌され、諸器官の作用をととのえる物質。

ホルン ホ〈ド Horn〉名 ❶金管楽器の一つ。長いくだを丸く巻き、先端があさがおの花のように開いている。ゆたかな音量とやわらかな音色を出す。フレンチホルン。❷つのぶえ。

ほれ ホ 感 相手の注意を引いたり、呼びかけたりするときにいうことば。ほい。ほら。それ。「—、見たことか」

ほ-れい ⓪【保冷】名自他サ 温度をひくくたもつこと。「—剤」

ボ(ヴォ)レー ボ〈volley〉名 テニスやサッカーで、ボールが地にふれないうちに打ち返すこと、けること。

ほれ-こ・む コ【×惚れ込む】自五 マ・モ|ミ・ン|ム|ム|メ|メ すっかりほれてしまう。気にいってむちゅうになる。「気性に—」

ほれ-ぼれ【ほれぼれ】【×惚れ×惚れ】㊀ ボ [と]副 自サ 心をうばわれて、うっとりするようす。「—と見とれる」㊁ [と]副〔古語〕あっけにとられたようす。ぼうぜん。ぼんやり。

ほ・れる【×惚れる】㊀ ⓪ 自下一 レ・レ|レ・レル|レル|レロ・レヨ ❶ぼんやりする。うっとりする。「音楽に聞き—」❷思いをかける。恋いしたう。❸ひどく気にいる。「彼の気性にほれた」 **ほ・る** 文語下二 ㊁ 自下二〔古語〕❶正気をうしなう。「(他ノ子供達ノコトモ)覚えず、ほれまどひて過ぐすに」〈源氏〉❷年をとって、ぼける。

ほ・れる レ【掘れる】自下一 レ・レ|レ・レル|レル|レロ・レヨ ❶地面などがくぼんで穴ができる。❷掘ることができる。

ボレロ ボ〈ス bolero〉名 ❶スペインの四分の三拍子の民族舞踊。また、その曲。❷女性用のボタンのない短いうわぎ。

ほろ ホ【×幌】名 人力車・馬車などにかぶせて、雨・風・日光などをふせぐもの。

ほろ ホ【▲母▲衣】名 よろいの背におって、矢をふせいだふくろのような布。

ぼろ 造 めちゃくちゃな。ひどい。「—もうけ」

ぼ-ろ ボ【×襤×褸】㊀名 ❶使いふるした布ぎれ。❷古くなってやぶれた衣類。❸かくしていた欠点。「—が出る」㊁ 名形動 古くなって、いたんでいること。「—家」

ぼろ【×梵▲論】名〔古語〕⬇ぼろんじ。

ポロ ポ〈polo〉名 四人ずつの二組が、馬上からT字形のスティックで木製の球をうちあい、相手のゴールに入れて得点をきそう競技。

ぼろ・い ロ 形 カロ・カッ・ク|イ|イ|ケレ|○〔俗語〕❶資本や労力にくらべて、もう

けがひどく多い。「—仕事」❷古くて傷んでいる。

ほ-ろう[0]【歩廊】名 ❶コンクリートやれんがで舗装した廊下。回廊。❷プラットホーム。参考 古めかしい言い方。

ほろ-がや[ロ]【ほろ蚊帳】【▲母▲衣蚊帳】名 幼児にかぶせる、ほろ(母衣)の形をしたかや。夏

ぼろ-きれ[ロ][0]【ぼろ切れ】【×襤×褸切れ】名 使い古した布の切れはし。ぼろ。「—のように捨てられる」

ぼろ-くそ[0]【×襤×褸×糞】名形動 ❶ひどくくだらないこと。また、そのもの。❷さんざんののしること。「—に言う」

ホログラム[ホ]〈hologram〉名 レーザー光線で立体画像を記録したフィルム。光にかざすと立体的な画像が見える。クレジットカードや紙幣の偽造防止などにも使われる。

ホロコースト[コ]〈holocaust〉名 大虐殺。特に第二次世界大戦中のナチスによるユダヤ人の大量虐殺をさす。

ポロ-シャツ[0]〈polo shirt〉名(「ポロ競技」に着ることから)半そでで、えりのついているスポーツシャツ。

ホロスコープ[コ]〈horoscope〉名 西洋占星術の一つ。また、それに用いる図。出生時の星の位置から運命を占う。

ほろっ-と[ロ]副自サ ほろりと。「思わず—する話」

ぽろっ-と[ロ]副 ⬇ぽろりと。

ほろ-にが・い[ガ]【ほろ苦い】形(カロ—カッ・ク—イ—イ—ケレ—○) すこしにがい。**ほろ苦さ**名 **ほろにが・し**文語ク

ポロネーズ[ネ]〈(フ)polonaise〉名 ポーランドの、四分の三拍子の民族舞踊。また、その曲。

ほろ-ばしゃ[0]【ほろ馬車】【×幌馬車】名 ほろでおおいをした馬車。

ほろ・びる[ビ]【滅びる】【▲亡びる】自上一(ビ—ビ—ビル—ビル—ビレ—ビロ・ビヨ) 勢いがなくなって、うせ、絶える。滅亡する。「平家が滅びて源氏の世となる」 **ほろ・ぶ**文語上二

ほろ・ぶ[ロ]【滅ぶ】【▲亡ぶ】自五(バ・ボ—ビ・ン—ブ—ブ—ベ—ベ) ⬇ほろびる。

ほろぼ・す[ボ]【滅(ぼ)す】【▲亡す】他五(サ・ソ—シ—ス—ス—セ—セ) 滅びるようにする。絶やす。「国を—」「身を—」 **ほろぼせる**自下一[…できる]

ほろ-ほろ[ホ1]副 ❶木の葉などが散り乱れるようす。はらはら。❷人などがちりぢりにわかれるようす。❸涙がこぼれ落ちるようす。ぽろぽろ。❹物がくだけたり、破れたりするようす。ばりばり。❺物をたべる音。ぽりぽり。❻雨の降る音や足音など。❼きじ・山鳥などの鳴き声。

ぼろ-ぼろ ㊀[0]形動(の) 物がひどくいたんで、破れているようす。「—の辞書」㊁[ボ1](と)副 物がくだけたり、こぼれたりするようす。ぼろぼろ。

ぽろ-ぽろ[ポ1](と)副 小さなつぶ状のものがこぼれて落ちるようす。「—となみだを落とす」

ほろほろ-ちょう[0]【ほろほろ鳥】名 キジ科の鳥。西アフリカ原産。大きさ・形ともに鶏に似て、飼養される。食用。

ぼろ-もうけ[モ]【ぼろ×儲け】名〔俗語〕うますぎるもうけ。

ぼろ-や[ロ]【ぼろ家】【×襤×褸家】名 ひどくいたんだ、ぼろぼろの家。

ほろ-よい[0]【ほろ酔い】名 酒にちょっと酔うこと。**—機嫌**[キ]名 ほろ酔いのいい心持ち。

ほろり-と[ロ][リ]副自サ ❶涙をひとすじおとすようす。涙ぐむようす。❷涙がでそうになるほど感動するようす。「思わず—するいい話」❸酒にすこし酔ったようす。❹軽いものが落ちるようす。「—花が散る」

ぽろり-と[ロ][リ]副 ❶軽いものや小さなかたまりが落ちたり、はがれたりするようす。「ボールを—落とす」「壁土が—はがれる」❷隠していたことをうっかり口に出すようす。「本音を—言う」‖ぽろっと。

ぼろん-じ【×梵論字】名〔古語〕虚無僧。ぼろ。

ホワイエ[ワ]〈(フ)foyer〉名 劇場やホテルのロビー。待合室。

ホワイト[ワ]〈white〉名 ❶白。白色。❷白人。**—アウト**[ア]〈whiteout〉名 大雪や吹雪のときに、視界が白一色になる現象。**—アスパラガス**[ア]〈white asparagus〉名 発芽前に土をかぶせて日光に当てずに育て、茎を白く軟化させたアスパラガス。**—カラー**[カ]〈white-collar〉名(白えりのシャツを着ていることから)事務所などで働く人。頭脳労働者。↔ブルーカラー。**—クリスマス**[ス1]〈white Christmas〉名 雪の降るクリスマス。**—ゴールド**[ゴ]〈white gold〉名 金にニッケル・銀などをまぜて作った、白色の合金。白金に似ている。装飾用・歯科用。**—ソース**[ソ]〈white sauce〉名 小麦粉・牛乳・バターでつくった白いソース。**—デー**[ト]〈white day〉名〔和製英語〕三月十四日。バレンタインデーにチョコレートをもらったお返しに、男性から女性に贈り物をする日とされる。**—ハウス**[ハ]〈White House〉名 アメリカのワシントンにある大統領の官邸。白亜館。**—ボード**[ボ]〈white board〉名 フェルトペンなどで文字や図を書いたり、消したりできる白い板。白板。

ホワイトニング[ワ][0]〈whitening〉名 美容のために歯や肌を白くすること。「歯の—」

ほ-わた[0][ホ]【穂綿】名 綿の代用にする、ちがや・あしなどの穂。

ポワレ[ボ]〈(フ)poêler〉名 フランス料理の調理法の一つ。油をひいたフライパンで、肉や魚の表面をかりっと焼き、中をふっくらさせる。また、その料理。蒸し焼きにすることにも言う。

ほん【▲品】接尾 ❶経文の中での章・編・節。「普門—」❷〔古語〕親王の位。一品から四品まである。〔別音ひん|品〕

ほん【奔】造 ❶はしる。「奔走・奔馬・狂奔・東奔西走」❷にげる。「出奔」❸勢いが強い。思うままにする。「奔騰・奔放・奔流」❹かけおち。「淫奔」

ほん【翻】造 ❶ひるがえる。ひるがえす。「翻意・翻然・翩翻」❷うつしかえる。「翻案・翻訳」❸思いのままにする。「翻弄」

ホン〈phone〉＝**フォン**造 電話機。「プッシュ—」

ほん【本】㊀[ホ]名造 ❶書物。書籍。「—を読む」「本棚・本屋・絵本・製本・古本・単行本・文庫本」❷劇・映画のシナリオ。「本読み・台本」㊁造接頭 ❶ほんとうの。うそでない。「本気・本心・本物・本調子」↕にせ。❷正しい。正式の。「本式・本選・本則・本名・本契約・本建築」↕仮。❸おもな。中心になる。「本家・本館・本国・本線・本会議」❹野球で、本塁。「本盗・三本間」㊂[ホ]連体接頭造 ↕当。❶ほかではなく、そのもの。「本人」❷この。今話題にしている。「本席・本日・本発表」「—校創立三十周年」「—研究所の発展を期するものです」参考 ❷の用法で「自分の」という意味で使うときは、「当」は使いにくい。㊃造 ❶はじめ。おこり。「本末・本来・基本・資本」❷もともと。生まれつき。「本性・本能」❸ひながた。「標本・見本」❹植物。「本草・木本・草本」㊄接尾 長いものをかぞえることば。「筆一—、二—、三—」参考 映画・線路・活字などにも「本」を使う。ズボンには「本」「着」、タオルには「本」「枚」のどちらも使う。

ホン[ホ]〈phon〉＝**ホーン**名 騒音計ではかった騒音レベルの単位。参考 音の大きさ「フォン」とは使いわけられた。現在は「デシベル(dB)」を使う。

ぼん【×梵】造 ❶バラモン教で、世界創造の根元。「梵天」❷サンスクリット。古代インド語。「梵語・梵字」❸仏教。寺院。「梵鐘・梵刹(ぼんせつ)」

ぼん【盆】名造 ❶ⓞ木や金属でつくった、ひらたく浅い入れ物。「—に盛る」「盆栽・盆地・煙草盆(たばこぼん)」❷ボ うらぼん。「盆踊り・盆暮れ・旧盆・新盆(にいぼん)」秋

ぼん ボ【凡】名 形動 造 なみ。なみのもの。平凡。「凡才・凡人・凡庸・平凡」↔非凡。［別音 はん｜凡］

ぼん ボ/ⓞ と副 ⬇ぼんと。

ぼん-あけ ⓞ【盆明け】名 盆の期間が終わったあと。

ほん-あん ホ【本案】名〔文章語〕この案。この議案。

ほん-あん ⓞ【翻案】名 他サ 小説・戯曲などで、原作の主題などは残して、細かい点を作りかえること。

ほん-い ホ【本位】名 ❶もとの位置。もとの位。「—に復する」❷標準。基本。「自分—の考え方」❸貨幣制度の基礎。—貨幣(へいか) カ 名 ある国家の貨幣制度の基礎となる貨幣。金本位の国では金貨。

ほん-い ホ【本意】名 ❶まことの気持ち。「私の—でない」❷かねての願い。もともとののぞみ。ほい。「—をとげる」❸真の意味。本義。

ほん-い ホ【翻意】名 自サ 意志をひるがえすこと。「—をうながす」

ほん-いん ホ【本員】名〔文章語〕議員・委員などの自称。

ほん-いん【本院】名 ❶ⓞ主となる院。↔分院。❷ホ〔文章語〕この院。❸ⓞ上皇や法皇が二人以上いるときの第一の人。

ほんいん-ぼう イ【本因坊】名 選抜制の碁の優勝者にあたえられる称号。参考 京都寂光寺の本因坊の住僧、算砂(さんしゃ)が江戸幕府碁所(ごどころ)の家元だったところから。

ほん-えい ⓞ【本営】名 総大将のいる軍営。本陣。

ほん-おく ⓞ【本屋】名〔文章語〕中心となる建物。

ぼん-おどり ⓞ オ【盆踊(り)】名 うら盆の夜に、人々が歌や音頭(おんど)にあわせておどる踊り。秋

ほん-か ホ【本科】名 その学校の本体となる課程。↔予科・別科・選科。

ほん-か ホ【本歌】名 ❶本歌どりのもとになる歌。❷正式の和歌。↔狂歌・俳諧(はいかい)。—取(ど)り ⓞ 名 和歌や連歌(れんが)で、先人のよんだ歌のことばや趣向を借り、まったく別のものをつくること。

ほん-かい【本会】名 ❶ⓞ本式の会。❷ホ〔文章語〕この会。

ほん-かい ⓞ/ホ【本懐】名 かねてのねがい。「—をとげる」

ほん-かいぎ カ【本会議】名 全員による会議。特に国会で、全議員の出席する会議。↔委員会・分科会。

ほん-かく ⓞ【本格】名 本来あるべき形式や格式をそなえていること。正統。「—派」—的(てき) ⓞ 形動 ❶正しいやり方で、まともに行うようす。本式。「—にダンスを習う」❷その物事にもっともふさわしい状態であるようす。「—な夏の訪れ」⇩本式 参考

ほん-がく ホ【本学】名〔文章語〕この大学。当大学。

ほん-がわ ⓞ【本革】名 合成皮革ではない、本物の革素材。ほんかわ。

ほん-かん【本官】一 ⓞ 名 ❶正式の官職。↔試補・見習い・雇員。❷その人の本来の官職。↔兼官。二 ホ 代〔文章語〕官吏の自称。本職。

ほん-かん ⓞ【本管】名 水道・ガス・下水などの、公道の下に敷設された太い管。↔支管。

ほん-かん ⓞ【本館】名 ❶主となる建物。↔別館。❷〔文章語〕この建物。

ほん-がん ⓞ【本願】名 ❶〔文章語〕本来のねがい。本懐。❷仏・菩薩(ぼさつ)が、衆生(しゅじょう)をすくおうとする誓願(せいがん)。

ぼん-がん ⓞ【凡眼】名〔文章語〕平凡な眼識。

ポン-かん カ【×椪×柑】名〔「ポン」はインドの地名から〕みかんの一種。果実はやや大きく、あまく香りがつよい。冬 参考「ポンカン」と書くことが多い。

ほん-き ⓞ【本気】名 形動 まじめな気持ち。本心。正気。「—で言う」—にする ほんとうのことであると信じる。—になる 真剣になる。まじめになる。

ほん-ぎ ホ【本紀】名 紀伝体の歴史書で、帝王の一代の事跡をしるしたもの。↔列伝。

ほん-ぎ ホ【本義】名〔文章語〕❶真の意味。本来の意味。↔転義。❷根本の意義。

ぼん-き ボ【凡器】名〔仏〕凡人。凡夫。

ほん-ぎまり ⓞ【本決(ま)り】【本▲極り】名 正式に決まること。

ほん-きゅう ホ【本給】名 手当・賞与などを含まない給料。基本給。本俸。

ほん-きょ ホ【本拠】名 仕事や活動のよりどころとなる場所。根拠地。「敵の—をつく」「—地」

ほん-ぎょう ⓞ【本業】名 主となる職業。↔副業。

ほん-きょく ⓞ【本局】名 ❶主となる局。↔支局・分局。❷〔文章語〕この局。

ほん-きん ⓞ【本金】名 ❶元金(もときん)。資本金。❷純金。「—の指輪」

ぼん-ぐ ボ【凡愚】名 形動(の)〔文章語〕平凡でおろかなこと。また、その人。「—のおよぶところではない」

ほん-ぐう グ【本宮】名 他に神霊を分けてまつるとき、そのもとになる神社。本社。↔新宮・別宮。

ほん-ぐみ ⓞ【本組(み)】名 活版で、ページの割り付けをして本式に組むこと。↔棒組み。

ほん-ぐもり ⓞ【本曇(り)】名 空が厚い雲ですっかりおおわれること。↔うす曇り。

ぼん-くら ⓞ 名 形動〔俗語〕ぼんやりしていて、物事の見通しがつかないこと。また、その人。ぼんつく。参考 ばくちの隠語で、さいころをふせた盆の中を見通せないの意。

ぼん-くれ ボ【盆暮(れ)】名 うら盆と年末。中元(ちゅうげん)と歳暮(せいぼ)。「—の贈り物」

ほん-け ホ【本家】名 一門の中心となる家すじ。分家から見て、それがわかれでた、もとの家。↔分家。

ぼん-げ ボ【凡下】名〔文章語〕❶身分のひくい人。平民。❷平凡な人。

ぼん-けい ⓞ【盆景】名 盆の上や盆栽に石などをあしらい、山水のけしきをうつしたもの。盆石(ぼんせき)。夏

ほんけ-がえり ガ【本×卦帰(還)り】名〔生まれた年の干支(えと)にかえること〕満六十歳。還暦(かんれき)。

ほん-げつ ホ【本月】名 今月。このつき。

ほん-けん ホ【本件】名 ❶この件。この事件。❷中心となる事件。↔別件。

ほん-けん ⓞ【本絹】名 まじりけのない絹糸・絹布。正絹(しょうけん)。↔人絹。

ほん-げん ゲ【本源】名 おおもと。根源。「—にさかのぼる」

ぼん-ご ⓞ【×梵語】名 古代インドの文語。印欧語族に属する。サンスクリット。

ボンゴ ボ〈bongo〉名 ラテン音楽用の一対の小さな太鼓。両手の指でたたく。

ほん-こう ⓞ【本坑】名 鉱山の中心になる、おもな坑道。

ほん-こう【本校】名 ❶ⓞ中心となる学校。↔分校・分教場。❷ホ〔文章語〕この学校。当校。

ほん-こく ⓞ【翻刻】名 他サ 書物を原本のとおりに板木

にきざんだり、活字に組んだりして、もう一度出版すること。

ほん-ごくホ【本国】名 ❶その人の国籍のある国。❷ふるさと。故郷。❸植民地でない、本来の国土。

ほん-ごし⓪【本腰】名（しっかりした腰つき）本気。まじめ。**ーを入いれる** 本気になって、物事をする。

ぼん-こつ⓪【凡骨】名〔文章語〕特にすぐれた所もない、平凡な才能や腕まえ。また、その人。

ぽん-こつ⓪名〔俗語〕（たたく音をあらわしたもの）古びたり、いたんだりして、使えなくなり、こわされるもの。廃品。「ー車」**ー屋ゃ**⓪名〔俗語〕使えなくなった自動車を修理更生した上で販売する、または、使える部品を取りはずして販売する職業の人。

ボンゴレ⓪ボ〈ᶦvongole〉名 あさりなどの二枚貝を用いたイタリア料理。

ほん-さい⓪【本妻】名 正式の妻。正室。嫡妻ちゃくさい。

ぼん-さい⓪【凡才】名 平凡な才能。また、その人。

ぼん-さい⓪【盆栽】名 鉢植えの草木。観賞用の鉢植え。

ぼん-さい⓪【×梵妻】名『仏』僧のつま。だいこく。

ぼん-さく⓪【凡作】名 平凡なできばえの作品。つまらない作品。

ぼん-さく⓪【凡策】名 平凡なとるにたりないはかりごと・策略。

ほん-ざんホ【本山】名 ❶一宗・一派の中心となる寺院。↕末寺。❷〔文章語〕この寺。当山。❸もとじめ。中心。

ボン-サンスサ〈ᶠbon sens〉名 正常な考え。良識。「柔道の—、講道館」

ほん-しホ【本旨】名 本来の主旨。真の目的。「—にかなう」

ほん-しホ【本志】名〔文章語〕本来の気持ち。本意。

ほん-しホ【本紙】名 ❶付録などに対し、新聞の中心となる紙面。❷〔文章語〕この新聞。❸この紙。ファックスの送信などで使う。「—を含め三枚」

ほん-しホ【本誌】名 ❶別冊付録などに対し、雑誌の中心となる部分。❷〔文章語〕この雑誌。

ほん-じ⓪【本字】名 ❶漢字。↕かな。❷本式の点・画をそなえた漢字。↕略字・俗字。

ほん-じホ【本寺】名 ❶一宗・一派の中心となる寺院。本山。↕末寺。❷〔文章語〕この寺。当寺。

ほん-じ⓪【翻字】名 他サ ある文字体系で書かれたものを、他の文字体系の文字で書きかえること。

ぼん-じ⓪【×梵字】名 梵語ぼんごを書きしるす文字。

ほん-しき⓪【本式】名 形動 簡略化されていない本当のやり方。正式。本格的。「—のお茶会」「テニスを—に始める」↕略式。参考「正式」が社会的な規範に沿う意味を伴いやすいのに対し、「本式」は物事にまともに取り組む意味で広く用いる。「本式に雨が降り出す」のような言い方もあるが、その場合は「本格的に」と言うことが多い。

ほん-しけんケ【本試験】名 主となる試験。↕予備試験・模擬試験・臨時試験・追試験。

ほんじ-すいじゃくホ【本地垂×迹】名（「垂迹」は姿をかえて出現すること）仏・ぼさつが衆生しゅじょうをすくうために、日本の神となってあらわれること。

ほん-しつ⓪【本質】名 そのものを特徴づけ、欠くことのできない大事な要素。「問題の—を明らかにする」**ー的てき**⓪形動 物事の根本にかかわるようす。「—な問題」

ほん-じつホ【本日】名 きょう。↕明日・昨日。⇩今日こんにち参考。

ぼん-しつ⓪【凡失】名 平凡なしくじり。つまらない失策。

ほん-しゃホ【本社】名 ❶主となる神社。↕摂社・末社・分社。❷神体を奉安する社殿。本殿。❸その会社の中心である事業所。「東京の—」↕出張所・支社。❹〔文章語〕この会社。当会社。⇩当社 参考。

ぼん-しゅボ【凡手】名〔文章語〕なみの腕まえ。また、その人。

ほん-しゅうホ【本州】名 日本列島の中心となる、もっとも大きな島。

ボン-ジュールジュ〈ᶠbonjour〉感（「よい日」の意）おはよう。こんにちは。

ほん-しゅつ⓪【奔出】名 自サ〔文章語〕はげしい勢いでほとばしり出ること。「水が—する」

ホンジュラス《Honduras》中央アメリカの共和国。首都はテグシガルパ。

ほん-しゅんホ【本春】名〔文章語〕この春。今春。

ほん-しょホ【本初】名〔文章語〕はじめ。もと。**ー子午線しごせん**ゴ名 イギリスのグリニッジ天文台跡を通過する子午線。これを零度として地球上の経度をきめる。

ほん-しょホ【本署】名 ❶主となる署。↕支署・分署・派出所。❷〔文章語〕この署。当署。

ほん-しょうホ【本性】名 ❶もともとの性質。ほんせい。「—をあらわす」❷もとの正体。ほんせい。「ばけものの—」❸正気しょうき。「—を失わない」

ほん-しょう⓪【本省】名 ❶⓪中央の最高官庁。❷ホ〔文章語〕この省。

ほん-じょうホ【本状】名〔文章語〕この手紙。「—持参の者」

ぼん-しょう⓪【×梵鐘】名 寺のつりがね。

梵鐘

ほん-じょう⓪【本城】名 中心となる城。ねじろ。本丸。

ぼん-しょう⓪【凡小】名 形動(の)〔文章語〕平凡で人物の小さいこと・人。

ほんじょう-ぞうジョ【本醸造】名 外側を三割以上削った白米とその総量の一割を超えない醸造用アルコールとから造った日本酒。

ほん-しょく⓪【本色】名 ❶本来の色。❷本来の性質。

ほん-しょく【本職】❶⓪名 ❶おもな職務・職業。↕兼職・副職。❷専門家。くろうと。「—はだしのうでまえ」❷ホ代〔文章語〕官吏などの自称。本官。

ほん-しんホ【本心】名 ❶もちまえの正しい心。良心。「—にたちかえる」❷いつわりかざらない心。「—をのべる」

ほん-しん⓪【本震】名「前震→本震→余震」と続く一連の地震の中心となるはげしい震動。主震しゅしん。↕前震・余震。

ほん-じんホ【本陣】名 ❶一軍の大将がいる陣営。本営。❷江戸時代、貴人・大名のとまった、宿駅の旅館。

ぼん-じん⓪【凡人】名 ふつうの人。

ポンスポ〈ᵒpons〉名 ❶だいだいをしぼったしる。ポン酢。❷ブランデー・ラム酒などにレモンのしる、砂糖などを入れた飲料。ポンチ。

ポン-ず⓪【ポン酢】名（「酢」は当て字）ポンス❶。

ほん-すうス【本数】名 一本、二本とかぞえるもののかず。「電車の—」

ほん-すじ⓪【本筋すぢ】名 中心的な筋道。「議論を—にもどす」

ほん-すんぽうス【本寸法】名 本来のやりかた。本格的な手順。ほんずんぽう。

ほん-せいホ【本姓】名 ❶もとの姓。生家のみょうじ。❷筆名・偽名などの姓に対し、ほんとうの姓。

ほ

ほん-せい ホ【本性】名 ➡ほんしょう。

ほん-せき ホ【本籍】名 その人の戸籍のある所。原籍。本籍地。↕現住所。**—地** チ 名 本籍のある土地。

ぼん-せき 0【盆石】名 盆景。

ぼん-せつ 0【×梵刹】名〘仏〙てら。寺院。ぼんさつ。

ほん-せん ホ【本船】名 付属しているふねの、中心となるふね。おやぶね。もとぶね。

ほん-せん 0【本戦】名 予選を勝ち抜いた人・チームによって行われる競技・試合。

ほん-せん ホ/0【本線】名 幹線である線路・道路。「東北—」↕支線。

ほん-せん 0【本選】名 まえもって選ばれた者の中から、最優秀者を決めたり順位をつけたりすること。「—に残る」↕予選。

ほん-ぜん 0【本然】名〔文章語〕もともとの、手を加えないようす。生まれつき。ほんねん。「—の姿」

ほん-ぜん ホ【本膳】名 ❶正式の日本料理の膳立てで、主となる膳。一の膳。❷本膳料理。**—料理** リョ 名 正式の日本料理の膳立て。本膳・二の膳・三の膳からなる。

ほん-ぜん 0【翻然】〔と〕副〔文章語〕(「ひるがえるようす」の意から)急に心を改めるようす。「—とさとる」

ぼん-せん 0【凡戦】名 つまらない試合。平凡な試合。

ほん-そう 0【本葬】名 本式の葬儀。↕仮葬・密葬。

ほん-そう 0【奔走】名 自サ あちこちかけまわって努力すること。あれこれ世話をやくこと。「国事に—する」

ほん-ぞう 0【本草】名 ❶植物。❷漢方で、薬草。薬用となる植物・動物・鉱物。❸本草学。**—学** ゾ 名 薬用に重点をおいて、植物を主とし、動物や鉱物をも研究する中国古来の薬物学。

ほん-そく 0【本則】名 ❶原則。❷法令の本体となる部分。↕付則。

ほん-ぞく 0【本属】名 本来所属していること。「—長官」

ぼん-ぞく 0【凡俗】〔文章語〕㊀名 凡人や俗人。㊁名 形動 平凡で俗っぽいこと。

ボン-ソワール ワ〈ﾌ bonsoir〉感(「よい晩」の意)こんばんは。

ほん-ぞん ホ【本尊】名 ❶寺院で、信仰・祈りの主体となる仏像。本体。❷(おどけた言い方)当人。本人。「ご—はいっこうに知らない」

ぼん-だ ボ【凡打】名 野球で、ヒットや犠打にならない打撃。

ほん-たい ホ【本体】名 ❶そのものの本当の姿・形。正体。❷〘哲〙現象の根底にある、理性によってのみとらえることのできる存在。↕現象。❸機械などの中心となる部分。❹神社の神体や寺の本尊。参考 ❶の意味では、「正体」のほうがよく使われる。「本体」は「そのものの中心・中核」の意が強いときに用いられる。

ほん-たい ホ【本隊】名 ❶中心となる隊。↕支隊。❷〔文章語〕この隊。

ほん-たい 0【本態】名 ほんとうのようす。実態。

ほん-だい 0【本題】名 中心になる題目。

ぼん-たい 0【凡退】名 自サ 野球で、打者が塁に出られずひきさがること。「三者—」

ほん-たく 0【本宅】名 ふだん住んでいる、生活の中心となる家。本邸。↕別宅。

ほん-だち 0【本裁ち】名 並幅の一反の布で、おとなの着物をしたてること。

ほん-たて ホ【本立(て)】名 机の上などに書物を立てならべて両側からささえる道具。ブックエンド。

ほん-だな ホ【本棚】名 書物をのせておくたな。書だな。

ぼん-だな ボ【盆棚】名 うら盆のとき、死者にそなえるものをのせるたな。精霊だな。秋

ほん-だわら ダ【馬尾藻】名 ホンダワラ科の褐藻類。新年のかざり用。肥料用。新年

ほん-たん 0【奔×湍】名〔文章語〕早く流れる川。はやせ。急流。

ぼん-たん 0【文旦】名 ➡ぶんたん。

ぼん-ち 0【坊ち】名〔方言〕(関西地方で)良家のむすこ。若だんな。ぼんぼん。

ぼん-ち 0【盆地】名 山にかこまれた平地。

ポンチ ポ〈punch〉名 ❶工作物の中心などに目じるしをつける器具。❷穴をあける道具。パンチ。❸〈Punch〉ポンチ絵。❹ポンス。**—絵** チ 名 寓意・風刺をこめた漫画。ポンチ。参考 イギリスの漫画雑誌Punchの名から。

ポンチョ ポ〈ｽ poncho〉名 布のまん中に穴をあけて、そこから頭を出し、前後に垂らして着る南米の外套。また、それに似せた衣服。

ほん-ちょう ホ【本庁】名 ❶中心となる官庁。↕支庁。❷〔文章語〕この庁。当庁。

ほん-ちょう ホ【本朝】名〔文章語〕❶わが国の朝廷。❷わが国。↕異朝。❸けさ。今朝。↕昨朝・明朝。

ほん-ちょうし チョ【本調子】名 ❶三味線で基本となる調子。↕二上がり・三下がり。❷もともとからのただしい調子。本来のようす。「やっと—にもどる」

ぼん-ぢょうちん チョ【盆提灯】名 うら盆の供養につるすちょうちん。秋

ほんちょうもんずい《本朝文粋》平安時代中期の漢文集。それまでの二〇〇年間の、すぐれた文章をあつめたもの。

ぽん-つく ボ 名〔俗語〕ぼんくら。

ほん-づくり ヅ【本造り】名 原料を選び、手間をかけてつくった食品。酒・みそなど和風の食品についていう。

ほん-て 0【本手】名 ❶もちまえの腕まえ。❷その道のくろうと。❸三味線や琴で、基本的な演奏法。↕替手・破手。❹勝負事などで、その局面で使うべき本筋の手。

ほん-てい 0【本邸】名 本宅。↕別邸。

ほん-てん ホ【本店】名 ❶0 営業の中心であるみせ。↕支店。❷ホ〔文章語〕このみせ。当店。⇩当社 参考。

ほん-でん 0【本田】名 ❶江戸時代、幕府および諸藩が租税徴収の対象として、もとからある田として検地帳に記した田。↕新田。❷そだった苗を植えつける田。↕なわしろ田。

ほん-でん ホ【本殿】名 神社で神霊をまつる建物。↕拝殿。

ぼん-てん 0【×梵天】名 ❶古代インドで、世界の創造主としてあがめられた神。❷〘仏〙欲界の上にあるという清浄な世界。❸はえなわにつける目じるしの漁具。❹耳かきのさじ形の部分の反対の先にある、羽毛でできた丸い玉状のもの。

ほん-と 0【本当】名 形動(の)(「ほんとう」のくだけた言い方)➡ほんとう(本当)。「えっ、—?」「—だと言ったら—だよ」

ほん-ど ホ【本土】名 ❶その人の生まれ育った国。本国。❷〘仏〙仏土。❸おもな国土。↕島。

ボンド ボ〈Bond〉名(商標名)化学的に合成した強力な接着剤。木・プラスチック・金属などの接着に使う。

ボンド ボ〈bond〉名 証券。株券。

ぽん-と ボ 副 ❶手で軽く放るようす。「ゴミ箱に—捨てる」

❷手で軽くたたくようす。また、その音をあらわす語。❸軽くはじけたり、飛び出したりするようす。「ホウセンカの実が―はじける」❹気前よく金品を出すようす。「百万円を―寄付する」

ポンド ボ〈pound〉＝パウンド 名 ❶【封度】ヤードポンド法の重さの単位。一ポンドは一六オンスで、約四五三・五九グラム。記号は「lb(s)」❷【×磅】イギリスの貨幣単位。一ポンドは一〇〇ペンス。記号は「L」または「£」。

ほん-とう ホ【本島】名 ❶主となるしま。❷〔文章語〕このしま。

ほん-とう 0【奔騰】名 自サ〔文章語〕❶はげしく、あがること。「激浪の―」❷物価・相場が急に大幅に高くなること。

ほん-とう 0【本当】名 形動(の) 見せかけのものでなく、それが正しい実体であること。ほんと。「彼こそ―のスポーツマンだ」「―のことは今は話せない」**―に** 0 副 事実に即して心からそう思うようす。「お忙しい中をおいでくださり―助かりました」「また会えたなんて―うれしいよ」

ほん-どう ホ【本堂】名 本尊をまつる建物。

ほん-どう ホ【本道】名 ❶ 0 中心になる大きな道路。本街道。↕間道。❷ 0 ただしい道。「義務をはたすのが―だ」❸ ホ 漢方で、内科。

ぼん-どうろう ド【盆灯籠】名 うら盆に、死者の供養のためにそなえる灯籠。秋

ほん-なおし ナ【本直し】なほし 名 しょうちゅうに、みりんをまぜてつくった酒。なおしみりん。

ほん-に ホ【ほんに】【本に】副 じつに。まったく。「―そうじゃ」

ほん-にん ホ【本人】名 当事者であるその人。当人。「―確認」

ほん-ぬい 0【本縫い】ぬひ 名 裁縫の手順で、仮縫いを終えて衣服を仕上げるために縫うこと。↕仮縫い。

ほん-ね 0【本音】名 本心から出たことば。「―をはく」

ボンネット ネ〈bonnet〉名 ❶額を出して、頭の頂上からうしろにかけて深くかぶり、リボンをあごの下で結ぶ女性・こども用の帽子。❷自動車の前部にあるエンジンのおおい。

ほん-ネル 0【本ネル】名 フランネル。↕綿ネル。

ほん-ねん ホ【本年】名 ことし。今年。「―もよろしく」

ほん-ねん 0【本然】名〔文章語〕➡ほんぜん。

ほん-ねんど ネ【本年度】名 いまの年度。現在の年度。参考「今年度」と同じ意味で使われるが、「本年度」のほうがやや改まった感じが強い。⇩昨年度 参考。

ほん-の 0【ほんの】【本の】連体 ❶ほんとうにその程度にすぎない。「―こどもだまし」❷わずかの。「―三日間」

ほん-のう ホ【本能】名 動物が生まれながらにもっている性質や行動力。「帰巣―」**―的** てき 0 形動 物事に対して、からだや感情が本能により反応をするようす。「―に身をかわした」

ぼん-のう 0/ノ【煩悩】名〔仏〕心身につきまとって人をなやます、いっさいの欲望。迷いのもと。

ぼん-の-くぼ ノ【盆の×窪】名 くびのうしろの、くぼんだ所。

ほんのり ノ(と) 副 ほのかにあらわれるようす。うっすら。「―赤くなる」

ほん-ば 0【本場】名 ❶正式の場所。物事の中心地。❷おもな産地。「りんごの―」❸〔経〕取引所で、午前中の立ち会い。前場 ぜんば。

ほん-ば ホ【奔馬】名〔文章語〕❶勢いよくはしるうま。❷勢いのはげしいもののたとえ。「―の勢い」

ほん-ばこ ホ【本箱】名 書物を並べてしまっておく、箱形の家具。

ほん-ばしょ 0【本場所】名 力士の地位や給料をきめる、大相撲の本式の興行。今は年六回ある。

◆本場所

一月場所	初場所(東京)	七月場所	名古屋場所(名古屋)
三月場所	春場所(大阪)	九月場所	秋場所(東京)
五月場所	夏場所(東京)	十一月場所	九州場所(福岡)

ほん-ばん 0【本番】名 テレビ・映画などで、実際にカメラでうつすときの放送や演技。↕テスト・リハーサル。

ぽん-びき 0【ぽん引き】名〔俗語〕❶土地になれない者などをだまして、かねをまきあげたり、かどわかしたりする者。❷売春婦の客引き。❸株式街で、しろうとをだます者。

ぼん-ぴゃく 0【凡百】名〔文章語〕いろいろ。すべて。

ほん-ぴょう ホ【本表】名 ❶主になる表。↕付表。❷〔文章語〕この表。

ほん-ビロード ビ【本ビロード】名 たて・よことも に絹糸で織ったビロード。

ほん-ぶ ホ【本部】名 団体などの組織の中心となる所。↕支部。

ほん-ぷ 0【本譜】名 ❶五線紙にあらわした正式の楽譜。↕略譜。❷囲碁・将棋で、この譜面。

ぼん-ぷ ボ【凡夫】名 ❶〔仏〕ぼんのうに迷っている人。❷ただの平凡な男。

ポンプ ボ〈オ pomp; pump〉名 ❶液体を低所から高所に押し上げたり離れた所へ送ったりする機械。❷消防ポンプ。

ほん-ぷく 0【本復】名 自サ 病気がなおって健康に復すること。全快。

ほん-ぶし 0【本節】名 ❶かつおの背中の肉でつくったかつおぶし。↕かめぶし。❷うたの本式のふしまわし。

ほん-ぶしん フ【本普請】名 本式のふしん。本格的な建築工事。↕仮普請。

ほん-ぶたい フ【本舞台】名 ❶劇場で、正面の舞台。❷本式の場所。本場。「初めてふむ―」

ほん-ぶり 0【本降り】名 雨がやみそうになく、はげしく降ること。↕小降り。

ほん-ぶん ホ【本分】名 もともとつくすべき務め。その人のつくすべき道徳上の義務。「学生の―」

ほん-ぶん ホ【本文】名 ❶文書・書物の中のおもな文章。ほんもん。↕序文・跋文 ばつぶん。❷注釈・翻訳などのもとの文章。原文。

ぼん-ぶん 0【×梵文】名 ❶梵語 ぼんご の文章。❷古代のインド文学。

ボンベ ボ〈ドBombe〉名 液化ガスや圧縮ガスなどの高圧気体を入れる鉄製の容器。

ほん-ぺん ホ【本編】【本×篇】名 ❶おもな編。↕続編。❷〔文章語〕この編。

ほん-ぽ ホ【本×圃】名 苗床からうつし植える本式のはたけ。

ほん-ぽ ホ【本舗】名〔「舗」は店〕❶本店。❷特定の商品を製造販売するおもとの店。参考 店の名につけて用いることが多い。

ほんぼう【本望】「ほんもう」のあやまり。

ほん-ぽう ホ【本邦】名〔文章語〕わがくに。「―初演」

ほん-ぽう ホ【本法】名 基本・本体となる法律。

ほん-ぽう ホ【本俸】名 基本の給与。本給。↕加俸・手当。

ほん-ぽう [0]【奔放】[名][形動] 世間のしきたりなどを無視して思うままにふるまうこと。「自由―」

ボンボニエール [エ]〈フ bonbonnière〉[名] ボンボンなどの菓子を入れる小さな容器。

ぼん-ぼり [0]【雪洞】[名] ❶小さいあんどん。❷紙のおおいのある手燭(てしょく)。

ぼんぼり❶

ぼん-ぼん [ボー] [(と)副] ❶次々と勢いよく事を進めるようす。「座布団を―投げる」❷梵鐘(ぼんしょう)や柱時計の鐘などが鳴る音をあらわす語。

ぼん-ぼん【坊坊】[名][方言]（関西地方で）ぼんち。

ボンボン [ボ]〈フ bonbon〉[名] ブランデーやウイスキー入りシロップを、砂糖・チョコレートでつつんだ菓子。

ぼん-ぼん [0]【凡凡】[(と)副][たる連体] 平凡で目立たないようす。「―たる一生」「平平―」

ポンポン [ポー]〈pompon〉[名] ❶女性の帽子につける丸いふさ。❷女子の応援団員が手にもつ丸いふさふさのたま。ボンボン。**ーダリア** [ダ]〈pompon dahlia〉[名] 小さい球形の花がたくさん咲くダリア。(夏)

ぽん-ぽん [ポー] ㊀[(と)副] ❶つづけざまに打ったり投げたりするようす。❷いせいよく文句を言うようす。「―たんかを切る」❸物が爆発したり、鳴ったりするようす。また、その音をあらわす語。「花火が―あがる」㊁[名][幼児語] はら。おなか。**ー蒸気**(じょうき) [ジョ][名] ポンポンと発動機の音を立てて走る、小さな蒸気船。ぽんぽん船。

ほん-ま [名][形動][方言]（関西地方で）ほんとう。実際。「―の話」

ほん-まつ [ホ]【本末】[名] ❶もととすえ。はじめとおわり。❷だいじなことと、つまらないこと。「―を誤る」**ー転倒**(てんとう) [ホ][名] だいじなことと、つまらないことを取りちがえること。

ほん-まる [0]【本丸】[名] 城で主となる部分。ふつう、天守閣を中心とする部分。本城。↕出丸(でまる)・二の丸・三の丸。

ほん-み [0]【本身】[名] 本物の刀。真剣。「―の刀」↕竹みつ。

ぼん-ミス [0]【凡ミス】[名] つまらない失敗。単純な失敗。

ほん-みだし [ミ]【本見出し】[名] 辞書で、解説のある普通の見出し。↕空(から)見出し。

ほん-みょう [ホ]【本名】[名] ほんとうの名まえ。ほんめい。↕仮名・筆名・偽名。

ほん-む [ホ]【本務】[名] ❶本来の仕事・職務。「―に専念する」↕兼務。❷道徳上、ぜひ守らなければならない義務。本分。「学生の―」

ほん-めい [0]【本名】[名] ⬇ほんみょう。

ほん-めい [0]【本命】[名] ❶人の生まれた年の干支(えと)。❷競馬・競輪での優勝候補の馬、または、選手。❸いちばん有力だとみなされている人。「次期学長候補の―」❹もっともねらっているもの。「―の大学」

ほん-めい [0]【奔命】[名][文章語]（君命を受けて奔走する意から）いそがしくたち働くこと。「―に疲れる」

ほん-もう [ホ/モ]【本望】[名][形動] ❶まえまえからののぞみ。本懐。「―をとげる」❷満足。「入賞して―だ」

ほん-もと [0]【本元】[名] いちばんのもと。「本家―」

ほん-もの [0]【本物】[名] 似せたものや見かけだけのものではない、ほんとうのもの。実物。「―にそっくり」「彼の腕は―だ」↕にせもの。

ほん-もん [ホ]【本文】[名] ⬇ほんぶん。**ー批評**(ひひょう) [ヒ][名] 古典に文字・文章のちがった異本があるとき、それらを比較研究して正しい本文を定めること。本文批判。テキストクリティック。

ほん-や [1]【本屋】[名] ❶[ホ] 書籍を売買する人、また、店。❷[0] おもや。ほんおく。

ほん-やく [0]【本厄】[名] 厄年のこと。前後の年を前厄・後厄というのに対することば。

ほん-やく [0]【翻訳】[名][他サ] ある言語のことば・文章を他の言語に言いかえること。

ぼん-やすみ [ヤ]【盆休み】[名] 八月の旧盆のころにとる休暇。「―に帰省する」

ぼんやり [ヤ] ㊀[(と)副][自サ] ❶はっきりしないようす。「―見える」「―した記憶」❷何もせず、活気のないようす。「毎日、―暮らす」「―していては暮らせない」㊁[名][自サ] 大事なことに気がつかず、間(ま)がぬけているようす。また、その人。「―した人間」「あいつは―だ」

ほん-ゆう [0]【本有】[名][文章語] もとからそなえもっていること。固有。

ポン-ユー [0]【中×朋友】[名] 友だち。

ぼん-よう [0]【凡庸】[名][形動(の)] なみ。平凡。「―な人間」

ほん-よさん [ヨ]【本予算】[名] 通常国会に出される総予算と特別会計予算。↕追加予算・補正予算。

ほん-よみ [0/ミ]【本読み】[名] ❶上演する脚本を、作者または演出者が出演者に読んで聞かせること。また、たがいに脚本を読みあって、せりふを練習すること。❷読書家。

ほん-らい [ホ]【本来】㊀[名] もとからそうであるべきこと。元来。「この大学が創立された―の目的」「社長が謝罪するのが―だろう」㊁[副] もとからいえば。「この市は―宿場町だった」「ひまわりは―北アメリカ大陸が原産地である」⇩[参考]。**ー的**(てき) [0][形動(の)] それがあるべき姿であるようす。「俳句に季語を入れないのは―ではない」**ーの面目**(めんもく)【仏】すべての生物がもとからもっている、人為をまったく加えない心性。

ほん-らん [ホ]【本欄】[名][文章語] この欄。

ほん-りゅう [0]【本流】[名] ❶川のおおすじのながれ。↕支流・傍流。❷主となる系統。主流。↕支流・傍流❸[文章語] この流派。当流。

ほん-りゅう [0]【奔流】[名] はやくはげしくながれる水。はやせ。急流。

ぼん-りょ [ボ]【凡慮】[名] 平凡な人の考え。ふつうの考え。「―の及ぶ所でない」

ほん-りょう [0]【本領】[名] ❶もちまえ。本性。特性。「―を発揮する」❷[古語] 代々つたえられた領地。特に、荘園時代から相伝してきた所領。**ー安×堵**(あんど) [ア][名] 鎌倉(かまくら)幕府成立の際、従来相伝の本領の領有権の承認をあたえたこと。

ほん-るい [ホ]【本塁】[名] ❶よりどころとするとりで。また、場所。❷野球で、投手の投げたボールを打者が打つ所。ホームプレート。ホームベース。**ー打**(だ) [ル][名] 野球で、打者が本塁までかえることのできる安打。ホームラン。

ほん-れい [0]【本鈴】[名] 授業や公演などの始まりを知らせる合図のベル。↕予鈴(よれい)。

ぼん-れい【凡例】「はんれい」のあやまり。

ボンレス-ハム [ハ]〈boneless ham〉[名] 豚のもも肉から骨を取り去って作ったハム。

ほん-ろう [0]【翻弄】[名][他サ] 思うままにもてあそぶこと。手だまにとること。「運命に―される」

ほん-ろん [ホ]【本論】[名] ❶議論の中心となる部分。↕序論・緒論。❷[文章語] この論。

ほんわか [ワ][(と)副][自サ][俗語] なごんで気持ちのよいようす。「―した気分」

ほん-わり [0]【本割(り)】[名] 相撲の本場所で、同点優勝決定戦などを含まない、正規の取り組み。

ま マ

ま：「末」の草体。
マ：「末」の草体のはじめの二画。

ま【麻】 造 ❶あさ。「黄麻・大麻・乱麻」 ❷しびれる。感覚がなくなる。「麻酔・麻痺・麻薬」

ま【摩】 造 ❶こする。こすれる。「摩擦・摩滅・摩耗・研摩」 ❷さする。「按摩」 ❸ちかづく。「摩天楼」 **摩する** 他サ

ま【磨】 造 ❶みがく。こする。「研磨・練磨・切磋琢磨」 ❷すりへる。「磨滅・磨耗・鈍磨・不磨」

ま【真】 ㊀ 0 名 ほんとう。まこと。 ㊁ 接頭 〔名詞・形容詞・形容動詞につく〕 ❶まじりけのない。純粋の。「―心」「―水」 ❷完全。正確。正常。「―四角」「―正直」「―人間」 ❸美しい。「―玉」 ❹強めの意味をあらわす。ほんとうに。「―新しい」 **―に受ける** ほんとうにする。ほんとうのことだと考える。「じょうだんを―」

ま【間】 ㊀ 0 名 ❶時間のへだたり。㋐ある時刻と別の時刻とのあいだ。あることが起こるまでの時間。「眠ってから目覚めるまでの―が短い」「出発までもう―がない」 ㋑あるせりふ・しぐさから次のせりふ・しぐさまでの時間。音楽・舞曲で、拍子や調子の変わるところの休止。「―の取り方が良い」「絶妙な―」 ❷ある状態の続いている時間。「鬼のいぬ―の洗濯」 ❸物事をするためのしおどき。おり。機会。時機。チャンス。「―をうかがう」 ❹空間のへだたり。あるものと別のものとの空間。あいだ。すき。すきま。「木の―」 ❺住居や宴会場などの部屋。「客―」「日本―」「千鳥の―」 ❻その場のぐあい。 ㊁ 接尾 住居の部屋の数をかぞえることば。「六畳二―のアパート」 参考 洋風の建物では「室」を使うことが多い。 **―がいい** おりがよい。運がよい。 **―がな隙がな** 〔「がな」は願望をあらわす文語終助詞〕少しでもひまがあれば。ひまをねらって、いつも。「―本を読んでいる」 **―が抜ける** 調子がはずれる。ばかげてみえる。 **―が持てない** 会話がとぎれたときなど、時間がうまく扱えなくて、ぐあいが悪い。 **―が悪い** ❶その場のぐあいがわるい。きまりがわるい。 ❷運がわるい。 **―に合っている** 足りている。じゅうぶんだ。 **―もない** いくらも時間・時日がたっていない。

ま【魔】 ㊀ マ 名 ❶よいことをさまたげ、わざわいをもたらすわるい神。 ❷危険。「―の踏切」 ㊁ 造 ふしぎな力を持ち、人をまどわすもの。「魔性・魔法・悪魔・睡魔」 **―が差す** 魔にみいられて、わるい心をおこす。 参考 名詞として使うときでも、「魔が差す」の形では 0。 **―の手** 危害を加える、おそろしいもの。魔手。「殺人鬼の―にかかる」「―がのびる」

まあ マ ㊀ 副 ❶相手をさそう気持ち、または、なだめとどめる気持ちをあらわす。「―お寄りください」「―そう言うな」 ❷ためらいの気持ちをあらわす。「―やめにしよう」 ❸不満足だが、なんとかがまんできるという気持ちをあらわす。まずまず。「―いいだろう」 ㊁ 感 〔女性語〕 おどろき、または、あきれた気持ちをあらわす。「―、すてき」「―、ひどいかたね」

まあい 0 **【間合(い)】** 名 ❶あいま。あいだ。「―を取る」 ❷ころあい。タイミング。「―をはかる」

マーカー マ/0 〈marker〉 名 ❶しるしをつけるための筆記具。「ライン―」「―ペン」 ❷目印となるもの。兆候を示すもの。「腫瘍―」 ❸ゴルフなどで、得点を記録する係。

マーガリン マ 〈margarine〉 名 大豆油・綿実油などの植物油に食塩・乳製品などをまぜてバターのようにしたもの。かつては人造バターと呼ばれた。

マーガレット マ 〈フ marguerite〉 名 キク科の多年生植物。夏、純白の花を開く。もくしゅんぎく。 夏

マーキュロクロ(ー)ム ロ2 〈Mercurochrome〉 名 〔商標名〕赤色の有機水銀化合物で、消毒剤。赤チン。マーキュロ。現在日本では製造中止。

マーキング 0 〈marking〉 名 自サ ❶しるしをつけること。標識をおくこと。 ❷動物が、自分のなわばりを示すために、ふんや尿、分泌物などでしるしをつけること。

マーク マ 〈mark〉 ㊀ 名 ❶しるし。記章。符号。 ❷商標。 ㊁ 名 自他サ ❶しるしをつけること。 ❷目をつけること。「ふしんな行動を―する」 ❸よい記録を出すこと。「自己ベストを―する」 **―シート** シ 〈mark sheet〉 名 〔和製英語〕番号欄をぬりつぶす方式による、試験やアンケートなどの記入用紙。専用の機械で読み取り、集計処理される。

マーケット マ 〈market〉 名 ❶大きな建物を仕切って、各種の商店が売り場をならべたところ。市場。 ❷ある商品の売れる範囲。市場。販路。「―をひろげる」 **―シェア** シェ 〈market share〉 名 ある商品の、市場で占める販売高の割合。市場占有率。シェア。

マーケティング 0 〈marketing〉 名 市場での取り引き。市場戦略。 **―リサーチ** サ 〈marketing research〉 名 需要と供給の関係や、商品の流通過程についての科学的研究。市場調査。

まあじ 0 **【真×鰺】** 名 アジ科の海魚。あじ類のうちでもっとも多くとれる。食用。 夏

マーシャル-しょとう 《マーシャル諸島》 〈Marshall Islands〉 太平洋のミクロネシアにあるマーシャル諸島からなる共和国。一九八六年独立。首都はマジュロ。

マージャン 0 **【中▲麻×雀】** 名 一三六個のパイ(牌)を使い、四人でおこなう室内遊戯。中国ではじまった。

マージン マ 〈margin〉 名 ❶売買の差益金。利ざや。もうけ。 ❷〔経〕株式売買の証拠金。

まあたらし・い シ **【真新しい】** 形 (カロ・カッ・ク／イ・イ・ケレ・○) ほんとうに新しい。「―洋服」 **まあたらし・し** 文語シク

マーチ マ 〈march〉 名 行進曲。「ウエディング―」

マーチャンダイジング ダ 〈merchandising〉 名 消費者がほしいと思う商品を適切な時期に、適正な数量・価格で供給する企業活動。商品化計画。MD。

マーブル マ 〈marble〉 名 大理石。

マーボーどうふ ド **【中▲麻▲婆豆腐】** 名 中国料理で、ひき肉、赤唐辛子などをいため、豆腐を入れ、スープを加えて煮たもの。

まあまあ マ・1 ㊀ 副 ❶まずまず。なにはともあれ。「―お上がりください」 ❷〔この用法では マ2〕ふじゅうぶんながら。「―しんぼうしよう」 ❸相手の気持ちをおさえなだめる語。「―そんなにおこるな」 ㊁ 感 〔女性語〕 おどろきや、あきれた気持ちをあらわす語。「―、とんだことをしたわね」

マーマレード レ 〈marmalade〉 ＝ **ママレード** 名 オレンジ・なつみかんなどの表皮でつくったジャム。

まい【毎】 接頭 そのたびごと、その物ごとの意味をあらわす。「毎度・毎秒・毎土曜」

まい【米】 造 こめ。よね。「外米・玄米・新米・白米」〔別音べい｜米〕

まい【妹】 造 いもうと。「義妹・兄妹・姉妹・弟妹」

まい【枚】 ㊀ 造 かぞえる。「枚挙・枚数」 ㊁ 接尾 ❶紙・板・大判の金銀貨など、うすくてひらたい物をかぞえる語。

「ガラス三―」❷田をかぞえる語。「水田五―」参考「枚」は広く使われるが、碁盤・ゲレンデなどには「面」を使う。鏡・額・田畑などにはどちらも使う。［別音ばい｜枚］

まい【昧】造 ❶うすぐらい。日がまだ昇らない。夜明け。「昧爽」❷はっきりしない。「曖昧」❸道理に暗い。「愚昧・蒙昧」

まい【埋】造 うめる。うずめる。うもれる。「埋設・埋葬・埋蔵・埋没」

まい【×邁】造 ❶はげむ。いさむ。「邁進」❷すぐれる。「英邁・高邁」

マイ〈my〉造 自分の。個人の。「―ホーム」「―カー」

まい◎**【舞】**名 ❶人が、うたや音楽に合わせて、さまざまな身ぶりをすること。おどり。❷神楽・舞楽・幸若・能楽などの舞踊。

まい 助動（○｜○｜マイ｜(マイ)｜○｜○）〈五段活用動詞の終止形、その他の動詞の未然形などにつく〉❶打ち消しの推量をあらわす。…ないだろう。「雨は降る―」❷打ち消しの意志をあらわす。…しないことにしよう。「決して行く―」参考「来る」につづく場合は「こまい」、「する」につづく場合は「しまい」がふつうだが、「くるまい」「するまい」ともいう。話しことばでは、「まい」よりも「ないだろう」を使うことが多い。

まい-あが・るガ**【舞(い)上がる】**自五（ラ・ロ｜リ・ッ｜ル｜ル｜レ｜レ）❶舞いながら上がる。「天人は空に―」❷地面から空中にただよい上がる。「ほこりが―」❸俗語 調子づく。気分がのる。**舞い上がれる** 自下一［…できる］

まい-あさマ◎**【毎朝】**名 朝ごと。毎日の朝。「―体操をする」

まい-おうぎオ**【舞扇】**名 舞をするときに持つ扇。

まい-おさ・めるヌ**【舞(い)納める】**他下一（メ｜メ｜メル｜メル｜メレ｜メロ・メヨ）舞いおわる。最後の舞を舞う。**舞い納め** 名 **まひをさ・む** 文語下二

まい-お・ちるチ**【舞(い)落ちる】**自上一（チ｜チ｜チル｜チル｜チレ｜チロ・チヨ）くるくると回りながら落ちる。「木の葉が―」

まい-お・りるリ**【舞(い)降りる】**自上一（リ｜リ｜リル｜リル｜リレ｜リロ・リヨ）空からゆっくりと地上に向かって移動する。

マイ-カーカ〈my car〉名〈和製英語〉自家用の乗用車。「―族」

まい-かい◎**【毎回】**名 一回ごと。そのたび。毎次。

まい-き◎｜マ**【毎期】**名 一期ごと。「―の実績」

まい-きょマ**【枚挙】**名 他サ 一つ一つかぞえあげること。**―に×遑がない** あまりに多いので、いちいちかぞえきれない。「このような事例は―」

マイクマ〈mike〉名「マイクロホン」の略。

まい-くる・うル**【舞(い)狂う】**自五（ワ・オ｜イ・ッ｜ウ｜ウ｜エ｜エ）くるったようにはげしく舞う。

マイクロ〈micro〉造 ❶微小な。ごく小さい。❷国際単位系における接頭語の一つで、百万分の一を表す。ミクロ。記号は「μ」。⇩国際単位系(表)。**―ウエーブ**エ〈microwave〉名 波長一メートル以下の電波。テレビ放送やレーダーなどに使用。極超短波。**―カード**カ〈microcard〉名 新聞・雑誌・書籍などを一ページごとに印画紙に小さく複写したカード。**―キュリー**キュ〈microcurie〉名 放射能の強さの単位。一キュリーの百万分の一。**―グラム**グ〈microgram〉名 一グラムの百万分の一。ミクログラム。記号は「μg」。**―コンピューター**ピュ〈microcomputer〉名 超小型のコンピューター。機械などに組み込んで使う。マイコン。**―バス**バ〈microbus〉名 小型のバス。**―フィッシュ**フィ〈microfiche〉名 カード状のマイクロフィルム。**―フィルム**フィ〈microfilm〉名 新聞・雑誌・書籍などの内容を縮写した、不燃性の保存用フィルム。マイクロリーダーで拡大して読む。**―プラスチック**チ〈microplastics〉名 大きさが五ミリメートル以下の微小なプラスチック粒子。プラスチックごみが海洋に流入し、劣化してくだけたもの。**―ホン**◎〈micro phone〉名 音声を電流の振動にかえる装置。送話器。マイクロフォン。マイク。**―メーター**ヌ〈micrometer〉名 微小な長さをはかる計器。金属薄板の厚さや針金の直径をはかるもの、顕微鏡・望遠鏡の中に目もりを刻んだものなど。ミクロメーター。**―メートル**ヌ〈micrometer〉名 一ミリメートルの千分の一。ミクロン。記号は「μm」。**―リーダー**リ〈microreader〉名 マイクロフィルムやマイクロカードをさしこみ、拡大して読む装置。

マイクロメーター

まい-げつ◎**【毎月】**名 つきづき。つきごと。まいつき。

まいげつしょう《毎月抄》鎌倉時代初期の歌論書。藤原定家の著。有心体を最重要と考える定家歌論の中心がのべられている。

まい-こ◎**【舞子】【舞×妓】**名 舞を舞ってさかもりに興を添える少女。「祇園の―」

まい-ごマ**【迷子】【迷▲児】**名〈「まよいご」の変化〉道にまよったり、はぐれたりした子ども・人。**―札**ヨ名 迷子になったときの用心に、住所・氏名を書いて、子どものからだにつけておく札。

まい-ごう◎**【毎号】**名 新聞・雑誌などの一回ごと。各号。

まい-こつ◎**【埋骨】**名 自サ 死者のほねを墓にうめること。

まい-こ・むコ**【舞(い)込む】**自五（マ・モ｜ミ・ン｜ム｜ム｜メ｜メ）❶舞いながら、はいる。舞ってはいる。「花びらがへやに―」❷不意に予期しないものがはいってくる。「すて犬が―」「幸運が―」

マイ-コン◎名 ➡マイクロコンピューター。

まい-じ◎**【毎次】**名 文章語 そのたびごと。毎回。

まい-じ◎**【毎時】**名 一時間ごと。「―二〇キロのスピード」

まい-しゅう◎**【毎週】**名 週がかわるたび。一週間ごと。「―の目標」

まい-しょく◎**【毎食】**名 食事ごと。「―五百円の予算」

マイシンマ名「ストレプトマイシン」の略。

まい-しん◎**【×邁進】**名 自サ 力強くどしどしすすむこと。猛進。「勇往―」

まい-すマ｜◎**【▲売▲僧】**名〈唐音による読み方〉❶俗悪不徳の僧。❷僧をののしっていうことば。

まい-すうス**【枚数】**名「枚」でかぞえる物のかず。

マイスターマ〈ドMeister〉名 ❶ドイツなど中部ヨーロッパで、熟練技術をもつ職人を養成する資格をもつ指導者。親方。❷芸術部門、特に音楽界で巨匠などと言われる人。名人。マエストロ。

まい-せつ◎**【埋設】**名 他サ 地下にうずめて設置すること。「―工事」

まい-そう◎**【昧爽】**名 文章語 夜明け。あかつき。

まい-そう◎**【埋葬】**名 他サ 死体を土中にうずめること。

まい-ぞう◎**【埋蔵】**名 ❶他サ うずめかくすこと。❷自サ 地下にうまっていること。「石炭の―量」

まい-たけ◎｜イ**【舞×茸】**名 サルノコシカケ科のきのこ。大木の根元などに、平たい扇状の傘が重なりあって生える。食用。秋

まいち-もんじモ**【真一文字】**名 形動「一」の字のよう

ま

にまっすぐなこと。一直線。「口を―にむすぶ」

まい-ち・る［チ］【舞い散る】自五 木の葉や花びらなどが舞うようにして落ちる。

まい-つき⓪【毎月】名 まいげつ。月ごと。

まいった【参った】連語 ❶柔道や剣道の試合で、負けた者が言うことば。❷困った。よわった。「これは―」

まい-ど⓪【毎度】名 そのたびごと。いつも。「―ありがとう」

まい-とし⓪【毎年】名 年ごと。くる年もくる年も。としごと。「―恒例の行事」

マイナー①/［マ］〈minor〉名 形動 （「小さい」の意）↔メジャー。❶二流。小規模。また、主要でないこと。「―な会社」❷短音階。短調。**―チェンジ**［チェ］〈minor change〉名 他サ 一部分を手直しすること。

まい-ない⓪【×賄・×賂】名 ❶礼として贈ること。また、その物。❷わいろの古めかしい言い方。そでのした。

マイナス⓪〈minus〉↔プラス。㊀名 他サ 引き算をして値をへらすこと。また、その符号「－」。㊁名 ❶負数であること。また、その符号「－」。❷医学検査で反応があらわれないこと。陰性。❸陰極。負電荷。「―の電極」❹損失。赤字。不足。❺否定的なこと。不利なこと。「―の評価」❻零度より低い温度。零下。セ氏温度の場合は「氷点下」とも。

まい-にち［マ］【毎日】名 日ごと。くる日もくる日も。ひび。日々。「―メニューが変わる」「忙しい―を送る」

マイ-ナンバー［ナ］〈my number〉名 （和製英語）日本国内に住民票があるすべての個人に割り当てられる、一二けたの「個人番号」の通称。「―カード」

マイニング［マ］〈mining〉名 他サ （「採鉱」の意）暗号資産の取引記録を確定させるための計算をおこない、その報酬として暗号資産をうけとること。

まい-ねん⓪【毎年】名 まいとし。

マイノリティー［ノ］〈minority〉名 少数。少数派。↔マジョリティー。

マイ-バッグ［バ］〈my bag〉名 （和製英語）買い物に行くとき持参する自前の袋。

まい-ばん［マ］【毎晩】名 くる夜もくる夜も。毎夜。

まい-ひめ［イ］【舞姫】名 舞を舞い、おどりをする職業の女。おどり子。バレリーナなど。

まいひめ《舞姫》 森鷗外の短編小説。一八九〇年発表。若い官吏である主人公と留学の地ドイツの貧しい踊り子との悲恋を通して、知識人の苦悩を描く。

まい-ふく⓪【埋伏】名 自サ〔文章語〕❶うずもれかくれること。❷かくれて待ち伏せすること。

マイ-ペース［ペ］〈my pace〉名 （和製英語）自分のやり方。その人なりの調子で進めること。「―で生きていく」

マイ-ホーム［ホ］〈my home〉名 （和製英語）自分の家。自分の家庭。

まい-ぼつ⓪【埋没】名 自サ ❶うずもれ、かくれること。「水中に―する」❷世に知られないこと。「野に―した人材」

まい-まい［イ］【舞い舞い】名 ❶まいまいむし。みずすまし。㊇ ❷まいまいつぶろ。**―×螺**［ツ］名 かたつむり。㊇

まい-まい⓪【毎毎】名 副 いつも。毎度。

マイム［マ］〈mime〉名 パントマイム。

まい-もど・る［ド］【舞（い）戻る】自五 元の所へかえる。もどる。「古巣へ―」 **舞い戻り** 名 **舞い戻れる** 自下一［…できる］

まい-ゆう⓪【毎夕】名 毎晩。夜ごと。まいせき。

まい-よ⓪/［マ］【毎夜】名 まいばん。夜ごと。

まいら・す【参らす】〔古語〕㊀他下二 さしあげる。「薬の壺に御文そへてまゐらす」〈竹取〉㊁（補助動詞として）相手に関する動作をへりくだっていう語。もうしあげる。「かくだに思ひまゐらするもかしこしや」〈枕〉

マイル［マ］〈mile〉【×哩】名 ヤードポンド法の長さの単位。一マイルは約一・六キロメートル。

まい・る【参る】㊀［マ］自五 ❶「行く・来る」のあらたまった言い方（謙譲語）。「明日は父が―予定です」「父の代わりに私が参ります」「タクシーが参りました」参考 ふつう、助動詞の「ます」をともなって使われる。「先生はどちらへ参りましたか」のように、相手や第三者の行為について言うのは誤り。つまり、謙譲語というよりはかしこまりの意をあらわす丁重語としての性格が強い。❷神社や寺におまいりする。参拝する。参詣する。もうでる。❸からだが弱る。心がめいる。「暑さに―」❹負ける。降参する。「参ったよ。君にはとてもかなわない」❺死ぬ。❻すっかり心を奪われる。「彼女の魅力に参っている」❼〔文章語〕女性が手紙のあて名のわきづけに添えた語。差し上げますの意。「吉田さま―」❽（「…てまいります」「…てまいりました」の形で）「…てくる」の丁重語。「明るくなってまいりました」 **参れる** 自下一［…できる］㊁〔古語〕㊀自四 「仕える」の謙譲語。お仕えする。ご奉仕する。「宮にはじめて参りたるころ」〈枕〉㊁他四 ❶「与える・供える」の謙譲語。差し上げる。奉る。「箏の御琴まゐりたれば、すこし弾きたまふも」〈源氏〉❷「する」の謙譲語。（何か、あることを）してさしあげる。「なほ伏したれば、御格子も参らず（上ゲテサシアゲナイ）」〈枕〉「大殿油参る（灯火ヲツケテサシアゲル）ほどに」〈枕〉「みぐし参る（御髪ヲ整エテサシアゲル）ほど」〈源氏〉❸「食う・飲む・着る」などの尊敬語。「ものも、つゆばかり（チットモ）参らず」〈源氏〉参考 人が貴い人・所へうかがう意がもとで、これは現代にも生きているが、転じて、人ばかりでなく物を差し上げる意が生まれ、また、何かしてさしあげる意からみて尊敬の用法が生まれた。

マイルド［マ］〈mild〉形動 おだやかで、柔らかなようす。「―な味わい」

マイレージ［マ］/［レ］〈mileage〉名 航空会社の顧客サービスの一つ。利用の度合いに応じてポイントを発行し、種々の特典を与えるもの。マイレージサービス。

ま-いわし［イ］【真×鰯】名 ニシン科の海水魚。日本近海で多くとれる、ふつうのいわし。食用。㊙

マインド［マ］〈mind〉名 心。気持ち。精神。何かしようという意識。「消費の―が冷え込む」 **―コントロール**［ロ］〈mind control〉名 人の思想、感情などを人為的にある方向に変えること。

ま・う⓪【×眩う】自五 （「目が―」の形で）目まいがする。

ま・う⓪【舞う】自五 ❶舞をする。❷空中をとぶ。「花びらが―」 **舞える** 自下一［…できる］

ま-うえ［エ］【真上】名 ちょうど上。まっすぐ上。↔真下。

まう・く【×設く】他下二〔古語〕➡もうける（設ける）㊁。

まう・く【×儲く】他下二〔古語〕➡もうける（儲ける）㊁。

まうし-ぶみ【申し文】名〔古語〕➡もうしぶみ。

ま-うしろ［ウ］【真後ろ】名 すぐうしろ。ちょうどうしろ。↔まんまえ。

マウス〈mouth〉造 口。**―シールド**［シ］〈mouth shield〉名 感染症予防などのために口をおおう透明のカバー。**―ピース**［ピ］〈mouthpiece〉名 ❶ボクシングなど動きのはげしいスポーツで、口の中を切らないように入れるゴム製などの用具。❷管楽器のくちびるの当たる部分。

マウス [マ]〈mouse〉[名] ❶ねずみ。[参考]もとはドイツ語のMausから。実験用のはつかねずみのことを指した。❷コンピューターの入力装置の一種。机上でそれを動かし、画面上のカーソルを操作する。[参考]形がねずみににていることから。

まう・す【申す】[他四]〔古語〕➡もうす㊁。

まう・づ【詣づ】[自下二]〔古語〕➡もうでる㊁。

ま-うら [0]【真裏】[名] ちょうど裏にあたるところ。すぐ裏。「地球の―」「学校の―にある団地」

マウンティング [0]/[ウ]〈mounting〉[名] ❶哺乳(にゅう)類の雄が交尾のときに雌の上に乗ること。❷自分が相手よりも上位や優位にあることを誇らしげに示すこと。マウント。

マウンテン-バイク [バ]〈mountain bike〉[名] 山や荒れ地を走るためのがんじょうなつくりの自転車。MTB。

マウント [0]〈mount〉[名][自他サ] ❶決まった場所に物を載せ、固定すること。「交換レンズをカメラに―する」❷パソコンなどに周辺装置を認識させ、操作ができるようにすること。❸マウンティング❷。「―をとる」

マウンド [0]/[マ]〈mound〉[名] 〔「ピッチャーズマウンド」の略〕野球で、投手が投球のとき立つ、少し高いところ。

まえ【前】(まへ) ㊀[マ][名] ❶空間的に目の向いている方向を表す。↕うしろ・あと。㋐目・顔・体の向いているほう。さき。「―へ進め」「大勢の人の―に出る」㋑物の正面。また、正面に向いた位置。「郵便局の―に銀行ができた」「困難が―に立ちはだかった」㋒連続するもののはじめの部分。「列の―のほう」❷時間的に早いほうの意を表す。㋐現在より以前。過去の時点。「―に会ったことがある」「―の学校のほうがよかった」㋑ある状態に達する以前。「嫁入り―の娘」「食事の―に手を洗う」㋒順序が早いほう。さき。「父はだれよりも―に起きる」㋓物事のはじめ。「話の―の部分で概略を説明する」❸陰部。「―をかくす」❹[俗語]前科。「―のある男」❺[古語]身分の高い女性の名に添えて敬意を表す語。「玉藻(たまも)の―」㊁[接尾] 人数に相当する数量を表す語。「五人―の料理」

まえ-あき [0]【前開き】(まへ)[名] 衣服の前部が開き、ボタンなどでとめられるもの。「―の肌着」

まえ-あし [0]/[エ]【前足】【前▲肢】(まへ)[名] ↕あと足・うしろ足。❶動物の頭のがわにある一対の足。❷踏み出したほうの足。

まえ-いわい [イ]【前祝(い)】(まへいはひ)[名] 成功を予期して、前もって祝うこと。「合格の―」

まえ-うしろ [マ]/[ウ]【前後ろ】(まへ)[名] ❶前と後ろ。❷前と後ろの位置が反対になること。うしろまえ。

まえ-うり [0]【前売(り)】(まへ)[名] 当日より前に、入場券などを売ること。「―券」

まえ-おき [0]【前置(き)】(まへ)[名][自サ] 中心の話にはいる前に述べることば。前口上。「―が長い」

まえ-かがみ [カ]【前かがみ】【前▲屈み】(まへ)[名] からだを前へかがめること。まえこごみ。「―になる」

まえ-がき [0]【前書(き)】(まへ)[名] 本文の前に書くことば。序。↕あとがき。

まえ-かけ [0]【前掛(け)】(まへ)[名] 仕事をするとき、ひもで腰にむすびつけて、体の前面に下げる布。エプロン。まえだれ。

まえ-がし [0]【前貸(し)】(まへ)[名] 支払いの期日以前にそのかねを渡すこと。さきがし。↕前借り。

まえ-がしら [ガ]【前頭】(まへ)[名] 相撲で、三役以外の幕内の力士。

まえ-かた [0]【前方】(まへ) ㊀[名] 前のほう。㊁[副] ❶以前。いまより前。❷まえもって。あらかじめ。かねて。〔古めかしい言い方〕

まえ-がみ [0]【前髪】(まへ)[名] ❶ひたいにたれかかる髪。❷昔、女性や元服前の若い男子が、ひたいの上の髪をたばねたもの。❸元服前の少年。

前髪❷

まえ-がり [0]【前借り】(まへ)[名] 受取期日以前に、そのかねをもらうこと。ぜんしゃく。「月給を―する」↕前貸し。

まえ-かんじょう [カ]【前勘定】(まへ)[名] 代金を前もって払ったり、受けとったりすること。

まえ-ぎり [0]【前×桐】(まへ)[名] たんすなどの、前板だけにきりの板がつかってあること。↕総ぎり・三方ぎり。

まえ-きん [0]【前金】(まへ)[名] 前もって代金・借り賃・賃金などを支払うこと。また、そのかね。ぜんきん。↕あときん。

まえく-づけ [0]【前句付(け)】(まへく)[名] 雑俳の一種で、七・七の句に、五・七・五の上の句をつけるもの。

まえ-げいき [ゲ]【前景気】(まへ)[名] 物事が始まる前の景気。「―をつける」「―に一ぱいやろう」

まえ-こうじょう [コ]【前口上】(まへ)[名] 本題の話・芸などをするまえのことば。まえおき。

まえ-こごみ [コ]【前こごみ】【前▲屈み】(まへ)[名] ➡まえかがみ。

まえ-さがり [サ]【前下がり】(まへ)[名] 物の前部が、その後部より下がっていること。「―の着かた」

まえ-さばき [サ]【前さばき】【前×捌き】(まへ)[名] 相撲で、立ち上がったすぐあと、先手を取ろうとして、たがいに相手の手をはね返し合うこと。

まえ-じて [0]【前ジテ】(まへ)[名] 前後の二場よりなる能の、前の場の主人公。↕のちジテ。

まえ-じらせ [ジ]【前知らせ】(まへ)[名] まえぶれ。前兆。

マエストロ [エ]〈ｲ maestro〉[名] 〔「名人」の意〕大音楽家。音楽の巨匠。

まえ-ずもう [ズ]【前相撲】(まへずまふ)[名] 大相撲の本場所で、番づけにのらない、下位の力士たちのとる相撲。

まえ-せつ [0]【前説】(まへ)[名] 公開番組の本番開始前に、観客に対して注意事項や演出の趣旨などを説明すること。

まえ-せんでん [セ]【前宣伝】(まへ)[名] 催し物や商品の販売に先がけてする宣伝。「新刊雑誌の―」

まえ-だおし [0]【前倒し】(まへだふし)[名] ❶予算を前の期に繰り上げて執行すること。❷決まった時期よりも早めて実行すること。「発売日が―になる」

まえ-だて [0]【前立(て)】(まへ)[名] かぶとの鉢の前に立てるかざり。まえだてもの。

まえだ-ゆうぐれ《前田夕暮》〔一八八三―一九五一〕歌人。本名は洋造。代表歌集に「収穫」「原生林」など。

まえ-だれ [0]【前垂(れ)】(まへ)[名] まえかけ。

まえ-づけ [0]【前付(け)】(まへ)[名] 書籍の本文の前に入れる序文・目次など。↕あとづけ。

まえ-どり [0]【前撮り】(まへ)[名] 儀式の当日よりも前に記念写真を撮影しておくこと。早撮り。「成人式の―」

まえ-のめり [ノ]【前のめり】(まへ) ㊀[名] からだが倒れそうに前へ傾くこと。㊁[名][形動] 性急に物事を行うこと。「―な発言」

まえ-のり [0]【前乗り】(まへ) ㊀[名][自サ] 遠方の出張先などに仕事の前の日から泊まること。㊁[名] ワンマンバスなどで前方の乗降口から客が乗ること。「―前払い」↕後乗り。

まえ-ば [マ]【前歯】(まへ)[名] ❶口の前の部分にある歯。門歯(もんし)。❷げたの前のほうの歯。

まえ-ばらい [バ]【前払い】(まへばらひ)[名] 代金・料金・給料などを

ま

先に払うこと。前金で払うこと。↕後払い。

まえ-ばり⓪【前張り】[名] 映画やテレビで、裸体で演技する俳優の陰部を隠すためにはる布や紙。

まえ-び[マ]【前日】[名] その当日の前の日。ぜんじつ。

まえ-ひょうばん[ヒョ]【前評判】[名] ある物事が行われる前の評判。「―を裏切らない」

まえ-ふり⓪【前振り】[名] 本題に入る前の話。前置き。「―が長い」

まえ-ぶれ⓪【前触れ】[名] ❶前もって知らせること。予告。❷あることの起こるのを知らせる物事。前兆。「病気の―」

まえ-まえ⓪【前前】[名] 以前。ずっと前。「―からの知人」

まえ-みごろ[ミ]【前身頃】【前×裑】[名] 衣服の前のほうの身ごろ。↕後ろみごろ。

まえ-みつ⓪【前▲褌】[名] 相撲で、力士がまわしをしめたとき、腹側で横にまいてある部分。

まえ-むき⓪【前向き】[名]↕後ろむき。❶前方に向くこと。真向き。❷積極的・進歩的な態度。「―の姿勢」「―に考える」

まえ-もって[モ]【前もって】【前▲以て】[副] あらかじめ。「―承諾を得る」

まえ-やく⓪[マ]【前厄】[名] 厄年の前の年。↕あとやく。

まえ-わたし[ワ]【前渡し】[名] ❶期日以前にかねや品物を渡すこと。さき渡し。❷てつけ。手金。

ま-えん⓪【魔縁】[名]〖仏〗❶悪魔が近づくもととなるような因縁。❷仏道修行のさまたげをする悪魔。

ま-おう[オ]【魔王】[名] ❶人間のちえをうばい、仏道修行のさまたげをする悪魔の王。❷魔界の王。

まおさ・く【▲申さく】[連語]〔古語〕申すこと。申すことには。

まお・す【▲申す】[他四]〔古語〕「まうす(申す)」の奈良時代の語。「秋さらば帰りまさむとたらちねの母にまをして」〈万葉〉

マオタイ-しゅ[タ]【マオタイ酒】【〔中〕×茅台酒】[名] 中国貴州省でとれたコーリャンを主原料とする蒸留酒。

ま-おとこ[オ]【間男】[名] 人妻がほかの男とこっそり関係を結ぶこと。また、その相手の男。情夫。

まが【▲禍】[名]〔古語〕よくないこと。わざわい。不吉。凶。

ま-かい⓪【魔界】[名]〔文章語〕悪魔のすむ世界。魔境。

まがい⓪【▲紛い】[名] あまりに似ていて区別のつかないこと。「―の宝石」「脅迫―のやり口」

まがい-ぶつ[ガ]【磨(摩)崖仏】[名] 自然の崖や岩の表面に彫刻された仏像。

まがい-もの⓪【まがい物】【▲紛物】[名] よく似せてつくってある物。にせ物。「―のダイヤ」

まが・う[ガ]【▲紛う】[自五] ❶いりみだれる。まざって、みわけにくい。❷よく似ていて、見ちがえたり、聞きちがえたりする。[参考]口語では、ふつう、連体形だけが使われ、「まごう」と発音される。「―父の声」 **―方ない** まぎれようがない。正真正銘である。「―父の声」

まが・える【▲紛える】[他下一] ❶まぜてわからないようにする。❷似せる。見ちがえさせる。「本物にまがえて作る」 **まが・ふ**[文語八下二] [他下二]〔古語〕❶入り乱れさせて、見分けられないようにする。❷見失う。「有明の月の行方を空にまがへて」〈源氏〉

まがお⓪【真顔】[名] まじめな顔。「―でたずねる」

まがき[マ]/⓪【×籬】[名]〔文章語〕竹・柴などをあらく編んでつくったかき。ませ。ませがき。

ま-かげ⓪【目陰】[名] 遠くを見やるときなどに、手を目の上にかざして光をさえぎること。「―を差す」

まが-ごと【▲禍言】[名]〔古語〕不吉なことば。えんぎのわるいことば。

まが-ごと【▲禍事】[名]〔古語〕よくないこと。わざわい。凶事。災難。

ま-がし⓪【間貸し】[名] 料金をとって、へやを貸すこと。↕間借り。

マガジン[マ]〈magazine〉[名] ❶雑誌。❷カメラのフィルムの巻きとりわく。**―ラック**[ラ]〈magazine rack〉[名] 雑誌や新聞を入れておくもの。雑誌入れ。

まか・す[カ]【任す】【▲委す】[他五] ➡まかせる。

まか・す⓪【負かす】[他五] 相手を負けさせる。相手に勝つ。やぶる。**負かせる**[自下一]〔…できる〕

ま-かず⓪【間数】[名] へやの数。へや数。

まか・ず【▲罷づ】[自下二]〔古語〕❶「去る・退く」の謙譲語。高貴な所、目上の人のもとから退出する。「(宮中カラ)里にまかでたるに」〈枕〉↕まいる。❷「出る・行く」の丁寧語。出ます。行きます。「老いかがまりて、室の外にもまかでず」〈源氏〉

まかせ【任せ】[造]〈名詞や代名詞につく〉なすがままにしておくこと。「風―」「人―」

ま-かぜ[マ]/⓪【魔風】[名] 悪魔が吹かせる、恐ろしい誘惑の風。

まか・せる[セ]【任せる】【▲委せる】[他下一] ❶そのもののするままにしておく。「人のするに―」❷任す。ゆだねる。委任する。一任する。「代表に―」❸自然のなりゆきのままにする。「雨にぬれるに―」❹乗ずる。…をいいことにする。「あるに任せて使いこむ」 **まか・す**[文語下二]

まが-たま⓪【まが玉】【▲曲玉・▲勾玉】[名] 日本の古代人が装身具などに使った、巴形の玉。

まが玉

まか・づ【▲罷づ】[自下二]〔古語〕➡まかず。

ま-がな⓪【真仮名】[名] 万葉がな。

まかない⓪/[ナ]【賄い】[名] ❶まかなうこと。ととのえること。「家事の―」❷食事。「―つきの下宿」❸食事をつくること。また、その人。「―のおばさん」❹飲食店の従業員が、そこで働く人のためにつくる食事。

まかない-かた⓪【賄い方】[名] 食事をつくる人。

まかな・う[ナ]【賄う】[他五] ❶処理する。「うまくとり―」❷食事をととのえ与える。「下宿人の食事を―」❸限られた物資・費用・人手などでまにあわせる。「千円で―」 **賄える**[自下一]〔…できる〕

×蒔かぬ種は生えぬ 原因がないのに結果が生じるはずがない。

ま-がね【真金】[名]〔古語〕〔「ま」は接頭語〕くろがね。鉄。

まか-ふしぎ[マ]【摩×訶不思議】[名][形動]〔「摩訶」は大きいこと〕ひどく不思議なこと。「―な事件」

まがまが-し・い[シ]【▲禍▲禍しい】[形] 悪いことが起こりそうで、いやな感じである。不吉である。「―出来事」 **まがまがしさ**[名] **まがまが・し**[文語シク]

ま-がも⓪【真×鴨】[名] カモ科の水鳥。雄は頭と首が緑色で美しい。日本には、秋に渡ってきて、春、北方へ帰る。㊀

まがり⓪【曲(が)り】[名] ❶曲がること。曲がっている所。曲がりかど。❷曲がりがね。かねじゃく。❸【×糫】もちごめの粉をこね、ひねって輪のようにし、ごま油であげた菓子。まがりもちい。

ま-がり⓪【間借り】[名] 料金をはらって、へやを借りることと。↕間貸し。

まかり‐あ・り【▲罷り在り】自ラ変〔古語〕「あり」「居り」のあらたまった言い方。

まかり‐い・ず【▲罷り▲出づ】自下二〔古語〕❶（高貴な所から）退出する。「夜に入りて楽人どもまかり出づ」〈源氏〉❷「行く」「来る」のあらたまった言い方。まいる。参上する。

まがり‐かど【曲（が）り角】名 ❶道などが折れ曲がるかど。❷かわりめ。転機。「人生の―」

まがり‐がね【曲（が）り金】名 かねじゃく。

まがり‐くね・る【曲（が）りくねる】自五 道・川・枝など、細長いものがいくつにも折れまがる。

まかり‐こ・す【▲罷り越す】自四〔古語〕「行く・来る」のへりくだった言い方。まいる。

まかり‐で・る【まかり出る】【▲罷り出る】自下一 ❶身分の高い人の前からしりぞいて帰る。退出する。❷参上する。❸ずうずうしく人の前に出て来る。

まかり‐とお・る【まかり通る】【▲罷り通る】自五 ❶あたりかまわず、通って行く。❷よくないことが堂々と通用する。「無法が―」

まかり‐なら・ぬ【まかり成らぬ】【▲罷り成らぬ】連語〔改まった言い方〕いけない。ゆるさない。「帰ること―」

まがり‐なり【曲（が）りなり】名 ❶曲がったかたち。❷不完全な形。「―にもできた」

まかり‐まちが・う【まかり間違う】【▲罷り間違う】自五〔強調や誇張の言い方。多く「まかり間違えば」「まかり間違っても」の形で〕まちがう。「まかり間違えば命にかかわる」

まかり‐もうし【▲罷り申し】名・自サ〔古語〕❶昔、地方官が任地におもむくとき、宮中へ参上して、いとまごいを申しあげたこと。❷いとまごい。

まがり‐や【曲（が）り屋】名 母屋の横に馬屋が突き出て、上から見るとL字形に建てられた家屋。岩手県地方に多くみられる。

まか・る【負かる】自五 値段を安くすることができる。負けることができる。「一円も負からない」

まか・る【▲罷る】自四〔古語〕❶「去る」「帰る」などのあらたまった言い方。高貴な人・目上の人のもとから退出する。また、都から地方へくだる。「憶良らは今はまからむ」〈万葉〉↕参る。❷〈会話や手紙・和歌の詞書（ことばがき）の中に用いられて〉「行く」のあらたまった言い方。「人のもとにまかれりける夜」〈古今〉❸死ぬ。みまかる。「妻は、すでにまかりて」〈雨月〉

まが・る【曲（が）る】自五 ❶まっすぐなものが「く」の字の形になる。また、そういう形になっている。「年取って腰が―」「くねくねと曲がった山道」❷向きを変えて進む。横に折れる。「かどを右に―と駅の前に出る」❸向きが正しい方向とずれる。「ネクタイが曲がっている」❹心や行いが正しくなくなる。ゆがむ。「根性が曲がっている」「曲がった事は大きらいだ」 **曲がれる** 自下一〔…できる〕

マカロニ〈イ macaroni; イ maccheroni〉名 パスタの一種。管（くだ）や貝がらの形などいろいろある。

マカロン〈フ macaron〉名 卵白を泡立てて砂糖やアーモンドの粉末を入れ、半球状にしぼり出して焼き上げた洋菓子。

まき【牧】名 まきば。ぼくじょう。

まき【巻（き）】㊀名 ❶巻くこと。巻いた程度。「ぜんまいの―が弱い」❷【巻】書画の巻物。また、書籍の区分。「上の―」❸【巻】俳諧（はいかい）の付け合いを長くつづけたもの。㊁接尾【巻】❶巻物をかぞえる語。「絵巻二（ふた）―」❷巻く回数をかぞえる語。「一―二―」

まき【▲薪】名 木を切ったり割ったりした、たきもの。たきぎ。

まき【真木・×槇】名 マキ科の常緑高木。暖地に自生し、また庭木やいけがきにされる。葉は線形で厚い。雌雄異株。材は器具用。

まき‐あ・げる【巻（き）上（揚）げる】他下一 ❶巻いてつり上げる。「幕を―」❷おどしたりだましたりして、金品をうばいとる。「かねを―」 **巻きあげ** 名 **まきあ・ぐ** 文語下二

マキアベリズム〈Machiavellism〉名 ➡マキャベリズム。

まき‐あみ【巻（き）網】【▲旋網】名 魚群をとり巻いてとらえる網。また、その漁法。

まき‐え【まき絵】【×蒔絵】名 うるしでかいた模様に金粉・銀粉などをちらした日本独特の工芸美術。

まき‐え【まき餌】【×撒餌】名 小鳥・魚などを集めるために、えさをまきちらして与えること。また、そのえさ。

まき‐おこ・す【巻（き）起（こ）す】他五 突然、事をひき起こす。「恐慌（きょうこう）を―」「反響を―」 **巻き起こせる** 自下一〔…できる〕

まき‐おとし【巻（き）落（と）し】名 相撲で、相手に押されながら、相手の胴をかかえてよこにひねりたおすわざ。

まき‐がい【巻（き）貝】名 たにし・さざえなどのようにらせん状のからをもっている貝。↕二枚貝・片貝。

まき‐かえし【巻（き）返し】名 ❶巻いて、もとへもどすこと。❷負けそうな状態から逆に攻めかけること。劣勢をはねかえすこと。「―をはかる」 **まきかえ・す** 他五

まき‐がみ【巻紙】名 紙をよこに長く巻いたもの。おもに毛筆で書く手紙用。

まき‐がり【巻（き）狩（り）】名 狩り場を四方からかこんで、けものを中に追い込んでとらえること。

まき‐ぐも【巻（き）雲】名 巻雲（けんうん）。

まき‐げ【巻（き）毛】名 渦巻き状に巻いた頭髪。

まき‐こ・む【巻（き）込む】【×捲込む】他五 ❶巻いて、うちに入れる。「車輪に巻き込まれる」❷ひき入れる。まきぞえにする。「事件に巻き込まれる」 **巻き込み** 名 **巻き込める** 自下一〔…できる〕

まき‐ざっぽう【▲薪ざっぽう】名 棒のかわりにも使えるほどの長さに切ったたきぎ。

マキシ〈maxi〉名 スカートやコートなどでくるぶしまで届く丈のもの。

まき‐じた【巻（き）舌】名 舌を巻くようにして発音する勢いのよい口調（くちょう）。

マキシマム〈maximum〉＝マクシマム 名 最大限。最高。極大。マックス。↕ミニマム。

まき‐じゃく【巻（き）尺】名 細長い布・鋼に目もりをつけて容器に巻きこんだものさし。

まき‐スカート【巻（き）スカート】名 腰に巻きつけてはくスカート。

まき‐ずし【巻きずし】【巻×鮨】名 のりや、たまご焼きで巻いたすし。

まき‐ぞえ【巻（き）添え】名 他人の事件に関係して損害を受けたり迷惑をこうむったりすること。「―をくう」

まき‐タバコ【巻きたばこ】【巻▲煙▲草】名 紙で巻き固めたたばこ。シガレット。↕きざみタバコ・葉巻。

まき‐ちら・す【まき散らす】【×撒散す】他五

ま

一面にばらまく。**まき散らせる** 自下一[…できる]

まき-つ・く ツ【巻(き)付く】自五 巻いてくっつく。ぐるぐるとからみつく。「つるが支柱に—」

まき-つけ ⓪【まき付け】【×蒔付け・×播付け】名 農作物のたねを畑にまくこと。

まき-つ・ける ケ【巻(き)付ける】他下一 巻いてくっつける。ものにぐるぐると巻く。「柱にひもを—」 **まきつ・く** 文語下二

まき-づめ ⓪【巻(き)爪】名 つめの両端が丸まって皮膚に食い込んだもの。足の親指に多い。

まき-とり-し リ【巻(き)取(り)紙】名 印刷に使う、大きく巻いたかみ。巻き取りがみ。

まき-なおし ⓪【まき直し】【×蒔直し】—なほし 名 ❶種をもう一度まくこと。❷はじめからやり直すこと。「新規—」 **まきなお・す** 他五

まき-ば ⓪【牧場】名 牛・馬・羊などを放し飼いにする所。まき。ぼくじょう。

まき-ばしら【真木柱・×槙柱】❶名[古語] 真木でつくった柱。ひのきばしら。❷枕「ふとき」にかかる。「真木柱太き心はありしかど」〈万葉〉

まき-ひげ ⓪【巻きひげ】【巻×鬚】名 植物の枝・葉などが変形して、つるになったもの。きゅうり・ぶどうなどにある。

まき-もど・す ド【巻(き)戻す】他五 逆方向に巻いて、元の状態に戻す。「フィルムを—」 **巻き戻し** 名 **巻き戻せる** 自下一[…できる]

まき-もの ⓪【巻物】名 ❶書や画を表装して軸に巻いたもの。❷軸に巻いた反物。

ま-ぎゃく ⓪【真逆】名 形動[俗語] まったく逆であること。正反対。「目的地とは—に進む」「性格が—な夫婦」

マキャベリズム リ〈Machiavellism〉= **マキアベリズム** 名 ❶〔一五、六世紀のイタリアの思想家マキャベリの思想から〕国の勢力の拡大、秩序の維持のためには、不道徳な方法も許されるという考え方。❷目的のためには手段を選ばないやり方。

ま-きゅう ⓪【魔球】名 野球で、打者をくるしめる変化球。

ま-きょう ⓪【魔境】名[文章語] 悪魔のいるような、恐ろしい所。魔界。

まぎらか・す カ【紛らかす】他五 ↓まぎらす。

まぎら・す ラ【紛らす】他五 ❶区別がつきにくいようにする。まぎれるようにする。かくす。「涙をえがおに—」❷気分をごまかす。「心配を—」

まぎら・せる セ【紛らせる】他下一 ↓まぎらす。**まぎら・す** 文語下二

まぎらわし・い【紛らわしい】❶シ 形 似かよっていて、区別がつきにくい。混同されやすい。紛れやすい。「—表現をさける」 **紛らわしさ** 名 **まぎらは・し** 文語シク ❷形シク[古語] ❶日の光がまぶしい。「朝日さし、まきらはしもな」〈万葉〉❷つぎつぎに事が起こって、気持ちが落ちつかない。めまぐるしい。「まぎらはしくてなむ過ぐしつる」〈源氏〉参考 奈良時代には「まきらはし」と清音。

まぎらわ・す ワ【紛らわす】他五 ↓まぎらす。

ま-ぎ・る ギ【間切る】自五 ❶船が波をきって進む。❷船がななめの風を帆に受けて走る。

まぎ・る【紛る】自下二[古語] ↓まぎれる❷。

まぎれ レ【紛れ】名 まぎれること。**—もない** まちがいない。ほんとうの。「—事実」

まぎれ-こ・む コ⓪【紛れ込む】自五 ❶まちがってはいりこむ。「よその郵便物が—」❷わからないように、はいりこむ。「人ごみの中に—」 **紛れ込める** 自下一[…できる]

まぎ・れる【紛れる】❶レ 自下一 ❶(何かの中に)はいりこんで、それと区別がつかなくなる。「夜の闇に—」「雑踏に—」❷(何かに)気をうばわれて、そのことを忘れてしまう。「いそがしさに紛れて、失念しました」 **まぎ・る** 文語下二 ❷自下二[古語] ❶しのびかくれる。「まぎるべき几帳」〈源氏〉❷あくせくとして、いそがしい。「まぎるることいできたり」〈平家〉

ま-ぎわ マ【間際】【真際】—ぎは 名 物事のさしせまったとき。寸前。「発車—に飛び乗る」

まき-わり ⓪リ【まき割り】【×薪割】名 ❶太いまきを割って、たきぎをつくること。❷まきを割るのに使う刃物。

まく【幕】❶ク 名 造 ❶物のしきりにする広い布。「暗幕・煙幕・天幕」❷しばいなどの一段落。「幕間・幕切れ・序幕」❸相撲の、幕内。「幕下・平幕」❷ク 名 ❶場面。「おまえの出る—ではない」❷しまい。終局。終結。「この事件もやっと—だ」❸造 スクリーン。「銀幕・字幕」[別音ばく|幕] **—が上がる** 幕が開く。**—が開く** ❶上映・演技がはじまる。❷ことがはじまる。**—が下りる** 幕がしまってしばいがおわる。転じて、ことがおわる。「時代の—」 **—を開ける** ❶上映・演技をはじめる。❷ことをはじめる。**—を下ろす** 幕を閉じる。**—を閉じる** ❶上映・演技がおわる。❷ことがおわる。

まく ク【膜】名 造 ❶生物体の諸器官をおおううすい細胞層。「結膜・鼓膜・細胞膜」❷物の表面をおおううすい皮。皮膜。

ま・く ⓪【巻く】【×捲く】他五 ❶円を形づくるようにする。㋐長い物をくるくると丸める。「反物を—」「卒業証書を巻いて筒に入れる」㋑ぐるぐると円をえがくように動く。「蛇がとぐろを—」「うずを—」❷まわりを包みかこむ。㋐まわりにからみつける。「指にほうたいを—」「おにぎりにのりを—」㋑周囲を輪のようにかこむ。「城を—」「煙に巻かれる」❸ねじを回転させる。「時計のねじを—」❹連歌・俳諧の付け合いをする。「歌仙を—」❺登山で、急斜面や難所を避けて迂回する。「岩場を巻いて登る」 **まける** 自下一[…できる]

ま・く マ【×蒔く・×播く】他五 ❶種を地面に散らす。❷まき絵をつくる。**まける** 自下一[…できる]

ま・く マ【×撒く】他五 ❶ちらばらせる。「水を—」❷同行の人や追ってくるものを、はぐらかす。「尾行者を—」 **まける** 自下一[…できる]

ま・く【×枕く】他四[古語] ❶まくらとする。まくらにして寝る。「磐根しまきて、ねなましものを」〈万葉〉❷だきねする。「若草の妻をもまかず」〈万葉〉

ま・く【×任く】他四 他下二[古語] 官職に任命する。任地につかわす。「皇子ながらまけたまへば」〈万葉〉

ま・く【×設く】他下二[古語] ❶あらかじめ用意する。もうける。「さ丹塗りの小舟をまけ」〈万葉〉❷その時期をまつ。「春まけて、かく帰るとも」〈万葉〉

まく 連語[古語]〔意志・推量の助動詞「む」と、上を体言化する「く」〕…しようとすること。…のようなこと。「鶯鳴くも散らまく(梅花ノ散ルノヲ)惜しみ」〈万葉〉

まく-あい ⓪【幕あい】【幕×間】—あひ 名 しばいが一段落して、幕のとじているあいだ。参考「まくま」は文字に引かれた読み方とされる。

まく-あき ⓪【幕開き】名 ❶しばいで演技のはじまること。開幕。❷物事のはじまること。また、その時。「国会の—」参考「まくあけ」ともいうが、本来は誤り。

まく‐あけ ⓪【幕開け】名「まくあき」に同じ。
まく‐うち ⓪【幕内】名 相撲の階級で、前頭(まえがしら)以上。また、その力士。幕の内。
マグ‐カップ [カ]〈mug cup〉名〔和製英語〕とってのついた円筒型の茶わん。マグ。
まく‐ぎれ ⓪【幕切れ】名 ❶演芸の一段落が済むこと。幕切り。❷事のおわり。「あっけない━」
ま‐ぐさ ⓪【×秣】名 牛・馬などの飼料とする草。かいば。
まくし‐あ・げる [ゲ]【まくし上げる】【×捲し上げる】他下一 上の方までまくる。まくり上げる。「ズボンを━」 **まくしあ・ぐ** 文語下二
まく‐した ⓪【幕下】名 相撲の階級で、十両と三段目のあいだ。
まくし‐た・てる [テ]【×捲し立てる】他下一 いきおいはげしく、言いたてる。「息もつかずに━」 **まくした・つ** 文語下二
まく‐しつ ⓪【膜質】名 膜のような性質。
マクシマム [マ]〈maximum〉名 ➡マキシマム。
まく‐じり ⓪【幕尻】名 相撲で、幕内(まくうち)力士のいちばん下の位置。
まぐ‐そ ⓪【馬×糞】名 うまのくそ。ばふん。
まく‐そと ⓪【幕外】名 歌舞伎(かぶき)の演出の一つ。一幕の終わりに幕が引かれた後、幕の外側に役者が残り、花道などで演技をすること。
ま‐ぐち [マ]【間口】名 ❶家屋・土地などの前面のはば。↕奥行き。❷仕事の領域。「商売の━をひろげる」
まぐ‐ちゃ ⓪【×鮪茶】名 まぐろのさしみを飯の上にのせ、あつい茶やだし汁をかけたもの。
ま‐くつ ⓪【魔窟】名 ❶悪魔のすむ所。❷わる者や売春婦などのあつまっている所。
マグナ‐カルタ [カ]〈Magna Charta〉名 一二一五年に制定された、イギリスの憲法。大憲章。
まく‐なし ⓪【幕無し】名〔芝居で、幕で区切らずに複数の場面を続けて上演する演出方法から〕絶え間がないこと。ひっきりなし。「のべつ━」
マグニチュード [マ]/[チュ]〈magnitude〉名 地震の規模の大小をあらわす単位。記号は「M」。
マクニン [マ]〈Macnin〉名〔商標名〕まくりから作った回虫駆除薬。
マグネシア [ネ]〈magnesia〉名 白色・結晶状の粉。下剤用・工業用。酸化マグネシウム。
マグネシウム [シ]〈magnesium〉名 元素記号Mg 原子番号12 原子量24.305 銀白色の金属元素。花火・写真撮影・合金用。
マグネチック〈magnetic〉接頭 磁石(じしゃく)の。磁気を帯びていること。「━スピーカー」
マグネット [ネ]/[マ]〈magnet〉名 磁石(じしゃく)。磁鉄。
まく‐の‐うち [ノ]【幕の内】名 ❶幕内(まくうち)。❷幕の内弁当。 **━弁当**(べんとう) [ベ] 名〔芝居の幕あいにたべたから〕小さな俵形のにぎり飯とおかずを詰めあわせた弁当。
まく‐ひき ⓪【幕引(き)】名〔芝居の終わりに幕を引くことから〕一連のごたごた騒ぎを終わりにさせること。
まく‐ほし 連語 古語〔「まく」(連語)に、形容詞「ほし」がついたもの。「まほし」の原形〕…であることが願われる。…でありたい。…ことがしたい。「明日さへ見まくほしき君かも」〈万葉〉
まく‐ま ⓪【幕間】名 ➡まくあい。
マグマ [マ]〈magma〉名 地下の深い所で、溶けて液体状になっている岩石。岩漿(がんしょう)。
まく‐み ⓪【幕見】名 ➡一幕見(ひとまくみ)。
まく‐や ⓪【幕屋】名 ❶幕をはりめぐらした小屋。また、幕をはって家のようにしたもの。❷能楽・しばいなどの楽屋。もと、幕をはってつくったことから。
まくら [マ]【枕】名 ❶寝るとき頭をのせる道具。❷寝るとき頭のむく方向。「東を━に寝る」❸下から受けささえるもの。「━木」❹重いものをうごかすとき下に敷く丸材。❺落語の冒頭に話す、主題と関係のある雑談や小咄(こばなし)。また、講演などの前おきにもいう。 **━を交(か)わす** 男女がいっしょに寝る。 **━を×欹(そばだ)てる** ねどこで耳をかたむけて聞く。 **━を高(たか)くして寝(ね)る** ❶安心して寝る。❷安心してくらす。 **━を並(なら)べて討死(うちじ)にする** ❶一時にみんなうち死にする。❷同時にみんな失敗する。 **━を濡(ぬ)らす** 悲しみにたえきれず、夜に床の中でひとり泣くことのたとえ。 **━を振(ふ)る**「まくら❺」を話す。
まくら‐え [ラ]【枕絵】名 性行為の場面をあらわに描いた絵画。春画。江戸時代の浮世絵師が盛んに制作した。
まくら‐がたな [ガ]【枕刀】名 まくらもとに置いて身をまもる刀。
まくら‐がみ [ラ]【枕上】名 まくらもと。
まくら‐ぎ [ラ]【枕木】名 レールの下に敷いて、レールを平行にたもつ、木やコンクリートの材。
まくら‐ぎょう ⓪【枕経】名 納棺の前に、死者のまくらもとであげるお経。
まくら‐ことば [コ]【枕ことば】【枕▲詞】名 和歌で、特定の語の上につけて修飾したり句調をととのえたりする語。多くは五音。「しきしまの・あおによし・たらちねの・ひさかたの」など。
まくら‐さがし [サ]【枕探(捜)し】名 旅館などで、客の寝ている間に、かねや品物をぬすむこと。また、その人。
まくら‐なげ [ナ]【枕投げ】名 修学旅行などで、ふざけてまくらを投げあう遊び。
まくらのそうし《枕草子》平安時代中期の随筆。清少納言(せいしょうなごん)の作。独特の感性に裏付けられた三百余の章段から成る。
まくら‐ばな [ラ]【枕花】名 死者のまくらもとに供える花。
まくら‐びょうぶ [ビョ]【枕びょうぶ】【枕×屏風】名 まくらもとに立てる、ひくくて小さいびょうぶ。(冬)
まくら‐べ [ラ]【枕辺】名 まくらの近く。まくらもと。
マクラメ ⓪〈ᶠmacramé〉名 糸やひもをむすびあわせて、もようを作る手芸・手芸品。マクラメレース。
まくら‐もと [ラ]【枕元】【枕▲許】名 寝ている人のまくらのあたり。まくらべ。
まくり ⓪【▲海▲人▲草】名 ❶紅藻(こうそう)類の海藻。回虫駆除薬用。かいにんそう。❷まくりに甘草(かんぞう)・大黄(だいおう)などを加えた回虫駆除薬。
まく・る ⓪【×捲る】他五 ❶おおっているものを巻きあげて一方に寄せる。「そでを━」「腕を━」❷はぐ。めくる。「ページを━」❸〔動詞の連用形について〕さかんにその動作をすることをあらわす。「しゃべり━」 **まくれる** 自下一〔…できる〕
まぐれ [マ]【紛れ】名 偶然のさいわい。「━で合格する」
まぐれ‐あたり [ア]【まぐれ当たり】【▲紛れ当たり】名 偶然に当たること。
まぐれ‐ざいわい [ザ]【まぐれ幸い】【▲紛れ幸】名 まぐれあたりの幸い。僥倖(ぎょうこう)。こぼれざいわい。
まく・れる ⓪【×捲れる】自下一 はがれて上がる。めくれる。「着物のすそが━」
マクロ [マ]〈macro〉━名 形動 範囲の広いこと。広く見渡すこと。巨大。巨視的。「━の経済学」↕ミクロ。━名 コンピューターで、複雑な操作手順をあらかじめ登録し、

必要なときに簡単に実行させる機能。マクロ機能。ーコスモス[コ]〈ド Makrokosmos〉[名] 大宇宙。↕ミクロコスモス。

まぐろ[0]【×鮪】[名] サバ科の海水魚の総称。外洋を回遊する。大形で、背は青黒く、身は赤い。刺し身・すし種にする。くろまぐろ・きはだなど。[冬]

ま-ぐわ[0]【馬×鍬】(ぐは)[名] 約一(メートル)の柄(え)に、幅約一二〇(センチメートル)の、くしの歯のような刃物を丁字形につけた農具。牛馬にひかせる。まんが。うまぐわ。

ま-ぐわい[0]【目合ひ】(ぐはひ)[名][文章語] 男女の肉体的まじわり。性交。

まくわ-うり[ワ]【×甜×瓜】(まくは)[名] ウリ科のつる性一年草。夏、黄色の花を開く。果実は長円形で、甘い。食用。[夏]

ま-ぐわ・し【目▲細し】(ぐはし)[形シク][古語] 美しい。「朝日なすまぐはしも」〈万葉〉

まけ[0]【負け】[名] 負けること。敗北。「大差の―」「―をみとめる」「気合い―」↕勝ち。 **ーが込(こ)む** 負け数が多くなる。 **ーに不思議(ふしぎ)の負(ま)けなし** 勝負に負けるときは必ず原因がある、という教訓のことば。[参考] 勝つときはまぐれで勝つことはある、という意の「勝ちに不思議の勝ちあり」に続けて言う。江戸後期の大名松浦静山(まつらせいざん)の著「常静子剣談」にみえる。

まげ[0]【×髷】[名] 頭髪を曲げてたばねたもの。わげ。

まけ-いくさ[イ]【負(け)戦】[名] 戦争や試合に負けること。↕勝ち戦。

まけ-いぬ[0]【負(け)犬】[名] ❶けんかに負けて、しっぽを巻いた犬。❷勝負に負けて引き下がるみじめな姿の人。

まけ-いろ[0]【負(け)色】[名] 負けそうなようす。敗色。

まけ-おしみ[0]【負(け)惜しみ】(をしみ)[名] 負けたことや失敗をすなおに認めず、いろいろ弁解したりすること。「―が強い」

まげき-ざいく[ザ]【曲げ木細工】[名] 木材をむして曲げ、家具などをつくること。また、その製品。

まけ-ぎらい[ギ]【負(け)嫌い】(ぎらひ)[名][形動(の)] 負けず嫌い。

まけ-ぐみ[0]【負け組】[名] ある分野で、社会的に成功しなかった側。↕勝ち組。

まけ-こ・す[コ]【負(け)越す】[自五](サ・ソ・シ・ス・ス・セ・セ) 勝ちの数よりも負けの数のほうが多くなる。「大きく―」↕勝ち越す。 **負け越し**[名]

まけじ-だましい[ダ]【負けじ魂】(だましひ)[名] 人に負けまいとする気。負けぎらいの心。

まけず-おとらず[ト]【負けず劣らず】[副] たがいにまさりおとりなく、きそうようす。「―の力」

まけず-ぎらい[ギ]【負けず嫌い】(ぎらひ)[名][形動(の)] 負けることをひどくいやがること。負けぎらい。[参考]「負けぎらい」に否定の意味合いがあることから、打ち消しの「ず」をそえてできた語。

まげ-て[0]【×枉げて】[副]（「理をまげて」の意）しいて。むりにも。「―お聞きとどけください」

マケドニア《Macedonia》➡きたマケドニア。

まけ-のこり[0]【負(け)残り】[名] 相撲で、その日の最後から二番目の取り組みで負けた力士が、最後の取り組みのひかえとして土俵下に残ること。また、その力士。

まけ-ぼし[ケ/0]【負(け)星】[名] 勝負で負けた人につけるしるし。黒星。↕勝ち星。

まげ-もの[0]【まげ物】【×髷物】[名] 小説・映画などの時代物。

まげ-もの[0]【曲げ物】[名] ❶ひのき・すぎのうすい板を曲げて丸くつくった器。わげ物。❷[俗語] 質に入れる物。質ぐさ。

ま・ける[0]【負ける】(ケ・ケ・ケル・ケル・ケレ・ケロ・ケヨ) ㊀[自下一] ❶争いごとで相手にやぶれる。「試合に―」「選挙で―」↕勝つ。❷相手より劣る。「行動力では―」❸抵抗することができず、従ってしまう。「誘惑に―」「彼のしつこいのには負けた」↕勝つ。❹強い刺激に体がそこなわれる。「うるしに―」「暑さに負けた」㊁[他下一] ❶値段を安くする。「百円―」❷おまけをつける。「りんご一個負けておきます」 **ま・く**[文語下二] **ーが勝(か)ち** 無理に争わずに、相手に勝ちをゆずるほうが、結局は得である。

ま・げる[0]【曲げる】【×枉げる】[他下一](ゲ・ゲ・ゲル・ゲル・ゲレ・ゲロ・ゲヨ) ❶曲がった状態にする。たわめる。❷ゆがめる。変える。「真意を曲げて伝える」「希望を―」❸[俗語]（「質」と同音の「七」の第二画がまがっていることから）質に入れる。 **ま・ぐ**[文語下二]

まけん-き[0]【負けん気】[名] 負けたくないと思う性質。勝ち気。「―が強い」

まご[ゴ]【孫】[名] ❶子の子。❷間を一つへだてた関係。「―弟子(でし)」

ま-ご[マ]【馬子】[名] うまかた。うまひき。 **ー唄(うた)**[ゴ][名] まごが馬を引きながらうたう唄。うまおいうた。 **ーにも衣装(いしょう)** つまらない者でも、外形をかざるとりっぱに見えることのたとえ。

ま-ごい[0]【真×鯉】(ごひ)[名] 黒い色のこい。↕ひごい。

まご・う[ゴ]【▲紛う】(まがふ)[自五] ➡まがう。

まご-うけ[0]【孫請け】[名][他サ] 下請けのしごとをさらに別の会社が請け負うこと。

まご-こ[ゴ]【孫子】[名] ❶孫と子。❷子孫(しそん)。「―の代まで…」

ま-ごころ[ゴ]【真心】[名] いつわりのない心。誠意。

まごたろう-むし[ロ]【孫太郎虫】[名] 脈翅目(みゃくしもく)の昆虫、へびとんぼの幼虫。川や池の中にすみ、足は三対(つい)。疳(かん)の薬にした。[夏]

まご-つ・く[0/ツ][自五](カ・コ・キ・イ・ク・ク・ケ・ケ) どうすればよいかわからず、うろうろする。まごまごする。「不慣れな道で―」

まご-でし[0]【孫弟子】[名] でしの、でし。↕じきでし。

ま-こと[0]【誠】【▲真・▲実】[名] ❶うそや偽りでないこと。真実。本当。「うそから出た―」❷偽らない心。誠意。「彼のことばには―が感じられる」

まこと・し【▲実し】[形シク][古語] ❶ほんとうである。ほんものである。「まことしう清げなる人」〈枕〉❷ただしい。「我もまことしからずは思ひながら」〈徒然〉❸本格的である。「まことしき文(ふみ)の道」〈徒然〉

まことし-やか[シ]【▲真(▲実)しやか】[形動](ダロ・ダッ・デ・ニ・ダ・ナ・ナラ・〇) いかにもほんとうらしいようす。「―なうそ」

まこと-に[0]【まことに】【誠に】[副] うそやごまかしのないようす。心からそう思うようす。「―申しわけありません」「―お気の毒に存じます」⇩実に[参考]。

まご-の-て[ノ/テ]【孫の手】[名] 柄(え)の先が指のようになっているかゆい所をかくもの。

まご-びき[0]【孫引(き)】[名][他サ] 他の書物に引用してある文章などを、原典に当たらず、そのまま引用すること。

まご-びさし[ビ]【孫びさし】【孫×庇・孫×廂】[名] おもやのひさしの外側にそえたひさし。

まご-まご[マ1][副][自サ] どうすればよいかわからず、まごつくようす。うろうろ。「―しているうちに乗りおくれた」

まご-むすめ[ム]【孫娘】[名] 孫にあたる女子。

ま-こも[0]【真×菰】[名] イネ科の多年生植物。沼地にはえ、葉はむしろ用、種子と若芽は食用。[夏]

まさ[マ]【×柾】[名] まさめ。

マザー[マ]〈mother〉[名] ❶母親。↕ファーザー。❷カトリックの女子修道院長。**―コンプレックス** レ〈mother complex〉名（和製英語）母親に極端に依存し、それと類似の女性をしたう傾向。エディプスコンプレックスの一種。マザコン。**―ボード** ボ〈mother board〉名 CPUをはじめとする主要な部品が接続された、パソコンの中心となる基板。

まさおかしき《正岡子規》一八六七―一九〇二。俳人・歌人。本名は常規(つね)。「獺祭書屋俳話(だっさいしょおくはいわ)」による俳句革新、つづいて「歌よみに与ふる書」による短歌革新、さらに写生文による文章革新を主張した。

まさか マ 副 そうなりそうもないようす。そうなってほしくないと思うようす。いくらなんでも。「―死ぬことはないだろう」「―社長の言うことに反対するわけにはいかない」参考 下に打ち消しの意志や推量の言い方がくる。**―の時** いざという時。万一の場合。「―の用意」

まさかり サ【鉞】名 木を切る、大きなおの。両手で使う。

まさかり

まさき 0【×柾・正木】名 ニシキギ科の常緑低木。六・七月ごろ緑白色の小さな花をひらく。生けがき、また、観賞用。木の皮は薬用。実は 秋

まさぐ・る グ 他五 (ラ・ロ|リ・ッ|ル|ル|レ|レ) 手でもてあそぶ。いじる。「ポケットを―」

まさご 0【真▲砂】名 こまかいすな。**―の数** 数がかぎりなく多いことのたとえ。

まさ・し【正し】形シク〔古語〕❶ただしい。「心の占(うら)〈予感〉ぞまさしかりける」〈古今〉❷たしかだ。「（鬼ヲ）まさしく見たり」〈徒然〉

まさしく サ【正しく】副 〔「まさし」の連用形〕たしかに。まさに。まちがいなく。「―そのとおりだ」

まさつ 0【摩擦】㊀名 自他サ すれあうこと。こすること。㊁名 ❶ある物体を、他の物体の面にそって動かそうとするとき、接触面におこる抵抗。❷もめごと。あらそい。「両国の間の―」**―音** ツ 名 ことばを発音するとき、息が、口の中やくちびるのせまい通路をすれるようにして通るとき出る音。s・fなどの音。**―を生ずる** 仲がわるくなる。もめごとがおこる。

まさな・し【正無し】形ク〔古語〕❶よくない。ふつごうだ。「まめまめしきもの（実用的ナモノ）は、まさなかりなむ」〈更級〉❷みっともない。「人どもの聞くに、いとまさなし」〈竹取〉❸ひきょうである。「まさなうも敵にうしろをば見するものかな」〈平家〉

まさに マ【正に】副 ❶【▲方に】疑うことなく認められるようす。たしかに。まさしく。「―その通りだ」❷【▲方に】ぴったりとあうようす。ちょうど。「今―花が開こうとしている」❸【▲当に】〔漢文では「当」を「まさに…べし」と訓読する〕あたりまえであるようす。「―断行すべきだ」❹【▲将に】〔漢文では「将」を「まさに…とす」と訓読する〕事がそうなりかかるようす。今にも。「―戦いが始まろうとするとき」

まざまざ マ2(と)副 ありありと。目に見えるように。「―と思いだす」

まさむね サ【正▲宗】名 ❶よく切れる刀を形容するのに使う語。参考 中世の刀工岡崎(おかざき)五郎正宗の名から。❷日本酒の銘柄に使われる語。参考 江戸時代に灘(なだ)の造り酒屋が命名したものが有名になり、「〇〇正宗」という銘柄が多数存在する。

まさむねはくちょう《正宗白鳥》一八七九―一九六二。小説家。本名は忠夫(ただお)。自然主義文学の中心的存在。「何処(どこ)へ」など。

まさめ 0/メ【正目】【×柾目】名 ❶たてにまっすぐに通った木目。まさ。↕板目。❷まさめがみ。**―紙** メ名 ❶厚くて白いすぎはら紙。❷きり・ひのき・すぎなどをうすく紙のようにけずったもの。

まさやか【真▲清か】なり形動〔古語〕〔「ま」は接頭語〕はっきり。さやか。

まさゆめ 0【正夢】名 事実と一致する夢。↕さか夢・そら夢。

まさりおとり 0/オ【勝り劣り】【▲優り劣り】名 まさることと、おとること。優劣。「―はない」

まざりもの 0【混(㊥交)ざり物】【▲雑り物】名 まじりもの。

まさ・る サ【勝る】【▲優る】自五 (ラ・ロ|リ・ッ|ル|ル|レ|レ) ほかよりも能力・程度などが上である。すぐれる。「聞きしに―強さ」↕劣る。**―とも劣らない** それ以上ということはあっても劣ることはない。「前作に―秀作」

まさ・る サ【増さる】自五 (ラ・ロ|リ・ッ|ル|ル|レ|レ) ふえる。多くなる。加わる。

まざ・る ザ【▲雑る】自五 (ラ・ロ|リ・ッ|ル|ル|レ|レ) ㊀【混ざる】二種類以上のものがかなり入りこんで一つになる。「強い酒が混ざったカクテル」「炭酸の混ざった飲料水」㊁【交ざる】別の物が相当に多く含まれることが明らかである。「クラスに多数の留学生が―」「木綿に麻が―」参考「まざる」と「まじる」は基本的な意味の違いはないが、異種のものが入る割合が「まざる」のほうが量的に大きい傾向がある。「混ざる・混じる・混ぜる」と「交ざる・交じる・交ぜる」では、前者が全体として一つになってとけあっている状態をあらわすのに対し、後者はもとの素材が区別できるような状態にあるという違いがみられる。

まし 0【増し】㊀名 増すこと。ふえること。「十円―」㊁形動〔かながき〕そのほうがまさっているようす。「こっちのほうがまだ―だ」

まし 助動 (マシカ・(マセ)|〇|マシ|マシ|マシカ|〇)〔古語〕〔活用語の未然形につく〕❶〔多く「ませば…まし」「ましかば…まし」の形で〕事実に反する仮定のもとで推量する。もし…だったとしたら…だろう。「かからむと、かねて知りせば越(こし)の海の荒磯(ありそ)の波も見せましものを」〈万葉〉❷事実にあわないことを仮定し、そうあることを望む。…だったらよかっただろうに。「見る人もなき山里の桜花ほかの散りなむ後ぞ咲かまし」〈古今〉❸〔疑問をあらわす語とともに用いて〕ためらいの気持ちをあらわす。…しようかしら。…だろうか。「これに何を書かまし」〈枕〉

まじ マ 形動 (ダロ|ダッ・デ・ニ|ダ|ナ|ナラ|〇)〔俗語〕まじめ。本気。「―な話」「それ、―で言ってるのかよ」

まじ 助動 (マジク|マジク・マジカリ|マジ|マジキ|マジケレ|〇)〔古語〕〔活用語の終止形、ラ変型活用の連体形につく〕❶打ち消しの推量をあらわす。…ないだろう。「なくとも事かくまじ」〈徒然〉❷打ち消しの意志をあらわす。…ないつもりだ。…ないようにしよう。「対面すまじきと申す」〈竹取〉❸当然でない、妥当でないの意をあらわす。当然…すべきではない。…はずがない。「世にあるまじき心ちのしければ」〈竹取〉❹不適当・禁止をあらわす。…しないほうがよい。…してはいけない。「つかの間も忘るまじきなり」〈徒然〉❺不可能をあらわす。…できそうもない。「いと堪(た)ふまじく泣いたまふ」〈源氏〉

マシーン シ〈machine〉名 ➡マシン。

まじ・える エ【交える】(まじへる) 他下一 (エ|エ|エル|エル|エレ|エロ・エヨ) ❶中にいっしょに入れる。まぜる。「私情を交えずに聞く」「責任者を交えて話す」❷交差させる。組み合うようにする。「ひざを交えて話す」「大木が枝を―」❸やりとりする。「ことばを―」「砲火を―」**まじ・ふ** 文語八下二

ましかく カ|シ【真四角】名 形動 正方形。

まじきり ジ【間仕切(り)】名 へやを仕切ること。

まし-じ 助動〔古語〕(活用語の終止形につく。ラ変型の語には連体形につく)「まじ」の古い形。奈良時代の語。…まい。…ないだろう。「君が心は忘らゆましじ」〈万葉〉

マジシャン ジ〈magician〉名 手品師。魔術師。

ました タ【真下】名 ちょうど下。まっすぐ下。↔真上。

マジック ジ|マ〈magic〉名 ❶魔法。手品。奇術。❷「マジックインキ」の略。❸「マジックナンバー」の略。 **ーインキ** イ〈Magic Ink〉名〔商標名〕すぐかわき、水にぬれても消えたりしないインキをフェルトにふくませた筆記用具。 **ーテープ** テ〈Magic Tape〉名〔商標名〕表面がフック状とパイル状になった二枚一組の布製テープ。着脱が容易で、布などをとめるために使われる。 **ーナンバー** ナ〈magic number〉名 プロ野球で、優勝するために必要な、残り試合の中での勝ち数。 **ーハンド** ハ〈magic hand〉名〔和製英語〕放射性物質などの危険な操作を、防壁の外がわから、人間の手にかえて行うしかけ。マニピュレーター。 **ーミラー** ミ〈magic mirror〉名〔和製英語〕暗い側からは明るい側が見えるが、その逆は見えないようにつくったガラス。ハーフミラー。マジックガラス。

まし-て マ【まして】【▲況して】副 ❶一方がある状態にある以上、他方も当然そうであると認めるようす。なおさら。いっそう。「他人でさえ泣くのだから、―親は悲しいだろう」❷〔古語〕いうまでもなく。いわんや。「帝(みかど)だに婿(むこ)求めたまふ世に、まして、ただ人のさかり過ぎんもあいなし」〈源氏〉 **ーや** マ 副「まして」を強めた語。

まし-て【増して】連語〔「…に(も)―」の形で〕…よりさらに。「以前にも―多忙な日々だ」

まじない 0【▲呪い(まじない)】名 神仏の力を借りて、わざわいをさけたり、もたらしたりする術。また、そのときとなえることば。「―をとなえる」

まじな・う ナ【▲呪う(まじなう)】他五（ワ・オイ・ッ／ウ・ウ・エ・エ） まじないをする。

まじまじ-と マ2 副 目をすえて一心に見つめるようす。

まし-ま・す【▲在します・×坐します】自四〔古語〕❶「いる・ある」の尊敬語。いらっしゃる。おいでになる。「ます(在す・坐す)」「います」よりも敬意がつよい。「神仏明らかにましまさば」〈源氏〉❷(補助動詞として動詞の連用形、助詞「て」などについて)…ておいでになる。…ていらっしゃる。「天下の国母(こくも)にてましましければ」〈平家〉

ましみず シ【真清水(しみず)】名〔文章語〕(「ま」はほめる意味の接頭語)きれいに澄んだわき水。夏

まじめ 0【まじめ・真面目】名 形動 ❶うそや冗談でないこと。本気なこと。「―に頼む」❷真心のあること。いいかげんにごまかしたりはしないこと。「―な人物」 **ー腐(くさ)る** サ 自五 ひどくまじめなようすをする。

ましゃく 0【間尺】名 ❶工事の寸法。❷計算。割り。 **ーに合(あ)わない** わりにあわない。損だ。

ましゅ マ【魔手】名〔文章語〕(「悪魔の手」から)人に害悪を加える手段。「―をのばす」

まじゅつ マ【魔術】名 ❶魔力でするふしぎな術。❷大じかけの手品。 **ー師(し)** ツ 名 魔術をする人。手品師。

マシュマロ 0〈marshmallow〉名 卵の白身・砂糖・ゼラチンなどをまぜてつくった、やわらかい洋菓子。マシマロ。

まじょ マ【魔女】名 ヨーロッパの伝説にあらわれる女性の魔法使い。 **ー狩(が)り** 0 名 ❶中世から近世初期のヨーロッパで行われた異端の迫害。国家とキリスト教会が、魔女として告発された者を宗教裁判にかけ、火刑に処したこと。❷権力者や多数派が、思想・信条の異なる者を排斥すること。

ましょう 0【魔性】名 悪魔のような、人をたぶらかす性質。「―の女」

ましょう 0【魔障】名 仏道の修行をじゃまする悪魔のしわざ。

ましょうじき ショ【真正直】形動（ダロ・ダッ・デ・ニ／ダ・ナ・ナラ・0） 少しのいつわりもなく、正直なようす。まっしょうじき。 **真正直さ** 名

ましょうめん ショ【真正面】名 ほんとうの正面。まむかい。まっしょうめん。「―から取り組む」

マジョリカ ジョ〈majolica〉名 白地に彩り豊かな絵をえがいたイタリアの陶器。

マジョリティー ジョ〈majority〉名 大多数。多数派。↔マイノリティー。

ましら【▲猿】名〔古語〕さる。

まじらい 0|ラ【交じらい(まじらい)】名〔古めかしい言い方〕つきあい。交際。まじわり。

まじり 0|リ【混(交)じり】【▲雑り】名 ❶〔多くの名詞につけて接尾語的に用いる〕まじること。まじったもの。「皮肉―の批評」❷重湯(おもゆ)にめしつぶのいくらかまじったもの。おまじり。

まじり-け 0|ケ【混(交)じりけ】名 他のものがまじっていること。「―のない親切心」

まじり-もの 0【混(交)じり物】【▲雑り物】名 まざりこんでいるもの。不純物。まざりもの。「―のない純金」

まじ・る ジ【▲雑じる】自五（ラ・ロ・リ・ッ／ル・ル・レ・レ） ━【混じる】別のものが入りこんで一つになる。「砂糖に塩が混じってしまった」「声に悲しみが―」 ━【交じる】❶二つ以上のものが含まれる。「漢字に仮名が―」「電話に雑音が―」⇩まざる 参考 ❷つきあう。交際する。まじわる。「大ぜいと―」❸〔古語〕わけ入る。はいる。「野山にまじりて竹をとりつつ」〈竹取〉

まじろ・ぐ ロ【▲瞬ぐ】自五（ガ・ゴ・ギ・イ／グ・グ・ゲ・ゲ） まばたきをする。またたく。 **まじろぎ** 名

まじわり 0|リ【交わり(まじわり)】名 つきあい。交際。「友人との―」

まじわ・る ワ【交わる(まじわる)】自五（ラ・ロ・リ・ッ／ル・ル・レ・レ） ❶交際する。つきあう。❷交差する。出あう。「道が―」❸男女が交合する。 **交われる** 自下一〔…できる〕

ま-しん 0【麻×疹・×痲×疹】名 はしか。春

マシン シ〈machine〉＝**マシーン** 名 ❶機械。「ピッチング―」❷競走用の自動車やオートバイ。 **ーガン** シ〈machine gun〉名 機関銃。

ま-じん 0【魔神】名 わざわいを起こす神。魔の神。ましん。

ます ス【升】【×枡】名 ❶液体・穀物の量をはかる器。❷ますではかった分量。ますめ。「―が不足」❸一字ずつを記入する原稿用紙のわく。ますめ。❹ゲームの盤で、一つずつ駒(こま)を進める区切り。ますめ。❺⬇ます席。

ます ス【×鱒】名 サケ科の魚で「ます」と名のつくもの。寒地の海でそだち、川をさかのぼって産卵する。種類が多い。食用。春

マス マ〈mass〉名 造 ❶あつまり。集団。「―セール」❷多数。多量。

マス マ 名〔俗語〕「マスターベーション」の略。

ま・す 0【増す】【▲益す】（サ・ソ・シ・ス／ス・セ・セ） ━自五 数・量・程度が大きくなる。ふえる。「ダムの水が―」「食欲が―」↔減る。 ━他五 数・量・程度を大きくする。ふやす。「速度を―」「激しさを―」↔減らす。⇩ふえる 参考 **ませる** 自下一〔…できる〕

ま・す【▲在す・×坐す】自四〔古語〕❶「いる」「ある」の尊敬語。いらっしゃる。おいでになる。「海にます神の助けに」

ま

〈源氏〉❷「行く」「来る」の尊敬語。おでましになる。「わが背子が国へましなば」〈万葉〉❸〈補助動詞＝動詞連用形について〉…ていらっしゃる。…ておいでになる。「わが背子が帰り来まさむ時のため」〈万葉〉

ます 助動〔マセ・マショ｜マシ｜マス｜マス・マスル｜マスレ｜マセ・マシ〕〈動詞などの連用形につく〉聞き手に対していう丁寧語。「花が咲き—」参考 聞き手への敬意をあらわすが、話題の人物に対する敬意は含まない。社長にむかって、「会議に出席しますか」では不十分で、「出席なさいますか」などというのがふつう。命令形の「まし・ませ」は、「なさる」「いらっしゃる」などの敬語動詞とともに用いる。⇩です 参考

まず マ【まず】【▲先ず】まづ 副 ❶さきに。最初に。「—これから始める」❷なにはともあれ。まずは。「—一杯」❸しばらく。一応。「—様子を見てからにしよう」

ますい ０【麻酔】【×痲酔】名 薬品などを使って、知覚や意識を一時的にうしなわせること。参考「麻睡」と書くのはあやまり。

まず・い 又 まづい 形〔カロ・カッ・ク｜イ｜イ｜ケレ｜○〕❶【▲不▲味い】あじがわるい。↕うまい。❷【▲拙い】技術がへただ。「この絵は—」↕うまい。❸ぐあいがわるい。「いま顔を出すのは—」❹きりょうがよくない。「—顔」**まずがる** 自五 **まずげ** 形動 **まずさ** 名 **まづ・し** 文語ク

ますかがみ《増鏡》南北朝時代の歴史物語。作者未詳だが、二条良基説が有力。後鳥羽帝から後醍醐帝までの百五十余年の歴史を、擬古文で描く。

ますがた ０【升形】【×枡形】名 ❶ますのような四角の形。❷城の中の広い四角な土地。❸柱などの上の四角な木。

マスカット カ〈muscat〉名 ぶどうの一品種。粒が大きく、うす緑色。甘みが強い。

マスカラ ０〈mascara〉名 まつげを濃く、長く見せるために付ける、化粧用のすみ。

マスク マ〈mask〉名 ❶面。仮面。❷野球で、捕手や主審がかぶる面。❸感冒の予防などのために鼻・口をおおう布。冬 ❹防毒マスク。❺顔。容貌。「現代的な—」

ますぐみ ０【升組(み)】【×枡組】名 障子や、欄間などの骨を四角に組むこと。また、その四角に組んだもの。

マスクメロン 又〈muskmelon〉名〈「マスク(麝香)」は香りがよいところから〉甘み・香気の強い、皮の表面にあみ目のあるメロン。夏

マス-ゲーム ゲ〈mass game〉名 集団で行う体操・遊戯・ダンス。

マスコット コ〈mascot〉名 幸運をもたらすというお守り。

マス-コミ ０名〈mass communicationから〉⬇マスコミュニケーション。

マス-コミュニケーション ケ〈mass communication〉名 新聞・雑誌・ラジオ・テレビ・映画などによる、たくさんの人々を対象にした報道。大衆伝達。マスコミ。

ます-ざけ ０【升酒】名 ますについだ酒。

まずし・い シ【貧しい】まづしい 形〔カロ・カッ・ク｜イ｜イ｜ケレ｜○〕❶びんぼうである。「生活が—」❷とぼしい。貧弱だ。「—経験」❸おとっている。「—頭」**貧しげ** 形動 **貧しさ** 名 **まづ・し** 文語シク

ます-せき ０【升席】【×枡席】名 芝居小屋・相撲場などの、ます形に四角く区切った見物席。

マスター〈master〉■一 マ 名 ❶集団の長。リーダー。❷主人。バー・喫茶店などの男主人。↕マダム。❸修士。修士号。「—コース」❹複製品のもとになる原盤。■二 造 もとになるもの。主となるもの。「—プラン」「—ファイル」■三 マ 名 他サ 熟達すること。ものにすること。「ピアノを—する」 **—キー** キ・タ〈master key〉名 ホテル・アパートなどで、すべての部屋の錠をあけられるかぎ。親かぎ。 **—プラン** プ〈master plan〉名 基本となる計画。基本的構想。「都市建設の—」

マスターズ マ〈Masters〉名「マスターズ-トーナメント」の略。 **—トーナメント** ト〈Masters Tournament〉名 世界的ゴルフ競技会の一つ。世界から有力選手を招待し、毎年米国オーガスタで開催される。

マスタード タ〈mustard〉名 洋がらし。「—ソース」

マスタ(ー)ベーション ベ〈masturbation〉名 オナニー。手淫。マス。

マスタリング ０〈mastering〉名 種々の素材から、コンピューターで使用するゲームやCDなどの原盤を作製すること。

マスト マ〈mast〉名 船の帆ばしら。

まず-は マ【まずは】【▲先ずは】まづは 副 ひとまず。とにかく。「—ひと休み」参考「まずは…まで」などの言い方で手紙の末文のしめくくりによく使われる。「…」には、「お願い・お知らせ・おわび・お見舞い・お悔み」などがはいる。「まずは」のほかに、「右…まで」「取り急ぎ…まで」も使われる。

マス-プロ ０名「マスプロダクション」の略。「—授業」

マス-プロダクション ダ〈mass production〉名 大量生産。量産。マスプロ。

ますます ス【ますます】【▲益▲益】副 前よりもいっそう。「—おもしろくなってきた」

まず-まず マ【まずまず】【▲先ず▲先ず】まづまづ 副 ともかく。まあまあ。だいたい満足できるようす。「—の出来だ」

ます-め ０・又【升目】【×枡目】名 ❶ますではかった量。❷一字ずつを記入する原稿用紙のわく。❸ゲームの盤で、一つずつ駒を進める区切り。

マス-メディア 又〈mass media〉名 マスコミュニケーションに用いる伝達手段。新聞・放送・出版など。

まず-もって マ・モ【まずもって】【▲先ず▲以て】まづ 副 ❶なによりも先に。最初に。「—おわびを申しあげる」❷なにはともあれ。ともかくも。まあまあ。まずまず。「—おめでとう」

ますら-お ０【▲丈▲夫・▲益▲荒▲男】を 名 文章語 強くりっぱな男子。↕たおやめ。

ますら-たけお【▲益▲荒▲猛▲男】たけを 名 古語 強く勇ましい男。ますらお。

ま・する 又【摩する】他サ〔シ・セ・サ｜シ｜スル｜スレ｜シロ・セヨ〕文章語 ❶こする。みがく。「剣を—」❷せまる。近づく。「天を—高山」**ま・す** 文語サ変

まず・る 又 自他五〔ラ・ロ｜リ・ッ｜ル｜ル｜レ｜レ〕俗語 しくじる。へまをやる。

マズルカ 又〈mazurka〉名 四分の三拍子の、快活なポーランドの民族舞曲。

ま-せ マ【×籬】名 ❶竹・木などでつくった、低くて目のあらいかき。ませがき。❷劇場のます席のしきり。

まぜ-あわ・せる セ【混ぜ合(わ)せる】あはせる 他下一〔セ｜セ｜セル｜セル〕液体や粉状のものをかきまわして一つにする。

ませい-せっき セ2【磨製石器】名 みがいて仕上げた石器。日本では縄文時代・弥生時代に作られた。

まぜ-おり ０【交(ぜ)織(り)】名 異質の繊維を二種以上交ぜて織ること。また、その布。交織。

まぜ-かえ・す カ・０【混ぜ返す】【▲雑ぜ返す】かへす 他五〔サ・ソ｜シ｜ス｜ス｜セ｜セ〕❶なんどもかきまぜる。❷⬇まぜっかえす。**混ぜ返し** 名 **混ぜ返せる** 自下一〔…できる〕

ませ-がき セ【ませ垣】【×籬垣】名 ❶ませ。まがき。❷柴などを、くいの両方からあて、くいが見えないようにむすんだかき。

まぜ-がき ０【交ぜ書き】名 漢語の熟語の一部をかなで

書くこと。「う回(迂回)」「ふんい気(雰囲気)」など。

まぜ-こぜ [◎] [名] [形動(の)] いろいろなものがまざるようす。「―にする」

まぜ-ごはん [ゴ]【交ぜ御飯】[名] 細かくきざんで味を付けた野菜・油揚げなどを、炊いた御飯にまぜたもの。

まぜっ-かえ・す [カ]/[◎]【混ぜっ返す】【▲雑ぜっ返す】―かへす [他五] (サ・ソ|シ|ス|ス|セ|セ) 人の話に口を入れて、ちゃかす。まぜ返す。**混ぜっ返せる** [自下一] […できる]

まぜ-もの [ゼ]/[モ]【混ぜ物・交ぜ物】[名] 量や見かけをごまかすために、本来の成分以外のものをまぜたもの。

ま・せる [セ] [自下一] (セ|セ|セル|セル|セレ|セロ・セヨ) おとなびる。「ませた口をきく」

ま・ぜる [ゼ]【▲雑ぜる】[他下一] (ゼ|ゼ|ゼル|ゼル|ゼレ|ゼロ・ゼヨ) ❶【混ぜる】別のものを合わせて、ひとつにする。「セメントと砂とを―」「卵と納豆を―」 ❷【交ぜる】二種以上のものを含んだ状態にする。「米に麦を―」「スタッフに外国人を―」⇩まざる [参考]。 **ま・ず** [文語サ変]

マゼンタ [ゼ]〈magenta〉[名] 〔イタリアの地名から〕印刷インクや絵の具などの色の名。赤紫色。

マゾ [マ] [名] 〔masochistから〕マゾヒズムの傾向をもつ人。マゾヒスト。⇕サド。

マゾヒズム [ヒ]〈masochism〉[名] 変態性欲の一種。相手からひどくいじめられることをよろこぶ性質。⇕サディズム。

また [タ]【股】【×叉】[名] ❶一つのものが二つ以上に分かれているところ。「木の―」 ❷両足の間。股間(こかん)。またぐら。 **―に掛(か)ける** 各地を飛び歩いて活動する。「全国を―」

また【また】㊀ [タ]【又】[名] [副] 今回でなく、別のとき。「―の機会」 ㊁ [タ] [副] ❶【▲復】ふたたび。もう一度。かさねて。「―優勝した」 ❷【×亦】〔「…もまた」の形で〕同じく。ひとしく。「かれも―スポーツマンだ」 ❸〔驚いたり感心したりしたときに用いる〕それにしても。「なれないこととはいえ、―えらい失敗をしたものだ」 ❹[古語] そのほかに。「枕よりまた知る人もなき恋を」〈古今〉 ㊂ [タ] [接続] ❶つけ加える意味をあらわす。さらに。その上に。そのほかに。「美しく、―、賢い」「学者であり、―、政治家である」 ❷あるいは。または。「居てもいい。―帰ってもいい」 ❸[古語] しかし。そうかといって。「見るときは〈会ッテミルト〉、また、かねて思ひつるままの顔したる人こそなけれ」〈徒然〉 [参考] 前の事がらにつけ加えたり、ならべあげる意味では、「また」は、もっとも一般的に使われる。「および」と「ならびに」は、文章で用いられることが多い。法令用語では、「AおよびB、ならびに、CおよびD」のように、大きいほうの接続に「ならびに」が用いられる。「かつ」は文語的なひびきがある。 ㊃【又】[造] 中間に人を通すこと。間接の。「―聞き」「―借り」 **―とない** ふたつとない。この上ない。絶好の。「―機会」 **―の▲朝(あした)** [古語] あくるあさ。次の日のあさ。翌朝。 **―の年(とし)** [古語] あくる年。次の年。翌年。 **―の名(な)** ほかの名。別の名。 **―の日(ひ)** ❶[古語] あくる日。次の日。翌日。 ❷別の日。 **―の世(よ)** [古語] あの世。来世。

まだ [マ]【まだ】【▲未だ】[副] ❶注目している事柄が終了していないようす。⇕もう。「風呂には―入っていない」「会場の申し込みは―だ」 [参考] 事態の背景には否定的な内容があることが暗示される。 ❷予定や期待した事態に達するのに、なお余裕のあるようす。「離陸には―一時間もある」「結婚するのは―早いだろう」 ❸同じような物事や状態が、他にもあるようす。「言いたいことは―ある」 ❹他に比べれば、ひどさ・悪さが少ないようす。「こっちの方が―ましだ」

マター [マ]〈matter〉[名] 問題。事項。「理事会―の議題」

まだい [◎]【真×鯛】―だひ [名] タイ科の海水魚。ふつう、「たい」「ほんだい」という。大形で桜色。一メートル以上に及ぶものがある。形・色の美しさ、味のよさで、わが国では魚の中でもっとも珍重される。

まだい [◎]【間代】[名] 間借りの料金。へや代。

また-いとこ [イ]/[ト]【又いとこ】【又従▲兄弟・又従▲姉妹】[名] いとこの子どうしの関係。ふたいとこ。

また-うつし [◎]【又写し】[名] 写しとったものをさらに写すこと。

また-がし [◎]【又貸し】[名] 借りたものをさらに他に貸すこと。転貸。⇕又借り。

マダガスカル《Madagascar》❶アフリカ南東部、インド洋上にある島。❷マダガスカル島全域を占める共和国。一九六〇年に独立。首都はアンタナナリボ。

また-がみ [◎]【股上】[名] ズボン類のまたの分かれ目から上。また、その長さ。「―が深い」⇕またした。

また-がり [◎]【又借り】[名] 人が借りているものをさらに借りること。転借。⇕又貸し。

また-が・る [ガ]【×跨る】[自五] (ラ・ロ|リ・ッ|ル|ル|レ|レ) ❶またをひろげて乗る。「馬に―」 ❷両方にわたる。「茨城県と千葉県とに―平野」 **またがれる** [自下一] […できる]

またぎ [◎] [名] 東北地方の山間に住む猟師。また、その集団。

また-ぎ [◎]【股木】【×叉木】[名] ふたまたになった木。

まだき【×夙・▲未だき】[副] [古語] まだその期に達しないのに、早くも。「恋すてふわが名はまだき立ちにけり人知れずこそ思ひ初(そ)めしか」〈拾遺・百人一首〉

また-ぎき [◎]【又聞き】[名] 聞いた人から、さらに聞くこと。

また・ぐ [タ]【×跨ぐ】[他五] (ガ・ゴ|ギ・イ|グ|グ|ゲ|ゲ) またをひらいて、ものの上を越す。「敷居を―」 **またげる** [自下一] […できる]

また-ぐら [◎]【股ぐら】【股▲座】[名] また。

また-ぐり [◎]/[グ]【股ぐり】【股×刳り】[名] 洋服で、ウエストの上端からまたを通って、体の反対側までの部分。

ま-だけ [◎]/[マ]【真竹】【▲苦竹】[名] もっともふつうの竹。たけのこは食用。川竹。にがたけ。

また-げらい [ゲ]【又家来】[名] 家来の、家来。

また-さき [◎]【股裂き】[名] ❶レスリングの寝技の一つ。相手の股関節を両足ではさみ、上体をひっくり返して押さえる。❷二つの相反するものの間にはさまれること。板ばさみ。

また・し【▲全し】[形ク] [古語] ❶無事である。安全である。「わが命のまたけむかぎり忘れめや」〈万葉〉 ❷整っている。欠けたところがない。きずがない。「いとまたくすきまなき心もあり」〈源氏〉

まだ・し【▲未だし】[形シク] [古語] ❶時期が早い。その時期に達しない。「ほととぎす、まだしきほどの声を聞かばや」〈古今〉 ❷ふじゅうぶんだ。未熟だ。「まだしからむ人」〈増鏡〉 ＝いまだし。

また-した [◎]【股下】[名] ズボン類のまたの分かれ目から下。また、その長さ。⇕またがみ。

またして-も [タ]【またしても・又しても】[副] かさねて。またぞろ。「―失敗か」

まだ-しも [マ]【まだしも】【▲未だしも】[副] ❶まだそれでも。「それは―がまんができる」 ❷まだそれほど悪くないが。「しかられて泣くなら―、にやにや笑っている」

また-ずれ [◎]【股擦れ】[名] 歩くときに太ももの内側がすれあって、皮膚がすりむけること。また、その傷。

また-せ・る [セ]【待たせる】[他下一] (セ|セ|セル|セル|セレ|セロ・セヨ) ある事態が実現するまでそのままでいさせる。待たす。「来客を―」

ま

また-ぞろ [0]【またぞろ・又ぞろ】[副] またしても。またもや。「—言い争いをしている」

また-た・く [タ2]【瞬く】[自五] （「目(ま)叩(たた)く」の意）❶まぶたが閉じ、また開く。まばたく。❷光がちらちらする。きらめく。「星が—」 **瞬き** [名] **—間**(まあいだ) ちょっとのあいだ。たちまち。瞬間。「—に通り過ぎた」

また-だのみ [タ]【又頼み】[名] 人づてに頼むこと。

また-たび [0]【股旅】[名] ばくちうちなどが旅をしてあるくこと。 **—物**(もの) [0][名] 旅をするばくちうちを主人公にした小説・歌謡曲など。

またたび [0]【木天蓼】[名] マタタビ科の落葉低木。山地にはえ、夏、白い花を開く。実は食用・薬用。猫が好む。㊀秋

また-と [タ]【またと・又と】[副] 二つと。このほかに。ふたたび。「—ないチャンス」[参考]下に打ち消しの語がくる。

また-どなり [ド]【又隣】[名] 隣の隣。一軒おいた隣。

また-な・し【又無し】[形ク]〔古語〕この上ない。並びない。「またなくあはれなるものは、かかる所の秋なりけり」〈源氏〉

マタニティー〈maternity〉❶[タ][名] ❶母性。母親らしさ。❷「マタニティードレス」の略。❷[造] 妊婦。また、妊娠している期間。「—用品」「—スイミング」 **—ドレス** [ド]〈maternity dress〉[名] 妊産婦用の、ゆったり仕立てた洋服。 **—ハラスメント** [ラ]〈maternity harassment〉[名]〔和製英語〕職場などでの、妊娠・出産に関するいやがらせ。マタハラ。

また-は [タ]【または・又は】[接続] 前のことと、後のことのどちらを選ぶかの意味を表す。あるいは。「区役所—出張所においでください」[参考]「または」「あるいは」は、同じように用いられる。「もしくは」は、文語的で、法令用語では「または」と合わせて、「Aもしくは B、または、Cもしくは D」のように、小さなほうの接続の場合に用いられる。「それとも」は、話しことばで、下に疑問の言い方がくることが多い。「ないし(は)」は、時間・距離・数量などの範囲を表すのに用いる。

マタ-ハラ [0][名]「マタニティーハラスメント」の略。

また-ひばち [ヒ]【股火鉢】[名] 火鉢にまたがるようにしてあたること。

また-また [タ]/[0]【またまた・又又】[副]（「また」の強め）なおまた。かさねて。「—失敗に終わった」

まだ-まだ [マ]【まだまだ】【未だ未だ】[副]（「まだ」の強め）❶今なお。いまだに。「—記憶に新しい」❷時間が多く残っている。「—日は暮れない」❸どちらかといえば。「—この方がいい」❹さらに。もっと。「—ふえるはずだ」

マダム [マ]〈ﾌ madame〉[名] ❶奥様。夫人。❷バー・喫茶店などの女主人。ママ。↔マスター。

また-も-や [タ]【またもや・又もや】[副] またしても。ふたたび。かさねて。「—ピンチに陥る」

まだら [0]【斑】[名] 色の種類や濃淡がちがうものがあちこちまじっていること。ぶち。「—に残る雪」

まだら-ぼけ [0]【斑惚け・斑呆け】[名]〔俗語〕認知症の症状の現れ方にむらがあること。認知症の初期に見られる。

まだら-もよう [モ]【まだら模様】【斑模様】[名] ❶色の種類や濃淡が違うものがまじった模様。「キリンの—」❷ふぞろいな状況であること。「—の回復状況」

まだら-ゆき [ラ]【まだら雪】【斑雪】[名] まだらにつもり、または消えのこっている雪。はだれ雪。㊀春

まだる・い [ル][形] のろのろしていて、じれったい感じである。まだるっこい。「—やり方」 **まだるさ** [名] **まだる・し** [文語ク]

まだるっ-こ・い [コ][形] まだるい。「—説明」 **まだるっこさ** [名]

ま-だれ [0]【麻垂れ】[名] 漢字の部首の一つ。「庫」「店」などの「广」。

また-わり [0]【股割り】[名] 相撲で、柔軟運動として行うけいこの一つ。両足を一八〇度近くまで開いてすわり、上体を前に倒す。

まち【待ち】❶[チ][名] 待つこと。「—の姿勢」❷[造] 待つこと。待っている状態。「返事—」「連絡—」

まち [チ][名]【町】❶人が多く集まって住み、家がたちならんでいるところ。❷㋐地方自治体の一つ。町(ちょう)。㋑市・区の中の一区画。❸【街】通りに面しビルや商店のたちならんだ所。

まち [マ]【襠】[名] ❶衣服の幅のたりない所にそえる布。「—を入れる」❷はかまのうちまたのさかいめの布。

まち-あい [0]【待合(い)】(あひ)[名] ❶たがいに待ちうけること。また、その所。❷茶室に付属した建物の一つ。茶会の客が茶室に入る前に待つ所。❸客が芸者などを呼んであそぶ所。待合茶屋。 **—室**(しつ) [ア][名] 駅や病院などで、時間や順番を待つために設けたへや。[参考]表記は「待合室」と書く。 **—政治**(せいじ) [セ][名] 政治上の問題を、政治家が「待合❸」で、芸者を呼び酒を飲みながらきめるやり方。

まち-あか・す [0]/[カ]【待(ち)明(か)す】[他五] 人が来るのを一晩じゅう待って夜を明かす。

まち-あかり [ア]【街明(か)り】[名] まちのネオンや街灯などの光。「車窓にうつる遠くの—」

まち-あぐ・む [グ]【待ちあぐむ】[他五] あまりに長く待ってあきる。待ちわびる。「帰りを—」

まち-あるき [ア]【町歩き・街歩き】[名] 市街地を散策すること。

まち-あわ・せる [セ]/[0]【待(ち)合(わ)せる】(あはせる)[自下一] 時間・場所をきめて、たがいに出合うようにする。「駅前で—」 **待ち合わせ** [名] **まちあは・す** [文語下二]

まち-いしゃ [0]【町医者】[名] 個人で開業している医者。

まち-うけ [0]【待(ち)受け】[名] ❶待ち受けること。❷（「待ち受け画面」の略）携帯電話・スマートホンなどで、通話などの操作をしていないときに表示される画面。

まち-う・ける [ケ]/[0]【待(ち)受ける】[他下一] 用意をして待つ。待ちもうける。「到着を—」 **まちう・く** [文語下二]

マチエール [エ]〈ﾌ matière〉[名] ❶美術で、材料。❷油絵の具を塗ったときの、表面の光沢・筆触など。

まち-おこし [オ]【町起こし・町興し】[名] 町に活気を取りもどすために行う事業や催し。

ま-ぢか [マ]/[0]【間近】[名][形動] 間近いこと。「—な所」↔間遠(まどお)。

ま-ちがい [ガ]【間違い】(ちがひ)[名] ❶まちがうこと。ちがい。あやまり。❷あやまち。しくじり。「—をしでかす」❸よくないできごと。変事。事故。「—がなければよいが」

ま-ぢか・い [カ]【間近い】[形] ↔間遠い。❶あいだが近い。へだたりが少ない。「—距離」❷じきである。時間がへだたっていない。「春ももう—」 **まぢか・し** [文語ク]

ま-ちが・う [ガ]【間違う】(ちがふ) ❶[自五] 正しくない。「まちがった答え」❷[他五] まちがえる。

ま-ちが・える [エ]/[ガ]【間違える】(ちがへる)[他下一] ❶とりちがえる。「右と左を—」❷あやまる。しそこなう。「計算を—」 **間違え** [名] **まちが・ふ** [文語ハ下二]

まち-かた [0]【町方】[名] ❶町の方面。↔村方。❷町、または町人に関すること。❸江戸時代、町奉行(まちぶぎょう)の配下

の同心。

まち‐かど ◎【街角・町角】名 ❶町なかの通りのまがっているところ。「—の交番」❷町の中。街頭。「—のニュース」

まち‐か・ねる ネ◎【待(ち)兼ねる】他下一 ❶あまりに時間が長くて、待ちきれなくなる。「待ちかねて出かける」❷今か今かと待つ。「返事を待ちかねている」

まち‐か・ぬ 文語下二

まち‐かま・える エ◎【待(ち)構える】他下一 用意をして待つ。待ちもうける。「シャッターチャンスを—」 **まちかま・ふ** 文語ハ下二

まち‐ぎ ◎【街着】名 町へ出かけるときに着る服。外出着。

まち‐くたび・れる レ【待ちくたびれる】【待草×臥れる】自下一 長いあいだ待って、つかれる。

まち‐くら・す ◎ラ【待(ち)暮(ら)す】他五 ❶一日じゅう待ってすごす。❷長い間、待ちつづける。

まちこ《真知子》野上弥生子(のがみやえこ)の長編小説。一九二八年から三〇年にかけて発表。昭和初期の、インテリ女性の苦しみをえがく。

まち‐こうば コ【町工場】名 町なかにある、小規模の工場。

まち‐こが・れる レ◎【待(ち)焦(が)れる】他下一 つよく待つ。切実な気持ちで待つ。「新作の発表を—」 **まちこが・る** 文語下二

まち‐じかん ジ【待(ち)時間】名 何か物事が実現するまでの時間。「開演までの—」「乗り換えの—」

まち‐しゅう チ・シュ【町衆】名 室町時代、町単位に自治生活を営んだ商工業者を中心とした人々。民衆文化のにない手ともなった。ちょうしゅ。まちしゅ。

まち‐すじ ◎【町筋】名 町の道筋。

まち‐つ・ける ケ【待ちつける】他下一 ❶待ってその人、その時にあう。❷たびたび待って、待つことになれている。 **まちつ・く** 文語下二

まち‐どうじょう ド【町道場】名 市中にあって、柔道や剣道をおしえる所。

まち‐どお ◎【待(ち)遠】名 形動 待ち遠しいこと。「お—さま」

まち‐どおし・い シ【待(ち)遠しい】形 その時の来るのをおそく感じる。待ち遠い。「遠足が—」 **待ち遠しがる** 他五 **待ち遠しげ** 形動 **待ち遠しさ** 名 **まちどほ・し** 文語シク

まち‐なか ◎【町中】名 町の中。町の中心部。「—のにぎわい」

まち‐なみ ◎【町並(み)】名 町家のならんでいる所。また、そのようす。「古い—が残る」

待ちに待った 長いこと待ちつづけた。「—夏休み」

マチネー マ・チ〈ﾌ matinée〉名 演劇・音楽会などで、昼間の興行。ふつう、土曜・日曜の日中の興行。

まち‐のぞ・む ◎ゾ【待(ち)望む】他五 あることが近い将来に実現するのをあてにして時間をすごす。「帰国の日を—」

まち‐ば ◎【町場】名 人家や商店が立ち並ぶところ。市街地。

まち‐はずれ ハ【町外れ】名 町のはし。

まち‐ばり マ・チ【待(ち)針】名 裁縫で、重ねた布地がうごかないように、また、目印にさす針。↔縫い針。

まち‐びけし ビ【町火消(し)】名 江戸時代の消防組織の一つ。町人が自治的に設けたもの。江戸では、いろは四十八組あった。↔定火消(じょうびけし)・大名火消(だいみょうびけし)。

まち‐びと ◎【待ち人】名 来るのを待たれている人。

まち‐ぶぎょう ブ【町奉行】名 江戸幕府が、江戸・京都・大坂(おおさか)・駿府(すんぷ)(いまの静岡市)におき、市中の行政と司法をとりあつかわせた職。

まち‐ぶせ ◎【待(ち)伏せ】名 かくれていて、相手の来るのを待つこと。「敵を—する」

まち‐ぼうけ ◎【待ちぼうけ】【待×惚け】名 待っている人が来なくて、がっかりすること。まちぼけ。「—をくう」

まち‐まち チ‐◎【▲区▲区】形動(の) 種類がたくさんあり、ふぞろいなようす。いろいろ。さまざま。とりどり。「服装が—だ」⇨とりどり 参考

まち‐もう・ける ケ【待(ち)設ける】他下一 ❶用意して待つ。待ちうける。待ちかまえる。❷期待する。「ほうびを—」 **まちまう・く** 文語下二

まち‐や ◎【町家】名 ❶市中にある商人の家。ちょうか。❷町で、商店の多い地域。

まち‐やくにん ヤ【町役人】名 江戸時代、町奉行(まちぶぎょう)の支配下にあって、その区域に住む町人に関する事務をとりあつかった者。町名主(まちなぬし)・町年寄(まちどしより)・町代(ちょうだい)など。

まち‐やっこ ヤ【町▲奴】名 江戸時代、町人のおとこだて。侠客(きょうかく)。↔旗本やっこ。

まち‐わ・びる ◎ビ【待ちわびる】【待×侘びる】他上一 なかなか来ないのを、気をもみながら待つ。「母の帰りを—」 **まちわ・ぶ** 文語上二

まっ【真っ】接頭(名詞・形容動詞につく)「ま(真)」を強めた言い方。「—くろ」「—最中」

まつ【末】造 ❶こな。「粉末」❷すえ。おわり。「末裔(まつえい)・末期(まっき)・期末・週末・一九世紀末」❸つまらない。とるにたりない。「末席(まっせき)・瑣末(さまつ)・粗末」別音ばつ｜末

まつ【抹】造 ❶こする。なする。「抹殺・抹消・一抹・塗抹」❷こなにする。「抹香・抹茶」

まつ【×沫】造 あわ。しぶき。「飛沫・泡沫」

まつ マ【松】名 ❶マツ科の常緑高木の総称。葉は針形。あかまつ・くろまつ・からまつなどの種類がある。材は建築・パルプ用。❷たいまつ。❸かどまつ。「—をかざる」 **—が取れる** 松飾りがとれて、松の内が終わる。

ま・つ マ【待つ】他五 ❶人が来たり、物事が実現することを予期しながら時を過ごす。「父の帰りを—」「チャンスを—」❷今しようとしている、または、しかけていることを中止する。「ちょっと待った」❸期限をのばす。「明日まで待とう」❹【×俟つ】(「…に待つ」の形で)期待する。頼る。「今後の研究に—」「国民の自覚に—」❺【×俟つ】必要とする。「指摘を—までもない」「言をまたない」参考 打ち消しの形で使う。 **待てる** 自下一(…できる)

まつ‐い マ【末位】名〔文章語〕すえの地位。

まつ‐えい ◎【末×裔】名〔文章語〕子孫。血統のすえ。末孫(まっそん)。後裔(こうえい)。ばつえい。「孔子の—」

まつお‐ばしょう《松尾芭蕉》一六四四〜九四。江戸時代前期の俳人。俳諧(はいかい)を文芸として高め、蕉風(しょうふう)を確立した。旅を好み、漂泊の中で詩境を高めた。「俳諧(はいかい)七部集」「おくの細道」など。

まっ‐か カ【真っ赤】名 形動 ❶あかの色が濃いこと。❷まったく。全然。まるっきり。「—なうそ」

まつ‐がく ◎【末学】名〔文章語〕❶本すじでない、枝葉(えだは)の学問。❷後進・未熟の学徒。

まつ‐かさ カ【松かさ】【松×毬・松×笠】名 松の果実。まつぼっくり。

まつ‐かざり カ【松飾(り)】名 正月の門松。新年

まつ‐かぜ ツ・カ【松風】名 ❶松の木に吹く風。❷茶の湯で釜(かま)の湯のたぎる音。

ま

まっ-かん [0]【末巻】名 すえのまき。最後の一巻。↕首巻。

まっ-き [マ]【末期】名（「まつご」と読めば別語）おわりの時期。終期。↕初期・中期。**―的** [0] 形動 どうしようもなく悪くなっているようす。「―症状」

まつ-ぎ [マ]【末技】名 ❶〔文章語〕さほど重要でない技術・技芸。❷未熟な技芸・技術。

まつくい-むし [ク]【松食(い)虫】名 松の木を食い荒らして、枯れさせてしまう害虫。

マックス [マ]〈max〉名 ➡マキシマム。「―千人収容の会場」

まっ-くら [ク]【真っ暗】名 形動 ❶明るさがまったくないこと。ほんとうにくらいこと。暗黒。「―闇」❷まったく希望のもてないこと。「お先―」

まっ-くろ [ク]【真っ黒】名 形動(の) ❶まったく黒いこと。「―の髪」↕まっ白。参考「まっ黒い雲」のように形容詞として用いることもある。❷よごれて黒ずんでいること。「手あかで―な辞書」**―け** [0]/[ケ] 形動「まっくろ」を強めていう語。「日に焼けて―だ」

まつ-げ [マ]【×睫・×睫毛】名（「つ」は「の」、「目の毛」の意味）まぶたのふちにはえている毛。「つけ―」

まつけ-むし [ケ]【松毛虫】名 カレハガ科のまつかれはの幼虫。大形の毛虫で松の害虫。(夏)

まつ-ご [マ]【末期】名〔文章語〕（「まっき」と読めば別語）一生のおわり。死にぎわ。臨終。**―の水** 人の死にぎわに口にふくませる水。死水。「―をとる」

まっ-こう [0]/[コ]【抹香】名 ❶仏前の焼香に用いる粉末の香。しきみの葉・皮をかわかした粉。❷まっこうくじら。**―臭い** [サ] 形 ❶仏前にたく香のにおいがする。❷仏教関係の感じがする。「―話」**―鯨** [ク] 名 マッコウクジラ科の哺乳類。体長二〇メートル内外。頭が大きく、全身黒灰色。世界中の海を回遊する。腸内から竜涎香がとれる。(冬)

まっ-こう [コ]【真っ向】名 ❶ま正面。まとも。「―から反対する」❷ひたいのまんなか。

マッコリ [0]/[マ]〈朝 maggari〉=**マッカリ** 名 米やあわを発酵させてつくる甘口のにごり酒。マッコルリ。

まつ-ざ [0]/[マ]【末座】名 しも座。すえの座。末席。↕首座。

マッサージ [サ]〈massage〉名 他サ 疲労回復や治療・美容のために、筋肉や皮膚をもんだり、さすったりすること。

まっ-さいちゅう [サ]【真っ最中】名 まっさかり。ただなか。「試験の―」

まっ-さお [サ]【真っ青】名 形動(の) ❶まったく青いこと。❷顔色がひどく悪いこと。血のけがないこと。

まっ-さかさま [サ]【真っ逆さま】名 形動 上下がまったく逆になっていること。「―に落ちる」

まっ-さかり [サ]【真っ盛り】名 形動 物事のもっとも盛んなこと。また、そのとき。たけなわ。最盛期。「春―」

まっ-さき [サ]【真っ先】名 いちばん先。最初。「―に知らせる」

まっ-さつ [0]【抹殺】名 他サ ❶（「殺」は意味を強めることば）すり消して、なくすること。抹消。❷事実や意見などをみとめようとしないで、ほうむりさること。

まっ-さら [サ]【真っさら】【真▲新】名 形動 一度も着たり使ったりしていないこと。「―のゆかた」

まっ-し [0]【末子】名 すえの子。ばっし。↕長子。

まつ-じ [0]/[マ]【末寺】名 本山の支配下にあるてら。↕本寺。

まっしぐら [シ]【まっしぐら】【×驀▲地】に副 勢いはげしく、まっすぐにつきすすむこと。「―に走る」

まつ-じつ [0]【末日】名 ❶最後の日。❷月のおわりの日。

まっ-しゃ [0]【末社】名 ❶本社に付属した神社。↕本宮・本社・摂社。❷たいこもち。とりまき。

マッシュ [マ]〈mash〉名 煮た野菜を裏ごしにかけ、牛乳・バター・塩で味をつけた料理。「―ポテト」

マッシュルーム [ル]〈mushroom〉名 ハラタケ科のきのこ。堆肥などにはえる。食用。人工栽培もする。シャンピニオン。西洋まつたけ。つくりたけ。

まつ-じょ [マ]【末女】名 すえの娘。ばつじょ。↕長女。

まっ-しょう [0]【末×梢】名〔文章語〕❶もののはし。末端。❷些細なこと。些末。「―にこだわるな」**―神経** [シ] 名 中枢神経から分かれて全身に分布する神経。↕中枢神経。**―的** [0] 形動 些細でとるにたりないようす。「―な問題」↕根本的。

まっ-しょう [0]【抹消】名 他サ 塗りけすこと。すりけすこと。「登録を―する」

まっ-しょうじき [ショ]【真っ正直】形動 ダロ・ダッ・デ・ニ ダ・ナ・ナラ・○ ➡ましょうじき。

まっ-しょうめん [ショ]【真っ正面】名 ➡ましょうめん。

まっ-しろ [シ]【真っ白】名 形動(の) まったく白いこと。↕まっ黒。参考「まっ白い雪」のように形容詞として用いることもある。

まつ-すぎ [ギ]【松過ぎ】名 正月の松飾りをとり去ったのちのころ。(新年)

まっ-すぐ [ス]【まっすぐ】【真っ▲直】副 形動(の) ❶少しもまがっていないようす。「―な道」「―行くと駅に出る」❷正直。「―な心」

まっ-せ [マ]【末世】名 ❶のちの世。末の世。末代。❷末法の世。仏法の衰えた時代。❸人の道がおとろえた世。悪世。‖まっせい。

まっ-せき [0]【末席】名 いちばん下の座席。しも座。末座。ばっせき。「―に名を連ねる」↕上席。**―を汚す**

まっ-せつ [0]【末節】名 本質からはなれた、小さな事がら。同席することをへりくだっていう語。

まつ-ぜみ [ツ]【松×蟬】名 小形のせみの一種。松林に多く、初夏、もっとも早く鳴く。はるぜみ。(春)「枝葉―」

まっ-そん [0]【末孫】名 子孫。血すじのすえ。ばっそん。末葉。末裔。

まっ-た【待った】連語 相撲・碁・将棋などで「待ってくれ」と相手に頼むこと。また、そのときにいう語。「―をする」**―無し** [マ]=[ナ] 名 ❶「待った」をしないこと。❷待つことなく、どしどし進めること。「―の課題」❸やり直しがきかないこと。

まった・い [タ]【全い】形 カロ・カッ・ク・ニ イ・イ・ケレ・○ 完全である。整っている。「―形」**まった・し** 文語ク

まつ-だい [ツ]【末代】名 すえの世。のちの世。末世。「―までの恥」**―物** [0] 名 長く使える品物。

まつだいら-さだのぶ《松平定信》一七五八―一八二九。江戸時代後期の大名。幕府の老中として、寛政の改革をおこなった。著作に随筆「花月双紙」など。

まったく [0]【全く】副 形動(の) ❶疑問の余地なく否定したり肯定したりするようす。完全に。「貿易収支は―問題ない」「手術の後―復活した」「英語は―の苦手だ」❷事実にもとづいて強調するようす。「彼女の手料理は―すばらしい」「現地の事情は―悲惨なものだった」参考 この用法は、「実に」「本当に」と重なるが、「全く」はそれを否定する余地がきわめて少ないところに特徴がある。❸否定したい状況を認めざるをえないことを感情的にあらわすようす。「一年で災害から立ち直るのは、―の話、無理だ」「いつまで飲んでいるの、―」**―のところ**（「まったく」を

強めた言い方」実際には。正直に言うと。「—、勝敗はわからない」 —以(もっ)て まったくを強めていう語。「—手のつけようがない」

まつ-たけ ◎【松×茸】名 キシメジ科のきのこ。秋、あかまつ・つがの林にはえる。かおりが高く、珍重される。秋

まった-し【全し】形ク〔古語〕➡またし。

まっ-ただなか タ/タ【真っただ中】【真っ×直(ただ)×中】名 ❶まんなか。❷まっ最中。「好景気の—にあった」

まつたに-みよこ《松谷みよ子》一九二六-二〇一五。児童文学作家。本名は美代子。モモちゃんシリーズで知られる。「龍(たつ)の子太郎」「ちいさいモモちゃん」など。

まったり タ (と)副 自サ ❶〔関西方言〕味がほどよく、こくのあるようす。「—した味」❷ゆっくりしたり、のんびりしたりするようす。「休日に家で—と過ごす」❸こまかいことにこだわらないようす。「—した性格」参考 ❷❸は最近の用法。

まっ-たん ◎【末端】名 ❶はし。さき。❷一番の下部組織。「指令が—にまで徹底する」

マッチ マ〈match〉㊀名 試合。競技。勝負。「リターン—」㊁名 自サ つりあうこと。調和すること。「服装に—した髪形」 **—プレー** レ〈match play〉名 ゴルフの競技方法の一つ。一対一で、グリーン上の穴(ホール)に入れるごとに勝敗を決める方式。 **—ポイント** ポ〈match point〉名 バレーボール・テニス・卓球などで、その試合の勝敗がきまる最後の得点。↕セットポイント。

マッチ マ〈match〉名 こすって火を出す用具。 **—箱**(ばこ) チ 名 ❶マッチを入れたはこ。❷四角で小さいもののたとえ。 **—ポンプ** ポ 名〔matchと(オ)pompからの和製洋語〕自分で騒ぎや問題を起こし、自分でそれを解決したふりをすること。

まっ-ちゃ ◎【抹茶】名 上等の茶の葉をうすでひいて、こなにしたもの。ひき茶。↕せん茶。

マッチョ マ〈macho〉名 男らしいこと。特に、筋肉美を誇る男性。「—マン」

まっ-てい ◎【末弟】名 すえのおとうと。ばってい。

マット マ〈mat〉名 ❶建物の入り口において、はきもののどろをおとす敷物。❷床やベッドに用いる敷物。❸体操用具の、ズック製の敷物。❹ボクシング・レスリングなどの競技をする床。

まっ-とう ◎【まっとう】【真っ当】(まったう) 形動 ダロ・ダッ・デ・ニ/ダ・ナ・ナラ・〇〔「全く」の変化。「真っ当」は当て字〕まともなようす。「—な話」

まっとう-する ◎【全うする】(まったうする) 他サ シ・セ・サ・シ・スル・スル・スレ・シロ・セヨ 完全にはたす。じゅうぶんにたもつ。「任務を—」「天寿を—」 まったう-す 文語サ変

マットレス マ〈mattress〉名 敷きぶとんの下やベッドに用いる厚い敷物。マット。

まつなが-ていとく《松永貞徳》一五七一-一六五三。江戸時代前期の俳人・歌人。俳諧(はいかい)の形式を確立した。式目書「俳諧御傘(はいかいごさん)」など。

まつ-なん ツ【末男】名 すえのおとこの子。ばつなん。↕長男。

まつ-ねん ◎【末年】名 すえの年。「明治の—」

まつ-の-うち ノ【松の内】名 正月の松飾りのある、元日から七日までの間。新年

まつ-の-くらい マ【松の位】名 ❶〔秦(しん)の始皇帝が、雨宿りした松を大夫(たいふ)の位にとりたてたことから〕大夫。五位の官。❷三位(さんみ)の官人。❸江戸時代、遊女の最高位である大夫(たゆう)職。

まつ-の-は マ【松の葉】名 ❶まつば。❷そまつな物の意。寸志。贈り物の上書きのことば。

マッハ マ〈(ド)Mach〉名〔オーストリアの物理学者エルンスト-マッハの名から〕流体中の物体の速さと、音速との比。航空機・ロケットなどの速度を示すのに用いられる。マッハ1は音速と同じ速さ。

まつ-ば マ【松葉】名 松の木の葉。 **—×杖**(づえ) ヅ 名 松葉のように二またにわかれ、中間に手をあてる横木のあるつえ。足の不自由な人が使う。 **—×牡丹**(ぼたん) ボ 名 スベリヒユ科の一年生植物。葉は松葉に似る。夏、紫・紅・黄・白などの五弁の花を開く。観賞用。夏

まっ-ぱ ◎【末派】名〔文章語〕❶芸能・宗教などのすえの流派。❷末輩(まっぱい)。

まっ-ぱい ◎【末輩】名〔文章語〕地位・技術が下の人。下っぱ。

まっ-ぱだか パ【真っ裸】名 形動(の) 何も衣類を身につけていないはだか。すっぱだか。

まつ-ばら ツ【松原】名 松の多くはえている、広くてたいらな土地。

まつ-び マ【末尾】名 すえ。おわり。「第一巻の—」↕冒頭。

まっ-ぴつ ◎【末筆】名〔文章語〕おわりの方に書く文句をいう手紙文の用語。「—ながら皆様へよろしく」

まっ-ぴら ピ【まっぴら】【真っ平】〔「ま」は強めの接頭語〕㊀副 ひたすら。ひとえに。「—おゆるしください」㊁形動 ぜったいにいやだ。「—ごめん」

まっ-ぴるま ピ【真っ昼間】名 まひる。白昼(はくちゅう)。

マッピング ◎〈mapping〉名 他サ〔地図を作る意から〕❶性質の異なるデータを一対一で対応させ、関連づけること。❷遺伝子工学で、組み換えた遺伝子の位置を決定し、染色体上に並べること。❸コンピューターで、三次元画像を作成するときに、表面にさまざまな効果を加えて質感を与えること。

マップ マ〈map〉名 一枚に印刷した地図。

まっ-ぷたつ プ【真っ二つ】名 同じ大きさの二つに切ること。まふたつ。「意見が—に割れる」

まつ-ぶん ◎【末文】名 ❶手紙のおわりの文。「まずは右おん礼まで」の類。❷文章のおわりの部分。

まっ-ぽう ◎【末法】名 ❶〔仏法の期間を正法(しょうぼう)・像法(ぞうぼう)・末法に三区分した最後〕釈迦(しゃか)の死後千五百年たったのちの、一万年間。仏法がおとろえ、世の中が乱れるとされる。❷〔文章語〕すえの世。 **—思想**(しそう) シ 名 現世は末法の世であり、仏教はすたれ、世の中は乱れるとする考え方。

まつ-ぼくり ボ【松ぼくり】名 まつかさ。まつぼっくり。

まつ-まい ◎【末妹】名 すえのいもうと。ばつまい。

まつ-むし ツ【松虫】名 ❶マツムシ科の昆虫。うす茶色で腹部は黄色。触角が長い。おすは八月ごろチンチロリンと鳴く。秋 ❷〔古語〕すずむし。まつむしの類。参考 古くは、まつむしとすずむしの名が現在とは逆だとする説がある。和歌では「待つ」や「松」に掛けて用いられる。

まつもと-せいちょう《松本清張》一九〇九-九二。小説家。本名は清張(きよはる)。「点と線」「砂の器」は、社会派推理小説の先駆けとなった。ノンフィクション、古代史などの分野でも活躍した。

まつ-やに ◎【松やに】【松×脂】名 松の木からしみ出る、ねばねばした液。工業用。

まつ-よい【待つ宵】(まつよひ) ㊀ 連語 来る人を待つ夕方。㊁ マ 名〔十五夜を待つ意から〕陰暦八月十四日の夜。小望月(こもちづき)。秋 **—草**(ぐさ) ヨ 名 アカバナ科の多年生植物。夏の夕方、黄色の花を開き、朝しぼむ。よいまちぐさ。月見草。夏

ま

まつ-よう⓪【末葉】名〔文章語〕ばつよう。❶子孫。末孫。❷ある時代の末のころ。末期。「江戸時代の―」

まつらのみやものがたり《松浦宮物語》鎌倉(かまくら)時代初期の物語。作者は藤原定家(ふじわらさだいえ)かといわれる。日本と中国を舞台にした幻想的なもの。

まつり⓪【祭(り)】名❶神を祭ること。祭礼(さいれい)。❷〔夏〕にぎやかに行うもよおし。「おもちゃ―」「みなと―」❸〔古語〕京都賀茂(かも)神社の葵(あおい)祭りのこと。北祭り。「四月、―の頃、いとをかし」〈枕〉

まつり-あ・げる〔ゲ〕【祭り上げる】他下一 ゲ・ゲ・ゲル・ゲル・ゲレ・ゲロ・ゲヨ ❶むりやりある地位につかせる。「会長に―」❷おだてあげる。

まつり-ご・つ【▲政つ】他四〔古語〕まつりごとをする。政治をする。さしずする。「世をまつりごつべき人を」〈源氏〉

まつり-ごと⓪【政】名〔「祭り事」の意。昔は祭りと政治とが一体〕主権者が国をおさめること。政治。

まつ-りゅう⓪【末流】名〔文章語〕❶血すじのすえ。子孫。末葉。「源氏の―」❷流派のすえ。＝ばつりゅう。

まつ・る⓪【祭る】他五 ラ・ロ リ・ッ ル ル レ レ ❶供物(くもつ)や奏楽(そうがく)など、儀式をととのえて神霊をなぐさめる。「氏神を―」❷神としてあがめる。「戦死者を―」 **祭れる** 自下一[…できる]

まつ・る⓪【×纏る】他五 ラ・ロ リ・ッ ル ル レ レ ほつれないように、布の端を裏へ折り込んで、縫い進む方向に対して裏側に斜めに針を出して、表布をわずかにすくい、縫いつけること。**まつれる** 自下一[…できる]

まつ・る【▲奉る】他四〔古語〕❶さしあげる。まいらす。「国立の杜の神に幣(ぬさ)まつり」〈万葉〉❷(補助動詞として)けんそんの気持ちをあらわす。いたす。「大君につかへまつれば貴(たふと)くもあるか」〈万葉〉

まつ-ろ〔マ〕【末路】名❶人の一生のすえ。晩年。「悪人の―」❷盛んであった物事のおとろえたすえ。「平家の―」

まつろ・う【▲服ふ】まつろふ〔古語〕㊀自四 服従する。帰順する。「まつろはぬ国を治めと」〈万葉〉㊁他下二 服従させる。「(天皇ガ)まつろへぬ人をも和(やは)し(平定シ)」〈万葉〉

まつわり-つ・く〔ツ〕2【×纏わり付く】まつはり 自五 カ・コ キ・イ ク ク ケ ケ 「まつわる」を強めた言い方。くっついてはなれなくなる。「子犬が足に―」「種々の因縁(いんねん)が―」

まつわ・る〔ワ〕【×纏わる】まつはる 自五 ラ・ロ リ・ッ ル ル レ レ ❶からみつく。つきまとう。まきつく。「幼児が母親に―」❷かかわり合う。関係する。「山の池に―伝説」

まで【まで】【×迄】助(副助詞)❶動作や事がらのおよぶ場所・時・数量などの、範囲・限度を示す。「京都―行く」「三時―待つ」「二十人―乗れる」❷極端な場合をあげて強調し、他はもちろんであることを示す。さえ。「親友にも―愛想をつかされる」❸程度をあらわす。ほど。「しかる―のことはない」❹それ以外にはないという強調をあらわす。だけ。「先方が反対するなら強行する―だ」「とり急ぎお知らせ―」❺(「も」をともなって)…としても。「来ないも返事はよこすだろう」参考「まで」は、期間をあらわし、「までに」は、期限をあらわす。「一時から三時まで待つ」「三時までに帰る」など。

マティーニ〔ティ〕〈martini〉名 カクテルの一つ。ジンとベルモットを合わせてオリーブの実を添える。

まて-がい〔テ〕【馬▲刀貝】がひ 名 マテガイ科の海産二枚貝。かいがらは筒の形で、浅海の砂の中にすむ。食用。まて。〔春〕

待(ま)てど暮(く)らせど いつまで待っても。「―返事がない」

待(ま)てば海路(かいろ)の日和(ひより)あり 気長に待っていれば、航海に適した天候になる。しんぼうしていれば、やがてよい状況が展開することのたとえ。

マテリアリズム〔リ〕2〈materialism〉名 唯物(ゆいぶつ)論。

マテリアル〔テ〕〈material〉名 原材料。素材。

まてん-ろう〔テ〕【摩天楼】名 天にとどくような高層建築。摩天閣(かく)。

まと⓪【的】名❶弓や鉄砲の標的。❷めあて。目標。「―をしぼる」❸大ぜいの関心の集中する対象。「注目の―となる」 **―を射(い)る**❶うまく的にあてる。❷的確に要点をつかむ。参考「的を得る」とも言うが、本来は誤用。

まど〔マ〕【窓】名 採光・通風のために、壁・屋根などにあけたあな。

まど-あかり〔ア〕【窓明(か)り】名 窓からさしこむ光。

まとい⓪【×纏】まとひ 名❶昔、戦陣で大将のそばにたてた目じるし。さおの先にかざりをつけ、その下に馬簾(ばれん)をたれたもの。❷江戸時代、町火消しが各組のしるしとしたもの。形は❶と同じ。

まとい❷

まどい〔ド〕【惑い】まどひ 名〔文章語〕まどうこと。まよい。「四十代の―」

まど-い【▲円居】まどゐ 名〔古語〕❶まるく並んですわること。車座。団らん。「思ふどちまどゐせる夜は」〈古今〉❷集会。会合。宴。＝まとい。

まとい-つ・く〔ツ〕【×纏い付く】まとひ 自五 カ・コ キ・イ ク ク ケ ケ からみついてはなれなくなる。まつわりつく。「子どもが母親にまといついて離れない」

まどい-ばし〔バ〕【惑い箸】まどひ 名 どのおかずを食べようかと、あちこちにはしを向けてまようこと。まよいばし。不作法とされる。

まと・う〔ト〕【×纏う】まとふ ワ・オ イ・ッ ウ ウ エ エ ㊀他五 からだを包むように身につける。「オーバーを―」㊁自五 まきつく。からみつく。 **まとえる** 自下一[…できる]

ま-どう〔マ〕【魔道】名〔文章語〕❶〔仏〕悪魔の世界。❷よこしまな道。邪道。

まど・う〔ド〕【惑う】まどふ ㊀自五 ワ・オ イ・ッ ウ ウ エ エ〔文章語〕❶どうしていいか分からず、思いなやむ。まごつく。途方にくれる。❷(何かに夢中になり)心をうばわれる。「恋に―」㊁自四〔古語〕❶道に迷う。「秋山の黄葉(もみち)を茂みまどひぬる妹(いも)を求めむ山路知らずも」〈万葉〉❷(他の動詞の連用形について)ひどく…する。「額(ひたひ)などもはれまどひて」〈徒然〉

まど・う【▲償う】まどふ 他四〔古語〕つぐなう。うめあわせる。弁償する。

まどお⓪【間遠】まどほ 形動 ダロ・ダッ・デ・ニ ダ ナ ナ ラ ○ 距離や時間がへだたっているようす。「―な攻撃」↔間近(まぢか)。

まどお・い〔オ〕【間遠い】まどほい 形 カロ・カッ・ク イ イ ケレ ○ 距離や時間が遠くへだたっている。「便りが間遠くなる」↔間近い。**まどほ・し**〔文語ク〕

まどか〔マ〕【▲円か】形動 ダロ・ダッ・デ・ニ ダ ナ ナ ラ ○〔文章語〕❶まるいようす。「―な月」❷おだやかなようす。円満。「―な人物」＝まどやか。**まどかさ** 名

まど-かけ〔ド〕【窓掛(け)】名 窓に掛けて光線をさえぎるもの。カーテン。

まど-ぎわ⓪【窓際】まどぎは 名 窓のすぐそば。 **―族(ぞく)**〔ワ〕名 肩書きがありながら、仕事からはずされた中高年のサラリーマン。

まど-ぐち〔ド〕【窓口】名❶窓を通して、応対やかねの出し入れなどの事務をとるところ。❷外部と折衝(せっしょう)する役。「国際交流の―」

まどは・す【惑はす】他四〔古語〕➡まどわす㊀。

まと-はずれ〔ハ〕【的外れ】まとはづれ 名 形動(の)〔矢が的をはずれる意〕目標からはずれること。見当はずれ。「―な批評」

まど・ふ【惑ふ】〔自四〕〔古語〕⇒まどう㊁。
まど・ふ【償ふ】〔他四〕〔古語〕⇒まどう。
まどべ⓪【窓辺】〔名〕窓のそば。窓のあたり。
まとま・る⓪【×纏まる】〔自五〕ラ・ロ・リ・ッ・ル・ル・レ・レ ❶ばらばらのものが集まって一つになる。「まとまった金が必要だ」「十人まとまれば団体料金になる」❷ばらばらのものが整理されて一つになる。「クラスの意見が―」❸成立する。「縁談が―」❹完成する。「三十枚の論文が―」 **まとまり**〔名〕
まど・みちお《まど・みちお》一九〇九―二〇一四。詩人。本名は石田道雄。童謡「ぞうさん」「やぎさんゆうびん」などで知られる。詩集「てんぷらぴりぴり」など。
まとめ-がい⓪【まとめ買い】【×纏め買い】―がひ〔名〕〔他サ〕同じ品物を複数買うこと。また、一度にたくさんのものを買うこと。「洗剤を―する」
まと・める⓪【×纏める】〔他下一〕メ・メ・メル・メル・メレ・メロ・メヨ ❶ばらばらのものを集めて一つにする。「荷物をまとめておく」「ごみをまとめて捨てる」❷ばらばらのものを整理して一つにする。「党の見解を―」❸成立させる。「商談を―」❹完成させる。「大著を―」 **まとめ**〔名〕 **まと・む**〔文語下二〕
まとも⓪【真面・正面】〔名〕〔形動〕❶正しくむかうこと。ましょうめん。「―に風を受ける」❷ちゃんとしていること。まじめ。「―な考え方」
マドモアゼル(ア)〈フ mademoiselle〉〔名〕令嬢。お嬢さん。
まど-やか(ド)【円やか】〔形動〕ダロ・ダッ・デ・ニ・ダ・ナ・ナラ・〇 まどか。
マドラー(マ)〈muddler〉〔名〕カクテルや水割りなどの飲み物をかきまぜる棒。
まどり⓪【間取(り)】〔名〕建物内部のへやの配置。
マドリガル(リ)〈madrigal〉〔名〕十六世紀以降、イタリアでさかえた、多声部からなる無伴奏の合唱曲。
マトリ(ッ)クス(リ)〈matrix〉〔名〕❶〔数〕行列。❷たて・よこの二つの軸の関係を示した表。
マトリョーシカ(リョ)〈ロ matryoshka〉〔名〕ロシアの民芸品。木製の人形の中に、同じ形で大きさの異なる人形が複数入れ子式に入っているもの。
マドレーヌ(レ)〈フ madeleine〉〔名〕バター・小麦粉・卵・砂糖などをまぜて、型に入れて焼いた洋菓子。 
マドロス⓪(マ)〈オ matroos〉〔名〕海員。水夫。船のり。 **―パイプ**(パ)〔名〕〔オ matroosとpipeの和製洋語〕がんくびの大きなパイプ。

マトリョーシカ

まどろっこ・い(コ)〔形〕カロ・カッ・ク・イ・イ・ケレ・〇 まだるっこい。まだるい。 **まどろっこさ**〔名〕
まどろっこし・い(シ)〔形〕カロ・カッ・ク・イ・イ・ケレ・〇 まどろっこい。「―話し方」
まどろ・む(ロ)【微睡む】〔自五〕マ・モ・ミ・ン・ム・ム・メ・メ とろとろと眠る。 **まどろみ**〔名〕 **まどろめる**〔自下一〕〔…できる〕
まどわく⓪【窓枠】〔名〕窓のまわりのわく。
まどわ・す【惑わす】まどはす ㊀(ワ)〔他五〕サ・ソ・シ・ス・ス・セ・セ 心を混乱させる。分別や判断をあやまらせる。「人心を―」「外見にまどわされる」㊁〔他四〕〔古語〕見失う。「朝霧に友まどはせる鹿の音を」〈源氏〉
まとわりつ・く(ツ)【×纏わり付く】まとはり―〔自五〕カ・コ・キ・イ・ク・ク・ケ・ケ まつわりつく。「子犬が―」
マトン(マ)〈mutton〉〔名〕羊の肉。
マドンナ(ド)〈イ Madonna〉〔名〕❶聖母マリア。また、その像。❷〔俗語〕あこがれの女性。
まな【まな】【愛】〔接頭〕かわいい。「―弟子(でし)」「―娘」
まな(マ)【真名】【真字】〔名〕❶漢字の楷書(かいしょ)。❷漢字。↔かな。 **―本**(ぼん)⓪〔名〕かな本に対して、漢字だけで書いた本。「真名本伊勢物語」など。
まな【真魚】〔名〕〔古語〕〔「ま」はほめる意味の接頭語〕うお。さかな。特に食べる魚にいう。
マナー(マ)〔名〕❶〈manners〉行儀。作法。「テーブル―」❷〈manner〉態度。様子。 **―モード**(モ)〈manner mode〉〔名〕〔和製英語〕携帯電話・スマートホンの着信音で周囲に迷惑がかからないよう、音を鳴らさずに振動などで着信がわかるようにする設定。
まないた⓪(イ)【まな板】【真魚板・×俎・×俎板】〔名〕〔もと、魚を料理する板〕その上で食物を切る厚い板。 **―に載**(の)**せる** 取りあげて問題にする。 **―の上**(うえ)**の×鯉**(こい) 相手のなすがままになるしかない状況。
まなかい⓪【目交・眼間】―かひ〔名〕目のあたり。眼前。
まながつお(ガ)【真魚×鰹】―がつを〔名〕マナガツオ科の海水魚。からだはひし形。食用。㊄
まなこ(マ)【眼】〔名〕〔「目(ま)の子」の意〕❶めだま。眼球。❷目。「―を閉じる」❸要点。眼目。
まなご【愛子】〔名〕〔古語〕かわいい子。愛児。
まなざし⓪【眼差し・目差し】〔名〕目つき。目いろ。「あたたかい―」

マドロスパイプ

まな・し【間無し】〔形ク〕〔古語〕❶絶えまがない。「間なくぞ雨はふりける」〈万葉〉❷時間の間隔がない。ほどない。
まなじり⓪(ジ)【×眥】〔名〕〔「目(ま)の尻(しり)」の意〕目じり。 **―を決**(けっ)**する** 目をきっと見開く。おこったり、決意したりしたときのようす。
まなつ⓪【真夏】〔名〕夏のさいちゅう。㊅ ↔真冬。 **―日**(び)(ツ)〔名〕一日の最高気温がセ氏三〇度以上の日。⇩夏日(表)。↔真冬日。
まなづる(ナ)【真名鶴・真鶴】〔名〕つるの一種。全身灰黒色。ひたいとほおは、毛がなくて赤く、くちばしは黄色。冬、山口県・鹿児島県にわたってくる。
まなでし⓪【まな弟子】【愛弟子】〔名〕特に望みをかけ、かわいがる門弟。
まなび⓪【学び】〔名〕〔文章語〕学問。勉学。 **―の園**(その)**・―の庭**(にわ) 学校。学園。
まなびと・る(ト)【学び取る】〔他五〕ラ・ロ・リ・ッ・ル・ル・レ・レ 自分以外の人や書物などに学んで、自分のものとする。
まなびや⓪(ビ)【学×舎】〔名〕〔文章語〕学校。
まな・ぶ⓪【学ぶ】〔他五〕バ・ボ・ビ・ン・ブ・ブ・ベ・ベ ❶見ならう。「おとなのすることを―」❷教えをうける。業をうける。「師に―」❸学問をする。「文学を―」 **学べる**〔自下一〕〔…できる〕
まなぶた【×瞼】〔名〕〔古語〕〔「目(ま)のふた」の意〕まぶた。
まなむすめ(ム)【まな娘】【愛娘】〔名〕かわいがっている娘。最愛の娘。
マニア(マ)〈mania〉〔名〕あること、特に趣味などに熱中している人。熱狂者。「切手―」
まにあ・う(ア)【間に合う】―あふ〔自五〕ワ・オ・イ・ッ・ウ・ウ・エ・エ ❶その時刻におくれない。「終列車に―」❷その場の役に立つ。用が足りる。「ボールペンで―」「一万円で―」❸不足しない。「まだ間に合っている」
マニアック(ア)〈maniac〉〔形動〕ダロ・ダッ・デ・ニ・ダ・ナ・ナラ・〇 物事に極端に熱中しているようす。「―な音楽ファンの集会」
まにあわせ⓪【間に合(わ)せ】―あはせ〔名〕〔形動(の)〕急場の用にあてること。「ほんの―の品」
まにあわ・せる(セ)【間に合(わ)せる】―あはせる〔他下一〕セ・セ・セル・セル・セレ・セロ・セヨ ❶その場の役に立てる。「あり合わせで―」❷時間におくれさせない。
マニキュア⓪〈manicure〉〔名〕手のつめの化粧法。美爪術(びそうじゅつ)。↔ペディキュア。

ま

マニフェスト [フェ]〈manifest〉[名]〔イ Manifesto から〕❶宣言。声明書。特にマルクスの「共産党宣言」を指すこともある。❷選挙のとき、政党や候補者が有権者に示す検証可能な公約集。

まにまに [0][1-][副][文章語] なり行きにまかせるようす。…につれて。ままに。「風の―」

マニュアル [0][マ]〈manual〉[名] ❶機械などの使用説明書。手引き書。❷操作などが手動式であること。「―車」

マニュファクチャー [ファ]〈manufacture〉＝**マニファクチュア** [名] 工場制手工業。

マニラ-あさ [ラ]【マニラ麻】[名] バショウ科の多年生植物。フィリピン原産。葉柄の繊維は織物・ロープ・紙などにする。

まにんげん [三]【真人間】[名] 人の道にかなった生き方をする人間。まじめな人。「―になる」

免まぬか**れて恥**はじ**なし** わるいことをしても処罰されなければよいのだと、平気な顔をしている。[参考]「論語」のことば。

まぬが・れる [レ]【免れる】[他下一]〔レ|レ|レル|レル|レレ|レロ・レヨ〕 のがれる。ぐあいよくさける。まぬかれる。「難を―」[参考]「まぬかれる」が本来の言い方。**まぬか・る** [文語下二]

マヌカン [0]〈フ mannequin〉[名] ➡マネキン。

まぬけ [0]【間抜け】[名][形動] 頭のはたらきが悪くて、ばかげたことをすること。また、その人。とんま。

まぬる・い [ル]【間▲鈍い】[形]〔カロ・カッ・ク|イ|イ|ケレ|○〕 まのろい。**まぬるさ** [名] **まぬる・し** [文語ク]

まね [0]【真▲似】[名] ❶まねること。まねる動作。まねて作ったもの。❷行動。ふるまい。「変な―をするな」

マネー [マ]〈money〉[名] かね。金銭。「ポケット―」 **―ゲーム** [ゲ]〈money game〉[名]〔和製英語〕大きな利益を得るために争って投機的な資金の運用を行うこと。 **―サプライ** [プ]〈money supply〉[名] 一般企業や個人、地方公共団体などが保有する通貨の量。通貨供給量。マネーストック。 **―ビル** [ビ][名]〔和製英語。money building から〕株式や債券などによる財産づくり。 **―ロンダリング** [ロ]〈money laundering〉[名] 不正に得た資金を、預け入れ先を転々とさせるなどして、その出所をわからなくすること。資金洗浄。

マネ(ー)ジメント [ネ]〈management〉[名] 会社・官庁などの組織体において、一定の目的や方針を合理的に実現するために、下部を指揮・監督すること。管理。

マネージャー [ネ][0]〈manager〉[名] ❶支配人。管理人。❷芸能人やスポーツチームなどの庶務の仕事をする人。「野球部の―」

まねき [三]【招き】[名] ❶まねくこと。招待。「―を受ける」❷人をまねき寄せるもの。かんばん・かざりものなど。

まねき-い・れる [レ][0]【招き入れる】[他下一]〔レ|レ|レル|レル|レレ|レロ・レヨ〕 招いて、人を家やへやの中へ入れる。

まねき-ねこ [ネ2]【招き猫】[名] あと足ですわり、前足で人をまねく姿をしたねこの置き物。商売はんじょうの縁起もの。

招き猫

マネキン [0]〈mannequin〉[名] ❶流行の衣服を着せてならべる人体模型。マネキン人形。❷〔「マネキンガール」の略〕流行の衣服・化粧品などを身につけて宣伝する女性。

まね・く [ネ]【招く】[他五]〔カ・コ|キ・イ|ク|ク|ケ|ケ〕 ❶人に自分のところに来てもらう。「二階から―」「講師を―」❷催し物への出席を依頼する。招待する。「上司を結婚式に―」❸あることが原因となってよくない事態を引き起こす。「不注意から惨事を―」「疑惑を―」⇩呼ぶ[参考] **招ける** [自下一]〔…できる〕

まね-ごと [0]【まね事】【真▲似事】[名] ❶まねてする事がら。ものまね。❷自分のしていることのへりくだった言い方。「ほんの商売の―です」

まね・ぶ【▲学ぶ】[他四][古語] ❶口まねをする。まねをして言う。「(鸚鵡おうむガ)人の言ふらむことをまねぶらむよ」〈枕〉❷見聞きしたことを、そっくり人に話しきかせる。「一言にても、また別人ことひとにまねびはべらず」〈源氏〉❸学芸を習得する。まなぶ。ならう。「文才もんざいをまねぶにも」〈源氏〉

まね・る [0]【真▲似る】[他下一]〔ネ|ネ|ネル|ネル|ネレ|ネロ・ネヨ〕 他に似せてする。模倣もほうする。「筆跡を―」 **ま・ぬ** [文語下二]

まの-あたり [0][ア]【目の▲当たり】【▲眼の▲辺り】[名][に][副] 目の前。直接。「歴史的な事件を―にする」

まのび [0]【間延び】[名][自サ] ❶間の長いこと。「―のした太鼓の音」❷どことなく、しまりのないこと。「―した顔」

まのろ・い [ロ]【間▲鈍い】[形]〔カロ・カッ・ク|イ|イ|ケレ|○〕 のろのろして役に立たない。まぬるい。**まのろさ** [名] **まのろ・し** [文語ク]

まばしら [バ]【間柱】[名] 柱と柱とのあいだの、小さな柱。

まばた・く [タ]【▲瞬く】[自五]〔カ・コ|キ・イ|ク|ク|ケ|ケ〕 ➡またたく。**まばたき** [名]

まばゆ・い【目▲映い・×眩い】[三][コ][形]〔カロ・カッ・ク|イ|イ|ケレ|○〕 ❶光がはげしくて、まともにみることができない。「―陽光」❷(美しさや立派さが)光りかがやくほどで、圧倒される。「―ばかりの乙女たち」[参考]「まぶしい」よりも、やや古風で、あらたまった言い方の中で使われる。**まばゆがる** [自五] **まばゆげ** [形動] **まばゆさ** [名] **まばゆ・し** [文語ク] [三][形ク][古語] ❶(あまりにもはなやかで)きまりがわるい。気おくれがする。はずかしい。「なかなか昼よりもけそう(アラワニ)見えてまばゆけれど」〈枕〉❷目をそむけたくなるほど、程度がひどい。不快である。「いとまばゆき人の御おぼえ(御寵愛ブリ)なり」〈源氏〉

まばら [0]【▲疎ら】[名][形動] 間がすいていること。

ま-ひ [マ]【麻×痺・×痲×痺】[名][自サ] ❶運動神経や知覚神経の障害によって、その働きが失われること。❷本来の動き・働きがとまったり、にぶくなったりすること。「交通が―する」「良心が―する」

まびき [0]【間引(き)】[名][他サ] 間引くこと。 **―菜**な [キ][名] 間引きをしてとった若菜。[秋]

まび・く [ビ]【間引く】[他五]〔カ・コ|キ・イ|ク|ク|ケ|ケ〕 ❶はえている野菜などを、間をおいて抜きとる。「大根を―」❷とびとびに除いて、あいだをあける。「電車の運転を―」❸江戸時代などに、こどもが多くてそだてられないとき、生まれたばかりの子を殺す。**間引ける** [自下一]〔…できる〕

まびさし [ビ]【目×庇】[名] ❶かぶと・帽子などのひさし。❷窓の上の、せまいひさし。

まひる [0]【真昼】[名] 昼間の正午に近いころ。まっ昼間。

マフ [マ]〈muff〉[名] 毛皮をまるい筒形に縫い、両がわから手を入れてあたためる防寒具。[冬]

まぶ [マ]【間夫】[名] ❶情夫。まおとこ。❷遊女の情夫。

マフィア [マ]〈Mafia〉[名] アメリカなどの大都市を中心とした巨大な秘密犯罪組織。

まぶか [0][マ]【目深】[形動]〔ダロ・ダッ・デ・ニ|ダ|ナ|ナラ|○〕 目がかくれるほど、深く帽子などをかぶっているようす。「帽子を―にかぶる」

まぶし [シ]【×蔟】[名] わらなどを折り曲げたりした、かいこにまゆをつくらせるための道具。

まぶし・い [シ]【×眩しい】[形]〔カロ・カッ・ク|イ|イ|ケレ|○〕 まばゆい。「日ざしが―」 **まぶしがる** [自五] **まぶしげ** [形動] **まぶしさ** [名] **まぶ・し** [文語シク]

まぶ・す [ブ]【▲塗す】[他五]〔サ・ソ|シ|ス|ス|セ|セ〕 粉状のものを一面に塗りつける。「砂糖を―」

ま-ぶた [マ]【×瞼】[名]〔「目(ま)のふた」の意〕目の上をおおっている皮。まなぶた。 **—が重(おも)い** 目をあけていられないほど眠い。「疲労でまぶたが重くなる」 **—に浮(う)かぶ** 目に見えるようにはっきり思い出される。「亡くなった父の姿が—」 **—の母(はは)** 幼い時にわかれて、記憶でしのぶだけの母。

ま-ぶち [マ]【目縁】[名] 目のふち。

ま-ふゆ [0][マ]【真冬】[名] 冬のさいちゅう。[冬] ↕真夏。 **—日(び)** [ユ][名] 一日の最高気温がセ氏零度未満の日。↕真夏日。⇩夏日(表)。

マフラー [マ]〈muffler〉[名] ❶えりまき。[冬] ❷自動車などのエンジンの排気音を小さくする装置。サイレンサー。

ま-ほ [マ]【真帆】[名] ❶帆を正面に向けて、帆いっぱいに風を受けること。また、その帆。↕かたほ。❷船の帆の中で、おもな帆。

ま-ほ【真▲秀】[なり形動]〔古語〕↕かたほ。❶すべてがそなわっているようす。「女君の御かたちのまほにうつくしげにて」〈源氏〉❷まともで、直接であるようす。「まほにも向かひ給はず」〈源氏〉

ま-ほう [0]【魔法】[名] 魔力であやしいことをおこなう術。 **—使(つか)い** [ツ][名] 魔法をおこなう人。 **—瓶(びん)** [ホ][名] 二重のガラスまたはステンレスの壁の間に真空の層をつくって、中に入れた物の温度を長時間たもたせるびん。

ま-ほうじん [ホ]【魔方陣】[名] 数字を正方形の枠の中に縦横同数にならべ、縦・横・斜めの数字を足したとき、すべて和が同じになるようにしたもの。

マホガニー [ホ]〈mahogany〉[名] センダン科の常緑高木。西インド諸島やフロリダの原産。木目が美しい。家具用。

まほし [助動]〔古語〕(マホシク・マホシカラ|マホシク・マホシカリ|マホシ|マホシキ・マホシカル|マホシケレ|○)〔「まくほし」の変化。動詞・動詞型助動詞の未然形につく〕希望をあらわす。…たい。「行かまほしき所」〈竹取〉

マホメット《Mahomet》⬇ムハンマド。

マホメット-きょう [0]【マホメット教】[名] ⬇イスラムきょう。

まほ-ら [名]〔古語〕すぐれたよい場所・国。まほらま。まほろば。

まぼ・る【▲守る】[他四]〔古語〕❶見つめる。「互ひに顔どもをまぼりて」〈今昔〉❷まもる。

まぼろし [0]【幻】[名] ❶ないものがあるように見えるもの。幻影。❷たちまち消えるはかないもの。❸〔古語〕魔法使い。 **—の世(よ)** はかない現世。

まほろ-ば [名]〔古語〕すぐれたよい所。まほら。

まま【▲継】[造] ❶実父母でない親と子との関係。「—母」❷父または母のちがう兄弟姉妹の関係。「—姉」

まま [マ1]【▲飯】[名] ⬇まんま。

まま【×儘】[名] ❶[マ2]そのとおり。「言う—になる」❷[0]思うとおり。「—にならない」❸[マ2]その状態のとおり。「くつの—上がる」

ママ [マ1]〈ma(m)ma〉[名] ❶〔おもに幼児語〕おかあさん。↕パパ。❷酒場などのおかみ。マダム。

ま-ま [マ1]【まま】【間間】[副] おりおり。ときどき。「あやまりが—ある」

まま-おや [0]【まま親】【▲継親】[名] 血のつながりのない親。

まま-きょうだい [キョ]【まま兄弟】【▲継兄弟】[名] 父または母のちがう兄弟。

まま-こ [0]【まま子】【▲継子】[名] ❶血のつながりのない子。実子ではない子。❷のけもの。仲間はずれにされる者。 **—扱(あつか)い** [ア][名] 特にのけものにすること。 **—根性(こんじょう)** [コ2][名] まま子のようなひがんだ性質。

まま-こ [0]【まま粉】[名] だま。

まま-ごと [マ2/0]【▲飯事】[名] 料理や家庭生活のまねなどする、こどもの遊び。

まま-し・い [シ]【▲継しい】[形](カロ|カッ・ク|イ|イ|ケレ|○) まま親とまま子との関係である。「—仲」 **まま・し** [文語シク]

まま-ちち [0]【まま父】【▲継父】[名] 血のつながりのない父。継父(けいふ)。

ママ-ちゃり [0][名]〔俗語〕〔「ママが乗るちゃりんこ(自転車)」の意〕日常生活で乗るのに適した仕様の自転車。

まま-なら-ない [連語] 思うままにならない。ままならぬ。「浮き世は—」

まま-はは [0]【まま母】【▲継母】[名] 血のつながりのない母。継母(けいぼ)。

まま-よ [マ2/マ1][感]〔やけになっていう語〕どうなってもいい。なるようになれ。「えい、—」

マーマレード [レ]〈marmalade〉[名] ⬇マーマレード。

ま-み [マ]【目見】[名]〔文章語〕目つき。目もと。

まみ・える [エ]【▲見える】[自下一](エ|エ|エル|エル|エレ|エロ・エヨ)〔文章語〕〔「目(ま)見える」の意〕❶会うの謙譲語。お目にかかる。❷会う。対面する。「宿敵に—」 **まみ・ゆ** [文語ヤ下二]

ま-みず [0]【真水】[みづ][名] ❶塩けのない水。淡水。↕塩水。❷〔経〕財政対策のうち、直接に政府が負担する部分。

まみれ【▲塗れ】[接尾] たくさんついて汚れること。「血—」「どろ—」「金—の政治家」

まみ・れる [レ]【▲塗れる】[自下一](レ|レ|レル|レル|レレ|レロ・レヨ) からだや物の表面にいっぱいつく。「汗に—」 **まみ・る** [文語下二]

ま-むかい [ム]【真向(か)い】[むかひ][名] まんまえ。正面。

ま-むき [0]【真向き】[名] まっすぐに向かうこと。

ま-むし [0]【×蝮】[名] クサリヘビ科の毒へび。頭は三角形。全身は暗灰色で、まだらがある。体長約六〇センチメートル。卵胎生。[夏]

ま-むし【真蒸し】[名]〔方言〕〔京阪神地方で〕うなぎのかばやきをどんぶりのめしの間にはさんだもの。うなぎめし。

まむし-ゆび [シ]【まむし指】【×蝮指】[名] 手の指先の第一関節が、まむしが頭をもたげたように曲がる指。

ま-むすび [ム]【真結び】[名] こま結び。

まめ【豆】[一][メ][名] ❶マメ科の植物で、大豆(だいず)・あずき・そらまめ・えんどうなど、実(み)を食用とするものの総称。❷大豆。「いり—」「—かす」 [二][接頭] ❶小さなもの・少ないものにつく。「—電球」「—汽車」「—知識」 ❷子ども。「—記者」「—力士」

まめ [メ]【▲肉▲刺】[名] まさつのために手足にできる、豆のような水ぶくれ。また、局部的に角質が厚くなったもの。

まめ【▲忠▲実】[一][0][形動](ダロ|ダッ・デ・ニ|ダ|ナ|ナラ|○) ❶まごころがあるようす。実直。誠実。まじめ。❷苦労を気にかけないではたらくようす。勤勉。「—につとめる」❸からだが丈夫なようす。たっしゃ。健康。「—に暮らす」 [二][なり形動]〔古語〕実用的であるようす。「車にて、まめなるものさまざまにもて来たり」〈大和物語〉

まめ-あぶら [ア]【豆油】[名] 大豆(だいず)油。

まめ-いた [0]【豆板】[名] ❶いり豆をたいらにならべ、砂糖をとかしてそそぎ、かためた菓子。❷豆板銀。 **—銀(ぎん)** [タ][名] 江戸時代の銀貨。豆板。豆銀。つぶ銀。↕丁銀。

まめ-おとこ【豆男】[をとこ][名]〔古語〕❶とし男。❷小おとこ。

まめ-おとこ【▲忠▲実男】[をとこ][名]〔古語〕❶誠実な男。❷風流な男、また、色好みの男。「ある人の妻のもとにまめ男の通ふよし」〈沙石集〉

まめ-かす [0/カ]【豆かす】【豆×粕】[名] 大豆(だいず)から油をしぼりとったかす。肥料・飼料用。

まめ-がら [0]【豆がら】【豆▲幹】[名] 豆の実(み)を取りさったあとの茎やさや。

まめ-ざいく ザ【豆細工】名 ほそく割った竹と大豆で、いろいろのものの形をつくる遊び。

まめ-しぼり シ【豆絞り】名 小さいまるい形を一面にあらわした、絞り染め。「—の手ぬぐい」

まめ-ぞう ０【豆蔵】名 ❶江戸時代、大道で手品や曲芸をしながら、おどけたおしゃべりをした芸人。❷よくしゃべる人をさげすんでいうことば。

まめ-たん ０【豆炭】名 無煙炭の粉に木炭の粉などをまぜ、卵大にかためた燃料。(冬)

豆炭

まめ-ちしき チ【豆知識】名 知っていると少し得をするような知識。

ま-めつ ０【磨滅】【摩滅】名 自サ すりへること。

まめ-つぶ ツ【豆粒】名 豆のつぶ。ごく小さなもののたとえに用いる。「屋上からは、路上の人の姿が—ほどに見える」

まめ-でっぽう テ【豆鉄砲】名 豆をはじいて打つ竹製のおもちゃ。

まめ-ほん ０【豆本】名 たいそう小形な書物。

まめ-まき ヌ/マ2【豆まき】【豆×蒔・豆×撒】名 ❶豆のたねを畑にまくこと。(夏) ❷節分の夜、鬼を追いはらうために福豆(大豆のいり豆)をまくこと。(冬)

まめまめ-し・い【▲忠▲実▲忠▲実しい・▲実▲実しい】一 シ 形 カロ・カッ・ク・イ・イ・ケレ・○ ほねおしみせず、きまじめによくはたらくようすである。「—働きぶり」 **まめまめしげ** 形動 **まめまめしさ** 名 **まめまめ・し** 文語シク 二 形シク 古語 ❶本気である。心の底から真剣である。「わが後見に(妻ニシヨウト)思ひ、まめまめしく選び思はむには」〈源氏〉 ❷実用的である。「まめまめしき物は、まさなかりなむ」〈更級〉

まめ-めいげつ ヌ2【豆名月】名 〈枝豆をそなえることから〉陰暦九月十三日の夜の月。(秋)

まめ-やか【▲忠▲実やか】一 ヌ 形動 ダロ・ダッ・デ・ニ・ダ・ナ・ナラ・○ まごころのこもっているようす。忠実だ。誠実で、**まめやかさ** 名 二 なり形動 古語 ❶本格的だ。「雪いたう降りて、まめやかに積もりにけり」〈源氏〉 ❷実質であるさま。実用的だ。「まめやかなる方の頼みは、同じことにてなむ」〈源氏〉

ま-もう ０【磨耗】【摩耗】名 自サ 文章語 機械などが、すりへること。

ま-も-なく モ【間もなく】【間も無く】副 あまり時間をおかないようす。やがて。ほどなく。「—列車が来る」「—夏休みになる」

ま-もの ０【魔物】名 ばけもの。魔性のもの。

まもり リ【守り】名 ❶まもること。守護。防備。「—が固い」「国の—」↔攻め。❷守り神。神の加護。❸新しいことに挑もうとしない姿勢。「—に入る」↔攻め。

まもり-がたな ガ【守(り)刀】名 護身用の短刀。

まもり-がみ リ【守(り)神】名 身をまもってくれる神。守護神。

まもり-つ・ぐ ツ【守り継ぐ】他五 ガ・ゴ・ギ・イ・グ・グ・ゲ・ゲ 前代から受け継いだものを守り、後世に伝える。「郷土芸能を—」

まもり-ぶくろ フ【守(り)袋】名 守り札を入れて身につける袋。

まもり-ふだ リ【守(り)札】名 神仏の霊がこもって、持ち主をわざわいからまもるという札。おまもり。護符。

まもり-ほんぞん ホ【守(り)本尊】名 身をまもってくれるものとして信仰する神仏。

まも・る【守る】【▲護る】一 モ 他五 ラ・ロ・リ・ッ・ル・ル・レ・レ ❶害を受けないように、ふせぐ。「国を—」↔攻める。❷約束・きめられたことにしたがう。「規則を—」❸野球などで、守備につく。「レフトを—」 **守れる** 自下一[…できる] 二 他四 古語 目をはなさずに見る。見まもる。「(若紫ヲ)まもらるるなりけり」〈源氏〉

まやかし ０ 名 ごまかすこと。また、そのもの。

まやかし-もの ０【まやかし物】名 にせもの。いかさまもの。

まやか・す カ 他五 サ・ソ・シ・ス・ス・セ・セ ごまかし、あざむく。

ま-やく ０【麻薬】名 アヘン・モルヒネ・コカインなど、鎮痛・麻酔に使う薬品。製造・販売・使用が法律で規制されている。

まやま-せいか《真山青果》 一八七八—一九四八。小説家・劇作家。本名は彬。代表作に小説「南小泉村」、戯曲「玄朴と長英」など。

まゆ マ【眉】名 目の上に横に一文字にはえている毛。まゆげ。**—が曇る** 心配で、困ったような表情になる。**—に唾を塗る** 〈まゆにつばをつければ、きつね・たぬきにだまされないということから〉だまされないように用心する。**—に火がつく** わざわいが目の前にさしせまっている。**—を×顰める** 心配・不快などで、顔をしかめる。**—を開く** 心配がなくなる。愁眉を開く。**—を寄せる** 不機嫌そうな表情になる。顔をしかめる。

まゆ マ【繭】名 ❶完全変態をする昆虫の幼虫が大きくなり、さなぎとなって休眠するために糸を吐いてつくる巣。❷かいこの繭。(夏)

まゆ-げ マ【眉毛】名 まゆ。

まゆ-じり ０/コ【眉尻】名 まゆ毛のはしのほう。↔まゆ根。

まゆ-ずみ コ【眉墨】【×黛】名 まゆをかく化粧用の墨。

まゆ-だま ０【繭玉】名 正月のかざりもの。木の枝にもち・だんごなどの小さい玉をつけ、七宝・宝船・小判などのえんぎものをつるしたもの。まゆだんご。(新年)

まゆだま

まゆつば-もの ０【眉唾物】名 信用できない、いかがわしいもの。だまされそうな話。

まゆ-ね マ/ネ【眉根】名 まゆ毛のひたいの中心に寄ったあたり。「—を寄せる」↔まゆじり。

まゆ-はき コ【眉掃き】名 おしろいをつけたあとで、まゆをはらう小さなはけ。

まゆみ ０/マ【×檀】名 ❶ニシキギ科の落葉小高木。材は器具用。昔は弓の材料にした。実は(秋) ❷【真弓】古語 まゆみの木で作った弓。「梓弓真弓槻弓年を経て」〈伊勢〉

まよい イ/ヨ【迷い】名 ❶どうしようかと迷うこと。まどい。「心の—」❷死者が成仏できないこと。

まよい-ご イ/ヨ【迷い子】名 まいご。参考「まいご」の元の形。

まよい-ばし バ【迷い箸】名 まどいばし。

まよ・う ヨ【迷う】自五 ワ・オ・イ・ッ・ウ・ウ・エ・エ ❶道や方向がわからなくて、まごつく。「道に—」「東京駅に着いて出口がどこだかわからなくて迷った」❷判断・決断がつかず、心がゆれ動く。「処置に—」「選択に—」❸理性を失い、まちがった方向に進む。「色香に—」「金に—」❹死者の霊が成仏できないでいる。「迷って幽霊になって出る」

ま-よけ ０/ケ【魔よけ】【魔▲除け】名 魔をふせぐこと。魔をふせぐもの。おまもり。護符。

ま-よこ ０/コ【真横】名 ちょうど横。「学校の—にある店」「先生の—にすわる」

ま-よなか ヨ【真夜中】名 夜のいちばんふけた時。深夜。「夜中」を強めた言い方。

マヨネーズ ネ〈フ mayonnaise〉名 卵の黄身・サラダ油・

酢・しおなどをまぜあわせた、サラダ用のソース。

まよわ・す ワ【迷わす】他五 迷うようにする。まどわす。迷わせる。「人心を―うわさ」

まら ラ【魔羅】名 ❶仏教で、悟りのじゃまになるもの。❷陰茎。

マラウイ《Malawi》アフリカ南部にある共和国。一九六四年独立。首都はリロングウェ。

まらうど【客人】名 古語 ⇒まろうど。

マラカス 0〈ス maracas〉名 ラテン音楽で使う楽器。ウリ科のマラカの果実をほして中身をくり抜き、ほした種子を入れて柄をつけたもの。二個一組で、両手で振ってリズムを取る。

まら・する 他下二 自他サ 古語〔「まいらする」の変化した語〕㊀「やる・与える」の謙譲語。差し上げる。「わごりょに半分まらせう程に」〈狂言・泣尼〉㊁〈補助動詞＝動詞の連用形について〉❶…申しあげる。お…いたす。「たやすうお仲を直しまらせうずる」〈伊曽保〉❷ていねいの気持ちをあらわす。…ます。「風呂にはただひとり居まらする」〈伊曽保〉

マラソン 0〈marathon〉名 ❶マラソン競走。❷長い時間をかけて行うことの形容。「―外交」 ―**競走** キョ 名 陸上競技の長距離競走。四二・一九五キロメートルを走る。参考 ギリシャの勇士がマラトンの野からアテナイまで走り、戦勝を報じて死んだという故事から。

マラリア 0〈malaria〉＝**マラリヤ** 名 マラリア病原虫が血液中に寄生しておこす発熱性感染症。はまだら蚊が媒介をする。夏

まり リ【鞠・毬】名 遊戯に使う、布・皮・ゴムなどでつくったたま。

まり【鋺・椀】名 古語 水・酒などを入れる器。

マリ《Mali》アフリカ西部にある共和国。一九六〇年に独立。首都はバマコ。

マリア《Maria》キリストの母の名。「聖母―」

マリアージュ ア〈フ mariage〉名 ❶結婚。❷飲み物と料理の組み合わせ。特に、ワインと料理の組み合わせの妙をいう。参考 日本語では❷の意味のほうをよく使う。

マリーゴールド ゴ〈marigold〉名 キク科の一年草。夏に黄色やオレンジ色の花を開く。夏

マリーナ リ〈marina〉名 ヨットやモーターボートなどの停泊所。宿泊施設や娯楽施設なども設ける。

マリオネット ネ〈フ marionnette〉名 糸であやつる西洋の人形。あやつり人形。

まりしてん《摩利支天》自由自在に身をかくす力をもつという仏教守護の女神。

マリッジ マ〈marriage〉名 結婚。「―リング」 ―**ブルー** ル〈marriage blue〉名〔和製英語〕結婚を前にして、今後の生活や結婚相手に対する不安などから、不安定な精神状態になること。

マリネ マ〈フ mariné〉名 肉・魚などを、酢と油をまぜた汁につけた料理。

マリファナ 0〈ス marihuana〉＝**マリワナ** 名 大麻の穂からとった麻薬。吸煙すると幻覚を生じる。

まりも 0【毬藻】名 淡水産の緑藻類。糸のような藻がかたまって、まりのようになったもの。北海道の阿寒湖のものは特別天然記念物。

ま-りょく マ【魔力】名 人をまよわすふしぎな力。

マリン〈marine〉造 海。海の。 ―**スノー** ノ〈marine snow〉名 海中で見られる、雪が降るような光景。プランクトンの死骸が水中にただよって生じる現象とされる。 ―**スポーツ** ポ〈marine sports〉名 ヨット・スキューバダイビング・サーフィンなど、海で行うスポーツの総称。 ―**ブルー** ル〈marine blue〉名 緑色をおびた深い青色。

マリンバ リ〈marimba〉名 木琴の一種。音板の下に共鳴管をつけたもの。

まる【丸】㊀0 名 ❶まるい形。球形。「いびつな―」❷【円】円形。「指先で―をかく」❸まるい形の記号。㋐正しい、または、よしというしるし。「〇」。「答案に―をつける」↕ばつ。㋑句点や半濁点。「。」「゜」。「文の終わりには―をつける」「ハに―をつけるとパになる」❹ゼロ。零。「―一―四に電話して番号を調べてもらう」❺欠けた所のない、または、部分に分けない全体。「じゃがいもを―のままゆでる」「―ごと食べる」❻城郭の内部。「二の―」「本―」❼俗語 金銭。「―送れ」㊁接頭 ❶完全なようす。「―はだか」「―もうけ」❷ほぼ範囲を満たすこと。「―三年」㊂接尾 人・いぬ・船・刀などの名まえにつけることば。「牛若―」「日本―」「こがね―」

まる-あげ 0【丸揚(げ)】名 切らずにそのまま揚げものにすること。また、その揚げたもの。

まる-あらい ア【丸洗い】名 他サ 衣服をほどかずそのままに洗うこと。↕解き洗い。

まる-あんき ア【丸暗記】【丸諳記】名 内容をよく理解せずに、全部をそのままそらでおぼえること。

まる・い 0【丸い】形 ❶【円い】円形である。「―テーブル」❷球形である。「―月」❸かどがない。円満だ。「―人がら」❹曲線になっている。「背中を丸くする」❺ふとっている。 **まるさ** 名 **まる・し** 文語ク

まる-うち 0【丸打(ち)】名 ひもなどを丸く編むこと。また、その編み方のひも。

まる-うつし 0 ウ【丸写し】名 他サ 文章などをそっくりそのまま写すこと。「本を―したレポート」

まる-えり 0【丸襟】名 ❶はおりのえりを丸幅の布でしたてたもの。❷丸みのあるえり。

まる-おび 0【丸帯】名 一枚の帯地を折りかえして、表裏を縫いあわせた、幅のひろい婦人用の帯。

まる-がお 0【丸顔】名 まるみのある顔。輪郭のまるい顔。

まる-がかえ ガ 0【丸抱え】名 ❶芸者の生活費をやといぬしが全部もつこと。❷全部の生活費や資金を出してやること。

まる-かじり 0【丸かじり】【丸齧り】名 他サ くだものや野菜を切らずにそのまま食べること。「りんごを―する」

まる-がっこ ガ【丸括弧】名 文字を書くときに付ける（ ）のしるし。

まる-がり 0【丸刈(り)】名 頭髪を短く刈ること。坊主刈り。

まる-き 0【丸木】名 山から切りだしたままの木。 ―**橋** キ 名 丸木をかけ渡しただけの橋。 ―**船** フ 名 大きな丸木をくりぬいてつくったふね。まるたぶね。

マルキシスト シ〈Marxist〉＝**マルキスト** 名 マルクス主義を信じる人。

マルキシズム シ〈Marxism〉名 マルクス主義。

マルキスト キ〈Marxist〉名 ⇒マルキシスト。

まる-きり 0【丸きり】副 まるっきり。ぜんぜん。

マルク マ〈ド Mark〉【馬克】名 もと、ドイツの貨幣単位。

まる-ぐけ 0【丸ぐけ】【丸絎】名 ひも・帯などを丸くくけて綿や布の芯などを入れること。また、そのようにつくった帯。丸ぐけ帯。

マルクス-しゅぎ シュ【マルクス主義】名 一九世紀の中ごろ、ドイツの経済学者カール-マルクスによってとなえられ、エンゲルスやレーニンらによって展開された革命的

ま

理論体系とその実践活動。科学的社会主義。マルキシズム。

まる-くび [0]【丸首】[名] えりぐりが首まわりに沿って丸くなっているもの。「―シャツ」

まる-ごし [0]【丸腰】[名] ❶武士が刀をさしていないこと。❷武器を身につけていないこと。❸軍備をもたないこと。

まる-ごと [0]【丸ごと】[副] もとの形のまま。「―のみこむ」

まる-ざい [0]【丸材】[名] 皮をはいだだけの丸い木材。丸太。↕角材。

まる-シー [シ]【丸C】[名]〔copyright(著作権)の頭文字〕万国著作権条約により協定された、出版物の著作権のマーク。「©」で表す。

まる-ぞめ [0]【丸染(め)】[名] 衣服をほどかず、そのまま染めること。

まる-ぞん [0]【丸損】[名] 全部損をすること。↕まるもうけ。

まる-た [0]【丸太】[名] 皮をはいだだけの材木。丸材。

マルタ《Malta》地中海中部のマルタ諸島にある共和国。英連邦の一員。一九六四年に独立。首都はバレッタ。

まる-だし [0]【丸出し】[名] 全部露出すること。むき出し。

まるたん-ぼう [0]【丸太ん棒】[名] 丸太。

マルチ [マ]〈multi〉[形動][造] 多くの。複数の。「―な才能」「―チャンネル」 **―商法**(しょうほう) [ジョ][名] 商品の販売員が、新たな販売員を勧誘して組織に加入させることをくりかえし、販売網を拡大する商法。法律で規制されている。連鎖販売取引。 **―ヒット** [ヒ]〈multi hits〉[名] 野球で、一試合に二本以上の安打をうつこと。 **―メディア** [メ]〈multimedia〉[名] コンピューターを中心に、文字・音声・映像などの複数のメディアを多様に組み合わせた情報媒体。

マルチーズ [チ]〈Maltese〉[名] 犬の一品種。小型で、真っ白な長い毛におおわれている。地中海のマルタ島原産。

マル-チョイ [0][名]〔俗語〕(multiple-choice method から) いくつかの答えの中から、正解を選び出させるテストの方法。

まるっ-きり [0]【丸っきり】[副] まったく。「―知らない」 [参考] 下に打ち消しの言い方がくる。

まる-づけ [0]【丸漬(け)】[名] 切らないで、そのままつけること。また、つけたもの。「なすの―」

まるっ-こ-い [コ]【丸っこい】[形](カロ―カッ・ク―イ―イ―ケレ―○) 丸い感じである。 **丸っこさ** [名]

まる-つぶれ [0]【丸潰れ】[名] ❶体面などを全く失うこと。「面目が―になる」❷思わぬ物事のために、時間がすっかりなくなること。「半日―だ」

まる-で [0]【まるで】【丸で】[副] ❶よく似ているようす。ちょうど。あたかも。「―仙人のようだ」 [参考] 下に、「ようだ」「みたいだ」「同じだ」などの言い方がくることが多い。❷まったく。全然。「―なっていない」 [参考] 下に否定する言い方がくる。

まる-てんじょう [テ]【円天井】[名] 半円球の天井。

まる-どり [0]【丸取り】[名] 全部を取ること。すっかり自分のものにすること。

まる-なげ [0]【丸投げ】[名] 請け負った仕事をそのまますべて下請けに出すこと。

まる-のみ [0]【丸飲み】【丸×呑み】[名] ❶かみくだかないで、そのまま飲むこと。❷理解せずに、そのままおぼえること。うのみ。❸要求などをそっくり受け入れること。

まる-はだか [ハ]【丸裸】[名][形動] ❶すはだを全部出すこと。すっぱだか。㊇ ❷まったく持ち物がないこと。「火事で―になる」

まる-ばつ [0]【○×】[名] 答えの欄に書き入れる、○(正しい)×(あやまり)の記号。「―式テスト」

まる-はば [0]【丸幅】[名] 織りあげたままの、布地の幅。

まる-ひ [0]【丸秘】[名]〔書類などに「秘」を丸で囲んだ印をつけるところから〕秘密にしておくべき事がら。「―文書」

まる-ぼうず [ボ]【丸坊主】[名] ❶髪をそりおとした頭。髪の毛を短く刈った頭。❷山に樹木が少しもないこと。

まる-ぼし [0]【丸干(し)】[名] 魚などを、そのままの形で干すこと。「いわしの―」

まる-ぽちゃ [0]【丸ぽちゃ】[名][形動]〔俗語〕丸顔で、あいきょうのあるようす。

まる-ほん [0]【丸本】[名] ❶全部そろった本。完本。↕端本(はほん)。❷全編を一冊にまとめた浄瑠璃(じょうるり)本。

まる-まげ [0]【丸まげ】【丸×髷】[名] 結婚している女性の結う日本髪の形。

丸まげ

まる-まど [0]【円窓】[名] 円形につくってある窓。

まる-まる【丸丸】㊀ [0][名] ❶二重の圏点(けんてん)。「◎」❷ふせ字のしるし。「○○」㊁[副] [かながき] ❶ [マ]こえふとっているようす。「―とこえる」❷ [0]まったく。すべて。ぜんぶ。「―損だ」

まる-ま・る [0]【丸まる】[自五](ラ・ロ―リ・ッ―ル―ル―レ―レ) まるくなる。

まる-み [0]【丸み・円み】[名] かどだたず、ふくらみのあること。丸いさま。「―を帯びる」「―がつく」

まる-みえ [0]【丸見え】[名][形動] すっかり見えること。「外から室内が―だ」

まる-むぎ [0]/[ム]【丸麦】[名] 精白したままで加工してない麦。↕ひら麦・ひきわり麦。

まるめ-こ・む [コ]/[0]【丸め込む】[他五](マ・モ―ミ・ン―ム―ム―メ―メ) ❶丸めて中に入れる。❷人を自由にあやつる。まるめる。「うまく丸め込まれる」 **丸め込める** [自下一]〔…できる〕

まる・める [0]【丸める】[他下一](メ―メ―メル―メル―メレ―メロ・メヨ) ❶丸くする。❷頭の髪をそる。❸他人を自由にあやつる。まるめこむ。‖まろめる。 **まる・む** [文語下二]

マルメロ [0]〈ポ marmelo〉[名] バラ科の落葉高木。春、白色・淡紅色の五弁花をつける。果実は食用。㊙

まる-もうけ [モ]/[0]【丸もうけ】【丸×儲け】[名] 全部がもうけとなること。↕まる損。

まる-もじ [0]【丸文字】[名] 丸みをおびた字。漫画字。丸字。

まる-もち [0]/[チ]【丸餅・円餅】[名] 円形のもち。西日本で雑煮に用いることが多い。↕切り餅。

まる-やき [0]【丸焼(き)】[名] 切らないでそのまま焼くこと。また、焼いたもの。「若どりの―」

まる-やけ [0]【丸焼け】[名] 火事ですっかり焼けること。全焼。

まるや-さいいち《丸谷才一》一九二五―二〇一二。小説家・英文学者。ジョイスの「ユリシーズ」の翻訳で注目される。「年の残り」「たった一人の反乱」「樹影譚(じゅえいたん)」など。

まるやま-かおる《丸山薫》一八九九―一九七四。詩人。浪漫的な叙情詩人で、「四季」派の中核となる。詩集「帆・ランプ・鷗(かもめ)」など。

まれ [0]【▲希・×稀】[形動](ダロ―ダッ・デ・ニ―ダ―ナ―ナラ―○) めったにないようす。めずらしいようす。「近来―な豊作」「―にしか見られない症例」⇩たま [参考]。

まれ [助]〔古語〕〔副助詞〕(「もあれ」の変化)であっても。「ようまれ悪(あ)しうまれ」〈宇津保〉

マレーシア《Malaysia》マレー半島を中心とした連邦制立憲君主国。英連邦の一員。一九五七年にマラヤ連邦として独立。一九六三年マレーシア連邦となった。首都はクアラルンプール。

まれ-びと【▲客人】[名]〔古語〕(「まれにやってくる人」の意か

ら〕客。まろうど。

まれ-まれ【▲希▲希・×稀×稀】[一][0][副][形動]〔「まれ」の強め〕ごくまれなようす。[二][副]〔古語〕めずらしく。たまたま。ちょうど。「まれまれかの高安に来てみれば」〈伊勢〉

まろ【麻呂・×麿】[代]〔古語〕自分をさすことば。わたくし。[参考]男女の別なく用いた。

まろうど【▲客▲人】[名]〔古語〕〔「まれびと」の変化〕客。

まろが・す[0]【▲転がす】[他五]〔文章語〕ころがす。

マロニエ[0]〈フ marronnier〉[名]トチノキ科の落葉高木。葉はてのひら状。夏、白に緑色の筋と紅色のぼかしのある花をひらく。果実はあまい。街路樹・庭木用。花は[夏]

まろ・ぶ【▲転ぶ】[自四]〔古語〕❶ころがる。「ふし—」❷たおれる。

まろ・める[0]【▲丸める】[他下一]⇩まるめる。

まろ・む[文語下二]

まろ-や【▲丸屋】[名]〔古語〕くさぶきのそまつな家。「葦のまろやに秋風ぞ吹く」〈金葉・百人一首〉

まろ-やか[2]【▲円やか】[形動]❶〔文章語〕まるいようす。❷口当たりがおだやかなようす。「—な味」**まろやかさ**[名]

マロン[マ]〈フ marron〉[名]栗。また、栗色。「—ケーキ」**—グラッセ**[ラ]〈フ marrons glacés〉[名]殻をむいた栗をシロップで煮込み、乾燥させた菓子。

まわし【回し】【×廻し】[一][0][名]❶力士などの腰に巻くもの。相撲を取る時のしめこみと、土俵入りの時の化粧まわしとがある。❷会などを輪番にすること。❸遊女が一夜のうちに二人以上の客をかけもちにすること。[二][造]回すこと。「ぐるぐる—」「たらい—」「—読み」

まわし-のみ[0]【回し飲み】[名]一つのうつわを送りわたして、何人かで順に飲むこと。

まわし-もの[0]【回し者】[名]こちらのようすをさぐるために敵が送りこんできた人。スパイ。間者。

まわ・す[0]【回す】【×廻す】[他五]❶軸を中心にして、くるくると動かす。回転させる。「ダイヤルを—」「こまを—」❷物を順に送り渡す。「回覧板を—」❸必要とする場所・用向きにさし向ける。「車を客の迎えに—」「娯楽費を学費に—」「広報部に一人—」❹別の立場に移らせる。「敵に—」❺ゆきとどかせる。「気を—」「手を—」❻まわりをとりかこむ。「垣根を回した家」❼利子が生ずるように金を運用する。「月二分に—」❽〔動詞の連用形について〕全体を…する意味を表す。「ながめ—」「つつき—」「追い—」**回せる**[自下一]〔…できる〕

ま-わた[0]【真綿】[名]くずまゆをひきのばして、綿のようにしたもの。[冬] **—で首を締める**遠まわしに、じわじわと責めて、動きのとれないようにする。**—に針を包む**ようす表面はやわらかく、やさしく見せながら、うちに悪意をふくんでいるようす。「—な、もの言い」

まわり【回り】【×廻り】[一][0][名]❶まわること。回転。❷【周り】周囲。へり。「—の人々」「池の—」「公園の—」❸そば。近く。「身の—」「駅の—」❹行きわたること。「くすりの—」「酒の—」❺順にたずねること。「お得意—」[二][造]❶(十二支を年にあてることから)十二年を一期としてかぞえる語。「年がひと—ちがう」❷大きさの比較に使う語。「ひと—大きい」❸まわる回数をあらわす語。「グラウンドをふた—する」**—回って**さまざまなところを経由して。結局のところ。「親切は—自分のもとにかえってくる」

まわり-あわせ[0]【回り合(わ)せ】[名]しぜんにめぐって来る運。めぐりあわせ。

まわり-えん[リ]【回り縁】[名]へやの外がわをとりまく縁がわ。

まわり-くど・い[ド]【回りくどい】【回り×諄い】[形]くどくどと、遠まわりに言って、めんどうである。「—説明」**回りくどさ**[名] **まはりくど・し**[文語ク]

まわり-こ・む[コ]【回り込む】[自五]回るようにして別の場所にうつる。「土俵ぎわで—」**回り込める**[自下一]〔…できる〕

まわり-どうろう[ド]【回り灯籠】[名]中わくに絵のきりぬきをはり、外わくの紙・布にかげ絵が動いてうつるようにしたとうろう。走馬灯。[夏]

まわり-どお・い[ド]【回り遠い】[形]❶道がまわっていて遠い。❷まわりくどい。「—説明」**まはりどほ・し**[文語ク]

まわり-ばん[0]【回り番】[名]❶順々に交替すること。輪番。❷見まわりをする番。

まわり-ぶたい[プ]【回り舞台】[名]歌舞伎舞台中央の、回転する仕組みの丸い部分。⇩歌舞伎(図)。

まわり-みち[リ]【回り道】[名]遠回りになる道。

まわり-もち[0]【回り持ち】[名]順々に受けもつこと。

まわ・る[0]【回る】【×廻る】[自五]❶円をえがくように動く。「車輪が—」「地球は太陽のまわりを—」❷あちこちとめぐり行く。「諸国を—」❸まっすぐに進まず、曲がって行く。「裏に—」❹周辺にそって行く。「湖の岸を—」❺順々に歩いて行く。「友だちの所を—」❻たちよる。「おじの家を回って帰る」❼時がたつ。「もう五時を回った」❽今までとは別の方面に移る。「海外勤務に—」❾すみずみまでいきわたる。「気が—」❿はたらく。活動する。「頭が—」⓫利子が生ずる。「月二分に—」⓬からだにゆきわたる。「酒が—」「毒が—」**回れる**[自下一]〔…できる〕

回れ右立ったままで、または行進途中で、右回りに向きを変えてうしろを向かせる号令。また、その動作。

まゐら・す【参らす】[他下二]〔古語〕⇩まいらす。

まゐ・る【参る】[自四]〔古語〕⇩まいる[二]。

まをさ・く【▲申さく】[連語]〔古語〕⇩まおさく。

まを・す【▲申す】[他四]〔古語〕⇩まおす。

まん【真ん】[接頭]〔名詞・形容詞につく〕完全な。「—中」「—まるい」

まん【慢】[造]❶ゆるい。おそい。「慢性・緩慢」❷おごる。あなどる。「慢心・自慢・高慢」❸なまける。「怠慢」

まん【漫】[造]❶そぞろ。とりとめがない。しまりがない。「漫然・漫歩・漫遊・散漫・冗漫」❷こっけいな。おもしろい。「漫画・漫才」❸ひろい。「漫漫・瀰漫」

まん【×蔓】[造]ひろがる。はびこる。「蔓延」

まん【×瞞】[造]だます。「瞞着・欺瞞」

まん【×饅】[造]まんじゅう。「饅頭」「肉饅」

マン〈man〉[造]人。男。仕事や活動分野に関連する名詞について、それをする人をあらわす。「カメラ—」「ビジネス—」「証券—」「鉄道—」[参考]「人」も「料理人・弁護人」など「…するひと」の意味をあらわすが、動作名詞につくことが多い。それに対して、「マン」は関連するもの・ことをあらわす名詞につくことが多い。

まん[マ]【万】[名][造]❶千の十倍。「—が一」「一—円」❷数の多いこと。「万病・億万・巨万」〔別音ばん｜万〕

まん【満】[一][マ][名][造]❶みちること。充満の状態。「満員・満開・充満・飽満」❷年齢のかぞえ方で、まる一年を一歳とするもの。「満年齢」↕かぞえ。❸年月などのかぞえ方で、実際に経過した年月でいうこと。「—三年」↕足かけ。[二][造]❶じゅうぶん。ありあまる。「満足・円満・不満・豊満」❷全体。いっぱい。「満山・満身・満面」❸ある数に達する。「満点・満了・未満」❹「満州」の略。「日満・満蒙(まんもう)」 **ーを持(じ)す** じゅうぶん用意をととのえて、じっと機会を待つ。「満を持して発表した作品」

まん-いち [マ]【万一】[名][副]〔万分の一の意から〕起こる可能性が非常に低いと予想される事態を仮定するようす。万が一。まんいつ。「―富士山が噴火したらこの辺のぶどう畑は全滅だ」「―われわれの母校が甲子園に出場しても一回戦で負けるね」⇩もし[参考]。

まん-いん [0]【満員】[名] ❶定員にみちること。❷人でいっぱいになること。「―の電車」

まん-えつ [0]【満悦】[名][自サ]〔文章語〕ひどく満足してよろこぶこと。「さぞや、ご―のことだろう」

まん-えん [0]【×蔓延】[名][自サ] はびこりひろがること。「感染症の―」

まん-が [0]【▲馬×鍬】[名] まぐわ。

まん-が [0]【漫画】[名] ❶単純な手法で描かれ、こっけいを主とする絵。批評・風刺をふくむ場合もある。❷劇画。 **ー喫茶(きっさ)** [キ][名] 多くの漫画本や雑誌を備え、読む場所を提供し、飲食物のサービスも行う店。 **ー字(じ)** [0][名] 丸文字。

まん-かい [0]【満開】[名] 花がすっかりひらくこと。花ざかり。「―の桜」

まん-が-いち [マ=チ]【万が一】[名][副]〔文章語〕⬇まんいち。「―登頂に不成功の場合は」

まん-がく [0]【満額】[名] 要求の、あるいは予定の額に達すること。「―回答」

まん-かぶ [0]【満株】[名] 株の購入申し込みが、募集した数に達すること。

まん-かん [0]【満干】[名]〔文章語〕潮のみちひ。干満。

まん-がん [0]【万巻】[名]〔文章語〕多くのまき物・書籍。書物の数の多いこと。「―の書」

まん-がん [0]【満貫】[名] マージャンで、一回の上がりの最高限度として決められた点数。また、そうなる牌(パイ)の組み合わせ。

まん-がん [0]【満願】[名] 日数をきめて神仏に祈願し、その期間がおわること。結願(けちがん)。

マンガン [マ]〈ドMangan〉[名] 元素記号Mn 原子番号25 原子量54.938049 灰白色で赤みをおびた金属元素。鉄よりもかたくてもろい。

まんかん-しょく [カ]【満艦飾】[名] ❶軍艦が、国旗・信号旗などで、艦全体をかざること。❷〔俗語〕洗濯物をいっぱい干すこと。❸〔俗語〕女性が、はでに着かざること。

まん-き [マ/0]【満期】[名] 期限がみちること。また、その日。「保険が―になる」

まん-きつ [0]【満喫】[名][他サ] ❶思いきり飲み食いすること。❷じゅうぶん味わうこと。「沖縄の夏を―する」

まん-きん [0]【万金】[名] 多額の金銭。千金。「―を積む」

まん-きん [0]【万×鈞】[名]〔文章語〕〔「一鈞」は三〇斤〕ひどく重いこと。また、そういう物。千鈞。

まん-ぎん [0]【漫吟】[名][他サ]〔文章語〕なんとなく詩や歌を口ずさむこと。

まん-くう【満腔】「まんこう」のあやまり。

マングース [ク]〈mongoose〉[名] ジャコウネコ科の哺乳(ほにゅう)類。インド原産でいたちに似る。ねずみ・へびなどを食べる。

マングローブ [ロ]〈mangrove〉[名] 熱帯の海岸・河口などにはえる、ヒルギ科などの常緑高木の群生林。紅樹林。

まんげ-きょう [0]【万華鏡】[名] 円筒の中にガラスの三角柱を立て、色紙の小片をいくつか入れ、まわしながらのぞくおもちゃ。

まん-げつ [マ]【満月】[名] 全面がかがやいて、円形に見える月。十五夜。望月(もちづき)。[秋] ↕新月。⇩月(図)。

まん-げん [0]【万言】[名] 多くのことば。「―を費やす」

まん-げん [0]【漫言】[名]〔文章語〕思いつきで言う、とりとめもないことば。漫語。

まん-ご [0]【漫語】[名]〔文章語〕⬇まんげん。

まん-こう [0]【満×腔】[名]〔文章語〕〔「腔」はからだ〕からだ全体。胸いっぱい。心いっぱい。満身。「―の敬意を表する」

まん-ごう [0]【万×劫】[名]〔文章語〕たいそう長い年月。

マンゴー [マ]〈mango〉[名] ウルシ科の熱帯産常緑高木。実は楕円形で黄色。あまくて香りがつよい。食用。

まんごく-どおし [ド]【万石どおし】【万石×簁(とおし)】[名] 千石どおしのふるいの目を細かくした農具。

マンゴスチン [ゴ]〈mangosteen〉[名] オトギリソウ科の熱帯産常緑高木。淡紅色の花をひらき、球形で暗紫色の果実は、くだものの女王とされる。食用。

まん-ざ [0]【満座】[名] その場にいる人ぜんぶ。満場。

まん-さい [0]【満載】[名][他サ] ❶船や車に荷物をいっぱい積みこむこと。「貨物を―したトラック」❷新聞や雑誌に、ある記事をいっぱい掲載すること。

まん-ざい [ザ]【万歳】[名] ❶万年。永久。ばんざい。❷ふたりづれで、新年をいわって家々の門前で舞う歌舞。また、その芸人。[新年]

まん-ざい [ザ]【漫才】[名] ふたりの芸人が日常の会話を交わすようにしながら、聴衆の意表をつく発言をし、笑いを起こさせる演芸。[参考] 一九三〇年代に、大阪の演芸場で寄席芸となっていた「万歳」が革新され、表記も「漫才」と改めた。

まんざいきょうかしゅう [ウ]《万載狂歌集》江戸時代後期の狂歌集。四方赤良(よものあから)・朱楽菅江(あけらかんこう)編。最盛期の狂歌をあつめたもの。

まん-さく [0]【満作】[名]〔「満作」は当て字。早春に「まずさ(咲)く」の意からとされる〕マンサク科の落葉低木。葉は長円形。山地にはえ、早春に、黄色で中が赤紫色の四弁の花をつける。観賞用。[春]

まん-さく [0]【満作】[名] 農作物がじゅうぶんにみのること。豊作。

まん-さつ [0]【万札】[名]〔俗語〕一万円札。

まん-ざら [0]【まんざら】【満更】[副] かならずしも。「―いやでもない」[参考] 下に打ち消しの語がくる。 **ーでもない** ❶気のりがしないでもない。「―顔つき」❷それほどわるくはない。「この品なら―」

まん-さん [0]【×蹣×跚】[と副][たる連体]〔文章語〕ふらふらとよろめきながら歩くようす。「酔歩―」

まん-ざん [マ]【満山】[名]〔文章語〕全山。❶山の全体。「―の紅葉」❷寺じゅう。

まん-しつ [0]【満室】[名] 旅館などで、全部のへやがふさがること。

まんじ-ともえ [ト/マ]【×卍×巴(ともえ)】[名] たがいに追いかけあうように、いりみだれるさま。まんじどもえ。

まん-しゃ [0]【満車】[名] 駐車場が、駐車の車でいっぱいになること。

まん-しゅう《満州・満洲》中国の東北地方の旧称。

まん-じゅう [ジュ]【×饅▲頭】[名] こねた小麦粉などであんをつつみ、まるめてむした菓子。 **ー×笠(がさ)** [ガ][名] 上が丸く、まんじゅうのような形のかぶりがさ。

まんじゅしゃげ [ジュ]【×曼珠▲沙華】[名] ひがんばな。[秋]

まん-しょう [0]【満床】[名] 病院で、入院患者用ベッドがすべてふさがってあきがないこと。

まん-じょう [0]【満場】[名] 会場いっぱい。会場にいる人すべて。「―の拍手」 **ー一致(いっち)** [0][名] その場にいる全員の

ま

意見がまとまること。「—で可決された」

マンション〔マ〕〈mansion〉名（「大邸宅」の意）分譲あるいは賃貸しをする、中高層の集合住宅。

まんじり-とも-し-ない 連語 すこしもねむらない。一睡もしない。「一晩中—」

まん-しん〔0〕【満身】名 からだ全体。全身。「—の力」 **—創×痍**(いそう)〔ソ〕名 からだじゅうが傷だらけになること。

まん-しん〔0〕【慢心】名 自サ おごりたかぶること。また、その心。増長心。「—をいましめる」

まん-すい〔0〕【満水】名 自サ 池・川・プールなどの水がみなぎること。

マンスリー〔マ〕〈monthly〉名 月刊誌。

まん・ずる〔ズ〕【慢ずる】自サ〔ジ・ゼ・ジ・ズル・ズレ・ジロ・ゼヨ〕〔文章語〕思い上がる。うぬぼれる。「才智に—」 **まん・ず** 文語サ変

まん-せい〔0〕【慢性】名 ❶病気の経過が長びく性質。↕急性。❷悪い状態が日常的になること。「—の遅刻癖」

まん-せい〔0〕【×蔓生】名 つるとなってのびること。つるだち。

まん-せき〔0〕【満席】名 乗り物や劇場などの座席が全部ふさがること。

まん-ぜん〔0〕【漫然】と副 たる連体 とりとめのなく、ぼんやりとしたようす。「—とテレビを見る」

まんぜん【万全】「ばんぜん」のあやまり。

まん-ぞく〔マ〕【満足】名 形動 自サ ❶望みがとげられて、不平のないこと。❷条件を十分に満たしていること。「—にできる者はいない」 **—感**(かん)〔ク〕名 満足したという気持ち。「—を得る」

マンタ〔マ〕〈スManta〉名 亜熱帯から熱帯にかけてすむエイの仲間の魚。全長約六〜七メートルでエイの中でもっとも大きい。オニイトマキエイ。

まん-たく〔0〕【満卓】名 店のすべてのテーブルが客でふさがっていること。

まんだら〔0〕【×曼×陀羅・×曼×荼羅】名 ❶仏教の本質である悟りの境地。❷仏や菩薩(ぼさつ)の多くの像を、一定の様式で描いた図像。

まんだらげ〔ダ〕〔ラ〕【×曼×陀羅華】名 ❶〔仏〕これを見れば心に悦楽を感ずるという天上界の聖花。❷「ちょうせんあさがお」の別名。夏 ❸白いはすの花。

まん-タン〔0〕【満タン】名（タンは「タンク」の意）❶自動車のタンクなどに燃料をいっぱいつめること。また、その状態。❷入れ物を、液体などでいっぱいにすること。また、その状態。

まん-だん〔0〕【漫談】名 ❶とりとめもない話。❷こっけい・風刺を主とした、とりとめのない話をする演芸。

まん-ちゃく〔0〕【×瞞着】名 他サ〔文章語〕あざむきだますこと。「人を—する」

まん-ちょう〔0〕【満潮】名 みちしお。↕干潮。

マン-ツー-マン〔ツ〕〈man-to-man〉名 ❶一人の人間に一人がつくこと。「—で訓練する」❷バスケットボールやサッカーで、各選手がマークする相手を定めて防御すること。マンツーマン-ディフェンス。

まん-てい〔0〕【満廷】名〔文章語〕❶法廷に人がいっぱいになること。❷朝廷・法廷にいるすべての人々。

まん-てん〔0〕【満天】名 そらいっぱい。「—の星」

まん-てん〔テ〕【満点】名 ❶最高の評点。百パーセントの点。「—の成績」❷完全無欠。この上なくいいこと。「使いごこちは—だ」 参考「万点」と書くのはあやまり。

まん-てんか〔テ〕【満天下】名 天下全体。世界じゅう。くにじゅう。

まん-と〔マ〕【満都】名 ❶みやこの全体。❷東京都全体。

マント〔マ〕〈フmanteau〉名 そでのない、がいとう。冬 **—×狒×狒**(ひひ)〔ヒ〕名 オナガザル科の哺乳(ほにゅう)類。アラビア・北アフリカに分布。雄は頭から肩にかけてねずみ色の長毛があり、マントを着ているように見える。

まん-どう〔マ〕【万灯】名 ❶多くのともしび。❷わくに紙をはり、中に火をつけたあんどん。秋 **—会**(え)〔ド〕名 一万個の灯(ひ)をともしてする法会(ほうえ)。万灯供養。秋

まん-どう〔0〕【満堂】名 堂の中いっぱい。堂の中の人すべて。満場。「—の拍手」

マントー〔ト〕【〔中〕×饅頭】名 中国ふうの皮の厚いまんじゅう。

まん-どころ〔0〕/〔ド〕【▲政所】名 ❶平安時代以後、皇族・貴族の家にあって、荘園(しょうえん)の事務をつかさどった所。❷鎌倉(かまくら)・室町(むろまち)幕府の政庁。❸北政所(きたのまんどころ)。

マンドリン〔0〕〈mandolin〉名 セルロイドなどのつめではじいて鳴らす弦楽器。胴は半球形で弦は二本ずつ四対(つい)ある。

マンドリン

マントル〔マ〕〈mantle〉名 ❶ガス灯のほのおをおおい、強い光を発するもの。ガスマントル。白熱マントル。❷地球の、地殻と核のあいだの部分。 **—ピース**〔ピ〕〈mantelpiece; mantlepiece〉名 かべに造りつけた炉の、まわりのかざり。また、その炉。

まん-な〔マ〕【▲真名・▲真▲字】名〔古語〕（「まな」の変化）漢字。

まん-なか〔0〕【真ん中】名 ちょうど中央。まなか。「道の—」↕かんな。

まん-にょう〔0〕【万▲葉】名 ➡まんよう。 **—仮名**(がな)〔0〕名 ➡まんようがな。

まん-にん〔0〕【万人】名 世間の多くの人。すべての人。ばんにん。「—向き」

マンネリ〔0〕名 形動（「マンネリズム」から）同じことがくりかえされて、新鮮みの感じられないこと。「—化」「—におちいる」

マンネリズム〔リ〕〈mannerism〉名 ❶芸術などで、一定の技巧がくせになり、独創性や新鮮みをうしなうような傾向。❷くりかえされて新鮮みのない、ふるくさい型。

まん-ねん〔0〕【万年】名 ❶多くの年。❷いつまでもかわらないこと。永久。「—青年」 **—×茸**(たけ)〔ネ〕名 マンネンタケ科のきのこ。広葉樹の枯れ木の根もとにはえる。赤紫色・紫黒色で、かわかして床飾りとする。霊芝(れいし)。さいわいたけ。 **—床**(どこ)〔ネ〕名〔俗語〕いつも敷きっぱなしのねどこ。 **—筆**(ひつ)〔ネ〕名 インクをペン軸の中に入れ、書くにつれて、ペン先ににじみ出るようにしたペン。 **—塀**(べい)〔ネ〕名 鉄筋コンクリート製の板で組み立てた塀。 **—雪**(ゆき)〔ネ〕名 山地の、一年じゅう消えないでいる雪。

まん-ねんれい〔ネ〕【満年齢】名 満でかぞえたとし。↕数えどし。

まん-のう〔0〕【万能】名 ❶〔0〕➡ばんのう。❷〔ノ〕刃先が三本から五本に分かれているくわ。備中鍬(びっちゅうぐわ)。

万能❷

まん-ば〔マ〕【慢罵】名 他サ ばかにし、ののしること。

まん-ば〔マ〕【漫罵】名 他サ〔文章語〕やたらに悪口を言うこと。

まん-ぱい〔0〕【満杯】名 ❶容器が内容物でいっぱいになること。❷〔俗語〕たくさんつまること。「会場が—だ」

まん-ばけん〔バ〕【万馬券】名 競馬で、掛け金百円につき一万円以上の配当金が返ってくる当たり馬券。

ま

マン-パワー〔パ〕〈manpower〉〔名〕あるしごとに充当できる人員。人的資源。「—が不足する」

まん-ぱん〔0〕【満帆】〔名〕〔文章語〕風を受けて、帆がいっぱいに張っていること。「順風—」

まん-びき〔0〕【万引(き)】〔名〕〔「間引き」の変化〕物を買うふりをしてそっとぬすむこと。また、その人。

まん-ぴつ〔0〕【漫筆】〔名〕気の向くままに書くこと。また、その文章。漫録。随筆。

まん-びょう〔0〕【万病】〔名〕よろずのやまい。すべての病気。「風邪は—のもと」

まん-ぴょう〔0〕【満票】〔名〕投票数の全部の票。また、それを一人が集めること。「—を得る」

まん-ぴょう〔0〕【漫評】〔名〕〔他サ〕〔文章語〕とりとめもなく、思いつくままに批評すること。

まん-ぷく〔0〕【万福】〔名〕〔文章語〕幸福の多いこと。ばんぷく。「貴家の—を祈る」

まん-ぷく〔0〕【満幅】〔名〕〔文章語〕いっぱい。ぜんぶ。全幅。「—の信頼」

まん-ぷく〔0〕【満腹】〔名〕〔自サ〕腹いっぱいになること。

まん-ぶん〔0〕【漫文】〔名〕❶気の向くままに書いた文章。❷こっけい・風刺を主とするくだけた文章。

まん-ぶん-の-いち〔チ〕【万分の一】〔名〕多くのものに対するごくわずかなこと。「—の恩返し」

まんべん-なく〔チ〕【満遍無く】〔副〕残るところなく平均に。ゆきとどいて一様に。「—配る」

マンボ〔マ〕〈ス mambo〉〔名〕ラテン音楽の一つ。キューバのルンバを基調とした四分の二拍子のリズミカルなダンス音楽。また、そのダンス。

まん-ぽ〔マ〕【漫歩】〔名〕〔自サ〕〔文章語〕あてもなくぶらぶら歩くこと。そぞろあるき。散歩。

まん-ぼう〔マ〕【翻車魚】〔名〕マンボウ科の海水魚。暖海に産する。卵形で大形。三メートル以上になる。

マンホール〔ホ〕〈manhole〉〔名〕地下の電気配線・下水管などを検査したり、掃除したりするために道路の表面につくった、人の出入りできる穴。

まんぽ-けい〔0〕【万歩計】〔名〕〔商標名〕腰につけて、歩数を数える計器。

まん-ま〔マ1〕【飯】〔名〕〔幼児語〕〔「うま(い)うま(い)」から変化した「まま」の強め〕ごはん。

まん-ま〔マ2〕【儘】〔名〕〔俗語〕まま。「あの—になっている」


まん-まえ〔マ2〕【真ん前】まへ—〔名〕すぐ前。目の前。「駅の—のビル」↕まうしろ。

まん-まく〔0/マ1〕【幔幕】〔名〕式場などにはりめぐらす横に長い幕。

まんまと〔マ1/マ2〕〔副〕〔「うまうまと」の変化〕うまく。首尾よく。「—だまされた」

まん-まる〔0/マ2〕【真ん丸】〔名〕〔形動(の)〕完全に丸いこと。

まん-まん〔0/マ2〕【満満】〔と副〕〔たる連体〕〔文章語〕みちみちているようす。「自信—」「水を—とたたえた湖」

まん-まん〔0/マ2〕【漫漫】〔と副〕〔たる連体〕〔文章語〕遠くひろびろとしたようす。「—たる大海」

まんまん-いち〔マ2〕【万万一】〔名〕〔副〕「万一」を強めた言い方。まんまんいつ。ばんばんいつ。

マンマンデー〔マ2〕〔中 慢慢的〕〔形動〕ダロ・ダッ・デ・ニ／ダ・ナ・ナラ・〇 のんびりと事が行われるようす。ゆっくり。

まん-まんなか〔マ2〕【真ん真ん中】〔名〕「真ん中」をさらに強めていうことば。ほんとうの中央。どまん中。

まん-まんねん〔マ2〕【万万年】〔名〕「万年」を強めた言い方。

まん-めん〔0〕【満面】〔名〕顔いっぱい。「得意—」「—の笑み」 —朱を注ぐ 怒って、顔全体がまっかになる。

まん-もく〔0〕【満目】〔名〕〔文章語〕見渡すかぎり。「—千里の平原」

マンモグラフィー〔グ〕〈mammography〉〔名〕乳房を検査するための撮影法。乳がんの早期発見などに使われる。

マンモス〔マ〕〈mammoth〉〔名〕❶更新世に生存していたゾウ科の哺乳類。象よりも大きく、全身は黒色の長い毛でおおわれ、きばは三〜五メートル。❷大規模なもののたとえ。「—団地」

まん-ゆう〔0〕【漫遊】〔名〕〔自サ〕特に目的をもたないで、各地を回って旅すること。「諸国—の旅」

まん-よう〔0〕【万葉】〔名〕❶〔文章語〕よろずよ。万世。❷万葉集。まんにょう。 —仮名〔0〕〔名〕漢字の音や訓をかりて国語の音をうつした文字。「川」を「可波」と書く類。万葉集に多く用いられた。

まんようしゅう《万葉集》奈良時代後期の歌集。編者未詳。全二十巻、計四千五百余首を収める。わが国最古の歌集で、歌の形式・内容の上で多種多様であるが、感動を率直に表した歌が多い。まんにょうしゅう。

まん-りき〔0/キ〕【万力】〔名〕❶ろくろ。❷工作物をはさんで固定する工具。バイス。❸もみをこなす農具。

まん-りょう〔マ〕【万両】〔名〕ヤブコウジ科の常緑低木。夏、白い小さな花をひらく。実は赤く球形で、冬じゅう落ちない。観賞用。〔冬〕

まん-りょう〔0〕【満了】〔名〕〔自サ〕定められた期間など、全部おわること。「任期—」

まん-るい〔0〕【満塁】〔名〕野球で、三つの塁に走者がいること。フルベース。「—ホームラン」

まん-ろく〔0〕【漫録】〔名〕〔文章語〕↓漫筆。

万力❷

み ミ

み：「美」の草体。
ミ：「三」の全体。

み【み】【御】〔接頭〕〔文章語〕尊敬語をつくる。「—心」「—世」⇩お〔参考〕。

み【深】〔接頭〕〔文章語〕ほめたり、語調をととのえたりすることば。「—雪」「—空」

み〔接尾〕㊀〔形容詞・形容動詞の語幹につく〕❶場所・状態を示す。「深—」「赤—」「やわらか—」❷〔古語〕〔多く「を…み」の形で〕…のゆえに。…によって。…なので。「瀬を早—」「山高—」❸〔古語〕連用修飾語をつくる。「うるはし—思ふ」㊁〔古語〕〔動詞の連用形につく〕…たり、…たり。「降り—降らず—」

み【未】〔造〕〔接頭〕その時点でまだ…していない。「未刊・未熟・未知・未解決・未完成・未成熟」↕既。

み【三】〔造〕三つの。「三年」

み【味】㊀〔造〕❶あじ。味覚。「酸味・薬味・美味」❷あじわい。おもむき。「嫌味・趣味・人間味」❸あじわう。調べる。「味読・吟味・賞味」❹なかま。「味方・一味」㊁〔接尾〕❶〔形容詞の語幹について〕…のあじがすること。「あま—」「しぶ—」❷料理で、調合の材料の品数をかぞえることば。「七—とうがらし」

み【眉】〔造〕まゆ。「眉間」「別音び｜眉」

み【魅】〔造〕❶みいる。心をひきつける。「魅了・魅力・魅惑」❷ばけもの。「魑魅魍魎」 魅する〔他サ〕

み ⓪［×巳］名 ❶十二支の第六番め。⇨十干(表)。❷〘古語〙方角について南南東を、時刻について午前十時、またその前後二時間を、また一説に午前十時からの二時間をいう。⇨方位(図)・時(図)。

み ⓪【身】名 ❶からだ。身体。「―につける」❷わが身。自分。「―の破滅」❸身分。立場。「―のほど」❹まごころ。まこと。「―の入った仕事」❺その人の立場。「相手の―になって考える」❻生き方。「―を誤る」❼鳥・魚・けものなどの肉の部分。「さかなの―」❽木の皮の内部。❾さやの中の刀剣の刃。❿ふたのある器物の物を入れるほう。↕ふた。 **―が入る** いっしょうけんめいになる。真剣になる。 **―が固まる** 道楽などをやめて、まじめになる。 **―が持たない** 健康を維持できない。体をこわす。 **―が持てない** まじめな生活ができない。 **―から出た×錆** 自分がした悪いおこないのために苦しむこと。 **―に余る** 身に過ぎる。分不相応である。「―光栄」 **―に覚えがない** 自分がかかわった記憶がない。「―うわさ」 **―に染みる** 心やからだに強く感じる。「人の情けが―」「夜の寒さが―」 **―に染む** 心身にしみ入るように感じられる。「―や亡き妻の櫛を閨に踏む」〈蕪村句集〉㊐秋 **―に付く** 身にそなわってくる。 **―に着ける** ❶着たりはいたりする。「コートを―」❷からだにつけて持つ。所持する。「大金を―」❸ならいおぼえる。「技術を―」 **―につまされる** 他人のことがわが身にひきくらべて思いやられる。 **―に成る** ❶からだの中にとりいれられる。「食べた物が―」❷役に立つ。ためになる。「知識が―」 **―の置き所がない** 恥ずかしさやつらさで、その場にいられない。 **―の毛がよだつ** ひどくおそろしくて、からだの毛がさか立つ。「―ようなこわい話」 **―の振り方** その人の立場・態度・職業などのきめ方。「―に困る」 **―の回り** ❶つねに身につけたり用いたりするもの。衣類・はきもの・手近な所持品など。❷身辺。「―を整理する」 **―二つになる** 子をうむ。出産する。 **―も細る思い** 身がやせ細るほどつらい思い。 **―も蓋もない** 露骨で、情味もふくみもない。 **―も世もない** 自分の身の上も、世間へのみえも考えていられない。「―で金を工面した」「―悲しみ」 **―を誤る** 悪の道にふみこむ。堕落する。 **―を入れる** 心をこめてする。 **―を売る** 前借りをして、芸者や遊女となる。 **―を起こす** 出世する。 **―を落とす** ひどい境遇に身を置く。 **―を固める** ❶身じたくをする。「よろいかぶとに―」❷結婚する。 **―を切られるよう** 身を切るよう。 **―を切るよう** ❶ひどく苦しいようす。❷ひどく寒いようす。 **―を砕く** 苦労し努力する。砕身する。 **―を焦がす** 恋愛に夢中になり、なやむ。 **―を×捧げる** 物事や人のために、自分のすべてを犠牲にする。多大な労力や時間を費やす。「革命に―」「新薬の開発に―」 **―を粉にする** 労苦をいとわずに、はたらく。 **―を沈める** ❶深々とからだを落とす。「湯船に―」❷身投げをする。❸おちぶれる。身を落とす。「苦界に―」 **―を捨ててこそ浮かぶ瀬もあれ** 命を投げだす覚悟で取りかかって、はじめて成功するのだ。 **―を持する** きびしい生活態度をまもる。 **―を立てる** ❶出世する。❷生計を立てる。 **―を×挺する** 体をなげだす。命がけで事にあたる。 **―を投じる** ❶身を投げる。❷あることにすすんでかかわっていく。「社会福祉に―」 **―を投げる** 投身自殺をする。 **―を引く** ❶地位からしりぞく。❷自分からすすんで関係のない立場にうつる。 **―を持ち崩す** 身持ちをわるくする。不品行なおこないをする。 **―をもって** その人自身で。直接じぶんで。「―体験する」 **―を×窶す** ❶見すぼらしい身なりをする。❷いっしょうけんめいやる。「化粧に―」 **―を寄せる** ある人の家に住んで世話になる。「伯父のもとに―」

み ⓪【実】名 ❶植物の果実。❷しるの中の野菜や肉など。❸実質。内容。「―のない会議」↕から。 **―が入る** 果実がうれる。熟する。みのる。 **―を結ぶ** ❶実がなる。❷よい結果をうむ。「努力が―」

み ⓷［×箕］名 こくもつをあおりふるって、くずや、からをより分ける農具。

箕

み-あい ⓪【見合(い)】名 結婚するかどうかをきめるために、男女が、他人のなかだちではじめて会うこと。 **―結婚** ケ 名 見合いによって成り立つ結婚。↕恋愛結婚。

み-あ・う【見合う】 ㊀ア／⓪ 自五 つりあう。「労力に―謝礼」 ㊁ア 他五 たがいに相手を見る。「顔を―」

み-あかし ⓪／ア［▲御▲灯］名 〔「み」は尊敬の接頭語〕神仏にそなえるともしび。おとうみょう。

み-あ・きる ⓪／キ【見飽きる】自上一 長く、また何度も見て、見るのがいやになる。

み-あ・げる ⓪／ゲ【見上げる】他下一 ❶あおぎ見る。下から上を見る。「頂上を―」↕見下ろす。❷〔おもに「みあげた」の形で〕人物や力量などがまさって見える。りっぱだと思う。「見上げた人物だ」↕見下げる。

みあ・ぐ 文語下二

み-あた・る ⓪／タ【見当(た)る】自五 見つかる。「どこにも見当たらない」 参考 おもに「見当たらない」と使う。

み-あつ・む【見集む】他下二〘古語〙いろいろと広く見る。多くの物事に接する。

み-あやま・る ⓪／マ【見誤る】他五 見そこなう。 **見誤り** 名

み-あらわ・す ⓪【見表す(表わす)】【見▲顕す・見▲露す】他五 かくれていたものなどを見つけだす。見やぶる。「正体を―」⇩あらわす 参考。

み-あわ・せる セ【見合(わ)せる】他下一 ❶たがいに見る。❷あれとこれとを見くらべる。❸実行をさしひかえる。「旅行を―」 **みあは・す** 文語下二

み-い・ず【見▲出づ】他下二〘古語〙見つける。さがしだす。手に入れる。

み-いだ・す ダ／⓪【見いだす】【見▲出す】他五 見つける。「人材を―」 **見いだせる** 自下一 〔…できる〕

みいちゃん-はあちゃん 八 名〘俗語〙趣味の程度や教養のあまり高くない若者たちをひやかしぎみに言う語。みいはあ。

み-いつ［▲御×稜▲威］名〘古語〙天皇の威光・威勢。

ミーティング ⓪〈meeting〉名 会。会合。打ち合わせ会。

ミート ⓷〈meat〉名 牛・ぶたなどの、食用肉。 **―ソース** ソ〈meat sauce〉名 牛ひき肉・たまねぎにスープ・トマトペーストなどを加えて煮たもの。 **―ローフ** ロ〈meatloaf〉名 ひき肉にみじん切りの野菜・卵・パン粉などを合わせて調味し、型に入れてオーブンで焼き上げた料理。

ミート ⓷〈meet〉名 自サ 野球で、バットがボールにうまくあたること。「ジャスト―」

みい-はあ 八 名〘俗語〙⬇みいちゃんはあちゃん。

ミイラ ⓷〈ポ mirra〉［▲木×乃×伊］名 人間や動物の死体が腐敗せずに乾燥して、長い間、ほぼその原形を保存しているもの。 **―取りがミイラになる** 人をすくい出しにいった人が、自分もとらわれてしまう。

みいり ⓪【実入り】名 ❶作物などの成熟のしかた。❷収入。「—が多い」

ミール ⓷〈meal〉名 ❶食事。「—キット」❷とうもろこしや麦をひきわったもの。「オート—」

みいる イ【見入る】一 自五 見とれる。じっと見る。二 他五 ❶奥まで見る。❷見つめる。

みいる イ【魅入る】自五 とりつく。「悪魔に魅入られる」参考 主として「魅入られる」と使う。

みいわい イ【身祝い】名 その人自身または身内の個人的な祝いごと。

みうけ ⓪【身請(け)】名 芸者・遊女などの借金を払ってやって、その人をひき取ること。落籍。

みうける ケ/⓪【見受ける】他下一 ❶見て判断する。みとめる。「健康のように—」❷見かける。目にとめる。**みうく** 文語下二

みうごき ウ【身動き】名 からだをすこし動かすこと。身じろぎ。「—がとれない」

みうしなう ⓪/ナ【見失う】他五 今まで見ていたものが見えなくなる。「姿を—」

みうち ⓪【身内】名 ❶からだじゅう。「—がほてる」❷みより。親類。「—に頼る」❸同じ親分の下につく子分。

みうらてつお《三浦哲郎》一九三一—二〇一〇。小説家。私小説的作品や歴史小説の評価が高い。「忍ぶ川」「ユタとふしぎな仲間たち」「白夜を旅する人々」など。

みうり ⓪【身売(り)】名 ❶身の代金をもらい、そのかわりに勤めること。❷代金を取って会社などが他に合併されること。

みえ エ【見え】名 ❶【見▲栄】うわべ。外観。「—も外聞もない」❷【見得】しばいで、役者が感情の極点に達したことをしめすための、ことさらにめだつ演技。**—を切る** ❶見えのしぐさをする。❷ことさら自分を誇示するような態度をとる。「壇上で—」**—を張る** うわべをかざる。外観をつくろう。

みえ エ【三重】名 三つかさなっていること。

みえいく エ【▲御影供】名〔仏〕❶故人の肖像画をかけて供養すること。❷弘法大師の忌日に、その画像を供養する法会。現在は三月二十一日におこなわれる。㊗春

みえかくれ ⓪/カ【見え隠れ】名 自サ あらわれたり、かくれたりすること。みえがくれ。「—に人をつけて行く」

みえけん《三重県》近畿地方東部の県。県庁所在地は津市。

みえすく ⓪/ス【見え透く】自五 ❶中まですいて見える。❷本心やごまかしなどがよくわかる。「見え透いたうそをつく」

見え隠れつ 見えたり隠れたりして。「—あとをつける」

みえっぱり パ/リ【見えっ張り】【見▲栄っ張り】名 見えを張ること。また、その人。

みえぼう ボ/エ【見え坊】【見▲栄坊】名 見えを張る人。

みえみえ ⓪【見え見え】名〔俗語〕かくす所なくすっかり見えすくこと。「本心が—だ」

みえる エ【見える】自下一 ❶視覚の中に、あるものの存在をとらえる。目にうつる。「島が—」「西の空が赤く—」❷見ることができる。見る能力がある。「暗くて物が見えない」❸外見や状況などから、そう判断される。…と思われる。「努力の跡が—」「実験は失敗だったと—」❹「来る」の尊敬語。「そろそろお客様が—ころだ」参考 ❹は「いらっしゃる」「おいでになる」より敬意は低い。「お見えになる」という言い方もある。「お見えになられる」は二重尊敬の言い方。**み・ゆ** 文語ヤ下二

みお ⓪/ミ【▲水▲脈・×澪】名 川や海の、船の通行できる水路。

みおく 【見置く】他四〔古語〕❶あとに残す。見すてて行く。「さる君を見おき奉りて」〈枕〉❷あらかじめ取りはからっておく。「幼き人びとをいかにもいかにもわがあらん世に(生キテイル間ニ)見おくもがな」〈更級〉❸見て知る。見ぬく。「少納言をはかばかしきものに見おきたまへれば」〈源氏〉

みおくる ⓪【見送る】他五 ❶去るものを遠くまでながめて送る。「旅に出る人を—」「船を—」❷死者のなきがらを墓地まで送る。❸死ぬ人を最後まで世話をする。「兄を—」❹とりあげないですごす。見ているだけで手を出さない。「採用を—」「どまん中の好球を—」**見送り** 名 **見送れる** 自下一〔…できる〕

みおさめ ⓪【見納め】名 見ることの最後。「この世の—」

みおつくし 【×澪▲標】名〔古語〕海や川に立てて、通行する船に航路を知らせるくい。和歌では、しばしば「身を尽くす」意に掛けて使われる。「君恋ふる涙の床の満ちぬればみをつくしとぞ我はなりける」〈古今〉

みおとす ⓪/ト【見落(と)す】他五 見ても気がつかずにいる。見のがす。「名まえを—」↕聞き落とす。**見落とし** 名

みおとり ⓪【見劣り】名 自サ 他のものに比べて、おとって見えること。「他社製品と比べても—しない品質」

みおぼえ ⓪【見覚え】名 前に見て知っていること。「—がある」

みおも ⓪【身重】名 形動(の) 妊娠していること。

みおろす ⓪/ロ【見下ろす】他五 ❶上から下を見る。「頂上から—」❷見さげる。けいべつする。↕見上げる。**見下ろせる** 自下一〔…できる〕

みか 【×甕】名〔古語〕酒をつくるのに使った大きなかめ。

みかい ⓪【味解】名 他サ あじわい、理解すること。

みかい ⓪【未開】名 形動(の) ❶文化・文明がまだひらけていないこと。「—の奥地」❷土地がまだひらかれていないこと。未開拓。「—の原野」

みかいけつ カ【未解決】名 形動(の) まだ解決されていないこと。「—の事件」

みかいたく カ【未開拓】名 形動(の) まだ開拓・研究されていないこと。「—の原野」「歴史学の—の分野」

みかいはつ カ【未開発】名 形動(の) まだ開発されていないこと。

みかえし ⓪【見返し】名 ❶本の表紙と本文とをつなぐ紙。❷洋裁でえりぐり、そで口などの部分をしまつするために裏側にぬいつける布。

みかえす ⓪/カ【見返す】他五 ❶うしろをふりむいて見る。見かえる。❷改めて見直す。❸人に見られたお返しに、相手を見る。❹人にけいべつされた仕返しとして、りっぱになって見せつける。

みかえり ⓪【見返り】名 ❶ふりかえること。❷担保・保証・代償としてさし出すこと。また、さし出す品。「—品」「—を要求する」**—物資** ブ 名 輸入品に対する保証として輸出する物資。

みかえる ⓪/カ【見返る】他五 うしろをふりむいて見る。

みかえる ⓪【見変える】他下一 一つのもの・人を捨てて、ほかのもの・人に心をうつす。

みがき ⓪【磨き】【▲研き】名 みがくこと。また、すぐれたものにすること。「このグラスは—が足りない」「語学力に—をかける」

みがき-あ・げる ゲ【磨き上げる】他下一 みがいて、完全にしあげること。また、修練をかさねて非常にすぐれた力を身につけること。「鏡を―」「磨き上げられた匠の技」 **みがきあ・ぐ** 文語下二

みがき-こ ◎【磨(き)粉】名 物をみがくのに使うこな。

みがき-た・てる テ【磨き立てる】他下一 ❶念入りにみがく。また、いっそうすぐれたものにする。「床板を―」「心を―」 ❷身なりを美しくする。 **みがきた・つ** 文語下二

みかき-にしん 三【身欠きにしん】名 にしんの頭・尾を切りとり、二つに裂いて干したもの。みがきにしん。㊣夏

み-かぎ・る ◎/ギ【見限る】他五 見込みがないとしてあきらめる。あいそをつかして、関係しないようにする。見はなす。「医者にも見限られた」

み-かく ◎【味覚】名 舌で感じる、あじの感覚。味感。

みが・く ◎【磨く】【▲研く】他五 ❶こすって、きれいにつやをだす。❷よごれやあかを落として、きれいにする。「はだを―」 ❸学問や技能をねる。「腕を―」 **磨ける** 自下一 …できる

み-かくにん カ【未確認】名 形動 まだ確認されていないこと。「―情報」 **―飛行物体** フ 名 ⇒ユーフォー。

み-かけ ◎【見掛(け)】名 外から見たようす。外見。みば。「―だけはよい」 **―倒し** ダ 名 形動 外見だけがよくて、なかみがおとっていること。 **―によらぬ** 人や物の性質が外見とちがう。「―りっぱな人だ」

みかげ-いし ゲ【▲御影石】名 花崗岩。参考 神戸市の御影が産地であったことから。

み-か・ける ◎/ケ【見掛ける】他下一 ❶見はじめる。❷見うける。目にとめる。「よく―人」 **みか・く** 文語下二

み-かさ ◎【水×嵩】名〔文章語〕水のかさ。水量。「―が増す」

み-かじめ ◎ 名 取り締まること。特に、暴力団が一定の地域の商店や飲食店を支配して、他の暴力組織を排除すること。「―料」

み-かた タ/カ【見方】名 ❶見る方法。「正しい―」 ❷見解。解釈。「こういう―もある」 ❸考える立場。「―をかえる」

み-かた ◎【味方・身方・▲御方】名〔「方」の敬称「御方」が語源とされる〕自分の仲間。↕敵。

みか-づき ◎【三日月】名 陰暦で、月の三日の夜に出るほそい月。㊣秋 ⇩月(図)。 **―眉** マ 名 三日月形のまゆ。

み-がって ガ【身勝手】名 形動 自分のつごうだけを考えること。わがまま。自分かって。

み-かど【▲御門】名〔古語〕❶「門」の尊敬語。特に皇居の門。転じて、皇居・皇室・朝廷、さらに、国土・国家。❷【▲帝】「天皇」の尊敬語。

み-か・ねる ◎/ネ【見兼ねる】他下一 平気で見ることができない。「友人の苦境を―」 **みか・ぬ** 文語下二

み-がまえ ガ/マ【身構え】名 ❶敵をむかえうち、また、おそいかかろうとするからだの構え・姿勢・態度。❷心の用意。

み-がま・える エ/マ【身構える】自下一 ❶敵や目的物に対し、からだをかまえてあたる用意をする。❷心の用意をする。 **みがま・ふ** 文語ハ下二

み-がら ◎【身柄】名 ❶その人のからだ。「―を引きとる」 ❷その人の身分。「―がわかる」

み-がる ◎【身軽】名 形動 ❶からだの動きがかるいこと。❷出産して、からだが楽になること。❸責任をのがれて、楽になること。「―な立場」 **身軽さ** 名

みかわ《三河》 昔の東海道の国の一つ。今の愛知県の東部。三州。

み-かわ・す ◎/ワ【見交(わ)す】他五 たがいに相手を見る。「なつかしそうに顔を―」

みかわ-まんざい マ【三河万歳】名 三河の国を本場とする万歳。太夫と才蔵とがこっけいなかけあいをする。正月に各地を巡業する。㊣新年

み-がわり ◎【身代(わ)り】名 他人の代わりになること。「―を立てる」

み-かん ◎【未刊】名 まだ刊行されていないこと。↕既刊。

み-かん ◎【未完】名 完了していないこと。「―の小説」↕完。

み-かん 三【▲蜜×柑】名 ミカン科の常緑小高木。暖地につくられ、六月ごろ白くてにおいのよい五弁花を開く。実は水分が多くて食用。品種が多い。㊣冬

み-かんせい カ【未完成】名 形動(の) 完成していないこと。未完。

みき 三【幹】名 ↕枝葉。❶木で、枝・葉の出る太い部分。❷物ごとの重要な部分。

みぎ ◎【右】名 ❶東に向かって南のほう。大部分の人にとって、はしを持つ手のあるほう。↕左。❷〔この用法では三/◎〕文書・手紙などで前にのべたこと。「―のとおり」⇩まずは参考。❸〔昔、中国で、右を上位としたことから〕すぐれたほう。「―に出るものがない」 ❹保守的な思想・行動。右翼。↕左。 **―から左** ◎ かねや品物を受けとり、すぐ他にわたしてしまうこと。 **―と言えば左** ことさらに反対すること。 **―に出る** そのものよりすぐれている。「この人の―学者はいない」 **―へならえ** おおぜいを整列させるときの号令。無批判に人のまねをすることの意にも用いる。 **―も左も分からない** ❶その土地のことをなにも知らない。❷その分野に関する知識がまったくない。

みぎ-うで ◎【右腕】名 ❶右の腕。↕左腕。❷信頼し、たよりになる部下。「社長の―」

みぎかた-あがり ア【右肩上がり】名〔グラフが左から右に上がっていくことから〕数値が順調によい方向に伸びていくこと。「―の経済発展をとげる」

み-きき 三【見聞き】名 他サ 見たり聞いたりすること。

みき-きよし《三木清》一八九七―一九四五。哲学者。歴史哲学の研究を通して、昭和十年代のファシズム化に抵抗した。「人生論ノート」「哲学入門」など。

ミキサー 三〈mixer〉名 ❶物をくだいたり、まぜあわせたりする機械。コンクリートミキサーやジュースミキサーなど。❷放送局で、音量・音質や映像などを調整する装置。また、その操作をする人。ミクサー。

ミキシング ◎〈mixing〉名 他サ ❶まぜ合わせること。「―ボウル」 ❷放送や録音で、複数の映像や音声を混合し、調整すること。

みぎ・する ◎【右する】自サ〔文章語〕右のほうへ行く。右にすすむ。↕左する。 **みぎ・す** 文語サ変

みぎ-て ◎【右手】名 ↕左手。❶右のほうの手。めて。❷右の方向。右のほう。「―に見える家」

みぎ-のう ◎【右脳】名 ⇒うのう。

みぎ-ひだり ギ【右左】名 ❶右と左。❷右と左をあべこべにすること。

みぎ-よつ ◎/ヨ【右四つ】名 相撲で、たがいに右手を相手のわきの下に入れて組むこと。↕左四つ。

み-きり ◎【見切(り)】名 見切ること。見限ること。「―どき」 **―発車** 八 名 ❶混雑時の電車やバスで、客の乗車のすまないうちに、適当なころあいを見はからってドアをしめ発車すること。❷十分な条件や手続きがととのわないうちに、事を実行にうつすこと。 **―品** ◎ 名 値段を特別

み

に安くして売る品物。投げ売り品。**ーをつける** みこみがないと判断する。

みぎり [0][リ]【×砌】[名]〔文章語〕とき。ころ。「余寒きびしき—」

みきる [キ]【見切る】[他五] ラ・ロ・リ・ッ ル・ル・レ・レ ❶見おわる。見てしまう。「一日では見切れないくらいの博物館」❷見かぎる。だめだとあきらめて見すてる。❸商品の値段を格安にして売る。「見切って売る」 **見切れる** [自下一]〔…できる〕

みぎれい [ギ]【身ぎれい】【身×綺麗】[形動] ダロ・ダッ・デ・ニ ダ・ナ・ナラ・〇 身なりがきれいなようす。「—な人」

みきろふう《三木露風》一八八九～一九六四。詩人。本名は操(みさお)。象徴詩に特徴的な作品を残した。「廃園(はいえん)」「白き手の猟人(かりゅうど)」など。

みぎわ [0]【×汀・×渚】ぎは [名] 陸地と水と接する所。みずぎわ。なぎさ。

みきわめる [メ][0]【見極める】きはめる [他下一] メ・メ・メル・メル メレ・メロ・メヨ ❶見とどける。確認する。「結果を—」❷見さだめる。「真相を—」 **見極め** [名] **みきはむ** [文語下二]

みくさ [ミ]【▲水草】[名]〔古語〕みずくさ。

ミクサー [ミ]〈mixer〉[名] ➡ミキサー❷。

みくじ [0]【▲御×籤】[名] ➡おみくじ。

みぐし [0]【▲御▲首】[名]〔古語〕首(こうべ)・頭(かしら)の尊敬語。

みぐし【▲御▲髪】[名]〔古語〕貴人の頭髪の尊敬語。おぐし。

みくず [0]【▲水×屑】くづ [名] 水中のごみ。

みくだす [0][ダ]【見下す】[他五] サ・ソ・シ・ス スセ・セ ❶下方に見る。見おろす。❷見さげる。あなどって見る。↕見上げる。 **見下せる** [自下一]〔…できる〕

みくだりはん [ハ]【三くだり半】【三▲行半】[名]〔三行半で書いたことから〕昔、夫が妻にあたえた離縁状。

みくに [0]【み国】【▲御国】[名]〔文章語〕りっぱなわが国。

みくびる [ビ][0]【見くびる】【見×縊る】[他五] ラ・ロ・リ・ッ ル・ル・レ・レ 見さげる。けいべつする。 **見くびれる** [自下一]〔…できる〕

みくらべる [0][ベ]【見比べる】[他下一] ベ・ベ・ベル・ベル ベレ・ベロ・ベヨ ❶両方を見てくらべる。❷くらべて考える。考え合わせる。「二つの案を—」 **みくらぶ** [文語下二]

みぐるしい【見苦しい】[一][シ][形] カロ・カッ・ク イ・イ・ケレ・〇 みっともない。ぶざまで、醜い。↕見よい。 **見苦しさ** [名] **みぐるし** [文語シク] [二][形シク]〔古語〕見るにしのびない。見るにたえない。「世の中にみぐるしかりしことども、皆あらまほしきやうにのみなりにためるを」〈宇津保〉

みぐるみ [グ][0]【身ぐるみ】[名] 着ているものぜんぶ。「—はぐ」

ミクロ [ミ]〈ﾌ micro〉[名][形動] ❶小さいこと。微小。極微。「—の世界」↕マクロ。❷➡マイクロ。 **ーグラム** [グ]〈ﾌ microgramme〉[名] マイクログラム。 **ーコスモス** [コ]〈ﾄﾞ Mikrokosmos〉[名] 小宇宙。↕マクロコスモス。

ミクロネシアれんぽう《ミクロネシア連邦》〔Micronesia〕太平洋の赤道近く、ミクロネシアにあるカロリン諸島の一部からなる連邦共和国。一九八六年独立。首都はパリキール。

ミクロン [ミ]〈ﾌ micron〉[名] マイクロメートル。

みけ [ミ]【三毛】[名] 白・黒・茶の三色の毛のまじっていること。また、その毛色のねこ。みけねこ。

みけいけん [ケ]【未経験】[名] まだ経験していないこと。

みけし【▲御▲衣】[名]〔古語〕貴人の衣服の尊敬語。みそ。みぞ。おんぞ。

みけつ [0]【未決】[名] ↕既決。❶まだきまらないこと。まだきめられないこと。❷刑事被告人の罪について、まだ判決がないこと。❸未決囚。❹未決監。 **ー監**(かん) [ツ][名] 未決囚を勾留(こうりゅう)する施設。未決。 **ー囚**(しゅう) [ツ][名] まだ、刑が決定しないで、勾留されている刑事被告人。未決。

みけつかみ【▲御▲食津神・▲御×饌津神】[名]〔古語〕❶〔「つ」は「の」の意〕食物をつかさどる神。❷いなりの神。

みけん [0]【未見】[名]〔文章語〕まだ見ていないこと。「—の文書」

みけん [0]【眉間】[名] まゆとまゆの中間。「—にしわをよせる」

みこ [0][ミ]【×巫▲女・▲神子】[名] ❶神に仕えて、かぐらを舞う未婚の女性。❷死んだ人のことばを、神がかりの状態になって伝える女性。くちよせ。

みこ [ミ]【▲御子】[名] ❶〔文章語〕「子」の尊敬語。高貴な人の子。「神の—」❷【▲皇子・▲皇▲女】〔古語〕天皇の子。親王・内親王。

みごうしゃ [ゴ]【見巧者】[名][形動] しばいなどの見方のじょうずなこと。また、その人。

みこし [0]【見越し】[名] へだての物を越して見ること。 **ーの松**(まつ) 塀の内がわにあり、外から見えるように植えた、松の木。

みこし [0][ミ]【▲御×輿・▲神×輿】[名] ❶神体を安置したこし。祭礼のときに、おおぜいでかつぎ回る。おみこし。しんよ。❷〔古語〕「こし」の尊敬語。天皇の乗り物の総称。 **ーを上**(あ)**げる** 〔「輿」と「腰」とをかけて〕立ちあがって、うごきだす。ことにとりかかる。 **ーを据**(す)**える** どっかとすわりこんでうごかない。

みごしらえ [ゴ]【身ごしらえ】【身×拵え】ごしらへ [名] 事をするのにふさわしい身なりをととのえること。身じたく。

みこす [0][コ]【見越す】[他五] サ・ソ・シ・ス スセ・セ ❶へだてを越して見る。❷未来をおしはかる。見とおす。「十年先を—」 **見越せる** [自下一]〔…できる〕

みごたえ [0][ゴ]【見応え】ごたへ [名] 見るに値するねうち。「—のある映画」

みこと【▲尊・▲命】〔古語〕[一][名] 古代、神や人を尊敬してよんだ語。また、その名に添えた尊敬語。「大国主(おおくにぬし)の—」[二][代] あなた。

みこと【▲御言】[名]〔古語〕おおせ。おことば。

みごと [ミ]【見事】【▲美事】[形動] ダロ・ダッ・デ・ニ ダ・ナ・ナラ・〇 ❶すばらしいようす。「—なながめ」❷すぐれてたくみなようす。「—な演技」❸完全であるようす。「—に失敗した」

みことのり [0]【詔】【▲勅】[名] 天皇のおことば。勅語。

みごなし [0]【身ごなし】[名] からだの動かし方。

みこみ [0]【見込み】[名] ❶先をおしはかること。予想。「来春卒業の—」❷将来有望だという可能性。「—のある男」 **ー違**(ちが)**い** [チ][名][形動] 予想が悪いほうにはずれること。

みこむ [0][コ]【見込む】[他五] マ・モ・ミ・ン ム・ム・メ・メ ❶見とおす。予想する。「確実だと—」❷有望だと見る。「才能を見込んで頼む」❸予定する。「収入を—」❹見入る。しつこく取りつく。「へびに見込まれたかえる」 **見込める** [自下一]〔…できる〕

みごもる [モ]【身籠(も)る】【▲妊る】[自五] ラ・ロ・リ・ッ ル・ル・レ・レ はらむ。妊娠する。

みごろ [0][ロ]【見頃】[名] 見るのにもっともよい時分。「さくらの—」

みごろ [ミ]【身頃】【×裑】[名] 衣服の、そで・えり・おくみなどをのぞいた、からだをおおう部分。

みごろし [0]【見殺し】[名] ❶人の死ぬのを見ていながら、どうもしないこと、また、できないこと。❷人の困っているのを知っていながら助けないこと、また、助けられないこと。

みこん [0]【未婚】[名] まだ結婚していないこと。↕既婚。⇩非婚[参考]。

み-こん [0]【未墾】名 まだ開墾していないこと。「―の荒れ地」

ミサ [ミ]〈ラ missa〉【▲弥×撒】名 ❶カトリック教会やギリシャ正教会で、神を賛美し、罪のつぐないと神のめぐみをいのりねがう式典。❷ミサにうたう賛美歌。ミサ曲。

み-さい [0]【未済】名 ↕既済。❶まだ、すんでいないこと。❷まだ、おさめたり、かえしたりしていないこと。「―の借金」

み-さい [0]【未載】名 掲載されたり、収録されたりしていないこと。「全集に―の作品」

ミサイル [サ]〈missile〉名 ロケットまたはジェットエンジンでとぶ爆弾。誘導弾。「地対空―」

みさお [0]【操】(みさを) 名 かたくまもって心をかえないこと。節操。貞操。「―を守る」**―を立てる** ❶節操を守る。主義・主張を変えない。❷貞操を守る。

み-さお [0]【▲水×竿・▲水×棹】(さを) 名〔文章語〕水中にさして船を進めるさお。みなれざお。

み-さかい [0]【見境】(さかひ) 名 見わけ。区別。識別。「―がない」

み-さき [0]【岬】名 海や湖の中につき出ている陸地。半島より小さいもの。

みさげ-はて-た【見下げ果てた】連語 けいべつすべき。「―男だ」

み-さ・げる [0]/[ゲ]【見下げる】他下一 (ゲ ゲ ゲル ゲル ゲレ ゲロ・ゲヨ) 見くだす。ばかにする。けいべつする。↕見上げる。**みさ・ぐ** 文語下二

みさご [0]【×鶚】名 タカ科の鳥。大形のたかで、つばさの長さ約五〇センチメートル。海辺にすみ、魚をとらえる。

み-さ-さぎ [0]【陵】名 陵墓。御陵。山陵。

み-さだ・める [メ]/[0]【見定める】他下一 (メ メ メル メル メレ メロ・メヨ) それと見きわめる。見てたしかめる。「目標を―」**見定め** 名 **みさだ・む** 文語下二

見ざる聞かざる言わざる（打ち消しの助動詞「ざる」をけものの「さる」にかけた）目・耳・口をそれぞれ両手でふさいだざる。人の欠点、あるいは自分の心をまどわすようなものは、見ない、聞かない、言わないということを示したもの。三猿(さんえん)。

ミサンガ [サ]〈ポ miçanga〉名 鮮やかな色のビーズや刺繍(ししゅう)糸を使った組みひもを腕輪にしたもの。切れるまでつけていると願いごとがかなうとされる。

みじか・い【短い】一 [カ] 形 (カロ カッ・ク イ イ ケレ 〇) ↕長い・永い。❶(空間的・時間的に)わずかだ。長くつづかない。いくらもない。「―夜」「―命」「―距離」❷(精神的に)欠けるところがある。落ちついたところがない。「気が―」**短さ** 名 **みじか・し** 文語ク 二 形ク〔古語〕❶(能力的に)おとっている。おろかだ。「玉の緒のみじかき心思ひあへず」〈古今〉❷(地位・身分が)ひくい。いやしい。「高きも短きも、女といふものは」〈源氏〉

みじか-よ [カ]【短夜】名 夏の、みじかい夜。㊈夏 ↕夜なが。

み-じたく [ジ]【身支(仕)度】名 事をするのにふさわしい身なりをすること。身ごしらえ。

み-しぶ [0]【▲水渋】名 水上にうかぶ赤黒いかす。みずあか。

み-じまい [ジ]【身じまい】【身仕舞】(じまひ) 名 身なりをつくろうこと。身じたく。

みしま-ゆきお《三島由紀夫》一九二五-七〇。小説家・劇作家。本名は平岡公威(きみたけ)。耽美(たんび)的な内容を知的な文体で描いた。小説「潮騒(しおさい)」「金閣寺」「豊饒(ほうじょう)の海」、戯曲「近代能楽集」など。

みし-みし [ミ]（と）副 板などがきしむ音をあらわす語。

みじめ [ミ]【惨め】形動 (ダロ ダッ・デ・ニ ダ ナ ナラ 〇) あわれで、見るにしのびないようす。「―な姿」**惨めさ** 名

み-しゅう [0]【未収】名 まだとり入れていないこと。「―の税金」

み-しゅう [0]【未修】名 大学などで、必要な課程やコースをまだ修了していないこと。↕既修。

み-しゅう [0]【未習】名 まだ学習していないこと。「―漢字」↕既習。

み-じゅく [0]【未熟】名 形動(の) ❶くだもの・作物が成熟していないこと。↕完熟。❷学問・技芸などに熟達していないこと。**―児**(じ) [ク] 名 からだの発育が未熟のまま出生した乳児。現在は、生まれたときの体重が二五〇〇グラム未満の新生児を「低出生体重児」という。

ミシュラン-ガイド [ガ]〈Michelin Guide〉名（「ミシュラン」はフランスのタイヤメーカーの名称）レストランやホテルを格付けした旅行案内書。等級判定は星の数で表し、三つ星が最高位。

み-しょう [0]【実生】名 草木が種子から芽を出し生長すること。また、生長したもの。実ばえ。

み-しょう [0]【未生】名 まだ生まれていないこと。まだ存在しないこと。**―以前**(いぜん) [イ] 名〔「父母(ぶも)未生以前」の略〕〔仏〕父母さえも存在しない前の絶対の境地。

み-しょう [0]【未詳】名 まだ、くわしくわかっていないこと。「成立年代は―」

み-じょう [0]【身性・身状】名 ❶生まれつき。性分(しょうぶん)。❷身のうえ。❸身持ち。品行。

み-しらず [シ]【身知らず】【身不▲知】名 形動(の) ❶身分や能力を考えないこと。身のほど知らず。「―ののぞみ」❷からだをたいせつにしないこと。

み-しら-ぬ【見知らぬ】連語 まだ見たことがなくて、知らない。「―人」

み-しり [0]【見知り】名 ❶会って知っていること。❷知りあい。面識。**―越**(ご)**し** [0] 名 知りあいのあいだがら。

みしり-お・く [オ]【見知り置く】他五 (カ コ キ イ ク ク ケ ケ) 会ったことをおぼえておく。顔見知りになる。「以後、お見知り置きください」

み-し・る【見知る】一 [0]/[シ] 他五 (ラ ロ リ ッ ル ル レ レ) 前に会って知っている。面識がある。「見知った顔がある」二 他四〔古語〕見て理解する。「もの見知るまじき下人(しもびと)」〈源氏〉

み-じろぎ [ジ]/[ギ]【身じろぎ】名 身をうごかすこと。身うごき。「―ひとつしない」

ミシン [ミ] 名（sewing machine から）布・皮などを縫う機械。**―目**(め) [0]/[メ] 名 手で簡単に切り離したり折り目をつけたりできるように、紙に開けた点線状の穴。「チケットの―」

み-じん [0]【▲微×塵】名 ❶〔文章語〕こまかいちり。❷ごくこまかいこと。「―にくだく」**―切**(ぎ)**り** [0] 名 こまかく切りきざむこと。また、切りきざんだもの。「たまねぎの―」**―子**(こ) [0] 名 ミジンコ科の甲殻(こうかく)類。体長約二ミリメートル。池・たまり水などの中に浮遊する。魚のえさにする。**―粉**(こ) [0] 名 もちごめをむしてから干し、こなにしたもの。らくがんなどの菓子の原料。**―も** [0] 副 すこしも。ちっとも。「―悪意はない」参考 下に打ち消しの語がくる。

み-す [0]【▲御×簾】名 ❶すだれ。❷宮殿や神前に用いるすだれ。❸へりをつけた目のこまかいすだれ。

ミス [ミ]〈Miss〉名 ❶未婚の女性の姓名の始めにつける敬称。嬢。↕ミセス・ミスター・ミズ。❷代表として選ばれた未婚の女性。「―日本」「―ユニバース」❸〈miss〉未婚の女性。「彼女は―だ」↕ミセス。

ミス [ミ]〈miss〉名 自他サ やりそこなうこと。失敗。ミステー

ク。「送球を―する」

み・す【見す】古語 ㊀ 他下二 ❶見せる。「さる心ばへ見すれど、更にうけ引かず」〈源氏〉❷よめに行かせる。「(女ノ子ヲ)親王たちにこそは見せ奉らめ」〈源氏〉❸うらなわせる。「よろしき(適当ナ)日みせて」〈源氏〉㊁ 他四 「見る」の尊敬の言い方。ご覧になる。「御諸が上に登り立ちわが見せば」〈書紀〉

みず ⓪【水】名 ❶水素二・酸素一の割合で化合した無色・無味の液体。❷つめたい水。↕湯。❸大水。出水。洪水。「―が出る」❹相撲で、勝負が長びいたとき、しばらく休ませること。水入り。「―がはいる」 **―があく** ❶ボートレースで、二つのボートの間に距離ができる。❷優劣の差がつく。 **―が合わない** そこの風土や環境が自分の性分に合わない。水に合わない。「大都会は―」 **―が変わる** それまでいたところと気候や環境が変わる。 **―清ければ魚棲まず** あまり潔白すぎると、かえって人にしたしまれない。 **―と油** たがいに性質があわないため、融和しないこと。水に油。 **―に落ちた犬を打つ** 〔魯迅のことば「打落水狗」からとされる〕戦いに敗れた相手に対しても、攻撃の手をゆるめてはいけない、ということ。 **―に流す** 争い・うらみなど、今までのことはすっかり忘れてこだわらないようにする。 **―になる** むだになる。消えてなくなる。水の泡。「苦労が―」 **―の泡** ❶水のあわのように消えやすく、はかないもの。❷努力がむだになること。「せっかくの苦心も―」 **―は方円の器に従う** 〔水はうつわの形によってどんな形にもなるところから〕人間は交友関係や環境によって、よくも悪くもなるというたとえ。 **―も滴る** みずみずしく、すっきりと美しいようす。「―美女」 **―も×溜らず** 刀剣さばきがあざやかなようす。また、切れ味の鋭いさまをいう。 **―も漏らさぬ** 警戒が厳重で完全である。 **―をあける** ❶ボートレースで相手のボートをひきはなす。❷競争相手をひきはなす。 **―を打ったよう** 多人数がしんとしずまりかえっているようす。「―な会場」 **―を得た魚のよう** さかなが水中にはなたれたときのように、活躍の場所をえていきいきとしているようす。 **―を差す** ❶うまくいっているところにじゃまを入れる。❷仲のよい間がらを不和にさせる。 **―をつける** 土俵上の力士に清めの水を渡す。力水をつける。 **―を向ける** さそいをかける。

みず 図【▲針▲孔】名 針の、糸を通す穴。みぞ。めど。

ミズ 三〈Ms.〉名 女性の姓または姓名の始めにつける敬称。↕ミスター。参考 一九七二年に創刊された、アメリカの女性週刊誌名から。ミスとミセスの区別を不当とする立場からの造語。

みず-あか ⓪【水あか】【水×垢】名 水中にとけた物が、他の物についたり水面に浮いたり底に沈んだりしているもの。みしぶ。

みず-あかり ア【水明(か)り】名 水面に反射する光。また、その明るさ。

みず-あげ ⓪【水揚(げ)】㊀ 名 他サ 船の荷物を陸へあげること。㊁ 名 ❶切り花などが水をよく吸いあげて、長もちするようにすること。❷漁獲量。❸水商売で、売上高。❹芸者・遊女がはじめて客をとること。

みず-あさぎ ア【水あさぎ】【水浅×葱】名 うすいあさぎいろ。うすい青色。

みず-あそび ア【水遊び】名 ❶海や川などで、水に入って遊ぶこと。❷子どもが水を使って遊ぶこと。夏

みず-あたり ⓪/ア【水あたり】【水▲中り】名 なま水を飲んだために病気になること。夏 ↕食あたり。

みず-あび ⓪/ビ【水浴び】名 自サ ❶水を浴びること。すいよく。❷水泳。夏

みず-あぶら ア【水油】名 ❶頭髪につける液状の油。つばき油・オリーブ油など。❷ともし油。たね油。

みず-あめ ⓪【水あめ】【水×飴】名 流動状のあめ。

みず-あらい ア【水洗い】名 他サ 洗剤などを使わずに水であらうこと。

み-すい ⓪【未遂】名 計画だけで、しとげないこと。また、実行に着手したが、しとげないこと。「自殺―」↕既遂

みず-いらず イ【水入らず】【水▲不▲入】名 うちわのものだけであること。「親子―の夕食」

みず-いり ⓪【水入(り)】名 相撲で、組み合ったまま勝負が長引いたとき、一時中断して休ませること。

みず-いろ ⓪【水色】名 うすい青色。あさぎ。

みず-うみ ウ/図【湖】名 まわりが陸でかこまれた、池・沼より大きい水たまり。淡水湖と塩水湖とがある。

みず-え ⓪【×瑞▲枝】名〔文章語〕みずみずしい若枝。

みず-え ⓪【水絵】名 水彩画。

みず-えのぐ 三【水絵の具】名 水彩画に使う絵の具。水でといて使う絵の具。↕油絵の具。

み-す・える ⓪/三【見据える】他下一 エ・エ・エル・エル・エレ・エロ・エヨ ❶目をすえてじっと見る。❷見さだめる。「将来を―」

みず-おしろい オ【水おしろい】【水▲白▲粉】名 液状のおしろい。

みず-おち ⓪【×鳩▲尾】名 ➡みぞおち。

みず-おと ⓪【水音】名 水の流れや水滴の音。

みず-およぎ オ【水泳ぎ】名 すいえい。

みず-かい ⓪【水飼(い)】名 家畜に水をやること。

みず-がい ズ【水貝】名 塩洗いしたあわびの生肉を切って、わさび醤油などで食べる料理。夏

みず-かがみ カ【水鏡】名 水面に姿をうつすこと。水面に姿がうつること。

みずかがみ《水鏡》鎌倉時代前期の歴史物語。内大臣中山忠親の著といわれる。古代の歴史を編年体でのべたもの。

みず-かき カ/キ【水かき】【水×搔・×蹼】名 水鳥・かえるなどの指の間にある、膜のようなもの。

みず-がき 図【みず垣】【×瑞垣】名 神社のまわりのかきね。たまがき。

みずかけ-ろん ケ【水掛(け)論】名 両方が自分につごうのよいりくつだけを言いはる、はてしない論争。

みず-かげん カ【水加減】名 水をくわえる程度。

みず-かさ ⓪【水かさ】【水×嵩】名 水の分量。「―が増す」

みず-がし ガ【水菓子】名 くだもの。

み-すか・す ⓪/カ【見透かす】他五 サ・ソ・シ・ス・ス・セ・セ ❶すかして見る。❷真相を見てとる。見とおす。見ぬく。「うそを―」 **見透かせる** 自下一 …できる

みずかみ-つとむ《水上勉》一九一九―二〇〇四。小説家。弱者の立場に寄り添う作品を多く執筆した。「雁の寺」「飢餓海峡」「五番町夕霧楼」など。

みず-がめ ⓪【水がめ】【水▲瓶・水×甕】名 水を入れておく、かめ。比喩的にも言う。「首都圏の―」

み-すがら ス/図【身すがら】名〔文章語〕❶ひとり身でかかりあいのないこと。❷荷物などを持っていないこと。

みず-から【自ら】㊂ 代〔古語〕わたくし。㊀ 三 名 自分。㊁ 三 副 自身で。「―反省する」 **―持する** 自分で自分をかたく守る。自尊自重する。 **―墓穴を掘る** 自分を破滅にみちびく。

みず-ガラス [ガ]【水ガラス】【水✕硝子】 名 珪酸ナトリウムの水溶液。無色の水あめ状で、空気中で乾燥すると、堅いガラス状になる。接合剤・防火剤用。

みず-がれ [0]【水がれ】【水✕涸れ】 名 井戸・田・川などに水がなくなって、ひあがること。㊅冬

み-すぎ [0]【身過ぎ】 名 くらし。生活。口すぎ。「―世過ぎ」

みず-き [0]【水木】 名 ミズキ科の落葉高木。山野にはえる。初夏、白い小花がむらがって咲き、紫黒色の実がなる。庭木とし、材は細工物用。花は㊅夏

みず-き【水✦城】 名 古語 つつみをきずいて水をめぐらした城。

みず-ぎ [0]【水着】 名 水泳着。海水着。㊅夏

みず-ききん [キ]【水飢✕饉・水✕饑✕饉】 名 雨が長く降らなくて、飲み水や田畑の水が不足すること。

ミスキャスト [キャ]〈miscast〉名 役柄に合わない配役。

みず-きり [0]【水切(り)】 名 ❶水分をのぞくこと。❷水面に小石を水平に投げ、水面をとびとびに走らせること。❸生け花の水あげをよくするため、水の中で茎を切ること。❹水を落とすために、洗った食器を入れておくかご。

みず-ぎわ [0]【水際】 名 陸地が水と接する所。みぎわ。**―作戦** [サ] 名 ❶海から攻めてくる敵を海岸で迎え撃とうとする作戦。❷国外から麻薬や病原菌などが入ってくるのを空港や港湾で防ぎ止めること。**―立つ** [タ] 自五 あざやかにきわだつ。「水際立った演技」

みず-く【✦水漬く】 自四 古語 ➡みづく。

みず-ぐき [0]【水茎】 名 ❶筆。筆跡。❷手紙。＝みずくき。**―の** 枕 「水城」「岡」などにかかる。「―岡の葛葉も色づきて」〈新古今〉 **―の跡** 筆で書いた文字。筆跡。

みず-くさ [0]【水草】 名 水中にはえる草。すいそう。

みず-くさ・い [サ]【水臭い】 形 カロ・カッ・ク・イ・イ・ケレ・○ ❶情味がうすい。よそよそしい。「―仲ではない」❷水っぽい。味がうすい。「―酒」 **水臭さ** 名 **みずくさ・し** 文語ク

みず-ぐすり [ク]【水薬】 名 液体のくすり。すいやく。↔こなぐすり。

みず-ぐち [0]【水口】 名 ❶水をひき入れ、または、落とす口。❷台所の水をくみ入れる口。台所。

みず-ぐるま [ク]【水車】 名 水の落下する力を利用して回転させる車。すいしゃ。

みず-け [0]【水気】 名 物にふくまれている水分。

みず-げい [0]【水芸】 名 水を使ってする曲芸・手品。㊅夏

みず-けむり [ケ]【水煙】 名 ❶水面にたつ霧。❷煙のようにとび散るしぶき。「―をあげて走るモーターボート」

みず-こ [0]【水子】 名 (「みずご」とも)❶生まれてから日のたっていない子。❷流産したり堕胎したりした胎児。「―供養」

みず-ごえ [0]【水肥】 名 液体の肥料。すいひ。

みず-ごけ [0]【水ごけ】【水✕苔】 名 鉢植えなどに使うこけ。根を包んだり土の表面にかぶせたりする。

みず-ごころ [ゴ]【水心】 名 ❶水泳ぎの心がけ。水泳のたしなみ。❷(「魚心あれば水心」の略)相手の気持ちに応じようとする心。

み-すご・す [0]/[ゴ]【見過(ご)す】 他五 サ・ソ・シ・ス・ス・セ・セ ❶見て知っていながら、そのままにする。見のがす。「不正を―」❷うっかり見おとす。「名簿のもれを―」 **見過ごせる** 自下一 …できる

みず-こぼし [コ]【水こぼし】【水✦翻し】 名 茶わんを洗った水などを入れる茶器。建水。こぼし。

みず-ごり [0]【水✕垢離】 名 神仏にいのるとき、水をあびて身をきよめること。こり。「―をとる」

ミス-コン [0] 名 大学祭などで行う「ミス○○コンテスト」の略称。

みず-さいばい [サ]【水栽培】 名 水耕。

みず-さかずき [サ]【水杯】【水✕盃】 名 長い旅行や大事を決行するときなど、二度と会えないと思うときに、酒のかわりに水を杯についで飲みかわすこと。

みず-さき [0]【水先】 名 ❶水がながれていく方向。❷船の水路。❸水先案内。**―案内** [ア] 名 船に、港や海峡の水路を案内すること。また、その人。パイロット。

みず-さし [サ]/[シ]【水差(し)】 名 ほかのうつわにつぎ込む水を入れておく容器。

み-すじ [ミ]【三筋】 名 ❶細いものの三本。❷三味線。❸(多く「ミスジ」と書いて)牛肉の、肩から腕にかけての部位。**―の糸** 三味線。

みず-し [0]【水仕】 名 台所ではたらくこと。また、その人。

みず-しごと [シ]【水仕事】 名 水を使ってする仕事。炊事・せんたくなど。

みず-しぶき [シ]【水しぶき】【水✦飛✕沫】 名 勢いよく飛び散る水。「噴水の―」

みず-じも [0]【水霜】 名 つゆじも。㊅秋

ミス-ジャッジ [ジャ]〈misjudge〉名 まちがった審判。誤審。

みず-しょう [0]【水性】 名 ❶五行の水の性質を受けて生まれること。また、その人。❷女性の、うわきな性質。

みず-しょうばい [ショ]【水商売】 名 水の流れのように収入の安定しない客商売の店。酒食を提供するバー・スナック・クラブ・小料理屋など。参考 江戸時代の「水茶屋」と関係があるとする説がある。

みず-しらず [ミ]【見ず知らず】 名 一度も会ったことがなく、まったく面識がないこと。「―の他人」

みず-すまし [ス]【水澄し】 名 ミズスマシ科の昆虫。色は黒く、金属光沢がある。水上を旋回する。まいまいむし。㊅夏

みず-せっけん [セ]【水せっけん】【水石✕鹸】 名 液状のせっけん。

みず-ぜめ [0]【水攻め】 名 ❶敵の給水路を断ちきってくるしめること。❷城を水びたしにして攻めること。

みず-ぜめ [0]【水責め】 名 水を使ってするごうもん。↔火責め。

みず-た [0]【水田】 名 水をたたえている田。すいでん。

ミスター [ミ]〈Mister; Mr.〉名 ↔ミス・ミズ・ミセス。❶男性の姓名の前につける敬称。氏。さん。「―山口」❷その集団の代表的な男性。「―プロ野球」

みず-たき [0]【水炊き】 名 骨ごと切ったわかいにわとりの肉を、野菜などといっしょに水で煮た料理。

みず-だし [0]【水出し】 名 茶やコーヒーなどを水で抽出すること。

みず-たま [0]【水玉】 名 ❶水のしぶきが玉のようになってとび散るもの。❷はすの葉、いも類の葉などにおくつゆ。❸水玉もよう。**―模様** [モ] 名 小さい円形を散らした模様。

みず-たまり [0]【水たまり】【水✕溜り】 名 雨がふるなどして、水がたまったところ。

みずち [ミ]【✕蛟・✕虬】 名 角と四足をもち、毒気を吐いて人を害するという、へびに似た想像上の動物。虬竜。

みず-ちゃや [0]【水茶屋】 名 江戸時代、神社の境内や道ばたで茶などを飲ませ、人を休ませた店。座敷のある遊

み

興施設も含む。みずぢゃや。

みずっ-ぱな ⓪【水っぱな】【水っ×洟】名 ➡みずばな。(冬)

みずっぽ・い ポ【水っぽい】形 水けが多い。味がうすい。「―酒」

ミステーク テ〈mistake〉名 まちがい。あやまり。ミス。

みず-でっぽう テ【水鉄砲】名 ポンプの原理で水を筒の先の小さな穴からとばすおもちゃ。(夏)

ミステリアス テ〈mysterious〉形動 神秘的なようす。不思議なようす。謎の多いようす。「―な事件」

ミステリー ミ〈mystery〉名 ❶神秘。不可思議。❷推理小説。怪奇小説。

み-す・てる ⓪/テ【見捨てる】【見▲棄てる】他下一 見ながらそのままにしておく。捨ててかえりみない。見はなす。 **みす・つ** 文語下二

みず-てん ⓪【見ず転】名 俗語（相手を見ずにころぶの意）芸者などが、相手を選ばず、かねで男にからだをまかせること。また、そういう女。

ミスト ミ〈mist〉名 霧。また、霧状のもの。「―式の整髪料」 **―タワー** タ〈mist tower〉名 多数の穴からミストを吹き出させる装置。サウナや冷房などに用いる。

みず-どけい ド【水時計】名 昔、水がもれ出る量によって時刻をはかった仕掛け。漏刻。

みず-とり ⓪【水鳥】名 鴨・鶴・白鳥など、水上や水辺にすむ鳥の総称。指のあいだにみずかきがある。水禽。(冬) **―の** 枕「青葉」「鴨」「浮寝」「立つ」などにかかる。「浪高しいかに楫取り―浮寝や為すべき猶や漕ぐべき」〈万葉〉

みず-な ⓪【水菜】名 アブラナ科の二年生植物。ほそい葉がむらがりはえる。早春の野菜。きょうな。(春)

みず-に ⓪【水煮】名 薄い塩味だけで煮ること。また、煮たもの。「さばの―」

みず-の-え ノ【×壬】名（水の兄の意）十干の第九。じん。⇩十干（表）。

みず-の-て ⓪【水の手】名 ❶戦国時代の城で、飲用水を引き込むための水路。また、その水。「―を断つ」❷消火用の水路。また、その水。

みず-の-と ノ【×癸】名（水の弟の意）十干の第十。き。⇩十干（表）。

みず-のみ ノ【水飲み】【水×呑み】名 ❶水を飲むこと。また、その容器。❷水飲み百姓。 **―百姓** ヒャ 名 江戸時代、自分の田畑を持たない、まずしい農民。

みず-は【×瑞歯・×稚歯】名 古語 ❶わかわかしい歯。❷年老いてからはえる歯。めでたいしるしとされる。❸老人。 **―ぐむ** 自四 古語 老年になる。「惟光が父の朝臣の乳母に侍りし者の、みづはぐみて住み侍るなり」〈源氏〉

みず-ば ⓪【水場】名 ❶野生動物が水を飲みに来る場所。❷登山者が水を飲んだり補給したりする場所。

みず-ばかり バ【水ばかり】【水×秤】名 アルキメデスの原理を応用して、比重をはかるしくみ。

みず-ばかり バ【水ばかり】【水▲準】名 水を使って物の面が平らかどうかを見る器具。水もり。水準器。

みず-はけ ⓪【水はけ】【水×捌】名 水が流れ去るぐあい。排水。水はき。「―が悪い」

みず-ばしょう バ【水×芭×蕉】名 サトイモ科の多年生植物。寒い地方の湿地に群生し、初夏、白色の苞をもったうす緑色の花を開く。花のあと、長円形の葉が出る。(春)

みず-ばしら バ【水柱】名 水が柱のように高く吹きあがったもの。「―が立つ」

みず-ばな ⓪【水ばな】【水×洟】名 水のようにうすい、はなじる。みずっぱな。(冬)

みず-ばら ⓪【水腹】名 ❶水をたくさん飲んだ時の腹ぐあい。❷水を飲んでひもじさをしのいでいる腹。

みずはら-しゅうおうし《水原秋桜子》一八九二―一九八一。俳人。本名は豊。俳誌「馬酔木」を主宰し、新風を吹き込んだ。句集に「葛飾」など。

みず-ばり ⓪【水張(り)】名 ❶のりをつけずに、水だけで布地を張り板に張って、かわかすこと。❷水彩画などで、紙を水でしめらせ、絵の具ののびをよくすること。

みず-ひき ⓪【水引】名 ❶細いこよりにのりをひいて、ほしかため、中央から染めわけたもの。進物にかける。祝い事には紅白・金銀などのものを、凶事には黒白・藍白などのものを使う。❷タデ科の多年生植物。高さ約七〇センチメートル。穂にまばらに赤い花をつける。みずひきそう。(秋) ❸水引幕。 **―幕** キ 名 劇場で、舞台の上方に横に張る細長い幕。

水引❶

みず-びたし ⓪/ビ【水浸し】名 水にひたすこと。水につかること。「―になる」

みず-ぶき ⓪【水拭き】名 他サ 水をしぼった布などでふくこと。↕からぶき。

みず-ぶくれ ⓪/ブ【水膨れ】名 皮膚の下に水をふくんでふくれること。みずばれ。

みず-ぶね ⓪【水船】名 ❶飲み水をはこぶ船。❷水をためる大きなはこ・おけ。❸生き魚を入れておく水槽。

ミス-プリント リ〈misprint〉名 印刷のまちがい。誤植。ミスプリ。

みず-べ ⓪【水辺】名 海・湖・川・池などのそば。水のほとり。

みず-ほ【×瑞穂】名 古語 みずみずしいいねの穂。 **―の国** 古語 日本をほめてよぶ語。「葦原の瑞穂の国を天降り」〈万葉〉

みず-ぼうそう ボ【水×疱×瘡】名 水のような液をふくむ赤い発疹を生じる、ウイルスによる急性感染症。水痘。子どもに多い。

み-すぼらし・い シ【見×窄らしい】形 身なりがわるい。まずしそうで貧弱だ。「―なりをした人」 **みすぼらしげ** 形動 **みすぼらしさ** 名 **みすぼら・し** 文語シク

みず-まくら マ【水枕】名 水や氷を入れて頭を冷やすのに使うゴム製のまくら。

みず-まし ⓪【水増し】名 自サ ❶水を増し加えて量をふやすこと。❷実質の貧しいものを、形だけ良くみせかけること。「―した計画」❸費用などを実際より余分に見つもったり、また、請求したりすること。「―予算」

み-すま・す ⓪/マ【見澄(ま)す】他五 注意してよく見る。見きわめる。

ミス-マッチ マ〈mismatch〉名 ふつりあいな組み合わせ。調和がとれないこと。「あの課長と補佐は―だ」

み-すまる【▲御▲統】名 古語 上代、多くの玉をひもに通し、くび・うでに巻いてかざりとしたもの。みすまるのたま。

みず-まわり マ【水回り】名 建物の中で、浴室・台所・洗面所・便所など、水を使うところ。

みす-みす ⓪ 副 見ていながら。「―逃がした」

みずみずし・い シ【×瑞×瑞しい】形 新鮮で、生き生きしている。わかわかしく美しい。「―やなぎ」 **みずみずしさ** 名 **みづみづ・し** 文語シク

みず-みまい ミ2【水見舞(い)】名 水害にあった人への見舞い。(夏)

みず‐むけ [0]【水向け】ミヅ― [名] ❶仏前に水をそなえること。❷人にさそいをかけること。話をさそいだすこと。

みず‐むし [0]【水虫】ミヅ― [名] ❶水中にすむ、ミズムシ科の昆虫。体長は約一センチメートル。ふうせんむし。❷白癬菌(はくせんきん)に感染して指などにできる皮膚病。(夏)

みず‐めがね [メ]【水眼鏡】ミヅ― [名] 水中で物を見るめがね。水中めがね。(夏)

みず‐もち [0]/[モ]【水餅】ミヅ― [名] かび、ひびわれなどをふせぐために水につけ、たくわえておくもち。(冬)

みず‐もの [0]【水物】ミヅ― [名] ❶水けのあるもの。液体。❷その時の条件によって、かわりやすい物事。「勝負は―だ」

みず‐もり [0]【水盛(り)】ミヅ― [名] 水準器。

みず‐もれ [0]【水漏れ】ミヅ― [名] [自サ] こわれたところから水がもること。「水道管の―」

みず‐や [0]【水屋】ミヅ― [名] ❶社寺で、参拝する人が手や顔を洗い、口をすすぐ所。❷茶室で、茶器を洗う所。❸茶器や食器などを入れる戸だな。❹洪水の多い地帯で、非常用の物資を貯えたり、避難したりするために、土地の高い所に建てられた家。

みず‐ようかん [ヨ]【水ようかん】【水羊×羹】ミヅ― [名] 寒天を煮てとかした中に、あずきのこしあんをまぜてかためた菓子。水けの多いようかん。(夏) ↕練りようかん。

みずら [0]【▲角▲髪・▲角▲子】ミヅラ [名] 上代に、成人した男子が結った髪形。左右に分けた髪を耳のところで輪のかたちに束ねる。平安時代に入ると、少年の髪形となった。

みずら

ミス‐リード [リ]〈mislead〉[名] [他サ] 人をまちがった方向にみちびいたり、判断をあやまらせたりすること。

ミス・る [ス] [自五] (ラ・ロ|リ・ッ|ル|ル|レ|レ) [俗語] (「ミス」を活用させたもの) ミスをする。失敗する。「試験でミスった」

み・する [ス]【魅する】[他サ] (シ・セ・サ|シ|スル|スル|スレ|シロ・セヨ) 人の心をひきつける。夢中にさせる。「聴衆を―美声」 **み・す** [文語サ変]

みず‐わり [0]【水割(り)】ミヅ― [名] ❶ウイスキーなど強い酒に水を加えて飲みやすくすること。また、そのもの。❷量を増して内容や実質をわるくすること。

みせ [0]/[セ]【店】[名] ❶商店。❷商品をならべて売る所。みせさき。**―を畳(たた)む** 商売をやめる。**―を張(は)る** 商品をならべて商売をする。

み‐せいねん [セ]【未成年】[名] まだ、成年に達していないこと。また、その人。↕成年。**―者(しゃ)** [ネ] [名] 未成年の人。↕成年者。

みせ‐がかり [ガ]【店懸(か)り】[名] 店のつくりかた・かまえ。

みせ‐かけ [0]【見せ掛け】[名] ❶本物らしく、または、よい物らしく見せること。「―だけの、ちゃちな品だ」❷外見。みば。「―はりっぱだ」

みせ‐か・ける [0]/[ケ]【見せ掛ける】[他下一] (ケ|ケ|ケル|ケル|ケレ|ケロ・ケヨ) 表面をつくろう。実際とちがったように見せる。「ねむったと―」 **みせか・く** [文語下二]

みせ‐がね [0]【見せ金】[名] 信用させるために、相手に見せるかね。みせきん。

みせ‐がまえ [ガ]【店構え】―がまへ [名] 店の造り。商店の規模。

みせ‐ぐち [セ]【店口】[名] 店のまぐち。

みせ‐けち [0]【見せ消ち】[名] 写本などで、消した文字が読めるように消すこと。「―の文字」

みせ‐さき [0]【店先】[名] 店のまえ。店頭(てんとう)。

みせ‐じまい [ジ]【店じまい】【店仕舞】―じまひ [名] ↕店開き。❶店をしめて商売をやめること。❷その日の営業を終えること。

みせ‐しめ [0]【見せしめ】[名] 他の人々に見せて、今後同様のことをしないよう戒めること。「―のため処分する」

ミセス [ミ]〈Mrs.〉[名] ❶既婚の女性の姓名の始めにつける敬称。夫人。↕ミスター・ミス・ミズ。❷既婚の女性。「―の集まり」↕ミス。

み‐せつ [0]【未設】[名] [文章語] まだ設置していないこと。未設置。↕既設。

みせ‐つ・ける [0]/[ケ]【見せ付ける】[他下一] (ケ|ケ|ケル|ケル|ケレ|ケロ・ケヨ) じまんらしく見せる。得意になって見せびらかす。「力の差を―」 **見せつけ** [名] **みせつ・く** [文語下二]

ミゼット〈midget〉[造] きわめて小さい。「―カメラ」

みせ‐どころ [0]【見せ所】[名] ぜひ見てもらいたい箇所・場面。見せ場。「腕の―」

み‐ぜに [0]【身銭】[名] 自分の持っているかね。**―を切(き)る** 自分のかねで支払う。「身銭を切って招待する」

みせ‐ば [バ]【見せ場】[名] しばいなどで、特に見せる値うちのある場面。「―をつくる」

みせ‐ばん [0]【店番】[名] 店にいて、商品の番や客の相手をすること。また、その人。

みせ‐びらか・す [カ]【見せびらかす】[他五] (サ・ソ|シ|ス|ス|セ|セ) 見せてじまんする。**見せびらかし** [名]

みせ‐びらき [ビ]【店開き】[名] あたらしく店を出して、商売をはじめること。開店。↕店じまい。

みせ‐もの [モ]/[ノ]【見世物】[名] ❶めずらしい物、奇術・曲芸などを見せて料金をとるもの。❷おおぜいの人から興味本位で見られること・もの。「―にされる」

みせ‐や [セ]【店屋】[名] 商店。

みせ‐られる【魅せられる】[連語] (「魅する」と「られる」) ひきつけられる。魅力を感じる。「演技に―」

み・せる [セ]【見せる】[他下一] (セ|セ|セル|セル|セレ|セロ・セヨ) ❶ある物を示して、人が見るようにする。「免許証を―」「友人にノートを―」[参考] 謙譲語に、「お目にかける」「ごらんに入れる」がある。❷【診せる】医者に体をしらべてもらう。❸ある様子や態度を示して、人から見えるようにする。「すきを―」「誠意を―」❹だれからもわかるような状態を示す。「盛り上がりを―」「思わぬ展開を―」❺ある事柄を経験させる。わからせる。「目にもの―」「痛い目を―」❻【魅せる】見る人をひきつける。「あの選手は守備でも―」[参考]「魅せる」は当て字。「見せる」と「魅する」の混同から生まれた用法。❼(「…して見せる」の形で)㋐相手にわかるようにわざとする意を表す。「笑って―」㋑必ずそうするという強い意志を表す。「優勝して―」 **み・す** [文語下二]

み‐ぜん [0]【未然】[名] [文章語] まだそうなっていないこと。まだ起こらないこと。「―にふせぐ」 **―形(けい)** [0] [名] 用言・助動詞の第一活用形。「う・よう・ん・ない・ず」などを伴うときの形。⇩(付)語の活用

み‐そ [ミ]【味×噌】[名] (「未醬(みしょう)」の変化とも朝鮮語からとも言う) ❶むした大豆(だいず)に米・麦などのこうじと塩とをまぜて、発酵させた日本独特の調味料。❷得意とし、特色とする点。「この便利さが―だ」 **―▲和(×韲)(あえ)** [0] [名] 魚・野菜などにみそをまぜること。また、その食べ物。**―×滓(かす)** [カ] [名] ❶みそをすって水にとかし、それをこしたかす。❷一人まえの数にはいらないもの。値うちのないもの。❸仲間に対等にあつかってもらえない子ども。‖みそっかす。**―×糞(くそ)** [0] [名] [形動] [俗語] めちゃくちゃ。さんざん。くそみそ。「―に言う」 **―×漉(こ)し** [コ]/[ソ] [名] みそをこして、かすをとる器具。みそこしざる。**―汁(しる)** [シ] [名] みそをとかし、野菜・豆腐などを入れて煮た汁。おみおつけ。**―×擂(す)り** [リ] [名] ❶みそをすりばちですること。❷へつらい、おもねること。また、そ

の人。ごますり。❸みそすり坊主。―×擂(す)り坊主(ぼうず) [ボ][名] ❶寺でめしたきや雑事をする下級の僧。❷僧侶(そうりょ)をののしっていう語。―漬(づ)け [0][名] 肉・魚・野菜などをみそにつけたもの。―っ歯(ぱ) [ソ][名] 黒くて、かけている子どもの歯。―煮(に) [0][名] みそを入れて、さかな・野菜・肉などを煮込んだ料理。「さばの―」 ―豆(まめ) [0][名] ❶みその原料として煮た大豆(だいず)。❷大豆を煮て、しょうゆで味つけをし、薬味とともに食べるもの。❸大豆。―も×糞(くそ)も一緒(いっしょ) いいものも悪いものも、いっしょくたにすること。なにもかも区別しないで、いっしょくたにすること。―×椀(わん) [0]/[ソ][名] 会席料理などで出すみそ汁。―を×擂(す)る へつらう。ごまをする。―を付(つ)ける 失敗し、面目をうしなう。

み-そ【三▲十】[名]〔古語〕三〇。「―路(じ)」

みぞ [0]【溝】[名] ❶地を細長く掘って水を通す所。❷くぼんだすじ。細長いくぼみ。「しきいの―」❸人と人との心持ちのくいちがい。「ふたりの間に―ができる」

みぞ [0]【▲針▲孔】[名] 針あな。みず。

み-ぞ【▲御▲衣】[名]〔古語〕高貴な人の衣服を尊敬していう語。おんぞ。

み-ぞ-う [0]/[ゾ]【未曾有】[名][形動]〔文章語〕今までに一度もないこと。空前。「―の大事件だ」

みぞ-おち [0]【×鳩▲尾】[名] 胸骨の下部の中央の、くぼんだ所。みずおち。きゅうび。

みそ-か [0]【三▲十日・×晦日】[名] 月の第三十日。転じて、月のおわりの日。つごもり。↕ついたち。

みそか【▲密】[なり形動]〔古語〕こっそりと、人に知られないようす。ひそかだ。「人間(ひとま)にみそかに入りつつ額(ぬか)をつきし薬師仏」〈更級〉

みそか-ごころ [ゴ]【みそか心】【▲密心】[名]〔文章語〕人にかくしだてをする心。ひそかに恋うる心。

みそか-ごと [0]【みそか事】【▲密事】[名]〔文章語〕❶ないしょごと。❷男女の密通。

み-そぎ [0]【×禊】[名] 身の罪・けがれをはらうため、水できよめること。(夏) ―×祓(はら)い [ハ][名] 水を浴びて身をきよめること。

み-そこな・う [0]/[ナ]【見損(な)う】―そこなふ [他五](ワ・オ|イ・ッ|ウ|ウ|エ|エ) ❶見あやまる。見まちがう。「味方を敵と―」❷見はずす。見のがす。「先月のしばいを見損なった」❸評価をあやまる。「相手の実力を―」 **見損ない** [名]

みそ-さざい [サ]【×鷦×鷯】[名] ミソサザイ科の小鳥。日本で最小の鳥の一つ。全身こげ茶色。鳴き声が美しい。(冬)

みそ-じ【三▲十路】―ぢ [名]〔古語〕❶三〇。みそ。❷三〇歳。

み-そしき [ソ]【未組織】[名][形動(の)] まだ組織されていないこと。「―労働者」

ミソジニー [ソ]〈misogyny〉[名] 女性に対していだく差別的な感情。女性嫌悪。女性蔑視。

みそなわ・す【×覧す】みそなはす [他四]〔古語〕「見る」の尊敬語。ごらんになる。「(醍醐(だいご)天皇ガ歌ヲ)今みそなはし後の世にも伝はれとて」〈古今〉

みそ-はぎ [0]【▲溝×萩・▲千▲屈×萩】[名] ミソハギ科の多年生植物。湿地にはえ、初秋のころ淡紅色の細かな花を開く。若葉は食用。みぞはぎ。(秋)

みそひと-もじ [ト]【三▲十一文字】[名]〔文章語〕(五・七・五・七・七の三十一文字)短歌。和歌。

み-そ・める [0]/[メ]【見初める】[他下一](メ|メ|メル|メル|メレ|メロ・メヨ) はじめて見て、その人を恋しく思う。 **みそ・む** [文語下二]

みぞゆう【未曾有】「みぞう」のあやまり。

み-そら [0]【身空】[名] 身の上。「若い―」

みぞれ [0]【×霙】[名] ❶雪がとけて、雨まじりに降るもの。(冬) ❷けずり氷にみつをかけたもの。

みぞれ-あえ [0]【×霙▲和え】―あへ [名] ↓おろしあえ。

み-そ・れる [0]/[レ]【見それる】【見▲逸れる】[他下一](レ|レ|レル|レル|レレ|レロ・レヨ) 見わすれる。見あやまる。「お見それしました」 **みそ・る** [文語下二]

みだ《弥陀》↓あみだ。

み-だい【▲御台】[名]〔古語〕❶高貴な人をうやまって、その食物をのせる台をいう語。❷高貴な人の食物。❸みだいどころ。―所(どころ) [名]〔古語〕(「御台盤所(みだいばんどころ)」の略)大臣・大将・将軍などの妻を尊敬していう語。

みたい-だ [助動](ミタイダロ|ミタイダッ・ミタイデ・ミタイニ|ミタイダ|ミタイナ|ミタイナラ|○) (体言、または用言の終止形につく)❶(終止形で)話し手が観察によってその事態をとらえていることや、観察に基づいてあることを推定することをあらわす。「地面がぬれているから、雨が降った―」❷あえて断定しない言い方をあらわす。「どうもこの問題は私には難しすぎる―」❸(「まるで…みたいだ」の形で)比喩・比況をあらわす。「みたいに」「みたいな」となる場合も多い。「桜の花が散る様子は、まるで雪が降っている―」「まるで根が生えたみたいにその人はそこから動かなかった」❹(「みたいな」「みたいに」の形で)例示をあらわす。「アイドルみたいなかわいい服を着ている」「どうやったら先生みたいに上手に英語が話せるのかな」[参考]「見たようだ」から変化し、話しことばで使用される助動詞。推定・くらべ・たとえをあらわす助動詞「ようだ」とほぼ同じ意味をあらわすが、「みたいだ」は名詞・形容動詞語幹に直接接続する。また、「ようだ」は「…かのようだ」という形があるが「みたいだ」にはない。なお、連用形を「みたく」とする場合が見られる。

み-たけ [ミ]【身丈】[名] ❶身のたけ。身長。❷衣類のえりを除いて、すそまでの、せすじの長さ。

みたされ-ない【満たされない】[連語] 足りない。また、満足できない。「条件が―」「心が―」

み-だし [0]【見出し】[名] その内容が一見してわかるように、簡単なことばで示しかかげたもの。標題。「新聞の―」 ―語(ご) [0][名] 辞書で、項目としてかかげた語形。

み-だしなみ [0]【身だしなみ】【身×嗜み】[名] ❶身なりやことば・態度をととのえること。「―のよい人」❷教養や技芸を身につけること。「女性の―としてのお茶・お花」

みた・す [タ]【満たす】【▲充す】[他五](サ・ソ|シ|ス|ス|セ|セ) いっぱいにする。満ちるようにする。 **満たせる** [自下一][…できる]

みだ・す [タ]【乱す】[他五] みだれるようにする。みだれさせる。「列を―」 **乱せる** [自下一][…できる]

み-だ・す [0]/[タ]【見出す】[他五](サ・ソ|シ|ス|ス|セ|セ) ❶見始める。❷見つけだす。見いだす。 **見出せる** [自下一][…できる]

み-たつ [0]【未達】[名] 目標や相手にまだ届いていないこと。「計画が―に終わる」「メールが―だった」

み-たて [0]【見立て】[名] ❶見て、よしあしなどをきめること。「母の―の服」❷医者の診断。

み-た・てる [0]/[テ]【見立てる】[他下一](テ|テ|テル|テル|テレ|テロ・テヨ) ❶見分けてきめる。鑑定する。「着物のがらを―」❷医者が診断する。「流感と―」❸そのものにたとえる。仮定する。「丘を富士山に―」 **みた・つ** [文語下二]

みた-ところ [ミ]【見た所】[名] 外面から見たようす。外観。「―外傷はない」

みた-ない【満たない】[連語] 足りない。及ばない。「一割にも―状況」「意に―」⇩満ちる[参考]

みたぶんがく《三田文学》文芸雑誌。一九一〇年以後断続的に刊行。慶応義塾大学文学部の三田文学会機関誌で、反自然主義的傾向が強い。創刊直後の森鷗外(もりおうがい)、上田敏(うえだびん)、永井荷風(ながいかふう)を中心にした時期が有名。

み-たま[0]【み霊】【▲御霊】名 たま。たましい。神霊。**—代**（しろ）[0] 名 神霊の代わりとして神殿にまつるもの。**—祭り**（まつり）[マ]² 名 祖先の霊や、歳（とし）の神をまつること。**—屋**（や）[0] 名 みたまをしずめまつる所。おたまや。

み-た-め[0]/[ミ]【見た目】名 見たところ。外観。みば。みえ。

みだら[ミ]【淫ら】形動 ダロ・ダッ・デ・ニ ダ・ナ・ナラ・〇 性的なことでだらしのないようす。「—な話」

み-たらし[0]【▲御手▲洗】名 ❶神社の入り口にあり、参詣（さんけい）する人が手や口などをきよめる所。みたらい。❷みたらしだんご。**—川**（がわ）[シ] 名 神社の参拝者が、手や口などをきよめる川。**—団子**（だんご）[ダ] 名 竹ぐしにだんごをさして焼き、甘じょうゆのたれをつけたもの。㊡

み-たり[ミ]【三▲人】名〔文章語〕さんにん。

みだり-がまし・い[シ]【▲妄りがましい】形 カロ・カッ・ク イ・イ・ケレ・〇 ➡みだりがわしい。参考 近代以降に生まれた言い方。

みだり-がわし・い【▲妄りがわしい】（がはしい） 一 [シ] 形 カロ・カッ・ク イ・イ・ケレ・〇 ❶規律や秩序のないようすである。❷乱雑なようすである。❸性的な関係が乱れているようすである。**みだりがわしさ** 名 **みだりがは・し** 文語シク 二 形シク〔古語〕❶ぶしつけである。「みだりがはしく騒ぎはべりけるに」〈源氏〉❷好色めいている。「例のみだりがはしきこと」〈源氏〉

みだり-ごこち【▲妄り心地】名〔古語〕❶病気のここち。病気。「みだり心地の悪（あ）しう侍れば、うつぶして侍るや」〈源氏〉❷とりみだした心。「かかる仰せ言につけてもかき暗す(心ヲ暗クスル)みだり心地になむ」〈源氏〉

みだり-ごと【▲妄言】名〔古語〕みだりにしゃべりたてること。また、そのことば。

みだり-に[ミ]【▲妄りに・▲濫りに】副 正当な理由もなく。かってに。「—入るべからず」

みだ・る【乱る】〔古語〕一 自下二 ➡みだれる。二 他四 みだす。「天下をみだらんとするくはだてあり」〈平家〉

みだれ[レ]【乱れ】名 ❶みだれること。「髪の—」❷争乱。内乱。❸能楽の舞の一つ。うたいをともなわないもの。❹しばいのはやしの一つ。

みだれ-かご[レ]【乱れ籠】名 脱いだ衣服などを一時的に入れておく、ふたのない浅いかご。

みだれ-がみ[レ]【乱れ髪】名 ばらばらにみだれた髪。

みだれがみ《みだれ髪》与謝野晶子（よさのあきこ）の歌集。一九〇一年刊。情熱的な恋愛を歌いあげ、「明星（みょうじょう）」の浪漫主義運動の大きな力となった。

みだれ-と・ぶ[0]/[ト]【乱れ飛ぶ】自五 バ・ボ—ビ・ン—ブ—ブ—ベ—ベ 複数のものがさまざまな方向に飛びかう。「うわさが—」

みだれ-ばこ[レ]【乱れ箱】名 ぬいだ衣類などを入れる、ふたのない浅い箱。

みだ・れる[レ]【乱れる】自下一 レ—レ—レル—レル—レレ—レロ・レヨ ❶整った形のものが、くずれてめちゃめちゃになる。「髪が—」「すそが—」❷秩序のあるものが、正常な状態でなくなる。狂う。「ストライキで通勤の足が—」❸国や社会が統一を失った状態になる。「世の中が—」❹精神の働きが普通でなくなる。「心が—」 **みだ・る** 文語下二

みち[0]【道】【▲路・▲途】名 ❶ゆききする所。通路。道路。❷途中。途上。「学校へ行く—」❸道のり。距離。「一万キロの—」❹人のふみおこなうべき道理。「—にそむく」❺すじみち。条理。「—にあっている」❻方法。手段。「暮らしの—」❼その方面。専門。「その—の人」 **—が開**（ひら）**ける** ❶道のなかった所に道ができる。❷見込みがつく。見通しがつく。 **—無**（な）**き道**（みち） 道がないのに進んでゆく、そのところ。「—を行く」 **—ならぬ** 道理にはずれた。道徳にそむいた。「—恋」 **—も▲狭**（せ）**に**〔古語〕道いっぱいに。「道も狭に散る山ざくらかな」〈千載集〉 **—をつける** ❶通路をつける。❷いとぐちをつくる。「世に出る—」

み-ち[ミ]【未知】名 まだ知られていないこと。まだ知らないこと。↕既知。**—数**（すう）[チ] 名 ❶方程式などで、まだ値の不明な数。↕既知数。❷程度がまだわからないこと。「かれの実力は—だ」❸見通しのたたないこと。「うまく行くかどうか—だ」

みち-あんない[ア]【道案内】一 名 道しるべ。二 名 自他サ 道を教えるために先に立って案内すること。また、その人。

みち-いと[0]【道糸】名 釣りざおの先端から仕掛けまでを結ぶ糸。

み-ぢか[0]【身近】名 形動(の) 自分に近いこと・場所。てぢか。自分に関係がふかいこと。「—な人」

み-ちが・える[0]/[エ]【見違える】（ちがへる） 他下一 エ—エ—エル—エル—エレ—エロ・エヨ 見そこなう。見あやまる。「—ほど美しくなった」 **見違え** 名 **みちが・ふ** 文語八下二

みち-かけ[チ]【満ち欠け】名 月がまるく満ちたり、細く欠けたりすること。

みち-くさ[0]【道草】名 道ばたの草。**—を食**（く）**う** ❶途中で別のことをして、ひまをつぶす。❷本筋から横道へそれて時間をむだにつぶす。

みち-しお[0]【満ち潮】（しお） 名 まんちょう。あげ潮。↕引き潮。

みち-しば[0]【道芝】名 道のほとりの芝くさ。

みち-じゅん[0]【道順】名 通行する道の順序。順路。

みち-しるべ[シ]【道しるべ】名 ❶道路の方向や里程などをしめす石や木の柱など。道標。❷行路の案内者。先導。道案内。❸手引きとなるもの。「研究の—」❹甲虫の一種。はんみょう。㊡

みち-すがら[0]/[ス]【道すがら】副 道を歩きながら。途中。「—の話」

みち-すじ[0]【道筋】（すじ） 名 ❶通っていく道。とおり道。❷物事の道理。条理。すじみち。

みち-た・りる[0]/[リ]【満ち足りる】自上一 リ—リ—リル—リル—リレ—リロ・リヨ じゅうぶんである。まんぞくする。

みち-づれ[0]【道連れ】名 連れだっていくこと。また、その人。同行者。

みち-なか[0]【道中】名 道の中途。途中。

みち-なり[0]【道なり】名 道すじにしたがうこと。道の通っているとおり。「駅へはこのまま—に行けばよい」

みち-の-えき[エ]【道の駅】名 一般幹線道路につくられた休憩施設。自治体などが運営し、駐車場があり、特産品の販売なども行う。

みち-の-く《陸奥》（「道の奥」の変化）磐城（いわき）・岩代（いわしろ）・陸前・陸中・陸奥（むつ）の五国の古い言い方。むつ。

みち-の-べ[0]【道の辺】名〔文章語〕道ばた。道のほとり。

みち-のり[0]【道のり】【道▲程】名 道の距離。

みち-ばた[0]【道端】名 道のほとり。路傍。

みち-ひ[ミ]【満ち干】名 潮の満ちることと、引くこと。満ち潮と引き潮。干満（かんまん）。

みち-ひき[チ]【満(ち)引き】名 潮が満ちることと引くこと。満ち干。

みちび・く[ビ]【導く】他五 カ・コ—キ・イ—ク—ク—ケ—ケ ❶案内する。「見物人を—」❷てびきをする。指導する。「生徒を—」❸ある物事が、そうなるように仕向ける。「破産に—」 **導き** 名 **導ける** 自下一 …できる

みち-ぶしん[フ]【道普請】名 道路をつくったり、直したりすること。道路工事。

みち-みち[0]【道道】一 名 さまざまの専門・方面。二 副 道を歩きながら。「—話しましょう」

みち-み・ちる[チ]²【満ち満ちる】自上一 チ—チ—チル—チル—チレ—チロ・チヨ 「満

ちる」を強めていう語。あふれるほどにいっぱいになる。み・つ 文語上二

みちゃく ⓪【未着】名 まだつかないこと。↔既着。

みちゆき ⓪【道行(き)】名 ❶歌舞伎で、相愛の男女がつれだって旅をするようすを演ずること。❷防寒とちりよけのための和服の外とうの一種。多く旅行者が着た。❸文語文の文体の一つ。旅のようすを、口調よく書いた文章。

みちゆき❷

み・ちる ㋠【満ちる】【充ちる】自上一 ❶いっぱいにふさがる。「学生が講堂に—」❷感情的なものがいっぱいになる。「希望に—」「自信に—」❸海水がたかまる。「しおが—」↔ひく・干る。❹月がまんまるになる。↔欠ける。❺満足する。完全になる。「意に—」「条件が—」❻期日に達する。「任期が—」参考 打ち消しの言い方のときは、「定員に満たない」のように五段活用になることが多い。自動詞としては、上代は四段活用だったが、中世には上二段活用になり、現代語の上一段活用が生まれた。み・つ 文語四

みつ ③【蜜】名 造 ❶花から出るあまい液。❷みつばちが花からあつめた、ねばねばしたあまい液体。はちみつ。❸砂糖を煮てとかした液。糖蜜。「餡蜜」

みつ ③【密】名 形動 造 ❶ひとめにたたないこと。「はかりごとは—なるをよしとする」「密会・密航・機密・秘密」❷すきまのないこと。つまっていること。「人口が—だ」「密集・密接・過密」↔疎。❸こまかいこと。「連絡を—にする」「綿密」↔粗。❹したしいこと。「—な間がら」「親密」↔疎。❺〔仏〕密教。「密宗・顕密」↔顕。

みつ ㋡【三つ】名 ➡みっつ。

みつ ③【三つ・×褌】名 相撲で、まわしの横とたてのまじわる部分。また、単に、まわし。「前—」

み・つ【満つ】【充つ】㊀ ③ 自五 （打ち消しの語を伴って）ある基準・数量まで達する。「定員に満たない」⇩ ㊁ 古語 ❶ 自四 満ちる。いっぱいになる。「風いみじう吹き、潮高うみちて」〈源氏〉⇩満ちる 参考。❷ 他下二 いっぱいにする。「玉敷きみてて継ぎて通はむ」〈万葉〉。参考 自動詞「満つ」に対する他動詞だったが、中世以降は「満たす」にとって代わられた。

みつあみ ⓪【三つ編み】名 三つに分けたものを一つに組み合わせて編むこと。特に女性の髪のまとめ方をいう。

みつうん ⓪【密雲】名〔文章語〕すきまなく、かさなった雲。

みっか ⓪【三日】名 ❶月の第三日め。特に、一月三日のこと。新年 ❷一日の三倍。—天下 ㋢ 名 わずかの間、実権をにぎること。参考 明智光秀が、天下をとったものの、短期間で殺されたことから。—に上げず 間をおかず。たびたび。—麻×疹 ㋩ 名 風疹。—坊主 ㋭ 名 あきやすくて長つづきのしないこと。また、その人。—見ぬ間の桜 世の中のうつりかわりのはげしいようす。参考「世の中は三日見ぬ間の桜かな」の句から。

みつが ⓪【密画】名 線・色彩のこまかい絵。↔疎画。

みっかい ⓪【密会】名 自サ こっそりあうこと。特に、男女のあいびきをいう。

みつがさね ㋕/⓪【三つ重ね】名 三つかさなって一組となるもの。三つ組。さかずき・重箱・たんすなど。

みつか・る ⓪【見付かる】自五 ❶見つけられる。「いたずらが—」❷目にとまる。発見される。「気にいる品が見つからない」❸さがしていたものを見いだすことができる。「まいごが—」

みつき ⓪【見つき】名 見かけ。外観。

みつぎ ⓪【貢ぎ】【調】名 ❶人民が献上するもの。租税。❷属国が献上するもの。みつぎもの。

みつぎ ③【密議】名 秘密の相談。「—をこらす」

みづき【水城】名 古語 ➡みずき。

みつぎもの ⓪【貢(ぎ)物】名 みつぎに使う品物。献上品。

みっきょう ③【密教】名 大日如来が説いた秘密の教法で、仏の悟りの境地をみだりに公開しない仏教。真言宗・天台宗がその代表。↔顕教。

みつ・ぐ ㋡【貢ぐ】他五 ❶君主や政府に租税や産物などをさしあげる。❷かねや品物を、仕送りして助ける。「愛人に—」**貢げる** 自下一［…できる］

み・づ・く【水漬く】自四 古語 水につかる。水にひたる。「海行かばみづく屍」〈万葉〉

ミックス ③〈mix〉㊀ 名 他サ まぜること。まぜたもの。㊁ 名 テニス・卓球などで、男女一人ずつが組んだチーム。混合ダブルス。ミックスダブルス。

みつくち ⓪【三つ口】【×兎×唇】名 としん。

みつぐみ ⓪【三つ組(み)】名 ❶三つで一組になること。また、そのもの。「—のさかずき」❷三つ編み。

みづくろい ㋡【身繕い】名 身ごしらえをすること。身じたく。

みつくろ・う ⓪/㋺【見繕う】他五 品物を見て、適当に選び、ととのえる。「みやげ物を—」**見繕える** 自下一［…できる］

みつけ ⓪【見付】名 枡形のある、外に面した城門。番兵が見張りをする所。

みっけい ⓪【密計】名〔文章語〕秘密の計画。

みつげつ ⓪【蜜月】名（「ハネムーン」の訳語）❶新婚後のしばらくの間。❷たがいに親密な関係を保つこと。「両国の—時代」—旅行 ㋷ 名 新婚旅行。

みつ・ける ⓪【見付ける】他下一 ❶㋘ 見なれる。いつも見て、なれ親しんでいる。「見つけたしばい」❷⓪ さがし出す。発見する。「かくした物を—」みつ・く 文語下二

みつご ⓪【三つ子】【三つ×児】名 ❶一度のお産で生まれた三人の子。❷三歳の子。幼児。—の魂百まで 幼児のころの性質は年をとってもかわらない。

みつご ③【密語】名〔文章語〕ひそかにささやくこと、また、その話。ひそひそばなし。

みっこう ⓪【密行】名 自サ こっそりと行くこと。しのび歩き。

みっこう ⓪【密航】名 自サ ❶航空機や船にこっそり乗りこんで外国へ行くこと。❷規則を破って航海すること。

みっこく ⓪【密告】名 他サ 人の秘密を、関係者や警察などにこっそり告げ知らせること。「警察に—する」

みっさつ ⓪【密殺】名 他サ こっそりころすこと。特に、法にそむいて家畜をころすこと。

みっし ⓪/③【密使】名 ひそかにつかわされる使者。

みつじ ③【密事】名 ないしょごと。秘密のこと。

みっしつ ⓪【密室】名 ❶しめきって人の入ることも出ることもできないへや。「—殺人事件」❷秘密のへや。「地下の—」

みっしゅう ⓪【密集】名 自サ ぎっしりとあつまること。「住宅が—する地域」

みっしゅう《密宗》真言宗。

みっしゅっこく ㋛【密出国】名 自サ 正規の手続きをせずに、ひそかに国をぬけ出ること。↔密入国。

みっしょ ⓪/③【密書】名 秘密の文書。

ミッション ③〈mission〉名 ❶使節。使節団。❷キリス

ト教の伝道。また、伝道布教団。❸外交・貿易・技術交流などの目的をもって外国に派遣するために編成したチーム。❹任務。使命。「—を遂行する」❺ミッションスクール。—スクール ク〈mission school〉名 キリスト教の団体が建てた学校。

みっしり シ(と)副 ❶充実したようす。十分に。みっちり。「—勉強する」❷一面につまってすきまのないようす。「—と生えた毛」

ミッシング-リンク リ〈missing link〉名 ❶〔「失われた環わ」の意〕生物の進化の過程をひとつながりの鎖の環であると考えて、その環が欠けているように見える部分。また、その欠けた部分を埋めると想定される未発見の化石生物。❷路線がとぎれている道路や鉄道のこと。

みっ-せい ⓪【密生】名自サ すきまなく、はえること。「雑草が—する」

みっ-せつ ⓪【密接】❶名自サ すきまなく、ぴったりつくこと。「木造家屋が—している」❷形動 関係がひじょうに強いようす。「—な関係」

みっ-せん ⓪【密栓】名自サ かたくせんをすること。また、そのせん。

みつ-せん ⓪【蜜腺】名 被子植物の花・葉などにあって、みつを出す組織。

みっ-そう ⓪【密奏】名他サ〔文章語〕こっそりと天子に申しあげること。

みっ-そう ⓪【密送】名他サ こっそりとおくること。

みっ-そう ⓪【密葬】名他サ うちうちでする葬儀。↕本葬。

みつ-ぞう ⓪【密造】名他サ 法にそむいて、こっそりものをつくること。「酒の—」

みつ-ぞろい ⓪/ゾ【三つぞろい】【三つ×揃】—そろひ 名 ❶三つそろって一組の物。❷洋服で、上着・チョッキ・ズボンの三つがそろったもの。

みつ-だん ⓪【密談】名自サ 内密の相談。

みつ-ちゃく ⓪【密着】❶名自サ ぴったりとつくこと。❷名 写真で、原板と印画紙とをぴったり重ねて焼きつけること。また、その印画。べた焼き。

みっ-ちょく ⓪【密勅】名〔文章語〕秘密にくだされる天皇の命令。

みっ-ちり チ(と)副 みっしり❶。「実力を—つける」

みっ-つ ツ【三つ】名〔「みつ」の変化〕❶さん。❷三歳。

みっ-つう ⓪【密通】名自サ ❶ひそかに通じあうこと。内通。「敵と—する」❷妻や夫のある男女が、他の女や男とひそかに情を通じること。

みっ-てい ⓪【密偵】名他サ こっそりと、さぐりしらべること。また、その人。秘密探偵たんてい。

ミット ミ〈mitt〉名 野球で、捕手・一塁手の使う革手袋。

みつ-ど ミ【密度】名 ❶〔物〕単位体積中にふくまれる物質の質量。❷単位面積中に存在する人などの数量。「人口—」❸内容の充実している程度。「—の高い議論」

ミッド-タウン タ〈midtown〉名 住宅地と商業地の中間の地域。

ミッド-ナイト ナ〈midnight〉名 深夜。真夜中。「—ショー」

ミッドフィ(ー)ルダー フィ〈midfielder〉名 サッカーのハーフバック(中衛)。MF。

みつ-どもえ ⓪/ド【三つどもえ】【三つ×巴】名 ❶ともえが三つまわっている形。❷三つのものがたがいに追いかけあって、入りみだれること。「三者—となって争う」

みつどもえ❶

みっとも-な・い ナ 形 カロ・カッ・ク・イ・イ・ケレ・○〔「みたうもない(みたくもない)」の変化〕❶外聞や体裁さいがわるい。「—話だ」❷見た目がわるい。みにくい。「—姿」参考「みっとも」という名詞があるわけではなく、「みっともいい」「みっとも悪い」の「みっとも」は「見た目」「見てくれ」などに言いかえるのが望ましい。**みっともなさ** 名

みつ-にゅうこく ニュ【密入国】名自サ 正規の手続きをせずに、ひそかに国内にはいること。↕密出国。

みつ-ば ⓪【三つ葉】名 ❶三枚の葉。❷セリ科の多年生植物。一つの葉は三つの小葉からなる。夏、白色の花を開く。よいにおいのある若葉は食用。春

みづ-は【×瑞歯・×稚歯】名〔古語〕➡みずは。

みつ-ばい ⓪【密売】名他サ 禁制品をこっそりと売ること。

みつ-ばち ツ【蜜蜂】名 ミツバチ科の昆虫の総称。巣をつくってすみ、一匹の雌ばち(女王ばち)、少数の雄ばち、多数のはたらきばちが一つの社会をいとなむ。みつを取るために飼育される。春

みっ-ぷう ⓪【密封】名他サ 厳重に封をすること。厳封。

みっ-ぺい ⓪【密閉】名他サ ぴったりととじること。

みづ-ほ【×瑞穂】名〔古語〕➡みずほ。

みつ-ぼう ⓪【密謀】名自サ 秘密のはかりごと。密計。「—をくわだてる」

みつ-ぼうえき ボ【密貿易】名 法にそむいてする貿易。

みつ-ぼし ⓪【三つ星】名 ❶ツ冬の夜空に見られる、オリオン座の中にある三つの星。からすきぼし。❷⓪/ツ〔「ミシュランガイド」のしるしから〕レストランやホテルなどの水準が最高位にあたること。

みつ-また ⓪【三つまた】【三つ×叉】名 川や道などの三方に分かれた所。

みつ-また ⓪【三×椏】名 ジンチョウゲ科の落葉低木。中国原産。高さ約二メートル。枝はみな三本に分かれる。皮は和紙の原料。花は春

みつまた

みつ-まめ ⓪【蜜豆】名 さいの目に切ったかんてんに、えんどう豆やくだものを入れ、みつをかけた食べ物。夏

みつ-み ⓪【三つ身】名 なみはば一反の布の半分で仕立てる和服。三、四歳の幼児むきの仕立て。

みつ-みつ ⓪【密密】名 形動(の)〔文章語〕❶ひそか。こっそり。「—の話」❷こまやかなようす。ごく親密であるようす。❸草木などがびっしり茂っているようす。

みつ-めい ⓪【密命】名 秘密の命令。「主君の—を帯びる」

みつめ-ぎり メ/ギ【三つ目ぎり】【三目×錐】名 先端の刃が三つの角をもっているきり。

みつ・める ⓪/メ【見詰める】他下一 メ・メ・メル・メル・メレ・メロ・メヨ 一心に目をそそぐ。じっと見つづける。**みつ・む** 文語下二

みつ-もり ⓪【見積(も)り】名 必要な費用・材料などをあらかじめ計算して出すこと。また、その計算。—書しょ ⓪ 名 見積もりをしるした書類。参考 表記は「見積書」と書く。

みつ-も・る ⓪/モ【見積(も)る】他五 ラ・ロ・リ・ッ・ル・ル・レ・レ ❶目分量ではかる。❷納品や工事などの代価・経費・所要日数などをあらかじめ計算する。**見積もれる** 自下一〔…できる〕

みつ-やく ⓪【密約】名 秘密の契約・条約。

みつ-ゆ ⓪【密輸】名他サ 密輸出や密輸入。

み

みつ-ゆしゅつ ヨ【密輸出】名 他サ 法にそむいて輸出すること。↔密輸入。

みつ-ゆにゅう ヨ【密輸入】名 他サ 法にそむいて輸入すること。↔密輸出。

みつ-ゆび ◎【三つ指】名 おや指・人さし指・中指の三本の指。また、それをついてする、ていねいな礼。

み-づら・い ヲ【見づらい】【見▲辛い】形 カロ・カッ・ク・イ・イ・ケレ・○ ❶見るのがつらい。見るにたえない。「—骨肉の争い」❷見るのが楽でない。見にくい。「ここからは—」↔見よい。**見づらさ** 名 **みづら・し** 文語ク

みつ-りょう ◎【密猟】名 自サ 法にそむいて、こっそりと鳥やけものをとること。

みつ-りょう ◎【密漁】名 自サ 法にそむいて、こっそりと魚や貝をとること。

みつ-りん ◎【密林】名 樹木がすきまなくしげった森林。↔疎林。

満つれば欠く 満月を過ぎた月が欠けるように、物事は栄えたあとに必ず衰えること。参考「史記」に由来する語。

みつ-ろう ◎【蜜×蠟】名 みつばちの巣からとったろう。ろうそく・パラフィンなどの原料。

み-てい ◎【未定】名 まだきまっていないこと。「出発時刻は—」↔既定・確定。**—稿**(こう) テ 名 まだ完全にできあがっていない原稿。

ミディアム ミ〈medium〉=ミデアム 名 ステーキの普通の焼き方。↔ウェルダン・レア。参考 生焼きをレア(rare)、よく火を通すことをウェルダン(well-done)という。

み-てぐら ◎【▲幣】名 神にたてまつる物の総称。ぬさ。御幣(ごへい)。幣帛(へいはく)。

み-てくれ ◎【見てくれ】【見て▲呉れ】名 見た目だけの様子。みば。みかけ。外見。「—はよい」

みて-と・る ミ【見て取る】他五 ラ・ロ・リ・ッ・ル・ル・レ・レ ❶見て、それと知る。みとめる。❷見て、さとる。見ぬく。「相手の弱点を—」**見て取れる** 自下一[…できる]

み-と【▲水門・▲水戸】名 古語 川と海の水の出はいりする所。みなと。

み-とう ◎【未到】名 まだ到達していないこと。「前人—の大記録」

み-とう ◎【未踏】名 足をふみ入れていないこと。「人跡—」

み-とう ◎【味到】名 他サ 文章語 よくよくあじわうこと。

み-どう ◎【▲御堂】名 仏を安置する堂。お堂。

み-とおし ◎【見通し】名 ❶こちらからあちらまで見えること。遠くまで一目に見ること。「—がきく」❷予想。予測。「—が立たない」❸(多く「お見通し」の形で)実情や心中を見ぬくこと。「すべてお—のとおりです」

み-とお・す ◎ト【見通す】他五 サ・ソ・シ・ス・ス・セ・セ ❶初めから終わりまで全部見る。❷遠くまで見渡す。❸実情や心中を見ぬく。❹将来を見ぬく。予想・予測する。**見通せる** 自下一[…できる]

み-とが・める ◎メ【見とがめる】【見×咎める】他下一 メ・メ・メル・メル・メレ・メロ・メヨ ❶見て非難する。「いたずらを—」❷見てあやしむ。「不審な行動を—」**見とがめ** 名 **みとが・む** 文語下二

み-とく ◎【味得】名 他サ 文章語 内容をよくあじわって理解すること。

み-どく ◎【味読】名 他サ 内容をあじわって読むこと。

み-どころ ◎【見どころ】【見所】名 ❶ド◎ 見る値うちのある所。「この芝居の—」❷◎ 将来、ものになりそうな見込み。「—のある青年」

ミトコンドリア ド〈mitochondria〉名 動植物の細胞の中にあり、エネルギーを産出する、粒状や棒状の小器官。

み-とど・ける ◎ケ【見届ける】他下一 ケ・ケ・ケル・ケル・ケレ・ケロ・ケヨ 最後まで見る。見きわめる。「臨終を—」**みとど・く** 文語下二

みとめ ◎【認め】名 認め印。

みとめ-いん ◎【認(め)印】名 日常略式に使う印判。認め。↔実印。

みと・める ◎【認める】他下一 メ・メ・メル・メル・メレ・メロ・メヨ ❶目にとめる。見て知る。「人影を—」❷見て判断する。「大多数が賛成と—」❸うけいれる。承認する。「親が結婚を—」❹肯定する。「自分がやったと—」❺高く評価する。「才能を認められる」**みと・む** 文語下二

み-ども【身共】代 古語 (近世の武士の語)わたし。自分。同輩またはそれ以下に対していう。「いやいや、身共は知らぬ」〈狂言・墨塗り〉

み-とり ◎【見取(り)】名 見てうつし取ること。**—算**(ざん) リ 名 そろばんで、伝票・帳簿などの数字を見ながらする計算。↔読み上げ算。**—図**(ず) リ 名 土地・建物・機械などの形や配置などをかいた略図。

み-とり ◎【▲看取り】名 みとること。看病。看護。「最期の—」

みどり ミ【緑】【×翠】名 青と黄の中間色。草木の葉の色。夏 **—なす** 草木が緑色に茂る。**—の黒髪**(くろかみ) 黒く、つやのある女性のかみの毛。**—の羽根**(はね) 植林のための寄付をした人たちにわたす緑色の羽根。春 **—の日**(ひ) 国民の祝日の一つ。五月四日。自然に親しむとともにその恩恵に感謝し、豊かな心をはぐくむ日。春 参考 法令では「みどりの日」。

みどり-ご ◎リ【×嬰▲児】名 三歳ぐらいまでの子ども。えいじ。

み-と・る ト【見取る】他五 ラ・ロ・リ・ッ・ル・ル・レ・レ ❶見て知る。見さだめる。❷見てうつし取る。**見取れる** 自下一[…できる]

み-と・る ◎ト【▲看取る】他五 ラ・ロ・リ・ッ・ル・ル・レ・レ ❶かいほうする。病人の世話をする。看病する。❷臨終のとき、そばにいて見守る。**みとれる** 自下一[…できる]

ミドル ミ〈middle〉名 ❶中間。中等。「—スクール」❷中年。**—級**(きゅう) ◎ 名 スポーツで、体重による選手の階級の一つ。プロボクシングでは、体重一五四ポンド(約六九・八五キログラム)から一六〇ポンド(約七二・五キログラム)までの階級。

み-と・れる ◎【見とれる】【見×惚れる・見×蕩れる】自下一 レ・レ・レル・レル・レレ・レロ・レヨ うっとりして見る。「すばらしい演技に—」↔聞きとれる。**みと・る** 文語下二

みどろ 接尾 (名詞について形容動詞をつくる)まみれて、よごれること。「汗—」「血—」

ミトン ミ〈mitten〉名 親ゆびと人さしゆびとの間だけが分かれる形のてぶくろ。

みな ナ【みな・皆】名 副 全部の人・物。「客は—帰ったらしい」「残っていた柿も—落ちた」参考「全部」や「すべて」が集合を構成する個々の要素にも注目するのに対し、「みな」は全体をひとくくりにして、ひとつのこらずという視点をもつ。会話では「みんな」を使うことが多い。副詞として使うときは◎。**—が皆**(みな) みんな。ぜんぶ。ことごとく。「政治家が—汚職をしているわけではない」**—の衆**(しゅう) [古めかしい言い方]おおぜいに呼びかけることば。皆さん。

み-なお・す ◎オ【見直す】サ・ソ・シ・ス・ス・セ・セ ㊀自五 ひどく悪かった病気や景気などがよくなる。「病状が見直してきた」㊁他五 ❶あらためて見る。❷あらためて高く評価する。「実力を—」❸再検討する。「計画を—」**見直し** 名 **見直せる** 自下一[…できる]

み-なかみ ◎【▲水上】名 ❶流れの上の方。上流。川かみ。❷物事の起原。みなもと。

み

みなが・ら【皆×乍】副[古語]〔「みなながら」の意〕すべて。「武蔵野の草はみながらあはれとぞ見る」〈古今〉

みなぎ・る【×漲る】ギ 自五 ❶水勢がさかんで、満ちあふれる。「大雨で川が―」❷勢いが満ちあふれる。「元気が―」

み-な-ぐち◎【▲水口】名〔「み」は「みず」、「な」は「の」の意〕川から田に水を引きいれる口。

み-なげ◎/ゲ【身投げ】名 水中・火口などに、とびこんで死ぬこと。投身。投身自殺。

みな-ごろし◎【皆殺し】名 ひとり残らず殺すこと。

みな-さまナ【皆様】名代 複数の人・大勢の人をたてて言う語。「―お変わりございませんか」「―、先ほどからお待ちかねです」参考「皆様」は、手紙やあらたまった場面で使う。「皆さん」は話し言葉でおおく使われ、敬意は「皆様」よりおとる。

みな-さんナ【皆さん】名代 複数の人・大勢の人をたてて、また、親しみをこめて言う語。「―によろしくお伝えください」「会場のよい子の―、元気ですか」⇩皆様参考。

み-なし【見なし】【見×做し・▲看×做し】造 見なすこと。本来そうでないものを、そうであると認定すること。「―課税」「―労働時間制」

みなし-ごシ【▲孤・▲孤▲児】名 親のない子。孤児。

みなしろ◎【▲御名代】名 上代、天皇・皇后・皇子などの名を後の世につたえるために、その名や居所の名をつけておいた私有民。

み-な・す◎/ナ【見なす】【見×做す・▲看×做す】他五 見て、それときめる。そうと判定する。「棄権と―」**見なせる** 自下一〔…できる〕

みなせさんぎん《水無瀬三吟》室町時代中期の連歌百韻。宗祇が門人の肖柏・宗長と三人で百句を詠んだもの。

み-な-そこ◎【▲水底】名〔「み」は「みず」、「な」は「の」の意〕みずの底。

み-な-づき【▲水無月】名[古語] 陰暦六月。夏 ⇩月(表)。

みなと◎【港】【×湊】名 大波をふせぎ、船を安全にとめることのできる所。

み-な-と【▲水▲門・▲水戸】名[古語] 川と海の水が出はいりする所。みと。

みなと-まちト【港町】名 ❶港を中心に発達した都市。❷港のある町。

み-な-の-かナ【三七日】名 死後二十一日め。また、その法事。さんしちにち。みなぬか。

みなまた-びょう◎【▲水×俣病】名 昭和二十八年(一九五三)ごろから熊本県水俣市に発生した、工場廃水中の有機水銀による公害病。中枢神経がおかされる。

みなみ◎【南】名 ↕北。❶東にむかって右のほう。❷南風。

みなみ-アフリカ《南アフリカ》〔South Africa〕アフリカ南端部の共和国。一九六一年英連邦を脱退し、共和制に移行。首都はプレトリア。南ア。

みなみ-アメリカ《南アメリカ》六大州の一つ。西半球の南の部分にある大陸。南米。↕北アメリカ。

みなみ-かいきせん◎/キ【南回帰線】名 南緯二三度二七分の緯線。太陽が冬至の日にこの線の上にくる。↕北回帰線。⇩回帰線(図)。

みなみ-じゅうじせいジ【南十字星】名 南半球で航海の目標とされる、十字形にならぶ四つの星。長軸を延長すると南極をさす。

みなみ-スーダン《南スーダン》〔South Sudan〕アフリカ北東部にある共和国。二〇一一年、スーダン共和国から分離独立。首都はジュバ。

みなみ・する◎【南する】自サ[文章語] 南のほうへ進む。↕北する。

みな-みなナ【皆皆】名〔「皆」の強め〕すべての物。すべての人。**―様**ナ2 代「皆様」の強め。

みなみ-はんきゅうハ【南半球】名 赤道以南の地球。↕北半球。

み-な-も◎【▲水▲面】名[文章語] 海・川・湖などの水面。「―をわたる風」

み-なもと◎【源】名〔「み」は「みず」、「な」は「の」の意〕❶河川の水のながれ出るもと。❷物事のおこるもと。起原。

みなもと-の-さねとも《源実朝》一一九二―一二一九。鎌倉幕府の第三代将軍・歌人。「金槐和歌集」を残したが、中でも万葉調の歌の評価が高い。

みなもと-の-したごう《源順》九一一―九八三。平安時代中期の歌人・学者。「後撰和歌集」の撰者の一人。漢和辞典「倭名類聚鈔」の編者。

みなもと-の-としより《源俊頼》一〇五五―一一二九。平安時代後期の歌人・歌学者。歌論「俊頼髄脳」を著し、「金葉和歌集」を編集。家集に「散木奇歌集」。

み-ならい◎【見習(い)】名 ❶見てまねをすること。❷実地について仕事をならうこと。また、その期間の身分・人。**―士官**カ 名 旧日本陸軍で、曹長の階級の士官候補生。

み-なら・う◎/ラ【見習う】他五 見て、おぼえる。見て、まねをする。「子は親を―」

み-なりミ【身なり】【身▲形】名 衣服を着た姿。よそおい。「―のいい人」

みなれ-ざおレ【▲水×馴×竿・▲水×馴×棹】名 水底にさして船をすすめるさお。

み-な・れる◎/レ【見慣れる】【見×馴れる】自下一 いつも見ていて目になれる。**みな・る** 文語下二

み-なわ【▲水▲泡】名[古語] 水のあわ。あわ。

ミニ〈mini〉❶造 小さなこと、小型の意をあらわす。「―計算機」「―ドレス」❷ミ 名「ミニスカート」の略。

ミニアチュアア〈miniature〉名 ⇨ミニチュア。

ミニアチュールチュ〈miniature〉名 ⇨ミニチュア。

ミニ-カーミ〈minicar〉名 ❶ごく小型の乗用車。❷ごく小さい模型自動車。

みにく・いク【見にくい】【見▲難い】形 見るのがむずかしい。見づらい。↕見やすい。**見にくげ** 形動 **見にくさ** 名 **みにく・し** 文語ク

みにく・いク【醜い】形 ❶顔かたち・姿などが美しくない。見ていやな感じがする。❷恥ずべきである。「―おこない」**醜さ** 名 **みにく・し** 文語ク

ミニ-コミ◎名〔和製英語 minicommunication から〕特定の少数の人々を対象とした、印刷物などによる情報の伝達。

ミニ-スカートカ〈miniskirt〉名 丈がひじょうに短いスカート。ミニ。

ミニチュア◎〈miniature〉＝ミニアチュア 名 ❶こまかいところまで正確にえがいた小さな絵。ミニアチュール。❷小型のもの。小型の模型。

ミニ-トマトト〈mini tomato〉名〔和製英語〕直径二～三センチメートルほどの小型のトマト。プチトマト。

ミニ-バイクバ〈minibike〉名 エンジンの排気量が五〇cc以下の小型バイク。

ミニ-バス◎〈minibus〉名 小型のバス。

ミニ-バン◎〈minivan〉名 小型のバン。多く、座席が三列

で、七〜八人乗りの箱形の乗用車。

ミニマム [ミ]〈minimum〉[名] 最小。最少量。極小。↔マキシマム。

ミニマリズム [リ]〈minimalism〉[名] 芸術活動で、装飾を取り除き、最小限の要素で表現する考え方。一九六〇年代後半に、アメリカで興った。近年では、日常生活を簡素にしようとする態度についてもいう。

み-ぬ・く [ヌ]【見抜く】[他五] 真相を見とおす。見すかす。「はらの底を―」 **見抜ける** [自下一][…できる]

みね [ネ]【峰】【×峯・×嶺】[名] ❶山のいただき。山頂。❷物の高くなった所。「雲の―」❸刀剣の背。

みね-いり ⓪【峰入り】[名] 修験者が修行のため大和の大峰山にはいること。大峰入り。㊀夏

みね-うち ⓪【峰打ち】[名] 刀の峰でうつこと。

ミネラル [ミ]〈mineral〉[名] カルシウム・カリウム・ふっ素・りん・マンガンなどの、生物の生理作用に必要な無機質栄養素。 **―ウオーター** [オ]〈mineral water〉[名] ❶ミネラルをふくんだ水。鉱水。❷炭酸水。

ミネルバ《ラMinerva》ローマ神話で、工芸・知恵・戦争などをつかさどる女神。ギリシャ神話のアテネ。

みの [ミ]【×蓑】[名] しゅろ・わら・すげなどを編んでつくった、からだをおおう雨具。

蓑

み-の [ノ]【三▲布・三▲幅】[名] ❶並幅の布を三枚合わせた幅。❷みのぶとん。

みの《美濃》昔の東山道の国の一つ。今の岐阜県の南部。濃州。

み-のう ⓪【未納】[名] 会費・税金などを、まだおさめていないこと。「―料金」↔既納。

み-の-うえ ⓪【身の上】[名] 人の境遇。「―相談」

み-のが・す ⓪/[ガ]【見逃す】[他五] ❶気がつかないで見おとす。「うっかり―」❷見そこなう。「評判のしばいを―」❸よい機会をとらえることなくすぎる。「ストライクを―」❹見ていながら、とがめない。大目に見る。「違反者を―」 **見逃し** [名] **見逃せる** [自下一][…できる]

みの-がみ ⓪/[ノ]【美▲濃紙】[名]〔美濃の特産であったところから〕半紙よりすこし大判の、厚手で強い日本紙。

みの-がめ ⓪【×蓑亀】[名] 甲羅に藻類などがはえ、みのを着たようになったかめ。めでたいものとされる。

み-の-かわ [ワ]【身の皮】[名] 身につけた衣服・衣類。 **―を剝ぐ** 着ている衣類をぬいで売る。

み-の-け ⓪【身の毛】[名] からだの毛。 **―もよだつ** 恐ろしさでからだの毛がさか立つ。

み-の-しろ ⓪【身の代】[名] 身のしろ金。 **―金** ⓪[名] ❶人身売買をした代金。❷誘拐した人を無事に返すかわりに要求するかね。

み-の-たけ [ノ]【身の丈】[名] 人のからだの高さ。せい。せたけ。 **―に合う** 自分の能力や経済力につりあう。分相応。「身の丈に合った生活」

みの-ばん ⓪【▲美▲濃判】[名] 美濃紙の大きさ。半紙よりやや大きい。

みの-ぶとん [フ]【三▲幅布団・三▲幅×蒲団】[名] 並幅の布を三枚ぬい合わせてつくったふとん。

み-の-ほど ⓪/[ド]【身の程】[名] 自分の力量・身分などの程度・限界。分際。「―をわきまえる」 **―知らず** 自分の立場や力量などをわきまえないこと・人。

み-の-まわり ⓪【身の回り】[名] ❶衣類・装飾品など身につける物。日常生活に必要なこまごましたもの。「―を整える」❷日常生活の雑事。「―のせわ」❸ふだんの行動やつきあい関係。身辺。「―をきれいにしておく」

みの-むし [ノ]【×蓑虫】[名] ミノガ科の蛾の幼虫。木の小枝や葉を、みののような形につづり、その中にひそむ。㊀秋

み-の-も【▲水▲面】[名]〔古語〕水のおもて。水の表面。水上。

みのり ⓪【実り】【×稔り】[名] ❶みのること。実をむすぶこと。「―の秋」❷努力の成果。「―ある会議」

み-のり【▲御▲法】[名]〔古語〕仏法を尊敬していう語。

み-の・る [ノ]【実る】【×稔る】[自五] ❶実がなる。結実する。❷努力がむくいられる。成功する。「苦心が―」 **―稲田は頭を垂れる** 学問・人徳のすぐれている人は、ひかえめである。

み-ば [バ]【見端・見場】[名] ほかから見たようす。外見。外観。「―がいい男」

み-はい ⓪【未配】[名] まだ配給・配当のないこと。

み-ばえ ⓪/[エ]【見栄え】[名] 見かけのよいこと。見ばのよいこと。「―のする洋服」

み-はかし【▲御×佩▲刀】[名]〔古語〕高貴な人が身につける刀剣。

み-はから・う ⓪/[ラ]【見計らう】[他五] ❶適当な時の見当をつける。「時期を―」❷適当なものを選んできめる。見つくろう。「おみやげを―」 **見計らい** [名] **見計らえる** [自下一][…できる]

み-はつ ⓪【未発】[名]〔文章語〕❶まだ起こっていないこと。まだ外にあらわれていないこと。「事件は―に終わった」❷まだ発明・発見・発表されていないこと。「―の重大資料」

み-はっぴょう [ハ]【未発表】[名][形動(の)] まだ発表されていないこと。「―の論文」

み-はて-ぬ【見果てぬ】[連語] 最後まで見終わらない。 **―夢**〔途中でさめてしまった夢の意から〕じゅうぶんに満足するまで味わわないで、なごりおしく思うもの。また、そのこと。「―を追う」

み-はな・す ⓪/[ナ]【見放す・見離す】[他五] 相手にしないでほうりだす。すててかえりみない。「友に見放される」

み-ばなれ [バ]【身離れ】[名] 調理した魚の身や肉が、骨からはずれること。「―がよい魚」

み-はば [ミ]【身幅】【身▲巾】[名] 身ごろの幅。

み-はらい [ハ]【未払い】[名] まだ支払わないこと。「代金の―」↔既払い。

み-はらし ⓪【見晴(ら)し】[名] よく見わたすこと。また、そのけしき。「―がきく」 **―台** ⓪[名] 展望台。

み-はら・す ⓪/[ラ]【見晴(ら)す】[他五] ひろく、遠く見わたす。

み-はり ⓪【見張(り)】[名] 見て番をすること。また、その人。「―番」

み-は・る ⓪【見張る】[他五] ❶目を開いて見る。「目を―ほど豪華な衣装」❷見て番をする。「敵の動静を―」 **見張れる** [自下一][…できる]

み-はるか・す ⓪【見はるかす】【見▲晴かす】[他五]〔文章語〕見はらす。はるかに見わたす。

み-びいき [ビ]【身びいき】【身×贔×屓】[名] 自分に関係のある人を特別にひいきすること。

み-ひつ ⓪【未必】[名]〔法〕現在はそうでないが、将来そうなる可能性のあること。 **―の故意** 犯罪事件を起こす意思はないが、それが実現すれば犯罪になることを知りつつ、その行為をする心理状態。

み-ひとつ [ト]【身一つ】[名] 何も持たない自分のからだ一つ。自分ひとり。「―で家を出る」

み-びょう ⓪【未病】[名] 東洋医学で、病気とまではいえないが、健康ではない状態。

み-ひらき ⓪【見開き】[名] 書物や雑誌で、左右二ページ

で一まとまりの内容になっている印刷面。「―の地図」

み-ひら・く⓪ラ【見開く】他五 カ・コ・キ・イ/ク・ク・ケ・ケ 目をひらいて見る。

み-ぶ-の-ただみね《壬生忠岑》八六〇？―九二〇？ 平安時代前期の歌人。紀貫之(きのつらゆき)らとともに「古今和歌集」を編集した。

み-ぶり③【身ぶり】【身振】名 身のそぶり。からだの動かし方。しぐさ。「―手ぶり」 **―言語**(げんご)ゲ名 ⇒ボディーランゲージ。

み-ぶるいオ【身震い】ぶるひ 名 さむさ・おそろしさなどで、からだが自然にふるえ動くこと。わななき。

み-ぶん⓪【未分】名 まだ分かれていないこと。未分化。「混沌(こんとん)―」

み-ぶん①【身分】名 ❶社会においての地位。分際。階級。「―が違う」❷ある程度以上の社会的地位。「教養も―もない男」❸境遇。身の上。「いい―だ」❹〔法〕人の法律上の地位。 **―証明書**(しょうめいしょ)シヨ2 名 学校・官庁・会社などで、そこの学生・生徒・職員・社員であることを証明する書類。

みぶん【未聞】「みもん」のあやまり。

み-ぶんかオ【未分化】名 形動(の) 分かれるべき物事が、まだ分かれていないこと。「―の細胞」「―の状態にある」

み-へん⓪【身偏】名 漢字の部首の一つ。「軀」「躬」などの「身」。

みぼう-じんボ【未亡人】名 夫に死なれたあと、再婚しないでいる女性。後家(ごけ)。寡婦(かふ)。やもめ。

み-ほ・れる⓪レ【見ほれる】【見×惚れる】自下一 レ・レ・レル・レル・レレ・レロ・レヨ うっとりと見る。「―ばかりの美人」 **みほ・る** 文語下二

み-ほん⓪【見本】名 実物のようすをわからせるようにした、その品の一部分、または、少しの量。「実物―」 **―市**(いち)ホ名 商品見本をならべて宣伝・紹介をし、大量の取り引きをするもよおし。 **―刷**(ず)**り**⓪名 見本として、書物などの一部分を印刷したもの。

み-まい⓪【見舞(い)】まひ 名 ❶たずねて、はげましなぐさめること。また、その手紙・品物。「火事―に行く」❷(「お」をつけて)損害を受け、また、あたえること。「げんこつのお―」 **―状**(じょう)⓪名 見舞いの手紙・たより。

み-ま・うマ⓪【見舞う】まふ 他五 ワ・オ・イ・ッ/ウ・ウ・エ・エ ❶おとずれて、はげます。病気や災害のありさまをたずねたり、慰問したりする。❷天災・攻撃など、被害をこうむらせるものがおそう。「台風に見舞われる」「げんこつを―」

み-まが・うガ【見まがう】【見×紛う】まがふ 他五 ワ・オ・イ・ッ/ウ・ウ・エ・エ 〔文章語〕見あやまる。見ちがえる。「女と―ほどの美貌」

み-まか・る【身▲罷る】自四〔古語〕(からだがあの世にまかり去る)死ぬ。

み-まご・うゴ【見▲紛う】まがふ 他五 ⇒みまがう。

みまさか《美作》昔の山陽道の国の一つ。今の岡山県の北部。作州。

み-まし【×汝】代〔古語〕おまえ。なんじ。いまし。

み-まちがい⓪【見間違い】まちがひ 名 見て、ほかのものとまちがえること。見あやまり。誤認。見まちがえ。「値段の―をする」

みまな《任那》四世紀から六世紀ごろまで朝鮮半島南部にあった国。わが国が、日本府をおいて支配したとされる。

み-まね③【見まね】【見真▲似】名 見てまねをすること。「見よう―」

み-まほ・し【見まほし】形〔古語〕見たい。「みまほしき気はひ」〈源氏〉

み-まも・る⓪モ【見守る】他五 ラ・ロ・リ・ッ/ル・ル・レ・レ ❶気をつけて見る。「事故の起こらないように―」❷見つめる。「またたきもせずに―」 **見守れる** 自下一 …できる

み-まわ・す⓪フ【見回す】まはす 他五 サ・ソ・シ・シ/ス・ス・セ・セ 周囲を見る。

み-まわ・る⓪フ【見回る】まはる 自五 ラ・ロ・リ・ッ/ル・ル・レ・レ 見物・警戒・監督などのためにあちこちをまわって歩く。「放課後の教室を―」 **見回り** 名 **見回れる** 自下一 …できる

み-まん①【未満】名 一定の数量にみたないこと。「十歳―」⇩以下 参考。

みみ②【耳】名 ❶動物の、音を感じてものを聞く聴覚、およびからだの平衡をつかさどる器官。外から見える部分は、耳殻(じかく)。❷ものを聞く力。聴力。また、聞き分ける能力。「―がよい」❸形が耳に似ているもの。「カップの―」❹平たいものの両端。「パンの―」 **―が痛**(いた)**い** 自分の弱点をつかれたことばで、聞くのがつらい。 **―が汚**(けが)**れる** 聞きたくないことを聞いて、不快な気分になる。 **―が肥**(こ)**える** いい芸を聞いて、よしあしを判断する力がつく。 **―が遠**(とお)**い** 耳がよく聞こえない。 **―が早**(はや)**い** うわさなどを聞きこむことがはやい。 **―から口**(くち) 聞いたことを、すぐに話す。 **―に入**(い)**れる** うわさや情報をつたえる。 **―に逆**(さか)**らう** 不愉快に聞こえる。「忠言は―」 **―に障**(さわ)**る** 聞いていやだと感じる。 **―にする** 聞く。 **―に×胼×胝**(たこ)**ができる** 同じことをたびたび聞かされて、うんざりする。 **―に立**(た)**つ** しばしば聞いて気になる。 **―に達**(たっ)**する** ことばや情報が伝わる。「社員の不満が社長の―」 **―に付**(つ)**く** ❶聞いた音・声などがいつまでもわすれられない。「子どもの泣き声が今も耳についている」❷音・声などがうるさく、しきりに聞こえる。「波音が耳について眠れない」 **―に残**(のこ)**る** 声や音が記憶に残る。 **―に入**(はい)**る** うわさなどが聞こえる。 **―に挟**(はさ)**む** ちらっと聞く。ふと耳にはいる。 **―の日**(ひ) 耳を守る記念日。三月三日。(春) **―を疑**(うたが)**う** 聞きちがいではないかと思う。 **―を打**(う)**つ** 強く聞こえる。「ガラスの割れる音が耳を打った」 **―を覆**(おお)**って鈴**(すず)**を盗**(ぬす)**む** 自分の良心をおおいかくしながら、悪事を行うこと。耳をおおうて鐘(かね)を盗む。 **―を貸**(か)**す** 人の話しかけるのを聞く。 **―を傾**(かたむ)**ける** よく注意して聞く。 **―を汚**(けが)**す** つまらない話や歌などを聞かせて、相手を不愉快にさせる。 **―を澄**(す)**ます** 聞こうとして、耳に神経を集中する。 **―を×欹**(そばだ)**てる** 耳をすます。 **―を×揃**(そろ)**える** 金額や物の数をきっちりそろえる。

きぬた骨
三半規管
つち骨
聴神経
鼓膜
かたつむり管（蝸牛）
あぶみ骨
外耳道
エウスタキオ管

みみ❶(ヒト)

みみ-あか⓪カ【耳あか】【耳×垢】名 耳の穴にたまる、皮が古くなってはがれたもの。耳くそ。

みみ-あたらし・いシ【耳新しい】形 カロ・カッ・ク/イ・イ・ケレ・○ はじめて聞くことである。初耳である。「―うわさ」 **耳新しさ** 名 **みみあたら・し** 文語シク

みみ-あて⓪ア【耳当て】名 耳に当てておおう防寒具。

みみ-うち⓪チ【耳打ち】名 相手の耳に口を寄せて小声で話すこと。耳こすり。

みみ-かきカキ【耳かき】【耳×搔】名 耳あかを取る小さなしゃくし形の用具。

みみ-がくもんク【耳学問】名 人から聞いて知識を得ること。また、その知識。

みみ-かざりカ【耳飾(り)】名 耳たぶにつける飾り。イヤリング。耳輪。

みみ-くそ⓪③【耳くそ】【耳×糞】名 耳あか。

みみ-げ⓪【耳毛】名 耳に生えている毛。特に、耳の中か

み

ら外にはみ出して生える毛。

みみ-こすり [コ]【耳こすり】【耳▲擦り】[名] ❶耳打ち。❷あてこすり。

みみ-ざと・い [ト]【耳ざとい】【耳×聡い】[形]（カロ・カッ・ク・イ・イ・ケレ・○） 聴覚がするどくて、小さな音でも聞きつける。**耳ざとさ** [名] **みみざと・し** [文語ク]

みみ-ざわり [ザ]【耳触り】ざはり — [名] 耳に聞こえる感じ。「—のいい音楽」

みみ-ざわり [ザ]【耳障り】ざはり [形動]（ダロ・ダッ・デ・ニ・ダ・ナ・ナラ・○） 耳に不愉快に感じるようす。「—な音」

みみず ⓪【×蚯×蚓】[名] 貧毛目の環形動物の総称。からだは円筒状で、多数の輪のような節からなり、地中にすみ、腐植土を食う。魚つりのえさにする。(夏)

み-みずから [ミ2]【身自ら】みづから — [副] [文章語] みずから。

みみ-ずく [ミ2]【▲木×菟】づく [名] フクロウ目の鳥のうち、頭に耳のような長い羽毛があるものの俗称。おおこのはずくなど。ずく。(冬) [参考]「みみづく」のように、「づ」を用いて書いてもよい。

みみずく

みみず-ばれ ⓪【みみず腫れ】【×蚯×蚓腫れ】[名] ひっかいたあとなどが、みみずのように、細長く赤くはれること。

みみ-せん ⓪【耳栓】[名] 防水や防音のために、耳の穴に入れてふさぐもの。

みみ-だ・つ [タ]【耳立つ】[自五]（タ・ト・チ・ッ・ツ・ツ・テ・テ） ❶はっきり聞こえる。❷耳ざわりになる。

みみ-たぶ [タ]【耳たぶ】【耳×朶】[名] 人の耳の下部のたれさがった肉。みみたぼ。

みみ-だれ ⓪【耳垂れ】【耳×漏】[名] 耳の穴からうみが流れでる病気。

みみっち・い [チ] [形]（カロ・カッ・ク・イ・イ・ケレ・○） [俗語] けちくさい。しみったれている。「—予算」**みみっちさ** [名]

みみ-どお・い [ド]【耳遠い】どほい [形]（カロ・カッ・ク・イ・イ・ケレ・○） ❶耳がよく聞こえない。❷聞きなれない。**みみどほ・し** [文語ク]

みみ-どしま [ド]【耳年▲増】[名] [俗語] 色事の経験は少ないが、知識だけは豊かな女性。

みみ-なり ⓪【耳鳴り】[名] 音源がないのに、耳の病気などのため音がしているように感じられること。

みみ-な・れる [レ]【耳慣れる】【耳×馴れる】[自下一]（レ・レ・レル・レル・レレ・レロ・レヨ） たびたび聞いてめずらしくなくなる。聞き慣れる。**みみな・る** [文語下二]

みみ-へん ⓪【耳偏】[名] 漢字の部首の一つ。「職」「聴」などの「耳」。

みみ-もと ⓪/[モ]【耳元】【耳▲許】[名] 耳のねもと。耳のすぐそば。

みみ-より ⓪【耳寄り】[形動]（ダロ・ダッ・デ・ニ・ダ・ナ・ナラ・○） ふと聞いてもっと知りたいと思うようす。聞く値うちのあるようす。「—な話」

みみ-わ ⓪【耳輪】【耳▲環】[名] 耳かざり。イヤリング。

み-むき [ミ]/[ム]【見向き】[名] ふり向いて、その方を見ること。**—もしない** ❶まったくそちらの方向を見ない。❷まったく関心を示さない。「文学には—」

み-む・く [ム]【見向く】[他五]（カ・コ・キ・イ・ク・ク・ケ・ケ） その方へ向いて見る。ふりむく。

み-め [ミ]/[メ]【見目】[名] ❶見たようす・感じ。❷顔かたち。容貌(ようぼう)。眉目(びもく)。❸面目。体面。名誉。**—より心**(こころ) 顔だちの美しさよりも、心の美しいことがたいせつだ。

み-めい ⓪【未明】[名] 夜のまだ明けきらないとき。

みめ-うるわし・い [シ]/[ミ]＝[シ]【見目麗しい】うるはしい — [形]（カロ・カッ・ク・イ・イ・ケレ・○） 顔かたちが美しい。**みめうるは・し** [文語シク]

みめ-かたち [ミ]【見目形】[名] 顔だちと姿。

みめ-よ・い [ヨ]【見目よい】[形]（カロ・カッ・ク・イ・イ・ケレ・○） きりょうがよい。「—娘」**みめよ・し** [文語ク]

み-もう ⓪【味盲】[名] 特定の物質に対する味覚を先天的に欠くこと。

ミモザ [ミ]〈mimosa〉[名] ❶アカシア属のギンヨウアカシアの通称。(春) ❷マメ科オジギソウ属の学名。

見(み)**も知**(し)**らぬ** まったく知らない。まったく会ったことがない。見ず知らず。「—人に助けられる」

み-もだえ [モ]/⓪【身もだえ】【身×悶え】[名] [自サ] 苦しんだり悲しんだりして、身をくねらせること。「—して泣く」

み-もち ⓪/[チ]【身持ち】[名] ❶おこない。品行。「—がよい」❷子をはらむこと。妊娠。身おも。

み-もと ⓪/[ト]【身元】【身▲許】[名] ❶うまれ。すじょう。身の上。多くは、氏名・住所・職業などいっさいをふくめていう。「—不明」❷一身上のこと。「—保証人」**—引**(ひ)**き受**(う)**け** [ヒ] [名] 身元保証。**—保証**(ほしょう) [ホ] [名] ❶人の身分・資力などに関する保証。身元引き受け。❷〘法〙雇われて働く者が、将来、雇い主に与えるかもしれない損害の賠償を、第三者があらかじめ請け負うこと。その第三者が身元保証人。

みもと-に ⓪【みもとに】【▲御▲許に】[あいさつ] [文章語] 女性の手紙で、あて名に添えることば。おもとに。おんもとに。

み-もの [ノ]【見物】[名] 見る値うちのある物。

み-もの ⓪【実物】[名] ↕葉物。❶野菜で、おもに実を食べる物。❷生花・園芸で、実(み)を主とする物。↕花物。

み-もん ⓪【未聞】[名] [文章語] まだ聞いたことのないこと。「前代—」

み-や ⓪【宮】[名]（「御屋(みや)」の意）❶皇居。御所。❷神社。❸皇族の尊称。❹親王の称号。

みや-い【宮居】ゐ — [名] [古語] 宮。宮のあるところ。皇居。

みや-いり ⓪【宮入り】[名] 祭礼で、地域を巡回したみこしが神社の境内に入ること。↕宮出し。

みやぎ-けん《宮城県》東北地方中東部の太平洋がわの県。県庁所在地は仙台市。

みゃく【脈】㊀[ク] [名] [造] ❶動物の体内を血液が流れるくだ。血管。「静脈(じょうみゃく)・動脈」❷脈拍。「脈動」❸鉱脈。㊁[ク] [名] 物事の、みこみ・のぞみ。「この事業には—がある」㊂[造] みちすじ。つながり。「脈絡・山脈・人脈」**—が上**(あ)**がる** ❶脈拍がとまる。死ぬ。❷みこみがなくなる。絶望的になる。**—がある** ❶生きている。❷まだのぞみがある。**—を取**(と)**る** 脈拍を調べる。診察をする。

みゃく-う・つ [ウ]【脈打つ】【脈×搏つ】[自五]（タ・ト・チ・ッ・ツ・ツ・テ・テ） ❶血液が脈拍につれて流れている。❷内部にいきいきと活動している。「建学の精神が脈打っている」

みゃく-かん ⓪【脈管】[名] ⬇みゃっかん。

みゃく-どう ⓪【脈動】[名] [自サ] ❶脈打つこと。❷〘地〙周期的にたえず起こる、地面のかすかな震動。❸脈拍のように、内部で力強く動いていること。

みゃく-どころ [ド]【脈所】[名] ❶脈拍がわかる所。手首・首など。❷物事の急所。

みゃく-はく ⓪【脈拍】【脈×搏】[名] 心臓の拡張・収縮によって動脈の血管内におこる周期的な血圧の変動。脈。

みゃく-みゃく ⓪【脈脈】[と副] [たる連体] つづいてたえないようす。「伝統は—とつづく」

みゃく-らく ⓪【脈絡】[名] つながり。連絡。「前後の—」

み-やけ ⓪【▲屯▲倉】【▲屯▲家】[名] ❶大和(やまと)朝廷の直轄地に設けて、その地方から収納した米などをおさめておいたくら。❷大化改新以前の朝廷の直轄地。

みや-け ヤ|0【宮家】名 ❶親王・法親王・諸王・門跡などの家。❷皇族で宮号のある家。

みやげ 0【土産】名 ❶旅先から持ちかえる、その土地の産物。❷他人の家を訪問するときに持って行く、おくりもの。手みやげ。

みやげ-ばなし 穴【土産話】名 旅行中に見たり聞いたりしたことの話。

みや-こ 0【都】名〔「宮処(みやこ)」の意〕❶帝王の宮殿のある所。中央政府のある所。❷人家が多くにぎやかな所。都会。↕鄙(ひな)。❸たのしくくらしよい所。「住めば―」 **―入り** 0 名 都にはいること。入京。↕都落ち。 **―落ち** 0 名 自サ 都からにげて地方に行くこと。↕都入り。 **―する** 0 自サ〔文章語〕都と定め宮殿をおく。 **―育ち** ソ 名 都会でそだつこと。都会でそだった人。 **―鳥(どり)** コ 名 ❶ミヤコドリ科の鳥。大形のちどり。背は黒、腹は白。くちばしが長い。渡り鳥。❷〔古典にでてくる「みやこどり」〕ゆりかもめ。冬 **―忘れ(わすれ)** ワ 名 キク科の多年生植物。春、濃い紫色の花を多くつける。あずまぎく。みやまよめな。春

みや-ごう 0【宮号】名 皇族が一家をたてたとき贈られる「…宮」という称号。

みやざき-けん《宮崎県》九州地方南部の県。県庁所在地は宮崎市。

みや-さま 0【宮様】名 皇族を敬愛した呼び方。

みやざわ-けんじ《宮沢賢治》一八九六-一九三三。詩人・童話作家。芸術・宗教・科学の結合をめざし、作家活動や農民運動に情熱を傾けた。詩集に「春と修羅(しゅら)」、童話に「風の又三郎」「銀河鉄道の夜」など。

みや-しばい シ【宮芝居】―しばゐ 名 祭りのときなど、神社の境内(けいだい)で興行する芝居。

み-やす・い ス【見やすい】【見▲易(安)い】形 カロ-カッ・ク-イ-イ-ケレ-○ ❶見るのがたやすい。見よい。↕見にくい。❷やさしい。わかりやすい。「―道理」 **見やすさ** 名 **みやす・し** 文語ク

み-やす-どころ【▲御▲息所】名〔古語〕〔「みやすんどころ」の変化〕❶平安時代、女御(にょうご)・更衣(こうい)その他、天皇の寝室につかえた女官。❷皇子・皇女を生んだ女御・更衣。❸皇太子や親王の妃(ひ)。

みや-ずもう ス【宮相撲】―ずまふ 名 神社の祭りのときに境内(けいだい)で興行する相撲。秋

みやぞの-ぶし 0【宮×薗節】名 浄瑠璃の一派で、宮古路薗八(みやこじそのはち)が創始し、その門人宮薗鸞鳳軒(らんぽうけん)が大成したもの。

みや-だいく ダ【宮大工】名 神社・宮殿の建築を専門とする大工。

みや-だし 0【宮出し】名 祭礼で、みこしが神社の境内を出ること。↕宮入り。

みや-づかえ ヅ【宮仕え】―づかへ 名 ❶宮中・貴人の家などにつかえること。❷〔俗語〕サラリーマンの身であること。

みゃっ-かん 0【脈管】名〔「みゃくかん」の変化〕動物の体内を体液がまわるくだ。血管・リンパ管など。

み-やつくち ヤ【身八つ口】名 女性・子どもの和服の、わきの下のあいた部分。⇩和服(図)。

み-やつこ ヤ【▲造】名〔み(御)やっこ(奴)がもとの意〕古代の姓(かばね)の一つ。宮中または地方にあって、その部(べ)を支配した職。伴造(とものみやつこ)・国造(くにのみやつこ)など。

みや-ばら【宮腹】名〔古語〕皇女から生まれること。また、その子。

みやび ミ【▲雅】名 形動〔文章語〕おもむきがあり、上品で美しいこと。優美。風雅(ふうが)。「―な行事」↕さとび。

みやび-お【▲雅▲男】―を 名〔古語〕上品で風流な男。

みやび-と【宮人】名〔古語〕❶みやづかえする人。官人。↕里人。❷神につかえる人。

みやび-やか ビ【▲雅やか】形動 ダロ-ダッ・デ・ニ-ダ-ナ-ナラ-○ 上品で優雅なようす。みやびか。「―な風俗」

みや・びる ビ【▲雅びる】自上一 ビ-ビ-ビル-ビル-ビレ-ビロ・ビヨ 上品で優雅である。「みやびた風俗」↕ひなびる。 **みや・ぶ** 文語上二

み-やぶ・る 0【見破る】他五 ラ-ロ-リ・ッ-ル-ル-レ-レ かくしごとを見ぬく。看破する。「計略を―」 **見破れる** 自下一〔…できる〕

み-やま【▲深山】名〔古語〕❶〔「み」は接頭語〕山。「ささの葉はみ山もさやにさやげども」〈万葉〉❷奥ふかい山。奥山。↕外山(とやま)・端山(はやま)。❸天皇の墓(はか)。 **―×颪(おろし)** オ 名〔文章語〕奥山から吹きおろす風。 **―桜(ざくら)** ザ 名 ❶〔文章語〕奥山に咲くさくら。❷バラ科の落葉高木。山地に生じ、五月ごろ、白色・ふさ状の花を開く。春

みや-まいり マ【宮参り】―まゐり 名 ❶神社に参拝すること。❷生まれてはじめて、その子を連れて氏神に参拝すること。❸七五三の祝いに、氏神に参拝すること。

みや-もうで モ【宮詣で】―まうで 名 神社に参拝すること。宮参り。

みやもと-ゆりこ《宮本百合子》一八九九-一九五一。小説家。本名はユリ。プロレタリア文学運動の中心的存在として活躍。「伸子(のぶこ)」「播州平野(ばんしゅうへいや)」など。

みや-もり 0|ヤ【宮守】名 宮の番をすること。また、その人。

み-や・る ヤ|0【見やる】【見▲遣る】他五 ラ-ロ-リ・ッ-ル-ル-レ-レ ❶遠くの方を見る。❷その方を見る。

みや-ゐ【宮居】名〔古語〕⇒みやい。

ミャンマー《Myanmar》インドシナ半島西部にある連邦共和国。一九四八年独立。二〇〇六年に首都をヤンゴンからネーピードーに移転。元のビルマ連邦。

み・ゆ【見ゆ】自下二〔古語〕❶人に会う。「坊のうちの人にも見えず」〈徒然〉❷(人から)見られる。(人に)見せる。「心ばせをば人に見えつつ」〈古今〉❸見かける。見なれる。「(猫ガ)いと見えぬさまなる顔をして」〈源氏〉❹(女が)結婚する。妻となる。「女は男に見ゆるにつけて」〈源氏〉

ミュージカル ミュ〈musical〉名 音楽と歌とダンスとを統合した音楽劇。

ミュージアム ミュ〈museum〉名 博物館。美術館。

ミュージシャン ジ|ミュ〈musician〉名 音楽家。

ミュージック ミュ〈music〉名 音楽。 **―ホール** ホ〈music hall〉名 歌と踊りを中心にコントなどを見せる演芸場。

ミューズ ミュ〈Muse〉名 ギリシャ神話で、詩・劇・音楽・美術・学問をつかさどる九人の女神。ムーサ。

ミュータント ミュ〈mutant〉名 突然変異の生じた個体や細胞。突然変異体。

ミュート ミュ〈mute〉名 ❶楽器の音量を弱めたり、音色を変えたりする装置。弱音器。❷テレビやパソコンなどの消音装置。また、消音状態。❸SNSで特定ユーザーの投稿を一時的に非表示にする機能。

ミュール 0〈フ mule〉名 女性用のかかとの高いサンダル。

み-ゆき 名〔古語〕❶【▲行▲幸】天皇の外出。ぎょうこう。❷【▲御▲幸】上皇・法皇・女院の外出。ごこう。

み-ゆき【▲深雪】名〔古語〕❶〔「み」は接頭語〕雪。❷ふかく降りつもった雪。冬

み-よ ミ【み代】【▲御代・▲御世】名 天皇のご治世。

み-よ・い ミ【見よい】【見▲好い】形 カロ-カッ・ク-イ-イ-ケレ-○ ❶見たようすがよい。「和服のほうが―」↕見ぐるしい。❷見やすい。「―位置」↕見づらい。 **見よさ** 名 **みよ・し** 文語ク

みょう【名】造 ❶な。なまえ。よびな。「名字・名代・戒名・本名(ほんみょう)」―めい。❷名高い。ほまれ。評判。すぐれている。「名聞(みょうもん)―ぶんめい・名利(みょうり)―りめい・功名」❸中世の領主。「名

主・大名」[別音めい|名]

みょう【命】 造 いのち。「寿命・定命じょう」[別音めい|命]

みょう【冥】 造 目に見えない神仏のはたらき。「冥加みょうが・冥利」[別音めい|冥]

みょう【妙】 ㊀ミョ 名 造 たいそうたくみなこと。いうにいわれぬところがあること。「自然の—」「妙案・巧妙・絶妙」㊁ミョ 形動 造 ふしぎなようす。へんなようす。「—な話」「—に静かだ」「奇妙・珍妙」㊂造 若くて美しい。「妙齢」

みょう【明】 ㊀ミョ 名〘仏〙知恵。㊁造 ❶あかるい。あかり。「明星・光明・灯明」❷あくる。次の。「明春・明朝・明日」㊂接頭 年・日をあらわす語について、「次の」「あくる」の意をあらわす。「—五月十五日」[別音めい|明]

みよう【見様】 ヨ 名 見かた。**—見真似みまね** ヨ 名 いつも見ているうちに自然に覚えて、それができるようになること。

みょう-あさ ミョ【明朝】名 あすの朝。みょうちょう。

みょう-あん ⓪【妙案】名 ちょっと人の考えつかないようなすぐれた思いつき・案。「—が浮かぶ」

みょう-おう オ【明王】名 ❶大日如来の命を奉じ、いかった顔つきで仏教を守護する神。❷不動明王。

みょう-おう ⓪【冥応】名 それとわからないうちに、神仏のたすけのあること。

みょう-おん ⓪【妙音】名〔文章語〕非常に美しい音声・音楽。

みょう-が ⓪【×茗荷】名 ショウガ科の多年生植物。日かげにはえる。若芽・花は芳香があって食用。㊗春

みょう-が ミョ【冥加】㊀名 ❶目に見えない神仏の助力。冥助みょうじょ。おかげ。おたすけ。❷みょうがきん。㊁形動 運がいいようす。しあわせだ。「—なやつ」**—金きん** ⓪ 名 ❶神仏の冥加に対するお礼として奉納するかね。❷江戸時代、営業を許可された者がお礼として幕府または領主に納めたかね。のちには、幕府が豪商にわりあてた献金。❸献金。**—に余あまる** ❶神仏の助力が身にあまるほどありがたい。❷非常にさいわいでありがたい。**—に尽っきる** ❶神仏に見はなされる。❷みょうがに余る。みょうりに尽きる。

みょう-ぎ ミョ【妙技】名 たいそうすぐれた演技・技術。

みょう-きょく ⓪【妙曲】名〔文章語〕たいそうすぐれた音曲。

みょう-く ミョ【妙句】名 すぐれたあじわいのある句。

みょう-けい ⓪【妙計】名〔文章語〕すぐれたはかりごと。

みょう-ご ミョ【明後】造 翌日または翌年のつぎ。**—日にち** ゴ 名「あさって」のあらたまった言い方。**—年ねん** ⓪/ゴ 名「さらいねん」のあらたまった言い方。

みょう-ご ミョ【冥護】名 目には見えない神仏の助け。人知れず神仏が守ってくれること。めいご。

みょう-こう ⓪【妙工】名〔文章語〕すぐれた細工。すぐれた職人。

みょう-ごう ゴ【名号】名 ❶阿弥陀仏あみだぶつの名。❷「南無阿弥陀仏なむあみだぶつ」と唱えること。念仏。

みょう-さく ⓪【妙策】名〔文章語〕たくみなはかりごと。妙計。

みょう-じ ミョ【名字】【▲苗字】名 家系の名。姓。**—帯刀たいとう** ミョ 名 江戸時代、平民が特に許されて名字をとなえ、刀をさしたこと。

みょう-しゅ ミョ【妙手】名 ❶すぐれた腕まえ。また、その持ちぬし。❷碁や将棋で、ふつうでは思いもよらないうまい手。

みょう-しゅ ミョ【妙趣】名〔文章語〕すぐれたおもむき。妙味。

みょう-しゅん ⓪【明春】名 来春の、あらたまった言い方。明年のはる。

みょう-しょ ミョ【妙所】名〔文章語〕すぐれたあじわいのあるところ。

みょう-じょ ミョ【冥助】名 冥加みょうが㊀❶。

みょう-じょう ⓪【明星】名 ❶よいの明星。あけの明星。金星。❷ある社会ですぐれている人。「楽壇の—」

みょうじょう《明星》 文芸雑誌。一九〇〇—〇八年。与謝野鉄幹よさのてっかん・晶子あきこを中心にした明治浪漫主義の中核。多くの詩人・歌人がここから巣立った。

みょう-じん ⓪【明神】名 神を尊敬していう語。

みょう-せき ⓪【名跡】名 名字の跡目。「—を継ぐ」

みょう-せん-じしょう ⓪【名詮自性】名〘仏〙名がみずからその物の本性をあらわすこと。めいせんじしょう。

みょう-だい ⓪【名代】名 目上の人の代理をつとめること。また、その人。「父の—として出席する」

みょう-ちきりん ⓪【妙ちきりん】形動 ダロ・ダッ・デ・ニ/ダ・ナ・ナラ・⓪〔俗語〕へんてこ。「—なかっこう」

みょう-ちょう ⓪【明朝】名「あすのあさ」のあらたまった言い方。↕今朝・本朝・昨朝。

みょう-てい ⓪【妙諦】名〔文章語〕きわめてすぐれた道理。みょうたい。

みょうと ⓪【▲夫▲婦・▲夫▲妻・▲女▲夫】めおと 名〔「めおと」の変化〕妻と夫。ふうふ。古めかしい言い方。

みょうと-びな ヒ【▲夫▲婦×雛】めおと— 名 男女一対いっついのひな人形。㊗春

みょう-にち ミョ【明日】名「あす」の、あらたまった言い方。あした。↕今日・本日・昨日。

みょう-ねん ミョ【明年】名「来年」のあらたまった言い方。↕今年・昨年。

みょう-ねんど ネ【明年度】名 つぎの年度。参考「来年度」と同じ意味で使われるが、「明年度」のほうがやや改まった感じが強い。⇩昨年度 参考。

みょう-ばつ ⓪/ミョ【冥罰】名 神や仏から受ける罰。

みょう-ばん ミョ【明晩】名「あすの晩」の、あらたまった言い方。翌晩。明夜。↕今晩・昨晩。

みょう-ばん ⓪【明×礬】名 無色透明の正八面体の結晶。多く硫酸カリウムと硫酸アルミニウムの化合物であるカリみょうばんをいう。染色・防水・工業用。

みょう-ひつ ⓪【妙筆】名〔文章語〕すぐれた筆跡や文章。

みょう-ぶ ミョ【命婦】名 ❶平安時代の、四位・五位の女官。また、五位以上の官人の妻。❷内侍司ないしのつかさの下級の女官。

みょうほうれんげ-きょう ゲ【妙法×蓮華経】名〔「妙法」はすぐれてふしぎな法〕❶大乗経典の一つ。法華経ほけきょう。❷日蓮にちれん宗の題目。なむみょうほうれんげきょう。

みょう-み ミョ/ミ【妙味】名 すぐれたあじわい・おもむき。妙趣。

みょう-みょうごにち ゴ【明明後日】名 明後日の次の日。「しあさって」のあらたまった言い方。

みょう-みょうごねん ゴ【明明後年】名 明後年の次の年。あらたまった言い方。

みょう-もく ⓪【名目】名 ❶なまえ。よびかた。❷表むきの理由。口実。「病気の—で休む」‖めいもく。

みょう-もん ⓪【名聞】名〔文章語〕世間の評判。名誉。ほまれ。

みょう-や ミョ【明夜】名 あすの夜。「明晩」の、あらたまった言い方。↕今夜・昨夜。

みょう-やく ミョ/⓪【妙薬】名 ふしぎによくきくくすり。

みょう-よう ⓪【妙用】名〔文章語〕ふしぎな作用。

みょう-り ミョ【名利】名〔文章語〕名誉と利益。めいり。

みょう-り ミョ【冥利】名 ❶それとわからぬうちに神仏があ

たえる幸福。❷ある立場にあることによって受ける人生の充実感。―が悪い めぐりあわせのよさに感謝をしないのは申しわけない。―に尽きる この上なく仕合わせがよいことに思う。参考「監督冥利に尽きる」のように、地位・職業をあらわす語につくことが多い。

みょう-れい 0【妙齢】名 わかいとしごろ。「―の女性」参考 主として女性のことを言う。

みよし 0【×舳】名 船の先。へさき。↕とも。

みよし-じゅうろう《三好十郎》一九〇二―五八。劇作家・詩人。社会性に富んだリアリズムの戯曲を数多く残した。「浮標」「炎の人」など。

みよし-たつじ《三好達治》一九〇〇―六四。詩人。さまざまな形式の叙情詩を数多く残した。詩集「測量船」「艸千里」など。

み-より 0【身寄り】名 身うち。親族。親類。

ミラー〈mirror〉造 鏡。「バック―」 **―ボール** ボ〈mirror ball〉名 ホールの天井からつり下げ、回転すると光を反射する飾り玉。

み-らい ミ【未来】名 ↕現在・過去。❶まだ来ていない時。現在の次に来る時。将来。❷〘仏〙未来世。後生。後世。❸これからしようとする動作をあらわす用法。動詞に助動詞「う・よう・む・まし」などをつける。**―永×劫** ミ名 未来永久にわたること。**―学** ラ名 未来の社会について、科学的に推論する学問。**―記** ラ名 未来についての予言・空想を書いた本。**―図** ラ名 ❶将来実現しようとする計画。❷将来そうなるだろうという予想。**―像** ラ名 未来図。**―派** 0名 二〇世紀初頭、イタリアにおこった芸術上の新しい一派。スピード・騒音などの中から、新しい美を作り出すことを主張した。フューチュリズム。

み-らい 0【味×蕾】名 脊椎動物の舌の粘膜内にある卵形の小体で、味覚を受けもつ感覚細胞。

ミラクル ミ〈miracle〉名 おどろくべき物事の出現。奇跡。

み-られる【見られる】連語 ❶認められる。「景気回復のきざしが―」❷考えられる。「彼は賛成すると―」❸見ることができる。参考「見れる」というのは標準的でない。

ミリ〈(フ)milli〉造 ❶国際単位系における接頭語の一つで、千分の一を表す。記号は「m」。⇩国際単位系(表)。❷「ミリメートル」の略。

ミリオン ミ〈million〉名 百万。**―セラー** セ〈million seller〉名 本やCDなどで、百万以上売れたもの。

ミリ-グラム グ〈(フ)milligramme〉名 千分の一グラム。記号は「mg」。

ミリタリー ミ〈military〉名 軍人。軍隊。

ミリタリスト リ2〈militarist〉名 軍国主義者。

ミリタリズム リ2〈militarism〉名 軍国主義。

ミリ-バール バ〈(フ)millibar〉名 気圧の単位。一ミリバールは一ヘクトパスカル。⇩ヘクトパスカル。

ミリ-メートル メ〈(フ)millimètre〉【×粍】名 千分の一メートル。記号は「mm」。

み-りょう 0【未了】名 まだ終わらないこと。「審議―」

み-りょう 0【魅了】名 他サ 心をひきつけ、夢中にさせること。「聴衆を―する」

み-りょく 0【魅力】名 人の心をひきつける力。「―的」

ミリ-リットル リ2〈(フ)millilitre〉名 千分の一リットル。記号は「mL」。

み-りん 0【味×醂】名 しょうちゅうに、蒸したもち米と米こうじを入れて糖化させ、ろ過した甘味の多い酒。飲用・調味用。**―漬け** 0名 うり・なす・だいこんなどを、みりんかすにつけた食べ物。**―干し** 0名 いわしなどの小魚を、みりん・しょうゆ・砂糖などをまぜた液にひたし、干した食品。

みる ミ【▲水▲松・▲海▲松】名 緑藻類の海藻。浅海の岩石にはえる。細く丸い茎が枝のように分かれる。㊡春

みる【見る】【▲視る・▲観る】■一 ミ 他上一 (ミ・ミ・ミル・ミル・ミレ・ミロ・ミヨ) ❶目を使ってものの外観をとらえ、その存在を知ったり、様子や内容を判断したりする。「―もの聞くものみな珍しい」「映画を―」「―からにまずそうだ」❷さまざまな感覚や頭脳や経験などをもとに、物事のようすを調べたり、評価や判断をしたりする。「味を―」「エンジンの調子を―」「どう見ても優勝はまちがいない」❸世話をする。「面倒を―」「子どもの勉強を―」❹【診る】医師が病人のからだを調べる。診察する。❺【▲看る】病人の介護をする。看病する。❻自分の意志とは無関係に好ましくない状況を経験する。「ばかを―」「憂き目を―」❼ある状態に至ったことをはっきり認める。「進歩のあとを―」「解決を―であろう」❽〔補助動詞として「…してみる」の形で〕〔かながき〕ためしに…する、また、実際に…する、の意をあらわす。「食べて―」「行ってみたら留守だった」参考 動作の主体を立てる言い方に「ごらんになる」、相手を立てる言い方に「拝見する」がある。「…てみる」の命令の言い方に相当する「…てごらん」は、軽い敬意をあらわす。話しことばでは可能の言い方として「見れる」がよく使われるが、改まった場面や書きことばでは「見られる」が本来の言い方。
■二〔古語〕❶(男が)結婚する。妻にむかえる。「さやうならむ人をこそ見め」〈源氏〉❷さとる。理解する。「わらべなれど、物の心ばへ、人の気色、見つべく」〈源氏〉**―影もない** みすぼらしい。「―おちぶれよう」**―に忍びない** あまりにきのどくで、あるいは、ひどい状態で、見ているのがつらい。**―に堪えない** 見るに忍びない。**―に見兼ねる** だまって見ていることができない。**―目がある** 判断力がある。**―目がない** 的確な判断や評価ができない。「人を―」

みる-がい ル【みる貝】名 〔海藻のミルを食うように見えることからという〕バカガイ科の二枚貝。ミルクイガイの通称。内湾のどろの中にすむ。食用。ミルクイ。

みる-から-に【見るからに】連語 ちょっと見るだけでも。「―辛そうな色の料理」

ミルキー-ハット ハ〈milky hat〉名 中折れ帽の形の、日よけ帽子。

ミルク ミ〈milk〉名 ❶牛乳。❷コンデンスミルク。練乳。❸粉乳。こなミルク。**―セーキ** セ〈(ア)milk shake〉名 牛乳に鶏卵・砂糖・香料・氷片をまぜた飲みもの。㊡夏 **―フード** フ〈milk food〉名 〔和製英語〕牛乳に食塩・砂糖・でんぷん・ビタミン・ミネラルなどを加えて乾燥させ、粉末にした乳児用の食品。**―プラント** ラ〈milk plant〉名 牛乳処理場。牛乳の殺菌・ろ過・乳質検査などをおこなって、びんづめにする所。**―ホール** ホ〈milk hall〉名 〔和製英語〕牛乳・パンなどを飲食させた店。参考 明治末期から昭和初期にかけて流行した。

みる-ちゃ ル【みる茶】【▲海▲松茶】名 茶色をおびたみどり色。

ミルフィーユ フィ〈(フ)mille-feuille〉名 〔千枚の葉の意〕パイ皮を重ね、その間に果物やカスタードクリームなどをはさんだ菓子。

みる-まに【見る間に】連語 ちょっと見ている間に。「―過ぎ去った」

みる-みる ミ1【見る見る】副 見ているうちに。「―青ざめた」**―うちに** 見る見る。見るまに。

みる-も【見るも】連語 見るだけでも。「―いたましい姿」

み

ミレニアム [レ]〈millennium〉名 一〇〇〇年をひと区切りとした期間。千年紀（せんねんき）。

み-れる [レ]【見れる】他下一［レ・レ・レル・レル・レレ・○］見ることができる。「ここから富士山は見れない」⇩見る 参考。

み-れん ①【未練】名 形動 思いきりのわるいこと。あきらめきれないこと。「―を残す」 **―がましい** [シ]形 未練を残し、あきらめきれないようすだ。未練たらしい。「―目つき」 **―気**（げ）⓪名 形動 あきらめきれないこと。未練が残るようす。「―もなくその場を去る」「―なそぶり」 **―者**（もの）⓪名 思いきりのわるい人。あきらめのわるい人。

みろく-ぼさつ《弥勒菩薩》［「みろく」は梵（ぼん）Maitreyaの音訳］釈迦（しゃか）の入滅後五十六億七千万年ののちに、兜率天（とそつてん）からこの世にくだって衆生（しゅじょう）をすくうという菩薩。みろく。弥勒菩薩のすむ兜率天を「弥勒の浄土（じょうど）」という。

み-わく ⓪【魅惑】名 他サ 魅力で人をひきつけ、まよわすこと。「―的な目」

み-わけ ⓪【見分け】名 見分けること。区別。識別。「暗がりで色の―がつかない」

み-わ-ける ⓪【見分ける】他下一［ケ・ケ・ケル・ケル・ケレ・ケロ・ケヨ］見て区別する。識別する。「真贋（しんがん）を―」 **みわ-く** 文語下二

み-わす-れる ⓪【見忘れる】他下一［レ・レ・レル・レル・レレ・レロ・レヨ］以前に見たものをわすれる。 **見忘れ** 名 **みわす-る** 文語下二

み-わた-す ⓪【見渡す】他五［サ・ソ・シ・ス・ス・セ・セ］遠くひろく見る。遠くのぞみ見る。「―限りの大平原」 **見渡し** 名 **見渡せる** 自下一［…できる］

みを-つくし［×澪▲標］名〈古語〉⇩みおつくし。

みん【民】造 ❶たみ。ひとびと。一般のひと。「民家・民衆・庶民・難民・開拓民・避難民」 ❷国家の構成員。「民意・民法・市民・主権在民」

みん【眠】㊀造 ねむる。ねむり。「安眠・仮眠・休眠・睡眠・冬眠・不眠」 ㊁接尾 ちょう・がなどの幼虫が休眠する回数をかぞえることば。

みん《明》中国の昔の国名の一つ。［一三六八―一六四四］

みん-い ①【民意】名 人民の意思。「―を尊重する」

みん-えい ⓪【民営】名 民間が経営すること。私営。⇔公営・国営・官営。 **―鉄道**（てつどう）[テ]名 国営・公営に対して、民間の企業が経営する鉄道。私鉄。民鉄。

みん-か ①【民家】名 人の住む家。民屋。

みん-かつ ⓪【民活】名［「民間活力」から］民間企業のもつ資金力と経営能力。

みん-かん ⓪【民間】名 ❶公の機関に属しないこと。❷一般世間。世俗。 **―語源**（ごげん）[ゴ]名 世間に言いつたえられている、学問的でない語源。語源俗解。 **―信仰**（しんこう）[シ]名 昔から民間でおこなわれている信仰。 **―伝承**（でんしょう）[デ]名 昔から民間につたわってきた風習・伝説・芸能・信仰など。 **―放送**（ほうそう）[ホ]名 民間の資本でつくられ、広告料を財源として経営される放送。商業放送。民放。⇔公共放送。 **―療法**（りょうほう）[リョ]名 民間で生まれ、つたえられてきた病気のなおしかた。きゅう・あんまなど。

みん-ぎょう ⓪【民業】名 民間・民営の事業。⇔官業。

ミンク ①〈mink〉名 イタチ科の哺乳（ほにゅう）類。北アメリカ原産。体毛は暗褐色。毛皮は高級品とされ、養殖される。

みん-ぐ ①【民具】名 庶民が昔から使っている日常生活の用具。

みん-げい ⓪【民芸】名 庶民のくらしの中から生まれ、伝えられてきた手工芸・芸能。民俗芸術。郷土芸術。

みん-けん ⓪【民権】名 人民の権利。人民が政治に参与する権利。 **―運動**（うんどう）[ウ]名 明治初年から国会開設まで、民権の拡張、国会の開設を目的としておこなわれた政治運動。 **―主義**（しゅぎ）[シュ]名 ❶民権の強化をはかる主義。❷中国の孫文が唱えた三民主義の一つ。すべての権利を民衆に共有のものとしようとする主義。

みん-ごと ①【▲見事】副「みごと」の強め。

みん-じ ①【民事】名 私法に関しておこる現象・事件。⇔刑事。 **―訴訟**（そしょう）[ソ]名 私人間の争いを国の裁判権によって解決する手続き。⇔刑事訴訟。

みん-しゅ ①【民主】造 一国の主権が人民にあること。 **―国**（こく）[シュ]名 国家の統治権が国民の手にある国家。民主主義の国家。 **―主義**（しゅぎ）[シュ]名 ❶主権が人民に属し、人民によって人民のために政治をおこなう主義。デモクラシー。❷自由平等の原理にもとづく主義。 **―的**（てき）⓪ 形動 民主主義の目的や方法にかなうようす。「―に選出する」⇔封建的。

みん-じゅ ①【民需】名〈文章語〉民間の需要。⇔官需。

みん-しゅう ⓪【民衆】名 国民の多数を占める普通の人々。「広く―の支持を得た指導者」 参考「大衆」が労働者など階級的な区分を含むのに対し、「民衆」は広く支配階層以外の人々を指す。「庶民」は個人を指す感じが強い。

みん-しゅく ⓪【民宿】名 観光地・避暑地などの一般民家が、副業として営む宿泊施設。

みん-しょ ①【民庶】名〈文章語〉一般人民。庶民。

みん-じょう ⓪【民情】名〈文章語〉❶人民の心情。民心。❷国民の実情。人民の生活状態。「―視察」

みん-しん ⓪【民心】名 人民の心。国民の心情。「―を安定させる」

みん-せい ⓪【民生】名〈文章語〉人民の生活・生計。 **―委員**（いいん）[イ²]名 市町村に配置され、その区域内の社会福祉施設と連絡をたもって、要保護者の保護・生活指導にあたる名誉職。もとの方面委員。

みん-せい ⓪【民政】名 ❶国民の幸福の増進をはかる政治。❷軍人以外の住民の代表者による政治。⇔軍政。

みん-せん ⓪【民選】名 人民が選挙すること・もの。⇔官選。 **―議員**（ぎいん）[ギ]名 人民の選出した議員。⇔官選議員。

みん-そ ①【民訴】名「民事訴訟」の略。⇔刑訴。

みん-ぞく ①【民俗】名 人民の風俗。民間のならわし・しきたり。 **―学**（がく）[ク¹]名 文献にたよらず、古くから民間に伝承されている言語・伝説・習俗などを研究し、民衆の生活を明らかにする学問。フォークロア。

みん-ぞく ①【民族】名 人種的・地域的な起源が同じで、または同じであると信じて、言語・習慣などを同じくする人々の集団。 **―衣装**（いしょう）[イ]名 その民族独特の衣装。 **―運動**（うんどう）[ウ¹]名 ❶植民地などの、民族独立運動。❷一国内の少数民族が、多数民族による抑圧から解放を求める運動。 **―学**（がく）[ク¹]名 諸民族の文化・習俗・制度などを、発生的にとらえ、比較して研究し、民族生活の発展・本質を明らかにしようとする学問。エスノロジー。 **―自決**（じけつ）①名 各民族がその政治その他について、その民族自身の意志によっておこなうこと。 **―主義**（しゅぎ）[シュ]名 自分の属する民族の立場を最上のものとし、民族の独立と統一の達成・発展を最高の目標とする主義。ナショナリズム。 **―性**（せい）⓪名 ある民族に特有の性質。

みん-たん ⓪【民×譚】名〈文章語〉民間につたわっている説話。民間説話。昔話・伝説など。みんだん。

ミンチ ①〈mince〉名 ひき肉。

みん-ちょう ①【▲明朝】名 ❶中国の明（みん）の朝廷。また、その時代。明（みん）。❷みんちょう活字。 **―活字**（かつじ）[カ]名 活字の書体の一つ。もっともふつうに用いられるもので、よこ

の画かくは細く、たての画かくは太いもの。この辞典の説明のことばに使われている活字。⇩書体(図)。

みん-てき ⓪【▲明笛】名 明楽みんがく(中国の明の時代の音楽をもとにした音楽)に用いられる横笛。六〇センチメートル余の竹に吹き口と六つの穴がある。

みん-てつ ⓪【民鉄】名「民営鉄道」の略。

ミント [ミ]〈mint〉名 薄荷はっか。「―ティー」

みん-ど [ミ]【民度】名〔文章語〕人民の生活の貧富や文明の進歩の程度。「高い―」

みんな [ナ]【みんな】【▲皆】名副「みな」の強めた、あるいは、くだけた言い方。参考 副詞として使うときは⓪。

みんなみ ⓪【▲南】名〔文章語〕みなみ。

みん-ぱく ⓪【民泊】名 旅館・ホテルではなく、一般民家に宿泊すること。

みんぶ-しょう [ナ]【民部省】名 律令制の八省の一つ。戸籍・租税・賦役などをつかさどった役所。

みん-ぺい [ミ]【民兵】名 民間で結成された軍隊。

みん-ぼう ⓪【民望】名〔文章語〕❶世間の人望。衆望。❷人民の希望。

みん-ぼう [ミ]【民暴】名〔「民事介入暴力」の略〕市民の日常生活や商業活動に暴力団がからんで、不当な利益を得ること。

みん-ぽう ⓪【民放】名「民間放送」の略。

みん-ぽう [ミ]【民法】名 親族や財産相続や物権など、国民の私権についてきめた法律。

みんぽん-しゅぎ [シュ]【民本主義】名 大正時代、吉野作造よしのさくぞうが主唱した民主主義思想。大正デモクラシーの指導原理。参考 デモクラシーの訳語の一つ。

みんみん-ぜみ [ミ]2【みんみん×蟬】名 せみの一種。大形で黒地に緑のまだらがある。夏

みん-ゆう ⓪【民有】名 民間人が持つこと。「―地」↕国有・公有・官有。

みん-よう ⓪【民踊】名 民謡に合わせて振り付けをした踊り。

みん-よう ⓪【民謡】名 民衆の間にうまれ、その生活・感情をうたった歌。また、地方色をおびた民間歌謡。里謡りよう。

みん-りょく [ミ]【民力】名 人民の財力・生活力。

みん-わ ⓪【民話】名 民衆の間に語りつがれた説話。―劇げき [ワ]名 民話を素材にしてつくられた演劇。

む

ム

む：「武」の草体。
ム：「牟」の上。

む【六】造 むっつの。「六年むとせ」

む【務】造 つとめる。するべきこと。「義務・激務・債務・残務・事務・職務」

む【夢】造 ゆめ。「夢幻・夢想・夢中・悪夢・酔夢・白昼夢」

む【霧】造 きり。ガス。「霧消・霧笛・霧氷・濃霧・噴霧器・五里霧中」

む【無】㊀[ム]名造 ないこと。現存しないこと。「努力が―に帰す」「有無うむ・皆無・虚無・絶無」↕有。㊁造 接頭 ❶…がないこと。「無害・無職・無名・無理・無意識・無関心・無条件」❷…しないこと。…することがないこと。「無休・無効・無届け・無競争・無所属・無抵抗」参考「無」がついた全体の形は「…な」という形よりも「…の」という形をとりやすい。〔別音ぶ｜無〕 ―にする むだにする。「人の誠意を―」

む 助動 ○|○|ム(ン)|ム(ン)|メ|○〔古語〕(活用語の未然形につく)❶予想・推量をあらわす。…だろう。「風こそ寄せめ」〈万葉〉❷意志をあらわす。…しよう。「熟田津にきたつに船乗りせむと」〈万葉〉❸さそいすすめる気持ちをあらわす。また、そうするのが適当である、当然である、の意をあらわす。…するがよい。…しよう。…であるべきだ。「はや帰らせたまひなむ」〈源氏〉❹(多くは連体形で用いて)仮定の意をあらわす。もし…ならば…だろう。「思はむ子を法師になしたらむこそ心苦しけれ」〈枕〉❺(多くは連体形で用いて)断定をさけて、やわらかに表現する。…のような。「上手に至らざらむ芸」〈徒然〉＝ん。

む-い【無医】造 ある地域に医師が定住していないこと。「―地区」

む-い [ム]【無位】名〔文章語〕くらいのないこと。「―無官」

む-い [ム]【無為】名 ❶自然のままで人の手を加えないこと。❷なにもしないでぶらぶらしていること。「―に日をすごす」❸〘仏〙生滅・変化しないもの。↕有為うい。 ―にして化かす 聖人・政治家の徳が高いときは、人民は自然に感化されてよくなるということ。参考 老子のことば。

む-い [ム]【無意】名〔文章語〕❶わざとでないこと。❷特別の意味・意志がないこと。↕有意。

むい-か ⓪【六日】名 ❶月の第六日め。特に、一月六日のこと。新年 ❷一日の六倍。 ―の×菖×蒲あやめ(五月五日の節句におくれたあやめは、役にたたないから)時期におくれて役にたたないこと。夏「―十日の菊」

む-いぎ [イ]【無意義】名 形動 価値のないこと。つまらないこと。無意味。↕有意義。

む-いしき [イ]【無意識】名 形動 ❶意識のないこと。「事故にあったとき、三〇分ほど―だったらしい」❷自分では気がつかないようす。「―に他人を傷つける」

む-いちぶつ [チ][イ]【無一物】名 形動 なにひとつ所有していないこと。むいちもつ。

む-いちもん [チ]【無一文】名 形動 すこしのかねも持っていないこと。

む-いみ [イ]【無意味】名 形動 ↕有意味。❶意味をあらわさないこと。「―な文章」❷つまらないこと。無意義。「―に日を送る」

む-いん ⓪【無韻】名 韻をふまないこと。 ―の詩し ❶韻をふまない詩。❷絵のこと。無声の詩。

ムース [ム]〈フ mousse〉名 ❶泡状の化粧品または整髪料。❷泡立てた卵白や生クリームを使った菓子または料理。

ムーディー [ム]〈moody〉形動 ダロ・ダッ・デ・ニ／ダ・ナ・ナラ・○ (英語では「ふさぎ込んだ」の意)落ち着いていて、ここちよいようす。

ムード [ム]〈mood〉名 ❶その場の状況から自然と感じられる気分。雰囲気。「いやな―」「―のある喫茶店」❷文法で、文に表れた、話し手の表現意図。直接法・仮定法・命令法などに分類される。法。参考「ムード」は「ムード音楽」「ムード照明」のように複合語を作ることがあり、この場合は「ここちよい気分や感じ」という意味になる。こういう用法は「雰囲気」にはない。 ―ミュージック [ミュ]〈mood music〉名 軽く、ここちよい雰囲気をもった音楽。 ―メーカー [メ]〈mood maker〉名(和製英語)よい雰囲気をつくるのがうまい人。「チームの―」

ムービー [ム]〈movie〉名 映画。

ムーブメント [ム]〈movement〉名 ❶政治・思想・芸術などの、集団的な動きや運動。「―を巻き起こす」❷時計などの動力となる装置。❸音楽で、楽章。

ムームー [ム]2〈muumuu〉名 もと、ハワイの女性服。ゆるく仕立てた、はでながらのワンピース。

ムール-がい [ル]【ムール貝】〈フ moule〉がひ 名 イガイ科の

二枚貝。ムラサキガイ。地中海料理などに用いる。

む-えき ム【無益】名 形動 利益のないこと。むだなこと。むやく。「―な口出し」↕有益。

む-えん 0【無援】名 文章語 助けがないこと。「孤立―」

む-えん 0【無塩】名 塩分のないこと。塩けのないこと。「―バター」

む-えん 0【無煙】名 けむりの出ないこと。**―火薬** カ 名 爆発のときにけむりをたてない火薬。ニトロセルロースが主剤。**―炭** 0 名 炭素を九〇パーセント以上ふくむ、質のよい石炭。燃えるときけむりを出さず、発熱量も多い。

む-えん 0【無縁】名 形動(の) ❶縁のないこと。関係のないこと。「取得した資格とは―の仕事につく」❷〔仏〕㋐仏の教えと縁がないこと。↕有縁。㋑死者をとむらう縁者がないこと。**―仏** ボ 名 とむらう縁者のいない死者。**―墓地** ボ 名 無縁仏をほうむる墓地。

む-おん 0【無音】名 音がしないこと。音が聞こえないこと。「―カメラ」

む-が ム【無我】名 ❶我意・私心のないこと。無心。「―の境」❷われを忘れること。**―愛** ガ 名 自分の欲をすてた愛。没我の愛。**―夢中** ム 名 熱中してわれを忘れること。「―で飛び出す」参考「無我無中」と書くのはあやまり。

むかい 0【向(か)い】名 ❶前の方から来ること。「―の風」❷向きあっていること。「―の家」

む-がい 0【無蓋】名 文章語 ふたやおおいのないこと。↕有蓋。**―貨車** カ 名 屋根のない貨車。

む-がい ム【無害】名 形動(の) 害のないこと。害をおよぼさないこと。「人畜―」↕有害。

むかい-あ・う ア【向(か)い合う】自五 ワ・オイ・ッ／ウ・ウ・エ・エ 互いに向きあう。相対する。**向かい合い** 名 **向かい合える** 自下一 …できる

むかい-あわせ ア 0【向(か)い合(わ)せ】名 向きあっていること。↕背中合わせ。

むかい-かぜ イ【向(か)い風】名 進んで行く前方から吹いてくる風。逆風。↕おいて・追い風。

むかい-きょらい《向井去来》一六五一―一七〇四。江戸時代前期の俳人。本名は兼時。松尾芭蕉の門人で、俳論書「去来抄」を残した。

むかい-び イ【向(か)い火】名 燃えてくる火に向かい、こちらから火をつけて向こうの火勢を弱らせること。

む-かう カ／0【無何有】名 何もないこと。**―の郷** 自然のままで人間的なわずらわしさの全くない理想郷。参考 古代中国の荘子の説いたもの。

むか・う 0【向(か)う】自五 ワ・オイ・ッ／ウ・ウ・エ・エ ❶体の前面をその方に向ける。「朝から机に―」「鏡に向かって身づくろいをする」❷それを目ざして進む。「ゴールに向かって突進する」「列車は北に―」❸ある状態に近づく。「病人は快方に向かっている」「年末に向かっていそがしくなる」❹相手とする。対する。「親に向かって何という態度だ」❺はむかう。逆らう。「一人で敵に―なんて無謀だ」「風に向かって走る」**向かえる** 自下一 …できる

むかえ 0【迎え】名 迎えること。迎える人。「―に行く」

むかえ-い・れる レ【迎え入れる】他下一 レ・レ・レル・レレ・レロ・レヨ 迎えてうちに入れる。「転校生を―」**迎え入れ** 名 **むかへい・る** 文語下二

むかえ-う・つ ウ【迎え撃つ】他五 タ・ト・チ・ッ／ツ・ツ・テ・テ 攻めよせてくる敵を待ちうけて撃つ。**迎え撃ち** 名 **迎え撃てる** 自下一 …できる

むかえ-ざけ エ／カ【迎え酒】名 二日酔いをなおすため、翌日に飲む酒。

むかえ-と・る ト【迎え取る】他五 ラ・ロ・リ・ッ／ル・ル・レ・レ 自分のもとに迎える。迎えて入れる。

むかえ-び エ／0【迎え火】名 うらぼんの十三日の夕、死者の霊を迎えるために門前でおがらをたくこと。また、その火。秋 ↕送り火。

むか・える 0【迎える】他下一 エ・エ・エル・エル・エレ・エロ・エヨ ❶来る人を、用意したり、出迎えたりして待つ。「客を―」「友だちを駅に―」↕送る。❷家族や組織の一員として加わってもらうように招く。「妻に―」「教授に―」❸ある時を目前にする。その時になる。「春を―」「約束の日を迎えた」❹待ち受けて防ぎ戦う。「攻めて来る敵を―」❺きげんを取る。迎合する。「社長の意を―」**むか・ふ** 文語八下二

む-がく ム【無学】名 形動(の) 身に学問がないこと。**―文盲** ム 名 形動(の) 学問がなく、文字が読めないこと。また、その人。

むか-ご 0【零余子】名 やまのいもの葉のつけ根に出る、まるいわき芽。食用。ぬかご。秋

むかし 0【昔】名 ❶年久しい以前。過去。↕今。❷過去の十年を一期としていう語。「ふた―」**―取った杵柄** 昔きたえた、自信のある腕まえ。

むかし-かたぎ カ2【昔かたぎ】【昔気質】名 形動(の) 考え方が昔ふうで、りちぎ・頑固なこと。

むかし-がたり ガ【昔語り】名 以前に経験したことを話すこと。また、その話。昔話。

む-かしつ【無過失】造 過失のないこと。**―責任** セ 名 損害の発生について、故意や過失がなくても、その賠償責任を負うこと。公害などに適用される。

むかし-ながら ナ【昔ながら】副 昔あったそのまま。

むかし-なじみ ナ【昔なじみ】【昔×馴染】名 昔したしんだこと。また、その人。

むかし-ばなし バ【昔話】【昔×噺】名 ❶ずっと以前にあったこと、経験したことなどを話すこと。また、その話。昔語り。❷古くから言い伝えられた伝説や物語。

むかし-ふう 0【昔風】名 形動(の) 古風なこと。昔のままの様式・慣習によること。「―な建物」↕今風。

むかし-むかし 0【昔昔】名 副 ずっと昔。大昔。「―の物語」

むかし-ものがたり ガ【昔物語】名 昔からつたわっている物語。昔あった事についてのはなし。

むか-つ・く 0 自五 カ・コ・キ・イ／ク・ク・ケ・ケ ❶むかむかと、はきけを感じる。❷むかむかと、腹が立つ。

むかっ-て 連語 対象を正面から見て。「―右の建物」

むかっ-と カ 副 自サ ❶急に腹を立てるようす。「無神経なことばに―する」❷急にはきけをもよおすようす。「二日酔いで―する」

むかっ-ぱら 0【むかっ腹】名 俗語 わけもなく腹を立てること。「―を立てる」

むか-で 0【百足】【×蜈×蚣】名 唇脚類の節足動物のうち、ゲジ類を除いたものの総称。からだはひらたくて細長く、多数の輪のような節からなり、節ごとに一対の足がある。毒虫。夏

むか-ばき【行×縢】名 古語 しか・くま・とらなどの毛皮でつくり、狩り・乗馬のとき、腰につけた物。

むか-むか ム1【(と)】副 自サ ❶はき出したい感じのするようす。❷しきりに腹のたつようす。

む-かん 0【無官】名 文章語 官職のないこと。**―の大夫** ❶位階が五位で官職のない人。❷公卿の子の、元服しないで五位に叙せられたもの。

む-かん 0【無冠】名〔文章語〕(「冠」は「冠位」)位のないこと。無位。**―の帝王**(ていおう) ❶特別な地位にはついていないが、実力のある人。❷スポーツなどの分野で、実力はありながら、大きなタイトルを獲得できないでいる人。❸(どんな権威にも屈しないことから)ジャーナリストのこと。

む-かんがえ カ【無考え】(かんがへ) 名 形動 考えのないこと。考えの浅いこと。

む-かんかく カ1【無感覚】名 形動 感覚がないこと。感じないこと。

む-かんけい カ【無関係】名 形動 つづきあい・かかわりあいがないこと。

むかん-じしん ジ【無感地震】名 地震計には記録されるが、人体には感じられない地震。↔有感地震。

む-かんしん カ【無関心】名 形動 気にかけないこと。気のないこと。「政治に―な態度」

むき【向き】㊀ ム 名 ❶向いている方向。「家の―」❷その方面。その方面の人。「その―にとどけ出る」「ご希望の―にはお分けする」❸趣旨。「ご用の―をうかがいましょう」❹傾向。「ちょっとしたことにも興奮する―がある」㊁ 接尾 ❶方向。「東―」❷ふさわしいようす。「外国人―の入門書」**―になる** ちょっとしたことにでも本気になる。「そう―な」

むき ム【無季】名 俳句の中に、季語がないこと。↔有季。参考 近代以降の俳句革新運動で提唱されたが、広い支持は得られなかった。

むき ム【無期】名 期限がきまっていないこと。↔有期。**―刑**(けい) キ 名 無期禁固と無期懲役。終身刑。**―懲役**(ちょうえき) ム 名 いつまでと期間のきめていない終身の懲役刑。

むき ム【無機】名 炭素を成分として含まないこと。↔有機。**―化学**(かがく) カ 名 化学の一分科。元素・無機物について研究する学問。↔有機化学。**―化合物**(かごうぶつ) ゴ 名 大部分の炭素化合物(有機化合物)をのぞいた、化合物。↔有機化合物。**―質**(しつ) キ 名 無機物をつくる元素。↔有機質。**―的**(てき) 0 形動 人間らしさや情感などがないようす。「―な表情」**―肥料**(ひりょう) ヒ 名 鉱物を原料とした肥料。または動植物を焼いて有機物としての性質をなくした肥料。過りん酸石灰・硫安・草木灰など。↔有機肥料。**―物**(ぶつ) キ 名 生活機能をもたない水・空気・鉱物など。↔有機物。

むぎ ム【麦】名 イネ科に属する大麦・小麦・はだかむぎ・らいむぎ・えんばくなどの総称。夏 **―の秋**(あき) むぎあき。夏

むき-あ・う ア【向(き)合う】(あふ) 自五〔ワ・オイ・ッ／ウ・ウ・エ・エ〕たがいに前を向いて相対する。向かいあう。「向き合ってすわる」「問題に―」**向き合い** 名 **向き合える** 自下一〔…できる〕

むぎ-あき ギ【麦秋】名 麦のとりいれどきで、陰暦四月から五月のころ。ばくしゅう。夏

むぎ-うち 0/ギ【麦打(ち)】名 ❶麦の穂を、からざおで打って実をおとすこと。夏 ❷からざお。

むき-かわ・る ワ【向(き)変(わ)る】(かはる) 自五〔ラ・ロ・リ・ッ／ル・ル・レ・レ〕方向を変えてほかの方を向く。

む-きげん キ【無期限】名 期限をきめないこと。「―の停学」

むぎ-こ コ【麦粉】名 麦のこな。特に、小麦のこな。

むぎ-こがし コ【麦焦(が)し】名 いってこがした大麦を、ひいてこなとしたもの。砂糖をまぜて食べる。また菓子の原料。はったい。香煎(こうせん)。夏

むぎ-さく 0【麦作】名 麦の栽培・収穫・収穫量。

む-きず ム【無傷】【無×疵】名 形動(の) ❶傷のないこと。❷負けや失点のないこと。「―で優勝戦に進む」

むき-だし 0【むき出し】【▲剝出し】名 形動 ❶むき出すこと。かくれたところのないこと。「―のはだ」❷露骨。「闘志を―にする」

むき-だ・す ダ【むき出す】【▲剝出す】他五〔サ・ソ・シ・ス／ス・セ・セ〕あらわに出す。かくさず出す。おおっぴらに出す。

むぎ-ちゃ ギ【麦茶】名 大麦を殻のついたまま、いって、茶の葉の代わりにするもの。また、それをせんじた飲み物。夏

む-きどう キ【無軌道】名 形動 ❶レールのないこと。無軌条。「―電車」❷考え方や行動がでたらめなこと。「―な行動」

むぎとへいたい《麦と兵隊》火野葦平(ひのあしへい)の中編小説。一九三八年発表。日中戦争を兵士の目でえがいた戦争文学。

むぎ-とろ 0【麦とろ】名 麦めしに、とろろをかけた食べ物。秋

むき-なお・る オ【向(き)直る】(なほる) 自五〔ラ・ロ・リ・ッ／ル・ル・レ・レ〕その方へ、向きを変える。**向き直れる** 自下一〔…できる〕

むぎ-ぶえ 0/フ【麦笛】名 青い麦の茎を切って、笛のように吹きならすもの。夏

むぎ-ふみ ギ/フ【麦踏(み)】名 麦の芽を踏んで、根をつよくはらせること。春

むき-ふむき ム1-フ【向き不向き】名 その人にとって適していることとそうではないこと。「スポーツには―がある」

むぎ-まき ギ/マ【麦まき】【麦×蒔】名 麦のたねをまくこと。冬

むき-み 0【▲剝身】名 貝類の貝がらをのぞき、中の肉だけにしたもの。「あさりの―」

むき-むき キ1【向き向き】名 形動 めいめいのすきな方向。それぞれに適した方面。思い思い。「―の道をえらぶ」

む-きめい キ【無記名】名 氏名をしるさないこと。**―投票**(とうひょう) ト 名 投票用紙に投票者の氏名を記入しないでする投票。↔記名投票。

むぎ-めし 0【麦飯】名 麦だけの、または、米に麦をまぜた飯。ばくはん。

むぎ-ゆ ギ【麦湯】名 麦茶。夏

む-きゅう 0【無休】名 休養日のないこと。休業しないこと。「年じゅう―」

む-きゅう 0【無給】名 給料を支給されないこと。↔有給。

む-きゅう 0【無窮】名 形動(の)〔文章語〕きわまりのないこと。無限。永遠。「―にさかえる国」**―動**(どう) キ/ゴ 名 長さの同じ音符が休みなく続く、テンポの速い曲。常動曲。

む-きょういく キョ【無教育】名 形動 教育を受けていず、教養のないこと。

む-きょうそう キョ【無競争】名 候補者や志願者が定員を超えなかったために、競争を行う必要のないこと。「―で当選する」

む-きょうよう キョ【無教養】名 形動 ごく一般的な知識や常識がないこと。

む-きりょく キ【無気力】名 形動 気力のないこと。やる気がないこと。

むぎ-わら 0【麦わら】【麦×藁】名 麦の実をとり去った茎。麦稈(ばっかん)。むぎから。夏 **―×蜻×蛉**(とんぼ) ト 名(麦わらの色に似ているから)しおからとんぼの雌。秋 **―帽**(ぼう) ボ 名 麦わらを、さなだあみにして作った夏帽子。麦わら帽子。ストローハット。夏

む-きん 0【無菌】名 細菌のないこと。細菌をなくすこと。「―室」

むく ム【×椋】名 ❶むくどり。❷むくのき。

むく ム【無▲患子】名 むくろじ。また、その実。

む

むく【無×垢】名 形動 ❶まじりけがなく純粋なこと。「金―」❷全体が無地で同じ色。おもに白い色の衣服。白むく。❸けがれのないこと。「純真―な性格」❹〔仏〕欲心・まよいを捨て、清らかな境地にはいること。

む・く【向く】■ 自五 ❶顔・正面がその方向に面する。「海に向いた窓」❷事物がそのほうに動く。「気が―」「運が―」❸ふさわしい。適合する。「自分に―職業」 **向ける** 自下一〔…できる〕■ 他下二〔古語〕服従させる。「から国(新羅ノ国)をむけ平らげて」〈万葉〉

む・く【▲剝く】他五 中身を出すために外被をはがしとる。「りんごの皮を―」 **むける** 自下一〔…できる〕

むくい【報い】【▲酬い】名 ❶ある行為の結果として、自分の身にはねかえってくることがら。「悪事の―」❷報酬。「何の―も求めない」

むくいぬ【むく犬】【×尨犬】名 むく毛のはえた犬。

むく・いる【報いる】【▲酬いる】自他上一 うけた物事に対して、それにふさわしいお返しをする。むくう。「労に―」「一矢を―」 **むく・ゆ** 文語ヤ上二

むく・う【報う】自他五 ⬇むくいる。

むくげ【むく毛】【×尨毛】名 けものの、長くふさふさとたれさがった毛。

むくげ【▲木×槿】名 アオイ科の落葉低木。夏・秋に、うす紫色・うす紅色・白色などの花をつける。いけがき用。もくげ。ゆうかげぐさ。きはちす。㊙秋

むくち【無口】名 形動(の) 口かずの少ないこと。寡黙。「―な性格」

むくつけき 連体〔文語形容詞「むくつけし」の連体形〕あらあらしく力の強そうな。粗野でむさくるしい。「―大男」

むくつけ・し 形ク〔古語〕❶みにくくておそろしい。「むくつけき心」〈源氏〉❷気味がわるい。「いと珍かに、むくつけけれど」〈源氏〉❸いやだ。「ねんごろにいひかかるをいとむくつけく思ひて」〈源氏〉

むくどり【×椋鳥】名 ❶ムクドリ科の鳥。頭は黒く、顔面は白く、他はくらい茶色。鳴き声がやかましい。㊙秋 ❷いなかから都会に上って来た人をばかにして呼ぶ語。おのぼりさん。❸相場でしろうとの客。

むくのき【×椋の木】名 ニレ科の落葉高木。春、うす緑色の小花が咲く。実は食用。

むくみ【▲浮▲腫】名 むくむこと。水ぶくれ。

むく・む【▲浮▲腫む】自五 からだの全部、または一部に余分な組織液がたまり、ふくれる。「足が―」

むくむく (と)副 ❶あとからあとから、わきあがるようす。「煙突から煙が―と出る」❷下からもりあがるようにして高くなるようす。「―と起きあがる」❸よく太っているようす。「―太った子犬」

むぐら【×葎】名 やえむぐら・かなむぐらなどのつる草。㊙夏 **―の宿** ❶むぐらがはえるにまかせたような、荒れはてた家。㊙夏 ❷まずしい家。

むぐらもち【▲土▲竜】名 ⬇もぐら。

むく・れる 自下一 ❶皮がはがれて、中のものがあらわれる。はがれる。❷〔俗語〕おこって、むっとしている。

むくろ【×軀・▲骸】名〔文章語〕❶からだ。❷死体。❸内部のくさった木の幹。

むくろじ【無▲患子・▲木×槵子】名 ムクロジ科の落葉高木。花は小形でうす黄色。種子は追い羽根のたまとし、材は器具用。むく。㊙秋

むくわ・れる【報われる】【▲酬われる】自下一 したことに見合う結果を手にする。報いられる。「長年の苦労が―」

むけ【向け】接尾 送り先やはたらきかけの対象をあらわす。「南米―の品」「若者―の雑誌」

むげ【無×礙・無×碍】名 形動〔文章語〕さわり・さまたげのないこと。「融通―」

むげ【無下】名 なり形動〔古語〕〔「無下」は「無礙」の当て字からという〕❶たしかに、そのものであること。「今はむげの親ざまにもてなして」〈源氏〉❷程度のはなはだしいこと。「天下の物の上手といへども…無下の瑕瑾(欠点)もありき」〈徒然〉 **―に** 副 事情を配慮することのないようす。つめたく扱うようす。「―断るわけにも行かない」

むけい【無形】名 形がないこと。形のないもの。↔有形。**―財産** ザ名 著作権・特許権などのように、形のない財産。↔有形財産。**―文化財** カ名 演劇・音楽・工芸技術などで価値の高いもの。

むけい【無稽】形動〔文章語〕根拠のないようす。でたらめなようす。「荒唐―な話」

むげい【無芸】名 形動 芸をもたないこと。「―大食」↔多芸。

むけいかく【無計画】名 形動 計画を立てないこと。前もってよく考えないこと。「―な試み」

むけいさつ【無警察】造 警察が治安を保てなくなること。「―状態におちいる」

むけつ【無血】名〔文章語〕血を流さないこと。「―革命」

むけつ【無欠】名 形動 欠けたところがないこと。欠点のないこと。「完全―な人はいない」

むげつ【無月】名〔文章語〕空が曇って月が見えないこと。㊙秋

む・ける【▲剝ける】自下一 皮がはなれて中身があらわれる。はがれる。**むく** 文語下二

む・ける【向ける】他下一 ❶向くようにする。向かせる。「顔を右に―」❷行かせる。つかわす。向かわせる。「使いを―」❸あてる。ふりむける。「臨時の支出に―」 **むく** 文語下二

むけん【無間】名「むけんじごく」のこと。**―地獄** ジ名〔仏〕八大地獄の一つ。五逆罪をおかした者が、たえまなく苦しみを受ける所。阿鼻地獄。むげんじごく。

むげん【夢幻】名〔文章語〕❶ゆめとまぼろし。❷はかない物事。**―的** 形動 ゆめや、まぼろしのような感じがするようす。

むげん【無限】名 形動(の) 数量・時間・空間などにかぎりのないこと。制限・際限のないこと。↔有限。**―軌道** キ名 キャタピラー。**―責任** セ名〔法〕債務の履行について無限の責任があり、自分の全財産を投げだす責任があること。↔有限責任。**―大** 名 ❶かぎりなく大きいこと。❷〔数〕変数の絶対値が、任意にあたえられたどんな正数よりも大きくなるときに、その変数は無限大になるという。

むこ【婿】【×聟・×壻】名 娘の夫。↔嫁。

むこ【無×辜】名〔文章語〕〔「辜」は罪の意〕罪のないこと。「―の民」

むご【無期】名 なり形動〔古語〕久しいこと。ながく時間が経つこと。「無期の後に『えい(ハイ)』と応へたりければ」〈宇治拾遺〉

むご・い【▲惨い・▲酷い】形 ❶いたましい。「―姿」❷むじひだ。ざんこくだ。「―やり方」 **むごさ** 名 **むご・し** 文語ク

むこいり【婿入り】名 婿になって妻の家の籍にはいること。また、その儀式。↔嫁入り。

むこう【向こう】名〔「むかい」の変化〕❶正面。前方。「―に見える家」❷相手かた。先方。「―の意志」

む

❸あちら。離れている所。目的地。「—へ行っていなさい」「—に着いたら電話をしなさい」❹今後。「—一年間」 **—に回(まわ)す** 相手とする。 **—を張(は)る** はりあう。対抗する。

む-こう [0]【無効】[名][形動(の)] 効力・効果がないこと。↕有効。

むこう-いき [0]/[イ]【向こう意気】—(むかふ) [名] 負けるものかという、積極的な気持ち。「—がつよい」

むこう-がわ [0]【向こう側】—(むかふがは) [名] ❶反対がわ。向かいがわ。❷相手方。

むこう-ぎし [0]【向こう岸】—(むかふ) [名] 川・海峡などの向こうがわの岸。対岸。

むこう-きず [コ]【向こう傷】—(むかふ) [名] 敵と戦ってからだの前面、特に額や顔に受けた傷。↕うしろきず。

むこう-さんげん-りょうどなり [サ]=[ド]【向こう三軒両隣】—(むかふ) [名] 〔自分の家の向かいがわの三軒と、左右二軒のとなり〕日常したしく交際する近辺の家。

むこう-じょうめん [ジョ]【向(こ)う正面】—(むかふ) [名] ❶相撲場で、正面(北側)と反対側(南側)の席。裏正面。⇩土俵(図)。❷競馬場や競技場で、観客席のある側とは反対側の直線走路。バックストレッチ。

むこう-ずね [0]【向こうずね】【向う×脛】—(むかふ) [名] すねの前面。むかはぎ。

むこう-づけ [0]【向こう付け】—(むかふ) [名] ❶正式の日本料理で、ぜんの向こうがわにつけるもの。さしみ・すのものなど。❷相撲で、頭を相手の胸のあたりにつける体勢。

むこう-どなり [ド]【向こう隣】—(むかふ) [名] 道をへだてて向かいあっている家。また、近隣。むかいどなり。

むこう-はちまき [チ]【向こう鉢巻(き)】—(むかふ) [名] ひたいの上でむすぶはち巻き。↕うしろはちまき。

むこう-みず [コ]【向こう見ず】—(むかふ) [名][形動] あとさきの考えなしに物事をすること。むてっぽう。

むこう-もち [0]【向こう持ち】—(むかふ) [名] 費用を相手が負担すること。「送料は—だ」

むこ-がね [0]/[コ]【婿がね】[名]〔文章語〕❶婿にと思いきめている人。❷婿。

む-こく [0]【無告】[名] 苦しみを告げる相手がないこと。 **—の民(たみ)** 苦しみをうったえる相手のない人々。

む-こくせき [コ]【無国籍】[名][形動] ❶法的な手続きによる国籍をもたないこと。❷〔比喩的に〕どこの国のものか決めにくいようす。「—料理」

む-ごし [ム]【無腰】[名] 刀剣を身につけないこと。まるごし。

む-ごたらし・い [シ]【▲惨たらしい】[形] カロ・カッ・ク・イ・イ・ケレ・〇 むごいようすである。**むごたらしさ** [名] **むごたら・し** [文語シク]

むこ-とり [ト]/[コ]【婿取り】[名] 婿をむかえ入れること。↕嫁取り。

むこ-ようし [ヨ]【婿養子】[名] 娘の婿としてむかえる養子。

む-こん [0]【無根】[名][形動(の)] 〔根のないこと〕よりどころのないこと。「事実—」

む-ごん [0]【無言】[名] ものを言わないこと。 **—劇(げき)** [ゴ][名] せりふがなく、身ぶり・表情だけでする演劇。黙劇。パントマイム。 **—の行(ぎょう)** 無言でする修行(しゅぎょう)。

む-さい [0]【無才】[名][形動(の)]〔文章語〕才能・才知のないこと。

むさ・い [サ][形] カロ・カッ・ク・イ・イ・ケレ・〇 きたならしい。むさくるしい。**むさ・し** [文語ク]

む-ざい [ム]【無罪】[名] ↕有罪。❶罪のないこと。❷刑法上の犯罪が成立しないこと。

む-さいげん [サ]【無際限】[名][形動] きりのないこと。

むさい-しょく [サ]【無彩色】[名] 白と黒および灰色をいう。むさいしき。↕有彩色。

む-ざえ 【無▲才】[名][なり形動]〔古語〕学問・才能のないこと。

む-さく [0]/[ム]【無策】[名] はかりごとや、計画がないこと。「無為—」

む-さくい [サ]【無作為】[名][形動] 特別なくふうをせず、偶然にまかせてすること。「—にえらび出す」

むさ-くるし・い [シ]【むさ苦しい】[形] カロ・カッ・ク・イ・イ・ケレ・〇 ごたごたして、きたない。「—ところですが」 **むさ苦しげ** [形動] **むさ苦しさ** [名] **むさくる・し** [文語シク]

むささび [0]【×鼯×鼠】[名] リス科の哺乳(ほにゅう)類。四足をのばし、体側の皮膜をひろげて、木から木へ滑空する。夜行性で、木の芽・葉・果実などをくう。(冬)

むさし《武蔵》昔の東海道の国の一つ。今の埼玉県と東京都の全部と、神奈川県の一部。武州。

むさしの《武蔵野》❶埼玉県南部から東京都にかけてひろがる平野。❷国木田独歩(くにきだどっぽ)の随筆。一八九八年発表。武蔵野の自然美を新鮮な感覚でえがいたもの。❸山田美妙(やまだびみょう)の小説。一八八七年発表。初期の言文一致小説の一つ。

む-さつ [0]【無札】[名] 乗車券や入場券などを持たないこと。

む-ざつ [0]【無雑】[名][形動(の)]〔文章語〕まじりけがないこと。純粋なこと。「純一—」

むさ-と [副]〔古語〕❶考えもなく、うっかり。❷もったいなく。おしげもなく。 **—した**〔古語〕いいかげんな。しようがない。「さてさてむさとしたやつぢゃ」〈狂言・武悪〉

む-さべつ [サ]【無差別】[名][形動] 区別をしないこと。特別のあつかいをしないこと。「—級」「アンケートは—に行われた」

むさぼり-く・う [ク]【貪り食う】—(くふ) [他五] ワ・オ・イ・ッ・ウ・ウ・エ・エ がつがつといやしい態度で食う。

むさぼり-よ・む [ヨ]【貪り読む】[他五] マ・モ・ミ・ン・ム・ム・メ・メ 熱心に、ひたすら読む。手当たり次第に読む。「文学全集を—」

むさぼ・る [ボ]【貪る】[他五] ラ・ロ・リ・ッ・ル・ル・レ・レ 欲がふかく、満足することなく求める。いくらでもよくばる。「利益を—」 **むさぼれる** [自下一]〔…できる〕

むざ-むざ [ム]1 [(と)副] ❶おしげもなく。あっさりと。「—捨てるわけにはいかない」❷むぞうさに。そうさなく。「—負ける」

む-さん [0]【無産】[名] 資産のないこと。「—者」↕有産。 **—階級(かいきゅう)** [カ][名] 資産がなく労働の賃金によって生活する階級。労働者階級。プロレタリアート。 **—政党(せいとう)** [セ][名] 無産階級の利益をまもるために結成された政党。

む-さん [0]【霧散】[名][自サ]〔文章語〕きりが散るように消えてなくなること。雲散霧消。

む-ざん [ム]【無残・無惨】[形動] ダロ・ダッ・デ・ニ・ダ・ナ・ナラ・〇 ❶【無×慚・無×慙】〘仏〙罪を犯してはじないようす。「破戒—のおこない」❷ざんこくなようす。❸いたましいようす。

むし【虫】㊀ [0][名] ❶人類・鳥獣・魚貝類以外の小動物の総称。特に、昆虫をいう。❷鳴き声の美しい昆虫。(秋)「—の声」❸回虫。「—くだし」❹子どもの体質が弱くておこる病気。かんの虫。❺いろいろの感情・意識など。「腹の—がおさまらぬ」❻あることに熱中する人。「研究の—」㊁[接尾] 人をけいべつしてよぶ語。「泣き—」「弱—」 **—がいい** 自分のつごうだけ考えて、他人のことをかえりみない。身がってである。 **—が起(お)こる** 子どもがひきつけたり、かんしゃくを起こしたりする。 **—がかぶる** 出産の前、陣痛が起こる。 **—が知(し)らせる** なんとなく心に感じられる。予感がする。 **—が好(す)かない** なんとなく気にくわない。 **—が付(つ)く** ❶虫がその物をそこなう。❷〔俗な言い方〕むすめに、親の気に入らない恋人ができる。―の息 よわりはてて、今にも死んでしまいそうなかすかな呼吸。―の居所が悪い きげんが悪い。気にさわるようす。―の知らせ なんとなくわかること。予感。―も殺さない ひどくおとなしいようす。「―ような顔」―を殺す かんしゃくをおさえる。

むし【無死】ム 名 野球やソフトボールで、ひとりもアウトになっていないこと。ノーダン。ノーダウン。

むし【夢死】ム 名〔文章語〕夢のように、なんのあても実りもない、むだな一生をおくって死ぬこと。「酔生―」

むし【無視】ム 名 他サ 存在をみとめないこと。問題にしないこと。「人の意見を―する」

むし【無私】ム 名 形動(の) 利己心のないこと。「公平―」

むじ【無地】ム 名 全体が同じ色で、模様のないこと。また、そのもの。

むしあつ・い【蒸(し)暑い】ツ 形(カロ・カッ・ク・イ・イ・ケレ・○) 風がなく湿度が高くて、蒸されるように暑い。(夏)「―夜」**蒸し暑さ** 名 **むしあつ・し** 文語ク

むしおくり【虫送り】オ 名 たいまつをたき、かねやたいこをたたいて作物の害虫を追いはらう行事。(夏)

むしおさえ【虫押(さ)え】オ 名 ❶子どものかんの虫がおこらないようにすること。また、その薬。❷空腹を一時おさえるために、何かを食べること。また、その食べ物。虫養い。

むしかえ・す【蒸(し)返す】カ/○ 他五(サ・ソ・シ・ス・ス・セ・セ) ❶一度蒸したものをさらに蒸す。❷一度おさまったことを、また取りあげて問題にする。**蒸し返し** 名

むしかく【無資格】シ/カ 名 資格がないこと。「―でも受験可」↕有資格。

むじかく【無自覚】ジ 名 形動 自分の責任や立場・身分を考えないこと。「―な行動」

むしがし【蒸(し)菓子】ガ 名 蒸してつくった菓子。

むしき【蒸(し)器】ジ 名 食べ物を蒸す道具。蒸しなべ・こしき・せいろうなど。

むしきかい【無色界】キ 名〔仏〕三界の一つ。肉体と物質からの一切の束縛をはなれて精神だけがある、自由な世界。↕欲界・色界。

むしくい【虫食い】○ 名 虫が食うこと。虫の食ったあと。「―だらけの本」

むしぐすり【虫薬】グ 名 子どもの虫けをなおす薬。

むしくだし【虫下し】ク 名 回虫などを体外に出す薬。

むしけ【虫気】○ 名 ❶回虫・消化不良などのため、子どもが神経質になり、不眠・かんしゃくなどがおこりやすくなること。むし。❷産気。「―づく」

むしけら【虫けら】○【虫×螻】名 ❶つまらない虫。❷取るに足らない、つまらない人間のこと。

むしけん【虫拳】○ 名 親指を「かえる」、ひとさし指を「へび」、小指を「なめくじ」とするじゃんけん。

むしけん【無試験】ケ 名 試験のないこと。試験をしないこと。「―入学」**―検定** ケ2 名 試験をしないで、一定の資格をあたえること。↕試験検定。

むしさされ【虫刺され】サ 名 蚊・のみ・だになどの虫にさされたりかまれたりして、はれ・かゆみなどが生じる症状。

むししぐれ【虫時雨】シ2 名 多くの虫がしきりに鳴くこと。(秋)

むしず【虫×唾】○ 名 胸がむかむかした時に、胃から口の中にこみ上げてくる酸性の液。**―が走る** ❶胃からすっぱい不快な液が口に出てくる。❷ひどく不快になる。「あいつの顔を見ると―」

むしタオル【蒸しタオル】タ 名 手や顔をふくために、蒸して熱くした、ぬれタオル。

むじつ【無実】ム 名 ❶罪にあたる事実がないこと。無根。「―を訴える」❷実質がないこと。「有名―」**―の罪** 罪がないのに罪があるとされること。ぬれぎぬ。

むじな【×貉・×狢】○ 名 ❶たぬき。(冬) ❷あなぐま。(冬)

むしなべ【蒸(し)鍋】○ 名 食物を蒸すのに使うなべ。中段の板の多くの小さな穴から蒸気を吹き出す。

むじなへん【むじな偏】○ 名 漢字の部首の一つ。「貉」「豹」などの「豸」。

むしば【虫歯】○【×齲歯】名 歯のほうろう質がおかされて穴があいたもの。齲歯。

むしば・む【×蝕む】バ 他五(マ・モ・ミ・ム・ム・メ・メ) (「虫食む」の意) ❶虫がものを食って、その形などをそこなう。むしくう。❷害する。そこなう。「健康を―病菌」

むしばら【虫腹】○ 名 回虫などのために、胃・腸がいたむこと。

むじひ【無慈悲】ジ/ム 名 形動 なさけ心のないこと。あわれみをもたないこと。「―な処分」

むしピン【虫ピン】○ 名 昆虫を、標本箱などに止めるための針。

むしふうじ【虫封じ】フ/ジ 名 子どもがかんの虫をおこさないようにするまじない。

むしぶろ【蒸(し)風呂】○ 名 へやの四方をとじ、ゆげでからだを蒸しあたためるふろ。

むしへん【虫偏】○ 名 漢字の部首の一つ。「蚊」「蝶」などの「虫」。

むしぼし【虫干(し)】○ 名 他サ 夏の土用などに、衣類・書籍などを干し、虫・かびの害をふせぐこと。土用干し。(夏)

むしむし ム1 副 自サ 蒸しあついようす。「―する夏の夜」

むしむしゅう【無始無終】ム1 名〔文章語〕はじめもなく、おわりもないこと。

むしめがね【虫眼鏡】メ 名 物を大きくみせる拡大鏡。ルーペ。

むしもの【蒸(し)物】ジ/モ 名 ❶蒸した料理。茶わん蒸しなど。❷蒸しがし。

むしゃ【武者】ム 名 武士。**―修行** シュ 名 武士が諸国をめぐって武術を練りきたえること。**―×揃え** ゾ 名 自サ 軍勢をそろえること。**―所** ド 名 昔、院の御所をまもった武士のつめ所。**―人形** 三 名 五月の節句にかざる、武士の姿の人形。(夏) **―ぶり** ○ 名 武士がよろい・かぶとをつけた姿。**―震い** オ 名 心が勇みたつあまりに、からだがふるえること。

むじゃう【無状・亡状】名〔古語〕➡むじょう。

むしやき【蒸(し)焼(き)】○ 名 なべ・土器などに入れ、密閉して焼くこと。また、焼いたもの。

むじゃき【無邪気】ム 名 形動 ❶すなおで、なんのわる気もないこと。❷あどけなく、かわいいこと。「―な笑顔」↕邪気。**無邪気さ** 名

むしゃくしゃ ム 副 自サ 気分がはれないようす。むやみに腹がたつようす。

むしやしない【虫養い】ヤ 名 少し食べて空腹をしのぐこと。また、その食べ物。ほかの欲望についてもいう。虫押さえ。

むしゃのこうじさねあつ《武者小路実篤》一八八五―一九七六。小説家・劇作家。白樺派の一人。人生肯定的思想を平明な文章で作品化した。「お目出たき人」「友情」「愛欲」など。

むしゃぶりつ・く ツ 自五(カ・コ・キ・イ・ク・ク・ケ・ケ) 力をこめてすがりつく。

むしゃ-むしゃ 〔ム一〕〔と〕副 大きく口を動かして行儀の悪い食べ方をするようす。

む-しゅう 〔０〕【無臭】名 くさみ・においのないこと。「無味―」

む-じゅう 〔０〕【無住】名 寺院に住職のいないこと。

むじゅう《無住》一二二六―一三一二。鎌倉時代中期の僧。説話集「沙石集」「雑談集」などの編者。

む-しゅうきょう 〔シュ〕【無宗教】名 ❶信仰をもたないこと。❷特定の宗教によらないこと。「―葬」

む-じゅうりょく 〔ジュ〕【無重力】名 引力が作用しない状態。重さも感じず、固定されていない物はすべて宙に浮く。

む-しゅく 〔ム〕【無宿】名〔文章語〕❶住む家のないこと。また、その人。❷江戸時代、犯罪・家出・勘当などで人別帳から名まえを除かれたこと。また、その人。 **―者** 〔０〕名 江戸時代、世間を渡り歩いてくらした人。やくざなど。やどなし。

む-しゅみ 〔シュ〕【無趣味】名 形動 楽しみとして、打ちこめるもののないこと。没趣味。↔多趣味。

む-じゅん 〔０〕【矛盾】名 自サ 前後がくいちがって、つじつまがあわないこと。「―だらけの話」参考 矛と盾を、どんな盾も破り、どんな矛も防ぐといって売りあるいていた者が、その矛でその盾を突いてみろといわれて、返答に窮したという中国の故事から。

むしょ 〔ム〕名〔俗語〕刑務所の俗称。「―暮らし」参考 語源は「けいむしょ」の略ではなく、監獄をいう「虫寄せ場」からの変化とする説もある。

む-しょう 〔０〕【無性】名〔仏〕仏となる性質のないこと。 **―に** 〔０〕副 むやみに。やたらに。「―腹だたしい」

む-しょう 〔０〕【無償】名 ↔有償。❶報酬がないこと。「―ではたらく」❷ただ。無料。「―交付」

む-しょう 〔０〕【霧消】名 自サ 霧が晴れるように、消えてなくなること。「雲散―」

む-じょう 〔０〕【無状・亡状】名〔古語〕とりたてていうべき善行・てがらなどのないこと。

む-じょう 〔０〕【無常】名 形動〔仏〕❶人の世はいつも変化してはかないこと。「人の世の―をはかなむ」❷すべての物は生滅・変転して、同じ状態にとどまらないこと。「諸行―」 **―観** 〔ジョ〕名〔仏〕この世のすべてのものは生じてはほろび、うつりかわって、決して永遠ではないという考え方。 **―迅速** 〔０〕名〔仏〕❶世の中のうつりかわりが早いこと。❷人の死が早くくること。 **―の風** 風が花を散らすように、無常が人の命をうばいさること。

む-じょう 〔０〕【無上】名 形動(の) この上もないこと。「―の光栄」

む-じょう 〔０〕【無情】名 形動(の) ❶情愛・なさけごころのないこと。非情。「―なしうち」❷〔仏〕心を持たないこと・もの。非情。「―の草木」

むしようかん 〔ヨ〕【蒸しようかん】【蒸し羊羹】名 あんに小麦粉を入れて蒸した、あまみの少ないようかん。

む-じょうけん 〔ジョ〕【無条件】名 どんな条件もともなわないこと。 **―降伏** 〔コ〕名 何の条件もつけないで降参すること。

むじょうということ《無常といふ事》小林秀雄のエッセイ集。一九四六年刊。徒然草・平家物語・西行・実朝などを論じたもの。

む-しょく 〔ム〕【無色】名 色のついていないこと。「―透明」↔有色。

む-しょく 〔ム〕【無職】名 一定の職業のないこと。

むし-よけ 〔０〕【虫よけ】【虫除け】名 ❶害虫をのぞくこと。また、その装置・薬品・道具。❷虫よけのまもりふだ。

む-しょぞく 〔ショ〕【無所属】名 属する所や、属する政党のないこと。「―で立候補する」

むし・る 〔０〕【毟る】他五〔ラ・ロ・リ・ッ／ル・ル・レ・レ〕❶はえているものを、つかんでひきぬく。「草を―」❷ついているものを、離し取る。「魚の肉を―」 **むしれる** 自下一〔…できる〕

む-じるし 〔ジ〕【無印】名 印のないこと。

むしろ 〔ロ〕【筵・蓆】名 ❶わら・たけ・い・がまなどで編んだ敷物。❷〔文章語〕座席。「うたげの―」

むしろ 〔ム〕【むしろ】【寧ろ】副 物事を比べ、あれよりもこれを選ぶという気持ちをあらわす。どちらかといえば。「母親より―父親のほうに似ている」

むしろ-ばた 〔ロ〕〔０〕【むしろ旗】【蓆旗】名 農民の一揆・暴動などで、むしろを旗にしたもの。

む-しん 〔０〕【無心】㊀名 ❶無生物や草木のように心をもたないこと。❷中世歌論の用語。機知やユーモアを中心とする表現をさす。無心体。❸優美さを求める有心連歌に対して、滑稽を中心とする連歌。無心連歌。㊁名 他サ 金や物をねだること。「親にこづかいを―する」㊂名 形動 心になんのこだわりもないこと。「―の境地でかいた絵」「―に眠る子ども」

む-じん 〔０〕【無人】名〔「ぶにん」と読めば別語〕人がいないこと。人が住んでいないこと。「―駅」「―島」↔有人。

む-じん 〔０〕【無尽】名 ❶つきないこと。❷頼母子講。 **―蔵** 〔ジ〕名 形動(の) いくらとってもつきないこと。「―の資源」

む-しんけい 〔シ〕【無神経】名 形動 感じのにぶいこと。こまかく気をくばらないこと。「身だしなみに―な男」

むしん-ろん 〔シ〕【無神論】名 神の存在を否定する立場。↔有神論。

む・す 〔ム〕【蒸す】〔サ・ソ・シ・ス・ス・セ・セ〕㊀自五 風がなく湿度が高くて暑い。「今夜は―」㊁他五 湯気をとおして熱する。ふかす。「いもを―」 **蒸し** 名 **蒸せる** 自下一〔…できる〕

む・す【産す・生す】自四〔古語〕生ずる。はえる。「山行かば、草むすかばね」〈万葉〉

むず 助動〔古語〕〔○・○・ムズ・ムズル・ムズレ・○〕〔「むとす」の変化〕❶推量・想像をあらわす。…だろう。「人々まうで来むず」〈竹取〉❷意志をあらわす。…しよう。「足のむきたらむ方へいなむず」〈竹取〉❸適当・当然の意をあらわす。…するのがよいだろう。「方々の手分けをこそせられむずれ」〈保元〉❹断定をさけて、やわらかに表現する。…のような。「後生でだに悪道へ赴かむずることの悲しさよ」〈平家〉‖んず。

む-すい 〔０〕【無水】名 ❶水分がないこと。水分を必要としないこと。❷化合物が、水と反応しないと酸を発生しない性質をもつこと。 **―アルコール** 〔ア〕名 水分を含まないアルコール。 **―炭酸** 〔タ〕名 炭酸ガス。

む-すう 〔ス〕〔０〕【無数】名 形動(の) かぞえきれないほど多いようす。「空には―の星がかがやく」「市内には自動販売機が―にある」

むずかし・い【難しい】㊀〔０〕〔シ〕形〔カロ・カッ・ク／イ・イ・ケレ・○〕❶簡単に片づけられない。↔やさしい・たやすい。㋐わかりにくい。理解・解釈が簡単にはできない。「―問題が出た」㋑解決が容易でない。「―事態」㋒なかなかできない。困難である。「―仕事」「実現は―」㋓めんどうで、やっかいだ。わずらわしい。「手続きが―」❷苦情が多く、うるさい。あつかいにくい。「食べ物に―人」❸きげんが悪い。不快である。「―顔をしている」❹病気がなおりにくい。「―容体だ」‖むつかしい。 **難しがる** 自五 **難しげ** 形動 **難しさ** 名 **むづか・し** 文語シク ㊁形シク〔古語〕〔室町時代ごろまで「むつかし」と清音〕❶気づまりである。迷惑である。「久しく居たる、いとむつかし」〈徒然〉❷むさくるしい。うっ

む

とうしい。「暑くむつかしとて」〈源氏〉❸気味がわるい。恐ろしい。「(死相ヲアラワシタ女ヲ見テ)右近は、ただあなむつかしと思ひける心地みなさめて」〈源氏〉

むず‐がゆ・い [ヨ]【むず×痒い】形 むずむずとかゆい。**むずがゆがる** 自五 **むずがゆさ** 名 **むずがゆ・し** 文語ク

むずか・る [カ]【むづかる】自五 幼児が機嫌を悪くして泣く。むつかる。

むす‐こ ⓪【息子】名 男の子。↕むすめ。参考 自分のむすこのことを、他人に対しては、「むすこ・せがれ・こども」などといい、手紙では、「愚息・豚児」などともいう。他人のむすこのことは、「(お)ぼっちゃん(ちゃま)」がふつうで、手紙では、「(ご)令息・ご子息」などともいう。

むすっ‐と [ス]副 自サ 機嫌が悪く、表情がこわばって、口をきかないようす。ぶすっと。「―した顔つき」

むず‐と [ム]副 むんずと。急に力をこめて。「―つかむ」

むすば・れる ⓪【結ばれる】連語 ❶男女が関係をもつ。❷結婚する。

むすび ⓪【結び】名 ❶むすぶこと。❷おわり。しまい。結末。❸日本語で、文末の活用語の活用形が、上の「かかり」に対応したもの。↕かかり。❹〔かながき〕にぎりめし。**―の神** 男女の縁をむすぶ神。むすぶのかみ。

むす‐び【▲産▲霊】名〔古語〕万物を生みだすこと。すぐれた霊。**―の神**〔古語〕万物を生みだす神。

むすびあわ・せる [セ]【結び合(わ)せる】他下一 ものとものをむすんでひとつにする。また、複数のことがらを関連づける。「理論と実践を―」**結び合わせ** 名 **むすびあは・す** 文語下二

むすびきり ⓪【結び切り】名 ❶ひもを結んだままにすること。❷香典や見舞いのとき、水引をこま結びにすること。

むすび‐つ・く [ツ]【結び付く】自五 ❶むすばれて一つになる。からまりつく。❷関係がつく。一つの仲間になる。**結び付き** 名

むすび‐つ・ける [ケ]【結び付ける】他下一 ❶ゆわえつける。❷関係をつける。**むすびつ・く** 文語下二

むすび‐め ⓪【結び目】名 結びあわせた所。

むす・ぶ ⓪【結ぶ】■ 他五 ❶糸・ひもなどの端を組ませて離れないようにする。ゆわえる。「二本のひもを結んで長くする」「帯を―」❷二つ以上のものをつなぐ。「A・Bの二点を―」「本州と四国を―大橋」❸関係をつける。「条約を―」「縁を―」↕破る。❹固く閉じる。「口をへの字に―」❺しめくくりをつける。終わりとする。「お礼の言葉で文章を―」❻生じさせる。「努力が実を―」「トマトが実を―」「夢を―」❼家などを構える。「庵を―」■ 自五 ❶生じる。「露が―」❷仲間となる。「敵と―」**結べる** 自下一〔…できる〕**―の神** ⬇むすびのかみ。

むす・ぶ【×掬ぶ】他四〔古語〕てのひらで水などをすくう。「袖ひちてむすびし水のこほれるを」〈古今〉

むすぼ・る【結ぼる】自下二〔古語〕⬇むすぼれる❹。

むすぼ・れる ⓪【結ぼれる】自下一 ❶むすばれてとけない。❷露が固まって玉になる。↕解ける。❸気がはれない。ふさぐ。❹〔古語〕関係をつける。縁をむすぶ。「いかなる人も、この一門にむすぼれんとぞしける」〈平家〉

むすぼ・る 文語下二

むず‐むず [ム]1 (と)副 自サ ❶虫などがはいまわるような感じ。❷もどかしく思うようす。

むす‐め [メ]【娘】名 ❶女の子。↕むすこ。参考 自分の娘のことを、他人に対しては「娘・こども」などという。他人の娘は、一般に「お嬢さん・お嬢さま」といい、手紙では、「(ご)令嬢・(ご)息女」などともいう。❷未婚の年わかい女性。**―義太▲夫** [ギ]名 わかい女性のかたる、義太夫節。また、そのかたる女性。**―心** [ゴ]名 娘らしい、うぶな心。**―盛り** [ザ]名 娘として美しい年ごろ。**―師** [メ]名 (「娘」は色の白いことから、白壁の土蔵の意)土蔵やぶりの盗賊。**―一人に婿八人** 希望者がたいそう多いこと。**―婿** [ム]2名 その人の娘の夫。女婿。

ムスリム [ム]〈アラビア Muslim〉名 (神に帰依する者の意)イスラム教徒のこと。モスレム。

む‐せい ⓪【無声】名 音声がないこと。声を出さないこと。↕有声。**―映画** [エ]名 声や音をともなわない映画。サイレントの映画。↕発声映画・トーキー。**―音** [セ]名 声帯を振動させずに出す、k・p・t・sなどの音。↕有声音。

む‐せい ⓪【無性】名 おす・めすの区別がないこと。↕有性。**―生殖** [セ]2名 一部の細胞が芽や胞子となったりして、親と別の新個体をつくること。卵と精子なしで繁殖すること。↕有性生殖。

む‐せい ⓪【夢精】名 自サ 男性が睡眠中に性的興奮をして射精すること。

む‐ぜい [ム]【無税】名 税がかからないこと。↕有税。

む‐ぜい ⓪【無勢】名 形動 ⬇ぶぜい。

む‐せいげん [セ]【無制限】名 形動 制限がないこと。制限をしないこと。「―な捕獲を禁止する」

む‐せいふ【無政府】造 国家に行政機関が存在しなかったり、それに近い状況になったりすること。「―状態」**―主義** [シュ]名 すべての権威・権力をなくして、個人の自由をしばることのない社会をつくろうとする主義。アナーキズム。

むせい‐ぶつ [セ]【無生物】名 生活機能をもたないもの。↕生物。

むせい‐らん [セ]【無精卵】名 受精していない卵。↕受精卵・有精卵。

むせ‐かえ・る [カ]【むせ返る】【×噎せ返る】自五 ❶ひどくむせる。❷ひどくむせび泣く。

む‐せき ⓪【無籍】名 国籍・戸籍・学籍などがないこと。**―者** ⓪名 戸籍・国籍のない人。

むせきつい‐どうぶつ [ド]【無脊椎動物】名 脊椎をもたない動物。節足・環形・腔腸などの部門がある。昆虫・かに・くらげなど。↕脊椎動物。

む‐せきにん [セ]【無責任】名 形動(の) ❶責任がないこと。❷責任をもつ態度がないこと。いいかげん。「―な発言」

む‐せっそう [セ]【無節操】名 形動 節操のないこと。態度や考え方が一貫しないこと。「彼の―ぶりにはあきれる」

むせび‐なき ⓪【むせび泣き】【▲咽(×噎)び泣き】名 むせぶように泣くこと。

むせ・ぶ [セ]/⓪【▲咽ぶ・×噎ぶ】自五 ❶のどがつまるほどせきが出る。むせる。❷涙でのどもつまるように泣く。❸むせび泣くように聞こえる。「夜風が―」

む・せる [セ]/⓪【×噎せる】自下一 食物・涙・煙・香気などのために、のどがふさがるように感じる。また、せきが出る。むせぶ。**む・す** 文語下二

む‐せん ⓪【無銭】名 かねを持ちあわせないこと。「―旅行」**―飲食** [イ]名 飲み食いし、料金を払わないこと。

む‐せん ⓪【無線】名 ↕有線。❶電線を張りわたさないこと。電線の必要がないこと。❷無線電信。❸無線電話。**―操縦** [ソ]名 電波で航空機・艦船・戦車・爆弾などをうごかすこと。**―電信** [デ]名 電線を用いず、電波だけでおこなう通信。無電。**―電報** [デ]名 無線電信によっておこなう電報。**―電話** [デ]名 無線電信を応用した電

話。無電。

むせん-まい⓪【無洗米】名 出荷するときに、ぬかが取ってあり、水でとぐ必要のない米。

む-そ【六▲十】名〔古語〕六〇。**—路**じ 名〔古語〕❶六〇。むそ。❷六〇歳。

む-そう⓪【無双】名〔文章語〕❶ならびないこと。二つとないこと。無二。無比。「天下—の勇士」❷衣服・器具などで、内外・表裏を同じ布や材料でこしらえてあること。**—窓**まど [マ] 名 格子こうのうしろに、すきまのある引き戸をつけた窓。しめると一枚の板ばりのようになり、あけると格子の間から外が見える。

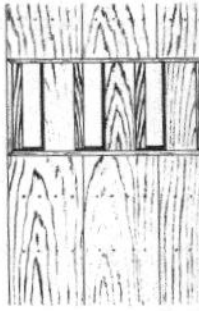

無双窓

む-そう⓪【無想】名〔文章語〕何も考えないこと。無心。「無念—」

む-そう⓪【夢想】㊀名 他サ 夢のようなあてもないことを想像すること。空想。「—だにしない」㊁名 夢の中で神仏のお告げがあること。

む-ぞうさ[ゾ]【無造作・無雑作】名 形動 気軽にことをおこなうこと。こまかく考えないで、おおざっぱなこと。「—に返事をする」

む-ぞり⓪【無反り】名 刀身がまっすぐなこと。そりのないこと。また、その刀。

むだ⓪【むだ・無駄】[▲徒] 名 形動 益がないこと。かいがないこと。役にたたないこと。「—にする」「—な話」参考「むな(空)」の変化、擬態語が語源とする説もあるが、不詳。「無駄」は当て字。

むだ-あし⓪【無駄足】[▲徒足] 名 行くかいのないこと。行ってもなんにもならないこと。「—をふむ」

む-たい[ム]【無体】名 形動 道理にあわないこと。無法。むり。乱暴。「—な要求」

む-だい[ム]【無代】名 代価のいらないこと。ただ。

む-だい[ム]⓪【無題】名 ❶題のないこと。❷詩歌の題のないもの。題詠でないもの。

むだ-がね⓪【無駄金】名 むだにつかうかね。

むだ-ぐい⓪【無駄食い】ぐひ —名 ❶仕事をしないで、ただ食ってばかりいること。❷必要以上に食べること。

むだ-ぐち⓪【無駄口】[▲徒口] 名 役にたたないことば。つまらないおしゃべり。「—をたたく」

むだ-げ⓪【無駄毛】名 化粧や美容上、じゃまになる顔・腕・足などの毛。

むだ-ごと⓪【無駄事】[▲徒事] 名 無益なこと。役にたたないこと。

むだ-じに⓪【無駄死に】[▲徒死] 名 無益な死に方をすること。いぬじに。

むだ-づかい[ヅ]【無駄遣い】[▲徒遣い] —づかひ 名 他サ かねや品物を役にたてずにつかうこと。浪費。

むだ-ばな⓪【無駄花】[▲徒花] 名 咲いても、実みをむすばない花。あだばな。

むだ-ばなし[バ]【無駄話】[▲徒話] 名 無益・不用な話。

むだ-ぼね⓪【無駄骨】[▲徒骨] 名 役にたたない努力。「—をおる」

むだ-めし⓪【無駄飯】[▲徒飯] 名 働くべき人が働いてもいないのに食べるめし。「—を食う」

む-だん⓪【無断】名 ことわらないこと。まえもって申し出ないこと。「—で欠席する」

むち[ム][×鞭・×笞] 名 ❶馬・牛などを打って進ませる竹・皮などの細長い棒やひも。❷昔、罪人を打った細長い棒。❸物をさし示すのに使う細長い棒。

む-ち[ム]【無知】[無×智] 名 形動 ❶知らないこと。知識がないこと。❷知恵がなく、おろかなこと。「—蒙昧もうまい」

む-ち[ム]【無恥】名 形動〔文章語〕あつかましいこと。はじしらず。「厚顔—」

むちうち-しょう⓪/[チ]2【むち打ち症】[×鞭打症] 名〔頭部の振れ方が、むちを空中でから振りするのに似ているから〕自動車の追突事故などのときに、頭部が急激に前後に振れることによって起こる障害。各種の神経症状が起こる。

むち-う・つ[ム]/[ウ]【むち打つ】[×鞭打つ] 他五 タ・ト―チ・ッ―ツ―ツ―テ―テ ❶むちで打つ。❷はげます。鞭撻べんたつする。

む-ちつじょ[チ]【無秩序】名 形動 秩序を失って、乱雑なようす。「—な開発」

むちゃ[ム]【無茶】名 形動〔「無茶」は当て字〕❶すじ道のたたない乱暴なこと。「—を言う」❷程度・度合いのひどいこと。むやみ。「—な飲み食い」

むちゃ-くちゃ⓪【無茶苦茶】名 形動〔「無茶」も「苦茶」も当て字〕「むちゃ」の強め。めちゃくちゃ。

む-ちゃくりく【無着陸】造 航空機が目的地に着くまで一度も着陸しないこと。**—飛行**ひこう [ヒ] 名 目的地に着くまで、着陸しないで飛行すること。

むちゃ-ぶり⓪【無茶振り】名〔俗語〕相手がとっさの返答や対応に困るようなことを要求すること。

む-ちゅう⓪【夢中】㊀名 夢をみているあいだ。㊁名 形動 熱中して心をうばわれること。「遊びに—だ」「無我—」

む-ちゅう⓪【霧中】名〔文章語〕❶きりにとじこめられたなか。❷見通しや、見当がつかないこと。

む-ちん⓪【無賃】名 料金のいらないこと。料金をはらわないこと。「—乗車」

む-つ[ツ]【六つ】名 ❶ろく。むっつ。❷六歳。❸〔古語〕むつどき。㋐午前六時。あけむつ。㋑午後六時。くれむつ。

むつ[ム][×鯥] 名 ムツ科の海水魚。太平洋岸の深海にすむ。目・口は大きい。卵巣は特に美味。㊄冬

むつ《陸奥》❶旧国名の一つ。今の青森・岩手・宮城・福島の各県と秋田県の一部。みちのく。❷一八六八年に❶を五国に分けたうちの一国。今の青森県の大部分と岩手県の一部。

む-つう⓪【無痛】名 いたみのないこと。「—分娩ぶんべん」

むつかし・い[シ]【難しい】形 カロ―カッ・ク―イ―イ―ケレ―〇 ⇒むずかしい。**むつか・し** 文語シク

むつか・る⓪ 自五 ラ・ロ―リ・ッ―ル―ル―レ―レ ⇒むずかる。

むつき[ム][×襁×褓] 名〔文章語〕❶おむつ。おしめ。❷うぶぎ。

む-つき[▲睦月] 名〔古語〕陰暦一月。㊄春 ⇒月(表)。

ムック[ム]〈mook〉名〔magazineとbookの中間という意の造語〕内容を単行本のように独立させながら、編集や発行の形態が雑誌にちかい本。

むっくり[ク](と)副 ❶とつぜん起きあがるようす。❷よく肥えているようす。❸まるみをおびて高まるようす。

むつ-ごと⓪【むつ言】[▲睦言] 名 ❶仲よく語りあうことば。❷男女の寝物語。

むつごろう[ツ][×鯥五郎] 名 ハゼ科の海水魚。体長約一五センチメートル。潮がひくと干潟ひがたの上を胸びれではう。有明海ありあけかい・八代海に分布。食用。㊄春

ムッシュー[ム]〈フ monsieur〉名 ❶男性に呼びかける語。❷男の名の上につけて呼ぶ語。くん。さん。「—山下」

ムッター[ム]〈ド Mutter〉名 母。母親。

むっちり[チ](と)副 自サ ふとって肉がしまっているようす。

むっ-つ[ツ]【六つ】名 ❶ろく。❷六歳。

むっつり ツ (と)副 自サ 口数が少なく、あいきょうのないようす。

むっ-と ⓪ 副 自サ ❶急におこって黙るようす。「―した顔」❷熱気や、いやなにおいがこもるようす。「―する人いきれ」

むつ-どき【六つ時】名〔古語〕⇒むつ(六つ)❸。

むつ・ぶ【睦ぶ】自四〔古語〕仲よくする。むつむ。「姫君の御あたりをむつびて、ここには来るなりけり」〈源氏〉

むつまじ・い【睦まじい】▣ 形 シ 心が通じあっていて、いかにも仲がいい。参考「仲むつまじい夫婦」「兄弟むつまじく」のように、家族について言うのがふつう。**むつまじげ** 形動 **むつまじさ** 名 **むつま・じ** 文語シク ▣ 形シク〔古語〕〔室町時代ごろまで「むつまし」と清音〕したわしい。心ひかれる。なつかしい。「夕べの空もむつましきかな」〈源氏〉

むつま-やか マ【睦まやか】形動 むつまじいようす。

むつみ-あ・う ア【睦み合う】自五 たがいに仲よくする。「夫婦が―」

むつ・む【睦む】自四〔古語〕⇒むつぶ。

む-て テ/ム【無手】名 ❶手に道具・武器などを持たないこと。徒手。素手。❷元手や手段・方法がないこと。

む-ていけい ⓪/テ【無定形】名 ❶一定の形がないこと。❷〔物〕固体の物質で、結晶質でないこと。また、そのもの。ガラス・ゴムなど。

む-ていけい ⓪/テ【無定型】名 一定のかたがないこと。かたが自由であること。「―詩」 **―短歌** タ 名 五・七・五・七・七の音数律によらない短歌。自由律の短歌。

む-ていけん テ【無定見】名 形動〔文章語〕しっかりと一貫した見識がないこと。「―な政策」

む-ていこう テ【無抵抗】名 形動 てむかいをしないこと。**―主義** シュ 名 武力を使わないで、相手に対する主義。

むてかつ-りゅう ⓪【無手勝流】名 戦わないで勝つ手段。

む-てき ⓪【霧笛】名 きりの深いとき、安全のために、船・灯台などが鳴らす汽笛。きりぶえ。

む-てき ⓪【無敵】名 形動(の) 敵対できるものがないこと。かなう相手がいないこと。「天下―」

む-てっぽう テ【無鉄砲】名 形動〔「無鉄砲」は当て字〕あとさきを考えない、がむしゃらなようす。むこうみず。

む-でん ⓪【無電】名「無線電信」「無線電話」の略。

む-てんか テ【無添加】名 着色料、防腐剤など、人体に影響を与える化学物質を加えないこと。「―食品」

む-とう ⓪【無灯】名 夜、乗り物にあかりをつけないこと。無灯火。

む-とう ⓪【無答】名 質問に対して答えがないこと。

む-とう ⓪【無頭】名 形動(の) えびなどの食材で、頭を取ったもの。

む-どう ム【無道】名 形動(の) 道理にはずれること。道徳にそむくこと。非道。「悪逆―」

む-とうか ト【無灯火】名 ⇒むとう(無灯)。「―運転」

む-とうせき ト【無答責】名〔法〕責任をもたなくてもよいこと。

む-とうは ト【無党派】名 いずれの党派にも属していないこと。また、支持政党がないこと。

む-とうひょう ト【無投票】名 投票がおこなわれないこと。投票の必要がなく省略すること。「―当選」

む-とく ⓪【無徳】名 ❶〔文章語〕徳や品位のないこと。❷〔古語〕㋐かいがないこと。はりあいがないこと。㋑だらしがないこと。㋒ゆたかでないこと。

む-どく ム【無毒】名 毒のないこと。↕有毒。

む-とくてん ト【無得点】名 得点がないこと。

む-と・す 連語〔古語〕〔「む」は助動詞、「と」は助詞、「す」は動詞〕…しようとする。むず。「乗りて渡らむとするに」〈伊勢〉

む-とどけ ト【無届(け)】名 届けをしないこと。「―デモ」

む-とんじゃく ト【無頓着】名 形動 すこしも心にかけないこと。むとんちゃく。「金銭に―な性格」

むな【胸】造 むね。「胸さわぎ・胸ぐるしい」

むな-いた ⓪【胸板】名 ❶胸部のひらたい所。❷よろいの胴の前面の最上部。

むな-がい ⓪【胸がい】【胸×繫】名 うまの胸からくらに掛けるひも。

むな-ぎ ⓪【棟木】名 屋根のむねに使う材木。⇩ぬき(図)。

むな-くそ ⓪【胸×糞】名〔俗語〕気持ち。むねくそ。「―のわるい話」参考 よくない場合に使う。

むな-ぐら ⓪【胸ぐら】【胸倉】名 衣服のえりのかさなりあうあたりの部分。「―をつかむ」

むな-ぐるし・い シ【胸苦しい】形 胸が圧迫されて息ぐるしい。**胸苦しさ** 名 **むなぐる・し** 文語シク

むな-げ ⓪【胸毛】名 胸のあたりにはえている毛。

むな-さき ⓪【胸先】名 みぞおちのあたり。むなもと。

むな-さわぎ サ【胸騒ぎ】名 心配ごとや悪いことがおきそうな予感などのために、動悸がはげしくなること。

むな-ざんよう ザ【胸算用】名 心の中で見つもりをたてること。むなづもり。

むな・し・い シ【空しい・虚しい】形 ❶かいがない。無益である。「―努力」❷はかない。「―世の中」❸内容がない。「―論議」❹命がない。「―なきがら」「むなしくなる」 **むなしさ** 名 **むな・し** 文語シク

むな-だか ⓪【胸高】名 形動 帯などを胸のあたりに高く締めること。

むなつき-はっちょう ハ【胸突(き)八丁】名〔もと、富士登山で、頂上まで八丁のけわしい道〕❶頂上間近の急傾斜の道。❷物事が成就する前のいちばん苦しい時。

むな-もと ⓪【胸元】【胸許】名 むなさき。

むな-やけ ⓪【胸焼け】名 ⇒むねやけ。

む-に ム【無二】名 二つとないこと。ならびないこと。「―の親友」 **―無三** ム 名 ❶〔仏〕ただ一つであること。唯一。❷わきめもふらず、ひたすらなこと。参考「に」をつけて、副詞的に使う。

ムニエル ム〈ᶠmeunière〉名 さかなに小麦粉をまぶして、バター焼きにした料理。

むにゃ-むにゃ ム (と)副 わけのわからない言葉をつぶやくようす。「―寝言をいう」

む-にん ⓪【無人】名 ⇒むじん。

む-にんか ニ【無認可】名 法的な認可を受けていないこと。「―保育園」

む-にんしょ【無任所】造 特定の任務を分担しないこと。「―相」 **―大臣** ダ 名 総理大臣・各省大臣以外の、行政事務を分担管理しない国務大臣。無任所相。

むね ネ/ム【旨】名 ❶事の内容。趣旨。「その―を伝える」❷【宗】主とすること。第一。「安全を―とする」

むね ネ【胸】名 ❶動物の体の前面にある、首と腹との間の部分。「―を張る」❷心があると考えられている場所。「―に秘める」❸胸❶の近くにある器官。㋐肺。「―をわずらう」㋑心臓。「―がどきどきする」㋒胃。「―が焼ける」 **―が裂ける** 悲しくて心が裂けるような思いがする。**―が騒ぐ** 心がおちつかない。むなさわぎがする。**―がすく** 不愉快な気持ちが消えて、さっぱりする。せいせいする。**―がつかえる** 食べたものが胸のあたりにとまっている

ような気がする。ーが潰れる❶たいそうおどろく。❷ひどく悲しむ。ーが詰まる❶食べたものがつかえる。胸がつかえる。❷感情が高ぶって、抑えきれなくなる。胸がいっぱいになる。感極まる。ーが塞がる 悲しみで、胸がつまる気持ちがする。ーが焼ける 胸やけがする。ーが悪い 気持ちが悪い。ーに一物 心の中に、あるたくらみを持っている。ーに落ちる 納得する。ーに迫る 感動で心がいっぱいになる。ーに畳む 心の奥深くに秘めておく。ーに手を当てる おちついてよく考える。ーのつかえが下りる なやみが消えてすっきりする。ーを痛める 心をなやませる。心配する。ーを打つ 感動させる。感激させる。ーを躍らせる 心がわくわくする。ーを貸す 相撲で、上位の力士が下位の力士のけいこ相手になってやる。↕胸を借りる。ーを焦がす 思いこがれる。深く恋いしたう。ーをさする❶怒りの気持ちをおさえる。❷⬇胸を撫で下ろす。ーをたたく 相手の依頼を自信をもって引き受ける。ーを突かれる はっと驚く。ーを×撫で下ろす ほっと安心する。ーを弾ませる うれしさ・期待などで胸がどきどきする。ーを張る❶姿勢を正し、胸をそらすようにする。❷自信に満ちた態度を取る。ーを膨らませる 希望・幸福感などで、心の中がいっぱいになる。ーを病む 肺結核にかかる。

むね【棟】㊀ネ 名 ❶むな木。❷屋根のいちばん高い所。❸家。建物。「隣のー」㊁接尾 建物としての家をかぞえる語。「五ーが倒壊」参考「戸」はすまいの単位の場合に使う。「軒」は「戸」と同じだが、話しことばでよく使う。

むねあげ ◎ゲ【棟上げ】名 家を建てるとき、柱・はりなどを組みたて、むな木を上げること。また、そのときの祝い。上棟。建前。

むねあて テ【胸当(て)】名 ❶胸部に当てるよろい。❷衣服の汚れを防ぐための、胸に当てる布。

むねがわら ガ【棟瓦】名 屋根のむねをふくかわら。むながわら。

むねくそ ◎【胸×糞】名〔俗語〕⬇むなくそ。

むねさんずん サ【胸三寸】名 胸の中。また、胸の中にある考え。ーに納める 思いを心におさめて顔色にあらわさない。

む-ねつ ◎ム【無熱】名 ❶熱がないこと。❷体温がふつうであること。平熱。

むね-と【▲宗徒】名〔古語〕おもだったもの。中心としてたのむ者。

むね-と【▲宗と】副〔古語〕❶主として。おもに。もっぱら。「むねとあらまほしからんこと」〈徒然〉❷首領・大将として。

むねなが-しんのう《宗良親王》一三一一?。後醍醐天皇の皇子。「新葉和歌集」の撰者。著作に歌集「李花集」など。

むね-まわり マ【胸回り】名 胸のまわり。また、その寸法。バスト。

むねむね-し【▲宗▲宗し】形シク〔古語〕❶おもだっている。「むねむねしき人もなかりければ」〈源氏〉❷しっかりしている。「むねむねしからぬ軒」〈源氏〉

むね-やけ ◎【胸焼け】名 胃から突きあげてきて、みぞおちのあたりが焼けるように感じること。むなやけ。

むねわり-ながや ナ【棟割(り)長屋】名 一つの棟を、壁でしきって、何軒にもしたもの。

む-ねん ム【無念】名 形動 ❶〔仏〕心に何も思わないこと。❷くちおしいこと。くやしいこと。残念。ー無想 ム-名 ❶〔仏〕すべての想念をはなれて、無我の境地に入る状態。❷何も考えないこと。

む-のう ◎【無能】名 形動 能力や才能のないこと。↕有能。

む-のうりょく ノ【無能力】名 形動 能力のないこと。ー者 ク/リョ 名〔法〕もと、未成年者・禁治産者など、完全な法的行為をなす能力をもたないものを言った語。現在は、制限行為能力者と言う。

む-はい ◎【無配】名 利益金などの配当がないこと。無配当。↕有配。

む-はい ◎【無敗】名 試合などで負けたことがないこと。「ーを誇る」

むばたまの【▲射▲干玉の】枕 ⬇ぬばたまの。

む-ばんそう バ【無伴奏】名 楽器の演奏や声楽に伴奏がともなわないこと。「ーバイオリン曲」

ムハンマド《Muhammad》五七〇ごろ-六三二。イスラム教の創唱者。メッカに生まれ、神アッラーの啓示を受けて伝道を始めたとされる。マホメット。

む-ひ ム【無比】名 形動(の) くらべるものがないほど、すぐれていること。無双。「正確ー」

む-び ム【夢×寐】名〔文章語〕(「寐」はねむるの意)ねむる間。ねむって夢をみる間。ーにも 夢にも。決して。「ー忘れない」参考 下に打ち消しをともなう。

む-ひつ ム【無筆】名〔文章語〕文字の読み書きができないこと。また、その人。文盲。

む-びゅう ◎【無×謬】名〔文章語〕理論や判断で、誤りのないこと。

む-ひょう ◎【霧氷】名 寒地で、水蒸気や霧の粒が木の枝などについてできる氷。「樹氷」はこれの一種。㊅

む-びょう ム【無病】名 病気をしないこと。「ー息災」

む-ひょうじょう ヒョ【無表情】名 形動(の) 表情のないこと。また、とぼしいこと。

む-ふう ◎【無風】名 ❶風がないこと。❷平穏であること。波乱のないこと。ー地帯 チ 名 競争や争いごとが起こらない場所。「選挙のー」

む-ふんべつ フ【無分別】名 形動 あとさきの考えがないこと。思慮のないこと。

むべ【▲宜】副 なり形動〔古語〕なるほど。いかにも。うべ。「吹くからに秋の草木のしほるればむべ山風を嵐と言ふらむ」〈古今〉ーなるかな〔文章語〕⬇うべなるかな。

む-へん ◎【無辺】名 かぎりのないこと。はてしのないこと。「広大ー」

む-へんざい ヘ【無辺際】名 限りなく広いこと。むへんさい。「ーの宇宙」

む-ほう ◎【無法】名 形動(の) ❶法のおこなわれないこと。「ー地帯」❷道理にはずれ、らんぼうなこと。「ー者」

む-ぼう ◎【無帽】名 帽子をかぶらないこと。

む-ぼう ◎【無謀】名 形動(の) すじ道の立った考えなしに事をすること。むちゃ。むてっぽう。「ーな企て」

む-ぼうび ボ【無防備】名 形動 迫っている危険に何の対応策も用意していないこと。「ーな相手守備陣のすきをつく」

む-ほん ム【無▲品】名〔古語〕親王で位階をもたないこと。

む-ほん ム【謀反】【謀×叛】名 自サ ❶君主にそむいて乱をおこすこと。「ー人」❷反逆。

む-ま ム【夢魔】名〔文章語〕❶夢にあらわれる悪魔。❷不安や恐怖を感じさせる夢。「ーにおそわれる」

む-み ム【無味】名 ❶あじがないこと。「ー無臭」❷おもしろみがないこと。「ーな話」ー乾燥 カ/ソ 名 形動 あじわいや、おもしろみがないこと。

む-みょう ◎ム【無明】名〔仏〕煩悩のために、さとりをひらくことができないこと。無知。ー長夜 チョ 名〔仏〕無明の世界を長い夜にたとえたことば。むみょうのやみ。

む

むみょうしょう《無名抄》鎌倉時代前期の歌論書。著者は鴨長明。歌人の逸話・歌会・歌枕などについての研究をしるしたもの。

むみょうぞうし《無名草子》鎌倉時代前期の評論。作者は藤原俊成女かという。物語・歌集・女性批評などをのせたもの。

む-めい [0]【無名】[名] ❶名前がついていないこと。名なし。「—の三角点峰」❷名をしるさないこと。無記名。「—の封書」❸名のわからないこと。「—戦士」❹名高くないこと。「—の青年画家」↕有名。**—氏** [メ][名]【文章語】名のわからない人。失名氏。**—指** [メ][名]【文章語】くすりゆび。**—数** [メ][名] メートル・グラムなどの単位の名称のつかない、ふつうの「1・2・3…」の数。↕名数。

む-めい [0]/[ム]【無銘】[名] 刀剣・書画などに作者名のないこと。また、その刀剣・書画など。↕在銘。

む-めんきょ [メ]【無免許】[名] 免許をもっていないこと。「—運転」

む-もん [0]【無文】[名]【文章語】布に模様のないこと。

む-もん [0]/[ム]【無紋】[名]【文章語】❶紋のないこと。❷布に模様のついていないこと。無地。

む-やく [ム]【無役】[名] ❶役目のないこと。❷課される租税のないこと。

む-やく [ム]【無益】[名] 形動 ➡むえき。

む-やみ [ム]【無闇】形動 ダロ・ダッ・デ・ニ／ダナ・ナラ・〇「「無闇」は当て字」❶前後の考えがないようす。「—に食べる」「—な行動をとるな」❷程度を越すようす。「—やたらに威張りちらす」

む-ゆう-びょう [0]【夢遊病】[名] 睡眠中に起きあがって歩いたりしても、目がさめてから何も思い出せない病的症状。

む-よう [0]【無用】[名] 形動(の) ❶用のないこと。いらないこと。「—の者入るべからず」「心配—」❷はたらきのないこと。役にたたないこと。↕有用。❸してはならないこと。「立ち入り—」**—の長物** あっても役にたたないじゃまもの。**—の用** 無用とされているものが、かえって役にたつこと。

む-よく [ム]【無欲】【無×慾】[名] 形動(の) 欲ばらないこと。欲のないこと。↕貪欲。

むら【群】【×叢】造 むれ。「群すずめ」

むら [ヲ]【村】[名] ❶いなかで、人家のあつまっている所。村落。❷地方自治体の村。

むら [0]【▲斑】[名] ❶色の濃さが一様でないこと。まだら。「染めの—」❷物事がそろわないこと。統一がないこと。「成績に—がある」

むら-おこし [オ]【村起こし・村興し】[名] 人口がへって活気のなくなった村を活気づけること。「—のイベント」

むら-おさ [0]【村▲長】―をさ [名]【古語】村をおさめる長。

むら-かた [0]【村方】[名] ❶村のほう。↕町方。❷村方三役。**—三役** [サ][名] 江戸時代に、郡代・代官の支配下に民政をつかさどった、名主・組頭・百姓代の三つの役。

むら-が・る [ガ]【群がる】【×叢る・×簇る】[自五] ラ・ロ／リ・ッ／ル・ル／レ・レ 人や動植物が一か所に多くあつまる。むれている。**群がり** [名]

むら-き [0]【むら気】【▲斑気】[名] 形動 気分が不安定で変わりやすいこと。移り気。

むら-ぎえ [0]【むら消え】【▲斑消え】[名] ふぞろいに消えること。「雪の—」

むらぎも-の【群▽村▽肝の】[枕]「「きも」は、臓器。たくさん臓器のある腹の意から」「心」にかかる。むらぎもの。

むら-くも [0]【群雲】【×叢雲】[名]【文章語】群れあつまった雲。「月に—」

むら-さき [ヲ]【紫】[名] ❶赤と青の中間色。❷しょうゆ。❸ムラサキ科の多年生植物。夏、白色の小花をひらく。根は紫色で、昔の重要な染料。(夏)

むらさき-しきぶ [キ2]/[シ]【紫式部】[名] クマツヅラ科の落葉低木。秋、濃紫色の小さい球形の実をつける。(秋)

むらさき-しきぶ《紫式部》生没年未詳。平安時代中期の作家・歌人。才媛のほまれが高く、中宮彰子に仕え、「源氏物語」「紫式部日記」を残した。

むらさき-つゆくさ [ユ]【紫露草】[名] ツユクサ科の多年生植物。夏、紫色の花が咲く。

むらさき-はしどい [ハ]【紫はしどい】[名] モクセイ科の落葉低木。春、うす紫色の花をひらく。よいかおりがある。観賞用。リラ。ライラック。(春)

むら-ざと [0]【村里】[名] いなかで、人家のあつまった所。

むら-さめ [0]【村雨】[名]【文章語】にわか雨。

むら-じ [ム]【▲連】[名] 古代の姓の一つ。臣とならんで朝政に参加した最高位。

むら-しぐれ [シ]【むら時雨】【村時雨】[名]【文章語】降ってはやみ、やんではまた降るしぐれ。(冬)

むら-しばい [シ]【村芝居】―しばゐ [名] ❶村の人が出演する芝居。(秋) ❷いなかで興行する旅役者の芝居。

むら・す [ヲ]【蒸らす】[他五] サ・ソ／シ・ス／ス・セ／セ むれるようにする。「火をとめてご飯を—」

むら-すずめ [ス]【群すずめ】【群×雀】[名] むらがっているすずめ。

むら-たけ [ヲ]【群竹】【×叢竹】[名]【文章語】むらがりはえた竹。

むら-だ・つ [ダ]【群立つ】[自五] タ・ト／チ・ッ／ツ・ツ／テ・テ むらがって立つ。

むらた-はるみ《村田春海》一七四六-一八一一。江戸時代後期の国学者・歌人。賀茂真淵ののち、江戸古学派の重鎮となる。主著に「琴後集」など。

むら-ちどり [チ]【群千鳥】[名] むらがっているちどり。(冬)

むらの-しろう《村野四郎》一九〇一-七五。詩人。モダニズムの詩を作った。「体操詩集」「亡羊記」など。

むら-はちぶ [チ]【村八分】[名] 村のきまりにそむいた人があるとき、村民全部が申しあわせて、その人やその家族と絶交すること。[参考] 火事と葬式の二分を残し、八分を絶交するの意とする説もある。

むら-ばらい [バ]【村払い】―ばらひ [名] 江戸時代に、罪をおかした人をその村から追い出した刑。

むら-びと [0]【村人】[名] 村の住民。

むら-むら [ム1] [と][副][自サ] 感情が急にたかぶったり、激しい欲望がわきおこったりするようす。「—と腹が立つ」「過激なぬれ場に—する」

むら-やくにん [ヤ]【村役人】[名] 村方三役。

むら-やくば [ヤ]【村役場】[名] 村の行政事務をとる所。

む-り [ム]【夢裏】【夢×裡】[名]【文章語】ゆめのうち。

む-り [ム]【無理】[名] 形動 ❶道理や理由がないこと。すじの立たないこと。「—を言う」❷しいておこなうこと。「—にはしない」❸するのに困難なこと。「今は—だ」**—往生** [オ][名] むりに他人をおさえつけて、やらせること。むりじいに屈服させること。**—押し** [0][名] むりやりに事をおしすすめること。**—が通れば道理(が)引っ込む** すじ道のたたないことが世の中でおこなわれると、正しいことはおこなわれなくなる。**—からぬ** むりでない。もっともな。「—話だ」[参考]「無理ならぬ」が本来であるはずだが、「高からぬ」「低からぬ」などの類推からできた語。**—算段** [ム]/[ダ]/[サ][名] むりをしてゆうずうをつけること。「—をして家を買う」**—強い** [0][名][他サ] むりに押しつけること。強制。**—心中** [シ][名] いやがる相手を殺して、自分も自殺する

む

こと。ー数(すう)⓪名 分数であらわすことのできない実数。√2など。↔有理数。ー筋(すじ)⓪名 ❶囲碁・将棋で、相手が誤ることなく対処したら失敗に終わる無理な手。❷無理なやり方。ー難題(なんだい)ム名 道理にはずれた言いがかり。「ーを言う」 ー無体(むたい)ム・名「むり」の強め。「ーに連れていく」 ーもない 事情はじゅうぶん理解できる。もっともだ。ー矢理(やり)⓪〔に〕副 相手のことや結果のよしあしを考えず、思ったことをおし通すようす。

む-りかい リ【無理解】名形動 相手のことを理解しようとしないこと。思いやりがないこと。「ーな親」

む-りし リ【無利子】名 利子がつかないこと。無利息。

む-りそく リ【無利息】名 無利子。

む-りょ ム【無慮】副〔文章語〕およそ。だいたい。数量の多い場合に言う。「ー五千人」

む-りょう ⓪【無料】名 料金がいらないこと。↔有料。

む-りょう ⓪【無量】名形動(の) 量がはかり知れないほど多いこと。「感慨ー」

む-りょく ム【無力】名形動(の) 体力・能力・資力・勢力などのないこと。「ー感」↔有力。

む-るい ⓪【無類】名形動(の) くらべるもののないこと。無比。「ーの秀才」

むれ レ【群(れ)】名 集まり。群がり。集団。「小鳥のー」

むれ-つど・う ド【群れ集う】(つどふ) 自五 ワ(ハ)オイウウエエ 一か所にかたまるようにしてあつまる。

むれ-と・ぶ ⓪/ド【群れ飛ぶ】自五 バボビブブベベ むれになって飛ぶ。「かもめがー」

む・れる レ【群れる】自下一 レレルレルレレ 寄りあつまる。むらがる。「繁華街に若者がー」 む・る 文語下二

む・れる レ【蒸れる】自下一 レレルレルレレ ❶空気が通らなくて熱気や湿気がこもる。「室内がー」 ❷熱や蒸気がじゅうぶんに通る。「ごはんがー」

むろ 回【室】名 ❶内部の温度を一定にして、食物などを入れておく所。❷〔古語〕家の奥につくって土で塗りこめ、寝室などにした所。❸〔古語〕山腹などに掘ったいわや。いしむろ。❹〔古語〕僧の住む家。僧房。

む-ろ ム【無▲漏】名〔仏〕(「漏(ろ)」は「煩悩(ぼんのう)」の意)ぼんのうをはなれたこと。ぼんのうのないこと。↔有漏(うろ)。

むろ-あじ 回【室×鯵】(あぢ)名 アジ科の海水魚。背は青緑色。暖海にすむ。多く干物(ひもの)にする。㊍

むろう-さいせい《室生犀星》一八八九―一九六二。詩人・小説家。本名は照道。詩人として出発し、小説家に転じた。詩集に「抒情(じょじょう)小曲集」、小説に「あにいもうと」「杏(あんず)っ子」など。

むろ-きゅうそう《室鳩巣》一六五八―一七三四。江戸時代中期の儒学者。著書に「駿台雑話(すんだいざつわ)」「六諭衍義大意(りくゆえんぎたいい)」など。

む-ろく ム【無×禄】名〔文章語〕知行(ちぎょう)・給与のないこと。

むろ-ざき ⓪【室咲(き)】名 むろの中であたためて人工的に花を咲かせること。また、咲いた花。㊄

むろまち《室町》❶京都市の中心部を南北に走る室町通り沿道の地区。平安京の室町小路に当たる。足利尊氏(あしかがたかうじ)が政権をとり、義満(よしみつ)がこの一角に邸宅を構え、幕府の中心となったことにちなんで室町幕府とよばれたことから、この時期(一三三六―一五七三)を室町時代と称する。❷東京都中央区の地名。日本橋室町。江戸時代から商業地として整備され、発展してきた。

む-ろん 回【無論】副 いうまでもなく。もちろん。「式にはー参加します」 参考 下に断定をあらわす言い方がくる。

むんず-と ム/ヌ 副 強くつかむようす。むずと。

むん-むん ム˥ 副 自サ 熱やにおいのこもるようす。「会場は熱気でーしている」

め

メ

め:「女」の草体。
メ:「女」の下の方。

め【め】【▲奴】接尾 ❶ののしる語。「あいつー」「ばか者ー」 ❷自分をいやしめ、かしこまっていう古めかしい言い方。「わたくしーにござりまする」

め【雌】【×牝】造 めすの。「ー牛」↔雄。

め【目】【▲眼】㊀ ヌ名 ❶動物の、光を感じて物を見る働きをする器官。「ーで見る」 ❷物を見る働き。また、見ることによる経験・体験。「おーにかかる」「他人のーをおそれる」「ひどいーにあう」 ❸物を見るときの目のようす。また、目のようすに現れるとする物の見方・考え方。「ーで知らせる」「うたがいのーで見る」 ❹物を見る力。視力、または物を見分ける力。「ーが弱い」「ーが高い」 ❺形が目に似ているもの。「台風のー」「うおのー」「さいころのー」 ❻二つ以上の線状のものが交わる、またはそれらではさまれたり囲まれたりしている部分。「網のー」「畳のー」「碁盤のー」 ❼分量を表すためにつけたしるし。また、それで計った分量。「はかりのー」「ーが足りない」 ❽のこぎり・やすりなどの刃などの部分。「ーをたてる」 ❾木材の切り口に見える筋。もくめ。❿〔俗語〕(さいころを振って出る目の意から)可能性。チャンス。「これで優勝のーはなくなった」 ㊁ 接尾 ❶順序を示す。「五年ー」 ❷重さの単位。もんめ。❸中心となる点や場所。「折りー」「わかれー」 ❹〔かながき〕ものの程度。「長ー」「細ー」 ーが泳(およ)ぐ 緊張や動揺によって、目の動きが定まらない。 ーが利(き)く 見わける力がすぐれている。鑑識力が高い。 ーが曇(くも)る 判断力がにぶる。 ーが×眩(くら)む ❶強い光にうたれて目が見えなくなる。❷めまいがして、くらくらする。❸心をうばわれて分別がなくなる。「欲にー」 ーが肥(こ)える よいものを見なれて、見わける力が増す。 ーが×冴(さ)える ねむけがさめる。 ーが覚(さ)める ❶眠りからさめる。❷迷いから正常にもどる。「忠告でー」 ーが据(す)わる 怒りや酔いのために、一点をじっと見詰めて、目玉を動かさなくなる。 ーが近(ちか)い 近視である。 ーが高(たか)い 見わける力がすぐれている。 ーが点(てん)になる〔俗語〕(漫画で目を点のように描いて驚きを表すことから)びっくりする。ぼうぜんとする。 ーが届(とど)く 世話・監督などが行きとどく。 ーが無(な)い ひどく好む。「酒にはー」 ーが光(ひか)る 厳しく監視する。「警察のー」 ーが回(まわ)る ❶目がくらくらする。❷たいそういそがしい。 ーから×鱗(うろこ)が落(お)ちる (聖書のことばから)今までわからなかったことが、突然はっきりわかるようになる。 ーから鼻(はな)へ抜(ぬ)ける すぐれてかしこい。ぬけめなく、すばしこい。 ーから火(ひ)が出(で)る 頭や顔を強く打ちつけたときの感じをいう。 ーじゃない〔俗語〕まともに考えるほどのことではない。相手にするほどではない。「あんなやつー」 ーと鼻(はな)の間(あいだ)(先(さき)) 距離がたいそう近いこと。 ーに余(あま)る することがひどすぎて、だまっていられない。 ーに一丁字(いっていじ)なし 文字の読み書きができない。 ーに入(い)れても痛(いた)くない 非常にかわいい。 ーに浮(う)かぶ 過去に見たありさまが思い出される。また、まだ見ぬようすを思い浮かべることができる。「孫のよろこぶ顔がーようだ」 ーに角(かど)を立(た)てる 怒りや非難をふくんだ、鋭い目つきで見る。 ーに染(し)みる ❶液体や煙が目に入り、痛みを感じる。❷風景や色彩などが、強く印象に残る。「青空がー」 ーにする 見る。見かける。「最近よくー光景」

ーに立つ 目につく。めだつ。ーに付く❶目にとまる。❷めだつ。ーに留まる❶目にはいる。見える。❷気に入る。「社長のー」ーに入る 見える。気がつく。ーには目を歯には歯を 害を与えた相手に同じやり方でしかえしをする。ーに触れる 目にはいる。見える。ーに見えて はっきりわかるほど。いちじるしく。ーにも留まらぬ 速くて見さだめられない。「ー早わざ」ーに物言わせる まなざしで自分の気持ちを相手に伝える。ーに物(を)見せる ひどいめにあわせる。思い知らせる。ーの色を変える おこったり、おどろいたりして目つきをかえる。ーの上の×瘤(たん×瘤) 地位や実力が上で、自分の活動のじゃまになる人。ーの敵 見るたびにくんで、敵とする物・人。ーの黒いうち 生きているあいだ。命のあるうち。ーの毒❶見ると心によくない影響をあたえるもの。❷見ると欲しくなるもの。ーの保養 美しい物などを見て楽しむこと。ーは口ほどに物を言う 口で話すと同じ程度に、目つきは意味や気持ちを表現する。ー引き袖引き 目くばせをしたり、そでをひっぱったりする。世間の人が口うるさく批評したり、非難したりすること。ーも当てられない ひどい状態で見るにたえない。ーもあやに きらきらかがやくようす。まばゆいほど美しいようす。ーもくれない 見むきもしない。ーを疑う 自分の目をうたがうほど、ふしぎに思う。意外なことにおどろく。ーを奪う すっかり見とれさせる。ーを覆う❶目をふさいで、知らないふりをする。「きびしい現実にー」❷直視することができない。「ー惨状」ーを落とす 下を見る。「足下にー」ーを掛ける ひいきにする。かわいがって世話をする。ーを×掠める すきをねらう。ーを配る 注意してよく見る。ーを×晦ます 人の目をだます。ーを凝らす 見つめる。じっと見る。ーを皿(のよう)にする 大きく目を見開いて、よく見る。ーを三角にする 目をいからす。こわい目つきをする。ーを白黒させる❶苦しがって目の玉をうごかす。❷ひどくおどろき、まごつくようす。ーを据える 視線を固定して、じっと見つめる。ーを背ける 目の前にあるものを見たくなくなる。ーを▲逸らす 見るべきものをあえて見ない。ーを楽しませる 見る人の心をなごやかにする。「観光客のー催し」ーを付ける 特別な注意を向ける。目ぼしをつける。注目する。ーをつぶ(㊥む)る❶目をとじる。❷死ぬ。❸見て見ぬふりをする。❹がまんする。あきらめる。ーを通す ひととおり見る。ざっと読む。ーを留める 注意して見る。注目する。ーを盗む 人に見つからないように、こっそりとする。ーを離す 注意している目をそらす。ーを光らせる 厳重に監視する。ーを引く 人の目をひきつける。ーを開く それまで知らなかった事実や考え方に接して、新しい境地を知る。「可能性にー」ーを伏せる 目を下に向ける。伏し目になる。ーを細める うれしさを表情にあらわす。目を細くする。ーを丸くする おどろいて目を見はる。ーを回す❶ひどくおどろく。❷いそがしくて、あわてまどう。❸気絶する。ーを見張る おどろいたりして目を大きく開く。ーを▲剝く おこって大きく目を見ひらく。ーをやる そちらの方を見る。視線を向ける。「時計にー」

め ⊠【芽】〔名〕❶植物体の一部で、生長して枝・葉・花となるもの。㊍春 ❷卵の胚。ーが出る❶草木が芽をだす。❷幸運がめぐってくる。ーの内に摘む❶小さい芽のうちにつみとる。❷大事にいたらないうちに、くいとめる。ーを摘む❶草木の芽をつまみとる。❷成長・発展しようとするものをつぶす。「悪のー」ーを吹く 芽をだす。

め【女】〔名〕〔古語〕❶おんな。❷妻。ーの▲童〔古語〕❶少女。❷そば近くおいて使う少女。

め 〔0〕〔感〕〔幼児語〕(「目」から)子どもをしかるときのことば。めっ。

め-あかし 〔ア/0〕【目明(か)し】〔名〕江戸時代、与力・同心などが、犯罪の捜査などの手伝いに雇った私的な使用人。おかっぴき。

め-あき 〔キ〕【目明き】〔名〕❶目の見える人。❷文字の読める人。また、物の道理のわかる人。

め-あたらし・い 〔シ〕【目新しい】〔形〕(カロ|カッ・ク|イ|イ|ケレ|○) 見なれていない。めずらしい。**目新しさ**〔名〕 **めあたら・し**〔文語シク〕

め-あて ⊠【目当(て)】〔名〕❶心の中でめざしているもの。ねらい。目的。「礼金ーの親切」「ーの芸能人」❷目標とするもの。目印。「灯台をーにして進む」

め-あわ・せる 〔セ〕【×娶せる】〔他下一〕(セ|セ|セル|セル|セレ|セロ・セヨ) (「女合わせる」の意)結婚させる。めあわす。**めあは・す**〔文語下二〕

めい【名】㊀〔造〕❶な。なまえ。「名義・名刺・改名・人名」❷なづける。呼ぶ。「名状・命名」❸名高い。すぐれた。「名作・名物・名誉・名選手・名勝負・汚名・高名」⇩銘〔参考〕。㊁〔接尾〕人数をあらわすことば。「七ー」⇩にん(人)〔参考〕。[別音 みょう|名]

めい【迷】〔造〕❶まよう。わからない。道がわからなくなる。「迷信・迷路・迷惑・頑迷・混迷・低迷」❷奇妙な。わけがわからない。「名」のもじり。「迷案・迷作・迷答・迷文」

めい【冥】〔造〕❶よみじ。死後の世界。「冥土・冥途・冥府・冥福」❷奥ふかい。「冥想」❸暗い。「晦冥・幽冥」[別音 みょう|冥]

めい【鳴】〔造〕❶なく。声を出す。「鳴禽・鶏鳴・悲鳴」❷なる。ならす。音を出す。音が出る。「鳴弦・鳴動・共鳴・吹鳴・雷鳴」

めい【×瞑】〔造〕❶めをつむる。めを閉じる。「瞑想・瞑目」❷くらい。「瞑瞑」

めい【命】㊀⊠〔名〕〔造〕❶いのち。生命。「命日・延命・懸命」❷命令。「ーを奉ずる」「厳命・使命・任命」❸めぐりあわせ。運命。「命運・宿命・天命」㊁〔造〕❶なづける。「命題・命名」❷戸籍。「亡命」**命じる**〔他上一〕**命ずる**〔他サ〕[別音 みょう|命] ー旦夕に迫る 寿命はきょうかあすまでである。死期が近づいている。

めい【明】㊀⊠〔名〕〔造〕❶あきらかなこと。くもりのないこと。「明解・明確・証明・判明」↕暗。❷見とおす力。眼識。「先見のー」❸視力。「ーを失う」「失明」㊁〔造〕❶あかるい。あかり。「明色・明朗・照明・清明」❷さとい。かしこい。「明君・明哲・賢明・聡明」❸あける。あかるむ。「未明・黎明」[別音 みょう|明]

めい ⊠【盟】〔名〕〔造〕誓い。同盟。「ーを結ぶ」「盟約・盟友・加盟・連盟」

めい【銘】㊀⊠〔名〕〔造〕❶器物や金石などにきざみつけて由来などを述べた文句。「銘文・碑銘・墓碑銘」❷いましめのことば。「座右のー」❸器物や刀剣などにしるす製作者の名。「銘刀・刻銘」❹銘柄。㊁〔造〕❶心にのこす。心にのこる。「銘記・感銘」❷名のある。名のとおっている。「銘菓・銘酒・銘茶」〔参考〕「銘」は品質のよさに、「名」は知られている範囲の広さに重点がある。**銘ずる**〔他サ〕 ーを打つ❶器物や刀剣などに製作者の名をきざむ。❷品物に名をつける。称する。銘打つ。

めい 〔0/⊠〕【×姪】〔名〕兄弟・姉妹の娘。↕おい。〔参考〕親しみをこめて言うときは「めいっ子」、他人のめいをうやまって言うときは「めい御」と言う。

めい-あん 〔0〕【名案】〔名〕すぐれた考え・おもいつき。

めい-あん [0]【明暗】[名] ❶あかるいことと、くらいこと。❷幸せと不幸。よろこびと、かなしみ。「人生の―」 **―を分わける** 幸不幸・勝ち負けなどがはっきり分かれる。

めいあん《明暗》夏目漱石なつめそうせきの長編小説。一九一六年発表で、作者の死により未完。平凡な夫婦生活の背景にある、暗い陰をえがく。

めい-い [メ]【名医】[名] ❶有名な医者。❷すぐれた医者。

めい-う・つ [メ]【銘打つ】[他五]（タ・ト-チ・ッ／ツ-ツ-テ-テ）❶品物に銘をつける。❷そう名づけて宣伝する。「第一級品と―」

めい-うん [0]【命運】[名]〔文章語〕運命。「―が尽きる」

めい-えん [0]【名園】[名×苑] [名] ❶名高い庭園。❷すぐれた庭園。

めい-えん [0]【名演】[名] すぐれた演技や演奏。

めいおう-せい [オ]【冥王星】[名] 太陽系のすぐ外側を回る天体の一つ。太陽系の九番目の惑星わくせいとされていたが、現在は準惑星に分類されている。

めい-か [メ]【名花】[名]〔文章語〕❶名高い花。❷すぐれて美しい花。❸美人。

めい-か [メ]【名家】[名] ❶有名な家がら。❷その道にすぐれた人。大家。名人。

めい-か [メ]【名菓】[名] ❶名高い菓子。❷すぐれた菓子。

めい-か [メ]【名歌】[名] ❶名高いうた。❷すぐれたうた。

めい-か [メ]【銘菓】[名] 特別な名のある、名高い菓子。

めい-が [メ]【名画】[名] ❶すぐれた絵画・映画。❷有名な絵画・映画。

めい-かい [0]【明解】[名] はっきりと解釈すること。はっきりした解釈。

めい-かい [0]【冥界】[名]〔文章語〕あの世。冥土めいど。幽界。

めい-かい [0]【明快】[形動]（ダロ-ダッ・デ-ニ／ダ-ナ-ナラ-○）はっきりしていて、よくわかるようす。「―な答弁」

めい-かく [0]【明確】[形動]（ダロ-ダッ・デ-ニ／ダ-ナ-ナラ-○）はっきりしていて、たしかなようす。「―な答え」

めい-がら [0]【銘柄】[名] ❶商品の名称・商標。❷取引物件の名称。

めい-かん [0]【名鑑】[名] なまえをあつめた本。「文化人―」

めい-かん [0]【銘肝】[名] [他サ]〔文章語〕心にきざみつけて忘れないこと。きもに銘じること。銘記。

めい-き [メ]【名器】[名] ❶有名な器物。❷すぐれた器物。

めい-き [メ]【明記】[名] [他サ] はっきりと書きつけしるすこと。

めい-き [メ]【銘記】[名] [他サ] ❶心にきざみつけて忘れないこと。❷銘として書きつけること。

めい-き [メ]【名×妓】[名] ❶りっぱな芸者。❷有名な芸者。

めい-ぎ [メ]【名技】[名] すぐれたわざ・演技。

めい-ぎ [ギ]/[メ]【名義】[名] おもてむきの名まえ。「弟の―で店を開く」 [参考]「名儀」と書くのはあやまり。 **―人にん** [0] [名] おもてむきに、名まえを出している人。

メイキャップ [キャ]〈make-up〉[名] ➡メーキャップ。

めい-きゅう [0]【迷宮】[名] ❶内部が迷路のようになった大きな建物。❷複雑で真相が容易につかめない物事のたとえ。 **―入いり** [0] [名] 事件が解決されないまま、犯罪の捜査が打ち切られること。

めい-きょう [0]【明鏡】[名]〔文章語〕くもりのないかがみ。 **―止水しすい** [シ] [名]〔文章語〕〔くもりのないかがみと、しずかな水のことから〕心がすみきって落ち着いていること。

めい-きょく [0]【名曲】[名] ❶すぐれた楽曲。❷名高い楽曲。

めい-きん [0]【鳴×禽】[名]〔文章語〕よくさえずる小鳥。

めい-ぎん [0]【名吟】[名]〔文章語〕❶すぐれた詩歌しいかや俳句。❷有名な詩歌や俳句。

めい-く [メ]【名句】[名] ❶すぐれた俳句や文句。❷名高い俳句や文句。

メイク [メ]〈make〉[名] ➡メーク。

めい-くん [メ]/[0]【名君】[名] すぐれた君主。名主。

めい-くん [メ]/[0]【明君】[名]〔文章語〕かしこくすぐれた君主。明主。↕暗君。

めい-げつ [メ]【名月】[名] 陰暦八月十五日、また九月十三日の夜の月。㊙ [参考]「中秋名月」を「中秋明月・仲秋名月」と書くこともある。

めい-げつ [メ]【明月】[名] ❶くもりなくすみわたった月。❷名月。㊙ ⇩名月 [参考]。

めいげつき《明月記》鎌倉かまくら時代初期、藤原定家ふじわらのさだいえの漢文体の日記。十九歳の時から五十六年間、断続して書きつづけたもの。

めい-けん [0]【名犬】[名] ❶りこうですぐれた犬。❷有名な犬。

めい-けん [0]【名剣】[名] ❶すぐれた剣。❷名高い剣。

めい-げん [0]【名言】[名] ❶当を得た、すぐれたことば。「―を吐く」❷有名なことば。

めい-げん [0]【鳴弦】[名] 魔よけのために、弓のつるを鳴らすこと。宮中の作法としておこなわれる。「―の儀」

めい-げん [0]【明言】[名] [他サ] はっきり言うこと。「―を避ける」

めい-ご [メ]【冥護】[名] ➡みょうご。

めい-こう [0]【名工】[名] ❶すぐれた職人。❷有名な職人。

めい-こう [0]【名香】[名] ❶有名な香。❷すぐれた香。

めい-ざ [0]【×瞑×坐】[名] [自サ]〔文章語〕目をとじて、すわること。

めい-さい [0]【迷彩】[名] 兵士の服装や艦船・戦車・建造物などにいろいろの色を塗って、敵の目をだますこと。カムフラージュ。 **―服ふく** [サ] [名] 迷彩をほどこした戦闘服。

めい-さい [0]【明細】[名] [形動] はっきりしていて、くわしいこと。「―に報告する」 **―書しょ** [0] [名] 内容をこまかにしるした文書。明細書き。

めい-さく [0]【名作】[名] ❶すぐれた作品。❷有名な作品。

めい-さつ [0]【名刹】[名]〔文章語〕名高い寺院。「古寺―」

めい-さつ [0]【明察】[名] [他サ]〔文章語〕❶あきらかに見とおすこと。❷相手の推察の尊敬語。

めい-さん [0]【名産】[名] その土地の名高い産物。名物。

めい-ざん [メ]【名山】[名] ❶けしきなどのすぐれたやま。❷有名なやま。

めい-し [メ]【名士】[名] 社会的に名高い人。

めい-し [0]【名刺】[名] 小型の紙に氏名・身分などを印刷したもの。 **―受うけ** [シ] [名] 弔問客・年始客などに名刺を入れてもらう入れ物。㊗新年 **―判ばん** [0] [名] 写真の大きさの一つ。たて八・三センチメートル、よこ六・〇センチメートルのもの。

めい-し [0]【名詞】[名] 品詞の一つ。事物の名をあらわす語。自立語で活用がなく、文の主語をはじめ種々の要素になることができる。⇩(付)品詞分類

めい-し [0]【明視】[名]〔文章語〕はっきり見えること。「―距離」

めい-じ [0]【名辞】[名]〔論〕概念をことばであらわしたもの。

めい-じ [メ]【明示】[名] [他サ] はっきりしめすこと。↕暗示。

めいじ《明治》明治天皇が在位した時代（一八六八―一九一二）の年号。江戸を東京と改称、京都から東京に遷都、天皇一代につき、一つの年号とすべきことが定められた。改元の前後に行われた一連の政治的・社会的変革は明治維新と称される。

めい-じつ [0]【名実】[名] 評判と実質。「―ともに第一人者」

者」

め-いしゃ [メ]【目医者】【▲眼医者】[名] 目の病気をなおす医者。眼科医。

めいしゃ [メ]【鳴謝】[名][自サ]〔文章語〕あつく礼を言うこと。深謝。

めいしゅ [メ]【名手】[名] 腕まえ・わざのすぐれた人。名人。

めいしゅ [メ]【名主】[名]〔文章語〕りっぱな主君。名君。

めいしゅ [0]【名酒】[名] ❶すぐれたさけ。❷有名なさけ。名のとおったさけ。

めいしゅ [メ]【明主】[名]〔文章語〕明君。↕暗主。

めいしゅ [メ]【盟主】[名]〔文章語〕同盟のかしら。

めいしゅ [0]【銘酒】[名] 特別の名まえをつけた質のよいさけ。—屋 [0][名] 明治・大正時代に、銘酒を飲ませるようによそおって、女をやとい、売春をさせていた店。

めいしょ [0/ジョ]【名所】[名] けしき・旧跡などで有名な土地。名勝。—図会 [ヌ][名] 絵入りの名所案内記。

めいしょう [0]【名匠】[名]〔文章語〕❶すぐれた工芸家・芸術家・学者。❷有名な工芸家・芸術家・学者。

めいしょう [0]【名相】[名]〔文章語〕❶すぐれた大臣。❷有名な大臣。

めいしょう [0]【名将】[名] ❶すぐれた将軍。❷有名な将軍。

めいしょう [0]【名称】[名] よびな。なまえ。「会社の—」 参考 ふつう、人の名には使わない。

めいしょう [0]【名勝】[名] けしきのすぐれた土地。勝地。

めいしょう [0]【明証】[名]〔文章語〕はっきりした証拠。

めいじょう [0]【名城】[名] ❶有名な城。❷すぐれた城。

めいじょう [0]【名状】[名][自サ] ありさまを言いあらわすこと。「—しがたい混乱」

めいしょく [0]【明色】[名] あかるい色。↕暗色。

めい・じる [0/ジ]【命じる】[他上一] ⬇めいずる。

めい・じる [0/ジ]【銘じる】[他上一] ⬇めいずる。

めいしん [0]【名臣】[名]〔文章語〕❶すぐれたけらい。❷有名なけらい。

めいしん [0]【迷信】[名] まちがった信仰。道理にあわない言い伝えなどを信じること。—家 [0][名] 迷信をいだいている人。ごへいかつぎ。

めいじん [ジ]【名人】[名] ❶技芸にすぐれ、その分野で第一人者とされる人。名手。❷碁・将棋で、すぐれた実力のある人にあたえられる最高の称号。—▲気▲質 [カ][名] 名人肌。—芸 [ジ][名] ❶ほかの人にはまねられないすぐれた芸。❷理屈では説明がつかない水際だった腕まえ。—肌 [ジ][名] 名人にありがちな、いっぷうかわった性質・気持ちのもち方。名人かたぎ。

めいすい [0]【名水】[名] きれいで、うまいと評判のわき水。

めいすう [ヌ]【名数】[名] ❶数をつけて、となえられる名称。「三綱」「四天王」「五常」など。❷単位の名を添えた数。「二本」「三冊」など。↕不名数・無名数。

◆（名数❶）「三」の名数の例

御三家	徳川家の尾張・紀州・水戸の三家
三奇橋	錦帯橋（山口）・猿橋（山梨）・愛本橋（富山）
三蹟	小野道風・藤原佐理・藤原行成
三筆	嵯峨天皇・橘逸勢・空海
日本三急流	最上川・富士川・球磨川
日本三景	天橋立（京都）・松島（宮城）・厳島（広島）
日本三名園	偕楽園（茨城）・兼六園（石川）・後楽園（岡山）

めいすう [ヌ]【命数】[名]〔文章語〕❶いのちの長さ。「—が尽きる」❷天命。運命。❸数に名をつけること。「十・百・千・万…」は十進法による命数。

めい・する [ヌ]【×瞑する】[自サ]〔文章語〕❶目をとじる。❷安らかに死ぬ。「もって瞑すべし」 **めい・す** [文語サ変]

めい・する [ヌ]【銘する】[他サ]〔文章語〕金石に文字をきざみつける。銘をつける。 **めい・す** [文語サ変]

めい・ずる [0/ヌ]【命ずる】[他サ]（「命じる」（上一段活用）とも）❶言いつける。命令する。「出張を—」❷任命する。「部長を—」❸名をつける。命名する。「命じて日昇丸という」 **めい・ず** [文語サ変]

めい・ずる [0/ヌ]【銘ずる】[他サ] 心にふかくきざみつけて忘れない。銘じる。「きもに—」 **めい・ず** [文語サ変]

めい-せい [0]【名声】[名] よい評判。「—を博する」

めい-せき [0]【名跡】[名] ❶名高い古跡。❷みょうせき。

めい-せき [0]【明×晰・明×晳】[名][形動]（「明」も「晰・晳」もあきらかの意）あきらかで、はっきりしていること。「頭脳—」

めい-せつ [0]【名節】[名]〔文章語〕名誉と節操。ほまれと、みさお。「—をたっとぶ」

めい-せん [セ]【銘仙】[名] 絹織物の一つ。くず生糸をつむいだ細いより糸で織ったもの。

めい-そう [0]【名僧】[名] ❶すぐれた僧。高僧。❷有名な僧。

めいそう [0]【迷走】[名][自サ] 決まった方向をとらずに、不規則に動くこと。「—台風」 —神経 [ジ][名] 延髄から出ている十二対のうち十番めの脳神経。のど・内臓などに分布している。知覚・運動・分泌などをつかさどる。

めい-そう [0]【×瞑想】[名][自サ] 目をとじて、しずかに考えること。「—にふける」

めいそう-じょうき [ジョ]【明窓浄机】[名]〔文章語〕（あかるい窓と、きよらかなつくえ）あかるく、きよらかな書斎。

めい-ぞく [メ]【名族】[名]〔文章語〕名門。

めいそん-じつぼう [0]【名存実亡】[名] 実益を捨てて体面を重んずること。↕実存名亡。

めい-だい [0]【命題】[名]〔論〕判断をことばにあらわしたもの。「牛は動物である」など。

めいた-がれい [ガ]【目板×鰈】[名] カレイ科の海水魚。体長約三〇センチメートル。目の前後に鋭いとげがある。

めい-たつ [0]【明達】[名][形動(の)]〔文章語〕かしこくて、道理に通じること。

めい-だん [0]【明断】[名][他サ]〔文章語〕あきらかなさばき。明快な決断・判断。

めい-ち [メ]【明知】【明×智】[名]〔文章語〕あきらかなちえ。英知。

めい-ちゃ [0]【銘茶】[名] 特別な名のある上質の茶。

めい-ちゅう [0]【×螟虫】[名] ずいむし。

めい-ちゅう [0]【命中】[名][自サ] まとにあたること。的中。

めい-ちょ [メ]【名著】[名] ❶すぐれた著作。❷名高い書物。

めい-ちょう [0]【明徴】[名]〔文章語〕事実にてらして、あきらかにすること。また、そのよりどころ。

めい-ちょう [0]【迷鳥】[名] 渡りの途中で、仲間からはなれ、迷いこんだ渡り鳥。

めい-ちょう [0]【明澄】[名][形動]〔文章語〕くもりなく澄みわたること。「—な音色」

め-いっぱい [イ]【目一杯】[副] 限度ぎりぎりの所まで。

「—値下げする」

めい-てい [0]【×酩×酊】[名][自サ] かなり酒に酔うこと。

めい-てつ [0]【明哲】[名][形動]〔文章語〕ちえがすぐれて、道理にあきらかなこと。また、その人。**—保身** [0]-[名]〔文章語〕道理にしたがって事を処理し、自分を安全にたもつこと。

めい-てん [0]【名店】[名] 有名なみせ。**—街** [テ][名] 有名なみせの出店をあつめた売り場。

めい-てんし [テ]【明天子】[名]〔文章語〕かしこい天子。

メイト〈mate〉[造] ⬇メート。

めい-ど [⊠]【明度】[名] 色の三要素の一つで、色のあかるさ。↕色相・彩度。

めい-ど [0]【冥土・冥途】[名] 死人の霊魂の行く所。あの世。黄泉。**—の土産** 死ぬときに、あの世にもっていく楽しい思い出。「—にする」

メイド [0]〈maid〉=**メード** [名] ❶個人の邸宅で、家事の手伝いをする女性。❷ホテルの客室サービスをする女性。[参考]「メイド喫茶」は、メイド❶の服装をした女性が客に接する喫茶店。

めい-とう [0]【名刀】[名] ❶すぐれた刀剣。❷有名なかたな。

めい-とう [0]【名湯】[名] 効能や環境のすぐれていることで有名な温泉。

めい-とう [0]【名答】[名] りっぱなこたえ。みごとなこたえ。↕愚答。

めい-とう [0]【銘刀】[名] 刀工の名のはいっている、すぐれたかたな。

めい-とう [0]【明答】[名][自サ] はっきりこたえること。

めい-どう [0]【鳴動】[名][自サ]〔文章語〕鳴りひびいて、うごくこと。「大山—してねずみ一匹」

めい-とく [0]【明徳】[名]〔文章語〕❶公明な徳性。❷天から受けたすぐれた本性。

めいどのひきゃく《冥途の飛脚》近松門左衛門作の浄瑠璃。遊女梅川と町人忠兵衛の悲恋をえがく。

めい-にち [⊠]【命日】[名] 毎年、あるいは、毎月まわってくる、その人の死んだ日に当たる日。忌日。

めい-ば [⊠]【名馬】[名] ❶すぐれたうま。❷名高いうま。

めい-はく [0]【明白】[形動] ダロ・ダッ・デ・ニ ダ・ナ・ナラ・○ あきらかで疑いのないようす。「—な事実」

めい-ばん [0]【名盤】[名]〔文章語〕内容のすぐれたレコード・CD。

めい-ばん [0]【銘板】[名] 文字がきざまれた金属などの板。

めい-び [⊠]【明×媚】[名][形動(の)] けしきがきれいで、すぐれていること。「風光—」

めい-ひつ [0]【名筆】[名]〔文章語〕❶すぐれた書画。❷有名な書画。

めい-ひん [0]【名品】[名] ❶すぐれたしな。❷有名なしな。

めい-びん [0]【明敏】[名][形動] かしこくてすばしこいこと。才知がするどいこと。「頭脳—」

めい-ふ [⊠]【冥府】[名]〔文章語〕❶あの世。めいど。❷地獄。えんまの庁。

めい-ふく [0]【冥福】[名] 死後の幸福。「—をいのる」

めい-ぶつ [⊠]【名物】[名] ❶その土地の名産。❷ふつうとちがっていることで評判になっている人・もの。「—男」❸茶道具のすぐれたもの。**—切れ(△裂)** [0][名] 中国(宋・元)からわたってきた、きんらん・どんすなどの織物のきれ。

めい-ぶん [0]【名分】[名] 身分によって守らなければならない道徳上の立場。「大義—」

めい-ぶん [0]【名文】[名] すぐれた文章。↕悪文。

めい-ぶん [0]【名聞】[名]〔文章語〕世間のうわさ・評判。みょうもん。「—をはばかる」

めい-ぶん [0]【明文】[名]〔法〕あきらかにきめられている条文。**—化** [0][名][他サ] はっきり条文として書きあらわすこと。

めい-ぶん [0]【迷文】[名]〔俗語〕(「名文」にかけて)意味のわかりにくい、へたな文章。

めい-ぶん [0]【銘文】[名] 金石などに刻まれた文章・文句。

めい-べん [0]【明弁】[名][他サ]〔文章語〕❶物の道理をはっきりとわきまえること。❷はっきり述べること。

めい-ぼ [0]【名簿】[名] 氏名をしるした冊子。

めい-ほう [0]【名宝】[名] 名高いたから。

めい-ほう [0]【盟邦】[名]〔文章語〕同盟国。

めい-ぼう [0]【名望】[名] 名誉と人望。**—家** [0][名] 名望のある人。

めい-ぼう [0]【明×眸】[名]〔文章語〕すみきった美しいひとみ。**—×皓歯** [コ][名]〔文章語〕美しいすみきったひとみと、歯並びのよい白い歯。美人のたとえ。

めい-ぼく [0]【名木】[名]〔文章語〕❶形のりっぱな木。❷いわれのある名高い木。❸すぐれた香木。

めい-ぼく [0]【銘木】[名] 形・色・木目がめずらしく、高価な木材。床柱などに使う。

めい-みゃく [0]【命脈】[名] 生命のつづくこと。「—を保つ」

めい-む [⊠]【迷夢】[名]〔文章語〕ゆめのような、とりとめのない考え。心のまよい。

めい-めい [0]【冥冥】[名]〔文章語〕❶くらいこと。❷事情のはっきりしないこと。❸自然と心に感じること。

めい-めい [0]【命名】[名][自サ] 名をつけること。「—式」

めい-めい [⊠2]【銘銘】[名][副] おのおの。それぞれ。**—皿** [⊠2][名] ひとりひとりに菓子などを盛って出すさら。

めいめい-はくはく [0]【明明白白】[形動][たる連体]「明白」の強め。少しもうたがいのないようす。「—たる事実」

めい-めつ [0]【明滅】[名][自サ]〔文章語〕あかりなどが、ついたり消えたりすること。

めい-もう [0]【迷妄】[名]〔文章語〕道理にくらく、事実でないものを事実のように思いこむこと。心のまよい。

めい-もく [0]【名目】[名] ❶なまえ。よびかた。みょうもく。「—だけの会社」❷口実。表向きの理由。「視察を—にする」**—上** [0][名][副] 表向き。実態と反するようす。「—の社長」**—賃金** [チ][名] 物価との関係を考えずに、貨幣の額だけで考えた賃金。↕実質賃金。

めい-もく [0]【×瞑目】[名][自サ] ❶目をつぶること。❷死ぬこと。

めい-もん [0]【名門】[名] 有名な家がら。名族。名家。

めい-やく [0]【名訳】[名] ❶すぐれた翻訳・翻訳書。❷有名な翻訳・翻訳書。

めい-やく [0]/[⊠]【名薬】[名] ❶よくきくくすり。❷有名なくすり。

めい-やく [0]【盟約】[名][他サ]〔文章語〕誓って約束すること。ちかい。「—をむすぶ」

めい-ゆう [0]【名優】[名] ❶すぐれた役者。❷有名な役者。

めい-ゆう [0]【盟友】[名] 誓いあった友。同志。

めい-よ【名誉】㊀[⊠][名][形動] すぐれているとみとめられて、誇りに思うこと。ほまれ。面目。「実に—なことだ」「—を重んずる」↕不名誉。㊁[造] 尊敬のしるしとして、名まえがあたえられること。「—教授」「—市民」**—毀損** [キ][名] 人の名誉を傷つけること。**—職** [ヨ][名] 他に本業を持つことができ、俸給または給料を受けずに従事する職。

めい-り [⊠]【名利】[名] 名誉と利益。みょうり。「—を追う」

めい-りゅう [0]【名流】[名] ❶有名な流派。❷名の知られた家柄の人々。名士。名家。

めい-りょう [0]【明瞭】[形動]（ダロ・ダッ・デ・ニ／ダ・ナ・ナラ・○）〔「明」も「瞭」もあきらかの意〕はっきりしていること。あきらかなこと。「—な発音」

め-い・る [イ]【▲滅入る】[自五]（ラ・ロ｜リ・ッ｜ル｜ル｜レ｜レ）元気がなく陰気になる。ふさぎこむ。「気が—」

めい-れい [0]【命令】[名][自サ] ❶上位の者が下位の者に行為の実行を言いつけること。命ずること。また、その内容。指令。❷〔法〕㋐行政機関の制定する法規。政令・省令など。㋑行政機関が特定の人に対して与える処分。処分命令。㋒裁判官がその権限に基づいてする裁判。 **—一下**（いっか）[イ][3][名] 命令が出るとすぐ。「—突撃する」 **—形**（けい）[0][名] 日本文法で、用言・助動詞の第六活用形。命令の意味をあらわす。「行け」「…させろ」など。⇩(付)語の活用 **—文**（ぶん）[レ][名] 性質によって分けた文の種類の一つ。命令・禁止などをあらわす文。活用語の命令形などを使う。↕平叙文・疑問文・感動文。

め-いろ [0]【目色】[名] 目の色。目つき。「しんけんな—」

めい-ろ [メ]【迷路】[名] ❶はいったら、まよってなかなか出られない道。❷内耳（ないじ）。

めい-ろう [0]【明朗】[形動]（ダロ・ダッ・デ・ニ／ダ・ナ・ナラ・○）❶あかるくて、ほがらかなこと。「—な性格」❷ごまかしや、かくしだてがなく、公正なこと。「—な運営」

めい-ろん [0]【名論】[名] すぐれた議論・論説。「—卓説」

めい-ろん [0]【迷論】[名]〔俗語〕〔「名論」にかけて〕すじの通らない議論。

めい-わく [メ]【迷惑】[名][自サ][形動] わずらわしくていやな思いにあうこと。 **—メール** [メ][2][名] ⬇スパムメール。

メイン [メ]〈main〉[名] ⬇メーン。

め-うえ [0][エ]【目上】（うへ）[名] 自分より年齢・地位・階級などが上であること。また、その人。↕目下。

め-うち [チ]【目打(ち)】[名] ❶千枚どおし。❷布に穴をあける手芸用具。❸切手などの切りめにつけた小さい穴。❹うなぎ・どじょうなどを切りさくとき、動かないように、きりを目に打ちこむこと。また、そのきり。

め-うつり [ウ]【目移り】[名] 物をえらぶときなど、あれこれとまよって決めがたいこと。

メーカー [メ][0]〈maker〉[名] 商品などの製造業者。「一流—」 **—品**（ひん）[0][名] 有名な大手製造業者の製品。「—のテレビ」

メーキャップ [キャ]〈make-up〉＝**メイキャップ** [名] ❶メーク❶。❷俳優のふん装。顔のこしらえ。

メーキング [0]〈making〉＝**メイキング** [名] 制作すること。または制作過程。「映画の—映像」

メーク [メ]〈make〉＝**メイク** [名] ❶女性のけしょう。❷「メーキャップ❷」の係。 **—アップ** [ア]〈make-up〉[名] ⬇メーキャップ。

メーター [0]〈meter〉[名] ❶自動的に電気・ガス・水道などの使用量をはかる器具。計器。❷タクシーなどの運賃表示器。❸⬇メートル。

メーデー [メ]〈May Day〉[名] 五月一日に行われる労働者の祭典。労働祭。[春]

メート〈mate〉＝**メイト** [造] 仲間。友達。「クラス—」「チーム—」

メード [0]〈maid〉[名] ⬇メイド。

メードイン〈made in〉＝**メイドイン** [造] …製。また、…製の品。「—ジャパン」

メートル [0]〈ᶠmètre〉＝**メーター** [名] 国際単位系の七つの基本単位の一つである長さの単位。記号は「m」。 **—グラス** [グ][名]〔ᶠmètreとglassの和製洋語〕メートル法による目盛りをきざんだガラスの入れ物。 **—法**（ほう）[0][名] 十進法を採用し、メートルを基本単位のひとつとした単位系。現在ではこれを改良した国際単位系が使われている。↕尺貫法・ヤードポンド法。 **—を上**（あ）**げる** 酒を飲んで気炎をあげる。

メーファーズ [ファ]〔中 ▲没▲法▲子〕[感] しかたがない。

メープル [メ]〈maple〉＝**メイプル** [名] かえで。「—シロップ」

メーリング-リスト [リ][2]〈mailing list〉[名] 特定のグループにいるメンバーに、同一内容の電子メールを一斉に送信できるしくみ。

メール [0]〈mail〉㊀[名] 郵便。「ダイレクト—」㊁[名][自サ]「Eメール（イーメール）」の略。パソコンや携帯電話などを用いた文書や画像などのやりとり。「あとで—します」 **—アドレス** [ア]〈mail address〉[名] 電子メールを送受信するために用いる、英数字などで記号化されたあて先。メルアド。メアド。 **—便**（びん）[0][名] 書籍やカタログなど、封筒におさめられる程度の軽量な荷物を安価に送付するサービス。 **—マガジン** [マ]〈mail magazine〉[名]〔和製英語〕電子メールで配信される記事や読みもの。メルマガ。

メーン [メ]〈main〉＝**メイン** [名] 中心。主要な部分。「—テーマ」 **—イベント** [イ]〈main event〉[名] スポーツで、その日の呼びものである大もの同士の試合。おもな試合。 **—スタンド** [タ]〈main stand〉[名]〔和製英語〕競技場のスタンドの正面の部分。 **—ストリート** [リ]〈main street〉[名] 大通り。 **—ディッシュ** [ディ]〈main dish〉[名] 西洋料理のコースで主となる料理。肉料理や魚料理が多い。 **—テーブル** [テ]〈main table〉[名] 会議や宴会で、議長や主賓のならぶテーブル。 **—バンク** [バ]〈main bank〉[名] 企業の取引銀行のうち、中心となる銀行。 **—ポール** [ポ]〈main pole〉[名]〔和製英語〕競技場などで、旗をあげる中心の柱。

め-おと [0]【▲夫▲婦・女▲夫・▲妻▲夫】（をと）[名] ふうふ。みょうと。 **—茶×碗**（ぢゃわん）[チャ][名] 夫婦で使うように、大小一組となった茶わん。

メカ [メ][名] ❶「メカニック」の略。「—に弱い」❷「メカニズム」の略。

メガ〈mega〉[造] ❶国際単位系における接頭語の一つで、百万倍を表す。記号は「M」。⇩国際単位系(表)。❷巨大。大きい。「—バンク」「—ヒット」

め-がお [メ]【目顔】（がほ）[名] 目つき。「—で知らせる」

め-かくし [カ]【目隠し】[名] ❶目を布などでおおいかくすこと。また、その布。❷子どもの遊びの一つ。目をおおった鬼が、音をたよりに、逃げる人をつかまえるもの。❸家の内部が外から見えないようにすること。また、そのへいや植木。 **—テスト** [テ][名] 食品などの商品のよしあしを判定するために、被験者に銘柄を隠して行うテスト。ブラインドテスト。

め-かけ [ケ]【×妾】[名] 男が、正妻のほかに、生活費をあたえて養う女性。そばめ。てかけ。

め-が・ける [ケ]【目がける】[他下一]（ケ｜ケ｜ケル｜ケル｜ケレ｜ケロ・ケヨ）ねらって目標にする。目ざす。 **めが・く** [文語下二]

め-かご [メ]【目籠】[名] 物を盛る、目のあらいかご。目ざる。

メガ-サイクル [サ]〈megacycle〉[名] 周波数の単位で、百万サイクル（千キロサイクル）。いまはメガヘルツという。

めかし・い [接尾]〔形容詞をつくる〕…らしい。…のように見える。「古—」「なま—」

めかし・こ・む [コ][自五]（マ・モ｜ミ・ン｜ム｜ム｜メ｜メ）身なりをかざりたてる。たいそうおしゃれをする。

め-がしら ガ【目頭】名 目の、鼻に近いほうのはし。↕目じり。―が熱くなる 感動して、目に涙がわいてくる。―を押さえる 出てくるなみだを指先で押さえて止めようとする。

めか・す 一 カ 自五 身なりをかざりたてる。しゃれる。二 接尾 〔五段活用動詞をつくる〕…らしくする。そのように見せかける。「金持ち―」「冗談―」

め-かた ０【目方】名 はかりではかった物の重さ。重量。

め-かど ⊠【目角】名 目のはし。―を立てる めくじらを立てる。

メカトロニクス 三〈mechatronics〉名 〔メカニクス(機械工学)とエレクトロニクス(電子工学)を合わせた語〕機械の駆動・制御に、コンピューターなどの電子技術を利用して、自動化・高性能化をはかるもの。

メガ-トン ⊠ ガ〈megaton〉名 百万トン。

メカニカル カ〈mechanical〉形動 動きやしくみが機械に似ているようす。メカニック。

メカニズム 三〈mechanism〉名 ❶機械の構造。❷全体を組み立て、動かすしくみ。機構。

メカニック 三〈mechanic〉一 名 機械の組み立て・修理をする人。特に自動車レースの整備士。二 形動 ⬇メカニカル。

め-がね ⊠【眼鏡】名 ❶視力をととのえたり、目をまもるためのレンズ・色ガラスを組み込んだ器具。がんきょう。❷物を見分ける力。目きき。鑑定。「―がくるう」「―をかける」 ―違い チ 名 物を見わけそこなうこと。みこみちがい。 ―にかなう 目上の人の気にいる。おぼしめしにかなう。 ―橋 ネ 名 橋脚が二つのアーチ形になっている構造の石造りの橋。 ―蛇 ヘ 名 コブラ。

メガ-バンク バ〈megabank〉名 都市銀行の合併により資産の規模が巨大になった銀行グループ。

め-かぶ ⊠【▲和▲布×蕪】名 わかめの根に近いところにつくひだ状の厚い葉。食用。めかぶら。

メガ-フロート 回〈mega float〉名 〔和製英語〕超大型浮体式海洋構造物。海上空港などへの利用が構想されている。

メガ-ヘルツ ヘ〈megahertz〉名 百万ヘルツ。

メガホン ⊠〈megaphone〉=メガフォン 名 口にあてて声を拡大する、らっぱ形のもの。 ―を取る 映画の監督をつとめる。メガホンを握る。

め-がみ ⊠【女神】名 女の神。じょしん。↕男神。

メガロポリス ポ〈megalopolis〉名 多くの都市がつらなってできた巨大な都市群帯。

め-きき キ2【目利き】名 ❶刀剣・書画などの真偽・良否を見わけること。また、その人。❷ものの見わけのよくつく人。

メキシコ《Mexico》北アメリカ南部にある連邦共和国。首都はメキシコシティ。正式国名はメキシコ合衆国。

めき-めき メ-【と】副 めっきり。きわだって。「―腕があがる」

め-キャベツ キャ【芽キャベツ】名 アブラナ科の多年生植物。キャベツの変種。葉のつけ根に生じる直径二、三センチメートルの葉球を食用とする。冬

め-ぎれ レ【目切れ】名 目方がきれること。目方の不足。

めく 接尾 〔五段活用動詞をつくる〕❶…らしくなる。…のように見える。「春―」「わざと―」❷…の状態になる。「きら―」「ゆら―」

め-くぎ ⊠【目くぎ】【目×釘】名 刀剣の身が、柄から抜けないようにとめるくぎ。

め-くされ ク【目腐れ】名 ❶眼病のため、いつも目のふちがただれていること。また、その人。❷人をののしる語。 ―金 レ 名 わずかの金をののしっていう語。はした金。

めぐ・し【▲愛し・×愍し】形ク〔古語〕❶かわいい。いとおしい。「妻子見ればかなしくめぐし」〈万葉〉❷かわいそうだ。いたわしい。「めぐしや君が恋に死なせむ」〈万葉〉

め-くじら ク【目くじら】名 目のはし。目角。 ―を立てる 目にかどをたてて、他人の欠点をさがしだす。小さなことをとりたてて、とがめる。

め-ぐすり グ【目薬】名 眼病をなおすために目にさす薬。

め-くそ ⊠【目くそ】【目×糞】名 目やに。 ―鼻×糞を笑う 〔目やにが、鼻くそをきたないといって笑う〕自分の欠点には気がつかないで、他人のことをあざわらう。

め-くばせ ク【目くばせ】【目▲配せ】名 目で合図をすること。目くわせ。

め-くばり ク【目配り】名 目をほうぼうに向け、あちこち注意して見ること。

めぐま・れる ０【恵まれる】自下一 ❶恵みを受ける。「人から金を―」❷幸福・幸運をもつ。「才能に―」「晴天に―」❸不自由しない。「海産物に恵まれた土地」 めぐま・る 文語下二

めぐみ ０【恵み】名 めぐむこと。なさけをかけること。いつくしみ。恩恵。「―を垂れる」 ―の雨 干天のつづいた後に降る、草木をうるおす雨。

め-ぐ・む グ【芽ぐむ】自五 芽を出す。芽ざす。春

めぐ・む ０【恵む】【×恤む】他五 ❶いたわる。なさけをかける。恩恵を与える。❷物をほどこし与える。「金銭を―」

め-くら ラ【▲盲】名 ❶視力の発達が十分でないこと。目の見えない状態。視覚(力)障害。❷文字の読めないこと。文盲。❸物事の筋道や本質をわきまえないこと。 ―暦 ゴ 名 絵暦。 ―×縞 ０ 名 紺色の綿布。紺無地。紺木綿。 ―千人目明き千人 世の中には、物事の評価ができる者とできない者が同じ程度にいるということ。 ―判 ０ 名 文書の内容をしらべもしないで、検閲・承認の印判をおすこと。 ―蛇に▲怖じず 知らない者は、おそろしいことでもこわがらない。参考「盲蛇」という蛇を怖がらないと解釈するのは誤り。 ―法師 ホ 名 盲人のびわ法師。座頭。

めぐら・す ０【巡らす】他五 ❶まわす。「目を四方に―」❷かこませる。まわりにたたせる。「かきを―」❸はたらかせる。「ちえを―」

め-くらまし ヨ【目くらまし】【目×眩まし】名 本当のことが見えないように、相手をあざむくこと。またはその技術。

めくり【×捲り】一 造 めくること。めくるもの。「日―」「譜面―」二 ０ 名 寄席などで、演者や演目を書いて、舞台の端に置いた木の台に下げる紙。舞台の進行にしたがって紙をめくる。

めぐり ０【巡り】名 ❶めぐること。「血の―」❷ほうぼうをまわり歩くこと。「古寺―」❸周囲。「池の―」

めぐり-あ・う ア【巡り合(会)う】自五 たまたまある状況に出あう。「二十年ぶりに同級生と―」「幸運に―」 巡りあい 名 巡りあえる 自下一〔…できる〕

めぐり-あわせ ０【巡り合(わ)せ】名 しぜんにそうなる運命。まわり合わせ。

めく・る ０【×捲る】他五 薄いものをはがすようにして裏に向ける。あげてひっくり返す。まくる。「カードを―」 めくれる 自下一〔…できる〕

めぐ・る ０【巡る】【▲回る・×廻る】自五 ❶じ

め

ゅんじゅんに移ってまるくうごく。まわる。「血が体内を―」❷まわりを歩く。「池を―」❸ぐるりと回って元へかえる。「歴史は―」❹まわりをかこむ。「堀が城を―」❺諸所を歩きまわる。遍歴する。「諸国を―」❻経過する。「―月日」❼一つの対象に関連する。「社長のいすを巡ってはげしい暗闘がある」**巡れる** 自下一［…できる］**―因果** ❶原因に応じて結果のあらわれること。❷わるいことをすると、その報いがくること。

め-くるめ・く 又2【目×眩く】自五 目がくらむ。目くらむ。「―光景」参考 連体形で使うことが多い。

めく・れる 0【×捲れる】自下一 薄いものが裏返った状態になる。まくれる。「風で着物のすそが―」

め-くわせ ク【目くわせ】【×眴】名 ➡めくばせ。

め・げる ゲ 自下一 ❶欠け損じる。こわれる。❷よわる。ひるむ。「困難にめげず、がんばる」

め-こぼし コ【目こぼし】【目×溢し】名 とがめるはずのところを、わざと見のがすこと。大目に見ること。「お―にあずかる」

め-さき キ【目先】名 ❶目のまえ。眼前。「―がまっくらになる」❷さしあたりのこと。当座。「―の損得かんじょう」❸そのときのようす。印象。「―を変える」❹将来の見通し。**―が利く** 先の見通しがきいて、さしあたりのことの処理がうまくできる。**―を変える** 今までとちがった趣向にする。おもむきをかえる。

メサイア サ〈Messiah〉名 ➡メシア❷。

め-ざし 0【目刺(し)】名 塩をふりかけたいわしを、その目にわらやくしを通して、干した食べ物。㊅春

め-ざ・す ザ【芽ざす】自五 木の芽がもえ出る。芽ぐむ。芽だつ。

め-ざ・す ザ【目差(指)す】他五 目標とする。めがける。ねらう。「入賞を―」

め-ざと・い ト【目ざとい】【目▲敏い】形 ❶みつけることが早い。目ばやい。❷眠りからさめやすい。「老人は―」**目ざとさ** 名 **めざと・し** 文語ク

め-ざまし ザ【目覚(ま)し】名 ❶目をさますこと。❷目をさまさせるもの。❸目をさましたときにあたえる菓子など。おめざ。❹目ざましどけい。**―時計** ド 名 予定の時刻にベルなどがなる仕掛けのとけい。

め-ざまし・い【目覚ましい】■ シ 形 目がさめるほどすばらしい。おどろくほどりっぱである。「―活躍ぶり」**目覚ましさ** 名 **めざま・し** 文語シク ■ 形シク〔古語〕めざわりである。気にくわない。「初めより我はと思ひあがり給へる御方々、めざましきものにおとしめそねみたまふ」〈源氏〉

め-ざ・める 又2【目覚める】自下一 ❶眠りからさめる。❷まよいがとける。本心にかえる。❸自覚する。「愛校心に―」❹ひそんでいた本能などが働き始める。「性に―」**目覚め** 名 **めざ・む** 文語下二

め-ざる 又【目ざる】【目×笊】名 目のあらいざる。

めさ-れる【召される】連語 ❶〔かながき〕「する・なす」の尊敬語。なさる。あそばす。「覚悟をめされよ」「ご安心めされよ」❷「着る」の尊敬語。「背広を―」❸「食べる・飲む」の尊敬語。「お酒を―」❹「乗る」の尊敬語。「車に―」❺「召す」の受け身の言い方。おめしにあずかる。呼びだされる。「天に―」

め-ざわり ザ【目障り】名 形動 ❶見るのにじゃまになること。また、そのもの。❷見て不快に感じること。また、そのもの。「―なやつだ」

めし シ【飯】名 ❶米・麦などをたいた食物。❷食事。ごはん。「―にしよう」参考「御飯」が丁寧語(美化語)から普通の言い方に変わるのに伴い、「めし」にはぞんざいな感じが強くなった。もっぱら男性の使う語。ただし、「釜飯」「焼き飯」のような複合語は、女性も使う。**―の食い上げ** 生活ができなくなること。**―の種** 生計を立てるための手段。**―を食う** ❶食事をする。❷生計を立てる。生活する。「音楽で―」

めじ 又 名 ➡めじまぐろ。

め-じ 又【目路】【▲眼路】名 目で見える限りの所。眼界。視野。「―の限り」

め-じ 又【目地】名 れんがやブロックを積んだり、タイルをはったりしたときにできる継ぎ目。

メシア 又〈Messiah〉名〔もとはヘブライ語〕❶キリスト教で、救世主のこと。❷イエス-キリストの敬称。メサイア。

めし-あが・る 0/ガ【召(し)上がる】他五「食う」「飲む」の尊敬語。⇩食べる 参考。**召し上がれる** 自下一［…できる］

めし-あ・げる ゲ/0【召(し)上げる】他下一 没収する。とりあげる。「領地を―」**召し上げ** 名 **めしあ・ぐ** 文語下二

め-しい シ【▲盲】名〔文章語〕目が見えないこと・人。

めし-うど【▲囚▲人】名〔古語〕➡めしゅうど。

めし-うど【▲召▲人】名〔古語〕➡めしゅうど。

めし-かか・える エ/カ2【召(し)抱える】他下一 けらいとする。**召し抱え** 名 **めしかか・ふ** 文語ハ下二

めし-ぐ・す グ【召(し)具す】他五〔文章語〕目下の者をひきつれて行く。召し連れる。

めし-じょう 0【召(し)状】名 貴人からの呼びだし状。

めし-した 0/タ【目下】名 年齢・地位・階級などが、自分よりひくいこと。また、その人。↕目上。

めし-たき 0/キ【飯炊き】名 ごはんをたくこと。また、その人。

めし-だ・す ダ【召(し)出す】他五 ❶貴人が目下の者を呼びだす。❷召して、職や給料などを与える。

めし-つかい ツ【召使(い)】名 雑用をする奉公人。

めし-つぶ ツ【飯粒】名 めしの粒。ごはん粒。

めし-つ・れる レ【召(し)連れる】他下一 目下の者を呼びだして連れる。召し具す。**めしつ・る** 文語下二

めし-どき 0【飯時】名 食事をする時刻。食事時。時分時。

めし-と・る ト/0【召(し)捕る】他五 罪人をとらえる。

めし-びつ 0【飯びつ】【飯×櫃】名 飯を入れる、丸くてふたのある入れ物。めしばち。おはち。おひつ。

飯びつ

め-しべ 又【雌しべ】【雌×蕊】名 種子植物の花のなかにあり、花粉を受けて種子をつくる器官。しずい。↕おしべ。

めじ-まぐろ マ【めじ×鮪】名 まぐろの幼魚。めじ。㊅春

めし-もり シ/リ【飯盛(り)】名 江戸時代、宿場の宿屋にやとわれ、客の給仕をし、売春もした女。

メジャー 又〈measure〉名 ❶計量。「―カップ」❷ものさし。巻き尺。特に洋裁用の巻き尺。❸尺度。基準。

メジャー〈major〉名 形動 ❶ 0 一流。大手。「―な歌手」❷ 又 長音階。長調。❸ 0 メジャーリーグ。**―リーグ** リ〈major league〉名 アメリカのプロ野球の最上位リーグ。大リーグ。

めしゅうど【▲囚▲人】名〔古語〕〔「めしびと」の変化〕とら

えられて牢獄(ろうごく)につながれている人。しゅうじん。

めしゅうど【召▲人】(めしうど) 名「めしびと」の変化 一 古語 ❶舞楽奉仕にめしだされた人。❷和歌所(わかどころ)の寄人(よりゅうど)。 二 シュ 歌会始めで、勅題(ちょくだい)の和歌を選ぶ人。

めしょう ショ【目性】名 目のしょう。目のたち。

めしよ・せる セ【召(し)寄せる】他下一 (セ・セ・セル・セル・セレ・セロ・セヨ) ❶貴人が目下の人を呼んで近よらせる。❷目下の人に持ってこさせる。**めしよ・す** 文語下二

め-じり メ【目尻】名 目の、耳のほうに近いはし。まなじり。↕目がしら。

め-じるし ジ【目印】【目▲標】名 目につきやすいようにつけたしるし。

め-じろ ⓪【目白】名 メジロ科の小鳥。背面は緑色。目のまわりが白い。低地の林にむらがってすみ、鳴き声が美しい。夏 **━押(お)し** ⓪ 名 (「めじろ」は木の枝などに並んでとまり、押しあう性質がある)大ぜいの人がこみあって並ぶこと。「━に並ぶ」

めす ス【雌】【×牝】名 動物で卵巣をもち、卵や子をうむ方。↕おす。

メス メ〈オ mes〉名 手術・解剖用の小刀。**━を入(い)れる** ❶メスで切開する。❷根本的解決の手段をとる。事態をきびしく分析し、批判する。「市政の腐敗に━」

め・す【召す】一 メ 他五 (サ・ソ・シ・ス・ス・セ・セ) ❶「呼ぶ・招く」の尊敬語。❷「飲む・食う・着る」の尊敬語。❸「(かぜを)ひく」「(年を)とる」「(ふろに)はいる」「(気に)いる」などの尊敬語。❹「買う」の尊敬語。「花を召しませ」参考 ❶❷❸では、さらに尊敬の助動詞を伴って「召される」の形で使われることが多い。また「お召しになる」と言うことも多い。**召し** 名 二 他四 古語 ❶「寵愛(ちょうあい)する」の尊敬語。❷「する」の尊敬語。❸〔補助動詞として動詞の連用形について〕尊敬の気持ちを添える。…なさる。「おもほし━」「きこし━」「しろし━」 三 自四 古語 「乗る」の尊敬語。「主上は今年六歳、…なに心もなう(無邪気ニ御輿(こし)に)召されけり」〈平家〉

め・す【▲見す】他四 古語 ❶ごらんになる。「大君のめしし野辺には」〈万葉〉❷お治めになる。統治なさる。「わご大君のめしたまふ吉野の宮」〈万葉〉

めずらか ズ【珍か】(めづら) 形動 (ダロ・ダッ・デ・ニ・ダ・ナ・ナラ・〇) 文章語 めずらしいようす。

めずらし・い【珍しい】(めづらしい) 一 シ 形 (カロ・カッ・ク・イ・イ・ケレ・〇) ❶まれである。めったにない。「南国で雪は━」「珍しく病気になった」❷久しぶりである。「━お客様だ」❸ふつうとちがっている。目新しい。「━デザインの車」❹めったにないから、貴重である。「━宝物」**珍しがる** 自五 **珍しげ** 形動 **珍しさ** 名 **めづら・し** 文語シク 二 形シク 古語 かわいらしい。「己(おの)が妻こそ、常(とこ)めづらしき」〈万葉〉

メセナ メ〈フ mécénat〉名 (古代ローマの政治家の名 Maecenas から)文学や芸術を保護・援助すること。企業の文化活動にいうことが多い。

め-せん ⓪【目線】名 (演劇・テレビ業界の用語から)❶視線。「━をそらす」❷ものの見かた。ものを見る立場。「上から━」

メソジスト-きょうかい キョ【メソジスト教会】名 〈メソジストはMethodist〉キリスト教の新教の一派。

メゾ-ソプラノ ソ〈イ mezzosoprano〉名 ソプラノとアルトとの中間の高さの声。また、その歌手。次高音。

メソッド メ〈method〉= **メソード** 名 方法。方式。手順。

メゾネット ネ〈maisonette〉名 集合住宅で、一戸が二つの階にまたがっているもの。↕フラット。

メソポタミア《ギ Mesopotamia》西アジアのチグリス川・ユーフラテス川の流域地方。メソポタミア文明の発祥地。

めそ-めそ メ 副 自サ ❶声をたてずに泣くようす。❷何かというと、すぐ涙をながすようす。「男のくせに━するな」

メソン メ〈meson〉名〖物〗中間子。

メタ〈meta〉造 超越した、高次の、の意をあらわす。ある学問や視点の外側にたって見ることをあらわすときに使われる。

め-だか ⓪【目高】名 メダカ科の淡水魚。体長約三(センチメートル)。目が大きく飛びだして見える。夏

め-だき メ【雌滝・女滝】名 ならんだ二本の滝のうち、小さいほうのもの。夏 ↕雄滝(おだき)。

め-だけ メ【雌竹・女竹】名 竹の一種。幹が細く、ふしとふしの間が長い。なよたけ。おなごだけ。↕雄竹(おだけ)。

メタ-げんご ゲ【メタ言語】名 ❶ある言語について、定義したり論じたりするときに用いられる言語。参考 たとえば、イタリア語について日本語で説明する場合、イタリア語が対象言語で、日本語がメタ言語となる。❷物事でなく、ことば自体をあらわすことば。たとえば、「トマトは赤い」という場合の「トマト」はある野菜をさしている。それに対して、「トマトは三文字だ」と言った場合、「トマト」は野菜をさしておらず、言語形式をさしている。このような場合の「トマト」をメタ言語と呼ぶ。

めだし-ぼう ジ【目出し帽】名 頭からすっぽりかぶって、目の部分だけをあけるようにした防寒用の帽子。

メタセコイア コ〈metasequoia〉名 スギ科の落葉高木。生育が早い。高さ三〇(メートル)余にもなる。化石として知られていたが、一九四三年に中国四川省で現生種が発見された。

め-だち チ【芽立ち】名 芽が出ること。芽ばえ。春

め-だ・つ ダ【目立つ】自五 (タ・ト・チ・ッ・ツ・ツ・テ・テ) 人目をひく。きわだつ。

め-たて テ【目立(て)】名 のこぎりの歯、やすり・ひきうすの磨滅した目を、するどくすること。

メタノール ノ〈ド Methanol〉名 ➡メチルアルコール。

メタファー メ〈metaphor〉名 隠喩。暗喩。参考「人生は物語のようなものだ」のように、「ようなものだ」と比喩であることを明示する表現がある直喩に対し、「人生は物語だ」のような表現が隠喩。

メタフィジック フィ〈metaphysics〉名 形而上学(けいじじょうがく)。

メタボリック-シンドローム ロ〈metabolic syndrome〉名 内臓のまわりに脂肪がたまる肥満によって、血圧、血糖値、コレステロール値などに複数の異常がみとめられる状態。生活習慣病の前段階にあるとされる。メタボ。

め-だま マ【目玉】名 ❶目の玉。まなこ。眼球。❷目玉の形をしているもの。「━焼き」❸しかられること。おめだま。「大━をくう」❹もっとも中心となって、人の目をひきつける役割をするもの。「民間から起用した大臣が新内閣の━だ」 **━が飛(と)び出(で)る** ❶ひどくしかられるようす。❷ひどくおどろくようす。「━ような値段」 **━商品(しょうひん)** ショ 名 ❶客寄せのために、特別に値引きをした商品。❷もっとも中心となる商品。もっとも目立たせようとする商品。 **━の黒(くろ)いうち** 生きているうち。生存中。 **━焼(や)き** ⓪ 名 フライパンに生卵を割って落として、黄身(きみ)をくずさずに焼いたもの。

めた-めた ⓪ 形動 (ダロ・ダッ・デ・ニ・ダ・ナ・ナラ・〇) 俗語 度を超えてひどいようす。「━にやられる」

メタモルフォーゼ フォ〈ド Metamorphose〉名 変身。変形。

メダリスト [リ]〈medalist〉[名] 競技に勝ってメダルをとった人。
メタリック [リ]〈metallic〉[形動] 金属でできているようす。また、金属的であるようす。「―カラー」
メタル [0]/[メ]〈metal〉[名] 金属。金属で作ったもの。「―フレーム」
メダル [0]〈medal〉[名] 賞・記念などの金属製の記章。賞牌。
メタン [メ]〈ド Methan〉[名] 炭化水素の一つ。天然ガスや石炭ガスに多量に含まれ、沼の底などに沈んだ腐敗した動植物からも発生する。無色無臭。都市ガスの主成分として燃料用。沼気。メタンガス。
メチエ(ー) [メ]〈フ métier〉[名] 絵画・彫刻・文学などの技巧・技法。
メチオニン [0]〈ド Methionin〉[名] アミノ酸の一種で、肝臓のはたらきを助けるもの。
め-ちがい [チ]【目違い】[名] 見ちがい。見そこない。
め-ぢから [ヂ]【目力】[名]〔俗語〕目の表情や視線が他人にあたえる印象。「―が強い」
めちゃ [メ]【▲滅茶】[名][形動] ❶すじ道のたたないこと。わけのわからないこと。「―なやり方」 ❷度はずれ。法外。「―な値段」 ―**苦茶** [0][名][形動] ❶程度のひどいこと。むちゃくちゃ。「―にいそがしい」 ❷ひどくこわれていること。めちゃめちゃ。 ―**▲滅茶** [0][名][形動]〔俗語〕めちゃくちゃ。「―にこわす」
め-ちょう [メ]【雌×蝶】[名] ↕雄蝶。❶めすのちょう。❷「おちょうめちょう❶」のうち、めすのちょうをかたどったもの。
メチル-アルコール [ア]〈ド Methylalkohol〉[名] 一酸化炭素と水素との合成物で、木材を乾留してつくる。無色の液体で有毒。工業燃料その他に使う。木精。メタノール。
めつ【滅】 [造] ❶ほろびる。ほろぼす。なくなる。たえる。なくす。たやす。「滅却・滅私・滅亡・壊滅・消滅・不滅」 ❷灯火や火がきえる。「点滅・明滅」 ❸高僧の死。「寂滅・入滅・仏滅」 **滅する** [自他サ]
め・づ【▲愛づ・▲賞づ】[他下二]〔古語〕➡めでる㊀。
メッカ [メ]〈Mecca〉[名] ❶サウジアラビアの主要都市。ムハンマドの出生地。イスラム教の聖地。❷崇拝し、あこがれる土地。「登山の―」 ❸ある物事の発祥地。根源地。

め-づかい [ヅ]【目遣い】[名] 物を見る時の目の動かし方。
めっか・る [0] [自五]〔俗語〕みつかる。
めっ-き [0]【×鍍▲金】[名][他サ]〔「めっきん(滅金)」の変化〕❶金属の表面に、金・銀・クロム・ニッケルなどのうすい層をかぶせること。また、そのかぶせた物。ときん。❷中身の悪いのをかくすため、表面だけをかざること。また、そのもの。てんぷら。 ―**が剝げる** 外がわの見せかけがとれて、よくない中身があらわれる。
め-つき [メ]【目つき】[名] 見る目のようす。まなざし。目づかい。「―が悪い」
め-つぎ [ギ]【芽接ぎ】[名] 新芽をとって台木のきりひらいた所にはめてかたくしばる、接ぎ木の方法。
めっ-きゃく [0]【滅却】[名][自他サ] 消えほろびること。消しほろぼすこと。主として精神的なことについて使う。「心頭を―すれば火もまた涼し」
めっきり [キ]〔と〕[副] きわだって。目だって。「―やせた」
めっ-きん [0]【滅菌】[名][自他サ] 薬品・熱などで細菌を死滅させること。殺菌。
め-つけ [ケ]【目付】[名] ❶武家時代、武士のおこないを監視した職名。❷〔多くは「お」をつけて〕監視役。目付役。
めっけ-もの [0]【めっけ物】[名] ❶思いがけなく発見した、値うちのあるもの。掘り出し物。❷思いがけなくとくをしたこと。意外な幸運。「これができただけでも―だ」
めっ・ける [0] [他下一]〔俗語〕みつける。
めつ-ご [メ]【滅後】[名]〔入滅のちの意〕釈迦の死後。
めつ-ざい [0]【滅罪】[名]〔仏〕ざんげや善行によって、罪悪を消すこと。「―生善」
めっ-し [メ]【滅私】[名] 私心をなくすること。 ―**奉公** [メ]-[ボ][名] 私心をすて、主君・国家につくすこと。
めっ-しつ [0]【滅失】[名][自サ]〔文章語〕ほろびてなくなること。
メッシュ [メ]〈mesh〉[名] ❶網の目。❷網目の大小を表す数。その数が大きいほど目が細かい。❸網の目のようにあらく編んだ布など。
めつ-じん [0]【滅尽】[名][自他サ]〔文章語〕ほろび尽きること。ほろぼし尽くすこと。
めっ・する [0]【滅する】[自他サ]〔文章語〕❶ほろびる。ほろぼす。❷消滅する。消滅させる。 **めっ・す** [文語サ変]

メッセ [メ]〈ド Messe〉[名] 見本市。特に、常設の国際見本市。また、その施設。
メッセージ [メ]〈message〉[名] ❶伝信。ことづて。❷口上。声明文。あいさつ。❸米国大統領の教書。❹コンピューターの一方向・一単位の情報。
メッセンジャー [セ]〈messenger〉[名] ❶伝言・手紙・品物などを送りとどける職業の人。使者。使いのもの。❷メッセンジャーボーイ。 ―**ボーイ** [ボ]〈messenger boy〉[名] ホテル・新聞社などで、手紙や荷物などを配達する人。
めっ-そう [ゾ]【滅相】㊀[名]〔仏〕生物の心やからだがほろびるすがた。㊁[形動] 法外なようす。とんでもないようす。「―な値段」 ―**もない** とんでもない。「―ことを言う」
めった【滅多】[造]〔程度がはなはだしい意の「めた」の変化。「滅多」は当て字〕やたらにおこなう。「―打ち」
めった-うち [0]【めった打ち】【滅多打ち】[名] ところかまわず手ひどく打ちつけること。
めった-ぎり [0]【めった切り】【滅多切り】[名] ところかまわず手ひどく刃物で切りつけること。
めった-な [メ]【滅多な】[連体] ❶わきまえのない。むやみな。「―ことを言うものではない」 ❷ごく普通である。「―ことでは驚かない」 [参考]下に打ち消しの語が来る。
めった-に [メ]【滅多に】[副] まれにしかないようす。「―本は読まない」 [参考]下に打ち消しの語が来る。
めった-やたら [メ]【滅多矢×鱈】[形動]〔俗語〕「めった」の強め。前後のみさかいもなく何かをするようす。
めっちゃ [メ][副]〔俗語〕〔関西地方の若者ことばからとされる〕程度のはなはだしいようす。「―暑いよ」
メッチェン [メ]〈ド Mädchen〉[名] 少女。未婚の女性。
めつ-ど [メ]【滅度】[名]〔仏〕❶煩悩をはなれ、生死をこえること。❷釈迦が、涅槃にはいったこと。
め-つぶし [ツ]【目潰し】[名] 灰や砂などを投げつけ、相手の目を見えなくすること。また、その灰や砂など。
めつ-ぼう [0]【滅亡】[名][自サ] ほろび、なくなること。
めっ-ぽう [ボ]【滅法】[副] 法外に。はなはだしく。「―寒い」
め-づまり [ツ]【目詰(ま)り】[名][自サ] 細かな網状の目に異物がつまってとおりが悪くなること。「フィルターの―」
め-づもり [ツ]【目積(も)り】[名] 目分量。
めづら・し【珍し】[形シク]〔古語〕➡めずらしい㊀。
め-て【▲馬手・▲右手】[名]〔古語〕〔馬のたづなをとる手〕↕ゆんで。❶みぎの手。❷右の方。みぎ。

め

メディア[メ]〈media〉名 ❶媒体。手段。❷テレビ・新聞・コンピューターネットワークなど、多数に情報を送る媒体。「マス―」❸情報などを記録する物理媒体。

メディカル[メ]〈medical〉名 形動 医学・医療に関するようす。「―エレクトロニクス」「―な見地」

メディシン-ボール[ボ]〈medicine ball〉名 大ぜいならんで、大きなボールをつぎつぎにうしろへわたす遊び。

めでた・い[タ]【目出▲度い・芽出▲度い】㊀ 形 カロ・カッ・ク・イ・イ・ケレ・〇 よろこばしい。祝福すべきである。けっこうである。⇩おめでたい。参考「(上役の)おぼえがめでたい」の形で、目上の人から高く評価されている意に用いられる。「おめでたい」の形は皮肉としても用いられる。**めでたがる** 自五 **めでたさ** 名 **めでた・し** 文語ク ㊁【▲愛でたし】形ク〔古語〕❶たいへん美しい。みごとである。「髪、つやつやとめでたう見ゆ」〈源氏〉❷たいへんりっぱである。「大社(おおやしろ)を移して、めでたく造れり」〈徒然〉

めでたく-なる【目出▲度くなる】連語 〔忌(い)みことば〕死ぬ。

め・でる【▲愛でる・▲賞でる】㊀[デ] 他下一 デ・デ・デル・デル・デレ・デロ・デヨ 〔文章語〕❶かわいがる。❷感心する。ほめる。「努力を―」❸ほめ味わう。「風光を―」**め・づ** 文語下二 ㊁ 自下二〔古語〕魅せられる。心ひかれる。「名にめでて折れるばかりぞ女郎花(をみなへし)」〈古今〉

め-ど[メ]【目▲処】名 めあて。目標。「―が立たない」

め-ど[メ]【▲針▲孔】名 糸を通す針の穴。みず。みぞ。

め-どおし[ド]【目通し】名 始めから終わりまで全体に目をとおすこと。参考 多く、「お目通しください」の形で目上の人に文書などの確認を依頼するときに使われる。

め-どおり⓪[ド]【目通り】名 ❶目の高さ。❷身分の高い人に会うこと。「―を許す」⇩会う 参考。❸目通り直径。**―直径**(ちょっけい)[チョ] 名 (立ち木の大きさにいう語)人の目の高さの部分の、樹木の直径。

めどぎ⓪【×筮】名 うらないに使う筮竹(ぜいちく)。

め-と・る[ト]【×娶る】他五 ラ・ロ・リ・ッ・ル・ル・レ・レ 妻として迎える。**めとれる** 自下一〔…できる〕

メドレー[メ]〈medley〉名 ❶いくつかの曲をつづり合わせた曲。混合曲。❷二つ以上の曲を続けて演奏すること。「ヒット曲の―」❸メドレーリレー。**―リレー**[リ]〈medley relay〉名 各走者の走る距離や、泳ぐ方法のひとしくないリレー。混合リレー。陸上では四人の走者の距離を一〇〇メートル・二〇〇メートル・三〇〇メートル・四〇〇メートルなどとし、競泳では泳者が背泳・平泳ぎ・バタフライ・自由形の四つの泳法で泳ぐ。

メトロ[メ]〈ᶠmétro〉名 地下鉄。

メトロノーム[ノ]〈metronome〉名 音楽の拍子をはかる器械。拍節器。

メトロポリス[ポ]〈metropolis〉名 ❶首府。❷大都会。大都市。

メトロノーム

めなだ⓪【▲赤▲目▲魚】名 ボラ科の海魚。ぼらによく似た形で、味がいい。北日本に多い。あかめ。

め-なみ[メ]【女波】【女▲浪】名 ひくくよわく打つ波。↕男波(おなみ)。

め-な・れる[レ]【目慣れる】自下一 レ・レ・レル・レル・レレ・レロ・レヨ 見なれる。**めな・る** 文語下二

メニエ(ー)ル-びょう⓪【メニエ(ー)ル病】名 耳なり・難聴・めまい・吐き気などを発作的にくり返す病気。参考 メニエール Ménière はフランスの耳鼻科医の名。

メニュー[メ]〈menu〉名 ❶こんだて表。料理名の一覧。❷項目。「練習―」❸パソコンで、実行可能な機能の一覧。「―バー」

メヌエット[エ]〈ᵈMenuett〉名 フランスに始まった三拍子の舞曲。

め-ぬき[メ]【目ぬき】【目▲貫】名 刀剣の柄(つか)を刀身にとりつけるために、さし通した目くぎ。また、それをおおう金具。⇩太刀(図)。

め-ぬき⓪[キ]【目抜き】名 きわだっていること・場所。「―の通り」

め-ぬり⓪[リ]【目塗り】名 板や戸のあわせめを塗ること。特に、火事のとき、火がはいらないように土蔵の戸を塗りふさぐこと。

め-ねじ[ネ]【▲雌ねじ】【▲雌×螺▲子】名 雄(お)ねじをうける穴の内面にみぞをきざんだねじ。↕雄ねじ。

め-のう[メ][ノ]【×瑪×瑙】名 玉髄(ぎょくずい)と同じ石英の一種。紅・緑・白などの美しい色の模様がある。

め-の-こ⓪【目の子】名 目でたしかめながら数えること。**―勘定**(かんじょう)[カ] 名 ⬇めのこざん。**―算**(ざん)[コ] 名 そろばんや筆紙を使わず、見ておおよその計算をすること。めのこかんじょう。目の子。

め-の-こ【女の子】名〔古語〕↕おのこ。❶おんな。❷おんなの子。

め-の-した【目の下】㊀ 連語 見おろすぐした。眼下(がんか)。「―八〇センチの石だい」㊁[メ] 名 魚の大きさをはかるときの、目から尾までの長さ。

め-の-たま[メ][マ]【目の玉】名 まなこ。目玉。**―が飛(と)び出(で)る** ❶ひどくしかられるようす。❷ひどくおどろくようす。びっくりぎょうてんする。「―ほどの高い値段」**―の黒(くろ)いうち** 生きているうち。生存中。

め-の-と【▲乳▲母】名〔古語〕❶母親がわりに子どもに乳をのませ、そだてる女性。うば。❷【×傅】年少の主君を守りそだてる人。もり役。

め-の-まえ[マ]【目の前】名 ❶見ているすぐ前。眼前。「―に広がる景色」❷ごく近い将来。目前。「試験が―にせまる」**―が暗(くら)くなる** ❶めまいがして、くらくらする。❷ひどく失望・落胆する。目の前が真っ暗になる。

め-ばえ[エ]⓪【芽生え】名 ❶芽のもえでること。もえでた芽。春 ❷物事のおこりはじめ。きざしが見えること。「愛情の―」

め-ば・える[エ][バ]【芽生える】自下一 エ・エ・エル・エル・エレ・エロ・エヨ ❶芽が出る。❷物事がおこりはじめる。「信仰心が―」**めば・ゆ** 文語ヤ下二

め-はし[メ]【目端】名 場合をみはからう才知。目先。「―がきく」

め-ばしこ・い[コ]【目ばしこい】【目▲敏い】形 カロ・カッ・ク・イ・イ・ケレ・〇 見る目がすばやい。目をつけることがすばしっこい。目ざとい。目ばやい。**目ばしこさ** 名 **めばしこ・し** 文語ク

め-はちぶん[チ]【目八分】名 ❶物をささげるとき、目よりすこしひくい高さに持つこと。❷うつわの十分の八ほどに物を入れること。八ぶんめ。めはちぶ。

め-はな[メ]【目鼻】名 ❶目と鼻。❷目鼻だち。**―が付(つ)く** ❶だいたいできあがる。❷だいたいの見通しがつく。**―立(だ)ち**⓪ 名 目鼻のかっこう。顔かたち。**―を付(つ)ける** だいたいのきまり・かっこうをつける。

め-ばな[メ]【雌花】名 めしべだけあっておしべがない、または退化している花。いちょう・かぼちゃなどにある。↕おばな。

め-ばや・い[ヤ]【目早い】形 カロ・カッ・ク・イ・イ・ケレ・〇 見て気のつくことが、すばやい。目ざとい。**目早さ** 名 **めばや・し** 文語ク

め-ばり⓪[リ]【目張り】【目貼】名 ❶物のすきまを紙な

め

どをはってふさぐこと。(冬) ❷目をはっきりと大きく見せるために、目のまわりに紅や墨をつけたり、目の切れを長くかいたりする舞台化粧。「—を入れる」

めばる ⓪【目張】名 フサカサゴ科の海水魚。卵胎生。目・口が大きい。すむ深さによって体色がかわる。食用。(春)

メフィストフェレス フェ〈ド Mephistopheles〉名 ゲーテの作品「ファウスト」にあらわれる悪魔。メフィスト。

め-ぶ・く ブ【芽吹く】自五 カ・コ キ・イ ク ク ケ ケ 木の枝から芽が出る。(春) **芽吹き** 名

メフン ⓪ 名〔アイヌ語で腎臓を意味する「メフル」からとされる〕サケの腎臓からつくる塩辛。酒のつまみになる。

め-ぶんりょう ブ【目分量】名 目で見て、だいたいの分量をはかること。目づもり。

め-べり ⓪【目減り】名 自サ ❶品物をとりあつかう間に、もれたり蒸発したりして、重さや、ますめが減ること。❷資産などの価値が下がること。「インフレで預金が—する」

め-へん ⓪【目偏】名 漢字の部首の一つ。「眼」「眠」などの「目」。

め-ぼし ⓪【目星】名 ❶目当て。見当。❷目玉にできる白い小点。 **—を付ける** 見当をつける。

め-ぼし・い シ 形 カロ カッ ク イ イ ケレ ○ 目だって値うちのありそうなようす。おもだったようす。「—品」 **めぼ・し** 文語シク

め-まい マ【目×眩・×眩×暈】まい 名 目がくらむこと。

め-まぐるし・い シ【目▲紛るしい】形 カロ カッ ク イ イ ケレ ○ ❶目の前の物がはげしく移動するので、目がちらつき、正しく見ることができない。❷あわただしい。「—変化」 **めまぐるしさ** 名 **めまぐる・し** 文語シク

め-まぜ メ【目交ぜ】名 目くばせ。

め-まつ メ【雌松・女松】名 あかまつ。↕雄松

め-みえ エ【目見え】名 ➡おめみえ。

めめし・い シ【女女しい】形 カロ カッ ク イ イ ケレ ○ 強者や困難に向かっていく勇気がない。男の態度についていう。↕雄雄しい。 **女女しげ** 形動 **女女しさ** 名 **めめ・し** 文語シク

メモ メ〈memo〉名 他サ 忘れないように書きとめること。また、その書きとめたもの。おぼえがき。備忘録。メモランダム。「—帳」

メモ-ちょう ⓪【メモ帳】名 メモをとるための手帳。

め-もと ト【目元】【目▲許】名 目のあたり。目つき。

メモ-ま モ【メモ魔】名 メモをとることが異常に好きな人。

メモランダム ラ〈memorandum〉名 ➡メモ。

め-もり リ【目盛(り)】名 計量器・計数器などに、分量をしめすためにつけたしるし。

メモリアル〈memorial〉造 功績や歴史を記念すること。「—ホール」「—コンサート」

メモリー〈memory〉名 ❶ メ 記憶。思い出。❷ メ ⓪ コンピューター本体の記憶装置。

め-も・る モ【目盛る】自五 ラ・ロ リ・ッ ル ル レ レ 目盛りをつける。

メモ・る モ 他五 ラ・ロ リ・ッ ル ル レ レ 俗語〔「メモ」の動詞化〕メモをとる。メモする。「アイデアをメモっておく」

メモワール ワ〈フ mémoire〉名 回想録。

め-やす ⓪ メ【目安】名 ❶目当て。大体の見当。めど。❷古語 鎌倉・室町時代、箇条書きなどにすること。また、その文書。❸古語 江戸時代の告訴状。 **—箱** ス 名 江戸時代、庶民の直訴を受けるため、江戸城内の評定所門前にかけられた、投書箱。

め-やす・し【目安し】形ク 古語 見ぐるしくない。見ていい感じがする。「めやすき人なめり」〈源氏〉

め-やに ニ【目やに】【目▲脂・眼▲脂】名 目から出る粘液の固まったもの。目くそ。

メラニン メ〈melanin〉名 動物の皮膚にふくまれている黒や褐色の色素。

メラネシア《Melanesia》太平洋の南西部、オーストラリア北東の島々。ソロモン諸島やフィジー諸島をふくむ地域。大部分が火山島。

メラミン ⓪ メ〈melamine〉名 尿素を高圧下でアンモニアと反応させてつくられる、合成樹脂の原料。「—樹脂」

め-ら-めら メ ト 副 ほのおが燃えひろがるようす。比喩的にも用いる。「—と闘志を燃やす」

メランコリー ラ コ〈melancholy〉名 気がふさぐこと。ゆううつ。

めり 助動 ○ メリ メリ メル メル メレ ○ 古語〔活用語の終止形、ラ変型・形容動詞型活用は連体形につく〕❶目で見たこと感じたことについて大体を推量してあらわす。…のようだ。…のようにみえる。「竜田川もみぢ乱れて流るめり」〈古今〉❷確定的な事がらを、断定をさけ、やわらかに言う。…のようだ。「『もののあはれは秋こそまされ』と人ごとに言ふめれど」〈徒然〉

メリー-クリスマス ス ー リ 2〈Merry Christmas〉あいさつ クリスマスおめでとう。

メリー-ゴー-ラウンド ラ〈merry-go-round〉= メリーゴーランド 名 回転木馬。

めり-かり ⓪ 名 ➡めりはり。

めり-き 連語 古語〔推量の助動詞「めり」と過去回想の助動詞「き」〕…たようだ。

メリケン ⓪ 名 俗語〔アメリカン American から〕アメリカ。アメリカ人。 **—粉** ⓪ 名 精製した小麦粉。参考 はじめアメリカから輸入したから。

めり-こ・む コ【めり込む】【▲減り込む】自五 マ・モ ミ・ン ム ム メ メ 深くはいりこむ。はまり込む。「ぬかるみに—」

めり-つ 連語 古語〔推量の助動詞「めり」と完了の助動詞「つ」〕…したようだ。

メリット メ〈merit〉名 ↕デメリット。❶利点。価値。とりえ。❷実績。功労。

めり-はり ⓪ 名 ゆるむことと張ること。特に、声などの高低強弱。めりかり。「—をつける」

めり-めり メ ー ト 副 かたいものが強い力でくだけたりこわれたりするようす。また、その音。「壁を—はがす」

メリヤス ⓪〈ス medias〉【×莫▲大▲小】名 毛糸・綿糸・絹糸を伸び縮みが自在なように編んだ布地。肌着やくつ下、手袋などに用いる。 **—編み** ⓪ 名 棒針編みで、表編みと裏編みを一段ごとにくり返す編み方。伸縮性が高い。

メリンス ⓪〈ス merinos〉名 やわらかく織ったうすでの毛織物。とうちりめん。モスリン。

メルクマール マ〈ド Merkmal〉名 目標に到達するまでのめじるし。指標。徴表。

メルシー メ〈フ merci〉あいさつ ありがとう。サンキュー。

メルト-ダウン ダ〈meltdown〉名 冷却されずに溶け出した原子炉の核燃料が、その下部に落ちること。炉心溶融。

メル-とも ⓪【メル友】名 俗語〔「メール友だち」から〕インターネット上で知り合い、メールをやりとりする友だち。

メルトン メ〈melton〉名 ラシャの一種で、全面に毛をかきたてた厚手の毛織物。洋服の上着・コート地用。

メルヘン メ〈ド Märchen〉名 おとぎ話。童話。

メル-マガ ⓪ 名 ➡メールマガジン。

メレンゲ ⓪ レ〈フ meringue〉名 卵白を泡立てて固めにし、砂糖を加えたもの。洋菓子などに使う。

め-ろう ロ【女郎】名〔女性をののしっていう語〕あまっこ。めろ。↕野郎。

め

メロディー [メ]〈melody〉[名] 音楽のふし。旋律。

メロドラマ [ド]〈melodrama〉[名] 通俗的で感傷的な劇。

めろ-めろ [0] [形動]〔俗語〕態度にしまりがないようす。

メロン [メ]〈melon〉[名] ウリ科の一年生植物。品種が多い。マスクメロンは球形で外皮に網目があり、甘味にとむ。㊍(夏) **―パン** [0]/[パ]〈melon ᵖpão〉[名]（和製洋語）上部にビスケット生地をのせて焼いた菓子パン。模様や形がメロンに似る。

めん【×緬】[造] ❶細く長い糸。「緬羊・縮緬」 ❷ビルマ。ミャンマー。「日緬・泰緬鉄道」

めん【面】㊀[名][造] ❶[0]かお。「―が割れる」「面相・顔面・赤面」 ❷[0]顔につけるもの。仮面。「―をかぶる」「能面・防毒面」 ❸[メ]物のおもて。そとがわ。「水の―」「面積・海面・断面」 ❹[メ]関心の向くところ。方面。部面。「不備な―」「局面・場面・金銭面・能力面」 ㊁[名] ❶[0]剣道で顔をおおう面頬。また、面頬の上を打つわざ。「―をとる」 ❷[0]器具・木材などのかどをけずって、たいらにした所。「―を取る」 ❸[メ]〘数〙立体の境界。位置・長さ・幅はあるが、厚さがない。平面と曲面とがある。㊂[造] ❶顔を合わせる。あう。むかう。「面会・面識・対面」 ❷うすくひらたいもの。「画面・書面」 ❸目の前にある。目の前にいる。「面前・直面・当面」 ❹文書。その内容。「額面・帳面・文面」 ❺新聞のページ。「紙面・経済面・三面記事」 ㊃[接尾] ひらたいものをかぞえることば。「鏡一―」「テニスコート三―」⇩まい(枚)[参考]。 **面する** [自サ] **―が割れる**〔俗語〕その人がだれかわかる。身元が判明する。 **―と向かって** 相手と直接向かいあって。

めん【綿】㊀[メ][名][造] もめん。綿糸。綿織物。「綿シャツ・綿製品」 ㊁[造] ❶わた。「綿花・綿棒・原綿」 ❷つづく。「綿綿・連綿」

めん [メ]【麺】[名][造] うどん・そばの類。「麺棒・麺類・乾麺・湯麺・冷麺」

めん [0]【▲雌】[名]〔俗語〕めす。↕おん。

めん【免】㊀[メ][名] 江戸時代、石高に対する租税率。㊁[メ][名][造] 免職。「免官・罷免」 ㊂[造] ❶まぬかれる。のがれる。「免疫・免責」 ❷ゆるす。聞き入れる。「免許・免罪・免税・放免」 **免じる** [他上一] **免ずる** [他サ]

めん-えき [0]【免疫】[名] ❶生物体内に、病原菌やその出す毒素に対抗する性質ができ、発病しなくなること。❷あることがらに慣れて、反応を示さなくなること。 **―体** [0][名] ある病原体におかされた動物の体内で、それに抵抗して生じ、二度の発病をふせぐ物質。抗体。

めん-おりもの [オ]/[リ]【綿織(り)物】[名] もめんの織物。綿織。

めん-か [メ]【綿花】【×棉花】[名] わたのたねを包む、白色、またはうすい黒茶色の繊維。

めん-かい [0]【面会】[名][自サ] 人にあうこと。「―謝絶」

めん-かやく [カ]【綿火薬】[名] 綿花を硝酸と硫酸との混合液にひたしてつくった火薬。

めん-かん [0]【免官】[名] 官職をやめさせること。

めん-きつ [0]【面詰】[名][他サ]〔文章語〕面と向かって相手をとがめること。

めん-きょ [メ]【免許】[名][他サ] ❶特定のことをおこなうことを行政官庁が許すこと。「自動車の運転―」 ❷師匠が弟子に、奥義をつたえること。 **―皆伝** [メ][名] 師匠が弟子に奥義をすっかりつたえること。 **―証** [キョ][名] 免許をあたえたことを証明する書類。「運転―」 **―状** [0][名] 免許の証拠としてわたされる文書。免状。

めん-くい [0]/[ク]【面食い】[名]〔俗語〕顔のきれいな人をこのむこと。また、その人。器量ごのみ。

めん-くら-う [ラ]/[0]【面×喰う】[自五] 予想外のことで、おどろきあわてる。

めん-こ [0]【面子】[名] ボール紙などをまるく切ったり、四角に切ったりして、絵をはりつけたおもちゃ。

めん-ご [メ]【面×晤】[名]〔文章語〕（「晤」は会う意）人に直接会うこと。面会。

めん-ざい [0]【免罪】[名] 罪をゆるすこと。刑を科することをやめること。 **―符** [ザ][名] ❶中世、ローマカトリック教で、献金などを代償として、信者の罪をゆるすために発行した証書。❷何かの代償としての行為や事柄。

めん-し [メ]【綿糸】[名] もめんいと。

めん-しき [0]【面識】[名] たがいに顔を見知っていること。「―がある」

めんじつ-ゆ [ツ]【綿実油】[名] わたの実からしぼり取った油。食用・工業原料用。

めん-しゅう [0]【免囚】[名]〔文章語〕刑期をおえて刑務所から出た人。 **―保護** [ホ][名] 免囚を助けること。

めん-じゅう [0]【面従】[名][自サ]〔文章語〕表面だけ服従すること。 **―腹背** [0][名]〔文章語〕（「背」はそむくの意）表面では服従しているように見せ、内心では反抗していること。

めん-じょ [メ]【免除】[名][他サ] 義務や役目などをゆるしのぞくこと。「授業料―」

めん-じょう [0]/[ジョ]【免状】[名] ❶免許状。❷赦免状。❸卒業証書。

めん-じょう [0]【面上】[名]〔文章語〕顔のおもて。

めん-しょく [0]【免職】[名][他サ] 職をやめさせること。「懲戒―」

めん-じる [0]/[ジ]【免じる】[他上一] ⬇めんずる。

めん-しん [0]【免震】[名] 地震によるゆれを軽減すること。「―構造」

メンス [メ][名]（ᵈMenstruationの略）月経。

メンズ [0]〈men's〉[名][造] 男性用。男物。「―ファッション」↕レディース。

めん・する [ス]【面する】[自サ] 向く。対する。「南に―へや」 **めん・す** [文語サ変]

めん・ずる [ズ]/[0]【免ずる】[他サ]（「免じる」（上一段活用）とも）❶ゆるす。免除する。「会費を―」 ❷職をやめさせる。「校長を―」 ❸その人の人がら・心情・体面や関係者の体面などを考えあわせて、罪を許す。「日ごろのまじめさに免じて今回は許す」 **めん・ず** [文語サ変]

めん-ぜい [0]【免税】[名][自サ] 税金をかけないこと。「―品」 **―点** [ゼ][名] 免税の限界となる金額。

めん-せいひん [セ]【綿製品】[名] めんおりもの。

めん-せき [メ]【面積】[名] 線でかこまれた平面・曲面の広さ。

めん-せき [0]【免責】[名][他サ]〔文章語〕責任を免ずること。責任を問われるべきところを許すこと。「―事項」

めん-せき [0]【面責】[名][他サ]〔文章語〕面と向かって、責めること。

めん-せつ [0]【面接】[名][自サ] 対面。面会。「―試験」

めん-ぜん [0]/[ゼ]【面前】[名] 目のまえ。

めん-そ [メ]【免租】[名][自サ] 租税を免除すること。

めん-そ [メ]【免訴】[名][自サ] 刑事裁判の判決の一種で、起訴の効力をなくさせること。

めん-そう [メ]/[ソ]【面相】[名] 顔つき。面体。

めん-たい [0]【▲明太】[名]（朝鮮語から）❶すけとうだらの異名。㊀(冬) ❷めんたいこ。 **―子** [タ][名] たらこ。特に、とうがらしをまぶしたもの。

メンタリティ(ー) [タ]〈mentality〉[名] 心の状態や考え方の傾向。心性。

メンタル [メ]〈mental〉[形動]（ダロ・ダッ・デ・ニ／ダナ・ナラ・◎）精神に関係があるようす。精神的。心理的。「—な要素のからんだ問題」 **—テスト** [テ]〈mental test〉[名] 知能検査。 **—ヘルス** [ヘ]〈mental health〉[名] 精神面の健康。またはそれを維持する方策。

めん-だん ◎【面談】[名][自サ] 面会して話すこと。

メンチ [メ]〈mince〉[名] ひき肉。ミンチ。 **—カツ** [カ][名]（和製英語）ひき肉に、たまねぎをみじんに刻んだものなどをまぜて平たく伸ばし、パン粉をつけて油であげたもの。 **—ボール** [ボ]〈mince ball〉[名]（和製英語）ひき肉・たまねぎ・パン粉などをまぜて、小さく丸め、油であげた食べ物。

めん-ちょう [メ]【面×疔】[名] 顔にできる、悪性のはれもの。

めんちを切る 相手をにらみ、因縁をつける。[参考] 主に関西地方で用いられる俗語。

メンツ [メ]/◎【中面▲子】[名] ❶体面。面目。「—にかかわる」 ❷〔俗語〕マージャンの参加者。顔ぶれ。「—がそろう」 [参考] ❷の意で使うときは、多く◎。

めん-てい ◎【面体】[名] 顔かたち。面相。

メンテナンス [メ]〈maintenance〉[名] 建物・機械などの維持・管理。

メンデリズム [リ]〈Mendelism〉[名] 一八六五年、オーストリアのメンデルが発表した遺伝の法則。

めん-どう [ド]【面倒】❶[形動] 手間がかかって、わずらわしいようす。「—な仕事」 ❷[名] 世話。やっかい。「—を見る」 **—臭い** [サ][形] 非常にめんどうだ。 **—見** [ド][名] よく世話をすること。「—のいい兄」

めん-とおし [ト]【面通し】[名] 逮捕した容疑者の顔を被害者らに見せて、犯人かどうかたしかめること。

めん-とり ◎【面取り】[名] 工作・料理などで、材料の面と面とが交わったかどをけずり取ること。

めん-どり ◎【▲雌鳥】[名] 鳥類のめす。特に、めすのにわとり。↕おんどり。 **—が歌えば家が滅びる** その家の主婦が、いろいろなことに口出しをすると、それがわざわいして家がほろびる。

めんない-ちどり [チ]【めんない千鳥】[名]（「めんない」は「目の無い」の変化）子どもの、目かくしのあそび。

めん-ネル ◎【綿ネル】[名]（「綿フランネル」の略）けばを立てた綿布。↕本ネル。

めん-ば [メ]【面罵】[名][他サ] 面と向かってののしること。「みんなの前で—された」

メンバー [メ]〈member〉[名] ❶団体をつくる人々。会員。仲間。❷スポーツなどで、顔ぶれ。「スターティング—」 **—シップ** [シ]〈membership〉[名] クラブや会の会員であること。また、その参加資格。

めん-ぴ [メ]【面皮】[名] つらの皮。体面。 **—を剝ぐ** ずうずうしい人をはずかしめる。

めん-ビロード [ロ]【綿ビロード】[名] 綿糸のビロード。別珍。

めん-ぶ [メ]【面部】[名] かお。かおの部分。

めん-ぷ [メ]【綿布】[名] 綿糸の織物。もめんの布。

めん-ぷく ◎【綿服】[名] 綿織物でつくった衣服。

めん-ぺき ◎【面壁】[名]〔文章語〕かべに向かって座禅をすること。「達磨大師の—九年」

めん-ぼう ◎【面貌】[名]〔文章語〕おもざし。顔つき。面相。

めん-ぼう [メ]【綿棒】[名] 細い金属や木の棒の先に脱脂綿をつけたもの。耳・鼻などにくすりをつけるのに使う。

めん-ぼう [メ]【麺棒】【×麪棒】[名] うどん・そばなどをつくるとき、こねた粉をおしのばす棒。

めん-ぼお ◎【面頰】[名] ❶武具の一つ。かぶとについて顔にあてる面のようなもの。❷剣道で頭や顔をおおう防具。今は「面」という。‖めんぽお。

めん-ぼく ◎【面目】[名] ❶人に合わせる顔。世間に対する名誉。体面。「—がたつ」「—丸つぶれ」 ❷すがた。ありさま。「—を一新する」‖めんもく。 **—次第も無い** 人々に対してはずかしい。申しわけない。 **—玉** ◎[名] めんぼく。 **—ない** [ナ][形] 人に合わせる顔がない。はずかしい。 **—を失う** 体面・名誉をきずつけられる。 **—を施す** 名誉を保つ。

メンマ [メ]【中麺麻】[名] たけのこの加工食品。しなちく。

めん-みつ ◎【綿密】[名][形動] くわしくこまかいこと。てぬかりのないこと。「—に調査する」

めん-めん [メ]2【面面】[名] ❶各方面。❷ひとびと。「幹部の—」

めん-めん ◎【綿綿】[と副][たる連体] 長くつづいて絶えないようす。「—と訴える」

めん-もく ◎【面目】[名] ⬇めんぼく。

めん-よう ◎【面容】[名]〔文章語〕顔かたち。おもざし。

めん-よう ◎【綿羊】【×緬羊】[名] ひつじ。羊毛をとるひつじ。

めん-よう ◎【面妖】[形動]（ダロ・ダッ・デ・ニ／ダナ・ナラ・◎）〔文章語〕奇怪なようす。ふしぎなようす。「はて、—な」

めん-るい [メ]【麺類】【×麪類】[名] 小麦や、そばの粉でつくった、うどん・そうめん・そばの類。

も
モ

も：「毛」の草体。
モ：「毛」の一部。

も【茂】[造] しげる。「繁茂」

も【×摸】[造] ❶まねる。「摸擬・摸倣」 ❷さぐる。「摸索」 **摸す** [他五] **摸する** [他サ]

も【模】[造] ❶てほん。ひながた。「模型・模範」 ❷まねる。にせる。「模擬・模試・模写・模造・模倣」 ❸さがす。手さぐり。「模糊・模索」 **模す** [他五] **模する** [他サ] 〔別音ぼ｜模〕

も ◎【喪】[名] 人の死後、その親族がある日数、おおやけの場所へ出ないこと。「—に服する」 **—を発する** 帝王などが死んだことを公式に発表する。

も ◎【×裳】[名] ❶古代、腰から下につけた衣。したも。❷中古の男子の礼服で、表袴の上につけたもの。❸中古の女性の正装で、はかまの上に、腰から下の後方にだけまとった服。

も ◎【藻】[名] 水中に生ずる藻類。

も【▲面】[名]〔古語〕（「おも」の略）おもて。表面。「田の—」

も ◎[副] さらに。なお。もう。「—一ついかが」「—一度だけ」 ⇨もう [副]❶❸ [参考]。

も [助] ❶（係助詞）❶同じ類のものを加える意味を示す。「この本—ください」 ❷同類の事がらを並べて示す。「山—川—昔のままだ」 ❸極端なものをあげて強調し、言外に他はなおさらであることを示す。さえ。すら。「さすがの彼—手が出せなかった」「わざわざ来てくれたのに顔を見せようと—しない」 ❹他に対する対比をはっきり示さない形で題目をあげる。「夕方になって雨—やんだ」 ❺不定をあらわす語について、全面的な肯定、また全面的な打ち消しをあらわす。「だれ—そう思った」「私はなに—知らない」 ❻強調をあらわす。「こう—寒いとからだにこたえる」「身のたけ二メートル—あろうという大男」 ❷〔古語〕（接続助詞。動詞・助動詞の連体形につく）逆接をあらわす。「内へ参らむと思しつるもいで立たれず」〈源氏〉 [参考] 現代語の報道の文章などでも「ただちに病院に搬送するも意識は戻らなかった。」のような表現が見られる。これを「…搬送も…」のようにサ変動詞の語尾を省く用法が最近目立つが不十分な表現である。㊂〔古語〕〔終助詞〕詠嘆・感動をあらわす。「うぐひす鳴くも」〈万葉〉

モアレ ⓪〈ﾌﾗ moiré〉名〔波模様の意〕❶木目・波紋のような模様の布地。タフタなどの生地に施される。❷規則的な点や線を重ねたときに生じる模様。また、網版(あみはん)による印刷やデジタル画像の加工などで生じる模様。

もう【妄】 造 みだり。でたらめ。すじみちがたたない。「妄信・妄想(もうそう|ぼうそう)・妄動・虚妄・迷妄」

もう【×孟】 造 ❶はじめ。かしら。「孟夏・孟春」❷孟子。「孟母三遷」「孔孟の教え」

もう【耗】 造 へる。なくなる。「減耗(げんもう|げんこう)・消耗(しょうもう|しょうこう)・損耗(そんもう|そんこう)・磨耗(まもう)」

もう【望】 造 のぞむ。ねがう。「所望・大望(たいもう|たいぼう)」〔別音ぼう|望〕

もう【猛】 造 ❶たけだけしい。「猛獣・猛禽・勇猛」❷程度がはげしい。「猛暑・猛攻撃・猛反対・猛勉強」

もう【網】 造 ❶あみ。あみの目のようにはりめぐらしたもの「網膜・鉄条網」❷組織。「通信網・捜査網」

もう【毛】 ㊀モ 名造 長さ・重さ・貨幣の単位。厘(りん)の十分の一。「三割三分三厘三—」㊁造 ❶け。「毛髪・毛布・純毛・羊毛」❷穀物がとれる。「不毛・二毛作」❸小さい。「毛頭・毛細血管」❹毛野国(けののくに)。「上野国(こうずけのくに)」と「下野国(しもつけのくに)」の古い呼び名。「上毛・両毛」

もう【盲】 ㊀モ 名造 目の見えないこと。「盲目・盲導犬・色盲・夜盲症」㊁造 ❶わからない。むやみに。「盲愛・盲従・盲信・盲動」❷ふさがる。「盲管・盲腸」

もう【×蒙】 ㊀モ 名造 ❶〔文章語〕道理のわからないこと。無知。「蒙昧(もうまい)・啓蒙」❷蒙古(もうこ)。「満蒙」㊁造 こうむる。おおう。「蒙恩・蒙塵(もうじん)」 **—を啓(ひら)く** 知識のない人にわからせる。啓蒙(けいもう)する。

も・う【思ふ】(もふ) 他四〔古語〕「おもふ」の「お」が脱落したかたち。奈良時代の語「吾(あ)がもふ君は」〈万葉〉

もう モ ㊀副 ❶注目している事柄が現在の時点で完了しているようす。「食事は—すませた」「手術はしたが—手遅れだった」↔まだ。参考「すでに」は客観的に事態が過去に完了していることをあらわす。「もはや」は完了とは関係なく過去に起こったことを失望や後悔などの感情とともに述べるところに特徴がある。❷事柄が短時間のうちに完了するようす。もうすぐ。もうじき。「—そろそろ先生が見えるころだ」「会議は—十分ほどで終わる」↔まだ。❸〔この用法では⓪〕完了している事柄になお延長したい気持ちをあらわす。「—半年ほど時間がほしいなあ」「—一度やりなおさないか」参考「も少し」の「も」はこの用法の短縮した形。㊁感 完了している事態に対して感情がおさえられないようす。「あなたという人は、—」「期待したんだが、—、まずいのなんの」

もう-あ モ【盲×唖】名 目の見えないことと、口のきけないこと。

もう-あい ⓪【盲愛】名 他サ むやみにかわいがること。溺愛(できあい)。「子を—する」

もう-あく ⓪【猛悪】名 形動 たけだけしくて、わるいこと。

もう-い モ【猛威】名 はげしい勢い。「台風が—をふるう」

もう-う モ【猛雨】名 はげしく降る大あめ。

も-うお ⓪【藻魚】(もを) 名 近海の、海藻のしげる所にすむ魚類。めばる・べら・はた・かさごなど。

もう-か モ【×孟夏】名〔文章語〕〔「孟」は「はじめ」の意〕❶初夏。㊀夏 ❷陰暦の四月。

もう-か モ【猛火】名 はげしく燃える火。ものすごい火事。

もう-がっこう ガ【盲学校】名 視覚に障害のある児童・生徒のために必要な知識・技能を教育する学校。現在、法令上は特別支援学校と呼ぶ。

もう・か・る カ【×儲る】(まうかる) 自五 ラ・ロ・リ・ル・ル・レ・レ もうけになる。

もう-かん ⓪【毛管】名 ❶毛細管。❷毛細血管。 **—現象(げんしょう)** ゲ 名 ➡もうさいかんげんしょう。

もうかん-じゅうそう ジュ【盲管銃創】名 弾丸がからだの中にとどまっている傷。↔貫通銃創。

もう-き モ【盲亀】名 盲目のかめ。 **—の浮木(ふぼく)** 〔目の見えないかめが、水に浮いている木に出会うことはひじょうにむずかしいの意から〕出会うことがたいそうむずかしいこと。めったにない幸運にめぐりあうこと。

もう-き モ【×濛気】名〔文章語〕もうもうと立ちこめる大気。

もう-きん ⓪【猛×禽】名 わし・たか・はやぶさ・ふくろうなどの、肉食の鳥。くちばしやつめがするどく強く、つばさも強大。他の鳥類や小動物を捕食する。猛鳥。

もうけ ケ【設け】(まうけ) 名 設備。準備。用意。「宴席の—」

もうけ ケ【×儲け】(まうけ) 名 利益。利得。「ぼろ—」

もう-げき ⓪【猛撃】名 他サ はげしい攻撃。

もうけ-ぐち ケ|⓪【もうけ口】【×儲け口】(まうけ) 名 もうける方法。利益になる仕事。「うまい—」

もうけ-の-きみ【×儲けの君】(まうけ) — 名〔古語〕皇太子。

もうけ-もの ⓪|ノ【もうけ物】【×儲け物】(まうけ) 名 思いがけなく利益となったもの。「これは—だ」

もう・ける【設ける】(まうける) ㊀ケ 他下一 ケ・ケ・ケル・ケル・ケレ・ケロ|ケヨ 準備して、つくる。あたらしく用意する。設置する。「機会を—」「席を—」「事務所を—」「規則(条件)を—」 **まう・く** 文語下二 ㊁他下二〔古語〕❶(人が来るのを)迎え待つ。待ちうける。「誰をまうけむための座席やらむ」〈太平記〉❷(経典などを)書写する。「年ごろ、仏経をまうけたてまつれり」〈今昔〉❸身に持つ。こうむる。「財(たから)を失ひ、病をまうく」〈徒然〉❹手に入れる。「衣(きぬ)、すこし、まうけむと思ひて」〈今昔〉

もう・ける【×儲ける】(まうける) ㊀ケ 他下一 ケ・ケ・ケル・ケル・ケレ・ケロ|ケヨ ❶利益を得る。得をする。「土地で—」❷子を得る。「一子を—」 **まう・く** 文語下二 ㊁他下二〔古語〕命びろいをする。命をとりとめる。「からき命まうけて、久しく病みゐたりけり」〈徒然〉

もう-けん ⓪【猛犬】名 性質があらくて、強い犬。

もう-げん ⓪|⓪【妄言】名〔文章語〕道理に合わないことば。むちゃなことば。ぼうげん。「—を謝す」参考 他に対する自分の批評のことば・文章などの謙譲語。

もう-こ モ【猛虎】名〔文章語〕たけだけしいとら。

もう-こ《蒙古》中国の北、シベリアの南の地域。北の外蒙古(モンゴル国に属する)と、南の内蒙古(中華人民共和国に属する)とに分かれる。⇩モンゴル。

もう-ご モ【妄語】名〔仏〕うそをつくこと。「不—戒」

もう-こう ⓪【猛攻】名 他サ はげしく攻めること。

もうこ-はん コ【×蒙古斑】名 子どものしりなどにある、青黒いあざ。黄色人種に多い。小児斑(しょうにはん)。児斑(じはん)。

もう-こん ⓪【毛根】名 毛髪で、皮膚の中にある部分。

もうさい-かん ⓪【毛細管】名 ❶毛細管現象のみとめられるほどの細いくだ。毛管。❷➡もうさいけっかん。 **—現象(げんしょう)** ゲ 名 細い管を水その他の液中に立てるとき、管中の液面が、外の部分の液面よりも高く、あるいは、低くなる現象。毛管現象。

もうさい-けっかん ケ【毛細血管】名 動脈と静脈(じょうみゃく)とをつないで、全身に網の目のように分布するごく細い血管。毛細管。毛管。

もうさ-ば【申さば】まうさ 連語 「いわば」の改まった言い方。こころみに申すならば。いうならば。

もうし《孟子》❶紀元前三七二–二八九。中国の思想家。名は軻か。孔子の教えを受けつぎ、性善説をとなえた。❷中国の古典。四書の一つ。孟子の言行を弟子が編纂したもの。儒学の基本をのべたもの。

もうし-あ・げる ゲ/0【申(し)上げる】まうし 他下一 ❶「言う」の謙譲語。「心からおわびを申し上げます」❷〔補助動詞として、「お(ご)…申し上げる」の形で〕「する」の謙譲語。「できるだけ、お助け―つもりです」参考「お…申し上げる」は、「お…する」形式の言い方の中でもっとも高度の謙譲語。「お…申し上げます」の形で使われることが多い。ここで言う「謙譲語」は、「言う」の主体を立てる、現代語では改まりの気持ちと近いものである。**まうしあ・ぐ** 文語下二

もうし-あわ・せる ゼ/0【申(し)合(わ)せる】まうしあはせる 他下一 相談をして約束する。言いあわせる。**申し合わせ** 名 **まうしあは・す** 文語下二

もうし-いで 0【申しいで】【申▲出で】まうし 名 ➡もうしで。

もうし-い・れる レ/0【申(し)入れる】まうし 他下一 自分の意志・要求などを先方に明確につたえる。「団体交渉を―」**申し入れ** 名 **まうしい・る** 文語下二

もうし-う・ける ケ/0【申(し)受ける】まうし 他下一 ❶「受け取る」の改まった言い方。「別途サービス料を申し受けます」❷「引き受ける」の改まった言い方。うけたまわる。**まうしう・く** 文語下二

もうし-おく・る ク/0【申(し)送る】まうし 他五 ❶先方へつたえる。❷必要な事がらを、次の担当者につたえる。**申し送り** 名 **申し送れる** 自下一〔…できる〕

もうし-おく・れる レ/0【申(し)遅れる】まうし 自下一 「言い遅れる」の改まった言い方。申し上げるのが遅れる。「申し遅れましたが、わたくしが本日の担当をつとめます」

もうし-か・ねる ネ【申しかねる】まうし 他下一 ❶「言いかねる」の改まった言い方。申しにくい。言いにくい。❷言いたいが、言うことができない。言いかねる。「いやとは―」**まうしか・ぬ** 文語下二

もう-じき 0【もう直】副 時間や距離をあまりおかず。もうすぐ。「―夜明けだ」「―山頂に着く」

もうし-き・ける 0【申(し)聞ける】まうし 他下一 「言い聞かせる」の改まった言い方。古めかしい言い方。

もうし-ご シ【申し子】まうし 名 神仏に願って、さずかった子。

もうし-こし 0【申(し)越し】まうし 名 言ってよこすこと。「お―の件、承知いたしました」

もうし-こ・む コ/0【申(し)込む】まうし 他五 ❶自分の意志・要求などを先方につたえる。「結婚を―」「抗議を―」❷支払いや参加などの手続きをとる。「全集の予約を―」参考「申込書」「申込用紙」のような場合は、送りがなをはぶいて書く。**申し込み** 名 **申し込める** 自下一〔…できる〕

もうし-そ・える エ【申(し)添える】まうしそへる 他下一 「言い添える」の改まった言い方。「一言申し添えます」

もうし-たて 0【申(し)立(て)】まうし 名 ❶申したてること。特に言うこと。「異議の―」❷民事訴訟で、当事者が裁判所に対して一定の主張をさし出すこと。また、その主張。

もうし-た・てる テ/0【申(し)立てる】まうし 他下一 ❶つよく言いはる。❷上役や役所に意見をのべる。上申じょうしんする。**まうした・つ** 文語下二

もうし-つ・ける ケ/0【申(し)付ける】まうし 他下一 上の者が下の者に言いつける。命じる。**申し付け** 名 **まうしつ・く** 文語下二

もうし-つた・える エ/タ【申し伝える】まうしつたへる 他下一 「伝える」の改まった言い方。「この件は必ず社長に―」

もうし-で 0【申(し)出】まうし 名 申しでること。もうしいで。「せっかくの―を断る」

もうし・でる デ/0【申(し)出る】まうし 他下一 意見や希望などを言って出る。「同行を申し出た」

もうし-の・べる ベ【申(し)述べる】まうし 他下一 「述べる」の丁重語。「わたくしの意見を申し述べます」

もうし-ひらき 0【申(し)開き】まうし 名 言いわけ。弁解。「―が立たない」

もうし-ぶみ【申文】まうし 名〔古語〕❶平安時代、役人らが叙位・任官のことなどを朝廷に申請した文書。❷上申じょうしん書。

もうし-ぶん 0【申(し)分】まうし 名 ❶言うべきことがら。言いぶん。❷非難すべきところ。欠点。「―のない成績」

もう-じゃ モ【盲者】名〔文章語〕目の見えない人。盲人。

もう-しゃ モ【猛射】名 他サ はげしく射撃すること。

もう-じゃ モ【亡者】名 ❶〔仏〕死んだ人。特に、成仏じょうぶつできないで、あの世でまよっている人。❷あるものへの執念にとりつかれている人。「我利我利がりがり―」

もう-しゅう 0【妄執】名〔文章語〕心のまよいのための、かたくなな執念しゅうねん。妄念もうねん。

もう-しゅう 0【×孟秋】名〔文章語〕〔「孟」は「はじめ」の意〕❶初秋。㊎秋 ❷陰暦の七月。

もう-しゅう 0【猛襲】名 他サ はげしく襲撃すること。

もう-じゅう 0【猛獣】名 性質の荒い、肉食のけもの。ライオン・とら・ひょうなど。

もう-じゅう 0【盲従】名 自サ いわれるままに、考えもなく、したがうこと。「―を強いる」

もう-しゅん 0【×孟春】名〔文章語〕〔「孟」は「はじめ」の意〕❶初春。㊎春 ❷陰暦の一月。

もう-しょ モ【猛暑】名 はげしい暑さ。劇暑。酷暑。㊎夏 **―日**び ショ 名 一日の最高気温がセ氏三十五度以上の日。⇩夏日(表)。

もう-しょう 0【猛将】名 勇猛な将軍。

もう-じょう 0【網状】名〔文章語〕あみの目のような形。

もうし-わけ 0【申(し)訳】まうし 名 言い訳。言いひらき。**―ない** ナ 形 言い訳がたたない。すまない。⇩すみません 参考。

もうし-わた・す タ/0【申(し)渡す】まうし 他五 ❶上の者が下の者に言いわたす。❷宣告する。「懲役一〇年の刑を―」**申し渡し** 名

もう-しん 0【盲進】名 自サ やみくもにすすむこと。

もう-しん 0【猛進】名 自サ はげしい勢いですすむこと。

もう-しん 0【妄信】名 他サ〔文章語〕むやみに信じること。

もう-しん 0【盲信】名 他サ よく考えもせずに信じること。「科学の力を―する」

もう-じん 0【盲人】名 盲者。

もう-じん 0【×蒙×塵】名 自サ〔文章語〕〔ちりをこうむること〕天子・国王などが、難をさけて逃げ去ること。

もう・す【申す】まうす ■ モ 自五 ❶「言う」の謙譲語。もうしあげる。参考「会長が申されたように」などと相手や第三者について尊敬語として用いるのは本来はあやまりだが、高度の尊敬語

も

として使われる傾向がある。❷（初対面の人などに）自分の姓名を伝えるときの謙譲語。「私は、山田と申します」参考 ❷の場合でも、相手を高める意識はうすく、❸と同じく、話し方を改まったものにする効果が優先される。❸「言う」の丁重語。「この城は、青葉城と申します」❹（補助動詞として、「お（ご）…もうす」の形で）…してさしあげる。…しもうしあげる。「ご通知申します」参考「申し出る」「申し入れる」「申し合わせる」「申し送る」「申し越す」「申し立てる」「申し付ける」「申し込む」などの複合語には、謙譲や丁重の意味はない。**申せる** 自下一［…できる］ ㊁ 他四 古語 ❶「願う」「請う」の謙譲語。（神や仏に）祈願する。お頼みする。「母君の御行方を知らむと、よろづの神仏に申して」〈源氏〉❷「する」の謙譲語。（何か、あることを）してさしあげる。ご奉仕する。「堀江より水脈（みを）引きしつつ御船さす賤男（しづを）のともは川の瀬申せ（川ノ瀬ニ注意シテシッカリ御案内シテサシアゲヨ）」〈万葉〉

もう・ず【詣づ】（まうづ） 自下二 古語 ➡もうでる㊁。

もう-すぐ ス【もうすぐ】【もう▲直ぐ】 副 あまり時間や距離をおかず。もうじき。「―荷物が届くころだ」

もう-せい ◎【猛省】 名 自サ 文章語 強く反省すること。

もう-せつ ◎【妄説】 名 文章語 ❶でたらめな説。ぼうせつ。❷「自説」の改まった言い方。

もう-せん セ/◎【毛×氈】 名 獣毛の繊維を加工して、布のようにつくったもの。敷物用。**―×苔**（ごけ） セ 名 モウセンゴケ科の食虫多年生植物。葉の表面の粘液を出す毛で、葉にとまる虫をとらえる。

もうせんごけ

もう-ぜん ◎【猛然】 と副 たる連体 勢いのはげしいようす。「―と攻めたてる」

もう-そう ◎【妄想】 ㊀ 名 〔仏〕邪念にとらわれて、真実でないものを真実であると意識すること。㊁ 名 他サ 事実でないことを空想で作りあげて信じこむこと。「誇大―」「―にとらわれる」‖もうぞう。

もう-そう ◎【×孟宗】 名 もうそうちく。**―竹**（ちく） ソ 名 イネ科の多年生植物。竹類中もっとも太いもの。幼竹の皮は、かさ・ぞうり・包装などに使い、材は器具用。たけのこは食用。もうそうだけ。

もう-だ モ【猛打】 名 野球で、はげしく打って攻めること。「―をあびせる」

もう-たん ◎【妄誕】 名 文章語 〔「妄」はでたらめ、「誕」はいつわりの意〕でたらめ。

もう-だん ◎【妄断】 名 文章語 かってな判断・断定。

もう-ちょう モ【盲腸】 名 ❶大腸の一部で、小腸に接続している部分。❷盲腸炎。**―炎**（えん） チョ 名 盲腸の虫様突起におこる炎症。虫垂炎（ちゅうすいえん）。⇨虫垂炎 参考。

もう-ちょう ◎【猛鳥】 名 もうきん。

もう-つい ◎【猛追】 名 他サ はげしい勢いで追いかけること。「敵の―を受ける」

もうで【詣で】（まうで） 造 ❶もうでること。お参りすること。参詣（さんけい）。「宮―」❷権力者のもとへ、たびたび顔を出すこと。「省庁―」

もう・でる【詣でる】（まうでる） ㊀ デ 自下一 ［デ・デ・デル・デル・デレ・デロ・デヨ］ 神社や寺などにお参りする。参詣する。**まう・づ** 文語下二 ㊁ 自下二 古語「行く・来る」の謙譲語。参る。参上する。「御とぶらひ（訪問）にもまうでざりけるに」〈源氏〉

もう-てん モ【盲点】 名 ❶視神経が網膜にはいってくる部分で、視覚を生じないところ。盲斑（もうはん）。⇨眼球（図）。❷人が、うっかりして気のつかない点。「計画の―をつく」

もう-とう ◎【×孟冬】 名 文章語 〔「孟」は「はじめ」の意〕❶初冬。冬 ❷陰暦の十月。

もう-とう ◎【毛頭】 副 毛の先ほども。ほんのすこしも。「疑うつもりは―ない」参考 下に打ち消しの語がきて、そういう意図のないことを示す。

もう-どう ◎【×艨×艟】 名 文章語 軍艦。軍船。

もう-どう ◎【妄動・盲動】 名 自サ 文章語 考えなしに行動すること。「軽挙―」

もうどう-けん ◎【盲導犬】 名 盲人の道案内ができるように訓練された犬。

もう-どく ◎【猛毒】 名 はげしい毒。劇毒。

もう-ねん モ/◎【妄念】 名 迷いの心から生ずる執念（しゅうねん）。妄執（もうしゅう）。

もう-ばく ◎【盲爆】 名 他サ 場所をかまわず爆撃すること。

もう-ばく ◎【猛爆】 名 他サ はげしく爆撃すること。

もう-はつ ◎【毛髪】 名 人のかみの毛。**―湿度計**（しつどけい） ◎ 名 毛髪が、空気中の湿度に比例してのびちぢみする性質を利用した湿度計。

もう-ひつ ◎【毛筆】 名 けものの毛でつくったふで。↔硬筆。

もう-ひとつ【もう一つ】 ㊀ 連語 その上に一つ。「―ほしい」㊁ ト 副 もうちょっと。いまひとつ。「―説明がたりない」参考 下に打ち消しの語がくる。

もう-ひょう ◎【妄評】 名 ❶でたらめな批評。ぼうひょう。❷自分のした批評の謙譲語。

もう-ふ モ【毛布】 名 厚地の毛織物。ケット。冬

もう-ぼ モ【×孟母】 名 孟子（もうし）の母。賢母の代表とされる。**―三遷**（さんせん）**の教**（おし）**え** 孟子の母が子どもの教育環境を選ぶために、最初は墓地、二度目は市場、三度目は学校の近くに引っ越したという故事。**―断機**（だんき）**の教**（おし）**え** 孟子が勉学の途中で家に帰ったとき、母が、織りかけの布を断ち切って、学問も途中でやめれば、これと同様役に立たないと戒めたということ。

もう-まい ◎【×蒙昧】 名 形動 文章語 知識が開けず道理に暗いこと。「無知―」

もう-まく モ/◎【網膜】 名 眼球の一番内側にある膜。視覚細胞がある。⇨眼球（図）。

もう-もう ◎【×濛×濛・×朦×朦】 と副 たる連体 きり・けむり・ほこりなどがたちこめるようす。

もう-もく ◎【盲目】 名 ❶目が見えないこと。❷理性を失って適切な判断ができないこと。「―の愛」**―的**（てき） ◎ 形動 理性をはなれて行動するようす。「―な行動」

もう-ゆう ◎【猛勇】 名 たけく、いさましいこと。荒々しい勇気。

もう-ら モ【網羅】 名 他サ 〔魚をとる網と、鳥をとる網〕のこらずとり入れること。「代表的な作品を―する」

もう-りょう ◎【×魍×魎】 名 文章語 山川・木石の精。「魑魅（ちみ）―」

もう-れつ ◎【猛烈】 形動 ［ダロ・ダッ・デ・ダ・ナ・ナラ］ 非常にはげしいようす。「―な雨」

もう-ろう ◎【×朦×朧】 と副 たる連体 おぼろげなようす。かすんでいて暗いようす。「―と見える」

もう-ろく モ【×耄×碌】 名 自サ おいぼれること。年取ってぼけること。「少々―したようだ」

もえ ◎【×萌え】 名 俗語 アニメやゲームなどで、人や物に抱く強い愛着や好意。「―キャラ」

もえ-あが・る ◎【燃え上がる】 ガ 自五 ［ラ・ロ｜リ・ッ｜ル｜ル｜レ｜レ］ ❶炎が高く立つ。❷恋愛などで、夢中になる。

もえ-かす ◎【燃えかす】【燃×滓】 名 燃えたあとにのこったもの。もえがら。「マッチの―」

もえ-がら 0 【燃え殻】 名 燃えたあとにのこったもの。もえかす。「石炭の―」

もえ-ぎ 0 【×萌黄・×萌×葱】 名 黄色がかった緑。

もえ-くさ 0 【燃えくさ】【燃え▲種】 名 火を燃えつかせるための材料。

もえ-さか・る カ 【燃え盛る】 自五 さかんに燃える。「―炎」

もえ-さし 0 【燃えさし】 名 燃えかけて消えたもの。燃えのこり。「―のたきぎ」

もえ-た・つ タ 【×萌え立つ】 自五 草木がいっせいに芽をだす。

もえ-た・つ タ 【燃え立つ】 自五 ❶燃えて、ほのおがあがる。燃えあがる。❷燃えるように、感情がはげしくうごく。「―思い」

もえ-つ・きる キ 【燃え尽きる】 自上一 ❶燃えてなくなる。❷さかんだったものがすっかり勢いをうしなう。「闘志が―」

もえ-つ・く ツ 【燃え付く】 自五 火がつく。火が燃えうつる。**燃え付き** 名

もえ・でる デ 【もえ出る】【×萌え出る】 自下一 草木の芽が出る。

もえ-のこり 0 【燃え残り】 名 燃えきらないでのこったもの。燃えさし。

もえ-ひろが・る ガ 【燃え広がる】 自五 燃えている場所がしだいに大きくなる。「山火事が―」

も・える 0 【×萌える】 自下一 芽がふく。めぐむ。「若草が―」 **も・ゆ** 文語ヤ下二

も・える 0 【燃える】 自下一 ❶火がついてほのおが立つ。「家が―」 ❷火がついて光るような、また、ほのおが立つような状態になる。「夕日に―空」 ❸感情が高まる。「希望に―」 **も・ゆ** 文語ヤ下二

モーグル モ/0 〈mogul〉 名 〔「こぶ」の意〕フリースタイルスキーの一種目。こぶのある急斜面をジャンプ・回転をまじえながら、その技術やスピードを競う。冬季オリンピックの公式種目。

モーション モ 〈motion〉 名 からだの動き。動作。活動。行動。 **―を掛**(か)**ける** 〔俗語〕相手にはたらきかける。 参考 おもに、異性間の行動についていう。

モーター モ 〈motor〉 名 ❶発動機。内燃機関。❷電動機。モートル。 **―カー** カ 〈motorcar〉 名 ❶自動車。❷線路の保守作業などに使う小型の軌動車。 **―サイクル** サ 〈motorcycle〉 名 モーターバイク。 **―ショー** ショ 〈motor show〉 名 各社が発表する新型自動車を一つの会場に集める展示会。 **―バイク** バ 〈motorbike〉 名 原動機付き自転車。バイク。⇩オートバイ 参考。 **―プール** プ 〈motor pool〉 名 自動車置き場。駐車場。 **―ボート** ボ 〈motorboat〉 名 内燃機関を装備し、それによって推進する小型の高速船。

モータリゼーション ゼ 〈motorization〉 名 自動車が普及し、生活必需品となる現象。自動車の大衆化現象。

モーテル モ 〈motel〉 名 ⬇モテル。

モード モ 〈mode〉 名 ❶服装などの流行の型。「トップ―」 ❷〔音〕旋法。音階法。

モートル モ 〈motor〉 名 ⬇モーター。

モーニング 〈morning〉 ❶ 造 朝の。午前中の。「―コーヒー」「―ショー」 ❷ モ 名 「モーニングコート」の略。 **―カップ** カ 〈morning cup〉 名 〔和製英語〕朝食で、コーヒーや紅茶・ミルクなどを飲むための大きめのカップ。 **―コート** コ 〈morning coat〉 名 男子の昼間用の礼服。日本では通常、礼服として夜も着る。 **―コール** コ 〈morning call〉 名 ホテルなどで、客が指定した時間に電話をかけて起こすサービス。 **―サービス** サ 〈morning service〉 名 〔和製英語〕喫茶店などで、午前中に軽い朝食がわりの飲食物を安く提供すること。

モービル モ 〈mobile〉 名 造 ⬇モビール。

モーメント モ 〈moment〉 名 ⬇モメント。

モーラ モ 〈mora〉 名 〔言〕⬇はく(拍)❸。

モーリシャス 《Mauritius》 マダガスカル島の東方、インド洋上にある共和国。一九六八年に独立。首都はポートルイス。

モーリタニア 《Mauritania》 アフリカ西海岸の大西洋に面したイスラム共和国。一九六〇年に独立。首都はヌアクショット。

モール モ 〈mall〉 名 ❶遊歩道。❷大規模な商業施設。ショッピングモール。

モール 0 〈maul〉 名 ラグビーで、ボールを持っている選手の周囲に、両チームの選手が密集し、押し合う状態。

モール モ 〈mogol〉 名 ❶金モール。銀モール。❷どんすに似た織物。

モールス-ふごう フ 【モールス符号】 名 〔考案者アメリカ人モース Morse の名から〕電信機用の符号。長短二種の音をいろいろに組みあわせて文字を送信する。

モカ モ 〈mocha〉 名 アラビア産のコーヒー豆の銘柄。 参考 アラビア半島南端部にあるイエメンのモカ港から積み出されるところからいう。

モ-ガ モ 名 「モダンガール」の略。昭和初期の流行語で、当時、流行の先端にあった若い女性の総称。↔モボ。

も-が 助〔古語〕（終助詞。奈良時代以前の語）実現しそうもないことへの願望をあらわす。あるといいなあ。あってほしいなあ。「石竹(なでしこ)のその花にもが(花デアルトイイナア)」〈万葉〉

もが・く ガ 【×踠く】 自五 ❶もだえて手足をうごかす。あがく。❷いらだつ。あせる。じれる。「今さらもがいても遅い」 **もがき** 名 **もがける** 自下一〔…できる〕

も-がさ 【×裳×瘡・×疱×瘡】 名〔古語〕ほうそう。

もが-な 助〔古語〕（終助詞）実現しそうもないことへの願望をあらわす。あるといいなあ。あってほしいなあ。「世の中にさらぬ別れ(死別)のなくもがな」〈古今〉

も-がも 助〔古語〕（終助詞。奈良時代以前の語）実現しそうもないことへの願望をあらわす。…あってほしいなあ。「岩戸破(わ)る手力(たぢから)もがも」〈万葉〉 参考 「もがもな」の形で用いられることもある。

もがり-ぶえ ガ/リ 【もがり笛】【▲虎▲落笛】 名 〔「もがり」は竹を筋違いに組んで作ったさく〕強い冬の北風が、竹のさくや電線などに当たって鳴る、笛のような鋭い音。 冬

も-ぎ モ 【模擬】【×摸擬】 名 本物をまねること。 **―試験**(しけん) ケ 名 練習として入学試験などにまねておこなう試験。↕本試験。 **―店**(てん) ギ 名 園遊会・学園祭などで、実物の店をまねて仮設した飲食店。

も-ぎ 【×裳着】 名〔古語〕貴族の女子が成長して十二〜四歳ごろに、はじめて裳(も)を着ること。また、その儀式。

もぎ-どう ギ 【▲没義道】 名 形動 人の道にはずれていること。不人情なこと。むごいこと。

もぎ-と・る ト/0 【もぎ取る】【×捥取る】 他五 もいでとる。 **もぎ取り** 名 **もぎ取れる** 自下一〔…できる〕

もぎり モ 【×捥り】 名〔俗語〕（切符を引きちぎることから）劇場などの興行物の木戸口で、切符を受け取る人。

もぎ・る ギ 【×捥る】 他五 もぐ。 **もぎれる** 自下一〔…できる〕

もく【×沐】造 あらう。あびる。「沐浴・櫛風沐雨しっぷうもくう」

もく【黙】造 だまる。ものを言わない。「黙考もっこう・黙読・黙認・暗黙・寡黙かもく・沈黙」

もく【木】一 モ 名 造 ❶もくめ。「きれいな―」❷木曜日。❸五行ごぎょうの一つ。「―火土金水」 二 造 ❶き。たちき。「木炭・樹木・草木」❷ものを作るための木。「木材・木造・木馬・材木」〔別音ぼく｜木〕

もく ⓪ 名〔俗語〕たばこ。「洋―」

もく【目】一 モ 名 ❶分類における小分けの単位。❷予算の編成上、最下級の区別。「款かん・項・―」❸生物分類上の名称。綱こうの下で、科の上。「食肉―」 二 造 ❶め。「目前・目測・反目・面目」❷めざす。「目的・目標」❸かなめ。たいせつなところ。たいせつなもの。「眼目・頭目・要目」❹見出し。題。「目次・目録・題目」❺目にする。「目撃・目礼」❻分類上の区分。「科目・項目」 三 接尾 碁盤の目のかずをかぞえることば。

も・ぐ モ【×捥ぐ】他五 ガ・ゴ・ギ・イ・グ・グ・ゲ・ゲ ねじきる。ねじとる。もぎる。「もぎたてのトマト」 **もげる** 自下一〔…できる〕

もく-あみ ⓪【木×阿▲弥】名 ⬇もとのもくあみ。

もく-ガス ⓪【木ガス】【木瓦×斯】名 木材を乾留したときにできる、燃えやすいガス。

もく-ぎょ モ【木魚】名 僧侶そうりょが読経どきょうのときにたたく木製の仏具。

もく-ぐう ⓪【木偶】名〔文章語〕木でつくった人形。でく。

もく-げ ⓪【木×槿】名 むくげ。

もく-げい ⓪【目迎】名 他サ からだは動かさずに、目で相手の目を見て迎えること。↕目送。

もく-げき ⓪【黙劇】名 無言劇。パントマイム。

もく-げき ⓪【目撃】名 他サ その場で実際に見ること。「事故を―する」

もく-ご モ【目語】名 自サ〔文章語〕目でたがいに意志を通じ合うこと。

もく-ざ モ【黙座】【黙×坐】名 自サ〔文章語〕だまってすわること。

も-ぐさ ⓪【×艾】名 ❶よもぎ。㊮ ❷よもぎをかわかして葉の裏の白い部分を綿のようにし、灸きゅうに使うもの。

も-ぐさ ⓪【藻草】名 藻も。

もく-ざい ク【木材】名 切りとって、建築・工作などの材料とする木。材木。 **―パルプ** パ 名 製紙原料用に加工した木材繊維。

もく-さく ⓪【木柵】名 木のさく。

もく-さく ⓪【木酢】【木×醋】名 木材を乾留してつくった酢酸さくさん。防腐用。もくす。

もく-さつ ⓪【黙殺】名 他サ（「殺」は強めのことば）知っていながら無視して問題にしないこと。「反対意見を―する」

もく-さん ⓪【目算】名 他サ ❶大づかみにみつもること。目分量。❷もくろみ。予期した計画。「―がはずれる」

もく-し ⓪【黙示】名 ❶〔文章語〕だまっていて意志を示すこと。❷キリスト教で、神のおつげ。啓示。天啓。＝もくじ。

もく-し モ【目視】名 他サ 肉眼で見ること。「―点検」

もく-し モ【黙視】名 他サ〔文章語〕だまって見ていること。干渉しないで見ていること。「―できない状況」

もく-し モ【黙止】名 自他サ〔文章語〕だまったままで、すておくこと。だまって、口をはさまないこと。

もく-じ ⓪【目次】名 ❶書物の内容の項目を順に並べたもの。❷項目・品目などを順序だてて並べたもの。目録。

もく-しつ ⓪【木質】名 ❶木の性質。❷樹木の幹の中のかたい部分。❸木のような性質。

もく-しょう ⓪【目×睫】名〔文章語〕（目とまつげ）もくしょうのかん。 **―の間**かん たいそう接近している所、または、時間。目前。「―に迫る」

もく-しょく ⓪【黙食】名（感染症対策などで）会話をせずに、無言で食事をすること。

もく・す ク【黙す】自五 サ・ソ・シ・ス・ス・セ・セ〔文章語〕⬇もくする。

もく・す ク【目す】他五 サ・ソ・シ・ス・ス・セ・セ〔文章語〕⬇もくする。

も-くず ⓪【藻くず】【藻×屑】くづ 名 海藻などのくず。 **―となる** 水中で死ぬ。

もく・する ス【黙する】自サ シ・セ・サ・シ・スル・スレ・シロ・セヨ〔文章語〕だまる。黙す。 **もく・す** 文語サ変

もく・する ス【目する】他サ シ・セ・サ・シ・スル・スレ・シロ・セヨ〔文章語〕（「目す」（五段活用）とも）❶見る。みとめる。❷目をつける。注目する。「将来を―」 **もく・す** 文語サ変

もく-せい ⓪【木星】名 太陽系の五番目の惑星。惑星中最大で、体積は地球の約千三百倍。火星の外がわを公転し、公転周期は約十二年。六十個以上の衛星をもつ。

もく-せい ⓪【木×犀】名 モクセイ科の常緑小高木。秋に芳香のある白い小花を開く。観賞用。ぎんもくせい。黄色い花のものは「きんもくせい」という。㊎

もく-せい ⓪【木精】名〔文章語〕❶木の精霊。❷メチルアルコール。

もく-せい ⓪【木製】名 器具などが木でつくってあること。

もく-ぜん ⓪【目前】名 空間的に、あるいは時間的にごく近いこと。目のまえ。眼前。「―に迫る」

もく-ぜん ⓪【黙然】と副 たる連体 ⬇もくねん。

もく-そう ⓪【黙想】名 自サ だまって思いにふけること。

もく-そう ⓪【目送】名 他サ 通りすぎるものを目をはなさず見送ること。↕目迎。

もく-ぞう ⓪【木造】名 木を材料としてつくってあること。「―建築」

もく-ぞう ⓪【木像】名 木でつくった像。

もく-そく ⓪【目測】名 他サ 目分量で広さ・高さ・長さなどをはかること。「―を誤る」

もく-タール タ【木タール】名 木材を乾留してつくったタール。燃料・塗料・薬用。

もく-だい ク【目代】名 ❶平安時代、国司の代理。❷江戸時代の代官。

もく-だく ⓪【黙諾】名 他サ〔文章語〕はっきりとした態度・ことばで示さずに承諾すること。

もく-たん タ【木炭】名 ❶木を蒸し焼きにしたもの。すみ。㊌ ❷デッサンをえがくのに使う、ほそくてやわらかなすみ。 **―画**が ⓪ 名 木炭❷でかく絵。 **―紙**し タ 名 木炭画用の紙。

もく-ちょう ⓪【木彫】名 木材にほりきざむこと。また、その彫刻品。

もく-てき ⓪【目的】名 事をなしとげようとする目あて。 **―意識**いしき イ 名 自分の行為の目的に関するはっきりした自覚。 **―語**ご ⓪ 名 日本語では連用修飾語の一つ。客語。「本を読む」の「本を」など。 **―的**てき ⓪ 形動 ある目的をもち、それを中心に行動するようす。 **―論**ろん キ 名 すべての事物・現象は、目的を実現するためにあるという哲学説。↕機械論。

もく-と モ【目途】名〔文章語〕目あて。目標。

もく-と モ【目×睹】名 他サ〔文章語〕直接、目で見ること。目撃。

もく-とう ⓪【黙×禱】名 自サ 無言のままでいのること。

もく-どう ⓪【木道】名 湿地の中に木を渡してつくった歩道。「尾瀬の―」

もく-どく ⓪【黙読】名 他サ 声を出さずに読むこと。「教科書を―する」↕音読。

もく-にん [0]【黙認】[名][他サ] 公然とでなく、暗黙のうちにみとめること。黙許。「家族の帯同を―する」

もく-ねじ [0]【木ねじ】【木▲捻▲子】(ねぢ)|[名] 胴に、らせんのきざんである、木材にねじこむくぎ。ねじくぎ。

もく-ねん [0]【黙然】[と副][たる連体] だまっているようす。もくぜん。「腕を組み―と沈思する」

もく-ば [0]/[モ]【木馬】[名] ❶木でつくったうまの形。❷木でうまの背の形に作った器械体操用具。

もく-はい [0]【木杯】【木×盃】[名] 木でつくったさかずき。

もく-はん [0]【木版】[名] 木の板に文字や図画などをきざんだ印刷の原版。**―画**(が) [0][名] 木版で印刷した絵。**―刷り**(ずり) [0][名] 木版で印刷すること。また、印刷したもの。**―本**(ぼん) [0][名] 木版で印刷した本。江戸時代に多い。↕写本・活字本。

もく-ひ [モ]【木皮】[名]〔文章語〕 木のかわ。「草根―」

もく-ひ [モ]【黙秘】[名][自サ] だまっていて、何も言わないこと。「完全―」 **―権**(けん) [ヒ][名] 容疑者・被告人が自分にとって不利な尋問にはこたえないでいることのできる、憲法でみとめられた権利。[参考]「黙否権」と書くのはあやまり。

もく-ひょう [0]【目標】[名] 目あて。目じるし。

もく-ぶ [モ]【木部】[名] ❶木でできているところ。❷樹木の木質の部分。

もく-へん [0]【木片】[名] 木のはし。木ぎれ。

もく-ほん [0]【木本】[名] かたい木質の幹をもつ植物。樹木。↕草本。

もく-め [0]/[メ]【木目】[名] 材木の切り口にあらわれる、年輪・繊維・導管などが形づくる模様。きめ。木理(もくり)。

もく-もく [0]【黙黙】[名][と副] だまって余計な口をきかないこと。「―と働く」

もく-もく [モ]¹ (と)[副] 煙などが次々にわき上がるようす。

もぐ-もぐ [モ]¹ (と)[副][自サ] ❶口をあけないで物をかむようす。❷口をはっきりあけないで、ものを言うようす。

もく-やく [0]【黙約】[名] ことばにあらわさないが、心の通じ合いできめた約束。「事前に―があった」

もく-よう [ヨ]【木曜】[名] 一週間のうち、五番めの日。水曜の次。木曜日。

もく-よく [0]【×沐浴】[名][自サ]〔文章語〕(「沐」は髪を洗う、「浴」はからだを洗うの意)髪やからだをあらって、身を清めること。「斎戒(さいかい)―」

もぐら [0]【▲土▲竜】[名] モグラ科の哺乳(ほにゅう)類。地中にすみ、小動物をとって食べる。農作物に害をあたえる。もぐらもち。むぐら。

もぐら-たたき [タ]¹【▲土▲竜×叩き】[名] ❶複数の穴から不規則に飛び出す作り物のもぐらの頭をハンマーでたたき、得点を競うゲーム。❷片づけるそばから課題が次々と発生し、手に負えないこと。

もく-り [モ]【木理】[名]〔文章語〕⬇もくめ。

もぐり [0]【潜り】[名] ❶[リ]水中にもぐること。❷[モ]法律に反したり、許可を受けないでしたりすること。また、その人。「―営業」❸[モ]その世界の人間ではないのに、そのようにふるまっている人。本物でない人。「彼を知らないやつは―だ」

もぐり-こ・む [コ]【潜り込む】[自五]〔マ・モ―ミ・ン―ム―ム―メ―メ〕 ❶もぐって中に入る。❷めだたないように中に姿が見えなくなる。「敵の陣地に―」「布団に―」 **潜り込める** [自下一]〔…できる〕

もぐ・る [グ]【潜る】[自五]〔ラ・ロ―リ・ッ―ル―ル―レ―レ〕 ❶水中にくぐり入る。❷物の下にかくれこむ。すき間にわりこむ。❸かくれ、ひそむ。特に警察の目をのがれて潜伏する。「地下に―」 **潜れる** [自下一]〔…できる〕

もく-れい [0]【目礼】[名][自サ] 目つきで、会釈(えしゃく)すること。

もく-れい [0]【黙礼】[名][自サ] だまって礼をすること。

もく-れん [モ]/[ク]【木×蓮】[名] モクレン科の落葉低木。春、葉に先だって、紫色の六弁の大形の花を開く。[春]

もく-れんが [レ]【木×煉瓦】[名] 木材をれんがの形にしたもので、建築用・舗装用。

もく-ろう [0]【木×蠟】[名] はぜの実(み)からとったろう。ろうそくの原料。器具のつやだし用。

もく-ろく [0]【目録】[名] ❶書物の内容の題目をしるしたもの。目次。❷進物などの品名を書いた文書。❸伝授した武道・芸道の名をしるして門人にあたえる文書。❹物の名称・内容・価格などを書き並べた小冊子。「図書―」

もくろみ [0]【目▲論見】[名] くわだて。計画。

もくろ・む [ロ]【目▲論む】[他五]〔マ・モ―ミ・ン―ム―ム―メ―メ〕 くわだてる。計画する。たくらむ。**もくろめる** [自下一]〔…できる〕

も-けい [0]【模型】[名] 実物ににせてつくったもの。

も・げる [ゲ]【×捥げる】[自下一]〔ゲ―ゲ―ゲル―ゲル―ゲレ―ゲロ・ゲヨ〕 もぎとったように、はなれ落ちる。もぎれる。**も・ぐ** [文語下二]

も-こ [モ]【模×糊】[と副][たる連体]〔文章語〕 はっきりしないようす。ぼんやり。「曖昧(あいまい)―」

も-こし [0]【×裳▲層・×裳▲階】[名] 仏堂や仏塔などで、本屋根の下に一段ひくくとりつけた屋根。

もこ-もこ [モ]¹ (と)[副][自サ][形動](の) 厚みがあり、やわらかくふくらんでいるようす。「着ぶくれして―する」「―のセーター」[参考]形容動詞として使うときは[0]。

もご-もご [モ]¹ (と)[副][自サ] くちびるをとじたまま口をうごかすようす。もぐもぐ。「何か言いたそうに口を―させる」

も-さ [モ]【猛者】[名] ちから・わざのすぐれた勇敢な人。「柔道部の―」

モザイク [ザ]〈mosaic〉[名] ガラス・タイル・大理石などの小片を組みあわせて図案にした装飾物。**―病**(びょう) [0][名] 植物にウイルスが寄生して、葉などにモザイクのような斑点(はんてん)ができる病気。たばこ・チューリップなどに発生。

も-さく [0]【模作】[名][他サ]〔文章語〕 まねてつくること。まねてつくった物。模造。

も-さく [0]【模索】【×摸索】[名][他サ]〔文章語〕 ❶手さぐりでさがすこと。「暗中―」❷状況が不明の中で、いろいろやってみること。「―の段階」

もさっ-と [サ][副][自サ]〔俗語〕 もっさり。「―つっ立っている」

もさ-もさ [モ]¹ (と)[副][自サ] ❶のろいようす。❷草や毛が雑然と生えているようす。❸ひしめきあうようす。

モザンビーク《Mozambique》 アフリカ南部のインド洋に面した共和国。一九七五年独立。首都はマプート。

も-し [モ]【模試】[名]「模擬試験」の略。

もし [モ]【もし】【▲若し】[副] 仮定の条件を設定し、その場合に起こると予想される状況を述べる。「―雨が降ってきたら駅まで迎えに来てください」「―さしつかえなければその本を貸していただけませんか」「―君が女性ならこの縁談はどう思うね」[参考]「もし」「もしも」「万一」「仮に」は、後に「ば」「たら」「なら」「ても」などの言い方が続くことが多い。ただし、「もし」に「ても」のような逆接の言い方が従うことは少ない。「もし大震災があったとしても」のような現実に起こりにくい場合を想定するのは「万一」「仮に」のほうが自然だからである。「もしも」は、「もし」よりも実現の可能性の薄い事柄を想定するが、「万一」ほどその可能性が低くはない。

もし [モ][感](「申し」から)人によびかける語。もしもし。

も-じ [モ]【文字】[名](「もんじ」の変化)❶字。❷ことば。文章。**―絵**(え) [ジ][名] 言葉遊びの一つ。文字を組み合わせて描いた絵。「へのへのもへじ」などが代表的なもの。**―言語**(げんご) [ゲ][名] 話しことばをもとに、文字や記号を使い、視覚的に表現したことば。書きことば。↕音声言語。 **—言葉** コ 名 女房ことばの一類。単語の語頭音に「もじ」をつけたことば。「すし」を「すもじ」、「しゃくし」を「しゃもじ」という類。 **—遣い** ヅ 名 仮名遣いのほか、漢字の使い分けなどをふくむ、広い意味での文字の使い方。用字法。 **—面** ０ 名 書きつづった文字の書き方・並び方から受ける感じ。字づら。「—がきたない」 **—通り** ド 副 形動(の) 〔文字に書いてあるとおり〕そのことばのとおり。そのまま。「—足のふみ場もない」 **—化け** ０ 名 自サ コンピューターで、入力した文字が他の記号などに置き換わり、正しく読めなくなること。 **—盤** ０ 名 とけい・計器などで、数字・記号・文字などのしるしてある板。

も-しお ０【藻塩】【藻×汐】— 名 ❶海藻に海水をかけ、それを焼いて水にとかし、そのうわずみを煮つめてつくった塩。❷もしおをつくるためにくむ海水。 **—草** 名〔古語〕❶もしおをとるための海藻。❷〔藻塩草をかき集めることを、書き集めるに掛けたもの〕物事を書き集めたもの。随筆などのこと。

も-しか モ【もしか】【▲若しか】副 仮定の条件を設定し、疑いを含んだ推定をあらわす。「—帰りが遅くなるようだったら電話をします」参考 単独で用いられることは少なく、「かもしれない」などの言い方と呼応して、「もし」よりも可能性が薄い条件句を導く結合形を構成する。 **—したら** 可能性は薄いが望ましい結果になることへの期待はある。「—第一志望校に合格するかもしれない」 **—して** 可能性の薄い条件句に続いて疑問をあらわす。「—あの二人は離婚するのではないだろうか」「—A校にお勤めだった佐藤先生ではいらっしゃいませんか」 **—すると** 可能性が薄い事柄を客観的に述べる。「—この四月にロンドン勤務になるかもしれない」参考「ひょっとすると」は意外性が強い事柄を導く感じがある。

も-しき ０【模式】名 全体を理解しやすいように、模型のように単純化して示したもの。「—図」

もしく-は モ【若しくは】— 接続 あるいは。さもなければ。「バス—地下鉄が便利です」⇩または 参考。

もじ-ずり ジ【×捩×摺り】— 名 ❶しのぶずり。❷ラン科の多年生植物。原野に自生。夏、薄紅色の小花がねじれた穂になって咲く。もじずりぐさ。ねじばな。㊌夏

もし-それ モ【もしそれ】【▲若し▲夫れ】接続〔文章語〕ことばをあらためて説きおこすときに使う語。多く漢文口調に使う。「—戦いをいどまんか」

もし-も モ【もしも】【▲若しも】副 起こる可能性がそれほど高くないと予想される事態を仮定するようす。「—予定の便に乗れなかったら電話するよ」「—君が彼に会うことがあればよろしく伝えてほしい」⇩もし 参考。 **—のこと** 思いもよらないできごと。万一のこと。よく人の死についていう。「父の身に—があったら」

もし-もし モ 感〔「申し申し」の変化〕よびかけの語。だれかわからない相手を呼びとめるときや、電話での呼びかけなどに使う。

もじ-もじ モ (と)副 自サ はっきり意思表示ができなかったり、はにかんだりして、ためらうようす。

も-しゃ モ【模写】【×摸写】名 他サ まねてうつすこと。

もし-や モ【もしや】【▲若しや】副 仮定の条件を設定し、疑問や推量の言い方とともにある程度の確信を含んだ推定をあらわす。「—先生ならばご存じではないかと思って」

もじゃ-もじゃ モ (と)副 自サ 形動(の) 毛がふぞろいに密生しているようす。「ひげが—生えている」「乱れて—の髪」参考 形容動詞として使うときは０。

も-しゅ モ【喪主】名 葬式をおこなうとき、代表となる人。

モジュ(デュ)ール ジュ〈module〉名 ❶建物の各部分を一定の大きさの整数倍で統一するときに、その基準となる単位の大きさ。例えば、日本建築の一間(約一・八メートル)など。❷コンピューターで、全体を構成する装置やプログラムをいくつかの部分にわけたときのそれぞれ。部分品。

も-しょう ０【喪章】名 弔意をあらわすためにつける黒い布のしるし。

もじり リ【×捩り】名 ❶もじること。もじったもの。❷古人の作品の文句・調子をまね、滑稽・風刺をこめてつくった詩歌や文章。パロディー。❸そでを和服ふうにした、男性用の外とう。

もじ・る ジ【×捩る】他五 ❶ねじる。よじる。❷他の口調にまねて言う。「古歌をもじったしゃれ」

モス モ 名「モスリン」の略。

も・す ０【燃す】他五 燃やす。たく。 **燃せる** 自下一〔…できる〕

も・す モ【模す】【×摸す】他五 ⬇もする。

もず モ【▲百▲舌・×鵙】名 モズ科の鳥。頭部は茶色、せなかは灰茶色。くちばしはかぎの手にまがる。昆虫・かえる・ねずみなどをとらえて食べる。秋、するどい声で鳴く。㊌秋 **—の速×贄** もずが、とった小動物を小枝などにつきさしておいたもの。㊌秋

モスク モ〈mosque〉名 イスラム教の礼拝所。

も-ずく ０【▲水▲雲・▲海×蘊】— 名 モズク科の海藻。ほんだわら類の上についていて、緑黄色でやわらかく、ふさ状。食用。㊌春

モス-グリーン リ〈moss green〉名〔mossは「こけ」の意〕すこしくすんだ緑色。

も-すそ ０【×裳×裾】名 裳のすそ。女性の衣服のすそ。

モスリン ０〈フ mousseline〉名 うす地のやわらかな毛織物。メリンス。モス。

も・する ス【模する】【×摸する】他サ まねてつくる。まねてする。にせる。模す。 **も・す** 文語サ変

モスレム モ〈Moslem〉名 ⬇ムスリム。

も-ぞ 連語〔古語〕〔係助詞「も」と係助詞「ぞ」〕これから起こりそうな悪いことを予測し、あやぶむ気持ちをあらわす。…したら困る。…するといけない。「玉の緒よ絶えなば絶えねながらへば忍ぶることの弱りもぞする」〈新古今・百人一首〉

も-ぞう ０【模造】【×摸造】名 他サ まねてつくること。「真珠の—品」 **—紙** ゾ 名 とりのこがみに似せてつくった洋紙。

も-そっと ソ 副 もうちょっと。もう少し。「—左へ」

もそ-もそ モ (と)副 自サ ⬇もぞもぞ。

もぞ-もぞ モ (と)副 自サ ❶虫などがはいまわるようす。❷うごいておちつかないようす。❸活発でなく、すこしずつうごくようす。「—と出てくる」

モダーン ダ〈modern〉名 形動 ⬇モダン。

もだ・える エ【×悶える】自下一 ❶非常に思いなやむ。「恋に—」❷ひどく苦しんで、からだをうごかす。「苦痛に—」 **もだ・ゆ** 文語ヤ下二

もた・げる ０【×擡げる】他下一 もち上げる。「頭を—」 **もた・ぐ** 文語下二

もだし-がた・い タ【もだし難い】【▲黙し難い】形 〔文章語〕だまって見ていられない。ほうっておけない。「懇望もだし—」 **もだしがた・し** 文語ク

もた・す タ【持たす】他五 持たせる。

もだ・す ダ【▲黙す・▲黙▲止す】自五〔文章語〕❶だまっている。口をきかない。❷だまってすておく。そのままにほうっておく。参考 ❷は「たびたびの懇望で、もだしがた

い」のように、「もだしがたい」の形で使われるのがふつう。

もたせ-か・ける ケ 【もたせ掛ける】【×凭せ掛ける】(ケ・ケ・ケル・ケル・ケレ・ケロ・ケヨ) 立てかける。寄せかける。**もたせか・く** 文語下二

もた・せる セ 【×凭せる】 他下一 (セ・セ・セル・セル・セレ・セロ・セヨ) なにかに寄りかからせる。「ソファーに背を―」

もた・せる セ 【持たせる】 他下一 (セ・セ・セル・セル・セレ・セロ・セヨ) ❶自分のものとして持つようにさせる。「社員に家を―」❷持って行かせる。「使いの者に書類を―」❸費用を支払わせる。「業者に勘定を―」❹心をひきつける。「気を―」❺【▲保せる】(かながき)いたまないように保存する。「冷凍庫に入れて一月―」

もた-つ・く ⓪ 自五 (カ・コ・キ・イ・ク・ク・ケ・ケ) 物事がぐあいよく進行しない。もたもたする。「処置が―」

モダニズム ③ 〈modernism〉 名 ❶伝統的な思想や趣味を否定し、近代人としての新しい感覚を強調する思想上・芸術上の立場。近代主義。❷流行を追う傾向を批判的にいうことば。新しがり。

もた-もた モ1 副 自サ ❶態度や動作がぶきようで、のろいようす。❷物事がすらすらと進行しないようす。「工事が―してはかどらない」

もたら・す ラ 【×齎す】 他五 (サ・ソ・シ・ス・ス・セ・セ) ❶もって来る。もって行く。「幸福を―青い鳥」❷ある状況や影響を生じさせる。「不景気を―」

もたれ-あ・う ア 【もたれ合う】【×凭れ合う】(あふ) 自五 (ワ・オ・イ・ッ・ウ・ウ・エ・エ) たがいによりかかり合う。たがいに依存し合い、なれあう。「もたれ合って生きる」「政官民が―」 **もたれ合い** 名 **もたれ合える** 自下一[…できる]

もたれ-かか・る カ2 【もたれ掛(か)る】【×凭れ掛(か)る】 自五 (ラ・ロ・リ・ッ・ル・ル・レ・レ) からだを投げだすようにして、よりかかる。「ベッドに―」

もた・れる レ 【×凭れる・×靠れる】 自下一 (レ・レ・レル・レル・レレ・レロ・レヨ) ❶よりかかる。「いすに―」「肩に―」❷食物が消化されずに胃の中にとどまる。**もた・る** 文語下二

モダン ⓪ 〈modern〉＝**モダーン** 名 形動 現代的。近代的。現代ふう。「―ジャズ」 **―アート** ア 〈modern art〉 名 近代美術。現代美術。

もち チ 【持ち】 名 ❶変化したり、いたんだりしないこと。「―のよい食品」❷所有すること。❸負担。「社長―で飲む」❹碁・将棋・歌合などで勝負がないこと。ひきわけ。

もち ⓪ 【餅】 名 もちごめを蒸してついた食べ物。冬 **―は餅屋**(もちや) 何ごとにもそれぞれの専門家があり、素人(しろうと)はかなわないことのたとえ。

もち ⓪ 【×糯】 名 米・あわ・きびなどで、ねばりけが強く、ついて餅(もち)になる品種。↕うる。

もち モ 【×黐】 名 ❶もちのき。❷もちのき・やまぐるまなどの木の皮でつくった、ねばりけの強いもの。鳥や虫などをとらえるのに使う。

もち 【▲望】 名 古語 ❶もちづき。❷陰暦で、月の十五日。もちの日。 **―の日**(ひ) 古語 陰暦で、毎月の十五日。もち。

もち-あい ⓪ 【持(ち)合(い)】(あひ) 名 ❶たがいに力を合わせて持つこと。❷力がひとしく、はりあっていること。❸【経】取引市場で、相場に動きのないこと。

もち-あ・う ⓪ 【持(ち)合う】(あふ) 自五 (ワ・オ・イ・ッ・ウ・ウ・エ・エ) ❶たがいに持つ。❷両方の平均がとれる。力がつりあう。❸【経】相場が動きのない状態にある。

もち-あが・る ⓪/ガ 【持(ち)上がる】 (ラ・ロ・リ・ッ・ル・ル・レ・レ) ㊀ 自五 急におこる。「事件が―」㊁ 他五 教師が学生・生徒・児童の進級とともに、その受け持ちをつづける。**持ち上がり** 名 **持ち上がれる** 自下一[…できる]

もち-あぐ・む グ 自五 (マ・モ・ミ・ン・ム・ム・メ・メ) あつかいかねる。もてあます。

もち-あ・げる ⓪ 【持(ち)上げる】 他下一 (ゲ・ゲ・ゲル・ゲル・ゲレ・ゲロ・ゲヨ) ❶持って高くあげる。❷ほめておだてあげる。「持ち上げられて調子に乗る」 **もちあ・ぐ** 文語下二

もち-あじ チ/⓪ 【持(ち)味】(あぢ) 名 ❶もとからそなわっている食べ物の味。「たけのこの―」❷人や作品などの、それぞれ独特の味わい。特色。「きみの―を生かせ」

もち-あつか・う カ/⓪ 【持(ち)扱う】(あつかふ) 他五 (ワ・オ・イ・ッ・ウ・ウ・エ・エ) もてあつかう。**持ち扱い** 名

もち-あみ ⓪ 【餅網】 名 もちをのせて焼く網。

もち-ある・く ル/⓪ 【持(ち)歩く】 他五 (カ・コ・キ・イ・ク・ク・ケ・ケ) 手に持ったり、身につけたりして、外を歩く。携帯する。「黒いかばんを―」

もち-あわせ ⓪ 【持(ち)合(わ)せ】(あはせ) 名 そのとき持っているもの。特に、持っている現金。「―がない」

もち-あわ・せる セ/⓪ 【持(ち)合(わ)せる】(あはせる) 他下一 (セ・セ・セル・セル・セレ・セロ・セヨ) そのとき入り用なものを、ちょうど持っている。「筆記用具を―」 **もちあは・す** 文語下二

もち-い 【▲餅】(もちひ) 名 古語 もち。冬

もち-いえ ⓪/チ 【持(ち)家】(いへ) 名 所有している家屋。借家でない家。もちや。

モチーフ チ 〈フ motif〉＝**モティーフ** 名 ❶動機。きっかけ。❷芸術作品の制作の動機となる中心思想。❸音楽で、楽曲を構成する最小単位の旋律。楽想。

もち・いる イ/⓪ 【用いる】(もちゐる) 他上一 (イ・イ・イル・イル・イレ・イロ・イヨ) ❶使用する。❷任用する。職につかせる。❸採用する。「部下の意見を―」 参考 平安時代以後は、「用ひる(上一段)」「用ふ(上二段)」「用ゆ(上二段)」のように、ハ行・ヤ行に活用させることもあった。**もち・ゐる** 文語ワ上一

もち-うた ⓪ 【持(ち)歌】 名 歌手が自分のものとして歌う歌。レパートリー。

もち-おもり ⓪ 【持(ち)重り】 名 ❶持った時に意外に重く感じられること。❷持っているうちにだんだん重くなってくること。「―がする」

もち-かえり ⓪ 【持(ち)帰り】(かへり) 名 ⇩おもちかえり。

もち-かえ・る カ/⓪ 【持ち帰る】(かへる) 他五 (ラ・ロ・リ・ッ・ル・ル・レ・レ) ❶ものを持って帰る。「ごみは各自―こと」❷会議などで、結論の出なかった課題を再検討するために、自分の所属部署に持って帰る。「持ち帰って、来週までに検討する」

もち-か・ける ケ/⓪ 【持(ち)掛ける】 他下一 (ケ・ケ・ケル・ケル・ケレ・ケロ・ケヨ) 相手に対して、もち出す。「縁談を―」「もうけ話を―」 **もちか・く** 文語下二

もち-がし ガ 【餅菓子】 名 もち・うるち・くず・かたくりなどのでんぷんを原料としてつくった、やわらかい菓子の総称。

もち-かぶ ⓪/チ 【持(ち)株】 名 その人の所有している株式。 **―会社**(がいしゃ) ガ 名 株式を独占的に保有することにより、他の株式会社の事業を支配している会社。ホールディングス。

もち-がゆ ⓪ 名 ❶【▲望×粥】正月十五日に食べるあずきがゆ。新年 ❷【餅×粥】もちを入れたあずきがゆ。

もち-きり ⓪ 【持(ち)切り】 名 ある話題で独占されること。「君のうわさで―だ」

もち-き・る キ/⓪ 【持(ち)切る】 自五 (ラ・ロ・リ・ッ・ル・ル・レ・レ) ❶はじめからおわりまで、同じ状態がつづく。❷はじめからおわりまで、その話やうわさがつづく。

もち-ぐさ ⓪ 【餅草】 名 よもぎの若葉。くさもちに入れる。春

もち-ぐされ ⓪ 【持(ち)腐れ】 名 持っているだけで利用しないこと。「宝の―」

もち-くず・す ズ【持(ち)崩す】—くづす 他五 サ・ソ|シ|ス|スセ|セ ❶品行をみだす。「身を—」❷財産を使いはたす。「身代を—」

もち-こ・す ◎/コ【持(ち)越す】他五 サ・ソ|シ|ス|スセ|セ ことをおわらせないで次の時期へおくる。「仕事を翌日に—」 **持ち越し** 名 **持ち越せる** 自下一[…できる]

もち-こた・える ヱ/タ【持ちこたえる】【持▲堪える】他下一 エ・エ|エ|エル|エル|エレ|エロ・エヨ ささえたもつ。維持する。「一年間は—食糧がある」 **もちこた・ふ** 文語八下二

もち-ごま ◎【持(ち)駒】名 ❶将棋で、相手からとって、手もとに持っているこま。❷手もとにあって、いつでも活用のできる人や物。「投手の—がたりない」

もち-こみ ◎【持(ち)込み】名 ❶持ち込むこと。❷宴会やパーティーに、酒を自分で持ってくること。「—料」

もち-こ・む ◎/コ【持(ち)込む】他五 マ・モ|ミ・ン|ム|ムメ|メ ❶持ってはいる。「車内に危険物を持ち込んではいけない」❷持って来る。「相談を—」 **持ち込める** 自下一[…できる]

もち-ごめ ◎【もち米】【×糯米】名 ねばりけの多い、もちにする米。↔うるち。

もち-ざお ◎【×黐×竿】—ざを 名 先端にとりもちをつけた竹ざお。昆虫や小鳥をとるのに使う。

もち-さ・る サ【持(ち)去る】他五 ラ・ロ|リ・ッ|ル|ルレ|レ ことわりもなく品物を持ってどこかへいってしまう。「何者かが美術品を持ち去った」

もち-じかん ジ【持(ち)時間】名 ❶碁・将棋の対局で、打つ手を考えるためにあたえられた時間。❷あることをなしとげるために、あたえられた時間。

もち-だい ◎【餅代】名 〔正月用のもちを買う代金の意から〕❶給与とは別の、年末の一時金。❷年末に、政党や派閥が所属議員に支給する活動資金。

もち-だし ◎【持(ち)出し】名 ❶持ち出すこと。「—禁止の図書」❷費用の足りない分を自分で出すこと。「—になる」❸洋裁で、明きのところが重なるように、別に布をあてた部分。

もち-だ・す ◎/ダ【持(ち)出す】他五 サ・ソ|シ|ス|スセ|セ ❶持って外へ出す。「家財道具を—」❷ぬすみだす。「売上金を—」❸持ちはじめる。「自信を—」❹いい出す。うったえて出る。「苦情を—」❺自腹を切って費用をまかなう。 **持ち出せる** 自下一[…できる]

もち-つき キ/チ【餅つき】【餅×搗き】名 もちをつくこと。特に、正月用のもちを暮れにつくこと。冬

もち-づき【▲望月】名 古語 陰暦十五夜の満月。秋 ⇩月(図)。 **—の** 枕 満月の欠けたところの無いさまから、「たる(足る)」「たたはし(満ちたりている)」に、また、その美しさまから「愛づらし」にかかる。「望月の足れる面わに花のごと笑みて立てれば」〈万葉〉

持ちつ持たれつ たがいに助けあうようす。「—の関係」

もち-てん ◎【持(ち)点】名 ゲームなどをはじめる前に、あらかじめ参加者に割り当てられる点数。

もち-なお・す オ/◎【持(ち)直す】—なほす サ・ソ|シ|ス|スセ|セ ㊀ 他五 手をかえて持つ。持ちかえる。「荷物を—」 ㊁ 自五 ❶よい状態にもどる。「景気が—」❷回復する。「病状が—」 **持ち直し** 名

もち-にげ ◎【持(ち)逃げ】名 他サ 他人のかねや物を持って逃げること。「店のかねを—した」

もち-ぬし チ【持(ち)主】名 その物を所有している人。所有者。

もち-ねた ◎【持ちねた】名 俗語 落語や漫才などで、その人が得意とする演目や話題。

もち-のき モ【×黐の木】名 モチノキ科の常緑高木。山野に自生。庭木用。皮は染料・とりもち用。実は秋

もち-ば バ【持(ち)場】名 受け持ちの場所・部門。部署。

もち-はこ・ぶ コ/◎【持(ち)運ぶ】他五 バ・ボ|ビ・ン|ブ|ブ|ベ|ベ 持って他の所へ運ぶ。 **持ち運び** 名 **持ち運べる** 自下一[…できる]

もち-はだ ◎【餅肌】【餅▲膚】名 きめのこまかい、なめらかなはだ。

もち-ばな ◎【餅花】名 もちの小片を、やなぎの枝などにつけたもの。正月のそなえもの。新年

もち-ばん チ【持(ち)番】名 受け持ちの番。

もち-ふる・す ル【持(ち)古す】他五 サ・ソ|シ|ス|スセ|セ 長く持って、古くする。使い古す。

もち-ぶん チ【持(ち)分】名 共有する物や権利について、各人が一定の割合で持つ部分。持ち前。

モチベーション ベ/◎〈motivation〉名 ❶動機をあたえること。動機づけ。❷意欲。やる気。「—を上げる」

もち-まえ ◎【持(ち)前】—まへ 名 ❶生まれつき。生まれつきの性質。「—の短気」❷持ち分。

もち-まわり ◎【持(ち)回り】—まはり 名 一つの物事が関係者に順次まわっていくこと。「—で幹事を務める」「—閣議」

もち-もち モ1 (と)副 自サ 弾力やねばり気があるようす。「—した食感」

もち-もの チ/モ2【持(ち)物】名 ❶身につけている物。❷所有物。

もち-や ◎【持(ち)家】名 所有しているいえ。持ちいえ。↕借り家。

もち-や ◎【餅屋】名 もちをついて売る人。また、そのみせ。 **—は餅屋** 餅は餅屋。

もち-やく ◎【持ち役】名 その役者が得意としている役柄。

もち-やま ◎【持(ち)山】名 個人の所有する山。

も-ちゅう ◎【喪中】名 喪に服している期間。「—につき年賀欠礼」

もち-よ・る ヨ/◎【持(ち)寄る】他五 ラ・ロ|リ・ッ|ル|ルレ|レ めいめいが持ってあつまる。「計画を持ち寄って検討する」 **持ち寄り** 名 **持ち寄れる** 自下一[…できる]

もち-ろん チ【もちろん】【×勿論】副 言うまでもなく。無論。「—彼も賛成した」 参考「ぼくが悪いのはもちろんだが」のように、上に述べたことを受ける場合もある。

もち-わざ ◎【持ち技】名 その人が得意としている技。

もつ【物】造 もの。「貨物・穀物・書物・食物・荷物・宝物」〔別音ぶつ|物〕

もつ モ【▲臓▲物】名 料理の材料としての鳥獣の臓物。

も・つ モ【持つ】タ・ト|チ・ッ|ツ|ツ|テ|テ ㊀ 他五 ❶手から離さないようにする。「かばんを—」「ナイフとフォークを—」❷身につけて出かける。たずさえる。「雨具を持って行きなさい」❸自分のものとする。所有する。有する。「店を—」「三人の子を—」❹性質や状態を身にそなえている。「すぐれた頭脳を—」「大きな意義を—」❺考えや感情を心にいだく。「自信を—」「うらみを—」❻身に引き受ける。担当する。「費用はこちらで—」「三年生を—」❼関係が生まれるようにする。「交渉を—」「会合を—」 参考 ❸❹❺の意味では、「関心をもつ・関心がある」のように、「ある」で言いかえられることが多い。 ㊁ 自五【▲保つ】長くそのままの状態をたもち続ける。「この菓子は一週間は—」「父は春までは—まい」「あの家は奥さんでもっている」 参考 かなで書くのが普通。 **持てる** 自下一[…できる]

もっ-か ◎【黙過】名 他サ 文章語 (「もくか」の変化)だまって見のがすこと。「そんな仕打ちは—できない」

もっ-か モ【目下】名 副 (「もくか」の変化)ただいま。現今。「—の急務」

もっ-かん ⓪【木管】名 〔「もくかん」の変化〕❶木でつくったくだ。❷紡績機械で、糸を巻きとるくだ。ボビン。❸ **—楽器**(がっき) ガ名 ↔金管楽器。❶胴が木でつくられている管楽器。❷胴が金属その他でつくられていても、構造や発音原理が❶と同じである楽器。フルートなど。

もっ-かん ⓪【木簡】名 〔「もくかん」の変化〕古代、薄くけずった木片に字句を記したもの。公文書・荷札などに用いられたもので、古代遺跡から発掘されている。

もっ-きょ モ【黙許】名 他サ 〔文章語〕〔「もくきょ」の変化〕ことばに出さず、だまって見のがすこと。黙認。

もっ-きり ⓪【盛っきり】名 ⇒もりきり。

もっ-きん ⓪【木琴】名 〔「もくきん」の変化〕打楽器の一つ。台の上に音程のちがう長短の木片をならべたもの。丸い玉のついた棒で打って鳴らす。シロホン。

もっ-け ⓪/ケ【×勿▲怪・▲物▲怪】名 形動(の) 〔「もののけ」の変化からという〕思いがけないようす。意外。**—の幸**(さいわ)**い** 思いがけない幸運。

もっ-けい ⓪【木鶏】名 〔「もくけい」の変化〕木で作ったにわとり。転じて、強さを外にあらわさない最強の闘鶏。また、強さを内に秘めているようすのたとえ。ぼっけい。「—の威厳」参考「荘子」にあることば。

もっ-けい ⓪【黙契】名 〔文章語〕〔「もくけい」の変化〕ことばに出さないで、たがいに合意・承知すること。また、その合意・約束。黙約。

もっこ コ/⓪【×畚】名 なわを網のように編んで、四すみにつり上げるための綱をつけ、土・石などをはこぶ道具。ふご。

もっ-こう ⓪【木工】名 〔「もくこう」の変化〕❶大工(だいく)。❷木材で家具・おもちゃなどをつくること。

もっ-こう ⓪【×沐×猴】名 〔文章語〕〔「もくこう」の変化〕猿(さる)。**—にして冠**(かん)**す** 〔猿がかんむりをかぶる意から〕衣服だけがりっぱで、心はいやしくおとっていること。

もっ-こう ⓪【黙考】名 他サ 〔文章語〕〔「もくこう」の変化〕だまってかんがえること。「沈思—する」

もっ-こく ⓪【木×斛】名 〔「もくこく」の変化〕ツバキ科の常緑高木。七月ごろに、白色・五弁の花を開く。庭木とする。材は、くし・細工用。木の皮は染料用。花=㊰

もっこす 名 〔方言〕〔熊本地方で〕つむじ曲がりのがんこ者。意地っぱり。「肥後—」

もっ-こつ ⓪【木骨】名 〔「もくこつ」の変化〕建築の骨組みを木造にすること。また、その骨組み。

もっこつ-ほう ⓪【▲没骨法】名 線で輪郭をえがかず、直接に物の形をえがく東洋画の技法。

もっこり コ (と)副 自サ 一部分がもりあがっているようす。

もっ-こん ⓪【目今】名 〔文章語〕〔「もくこん」の変化〕さしあたり。いま。目下。現今。「—の情勢は…」

もっこん-しき コ【木婚式】名 〔「もくこんしき」の変化〕結婚して五年目を祝う式。

もっさり サ (と)副 自サ 〔俗語〕❶鈍重なようす。もさっと。「—と立っている」❷スマートでないようす。「—した服」❸毛がふかぶかとはえているようす。

もっしょく-し ク【▲没食子】名 たまばちが、カシ科植物の若枝に卵をうむときの傷でできる袋の形の虫こぶ。タンニン酸を多くふくむ。ぼっしょくし。

もっ-そう ソ【物相】名 めしの量を盛りはかる器。一人分のめしを盛る器。**—飯**(めし) ソ名 ❶もっそうに盛っためし。盛り切りのめし。❷牢屋(ろうや)のめし。

もっ-たい ⓪【×勿体】名 ようすや態度がものものしいこと。威厳。「—をつける」**—ない** ナ形 ❶おそれ多い。「神様をそまつにしては—」❷非常にありがたい。「—話だ」❸おしい。「捨てるのは—」**—ぶる** ブ 自五 もったいらしくふるまう。おもおもしく見せる。「もったいぶって話す」**—らしい** シ形 おもおもしいようすである。たいそうらしい。**—を付**(つ)**ける** おもおもしいようすに見せかける。

もったり タ (と)副 自サ ❶ねばりけがあり、手応えが重く感じられるようす。「クリームが—するまでかきまぜる」❷動作がにぶいようす。「—した歩き方」

もっちり チ (と)副 自サ 食感がやわらかく、弾力があるようす。「—としたまんじゅう」

モッツァレラ ツァ〈イ mozzarella〉名 イタリア特産の熟成させないチーズ。なめらかで、熱を加えると伸びる性質があり、ピザやラザニヤなどにも使われる。

もっ-て【もって】【▲以て】㊀ 連語 ❶〔文章語〕〔「を」につづけて助詞のように用いる〕㋐…を使って。「書面を—連絡する」㋑…のゆえに。…により。「雨天を—中止する」㋒「を」の強め。「かれを—初めとする」㋓…で。「以上を—会をとじる」❷〔「で」につづけて接続助詞のように用いる〕その上。さらに。「秀才で—スポーツマンだ」❸意味を強める。「いよいよ—けしからん」㊁ モ 接続 〔漢文の「以」や「式」の訓読から生じた語〕そして。それによって。「刻苦勉励、—学を修める」**—しても** 〔「を」につづけて〕…を使っても。…によっても。「かれの熱意を—どうにもならない」**—×瞑**(めい)**すべし** それで満足すべきだ。

もってい・く ⓪/モ【持って行く】他五 カ・コ｜キ・ッ｜ク｜ク｜ケ｜ケ ❶たずさえて行く。運ぶ。「荷物を持って行かれた」「変化球を外野席まで—」❷すぐれた芸術家や芸能人が死んで、その技能を伝えるものがいなくなる。**持って行ける** 自下一 〔…できる〕

持(も)**って生**(う)**まれた** 生まれつき、そなわっている。親ゆずりである。「—せっかちな性分」

持(も)**って来**(こ)**い** いちばん適しているようす。あつらえむき。「—の仕事」

もって-の-ほか テ【もっての外】【▲以ての外】形動(の) ダロ｜ダッ・デ・ニ｜ダ｜ナ｜ナラ｜○ とんでもないこと。あるべきでないこと。「—の行動」

持(も)**って回**(まわ)**った** 遠回しな表現で、なかなか本題にはいらない。「—言い方」

もっ-と モ 副 さらに、その上に。「—食べたい」

モットー モ〈motto〉名 座右の銘。標語。金言。

もっとも ト/モ1【もっとも】【×尤も】㊀ 形動 ダロ｜ダッ・デ・ニ｜ダ｜ナ｜ナラ｜○ 道理にかなうようす。「—な意見」㊁ 接続 そうはいうものの。ただし。「先月旅行をしたよ。—、一泊だけどね」⇩ただし 参考。

もっとも ト/モ1【最も】副 第一に。いちばん。

もっとも-らし・い シ【×尤もらしい】形 カロ｜カッ・ク｜イ｜イ｜ケレ｜○ ❶いかにも道理にかなっているようすである。「—理屈」❷まじめくさっている。「—顔つき」

もっぱら ⓪【専ら】副 その事ばかりするようす。いちずに。ひとすじに。「—読むばかり」

モッブ モ〈mob〉名 ❶群衆。❷暴民。暴徒。一揆(いっき)。

モップ ⓪〈mop〉名 長い柄(え)のついたぞうきん。

もつ-やき ⓪【もつ焼き】【▲臓▲物焼】名 鳥獣のぞうもつをくしにさして焼いた食べ物。

もつ-やく ⓪【▲没薬】名 アフリカ産のカンラン科の植物の樹脂からとったもの。健胃剤・うがい薬などにする。

もつれ レ【×縺れ】名 ❶もつれること。もつれたもの。「糸の—」❷物事のくいちがい。ごたごた。「両国間の—」

もつれ-こ・む コ【もつれ込む】【×縺れ込む】自五 マ・モ｜ミ・ン｜ム｜ム｜メ｜メ 試合や話が順調に進まず、延長される。「延長戦に—」

もつ・れる レ【×縺れる】自下一（レ—レ—レル—レル—レレ—レロ・レヨ）❶からみあってとけなくなる。❷事がらがみだれる。ごたごたする。「討議が—」❸ことばや動作がなめらかでなくなる。「舌が—」「足が—」 **もつ・る** 文語下二

も-て 連語〔古語〕〔「もちて」の変化〕❶〔格助詞的に用いる〕㋐手段・材料などをあらわす。…で。「白妙の浪もてゆへる淡路島山」〈万葉〉㋑動作のきっかけをあらわす。…から。…で。「はちす葉のにごりにしまぬ心もて、なにかは露を玉とあざむく」〈古今〉❷〔動詞の連用形について〕「…て」の意をあらわす。「知らぬ人を迎へもて来たらむ」〈徒然〉

もて-あそ・ぶ ソ 0【弄ぶ】【×玩ぶ・×翫ぶ】他五（バ・ボ—ビ・ン—ブ—ブ—ベ—ベ）〔「持て遊ぶ」の意〕❶手に持ってあそぶ。❷なぐさみ興ずる。「短歌を—」❸なぶる。おもちゃにする。

もて-あつか・う 0【持て扱う】（あつかふ）他五（ワ・オ—イ・ッ—ウ—ウ—エ—エ）❶とりあつかう。❷もてあます。「いたずらっ子を—」

もて-あま・す マ 0【持て余す】他五（サ・ソ—シ—ス—ス—セ—セ）あつかいきれなくて、こまる。持てあつかう。「難問を—」 **持て余し** 名

モティーフ ティ〈motif〉名 ⬇モチーフ。

モテット モ〈motet〉＝**モテト** 名【音】聖書の章句などを歌詞にもつ多声の宗教声楽曲。参考 十三世紀中ごろよりヨーロッパで発達。

もて-なし 0 名 ❶もてなすこと。❷客へのごちそう。参考「おもてなし」は手厚い待遇のあらたまった言い方。

もて-な・す 一 ナ 0 他五（サ・ソ—シ—ス—ス—セ—セ）❶人をそれにふさわしい態度・条件であつかう。「丁重に—」❷飲み物や食べ物をごちそうして歓迎する。供応する。「手料理で—」 **もてなせる** 自下一〔…できる〕 二 他四〔古語〕❶とりおこなう。とりはからう。「人に劣らぬさまに、もてなしきこえむ」〈源氏〉❷珍重する。もてはやす。「今様の事どもの珍しきを言ひ広めもてなすこそまたうけられね」〈徒然〉❸そぶりをする。「さとらぬ体にもてなして」〈平家〉

もて-はや・す ヤ 0 他五（サ・ソ—シ—ス—ス—セ—セ）さかんにほめる。多くの人が話題にする。「若者にもてはやされるファッション」

モデム 0〈modem〉名 デジタル信号とアナログ信号とを変換する機器。

もて-もて 0 形動（ダロ—ダッ・デ・ニ—ダ—ナ—ナラ—〇）〔俗語〕非常に人気があって、もてはやされるようす。「若い女性に—の歌手」

モデュール デュ〈module〉名 ⬇モジュール。

もて-ゆ・く【もて行く】自四〔古語〕しだいに…してゆく。…しつづける。もていく。「昼になりて、（気温ガ）ぬるくゆるびもてゆけば」〈枕〉

モデラート ラ〈イ moderato〉名 音楽の演奏速度で、中ぐらいの速度。

モデリング 0〈modelling〉名 彫刻では肉づけ、絵画では陰影による丸みをあたえること。

モテル モ〈ア motel〉＝**モーテル** 名〔「モーター」と「ホテル」の合成語〕車庫つきの、手軽に宿泊できるホテル。

も・てる テ【持てる】自下一（テ—テ—テル—テル—テレ—＊）❶保たれる。維持される。「一人では座が持てない」❷〔かながき〕もてはやされる。人気がある。「子どもたちに—校長先生」「学生時代はもてた」

もて-る【持てる】連語〔「る」は完了の助動詞「り」の連体形。連体詞的に〕持っている。「—力を発揮する」「—者と持たざる者」

モデル モ 0〈model〉名 ❶型。❷模型。❸手本。見本。標準。「—校」❹ある物事のしくみを定式としてあらわしたもの。「マクロ経済—」❺絵・彫刻・写真などの制作のとき、対象となる人。❻小説などの素材となる人物。❼ファッションモデル。 **—ガン** ガ〈model gun〉名 トイガンの一種で、弾をうちだす機能を持たない模型の銃。 **—ケース** ケ〈model case〉名 代表的な例。 **—チェンジ** チェ〈model change〉名〔和製英語〕商品の形式・外観・機能などを新しくすること。 **—ルーム** ル〈model room〉名〔和製英語〕マンションを販売するときに、実物見本として実物と同じつくりで公開する一戸分の区画。

もと【本】接尾〔文章語〕草木など、長いものをかぞえる語。「ひと—の松」

もと ト【下】名 ❶根のきわ。↕すえ。❷それに支配されるところ。「約束の—に」「勇将の—に弱卒なし」❸【×許】あたり。そば。「兄の—で育つ」

もと ト 0【元】名 ❶〔この用法では モ〕本来あるべきところ。「借りた本を—に戻す」❷物事の最初の部分。はじめ。起源。「—をたずねる」❸【本】物事がそれによって成り立ついちばん大事なところ。主となるもの。根源。「農は国の—」↕すえ。❹【基】物事のよりどころとなるもの。基礎。もとい。「事実を—に考える」❺ことのおこり。原因。「あらそいの—」❻利益を生むよりどころ。もとで。資本。「—をかける」❼原価。もとね。「—を切る」❽【×素】何かを作るための原料。「スープの—」❾〔この用法では モ〕今より前の時。むかし。以前。「—の家」参考「彼はもと教員だった」のように副詞的にも使われる。「元国会議員」のような連体詞的な使い方もある。 **—の×鞘に収まる** 離縁したり、仲たがいしたものが、再び前の関係にもどる。 **—の木×阿×弥**〔「木阿弥」は戦国大名の身代わりをつとめた男の名からという〕せっかくの苦労がむだになること。 **—も子も無くなる** ❶もうけがなく、もとでまでうしなう。❷何もかもすっかりなくなる。

もと-い ト【基】（もとゐ）名 ❶土台。基礎。❷根本。根拠。

もと-い ト 感〔もとえ（元へ）の変化〕⬇もとへ。

もと-うけ 0【元請（け）】名 依頼主から直接仕事を請け負うこと。また、その人。その仕事をさらに請け負う「下請け」に対していう。元請負。

もと-うた 0【本歌】名 かえ歌のもととなっている歌。

もと-うり 0【元売（り）】名 品物を作って卸売り業者などに売ること。

もとおり-のりなが《本居宣長》〔一七三〇—一八〇一〕江戸時代中期の国学者。上代古典研究により国学を大成。係り結び・活用の研究や、物語の本質を「もののあはれ」にあるとする文学研究などで成果をあげた。「古事記伝」「源氏物語玉の小櫛」など。

もとお・る【×徘×徊る】（もとほる）自四〔古語〕めぐる。ぶらぶら歩きまわる。「木の間より移ろふ月の影を惜しみ立ちもとほるに」〈万葉〉

もどかし・い 一 シ 形（カロ—カッ・ク—イ—イ—ケレ—〇）思うように行かず、じれったい。はがゆくて、いらいらする。 **もどかしげ** 形動 **もどかしさ** 名 **もどかしがる** 他五 **もどか・し** 文語シク 二 形シク〔古語〕非難すべきである。気にくわない。「もどかしき咎（世間ノ非難）負ふわざなる」〈源氏〉

もと-かた 0【元方】名 ❶問屋。❷資本を出す人。

もと-かの 0【元かの】名〔俗語〕〔「もと彼女」から〕以前に恋人であった女性。

もと-かれ 0【元彼】名〔俗語〕以前に恋人であった男性。

もと-き 0【本木】名 ❶木の幹や根もとの部分。↕末木。❷前夫・先妻など、前に関係のあった者。 **—にまさる末木なし** いくらとりかえても、最初のものよりすぐれたものはない。多く男女・夫婦関係にいう。

もどき【もどき】【×擬き】接尾 あるものに匹敵するほどのもの。また、似て非なるもの。「しばい—」「梅—」

もと-きん 0 ト【元金】名 ❶資本金。❷貸し借りしたときの金額。がんきん。↕利子・利息。

もど・く ド 他五 (カ・コ キ・イ ク ク ケ・ケ) 〘文章語〙さからって非難する。わるく批評する。

モトクロス ク 〈motocross〉名 オートバイで、舗装されていない山道や野原などを走るレース。

もと-ごえ 0 【元肥・基肥】名 種まきや移植の前に耕地にほどこしておくこやし。ねごえ。基肥(きひ)。↕追いごえ。

もと-じめ 0 【元締(め)】名 ❶会計や仕事などのおおもとのしめくくりをする役。❷ばくちうちなどの親分。

もど・す ド 【戻す】他五 (サ・ソ シ・ス ス・セ セ) ❶元の場所・持ち主に位置を移す。「鉛筆を筆箱に―」「預かり品を―」「買い―」❷飲み食いしたものを胃から吐く。「飲み過ぎて―」❸変化したものを以前の状態にする。「わかめを水で―」「よりを―」❹人をもといたところに行かせる。「妻を実家に―」❺〔動詞の連用形について〕㋐移動の方向をかえる。「押し―」㋑自分のほうに向きをかえさせる。「呼び―」参考❸の意味で「契約以前の状態に戻す」というような場合は「返す」に言いかえられるが、「染めた髪を元に戻す」のように具体的な物については「返す」は使わない。⇩かえす 参考。**戻し** 名 **戻せる** 自下一〔…できる〕

もと-せん 0 【元栓】名 水道管・ガス管が分かれる前の元の開閉装置。

もと-だか ト 【元高】名 ❶歩合などを計算するもとになる全額。元金。❷原価。

もと-だね 0 【元種】名 もとにするたね。原料。

もと-ちょう 0 【元帳】名〘経〙勘定科目ごとに口座をもうけた簿記の帳簿。原簿。

もと-づ・く ヅ 【基づく】自五 (カ・コ キ・イ ク ク ケ・ケ) それがもととなっておこる。それを基盤にする。「データに基づいた分析」

もと-で 0 【元手】名 ❶商工業の資本金。❷利益を得るもととなるもの。「からだが―の商売」

もと-どおり ド 【元どおり】【元通り】(どほり) 名 もとの状態のままであること。「―に元気になった」

もと-どり 0 【×髻】名 かみの毛をたばねてむすんだところ。たぶさ。

もと-な 副〘古語〙❶なんのわけもなく。「何しかも(ドウシテ)もとな訪(とぶ)らふ」〈万葉〉❷やたらに。むやみに。「(子ドモノ姿ガ)眼間(まなかひ)に(マノアタリニ)もとなかかりて安眠(やすい)しなさぬ」〈万葉〉

もと-なり 0 【本なり】【本▲生り】名 植物のつる・みきなどのもとのほうに実(み)がなること。また、その実。↕うらなり。

もと-ね 0/ト 【元値】名 仕入れ値段。原価。↕売値。**―が切(き)れる** 売値が原価より安くて損をする。

もと-ばらい バ 【元払い】(ばらひ) 名 荷物の送料を送り主がはらうこと。↕着払い。

もと-ばん 0 【元版】名 印刷物の最初の版。

もと-ぶね 0 【本船】名 ❶小船をしたがえる大船。もとはん。❷接岸せず、沖にいて、はしけで陸上と連絡する大船。

もと-へ 【元へ】(ェ) 連語 やりなおしや、言いなおしを命ずる号令。もとい。

もと-みや 0/ト 【本宮】名 主となる神社。本社。↕末社(まっしゃ)。

もとめ メ 【求め】名 ❶あつらえ。注文。要求。需要。「―に応ずる」❷〔「お」をつけて〕購入。買うこと。「お―は当店で」

もとめ-て ト 【求めて】副 自分からすすんで。すきこのんで。

もと・める メ 【求める】他下一 (メ・メ メ・メル メル・メレ メロ・メヨ) ❶さがす。たずねる。「職を―」❷のぞむ。要求する。「援助を―」❸まねく。「わざわいを―」❹「買う」の丁寧な言い方。「この靴は、銀座で求めました」参考「お求めになる」「お求めください」のように、ほかの敬語とともに用いることが多い。**もと・む** 文語下二

もと-もと 0 【もともと・元元】名副 ❶もとからそうであるようす。「母は―丈夫なほうではない」「ここは―市有地だった」参考「本来」には理想としてあるべき姿という意味合いが強いが、「元来」や「もともと」にはない。❷何かをしてその結果がどうであっても、損も得もないようす。「相手が横綱なのだから、負けても―だ」「ロケット打ち上げに失敗しても―だ」

もと-ゆい ユ 【元結(い)】(ゆひ) 名 ❶もとどり。❷もとどりをむすぶほそひも・こより。

もと-より モ 【元より】副 ❶【▲固より・▲素より】㋐はじめから。もともと。「―覚悟の上」㋑いうまでもなく。「子どもは―大人も楽しめる」❷〘古語〙昔から。以前から。「もとより友とする人」〈伊勢〉

もどり リ 【戻り】名 ❶元の場所に帰ること。帰り。「―は夕方になる」↕行き。❷元の状態に返ること。「寒の―」❸〘経〙下がりつつあった株の相場が逆に値上がりすること。↕押し目。

もどり-がつお ガ 【戻り×鰹】(がつを) 名 秋ごろ、日本の近海を南下するかつお。初夏、北上するのに対していう。

もどり-づゆ リ 【戻り梅雨】名 一度つゆが明けてから、ふたたびつゆのように長雨が降ること。もどりつゆ。

もと・る ト 【×悖る】自五 (ラ・ロ リ・ッ ル ル レ・レ) 道理にさからう。道にそむく。「人情に―」

もど・る ド 【戻る】自五 (ラ・ロ リ・ッ ル ル レ・レ) ❶元の場所・持ち主のもとにかえる。「席に―」「なくした財布が―」❷変化したものが以前の状態になる。「意識が―」「景気が元に―」❸人がもといたところに移動する。「前の職場に―」❹進んできた方向と逆に移動する。引き返す。「車で百メートルほど―」参考「記憶が戻る」のように状態の変化をあらわす言い方は、位置の変化に重点のある「返る」よりも、「戻る」のほうが広く用いられる。⇩かえる 参考。**戻れる** 自下一〔…できる〕

も-なか モ 【▲最中】名 ❶〘文章語〙まんなか。中央。❷〔形が「最中の月」に似ているから〕もち米のこなをのばしてうすく焼いた皮の間にあんを入れた和菓子。**―の月(つき)**〘古語〙陰暦十五夜の月。

モナコ《Monaco》フランスの東南、地中海に面した公国。首都はモナコ。面積二平方キロメートル。

モニター モ/0 〈monitor〉名〔「監視する」の意〕❶放送や録音がうまくいっているかどうか調べる装置。「―用のテレビ」❷コンピューターの表示装置。ディスプレー。❸新聞社・放送局などにたのまれて、記事や放送の内容や効果について批判や希望をのべる人。❹企業の依頼を受け、商品を試用して感想を報告する人。

モニタリング 0 〈monitoring〉名 他サ 状態の変化を監視しながら、調査や分析をすること。「―システム」**―ポスト** ポ 〈monitoring post〉名 大気中の放射線量を常時測定する装置。

モニュメント モ 〈monument〉名 ❶記念物。記念碑。記念塔。❷不朽の功績・作品。

も-ぬけ 0 【×蛻け】名 もぬけること。**―の殻(から)** ❶ぬけがら。❷人のぬけ出たあとのねどこや家。❸魂のぬけたからだ。死体。

もぬ・ける ケ 【×蛻ける】自下一 (ケ・ケ ケ・ケル ケル・ケレ ケロ・ケヨ) へびや、せみなどが外皮をぬぐ。**もぬ・く** 文語下二

モノ 〈mono〉━ 造 一つの。単一の。━ モ 名 モノクローム。

もの【物】 一 ノ 名 ❶見たり触ったりして確かめることのできる、形を備えた対象。物体。物質。「—をこわす」「食べられる—」❷人間がこしらえた物品。また、その品質。「—が不足する」「—がいい」❸意識や思考の対象となるすべての存在。「平和という—」「—のあわれ」❹動作の対象となる事柄。直接にそのものを指さない、ばくぜんとした言い方。「—が分かる」「—を尋ねる」❺取り立てて問題にするような事柄や状態。「—ともしない」「—になる」❻〔「ものがある」の形で〕強い断定をあらわす。「黙って見過ごせない—がある」❼〔「ものだ」の形で〕希望・感動・回想などの気持ちをあらわす。「ぜひ会いたい—だ」「よく病気にならない—だ」「昔はこの川で泳いだ—だ」❽〔「ものだ」の形で〕一般的な事実をあらわす。「子どもは飽きやすい—だ」 参考 「物」は具体的な存在を指す点で「事」と異なるが、特定の事物を指さない、ばくぜんとした言い方では「事」と重なるところがある。❸〜❽や三の接頭語の用法では、「もの」と書くことが多い。二 接頭 **【もの・物】**〔形容詞・形容動詞につく〕なんとなく。「—さびしい」「—静か」三 接尾 ❶〔地名や場所につけて〕その産物であることをあらわす。「瀬戸—」「近海—」❷いくつかに分類したもののうち、ある類に属するものの総称。「なべ—」「時代—」❸〔動作の対象の意から〕動作や行動をあらわす。「片付け—」「買い—」❹ある事態を招きそうな意をあらわす。「それは表彰—だ」「冷や汗—」 **—が分かる** ものの道理がわかる。 **—ともしない** なんとも思わない。 **—にする** ❶自分の所有物とする。❷成りたたせる。目的を達する。「勝利を—」❸習得する。「ドイツ語を—」 **—になる** ❶ひとかどのもの・人物となる。❷思いどおりになる。成功する。「新事業が—」 **—の数** かぞえあげるほどのもの。「—にはいらない」 **—の上手** 芸ごとにすぐれていること。また、その人。 **—の弾み** その場のなりゆきや勢い。「—で口を滑らせた」 **—の本** ある書物。しかるべきことの書いてある本。 **—の見事に** 実にりっぱに。「—やってのける」 **—の用** 何かの場合の用途。「—にたたない」 **—の分かった人** 道理がわかり、理解のある人。 **—は相談** ❶むずかしいことも、人と話しあえばできるときがある。❷相談したいと呼びかけることば。「—だが」 **—は試し** 物事はやってみなければ、そのよしあしや可否はわからない。 **—も言いようで角が立つ** それほどでないことも、話のしようで、相手の感情を害することがある。 **—を言う** ❶話す。❷証明・証拠となる。「この手紙が—」❸役にたつ。「きみの協力が—」 **—を言わせる** その物事を役だてる。活用する。「経験に—」

もの ノ **【者】** 名 ❶ある条件を備える、ひとびと。「十八歳未満の—」❷個人を特定して、軽んずる意味合いをもたせて使う。やつ。「私ごとき—」「お前のような—」 参考 単独では用いず、連体修飾語を伴う。

もの 助 〔終助詞。活用語の終止形につく。くだけて言うときは「もん」となる〕不平・不満などの気持ちをうったえたり、また軽い感動を込めながら理由を表したりするときのことば。「だって、知らなかったんだ—」 参考 「おもしろくてたまらないんだもの、途中でよすわけにはいかない」のように、順接の接続助詞のように使われることもある。

もの-あわれ ア **【物哀れ】** 形動 〔「もの」は接頭語〕なんとなくあわれなようす。

もの-あんじ ア **【物案じ】** 名 物事を案じること。心配。

もの-いい イ **【物言い】** 名 ❶言いかた。「—がきつい」❷言い争い。口論。❸相撲などで、判定に異議が出されること。「—がつく」❹ある決定に対し異議をとなえること。異論。

もの-い・う ノ **【物言う】** 自五 ❶ことばを出す。「—花」❷証明する。「事実が—」❸役だつ。「最後は体力が—」

もの-いみ ミ／イ **【物忌(み)】** 名 一定の期間、飲み食いやおこないをつつしみ、心身を清めること。

もの-いり ０ **【物入り】** 名 費用のかかること。出費。

もの-いれ レ／０ **【物入れ】** 名 物をしまっておく所。また、物をしまっておく箱や戸棚。

もの-う・い **【物憂い】【×懶い】** 一 ウ／０ 形 何をするのもおっくうで、気がすすまない。ゆううつで、気が晴れない。けだるい。「—春の一日」 **物憂げ** 形動 **物憂さ** 名

ものう・し 文語ク 二 形ク 〔古語〕つらく、苦しい。どうにもやりきれない。「旅寝の床ぞ、ものうき」〈謡曲・安達原〉

もの-うり ウ／リ **【物売(り)】** 名 品物を持ち歩いたり、街頭に立ったりして物を売ること。また、その人。行商人。

もの-おき オ／キ **【物置】** 名 雑品・雑具などを入れておく所・小屋。納屋。

もの-おじ ０／オ **【物おじ】【物▲怖じ】** 名 自サ 物事をおそれること。「—しないこども」

もの-おしみ オ **【物惜しみ】** 名 自サ 物を惜しむこと。

もの-おそろし・い シ **【物恐ろしい】** 形 〔「もの」は接頭語〕なんとなくおそろしい。どことなくこわい。 **物恐ろしげ** 形動 **物恐ろしさ** 名 **ものおそろ・し** 文語シク

もの-おと オ **【物音】** 名 何かの物のたてる音。「—がする」

もの-おぼえ オ **【物覚え】** 名 物をおぼえること。記憶。「—がいい」

もの-おもい オ **【物思い】** 名 思いわずらうこと。「—にふける」

もの-おも・う モ２／ノ **【物思う】** 自五 〔文章語〕❶物事に思いふける。❷思いなやむ。「—年ごろ」

もの-か 助 〔終助詞。活用語の連体形につく〕❶反語をあらわす。強い打ち消し、また強い決意をあらわす。くだけて言うときは「もんか」、改まって言うときは「もの(もん)ですか」となる。「そんなことがある—」「教えてなんかやる—」❷〔古語〕詠嘆の気持ちをあらわす。…ものだなあ。「わたつみは、奇しきものか」〈万葉〉

もの-かき カ／キ **【物書き】** 名 文章を書くことを職業とする人。小説家・評論家など。

もの-かげ ０ **【物陰】** 名 物にかくれて見えない所。「—から人があらわれる」

もの-かげ ０ **【物影】** 名 はっきりとは見えない物のかたち。「ガラス越しに—が見える」

もの-がた・い タ **【物堅い】** 形 〔「もの」は接頭語〕つつしみぶかく、礼を失わない。律儀である。実直である。 **物堅さ** 名 **ものがた・し** 文語ク

もの-がたり ガ **【物語】** 名 ❶はなし。談話。❷昔から語りつたえられた話。❸日本文学で、平安時代から鎌倉時代にかけての散文作品の総称。歌物語・作り物語・歴史物語・軍記物語・説話物語など。

もの-がた・る タ **【物語る】** 他五 ❶あることについて語る。話をする。❷その事実が、ある事がらを示す。「上品な物腰が育ちのよさを—」

もの-かな 助 〔古語〕〔終助詞〕強い感動をあらわす。ことだなあ。「思ひのごとくのたまふものかな」〈竹取〉

もの-がなし・い シ **【物悲しい】** 形 〔「もの」は接頭語〕なんとなくかなしい。 **物悲しげ** 形動 **物悲しさ** 名 **ものがな・し** 文語シク

もの-かは 一 連語 〔文章語〕〔助詞「も」について〕なんのその。ものともせず。「大雨も—」二 助〔古語〕〔終助詞。活用語の連体形について〕❶反語をあらわす。…べきであろう

か、いやそうではない。「月はくまなきをのみ見るものかは」〈徒然〉❷強い感動をあらわす。…ことよ。…ではないか。「御覧じつけられたるものかは」〈大鏡〉

もの-から 助〔古語〕〔接続助詞。活用語の連体形につく〕❶逆接の確定条件をあらわす。…けれども。…ではあるが。…ものの。「待つ人にあらぬものから初雁の今朝鳴く声のめづらしきかな」〈古今〉❷〔江戸時代の用法〕順接の確定条件をあらわす。…だから。「枕ちかうかしましけれど、さすがに辺土の遺風忘れざるものから、殊勝に覚えらる」〈奥の細道〉

もの-ぐさ 0【物臭・×懶】名 形動 ぶしょうな性質。また、その人。めんどうがること。また、その人。

もの-ぐるい グ【物狂い】―ぐるひ 名〔文章語〕乱心。狂気。

もの-ぐるおし・い シ【物狂おしい】―ぐるほしい 形 カロ―カッ・ク―イ―イ―ケレ―○〔「もの」は接頭語〕気が狂いそうな気持ちである。ものぐるわしい。**物狂おしげ** 形動 **物狂おしさ** 名 **ものぐるほ・し** 文語シク

もの-ぐるわし・い シ【物狂わしい】―ぐるはしい 形 カロ―カッ・ク―イ―イ―ケレ―○ ものぐるおしい。**物狂わしさ** 名 **ものぐるは・し** 文語シク

モノクロ 0 名 モノクローム。↕カラー。

モノクローム 0〈monochrome〉名 ❶単色。色彩が単一であること。「―の絵」❷写真・映画・テレビで、白と黒だけの画面。白黒しろくろ。モノクロ。モノ。↕カラー。

もの-ごい 0【物乞い】―ごひ 名 ❶人に、物をくれとたのむこと。❷「ものもらい❶」。

もの-ごころ ゴ【物心】名 世の中のことについての判断。物事に関するちえ。「―がつくころ」

もの-ごし 0【物越し】名 物をへだてていること。「―の声」

もの-ごし 0【物腰】名 ❶物の言いぶり。ことばつき。❷身のこなし。態度。「―のやわらかな人」

もの-ごと ノ【物事】名 形のあるものとないものを合わせたすべて。物と事。「―がよくわかった人」参考「事物じぶつ」に対して、時に「事」に重点が置かれる場合がある。⇩じぶつ 参考

もの-さし サ【物差(し)・物指(し)】名 ❶物の長さをはかる道具。❷尺度。標準。「考え方の―がちがう」

もの-さびし・い シ0【物寂しい】【物×淋しい】形 カロ―カッ・ク―イ―イ―ケレ―○〔「もの」は接頭語〕なんとなくさびしい。うらさびしい。「―景色」**物寂しげ** 形動 **物寂しさ** 名 **ものさび・し** 文語シク

もの-さ・びる ビ【物さびる】自上一 ビ―ビ―ビル―ビル―ビレ―ビロ・ビヨ〔「もの」は接頭語〕古びていて、どことなく趣がある。「物さびた庭」**ものさ・ぶ** 文語上二

もの-さわがし・い シ【物騒がしい】形 カロ―カッ・ク―イ―イ―ケレ―○〔「もの」は接頭語〕❶なんとなくおだやかでない。なんとなくさわがしい。❷世間がおだやかでない。ぶっそうだ。**物騒がしさ** 名 **ものさわが・し** 文語シク

もの-し【物仕】名〔古語〕❶物事にたくみな人。「なほひかへさせ給へ、いみじき物仕ぞ、まろは」〈落窪〉❷世事せじになれた人。

もの-しずか シ【物静か】―しづか 形動 ダロ―ダッ・デ・ニ―ダ―ナ―ナラ―○〔「もの」は接頭語〕❶いかにも静かなようす。さわがしくない。❷言語や動作などがおちついておだやかだ。「―に話す」

もの-しらず シ【物知らず】名 形動 日常生活について知っていなければならないことを知らぬこと。また、その人。

もの-しり シ/リ【物知り】名 ひろく物事を知っていること。また、その人。博識。 **―顔**がお 0 名 形動 いかにも物事を知っているような顔つき。

もの・す【物す】〔古語〕一 自サ ❶ある。いる。「いふかひなう(聞キワケモナク)ものしたまふかな」〈源氏〉❷行く。来る。「追ひてものしたる人もあり」〈蜻蛉〉❸生まれる。「をとしの春ぞものしたまへりし」〈源氏〉二 他サ ある事をおこなう。ある動作をする。「大方のことどもをものせよ(トリハカラエ)」〈源氏〉

もの-ずき ズ/ノ【物好き】名 形動 風変わりな物事をこのむ性質。また、その人。

もの-すご・い ゴ【物▲凄い】形 カロ―カッ・ク―イ―イ―ケレ―○〔「すごい」の強め〕❶非常におそろしい。「―顔つき」❷たいそうきわだっている。程度がはなはだしい。「ものすごく大きい」**ものすごさ** 名 **ものすご・し** 文語ク

もの-すさまじ・い ジ【物▲凄じい】形 カロ―カッ・ク―イ―イ―ケレ―○〔「すさまじい」の強め〕ものすごい。**ものすさまじさ** 名 **ものすさま・じ** 文語シク

もの・する ス/ノ【物する】他サ シ・セ・サ―シ―スル―スル―スレ―シロ・セヨ〔文章語〕創作する。詩や文章を書く。「傑作を―」**もの・す** 文語サ変

もの-ぞ 連語〔古語〕〔「…むものぞ」の形で〕強い断定をあらわす。…であるぞ。「御心地あしからむものぞ」〈竹取〉

もの-だち 0【物断ち】名 神仏に願がんかけなどをして、ある飲食物をとらないこと。茶だち・塩だちなど。

もの-だね 0【物種】名 ❶物のもととなるもの。物の根元。「命あっての―」❷草木のたね。たねもの。(春)

もの-たりな・い 0/ナ【物足りない】形 カロ―カッ・ク―イ―イ―ケレ―○ なんとなく満足できない。**物足りなげ** 形動 **物足りなさ** 名

もの-づくし ヅ【物尽(く)し】名 ある種類の物をならべあげること。

もの-づくり ツ【物作り】名 物をつくること。特に、熟練技能者がつくること。ものづくり。

もの-で 助〔接続助詞。活用語の連体形について〕原因・理由をあらわす。ので。もんで。「腹が立った―、ついどなってしまった」

もの-といたげ タ/ゲ【物問いたげ】―とひたげ 形動 ダロ―ダッ・デ・ニ―ダ―ナ―ナラ―○ 何かをたずねたそうなようす。「―な顔つき」

モノトーン ト〈monotone〉名 形動 ❶黒や白の無彩色だけで構成されていること。「家具を―で統一する」❷一本調子なこと。単調なようす。

もの-ども ノ【者ども】代〔文章語〕〔従者など目下のものに対して〕そのほうども。おまえら。「―、つづけ」

もの-とり ト/リ【物取り】【物▲盗り】名 人の物をぬすみ取ること。また、その人。ぬすびと。どろぼう。

もの-なら 助〔接続助詞〕❶〔助動詞「う・よう」の連体形について〕もしその事をしたら、悪い結果になるという条件を示す。もし…したら。くだけた言い方では、「もんなら」となる。「そんなことをしよう―、ひどいめにあう」❷〔可能動詞、また可能の助動詞「れる」「られる」の連体形について〕とうてい不可能と思われることについて、仮定の条件をあらわす。もし…なら。「やれる―、やってみろ」「行ける―ぜひ行きたいのだが」

もの-な・れる レ【物慣れる】自下一 レ―レ―レル―レル―レレ―レロ・レヨ ❶物事に慣れる。慣れてうまくなる。「物慣れた手つき」❷世間の事に慣れて態度にゆとりがある。「物慣れた人がら」**ものな・る** 文語下二

もの-の 一 0 連体 およそ。たかだか。「―一時間もあれば間に合う」二 助〔接続助詞。活用語の連体形につく〕…けれども。…であるが。「そうは言った―決心がつかない」

もの-の-あわれ ア【物の哀れ】―あはれ 名〔文章語〕❶なんとなくあわれに感じること。❷しみじみとしたおもむき。❸平安時代の文学や貴族生活の中心となる理念。外界と感情とが調和したところに起こる情趣。参考 本居宣長もとおりのりながの説。

も

もの-の-ぐ ノ2【物の具】名 ❶道具。調度。❷よろい。武具。

もの-の-け ０【物の▲怪】名 たたりをする生霊(いきりょう)・死霊(しりょう)・妖怪(ようかい)。

もの-の-ふ【▲武▲士】名[古語] ❶さむらい。武士。武人。❷奈良時代、朝廷に仕えた文武の官人。**—の** 枕 文武の官人の数が多いことから「八十(やそ)」「五十(いそ)」に、また文武官が氏(うじ)に属していることから「うじ(宇治)」にかかる。「もののふの八十宇治川の網代木(あじろぎ)に」〈万葉〉

もの-は-じめ 八【物始め】名 こと始め。手始め。

もの-は-づけ ０【物は付(け)】—ヮ 名 雑俳の一種。「…(する)ものは」などという題に、答えの句をつけるもの。

もの-び ノ【物日】名 祝日・祭日・縁日(えんにち)など、特別の物事のある日。紋日(もんび)。

もの-ほし ホ【物干し】名 せんたくした物を干す場所。

もの-ほし-げ ゲ【物欲しげ】形動 ダロ・ダッ・デ・ニ ダ・ナ・ナラ・○ なんとなく、物をほしそうなようす。「—な目つき」

もの-ほし-そう ソ【物欲しそう】—さう 形動 ダロ・ダッ・デ・ニ ダ・ナ・ナラ・○ なんとなくほしそうなようす。「—ないやしいそぶり」

モノマニア マ〈monomania〉名 偏執狂(へんしゅうきょう)。

もの-まね ０【物まね】【物真▲似】名 有名人や動物、その他の音声・しぐさなどをまねること。また、その芸。

もの-み ミ【物見】名 ❶物事を見ること。見物(けんぶつ)。❷物見やぐら。望楼(ぼうろう)。❸歩哨(ほしょう)。斥候(せっこう)。「—の兵」 **—高(だか)い** カ 形 なんでも、めずらしがって見たがる。 **—×櫓(やぐら)** ヤ 名 遠方を見るためのやぐら。望楼。ものみ。 **—遊山(ゆさん)** ユ 名 見物してあそびまわること。

もの-めずらし・い シ【物珍しい】—めづらしい 形 カロ・カッ・ク イ・イ・ケレ・○ 〔「もの」は接頭語〕なんとなくめずらしい。いかにもめずらしい。 **物珍しげ** 形動 **物珍しさ** 名 **もの-めづら・し** 文語シク

もの-もう【物申】—まう あいさつ [古語]〔「物申す」の略〕他人の家に行って案内をたのむことば。ごめんください。「まづ案内を乞(こ)はう。物申案内申(まう)」〈狂・釣狐〉

もの-もう・す モ2/ノ【物申す】—まうす 自五 サ・ソ・シ・ス・ス・セ・セ [文章語] ❶ものを言う。❷抗議する。❸よその家の玄関などで案内をたのむときに言ったことば。

もの-もうで モ2【物詣で】—まうで 名 社寺に参拝すること。

もの-もち【物持(ち)】名 ❶モ2 財産を多くもっている人。財産家。❷０ 物をだいじにすること。「—のいい人」

もの-もの-し・い シ【物物しい】形 カロ・カッ・ク イ・イ・ケレ・○ ❶いかめしい。きびしい。「—警戒」❷ぎょうさんだ。たいそうらしい。「—かざりつけ」 **物物しげ** 形動 **物物しさ** 名 **もの-もの・し** 文語シク

もの-もらい モ2【物もらい】【物×貰い】—もらひ 名 ❶人にかねや品物をもらって生活する者。❷[かながき] まぶたにできるはれもの。麦粒腫(ばくりゅうしゅ)。

もの-やわらか ワ/ラ【物柔らか】—やはらか 形動 ダロ・ダッ・デ・ニ ダ・ナ・ナラ・○ 〔「もの」は接頭語〕なんとなくやわらかなようす。おだやか。「—な口つき」 **物柔らかさ** 名

もの-ゆえ —ゆゑ 助[古語]〔接続助詞〕❶逆接の確定条件をあらわす。…なのに。…ではあるが。「誰(たれ)が秋にあらぬものゆゑ(ダレノ秋トイウノデナイノニ)をみなへしなぞ色に出でてまだき移ろふ」〈古今〉❷順接の確定条件をあらわす。…ので。…だから。「事ゆかぬものゆゑ、大納言をそしりあひたり」〈竹取〉

モノラル モ〈monaural〉= **モノーラル** 名 音を単一で録音・再生すること。また、その放送・レコード。↕ステレオ。

モノレール レ〈monorail〉名 一本のレールに、車体をつりさげて、または、車体がまたがって走る電車。

モノローグ ロ〈monologue〉名 ❶相手なしに語ったり、自問自答したりするせりふ。ひとりぜりふ。独白。↕ダイアローグ。❷独演劇。独演脚本。

もの-わかり ワ/０【物分(か)り】名 道理のわかること。理解。のみこみ。「—がいい」

もの-わかれ ワ/０【物別れ】名 たがいの意見があわないままに終わること。「交渉は—となった」

もの-わすれ ワ【物忘れ】名 自サ 物事をわすれること。「—がひどくなった」

もの-わらい ワ【物笑い】—わらひ 名 人々からあざけり笑われること。「—のたね」

もの-を 助〔接続助詞。活用語の連体形につく〕不平・不満などの気持ちをこめて、逆接的に続ける。「まじめにすればよい—、なまけてばかりいる」参考「あやまればよいものを」のように、言いさしのままで終助詞的に用いることもある。

も-ば ０【藻場】名 沿岸の浅い海に生息する大形の海藻や海草が繁茂しているところ。魚類がよく集まる。

モバイル バ〈mobile〉名〔「移動しやすい」の意〕携帯電話・ノート型パソコン・タブレット型端末など、小型で持ち運べる情報機器。

も-はや モ【もはや】【▲最早】副 これから起こることについて、今の時点からは間に合わないという後悔の気持ちをあらわす。今となっては。「—検討の余地はない」「この十年の空白は—取り返しがつかない」「—これまでだ」⇩もう 参考。

も-はら【▲専ら】[古語] ㊀ なり形動 すっかりその状態になってしまうさま。「庭、もはらに(一面ニスッカリ)花降りしきて」〈蜻蛉〉 ㊁ 副〔下に打ち消しの表現を伴って〕ちっとも。まったく。「もはらかかるあだわざなどしたまはず」〈源氏〉

も-はん ０【模範】名 かた。手本。「—を示す」 **—的(てき)** ０ 形動 模範としていいようす。

モヒ モ 名「モルヒネ」の略。

モヒート ヒ〈スmojito〉名 砂糖とミントの葉を合わせたものに、ラム酒と炭酸水とライム果汁をいれたカクテル。

モビール ビ〈フmobile〉= **モービル** ㊀ 造 動かすことのできる。可動性の。「—ハウス」 ㊁ ビ 名 風力や空気のわずかな動きによって動くように作られた彫刻。

も・ふ【▲思ふ】他四[古語] ⬇もう。

も-ふく ０【喪服】名 喪に服している人が着る衣服。葬式のときに着る衣服。

もふ-もふ モ1 (と)副 自サ 形動(の) 動物の毛などがふわふわとしてやわらかく、さわり心地がよいようす。「—した子犬」参考 形容動詞として使うときは０。

モヘア モ〈mohair〉= **モヘヤ** 名 アンゴラやぎの毛。また、それで織った布。

モ-ボ モ 名「モダンボーイ」の略。昭和初期の流行語で、当時、流行の先端にあった若い男性の総称。↕モガ。

も-ほう ０【模倣】【×摸倣】名 他サ まねること。似せること。「他社製品を—する」↕創造。

も-ほん ０【模本】【×摸本・×摹本】名 [文章語] ❶模写した本。❷習字・図画の手本。

もまれる ０【×揉まれる】連語 ❶大きな力でゆり動かされる。「人ごみに—」「大波に—小舟」❷多くの人とつきあって、つらい経験をし、きたえられる。「世間でもまれて成長する」

もみ ０【×籾】名 ❶もみがらに包まれたままの米。もみごめ。秋 ❷もみがら。

もみ モ【×樅】名 マツ科の常緑高木。山地にはえる。材は建築材・船材・製紙原料。若木はクリスマスツリーに使われる。

もみ [モ]【紅絹・紅】名 べにで無地に染めた絹布。

もみ-あ・う [ア]【もみ合う】【揉合う】(あふ) 自五 (ワ・オ/イ・ッ/ウ/ウ/エ/エ) ❶たがいに入りみだれ、また、強くすれあって争う。❷相場が小きざみに上がり下がりする。「一ドル九五円前後で―」 **もみ合い** 名

もみ-あげ [0]【もみ上げ】【揉上げ】名 鬢(びん)の毛のはえさがった部分。

もみ-あらい [ア]【もみ洗い】【揉洗い】(あらひ) 名 他サ 手でもんで洗うこと。「ぬるま湯で―する」

もみ-うら [0]【もみ裏】【紅絹裏・紅裏】名 もみの裏地。

もみ-がら [0]【もみ殻】【籾殻】名 米の外皮。

もみ-くちゃ [0] 名 ❶もまれて、しわになること。=もみくしゃ。❷人々の間にはさまれて、はげしくもまれること。

もみ-け・す [ケ]【もみ消す】【揉消す】他五 (サ・ソ/シ・ス/ス/セ/セ) ❶もんで火を消す。❷悪いうわさなどが表面に出ないようにおさえる。**もみ消し** 名 **もみ消せる** 自下一 […できる]

もみ-ごめ [0]【もみ米】【籾米】名 もみがらのついた米。

もみじ [モ]【紅葉】(もみぢ) ㊀ 名 自サ 木の葉が秋に紅色・黄色になること。また、その葉。秋 ㊁ 名 かえで。 **―を散らす** はずかしがって、顔を赤くする。

もみじ-おろし [オ]【紅葉下ろし】(もみぢ) 名 大根おろしにとうがらしをまぜたもの。また、大根とにんじんをすりおろしてまぜたもの。

もみじ-がり [0]【紅葉狩(り)】(もみぢ) 名 山野にもみじ見物に行くこと。秋

もみ-しだ・く [ダ]【揉み拉く】他五 (カ・コ/キ・イ/ク/ク/ケ/ケ) しわくちゃになるほどしっかりもむ。「紙を―」

もみ・ず【紅葉ず】(もみづ) 自四 自上二 [古語] 木や草の葉が、紅や黄に色づく。秋 「秋山にもみつ木の葉の移りなば」〈万葉〉「つねにもみぢぬ松もみえけれ」〈古今〉 参考 奈良時代には「もみつ」と清音で四段活用、平安時代以降「もみづ」となり上二段活用となった。

もみ-すり [ス]/[リ]【籾摺り】名 もみをうすでひき、もみがらをのぞいて玄米にすること。秋

もみ-だね [ダ]/[0]【もみ種】【籾種】名 稲のたねとするもみ。

もみ-で [0]【もみ手】【揉手】名 左右の手をもむようにすりあわせること。恐縮・へりくだりの態度をあらわす。「―してたのむ」

もみ-ぬか [0]【籾糠】名 もみがら。

もみ-のり [0]/[ミ]【揉み海苔】名 焼いたのりをもんで細かくしたもの。料理の上に振りかける。

もみ-ほぐ・す [グ]【揉み解す】他五 (サ・ソ/シ・ス/ス/セ/セ) ❶もんでやわらかくする。「肩を―」 ❷気持ちをやわらげるようにする。「緊張を―」

もみ-りょうじ [リョ]【もみ療治】【揉療治】名 あんま。マッサージ。

も・む [0]【揉む】他五 (マ・モ/ミ・ン/ム/ム/メ/メ) ❶手ですりやわらげる。両手をこする。「かたい紙を―」 ❷両手にはさんでまわす。「きりを―」 ❸入りみだれておしあう。「人波にもまれる」 ❹もみりょうじをする。「肩を―」 ❺さかんに議論をたたかわせる。「原案の審議で、もみつづける」 ❻スポーツなどで、相手になってきたえてやる。「先輩にもまれる」 ❼(「もまれる」の形で)世間で苦労する。「この世の荒波にもまれる」 **もめる** 自下一 […できる]

もめ-ごと [0]【もめ事】【揉事】名 争い事。ごたごた。

も・める [0]【揉める】自下一 (メ/メ/メル/メル/メレ/メロ・メヨ) ❶ごたごたがおこる。反対があり、なかなかきまらない。「話が―」 ❷心配でいらだつ。「気が―」

も-めん [0]【木綿】名 ❶きわたの種子についている、白くてやわらかな繊維。もめんわた。❷「木綿❶」で作った糸。また、それで織った布。❸表面に木綿の布目のついた豆腐。もめんどうふ。

モメント [モ]〈moment〉=**モーメント** 名 ❶きっかけ。動機。契機。❷ほんのちょっとの時間。瞬間。❸物体を回転させようとはたらく力の量。

もも【百】接頭 [文章語] 数の多いことをあらわす語。数多く。数多くの。「―船」「―草」

もも [モ]【股・腿】名 足の、ひざから上の部分。大腿(だいたい)。⇩足(図)。

もも [0]【桃】名 ❶バラ科の落葉小高木。四月ごろに、淡紅、または、白の五弁花を開く。花は観賞用。果実は食用。花は春 ❷もも色。**―栗三年柿八年** ももとくりとは、芽ばえのときから三年、かきは八年たてば、実がなるようになる。**―の節句** 三月三日のひな祭り。上巳(じょうし・じょうみ)の節句。春

もも-いろ [0]【桃色】名 ❶桃の花のような、うすあかい色。とき色。ピンク。❷男女のみだれた関係。「―遊戯」

もも-え【百重】(へ) 名 [古語] 数多くかさなること。「心には千重(ちへ)に百重(ももへ)に思へれど」〈万葉〉

もも-しき【百敷・百磯城】名 [古語] (枕詞「ももしきの」から転じて)皇居。宮中。内裏(だいり)。**―の** 枕 「大宮(おおみや)」にかかる。「ももしきの大宮人はいとまあれや桜かざして今日も暮らしつ」〈新古今〉

もも-じり [0]【桃尻】名 (桃の実はすわりが悪いことから) ❶馬に乗るのがへたで、しりが安定しないこと。❷しりが軽いこと。「―娘」

ももた-そうじ《百田宗治》一八九三―一九五五。詩人。詩集に「ぬかるみの街道」「百田宗治詩集」など。

もも-だち [0]/[モ]【股立】名 はかまの左右両わきをあけて、縫いとめたところ。**―を取る** ももだちをつまみ上げて、帯にはさむ。

もも-ち【百千】名 [古語] ひゃくと、せん。数の多いこと。**―鳥** [チ] 名 ❶数多い、色々の鳥。「ももちどりさへづる春は物ごとに改まれども我ぞ古りゆく」〈古今〉 ❷ちどり。

もも-づたう【百伝ふ】(づたふ) 枕 「角鹿(つぬが)」「鐸(ぬて)」「八十(やそ)」「五十(い)」「石(いし)」「磐余(いはれ)」などにかかる。「ももづたふ磐余の池に鳴く鴨を今日のみ見てや雲隠(くもがく)りなむ」〈万葉〉

もも-とせ【百歳】名 [古語] ❶百年(ひゃくねん)。❷多くの年。長い年月。

もも-ひき [0]【股引】名 下半身をつつむ下着で、足にぴったりついた、ズボン式のもの。パッチ。冬

ももやま《桃山》京都市伏見区の地名。一六世紀のおわりごろ、豊臣秀吉(とよとみひでよし)が伏見城を築き、政権をとっていた時代を桃山時代と称する。美術史上では豪壮・華麗な風(ふう)を特徴とする。

もも-われ [0]【桃割れ】名 少女の日本髪のゆい方の一つ。左右に毛を分け、輪にしてとめような形にするもの。

桃割れ

ももんが [モ]【鼯鼠】名 ❶リス科の哺乳(ほにゅう)類。むささびに似る。前足とうしろ足の間に皮のまくがあり、それを広げて空中を飛ぶ。❷着物をかぶって、ひじを張り、ももんがのまねをして、子どもをおどす遊び。=ももんがあ。

もや [モ]【靄】名 地面や水面近くに立ちこめた薄い霧状のもの。⇩霧 参考。

も-や [モ]【母屋】名 ❶はなれ屋に対して、すまいに使う主要な家屋。おもや。❷寝殿造りで、中央の部分の室。↕

ひさし。

もやい◎【×舫】名 船をつなぎとめること。また、そのための綱。もやい綱。

もやい◎【▲催▲合い】名 共同で事をすること。また、所有すること。

もやい-ぶね ヲ【もやい船】【×舫船】—名 たがいにつなぎあわせてあったり、くいなどにつなぎとめてある船。

もや・う ヤ【×舫う】自他五 船と船とをつなぎあわせてとめる。船をくいやさんばしにつなぐ。

もやし シ【×萌し】名 大麦や大豆の粒を水にひたし、むしろにつつんで芽を出させたもの。また、みつば・ホワイトアスパラガス・うどなどのように、日光をさえぎって栽培し、白くやわらかくした野菜類。食用。

もや・す◎【燃やす】他五 ❶燃えるようにする。燃す。❷はげしくおこす。「闘志を—」 **燃やせる** 自下一[…できる]

もや-もや ㊀ モ—(と)副 自サ ❶けむりなどが、うすくわきあがるようす。❷はっきりしないようす。「—した気分」㊁ ◎名 はっきり解決しないこと。わだかまり。「二人の間に—がある」

もよ 助[古語](終助詞。終助詞「も」と終助詞「よ」)強い感動をあらわす。「吾はもよ、女にしあれば」〈古事記〉

もよい【もよい】【▲催い】接尾 今にもそのことがおこりそうなようす。「雨—の空」

もよう◎【模様】名 ❶織物・染め物・彫刻などの飾りにほどこす、いろいろの形や絵。❷ありさま。ようす。「空—」 **—替(変)え**◎名 物事の仕組み・様子、または、家のかまえや室内の飾りつけなどをかえること。 **—眺め** ナ名 金融市場で、相場の動きをうかがうために売買を見合わせること。

もよおし◎【催し】名 ❶たくさんの人を集めておこなう会合や興行。もよおしもの。❷[古語]他からのさいそく。勧誘。「殿の御もよほしにてなむまうで来つる」〈蜻蛉〉❸[古語]原因。誘因。物事をさそい出すもと。「行く末も思ひやられて、いとどしき涙のもよほしなり」〈狭衣〉❹企て。計画。また、その準備やしたく。❺知らせを回して人を呼び集めること。徴用。

もよおし-がお【催し顔】名 なり形動[古語] うながし、さそうようなようす・顔つき。「草むらの虫の声々、(涙ヲ)もよほしがほなるも」〈源氏〉

もよおし-もの◎【催し物】—名 会合や演芸など。

もよお・す【催す】㊀ オ/◎ 他五 ❶(ある気分や生理状態を)生じさせる。「尿意を—」参考「ねむけがもよおす」のように、自動詞的に使うこともある。❷(会合や行事を)おこなう。開催する。「酒宴を—」㊁ 他四[古語] ❶うながす。せきたてる。「『船とく漕げ。日のよきに』ともよほせば」〈土佐〉❷召集する。また、徴用する。「御荘の者などもよほさせて」〈源氏〉❸準備する。用意して待ちうける。心待ちにする。「絹あまた買ひ積みて、京に行く日をもよほしける」〈雨月〉❹課する。負担させる。

も-より◎【最寄り】名 もっとも近いところ。すぐ近く。「—の駅」

モラール ラ〈morale〉名 士気。意欲。

もらい◎【×貰い】名 ❶もらうこと。もらうもの。❷客からもらう祝儀や施し物。❸(「おもらい」の形で)物もらい。

もらい-う・ける ケ【もらい受ける】【×貰い受ける】他下一 もらって手に入れる。「犬の子を—」 **もらひう・く** 文語下二

もらい-ご◎【もらい子】【×貰い子】—名 他人の子をもらって育てること。また、もらって育てている子。

もらい-さ・げる ゲ【もらい下げる】【×貰い下げる】他下一 ❶官庁などで不用になった品物を引き取る。❷警察に留置された者の身柄を保証して引き取る。

もらい-ぢ◎【もらい乳】【×貰い乳】—名 もらいぢち。

もらい-ぢち ◎/ラ【もらい乳】【×貰い乳】—名 子をそだてるために他人から乳をもらうこと。また、その乳。

もらい-て◎【もらい手】【×貰い手】—名 もらい受ける人。「子猫の—が見つかる」

もらい-なき◎【もらい泣き】【×貰い泣き】—名 自サ 他人の泣くのにさそわれて、自分も泣くこと。

もらい-び ◎/イ【もらい火】【×貰い火】—名 よその火事がうつって、こちらも焼けること。類焼。

もらい-もの◎【もらい物】【×貰い物】—名 他の人からもらった物。

もらい-ゆ◎【もらい湯】【×貰い湯】—名 よその家のふろにはいらせてもらうこと。

もら・う◎【×貰う】他五 ❶人から物をあたえられる。人にたのみ、または、許しを得て、自分の物にする。「この机はぼくが—」↕やる・くれる。参考 あらたまった言い方(謙譲語)に「いただく・ちょうだいする・たまわる」などがある。❷嫁や婿などを迎え入れる。「養子を—」❸争いの間に立って、あずかりにする。「そのけんかはもらった」❹勝負ごとで勝つ。「第二回戦はかならず—」❺あたえる主体の意志にかかわりなく、何かを受け取る結果になる。「子どもが保育所で風邪を—」「日本選手の活躍に元気を—」❻(補助動詞として、「…てもらう」の形で)㋐人の行為によって、自分が利益を受ける。「助けて—」㋑自分として満足のゆくよい反応を相手から受ける。「お客さんに喜んで—ことができた」㋒あたえる主体の意志にかかわらず、受け手が不利益をこうむる。「来てもらっても困る」「慰めてもらっても、うれしくない」参考 あたえる主体を立てる言い方としては、「いただく」「…ていただく」を用いる。 **もらえる** 自下一[…できる] **—物は夏も小袖** 役に立とうが立つまいが、もらえる物なら何でももらう。小袖は、江戸時代には正装の着物。

もら・す ラ【漏(ら)す】【×洩す】他五 ❶漏れさせる。こぼす。「小便を—」❷ひそかに人に知らせる。漏洩する。「計画を—」❸おとす。「聞き—」❹とりにがす。「犯人を—」❺思っていることを口に出す。「不平を—」❻思わず、声や表情を出す。「うめき声を—」「笑いを—」

モラトリアム ト〈moratorium〉名 ❶債務者の破産することが経済界を混乱させると考えられるとき、法令で一定の期間、債務支払いを延期させること。支払い猶予。戦争・天災・恐慌などのさい、なされる。❷青年が社会に出て、精神的に社会人として成長するまでに、大目に見られる期間。

モラ-ハラ◎名「モラルハラスメント」の略。

モラリスト リ〈moralist〉名 ❶道徳家。❷人間の心理・風俗などを分析・批判して、随筆ふうに表現した作家たち。参考 フランスのパスカル・モンテーニュなどがその代表。

モラル モ〈moral〉名 道徳。倫理。「—の低下」 **—ハザード** ザ/ハ〈moral hazard〉名 ❶保険業界で、保険に加入したことによって、逆に危険を避ける努力をおこたること。❷責任感や倫理観を欠くこと。 **—ハラスメント** ラ2〈moral harassment〉名 ことばや態度で精神的ないやがらせ・虐待をすること。モラハラ。

もり【守(り)】㊀[モ][名] 子どもをあやして番をすること。また、その人。「—をする」「お—」㊁[造] まもること。また、その人。「墓守・灯台守」

もり[0]**【盛り】**[名] ❶盛ること。盛った分量。❷盛りそば。

もり[0]**【森】【×杜】**[名] 木がむらがりはえている所。「神社の—」[参考]「森」は「林」よりも木の密集している所をいう。

もり[0]**【×銛】**[名] 投げたり、砲でうち出したりして魚介類などをさす漁具。

もり-あが・る[ガ]**【盛(り)上がる】**[自五] ❶盛ったように高くなる。❷気勢があがる。興趣などが高まる。「大会の雰囲気が—」 **盛り上がり**[名]

もり-あ・げる[ゲ]**【盛(り)上げる】**[他下一] ❶山のように高く盛る。❷さかんにする。気勢のあがるようにする。「宴会の気分を—」 **もりあ・ぐ**[文語下二]

もり-あわ・せる[セ]**【盛(り)合(わ)せる】**[他下一] 一つの器にちがった種類のものをいっしょに盛る。「肉と野菜を—」 **盛り合わせ**[名] **もりあは・す**[文語下二]

もり-おうがい《森鷗外》一八六二—一九二二。小説家・評論家・軍医。本名は林太郎。陸軍軍医のかたわら、多彩な文学活動を行った。小説「舞姫」「雁」「阿部一族」、史伝「渋江抽斎」など。

もり-かえ・す[カ]**【盛(り)返す】**[他五] いったんおとろえた勢力を、もとどおりさかんにする。「勢いを—」 **盛り返せる**[自下一]〔…できる〕

もり-がし[ガ]**【盛(り)菓子】**[名] うつわに山盛りにした菓子。

もりかわ-きょりく《森川許六》一六五六—一七一五。江戸時代中期の俳人。松尾芭蕉の門人。著作に「風俗文選」など。もりかわきょろく。

もり-きり[0]**【盛(り)切り】**[名] 食べ物をうつわに盛っただけで、おかわりのないこと。「—の飯」

もり-こ・む[コ]**【盛(り)込む】**[他五] いろいろのものをいっしょに入れる。取り入れる。「多彩な内容を—」

もり-ころ・す[ロ]**【盛(り)殺す】**[他五] 毒を盛って人を殺す。毒殺する。

もり-じお[0]**【盛(り)塩】**[名] 料理屋などで、えんぎを祝って、門口に塩を盛ること。また、その塩。

もり-そば[0]**【盛りそば】【盛×蕎▲麦】**[名] そば粉をこねて伸ばしたものを細く切り、それをゆであげ、冷たい水で洗い、せいろうに盛ったもの。しょうゆとだし汁でつくったつゆにつけて食べる。もり。

もり-だくさん[ダ][サ]**【盛りだくさん】【盛沢山】**[形動(の)] 内容や分量が多いようす。「—な行事」

もりた-そうへい《森田草平》一八八一—一九四九。小説家。本名は米松。代表作に「煤煙」など。

もり-た・てる[テ]**【もり立てる】【▲守立てる】**[他下一] ❶大事に養育する。「遺児を—」❷わきから援助して、力を発揮させる。「新社長を—」❸おとろえた物事を再興する。「家業を—」 **もりた・つ**[文語下二]

もり-つ・ける[ケ]**【盛(り)付ける】**[他下一] 料理をさらなどに盛って、きれいにまとめる。 **盛り付け**[名]

もり-つち[0]**【盛(り)土】**[名] 土を盛って高くすること。斜面や低い所に土を入れ、平面にする工事。また、その土。もりど。

もり-つぶ・す[ブ]**【盛(り)潰す】**[他五] たくさん酒を飲ませて、酔いつぶれさせる。

もり-ど[0]**【盛(り)土】**[名] ➡もりつち。[参考] 土木関係での言い方。行政用語。

もり-ばな[0][リ]**【盛(り)花】**[名] 水盤・かごなどに多くの花をいけること。また、そのいけた花。

モリブデン[リ][デ]〈ド Molybdän〉[名] 元素記号 Mo 原子番号42 原子量95.94 銀白色の金属元素。特殊鋼用。水鉛。

もり-もの[0]**【盛(り)物】**[名] ❶ぜんにつける食物。❷仏前にそなえる菓子・くだものなど。

もり-もり[モ][1]〔(と)副〕[俗語] ❶すごい勢いで食べるようす。❷ぐんぐん進むようす。「—働く」❸力強くもりあがるようす。「—元気が出る」

もり-やく[0][リ]**【守役】**[名] おもりをする役。

もり-わ・ける[ケ]**【盛(り)分ける】**[他下一] 食べ物を分けて盛りつける。「人数分の皿に—」

モル[モ]〈mole〉[名] 国際単位系の七つの基本量の一つである物質量の単位。記号は「mol」。

も・る[モ]**【漏る】【×洩る】**[自五] すきまを通って、液体がこぼれる。「雨が—」「屋根が—」「バケツから水が—」 ⇩漏れる [参考]。 **もり**[名]

も・る[0]**【盛る】**[他五] ❶器物にいっぱい入れる。「菓子を—」❷うずたかく積む。「土を—」❸薬を調合する。薬を調合して飲ませる。「毒を—」❹[俗語] 手を加えて見ばえをよくする。「化粧を—」「写真を—」 **盛れる**[自下一]〔…できる〕

も・る【▲守る】[他四][古語] ❶番をする。まもる。「山田もる秋の仮庵に置く露は」〈古今〉❷(人目を)はばかる。「人目もり乏しき(マレニシカ会エナイ)妹に今日だに逢はむを」〈万葉〉

モルタル[0]〈mortar〉[名] セメントに砂をまぜ、水で練ったもの。石・れんがなどの接合や塗装に用いる。

モルディブ《Maldives》＝**モルジブ** セイロン島の南西方、インド洋上の島々からなる共和国。一九六五年独立。首都はマレ。

モルト[モ]〈malt〉[名] ❶ウイスキー・ビールの原料となる大麦の麦芽。❷大麦の麦芽だけを原料としたウイスキーの原酒。

モルドバ《Moldova》黒海の西北、内陸部にある共和国。首都はキシナウ。一九九一年に解体した旧ソ連の構成国の一つ。

モルヒネ[0]〈オ morphine〉[名] アヘンにふくまれるアルカロイドの一つ。鎮痛・麻酔剤用。モヒ。

モルモット[モ][2]〈marmot〉[名] ❶テンジクネズミ科の哺乳類。体色は白・黄・黒褐色・まだらなどがある。[参考] 日本でてんじくねずみのことを誤り称したもの。英語のマーモット(marmot)は別の動物のことをいう。❷実験材料。「—にされる」

モルモット❶

もれ[レ]**【漏れ】【×洩れ】**[名] 漏れること。脱落。遺漏。「ガス—」

モレーン[レ]〈moraine〉[名] ➡たいせき(堆石)❷。

もれ-き・く[0][キ]**【漏れ聞く】**[他五] ❶ふと耳にする。「うわさを—」❷「聞く」をけんそんしていう語。

もれ-なく[レ][ナ]**【漏れなく】**[副] のこらず。すべて。「生徒に—報告する」

も・れる[レ]**【漏れる】【×洩れる】**[自下一] ❶すきまを通って出る。こぼれる。漏る。「あかりが—」「ガスが—」❷他に知れる。「秘密が—」❸ぬけおちる。「要点が—」 [参考]「底の漏るやかん」のように、水や雨についていうときは、「漏る」ということが多い。 **も・る**[文語下二]

もろ【もろ】【▲両・▲諸】[接頭] ❶両方の。「—うで」❷多くの。「—びと」❸いっしょにすること。「—声」

もろ・い[ロ]**【×脆い】**[形] ❶こわれやすい。くだけ

やすい。↔かたい。❷よわい。意志がくじけやすい。「人情に—」↔強い。もろさ[名] もろ・し[文語ク]

もろ-きゅう [キュ][名] 生(なま)のきゅうりに、もろみみそをつけて食べるもの。

もろ-こ [0]【諸子】[名] コイ科の淡水魚、ほんもろこ・たもろこなどの総称。側面に青黒いすじがある。食用。㊎春

もろ-ごえ [0]【諸声】(ごえ)[名][文章語] いっしょに出す声。

もろ-こし [0]【唐土】[名] ❶昔、日本から中国をさした呼称。❷昔、中国から伝来したものにつけた語。**—文**(ぶみ) [名][古語] 中国から来た書物。漢籍(かんせき)。

もろこし [0]【蜀黍・唐黍】[名] イネ科の一年生植物。葉は大形で、夏、茎のいただきに多数の小花を穂のようにひらく。茎は燃料。種子は食用。もろこしきび。たかきび。㊎秋

もろ-ざし [0]【もろ差し】【両差・諸差】[名] 相撲で、両手を相手のわきに差し入れること。

モロッコ《Morocco》アフリカ北西部、大西洋に面した王国。一九五六年独立。首都はラバト。

もろ-て [0]【もろ手】【両手・諸手】[名][文章語] 左右の手。両手。「—を挙げて賛成する」

もろ-とも [0]【諸共】[名][文章語] ともども。「親子—」

もろ-に [モ][副][俗語] まともに。完全に。全面的に。「—ひっくり返った」

もろ-は [0]【もろ刃】【両刃・諸刃】[名] 刀剣などの両方のふちに、刃がついているもの。↔片刃。**—の剣**(つるぎ) [0][名] 一方ではプラスになるが、他方ではマイナスになる危険をもつことのたとえ。「彼を起用するのは—だ」

もろ-はく [0]【諸白】[名] よく精白した米と、こうじでつくった上等の酒。

もろ-はだ [0]【もろ肌】【両肌・諸肌】[名] 上半身全部のはだ。↔かたはだ。**—を脱**(ぬ)**ぐ** ❶着物をぬいで、上半身、はだかになる。㊎夏 ❷全力をつくして事にあたる。

もろ-ひざ [0]【もろ膝】【両膝・諸膝】[名][文章語] 左右のひざ。両ひざ。「—をつく」

もろ-びと [0]【諸人】[名][文章語] 多くの人。

モロヘイヤ [ヘ]《molokheiya》[名] シナノキ科の一年草。東地中海原産で、アジア・アフリカで野菜として栽培される。葉はしそに似ていて、きざんだりゆでたりするとぬめりが出る。カルシウムやカロテンなどを豊富に含み、スープなどにする。

もろ-み [0]【諸味・醪】[名] かもして、まだかすをこさない酒やしょうゆ。㊎秋

もろ-もろ [0]【諸諸】[名] 多くのもの。

もろ-や [0]【両矢・諸矢】[名][古語] はじめに射る甲矢(はや)と、次に射る乙矢(おとや)。対(つい)になった二本の矢。

もん【問】㊀[造][接尾] とう。とい。「問題・問答・疑問・反問・第一問」㊁[造] おとずれる。たずねる。「慰問・弔問・訪問」

もん【文】㊀[造] ❶㋐ひとまとまりのことば。「文句・文言(もんごん)」㋑呪文(じゅもん)。㋒経文(きょうもん)。❷もじ。「文字(もんじ・もじ)」❸ようす。「天文」❹あや。もよう。「文様・縄文(じょうもん)・斑文(はんもん)」㊁[接尾] ❶昔の、穴のある銭をかぞえることば。「一—無し」❷もと、たび・くつなどの大きさをあらわすことば。「十—半」[別音ぶん｜文]

もん【悶】[造] もだえる。思いなやむ。「悶死・悶絶・悶着・悶悶・苦悶・煩悶」

もん【聞】[造] きく。きこえる。「聴聞・前代未聞・如是我聞(にょぜがもん)」[別音ぶん｜聞]

もん【門】㊀[モ][名][造] ❶家の外がまえにもうけた出入り口。かど。「門番・校門」❷物の出入り、経由する所。「関門・肛門」❸同じ先生を中心とした仲間。「芭蕉(ばしょう)の—に入る」「門下・門人・入門・破門」❹生物分類の最高の区分。綱(こう)の上。「脊椎(せきつい)動物—哺乳(ほにゅう)綱」㊁[造] ❶家がら。「門閥・一門・名門」❷かぎられた範囲。「門外漢・専門・部門」㊂[接尾] 大砲をかぞえる語。**—を叩**(たた)**く** 弟子入りを願い出る。「名人の—」

もん [モ]【紋】[名][造] ❶あや。もよう。「紋様・指紋・波紋」❷紋どころ。「紋章・家紋・金紋」

もん [モ][名][俗語] ⬇もの(物)。「食い—」「こんな—」

もん [モ][名][俗語] ⬇もの(者)。「若い—」「やくざ—」

もん [助]（終助詞）「もの」のくだけた言い方。

もん《門》夏目漱石(そうせき)の小説。一九一〇年発表。人生の深淵を描いた、著者晩年の作品。

もん-いん【門院】[名][古語]（御所の門の名をつけることから）皇后・中宮で出家した人。女院(にょういん)。「建礼—」

もん-えい [0]【門衛】[名] 門をまもる番人。門番。守衛。

もん-おめし [メ]【紋お召し】【紋御召】[名] 紋織りのお召しちりめん。

もん-おり [0]【紋織(り)】[名] 模様を浮き織りにした布地。

もん-か [モ]【門下】[名] 師のもとで教えを受けること。また、その人。門人。**—生**(せい) [カ][名] 門人。門弟。弟子。門生。

もん-か [助]（終助詞）「ものか」のくだけた言い方。

もん-がい [モ]【門外】[名] ❶家の門のそと。↔門内。❷専門以外。**—漢**(かん) [ガ][名] それを専門としない人。その道に関係のない人。**—不出**(ふしゅつ) [モ][名] 貴重な品物・書籍などの持ち出しを許さないこと。「—の写本」

もん-か-しょう [カ]【文科省】[名]「文部科学省」の略。

もん-がまえ [ガ]【門構え】(がまえ)[名] ❶門をかまえつくること。かどがまえ。門のありさま。「大きな—の家」❷漢字の部首の一つ。「関」「間」などの「門」

もん-がら [0]【紋柄】[名] 模様の柄。紋様。

もん-かん [0]【門鑑】[名] 門の出入りを許す札。

モンキー [モ]《monkey》[名] ❶さる。❷「モンキーレンチ」「モンキースパナー」の略。⇩スパナー(図)。

もんきり-がた [0]【紋切(り)型】[名]（紋形をきりぬく一定の型）一定の様式。きまりきっていること。「—のあいさつ」

もん-く [モ]【文句】[名] ❶文章の語句。❷いいぶん。苦情。「—はない」**—無**(な)**し** 苦情を言う余地のないこと。**—を付**(つ)**ける** 苦情・理屈・批判などを言いたてる。

もん-げん [ゲ]【門限】[名] 夜、門をしめる時刻。「—に遅れる」

もん-こ [モ]【門戸】[名][文章語] ❶門と戸。かどぐち。❷一家。一派。**—開放**(かいほう) [モ][名] ❶制限をなくして出入りを自由にすること。❷領土・港湾を開放して外国と自由に交易すること。**—を張**(は)**る** ❶一家をかまえる。❷すまいを大きくして、みえをはる。❸一派をたてる。

モンゴル《Mongolia》中国とシベリアとの間にある国。一九二四年に成立。一九九二年に「モンゴル人民共和国」から「モンゴル国」に改称した。首都はウランバートル。十三世紀にチンギス汗(ハン)が建国し、その子孫によって統治された、アジアとヨーロッパにまたがる広大な国は「モンゴル（蒙古(もうこ)）帝国」とよばれた。

モンゴロイド [ロ]《Mongoloid》[名] 黄色人種。

もん-ごん [0]/[ゴ]【文言】[名][文章語] 文章中の語句。文句。文辞(ぶんじ)。

もん-ざい [0]【問罪】[名][自サ][文章語] 罪を問いただすこと。

もん-さつ [0]【門札】[名] 家の門にかかげる居住者の氏名のふだ。表札。門標(もんぴょう)。

もん-し [モ]【門歯】名 哺乳(ほにゅう)類の上下のあごの前方中央部にある歯。人間では、上下おのおの四本ある。まえば。

もん-し ⓪【×悶死】名自サ〔文章語〕もだえ苦しんで死ぬこと。

もん-じ [モ]【文字】名 ❶字。❷ことば。文章。‖もじ。

もん-した ⓪/[タ]【紋下】名 人形浄瑠璃(じょうるり)の一座で、最高の地位の太夫(たゆう)。やぐらした。

もんじゃ-やき ⓪【もんじゃ焼(き)】名〔「もんじやき(文字焼き)」の変化〕お好み焼きの一種。水分を多めにして、形をあまりととのえずに焼きながら食べるもの。

もん-しゅ [モ]【門主】名 ❶格の高い寺の門跡(もんぜき)である住職。❷真宗本願寺派の管長。

もん-じゅ《文殊》知恵をつかさどるぼさつ。参考 すぐれた知恵・考えのたとえとして、「文殊の知恵」のようにも使われる。

もん-じょ [モ]【文書】名 かきもの。ぶんしょ。「古―」

もん-しょう ⓪【紋章】名 家・団体などをあらわすために、図案化したしるし。紋。紋所(もんどころ)。

もんしろ-ちょう ⓪【紋白×蝶】名 シロチョウ科のちょう。羽は白く黒い紋がある。幼虫はあおむしで、キャベツなどに害をあたえる。春

もん-しん ⓪【問診】名他サ 医者が患者に、病状について質問して診察すること。↔視診・聴診・触診・打診。

もん-じん ⓪【門人】名 師の門下の人。でし。

モンスーン [ス]〈monsoon〉名 季節風(きせつふう)。

モンスター [モ]〈monster〉名 巨大な怪物・ばけもの。**―ペアレンツ** [ペ]〈monster parents〉名(和製英語)学校やその関係機関に対して理不尽な要求をしたり、不当な抗議をしたりする保護者。

もん-せい ⓪【門生】名〔文章語〕門人。でし。門下生。

もん-せき ⓪【問責】名他サ〔文章語〕❶問い責めること。❷責任を問うこと。

もん-ぜき [モ]【門跡】名 ❶祖師の法門を受けついでいる僧。❷法親王・摂家(せっけ)・清華(せいが)の子弟がはいって、仏法の系統を受けつぐ寺院。また、そこの住持。❸本願寺の管長。

もん-ぜつ ⓪【×悶絶】名自サ〔文章語〕苦しんで気絶すること。

もん-ぜん ⓪【門前】名 門の前。**―市(いち)を成(な)す** その家に出入りする者が多いようす。**―×雀羅(じゃくら)を張(は)る**〔門前にすずめをとらえる網をはる〕おとずれる人もなくさびしいようす。**―の小僧(こぞう)習(なら)わぬ経(きょう)を読(よ)む** 見なれたり、聞きなれたりしていると、いつのまにかそれを学び知るものだ。**―払(ばら)い** [ハ]名 ❶江戸時代、平民は奉行所(ぶぎょうしょ)の門前から、武士は屋敷の門前から追放した軽い刑。❷会いに来た者を、面会せずに帰らせること。「―を食わせる」**―町(まち)** [ゼ]名 室町(むろまち)時代以後、社寺の門前にできた町。琴平(ことひら)・長野など。

もんぜん《文選》古代中国の周から梁(りょう)までの詩文を種類別に集めたもの。梁の昭明太子の編。三十巻。

もんぜん-よみ ⓪【文選読み】名 漢籍を読むのに、文字を音読し、さらにそれを訓読したこと。また、そのような読み方。「蟋蟀」を「しっしゅつのきりぎりす」と読むなど。参考 平安時代、博士家で「文選」を講義する際、この読み方で教えたところから。

モンタージュ [タ]〈フ montage〉名 ❶映画で、種々の場面のフィルムをつなぎ合わせて一つの作品をつくりあげること。フィルム編集。❷何枚かの写真の一部分を組み合わせて一つの画面をつくりあげること。モンタージュ写真。

もん-だい ⓪【問題】名 ❶解答を求める問い。「入試―」❷事がら。「私には関係のない―だ」❸解決を要する事件。めんどうな事件。「―を起こす」❹批判や議論の対象となるような事がら。「―の多い論文」❺世間でうわさになっていること。「―の人物」❻決め手になる要素。「時間の―」**―意識(いしき)** [イ]名 大事な問題だ、あるいは、問題がある、とする考え・自覚。「社会の現状に―をもつ」**―外(がい)** [ダ]名形動(の) 議論の対象としてとりあげる価値がないこと。論外。「援助を期待するなど―だ」**―作(さく)** [ダ]名 世間の批評・議論のまとになる作品。**―視(し)** [ダ]名他サ このまま放ってはおけないという意識をもつこと。「首相の発言を―する」**―児(じ)** [ダ]名 ❶性格や行動に問題があり、教育上特別な配慮が必要な子ども。❷言動が周囲と合わず、しばしば問題視される人。「職場の―」**―点(てん)** [ダ]名 問題となる事がら・中心点。「―を指摘する」

もん-ち [モ]【門地】名〔文章語〕家格。家がら。

もん-ちゃく ⓪[モ]【×悶着】名 もめごと。争い。紛争。「―を起こす」

もん-ちゅう ⓪【門柱】名 門のはしら。

もんちゅう-じょ [ジョ]【問注所】名 鎌倉(かまくら)・室町(むろまち)時代に、うったえごとを裁判した所。

もん-ちょう ⓪【紋帳】【紋×帖】名 紋どころのひながたをあつめてある本。

もん-ちりめん [チ]【紋ちりめん】【紋▲縮×緬】名 紋織りのちりめん。

もん-つき [モ]【紋付(き)】名 紋どころをつけた衣服や器具。

もん-で 助〔接続助詞〕「もので」のくだけた言い方。

もん-てい ⓪【門弟】名 門人。門下。でし。

もん-ていし [テ]【門弟子】名〔文章語〕門弟。でし。

モンテネグロ《Montenegro》バルカン半島中西部にある共和国。首都はポドゴリツァ。

もん-と【門徒】名 ❶[モ]門下の学生。❷⓪㋐その宗門の信徒。寺院の檀家(だんか)。㋑門徒宗。**―宗(しゅう)** 浄土真宗(じょうどしんしゅう)。**―物(もの)知(し)らず** 門徒宗の信者が、阿弥陀仏(あみだぶつ)にだけたよって、他をかえりみないのをあざけった語。

もん-とう ⓪【門灯】名 門にとりつけたあかり。

もん-どう [ド]【問答】名 ❶問うことと、こたえること。「―無用」「押し―」❷ある問題についての論議。「―歌」

もん-どころ ⓪【紋所】名 家々にきまっている紋。定紋(じょうもん)。

もんどり ⓪/[ド]【▲翻筋▲斗】名 とんぼがえりをすること。「―打つ」

もん-ない [モ]【門内】名 門のうち。↔門外。

もん-なし ⓪【文無し】名 ❶かねを少しも持たないこと。一文無し。❷十二文以上の、なみはずれて大きなたび。

もん-なら 助〔接続助詞〕「ものなら」のくだけた言い方。

もん-ばつ ⓪【門閥】名 家がら。門地。**―家(か)** ⓪名 家がらのよい家。

もん-はぶたえ [ハ]【紋羽二重】名 紋織りの羽二重(はぶたえ)。

もん-ばん [モ]【門番】名 門の番人。守衛。門衛。

もん-び [モ]【紋日】名〔「物日(ものび)」の変化〕ものび。

もん-ぴ [モ]【門扉】名〔文章語〕門のとびら。

もん-ぴょう ⓪【門標】名 門札。表札。

もんぶかがく-しょう [ガ]【文部科学省】名 教育の振興、学術・スポーツ・文化・科学技術・宗教に関する行政事務を担当する国の行政機関。二〇〇一年に文部省・科学技術庁を統合して発足。

もん-ぷく ⓪【紋服】名 紋つきの衣服。

もんぶ-しょう [ブ]【文部省】名 学校教育・社会教育・学

術・文化などに関する行政事務をとった中央官庁。

モン-ブラン《ᶠʳMont Blanc》㊀〔「白い山」の意〕フランスとイタリアの国境にある、アルプス山脈の最高峰。㊁[モ][名] 裏ごしした栗を使ったクリームを生地の上に山型にしぼり出した洋菓子。

もん-ぺ[0][ペ][名] はかまの形をして、足くびのくくれているもひき。おもに女性がはく。[冬]

もん-め[メ]【×匁】[名] ❶尺貫法の重さの単位。貫の千分の一。一匁は約三・七五グラム。❷江戸時代の銀貨の単位。銀一両の六〇分の一。

もん-もう[0]【文盲】[名] 文字の読み書きができないこと。非識字。

もん-もん[0]【×悶×悶】[と][副][たる][連体] もだえ苦しむようす。「―と日を過ごす」

もん-よう[0]【門葉】[名][文章語] 一族。一門。

もん-よう[0]【紋様・文様】[名] ❶紋の形。❷模様のがら。

もん-りゅう[0]【門流】[名][文章語] 一門のわかれ。学問・芸道・武道などで、一つの門から出た流派。

モンロー-しゅぎ[シュ]【モンロー主義】[名] ❶アメリカ第五代の大統領モンロー Monroe が、一八二三年に発表した主義。アメリカとヨーロッパとは、外交上たがいに干渉しあわないことの主張。❷不干渉主義のこと。

もん-ゐん【門院】[名][古語]➡もんいん。

や ヤ

や：「也」の草体。
ヤ：「也」の略体。

や[接尾] 人を呼ぶことばにつけて、したしみの意をあらわす。「ばあ―」「ねえ―」

や【屋】[接尾] ❶ある職業の家や人。「薬―」❷【家】屋号・雅号・書斎などの名につけることば。「三河―」「柳―」「鈴の―」❸そういう性質・傾向をもっている人。「気どり―」「わからず―」❹それを専門としている人を、ややあなどったり、自分でけんそんしたりしていう語。「政治―」「技術―」

や【八】[造] やっつの。「八重(やえ)」

や【冶】[造] ❶鉱石から金属をとり出す。「冶金・鍛冶(たんや・かじ)」❷つくりあげる。「陶冶」❸なまめかしい。「艶冶(えんや)」

や【夜】㊀[造] よ。よる。「夜間・夜景・昨夜・徹夜」㊁[接尾] ❶ひと月の…番目のよる。「十三―」❷よるのかず。「七日(なのか)七―」

や【野】㊀[ヤ][名][造] 民間。権力と対する立場。「―に在る」「野党・在野」↔朝(ちょう)。㊁[造] ❶の。はら。「野外・野球・原野・平野」❷自然の。「野犬・野生・野草」❸洗練されていない。ひらけていない。「野趣・野蛮・粗野」❹ふさわしくない。だいそれた。「野心・野望」❺「下野(しもつけ)(旧国名)」の意。「野州(やしゅう)」 **―に遺賢(いけん)なし** 政府に用いられず、民間にうもれている賢人はいない。政治がうまくおこなわれていることのたとえ。 **―に下(くだ)る** 官職・公職をしりぞいて、民間の人となる。下野(げや)する。

や【矢】[ヤ][名] ❶一方のはしに羽をつけ、他のはしにやじりをつけたもので、弓のつるにかけ、射てとばすもの。❷木・石などを割るときのくさび。 **―でも鉄砲(てっぽう)でも持(も)って来(こ)い** 何が来てもこわくないぞ。 **―の▲如(ごと)し** はやいことのたとえ。「光陰―」 **―の催促(さいそく)** きびしく、なん度もせきたてること。 **―も盾(たて)もたまらず** 思いつめて、こらえることができないようす。じっとしていられないようす。

や【家】[ヤ][名] 人が住むための建物。いえ。「この―のあるじ」

や【×輻】[ヤ][名] 車輪の軸から放射状に出ている細長い棒。

や[ヤ][感] ❶感嘆や呼びかけの声。「―、しまった」❷かけ声。

や[助] ❶〔格助詞〕並列の意味をあらわす。「山―川」[参考]「山や川」「山と川」はふつうに並べあげる言い方。「山か川か」「山でも川でも」「山なり川なり」は、どれかを選ぶ意味。「山やら川やら」「山だの川だの」は、数えあげる意味。「並立助詞」と呼ぶこともある。❷〔接続助詞。動詞や一部の助動詞の終止形について〕ある動作・作用がおこなわれるのに伴って、すぐに他の動作・作用がおこなわれることをあらわす。…とそのときに。…やいなや。「窓をあける―木の葉が舞いこんだ」❸〔間投助詞〕㋐相手への呼びかけをあらわす。「太郎―、ここへおいで」㋑意味を強める。「いま―情報化時代である」㋒〔俳句で、切れ字となって〕感動をあらわす。「万緑の中や吾子(あこ)の歯生え初(そ)むる」〈中村草田男〉㋓[古語]詠嘆をあらわす。「あなたふとのけしきや」〈徒然〉❹〔終助詞。形容詞や助動詞「う」「よう」などの終止形につく〕㋐命令・さそいをあらわす。「もう帰ろう―」㋑軽く言い放す。「まあいい―」[参考] 命令をあらわすとき、「さっさとはじめろ―」のように命令形につくこともある。❺[古語]〔係助詞〕㋐疑問の意をあらわす。文中に使われるときは結びの活用語は連体形をとる。…か。…かしら。「みの・かさやある」〈徒然〉㋑反語の意をあらわす。…か、いやそうではない。「このころかかる犬やは歩(あり)く」〈枕〉

やあ[ヤ][感] おどろきや呼びかけの声。「―、困った」「―、本田君」

ヤーウェ《Yahweh》旧約聖書におけるイスラエル民族の神で、天地万物の創造主。ヤハウェ。エホバ。

ヤード[ヤ]〈yard〉[名] ❶自動車の解体施設。❷操車場。❸場所。場。「バック―」「ストック―」

ヤード[ヤ]〈yard〉【×碼】=**ヤール**[名] ヤードポンド法の長さの単位。一ヤードは三フィート。約九一・四四センチ(メートル)。記号は「yd」。 **―ポンド法(ほう)**[0][名] 長さ・容量・質量の基本をそれぞれヤード・ガロン・ポンドとする度量衡(どりょうこう)法。↔メートル法。

ヤール[ヤ]〈yard〉[名] ヤード。[参考]「ヤード」をオランダ語ふうに読んだ「ヤールド」の略。 **―幅(はば)**[ル][名] 布地の幅が一ヤードであること。

や-あわせ[ア]【矢合(わ)せ】(あはせ)[名] 昔、鏑矢(かぶらや)をたがいに射て、開戦の合図としたこと。

やい[ヤ][感] ぞんざいな呼びかけの声。「―、だれかいないか」

や-いた[0]【矢板】[名] 建築・土木の基礎工事で、土砂の崩壊や浸水をふせぐために周囲に打ちこむ板状の杭(くい)。

やい-と[0]【×灸】[名] 灸(きゅう)。灸治(きゅうじ)。

やいな-や[ヤ]【や否や】[連語]〔動詞の連体形について〕❶…したかと思うとすぐ。「帰る―飛び出していった」❷…かどうか。「来る―はわからない」

やいの-やいの[ヤ1-ヤ2][ヤ2][と][副] しつこく、せきたてるようす。「―と責めたてられる」「―と言われて出かける」

やい-ば[ヤ]【▲刃】[名]〔「やきば(焼き刃)」の変化〕はもの。きれもの。 **―に掛(か)かる** きり殺される。「宿敵の―」

やい-やい[ヤ1]㊀[副] しつこくたのみ、また、さいそくするようす。やいのやいの。「―言われて、みこしをあげる」㊁[感][俗語] ぞんざいな呼びかけのことば。「―、どこへ行くんだ」

や-いん[0]【夜陰】[名][文章語] 夜のくらい時。夜分。夜中。「―に乗じる」

や-うち[ヤ]【家内】[名] ❶家のなか。❷家の者。家族。

や-うつり[ウ]【家移り】[名] ひっこし。やどがえ。

やう-な・し【▲益無し】[形ク][古語]➡やくなし❶。

やえ [ヤ]【八重】ヤヘ 名 ❶八つにかさなること。また、そのもの。いくつもかさなること。また、そのもの。❷やえざき。「―の桜」**―の潮路**(しおじ)〔文章語〕はるかに遠い海路。

やえい [0]【夜営】名 自サ 夜、陣営を張ること。

やえい [0]【野営】名 自サ ❶野外に陣営を張ること。❷テントを張って野宿(のじゅく)すること。

やえざき [0]【八重咲(き)】ヤヘ 名 花びらがいくえにもかさなって咲くこと。また、その花。

やえざくら [ザ]【八重桜】ヤヘ 名 さとざくらの一変種。花弁は八重で、色は淡紅色・紅色など。ぼたんざくら。春

やえじゅうもんじ [モ]【八重十文字】ヤヘ 名 たてよこに、いくえにもしばること。「―にひもをかける」

やえなり [0]【八重なり】【八重▲生り】ヤヘ 名 実(み)がたくさんかさなりあってなること。また、その草木。

やえば [ヤ]【八重歯】ヤヘ 名 ふつうの歯なみにかさなるようにはえる歯。犬歯によく起こる。鬼歯。

やえむぐら [ム]【八重×葎】ヤヘ 名〔文章語〕❶ひどくしげっているむぐら。❷㋐アカネ科の二年生植物。葉は一節に八個輪生。夏、黄緑色の小花を開く。㋑クワ科の一年生植物。茎は他物にからみ、茎・葉に小さいとげがある。雌雄異株。かなむぐら。夏

やえん [0]【夜宴】名〔文章語〕夜の宴会。

やえん [0]【野猿】名 山野にすんでいるさる。

やおちょう [0]【八百長】ヤホ 名 競技や試合で、前もって勝敗をうちあわせておいて、表面は真剣にあらそうように見せかけること。競技以外のなれあいで行うことについても言う。参考 江戸時代に八百屋の長兵衛(ちょうべえ)という人物が相撲の年寄(としより)と親しくなり、なれあいの取組(とりくみ)をしくんだことからと言う。

やおもて [オ]【矢面】名 ❶矢のとんでくる正面。陣頭。❷質問・非難などをまともに受ける立場。「―に立つ」

やおや [0]【八百屋】ヤホ 名 野菜類を売る店や人。青物屋。参考「青(あを)物屋」と「八百(やほ)屋」(いろいろのものを扱う店)とは語源が異なるが、江戸時代には発音が近くなり、混同された。

やおよろず [0]/[ヨ]【八▲百▲万】ヤホヨロヅ 名〔文章語〕非常にたくさんの数のこと。「―の神々」

やおら [0]/[ヤ] ヤヲラ 副〔文章語〕落ち着いてゆっくりと始めるようす。おもむろに。「―起きあがる」参考「いきなり」の意味で使うのはあやまり。

やか 接尾(形容動詞をつくる)…のようす。「冷や―」「しめ―」

やかい [0]【夜会】名 ❶夜の会合。特に、西洋式の社交会。❷夜会結び。夜会巻き。**―服**(ふく) [カ] 名 西洋式の夜会に着る衣服。男は燕尾服(えんびふく)、女はイブニングドレス。**―巻**(まき) [0]・**―結**(むす)**び** [ム] 名 女性の髪のゆい方。たぼからねじり上げて左右に輪をつくった束髪(そくはつ)。明治・大正時代に流行した。

夜会巻き

やがい [ヤ]【野外】名 ❶野原。❷屋外。**―劇**(げき) [ガ] 名 屋外で自然を背景としてする演劇。ページェント。

やかく [0]【野▲鶴】名〔文章語〕❶山野にあそぶつる。❷俗世間からはなれてくらす人のたとえ。「閑雲(かんうん)―」

やがく [0]【夜学】名 夜、授業をする学校。夜学校。秋

やかず [ヤ]/[0]【矢数】名 ❶矢の数。❷矢のあたった数。❸通し矢などで、射手がきそって多くの矢を射ること。夏 **―俳諧**(はいかい) [八] 名 早く多くの句をよんだものを勝ちとする俳諧。

やかず [カ]【家数】名 いえの数。戸数(こすう)。

やがすり [ガ]【矢がすり】【矢×絣・矢▲飛▲白】名 矢羽根模様を出したかすり。

やがすり

やかた [0]【館】名 ❶高貴な人の邸宅。「貴人の―」❷身分のたかい人。「お―さま」❸〔古語〕かりの宿所。かりや。

やかた [0]【屋形】名 ❶船の上につくった屋根のある部屋。❷やかたぶね。**―車**(ぐるま) [グ] 名 屋根がついていて、牛が引く車。平安時代の貴人の乗り物。**―船**(ぶね) [ブ] 名 屋形❶のある和船。やねぶね。

屋形船

やがっこう [ガ]【夜学校】名 ⬇夜学。

やがて [0]【やがて】【×軈て】副 ❶まもなく。そのうち。❷かれこれ。おおかた。「―小一時間になる」❸〔文章語〕そのまま。すなわち。とりも直さず。❹〔古語〕すぐに。ただちに。「名を聞くよりやがて面影は推しはからるる心地するを」〈徒然〉

やかましい [シ]【×喧しい】形 カロ・カッ・ク・イ・イ・ケレ・〇 ❶さわがしい。そうぞうしい。「―声」❷こまごまとうるさい。わずらわしい。「手つづきが―」❸小言が多く気むずかしい。「―おやじ」❹きびしい。「―規則」❺好みがむずかしい。「着物のがらに―人」❻評判が高い。「近ごろ新聞で―問題」**やかましがる** 自五 **やかましさ** 名 **やかまし** 文語シク

やかましや [0]【やかまし屋】【×喧し屋】名 よく、こごとや理屈を言う人。

やから [0] 名 ❶【▲族】〔古語〕一族。親族。うから。❷【▲輩】〔文章語〕連中。仲間。主として、よくない連中という意味あいで使われる。「不逞(ふてい)の―」

やがら [0]【矢柄】【矢▲幹】名 矢の矢じりをのぞいた部分。箆(の)。

やがる 接尾(五段活用動詞をつくる)けいべつや、にくしみの気持ちをあらわす。「笑い―」「食い―」「気どって―」

やかん [ヤ]【夜間】名 よるのあいだ。よる。「―照明」↕昼間。

やかん [0]【▲薬缶】名 (もと、薬を煮るのに用いた)銅・しんちゅう・アルマイト・アルミニウムなどでつくった湯わかし用具。小さなつぎ口が突起している。**―頭**(あたま) [ア] 名 毛髪のないつるつるのはげあたま。

やき【焼き】[一] [0] 名 ❶焼くこと。焼く程度。❷刃物を作るとき、刃を熱して水に入れ、急にひやしてかたくすること。[二] 造 ❶やきもの。「九谷―」「七宝(しっぽう)―」❷火熱を利用した調理法。「蒸し―」「丸―」❸焼いた料理や菓子。「目玉―」「今川―」**―が回**(まわ)**る** ❶刀などを焼くとき、火がまわりすぎて、切れあじがにぶくなる。❷年をとるなどして、能力がにぶる。ぼける。**―を入**(い)**れる** ❶刀などを焼いてつよくする。❷人に刺激をあたえ、しゃんとさせる。❸リンチ・制裁を加える。

やき [ヤ]【夜気】名〔文章語〕よるの空気。よるの気分。

やぎ [ヤ]【▲山▲羊】名 ウシ科の哺乳(ほにゅう)類。ひつじに似る。おすはあごひげを持つ。乳・肉・皮・毛ともに有用。

やきあみ [0]【焼(き)網】名 さかな・もちなどを焼くのに用いる金網。

やきいも [0]【焼(き)芋】名 丸ごと、あるいは厚く切って焼いたさつまいも。冬

やきいれ [0]【焼(き)入(れ)】名 鉄鋼を硬くするために高温で熱し、急にひやすこと。

やきいろ [0]【焼(き)色】名 焼いたときに表面につく色。「軽く―をつける」

やき-いん ⓪【焼(き)印】名 火で焼いて、木製の物などに押す金属製の印。また、その押したあと。

やき-うち ⓪【焼(き)討(ち)】名 火をはなって攻めること。「―をかける」

やき-え ⓪【焼(き)絵】名 火で焼いたこてや、薬品で焼いたプラチナの針で、木材・竹材・ぞうげなどに模様などを焼きあらわす工芸。また、その工芸品。

やき-がし ガ⓪【焼(き)菓子】名 焼いてしあげた菓子。どら焼き・クッキー・マドレーヌなど。

やき-がね ⓪【焼(き)金】名 ❶鉄を焼き、牛馬のしり、罪人のひたいなどにしるしをつけること。また、その鉄。❷外科手術用の鋼鉄製の針。腐った肉を焼き取るのに使った。❸吹き分けてまじり物を除いた純金。

やき-き・る キ2【焼(き)切る】他五 ラ・ロ・リ・ッ・ル・ル・レ・レ ❶金属・ガラスなどを火で焼いて切る。❷すっかり焼いてしまう。**焼き切り** 名 **焼き切れる** 自下一[…できる]

やき-ぐし ⓪【焼(き)串】名 魚・肉などを焼くときに突きさす金属製や竹製のくし。

やき-ぐり ⓪/キ【焼きぐり】【焼×栗】名 皮付きのまま焼いたくりの実。

やき-ごて ⓪【焼きごて】【焼×鏝】名 熱くしたこて。

やき-ごめ ⓪【焼(き)米】名 稲をもみのまま焼き、うすでついて、もみがらをのぞいたもの。食用。㊍秋

やき-ざかな ザ【焼(き)魚】名 塩をふったりして焼いた魚。

やき-しお ⓪【焼(き)塩】しほ 名 すやきのつぼなどで蒸し焼きにした塩。苦みが消え、純白となる。

やき-そば ⓪【焼きそば】【焼×蕎▲麦】名 ❶ゆでた中華そばを肉・野菜などとともに油でいためたもの。❷油であげた中華そばに、肉・野菜などを入れたあんをかけたもの。

やきだま-エンジン エ【焼(き)玉エンジン】名 内燃機関の一つ。シリンダーの圧縮室の壁面を赤熱して、ガスを爆発させるもの。構造が簡単で、漁船などに利用される。焼き玉機関。

やき-つ・く ツ【焼(き)付く】自五 カ・コ・キ・イ・ク・ク・ケ・ケ ❶焼けてくっつく。こげつく。❷心につよくのこる。「印象が胸に―」

やき-つけ ⓪【焼(き)付(け)】名 ❶うわぐすりをかけて焼いた陶磁器に、彩色をほどこしてふたたび焼くこと。上絵(うわえ)。❷めっき。❸写真で、陽画をつくること。プリント。密着。

やき-つ・ける ケ【焼(き)付ける】他下一 ケ・ケ・ケル・ケル・ケレ・ケロ・ケヨ ❶焼き金を当てて、しるしをつける。❷「焼き付け❶」をする。❸写真で、陰画から印画紙の上に陽画を作る。❹しっかりと記憶する。「まぶたに―」 **やきつ・く** 文語下二

やき-どうふ ド【焼(き)豆腐】名 火であぶり、こげめをつけた木綿豆腐。

やき-とり ⓪【焼(き)鳥】名 鳥の肉や臓物(ぞうもつ)を、くしにさして焼いたもの。牛やぶたの臓物を使ったものにもいうことがある。

やき-とん ⓪【焼(き)豚】名 ぶたの肉や臓物(ぞうもつ)を、くしにさして焼いたもの。

やき-なおし ⓪【焼(き)直し】なほし 名 ❶再び焼くこと。❷詩や文章などで、人の作品や自分の古い作品にすこし手を入れ、あたらしい作品とすること。また、その作品。

やき-なまし ⓪【焼きなまし】【焼▲鈍し】名 ガラスの内部のひずみを直したり、金属の硬度を下げたりするために、一度熱してから、ゆっくりひやすこと。焼鈍(しょうどん)。

やき-にく ⓪【焼(き)肉】名 牛・ぶたなどの肉を強火であぶり、たれなどをつけて食べる料理。

やぎのうた《山羊の歌》中原中也(なかはらちゅうや)の第一詩集。一九三四年刊。

やき-のり ⓪【焼きのり】【焼▲海×苔】名 ほしのりをあぶったもの。

やき-ば ⓪【焼(き)場】名 ❶物を焼く場所。❷火葬場。

やき-はた ⓪【焼(き)畑】名 草地・林地などを焼きはらい、その灰を肥料として、そこに作物を栽培すること。また、そうしたはたけ。火田(かでん)。やきばた。

やき-はまぐり マ【焼きはまぐり】【焼×蛤】名 ❶はまぐりを貝がらのままあぶり焼いた料理。㊍春 ❷はまぐりの肉をつけ焼きにしたもの。

やき-はら・う ラ【焼(き)払う】はらふ 他五 ワ・オ・イ・ッ・ウ・ウ・エ・エ あたり一面すっかり焼いてしまう。**焼き払える** 自下一[…できる]

やぎ-ひげ ギ【▲山▲羊×鬚】名 おすやぎのひげのように長くのびたあごひげ。

やき-ぶた ⓪【焼(き)豚】名 調味料につけこんだぶたの肉を、蒸し焼きにしたもの。チャーシュー。

やき-まし ⓪【焼(き)増(し)】名 他サ 写真の印画を、追加して焼き付けること。また、焼き付けたもの。

やき-みょうばん ミョ【焼明×礬】名 みょうばんを焼いた白色のこな。消毒剤。

やき-めし ⓪【焼(き)飯】名 ❶にぎり飯をあぶって、すこしこがしたもの。❷飯に肉・野菜などをまぜて、油でいためた中華料理。チャーハン。

やき-もき ヤ[と]副 自サ いらいらと気をもむようす。「―して返事を待つ」

やき-もち モ/チ【焼(き)餅】名 ❶焼いたもち。❷嫉妬(しっと)。「―をやく」 **―焼(や)き** ⓪名 しっとぶかい人。

やき-もどし ⓪【焼(き)戻し】名 焼き入れによってもろくなった金属を、ふたたび適当な温度まで熱して、もろさをなくすこと。

やき-もの ⓪【焼(き)物】名 ❶あぶり焼いた鳥肉・魚肉。❷陶磁器。

や-きゅう ⓪【野球】名 九人ずつの二組が守備側と攻撃側にわかれ、守備側の投手の投げるボールを攻撃側の打者がバットで打ち、四つの塁を回って得点を争う球技。ベースボール。

や-ぎゅう ⓪【野牛】名 水牛以外の野生のうしの総称。毛は黒茶色で、せなかの前半は山の形にもりあがる。北米産とヨーロッパ産とがある。バイソン。

や-ぎょう ⓪【夜業】名 夜間にする仕事。よなべ。㊍秋

や-きょく ヤ【夜曲】名 セレナード。

や-きん ⓪【冶金】名 鉱石から金属をとりだし、精製したり合金を作ったりすること。

や-きん ⓪【夜勤】名 夜間に勤務すること。↔日勤。

や-きん ⓪【野×禽】名 野鳥。↔家禽(かきん)。

やく【疫】造 はやりやまい。悪性の伝染病。「疫病神」[別音えき|疫]

やく【薬】造 ❶くすり。「薬剤・薬品・農薬・常備薬・内服薬」❷化学変化を起こす物質。「火薬・試薬・弾薬」

やく【躍】造 ❶おどる。はねる。とびあがる。「躍如・躍進・躍動・一躍・跳躍・飛躍」❷うごきまわる。「暗躍・活躍」

やく ク【厄】名造 ❶わざわい。災難。「―にあう」「厄払い・厄日(やくび)・災厄」❷やくどし。「四十二の―」「後厄(あとやく)・前厄(まえやく)」

やく ク【役】名造 ❶つとめ。職務。「―を果たす」「役職・役目・重役・世話役・相談役」❷劇で、俳優が演じる登場人物。「役者・悪役・主役・配役」❸花札・マージャンなどで、一定の点数を得るための、ある約束にかなった札・牌(パイ)がそろうこと。[別音えき|役] **―に立(た)つ** その仕事・任務に適し、使える。有用である。

や

やく【約】 ㊀[ヤ][名][造] ❶とりきめ。ちぎり。「約款・約定・約束・違約・条約」 ❷割り算。「―を結ぶ」「約数・約分」 ❸発音がつづまること。たとえば、「ありそ」は「あらいそ」の約。約音。 ㊁[ヤ][副] およそ。ほぼ。「―五万円」 ㊂[造] ❶つづめる。まとめる。「簡約・集約・要約」 ❷とりきめる。ちかう。 ❸むだをなくす。「倹約・節約」 ❹ひきしめる。「制約」 **約す** [他五] **約する** [他サ]

やく【訳】 [ヤ/ク][名][造] 訳すこと。訳したもの。翻訳。「―をつける」「訳詞・訳者・全訳・通訳」 **訳す** [他五] **訳する** [他サ]

やく[×葯] [ヤ][名] おしべの先にあり、花粉のはいっている器官。

やく【益】 [名]〔古語〕 ききめ。利益。「何のやくかははべらむ」〈源氏〉

ヤク [ヤ]〈yak〉[×犛▲牛] [名] ウシ科の哺乳類。北インド・チベットにすむ。寒気・乾燥につよい。運搬用・肉用・乳用。

や・く [0]【焼く】[×焚く] [他五] カ・コ｜キ・イ｜ク｜ク｜ケ｜ケ ❶火をつけて燃やす。 ❷熱が通るように火にあてる。「魚を―」 ❸皮膚を日光などにあてて黒くする。 ❹心をこがれさせる。「恋に身を―」 ❺(「世話を―」の形で)気を使う。 ❻写真で、陽画をつくる。 ❼陶磁器や炭などをつくる。「茶器を―」「炭を―」 ❽[▲妬く] 嫉妬する。「やきもちを―」 **焼ける** [自下一]〔…できる〕

や・ぐ [接尾] (名詞や形容詞語幹について動詞をつくる)…の状態になる。「はな―」「わか―」

や・ぐ [ヤ]【夜具】[名] 寝るときに使うふとん・かいまきなど。

やく・いん [0]【役印】[名] 役目をあらわす印。職印。

やく・いん [ク]【役員】[名] ❶一定の役を受けもつ人。 ❷会社などの重役。団体などの幹部。

やく・えき [0]【薬液】[名] 液体のくすり。

やく・えん [0]【薬園】[名] 薬草をそだてるはたけ。

やく・おとし [オ]【厄落(と)し】[名] ❶厄難をはらいおとすため神仏に参拝すること。厄はらい。[冬] ❷厄年の厄をはらいのぞくこと。

やく・おん [0]【約音】[名] 二つ以上の音節がつづいたとき、一方の母音がぬけおちる現象。「にあり」が「なり」、「さしあぐ」が「ささぐ」となるなど。

やく・かい [0]【訳解】[名][他サ] ⇩やっかい。

やく・がい [0]【薬害】[名] ❶薬品の副作用から受ける害。 ❷農薬などから受ける害。

やく・がえ [0/エ]【役替(え)】[名] 役目をとりかえること。

やく・がく [0/ク]【薬学】[名] 薬剤の性質・製法・効果などを研究する学問。

やく・がら [0]【役柄】[名] ❶役目のある身分。 ❷役目の性質。職務の性質。「―をわきまえろ」 ❸演劇などで、登場人物の種別や性格。「―を演じわける」

やく・ぎ [ヤ]【役儀】[名]〔文章語〕 役目。

やく・ぎょう [0]【訳業】[名] 翻訳の仕事。

やく・げん [0]【約言】[名][他サ]〔文章語〕 要点をかいつまんで言うこと。

やく・ご [0]【訳語】[名] 翻訳したことば。

やくざ [ヤ] ㊀[名][形動] ❶生活態度がいいかげんなこと。「―な男」 ❷役にたたないこと。「―な製品」 ㊁[名] ばくちち。ならずもの。↕堅気。

やく・さい [0]【訳載】[名][他サ]〔文章語〕 翻訳して雑誌などにのせること。

やく・ざい [0/ク]【薬剤】[名] 薬品。薬物。くすり。 **―師** [ザ][名] 国家試験に合格し、処方箋による薬の調合をする人。

やく・さつ [0][×扼殺][名][他サ] (「扼」は、しめつける意)首を手でしめて殺すこと。

やく・さつ [0]【薬殺】[名][他サ] 毒薬で殺すこと。

やく・し [0]【訳詞】[名] 歌詞を翻訳したもの。

やく・し [0]【訳詩】[名] 翻訳した詩。

やくし《薬師》「薬師如来」の略。

やく・じ [ヤ]【薬事】[名] 薬品・調剤・薬剤師などに関する事がら。「―法」

やく・じ [0]【薬餌】[名]〔文章語〕 ❶くすりと食物。 ❷くすり。 **―に親しむ** 病弱である。

やくし・にょらい《薬師如来》 衆生の病気や災難をすくうほとけ。薬師瑠璃光如来。

やく・しゃ [0]【役者】[名] ❶役に扮して演劇などを演ずる人。俳優。 ❷人物・腕まえのすぐれた人。「なかなかの―だ」 **―が一枚上** 人物・才能が一段とすぐれている。

やく・しゃ [ヤ]【訳者】[名] 翻訳をした人。翻訳者。

やく・しゅ [0]【薬酒】[名] 薬物を入れたさけ。くすりざけ。

やく・しゅ [0]【薬種】[名] 漢方薬の材料。きぐすり。

やく・しゅつ [0]【訳出】[名][他サ]〔文章語〕 翻訳すること。

やく・じゅつ [0]【訳述】[名][他サ]〔文章語〕 ❶翻訳して内容をのべること。 ❷翻訳の著述。訳書。

やく・しょ [ショ]【役所】[名] (「やくどころ」と読めば別語)役人が公務をとりあつかう所。官公庁。

やく・しょ [ヤ]【訳書】[名] 原書を翻訳した書物。↕原書。

やく・じょ [ヤ]【躍如】[と副][たる連体] いきいきとしたようす。「面目―」

やく・じょう [0]【約定】[名][他サ]〔文章語〕 約束してとりきめること。契約。 **―済み** [0][名] とりきめがすんでいること。

やく・しょく [0]【役職】[名] ❶職業上の地位や身分。 ❷ある組織の中の重要な役目。管理職。

やく・しん [0]【躍進】[名][自サ] いきおいよく進出すること。すばらしく発展すること。「―著しい会社」

やく・じん [0]【厄神】[名] 災難をひきおこすという悪神。

やく・す [ク][×扼す] [他五] サ・ソ｜シ｜ス｜ス｜セ｜セ ⇩やくする。

やく・す [ク]【約す】[他五] サ・ソ｜シ｜ス｜ス｜セ｜セ ⇩やくする。

やく・す [ク]【訳す】[他五] サ・ソ｜シ｜ス｜ス｜セ｜セ (「訳する」(サ変活用)とも) ❶あることばを別の国語になおす。翻訳する。 ❷古代語を現代語になおす。 **訳せる** [自下一]〔…できる〕

やく・すう [ス]【約数】[名] ある数、ある式を整除できる数や式。「2は4・8などの―である」

やく・する [ス][×扼する] [他サ] シ・セ・サ｜シ｜スル｜スル｜スレ｜シロ・セヨ (「扼す」(五段活用)とも) ❶しっかりにぎる。おさえつける。「要所を―」 ❷首をしめて殺す。 **やく・す** [文語サ変]

やく・する [ス]【約する】[他サ] シ・セ・サ｜シ｜スル｜スル｜スレ｜シロ・セヨ (「約す」(五段活用)とも) ❶みじかくする。簡単にする。「条文を―」 ❷〔文章語〕 約束する。 ❸分数の分子と分母を公約数で割る。約分する。 **やく・す** [文語サ変]

やく・する [ス]【訳する】[他サ] シ・セ・サ｜シ｜スル｜スル｜スレ｜シロ・セヨ ⇩やくす。 **やく・す** [文語サ変]

やく・せき [0]【薬石】[名]〔文章語〕 (「石」は石鍼で、中国古代の治療器具の一つ)薬品と治療法。 **―効なく** いろいろな薬や治療法の効果がなく。てあつい看護をしたのに病死したときの言い方。

やく・せん [0]【薬専】[名] 旧制の「薬学専門学校」の略。

やく・ぜん [ク]【薬膳】[名] 漢方薬の素材を材料とした中国料理。健康を保つという。

やく・そう [0/ソ]【役僧】[名] 寺の事務をあつかう僧。

やく・そう [0]【薬草】[名] くすりになるくさ。

やく・そく [0]【約束】㊀[名][他サ] 先のことについて、たがいにとりきめること。「―を果たす」㊁名 ❶かねてきまっている運命。いんねん。「前世からの―」❷定め。規定。―手形てがた テ 名 振出人が、一定の金額を一定の期日に受取人に無条件に支払うことを約束してふりだす手形。約手やくて。―を▲反古ほごにする 約束を破る。

やく-たい ⓪/タ【益体】名 役にたつこと。―もない 役にもたたない。くだらない。

やく-だい ⓪【薬大】名「薬科大学」の略。

やく-だい ⓪【薬代】名 くすりの代金。薬価。くすり代。

やく-たく ⓪【役宅】名 その役目の人のために設けられた住宅。公舎。官舎。

やく-だく ⓪【約諾】名 他サ〔文章語〕約束し承諾すること。

やく-たたず タ【役立たず】名 役にたたないもの。または、役にたたない人。

やく-だ・つ ダ【役立つ】自五 タ・トーチ・ッーツーツーテーテ 役にたつ。まにあう。使える。「緊急時に―もの」

やく-だ・てる テ【役立てる】他下一 テーテーテルーテルーテレーテロ・テヨ 役にたたせる。やくだ・つ 文語下二

やく-ちゅう ⓪【訳注】【訳×註】名 ❶翻訳と注釈。❷翻訳者がつけた注釈。↕原注。

やく-づき ⓪【役付(き)】名 主任・課長などの、役につくこと。また、その人。やくつき。「―になる」

やく-づくり ヅ【役作り】名 演劇で、俳優が割り当てられた人物の扮装ふんそう・演技を工夫すること。

やく-て ⓪【約手】名「約束手形」の略。

やく-てん ⓪【薬店】名 くすりや。

やく-とう ⓪【薬湯】名 ❶くすりゆ。❷せんじぐすり。

やく-どう ⓪【躍動】名 自サ いきおいよく活動すること。「―感」

やく-とく ⓪【役得】名 役目の上で手にはいる特別な利益。余禄よろく。「―の多い仕事」

やく-どく ⓪【薬毒】名 くすりにふくまれている毒物。

やく-どく ⓪【訳読】名 他サ 外国の書物や古典を翻訳、または解釈して読むこと。

やく-どころ ⓪/ド【役所】名〔「やくしょ」と読めば別語〕❶あたえられた役目。役目の性質。「―をわきまえる」❷その人にふさわしい役目。「その辺がきみの―だ」

やく-どし ク【厄年】名 陰陽道おんようで、災難にあうから、つつしまなければならないとする年齢。一般に男性は数え年の二十五・四十二・六十一、女性は数え年の十九・三十三・三十七とされる。

やく-な・し【益無し】形ク〔古語〕❶むだである。やうなし。「少しの地をもいたづらに置かむことは、益なきことなり」〈徒然〉❷困ったことである。「御けしき変はりて、やくなしとおぼしたるに」〈大鏡〉

やく-なん ⓪/ク【厄難】名〔文章語〕わざわい。災難。

やく-にん ⓪【役人】名 公務員。官職についている人。

やく-ば バ【役場】名 ❶町村長が公務をとりあつかう所。「町―」❷公証人・執行吏などがその事務をとる所。

やく-はく ⓪【薬博】名「薬学博士」の略。

やく-はらい ハ【厄払(い)】―はらひ 名 ❶神仏にいのって、わざわいを払いおとすこと。やくおとし。❷わずらわしいことを処置してのがれること。❸大みそか・節分などの夜、やく払いのことばをとなえて、かねや物をもらいあるくこと。また、その人。㊅冬 ＝やくばらい。

やく-び ク【厄日】名 ❶陰陽道おんようで、災難にあうおそれが多いから、いみつつしめという日。❷農家などで、天候による災害が多いとする日。二百十日など。㊅秋 ❸いやなことが重なる日。「きょうはとんだ―だった」

やく-ひつ ⓪【訳筆】名〔文章語〕❶翻訳のわざ。❷訳文。

やく-びょう ク/⓪【疫病】名 伝染性の、はげしい熱病。えきびょう。―神がみ ビョ 名 ❶疫病をはやらせるというわるい神。❷だれからもいみきらわれる人。「町の―」―▲除よけ ⓪ 名 疫病にかからないようにすること。また、そのまじない。

やく-ひん ⓪【薬品】名 薬剤。薬物。くすり。

やく-ぶそく フ【役不足】名 わり当てられた役目が軽くて十分に力を出せないのが不満なこと。「―をかこつ」参考 自分の能力をけんそんして「力不足」の意で「役不足ですが司会を務めます」のように言うのは本来は誤用。

やく-ぶつ ク【薬物】名 ❶くすりになるもの。くすり。薬品。❷特に、覚醒剤・麻薬など。「―中毒」

やく-ぶん ⓪【訳文】名 翻訳の文章。↕原文。

やく-ぶん ⓪【約分】名 他サ 分数の分母と分子とを公約数で割ること。約すこと。

やく-ほ ヤ【薬舗】【薬×鋪】名〔文章語〕くすりや。

やく-ほう ⓪【薬方】名 くすりのもりかた。薬剤の調合。

やくほう-し ホ【薬包紙】名 こなぐすりをつつむかみ。

やく-ほん ⓪【訳本】名 翻訳した書物。↕原本。

やく-まえ マ【厄前】―まへ 名 厄年の前の年。

やく-まわり マ【役回り】―まはり 名 わり当てられた役目。「損な―」

やく-まん ⓪【役満】名 マージャンで、牌パイの組み合わせによって決められた役による最高得点。普通の満貫まんがんの数倍の点数になる。

やく-み ミ/⓪【薬味】名 ❶料理にそえて、味をひきたたせる、辛味・香気などの強いもの。とうがらし・ねぎ・こしょうなど。❷〔古語〕くすりの種類。薬品。

やく-むき ⓪【役向き】名 役目に関すること。職務上。「―の件」

やく-め メ【役目】名 わり当てられたつとめ。職責。職分。―柄がら ⓪ 名 副 役目の上のこと。職務上。「―行かねばならない」

やく-めい ⓪【訳名】名 原名を翻訳してつけた名まえ。

や-くも ⓪【八雲】名〔古語〕幾重にもかさなりあった雲。―たつ 枕「出雲」にかかる。「八雲たつ出雲八重垣妻籠つまみに八重垣造るその八重垣を」〈古事記〉―の道みち 和歌の道。「頼みこし八雲の道もたえはてぬ」〈壬二集〉

やくもみしょう《八雲御抄》鎌倉かまくら時代初期の歌論書。著者は順徳院。平安時代の多くの歌学書を整理し、集大成したもの。

やく-もの ⓪【約物】名 印刷で、文字と数字以外の記号の総称。句読点・括弧かっこ・数学記号など。

やく-よう ⓪【薬用】名 くすりとして用いること。

やく-よけ ⓪【厄よけ】【厄▲除】名 災難をはらいのけること。また、その方法。

や-ぐら ⓪【×櫓・矢倉】名 ❶敵を見張ったり、矢をいかけたりするための城門・城壁などにある高楼。❷展望用の高くきずいた建物・台。「火の見―」❸相撲・芝居などの興行場で、太鼓を鳴らすために高く建てた建物。❹こたつで、ふとんをかける台。こたつやぐら。❺相撲の手の一つで、相手をつりあげて、投げること。❻将棋で、王将を金将・銀将などの駒で守る形を❶にたとえたもの。「―囲い」

やぐら-だいこ ダ【やぐら太鼓】【×櫓太鼓】名 相撲場や劇場で、人寄せなどのために「やぐら❸」の上で打つ太鼓。また、その音。

やぐら-もん ヨ【やぐら門】【×櫓門】名「やぐら❶」の下にある廊下のような長い門。

やく-り ヤ【薬理】名 薬品を用いたことによって生物体におこる生理的変化。

やく-りょう ク【薬料】名 くすり代。

やく-りょう ⓪【訳了】名 他サ〔文章語〕訳しおわること。

や-ぐるま グ【矢車】名 ❶矢をさしておく台。❷軸のまわりに矢を放射状につけたもの。こいのぼりのさおの先につける。夏 **―菊** ぎく マ 名 キク科の一年生、または二年生植物。夏から秋にかけて、青紫色・紅色・白色などの矢車の形の頭状花を開く。観賞用。やぐるまそう。夏 **―草** そう ⓪ 名 ❶やぐるまぎく。❷ユキノシタ科の多年草。夏、緑白色の小花を多数つける。観賞用。夏

やく-れい ⓪【薬礼】名 医師への謝礼。

やく-ろう ⓪【薬籠】名〔文章語〕❶くすりばこ。❷丸い形で、三、四重のかさねばこ。昔、くすりを入れて持ちあるいた。印籠 いんろう。**―中** ちゅう **の物** もの（薬箱の中の薬のように）いつでも自分で自在にあつかえるもの。自家 じか 薬籠中のもの。

やく-わり ⓪ワ【役割】名 役目をわり当てること。また、わり当てられた役目。**―語** ご ⓪ 名（小説・漫画・演劇などのせりふで）その人物の性別・年齢・階層などの特徴があらわれ、いかにもそれらしいと推測できる典型的なことばづかい。参考 首都圏では、老人が「わし」や断定表現の「じゃ」を現実には使わないが、それらを老人語とするなど、種々の人物造形に用いられる。

やく-わん ⓪【×扼腕】名 自サ〔文章語〕いきどおったり、残念がったりして自分のうでをにぎりしめること。「切歯 せっし ―」

やけ ⓪【焼け】名 ❶焼けること。焼けたこと。「雪―」❷硫化鉱物の鉱床が地表にあらわれ、暗褐色に見える所。

やけ ヤ【▲自▲棄】名 形動 思うようにならないため、前後をかえりみない行動に出ること。自暴自棄 じぼうじき。「―を起こす」

やけ-あと ⓪【焼(け)跡】名 火事で焼けた跡。

や-けい ⓪【夜景】名 よるのけしき。

や-けい ⓪【夜警】名 よる、警戒をすること。また、その人。

やけ-いし ⓪【焼(け)石】名 火に焼けて熱くなった石。**―に水** みず すこしの量や、すこしばかりの努力では、なんの役にもたたないこと。

やけ-う・せる セ【焼け▲失せる】自下一 セ・セ・セル・セレ・セロ・セヨ 焼けてすっかりなくなる。焼失する。「あとかたもなく―」**やけう・す** 文語下二

やけ-お・ちる チ【焼け落ちる】自上一 チ・チ・チル・チレ・チロ・チヨ 建物が焼けてくずれおれる。**やけお・つ** 文語上二

やけ-くそ ⓪【▲自▲棄×糞】名 形動「やけ」を強めた言い方。自暴自棄。「―になる」

やけ-こげ ⓪【焼け焦げ】名 衣類や畳などが火に焼けて焦げること。また、その焦げた所。

やけ-ざけ ⓪ケ【やけ酒】【▲自▲棄酒】名 やけになって飲む酒。「―をあおる」

やけ-し・ぬ シ【焼け死ぬ】自五 ナ・ノ・ニ・ン・ヌ・ヌ・ネ・ネ 火にからだを焼かれて死ぬ。焼死する。

やけ-だ・される レ【焼け出される】自下一 レ・レ・レル・レレ・レロ・レヨ 火事で住宅を焼かれ、居どころがなくなる。**焼け出され** 名

やけ-つ・く ツ【焼け付く】自五 カ・コ・キ・イ・ク・ク・ケ・ケ ❶焼けてくっつく。❷ひどく照りつける。「―夏の太陽」

やけっ-ぱち ⓪パ【▲自▲棄っぱち】名 形動〔俗語〕「やけ」を強めた言い方。すてばち。やけくそ。

やけ-ど ⓪【▲火▲傷】名 自サ 火・熱湯などにふれて皮膚がただれること。

やけ-どまり ⓪【焼け止まり】名 火災の延焼がとまること。また、とまった場所。

やけ-に ヤ 副〔俗語〕むやみに。ひどく。「―むし暑い」

やけ-の ⓪【焼け野】名 野焼きをした野原。春 **―が原** はら ガ 名 ❶焼け野。❷焼け野原❷。**―の×雉子** きぎす **夜** よる **の鶴** つる（野を焼かれたきじが自分の身を忘れて子を救い、また、つるが寒い夜にはつばさで子をかばうことから）親が子を思う情の深いたとえ。**―の原** はら ノ2 名 焼け野が原。

やけ-のこ・る コ【焼け残る】自五 ラ・ロ・リ・ッ・ル・ル・レ・レ 火事でほかが焼けたのに、それ・そこだけが無事に残る。**焼け残り** 名

やけ-のはら ノ【焼け野原】名 ❶野焼きをした野原。春 ❷大火や戦火で焼けて野原のように何もなくなった所。

やけのやんぱち ヤー【▲自▲棄のやん八】名〔俗語〕「やけ」を人の名まえのようにいったことば。

やけ-ばら ⓪【やけ腹】【▲自▲棄腹】名 やけになって、腹をたてること。

やけ-ぶとり ⓪ブ【焼け太り】名 自サ 火事にあったことがかえってさいわいとなり、以前よりも生活がゆたかになったり、商売がはんじょうしたりすること。

やけ-ぼっくい ボ【焼けぼっくい】【焼け▲木×杭(▲棒×杭)】名 焼けたくい。もえさしの切りかぶ。**―に火** ひ **がつく** 以前関係があって縁が切れたものが、またもとの関係にもどる。恋愛関係にいう。

やけ-やま ⓪【焼け山】名 ❶山火事で草木の焼けた山。春に、前の年の枯れ木・枯れ草を焼いた山。春 ❷休火山。

や・ける ⓪【焼ける】自下一 ケ・ケ・ケル・ケレ・ケロ・ケヨ ❶燃える。「家が―」❷熱であつくなる。「砂浜が―」❸熱がとおる。「いもが―」❹夕日や朝日で空が赤くなる。「西の空が―」❺日光や紫外線にあたって黒くなる。夏「はだが―」❻日光や熱で色があせる。❼陶磁器・かわら・炭などができあがる。❽食物が消化されないで、胸があつく感ずる。「胸が―」❾（「世話がやける」の形で）あれこれと手がかかる。❿【▲妬ける】ねたましく感じられる。**や・く** 文語下二

や-けん ⓪【野犬】名 飼いぬしのいないいぬ。のらいぬ。

や-げん ⓪【▲薬▲研】名 薬種 やくしゅ をこなにするのに使う、金属性の器具。船形で中がくぼんでいる。

や-ご ヤ 名 とんぼの幼虫。

や-こう ⓪【夜光】名 夜、または暗い所でひかること。また、そのひかり。**―虫** ちゅう ⓪ 名 ヤコウチュウ科の原生動物。淡紅色、球状で、体長約一ミリメートル。鞭毛 べんもう と触手とがある。海面に浮かび、夜、青白い光を出す。夏 **―塗料** とりょう ト 名 くらい所でひかる塗料。

や-こう ⓪【夜行】名 ❶よる出歩くこと。「―性の動物」「百鬼―」❷夜行列車。**―列車** れっしゃ レ 名 夜間に運行する列車。夜汽車 よぎしゃ。

や-ごう ヤ【屋号】名 ❶村落で、同姓の家が多数ある場合に区別のために付けた名称。職業・地形・出身地などに由来するものが多い。❷主に商業活動をする上で、同業の他の店との区別のために付ける名称。現在では、個人事業主が付けることが多い。「松屋」「美津濃」など。❸㋐歌舞伎役者が名乗りとして使う名称。「成田屋」「音羽屋」など。㋑【家号】落語家や音曲師が姓に当たるものとして芸名に付ける名称。亭号。「柳家」「林家」など。

や-ごう ⓪【野合】名 自サ ❶正式の結婚によらずに夫婦関係をむすぶこと。❷政党などの組織が無節操に手をむすぶこと。

やこ-ぜん ヨ【野×狐禅】名 禅を学ぶ人が、さとってもい

やげん

やこうちゅう

ないのに、さとったつもりでうぬぼれること。生禅なまぜん。

や-ごろ ◎【矢頃】名 矢を射るのにつごうのよい距離。

や-さい ◎【野菜】名 畑で、食用に栽培する植物。蔬菜そさい。あおもの。参考 食用とする部分や位置により、根菜(だいこんなど)・葉菜(レタスなど)・果菜(トマトなど)の分類がある。

やさ-おとこ オ【優男】をとこ 名 すがた・形のやさしい男。

やさ-がし サ 名 自サ 一【家捜し】いえの中を残らずさがすこと。二【家探し】住む家をさがし求めること。

やさ-がた ◎【優形】名 すがた・形がほっそりして上品なこと。

や-さき ◎キ【矢先】名 ❶矢の先端。やじり。❷矢の飛んでくる方向。矢おもて。「—に立つ」❸物事がはじまろうとする、そのとき。「警告しようとした—に起こった事故」

やさ-ぐれ ◎ 名〔俗語〕(やくざの隠語)家出すること。また、家出人。参考 近年、「やさぐれる」と動詞化させ、「すねる」「自暴自棄になる」などの意で用いることがある。

や-さけび サ【矢叫び】名〔文章語〕❶矢を射あてたとき叫ぶ声。❷戦闘のはじめにあげる、ときの声。やたけび。

やさし・い ◎シ【易しい】形 カロ・カッ・ク/イ・イ・ケレ・○ たやすい。わかりやすい。平易である。「—問題」↔むずかしい。**易しげ** 形動 **易しさ** 名 **やさ・し** 文語シク

やさし・い【優しい】一 ◎シ 形 カロ・カッ・ク/イ・イ・ケレ・○ ❶おもいやりがある。こまやかな心づかいがある。「—人がら」❷上品で、しとやかに感じられる。「—顔だち」「—声」**優しげ** 形動 **優しさ** 名 **やさ・し** 文語シク 二 形シク〔古語〕❶身もやせるように感じられる。つらい。「世の中を憂しとやさしと思へども」〈万葉〉❷はずかしい。気がひける。「人聞き、やさしかるべし」〈源氏〉❸感心である。「あなやさし、いかなる人にてましませば」〈平家〉

や-し ヤ【野史】名〔文章語〕民間人が書いた歴史。野乗やじょう。↔正史。

や-し ヤ【×椰子】名 ヤシ科の常緑高木。熱帯産。高い幹の上に葉がはえる。材は器具用・建築用。実みの胚乳はいにゅうでつくるコプラはマーガリン・せっけんの原料。ココやし。**—油ゆ** シ 名 ココやしの実からとった白い脂肪。食用、また、せっけん・ろうそくの原料。

や-し ヤ【▲香▲具師】名 縁日・祭礼などで、見せ物や露店を開く人。てきや。

や-し 助〔古語〕(間投助詞)語調をととのえ、感動をあらわす。…よ。「よしゑやし(エイ、ママヨ)浦はなくとも」〈万葉〉

やじ ヤ【野次・弥次】名 ❶(「野次・弥次」は当て字)「やじうま」の略。❷やじること。また、そのことば。**—を飛とばす** さかんにやじる。

やじ-うま ◎【野(弥)次馬】名 ❶他人のことをおもしろ半分にさわぎたてる人。❷事件の現場に集まる群衆。参考「おやじうま(役に立たない老馬)」からできた語という。

やしお-じ ◎【八潮路】やしほぢ 名〔古語〕長い海路。

や-しき キ【屋敷】【▲邸】名 ❶家屋の敷地。「家—」❷大きくりっぱな住宅。おやしき。**—町まち** キ 名 りっぱな住宅のつづいている町すじ。

やじ-きた ◎【弥次喜多】名〔俗語〕❶気楽な旅行をするふたりづれ。❷好一対をなすこっけい者。参考「東海道中膝栗毛ひざくりげ」の主人公、弥次郎兵衛やじろべえ・喜多八きたはちから。

やしない ◎【養い】やしなひ 名 ❶やしなうこと。養育。❷動物の栄養。植物の肥料。栄養分。

やしない-おや ◎【養い親】やしなひ— 名 子をもらって育てる親。育ての親。養親。養父母。

やしな・う ナ【養う】やしなふ 他五 ワ・オ・イ・ッ/ウ・ウ・エ・エ ❶そだてる。養育する。「子を—」❷生活させる。扶養ふようする。「親を—」❸培養する。「細菌を—」❹つくりあげる。「よい習慣を—」❺守っておとろえさせない。「英気を—」❻療養する。「病を—」**養える** 自下一 […できる]

や-しゃ ヤ【夜×叉】名〔仏〕姿・形のおそろしいインドの鬼神。のちには仏法を守護するものとされるようになった。

やしゃ-ご ◎【▲玄▲孫】名 ひまごの子。孫の孫。玄孫げんそん。

や-しゅ ヤ【野手】名 野球で、内野・外野を守備する人。**—選択せんたく** ヤ 名 野球で、打球をとった野手がどこへ投げるかにまよい、ランナーを全部生かしてしまうこと。野選。フィルダーズチョイス。

や-しゅ ヤ【野趣】名 自然のままのおもむき。「—に富む」

や-しゅう ◎【夜襲】名 他サ よる、敵をおそい討つこと。夜討ち。

やしゅう《野州》↓しもつけ(下野)。

や-じゅう ◎【野獣】名 山野にすむけもの。**—派は** ◎ 名 フォービズム。

や-じょう ◎【野乗】名〔文章語〕(「乗」は書きのせる意)野史。

や-しょく ヤ【夜色】名〔文章語〕よるのけしき。夜景。

や-しょく ◎【夜食】名 夕食のあと、夜なべなどの合間に軽くとる食事。㊑

や-じり ◎【矢尻】【×鏃】名 矢のさきの、射あてたとき、突きささる部分。矢の根。

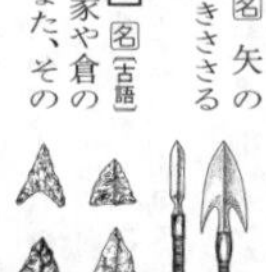

矢尻

やじり-きり【家▲後切り】名〔古語〕❶ぬすみをする目的で、家や倉の後ろがわをこわすこと。また、その賊。❷わるもの。悪党。

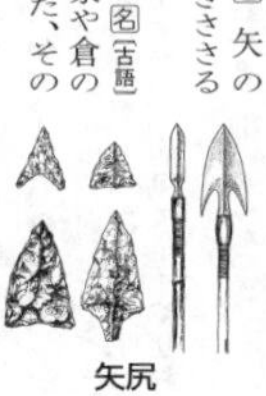

やじ・る ジ【野次る・弥次る】他五 ラ・ロ・リ・ッ/ル・ル・レ・レ 人の言動に非難やひやかしのことばを浴びせかける。**やじれる** 自下一 […できる]

や-じるし ジ【矢印】名 方向をしめす矢の形のしるし。「→」のしるし。

やしろ ヤ【社】名 神をまつった建物。神社。

やじろべえ ◎【弥次▲郎▲兵▲衛】名 腕を両側に半円の形に張った人形のおもちゃ。足を支えるだけで、つり合いが取れて倒れないようにできている。

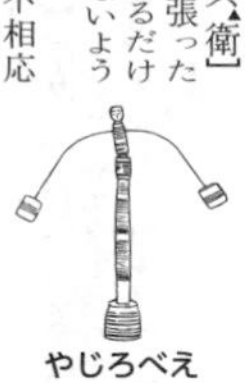

やじろべえ

や-しん ヤ【野心】名 身分不相応ののぞみ。大きなことをしようとするのぞみ。野望。「—満々たる人」**—家か** ◎ 名 野心をいだいている人。**—作さく** シ 名 すぐれたできばえを示そうという意欲でつくった作品。**—的てき** ◎ 形動 野心をもっているようす。

や-じん ◎【野人】名 ❶〔文章語〕いなかもの。「田夫でんぷ—」❷民間人。在野の人。❸礼儀を知らない人。

やす【安】一 造 ❶「やすい・そまつな」の意味をあらわす。「安ぶしん」❷慎重を欠く意味をあらわす。「安うけあい」二 接尾 値段の安い意味をあらわす。「十円—」↔高だか。

やす ◎【×簎】名 水中の魚をつきさす道具。長い柄えの先に、数本に分かれたするどい金具をつけたもの。

やす 助動 ヤセ(ヤショ)・ヤシ・ヤス・ヤス・○・ヤセ(ヤシ) ❶〔俗語〕ます。「あり—」❷〔俗語〕(「でやす」の形で)です。「これで—」❸〔方言〕(関西地方で)なさい。「おかけ—」

やす-あがり ア【安上がり】名 形動 安い値段で済むこと。

やす-い【安▲寝】名〔古語〕やすらかな眠り。安眠。「まなかひにもとなかかりてやすいしなさぬ」〈万葉〉

やす・い【安い】一 ス 形 カロ・カッ・ク/イ・イ・ケレ・○ ❶【▲廉い】値段が低

い。「―菓子」↕高い。❷不安や悩みがなく、心がおだやかである。安らか。**やすさ** 名 **やす・し** 文語ク ㊁ 形ク 〔古語〕❶安心である。心おだやかである。無事である。「もの思はずやすく寝(ぬ)る夜は」〈万葉〉❷かるがるしい。やすっぽい。「身をやすくもふるまはれず」〈源氏〉

やす・い【▲易い】㊀ ス 形 カロ―カッ・ク―イ―イ―ケレ―〇 たやすい。かんたんだ。やさしい。「言うは―」↕かたい。**やすげ** 形動 **やすさ** 名 **やす・し** 文語ク ㊁【やすい】【▲易い】接尾 〈形容詞をつくる〉❶することがたやすい。「書き―」参考 尊敬語の「お求めになりやすい」などを「お求めやすい」などということが多くなってきている。❷そうなりがちだ。「なまけ―」㊂ 形ク 〔古語〕むぞうさである。「寺院の名…ただありのままにやすくつけけるなり」〈徒然〉

やす-うけあい ウ【安請(け)合(い)】(―うけあひ) 名 他サ かるがるしく、引きうけること。「―して後悔する」

やす-うり ◎【安売(り)】名 ❶安い値段で売ること。❷条件を選ばず、相手の求めに応じること。「親切の―」

やすおか-しょうたろう《安岡章太郎》一九二〇―二〇一三。小説家。戦後文学の「第三の新人」の一人とされる。「悪い仲間」「陰気な愉(たの)しみ」「流離譚(りゅうりたん)」など。

安(やす)かろう悪(わる)かろう 値段も安いが、それ相応に品質もわるい。

やすき ヤ【▲易き】名 〔文章語〕たやすいこと。↕かたき。**―につく** 苦しいこと、困難なことよりも、楽なやさしいことをえらぶ。

や-すけ ◎【弥助】名 〔俗語〕すしの異称。参考 浄瑠璃「義経千本桜(よしつねせんぼんざくら)」に登場する、すし屋の奉公人の名から。

やす-けく ケ【安けく】副 〔文章語〕安らかに。「―眠れ」

やすっ-ぽ・い ポ【安っぽい】形 カロ―カッ・ク―イ―イ―ケレ―〇 ❶いかにも安く見える。❷品格がない。「―小説」**安っぽさ** 名

やす-で ◎【安手】㊀ 名 形動 安っぽいこと。「―な歌謡曲」㊁ 名 値段が安い種類。値段の安いもの。

やす-ね ス/◎【安値】名 安い値段。↕高値。

やす-ぶしん ブ【安普請】名 安い費用で家を建てること。また、その家。

やすま・る マ【休まる】自五 ラ・ロ―リ・ッ―ル―ル―レ―レ 心身がやすらかになる。「気が―」

やすみ ミ【休み】名 ❶からだや頭の活動をとめて、つかれをとること。「休み―」「ひと―」「骨―」❷仕事や学業をしなくてよいと定められた日・期間。「夏―」「試験―」❸任務として出なければいけないところに行かないこと。「ずる―」参考「やすみ」には、「休…」という、あらたまった感じをともなう、類義の漢語がたくさんある。「休憩」「休息」はほぼ同義だが、「休憩」のほうが一定の時間からだをやすめる意味が強い。「休日」「休暇」「休業」は、会社・学校・商店などの活動が行われない日を指す。「休暇」には個人的な理由で「休日」とする場合も含まれる。「休…」以外の漢語では、「欠席」「欠勤」などが本来はやすむべきではないというニュアンスで使われることがある。

やすみ-しし【安見知し】枕「大君(おおきみ)」「わご大君」にかかる。「やすみししわご大君高照らす日の皇子(みこ)」〈万葉〉

やすみ-やすみ ヤ2【休み休み】副 ❶休みを入れながら、するようす。急がずに、ぼつぼつするようす。「―行く」❷ほどほどに。相手の言動に対し、非難をこめて言うことば。「冗談も―言え」

やす・む ス【休む】自五 マ・モ―ミ・ン―ム―ム―メ―メ ❶からだや頭のはたらきをとめて、楽にする。休息する。「歩き疲れたから―ことにしよう」「救急患者の手当てで―ひまもない」❷継続的にしていることを一時的にやめる。「会社を―」「練習を―」❸「寝る」の改まった言い方。「父はもう休みました」参考「お休みなさい」というあいさつのことばは、❸の意味から。命令形「休め」は直立不動をやめて楽な姿勢になれという号令として用いられることがある。**休める** 自下一 […できる]

やす-め ◎【安め】【安目】名 値段がやや安いと思われる程度。↕高め。

やす・める メ【休める】他下一 メ―メ―メル―メル―メレ―メロ・メヨ ❶心身をやすらかにする。❷動き・はたらきをとめて楽な状態にする。「手を―」「頭を―」❸作物をつくらないで田畑の地味をこえさせる。**やす・む** 文語下二

やす-もの ◎【安物】名 値段の安い品物。**―買(か)いの銭(ぜに)失(うしな)い** 値段の安いものは、質がわるいから、買ってもかえって損をする。

やす-やす ヤ2【やすやす】【▲易▲易】(と)副 非常にたやすいようす。簡単なようす。「―と手に入れる」

やす-やど ◎【安宿】名 安い料金で宿泊させる、下級の宿屋。

やすら・う【安(休)らふ】(やすらふ) 〔古語〕㊀ 自四 ❶ためらう。ぐずぐずする。「やすらはで寝なましものを」〈後拾遺〉❷やすむ。「花の蔭(かげ)にはなほやすらはまほしきにや」〈源氏〉㊁ 他下二 休ませる。「貞任(さだとう)轡(くつばみ)をやすらへ、錣(しころ)を振り向けて」〈著聞集〉

やす-らか【安らか】㊀ ス 形動 ダロ―ダッ・デ・ニ―ダ―ナ―ナラ―〇 ❶おだやかで、ぶじなようす。「―に暮らす」❷心配がないようす。「―にねむれ」**安らかさ** 名 ㊁ なり形動 〔古語〕❶簡単なようす。たやすい。「(水車ヲ)やすらかに結ひて」〈徒然〉❷簡素で無難である。わざとらしくない。「昔おぼえてやすらかなるこそ心にくしと見ゆれ」〈徒然〉

やすら・ぐ ラ【安らぐ】自五 ガ・ゴ―ギ・イ―グ―グ―ゲ―ゲ 安らかな気持ちになる。おだやかな気持ちになる。**安らぎ** 名

やすり ◎【×鑢】名 のこぎりの目をたてたり、金属などをすりといだりする、鋼鉄製の工具。板状あるいは棒状の表面にこまかいきざみ目をつけて焼き入れをしたもの。

やすり-がみ リ【やすり紙】【×鑢紙】名 紙の面に、金剛砂(こんごうしゃ)・ガラス・珪石(けいせき)の粉などを塗ったもの。紙やすり。サンドペーパー。

やすり-ばん ◎【やすり板】【×鑢板】名 謄写(とうしゃ)版の原紙に字を書くとき下に敷く、鋼鉄の板に細かいきざみ目を入れたもの。

やすん・ずる ズ【安んずる】自他サ ジ・ゼ―ジ―ズル―ズル―ズレ―ジロ・ゼヨ 〔文章語〕〈「安んじる(上一段活用)」とも〉❶〈「やすみする」の変化〉㋐安心する。安らかになる。「安んじて会計を任せる」㋑満足する。「現在の地位に―」❷安心させる。「意を―」**やすん・ず** 文語サ変

やせ ◎【痩せ】名 やせること。やせている人。「夏―」

や-せい ◎【野性】名 自然・本能のままの、あらあらしい性質。**―的(てき)** ◎ 形動 洗練されてはいないが、素朴で行動力を感じさせるようす。

や-せい【野生】㊀ ◎ 名 自サ 動植物が山野で自然のままに生長すること。「―の馬」㊁ ヤ 代 〔文章語〕男性が自分を改まって言う語。小生(しょうせい)。

やせ-うで ◎【痩(せ)腕】名 ❶やせた腕。❷実力のとぼしい腕まえ。

やせ-おとろ・える エ/ロ【痩(せ)衰える】自下一 エ―エ―エル―エル―エレ―エロ・エヨ やせて、からだがよわる。「病気で―」**やせおとろ・ふ**(―おとろへる) 文語ハ下二

やせ-がた ◎【痩(せ)型】名 やせて細いからだつき。

やせ-がまん ガ【痩(せ)我慢】名 自サ むりにがまんして平気をよそおうこと。「―を張る」

や

やせ-ぎす [0]【痩せぎす】名 形動(の) やせて骨ばっていること。「―の人」

やせ-こ・ける [ケ]【痩せこける】自下一 やせて肉がおちる。ひどくやせる。

やせ-さらば・える [エ]【痩せさらばえる】自下一 やせて骨と皮ばかりになる。やせこける。

やせ-さらぼ・う【痩せさらぼふ】自四 古語 やせさらばえる。「物も食はず過ごしたれば、影のやうにやせさらぼひつつ」〈宇治拾遺〉

やせ-じょたい [ジョ]【痩(せ)所帯】名 貧しいくらし。貧しい世帯。

やせ-ち [0]【痩(せ)地】名 地味がやせていて、作物が育ちにくい土地。

やせっ-ぽち [ポ]【痩せっぽち】名 形動(の) 俗語 やせている人をけいべつしてよぶ語。

痩せても枯れても どんなにおちぶれても。「―男一匹」

やせ-ほそ・る [ソ]【痩(せ)細る】自五 やせて、からだが細くなる。

や・せる [0]【痩せる】自下一 ❶体の肉づきが少なくなる。体重がへる。↕太る。❷土地が、草木を育てる力にとぼしくなる。↕肥える。**や・す** 文語下二

や-せん [0/ヤ]【夜戦】名 よる、戦うこと。夜間の戦闘。

や-せん [0/ヤ]【野戦】名 山野でする戦い。**―病院** [ビョ] 名 戦場の近くに設け、傷病兵を治療する病院。

や-せん [ヤ]【野選】名 「野手選択」の略。

や-ぜん [0]【夜前】名 文章語 前日のよる。昨夜。前夜。

や-そ [ヤ]【野×鼠】名 文章語 のねずみ。

や-そ【八▲十】名 古語 ❶八十。❷数の多いこと。「わたの原八十島かけて(多クノ島島ヲ目指シテ)こぎ出でぬと」〈万葉〉 **―の×巷** 古語 道がたくさん合う所。人のにぎわう所。

ヤソ《耶蘇》イエス-キリスト。

や-そう [0]【野草】名 ❶野山に自生する草。❷野にはえる草。↕さんそう(山草)。

や-そう [ヤ]【野僧】代 文章語 僧が自分をかしこまっていう語。

やぞう [ソ]【弥蔵】名 握りこぶしを和服のふところに入れ、肩のあたりでつきあげるようにしたかっこう。

やそう-きょく [ソ]【夜想曲】名 ノクターン。

ヤソ-かい [ソ]【×耶×蘇会】名 新教に対抗して旧教のローマカトリック教を発展させるため、ロヨラらが一五三四年に始めたキリスト教団体。イエズス会。ジェズイット会。

ヤソ-きょう [0]【×耶×蘇教】名 ❶キリスト教。❷キリスト教旧教。ローマカトリック教。天主教。

やそ-じ【八▲十路】名 古語 ❶八十。やそ。❷八十歳。

やそ-とものお【八▲十▲伴の緒】名 古語 ❶多くの伴部の長。❷朝廷に仕える多くの役人。

や-たい [ヤ]【屋台】名 ❶物を売り歩くのに使う、移動のできる、屋根のある台。「おでんの―」❷祭礼のとき、引き出して練り歩くもの。**―×囃子** [バ] 名 祭礼のとき、「屋台❷」でするはやし。ばかばやし。**―骨** [0] 名 ❶「屋台❶」のほねぐみ。❷身代。財産。「―がゆるむ」**―店** [タ] 名 「屋台❶」で物を売る店。

や-だいじん [ダ]【矢大臣(神)】名 ❶神社の随身門にある二つの神像のうち、向かって左の方の像。❷居酒屋であきだるの上にこしかけて酒を飲むこと。また、その人。

やたけ [ヤ]【弥▲猛】名 文章語 (「弥」はますますの意) いよいよ勇むこと。**―心** [ゴ] 名 いよいよ勇む心。**―に** [ヤ] 副 文章語 いよいよ、はげしく勢いづいて。「―はやる心」

やたけび [タ]【矢たけび】【矢▲叫び】名 文章語 ⬇やさけび。

や-たて [テ]【矢立(て)】名 ❶矢を入れる武具。❷墨つぼに、筆を入れるつつをつけた、携帯用の筆記具。

矢立て❷

や-だね [ダ/ヤ]【矢種】名 身におびている矢の全部。「―が尽きる」

や-だま [0]【矢弾】名 矢と弾丸。

やたら [0]【やたら】【矢×鱈】と副 形動 (「矢鱈」は当て字) 順序やまとまりがないようす。むやみに。「―と忙しい」「―にのどがかわく」「―なことを言うな」

やたら-づけ [0]【やたら漬(け)】名 いろいろの野菜を刻んでとりまぜた、つけもの。

やち [ヤ]【▲谷地】名 沢などの湿地。

や-ちぐさ【八千草】名 古語 多くの種類の草。㊎秋

や-ちまた【八×衢】名 古語 道がたくさんに、分かれている所。

や-ちゅう [ヤ]【夜中】名 よるのうち。夜間。

や-ちょ [ヤ]【野×猪】名 文章語 いのしし。㊎秋

や-ちよ【八千代】名 古語 たいそう多くの年代・年数。

や-ちょう [0]【野鳥】名 野山にすむとり。野禽。↕飼い鳥。

や-ちん [ヤ]【家賃】名 いえの借り賃。借家料。たなちん。

やつ [ツ]【八つ】名 ❶やっつ。❷古語 昔の時刻の、やつどき。今の午前二時ごろと、午後二時ごろ。

やつ [ヤ]【▲奴】㊀名 ❶人をいやしめたり、また目下の者をしたしんでいうことば。「悪い―だ」「かわいい―」❷物をぞんざいに呼ぶことば。「小さい―でまにあう」㊁代 他人をののしったり、または、したしんでぞんざいに呼ぶことば。

やつ-あたり [0/ア]【八つ当(た)り】名 自サ おこって、関係のないものにまで、当たりちらすこと。「―のしたことにちがいない」

やっ-か [ヤ]【薬価】名 (「やくか」の変化) ❶くすりの値段。❷くすりだい。

やっ-か [0]【薬科】名 (「やくか」の変化) 薬学を研究する学科。薬学部。

やっ-か [ヤ]【薬禍】名 (「やくか」の変化) 薬の誤用や副作用などによりこうむる災難。薬害。

や-つか【八▲束】名 古語 (束(にぎりこぶしの人さし指から小指まで)の長さが八つあること) たいそう長いこと。「―のひげ」

やっ-かい [0]【訳解】名 他サ (「やくかい」の変化) 外国語の文章や古文を訳して解釈すること。やくかい。

やっ-かい [ヤ]【厄介】名 形動 (「厄会(やくかい)」また「家居(やかい)」の変化というが未詳) 手数がかかってわずらわしいこと。また、そのようす。めんどう。「―をかける」「―なことが起こる」**―になる** めんどうを見てもらう。せわをかける。**―払い** [バ] 名 厄介なものをはらい落とすこと。**―者** [0] 名 ❶他人に迷惑をかける人。人にいやがられる者。❷食客。いそうろう。

やつ-がしら [ガ]【八つ頭】名 さといもの一品種。親いもにいくつかの子いもがついて、大きなかたまりとなる。㊎秋

やっか・む [カ] 他五 方言 (関東地方で) ねたむ。そねむ。嫉妬する。**やっかみ** 名

やつがれ【▲僕】代 古語 自分のことをへりくだっていう語。やつかれ。

やっ-かん [0]【約款】名 (「やくかん」の変化) 法令・条約・契約などに定められた、一つ一つの条項。

やっ-き [0]【やっき・躍起】と副 に副 ❶熱心なこと。「―になって尽力する」❷いらだって、むきになること。

「━となって反対する」

やつぎ-ばや ◎【矢継(ぎ)早】形動(の) ❶矢をつづけて射るわざのはやいようす。❷時をおかず、つづけざまであるようす。「━の質問」

やっ-きょう ◎【薬×莢】名〔「やくきょう」の変化〕銃砲の弾丸をうちだすのに必要な火薬を入れる筒。

やっ-きょく ◎【薬局】名〔「やくきょく」の変化〕❶病院などでくすりを調合する所。↕医局。❷くすりや。━方(ほう) ク 名 くすりの製法・性質、強度の基準などを規定したもの。「日本━」

やつぎり-ばん ◎【八(つ)切(り)判】名 写真判の大きさの一つ。印画紙で約一六・五×二一・六センチメートル。八つ切り。

やつ-くち ◎【八つ口】名 ➡みやつくち。

や-づくり ヅ【家造(作)り】名 ❶家をつくること。❷家のつくり方・構え。「堂々たる━」

ヤッケ ヤ 名〔ドWindjackeから〕スキー・登山などのとき用いる、フードのついた防寒・防風用の上着。

やっこ ◎【▲奴】名 ❶[古語]㋐江戸時代、武家に使われて、雑役に従った者。㋑江戸時代のおとこだて。旗本奴(はたもとやっこ)と町奴(まちやっこ)。❷あることに心身の自由をうばわれた者。「恋の━」❸やっこどうふ。

や-つ-こ【家つ子・▲奴・▲臣】名[古語]〔「家の子」の意〕神・朝廷・主君などにつかえるもの。

やっ-こう ◎【薬効】名[文章語]〔「やくこう」の変化〕くすりのききめ。

やっこ-さん ◎【▲奴さん】代 同輩以下の男性をかろんじたり、また親しみの気持ちをこめてよぶことば。「━どうしたんだろう」参考 主として男性の使うことば。

やっこ-だこ ダ【▲奴×凧】名 やっこすがたのたこ。春

やっこ-どうふ ド【やっこ豆腐】【▲奴豆腐】名 小さな四角に切ったなまの豆腐を水にひたし、しょうゆ・薬味をつけて食べる料理。やっこ。ひややっこ。

やつ-ざき ◎【八つ裂き】名 ずたずたに裂くこと。

やっさ-もっさ ヤ=モ/モ 副 自サ ❶おおぜいの人で混雑するようす。❷交渉などがもつれるようす。

やつ・す【×窶す・×俏す】━ ツ 他五 ❶わざとみすぼらしく、また目立たないように姿をかえる。❷やせ細るほど思いなやむ。「恋にうき身を━」━ 他四[古語] 出家して姿をかえる。「御かたちやつしたまひて」〈源氏〉

やっ-た タ【やった】感 願いがかなった喜びから発することば。「━、成功だ」

やっちゃ-ば ◎【やっちゃ場】名[俗語] 青物市場。

やっ-つ ツ【八つ】名 ❶はち。❷八歳。=やつ。

やっつけ-しごと シ【やっつけ仕事】名 まにあわせのいいかげんな仕事。

やっつ・ける ケ 他下一 ❶思いきってする。「むずかしい仕事を一気に━」❷相手をひどい目にあわせる。「こてんぱんに━」❸まにあわせの仕事をする。

やつ-で ◎【八手】名 ウコギ科の常緑低木。冬、白い花をひらく。冬 葉は大きく厚く、てのひら形に分裂。

やって-いく【やって行く】連語 ❶人とのつき合いや仕事などを続ける。「友だちとうまく━」❷くらす。生活する。「毎日どうにか━」

やって-いられない 連語 つらくてたえられない。「酒を飲まなければ━」

やって-くる【やって来る】連語 ❶来る。「みんなが━」❷くらしてくる。「今日までどうやらやって来た」

やって-のける【▲遣って▲退ける】連語 なしとげる。「みごとに━」

やっ-と ◎ 副 ❶長い時間や労力をかけたすえに実現するようす。ようやく。「━着いた」❷なんとか足りてはいるが、余裕がないようす。かろうじて。「━食べられるだけの収入」

やつ-どき【八つ時】名[古語] ➡やつ(八つ)。

やっ-とこ ◎ 名 熱鉄・針金・くぎなどをはさんでもつ工具。

やっとこ-さ ━ ヤ 感 力をこめるときのかけ声。どっこいしょ。やっとこせ。━ ◎/サ 副 苦労のすえになしとげるようす。やっとのことで。やっとこ。「━脱稿した」

やつ-はし ツ【八(つ)橋】名 日本庭園の池などにかける、板を少しずつずらして並べた橋。

八つ橋

やつ-ばら ツ【▲奴原】名 代〔「やつ」の複数〕やつら。

やっ-ぱり パ【やっぱり】【矢っ張】副 ➡やはり。参考「やっぱし」「やっぱ」などは、くずれた言い方。

ヤッピー ヤ〈yuppie〉名〔young urban professionals の略〕アメリカで大都市に住み、知的専門職についている裕福な若者。

や-つぼ ヤ【矢つぼ】【矢×壺】名 矢でねらいさだめるところ。矢どころ。

ヤッホー ヤ〈yo-ho〉感 山で、登山者たちがたがいに呼びあう声。

やつめ-うなぎ ウ【八目×鰻】名 ヤツメウナギ科の魚で、脊椎(せきつい)骨がなく脊索(せきさく)がある。形・大きさはうなぎに似る。目のうしろに七対のえら穴があり、目が八つ並んでいるように見える。薬用。冬

やつ-ら ヤ【やつら】【▲奴▲等】名 代〔「やつ」の複数〕多くの人をいやしめていうことば。

やつ・れる レ【×窶れる】自下一 ❶やせほそる。やせおとろえる。「病気で━」❷ようすがみすぼらしくなる。やつれ 名 やつ・る 文語下二

やど ヤ【宿】名 ❶一夜をすごすところ。「━をかりる」❷宿屋。旅館。❸いえ。すみか。❹妻が夫をさしていう語。古めかしい言い方。❺奉公人の親もと、または保証人の家。「━にさがる」

やとい ト【雇(い)】名 ❶やとうこと。やとわれた人。❷【雇】官公庁で、正式に任官していない職員。雇員(こいん)。

やとい-いれる レ【雇い入れる】他下一 新たに人をやとって、働かせる。「若い店員を━」

やとい-どめ ◎【雇い止め】名 有期契約で雇用された労働者が、契約期間満了に際して、雇い主から一方的に契約の更新を拒否されること。

やとい-にん ◎【雇(い)人】名 やとわれている人。使用人。↕雇い主。

やとい-ぬし ト/イ【雇(い)主】名 他人をやとって仕事をさせる人。使用者。↕雇い人。

や-とう ◎【夜盗】名 ❶[文章語]よる、盗みをはたらくこと。また、その人。❷よとうむし。夏

や-とう ヤ【野党】名 政権をにぎっていない政党。↕与党。

やと・う ト【雇う】【×傭う】他五 ❶給料をはらって人を使う。❷料金をはらい、車や舟などを借りて使う。雇える 自下一 …できる

やど-がえ ◎【宿替(え)】名 すまいをかえること。転宅。

やど-かり ◎【宿借】名 ヤドカリ科の甲殻(こうかく)類。えびとかにとの中間の形をし、巻き貝のからの中にすむ。ごうな。春

やど-さがり サ【宿下がり】名 奉公人が休みをもらって、

自宅または保証人の家に帰ること。新年

やど・す【宿す】他五 ❶内部にふくみもつ。「問題を―」❷はらむ。妊娠する。「子を―」❸とどまらせる。「露を―葉」

やど-せん【宿銭】名 宿をかりた料金。宿泊料。宿賃。

やど-ちょう【宿帳】名 旅館で、宿泊人の氏名・住所・行き先などをしるす帳簿。

やど-ちん【宿賃】名 宿泊料。宿銭。

やど-な【雇▲女】名〔「やといおんな」の変化〕京阪地方で、料理屋などで臨時にやとわれて接客をする仲居(なかい)。

やど-なし【宿無し】名 一定した住所がないこと。また、その人。

やど-ぬし【宿主】名 ❶宿の主人。❷しゅくしゅ。

やど-ひき【宿引(き)】名 客を自分の宿屋へとまらせようとさそうこと。また、それをする人。客引き。

やど-もと【宿元】【宿▲許】名 ❶とまっている所。宿泊先。参考 旅先などでいう。❷住所。居住先。❸奉公人などの身元引受先とする所。

やど-や【宿屋】名 旅客をとめることを職業とする家。旅館。はたご。

やどり【宿り】名〔文章語〕❶住居。家。❷やどること。宿泊。

やどり-ぎ【宿り木】名 ❶他の木に寄生する木。❷ヤドリギ科の常緑小低木。えのき・くり・さくらなどの枝に寄生する。葉は厚く、雌雄異株。ほや。とびづた。

やど・る【宿る】自五 ❶すみかとする。❷旅で宿をとる。❸一時とどまる。「葉に―露」❹寄生する。❺妊娠する。「子が―」**宿れる** 自下一〔…できる〕

やど-ろく【宿六】名〔俗語〕妻が夫を親しみ、または、さげすんでいうことば。「うちの―」

やど-わり【宿割(り)】名 団体で宿泊する人を数か所の宿屋に割り当てること。

やな【×梁・×簗】名 流れをせきとめて、簀(す)をもうけ、魚をとらえる仕掛け。夏

やな

や-な 助〔古語〕〔終助詞。間投助詞「や」と終助詞「な」〕感動をあらわす。…だなあ。「うたてしやな」〈宇治拾遺〉

やながわ-なべ【▲柳川鍋】名 骨をとったどじょうと、ささがきごぼうを浅いなべで煮て、たまごとじにしたもの。やながわ。夏

やなぎ【柳】名 ❶ヤナギ科の落葉高木。しだれやなぎ。春 ❷〔古語〕やなぎいろ。白みのある青色。**―に風と受け流す** 風にしたがうやなぎのように、すこしもさからわないであしらうこと。**―に雪折れなし** やわらかなものは、かたいものより、かえって事にたえるものだ。**―の下にいつも泥×鰌はいない** 柳の下でどじょうを捕ったことがあったとしても、いつもそういうことがあるわけではない。同じようなうまいことは、たびたびはないものだ。

やなぎ-ごうり【柳行×李】名 行李(こり)やなぎの枝の皮をむいて乾燥させ、麻糸を用いて編んで作ったこうり。

やなぎ-ごし【柳腰】名 女性のほそくしなやかな腰つき。

やなぎた-くにお《柳田国男》一八七五―一九六二。民俗学者。日本の民俗学研究を開発し、大成した。「遠野(とおの)物語」「蝸牛(かぎゅう)考」「海上の道」など。

やなぎ-だる【柳×樽】名 ❶胴・柄(え)ともに長い、朱ぬりの酒だる。祝い事に使う。つのだる。❷清酒。

やなぎだる《柳多留・柳樽》江戸時代後期の、川柳(せんりゅう)選句集。呉陵軒可有(ごりょうけんあるべし)ほかの選。川柳の代表的句集。誹風(はいふう)柳多留。

やなぎ-ば【柳刃】名 刃先のとがった細身の包丁。

やなぎ-むねよし《柳宗悦》一八八九―一九六一。民芸研究家・宗教哲学者。民芸運動の中心となった。「民芸四十年」など。

やなぐい【×胡×籙】名 矢を入れて、背におう武具。

やなさって【▲弥▲明▲後▲日】名 ⬇やのあさって。

やなみ【家並(み)】名 ❶いえのならび方。立ちならんだいえ。「町の―」❷いえごと。

やなり【家鳴り】名 家屋が鳴りひびくこと。また、そのひびき。

やに【▲脂】名 ❶木から出る粘液。❷たばこの成分でできる粘液。❸目やに。

やに 連語〔文章語〕というように。「予定通り開催する―聞いている」

やに-さが・る【▲脂下がる】自五 得意になり、にやにやする。

やに-っこ・い【▲脂っこい】形 ❶やにの成分が多い。❷しつこい。ねばっこい。‖やにこい。**やにっこさ** 名

やにょう-しょう【夜尿症】名 排尿のしつけができる四歳以上で、睡眠中に尿をもらしてしまう状態。

やにわ-に【やにわに】【矢庭に】副〔矢を射たその場所(庭)の意から〕だしぬけに。いきなり。「―逃げ出す」参考「ゆっくりと」の意味で使うのはあやまり。

や-ぬし【家主】名 ❶一家の主人。あるじ。❷貸し家の持ち主。また、貸し家の管理をする人。おおや。↕店子(たなこ)。‖いえぬし。

や-ね【屋根】名 ❶雨・雪・日光・寒暑などをふせぐ、建物の覆い。❷物の上部を覆うもの。

片流れ
切妻
方形
寄せ棟
陸屋根
入りもや

屋根❶

やね-うら【屋根裏】名 ❶屋根の裏がわ。❷屋根のすぐ下のへや。

やね-ぶね【屋根船】名 ⬇やかたぶね。

やの-あさって【▲弥▲明▲後▲日】名 しあさっての次の日。やなさって。「あさって・しあさって・―」参考 地方により、順序が逆になって、「あさって・やのあさって・しあさって」となるところもある。

やのじ-むすび【やの字結び】名 女性の帯を、「や」の字の形にむすぶ結び方。

や-の-ね【矢の根】名 矢の先のとがったところ。やじり。

や-は 助〔古語〕〔係助詞。係助詞「や」と係助詞「は」。文末の述語を連体形でとめる〕❶疑問をあらわす。…か。「世の中は昔よりやは憂(う)かりけむ」〈古今〉❷反語をあらわす。…だろうか、そうではない。「我は、さやは思ふ」〈徒然〉⇩やも 参考。

や-ば【矢場】名 ❶矢を射る場所。弓場。❷楊弓(ようきゅう)場。

や-ば【野馬】名〔文章語〕❶放牧してあるうま。のうま。❷かげろう。

やば・い 形〔俗語〕よくないことが見つかったり、つ

かまったりする恐れがある。あぶない。

ヤハウェ《Yahweh》⬇ヤーウェ。

や-はぎ[0]【矢×矧・矢▲作】[名] 羽を竹につけ、矢をつくること。また、それをつくる職人。

や-はず[0]【矢×筈】[名] ❶矢の上端の、弓のつるを受けるところ。❷棒の先にまたのある、掛軸を掛けるときに使う道具。

やはず❶

やばたい-こく《耶馬台国・邪馬台国》⬇やまたいこく。

や-ばね[0]/[ヤ]【矢羽】[名] 矢の上端につける羽。

やはら[▲徐]【副】[古語] ⬇やわら。

やはり[八]【やはり】【矢張】[副] ❶以前の状態や他の場合と同じであるようす。㋐相変わらず。「今も―京都に住んでいる」㋑同様に。「むすこも―医師だ」「彼に聞いても、―知らないと言う」❷一般の考え方や予想などと同じであるようす。㋐はたして。「―あの男が犯人だった」㋑常識どおりになるようす。なんと言っても。「往年の名選手も―年には勝てない」❸いろいろいきさつがあって、結局始めの結論におちつくようす。「―出席することにする」[参考]「やっぱり」「やっぱし」「やっぱ」は、くずれた言い方。

や-はん[0]【夜半】[名] よるのなかごろ。よなか。[参考] 放送では、午前零時をはさむ一時間くらいをさす。

や-ばん[0]【野蛮】[名][形動] ❶文化がひらけていないこと。↕文明。❷教養がなく、不作法なこと。あらっぽいこと。

―人[ジ][名] ❶未開人。❷礼儀作法を知らない人。

や-ひ[ヤ]【野卑】【野×鄙】[名][形動] 下品で、いやしいこと。

やぶ[0]【×藪】[名] ❶雑草・雑木・竹などのしげっている所。❷竹やぶ。❸やぶいしゃ。**―から棒** だしぬけなようす。**―の中** 真相がさっぱりわからないこと。**―をつついて蛇を出す** 必要でもないことをして、めんどうなことをひきおこすたとえ。やぶへび。

やぶ-いしゃ[0]【やぶ医者】【×藪医者】[名] 医術のまずい医者。やぶい。やぶ。

やぶい-ちくあん[ク]【×藪井竹×庵】[名] やぶ医者を人名になぞらえて、けいべつしたことば。

やぶ-いり[0]【やぶ入り】【×藪入】[名] 奉公人が正月と盆に休みをもらい、実家などへ帰ること。また、その日。（新年）

やぶ-か[0]【やぶ蚊】【×藪蚊】[名] 蚊の一種。やぶや木立の中にすむ、黒色で、白いしまのあるもの。しまか。（夏）

やぶ・く[ブ]【▲破く】[他五][俗語]（「やぶる」と「裂く」の混交）やぶる。**やぶける**[自下一]［…できる］

やぶ・ける[ケ]【▲破ける】[自下一][俗語]（「やぶれる」と「裂ける」の混交）やぶれる。裂ける。

やぶ-こうじ[コ]【×藪×柑子】[名] ヤブコウジ科の常緑小低木。山地の日陰にはえる。夏、白い花を開き、赤い球形の実をむすぶ。観賞用。やまたちばな。（冬）

やぶさか[0]【×吝か】[形動][文章語]（「…にやぶさかでない」の形で）…に努力をおしまない。進んで…する。「協力するに―でない」

やぶさ-め[0]【▲流×鏑▲馬】[名] 馬に乗って走りながら矢でまとを射る競技。騎射。

や-ぶすま[ブ]【矢ぶすま】【矢×衾】[名] 少しのすきまもなく、矢が飛んでくるようす。

やぶ-だたみ[ダ]【やぶ畳】【×藪畳】[名] ❶しげった竹やぶ。❷劇場の大道具の一つ。木のわくに、竹やささをつけて竹やぶをあらわすもの。

やぶ-にらみ[0]【×藪×睨み】[名] ❶斜視。❷見当ちがいの見方。「―の意見」

やぶ-はら[0]【やぶ原】【×藪原】[名] やぶになっている原。

やぶ-へび[0]【やぶ蛇】【×藪蛇】[名]（「やぶをつついてへびを出す」の略）必要もないことをして、めんどうなことをひきおこすこと。「かえって―になる」

や-ぶみ[0]/[ヤ]【矢文】[名] 矢にむすびつけて射て、先方に送る手紙。

やぶ・る[ブ]【破る】[他五] ❶薄い物や平たい物に力を加えて、二つ以上に分けたり穴をあけたりする。「失敗した原稿を―」「子どもが障子を―」❷さまたげになるものを打ちこわす。「敵の囲みを―」❸それまで続いた状態を終了させる。「世界記録を―」「伝統を―」「静寂を―音」❹守るべきものをおかす。「規則を―」「約束を―」❺相手を負かす。「宿敵を―」 **破れる**[自下一]［…できる］

やぶれ-かぶれ[カ]【破れかぶれ】[形動(の)] どうにでもなれという気持ち。やけ。すてばち。「こうなったら、もう―だ」

やぶ・れる[レ]【破れる】[自下一] ❶薄い物や平たい物に力が加わり、裂けたり形がこわれたりする。「紙が―」「服が―」「ガラスが―」❷なにかを防いでいたものがこわれる。「堤防が―」「つりあいが―」❸安定していた状態がうしなわれる。「協定が―」❹破ることができる。**破れ**[名] **やぶ・る**[文語下二]

やぶ・れる[レ]【敗れる】[自下一] 勝負に負ける。「強敵に―」**やぶ・る**[文語下二]

や-ぶん[ヤ]【夜分】[名] よる。よなか。夜間。

や-へん[0]【矢偏】[名] 漢字の部首の一つ。「知」「短」などの「矢」。

やぼ[ヤ]【野暮】[名][形動]（「野暮」は当て字）↕粋。❶世間の事情に通じず、ものわかりが悪いこと。特に、男女の間の感情の機微にうといこと。また、その人。「そういうことは聞くだけ―だ」❷服装の趣味が悪く、あかぬけしないこと。「―な柄のネクタイ」

や-ほう[ヤ]【野砲】[名] 野戦で使う大砲。

や-ぼう[0]【野望】[名] 身のほどをこえた大きな望み。野心。「―をいだく」

やぼった・い[タ]【野暮ったい】[形] やぼな感じがする。「―服」**やぼったさ**[名]

やぼ-てん[0]【野暮天】[名][俗語] やぼな人をけいべつしていうことば。

やぼ-よう[0]【やぼ用】【野暮用】[名] 趣味や遊びでない、実務だけの用事。つまらない用事。「―で出かける」

やま【山】㊀[マ][名] ❶まわりにくらべて高くもりあがった土地。日本では古来、神聖な地域として、信仰の対象や修業の場とされた。❷特に比叡山、または延暦寺のこと。[参考] 三井寺を「寺」というのに対していう。❸鉱山。❹高くつみ上げたもの。「本の―」「―と積まれた稲わら」❺量や人数が多いことのたとえ。「宿題の―」「見物人の―」❻物事の絶頂。生死・勝負のわかれめ。やまば。とうげ。「―を越す」「試合の―」❼幸運をあてにした見込み。予想。「―がはずれる」㊁[接尾] もりあげたものをかぞえる語。「一―三百円」**―が見える** 物事の見通しがつく。**―高きが故に貴からず** 物事は、みかけよりも実質がたいせつだ。[参考]「実語教」の「山高きがゆえに貴からず、木あるをもって貴しとなす」から。**―眠る** 草木が枯れて寂しく見える冬山の姿をたとえたことば。（冬）**―の幸** 山でとった、とり・けものなどのえもの。やまさち。↕海のさち。**―の端** 山の稜線が空に接するさかい。山のはし。**―の日** 国民の祝日の一つ。八月十一日。山に親しむ機会を得て、山の恩恵に感謝する日。―

笑(わら)う 草木が芽吹きはじめ、はなやかに見える春の山の姿をたとえたことば。[春] ―を掛(か)ける 予想したことだけの用意をし、それがあたることをたのみにする。「試験に―」 ―を張(は)る 山を掛ける。

やまあい [0]【山あい】【山〈間〉】(あひ)―[名] 山と山とのあいだ。

やまあらし [ア]【山荒】[名] ヤマアラシ科の哺乳(にゅう)類。土の穴にすみ、胴・尾の毛は固いとげになり、敵をふせぐ。アフリカ・南ヨーロッパ・アジアにすむ。

やまあらし [ア]【山嵐】[名] 山に吹く強い風。山から吹きおろす強い風。

やまあるき [ア]【山歩き】[名] 趣味と運動をかねて、山の中を歩くこと。

やまい [ヤ]【病】(やまひ)[名] ❶病気。❷欠点。短所。悪いくせ。**―が〈革〉(あらた)まる** 病状が急に変わって危篤(きとく)状態になる。**―×膏×肓(こうこう)に入(い)る**〈俗に「…こうもう(膏盲)…」という。「膏」は心臓の下、「肓」は横隔膜の上。薬のとどかない所〉❶病気が重くなって、なおる見込みがなくなる。❷くせ・道楽などが改めにくくなっている。**―は気(き)から** 病気は、気の持ちようで、よくもわるくもなる。**―を養(やしな)う** 病気を気長になおす。

やまいだれ [0]【病垂れ】(やまひ)―[名] 漢字の部首の一つ。「病」「疾」などの「疒」。

やまいぬ [0]【山犬】[名] ❶野生の犬。野犬。❷おおかみの一亜種。日本の固有種であるが、いまは絶えた。にほんおおかみ。

やまいぬ [0]【〈病犬〉】[名] ❶わるいくせのある犬。❷狂犬。

やまいも [0]【山芋】【×薯×蕷】[名] ⬇やまのいも。[秋]

やまうた [マ/0]【山唄】[名] 山の中で仕事をする人がうたう歌。「津軽―」

やまうば [マ]【山うば】【山×姥】[名] 深山に住むという女の怪物。やまんば。

やまおく [オ]【山奥】[名] 山の奥深いところ。「―のダム」

やまおとこ [オ]【山男】(をとこ)―[名] ❶山に住む男。❷よく登山をする男。❸深山に住むという男の怪物。

やまおやじ [オ]【山親〈父〉】(おやぢ)―[名] 北海道で、「ひぐま」の異称。

やまおり [0]【山折り】(をり)―[名] 紙などを折るとき、折り目が外側になるように折ること。↔谷(たに)折り。

やまおろし [オ]【山おろし】【山×颪】[名] ❶山から吹きおろす風。❷歌舞伎(かぶき)で、山中の場面などに、「ドドドド…」などと大だいこを鳴らす鳴り物。

やまが [0]【山家】[名] 山中にある村。また、そこにある家。

やまかい [0]【山かい】【山〈峡〉】(かひ)―[名]〔文章語〕山あい。

やまかがし [カ]【〈赤×楝〈蛇〉】[名] ナミヘビ科のへび。山野や水べにすむ。胴に黒色・紅色のはんてんがある。有毒。[夏]

やまかけ [0]【山掛(け)】[名] まぐろのさしみなどに、とろろをかけた料理。

やまかげ [0]【山陰】[名] 山がそびえて、その陰になった場所。

やまかご [マ/0]【山×駕〈籠〉】[名] 山道を行く客を乗せるためのそまつなかご。

やまかじ [0/カ]【山火事】[名] 山の草木が燃える火事。

やまかぜ [マ]【山風】[名] ❶山の中で吹く風。山から吹いてくる風。❷夜間、山の斜面の空気が冷やされて、山からふきおろす風。↕谷風。

やまがそこう《山鹿素行》一六二二―八五。江戸時代前期の儒学者・軍学者。兵学の一派、山鹿流の祖。著書に「聖教要録」「配所残筆」「中朝事実」など。

やまがたけん《山形県》東北地方南西部にある県。県庁所在地は山形市。

やまがたな [ガ]【山刀】[名] きこり・登山者などが使う、なたのような刃物。

やまがつ [0]【山×賤】[名]〔古語〕きこり・猟師など、山中に生業を求める人。また、その家。

やまがら [0]【山×雀】[名] シジュウカラ科の小鳥。人になれやすく、いろいろの芸をする。[夏]

やまがり [0]【山狩(り)】[名] ❶山で鳥やけものをとること。❷山に逃げこんだ犯罪人を大ぜいでさがすこと。

やまかわ [マ]【山川】(かは)―[名] 山と川。

やまがわ [0]【山川】(がは)―[名]（「やまかわ」と読めば別語）山の中をながれる川。谷川。

やまかん [0]【山勘】[名]〔俗語〕❶勘で万一の成功をねらうこと。❷人をごまかすこと。また、その人。山師。

やまかんむり [カ]【山冠】[名] 漢字の部首の一つ。「岸」「岩」などの「山」。

やまき [0]【山気】[名] ⬇やまけ。

やまぎわ [0]【山際】(ぎは)―[名] ❶山のほとり。❷山の稜線(りょうせん)に接した空。

やまくじら [ク]【山鯨】(くぢら)―[名] いのししの肉。[冬]

やまくずれ [ク]【山崩れ】(くづれ)―[名] 大雨・地震・噴火などで、山腹の岩・土などがくずれ落ちること。

やまぐちけん《山口県》中国地方の西端にある県。県庁所在地は山口市。

やまぐに [マ]【山国】[名] 山の多い国。山間の地方。

やまけ [ケ]【山気】[名] 冒険・かけごとなどをこのむ心。やまき。やまっけ。

やまごえ [0]【山越え】[名] ❶山を越えること。❷昔、関所札(せきしょふだ)を持たない者が、関所の近くの間道を通って山を越えたこと。

やまごし [0]【山越し】[名] ❶山を越すこと。❷山をへだてた所。「―の村」

やまことば [コ]【山言葉】【山×詞】[名] 猟師などが山の中だけで使う忌みことば。犬を「せた」というなど。

やまごもり [ゴ]【山籠(も)り】[名] 山中などにはいってこもること。また、山寺にこもって修行(しゅぎょう)すること。

やまごや [0]【山小屋】[名] 登山者の休憩・宿泊・避難などのために、山の中に建てた小屋。ヒュッテ。[夏]

やまさか [マ]【山坂】[名] ❶山と坂。❷山にある坂。

やまざきそうかん《山崎宗鑑》生没年未詳。室町(むろまち)時代後期の連歌師・俳人。俳諧(はいかい)の祖。「新撰犬筑波集(いぬつくばしゅう)」の編者。

やまさきとよこ《山崎豊子》一九二四―二〇一三。小説家。本姓、杉本。社会問題を綿密に取材した作品が多い。「花のれん」「白い巨塔」「華麗なる一族」など。

やまざくら [ザ]【山桜】[名] ❶山にあるさくら。❷さくらの一種。山地に自生。花は白色・うすもも色で小形。[春]

やまさち [0]【山幸】[名] やまのさち。↕海さち。

やまざと [0]【山里】[名] 山の中の人里。山に近い村。

やまざる [0]【山猿】[名] ❶山にすむさる。❷礼儀作法をわきまえない人をあざけっていうことば。

やまし [マ]【山師】[名] ❶山の立ち木を売買する人。❷鉱物を掘りだす事業を経営する人。❸冒険・かけごとなどをする人。❹さぎ師。

やまじ [0/マ]【山路】(ぢ)―[名]〔文章語〕山の中のみち。やまみち。

やまし・い [シ]【〈疚しい・×疚しい】[形] カロ―カッ・ク―イ―イ―ケレ―○ 良心がとがめて、心中がおだやかでない。うしろぐらい。「なにも―ことは、していない」 **やましさ** [名] **やま・し** [文語シク]

やましごと [シ]【山仕事】[名] ❶伐採など、山林でする仕事。❷投機的利益を得ようとする仕事。

やましろ《山城》 昔の畿内(きない)の国の一つ。今の、京都府の南東部。城州(じょうしゅう)。

やま-すそ ⓪【山裾】名 山のふもと。

やま-せ ヤ【山背】名 ❶山を越えて吹いてくる風。❷北海道・東北地方の太平洋側地域に吹く局地風。晩春から梅雨期にかけて吹く、冷湿で東寄りの風。冷害の原因になる。㊦夏 参考 主として海岸地方で使われる語。

やま-ぞい ⓪【山沿い】―そひ 名 平野から山地にうつるあたりの地域。

やま-そわ ⓪【山×岨】―そは 名〔文章語〕山のがけ。

やま-だ ⓪【山田】名 山間の田。

やまたい-こく《邪馬台国・耶馬台国》 三世紀ごろの日本にあった女王卑弥呼(ひみこ)の支配していた国。所在地は、大和(やまと)・北九州の二説がある。やばたいこく。参考 中国の「魏志倭人伝(ぎしわじんでん)」にある語。

やまたか-ぼうし ボ【山高帽子】名 上部がまるくて高い、男の礼装用の帽子。山高帽。

山高帽子

やま-だし ⓪【山出し】名 ❶山からはこび出したもの。❷いなかから出てきたままで洗練されていないこと。また、その人。

やまだ-びみょう《山田美妙》 一八六八―一九一〇。小説家・詩人。本名は武太郎(たけたろう)。言文一致をはじめたひとり。代表作は小説集「夏木立(なつこだち)」。

やま-つなみ ツ【山津波】【山津▲浪】名 地震や大雨などのため、山から多量の水や土砂がながれ出すこと。

やま-づみ ⓪【山積み】名 ❶山のように高く積みあげること。また、そのもの。❷たくさんたまっていること。山積(さんせき)。「―の仕事」

やま-て ⓪/ヤ【山手】名 山に近いほう。山のあるところ。山の手。↕海手・浜手。

やま-でら マ【山寺】名 山の中にある寺。

やまと《大和》 ❶昔の畿内(きない)の国の一つ。今の奈良県全体。和州(わしゅう)。この地を中心とする豪族らが支配した大和政権とよばれる政治勢力が栄え、律令制が整うまでの四世紀から七世紀ごろを大和時代とよぶことがある。❷〔古語〕日本国。

やまと-いも ト【大和芋】名 ❶ながいもの一品種。てのひらの形をしている。とろろにして食べる。❷さといもの一品種。

やまと-うた【大和歌】名〔古語〕和歌。「やまと歌は、人の心を種として、万(よろ)づの言の葉とぞなれりける」〈古今〉↕唐歌(からうた)。

やまと-え ト/⓪【大和絵】名 ↕唐絵(からえ)。❶平安時代、日本の風景・事物をえがいた絵。❷鎌倉(かまくら)時代からおこなわれた日本画の一流派。

やまと-ごころ ゴ【大和心】名 日本精神。やまとだましい。

やまと-ごと ト【大和琴】名 わごん。

やまと-ことば コ【大和言葉】名 ❶わが国固有のことば。日本語のうち、漢語・外来語以外の単語。「やま」「ほし」「こころ」など。和語。↕漢語・外来語。❷主として平安時代のことば。雅言(がげん)。

やまと-しまね【大和島根】名〔古語〕日本国。

やまと-だましい ダ【大和魂】―だましひ 名 日本固有の気概のある精神。やまとごころ。

やまと-なでしこ デ【大和×撫子】名 ❶なでしこ。❷日本の女性のやさしさ・美しさをたたえて言う語。参考 日本人の気性をなでしこにたとえることは近代以降の傾向で、昭和戦前までは男性に対して用いることもあった。

やまと-べい ト【大和塀】名 すぎの皮をたてにならべ、竹でふちをおさえたへい。

やまと-みんぞく ミ【大和民族】名 日本国で、中心になる民族。日本民族。

やま-どめ ⓪【山止め】名 山にはいったり、山の産物をとったりすることを、禁止すること。

やまと-ものがたり《大和物語》 平安時代中期の歌物語。作者は不明。歌人の恋愛談や歌についての説話をあつめたもの。

やま-どり マ【山鳥】名 ❶山にすむ鳥。❷キジ科の鳥。全身赤茶色。尾が長い。日本の特産種。㊦春

やま-ない 連語 (「…してやまない」の形で)どこまでも…する。「ひたすら願って―」

やまなし-けん《山梨県》 中部地方東部の県。県庁所在地は甲府市。

やま-なす【山なす】連語 山のように盛りあがった。「―大波」

やま-なみ ⓪【山並(み)】【山▲脈】名 山のならんでいること。つらなった山々。山脈。

やま-なり ⓪【山鳴り】名 山が鳴りひびくこと。また、その音。

やま-なり ⓪【山なり】形動(の) ダロ・ダッ・デ・ニ/ダ・ナ・ナラ・⓪ 山のような形をしているようす。「―のボールを投げる」

やま-ねこ ⓪【山猫】名 ❶山野にすむねこ。「―退治」❷ネコ科の哺乳(ほにゅう)類のうち、小形の野生種の総称。ねこに似て大きく、頭から背中にかけて黒茶色のすじがある。森林にすむ。日本にはつしまやまねこといりおもてやまねこがすむ。―スト ス 名 労働組合の支部が、中央の承認を受けないでおこなうストライキ。

やまの-いも ⓪/モ【山の芋】名 ヤマノイモ科の多年生つる草。雌雄異株。葉のつけ根にできる「むかご」と、長い根茎は食用。やまいも。じねんじょ。㊦秋

やまのうえ-の-おくら《山上憶良》 六六〇―七三三?。「万葉集」の代表的歌人の一人で、「貧窮問答歌(ひんきゅうもんどうか)」は名高い。

やまの-かみ ノ/カ【山の神】名 ❶山を守り支配する神。❷〔俗語〕妻のこと。

やまの-て ⓪/ノ【山の手】名 ❶山に近いほう。山のあるところ。やまて。❷高台の土地。特に、東京の旧市内の高台の住宅地域。↕下町(したまち)。―言葉(ことば) コ 名 東京語のうち、江戸の旗本(はたもと)・御家人(ごけにん)など知識層のことばの流れをくむことば。主として山の手方面で使われてきた。↕下町ことば。―線(せん) ⓪ 名 東京の品川・新宿・池袋・田端・上野を結ぶJR(ジェーアール)の環状線の名。

やま-のぼり ⓪/ノ【山登り】名 山にのぼること。登山。㊦夏

やま-ば ⓪【山場】名 頂点。絶頂。「試合の―をむかえる」

やま-はだ ⓪【山肌】【山▲膚】名 山の表面。山の地肌。

やま-ばと ⓪【山×鳩】名 はとの一種。頭・首・胸は灰色がかったぶどう色。きじばと。

やま-ばん ⓪【山番】名 山の番人。山守。

やま-びこ ⓪/マ【山びこ】【山×彦】名 ❶山間などでおこる、音の反響。こだま。❷山の神。山霊。

やま-ひだ ⓪【山ひだ】【山×襞】名 山の、尾根と谷が入りくんでひだのように見える所。

やま-びと ⓪【山人】名〔文章語〕❶山に住む人。❷山ではたらく人。❸仙人。

やま-ひめ ⓪【山姫】名 ❶山をまもり、山を支配する女神。❷〔かながき〕あけび。

やま-びらき ビ【山開き】名 ❶山に新しい道をつくること。❷その年はじめて登山を許すこと。また、その日。ま

た、その日に行う祝いの行事。夏

やまぶか・い カ【山深い】形（カロ・カッ・ク／イ・イ・ケレ・○）山の奥深いところにある。「—村の秘湯」 **やまぶか・し** 文語ク

やまぶき マ【山吹(き)】名 ❶バラ科の落葉低木。山野にはえる。春、黄色い花をひらく。観賞用。春 ❷（色が黄色であることから）大判・小判の金貨。❸やまぶきいろ。 **—色**（いろ）０名 赤みがかった黄色。

やまぶし マ【山伏】名 ❶山野で修行（しゅぎょう）する僧。修験者（しゅげんじゃ）。❷【山伏(し)】古語 ㋐山中で野宿すること。㋑世をのがれて山里に住むこと。

やまぶところ トラ【山懐】名 山と山の間に、入りこんだ平地。ふかく山にかこまれた所。

やまべ ０【山辺】名 山のほとり。↕海べ。

やまべ-の-あかひと《山部赤人》生没年未詳。奈良時代の歌人。叙景歌にすぐれ、「万葉集」の代表歌人の一人として柿本人麿（かきのもとのひとまろ）と並び称される。

やまへん ０【山偏】名 漢字の部首の一つ。「峰」「峡」などの左がわの「山」。

やまぼこ ０【山×鉾】名 山車（だし）の一種。山形の作り物の上にほこなどを立てたもの。

やまほど マ【山ほど】【山程】副 たくさん。山のように。

やまほととぎす ト2【山▲時▲鳥】名 山にすむほととぎす。山から里にくるほととぎす。夏

やままゆ ０【山繭】名 ヤママユガ科の昆虫。黄色や茶色の大きな蛾（が）で、羽に目のような紋がある。まゆから糸を取る。天蚕（てんさん）。春

やまみち マ【山道】名 山の中についている道。

やまむら-ぼちょう《山村暮鳥》一八八四—一九二四。詩人。本名は土田八九十（はくじゅう）。人道主義的な作風で知られる。「聖三稜玻璃（せいさんりょうはり）」「雲」など。

やまめ ０【山女】名 さくらますが海に下らず、川にすみついたもの。食用。「やまべ」「あめのうお」などの地方名がある。夏

やまめ

やまもと ０【山元】名 ❶山の持ち主。❷鉱山・炭坑の所在地。

やまもと-しゅうごろう《山本周五郎》一九〇三—一九六七。小説家。本名は清水三十六（しみずさとむ）。庶民の生活を描いた。「樅（もみ）ノ木は残った」「青べか物語」など。

やまもと-ゆうぞう《山本有三》一八八七—一九七四。劇作家・小説家。本名は勇造。社会的視野を持つ長編小説が多い。「真実一路」「路傍の石」など。

やまもも ０【山桃】【×楊▲梅】名 ヤマモモ科の常緑高木。雌雄異株。暖地にはえる。実は食用。夏

やまもり ０【山盛(り)】名 うずたかく盛ること。また、盛ったもの。「—のごはん」↕すり切り。

やまやき ０/キ【山焼き】名 春のはじめに、野山の枯れ草を焼くこと。その灰が新しく出る草の肥料になる。春

やまやま【山山】㊀マ 名 あの山この山。多くの山。「信州の—」㊁０副（かながき）❶たくさん。「言いたいことは—ある」❷そうしたい気持ちはいっぱいだ（が、実際はそうはいかない）。「行きたいのは—だが」

やまゆき マ【山雪】名 山沿いや山間部に降る雪。↕里雪。

やまゆり マ【山▲百▲合】名 ユリ科の多年生植物。山野にはえ、夏、白色で大形の花を開く。においが強い。観賞用。地下茎は食用。夏

やまわけ ０【山分け】名 ❶半分ずつに分けること。❷目分量でおなじ量に分けること。

やまんば マ【山×姥】名 ➡やまうば。

やみ 三【闇】名 ❶くらいこと。光のないこと。暗黒。❷夜のくらいこと。やみ夜。❸希望のないこと。「前途は—だ」❹先の見通しのつかないこと。「一寸先は—だ」❺心がまようこと。「心の—」❻世人の目にふれないこと。「—に葬る」❼正規の手続きによらないこと。「—とりひき」 **—から闇（やみ）に葬（ほうむ）る** こっそりとしまつをつける。

やみ-あがり ０【病(み)上がり】名 病後で、まだ体力がもとにもどらないこと。また、その時期・人。病気上がり。

やみ-いち 三/イ【闇市】名 やみ取引の品物を売っている店のあつまっている所。やみいちば。

やみ-うち ０【闇討(ち)】名 ❶やみにまぎれて人をおそい、また、殺すこと。❷相手の不意をついて、おどろかすこと。

やみ-がた・い タ【▲止み難い】形（カロ・カッ・ク／イ・イ・ケレ・○）とどめることがむずかしい。おさえきれない。「未知の世界への—好奇心」 **やみがた・し** 文語ク

やみ-きんゆう キ【闇金融】名 法定金利を大幅に超える利率で貸し付ける不法な金融。またはその業者。

やみ-くも ０【闇雲】名 形動 俗語 むやみなこと。「—に攻める」

やみ-じ ０/三【闇路】（ぢ）名 ❶やみ夜の道。❷心がまよい、分別がつかないこと。「恋の—」❸冥途（めいど）。また、冥途へ行く道。

やみ-しょうぐん ショ【闇将軍】名 表面に立たず、かげにいて権力をふるう人。

やみ-じる ０【闇汁】名 互いに秘密にして持ちよった食物を、明かりを消してなべで煮て食べる遊び。また、その料理。やみなべ。冬

やみ-そうば ソ【闇相場】名 公定価格以外でこっそり取引する相場。やみ値。

やみ-つき ０【病(み)付き】名 ❶病気のかかりはじめ。❷熱中してやめられなくなること。「—になる」

やみ-つ・く ツ/０【病(み)付く】自五（カ・コ・キ・イ／ク・ク・ケ・ケ）❶病気になる。❷くせになって、やめにくくなる。病みつきになる。

やみ-とりひき リ/ト【闇取(り)引(き)】名 ❶売買を禁止されている商品を、ひそかに売買すること。❷人に知られないように、ひそかに交渉すること。

やみ-なべ ０【闇鍋】名 ➡やみじる。

やみ-ね 三【闇値】名 やみ取引の値段。やみ相場。

やみ-ほう・ける ケ【病みほうける】【病×耄ける】自下一（ケ・ケ・ケル・ケル／ケレ・ケロ・ケヨ）病気のためひどく衰弱する。 **やみほう・く** 文語下二

やみ-ま ０【やみ間】【▲止み間】名 雨のやんでいるあいだ。晴れ間。

やみ-や 三【闇屋】名 やみ取引を業とする人。やみ商人。

やみ-やみ ヤ2 副 みすみす。むざむざ。「—討たれる」

やみ-よ 三【闇夜】名 やみの夜。月の出ていない夜。暗夜。 **—に(の)鉄砲（てっぽう）** 目あてがさっぱりわからないこと。でたらめに行動すること。また、やっても効果のないこと。 **—の×礫（つぶて）** やみ夜の鉄砲。

や・む ０【▲止む・×已む】自五（マ・モ・ミ・ン／ム・ム・メ・メ）つづいていたものがたえる。中止になる。終わりになる。「雨が—」 **—にやまれぬ** やめようとしても、やめられない。どうにもそうしなければならない。「—事情がある」 **—を得（え）ず** しかたなく。 **—を得（え）ない** しかたがない。

や・む ヤ【病む】自他五（マ・モ・ミ・ン／ム・ム・メ・メ）❶病気にかかる。病気におかされる。「肺を—」❷なやむ。心配する。「気に—」

やむごとな・し 形ク 古語 ➡やんごとない。

ヤムチャ ム【中▲飲茶】名 茶を飲みながら焼売（シューマイ）などを食べる中国風の軽い食事。

やむ-なく ムナ【やむなく】【▲止(×已)むなく】副 しかたなく。やむをえず。「—辞職した」

やむ-なし【▲止(×已)むなし】連語〔文章語〕しかたがない。やむをえない。「中止も—」

やめ ０【▲止め】㊀名 とりやめること。中止にすること。「旅行は—にした」㊁感 運動や作業をやめさせるときのかけ声。

や・める ㊇【病める】自下一 メメ・メル・メル・メレ・* いたむ。なやむ。病で苦しむ。「腕がリューマチで—」

や・める ０他下一 メメ・メル・メル・メレ・メロ・メヨ ㊀【▲止める】❶つづいていた動作や状態を中止する。停止する。❷廃止する。「ローカル線を—」❸計画していたことを中止する。「旅行を—」㊁【辞める】【▲罷める】地位や職をしりぞく。や・む 文語下二

やも 助〔古語〕（係助詞。係助詞「や」と係助詞「も」。文末の述語を連体形でとめる）❶疑いをこめた詠嘆をあらわす。…かなあ。「佐保の山をば思ふやも君」〈万葉〉❷反語の気持ちで詠嘆をあらわす。…だろうかなあ、そうではないことだ。「士やも空しかるべき」〈万葉〉参考 上代語。平安時代以降は「やは」が用いられた。

やも 連語〔文章語〕（係助詞「や」と「も」）疑問の意味をあらわす。かも。「行く—知れぬ」

やもう-しょう ０モ【夜盲症】名 ビタミンAの欠乏のため、暗くなると、物が見えにくくなる病気。とりめ。

やも-お ０【×鰥▲夫】ヲ —名〔文章語〕妻に先だたれた男。男やもめ。↕やもめ❶。参考 やや古風な言い方。

やも-め ０名 ❶【▲寡▲婦】夫に先だたれた女。未亡人。後家。❷【▲寡▲夫・×鰥▲夫】妻に先だたれた男。男やもめ。

やもり ヤ【▲守▲宮】名 ヤモリ科の爬虫類。とかげに似ている。黒みがかった灰色で、夜活動して、かべ・天井をはい、昆虫を捕食する。夏

やや ヤ—【やや】【×稍・×漸・▲良】副 ❶いくらか。すこし。「—風が静まる」❷みじかい時間。しばらく。「—あって」

や-や 感〔古語〕❶人に呼びかけるときのことば。おいおい。『「やや」と、おどろかし(起コシ)たまへど』〈源氏〉❷おどろいたり、気づいたりするときのことば。まあまあ。おやおや。「やや、方弘がきたなきものぞ」〈枕〉

やや-こ 名〔方言〕あかんぼう。やや。

ややこし・い シ形 カロ・カッ・ク・イ・イ・ケレ・○ こみいっていてわかりにくく、わずらわしい。複雑。「—話はごめんだ」ややこしさ名

ややも-すれば【ややもすれば】【▲動もすれば】連語 とかくそうなりがちである。ややもすると。「—くじけそうになる」

やゆ ヤ【×揶×揄】名他サ〔文章語〕からかうこと。

やよ 感〔古語〕（呼びかけのことば）やあ。やい。「やよ時雨、もの思ふ袖のなかりせば」〈新古今〉

やよい ０【弥生】ヤヨヒ —名 陰暦三月。春 ⇩月(表)。

やよい-じだい《弥生時代》ヤヨヒ— 縄文時代に続く、紀元三世紀頃までの時代。弥生土器の製作・使用、石器・金属器の併用が見られ、わが国最初の農耕もはじまった。この時期の文化を弥生文化とよぶ。

やよい-どき ド【弥生土器】ヤヨヒ— 名 金石併用期につくられた土器。参考 明治十七年(一八八四)、東京の本郷弥生町の貝塚で発見されたことから。

弥生土器

やら 助（「…やあらむ」から転じた「やらむ」がさらに変化した形）❶〔副助詞〕㋐不確かであることを示す。「何のこと—さっぱりわからない」㋑（「とやら」の形で）はっきり言わずにぼかして言う。「山田と—いう人だった」㋒あれこれ列挙する。「本—ノート—」⇩や❶参考。❷〔終助詞〕不確かなことを述べて、詠嘆の気持ちをあらわす。「これから先どうなるの—」「この分では、いつのこと—」

やらい ０【矢来】名 たけや丸太をたて・よこに、あらく組んでつくったかこい。

やらい ０ヤ【夜来】名〔文章語〕前の夜からつづくこと。「—の雨」↕朝来

やらか・す ０カ 他五 サ・ソ・シ・ス・ス・セ・セ〔俗語〕やる。する。「失敗を—」

やらじ【▲遣らじ】連語〔古語〕（動詞「やる」の未然形＋打ち消し推量の助動詞「じ」）十分に…できないだろう。最後まで…できないだろう。「うち捨ててはえ行きやらじ」〈源氏〉

やらし・い シ形 カロ・カッ・ク・イ・イ・ケレ・○ いやらしい。参考 話しことば。

やら・す ０他五 サ・ソ・シ・ス・ス・セ・セ やらせる。「仕事を人に—」

やらず-の-あめ ア【▲遣らずの雨】名 出かけようとする人、帰ろうとする人を、引きとめるかのように降ってくる雨。

やらず-ぶったくり ０名〔俗語〕あたえることはしないで、取り上げるばかりであること。

やらせ ０名〔俗語〕（「やらせる」から）テレビ報道番組で、制作者が事前に出演者と打ち合わせ、実際に起こったことのように行動させること。

やら-ぬ 連語 完全には…しない。しきれない。「晴れ—空」

やら-む-かた-なし 連語〔古語〕やるかたない。「その恨み、ましてやらむかたなし」〈源氏〉

やら-れる 連語 ❶病気や災難にみまわれる。被害を受ける。「かぜにやられた」「野菜が害虫に—」❷弱いところをつかれる。負かされる。「子どもにやられたよ」

やり ０【×槍】名 ❶長い柄の先に細長い刃のついた武器。❷陸上競技のやりなげに使う用具。❸将棋の香車。—が降ってもどんな困難があっても。—一筋の家 武士の家がら。

やり-あ・う ア【やり合う】アフ —自五 ワ・オ・イ・ウ・ウ・エ・エ ❶たがいにしあう。❷言いあらそう。「両派が強く—」

やり-いか リ０【×槍×烏▲賊】名 ジンドウイカ科の軟体動物。日本近海に多く、美味。するめにもする。

やり-おお・せる セ —オホセル 他下一 セ・セ・セル・セル・セレ・セロ・セヨ ⬇しおおせる。

やり-がい ０【やり甲▲斐】ガヒ —名 あることをするだけの値うち。努力に見合う効果。しがい。「—のある仕事」

やり-かえ・す カ【やり返す】カヘス 他五 サ・ソ・シ・ス・ス・セ・セ ❶しなおす。やりなおす。❷しかえしをして、やりこめる。反論する。「非難されて—」やり返せる 自下一〔…できる〕

やり-かた ０【やり方】名 あることをする方法。しかた。「勉強の—」「彼の—はまちがっている」

やり-きれ-な・い レ【やり切れない】形 カロ・カッ・ク・イ・イ・ケレ・○ ❶しとげることができない。「一時間では—仕事」❷かなわない。しんぼうできない。「暑くて—」やり切れなさ名

やり-くち リ【やり口】名 やりかた。しかた。手口。「きたない—」

やり-くり リ—【やり繰り】名他サ くふうしてつごうをつけること。—算段サ名 金銭のやりくり。

やり-こな・す ナ 他五 サ・ソ・シ・ス・ス・セ・セ むずかしいことを、うまくやってのける。「じょうずに—」やりこなせる 自下一〔…できる〕

やり-こ・める ㊇【やり込める】他下一 メ・メ・メル・メル・メレ・メロ・メヨ 言い負かして、だまらせる。「相手を—」

やり-さき ０【×槍先】名 槍の先端。また、攻撃の方向。—の功名 戦場でのてがら。

や

やり-すご・す ゴ【やり過(ご)す】他五 サ・ソ・シ・ス・セ・セ ❶うしろから来たものを前へ行かせる。「電車を二本—」❷かかわりをもたないようにする。「そ知らぬ顔で—」❸限度をこえてする。やり過ぎる。「酒を—」 **やり過ごせる** 自下一 […できる]

やり-そこな・う ナ【やり損なう】—そこなふ 他五 ワ・オ・イ・ッ・ウ・ウ・エ・エ ❶しようと思って失敗する。しそこなう。やりそこねる。「送りバントを—」❷やる機会をのがす。「調子に乗って—」

やりっ-ぱなし 0【やりっ放し】名 したままで、あとのしまつをしないこと。

やりたい-ほうだい ホ【やりたい放題】名 相手や周囲の反応を無視して好き勝手なふるまいをすること。

やり-だま 0【×槍玉】名 ❶やりを自由自在に扱うこと。❷やりで突き刺すこと。**—に上(あ)げる** ❶やりで突きころす。❷攻撃・非難の目標にえらんで、やっつける。

やり-て 0【やり手】【▲遣手】名 ❶する人。おこなう人。❷腕まえのある人。敏腕家。「社内一の—」❸物をあたえる人。↔もらい手。❹やりてばば。**—▲婆(ばば)** バ 名 遊郭で客と遊女との間をとりもち、遊女の監督などをする女。

やり-ど リ【やり戸】【▲遣戸】名 左右に引いて、あけたてする戸。ひき戸。↔開き戸。

やり-と・げる ゲ【やり遂げる】他下一 ゲ・ゲ・ゲル・ゲル・ゲレ・ゲロ/ゲヨ 最後までやってしまう。しとげる。完成する。

やり-とり リ【やり取り】㊀名 他サ ❶物をとりかわすこと。贈答。❷さかずきをとりかわすこと。献酬(けんしゅう)。㊁名 ことばの受けこたえ。口論。

やり-なお・す オ【やり直す】—なほす 他五 サ・ソ・シ・ス・セ・セ 不備をおぎなったり、まちがいを正すためにしなおす。やりかえす。「失敗した仕事を—」 **やり直し** 名 **やり直せる** 自下一 […できる]

やり-なげ 0/ゲ【やり投げ】【×槍投】名 金属製の穂をつけたやりを投げて、その距離をあらそう陸上競技。

やり-にく・い ク 形 カロ・カッ・ク/イ・イ・ケレ・○ 物事を思ったとおりに進めにくい。「仕事が—」「—相手」

やり-ぬ・く ヌ【やり抜く】自五 カ・コ・キ・イ・ク・ク・ケ・ケ 最後までやる。やり通す。 **やり抜ける** 自下一 […できる]

やり-ば 0【やり場】名 持っていく所。やるべき所。「不満の—がない」

やり-ぶすま フ【×槍×衾】名 大ぜいがやりをかまえて、すきまもなくならぶこと。

やり-みず 0/リ【やり水】【▲遣水】—みづ 名 庭園にひいた小川。

やり-もち 0/チ【やり持ち】【×槍持】名 武家につかえ、主人のやりを持って供をする者。

やり-よう 0【やり様】名 物事をなしとげる方法。やりかた。「ほかに—があるだろう」

や・る 0【▲遣る】他五 ラ・ロ・リ・ッ・ル・ル・レ・レ ❶ある行為をする。㋐する。行う。「みんながいやなら、ぼくが—」「いいということは、何でもやってみた」㋑「学ぶ・演ずる・経営する」など、種々の行為の意味を表す。「英語を—」「落語を—」「そば屋を—」㋒飲む。吸う。「一ぱい—」「たばこはやらない」㋓暮らす。「月二十万円で—」❷人や物を移動させる。㋐人を移動させる。行かせる。進ませる。「使いの者を—」「娘を大学へ—」㋑物を移動させる。送る。「ぼくの本をどこへやったの」「手紙をやったが返事が来ない」❸同等以下の相手や動植物に物を与える。「子供に小遣いを—」「犬にご飯を—」「植木に水を—」↔もらう・くれる。参考 これらの場合「上げる」を使うことが少なくないが、本来的ではない。⇩上げる。❹殺す。負かす。こわす。「敵を—」「Aチームにやられた」「畑は洪水にやられてしまった」❺〔文章語〕はらす。はらいのける。「うれいを—」❻(「…てやる」の形で)㋐上の立場に立って、目下または同等の人に利益または不利益を与えることを表す。「助けて—」「泣かせて—」㋑積極的にすることを表す。「一等賞を取って—」参考 謙譲語としては、「あげる」「さしあげる」「…てあげる」「…てさしあげる」を用いる。**やれる** 自下一 […できる]

や・る【▲破る】〔古語〕㊀自下二 やぶれる。こわれる。「翁(おきな)いまだ世に侍るに、衣装やれ、むつかしき目見侍らず」〈大鏡〉「やれ車」㊁他四 やぶる。「(コノ日記ハ)とくやりてむ」〈土佐〉

やる-かた-ない【▲遣方無い】連語 思いをはらす方法がない。「無念—思い」

やる-き 0【やる気】名 物事に積極的に取り組もうとする気持ち。「—を起こす」

やるせ-な・い ナ【▲遣瀬無い】形 カロ・カッ・ク/イ・イ・ケレ・○ 悲しさやつらさなどをはらす方法がない。つらくて、せつない。「—恋」 **やるせなげ** 形動 **やるせなさ** 名 **やるせな・し** 文語ク

やれ レ【▲破れ】名 ❶やぶれたもの。やぶれた所。やぶれ。❷印刷ですりそこなった紙。

やれ ヤ 感 ❶安堵(あんど)する気持ちをあらわす。「—、助かった」❷呼びかけをあらわす。「—、ちょっと待て」❸落胆する気持ちをあらわす。「—、また失敗だ」❹同じような事がらを二つ並べ立てて繰り返しおこなわれることをあらわす。「—試験だ、—レポートだと忙しい」

やれ-やれ ヤ/ヤ/ヤ 感 ❶感動をあらわす。「—、りっぱなものだ」❷安心した気持ちをあらわす。「—、たすかった」❸がっかりした気持ちをあらわす。「—、またやりなおしか」

や・れる 0【▲破れる】自下一 レ・レ・レル・レル・レレ・レロ/レヨ やぶれる。こわれる。「やれた傘」 **や・る** 文語下二

や-ろう 0/ロ【野郎】㊀名 男をののしっていうことば。「この—」㊁代 第三者をののしっていうことば。「—はどうした」

やろう-じだい ジ【夜郎自大】名〔文章語〕自分の力量を知らないでいばること。うぬぼれ。参考 昔、中国南西の民族「夜郎」が、漢の国の強大なのを知らずに、自分の勢力をほこったことから。

や-わ ヤ【夜話】名〔文章語〕❶夜、人を集めてする話。また、それを筆記したもの。よばなし。❷禅宗で、夜、修行(しゅぎょう)のためにする訓話。

やわ ヤ【柔・和】—は 形動 ダロ・ダッ・デ・ニ/ダ・ナ・ナラ・○ ❶やわらかなようす。❷じょうぶでなく、こわれやすいようす。「—な作り」

やわ・い ワ【柔い】やはい 形 カロ・カッ・ク/イ・イ・ケレ・○ ❶やわらかい。❷じょうぶでなく弱い。 **やは・し** 文語ク

やわ-か やは 副〔古語〕❶(反語の意を表す)どうして…か。「やはかこらへ候や」〈太平記〉❷(下に打ち消しの推量を伴って)よもや。まさか。「やはか退(ひ)かぬことは候ふまじ」〈謡曲・烏帽子折〉

やわ・す【和す】やはす 他四〔古語〕やわらげる。平和にする。うちたいらげる。「まつろはぬ人をやはし」〈万葉〉

やわた《八幡》やはた 千葉県市川市にある地名。**—の×藪(やぶ)知らず** ❶(昔、八幡に迷い込んだら出られない竹やぶがあったことから)一度まよいこむと出口のわからなくなるというやぶ。❷複雑で処理ができずまようこと。

やわ-はだ 0【柔肌】【柔×膚】やは— 名 女性のやわらかなはだ。

やわら 0【柔(ら)】やは 名 柔道(じゅうどう)の古いよび名。

やわら【▲徐】やは 副〔古語〕しずかに。おもむろに。やおら。「北

の方、やはら、船ばたに起出いでて」〈平家〉

やわら-か ラ/ワ【柔らか・軟らか】やはら― 形動 (ダロ・ダッ・デ・ニ / ダ・ナ・ナラ・○) やわらかいようす。「―な生地」

やわらか・い カ【柔らかい・軟らかい】やはらかい 形 (カロ・カッ・ク / イ・イ・ケレ・○) ❶ふっくらしていて、押すとへこむ感じがする。「―ふとん」「―もち」↕かたい。❷しなやかだ。柔軟だ。「―からだ」↕かたい。❸きびしくなくて、おだやかだ。「―日ざし」「―あつかい」「―声」↕きつい。❹堅苦しくなくて、くだけている。つやっぽい。「―話」↕かたい。❺融通性に富んでいて、堅苦しくない。「―頭」↕かたい。 **やわらかさ** 名 **やわらかみ** 名 **やはらか・し** 文語ク

やわらか-もの ○【柔らか物】やはらか― 名 ❶手ざわりのやわらかい絹の織物。また、その衣服。❷【軟らか物】つやっぽい読みもの。

やわら・ぐ ラ【和らぐ】やはらぐ 自五 (ガ・ゴ・ギ・イ / グ・グ・ゲ・ゲ) ❶やわらかになる。おだやかになる。「気分が―」「風が―」❷対立していたものが打ちとけて親しくなる。なごやかになる。 **和らぎ** 名

やわら・げる ゲ【和らげる】やはらげる 他下一 (ゲ・ゲ・ゲル・ゲル / ゲレ・ゲロ・ゲヨ) ❶やわらぐようにする。おだやかにする。「表情を―」❷わかりやすくする。くだく。「表現を―」 **やはら・ぐ** 文語下二

ヤンキー〈Yankee〉名 ❶ ヤ アメリカ人の俗称。もとは、アメリカ南部で北部の住民をけいべつ的に呼んだ語。❷ キ 俗語 不良っぽい青少年のこと。

ヤング ヤ〈young〉名 若者。「―の町」 **―アダルト** ダ〈young adult〉名 十代後半の青少年。

やんごとな・い 一 ナ 形 (カロ・カッ・ク / イ・イ・ケレ・○) 文章語 たいそう高貴である。「―おかた」 **やんごとなさ** 名 **やんごとな・し** 文語ク 二 形ク 古語 ❶うちすてておけない。やむにやまれない。「『(父ノ病ヲ)とぶらひにものせむ』と言ひしかば、『やむごとなきものにこそあなれ』とて」〈宇津保〉❷ふたつとない。特別である。おもおもしい。「これら(勇猛ナ者)をやんごとなき者にして」〈今昔〉

やんちゃ ○ 名 形動 俗語 子どもがわがままにふるまうこと。ひどくいたずらなようす。また、そういうようす。「―ぼうず」

やん-ぬる-かな 連語 文章語 (「やみぬるかな」の変化)もうおしまいだ。どうにもしかたがない。万事休す。

やんま ○/ヤ 名 大形のとんぼ。㊙

やん-や ヤ[1] 感 ほめそやすこえ。「―のかっさい」

やんわり ワ (と)副 やわらかに。おだやかに。「―と断る」

ゆ ユ

ゆ:「由」の草体。
ユ:「由」の一部。

ゆ【由】 造 よる。したがう。「由縁・由来・経由・来由」[別音ゆう|由]

ゆ【油】 造 ❶あぶら。「油煙・油脂・油断・肝油・搾油・潤滑油」❷石油。「油井ゆせい・油田・給油・原油・重油・製油」❸わきおこる。

ゆ【喩】 造 たとえる。たとえ。「喩言・暗喩・隠喩・直喩・比喩」

ゆ【愉】 造 たのしい。こころよい。「愉悦・愉快・愉楽」

ゆ【諭】 造 さとす。言い聞かせる。「諭告・諭旨・教諭・訓諭・説諭・風諭」

ゆ【輸】 造 おくる。はこぶ。「輸血・輸出・輸送・運輸・禁輸・空輸」

ゆ【癒】 造 いえる。いやす。病気がなおる。「癒合・癒着・快癒・治癒・平癒」

ゆ ユ【湯】名 ❶水をわかしたもの。↕水。❷ふろ。❸温泉。いで湯。❹鉱石や金属をとかしたもの。

ゆ 助動 (エ・エ・ユ・ユル・ユレ・エヨ) 古語 (奈良時代の語「る」と同じ)受身・可能・自発の意味をあらわす。…れる。「ねのみし泣かゆ」〈万葉〉

ゆ 助 古語 (格助詞。「より」の古いかたち。奈良時代の語)より。「田児たごの浦ゆ(ヲ通ッテ)打ち出でて見れば」〈万葉〉

ゆ-あか カ【湯あか】【湯×垢】名 ふろ・鉄びんなどに、水中の石灰分などがかたまってついたもの。

ゆ-あがり ア【湯上がり】名 ❶ふろから出ること。また、そのとき。「―の顔」❷湯上がりに使う大きなタオルやゆかた。

ゆ-あげ ゲ【湯上げ】名 ふろから上がったときにからだをふく、大形のタオル。湯上げタオル。

ゆ-あたり ア【湯あたり】【湯▲中り】名 湯にはいり過ぎたためにおこる、からだの異状。

ゆ-あつ ○【油圧】名 油を利用して伝達する圧力。「―ブレーキ」

ゆ-あみ ○/ミ【湯あみ】【湯▲浴み】名 自サ 文章語 ふろにはいること。入浴。

ゆあん【偸安】「とうあん」のあやまり。

ゆい【結ひ】ゆひ 接尾 古語 くくったものをかぞえる語。「絹、二ゆひ」〈枕〉

ゆい【唯】 造 ただ。それだけ。「唯一ゆいいつ・唯心論・唯物論・唯我独尊」[別音い|唯]

ゆい【結い】 ゆひ 名 方言 農作業などで、互いに助け合って仕事をすること。また、その仲間。

ゆい-あ・げる ゲ【結い上げる】ゆひ― 他下一 (ゲ・ゲ・ゲル・ゲル / ゲレ・ゲロ・ゲヨ) ❶髪などをむすんで、上へあげる。❷結いおえる。 **結い上げ** ❶ 名 **ゆひあ・ぐ** 文語下二

ゆい-いつ ユ【唯一】名 ただひとつであること。ゆいいち。ゆいつ。 **―神道**しんとう シ 名 仏教・儒教の教えをまぜない、純粋な神道。↕両部神道。 **―無二**むに ユ=ム 名 形動 「ゆいいつ」の強め。

ゆいが-どくそん ユ【唯我独尊】名 ❶「天上天下てんじょうてんげ唯我独尊」の略。❷自分だけがえらいとうぬぼれること。ひとりよがり。

ゆい-ごん ○【遺言】名 自他サ 死後のためにいいのこすこと。また、そのことば。いごん。 参考 法律用語では「いごん」という。

ゆい-しき ○【唯識】名 〖仏〗すべての物事は、それを見る心のあらわれだという考え方。

ゆい-しょ ユ【由緒】名 ❶物事の経過してきたすじみち。いわれ。「―をたずねる」❷りっぱな来歴。「―ある家柄」

ゆい-しん ユ【唯心】造 精神の実在のみを重んじること。 **―論**ろん シ 名 〖哲〗世界の本体はすべて精神であり、物質的なものの存在も心の作用にもとづくものであるとする説。↕唯物論。

ゆ-いつ ユ【唯一】名 ➡ゆいいつ。

ゆい-のう ○【結納】ゆひ― 名 婚約のしるしにかねや品物をとりかわすこと。また、そのかねや品物。

ゆい-び ユ【唯美】造 美しさのみを重んじること。 **―主義**しゅぎ シュ 名 ❶官能的な美をもとめ、それをあらわす形式を重んじる芸術上の主義。❷美的生活を人生の最高の目的とする考え方。耽美たんび主義。 **―派**は ○ 名 唯美主義を奉ずるなかま。

ゆい-ぶつ ユ【唯物】造 物質的なことにのみ価値をおくこと。 **―史観**しかん シ 名 〖哲〗歴史発展のもととなる力は経済的生産力にあるとする考えかた。マルクス主義の歴史観。史的唯物論。 **―弁証法**べんしょうほう ○ 名 〖哲〗唯物論を土台と

する弁証法。マルクス主義の方法論。弁証法的唯物論。

━論(ろん) ツ 名 〖哲〗世界の本体はすべて物質であり、精神的なものもすべて物質に還元できるとする説。↔唯心論。

ゆい-わた ⓪【結綿】(ゆひ) ━ 名 ❶まわたの中央をむすびたばねたもの。祝い物に使う。❷島田まげの一つ。まげの中央を布でむすぶ。若い娘の髪形。

結綿❷

ゆう【夕】(ゆふ) 造 日がくれて夜になろうとする時。ゆう。ゆうべ。ゆうぐれ。ゆうがた。↔朝。参考 和語の時刻をあらわす語には、「あさ―ひる―ゆうがた―よ・よる」という系列がある。このうち「ゆうがた」が複合語で、単純語としては「ゆう」であるはずだが、それだけで名詞として使われることはない。ただし、「夕方」「夕立」「夕焼け」などのような複合語の造語成分となり、「今夕(こんせき)」「今晩」のような漢語の造語成分と対応するはたらきをもつ。

ゆう【友】 造 ❶ともだち。親しいなかま。「友情・友人・悪友・学友・旧友・戦友」❷ともとする。「友愛・友軍・友好・友邦・交友」

ゆう【右】 造 ❶みぎ。「左右・座右」❷たすける。「右筆」[別音う|右]

ゆう【由】 造 ❶よし。わけ。「事由・理由」❷よる。したがう。「自由」[別音ゆ|由]

ゆう【×佑】 造 たすけ。たすける。「神佑・天佑」

ゆう【×邑】 造 くに。みやこ。人の集まる所。「采邑(さいゆう)・都邑」

ゆう【×宥】 造 ❶ゆるす。「宥恕(ゆうじょ)・宥免」❷なだめる。「宥和」

ゆう【幽】 造 ❶かすか。奥深い。もの静か。「幽玄・幽谷・幽寂(ゆうじゃく)」❷とじこめる。「幽居・幽囚・幽閉」❸あの世。めいど。「幽界・幽鬼・幽霊」 **幽する** 他サ

ゆう【×祐】 造 たすける。たすけ。「祐筆・神祐・天祐」

ゆう【悠】 造 ❶とおい。「悠遠・悠久」❷のんびりしている。「悠然・悠長・悠悠」

ゆう【郵】 造 ❶おくる。「郵便」❷郵便。「郵券・郵趣・郵船・郵送」

ゆう【湧】 造 わく。あふれる。「湧出・湧水」

ゆう【猶】 造 ❶ためらう。ぐずぐずする。ゆったりする。「猶然・猶予」❷似る。「猶子・猶父」

ゆう【裕】 造 ❶ゆたか。豊富。「裕福・富裕・余裕」

ゆう【遊】 造 ❶あそぶ。たのしむ。「遊園・遊戯・遊具・豪遊・清遊」❷遠くに行く。「遊学・遊説(ゆうぜい)・遊覧・外遊」❸ひとところにとどまらない。「遊撃・遊星・遊牧・回遊・浮遊・漫遊」❹職につかない。役に立たない。「遊休・遊民・遊閑地」❺泳ぐ。「遊泳」❻色里のあそび。「遊郭(ゆうかく)・遊女・遊里」

ゆう【×釉】 造 うわぐすり。「釉薬」

ゆう【誘】 造 ❶さそう。「誘致・誘導・勧誘」❷おびき出す。「誘拐・誘惑」❸ひき起こす。「誘因・誘爆・誘発」

ゆう【憂】 造 うれえる。うれい。心配。「憂鬱(ゆううつ)・憂国・憂愁・憂慮・杞憂(きゆう)・内憂外患」

ゆう【融】 造 ❶とける。ひとつになる。「融解・融合・融点・融和・溶融」❷ゆきわたる。「融資・融通・金融」

ゆう【有】 コ 名 造 ❶あること。「無から―を生ずる」「有益・有害・有料・有意義」↔無。❷所有。「A氏の―に帰す」「有志・有能・国有・保有」❸その上にまた。「十―五年」 **有する** 他サ [別音う|有]

ゆう【勇】 ━ コ 名 造 心が強く、おそれないこと。いさましい心。「勇敢・勇気・勇者・蛮勇」 ━ 造 思いきりのよい。「勇退・勇断」 **━を鼓(こ)す** 勇気をふるいおこす。

ゆう コ **【雄】** 名 造 ❶おす。「雌雄」↔雌(し)。❷つよくすぐれていること。また、そのもの・人。「野球界の―」「雄姿・雄大・雄弁・英雄」

ゆう コ **【×木綿】**(ゆふ) 名 こうぞの皮の繊維でつくった糸・布・紙。

ゆう【優】 ━ コ 名 成績の評語の一つ。優・良・可・不可の第一位。秀・優・良・可・不可の第二位。↔劣。━ 造 ❶やさしい。しとやか。「優雅・優美」❷てあつい。「優遇・優先・優待」❸すぐれる。まさる。「優位・優越・優秀・優性」❹役者。「女優・声優・俳優」❺ゆるやか。「優柔不断」

ゆ・う ⓪ コ **【結う】**(ゆふ) 他五 (ワ・オ・イ・ッ／ウ・ウ・エ・エ) ❶むすぶ。しばる。❷髪をむすぶ。「島田に―」 **結える** 自下一 […できる]

ユー-アール-エル エ〈URL〉名 〔uniform resource locatorから〕「ホームページ❶」の場所を特定する文字列。アドレス。

ゆう-あい ⓪【友愛】名 友人間の愛情。友情。

ゆう-あかり ア【夕明(か)り】(ゆふ) ━ 名 夕ぐれの空にのこる明るさ。

ゆう-あく ⓪【優×渥】形動 (ダロ・ダッ・デ・ニ／ダ・ナ・ナラ・○) 文章語 手厚く、いつくしみ深いようす。「―なお言葉」

ゆう-あん ⓪【幽暗】【幽×闇】名 文章語 奥ふかく、明らかでないこと。ほのぐらいこと。

ゆうあん-やき ⓪【幽×庵焼(き)】・【×柚×庵焼(き)】名 しょうゆ・酒・みりんにゆずの薄切りを合わせた汁に魚を漬けこんで焼いた料理。

ゆう-い コ【優位】名 すぐれた地位。まさった地位。上位。「―を占める」↔劣位。

ゆう-い コ【有為】名 形動 (「うい」と読めば別語) 役にたつこと。才能のあること。「前途―な青年」

ゆう-い コ【有意】名 形動 ❶意味があること。❷意志があること。❸有意差が認められること。「統計的に―である」

ゆう-い コ【雄偉】名 形動 文章語 すぐれてえらいこと。「―な大人物」

ゆう-いぎ イ【有意義】名 形動 何かを実行するだけの値うちがあること。「―な事業」「夏休みを―に過ごす」↔無意義。

ゆう-いさ イ【有意差】名〖数〗統計上、偶然とはいえない差。

ゆう-いみ イ【有意味】名 形動 意味があること。「―な文字列」↔無意味。

ゆう-いん ⓪【誘因】名 文章語 作用をひきおこす原因。「爆発の―」

ゆう-いん ⓪【誘引】名 他サ 文章語 さそいこむこと。

ゆういんこうぶんしょぎぞう-ざい テ=ソ【有印公文書偽造罪】名〖法〗印章・署名の偽造・不正使用などによって公文書を偽造・変造する罪。

ゆう-うつ ⓪【憂鬱】名 形動 心がふさぎ、はればれとしないこと。

ゆう-えい ⓪【遊泳】【×游泳】名 自サ ❶およぐこと。水泳。夏「―禁止」❷世わたり。処世。「社会の―術」

ユー-エイチ-エフ エ²〈UHF〉＝**ユーエッチエフ** 名 〔ultrahigh frequencyから〕周波数が三〇〇～三〇〇〇メガヘルツの電波。極超短波。テレビ放送や移動通信などに用いる。

ユー-エー-イー《UAE》〔United Arab Emiratesから〕アラブ首長国連邦。

ゆう-えき ⓪【誘×掖】名 他サ 文章語 手を取って指導すること。導き助けること。「先輩の―を受ける」

ゆ

ゆう-えき ⓪【有益】名 形動 利益があること。ためになること。↕無益。

ユー-エス-エー《USA》〔United States of America から〕アメリカ合衆国。

ユー-エス-ビー ビ〈USB〉名〔universal serial bus から〕パソコンと周辺機の接続に使用される規格。「―端子」 **―メモリー** メ〈USB memory〉名 パソコンのUSBコネクターに差し込んで、大量のデータを持ち運びできる小型の記憶装置。

ゆう-えつ ⓪【優越】名 自サ 他に比べて、すぐれまさること。 **―感** ツ 名 自分が他よりすぐれていると思う気持ち。↕劣等感。

ユー-エヌ エ〈UN〉名〔United Nations から〕国際連合。国連。

ゆう-えん ⓪【遊園】名 遊んで楽しむ施設をそなえ、樹木を植えた公園。 **―地** エ 名 いろいろな娯楽設備をそなえて、人々がたのしめるようにした場所。

ゆう-えん ⓪【幽遠】名 形動(の)〔文章語〕奥深くて、ひっそりしていること。「―な趣の庭園」

ゆう-えん ⓪【幽艶】名 形動(の)〔文章語〕奥深い感じで、上品に美しいこと。

ゆう-えん ⓪【悠遠】名 形動(の)〔文章語〕はるかに遠いこと。非常に長い年月。「―の昔より」

ゆう-えん ⓪【優艶】【優×婉】名 形動(の)〔文章語〕やさしくしとやかなこと。上品で、あでやかに美しいこと。

ゆう-おう-まいしん ⓪【勇往×邁進】名 自サ いさましく目的に向かってすすむこと。

ゆう-か ユ【有価】名 金銭上の値うちのあること。 **―証券** ショ 名 手形・小切手・株券・債券など、私法上の財産権をあらわす証券。

ゆう-が ユ【優雅】名 形動 やさしく上品なこと。「―なふるまい」

ゆう-かい ⓪【幽界】名〔文章語〕死後の世界。↕顕界。

ゆう-かい ⓪【誘拐】名 他サ 人をだまして、さそい出し、連れてゆくこと。かどわかすこと。

ゆう-かい ⓪【融解】名 自他サ ❶とけること。とかすこと。❷〔物〕熱のために、固体が液体になること。溶融。 **―点** カ 名〔物〕固体が、一気圧の空気中で融解しはじめる温度。融点。 **―熱** カ 名〔物〕固体を完全に液体にするのに必要な熱量。通常は、一グラムをとかして全体を同温度の液体とするのに要する熱量で表す。

ゆう-がい ⓪【有蓋】名 屋根・おおいのあること。「―貨車」↕無蓋。

ゆう-がい ⓪【有害】名 形動 害のあること。↕無害。 **―無益** ム 名 形動 害をあたえるだけで、よいところが少しもないこと。「―な情報」

ゆう-がお ⓪【夕顔】名 ウリ科のつる性一年草。夏の夕方、白い花を開く。実は食用。また、かんぴょうをつくる。㊊夏

ゆう-かく ⓪【遊客】名〔文章語〕❶遊覧する人。❷遊女を相手にあそぶ人。

ゆう-かく ⓪【遊郭】【遊×廓】名 昔、遊女屋のあつまっていた地区。くるわ。

ゆう-がく ⓪【遊学】名 自サ〔文章語〕(「遊」は他国へ行ってまなぶ意)他の国や土地へ行って勉強すること。

ゆう-かげ ⓪/カ【夕影】一名 ❶夕日の光。夕日影。❷夕日にうつるすがた。

ゆう-がた ⓪【夕方】一名 日のくれがた。ゆうぐれどき。↕朝がた。

ゆうが-とう ⓪【誘×蛾灯】名 農作物の害虫である蛾などをさそい寄せてころす灯火。誘虫灯。㊊夏

ユーカラ ⓪ 名 アイヌ民族に伝わる口承されてきた長編叙事詩。

ユーカリ ⓪ 名〔ラテン語 eucalyptus から〕フトモモ科の常緑高木。原産地オーストラリアでは、高さ六〇メートルにも達する。材木は造船・建築用。葉からユーカリ油をとる。

ユーカリ

ゆう-かん ⓪【夕刊】一名 毎夕方、刊行される新聞。↕朝刊。

ゆう-かん ⓪【有閑】名〔文章語〕資産があって生活にゆとりがあり、ひまが多いこと。 **―階級** カ2 名 じゅうぶんな資産をもっていて職業にしばられず、のんきにくらすことのできる階級。

ゆう-かん ⓪【憂患】名〔文章語〕心配し、なやむこと。心痛。

ゆう-かん ⓪【勇敢】形動 ダロ・ダッ・デ・ニ ダナ・ナラ 一〇 勇気があって、物事をおしきってするようす。

ゆうかん-じしん ジ【有感地震】名 人体に感じられる地震。↕無感地震。

ゆう-き ユ【有季】名 俳句に季語が入っていること。「―定型」↕無季。

ゆう-き ユ【有期】名 期間がきまっていること。「―刑」↕無期。

ゆう-き ユ【有機】名 ↕無機。❶生活機能をそなえ、生活力を有すること。動植物など。❷炭素を主成分とすること。 **―イーエル(EL)** エ 名(ELはelectroluminescenceから)特定の有機化合物に電圧を加えると発光する現象。テレビや照明などに使われる。 **―化学** カ 名 有機化合物を研究する化学。↕無機化学。 **―化合物** ゴ 名(有機体から得られる化合物の意)分子中に炭素をふくんだ化合物。有機物。↕無機化合物。 **―感覚** カ1 名 生物の内臓からおこる感覚。 **―酸** ⓪ 名(有機体内にある酸の意)炭素をふくんだ酸。↕無機酸。 **―質** キ 名 有機物を含む物質。↕無機質。 **―体** ⓪ 名 ↕無機体。❶生活機能をもつ組織体。生物体。❷各部分が一定の目的のもとに統一的につくられ、部分と全体とが密接な関係にあるもの。社会的な組織などにいう。 **―的** ⓪ 形動 有機体のように多くの部分がつよく結びついて全体を形づくり、部分と全体とが必然的関係をなしているようす。 **―農法** ノ 名 有機肥料を使って、安全で美味な作物の生産をめざす農法。有機農業。 **―肥料** ヒ 名 動物質・植物質の肥料。有機質肥料。↕無機肥料。 **―物** キ 名 ↕無機物。❶生活体を構成する物質。❷有機化合物。

ゆう-き ユ【勇気】名 ものおじしない意気。「―を出す」

ゆう-き ユ【幽鬼】名〔文章語〕❶亡霊。幽魂。❷鬼。ばけもの。

ゆう-き ユ【誘起】名 他サ〔文章語〕さそいおこすこと。事件などをひきおこすこと。惹起。

ゆう-ぎ ユ【友×誼】名〔文章語〕ともだちの間のしたしみ。友情。「―に厚い」

ゆう-ぎ ユ【遊技】名 娯楽として、じょうず・へたや、勝ち・負けをあらそう遊び。パチンコ・ビリヤードなど。「―場」

ゆう-ぎ ユ【遊戯】名 ❶あそびたわむれること。❷小学校・幼稚園などで、運動と楽しみとをかねて、一定の方法でおこなう遊び。 **―銃** ギ 名 ⬇トイガン。

ゆうき-つむぎ ツ【結▲城×紬】名 結城地方に産する、つむぎ糸で織った絹織物。ゆうき。参考 結城は茨城県西部にある市。絹織物の産地。

ゆう-きゃく ⓪【誘客】名 観光客を呼び集めること。

ゆう-きゅう [0]【有休】[名]「有給休暇」の略。

ゆう-きゅう [0]【有給】[名] 給料がもらえること。↕無給。**—休暇** [キュ2] [名] 給料の支払われる休暇。

ゆう-きゅう [0]【遊休】[名] 資本・設備などが使われずにあること。「—施設」**—資本** [シ] [名] 運用されずに、死蔵されている資本。遊資。

ゆう-きゅう [0]【悠久】[名][形動][の] 年代が長く、ひさしいこと。永久。「—の自然」

ゆう-きょ [ユ]【幽居】[名]〔文章語〕世間をさけて、静かな所にひきこもること。また、そのすまい。

ゆう-ぎょ [ユ]【遊漁】[名] レジャーを目的として魚をとったり釣ったりすること。「—船」「—料」

ゆう-きょう [0]【幽境】[名]〔文章語〕俗世を離れた静かで神秘的な場所。「—に遊ぶ」

ゆう-きょう [0]【遊×侠】[名]〔文章語〕おとこだて。侠客。「—の徒」

ゆう-きょう [0]【遊興】[名][自サ] ❶あそびたのしむこと。❷料理屋などであそぶこと。「—費」

ゆう-ぎり [0]【夕霧】ゆふ— [名] 夕方にたつ霧。[秋] ↕朝霧。

ゆう-きん [0]【遊金】[名]〔文章語〕使わないでしまってあるかね。あそびがね。あそびきん。

ゆう-く [ユ]【憂苦】[名]〔文章語〕うれえくるしむこと。心配とくるしみ。

ゆう-ぐ [ユ]【遊具】[名] 幼児が遊ぶときに使う道具や設備。積み木やぶらんこなど。

ゆう-ぐう [0]【優遇】[名][他サ] てあつくもてなすこと。給料などをじゅうぶんに支給すること。↕冷遇・酷遇・薄遇。

ユークリッド-きかがく [カ]【ユークリッド幾何学】[名] 古代ギリシャの数学者ユークリッドEuclidが集大成した幾何学。五つの公理と五つの公準から成る。

ゆう-ぐれ [0]【夕暮(れ)】ゆふ— [名] 日のくれるとき。日ぐれ。たそがれ。

ゆう-くん [ユ]【遊君】[名]〔文章語〕遊女。

ゆう-ぐん [0]【友軍】[名] 味方の軍。↕敵軍。

ゆう-ぐん [ユ]【遊軍】[名] ❶いつでも出動できる状態でいて、時機を見て活動する軍隊。❷待機していて、必要に応じて派遣される人。「—記者」

ゆう-げ [0]【夕げ】【夕×餉】ゆふ— [名] 夕食。↕朝げ・昼げ。

ゆう-けい [0]【夕景】ゆふ— [名] 夕方。また、夕方の景色。

ゆう-けい [0]【有形】[名] 形があること。形のあるもの。「—無形の援助」「—文化財」↕無形。

ゆう-けい [0]【雄×勁】[名][形動]〔文章語〕文字・文章などの書き方がおおしく力づよいこと。

ゆう-げい [0]/[ユ]【遊芸】[名] 趣味としてたのしむ芸能。琴・三味線・踊り・小唄など。

ゆう-げき [0]【遊撃】[名] ❶〔「遊」は固定しないでうごく意〕ときを見て味方を助け、敵を攻撃すること。❷遊撃手。**—手** [キ] [名] 野球で、二塁と三塁との間をまもる内野手。ショート。ショートストップ。

ゆう-けむり [ケ]【夕煙】ゆふ— [名] ❶夕方にたつ煙。❷夕食をつくるために出る煙。

ゆう-けん [0]【郵券】[名] 郵便切手。

ゆう-けん [0]【勇健】[名][形動][の]〔文章語〕❶いさましくて、じょうぶなこと。❷壮健。[参考] 手紙文などで「ご勇健」のように相手のことについて使うことが多い。

ゆう-けん [0]【雄健】[名][形動][の]〔文章語〕おおしくすこやかなこと。

ゆう-げん [0]【有限】[名][形動][の] かぎりのあること。↕無限。**—会社** [ガ] [名] 合名会社と株式会社との長所をとりいれた、社員が有限責任をもつ小規模な会社。旧有限会社法に規定された会社形態で、二〇〇六年以降は設立できなくなった。**—責任** [セ] [名] 一定額まで債務の弁済をおう責任。↕無限責任。

ゆう-げん [0]【幽玄】[名][形動][の] ❶奥ふかくてはかり知れないこと。奥ふかく味わいのつきないこと。❷日本の中世における芸術の理念の一つ。深い余韻・余情のあること。

ゆうげん-じっこう [0]【有言実行】[名]〔「不言実行」に対する造語〕発言したことは責任をもって実行すること。

ゆうけん-しゃ [ケ]【有権者】[名] ❶権利をもっている人。❷選挙権のある人。

ユーゴ《Yugoslavia》「ユーゴスラビア」の略。

ゆう-こう [0]【友好】[名] ともだちとしてのしたしみ。「—を深める」[参考]「友交」と書くのはあやまり。

ゆう-こう [0]【有功】[名] てがらがあること。

ゆう-こう [0]【遊行】[名][自サ]〔文章語〕〔「ゆぎょう」と読めば別語〕あそびあるくこと。

ゆう-こう [0]【有効】[名][形動] ↕無効。❶ききめがあること。❷役にたつこと。**—成分** [セ] [名] 効力のある成分。

ゆう-ごう [0]【融合】[名][自サ] 一つにとけあうこと。「核—」

ゆう-こく [0]【夕刻】ゆふ— [名] 夕方の時刻。くれがた。

ゆう-こく [0]【幽谷】[名]〔文章語〕奥ふかいたに。

ゆう-こく [0]【憂国】[名] 国の現状や将来をうれえること。「—の士」

ユーゴスラビア《Yugoslavia》❶バルカン半島西部の六つの共和国からなっていた社会主義連邦国家。一九九一年に分裂。❷旧ユーゴスラビアのセルビアとモンテネグロが、一九九二年に結成した連邦共和国。二〇〇三年、セルビア・モンテネグロと改称したが、二〇〇六年、両国の独立により解体。

ゆう-ごはん [ゴ]【夕御飯】ゆふ— [名] 夕方の食事。やや改まった言い方。夕食。夕飯。↕朝御飯・昼御飯。⇩晩御飯[参考]。

ゆう-こん [0]【幽魂】[名]〔文章語〕死者のたましい。亡魂。

ゆう-こん [0]【雄×渾】[名][形動]〔文章語〕文字や文章の書き方が力強く勢いがよいこと。「—な筆致」

ユーザー [ユ]/[0]〈user〉[名] 機械器具などの、使用者・利用者。

ゆう-ざい [0]【有罪】[名] ↕無罪。❶罪があること。❷〘法〙裁判所の判決によって犯罪がみとめられたこと。

ゆうさい-しょく [サ]【有彩色】[名] 黒・灰色・白以外の色。↕無彩色。

ゆうさり-つ-かた【夕さりつ方】ゆふさり— [名]〔古語〕ゆうがたのころ。

ゆう-さ・る【夕さる】ゆふ— [自四]〔古語〕夕方になる。「ゆふされば(夕方ニナルト)小倉の山に鳴く鹿は」〈万葉〉

ゆう-さん [0]【有産】[名] 財産をもっていること。金持ち。↕無産。**—階級** [カ] [名] 資本家や大地主など、豊かな財産をもっている階級。ブルジョアジー。

ユーザンス [ユ]〈usance〉[名] 為替手形の支払い期限。

ゆう-し [ユ]【有司】[名]〔文章語〕役人。官公吏。

ゆう-し [ユ]【有史】[名]〔文章語〕文字で記録された史料があること。歴史がはじまること。「—以来の大事件」

ゆう-し [ユ]【有志】[名] ある事柄に、志や関心のあること。また、その人。「—をつのる」

ゆう-し [ユ]【勇士】[名] ❶勇気のある人。❷勇気のある兵士。

ゆう-し [ユ]【勇姿】[名] いさましいすがた。

ゆう-し [ユ]【猶子】[名]〔文章語〕〔「なお、子のごとし」と読む。わが子と同じだの意〕❶兄弟の子。おい・めい。❷相続を目的としないで、仮に養子縁組をした子。

ゆう-し ユ【遊子】名〔文章語〕家をはなれ、他郷を旅する人。旅人。**―吟**ぎん ◎名〔文章語〕旅人のよんだ詩歌。

ゆう-し ユ【遊糸】名〔文章語〕かげろう。いとゆう。㊍春

ゆう-し ユ【遊資】名 遊休資本。

ゆう-し ユ【雄志】名 おおしいこころざし。雄大な意気。

ゆう-し ユ【雄姿】名 おおしいすがた。堂々としたすがた。

ゆう-し ユ【雄視】名他サ〔文章語〕威勢をもって他に対すること。堂々として他を見おろすこと。

ゆう-し ユ/◎【融資】名自サ 資金を融通すること。また、その資金。「―を受ける」

ゆう-じ ユ【有事】名〔文章語〕事件・戦争などのあること。「一朝―の際」↕無事ぶじ。

ゆう-しお ◎【夕潮】ゆふしほ 名 夕方の満ち潮、または、引き潮。

ゆう-しかい シ【有視界】名 飛行機の操縦中に、視界がひらけていること。「―飛行」

ゆう-しき ◎【有識】名 学問があり、見識が高いこと。「―者」

ゆうし-てっせん テ【有刺鉄線】名 とげのあるはりがね。

ゆう-しゃ ユ【勇者】名 勇気のある人。勇士。

ゆう-しゃ ユ【優者】名 他にまさってすぐれた人。

ゆう-じゃく ◎【幽寂】名形動(の)〔文章語〕奥ふかくてしずかなこと。

ゆう-しゅう ◎【有終】名 おわりまで、よくしとげること。**―の美**び 最後までやりとおして、りっぱな成果をあげること。「―を飾る」

ゆう-しゅう ◎【幽囚】名〔文章語〕とらえられて、牢獄に入れられること。また、その人。

ゆう-しゅう ◎【幽愁】名〔文章語〕深い悲しみ。「―にとざされる」

ゆう-しゅう ◎【憂愁】名〔文章語〕うれい。かなしみ。

ゆう-しゅう ◎【優秀】形動 ダロ・ダッ・デ・ニ ダ・ナ・ナラ〇 他より一段とすぐれひいでているようす。↕低劣。

ゆう-じゅう ◎【優柔】名形動(の) はきはきしないこと。「―な態度」**―不断**ふだん ◎名形動(の) ぐずぐずして決断がつかないこと。

ゆう-しゅつ ◎【湧出】名自サ わき出ること。「温泉が―する」

ゆう-しゅん ◎【優×駿】名 並すぐれて足のはやい競走馬。

ゆう-じょ ユ【×佑助】名〔文章語〕(「佑」も「助」も、たすける意)たすけること。たすけ。「天の―」

ゆう-じょ ユ【遊女】名 ❶昔、宿場などで、歌やおどりで客をよろこばせたり、からだを売ったりしたおんな。あそびめ。❷遊郭にいるおんな。女郎。娼妓しょうぎ。

ゆう-じょ ユ【×宥×恕】名他サ〔文章語〕(「宥」はゆるす、「恕」は、大目に見る意)ひろい心で罪をゆるし、とがめないこと。「―を請う」⇩海容 参考。

ゆう-しょう ◎【有償】名 ある行為に対して、つぐないのあること。代価がはらわれること。↕無償。

ゆう-しょう ◎【勇将】名 いさましく強い大将や将軍。

ゆう-しょう ◎【優勝】名自サ 第一位で勝つこと。**―杯**はい ショ名 競技に優勝した者にあたえられるカップ。**―劣敗**れっぱい ◎名 生存競争で、環境に適したものや強いものは栄え、環境に適さないものや弱いものはほろびること。適者生存。

ゆう-しょう ◎【優賞】名他サ〔文章語〕てあつくほめること。また、その賞品や賞金。

ゆう-しょう ◎【有床】名形動 入院患者のためのベッドがあること。**―診療所**しんりょうじょ ◎ 入院施設のある医院。⇩診療所 参考。

ゆう-じょう ◎【友情】名 ともだちの間の情愛。

ゆう-じょう ◎【優×諚】名〔文章語〕天皇のめぐみぶかいことば。

ゆうじょう《友情》武者小路実篤むしゃのこうじさねあつの長編小説。一九一九年発表。主人公の青年が、友人と恋人を争う話。全編に理想主義的な傾向が強い。

ゆう-しょく ◎【夕食】ゆふ 名 夕方の食事。↕朝食・昼食。参考「夜食」は、一日に三回とる食事とは違う系列の語。⇩晩御飯 参考。

ゆう-しょく ◎【有色】名 色のついていること。↕無色。**―人種**じんしゅ ジ名 黄色人種・黒色人種などの総称。**―野菜**やさい ヤ名 にんじん・トマト・カボチャなど、カロテンなどの色素を多くふくんだ野菜。緑黄色野菜。

ゆう-しょく ◎【憂色】名〔文章語〕心配そうな顔つき・様子。「―に包まれる」

ゆう-しん ◎【雄心】名〔文章語〕おおしく強いこころ。勇み立つ心。**―勃勃**ぼつぼつ ◎ と副 たる連体 心がさかんに気負いたつようす。

ゆう-しん ◎【憂心】名〔文章語〕心配するこころ。憂思。

ゆう-じん ◎【友人】名 とも。ともだち。

ゆう-じん ◎【有人】名 人がいること。特に人が乗っていること。「―宇宙飛行」↕無人。

ゆうしん-ろん シ【有神論】名 神の存在をみとめる論。↕無神論。

ユース ユ〈youth〉名 ❶若者。青年。「―サッカー」❷「ユースホステル」の略。**―ホステル** ホ〈youth hostel〉名 旅行する青年のためにつくられた安価で健全な宿舎。

ゆう-すい ◎【湧水】名 地中から自然に水がわいてくること。また、その水。わき水。泉。

ゆう-すい ◎【幽×邃】名形動(の)〔文章語〕奥ふかくて、ものしずかなこと。

ゆう-ずい ユ【雄×蕊】名 種子植物の花の中にある雄性生殖器官で、花粉を生じるもの。おしべ。↕雌蕊しずい。

ゆうすい-ち ス【遊水池】名 はんらんを防いだり、川の水をみちびいて池のようにしたところ。参考 法律では「遊水地」と表記する。

ゆう-すう ◎【有数】名形動 その分野でおもだったものにかぞえられること。屈指。「世界―の学者」

ゆう-ずう ◎【融通】㊀名 ❶とどこおりなく、通じること。「―自在」❷その場その場でうまく処理すること。「―のきかない男」㊁名他サ ❶かねなどをくめんして、ととのえること。「千円―してくれ」❷かねなどを貸すこと。「資金を―する」参考 仮名で表記するときは、「ゆうづう」のように「づ」を用いて書いてもよい。**―手形**がた テ名 実際の商取引にもとづかず、一時、資金の融通を得るためにふりだす手形。空から手形。**―無×碍**むげ ム名 考え方や行動がとらわれるところがなく、自由でのびのびしていること。

ゆうずうねんぶつ-しゅう《融通念仏宗》平安時代末期に、良忍りょうにんがはじめた浄土教の一派。本山は大阪の大念仏寺。大念仏宗。

ゆう-すずみ ス【夕涼み】ゆふ 名 夏の夕方、縁がわなどですずむこと。㊍夏

ゆう-ずつ【▲長×庚・夕▲星】ゆふづつ 名〔古語〕(古くは「ゆうつづ」)夕方西空に見える金星。よいの明星みょうじょう。太白星。↕あかぼし。**―の** 枕「夕べ」「か行きかく行き」にかかる。「ゆふづつの夕べになればいざ寝よと」〈万葉〉

ゆう・する ス【有する】他サ シ・セ・サ｜シ｜スル｜スル｜スレ｜セヨ・セロ もつ。もっている。所有する。**いう・す** 文語サ変

ゆ

ゆう・する ス【幽する】他サ シ・セ・サ・シ・スル・スル・スレ・シロ・セヨ 文章語 人を、ある所におしこめる。幽閉する。**いう・す** 文語サ変

ゆう-せい ⓪【有声】名 発音するとき、声帯が振動すること。↕無声。**—音** セ 名 声帯の振動をともなう音声。b・d・gなどやふつうの母音。↕無声音。

ゆう-せい コ/⓪【郵政】名 郵便・郵便貯金などをあつかう行政事務。**—省** セ 名 郵便・郵便貯金・簡易生命保険・郵便年金・電波監理などの事務を担当した中央官庁。二〇〇一年総務省に統合された。

ゆう-せい ⓪【遊星】名 〔みかけの位置がつねに変わる星の意〕➡わくせい。↕恒星。

ゆう-せい ⓪【雄性】名 おすの性質。↕雌性。

ゆう-せい ⓪【優性】名 ➡けんせい(顕性)。

ゆう-せい ⓪【幽×棲・幽×栖】名 自サ 文章語 俗世間の煩わしさをさけて、ひっそりすむこと。ものしずかなすまい。

ゆう-せい ⓪【優勢】名 形動(の) 相手より勢いがまさっていること。「—を保つ」↕劣勢。**—勝ち** ⓪ 名 柔道などで、はっきりしたきまりわざがなく、判定で勝ちときまること。

ゆう-ぜい ⓪【有税】名 税金がかかること。↕無税。

ゆう-ぜい ⓪【郵税】名 郵便料金の旧称。

ゆう-ぜい ⓪【遊説】名 自サ 自分の意見を説いて、各地をまわること。

ゆうせい-がく セ【優生学】名 人類のわるい素質の遺伝をさけ、よい素質の遺伝を増すことを研究する学問。ユーゼニックス。

ゆうせい-せいしょく セ2【有性生殖】名 おす・めすの二つの生殖細胞が一つになって、新個体が発生する生殖法。↕無性生殖。

ゆうせい-らん セ【有精卵】名 受精卵。多く鶏卵についていう。↕無精卵。

ゆう-せつ ⓪【融雪】名 ❶雪がとけること。雪どけ。「—期」❷雪をとかすこと。「—装置」❸とけた雪。

ゆうぜつ【遊説】「ゆうぜい」のあやまり。

ユーゼニックス 三〈eugenics〉名 優生学。

ゆう-せん コ【有線】名 ❶通信で、電線を使うこと。↕無線。❷有線放送。**—放送** ホ 名 有線の放送設備を使って、せまい範囲を対象におこなう放送。

ゆう-せん ⓪【郵船】名 郵便船。

ゆう-せん ⓪【勇戦】名 自サ いさましくたたかうこと。

ゆう-せん ⓪【優先】名 自サ 他の物事より順位を先にすること。「接種の順番は高齢者を—する」↕劣後。**—権** セ 名 優先する権利。**—席** セ1 名 電車やバスで、老人・障害者・妊婦などにゆずるように指定してある座席。**—的** ⓪ 形動 他のものよりも先にするようす。「低所得者への給付を—に進める」

ゆう-ぜん コ【友禅】名 「友禅染」の略。**—染** ⓪ 名 絹布などに、いろいろの模様をあざやかに染めだしたもの。参考 江戸中期、京都の画家、宮崎友禅が発明したといわれる。

ゆう-ぜん ⓪【▲油然】と副 たる連体 文章語 さかんにわきおこるようす。「—と詩想がわく」

ゆう-ぜん ⓪【悠然】と副 たる連体 ゆったりと、落ちついているようす。悠々たるさま。

ゆう-そう ⓪【郵送】名 他サ 郵便でおくること。

ゆう-そう ⓪【勇壮】形動 ダロ・ダッ・デ・ニ・ダナ・ナラ・〇 いさましくさかんなようす。「—なマーチ」

ゆう-そく コ/⓪【有▲職】名 朝廷や公家の礼式・故実に通じていること。また、その人。**—故実** コ 名 朝廷・公家の古来の礼式・故実・官職・法令などを研究する学問。

ゆう-だ コ【遊惰】名 形動(の) 文章語 あそびなまけること。「—な生活」

ユー-ターン タ【Uターン】名 自サ 〔和製英語 U-turn〕❶自動車などがU字形にまわって、逆もどりをすること。「—禁止」❷もとの場所・状態にもどること。とくに、都会に出てきた人が地方にもどって生活すること。「—就職」「—ラッシュ」

ゆう-たい ⓪【郵袋】名 郵便物を入れて、局から他の局へ送るふくろ。郵便行嚢。

ゆう-たい ⓪【勇退】名 自サ 後進に道をひらくため、役職をみずから進んでやめること。

ゆう-たい ⓪【優待】名 他サ てあつくもてなすこと。優遇。「—券」

ゆう-だい ⓪【雄大】形動 ダロ・ダッ・デ・ニ・ダナ・ナラ・〇 規模が大きく、堂々としているようす。壮大。「—な構想」

ゆうたい-るい タ【有袋類】名 哺乳類のうち、未熟な状態で生まれた子が、母親のおなかのふくろの中で育つ動物。カンガルー・コアラなど。

ゆう-だち ⓪【夕立】名 夏の夕方など、短時間にはげしく降る雨。夏のにわか雨。夏 **—は馬の背を分ける** 夕立は局地的に降るもので、たとえば、馬の背中の半分には降り、半分には降らないほどだ。

ユータナジー タ〈フ euthanasie〉名 苦しまずに死ぬこと。また、その方法。安楽死。

ゆう-だん ⓪【勇断】名 文章語 きっぱりと決断すること。また、そのようす。「—を仰ぐ」

ゆうだん-しゃ ダ【有段者】名 武道・囲碁・将棋などで段位をもつ人。

ゆう-ち コ【誘致】名 他サ さそい寄せること。「工場を—する」

ゆう-ちく ⓪【有畜】名 家畜をもっていること。「—農業」↕無畜。

ユーチューバー チュ〈YouTuber〉名 ユーチューブで公開する動画を制作・投稿する人。広告収入を目的とすることが多い。

ユーチューブ チュ〈YouTube〉名 〔商標名〕音声付きの動画を投稿・閲覧できる動画共有サービスの一つ。アメリカのユーチューブ社が提供するもの。

ゆう-ちょ コ【郵貯】名 「郵便貯金」の略。

ゆう-ちょう コ【悠長】形動 ダロ・ダッ・デ・ニ・ダナ・ナラ・〇 おちついてあわてないようす。のんびりとしていて、いそがないようす。

ゆう-ちょう コ【優長】なり形動 古語 すぐれているさま。「能芸優長にして」〈保元〉

ゆう-つ-かた【夕つ方】ゆふ— 名 古語 ゆうがた。

ゆう-づき ⓪【夕月】ゆふ— 名 夕方の月。秋 **—夜** キ 名 文章語 ❶夕方の月。↕朝月夜。❷月の出ている夕方。秋

ゆう-づくよ【夕▲月夜】ゆふ— 古語 ❶名 ゆうづきよ。秋 ❷枕 「あかつきやみ」「おぼつかなし」「をぐらし」にかかる。「夕月夜暁闇の朝影に我が身はなりぬ汝を思ひかねて」〈万葉〉

ゆうつけ-どり【▲木▲綿付鳥】ゆふつけ— 名 古語 にわとり。

ゆうづる《夕鶴》ゆふ— 木下順二の戯曲。一九四九年発表。民話「鶴の恩返し」に題材をとり、鶴の化身である女性が人間界に絶望して去る内容を描く。

ユーティリティ ティ〈utility〉名 ❶役にたつこと。❷家具をしまったり家事をしたりするための場所。「—ルーム」

ゆう-てん コ【融点】名 融解点。

ゆう-と コ【雄図】名 文章語 勇ましいはかりごと。雄大な計画。壮図。

ゆう-と コ【雄途】名 文章語 勇ましく意気さかんなかどで。

「—につく」

ゆう-とう⓪【友党】名 政見・政策などに一致点があり、行動を共にする政党。

ゆう-とう⓪【有頭】名 えびなどの食材で、頭を取らずに残してあるもの。「天然の—えび」

ゆう-とう⓪【遊×蕩】名自サ 酒や女あそびにふけること。**—児**(じ) ト名 遊蕩に身をもちくずす人。道楽者。

ゆう-とう⓪【優等】名形動(の) 等級・成績が、特にすぐれていること。↕劣等。**—生**(せい) ト名 成績・素行の特にすぐれた学生・生徒。↕劣等生。

ゆう-どう⓪【誘導】名他サ ❶さそいみちびくこと。「—尋問」❷〔物〕電気・磁気が電場・磁場にある物体におよぼす作用。**—弾**(だん) ド名 ロケット、または、ジェットエンジンでとび、電波などにより目標にみちびかれる爆弾。ミサイル。

ゆうどう-えんぼく エ【遊動円木】名 まるくて長い木の両端をつった運動用具。ゆりうごく上を、重心をとりながらわたる。

ゆう-とく⓪【有徳】名形動(の)〔文章語〕徳をそなえていること。うとく。

ゆう-どく⓪【有毒】名形動(の) 毒性のあること。↕無毒。

ユートピア ト〈utopia〉名 理想郷。理想の社会。参考 トマス=モアが書いた空想的社会小説の題名による。

ユートピアン ト〈utopian〉名 空想家。夢想家。

ゆう-なぎ⓪【夕なぎ】【夕×凪】(ゆふ—) 名 夕がた、海風と陸風とがかわるとき、海上・海浜がしばらく無風状態になること。夏 ↕朝なぎ。

ゆう-なみ⓪【夕波】(ゆふ—) 名 夕方にたつ波。**—千鳥**(ちどり) チ 名〔文章語〕夕波の上を飛ぶちどり。

ゆう-なる【×尤なる】連語 たいそうすぐれている。「—者」

ゆう-に コ【優に】(いう—) 副 ❶じゅうぶんに。「—百万円はある」❷〔古語〕しとやかに。上品に。「かぐや姫のかたち優におはすなり」〈竹取〉

ゆう-のう⓪【有能】名形動 才能のすぐれていること。「—な人物」↕無能。

ゆう-はい⓪【有配】名 株に対して配当のあること。↕無配。

ゆう-ばえ⓪【夕映え】(ゆふ—) 名 夕日に映えて、雲などが赤くかがやくこと。夕焼け。

ゆう-ばく⓪【誘爆】名自サ 一つの火薬・石油タンクなどの爆発がきっかけになって、近くの同類のものの爆発を引き起こすこと。「—を起こす」

ゆう-はつ⓪【誘発】名他サ あることが原因となり、他のことをさそいおこすこと。「かぜが余病を—する」

ゆう-パック パ名〔商標名〕日本郵便株式会社が提供する宅配サービス。

ゆう-ばれ⓪【夕晴れ】(ゆふ—) 名 夕方晴れていること。

ゆう-はん【有半】接尾〔文章語〕〔「有」は「又(また)」の意〕さらにその半分。「一年—」

ゆう-はん⓪【夕飯】(ゆふ—) 名 夕方の食事。「夕御飯」「夕食」に近い改まった言い方。夕飯(ゆうめし)。⇩晩御飯 参考。

ゆう-はん コ【雄藩】名〔文章語〕大きくて勢力のある藩。

ゆう-ひ⓪【夕日】【夕▲陽】(ゆふ—) 名 ↕朝日。❶夕方の太陽。入り日。❷夕方の太陽の光。「—がさしこむ」**—影**(かげ) ヒ名 夕日の光。↕朝日かげ。

ゆう-ひ コ【雄飛】名自サ さかんに活動すること。「海外に—する」↕雌伏。

ゆう-び コ【優美】名形動 上品でうつくしいこと。「—な装い」

ゆう-ひつ コ【右筆】【×祐筆】名 ❶昔、貴人のそばにいて、物を書くことを受けもった人。❷武家の職名で、記録をつかさどったもの。

ゆう-ひょう⓪【融氷】名 氷がとけること。

ゆう-びん⓪【郵便】名 ❶手紙・文書・小包・かねなどを送りとどける事業。明治時代から国営で行われてきたが、二〇〇七年に民営化された。❷郵便物。**—受**(う)**け** ヒ名 郵便物・新聞などを受けとるために、家の門口などに設けてある箱。郵便箱。参考 表記は「郵便受」でもよい。**—為替**(かわせ) カ名 郵便局の為替で送金する方法・証書。現在は、普通為替・定額小為替の二種がある。**—切手**(きって) キ名 郵便物にはり、郵便料を払ったことのしるしとする証票。切手。**—局**(きょく) ヒ名 郵便の事務を取りあつかうところ。**—行×嚢**(こうのう) コ名 郵袋(ゆうたい)。**—書簡**(しょかん) ショ名 通信文を書いて折りたたみ、封をすればそのまま差し出せる、封筒と便せんを兼ねた用紙。ミニレター。**—貯金**(ちょきん) チョ名 もと、郵便局であつかっていた国営の貯金事業。参考 現在は「貯金」の名称で株式会社ゆうちょ銀行がひきつぐ。**—年金**(ねんきん) ネ名 もと、郵便局であつかっていた積立年金。一九九一年、簡易保険の一つとなった。**—はがき** ハ名 郵便で送るはがき。第二種郵便物に属し、表に郵便料金を表す証票を印刷してあるもの、切手をはって出すもの、料金別納のものなどがあり、往復はがきもある。**—箱**(ばこ) ヒ名 ❶郵便受け。❷ポスト。**—番号**(ごう) バ名 郵便の配達区域を数字であらわしたもの。郵便物に記入して、あて先による区分が能率的にできるようにする。**—物**(ぶつ) ヒ名 郵便で出す手紙・小包など。

ゆう-ふ コ【有夫】名〔文章語〕夫があること。

ゆう-ぶ コ【勇武】名〔文章語〕勇気があり、武術にすぐれていること。

ユーブイ ブ〈UV〉名〔ultraviolet から〕紫外線。「—カット」

ユーフォー コ〈UFO〉名〔unidentified flying object から〕空飛ぶ円盤などの、未確認飛行物体。

ゆう-ふく コ【裕福】形動 ダロ・ダッ・デ・ニ ダ・ナ・ナラ〇 財産があって、くらしがゆたかなようす。富裕。

ゆう-ぶつ⓪【×尤物】名〔文章語〕❶すぐれたもの。❷美人。

ゆう-ふん⓪【憂憤】名〔文章語〕うれえ、いきどおること。

ゆう-ぶん⓪【右文】名〔文章語〕学問や文学をおもんじ、とうとぶこと。**—左武**(さぶ) サ名〔文章語〕文も武も重んじること。

ゆう-べ ベ【夕べ】(ゆふ—) 名〔文章語〕夕がた。↕朝(あした)。

ゆう-べ ベ【▲昨▲夜】名〔「よべ」「ようべ」の変化〕前の日の夜。きのうの晩。参考 あらたまった場面では、「昨夜」などという。

ゆう-へい⓪【幽閉】名他サ 人を一室におしこめておくこと。

ゆう-へん⓪【雄編】【雄×篇】名〔文章語〕すぐれた作品。

ゆう-べん⓪【雄弁】名形動 力強くよどみのない弁舌。**—家**(か) ⓪名 弁論にすぐれた人。**—は銀**(ぎん)**沈黙**(ちんもく)**は金**(きん)〔西洋のことわざから〕雄弁は大切だが、必要なときに沈黙を守ることはそれ以上に賢明な行動である。

ゆう-ほ コ【遊歩】名自サ〔文章語〕そぞろあるき。散歩。**—道**(どう) ホ名 散歩・ハイキングなどのための歩行者専用道路。

ゆう-ほう⓪【友邦】名 したしい国。友国。

ゆう-ほう⓪【雄峰】名〔文章語〕雄大な山。

ゆう-ぼう⓪【有望】名形動(の) 見込みがあること。「前

ゆ

ゆう-ぼく ⓪【遊牧】名 水と草とを求めてうつり住み、牧畜を業とすること。**―民族**(みんぞく) ㊂名 遊牧の生活をする民族。

ゆう-まぐれ マ【夕まぐれ】【夕間暮】(ゆふ)―名〔文章語〕夕方のうすぐらいこと。また、そのころ。

ゆう-みん ⓪【遊民】名〔文章語〕仕事をせずに、あそんで暮らす人。

ゆう-めい ⓪【勇名】名 いさましいという名声・評判。「―をとどろかす」

ゆう-めい ⓪【幽明】名〔文章語〕あの世とこの世。**―相**(あい)**隔**(へだ)**てる** 一方が死んで、あの世とこの世とにわかれる。死別する。**―境**(さかい)**を異**(こと)**にする** 幽明あいへだてる。

ゆう-めい ⓪ユ【幽冥】名〔文章語〕❶かすかでくらいこと。❷めいど。あの世。**―界**(かい) ㊁名 死後の世界。あの世。めいど。黄泉(こうせん)。

ゆう-めい ⓪【有名】形動 ダロ・ダッ・デ・ニ/ダ・ナ・ナラ・○ 世間によく知られているようす。名高いようす。「―な観光地」「―になる」**―人**(じん) ㊁名 世間に名の知られている人。**―税**(ぜい) ㊁名〔俗語〕有名なためにこうむるめいわくや苦痛のたとえ。**―無実**(むじつ) ㊃名 名だけあって、実質がないこと。「―の規則」

ゆう-めし ⓪【夕飯】(ゆふ)―名 夕方の食事。夕飯(ゆうはん)。「晩飯(ばんめし)」とともに、おもに男性が使う。⇩晩御飯 参考。

ゆう-めん ⓪【×宥免】名 他サ〔文章語〕(「宥」も「免」も、ゆるす意)罪やあやまちをゆるすこと。⇩海容 参考。

ユーモア ユ〈humor〉名 人間の生活をなめらかにする、洗練されたおかしみ。人格や笑う対象そのものからにじみ出るおかしさ。「―を解する」「―をまじえた講演」

ゆう-もう ⓪【勇猛】形動 ダロ・ダッ・デ・ニ/ダ・ナ・ナラ・○ 勇気があって、たけだけしいようす。非常に勇ましく強いようす。「―果敢」参考「雄猛」と書くのはあやまり。

ゆう-もや ⓪【夕もや】【夕×靄】(ゆふ)―名 夕方に立ちこめるもや。↕朝もや。

ユーモラス ユ〈humorous〉形動 ダロ・ダッ・デ・ニ/ダ・ナ・ナラ・○ ユーモアのあるようす。

ユーモリスト リ〈humorist〉名 ユーモアのある人。

ユーモレスク レ〈フhumoresque〉名〔音〕軽やかな感じの小曲。

ゆう-もん ⓪【幽門】名 胃の末端部で、十二指腸につづく部分。↕噴門。

ゆう-もん ⓪【憂×悶】名 自サ〔文章語〕うれえ、もだえること。かなしみ、なやむこと。

ゆう-やく ユ【×釉薬】名 すやきの陶磁器の表面に塗るガラス質の溶液。うわぐすり。

ゆう-やく ⓪【勇躍】名 副 自サ いさんでおどりあがること。たいそういさみたつこと。「―出発する」

ゆう-やけ ⓪【夕焼け】(ゆふ)―名 日が暮れるとき、西の空が赤くなる現象。㊂夏 ↕朝焼け。

ゆう-やみ ⓪【夕闇】(ゆふ)―名 よいやみ。夕方の暗さ。

ゆうや-ろう ヤ【遊冶郎】名 酒や女あそびにふける、身持ちのわるい男。道楽者。

ゆう-ゆう ⓪ユ2【悠悠】と副 たる連体 ❶〔文章語〕遠くはるかなようす。「―たる天空」❷〔文章語〕時の久しいようす。「―二千年の昔」❸ゆっくりとおちついたようす。「―と歩く」**―閑閑**(かんかん) ユ2 と副 たる連体〔文章語〕のんきにゆっくりおちついているようす。「―たる生活」**―自適**(じてき) ⓪名 自サ 世間のわずらわしさからのがれ、心しずかにすごすこと。「―の生活」

ゆう-よ【有余】接尾〔文章語〕あまり。以上。「六十―年」

ゆう-よ ユ【猶予】㊀名 自サ ぐずぐずしてきめないこと。「一刻も―はならぬ」㊁名 他サ きめられた期限をのばすこと。「一日の―を願う」参考「猶余」と書くのはあやまり。

ゆう-よう ⓪【有用】名 形動(の) 役にたつこと。↕無用。

ゆう-よう ⓪【悠揚】(と)副 たる連体〔文章語〕ゆったりして、こせこせしないようす。「―せまらぬ態度」

ゆう-よく ⓪【遊×弋】名 自サ〔文章語〕(「弋」は、うかぶ意)艦船があちこちを航行すること。

ゆう-らく ⓪【遊楽】名 自サ あそび、たのしむこと。

ユーラシア《Eurasia》ヨーロッパとアジア両大陸の総称。「―大陸」

ゆう-らん ⓪【遊覧】名 自サ 見物してまわること。「―船」「―飛行」

ゆう-り ユ【遊里】名 遊女屋のあつまっている所。遊郭(ゆうかく)。くるわ。

ゆう-り ユ/リ【遊離】名 自サ ❶はなれて存在すること。全体とむすびつかないこと。❷元素が他の元素と化合しないで存在すること。単体の元素、または、化合物の基(き)が、化合物から分離すること。

ゆう-り ユ【有利】形動 ダロ・ダッ・デ・ニ/ダ・ナ・ナラ・○ 利益があるようす。得(とく)なようす。「―な投資」「試合を―に進める」↕不利。

ゆうり-すう リ【有理数】名 整数、または、分数の形であらわすことのできる数。↕無理数。

ゆう-りゃく ⓪【雄略】名〔文章語〕雄大な計略。

ゆう-りょ ユ【憂慮】名 他サ 国や社会のありかたに不安をいだき強く心配すること。「―の念を抱く」**―に堪**(た)**えない** 強く心配せずにはいられない。

ゆう-りょう ⓪【有料】名 料金がいること。↕無料。**―道路**(どうろ) ド名 通行に料金のいる道路。

ゆう-りょう ⓪【遊猟】名 猟をしてあそぶこと。

ゆう-りょう ⓪【優良】形動 ダロ・ダッ・デ・ニ/ダ・ナ・ナラ・○ すぐれて、よいようす。↕劣悪。

ゆう-りょく ⓪【有力】形動 ダロ・ダッ・デ・ニ/ダ・ナ・ナラ・○ ↕無力。❶勢力や威力があるようす。「―な支持者」❷値うちがあり、役にたつようす。「―な証拠」

ゆう-れい ユ【幽霊】名 ❶死者のたましい。亡霊。❷死者が成仏(じょうぶつ)できず、生前の姿であらわれ出たもの。亡霊。おばけ。❸ないものを実態があるように見せかけたもの。「―会社」**―人口**(じんこう) ジ名 書類の上だけにあって、実際には存在しない人口。

ゆう-れい ⓪【優麗】名 形動(の)〔文章語〕やさしく、美しいこと。

ゆう-れき ⓪【遊歴】名 自サ〔文章語〕諸国・諸地方をめぐりあるくこと。遍歴。

ゆう-れつ ユ【優劣】名 まさることと、おとること。まさりおとり。「―がない」

ユーロ〈Euro〉㊀造「ヨーロッパの」の意をあらわす。「―トンネル」「―債」㊁ユ名 欧州連合EUの単一通貨。

ゆう-わ ⓪【×宥和】名 自サ〔文章語〕(「宥」は許す意)相手を大目に見て許し、仲よくすること。「―政策」

ゆう-わ ⓪【融和】名 自サ ❶うちとけて、仲のよいこと。「―をはかる」❷とけあって一つになること。

ゆう-わく ⓪【誘惑】名 他サ わるい方へさそいこむこと。

ゆえ エ【故】(ゆゑ) 名 ❶わけ。理由。事情。「―あって別れた」❷〔かながき〕(助詞的に)…のため。「なまけた―、失敗した」**―あるかな** もっともなことである。**―無**(な)**しとしない** 理由のあることだ。

ゆ-えい ⓪【輸×贏】名〔文章語〕(「しゅえい」の慣用読み)かちまけ。勝負。

ゆ-えつ ⓪【愉悦】名〔文章語〕たのしみ、よろこぶこと。「―に

ゆ

ひたる」

ゆえ-づ・く【故付く】ゆゑ—〔古語〕❶自四 ❶わけがありそうである。いわくありげだ。「古代のゆゑづきたる御装束」〈源氏〉❷おもむきがある。❷他下二 わけがありそうにふるまう。「おのづから一つゆゑづけてしいづることもあり」〈源氏〉

ゆえ-にエ【故に】ゆゑ— 接続 だから。よって。

ゆえ-よしエ【故由】ゆゑ— 名〔文章語〕いわれ。わけ。理由。

ゆえん0【▲所▲以】ゆゑん 名〔「ゆえ」の変化〕わけ。理由。「あえて公表する—は」

ゆ-えん0【油煙】名 油が完全に燃えないときに出る、こまかい炭素のこな。

ゆ-おう0【▲硫黄】名 ➡いおう。

ゆか0【床】名 ❶家の中で、地面・土間などより一段高く板などを張りわたしたところ。❷歌舞伎・文楽で、舞台や舞台のわきに設けられた、義太夫をかたる高い場所。参考 文楽では、義太夫語りと三味線弾きのことも指す。⇩文楽(図)。

ゆ-かいユ【愉快】形動 ダロ・ダッ・デ・ニ／ダ・ナ・ナラ・○ たのしくて、気持ちのよいようす。**愉快がる** 自五 **愉快さ** 名 **—犯**はん カ 名 世間をさわがせることを目的とする犯罪。または、その犯人。

ゆか-いた0【床板】名 床に張ってある板。

ゆか-うえ0【床上】うへ 名 床板の上。「—浸水」↕床下。

ゆか-うんどうウ【床運動】名 体操競技の一つ。床に敷いたマットの上で、徒手体操・跳躍・倒立・回転などを組み合わせて行うもの。

ゆ-が・くガ【湯がく】他五 カ・コ・キ・イ／ク・ク・ケ・ケ 野菜などのあくをぬくために、熱湯にひたす。ゆびく。

ゆ-がけケ【▲弓懸け】名 弓を射るときにつける革の手袋。

ゆ-かげんカ【湯加減】名 ❶ふろの湯の温度のぐあい。「いい—だ」❷茶の湯などの湯の温度のぐあい。

ゆか-ざい0【床材】名 建物の床に使う材料。フローリングやタイルなど。

ゆかし・い❶シ 形 カロ・カッ・ク／イ・イ・ケレ・○ ❶上品で、心がひかれる。おくゆかしい。「—人がら」❷おもむきがあって、なつかしく感じられる。昔がしのばれる。「式典は古式ゆかしく行われた」**ゆかしさ** 名 **ゆか・し** 文語シク ❷形シク〔古語〕(強く心がひきつけられて)知りたいとおもう。見たいとおもう。聞きたいとおもう。「ねびゆかむさま(成長シテイク様子)ゆかしき人かな」〈源氏〉

ゆか-した0【床下】名 床板の下。「—浸水」↕床上ゆかうえ。

ゆかず-ごけス【行かず後家】名〔俗語〕婚期をすぎても結婚しない女性。オールドミス。いかずごけ。

ゆ-かた0【浴衣】名(「湯かたびら」の略)おもに、白地に柄を染めた、夏に着る、もめんのひとえ。夏 **—掛**がけ 0 名 ゆかたを着ること。ゆかたを着た、くつろいだ姿。夏

ゆか-だんぼうダ【床暖房】名 床下に電熱器や温水パイプなどを設置し、床をあたためる方式の暖房。

ゆか-ばり0【床張(り)】名 板で床を張ること。また、張った所。

ゆがみ0ミ【×歪み】名 ❶ゆがむこと。ひずみ。❷正しくないこと。すなおでないこと。「心の—」

ゆが・む0ガ【×歪む】自五 マ・モ・ミ・ン／ム・ム・メ・メ ❶形が正しくなくなる。ひずむ。❷心やおこないなどが正しくなくなる。

ゆが・める0メ【×歪める】他下一 メ・メ・メル・メル・メレ・メロ・メヨ ❶形をゆがませる。ひずませる。❷心やおこないの正しさをうしなわせる。「子どもの心を—受験地獄」**ゆが・む** 文語下二

ゆかり0【▲縁・所▲縁】名 ❶関係のあること。えん。縁故。「漱石そうせき—の地」❷(「ゆかりじそ」の略)梅干しといっしょにつけこんだしその葉を乾燥させて粉にしたもの。

ゆ-かんユ【湯×灌】名 仏式による葬儀で、死体を棺に入れるまえに、湯できれいにぬぐうこと。

ゆき0【行き】名 ↕帰り。❶行くこと。「京都—」❷行く時。「—に寄る」‖いき。

ゆき0ユ【×裄】名 衣服の、背縫いからそでぐちまでの長さ。

ゆきキ【雪】名 ❶大気の上層で水蒸気が結晶しておちてくるもの。冬 ❷まっ白い色。まっ白いもの。「—の肌」**—と墨**すみ 物事が、まったくちがっていること。正反対であること。

ゆ-きユ【由基】【▲悠紀・▲斎忌】名 大嘗祭だいじょうさいのときの東方の祭場。また、そこにそなえる新穀をたてまつるべき京都以東の国。中古から、近江おうみの国があてられた。↕主基すき。

ゆぎ【×靫】名〔古語〕古代、矢を入れて背おった道具。

ゆき-あ・うア【行(き)合う】【行×逢う】あふ 自五 ワ・オ・イ・ッ／ウ・ウ・エ・エ 途中で出あう。出くわす。いきあう。**行きあえる** 自下一〔…できる〕

ゆき-あかりア【雪明(か)り】名 積もった雪の反射で、うすあかるく見えること。冬

ゆき-あたり0【行(き)当(た)り】名 行きあたった所。行きづまり。いきあたり。**—ばったり** タ・パ 形動 その場その場のなりゆきしだいで、無計画なようす。「—なやり方」

ゆき-あた・るタ【行(き)当(た)る】自五 ラ・ロ・リ・ッ／ル・ル・レ・レ ❶進んでいってつきあたる。❷行きづまる。❸ぶつかる。当面する。「難問題に—」‖いきあたる。

ゆき-うさぎウ【雪うさぎ】【雪×兎】名 雪でうさぎの形に作ったもの。盆の上などに置く。冬

ゆき-おこしオ【雪起(こ)し】名 雪が降ろうとする前に鳴るかみなり。冬

ゆき-おとこオ【雪男】をとこ 名 ヒマラヤの氷雪地帯に住むという人間のような動物。

ゆき-おれ0【雪折れ】をれ 名 木・竹などが、積もった雪の重さで折れること。また、折れたもの。冬「—の竹」

ゆき-おろしオ【雪おろし】【雪×颪】名 雪とともに吹きおろす山かぜ。冬

ゆき-おろしオ【雪下(降)ろし】名 屋根などに積もった雪を落とすこと。冬

ゆき-おんなオ【雪女】をんな 名 雪の精が、白い着物を着た女にばけて出るというもの。雪むすめ。雪女郎。冬

ゆき-かいキ・カ【行(き)交い】【▲往交い】かひ 名〔文章語〕❶行きかうこと。往来。ゆきき。❷つきあい。交際。

ゆき-か・うカ【行(き)交う】【▲往交う】かふ 自五 ワ・オ・イ・ッ／ウ・ウ・エ・エ〔文章語〕ある者は行き、ある者は来る。いきかう。

ゆき-かえり0【行(き)帰り】かへり 名 行きと帰り。往復。いきかえり。

ゆき-がかり0【行(き)掛(か)り】名 ❶行きがけ。❷やりかかった勢い。「—上あとへ引けない」‖いきがかり。

ゆき-かきカ【雪かき】【雪×掻き】名 ❶降りつもった雪をかきのけること。除雪。冬 ❷除雪の道具。

ゆき-がけ0【行(き)掛け】名 行く途中。行くついで。行きがかり。いきがけ。**—の駄賃**だちん 何かするついでに、ほかのことをすること。参考 あまりよい意味には使わない。

ゆき-がこいガ【雪囲(い)】がこひ 名 雪の害から植木や家を守るために、周囲をむしろや板などで囲うこと。また、そのように囲ったもの。冬

ゆき-かた0【行(き)方】名 ❶やりかた。「じみな—」❷行く道順。‖いきかた。

ゆ

ゆきがた ◎【行き方】名 行った方角。ゆくえ。「―知れず」

ゆきがた ◎【雪形】名 春になり、高い山の雪がとけるときに、消え残った雪が示す形。昔は動物などに見立て、農作業を始める目安とした。

ゆきがっせん ガ【雪合戦】名 雪をまるめて投げつけあう遊び。雪投げ。冬

ゆきき キ【行き来】【▲往来】名 自サ ❶行くことと、来ること。往復。「車の―がはげしい」❷つきあい。「隣家との―」‖いきき。

ゆきぐつ キ【雪靴】【雪×沓】名 雪道を歩くときにはく、わらぐつ。冬

ゆきぐに キ【雪国】名 雪の多く降る地方。

ゆきぐに《雪国》川端康成(かわばたやすなり)の長編小説。一九三五―四七年に発表。雪国の温泉町を舞台に、主人公と芸者・美しい少女の心の動きを繊細に描く。

ゆきぐも ◎ グ【雪雲】名 雪の降ってきそうな雲。雪を降らす雲。冬

ゆきくら・す ラ【行(き)暮(ら)す】他五 (サ・ソ|シ|ス|ス|セ|セ) 一日じゅう歩き通して日が暮れる。日が暮れるまで歩く。

ゆきく・れる レ【行(き)暮れる】自下一 (レ|レ|レル|レル|レレ|レ*) 文章語 行きつく途中で日が暮れる。**ゆきく・る** 文語下二

ゆきげ ◎【雪げ】【雪▲消】名 文章語(「ゆきぎえ」の変化) 雪が消えること。雪どけ。春「―の水」

ゆきげしき ゲ【雪景色】名 雪が降っている景色。雪が降り積もった景色。冬

ゆきげしょう ゲ【雪化粧】名 降った雪におおわれて、野や山が美しく姿を変えること。

ゆきけむり ケ【雪煙】名 雪が煙のようにまいあがったもの。冬「―をあげて走る」

ゆきさき ◎【行(き)先】名 ❶目的地。「―をきめる」❷行った先。「―から電話する」‖いきさき。

ゆきしぐれ シ【雪時雨】名 雪まじりのしぐれ。冬

ゆきしつ ◎【雪質】名 粒の大きさや水分の多少からみた雪の質。

ゆきじょろう ジョ【雪女郎】名 ゆきおんな。冬

ゆきす・ぎる ギ【行(き)過ぎる】自上一 (ギ|ギ|ギル|ギル|ギレ|ギロ・ギヨ) ❶目標より遠くまで行く。❷やりすぎる。度を越す。❸通りすぎる。‖いきすぎる。**行き過ぎ** 名 **ゆきす・ぐ** 文語上二

ゆきずり ◎【行きずり】名 ❶道ですれちがうこと。❷通りすがり。❸一時的なこと。かりそめ。「―の恋」 **―の人**(ひと) ❶通りすがりの人。❷一時的なふれあいの人。

ゆきぞら ◎ ゾ【雪空】名 雪の降りそうな空。冬

ゆきだおれ ◎【行(き)倒れ】―だふれ 名 病気・飢えなどで道ばたにたおれること。また、死ぬこと。また、そうしてたおれた人。死んだ人。いきだおれ。

ゆきだけ キ タ【ゆき丈】【×裄丈】名 ❶衣服のゆきとたけ。または、ゆきの長さ。❷つじつま。前後の関係。「話の―が合わない」

ゆきだるま ダ【雪だるま】【雪▲達磨】名 雪でだるまの形をつくり、炭などで目鼻口をつけたもの。冬 参考「雪だるま式に借金がふえる」は、雪だるまをつくるときに、ころがしていくうちにだんだん大きくなることから。

ゆきちが・う ガ【行(き)違う】―ちがふ 自五 (ワ・オ|イ・ッ|ウ|ウ|エ|エ) ❶両方から行って、たがいに会えない。❷ちぐはぐになる。かけちがう。くいちがう。「話が―」‖いきちがう。**行き違い** 名

ゆきつ・く ツ【行(き)着く】自五 (カ・コ|キ・イ|ク|ク|ケ|ケ) ❶到着する。「目的地に―」❷精力や資力などがなくなる。「―ところまでやる」‖いきつく。**行き着ける** 自下一 […できる]

ゆきつけ ◎【行(き)つけ】名 たびたび行って顔なじみであること。いきつけ。「―のすしや」

ゆきづま・る マ【行(き)詰(ま)る】自五 (ラ・ロ|リ・ッ|ル|ル|レ|レ) ❶進んで行く道がなくなる。「路地が―」❷仕事を進める方法がなくなる。ぎりぎりのところまで行って、どうにもならなくなる。「経営が―」‖いきづまる。**行き詰まり** 名

行(ゆ)**きつ戻**(もど)**りつ** 行ったりもどったりすること。

ゆきつり 名 ㊀◎【雪つり】【雪×吊り】雪折れをふせぐために、木の枝を幹やそえ木にひもでつること。冬 ㊁◎ リ【雪釣り】糸の先に木炭などを結びつけ、それに雪をつけて、つりあげるあそび。冬

ゆきどけ ◎【雪どけ】【雪▲融け】【雪解け】名 ❶雪がとけて水になること。また、そのとき。雪消(ゆきげ)。春 ❷両者の間の反感・緊張などがゆるむこと。うちとけてくること。

ゆきとど・く ド【行(き)届く】自五 (カ・コ|キ・イ|ク|ク|ケ|ケ) じゅうぶん気がついてぬかりがない。いきとどく。「心づかいが―」

ゆきどまり ◎【行(き)止(ま)り】名 つきあたり。そこから先へは行けないこと。また、その所。行きづまり。いきどまり。「この道は―だ」

ゆきな ◎【雪菜】名 東北地方で、冬つくる野菜。雪の中から掘り出して食べる。こまつなの類。冬

ゆきなや・む ヤ【行(き)悩む】自五 (マ・モ|ミ・ン|ム|ム|メ|メ) ❶進むのに困る。「ぬかるみ道に―」❷すらすらと、ことがはこばない。物事の進行がとどこおる。「会議が―」‖いきなやむ。**行き悩み** 名

ゆきぬけ ◎【行(き)抜け】名 行って先へ抜け出ること。また、その所。とおり抜け。いきぬけ。

ゆきのした ノ【雪の下】名 ユキノシタ科の常緑多年生植物。初夏、白い小さな花をひらく。観賞用。葉は薬用・食用。夏

ゆきば ◎【行き場】名 行くべき場所。行き所。いきば。

ゆきばかま バ【雪ばかま】【雪×袴】名 もんぺ。冬

ゆきはだ ◎【雪肌】【雪▲膚】名 ❶降りつもった雪の表面。❷雪のように白い女性のはだ。

ゆきばな ◎【雪花】名 花の散るように降る雪。せっか。

ゆきばら ◎【雪腹】名 雪の降る前や降るとき、胃・腸がひえていたむこと。

ゆきばれ ◎【雪晴れ】名 雪がやんで空が晴れること。冬

ゆきびさし ビ【雪びさし】【雪×庇】名 雪が積もってひさしのようにつき出たもの。せっぴ。

ゆきひら キ【行平】名 とっ手・つぎ口とふたのある土なべ。ゆきひらなべ。

ゆきま ◎ マ【雪間】名 ❶雪の晴れ間。❷積もった雪の消えた所。春

ゆきまつり マ【雪祭(り)】名 雪像や氷の彫像をかざったりする北国の観光行事。冬

ゆきまろげ【雪▲丸げ】名 古語 雪をころがして固まりにすること。冬

ゆきみ ミ【雪見】名 雪げしきをながめてたのしむこと。冬 ↕月見・花見。**―灯籠**(どうろう) ド 名 たけがひくく、笠(かさ)が大きくひろがった三本脚の石灯籠。

雪見灯籠

ゆきみち キ【雪道】名 雪の降り積もっている道。

ゆきむかえ ム【雪迎え】―むかへ 名 晩秋のころ、小さな蜘蛛(くも)が銀色の糸を引いて飛びかう現象。山形県の米沢盆地などでみられる。秋

ゆきむし キ【雪虫】名 ❶雪国で、早春に雪上で見られ

る昆虫。セッケイカワゲラなど。(春) ❷北海道や東北地方で、雪の降りだす時期にとびかう白い綿状の分泌物をまとった小さな昆虫。リンゴワタムシなど。(冬)

ゆき-むすめ [ム]【雪娘】[名] 雪おんな。(冬)

ゆき-めぐ・る [グ]【行(き)巡る】【行˄回る】[自五]〔ラ・ロ・リ・ッ・ル・ル・レ・レ〕 あちこちめぐり行く。いきめぐる。

ゆき-もち [0]【雪持ち】[名] ❶木や竹の枝・葉が、雪をのせていること。❷屋根の雪の落ちるのをふせぐ仕掛け。

ゆき-もどり [0]【行(き)戻り】㊀[名] ❶行きと、もどり。行き帰り。往復。❷離婚されること。出もどり。㊁[名][自サ] 行ったりもどったりすること。‖いきもどり。

ゆき-もよい [モ]【雪もよい】【雪˄催い】—もよひ [名] 雪が降りそうなようす。雪模様。「—の空」(冬)

ゆき-もよう [モ]【雪模様】[名] 雪もよい。(冬)

ゆき-やけ [0]【雪焼け】[名] ❶しもやけ。❷雪による日光の反射のために、皮膚が焼けてくろくなること。(冬)

ゆき-やなぎ [ヤ]【雪柳】[名] バラ科の落葉低木。四、五月ごろ、白い小花をたくさんつける。観賞用。こごめやなぎ。(春)

ゆき-やま [0]【雪山】[名] 冬、雪のつもった山。(冬)

ゆ-ぎょう [0]【遊行】[名][自サ]〔「ゆうこう」と読めば別語〕 伝道や修行のために、僧が諸国をめぐりあるくこと。行脚。

ゆき-よけ [0]【雪よけ】【雪˄除け・雪˄避け】[名] ❶積もった雪を取り除くこと。除雪。❷雪害を避けるために道路・線路・家のまわりなどに設けるかこい。雪囲い。(冬)

ゆき-わた・る [タ]【行(き)渡る】[自五]〔ラ・ロ・リ・ッ・ル・ル・レ・レ〕 すみずみまでとどく。普及する。いきわたる。「民主思想が—」

ゆきわり-そう [0]【雪割草】[名] ❶サクラソウ科の多年生植物。高山にはえる。夏、淡紅色の花を開く。(春) ❷キンポウゲ科の多年生植物。春、白・淡紅・紅紫色の花を開く。葉は三裂して先はとがる。みすみそう。[参考] 葉先の丸いものは、すはまそう。

ゆ・く [0]【行く】【˄往く】[自五]〔カ・コ・キ・ク・ク・ケ・ケ〕 ⇒いく。[参考] 奈良・平安時代から「いく」とともに使われてきた。かつては「ゆく」が標準的だったが、現代語では音便形を欠くことなどから、「いく」が優勢である。「ゆく」はややあらたまった感じをもち、文章語的である。複合動詞の後半部となる場合には「ふけゆく」「さりゆく」など「ゆく」が使われることが多い。 **行ける** [自下一]〔…できる〕 **—さ˄離るさ**〔古語〕⇒ゆくさくさ。 **—さ来さ**〔古語〕〔「さ」は「…するとき」の意味の接尾語〕行くときと、来るとき。いきかえり。ゆくさきるさ。 **—として可ならざるはなし** することが、みなつごうよくいく。

ゆ・く [0]【逝く】[自五]〔カ・コ・キ・ク・ク・ケ・ケ〕〔文章語〕 ❶死ぬ。逝去する。「八十歳で—」 ❷【行く】いって、もうかえらない。「—春を惜しむ」

ゆく-あき [ア]【行く秋】[名] くれてゆく秋。晩秋。(秋)

ゆく-え [0]【行方】—へ [名] ❶〔文章語〕これから行く所。「—も知らずさまよう」 ❷行った先。「—がわからない」「—不明」 ❸将来。前途。行くすえ。「—を案じる」[参考]「行衛」とも書く。 **—無し**〔古語〕❶ゆくえがわからない。あてがない。「ただゆくへなき空の月日の光ばかりを」〈源氏〉 ❷心ぼそい。たよりない。「ゆくへなく、おぼつかなさ年ごろ思ひ嘆きつるは」〈宇津保〉

ゆく-さき [0]【行く先】[名] ❶行く目的地。❷将来。未来。行くすえ。「—が気にかかる」‖いくさき。

ゆく-すえ [0]【行く末】—すゑ [名] 将来。前途。行く先。

ゆく-たて [0]【行く立て】[名] いきさつ。経緯。

ゆ-ぐち [ユ]【湯口】[名] ❶湯の出口。温泉のわきでる口。❷とかした金属を鋳型へ注ぎ込む口。

ゆく-て [0]/[テ]【行く手】[名] 行きむかう方角。行くさきの道。「—をさえぎる」

ゆく-とし [シ]【行く年】[名] 暮れてゆく年。すぎゆく年。(冬) ↕来る年。

ゆく-はる [ハ]【行く春】[名] くれてゆく春。晩春。(春)

ゆく-ゆく [0]【行く行く】㊀[副] 行く道すがら。行きながら。㊁[名] 将来。行くすえ。やがて。「—は医者にしよう」

ゆくり-か [なり形動]〔古語〕❶突然であるようす。「ゆくりかに寄り来たる気配(けはひ)におびえて」〈源氏〉 ❷かるはずみであるようす。思慮がたりないようす。「ゆくりかにあざれたることのまことに慣らはぬ御心地なれば」〈源氏〉

ゆくり-なく [ナ][副]〔文章語〕〔「ゆくり」は突然の意の古語。「なく」は形容詞をつくる接尾語の連用形〕思いがけなく。ゆくりなくも。「—めぐりあう」

ゆくり-な・し [形ク]〔古語〕❶思いがけない。「ゆくりなく風吹きて」〈土佐〉 ❷考えがたりない。かるはずみである。

ゆ-げ [ユ]【湯気】[名] 水蒸気がひえて小さい水滴となり、煙のように見えるもの。「へやに—を立てる」

ゆ-げた [ユ]【湯桁】[名] 湯ぶねのまわりのふち。

ゆ-けつ [0]【輸血】[名][自サ] うしなわれた血液を補給するため、患者の血管内に、健康者の血液を注入すること。

ゆ-けむり [ケ]【湯煙】[名] 温泉などから立ちのぼっているゆげ。

ゆ-ごう [0]【癒合】[名][自サ] 傷がなおって、傷口がふさがること。

ゆ-こく [0]【諭告】[名][自サ]〔文章語〕さとし聞かせること。また、そのことば。

ゆ-さい [0]【油彩】[名] あぶら絵の具で塗ること。あぶら絵。↕水彩。

ゆ-ざい [0]【油剤】[名] あぶらのような薬。あぶらのはいった薬。

ゆさぶ・る [0]【揺さぶる】[他五]〔ラ・ロ・リ・ッ・ル・ル・レ・レ〕 ❶強くゆする。❷動揺させる。おどろかす。「世間を—」‖ゆすぶる。 **揺さぶり** [名] **揺さぶれる** [自下一]〔…できる〕

ゆ-ざまし [ザ]【湯冷まし】[名] さました湯。

ゆ-ざめ [メ]【湯冷め】[名][自サ] 入浴のあと、からだがひえて寒く感じること。(冬)

ゆさ-ゆさ [ユ]—[(と)副] 大きく揺れるようす。「大地震で建物が—揺れる」

ゆ-さん [ユ]【遊山】[名] ❶野や山へ遊びに出ること。「物見—」 ❷気ばらしや、あそびに出かけること。

ゆ-し [ユ]【油紙】[名] あぶらを塗ったうすいかみ。あぶらがみ。

ゆ-し [ユ]【油脂】[名] 油と脂肪。

ゆ-し [ユ]【諭旨】[名]〔文章語〕わけをさとすこと。言い聞かせること。「—退学」「—免職」

ゆ-しゅつ [0]【輸出】[名][他サ] 外国へ売るために品物や技術などを送りだすこと。↕輸入。 **—超過** [チョ][名] ある期間内の輸出の総額が、輸入の総額よりも多いこと。出超。↕輸入超過。 **—入** [ツ][名] 輸出と輸入。

ゆ-じゅん [0]【由旬】[名]〔仏〕古代インドの距離の単位。六町を一里としての四〇里、または三〇里、一六里をいう。

ゆ-しょう [0]【油床】[名] 原油のある地層。

ゆず [ユ]【×柚・×柚子】[名] ミカン科の常緑低木。初夏に、白い花を開き、黄色い実をつける。果皮は香味・香料用。(秋)

ゆす・ぐ [0]【˄濯ぐ】[他五]〔ガ・ゴ・ギ・イ・グ・グ・ゲ・ゲ〕 ❶ゆすってよごれを流しおとす。すすぐ。「洗濯物を—」 ❷【×嗽ぐ】口の中のよ

ゆ

ごれを水で洗いながす。すすぐ。**ゆすぎ**[名] **ゆすげる**[自下一]〔…できる〕

ゆず-こしょう[コ]【×柚×胡×椒・×柚子×胡×椒】[名] すりおろしたゆずの皮に唐辛子や食塩を加えてペースト状にした香辛料。九州の名産。

ゆす-ぶ・る[0]【揺すぶる】[他五] ラ・ロ|リ・ッ|ル|ル|レ|レ ➡ゆさぶる。**揺すぶり**[名] **揺すぶれる**[自下一]〔…できる〕

ゆず-みそ[0]【×柚子味×噌】[名] ゆずの皮やしるをすりまぜたみそ。

ゆず-ゆ[ズ]【ゆず湯】【×柚湯】[名] ゆずの実(み)を切って湯に入れたふろ。冬至(とうじ)の日におこなう風習がある。[冬]

ゆすら-うめ[ラ]【▲梅▲桃】[名] バラ科の落葉低木。春、うめに似た白い花が咲き、まるい紅色の小さな実(み)をむすぶ。観賞用。実は食用。ゆすら。[夏]

ゆすり[0]【▲強▲請】[名] おどかして、かねなどをむりに出させること。また、その人。「—たかり」

ゆずり[0]【譲り】ゆづり[名] ゆずること。ゆずられたもの。「親—の短気」

ゆずり-う・ける[ケ]【譲り受ける】ゆづり—[他下一] ケ・ケ|ケ|ケル|ケレ|ケロ・ケヨ ↕ゆずりわたす。❶ゆずられて受けとる。「財産を—」❷たのんで売ってもらう。「文学全集を—」**譲り受け**[名] **ゆずりう・く**[文語下二]

ゆずり-じょう[0]【譲り状】ゆづり—[名] 財産などをゆずりわたすことをしるした文書。

ゆずり-は[リ]【譲り葉】ゆづり—[名]〔新芽が出てから古い葉が落ちるから〕ユズリハ科の常緑高木。四、五月ごろ、緑黄色の花が咲き、だえん形の実(み)をむすぶ。正月のかざり用。葉や木の皮は薬用。[新年]

ゆずり-わた・す[タ]【譲り渡す】ゆづり—[他五] サ・ソ|シ|ス|ス|セ|セ ゆずって、人手にわたす。「蔵書を—」↕ゆずり受ける。**譲り渡し**[名] **譲り渡せる**[自下一]〔…できる〕

ゆす・る[0]【揺する】[他五] ラ・ロ|リ・ッ|ル|ル|レ|レ ゆりうごかす。

ゆす・る[0]【▲強▲請る】[他五] ラ・ロ|リ・ッ|ル|ル|レ|レ おどして、かねなどをむりにうばう。

ゆ・する[ス]【輸する】[他サ] シ・セ・サ|シ|スル|スル|スレ|シロ・セヨ [文章語]〔「しゅする」の慣用読み〕❶おくる。はこぶ。❷ひけをとる。負ける。「一籌(いっちゅう)を—」**ゆ・す**[文語サ変]

ゆず・る[0]【譲る】ゆづる[他五] ラ・ロ|リ・ッ|ル|ル|レ|レ ❶自分の物を他人にあたえる。やる。「財産を子に—」❷希望している人に売る。「本を五百円で—」❸へりくだって他人を先にする。「順番を—」❹自分の意見をおさえて他人にしたがう。譲歩する。「相手の説に—」❺あとまわしにする。「話は後日に—」**譲れる**[自下一]〔…できる〕

ゆ-せい[0]【油井】[名] 石油をとるために掘った井戸。

ゆ-せい[0]【油性】[名] ↕水性。❶あぶらのような性質をもっていること。❷あぶら分をふくんでいること。「—おしろい」

ゆ-せん[0]【湯煎】[名] 容器を熱湯に入れて、間接に物を熱すること。「—にかける」

ゆ-せん[コ]【湯銭】[名] ふろ銭。入浴料。

ゆ-そう[0]【油層】[名] 石油などのたまっている地層。

ゆ-そう[0]【油槽】[名] ガソリン・石油などをたくわえる大きな入れ物。タンク。—**船**(せん)[0][名] 油槽をそなえた、石油などをはこぶ船。タンカー。

ゆ-そう[0]【輸送】[名][他サ] 船・車・航空機などで、人や物をはこびおくること。

ユダ《Judas》イエス=キリストの弟子の一人。イエスを裏切り、死に追いやった。裏切り者の代名詞ともされる。

ゆた-か[コ]【豊か】[形動] ダロ|ダッ・デ・ニ|ダ|ナ|ナラ|〇 ❶みちたりて不足がないようす。富裕(ふゆう)。「—な暮らし」❷たっぷりあるようす。豊富。「—な知識」❸ふっくらしているようす。豊満なようす。❹ゆるやか。のどやか。「馬上—に進む」**豊かさ**[名]

ゆ-だき[0]【湯炊き】[名] 水でなく、湯を入れて米を炊くこと。

ゆ-だく[0]【油濁】[名] 船舶、工場などから流出した油による海や川のよごれ。

ゆた-け・し【豊けし】[形ク][古語] ❶ゆたかである。❷ひろくて、ゆとりがある。「海原のゆたけき見つつ」〈万葉〉❸勢いが盛んである。「いとゆたけき御祈りなり」〈源氏〉

ゆだ・ねる[ネ]【委ねる】[他下一] ネ・ネ|ネ|ネル|ネレ|ネロ・ネヨ まかせる。一任する。委任する。「判断を教師に—」**ゆだ・ぬ**[文語下二]

ゆ-だま[0]【湯玉】[名] ❶湯の煮えたつとき、浮きあがるあわ。❷玉のように飛びちる熱湯。

ユダヤ《Judea》〔「猶太」とも書いた〕前一〇世紀～前六世紀ごろ、今のパレスチナ地方にあったユダヤ人の王国。ユダヤ王国。

ユダヤ-きょう[0]【ユダヤ教】[名] モーセの律法をもととして、神ヤーウェを信じるユダヤ人の宗教。

ユダヤ-じん[ヤ]【ユダヤ人】[名] セム語族の一部族。ユダヤ王国滅亡後、全世界に離散したが、一九四八年イスラエル国を建設。

ゆだ・る[ダ]【×茹る】[自五] ラ・ロ|リ・ッ|ル|ル|レ|レ ゆであがる。ゆでられる。うだる。

ゆ-たん[0]/[コ]【油単】[名] ❶ひとえの布や紙などに油をひいたもの。器物のおおいなどにする。❷たんすなどにかける、からくさ模様などのもめんの布。

ゆ-だん[0]【油断】[名][自サ] 気をゆるすこと。不注意。—**大敵**(たいてき) 油断して失敗をすることをいましめたことば。—**も隙**(すき)**もならない** 少しの油断もできない。

ゆ-たんぽ[タ]【湯たんぽ】【湯×湯▲婆】[名]〔「たん」「ぽ」は「湯」「婆」の唐宋音〕なかに湯を入れ、寝どこなどでからだや足をあたためる金属製や陶製の道具。[冬]

ゆ-ちゃ[コ]【湯茶】[名] 湯と茶。湯、または茶。「—の接待」

ゆ-ちゃく[0]【癒着】[名][自サ] ❶もともとはなれていなければならない膜・皮膚などが、炎症によってくっつくこと。❷不正な方法で、二つのものが手をつなぐこと。「監督官庁と業界との—」

ユッカ[コ]〈ラ yucca〉[名] リュウゼツラン科の植物の総称。初夏から秋にかけて、白や黄の花を開く。観賞用。いとらん。[夏]

ゆ-づかれ[ヅ]【湯疲れ】[名] 長い時間、また、たびたび、ふろ・温泉などにはいって、からだがだるくなること。

ゆっくり[ク]〔と〕[副][自サ] ❶いそがないようす。ゆるゆる。「—歩く」❷ゆとりのあるようす。

ユッケ[コ]〈朝 yug-hoi〉[名]〔朝鮮語で「肉のさしみ」の意〕牛肉の赤身を生のまま細かくたたき、調味料を加えた料理。

ゆ-づけ[0]/[ケ]【湯漬(け)】[名] 飯に湯をかけて食べること。

ゆったり[タ]〔と〕[副][自サ] ❶おちついてあせらないようす。❷ゆとりのあるようす。「—した椅子(いす)」

ゆ-つぼ[コ]【湯つぼ】【湯×壺】[名] 温泉などで、湯をためておく所。湯ぶね。

ゆ-づる[コ]/[0]【▲弓弦】[名] 弓のつる。

ゆで-あずき[ア]【ゆで小豆】【×茹小豆】あづき—[名] ゆでて、あまく味つけしたあずき。うであずき。[夏]

ゆで-こぼ・す[ボ]【×茹×溢す】[他五] サ・ソ|シ|ス|ス|セ|セ ゆでて、そのしるをすてる。うでこぼす。

ゆで-じる[0]【ゆで汁】【×茹で汁】[名] 野菜・肉・麺などをゆでた後の汁。うでじる。

ゆで-だこ[0]【×茹×蛸】[名] ❶ゆでたこ。❷全身がゆでだこのように赤くなること。うでだこ。

ゆで-たまご [タ/マ]【ゆで卵】【×茹玉子】[名] 殻のままゆでた鶏卵。煮抜き。うでたまご。

ゆで-めん [デ/０]【ゆで麺】【×茹で麺】[名] すぐに調理できるよう、ゆでてパックなどに入れて販売しているうどんやそば。↕乾麺。

ゆ-でる [デ]【×茹でる】[他下一] 熱湯に入れて煮る。うでる。ゆ・づ [文語下二]

ゆ-でん [０]【油田】[名] 石油を産出する地域。

ゆ-ど [ユ]【油土】[名] 彫刻・鋳金などの型をつくるのに使う油をまぜた土。あぶらつち。

ゆ-とう [０]【湯×桶】[名] そば屋などで使う木製朱塗りの湯つぎ。 **—読み** [０][名]「湯桶」のように、漢字の熟語の上を訓、下を音で読む読み方。「手本」「夕飯」「切符」など。↕重箱読み。

湯桶

ゆ-どうふ [ド]【湯豆腐】[名] ゆでたとうふに、しょうゆ・薬味をつけて食べる料理。(冬)

ゆ-どおし [ド/０]【湯通し】[名] ❶糊けをとったり、あとでちぢまぬようにするため、毛織物・布などを湯にひたすこと。❷料理で、材料を熱湯にとおして、くさみなどをぬくこと。

ゆ-どの [０/ノ]【湯殿】[名] ふろば。浴室。

ゆとり [０][名] きゅうくつでないこと。余裕。「—のある態度」

ゆ-な [ユ]【湯▲女】[名] ❶江戸時代、湯屋にいた遊女。❷温泉宿で客の世話をする女。

ユニ〈uni〉[造] 単一。同一。ひとつ。「—セックス」「—コード」

ユニーク [ニ]〈unique〉[形動] ほかに同じようなものがなく、目立っているようす。独特。独自。「—なアイデア」

ユニオン [ユ]〈union〉[名] ❶連合。合同。同盟。❷同業組合。❸労働組合。 **—ジャック** [ジャ]〈Union Jack〉[名] ❶英国の国旗。❷英国。 **—ショップ** [ショ]〈union shop〉[名] 使用者がやとい入れた労働者は、一定期間内に労働組合にはいらなければならず、組合を除名されれば、当然解雇されるという、労働協約上のきまり。↕クローズドショップ・オープンショップ。

ユニコード [ユ]〈unicode〉[名] 世界の文字を共通の符号として統一し、コンピューター上で扱えるようにした文字体系。

ユニコーン [ユ]〈unicorn〉[名] 一角獣。

ユニセックス [セ]〈unisex〉[名] 服装や髪形などで、男女の区別がないこと。「—化が進む」

ユニセフ《UNICEF》(United Nations Children's Fund から) 開発途上国の児童に援助を与えることを目的とした組織。国連児童基金。

ユニゾン [ユ]〈unison〉[名] 複数の声部が同じ音程で同じ旋律を歌ったり演奏したりすること。斉唱。斉奏。

ユニット [ユ]〈unit〉[名] ❶全体を構成する一つ一つの単位。「—住宅」❷教育で、単元。 **—家具** [カ][名] 自由に組み合わせて使う家具。組み合わせ式家具。 **—バス** [バ]〈unit bath〉[名] (和製英語) 浴槽、洗面台などの設備を壁面や床と一体化して、工場で製造した浴室。

ユニバーサル [バ]〈universal〉[形動] 世界的。宇宙的。普遍的。 **—サービス** [サ]〈universal service〉[名] 国民が全国どこでも均質に受けられるサービス。 **—デザイン** [ザ]〈universal design〉[名] 施設、設備、工業製品、情報などで、あらゆる人がどのような環境の中でも使いやすいようにする設計。

ユニバーシアード [ア]〈Universiade〉[名] 二年に一度開かれる国際学生スポーツ大会。夏季大会と冬季大会とがある。

ユニバーシティー [バ]〈university〉[名] 総合大学。↕カレッジ。

ユニホーム [ユ/ホ]〈uniform〉= **ユニフォーム** [名] ❶制服。❷そろいの運動服。

ゆ-にゅう [０]【輸入】[名][他サ] 外国から品物や技術などを買いいれること。↕輸出。 **—超過** [チョ][名] ある期間の輸入総額が、輸出の総額よりも多いこと。入超。↕輸出超過。

ゆにょう-かん [０/ニョ]【輸尿管】[名] 腎臓から、膀胱に尿を送るくだ。尿管。

ユネスコ《UNESCO》(United Nations Educational, Scientific and Cultural Organization から) 国連教育科学文化機関。戦争防止・国際平和を目的とする、国際連合の一機関。

ゆ-のし [シ]【湯のし】【湯×熨▲斗】[名] 湯気にさらし、または湯にぬらして、布地のしわをのばすこと。また、その道具。

ゆ-の-はな [ユ=ナ/ノ]【湯の花】[名] ❶いおうなど、温泉にとけこんでいた成分が固体となったもの。❷湯あか。

ゆ-のみ [ミ]【湯飲み】【湯×呑】[名] 湯や茶を飲むうつわ。湯飲み茶わん。

ゆ-ば [ユ]【湯葉】[名] 豆乳を煮て、表面にできたうす皮をすくいとった食品。吸いもの用。

ゆ-はず [０]【▲弓×弭】[名] 弓の両端の弦をかけるところ。ゆみはず。 **—の▲調** 上代、男子のみつぎもの。弓矢でとった鳥獣などをあてる。↕たなすえのみつぎ。

ゆ-ばな [ユ]【湯花】[名] ❶湯の花❶。❷ゆだま❶。

ゆ-ばり [０]【湯張り】[名] 浴槽の中に湯をためること。

ゆ-ばり【▲尿】[名][古語] 小便。いばり。

ゆひ【結ひ】[接尾][古語] ➡ゆい。

ゆび [ビ]【指】[名] 手足の先の細かくわかれ出た部分。 **—一本も差させない** 人から非難・干渉をうけるようなことは決してしない。人にいっさい非難・干渉をさせない。 **—を折る** 指を一本一本まげて、ものをかぞえる。 **—を×銜える** したいのに、手が出せず何もしないで見ている。 **—を差す** ❶指でさししめす。❷うしろゆびをさす。かげで悪口を言う。 **—を染める** 物事をはじめる。 **—を詰める** やくざなどが、仲間うちで謝罪のしるしに、指の先を切り落とす。[参考] 関西ではドアなどに指をはさむ意で用いることもある。

ゆび-おり [０]【指折(り)】[名] ❶手の指を折りまげて数えること。❷多くのうちで、指を折ってかぞえられるほどすぐれていること。また、そのもの。屈指。「—の秀才」 **—数えて待つ** あと何日で楽しみにしている日がくるか、指を折って数えながら待つ。

ゆ-びき [キ]【湯引(き)】[名] 熱湯でさっと煮ること。

ユビキタス [ビ]〈ラ ubiquitous〉[名] (「普遍的」の意から) インターネットなどの情報網をどのような環境でも利用できる状態。「—社会」「—ネットワーク」

ゆび-きり [キ]【指切(り)】[名] ❶小指を切ってまごころや愛情を示すこと。❷子どもなどが約束をするときに、小指を曲げてひっかけあうこと。げんまん。

ゆ-び・く [ビ]【湯引く】[他五] 熱湯でさっと煮たり、ゆでたりすること。ゆがく。

ゆび-さ・す [サ]【指差す】[他五] ❶指でさししめす。「東を—」❷かげで悪口を言う。

ゆび-しゃく [０]【指尺】[名] 指をひろげて長さなどをはかる

こと。

ゆび-ずもう 区【指相撲】ずまふ 名 四本の指をにぎりあい、おやゆびを立てて相手のおやゆびをおさえつけあう遊び。

ユピテル《(ラ)Jupiter》⇒ジュピター。

ゆび-にんぎょう 三【指人形】名 からだを袋状につくり、指先を入れてうごかし、いろいろなしぐさをさせる人形。

ゆび-ぬき 又|キ【指ぬき】【指▲貫】名 裁縫で、指にはめて、針の頭をおさえる輪状のもの。

ゆび-ぶえ 0|フ【指笛】名 ❶指を口に入れ、強く息を吹いて高い音を出すこと。また、その音。❷指を曲げて口に入れ、音を出しメロディーを奏(かな)でること。

ゆび-もじ 0【指文字】名 聴覚障害者の伝達に用いる、指を組み合わせて作る表音的記号。日本では仮名に相当する。手話に交えて用いることもある。

ゆび-わ 0【指輪】名 かざりのために指にはめる、貴金属製などの輪。

ゆふ-さ・る【夕さる】自四〔古語〕⇒ゆうさる。

ゆふ-つ-かた【夕つ方】名〔古語〕⇒ゆうつかた。

ゆふ-づくよ【夕▲月夜】名〔古語〕⇒ゆうづくよ。

ゆふつけ-どり【▲木▲綿付鳥】名〔古語〕⇒ゆうつけどり。

ゆふ-づつ【夕づつ】名〔古語〕⇒ゆうずつ。

ゆ-ぶね コ【湯船】【湯▲槽】名 入浴用の湯を入れる大きなおけ。浴槽(よくそう)。

ゆ-べし コ|0【×柚▲餅子】名 米粉を蒸した和菓子。ゆずやくるみ、みそ・砂糖などを生地にまぜる。

ゆ-まき キ【湯巻(き)】名 ❶平安時代に、貴人が入浴のときに、からだに巻いた衣服。❷女性の腰巻き。ゆもじ。

ゆ-まく 0【油膜】名 水面や物の表面にできた油のまく。

ユマニテ マ《(フ)humanité》名 人間性。ヒューマニティー。

ゆみ 三【弓】名 ❶つるを張り、矢をつがえて射る武器。❷弓を射るわざ。弓術(きゅうじゅつ)。❸バイオリン・チェロなどの、弦をこすって音を出す、❶に似たもの。 **ー折(お)れ矢(や)尽(つ)く** ❶たたかいで、さんざんにまける。❷力がつきて、どうともすることができない。 **ーを引(ひ)く** ❶弓を射る。❷反抗する。そむく。

ゆみ-がた 0【弓形】名 つるを張った弓のような形。

ゆ-みず コ【湯水】みづ 名 湯と水。 **ーのよう** かねや物を、湯や水を使うようにむだに使うようす。

ゆみ-づかい ヅ【弓遣い】づかひ 名 バイオリンなどの弦楽器を弾くときの弓の使い方。

ゆみ-とり リ|ト【弓取(り)】名 ❶弓をとりあつかうこと。また、その人。武士。❷弓術の達人。❸大相撲で、最後の取組のあと、勝ち力士に代わって、土俵上で型にしたがって弓を手にとりさばく儀式。ゆみとり式。

ゆみ-なり 0【弓なり】【弓▲形】名 弓がた。「ーに反る」

ゆみ-はり リ|0【弓張(り)】名 ❶弓を張ること。❷弓張りぢょうちん。❸弓張り月。 **ー▲提▲灯(ちょうちん)** チョ 名 弓のように曲げた竹に上下をかけたちょうちん。 **ー月(づき)** リ 名 弓がたをした月。半月形の月。弦月(げんげつ)。秋

弓張りぢょうちん

ゆみ-ひ・く 三【弓引く】自五 カ・コ|キ・イ|ク|ク|ケ|ケ ❶弓を射る。❷そむく。反抗する。

ゆみ-へん 0【弓偏】名 漢字の部首の一つ。「弦」「張」「弩」などの「弓」。

ゆみ-や 三【弓矢】名 ❶弓と矢。❷武器。武道。 **ー取(と)る身(み)** 武士の身。さむらい。 **ーの道(みち)** ❶弓を射る術。❷武士の道。武道。 **ー八×幡(はちまん)**〔文章語〕 一 チ 名 ❶弓矢の神である八幡大神・八幡大菩薩(だいぼさつ)。❷武士が誓約などのとき言った語。 二 副〔古語〕(八幡大菩薩にかけての意で)武士が少しもいつわりのないことをあらわす語。ちかって。「弓矢八幡、成敗いたす」〈狂言・入間川〉 三 感〔古語〕残念なときや、不意のおどろき事などのときに発する語。しまった。なむさん。「弓矢八幡、射損ぜし」〈近松・蝉丸〉

ゆ-むき 0【湯むき】【湯▲剝き】名 食材を熱湯に通してから皮をむくこと。「トマトのー」

ゆめ 又【夢】名 ❶眠っているとき、いろいろ経験しているように思ったり感じたりする現象。⇔うつつ。❷はかないこと。たのみにならないこと。「ーの世」 ❸まよい。迷夢(めいむ)。「ーから覚める」 ❹やりたいと思う事がら。希望。理想。「大きなーをいだく」 **ーに夢(ゆめ)見(み)る心地(ここち)** 夢の中で、また夢を見ているように、ぼうっとした気持ち。 **ーの間(ま)** 時間のたつのがはやいことのたとえ。あっというま。 **ーのまた夢(ゆめ)** ひどくはかないこと。「この世はー」 **ーの世(よ)** 夢のように、はかない世の中。 **ーを描(えが)く** 未来を空想する。 **ーを結(むす)ぶ** ❶夢を見る。❷ねむる。

ゆめ【▲努】副〔古語〕(禁止や打ち消しの表現を伴って)決して。絶対に。かならず。「山なつかしも風吹くなゆめ」〈万葉〉

断。

ゆめ-あわせ ア【夢合(わ)せ】あはせ 名 夢うらない。夢判断。

ゆめ-うつつ 0|ウ【夢うつつ】【夢▲現】名 ❶夢と現実。❷夢か現実か、はっきりしないこと。ひどくおぼろげなこと。

ゆめ-うら 0【夢うら】【夢▲占】名 夢合わせ。夢うらない。

ゆめ-うらない ウ【夢占い】うらなひ 名 夢によって吉凶をうらなうこと。夢合わせ。夢判断。

ゆめ-がたり ガ【夢語り】名 ❶見た夢を話すこと。また、その話。❷夢のようなはかない物語。

ゆめ-ごこち ゴ【夢心地】名 夢を見ているような、うっとりした、または、ぼんやりした心持ち。夢見ごこち。

ゆめ-さら 又 副〔文章語〕少しも。「ーゆだんはならぬ」「ーそんなことは考えない」参考 下に禁止・打ち消しの語がくる。

ゆめ-じ 0【夢路】ぢ 名 夢を見ること。「ーをたどる」

ゆめ-ちがえ チ【夢違え】ちがへ 名 わるい夢を見たとき、まじないなどをして災難をのがれること。

ゆめ-とき キ【夢解き】名 夢の吉凶を判じとくこと。また、その人。

ゆめ-にも 又【夢にも】副 少しも。つゆほども。「ー思っていない」参考 下に禁止・打ち消しの語がくる。

ゆめ-はんじ ハ【夢判じ】名 夢判断。

ゆめ-はんだん ハ【夢判断】名 夢の吉凶を判断すること。夢判じ。夢合わせ。

ゆめ-まくら マ【夢枕】名 夢をみたときのまくらもと。 **ーに立(た)つ** 神仏などが夢の中にあらわれる。

ゆめ-まぼろし 0|又【夢幻】名 夢と幻。たいそうはかないことのたとえ。「ーと消える」

ゆめ-み 三【夢見】名 夢を見ること。見た夢。「ーが悪い」 **ー心地(ごこち)** ゴ 名 夢ごこち。

ゆめ・みる 三|又【夢見る】ミ|ミ|ミル|ミル|ミレ|ミロ・ミヨ 一 自上一 夢を見る。 二 他上一 空想する。「未来をー」

ゆめ-ものがたり ガ【夢物語】名 夢がたり。

ゆめ-ゆめ 0|又 副〔文章語〕(「ゆめ(努)」の強め)決して。「ー忘れるな」「ー忘れない」参考 下に禁止・打ち消しの語がくる。

ゆ-もじ 0|コ 名 (女房ことば「ゆ文字」から)湯巻き。女性の腰巻き。いもじ。

ゆ-もと ト【湯元・湯本】名 温泉のわきでる元。

ゆ-や【湯屋】名 ❶ふろば。❷ふろや。銭湯。ゆうや。

ゆゆし・い 一 シ 形 たいへんに重大だ。放っておくととりかえしがつかない。「―問題」 **ゆゆしげ** 形動 **ゆゆしさ** 名 **ゆゆ・し** 文語シク 二 形シク〔古語〕❶つつしむべきだ。恐れおおい。いまわしい。「言はまくもゆゆしきかも」〈万葉〉❷ふきつだ。いまわしい。「(喪中デ)ゆゆしき身にはべれば」〈源氏〉❸(善悪にかかわりなく)程度がはなはだしい。すばらしい。とんでもなくひどい。「世に類なく、ゆゆしき(実ニ美シイ)御有様なれば」〈源氏〉

ゆ-らい【由来】一 0 名 自サ 物事の経てきた道すじ。由緒。「封建制に―する風習」「寺の―」 二 ユ 副〔文章語〕もともと。元来。「―人情の厚い土地」

ゆらぎ 0/ギ【揺らぎ】名 ❶ゆれうごくこと。動揺。「自信に―が見える」❷〔物〕広がりや強さを持つ量の平均値からの変動。

ゆ-らく 0【愉楽】名〔文章語〕たのしみ。悦楽。

ゆら・ぐ 0/ラ【揺らぐ】自五 ❶ゆらゆらと動く。「水面が―」❷安定しないで、かたむく。「基盤が―」

ゆら・す 0【揺らす】他五 ゆれるようにする。ゆらゆらと動かす。「ボートを―」

ゆら-め・く 又【揺らめく】自五 ゆらゆらとする。ゆらぐ。「かげろうが―」

ゆら-ゆら ユ〔と〕副 ゆれうごくようす。

ゆらり ラ〔と〕副 一つ大きくゆれるようす。

ゆら・れる 0【揺られる】自下一 ゆれるようにされる。ゆれうごく。「通勤電車に―」

ゆらん-かん 0/ラ【輸卵管】名 卵巣内の卵子を子宮に送るくだ。卵管。

ゆり 0【▲百▲合】名 ユリ科の多年生植物の総称。葉は、平行脈。夏、かおりの強い、大形の花を開く。地下の鱗茎は食用。㊋

ゆり 助〔古語〕(格助詞)〔「より」の古い形。奈良時代の語〕より。「明日ゆりや」〈万葉〉

ユリア-じゅし ジュ【ユリア樹脂】〔ユリア urea は尿素〕名 尿素系の合成樹脂。着色自由で日用品の材料に使用する。

ゆり-いす 0【揺り椅子】名 ➡ロッキングチェア。

ゆり-うごか・す カ【揺り動かす】他五 ❶ゆすってうごかす。❷震撼させる。動揺させる。「世間を―」 **揺り動かせる** 自下一〔…できる〕

ゆり-おこ・す コ【揺り起(こ)す】他五 ゆりうごかして、眠りをさまさせる。

ゆり-かえし 0【揺り返し】名 大きな地震のあと、もう一度ゆれること。余震。

ゆり-かご 0【揺りかご】【揺×籃】名 あかんぼうを入れてゆりうごかし、眠らせるかご。ようらん。 **―から墓場まで** 生まれてから死ぬまで。また、生涯にわたる社会保障を充実させること。参考 第二次大戦後、英国労働党の唱えた政策の標語 From the cradle to the grave による。

ゆり-かもめ カ【▲百▲合×鷗】名 カモメ科の小形の鳥。からだは白く、くちばしと足とが赤い。みやこどり。㊌

ゆり-ね 0【▲百▲合根】名 ユリの地下茎。食用となるものもある。

ゆり-もどし 0【揺り戻し】名 ❶ある方向にゆれた反動で、再び反対方向にゆれること。❷ゆりかえし。❸よびもどし❷。

ゆ-りょう 0/リョ【湯量】名 温泉で、湯のわき出る量。「―豊富」

ゆ・る 0【揺る】他五 ゆりうごかす。ゆする。

ゆ・る【▲許る】自上二〔古語〕❶ゆるされる。「大赦のありければ、法師もゆりにけり」〈宇治拾遺〉❷世にみとめられる。「世にゆりたるふるき道(老練ナ専門家)」〈増鏡〉❸うちとける。おだやかになる。

ゆる・い ル【緩い】形 ❶しめ方や密着の度合いが強くない。「帯をゆるくしめる」「ズボンが―」↕きつい。❷きびしくない。あまい。「取り締まりが―」「学校の規則が―」↕きびしい。❸進み方がはげしくない。「―流れ」❹傾斜がはげしくない。なだらかだ。「―坂」❺水分が多い。やわらかい。「―かゆ」「大便がゆるくなる」↕かたい。 **緩さ** 名 **ゆる・し** 文語ク

ゆるが・す ガ/0【揺るがす】他五 ゆりうごかす。ゆする。ゆすぶる。「世界を―大事件」

ゆるがせ 0【×忽せ】名 注意をはらわず、いいかげんにすること。おろそか。なおざり。「―にする」

ゆるぎ ギ【揺るぎ】名 ゆるぐこと。動揺。「―のない団結」

ゆるぎ-な・い ナ【揺るぎない】形 しっかりした。不動の。「―地位をきずく」 **ゆるぎな・し** 文語ク

ゆる・ぐ【揺るぐ】一 ル/0 自五 ゆれうごく。ゆらぐ。動揺する。 二 自四〔古語〕❶心がかわる。「その思ひかなひては、いとどゆるぐ方はべらじ」〈源氏〉❷くつろぐ。「ゆるぎたる所のおはしまさざりしなり」〈大鏡〉

ゆるし シ【許し】名 ❶ゆるすこと。許可。認可。「―が出る」「―を得る」❷罪などをとがめないこと。「―を請う」❸茶の湯・生け花などの芸道で、師匠から弟子に与える免許。「奥―」「―状」

ゆるし-いろ 0【許し色】名 中古、だれでも着ることのできた、衣服の色。うすい紅・紫などの色。↕禁色。

ゆるし-じょう 0【許し状】名 茶の湯・生け花などの免状。

ゆる・す ル【許す】他五 ❶さしつかえないと認める。㋐願い・希望を聞き入れる。許可する。「二人の結婚を―」「医者から外出を許された」㋑ある行為をさしつかえないと認める。「構内の通行を―」❷義務・負担などを免じる。免除する。「特別に役務を―」❸罪や過ちがないことにする。「悪意が無かったものとして―」❹すぐれた者と認める。「自他共に―第一人者」❺警戒心をゆるめる。「気を―」❻相手に有利にふるまわせる。㋐相手の思いどおりにさせる。「敵の侵略を―」㋑相手に取らせる。「敵に点を―」❼師匠が弟子に免許を与える。「奥義を―」❽束縛しない。自由にする。「事情が許せば出席する」「時間が許せばもっと話したい」 **許せる** 自下一〔…できる〕

ゆる・ぶ【緩ぶ・×弛ぶ】自四〔古語〕➡ゆるむ。

ゆる-ふん 0 名〔俗語〕〔ふんどしがゆるんでいる意〕心がまえのたるんでいること。緊張を欠いていること。

ゆる・む ル【緩む】【×弛む】自五 ❶かたくしまっていたものにゆとりが生じてやわらかくなる。「ねじが―」「地盤が―」❷心の張りが失われる。「気が―」❸厳しさやはげしさの程度が弱くなる。「寒さが―」「取り締まりが―」 ‖ゆるぶ。 参考 「ゆるむ」は、ぴったりしていたものにすき間ができる意味にも用いるが、「たるむ」は、ぴんと張ったものについて言う。 **ゆるみ** 名

ゆる・める 又【緩める】【×弛める】他下一 ❶きつくしめられているものをゆるくする。「ねじを―」「帯を―」「規則を―」↕しめる。❷速度や勢いの程度をゆるくする。「スピードを―」「傾斜を―」 **ゆる・む** 文語下二

ゆる-やか ル【緩やか】形動 ❶はげしくないようす。「流れが―だ」❷きびしくないようす。「規則が―

ゆ

だ」❸くつろいだようす。「気分が━だ」❹なだらかなようす。「斜面が━だ」 **緩やかさ** 名

ゆる-ゆる ㊀ユー〔と〕副 ❶いそがずに。ゆっくり。「━歩く」❷くつろいでいる。のびのび。らくらく。「━休養する」㊁◎ 名 形動 ❶衣服が大きすぎて合わないこと。❷きびしさがなく、しまりのないこと。「━の規則」

ゆる-らか【緩らか】 なり形動 古語 ❶ゆるいようす。ゆるやか。「ゆるらかに打ち吹く風に」〈源氏〉❷(髪などの)のびてゆらゆらしているようす。「髪ゆるらかにいと長く」〈源氏〉

ゆるり ル〔と〕副 ゆるゆる。「━と休む」

ゆれ ◎【揺れ】名 ❶ゆれること。ゆれる度合い。「地震の━が激しい」❷不安定な状態にあること。動揺。「ことばの━」「数値の━」

ゆれ-うご・く ゴ【揺れ動く】 自五 (カ・コ・キ・イ・ク・ク・ケ・ケ) 動いて定まらない。「━国際情勢」

ゆ・れる ◎【揺れる】 自下一 (レ・レ・レル・レレ・レロ・レヨ) ❶前後や上下・左右にうごく。「ボートが━」「地面が━」❷動揺する。「心が━」❸不統一・不安定な状態にある。「発音が━」 **ゆ・る** 文語下二

ゆわえ-つ・ける ケ【結わえ付ける】(ゆはへ) 他下一 (ケ・ケ・ケル・ケレ・ケロ・ケヨ) むすびつける。 **ゆはへつ・く** 文語下二

ゆわ・える エ【結わえる】(ゆはへる) 他下一 (エ・エ・エル・エレ・エロ・エヨ) むすぶ。ゆわく。 **ゆは・ふ** 文語ハ下二

ゆ-わかし ワ【湯沸(か)し】名 湯をわかすための器具。

ゆわ・く ワ【結わく】(ゆはく) 他五 (カ・コ・キ・イ・ク・ク・ケ・ケ) ➡ゆわえる。

ゆゑづ・く【故付く】 自四 他下二 古語 ➡ゆえづく。

ゆん-ぜい【▲弓勢】名 古語 弓を引く力の強さ。

ゆん-づえ【▲弓×杖】(づゑ) 名 古語 〔「ゆみづえ」の変化〕弓をつえとすること。また、その弓。

ゆん-で【▲弓手・▲左手】名 古語 〔「ゆみて(弓ヲ持ツホウノ手)」の変化〕⇔めて。❶左の手。❷左の方。左。

よ ヨ

よ：「与」の草体。
ヨ：「與」の一部。

よ【四】造 よん。し。「━月」

よ【与】造 ❶あずかる。なかまになる。「与国・与党・与力・関与・参与」❷あたえる。ほどこす。「与奪・寄与・給与・贈与・貸与」

よ【予】㊀ 造 ❶あらかじめ。前もって。「予感・予算・予想・予定・予備・予報」❷ためらう。「猶予(ゆう よ)」❸「伊予(旧国名)」の略。「予讃(よさん)」㊁ ヨ 代 文章語 自分。

よ【誉】造 ❶ほめる。「毀誉褒貶(きよほうへん)」❷ほまれ。ほこり。「栄誉・名誉」

よ【預】造 ❶あずける。「預金・預血・預託」❷あらかじめ。「預言」

よ【×輿】造 ❶こし。のりもの。「乗輿・神輿(しんよ/みこし)」❷大地。「輿地・坤輿(こんよ)」❸たくさん。多数。「輿望・輿論」

よ【余】㊀ ヨ 名 造 ❶あまり。残り。余分。「百の━」「余暇・余力・残余・剰余」❷ほか。以外。「━の人」「余罪・余談・余念」❸(数をあらわす語につけて)あまり。以上。「十年━」「百━」㊁ 造 自分。「余輩」 **━の儀(ぎ)** 別段のこと。ほかのこと。「━でない」

よ【世】ヨ 名 ❶人々が生活を営んでいる現実の世の中。世間。「広く━に知られる」「━のため、人のため」❷俗世間。現実社会。「━を捨てる」❸人の一生。「━を終える」❹【代】一人の統治者・実力者、または、ある種の政権が、国などの組織を治めたり、君臨したりすること。また、その期間。「徳川の━」「━をゆずる」❺〔仏〕過去・現在・未来の三世のそれぞれ。「先の━」「この━」「あの━」❻ 古語 男女関係。男女の間の情。「思ふかひなき世なりけり」〈伊勢〉➡よのなか。 **━が世(よ)ならば** 昔のように栄えていた時代だったら。その人の勢力のある時代だったならば。 **━に出(で)る** ❶出世する。❷世間に知られる。 **━に問(と)う** 作品などを出して世間の批評を求める。 **━の覚(おぼ)え** 古語 世間の評判。 **━の聞(き)こえ** 文章語 世間の評判。世間の信用。 **━の▲性(さが)** 古語 世のならい。世の中にいくらもあること。 **━の常(つね)** 世間にありがちなこと。世間なみ。ふつう。 **━の習(なら)い** 世間のならわし。世間の習慣。 **━を去(さ)る** 死ぬ。 **━を忍(しの)ぶ** 世間の人の目をさけてかくれる。「━仮の姿」 **━を知(し)る** ❶世間のことをさとる。❷ 古語 国をおさめる。❸ 古語 男女間の情愛を理解する。 **━を捨(す)てる** 俗世間からはなれてくらす。出家・遁世(とんせい)する。 **━を逃(のが)れる** 世をすてる。 **━を×憚(はばか)る** 世をしのぶ。 **━を渡(わた)る** くらしていく。生活する。

よ【夜】ヨ 名 よる。「━が更ける」「━が明ける」⇔日(ひ)。 参考 「よる(夜)」よりも文章語的。 **━の目(め)も寝(ね)ずに** 夜どおしねむらないで。「━働く」 **━も日(ひ)も明(あ)けない** あることに夢中になって、それなしではいられない。 **━を徹(てっ)する** 徹夜して行う。昼夜兼行。 **━を日(ひ)に継(つ)ぐ** 夜も昼も休まずに、つづけてする。

よ【▲節】名 古語 ❶竹などの、ふしとふしとの間。「節(ふし)を隔てて、よごとに金(こがね)ある竹を見つくること重ならぬ」〈竹取〉❷ふし。

よ 助 ❶〔終助詞〕㋐呼びかけをあらわす。「太郎━」㋑軽い感動をあらわす。「よかった━」㋒断定し、念をおす。「がまんするんだ━」「あれが富士山だ━」㋓相手の知らないことを教える意味をあらわす。㋔疑問をあらわすことばと呼応して、相手をなじる気持ちを添える。「何を言ってんの━」㋕命令・依頼の気持ちをややつよめていう。「早くしな━」㋖勧誘・制止などの気持ちを示す。「休もう━」「もうよそう━」❷〔間投助詞〕文節の切れ目につけて、調子をととのえ、あるいは念をおす気持ちをあらわす。「だから━、おれは━、…」 参考 「さ」に比べると粗野の感じが強い。もっと粗野になると「よう」となる。

よ 助 古語 〔格助詞〕〔「より」の古い形〕より。「天地(あめつち)の遠き始めよ世の中は常なきものと」〈万葉〉

よ-あかし ア【夜明(か)し】名 朝までねむらないでいること。徹夜(てつや)。

よ-あけ ケ【夜明け】名 夜が明けるころ。明けがた。

よあけまえ《夜明け前》(━まへ) 島崎藤村(しまざきとうそん)の長編小説。一九二九年から三五年に発表。作者の父をモデルに、明治維新前後をえがいた歴史小説。

よ-あそび ア【夜遊び】名 よる、遊びあるくこと。

よ-あらし ア【夜嵐】名 よる吹くあらし。

よ-あるき ア【夜歩き】名 よる、外を歩くこと。

よい ◎【宵】(よひ) 名 日が暮れてまもないころ。 参考 日没後、二ないし三時間ごろを言う。

よい イ【酔い】(よひ) 名 酔うこと。酔った状態・程度。 **━が回(まわ)る** すっかり酔う。

よ-い ヨ【余威】名 文章語 あまった威力。あることをしとげて、はずみのついた勢い。余勢。「━を駆る」

よ・い ヨ 形 (カロ・カッ・ク・イ・イ・ケレ・○) ⇔わるい。㊀【良い】【▲好い】❶質や程度がすぐれている。㋐上等である。まさっている。「成績が━」「腕の━職人」「━万年筆」㋑身分・家柄が高い。「━家の子」㋒経済的に恵まれている。「━暮らし」㋓美しい。「景色が━」㋔すなおだ。善良だ。「性質が━」㋕望ましいようすだ。「姿勢が━」❷快適である。㋐快

い。楽しい。「気持ちが―」㋑健康である。「からだの調子が―」㋒親しい。むつまじい。「仲が―」❸好都合である。「午前中に会えると具合が―」❹有益である。㋐ききめがある。「胃腸に―薬」㋑役に立つ。「―ことを考えついた」㋒得になる。「割の―仕事」❺適当である。㋐適している。「ジョギングに―季節」㋑じゅうぶんだ。「準備は―か」「きみ一人で―」❻程度が高い。㋐値が高い。「―値段だ」㋑年齢が高い。「―年をして」❼(「…てよい」の形で)容認をあらわす。かまわない。「帰って―」❽(「…がよい」の形で)すすめ、軽い命令をあらわす。「早く帰るが―」❾(「…ばよい」の形で)希望をあらわす。のぞましい。「合格すれば―」「早く終われば―」❿(動詞の連用形について形容詞をつくる)たやすくできる。具合よくできる。「買い―」「つきあい―」㊁【善い】正しい。善である。「―行い」㊂【▲佳い】めでたい。けっこうである。「―日を選んで式をあげる」参考 終止形・連体形の「よい」は改まったばあいに使われ、ふだんの話しことばでは「いい」が使われる。 **よげ** 形動 **よ・し** 文語ク

よい-ごこち ゴ/0【酔(い)心地】よひ 名 酒に酔ったときの気持ち。

よい-ごし 0【宵越し】よひ 名 一夜を越すこと。一夜を越した物。 **―の銭は持たない** (金銭にこだわらず、さっぱりした江戸っ子の気風をいう)その日に得たかねは、その日のうちに使い果たす。宵越しの金は持たない。

よい-ざまし 0/ザ【酔(い)覚(ま)し】よひ 名 酒の酔いをさますこと。

よい-ざめ 0【酔(い)覚め】【酔▲醒】よひ 名 酔いがさめること、さめたとき、さめた状態。「―の水」

よいしょ ヨ ㊀感 重いものを持ち上げたり押したりするときのかけ声。㊁名 他サ 俗語 (芸人が客のきげんをとるときのかけ声から)人をおだてていい気分にさせること。おせじ。

よい-し・れる レ/0【酔いしれる】【酔▲痴れる】よひ 自下一 ❶酔って正気がなくなる。❷うっとりした気分になる。「美声に―」

よい-だおれ 0【酔(い)倒れ】よひだふれ 名 酒に酔って、戸外で寝てしまった人。

よい-っぱり 0【宵っ張り】よひっ 名 夜おそくまでおきていること・性質。また、その人。

よい-つぶ・れる レ/0【酔い潰れる】よひ 自下一 酒に酔って、正体がなくなる。「酔いつぶれて眠る」 **よひつぶ・る** 文語下二

よいとまけ 0 名 俗語 (それをするときのかけ声から)建築場の地固めのために、数人で綱を引いて、滑車についた重い槌を上げおろしすること。また、それをする人たち。

よい-どめ 0【酔い止め】よひ 名 乗り物酔いをふせぐこと。また、そのための薬。

よい-どれ 0【酔いどれ】よひ 名 酒にひどく酔った人。酔っぱらい。

よい-ね 0【宵寝】よひ 名 よいのうちから寝てしまうこと。早寝。

よい-の-うち 0【宵の内】名 日没後、数時間の間。夜のはじめのころ。

よい-の-くち 0【宵の口】名 よいのうち。

よい-の-みょうじょう 0【宵の明星】名 日没ののち、西の空にきらめく金星。↕あけの明星。

よいまち-ぐさ チ【宵待(ち)草】よひまち 名 アカバナ科の二年草。夏の夕方、黄色い花を開く。おおまつよいぐさ。夏

よい-まつり マ【宵祭(り)】よひ 名 よいみや。夏

よい-みや 0【宵宮】よひ 名 祭日の前の晩におこなう祭り。よい祭り。よみや。夏

よい-やみ 0【宵闇】よひ 名 ゆうやみ。特に、陰暦十六日ごろから二十日ごろまでの、日が暮れてから月の出るまでの間の暗さ。秋

よい-よい ヨ2 名 俗語 中風などで手足がまひし、口がまわらないこと。また、その人。

よ-いん 0【余韻】名 ❶音のあとに、のこるひびき。❷詩歌・文章などのことばにあらわされないおもむき。余情。❸ことがすんだあと、心にのこるおもむき。余情。なごり。

よう【×夭】造 わかい。「夭折」

よう【羊】造 ひつじ。「羊毛・羊肉・羊腸・牧羊・緬羊」

よう【妖】造 ❶なまめかしい。あでやか。「妖艶・妖婦」❷あやしい。もののけ。「妖怪・妖術・妖精」

よう【×拗】造 ❶ねじれる。まっすぐでない。「拗音」❷ねじける。すねる。「執拗」

よう【容】造 ❶いれる。うけいれる。「容器・容疑・容積・受容・収容・包容」❷ゆるす。「容赦・容認・海容・寛容・許容」❸なかみ。「内容」❹かたち。すがた。かたちづくる。「容姿・容色・容貌・形容・美容・変容」❺たやすい。「容易」

よう【×痒】造 かゆい。「痛痒・隔靴掻痒」

よう【揚】造 ❶あげる。あがる。「揚水・揚陸・揚力・抑揚」❷たかまる。ふるいたたせる。「揚揚・高揚・発揚」❸あらわす。「揚言・揚名・顕揚」

よう【揺】造 ゆれる。ゆさぶる。「揺曳・動揺」

よう【葉】㊀造 ❶は。「葉脈・葉緑素・紅葉・落葉」❷葉のように薄いもの。「肺葉・前頭葉」❸世。時代。「中葉・末葉」㊁接尾 うすいものをかぞえることば。ひら。枚。「紙一五―」

よう【×遥】造 ❶はるか。とおい。ながい。「遥曳・遥拝」❷さまよう。「逍遥」

よう【×傭】造 やとう。「傭役・傭人・傭兵・雇傭」

よう【溶】造 とける。とかす。「溶液・溶解・溶岩・溶接・可溶・水溶」

よう【腰】造 こし。「腰椎・腰痛・腰部・細腰」

よう【×熔】造 とける。鉱物をとかす。「熔接・熔鉱炉」

よう【踊】造 おどる。おどり。「舞踊」

よう【窯】造 かま。陶器などの焼きがま。「窯業・陶窯」

よう【養】造 ❶やしなう。そだてる。「養育・養護・養成・養老・培養・扶養」❷飼う。ふやす。「養鶏・養殖・養豚・養蜂」❸実子でないものをそだてる。「養家・養子・養女・養父母」❹やすめる。「養生・静養・保養・療養」❺とりいれる。「養分・栄養・滋養」❻身につける。「教養・修養・素養」

よう【擁】造 ❶いだく。かかえる。「抱擁」❷まもる。助ける。「擁護・擁立」 **擁する** 他サ

よう【謡】造 ❶うた。「歌謡・童謡・民謡」❷うたい。うたう。「謡曲」

よう【曜】造 ❶日・月・星の総称。「七曜」❷一週間のうち、それぞれの日の名の下にそえることば。「火曜」

よう【×燿】造 かがやく。てらす。「霊燿」

よう【×鎔】造 いがた。とかす。とける。「鎔解・鎔接」

よう ヨ【幼】名造 ↕老。❶おさないこと。「―にして…」「幼児・幼稚・幼虫・幼名」❷子ども。「長幼・童幼」

よう【用】㊀ヨ 名造 ❶用事。仕事。「急な―ができたので帰宅する」「用件・急用・雑用・私用」❷使いみち。役。用途。…に使うこと。「薬用・家庭用・子ども用・宣伝用・レジャー用」❸はたらき。「用言・効用・作用」↕体。㊁造 ❶もちいる。つかう。「用意・用法・愛用・使用」❷大

小便。「用便・小用(こよう・しょうよう)」―を足(た)す ❶用事をすます。❷大・小便をする。―をなさない 役に立たない。

よう ヨ【×俑】名 造 古代中国で、貴人の副葬品として用いた人形。「兵馬―」

よう【洋】㊀ ヨ 名 造 ❶大海。外海。「洋上・遠洋・東洋・西洋・太平洋」❷ひろい。「洋洋・茫洋(ぼうよう)」㊁ 造 西洋。欧米。「洋式・洋室・洋酒・洋風・洋食器」↕和。**―の東西(とうざい)を問(と)わず** 東洋・西洋の別なく。世界共通に。

よう ヨ【要】名 造 ❶かなめ。たいせつなところ。要領。「要因・要旨・主要・重要」❷必要。「警戒の―がある」「要求・要望・強要・需要」**要す** 他五 **要する** 他サ **要するに** 副 **―を得(え)る** 大事な点をおさえている。要点がはっきりしている。

よう【陽】㊀ ヨ 名 造 ↕陰。❶易学で、天・日・上・動・明・表など、積極的・能動的であるとされるもの。「陰陽」❷電気のプラス極。「陽極」㊁ 造 ひ。太陽。「陽光・斜陽・落陽」

よう【庸】㊀ ヨ 名 律令(りつりょう)制の税の一つで、人民が夫役(ぶやく)につくかわりにおさめた米や布など。「租(そ)・―・調(ちょう)」㊁ 造 ❶つね。なみ。平凡。「庸君・愚庸・凡庸」❷用いる。やとう。「庸人(ようにん)」❸かたよらない。「中庸」

よう【様】㊀ ヨ 名 ❶ありさま。「その―にしよう」❷〔文章語〕…することには。「母のいう―」㊁ 造 ❶さま。かたち。ようす。「様相・様態・異様・多様」❷あや。図柄。「模様・文様(もんよう)」㊂ 接尾 ❶しかた。方法。「答え―がない」❷同じ種類や似たものであることを示す。「のこぎり―のもの」

よう ヨ【×癰】名 皮膚や皮下組織にできる悪性の化膿性炎症。

よ・う ヨ【酔う】(よふ) 自五 (ワ・オ―イ・ッ―ウ―ウ―エ―エ) ❶酒を飲んで、心身の状態がかわる。❷乗り物にゆられて気分がわるくなる。❸ふかく心をうばわれて、うっとりする。「選手の妙技に―」**酔える** 自下一〔…できる〕

よう ヨ 感 ❶知り合いに出会ったときに呼びかける声。「―、しばらく」参考 おもに男性が用いる。❷ものを頼んだりねだったりするときの呼びかけの声。「―、買っておくれよ」参考 やや古風な用法。❸人をもちあげたり、からかったりするときの声。いよう。よっ。「―、日本一」

よう 助動 (○―○―ヨウ―(ヨウ)―○―○)〔五段活用以外の動詞などの未然形につく〕❶意志・決心・さそいをあらわす。「さあ、食べ―」❷やわらかい調子の要求をあらわす。「この辺で帰してもらうとし―」❸疑問語とともに用いて疑問・反語をあらわす。「だれがなしえ―か」❹〔「…ようとする」の形で〕動作・状態がおこりかけていることをあらわす。「水があふれ―としている」❺仮想をあらわす。たとえ…だろうと。「どんなあらしが来―と、びくともしない」❻推量をあらわす。…だろう。「あすは晴れ―」⇩う 参考。

よう-あん 0【溶暗】名 ➡フェードアウト。↕溶明。

よう-い ヨ【妖異】名〔文章語〕❶ふしぎであやしいこと。❷ばけもの。妖怪。

よう-い ヨ【用意】名 他サ ❶あることのために、まえもって物をそろえたりして態勢をととのえておくこと。準備。「食事の―ができた」❷心づかい。用心。**―周到(しゅうとう)** ヨ 名 用意がゆきとどいて、手落ちがないこと。**―どん** ヨ 名〔「どん」はピストルの発射音〕❶競走や競泳のスタートの合図。❷多数の者が一斉にあることを始めるようす。

よう-い 0【容易】形動 (ダロ―ダッ・デ・ニ―ダ―ナ―ナラ―○) たやすいようす。簡単におこなえるようす。「―ならぬ事態」

よう-いく 0【養育】名 他サ やしないそだてること。

よう-いん 0【要因】名 大事な原因。

よう-いん 0【要員】名 必要な人員。「保安―」

よう-うん 0【妖雲】名〔文章語〕不吉な感じのする雲。

よう-えい 0【揺×曳】名 自サ〔文章語〕ゆらゆらとたなびくこと。

よう-えき 0/ヨ【葉×腋】名 葉が茎や枝と接する部分の内がわ。葉のつけね。

よう-えき ヨ【溶液】名 物質をとかした液体。

よう-えん 0【陽炎】名〔文章語〕かげろう。

よう-えん 0【×遥遠】名 形動(の)〔文章語〕はるかにとおいようす。

よう-えん 0【妖艶】【妖×婉】形動 (ダロ―ダッ・デ・ニ―ダ―ナ―ナラ―○)〔文章語〕あやしいほどに、あでやかなようす。「―な美人」

よう-おん ヨ【×拗音】名 一音でありながら、「や・ゆ・よ・わ」などのかなを小さく書きそえてあらわす音。「きゃ・にゅ・ちょ・くゎ」など。

よう-か 0【八日】(やう―) 名 ❶月の八番めの日。❷一日の八倍の日数。八日間。はちにち。

よう-か ヨ【妖花】名〔文章語〕あやしい美しさをたたえた花。転じて、妖艶(ようえん)な美女のたとえ。

よう-か 0【▲沃化】名 よう素と他の物質との化合。「―銀」

よう-か ヨ【養家】名 養子にはいった先のいえ。↕実家。

よう-が 0【洋画】名 ❶西洋画。↕日本画。❷西洋映画。↕邦画。

よう-が 0【陽画】名 明暗が実物通りに見える、ふつうの写真。ポジティブ。↕陰画。

よう-かい 0【妖怪】名 ばけもの。妖異。

よう-かい 0【容×喙】名 自サ〔文章語〕〔くちばしを入れる意〕横から口出しをすること。さしでぐち。

よう-かい 0【溶解】名 自他サ ❶とけること。とかすこと。❷〔物〕物質が、ある液体の中に分子、またはイオンの形で均一に分散すること。❸〔×熔解〕金属が加熱されて液体になること。また、すること。**―熱** カ 名 物質が溶解するときに発生、または吸収される熱量。

よう-がい 0【要害】名 ❶地勢がけわしく、まもるのによい所。「―の地」❷とりで。「天然の―」

よう-がく 0【洋学】名 西洋の学問。↕和学・国学・漢学。

よう-がく 0【洋楽】名 西洋音楽。↕邦楽・和楽。

よう-がけ 0【洋掛け】名 洋式のかけぶとん。

よう-がさ ガ【洋傘】名 こうもりがさ。

よう-がし ガ【洋菓子】名 西洋ふうの菓子。ケーキ・クッキー・チョコレートなど。↕和菓子。

よう-がらし ガ【洋×芥子】名 ➡マスタード。

よう-かん ヨ【羊×羹】名 あんを練ったり、むしたりしてかためた和菓子。**―色** 0 名 黒や紫などがあせて、古ぼけた色。

よう-かん 0【洋館】名 西洋ふうの建物。西洋館。

よう-かん 0【腰間】名〔文章語〕こしのあたり。腰部。こし。

よう-がん 0【容顔】名〔文章語〕かおかたち。かおだち。容貌。

よう-がん ヨ【溶岩】【×熔岩】名 岩漿(がんしょう)が噴火口からふきだして地表にながれたもの。ラバ。**―台地(だいち)** ダ 名 大量の溶岩がながれ出てできた台地。インドのデカン高原など。**―流(りゅう)** ガ 名 火山が噴火したとき、火口から出る溶岩の流れ。または、それが冷却して固まったもの。

よう-き ヨ【妖気】名〔文章語〕あやしいふんい気。不吉な気分・ようす。

よう-き ヨ【妖×姫】名〔文章語〕あやしい気分を感じさせる美人。

よ

よう-き ヨ【容器】名 物を入れるうつわ。いれもの。

よう-き【陽気】↕陰気。❶名 ❶ ヨ 万物発生の気。❷ ⓪ 気候。時候。「いい―だ」❷ ⓪ 形動（ダロ・ダッ・デ・ニ／ダ・ナ・ナラ・〇）にぎやかなようす。明るくほがらかなようす。快活。「―にさわぐ」「―な性格」

よう-き ヨ【揚棄】名 他サ 『哲』止揚(しよう)。

よう-ぎ ヨ【要義】名〔文章語〕たいせつな意義。

よう-ぎ ヨ【容疑】名 罪をおかしたという、うたがい。**―者**(しゃ) ギ 名 犯罪のうたがいをかけられている人。被疑者。参考 新聞や放送では、何かの容疑で逮捕された人を「〇〇容疑者」と呼ぶ習慣がある。

よう-ぎ ヨ【容儀】名〔文章語〕礼儀正しい態度や姿。「―を正す」

ようき-が キ【用器画】名 製図器械を使って幾何学的な図形をえがく技法。また、その図形。↕自在画。

よう-きゅう ⓪【洋弓】名 西洋式のゆみ。アーチェリー。

よう-きゅう ⓪【×楊弓】名 江戸時代におこなわれた遊戯用の小ゆみ。もと楊柳(ようりゅう)でつくった。**―場**(ば) ⓪ 名 料金を取って、楊弓を射る遊戯をさせた店。矢場(やば)。江戸時代から明治時代にかけておこなわれた。

よう-きゅう ⓪【要求】名 他サ あることが得られるように、もとめること。「賃上げを―する」参考「要求」は「要望」よりも相手につよくのぞむことをあらわす。「請求」は当然の権利としてもとめること。

よう-ぎょ ヨ【幼魚】名 おさないうお。稚魚(ちぎょ)。↕成魚。

よう-ぎょ ヨ【養魚】名 うおを飼いやしなうこと。「―場」

よう-きょう ⓪【容共】名 共産主義をよいとみとめること。↕反共・防共。

よう-きょう ⓪【陽狂】【×佯狂】名〔文章語〕〔「陽・佯」は、いつわりの意〕狂気を装うこと・人。

よう-ぎょう ヨ【窯業】名 かまを使って陶磁器・ガラス・セメント・れんがなどをつくる事業。

よう-きょく ⓪【陽極】名 電気が流れだす、電位の高いほうの電極。プラス。↕陰極。

よう-きょく ⓪【謡曲】名 能楽で用いる歌詞とその曲。また、それをうたうこと。うたい。

よう-きん ⓪【用金】名 ❶公用のかね。❷武家時代に領主が臨時に領民から徴収したかね。参考 ❶❷とも、ふつう「御用金」の形で使う。

よう-きん ⓪【洋琴】名〔文章語〕ピアノ。

よう-ぎん ⓪【洋銀】名 ❶ニッケル・銅・亜鉛の合金で、銀の代用。❷西洋の銀貨。

よう-ぐ ヨ【用具】名 物事をするのに使う道具。「裁縫―」

よう-ぐ ヨ【要具】名 必要な道具。

よう-ぐ ヨ【庸愚】名〔文章語〕平凡でおろかなこと。庸劣。「―の君主」

よう-くん ヨ【幼君】名〔文章語〕おさない君主・主君。

よう-けい ⓪【養鶏】名 肉や卵を利用するために、にわとりを飼うこと。「―業」

よう-げき ⓪ 名 他サ〔文章語〕❶【要撃】敵を待ち伏せていて攻撃すること。❷【×邀撃】攻めて来る敵を迎えうつこと。迎撃。

よう-けつ ⓪【要×訣】名〔文章語〕たいせつな奥の手。奥義。ひけつ。

よう-けん ケ【用件】名 用むきの事がら。用事。

よう-けん ⓪【洋犬】名 西洋種のいぬ。↕日本犬。

よう-けん ケ【要件】名 ❶たいせつな用事。❷必要な条件。

よう-げん ヨ【用言】名 動詞・形容詞・形容動詞の総称。活用があり、単独で述語となれる。↕体言。

よう-げん ⓪【妖言】名〔文章語〕人をまどわせる、不吉であやしいことば。

よう-げん ⓪【揚言】名 他サ〔文章語〕公然と、また、はばからずに言うこと。

よう-ご ⓪【用後】名 使ったあと。使用後。

よう-ご ⓪【用語】名 ❶文章の中でのことばの使い方。また、そのことば。「漱石(そうせき)の―」❷特定の部門で使うことば。術語。テクニカルターム。「物理学の―」

よう-ご ⓪【洋語】名 欧米から入った外来語。

よう-ご ⓪【要語】名〔文章語〕たいせつなことば。重要語。

よう-ご ヨ【養護】名 他サ ❶手あつく保護をくわえ、生活を助けること。❷体が弱かったり障害があったりする児童・生徒に適切な指導をあたえ、成長を助けること。**―学校**(がっこう) ガ 名 知的障害・肢体不自由・病弱・身体虚弱の児童・生徒を対象とした学校。現在、法令上は盲学校・聾(ろう)学校とあわせて特別支援学校と呼ぶ。**―教諭**(きょうゆ) キヨ 名 小・中・高・特別支援(盲・聾・養護)学校で、生徒の保健管理と指導にあたる教員。**―施設**(しせつ) セ シ 名 ⬇じどうようごしせつ。**―老人**(ろうじん)**ホーム** ホ 名 環境上の理由および経済的な理由などから自宅での生活が困難な六五歳以上の高齢者を養護する施設。

よう-ご ヨ【擁護】名 他サ かばいまもること。「憲法を―する」

よう-こう ⓪【妖光】名〔文章語〕あやしいひかり。不吉な光。

よう-こう ⓪【要港】名 軍事・交通・輸送上などで、たいせつなみなと。

よう-こう ⓪【要項】名 たいせつな事項。参考「要項」はおもに箇条書きにしたもの。「要綱」は要約したもの。

よう-こう ⓪【要綱】名〔文章語〕たいせつな事がらをまとめたもの。「実施―」「国文学―」⇩要項 参考。

よう-こう ⓪【陽光】名〔文章語〕太陽の光線。日光。「春の―」

よう-こう ⓪【洋行】❶名 自サ 欧米へ旅行・留学すること。❷名 中国で、外国人の商店。また、その名にそえる語。**―帰**(がえ)**り** ガ 名 洋行して帰ってきたこと。また、その人。

ようこう-ろ コ【溶鉱炉】【×熔鉱炉】名 鉱石をとかして銑鉄(せんてつ)・銅などの金属をとる炉。

よう-こく ⓪【陽刻】名 自他サ 文字や模様の部分が浮き出るように彫ること。また、そのように彫ったもの。↕陰刻。

よう-こそ ヨ あいさつ〔「よくこそ」の変化〕人がたずねて来たのを、よろこんでむかえるときの語。「―いらっしゃいました」

よう-さい ⓪【洋才】名〔文章語〕西洋の学問に関する知識・能力。「和魂―」

よう-さい ⓪【洋菜】名 西洋野菜。レタス・セロリなど。

よう-さい ⓪【洋裁】名 洋服の裁縫。↕和裁。

よう-さい ⓪【要塞】名 重要地点にもうけた、砲台その他の防備施設。また、それのある所。

よう-さい ⓪【葉菜】名〔文章語〕ほうれんそう・キャベツなど葉・茎を食べる野菜。↕根菜・果菜・花菜。

よう-ざい ⓪【用材】名 それのために使う材木。「建築―」

よう-ざい ⓪【溶剤】名 物質をとかすのに使う薬品。

よう-さん ⓪【葉酸】名 ビタミンB複合体の一種。ビタミンMともいう。緑葉野菜に含まれているので、こうよう。悪性の貧血にきく。

よう-さん ⓪【養蚕】名 かいこを飼って、まゆをとること。

よ

よう-し ⓪③【用紙】名 それのために使うかみ。「投票―」

よう-し ⓪【洋紙】名 西洋紙。↕和紙。

よう-し ③【要旨】名 話・文章の中心となる内容。「―をつかむ」「―をまとめる」

よう-し ③【容止】名〔文章語〕動作。たちいふるまい。

よう-し ③【容姿】名 顔だちとすがた。みめかたち。すがたかたち。「整った―の俳優」「―端麗」

よう-し ③【陽子】名 素粒子の一つで、中性子とともに原子核をつくるもの。

よう-し ⓪【養子】名 ❶養子縁組によって子の身分をもった人。❷養子縁組によって子となった男の子。↕実子・養親。**―縁組**(えんぐみ) ④名 血縁上親子の関係のない人どうしの間に、法律上、親子の関係を生じさせる契約。

よう-し ⓪【×夭死】名 自サ〔文章語〕わかじに。夭折(ようせつ)。

よう-じ ③【幼児】名 おさない子ども。おさなご。法律では満一歳から小学校にはいるまでの子どもをいう。**―語**(ご) ⓪名 幼児に対して大人が与える独特のことば。幼児期だけのことば。食べものを「うまうま」、犬を「わんわん」と言うなど。

よう-じ ③【幼時】名 おさないとき。子どものころ。

よう-じ ⓪【用字】名 ❶使う文字。❷文字のえらび方・使い方。

よう-じ ⓪【用事】名 しなくてはならない仕事。用件。用。

よう-じ ⓪【洋字】名〔文章語〕西洋の文字。ローマ字など。

よう-じ ③【要事】名〔文章語〕たいせつな事がら。

よう-じ ⓪【×楊枝・×楊子】名 ❶つまようじ。こようじ。❷歯ブラシ。**―で重箱**(じゅうばこ)**の隅**(すみ)**をほじくる** こまかいことを問題にする。

よう-しき ⓪【洋式】名 西洋式。洋ふう。「―トイレ」↕和式・日本式。

よう-しき ⓪【様式】名 ❶一般的な方式や特徴を総合したもの。さま。ありかた。「生活の―」❷一定の形式。「書類の―」❸芸術作品の表現形態の上での特徴。スタイル。

よう-しし シ-【養嗣子】名 旧民法で、家督相続人の身分をもった養子。

よう-しつ ⓪【洋室】名 西洋ふうのへや。洋間。↕和室。

よう-しゃ ③【容赦】名 他サ ❶許してとがめないこと。「ごーください」❷【用捨】手かげんすること。ひかえめにすること。「―なく調べる」⇩海容 参考。

よう-じゃく ⓪【用尺】名 衣服などを仕立てるのに必要な布の長さ。

よう-じゃく ⓪【幼弱】名 形動(の)〔文章語〕おさなくてかよわいこと。また、その人。

よう-しゅ ③【幼主】名〔文章語〕おさない主君。幼君。

よう-しゅ ⓪【洋酒】名 西洋の酒。ウイスキー・ブランデー・ウオッカなど。↕日本酒。

よう-しゅ ⓪【洋種】名 西洋系統のもの。

よう-じゅ ③【×榕樹】名 がじゅまる。

よう-じゅつ ③【妖術】名 人をまどわす、あやしい術。魔術。幻術。

よう-しゅん ⓪【陽春】名〔文章語〕❶うららかな春。㊍ ❷陰暦正月。

よう-しょ ⓪【洋書】名 西洋の書物。西洋のことばで書かれた書物。↕和書・国書・漢書。

よう-しょ ⓪③【要所】名 ❶たいせつなところ・点。要点。「―を書き抜く」❷だいじな地点。「―を守る」

よう-じょ ③【幼女】名 おさないおんなの子。

よう-じょ ③【妖女】名〔文章語〕❶男の心をまよわせるおんな。毒婦。妖婦。❷魔法使いの女。魔女。

よう-じょ ③【養女】名 養子縁組をしたおんなの子。↕養子。

よう-しょう ⓪【要衝】名 交通上・軍事上・商業上などで重要な位置。また、その場所。

よう-しょう ⓪【幼少】名 形動(の) おさないこと。

よう-じょう ⓪【洋上】名 大海の上。海上。

よう-じょう ジョ③【養生】名 自サ ❶健康に気をつけ、その増進につとめること。摂生(せっせい)。❷病気のてあてをすること。❸土木・建築工事で、打ち終わったコンクリートにひび割れが起こらないようにてあてをすること。

よう-しょく ⓪【洋食】名 西洋料理。↕和食。

よう-しょく ⓪【要職】名 重要な職務・地位。「―につく」

よう-しょく ⓪【容色】名〔文章語〕姿や顔かたち。きりょう。

よう-しょく ⓪【養殖】名 他サ 水生の動植物を人工的に増殖させること。**―真珠**(しんじゅ) シ名 貝類の体内に、人工的に生じさせた真珠。↕天然真珠。

よう-しん ⓪【×痒×疹】名 かゆい、ふきでもの。

よう-しん ⓪【養親】名 ❶育ての親。やしない親。❷〔法〕養子縁組によって、親となった人。養父・養母。↕養子。

よう-じん ⓪【要人】名 重要な役目をともなう高い地位にある人。「―警護」

よう-じん ③【用心】【要心】名 自サ 気をつけること。警戒すること。注意。「火の―」**―堅固**(けんご) ヨ-ケ 形動 かたく用心すること。**―深**(ぶか)**い** カ 形 じゅうぶんに心をくばる。警戒心がつよい。**―棒**(ぼう) ジ名 ❶盗賊などの侵入にそなえて用意しておく棒。❷しんばりぼう。❸身辺警護のためにやとっておく人。

よう-す ⓪【様子】【容子】名 ❶外から見た、あるいは見たところから感じられる、物事の状態。ありさま。「敵の―をうかがう」「見苦しい―」❷物事が起こりそうなけはい。「間もなく出発する―だ」❸特別な事情。わけ。「―ありげな態度」**―見**(み) ⓪名 事のなりゆきを見守ること。相場についてもいう。模様眺め。

よう-す ③【要す】他五 〔サ・ソ・シ・ス・ス・セ・セ〕➡ようする。

よう-ず ③【要図】名 必要なことだけをかいた図面。

よう-すい ⓪【用水】名 かんがい・飲料・消火・せんたくなどに使うための水。「―池」**―×桶**(おけ) オ/ス名 火事にそなえて、いつも水を入れておくおけ。

よう-すい ⓪【羊水】名 妊娠時に、羊膜内を満たし、胎児を保護している液。

よう-すい ⓪【揚水】名 自他サ 水を高い場所にくみ上げること。「―発電」

よう-すうじ ス【洋数字】名 アラビア数字。

よう-ずみ ⓪【用済み】名 用がおわっていらなくなること。また、いらなくなったもの。「この資料は―だ」

よう・する ス【要する】他サ 〔シ・セ・サ(ニ)シ・スル(スル)・スレ・シロ・セヨ〕〔「要す(五段活用)」とも〕❶必要とする。いる。❷要約する。❸〔文章語〕待ちぶせする。**えう・す** 文語サ変

よう・する ス【擁する】他サ 〔シ・セ・サ(ニ)シ・スル(スル)・スレ・シロ・セヨ〕〔文章語〕❶だきかかえる。❷もつ。自分の物にする。「巨富を―」❸たすけまもる。もりたてる。「幼君を―」❹部下にする。ひきいる。「大軍を擁して出陣する」**よう・す** 文語サ変

ようする-に ス【要するに】副 つまり。結局。

よう-せい ⓪【幼生】名 卵から生まれたあと、成体と形態や生活様式がちがう成長途中の時期のもの。かえるになる前のおたまじゃくしなど。参考 昆虫では幼虫という。

よう-せい ⓪【妖星】名〔文章語〕凶事の前兆とされる不吉な星。

よう-せい ⓪【妖精】名 西洋の童話などに出る、木・花・森・湖など自然物の精霊。小人や女の姿をしていることが多い。

よう-せい ⓪【陽性】名 ↕陰性。❶陽気な性格。❷〔医〕陽性反応。**ー転移**（てんい）④名 それまで陰性であったツベルクリン反応が陽性にかわること。陽転。**ー反応**（はんのう）⑤名 医学の検査などで、ある刺激に対して反応がはっきり現れること。↕陰性反応。

よう-せい ⓪【×夭逝】名自サ〔文章語〕〔「夭」は若い、「逝」は死ぬ意〕わかじに。夭折（ようせつ）。

よう-せい ⓪【要請】名他サ たのむこと。「出馬を―する」

よう-せい ⓪【養成】名他サ やしない、そだてること。「後継者の―」

よう-せき ①【容積】名 ❶うつわの中にはいる分量。容量。❷体積。かさ。

よう-せつ ⓪【要説】名 重要な点をとりだして説明すること。また、説明した文章・書物。「日本史―」

よう-せつ ⓪【×夭折】名自サ〔文章語〕わかじに。夭逝（ようせい）。

よう-せつ ⓪【溶接】【×熔接】名他サ 金属をつよく熱して溶かし、つぎあわせること。

よう-せん ⓪【用箋】名 手紙などを書くのに使う紙。びんせん。

よう-せん ⓪【用船】【×傭船】名他サ 船を借りること。また、その船。チャーター。

よう-そ ①【▲沃素】名 ハロゲン族の元素。元素記号I 原子番号53 原子量126.90447 黒紫色の結晶。ヨード。

よう-そ ①【要素】名 物事を成立させるのに必要な条件。物事を構成する基本的な事柄。成分。「勝敗を決定する―」「多くの―から成る複雑な問題」

よう-そう ⓪【様相】名 内部に起こった変化が外からも推察されるような、物事の状態。「事件が複雑化の―を呈する」

よう-そう ⓪【洋装】名自サ 西洋ふうの服装や装本。↕和装。

よう-そん ⓪【養×鱒】名 マスを養殖すること。

よう-だ 助動 ヨウダロ｜ヨウダッ・ヨウデ・ヨウニ｜ヨウダ｜ヨウナ｜ヨウナラ｜○〔「体言＋の」の形、活用語の連体形、および連体詞などにつく〕❶くらべ、たとえる意味をあらわす。…に似ている。…とそっくりだ。「まるで氷の―」「山のような大波」❷内容を指示し、または例を引いて示すときに使う。「首相は次のように語った」「彼のような人も少ない」❸不確かな断定の意味をあらわす。…と想像される。…らしい。「みんな寝た―」⇩らしい 参考。

よう-たい ⓪【要▲諦】名〔文章語〕⬇ようてい。

よう-たい ⓪【様態】名〔文章語〕物事のありさま。状態。様相。

よう-だい ⓪【容体】【容態】名 ❶ありさま。身なり。❷病気のようす。病状。参考「ようたい」は誤り。**ーぶる** ③自五 もっともらしくふるまう。もったいぶる。

よう-たし ③【用足し】【用▲達】名 ❶用事をすませること。「―に町へ行く」❷大・小便をすること。❸⬇ようたつ。

よう-たつ ⓪【用達】名〔「用達（ようたし）」の慣用読みからできたことば。「ご用達」の形で〕役所などに出入りして商品を納めること。また、その商人。

よう-だ・てる ③【用立てる】他下一 テニテ・テル｜テル｜テレ｜テロ・テヨ ❶それを使って役にたてる。❷かねなどを貸す。たてかえる。「資金を―」 **ようだ・つ** 文語下二

よう-だん ⓪【要談】名 だいじな相談。

よう-だん ⓪【用談】名自サ 用事についてのはなしあい。

よう-だんす ③【用だんす】【用×箪×笥】名 いろいろの手まわり品を入れる小形のたんす。

よう-だんす ③【洋だんす】【洋×箪×笥】名 洋服をつるして収めるたんす。↕和だんす。

よ-うち ⓪/③【夜討(ち)】名 夜、敵を攻撃すること。夜襲（やしゅう）。↕朝駆け。**ー朝駆**（あさが）**け**〔俗語〕新聞記者などが取材のため、早朝または夜おそく、昼いそがしい要人などの自宅を訪問すること。

よう-ち ①【用地】名 使用する土地。「建築―」「工場―」

よう-ち ①【要地】名〔文章語〕だいじな土地。また、地点。「―を占領する」

よう-ち ⓪【幼稚】形動 ダロ｜ダッ・デ・ニ｜ダ｜ナ｜ナラ｜○ ❶おさないようす。❷未熟なようす。**ー園**（えん）③名 小学校入学前のこどもを保育する教育施設。

よう-ちく ⓪【養畜】名自他サ 家畜を飼うこと。

よう-ちゅう ⓪【幼虫】名 昆虫などの、卵からかえって、さなぎになるまでの期間のもの。↕成虫。

よう-ちゅうい ③【要注意】名 注意が必要であること。

よう-ちょう ⓪【×膺懲】名他サ〔文章語〕〔「膺」は討つ意〕討ってこらしめること。

よう-ちょう ⓪【羊腸】名と副 たる連体〔文章語〕山道などがひつじの腸のように、まがりくねっていること。つづらおり。「―たる小径（しょうけい）」

よう-ちょう ⓪【×窈×窕】と副 たる連体〔文章語〕しとやかで、美しいようす。「―たる淑女」

よう-つい ⓪/①【腰椎】名 せぼねのうち、腰部をささえる五個のほね。

よう-つう ⓪【腰痛】名 こしのいたみ。

よう-てい ⓪【要諦】名〔文章語〕物事のかなめ。大事な点。ようたい。「経営の―」

よう-てん ③【要点】名 たいせつな箇所。「―をかいつまむ」

よう-てん ⓪【陽転】名自サ 「陽性転移」の略。

よう-でんき ③【陽電気】名 エボナイトを毛皮でこすったとき毛皮に生じる電気と同じ性質の電気。正電気。↕陰電気。

よう-でんし ③【陽電子】名 陽電気をおびている素粒子。↕陰電子。

よう-と ①【用途】名 つかいみち。

よう-ど ①【用土】名 植物を育てるために使う土。「観葉植物の―」

よう-ど ①【用度】名 ❶必要な費用。かかり。❷官庁・会社などで物品の供給に関すること。「―係」

よう-とう ⓪【羊頭】名 ひつじのあたま。**ー×狗肉**（くにく）・**ーを掲**（かか）**げて×狗肉**（くにく）**を売**（う）**る**〔羊の頭を看板に掲げて、実は、犬の肉を売ることから〕見かけだけりっぱにして、なかみをごまかすこと。

よう-とう ⓪【洋島】名 大陸から孤立してある島。火山島と珊瑚（さんご）島がある。大洋島。↕陸島。

よう-どう ⓪【幼童】名〔文章語〕年のおさないこども。

よう-どう ⓪【陽動】名 敵の判断をくるわせるために、目的とちがった動きをわざとすること。「―作戦」

よう-とじ ⓪【洋とじ】【洋×綴】（とぢ）名 西洋ふうのとじかた。洋装。↕和とじ。

よう-として ①【×杳として】副〔文章語〕くらいようす。はっきりとわからないようす。「―ゆくえがわからない」

よう-とん ⓪【養豚】名 ぶたを飼いやしなうこと。

よう-なし⓪【洋梨】名 西洋種のなし。ひょうたん形で、甘くてやわらかい。
よう-な・し【要無し】〔えう〕形ク〔古語〕役にたたない。どうなってもかまわない。「男、身をえうなき者に思ひなして」〈伊勢〉
よう-な・し【▲益無し】形ク〔古語〕⇩やくなし。
よう-なま③【洋なま】名 西洋ふうのなま菓子。
よう-にく⓪【羊肉】名 ひつじの肉。マトン。
よう-にん③【用人】名 江戸時代、主君のそばにいて金銭の出し入れをとりあつかった人。
よう-にん⓪【×遥任】名 平安時代、地方官をかねた公卿〔くぎょう〕が、自分は任地に行かないで代理人に政務をとらせたこと。
よう-にん⓪【×傭人】名〔文章語〕やとい人。使用人。官庁で正式の職員でなく、やとわれて働く人。
よう-にん⓪【容認】名 他サ ゆるし、みとめること。認容。
よう-ねん⓪【幼年】名 おさない年齢。また、その人。
よう-は③【要は】〔ワ〕副 たいせつなことは。要するに。「―勉強することだ」
よう-ば③【妖婆】名 魔法を使う、あやしい老婆。
よう-はい⓪【×遥拝】名 他サ 遠くはなれた所から、拝礼すること。
よう-ばい⓪【溶媒】名 物質をとかすのに使う液体。溶剤。↕溶質。
よう-はつ⓪【洋髪】名 西洋ふうの、女性のかみかたち。↕日本髪。
よう-ひ③【要否】名 必要か必要でないか。「―を問う」
よう-び⓪【曜日】名 曜で呼ぶ日。「休みになって―がわからなくなった」
よう-び③【妖美】名 形動〔文章語〕男の心を迷わすような女のあやしい美しさ。
よう-ひ-し②【羊皮紙】名 ひつじの皮でつくった紙のようなもの。昔、西洋で文字や絵をかくのに使った。
よう-ひつ⓪【用筆】名 ❶書くのに使うふで。❷ふでづかい。運筆。
よう-ひん⓪【用品】名 使用する品物。「台所―」
よう-ひん⓪【洋品】名 西洋ふうの服装品・雑貨。「―店」
よう-ふ③【用布・要布】名 衣類を仕立てるのに必要なぬの。
よう-ふ③【妖婦】名 男をまどわす、なまめかしい女。
よう-ふ③【養父】名 養家のちち。やしないおや。↕実父。
よう-ぶ⓪【洋舞】名 西洋舞踊。ダンス。↕日舞・邦舞。
よう-ぶ③【腰部】名 こしの部分。
よう-ふう⓪【洋風】名 形動(の) 西洋ふう。洋式。「―の応接室」↕和風。
よう-ふく⓪【洋服】名 西洋ふうの衣服。↕和服。**―×簞×笥**〔だんす〕ダ 名 洋服をハンガーにかけて、つるしておけるようになっているたんす。
よう-ぶん③【養分】名 動植物の栄養となる成分。
よう-へい⓪【用兵】名 さしずして軍隊をうごかすこと。また、その方法。「―術」
よう-へい⓪【葉柄】名 葉の一部で、茎に葉をつないでいるほそいところ。
よう-へい⓪【×傭兵】名 給料をあたえてやとう兵。やとい兵。↕徴兵。
よう-へき⓪【擁壁】名 斜面の土砂崩れをふせぐための壁状の大規模な構築物。
よう-べや⓪【用部屋】名 ❶用事をするへや。❷江戸幕府で、政務を評議したへや。御用部屋。
よう-へん⓪【窯変】名 自サ 火の性質やうわぐすりの成分によって、窯〔かま〕で焼く陶磁器に予想外の色や模様が生じること。また、その陶磁器。
よう-べんベ/⓪【用便】名 自サ 大・小便。また、大・小便をすること。
よう-ぼ③【養母】名 養家のはは。↕実母・生母。
よう-ほう⓪【用法】名 もちい方。使い方。使用法。
よう-ほう⓪【陽報】名〔文章語〕はっきりと、よい報い。よい報いのくること。また、そのよい報い。「陰徳あれば必ず―あり」
よう-ほう⓪【養蜂】名 はちみつなどをとるために、みつばちを飼うこと。
よう-ぼう⓪【容貌】名 顔かたち。みめかたち。
よう-ぼう⓪【要望】名 他サ もとめのぞむこと。「―にこたえる」⇩要求 参考。
よう-ぼく⓪【用木】名 材料として使う材木。用材。
よう-ほん⓪【洋本】名 ❶洋書。↕和本。❷洋とじの書物。
よう-ま⓪【洋間】名 西洋ふうのへや。洋室。↕日本間。
よう-ま③【妖魔】名〔文章語〕ばけもの。魔物。
よう-まく③【羊膜】名 子宮の中で、胎児をつつむ膜。
よう-みゃく⓪/③【葉脈】名 植物の葉に分布する、養分などを通すくだ。
よう-みょう⓪【幼名】名 ⇩ようめい。
よう-む③【用務】名 仕事。つとめ。**―員**〔いん〕④ 名 官庁・学校・会社などで雑用をする人。
よう-む③【要務】名〔文章語〕だいじなつとめ。「―を帯びる」
よう-むき⓪/④【用向き】名 用事の内容。用件。
よう-めい⓪【幼名】名 幼年時代の名。ようみょう。
よう-めい⓪【用命】名 用事をいいつけること。また、そのいいつけ。「ご―を承ります」
よう-めい⓪【溶明】名 ⇩フェードイン。↕溶暗。
ようめい-がく⑤【陽明学】名 中国、明〔みん〕の王陽明のとなえた儒学の一派。良知をみがき、知識と行動とを一致させることを主張した。↕朱子学。
よう-もう⓪【羊毛】名 めんよう・やぎなどからとった毛。
よう-もう⓪【養毛】名 薬やマッサージによって髪が生えてくるようにすること。「―剤」⇩育毛 参考。
よう-もく⓪【要目】名〔文章語〕だいじな項目。
よう-やく⓪【要約】名 他サ たいせつなところを取りだして全体をみじかくまとめること。また、そのまとめたもの。
ようやく⓪【〔ようやく〕】【▲漸く】〔やうやく〕副 ❶しだいに。「―明るくなる」❷長いあいだ待ち望んでいたことが実現するようす。やっと。「―できた」❸手間どりながらも。「―に間にあった」
よう-やっと⓪―〔やう〕副（「ようやく」と「やっと」の合成語）長い時間をかけて。やっとのことで。「―手に入れた」
よう-ゆう⓪【溶融】【×熔融】名 自サ〔物〕熱のために固体が液体になること。融解。
よう-よう⓪【要用】名〔文章語〕だいじな用事。「以上―のみ」⇩まずは 参考。
ようよう⓪【〔ようよう〕】【▲漸う】〔やうやう〕副（「ようやく」の変化）❶しだいに。「春はあけぼの。やうやうしろくなりゆく」〈枕〉❷苦労のすえに。やっとのことで。
よう-よう⓪【洋洋】(と)副 たる連体 ❶水があふれるばかりに満ちてながれているようす。「大河―」❷水がひろびろとしてかぎりなく広がっているようす。「―たる大海」❸希望に満ちているようす。「―たる前途」
よう-よう⓪/③2【揚揚】(と)副 たる連体 得意なようす。ほこらしげなようす。「意気―と引きあげる」

よう-らく 0/ヨ【×瓔×珞】名 仏像にかけるたまのかざり。

よう-らん 0【洋×蘭】名 欧米で品種改良されて日本に移入された熱帯原産の観賞用のらん。カトレア・デンファレ・シンビジウムなど。西洋蘭。

よう-らん 0【要覧】名 ある物事につき、資料をまとめて重要な事がらを見やすくした文書。「国政―」

よう-らん 0【揺×籃】名〔文章語〕ゆりかご。―**期**(き) ラ・―**時代**(じだい) ジ 名〔文章語〕❶幼年時代。❷物事の発展のはじめのころ。―**の地**(ち) ❶生まれそだった土地。❷物事の発祥(はっしょう)地。

よう-り ヨ【要理】名〔文章語〕たいせつな教理・理論。

よう-り ヨ【養×鯉】名〔文章語〕こいを飼い、育てること。「水田―」

よう-りく 0【揚陸】名 他サ 船の荷物を陸にあげること。陸あげ。

よう-りつ 0【擁立】名 他サ たすけて高い地位につかせること。もりたてること。「幼君を―する」

よう-りゃく 0【要略】名 他サ 要約(ようやく)。

よう-りゅう 0【×楊柳】名(「楊」はかわやなぎ、「柳」はしだれやなぎの意)やなぎ。㊤春

よう-りょう リョ【用量】名 使用する一定の量。使用量。

よう-りょう リョ【要領】名 ❶事がらの、もっともだいじな点。こつ。要点。「―をのみこむ」❷物事をうまく処理する方法。「―のいい人」―**がいい** ❶処理のしかたがうまい。手ぎわがいい。❷わるがしこくて、うまくふるまう。―**を得**(え)**ない** ❶要点を把握していない。「―説明」❷要点がわからない。「―返事」

よう-りょう リョ/0【容量】名 うつわの中に入れることのできる分量。容積。

よう-りょく ヨ【揚力】名 液体や気体の中で、流れの方向に対して上向きにはたらく力。浮揚力。

ようりょく-そ リョ【葉緑素】名 植物の葉・茎などにふくまれている緑色の色素。クロロフィル。

よう-れい 0【用例】名 使ってある例。もちい方の例。

よう-れき 0【陽暦】名 太陽暦。↕陰暦。

ようれん-きん 0【溶連菌】名(「溶血性連鎖球菌」の略)連鎖球菌のうち、特に人に対する病原性の強い菌。化膿(かのう)性疾患・敗血症・しょうこう熱などの原因となる。

よう-ろ ヨ【要路】名〔文章語〕❶主要な道路。❷重要な地位。「―につく」

よう-ろ ヨ【溶炉】【×熔炉】名 金属をとかすための炉。

よう-ろう 0【養老】名 老人をいたわりやしなうこと。また、老後をやすらかにおくること。―**院**(いん) ロ 名 老人ホームの旧称。―**年金**(ねんきん) ネ 名 若いうちに払い込み、老後に支給を受ける年金。

よう-ろん 0【要論】名 要点を取り出して論じたもの。「国語学―」

よ-うん 0【余×蘊】名〔文章語〕(「蘊」は、たくわえの意)残された部分。あまり。

よ-えい 0【余映】名〔文章語〕のこったかがやき。余光。残照。「落日の―」

よ-えい 0【余栄】名〔文章語〕死後の光栄。

よ-えん 0【余炎】名〔文章語〕❶消えのこりの炎。❷残暑。

よ-おう ヨ【余×殃】名〔文章語〕(「殃」は、わざわいの意)先代の悪事の報いとして子孫がうける災い。↕余慶。

ヨーク ヨ〈yoke〉名 洋装で、肩やスカートの上部の布を切りかえてつけたもの。

ヨーグルト グ〈ドYoghurt〉名 牛乳・やぎの乳などを、乳酸菌のはたらきによって発酵させ、クリーム状にしたもの。

ヨーチン 0 名「ヨードチンキ」の略。

ヨーデル ヨ〈ドJodel〉名 アルプス地方の民謡。また、その声の出し方。うら声をまぜてうたう。

ヨード ヨ〈ドJod〉【▲沃度】名 沃素(ようそ)。―**チンキ** チ〈ドJodtinktur〉名 ヨードをエチルアルコールにとかした液体。消毒用。ヨジウムチンキ。ヨーチン。―**ホルム** ホ〈ドJodoform〉＝**フォルム** 名 ヨードとクロロホルムの化合物。黄色の結晶粉末で、かつては消毒・殺菌に用いた。

ヨーヨー ヨ2〈Yo-Yo〉名 木製やプラスチックの二枚の円盤をつなぐ軸に糸を巻きつけ、糸の先を持ち、上下させていろいろに回転させて遊ぶおもちゃ。

ヨーロッパ《ポ・オ Europa; Europe》(「欧羅巴」とも書いた)六大州の一つで、アジアの西北部につらなる大陸。欧州。

ヨーロッパ-きょうどうたい ロ【ヨーロッパ共同体】名 ➡イーシー(EC)。

ヨーロッパ-れんごう レ【ヨーロッパ連合】名 ➡イーユー(EU)。

ヨーロッパ-ロシア《European Russia》ロシアのウラル山脈から西の、ヨーロッパに属する地域をさす。欧露。

よ-か ヨ【予価】名 予定の価格。予定価。↕定価。

よ-か ヨ【予科】名 本科にすすむ前の課程。↕本科。―**練**(れん) カ 名(「海軍飛行予科練習生」の略称)旧日本海軍で、航空機搭乗員育成のための練習生制度。またその制度による練習生。

よ-か ヨ【余暇】名 ❶ひま。いとま。「勉学の―」❷仕事からはなれて、自分の自由に使える時間。「―の利用」

ヨガ ヨ〈ボン yoga〉名 インドに伝わる、精神統一のための修行(しゅぎょう)法。健康法としても利用される。ヨーガ。

よ-かく 0【予覚】名〔文章語〕予感。

よ-かく 0【余角】名 その和が直角となる二つの角の関係。

よ-かぜ ヨ【夜風】名 夜に吹く風。「―が冷たい」

よ-がたり ガ【夜語り】名 夜、話をすること。また、その話。「冬の―」

よから-ぬ【良からぬ】連語 よくない。よろしくない。「―たくらみ」

よかれ【良かれ】造〔文章語〕(文語形容詞「よし」の命令形から)よくあってほしいこと。「―と思ってしたことで、かえって迷惑をかけた」

よかれ-あしかれ【良かれ▲悪しかれ】連語 よいにしろ、わるいにしろ。とにかく。「―やってみる」

よかれ-かし【良かれかし】連語(「よくあれかし」の変化。「かし」は強めの終助詞)よくあってくれ。うまくいってほしい。よかれ。

よ-かん 0【余寒】名〔文章語〕立春後のさむさ。寒が明けても、まだ残るさむさ。㊤春

よ-かん 0【予感】名 他サ 事がおこることをなんとなく感じること。また、その感じ。むしの知らせ。「不吉な―」「―が当たる」

よ-き ヨ【予期】名 他サ 前もって期待・覚悟すること。「―に反する」

よ-ぎ ヨ【夜着】名 ❶夜具。ふとん。❷かいまき。㊦冬

よ-ぎ ヨ【余技】名 専門以外のわざ。趣味としての技芸。「―として絵をかく」

よ-ぎ ヨ【余儀】名〔文章語〕ほかのこと。ほかの方法。―**無**(な)**い** ナ 形 やむをえない。よんどころない。「―事情」―**無**(な)**くされる** そうせざるを得ないほど追い込まれる。「辞職を―」

よぎ-しゃ ヨ【夜汽車】名 夜間に運行する汽車。夜行列車。

よ-きょう ⓪【余興】名 宴会などで、興をそえるためにする演芸。かくし芸など。
よ-ぎり ⓪【夜霧】名 夜にたちこめる霧。
よぎ・る ②【▲過ぎる】自五〔文章語〕通りすぎる。すぎる。「前方を―」
よ-きん ⓪【預金】名 他サ かねを銀行などへあずけること。また、あずけ入れてあるかね。「―通帳」⇩貯金 参考。 ―**小切手** 名 利用者からあらかじめ受け入れた資金にもとづき、金融機関みずからが支払人となって振り出す小切手。預手。
よく【沃】造 こえる。地味が豊か。「沃地・沃土・沃野・肥沃」
よく【抑】造 おさえる。とどめる。「抑圧・抑止・抑留」
よく【翌】造 接頭 つぎの。あくる。「翌日・翌朝・翌十日・翌二〇〇〇年」
よく【浴】造 ❶あびる。からだを洗う。「浴室・浴場・水浴・入浴・海水浴・森林浴」❷こうむる。**浴する** 自サ
よく ク【▼慾】名 造 ほしいと思う心。「―を出す」「慾心・慾望・情慾」
よく【欲】㊀ ク 名 造 ものをほしがる心。のぞみむさぼる心。「―が深い」「欲情・欲動・食欲」㊁ 造 ほっする。のぞむ。「欲求・欲望・知識欲」 ―**に目が×眩む** 欲望のために判断をあやまる。 ―**の皮が突っ張る** ひどく欲深くなる。欲の皮が張る。「もうけ話に―」 ―**も得もない** 利益を得ようと考える余裕がない。欲得にとらわれない。「疲れ果てて、欲も得もなく眠りこんだ」 ―**を×掻く** 欲を出す。欲ばる。
よく ヨ【翼】名 造 ❶つばさ。「羽翼・主翼・尾翼」❷飛行機の左右につき出たつばさ。「両翼・右翼」❸本隊の左右。「左翼」
よく ヨ【よく】【良く・▲能く】副 ❶行為や状態の程度がじゅうぶんであるようす。「―見て、―考えろ」「―知っている」❷その能力がじゅうぶんにあるようす。「凡人の―なしうるところではない」❸その行為をほめたり、感謝したりする語。「―がんばった」「―知らせてくださいました」❹非難すべき行為をとがめ、反語的に言う。「―平気でいられるね」「―も言ったな」❺そうすること、そうであることが多いようす。しばしば。「昔は―けんかした」「―ある話だ」
よく-あさ ⓪【翌朝】名 次の日の朝。あくる朝。よくちょう。
よく-あつ ⓪【抑圧】名 他サ 発展するものを、おさえつけること。「言論の自由を―する」
よく-うつ ⓪【抑鬱】名 ストレスなどで気分が落ちこむこと。「―状態」
よく-か ヨ【翼下】名〔文章語〕❶鳥や飛行機のつばさの下。❷勢力の範囲内。保護のうち。傘下。‖よっか。
よく-かい ⓪【欲界】名〔仏〕三界の一つ。性・食・睡などの欲望にとらわれている世界。地獄・餓鬼・畜生・修羅・人間・天上界の総称。↕色界・無色界。
よく-ぎょう ⓪【翌暁】名〔文章語〕次の日の明け方。
よく-け ⓪【欲気】名 欲心。
よく-げつ ⓪【翌月】名 次のつき。あくるつき。よくつき。
よく-ご ⓪【浴後】名 入浴のあと。湯あがり。
よく-さん ⓪【翼賛】名〔文章語〕力をそえて助けること。補佐。
よく-し ヨ【抑止】名 他サ おさえて、とめること。抑制。
よく-しつ ⓪【浴室】名 ふろば。ゆどの。浴場。
よく-じつ ⓪【翌日】名 つぎの日。あくるひ。↕前日。
よく-しゅう ⓪【翌秋】名 次の年の秋。
よく-しゅう ⓪【翌週】名 次の週。↕前週。
よく-しゅん ⓪【翌春】名 次の年の春。よくはる。
よく-じょう ⓪【抑情】名〔文章語〕欲情をおさえること。
よく-じょう ⓪【浴場】名 ❶大ぜいの人が入浴できるところ。浴室。❷ふろや。
よく-じょう ⓪【欲情】名 ❶欲望の心。欲心。❷性欲。
よく-じょう ⓪【翼状】名〔文章語〕鳥がはねをひろげた形。
よく-しん ⓪【欲心】名 むさぼるこころ。欲気。欲念。
よく・す ク【浴す】自五 ⬇よくする。
よく・する ス【浴する】自サ〔「浴す(五段活用)」とも〕❶入浴する。あびる。❷よいものとして、身に受ける。こうむる。「恩恵に―」 **よく・す** 文語サ変
よく・する ヨ【▲能くする】他サ ❶じょうずである。「書を―」❷なすことができる。「凡人の―ところでない」 **よく・す** 文語サ変
よく-せい ⓪【抑制】名 他サ おさえとめること。抑止。
よく-せき ⓪ 副 やむをえないようす。よくよく。「―のことだろう」
よく-ぞ ヨ 副〔「よく」を強めた言い方〕ほんとうにまあ。よくまあ。よくこそ。「―やってくれた」「―我慢した」
よく-そう ⓪【浴槽】名 入浴用の湯ぶね。
よ-ぐたち【夜▲降ち】名〔古語〕夜がふけること。また、そのころ。よふけ。
よく-たん ⓪【翼端】名 つばさのはし。「飛行機の―」
よく-ち ヨ【沃地】名〔文章語〕地味の肥えている土地。
よく-ちょう ⓪【翌朝】名 次の日のあさ。よくあさ。
よく-ど ヨ【沃土】名〔文章語〕よく肥えた土。
よく-とう ⓪【翌冬】名 次の年の冬。よくふゆ。
よく-とく ⓪/ク2【欲得】名 利益を得ようとすること。また、その心。 ―**▲尽く** ⓪ 名 打算的なこと。「―でする」
よく-とし ⓪【翌年】名 よくねん。
よく-ねん ⓪/ク【欲念】名 欲心。よくしん。
よく-ねん ⓪【翌年】名 次の年。あくるとし。よくとし。
よく-ねんど ネ【翌年度】名 前の年度とつながりのある次の年度。「お金を―に繰り越す」
よく-ばり バ/リ【欲張り】名 欲ばること。欲ばる人。
よく-ば・る バ【欲張る】自五 必要以上に物をほしがる。
よく-ばん ⓪【翌晩】名 次の日の晩。
よく-ふか ⓪【欲深】名 形動 欲が深いこと。また、その人。
よく-ふか・い カ【欲深い】形 非常に欲ばりである。強欲である。「―領主」 **よくふか・し** 文語ク
よく-ぼう ⓪【欲望】名 ほしい、したいと思いのぞむ心。
よく-め メ【欲目】名 ひいき目。「親の―」
よく-も ヨ【よくも】【良(▲好)くも】副〔「よく」の強め〕よくまあ。「―やったものだ」
よく-や ヨ【沃野】名〔文章語〕地味の肥えた平野。
よく-ゆう ⓪【翌夕】名 翌日の夕方。
よく-よう ⓪【抑揚】名 音楽・音声・文章などの調子の上げ下げ。「―をつけて読む」「―のない話し方」
よく-よう ⓪【浴用】名 入浴のときに使うもの。入浴用。「―石けん」
よく-よく【翌翌】接頭 次のまた次の。日・月・年についていう。「―年」「―月」「―日」
よく-よく ⓪ 副 ❶念を入れて。ねんごろに。「―しらべる」❷とりわけ。きわめて。「―困ることがあるのだろう」❸ほんとうにやむをえないようす。「―の事情」
よく-よく ⓪【翼翼】(と)副 たる連体〔文章語〕❶つつしみぶかいようす。「―と勤める」❷用心ぶかいようす。「小心―」

よ

よく-りゅう ⓪【抑留】名 他サ ❶無理に押さえとめておくこと。❷〔法〕ごく短い間、からだを拘束すること。たとえば、拘引(こういん)・逮捕のあとの留置など。❸よその国の人や船などを、強制的にとどめおくこと。「—者」

よ-くん ⓪【余薫】名〔文章語〕❶あとにのこるかおり。余香(よこう)。❷あとにのこる人徳。余光。

よけ【よけ】【▲除け】接尾 それからのがれること。のがれるためのもの。「虫—」「霜—」

よ-けい ヨ【余慶】名〔文章語〕↕余殃(よおう)。❶祖先の善行や徳によって子孫がむくわれること。「積善(せきぜん)の家に—あり」❷おかげ。「—をこうむる」

よ-けい ⓪【よけい・余計】副 形動 ❶ものに余分があるようす。「一個—だ」❷程度がひどくなるようす。もっと。いっそう。「—いそがしくなった」❸むだなようす。無用。「—なことを言うな」 **—なお世話(せわ)** してくれなくともよい手出しや差し出口を、ののしっていうことば。

よ-けつ ⓪【預血】名 他サ 必要なときに輸血用の血液を得る権利をもつために、自分の血を血液銀行などに提供すること。↕献血。

よ・ける ケ【▲避ける・▲除ける】他下一〔ケ・ケ・ケル・ケル・ケレ・ケロ・ケヨ〕❶わきへ寄る。さける。「ボールを—」「水たまりを—」❷被害を防ぐ。「雷を—」「霜(しも)を—」❸除外する。のける。「不良品を—」 **よ・く** 文語下二

よ-けん ヨ【与件】名〔哲〕推理・研究の基本としてあたえられた原理や事実。所与。

よ-けん ⓪【予見】名 他サ〔文章語〕そうなる前に見通して知ること。予知。

よ-げん ⓪【預言】名 キリスト教で、神の霊感を受けた者が、神のおつげとして言うこと。また、そのことば。

よ-げん ⓪【予言】名 他サ 未来をおしはかって言うこと。また、そのことば。

よこ ⓪【横】名 ❶左右の長さ。水平の方向の長さ。↕たて。❷左または右の方向。「—に歩く」↕たて。❸側面。「—顔」❹かたわら。わき。「—から口を出す」❺よこいと。緯。↕たて。❻たおれた形。「からだを—にする」❼身分・地位の上下にかかわらない同列の関係。「—のつながり」 **—に置(お)く** とりあえずふれないでおく。「根本的な問題解決のために、細かい点は—」 **—になる** からだを横たえる。寝る。 **—の物(もの)を縦(たて)にもしない** 極度にぶしょうなことのたとえ。 **—を向(む)く** 無視する。そっぽをむく。

よ-ご ヨ【予後】名 ❶病気や手術などについて、その後の経過に関する医学上の見通し。❷病後の経過。

よこ-あい ⓪【横合(い)】—(あひ) 名 ❶横の方面。よこて。❷そのことに関係のないこと・人。局外。「—から口を出す」

よこ-あな ⓪【横穴】名 ↕たてあな。❶山の中腹などに横にあけた穴。❷山腹などを横にくりぬいて造った墓。

よこ-いっせん セ【横一線】名〔競馬用語から〕競争者が同列に並んで差がないこと。

よこ-いと ⓪【横糸】名 織物の、横に通っている糸。↕縦糸。

よこい-やゆう《横井也有》一七〇二～一七八三。江戸時代中期の俳人。著作に俳文集「鶉衣(うずらごろも)」など。

よ-こう ⓪【予行】名 正式におこなう前に、あらかじめ練習をすること。「—演習」

よ-こう ⓪【予稿】名 学会発表などのために、あらかじめ書いて提出する原稿。「—集」

よ-こう ⓪【余光】名〔文章語〕❶あとにのこったひかり。「日没後の—」❷あとあとまでのこる人徳。

よ-こう ⓪【余香】名〔文章語〕あとにのこるかおり。余薫(よくん)。

よこ-がお ⓪【横顔】—(がほ) 名 横から見た顔。転じて、人に、あまり知られていない一面の意にも使う。プロフィール。「先生の—」

よこ-がき ⓪【横書(き)】名 文字を横にならべて書くこと。↕たてがき。

よこ-がみ ⓪【横紙】名 ❶横にすき目のある紙。❷紙を横にして使うこと。また、その紙。 **—破(やぶ)り** ヤ 名〔すき目が縦になっている紙は、横には破りにくいことから〕自分の思ったとおりを、無理を承知で、おしとおそうとすること。また、その人。

よこ-ぎ ⓪【横木】名 横にわたした木。バー。

よこ-ぎ・る ギ【横切る】他五〔ラ・ロ・リ・ッ・ル・ル・レ・レ〕横にわたって通る。横断する。 **横切れる** 自下一〔…できる〕

よ-こく ヨ【与国】名〔文章語〕味方である国。同盟国。

よ-こく ⓪【予告】名 他サ ❶前もってつげること。❷発行や封切りなどの前に宣伝すること。 **—編(へん)** ⓪ 名 映画などで、上演する前に、宣伝のために内容の一部分を編集して客に見せるもの。

よこ-ぐみ ⓪【横組(み)】名 印刷で、活字を横にならべて組むこと。また、そういう形式の印刷。↕縦組み。

よこ-ぐも ⓪【横雲】名 横にたなびいている雲。

よこ-ぐるま グ【横車】名〔車を横に押すこと〕無理をとおすこと。 **—を押(お)す** 自分の考えを無理におしとおす。

よこ-こう ⓪【横坑】名 鉱山や炭坑で、水平方向に掘り進んだ坑道。↕立て坑・斜坑。

よ-ごころ ⓪【世心】名〔古語〕❶世の俗事を解する心。❷男女間の情愛がわかる心。異性をしたう心。

よこ-ざ ⓪【横座】名 ❶炉の奥正面の主人のすわる場所。❷〔敷物が横に敷いてあること〕上座(じょうざ)。かみざ。正面の座。❸横手の座席。

よこ-さま ⓪【横様】【横▲方】名 ❶横むき。横の方。「—に飛びのく」❷道理に合わないこと。よこしま。‖よこざま。

よこ-じく ⓪【横軸】名 グラフで目盛りをつけた横の線。↕縦軸。

よこ-しま ⓪【▲邪】名 形動 正しくないこと。不正。「—な行為」

よこ-じま ⓪【横じま】【横×縞】名 横すじのしま。↕たてじま。

よこ・す コ【▲寄越す】他五〔サ・ソ・シ・ス・ス・セ・セ〕❶先方から送ってくる。「たよりを—」❷こちらへ渡す。「おれによこせ」❸〔「…てよこす」の形で〕…してくる。「送って—」 **よこせる** 自下一〔…できる〕

よご・す ⓪【汚す】他五〔サ・ソ・シ・ス・ス・セ・セ〕❶きたなくする。けがす。「川を—」「手を—」❷食べ物などをまぜる。あえる。まぶす。「みそで—」

よこ-ずき ⓪【横好き】名 専門でないことをむやみにこのむこと。技量は劣るが、熱心であること。「へたの—」

よこ-すじ ⓪【横筋】—(すぢ) 名 ❶横に通った筋。❷本筋からそれた道筋。横道。「話が—にそれる」

よこ-すべり ⓪【横滑り】【横×辷り】名 自サ ❶ ヌ 横にすべること。❷ ⓪ 同格のほかの役・職にかわること。

よこ-ずわり ⓪ ヌ【横座り】【横×坐り】名 ひざをくずし、足を横に出してすわること。横つわり。

よこせ-やう《横瀬夜雨》一八七八～一九三四。詩人。本名は虎寿(とらひさ)。詩集に「夕月」「花守」など。

よこ-た・える エ ダ【横たえる】—(たへる) 他下一〔エ・エ・エル・エル・エレ・エロ・エヨ〕❶横にする。「材木を—」❷横におびる。「大刀を—」 **よこ・た・ふ** 文語ハ下二

よこ-たおし ⓪【横倒し】—(たふし) 名 立っているものが横にたおれること。横転。よこだおし。

よこ-たわ・る[ワ]【横たわる】—たはる 自五 (ラ・ロ/リ・ッ/ル/ル/レ/レ) 横になる。横に長くのびる。

よこ-ちょう⓪【横町】【横丁】名 表通りから横にはいった町すじ・通り。

よこ-づけ⓪【横付(け)】名 船や車などを目的の場所に、横向きに付けること。「汽船を岸壁に—にする」

よこっ-ちょ⓪【横っちょ】名〔俗語〕横。横向き。「帽子を—にかぶる」

よこっ-つら⓪【横っ面】名〔「よこつら」の変化〕横顔。顔の横のほう。「—をひっぱたく」

よこっ-とび⓪【横っ跳び】名〔「よことび」の変化〕❶前を向いたまま、右または左の方向にとぶこと。❷あわてて走っていくことの形容。

よこ-づな⓪【横綱】名 ❶相撲で、力士の最高位。また、その土俵入りのとき、腰にしめるふとい綱。❷同類のなかで、もっともすぐれたもの。「和菓子の—」

よこっ-ぱら⓪【横っ腹】名 ⬇よこはら。

よこ-つら⓪【横面】名 ⬇よこっつら。

よこ-て⓪【横手】名 横の方向・方面。「家の—にまわる」
—投(な)**げ**⓪ 名 ⬇サイドスロー。

よこ-で⓪【横手】名 てのひらを打ち合わせること。**—を打**(う)**つ** 感動したり、思いあたったりしたときなどに、思わず両手を打ち合わせる。

よ-ごと⓪[ヨ]【夜ごと】【夜▲毎】名 毎晩。毎夜。↕日ごと。

よ-ごと【▲寿▲詞・▲吉言】名〔古語〕〔「よきことば」の意〕❶天皇の御代が長くさかえるようにと、祝ったことば。❷祝いのことば。

よこ-とじ⓪【横とじ】【横×綴】—とぢ 名 横長にとじること。また、その本・帳面など。

よこ-とび⓪/[ビ]【横跳び】名 ⬇よこっとび。

よこ-どり⓪【横取り】名 他サ わきからうばい取ること。「財産を—される」

よこ-なが⓪【横長】名 形動 横に長いこと。「—の戸だな」↕縦長。

よこ-ながし⓪【横流し】名 統制品などを、正しい経路へ送らず、他へ転売すること。やみ値で転売すること。

よこ-ながれ⓪/[レ]【横流れ】名 横流しされること。やみ値で転売されること。また、その品物。

よこ-なぐり⓪【横殴り】名 横のほうからつよく打つこと。「—の雨」

よこ-なみ⓪【横波】名 ❶横から打ちよせる波。❷粒子の振動方向と波の進行方向とが垂直であるような波動。

よこ-ならび⓪【横並び】名 ❶横に一列に並ぶこと。❷同等のものの間に区別をつけないこと。「—行政」

よこ-ね⓪【横根】名 ❶横にのびた根。❷性病などで、股(また)の鼠蹊部(そけいぶ)のリンパ節がはれること。

よこ-ばい⓪【横ばい】【横×這い】—ばひ 名 ❶横にはうこと。「かにの—」❷相場が大きな変動をしないこと。「物価は—だ」❸半翅(はんし)目ヨコバイ科の昆虫の総称。体長五ミリメートルぐらいで、うんかに似る。成虫は夏から秋に発生し、農作物をあらす。つまぐろよこばい・いなずまよこばいなど。㊎

よこ-はば⓪【横幅】名 横の幅。

よこ-はら⓪【横腹】名 腹の側面。わき腹。よこっぱら。

よこ-ぶえ⓪【横笛】名 横にかまえて吹く笛の総称。フルート、篠笛(しのぶえ)など。↕縦笛。

よこ-ぶとり⓪【横太り】名 身長のわりに太っていること。

よこ-ぶり⓪【横降り】名 雨・雪が風のために横から降りつけること。

よこ-ぼう⓪【横棒】名 水平の向きに置いた棒。また、横に引かれたまっすぐな線。↕縦棒。

よこ-まく⓪【横幕】名 標語や広告などを横書きにした横長の布。横断幕。

よこ-みち⓪【横道】名 ❶わき道。本道でない道。間道(かんどう)。❷正しくない道・方面。邪道。「—におちいる」❸物事の本すじをはずれること。「議論が—にそれる」

よこみつ-りいち《横光利一(としかず)》一八九八–一九四七。小説家。本名は利一。新感覚派の作家として出発、実験的作品を発表しつづけた。「上海(シャンハイ)」「機械」「旅愁」など。

よこ-むき⓪【横向き】名 横を向くこと。横を向いた状態。

よこ-め⓪【横目】名 ❶顔を正面にむけて、目だけで横を見ること。ながしめ。「—を使う」❷〔「…を横目に」の形で〕ちょっと見ただけで問題にしないこと。「反対運動を—に堂々とやってのける」

よこ-めし⓪【横飯】名〔俗語〕❶洋食。西洋料理。❷外国人と食事をすること。

よこ-もじ⓪【横文字】名 ❶横書きにする文字。特に、西洋の文字。❷外国語。

よこ-もの⓪【横物】名 ❶横に長い形の物。❷横はばの長い軸物(じくもの)。

よ-ごもり[ゴ]【夜籠(も)り】名 祈願のため、寺や神社にこもって夜をあかすこと。

よ-ごも・る【世籠る】自四〔古語〕❶まだ年が若い。年が若く将来がある。「よごもれるどちに譲りきこえてむ」〈源氏〉❷まだ世に出ないでいる。「〔陽成院ノ母、高子ガ〕いまだよごもりておはしけるとき」〈大鏡〉

よこ-やり⓪【横やり】【横×槍】名〔ふたりがたたかっているとき、別の人が横からやりをつき入れること〕第三者が口をさしはさむこと。**—を入**(い)**れる** ❶横からさしでぐちをする。❷干渉する。

よこ-ゆれ⓪【横揺れ】名 ↕縦揺れ。❶地震で、横に揺れること。震源が遠い時の揺れ方。❷船が左右に揺れること。ローリング。

よごれ⓪【汚れ】名 よごれること。きたなくなること。また、よごれた箇所。「—を落とす」

よごれ-もの⓪【汚れ物】名 よごれたもの。よごれた衣類・食器など。「—のたまった台所」

よごれ-やく⓪【汚れ役】名 映画や演劇で、よごれた身なりの役。また、娼婦(しょうふ)・犯罪者など、世間で好ましく思われていない者の役。

よご・れる⓪【汚れる】自下一 (レ/レ/レル/レル/レレ/レロ・レヨ) きたなくなる。けがれる。**よご・る** 文語下二

よこ-れんぼ[レ]【横恋慕】名 夫・妻のある者、また、きまった恋人のある者に対して、ほかの人が恋をすること。

よ-ごろ【夜頃・夜▲来】名〔古語〕❶このいく夜か。「馬手(めて)(右側)なれば、射るべきやうもなくて、かくやうにしつつ夜ごろを過ぐしけるほどに」〈今昔〉↕日ごろ。❷いく夜か経たこと。また、その夜。

よこ-わけ⓪【横分け】名 前髪を、左右どちらか片方に寄せた位置で分けること。

よこ-わり⓪【横割(り)】名 ↕縦割り。❶横に割ること。❷一つの組織の中で、仕事の分担などが、横のつながりがつくように構成されていること。

よ-さ[ヨ]【良さ・善さ】名〔形容詞「よい」の名詞形〕よいこと。よい程度。「気分の—」「育ちの—」「品(ひん)の—」

よ-ざい⓪/[ヨ]【余財】名〔文章語〕使ってのこった財物。あま

よ

った財産。「―を寄付する」

よ-ざい ◎【余罪】名 主罪以外のつみ。「―を追及する」

よ-ざかり ザ【世盛り】名 ❶全盛であること。また、その時期。❷わかざかり。

よ-ざくら ザ【夜桜】名 夜のさくら。夜見るさくらの花。㊎春

よさこい-ぶし ◎【よさこい節】名〔「よさこい」は「夜さり来い」の変化〕高知県の民謡。高知市で八月十・十一日に行われる祭りで、鳴子(なるこ)を手に、よさこいとはやしながら踊り歩くときのうた。

よさの-あきこ《与謝野晶子》一八七八-一九四二。歌人。本名は、しよう。与謝野鉄幹の妻。情熱的な恋愛賛歌で知られる。歌集に「みだれ髪」「恋衣」など。

よさの-てっかん《与謝野鉄幹》一八七三-一九三五。歌人・詩人。本名は寛(ひろし)。東京新詩社を設立し、妻晶子(あきこ)とともに、機関誌「明星(みょうじょう)」で明治浪漫主義運動を展開した。詩歌集「東西南北」、歌集「相聞(あいぎこえ)」など。

よさ-ぶそん《与謝蕪村》一七一六-一七八三。江戸時代中期の俳人・画家。本姓は谷口。文人画で名を得てのち、浪漫的な俳諧(はいかい)を詠み、松尾芭蕉(まつおばしょう)と並び称される。句文集「新花摘(しんはなつみ)」。

よ-さむ ◎【夜寒】名 ❶夜の寒いこと。❷秋のすえごろ夜が寒くなること。また、その寒さ。その寒さの季節。㊎秋

よ-さり ヨ【夜さり】名 夜。夜中。また、とくに、今夜。今晩。

よ-さん ◎/ヨ【予算】名 ↕決算。❶国家・地方自治体、その他の組織で次の一年間の収入・支出を見つもった計算。❷そのことのために支出を予定している経費。

よし ヨ【▲止し】名 やめること。「―にしよう」

よし ヨ【由】名 ❶事のわけ。いわれ。「―ありげな話」❷たよりにするところ。手段。方法。「知る―もない」❸口実。「病気の―で休む」❹おもむき。しだい。…とのこと。「ご健勝の―」 **―あり**〔古語〕❶ゆいしょがある。「母北の方なむいにしへ人のよしあるにて」〈源氏〉❷ふぜいがある。風雅である。「泉水・木立、よしあるさまの所なり」〈平家〉❸わけがある。「心づきなきことあらむ折は、なかなかそのよしあるをも言ひてむ」〈徒然〉 **―ありげ** わけ・事情のありそうなようす。

よし ヨ【×葦・×蘆】名 あし。参考「あし」(悪し)の音をきらって、「よし」(善し)といいかえた語。 **―の髄(ずい)から天井**(てんじょう)**を×覗**(のぞ)**く** 見識・見解のせまいことのたとえ。

よし ヨ【よし】【▲縦し】副〔文章語〕❶しかたがない。ままよ。「―、降るなら降れ」❷たとい。よしや。「―どんなに降ろうとも」⇩よしんば 参考。

よし ヨ【良し】感〔文語形容詞「よし」の終止形から〕❶適しているようすをあらわす。よろしい。好ましい。「煮て―焼いて―」❷決意をあらわす。さあ。「―、やるぞ」❸ゆるす意味をあらわす。「―、もう泣くな」

よ-じ ヨ【余事】名〔文章語〕❶本業のほかの仕事。❷本すじのほかのこと。

よし-あし ヨ/シ[1]【善し▲悪し】名 ❶よいか、わるいか。善悪。良否。「―の区別」❷わるい点もあって、いちがいによいとはきめられないこと。いいようで、実はあまりよくないこと。「親切すぎるのも―だ」〓よしわるし。

よしい-いさむ《吉井勇》一八八六-一九六〇。耽美(たんび)派歌人・劇作家。歌集に「酒ほがひ」。

ヨジウム ジ〈(オ)jodium〉名 ヨード。沃素(ようそ)。 **―チンキ** チ〈(オ)jodiumtinctuur〉名 ヨードチンキ。

よし-え-や-し ―ゑ― 連語〔古語〕〔「ゑ」「や」「し」は感動・強めの終助詞〕❶たとえ。よしや。「よしゑやし来(き)まさぬ君を何せむに」〈万葉〉❷ままよ。「よしゑやし浦はなくとも、よしゑやし潟(かた)はなくとも」〈万葉〉

よしかわ-えいじ《吉川英治》一八九二-一九六二。小説家。本名は英次(ひでつぐ)。「宮本武蔵(みやもとむさし)」「新・平家物語」など、大衆小説で多くの読者に親しまれた。

よし-きた ヨ 感 決意して自分を元気づける語。さあ。よろしい。さあこい。「―、相手になってやろう」

よし-きり ◎/キ【×葦切】名 ヒタキ科の小鳥。あしの中にすみ、夏、大きな声で鳴く。その鳴き声から行々子(ぎょうぎょうし)ともいう。㊎夏

よしきり

よ-じげん ジ【四次元】名 四つの次元。空間のたて・よこ・高さの三次元に、時間を加えたもの。しじげん。

よし-ごい シ【×葦五位】名 サギ科の鳥。頭部は黒、背面は黄茶色。あしごい。㊎夏

よし-ず ◎/ヨ【×葦×簾・×葦×簀・×葭×簀】名 よしを編んでつくったすだれ。㊎夏 **―張(ば)り** ◎名 よしずで囲むこと。

よしだ-けんこう《吉田兼好》⬇けんこう。

よ-じつ ◎/ヨ【余日】名〔文章語〕❶あまりの日。のこった日数。「年内の―」❷ほかの日。他日。「―にゆずる」

よしつねせんぼんざくら《義経千本桜》江戸時代中期の浄瑠璃(じょうるり)。竹田出雲(たけだいずも)らの合作。没落した平家一門の後日談と、静御前(しずかごぜん)・狐忠信(きつねただのぶ)の話が中心。

よし-ど シ【よし戸】【×葦戸】名 枠(わく)の中によしずを張った戸。㊎夏

よし-な・い ナ【由ない】形 カロ・カッ・ク・イ・イ・ケレ・○〔文章語〕❶よりどころがない。理由がない。「―申し出」❷つまらない。意味がない。「―ことを言ってすまぬ」❸しかたがない。どうしようもない。「由なく、言うままにする」 **よしな・し** 文語ク

よしなし-ごと【由なし事】名〔古語〕つまらないこと。とりとめのないこと。「心にうつりゆくよしなしごとを、そこはかとなく書きつくれば」〈徒然〉

よしなに ヨ/◎ 副 いいように。よろしく。「―とりはからえ」

よしの《吉野》奈良県中部から南部にかけての地名。吉野川中流域は製材業が盛ん。南部には吉野山があり、南北朝時代、南朝の所在地であった史跡が多く、さくらの名所。吉野熊野国立公園の一部をなす。

よしの-がみ ノ【吉野紙】名 奈良県吉野地方でつくった、ごくうすい和紙。

よしの-くず ノ【吉野葛】名 奈良県吉野で産する上等のくず粉。

よしの-ざくら ザ【吉野桜】名 ❶奈良県吉野にさくやまざくら。❷そめいよしのの別名。㊎春

よしの-ひろし《吉野弘》一九二六-二〇一四。詩人。詩誌「櫂(かい)」に参加。人間疎外や生命についてやさしく表現した詩で知られる。詩集「幻・方法」「感傷旅行」など。

よじ-のぼ・る ボ/◎【よじ登る】【×攀じ登る】自五 ラ・ロ・リ・ル・ル・レ・レ とりすがってのぼる。とりついてのぼる。「大木に―」 **よじ登れる** 自下一[…できる]

よし-み ヨ/ミ【×誼】名 ❶したしいまじわり。「―を結ぶ」❷縁故。ゆかり。「昔の―で」

よしむら-あきら《吉村昭》一九二七-二〇〇六。小説家。歴史小説・記録文学に新境地を開いた。「戦艦武蔵」「ふぉん・しいほるとの娘」「破獄」など。

よしもと-たかあき《吉本隆明》一九二四-二〇一二。詩人・文芸評論家・思想家。多様な領域で評論活動を行った。

「共同幻想論」「言語にとって美とはなにか」など。

よし‐や ヨ【よしや】【×縦しや】副〔文章語〕〔「や」は感動の助詞〕よし。たとい。「─負けようとも」⇩よしんば 参考。

よ‐しゅう ⓪【余臭】名〔文章語〕あとにのこっているにおい。

よ‐しゅう ⓪【予習】名 他サ これから習う部分を前もって勉強すること。↕復習。

よ‐しゅう【予州】⬇いよ(伊予)。

よしゆき‐じゅんのすけ【吉行淳之介】一九二四―一九九四。小説家。性愛の世界を、洗練された手法で描いた。作品に「驟雨(しゅうう)」「夕暮まで」など。

よ‐じょう ⓪【余剰】名 あまり。のこり。剰余。**─価値(かち)** カ 名 剰余価値。

よ‐じょう ⓪【余情】名 ❶あとまで心にのこるおもむき。❷詩歌・文章で言外にこめられた味わい。

よじょう‐はん ジョ【四畳半】名 ❶日本家屋で一間(けん)半四方の部屋。たたみ四枚半の広さ。❷待合などの粋(いき)な小部屋。

よ‐しょく ⓪【余色】名 補色。

よし‐よし ヨ‐ 感 ❶子どもや動物などをなだめたり、かわいがったりするときにいう語。「おお、─」❷ものごとがうまくいっているときにいう語。「─、その調子だ」

よじ・る ジ【×捩る】(よぢる) 他五 ラ・ロ/リ・ッ/ル/ル/レ/レ ねじる。ねじまげる。ひねる。

よ・じる ジ【×攀じる】(よぢる) 自上一 ジ/ジ/ジル/ジル/ジレ/ジロ・ジヨ のぼろうとしてすがりつく。「大木に─」 **よ・づ** 文語上二

よじ・れる レ【×捩れる】(よぢれる) 自下一 レ/レ/レル/レル/レレ/レロ・レヨ よじったようになる。ねじれる。**よじれ** 名 **よぢ・る** 文語下二

よしわら《吉原》(よしはら) 江戸時代につくられた公許の遊郭(ゆうかく)。現在の東京都台東区千束にあった。

よしわら‐すずめ ス【×葦原×雀】(よしはら) ─ 名 よしきり。㊚夏

よし‐わるし フ【善し悪し】名 ⬇よしあし。

よし‐ゑやし 連語〔古語〕⬇よしえやし。

よ‐しん ⓪【予診】名 医師が正式に診断をする前にあらかじめ病歴や病状をたずねておくこと。

よ‐しん ⓪【予審】名 旧刑事訴訟法で、検事により起訴された刑事事件を公判にするかどうかをきめるために、裁判所で公判の前におこなったとり調べ。

よ‐しん ⓪【余震】名 ❶大地震の後にひきつづいておこる小さい地震。ゆりかえし。↕前震・本震。❷ひゆ的に、大きな出来事の後に残る影響。「事件の─」

よ‐じん ⓪【余人】名〔文章語〕ほかの人。「─はいざ知らず」「─をもっては代えがたい」

よ‐じん ⓪【余×塵】名〔文章語〕❶あとに立つちり。後塵(こうじん)。❷先人ののこした事がら・やり方。遺風。余風。「─を拝する」

よ‐じん ⓪【余×燼】名〔文章語〕火事の燃えのこりの火。

よしん‐ば シ【よしんば】【×縦しんば】副 そうなることを仮定するようす。たとえ。「─人の賛成は得られなくても」参考 下に「ても」がくることが多い。「たとえ」よりも古風な言い方で、「よしんば…とも」という形もよく使われる。「よし」「よしや」も同じ。

よ・す ヨ【止す】他五 サ・ソ/シ/ス/ス/セ/セ やめる。「変なまねはよせ」

よ・す【寄す】〔古語〕他下二 ⬇寄せる ㊁。「きよき磯廻(いそみ)に寄する波見に」〈万葉〉

よすが ヨ【縁】名〔文章語〕❶たより・たのみとするもの。手がかり。「昔を思いだす─」❷〔古語〕知りあい。相手。「もとより妻子なければ、捨てがたきよすがもなし」〈方丈記〉

よ‐すがら ス【夜すがら】【終夜】副〔文章語〕夜どおし。夜もすがら。

よ‐すぎ ⓪ギ【世過ぎ】名 世わたり。口すぎ。渡世(とせい)。「身過ぎ─」

よすて‐びと テ【世捨(て)人】名 ❶俗世間を見捨てた人。❷僧。隠者(いんじゃ)。

よ‐すみ ヨ【四隅】名 四角な空間の四つのすみ。「へやの─」

よせ ⓪【寄せ】名 ❶寄せあつめること。「人─」❷碁・将棋で、勝負の終盤戦。❸〔古語〕信望・後援のあること。「したり顔に、わが心地もいとよせありて」〈枕〉

よせ ⓪【寄席】名 落語・漫才などを中心に、紙切り・奇術などの演芸を見せる、定打(じょうう)ちの興行場。

よせ‐あつ・める ⓪メ【寄せ集める】他下一 メ/メ/メル/メル/メレ/メロ・メヨ 散らばっているものを、ひと所にあつめる。**寄せ集め** 名 **よせあつ・む** 文語下二

よ‐せい ヨ【余生】名 活動期間を過ぎた先の命。老後の生活。残生。参考「余世」と書くのはあやまり。

よ‐せい ⓪【余勢】名 あまったいきおい。**─を駆(か)って** あまったいきおいにのって。「─追撃する」

よ‐せい【余情】〔古語〕㊀ 名 言外にあらわれる深いおもむき。よじょう。「(歌ヲヨムトキハ)余情に心をかけよ」〈心敬・ささめごと〉 ㊁ なり形動 景気のいいようす。いきおいが盛んなようす。

よせ‐がき ⓪【寄(せ)書き】名 多くの人が一枚の紙や布に、文や字や絵をかくこと。また、そのかいたもの。

よせ‐か・ける ケ【寄せ掛ける】他下一 ケ/ケ/ケル/ケル/ケレ/ケロ・ケヨ ❶もたせ掛ける。立て掛ける。「材木を─」❷攻めよせる。**よせか・く** 文語下二

よせ‐ぎ ⓪【寄(せ)木】名 寄せ木細工。**─細工(ざいく)** ザ 名 色や木目のちがう木ぎれを組み合わせて、いろいろの形や模様をつくる細工。また、その作品。**─造(づく)り** ヅ 名 頭・胴体・手足などをそれぞれ別の木でつくり、それを寄せあつめて一体の彫像にしあげるやり方。↕一木(いちぼく)造り。

よせ‐ぎれ ⓪【寄せ切れ】名 布きれを寄せあつめたもの。

よせ‐ざん セ【寄(せ)算】名 二つ以上の数を加えて、その値を求める計算法。加法。たしざん。↕引き算。

よせ‐だいこ ダ【寄せ太鼓】名 ❶攻めよせる合図に打ちならす太鼓。攻めだいこ。❷興行場などで、客をさそいよせるために打ちならす太鼓。

よ‐せつ ⓪【余説】名〔文章語〕❶つけ加えた説。❷他の説。

よせ‐つ・ける ケ【寄せ付ける】他下一 ケ/ケ/ケル/ケル/ケレ/ケロ・ケヨ そばへ寄らせる。寄りつかせる。「足もとにも寄せ付けない」 **よせつ・く** 文語下二

よせ‐て ⓪【寄(せ)手】名 攻めよせてくる軍勢。

よせ‐なべ ⓪【寄(せ)鍋】名 鳥・魚・貝・野菜などをなべで煮ながら食べる料理。㊚冬

よせ‐むね ⓪【寄(せ)棟】名 むねから四方に傾斜面の出ている屋根。⇩屋根(図)。

よ・せる【寄せる】㊀ ⓪ セ/セ/セル/セル/セレ/セロ・セヨ 自下一 あるもののそばに位置が移動する。近づく。「波が寄せては返す」「寄せてくる敵を迎えうつ」㊁ 他下一 ❶あるもののそばに位置を動かす。近づける。「ベッドを壁の方に─」❷一か所に集める。「顔を寄せて相談する」「植木の根元に土を─」「全国から寄せられた見舞金」❸送り届ける。「御意見・御希望をお寄せください」❹重ねふやす。「みけんにしわを─」❺頼ってまかせる。「上京して叔母の家に身を─」❻心を傾ける。「優秀な新人に期待を─」「幼友達に思いを─」❼足し算をする。「八に二を寄せれば一〇になる」

よ・す 文語下二 ㊁ 他下二〔古語〕❶征服する。服従させる。「吾(あれ)今その国をよせたまはむ」〈古事記〉❷贈る。「勝ちたまはむ方に花をよせてむ」〈源氏〉

よ‐せん ⓪【予選】名 本選に出るものをえらぶこと。↕本

選。

よ-ぜん ⓪【余×喘】名〔文章語〕かすかに息のあること。**ーを保つ** ❶ほそぼそと命をながらえる。❷やっとつづいている。

よせん-かい [セ]【予×餞会】名 旅行や卒業の前におこなう送別会。

よそ ①/[ヨ]【余▲所・▲他▲所】名 ❶ほかの土地・場所。「ーをさがせ」❷わきの方向・場所。「ーを見るな」❸他人の家。「ーに泊る」❹直接の関係がないこと。「ーの問題」**ーにする** いいかげんにして、かえりみない。「本務をー」**ーの見る目** 他人が見ること。はため。

よ-そ【四▲十】名〔古語〕四十。「ー路」

よそい【▲装ひ】接尾〔古語〕❶衣服・道具など一そろいのものをかぞえる語。「装束、一ー」❷器に盛った飲食物をかぞえる語。「かゆ、三ー」

よそい [ソ]【▲装】名 ➡よそおい。

よそ-いき ⓪【よそ行き】【余▲所行き】名 ➡よそゆき。

よ-そう ⓪【予想】名 他サ 前もって結果などを想像すること。また、その内容。「ーにたがわず」 **ー外** [ソ]名 形動(の) 思いのほか。意外。案外。「ーの好成績」

よそ・う [ソ]【▲装う】他五 ❶よそおう。❷〔この用法では⓪〕食物をうつわに盛る。**よそえる** 自下一〔…できる〕

よそ・う【寄そふ】他下二〔古語〕❶ことよせる。託する。「思ふどちひとりひとりが恋ひ死なば誰によそへて藤衣(喪服ヲ)着む」〈古今〉❷くらべる。たとえる。「身によそへられて、いみじく悲しかりしかば」〈更級〉

よそ・える ⓪/[エ]（よそへる）他下一 ❶かこつける。❷たとえる。なぞらえる。**よそ・ふ** 文語ハ下二

よそおい ⓪/[オ]【装い】名 ❶したく。準備。「旅のー」❷みなり。服装。❸ととのえ飾ること。「ーを新たにする」

よそお・う [オ]【装う】他五 ❶衣服を身につける。身じたくをする。よそう。「はなやかにー」❷飾りたてる。化粧をする。❸そのふりをする。「平気をー」**装える** 自下一〔…できる〕

よそ-ぎき ⓪【よそ聞き】【余▲所聞き】名 他人が聞くこと。ひとぎき。外聞。

よ-そく ⓪【予測】名 他サ 前もっておしはかること。予想。

よそ-ごと ⓪【よそ事】【余▲所事】名 自分に関係のないこと。「きのどくでーとは思われない」

よそ-じ【四▲十路】名〔古語〕❶四十。よそ。❷四十歳。

よそ-ながら [ナ]【よそながら】【余▲所×乍ら】副 直接関係せず、はなれていながら。かげながら。「ー応援する」

よそ-み [ソ]/[ミ]【よそ見】【余▲所見】名 他サ 見るべき所以外を見ること。わき見。

よそ-め ⓪【よそ目】【余▲所目】名 ❶よそから見たところ。外観。「ーには何事もない」❷他人の見る目。人目。はた目。「ーを気にする」

よそ-もの ⓪【よそ者】【余▲所者】名 よその土地から来た者。

よそ-ゆき ⓪【よそ行き】【余▲所行き】名 ❶よそへ行くこと。外出。❷外出のときの衣服。「ーを着る」❸ことばや態度があらたまること。「ーのことば」‖よそいき。

よそ-よそ【余▲所余▲所】なり形動〔古語〕❶別れ別れ。別々。「(紫ノ上ト)よそよそに明し暮らす折々だに」〈源氏〉❷よそよそしいようす。「帝の御娘を(妻トシテ)持ち帰り給へる人なれどよそよそにて」〈源氏〉❸それとはなしに。よそながら。

よそよそ-し・い [シ]【余▲所余▲所しい】形 親しみがない。へだてがある。「ー態度」**よそよそしさ** 名 **よそよそ・し** 文語シク

よ-ぞら [ヨ]【夜空】名 夜の空。「ーに輝く星」

よた [ヨ]【与太】名〔俗語〕❶ちえの足りない者。与太郎。❷でたらめ。でまかせのことば。**ーを飛ばす** でたらめな事をしゃべる。

よ-たか [ヨ]【夜×鷹】名 ❶ヨタカ科の鳥。はとより少し小形で、たかに似ている。森林にすみ、夕方活動する。かすいどり。㊇ ❷江戸時代、街頭の売春婦。**ー×蕎▲麦** [ソ]名 夜ふけまで売りあるくそば屋。また、その売っているそば。㊄

よ-たく ⓪【余沢】名〔文章語〕死んだ後までのこっている恵み。「先祖のー」

よ-たく ⓪【預託】名 他サ〔文章語〕あずけて、まかせること。「株券をーする」

よ-だち ⓪【夜立ち】名 夜のうちに出発すること。↕朝立ち。

よ-だつ ⓪【与奪】名〔文章語〕あたえることと、うばうこと。「生殺ーの権」

よだ・つ [ダ] 自五 恐れや寒さのためにからだの毛が立つ。「身の毛もー」

よた-ばなし [バ]【与太話】名〔俗語〕たわいもない話。でたらめでばかげた話。「それは単なるーだ」

よた-もの ⓪【与太者】名〔俗語〕不良青少年。ならずもの。

よた-よた [ヨ]〔と〕副 自サ 歩く足どりがしっかりしていないようす。ひどくつかれた人やよっぱらいなどの歩き方。

よた・る [タ]【与太る】自五〔俗語〕〔「よた」を動詞に活用させたもの〕❶不良じみた行為をする。❷ふざけた、でまかせを言う。

よ-たろう ⓪【与太郎】名〔俗語〕ちえのたりない人。おろか者。

よだれ ⓪【×涎】名 口のそとにたれ流れるつば。**ーが出る** ❶食べたくてたまらないようす。❷ひどく物をほしがるようす。**ーを垂らす** よだれが出る。

よだれ-かけ [レ]【よだれ掛け】【×涎掛】名 乳幼児の胸に掛けて、よだれを受ける布。

よ-だん ⓪【余談】名 ほかのはなし。本すじ以外のはなし。

よ-だん ⓪【予断】名 他サ 物事のなりゆきを見ずに、前もって判断すること。「ーを与えるような言動」**ーを許さない** その後のなりゆきを前もって判断できない。「今や戦況はー」

よだん-かつよう [カ]【四段活用】名 動詞の活用の種類の一つ。語尾がア・イ・ウ・エの四段に変化するもの。参考 現代かなづかいでは未然形に「オ」を加えるので五段になる。⇩(付)語の活用

よ-ち [ヨ]【余地】名 ❶あまっている場所。あき地。「立錐のーもない」❷物事を行うためのゆとり、余裕。「研究のーがある」

よ-ち [ヨ]【×輿地】名〔文章語〕(すべてのものを、輿のようにのせる地の意から)地球全体。世界。

よ-ち [ヨ]【予知】名 他サ 前もって知ること。「地震のー」

よ-ちょう ⓪【予兆】名 なにかが起こりそうなきざし。前兆。

よ-ちょきん [チョ]【預貯金】名 預金と貯金をあわせていう語。

よち-よち [ヨ]〔と〕副 自サ 歩く足どりがしっかりしていないようす。幼児や重い物をせおった人などの歩き方。

よ-つ [ツ]【四つ】名 ❶し。よん。❷四歳。❸四つどき。❹〔この用法では[ヨ]〕四つ手。❺四つ切り。**ーに組む** ❶相撲で、たがいに両手を差してまわしを取り合う。四つ身に組む。「がっぷりー」❷難問に本気で取り組む。「行政改

革と―」

よつ-あし ◎【四つ足】名 ❶足が四つあること・もの。四本足。❷けもの。

よっ-か ◎【四日】名 ❶月の四番めの日。また、とくに一月四日のこと。新年 ❷一日の四倍の日数。四日間。

よっ-か ヨ【翼下】名〔文章語〕⬇よくか。

よっかか・る カ2【▲寄掛かる】自五 ラ・ロ|リ・ッ|ル|ル|レ|レ 「よりかかる」のくだけた言い方。

よっ-かく ◎【浴客】名〔文章語〕〔「よくかく」の変化〕ふろ・温泉にはいりにくる人。よっきゃく。

よつ-かど ◎【四つ角】名 道の交差点。よつつじ。

よ-つぎ ギ【世継(ぎ)】名 家の相続をすること。また、家の相続人。あと継ぎ。

よっ-きゃく ◎【浴客】名〔文章語〕⬇よっかく。

よっ-きゅう ◎【欲求】名 他サ〔「よくきゅう」の変化〕ほしがり、もとめること。「―を満たす」 **―不満**(ふまん) ◎名 いろいろの障害のために欲求が満たされず、いらいらしてたのしくない状態。

よつ-ぎり ◎【四(つ)切(り)】名 写真判の大きさの一つ。ふつう印画紙では、約三〇・五×二五・四センチメートル。

よ-づ・く【世づく】自四〔古語〕❶世なれる。「世づかずうひうひしや」〈源氏〉❷世のならわしにそまる。「九重(ここのへ)の神さびたるありさまこそ、世づかずめでたきものなれ」〈徒然〉❸男女間の情愛を解するようになる。「うち笑(ゑ)みたるもよづかず、うひうひしや」〈源氏〉

よつ-ずもう ス【四つ相撲】―ずまふ 名 たがいに四つに組む相撲。↕押し相撲。

よつ-だけ ◎【四つ竹】名 両手に二枚ずつ持って、てのひらで鳴らす割り竹。また、それを鳴らしておどるおどりや曲。

よっ-たり リ【四▲人】名 四にん。

よっ-つ ツ【四つ】名 ⬇よつ。

よつ-つじ ◎【四つつじ】【四×辻】名 道路が十字の形にまじわっている所。十字路。交差点。四つかど。

よっ-て ◎【よって】【因って・▲依って・×仍って】接続〔文章語〕〔「よりて」の変化〕それだから。そういうわけで。「―上告を棄却する」 **―来(き)たる** もとづく。由来する。「―ところ」 **―▲件(くだん)の▲如(ごと)し** ゆえに、前にしるしたとおりである。 **―▲以(もっ)て**「よって」を強めていう語。

よつ-で ◎【四つ手】名 ❶相撲で、たがいに上手(うわて)・下手(したて)をとって取りくむこと。四つ。四つ身。❷よつであみ。 **―網**(あみ) デ名 四すみを竹で張った網。水中にしずめ、引き上げて魚をすくいあげる。四つ手。

四つ手網

よって-たかって【寄ってたかって】連語 大勢の者が集まって。「―いじめる」

▲拠(よ)って立(た)つ よりどころとする。

ヨット ヨ〈yacht〉名 遊航または競走用の軽快なほぶね。発動機のついた大型のものもある。夏 **―ハーバー** ハ〈yacht harbor〉名 ヨット専用の港。

よつ-どき【四つ時】名〔古語〕昔の時刻で、今の午前・午後の十時ごろ。よつ。

よっ-ぱらい ◎【酔っ払い】―ぱらひ 名 ひどく酒に酔った人。よいどれ。酔漢。

よっ-ぱら・う ◎/ラ【酔っ払う】―ぱらふ 自五 ワ・オ|イ・ッ|ウ|ウ|エ|エ ひどく酒に酔う。 **酔っ払える** 自下一「…できる」

よっ-ぴて ◎/ピ 副〔「夜一夜(ひとよ)」の変化〕ひとばんじゅう。夜どおし。

よっ-ぽど ◎【よっぽど】【余っ程】副「よほど」の強め。

よつ-み ◎【四つ身】名 ❶(身ごろの四倍の布で裁った)五〜十歳ぐらいのこどもの和服。❷相撲で、四つに組むこと。四つ手。

よつ-め ◎【四つ目】名 ❶目が四つあること・もの。❷方形を四つ組みあわせた模様。 **―垣**(がき) メ名 竹をあらくたてよこにむすび、そのすきめが方形になるかき。 **―×錐**(ぎり) ギ名 刃先の面の、四角なきり。

よ-づめ ヨ【夜爪】名 夜、つめを切ること。親不孝、または、えんぎがわるいとされる。

よ-つゆ ヨ【夜露】名 夜の間におりる露。秋

よ-づり ヨ【夜釣(り)】名 夜の魚つり。夏

よつん-ばい ◎【四つんばい】【四つん×這い】―ばひ 名 ❶手足を地につけてはうこと。❷たおれて両手をつくこと。

よ-て ヨ【預手】名「預金小切手」の略。

よ-てい ◎【予定】名 他サ 行動や行事を前もって考えたり決めたりしておくこと。「―が立たない」「―を組む」 **―稿**(こう) ◎名 新聞・雑誌などで、確実な情報や最終的な結果が得られる前に、あらかじめそれらを予想して準備しておく原稿。 **―調和**(ちょうわ) チョ名 ❶〔哲〕神の意志によって世界の調和が保たれているというライプニッツの学説。❷予想どおりに展開し、結果も予想どおりになること。

よ-てき ◎【余滴】名〔文章語〕❶筆の先に残ったしずく。❷雨のあとのしずく。

よど ヨ【×淀・×澱】名 水のよどむこと。また、よどんだ所。

よ-とう ヨ【与党】名〔「与」は、なかまの意〕政権をにぎっている政党。↕野党。

よとう-むし ド【夜盗虫】名 ヤガ科の昆虫、よとうがの幼虫。夜、はいだして野菜を食べる害虫。夏

よ-どおし ◎【夜通し】―どほし 名 副 暮れから明けがたまでつづけること。ひとばんじゅう。徹夜。「―の看病」

よ-とぎ ◎/ギ【夜とぎ】【夜×伽】名 ❶看病・通夜(つや)などで、夜、寝ずにつきそうこと。また、その人。❷女が、男の寝室につかえること。

よ-とく ◎【余得】名 余分のもうけ。余分の利益。

よ-とく ◎【余徳】名〔文章語〕死後にのこっている恩徳。

よどみ ◎/ミ【×淀み・×澱み】名 ❶とどこおること。「会話が―なく進行する」❷水がよどんで流れない所。

よどみ-な・い ナ【×淀み無い・×澱み無い】形 カロ・カッ・ク|イ|イ|ケレ|○ つかえることがない。なめらかである。「質問によどみなく答える」 **よどみな・し** 文語ク

よど・む ド【×淀む・×澱む】自五 マ・モ|ミ・ン|ム|ム|メ|メ ❶水や空気の流れが、たまりとどこおる。❷水底にしずみ、たまる。❸物事がとどこおる。

よ-とり リ【世取(り)】名 家督相続人。あととり。

よな ヨ 名 火山ばい。

よ-な 助〔古語〕〔間投助詞〕❶感動をあらわす。…だね。「これはよな」〈平家〉❷念押しをあらわす。…だね。「その鉢(はち)の木は梅桜松にて有りしよな」〈謡曲・鉢の木〉

よ-なおし ナ【世直し】―なほし 名 世の中のようすや景気のわるいのを、あらためすくうこと。

よ-なか カ【夜中】名 夜の深いとき。夜のまっさかり。夜半(やはん)。

よ-なが ◎【夜長】名 夜の長いこと。秋の、長い夜。秋 ↕短夜(みじかよ)。

よ-なき キ【夜泣き】名 乳幼児が夜泣くこと。

よ-なき キ【夜鳴き】【夜×啼き】名 鳥などが、夜、鳴くこと。 **―×饂×飩**(うどん) ウ・**―×蕎▲麦**(そば) ソ名 夜、売り声で知ら

せながら回って歩くうどん屋・そば屋。また、そのうどん・そば。[冬]

よな・げる [ゲ]【×淘げる】[他下一] ❶米をとぐ。❷細かいものなどを水に入れ、ゆりうごかしてより分ける。❸よりわけて、わるいものを捨てる。**よな・ぐ** [文語下二]

よ-なべ [0]【夜なべ】【夜▲業】[名] 夜する仕事。夜業。[秋]「―の内職」

よな-よな [0]/[ヨ]【夜な夜な】[副] [文章語] 夜ごと。毎夜。「―うなされる」↕朝な朝な。

よ-な・れる [レ]【世慣れる】【世×馴れる】[自下一] ❶世間のことに通じる。世態・人情に通じる。❷情事に通じる。**よな・る** [文語下二]

よ-に【世に】[副] [古語] ❶〈程度のはなはだしいようす〉ほんとうに。はなはだ。「よにかしこき聖なりける」〈源氏〉❷〈下に打ち消しの表現を伴って〉けっして。断じて。「夜をこめて鳥の空音ははかるともよに逢坂の関はゆるさじ」〈後拾遺・百人一首〉

よ-にげ [ゲ]【夜逃げ】[名] [自サ] 夜のまにこっそり逃げて、よそへ移ること。

よに-も [ヨ]【世にも】[副] とりわけ。はなはだ。「―不思議な話」

よ-にん [0]【余人】[名] [文章語] ➡よじん。

よね【▲米】[名] [古語] こめ。

よ-ね [連語]（「よ」(終助詞)＋「ね」(間投助詞)）❶聞き手にも受け入れられるものとして話し手の認識を聞き手に示す。「『この作家、好きなんです』『私もです、おもしろいですー』」❷対人関係によっては、話し手より聞き手の方が優位にある認識を示し、聞き手の確認を求める。「この前貸した本、あした返してくれる―」

よ-ねつ [0]【余熱】[名] さめきらない残りの熱気。ほとぼり。

よ-ねつ [0]【予熱】[名] [他サ] エンジン・機器などがすみやかに動きはじめるように、使用前にあらかじめ温めておくこと。また、その熱。

よ-ねん [0]【余念】[名] ほかの思い。他念。―(が)無い ほかの事を考えない。一心になっている。

よ-の [ノ]【四▲布・四▲幅】[名] ❶なみはばの四倍。四はば。一四四センチメートルぐらい。❷よのぶとん。―布団 [ブ] [名] 表も裏も四はばでつくったふとん。

よ-の-なか [ノ]【世の中】[名] ❶世間。社会。❷この世。現世。❸[古語] 男女のなか。夫婦なか。

よ-は [ヨ]【余波】[名] ❶あらしや風がやんでも立っている波。「台風の―」❷とばっちり。影響。「事件の―」

よ-はい [0]【余輩】[代] [文章語] われわれ。自分たち。

よ-ばい [0]/[バ]【夜ばい】【夜×這い】[名] 夜、女の寝ている所へ男がしのびこむこと。―星 [バ] [名] 流れ星。[秋]

よば・う【▲喚ふ・呼ばふ】[他四] [古語] ❶よぶ。「よばひのしりたまふ声」〈源氏〉❷求婚する。「年を経てよばひわたりけるを」〈伊勢〉[参考] 動詞「呼ぶ」に奈良時代の反復・継続を表す助動詞「ふ」がついて一語化したもの。

よ-はく [0]【余白】[名] 文字などの書いてある紙面で、何も書かれずに白くのこっている部分。

よ-ばたらき [バ]【夜働き】[名] ❶夜はたらくこと。❷ぬすみ。ぬすびと。

よ-ばなし [バ]【夜話】[名] 夜する話。やわ。[冬]

よ-ばな・れる [レ]【世離れる】[自下一] 俗世間から遠ざかる。**よばな・る** [文語下二]

よば・れる【呼ばれる】[連語] ❶招かれる。「結婚式に―」❷[方言]〈関西などで〉ごちそうになる。いただく。「夕食を―」

よばわり【呼ばわり】[造]〈人を表す語につき、名詞・サ変動詞をつくる〉そうだと決めつけて呼ぶこと。「泥棒―をされる」「おまえ―する」[参考] よいことについては言わない。

よばわ・る [ワ]【呼ばわる】[自五] 大声で呼ぶ。

よ-ばん [ヨ]【夜番】[名] ❶夜、番をすること。また、その人。❷夜回り。夜警。[冬]

よ-び [ヨ]【予備】[名] ❶前もってそなえること。かねての準備。❷今あるものが使えなくなったり足りなくなったりしたときのために、別に用意しておくもの。スペア。「―の乾電池」❸実行にいたらない犯罪行為の下準備。―役 [ビ] [名] 現役後の一定期間服する兵役。平常は市民生活を送り、非常時に召集される。―軍 [ビ] [名] ❶〈「予備役の兵士を集めて編成する軍団」の意から〉第一線で活動する集団のあとにひかえて待機しているひとびと。❷ある可能性をもっていること。「犯罪―」「糖尿病―」―校 [0] [名] 上級学校へ進学しようとする人に、受験中心の特別な教育をする各種学校。―知識 [チ] [名] ある事がらを研究・理解するために、前もって必要とする知識。―費 [ビ] [名] 臨時の支出のために用意しておく費用。

よび-あ・げる [ゲ]【呼(び)上げる】[他下一] ❶大きな声で呼ぶ。❷いくつかの名を次々に呼ぶ。**よびあ・ぐ** [文語下二]

よび-い・れる [レ]【呼(び)入れる】[他下一] 呼んで中に入れる。呼び込む。**呼び入れ** [名] **よびい・る** [文語下二]

よび-おこ・す [コ]【呼(び)起(こ)す】[他五] ❶寝ている人に声をかけて目をさまさせる。❷表に現れていないものを引き出す。「世間の関心を―」「記憶を―」

よび-かけ [0]【呼(び)掛け】[名] ❶呼びかけること。❷行動を共にするように誘いかけること。また、その文章や演説。

よび-か・ける [ケ]【呼(び)掛ける】[他下一] ❶声をかけて呼ぶ。「店の人に―」❷こちらの意志や計画などを知らせて誘う。「平和運動への連帯を民衆に―」**よびか・く** [文語下二]

よび-かわ・す [ワ]【呼(び)交(わ)す】[他五] たがいに呼びあう。「名を―」

よび-こ [0]【呼(び)子】[名] 人を呼ぶ合図に使う小さい笛。よぶこ。

よび-ごえ [0]/[ゴ]【呼(び)声】[名] ❶人を呼ぶ声。❷うわさ・評判。―が高い 人気があって、その地位・役職につくといううわさが高い。

よび-こ・む [コ]【呼(び)込む】[他五] ❶呼び入れる。❷仲間にひきこむ。**呼び込み** [名] **呼び込める** [他下一]〔…できる〕

よび-さま・す [マ]【呼(び)覚(ま)す】【呼▲醒す】[他五] ❶呼んで目をさまさせる。❷忘れていたことを思い出させる。「記憶を―」

よび-じお [0]【呼(び)塩】[名] 塩づけの食べ物の塩味をうすくするために、水につけるとき、その水に塩を入れること。また、その塩。

よび-すて [0]【呼(び)捨て】[名] 敬称をそえないで、相手の名を呼ぶこと。「―にする」↕さんづけ・君づけ。

よび-だし [0]【呼(び)出し】[名] ❶呼び出すこと。「―をかける」❷大相撲で、土俵の整備をしたり、取り組む東西の力士の名を呼んで土俵にのぼらせたりする者。―電話 [デ] [名] 電話をもたない人が、近所の電話のある家などに取り次ぎをたのむこと。また、その電話。[参考] 電話普及率が低かった時代に見られたが、現在は見られない。

よび-だ・す [ダ]【呼(び)出す】[他五] ❶呼んで、そこに来させる。呼んで外へ出させる。❷呼び始める。**呼**

び出せる[自下一]「…できる」
よび-た・てる[テ]【呼(び)立てる】[他下一]（テ|テ|テル|テル|テレ|テロ・テヨ）❶声をはりあげて呼ぶ。❷呼びよせる。**よびた・つ**[文語下二]
よび-つ・ける[ケ]【呼(び)付ける】[他下一]（ケ|ケ|ケル|ケル|ケレ|ケロ・ケヨ）❶呼んで、むりにも自分の所へ来させる。❷呼びなれる。「呼びつけた名で呼ぶ」**よびつ・く**[文語下二]
よび-と・める[メ]【呼(び)止める】[他下一]（メ|メ|メル|メル|メレ|メロ・メヨ）呼んで止まらせる。**よびと・む**[文語下二]
よび-な[0]【呼(び)名】[名]ふだん、その人を呼ぶのに使う名。通り名。通称。
よび-ならわ・す[ワ]【呼(び)習わす】【呼▲慣わす】[他五]（サ・ソ|シ|ス|ス|セ|セ）（|ならはす）習慣として、いつもそう呼ぶ。世間では、そう呼ぶ。よびならす。「その寺を縁切り寺と―」
よび-ね[0]【呼(び)値】[名]〔経〕取引所で、売買する物の一定数量の値段。
よび-みず[0]【呼(び)水】（|みづ）[名]❶ポンプの水をみちびくために、はじめに少量の水をつぎこむこと。また、その水。❷物事をひきおこすきっかけ。
よび-もどし[0]【呼(び)戻し】[名]❶呼んでもどらせること。❷相撲のわざの一つ。四つに組んで、上手から相手の体を引きよせ、次に一方の手をはげしく突き出して、相手をうしろにたおすもの。
よび-もど・す[ド]【呼(び)戻す】[他五]（サ・ソ|シ|ス|ス|セ|セ）呼んでもどらせる。呼びかえす。**呼び戻せる**[自下一]「…できる」
よび-もの[0]【呼(び)物】[名]評判の高いもの。人気を呼びあつめている物。
よび-や[0]【呼(び)屋】[名]外国から芸能人を招いて興行することを職業とする人。
よ-びょう[0]【余病】[名]一つの病気にかかっているうちにおこる、別の病気。
よび-よ・せる[セ]【呼(び)寄せる】[他下一]（セ|セ|セル|セル|セレ|セロ・セヨ）呼んで近くへ来させる。**よびよ・す**[文語下二]
よび-りん[0]【呼(び)鈴】[名]人を呼んだり、合図などをするためのりん。
よ・ぶ[0]【呼ぶ】[他五]（バ・ボ|ビ・ン|ブ|ブ|ベ|ベ）❶人に向かって声を出す。㋐声をかけて存在を確かめる。「名まえを―」「もしもしと―」㋑大きな声で注意を引く。「金魚売りの―声」❷声をかけて自分のところに来させる。「ボーイを―」「医者を―」「車を―」❸人に来てもらう。まねく。㋐招待する。「結婚披露宴に恩師を―」㋑催し物に来るように頼む。「人気作家を講演会に―」❹それがきっかけとなってある現象をもたらす。「ベストセラーが反響を―」「論議を―」❺事物に名まえをつける。「岩木山を津軽富士と―」❻言いならわす。「先生を愛称で―」[参考]❷の意味では、下位の者に命令する意味合いや仕事をさせることが条件として伴う。「招く」にはそのような限定はない。❹の意味では、「春を呼ぶ風」のように一般的な事象にも用いられる点で、「招く」「買う」とは異なる。**呼べる**[自下一]「…できる」
よ-ふう[0]【余風】[名]〔文章語〕❶大風のあとにしばらく残る風。❷前代からのこっている習慣。遺風。
よ-ふかし[フ/カ]【夜更(か)し】[名][自サ]夜おそくまで起きていること。
よ-ふけ[ケ]【夜更け】[名]夜のふけたとき。深夜。深更。
よぶ-こ[0]【呼ぶ子】[名]⬇よびこ。**―鳥**[コ][名]かっこう。かんこどり。㊮
よ-ぶね[ヨ]【夜船】[名]夜、航行する船。
よ-ふん[0]【余憤】[名]〔文章語〕心にのこっているいきどおり。「―をもらす」
よ-ぶん[0]【余聞】[名]〔文章語〕本すじからはずれたはなし。こぼれ話。余話。
よ-ぶん[0]【余分】[名][形動]❶あまった分。あまり。❷ふつうより多い分量。「―にはたらく」❸よけいなこと。よけいなもの。「―なことを言う」
よ-べ【▲昨▲夜】[名]〔古語〕きのうの夜。ゆうべ。
よ-へい[0]【余弊】[名]〔文章語〕❶あとあとまでのこっている弊害。❷あることに伴って生じる弊害。
よ-ほう[0]【予報】[名][他サ]前もって知らせること。また、その知らせ。「天気―」
よ-ぼう[0]【×輿望】[名]〔文章語〕世間の人望。衆望。「―をになう」
よ-ぼう[0]【予防】[名][他サ]前もってふせぐこと。**―接種**[セ][名]感染症を前もってふせぐため、毒性を弱めた病原体を体内に入れて、免疫体をつくらせること。**―線**を**張る**あとで非難されないように、あらかじめ、言っておく。**―注射**[チュ][名]予防接種のための注射。
よ-ほど[0]【よほど】【余程】[副]かなりの程度。そうとう。「―の量」「―つかれたのだろう」
よぼ-よぼ[ヨ1][(と)副][自サ]病人や老人などのおとろえたようす。力のない歩き方のようす。「―したおじいさん」
よぼろ【▲丁】[名]〔古語〕古代、二十一歳から六十歳までの男で、公用のための労働に使われた者。
よまい-ごと[0/マ]【世まい言】【世▲迷言】（よまひ|）[名]わけのわからないような、ぐちや不平。
よま-せる【読ませる】[連語]おもしろくて、しぜんに読みすすんでしまう。「なかなか―小説だ」
よ-まつり[マ]【夜祭(り)】[名]夜におこなわれる祭り。
よ-まわり[マ]【夜回り】【夜×廻り】（まはり|）[名]夜、警戒のために回りあるくこと。また、その人。夜番。夜警。㊰
よみ[ミ]【読み】[名]❶文字に従って声を出すこと。❷読んで内容・意味を理解すること。❸漢字を国語にあてて読むこと。訓。❹ことの筋みちや、なりゆきを察し知ること。「―の早い人」**―が深い**❶内容・意味を深く理解する。❷物事の先の先まで、また、多方面から深く考えている。**―と歌**⬇歌と読み。
よみ[ヨ]【▲黄▲泉】[名]死者のたましいが行くという所。あの世。冥土。黄泉。よみじ。
よみ-あげ[0]【読(み)上げ】[名]声に出して読むこと。**―算**[ゲ][名]そろばんで、読み上げる数を聞きながらする計算。↕見取り算。
よみ-あ・げる[ゲ/0]【読(み)上げる】[他下一]（ゲ|ゲ|ゲル|ゲル|ゲレ|ゲロ・ゲヨ）❶大声で読む。❷読みおえる。読了する。**よみあ・ぐ**[文語下二]
よみ-あさ・る[0/サ]【読みあさる】【読▲漁る】[他五]（ラ・ロ|リ・|ル|ル|レ|レ）あれこれとさがして読む。「史書を―」
よみ-あわせ[0]【読(み)合(わ)せ】（あはせ|）[名]❶読みあわせること。❷上演する前に、出演者が脚本のそれぞれの役のせりふを進行順序に従って読みあうこと。
よみ-あわ・せる[セ/0]【読(み)合(わ)せる】（あはせる|）[他下一]（セ|セ|セル|セル|セレ|セロ・セヨ）❶同じ文章を、一方が読み、他方が見ていてあやまりをなおす。「本文を原稿と―」❷脚本の読み合わせをする。**よみあは・す**[文語下二]
よみ-うり[0]【読(み)売(り)】[名]江戸時代、社会の事件などを瓦版一枚刷りとし、読みながら売りあるいたもの。また、その人。
よみ-かえ・す[カ/0]【読(み)返す】（かへす|）[他五]（サ・ソ|シ|ス|ス|セ|セ）❶くりかえして読む。❷書いたものをもう一度、読んでみる。**読み返し**[名]**読み返せる**[自下一]「…できる」
よみ-か・える[エ/カ]【読(み)替える】（かへる|）[他下一]（エ|エ|エル|エル|エレ|エロ・エヨ）❶一つの漢字を別の読み方で読む。❷法令などの中で、ある語を別の語におきかえて読む。『任命権者』を

『学長』と―」 **読み替え** 名 **よみか・ふ** 文語八下二

よみ-がえ・る ガ/0【×蘇る・×甦る】―がへる 自五 ラ・ロ(リ)・ッ・ル・ル・レ・レ 〔「黄泉(よみ)からかえる」意〕❶死んだものが再び生きる。いきかえる。「奇跡的に―」 ❷なくなったものが再びかえってくる。「記憶が―」

よみ-かき ミ/ヨ【読み書き】名 文字・文章を読むことと書くこと。

よみ-か・ける ケ【詠み掛ける】他下一 ケ・ケ・ケル・ケル・ケレ・ケロ・ケヨ ❶和歌をよんで、その返歌をもとめる。❷よみはじめる。**よみか・く** 文語下二

よみ-かた カ/タ【読み方】名 ❶文字を音声に変換する手順。特に、漢字に音声を当てる方法。「竈という字の―がわからない」❷文章を声に出して読んだり内容を理解したりする方法・態度。「古文書の―を学ぶ」❸読むこと。国語教育の基本となる、読む・書く・話す・聞くの四つの言語活動の一つ。

よみ-がな 0【読(み)仮名】名 漢字の読み方をしめすために、わきにつける仮名。振り仮名。ルビ。

よみ-きかせ 0【読(み)聞(か)せ】名〔多く子どもに〕本などを読んで聞かせること。「絵本の―」

よみ-きか・せる セ【読(み)聞(か)せる】他下一 セ・セ・セル・セル・セレ・セロ・セヨ 本や手紙の内容がよくわかるように読んで聞かせる。

よみ-きり 0【読(み)切(り)】名 小説などで一回で完結すること・もの。「―小説」↕連載(れんさい)。

よみ-き・る キ/0【読(み)切る】他五 ラ・ロ(リ)・ッ・ル・ル・レ・レ おわりまで読む。**読み切れる** 自下一〔…できる〕

よみ-くせ 0【読み癖】名 ❶昔から習慣となっている特別の読み方。❷その人に特有の読み方。‖よみぐせ。

よみ-くだ・す ダ/0【読(み)下す】他五 サ・ソ・シ・ス・ス・セ・セ ❶文章を、文字や語句の順に読む。また、読みとおす。❷漢文を日本文になおして読む。**読み下し** 名 **読み下せる** 自下一〔…できる〕

よみ-くち 0【詠み口】名 短歌・俳句などをよむ調子。よみぶり。

よみ-ごたえ 0【読(み)応え】―ごたへ 名 分量が多かったり、また内容が充実していたりして、読むのに時間や考える力がいること。読んで充実感を得ること。「―のある論文」

よみ-こな・す ナ/0【読みこなす】他五 サ・ソ・シ・ス・ス・セ・セ 読んで理解し自分のものにする。**読みこなせる** 自下一〔…できる〕

よみ-こ・む コ/0【詠(み)込む】他五 マ・モ・ミ・ン・ム・ム・メ・メ 詩歌(しいか)にある事物の名を入れてよむ。よみいれる。「鳥の名三つを詠み込んだ歌」**詠み込める** 他下一〔…できる〕

よみ-さ・す サ/0【読みさす】他五 サ・ソ・シ・ス・ス・セ・セ 読みかける。読みかけて中途でやめる。**読みさし** 名

よみ-じ 【▲黄▲泉路】―ぢ 名 古語 ❶よみへ行くみち。冥途(めいど)。❷黄泉。

よみ-す・てる 0/テ【読(み)捨てる】他下一 テ・テ・テル・テル・テレ・テロ・テヨ ❶読んだあと捨ててしまう。❷読んだあと、内容を心にとめない。**読み捨て** 名

よみ・する ス【×嘉する】他サ シ・セ・サ(シ)・スル・スル・スレ・シロ・セヨ〔文章語〕よしとする。ほめる。「善行を―」**よみ・す** 文語サ変

よ-みせ 0【夜店】【夜見世】名 夜、道ばたにならんだ、物を売る店。夏「祭りの日の―」

よ-みち ヨ【夜道】名 夜の道。夜の道を歩くこと。

よみ-て テ【詠(み)手】名 その歌をつくった人。よみびと。

よみ-て 0/テ【読(み)手】名 文書を読む人。また、読む役の人。↕書き手。

よみ-で 0/デ【読みで】【読み出】名 読みおわるまでの分量があること。読みごたえ。

よみ-と・く ト【読み解く】他五 カ・コ(キ)・イ・ク・ク・ケ・ケ ❶文章などをじっくりと読んで、その内容や意味を理解する。「古典を―」❷現象をじっくり観察して、その意味を解釈する。「時代の流れを―」**読み解き** 名 **読み解ける** 他下一〔…できる〕

よみ-と・る ト/0【読(み)取る】他五 ラ・ロ(リ)・ッ・ル・ル・レ・レ ❶読んで意味を知る。「文章の大意を―」❷人の心を察して知る。「策謀を―」**読み取り** 名 **読み取れる** 自下一〔…できる〕

よみ-なが・す ガ/0【読(み)流す】他五 サ・ソ・シ・ス・ス・セ・セ ❶すらすらと読む。❷こまかに考えず、おおよそに読む。**読み流し** 名 **読み流せる** 自下一〔…できる〕

よみ-びと 0【詠(み)人】名 歌をつくった人。詠者。よみて。―**知(し)らず** 和歌の撰集(せんしゅう)のとき、作者がわからないか、または、名を出せない事情のあるときにしるす語。作者不明。

よみ-ふ・ける ケ/0【読みふける】【読×耽る】自五 ラ・ロ(リ)・ッ・ル・ル・レ・レ むちゅうになって読む。

よみ-ふだ ミ【読(み)札】名 百人一首・いろはガルタなどで、読みあげるほうの札。新年 ↕取り札。

よみ-ほん 0【読(み)本】名 江戸時代中期から後期に流行した、教訓的・伝奇的な読み物。

よみ-もの モ/ミ【読(み)物】名 ❶書物などを読むこと。「―をしている」❷読む価値のある文章。「巻頭の特集記事はなかなかの―だ」❸読むべき作品や書物。「高校生向きの―」❹小説・エッセイなど、気軽に読めるもの。

よ-みや ヨ【夜宮】【▲宵宮】名 祭日の前夜の祭。よいみや。夏

よみ-やぶ・る ブ【読(み)破る】他五 ラ・ロ(リ)・ッ・ル・ル・レ・レ 全部読む。読みつくす。読破する。

よみ-わ・ける ケ/0【読(み)分ける】他下一 ケ・ケ・ケル・ケル・ケレ・ケロ・ケヨ ❶読み方を区別する。「漢字の音と訓を―」❷推測してえり分ける。「本音と建前を―」**読み分け** 名 **よみわ・く** 文語下二

よ・む ヨ【詠む】他五 マ・モ(ミ)・ン・ム・ム・メ・メ 詩歌(しいか)をつくる。「短歌を―」**詠める** 自下一〔…できる〕

よ・む ヨ【読む】他五 マ・モ(ミ)・ン・ム・ム・メ・メ ❶文字や文章を見て声に出してとなえる。❷文章を見て、その内容をとらえる。❸図表・記号などを見て意味を理解する。「地図を―」「グラフを―」❹察して知る。さとる。見ぬく。「相手の心を―」❺【▲訓む】漢字を訓読する。❻数をかぞえる。「枚数を―」❼碁や将棋で、これから先の手を考える。「五、六手先まで―」**読める** 自下一〔…できる〕

よめ 0【嫁】名 ↕婿(むこ)。❶むすこの妻。「うちの―」❷結婚の相手の女性。「―をさがす」❸新婚の女性。新婦。「花―」

よ-め ヨ【夜目】名 夜、暗い中で見ること。「―が利く」―**遠目(とおめ)×笠(かさ)の内(うち)** 女性の姿が、実際以上に美しく見える場合をいったもの。

よ-めい 0/ヨ【余命】名〔文章語〕これから先のいのち。余生。「―いくばくもない」

よめ-いびり イ【嫁いびり】名 しゅうとめが、嫁をいじめること。

よめ-いり 0【嫁入り】名 嫁になって夫の家の籍に入ること。また、その儀式。↕婿入り。

よめ-ご 0/メ【嫁御】名 嫁の尊敬語。嫁御寮。

よめ-ごりょう ゴ【嫁御寮】名 よめご。

よめ-じょ メ【嫁女】名 よめ。

よめ-とり 0/リ【嫁取り】名 嫁をむかえること。↕婿取り。

よめ-な 0【嫁菜】名 キク科の多年生植物。山野にはえ、

秋に淡紫色の花を開く。春の若菜は食用。のぎく。㊥

よ・める⓪【読める】自下一 ❶読むことができる。❷読む値うちがある。「ちょっと―小説だ」❸見ぬくことができる。「相手の本心が読めた」

よ・もヨ【四方】名〔文章語〕❶東西南北。前後左右。四方(しほう)。❷あちらこちら。諸方。方々。

よ・もヨ 副〔文章語〕まさか。おそらく。よもや。「そんなことは―あるまい」⇨よもや 参考。

よもぎ⓪【×蓬】名 キク科の多年生植物。山野にはえ、秋、小さい花をひらく。若葉はくさもちに、成熟した葉はもぐさとする。もちぐさ。㊥ **―が宿**(やど)〔古語〕よもぎなどの雑草がしげっている、あれはてた住まい。

よもぎう【×蓬▲生】(ふ) 名〔古語〕あれはてて、よもぎなどのおいしげった所。

よもぎもちギ【よもぎ餅】【×蓬餅】名 くさもち。㊥

よもすがら⓪/ス【夜もすがら】【▲終▲夜】副〔文章語〕夜どおし。夜すがら。↕ひねもす。

よもつくに【▲黄▲泉つ国】名〔古語〕よみのくに。あの世。死後の世界。

よもやヨ 副「や」は感動の助詞「よも」の強め。そうなりそうもないようす。まさか。「―そんなばかなことはするまい」参考 下に打ち消し・推量の言い方がくる。「まさか」より古風な言い方。「よも」も同じ。

よもやま⓪【四▲方山】名 さまざま。いろいろ。「―話」

よやく⓪【予約】名 他サ ❶前もって約束すること。また、その約束。特に、前もって申しこんで、買ったり利用したりすることを約束すること。「―を入れる」「宿を―する」❷電気機器などを、ある時刻になると作動するように設定すること。「録画を―する」 **―金**(きん)⓪ 名 予約をしたしるしに払いこむかね。

よゆう⓪【余裕】名 あまりのあること。ゆとり。「座席に―がある」「―ある態度」参考「余猶」と書くのはあやまり。 **―×綽×綽**(しゃくしゃく)⓪〔と〕副 たる連体 じゅうぶんにゆとりのあるようす。「―たる態度」

よよヨ【世世・代代】名 つぎつぎに受けついでいく、人の代。だいだい。

よよヨ【夜夜】名 夜ごと。毎晩。

よよとヨ 副〔文章語〕しゃくりあげて泣くようす。「―泣く」

寄(よ)**らば大樹**(たいじゅ)**の陰**(かげ) どうせ人にたよるならば、力のある人にたよるほうがよい。

より⓪【寄り】名 ❶集まること。集まりぐあい。「会員の―が悪い」❷相撲で、相手のまわしをとり、体をよせて前へ進むこと。❸「よりつき❸」の略。

よりリ【×縒り・×撚り】名 よること。「―のよくかかった糸」 **―を戻**(もど)**す** ❶よりをほぐしてなくする。❷もとどおりにする。もとの関係にかえす。特に、別れた夫婦や恋人がもとの仲をとりもどすことなどにいう。

より⓪ 副〔格助詞「より❷」から転じて欧文の翻訳で用いられ広まった語〕いっそう。さらに。もっと。「―よい方法」「―大きな数」

より 助〔格助詞〕❶動作・作用の起点を示す。から。「駅―出発する」「十時―開会する」参考「から」と比べて、あらたまった言いまわし・書きことばのなかで使われる。❷比較の基準を示す。「山―高い」❸〔打ち消しのことばを伴って〕それに限ることをあらわす。しか。「そうする―方法がない」❹〔古語〕〔活用語の連体形につく〕するやいなや。「うち見るより思はるる」〈徒然〉❺〔古語〕手段・方法を示す。…で。「他夫(ひとづま)の馬より行くに」〈万葉〉❻経過して行く場所を示す。「水底(みなそこ)の月の上より漕ぐ船の」〈土佐〉

よりあい⓪【寄(り)合(い)】(あひ) 名 寄りあうこと。集合。集会。 **―所帯**(じょたい)ジョ 名 ❶ひとところに多くの世帯がくらすこと。❷統一のない、いろいろな人々の集まり。

よりあ・うア【寄(り)合う】(あふ) 自五 寄りあつまる。 **寄り合える** 自下一〔…できる〕

よりあつま・るマ【寄(り)集(ま)る】自五 多くのものが、ひとところにあつまる。 **寄り集まり** 名

よりいとイ/⓪【より糸】【×縒糸・×撚糸】名 よりあわせた糸。

よりか 助〔格助詞〕❶比較の標準を示す。よりも。「それ―りっぱだ」❷限定をあらわす。しか。「やめる―方法がない」参考 下に否定の語がくる。

よりかか・るカ2【寄(り)掛(か)る】【×凭掛る】自五 ❶寄りそってもたれかかる。❷たのみにする。「両親に―」 **寄り掛かり** 名 **寄り掛かれる** 自下一〔…できる〕

よりきヨ【与力】㊀ 名 自サ 加勢すること。助力すること。㊁ 名 江戸時代、奉行(ぶぎょう)などの下に属して、同心をさしずした職。

よりき・るキ【寄(り)切る】他五 相撲で、まわしをとったまま相手を土俵ぎわにおしつめて土俵からふみ出させる。 **寄り切り** 名 **寄り切れる** 自下一〔…できる〕

よりけり 連語 …によって、よい悪いがあるもので、一概には言えない。「うそも時に―だ」

よりごのみ⓪【より好み】【▲選好み】名 すきなものばかりをえらびとること。えり好み。

よりしろ⓪/リ【▲依り代】名 神霊が現れるときに宿るとされるもの・場所。草木や岩石・動物など。

よりすが・るガ【寄りすがる】【寄×縋る】自五 ❶寄りそってすがりつく。❷力としてたのみにする。「先輩に―」 **寄りすがれる** 自下一〔…できる〕

よりすぐ・るグ/⓪【▲選りすぐる】他五 多くの中からよいものをえらびとる。えらびぬく。えりすぐる。 **よりすぐり** 名 **よりすぐれる** 自下一〔…できる〕

よりそ・うソ【寄(り)添う】(そふ) 自五 ❶すぐそばに身を寄せる。❷相手の立場に立って助けたりはげましたりする。「被災者に―」 **寄り添える** 自下一〔…できる〕

よりたお・すオ【寄(り)倒す】(たふす) 他五 相撲で、まわしをとったまま相手を土俵ぎわまで追いつめてたおす。 **寄り倒し** 名 **寄り倒せる** 自下一〔…できる〕

よりつき⓪【寄(り)付き】名 ❶はいってすぐのへや。❷庭園内の小さな休息所。❸〔経〕取引所でのその日の午前・午後の最初の相場。↕大引け。

よりつ・くツ【寄(り)付く】自五 そばへ寄る。 **寄り付ける** 自下一〔…できる〕

よりどころ⓪【▲拠所・▲拠】名 ❶もとづくところ。根拠。「―のない話」❷たよりすがるところ。よるべ。「生活の―をきめる」

よりどり⓪【より取り】【▲選取り】名 すきなものを選び取ること。えり取り。 **―見取**(みど)**り**ミ 名「よりどり」の強め。

よりによって【▲選りに▲選って】連語 さんざんえらんだすえに、こともあろうに。望ましくないえらび方をしたという気持ちをあらわす。「―試験の前日に熱を出す」

よりぬき⓪【より抜き】【▲選抜き】名 えらんで抜きとること。えらんで抜きとった、すぐれたもの。つぶより。えり抜き。「―の戦士」

よりぬ・くヌ/⓪【より抜く】【▲選抜く】他五 えらんで抜きとる。選抜する。えりぬく。「八〇点以上の者を―」 **より抜ける** 自下一〔…できる〕

よりふ・すフ【寄(り)伏す】自五 そばに寄って横になる。

よりまし⓪【×憑▲人・▲神▲人】名 修験者(しゅげんじゃ)が、神意をうかがおうとするとき、一時的に霊をやどらせて、そのおつげを言わせる童子や人形。よりびと。よりこ。

よりみ⓪【寄(り)身】名 相撲で、組んだまま相手を押し立てること。

よりみち⓪【寄(り)道】名 ❶通行のついでにたち寄ること。❷回り道をしてたち寄ること。

よりめ⓪【寄(り)目】名 ❶左右のひとみが鼻の方に寄っている状態。内斜視。❷左右のひとみをわざと鼻の方に寄せること。「―をする」

よりも 助〔格助詞「より」の強め。「だれ―美しい」〕

よりゅうど リュ【寄▲人(よりうど)】名〔「よりひと」の変化〕❶平安時代以降の朝廷の和歌所・記録所などの職員。❷鎌倉・室町幕府の政所(まんどころ)・問注所(もんちゅうじょ)・侍所(さむらいどころ)の職員。❸宮内省(現在の宮内庁)の御歌所(おうたどころ)の職員。

よりよ・い ヨ² 形 カロ・カッ・ク・イ・イ・ケレ・○〔副詞「より」と形容詞「よい」〕一層よい。さらにすぐれている。「―方法」

よりょく⓪【余力】名 あまったちから。ゆとり。「―を残す」

よりより⓪【寄り寄り】副 ときどき。たびたび。折にふれ。「―うわさをする」

よりわ・ける ケ/⓪【より分ける】【▲選分ける】他下一 ケ・ケ・ケル・ケル・ケレ・ケロ・ケヨ えらんでよしあしを区別する。えらび分ける。選別する。**より分け** 名 **よりわ・く** 文語下二

よる①【夜】名 日の入りから日の出までの暗い間。よ。「―遅く電話があった」「―も眠れないほど悩む」↕ひる。⇩よ(夜) 参考。**―の秋(あき)** 夏の終わりごろの秋の気配の感じられる夜。夏 **―の▲御▲殿(おとど)** 古語 清涼殿(せいりょうでん)にある天皇の寝室。**―の女(おんな)** 夜の街で売春をする女性。**―の蝶(ちょう)** 水商売で働く女性。**―の鶴(つる)**〔寒い夜に、自分の羽でひなを守るつるの意から〕親の愛情の深いことのたとえ。「それ親の子を思ふ事、人倫に限らず、焼け野のきぎす夜の鶴」〈謡曲・丹後物狂〉**―の▲帳(とばり)**〔「とばり」は室内をくぎるための幕〕夜のやみのこと。「―がおりる」**―の錦(にしき)**〔夜、にしきを着ても人目につかないことから〕なんの役にもたたず、かいのないこと。「見る人もなくて散りぬる奥山の紅葉は夜の錦なりけり」〈古今〉

よ・る⓪【よる】自五 ラ・ロ・リ・ッ・ル・ル・レ・レ ❶【因る】【▲由る】あることが原因になる。「台風に―被害」「彼が亡くなったのは過労に―ものだ」❷【因る】【▲由る】結果に影響をあたえる。「実験がうまくいくかどうかは天候に―」「時と場合に―」❸【▲依る・▲拠る】判断のよりどころになる。もとづく。したがう。「気象情報に―と今夜は大雪になる」「前例に―」❹【▲依る】手段や方法とする。…で…する。「話し合いによって解決する」「ミサイルに―攻撃」❺【▲拠る】ある場所に身を寄せる。「城によって敵を防ぐ」

よ・る⓪【寄る】自五 ラ・ロ・リ・ッ・ル・ル・レ・レ ❶あるもののほうに位置が移動する。近づく。「岸に―波」「こちらへ寄りなさい」❷集まる。「三人寄れば文殊(もんじゅ)の知恵」❸もたれかかる。「柱に寄って立つ」「手すりに―」❹目的地へ行く途中でたずねる。「近くまで来たので寄った」❺〔「年が寄る」の形で〕高齢になる。「―年波には勝てない」❻〔「しわが寄る」の形で〕しわができる。「笑うと目じりにしわが―」❼相撲で、組んだままの体勢で相手を押していく。「はげしく寄って出る」**寄れる** 自下一〔…できる〕**―と触(さわ)ると** いっしょにあつまるごとに。おりさえあれば。「―選挙の話だ」

よ・る①【▲選る】他五 ラ・ロ・リ・ッ・ル・ル・レ・レ えらぶ。えらびだす。える。「豆の中から小石を―」**よれる** 自下一〔…できる〕

よ・る①【×縒る・×撚る】他五 ラ・ロ・リ・ッ・ル・ル・レ・レ ねじって、からませる。「糸を―」

よるい⓪【余類】名 文章語 のこった仲間。残党。

よるがた⓪【夜型】名 夜、特に深夜、仕事や勉強をする生活習慣。また、夜になると元気がでてくる人。↕朝型。

よるごはん ゴ【夜御飯】名 夜の食事。↕朝御飯・昼御飯。参考「朝・昼・夜」の食事をそのまま呼び方に反映させようとする意識から生まれた語。まだ、晩御飯・夕御飯ほどには普及していない。⇩晩御飯 参考

よるせき⓪【夜席】名 寄席(よせ)で、夜に行う興行。夜の部。↕ひるせき。

ヨルダン《Jordan》アラビア半島北西部にある王国。一九四六年に独立。首都はアンマン。正式国名は、ヨルダン＝ハシェミット王国。

よるのねざめ《夜の寝覚》平安時代後期の物語。菅原孝標女(すがわらのたかすえのむすめ)の作といわれる。女主人公の悲恋物語。「夜半(よわ)の寝覚」ともいう。

よるひる①【夜昼】名副 夜と昼。夜も昼も。あけくれ。

よるべ⓪【寄る辺】名 身を寄せてたよる所。また、たよる人。「―のない人」

よるよなか①-【夜夜中】名 よふけ。まよなか。

よれい⓪【予鈴】名 授業や公演などの始まりが近いことを知らせるベル。↕本鈴(ほんれい)。

よれよれ⓪ 形動(の) ❶着物などが古くなって、しわになっているようす。「―の洋服」❷疲れきっているようす。「連日の激務で―になる」

よ・れる レ【×縒れる】自下一 レ・レ・レル・レル・レレ・レロ・レヨ ❶よったようになる。❷よることができる。よじれる。「腹の皮が―ほど笑った」

よろい⓪【×鎧・▲甲】名 昔、戦場でからだをまもるために着た、鉄・革などで作った武具。

よろいいた イ²【よろい板】【×鎧板】名 光線などをふせぐため、まどの外がわに、細長いうす板をいく枚も横に一定の傾斜角度をつけてはりつけたもの。しころいた。

よろいど イ【よろい戸】【×鎧戸】名 ❶よろい板をとりつけた戸。❷金属製の巻き上げ式とびら。シャッター。

よろいどおし ド【よろい通し】【×鎧通し】名 武士が組み打ちのときに用いた短刀の一種。相手を組みしいてこれで刺した。

よろ・う ロ【×鎧う】他五 ワ・オ・イ・ッ・ウ・ウ・エ・エ 文章語 よろいを着る。武装する。

よろく⓪【余×禄】名 正規の収入外の利益。余得。

よろく⓪【余録】名 文章語 こぼれ話の記録。主要な記事のほかにつけ加えられた、こまかい記事。

よろけ⓪ 名 俗語 珪肺(けいはい)。

よろ・ける⓪/ケ 自下一 ケ・ケ・ケル・ケル・ケレ・ケロ・ケヨ からだが安定をうしなってふらふらする。よろめく。

よろこばし・い シ【喜ばしい】【▲悦ばしい】形 カロ・カッ・ク・イ・イ・ケレ・○ 他人にとってよいことが、話し手にとってもうれしい。「実験の成功はたいへん―」**喜ばしげ** 形動 **喜ばしさ** 名 **よろこば・し** 文語シク

よろこば・す バ【喜ばす】他五 サ・ソ・シ・ス・ス・セ・セ ⬇よろこばせる。よろこぶようにする。うれしがらせる。

よろこば・せる セ【喜ばせる】他下一 セ・セ・セル・セル・セレ・セロ・セヨ よろこばす。**よろこば・す** 文語下二

よろこび⓪【喜び】名 ❶よろこぶこと。↕かなしみ。❷【▲慶び】【▲歓び・▲悦び】めでたいこと。祝い。慶賀。❸祝いのことば。「新年のお―」❹古語 謝礼。「必ずかまへて射よ、いみじきよろこびせん」〈宇治拾遺〉❺古語 官位の昇進すること。

よろこびいさ・む サ【喜び勇む】自五 マ・モ・ミ・ン・ム・ム・メ・メ うれしさに気持ちを高ぶらせる。「喜び勇んで出かける」

よろこびごと ⓪【喜び事】名 結婚・出産などの祝いごと。

よろこ・ぶ ③【喜ぶ】【歓ぶ・悦ぶ】自五 ❶うれしく思う。たのしく感じる。「父は弟の合格を喜んでいる」「―のはまだ早い」↔悲しむ。❷歓迎する。よいとして受け入れる。「兄の忠告を喜ばない」❸【慶ぶ】めでたいとして、祝いの気持ちをあらわす。「先生のご長寿をお喜び申し上げます」 **よろこべる** 自下一〔…できる〕

よろし【宜し】形シク〔古語〕⬇よろしい㊁。

よろし・い ③【宜しい】㊀ 形 ❶「よい」という意味をあらたまって言うときのことば。「本日は、お日がらもよろしく、まことにおめでとうございます」「これでよろしいでしょうか」⇩けっこう 参考。❷「よし」「はい」と認めるときのことば。「―。たしかに引き受けます」❸不要である。いらない。「きょうは、まだ―」参考 しばしば、相手を軽くみるような、ややいばった気持ちがあらわれる。**よろ・し** 文語シク ㊁ 形シク〔古語〕〔絶対的なよさをあらわす「よし」に対して、相対的なよさをあらわす〕↔わろし。❶このましい。ほめるべきだ。「島山のよろしき国」〈万葉〉❷特別よいというのではないが、わるくもない。まずまずである。「この歌どもをすこしよろしときて」〈土佐〉❸ふつうである。平凡である。「春ごとに咲くとて、桜をよろしう思ふ人やはある」〈枕〉

よろしき ③【宜しき】名 ちょうどいいこと。また、その程度。「指導―をえて…」

よろしく ⓪【宜しく】㊀副 ❶ほどよく。適当に。「―とりはからう」❷ぜひとも。まさに。「―実行すべきだ」参考 漢文の訓読では、「よろしく…(す)べし」とよむ。㊁ あいさつ 自分の好意をつたえてもらうときや、今後のつきあいをたのむときなどの語。「どうぞ―」

よろず ⓪【万】〔文章語〕㊀名 ❶千の一〇倍。まん。❷数が多いこと。あまた。❸すべてのこと。㊁副〔かながき〕すべて。万事。なんでも。「―君にたのむ」

よろずや ⓪【よろず屋】【万屋】名 ❶多種類の商品を売る店。❷いろいろのことをひととおり知っている人。なんでもや。

よろずよ【万代】名〔古語〕永世。万年。

よろぼ・う（よろぼふ）自四〔古語〕❶よろめく。「やせおとろへたる者ひとり、よろぼひいで来たり」〈平家〉❷たおれかかる。「中門の、いといたうゆがみよろぼひて」〈源氏〉

よろめ・く ③ 自五 ❶からだがよろよろする。よろける。❷誘惑にのる。自制心をうしなう。**よろめき** 名

よろよろ ①ー（と）副 自サ よろけるようす。

よろん ①【世論】名 ⬇よろん（輿論）。

よろん ①【×輿論】名 世間一般の意見。公論。衆論。参考 ふつう、いいかえによる「世論」を使う。**―調査** 名 ⬇せろんちょうさ。

よわ ①【夜わ】【夜×半】名〔文章語〕夜なか。**―の嵐** ❶夜、吹くあらし。❷〔桜の花を一夜のうちに吹きちらすあらしの意〕無常の風。

よわ ①【余話】名〔文章語〕こぼればなし。余談。余録。余聞。「大戦―」

よわい ⓪【×齢・×歯】名〔文章語〕とし。年齢。「―を重ねる」

よわ・い ②【弱い】形 ↔強い。❶やぶれやすい。長くもたない。「―半紙」❷じょうぶでない。病弱である。「からだが―」❸はげしくない。「―光」❹力がおとる。「―選手」❺〔俗語〕㋐ふえてである。「英語に―」「知識が―」㋑立ち向かいにくい。「きみに言われると―」 **弱げ** 形動 **弱さ** 名 **よわ・し** 文語ク

よわい・する【×齢する】自サ〔文章語〕仲間になる。くみする。

よわき ⓪【弱気】名 形動(の) ↔強気。❶気が弱いこと。弱い気性。「―になる」❷〔経〕将来相場が下落すると見ること。

よわごし ⓪【弱腰】名 ❶腰の細い所。❷弱いかまえ。弱気な態度。↔強腰。

よわ・す【酔わす】他五 酔った状態にさせる。酔わせる。「観客を―演技」

よわたり【世渡り】名 世間でくらしてゆくこと。生活。渡世。世過ぎ。「―がへただ」

よわなさけうきなのよこぐし《与話情浮名横櫛》江戸時代後期の歌舞伎脚本。作者は三世瀬川如皐。世話物。

よわね ⓪【弱音】名 いくじのないことば。消極的な意見。「―をはく」

よわのねざめ《夜半の寝覚》⬇よるのねざめ。

よわび ⓪【弱火】名 火力の弱い火。とろ火。「―で煮る」↔強火・中火。

よわふくみ【弱含み】名〔経〕相場のさがりそうなようす。よわぶくみ。↔強含み。

よわま・る【弱まる】自五 よわくなる。↔強まる。**弱まり** 名

よわみ【弱み】【弱味】名 うしろめたいこと。弱点。「―につけこむ」↔強み。

よわみそ ⓪【弱みそ】【弱味×噌】名 気のよわい人、からだのよわい人をあざけって呼ぶ語。弱虫。

よわむし【弱虫】名 よわい人、特に気のよわい人をののしっていう語。いくじなし。

よわ・める【弱める】他下一 よわくする。↔強める。**よわ・む** 文語下二

よわよわし・い【弱弱しい】形 いかにもよわく見える。「やせて―」 **弱弱しげ** 形動 **弱弱しさ** 名 **よわよわ・し** 文語シク

よわりめ ⓪【弱り目】名 弱ったばあい。困ったとき。「―につけこむ」 **―に×祟り目** 不運の上に不運がかさなること。泣きっつらにはち。

よわ・る【弱る】自五 ❶よわくなる。おとろえる。❷こまる。困却する。「事件の処置に―」 **弱り** 名

よん【四】名 〔「四ょ」に「ん」の加わったもの〕し。よつ。よっつ。

よん-エッチ【四H】名〔head, hand, heart, health の四つのH。頭・手・心・健康を重んじる意〕農村の青少年の農業技術の向上をはかる運動。**―クラブ** 名 四Hの運動をすすめるための学習組織。

よん-く ⓪【四駆】名〔「四輪駆動」の略〕前後の四輪がすべて駆動する構造の自動車。4WD。

よんこままんが【四×齣漫画】名 四つの場面で構成するまんが。参考「こま」は「コマ」と書くことが多い。

よんしゅ【四種】名 ❶四種類。❷第四種郵便物。通信教育・点字・学術刊行物・農産種苗などを送る郵便。

よんだい ⓪【四大】名 四年制大学。短期大学に対していう。「―生」

よんどころな・い【×拠無い】形 やむをえない。しかたがない。「―事情」 **よんどころな・し** 文語ク

よん-びょうし【四拍子】名 ⬇しびょうし。

よん-りん ⓪【四輪】名 ❶自動車の前後左右にある四つの車輪。「―駆動」「軽―」❷四輪車。**―車** 名 車輪の四つある自動車。特に、オートバイなどの二輪車に対していう。

ら ラ

ら：「良」の草体。ラ：「良」の上部。

ら【ら】［▲等］接尾 ❶（人をあらわす名詞や指示詞について）❶複数であることをあらわす。「子ども—」「かれ—」「これ—」参考「少女たち」にくらべ「少女ら」は客観的な感じがともなう。❷自分や自分をふくむ側の人物をかしこまっていう語。ども。「わたし—にはわかりません」❸相手や相手側の人をみくだしていう語。「あいつ—にはできるものか」⇩など 参考。

ら【拉】 造 ひく。ひっぱる。「拉致(らち)(らっち)」

ら【裸】 造 はだか。「裸形(らぎょう)・裸体・裸婦・全裸・赤裸裸」

ら［×螺］ 造 ❶うずまき。「螺子(らし)(ねじ)・螺旋(らせん)(ねじ)」❷にし。つび。巻き貝の名。「螺鈿(らでん)・法螺(ほら)」

ら【羅】 ㊀ ラ 名 造 ❶うすぎぬ。うすく織った織物。「綺羅(きら)・綾羅(りょうら)・一張羅」❷ラテン（羅甸）。「羅日辞典」❸ルーマニア（羅馬尼亜）。㊁ 造 ❶あみ。「網羅」❷ならべる。つらなる。「羅列」

ラーゲル ラ〈ロlager〉名 捕虜収容所。ラーゲリ。

ラージ-ヒル ヒ〈large hill〉名 スキーのジャンプ競技の種目の一つ。着地の限界点までの距離が一一〇～一八四メートルのジャンプ台を使う。

ラード ラ〈lard〉名 ぶたの脂肪からとった半固体のあぶら。

ラーメン ラ［中▲拉麺・▲老麺］名 中華そば。

ラーユ ０［中▲辣油］名 ごま油にとうがらしで辛みと赤い色をつけた調味料。中華料理に用いる。

らい【来】 ㊀ 造 ❶くる。おとずれる。「来客・来航・来日・外来・舶来・飛来」❷きたる。次の。「来月・来春・来学期・来シーズン」㊁ 造 接尾 それから。いままで。「来歴・古来・生来・数年来・三十年来」

らい【頼】 造 ❶たのむ。ねがう。「頼信紙・依頼」❷たのもしい。❸たよる。「信頼」

らい【雷】 ㊀ ラ 名 造 かみなり。「雷雨・雷雲・遠雷・落雷」(夏) ㊁ 造 ❶爆発する兵器。「雷管・魚雷・地雷」❷鳴りひびく。「雷名」

らい ラ［×癩］名 ハンセン病。レプラ。

らい-い ラ【来意】名 ❶たずねてきた目的。来たわけ。「—をつげる」❷手紙で言ってきた趣旨。

らい-う ラ【雷雨】名 かみなりとあめ。かみなりをともなって降る雨。(夏)

らい-うん ０【雷雲】名 かみなりや雷雨をともなう雲。(夏)

らい-えん ０【来演】名 自サ その土地に来て演劇・音楽などを演ずること。

らい-えん ０【来援】名 他サ 来てたすけること。たすけにくること。「—を請う」

らい-おう ０【来往】名 自サ〔文章語〕来たり行ったりすること。往来。

ライオン ０〈lion〉名 ネコ科の哺乳(にゅう)類。アフリカ、インドにすむ。体長約二メートル、体毛は黄褐色。雄は頭・首部に長い毛（たてがみ）が密生する。百獣の王とされる。

ライオンズ-クラブ ク〈Lions Club〉名（「ライオンズ」は Liberty, Intelligence, Our Nation's Safety の頭文字をとったもの）アメリカに本部をもつ、実業家たちによる社会奉仕団体。

らい-か ラ【来夏】名〔文章語〕来年の夏。↕今夏・昨夏。

らい-か ０【雷火】名〔文章語〕落雷でおこった火事。(夏)

らい-が ラ【来×駕】名〔文章語〕（「ご」をつけて）人がたずねてくることの尊敬語。来訪。来車。⇩来る❶㋑ 参考。

らい-かい ０【来会】名 自サ 集会の席に来ること。

ライカ-ばん ０【ライカ判】名（カメラの商標名Leicaから）二四×三六ミリメートルの大きさの写真判。

らい-かん ０【雷管】名 銅・真鍮(しんちゅう)・アルミニウムなどでつくった管の中に、爆薬に点火するための薬品を詰めたもの。工業・銃砲に使う。

らい-かん ０【来館】名 自サ〔文章語〕美術館・図書館などに来ること。

らい-かん ０【来観】名 他サ〔文章語〕来て見ること。

らい-き ラ【来期】名 つぎの時期・期間。次期。↕前期・今期。

らいき《礼記》中国の古典で、五経の一つ。前漢の戴聖(たいせい)がまとめたものといわれ、儀礼の根本精神について述べたもの。

らい-きゃく ０【来客】名 たずねてきた客。らいかく。

らい-ぎょ ラ【雷魚】名 タイワンドジョウ科の淡水魚。かえる・ふななどをおそって食う。食用。

らい-げき ０【雷撃】名 他サ 魚雷で艦船を攻撃すること。

らい-げつ ラ【来月】名 いまの次のつき。↕今月・先月。

らい-こう ０【来光】名（「ご」をつけて）高山の頂上で見る日の出。「ご—をおがむ」

らい-こう コ【雷公】名〔俗語〕かみなり。

らい-こう ０【雷光】名 いなびかり。

らい-こう ０【来校】名 自サ よその人が学校に来ること。

らい-こう ０【来航】名 自サ 外国から船や飛行機で来ること。「観光客が—する」

らい-こう ０【来貢】名 自サ 外国から来て、みつぎ物を献上すること。

らい-こう ０【来×寇】名 自サ〔文章語〕外敵が攻めてくること。

らい-ごう ０【来▲迎】名 ❶人が死ぬとき、あみだ仏や菩薩(ぼさつ)が来て、極楽浄土(ごくらくじょうど)へみちびくこと。❷御来光(ごらいこう)。＝らいこう。

らい-さん ０【礼賛】【礼×讃】名 他サ ❶仏を礼拝(らいはい)して、その徳をたたえること。❷ありがたがってほめること。

らい-さんよう《頼山陽》一七八〇～一八三二。江戸後期の史学者・漢詩人。著作に「日本外史」など。

らい-じ ０/ラ【来示】名〔文章語〕（「ご」をつけて）手紙に書いてよこしたことの尊敬語。

らい-しゃ ０【来車】名〔文章語〕（「ご」をつけて）人が来ることの尊敬語。来駕(らいが)。

らい-しゃ ０【来社】名 自サ 人が会社などにたずねてくること。

らい-しゅう ０【来秋】名 来年の秋。↕今秋・昨秋。

らい-しゅう ０【来週】名 今週の次の週。↕今週・先週。

らい-しゅう ０【来集】名 自サ あつまってくること。

らい-しゅう ０【来襲】名 自サ 敵が攻めてくること。

らい-じゅう ０【雷獣】名 落雷とともに地上に降りて、人畜を害するという想像上の怪物。

らい-しゅん ０【来春】名 来年の春。らいはる。明春。↕今春・昨春。

らい-しょ ラ【来書】名〔文章語〕よそから来た手紙。来状。

らい-じょう ０【来状】名〔文章語〕よそから来た手紙。来信。

らい-じょう ０【来場】名 自サ その場・会場に来ること。「—者」

らい-しん ０【来信】名〔文章語〕よそから来た手紙。来状。

らい-しん ０【来診】名 他サ 医師が患者の家へ来て診察すること。

らい-じん ◎【雷神】名 かみなりを起こすと考えられた神。かみなり。(夏)

らいしん-し シ【頼信紙】名 電報の文句を書くための所定の用紙。電報用紙。

ライス ラ〈rice〉名 ❶米。❷〔特に、食堂で〕めし。米のごはん。 **ーカレー** カ〈rice curry〉名〔和製英語〕カレーライス。 **ーシャワー** シャ〈rice shower〉名 結婚式のあとに新郎新婦に米粒をふりかけて祝福する風習。 **ーペーパー** ペ〈rice paper〉名 ❶紙巻きたばこの巻紙などに使ううすい紙。❷〔ベトナム・タイ料理などで〕米粉を原料とした食用のうすい生地。春巻きなどに用いる。

らい-せ ラ【来世】名 三世の一つ。死後の世界。未来の世。あの世。後世(ごせ)。↔前世・現世。

ライセンス ラ〈license; licence〉名 ❶免許・免許証。❷輸出入の許可・許可証。❸製造許可。使用許可。「ー生産」

らいだ【懶惰】「らんだ」のあやまり。

ライター ラ|◎〈lighter〉名 発火石や電池などを用いて揮発油やガスに点火させる器具。たばこ用の火つけ器。

ライター ラ〈writer〉名 作者。著述家。「シナリオー」

らい-たく ◎【来宅】名自サ 客が家にくること。

らい-だん ◎【来談】名自サ〔文章語〕来て話をすること。

ライチ(ー) ラ【中×荔▲枝】名 ⇒れいし。

らい-ちゃく ◎【来着】名自サ 来てその地につくこと。

らい-ちょう ◎【雷鳥】名 キジ科の高山鳥。日本アルプスにすむ。大きさははとぐらい。羽は夏、茶色で、冬は純白となる。特別天然記念物。(夏)

冬羽　夏羽

雷鳥

らい-ちょう ◎【来朝】名自サ〔文章語〕来日(らいにち)。

らい-ちょう ◎【来聴】名自サ〔文章語〕来て講演・演奏などを聞くこと。「ー歓迎」

らい-てい ◎【雷×霆】名〔文章語〕「「霆」はかみなりのはげしいもの」はげしいかみなり。(夏)

ライティング ラ|◎〈writing〉名 ❶書くこと。「ーデスク」❷おもに外国語教育で作文のこと。「ーの試験」

らい-てん ◎【来店】名自サ 店へ買いにくること。

らい-でん ◎【来電】名〔文章語〕電報がくること。来た電報。

らい-でん ◎【雷電】名〔文章語〕かみなりといなずま。

ライト ラ〈light〉名 ❶光。光線。照明。「ーをあてる」(夏)❷照明灯。「ヘッドー」 **ーアップ** ア〈light up〉名他サ 夜に建造物・樹木・庭園などに照明をあて、よく見えるようにすること。「東京タワーのー」 **ーペン** ◎|ト〈light pen〉名 ❶医療用に用いるペン型ライト。❷暗いところでも書けるライト付きボールペン。

ライト ラ〈light〉名 ❶かるいこと。てがるなこと。❷ビールなどのアルコール分や、たばこのニコチン含有量が少ないこと。 **ー級(きゅう)** ◎名 スポーツで、体重による選手の階級の一つ。プロボクシングでは、体重一三〇ポンド(約五八・九キログラム)から一三五ポンド(約六一・二キログラム)までの階級。 **ーノベル** ノ〈light novel〉名〔和製英語〕イラストを多用し、中高生を主な読者層とする娯楽小説。 **ーバン** ◎〈light van〉名〔和製英語〕乗用の座席をもつ、屋根付きの貨物自動車。 **ーヘビー級(きゅう)** ◎〈light heavy〉名 スポーツで、体重による選手の階級の一つ。プロボクシングでは体重一六八ポンド(約七六・二キログラム)から一七五ポンド(約七九・三キログラム)までの階級。

ライト ラ〈right〉名 ↔レフト。❶右。右がわ。❷野球で、右翼。また、右翼手。

らい-どう ◎【雷同】名自サ いいわるいを考えず、むやみに他人の言動に同調すること。「付和ー」

ライト-モチーフ チ〈ド Leitmotiv〉名〔「主要動機」の意〕❶オペラ・交響詩で、人物・行為・感情などを象徴するため、くりかえし現れる旋律。❷芸術作品の根底をなす思想。

ライナー ラ〈liner〉名 ❶野球で、打った球が高くあがらず、空中を直線状にとぶもの。❷定期船。定期長距離列車。❸取りはずしのできる裏地。 **ーノート** ノ〈liner note〉名 レコードやCDなどに付いている解説文。ライナーノーツ。

らい-にち ◎【来日】名自サ 外国人が日本へ来ること。訪日。来朝。↔離日。

らい-にん ◎【来任】名自サ はじめて任地に来ること。

らい-ねん ◎【来年】名副 ことしの次のとし。明年。 **ーのことを言(い)うと鬼(おに)が笑(わら)う** 将来のことは、前もって知ることができないということ。

らい-ねんど ネ【来年度】名 今年度の次の年度。明年度。⇒昨年度 参考。

らい-はい ◎【礼拝】名他サ 合掌したり、ひざまずいたりして、仏をおがむこと。参考 キリスト教では「れいはい」という。 **ー堂(どう)** ◎名 礼拝を行う寺院の堂。

らい-はる ◎【来春】名 来年の春。らいしゅん。

ライバル ラ〈rival〉名 競争相手。

らい-ばん ◎【礼盤】名 寺院で、本尊の前にある高い壇。導師(どうし)が礼拝を行う所。

らい-ひ ラ【来否】名〔文章語〕来るか来ないか。「ーを確かめる」

らい-びょう ◎【×癩病】名 ハンセン病。

らい-ひん ◎【来賓】名 まねかれて式や会に来た客。「ー席」

ライフ〈life〉造 ❶いのち。生命。❷生活。❸人生。生涯。 **ーサイエンス** サ〈life science〉名 生命とは何かという問題を総合的に解明しようとする学問。生命科学。 **ーサイクル** サ〈life cycle〉名 ❶生物の個体が誕生し次の個体を生むまでの一巡りの期間。❷人間が生まれ、結婚し、子どもを育て、次の世代に後を譲るまでの過程。 **ージャケット** ジャ〈life jacket〉名 おぼれないように浮きをつけたそでなしの上着。船や飛行機などに備えてある。救命胴衣(きゅうめいどうい)。 **ースタイル** タ〈lifestyle〉名 生活様式。生き方。「ーを変える」 **ーステージ** テ〈life stage〉名 人の一生を幼年期・少年期・青年期・壮年期・老年期などに分けた、それぞれの段階。また、進学や結婚、出産などによって生活環境がかわる、それぞれの段階。 **ーセーバー** セ〈lifesaver〉名 海水浴場やプールの監視員・救助員。水難救助員。 **ーセービング** セ〈lifesaving〉名 ❶人命救助活動。特に、水難救助活動。❷❶の救助技術を競うスポーツ競技。 **ーボート** ボ〈lifeboat〉名 救命艇(てい)。 **ーワーク** ワ〈lifework〉名 一生をかけた、事業・作品・研究。 **ーライン** ラ2〈lifeline〉名 ❶命綱。救命ロープ。❷電気・ガス・水道・電話など、都市生活をするうえで、途絶えると生命にかかわるもの。「ーの確保」

ライブ ラ〈live〉名 ❶観客のいる会場で行われる公演。「ーツアー」❷現場からの実況中継。「ー配信」 **ーハウス** ハ〈live house〉名〔和製英語〕生演奏をききながら飲食のできる店。 **ーレコーディング** コ〈live recording〉名 観客のいる会場で行われる演奏の実況録音。生(なま)録

ら

音。

らい-ふく ⓪【来復】名 一度去ったものが再びもとにかえってくること。「一陽―」

ライブラリー ラ〈library〉名 ❶図書館。図書室。❷映画・写真・レコードなどを資料として収集し、保管する施設。❸叢書(そうしょ)。一連の刊行物の名称にも使う。

ライフル-じゅう ル【ライフル銃】名 〔rifle の訳語〕銃身の内部に、らせん状のみぞを入れた銃。弾が回転してとび出す。

らい-ほう ⓪【来訪】名 自サ 人がたずねてくること。↔往訪。**―しん** 神 ホ名 異界からやってきて、災いをのぞき、人々に幸せをもたらして、また帰る神。参考 男鹿(おが)のなまはげなどがユネスコ無形文化遺産として認定されている。

らい-ほう ⓪【来報】名 他サ しらせに来ること。また、そのしらせ。

ライム ラ〈lime〉名 ミカン科の常緑果樹。レモンに似た味の果汁は飲料用。「―ジュース」

ライ-むぎ ⓪ム【ライ麦】名 〔rye の訳語〕イネ科の一年生、または二年生植物。耐寒性が強い。実(み)は黒パン・ウイスキーの原料にする。夏

ライム-ライト ラ²〈limelight〉名 石灰の棒を酸水素ガス炎にあてたときに発する強い光。一九世紀後半、欧米で、舞台の主演俳優をてらす照明に使った。

らい-めい ⓪【雷名】名 世に、とどろきわたる高い名声。

らい-めい ⓪【雷鳴】名 かみなりの鳴りとどろく音。夏

らい-ゆ ⓪【来由】名 文章語 いわれ。おこり。由来(ゆらい)。らいゆう。

らい-ゆう ⓪【来遊】名 自サ 文章語 その土地に来てゆっくり過ごすこと。「ご―をお待ちします」

らい-よけ ケヨ【雷よけ】【雷▲除け】名 ❶かみなりが落ちないように、というまじないのふだ。❷避雷針(ひらいしん)。

らい-らい ⓪【来来】造 今の次の、その次。「―週」「―学期」

らい-らく ⓪【×磊落】名 形動 〔「磊」は心の大きいこと〕こまかいことにこだわらないようす。「―な性格」

ライラック ラ²〈lilac〉名 むらさきはしどい。リラ。春

らい-りん ⓪【来臨】名 自サ 文章語 〔「ご」をつけて〕家や会などに来る人を立てて言う語。「―に感謝します」

らい-れき ⓪【来歴】名 物事が今まで経てきたすじ道。由来。由緒(ゆいしょ)。「宝物の―をさぐる」

ライン ラ〈line〉名 ❶線。境界線。「合格―に達する」❷列。行(ぎょう)。❸航路。鉄道路線。❹〔経〕企業の組織で、生産・販売などの直接的な活動を担当する部門。**―アップ** ア〈line-up〉名 ❶整列。❷陣容。❸野球で、打撃順。**―ズマン** イ〈linesman〉名 ⇒せんしん(線審)。**―ダンス** ダ〈line dance〉名 〔和製英語〕レビューで、おどり子が一列にならんでおどるおどり。

ラインストーン ト〈rhinestone〉名 〔ライン川の河畔で作られたことから〕ガラスなどで人工的に作られた宝石や金属片。服の装飾やアクセサリーに使われる。

ラウ ウラ〈(マラヤ) lao〉【羅宇】名 ⇒ラオ。

らう-がは・し【▲乱がはし】形シク 古語 ⇒ろうがわし。

らう-ず【▲領ず】他サ 古語 ⇒ろうず。

らう-た・し【×臈たし】形ク 古語 ⇒ろうたし。

ラウド-スピーカー ビ〈loudspeaker〉名 拡声器。

らうらう・じ【労労じ】形シク 古語 ⇒ろうろうじ。

ラウンジ ラ⓪〈lounge〉名 ホテルなどにある休憩室・社交室。

ラウンド ラ〈round〉名 ❶⓪ゴルフなどのコースの一周。❷ラ ボクシングなどの試合の回。❸ラ 多国間で行われる、貿易についての交渉。

ラオ オ〈(マラヤ) lao〉【羅▲宇】＝**ラウ** 名 〔現在のラオス産の竹を用いたことから〕きせるの火皿と吸い口の金具とをつなぐ竹のくだ。「―屋」

ラオス《Laos》インドシナ半島中央部の人民民主共和国。一九四九年に独立。一九七五年に共和制に移行。首都はビエンチャン。

ラオチュウ オ【(中)老▲酒】名 中国の酒の一種。もちごめ・あわ・きびなどからつくる。

ラガー ラ〈rugger〉名 ラグビー。ラグビーの選手。冬

ラガー-ビール ビ〈lager beer〉名 貯蔵工程で低温熟成させたビール。

ら-かん ラ【羅漢】名 悟りの究極に到達した仏道修業者。阿羅漢(あらかん)。

ら-がん ⓪【裸眼】名 めがねを使わない目。「―の視力」

ら-ぎょう ⓪【裸形】名 文章語 はだかの姿。裸身。

らぎょう-へんかくかつよう ラ|カ²【ラ行変格活用】名 文語動詞活用の一つ。「ら・り・り・る・れ・れ」と活用するもの。「あり」「を(居)り」「はべり」「いますがり」などの活用。ラ変。⇩(付)語の活用

らく 接尾 古語 〔一段活用動詞の未然形、二段活用動詞・カ変・サ変・ナ変などの終止形につく〕上を体言化して、「こと」の意をあらわす。「見―」「恋ふ―」「来―」「死ぬ―」

らく【×烙】造 焼く。「烙印(らくいん)・炮烙(ほうらく)」

らく【絡】造 ❶つながる。つなぐ。つながり。「絡繹(らくえき)・短絡・連絡」❷からむ。からまる。「籠絡(ろうらく)」❸すじ。「経絡・脈絡」

らく【落】造 ❶おちる。さがる。「落下(らっか)・落果(らっか)・落日・陥落・墜落・難攻不落」❷おとす。「落命・落涙」❸おちぶれる。「落魄(らくはく)・落命・堕落・没落・零落」❹選にもれる。ぬける。「落伍(らくご)・落選・落第・及落・当落」❺きまりがつく。「落款(らっかん)・落語・落成・落着・段落」❻ひとざと。「群落・集落・村落」❼手に入れる。「落札・落手」❽さびしい。「落莫(らくばく)」❾さっぱりしている。わだかまりがない。「洒落(しゃらく)・磊落(らいらく)」❿公でない。「落胤(らくいん)・落首・落書」

らく【酪】造 牛などの乳を加工して作った食品。「酪農・乾酪(かんらく)・牛酪・乳酪」

らく ラ【×洛】名 造 ❶〔昔の中国の都の名〕洛陽(らくよう)。❷みやこ。「京洛(きょうらく)」❸京都。「洛外・洛中・上洛」

らく【楽】㊀ラ 名 ❶「千秋楽(せんしゅうらく)」の略。「―をむかえる」❷「楽焼き」の略。㊁ク 名 形動 造 ❶苦しみがなく安らか。「―な気分」「楽園・楽天・苦楽・楽隠居」↔苦。❷たやすい。「―に勝つ」「楽観(らっかん)・楽楽」❸裕福。「―なくらし」「安楽」❹体に無理がない。くつろぐ。「―な姿勢」「どうぞお―に」㊂造 たのしい。たのしむ。「快楽・歓楽・娯楽」〔別音がく｜楽〕**―あれば苦(く)あり** 楽があると思うと、苦がある。いいことばかりはつづかない。**―は苦(く)の種(たね)苦(く)は楽(らく)の種(たね)** 楽をすれば、そのために苦しみがうまれるし、苦しみをがまんすれば、そのために楽がくる。

ら-く 連語 古語 〔完了助動詞「り」の未然形と、上を体言化する「く」〕…ていること。…たこと。「人の知れらく(人ガ知ッテイルコトヨ)」〈万葉〉

ラグ〈lag〉造 おくれること。ずれ。「タイム―」

らく-いち ⓪ク【楽市】名 戦国時代末期の諸国大名による商業政策。それまで一部の商人が独占していた市場特権を廃し、市場税の免除(楽市)、特権的な座の解体(楽座(らくざ))により、自由な商業活動を認めることで領内の繁栄をめざした。

ら

らく‐いん[0]【×烙印】[名] やきいん。**―を押(お)される** そうであると、はっきりきめられてしまう。「怠け者の―」[参考] 悪い方面に使う。
らく‐いん[0]【落×胤】[名]〔文章語〕貴人の正妻でない女性から生まれた子。おとしだね。
らく‐いんきょ[イ]【楽隠居】[名][自サ] 安楽でのんきな隠居。
ラグーン[グ]〈lagoon〉[名] ❶⇒かた(潟)❶。❷環礁の内側の浅い海。
らく‐えき[0]【絡×繹】[と副][たる連体]〔文章語〕人や車の往来のたえないようす。「車馬―たる街道」
らく‐えん[0]【楽園】[名] たのしみにみちたところ。楽土。
らく‐がい[ク]【×洛外】[名]〔文章語〕⇔洛中・洛内。❶都のそと。❷京都の郊外。
らく‐がき[0]【落書き】[名] なぐさみ・いたずらに字や絵を書きちらすこと。また、その字や絵。いたずら書き。
らく‐がん[ク]【落×雁】[名] ❶〔文章語〕空から地におりようとするがん。(秋) ❷干菓子の一種で、穀物などの粉に砂糖をまぜ、型に入れて固めたもの。
らく‐ご[0]【落語】[名] 大衆芸能の一種。ひとりの演者が登場人物の会話を主体とするこっけいな話で客を笑わせ、その終わりにおちのあるもの。おとしばなし。[参考] 広義には、人情ばなし・芝居ばなしなどをふくむ伝統的な話芸の称。**―家(か)**[0][名] 落語を話す芸人。はなしか。
らく‐ご[0]【落後】【落×伍】[名][自サ] ❶隊列からはなれておくれること。❷仲間についていけないで脱落すること。
らく‐さ[ラ]【落差】[名] ❶水が流れおちるときの、上下の水面の高さの差。❷高低の差。「文明の―」
らく‐さつ[0]【落札】[名][他サ] 入札して、目的物を手に入れること。
らく‐さん[0]【酪酸】[名] 有機酸の一つ。不快臭のある油状の液体。合成香料などの原料となる。
らく‐じつ[0]【落日】[名] しずみかかった太陽。入り日。落陽。
らく‐しゅ[0][ラ]【落首】[名] 作者の名をかくして、時事問題などをあてこすった、狂歌や狂句。
らく‐しゅ[ラ]【落手】[名][他サ]〔文章語〕❶手紙・物などを手に入れること。落掌(らくしょう)。❷碁・将棋で、やりそこなった手。
ラグジュアリー[ラ][ジュ]〈luxury〉[名][形動] ぜいたく品。ぜいたくなようす。豪華なようす。「―なホテル」

らく‐しょ[ラ]【落書】[名] ❶昔、そのころの事件や人物について、あざけりやあてこすりの気持ちをあらわした、筆者不明の文章。人目につく所にはったり、道に落としておいたりした。おとしぶみ。❷〔文章語〕落がき。
らく‐しょう[0]【楽勝】[名][自サ] ❶相手と戦って、苦労せずに勝ちをおさめること。⇔辛勝(しんしょう)。❷簡単に目的を果たすこと。「引っ越しの荷づくりは一日あれば―だ」
らく‐しょう[0]【落掌】[名][他サ]〔文章語〕落手(らくしゅ)。
らく‐じょう[0]【落城】[名][自サ] たたかいに負け、城が敵軍の支配下になること。
らく‐しょく[0]【落飾】[名][自サ]〔文章語〕貴人が髪をそりおとして、僧や尼になること。剃髪(ていはつ)。落髪。
らく‐せい[0]【×洛西】[名]〔文章語〕⇔洛東。❶都の西。❷京都の町の、西の地域。
らく‐せい[0]【落成】[名][自サ] 建築物などができあがること。竣工(しゅんこう)。「―式」
らく‐せき[0]【落石】[名][自サ] 山などで、上からおちる石。また、石がおちること。
らく‐せき[0]【落籍】㊀[名][自サ] 戸籍簿からぬけおちていること。㊁[名][他サ] 金を出して芸妓(げいぎ)・娼妓(しょうぎ)などをやめさせて、ひきとること。身うけ。
らく‐せつ[0]【落雪】[名][自サ] 積もった雪がくずれ落ちること。またその雪。
らく‐せん[0]【落選】[名][自サ] ❶選考にもれること。⇔入選。❷選挙におちること。⇔当選。
らく‐だ[0]【×駱×駝】[名] ❶ラクダ科の哺乳(ほにゅう)類。せなかに脂肪をたくわえるこぶがある。ひとこぶらくだ、ふたこぶらくだがある。アジアとアフリカの砂漠地方で飼育され、乗用・運搬用に使われる。❷らくだの毛から製した織物。
らく‐たい[0]【落体】[名] 重力の作用で落下する物体。
らく‐だい[0]【落第】[名][自サ] ❶試験などに合格しないこと。成績がわるく上の学年・学校に進めないこと。(春)⇔及第。❷一定の基準に達しないこと。「環境対策の点で―だ」
らく‐たん[0]【落胆】[名][自サ] がっかりすること。力落とし。「―の色を隠せない」
らく‐ちゃく[0]【落着】[名][自サ] ことのけりがつくこと。「事件が―する」「一件―」
らく‐ちゅう[0]【×洛中】[名]〔文章語〕⇔洛外。❶都のなか。❷京都の市中。洛内。

らく‐ちょう[0]【落丁】[名] 書物のページが一部分ぬけていること。
らく‐ちょう[0]【落潮】[名]〔文章語〕❶引きしお。❷落ち目。
らく‐ちん[0]【楽ちん】[名][形動]〔俗語〕楽でここちよいこと。「車を使えば移動も―だ」「―な着心地」[参考] もとは幼児語。
らく‐てん[0]【楽天】[名] くよくよしないこと。のんきなこと。⇔厭世(えんせい)。**―家(か)**[0][名] くよくよしない人。のんきな人。**―主義(しゅぎ)**[シュ][名] くよくよしないで、物事をすべてよい方向に考える人生観。オプティミズム。⇔厭世主義。**―的(てき)**[0][形動] くよくよしないようす。気楽なようす。⇔厭世的・悲観的。
らく‐ど[ラ]【楽土】[名] 安楽なところ。楽地。楽園。
らく‐とう[0]【×洛東】[名]〔文章語〕⇔洛西。❶都の東。❷京都の町の、東の地域。
らく‐ない[ク]【×洛内】[名]〔文章語〕洛中。⇔洛外。
らく‐なん[0]【×洛南】[名]〔文章語〕⇔洛北。❶都の南。❷京都の町の、南の地域。
らく‐ね[ク]【楽寝】[名] 気楽にのんびりと寝ること。
らく‐のう[0]【酪農】[名] 乳牛などを飼って乳をしぼり、それを加工して、バター・チーズ・練乳などをつくる農業経営。
らく‐ば[0]【落馬】[名][自サ] うまからおちること。
らく‐はく[0]【落剝】[名][自サ]〔文章語〕はげおちること。剝落。
らく‐はく[0]【落×魄】[名][自サ]〔文章語〕おちぶれること。零落。没落。[参考] もとの読みは「らくたく」。
らく‐ばく[0]【落×莫】[と副][たる連体]〔文章語〕ものさびしいようす。寂莫(せきばく)。「秋風―」
らく‐はつ[0]【落髪】[名][自サ]〔文章語〕⇒落飾(らくしょく)。
らく‐ばん[0]【落盤】【落×磐】[名][自サ] 坑内の天井や壁がくずれておちること。また、そのおちる岩石。
らく‐び[ク]【楽日】[名](「楽」は千秋楽)興行の最終日。
ラグビー[ラ]〈rugby〉[名] 十五人ずつの二組が、だえん形のボールをうばいあい、相手のゴールライン内の地面につけたり、ゴールしたりして得点を争う球技。ラ式蹴球(しゅうきゅう)。(冬)[参考] イギリスの学校名Rugbyから出たものという。
らく‐ひつ[0]【落筆】〔文章語〕㊀[名][自サ] ふでをおろすこと。

ら

ふでで字や絵を書くこと。㊁[名] たわむれ書き。落書き。

らく-ほく [0]【×洛北】[名]〔文章語〕↕洛南。❶都の北。❷京都の町の、北の地域。

らく-めい [0]【落命】[名][自サ]〔文章語〕災難などで、いのちをおとすこと。死ぬこと。

らく-やき [0]【楽焼(き)】[名] ❶手でこねて形をつくり、低い温度で焼いた陶器。うわぐすりによって、赤・黒・白などがある。楽。❷すやきの陶器に、客に絵などをかかせ、その場で焼いたもの。

らく-よう《洛陽》❶中国河南省の都市。西周(紀元前十一世紀ごろ)から唐(十世紀ごろ)までの古都。❷[名]〔文章語〕(❶から)みやこ。特に、古都の異称。**─の紙価(しか)を高(たか)める** 書物の売れ行きの非常によいこと。[参考] 晋(しん)の左思(さし)が三都賦(さんとふ)をつくったとき、人々が争ってそれを書きうつしたために、洛陽の紙の値段が高くなったということから。

らく-よう [0]【落陽】[名]〔文章語〕入り日。落日。

らく-よう [0]【落葉】[名][自サ] 木の葉が枯れておちること。おちた木の葉。おちば。(冬) **─樹(じゅ)** [ヨ][名] 秋の末に葉がおちて、翌年の春、あたらしい葉の出る樹木。↕常緑樹。**─松(しょう)** [ヨ][名] ➡からまつ。

らく-らい [0]【落雷】[名][自サ] 雷雲と地上の物との間におこる放電作用。かみなりがおちること。(夏)

らく-らく [ラ][2]【楽楽】(と)[副] ❶たいそう気楽なようす。「─くらす」❷たいそうたやすいようす。「─勝つ」

ラグラン [ラ]〈raglan〉[名] 洋服のそで型の一つ。えりぐりから肩・そでとつづく仕立て方のもの。ラグランスリーブ。

らく-るい [0]【落涙】[名][自サ]〔文章語〕なみだをながすこと。

ラクロス [ラ]〈lacrosse〉[名] 十人ずつの二組が、先端にネットのついたスティックでボールを運び、相手のゴールにシュートして得点を競う競技。

ラケット [ケ]〈racket〉[名] テニス・バドミントンなどで、ボール・はねなどをうつ用具。

ラザニア [0]〈イ lasagna〉[名] うすくのばして長方形にしたパスタ。また、それをミートソースやチーズなどと層状に重ねてオーブンで焼いた料理。

らし [助動] ○|○|ラシ|ラシ(ラシキ)|ラシ|○ 〔古語〕(活用語の終止形、ラ変型・形容動詞型活用は連体形につく)確実な根拠にもとづいて、現在の事がらを推量する。…らしい。…にちがいない。「春過ぎて夏来たるらし白妙(しろたへ)の衣ほしたり天(あめ)の香具(かぐ)山」〈万葉〉

ラジアル-タイヤ [タ]〈radial tire〉[名] (radial は「放射状の」の意)内部の空気圧を直接に受けるゴムの被膜(ひまく)の繊維が、タイヤの周の方向と直角になっているタイヤ。高速用。

らしい ㊀[助動] ○|ラシカッ・ラシク・ラシュウ|ラシイ|ラシイ|○|○ (動詞・形容詞などの終止形、形容動詞の語幹、名詞などにつく)❶観察したことを根拠に、未知の事柄を推定することをあらわす。「壇上に人が集まってきた。どうやら式が始まる─ぞ」❷他者から得た情報を根拠として、未知の事柄を推定することをあらわす。「先生の話では、来週の試験は中止─」❸単独であいづちに使う。「『田中さん、結婚したんだって』『─ね』」㊁[接尾] 名詞などについて、形容詞をつくる。❶(名詞について)…としての性質をよく備えているようすをあらわす。「子ども─笑い声」「学生─服装」「病気─病気をしたことがない」[参考] 否定形として「らしからぬ」がある。「子どもらしからぬ落ち着き」❷(形容詞・形容動詞の語幹・副詞について)…という気持ちを起こさせる。「憎─面構え」「いや─目つき」「わざと─態度」

ラジウム [ジ]〈radium〉[名] 放射性元素の一つ。元素記号 Ra 原子番号88 質量数226 銀白色で重く、その放射線は医療・理化学研究用。

ラジエータ(ー) [エ]〈radiator〉[名] ❶蒸気などによる暖房器。スチームの放熱器。❷自動車などのエンジンの冷却用の水をひやす装置。

ラジオ [ラ]〈radio〉[名] ❶放送局から、電波でニュース・音楽などを発信するもの。放送無線電話。❷ラジオ受信機。**─アイソトープ** [ト]〈radioisotope〉[名] 放射性同位元素。**─ゾンデ** [ゾ]〈ド Radiosonde〉[名] 気球などにとりつけてとばす、大気を測定する器械。電波で自動的に、高空の気圧・気温・湿度・宇宙線・紫外線の状態などを通信する。**─体操(たいそう)** [タ][名] ラジオ放送の号令と伴奏音楽に合わせて行う体操。**─ドラマ** [ド]〈radio drama〉[名] 放送劇。**─ネーム** [ネ]〈radio name〉[名] ラジオ番組への投稿などで、本名の代わりに用いるニックネーム。**─ビーコン** [ビ]〈radio beacon〉[名] ある地点から電波を空中に放射し、これを受信した航空機・船などにその地点・方位などを知らせる仕掛け。無線標識。

ラジ-カセ [0][名] ラジオとカセットレコーダーを一つにまとめたもの。

ラジカル [ラ]〈radical〉[形動] ダロ・ダッ・デ・ニ|ダ|ナ|ナラ|○ ➡ラディカル。

ラジ-コン [0][名] (radio control の略)無線で機械を操作すること。無線操縦。無線制御。

らし-さ ㊀[接尾] (接尾語「らしい」の語幹+接尾語「さ」)。名詞・形容動詞の語幹につく)そのものの特徴や性質が十分にあらわれていること。「少女─」「確か─」㊁[ラ][名] それがもつ固有の特徴。「彼の─がよく出ている作品だ」

らし-しょくぶつ [ク]【裸子植物】[名] 種子植物のうち、胚珠(はいしゅ)が子房で包まれずにはだかであらわれているもの。まつ・そてつ・いちょうなど。↕被子植物。

ラシャ [ラ]〈ポ raxa〉【羅×紗】[名] 地(じ)の厚い、目のつまった毛織物の一種。また、厚地の毛織物の総称。

ラシャ-がみ [0]【ラシャ紙】[名] 見た感じがラシャに似たあつがみ。壁紙・台紙用。

ラシャ-めん [0][名] (一説に、綿羊(めんよう)の毛で織ったラシャを着ていたことからという)幕末から明治時代に、西洋人のめかけとなった日本の女性。

ら-しゅつ [0]【裸出】[名][自サ] 物におおわれないで、そのまま外部に出ていること。むきだし。露出。

らしょうもん《羅生門》芥川龍之介(あくたがわりゅうのすけ)の短編小説。一九一五年発表。平安末期の京都を舞台に、生活に追いつめられた人間の心理を描く。

ら-しん [0]【裸身】[名]〔文章語〕はだかのからだ。裸体。(夏)

らしん-ぎ [シ]【羅針儀】[名] 羅針盤。

らしん-ばん [0]【羅針盤】[名] 磁針(羅針)を利用して方角を知る器械。船や航空機の航行用に用いる。コンパス。羅針儀(らしんぎ)。

ラス [ラ]〈lath〉[名] しっくいをささえるための、ぬき。木ずり。

ラスク [ラ]〈rusk〉[名] パン・カステラを小さく切り、バター・砂糖などをつけて焼いた菓子。

ラスト [ラ]〈last〉[名] 最後。最終。**─イ(ン)ニング** [イ]〈last inning〉[名] 野球で、最後の回。九回め。**─シーン** [シ]〈last scene〉[名] 映画・演劇などで、最後の場面。**─スパート** [パ]〈last spurt〉[名][自サ] 競走などの最後のがんばり。**─ヘビー** [ヘ]〈last heavy〉[名] (和製英語)最後の努力。**─ワンマイル** [マ]〈last one mile〉[名] (和製英語)❶通信業で、通信基地と利用者とを回線でつなぐ最後の区間。また、その回線。❷流通業で商品を配送先まで届ける経路や手段。ラストマイル。

ラズベリー [ラ]|[ベ]〈raspberry〉[名] バラ科の落葉小低木。

きいちごの一群の総称。実は甘酸っぱく、そのまま食べたり、ジャムやゼリーにしたりする。

ら‐せつ [ラ]【羅刹】[名] 人をまどわし、食うという悪鬼。のちに、仏教の守護神となり、夜叉《やしゃ》とともに毘沙門天《びしゃもんてん》の眷族《けんぞく》とされる。

ら‐せん [0]【×螺旋】[名] ❶巻き貝のからのように、ぐるぐる巻いた形のもの。「―階段」 ❷ねじ。

ら‐ぞう [0]【裸像】[名] はだかの人の像。

ら‐そつ [0]【×邏卒】[名] 明治時代の巡査。

ら‐たい [0]【裸体】[名] はだかのからだ。はだか。裸身。

らち [ラ]【×埒】[名][造] ❶かこい。しきり。特に、馬場のまわりの柵《さく》。らつ。「埒外・不埒」 ❷物事のくぎり。限度。**―が明《あ》かない** きまりがつかない。はかどらない。**―もない** だらしがない。つまらない。とりとめがない。

ら‐ち [ラ]【拉致】[名][他サ]〔文章語〕(「拉」はひっぱってゆくの意)むりに連れてゆくこと。らっち。

らち‐がい [チ]【×埒外】[名] ↕らち内。❶柵《さく》のそとがわ。❷範囲外。

らち‐ない [チ]【×埒内】[名] ↕らち外。❶柵《さく》のうちがわ。❷範囲内。

らつ【×剌】[造] 元気がよい。「溌剌《はつらつ》」

らつ【辣】[造] ❶からい。「辣韮《らっきょう》」 ❷きびしい。「辣腕・悪辣・辛辣」

らっ‐か [ラ]【落花】[名]〔文章語〕(「らくか」の変化)花が散り落ちること。また、落ちた花。(春)「―の雪」 **―生《せい》** [カ][名] ピーナツ。なんきんまめ。(秋) **―×狼×藉《ろうぜき》** ❶ひどく散らかっているようす。❷花を散らすような乱暴をすること。女性が手ごめにされるときの形容。

らっ‐か [ラ]【落果】[名][自サ](「らくか」の変化)果実が成熟する前に木から落ちること。また、その果実。「台風によるりんごの―」

らっ‐か [0]【落下】[名][自サ](「らくか」の変化)高い所から落ちること。**―傘《さん》** [カ][名] 飛行機から飛びおりて安全に着陸するための、かさ状の用具。パラシュート。「―部隊」

ラッカー [ラ]〈lacquer〉[名] ニトロセルロースなどの誘導体を溶剤にとかし、樹脂・顔料などを加えた、乾燥が速く耐水性のある塗料。

らっ‐かん [0]【落款】[名](「らくかん」の変化)書画に筆者が自分の名を書いたり、雅号の印をおしたりすること。また、その署名や印。

らっ‐かん [0]【楽観】[名][自サ](「らくかん」の変化)↕悲観。❶人生や物事を、あかるくたのしく考えること。❷よい結果になると思い、心配しないこと。「将来を―する」

らっ‐き [ラ]【落×暉】[名]〔文章語〕(「らくき」の変化)入り日。落日。

ラッキー [ラ]〈lucky〉[形動] ダロ｜ダッ・デ・ニ｜ダ｜ナ｜ナラ｜○ 幸運。↕アンラッキー。**―セブン** [セ]〈lucky seventh〉[名] 野球で七回めの攻撃。得点の機会が生じやすいという。

らっ‐きゅう [0]【落球】[名][自サ](「らくきゅう」の変化)野球で、一度受けたボールをおとすこと。

らっ‐きょう [0]【辣×韮】[名] ユリ科の多年生植物。地下茎は臭気をもち、塩づけ・甘酢《あまず》づけにして、食用。(夏)

ラック [ラ]〈lac〉[名] ラックかいがら虫が樹枝に分泌《ぶんぴつ》する、うす黄色の樹脂に似た物質。塗料シェラックの原料。

ラック [ラ]〈rack〉[名] 棚。台。また、物を整理するために立て掛けたりするもの。…掛け。…立て。「マガジン―」

ラック [0]〈ruck〉[名] ラグビーで、地面にあるボールの周りに、両チームの選手が密集し、押し合う状態。

らっ‐けい [0]【落慶】[名]〔文章語〕(「らくけい」の変化)社寺の新築などの落成を祝うこと。「―式」

ラッコ [0]【▲猟虎】[名](アイヌ語から)イタチ科の哺乳《ほにゅう》類。北太平洋の近海にすむ。毛皮は珍重されたが、現在は国際条約により捕獲禁止。

ラッシュ [ラ]〈rush〉[名] ❶いちどきに何かが押しかけたり起きたりすること。「通勤―」 ❷ボクシングで激しい攻撃をかけること。**―アワー** [ア]〈rush hour〉[名] 通勤・通学者のために、交通機関のこみあう時間。

らっ・する [ス]【▲拉する】[他サ] シ・セ・サ｜シ｜スル｜スル｜スレ｜シロ・セヨ〔文章語〕むりに連れてゆく。拉致《らち》する。**らっ・す** [文語サ変]

ラッセル [ラ][名](ドRasselgeräusch の略)呼吸器に異常があったり、または気管内の分泌《ぶんぴつ》物が多かったりするときに聴診器にきこえる音。ラッセル音。ラ音。

ラッセル [ラ]〈Russell〉㊀[名][自サ](「ラッセル車」から日本で意味を転用した語)深い積雪をかきわけて道をつけること。㊁[名] ラッセル車。**―車《しゃ》** [ル][名] 前部に雪よけの仕掛けのある除雪車。(冬) [参考]「ラッセル」は製造会社名。

らっ‐ち [ラ]【▲拉致】[名][他サ]〔文章語〕➡らち。

ラット [ラ]〈rat〉[名] 動物実験に用いる白ねずみ。

らっ‐ぱ [0]【×喇×叭】[名] ❶金管楽器の総称。しんちゅうでつくり、一端に吹き口があり、他の一方の端が大きく開いている。種類が多い。❷大げさな話。ほら。「社長の―」 **―管《かん》** [0][名] 輸卵管《ゆらんかん》。**―ズボン** [ズ][名](「らっぱ❶」に形が似ていることから)すその方の広がったズボン。**―飲《の》み** [0][名][他サ] らっぱを吹くかっこうで、びんづめの飲料を、びんに口をつけて飲むこと。**―を吹《ふ》く** ❶らっぱを吹きならす。❷大げさに言う。

ラッパー [0]〈rapper〉[名] ラップ音楽の演奏者。

ラッピング [0]〈wrapping〉[名][他サ] ❶包装すること。特に、贈り物などを美しく飾って包装すること。❷車体の全面または一部を広告などのデザインが描かれたシートでおおうこと。「―バス」

ラップ [ラ]〈lap〉[名] ❶競走路の一周。❷競泳で、水路の一往復。**―タイム** [タ]〈lap time〉[名] 長距離の競走・競泳で、途中の区間に要した時間。「百メートルの―」

ラップ [0]〈rap〉[名] ビートのきいたリズムに合わせて、社会批判や自分の主張などを語るスタイルの音楽。[参考] 一九七〇年代、ニューヨークの黒人を中心に生まれた。

ラップ [ラ/0]〈wrap〉[名][他サ] 食品などを薄い透明のフィルムで包むこと。また、そのフィルム。

ラップトップ [ト]〈laptop〉[名](ひざの上の意)携帯が容易な小型のコンピューター。ラップトップコンピューター。↕デスクトップ。

らつ‐わん [0]【辣腕】[名] てきぱきはたらく腕まえ。腕きき。敏腕。すごうで。「―をふるう」

ラディカル [ラ]〈radical〉=**ラジカル** [形動] ダロ｜ダッ・デ・ニ｜ダ｜ナ｜ナラ｜○ ❶根本的。徹底的。❷急進的。「―な思想の持ち主」

ラディッシュ [ラ]〈radish〉[名] 皮が赤くて、丸い小形の大根。はつかだいこん。

ラテックス [テ]〈latex〉[名] ゴムの木に傷をつけてしみ出させた乳白色の樹液。生ゴムの原料となり、ゴム手袋やコンドームなどに加工される。

ラテン [0]〈Latin〉[名](「羅甸」とも書いた)ラテン語。ラテン民族。**―アメリカ**《Latin America》ラテン系言語(スペイン語・ポルトガル語・フランス語など)の使われる、中米および南米諸国の総称。中南米。**―音楽《おんがく》** [オ][名] 中南米の音楽。**―語《ご》** [0][名] インド・ヨーロッパ語族に属し、古代ローマ帝国の公用語として使われた言語。中世ヨーロッパの書きことばとして使われた。**―民族《みんぞく》** [ミ][名] アーリア人種のうち、南ヨーロッパに住み、ラテン系のことばを話す民族。イタリア人・フランス人・スペイン人など。**―文字**

もじ 〔モ〕〔名〕⬇ローマじ。

ら-でん ◎【×螺×鈿】〔名〕あわび貝・ちょう貝などの真珠色の光を放つ部分を漆器などにはめこんで、かざりとするもの。

ラトビア《Latvia》バルト三国のうち中央部にある共和国。首都はリガ。一九九一年に旧ソ連邦から独立。

ラドン 〔ラ〕〈radon〉〔名〕希ガス元素の一つ。元素記号Rn 原子番号86 無色で、同位体はすべて放射性。気体中で最も重い。

ラ-ニーニャ 〔ニ〕〈ス La Niña〉〔名〕日付変更線より東の太平洋赤道海域で、数年に一度起こる海水の異常低温現象。広域の気象に影響がある。↕エルニーニョ。〔参考〕ラニーニャは「少女」の意。エルニーニョの逆の現象であるところから名づけられた。この現象の影響で、日本では、猛暑、寒冬などになりやすいとされる。

らぬき-ことば 〔コ〕【ら抜き言葉】〔名〕可能の助動詞「られる」がついた動詞から「ら」が抜けて一語の可能動詞に変化したことば。「見られる」「食べられる」「来られる」に対する、「見れる」「食べれる」「来れる」など。

ラノリン 〔ノ〕/◎〈lanolin〉〔名〕羊毛からとる青白いろうのようなやわらかい脂肪。軟こうの材料。

ら-ば 〔ラ〕【×騾馬】〔名〕おすのろばと、めすの馬との間にできた雑種。労役に使用。

ラバ 〔ラ〕〈ィ lava〉〔名〕溶岩。

ラバー 〔ラ〕〈rubber〉〔名〕ゴム。 **ーセメント** 〔セ〕〈rubber cement〉〔名〕ゴムとゴムを付着するのり。 **ーソール** 〔ソ〕〈rubber soles〉〔名〕ゴム底。ゴム底のくつ。

ラビリンス 〔ラ〕〈labyrinth〉〔名〕迷宮。迷路。

ら-ふ 〔ラ〕【裸婦】〔名〕絵画・彫刻の題材としての、はだかの女性。

ラフ 〔ラ〕〈rough〉一〔形動〕ダロ・ダッ・デ・ニ／ダ・ナ・ナラ・◎ ❶粗雑なようす。あらっぽいようす。❷むぞうさなようす。くだけたようす。「—な装い」二〔名〕下絵。スケッチ。

ラブ 〔ラ〕〈love〉〔名〕❶愛。恋愛。❷テニスで、無得点。ゼロ。

ラブ-コール 〔コ〕〈love call〉〔名〕❶恋人にかける電話。「彼からの—」❷何かを実現するために、人や組織に対して熱心に誘うこと。「役所に飛行場建設の—を送る」

ラブ-シーン 〔シ〕〈love scene〉〔名〕劇・映画での、恋の場面。

ラプソディー 〔ラ〕〈rhapsody〉〔名〕狂詩曲。

ラフティング ◎〈rafting〉〔名〕大型のゴムボートに数人で乗り、激流をこぎ下る屋外スポーツ。

ラブ-ホテル 〔ホ〕〈love hotel〉〔名〕〔和製英語〕情交を目的とした利用客のための設備をととのえたホテル。

ラ-フランス 〔ラ〕〔フ〕〈フ La France〉〔名〕洋なしの一種。皮は薄い緑色で斑(はん)点があり、果肉はやわらかい。

ラブ-レター 〔レ〕〈love letter〉〔名〕恋の手紙。恋文(こいぶみ)。

ラベル 〔ラ〕/◎〈label〉〔名〕はりふだ。レッテル。レーベル。

ら-へん 〔ラ〕【ラ変】〔名〕「ラ行変格活用」の略。

ラベンダー 〔ベ〕〈lavender〉〔名〕シソ科の低木。地中海沿岸原産。花はむらさき色で、においがよく香水の原料となる。

ラボラトリー 〔ラ〕/〔ボ〕〈laboratory〉〔名〕実験室。研究所。製作所。

ラマ 〔ラ〕〈lama〉【×喇×嘛・×剌麻】〔名〕〔チベット語で、「無上」の意〕チベット仏教の僧侶。ラマ僧。

ラマ-きょう ◎【ラマ教】〔名〕チベット・モンゴルに発達した仏教の一派。法王をダライ-ラマという。

ラマダ(ー)ン ◎/〔ラ〕〈アラビア Ramaḍān〉〔名〕イスラム暦の九月。イスラム教徒は、この月に日の出から日の入りまで断食(だんじき)する。断食月。

ラミー 〔ラ〕〈ramie〉〔名〕イラクサ科の多年生植物。茎の皮の繊維は織物の原料。

ラミネート 〔ネ〕〈laminate〉〔名〕〔自サ〕プラスチックフィルム・アルミ箔(はく)・紙などをはり合わせて層にすること。また、それでおおうこと。「—加工」

ラム 〔ラ〕〈lamb〉〔名〕子羊。子羊の肉。子羊の毛。

ラム 〔ラ〕〈rum〉〔名〕西インド諸島特産の、さとうきびの糖蜜(とうみつ)を発酵させて蒸留した強い酒。ラム酒。

らむ 〔助動〕◎・ラム(ラン)・ラム(ラン)・ラメ・◎〔古語〕〔活用語の終止形、ラ変型・形容動詞型活用は連体形につく〕❶直接経験していない現在の事がらについての推量をあらわす。いまごろは…しているだろう。「憶良(おくら)らはいまはまからむ、子泣くらむ、それその母も吾(あ)を待つらむそ」〈万葉〉❷直接経験している現在の事がらの、その原因・理由を推量する。なぜ…なのだろう。「ひさかたの光のどけき春の日にしづ心なく花のちるらむ」〈古今〉❸事がらをはっきり述べず、やわらかく表現する。「蓬萊(ほうらい)といふらむ山」〈竹取〉‖らん。

ラムサール-じょうやく 〔ジョ〕【ラムサール条約】〔名〕重要な湿地とそこに生息する動植物の保全のため、一九七一年にイランのラムサールで採択された国際条約。日本では、釧路湿原・尾瀬などが登録されている。

ラムネ ◎〔名〕〔レモネード lemonade の変化〕清涼飲料の一種。炭酸ガスを水にとかし、あま味をつけて、びんに詰めたもの。〔夏〕

ラメ 〔ラ〕〈フ lamé〉〔名〕織物にはいっている金銀の糸。「—入り」

らゆ 〔助動〕ラエ・(ラエ)・(ラユ)・(ラユル)・(ラユレ)・◎〔古語〕〔奈良時代の語。「らる」と同じ〕可能をあらわす。…することができる。…られる。「いの寝(ね)らえぬに(寝ラレナイノニ)」〈万葉〉

ララバイ 〔ラ〕〈lullaby〉〔名〕子守歌。

ラリー 〔ラ〕〈rally〉〔名〕❶卓球やテニスなどで、続けざまにたまを打ちあうこと。「—が続く」❷一定のコースを一定の条件で走る、自動車・オートバイの耐久競走。

らる 〔助動〕ラレ・ラレ・ラル・ラルル・ラルレ・ラレヨ〔古語〕〔四段・ナ変・ラ変以外の動詞の未然形につく〕❶受け身をあらわす。…られる。「人に恥ぢらるる女」〈徒然〉❷可能をあらわす。…ことができる。「さうなく掘りすてられがたし」〈徒然〉❸自発をあらわす。自然に…られる。…られる。「祭のころ思ひでられて、をかし」〈枕〉❹尊敬をあらわす。お…になる。…られる。「やむごとなき人、仰せられき」〈徒然〉

ラルゴ 〔ラ〕〈ィ largo〉〔名〕〔音〕音楽で、速度標語の一つ。きわめてゆっくりと表情豊かに、の意味。また、その曲。

ら-れつ ◎【羅列】〔名〕〔他サ〕ずらりとならべること。「問題を—する」

られる 〔助動〕ラレ・ラレ・ラレル・ラレル・ラレレ・ラレロ/ラレヨ〔五段活用以外の動詞などの未然形につく。❷❸には命令形がない〕❶受け身の意味をあらわす。「母にほめ—」❷可能の意味をあらわす。「そこから表へ出—」❸自然にそうなる意味(自発)をあらわす。「行く末が案じ—」❹尊敬の意味をあらわす。「あす社長が来—」⇩れる〔参考〕。

ラワン 〔ラ〕〈タガログ lauan〉〔名〕フタバガキ科の高木の総称。建築・器具用。ボルネオ・ジャワ・フィリピンにかけて広く分布。

らん【×嵐】〔造〕青々とした山の空気。「翠嵐(すいらん)・青嵐(せいらん)」

らん【覧】〔造〕みる。ながめる。「一覧・回覧・観覧・展覧」

らん【濫】〔造〕❶あふれる。「氾濫(はんらん)」❷みだりに。むやみに。「濫獲・濫伐・濫用」❸うかべる。「濫觴(らんしょう)」

らん【藍】〔造〕あい。あい色。「藍綬褒章(らんじゅほうしょう)・出藍」

らん【×籃】〔造〕かご。「魚籃・揺籃」

らん【×瀾】〔造〕なみ。おおなみ。「狂瀾・波瀾」

らん【×爛】〔造〕❶ただれる。「靡爛(びらん)・腐爛」❷さかりになる。「爛熟・爛漫」❸ひかる。かがやく。「絢爛(けんらん)」

らん【×欒】造 ❶おうち。せんだん。木の名。「朱欒」❷あつまる。「団欒」

ラン〈run〉造 ❶走ること。「ウイニング―」❷野球で、得点。また、得点の数をあらわす。「スリー―ホーマー」「ノーヒットノー―」❸興行が続くこと。また、興行の順序。「ロング―」「セカンド―」

らん【乱】㊀ラ 名 造 世のみだれること。騒乱。戦乱。「―を起こす」「応仁の―」「乱世・動乱・反乱」↔治。㊁造 ❶みだれる。みだす。「乱調・乱暴・乱気流・乱反射」❷むやみに。やたらに。「乱造・乱読・乱発・乱用」参考「むやみに…する」という意味のことばには、「乱・濫」の両方の書き方があるが、「乱」が一般的。

らんラ【卵】名 造 ❶動物の雌がもつ生殖細胞。「卵子・卵巣・受精卵」❷たまご。「卵黄・卵白・鶏卵・産卵」

らん【×蘭】㊀ラ 名 造 ラン科の多年生植物。種類が多い。観賞用。「鈴蘭・君子蘭」秋 ㊁造「和蘭陀」の略。「蘭医・蘭学・蘭方」

らん【欄】㊀ラ 名 造 ❶てすり。「欄干・高欄・朱欄」❷新聞・雑誌などで、きまった種類の文章をのせる部分。「家庭欄・広告欄」㊁造 ❶かこい。「欄間」❷文章や記事をかこむわく。「欄外・空欄・解答欄」

ランラ〈LAN〉名〔local area network から〕屋内または同一の敷地内など、限られた範囲をコンピューターで結ぶ情報通信網。「―でつなぐ」

らん 助動〔古語〕⇒らむ。

らん-いラ【×蘭医】名 江戸時代、西洋医学をおさめた医者。蘭方医。

らん-うん0【乱雲】名 ❶みだれとぶ雲。❷乱層雲。

らん-おう0【卵黄】名 たまごの黄身。↔卵白。

らん-がい0ラ【欄外】名 書類・印刷物のわく、または文字のつまっている紙面のそと。

らん-かく0【卵殻】名 たまごのから。

らん-かく0【乱獲・濫獲】名 他サ 魚や獣などをむやみにとること。

らん-がく0【×蘭学】名 江戸時代、オランダ語によって西洋の医学その他を研究したもの。

らんがくことはじめ《蘭学事始》江戸時代後期の、杉田玄白の回想録。西洋医学をはじめてわが国に移入したときの労苦をのべたもの。参考 正式書名は「らんがくじし」だとする説がある。

らん-かん0【卵管】名 輸卵管。

らん-かん0【欄干】名 橋・縁側などのてすり。

らん-きラ【×嵐気】名〔文章語〕山中のひやりとした空気。山気。

らん-ぎくラ【乱菊】名 長い花びらがふぞろいに入りみだれて咲いている菊。また、その模様や紋。秋

らん-ぎょう0【乱行】名 ❶乱暴なふるまい。❷おこないのおさまらないこと。みだらなおこない。

らん-ぎり0【乱切り】名 料理で、野菜などを形をそろえないで切ること。

らん-きりゅうキ【乱気流】名 上昇気流と下降気流の入りまじった、変化のはげしい不安定な気流。

ランキングラ/0〈ranking〉名 順位。「世界―第一位」

ランクラ〈rank〉名 他サ 順位。等級。順位をつけること。「第一位に―される」

ラングラ〈フ langue〉名〔言〕ある社会に属する人々が共有している規則の体系としての言語。↔パロール。参考 スイスの言語学者ソシュールの用語で、「パロール」に対する語として「言語」と訳される。

らん-ぐい0【乱ぐい】【乱×杙・乱×杭】名 ふぞろいに打ちこまれたくい。―歯 グ 名 ならびのわるい歯。

らん-くつ0【乱掘・濫掘】名 他サ 地下資源や埋蔵文化財などを、一定の方針、見通しもなく掘ること。むやみに掘ること。⇩乱 参考。

らん-ぐん0【乱軍】名 敵・味方が入りみだれてたたかうこと。乱戦。

ランゲージ-ラボラトリーラ3〈language laboratory〉名 ⇒エルエル(LL)❶。

らん-げき0【乱撃】名 他サ 銃砲などをむやみにうつこと。乱射。

らん-ご0【×蘭語】名 オランダ語。

らん-こう0【乱交】名 相手かまわず性的にまじわること。「―パーティー」

らん-こうげコ【乱高下】名 自サ 価格や相場がはげしく上がったり下がったりすること。「株価の―」

らん-ごく0【乱国】名〔文章語〕❶みだれておさまらない国。乱世。❷国をみだすこと。

らん-こん0【乱婚】名 一群の男女が入りみだれた夫婦関係を結ぶこと。雑婚。

らん-さく0【乱作・濫作】名 他サ 文芸・美術などの作品をやたらに多くつくること。⇩乱 参考。

らん-ざつ0【乱雑】名 形動 ごたごたとみだれて、まとまりがないようす。「―な室内」

らん-し0【乱視】名 目の角膜や水晶体のゆがみのため、物がぼやけて見えること。また、その目。

らん-しラ【卵子】名 雌性の生殖細胞。動物の卵巣の中にある。↔精子。

ランジェリーラ〈フ lingerie〉名 女性の下着。

らんし-しょくシ【藍紫色】名〔文章語〕あい色のまざった、むらさき色。

らん-しゃ0【乱射】名 他サ 矢・たまなどをめちゃくちゃにうつこと。乱撃。

らん-じゃラ【×蘭×麝】名〔文章語〕らんの花とじゃこうのかおり。たいへんよいかおり。

らん-しゅ0【乱酒】名 ❶さけを飲みすぎて、みだれること。酒乱。❷宴席で大ぜいが入りみだれて酒を飲むこと。

らん-じゅく0【×爛熟】名 自サ ❶くだものなどが熟しすぎること。❷物事が極限まで発達すること。「―した文化」

らんじゅ-ほうしょうホ【藍×綬褒章】名 発明や社会事業などで社会生活の改善に功のあった人に国があたえる、あい色のリボンのついた褒章。

らん-しょ0【×蘭書】名 オランダ語で書かれた書物。

らん-しょう0【濫×觴】名〔文章語〕もののはじまり。起源。参考 揚子江のような大きな流れも、その水源はようやく觴を濫べるほどの細い流れであるという「孔子家語」のことばから。

らん-じょうラ【乱声】名 雅楽で、舞人が登場するときに奏する曲。笛・太鼓・鉦鼓で合奏する。

らん-しん0【乱臣】名〔文章語〕国をみだす臣。―賊子 ゾ 名〔文章語〕国の平和をみだす臣と、親にさからう子。

らん-しん0【乱心】名 自サ 気がくるうこと。

らん-すい0【乱酔】名 自サ〔文章語〕❶だらしなく酒に酔うこと。❷酒に酔って乱暴になること。

らんすう-ひょう0【乱数表】名 いろいろの数字を、同じ確率であらわれるように不規則にならべた表。

らん-せラ【乱世】名 ⇒らんせい。

らん-せいラ【乱世】名 みだれた世。戦乱の世。らんせ。「―の雄」参考「らんせい」が本来の読み方。

らん-せい0【卵生】名 動物の生殖で、卵の形で母胎

ら

から生まれること。鳥・魚・虫など。↕胎生。

らんせい-しょく [セ]【藍青色】[名]〔文章語〕あい色をおびたあお色。

らん-せん [0]【乱戦】[名] 敵・味方入りみだれてたたかうこと。

らん-そう [0]【卵巣】[名] 動物の雌の生殖腺(せいしょくせん)。卵をつくり、雌性ホルモンを分泌する。人間では、子宮の外がわに一対ある。↕精巣。

らん-ぞう [0]【乱造・濫造】[名][他サ] 品物をやたらにつくること。「粗製—」⇩乱[参考]。

らんそう-うん [ソ]【乱層雲】[名] 上空二キロメートル以下にでき、空をおおう黒くて不定形の雨ぐも。乱雲。

らん-だ [ラ]【×懶惰】[名]〔文章語〕なまけおこたること。怠惰(たいだ)。

らん-だ [ラ]【乱打】[名][他サ] ❶むやみにつづけて打ちたたくこと。「警鐘を—する」❷野球で、打者がつづけて投手を打ち込むこと。

らん-たいせい [タ]【卵胎生】[名] 動物の生殖において、母体内で卵からかえって生まれること。卵生と胎生の中間のもの。まむし・たにしなど。

ランダム [ラ]〈random〉[名][形動] ❶手あたりしだいにすること。❷「ランダムサンプリング」の略。 **—サンプリング** [サ]〈random sampling〉[名] 統計をとるための標本抽出のさい、かたよりを防ぐために、くじびきなどによって機械的に取り出すやり方。無作為抽出法(むさくいちゅうしゅつほう)。

ランタン [タ]/[ラ]〈lantern〉[名] ❶手さげランプ。❷角灯(かくとう)。❸ちょうちん。

ランチ [ラ]〈launch〉[名] ❶軍艦にのせた短艇。❷小蒸気船。

ランチ [ラ]〈lunch〉[名] ❶洋風のかんたんな食事。❷昼食。 **—ボックス** [ボ]〈lunch box〉[名] ❶弁当箱。❷携帯用のかんたんな食事。ツアー旅行でホテルが用意したり、ファーストフード店で売っていたりする弁当。 **—マット** [マ]〈lunch mat〉[名]〔和製英語〕⬇ランチョンマット。

らんちき-さわぎ [サ]【乱痴気騒ぎ】[名] ❶入りみだれて大騒ぎをすること。ばか騒ぎ。❷情事に関するけんか。

らん-ちゅう [0]【×蘭虫・×蘭鋳】[名] きんぎょの一種。からだは短くてまるく、腹がふくれて頭は広く短い。背びれはない。(夏)

らん-ちょう [0]【乱丁】[名] 書物のページの順序がみだれていること。

らん-ちょう [0]【乱調】[名] ❶調子がみだれること。❷〔経〕相場(そうば)の上下に、はげしい変動のあること。

ランチョン [ラ]〈luncheon〉[名] ランチよりは格式のある昼食。また、軽い昼食。 **—マット** [マ]〈luncheon mat〉[名] 食器をのせるために食卓に敷く布・ビニール。ランチマット。

ランディング [0]〈landing〉[名] ❶飛行機などが着陸すること。❷スキーやスケートのジャンプで、着地すること。

ランデ-ブー [デ]/[ラ]〈フ rendez-vous〉[名] あいびき。密会。[参考]現代では「デート」よりやや古風な言い方。

ランド〈land〉[造]〔土地・陸地の意〕遊園地や娯楽施設。「レジャー—」 **—スケープ** [ケ]〈landscape〉[名] 風景。風景画。景観。「—デザイン」 **—マーク** [マ]〈landmark〉[名] 旅行者が目印にできるような、その地域の特徴的な名所や建物。

らん-とう [0]【卵塔】【×蘭塔】[名] 鳥の卵の形をしたはか石。 **—場**(ば) [0][名] はかば。

らん-とう [0]【乱闘】[名][自サ] 敵・味方入りみだれてたたかうこと。

らん-どく [0]【乱読・濫読】[名][他サ] 順序・計画なく、手あたりしだいに読むこと。⇩乱[参考]。

ランドサット [サ]〈LANDSAT〉[名]〔land (陸地) と satellite (衛星) から〕地球観測用の人工衛星。

ランドセル [ド]/[セ][名]〔オランダ語 ransel (背囊(はいのう)の意) から〕小学生用のせおいかばん。

らん-どり [0]【乱取(り)】[名] 柔道で、組みあって自由に技をかけあう練習。

ランドリー [ラ]〈laundry〉[名] クリーニング屋。せんたく屋。

ランナー [ラ]〈runner〉[名] ❶競走で、走る人。❷野球で、走者。

らん-にゅう [0]【乱入】[名][自サ] どっとみだれはいること。

ランニング [0]〈running〉[名] ❶走ること。❷野球で、走塁。❸ランニングシャツ。 **—キャッチ** [キャ]〈running catch〉[名] 野球で、打者の打ったボールを野手が走りながらとること。 **—コスト** [コ]〈running cost〉[名] 企業の運営・維持にかかる費用。 **—シャツ** [シャ]〈running shirt〉[名]〔和製英語〕そでなしシャツ。ランニング。 **—ホームラン** [ム]〈running home run〉[名]〔和製英語〕たまが外野にころがる間に、打者が本塁に帰るホームラン。ランニングホーマー。

らん-ばい [0]【乱売】[名][他サ] むやみに安く売ること。

らん-ぱく [ラ]【卵白】[名] たまごのしろみ。↕卵黄(らんおう)。

ランバダ [0]〈lambada〉[名] ブラジルで生まれた、ラテン音楽に合わせて男女が体を密着させて踊るダンス。日本では一九八〇年代の終わりに流行。

らん-ばつ [0]【乱伐・濫伐】[名][他サ] 樹木をむやみにきりたおすこと。⇩乱[参考]。

らん-ぱつ [0]【乱髪】[名] みだれたかみの毛。

らん-ぱつ [0]【乱発・濫発】[名][他サ] ❶法令・紙幣などをむやみにだすこと。❷弾丸をむやみに発射すること。❸あることばをむやみに発すること。「野次を—する」⇩乱[参考]。

らん-はんしゃ [ハ]【乱反射】[名][自サ] 表面がなめらかでない物体に光線などがあたったとき、各部分からいろいろの方向に反射すること。

らん-ぴ [ラ]/[0]【乱費・濫費】[名][他サ] むやみに金品や精力などを使うこと。⇩乱[参考]。

ランビキ [0]〈ポ alambique〉[×蘭引][名] 江戸時代に使われた、酒を蒸留するための陶製の器具。

らん-ぴつ [0]【乱筆】[名] 乱暴な書きぶり。[参考]手紙で、結びのあいさつに、自分の筆跡をけんそんして、「乱筆お許しください」「乱筆乱文よろしくご判読のほどを」などという。

らん-ぶ [ラ]【乱舞】[名][自サ] 入りみだれて、舞うこと。

ランプ [ラ]〈lamp〉[▲洋▲灯][名] ❶石油を燃料とする西洋風のともしび。❷電灯。

ランプ [ラ]〈ramp〉[名] 一般道路と自動車専用道路とのつなぎ目の、斜めになった坂道。ランプウエー。

らん-ぶん [0]【乱文】[名]〔文章語〕みだれた文章。意味のわからない文。⇩乱筆[参考]。

らん-ぺき [0]【藍×碧】[名]〔文章語〕あいに近い緑色。「—の空」

らん-ぼう [0]【乱暴】[名][自サ][形動] あらあらしくふるまうこと。あばれること。「—を働く」

らん-ぽう [0]【×蘭方】[名] オランダから伝わった医術。「—医」

らん-ま [0]【欄間】[名] 日本建築で、通風・採光のために、天井と、かもい・なげしとの間にもうけた空間。こうしやすかし彫りの飾り板などがつけてある。⇩なげし(図)。

らん-ま [ラ]【乱麻】[名]〔文章語〕みだれたあさ糸。物事や世の中のみだれたようすに用いられる。「快刀—を断つ」

ら

らん-まん [0]【×爛漫】[名][と副][たる連体]〔文章語〕花の咲きみだれたようす。「春―のさくら花」

らん-みゃく [0]【乱脈】[名][形動] みだれて、すじみちがたたぬこと。めちゃくちゃなようす。「―な経理」

らん-よう [0]【乱用・濫用】[名][他サ] みだりにもちいること。「権力の―」⇩乱[参考]。

らん-らん [0]【×爛×爛】[と副][たる連体] きらきらと、光りかがやくようす。「―と輝く目」

らん-りつ [0]【乱立】[名][自サ] ❶乱雑にたちならぶこと。❷多くの人がむやみに立候補すること。

らん-りゅう [0]【乱流】[名]〖理〗速度・圧力・方向などが不規則に変動する大気や水の流れ。

らん-りん [0]【乱倫】[名]〔文章語〕❶人の道にそむくこと。❷男女の関係がみだれること。

らん-る [ラ]【×襤×褸】[名]〔文章語〕(「襤」も「褸」もぼろの意)やぶれた衣服。ぼろ。「―をまとう」

り リ

り：「利」の草体。
リ：「利」の右。

り【吏】[造] 役人。公務員。「吏員・官吏・俗吏・能吏・執達吏」

り【×李】[造] ❶すもも。バラ科の木。「李下・李花・桃李」❷使い。「行李(こうり)」

り【×俚】[造] いなか。民間。村人。「俚諺(りげん)・俚語・俚謡」

り【▲梨】[造] なし。「梨園・梨花」

り【痢】[造] はらくだり。「痢病・疫痢(えきり)・下痢・赤痢」

り【裏】❶[造] うら。うちがわ。「裏面・脳裏・表裏」❷[接尾] ある状態をあらわす。…のうち。「暗々―に了解」「盛況―に終了した」

り【履】[造] ❶はく。はきもの。「草履(ぞうり)・弊履」❷ふむ。おこなう。経験する。「履行(りこう)・履修・履歴」

り【璃】[造] うつくしい玉。「玻璃(はり)・瑠璃(るり)」

り【×罹】[造] 病気にかかる。身にうける。「罹患・罹災・罹病」

り【離】[造] ❶はなれる。はなす。「離職・離脱・離陸・距離・乖離(かいり)」❷わかれる。「離婚・分離・別離」

り【利】❶[リ][名][造] ❶もうけ。利益。「―を収める」「営利・権利・巨利」❷〔文章語〕つごうのよいこと。「時、―あらず」「便利」「不利」❸役に立つこと。効用。「―よりも弊が多い」「利他・利尿」❹利子。利息。❷[造] ❶よくする。ためにする。「利口・利発」❷かしこい。「利器・鋭利」❸するどい。「利器・鋭利」 **利する** [他サ]

り【理】❶[リ][名][造] ❶道理。法則。すじみち。「原理・摂理・論理」❷すじめ。条理。「節理」❸理由。理屈。❷[リ][名] ❶「物理・理化・理科」の略。❷〖哲〗形而上(けいじじょう)の存在理念。❸[造] おさめる。ととのえる。「理容・管理・処理・調理」 **―が勝(か)つ** 何かというと理屈をいう。理屈っぽい態度をとる。 **―が非(ひ)でも** むりに。ぜひに。ぜがひでも。 **―の当然(とうぜん)** 道理からいって、あたりまえである。 **―に落(お)ちる** 理屈が多すぎて味わいがない。

り【里】❶[リ][名][造] 律令制で、地方行政区画の一つ。人家五十戸。❷[リ][名][造] 尺貫法で、距離の単位。一里は三十六町で、約三・九キロメートル。中国では六町。「里程・海里・万里(ばんり)」❸[造] さと。いなか。「里諺(りげん)・郷里・遊里」

り [助動] (ラ)(リ)(リ)(ル)(レ)(レ)〔古語〕(四段・サ変動詞の エ段の語尾につく)動作・作用が完了し、現在その状態が続いていることをあらわす。…ている。…た。「むすびし水のこほれるを」〈古今〉 [参考] 四段活用動詞の命令形、サ変動詞の未然形につくとされるが、已然形につくとする説もある。

リアクション [ア]/[0]〈reaction〉[名] 反応。反動。

り-あげ [0]【利上げ】[名] 利息を高くすること。↕利下げ。

リアス-かいがん [カ]【リアス海岸】[名]〔rias coast の訳語〕陸地が沈んでできた、複雑な海岸線と急斜面のがけをもつ海岸。三陸海岸など。リアス式海岸。

リアリスティック [ティ]〈realistic〉[形動] (ダロ-ダッ・デ・ニ ダ-ナ-ナラ-○) ❶現実的。❷写実的。

リアリスト [リ]2〈realist〉[名] ❶写実派の人。❷現実主義者。

リアリズム [リ]2〈realism〉[名] ❶写実主義。❷現実主義。❸〖哲〗実在論。

リアリティー [ア]〈reality〉[名] ❶現実性。真実性。「―に欠ける」❷実在。「バーチャル―」

リアル [リ]〈real〉[形動] (ダロ-ダッ・デ・ニ ダ-ナ-ナラ-○) ❶写実的。「被災地の状況を―にえがく」❷現実的。「計画が―でない」 **―タイム** [タ]〈real time〉[名] ❶端末装置から指示を受けて、コンピューターがそれに応答するまでにかかる短い時間。実時間。❷あることが起こっているのと同時。即時。

リーク [リ]〈leak〉[名][他サ] 情報を外部に漏らすこと。

リーグ [リ]〈league〉[名] ❶連合。連盟。❷競技連盟。 **―戦(せん)** [0][名] 競技の総あたり戦。↕トーナメント。

リース [リ]〈lease〉[名] 機械や設備の長期間の賃貸借制度。「―料金」

リーズナブル [リ]〈reasonable〉[形動] (ダロ-ダッ・デ・ニ ダ-ナ-ナラ-○) ❶筋がとおっているようす。納得できるようす。合理的。❷値段がてごろであるようす。「―な価格」

リーゼント [リ]〈regent〉[名] 男性の髪の形の一種。前髪を高くし、両わきの毛をなでつけるもの。「―スタイル」

リーダー [リ]〈leader〉[名] ❶指導者。指揮者。❷(印刷で)点線。「‥」(二点リーダー)、「…」(三点リーダー)がある。 **―シップ** [シ]〈leadership〉[名] ❶指導力。統率力。❷指揮者の地位・任務。「―をとる」

リーダー [リ]〈reader〉[名] ❶読本(とくほん)。❷読者。読書家。

リーチ [リ]〈reach〉[名] ボクシングなどで、腕の長さ。

リーチ [リ]【中▲立▲直】[名][自サ] マージャンで、手の内がいつでもあがれる状態になったとき、自分のパイの入れ換えをしないことを宣言すること。また、それによって付く役。 **―が掛(か)かる** 〔俗語〕待ったなしの状態になる。

リーディング [0]〈reading〉[名] 〔おもに英語について〕読むこと。読み方。朗読。

リーディング-ヒッター [ヒ]〈leading hitter〉[名] 野球で、打撃率のいちばん高い打者。首位打者。

リート [リ]〈ド Lied〉[名] ❶独唱用の歌曲。❷短詩。音楽をともなう叙情詩の一種。

リード [リ]〈reed〉[名] 木管楽器やリードオルガンにとりつけた竹、または、金属製の薄片。これを振動させて音を出す。

リード [リ]〈lead〉❶[名][他サ] ❶みちびくこと。先導。先頭にたつこと。❷競技で先に得点をあげること。❷[名] ❶新聞や雑誌で、見出しのあとに記事の内容を要約して示した文章。❷犬を散歩・運動させるときにつなぐつな。❸野球で、走者が次の塁をねらっていまいる塁から離れること。 **―オフ-マン** [オ]〈lead-off man〉[名] 野球で、一番打者。 **―クライミング** [ラ]〈lead climbing〉[名] スポーツクライミングの一つ。高さ一二メートル以上の壁に設けられたコースで制限時間内にどれだけ高く登れたかを競う。

リーフレット [リ]〈leaflet〉[名] 一枚刷りの宣伝用印刷物。ちらし。折りたたんで冊子ふうにしたものもふくむ。

リーベ [リ]〈ド Liebe〉[名] 愛人。恋人。

リール ⓪〈reel〉名 ❶糸・テープ・フィルムなどの、巻きとりわく。巻きわく。❷映画のフィルムの一巻き。

りいん ①【吏員】名 公吏。役人。「税務署の―」

リウマチ ⓪〈rheumatism〉名 ⬇リューマチ。

りえき ①【利益】名 〔「りやく」と読めば別語〕↕損失・不利益。❶ためになること。益になること。「公共の―」❷もうけ。利得。**―社会**(しゃかい) シャ名 利益を得る目的で結合した社会。会社など。ゲゼルシャフト。↕共同社会。

リエゾン エ〈ᶠliaison〉名 〔つながりの意〕❶通常は発音されない語末の子音が、次につづく単語の語頭にくる母音と結合し、一音節となって発音される現象。フランス語に多く見られる。❷組織間の連携や調整。また、その役割。「―オフィス」

りえん ①【▲梨園】名 〔文章語〕役者・演劇の社会。特に歌舞伎(かぶき)界をさす。劇壇。参考 唐の玄宗皇帝が、なしの木の園でみずから役者を養成したことから。

りえん ①【離縁】㊀名自サ 夫婦、または、養子縁組を解消すること。㊁名他サ 妻、または、養子の縁を切って、実家にかえすこと。**―状**(じょう) ⓪名 昔、妻を離縁するときにあたえた書き付け。去り状。

りか ①【×李下】名 すももの木の下。**―に冠**(かんむり)**を正**(ただ)**さず**〔すももの木の下でまがっている冠をなおそうとして手をあげると、すももの実(み)をぬすむのかと疑われるということから〕すべて、人から疑いをかけられるようなおこないはするなといういましめ。瓜田(かでん)に履(くつ)を納(い)れず。

りか ①【▲梨花】名 〔文章語〕なしのはな。㊗春

りか ①【理科】名 ❶生物学・地学・物理学・化学など、自然科学に属する学問の総称。❷大学で、自然科学を専攻する部門。↕文科。

リカー ①〈liquor〉名 蒸留酒。「ホワイト―」

りかい ①【理会】名他サ 〔「理解会得(えとく)」から〕道理を会得すること。

りかい ①【理解】名他サ ❶内容や意味を知りさとること。❷事情や人の気持ちをのみこむこと。「―のある処置」**―力**(りょく) カ名 物事の意味を知りわける能力。

りがい ①【利害】名 利益と損害。「―得失」**―関係**(かんけい) カ名 利害がたがいにひびきあう間がらの関係。

りがい ①【理外】名 〔文章語〕ふつうの道理では説明できないこと。道理のほか。**―の理**(り) ふつうの道理では説明のできない、ふしぎな道理。

りかがく カ【理化学】名 物理学と化学。

りかく ⓪【離隔】名自他サ 〔文章語〕はなれ、へだたること。はなし、へだてること。隔離。「本土から―した島」

りがく ①【理学】名 ❶自然科学。物理学・化学・天文学・地質学・生物学などの総称。❷〔明治時代のことば〕哲学。**―療法**(りょうほう) リョ名 歩行訓練や電気刺激・マッサージなどにより身体障害の改善をはかる治療法。「―士」

リカバリー カ〈recovery〉名自サ ❶取り戻すこと。回復すること。❷コンピューターで、障害のあったファイルやソフトウエアを元に戻すこと。**―ショット** ショ〈recovery shot〉ゴルフで、その前の打ち損ないを回復するショット。

りかん ⓪【×罹患】名自サ 〔文章語〕病気にかかること。罹病。「―率」

りかん ⓪【離間】名他サ 〔文章語〕仲をわるくさせること。仲を裂くこと。

りがん ⓪【離岸】名自サ 船が岸をはなれること。「連絡船が―する」↕接岸(せつがん)。**―流**(りゅう) ガ名 海岸から沖に向かってできる強い潮の流れ。

りき【力】㊀ ①名造 ちから。体力。精力。「―がある」「力士・力量・怪力・自力」㊁造 力をこめる。「力作・力説・力走」㊂接尾 人数を示す語のあとにつけて、その人数分の力があることをあらわす。「千人―」**力む** 自五 〔別音りょく｜力〕

りき ①【利器】名 ❶〔文章語〕するどい刃物。❷便利な器具や機械。「文明の―」

りきえい ⓪【力泳】名自サ 力のかぎりおよぐこと。

りきえん ⓪【力演】名自サ 力いっぱい演じること。熱演。

りきがく キ⓪【力学】名 物体にはたらく力と、これによる運動の法則について研究する学問。物理学の一部門。

りきかん ⓪【力感】名 力がこもっている感じ。「―あふれる大作」

りきさく ⓪【力作】名 力をこめてつくった作品。

りきし ①【力士】名 ❶相撲とり。❷〔仏〕金剛(こんごう)力士。

りきしゃ ①【力車】名 「人力車」の略。

りきせつ ⓪【力説】名他サ 力をこめて論じること。

りきせん ⓪【力戦】名自サ 力のかぎりたたかうこと。力闘。

りきそう ⓪【力走】名自サ 力のかぎりはしること。

りきそう ⓪【力×漕】名自サ 力のかぎりこぐこと。

リキッド リ〈liquid〉名 〔「液体」の意〕液体の整髪料。

りきてん テ⓪【力点】名 ❶力のはいっている箇所。もっとも力を入れる主眼点。❷てこで物をうごかすとき、力のかかる点。

りきとう ⓪【力投】名自サ 野球で、投手が力のかぎり投球すること。

りきとう ⓪【力闘】名自サ 〔文章語〕力のかぎりたたかうこと。力戦。

りきどう ⓪【力動】名 力強くうごくこと。「―感あふれる演技」

りきみかえ・る カ【力み返る】―かへる 自五 ラ・ロ・リ・ッ ル・ル・レ・レ ひどく力む。

りき・む キ【力む】自五 マ・モ・ミ・ン ム・ム・メ・メ ❶息をつめて、全身に力を入れる。❷力があるように見せかける。気負う。

りきゅう ⓪【離宮】名 皇居以外に設けられた宮殿。

りきゅう《利休》⬇千利休(せんのりきゅう)。

りきゅういろ ⓪【利休色】名 緑色をおびた灰色。

りきゅうねずみ ネ【利休×鼠】名 利休色のねずみ色がかった色。

リキュール キュ〈ᶠliqueur〉名 糖類・香料をくわえた、かおりがよくて甘い洋酒。

りきょう ⓪【離京】名自サ 〔文章語〕❶都をはなれること。❷東京や京都を去ること。↕着京・上京。

りきょう ⓪【離郷】名自サ 〔文章語〕故郷をはなれること。

りきりょう ⓪キ【力量】名 能力。うでまえ。「―のある部下」

りきん ⓪【利金】名 利息・利益のかね。

りく ①【×戮】造 ❶ころす。「殺戮」❷力を合わせる。「戮力(りくりょく)」

りく【陸】㊀ ⓪名造 地球の表面で水におおわれていない部分。おか。「―に上がる」「陸地・陸路・大陸・内陸」↕海。㊁造 ❶つづく。「陸続・陸離」❷「陸前・三陸」「陸奥(むつ)(旧国名)」のこと。**―の孤島**(ことう) 交通の便がきわめて悪く、周囲から孤立している地域。「豪雪のため―と化している」

りくあげ ⓪【陸揚(げ)】名他サ 船の積み荷を陸上にあげること。

りくい ①【陸尉】名 陸上自衛隊の階級の一つ。陸佐の下。一等・二等・三等がある。もとの大尉・中尉・少尉にあたる。↕海尉・空尉。

りぐい [0]【利食い】ｰ[名]〔経〕相場で、転売や買いもどしなどによって差額をもうけること。

りくうん [0]【陸運】[名] 陸路による運送。↕海運・水運。

リクエスト [エ]〈request〉[名] もとめ。要求。注文。特に、ラジオ・テレビの聴視者からの放送番組への要求。

りくかいくう [リ]=[カ]=[ク]2【陸海空】[名] ❶陸と海と空。❷陸軍・海軍・空軍。

りくぎ [リ]【▲六義】[名] 古代中国の漢詩の六つの形。賦・比・興・風・雅・頌。

りくぐん [ク]【陸軍】[名] おもに陸上の戦闘・防衛にあたる軍隊。↕海軍・空軍。

りくけい [0]【▲六経】[名] 儒教でとうとぶ六種の経典。詩経・書経・易経・春秋・礼記・楽経。りっけい。

りくげい [0]【▲六芸】[名] 古代中国の周で、士以上の者に必修とされた、六種の技芸。礼・楽・射・御・書・数。

りくごう [0]【▲六合】[名]〔文章語〕天地と四方。宇宙間。

りくさ [リ]【陸佐】[名] 陸上自衛隊の階級の一つ。陸尉の上。一等・二等・三等がある。もとの大佐・中佐・少佐にあたる。↕海佐・空佐。

りくさん [0]【陸産】[名] 陸上でとれること。また、そのもの。↕海産・水産。

りくし [リ]【陸士】[名] ❶もとの「陸軍士官学校」の略。↕海兵。❷陸上自衛隊のいちばん下の階級。陸士長と一等・二等の三階級がある。もとの兵にあたる。↕海士・空士。ー長 [シ][名] 陸士の上の階級。もとの兵長にあたる。

りくしょ [リ]【▲六書】[名] ❶漢字の構成や使い方についての六種の区別。象形・指事・会意・形声・転注・仮借。❷六体。

りくしょう [0]【陸相】[名] 陸軍大臣の略称。

りくしょう [0]【陸将】[名] 陸上自衛隊の階級のいちばん上。↕海将・空将。ー補 [ショ][名] 陸将の下の階級。もとの、陸軍少将。↕海将補・空将補。

りくじょう [0]【陸上】[名] 陸地の上。↕海上・水上。ー競技 [キョ][名] 陸上でおこなう競技。トラック競技・フィールド競技・マラソン競技などの総称。↕水上競技。ー自衛隊 [0][名] 自衛隊の一つ。陸上を守るもの。

りくせい [0]【陸生】【陸×棲】[名] 陸上にはえること。陸上にすんでいること。↕水生。

りくせん [0]【陸戦】[名] 陸上の戦闘。↕海戦・空戦。ー隊 [0][名] 陸上の戦闘をおこなう海軍部隊。

りくぜん《陸前》昔の東山道の国の一つ。今の宮城県の大部分と岩手県の一部。

りくそう [0]【陸曹】[名] 陸上自衛隊の階級の一つ。准陸尉の下。陸曹長と一等・二等・三等の四階級がある。もとの下士官にあたる。↕海曹・空曹。

りくそう [0]【陸送】[名][他サ] 陸上の運送。陸運。↕海送・空送。

りくぞく [0]【陸続】(と)[副][たる連体]〔文章語〕ひっきりなしにつづくようす。「ーとつめかける」

りくたい [0]【▲六体】[名] 漢字の六種の書体。大篆・小篆・八分・隷書・行書・草書。

りくだな [0]【陸棚】[名] 大陸だな。

りくち [0]【陸地】[名] おか。陸。

りくちゅう《陸中》昔の東山道の国の一つ。今の岩手県の大部分と秋田県の一部。

りくちょう [0]【▲六朝】[名] 中国で、後漢のほろびたのち、隋の統一までの呉・東晋・宋・斉・梁・陳の六国の総称。

りくつ [0]【理屈】【理窟】[名] ❶すじみち。道理。「ーが立たない」❷すじみちが立っていること。「なるほど、ーだ」❸理論にかたよること。「ーをこねる」❹こじつけ。「ーをつける」ーっぽい [ポ][形] 理屈が多い。

りくつづき [ツ]【陸続き】[名] 陸地と陸地の間が海などにへだてられず、つながっていること。地続き。「古代、大陸と日本列島はーだったという」

りくでん [0]【陸田】[名] はた。はたけ。↕水田。

りくとう [0]【陸島】[名] もと大陸の一部であったものが、地盤が落ちこんだためにはなれて島となったもの。大陸島。日本列島など。↕洋島。

りくとう [0]【陸稲】[名] 畑でつくるいね。また、それからとれる米。おかぼ。↕水稲。

りくなんぷう [ナ]【陸軟風】[名] 夜間に陸から海に向かって吹くそよ風。陸風。↕海軟風。

りくふう [0]【陸封】[名] 川にのぼって産卵する海の魚が、海にもどれなくなり、そのまま淡水に住みつくようになった現象。いわな・ひめますなど。

りくふう [0]【陸風】[名] りくなんぷう。↕海風。

りくへい [0]【陸兵】[名] 陸軍の兵。

りくやね [0]【陸屋根】[名] ➡ろくやね。

リクライニング [ラ]〈reclining〉[名] 座席などの背もたれをうしろにたおすこと。「ーシート」

りくり [リ]1【陸離】[と副][たる連体]〔文章語〕まばゆいようす。「光彩ー」

リクリエーション [エ]〈recreation〉[名] ➡レクリエーション。

リクルート [ル]〈recruit〉[名] 社員を募集すること。転じて、それに応ずることや人の意味にも使うことがある。

りくろ [リ]【陸路】[名] 陸上のみち。↕海路・水路・空路。

りけい [0]【理系】[名] 理学・工学・医学などの方面。↕文系。

リケッチア [ケ]〈rickettsia〉[名] 細菌とウィルスの中間の大きさの微生物。はっしんチフス・つつが虫病などの病原体など。

りけん [0]【利剣】[名]〔文章語〕❶切れ味のするどい刀剣。❷煩悩や悪魔をうちやぶる、仏法の力。「降魔のー」

りけん [0]【利権】[名] 利益を得る権利。「ーをにぎる」ー屋 [0][名] ❶利権をあさる人。❷利益を得るための世話をして、手数料をとる人。

りげん [0]【×俚言】[名]〔文章語〕❶卑俗なことば。俗語。俚語。↕雅言。❷方言の中で、その地方独特の形をもった単語。

りげん [0]【×俚×諺】[名]〔文章語〕世間のことわざ。俗諺。

りこ [リ]【利己】[名] 自分だけの利益をはかり、他人のことをかえりみないこと。「ー心」↕利他。ー主義 [シュ][名] 自分の利益や幸福だけを中心に考えて、他人のことは考えない立場。主我主義。エゴイズム。↕利他主義。

りご [リ]【×俚語】[名]〔文章語〕俚言❶。↕雅語。

りこう [0]【理工】[名] ❶理学と工学。❷理学部と工学部。

りこう [0]【履行】[名][他サ] 実際におこなうこと。実行。「約束をーする」

りこう [0]【利口】【×悧巧】[名][形動] ❶ものおぼえがよく、かしこいこと。❷ぬけめなく、たちまわること。❸(「おりこう(さん)」の形で)子どもがすなおで、ものわかりのよいこと。

りごう [0]【離合】[名][自サ] 離れることと合わさること。「政党のー」ー集散 [0][名] 離れたり集まったりすること。

リコーダー [0]/[コ]〈recorder〉[名] 木管楽器の一つ。木や象牙などでできた縦笛で、バロック音楽に使われる。[参考]

プラスチック製のものが学校の音楽教育で使われる。

リコール [コ]〈recall〉[名][他サ] ❶一定数以上の選挙民の要求により、議会の解散や公職にある者の免職を請求すること。「市長を―する」 ❷生産者のミスによる商品の、無償修理・交換をすること。

リコメンド [メ]〈recommend〉[名][他サ] ⬇レコメンド。

り-こん [0]【利根】[名][形動]〔文章語〕かしこい生まれつき。↕鈍根。

り-こん [0]【離婚】[名][自サ] 結婚を解消すること。離縁。

リコンファーム [ファ]〈reconfirm〉[名][自サ] 航空機の座席などの予約を再確認すること。

リサーチ [サ]〈research〉[名][他サ] 調査。研究。「マーケット―」

リザーブ [ザ]〈reserve〉[名][他サ] 座席やホテルのへやなどの予約をすること。「窓際の席を―する」

り-さい [0]【×罹災】[名][自サ] 地震や暴風雨・火事などの災害や戦争にあうこと。特に、建物に被害がある時にいう。[参考]「罹災証明」は建物の被害の程度を証明すること。「全壊」「床下浸水」など。「被災証明」は被害を受けた事実を証明すること。

り-ざい [0]/[リ]【理財】[名]〔文章語〕財産を有効に使うこと。「―にたける」 **―家**(か) [0][名] 理財の才能のすぐれた人。

リサイクル [サ]〈recycle〉[名][他サ] 不用になったものを再利用すること。リサイクリング。⇩リデュース[参考]。 **―ショップ** [ショ]〈recycle shop〉[名]〔和製英語〕消費者から中古品や不用品を買い取り、それを売る店。

リサイタル [サ]〈recital〉[名] 独唱会。独奏会。

り-さげ [0]【利下げ】[名] 利息を低くすること。↕利上げ。

り-さつ [0]【利札】[名] 債券などにつけて、それと引き換えに利子を支払うふだ。利ふだ。

り-ざや [0]【利ざや】【利×鞘】[名] 売買によってえる、差額の利益金。「―をかせぐ」

り-さん [0]【離散】[名][自サ] 一か所にまとまっていた人が、はなれてちりぢりになること。「一家―」

り-し [リ]【利子】[名] 貸し主・預け主が、貸したり預けたりしている元金に対し、相手から受けとる一定の歩合によるかね。利息。「―がつく」↕元金。

り-じ [リ]【×俚耳】[名]〔文章語〕一般の人々が耳にすること。俗耳。 **―に入**(い)**りやすい** 一般の人々にわかりやすい。

り-じ [リ]【理事】[名] ❶団体で、担当事務を処理する職。❷法人を代表し、その事務を取りあつかい、権利を行使する機関。株式会社では「取締役」という。 **―国**(こく) [ジ][名] 国際連合などの国際機関の理事会の一員である国。

り-しゅう [0]【離愁】[名]〔文章語〕別れの悲しみ。

り-しゅう [0]【履修】[名][他サ] 一定の学科・課程をおさめること。

り-じゅん [0]【利潤】[名] 企業において、総収入から労賃・材料費などのすべての費用を差し引いた残りの金額。もうけ。利益。「―を追求する」

り-しょう [0]【利生】[名]〔仏〕仏が多くの人々に利益(りやく)をあたえること。利益(りやく)。

り-しょう [0]【離床】[名][自サ] ❶寝どこをはなれること。起床。❷病気がなおって、とこをはなれること。

り-しょう [0]【離礁】[名][自サ] 船が、のりあげた暗礁(あんしょう)からはなれること。↕座礁。

り-しょく [0]【利殖】[名] 利子・利益を得て財産をふやすこと。

り-しょく [0]【離職】[名][自サ] ❶ある職務からはなれること。❷職業からはなれること。職業を失うこと。失職。「―率」↕就職。

り-じん [0]【利刃】[名]〔文章語〕よくきれる刃物。利刀。

り-す [リ]【×栗×鼠】[名] リス科の哺乳(ほにゅう)類。尾はふさの形をしている。森林にすみ、木の実(み)を食べる。

り-すい [0]【利水】[名]〔文章語〕❶水をよく流れ通じさせること。❷水をよく利用すること。

り-すい [0]【離水】[名][自サ] 水上飛行機などが、水面をはなれて飛びたつこと。↕着水。

り-すう [ス]【里数】[名] 里(約三・九キロメートル)を単位にしてはかったみちのり。里程。

り-すう [0]【理数】[名] 理科と数学。

リスク [リ]〈risk〉[名] 危険。「―をおかす」

リスケジュール [ジュ]〈reschedule〉[名] ❶スケジュールを立てなおすこと。日程の再調整。❷債務の返済をくりのべること。‖リスケ。

リスティング [0]〈listing〉[名] 名簿。一覧表。 **―広告**(こうこく) [コ]ー[名] インターネットで、検索したキーワードに連動して表示される広告。

リスト [リ]〈list〉[名] 名簿。目録。一覧表。表。 **―アップ** [ア]〈list up〉[名][他サ]〔和製英語〕人や物の名を書き出して、名簿・表などにすること。

リスト [リ]〈wrist〉[名] 手首。 **―カット** [カ]〈wrist cut〉[名]〔和製英語〕自分の手首を刃物などで切る自傷行為。 **―バンド** [バ]〈wristband〉[名] 手首に巻く汗止めのバンド。

リストラ [0][名]〔「リストラクチャリング」の略〕企業を建て直すために、不採算部門の切り捨て、人員整理など、組織や営業形態を作り替えること。再構築。

リストラクチャリング [ラ]〈restructuring〉[名] リストラ。

リスナー [リ]〈listener〉[名] ラジオ番組の聞き手。聴取者。

リスニング [0]〈listening〉[名] 外国語の会話や放送を聞き取ること。また、その能力。[参考] かつては「ヒアリング」と呼んでいたが、近年は「リスニング」と言うことが多い。

リズミカル [ミ]/[ズ]〈rhythmical〉[形動] ダロ・ダッ・デ・ニ／ダ・ナ・ナラ・〇 律動的。旋律的。

リズム [リ]〈rhythm〉[名] ❶詩などの、快感をあたえる調子。韻律。❷音楽で、音の強弱などの周期的なくり返し。調子。節奏。 **―アンド-ブルース** [ル]〈rhythm-and-blues〉[名] 一九四〇年代にアメリカの黒人の間から生まれたポピュラー音楽。R&B。アールアンドビー。 **―運動**(うんどう) [ウ]ー[名] 音楽のリズムに合わせてする運動。

リスリン [0][名] ⬇グリセリン。

り・する [ス]【利する】[他サ] シ・セ・サ・シ・スル・スレ・シロ／セヨ〔文章語〕❶利益をあたえる。たすける。「敵を―行為」 ❷利用する。「地勢を―」 り・す[文語サ変]

り-せい [リ]【理性】[名]〔哲〕❶世界の根本原理や最高の実在を、直観的にかんがえる能力。❷本能的・感覚的な欲求に対して、合理的・論理的に判断する能力。↕感性・悟性。 **―的**(てき) [0][形動] 本能や感情に負けずに、すべてを合理的に判断していこうとするようす。理知的。↕感情的。

リセール [セ]〈resale〉[名][他サ] 再販売。転売。「チケットの―」「―価格」

り-せき [0]【離席】[名][自サ] 職場などで自分の席を離れること。

り-せき [0]【離籍】[名][他サ] 旧民法で、戸主が戸籍面から家族の名をぬき、家族としての身分をうばうこと。

リセット [セ]〈reset〉[名][他サ] ❶機械などを最初の状態にもどすこと。❷元の状態にもどすこと。やり直すこと。「人間関係を―する」

り-せん [0]【離船】[名][自サ] 乗組員などが船をはなれること。下船(げせん)。

りそう[0]【理想】[名] ❶理性によって想像することのできる最上の状態。❷そうありたいとおもう最良の状態。「―像」「―を求める」↕現実。**―化** [0][名][他サ] 理想の姿や状態を思い描くこと。「女性を―した絵」**―家** [0][名] 理想にあこがれ、実際的でない人。↕現実家。**―郷** [0][名] 理想の国。ユートピア。**―主義** [シュ][名] ❶すべて理想を標準として行動し、また考えようとする立場。アイディアリズム。❷作者がもつ人生の理想を作品の中で表現しようとする、文芸上の立場。**―的** [0][形動] そうありたいと思う状態になっているようす。「―な家庭」**―論** [ゾ][名] 理想の状態を考えた議論。

リゾール [ゾ]〈ドLysol〉[名] クレゾールせっけん溶液。消毒用。

リゾート [ゾ]〈resort〉[名] 観光や保養のための行楽地。避暑(避寒)地。「―ホテル」**―ウエア** [エ]〈resort wear〉[名] 山・海岸などの行楽地で着る、くつろいだ衣服。

リソース [ゾ]〈resource〉[名] ❶資源。財源。❷コンピューターが動くために必要なシステム環境。

り-そく [0]【利息】[名] 利子。↕元金。

り-ぞく [リ]【×俚俗】[名]〔文章語〕いなかや地方の習慣・風俗。

リゾット [ゾ]/[リ]〈イrizotto〉[名] イタリア料理で、雑炊風の料理。米を油でいためてから煮込み、スープを米によく吸い込ませる。

り-そん [0]【離村】[名][自サ] 自分の生まれた村をはなれて、よそに住むこと。

り-た [リ]【利他】[名] 他人に利益や幸福をあたえること。↕利己。**―主義** [シュ][名] 他人の利益や幸福を第一とする考え方。愛他主義。↕利己主義。

リターナブル [タ]〈returnable〉[形動] ダロ・ダッ・デ・ニ／ダ・ナ・ナラ・○ 一度使ったびんや容器などが再利用のために回収可能なようす。「―ボトル」

リターン [タ]〈return〉㊀[名][自他サ] もどること。もどすこと。㊁[名][他サ] テニス・卓球などで返球すること。「―エース」㊂[名] 利益。もうけ。「高い―が期待される」**―マッチ** [マ]〈return match〉[名] ボクシングで、選手権を失った選手が、これをうばい返そうとして、新しい選手権保持者とおこなう試合。

リタイア [タ]〈retire〉=**リタイヤ** [名][自サ] ❶引退。退職。❷競走などで、故障による退場。

リダイヤル [タ]〈redial〉=**リダイアル** [名][自サ] 直前にかけた電話番号に再びかけること。

り-たつ [リ]【利達】[名]〔文章語〕身分のよくなること。立身出世すること。栄達。

り-だつ [0]【離脱】[名][自サ] 関係を断って、はなれること。「会から―する」

り-ち [リ]【理知】【理×智】[名] 理性と知恵。本能や欲望に流されず、物事の道理を判断する心のはたらき。**―的** [0][形動] ❶理知にとんでいるようす。「―な顔」❷理知にもとづいているようす。「―な行動」

リチウム [チ]〈ドLithium〉[名] アルカリ金属の元素の一つ。元素記号Li 原子番号3 原子量6.941 もっとも軽い金属で、銀白色の光沢をもつ。ガラス工業・医療用。**―イオン電池** [デ][名] 正極にリチウム、負極に炭素材を使用し、両極間のリチウムイオンの移動によって放電する、充電式の電池。小型、軽量で、容量が大きい。

り-ちぎ [リ]【律儀・律義】[名][形動] 義理がたいこと。実直なこと。**―者** [0][名] 実直な人。義理がたい人。**―者の子沢山** 実直な人は、家庭円満なので、子どもが多いものだ。

り-ちゃく-りく [チャ]/[ク]【離着陸】[名][自サ] 飛行機などの、離陸と着陸。

りつ【立】[造] ❶たつ。たてる。「立食・立像・起立・対立・直立」❷なりたつ。存在する。「立地・確立・成立・独立」❸つくる。もうける。「立案・立法・県立・市立・設立」❹リットル。容積の単位。

りつ [リ]【慄】[造] ふるえる。おそれおののく。「慄然・戦慄」

りつ [リ]【率】[名][造] わりあい。「―のよい定期預金」「確率・打率・能率・比率・失業率・出生率」[別音そつ|率]

りつ【律】㊀[リ][名] ❶奈良時代・平安時代のおきて。刑法。❷東洋音楽で、陽の調子。↕呂。❸律詩。❹仏法の戒律。❺律宗。㊁[リ][名][造] 音調。調子。「律動・韻律・旋律・調律」㊂[造] おきて。きまり。「規律・法律」**律する** [他サ]

りつ-あん [0]【立案】[名][自サ] 原案・計画をたてること。

リツイート [イ]〈retweet〉[名][他サ]〔ツイッターで〕他の記事を引用して閲覧者間で共有すること。RT。[参考] 特に、引用に自分のコメントを付けて共有することを「引用リツイート」と言う。

りっ-か [リ]【立花】[名] 花道の定型化した一様式。基本は、中心になる枝がまっすぐに立つもの。

りっ-か [リ]【立夏】[名] こよみの上での夏の初め。二十四節気の一つ。五月六日ごろ。[夏] ↕立冬。⇨二十四節気(表)。

りつ-がん [0]【立願】[名][自サ] 神や仏に願をかけること。りゅうがん。

り-つき [0]【利付(き)】[名] 公債・株式に利札または配当のつくこと。**―債** [キ][名] 利札のついた債券。↕割引債。

りっ-きゃく [0]【立脚】[名][自サ] よりどころにすること。**―地** [ク][名] 事をおこなうにあたって、よりどころとするところ。**―点** [ク][名] 立脚地。

りっ-きょう [0]【陸橋】[名]〔「りくきょう」の変化〕道路や鉄道線路をまたぐようにしてかけられたはし。

りっ-けい [0]【▲六経】[名] ➡りくけい。

りっ-けん [0]【立憲】[名] 憲法をさだめること。**―政治** [セ][名] 立憲政体による政治。↕専制政治。**―政体** [セ][名] 憲法をさだめ、立法・司法・行政それぞれの独立機関を設け、議会制度によって国民の参政権をみとめる政体。

りっ-けん [0]【立件】[名][他サ] 検察官が訴追を確定すること。

りつ-げん [0]【立言】[名][自サ]〔文章語〕意見をはっきりと述べること。また、その意見。

りつ-ご [0]【律語】[名]〔文章語〕リズムのある言語・文章。韻文。

りっ-こう [0]【立后】[名]〔文章語〕正式に皇后を定めること。

りっ-こう [0]【力行】[名][自サ]〔文章語〕〔「りきこう」の変化〕努力しておこなうこと。「苦学―」

りっ-こう [0]【立項】[名][他サ] 辞書の見出し語として掲げること。

りっ-こうし [コ]【立皇嗣】[名] 公式に皇嗣の地位につくこと。「―の礼」

りっ-こうほ [コ]【立候補】[名][自サ] 選挙に候補者としてたつこと。

りっ-こく [0]【▲六国】[名]〔「りくこく」の変化〕中国で、春秋戦国時代の斉・楚・燕・韓・魏・趙の六か国。

りっ-こく [0]【立国】[名] ❶国を新しく建設すること。❷ある計画のもとに国を繁栄させること。「工業―」

りっ-こくし [コ]【▲六国史】[名] 奈良時代から平安時代に

かけてつくられた六種の歴史書。「日本書紀」「続日本紀」「日本後紀」「続日本後紀」「文徳実録」「三代実録」。

りっ‐し リ【立志】名 目的をきめ、それを実現しようと決心すること。**―伝** シ名 こころざしを立て、努力・成功した人の伝記。「―中の人」

りっ‐し リ【律師】名 ❶僧の位の一つ。僧都の次。❷戒律をたもち、徳望の高い僧。

りっ‐し 0/リ【律詩】名 漢詩の一体。五言または七言があり、八句から成る。律。

りっ‐しゃ 0【立射】名 ❶立った姿勢で銃をうつこと。立ちうち。⇔膝射・伏射。❷立った姿勢で弓をかまえて矢を射ること。

りっ‐しゅう 0【立秋】名 こよみの上での秋の初め。二十四節気の一つ。八月八日ごろ。秋 ⇔立春。⇩二十四節気(表)。

りっしゅう《律宗》仏教の一宗派。奈良時代に日本にわたってきた中国僧の鑑真が開いた。唐招提寺が大本山。

りっ‐しゅん 0【立春】名 こよみの上での春の初め。二十四節気の一つ。二月四日ごろ。節分の翌日。春 ⇔立秋。⇩二十四節気(表)。

りっ‐しょう 0【立証】名 他サ 証拠だてること。

りっ‐しょく 0【立食】名 立ちながら食べること。特に、飲食物を卓上に並べて、客に自由に取って食べさせる、洋式宴会の食事の形式。「―パーティー」

りっ‐しん リ【立身】名 高い地位につくこと。出世すること。**―出世** リ 名 自サ 立身して有名になること。

りっしん‐べん シ【立心偏】名 漢字の部首の一つ。「性」「快」などの「忄」。

りっ‐すい 0【立×錐】名 錐を立てること。**―の余地も無い** (錐の先を立てるほどの土地もない)ごくすこしのすきまもない。

りっ‐する ス/0【律する】他サ ある標準にあてはめて処置する。「自分の主義で人を―」**りっ・す** 文語サ変

りつ‐ぜん 0【慄然】と副 たる連体 文章語 恐れてふるえるようす。ぞっとするようす。「あまりの惨状に―とする」

りっ‐そう 0【律僧】名 ❶律宗の僧侶。❷戒律をかたく守る僧。

りつ‐ぞう 0【立像】名 立っている形の像。⇔座像。

リッター 0〈liter〉名 リットル。

りっ‐たい 0【立体】名 空間の一部分を占め、長さ・幅・厚さのひろがりをもつもの。⇔平面。**―感** タ名 ❶立体であるような感じ。❷奥行きのある感じ。**―鏡** 0名 平面の図形を、実物のように立体的に見せるしくみの光学器械。ステレオスコープ。**―交差** コ名 道路と鉄道、あるいは道路どうしを上下二段にして交差させること。**―的** 0 形動 ❶立体としての感じをあたえるようす。❷表面的ではなく、いろいろな面から物事を全体的にとらえるようす。⇔平面的。「―に説明する」**―派** 0名 二〇世紀のはじめに、フランスにおこった美術上の運動の一派。対象を幾何学的図形で表し、立体感を出そうとした。キュビスム。**―放送** ホ名 二つの受信機によって、二つのマイクロホンであつめた音を再生し、音の幅や奥行きを深めた放送。ステレオ放送。

りったい‐し タ【立太子】名 公式に皇太子を定めること。「―式」

りっ‐ち 0【立地】❶名 自サ 地勢・気候などの自然的条件、人口・交通などの社会的条件を考えて、産業の適地をきめること。❷名 たちば。立脚地。**―条件** ジョ名 生産活動が効果的におこなわれるための自然的・社会的諸条件。

リッチ リ〈rich〉形動 ゆたか。豊富。

りっ‐とう 0【立刀】名 漢字の部首の一つ。「利」「剣」などの「刂」。

りっ‐とう 0【立冬】名 こよみの上での冬の初め。二十四節気の一つ。十一月八日ごろ。冬 ⇔立夏。⇩二十四節気(表)。

りっ‐とう 0【立党】名 政党などをつくること。「―の精神」

りつ‐どう 0【律動】名 自サ 一定の動きが規則正しく、くり返されること。また、その動き。リズム。**―的** 0 形動 規則正しいくり返しのうごきのあるようす。リズミカル。「―な運動」

リットル 0〈フ litre〉【立】名 メートル法での容量の単位。一リットルは、たて・よこ・高さがそれぞれ一〇センチメートルの量で、一〇〇〇立方センチメートル。記号は「L」。リッター。

りっ‐ぱ 0【立派】形動 〔仏教語の「立破分明」が元だとする説がある。その場合は「立派」は当て字〕❶堂々としてすぐれているようす。「総ひのき造りの―な建物」「―な学位論文」❷皮肉をこめてほめるようす。「あそこまで開き直れば―だ」**立派さ** 名

リップ〈lip〉造 くちびる。「―クリーム」**―サービス** サ〈lip service〉名 口先だけでうまいことを言うこと。おせじを言うこと。「―のじょうずな政治家」

りっ‐ぷく 0【立腹】名 自サ はらをたてること。怒ること。

りっ‐ぽう 0【立方】名【数】❶同じ数を三度かけあわせること。三乗。❷立方体。**―根** ボ名 甲の数を三乗した数が乙の数に等しいとき、甲の乙に対する称。たとえば2は8の立方根。**―体** 0名 六つの正方形にかこまれた立体。正六面体。

りっ‐ぽう 0【立法】名 法律を定めること。⇔司法・行政。**―機関** キ/カ名 法律を定めるはたらきをする国家機関。議会制度の国では、国会。**―権** ボ名 国会がもつ、法律を定める権利。⇔行政権・司法権。**―府** ボ名 立法機関。

り‐づめ 0【理詰(め)】名 理屈や道理を言いたてて、議論や主張をおしすすめること。

りつ‐めい 0【立命】名 文章語 邪念を去って天命にまかせること。「安心―」

りつ‐りょう 0【律令】名 中国の隋・唐にならって七世紀後半から制定された、日本の法律制度。律は刑法、令は国家の行政法。**―格式** キャ名 律令とそれを実施するための規則。格は律令の使い方を定めた法令、式は諸法令をおこなう際の、こまかい規則。**―制** 0名 大化の改新(六四五年)に始まる、律令を基本とした古代日本の中央集権的政治制度。九世紀はじめからくずれた。

りつ‐れい 0【立礼】名 起立しておこなう敬礼。⇔座礼。

りつ‐ろん 0【立論】名 自サ 議論を組みたてること。

り‐てい 0【里程】名 みちのり。里数。**―標** 0名 木や石に里程をしるして通行人にしめすもの。

リテール テ〈retail〉名 ❶小売り。「―プライス」「―品」❷個人や中小企業を対象とした小口取引。

り‐てき 0【利敵】名 敵を有利にすること。「―行為」

リデュース テュ〈reduce〉名 他サ へらすこと。特に、廃棄物をへらすこと。参考 資源を有効活用する社会をめざして、「リサイクル」「リユース」とともに、その頭文字から「3R(スリーアール)」と呼ばれる標語に用いられる。

り

リテラシー リ〈literacy〉名 ❶読み書きする能力。識字能力。❷ある分野、特にコンピューターについての知識やその利用能力。

り-てん ０【利点】名 有利な点。利益のある点。

リトアニア《Lithuania》バルト三国のうちの南端にある共和国。首都はビリニュス。一九九一年に旧ソ連邦から独立。

り-とう ０【利刀】名〔文章語〕よく切れるかたな。利刃。↕鈍刀。

り-とう ０【離島】❶名 はなれ小じま。❷名自サ 自分の生まれた島をはなれて、よそへ行くこと。島を去ること。

り-とう ０【離党】名自サ 政党などからはなれること。党からぬけること。↕入党。

り-どう リ【吏道】名〔文章語〕官吏の守るべきみち。

り-とく ０【利得】名 利益になること。もうけ。↕損失。

リトグラフ グ〈lithograph〉名 石版画。または、石版印刷。

リトマス ０〈litmus〉名 リトマスごけからとった紫色の色素。アルカリ液を加えれば青色に、酸を加えれば赤色になる。**—紙**(し) ス・**—試験紙**(しけんし) ケ 名 リトマスの水溶液で染めた紙。アルカリ性と酸性の判別に使う。

リトル-リーグ リ²〈Little League〉名 アメリカに本部のある国際少年野球連盟。十二歳以下の少年が硬式野球の試合を行うための組織。

り-どん ０【利鈍】名〔文章語〕❶するどいことと、にぶいこと。❷かしこいことと、おろかなこと。

リニア-モーター モ〈linear motor〉名 磁気浮上式の可動部が直線運動をする電動機。**—カー** タ/カ〈linear motor car〉名 リニアモーターを使って走る車両。磁気で車体を浮かせて走るため、高速走行が可能。

り-にち ０【離日】名自サ 外国人が日本を去ってゆくこと。↕来日。

り-にゅう ０【離乳】名自サ 乳児がちち以外の食物をあたえられて、ちちからはなれること。ちばなれ。**—食**(しょく) ニュ 名 乳児の離乳のころあたえる食べ物。

リニューアル ニュ〈renewal〉名自他サ 作りかえて新しくすること。再生。改装。「店を—する」

り-にょう ０【利尿】名 小便の通じをよくすること。

り-にん ０【離任】名自サ 任務をはなれること。↕就任。

り-ねん リ【理念】名 ❶何を最高のものとするかについての、そのものに関する根本的な考え方。「文学の—」❷〘哲〙理性によって得られる最高の概念。イデア。

リネン リ〈linen〉名 ❶ホテルや病院で使う、シーツ・まくらカバー・タオルなどの総称。「—室」❷リンネル。

り-のう ０【離農】名自サ 農業をやめて別の職業につくこと。

リノール-さん ０【リノール酸】名〔linoleic acid の訳語〕植物油に多くふくまれる脂肪酸の一つ。血液中のコレステロール値を下げる働きがある。

リノベーション ベ〈renovation〉名他サ ❶革新。❷修理。修繕。特に、建築物の大規模な改修。リノベ。「倉庫を—したカフェ」参考「リフォーム」よりも大規模な場合に言う。

リノリウム リ²〈linoleum〉名 あまに油の酸化物に樹脂・ゴム・コルクくずなどをまぜて麻布などに塗って乾燥させたもの。床敷(ゆかしき)の材料。

リハーサル ハ/０〈rehearsal〉名 音楽・劇などで、演奏・上演前の総出演によるけいこ。「カメラ—」↕本番。

リバーシブル バ〈reversible〉名 表と裏のどちらも使える布や衣服。「—のジャケット」

り-はい ０【離背】名自サ〔文章語〕はなれそむくこと。離反。「民衆から—した社会運動」

リバイバル バ¹〈revival〉名自サ 古いものが復活すること。「—ソング」

リバウンド バ/０〈rebound〉名自サ ❶球技などで、ボールがはねかえること。❷減量をやめた後に体重がもとにもどったり、逆に増えたりすること。❸薬の使用中止にともない症状が悪くなること。❹感染症などの流行現象が収束したように見えて、またもとにもどること。

り-はく ０【理博】名「理学博士」の略。

り-はく《李白》七〇一—七六二。中国の唐(とう)時代の詩人。字(あざな)は太白(たいはく)。杜甫(とほ)とともに中国の代表的詩人。著作に「李太白詩集」がある。

り-はつ ０【理髪】名自サ かみの毛を刈りととのえること。調髪。**—師**(し) ツ 名 理髪を職業とする人。理容師。床屋。**—店**(てん) ツ 名 理髪を営業とするみせ。床屋。

り-はつ ０【利発】名形動〔利口発明の意〕かしこいこと。「—な子」

り-はっちゃく ハ【離発着】名自サ 空港で、飛行機が出発することと到着すること。

リバノール ノ〈ドRivanol〉名〔「アクリノール」の商標名〕黄色い結晶の薬品。水にとかし、傷口の消毒などに使う。

り-はば ０【利幅】名 もうけの割合。利益の率。「—が大きい」

リハビリ ０名「リハビリテーション」の略。

リハビリテーション テ〈rehabilitation〉名 傷病などによる身体障害者・長期療養者などに、医学的訓練や職業指導などを行って社会生活に復帰させること。また、その訓練。リハビリ。

り-ばらい バ【利払い】—(ばらい) 名 利息の支払い。

り-はん ０【離反】【離×叛】名自サ はなれそむくこと。離背。

り-ひ リ【理非】名 道理にあうことと、あわないこと。よいことと、わるいこと。正と邪。「—をわきまえる」

リビア《Libya》アフリカ北部、地中海に面した国。一九五一年独立。首都はトリポリ。

リピーター ０/ピ〈repeater〉名 ある商品や店・旅館を気に入って、何度も利用する人。

リピート ピ〈repeat〉名 ❶くり返し。❷再放送。「—料」

リヒテンシュタイン《Liechtenstein》ヨーロッパ中部の公国。首都はファドゥーツ。

リビドー ビ〈ラlibido〉名〘心〙精神分析学で、人間の行動の基底となる本能的なエネルギーまたは性的欲望。

り-びょう ０【×罹病】名自サ〔文章語〕病気にかかること。罹患。

リビング リ〈living〉名 ❶生活。くらし。❷リビングルーム。**—キッチン** キ〈living kitchen〉名〔和製英語〕台所・食堂・居間をかねた、洋風のへや。**—ルーム** ル〈living room〉名 家族がくつろぐへや。洋風のものについていう。**—ウイ(ウィ)ル** イ〈living will〉名 自分の終末期の医療に関する意思を、あらかじめ明記しておく文書。

リブ リ〈lib〉名〔liberation(解放)から〕⬇ウーマンリブ。

リファイン ファ〈refine〉名他サ 洗練すること。純化すること。あかぬけ。「—された動作」

リファレンス リ〈reference〉名 ⬇レファレンス。

リフォーム フォ〈reform〉名他サ ❶流行おくれの服を仕立て直すこと。❷古くなった住居を改装すること。

り-ふじん フ【理不尽】名形動 理屈にあわない、むちゃなこと。「—な言い分」

り

り-ふだ リ【利札】名 ⇒りさつ。

リフト リ〈lift〉名 ❶昇降機。エレベーター。❷起重機。❸スキー場で、スキーヤーを低地から高地にはこぶ仕掛け。

リプリント リ²〈reprint〉名 他サ ❶文書・テープなどの複写・複製。❷本を写真製版して、簡易印刷で覆刻(ふっこく)すること。

リプレー レ〈replay〉＝**リプレイ** 名 他サ ❶〔試合、公演、演奏などで〕再び行うこと。❷録画・録音した映像や音声を再生すること。参考 スポーツの微妙な判定を再生映像で検証することをリプレー検証と言う。

リフレーション レ〈reflation〉名 物価が上昇傾向に転じてもインフレにはなっていない状態。また、景気回復のために、通貨量をふやすなどして、物価を限度内で引き上げようとする政策。リフレ。

リフレーン レ〈refrain〉＝**リフレイン** 名 詩・楽曲で、ある部分をくりかえすこと。くりかえし。ルフラン。

リフレッシュ レ〈refresh〉名 他サ からだや心をさわやかにすること。元気を回復すること。

リペア ペ〈repair〉名 他サ 修理すること。修繕すること。

り-へい ０【利弊】名 文章語 ためになることと害になること。利害。

リベート ベ〈rebate〉名 支払い代金の一部を謝礼などの形で、支払い人にもどすこと。わりもどし。

り-べつ ０【離別】一 名 自サ ❶人がはなれてわかれること。別離。❷夫婦の関係をたつこと。離婚。二 名 他サ 妻を、縁をきって実家にかえすこと。離縁。「妻を―する」

リベット ベ〈rivet〉名 鉄骨工事などに使う大型のびょう。

リベラリスト リ²〈liberalist〉名 自由主義者。

リベラリズム リ²〈liberalism〉名 自由主義。

リベラル リ〈liberal〉形動 ダロ・ダッ・デ・ニ／ダ・ナ・ナラ・〇 ❶自由であるようす。寛大なようす。❷自由主義的。

リベリア〈Liberia〉アフリカ西部のギニア湾に面した共和国。首都はモンロビア。

リベロ リ〈イ libero〉名〔「自由な」の意〕❶サッカーで、ゴール前で守備の穴埋めをするとともに、状況に応じて攻撃にも加わる選手。❷バレーボールで、アタックやブロックが禁止された守備専門のポジション。

り-べん ０【利便】名 形動(の) つごうのよいこと。便宜。便利。「―をはかる」「―性」

リベンジ ベ〈revenge〉名 自サ しかえし。復讐(ふくしゅう)。

り-ほう ０/リ【理法】名 法則。すじみち。「自然の―」

リポーター ０/ポ〈reporter〉名 ⇒レポーター。

リポート ポ〈report〉＝**レポート** 名 ❶研究・調査の報告書。❷学生が教師に出す小論文。❸新聞・雑誌などの報告記事。

リボ-かくさん カ【リボ核酸】名 細胞の中にあり、遺伝子の情報を、たんぱく質合成の際に伝える働きをもつ高分子の化合物質。RNA。

リポジトリー ジ〈repository〉＝**レポジトリー** 名〔「貯蔵庫」「倉庫」の意〕コンピューターのデータやプログラムなどを一元管理する場所。また、その情報を提供するシステム。「学術機関―」

リボ-ばらい バ【リボ払い】(ばらひ) 名「リボルビング払い」の略。

リボルビング-ばらい バ【リボルビング払い】(ばらひ) 名〔revolving は回転の意〕クレジットカードなどを利用した返済方法の一つ。あらかじめ設定した利用限度額の範囲で、毎月一定額を分割して支払う。リボ払い。

リボン リ〈ribbon〉名 細長い布を結んだかざり。帽子、かみの毛、おくり物の包みなどにつける。

リマインダー イ/０〈reminder〉名 思い出させてくれること。また、インターネットやソフトウエアを利用した備忘機能。日程を通知したり、パスワードを管理したりする。

リマインド マ〈remind〉名 忘れないように気づかせること。「―メール」

リマスター マ〈remaster〉名 自他サ 古い音源や映画フィルムなどを、最新の技術による原盤に作り直すこと。「デジタル―」

り-まわり マ【利回り】【利×廻り】(まはり) 名 配当や利息の、投資元金に対する割合。

リミッター ０/ミ〈limiter〉名 ❶制限。制限するもの。❷制限装置。自動車の速度や、音響装置の音量が、一定の速度・音量以上にならないように制御する装置。「スピード―」

リミット リ〈limit〉名 限界。限度。また、範囲。領域。「タイム―」

リム リ〈rim〉名 車輪の外周の輪の部分。自転車などでは、タイヤなどをはめる所。⇩スポーク(図)。

リムジン リ〈limousine〉名 ❶箱型の高級自動車。運転席と客席との間に開閉できるガラスの仕切りのあるもの。❷空港の客を運ぶためのバス。

リメーク メ〈remake〉＝**リメイク** 名 自他サ ❶作り直して、新しく見せること。「―商品」❷映画やドラマを新しく作り直すこと。「昔の名作を現代風に―する」

り-めん リ【裏面】名 ⇔表面。❶うらがわ。❷表面にあらわれない部分。うちまく。「政界の―」

リモート モ〈remote〉名 遠く離れていること。遠隔。「―授業」「―で仕事をする」 **―コントロール** ロ〈remote control〉名 はなれたところから機械などを操作して動かすこと。また、その仕掛け。遠隔操作。リモコン。 **―ワーク** ワ〈remote work〉名 ⇒テレワーク。

リモ-コン ０ 名「リモートコントロール」の略。

りゃう-ず【領ず】他サ 古語 ⇒りょうず。

リヤ-カー ヤ〈rear car〉名〔和製英語〕自転車などのうしろにつけたり、人が引いたりして、荷物をはこぶ二輪車。

りゃく【×掠】造 かすめる。力でうばいとる。「掠奪・侵掠」

りゃく【略】造 ❶はかりごと。「計略・策略・戦略・謀略」❷はぶく。部分をとりのぞく。「略字・略図・略年表・略礼服・簡略・省略」❸おかす。せめる。「略取・略奪・攻略」❹おさめる。「経略」 **略す** 他五 **略する** 他サ

り-やく リ【利益】名〔「りえき」と読めば別語〕神仏が人々にあたえるめぐみ。利生(りしょう)。「ご―がある」

りゃく-が ０【略画】名 簡単にかいた絵。

りゃく-ぎ ０/リャ【略儀】名 文章語 略式。「―ながら」

りゃく-げん ０【略言】名 自他サ あらましを言うこと。要約して述べること。

りゃく-ご ０【略語】名 ある部分をはぶいて簡単にした語。「高等学校」に対する「高校」など。

りゃく-ごう ０【略号】名 ある事物を簡単に表すために定めた符号。

りゃく-し リャ【略史】名 歴史を簡潔に書き記したもの。

りゃく-じ ０【略字】名 点・画(かく)などをはぶいて字形を簡単にした漢字。「國」「職」に対する「国」「耺」など。⇔本字。

りゃく-しき ０【略式】名 形動(の) 正式の方法や手続きの一部をはぶいたやり方。「―の服装」「―起訴」⇔本式・正式。 **―手続(てつづ)き** ツ 名〔法〕軽微な事件で、公判を開かずに書面審理を行うため、簡易裁判所に対して行う起訴手続き。 **―命令(めいれい)** メ 名〔法〕略式手続きによって

発せられる簡易裁判所の命令。

りゃく-しゅ [リャ]【略取】【×掠取】[名][他サ]〔文章語〕「「略」はかすめとるの意」かすめとること。うばいとること。略奪。

りゃく-じゅ [リャ]【略×綬】[名] 勲章などのかわりにつける略式のしるし。略章。

りゃく-じゅつ [0]【略述】[名][他サ] あらましを簡単にのべること。↕詳述。

りゃく-じょ [0]/[リャ]【略叙】[名][他サ]〔文章語〕あらましをのべること。↕詳叙。

りゃく-しょう [0]【略章】[名] 略式の勲章・記章。

りゃく-しょう [0]【略称】[名][他サ] 簡単にした呼び方・名まえ。

りゃく-す [ク]【略す】[他五] サ・ソ・シ・ス・セ・セ 「「略する(サ変活用)」とも」❶簡単にする。「『厚生労働省』を略して『厚労省』と言う」❷はぶく。省略する。「説明は—」❸〔文章語〕攻略する。「領土を—」 **略せる** [自下一] …できる

りゃく-ず [0]【略図】[名] あらましを書いた図面。要図。↕精図。

りゃく-する [ス]【略する】[他サ] シ・セ・サ・シ・スル・スル・スレ・シロ・セヨ ⬇りゃく-す。**りゃく・す** [文語サ変]

りゃく-せつ [0]【略説】[名][他サ] あらましを説明すること。また、その説明。↕詳説。

りゃく-そう [0]【略装】[名] 略式の服装。略服。↕正装。

りゃく-たい [0]【略体】[名] 略した字体。↕正体・異体。

りゃく-だつ [0]【略奪】【×掠奪】[名][他サ]「「略」も「掠」もかすめとるの意」うばいとること。奪略。略取。

りゃく-でん [0]【略伝】[名] 簡単な伝記。↕詳伝。

りゃく-ひつ [0]【略筆】[名][他サ] ❶はぶいて書くこと。省筆。略述。❷字画を略して書くこと。略字。

りゃく-ひょう [0]【略表】[名] 概略を書きあらわした表。

りゃく-ふ [0]【略譜】[名] ❶五線紙を使わず、数字で書きあらわした楽譜。↕本譜。❷簡単に記した系譜。

りゃく-ふく [0]【略服】[名] 略装(りゃくそう)。

りゃく-ほんれき [ホ]【略本暦】[名] 本暦を簡単にして、一般に用いる分だけを抜いてまとめたこよみ。

りゃく-れいふく [レ]【略礼服】[名] 略式の礼服。黒のスーツやカクテルドレスなど。

りゃく-れき [0]【略歴】[名] だいたいの経歴。

りゃっ-かい [0]【略解】[名][他サ]「「りゃくかい」の変化」簡単に解釈すること。また、解釈したもの。↕詳解・精解。

りゃっ-き [0]/[リャ]【略記】[名][他サ]「「りゃくき」の変化」簡単にしるすこと。また、しるしたもの。↕詳記。

りゃん-こ [リャ]【*両個】[名]「「りゃん」は「両」の唐音から」❶〔俗語〕二個。二つ。❷「江戸時代の俗語。「二本差し」の意」武士のこと。❸相撲で、もろざし。

りゅう【柳】[造] やなぎ。「柳絮(りゅうじょ)・柳眉(りゅうび)・蒲柳(ほりゅう)・楊柳(ようりゅう)」

りゅう【流】㊀[造] ❶ながれる。ながす。「流血・流出・逆流・放流」❷さまよう。さすらう。「流離」❸ひろまる。「流行・流通」❹ながれ。「流域・海流・電流」❺分派。血筋。「流儀・流派・亜流・二刀流・観世(かんぜ)流」❻階級。等級。「一流・上流」㊁[接尾] 旗をかぞえる語。〔別音る｜流〕

りゅう【留】[造] ❶とまる。とどまる。「留学・留任・留年・寄留・残留・滞留」❷とめる。とどめる。「留意・留置・留保・慰留・拘留・抑留」❸ためる。「乾留・蒸留」❹ルーブル。ロシアの貨幣の単位。

りゅう【×琉】[造] 今の沖縄県にあった国名。「琉球」

りゅう【粒】㊀[造] つぶ。ちいさいもの。「粒子・粒状・顆粒(かりゅう)」㊁[接尾] つぶをかぞえる語。「丸薬五—」

りゅう【隆】[造] ❶たかい。たかくなる。「隆起・隆鼻・隆隆」❷さかん。さかえる。「隆運・隆盛・興隆」

りゅう【硫】[造] いおう(硫黄)。「硫安・硫化・硫酸」

りゅう【×溜】[造] ❶蒸発させて成分を分解精製する。「乾溜・蒸溜・分溜」❷たまる。ためる。「溜飲(りゅういん)」

りゅう【×瘤】[造] こぶ。「動脈瘤」

りゅう【竜】㊀[リュ][名][造] 胴はへびに似て、四本の足と二本のつのがあり、空にのぼって雲をおこし、雨を降らすという想像上の動物。中国ではめでたいしるしとする。りょう。「竜虎(りゅうこ)・飛竜・伏竜」㊁[造] ❶中生代の巨大な爬虫(はちゅう)類。「恐竜・魚竜・翼竜」❷天子。「竜顔(りゅうがん)(りょうがん)」❸すぐれもの。「臥竜(がりゅう)」〔別音りょう｜竜〕

り-ゆう [0]【理由】[名] ことのわけ。ゆえ。わけあい。事由。

りゅう-あん [リュ]【硫安】[名]「硫酸アンモニウム」の略。

りゅうあん-かめい [カ]【柳暗花明】[名]〔文章語〕❶やなぎの葉はしげってくらく見え、花は咲きにおってあかるいこと。春の田園のうつくしいながめをいう。❷花柳街のこと。

りゅう-い [リュ]【留意】[名][自サ] 気をつけること。注意。

りゅう-いき [0]【流域】[名] 川の流れにそっている地域。降った雨が、その川に流れこむ地域。

りゅう-いん [0]【×溜飲】[名] 飲食物が消化されず、胃にとどまって酸敗したために出る、すっぱい液。**—が下(さ)がる** ❶胸がすいて気持ちがよくなる。❷不満や不愉快の気持ちがなおる。

りゅう-うん [0]【隆運】[名]〔文章語〕さかんな運勢。↕衰運。

りゅう-えい [0]【柳営】[名]〔文章語〕「漢の将軍、周亜夫(しゅうあふ)が細柳という地に陣した故事から」❶将軍の陣営。❷幕府。❸将軍、また、将軍家。

りゅう-おう [オ]【竜王】[名] ❶竜のなかまの王。竜神(りゅうじん)。❷将棋で、飛車が敵陣に入って成ったもの。

りゅう-か [リュ]【×琉歌】[名] 沖縄の短詩形の歌謡。八・八・八・六の三〇音を基本とする形式で、三線(さんしん)などの伴奏で歌われる。

りゅう-か [0]【硫化】[名][自サ] いおうと化合すること。**—水素(すいそ)** [ス][名] いおうと水素との化合物。無色の気体で悪臭があり、可燃性で水にとける。

りゅう-か [リュ]【流下】[名][自他サ]〔文章語〕ながれくだること。ながしくだすこと。

りゅう-かい [0]【流会】[名][自サ] 会合がとりやめになること。

りゅう-がく [0]【留学】[名][自サ] 外国などにとどまって学問などをすること。**—生(せい)** [ガ][名] 外国で勉強する学生。[参考] 出入国管理法では、大学・大学院や専修学校の専門課程などに在籍する外国人学生をいう。

りゅう-かん [0]【流汗】[名]〔文章語〕ながれるあせ。「—淋漓(りんり)」

りゅう-かん [0]【流感】[名]「流行性感冒」の略。㊅

りゅう-がん [0]【竜眼】[名] ムクロジ科の常緑小高木。夏、白または淡緑色の小花を開く。実(み)は食用。**—肉(にく)** [ガ][名] りゅうがんの果肉。食用・薬用。

りゅう-がん [0]【竜顔】[名]〔文章語〕天皇のかお。天顔。玉顔。りょうがん。

りゅう-き [リュ]/[0]【隆起】[名][自サ] 高く盛りあがること。「胸の—」「土地が—する」

りゅう-ぎ [ギ]/[リュ]【流儀】[名] ❶それぞれの流派の考え方・やり方。❷その人独自のやり方。「昔ふうの—」

りゅう-きへい [キ]【竜騎兵】[名] 昔のヨーロッパで、銃をもつ騎馬の兵隊。

りゅうきゅう《琉球》沖縄のこと。

りゅうきゅう-おもて [オ]【×琉球表】[名] 琉球産のたたみ

り

おもて。

りゅう-きん [0]【×琉金】[名] きんぎょの一種。赤色、または赤と白のまだらで、尾やひれは長い。㊣夏

りゅう-ぐう [グ]【竜宮】[名] 深い海の底にあって、竜神がすむという想像上の宮殿。竜宮城。

りゅう-ぐう [0]【流×寓】[名][自サ]〔文章語〕(「寓」は仮のすまい)故郷・本国をはなれさすらって他国に住むこと。

りゅう-けい [0]【流刑】[名] ⬇るざい。

りゅう-けつ [0]【流血】[名] 血をながすこと。「—の惨事」

りゅう-げん [0]【流言】[名] 根拠のないうわさ。デマ。**—飛語** [ヒ][名] 世間にひろがる、でたらめなうわさ。

りゅう-こ [リュ]【竜虎】[名]〔文章語〕❶りゅうととら。❷まさりおとりのない、ふたりの英雄豪傑のこと。りょうこ。**—相×搏つ** 二つの強いものがたたかう。

りゅう-こう [0]【流行】[名][自サ] 一時的にある物事が世間に広まること。ブーム。「—を追いかける」[参考]「流行」は「ブーム」より意味が広く、「病気」などよくないことについても言う。**—歌** [コ][名] ある時期、世間で人気が出てよくうたわれる歌。はやりうた。**—語** [0][名] ある時期、世間でおもしろがってよく使うことば。はやりことば。**—児** [コ][名] ある時期、世間でもてはやされる人。うれっこ。**—性感冒** [カ][名] インフルエンザウイルスによっておこる急性感染症。高熱を発し、頭痛・食欲不振などをおこす。流感。インフルエンザ。はやりやまい。㊣冬 **—病** [0][名] 伝染して流行する急性の病気。

りゅう-こつ [0]【竜骨】[名] ❶[0] 船の最下部の中心線にあって、船首と船尾をつなぎ、船のせぼねとなる主要材。キール。⇩キール(図)。❷[リュ] 地質時代に棲息していた巨大な動物の骨の化石。漢方で薬用とする。

りゅう-さ [リュ]【流砂】【流沙】[名] ❶りゅうしゃ❶。❷さばく。

りゅう-さん [0]【硫酸】[名] いおう・酸素・水素が化合した、無色の油状の液。酸性が強く、金と白金以外の金属をとかす。乾燥剤・化学工業用。**—アンモニウム** [ミ][名] アンモニアを硫酸に吸収させてつくる無色透明の結晶。肥料用。硫安。**—紙** [サ][名] 洋紙を硫酸につけてからソーダで中和し、グリセリンを塗った半透明の用紙。耐水・耐脂性がある。**—バリウム** [リ][名] 硫酸とバリウムの化合物。エックス線造影剤などに利用。バリウム。

りゅう-ざん [0]【流×竄】[名]〔文章語〕(「竄」は追放する意)罪をおかして遠いところに追放されること。流刑。

りゅう-ざん [リュ]【流産】[名][自他サ] ❶妊娠第二十二週未満で、胎児が母体から産み出されること。❷事業・計画が中止になること。

りゅうさん-だん [サ]【×榴散弾】[名] 目標にあたったとき破裂して、中の多数の弾丸が飛びちる仕掛けの砲弾。

りゅう-し [リュ]【粒子】[名] 物体を形づくる、小さなつぶ。

りゅう-しつ [0]【流失】[名][自サ] ながれてなくなること。「大水で橋が—する」

りゅう-しゃ [リュ]【流砂】[名]〔文章語〕❶川水などに押しながされたすな。りゅうさ。❷【流▲沙】⬇りゅうさ❷。

りゅう-しゃく [0]【留×錫】[名][自サ]〔文章語〕(「錫」は「錫杖」の略)諸国をめぐっている僧が、ある寺にとどまること。

リュージュ [リュ]〈⑦luge〉[名] かじやブレーキのない小型のそり。またそれを使用して滑走スピードを競うスポーツ。冬季オリンピック種目。

りゅう-しゅつ [0]【流出】[名][自サ] ❶物が大量に流れ出ること。❷人・物・金などが外国へ出てゆくこと。「文化財の—」

りゅう-じょ [リュ]【柳×絮】[名]〔文章語〕やなぎの実が、綿のように飛びちるもの。㊣春

りゅう-しょう [0]【隆×昌】[名]〔文章語〕勢いがよく、さかんなこと。栄えること。隆盛。⇩発展[参考]。

りゅう-じょう [0]【粒状】[名] つぶになっている状態。

りゅうじょう-こはく [コ]【竜×攘虎×搏】[名]〔文章語〕(「攘」ははらう、「搏」はうつの意)強いものどうしが、はげしくたたかうこと。

りゅう-しょく [0]【粒食】[名]〔文章語〕穀物をつぶのままでたべること。↕粉食。

りゅう-じん [0]【竜神】[名] 竜王。

リユース [ユ]〈reuse〉[名][他サ] 捨てずに再使用すること。⇩リデュース[参考]。

りゅう-ず [0]【竜頭】[名] ❶梁につるすためにつりがねの頭部を竜の頭の形にしたもの。❷懐中どけいや腕どけいの、ねじを巻くためにつまむ部分。

りゅう-すい [0]【流水】[名] ながれるみず。↕止水。

りゅう-せい [0]【流星】[名] 天体のかけらが地球に近づいたとき、大気の摩擦で高熱を発して発光したもの。ながれぼし。㊣秋

りゅう-せい [0]【隆盛】[名][形動(の)] 勢いのさかんなこと。隆昌。「—を極める」

りゅう-せつ [0]【流説】[名]〔文章語〕根のないうわさ。流言。るせつ。「—に惑わされる」

りゅうぜつ-らん [ツ]【竜舌×蘭】[名] リュウゼツラン科の常緑多年生植物。葉は厚く、長い。なん年かに一度、黄緑色の多数の花が円錐状に咲く。観賞用。㊣夏

りゅうせん-けい [0]【流線形・流線型】[名] 空気の抵抗を少なくするよう、なめらかな曲線をした乗り物の型。流線がた。

りゅうぜん-こう [ゼ]【竜×涎香】[名] まっこうくじらの胆嚢結石からとった香料。

りゅう-そく [0]【流速】[名] ながれのはやさ。

りゅう-ぞく [0]【流俗】[名]〔文章語〕❶世間一般のならわし。世俗。❷世間。俗人。

りゅう-たい [0]【流体】[名]〔物〕液体と気体の総称。流動体。「—力学」

りゅう-たい [0]【隆替】[名][自サ]〔文章語〕さかんなことと、おとろえること。盛衰。

りゅう-だん [0]【流弾】[名] ながれだま。

りゅう-だん [0]【×榴弾】[名] ⬇りゅうさんだん。

りゅう-ち [0]/[リュ]【留置】[名][他サ] とどめておくこと。特に、被疑者を取り調べるために、ある期間、警察署にとどめておくこと。**—場** [0][名] 警察署内にあって、被疑者を一時とどめておく所。[参考]法律上の呼称は「留置施設」。

りゅう-ちょう [0]【留鳥】[名] 一年じゅう同じ地域にすみついている鳥。すずめ・おなが・はとなどの類。↕候鳥。

りゅう-ちょう [リュ]【流×暢】[形動] ことばが、すらすらとよどみのないようす。「—な弁舌」「英語を—に話す」

りゅう-つう [0]【流通】[名][自サ] ❶一か所にとどまらず、流れて動き回ること。「空気の—が悪い」❷世間にひろく使いおこなわれること。「—紙幣」**—機構** [キ][名] 商品が、生産者から消費者にわたるまでの仕組み。

りゅう-てい [0]【流×涕】[名][自サ]〔文章語〕(「涕」はなみだの意)涙をながすこと。

りゅうてい-たねひこ《柳亭種彦》一七八三―一八四二。江戸時代後期の戯作者。「偐紫田舎源氏」など。

りゅう-でん [0]【流伝】[名][自サ]〔文章語〕世間につたわり、ひろまること。るでん。

りゅう-と リュ 副 身なりなどが、りっぱで目だつようす。「―した服装」

りゅう-とう ◎【流灯】名 とうろう流し。㊗ ―会(え) ト 名 盆の十五、六日の夜などに、とうろう流しをして死者をまつるもよおし。㊗

りゅう-とう ◎【竜灯】名〔文章語〕❶夜、海上にともし火のようにいくつもの火が見える現象。㊗ ❷神社に奉納するともし火。ご神灯。

りゅう-どう ◎【流動】名 自サ ながれうごくこと。うごきかわること。↕固定。―資産(しさん) シ 名 現金・預金・売掛金・有価証券など、固定資産に属さない資産。↕固定資産。―資本(しほん) シ 名 一回の使用でその価格のすべてが生産物に形をかえてしまう性質の資本。原料・燃料・賃金など。↕固定資本。―食(しょく) ド 名 おもゆ・くずゆ・牛乳など、主に病人用の液状の食物。流動物。↕固形食。―体(たい) ◎ 名 ❶気体と液体。流体。❷流動性のあるもの。―的(てき) ◎ 形動 事態や状況が安定せず、時間とともに変化しつつあるようす。「情勢はいまだに―だ」―物(ぶつ) ド 名 ↕固形物。❶流動する物体。❷流動食。

りゅうとう-げきしゅ ゲ【竜頭×鷁首】名 へさきに竜の頭をきざんだのと、鷁(げき)(水鳥の一種)の首をきざんだのとの、二隻で一対の舟。平安時代に池・川にうかべて、管弦の遊びなどをした。りょうとうげきす。

りゅうとう-だび ダ【竜頭蛇尾】名 初めはさかんで、おわりがふるわないことのたとえ。「―の改善事業」

りゅう-どすい ド【竜吐水】名 ❶消火用具で、大きな箱に押し上げポンプをとりつけ、箱の中の水をふき出させるもの。❷みずでっぽう。

りゅう-にち ◎【留日】名 自サ 外国人が日本にとどまっていること。滞日。

りゅう-にゅう ◎【流入】名 自サ ながれこむこと。

りゅう-にん ◎【留任】名 自サ 転任や退職をしないで、その役職をつづけること。

りゅうとうげきしゅ

竜吐水❶

りゅう-ねん ◎【留年】名 自サ 学生が、修得すべき単位を満たしていないため、卒業・進級できないで、原級にとどまること。

りゅう-の-ひげ リュ【竜の×髭】名 ユリ科の常緑多年生植物。細い葉がむらがり出る。夏、うす紫色の小花を開く。実(み)は濃い青色。根は漢方薬用。じゃのひげ。㊗

りゅう-は リュ【流派】名 流儀のわかれ。

りゅう-び リュ【柳眉】名 やなぎの葉のように細く美しいまゆ。―を逆立(さかだ)てる 美人がまゆをつりあげておこるようす。

りゅうび-じゅつ ビ【隆鼻術】名 美容整形外科で、ひくい鼻を高くする手術。

りゅう-ひょう ◎【流氷】名 高緯度地方で、氷結した海面のこおりが割れてただようもの。㊗

りゅうふ【流布】「るふ」のあやまり。

りゅう-へい ◎【流弊】名〔文章語〕通弊。

りゅう-べい リュ【立米】名 (「米」は「メートル」のあて字)立方メートル。↕平米(へいべい)。

りゅう-べつ ◎【留別】名〔文章語〕旅立つ人が、とどまる人に別れをつげること。

りゅう-ほ リュ【留保】名 他サ ❶その場できめないで、さしひかえておくこと。保留。「決定を―する」❷〔法〕権利の一部をのこしておくこと。

りゅう-ぼう ◎【流亡】名〔文章語〕故郷をはなれてさすらい歩くこと。

りゅう-ぼく ◎【流木】名 ❶ただよい流れる木。❷川に浮かべてながしくだす木材。

リューマチ ◎〈rheumatism〉＝リウマチ 名 関節痛・筋肉痛などをおもな症状とする慢性の病気。ロイマチス。

りゅう-みん ◎【流民】名〔文章語〕他国にさすらう人民。るみん。

りゅう-め リュ【竜▲馬】名〔文章語〕すぐれてよいうま。駿馬(しゅんめ)。

りゅう-よう ◎【柳腰】名〔文章語〕ほっそりとした腰つき。美人のこしの形容。細腰(さいよう)。やなぎごし。

りゅう-よう ◎【流用】名 他サ 融通して用いること。他の目的に使うこと。「預かっているかねを一時―する」

りゅう-り リュ【流離】名 自サ〔文章語〕他国にさまようこと。

りゅう-りゅう リュ2【流流】名 それぞれのやり方や流儀があること。「細工は―仕上げをごろうじろ」

りゅう-りゅう ◎/リュ2【隆隆】と 副 たる 連体 ❶さかんなようす。「―たる発展」❷盛りあがったかたちをしているようす。「筋肉―」

りゅうりゅう-しんく シ【粒粒辛苦】名 (米の一つぶ一つぶは、みな農民の苦労によるものだの意)並々でない苦労がこもっていること。こつこつと努力をつみ重ねること。「―の結晶」

りゅう-りょう リョ/◎【流量】名〔物〕一定時間にながれる水の量。または、電気などが単位時間に流れる量。

りゅう-りょう ◎【×嚠×喨】と 副 たる 連体〔文章語〕らっぱなどの音がさえてひびきわたるようす。嚠喨(りゅうりょう)。

りゅう-れい ◎【流麗】形動 文章などがよどみなく、うるわしいようす。「―な文体」

りゅう-れん ◎【流連】名 自サ〔文章語〕遊興にふけって家に帰るのをわすれること。居つづけ。

りゅう-ろ リュ【流露】名 自サ〔文章語〕うちにあるものが、しぜんに外にあらわれること。「真情の―」

リュック-サック サ〈ドRucksack〉＝ルックザック 名 登山や遠足などのとき、荷物を入れてせおう布製の袋。リュック。

りょ【侶】造 とも。なかま。「僧侶・伴侶」

りょ【旅】造 ❶たび。「旅客(りょかく)(りょきゃく)・旅行・旅情・羇旅(きりょ)・行旅」❷軍隊。「旅団・軍旅・征旅」

りょ【虜】造 とらわれる。とりこ。「虜囚・俘虜(ふりょ)・捕虜」

りょ【慮】造 おもんぱかる。深く考える。「慮外・考慮・短慮・配慮・不慮」

りょ リョ【▲呂】名 造 東洋音楽で、陰の音調。「呂律(りょりつ)」↕律(りつ)。

りょう【両】㊀造 ふたつ。つい。「両眼・両親・両立・両チーム」㊁接尾 ❶汽車や電車などの、車の台数をかぞえることば。輛(りょう)。❷重さの単位。斤(きん)の十六分の一。❸昔の貨幣の単位。分(ぶ)の四倍。

りょう【×凌】造 ❶しのぐ。「凌駕(りょうが)」❷力でおかす。「凌虐・凌辱」

りょう【×梁】造 ❶はり。横木。「梁材・跳梁・棟梁(とうりょう)・鼻梁」❷はし。「橋梁」

りょう【僚】造 ❶役人。「僚官・下僚・官僚・幕僚」❷なかま。「僚船・僚友・同僚」

りょう【×寥】造 さびしい。むなしい。「荒寥」

りょう【領】㊀造 ❶衣服のえり。「領袖(りょうしゅう)」❷かしら。

統率者。「首領・頭領」❸おおもと。たいせつなところ。「綱領・本領・要領」❹自分のものにする。支配する。「領海・領地・領土・領有・占領」❺うけとる。「領収・受領・拝領」㊁造接尾 ❶支配する土地。「領主・領民」❷かつての資本主義大国による支配地・植民地。「英領・仏領・自治領・オランダ領東インド」 **領ず** 他サ **領する** 他サ

りょう【×輛】造 車。車を数える語。「車輛」

りょう【×遼】造 はるか。とおい。「遼遠」

りょう【×燎】造 ❶かがりび。「燎火」❷やく。もやす。「燎原」

りょう【療】造 いやす。病気をなおす。「療育・療治・療養・医療・治療・診療」

りょう【瞭】造 あきらか。はっきりしている。「瞭然・明瞭」

りょう【糧】造 かて。食料。「糧食・糧道・糧米・衣糧・資糧・食糧」

りょう【了】㊀リョ名造 おわること。おわり。「これにて―」「上巻―」「完了・終了・満了・未了」㊁造 さとる。わかる。「了解・了見・了承」 **了する** 自他サ

りょう【良】㊀リョ名造 よいこと。よいもの。「良縁・良好・改良・善良」㊁リョ名 成績の評語の一つ。優の下、可の上。「優・―・可」㊂造 生まれつきの。「良知」

りょう【料】㊀リョ名造 ❶使うためのもの。材料。「原料・資料・食料」❷代金。料金。費用。「給料・送料・有料・原稿料・使用料・賃貸料」㊁造 かんがえる。きりもりする。「料簡(りょうけん)・料理」

りょう【涼】㊀リョ名造 すずしいこと。すずしい風。(夏)「―を入れる」「涼気・涼風・清涼・納涼」㊁造 さびしい。「荒涼」 **―をとる** すずむ。納涼する。

りょう【猟】㊀リョ名造 鳥や獣をとらえる。狩り。(冬)「猟犬・猟師・狩猟」㊁造 あさる。もとめる。「猟奇・渉猟」

りょう【陵】㊀リョ名造 天皇・皇后・太皇太后・皇太后を葬る所。みささぎ。「陵墓・御陵(ごりょう)」㊁造 ❶大きなおか。「丘陵」❷しのぐ。はずかしめる。「陵駕(りょうが)・陵辱」

りょう【量】㊀リョ名造 ❶かさ。容積。「量感・雨量・数量・消費量」↕数。❷数量。↕質。❸容積をはかるます。ますめ。❹心・人物の広さ。度量。「器量」㊁造 ❶はかる。「量刑・計量・測量」❷おしはかる。「思量・酌量・推量」❸うでまえ。「技量・力量」

りょう【×稜】リョ名造 ❶きわだったかど。「稜角・稜線」❷明らかな天皇の権威。「稜威」

りょう【漁】リョ名造 魚類をとらえること。すなどり。いさり。「漁師・禁漁・出漁・大漁」[別音ぎょ｜漁]

りょう【寮】㊀リョ名造 ❶寄宿舎。「寮生・寮母・学寮・独身寮」❷小さい家。「茶寮」❸別荘。しもやしき。㊁造 律令制などの役所。「大学寮・図書寮(ずしょりょう・としょりょう)」

りょう【×諒】リョ名造 ❶みとめる。こころえる。思いやる。「―とする」「諒解・諒察・諒承」❷まこと。「諒闇(りょうあん)」

りょう【令】リョ名 古代日本の各種の行政法。「律―」

りょう【竜】リョ名 りゅう。「竜虎(りょうこ・りゅうこ)」[別音りゅう｜竜]

りよう【里謡】【×俚謡】0名〔文章語〕昔から民間でうたわれている歌。民謡。

りよう【理容】0名 頭髪(とうはつ)を切って整えること。主に男性についていう。理髪。「―師」

りよう【利用】0名他サ ❶役だたせること。「廃物―」❷自分が得をするための手段に使うこと。「権力を―する」 **―価値**(かち) カ名 使って役にたつこと。

りょうあん【良案】0名 よいおもいつき。よい考え。

りょうあん【×諒▲闇】0名〔文章語〕天皇が父母の喪(も)に服している間。

りょうい【良医】リョ名 すぐれたりっぱな医者。

りょうい【×稜威】リョ名〔文章語〕きわめて明らかな天皇の権威。みいつ。

りょういき【領域】0名 ❶領地になっている区域。❷関係のある範囲。分野。領分。「物理学の―」

りょういく【療育】0名〔医〕障害のある子どもを治療しながら教育すること。「―園」「―手帳」

りょういん【両院】0名 ❶衆議院と参議院。明治憲法下では、衆議院と貴族院。❷イギリスなどの上院と下院。

りょうう【涼雨】リョ名〔文章語〕すずしい感じのする雨。(夏)

りょううんしゅう《凌雲集》平安前期の漢詩集。小野岑守(おののみねもり)らが編集。わが国最初の勅撰(ちょくせん)詩集。

りょうえん【良縁】0名 いい縁組み。

りょうえん【×遼遠】0名形動(の)〔文章語〕はるかに遠いようす。「前途―」

りょうおもい【両思い】オ【―おもひ】名 二人がともに相手を好きであること。相思相愛。↕片思い。

りょうか【良家】リョ名 ⬇りょうけ。

りょうか【良貨】リョ名 質のよい貨幣。値うちの高い貨幣。「悪貨は―を駆逐する」↕悪貨。

りょうか【寮歌】リョ名 寮で生活する学生などが、いっしょにうたうための歌。

りょうが【×凌×駕】リョ名他サ 〔「駕」は上に乗るの意〕他をしのいで上に出ること。

りょうかい【領海】0名 一国の沿海のうち、その主権に属する範囲。↕公海。

りょうかい【了解】【×諒解】0名自他サ ❶意味・内容をはっきりと理解すること。❷納得し、了承すること。「―事項」

りょうかい【領会】0名他サ 意味や内容をのみこむこと。了解。

りょうがえ【両替】0【―がへ】名他サ ある種の貨幣を、同じ値うちの他の貨幣ととりかえること。 **―屋**(や) 0名 手数料をとって両替をおこなう店。また、その人。

りょうかく【×稜角】0名〔文章語〕とがったかど。かど。

りょうがわ【両側】0【―がは】名 両方の側。↕片側。

りょうかん【涼感】0名〔文章語〕すずしそうな感じ。

りょうかん【猟官】0名〔文章語〕〔「猟」はあさるの意〕官職につこうとして運動すること。

りょうかん【量感】0名 重量・分量のある感じ。

りょうかん【僚艦】0名 なかまの軍艦。

りょうかん《良寛》一七五八～一八三一。江戸時代後期の僧・歌人・書家。俗名は山本栄蔵。脱俗的な生活の中で歌を詠んだ。歌集に「蓮(はちす)の露」。

りょうがん【両岸】0名 両方のきし。左右のきし。両ぎし。

りょうがん【両眼】0名 両方の目。二つの目。両目。

りょうがん【▲竜顔】0名〔文章語〕⬇りゅうがん。

りょうき【涼気】リョ名〔文章語〕すずしい気分。

りょうき【猟奇】リョ名 あやしいもの、異常なものをすきこのんであさること。「―趣味(しゅみ)」

りょうき【猟期】リョ名 猟をする期間。狩猟期。(冬)

りょうき【僚機】リョ名 なかまの飛行機。

りょうき【漁期】リョ名 ⬇ぎょき。

りょうぎ【両義】リョ名 一つのことばが二とおりの意味に解釈されること。二義。「―的表現」

りょうきゃく【両脚】0名 両方の足。 **―規**(き) ク名 コンパス。

り

りょう-きょく [0]【両極】[名] ❶二つのはし。両極端。❷陰極と陽極。❸南極と北極。

りょう-きょくたん [キョ/ク]【両極端】[名] ❶両方のはし。❷たいそうへだたりの多いこと。「二人の主張は―だ」

りょうぎり-タバコ [タ]【両切(り)たばこ】[両切(り)▲煙▲草] [名] 両はしを切った、吸い口のない紙巻きたばこ。↕口付き(たばこ)。

りょう-きん [リョ]【料金】[名] 利用・使用したことや、かけた手数に対して支払うかね。**―所**(じょ) [0][名] 高速道路などの有料道路で、料金を支払う所。

りょう-く [リョ]【猟区】[名] 管理者により狩猟の許可されている区域。有料の場合が多い。

りょう-くう [0]【領空】[名] 領土と領海の上の空間で、その国の主権のおよぶ範囲。「―侵犯」

りょう-くん [リョ]【両君】[名] おふたり。「―の発展を祝う」 [参考] 同輩または目下の男性ふたりに対して男性が使う。

りょう-ぐん [0]【両軍】[名] 両方の軍隊。両方のチーム。

りょう-け [リョ]【両家】[名] 両方の家庭。「ご―のお喜び」

りょう-け [リョ]【良家】[名] 身分・家がらのいい家庭。りょうか。「―の子弟」

りょう-けい [0]【良計】[名] よいはかりごと。良策。

りょう-けい [0]【×菱形】[名] ひしがた。

りょう-けい [0]【量刑】[名]〔法〕刑罰の程度をきめること。「不当な―」

りょう-けん [リョ]【了見】【料▲簡・了▲簡】㊀[名] 心。所存。考え。「―がせまい」「悪い―だ」㊁[名][他サ] 許すこと。「どうか―してくれ」 **―違**(ちが)**い** [チ][名] 心得違い。考え方が道を外れていること。

りょう-けん [0]【良犬】[名] よい性質や能力をもったいぬ。

りょう-けん [0]【猟犬】[名] 狩りに使ういぬ。㊀冬

りょう-げん [0]【×燎原】[名]〔文章語〕火をつけた野原。**―の火**(ひ) 勢いがはげしくひろがり、手のつけられないことのたとえ。「暴動が―のようにひろがる」

りょう-こ [リョ]【両虎】[名] 二ひきのとら。**―相**(あい)**闘**(たたか)**えば勢**(いきお)**い×倶**(とも)**に生**(い)**きず** ふたりの英雄がたがいに争い戦えば、どちらかが、あるいは両者とも、たおれほろびる。

りょう-こ [リョ]【良×賈】[名]〔文章語〕すぐれたよい商人。

りょう-こう [0]【良工】[名]〔文章語〕わざのすぐれた職人。

りょう-こう [0]【良港】[名] 船が停泊するのにぐあいのよいみなと。「天然の―」

りょう-こう [0]【良好】[名][形動(の)] よいこと。すぐれていること。「―な成績」「感度―」

りょう-こく [リョ][0]【両国】[名] 両方のくに。二国。

りょう-ごく [リョ][0]【領国】[名] 領有する国土。領地である国。

りょう-さい [0]【良妻】[名] よいつま。↕悪妻。**―賢母**(けんぼ) [ケ][名] 夫に対してよい妻、子に対してかしこい母であること。また、そのような女性。

りょう-ざい [0]【良材】[名] ❶よい材木。❷〔文章語〕働きのある、すぐれた人。

りょう-ざい [0]【良剤】[名] よくきくくすり。良薬。

りょう-さく [0]【良策】[名] よいはかりごと。良案。良計。

りょう-さつ [0]【了察】【×諒察】[名][他サ]〔文章語〕おしはかること。おもいやること。推量。「ご―ください」

りょう-さん [0]【量産】[名][他サ]「大量生産」の略。マスプロ。「―態勢にはいる」

りょうさん-ど [サ]【両三度】[名] 二度か、三度。

りょうさん-にち [サ]【両三日】[名] 二日(ふつか)か、三日(みっか)。

りょうざん-ぱく [サ]【×梁山泊】[名]〔中国の小説「水滸伝(すいこでん)」の豪傑たちの隠れ家から〕野心家などの集合場所。

りょう-し [リョ]【良師】[名] すぐれた、よい師匠・教師。

りょう-し [リョ]【料紙】[名] 書き物をするのに使う紙。用紙。

りょう-し [リョ]【猟師】[名] 狩猟を職業とする人。かりゅうど。

りょう-し [リョ]【量子】[名] ある物理量が、ある最小単位量の整数倍で表されるときの、その最小単位量。**―力学**(りきがく) [キ][名] 原子・分子・素粒子などの微粒子の世界を研究する物理学。

りょう-し [リョ]【漁師】[名] 魚や貝をとるのを職業とする人。漁民。

りょう-じ [リョ]【両次】[名]〔文章語〕両度。二度。

りょう-じ [リョ]【×聊×爾】[名]〔文章語〕〔「聊」はかりそめの意、「爾」はそえ字〕❶かるがるしいようす。いいかげんなこと。❷ぶしつけ。失礼。

りょう-じ [リョ]【領事】[名] 条約を結んでいる外国に駐在して、本国と在留民の利益保護にあたる外交官。**―館**(かん) [ジ][名] 領事がその職務をおこなう役所。

りょう-じ [0]【▲令旨】[名]〔古語〕〔「れいし」ともいう〕皇太子・三后・中宮・親王の命令を書いた文書。

りょう-じ [0]【療治】[名][他サ] 病気をなおすこと。治療。

りょう-しき [0]【良識】[名] すぐれた見識。健全な判断力。「―が問われる」

りょう-しつ [0]【良質】[名][形動(の)] 質がすぐれていること。「―な材料」↕悪質。

りょう-じつ [リョ][0]【両日】[名] 二日(ふつか)。「月曜・火曜の―」

りょう-しゃ [リョ]【両者】[名] 両方のもの。二者。双方。

りょう-しゃ [リョ]【寮舎】[名] 寮の建物。

りょう-しゅ [リョ]【良種】[名] ❶よい品種。❷よい種子。

りょう-しゅ [リョ]【領主】[名] 封建時代の領土の主。大名。

りょう-しゅう [0]【涼秋】[名] ❶〔文章語〕すずしい秋。❷陰暦九月。

りょう-しゅう [0]【領袖】[名]〔文章語〕〔領(えり)と袖(そで)は目にたつ部分であるから〕人々のかしら。幹部。「政党の―」

りょう-しゅう [0]【領収】[名][他サ] 受けとること。受領。**―書**(しょ) [0][名] 金銭を受けとったしるしにわたす書類。受領証。うけとり。領収証。

りょう-じゅう [0]【猟銃】[名] 狩猟に使う銃。㊀冬

りょう-しょ [リョ]【両所】[名] ❶二つの場所。❷〔「御両所」の形で〕「両人」の尊敬語。おふたり。

りょう-しょ [リョ]【良書】[名] よい内容の書物。読んでためになる本。

りょう-じょ [リョ]【×諒×恕】[名][他サ]〔文章語〕事情をおもいやってゆるすこと。

りょう-しょう [0]【良相】[名]〔文章語〕りっぱな大臣。

りょう-しょう [0]【良将】[名]〔文章語〕すぐれた、よい将軍。りっぱな大将。

りょう-しょう [0]【了承】【×諒承】[名][他サ] 承知すること。聞きいれること。承諾すること。「依頼を―する」

りょう-しょう [0]【料×峭】[名][たる連体]〔文章語〕春の風が寒く感じられること。㊀春「春寒―の候(こう)」

りょう-じょう [0]【×梁上】[名] はりの上。**―の君子**(くん) ❶ぬすびと。盗賊。[参考] 中国、後漢(ごかん)の陳寔(ちんしょく)が、はりの上にいるぬすびとを、もともとの悪人ではないのだからとして、はりの上の君子と呼んだという故事から。❷ねずみのこと。

りょう-しょく [0]【糧食】[名]〔文章語〕食糧。特に、備蓄したり携行(けいこう)したりするもの。

りょう-じょく [0]【陵辱】【×凌辱】[名][他サ] ❶他人をあ

などり、はずかしめること。❷暴力で女性を犯すこと。

りょう-しん [リョ]【両親】[名] ふたおや。父母。「―とも健在」

りょう-しん [リョ]【良心】[名] 自己のおこないに対して、善悪の判断をくだし、悪をおさえる心のはたらき。**―的** [0] [形動] 良心に従い、まごころをこめてするようす。「―な店」

りょう-じん [0]【良人】[名]〔文章語〕おっと。

りょう-じん [0]【猟人】[名]〔文章語〕狩りをする人。かりゅうど。

りょうじんひしょう《梁塵秘抄》平安時代後期の歌謡集。編者は後白河法皇。庶民の生活感情をうたった今様・催馬楽などをあつめたもの。

りょう・ず【領ず】りやう・ず [他サ]〔古語〕❶自分のものにする。ひとりじめにする。支配する。「おほやけの御近きまもりを、わたくしの(個人的ナ)随身に領ぜむと争ひたまふよ」〈源氏〉❷とりこにする。「鬼にも神にも領ぜられ」〈源氏〉

りょう-すい [0]【量水】[名] 水量や水の深さなどをはかること。「―器」

りょう・する [ス]【了する】(シ・セ・サ|シ|スル|スル|スレ|シロ・セヨ)〔文章語〕㊀[自サ] おわる。㊁[他サ] ❶おえる。❷了解する。納得する。**れう・す** [文語サ変]

りょう・する [ス]【領する】[他サ](シ・セ・サ|シ|スル|スル|スレ|シロ・セヨ)〔文章語〕❶自分のものとする。❷自分の領土とする。❸承知する。了承する。**りやう・す** [文語サ変]

りょう・する [ス]【×諒する】[他サ](シ・セ・サ|シ|スル|スル|スレ|シロ・セヨ)〔文章語〕事情をくんで承知する。諒とする。**りやう・す** [文語サ変]

りょう-せい [0]【両生】【両×棲】[名] 動物が水中と陸上との両方にすめること。**―類** [セ][名] 脊椎動物の一つ。卵生、または卵胎生で、変温動物。幼時はえらで呼吸して水中にすみ、成長後は肺で呼吸して陸上にもすめる。かえる・さんしょううお・いもりなど。

りょう-せい [0]【両性】[名] ❶雄性と雌性。男性と女性。❷二つのちがった性質。

りょう-せい [0]【良性】[名] たちがいいこと。よい性質。「―の腫瘍」↕悪性。

りょう-せい [0]【寮生】[名] 寮に住む学生。

りょう-せいばい [セ]【両成敗】[名] 両方に罪があるとして、ともに罰すること。「けんか―」

りょう-ぜつ [0]【両舌】[名] ❶〖仏〗両方の人にちがうことを言って、二人を仲たがいさせること。十悪の一つ。❷〔文章語〕うそをつくこと。二枚舌。食言。

りょう-せん [0]【×稜線】[名] 山の峰から峰へ続く線。山の尾根。

りょう-せん [0]【僚船】[名] なかまのふね。

りょう-ぜん [0]【両全】[名]〔文章語〕両方とも完全であること。また、二つのことを完全におこなうこと。「忠孝二道の―」

りょう-ぜん [0]【瞭然】[と副][たる連体]〔文章語〕はっきりとして、あきらかなようす。「一目―」

りょう-ぞく [0]【良俗】[名]〔文章語〕善良な風俗。「公序―」

りょう-だて [0]【両建て】[名] ❶相場の取引で、同一人が一つの銘柄について買いと売りの注文を同時期に出すこと。❷銀行が、貸し出し金の一部をその場で定期預金にさせること。

りょう-だめ [0]【両だめ】【両▲為】[名] 両方の利益になること。

りょう-たん [0/タ]【両端】[名] 両方のはし。

りょう-だん [0]【両断】[名][他サ] 二つに切ること。「一刀のもとに―する」

りょう-ち [リョ]【良知】[名]〔文章語〕生まれながらもっている知能。「―良能」

りょう-ち [リョ]【料地】[名] ある目的に使う土地。用地。

りょう-ち [リョ]【領地】[名] ❶領土。❷大名の所有地。

りょう-ち [リョ]【了知】[名][他サ]〔文章語〕さとり知ること。

りょう-ち [リョ]【領知】[名][他サ]〔文章語〕❶土地を自分のものとして、支配すること。❷受け持って管理すること。

りょう-ちょう [リョ]【寮長】[名] 寮に住む者の長。寮生の代表者。

りょう-て [0]【両手】[名] 両方の手。双手。もろ手。**―に花** 二つのよいものを、ひとりじめにすること。

りょう-てい [0]【料亭】[名] 料理屋。

りょう-てい [0]【量定】[名][他サ]〔文章語〕はかり考えてきめること。「刑の―」

りょう-てき [0]【量的】[形動](ダロ・ダッ・デ・ニ|ダ|ナ|ナラ|○) 物を量の面からみたようす。「―にはじゅうぶんだ」↕質的。

りょう-てんびん [テ]【両天×秤】[名] 一方をうしなっても、他方が得られるように、両方に手をうっておくこと。ふたまた。「―に掛ける」

りょう-ど [リョ]【両度】[名]〔文章語〕ふたたび。二度。

りょう-ど [リョ]【領土】[名] ❶大名の領有する土地。領地。❷〖法〗一国が主権を行使し得る地域。国家の治める土地。

りょう-とう [0]【両刀】[名] 長刀とわきざし。大小。**―遣い** [ツ][名] ❶両手に大小の刀をもってたたかうこと。また、両刀をつかえる剣士。❷二つのことを同時にする人。❸〔俗語〕酒と甘いものとをこのむ人。**―論法** [ロ][名]〖論〗結論がどちらにでも成立するように組み立てられた議論のしかた。ジレンマ。

りょう-とう [0]【両統】[名] 二つの系統・血統。

りょう-とう [0]【両頭】[名] ❶一つのからだに二つのあたまがあること。「―のへび」❷ふたりの巨頭・支配者。「―政治」

りょう-とう《遼東》中国遼寧省南東部の地域名。**―の×豕** 世の中を知らず、つまらないものを自慢すること。[参考] 遼東で白いぶたの子が生まれたので、めずらしいものだと思い、天子に献上しようとして河東の地に行くと、どのぶたもみな白かったので恥じて帰ったという話から。

りょう-どう [0]【両道】[名] 二つのみち・分野。「文武―」

りょう-どう [0]【糧道】[名] 食糧を送る道すじ。または、食糧を手に入れる方法。「―を断つ」

りょうとう-げきす [ゲ]【▲竜頭×鷁▲首】[名] ⇩りゅうとうげきしゅ。

りょうどう-たい [0]【良導体】[名] 熱・電気をよくつたえる物体。導体。↕不良導体。

りょう-とく [0]【両得】[名] ❶二種の利益を得ること。「一挙―」❷両方が利益を得ること。りょうどく。

りょう-と・する【×諒とする】[連語] もっともだとしてみとめる。よしとする。

りょう-どなり [ド]【両隣】[名] 右と左の、両方の隣。

りょう-ない [リョ]【領内】[名] 領地・領分のうち。↕領外。

りょう-ながれ [ナ]【両流れ】[名] 屋根が、むねを中心として左右にわかれてかたむいているつくり方。↕片流れ。

りょう-にせんせき [セ]【良二千石】[名] 善政をおこなう地方長官。りょうじせんせき。[参考] 中国、漢の時代に、郡の長官の給料が穀物二千石であったことから。

りょう-にん [リョ]【両人】[名] 二人。ふたり。両名。

りょう-のう [0]【良能】[名]〔文章語〕物事をよくさばける、生まれつきの才能。「良知―」

りょう-ば [0]【両刃】[名] 刃物の、両がわに刃があるもの。もろは。↕片刃。

りょう-ば [リョ]【良馬】[名] よいうま。駿馬(しゅんめ)。

りょう-ば [0]/[バ]【猟場】[名] とり・けものの狩りをする所。狩り場。

りょう-ば [0]/[バ]【漁場】[名] 漁業をする場所。ぎょじょう。

りょう-はだ [0]【両肌】【両▲膚】[名] 左右の肩のはだ。もろはだ。

りょう-はん [0]【量販】[名] 商品を大量に仕入れて安く販売すること。「—店」

りょう-ひ [リョ]【良否】[名] よいことと、わるいこと。よしあし。

りょう-ひ [リョ]【寮費】[名] 寮へ寮生がおさめる費用。

りょう-びょう [0]【療病】[名]〔文章語〕病気をなおすこと。

りょう-びらき [0]/[ビ]【両開き】[名] とびらがまんなかから、左右に開くこと。かんのんびらき。

りょう-ひん [0]【良品】[名] 質のよい品物。

りょう-ふ [リョ]【両夫】[名]〔文章語〕ふたりの夫。「貞女は—にまみえず」

りょう-ぶ [リョ]【両部】[名] ❶二つの部分。❷真言宗で、金剛界と胎蔵界(たいぞうかい)。❸両部神道。**—神道**(しんとう) [シ] [名] 金剛界と胎蔵界の教理によって神仏の一致・調和をとなえる神道。↕唯一神道。

りょう-ふう [0]【良風】[名]〔文章語〕よい風俗。「—美俗」↕悪風。

りょう-ふう [0]/[フ]【涼風】[名] すずしいかぜ。すずかぜ。㊡

りょう-ぶん [リョ]【領分】[名] ❶領地。❷勢力のおよぶ範囲。

りょう-ぶん [0]【両分】[名] [他サ]〔文章語〕二つに分けること。二分。

りょう-べん [0]【両便】[名] 大便と小便。

りょう-ぼ [リョ]【陵墓】[名] (「陵」は天皇・皇后・太皇太后・皇太后を葬る所、「墓」はそれ以外の皇族を葬る所)みささぎ。

りょう-ぼ [リョ]【寮母】[名] 寮に住む学生や職員などの世話をする女性。

りょう-ほう [ホ]【両方】[名] 二つの物事。こちらとあちらと。双方。↕一方・片方。

りょう-ほう [0]【良法】[名] よい方法。

りょう-ほう [0]【療法】[名] 病気をなおす方法。「指圧—」

りょう-まい [0]【糧米】[名] 食糧としてのこめ。

りょう-まえ [0]【両前】まへ [名] 洋服で、前をふかく合わせ、ボタンを二列につけたもの。ダブル。ダブルブレスト。↕片前。

りょう-まつ [0]【糧×秣】[名] 軍隊で、食糧とまぐさ。

りょう-み [リョ]/[ミ]【涼味】[名] すずしいおもむき。また、その感じ。すずしさ。㊡

りょう-みん [0]【良民】[名] 善良な人民。まじめな国民。

りょう-みん [0]【領民】[名] 領土内の人民。

りょう-め [0]【両目】[名] 二つの目。両方の目。**—が明**(あ)**く** 相撲や野球で、二勝する。

りょう-め [メ]【量目】[名] はかり目。目方。掛け目。

りょう-めい [リョ]【両名】[名] ふたり。二名。両人。

りょう-めん [0]/[メ]【両面】[名] ↕片面。❶両方の面。「事の—を見て判断する」❷表と裏。「—印刷」**—テープ** [テ] [名] 裏と表の両面が接着面となっている粘着テープ。

りょう-や [リョ]【良夜】[名]〔文章語〕月のあかるい夜。中秋の名月の夜。㊙

りょう-や [リョ]【涼夜】[名]〔文章語〕すずしい夜。㊡

りょう-やく [リョ]/[0]【良薬】[名] よくきくくすり。妙薬。**—は口**(くち)**に苦**(にが)**し** ❶よくきくくすりというものは、にがくて飲みにくい。❷自分のためになる他人の忠告は、聞きづらい。

りょう-ゆう [0]【両雄】[名] ふたりの英雄。ふたりのすぐれた人。**—並**(なら)**び立**(た)**たず** 勢力のひとしいふたりの英雄は、かならず争うようになって、両方あるいは一方がたおされるものだ。

りょう-ゆう [0]【良友】[名] まじわってためになる友。益友。↕悪友。

りょう-ゆう [0]【僚友】[名]〔文章語〕同じ職場の友。同僚。

りょう-ゆう [0]【療友】[名] 同じ病院などで、共に病気の療養をしている友。

りょう-ゆう [0]【領有】[名] [他サ] ❶領地としてもつこと。「—権」❷自分のものにすること。

りょう-よう [0]【両用】[名] 二つの方面の事に役だつこと。「水陸—」

りょう-よう [0]【両様】[名] 二つの様式。ふたとおり。「和戦—の構え」

りょう-よう [0]【療養】[名] [自サ] 病気をなおすために、治療をしながら養生すること。「転地—」

りょう-よく [0]【両翼】[名] ❶鳥や飛行機の左右のつばさ。❷一列に横にならんだときの、右の方と左の方。

りょう-ら [リョ]【×綾羅】[名]〔文章語〕あやぎぬとうすぎぬ。**—錦**(きん)**×繡**(しゅう) [リョ] [名]〔文章語〕(綾羅と、にしき・ぬいとり)美しい衣服。

りょう-らん [0]【×繚乱・×撩乱】[と副] [たる連体]〔文章語〕❶入りみだれるようす。❷花が咲きみだれるようす。「百花—」

りょう-り [リョ]【良吏】[名]〔文章語〕よい役人。すぐれた役人。能吏。

りょう-り [リョ]【料理】[名] [他サ] ❶食料品に手を加え、食べられるようにすること。また、こしらえた食べ物。調理。割烹(かっぽう)。「日本—」❷物事をうまくきりもりすること。処理すること。「国政を—する」❸〔俗語〕相手をやっつけること。**—長**(ちょう) [リ] [名] ホテルや一流のレストランで、提供する料理やサービスに最高の責任を持つ人。シェフ。**—人**(にん) [0] [名] 料理をする人。また、料理の仕事をする人。

りょう-りつ [0]【料率】[名] 保険料などを決める基準となる率。「保険—」

りょう-りつ [0]【両立】[名] [自サ] 両方とも成り立つこと。「学業とスポーツを—させる」

りょう-りょう [0]【両両】[名] ふたつ。これとあれ。どちらも。**—相**(あい)**×俟**(ま)**つ** 両方が助けあって、うまくいく。

りょう-りょう [0]【×喨×喨】[と副] [たる連体]〔文章語〕らっぱなどが気持ちよく鳴りひびくようす。嚠喨(りゅうりょう)。

りょう-りょう [0]【×稜×稜】[と副] [たる連体]〔文章語〕❶かどのあるようす。気性のするどいようす。「気骨—」❷寒さのきびしいようす。

りょう-りょう [0]【×寥×寥】[と副] [たる連体]〔文章語〕❶ものさびしいようす。❷数の少ないようす。「賛成者は—たるもの」

りょう-りん [0]【両輪】[名] ❶車の左右の輪(わ)。❷両方が補い合って用をなすもののたとえ。

りょう・る [リョ]【料る】[他五] (ラ・ロ|リ・ッ|ル|ル|レ|レ) (「料理」の動詞化)料理する。「魚を—」**料れる** [自下一] […できる]

りょう-ろん [0]【両論】[名] 両方の議論。「賛否—」

りょう-わき [0]【両脇】[名] 左右のわき。

リョーマチ [0]〈rheumatism〉[名] ➡リューマチ。

りょ-がい [リョ]/[0]【慮外】[名] [形動(の)]〔文章語〕❶おもいがけぬこと。意外。「—の結果」❷無礼。ぶしつけ。「—千万(せんばん)」**—者**(もの) [0] [名]〔文章語〕無礼者。

りょ-かく [0]【旅客】[名] 旅行する人。たびびと。りょきゃく。―機 ク 名 旅客をはこぶ飛行機。

りょ-かん ０【旅館】名 料金をとって旅客を宿泊させるための家。やどや。⇩ホテル 参考。

りょ-きゃく ０【旅客】名 ➡りょかく。

りょ-ぎん ０【旅銀】名 旅行の費用。路銀。旅費。

りょく【力】造 ❶ちから。はたらき。「圧力・権力・体力・機動力・生活力・抵抗力・判断力」❷ちからを込める。「極力・尽力・努力」〔別音りき｜力〕

りょく【緑】造 みどり。「緑字・緑地・緑茶・黄緑・新緑・万緑」

りよく リ【利欲】名〔文章語〕利益を欲する心。

りょく-いん ０【緑陰】【緑×蔭】名〔文章語〕青葉のかげ。㊗夏

りょく-う リョ【緑雨】名〔文章語〕新緑のころに降る雨。㊗夏

りょ-ぐう ０【旅×寓】名〔文章語〕たびさきのやどり。旅宿。

りょくおう-しょく オ【緑黄色】名 緑色を帯びた黄色。―野菜 ヤ 名 ➡有色野菜。

りょく-か ０【緑化】名 自他サ ➡りょっか。

りょく-がん ０【緑眼】名〔文章語〕西洋人のみどり色の目。碧眼。

りょく-ぎょく ０【緑玉】名 エメラルド。

りょく-しゅ リョ【緑酒】名〔文章語〕緑色にすんだ酒。うまい酒。上等の酒。「紅灯―」

りょく-じゅ リョ【緑樹】名〔文章語〕青葉のしげった立ち木。

りょく-じゅうじ ジュ【緑十字】名 緑色で十字を描いたしるし。労働現場での安全運動の旗じるし。

りょくじゅ-ほうしょう ホ【緑×綬褒章】名 りっぱなおこないや事業をして、社会につくした人に国家があたえる、みどり色のリボンのついた褒章。

りょく-しょく ０【緑色】名 みどりいろ。

りょく-そう ０【緑草】名 みどり色のくさ。

りょくそう-るい ソ【緑藻類】名 葉緑素をもち、みどり色にみえる海藻類。みる・あおのりなど。

りょく-ち ０【緑地】名 草木のおいしげった土地。―帯 ０ 名 ❶緑地の多い地域。❷都市計画で、建物などを制限し、緑地を保存する地域。グリーンベルト。

りょく-ちゃ ０【緑茶】名 茶の若葉を蒸してもみ、みどり色をたもたせた茶。せん茶・ひき茶など。↕紅茶。

りょく-ど リョ【緑土】名 ❶草木のしげった土地。❷珪酸鉱物をふくむため緑色を呈する近海の沈殿物。

りょく-とう ０【緑豆】名 マメ科の一年生植物。実は、あずき大でみどり色。インド原産。もやしやはるさめの原料になる。

りょく-どう ０【緑道】名 歩行路または自転車路を主体とした緑地帯。

りょく-ないしょう ０/ナ【緑内障】名 眼球の圧力が異常に高まって起こる眼病。視力が弱り、ついには失明する。ひとみが緑色をおびることが多い。あおそこひ。

りょく-ひ リョ【緑肥】名 青草のまま、畑にすきこんで作物の肥料とするもの。れんげそう・うまごやしなどが使われる。草肥。㊗夏

りょく-ふう ０【緑風】名〔文章語〕新緑のころ吹く風。㊗夏

りょく-べん ０【緑便】名 乳児が消化不良などのために出す、みどり色の大便。

りょく-もん ０【緑門】名〔文章語〕杉やひのきの青葉で骨組みを包んだ門。グリーンアーチ。

りょく-や リョ【緑野】名〔文章語〕草木のしげった野。

りょく-りん ０【緑林】名〔文章語〕❶青葉のしげったはやし。❷どろぼう。馬賊。参考 古代中国、前漢の時代、どろぼうが緑林山にかくれたことから。

りょ-けん ０【旅券】名 海外への旅行を許し、旅行者の国籍・身分を証明する許可証。パスポート。

りょ-こう ０【旅行】名 自サ 旅に出ること。たび。

りょ-じ リョ【旅次】名〔文章語〕旅の途中の宿泊。また、旅の途中。

りょ-しゅう ０【旅愁】名〔文章語〕たび先で感じるものさびしさ。「―を誘う」

りょ-しゅう ０【×虜囚】名〔文章語〕とりこ。捕虜。

りょしゅう《旅愁》横光利一の長編小説。一九三七年から四六年にかけて発表。未完。東洋と西欧の思想的対立をえがき、後者の合理主義を批判したもの。

りょ-しゅく ０【旅宿】名〔文章語〕やど。やどや。旅館。

りょ-じょう ０【旅情】名〔文章語〕旅行中の、しみじみとした感情。旅心。客心。「―にひたる」

りょ-そう ０【旅装】名 旅をする服装。たびじたく。「―をととのえる」―を解く 旅をおわって、くつろぐ。

りょ-だん リョ【旅団】名 もと陸軍の部隊の単位。二個連隊から成る。

りょ-ちゅう ０【旅中】名 旅行している間。旅行の途中。

りょっ-か ０【緑化】名 自他サ〔「りょくか」の変化〕木や草を植えて国土のみどりを増すこと。「―運動」

りょっ-こう ０【力行】名 自サ〔文章語〕➡りっこう。

りょっ-てい ０【旅亭】名〔文章語〕旅館。

りょ-てい ０【旅程】名〔文章語〕❶たびの道のり。❷旅行の日程。

りょ-ひ ０【旅費】名 旅行に要する費用。路銀。

りょ-りょく リョ【×膂力】名〔文章語〕筋肉のちから。腕力。

リラ リ〈フ lilas〉名 むらさきはしどい。ライラック。㊗春

リラ リ〈イ lira〉名 もと、イタリアなどの貨幣の単位。トルコでは現在も使用。

リライト ラ〈rewrite〉名 他サ もとの原稿や記事などに、手を入れて書きなおすこと。

リラクゼーション ゼ〈relaxation〉名 心身をやすませること。いやし。「―施設」

リラックス ラ〈relax〉名 自サ 緊張を解いて楽にすること。くつろぐこと。「―した雰囲気」

リリー リ〈lily〉名 ゆり。

リリース リ²〈release〉名 他サ ❶情報などの発表。「政府のプレス―」❷CD・ビデオソフトなどを発売すること。「新作を―する」❸釣った魚を水にもどしてやること。「キャッチアンド―」❹野球の投手・ボウリングの投者が投球動作の最後に、ボールを手から放すこと。

リリーフ リ²〈relief〉名 ❶野球で、相手チームの攻撃をおさえるために、投手が替わって登板すること。また、その投手。救援投手。❷➡レリーフ。

リリカル リ¹〈lyrical〉形動 ダロ・ダッ・デ・ニ／ダ・ナ・ナラ・〇 叙情的。

り-りく ０【離陸】名 自サ 飛行機などが陸地をはなれてとびあがること。↕着陸。

りりし・い シ【×凜×凜しい】形 カロ・カッ・ク／イ・イ・ケレ・〇 きりりとひきしまっている。いさましい。「―若者」りりしげ 形動 りりしさ 名 りり・し 文語シク

リリシズム シ〈lyricism〉名 叙情主義。叙情味。

り-りつ ０【利率】名 元金に対する利息の割合。

リリック リ¹〈lyric〉㊀名 叙情詩。↕エピック。㊁形動 叙情的。リリカル。

リリ-ヤン リ¹／リ²〈lily yarn〉名 細く丸あみにした人造絹糸。手芸の材料。

リレー ０〈relay〉㊀名 他サ 受けついで次に送り伝えるこ

り

と。交替。中継。⊜名 ❶リレーレース。❷〘理〙継電器。

—レース 〔レ〕² 〈relay race〉名 陸上・水上競技の一つ。何人かの走者・泳者が一組となり、一定の距離を分担し、次々に受けついで競走・競泳するもの。継走。継泳。

り-れき ⓪【履歴】名 ❶その人の、これまでに経験してきた学業・職業など。経歴。❷それまでの経緯。また、その記録。「着信—」「購入—」 —書(しょ) ⓪〔ショ〕名 履歴を書いた文書。

り-ろ 〔リ〕【理路】名〘文章語〙物事や話などのすじ道。—整然(せいぜん) 〔リ〕と副 たる連体 物事や話などのすじ道がよく通り、ととのっているようす。「—と話す」

り-ろん 〔リ〕【理論】名 原理をよりどころにして組みたてた考え。すじ道をおし進めてたてられた論議。↔実際・実践。—家(か) ⓪名 ❶理論にすぐれた人。❷理論だけで、実際のことを知らない人。—闘争(とうそう) 〔ト〕名 社会運動などにおいて、理論で相手をうちまかそうとすること。—武装(ぶそう) 〔ブ〕名 論争や交渉で勝つために、その根拠となる理論を準備すること。

りん【×吝】造 おしむ。しわい。けち。「吝嗇(りんしょく)」

りん【林】造 ❶はやし。「林業・林野・森林・防風林・原始林」❷おおい。たくさん。「林立・書林・酒池肉林(しゅちにくりん)」

りん【倫】造 ❶同じような仲間。「絶倫・比倫」❷人のふみおこなうべき道。「倫理・人倫・不倫」

りん【×淪】造 ❶しずむ。落ちぶれる。「淪落・淪滅・沈淪」❷まざる。「鶻淪(こつりん)・混淪」

りん【×淋】造 ❶そそぐ。したたる。「淋雨・淋漓(りんり)」❷性病の一つ。尿道の病気。「淋菌・淋毒・淋病」

りん【×稟】造 命令を受ける。もうしあげる。「稟議(りんぎ|ひんぎ)」〔別音 ひん|稟〕

りん【×綸】造 ❶ふとい糸。「綸子(りんず)」❷おさめる。「経綸」❸天子に関することにいう。「綸言・綸旨(りんじ)」

りん【×凜】造 寒さがきびしい。心がひきしまる。「凜乎(りんこ)・凜然・凜凜・凜冽(りんれつ)」 凜と 副

りん【輪】⊖造 ❶わ。円いもの。「車輪・日輪・年輪」❷車で動くもの。「輪禍・競輪」❸まわり。「輪郭」❹まわる。めぐる。「輪唱・輪転・輪番」⊜接尾 ❶花をかぞえる語。「うめ三—」❷車の輪をかぞえる語。「二輪車」

りん【隣】造 となり。となりあう。「隣家・隣国(りんごく)・隣人・隣接・近隣・善隣」

りん【×霖】造 ながあめ。「霖雨・秋霖」

りん【臨】造 ❶のぞむ。むかう。その場にあたる。「臨海・臨時・臨床・臨終(りんじゅう)」❷身分の高い人がそこに来る。「臨幸・臨席・君臨・再臨・来臨」❸写す。「臨写・臨書・臨摸(りんも)」

りん【×鱗】造 うろこ。「鱗翅(りんし)・鱗片(りんぺん)・魚鱗・片鱗」

りん 〔リ〕【厘】名造 ❶貨幣の単位。銭(せん)の十分の一。「一銭五—」❷数の単位。分(ぶ)の十分の一。「厘毛」「三割三分三—」

りん 〔リ〕【鈴】名造 ❶すず。れい。「風鈴・呼び鈴」❷小鉢(こばち)のような形の、ふちを棒で打って鳴らす仏具。〔別音 れい|鈴〕

りん 〔リ〕【×燐】名造 元素記号P 原子番号15 原子量30.973761の非金属元素。うす黄色で発火しやすく、有毒。殺鼠剤(さっそざい)用。黄りん。「燐火・燐光・燐酸」

りん-う 〔リ〕【×霖雨】名〘文章語〙幾日も降りつづく雨。なが雨。

りん-か 〔リ〕【輪禍】名 交通事故による災難。

りん-か 〔リ〕【×燐火】名 墓地や沼地などで自然に発生する、りんのもえる青白い火。おにび。きつねび。

りん-か 〔リ〕【隣家】名 となりのいえ。

りん-が ⓪【臨画】名 手本を見て絵をかくこと。また、かいた絵。↔写生画。

りん-かい ⓪【臨海】名 海に面していること。—学校(がっこう) 〔ガ〕名 夏、海岸で、水泳などで子どものからだをきたえながら学習させること。また、そのための施設。(夏)

りん-かい ⓪【臨界】名 ❶さかい。境界。❷物質がある状態から別の状態に変化するさかいめ。特に、原子炉の中で、核分裂反応が中断せずに続く状態となること。

りん-かく ⓪【輪郭】【輪×廓】名 ❶外形を形づくる線。「顔の—」❷物事の大体。アウトライン。「新事業の—」

りん-がく ⓪【林学】名 森林・林業に関する学問。

りん-かん ⓪【林間】名 はやしのあいだ。林中。—学校(がっこう) 〔ガ〕名 夏、山や高原で、子どものからだをきたえながら学習させること。また、そのための施設。(夏)

りん-かん ⓪【輪×姦】名 他サ 何人かの男が、かわるがわる一人の女性を暴力的におかすこと。

りん-かん ⓪【輪×奐】名 形動 〔「輪」は壮大なようす、「奐」はかがやく意〕建築物の、大きくりっぱで、美しいこと。「—の美」

りん-き 〔リ〕【臨機】名 その場に応じて適当にはからうこと。「—の処置」 —応変(おうへん) 〔リ〕名 形動 〔機にのぞみ変に応じる〕その時、その場の変化に従って適切な手段をとること。

りん-き 〔リ〕【×悋気】名 自サ やきもち。しっと。

りん-ぎ 〔リ〕【×稟議】名 〔「ひんぎ」の慣用読み。「稟」は申しあげるの意〕官庁や会社などで、会議によらずに、係が文案をつくり、関係者にまわして承認をもとめること。「—書」

りん-ぎょ 〔リ〕【臨御】名 臨幸(りんこう)。

りん-ぎょう 〔リ〕【林業】名 森林の利用や経営を目的とする産業。

りん-きん ⓪【×痳菌・×淋菌】名 りん疾の病原菌。

リンク 〔リ〕〈rink〉名 スケート場。アイスホッケーの競技場。

リンク 〔リ〕〈link〉⊖名 自他サ 〔「鎖の輪」の意〕❶結びつけること。連結。❷コンピューターで、複数のファイルを結びつけ、一つのファイルの内容を変更すると、他のファイルもそれに合わせて変更されるように設定すること。❸インターネット・電子辞書などで、他のファイルや文書を即座に呼び出せるように関連づけること。ハイパーリンク。⊜名 ❶鎖の輪。❷運動や力を伝える細長い棒。—制(せい) ⓪名 輸入制限の一方法で、ある製品の輸出量に見合った額だけの原料の輸入を許す制度。

リング 〔リ〕〈ring〉名 ❶輪(わ)。❷ゆびわ。耳輪。「エンゲージ—」❸ボクシング・プロレスなどの競技場。—サイド 〔サ〕〈ring side〉名 ボクシング・プロレスなどの競技場で、いちばん前の列の見物席。

リンクス 〔リ〕〈links〉名 ゴルフ場。

りん-けい ⓪【輪形】名 まるい輪(わ)のような形。輪状。

りん-けい ⓪【×鱗形】名 うろこに似た三角形を、たくさんならべた形・模様。うろこがた。

りん-けい ⓪【×鱗茎】名 地下茎の一種。茎は短小となり、葉が変化して、厚いうろこ状になって、茎のまわりにあつまったもの。「たまねぎ」「ゆり」など。

リンケージ 〔リ〕〈linkage〉名 〔「連結・提携(ていけい)」の意〕❶いくつかのことを結合・関連させること。❷〘生〙同一の染色体上にある二つ以上の遺伝子が一緒に次代に受け継がれること。連鎖。

りん-げつ 〔リ〕【臨月】名 出産予定の月。

リンゲル-えき 〔ル〕【リンゲル液】名 〔発明者 Ringer の名から〕血液や水分の補給のために注射する、食塩・塩化カリウム・塩化カルシウムなどの混合溶液。

りん-けん[0]【臨検】[名][他サ] 現場に行ってしらべること。立ち入り検査。「警官の—」

りん-げん[0]【×綸言】[名]〔文章語〕天子の命令のことば。みことのり。**—汗の▲如し** 一度出た汗は二度とからだの内にもどらないように、天子のことばは一度口から出れば、とりけすことができない、絶対的なものである。

りん-こ[り]【×凜×乎】[と副][たる連体]〔文章語〕りんぜん。

りん-ご[0]【林×檎】[名] バラ科の落葉高木。寒地に栽培される。実は球形で食用。品種が多い。[秋] **—酒**[ご][名] りんごのしるを発酵させてつくった酒。シードル。

りん-こう[0]【×燐光】[名] ❶黄りんが空気中で発する青い色の光。❷金剛石・方解石・蛍石などが光にさらされたあと、しばらくの間それから出る光。

りん-こう[0]【×燐鉱】[名] りん灰石・りん灰土など、りん酸石灰を多くふくむ鉱物の総称。人造肥料の原料。

りん-こう[0]【隣好】[名]〔文章語〕隣家、または、隣国との親しいつきあい。となりどうしの交際。隣交。

りん-こう[0]【臨港】[名] 港のすぐそばにあること。「—工業地帯」**—線**[0][名] 港の船着き場までひきこんだ鉄道線路。

りん-こう[0]【臨幸】[名][自サ]〔文章語〕天皇がその場に来ること。臨御。

りん-こう[0]【輪講】[名][他サ] 書物などを数人が分担し、たがいにかわりあって講義すること。「源氏物語の—」

りん-ごく[0]/[り]【隣国】[名] となりの国。隣邦。

りんざい-しゅう[り]《臨済宗》禅宗の一派。中国唐代の僧、臨済が起こし、わが国へは鎌倉時代に栄西がつたえた。

りん-さく[0]【輪作】[名] 一定の土地に一定の順序で作物の種類をかえて栽培すること。輪栽。↕連作。

りん-さん[0]【林産】[名] 山林から産出すること、また、産出するもの。

りん-さん[0]【×燐酸】[名] りんの酸化物が水と結合してできる酸の総称。両者の割合によって、いろいろ種類がある。医薬用・化学工業用。**—カルシウム**[し][名] カルシウムのりん酸塩。動物の骨や歯の主成分。肥料やりん製造の原料とする。りん酸石灰。**—石灰**[せ][名] りん酸カルシウム。**—肥料**[ひ][名] りん酸を多くふくむ肥料。化学肥料のほかに、骨粉・米ぬか・油かすなどの天然肥料がある。

りん-し[り]【×綸旨】[名] ❶〔文章語〕天皇の綸言の主旨。❷昔、天皇の命を受けて蔵人が書いて出した文書。りんじ。

りん-し[0]/[り]【臨死】[名] 死んだと思われるような状態。また、その状態から生き返ること。「—体験」

りん-じ[0]【臨時】[名] ❶定まったときでなく、必要のときにあたってすること。不定時。「—集会を開く」↕定例。❷その時かぎりのこと。一時的。「—の仕事」↕経常。**—国会**[こ][名] 必要に応じて臨時に開かれる国会。内閣の召集により、また、衆参どちらかの議院の四分の一以上の議員の要求により開かれる。↕通常国会・特別国会。

りん-しつ[0]【×痳疾・×淋疾】[名] りん菌によって尿道がおかされ、排尿のときに痛みを感じる病気。性病の一種。りん病。

りん-しつ[0]【隣室】[名] となりのへや。

りん-しもく[し]【×鱗×翅目】[名] 昆虫の中の一分類。二対のはねをもち、はね・からだが小さなうろこ状のこなでおおわれているもの。ちょう・蛾など。

りん-しゃ[0]【臨写】[名][他サ] 手本を見て文字や絵をうつすこと。

りん-じゅう[0]【臨終】[名] 死にぎわ。末期。最期。

りん-しょ[0]【臨書】[名][他サ] 手本を見て字を書くこと。

りん-しょう[0]【臨床】[名] ❶病人の床のそばに行くこと。❷実地に病人に接して診察・治療をすること。↕基礎医学。**—医学**[い][名] 病人を実地に診察し治療する医学。**—講義**[こ][名] 実際に学生に患者を見せて、病状や治療法の講義をすること。**—尋問**[じ][名] 捜査官が病床にある人の所に行って、たずね調べること。**—心理士**[り]2[名] カウンセリングや心理療法を行う民間資格の専門職。

りん-しょう[0]【輪唱】[名][他サ] 合唱する人々がいくつかに分かれて、同じ旋律を数小節の間をおき、追いかけるようにしてうたう合唱。ラウンド。

りん-じょう[0]【輪状】[名] まるい輪のようなかたち。輪形。環状。

りん-じょう[0]【×鱗状】[名]〔文章語〕形・状態などが、うろこに似ていること。

りん-じょう[0]【臨場】[名][自サ]〔文章語〕その場所にのぞむこと。臨席。「ご—の皆様」**—感**[じ][名] 実際にその現場で見たり、聞いたりしているような感じ。テレビ・映画・ステレオなどについていうことが多い。

りん-しょく[0]/[り]【×吝×嗇】[名][形動] ひどくものおしみをすること。けち。**—家**[0][名] けちな人。けちんぼ。

りんし-るい[し]【×鱗×翅類】[名] ➡りんしもく。

りん-じん[0]【隣人】[名] となり近所の人。**—愛**[じ][名] 身近な人々へそそぐ愛。

リンス[り]〈rinse〉[名][他サ]〔「すすぐ」意〕洗髪後の、髪をしっとりとさせるための液状の化粧品。また、それですすぐこと。

りん-ず[0]/[り]【×綸子】[名] 精練した生糸で織った、絹の紋織物。厚くなめらかで、つやがある。

りん-せい[0]【林政】[名] 林業に関する行政。

りん-せい[0]【輪生】[名][自サ]〔植〕茎の一節に三枚以上の葉が輪のようにはえること。↕互生・対生。

りん-せい[0]【×稟請】[名][他サ]〔文章語〕〔「ひんせい」の慣用読み〕上役に申し出て請求すること。

りん-せき[0]【隣席】[名] となりの席。

りん-せき[0]【臨席】[名][自サ] その場に出席すること。臨場。

りん-せつ[0]【隣接】[名][自サ] となりあってつづくこと。

りん-せん[0]【林泉】[名]〔文章語〕木立と泉水。また、それのある庭。

りん-せん[0]【臨戦】[名] 戦争にのぞむこと。戦争状態にはいること。「—態勢」

りん-ぜん[0]【×凜然】[と副][たる連体]〔文章語〕❶勇ましくて、りりしいようす。りんこ。❷寒さがきびしいようす。「寒気—」

りん-そう[0]【林相】[名] 森林のかたちや、はえている木のようす。

りん-そん[0]【隣村】[名] となりむら。

りん-タク[0]【輪タク】[名]〔「タク」は「タクシー」の略〕三輪自転車に客を乗せる箱をつけた乗り物。第二次大戦直後に流行。

りん-ち【臨地】[造] 実際にその場所に出かけていくこと。「—実験」「—調査」

りん-ち[り]【林地】[名] 森林の土地。

りん-ち[り]【隣地】[名] となりの土地。隣接地。

りん-ち[り]【臨池】[名]〔文章語〕習字。書道。[参考] 中国で、後漢の張芝が池のそばで書道をまなんだため、池の水が黒くなったという故事から。

リンチ[り]〈lynch〉[名] 私刑。私的制裁。

りん-てん[0]【輪転】[名][自サ] 輪のようにまわること。—

り

機きテ名 円筒形の原版を回転させ、それに巻取り紙を接触させて、新聞などの印刷が高速度にできる印刷機。輪転印刷機。

リンデンバウム パ〈ドLindenbaum〉名 ぼだいじゅ。

りん-と リ［×凜と］副〔文章語〕きりっとしたようす。「—ひびく声」

りん-どう ０【林道】名 山林の中につけた道。

りん-どう リ【×竜×胆】名 リンドウ科の多年生植物。秋、むらさき色のつりがね形の花を開く。観賞用。根は薬用。㊎秋

りん-どく ０【輪読】名他サ 何人かが、順番に一つの本を読みあい、解釈・研究すること。

りん-ね リ【輪×廻】名自サ『仏』すべてのたましいは、転々と他の人間や生物にうつりめぐり、迷いの世界をへめぐって永久にほろびることがないということ。流転るてん。転生てんしょう。

リンネル リ〈フlinière〉名 亜麻あまの繊維で織った薄地の織物。

リンパ リ〈lymph〉［×淋×巴］名 高等動物の体内にある無色透明な体液。身体組織の間をながれ、組織に栄養をあたえ、老廃物をはこび去る。リンパ液。**—液**えき パ名 リンパ。**—管**かん ０名 リンパ液のながれるくだ。**—節**せつ パ名 リンパ管の所々にある小さい堅い器官。病原菌をここでせきとめる作用をする。俗に「ぐりぐり」という。**—腺**せん ０名 リンパ節。

りん-ばつ ０【輪伐】名他サ 森林の一部分ずつを毎年順次に切りとること。

りん-ばん ０【輪番】名 つぎつぎとかわって番にあたること。まわりばん。「—制」

りん-ぴ リ［×燐肥］名「りん酸肥料」の略。

りん-びょう ０［×痳病・×淋病］名 ➡りんしつ。

りん-ぶ リ【輪舞】名 大ぜいが輪になって、まわりながらおどること。**—曲**きょく ヲ名 ➡ロンド❷。

りん-ぷん ０［×鱗粉］名 ちょうや蛾がの羽についている、うろこのようなこまかいこな。

りん-ぺん ０［×鱗片］名〔文章語〕うろこ。うろこのひとひら。うろこの形をしている細片。

りん-ぽ リ【隣保】名〔文章語〕❶となり近所の人々。❷となり近所の人々がたがいに助けあう組織。

りん-ぽう ０【隣邦】名 となりの国。隣国。

リンボー リ〈limbo〉名 西インド諸島発祥とされるダンス。低く水平に渡したバーの下を、おどりながら体を反らした状態でとおる。リンボーダンス。

りん-ぼく ０［×鱗木］名 地質時代、古生代の石炭紀に、高さ三〇メートルにもなってしげっていた、しだ植物。うろこぎ。

りん-ぽん ０【臨本】名〔文章語〕習字・図画の手本。

りん-も リ【臨模】【臨×摸・臨×摹】名他サ〔文章語〕書画の手本・実物を見て、そっくりにかきうつすこと。りんぼ。

りん-もう ０【厘毛】名〔文章語〕ほんの少し。

りん-もう ０［×鱗毛］名 うろこのように、茎や葉の表面をおおいまもっている小さい毛。

りん-や リ【林野】名 森林と野原。**—庁**ちょう ヤ名 国・公有林野などの管理・経営、林業の発達改善に関する事務を行う役所。農林水産省の外局の一つ。

りん-らく ０［×淪落］名自サ〔文章語〕おちぶれ、身をもちくずすこと。

りん-り リ【倫理】名 人のふみおこなわなければならない道。道徳。「—観」**—学**がく リ名 人間の行為の、善悪の標準・徳・良心など、道徳について研究する学問。**—的**てき ０形動 倫理にあうようす。「—な行動」

りん-り リ［×淋×漓］と副 たる連体〔文章語〕血や汗などのしたたるようす。「流汗—」

りん-りつ ０【林立】名自サ 林の木のように、数多くならび立つこと。「煙突が—する」

りん-りん ０［×凜×凜］と副 たる連体〔文章語〕❶寒さなどが身にしみるようす。❷勇ましく、りりしいようす。「勇気—」

りん-れつ ０［×凜×冽］と副 たる連体〔文章語〕寒さのきびしいようす。「—はだを裂く寒さ」

る ル

る：「留」の草体。
ル：「流」の右下の略。

る 接尾（五段活用動詞を作る）名詞やその省略形について、動作を表す。「皮肉—」「サボ—」「けち—」参考 学生の造語によく見られる。

る【流】造 ❶さまよう。さすらう。「流転・流浪」❷ひろまる。「流説るせつ—りゅうせつ・流布」❸遠くに行かせる。「流刑るけい—りゅうけい・流罪・流人るにん・遠流おんる・配流」［別音りゅう｜流］

る【瑠】造 美しい宝石。「瑠璃るり」

る［×縷］造 ❶いと。「一縷」❷くわしい。「縷述・縷説・縷縷」❸ぼろ。「襤褸らんる」

る 助動 レ・レ・ル・ルル・ルレ・レヨ〔古語〕〔四段・ラ変・ナ変動詞の未然形につく〕❶受け身をあらわす。…れる。「人には木のはしのやうに思はるるよ」〈徒然〉❷可能をあらわす。…ことができる。…れる。「冬はいかなる所にも住まる」〈徒然〉❸自発をあらわす。しぜんに…れる。…れる。「筆をとればもの書かれ」〈徒然〉❹尊敬をあらわす。お…になる。…れる。「藤大納言殿かたられはべりしは」〈徒然〉

ルアー ル〈lure〉名 ➡ぎじばり。

るい【涙】造 なみだ。「涙管・涙腺るいせん・感涙・紅涙・催涙・落涙」

るい【累】㊀ル名造 まきぞえ。かかりあい。「—が及ぶ」「系累・俗累」㊁造 かさなる。かさねる。「累計・累積・累累」

るい【塁】ル名造 ❶とりで。小城。「堅塁・孤塁」❷野球のベース。「塁審・走塁・盗塁」**—を摩ます**❶敵陣にせまる。❷技術・能力・地位などが、同じぐらいのところまでせまる。

るい ル［×誄］名造 人の死をかなしんで、生前の徳をたたえのべることば。しのびごと。「—をささげる」「誄詞るいし」

るい【類】㊀ル名造 ❶グループ。「—を分ける」「類別・種類・人類・魚介類」❷なかま。それと似たもの。似たこと。「—のない事件」「類型・類似・類人猿・同類・比類」㊁造 同じことが起こる。まきぞえをくう。「類火・類焼」**類する** 自サ **—は友ともを呼よぶ** 同類のものは、しぜんとあつまる。

るい-えん ０【類縁】名 ❶親類。みうち。❷形や性質が似ていて、近い関係にあること。

るい-おんご ０【類音語】名 発音の似かよった語。「病院」と「美容院」、「死体」と「額」など。

るい-か ０【類火】名 よそから出た火事がもえ移って焼けること。類焼。

るい-か ル【類歌】名 表現・内容が似ている歌。

るい-か ０ル【累加】名自他サ かさなり加わること。かさね加えること。「利益の—」

るい-がいねん ガ【類概念】名『哲』いくつかの同類の物事をふくむ、一段高い概念。「野球」「テニス」「バレーボー

る

ル」「バスケットボール」などに対する「球技」など。

るいぎ-ご ◎【類義語】名 意味がほとんど同じ、または似かよった語。「あぶない」と「あやうい」、「やっと」と「ようやく」、「反抗」と「抵抗」など。類語。⇩同義語 参考

るい-く ◎【類句】名 ❶表現・内容が似かよった文句・俳句。❷和歌・俳句の第一句、または、各句を五十音順などに並べて、さがしやすくしたもの。

るい-けい ◎【類型】名 ❶似たもののあいだに共通する型。タイプ。❷個性のない、ありふれたもの。参考「類形」と書くのはあやまり。**—的** ◎ 形動 ありふれていて特色のないようす。「—で新しみがない」

るい-けい ◎【累計】名 他サ 数をつぎつぎに加えあわせること。また、その数。小計を加えて計算したもの。累算。

るい-げつ ◎【累月】名〔文章語〕月をかさねること。数か月にわたること。

るい-げん ◎【累減】名 自他サ〔文章語〕順々にへること、また、へらすこと。逓減。↕累増。

るい-ご ◎【類語】名 ⬇るいぎご。

るい-さん ◎【累算】名 他サ 累計。

るい-さん ◎【類×纂】名 他サ 同じ種類の文献をあつめて編纂すること。また、その書物。類集。類従。「法規—」

るい-し ル【×誄詞】名〔文章語〕死者をしのんで、かなしむことば。誄。

るい-じ ル【累次】名〔文章語〕何度もかさなりつづくこと。

るい-じ ◎【類字】名 形の似た字。

るい-じ ◎【類似】名 自サ 似かようこと。「—品」

るい-じつ ◎【累日】名〔文章語〕日をかさねること。幾日もつづくこと。連日。

るい-じゃく ◎【×羸弱】名 形動〔文章語〕(「羸」も「弱」もよわいの意)からだが非常によわいこと。「生来—な人」

るい-じゅう ◎【類従】【類×聚】名〔文章語〕同じ種類のものをあつめること。また、そのあつめたもの。類纂。るいじゅ。「群書—」

るい-しょ ◎ル【類書】名 ❶同種類の書物。内容の似ている本。❷事項別に分類、編集した書物。

るい-しょう ◎【類焼】名 自サ よそから出た火事がもえ移って焼けること。もらいび。類火。㊇

るい-じょう ◎【塁上】名 野球で、ベースのうえ。

るい-じょう ◎【累乗】名 他サ 同じ数をなん回もかけあわせること。また、その積。

るい-しん ◎【塁審】名 野球で、一、二、三塁のそばにいる審判。↕球審。

るい-しん ◎【累進】名 自サ ❶地位がしだいに進みのぼること。❷所得額などがふえるにつれ、税金などの率が高くなること。**—課税** カ 名 財産や所得の金額が多くなるにしたがい、率を高くしてかける税金。

るいじん-えん ジ【類人猿】名 ショウジョウ科の哺乳類の総称。人にいちばん近いサル類。チンパンジー・ゴリラなど。

るい-すい ◎【類推】名 他サ 似ている点にもとづいて、同種の他の物事をおしはかること。類比。アナロジー。

るい・する ス【類する】自サ シ・セ・サ｜シ｜スル｜スル｜スレ｜＊ **るい・す** 文語サ変 似る。似かよう。「これに—事件」

るい-せい ◎ル【累世】名 代々。歴代。累代。

るい-せき ◎【累積】名 自他サ かさなりつもること。かさねつむこと。「—赤字」

るい-せつ ◎【×縲×絏】名〔文章語〕(「縲」はなわ、「絏」はつなぐの意)なわで、しばられること。罪人としてとらえられること。**—の恥** 罪人としてとらえられ、なわをかけられる恥。なわめの恥。

るい-せん ◎【涙腺】名 なみだを分泌する腺。

るい-ぞう ◎【累増】名 自他サ〔文章語〕しだいにふえること。しだいにふやすこと。逓増。↕累減。

るい-だい ◎ル【累代】名〔文章語〕代をかさねること。代々。「—の墓」

るい-だい ◎【類題】名 ❶和歌・俳句などを、似かよった題であつめたもの。❷同じ種類の、または、似た問題。

るい-どう ◎【類同】名 自サ〔文章語〕似ていること。同じ種類であること。

るい-ねん ◎【累年】名〔文章語〕年をかさねること。年々。

るい-はん ◎【累犯】名 ❶犯罪をかさねること。❷〘法〙懲役になった者が、刑の終了または免除の日から五年以内にさらに犯罪をおかし、有期懲役になること。ふつうよりも刑が重くなる。

るい-ひ ル【類比】名 他サ ❶くらべあわせること。❷類推。

ルイベ ル 名 (アイヌ語で「凍った魚」の意)凍らせたさけを薄切りにした食べ物。

るい-へき ◎【塁壁】名〔文章語〕とりで。とりでの壁。

るい-べつ ◎【類別】名 他サ 種類によって区別すること。種類わけ。

るい-らん ◎【累卵】名〔文章語〕卵を積み重ねること。**—の危うさ** つみかさねた卵がくずれてこわれやすいように、ひどくあぶないようす。累卵の危うき。

るい-るい ◎【累累】と副 たる連体〔文章語〕かさなりあうようす。「—たるしかばね」

るい-れい ◎【類例】名 同じ種類の例。似かよった例。

るい-れき ◎【×瘰×癧】名 首のリンパ節が結核菌におかされておこす炎症。

ルー ル〈ᶠroux〉名 小麦粉をバターでいためたもの。カレー・シチュー・ソースなどの材料とする。

ルーキー ル〈ᵉrookie〉名 ❶新兵。新人。新参者。❷新人の選手。

ルージュ ル〈ᶠrouge〉名 くちべに。

ルーズ ル〈loose〉形動 ダロ｜ダッ・デ・ニ｜ダ｜ナ｜ナラ｜○ しまりがないようす。だらしないようす。**—リーフ** リ〈loose-leaf〉名 帳簿・ノートなどで、用紙のぬきさしが自由なもの。

ルーター ◎〈router〉名 複数のコンピューターネットワーク間を中継する機器。特に、インターネットへ接続するための装置。

ルーチン(ティン) ル〈routine〉名 ❶きまりきった手続きや仕事。日課。「—ワーク」❷コンピューターのプログラムで、ひとまとまりの機能をもった命令群。

ルーツ ル〈roots〉名 ❶起源。はじまり。❷祖先。

ルート ル〈root〉名 ❶〘数〙平方根。根。また、その記号「√」。❷語根。

ルート ル〈route〉名 ❶道すじ。「探険の—」❷かねや物資のながれこむ経路。「資金の—」

ループ ル〈loop〉名 ❶ボタンをかける糸・ひもなどの輪。❷ループ線。**—線** ◎ 名 急傾斜の所で、らせん状にまわりながらしだいにのぼるようにした鉄道線路。**—タイ** タ〈loop tie〉名〔和製英語〕留め具のついた、ひも状のネクタイ。

ルーフィング ル〈roofing〉名 繊維品にアスファルトをしみこませて作った厚紙状の防水材料。屋根がわらの下地などに使う。

ルーフ-ガーデン ガ〈roof garden〉名 ビルの屋上につくられた庭。屋上庭園。

ルーブル ル〈ᴿrubl; ruble〉= **ルーブリ** 名 ロシアやベラルーシなどの貨幣の単位。

る

ルーペ ル〈ドLupe〉名 むしめがね。拡大鏡。

ルーマニア《Rumania; Romania》（「羅馬尼亜」とも書いた）バルカン半島にある共和国。首都はブカレスト。

ルーム ル〈room〉名 室。へや。**ーウエア** エ〈room wear〉名（和製英語）室内で着るふだんの衣類。部屋着。**ークーラー** ク〈room cooler〉名（和製英語）電力やガスによって空気をひやし、室内をすずしくするしかけ。冷房機。**ーシェア** シェ〈room share〉名 一つの部屋を他人どうしが共同で借りて住むこと。**ーチャージ** チャ〈room charge〉名 ホテルなどの部屋代。**ーメイト** メ〈room mate〉名 寮や下宿の同じ部屋で生活する人。**ーランプ** ラ〈room lamp〉名 自動車の客席につける豆電灯。ルームライト。

ルーメン ル〈lumen〉名 国際単位系の、光のエネルギーの単位。光源から単位時間内に一定面積を通る、光の量をあらわす単位。記号は「lm」。

ルーラー ル〈ruler〉名 定規。物さし。

ルール ル〈rule〉名 規則。きまり。「野球のー」 **ーブック** ブ〈rulebook〉名 競技の規則書。

ルーレット ル〈フroulette〉名 ❶布地などの上を回転させて点線のしるしをつける洋裁用の道具。❷かけ事に使う、〇から三六までの目に等分してあるすり鉢形の回転盤。

ルクス ル〈lux〉＝**ルックス** 名 国際単位系の、照度の単位。一カンデラの光源が一メートルはなれた一平方メートルの平面を照らす強さ。記号は「lx」。

ルクセンブルク《Luxembourg》ドイツ・フランス・ベルギーの間にある立憲公国。首都はルクセンブルク。

る-けい 0【流刑】名〔文章語〕流罪。りゅうけい。

る-げん 0【×縷言】名 他サ〔文章語〕こまごまと言うこと。縷述。「ーを要しない」

ルゴールえき ル2【ルゴール液】名 はれたへんとうせんなどに塗る、ヨード・ヨードカリ・グリセリンをまぜた赤茶色の薬。参考 フランスの医師ルゴールLugolの名から。

る-こく 0【×鏤刻】名 他サ〔文章語〕❶金属や木に、文字や絵をちりばめ、きざむこと。❷苦心して文章をととのえること。＝ろうこく。

るこつ-ちょうしん 0【×鏤骨彫心】名〔文章語〕（骨をきざみ、心にほりつけるように）ひじょうに苦心してすること。

る-ざい 0/ル【流罪】名 昔、罪人を遠くはなれた土地・島に送って帰さない刑罰。島流し。流刑。

ルサンチマン サ〈フressentiment〉名 弱者が強者に対していだく憤怒・憎悪・非難などの気持ち。

る-じ ル【×屢次】名〔文章語〕しばしば。たびたび。再三。

るしゃなぶつ 0【×盧遮那仏】⇩びるしゃなぶつ。

る-じゅつ 0【×屢述】名 他サ〔文章語〕しばしば述べること。屢説。

る-じゅつ 0【×縷述】名 他サ〔文章語〕こまごまと述べること。縷言。縷説。

る-す ル【留守】名 ❶るすい。るすばん。「ーを頼む」❷外出中で、家やへやなどにいないこと。不在。「家をーにする」 **ー居** ス 名 るすばん。**ー電** 0 名「留守番電話」の略。**ー番** 0 名 家の人がいないとき、残ってその家を守ること。また、その人。るすい。**ー番電話** デ 名 留守中でも電話がくると自動的にメッセージを流し、先方からの伝言を録音する電話。るす電。**ー録** 0 名 外出中や就寝中などに、タイマーを使って、自動的に録画や録音をすること。**ーを使う** 家にいるのに、いないふりをする。

る-せつ 0【流説】名〔文章語〕❶世間に言いひろめられた説。❷世間にひろまったうわさ。流言。

る-せつ 0【×屢説】名 他サ〔文章語〕しばしば述べること。屢述。

る-せつ 0【×縷説】名 他サ〔文章語〕縷言。縷述。

る-たく 0【流×謫】名〔文章語〕流刑に処せられること。

ルッキズム キ〈lookism〉名 人を見た目で評価する考え方。容姿による差別。外見至上主義。

ルック ル〈look〉名 ある種の特徴をもった服装。「サファリー」

ルック-ザック ザ〈ドRucksack〉名 ⇩リュックサック。

ルックス 0/ル〈looks〉名 顔かたち。容貌。「ーがいい」

ルックス ル〈lux〉名 ⇩ルクス。

ルッコラ ル〈イrucola〉名 アブラナ科の一年草。地中海沿岸原産。葉はやや辛みがあり、ごまに似た味で、サラダに用いられる。ロケットサラダ。

る-つぼ ル【×坩×堝】名 ❶物質を強く熱してとかしたり、合金をつくるための、高熱に耐える容器。❷多数の人が興奮してわきかえるようす。また、さまざまのものが、まじりあい混乱しているようす。「興奮のーと化す」

る-てん 0【流転】名 自サ ❶とめどなく変化すること。「ーの人生」❷〘仏〙生死・因果が限りなく続くこと。輪廻。

る-にん 0【流人】名〔文章語〕流罪に処せられた人。

ルネッサンス ネ〈フRenaissance〉＝**ルネサンス** 名 一四世紀末から一六世紀にかけて、イタリアにおこり、全欧州におよんだ芸術上・文化上の運動。人間尊重、個人の解放、ギリシャ・ローマの古典文化復興をとなえ、近代文明の始まりとなった。文芸復興。

ルバシカ 0/バ〈ロrubashka〉＝**ルパシカ** 名 ロシアの男性用上着。立ちえりで、ゆるやかにシャツのように仕立ててある。

ルバシカ

ルビ ル〈ruby〉名 ❶ふりがな用の小さな活字。❷漢字のふりがな。「ーを付ける」

ルビー ル〈ruby〉名 鋼玉の一つで、紅色の宝石。七月の誕生石。紅玉。

ルビコン《Rubicon》古代ローマで、イタリアと属領ガリアの境界となっていた川。紀元前四九年、カエサルはガリアから、この川を渡りローマへと兵を進めてポンペイウスを破った。**ー川を渡る**（カエサルが元老院令を無視して川を渡ったことから）禁を犯して思い切った行動に出る。

る-ふ 0【流布】名 自他サ 世間にひろまること、また、ひろめること。**ー本** 0 名 同一の原本から出た諸本の中で、もっとも広く世間に知られている本。「平家物語のー」

ルポ ル 名「ルポルタージュ」の略。

ルポ-ライター ラ 名（和製洋語。ルポルタージュとライター〈writer〉を合わせた語）現地に取材して文章を書く人。探訪記者。リポーター。

ルポルタージュ タ〈フreportage〉名 ❶現地を見て報告する文章。探訪記事。ルポ。❷実際の事件に題を求め、客観的に描写した文学作品。報告文学。記録文学。

る-また 0【×殳】名 漢字の部首の一つ。「段」「殺」などの「殳」。ほこづくり。

ルミノール ノ〈luminol〉名 有機化合物の一つ。白色の固体。これを水にとかした液を過酸化水素で酸化させると、青白く発光する。血痕の検出に使用する。「ー反応」

る-みん 0【流民】名〔文章語〕りゅうみん。

るり ル【瑠璃】名 ❶七宝の一つ。美しい青色の鉱物。石

る

灰岩中に産し、装飾用・絵の具用。❷ガラスの古称。❸「るりいろ」の略。

るり-いろ 0【瑠璃色】名 むらさきがかったこい青色。

るり-ちょう 0【瑠璃鳥】名 ヒタキ科の小鳥。羽は、るり色。よくさえずる。夏

る-る ルー【×縷×縷】(と)副〔文章語〕❶ほそく長くつづくようす。「思いのたけを―と述べる」❷ことこまかに述べるようす。「―説明する」

る-ろう 0【流浪】名自サ さすらうこと。さまようこと。流離りゅうり。「―の民」

ルワンダ《Rwanda》アフリカ東部の共和国。一九六二年に独立。首都はキガリ。

ルンゲ ル〈ドLunge〉名 ❶肺はい。❷肺結核。肺病。

ルンバ ル〈rumba〉名 中米キューバ島を起源とする強烈なリズムの四分の二拍子のダンス音楽。また、そのダンス。

ルンペン ル〈ドLumpen〉名 ❶浮浪者。❷失業者。

るん-るん 0 形動自サ〔俗語〕気持ちが明るく、うかれているようす。「―気分」「朝から―している」参考 動詞として使うときは ルー。

れ レ

れ：「礼」の草体。
レ：「礼」の右。

レア(ー) レ〈rare〉一名 ステーキの、生にちかい状態の焼き方。↕ウェルダン・ミディアム。二形動造 めずらしいこと。めったにないこと。「―ケース」「―もの」

レア-アース ア²〈rare earth〉名〔rare earth elementsから〕スカンジウム・イットリウム・ランタンなど、希少価値の高い十七種の金属元素の総称。いずれもよく似た性質をもち、分離がむずかしく、天然にはつねに相伴って産する。希土類元素。

レア-メタル メ〈rare metal〉名 地球にわずかしか存在しない、または抽出が困難な金属。ニッケルやリチウムなど三一種類。希少金属。

レアリスム リ〈フréalisme〉名 ➡リアリズム。

レアリテ ア〈フréalité〉名 ➡リアリティー。

れい【×伶】造 ❶わざおぎ。楽師。俳優。「伶楽れいがく・伶人れいじん」❷かしこい。「伶利」

れい【冷】造 ❶ひえる。ひやす。「冷暗・冷菓・冷凍・冷房・空冷」❷つめたい。「冷夏・冷害・冷気・冷水・寒冷・秋冷」❸情がない。「冷酷・冷静・冷淡」

れい【励】造 はげむ。はげます。「励行・激励・奨励・督励」

れい【戻】造 ❶もとる。そむく。「違戻・暴戻」❷もどす。もどる。「戻入・返戻金」

れい【×怜】造 かしこい。「怜質・怜悧れいり」

れい【×玲】造 玉や金属がふれあって美しい音を出す。「玲瓏れいろう」

れい【×黎】造 およぶ。いたる。「黎明」

れい【×嶺】造 みね。やまなみ。「海嶺・高嶺こうれい|たかね・分水嶺・南都北嶺」

れい【齢】造 よわい。とし。「樹齢・年齢・馬齢」

れい【麗】造 ❶うるわしい。ととのっている。「麗人・麗筆・華麗・綺麗きれい・壮麗」❷うららか。「麗日れいじつ」

れい【礼】名造 ❶レ礼儀。「―をつくす」「礼節・欠礼・失礼・非礼」❷レ敬礼。おじぎ。また、おじぎをさせる号令のことば。「―をする」「起立、―、着席」「一礼・目礼・黙礼」❸0感謝の心を表すことば。「お―の手紙」「礼状」❹0謝礼のかねや品物。礼物れいもつ。「―をおくる」「礼金・返礼」❺レ儀式。「即位の―」「礼装・礼服・礼法・儀礼・婚礼・祭礼」

れい【例】一レ名造 ❶以前にあった、同じようなこと。「―のないこと」「例解・例示・事例・先例・用例」❷いつものこと。ならわし。しきたり。「毎年の―」「例会・例年・異例・定例」❸多くの中の一つ。実例。「―をあげる」二レ名 話し手・聞き手の間でわかっているもの・ことをさす。「―の話」三造 きまり。さだめ。「例外・条例・通例・判例」 **―ならず**〔古語〕❶いつもとかわってめずらしい。「女御にょうご、れいならずあやしとおぼしけるに」〈枕〉❷病気である。不例。「なほ、れいならず悩みわたりて」〈源氏〉 **―になく** いつものようでない。いつもとちがって珍しい。「―寒さ」「例になく酒がすすむ」 **―によって―の如ごとし** あいかわらずのありさまである。

れい【鈴】レ名造 すず。りん。「駅鈴・本鈴・予鈴」〔別音りん「鈴」〕

れい【零】一レ名造 ゼロ。「零下・零時・零敗」二造 ❶わずか。「零細・零余」❷おちぶれる。「零落」

れい【霊】レ名造 ❶たましい。精神。「―肉一致」「霊魂・心霊・全霊」❷死者のたましい。亡霊。「―を呼ぶ」「霊験れいげん・霊前・霊廟れいびょう」❸人のはかり知ることのできない、ふしぎなもの・力。「宇宙の―」「霊域・霊峰」

れい【隷】一レ名造 ❶〔文章語〕しもべ。「奴隷」❷隷書。二造 したがう。「隷従・隷属」

れい【令】一レ名〔文章語〕命令。「―を下す」二造 ❶のり。きまり。おきて。「訓令・政令・戒厳令」❷いいつけ。いいつける。「令状・号令・辞令」❸よい。立派。「令名」三造接頭 他人・相手の家族などにつける尊敬の言い方。「令息・令妹・令夫人」

レイ レ〈ハワイlei〉名 ハワイで、客の首にかける花輪。

レイアウト ア〈layout〉名他サ ❶印刷物の紙面や、画面の文字や図版などの配置。わりつけ。❷建物内の物の配置や店舗における商品の配列。

れい-あん 0【冷暗】名 つめたくて、くらいこと。 **―所しょ** 0名 直射日光が当たらず、温度が低めの場所。

れいあん-しつ ア【霊安室】名 病院などの遺体安置室。

れいあん-ぽう ア【冷×罨法】名 つめたい水・薬液にひたした布で患部をひやす治療法。冷湿布。↕温あん法。

れい-い レ【霊位】名〔文章語〕位牌いはい。

れい-い レ【霊威】名〔文章語〕神仏などのふしぎな力。「神の―」

れい-い レ【霊異】名〔文章語〕人間の知恵でははかり知れないふしぎなこと。

れい-いき 0【霊域】名〔文章語〕神社・寺院などのある神聖な区域。霊地。霊場。

れい-う レ【冷雨】名〔文章語〕つめたい雨。

れい-えん 0【霊園】名 墓所として整備されている地域。共同墓地。

レイオフ オ〈layoff〉名 企業が労働者を一時的に解雇すること。

れい-おん 0【冷温】名 ❶つめたいことと、あたたかいこと。❷ひくい温度。

れい-か レ【冷夏】名 例年とちがって気温の低い夏。作物に悪影響を及ぼす。夏

れい-か レ【冷菓】名〔文章語〕ひやしたり、こおらせたりした菓子。ゼリー・アイスクリームなど。

れい-か レ【零下】名 (温度の)セ氏零度以下。氷点下。マイナス。

れい-かい 0【冷灰】名〔文章語〕あたたかみのなくなった灰。

れい-かい 0【例会】名 定期的に日をきめてひらく会合。

れい-かい ⓪【例解】名 例をあげて説明・解釈すること。

れい-かい ⓪【霊界】名 ❶精神のかかわる範囲。↕肉界。❷死後の世界。霊魂の世界。

れい-がい ⓪【冷害】名 夏の異常な低温による農作物の被害。寒害。㊀夏

れい-がい ⓪【例外】名 一般の例にあわないこと・もの。

れい-がく ⓪/レ【礼楽】名〔文章語〕礼儀と音楽。中国では古くから、礼儀は行いをつつしませ、音楽は心をやわらげるものとして尊ばれた。

れい-かん ⓪【冷汗】名〔文章語〕恐れたり、はずかしがったりしたときにかくあせ。ひやあせ。**ー三斗**(さんと) サ 名〔文章語〕はずかしさや恐ろしさのために、ひどくひやあせをかくようす。「ーの思い」

れい-かん ⓪【冷感】名 つめたい感じ。肌寒い感じ。「ースプレー」「手足のーやしびれ」**ー症**(しょう) ⓪ 名 ⬇ふかんしょう❶。

れい-かん ⓪【霊感】名 ❶祈りに対する神仏のふしぎな反応。❷人間の精神が感じとるふしぎな力。インスピレーション。

れい-がん ⓪【冷眼】名〔文章語〕ひややかな目つき。

れい-き レ【冷気】名 ひややかな空気。

れい-き レ【例規】名 ❶慣例と規則。❷先例とする規則。

れい-き レ【霊気】名 ふしぎに、たっとい気分。霊妙の気。「深山のー」

れい-き レ【励起】名 自他サ〔理〕❶物質の分子や電子が光などのエネルギーを受けて、エネルギーの高い状態になること。❷まわりからの刺激を受けて、力が強まり、活性化すること。「噴火によりーされた振動」「経済ー策」

れい-ぎ ギ【礼儀】名 ❶礼を行うしかた。礼法。「ー作法」❷社会のきまりにあった、つきあい上の行動や作法。「ーに欠ける」参考「礼義」と書くのはあやまり。

れい-きゃく ⓪【冷却】名 自他サ ひえること。ひやすこと。**ー期間**(きかん) キ 名 感情をしずめて、物事をおちつかせるためにおく月日・時間。**ー水**(すい) キヤ 名 エンジンや原子炉などをひやすために用いる水。

れい-きゅう ⓪【霊×柩】名〔文章語〕遺体を納めたひつぎ。「ー車」

れい-きん ⓪【礼金】名 ❶お礼のかね。❷家や部屋を借りる際、家主にお礼という名目で払うかね。

れい-く ⓪/レ【麗句】名 美しいことば・文句。「美辞ー」

れい-ぐう ⓪【礼遇】名 他サ 礼儀をつくした待遇。手厚いもてなし。厚遇。↕冷遇。

れい-ぐう ⓪【冷遇】名 他サ ひややかな待遇。冷淡なもてなし。「ーを受ける」↕厚遇・礼遇・優遇。

れい-けい ⓪【令兄】名〔文章語〕他人・相手の兄の尊敬語。↕令弟。

れい-けい ⓪【令×閨】名〔文章語〕他人・相手の妻の尊敬語。令室。⇩妻(つま)参考。

れい-けつ ⓪【冷血】❶名 体温が低いこと。❷名 形動 温情がなく、冷酷なこと。「ーな人」**ー動物**(どうぶつ) ド 名 ❶⬇へんおんどうぶつ。❷冷酷な人のこと。冷血漢。

れい-げつ ⓪【例月】名 毎月。月々。つきなみ。

れい-けん ⓪【霊剣】名 ふしぎなはたらきをもっている剣。

れい-げん ⓪【例言】名 その書物の書かれた方針などをのべることば。凡例(はんれい)。

れい-げん ⓪【霊験】名 祈りに対して神仏のあらわす、ふしぎな反応。ご利益(りやく)。れいけん。「ーあらたか」

れい-げん ⓪【冷厳】名 形動〔文章語〕❶冷静で、きびしいこと。「ーな処置」❷きびしく、ごまかしようのないこと。「ーな事実」

れい-ご レ【×囹×圄】名〔文章語〕ろうや。牢獄。

れい-こう ⓪【霊光】名〔文章語〕霊妙なひかり。「神のー」

れい-こう ⓪【励行】名 他サ はげみ行うこと。努力して行うこと。「早起きをーする」

れい-こく ⓪【例刻】名 いつものきまった時刻。

れい-こく ⓪【冷酷】名 形動(の) おもいやりがなく、ひややかで、むごいこと。「ーな仕打ち」

れい-こん レ【霊魂】名 人間の活動のもとと考えられるもの。肉体を支配すると考えられる精神。たましい。**ー不滅**(ふめつ) レ 名 肉体はほろびても、たましいはほろびないという考え方。

れい-さい ⓪【冷菜】名 中国料理で、前菜として最初にでるつめたい料理。

れい-さい ⓪【例祭】名 毎年・毎月の定期のまつり。↕臨時祭。

れい-さい レ【零歳】名 生まれてから一年になる前。ゼロ歳。「ー児保育」

れい-さい ⓪【零細】形動(ダロ・ダッ・デ・ニ／ダ・ナ・ナラ・○) きわめてわずかなようす。たいそうこまかいようす。**ー企業**(きぎょう) キ 名 わずかな資本・設備で行われる企業。

れい-さつ ⓪【霊刹】名〔文章語〕とうとい仏をまつる寺。

れい-さん【礼賛】「らいさん」のあやまり。

れい-ざん レ【霊山】名 神仏をまつった神聖な山。霊地である山。

れい-し レ【令姉】名〔文章語〕他人・相手の姉の尊敬語。↕令妹。

れい-し レ【令嗣】名〔文章語〕他人・相手のあとつぎの尊敬語。

れい-し レ【×茘枝】名 ムクロジ科の常緑高木。中国原産。実(み)は卵形でうろこ状の皮におおわれている。食用。㊀秋 参考 広東語の発音に由来する「ライチー」の形でも使われる。

れい-し レ【麗姿】名〔文章語〕美しく整ったすがた。

れい-し ⓪【令旨】名〔古語〕⬇りょうじ。

れい-し ⓪【霊視】名 他サ 霊的な力で、見えないものを見ること。

れい-じ レ【零時】名 午前・午後の十二時。

れい-じ ⓪【例示】名 他サ 一つの例として示すこと。例をあげて示すこと。

れい-しき ⓪【礼式】名 儀式などのやり方。礼法。「ーにかなう」

レイシズム シ〈racism〉名 人種主義。人種差別主義。

れい-しつ ⓪【令室】名〔文章語〕他人・相手の妻の尊敬語。令夫人。令閨(けい)。⇩妻(つま)参考。

れい-しつ ⓪【麗質】名〔文章語〕すぐれたうまれつき。りっぱな素質。「天成のー」

れい-じつ ⓪【例日】名〔文章語〕いつもの、きまった日。

れい-しっぷ シ【冷湿布】名 つめたい水・薬で患部を湿布すること。↕温湿布。

れい-しゃ レ【礼者】名〔文章語〕年賀に行く人。㊀新年

れい-しゅ ⓪【冷酒】名 ❶かんをせずに飲む日本酒。ひやざけ。ひや。㊀夏 ❷ひやして飲むようにつくられた日本酒。冷用酒。

れい-じゅう ⓪【霊獣】名 めでたいしるしとされている神聖なけもの。麒麟(きりん)など。

れい-じゅう ⓪【隷従】名 自サ〔文章語〕つきしたがって言いなりになること。隷属。

れい-しょ レ【令書】名〔文章語〕行政上の命令の文書。「徴税ー」

れい-しょ [0]【隷書】[名] 漢字の書体の一つ。隷。⇩書体(図)。
れい-しょう [0]【冷床】[名] 太陽熱だけを用いて人工的な温熱を加えないなえどこ。[春] ↕温床。
れい-しょう [0]【冷笑】[名][他サ] あざわらうこと。けいべつし、わらうこと。「―を浮かべる」
れい-しょう [0]【例証】[一][名][他サ] 例をあげて証明すること。[二][名] 証拠としてあげる例。
れい-じょう [0]【令状】[名] ❶命令をしるした書状。❷出頭・拘禁・捜索などのために、裁判所や裁判官の出す命令文書。召喚状・逮捕状・捜索状など。
れい-じょう [0]【令嬢】[名] 他人・相手のむすめの尊敬語。↕令息。⇩むすめ [参考]。
れい-じょう [0]【礼状】[名] 謝礼の手紙。
れい-じょう [0]【礼譲】[名][文章語] 礼儀をつくして、へりくだること。
れい-じょう [0]【霊場】[名] 神仏に関係のある、神聖な場所。霊地。
れい-しょく [0]【令色】[名][文章語] へつらって、つくった顔つき。「巧言―」
れい-しょく [0]【冷色】[名] つめたく寒い感じのいろ。青系統のいろ。寒色。↕温色・暖色。
れい-じん [0]【×伶人】[名][文章語] 雅楽(ががく)を演奏する人。楽人。
れい-じん [0]【霊神】[名][文章語] 霊験(れいげん)のある神。霊験あらたかな神。
れい-じん [0]【麗人】[名] 美人。
れい-すい [0]【冷水】[名] つめたいみず。ひやみず。**―摩擦**(まさつ) [マ][名] 冷水にひたしてしぼった布で皮膚をこする健康法。**―浴**(よく) [ス][名] 冷水をあびて皮膚をつよくする健康法。↕温水浴。
れい-すい [0]【霊水】[名][文章語] ききめのある、ふしぎな水。霊験(れいげん)のある水。
れい・する [ス]【令する】[他サ] シ・セ・サ|シ|スル|スレ|シロ・セヨ [文章語] 命令する。**れい・す** [文語サ変]
れい-せい [0]【令婿】[名][文章語] 他人・相手のむこの尊敬語。
れい-せい [0]【冷製】[名] 魚や肉を、火をとおしてからつめたくひやして食べる料理。「さけの―」↕温製。
れい-せい [0]【冷静】[形動] ダロ・ダッ・デ・ニ|ダ|ナ|ナラ|○ 感情に動かされず、おちついているようす。おちついてしずかなようす。「―に話す」
れい-せつ [0]【礼節】[名][文章語] 礼儀と節度。
れい-せつ [0]【例説】[名][文章語] 例をあげて説明すること。また、その説明。
れい-せん [0]【冷泉】[名][文章語] つめたい泉。特に、セ氏二五度以下の、つめたい鉱泉をいう。↕温泉。
れい-せん [0]【冷戦】[名] (cold war の訳語)武力によらない、国際間のはげしい対立状態。経済・思想などの対立について言う。つめたい戦争。
れい-せん [0]【霊泉】[名][文章語] ふしぎなほど病気によくきく温泉。
れい-ぜん [0]【霊前】[名] ❶神、または、死者のみたまをまつってある所の前。❷⇩御霊前(ごれいぜん)❷。
れい-ぜん [0]【冷然】[と][副][たる連体] 冷淡なようす。ひややかなようす。「―たる表情」
れい-そう [0]【礼奏】[名] 音楽会で、アンコールにこたえてする演奏。
れい-そう [0]【礼装】[名][自サ] 儀式に出るための服装。
れい-ぞう [0]【霊像】[名][文章語] 神・仏の像。
れい-ぞう [0]【冷蔵】[名][他サ] くさらせないため、または、ひやすために、低温でたくわえること。**―庫**(こ) [ゾ][名] 氷・電力・ガスなどで低温にし、飲食物などを保存する箱。[夏]
れい-そく [0]【令息】[名] 他人・相手のむすこの尊敬語。↕令嬢。⇩むすこ [参考]。
れい-ぞく [0]【隷属】[名][自サ] 他人につき従うこと。隷従。
れい-そん [0]【令孫】[名][文章語] 他人・相手のまごの尊敬語。
れい-たい [0]【冷帯】[名] ➡あかんたい。
れい-だい [0]【例題】[名] 練習のために例として出す問題。
れい-たいさい [タ]【例大祭】[名] 神社で、毎年きまった日に行われる大きなまつり。
れい-たつ [0]【令達】[名][他サ] 命令をつたえること。また、その命令。
れい-たん [タ]【冷淡】[形動] ダロ・ダッ・デ・ニ|ダ|ナ|ナラ|○ ❶熱心でないこと。無関心。↕熱心。❷おもいやりがないこと。「他人に―だ」↕親切。
れい-だんぼう [ダ]【冷暖房】[名] 冷房と暖房。
れい-ち [レ]【霊地】[名] 霊場。
れい-ち [レ]【霊知】【霊×智】[名][文章語] ふしぎな、すぐれたちえ。
れい-ちゃ [0]【冷茶】[名] つめたくひやした茶。
れい-ちょう [0]【霊長】[名][文章語] ふしぎな、すぐれた力をもち、他のかしらとなるもの。「人間は万物の―である」**―類**(るい) [チョ][名] 霊長目の哺乳(ほにゅう)類の総称。サル類でヒトも含まれる。大脳が発達している。
れい-ちょう [0]【霊鳥】[名] ふしぎで、神聖なとり。鳳凰(ほうおう)など。
れい-てい [0]【令弟】[名][文章語] 他人・相手の弟の尊敬語。↕令兄。
れい-てき [0]【霊的】[形動] ダロ・ダッ・デ・ニ|ダ|ナ|ナラ|○ 霊・精神に関係があるようす。↕肉的。
れい-てつ [0]【冷徹】[名][形動][文章語] 感情にうごかされず、物事を鋭く見とおすこと。「―な目」
れい-てん [0]【礼典】[名] ❶[文章語] 儀式。❷礼儀に関するきまり。また、それをしるした書物。
れい-てん [レ]【冷点】[名] 皮膚に分布している、つめたさを感じる所。寒点。↕温点。
れい-てん【零点】[名] ❶[テ] 点数・得点のないこと。❷[レ] セ氏寒暖計の零度。
れい-でん [0]【礼電】[名] お礼の電報。
れい-でん [0]【霊殿】[名][文章語] ❶神仏をまつってある堂。❷祖先の霊をまつってある建物。みたまや。霊廟(れいびょう)。
れい-ど [レ]【零度】[名] 温度・角度などの度数を計算する起点。度数のゼロ。
れい-とう [0]【冷凍】[名][他サ] 食料品などをたくわえるためにこおらせること。「―の魚」 **―庫**(こ) [ト][名] 氷点以下で、食品を冷凍して保存するための箱・倉庫。**―食品**(しょくひん) [ショ][名] 保存のために冷凍された食品。冷食。
れい-にく [0]【冷肉】[名] むしやきにしたり、ゆでたりした後にひやした、牛肉・豚肉・にわとりの肉。コールドミート。
れい-にく [レ]【霊肉】[名] 霊魂と肉体。精神と肉体。**―一致**(いっち) [レ][名] 肉体は罪悪の根源であり、天国は精神の中にだけあるという思想に対し、肉体・精神ともにたいせつだとするキリスト教の考え方。
れい-ねつ [0]【冷熱】[名] ❶つめたいことと熱いこと。❷感情などがさめることと熱くなること。「―の交じる感情」
れい-ねん [0]【例年】[名] いつものとし。毎年。「―の行事」
れい-の【例の】[一][レ][連体] (過去の経験から、互いに知っている物事についていう)いつもの。あの。「―とおり」「―

人」「―場所」㊁[連語]〔古語〕例によって。いつものように。「例の、夜ふかくいでたまふ」〈源氏〉

れい-のう [0]【霊能】[名] 普通の人はもたないふしぎな力や能力。「―者」

れい-ば [レ]【冷罵】[名][他サ]〔文章語〕けいべつし、ののしること。

れい-はい [0]【零敗】㊀[名][自サ] 試合で、一点の得点もなく零点で負けること。ゼロ敗。スコンク。㊁[名] 試合で、負けた回数がゼロであること。「三勝―」

れい-はい [0]【礼拝】[名][他サ] 神をおがむこと。[参考] キリスト教では「れいはい」、仏教では「らいはい」という。

れい-ばい [0]【冷媒】[名] 冷凍機や冷房装置に用いる、温度をさげるはたらきをする物質。アンモニアやフロンなど。

れい-ばい [0]【霊媒】[名] 神霊や死者の霊がのりうつって、人間とのなかだちをする人。みこ・くちよせの類。**―術**(じゅつ) [バ][名] 霊媒を使って神や死者を呼びだす術。かみおろし。

れい-ひつ [0]【麗筆】[名]〔文章語〕書画などの美しく整った筆跡。

れい-ひょう [0]【冷評】[名][他サ] 同情のない、ひややかな批評。

れい-びょう [0]【霊×廟】[名] 祖先や偉大な人の霊をまつる建物。霊殿(れいでん)。

レイプ [レ]〈rape〉[名][他サ] 強姦(ごうかん)。性的暴行。

れい-ふう [0]【冷風】[名] ひややかなかぜ。つめたいかぜ。

れい-ふう [0]【零封】[名][他サ] スポーツで相手チームの得点を零点におさえること。完封(かんぷう)。

れい-ふく [0]【礼服】[名] 儀式・儀礼のときに着る衣服。↕平服。

れい-ふじん [フ]【令夫人】[名]〔文章語〕他人・相手の妻の尊敬語。令室。令閨(れいけい)。⇩妻(つま)[参考]。

れい-ぶん [0]【例文】[名] 例として示した文・文章。文例。

れい-ほう [0]【礼法】[名] 礼儀作法。礼典。

れい-ほう [0]【礼砲】[名] 軍隊の礼式の一つで、敬意をあらわすために撃つ、一定数の空砲。

れい-ほう [0]【霊宝】[名]〔文章語〕神聖な宝物。とうとい宝物。

れい-ほう [0]【霊峰】[名]〔文章語〕❶こうごうしい山。「―富士」❷神や仏をまつってある山。

れい-ぼう [0]【礼帽】[名] 礼装用の帽子。

れい-ぼう [0]【冷房】[名][自他サ] 室内の温度を外気よりもひくくすること。また、その装置。㋘ ↕暖房。

れい-ぼうこう [ボ]【礼奉公】[名] ⬇おれいぼうこう。

れい-ぼく [0]【零墨】[名]〔文章語〕書きもののきれはし。

れい-ぼく [0]【霊木】[名] 神霊のやどるという木。神木。

れい-ほん [0]【零本】[名]〔文章語〕一そろいのうち、一部分が欠けている本。端本(はほん)。↕完本。

れい-まい [0]【令妹】[名]〔文章語〕他人・相手の妹の尊敬語。↕令姉。

れい-まいり [マ]【礼参り】―まゐり [名] ⬇おれいまいり。

れい-まわり [マ]【礼回り】―まはり [名] 世話になった人を順々にたずねて行って礼をのべること。

れい-みょう [0]【霊妙】[形動(の)] ダロ・ダッ・デ・ニ／ダ・ナ・ナラ・〇 人の知恵でははかり知ることができない、ふしぎなようす。神秘的で尊いこと。「―不可思議」

れい-みん [0]【×黎民】[名]〔文章語〕(「黎」は多いの意) 人民。

れい-む [レ]【霊夢】[名]〔文章語〕神仏のおつげのある、ふしぎなゆめ。

れい-めい [0]【令名】[名]〔文章語〕よい評判。名声。令聞。

れい-めい [0]【×黎明】[名]〔文章語〕あけがた。よあけ。**―期**(き) [メ][名] 新しい時代のはじまる時期。「近代文学の―」

れい-めん [レ]【冷麺】[名] 朝鮮料理の一つ。ゆでてからひやしためんに、焼き豚や野菜などをのせて、つめたいスープをかけたもの。

れい-もつ [0]【礼物】[名] 謝礼としておくる品物。

レイヤード [レ]〈layered〉[名] 層状に、また段になって重なっていること。特にファッションで、重ね着。

れい-やく [レ]【霊薬】[名] ふしぎなききめをもつくすり。

れい-よう [0]【冷用】[名] 酒や茶をつめたくして飲むこと。**―酒**(しゅ) [ヨ][名] かんをせずに、またはひやして飲むために造られた酒。れいしゅ❷。

れい-よう [0]【×羚羊】[名] 乾燥した草原にすむ哺乳(ほにゅう)類。細長い脚で、走るのがはやい。インパラ・ガゼルなど。

れい-よう [0]【麗容】[名]〔文章語〕美しく整った姿・かたち。

れい-らく [0]【零落】[名][自サ] おちぶれること。落魄(らくはく)。

れい-り [レ]【×怜×悧】[名][形動] かしこいこと。

れい-りょう [0]【冷涼】[名][形動]〔文章語〕ひややかで、すずしいこと。「―な気候」

れい-りょく [レ]【霊力】[名]〔文章語〕霊のふしぎなはたらきをしめす能力。神秘的な力。

れい-れい [0]【麗麗】[と][副][たる連体] はっきりとして、めだつようす。「祝優勝と―と記された垂れ幕」

れいれい-しい [シ]【麗麗しい】[形] カロ・カッ・ク／イ・イ・ケレ・〇 ことさら人目につくように飾りたてている。「―服装」 れいれい・し [文語シク]

れい-ろう [0]【×玲×瓏】[(と)副][たる連体]〔文章語〕❶美しくすんで、かがやくようす。「―たる宝玉」❷玉・金属などが鳴る、美しくさえた音のようす。「―たる声音」

れい-わ [0]【例話】[名] 実例として話すはなし。

レイン〈rain〉[造] ⬇レーン。

レヴュー [レ]〈review; フrevue〉[名] ⬇レビュー。

レーキ [レ]〈rake〉[名] 鉄製のくし形の金具に、長い柄(え)を直角につけた農具。まぐわ。

レーク-サイド [サ]〈lake side〉[名] 湖のほとり。湖畔(こはん)。

レーサー [レ]〈racer〉[名] ❶競走用の自動車・オートバイ。❷自動車・オートバイなどのレースに出る競技者。

レーザー [レ]〈laser〉[名] (light amplification by stimulated emission of radiation から) 周波数が一定で、位相もよくそろった特殊な可視光線を、発生させる装置。この装置から出る光線は、超遠距離までとどく。**―ディスク** [ディ]〈Laserdisk〉[名] (商標名) レーザーを使って音声と映像を再生する、レコード状の円盤。LD。**―プリンター** [リ]〈laser printer〉[名] レーザー光線を使う印字機。処理が高速で大量印刷に向く。

レーシング-カー [グ]/[カ]〈racing car〉[名] 競走用自動車。

レース [レ]〈lace〉[名] 糸をかがりあわせて、いろいろのすかし模様を出した、うすい布。㋘

レース [レ]〈race〉[名] ❶競走・競泳・競馬・ボートの競漕(きょうそう)などの競技。❷競争。「ペナント―」

レーズン [レ]〈raisin〉[名] ほしぶどう。

レーゼ-ドラマ [ド]〈ドLesedrama〉[名] 上演するためでなく、読むだけのために書かれた脚本・戯曲。

レーゾン-デートル [テ]〈フraison d'être〉＝**レゾンデートル** [名] 存在理由。存在する価値。

レーダー [レ]〈radar〉[名] (radio detecting and ranging から) 電波探知機。

レート [レ]/[0]〈rate〉[名] 割合。歩合。率。「為替―」

レート-ショー [ト]〈late show〉[名] 映画館で、夜の遅い時間帯に行われる上映。

レーベル [0]〈label〉[名] ❶レコードの中心にある円形の紙、またはCDの印刷部分。曲名や演奏者名などが印刷されている。また、そのレコードやCDを発売している会社の意にも用いる。❷ラベル。

レーム-ダック ダ〈lame duck〉名〔あしの悪いあひるの意〕任期終了間際で影響力を失った指導者。

レーヨン レ〈rayon〉名 人造絹糸。人絹。

レール ０〈rail〉名 ❶鉄道の軌道。軌条。❷戸車やカーテンを走らせるため敷居や鴨居につける棒状のもの。**ーを敷く** 物事がうまく進むように、下準備をする。「条約締結へのー」

レーン レ〈rain〉＝**レイン** 造 雨。雨降り用。**ーコート** コ〈raincoat〉名 雨をよけるために着る、防水加工をした布やビニール製のコート。**ーシューズ** シュ〈rainshoes〉名 雨ぐつ。**ーハット** ハ〈rainhat〉名 防水布でつくった帽子。雨天帽。

レーン レ〈lane〉名〔細道の意〕❶車線。「バスー」❷ボウリングのボールをころがす、両がわにしきりのある床。

レーンジャー レ〈ranger〉名 ⬇レンジャー。

レオタード タ〈leotard〉名 からだにぴったり合った、バレエ・体操などで着用する上下つづきの衣服。

レガーズ レ〈leg guards〉名 ホッケーの選手や野球の捕手などがつける防護用のすね当て。

レガート ガ〈(イ)legato〉名 音楽で、音を切らないで、なめらかにつづけて演奏せよの意味。⇔スタッカート。

レガシー レ〈legacy〉名 遺産。遺物。参考 近年、「政治家としてのレガシーを作る」のように、後世の評価を期待した事業や政策の意でも用いられる。

レガッタ ガ|レ〈regatta〉名 ボートレース。ボート競漕。春

れき【暦】 造 こよみ。「暦年・還暦・グレゴリオ暦・太陽暦」

れき【歴】 造 ❶へる。経過する。「歴史・経歴・履歴」❷ひとつひとつあとを追う。「歴代・歴任・遍歴」❸はっきりしている。「歴然・歴歴」❹…の経験。「研究歴・教職歴」

れき【×礫】 造 こいし。つぶて。「礫岩・瓦礫・飛礫」

れき【×轢】 造 ❶ひく。車でひく。「轢死・轢断」❷きしる。きしむ。「軋轢」

れき-がん キ|０【×礫岩】名 小石が水底につもり、粘土・砂などにまじってかたまった堆積岩。子持ち岩。

れき-さつ ０【×轢殺】名 他サ 車輪でひきころすこと。

れき-し ０【歴史】名 ❶人間社会の変遷・発展。また、その記録。❷物事のうつりかわり。また、その記録。「乗り物のー」 **ー時代** ジ 名 記録・文献がのこっていて、歴史としてしるされている時代。⇔先史時代。**ー小説** ショ 名 歴史上の事件や人物を素材とした小説。⇔現代小説。参考 ふつう、江戸時代以前に素材をもとめたものをいう。**ー的** ０ 形動 ❶歴史に関するようす。「ー事実」❷歴史にのこるようす。「ー発見」 **ー的仮名遣い** ヅ 名 平安時代初期の文献にもとづいたかなづかい。⇔現代仮名遣い。**ー的現在** ゲ 名〔言〕過去の事がらを現在形を使って表現する方法。

れき-し ０【×轢死】名 自サ 車輪にひかれて死ぬこと。

れき-じつ ０【暦日】名〔文章語〕❶こよみできめてある日。月日。「山中ーなし」❷月日の経過。❸こよみ。

れき-しょう ０【暦象】名〔文章語〕太陽・月・星などの天体の運行の現象。また、こよみによって天体の現象をおしはかること。

れき-すう ス|０【暦数】名〔文章語〕❶日月の運行を測定してこよみを作る方法。❷自然の運命。命数。天命。❸年代の数。

れき-せい ０【歴世】名〔文章語〕代々。歴代。

れき-せい ０【×瀝青】名 ❶天然の炭化水素化合物、およびそれを精製加工した炭化水素の総称。アスファルト・石油・天然ガスなど。❷タールを蒸留したあとの残りかす。黒色でねばねばしている。木材の防腐・道路の舗装用。ピッチ。**ー炭** ０ 名 石炭の一種。無煙炭の次に上質とされる。黒炭。

れき-せん ０【歴戦】名 たたかった経験の多いこと。「ーの勇士」

れき-ぜん ０【歴然】と副 たる連体 あきらかなようす。ありありと。「ーたる事実」

れき-だい キ【歴代】名 代々。世々。歴世。「ーの天皇」

れき-だん ０【×轢断】名 他サ 列車・電車などがひいて、からだを切断すること。

れき-ちょう ０【歴朝】名〔文章語〕歴代の朝廷。

れき-てい ０【歴程】名〔文章語〕とおってきた道すじ。

れき-ど レ【×礫土】名〔文章語〕小石を多くふくんだ土。

れき-にん ０【歴任】名 他サ つぎつぎにいろいろな役職についてきたこと。「数校の校長をーした」

れき-ねん ０【暦年】名 こよみで定めた一年。

れき-ねん ０【歴年】名〔文章語〕❶年月をへること。❷毎年。連年。

れき-ねんれい ネ【暦年齢】名 生まれてから現在までをこよみでかぞえた年齢。⇔精神年齢。

れき-ほう ０【暦法】名 天体の運行などに基づいて、こよみを作る方法。

れき-ほう ０【歴訪】名 他サ 各地や多くの人を次々におとずれること。「欧米諸国をーする」

れき-ゆう ０【歴遊】名 自サ〔文章語〕各地をめぐりあそぶこと。

レギュラー レ〈regular〉一 名 形動(の) 規則的な。正規の。⇔イレギュラー。二 名 レギュラーメンバー。**ーメンバー** メ〈regular member〉名 ❶いつも出演する正式の顔ぶれ。⇔ゲスト。❷正選手。

れき-れき ０【歴歴】一 名 ⬇おれきれき。二 と副 たる連体〔文章語〕あきらかなようす。歴然。「ーたる証拠がのこっている」

レギンス レ|０〈leggings〉名 ❶すね当て。きゃはん。❷毛糸で編んだ子ども用のズボンで、すそに付けたゴムひもを足うらにかけるようにしたもの。❸足にぴったりしたズボン。スパッツ。

レクイエム ク〈(ラ)requiem〉名〔「(彼らに)安らぎを」の意から〕鎮魂曲。

レクチャー レ〈lecture〉名 講義。講演。レクチュア。

レグホ(ー)ン レ〈Leghorn〉名 にわとりの一種。イタリア原産。卵をよくうむ。肉は食用。

レクリエーション エ〈recreation〉＝**リクリエーション** 名 心身の疲れをいやすための運動・娯楽。

レゲエ ０〈reggae〉名 ジャマイカに発生したポピュラー音楽。一九七〇年代に世界に広まった。

れこ レ 代〔俗語〕〔「これ」のさかさことば〕例の人。例の物。参考 愛人・金銭などの意味をあらわす。

レコーダー コ〈recorder〉名 ❶記録者。❷記録や録音・録画のための装置・機器。「DVDー」「タイムー」

レコーディング ０|コ〈recording〉名 自他サ ❶記録すること。❷レコードに録音すること。

レコード コ|レ〈record〉名 ❶記録。最高記録。❷音楽などを録音した、表面に細いみぞのある円盤。音盤。**ーコンサート** コ²〈record concert〉名 レコードをかけてする、音楽会。**ープレーヤー** レ²〈record player〉名 レコードの音を再生する装置。プレーヤー。**ーホルダー** ホ〈record holder〉名 記録保持者。競技の最高記録を保

持する者。

レコメンド [メ]〈recommend〉＝**リコメンド** [名][自サ] 勧めること。推薦すること。「新発売の商品を—する」

レザー [レ]〈leather〉[名] ❶皮革(ひかく)。なめしがわ。❷レザークロス。**—クロス** [ク]〈leather cloth〉[名] 特定の物質の薄膜をかぶせて革のようにした、厚紙やもめん織物。擬革(ぎかく)。

レザー [レ]〈razor〉[名] 西洋かみそり。

レシート [シ]〈receipt〉[名] 領収書。

レジ [レ][名]「レジスター」の略。

レシーバー [シ]/[0]〈receiver〉[名] ❶耳にあてる受話器・受信機。❷テニス・卓球などで、サーブを受ける人。↕サーバー。

レシーブ [シ]〈receive〉[名][他サ] テニス・卓球・バレーボールなどで、相手の打ったたまを受けること。↕サーブ。

レジーム [ジ]〈フ régime〉[名] 政治体制。「アンシャンレジーム」 [参考]「アンシャンレジーム」は、「旧制度」や「旧体制」の意だが、特にフランス革命以前の政治、社会制度を指して言う。

レジェンド [レ]〈legend〉[名] 伝説。また、伝説的な人物。

レジオネラ-きん [0]【レジオネラ菌】[名]〔ラ Legionella の訳語〕水中や土中にいる細菌の一種。老人や衰弱した人がすいこむと肺炎の原因になることがある。

レジオン-ドヌール [ヌ]〈フ Légion d'honneur〉[名] フランスの最高勲章。

レジスター [ジ]/[レ]〈register〉[名] ❶金銭登録器。自動的に金銭の出し入れを記録する機械。❷金銭の出納(すいとう)をする係の人。レジ。

レジスタンス [ジ]〈フ résistance〉[名] 権力に対する抵抗運動。特に、第二次世界大戦中、フランス国民が行ったドイツに対する抵抗運動。

レジデンス [レ]〈residence〉[名] 住宅。高級アパート・マンションなどの名称に用いられる。

レシピ [レ]〈recipe〉[名] 料理や飲み物の作り方。

レシピエント [シ]/[ピ]〈recipient〉[名] ↕ドナー。❶臓器移植などで、からだの部分の提供を受ける人。❷事業で、資金の提供を受ける人や団体。

レジ-ぶくろ [ブ]【レジ袋】[名] 商品を入れるために小売店のレジでもらったり買ったりするポリエチレンの袋。

レジメ [0]〈フ résumé〉[名] ⬇レジュメ。

レジャー [レ]〈leisure〉[名] ひま。余暇の遊びや娯楽。「—ライフ」「—ランド」

レジューム [ジュ]〈resume〉[名] 再開すること。特に、パソコンなどで停止する前の状態を保存し、再開する時にすばやくもとの作業状態に戻す機能。

レジュメ [0]〈フ résumé〉＝**レジメ** [名] 要約。大意。研究などの概要を印刷したもの。

レス〈less〉[接尾]〔名詞・形容動詞語幹を作る〕…のないようす。「コード—」「トップ—」

レス [レ][名][俗語]〔response から〕返事。応答。特に、インターネット上の発言に対する反応。

レズ [レ][名] ⬇レスビアン。

レスキュー [レ]〈rescue〉[名] 救助。救援。救出。**—隊**(たい) [0][名] 災害や事故のあったときに出動し、人命の救助にあたる警察や消防の部隊の通称。

レスト-ハウス [ハ]〈rest house〉[名] 休息所。休養のための宿泊所。

レストラン [レ]〈フ restaurant〉[名] 西洋風の料理店。

レスト-ルーム [ル]〈rest room〉[名]〔デパートや劇場などで〕化粧室。トイレ。また、それを備えた休憩室。

レスビアン [ス]〈Lesbian〉[名] 女性どうしの同性愛。また、それをこのむ人。レズ。[参考]ギリシャのレスボスLesbos島の住民の意から。

レスポンス [レ]〈response〉[名] ❶応答。反応。対応。「指示に対する—は早いほどよい」❷自動車やコンピューターなどで、操作に対する反応。「—のいい車」

レスラー [レ]〈wrestler〉[名] レスリングの選手。

レスリング [レ]〈wrestling〉[名] ふたりの選手が、素手でたたかい、相手の両肩を先にマットにつけたほうが勝ちとなる競技。

レセプション [セ]〈reception〉[名] 招待。歓迎会。

レセプト [0]/[セ]〈ド Rezept〉[名]〔処方箋(せん)の意〕医療機関が健康保険組合などに請求する、診療報酬の明細書。

レソト〈Lesotho〉アフリカ南部にある立憲王国。英連邦の一員。一九六六年に独立。首都はマセル。

レゾン-デートル [デ]〈フ raison d'être〉[名] ⬇レーゾンデートル。

レター [レ]〈letter〉[名] 手紙。**—ペーパー** [ペ]〈letter paper〉[名] びんせん。書簡箋(しょかんせん)。

レタス [レ]〈lettuce〉[名] ちしゃ(萵苣)の別名。サラダなどに使う。西洋ちしゃ。[春]

れ-たす-ことば [コ]【れ足す言葉】[名] 可能動詞に不要な「れ」を入れる誤用のこと。「書ける」「飲める」を「書けれる」「飲めれる」のようにいうたぐい。

レタリング [0]〈lettering〉[名] デザインで、意味の伝達と美しさを考え、さまざまな書体の文字を図案化すること。

れつ【劣】[造] ❶おとること。「劣化・劣勢・劣等」↕優。❷いやしい。ひくい。「劣悪・劣情・愚劣・卑劣」

れつ【烈】[造] ❶はげしい。「烈火・烈震・熾烈(しれつ)・壮烈・猛烈」❷気性がはげしい。「烈士・烈女・烈婦(れっぷ)・義烈」

れつ【裂】[造] さく。さける。ばらばらになる。「裂傷・決裂・破裂・分裂」

れつ【列】㊀[レ][名][造] つらなり。ならび。「前の—」「行列・隊列・砲列」㊁[レ][名] なかま。くみ。「名人の—に入る」㊂[造] ❶つらねる。ならぶ。「列挙・陳列・配列」❷順序。「順列・序列・同列」❸くわわる。「列座・列席・参列」 **列する** [自他サ]

れつ-あく [0]【劣悪】[形動]〔ダロ・ダッ・デ・ニ／ダ・ナ・ナラ・○〕 おとっていて質のわるいようす。「—な商品」↕優良。

れつ-い [レ]/[0]【劣位】[名] ほかよりおとっている地位。↕優位。

れっ-か [レ]/[0]【列火】[名] 漢字の部首の一つ。「熱」「烈」「然」などの「灬」。連火(れんが)。

れっ-か [レ]/[0]【烈火】[名] はげしく燃える火。「—のごとく怒る」

れっ-か [0]【劣化】[名][自サ] 時間がたつとともに、品質や性能が悪くなること。

レッカー-しゃ [カ]【レッカー車】〈wrecker〉[名] 故障車などを移動させる、クレーンつきのトラック。

れっ-き [レ]/[0]【列記】[名][他サ] ならべしるすこと。

れっき-と-した【歴とした】[連語] すぐれたものとして周囲から認められている。りっぱな。「—武士の子」

れっ-きょ [レ]【列挙】[名][他サ] ならべあげること。かぞえたてること。「問題点を—する」

れっ-きょう [0]【列強】[名] 多くのつよい国々。

れつ-ご [レ]【劣後】[名][自他サ] ほかよりも順番があとになること。↕優先。**—債**(さい) [ゴ][名] ふつうの社債にくらべて、高い利子を受け取れるが、元金の保証は後まわしになるもの。

れっ-こう [0]【列侯】[名]〔文章語〕多くの大名。諸侯。

れっ-こく [0]【列国】[名] 多くの国。諸国。

れつ-ざ [レ]【列座】[名][自サ] 席につらなること。列席。

れ

レッサー-パンダ [パ]〈lesser panda〉[名] 体長約六〇の小型のパンダ。体は赤茶色で、耳や目の上、口鼻の周りが白い。ふさふさした尾には輪状の模様がある。アライグマに似る。

れっ-し [レ]【烈士】[名] 信念を貫きとおす気性がはげしい男。↕烈女。

れっし-かんだんけい [レ]【列氏寒暖計】[名] (「列氏」は、考案者フランス人レオミュールの中国語表記から)氷点が零度、沸騰点が八〇度の寒暖計。

れつ-じつ [0]【烈日】[名] [文章語] きびしく照りつける太陽。「秋霜―」[夏]

れっ-しゃ [0]【列車】[名] 乗客や貨物を輸送するためにつらねた鉄道車両の列。

れつ-じゃく [0]【劣弱】[形動] 能力・体力・勢力などがおとっていてよわいようす。

れつ-じょ [レ]【烈女】[名] 気性がはげしく、節操のかたい女性。烈婦。↕烈士。

れっ-しょう [0]【裂傷】[名] 皮膚などの裂けたきず。

れつ-じょう [0]【劣情】[名] いやしい情欲、性欲。

れっ-しん [0]【烈震】[名] 地震の強さの旧階級。家がたおれるものが三〇以下で、がけくずれ、地割れなどがおこる程度の地震。震度6。

れっ・する [0]/[ス]【列する】 ━ [自サ] ❶その場に居ならぶ。❷仲間に加わる。━ [他サ] ならべる。連ねる。「名を―」 **れっ・す** [文語サ変]

レッスン [レ]〈lesson〉[名] ❶授業。練習。けいこ。❷学課。課程。 **―プロ** [プ]〈lesson pro〉[名] (和製英語)テニスやゴルフで、技術指導を主業務としているプロ選手。

れっ-せい [0]【列世】[名] [文章語] 代々。よよ。歴世。歴代。「―の天子」

れっ-せい [0]【列聖】[名] ❶ [文章語] 代々の天子。❷カトリックで、殉教者が聖人として加えられること。

れっ-せい [0]【劣性】[名] ➡せんせい(潜性)。↕優性。

れっ-せい [0]【劣勢】[名] [形動(の)] 勢いがおとっていること。形勢が不利なこと。「―に立たされる」↕優勢。

れっ-せき [0]【列席】[名] [自サ] 席につらなること。列座。

れつ-だい [ツ]【列代】[名] 代々。歴世。歴代。列世。

レッテル [0]〈オ letter〉[名] ❶商品にはりつける商標の紙片。❷人や事物に対する評価。 **―を張る** 人や事物に対して値うちをきめる。評価する。悪い意味に使うことが多い。

「怠け者の―」

れつ-でん [0]【列伝】[名] 多くの人の伝記をしるしたもの。↕本紀。 **―体** [0][名] 列伝の形式による歴史の書き方。↕編年体・紀伝体・紀事本末体。

レッド [レ]〈red〉[名] ❶赤。赤色。❷共産主義者。左派。左翼。 **―カード** [カ]〈red card〉[名] サッカーなどで、反則を重ねたり悪質な反則行為をしたりした選手に対して、審判が示す、退場を命じる赤色のカード。 **―カーペット** [カ]〈red carpet〉[名] 式典などで敷く赤いじゅうたん。 **―パージ** [パ]〈red purge〉[名] 共産主義者とその同調者を公職・職場から追放すること。日本で、一九四九年ごろから連合軍総司令部の指示によって行われた。

れっ-とう [0]【列島】[名] 海上につらなり並んでいる島々。「日本―」

れっ-とう [0]【劣等】[名] [形動] ふつうのものよりおとっていること。↕優等。 **―感** [ト][名] 他人より自分がおとっていると思いこむ気持ち。↕優越感。 **―生** [ト][名] 成績がひどく悪い生徒。↕優等生。

れっ-ぱい [0]【劣敗】[名] [文章語] おとっているものが生存競争に負けること。「優勝―」

れっ-ぱく [0]【裂×帛】[名] [文章語] 絹をひきさくこと。女性の声や鋭いさけび声のたとえ。「―の気合い」

れっ-ぱん [0]【列藩】[名] 多くの藩。

れっ-ぷ [レ]【烈婦】[名] 烈女。

れっ-ぷう [0]【烈風】[名] はげしく強いかぜ。風速は毎秒二八・五～三二・六。

れつ-りつ [0]【列立】[名] [自サ] [文章語] ならんで立つこと。

れつ-れつ [0]【烈烈】[と副] [たる連体] [文章語] 気力や勢いのはげしいようす。「―たる気迫」

レディー [レ]〈lady〉[名] ↕ジェントルマン。❶貴婦人。淑女。❷女性。 **―ファースト** [ファ]〈ladies first〉[名] 女性に先をゆずる欧米の礼儀。女性優先。

レディース [レ]〈ladies〉[名] 女性用。女物。「―ファッション」↕メンズ

レディー-メード [メ]〈ready-made〉[名] 既製品。できあいの品。↕オーダーメード。

レ-てん [0]【レ点】[名] 漢文を読みくだすための返り点の一つ。一字返って読むしるしで、「レ」の符号を使う。かりがね点。

レトリック [レ]/[リ]〈rhetoric〉[名] ことば・文章の効果を高める技術。修辞法。修辞学。

レトルト [0]/[ト]〈オ retort〉[名] ❶化学実験用具で、フラスコの頭のまがったもの。蒸留用。❷高温・高圧で殺菌するための釜。❸レトルト食品。 **―食品** [ショ][名] 高圧で殺菌して密閉した容器に入れた食品。調理ずみのものを数分間加熱して、食べられるようにしたものもある。レトルト。

レトルト❶

レトロ [レ][名] [形動] (retrospectiveから)昔の風俗・流行をなつかしむこと。懐古調。「―感覚」

レバー [レ]〈lever〉[名] ❶機械を操作するための取っ手。「シフト―」❷てこ。

レバー [レ]〈liver〉[名] 動物の肝臓。食用。「―ペースト」

レパートリー [パ]〈repertory〉[名] ❶上演種目。劇団や歌手・演奏家などが、いつでも上演・演奏する用意のできている演目や曲目。❷個人が身につけている研究・技芸などの領域や種目。「―が広い」

レバ-さし [0]【レバ刺し】[名] 牛や馬のレバー(肝臓)のさしみ。

ればーたら [0][名] [俗語] ➡たられば。

レバノン《Lebanon》西アジアの地中海岸にある共和国。一九四三年に独立。首都はベイルート。

レビュ(ヴュ)ー [レ]/[ビュ]〈review〉[名] 批評。評論。「ブック―」

レビュ(ヴュ)ー [レ]〈フ revue〉[名] 舞踊と歌を主にした、はなやかなショー。

レフ [レ][名] 「レフレックス」の略。

レファレンス [レ]〈reference〉＝**リファレンス** [名] 関係のある事がらを調べたりひきくらべたりすること。参照。参考。 **―サービス** [サ]〈reference service〉[名] 図書館が、利用者の必要とする文献についての情報を与えたりするサービス。

レフェリー [レ]〈referee〉＝**レフリー** [名] サッカー・ボクシングなどの審判員。 **―ストップ** [ト]〈referee stop〉[名] ボクシングなどで選手が負傷したとき、試合をつづけることができないとレフェリーが判断して、試合を中止させること。

レフト [レ]〈left〉[名] ↕ライト。❶左。左がわ。❷野球で、左翼、また、左翼手。

レプラ [レ]〈ド Lepra〉[名] ハンセン病。

レフリー [レ]〈referee〉[名] ➡レフェリー。

レプリカ [プ]〈replica〉[名] 複製。模写。「優勝トロフィーの—」

レフレクター [レ]^{2}〈reflector〉[名] 写真撮影に使う採光用反射板。反射鏡。

レフレックス [レ]^{2}〈reflex〉[名] 写真機で、レンズからはいる光線を反射させて、ファインダーガラスに写す装置。レフ。

レベル [レ]/[0]〈level〉[名] 程度。水準。「トップ—」「—測量」 **—アップ** [ア]〈level up〉[名][自他サ]〔和製英語〕水準があがること。水準をあげること。「学力の—をはかる」 **—ダウン** [ダ]〈level down〉[名][自他サ]〔和製英語〕水準がさがること。水準をさげること。「品質が—する」

レポ [レ][名] ❶「レポート」の略。❷「レポーター」の略。特に、左翼運動などの連絡者。

レポーター [ポ]〈reporter〉[名] ❶現地報告をする記者、通信員。❷報告者。リポーター。

レポート [ポ]〈report〉[名] ➡リポート。

レム-すいみん [ス]【レム睡眠】[名]〔REM (rapid eye movement) から〕身体的には深い睡眠にあるが、眼球の激しい動きを特徴とする睡眠。夢をみていることが多い。

レモネード [ネ]〈lemonade〉[名] レモンのしるを水または湯でうすめ、砂糖を加えたもの。

レモン [レ]〈lemon〉[名] ミカン科の常緑小高木。花は白色で五弁。実は黄色で芳香をはなち、食用・香料用。㊙秋 **—スカッシュ** [カ]〈lemon squash〉[名] ソーダ水にレモンのしるを加えた飲料。(夏) **—ティー** [テ]〈lemon tea〉[名] 紅茶にうすい輪切りのレモンを浮かせたもの。

レモン《檸檬》 梶井基次郎（かじいもとじろう）の短編。一九二五年発表。青年の心理を描いた小説。

レリーフ [リ]〈relief〉[名] 彫刻などの浮き彫り。リリーフ。

れる [助動]〔レ・レ・レル・レル・レレ・レロ・レヨ〕〔五段・サ変の動詞の未然形につく。❷❸には命令形がない〕❶受け身の意味をあらわす。「先生にしから—」「風で木が倒さ—」❷可能の意味をあらわす。「五分でそこまで行か—」[参考] 可能の言い方には、「れる(られる)」をつけるほかに、「行ける」「泳げる」のような可能動詞や、「…できる」のような言い方がある。可能動詞は、五段活用の動詞から派生したものが本来である。「見れる・着れる・来れる」などの一段・カ変活用動詞から派生した言い方も、最近は使われるが、正しくは「られる」をつけた「見られる・着られる・来られる」である。❸自然にそうなる意味（自発）をあらわす。「故郷の母がしのば—」❹動作の主体を立てる意味（尊敬）をあらわす。「先生が渡米さ—」[参考] 動作をあらわす語につき尊敬の言い方をつくる形式には、「れる(られる)」のほかに、「お(ご)…になる」「お(ご)…なさる」などがある。「れる(られる)」は、敬意がやや軽く、また書きことば的である。「ご旅行される」のような言い方は、あやまり。「ご旅行なさる」「旅行される」などが正しい。

れろ-れろ [0](に)[副]〔俗語〕舌がもつれて発音がはっきりしないようす。「酔っ払って—になる」

れん【恋】[造] こう。こい。「恋愛・恋情・恋慕・恋恋・失恋・悲恋」

れん【連】㊀[造] ❶つらなる。つられる。「連合・連続・一連・関連」❷つづける。「連呼・連載・連勝」❸つれる。「連行・連帯」㊁[造][接尾] なかま。連中。「連中・常連・若者連」㊂[接尾] ❶ひとくくりのものをかぞえることば。「かつおぶし一—」❷【×嗹】〔team の当て字〕洋紙の一〇〇〇枚、板紙一〇〇枚を単位としてかぞえることば。

れん【×煉】[造] ❶ねる。きたえる。「煉獄・修煉・精煉・鍛煉」❷こねる。ねって固める。「煉瓦（れんが）・煉炭」

れん【×蓮】[造] はす。はちす。「蓮華（れんげ）・蓮根・睡蓮・木蓮」

れん【練】[造] ❶ねる。「練丹・練炭・練乳」❷なれる。きたえる。「練習・練達・訓練・熟練・鍛練」

れん【×憐】[造] ❶あわれむ。気のどくに思う。「憐情・憐憫（れんびん）・哀憐」❷かわいがる。いつくしむ。「愛憐・可憐」

れん【錬】[造] きたえる。ねりあげる。「錬金・錬成・錬磨・修錬・精錬・鍛錬」

れん【×簾】[造] すだれ。「簾中・暖簾（のれん）」

れん【×聯】㊀[レ][名] ❶柱や壁などの左右に、一対（いっつい）にしてかける細長い書画の板。❷律詩（りっし）の対句（ついく）。㊁[造] ❶つらなる。つながる。「聯合・聯邦・関聯」❷対をなすもの。「一聯・対聯（ついれん）」

れん [レ]【廉】[名][形動][造] ❶心が正しく欲の少ないようす。「廉潔・清廉・破廉恥」❷値が安いようす。「廉価・廉売・低廉」

れん-あい [0]【恋愛】[名][自サ] 特定の人物に対し強い好意をいだき、かけがえのない存在として大切におもう気持ち。「—感情」「遠距離—」[参考]「恋（こい）」は一方的な場合もあるが、「恋愛」は相互的な感じが強い。 **—結婚**（けっこん） [ケ][名] 恋愛から出発して結婚生活にはいること。↕見合い結婚。

れん-か [レ]【恋歌】[名] 恋愛の情をうたったうた。また、和歌。こいうた。

れん-か [レ]【廉価】[名][形動(の)] 値段がやすいこと。安価。↕高価。

れん-が [レ]【連火】[名] ➡れっか(列火)。

れん-が [レ]【連歌】[名] ふたり以上の人が、和歌の上（かみ）の句と下（しも）の句を、交互によみつづけていく形式の歌。

れん-が [レ]【×煉瓦】[名] 粘土と砂をまぜて直方体に練りかため、かまで焼いたもの。 **—色**（いろ） [0][名] れんがのような赤茶色。 **—造り**（づくり） [ツ][名] れんがを積んで建てること。また、その建造物。

れん-かん [0]【連関】【×聯関】[名][自サ] かかわりあい。関連。

れん-き [レ]【連記】[名][他サ] 二つ以上をならべて書くこと。「名前を—する」↕単記。 **—投票**（とうひょう） [ト][名] 数名の候補者の名を一枚の用紙に書いて行う投票。↕単記投票。

れん-ぎ [レ]【連木】[名] すりこぎ。 **—で腹**（はら）**を切**（き）**る** やってもできるはずがないことのたとえ。

れん-きゅう [0]【連丘】[名]〔文章語〕いくつもつづいている丘。

れん-きゅう [0]【連休】[名] やすみの日がつづくこと。つづいたやすみの日。「飛び石—」

れん-ぎょう [レ]/[0]【連×翹】[名] モクセイ科の落葉低木。春、黄色四弁の花をひらく。観賞用。(春)

れん-ぎん [0]【連吟】[名] 謡曲の一部分を、ふたり以上で声をそろえてうたうこと。↕独吟。

れんきん-じゅつ [キ]【錬金術】[名] 卑金属を貴金属にかえようとする秘法。古代エジプトにはじまり、中世に全欧州で行われた。

れん-く [0]【連句】[名] 発句（ほっく）にはじまり、挙句（あげく）でおわる、その間、五七五の句と七七の句を、ふたり以上の人が交互によみつづけていく形式の俳諧（はいかい）。俳諧連歌（はいかいれんが）。

れん-げ [0]【×蓮華】[名] ❶はすのはな。(夏) ❷れんげそう。❸ちりれんげ。 **—座**（ざ） [0][名]「蓮華（れんげ）❶」のかたちにつくった仏像の座。 **—草**（そう） [0][名] マメ科の二年生植物。葉は羽状で複葉。四、五月ごろ、紅紫色のちょう形の小花を多数つける。肥料・牧草用。れんげ。げんげ。(春)

れん-けい [0]【連係】【連×繋】[名][自サ] 何かをする上で、相手と密接な関係をもつこと。「内外野の—プレー」

れん-けい [0]【連携】[名][自サ] 目的を同じくするもの同士

が、互いに連絡、協力しあって物事をすること。

れん-けつ ◎【連結】名 他サ つなぎ、むすぶこと。 **―器**(き) ツ 名 列車・電車などの車両をつなぐしかけ。

れん-けつ ◎【廉潔】名 形動(の) 〔文章語〕欲が少なく、心や行いがきれいなこと。清廉。「―の士」

れん-こ レ【連呼】名 他サ つづけて呼ぶこと。くりかえし呼びたてること。「お願いしますの―」

れん-ご ◎【連語】名 二つ以上の語がつながって、ひとまとまりの働きをするもの。「ついている」「ろくでもない」など。参考「歯が痛い」「手を洗う」などの言い方も、広義には連語に含まれる。この辞典では、「頭が痛い」「足を洗う」などの慣用句は、句として扱った。

れん-こう ◎【連行】名 他サ つれて行くこと。「容疑者を警察に―する」

れん-ごう ◎【連合】【×聯合】名 自他サ ❶二つ以上のものが組になること。❷「日本労働組合総連合会」の略。一九八九年に発足。 **―軍**(ぐん) ゴ 名 ❶二国以上の軍隊が連合して編成した軍隊。❷二つ以上のチームが連合して編成した一つのチーム。 **―国**(こく) ゴ 名 二つ以上の独立国が連合して一つの組織となったもの。

れん-ごく ◎【×煉獄】名 カトリック教で、天国と地獄との間にあり、この世で罪を犯した死者の霊魂が、天国に入る前に火で罪を浄化されるという所。

れん-こん ◎【×蓮根】名 はすの地下茎。食用。

れん-さ レ【連鎖】名 くさりのようにつながっていること。そのようにつながっているもの。 **―球菌**(きゅうきん) キュ 名 くさりの形につながっている球状の細菌。肺炎・中耳炎や、化膿(かのう)する病気をひきおこす菌。 **―店**(てん) サ 名 チェーンストア。 **―反応**(はんのう) ハ 名 ❶物質内におこった一つの反応が次の反応をさそい出し、つぎつぎに反応が進行すること。❷一つの事件が次の事件をひきおこし、つぎつぎに事件がつづくこと。

れん-ざ レ/◎【連座】【連×坐】名 自サ 人が罪をおかしたとき、それに関与した責任をおって共に罰せられること。かかりあいになること。まきぞえ。

れん-さい ◎【連載】名 他サ 小説や記事を新聞・雑誌などに続き物としてのせること。「―小説」↕読み切り。

れん-さく ◎【連作】名 他サ ❶同じ作物を、同一の土地に毎年ひきつづき栽培すること。↕輪作(りんさく)。❷ひとりの作者が、同一の題材について、一連のものとしていくつかの短歌・俳句などをつくること。また、その作品。

れん-さつ ◎【×憐察】名 他サ 〔文章語〕かわいそうだと、思いやること。

れん-ざん レ【連山】名 つながりつづいた山。

れん-し レ【連枝】名 〔文章語〕身分の高い人の兄弟姉妹。

れん-し レ【錬士】名 弓道・剣道で、主として五段・六段で人格・技量の優秀な者にあたえられる称号。範士・教士の下。

れん-じ ◎【連子】【×櫺子】名 窓や欄間(らんま)につける細いこうし。 **―窓**(まど) マ 名 れんじをとりつけた窓。

連子窓

レンジ レ〈range〉名 こんろと天火(てんぴ)を備えた調理器具。「ガス―」

れん-しつ ◎【連失】名 野球などで、つづけての失策。

れん-じつ ◎【連日】名 ひきつづき毎日。日々。毎日毎日。

レンジャー レ〈ranger〉＝**レーンジャー** 名 ❶特定の目標の攻撃・奇襲・偵察などのために、特別な訓練を受けた戦闘員。❷国立公園・公立公園の管理員。

れん-じゃく ◎【連尺】名 背中につけて物をになうための道具。「―商い」

れん-しゅ レ【連取】名 他サ スポーツで、つづけて点やセットをとること。「三ポイント―する」

れん-じゅ ◎/レ【連珠】【×聯珠】名 ❶〔文章語〕美しい詩文のこと。❷〔文章語〕つらねたたま。❸ふたりが交互に白黒の碁石を置き、先に五つ直線状にならべた方を勝ちとする遊び。五目ならべ。

れん-しゅう ◎【練習】名 他サ 学問・技術などをくり返してならうこと。 **―曲**(きょく) シュ 名 楽器演奏の練習用に作曲された楽曲。エチュード。 **―船**(せん) ◎ 名 商船大学・水産大学などで使う、海上実務訓練用の船。

れん-じゅう ◎【連中】名 (俳諧(はいかい)の同人を指す「連衆(れんじゅう)」が歌舞伎役者のひいきの集まりなどの意を経て)❶歌舞伎芝居で舞台に並ぶ音曲の一座。「清元―」❷⬇れんちゅう(連中)。

れん-じゅく ◎【練熟】名 自サ 熟練。

れん-しょ レ【連署】名 自サ 同一の文書にふたり以上がならべて名をしるすこと。

れん-しょう ◎【連勝】名 自サ つづけて勝つこと。「連戦―」↕連敗。 **―式**(しき) ◎ 名 競馬・競輪・競艇などで、一・二着を組にして当てる方式。↕単勝式・複勝式。

れん-じょう ◎【恋情】名 〔文章語〕異性を恋いしたう気持ち。恋ごころ。

れん-じょう ◎【連声】名 漢語の熟語で、n・m・tの音の次にくるア・ヤ・ワ行音がナ・マ・タ行音に変化する現象。「いんえん(因縁)」が「いんねん」、「さんい(三位)」が「さんみ」、「くつわく(屈惑)」が「くったく」となる類。

れん-じょう ◎【連乗】名 他サ 数を順次にいくつもかけあわすこと。

レンズ レ〈lens〉名 球面と球面、または、球面と平面とを両側面とする透明体で、光を発散または集束させるもの。

れん-せい ◎【練成・錬成】名 他サ 心身を訓練し、きたえあげること。

れん-せき ◎【連席】名 劇場や競技場、電車などの座席で隣り合った席。並びの席。「―でチケットを用意する」

れん-せつ ◎【連接】名 自他サ つながりつづくこと。つなぎつづけること。

れん-せん ◎【連戦】名 自サ なん度もひき続いてたたかうこと。「―連勝」

れんぜん-あしげ ア【連銭×葦毛】名 馬の毛色で、あしげに灰色のまだらのあるもの。れんせんあしげ。

れん-そう ◎【連奏】【×聯奏】名 他サ ふたり以上で同時に同種の楽器を演奏すること。重奏。

れん-そう ◎【連想】【×聯想】名 他サ 一つの物事を見たり、聞いたり、考えたりして、それに関係する他の物事を思い浮かべること。「春を―させる花」

れん-ぞく ◎【連続】名 自サ つづいていること。つづけること。「―ドラマ」

レンタ 〈rent-a〉造 短期賃貸しのもの。「―サイクル」「―漫画」 **―カー** タ〈ア rent-a-car〉名 貸し自動車。

れん-だ レ【連打】名 他サ ❶つづけて打つこと。❷野球で安打がつづくこと。

れん-たい ◎【連体】造 文法で、体言につづくこと。 **―形**(けい) ◎ 名 用言・助動詞の第四活用形。おもに体言に接続する。「鳴く鳥」「咲く花」の「鳴く」「咲く」など。⇩(付)語の活用 **―詞**(し) タ 名 体言だけを修飾する品詞。「わが」「あらゆる」など。⇩(付)品詞分類 **―修飾語**(しゅうしょくご) ◎ 名 体言を修飾する修飾語。「青い空」の「青い」など。↕連用修飾語。

れん-たい[0]【連隊】【×聯隊】名 もとの陸軍の部隊編制の単位の一つ。ふつう三個大隊からなる。

れん-たい[0]【連帯】名自サ ふたり以上の人がいっしょになって事にあたり、責任を共にすること。**―責任**(せきにん)[セ]名 連帯して負担する責任。

れん-だい[0]【×蓮台】名 はすの花の形に作った仏像の台座。れんげ座。

れん-だい[0]【×輦台】名 昔、人をのせて数人でかつぎ、川をわたった台。「―渡し」

輦台

れん-だく[0]【連濁】名自サ 二つの語が結合して一語をつくるとき、下の語の頭の清音が濁音にかわること。「たに-かわ」の「か」が、「たにがわ」の「が」となるような類。

れん-だこ[0]【連×凧】名 複数のたこを糸でつなげたもの。

れん-たつ[0]【練達】名自サ よくなれて、じょうずになること。熟達。「―の士」

レンタル[レ]〈rental〉名 機械・器具などの比較的短期間の賃貸し。「―ビデオ」

れん-たん[0][レ]【×煉丹】名 ❶昔、中国で道士がつくったという不老不死の薬。❷力を丹田(たんでん)に集めて心身を修養する方法。❸ねり薬。

れん-たん[レ]【練炭】【×煉炭】名 石炭などのこなを練りかためて円筒形にした燃料。冬

練炭

れん-だん[0]【連弾】【×聯弾】名他サ 一台のピアノを同時にふたりでひくこと。

れん-ち[レ]【廉恥】名〔文章語〕心がきれいで、不正なおこないをはじること。「―心」

レンチ[レ]〈wrench〉名 ナット・ボルトなどをねじってまわす工具。スパナ。

れん-ちゃく[0]【恋着】名自サ〔文章語〕強く恋いしたうこと。

れん-チャン[0]【中連×荘】名自サ ❶マージャンで、親が上がるなどして、同じ親がつづくこと。「三―」❷(❶から)〔俗語〕同じ仕事や行事がつづくこと。「朝から―で会議の予定が入る」

れん-ちゅう[0]【連中】名 会社や学校で親しくつきあっている仲間。親しみをこめたり、ときには軽く見たりする言い方。男性が使う。「いつもの―と一杯やってから帰る」「新入生の―に活を入れるか」参考「れんじゅう」は少し古風な感じがともなう。

れん-ちゅう[レ]【×簾中】名 ❶すだれのなかにいる女性。貴婦人。❷公卿(くぎょう)・大名などの正妻。

れん-ちょく[0]【廉直】名形動(の)〔文章語〕潔白で、まがったおこないをしないこと。「―の士」

れん-てつ[0][レ]【練鉄・錬鉄】名 ❶よくきたえた鉄。❷鋳鉄から不純物をのぞいた軟鉄。鉄線・くぎなどの原料。鍛鉄(たんてつ)。

れん-ど[レ]【練度】名 経験を積んで高めた能力の、熟練の程度。「―を上げる」

れん-とう[0]【連投】名自サ ❶野球で、ひとりの投手が二試合以上ひきつづいて投球すること。❷SNSなどに、同一人物が連続して文や画像を投稿すること。

れん-とう[0]【連騰】名自サ 株価などが連続して上がること。

れん-どう[0]【連動】名自サ ある部分をうごかすと、それと結びついている他の部分がいっしょにうごくこと。

レントゲン[0]〈ドRöntgen〉名 レントゲン線。エックス線。**―写真**(しゃしん)[シャ]名 レントゲン線を利用して身体や物体の内部の状態をうつす写真。エックス線写真。**―線**(せん)[0]名 放射線の一種。つよい透過力をもつ。エックス線。参考ドイツ人レントゲンが、一八九五年に発見した。

れん-にゅう[0]【練乳】【×煉乳】名 牛乳を濃縮したもの。加糖と無糖とがある。

れん-ねん[0]【連年】名 ひきつづき毎年。

れん-ぱ[レ]【連覇】名自サ つづけて優勝者となること。「三―」参考「二連覇」は誤りとする見方がある。

れん-ぱ[レ]【連破】名他サ つづけて相手を負かすこと。

れん-ばい[0]【廉売】名他サ やすうり。バーゲン。

れん-ぱい[0]【連俳】名 ❶連歌と俳諧(はいかい)。❷俳諧の連句。

れん-ぱい[0]【連敗】名自サ つづけて負けること。「三―する」↕連勝。

れん-ぱく[0]【連泊】名自サ 同じ宿に二泊以上つづけて泊まること。

れん-ぱつ[0]【連発】㊀名自サ つづけておこること。「事故が―する」㊁名他サ つづけて発射すること。「―銃」

れん-ばん[0]【連番】名 何枚かの宝くじや座席券などで、その番号が続き番号であること。また、その番号。

れん-ぱん[0]【連判】名自サ 一つの文書に連名で印をおすこと。**―状**(じょう)[0]名 志を同じくする人々が名を書き、印をおした文書。

れん-びん[0]【×憐×憫・×憐×愍】名〔文章語〕あわれむこと。きのどくにおもうこと。「―の情」

れん-ぶ[レ]【練武】名〔文章語〕武術を練りきたえること。

れん-ぶんせつ[ブ]【連文節】名 二つ以上の文節がつながって、一文節と同じ資格になったもの。「桜の花が」「きれいに咲いた」など。

れん-べい[0]【連×袂】名自サ〔文章語〕(「袂」は「たもと」のこと)何人かがいっしょに行動すること。「―辞職」

れん-ぺい[0]【練兵】名 兵士を訓練すること。「―場」

れん-ぼ[レ]【恋慕】名他サ 恋いしたうこと。

れん-ぽ[レ]【×蓮歩】名〔文章語〕(美人に金製のはすの花の上を歩かせたという中国の故事から)美人のしなやかなあゆみ。

れん-ぼいん[ホ]【連母音】名 重母音。

れん-ぽう[0]【連邦】【×聯邦】名 一主権国の内部に、外交権はないが、広範囲の自治権をもち、法律制度を自由に定めうる数個の州・共和国のある国家組織。アメリカ合衆国・ロシア連邦など。

れん-ぽう[0]【連峰】名 つづいているみね。山脈。

れん-ま[レ]【練磨・錬磨】名他サ 腕まえなどを練りみがくこと。練習して上達をはかること。「技芸を―する」

れん-めい[0]【連名】名 氏名をならべて書くこと。「―で招待状を出す」

れん-めい[0]【連盟】【×聯盟】名 多数の人・団体・国家が共通の目的のため、同じ行動をすることをちかうこと。また、そのような組織。同盟。

れん-めん[0]【連綿】と副 たる連体〔文章語〕長くつづいて絶えないようす。「―たる伝統」

れん-や[レ]【連夜】名 ひきつづき毎夜。毎晩。毎晩毎晩。

れん-よう[0]【連用】㊀[0]名他サ つづけて使うこと。㊁[0]名 文法で、用言につづくこと。**―形**(けい)[0]名 用言・助動詞の第二活用形。下にくる用言を修飾したり、言いさして文を中止したりするのに使われる。「美しく見える」の「美しく」や、「花咲き、鳥歌う」の「咲き」など。⇩(付)語の活用 **―修飾語**(しゅうしょくご)[0]名 用言を修飾する修飾語。「ゆっくり歩く」の「ゆっくり」など。↕連体修飾語。

れ

れん-らく ⓪【連絡】【×聯絡】名自他サ ❶つながりがつくこと。つながりをつけること。通じあい。「━を密にする」❷事がらを知らせること。通知。「━がない」━船 ⓪名 湖・海峡などの両岸の交通をつなぐ定期船。━網 ク名 緊急時の連絡先や範囲、順番などの伝達経路。またはそれを表にしたもの。

れん-り レ【連理】名〔文章語〕❶一本の枝がほかの木の枝とくっついて、木目が一つになっていること。❷夫婦・男女のちぎりの深いことのたとえ。「比翼━のちぎり」━の枝 ❶他の木の枝とつらなっていっしょになった枝。❷ちぎりの深い夫婦・男女。「比翼の鳥━」

れん-りつ ⓪【連立】名自サ 二つ以上のものがならびたつこと。━内閣 ナ名 二つ以上の政党で組織する内閣。━方程式 テ名 いくつかの未知数をふくむ方程式を二つ以上くみあわせたもの。

れん-るい ⓪【連累】名〔文章語〕まきぞえ。連座。

れん-れん ⓪/レ2【恋恋】と副 たる連体 恋しくて、思いきれないようす。「いつまでも━とするな」

ろ

ろ ロ

ろ：「呂」の草体。
ロ：「呂」の略体。

ろ【呂】造 ものをいう調子。「呂律」

ろ【賂】造 見返りを期待して金品を贈る。「賄賂」

ろ【路】造 ❶じ。みち。「路上・路線・路面・進路・道路・滑走路」❷旅。「路銀・路程・路費」❸重要な地位。「当路・要路」❹天子の車。宮殿の正殿。「路車・路寝」

ろ【×濾】造 こす。布や紙をとおして液体のかすをのぞく。「濾過・濾紙」

ろ【露】造 ❶つゆ。「雨露・甘露」❷おおわれていない。「露台・露天・露店」❸あらわす。あらわれる。「露見・露出・暴露・流露」❹はかない。「露命」❺「露西亜」の略。「露文・日露」

ろ ⓪【炉】名造 ❶ゆかを四角に切って火を入れ、暖をとったり、物を煮たりする所。いろり。㊄「炉端・懐炉・焜炉」❷だんろ。❸物質を加熱したり、溶解したり、物質の化学反応を起こさせたりするための耐火性の装置。「原子炉・溶鉱炉」━を切る「炉❶」を作る。

ろ【×櫓】名造 和船をこぎ進める船具。「逆櫓」

ろ ⓪【×絽】名 すかし織りのうすい絹織物。夏の衣服用。㊉

ろ《魯》中国で、春秋時代の列国の一つ。

ろ 助〔古語〕(間投助詞)語調をととのえ、強める。「をとめがともは(オトメタチハ)ともしきろかも(ウラヤマシイコトダナア)」〈万葉〉

ろ-あく ⓪【露悪】名 自分のわるいところをわざと見せつけること。「━趣味」

ろ-あし ⓪【×櫓脚】名 ❶舟の、ろの水中にひたる部分。❷ろをこいで舟の進むとき、そのあとに立つ波の動き。

ろ(櫓)

ロイド-めがね ⊠【ロイド眼鏡】名 セルロイドのふとくまるいふちのめがね。参考 アメリカの映画俳優ハロルド＝ロイドがかけたことから。

ロイマチス マ〈ド Rheumatismus〉名 リューマチ。

ロイヤリティ(ー) ヤ〈royalty〉＝ロイヤルティー 名 特許権・著作権などの使用料。

ロイヤル〈royal〉＝ローヤル 造 王や王室に関すること。「━ウエディング」「━ファミリー」━ゼリー ゼ〈royal jelly〉名 みつばちのはたらきばちが、将来、女王ばちとなる幼虫の栄養源として出すゼリー状のもの。強壮剤として用いられる。━ボックス ボ〈royal box〉名 劇場・競技場などの貴賓席。

ろ-いろ ⓪【呂色】【×蠟色】名 うるし塗りの技法の一つ。油分をふくまない黒みを帯びたうるしを塗り、乾いてからみがいて光沢を出す。ろいろぬり。

ろう【老】㊀造 ❶おいる。ふける。としをとる。「老化・老朽・不老」❷としより。「敬老・古老」❸重い役にある人。「老中・元老・長老」❹ものなれる。経験を積む。「老獪・老練」❺年長者に対する敬称。「老兄・老公・老台」㊁接尾 老人を尊敬して、その名に添えることば。

ろう【弄】造 もてあそぶ。なぶる。あなどる。「愚弄・嘲弄・翻弄」

ろう【郎】造 ❶おとこ。「新郎・野郎」❷官名。けらい。しもべ。「郎従・郎中・郎党━・下郎」❸男子の名につける語。「一郎・次郎・太郎」

ろう【×陋】造 ❶せまい。「陋屋・陋巷」❷いやしい。「陋習・陋劣」

ろう【朗】造 ❶ほがらか。あかるい。「朗報・晴朗・明朗」❷声が高く、よくとおる。「朗詠・朗唱・朗読・朗朗」

ろう【浪】㊀造 ❶なみ。「激浪・波浪」❷さすらう。「浪士・浪人・浪浪・浮浪・放浪・流浪」❸むだ。みだりに。「浪費」㊁接尾〔名詞・サ変動詞をつくる〕「二━して医学部に入学した」「浪人❸」した年数を数えることば。

ろう【×狼】造 ❶おおかみ。「虎狼・豺狼」❷みだれる。「狼藉」❸あわてる。「狼狽」

ろう【楼】㊀造 ❶たかどの。高い建物。「楼閣・楼上・高楼・登楼・摩天楼」❷茶屋。遊女屋。「妓楼・酒楼」㊁接尾 建物の名や雅号に添えることば。「観潮楼」

ろう【漏】造 ❶もる。もれる。「漏洩・漏水・漏電・遺漏・脱漏」❷水時計。時刻。「漏刻」

ろう【×臘】造 十二月の別名。「臘月・旧臘」

ろう【×朧】造 おぼろ。月光のぼんやりとしたようす。「朦朧」

ろう【籠】造 ❶かご。こ。「籠球・籠鳥・印籠・灯籠」❷こもる。「籠居・籠城・参籠」❸まるめこむ。「籠絡」

ろう【労】㊀回名造 はたらき。ほねおり。苦労。「━をいとわない」「労働・労力・勤労・就労」㊁造 ❶つかれる。「労苦・過労・心労・疲労」❷いたわる。ねぎらう。「慰労」❸「労働(者)」「労働組合」の略。「労災・労使・労組」労する 自他サ ━多くして功少なし 苦労したわりに得られるものが少ない。━を取る あることをわざわざする。「媒酌の━」

ろう【×牢】㊀回名造 ろうや。獄。「牢獄・牢番・入牢」㊁造 かたい。「牢固・堅牢」

ろう【廊】名造 ❶建物の中や周りの通路。廊下。「回廊・画廊」❷建物と建物をつなぐ、屋根のある建物。

ろう【×﨟】回名造 ❶僧の出家受戒後の年数をかぞえる語。❷年功を積むこと。❸身分の上下を示す語。「上﨟」

ろう【×蠟】回名造 動・植物体からとる脂肪に似た物質。固体または液体。精製したものは白色無臭。熱にとけやすく、もえやすい。「蠟石・蠟燭・蠟人形」━をかむよう ❶文章のおもしろみ・味わいが少しもないこと。❷食物の味のまずいこと。

ろう【×聾】回名造 耳の聞こえないこと。「聾唖・聾学校・盲聾」

ろう【×鑞】回名 金属をつぎあわせるときにとかして使う合

金。「はんだ」の類。

ろう《隴》中国の地名。甘粛省南部。**ーを得て×蜀を望む**（「蜀」も中国の地名）一つの望みを達して、さらに他の望みをもつこと。望蜀。参考 中国、魏の司馬懿が隴を平定し、勝ちに乗じて蜀を攻め取ろうとしたとき、曹操が言ったことば。

ろう-あ 回【×聾×啞】名 耳の聞こえないことと、言葉を話せないこと。

ろう-えい ◎【朗詠】名 他サ 漢詩・和歌などを、ふしをつけてうたうこと。

ろう-えい ◎【漏×洩】名 自他サ（「ろうせつ」の慣用読み）秘密・液体などがもれること。また、もらすこと。「機密のー」

ろう-えき ◎【労役】名 体力を使って労働する仕事。肉体労働。

ろう-おう オ【老翁】名 文章語 年とった男性。おきな。

ろう-おう オ【老×媼】名 文章語 年とった女性。おうな。

ろう-おう ◎【老×鶯】名 文章語 春が過ぎても鳴くうぐいす。夏

ろう-おく ◎【×陋屋】名 文章語 ❶せまく、むさくるしい家。❷自分の家の謙譲語。

ろう-か 回【×狼火】名 文章語 警報や合図のために打ちあげる火。のろし。

ろう-か ◎【廊下】名 建物の中の通路。廊。**ー×鳶** ト 名 廊下を、用もないのにうろつくこと。また、その人。

ろう-か ◎【老化】名 自サ ❶年をとるにしたがって人体の各部のはたらきがおとろえること。❷ゴム・コロイド溶液などが古くなって変質すること。❸器物などが使い古されて働きがにぶること。

ろう-かい ◎【老×獪】形動 ダロ・ダッ・デ・ニ ダ・ナ・ナラ すれていて、わるがしこいようす。「ーなやり方」

ろう-がい ◎【老害】名 年をとった人が企業や組織の高い地位にいすわって、若返りがさまたげられる状態。

ろう-がい ◎【労×咳】名 肺結核の古めかしい言い方。もと、漢方医の用語。

ろう-かく ◎【楼閣】名 高くつくった建物。たかどの。

ろう-がっこう ガ【×聾学校】名 聴覚(力)の発達が十分でない児童・生徒に、小学校・中学校・高等学校に準ずる教育を行い、あわせてその障害を補うための知識・技能を授ける学校。現在、法令上は特別支援学校と呼ぶ。

ろう-がわ・し【▲乱がはし】形シク 古語 ❶むさくるしい。乱雑である。「らうがはしき大路に立ちおはしまして」〈源氏〉❷やかましい。そうぞうしい。「らうがはしく聞こしめすを」〈源氏〉

ろう-かん ◎【×琅×玕】名 碧玉に似た青色半透明の宝石。

ろう-がん ◎【老眼】名 眼球の水晶体の老化現象による視力障害。近くのものが見えにくいので、凸レンズの眼鏡で矯正する。老視。「ー鏡」

ろう-き 回【×牢記】名 他サ 文章語 かたく心にとどめること。銘記。

ろう-ぎ 回【老×妓】名 年をとった芸妓。

ろう-き-ほう ◎【労基法】名「労働基準法」の略。

ろう-きゅう ◎【籠球】名 バスケットボール。

ろう-きゅう ◎【老朽】名 自サ 年をとったり、古くなったりして、役にたたぬこと。また、その人やもの。「ー校舎」

ろう-きょ 回【×陋居】名 文章語 陋屋。

ろう-きょ 回【籠居】名 自サ 文章語 家にこもっていること。

ろう-きょう ◎【老境】名 老人の境地。「ーに入る」

ろう-きょく ◎【浪曲】名 なにわぶし。

ろう-きん ◎【労金】名「労働金庫」の略。

ろう-ぎん ◎【労銀】名 労働に対する報酬。賃金。労賃。

ろう-ぎん ◎【朗吟】名 他サ 声高く詩歌をよみ、あるいは、うたうこと。

ろう-く 回【老×軀】名 年とったからだ。老体。

ろう-く 回【労苦】名 ほねおり。苦労。

ろう-くみ ◎【労組】名 ⬇ろうそ。

ろう-けい ◎/回【老兄】名 文章語 ❶年をとったあに。❷年上の友人をよぶ尊敬語。手紙などに使う。⇩貴兄 参考。

ろう-げつ 回【×臘月】名 文章語 十二月。冬

ろうけつ-ぞめ ◎【×﨟纈(×蠟纈)染め】名 ろうと樹脂をとかしまぜた防染剤で布に模様をかき、布全体を染料にひたしたあとで防染剤を取りのぞき、模様を染め抜く方法。ろう染め。ろうけちぞめ。

ろう-けん ◎【老犬】名 年とったいぬ。

ろう-けん ◎【老健】名 文章語 年をとっても元気でじょうぶなこと。

ろう-けん ◎【×陋見】名 文章語 ❶あさはかで、せまい考え。❷自分の意見の謙譲語。

ろう-こ 回【×牢固・×牢×乎】と副 たる連体 かたく、ゆるぎないようす。しっかりしているようす。「ーたる決意」

ろう-ご ◎/回【老後】名 年をとってのち。年とった時。

ろう-こう 回【老公】名 文章語 身分の高い老人をよぶ尊敬語。

ろう-こう ◎ ◎【×陋×巷】名 文章語 せまくてきたない町。

ろう-こう ◎【老巧】名 形動 経験を積んで、熟練していること。老熟。老練。

ろう-こく ◎【漏刻】名 昔用いた水時計。また、その目盛り。

ろう-こく ◎ ◎【×鏤刻】名 他サ 文章語 ⬇るこく。

ろう-ごく ◎ ◎【×牢獄】名 罪人をとらえて、とじこめておく所。

ろう-こつ ◎【老骨】名 文章語 ❶老体。「ーにむちうつ」❷老人が自分を言う謙譲語。

ろう-さい ◎【老妻】名 文章語 年とった妻。手紙などで自分の妻をいうことが多い。↔老夫。

ろう-さい ◎【労災】名（「労働災害」の略）労働者が、業務を原因として負傷したりすること。**ー保険** ホ 名（「労働者災害補償保険」の略）労働者のけがや病気に対する保険。

ろう-ざいく ザ【×蠟細工】名 ろうを使って細工をすること。ろうで細工したもの。

ろう-さく ◎【労作】名 ❶肉体を労してはたらくこと。労働。❷心身を傾注してつくった作品。力作。

ろう-さん ◎ ◎【老▲杉】名 文章語 すぎの老木。

ろう-ざん ◎【老残】名 文章語 おいぼれて、生きていること。「ーの身」

ろう-し 回【老師】名 ❶年とった先生。❷老僧をよぶ尊敬語。

ろう-し 回【労使】名 労働者と使用者。

ろう-し 回【労資】名 労働者と資本家。**ー協調** 回 名 労働者と資本家とが、たがいの立場を理解し、力を合わせて生産などにしたがうこと。

ろう-し 回【浪士】名 禄をはなれたさむらい。浪人。

ろう-し ◎【×牢死】名 自サ 牢の中で死ぬこと。獄死。

ろうし《老子》❶中国の春秋戦国時代の思想家。姓は李、名は耳、字は耼。伝記は不明で、実在の人物でなかったという説もある。無為自然を説く道教の開祖。

❷中国、戦国時代の思想書。老子の著と伝えられたが、後代の編とみられる。無為自然をたたえたもの。

ろう-じ ①【×聾児】[名] 耳の聞こえない子ども。

ろうしぐん【娘子軍】「じょうしぐん」のあやまり。

ろう-じつ ⓪【老実】[名][形動(の)]〔文章語〕事になれていて、忠実なこと。

ろう-しゃ ①【×牢舎】[名] ろうや。

ろう-しゃ ①【×聾者】[名] 耳の聞こえない人。

ろう-じゃく ⓪【老若】[名] ⬇ろうにゃく。

ろう-じゃく ⓪【老弱】〔文章語〕㊀[名] 年よりと子ども。老年と若年。㊁[名][形動(の)] 年をとってよわること。「—なからだ」

ろう-しゅ ①【老手】[名]〔文章語〕手なれてたくみな腕まえ。また、その人。

ろう-しゅ ①【楼主】[名] 遊女屋の主人。

ろう-じゅ ①【老儒】[名]〔文章語〕年とって学識の高い儒者・学者。

ろう-じゅ ①【老樹】[名] 年を経た木。おいき。

ろう-しゅう ⓪【老醜】[名] 年とって、容貌(ようぼう)や姿などがみにくくなること。「—をさらす」

ろう-しゅう ⓪【×陋習】[名]〔文章語〕わるいならわし。弊風。

ろう-じゅう ⓪【老中】[名] 江戸幕府で、将軍に直属して政務をおこない、諸大名をとりしまった職。閣老。

ろう-じゅう ⓪【郎従】[名] 武家のけらい。郎党。郎等。

ろう-じゅく ⓪【老熟】[名][自サ] 経験を積み、ものなれてじょうずなこと。老巧。

ろう-しゅつ ⓪【漏出】[名][自他サ]〔文章語〕もれて出ること。もらし出すこと。

ろう-じょ ①【老女】[名] ❶年をとった女性。老婦人。❷昔、将軍や大名の夫人の侍女のかしら。女中がしら。[参考] 老婆よりも、品のある言い方。

ろう-しょう ⓪【老少】[名]〔文章語〕年よりと若いもの。—**不定**(ふじょう) [フ][名] 人間の寿命は、年齢の多少にはかかわりなく、だれが先に死ぬかわからないこと。

ろう-しょう ⓪【老松】[名] 長い年月を経たまつ。おいまつ。

ろう-しょう ⓪【老将】[名] ❶年とった将軍。❷経験を積んで、たたかいになれた将軍。

ろう-しょう ⓪【朗笑】[名][自サ]〔文章語〕ほがらかにわらうこと。

ろう-しょう ⓪【朗唱】【朗×誦】[名][他サ] 声たかくとなえること。

ろう-じょう ⓪/①【老嬢】[名] オールドミス。

ろう-じょう ⓪【楼上】[名]〔文章語〕高い建物の上。

ろう-じょう ⓪【籠城】[名][自サ] ❶敵にかこまれた城にたてこもること。❷家にとじこもって外へ出ないこと。

ろう-しょく ⓪【朗色】[名]〔文章語〕ほがらかな顔色・様子。

ろう-しん ⓪【老臣】[名] ❶年とったけらい。❷重臣。

ろう-しん ⓪【老身】[名]〔文章語〕年老いた体。老体。

ろう-しん ⓪【老親】[名]〔文章語〕年とった親。

ろう-じん ⓪【老人】[名] 年をとった人。としより。[参考] 老人福祉法では、老人の福祉に関係する施策の対象を六十五歳以上としている。—**週間**(しゅうかん) [シュ][名] 昔の敬老の日だった九月十五日から二十一日までの一週間。—**病**(びょう) ⓪[名] 老人に多い高血圧・心臓病・がん・糖尿(とうにょう)病・リューマチなどの病気。老年病。—**ホーム** [ホ][名] 老人の福祉を増進させるため、老人を収容・養護する施設の総称。「養護—」

ろう・ず【▲領ず】(らう) [他サ]〔古語〕所有する。支配する。治める。

ろう-すい ⓪【老衰】[名][自サ] 年とって、からだがおとろえること。

ろう-すい ⓪【漏水】[名][自サ] 水がもること。

ろう・する [ス]【労する】シ・セ・サ｜シ｜スル｜スル｜スレ｜シロ・セヨ ㊀[自サ] ほねおる。苦労する。「労して功なし」㊁[他サ] 苦労させる。わずらわす。「人手を—」 **らう・す** [文語サ変]

ろう・する [ス]【弄する】[他サ] シ・セ・サ｜シ｜スル｜スル｜スレ｜シロ・セヨ〔文章語〕物事を気ままにあつかい、おこなう。もてあそぶ。「無礼な言辞を—」 **ろう・す** [文語サ変]

ろう・する [ス]【×聾する】[他サ] シ・セ・サ｜シ｜スル｜スル｜スレ｜シロ・セヨ 聞こえなくする。「耳を—轟音(ごうおん)」 **ろう・す** [文語サ変]

ろう-せい ⓪【労政】[名]「労働行政」の略。

ろう-せい ⓪【老成】[名][自サ] ❶おとなびること。分別(ふんべつ)くさいこと。「若いくせに言動が—している」❷経験を積んで円熟すること。老練。

ろう-せい ①【老生】[代]〔文章語〕老年の男子が自分をいう謙譲語。[参考] おもに手紙で使う。

ろう-せき [セ]/[キ]【×蠟石】[名] 蠟(ろう)のような光沢や感触をもつ石の総称。石筆や彫刻などに使う。

ろう-ぜき ⓪【×狼×藉】(狼(おおかみ)が草を藉(し)いて寝たあとがみだれていることから) ㊀[名][と][副][たる][連体] とりちらかしたようす。㊁[名] 乱暴。暴行。「—を働く」—**者**(もの) ⓪[名] 乱暴をするもの。

労(ろう)**せずして** 苦労しないで。何の苦もなく。「—成果を得る」

ろう-せつ ⓪【漏×洩・漏×泄】[名][自他サ] ⬇ろうえい。

ろう-そ ①【労組】[名]「労働組合」の略。ろうくみ。

ろう-そう ⓪【老僧】[名] 年とった僧。老師。

ろう-そう《老荘》 老子と荘子。—**の学**(がく) 老子・荘子の学説。宇宙の根源を虚無(きょむ)とし、無為(むい)自然の道をおもんじた。

ろう-そく [ソ]/[ク]【×蠟×燭】[名] 糸・こよりを芯(しん)に入れて、ろうを棒の形にかためたもの。灯火用。

ろう-ぞめ ⓪【×蠟染め】[名] ⬇ろうけつぞめ。

ろう-たい ⓪【老体】[名] ❶年をとったからだ。❷老人。

ろう-だい ⓪【楼台】[名]〔文章語〕❶高い建物。たかどの。❷屋根のある台。

ろう-だい ⓪【老台】[代]〔文章語〕男性が、相手の年長の男性をよぶ尊敬語。手紙で使う。

ろう-たいか [タ]【老大家】[名] 年とった、その道の大家。

ろう-たいこく [タ]【老大国】[名] 全盛の時がすぎて、勢いのふるわない大国。

ろう-たく ⓪【浪宅】[名] 浪人の住居。

ろう-たけ-た【×臈×長(×闌)けた】[連語]〔文章語〕❶女性が洗練されて気品がある。❷経験を積みかさねて、りっぱになる。

ろう-た・し【×臈たし】(らう) [形ク]〔古語〕かわいい。愛らしい。かれんだ。「ちごの、(中略)かいつきて寝たる、いとらうたし」〈枕〉

ろう-だん ⓪【×壟断】[名][他サ]〔文章語〕(「壟」は丘の意)利益・権利などをひとりじめにすること。独占。[参考] 昔、中国である商人が高い所から市場を見わたし、安い品を買いしめて利益をひとりじめにしたという故事から。

ろう-ちん ①【労賃】[名] 労働の賃金。労銀。

ろう-でん ⓪【漏電】[名][自サ] 電気器具や電線の絶縁不良のため、電気がもれること。

ろう-と ①【漏斗】[名]〔文章語〕じょうご。

ろう-とう ⓪/①【郎党・郎等】[名] ❶〔古語〕武家のけらい。郎従。❷実力者の身内・側近。「一族—」‖ろうどう。

ろう-どう ⓪【労働】[名][自サ] ❶体力を使ってはたらくこ

ろ

と。「深夜—」「肉体—」❷生産や利益のために、人間が心やからだを使うこと。参考「労働」「勤労」のどちらも、収入を得るためにはたらく意味では共通する。ただし、「労働」のほうが包括的でかつ具体的である。「勤労」には抽象的な感じがある。—委員会[イ2]名 労働者と使用者との間の紛争の調停などをする組織。労働者代表・使用者代表・公益代表の三者によって構成。—運動[ウ3]名 労働者が団結し、自分たちの利益のために、資本家に対しておこなう運動。—基準法[0]名 労働条件その他について、使用者がまもるべき最低条件をきめた法律。—貴族[キ]名 ❶一般の労働者よりも、高い賃金と特権をあたえられている労働者。❷資本家側に対して協調的な考えを持つ労働組合の幹部。—協約[キョ]名 労働組合と使用者との間にむすばれる、労働条件その他についてのとりきめ。団体協約。—金庫[キ]名 労働組合員のための金融機関。—組合[ク]名 労働者が労働条件をよくし、経済上の地位を高めるために、団結してつくった団体。労組。—祭[ド]名 メーデー。(春) —三権[サ]名 労働者に認められた三つの基本的権利。スト権・団体交渉権・団結権。—三法[サ]名 労働者のための、労働組合法・労働関係調整法・労働基準法の三つの法律。—者[ド]名 賃金労働によって生活している人。勤労者。プロレタリア。「—階級」↕使用者。—省[ド]名 労働者の職業をまもり、その福祉をはかることをつとめとした中央官庁。二〇〇一年、厚生労働省に改編。—条件[ジョ]名 労働者と使用者の間にとりきめられる、賃金や労働時間などに関する約束。—争議[ソ]名 労働者と資本家(使用者)との間に労働条件・賃金などについておこる争い。—力[ド]名 生産物をつくるためについやされる、肉体的および精神的能力の総体。また、そのために必要な人員。労働能力。

ろう-どく[0]【朗読】名 他サ 声を高くして、詩歌や文章のおもむきを出すように読むこと。「—会」

ろう-として【×牢として】連語〔文章語〕かたくて、びくともしないようす。牢固として。「—ぬきがたい決意」

ろう-なぬし[ナ]【×牢名主】名 江戸時代、牢屋の中で、同じへやに入れられた罪人を取りしまった囚人。

ろう-にゃく[0]【老若】名 年よりと若いもの。ろうじゃく。—男女[ナ]名 すべての人。

ろう-にん[0]【浪人】【×牢人】名 自サ ❶浪士。❷〔俗語〕失業中の人。❸〔俗語〕入学試験・就職試験に落ちて、次の受験の準備をしている人。

ろう-にんぎょう[3]【×蠟人形】名 著名な人物に似せて作った等身大の人形。表面を蠟でしあげる。

ろう-ぬけ[ケ]【×牢▲脱け】名 牢をぬけ出すこと。牢破り。脱獄。

ろう-ねん[0]【老年】名 年おいたこと。老齢。↕青年・壮年。

ろう-のう[0]【老農】名〔文章語〕❶年をとった農夫。❷農業の経験のふかい農夫。

ろう-のう[0]【労農】名 労働者と農民。

ろう-のき[ロ]【×蠟の木】名 はぜのき。(夏)

ろう-ば[ロ]【老婆】名 年をとった女性。⇩老女 参考 —心[パ]名 くどいほど、世話をやく親切心。「—から忠告する」

ろう-はい[0]【老廃】名 ふるくなって役にたたなくなること。「—物」

ろう-はい[0]【老輩】名〔文章語〕年をとった人々。老人たち。

ろう-ばい[0]【×蠟梅・×臘梅】名 ロウバイ科の落葉低木。二月ごろ、外が黄色、内が暗紫色で、ろう細工のようなつやをもつ、かおりの高い花を開く。観賞用。(冬)

ろう-ばい[0]【×狼×狽】名 自サ あわてふためくこと。うろたえること。「周章—」

ろう-ひ[ロ]【老×婢】名〔文章語〕年とった下女。↕老僕。

ろう-ひ[0][ロ]【浪費】名 他サ 金銭・精力・時間などをむだに使うこと。

ろう-びょう[0]【老病】名 ❶年をとることと、病気にかかること。❷老衰のためにおこる病気。老衰病。

ろう-ふ[ロ]【老夫】名〔文章語〕❶年とった男。↕老婦。❷年とった夫。手紙などで、自分の夫を言うことが多い。↕老妻。

ろう-ふ[ロ]【老父】名〔文章語〕年とったちち。手紙などで、自分の父を言うことが多い。↕老母。

ろう-ふ[ロ]【老婦】名〔文章語〕年とった女。老女。↕老夫。

ろう-へい[0]【老兵】名 年とった兵。

ろう-ほ[ロ]【老舗】【老×鋪】名〔文章語〕古くからつづいている商店。しにせ。

ろう-ぼ[ロ]【老母】名 年とったはは。手紙などで、自分の母を言うことが多い。↕老父。

ろう-ほう[0]【朗報】名 うれしい知らせ。吉報。

ろう-ぼく[0]【老木】名 多くの年月を経た木。老樹。古木。おいき。

ろう-ぼく[0]【老僕】名〔文章語〕年とった下男。↕老婢。

ろう-まん[ロ]【浪漫】名 (「浪漫」は「ロマン」の当て字)ロマン。—主義[シュ]名 ロマンチシズム。—的[0]形動 ロマンチック。—派[0]名 ロマンチスト。

ろう-む[ロ]【労務】名 ❶賃金を得るためにする労働。❷労働に関する事務。—管理[カ]名 企業で、経営者が従業員の労働能率を合理的にあげるため用いる経営管理の方法。人事管理。—者[ム]名 労働をする人。労働者。

ろう-もう[0]【老×耄】名〔文章語〕おいぼれること。おいぼれた人。「—の身」

ろう-もん[0]【楼門】名 二階づくりの門。特に二階の部分だけに屋根があるもの。

ろう-や[ヤ]【×牢屋】名 ろうごく。刑務所。

ろう-や[ロ]【老×爺】名〔文章語〕年とった男。老翁。

ろう-やぶり[ヤ]【×牢破り】名 牢をぬけ出ること。また、ぬけ出た囚人。

ろう-ゆう[0]【老友】名〔文章語〕年とったともだち。

ろう-ゆう[0]【老雄】名 年をとった英雄。

ろう-ゆう[0]【老優】名 ❶年とった俳優。❷経験を積んで、芸のすぐれた俳優。

ろう-よう[0]【老幼】名〔文章語〕年よりと子ども。

ろう-らい[0][ロ]【老来】副〔文章語〕年とってから。老いてこのかた。「—ますます元気」

ろう-らく[0]【籠絡】名 他サ 人をうまくまるめこんで思うように利用すること。「甘いことばで—する」

ろう-りょく[ロ]【労力】名 ❶はたらくこと。ほねおり。「—をいとわない」❷生産を目的とする、心とからだの活動。労働力。「—を提供する」

ろう-れい[0]【老齢】名 年おいたこと。老年。高齢。—基礎年金[ネ]名 老齢年金の一つ。原則として、被保険者は六十五歳から受給する。—年金[ネ]名 被保険者が、一定の年齢に達したときに支給される年金。老齢基礎年金と老齢厚生年金とがある。

ろう-れつ[0]【×陋劣】名 形動〔文章語〕心がいやしく、軽べつすべきであること。下劣。卑劣。

ろ

ろう‐れん [0]【老練】名 形動(の) 経験を積んで、なれて上手なようす。老巧。

ろう‐ろう [0]【浪浪】名 と副 たる連体 文章語 ❶さまよい歩くこと。さすらい。❷職がなく、ぶらぶらしていること。「―の身の上」

ろう‐ろう [0]【朗朗】と副 たる連体 声が高く明るく聞こえるようす。「―たる音声」

ろう‐ろう [0]【×朧×朧】と副 たる連体 文章語 おぼろにかすんでいるようす。「―たる月の光」

ろうろう‐かいご [カ]【老老介護】名 高齢者が高齢者の介護をすること。

ろうろう‐じ【労労じ】(らうらうじ) 形シク 古語 ❶じょうずだ。「何事にも、らうらうじうおはせし御心ばえ」〈源氏〉❷上品で美しい。けだかく、あいらしい。「(キチントシタ小舎人童(ことねりわらは)ガ)声をかしうかしこまりて、物など言ひたるぞ、らうらうじき」〈枕〉

ろう‐わ [0]【朗話】名 文章語 聞いて気持ちのよいはなし。

ろ‐えい [0]【露営】名 自サ ❶野外に陣営を設けること。また、その陣営。❷野外にテントなどをはって、寝ること。

ロー〈low〉㊀ 造 高さ・数値・程度などが低い。「―ヒール」「―コスト」「―カロリー」 ↕ハイ。㊁ [ロ] 名 自動車の変速ギアで最も遅いもの。

ローカル [ロ]〈local〉名 形動 中央からはなれた一地方だけのこと。地方的。**―カラー** [カ][2]〈local color〉名 地方色。郷土色。**―線(せん)** [0] 名 一地方をはしる電車・汽車。**―ニュース** [ニュ]〈local news〉名 一地方のニュース。**―版(ばん)** [0] 名 新聞の、一地方向けに編集した紙面。地方版。↕全国版。**―放送(ほうそう)** [ホ] 名 一地方向けの放送。↕全国放送。

ローション [ロ]〈lotion〉名 ❶化粧水・乳液などの液状の化粧品。❷頭髪用の化粧品。ヘアローション。

ロージン‐バッグ [バ]〈rosin bag〉名 野球で、ピッチャーやバッターが手のすべりどめに使う、松やにのはいった袋。

ロース [ロ]〈roast〉名 (ローストに適した肉の意)牛・ぶたの、肩・せなかの上等の肉。

ローズ [ロ]〈rose〉名 ❶ばら。❷ばら色。

ロー‐スクール [ク]〈law school〉名 ❶アメリカ合衆国で、法律実務家を養成するための法科大学院。❷日本の法科大学院の通称。

ロースター [ロ]〈roaster〉名 肉や魚を焼く道具。

ロースト [ロ]〈roast〉名 肉を焼くか蒸し焼きにすること。また、そのようにした料理。「―ビーフ」

ローズマリー [マ]〈rosemary〉名 シソ科の常緑低木。花は青緑色で、ふさ状。枝葉からとる油は香料用・薬用。

ロータリー [ロ]〈rotary〉名 ❶回転機。輪転印刷機。❷交差点の中央に、交通整理のために設けられた円形地帯。❸(「ロータリー機関車」の略)線路上の雪を回転式のはね車で除雪する機関車。**―エンジン** [エ]〈rotary engine〉名 燃焼室内を、丸味をおびた三角形の回転子がまわる内燃機関。大きさの割に出力が強く、振動が少ないので、自動車のエンジンに使われることもある。**―クラブ** [ク]〈Rotary Club〉名 (The International Association of Rotary Club から)社会奉仕・国際親善を目的とする国際的社交団体。

ロー‐ティーン [ティ]〈low teens〉名 (和製英語)十代前半、特に十三歳から十五歳くらいまでの年ごろ。また、その少年少女。↕ハイティーン。

ローテーション [テ]〈rotation〉名 ❶仕事・役割などを順番に交替すること。❷野球で、先発投手を使う順序。

ロード [ロ]〈road〉名 道。道路。**―ゲーム** [ゲ]〈road game〉名 遠征試合。特に、プロ野球のチームが、本拠地以外の球場でする試合。**―ショー** [ド]〈road show〉名 一般公開まえに、特定映画館でおこなう映画の独占封切り興行。**―マップ** [マ]〈road map〉名 ❶目標を達成するための行程表。❷⇒ドライブマップ。**―レース** [レ]〈road race〉名 ふつうの道路でする自転車などの競走。**―ワーク** [ワ]〈road work〉名 基礎体力をつけるために、路上を走りながらおこなうランニングなどのトレーニング。

ロートル [0]【中老▲頭▲児】名 老人。

ロー‐ヒール [ヒ]〈low heels〉名 かかとの低い婦人ぐつ。↕ハイヒール。

ローブ [ロ]〈フ robe〉名 ❶肩から足くびまでつづいた、長くゆったりした上着。❷裁判官などの着る法服。**―デコルテ** [コ]〈フ robe décolletée〉名 肩口と背中・胸の一部が見えるように、えりぐりを大きくあけた女性用の礼服。

ロープ [ロ]〈rope〉名 つな。なわ。**―ウエー** [エ]〈ropeway〉名 山や谷などに鋼鉄のロープをはりわたして、箱をつるし、人や物をはこぶ仕掛け。空中ケーブル。索道。

ローマ《イ Roma》(「羅馬」とも書いた)❶古代、イタリア半島にラテン人によって建てられた国家。ローマ帝国。❷イタリアの首都。歴史的・宗教的都市。**―は一日(いちにち)にして成(な)らず** 大事業はわずかな時間・努力ではなしとげられるものではない。

ローマ‐きょうこう [キョ]【ローマ教皇】名 ⇒きょうこう(教皇)。

ローマ‐じ [マ]【ローマ字】名 ❶古代ローマにおこり、今、欧州諸国で使われる表音文字。ラテン文字。❷ローマ字で日本語を書きあらわすこと。⇩(付)ローマ字のつづり方

ローマ‐すうじ [ス]【ローマ数字】名 ローマからおこった数字。時計・番号などに使う。「Ⅰ・Ⅱ・Ⅴ・Ⅹ」など。↕アラビア数字・漢数字。

ローマ‐ほうおう [オ]【ローマ法王】名 ⇒きょうこう(教皇)。

ローマン [ロ]〈roman〉名 ⇒ロマン。**―主義(しゅぎ)** [シュ] 名 ロマンチシズム。**―派(は)** [0] 名 ロマンチスト。

ローマンス [ロ]〈romance〉名 ⇒ロマンス。

ローム‐そう [ム]【ローム層】名 (「ローム」は loam)砂・粘土分が、同じくらいの割合でまじりあった土壌。

ローヤル〈royal〉造 ⇒ロイヤル。

ローラー [ロ]/[0]〈roller〉名 ❶地ならし。❷ころ。❸印刷の印肉棒。❹円筒形・円柱形で、回転するもの。**―カナリア** [カ]〈roller canary〉名 カナリアの一種。ふるえる、よい声で鳴く。**―作戦(さくせん)** [サ] 名 捜査や調査で、ローラーをかけるようにあますところなく、片はしから進めていくこと。**―スケート** [ケ]〈roller skate〉名 くつに小さな車輪をつけて、路上や床の上を滑走する遊び。また、そのくつ。

ローリエ [ロ]〈フ laurier〉名 月桂樹(げっけいじゅ)。

ローリング [0]〈rolling〉名 自サ ❶回転。❷船のよこゆれ。↕ピッチング。

ロール [ロ]〈roll〉名 ❶巻いたもの。円筒形のもの。❷⇒ロールパン。❸ローラー❹。**―キャベツ** [キャ]〈rolled cabbage〉名 ひき肉などをキャベツで巻いて煮込んだ料理。**―パン** [0]/[ル] 名 (rolled と ポ pão の和製洋語)パン種をうすくのばし、巻いて焼いたパン。

ロールシャッハ‐テスト [テ]〈Rorschach test〉名 紙の上にインクを落とし、それを二つに折って開いたような模様を見せて、何に見えるかを答えさせ、その人の性格などを判断する方法。参考 ロールシャッハはスイスの精神科医。

ロール-プレ(ー)イング [レ]〈role-playing〉名 現実に起こりうる場面を設定し、決められた役割を演じさせて問題の解決法を考えさせる学習法。ロールプレー。

ローン [ロ]〈lawn〉名 芝生。芝。「―コート」 **―テニス** [テ]〈lawn tennis〉名 ❶芝生のコートでする硬球のテニス。❷テニス。庭球。

ローン [ロ]〈loan〉名 貸付け。貸付金。「―で家を買う」

ローンチ [ロ]〈launch〉名 他サ 開始すること。特に、新商品を売り出したり、新しいサービスを始めること。

ろ-か [ロ]【×濾過】名 他サ 液体をこして、まじり物をのぞくこと。 **―性病原体** [0] 名 ウイルス。参考 微細なため、細菌濾過器を通り抜けてしまうことから。

ろ-かい [0]【×櫓×櫂】名 舟の、ろとかい。

ろ-かく [0]【×鹵獲】名 他サ 〔「鹵」はうばうの意〕たたかいに勝って敵の軍用品などを手に入れること。ぶんどること。

ろ-かじ [ロ]【×櫓×舵】名 ❶舟の、ろとかじ。❷船具の総称。

ろ-かた [0]【路肩】名 道路の正式の幅にふくまれない路面。特に、道路のはしの、がけのようになっているところ。ろけん。

ロカビリー [ビ/カ]〈rockabilly〉名 アメリカではじまったはげしいリズムの軽音楽。また、それに合わせる踊り。

ろ-ぎょ [ロ]【×魯魚】名 〔「魯」と「魚」とは字の形が似ていてあやまりやすいことから〕まちがいやすい文字。「―の誤り」

ろ-ぎん [0]【路銀】名 旅行用の金。旅費。路用。

ろく [ク]【×肋】造 あばら。あばらぼね。「肋骨・肋膜・鶏肋」

ろく [ク]【▲鹿】造 しか。「鹿苑・鹿鳴・神鹿・逐鹿・白鹿」

ろく【録】造 ❶しるす。残す。「録音・録画・記録」❷書き記したもの。「語録・実録・議事録」

ろく【麓】造 ふもと。山すそ。「岳麓・山麓」

ろく [ク]【六】名 造 ❶むっつ。「六感・六法・六三制」❷六番め。第六位。

ろく [ロ]【×禄】名 造 ❶仕官した武士のうける給与。「禄米・食禄・俸禄」❷〔古語〕ほうび。かずけもの。❸〔文章語〕天から与えられたさいわい。「福禄」 **―を▲食む** 給料をもらう。

ログ [ロ]〈log〉名 ❶丸太。❷船の速力や航程をはかる機器。❸コンピューターの通信記録。

ログ-アウト [ア]〈log out〉名 コンピューターネットワークの使用を終了すること。ログオフ。↔ログイン。

ログ-イン [イ]〈log in〉名 コンピューターネットワークの使用を開始すること。ログオン。↔ログアウト。

ろく-えふ [エ]【六▲衛府】名 王朝時代に、皇居守護のことをつかさどった役所。それぞれ左右にわかれていた、近衛府・兵衛府・衛門府の合計六つの総称。六衛。

ろく-おん [0]【録音】名 他サ レコード・テープ・フィルムなどに、音を記録すること。また、記録したもの。 **―放送** [ホ] 名 録音を再生して放送すること。

ろく-が [0]【録画】名 他サ ビデオテープ・DVDなどに映像を記録すること。また、記録したもの。

ろく-さい [0]【▲鹿×砦・▲鹿×柴】名〔文章語〕昔、敵の侵入をふせぐために、とがらせた木を組んでつくった垣。さかもぎ。

ろく-ざい [0]【×肋材】名 船の骨組みを組みたてる材料。

ろくさん-せい [0]【六三制】名 小学校六年、中学校三年の義務教育制度。

ろく-じ [ク]【六字】名 六つの文字。特に、「南無阿弥陀仏」の六字。六字の御名。 **―の名号** 「南無阿弥陀仏」の六文字。

ろく-じ [ク]【六時】名 一日を昼三時(晨朝・日中・日没)と夜三時(初夜・中夜・後夜)に六分した、念仏・読経の時刻。「―の勤め」

ろく-じぞう [ジ]【六地蔵】名 六道にあらわれて苦しみをすくうという、六種の地蔵ぼさつ。

ろく-しゃく [ク2]【六尺】名 ❶【▲陸尺】昔、貴人のかごをかついだ者。❷ろくしゃくぼう。 **―棒** [ク2] 名 かしの木などでつくった、長さ六尺(約一・八メートル)の棒。

ろく-しゅ [0]【六趣】名 ↓ろくどう。

ろく-じゅう [ジュ]【六十】名 ❶十の六倍。❷六十歳。 **―の手習い** 年とってからする学問。晩学。 **―余州** [ヨ] 名 昔の日本全国。六十六か国と壱岐・対馬。 **―六部** [ク2] 名 ❶六十六部の法華経を書きうつし、日本六十六か国の札所を巡礼して一部ずつおさめてあるく人。❷経文をとなえて物ごいしながら諸国を歩く巡礼。六部。

ろく-しょう [ショ]【緑青】名 銅の表面にできる、緑色のさび。緑色顔料として利用。

ろく-しん [0]【六親】名 六種の親族。父・母・兄・弟・妻・子。または、父・子・兄・弟・夫・妻。りくしん。

ろく-すっぽ [0]【×碌すっぽ】副〔俗語〕ろくに。ろくろく。「―考えてもみない」参考 下に打ち消しの語がくる。

ろく・する [ス]【×勒する】他サ (シ・セ・サ|シ|スル|スル|スレ|シロ・セヨ)〔文章語〕❶おさえる。とりしまる。おさめる。❷ほりつける。きざみつける。「石に―」 ろく・す 文語サ変

ろく・する [ス]【録する】他サ (シ・セ・サ|シ|スル|スル|スレ|シロ・セヨ)〔文章語〕書きしるす。記録する。「名を―」 ろく・す 文語サ変

ろく-だいしゅう [ダ]【六大州】【六大×洲】名 ❶アジア・ヨーロッパ・アフリカ・北アメリカ・南アメリカ・オセアニアの六大陸。❷全世界。

ろく-だか [ク]【×禄高】名 昔の武士の俸禄の額。

ろく-でなし [0]【×碌で無し】名 役にたたない人。しょうのない、やくざもの。

ろく-でも-ない【×碌でも無い】連語 値うちのない。つまらない。「―話をするな」

ろく-どう [ク]【六道】名 衆生が、この世で行った行為のむくいとして行かねばならない、地獄・餓鬼・畜生・修羅・人間・天上の六種の世界。六趣。六界。 **―銭** [0] 名 死人をほうむるとき、三途の川の渡し銭として棺に入れる、六文のぜに。 **―輪×廻** [リ] 名 衆生が、六道の間を生死してめぐること。流転輪廻。

ろく-な [0]【ろくな】【×碌な】連体 あたりまえの。まともな。「―ことはない」参考 下に打ち消しの語がきて、物事を低く評価する場合に用いられる。

ろく-に [0]【ろくに】【×碌に】副 十分に。満足に。「―仕事もできない」参考 下に打ち消しの言い方がくる。

ろく-ぬすびと [ヌ]【×禄盗人】名 〔「禄」は給料の意〕才能のない、または、職務にまじめでないつとめ人をあざける語。

ログ-ハウス [ハ]〈log-house〉名 丸太を組んでつくった家。丸太小屋。

ろくはら-たんだい [タ]【六波羅探題】名 鎌倉幕府が朝廷の監視や、近畿・関西の政務を総轄させた職名。

ろく-ぶ [ク]【六部】名 ↓ろくじゅうろくぶ❷。

ろくぶん-ぎ [ブ]【六分儀】名 天体の高度、または任意の二点間の角度をはかる機械。航海・測量用。セクスタント。

ろく-ぼく [0]【×肋木】名 体操用具の一つ。数本の柱をならべ立て、これに多数の横棒を平行に通したもの。

ろく-まい [0]【×禄米】名 俸禄としてあたえる米。ふちまい。

ろく-まく [0]【×肋膜】名 ❶胸腔の内面にそって肺をおおう、うすい膜。胸膜。❷肋膜炎。**―炎** [0]名 おもに結核菌によっておこる、肋膜の炎症。胸膜炎。肋膜。

ろくめん-たい [0]【六面体】名 六つの平面でかこまれた立体。

ろく-やね [0]【▲陸屋根】名 傾斜が少なく、ほとんどたいらな屋根。りくやね。⇩屋根(図)。

ろく-よう [0]【六曜】名 暦で、日柄を表す六種の区別。先勝・友引・先負・仏滅・大安・赤口の六つ。

ろく-ろ [0]/[ロ]2【×轆×轤】名 ❶物を引きよせたり、つりあげたりするのに使う滑車。❷傘の柄の上端の、ほねのあつまった所。❸ろくろ台。**―×鉋** [ガ]名 軸のはしに木材をとりつけ、軸を回してそれに刃を当て、まるくえぐりけずる工具。**―首** [ロ]2名 首が長くて自由にのびちぢみするというばけもの。ろくろっくび。**―台** [0]名 木製の円盤でぐるぐるまわる台。足や動力でまわして、円形の陶器をつくるのに使う。ろくろ。

ろく-ろく [0]【×碌×碌】❶と副 たる連体 文章語 無能で役にたたないようす。「―たる人生」❷〔かながき〕副 ろくに。「―おかまいもしませんで」参考 下に打ち消しの語がくる。

ロケ [ロ]名 「ロケーション❶」の略。

ロケーション [ケ]〈location〉名 ❶映画で、野外撮影。ロケ。❷場所。位置。立地。「―のいい店」

ロケット [ロ]/[ケ]〈locket〉名 小形の写真などを入れて、首かざりのくさりにつける、金属製の装身具。

ロケット [ケ]〈rocket〉名 燃料を燃やし、多量のガスを発生させ、その噴出の反動で前進させる仕掛け。噴射推進装置。**―弾** [ト]名 ロケットの推進力を利用した弾丸。**―砲** [0]名 ロケット弾を発射する大砲。

ロケ-ハン [0]名 (「ロケーションハンティング」の略) ロケーションに適当な場所をさがしまわること。

ろ-けん [0]【路肩】名 ⇩ろかた。

ろ-けん [0]【露見・露顕】名 自サ 隠していたことが、あらわれること。ばれること。「悪事が―する」

ろ-ご [0]【露語】名 ロシア語。

ロゴ [ロ]〈LOGO〉名 図形処理などを特徴とする、コンピューター用のプログラミング言語。教育用・人工知能用などに使われる。

ロゴ [ロ]〈logo〉名 「ロゴタイプ」「ロゴマーク」の略。

ろ-こう [0]【露光】名 写真の撮影で、シャッターを開いて乾板・フィルムに感光させること。露出。

ロココ-しき [0]【ロココ式】(ロココは「rococo」) 名 一八世紀の中ごろ、フランスで流行した室内や家具の装飾様式。複雑な曲線模様と華麗な色彩をもつ。のち、そのような美術全般をさす。

ロゴス [ロ]〈ギlogos〉名 ❶ことば。❷論理。理性。❸〖哲〗宇宙の事物間の秩序を構成する統一原理。理性的法則。❹(キリスト教で)キリスト。キリストの神性。

ロゴタイプ [タ]〈logotype〉名 組織や商標をあらわす文字を組み合わせて図案化したもの。ロゴ。

ろ-こつ [0]【露骨】形動 ダロ・ダッ・デ・ニ／ダナ・ナラ [0] むきだしであるようす。あけすけ。「―な表現」

ロゴ-マーク [マ]〈logo mark〉名 (和製英語) 組織や商標のシンボルマークとロゴタイプを組み合わせて図案化したしるし。ロゴ。

ロコモティブ-シンドローム [ロ]2〈locomotive syndrome〉名 骨・関節・筋肉などの機能が低下し、介護が必要になるおそれのある状態。運動器症候群。ロコモ。

ろ-ざ [0]【露座】【露×坐】名 自サ 屋根のない所にすわること。「―の大仏」

ろ-ざし [0]【×絽刺し】名 絽織りの透いた目へ糸を刺して、布地をうずめるししゅう。

ロザリオ [0]/[ザ]〈ポrosario〉名 ローマカトリック教で、祈りのときに使うじゅず状の輪。

ろ-し [0]【×濾紙】名 液体をこす紙。こしがみ。

ろ-じ [0]【路次】名 文章語 みちすがら。道中。

ろ-じ [0]【路地】名 ❶門内や庭の通路。❷家と家との間のせまい道。「―裏」

ろ-じ [0]【露地】名 ❶茶席へ行くとき通る庭。茶室の庭。❷おおいのない土地。**―栽培** [サ]名 おおいのないふつうの畑などで作物をつくること。↕温室栽培。**―物** [0]名 露地栽培された作物。温室栽培やハウス栽培されたものに対していう。

ロジ [ロ]名 「ロジスティクス」の略。

ロシア《Russia》(「露西亜」とも書いた) アジア大陸の北東部からヨーロッパの東部に及ぶ広大な国。一九一七年に成立した旧ソビエト連邦の中心となったが、一九九一年に連邦が解体したことにより、ロシア連邦となる。首都はモスクワ。

ロシア-もじ [モ]【ロシア文字】名 ロシア語を表記するための文字。ギリシャ文字から分かれたものだが、ローマ字とは数や形が異なる。

ロシアン-ルーレット [ル]〈Russian roulette〉名 かけの一種。ピストルの弾倉に弾丸を一発だけ入れ、だれに当たるかわからないようにして、数人が順番に引き金をひくもの。ロシア式ルーレット。

ロジカル [ロ]〈logical〉形動 ダロ・ダッ・デ・ニ／ダナ・ナラ [0] 論理的。

ロジスティクス [ティ]〈logistics〉＝**ロジスティックス** 名 (もとは軍用物資の供給(兵站)を指す軍事用語) ❶物資の調達や輸送など、物流を効率的に管理する方法。ロジ。❷国際会議などで、裏方として庶務を担当する職員。ロジ担。ロジ。

ロジック [ロ]〈logic〉名 ❶論理学。❷論法。論理。

ろ-しゅつ [0]【露出】名 自他サ ❶あらわれでること。あらわしだすこと。「肌を―する」❷写真の撮影で、シャッターを開いて乾板・フィルムに感光させること。「―計」

ろ-しょう [0]【路床】名 道路を舗装するとき、地ならしした地盤。

ろ-じょう [0]【路上】名 ❶道のうえ。道ばた。「―駐車」❷どこかへ行く途中。

ろ-しん [0]【炉心】名 原子炉の中心にあり、核分裂反応を起こしてエネルギーを発生させる部分。「―溶融」

ろじん《魯迅》一八八一～一九三六。中国の文学者。本名は周樹人。日本に留学し医学を志したが、のち文学に転じた。「狂人日記」「阿Q正伝」など。ルーシュン。

ロス〈loss〉❶[ロ]名 他サ むだ。損失。むだにすること。「時間の―」「食品―」❷造 (俗語) 愛好していた存在がなくなったときの喪失感。「ペット―」

ロス-タイム [タ]〈loss time〉名 (和製英語) サッカー、ラグビー、ホッケーなどで、選手交代や治療など競技以外に費やされた時間。その累積時間だけ試合が延長される。参考 サッカーでは、「アディショナルタイム」も使われる。

ロスト-ジェネレーション [レ]〈Lost Generation〉名 第一次世界大戦後の一九二〇年代にヨーロッパに滞在した米国出身の文学者を中心とする世代に対して付けられた呼び方。「失われた世代」と訳されることが多いが、目標を見失った、自堕落なという意味も含まれている。

ろ

ロストル 回〈ᵒrooster〉名 火をもやす所にしく、鉄の棒をならべた、通風をよくするもの。火格子(ひごうし)。

ロゼ 回〈ᶠrosé〉名 薄い紅色のワイン。赤ワインをつくる途中、薄く赤みがさしたところで皮を除き、発酵を続けてつくる。

×盧生(ろせい)の夢(ゆめ) ⇒邯鄲(かんたん)の夢。

ろ-せん 回【路線】名 ❶道路・鉄道線路などの交通路。「バス―」❷方針。「強硬―を貫く」 **―価(か)** セ名 主要道路に面した土地を基準にして、国税庁、市町村・特別区が定める土地の評価額。相続税・贈与税・固定資産税の算定に適用される。

ろ-だい 回【露台】名 ❶建物の一部で、屋根のない手すりつきの台。バルコニー。バルコン。夏 ❷屋根のない台。❸屋根のない舞台。

ろちょう-こつ チョ【×顱頂骨】名 ずがいこつの上部の中心にあるひらたいほね。頭頂骨。

ろ-ちりめん チ【×絽×縮×緬】名 絽(ろ)の織り方にしたちりめん。

ろっ-か 回【六花】名〔文章語〕〔「ろくか」の変化〕雪のこと。

ロッカー 回〈locker〉名 荷物・衣類などを入れる、錠(じょう)のおりる箱・戸だな。 **―ルーム** ル〈locker room〉名 体育館などで、多くのロッカーを設置してあるへや。

ろっ-かい カ【六界】名〔「ろくかい」の変化〕⇒ろくどう。

ろっ-かせん《六歌仙》平安朝初期の六人の和歌の名人。在原業平(ありわらのなりひら)・僧正遍昭(そうじょうへんじょう)・喜撰法師(きせんほうし)・大伴黒主(おおとものくろぬし)・文屋康秀(ふんやのやすひで)・小野小町(おののこまち)。

ろっ-かん 回【×肋間】名〔「ろくかん」の変化〕あばらぼねのあいだ。 **―神経痛(しんけいつう)** 回名 肋間にある神経の、いたみの発作。

ロッキング-チェア チエ〈rocking chair〉名 脚の部分を弓形にして前後にゆり動かせるようにしたいす。ゆりいす。

ロック 回〈ᵖrock〉名 ロックンロール。

ロック 回〈rock〉名 ❶岩石。❷障害物。 **―クライミング** ラ〈rock-climbing〉名 登山で、けわしい岩壁をよじのぼること・技術。岩のぼり。

ロック 回〈lock〉名 他サ 錠(じょう)。また、錠をおろすこと。かぎをかけること。 **―アウト** ア〈lockout〉名 自他サ 労働争議で資本家がわが、工場などを閉鎖して、労働者に仕事をさせないこと。 **―ダウン** ダ〈lockdown〉名 自他サ 安全のために封鎖すること。特に、都市や地域の内外への出入りや区域内での移動を禁止すること。感染症の拡大防止などのための措置として必要とされる。参考 都市封鎖と訳されることが多いが、日本では屋内退避の意で用いることが多い。

ロックン-ロール 回²〈ᵖrock'n'roll〉名 一九五〇年代中ごろアメリカで生まれた、はげしいリズムの音楽。ロック。

ろっ-こつ 回【×肋骨】名〔「ろくこつ」の変化〕胸郭を構成する左右十二対のほね。あばらぼね。⇩骨格(図)。

ろっ-こん 回【六根】名〔仏〕〔「ろくこん」の変化〕まよいや罪を生ずる六つのもと。眼・耳・鼻・舌・身・意。 **―清浄(しょうじょう)** ジョ名 ❶六根のまよいをたち切って、けがれをなくすること。❷信仰のための登山者などが、歩きながらとなえることば。

ロッジ 回〈lodge〉名 山小屋。山小屋ふうの簡易宿泊所。

ロット 回/回〈lot〉名 同じ仕様の製品を生産・出荷するための数量単位。「―で買いとる」「―ナンバー」

ロッド 回〈rod〉名 ❶棒。「―アンテナ」❷釣りざお。

ろっ-ぱく 回【六白】名 九星の一つ。金星にあたり、方位は西北。

ろっぴゃくばんうたあわせ《六百番歌合(うたあわせ)》建久四年(一一九三)、藤原良経(ふじわらのよしつね)の家でおこなわれた六百番の歌合。判者は藤原俊成(としなり)。

ろっ-ぷ 回【六×腑】名 漢方で六種の内臓(ないぞう)。大腸・小腸・胆(肝臓)・胃・三焦(さんしょう)・膀胱(ぼうこう)。「五臓―」

ろっ-ぽう【六方】名〔「ろくほう」の変化〕❶ポ 東西南北(四方)と天地の六つの方角。❷ポ 六つの平面でかこまれた立体。❸回 江戸時代の侠客(きょうかく)で勢力をふるった六団体。「―詞(ことば)」❹回 歌舞伎(かぶき)で、花道から揚幕(あげまく)にはいるとき、手を振って、高く足をあげる歩き方。「―を踏む」参考 ❸❹は「六法」とも書く。

ろっ-ぽう 回【六法】名 ❶六種の主要な法律。憲法・刑法・民法・商法・刑事訴訟法・民事訴訟法。❷六法全書。 **―全書(ぜんしょ)** セ名 六法に関する法規を中心として収めてある法令全書。六法。

ろ-てい 回【路程】名〔文章語〕みちのり。

ろ-てい 回【露呈】名 自他サ〔文章語〕かくれていたものが、あらわになること。かくれていたものを、あらわししめすこと。むきだしになること。むきだしにすること。「欠点を―する」「矛盾が―する」

ロデオ 回〈ˢrodeo〉名 カウボーイが、くらをおかない荒馬や暴れ牛を乗りこなしたり、投げ輪で牛を捕らえたりする競技。

ろ-てき 回【×蘆×荻】名〔文章語〕あしとおぎ。

ろ-てき 回【×蘆笛】名〔文章語〕あしの葉でつくった笛。

ろ-てん 回【露天】名 屋根やおおいのない所。野外。 **―商(しょう)** テ名 野外に店を出してするあきない。また、その店。 **―風呂(ぶろ)** フ名 野外にもうけた浴場。特に、温泉地の施設などをいう。野天ぶろ。 **―掘(ぼ)り** 回名 石炭・鉱石を地表から直接に掘ること。↕坑内掘り。

ろ-てん 回【露店】名 道ばたや寺社の境内などで物品を売る屋台みせ。

ろ-てん 回【露点】名 大気中の物体がひえて、その表面に水蒸気がつゆとなってつきはじめるときの温度。

ろ-とう 回【路頭】名〔文章語〕みちばた。 **―に迷(まよ)う** 生活のみちをなくし、住む家もなく、暮らしに困ること。

ろ-とう 回【露頭】名〔地〕岩石・地層や鉱脈などの地表に現れた所。

ろ-どん 回【×魯鈍】名 形動(の)〔文章語〕おろかで、にぶいこと。愚鈍。

ろ-は 回名〔俗語〕〔漢字の「只(ただ)」をかたかなの二字にしてロハと読んで〕ただ。無料。

ろ-ば 回【×驢馬】名 ウマ科の哺乳(ほにゅう)類。形はうまに似ているが、体形は小さく、耳が長い。性質はおとなしいが力は強く、労役に使う。うさぎうま。

ろ-ばた 回【炉端】名 いろりのはた。炉辺。 **―焼(や)き** 回名 客の前で、魚や野菜などを焼いてすぐ食べさせる料理。また、そのような料理店。

ろ-ばん 回【路盤】名 道路の地盤。

ろ-ばん 回【露盤】名 寺院の塔の、九輪(くりん)の最下部にある四角形の台。⇩九輪(図)。

ロビー 回〈lobby〉名 ホテルなどで、玄関につづく通路やひかえ室をかねた広間。

ろ-ひょう 回【路標】名 道の方向・みちのりなどを書きしめして道ばたに立てたもの。みちしるべ。道標。

ろ-びょうし ビョ【×櫓拍子】名 大ぜいがいっせいに船のろをこぐ調子。また、それをそろえるためのかけ声。

ろ-びらき ビ【炉開き】名 茶人が、陰暦十月一日にそれまで使っていた風炉(ふろ)をとじて、地炉(ちろ)を使い始める行事。冬

ろ-ふさぎ フ【炉塞ぎ】名 茶人が、陰暦三月末日に地炉

をふさぎ、風炉ふろを使い始める行事。(春)

ロブスター [ロ]/[ブ]〈lobster〉[名] アカザエビ科の海産のえび。北大西洋の沿岸に分布。体長約六五センチメートル、大きなはさみをもつ。美味。オマール。

ろ-ぶつ [ロ]【露仏】[名] 屋根がなく、雨ざらしになっている仏像。ぬれぼとけ。

ロフト [ロ]/[○]〈loft〉[名] ❶屋根裏部屋。また、倉庫や工場の上階。❷ゴルフのクラブで、球が当たる打球面につけられた傾斜角度。

ろ-ぶん [○]【露文】[名] ❶ロシア語の文章。❷ロシア文学。

ろ-べそ [○]【×櫓×臍】[名] 和船の後部にとりつけ、ろのくぼみにはめて、ささえにする木の出っぱり。

ろ-へん [○]【炉辺】[名]〔文章語〕いろりばた。炉ばた。**—談話**だんわ [ダ][名] いろりばたで、くつろいでする世間ばなし。[参考] アメリカ大統領フランクリン=ルーズベルトが、この形式で政見などを国民に語ったところから。

ろ-ぼ [ロ]【×鹵簿】[名]〔文章語〕「「鹵」は行列の先導の大盾おおだて、「簿」は行列の順序をしるした帳簿の意」行幸・行啓の行列。

ろ-ぼう [○]【路傍】[名]〔文章語〕みちばた。みちのほとり。**—の人**ひと 自分となんの関係もない人。

ろぼうのいし《路傍の石》山本有三の長編小説。一九三七—四〇年発表。未完。正しく生きようとする少年吾一の成長の姿をえがいたもの。

ロボット [ロ]/[ボ]〈robot〉[名] ❶人間と似た動作・機能を発揮する自動人形。特に、工場で、目的の作業や操作を自動的に行う機械。人造人間。「—産業」❷他人の言うがままにうごく人。

ロマ [ロ]〈Roma〉[名]「「人間」の意の自称」インドに起源をもつとみられ、ヨーロッパを中心として世界各地に分布して生活している民族。[参考] もと、「ジプシー」と呼ばれた。

ロマネスク [ネ]〈フ romanesque〉㊀[名] 一一〜一二世紀に、ヨーロッパでおこなわれた、建築・美術の様式。古代ローマの要素に東洋趣味を加えたもの。㊁[形動] 空想的。小説的。

ロマネスク㊀

ロマン [ロ]〈フ roman〉[名] ❶長編の小説。散文の物語。❷ロマンス。❸ロマンチックに物事をとらえること。「男の—」**—主義**しゅぎ [シュ][名] ロマンチシズム。**—派**は [○][名] ロマンチシズムを奉じる人。ローマン派。

ロマンス [ロ]/[マ]〈romance〉[名] ❶伝奇物語。❷恋愛に関する事件。恋愛のいきさつ。＝**ローマンス** [名] **—カー** [カ]〈romance car〉[名]〔和製英語〕ロマンスシートのついている車両。**—グレー** [レ]〈romance gray〉[名]〔和製英語〕魅力的な初老の男性のしらがまじりの頭髪。**—語**ご [○][名] ラテン語系統の言語。スペイン語・イタリア語など。**—シート** [シ]〈romance seat〉[名]〔和製英語〕劇場・乗り物などで、ふたりが並んですわるようになっている席。

ロマンチ(テ)ィシズム [シ]〈romanticism〉[名] ❶一八〜一九世紀に、ヨーロッパにおこった芸術上の思潮。古典主義に反対し、自我の解放や、自然の情熱の尊重などをうちだした。日本でも明治中期以降、文学界同人・明星派などによって主張された。浪漫ろうまん主義。❷空想的で、感傷的な情緒を好む精神的傾向。

ロマンチ(テ)ィスト [チ][名]〔romanticist のなまり〕❶ロマンチシズムを奉ずる人。浪漫主義者。浪漫派。❷空想家。夢想家。

ロマンチ(テ)ィック [チ]〈romantic〉[形動] ダロ・ダッ・デ・ニ／ダナ・ナラ・○ 空想的。情緒的。浪漫的。

ロム [ロ]〈ROM〉[名]〔read only memory の略〕コンピューターの読み出し専用の記憶装置。書き換える必要のないデータを保存するために使う。

ろ-めい [○]/[ロ]【露命】[名]〔文章語〕はかないいのち。**—を×繋**つなぐ かろうじて生活する。やっと生きている。

ろ-めん [○]【路面】[名] 道路の表面。**—電車**でんしゃ [デ][名] 街路に敷いた線路をはしる電車。

ろ-よう [○]【路用】[名] 旅費。路銀。路費。

ロリ-コン [○][名]〔和製英語 Lolita complex から〕幼女・少女を性愛の対象とする異常性欲。十二歳の少女ロリータを愛する男を描いた、ナボコフの小説に由来する。

ろ-れつ [○]【呂律】[名] ものを言う調子。**—が回**まわら**ない** 舌がよく動かず、ことばがはっきりしない。

ろ-わ [ロ]【露和】[名] ❶ロシア語と日本語。❷露和辞典。↕和露。**—辞典**じてん [ジ][名] ロシア語から日本語を引く辞典。

ろん【論】㊀[ロ][名][造] ❶言いあらそうこと。議論。「論争」❷ある問題について意見をのべること。論説。評論。「論客・弁論・暴論」㊁[造] 考え。意見。「論拠・世論・芸術論」**論じる** [他上一] **論ずる** [他サ] **—より証拠**しょうこ 議論よりも、現実の証拠の方が有力である。**—を×俟**ま**たない** 議論する必要はない。もちろんである。わかりきっている。

ろんがい [○]/[ロ]【論外】[名][形動(の)] ❶論じていることと無関係なこと。❷論じるにはおよばぬこと。問題にならないこと。もってのほかであること。問題外。

ろん-かく [○]【論客】[名] ❶よく議論をする人。ろんきゃく。❷すぐれた評論家。

ろん-ぎ [ロ]【論議】[名][他サ] 意見をのべあうこと。議論。「—を尽くす」

ろん-きつ [○]【論詰】[名][他サ]〔文章語〕論じて、言いこめること。論難。

ろん-きゃく [○]【論客】[名] ⬇ろんかく。

ろん-きゅう [○]【論及】[名][自サ] そのことに論じおよぶこと。

ろん-きゅう [○]【論究】[名][他サ]〔文章語〕論じて、道理をきわめること。

ろん-きょ [ロ]【論拠】[名] 意見のよりどころ。

ロング [ロ]〈long〉[名] ❶長いこと。長いもの。「—のスカート」❷「ロングショット」の略。**—シュート** [シュ]〈long shoot〉[名] バスケットボール・サッカーなどで、遠くからボールをゴールへ入れること。**—ショット** [ショ]〈long shot〉[名] ❶映画・写真などで、遠くから撮影すること。↕クローズアップ。❷ゴルフで、長打。**—セラー** [セ]〈long seller〉[名] 本などで、長期にわたってよく売れるもの。**—トン** [ト]〈long ton〉[名] 長トン。英トン。一トンは、二二四〇ポンド(約一〇一六キログラム)。**—ヒット** [ヒ]〈long hit〉[名] 野球で、二塁打・三塁打・本塁打のこと。長打。↕シングルヒット。**—ラン** [ラ]〈long run〉[名] 映画・演劇の長期興行。

ろん-けつ [○]【論結】[名][他サ]〔文章語〕論じてしめくくりをすること。

ろん-けつ [○]【論決】[名][自他サ]〔文章語〕議論のうえ、事がきまること。論じて事をきめること。

ろんご《論語》中国の古典。四書の一つ。孔子の死後、門人たちが編集したもの。孔子と門人の問答、門人同士の問答、孔子の日常の言動などを書きしるし、儒学の基本をのべたもの。**—読**よ**みの論語**ろんご**知**し**らず** 書物を読んでその道理はわかっても、実行のできないこと。また、その人。

ろん-こう ⓪【論考】【論×攷】名自他サ ある問題について議論し考察をくわえること。また、その文章。「国語史—」

ろんこう-こうしょう [コ][2]【論功行賞】名 てがらを論じ定めて、賞をあたえること。

ろん-こく ①【論告】名他サ 刑事裁判の法廷で、検察官が被告の罪について意見をのべ、求刑すること。

ろん-さく ①【論策】名〔文章語〕意見やはかりごとをのべた文章。

ろん-さん ⓪【論×纂】名〔文章語〕（「纂」はあつめるの意）論集。論文集。

ろん-し ①【論旨】名 議論の主旨・要旨。

ろん-しゃ ①【論者】名 議論をする人。

ろん-しゅう ⓪【論集】名 論文をあつめたもの。論文集。

ろん-じゅつ ⓪【論述】名他サ 論じのべること。

ろん-しょう ⓪【論証】名他サ ❶証拠をあげ、論理的に証明すること。❷判断の真偽を、論理的に証明すること。

ろん-じる ⓪【論じる】他上一 ジジジル(ジ)ジレジロ・ジヨ ⇒ろんずる。

ろん-じん ⓪【論陣】名〔文章語〕議論の組み立て。**—を張る** 議論を展開する。堂々と論じたてる。

ろん-ずる ⓪【論ずる】他サ ジ・ゼジズルズル ズレジロ・ゼヨ（「論じる」（上一段活用）とも）❶道理をのべる。理屈を言う。「事の是非を—」❷言いあらそう。議論する。「教育を—」❸問題にする。**ろん・ず** 文語サ変 **—に足りない** 問題にし、議論するだけの値うちがない。

ろん-せつ ⓪【論説】名 意見をのべること。また、その文章。「新聞の—」「—委員」

ろん-せん ⓪【論戦】名自サ はげしく議論しあうこと。

ろん-そう ⓪【論×叢】名〔文章語〕（「叢」はあつめるの意）論集。論文集。

ろん-そう ⓪【論争】名自サ 自説を主張し、たがいに論じあうこと。「—に発展する」

ろん-だい ⓪【論題】名 議論の題目。論文の題。

ろん-だん ⓪【論壇】名 評論家の社会。言論界。

ろん-だん ⓪【論断】名自サ 論じて、断定をくだすこと。

ろん-ちょ ①【論著】名 論文を書物にしたもの。

ろん-ちょう ⓪【論調】名 議論の調子。

ろん-てい ⓪【論定】名他サ〔文章語〕論じてきめること。

ろん-てき ⓪【論敵】名 議論しあう相手。論争の相手。

ろん-てん [テ]⓪【論点】名 議論の問題点・中心点。「—を明確にする」

ロンド ①〈イ rondo〉名 ❶大ぜいが輪になって歌いながら踊る、舞踊形式の一つ。輪舞。❷楽曲形式の一つで、一つの主題の間に別の旋律がはさまれる形で、何度かくり返される楽曲。回旋(かいせん)曲。

ろん-なん ⓪【論難】名他サ 人の欠点をあげて論じ、攻撃すること。論駁(ろんばく)。論詰(ろんきつ)。

ろん-ぱ ①【論破】名他サ 論じて、相手の説をやぶること。「守旧派の主張を—する」

ロンパース ①〈rompers〉名 上着とみじかいズボンがひとつづきになっている幼児の服。

ロンバード-がい [ド]【ロンバード街】〔Lombard Streetから〕名 ❶ロンドンの株式取引所のあるところ。❷英国の金融界。日本の兜町(かぶとちょう)、アメリカのウオール街にあたる。

ろん-ばく ⓪【論×駁】名他サ 論難。

ろん-ぱん ⓪【論判】名自サ〔文章語〕道理をのべてその是非を判定すること。論争。

ろん-ぴょう ⓪【論評】名他サ よしあしを論じて批評すること。「—を加える」

ろん-ぶん ⓪【論文】名 ❶物事を論じて意見をのべる文。議論文。評論文。❷学術を研究した結果をのべた文章。

ろん-べん ⓪【論弁】名自サ〔文章語〕意見をのべて、事の理非を明らかにすること。また、その意見。

ろん-ぽう ⓪【論法】名 ❶議論の進め方。❷議論の組み立て。

ろん-ぽう ⓪【論×鋒】名〔文章語〕議論の相手に向けられる攻撃的な内容。「鋭い—」

ろん-もう《論孟》「論語」と「孟子」。

ろん-り ①【論理】名 議論や話のすじみち。**—学**(がく) [リ]名 正しい認識を得るために、思考の方法と形式とを研究する学問。ロジック。**—的**(てき) ⓪ 形動 論理に合うようす。すじ道の通ったようす。ロジカル。↕非論理的。

わ

ワ

わ：「和」の草体。
ワ：輪の符号「○」から。（一説に「和」の右）

わ【羽】(は) 接尾 鳥や、うさぎをかぞえる語。「一—」「三—」「六—」参考「三羽(ばさん)」「六羽(ろっぱ)」のように「ば」「ぱ」となることもある。

わ【把】 接尾 たばねたものをかぞえる語。は。「ねぎ五—」⇩ひき(匹)参考。

わ【話】 造 ❶はなす。かたる。「話芸・話術・会話・対話・談話・電話」❷はなし。「話題・話柄(わへい)・逸話・神話・童話・民話」

わ【和】 ㊀ [ワ] 名造 ❶むつまじいこと。「人の—」「和気・和合・平和」❷〔文章語〕仲なおり。「—を講じる」「和解・和議・和睦」❸日本。倭(わ)。日本ふう。「和製・和風・漢和」↕洋。❹いくつかの数を加えたあたい。合計。「総和」↕差。㊁ 造 ❶やわらぐ。なごやか。「穏和・緩和・柔和」❷まじりあう。「和音・和声・調和」

わ [ワ]【輪】【×環】名 ❶細長いものを曲げて、まるくしたもの。❷車輪。❸おけのたが。**—が広**(ひろ)**がる** 共感して、人と人のつながりが広くなっていく。「住民運動の—」**—を掛**(か)**ける** 程度をいっそうはなはだしくする。

わ【我・×吾】 代〔古語〕われ。あ。

わ 助（終助詞。文語の係助詞「は」の変化）❶〔女性語〕文末につけて、表現をやわらげたり、軽い決意や主張をあらわしたりする。「わたしは行く—」❷同じ表現のくり返しの句に用いて、驚きや詠嘆をあらわす。「来る—来る—、続々とやってくる」❸強めをあらわす。「さっぱりいけません—」

わあ [ワ] 感 ❶感動・驚きなどをあらわすことば。わっ。「—、すてきだね」❷急に泣きだすときの声。わっ。❸多くの人がいっせいにあげる大声。「—と喚声があがる」

ワーカホリック [ホ]〈workaholic〉名〔work（仕事）とalcoholic（アルコール中毒者）とから〕仕事に熱中して離れられない人。仕事中毒。

ワーキング〈working〉造 働くこと。仕事。仕事の。「—ビザ」「—マザー」**—グループ** [ル]〈working group〉名 組織の中で、特定の問題に対処するためにつくられる部会。作業部会。WG。**—プア** [ア]〈working poor〉名 正業について懸命に働いても低賃金から抜け出せない層。**—ホリデー** [ホ]〈Working Holiday〉名 青少年の外国体験を促すために、外国人が働きながら旅行することを認める制度。

ワーク〈work〉造 仕事。作業。**—シェアリング** [シェ]〈work sharing〉名 各人の労働時間を少なくして、仕事量を分散させること。**—ショップ** [ショ]〈workshop〉名 参加者が主体になって研究や創作を行うための集会。**—ステーション** [テ]〈workstation〉名 パソコンよりも高い処理能力を持つ業務用の小型コンピューター。**ーブック**[ア]〈workbook〉[名] 練習問題などをのせた本。練習帳。**ーライフバランス**[バ]〈work life balance〉[名] 仕事と生活の調和。仕事と生活をともに充実させ、両立させるという考え方。

ワーケーション[ケ]〈workation〉[名]〔work＋vacationから〕休暇を取りながら働くこと。特に、旅行先でテレワークを行うこと。

ワースト[ワ]〈worst〉[名] いちばん悪いもの。「交通違反の―スリー」↕ベスト。

ワーディング[0]〈wording〉[名][自サ] 文章の語句を整えること。

ワード-プロセッサ(ー)[セ]〈word processor〉[名] コンピューターによる、編集・校正・記憶・再生などの機能を持たせた機械。ワープロ。[参考] 近年では、パソコンの基本的な機能としてソフトウエアが組み込まれている。

ワード-ローブ[ロ]〈wardrobe〉[名] ❶洋服だんす。❷持ち合わせの衣装一式。

ワープ[ワ]〈warp〉[名]〔「ひずませる」の意から〕SFで、宇宙空間を超高速で移動すること。

ワープロ[0][名] ⬇ワードプロセッサー。

ワールド〈world〉[造] 世界。世界の。**ーカップ**[カ]〈World Cup〉[名] スポーツ競技の国際選手権大会。W杯。**ーシリーズ**[リ][シ]〈World Series〉[名] アメリカの、プロ野球の選手権試合。**ーワイド-ウェブ**[ウ]〈World Wide Web〉[名] インターネットサービスの一つで、くもの巣のように世界中に張りめぐらされた情報の網から必要な情報を検索し、閲覧できるシステム。単にウェブとも。また、WWW(ダブリューーダブリューーダブリュー)と略記する。

わあ-わあ[ワ¹][副] ❶大声で泣くようす。❷そうぞうしく、さわぎ立てる声の形容。

わあん[ア][と][副] ❶子どもの大きな泣き声をあらわす語。❷音が大きくひびくようす。「声が―とこだまする」

わい【×歪】[造] ゆがむ。ひずむ。「歪曲・歪度」

わい【×猥】[造] ❶みだりに。「猥雑」❷みだら。いやしい。「猥褻・淫猥・卑猥」

わい【×矮】[造] みじかい。ちいさい。「矮小・矮星」

わい【賄】[造] 見返りを望んで、物を贈る。「賄賂・収賄・贈賄」

わい【×穢】[造] けがれる。よごれる。「汚穢」[別音え|穢]

わい[助]〔終助詞〕驚きや感動をあらわす。「困ったものだ―」

ワイ-エム-シー-エー[エ²]〈YMCA〉[名]〔Young Men's Christian Associationから〕キリスト教青年会。

わい-か[ワ]【×猥歌】[名] 性的な内容をふくむ卑猥な歌。春歌。

わい-きょく[0]【×歪曲】[名][他サ] 事実などをゆがめて、まちがったものにすること。「事実を―する」

わい-く[ワ]【×矮×軀】[名]〔文章語〕せいの低いからだ。

わい-ざつ[0]【×猥雑】[名][形動] ❶下品で、ごたごたとしていること。❷みだらなこと。

ワイ-シャツ[0][名]〔white shirtから。「Yシャツ」は当て字〕主に男性が洋服の下に着る、えりとそでぐちのあるシャツ。

わい-しょう[0]【×矮小】[名][形動]〔文章語〕❶背が低くて小さいこと。「―なからだ」❷こぢんまりして小さいこと。「問題を―化する」

わい-せつ[0]【×猥×褻】[名][形動] 性に関することを、みだらにとりあつかうこと。「―な話」

ワイ-ダブリュー-シー-エー[エ]〈YWCA〉[名]〔Young Women's Christian Associationから〕キリスト教女子青年会。

わい-だん[0]【×猥談】[名] わいせつな話。

ワイド[ワ]〈wide〉[形動] ❶はばの広いようす。「―な画面」❷長時間つづくようす。「―ドラマ」**ーショー**[ド]〈wide show〉[名]〔和製英語〕司会者のもとで、芸能ニュースなど、いろいろな内容の番組が進行していく娯楽色が強いテレビ番組。**ースクリーン**[リ]〈wide screen〉[名] 横長の、映画の映写幕。**ー番組**[バ][名] ラジオ・テレビの長時間番組。

ワイナリー[ワ]〈winery〉[名] ワインの醸造所。

わい-の[助]〔古語〕〔終助詞〕感動をこめて念を押す気持ちをあらわす。…よね。…よねえ。「おおと言へば弟が首が御座らぬわいの」〈浄瑠璃・心中宵庚申〉

ワイパー[ワ]〈wiper〉[名] 自動車などの前や後ろの窓ガラスについた水滴をふき取る装置。

ワイフ[ワ]〈wife〉[名] 妻。↕ハズ(バンド)。

ワイファイ[0]〈Wi-Fi〉[名]〔商標名〕スマートフォンやパソコン、ゲーム機などをインターネットに接続する、無線LANの規格。「―スポット」

わい-ほん[0]【×猥本】[名] 性に関することを、興味本位に書いた本。

ワイヤ(ー)[ワ][0]〈wire〉[名] ❶針金。❷ワイヤーロープ。❸電線。コード。❹楽器の金属弦。**ーレス**[ワ]〈wireless〉[名] ❶無線。❷無線電信。無線電話。**ーレス-マイク**[マ]〈wireless microphone〉[名] 小型送信機がついているため、コードなしで送信できるマイクロホン。**ーロープ**[ロ]〈wire rope〉[名] 鋼鉄の針金をよりあわせたつな。鋼索。索条。

わい-やい[助]〔古語〕〔終助詞。活用語の終止形につく〕念を押す気持ちで感動をあらわす。…よさ。「それがし一人あとに残ったわいやい」〈狂言・止動方角〉[参考] 同等・目下の者に対して使う、くだけたことば。

ワイルド[ワ]〈wild〉[形動] ❶野生であるようす。「―なフラワー」❷荒々しいようす。「―なデザイン」「―な風貌」**ーカード**[カ]〈wild card〉[名] ❶トランプなどで、他のカードの代用となるカード。❷コンピューターで検索などをする際に用いる、不特定の文字や文字列を指定する記号。❸スポーツ競技で、主催者の推薦などにより特別に出場できる選手やチーム。**ーピッチ**[ピ]〈wild pitch〉[名] 野球で、投手の暴投。

ワイル-びょう[0]【ワイル病】[名] スピロヘータの一種によっておこる感染症。病原体はねずみによって媒介される。出血性おうだん。ワイルス病。[参考] ドイツ人ワイルWeilによって発見された。

わい-ろ[ワ]【賄賂】[名] 自分に都合のいいように特別にあつかってもらうために、こっそりとおくるかねや品物。そでのした。「―を受け取る」

わい-わい[ワ¹][(と)副] おおぜいが大声でさわぐようす。「夜遅くまで―と騒がしい」

ワイン[ワ]〈wine〉[名] ぶどう酒。**ーカラー**[カ]〈wine color〉[名] ワインレッド。**ーグラス**[グ]〈wineglass〉[名] ぶどう酒用のグラス。**ーレッド**[レ]〈wine red〉[名] 赤ぶどう酒のような濃い赤紫色。

ワインド-アップ[ア]〈windup〉[名] 野球で、投手が腕を後ろに引いてから、ゆっくりと頭上に振りかぶる投球動作。

わ-えい[0]【和英】[名] ❶日本語と英語。❷和英辞典。↕英和。**ー辞典**[ジ][名] 日本語から英語を引く辞典。

わ-おん【和音】[名] ❶[0]中国の漢字音に対して、わが国でおこなわれる漢字の慣用音。❷[0]平安時代、漢音に対して呉音。❸[ワ][0]音楽で、高さのちがう二つ以上の音を、同時に鳴らしたときの全体のひびき。和音。

わか【若】㊀[ワ][名]「若様」の略称。「—、お待ちください」㊁[造]家族や組織の中で、同じ地位・職分の者が複数いる場合、その年少者を指す語。「—奥様」「—先生」

わ-か[ワ]**【和歌】**[名]❶昔からあるわが国固有のうた。五音・七音による定型詩で、長歌・短歌・旋頭歌などがある。やまとうた。❷三十一音(五・七・五・七・七)の形式のうた。短歌。**—所**[ド][名]平安時代に、宮廷で和歌の撰集に関する事務をあつかった所。

わ-が[ワ]**【我が】【×吾が】**[連体]私の。我々の。「—母校」**—意を得たり** はたして自分の思ったとおりだ。自分の考えと一致して得意だ。**—事成れり** 自分の思ったとおりに計画が実現する。**—田に水を引く** 自分につごうのよいようにとりはからう。我田引水。**—世の春** 何から何まで思いどおりになる、得意の時代。

わか-あゆ[0]**【若あゆ】【若×鮎】**[名]若い元気のいいあゆ。[春]

わ-かい[0]**【和解】**[名][自サ]❶仲なおり。和睦。❷[法]争いごとの当事者がたがいにゆずって争いをやめること。

わかい《和解》志賀直哉の中編小説。一九一七年発表。対立していた父子の和解をえがいた私小説。

わか・い【若い】㊀[カ][形]❶年齢が少ない。㋐まだこれから成長する段階にある。「—うちに見聞を広めよ」「—女」「—木」㋑年齢が下である。「彼は私より三つ—」㋒出来てからあまり時間がたっていない。「このワインは—」「—会社」❷年齢が実際よりも少なく見える。若々しい。「彼はいつ見ても—」❸精神的にねれていない。未熟である。おさない。「そんなことで怒るとは、まだ—ね」❹順番を示す数が小さい。「番号が—」 **若さ**[名] **わか・し**[文語ク] ㊁[形ク][古語]❶いかにも子どもっぽい。あどけない。「わかかりし膚も皺みぬ」〈万葉〉❷技術的に、まだまだである。「御手(手跡)、いとわかく幼げなり」〈源氏〉 **—衆** ❶若い男子。青年。❷祭りなどの世話をする若者。❸商店などの若い使用人。**—×燕** 女の愛人である、年下の男。**—者** ❶若者。青年。❷若い使用人。わかいしゅ。❸こぶん。手下。

わか-いんきょ[イ]**【若隠居】**[名]まだ若いのに家業を子にゆずって隠居すること。また、その隠居した人。

わか-おかみ[カ2]**【若▲女▲将】**[名]料理屋・旅館などの女主人が二人以上いる場合に、若いほうをさしていう語。

わか-おくさん[オ]**【若奥さん】**[名]しゅうとめを「奥さん」というのに対して、嫁のことをいう語。

わか-がえ・る[オ]**【若返る】**[自五](ラ・ロ・リ・ッ／ル・ル・レ・レ)❶わかわかしい気持ちやようすになる。❷顔ぶれが若い人たちに入れかわる。 **若返り**[名] **若返れる**[自下一][…できる]

わか-がき[0]**【若書き・若描き】**[名]画家や作家が若いときにかいた作品。

わか-がしら[ガ]**【若頭】**[名]❶若い者のなかで、指導的立場にある者。❷暴力団で、指導的立場にある幹部。

わか-き[ワ]**【若き】**[名](「若し」の連体形から)若い人。「老いも—も」

わか-ぎ[0]**【若木】**[名]はえてからまだ年のたたない木。↕老木

わか-ぎ[0]**【若気】**[名]➡わかげ。

わか-ぎみ[カ]**【若君】**[名]❶年の若い主君。幼君。❷貴人のおさないむすこ。

わ-がく[0]**【和学】**[名]日本の文学・歴史などの学問。国学。↕漢学・洋学。

わ-がく[ワ]**【和楽】**[名]日本古来の音楽。邦楽。↕洋楽。

わか-くさ[カ]**【若草】**[名]春のはじめの、芽を出してまもない草。[春] **—の**[枕]「妻」「妹」「新」などにかかる。

わが-くに[ワ]**【我が国】**[名]我々の国。日本。

わか-げ[0]**【若気】**[名]若くて血気にはやり分別の浅い心。わかぎ。「—のあやまち」「—の至り」

わかさ《若狭》昔の北陸道の国の一つ。今の福井県の西部。若州。

わか-ざかり[ザ]**【若盛り】**[名]年が若くて、いちばん元気な年ごろ。

わか-さぎ[0]**【▲公▲魚・×鰙】**[名]キュウリウオ科の淡水魚。北日本に分布する細長い形の魚で、汽水域や湖にすむ。冬の氷結した湖での穴づりで知られる。食用。[春]

わかさぎ

わか-さま[ワ]**【若様】**[名]貴人や大身の武家のむすこを立てて言う語。

わか-ざり[カ]**【輪飾(り)】**[名]わらを輪の形に編み、その下に数本のわらをたれさげた正月の飾りもの。[新年]

わ-がし[ガ]**【和菓子】**[名]日本ふうの菓子。↕洋菓子。

わか-じに[0][三]**【若死(に)】**[名][自サ]若くて死ぬこと。夭折。

わか-しゅ[カ]**【若衆】**[名]❶若い男。❷江戸時代に、まだ元服しないで、前髪のあった男子。

わかし-ゆ[シ]**【沸(か)し湯】**[名]❶沸かした湯。❷天然の温泉に対して、沸かしたふろの湯。

わか-しらが[シ]**【若白髪】**[名]若いうちにはえるしらが。

わか・す[0]**【沸かす】**[他五](サ・ソ・シ・ス／ス・セ・セ)❶水を熱くする。「茶を—」❷水を煮えたたせる。「ふろを—」❸熱狂させる。「聴衆を—」 **沸かせる**[自下一][…できる]

わか・す[0]**【湧かす】**[他五](サ・ソ・シ・ス／ス・セ・セ)発生させる。「うじ虫を—」

わか-ず【分かず】[連語](文語四段動詞「分く」の未然形と、打ち消しの助動詞「ず」)区別せず。区別なく。「昼夜を—仕事にはげむ」

わか・せる[0]**【沸かせる】**㊀[他下一](セ・セ・セル・セル／セレ・セロ・セヨ)わかす。「観客を—」㊁[自下一]わかすことができる。

わか-ぞう[ワ]**【若僧・若造】**[名]年の若い者、未熟な者を見さげてよぶ語。

わか-たけ[カ]**【若竹】**[名]その年にはえた竹。[夏]「—煮」

わか-だんな[ダ]**【若旦那】**[名]主人の長男や大家のむすこを高めた言い方。↕大旦那。

わかち[チ]**【分(か)ち】【▲別ち】**[名][文章語]区別。

わかち-あ・う[ア]**【分(か)ち合う】**[他五](ワ・オ・イ・ッ／ウ・ウ・エ・エ)[文章語]おおぜいで分ける。分け合う。「喜びを—」 **分かち合える**[自下一][…できる]

わかち-がき[0]**【分(か)ち書き】**[名]語と語、あるいは文節と文節の間を、あけて書くこと。「空は きれいに 晴れた」など。

わか・つ[カ]**【分(か)つ】【▲別つ】**[他五](タ・ト・チ・ッ／ツ・ツ・テ・テ)[文章語]❶ついているものをはなす。分割する。「袂を—」「ふたりの仲を—」❷区分する。分ける。「二組に—」「任務を—」❸区別する。弁別する。「明暗を—」「理非を—」❹わきまえる。判断する。❺**【▲頒つ】**分けてくばる。分配する。「財産を—」

わか-づくり[ツ]**【若作り】**[名]年齢より若く身づくろいすること。

わか-づま[0]**【若妻】**[名]年の若い妻。結婚したての妻。

わか-て[0]**【若手】**[名]若くて、はたらきざかりの人。また、

集まりの中で若いほうの人々。「―を起用する」

わか-とう ⓪【若党】名 ❶年の若い、武士のけらい。❷若いさむらい。

わが-とう ワ【我が党】名 自分の党派。自分の仲間。

わか-どしより ド【若年寄】名 ❶江戸幕府で、将軍に直属し、老中を助けて政務にあずかった、老中に次ぐ重職。❷若いのに言動などに若さがなく、年よりじみている人。

わか-との ト【若殿】名 ❶主君の世継ぎの子。❷おさない主君。わかぎみ。

わか-とのばら ⓪ト【若殿原】名 〔「ばら」は複数を表す接尾語〕若いさむらいたち。

わか-どり カ【若鳥】名 ❶生まれて間もない鳥。ひな鳥。❷【若×鶏】生まれて三か月くらいまでの若いにわとり。また、その肉。

わか-な ワ/カ【若菜】名 ❶春のはじめに芽ばえたばかりの食用となる草。「―をつむ」❷〔古語〕昔、正月の初めの子ねの日に宮中でつくった七種の菜のあつもの。新年

わかなしゅう《若菜集》島崎藤村しまざきとうそんの詩集。一八九七年刊。青春の感情を文語定型詩の優美な韻律で歌いあげ、近代詩確立の役割を果たした。

わが-ねる ネ【×綰ねる】他下一 ネ|ネ|ネル|ネル|ネレ|ネロ・ネヨ 曲げて輪にする。「針金を―」わが・ぬ 文語下二

わか-ば ワ【若葉】名 はえ出たばかりの木の葉。夏「青葉―」 **―マーク** マ 名 運転免許を取得して一年未満の者が自動車の前後につける標識の通称。初心者マーク。参考 正式には「初心運転者標識」という。

わが-はい ⓪【我が輩】【×吾輩】代 男子が自分をさす語。わし。余。参考 古風で尊大な言い方。今はふざけた場合にしか使わない。

わがはいはねこである《吾輩は猫である》夏目漱石なつめそうせきの長編小説。一九〇五―〇六年に発表。知識人の談論を、飼い猫の目を通して風刺したユーモア小説。

わがひとにあたうるあいか《わがひとに与ふる哀歌》伊東静雄いとうしずおの第一詩集。一九三五年刊。

わが-ほう ワ【我が方】名 自分たちのがわ。「―の損害は軽微だ」

わか-まつ カ【若松】名 ❶樹齢の若い松。❷正月の飾り用の小松。新年

わが-まま マ1/マ2【我×儘】名 形動 まわりのことを気にせず、自分の思うままにすること。気まま。身がって。「―な男」「―を通す」

わが-み【我が身】一 ワ 名 ❶自分のからだ。❷当人。自分。❸自分の身の上。二 代〔古語〕❶われ。わたくし。「我が身に誤つことはなけれども、捨てられ奉るだにあるは(ダケデモ悲シイノニ)」〈平家〉❷おまえ。目下の者にいう。「我が身はこの国のものか」〈盛衰記〉 **―を×抓つねって人ひとの痛いたさを知しれ** 自分の苦痛にひきあてて、人の苦痛を察せよ。

わか-みず カ【若水】ミ|ズ 名 一年の邪気をはらいのぞくため、元日に、朝早くくむ水。古くは立春の朝にくんだ。新年

わか-みどり ミ【若緑】名 松の若葉。また、そのみずみずしい緑色。春

わか-みや カ【若宮】名 ❶おさない皇子。❷皇族の世継ぎ。❸本社の祭神の子をまつった神社。❹新たにまつった神社。

わか-むき ⓪【若向き】名 若い人に似あうこと。「―の色」

わか-むしゃ ム【若武者】名 年の若い武者。

わか-むらさき ラ【若紫】名 うすむらさき。

わか-め ワ/カ【若布・和布】名 コンブ目の海藻。近海の岩につく。食用。春

わか-め カ【若芽】名 生えてまもない草木の芽。新芽。

わか-もの ⓪【若者】名 年の若い人。青年。

わがもの-がお ⓪【我が物顔】がほ 名 形動 自分の物でない物を、自分の物のようにふるまう顔つき・態度。かって気ままにふるまうようす。「―で闊歩かっぽする」

わが-や ワ【我が家】名 ❶自分の住むいえ。❷自分の家庭。「―の幸福」

わか-やか カ【若やか】形動 ダロ|ダッ・デ・ニ|ダ|ナ|ナラ|○ わかわかしいようす。

わか-や・ぐ ヤ【若やぐ】自五 ガ・ゴ|ギ・イ|グ|グ|ゲ|ゲ わかわかしくなる。若がえったようになる。「若やいで見える」

わかやま-けん《和歌山県》近畿きんき地方南西部の県。県庁所在地は和歌山市。

わかやまぼくすい《若山牧水》一八八五―一九二八。歌人。本名は繁しげる。旅と酒の歌が多い。歌集に「海の声」「別離」など。

わ-がらし ガ【和×芥子】名 ➡からし。参考「洋がらし(マスタード)」と区別するための言い方。

わからず-や ⓪【分(か)らず屋】名 道理のわからないこと。また、その人。「―を言う」

わかり リ【分(か)り】【×判り】名 〔わかること〕さとり。のみこみ。「―が早い」

わかり-きった【分(か)り切った】連語 十分にわかっている。「―ことを聞くな」

わかり-やす・い ス【分かり×易い】形 カロ|カッ・ク|イ|イ|ケレ|○ 構造や論理が単純で、理解するのが容易である。

わか・る カ【分(か)る】【×判る・×解る】自五 ラ・ロ|リ・ッ|ル|ル|レ|レ ❶はっきりしなかったことが明らかになる。感覚にはっきりとらえられる。「結果が―」「将来のことは分からない」❷意味内容を理解する。正しい判断や評価ができる。「言葉の意味が―」「味の―人」「わけが分からない」❸物事の道理や事情をよく心得ていて、融通のある理解や判断を示すことができる。「物の分かった人」「分からない人だな」参考「分かる」は、すでに知っていることに対する理解が深まる意味に使われる。⇩知る 参考。

わかれ レ【分(か)れ】名 分かれること。また、分かれ出たもの。分派。「利根とね川の―」

わかれ レ【別れ】名 ❶別れること。離別。❷いとまごい。別離。「―を告げる」

わかれ-じも レ【別れ霜】名 八十八夜ごろの霜。晩霜ばんそう。わすれ霜。春

わかれ-ばなし バ【別れ話】名 夫婦・恋人などが、わかれようという話。離縁話りえんばなし。「―を切り出す」

わかれ-みち レ【分(か)れ道・別れ道】名 ❶道のわかれている所。岐路。❷本道からわかれた道。❸どちらになるかのきまる所。「人生の―」❹道で人とわかれるところ。「―であいさつする」

わかれ-め ⓪/メ【分(か)れ目・別れ目】名 わかれる所。どちらになるかという境目。「運命の―」

わか・れる レ【分(か)れる】自下一 レ|レ|レル|レル|レレ|レロ・レヨ ❶区分される。「三班に―」❷いくつかになる。分岐ぶんきする。「道が―」❸不一致となる。「意見が―」わか・る 文語下二

わか・れる レ【別れる】自下一 レ|レ|レル|レル|レレ|レロ・レヨ ❶人とはなれる。べつべつになる。「友と―」❷死別する。「十歳で母と―」わか・る 文語下二

わかれ-わかれ ワ2【別れ別れ】名 形動 はなればなれ。べつべつ。「親子が―になる」

わかわか-し・い シ【若若しい】形 カロ・カッ・クニ/イ・イ・ケレ・○ たいそう若く見える。「―服装」 **若若しげ** 形動 **若若しさ** 名 わかわか・し 文語シク

わ-かん ⓪【和×姦】名 たがいに合意の上で、不道徳な肉体関係をもつこと。↔強姦ごうかん。

わ-かん ワ【和漢】名 日本と中国。―**混交(×淆)文**こんこうぶん ワ/コ² 名 文語文の一種。和文体と漢文訓読体とがまじった文体。―**洋**よう ワ/ヨ 名 日本と中国と西洋。

わ-かんむり カ【ワ冠】名 漢字の部首の一つ。「冗」「冠」などの「冖」。

わかんろうえいしゅう《和漢朗詠集》平安時代中期の詩歌しいか集。編者は藤原公任ふじわらのきんとう。朗詠に適した漢詩と和歌をあつめて分類したもの。

わき キ【脇】名 ❶【×腋】動物の胸の両側面で、肩の下の部分。わきのした。❷【×腋】衣服でわき❶に当たる部分。❸その人や物のかたわら。そば。「―にいる人」❹そのものから離れた方向・場所。「―を向く」「話が―にそれる」❺連歌れんがや俳諧はいかいで、発句ほっくに続ける句。脇句。❻【ワキ】能楽で、主役に次ぐ演者。↔シテ・ツレ・アド。―**が甘**あま**い** ❶相撲で、脇の締めが十分でないために攻め込まれやすい。❷(❶の意から)すきが多くて、つけこまれやすい。

わ-き ワ【和気】名 やわらいだ気分。―**×藹×藹**あいあい ワ と副 たる連体 なごやかな気分が満ちているようす。

わ-ぎ ワ【和議】名 ❶仲なおりの相談。❷〔法〕破産をふせぐため、債権さいけん者と債務さいむ者とがむすぶ強制契約。二〇〇〇年、民事再生法の施行により廃止。

わき-あが・る ガ【沸(き)上がる】自五 ラ・ロ/リ・ッ/ル/ル/レ/レ ❶さかんに、煮えたつ。❷音・声などがはげしく起こる。「喚声が―」

わき-あが・る ガ【湧(き)上がる】自五 雲や煙がいきおいよく出てくる。

わき-あけ ⓪【わき明け】【脇明・×腋明】名 女性・子どもの和服で、わきの下の部分を縫わずにおくこと。また、その部分。

わき-おこ・る コ【沸(き)起(こ)る】自五 ラ・ロ/リ・ッ/ル/ル/レ/レ はげしく起こる。「拍手が―」「歓声が―」

わき-おこ・る コ【湧(き)起(こ)る】自五 ラ・ロ/リ・ッ/ル/ル/レ/レ はっきりとあらわれる。「雷雲が―」「―悲しみ」

わき-が ⓪/キ【×腋△臭】名 わきの下の汗腺かんせんの分泌物ぶんぴつが不快ににおうもの。

わき-かいどう カ【脇街道】名 江戸時代、五街道について重要な陸上の交通路。伊勢路いせじ・美濃路みのじ・長崎街道・水戸路みとじなど。

わき-かえ・る カ【沸(き)返る】かえる 自五 ラ・ロ/リ・ッ/ル/ル/レ/レ ❶はげしく沸く。❷感情がひどくたかぶる。「怒りが―」❸熱狂する。「―聴衆」

わき-く キ【脇句】名 連歌れんが・連句れんくの第二句。わき。

わき-げ ⓪【わき毛】【×腋毛】名 わきの下にはえる毛。

わき-ざし ⓪【脇差(し)】名 (「長い刀にそえてさす」の意)大小のうちの小刀。五〇センチメートルぐらいの短い刀。

わき-じ ⓪【脇士・脇侍】名 わきだち。

わき-だち ⓪【脇立】名 仏像で、中尊の左右に従い立っているもの。阿弥陀あみだ如来の両わきに立つ観音かんのん・勢至せいし菩薩ぼさつなど。脇士わきじ。夾侍きょうじ。

わき-た・つ タ【沸(き)立つ】自五 タ・ト/チ・ッ/ツ/ツ/テ/テ ❶さかんに沸く。煮えたつ。❷感情がひどくたかぶる。「胸が―」❸はげしい興奮状態となる。「場内が―」

わき-た・つ タ【湧(き)立つ】自五 タ・ト/チ・ッ/ツ/ツ/テ/テ 雲がむくむくとおこる。「入道雲が―」

わき-づけ ⓪【脇付(け)】名 手紙のあて名の左下に書きそえて、敬意をあらわす語。参考 ふつうに用いるのは、「机下・(玉)案下・座右・研(硯)北」など。「足下」は目下の人に用いる。「侍史・台下・閣下・執事・尊下」などはていねいな場合。女性は「御前(に)・御もと(に)」などをよく使う。「猊下げいか」は僧侶そうりょに用いる。

わき-づれ ⓪【ワキヅレ】【脇連れ】名 能楽で、ワキにつき従って登場する役。

わき-て【△別きて】副〔古語〕とりわけ。特に。「わび人のわきて立ち寄る木のもとは」〈古今〉

わき-ど キ【脇戸】名 門のわきの別な出入り口。

ワギナ ワ〈vagina〉名 膣ちつ。バギナ。

わき-のう キ【脇能】名 能楽の番組で、五番のうち、最初に演じられる能。高砂たかさごなど。

わき-の-した ノ【わきの下】【×腋の下】名 腕の付け根の下のくぼんだあたり。

わき-ばさ・む サ【脇挟む】他五 マ・モ/ミ・ン/ム/ム/メ/メ わきの下に、はさみかかえる。

わき-ばら ⓪【脇腹】名 ❶腹の両がわ。よこ腹。❷正妻でない女性から生まれること。また、その子。

わき-ほんじん ホ【脇本陣】名 江戸時代、街道の宿駅に本陣の補助としてもうけた、上級武士の宿舎。

わき-まえ マ【△弁え】わきまへ 名 ❶わきまえること。分別ふんべつ。「―のない行い」❷こころえ。「茶の湯の―がある」

わきま・える エ【△弁える】わきまへる 他下一 エ・エ/エル/エル/エレ/エロ・エヨ ❶違いを見わける。弁別する。「善悪を―」❷こころえる。しっかり身につける。「礼儀を―」 わきま・ふ 文語ハ下二

わき-み ミ/キ【脇見】名 かたわらのほうを見ること。わき目。よそ見。「―運転」

わき-みず ⓪/キ【湧き水】みづ 名 地中からわいて出る水。いずみ。

わき-みち ⓪/キ【脇道】名 ❶本筋からそれた方向。よこみち。「話が―にそれる」❷本道からはずれた横道。間道かんどう。ぬけ道。❸寄り道。

わき-め メ【脇目】名 ❶わき見。よそ見。❷はたから見たところ。よそ目。「―にはまじめに見える」―**も振**ふ**らず** よそ見もしないで、一心にするようす。

わぎ-も【△我△妹・×吾△妹】名〔古語〕(「わがいも」の変化)妻や愛する女性を、男性がよぶ語。わがつま。いとしい人。

わぎも-こ【△我△妹子】名〔古語〕「わぎも」をしたしんでよぶことば。「わぎもこに見せむがために紅葉もみぢとりてむ」〈万葉〉

わき-やく ⓪【脇役】【△傍役】名 ❶演劇・映画などで、主役を助ける役どころ。また、それをつとめる役者。助演者。❷表立たない、たすけ役。補佐。「―に徹する」

わ-ぎゅう ⓪【和牛】名 ❶日本に昔からいた牛の種類。❷明治以降、和牛と外国種をかけ合わせてそだてた、改良種の牛。

わ-きょう ⓪【和協】名 自サ〔文章語〕仲よく力を合わせること。

わ-ぎり ⓪【輪切(り)】名 まるくて長いものを横に切ること。また、切ったもの。「大根の―」

わ-きん ⓪【和金】名 金魚の一品種。からだはふなに似て、色は赤、または赤と白のぶち。夏

わく【惑】造 まどう。「惑星・惑溺わくでき・幻惑・蠱惑こわく・迷惑・誘惑」

わく ワ【枠】名 ❶もののまわりを取りかこむ木や板など。「窓―」❷物の形をたもたせるためのふち。「めがねの―」❸四方をかこんだ線。「答えは―の中に」❹制限。範囲。「―をはみだした行為」

わ・く ⓪【沸く】自五 カ・コ/キ・イ/ク/ク/ケ/ケ ❶水が煮えたつ。❷金属

がとける。❸発酵する。❹さわぎたてる。熱気をおびる。「聴衆が―」

わ・く [0]【湧く】自五 カ・コ/キ・イ/ク/ク/ケ/ケ ❶地中から水などが自然に出てくる。❷発生する。「虫が―」❸現れる。起こる。「希望が―」

わく-がい [ク]【枠外】名 ↔わく内。❶くぎりのそと。❷制限のほか。

わく-ぐみ [0]【枠組(み)】名 ❶わくを組むこと。組んだわく。❷だいたいの仕組み。規格。「研究の―」

わく-せい [0]【惑星】名 ❶恒星のまわりを回っている天体。太陽のまわりには、水星・金星・地球・火星・木星・土星・天王星・海王星があり、見かけ上の位置がたえず変わる。遊星。↔恒星。参考 冥王星は長く太陽系の九番目の惑星とされてきたが、二〇〇六年に準惑星として定義された。❷腕まえなどの知られていない有力者。ダークホース。「政界の―」

ワクチン [ワ]〈ドVakzin〉名 ❶各種感染症の病原菌からつくった免疫の材料。これを接種、または、注射して感染症を予防する。❷コンピューターウイルスを検出したり、とりのぞいたりするためのプログラム。

わく-でき [0]【惑溺】名 自サ〔文章語〕ある物事に夢中になって、本心をうしなうこと。

わく-ない [ク]【枠内】名 ↔わく外。❶くぎりのうち。❷制限のなか。「予算の―」

わくらば [ラ]【わくら葉】【▲病葉】名〔文章語〕病気にかかって変色した葉。夏、赤や黄に色づいた葉。㊊

わくらばに【×邂×逅に】副〔古語〕たまに。まれに。偶然に。「わくらばに問ふ人あらば須磨の浦に藻塩たれつつわぶ(嘆イテ暮ラシテイル)と答へよ」〈古今〉

わく-らん [0]【惑乱】名 自他サ〔文章語〕心がまどい、みだれること。心をまどわし、みだすこと。

わく-わく [ワ](と)副 自サ 興奮や期待などで心がおちつかず、胸がおどるようす。

わ-くん [0]【和訓】名 漢字に和語をあてて読むこと。また、その読み方。くん。

わけ [ケ]【分け】名 ひき分け。「痛み―」

わけ [ワ]【訳】名 ❶物事がどうしてそうなるかという理由や事情。「来ない―がわかった」「何か深い―があるに違いない」❷物事の道理。「―のわかった人」「それとこれとは―が違う」❸言葉の意味。「単語の―を調べる」❹〔かながき〕(連体修飾語を受け形式名詞として)㋐(「(…という)わけだ・わけです」の形で)自然のなりゆきとしてそうなった意を表し、断定や否定の調子をやわらげる。「これで終わったという―だ」「それでその人を恩人とあおぐようになった―だ」㋑(「…わけだ」の形で)当然そうなるはずだという意味を表す。「かれがおこる―だ」「それでは事故を起こす―だ」㋒(「わけに(は)いかない」の形で)結果として認めることはできないという意味を表す。「賛成する―にはいかない」❺ある目的やねらいをもってそうする意味を表す。「久しぶりに一杯やろうという―で集まったんだ」**―がない** はずがない。道理がない。「できる―」**―はない** むずかしいことはない。簡単だ。「勝つのは―」

わけ-あい [0]/[ア]【訳合(い)】―あひ 名 意味。事情。

わけ-あた・える [0]/[エ]【分け与える】―あたへる 他下一 エ/エ/エル/エル/エレ/エロ・エヨ 分けてそれぞれにあたえる。自分の物を分けて他人にやる。「財産を三人の子どもに―」「なけなしの食糧を旅人に―」**わけあた・ふ** 文語ハ下二

わけ-あり [0]【訳有り】名 特別な事情があること。「あの二人は―だ」

わ-けい [ワ]【和敬】名〔文章語〕心をなごやかにし、他をうやまうこと。

わ-げい [ワ]【話芸】名 講談・落語・漫談など、話術で客を楽しませる芸。

わけ-い・る [イ]【分け入る】自五 ラ・ロ/リ・ッ/ル/ル/レ/レ じゃまなものを左右にどけて中へはいる。「草むらに―」

わけ-がら [0]【訳柄】名 わけ。わけあい。

わけ-ぎ [ケ]/[0]【分×葱】名 ねぎの変種で、ほそいもの。食用。株を分けてふやす。㊍

わけ-しり [0]/[リ]【訳知り】名 色恋の問題に理解があること。また、その人。粋人。「あの人は―だ」

わけ-て-も [ワ]【わけても】【▲別けても】副 中でも特に。とりわけ。

わけ-どり [0]/[リ]【分け取り】名 分けて、めいめいが取ること。

わけ-な・い [ワ]【訳無い】形 カロ/カッ・ク/イ/イ/ケレ/○ 簡単である。手間がかからない。「こんな問題は―」

わけ-へだて [0]/[ワ]【分け隔て】名 差別待遇。

わけ-まえ [マ]【分け前】―まへ 名 分けて、めいめいのものとなるぶん。とりまえ。「―にあずかる」

わけ-め [メ]【分け目】名 ❶分けたところ。「髪の―」❷物事がどちらかにきまる、さかいめ。「天下―」

わけ-も・つ [モ]【分け持つ】他五 タ・ト/チ・ッ/ツ/ツ/テ/テ 区分して持つ。分担する。

わげ-もの [0]【わげ物】【×綰げ物】名 ひのき・すぎなどのうすい板をまげてつくった入れ物。まげもの。

わ・ける [ケ]【分ける】他下一 ケ/ケ/ケル/ケル/ケレ/ケロ・ケヨ ❶区分する。わかつ。「全体を二組に―」❷すじみちをたてる。「事を分けて話す」❸分配する。くばる。❹まとまった物を左右にどける。「やぶを分けて進む」**わ・く** 文語下二

わ-けん [0]【和犬】名 日本に昔からいる犬。耳が立ち、尾が巻いている。日本犬。

わ-こ【和子・×吾子】〔古語〕㊀名 身分の高い人の子を尊敬してよぶことば。坊ちゃん。㊁名 代 自分の子。わが子。

わ-ご [ワ]【和語】名 固有の日本語。やまとことば。「やま(山)」「み(見)る」「はや(早)い」など。↔漢語・外来語。

わ-こう [ワ]【和光】名〔文章語〕徳や知恵をやわらげかくして、あらわさないこと。**―同×塵** どうじん [ワ] 名 ❶〔文章語〕徳や知恵をかくして俗世間にまじること。❷〔仏〕仏・菩薩がその本来の威光をかくし、姿をかえて人間界にあらわれること。

わ-こう [ワ]【和×寇・×倭×寇】名 鎌倉・室町時代に、中国・朝鮮半島の沿岸地方で密貿易や略奪を行った日本人。中国・朝鮮がわで呼んだ語。

わ-ごう [0]【和合】名 自サ 仲よくすること。「夫婦―」

わこうど [コ]【若人】わかうど 名 わかもの。青年。

わ-こく【和国・×倭国】名〔古語〕日本の国。また、漢代以降、中国から日本を呼んだ称。

わ-ごぜ【和御▲前・▲我御▲前】代〔古語〕相手の女性をしたしんでよぶ語。あなた。そなた。

わ-ごと [0]/[ワ]【和事】名 歌舞伎で、恋愛・情事などを演じる場面。↔荒事・実事。

わ-ゴム [0]【輪ゴム】名 物をたばねたり留めたりする、輪の形のゴム。

わ-ごりょ【我(わ)×吾)御▲寮】代〔古語〕相手をしたしんでよぶ語。男・女ともにいう。

わ-ごりょう【我(わ)×吾)御寮】代〔古語〕➡わごりょ。

わ-こん [0]【和魂】名〔文章語〕日本人固有の精神。やまとだましい。**―漢才** かんさい [ワ] 名 日本人固有の精神と、中国から来た学問・知識の二つをそなえもつこと。**―洋才** ようさい [ワ] 名 日本人固有の精神と、西洋の学問・知識の二つをあわせもつこと。

わ-ごん ⓪【和▲琴】名 わが国固有の弦楽器。きりの木でつくり、六本の弦をはった小型の琴。やまとごと。

ワゴン [ワ]〈wagon〉名 ❶荷車。四輪の荷馬車。❷「ステーションワゴン」の略。❸手押し車。食卓に料理を運んだりするもの、病院の配膳(ぜん)車などをいう。**—サービス** [サ]〈wagon service〉名 ❶レストランや宴会などで、手押し車にのせた酒や料理を客が自由に取れるようにする方式。❷列車内で、手押し車に商品をのせて客席をまわる販売方法。**—車**(しゃ) [ゴ]名「ステーションワゴン」に同じ。

わざ [ザ]名 ㊀【業】❶ふるまい。行動。「まねのできない—」「至難の—」「人間—」「軽—」❷しごと。「文筆を—とする」㊁【技】❶身体の修練をともなう総合的な手法。「伝統の—」「—をみがく」❷柔道・相撲・レスリング・体操などの競技で、優劣を判定するための身体的な行動の一定の型。「多彩な—」「—をかける」「投げ—」「寝—」

わざ-あり ⓪【技あり】【技有り】名 ❶柔道で、一本に近い有効なわざに対する判定。参考「技あり」二本で一本勝ちと見なす規定があるが、国際的には必ずしも基準が共通ではない。❷全体の方向を決定するのに効果的な言動。「会議の空気を変えた—の一言」

わ-さい ⓪【和裁】名 和服の裁縫。↕洋裁。

わざ-おぎ【▲俳▲優】(をぎ) —名[古語] ❶こっけいな動作でうたったり舞ったりして、神や人をたのしませるわざ。また、それをする人。❷役者。俳優。

わざ-し [ザ]【業師】名 ❶柔道や相撲などで、わざの特にじょうずな人。❷たくらみ・術策のたくみな人。策略家。

わさ-だ【早▲稲田】名[古語] わせだ。

わざ-と [ワ]【わざと】【▲態と】副 ❶故意に。わざわざ。「—大声を出して困らす」「心配するといけないから、—知らせなかった」参考「わざわざ」に比べて、「わざと」は意図的な行為を示す場合が多い。❷[古語]とりたてて。特別に。「(漢学ヲ)わざと習ひまなばねども」〈源氏〉❸[古語](助詞の「の」を伴って)正式・本式であるようす。「わざとの太政大臣は」〈大鏡〉❹[古語]ほんのちょっと。形ばかり。

わざとが-まし・い [シ]【▲態とがましい】形 (カロ・カッ・ク・イ・イ・ケレ・○) わざとらしい。**わざとがまし-さ** 名 **わざとがま・し** 文語シク

わざとらし・い [シ]【▲態とらしい】形 (カロ・カッ・ク・イ・イ・ケレ・○) わざわざするように、みえる。不自然である。**わざとらしげ** 形動 **わざとらし-さ** 名 **わざとら・し** 文語シク

わさび [ワ]【▲山×葵】名 ❶アブラナ科の多年生植物。山地の水の清い所にはえ、また栽培される。根茎・葉はからくて、かおりが高い。香辛料。㊗春 ❷わさびの根茎をすりおろしたもの。**—が利**(き)**く** ❶わさびの味とかおりが強い。❷ぴりっとひきしまっている。「わさびの利いた話」

わさび❶

わさび-じょうゆ [ジョ]【▲山×葵×醬油】名 おろしたわさびを加えたしょうゆ。

わさび-づけ ⓪【わさび漬(け)】【▲山×葵漬】名 わさびの根茎や葉をきざんで酒かすにつけた食品。㊗春

わざ-もの ⓪【業物】名 名工のきたえた、切れあじのよい刀。

わざ-わい ⓪【災い】【▲禍】(はひ) —名 傷病・天災・難儀などをこうむること。災難。**—する** ⓪自サ あることが原因となって悪い結果をまねく。「横柄な態度が災いして失脚した」**—を転**(てん)**じて福**(ふく)**となす** 悪いことにあっても、それをうまく活用して、反対によい結果になるようにする。

わさ-わさ [ワ](と)副 ❶どことなく落ち着かないようす。❷草木が風に吹かれて揺れる音をあらわす語。

わざ-わざ [ワ]【わざわざ】【▲態▲態】副 ❶ほかによい方法があると知っているのに、普通ならば選ばない行動を選択するようす。「—途中で降りて届けてくれるとはありがたいね」「電話で用がすんだのに—手紙をくれたよ」参考 行為から生じる事態が「せっかく」であらわされる。⇩せっかく 参考。❷その行為が最善でないと知りながら意図的にそうするようす。故意に。「—道の中央を走って他の車に追い越しをさせない」⇩わざと❶ 参考。

わざ-をぎ【▲俳▲優】名[古語] ➡わざおぎ。

わ-さん ⓪/[ワ]【和算】名 わが国で独特の発達をとげた数学。

わ-さん [ワ]【和×讃】名 仏の教えを日本語で歌いたたえるもの。五七調の今様(いまよう)体。

わ-さんぼん [サ]【和三盆】名〔中国製の「唐三盆」に対して〕日本独自の製法による上質の砂糖。三盆白。徳島・香川の特産で和菓子に使われる。「—糖」

わし ⓪【×鷲】名 タカ目の、大形の鳥の総称。いぬわし・おおわしなど。㊗冬

わ-し [ワ]【和紙】名 こうぞ・みつまたなどを原料にした、日本古来の製法による紙。日本紙。↕洋紙・西洋紙。

わし ⓪【×儂】代 自分をさすことば。参考 男性が、目下や年下の者に対して用いる、ややぞんざいな言い方。

わ-じ [ワ]【和字】名 ❶わが国の文字。かな。❷日本でつくった漢字。国字。「峠(とうげ)・辻(つじ)・鰯(いわし)」など。

わ-しき ⓪【和式】名 日本の様式。日本式。↕洋式。

わ-しつ ⓪【和室】名 日本ふうのへや。日本間。↕洋室。

わし-づかみ [ヅ]⓪【×鷲×摑み】名 てあらくつかみとること。「札束を—にする」

和(わ)**して同**(どう)**ぜず** 人と仲よくはするが、道理に合わない事には同調しない。

わし-ばな ⓪【わし鼻】【×鷲鼻】名 わしのくちばしのように、先が下むきにまがっている鼻。かぎばな。

わ-しゃ [ワ]【話者】名 話をする人。話し手。

わ-しゅう ⓪【和習・和臭】名[文章語] ❶日本人のものらしい特殊な傾向。❷日本人のつくった漢詩・漢文で、どこか日本人がつくったという感じのあること。

わしゅう《和州》➡やまと(大和)。

わ-じゅう [ワ]【輪中】名 低湿地にある集落・耕地を大水からすくうために、堤防でとりかこんだ地域。

わ-じゅつ [ワ]【話術】名 はなしのしかた。はなしの技巧。「巧みな—」

わ-じゅん ⓪【和順】名 形動[文章語] ❶気候や人情などがおだやかなこと。「気候—」❷おとなしくて、さからわないこと。

わ-しょ [ワ]【和書】名 ↕洋書・漢書。❶和文の書物。❷和とじの書物。

わ-じょう [ワ]【和上】名 真宗・律宗・法相(ほっそう)宗・真言宗などで、師たる僧、また修行を積んだ高徳の僧の意。また、師の僧の尊敬語。

わ-しょく ⓪【和食】名 日本ふうの食事。日本料理。↕洋食。

わ-しょっき [ジョ]【和食器】名 主に日本料理をもりつけるために使う器類(うつわるい)。↕洋食器。

わ-しん [ワ]【和親】名[文章語] やわらぎしたしむこと。親睦(しんぼく)。特に、国と国との間の親交をいう。

わ-じん ⓪【和人】【×倭人】名[古語] 昔、中国人が日本人をよんだ語。

ワシントン-じょうやく [ジョ]【ワシントン条約】名〔一九七三年にワシントンで採択されたことから〕「絶滅の

おそれのある野生動植物の種の国際取引に関する条約」の通称。

わ・す [ワ]【和す】[自五] ➡わする。

わ・す【▲座す】[自四]〔古語〕〔「おはす」の略〕「ある」「いる」「来る」の尊敬の言い方。いらっしゃる。おいでになる。

わずか [ワ]【わずか・僅か】【×纔か】[形動(の)] [副] ❶数量がきわめて少ないようす。「工事は―の日数で終了した」「大地震のことは―に覚えている」[参考]「少し」にくらべて「わずか」は限定的で、「少し」のほうが幅を持った言い方に使われる。❷〔数詞に付いて〕少ないことへの話し手の評価的な態度を示す。たった。「出席者は―五人だった」「―十万円の給付金」❸〔「わずかに」の形で〕そのことの成立がきわめてまれであることをあらわす。かろうじて。やっと。「家族の中で―に乳飲み子が助かった」

わずらい [0]【患い】[名] 病気。「長―」

わずらい [0]【煩い】[名] 苦しみ。悩み。不快。「近所付き合いの―」

わずらい-つ・く [ツ]【患い付く】[自五] 体の不調がはっきりした病気の症状になる。やみつく。

わずら・う [0][ラ]【患う】[自五] 病気にかかる。病む。「目を―」「腰痛を―」

わずら・う [0][ラ]【煩う】[自五] ❶思いなやむ。あれこれと気をつかって、くるしむ。「娘夫婦の不和に―」❷〔動詞の連用形につく古風な言い方〕…することができなくて困る。…しかねる。「言い―」

わずら・れる [0]【忘られる】[自下一]〔文章語〕〔可能の意味〕忘れられる。「忘られぬ人のおもかげ」

わずらわし・い【煩わしい】[5][シ形] ❶迷惑に、また不快に感じ、遠ざけたい。「―もめごと」❷こみいっていて、めんどうくさい。「―交渉」 **煩わしがる** [他五] **煩わしげ** [形動] **煩わしさ** [名] **わづらは・し** [文語シク] ■ [形シク]〔古語〕❶なんとなく遠慮される。気づまりだ。気がおける。「わづらはしきものに覚えたまへりし大殿の君」〈源氏〉❷病気になる。病気がおもい。「わづらはしくなりて、目・眉・額などもはれまどひて」〈徒然〉

わずらわ・す [ワ][0]【煩わす】[他五] ❶くるしめる。「難題に煩わされる」❷手数をかけさせる。面倒をかける。「友人を―」

わ・する [ス]【和する】[自サ]〔「和す(五段活用)」とも〕❶仲よくする。したしむ。「人々が相―」❷声をあわせる。「万歳の声に―」❸他人の詩や歌に答えて、詩や歌をつくる。 **わ・す** [文語サ変]

わすれ-がた・い [タ]【忘れ難い】[形] わすれることができない。「―できごと」

わすれ-がたみ [ガ]【忘れ形見】[名]〔「忘れがたい」と「形見」とのかけことば〕❶忘れないための記念の品。「父の―の時計」❷親の死後に残された子ども。遺児。

わすれ-さ・る [サ]【忘れ去る】[他五] すっかり忘れてしまう。

わすれ-じも [レ]【忘れ霜】[名] わかれじも。㊡春

わすれっ-ぽ・い [ポ]【忘れっぽい】[形] 物忘れをすることが多い。 **忘れっぽさ** [名]

わすれ-な-ぐさ [ナ]【忘れな草】【×勿▲忘草】[名] ムラサキ科の多年生植物。春夏に、青色に黄の斑点のある小花をつける。観賞用。㊡春

わすれ-みず [レ]【忘れ水】[名] 野原や木々の間をたえだえにながれる、人に知られない流れ。

わすれ-もの [0]【忘れ物】[名] 持ち物を忘れて置いてくること。また、その物。「車内の―が多い」

わす・れる [0]【忘れる】[他下一] ❶記憶の中のものが消える。㋐覚えていたものが思い出せなくなる。「旧友の名を―」「約束を―」㋑他に心を奪われて、そのことに気がつかない。「時を―」「寝食を―」❷記憶の中のものを消す。思い出さないようにする。「いやなことは忘れよう」❸うっかり、すべきことをしないでしまう。うっかり、持って来るべきものを置いて来てしまう。「宿題を―」「傘を学校に忘れてきた」[参考]可能の助動詞「られる」がついて「忘れられる」となるとき、「忘られる」「忘られない」のように、五段活用になることもある。 **わす・る** [文語下二]

わすれん-ぼう [0]【忘れん坊】[名] もの忘れをしやすい人。

わせ [ワ][名] ↕なかて・おくて。❶㋐【▲早▲稲】もっとも早くみのる品種のいね。㊡秋 ㋑【▲早▲生】野菜・くだものなどで早く熟する品種。❷ませていること。早熟。

わ-せい [ワ]【和声】[名] 音楽で、和音が進行してゆくときの連なり。ハーモニー。和声(かせい)。

わ-せい [0]【和製】[名] 日本製。国産。↕舶来・外国製。 **―英語**(えいご) [エ][名] 日本で、かってに英語の単語をつなぎ合わせたり、変形したりして英語らしく造った単語。「テーブルスピーチ」「ナイター」など。 **―洋語**(ようご) [ヨ][名] 英語以外のヨーロッパ系外来語をふくむ、日本で造った複合語。「テーマ(ドイツ語)+ソング(英語)」「カフェ(フランス語)+バー(英語)」など。

わせ-だ [ワ]【▲早▲稲田】[名] わせの稲を作る田。わさだ。㊡秋

わせだぶんがく《早稲田文学》東京専門学校およびその後身早稲田大学文学科関係者を中心とする、文芸雑誌。一八九一年創刊。

ワセリン [0]〈ドVaselin〉[名]〔商標名〕石油を蒸留した残油を精製して造る、白色、半透明ののりのような物質。軟こうなどの原料。

わ-せん [0]【和船】[名] 日本の、櫓(ろ)や帆で推進させる、昔からの形式の木造船。

わ-せん [ワ]【和戦】[名] ❶平和と戦争。「―両様のそなえ」❷戦争をやめて仲なおりをすること。「―条約」

わ-そう [0]【和装】[名] ↕洋装。❶和服を着ること。❷日本風の装丁。和とじ。

わ-そう【×吾僧・和僧】[代]〔古語〕僧を親しんで呼ぶことば。貴僧。

わた [タ]【▲腸】[名] はらわた。「魚の―」

わた [タ]【綿】[名] ❶アオイ科の一年生植物。種子のまわりの白い毛のような繊維は綿花(めんか)として糸・織物とし、種子からは油をとる。㊡秋 ❷わたの実(み)からとった繊維。綿花。もめんわた。㊡冬 **―のように疲**(つか)**れる** ひどくくたびれて、からだに力がなくなる。

わた【▲海】[名]〔古語〕うみ。「―のはら」

わた-あぶら [ア]【綿油】[名] わたの種子からとった油。綿実油(めんじつゆ)。

わた-あめ [タ]【綿×飴】[名] 綿菓子(わたがし)。

わ-たい [0]【話体】[名] 話しことばのスタイル・様式。

わ-だい [0]【話題】[名] はなしの題目・材料。

わた-いれ [レ][イ]【綿入(れ)】[名] 表地と裏地のあいだに綿を入れた冬の衣服。㊡冬

わた-うち [チ][ウ]【綿打(ち)】[名] 綿打ち弓などで、綿を打ちほぐすこと。㊡冬

わた-がし [ガ][タ]【綿菓子】[名] ざらめを溶かし、遠心力を利用して細い糸状にしたものを棒に巻き取り、綿のようにした砂糖菓子。わたあめ。

わだかまり [0]【×蟠り】[名] ❶物事の進行のじゃまとなるもの。❷心がとけあわず、すっきりしないこと。「―を捨ててつきあう」

わだかま・る [マ]【×蟠る】[自五] ❶輪(わ)のような形

にまいている。とぐろをまく。❷すっきりしないで、複雑な感情が心につかえる。「不平が—」

わたくし 0【私】一 名 ❶自分だけに関すること。個人的であること。「—ごと」↕公(おおやけ)。❷内密。ないしょ。「—にしまつする」❸公平さを欠くこと。「—のない処置」❹自分だけの利益をはかること。「—のない人物」二 代 自分をさす語。「その件は、—にご用命ください」「ごめんなさい。それは—の忘れ物でございます」↕あなた。参考「わたし」よりもあらたまった言い方。男女ともに、きわめて丁寧な言い方。男性が使う場合は、非常にあらたまった場面を想定するが、女性の場合は自分の品位を保つことのほうに重点がある。手紙などで、「私事(わたくしごと)」「私儀(わたくしぎ)」などのようにつつしんでいう場合には、行のいちばん下にさげるか、右に寄せて、小字で書く。⇩わたし 参考。

わたくし-ごと 0【私事】名 ❶個人的の事。私事(しじ)。↕おおやけごと。❷ひみつのこと。かくしごと。

わたくし-しょうせつ ショ【私小説】名 作者の生活経験や心境を、作者自身を主人公にして書いた小説。ししょうせつ。

わたくし・する 0【私する】他サ シ・セ・サ|シ|スル|スル|スレ|シロ・セヨ おおやけのものを、自分のもののようにする。「公共物を—」

わたくし-ども ド【私ども】【私共】代 (「ども」は、かしこまりの心持ちをふくむ、複数をあらわす接尾語)「自分たち」のあらたまった言い方。てまえども。

わたくし-りつ シ【私立】名 個人がつくり、経営すること。また、そのもの。しりつ。↕公立。参考「市立」と区別するよみ方。

わた-ぐも 0【綿雲】名 白くむらがりうかんだ、綿のような雲。

わた-くり リ|ク【綿繰り】名 ❶わたの実(み)から、たねをとり去ること。秋 ❷わたくりぐるま。秋

わた-げ 0【綿毛】名 綿のようにやわらかい毛。

わたし 0【渡し】名 人や荷物を舟にのせて、むこう岸にわたすこと・所。渡し場。

わたし-こみ 0【渡し込み】名 相撲の手の一つ。相手のひざやふともを片手で外から抱え込み、もう一方の手でからだを押し込み倒すわざ。

わたし 0【わたし・私】代 自分をさす語。「社長である—に責任がある」「どうして山田くんに—があやまるの」↕あなた。参考「わたくし」が変化したもので、現代語では、もっとも標準的な言い方。男女ともに用いる。男性が同性に対して自分をさす語を使う場合は、同年齢または年下に対しては「ぼく」「おれ」が普通である。女性は誰に対しても「わたし」が使える。「あたし」はごく親しい間でしか使わない。漢字表記が「わたくし」とまぎれやすい場合は、かな書き。⇩わたくし 参考

わたし-せん シ【渡し銭】名 渡し船の料金。

わたし-ば 0【渡し場】名 渡し。

わたし-ぶね ブ【渡し船】名 人などをのせてむこう岸にわたす船。とせん。

わたし-もり シ【渡し守】名 渡し船のせんどう。

わた・す 0【渡す】他五 サ・ソ|シ・ス|ス|セ|セ ❶水の上などを越して向こうがわへとどかせる。「船で—」❷またがらせる。「橋を—」❸二点間に張る。「綱を—」❹授けあたえる。「賞品を—」❺(他の動詞につけて)ずっと…する。「見—」
渡せる 自下一[…できる]

わだち 0【×轍】名 車輪の通ったあとの土にのこったくぼみ。

わた-つ-うみ【わたつ海】名〔古語〕海。わたつみ。

わた-つ-み【綿津見・▲海▲神】名〔古語〕❶海を支配する神。「わたつみの手に巻かしたる玉たすき」〈万葉〉❷海。「わたつみの豊旗雲に入り日さし」〈万葉〉‖わだつみ。

わた-どの【渡殿】名〔古語〕❶寝殿造(しんでんづく)りの寝殿と対(たい)の屋とをつなぐ細長い建物。ほそどの。⇩寝殿造り(図)。❷二つの建物をつなぐ、わたり廊下。

わた-ぬき 0|キ【綿抜(き)】名 綿入れの綿をとりさった、あわせの着物。夏

わた-の-はら【▲海の原】名〔古語〕大海。うなばら。「わたのはら八十島かけて(メザシテ)漕(こ)ぎ出(い)でぬと人には告げよ海人(あま)の釣舟(つりぶね)」〈古今・百人一首〉

わた-ぼうし ボ【綿帽子】名 まわたをひろげてつくった女性のかぶりもの。特に、婚礼に新婦がかぶる、かずきわた。冬

綿帽子

わた-ぼこり ボ【綿×埃】名 ❶わたくずのちり。❷ちりが、わたのようにやわらかいかたまりになったもの。

わた-ゆき タ【綿雪】名 綿をちぎったような大きな雪。春

わたらい【渡らい】(わたらひ)名〔古語〕よわたり。なりわい。渡世(とせい)。「年ごろ、わたらひなども、いと悪(わろ)くなりて」〈大和〉

わたらい-ぐさ【渡らい▲種】—(わたらひ)名〔古語〕生活のための手段や仕事。

わたら-せ-られる【渡らせられる】連語「いる・行く・来る」の程度の高い尊敬語。おいであそばす。

わたり 0【渡り】名 ❶渡ること。❷季節とともに鳥類の移動すること。「つばめの—」❸舟でわたる所。渡し。渡し場。❹外国から渡来すること。舶来(はくらい)。「オランダ—」❺わたりあるくこと。また、その人。「—の職人」❻話し合い。交渉。「—をつける」❼わたりいた。 **—に船(ふね)** (川を渡ろうとするところに船が来るの意)何かしようとして、それにちょうどつごうのよいことに行きあうこと。

わたり【▲辺】名〔古語〕❶あたり。ほとり。ふきん。「東の五条のわたりにいと忍びていきけり」〈伊勢〉❷(人を直接指して言うのを避けた婉曲(えんきょく)の表現)(あの)お方。「かのわたりの、親しき人なりけり」〈源氏〉

わたり-あ・う ア【渡り合う】—(あふ) 自五 ワ・オ|イ・ッ|ウ|ウ|エ|エ ❶切りあう。たたかう。❷論争する。**渡り合える** 自下一[…できる]

わたり-ある・く ル【渡り歩く】自五 カ・コ|キ・イ|ク|ク|ケ|ケ ❶あちこちを移り歩いて生活する。「諸国を—」❷〔俗語〕高級公務員が退職後、つぎつぎに関連団体の役員の地位に就く。

わたり-いた イ【渡り板】名 船と岸との間にわたした板。

わたり-がに リ【渡り×蟹】名 がざみの異称。

わたり-ぜりふ ゼ【渡りぜりふ】【渡り▲台▲詞】名 歌舞伎(かぶき)で、一続きのせりふを幾人かで分けて順々に言い、最後を全員が口をそろえて言うもの。

わたり-ぞめ 0【渡り初め】名 橋の開通式に、はじめてその橋をわたること。

わたり-どり リ1【渡り鳥】名 繁殖地と越冬地を、きまった季節に往復する鳥。白鳥・がん・つばめなど。候鳥(こうちょう)。秋

わたり-ぼうこう ボ【渡り奉公】名 あちこちと、主人をかえて奉公すること。

わたり-もの 0【渡り物】名 外国から渡来した品。舶来品。

わたり-もの 0【渡り者】名 ❶渡り奉公をする人。❷一か所に定住せず、あちこち渡り歩く人。❸他の地方から来た人。

わたり-ろうか ロ【渡り廊下】名 建物をつなぐ廊下。

わた・る【渡る】一 0 自五 ラ・ロ|リ・ッ|ル|ル|レ|レ ❶上を通る。㋐ある

所を通って、向こう側へ移る。「横断歩道を―」㋑上を通り過ぎる。「水面(みなも)を―風」❷隔たった所へ行く。隔たった所から来る。「つばめが渡って来る」❸所有が一方から他方に移る。「田畑が人手に―」❹世の中を生きてゆく。「世を―」❺【×亘る】〔かながき〕㋐ある範囲にまで及ぶ。ひろく行きわたる。「細部にわたって検討する」「生活全般に―緊張」㋑引き続く。「三日間にわたって開催される」㋒関係する。「私事に―話」❻〔動詞の連用形について〕広く及ぶ。「知れ―」「晴れ―」 **渡れる** 自下一〔…できる〕 ■ 自四〔古語〕❶月日をすごす。「恋ひつつも我は(イツマデモ)わたらむ」〈万葉〉❷(広く)通用する。およぶ。「このいましめ、万事にわたるべし」〈徒然〉❸(「たまふ」「せたまふ」を伴って)「ある」「いる」の尊敬語。おありになる。おいでになる。「兄にてわたらせたまふ」〈保元〉 **―世間(せけん)に鬼(おに)はない** 世間は無情な人ばかりのようだが、なさけ心のある人はどこに行ってもいるものだ。

わちき 代〔古語〕遊女などが自分をさしていったことば。わたし。

わ-ちゅう ワ【和衷】名〔文章語〕心をやわらげて、したしむこと。心を合わせて仕事をすること。

わっか カ【輪っか】名〔俗語〕輪。「土星に見える―」

ワックス ワ〈wax〉名 ❶蠟(ろう)。封ろう。❷つやだしやすべりをよくするために木や床などに塗るろう。

わつじ-てつろう《和辻哲郎》一八八九―一九六〇。哲学者。わが国における文化哲学的な倫理学を確立。著書に「古寺巡礼」「風土(ふうど)」など。

わっしょい ワ 感 みこしなどを大勢でかつぐときに、威勢をつけるために出すかけ声。

わっせ ワ 感 重いものをはこぶときのかけ声。

ワッセルマン-はんのう ハ【ワッセルマン反応】名 ドイツの細菌学者ワッセルマン Wassermann らが発見した、梅毒の血清診断法。

わっち ◎ 代〔俗語〕(江戸時代のやっこことば、また遊女のことばから)わたし。

ワット ワ〈watt〉名 電力および仕事率の単位。一ボルトの電圧で、一アンペアの電流が一秒間に出すエネルギー。記号は「W」。

わっ-と ワ 副 ❶急に大声を出すようす。❷おおぜいが急に行動するようす。「―おしかける」

ワットマン-し マ【ワットマン紙】名 (イギリスの製造会社 Whatman が漉(す)きはじめたところから)厚くて純白の水彩画用紙。

わっぱ ワ【▲童】名〔俗語〕(「わらは」の変化)子どもをののしっていう語。

わっ-ぷ ◎【▲割賦】名 分割してはらうこと。かっぷ。

ワッフル ワ〈waffle〉名 小麦粉を卵や牛乳でとき、型で焼いてジャム・クリームなどをつつんだ洋菓子。

ワッペン ワ〈ド Wappen〉名 (紋章の意)ブレザーコートの胸や腕、帽子などにつける、紋章ふうの模様のある布製の飾り。また、それをまねた紙や金属製のおもちゃ。

わづらは・し【煩はし】形シク〔古語〕➡わずらわしい。

わて 代〔方言〕(関西地方で)わたし。

わ-とう ◎【話頭】名〔文章語〕話のいとぐち。話の方向。話題。 **―を転(てん)ずる** 話題を別の方向にかえる。

わ-どく ◎【和独】名 ❶日本語とドイツ語。❷和独辞典。↕独和。 **―辞典(じてん)** ジ 名 日本語からドイツ語を引く辞典。

わ-とじ ◎【和とじ】【和×綴】(とぢ) 名 和本のとじ方。また、その本。↕洋とじ。

わ-どの【和殿・×吾殿】代〔古語〕相手をしたしんでよぶ語。あなた。貴殿。

わ-どめ メ【輪留(め)】名 坂などで、とめてある車の車輪が回らないようにする仕掛け。

わな ワ【×罠】名 ❶なわを輪の形にした、鳥獣をとらえる仕掛け。また、鳥獣をとる仕掛けの総称。❷計略で人をおとしいれること。人をおとしいれる計略。

わ-なげ ゲ【輪投(げ)】名 数個の輪を投げて、立てた棒にはめ入れた数をきそう遊び。

わなな・く【▲戦く】 ■ ナ 自五 (カ・コ―キ・イ―ク―ク―ケ―ケ) 恐れ・怒り・寒さなどのために、からだや手足などがぶるぶるふるえる。おののく。 **わななき** 名 ■ 自四〔古語〕ざわざわと乱れ騒ぐ。ざわめく。「下臈(げらふ)の、物見むとわななき騒ぎ」〈落窪〉

わな-わな ワ (と)副 わななくようす。「―と身をふるわせる」

わに ワ【×鰐】名 ❶ワニ目の、爬虫(はちゅう)類の総称。アフリカ・インド・東南アジア・アメリカ・中国など熱帯・亜熱帯地方の川・沼・湖などにすむ。口が大きく、皮膚はかたく甲になっており、背部および尾部の甲には隆起がある。肉食性。❷さめの古名。

わに-あし 三【わに足】【×鰐足】名 歩くとき足首の方向が内がわ、あるいは外がわに、ひどくななめになること。

わに-がわ ◎【わに皮】【×鰐皮】(がは) 名 わにの皮。ベルト・ハンドバッグ・さいふなどに使う。

わに-ぐち 三【わに口】【×鰐口】名 ❶神殿・仏堂の軒につるして、参拝者がひもを引いて鳴らす、ひらたい金属製のもの。中がからで、下方が横長にさけている。❷人の口の横に広いのをあざけっていう語。

わにぐち❶

わに-ざめ 三【×鰐×鮫】名 狂暴なさめ。ふか。

ワニス ワ〈varnish〉名 樹脂を油でといた透明な塗料。かわくと膜ができて光り、湿気をふせぐ。ニス。

わ-ぬけ ケ【輪抜け】名 つるした輪を、とんでくぐり抜ける曲芸。

わ-ぬし【和主・×吾主】代〔古語〕対等以下の相手をよぶ語。きみ。おまえ。「わぬしの問はれむほどのこと」〈徒然〉

わ-ね 連語 「わ」(終助詞)＋「ね」(間投助詞)話し手の個人的な感情や考えを聞き手に伝えることば。多く女性が使う。「いつも忙しそうだ―」「いっしょに旅行でもしたい―」

わ-のり ◎【輪乗り】名 馬術などで、輪をえがくように馬を乗りまわすこと。

わはは ◎ 感 ゆかいそうに大きく笑う声。

わび ビ【×詫び】名 あやまること。謝罪。「―を入れる」

わび ビ【×侘び】名 ❶〔古語〕わびしいこと。思いわずらうこと。悲しみなげくこと。❷俳諧(はいかい)・茶道の精神で、おちついて、静かで質素なおもむき。閑寂。

わび-い・る イ【わび入る】【×詫入る】自五 (ラ・ロ―リッ―ル―ル―レ―レ) ひたすらにあやまる。

わび-ごと ◎【わび言】【×詫言】名 あやまることば。

わびし・い【×侘しい】■ シ 形 (カロ・カッ・ク―イ―イ―ケレ―○) ❶心ぼそくさびしい。ものさびしい。「―ひとりずまい」❷まずしく、みすぼらしい。「―かっこう」 **わびしさ** 名 **わび・し** 文語シク **わびしがる** 他五 **わびしげ** 形動

わび・し 形シク〔古語〕❶つらい。苦しい。「またかかるわびしき目見ず」〈竹取〉❷おもしろくない。困ったことである。「見る人あやしげに思ひてささめき騒ぐぞいとわびしき」〈蜻蛉〉

わび-じょう ◎【わび状】【×詫状】名 おわびの手紙。

わび-じょうもん ジョ【わび証文】【×詫(び)証文】名

おわびの文句を書いた文書。

わび-すけ [ビ]【×侘助】[名] つばきの一種。晩秋から小形の赤・白・絞りの花が咲く。㊄

わび-ずまい [ズ]【わび住(ま)い】【×侘住居】[名] ❶貧乏でみすぼらしい住まい・くらし。❷世間からのがれた、ひっそりと静かなくらし。閑居。

わび-ね [0]【わび寝】【×侘寝】[名] ひとりさびしく寝ること。

わび-びと【×侘人】[名]〔古語〕❶世すて人。❷失意の人。❸おちぶれた人。

わ・びる【×侘びる】㊀ [0]/[ビ] [自上一] わ・ぶ [文語上二]〔文章語〕心ぼそく思う。さびしく思う。つらく思う。
㊁ [自上二]〔古語〕❶こまる。当惑する。「人あやしと見るらむとわびたまふ」〈源氏〉❷おちぶれる。貧窮する。「いにしへはおごれりしかど、わびぬれば」〈拾遺〉❸さびしく、ひっそりと暮らす。「須磨の浦に、もしほたれつつわぶと答へよ」〈古今〉❹俗世を離れて、閑寂を楽しむ。「ことさらこの須磨の浦に心あらむ人は、わざとも侘びてこそ住むべけれ」〈謡曲・松風〉❺〔動詞の連用形について〕…しかねる。どうにも…できないで困る。「おもひ―」「たづね―」「なぐさめ―」 [参考] ㊁の❺の用法は、現代語「待ちわびる」などの中にも残っている。

わ・びる [0]【×詫びる】[他上一] わ・ぶ [文語上二] あやまる。謝罪する。「失礼を―」

わ・ぶ【×侘ぶ】[自上二]〔古語〕➡わびる。

わ-ふう [0]【和風】[名] ❶〔文章語〕おだやかなかぜ。春風。❷木の葉をうごかす程度のかぜ。風速は毎秒五・五～七・九メートル。❸日本ふう。「―の建築」↕洋風。

わ-ふく [0]【和服】[名] 日本ふうの衣服。着物。↕洋服。

わ-ふつ [0]【和▲仏】[名] ❶日本語とフランス語。❷和仏辞典。↕仏和。 ―辞典 [ジ][名] 日本語からフランス語を引く辞典。

わ-ぶん [0]【和文】[名] 日本語の文章。国文。「―英訳」

わ-へい [ワ]【和平】[名] あらそいをおさめて、仲なおりすること。「―交渉」⇩平和 [参考]。

わ-へい [0]【話柄】[名]〔文章語〕話題。はなしのたね。

わ-ほう [0]/[ワ]【話法】[名] ❶話をする方法。話し方。❷他人のことばを引用するときの表現形式。直接話法と間接話法がある。

わ-ぼく [0]【和睦】[名][自サ] 仲なおりすること。

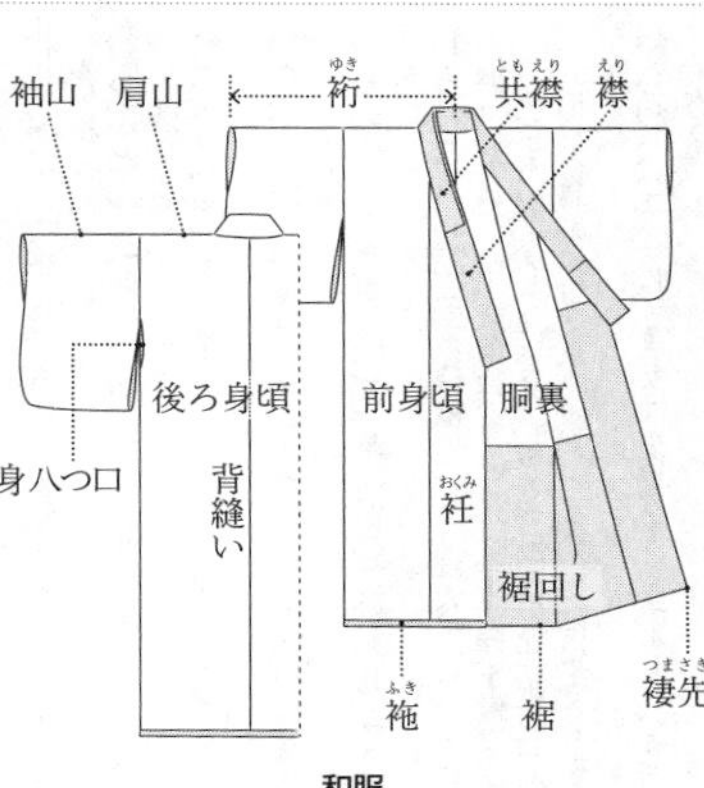

和服

わ-ほん [0]【和本】[名] 和紙を使い、日本ふうに装丁した本。和書。↕洋本。

わ-みょう [0]【和名】【×倭名】[名] 日本語でのよび名。日本名。わめい。

わみょうしょう《和名抄》➡わみょうるいじゅしょう。

わみょうるいじゅしょう《倭名類聚鈔》平安時代中期の字書。編者は源順。漢語を意味によって分類した、わが国最初の漢和字典。和名抄。

わ-めい [0]【和名】[名] ❶動植物につけられた日本名。❷➡わみょう。

わめ・く [メ]【▲喚く】[自五] 大声でさけぶ。おこって大声でさわぐ。おめく。「泣き―」

わや [形動]〔方言〕(関西地方で)だめ。めちゃくちゃ。「話を―にする」

わ-やく [0]【和訳】[名][他サ] 外国語を日本語になおすこと。また、そのなおしたもの。邦訳。「英文―」

わやく [名][形動]〔方言〕(関西地方で) ❶むりなこと。むちゃ。❷いたずらなこと。わんぱく。

わ-よう [ワ]【和洋】[名] 日本と西洋。また、日本ふうと西洋ふう。 ―折衷 [ワ]/[0][名] 日本ふうと西洋ふうとを、とりあわせること。

わ-よう [0]【和様】[名] 日本在来の様式。日本ふう。↕唐様。

わら [ワ]【×藁・×稈】[名] 稲・麦などの茎を干したもの。 ―をもつかむ(「おぼれる者は藁をもつかむ」から)助けてもらうためなら、どれほど期待のできないものにもたよりたいと思う。「追いつめられて―心境だ」 [参考] 近年、助けを求めるという意味で「わらにもすがる」という言い方が聞かれるが、誤用。

わらい [0]【笑い】[名] ❶笑うこと。「―がこみ上げる」「―が止まらない」「―をおさえる」❷(「お笑い」の形で)笑わせることだけを目的とした底の浅い芸能。⇩お笑い❸。 ―を×噛み殺す 笑ってはいけない場面で必死に笑いをこらえる。 ―を取る 意図的に聴衆や観客を笑わせる。

わらい-え [イ]【笑い絵】[名] ❶こっけいな絵。❷春画。

わらい-ぐさ [0]【笑いぐさ】【笑い▲種(草)】[名] 笑いの材料。笑いのたね。 [参考]「おわらいぐさ」の形でいうことが多い。

わらい-くず・れる [レ]【笑い崩れる】[自下一] からだを崩すようにして、ひどく笑う。

わらい-ごえ [ゴ]【笑い声】[名] 笑う声。「―の絶えない家族」 [参考] 平和で幸福なようすの象徴として使われることが多い。

わらい-こ・ける [ケ]【笑いこける】[自下一] ころげるようにからだを動かして、ひどく笑う。

わらい-ごと [0]【笑い事】[名] 笑ってすますこと。じょうだん。「―ではすまされない」 ―でない 笑ってすませられることでない。重大なことだ。

わらい-さざめ・く [メ]【笑いさざめく】[自五] にぎやかに笑いさわぐ。

わらい-じょうご [ジョ]【笑い上戸】[名] ❶酒に酔うとよく笑うくせ。また、そのくせのある人。↕泣き上戸。❷よく笑うくせのある人。

わらい-たけ [イ]【笑×茸】[名] ヒトヨタケ科の毒きのこの一種。かさは薄茶色で、食べると神経がおかされ、興奮状態になる。㊙

わらい-とば・す [バ]【笑い飛ばす】[他五] まともに取りあわずに、笑ってすます。 笑い飛ばせる [自下一]〔…できる〕

わらい-のめ・す 〆【笑いのめす】(わらひ) 他五 (サ・ソ／シ／ス／ス／セ／セ) 笑いごとにしてしまう。

わらい-ばなし バ【笑い話】(わらひ)― 名 ❶笑いながらするような気楽な話。❷こっけいな、みじかい話。笑話(しょうわ)。

わらい-もの ◎【笑い物・笑い者】(わらひ)― 名 人からばかにされ、あざわらわれる材料・人。「いい―になる」

わら・う ◎【笑う】(わらふ) 自他五 (ワ・オ／イ・ッ／ウ／ウ／エ／エ) ❶張りつめていた気持ちがゆるみ、とめていた息が自然にもれて「ははは」「ふふふ」というような声になる。声が出なくても、表情がおだやかになり、口元がゆるやかになる。「声を立てて―」「腹を抱えて―」「おかしそうに―」「冗談を聞いて―」「動物の曲芸を見て―」❷【×嗤う】他人の欠点や失敗を見て、気持ちの上で自分をすぐれたものと思ったり、それを当人にあてこするような態度をとったりする。「へたな歌ですが笑わないでください」「同級生には笑われたくない」❸笑わないではいられなくなる。「気の毒だが笑っちゃったよ」❹つぼみが開く。「花が―」❺体の一部に力がはいらなくなる。「膝が―」 **―門(かど)には福(ふく)来(き)たる** いつも明るくにこにこしている人には、しぜんと幸運がやってくる。

わら・える ◎【笑える】(わらへる) 自下一 (エ／エ／エル／エル／エレ／＊) ❶笑うことができる。ゆとりを持って対応する。「その問題は笑えない」❷しぜんに笑うようになる。「笑えてしようがない」

わら-がみ ラ【わら紙】【×藁紙】名 わらばんし。

わ-らく ◎/ワ【和楽】名 自サ〔文章語〕なごやかにたのしむこと。

わら-ぐつ ラ【×藁×沓】名 わらを編んでつくったふかぐつ。積雪地で用いる。(冬)

わらぐつ

わら-こうひん コ【わら工品】【×藁工品】名 わらでつくった品物。たわら・むしろなど。

わらさ ◎ 名 ぶりの成魚になるまえのもので、長さ六〇センチメートルぐらいのもの。食用。(秋)

わら-じ ◎【▲草×鞋】(ぢ)― 名 足に結びつけてはく、わらで編んだはきもの。 **―掛(が)け** ◎ 名 わらじをはくこと。「―で出かける」 **―銭(せん)** ジ 名 ❶わらじを買う金。❷わずかばかりの旅費。 **―虫(むし)** ジ 名 ワラジムシ科の節足動物。からだは長円形で、足が多い。ごみの中などにすむ。**―を脱(ぬ)ぐ** ❶旅をやめ、ある場所にとどまって身をおちつける。❷旅の中途で宿泊する。 **―を×穿(は)く** 罪をおかしたばくちうちなどが、土地をはなれて旅に出る。

わらじ

わら-しべ ◎/ラ【×藁×稭】名 いねのわらのしん。わらすべ。

わら-づと ◎【×藁×苞】名 わらをたばね、その中に物を包みこむようにしたもの。

わら-にんぎょう ニ【わら人形】【×藁人形】名 わらで作った人形。人を呪うために使うこともある。

わらは【▲童】名〔古語〕➡わらわ。

わらは【×妾】代〔古語〕➡わらわ。

わら-ばい ラ【わら灰】【×藁灰】(ばひ)― 名 わらを焼いてつくった灰。

わら-ばんし バ【わら半紙】【×藁半紙】名 わらや木材パルプの繊維をまぜた、そまつな半紙判のかみ。

わら-び ラ【わら火】【×藁火】名 わらを燃やした火。

わらび ワ【×蕨】名 イノモトソウ科の多年生のしだ。若葉は食用。根茎からでんぷん(わらび粉)をとる。(春)

若葉

わらび

わらび-もち ビ【×蕨餅】名 わらびのこなでつくったもち。(春)

わら-ぶき ◎【×藁×葺】名 屋根をわらでふくこと。また、その屋根。

わら-ぶとん ブ【わら布団】【×藁×蒲団】名 わらを入れた、敷きぶとん。

わらべ ワ【▲童】名〔文章語〕(「わらわべ」の変化)子ども。子どもたち。児童。

わらべ-うた ベ【童歌】名 昔から子どもたちが口伝えにうたってきた歌。

わら-や ラ【わら家(屋)】【×藁家(屋)】名 わらぶきの家。

わらわ【▲童】(わらは) 名〔古語〕❶稚児(ちご)よりは大きいが、まだ元服にいたらない、十歳前後の子ども。童子。❷下働きをする子ども。男・女ともに言う。❸寺で働く男児。稚児。❹五節(ごせち)の舞姫に付き従う童女。一人の舞姫にふたりずつ付いた。

わらわ【×妾】(わらは) 代〔古語〕女性が自分をけんそんしていう語。わたくし。

わらわ・す ◎【笑わす】(わらはす) 他五 (サ・ソ／シ／ス／ス／セ／セ) ➡わらわせる。

わらわ・せる ◎【笑わせる】(わらはせる) 他下一 (セ／セ／セル／セル／セレ／セロ・セヨ) ❶笑うようにする。笑わす。❷あざ笑いをさそうようなようすである。「あいつが社長とは―」 わらは・す 文語下二

わらわ-てんじょう【▲童殿上】(わらは) 名〔古語〕昔、宮中の作法の見習いに、貴族の子が殿上につかえたこと。また、その子。

わらわ-べ【▲童▲部】(わらは)― 名〔古語〕❶(「わらは」の複数)子どもたち。わらべ。わらんべ。❷子ども。

わらわ-やみ【×瘧】(わらは)― 名〔古語〕(子どもによくみられる症状であるところから「童病み」の意)熱病の一種。一日おきに発熱して苦しむ。おこりやまい。「いぬる十余日のほどより、わらはやみにわづらひ侍るを」〈源氏〉

わら-わら ワ(と)副 多くの人や動物がばらばらに集まってきたり、散っていったりするようす。「えさを求めて猿が―と集まってくる」

わらわれ-もの ◎【笑われ者】(わらはれ)― 名 世間の人々からばかにされ、あざけられる者。

ワラント-さい ト【ワラント債】名 (ワラント warrant は権利(買取権)のこと)発行会社の新株を、決められた価格で買える権利のついた社債。

わらん-べ【▲童】名〔古語〕(「わらわべ」の変化)➡わらわべ。

わり【割(り)】㊀◎ 名 ❶【割】損得の程度。「―のいい仕事」❷【割】わりあて。わりあての分量。「月三万円の―で返す」❸相撲の取り組み。また、その取組表。「初日の―が発表される」❹寄席(よせ)の給金。㊁ 造 ❶割ること。割ったもの。「水―」❷わりびき。「学―」㊂ 接尾【割】❶歩合の単位。十分の一を単位とするかぞえ方。「三―増し」❷わりあて。「戸別―」「部屋―」 **―がいい** 他とくらべて得である。利益になる。 **―が悪(わる)い** 他とくらべて得にならない。利益が少ない。 **―に(が)合(あ)う** 引き合う。得になる。「割に合わない仕事」 **―を食(く)う** 不利な目にあう。損をする。

わり-あい ◎【割合】(あひ)― ㊀ 名 ❶歩合(ぶあい)。比率。「五十人に一人の―」❷(上に来る語を受け、「わりあいに」の形で)上の語を基準として比較する意味をあらわす。…にくらべて。…にしては。「年の―に若い」㊁◎(に)副 基準となるものと比べて。比較的。思ったよりも。わりかた。わりに。「心配したが、―元気そうだった」「―安い値段だ」

わり-あて ◎【割(り)当(て)】名 わりあてること。わりまえ。「人員の―」

わりあ・てる テ【割(り)当てる】他下一 分けてあてがう。分配する。わりふる。「各人に仕事を―」 **わりあ・つ** 文語下二

わりいん 0【割(り)印】名 二枚の文書の両方へかけておす印。割り判。契印(けいいん)。

わりがき 0【割(り)書(き)】名 本文の間に、注などを二行に書くこと。また、その書き入れ。

わりかし 0【割かし】副〔俗語〕わりあいに。

わりかた 0【割方】副 わりあい。

わりかん 0【割(り)勘】名〔「割前勘定(わりまえかんじょう)」の略〕めいめいが等分にかねをだしあって支払うこと。

わりき・る キ【割(り)切る】他五 ❶割り算をして端数(はすう)を出さない。かっきりと割る。❷話のすじみちを合わせて、きちんと解釈する。「割り切った理論」❸考えをきめてしまって、まよわない。「これでいいと―」

わりき・れる レ【割(り)切れる】自下一 ❶割り算で、端数が出ないで割れる。❷なっとくできて、気持ちがさっぱりする。「割り切れない思い」 **わりき・る** 文語下二

わりぐりいし リ2【割りぐり石】【割×栗石】名 石材を小さくくだいたもの。基礎工事用。

わりげすい ゲ【割(り)下水】名 掘り割りの下水道。

わりご 0【▲破子・▲破▲籠】名 ❶中にしきりのついた折り箱や重箱。べんとうなどを入れる。❷【割子】円形の重箱。―×**蕎麦**(そば) ソ 名 わりご❷に入れたそばに、ねぎ・のりなどをのせ、つゆをかけて食べるもの。出雲(いずも)地方などでさかん。

わりこみ 0【割(り)込(み)】名 ❶わりこむこと。❷劇場などで、土間やさじきの一ますに、連れでない人と同席して見物すること。またその場所。

わりこ・む コ【割(り)込む】自五 おしわけて、はいりこむ。「列の中に―」 **割り込める** 自下一[…できる]

わりざん リ【割(り)算】名 一つの数が他の数の何倍にあたるかを見いだす計算法。除法。↕掛け算。

わりした 0【割(り)下】名 だしじるに、しょうゆ・みりん・砂糖などを加えて、煮たてたしる。なべ料理などに使う。

わりだか 0【割高】形動(の) 品質や分量などのわりに値段が高いようす。↕割安。

わりだ・す ダ【割(り)出す】他五 ❶割り算をして答えを出す。計算して数を出す。❷ある物事にもとづいて検討、推論し、結論を出す。「犯人を―」 **割り出せる** 自下一[…できる]

わりちゅう 0【割(り)注】【割×註】名 本文の間に入れた割り書きの注。

わりつけ 0【割(り)付(け)】名 ❶わりあてること。❷印刷物にするために、記事や写真・図版などを紙面に効果的に配置すること。レイアウト。

わりと 0【割と】副 わりに。「―うまい」

わりない ナ 連体〔文章語〕ひと通りでなく親しい。切っても切れない。多く、男女関係について言う。「―仲」

わりな・し【▲理なし】形ク〔古語〕〔「理(ことわり)無し」の意〕❶分別がない。理性的にかたづかない。「これも、わりなき心の闇(やみ)になむ」〈源氏〉❷どうにも耐えられない。つらく、苦しい。「いそぎゐて(連レテ)行かるる心地いとあかずわりなし」〈更級〉❸やむを得ない。しかたがない。「扇をさし出(い)でて制するに、聞きも入れねば、わりなきに」〈枕〉❹はなはだしい。「その夜さり、暑くわりなき闇にてなにとも覚えず」〈枕〉❺特別すぐれている。殊勝である。「みめ・かたち・心ざま、優にわりなき者でさうらふとて」〈平家〉

わりに 0【割に】副 わりあい。「―強い」

わりばし 0【割(り)箸】名 使うとき、割って二本とする割れめのついた杉材などの白木のはし。

わりばん 0【割(り)判】名 割り印。

わりびき 0【割引】名 ❶わりびくこと。↕割り増し。❷手形割引。―**債**(さい) キ 名 先に利息分を差し引いた値段で買い、一定の期間後に額面どおりの価格で売ることのできる債券。↕利付債(りつきさい)。

わりび・く ビ【割(り)引く】他五 ❶一定の額から、ある割合の額を引く。❷うちわに考える。「話を割り引いて聞く」❸銀行などが、手形を支払期日までの利子を引いた金額で買いいれる。割る。**割り引ける** 自下一[…できる]

わりひざ 0【割(り)膝】名 左右のひざをはなしてすわること。

わりふ 0【割(り)符】名 木または紙のふだの中央にしるしをつけて、二つに分けたもの。別々に持ち、のちに、合わせて見て証拠とする。符節(ふせつ)。割り札。

わりふだ 0【割(り)札】名 ❶割り符。❷割引のふだ。割引券。

わりふ・る フ【割(り)振る】他五 割りあてる。「予算を―」 **割り振り** 名 **割り振れる** 自下一[…できる]

わりまえ 0【割(り)前】名 ❶わりあて金。負担金。❷わけまえ。配当。

わりまし 0【割(り)増し】名 一定の額に、ある割合の額を増してくわえること。また、その金額。↕割引。

わりむぎ 0/ム【割(り)麦】名 ひきわり麦。

わりもどし 0【割(り)戻し】名 割りもどすこと。また、そのかね。リベート。

わりもど・す ド【割(り)戻す】他五 受けとった金額の中から一定の割合でかえす。**割り戻せる** 自下一[…できる]

わりやす 0【割安】形動(の) 品質や分量などのわりあいに値段が安いようす。↕割高。

わる【悪】■ ワ 名 ❶わるいこと。「―をする」❷わるい人。❸いたずらもの。■ 造 ❶わるい。「―遊び」「―ぢえ」❷度がすぎてよくない。「―遠慮」「―達者」

わ・る【割る】■ 0 他五 ❶一つのものを二つ以上に分ける。㋐固い物、固まっている物を切ったりたたいたりして、いくつかの部分に分ける。「すいかを―」「皿を―」㋑分割する。「土地を二つに割って、片方を売る」㋒分配する。「費用を五人で―」「食料を頭数で―」㋓割り算をする。「一〇を二で―」❷開いて内部が見えるようにする。㋔分裂させる。まとまりをくずす。「党を―」㋐包みかくさずに打ち明ける。「腹を割って話し合う」㋑こまかに事を分けて言う。「事を割って話す」㋒〔「口をわる」の形で〕白状する。「犯人がついに口を―」❸ある境界線からはずれる。㋐ある範囲の外に出る。「土俵を―」㋑ある数量より下になる。「会員が一〇〇人を―」「過半数を―」㋒ものを押し分ける。「群衆を割って進む」「けんかの仲裁に割ってはいる」❹液体に他の液体を入れて濃度をうすくする。「ウイスキーを水で―」 **割れる** 自下一[…できる] ■ 自下二〔古語〕❶心がみだれる。思いみだれる。「われてぞ思ふ、妹(いも)にあはぬ夜は」〈万葉〉❷わかれる。「瀬を早み岩にせかるる滝川のわれても末にあはむとぞ思ふ」〈詞花集〉

わるあがき ア【悪あがき】【悪▲足×掻き】名 自サ 窮地をのがれようと、あきらめ悪く、あれこれすること。

わるあそび ア【悪遊び】名 ❶よくない遊び。❷女遊びやばくち。

わる・い [ル]【悪い】[形] カロ・カッ・ク／イ・イ・ケレ・○ ↕よい・いい。❶質や状態や程度が劣っているようす。そまつなようす。「声が—」「成績が—」❷正しくないようす。いけない。「—行い」「人柄が—」❸不都合なようす。好ましくないようす。「—ところへ来た」「感じが—」❹間がらがよくない。「仲が—」❺快くない。「気分が—」❻正常でないようす。「胃の調子が—」❼不利益になる。「—ようにはしない」❽申しわけない。「あなたに—」 **わる・し** [文語ク] **—虫**(むし)**が付**(つ)**く** たちのよくない男が娘の恋人になる。

わる-がしこ・い [コ]【悪賢い】[形] カロ・カッ・ク／イ・イ・ケレ・○ わるぢえがある。**悪賢さ** [名] **わるがしこ・し** [文語ク]

わる-ぎ [0]【悪気】[名] わるい心。いじのわるい考え。悪意。

わるく-すると【悪くすると】[連語] ひょっとすると。まずくいくと。「—命とりになるぞ」

わる-くち [ル]【悪口】[名] 人をわるく言うこと。また、そのことば。あっこう。わるぐち。

わる-さ [ワ]【悪さ】[名] わるいおこない。いたずら。

わる-さわぎ [サ]【悪騒ぎ】[名] 他人の迷惑など考えずに、ひどく騒ぐこと。

わる-じい [0]【悪強い】—じひ [名] [他サ] いやがるのに無理にすすめ、おしつけること。無理じい。「酒を—する」

わる-ずれ [0]/[レ]【悪擦れ】[名] [自サ] 世間にすれて、人がらがわるくなること。

わる-だくみ [ダ]【悪巧み】[名] わるいたくらみ。奸計(かんけい)。

わる-だっしゃ [ダ]【悪達者】[名] [形動] ❶上手ではあるが、品がないこと。❷技術が達者すぎて、感じがよくないこと。

わる-ぢえ [0]/[エ]【悪知恵】【悪×智×慧】[名] 悪事をしたり、たくらんだりする知恵。「—がはたらく」

ワルツ [ワ]〈waltz〉[名] 四分の三拍子の軽快な舞曲。円舞曲。また、それでおどる舞踏。

わる-どめ [0]/[メ]【悪止め】[名] しつこく人をひき止めること。

わる-のり [0]【悪乗り】[名] [自サ] 〔俗語〕調子に乗って、度の過ぎた言動をすること。

わるび・れる [レ]【悪びれる】[自下一] レ・レ・レル・レル・レレ・レロ・レヨ 気おくれして、恥ずかしがり、またはいくじなくふるまう。「悪びれたようすもなく言う」 **わるび・る** [文語下二]

わる-ふざけ [フ]【悪ふざけ】【悪×巫▲山▲戯】[名] 度をこしてふざけること。度の過ぎたいたずら。

わる-もの [0]【悪者】[名] ❶性質のよくない人。悪事をする人。悪人。❷悪いと見なされる側の人や物。「いつもわたしが—にされる」「—扱いされがちなコレステロール」

わる-よい [0]【悪酔(い)】—よひ [名] [自サ] ❶頭痛(ずつう)・はきけなどのするような、酒の酔いかた。❷人にからんだり、乱暴したりするような酒の酔いかた。

われ [ワ]【我】【×吾】㊀[名] 〔文章語〕❶自分。自我。「—ひとともに」❷自分のなかま。自分のほう。「—に利あり」㊁[代] ❶〔文章語〕わたくし。わたし。❷〔かながき〕〔俗語〕おまえ。自分と同等以下の相手をさす。また、相手をののしって言う。**—劣**(おと)**らじと** 人に負けまいと。たがいに先をあらそって。**—から** ❶自分から。自分の心から。❷〔古語〕われながら。「『よし、これ(夕顔ガ名乗ラナイコト)もわれからなめり』と恨み」〈源氏〉 **—関**(かん)**せず×焉**(えん) (焉は断定の助辞)わたしは関係がない。傍観するようす。我関せず。**—こそは** 名乗りをあげるときに言うことば。他の人ではなくまさに自分こそは。「—と思う人は参加してください」 **—と** 自分から。自分自身で。「—わが身をほろぼす」 **—と思**(おも)**う** われこそはと自信をもつ。「我と思わん者はやってこい」 **—とはなしに** ❶われ知らず。おもわずも。❷〔古語〕自分と同じではないが。「ほととぎすわれとはなしに卯(う)の花のうき世の中に鳴き渡るらむ」〈古今〉 **—に返**(かえ)**る** ❶ぼんやりしていたのが、本心にかえる。❷気をうしなっていたのが、正気づく。**—にもあらず** われにもなく。**—にもなく** ❶われ知らず。われを忘れて。❷不本意にも。本心からでなく。「—涙を流す」 **—も我**(われ)**もと** みんながおしかけるようす。**—を忘**(わす)**れる** 心をうばわれてぼんやりする。むちゅうになる。

われ [0]【割れ】[名] ❶割れること。割れた所。❷こわれ。破片。

われ-かえ・る [カ]【割れ返る】—かへる [自五] ラ・ロ・リ・ッ／ル・ル・レ・レ 大ぜいがこうふんして大騒ぎする。「—ような歓声」

われがち-に [0]【我勝ちに】[副] まず自分がまっさきに。たがいに他を押しのけて先をあらそうようす。われさきに。

われ-がね [0]【われ鐘】【▲破鐘】[名] ❶ひびのはいったつり鐘。❷にごった大声のたとえ。「—のような大声」

われ-から [ワ]【割殻】[名] ワレカラ科の甲殻(こうかく)類の総称。海藻などに付き、からだは細長い。

われさき-に [ワ]【我先に】[副] われがちに。「—逃げる」

われ-しらず [ワ]【我知らず】[副] 思わずしらず。「—涙が流れた」

われ-ながら [0]【我ながら】[副] 自分でも。自分のことではあるが。「—はずかしい」

われ-なべ [0]【▲破鍋】[名] ひびのはいったなべ。**—に×綴蓋**(とじぶた) どんな人にも、つりあったつれあいがあるものだ。

われ-ひと [ワ]【我人】[名] 〔文章語〕自分と他の人。自他。「—ともにゆるす」

われ-ぼめ [0]【我褒め】[名] 自分で自分をほめること。自賛。

われ-め [0]【割れ目】[名] 割れてできたすき間。割れたようなすき間。裂け目。

われ-もこう [モ]【×吾×亦紅】[名] バラ科の多年生植物。秋、紅紫色の小さい花を穂のようにつける。根は薬用。㊙

われ-もの [0]【割れ物】[名] ❶割れた物。❷割れやすい物。陶器・ガラス器など。

われ-ら [ワ]【我ら】【我▲等】[代] ❶〔文章語〕われわれ。「—が母校」❷〔文章語〕われ。わたくし。自分。❸〔かながき〕〔俗語〕おまえら。自分と同等以下の相手をさす。また、相手をののしって言う。

わ・れる [0]【割れる】[自下一] レ・レ・レル・レル・レレ・レロ・レヨ ❶一つのものが二つ以上に分かれる。㋐こわれる。「茶わんが—」㋑裂ける。「地面が—」㋒分裂する。「両派に—」❷かくしていたことがわかる。ばれる。「秘密が—」「犯人が—」❸割り算で、わりきれる。「一〇は二で—」❹(「ような」を伴って)騒ぎや痛みがひどいようすである。「—ような拍手」「頭が—ように痛い」 **わ・る** [文語下二]

われ-われ [0]【我我】【×吾×吾】[代] われら。自分たち。[参考]「われわれには理解できない」のような使い方で、自分のかしこまった言い方として用いることもある。

わ-ろ [ワ]【和露】[名] ❶日本語とロシア語。❷和露辞典。↕露和。**—辞典**(じてん) [ジ] [名] 日本語からロシア語を引く辞典。

わろ・し【▲悪し】[形ク] 〔古語〕↕よろし。(基準に照らして、劣っているようすを言う。よくない。「あし」よりも程度は軽い)❶このましくない。感心しない。「さるまじき人のもとに、あまりかしこまりたる(手紙ヲ書クノ)も、げにわろきことなり」〈枕〉❷正しくない。適当でない。❸(容姿が)美しくない。みっともない。「我はこのごろわろきぞかし」〈更級〉❹(技術が)上手でない。巧みでない。「手のわろき人の、はばからず文(ふみ)(手紙ヲ)書き散らすはよし」〈徒然〉❺(経済状態が)おもわしくない。貧しい。「年ごろ渡らひ(生

計)などもいとわろくなりて」〈大和〉

わん【腕】 造 ❶うで。肩から手首までのあいだ。「腕章・腕力・右腕・鉄腕」 ❷うでまえ。てなみ。はたらき。「手腕・敏腕・辣腕(らつわん)」

わん【×椀】 ㊀ 0 名 造 飲食物を盛る、木で作った、すこし深いうつわ。㊁ 接尾 わんに盛ったものをかぞえる語。「めし二―」 参考 陶磁製のものは「碗」という。「茶碗」など。

わん【湾】 ㊀ ワ 名 造 海の陸地にいりこんだ所。いりえ。「湾内・港湾」 ㊁ 造 まがる。「湾曲・湾入」

ワン ワ〈one〉名 ひとつ。一(いち)。「―ツースリー」

わん ワ ㊀ と 副 犬の鳴き声をあらわす語。㊁ 名 犬を親しんでいう語。「―ちゃん」

ワン-ウエー エ〈one way〉名 ❶一方通行。❷回収を必要としない容器。また、その使用方式。

わん-おう 0【湾央】名 湾の中央。

わん-おう 0【湾奥】名 湾の奥。↕湾口。

ワン-オペレーション レ〈one operation〉名〔和製英語〕ひとりですべての作業を行うこと。また、飲食店で従業員ひとりですべての業務を行うこと。ワンオペ。

わん-がい ワ【湾外】名 湾のそと。↕湾内。

わん-がん 0【湾岸】名 湾の沿岸。「―道路」

わん-きょく 0【湾曲】【×彎曲】名 自サ 弓状にまがること。

わん-ぐち 0【湾口】名 ➡わんこう。

ワン-クッション ク〈one cushion〉名 直接的なショックをやわらげるために、間に設ける一段階。「―置く」

ワン-ゲル 0 名「ワンダーフォーゲル」の略。

ワン-コイン コ〈one coin〉名〔和製英語〕百円または五百円など、一枚の硬貨。また、硬貨一枚の料金であること。「―ランチ」

わん-こう 0【湾口】名 湾の入りくち。↕湾奥(わんおう)。

わんこ-そば ソ【×椀子×蕎▲麦】名 給仕が一口ほどのそばを客の椀(わん)に入れ、食べ終わるごとに次々と入れてゆくもの。岩手県の名物。

わん-こつ ワ【腕骨】名 手くびにある八つの小さいほね。

ワンサイド-ゲーム ゲ〈one-sided game〉名 両者の得点の差が非常に大きい試合。一方的な試合。

わんさ-ガール ガ 名 俗語〔わんさと(たくさん)いることから〕映画・歌劇などの下っ端女優。大べやの女優。

わんさ-と ワ 副 俗語 ❶がやがやと大ぜいおしかけるようす。❷ものがたくさんあるようす。人がたくさんいるようす。

わん-しょう 0【腕章】名 うでにつける記章や飾り章。

ワン-ステップ テ〈one-step〉名 ❶四分の二拍子の軽快な社交ダンス。❷第一歩。第一段階。「改革への―」

ワン-ストップ ト〈one-stop〉名 商品や情報などが一か所ですべてそろうこと。「―サービス」

ワン-セグメント セ〈one segment〉名 携帯電話などモバイル機器で視聴できる地上波デジタル放送。ワンセグ。

ワンダーフォーゲル フォ〈ドWandervogel〉名〔渡り鳥の意〕グループで山野を歩きまわり、自然に親しみ、からだをきたえる運動。ワンゲル。

ワン-タッチ タ〈one touch〉名〔和製英語〕❶一度さわること。「ボールに―があった」 ❷一度さわるだけでいいほど操作が簡単なこと。「―の家電製品」

わん-だね 0【×椀種】名 吸い物で、主となる実。

ワンダフル ワ〈wonderful〉形動 ダロ・ダッ・デ・ニ ダ・ナ・ナラ・〇〔感動詞的にも用いる〕おどろくべきようす。すばらしいようす。すてきだ。

ワンタン タ【中×餛×飩・▲雲×呑】名 中華料理の一つで、小麦粉をこねてうすくした皮でひき肉・ねぎなどを包んだもの。ゆでてスープにうかしたり揚げたりして食べる。

ワン-ダン ワ〈one down〉名〔和製英語〕➡ワンナウト。

ワン-チャンス チャ〈one chance〉名 一度きりの好機。「―にのぞみをかける」

ワンツー-パンチ パ〈one-two punch〉名 ボクシングで、相手を左手と右手でつづけざまに打つこと。ワンツー。

わん-とう 0【湾頭】名 文章語 湾のほとり。湾の近く。

わん-ない ワ【湾内】名 湾の中。↕湾外。

ワン-ナウト ナ〈one out〉名 野球で、一死。ワンダン。

わん-にゅう 0【湾入】【×彎入】名 自サ 海が、弓形に陸地にはいりこむこと。

わん-ぱく 0【腕白】名 形動〔「関白」または「枉惑(おうわく)」の変化という〕わがままで、いたずらなこと。また、その子ども。「―ぼうず」

ワン-パターン タ〈one pattern〉形動 ダロ・ダッ・デ・ニ ダ・ナ・ナラ・〇〔和製英語〕考え方やすることがいつもきまっていて、かわりばえがしないようす。

ワン-ピース ピ〈one-piece〉名 上着とスカートが一つにつづいている婦人、子ども服。↕ツーピース。

ワン-ポイント ポ〈one point〉名 ❶一箇所。❷一点。 **―リリーフ** リ²〈one point relief〉名 野球で、投手がつなぎとしてほんのわずかなげること。また、その投手。

ワンボックス-カー カ〈one box car〉名〔和製英語〕外形が箱形で運転席から後部の荷室まで間にしきりのない自動車。ワンボックス。

ワン-マン〈one-man〉〔和製英語〕㊀ ワ 名 わがままをとおす人。独裁者。暴君。㊁ 造 ひとりの。ひとりだけによる。「―バス」「―チーム」 **―カー** カ〈one-man car〉名〔和製英語〕車掌(しゃしょう)がいなくて、運転手ひとりが乗務しているバス。 **―ショー** マ〈one-man show〉名 一人が全番組を通しての主演者となってする娯楽演芸。

わん-もり 0【わん盛り】【×椀盛】名 日本料理の一つで、鳥肉・魚・野菜をすましじるで煮て、わんに盛ったもの。

ワン-ランク ラ〈one rank〉名 一段階。「―上の生活」

わん-りゅう 0【湾流】名 メキシコ湾流。暖流の一つ。メキシコ湾の東北からヨーロッパの北西に流れているもの。

わん-りょく ワ【腕力】名 ❶うでのちから。❷相手をおさえつける肉体的な暴力。うでずく。「―にうったえる」 **―沙汰(ざた)** 0 名 無法な腕力をふるうこと。暴力ざた。「―に及ぶ」

ワン-ルーム ル〈one room〉名 ❶ひと部屋。❷〔「ワンルームマンション」の略〕便所と浴室、台所つきのひと部屋のマンション。

ワン-レングス レ〈one length〉名 女性の髪型の一つ。髪を一定の長さに切りそろえたスタイル。

わん-わん ワ- ㊀ と 副 ❶犬のほえる声をあらわす語。❷人が泣くようすをあらわす語。「―泣く」 ❸わめき騒ぐようす、声や音のうるさいようすをあらわす語。㊁ 名 幼児語〔鳴き声から〕犬。

ゐ

ヰ

ゐ:「為」の草体。
ヰ:「井」の変体。

ゐ-で【井手】名 古語 ➡いで。

ゐ-の-こ【×猪の子・×豕】名 古語 ➡いのこ。

ゐや【▲礼】名 古語 ➡いや。

ゐや-な・し【▲礼無し】形ク 古語 ➡いやなし。

ゐ

ゐや-やか なり形動〔古語〕⬇いややか。

ゐやゐや・し 形シク〔古語〕⬇いやいやし。

ゐる【居る】 自上一〔古語〕⬇いる。

ゐる【率る】 他上一〔古語〕⬇いる。

ゑ ヱ

ゑ：「恵」の草体。
ヱ：「慧」の略体。

ゑ 助〔古語〕〔間投助詞＝名詞、また活用語の終止形につく。奈良時代の語〕感動・詠嘆をあらわす。…よ。…や。「われはさぶしゑ(サビシイヨ)」〈万葉〉

ゑひ【酔ひ】 名〔古語〕⬇えい。

ゑひ-ごと【酔ひ言】 名〔古語〕⬇えいごと。

ゑひ-なき【酔ひ泣き】 名〔古語〕⬇えいなき。

ゑ・ふ【酔ふ】 自四〔古語〕⬇えう。

ゑまひ【笑まひ】 名〔古語〕⬇えまい。

ゑま・ふ【笑まふ】 自四〔古語〕⬇えまう。

ゑみ-さか・ゆ【笑み栄ゆ】 自下二〔古語〕⬇えみさかゆ。

ゑ・る【彫る・×雕る・×鐫る】 他四〔古語〕⬇える。

を ヲ

を：「遠」の草体。
ヲ：「乎」の変体。

を【男・夫】 名〔古語〕⬇お(男)。

を 助 ❶〔格助詞〕㋐動作の対象を示す。「水―飲む」㋑経過する場所を示す。「空―とぶ」「道―歩く」㋒経過する時間を示す。「一年―すごす」㋓動作の起点、分離の対象を示す。「故郷―はなれる」「大学―出る」㋔動作・作用の結果できるものを示す。「めし―たく」「穴―掘る」㋕願望・可能の対象を示す。「コーヒー―飲みたい」「フランス語―話せる」⇩が(助詞)❶㋒参考。❷〔古語〕〔接続助詞＝活用語の連体形につく〕㋐事実をのべ、順接として下のことばに続ける。…ので。…から。「わざとあめるを(ワザワザノ招待ラシイカラ)早うものせよかし」〈源氏〉㋑事実を述べ、逆接で続ける。…のに。…のだが。「魂(たま)まつるわざはこのごろ都にはなきをあづまのかたにはなほすることにてありしこそあはれなりしか」〈徒然〉参考「白露の色はひとつを(ヒトツナノニ)いかにして秋の木(こ)の葉を千々(ちぢ)に染むらむ」〈古今〉のように体言に続くこともまれにある。❸〔古語〕〔間投助詞〕㋐強意・感動をあらわす。「この世なる間は楽しくをあらな」〈万葉〉㋑〔体言を受け、「形容詞語幹＋み」に続けて〕…が…なので、の意をあらわす。「采女(うねめ)の袖吹きかへす明日香風、都を遠みいたづらに吹く」〈万葉〉

をうな【女】 名〔古語〕⬇おうな。

をか・し 形シク〔古語〕⬇おかしい㊁。

をこつ・る【誘る】 自四〔古語〕⬇おこつる。

をこと-てん ㋣【ヲコト点】【×乎古止点】 名 昔、漢文を訓読するために、漢字の四すみ・上下などにつけた読み方を示す点や線の符号。テニハ点。

をさま・る【収まる】 自四〔古語〕⬇おさまる㊁。

をさをさ・し【長長し】 形シク〔古語〕⬇おさおさし。

を・し【愛し】 形シク〔古語〕⬇おし。

をし・む【愛しむ】 他四〔古語〕⬇おしむ。

を・す【食す】 他四〔古語〕⬇おす。

をち-かた【遠方・彼方】 名〔古語〕⬇おちかた。

をち-こち【遠近】 名〔古語〕⬇おちこち。

をち-つ-かた【遠つ方・彼方つ方】 名〔古語〕⬇おちつかた。

を-の-こ【男】 名〔古語〕⬇おのこ。

を-ば 連語〔古語〕〔格助詞「を」と係助詞「は」の「をは」が変化したもの〕動作の対象を、とくに取り出して強める。「都(みやこ)をば霞とともに立ちしかど秋風ぞ吹く白河の関」〈後拾遺〉

を・ふ【終ふ】 自他下二〔古語〕⬇おう。

をみな【女】 名〔古語〕⬇おみな。

をみな-ご【女子】 名〔古語〕⬇おみなご。

を-もって【を以て】 連語 ❶手段・方法を示す。「書面―通知する」❷原因・理由を示す。「謀反(むほん)のとが―処刑される」❸基準・境界を示す。「本日―閉店する」

を-や 連語〔古語〕❶〔格助詞「を」と係助詞「や」〕…を…するだろうか。「心をや聞き得たりけむ」〈土佐〉❷〔終助詞「を」と係助詞「や」。ふつう、「いはむや…においてをや」の形をとる〕言うまでもなく…だ。「いはむや、人を殺すことをや」〈今昔〉❸〔終助詞「を」と「や」〕感動をあらわす。…だなあ。

を・り【居り】 自ラ変〔古語〕⬇おり。

をろが・む【拝む】 他四〔古語〕⬇おろがむ。

ん ン

ん：「无」または「毛」の草体。
ン：「爾」の略字「尓」の上部。

ん 助動 ⬇ぬ。

ん 助動〔古語〕⬇む。

ん 助〔格助詞「の」の変化〕⬇の。「この靴はぼく―だ」

んす 助動〔古語〕〔江戸時代の語〕❶〔「しゃんす」の変化〕〔四段・ナ変動詞の未然形につく〕…なさる。「もう言うてくだんすな」〈浄瑠璃・曽根崎心中〉❷〔「ます」の変化。昔、吉原の遊女が使ったことば。ラ行四段動詞の連用形につく〕…ます。「ござり―」

んず 助動〔古語〕⬇むず・むとす。

んち【日】 接尾〔俗語〕〔くだけた会話で聞かれる〕「にち(日)」の変化。ち(日)。「十六―」「幾―」

んち【ん家】 接尾〔俗語〕〔くだけた会話で聞かれる〕「…のうち(家)」の変化。ち(家)。「ぼく―」「きみ―」

ん-と-す 連語〔古語〕⬇むとす。

ん-な・い 連語〔くだけた話しことばで助動詞「ない」の前にラ行音が来るときの変化〕❶「…らない」の変化。「ぼくにはわか―」「つま―映画だ」❷「…れない」の変化。「そうかもし―」「ちょっと手つだってく―か」

んぼう【ん坊】 接尾 ❶〔おもに人をさすことばについて〕けいべつして、あるいは、からかってよぶことば。「けち―」「おこり―」❷子どもの遊びにつけることば。「かくれ―」「通せ―」参考「けちんぼ」「かくれんぼ」のように「…んぼ」となることがある。

付録

【目次】

送り仮名の付け方

昭和四十八年六月十八日　内閣告示
昭和五十六年十月一日　一部改正
平成二十二年十一月三十日　一部改正

前書き

一　この「送り仮名の付け方」は、法令・公用文書・新聞・雑誌・放送など、一般の社会生活において、「常用漢字表」の音訓によって現代の国語を書き表す場合の送り仮名の付け方のよりどころを示すものである。

二　この「送り仮名の付け方」は、科学・技術・芸術その他の各種専門分野や個々人の表記にまで及ぼそうとするものではない。

三　この「送り仮名の付け方」は、漢字を記号的に用いたり、表に記入したりする場合や、固有名詞を書き表す場合を対象としていない。

「本文」の見方及び使い方

一　この「送り仮名の付け方」の本文の構成は、次のとおりである。

単独の語

1　活用のある語

通則1（活用語尾を送る語に関するもの）

通則2（派生・対応の関係を考慮して、活用語尾の前の部分から送る語に関するもの）

2　活用のない語

通則3（名詞であって、送り仮名を付けない語に関するもの）

通則4（活用のある語から転じた名詞であって、もとの語の送り仮名の付け方によって送る語に関するもの）

通則5（副詞・連体詞・接続詞に関するもの）

複合の語

通則6（単独の語の送り仮名の付け方による語に関するもの）

通則7（慣用に従って送り仮名を付けない語に関するもの）

付表の語

1（送り仮名を付ける語に関するもの）

2（送り仮名を付けない語に関するもの）

二　通則とは、単独の語及び複合の語の別、活用のある語及び活用のない語の別等に応じて考えた送り仮名の付け方に関する基本的な法則をいい、必要に応じ、例外的な事項又は許容的な事項を加えてある。

したがって、各通則には、本則のほか、必要に応じて例外及び許容を設けた。ただし、通則7は、通則6の例外に当たるものであるが、該当する語が多数に上るので、別の通則として立てたものである。

三　この「送り仮名の付け方」で用いた用語の意義は、次のとおりである。

単独の語…漢字の音又は訓を単独に用いて、漢字一字で書き表す語をいう。

複合の語…漢字の訓と訓、音と訓などを複合させ、漢字二字以上を用いて書き表す語をいう。

付表の語…「常用漢字表」の付表に掲げてある語のうち、送り仮名の付け方が問題となる語をいう。

活用のある語…動詞・形容詞・形容動詞をいう。

活用のない語…名詞・副詞・連体詞・接続詞をいう。

本則…送り仮名の付け方の基本的な法則と考えられるものをいう。

例外…本則には合わないが、慣用として行われていると認められるものであって、本則によらず、これによるものをいう。

許容…本則による形とともに、慣用として行われていると認められるものであって、本則以外に、これによってよいものをいう。

四　単独の語及び複合の語を通じて、字音を含む語は、その字音の部分には送り仮名を要しないのであるから、必要のない限り触れていない。

五　各通則において、送り仮名の付け方が許容によることのできる語については、本則又は許容のいずれに従ってもよいが、個々の語に適用するに当たって、許容に従ってよいかどうか判断し難い場合には、本則によるものとする。

本　文

単独の語

1　活用のある語

【通則1】

（本則）　活用のある語（通則2を適用する語を除く。）は、活用語尾を送る。

〔例〕　憤る　承る　書く　実る　催す
生きる　陥れる　考える　助ける
荒い　潔い　賢い　濃い
主だ

〔例外〕(1) 語幹が「し」で終わる形容詞は、「し」から送る。

例 著しい　惜しい　悔しい　恋しい　珍しい

(2) 活用語尾の前に「か」、「やか」、「らか」を含む形容動詞は、その音節から送る。

例 暖かだ　細かだ　静かだ
穏やかだ　健やかだ　和やかだ
明らかだ　平らかだ　滑らかだ　柔らかだ

(3) 次の語は、次に示すように送る。

明らむ　味わう　哀れむ　慈しむ　教わる　脅かす(おどかす)　脅かす(おびやかす)　関わる　食らう　異なる　逆らう　捕まる　群がる　和らぐ　揺する
明るい　危ない　危うい　大きい　少ない　小さい　冷たい　平たい
新ただ　同じだ　盛んだ　平らだ　懇ろだ　惨めだ
哀れだ　幸いだ　幸せだ　巧みだ

〔許容〕次の語は、(　)の中に示すように、活用語尾の前の音節から送ることができる。

表す(表わす)　著す(著わす)　現れる(現われる)　行う(行なう)　断る(断わる)　賜る(賜わる)

〔注意〕語幹と活用語尾との区別がつかない動詞は、例えば、「着る」、「寝る」、「来る」などのように送る。

【通則2】

【本則】 活用語尾以外の部分に他の語を含む語は、含まれている語の送り仮名の付け方によって送る。(含まれている語を〔　〕の中に示す。)

例 (1) 動詞の活用形又はそれに準ずるものを含むもの。

動かす〔動く〕　照らす〔照る〕
語らう〔語る〕　計らう〔計る〕　向かう〔向く〕
浮かぶ〔浮く〕
生まれる〔生む〕　押さえる〔押す〕　捕らえる〔捕る〕
勇ましい〔勇む〕　輝かしい〔輝く〕　喜ばしい〔喜ぶ〕
晴れやかだ〔晴れる〕
及ぼす〔及ぶ〕　積もる〔積む〕　聞こえる〔聞く〕
頼もしい〔頼む〕
起こる〔起きる〕　落とす〔落ちる〕
暮らす〔暮れる〕　冷やす〔冷える〕
当たる〔当てる〕　終わる〔終える〕　変わる〔変える〕
集まる〔集める〕　定まる〔定める〕　連なる〔連ねる〕　交わる〔交える〕
混ざる・混じる〔混ぜる〕
恐ろしい〔恐れる〕

(2) 形容詞・形容動詞の語幹を含むもの。

重んずる〔重い〕　若やぐ〔若い〕
怪しむ〔怪しい〕　悲しむ〔悲しい〕　苦しがる〔苦しい〕
確かめる〔確かだ〕
重たい〔重い〕　憎らしい〔憎い〕　古めかしい〔古い〕
細かい〔細かだ〕　柔らかい〔柔らかだ〕
清らかだ〔清い〕　高らかだ〔高い〕　寂しげだ〔寂しい〕

(3) 名詞を含むもの。

汗ばむ〔汗〕　先んずる〔先〕　春めく〔春〕
男らしい〔男〕　後ろめたい〔後ろ〕

〔許容〕読み間違えるおそれのない場合は、活用語尾以外の部分について、次の(　)の中に示すように、送り仮名を省くことができる。

例 浮かぶ(浮ぶ)　生まれる(生れる)　押さえる(押える)　捕らえる(捕える)
晴れやかだ(晴やかだ)
積もる(積る)　聞こえる(聞える)
起こる(起る)　落とす(落す)　暮らす(暮す)
当たる(当る)　終わる(終る)　変わる(変る)

〔注意〕次の語は、それぞれ〔　〕の中に示す語を含むものとは考えず、通則1によるものとする。

明るい〔明ける〕　荒い〔荒れる〕　悔しい〔悔いる〕
恋しい〔恋う〕

2 活用のない語

【通則3】

【本則】 名詞(通則4を適用する語を除く。)は、送り仮名を付けない。

例 月　鳥　花　山
男　女
彼　何

〔例外〕(1) 次の語は、最後の音節を送る。

辺り　哀れ　勢い　幾ら　後ろ　傍ら　幸い
幸せ　全て　互い　便り　半ば　情け　斜め
独り　誉れ　自ら　災い

(2) 数をかぞえる「つ」を含む名詞は、その「つ」を送る。

例 一つ　二つ　三つ　幾つ

【通則4】

【本則】 活用のある語から転じた名詞及び活用のある語に「さ」、「み」、「げ」などの接尾語が付いて名詞になったものは、もとの語の送り仮名の付け方によって送る。

例 (1) 活用のある語から転じたもの。

動き　仰せ　恐れ　薫り　曇り　調べ　届け

願い　晴れ
当たり　代わり　向かい
狩り　答え　問い　祭り　群れ
憩い　愁い　憂い　香り　極み　初め
近く　遠く

(2)　「さ」、「み」、「げ」などの接尾語が付いたもの。
暑さ　大きさ　正しさ　確かさ
明るみ　重み　憎しみ
惜しげ

〔例外〕　次の語は、送り仮名を付けない。
謡　虞　趣　氷　印　頂　帯　畳
卸　煙　恋　志　次　隣　富　恥　話　光　舞
折　係　掛(かかり)　組　肥　並(なみ)　巻
割

〔注意〕　ここに掲げた「組」は、「花の組」、「赤の組」などのように使った場合の「くみ」であり、例えば、「活字の組みがゆるむ。」などとして使う場合の「くみ」を意味するものではない。「光」、「折」、「係」なども、同様に動詞の意識が残っているような使い方の場合は、この例外に該当しない。したがって、本則を適用して送り仮名を付ける。

〔許容〕　読み間違えるおそれのない場合は、次の(　)の中に示すように、送り仮名を省くことができる。

例　曇り(曇)　届け(届)　願い(願)　晴れ(晴)
当たり(当り)　代わり(代り)　向かい(向い)
狩り(狩)　答え(答)　問い(問)　祭り(祭)
群れ(群)
憩い(憩)

【通則5】

〔本則〕　副詞・連体詞・接続詞は、最後の音節を送る。

例　必ず　更に　少し　既に　再び　全く　最も
来る　去る
及び　且つ　但し

〔例外〕　(1)　次の語は、次に示すように送る。
明くる　大いに　直ちに　並びに　若しくは

(2)　次の語は、送り仮名を付けない。
又

(3)　次のように、他の語を含む語は、含まれている語の送り仮名の付け方によって送る。(含まれている語を〔　〕の中に示す。)

例　併せて〔併せる〕　至って〔至る〕　恐らく〔恐れる〕　従って〔従う〕　絶えず〔絶える〕
例えば〔例える〕　努めて〔努める〕
辛うじて〔辛い〕　少なくとも〔少ない〕
互いに〔互い〕
必ずしも〔必ず〕

複合の語

【通則6】

〔本則〕　複合の語(通則7を適用する語を除く。)の送り仮名は、その複合の語を書き表す漢字の、それぞれの音訓を用いた単独の語の送り仮名の付け方による。

例　(1)　活用のある語
書き抜く　流れ込む　申し込む　打ち合わせる
向かい合わせる　長引く　若返る　裏切る
旅立つ
聞き苦しい　薄暗い　草深い　心細い　待ち遠しい　軽々しい　若々しい　女々しい
気軽だ　望み薄だ

(2)　活用のない語
石橋　竹馬　山津波　後ろ姿　斜め左　花便り
独り言　卸商　水煙　目印
田植え　封切り　物知り　落書き　雨上がり
墓参り　日当たり　夜明かし　先駆け　巣立ち　手渡し
入り江　飛び火　教え子　合わせ鏡　生き物
落ち葉　預かり金
寒空　深情け
愚か者
行き帰り　伸び縮み　乗り降り　抜け駆け　作り笑い　暮らし向き　売り上げ　取り扱い
乗り換え　引き換え　歩み寄り　申し込み
移り変わり
長生き　早起き　苦し紛れ　大写し
粘り強さ　有り難み　待ち遠しさ
乳飲み子　無理強い　立ち居振る舞い　呼び出し電話
次々　常々
近々　深々
休み休み　行く行く

〔許容〕　読み間違えるおそれのない場合は、次の(　)の中に示すように、送り仮名を省くことができる。

例　書き抜く(書抜く)　申し込む(申込む)　打ち合わせる(打ち合せる・打合せる)　向かい合わせる(向い合せる)　聞き苦しい(聞苦しい)　待ち遠しい(待遠しい)
田植え(田植)　封切り(封切)　落書き(落書)
雨上がり(雨上り)　日当たり(日当り)　夜明かし(夜明し)
入り江(入江)　飛び火(飛火)　合わせ鏡(合せ鏡)　預かり金(預り金)
抜け駆け(抜駆け)　暮らし向き(暮し向き)

売り上げ(売上げ・売上)　取り扱い(取扱い・取扱)
乗り換え(乗換え・乗換)　引き換え(引換え・引換)　申し込み(申込み・申込)　移り変わり(移り変り)
有り難み(有難み)　待ち遠しさ(待遠しさ)
立ち居振る舞い(立ち居振舞い・立ち居振舞・立居振舞)
呼び出し電話(呼出し電話・呼出電話)

〔注意〕「こけら落とし(こけら落し)」、「さび止め」、「洗いざらし」、「打ちひも」のように、前又は後ろの部分を仮名で書く場合は、他の部分については、単独の語の送り仮名の付け方による。

【通則7】

複合の語のうち、次のような名詞は、慣用に従って、送り仮名を付けない。

例 (1) 特定の領域の語で、慣用が固定していると認められるもの。

ア 地位・身分・役職等の名。
関取　頭取　取締役　事務取扱

イ 工芸品の名に用いられた「織」、「染」、「塗」等。
《博多》織　《型絵》染　《春慶》塗　《鎌倉》彫　《備前》焼

ウ その他。
書留　気付　切手　消印　小包　振替　切符　踏切
請負　売値　買値　仲買　歩合　両替　割引　組合　手当
倉敷料　作付面積
売上《高》　貸付《金》　借入《金》　繰越《金》　小売《商》　積立《金》　取扱《所》　取扱《注意》　取次《店》　取引《所》　乗換《駅》　乗組《員》　引受《人》　引受《時刻》　引換《券》　《代金》引換　振出《人》　待合《室》　見積《書》　申込《書》

(2) 一般に、慣用が固定していると認められるもの。
奥書　木立　子守　献立　座敷　試合　字引　場合　羽織　葉巻　番組　番付　日付　水引　物置　物語　役割　屋敷　夕立　割合
合図　合間　植木　置物　織物　貸家　敷石　敷地　敷物　立場　建物　並木　巻紙
受付　受取
浮世絵　絵巻物　仕立屋

〔注意〕(1) 「《博多》織」、「売上《高》」などのようにして掲げたものは、《 》の中を他の漢字で置き換えた場合にも、この通則を適用する。

(2) 通則7を適用する語は、例として挙げたものだけで尽くしてはいない。したがって、慣用が固定していると認められる限り、類推して同類の語にも及ぼすものである。通則7を適用してよいかどうか判断し難い場合には、通則6を適用する。

付表の語

「常用漢字表」の「付表」に掲げてある語のうち、送り仮名の付け方が問題となる次の語は、次のようにする。

1 次の語は、次に示すように送る。
浮つく　お巡りさん　差し支える　立ち退く　手伝う　最寄り
なお、次の語は、( )の中に示すように、送り仮名を省くことができる。
差し支える(差支える)　立ち退く(立退く)

2 次の語は、送り仮名を付けない。
息吹　桟敷　時雨　築山　名残　雪崩　吹雪　迷子　行方

現代仮名遣い

昭和六十一年七月一日内閣告示
平成二十二年十一月三十日　一部改正

「現代仮名遣い」は、前書き・本文・付表の三部からなるが、以下に掲げるのは、その前書きと本文を、編集部が抜粋・整理したものである。語例も、必要なものの外は、省略してある。

前書き

1　この仮名遣いは、語を現代語の音韻に従って書き表すことを原則とし、一方、表記の慣習を尊重して一定の特例を設けるものである。

2　この仮名遣いは、法令、公用文書、新聞、雑誌、放送など、一般の社会生活において、現代の国語を書き表すための仮名遣いのよりどころを示すものである。

（以下省略）

本　文

【第1】　語を書き表すのに、現代語の音韻に従って、次の仮名を用いる。ただし、傍線を施した仮名は、第2に示す場合にだけ用いるものである。

1　直音

あ　い　う　え　お
か　き　く　け　こ　　が　ぎ　ぐ　げ　ご
さ　し　す　せ　そ　　ざ　じ　ず　ぜ　ぞ
た　ち　つ　て　と　　だ　ぢ　づ　で　ど
な　に　ぬ　ね　の
は　ひ　ふ　へ　ほ　　ば　び　ぶ　べ　ぼ
　　　　　　　　　　　ぱ　ぴ　ぷ　ぺ　ぽ
ま　み　む　め　も
や　　ゆ　　よ
ら　り　る　れ　ろ
わ　　　　　を

例　あさひ（朝日）　きく（菊）　さくら（桜）　ついやす（費）　にわ（庭）　ふで（筆）　もみじ（紅葉）　ゆずる（譲）　れきし（歴史）　わかば（若葉）　えきか（液化）　せいがくか（声楽家）　さんぽ（散歩）

2　拗音（ようおん）

きゃ　きゅ　きょ　　ぎゃ　ぎゅ　ぎょ
しゃ　しゅ　しょ　　じゃ　じゅ　じょ
ちゃ　ちゅ　ちょ　　ぢゃ　ぢゅ　ぢょ
にゃ　にゅ　にょ
ひゃ　ひゅ　ひょ　　びゃ　びゅ　びょ
　　　　　　　　　　ぴゃ　ぴゅ　ぴょ
みゃ　みゅ　みょ
りゃ　りゅ　りょ

例　しゃかい（社会）　しゅくじ（祝辞）　かいじょ（解除）　りゃくが（略画）

〔注意〕　拗音に用いる「や、ゆ、よ」は、なるべく小書きにする。

3　撥音（はつおん）

ん

例　まなんで（学）　みなさん　しんねん（新年）　しゅんぶん（春分）

4　促音

っ

例　はしって（走）　かっき（活気）　がっこう（学校）　せっけん（石鹸）

〔注意〕　促音に用いる「つ」は、なるべく小書きにする。

5　長音

(1)　ア列の長音
ア列の仮名に「あ」を添える。

例　おかあさん　おばあさん

(2)　イ列の長音
イ列の仮名に「い」を添える。

例　にいさん　おじいさん

(3)　ウ列の長音
ウ列の仮名に「う」を添える。

例　おさむうございます（寒）　くうき（空気）　ふうふ（夫婦）　うれしゅう存じます　きゅうり　ぼくじゅう（墨汁）　ちゅうもん（注文）

(4)　エ列の長音
エ例の仮名に「え」を添える。

例　ねえさん　ええ（応答の語）

(5)　オ列の長音
オ列の仮名に「う」を添える。

例　おとうさん　とうだい（灯台）　わこうど（若人）　おうむ　かおう（買）　おはよう（早）　おうぎ（扇）　ほうる（放）　はっぴょう（発表）　きょう（今日）

【第2】　特定の語については、表記の慣習を尊重して、次のように書く。

1 **助詞の「を」は、「を」と書く。**

例 本を読む　岩をも通す
やむをえない　いわんや…をや
よせばよいものを

2 **助詞の「は」は、「は」と書く。**

例 今日は日曜です
あるいは　または　もしくは
いずれは　さては　ついては
ではさようなら　とはいえ
惜しむらくは　恐らくは
これはこれは　こんにちは　こんばんは
悪天候もものかは

〔注意〕 次のようなものは、この例にあたらないものとする。
いまわの際　すわ一大事
雨も降るわ風も吹くわ
来るわ来るわ　きれいだわ

3 **助詞の「へ」は、「へ」と書く。**

例 故郷へ帰る　…さんへ
母への便り　駅へは数分

4 **動詞の「いう(言)」は、「いう」と書く。**

例 ものをいう(言)　いうまでもない
どういうふうに　人というもの

5 **次のような語は、「ぢ」「づ」を用いて書く。**

(1) 同音の連呼によって生じた「ぢ」「づ」

例 ちぢみ(縮)　ちぢむ　ちぢれる
つづみ(鼓)　つづら
つづく(続)　つづる(綴)

〔注意〕「いちじく」「いちじるしい」は、この例にあたらない。

(2) 二語の連合によって生じた「ぢ」「づ」

例 はなぢ(鼻血)　そえぢ(添乳)
そこぢから(底力)　ひぢりめん
いれぢえ(入知恵)　ちゃのみぢゃわん
まぢか(間近)　こぢんまり
ちかぢか(近々)　ちりぢり
みかづき(三日月)　たけづつ(竹筒)
たづな(手綱)　にいづま(新妻)
けづめ　ひづめ　ひげづら
おこづかい(小遣)　あいそづかし
わしづかみ　こころづくし(心尽)
てづくり(手作)　こづつみ(小包)
ことづて　はこづめ(箱詰)
はたらきづめ　みちづれ(道連)
かたづく　こづく(小突)　どくづく
もとづく　うらづける
ゆきづまる　ねばりづよい
つねづね(常々)　つくづく　つれづれ

なお、次のような語については、現代語の意識では一般に二語に分解しにくいもの等として、それぞれ「じ」「ず」を用いて書くことを本則とし、「せかいぢゅう」「いなづま」のように「ぢ」「づ」を用いて書くこともできるものとする。

例 せかいじゅう(世界中)
いなずま(稲妻)　かたず(固唾)
きずな(絆)　さかずき(杯)
ときわず　ほおずき　みみずく
うなずく　おとずれる(訪)
かしずく　つまずく
ぬかずく　ひざまずく
あせみずく　くんずほぐれつ
さしずめ　でずっぱり
なかんずく
うでずく　くろずくめ　ひとりずつ
ゆうずう(融通)

〔注意〕 次のような語の中の「じ」「ず」は、漢字の音読みでもともと濁っているものであって、上記(1)、(2)のいずれにもあたらず、「じ」「ず」を用いて書く。

例 じめん(地面)　ぬのじ(布地)
ずが(図画)　りゃくず(略図)

6 **次のような語は、オ列の仮名に「お」を添えて書く。**

例 おおかみ　おおせ(仰)
おおやけ(公)　こおり(氷・郡)　こおろぎ
ほお(頰・朴)　ほおずき
ほのお(炎)　とお(十)
いきどおる(憤)　おおう(覆)
こおる(凍)　しおおせる
とおる(通)　とどこおる(滞)
もよおす(催)
いとおしい　おおい(多)
おおきい(大)　とおい(遠)
おおむね　おおよそ

これらは、歴史的仮名遣いでオ列の仮名に「ほ」又は「を」が続くものであって、オ列の長音として発音されるか、オ・オ、コ・オのように発音されるかにかかわらず、オ列の仮名に「お」を添えて書くものである。

付記

次のような語は、エ列の長音として発音されるか、エイ、ケイなどのように発音されるかにかかわらず、エ列の仮名に「い」を添えて書く。

例 かれい　せい(背)
かせいで(稼)　まねいて(招)
へい(塀)　れい(例)
えいが(映画)　ていねい(丁寧)

かなづかい対照表

現代かなづかい・古典かなづかい

・上段は現代かなづかい、中段は古典かなづかい、下段はおもな該当漢字を示す。
・音はかたかな、訓はひらがなとし、活用語は文語形で示す。
・現代かなづかいによる五十音順でかかげる。
・＊印は、古典かなづかいに論のあるもの。

現代かなづかい	古典かなづかい	該当漢字
【あ】		
アイ	アイ	哀・挨・隘・愛
あい	あひ	相・間
	あゐ	藍
あう	あふ	合・会・逢
あお	あを	青・蒼
あおい	あふひ	葵
あおぐ	あふぐ	仰・扇
あおる	あふる	煽
あじ	あぢ	味
あわ	あわ	泡
	あは	粟
あわい	あはひ	間
あわし	あはし	淡
【い】		
イ	イ	已・以・夷・伊・衣・医・依・易・異・移・意
	ヰ	位・囲・委・威・為・畏・胃・尉・萎・偉・彙・違・維・慰・遺・緯
い	い	五・胆・射・寝
	ゐ	井・亥・居・猪
いい	いひ	謂・飯
いう	いふ	言・云・謂
いえ	いへ	家
いお	いほ	五百・庵
	いを	魚
イキ	ヰキ	域・閾
いきおい	いきほひ	勢
いさお	いさを	功・勲
いしずえ	いしずゑ	礎
いずく	いづく	何処
いずれ	いづれ	何・孰
いたずき	いたづき	労・病
いにしえ	いにしへ	古
いのしし	ゐのしし	猪
いまわし	いまはし	忌
いる	いる	入・要・容・射・煎・鋳
	ゐる	居・率
いわ(お)	いは(ほ)	石・岩・磐・巌
イン	イン	引・因・印・咽・姻・音・淫・陰・飲・慇・隠・蔭
	ヰン	員・院・韻
【う】		
うい	うひ	初
	うゐ	有為
うえ	うへ	上
	うゑ	飢・植
うお	うを	魚
うじ	うぢ	氏
うず	うづ	渦
うずら	うづら	鶉
【え】		
エ	エ	衣・依
	ヱ	会・回・恵・絵・慧・壊・衛
え	え	得・兄・江・柄
	へ	重
	ゑ	餌
エイ	エイ	永・曳・泳・英・映・栄・営・詠・裔・影・鋭・叡
	ヱイ	衛
えい	ゑひ	酔
エチ	ヱチ	越
エツ	エツ	悦・謁・閲
	ヱツ	越
えむ	ゑむ	笑
エン	エン	延・沿・炎・衍・宴・焉・焔・煙・鉛・塩・厭・演・縁・燕・嚥・艶
	ヱン	円・苑・怨・冤・婉・淵・媛・援・猿・園・遠・鴛
【お】		
オ	オ	於
	ヲ	汚・烏・悪・乎
お	お	御
	を	小・夫・男・雄・峰・麻・緒・尾
おい	おい	老
	おひ	笈
	をひ	甥
オウ	オウ	応・殴・欧・＊翁
	アウ	央・桜・奥
	アフ	凹・圧・押
	ワウ	王・往・旺・皇・凰・黄・横
	ヲウ	＊翁・甕
おうぎ	あふぎ	扇
おおかみ	おほかみ	狼
おおし	おほし	多
	ををし	雄雄
おおみ	おほみ	大忌・大御
おおやけ	おほやけ	公
おか	をか	丘・岡・陵・陸
おかし	をかし	可笑
おがむ	をがむ	拝
オク	オク	億・憶・臆
	ヲク	屋
おけ	をけ	桶
おこ	をこ	痴・烏滸・尾籠
おさ	をさ	長
おさなし	をさなし	幼・稚
おさむ	をさむ	収・治・納・修
おし	をし	愛・惜
おじ	をじ	小父・叔父・伯父
おし(どり)	をし(どり)	鴛鴦
おす	をす	牡・雄・食
おず	おづ	怖
おち	をち	遠・遠方
おとこ	をとこ	男

おどし	をどし	威・縅・嚇
おとつい	をとつひ	一昨日
おとめ	をとめ	少女・乙女
おどり	をどり	踊・躍
おの	をの	斧・小野
おのこ	をのこ	男子
おば	をば	小母・叔母・伯母
おみな	をみな	女
おり	をり	折・居・檻
おわす	おはす	御座・座
おわる	をはる	終・了・卒
オン	オン	音・恩・陰・隠
	ヲン	怨・温・園・遠
おんな	をんな	女
【か】		
カ	カ	下・可・加・仮・何・価・佳・呵・河・苛・迦・架・個・夏・家・荷・嫁・廈・暇・賈・嘉・歌・箇・霞
	クヮ	化・火・瓜・禾・花・果・科・華・訛・貨・菓・渦・過・禍・靴・夥・寡・窩・蝸・課
ガ	ガ	牙・我・伽・芽・俄・娥・峨・賀・雅・蛾・駕・餓
	グヮ	瓦・画・臥
カイ	カイ	介・改・戒・芥・拐・海・界・皆・械・堺・開・階・楷・解・諧
	クヮイ	会・灰・回・快・怪・廻・徊・悔・恢・晦・絵・塊・潰・壊・懐・獪
かい	かい	櫂
	かひ	交・貝・峡
ガイ	ガイ	亥・劾・咳・害・崖・涯・街・慨・該・概・蓋・漑
	グヮイ	外
かえる	かへる	反・帰・替・変・蛙
かお	かほ	顔
かおり	かをり	芳・香・薫
カク	カク	各・角・客・革・格・核・殻・脚・覚・較・隔・閣・確・嚇・鶴・攪
	クヮク	画・拡・郭・廓・獲・穫・擭
かげろう	かげろふ	陽炎・蜉蝣・蜻蛉
かじ	かぢ	鍛冶・楫
かずく	かづく	被・潜
かずら	かづら	葛・鬘
かたい	かたゐ	乞食・乞丐
カツ	カツ	渇・割・喝・葛
	クヮツ	刮・括・活・滑
ガツ	グヮツ	月
かなえ	かなへ	鼎
かなず	かなづ	奏
かりゅうど	かりうど	狩人
かれい	かれひ	餉・鰈
かわ	かは	川・皮・河・革
かわず	かはづ	蛙
かわら	かはら	川原・河原・瓦
かわり	かはり	代・変・替
カン	カン	干・刊・甘・奸・汗・肝・邯・函・姦・柑・看・竿・陥・悍・乾・勘・堪・寒・敢・間・閑・幹・感・漢・監・緘・嫺・諫・翰・癇・簡・鑑
	クヮン	完・官・冠・巻・患・貫・喚・換・棺・勧・寛・関・管・慣・緩・歓・館・還・環・観
ガン	ガン	含・岩・岸・眼・雁・癌・顔・巌
	グヮン	丸・元・玩・願
かんがえ	かんがへ	考
【き】		
きずく	きづく	築
きずな	きづな	絆・覊
キュウ	キュウ	弓・宮・躬・窮
	キウ	九・久・仇・丘・旧・休・朽・臼・求・灸・究・糾・救・球・嗅・鳩
	キフ	及・吸・汲・泣・急・級・給
ギュウ	ギウ	牛
キョウ	キョウ	凶・兇・共・供・恐・恭・胸・興
	キャウ	兄・向・刑・形・狂・享・京・況・香・卿・強・竟・経・郷・敬・軽・境・慶・鏡・警・競・響・饗・驚
	ケウ	叫・教・僑・橋
	ケフ	協・峡・狭・脅
ギョウ	ギョウ	凝
	ギャウ	行・刑・仰・形
	ゲウ	暁・堯・僥
	ゲフ	業
きわ	きは	際
きわむ	きはむ	究・極・窮
【く】		
くい	くひ	杭
くう	くふ	食
くず	くず	葛
	くづ	屑
くずす	くづす	崩
くもい	くもゐ	雲居
くれない	くれなゐ	紅
くわわる	くははる	加
【け】		
けわし	けはし	険
【こ】		
こい	こひ	恋・鯉
コウ	コウ	工・口・公・孔・弘・功・*江・后・攻・*肛・拘・肯・侯・厚・巷・後・恒・洪・紅・候・貢・*高・溝・構・興・*講・*購
	カウ	巧・向・交・仰・好・行・*江・考・更・抗・孝・効・幸・郊・香・降・航・*高・康・絞・項・綱・稿・衡・鋼・*講・*購
	クヮウ	広・光・黄
	カフ	甲
	コフ	劫
こう	かう	斯
	こふ	乞
ゴウ	ゴウ	后・恒
	ガフ	合
	ガウ	号・仰・剛・強
	ゴフ	劫・業
こうばし	かうばし	香

こうぶり	かうぶり	冠
こえ	こえ	肥・越
	こゑ	声
こおり	こほり	氷
こおろぎ	こほろぎ	蟋蟀
【さ】		
さえ	さへ	（助詞）
さお	さを	竿・棹
さかずき	さかづき	杯
さわ	さは	沢
【し】		
ジ	ジ	二・示・而・次・寺・字・耳・自・似・児・事・侍・時・滋・慈・辞・爾・餌・璽
	ヂ	地・治・持・痔
じ	ぢ	路
しい	しひ	椎
しう	しふ	強・誣
しお	しほ	塩
しおり	しをり	枝折・栞
ジキ	ジキ	食
	ヂキ	直
しきい	しきゐ	敷居
ジク	ヂク	竺・軸
しずか	しづか	静
しずく	しづく	雫・滴
しずむ	しづむ	沈・鎮
シュウ	シュウ	主・宗・終・衆
	シウ	収・囚・州・舟・秀・周・秋・臭・修・週・就・愁・酬・醜
	シフ	拾・執・習・集
ジュウ	ジュウ	充・従・終・銃
	ジウ	柔・獣
	ジフ	十・拾・什
	ヂュウ	中・住・重
ジョ	ジョ	如・序・徐・恕
	ヂョ	女・除
ショウ	ショウ	升・承・松・従・称・訟・勝・証・誦・衝・鐘
	シャウ	上・正・生・匠・庄・声・床・尚・姓・性・昌・青・政・相・省・荘・将・症・商・唱・章・晶・装・象・傷・奨・聖・詳・精・障・賞・償
	セウ	小・少・召・肖・抄・招・沼・昭・宵・消・笑・焼・焦・詔・照
	セフ	妾・渉
ジョウ	ジョウ	冗・乗・尉・剰
	ジャウ	上・井・成・状・城・浄・常・情・静・壌・譲
	ゼウ	擾
	ヂャウ	丈・杖・定・娘・場・嬢・錠・醸
	デウ	条
	デフ	帖・畳
ジョク	ジョク	辱
	ヂョク	濁
ジン	ジン	人・刃・仁・尽・迅・神・甚・尋
	ヂン	沈・陣・塵
【す】		
ズ	ズ	主・受・誦
	ヅ	図・豆・途・頭
スイ	スイ	水・出・吹・垂・炊・帥・衰・粋・推・酔・睡・穂
ズイ	ズイ	随・瑞・髄
ずつ	づつ	宛
【そ】		
ソウ	ソウ	*双・*早・走・宋・宗・奏・送・曾・僧・層・綜・総
	サウ	*双・争・壮・*早・相・草・荘・倉・捜・桑・巣・掃・窓・葬・装・想・遭・操・燥・霜
	サフ	挿
そう	そふ	沿・添・副
ゾウ	ゾウ	増・憎・贈
	ザウ	造・象・像・蔵
	ザフ	雑
【た】		
たい	たひ	鯛
たえ	たへ	妙・栲
たおす	たふす	倒
たぐい	たぐひ	類
たま(も)う	たまふ	給・賜
たましい	たましひ	魂・霊
たわむれ	たはむれ	戯
【ち】		
ちいさし	ちひさし	小
チュウ	チュウ	中・仲・虫・沖・注・忠・柱・衷
	チウ	宙・抽・昼・鋳
チョウ	チョウ	重・徴・澄・懲
	チャウ	丁・町・長・頂
	テウ	弔・兆・挑・彫・眺・鳥・朝・超・跳・潮・調
	テフ	帖・蝶
【つ】		
ツイ	ツイ	対・追・堆・椎
つい	つひ	遂・終
ついやす	つひやす	費
つえ	つゑ	杖
【と】		
トウ	トウ	*刀・冬・投・豆・東・洞・透・桶・棟・痘・筒・等・統・灯・謄・闘
	タウ	*刀・当・到・逃・倒・党・唐・島・桃・討・悼・盗・陶・湯・稲・糖
	タフ	答・塔・踏
ドウ	ドウ	同・胴・動・童・*道・*導・働・銅
	ダウ	堂・*道・*導
とうとし	たふとし	尊・貴
とお	とを	十
とおし	とほし	遠
とおる	とほる	通
とず	とづ	閉・綴
【な】		
なえ	なへ	苗
なお	なほ	猶
なおす	なほす	直
なんじ	なんぢ	汝・爾
【に】		
にい	にひ	新
におい	にほひ	匂・臭
ニュウ	ニュウ	乳

ニョウ	ニウ	柔
	ニフ	入
	ニョウ	女
	ネウ	尿・繞
にわ	には	庭
にわか	にはか	俄
【ぬ】		
ぬかずく	ぬかづく	額
【ね】		
ねがう	ねがふ	願
【の】		
ノウ	ノウ	能・農・濃
	ナウ	悩・脳
	ナフ	納
のうし	なほし	直衣
【は】		
はい	はひ	灰
はえ	はえ	栄・映
	はへ	蠅
はからう	はからふ	計
はじ	はぢ	恥
はにゅう	はにふ	埴生
【ひ】		
ひいな	ひひな	雛
ひきいる	ひきゐる	率
ひずむ	ひづむ	歪
ひたい	ひたひ	額
びわ	びは	琵琶・枇杷
ビュウ	ビウ	謬
ヒョウ	ヒョウ	氷・雹・憑
	ヒャウ	平・兵・拍・評
	ヘウ	表・俵・票・漂
ビョウ	ビャウ	平・病
	ベウ	苗・秒・描・廟
【ふ】		
ふじ	ふぢ	藤
【ほ】		
ホウ	ホウ	*方・*邦・*宝・朋・奉・封・俸・峰・逢・捧・*報
	ハウ	*方・包・*邦・芳・*宝・抱・泡・放・胞・訪・*報
	ハフ	*法
	ホフ	*法
ボウ	ボウ	某・*冒・剖・*帽・棒・貿・謀
	バウ	亡・忙・芒・坊・妨・防・忘・肪・房・*冒・旁・*帽
	バフ	乏
ほお	ほほ	頰
ほおずき	ほほづき	酸漿
ほしい	ほしひ	乾飯
ほのお	ほのほ	炎
【ま】		
まい	まひ	舞
まいない	まひなひ	賄
まいる	まゐる	参
まず	まづ	先
まつわる	まつはる	絡・纏
まどい	まどゐ	円居・団居
まわる	まはる	回・廻
【み】		
みお	みを	澪
みさお	みさを	操
みず	みづ	水
ミョウ	ミャウ	名・命・明
	メウ	妙・茗
【め】		
めおと	めをと	夫婦
めず	めづ	愛
めずらし	めづらし	珍
【も】		
モウ	モウ	*毛・蒙
	マウ	亡・*毛・盲・孟
もうく	まうく	設
もうす	まうす	申
もうず	まうづ	詣
もとい	もとゐ	基
もみじ	もみぢ	紅葉
もよおし	もよほし	催
【や】		
やよい	やよひ	弥生
【ゆ】		
ユイ	ユイ	唯・遺
ユウ	ユウ	勇・裕・雄・融
	イウ	友・右・由・有・幽・悠・郵・猶・遊・誘・憂・優
	イフ	邑
ゆう	ゆふ	夕・木綿
ゆえ	ゆゑ	故
ゆえん	ゆゑん	所以
ゆずる	ゆづる	譲
【よ】		
ヨウ	ヨウ	用・容・溶・擁
	エウ	夭・幼・妖・拗・杳・要・揺・腰・遙・窯・謡・曜
	エフ	葉
	ヤウ	羊・洋・揚・陽・様・養
【り】		
リュウ	リュウ	竜・隆
	リウ	柳・流・留・溜
	リフ	立・粒
リョウ	リョウ	竜・陵・稜
	リャウ	令・両・良・涼・量・領・諒・霊
	レウ	了・料・療・聊
	レフ	猟
【る】		
ルイ	ルイ	涙・累・塁・類
【ろ】		
ロウ	ロウ	*牢・楼・漏・籠
	ラウ	老・*牢・労・郎
	ラフ	臈・蠟
【わ】		
わこうど	わかうど	若人
わざおぎ	わざをぎ	俳優
わざわい	わざはひ	災・禍
わらわ	わらは	妾・童

外来語の表記

平成三年六月二十八日内閣告示

「外来語の表記」は、前書き・本文・付録（用例集）の三部からなるが、以下に掲げるのは、その前書きと本文を、編集部が抜粋・整理したものである。

前書き

1　この「外来語の表記」は、法令、公用文書、新聞、雑誌、放送など、一般の社会生活において、現代の国語を書き表すための「外来語の表記」のよりどころを示すものである。

2　この「外来語の表記」は、科学、技術、芸術その他の各種専門分野や個々人の表記にまで及ぼそうとするものではない。

3　この「外来語の表記」は、固有名詞など（例えば、人名、会社名、商品名等）でこれによりがたいものには及ぼさない。（以下、略）

本　文

〔「外来語の表記」に用いる仮名と符号の表〕

1　第1表に示す仮名は、外来語や外国の地名・人名を書き表すのに一般的に用いる仮名とする。

2　第2表に示す仮名は、外来語や外国の地名・人名を原音や原つづりになるべく近く書き表そうとする場合に用いる仮名とする。（以下、略）

〔留意事項その1〕（原則的な事項）

国語化の程度の高い語は、おおむね第1表に示す仮名で書き表すことができる。一方、国語化の

◆**第1表**

ア	イ	ウ	エ	オ
カ	キ	ク	ケ	コ
サ	シ	ス	セ	ソ
タ	チ	ツ	テ	ト
ナ	ニ	ヌ	ネ	ノ
ハ	ヒ	フ	ヘ	ホ
マ	ミ	ム	メ	モ
ヤ		ユ		ヨ
ラ	リ	ル	レ	ロ
ワ				
ガ	ギ	グ	ゲ	ゴ
ザ	ジ	ズ	ゼ	ゾ
ダ			デ	ド
バ	ビ	ブ	ベ	ボ
パ	ピ	プ	ペ	ポ
キャ		キュ		キョ
シャ		シュ		ショ
チャ		チュ		チョ
ニャ		ニュ		ニョ
ヒャ		ヒュ		ヒョ
ミャ		ミュ		ミョ
リャ		リュ		リョ
ギャ		ギュ		ギョ
ジャ		ジュ		ジョ
ビャ		ビュ		ビョ
ピャ		ピュ		ピョ
ン（撥音(はつおん)）				
ッ（促音）				
ー（長音符号）				

			シェ	
			チェ	
ツァ			ツェ	ツォ
	ティ			
ファ	フィ		フェ	フォ
			ジェ	
	ディ			
		デュ		

◆**第2表**

			イェ	
	ウィ		ウェ	ウォ
クァ	クィ		クェ	クォ
	ツィ			
		トゥ		
グァ				
		ドゥ		
ヴァ	ヴィ	ヴ	ヴェ	ヴォ
		テュ		
		フュ		
		ヴュ		

程度がそれほど高くない語、ある程度外国語に近く書き表す必要のある語―特に地名・人名の場合―は、第2表に示す仮名を用いて書き表すことができる。

〔留意事項その2〕（細則的な事項）

以下の各項に示す語例は、それぞれの仮名の用法の一例として示すものであって、その語をいつもそう書かなければならないことを意味するものではない。地名・人名には（地）（人）を添えた。［　］は、そのように書く慣用のある語例である。

一　第1表の「シェ」以下の仮名に関するもの

1　**外来音シェ、ジェに対応する仮名**

例　シェーカー　シェード　ダイジェスト
アルジェリア（地）　シェークスピア（人）
［ミルクセーキ　ゼラチン］

2　**外来音チェに対応する仮名**

例　チェーン　チェス　マンチェスター（地）

3　**外来音ツァ、ツェ、ツォに対応する仮名**

例　コンツェルン　シャンツェ　カンツォーネ
フィレンツェ（地）　モーツァルト（人）

4　**外来音ティ、ディに対応する仮名**

例　ティーパーティー　ボランティア
ディーゼルエンジン　ビルディング
ノルマンディー（地）　ドニゼッティ（人）
［エチケット　プラスチック　スタジオ
ラジオ　チロル（地）　エジソン（人）
ステッキ　キャンデー　デザイン］

5　**外来音ファ、フィ、フェ、フォに対応する仮名**

例　ファイル　フィート　フェンシング
フィリピン（地）　カリフォルニア（地）
ファーブル（人）　エッフェル（人）
［セロハン　モルヒネ　プラットホーム
ホルマリン　メガホン
ファン　フィルム　フエルト］

6　**外来音デュに対応する仮名**

例　デュエット　プロデューサー
デュッセルドルフ（地）　デューイ（人）
［ジュース（deuce）　ジュラルミン］

二　第2表に示す仮名に関するもの

第2表の仮名を用いる必要のない場合は、一般的に、第1表に示す仮名の範囲で書き表すことができる。《　》は、その例である。

1　**外来音イェに対応する仮名**

例　イェルサレム（地）　イェーツ（人）
《エルサレム（地）　イエーツ（人）》

2　**外来音ウィ、ウェ、ウォに対応する仮名**

例　ウィスキー　ウェディングケーキ
ウィーン（地）　スウェーデン（地）
ウィルソン（人）　ウォルポール（人）
《ウイスキー　ウイット　ウエディングケーキ　ウエハース　ストップウオッチ》
［サンドイッチ　スイッチ　スイートピー］
〈注〉地名・人名の場合は、「ウィ」「ウェ」「ウォ」と書く慣用が強い。

3　**外来音クァ、クィ、クェ、クォに対応する仮名**

例　クァルテット　クィンテット　クォータリー
《クアルテット　クインテット
クエスチョンマーク　クオータリー
カルテット　レモンスカッシュ　イコール》

4　**外来音グァに対応する仮名**

例　グァテマラ（地）　パラグァイ（地）
《グアテマラ（地）　パラグアイ（地）
ガテマラ（地）》

5　**外来音ツィに対応する仮名**

例　ソルジェニーツィン（人）　ティツィアーノ（人）
《ライプチヒ（地）　ティチアーノ（人）》

6　**外来音トゥ、ドゥに対応する仮名**

例　トゥールーズ（地）　ハチャトゥリヤン（人）
《ツアー（tour）　ツールーズ（地）　ヒンズー教
ハチャトリヤン（人）　ドビュッシー（人）》

7　**外来音ヴァ、ヴィ、ヴ、ヴェ、ヴォに対応する仮名**

例　ヴァイオリン　ヴィーナス　ヴェール
ヴィクトリア（地）　ヴェルサイユ（地）
ヴィヴァルディ（人）　ヴォルテール（人）
《バイオリン　ビーナス　ベール
ビクトリア（地）　ベルサイユ（地）
ビバルディ（人）　ボルテール（人）》

8　**外来音テュに対応する仮名**

例　テューバ（楽器）　テュニジア（地）
《チューバ　チューブ　チュニジア（地）》

9　**外来音フュに対応する仮名**

例　フュージョン　ドレフュス（人）《ヒューズ》

10　**外来音ヴュに対応する仮名**

例　インタヴュー　レヴュー　ヴュイヤール（人）
《インタビュー　レビュー　ビュイヤール（人）》

三　その他

1　**長音の表記**

例　エレベーター　ゲーム　テーブル　ローマ（地）
［バレエ（舞踊）　ミイラ　エイト
レイアウト　サラダボウル］
〈注〉慣用に応じて語末の「ー」を省くことができる。
［エレベータ　コンピュータ　スリッパ］

2　**イ列・エ列の音の次のアの音に当たる仮名**

例　グラビア　ピアノ　アジア（地）　イタリア（地）
［タイヤ　ダイヤモンド　ダイヤル　ベニヤ板］

ローマ字のつづり方

昭和二十九年十二月九日内閣告示

国語を書き表すためのローマ字のつづり方には、標準式・日本式・訓令式の三種類があるが、昭和二十九年十二月九日、内閣告示によって、第1表・第2表のような決定がなされた。

一般に国語を書き表す場合は、第1表のつづり方による。

国際的関係その他従来の慣例をにわかに改めがたい事情にある場合に限り、第2表のつづり方によってもよい。

なお、そのいずれの場合にも、下のそえがきを適用する。

◆第1表　＊(　)は重出を示す

a ア	i イ	u ウ	e エ	o オ			
ka カ	ki キ	ku ク	ke ケ	ko コ	kya キャ	kyu キュ	kyo キョ
sa サ	si シ	su ス	se セ	so ソ	sya シャ	syu シュ	syo ショ
ta タ	ti チ	tu ツ	te テ	to ト	tya チャ	tyu チュ	tyo チョ
na ナ	ni ニ	nu ヌ	ne ネ	no ノ	nya ニャ	nyu ニュ	nyo ニョ
ha ハ	hi ヒ	hu フ	he ヘ	ho ホ	hya ヒャ	hyu ヒュ	hyo ヒョ
ma マ	mi ミ	mu ム	me メ	mo モ	mya ミャ	myu ミュ	myo ミョ
ya ヤ	(i) イ	yu ユ	(e) エ	yo ヨ			
ra ラ	ri リ	ru ル	re レ	ro ロ	rya リャ	ryu リュ	ryo リョ
wa ワ	(i) イ	(u) ウ	(e) エ	(o) オ			
ga ガ	gi ギ	gu グ	ge ゲ	go ゴ	gya ギャ	gyu ギュ	gyo ギョ
za ザ	zi ジ	zu ズ	ze ゼ	zo ゾ	zya ジャ	zyu ジュ	zyo ジョ
da ダ	(zi) ジ	(zu) ズ	de デ	do ド	(zya) ジャ	(zyu) ジュ	(zyo) ジョ
ba バ	bi ビ	bu ブ	be ベ	bo ボ	bya ビャ	byu ビュ	byo ビョ
pa パ	pi ピ	pu プ	pe ペ	po ポ	pya ピャ	pyu ピュ	pyo ピョ

◆第2表

sha シャ	shi シ	shu シュ		sho ショ
		tsu ツ		
cha チャ	chi チ	chu チュ		cho チョ
		fu フ		
ja ジャ	ji ジ	ju ジュ		jo ジョ
di ヂ	du ヅ	dya ヂャ	dyu ヂュ	dyo ヂョ
kwa クヮ				
gwa グヮ				
				wo ヲ

【そえがき】

上の表にきめたもののほか，おおむね次のように書く。

1　はねる音「ン」は，すべてnと書く。
例新聞 sinbun, 先輩 senpai

2　はねる音を表すnと次にくる母音字(a. i. u. e. o.)，またはyとを切り離す必要のある場合には，nの次に ’ を入れる。
例山陽線 San’yôsen, 門衛 mon’ei

3　つまる音は最初の子音字を重ねて表す。
例漆器 sikki, 突風 toppû, 一帯 ittai, 合作 gassaku

4　長音は，母音字の上に＾をつけて表す。なお，大文字の場合は，母音字を並べてもよい。
例習慣 syûkan, 大阪 Ôsaka, OOSAKA

5　特殊音の書き表し方は自由とする。

6　文の書きはじめ，および固有名詞は語頭を大文字で書く(上の例における山陽線，大阪など)。なお，固有名詞以外の名詞の語頭を大文字で書いてもよい。

区切り符号の使い方

区切り符号は、文章の構造や語句の関係を明らかにし、文章を読みやすくするために用いるもので、おもなものは次の五種である。

(1)　。　　まる（句点）
(2)　、　　てん（読点）
(3)　・　　なかてん
(4)　「　」『　』　かぎ・二重かぎ
(5)　（　）　かっこ

1　「。」の使い方

(ア)　一つの文をいい切ったところに使う。
(イ)　「すること」「であるとき」「…の場合」「…するもの」などで終わる項目を列記する場合に使う。
(ウ)　ただし、次の場合には使わない。
(a)題目・標語など、簡単な語句をかかげる場合。
例　おらが春　駐車禁止
　　注意一秒けが一生
(b)事物の名称を列記する場合。
例　次の書類を提出してください。
　　一　履歴書
　　二　戸籍抄本
　　三　身上書

2　「、」の使い方

(ア)　文の中のことばの切れ続きを明らかにするために使う。
例　白い花と、葉の緑が目にしみる。
(イ)　対等に並べる語句の間に使う。
例　アジア諸国との外交関係の緊密化と、経済政策の再検討と、貿易の振興とが、現下の難問題である。
　　数学の成績の向上、体力の充実、クラスの融和が、今学期の目標だ。
(ウ)　文頭におく接続詞や副詞のあとに使う。
例　しかし、真実は曲げられない。
　　けっきょく、正義が勝ったのだ。
(エ)　条件や限定を加える語句のあとに使う。
例　風が吹けば、花が散る。
　　子どもが帰るまでは、かならず起きている。
(オ)　並列する語句が簡単なとき、条件・限定の語句が簡単なときは、使わない。

3　「・」の使い方

(ア)　名詞の並列の場合に使う。
例　活用する語には、動詞・形容詞・形容動詞・助動詞がある。
(イ)　日付けや時刻を略して書く場合に使う。
例　昭和八・五・一
　　午前九・三五
(ウ)　小数点に使う。
例　一九・三
(エ)　外国人名の区切りに使う。
例　ジョージ・ワシントン
(オ)　名詞以外の語句の列挙や、数詞の並列の場合は、「・」を用いないで、「、」を使う。
例　美しく、青きドナウ。
　　科学的、合理的な処置。
　　二、三十回くり返す。
　　五、六人集まる。

4　「　」『　』の使い方

(ア)　「　」は、会話または語句を引用するとき、あるいは特に注意をひこうとする語句をさしはさむ場合に使う。
(イ)　『　』は、「　」の中にさらに文や語句を引用する場合に使う。
例　「寺田寅彦は、『天災は忘れたころにくる。』と言いました。」と先生がおっしゃった。

5　（　）の使い方

（　）は、注記を加えるときなどに使う。
例　昭和二十一年（一九四六）、日本国憲法が公布された。
　　BCG接種は午後一時よりおこなう。（ただし、陽性・疑陽性の者は除く。）

〔注意〕　横書きでは、「、」の代わりに「，」（コンマ）を使ってもよい。科学論文などでは、「，」と「．」（ピリオド）を使うこともある。

品詞分類

(1) 本辞典では、一般の学校文法に従って、単語を左のように十一品詞に分類した。
(2) ただし本文では、動詞は自他に分け、また、補助動詞の説明を加えてある。
(3) 代名詞は、文法上の性質は名詞と同じであるが、別に示した。
(4) 助詞については、格助詞・接続助詞・副助詞・係助詞・終助詞・間投助詞の別を示してある。
(5) 左の表の語例のうち、( )でかこんだものは文語形である。

単語	活用	文法上の性質	品詞名	語例
自立語	活用がない	主語になる〔体言〕	名詞	山・小川・遊び・学校・ラジオ・一つ・二本・三番
自立語	活用がない	主語になる〔体言〕	代名詞	これ・そこ・あっち・どっち・わたし・あなた・だれ
自立語	活用がない	主語にならない・他のことばがあとに来る・修飾のはたらきをする・用言を修飾する	副詞	しっかり・しだいに・すこし・決して・全く・ほぼ
自立語	活用がない	主語にならない・他のことばがあとに来る・修飾のはたらきをする・体言を修飾する	連体詞	いわゆる・あらゆる・この・わが・きたる・さる
自立語	活用がない	主語にならない・他のことばがあとに来る・接続のはたらきをする	接続詞	そして・しかし・だから・すると・かつ・あるいは
自立語	活用がない	主語にならない・他のことばがかならずしもあとに来ない	感動詞	ああ・おや・まあ・はい・いいえ・もしもし・はて
自立語	活用がある〔用言〕	動作・存在をあらわす・終止形の語尾がウ段音になる	動詞	読む・行く・見る・起きる(起く)・出る・消える(消ゆ)・来る(来)・する(す)・信ずる(信ず)
自立語	活用がある〔用言〕	性質・状態をあらわす・終止形の語尾が口語は「い」、文語は「し」になる	形容詞	大きい・強い(強し)・白い(白し)・美しい(美し)・長い(長し)・新しい(新し)・よい(よし)
自立語	活用がある〔用言〕	性質・状態をあらわす・終止形の語尾が口語は「だ」、文語は「なり」「たり」になる	形容動詞	静かだ(静かなり)・さわやかだ(さわやかなり)・こんなだ・(堂々たり)・りっぱだ(りっぱなり)
付属語	活用がない		助詞	が・の・に・を・ので・から・など・は・ぞ・ね
付属語	活用がある		助動詞	です・せる・させる・れる・られる・まい・よう・だ・そうだ・(つ・ぬ・たり・らむ・ず)

語の活用

1 動詞活用表

口語

種類	行	基本形	語幹	語尾 未然形	語尾 連用形	語尾 終止形	語尾 連体形	語尾 仮定形	語尾 命令形	例語
五段	カ	書く	か	-か・-こ	-き・-い	-く	-く	-け	-け	開く・泣く・引く・咲く・歩く・驚く
五段	カ	行く	ゆ	-か・-こ	-き	-く	-く	-け	-け	
五段	カ	行く	い	-か・-こ	-き・-っ	-く	-く	-け	-け	
五段	ガ	脱ぐ	ぬ	-が・-ご	-ぎ・-い	-ぐ	-ぐ	-げ	-げ	泳ぐ・仰ぐ・注ぐ・つなぐ・またぐ
五段	サ	指す	さ	-さ・-そ	-し	-す	-す	-せ	-せ	残す・貸す・移す・暮らす・散らす
五段	タ	勝つ	か	-た・-と	-ち・-っ	-つ	-つ	-て	-て	立つ・打つ・育つ・待つ・保つ
五段	アワ	洗う	あら	-わ・-お	-い・-っ	-う	-う	-え	-え	食う・会う・買う・従う・習う
五段	バ	学ぶ	まな	-ば・-ぼ	-び・-ん	-ぶ	-ぶ	-べ	-べ	呼ぶ・並ぶ・喜ぶ・運ぶ・及ぶ・飛ぶ
五段	マ	積む	つ	-ま・-も	-み・-ん	-む	-む	-め	-め	編む・生む・飲む・望む・澄む・進む
五段	ラ	散る	ち	-ら・-ろ	-り・-っ	-る	-る	-れ	-れ	取る・売る・移る・止まる・去る・当たる
五段	ラ	なさる	なさ	-ら・-ろ	-り・-っ	-る	-る	-れ	-い	いらっしゃる・くださる・おっしゃる
五段	ナ	死ぬ	し	-な・-の	-に・-ん	-ぬ	-ぬ	-ね	-ね	
五段	ラ	有る	あ	-ら・-ろ	-り・-っ	-る	-る	-れ	-れ	居(お)る
五段	ラ	蹴る	け	-ら・-ろ	-り・-っ	-る	-る	-れ	-れ	

文語

種類	行	基本形	語幹	語尾 未然形	語尾 連用形	語尾 終止形	語尾 連体形	語尾 已然形	語尾 命令形	例語
四段	カ	書く	か	-か	-き	-く	-く	-け	-け	開く・泣く・引く・咲く・歩く・驚く
四段	カ	行く	ゆ	-か	-き	-く	-く	-け	-け	
四段	ガ	脱ぐ	ぬ	-が	-ぎ	-ぐ	-ぐ	-げ	-げ	泳ぐ・仰ぐ・注ぐ・つなぐ・またぐ
四段	サ	指す	さ	-さ	-し	-す	-す	-せ	-せ	残す・貸す・移す・暮らす・散らす
四段	タ	勝つ	か	-た	-ち	-つ	-つ	-て	-て	立つ・打つ・育つ・待つ・保つ
四段	ハ	洗ふ	あら	-は	-ひ	-ふ	-ふ	-へ	-へ	食ふ・会ふ・買ふ・従ふ・習ふ
四段	バ	学ぶ	まな	-ば	-び	-ぶ	-ぶ	-べ	-べ	呼ぶ・並ぶ・喜ぶ・運ぶ・及ぶ・飛ぶ
四段	マ	積む	つ	-ま	-み	-む	-む	-め	-め	編む・生む・飲む・望む・澄む・進む
四段	ラ	散る	ち	-ら	-り	-る	-る	-れ	-れ	取る・売る・移る・止まる・去る・当たる
ナ変	ナ	死ぬ	し	-な	-に	-ぬ	-ぬる	-ぬれ	-ね	往(い)ぬ
ラ変	ラ	有り	あ	-ら	-り	-り	-る	-れ	-れ	居(を)り・侍(はべ)り・いますがり
下一段	カ	蹴る		け	け	ける	ける	けれ	けよ	

上一段	ア	射る		い	い	いる	いる	いれ	いろ・いよ	鋳る
上一段	ア	居る		い	い	いる	いる	いれ	いろ・いよ	
上一段	カ	着る		き	き	きる	きる	きれ	きろ・きよ	
上一段	ナ	似る		に	に	にる	にる	にれ	にろ・によ	煮る
上一段	ハ	干る		ひ	ひ	ひる	ひる	ひれ	ひろ・ひよ	
上一段	マ	見る		み	み	みる	みる	みれ	みろ・みよ	
上一段	ア	強いる	し	-い	-い	-いる	-いる	-いれ	-いろ・-いよ	用いる
上一段	ア	報いる	むく	-い	-い	-いる	-いる	-いれ	-いろ・-いよ	悔いる
上一段	カ	起きる	お	-き	-き	-きる	-きる	-きれ	-きろ・-きよ	生きる・尽きる・飽きる
上一段	ガ	過ぎる	す	-ぎ	-ぎ	-ぎる	-ぎる	-ぎれ	-ぎろ・-ぎよ	
上一段	ザ	信じる	しん	-じ	-じ	-じる	-じる	-じれ	-じろ・-じよ	論じる・禁じる・案じる
上一段	ザ	閉じる	と	-じ	-じ	-じる	-じる	-じれ	-じろ・-じよ	恥じる・綴(と)じる
上一段	タ	落ちる	お	-ち	-ち	-ちる	-ちる	-ちれ	-ちろ・-ちよ	朽ちる・満ちる
上一段	バ	滅びる	ほろ	-び	-び	-びる	-びる	-びれ	-びろ・-びよ	伸びる・帯びる・浴びる
上一段	マ	試みる	こころ	-み	-み	-みる	-みる	-みれ	-みろ・-みよ	かえりみる・かんがみる
上一段	ラ	降りる	お	-り	-り	-りる	-りる	-りれ	-りろ・-りよ	足りる・懲りる
下一段	ア	得る		え	え	える	える	えれ	えろ・えよ	心得る
下一段	ア	消える	き	-え	-え	-える	-える	-えれ	-えろ・-えよ	そびえる・燃える・おぼえる・栄える
下一段	ア	数える	かぞ	-え	-え	-える	-える	-えれ	-えろ・-えよ	教える・変える
下一段	ア	植える	う	-え	-え	-える	-える	-えれ	-えろ・-えよ	据える・飢える
下一段	カ	溶ける	と	-け	-け	-ける	-ける	-けれ	-けろ・-けよ	助ける・続ける・付ける・届ける

上一段	ヤ	射る		い	い	いる	いる	いれ	いよ	鋳る
上一段	ワ	居る		ゐ	ゐ	ゐる	ゐる	ゐれ	ゐよ	率ゐる・用ゐる
上一段	カ	着る		き	き	きる	きる	きれ	きよ	
上一段	ナ	似る		に	に	にる	にる	にれ	によ	煮る
上一段	ハ	干る		ひ	ひ	ひる	ひる	ひれ	ひよ	
上一段	マ	見る		み	み	みる	みる	みれ	みよ	省みる・おもんみる・試みる
上二段	ハ	強ふ	し	-ひ	-ひ	-ふ	-ふる	-ふれ	-ひよ	生(お)ふ・用ふ
上二段	ヤ	報ゆ	むく	-い	-い	-ゆ	-ゆる	-ゆれ	-いよ	老ゆ・悔ゆ
上二段	カ	起く	お	-き	-き	-く	-くる	-くれ	-きよ	生く・尽く
上二段	ガ	過ぐ	す	-ぎ	-ぎ	-ぐ	-ぐる	-ぐれ	-ぎよ	
上二段		口語「信じる」の類は文語では「信ず」のように「サ変」となる								
上二段	ダ	閉づ	と	-ぢ	-ぢ	-づ	-づる	-づれ	-ぢよ	恥づ・綴(と)づ
上二段	タ	落つ	お	-ち	-ち	-つ	-つる	-つれ	-ちよ	朽つ・満つ
上二段	バ	滅ぶ	ほろ	-び	-び	-ぶ	-ぶる	-ぶれ	-びよ	伸ぶ・延ぶ・帯ぶ・浴ぶ
上二段	マ	試む	こころ	-み	-み	-む	-むる	-むれ	-みよ	
上二段	ラ	降る	お	-り	-り	-る	-るる	-るれ	-りよ	懲る
下二段	ア	得		え	え	う	うる	うれ	えよ	心得(こころう)
下二段	ヤ	消ゆ	き	-え	-え	-ゆ	-ゆる	-ゆれ	-えよ	そびゆ・燃ゆ・映(は)ゆ・覚ゆ
下二段	ハ	数ふ	かぞ	-へ	-へ	-ふ	-ふる	-ふれ	-へよ	教ふ・唱ふ・変ふ
下二段	ワ	植う	う	-ゑ	-ゑ	-う	-うる	-うれ	-ゑよ	据う・飢う
下二段	カ	溶く	と	-け	-け	-く	-くる	-くれ	-けよ	裂く・欠く・受く・助く

ガ	告げる	つ	-げ	-げ	-げる	-げる	-げれ	-げよ	下げる・妨げる・焦げる・投げる・
サ	乗せる	の	-せ	-せ	-せる	-せる	-せれ	-せよ	任せる・伏せる
ザ	交ぜる	ま	-ぜ	-ぜ	-ぜる	-ぜる	-ぜれ	-ぜよ	混ぜる・進ぜる・はぜる
タ	捨てる	す	-て	-て	-てる	-てる	-てれ	-てよ	果てる・立てる・建てる・育てる・当てる
ダ	出る		で	で	でる	でる	でれ	でよ	
ダ	撫でる	な	-で	-で	-でる	-でる	-でれ	-でよ	
ナ	寝る		ね	ね	ねる	ねる	ねれ	ねよ	
ナ	連ねる	つら	-ね	-ね	-ねる	-ねる	-ねれ	-ねよ	尋ねる・こねる・兼ねる・重ねる
ハ	経る		へ	へ	へる	へる	へれ	へよ	
バ	比べる	くら	-べ	-べ	-べる	-べる	-べれ	-べよ	浮かべる・調べる・食べる・並べる
マ	止める	や	-め	-め	-める	-める	-めれ	-めよ	留める・ほめる・広める・進める・もめる
ラ	忘れる	わす	-れ	-れ	-れる	-れる	-れれ	-れよ	切れる・隠れる・暮れる・割れる・ふくれる
カ変	来る		こ	き	くる	くる	くれ	こい	
サ変	する		し・せ・さ	し	する	する	すれ	しろ・せよ	愛する・努力する・略する
	感ずる	かん	-じ・-ぜ	-じ	-ずる	-ずる	-ずれ	-じろ・-ぜよ	信ずる・論ずる・甘んずる・軽んずる

〔備考〕 (1) 語幹欄が空欄になっているのは、語幹・語尾の分けられないものである。

(2) 文語四段活用の連用形にも、平安時代の半ばから次のような音便の形が生まれた。

カ行・ガ行――イ音便(書い-て、行ゅい-て、脱い-で)

サ行――イ音便になる語がある。(残い-て)

タ行・ラ行――促音便(勝っ-て、散っ-て)

ハ行――促音便(洗っ-て、食っ-て)　ウ音便(洗う-て、食う-て)

ガ	告ぐ	つ	-げ	-げ	-ぐ	-ぐる	-ぐれ	-げよ	妨ぐ・下ぐ・投ぐ・遂ぐ・逃ぐ
サ	乗す	の	-せ	-せ	-す	-する	-すれ	-せよ	失(う)す・任す・伏す
ザ	交ず	ま	-ぜ	-ぜ	-ず	-ずる	-ずれ	-ぜよ	混ず
タ	捨つ	す	-て	-て	-つ	-つる	-つれ	-てよ	果つ・立つ・建つ・育つ・企つ
ダ	出づ	い	-で	-で	-づ	-づる	-づれ	-でよ	
ダ	撫づ	な	-で	-で	-づ	-づる	-づれ	-でよ	秀(ひい)づ
ナ	寝		ね	ね	ぬ	ぬる	ぬれ	ねよ	
ナ	連ぬ	つら	-ね	-ね	-ぬ	-ぬる	-ぬれ	-ねよ	兼ぬ・重ぬ・尋ぬ・寝(い)ぬ
ハ	経		へ	へ	ふ	ふる	ふれ	へよ	
バ	比ぶ	くら	-べ	-べ	-ぶ	-ぶる	-ぶれ	-べよ	並ぶ・浮かぶ・述ぶ・延ぶ
マ	止む	や	-め	-め	-む	-むる	-むれ	-めよ	勧む・ほむ・留む・広む・始む
ラ	忘る	わす	-れ	-れ	-る	-るる	-るれ	-れよ	隠る・晴る・暮る・割る
カ変	来(く)		こ	き	く	くる	くれ	こ・こよ	
サ変	す		せ	し	す	する	すれ	せよ	おはす・愛す
	感ず	かん	-ぜ	-じ	-ず	-ずる	-ずれ	-ぜよ	信ず・論ず・甘んず・軽んず

バ行・マ行――撥音便(学ん-で、積ん-で)

(3) 五段活用は、以前は文語のばあいと同じく四段活用とよばれた。それは、たとえば「咲こう」を旧かなづかいで「咲かう」と書き、オ段のかなが使われなかったからである。

(4) サ行変格活用の動詞は、もと「する」の一語だけであるが、名詞(とくに漢語・外来語のものが多い)その他について、多数の複合サ行変格活用動詞ができる。

1 うわさする　行き来する　2 甘んずる　重んずる

3 旅行する 指導する　4 愛する 達する 命ずる
5 リードする キャッチする

2の類は「甘んじる」「重んじる」などとなって上一段にも活用する。4の類でザ行のものは「命じる」などとなって上一段にも活用する。また、サ行のものの中には「愛す」などとなって五段にも活用するものがある。

(5) 五段活用の動詞に可能の意味の加わった下一段活用動詞がある。
〔例〕泳ぐ→泳げる　持つ→持てる　言う→言える　読む→読める
この種の下一段活用動詞には命令形がない。
五段活用以外の動詞、「見る」「受ける」「来る」などに対する「見れる」「受けれる」「来(こ)れる」などは標準的ではない。

動詞活用形の用法(口語)

種類	例語	語幹	語尾 未然形	語尾 連用形	語尾 終止形	語尾 連体形	語尾 仮定形	語尾 命令形
五段	咲く	さ	㋐-か ㋑-こ	㋐-き ㋑-い	-く	-く	-け	-け
	立つ	た	㋐-た ㋑-と	㋐-ち ㋑-っ	-つ	-つ	-て	-て
	読む	よ	㋐-ま ㋑-も	㋑-み ㋒-ん	-む	-む	-め	-め
用法	動詞だけでの用法			㋐中止する	言い切る	体言につく		命令の意味
	助動詞のつきかた		㋐せる れる しめる ない ぬ〔ん〕 ㋑う	㋐ます たい たがる そうだ(様態) そうです(様態) ㋑た ㋒だ	らしい まい ようだ ようです そうだ(伝聞) そうです(伝聞)			

種類	例語	語幹	語尾 未然形	語尾 連用形	語尾 終止形	語尾 連体形	語尾 仮定形	語尾 命令形
上一段	着る		き	き	きる	きる	きれ	きろ きよ
下一段	助ける	たす	-け	-け	-ける	-ける	-けれ	-けろ -けよ
カ変	来る		こ	き	くる	くる	くれ	こい
用法	動詞だけでの用法			中止する	言い切る	体言につく		命令の意味
	助動詞のつきかた		させる られる しめる ない ぬ〔ん〕 よう まい	ます たい たがる そうだ(様態) そうです(様態) た	らしい ようだ ようです そうだ(伝聞) そうです(伝聞)			

種類	例語	語幹	語尾 未然形	語尾 連用形	語尾 終止形	語尾 連体形	語尾 仮定形	語尾 命令形
サ変	する		㋐し ㋑せ ㋒さ	し	する	する	すれ	しろ せよ
用法	動詞だけでの用法			中止する	言い切る	体言につく		命令の意味
	助動詞のつきかた		㋐ない よう まい ㋑られる しめる ぬ〔ん〕 ㋒せる れる	ます たい たがる そうだ(様態) そうです(様態) た	らしい ようだ ようです そうだ(伝聞) そうです(伝聞)			

動詞活用形の用法（文語）

種類	例語	語幹	語尾 未然形	語尾 連用形	語尾 終止形	語尾 連体形	語尾 已然形	語尾 命令形
四段	読む	よ	-ま	-み	-む	-む	-め	-め
ナ変	死ぬ	し	-な	-に	-ぬ	-ぬる	-ぬれ	-ね
用法 動詞だけでの用法				中止する	言い切る	体言につく		命令の意味
用法 助動詞のつきかた			す しむ る む〔ん〕 むず〔んず〕 まし じ まほし まほしかり ず ざり	けむ〔けん〕 き けり つ ぬ たり たし たかり	べし べかり らむ〔らん〕 めり まじ なり（伝推）	らし なり（断定） ごとし	り（四段だけ）	
接続助詞のつきかた				㋐ながら ㋑たり て ても ㋒だり で でも	のに ので から が けれど けれども し		ば	

種類	例語	語幹	語尾 未然形	語尾 連用形	語尾 終止形	語尾 連体形	語尾 已然形	語尾 命令形
ラ変	有り	あ	-ら	-り	-り	-る	-れ	-れ
用法 動詞だけでの用法				中止する	言い切る	体言につく		命令の意味
用法 助動詞のつきかた			す しむ る む〔ん〕 むず〔んず〕 まし じ まほし まほしかり ず ざり （サ変だけ）	けむ〔けん〕 き けり つ ぬ たり たし たかり		べし べかり らむ〔らん〕 めり まじ なり（伝推） らし なり（断定） ごとし		
接続助詞のつきかた				ながら たり て ても	のに ので から が けれど けれども し		ば	

種類	例語	語幹	語尾 未然形	語尾 連用形	語尾 終止形	語尾 連体形	語尾 已然形	語尾 命令形
上一段	見る		み	み	みる	みる	みれ	みよ
上二段	起く	お	-き	-き	-く	-くる	-くれ	-きよ
下一段	蹴る		け	け	ける	ける	けれ	けよ
下二段	受く	う	-け	-け	-く	-くる	-くれ	-けよ
カ変	来		こ	き	く	くる	くれ	こ こよ
サ変	す		せ	し	す	する	すれ	せよ
用法 動詞だけでの用法				中止する	言い切る	体言につく		命令の意味
用法 助動詞のつきかた			さす しむ らる む〔ん〕 むず〔んず〕 まし じ まほし まほしかり ず ざり り（サ変だけ）	けむ〔けん〕 き けり つ ぬ たり たし たかり	べし べかり らむ〔らん〕 めり まじ なり（伝推）	らし なり（断定） ごとし		
接続助詞のつきかた				ながら たり て ても	のに ので から が けれど けれども し		ば	

	接続助詞のつきかた	ば	で	ながら て つつ	とも	が・を・に ものから ものの	ば ど ども	

	接続助詞のつきかた	ば	で	ながら て つつ	とも	が・を・に ものから ものの	ば ど ども	

	接続助詞のつきかた	ば	で	ながら て つつ	とも	が・を・に ものから ものの	ば ど ども	

2 形容詞活用表

口語

基本形	語幹	語尾 未然形	語尾 連用形	語尾 終止形	語尾 連体形	語尾 仮定形	語尾 命令形	例語
堅い	かた	-かろ	-かっ -く	-い	-い	-けれ	○	広い・白い・近い・若い・高い
楽しい	たのし							うれしい・苦しい・美しい・激しい
おもな用法		「う」がつく	「た」「なる」がつく	言い切る	体言がつく	「ば」がつく		

文語

種類	基本形	語幹	語尾 未然形	語尾 連用形	語尾 終止形	語尾 連体形	語尾 已然形	語尾 命令形	例語
ク活用	堅し	かた	-く -から	-く -かり	-し	-き -かる	-けれ	-かれ	広し・白し・近し・若し・高し
シク活用	楽し	たの	-しく -しから	-しく -しかり	-し	-しき -しかる	-しけれ	-しかれ	うれし・苦し・美し・激し・輝かし
おもな用法			「ば」「ず」がつく	「なる」「き」がつく	言い切る	体言・「べし」がつく	「ども」がつく	命令の意味	

〔備考〕 (1) 活用表から省いたが、口語の連用形には、もと音便による次のような形がある。

1「白う(ございます)」「寒う(ございます)」など。(語幹に「う」がつく。2・3以外のもの)

2「あこう(赤)(ございます)」「かとう(堅)(ございます)」など。(語幹がアの段の音で終わるもの)

3「楽しゅう(ございます)」「大きゅう(ございます)」など。(語幹がシかキで終わるもの)

文語の音便の形は、「白う」「赤う」「楽しう」などのウ音便のほか、平安時代半ばごろから「鋭《と》い(こと)」「白い(こと)」「悲しい(かな)」などのイ音便がある。

(2) 特に次の点に注意が必要である。

1 口語には命令形がない。

2 文語のシク活用の語幹の立てかたが、口語とちがう。

(3) 文語で「同じ」は、シク活用と同様の活用をし、また、形容動詞ナリ活用にもなる。

3 形容動詞活用表

口語

基本形	語幹	未然形	連用形	終止形	連体形	仮定形	命令形	例語
りっぱだ	りっぱ	-だろ	-だっ -で -に	-だ	-な	-なら	○	さわやかだ・静かだ・もっともだ
りっぱです	りっぱ	-でしょ	-でし	-です	-です	○	○	さわやかです・静かです・もっともです
おもな用法		「う」がつく	「た」「ある」「なる」がつく	言い切る	体言・「ので」「のに」がつく	「ば」がつく		

文語

種類	基本形	語幹	未然形	連用形	終止形	連体形	已然形	命令形	例語
ナリ活用	豊かなり	ゆたか	-なら	-なり -に	-なり	-なる	-なれ	-なれ	さわやかなり・静かなり・もっともなり
タリ活用	洋洋たり	ようよう	-たら	-たり -と	-たり	-たる	-たれ	-たれ	はつらつたり・堂々たり・厳たり
おもな用法			「ず」がつく	「き」「なる」がつく	言い切る	体言がつく	「ども」がつく		

〔備考〕(1) 口語には、次のような特殊の活用をするものがある。

基本形	語幹	未然形	連用形	終止形	連体形	仮定形	命令形	同類の語
同じだ	おなじ	-だろ	-だっ -で -に	-だ	(-な)	-なら	○	こんなだ・そんなだ・あんなだ
大きな	おおき	○	○	○	-な	○	○	小さな おかしな

「同じだ」などの連体形は、体言がつくときは語幹の形が使われ、「ので」「のに」がつくときは語尾「な」のある形が使われる。

「大きな」などは、連体形だけで他の活用形のないものである。

(2) 「柔らかい」「柔らかだ」のように、語幹が同じで、形容詞にも形容動詞にも活用するものがある。

基本形	語幹	未然形	連用形	終止形	連体形	仮定形	命令形	同類の語
柔らかい	やわらか	-かろ	-かっ -く	-い	-い	-けれ	○	暖かい(だ) 細かい(だ) 黄色い(だ) 四角い(だ) 大きい(な) 小さい(な) おかしい(な)
柔らかだ	やわらか	-だろ	-だっ -で -に	-だ	-な	-なら	○	

(3) 文語のタリ活用の連用形「-と」、連体形「-たる」の形は口語でも使われるが、口語ではそれぞれ副詞・連体詞とする。
例洋々と・堂々と…副詞　洋々たる・堂々たる…連体詞

(4) 形容動詞の語幹は、それだけで文の述語になることがある。
例ああ、愉快。まあ、すてき。それはけっこう。性質は穏健。

4 助動詞活用表

口語

種類	基本形	用例	未然形	連用形	終止形	連体形	仮定形	命令形	用言・体言への接続
使役	せる	作らせる	せ	せ	せる	せる	せれ	せろ せよ	未然(五、サ変)
	させる	告げさせる	させ	させ	させる	させる	させれ	させろ させよ	未然(そのほかの動)
	(しめる)	行かしめる	しめ	しめ	しめる	しめる	しめれ	しめろ しめよ	未然(動)
受身	れる	打たれる	れ	れ	れる	れる	れれ	れろ れよ	未然(五、サ変)
尊敬	られる	忘れられる	られ	られ	られる	られる	られれ	られろ られよ	未然(そのほかの動)
可能	れる	読まれる	れ	れ	れる	れる	れれ	○	未然(五、サ変)
自発	られる	案じられる	られ	られ	られる	られる	られれ	○	未然(そのほかの動)
ていねい	ます	書きます	ませ ましょ	まし	ます	ます (まする)	(ますれ)	まし ませ	連用(動)
意志	う	帰ろう 美しかろう	○	○	う	(う)	○	○	未然(五、形、形動)
推量	よう	晴れよう 教えよう	○	○	よう	(よう)	○	○	未然(そのほかの動)

文語

種類	基本形	用例	未然形	連用形	終止形	連体形	已然形	命令形	用言・体言への接続
使役 尊敬	す	作らす	せ	せ	す	する	すれ	せよ	未然(四、ナ・ラ変)
	さす	告げさす	させ	させ	さす	さする	さすれ	させよ	未然(そのほかの動)
	しむ	行かしむ	しめ	しめ	しむ	しむる	しむれ	しめよ	未然(用言)
受身	る	打たる	れ	れ	る	るる	るれ	れよ	未然(四、ナ・ラ変)
尊敬	らる	忘れらる	られ	られ	らる	らるる	らるれ	られよ	未然(そのほかの動)
可能	る	読まる	れ	れ	る	るる	るれ	○	未然(四、ナ・ラ変)
自発	らる	案じらる	られ	られ	らる	らるる	らるれ	○	未然(そのほかの動)
意志 推量	む〔ん〕	進まむ〔ん〕	○	○	む〔ん〕	む〔ん〕	め	○	未然(用言)
	らむ〔らん〕	遊ぶらむ〔らん〕	○	○	らむ〔らん〕	らむ〔らん〕	らめ	○	終止(ラ変以外の動)
	めり	あるめり	○	(めり)	めり	める	めれ	○	連体(ラ変、形、形動)
	べし	帰るべし	べから	べく べかり	べし	べき べかる	べけれ	○	
	まし	咲かまし	(ませ)	○	まし	まし	ましか	○	未然(用言)

たとえ推量	打消	断定	希望	過去完了	打消の推量意志	推定
ようだ ようです	ない ぬ〔ん〕	だ です	たい たがる	た〔だ〕	まい	らしい
雪のようだ 雪のようです	許さない 知らぬ〔ん〕	犬だ 見るのです	食べたい 知りたがる	書いた 読んだ	続くまい	咲くらしい
ようだろ ようでしょ	なかろ ○	だろ でしょ	たかろ たがら たがろ	たろ だろ	○	○
ようだっ ようで ように ようでし	なかっ なく ず	だっ で でし	たかっ たく とう たがり たがっ	○ ○	○	らしかっ らしく らしゅう
ようだ ようです	ない ぬ〔ん〕	だ です	たい たがる	た だ	まい	らしい
ような (ようです)	ない ぬ〔ん〕	(な) (です)	たい たがる	た だ	(まい)	らしい
ようなら ○	なけれ ね	なら ○	たけれ たがれ	たら だら	○	○
○ ○	○ ○	○ ○	○ ○	○ ○	○	○
体言＋の 連体(用言)	未然(動) 未然(動)	体言 連体＋の	連用(動) 連用(動)	連用(用言)	終止(五) 未然(そのほかの動)	体言 終止(動、形) 形動語幹

たとえなど	打消	断定	希望	完了など	回想など	打消の推量意志	
ごとし ごとくなり	ず	なり たり	たし まほし	つ ぬ たり り	き けり	まじ じ	けむ〔けん〕 らし
雪のごとし 雪のごとくなり	許さず	学生なり 偉人たり	食ひたし 知らまほし	走りつ 越えぬ 晴れたり 勝てり	読みき 書きけり	通るまじ 行かじ	思ひけむ〔けん〕 歌ふらし
○ ごとくなら	ず ざら	なら たら	たく たから まほしく まほしから	て な たら (ら)	(せ) (けら)	(まじく) まじから ○	○ ○
ごとく ごとくに ごとくなり	ず ざり	なり に たり と	たく たかり まほしく まほしかり	て に たり り	○ ○	まじく まじかり ○	○ ○
ごとし ごとくなり	ず	なり たり	たし まほし	つ ぬ たり り	き けり	まじ じ	けむ〔けん〕 らし
ごとき ごとくなる	ぬ ざる	なる たる	たき たかる まほしき まほしかる	つる ぬる たる る	し ける	まじき じ	けむ〔けん〕 らし
○ ごとくなれ	ね ざれ	なれ たれ	たけれ まほしけれ	つれ ぬれ たれ れ	しか けれ	まじけれ じ	けめ らし
○ ごとくなれ	ざれ	○ たれ	○ ○	てよ ね (たれ) (れ)	○ ○	○ ○	○ ○
連体(用言) 連体＋が 体言＋の	未然(用言)	体言 連体(用言) 体言	連用(動) 未然(動)	連用(用言) 連用(ナ変以外の動) 連用(動) 已然(四) 未然(サ変)	連用(用言) カ・サ変は特別 連用(用言)	終止(ラ変以外の動) 連体(ラ変、形、形動) 未然(用言)	連用(用言) 終止(ラ変以外の動)

伝聞	そうだ	あるそうだ	○	そうで	そうだ	○	○	○	終止(用言)
	そうです	あるそうです	そうでしょ	そうでし	そうです	(そうです)	○	○	終止(用言)
様態	そうだ	降りそうだ	そうだろ	そうだっ そうで そうに	そうだ	そうな	そうなら	○	連用(動)
	そうです	降りそうです	そうでしょ	そうでし	そうです	(そうです)	○	○	語幹(形、形動)
おもな用法			「ない」「う」「よう」がつく	中止する 「て」「た」「なる」「ございます」がつく	言い切る 「から」「けれども」がつく	体言・「の」「ので」がつく	「ば」がつく	命令の意味で言い切る	

伝聞推定	なり	あるなり	○	○	なり	なる	なれ	○	終止(ラ変以外の動) 連体(ラ変)
おもな用法			「ば」「ず」「む」がつく	中止する 「たり」「けり」「き」「て」がつく	言い切る 「とも」がつく	体言・「が」「を」「より」がつく	「ば」「ど」「ども」がつく	命令の意味で言い切る	

〔備考〕 (1) 表の語尾欄の(　)は、あまり使われないもの、○は、その活用形のないものである。

(2) 同じ活用形に属していても、助動詞によってその用法(どういう語がつくかなど)の相違するところが大きい。「おもな用法」の欄には、その相違するものを合わせて、広い幅で示した。

(3) サ変動詞のうち「信ずる」「論ずる」などには、「せる」「れる」はつかず、「させる」「られる」がつく。(「信じさせる」「論ぜられる」)

(4) 「ます」の命令形「まし・ませ」は、「いらっしゃる」「おっしゃる」「なさる」など、敬語を含んだ語だけにつく。「しませ」「行きませ」などは、現代語としては標準的ではない。

(5) 「う」が動詞につく場合は主として意志をあらわし、形容詞・形容動詞につく場合は推量をあらわす。動詞の場合、推量をあらわすのには、終止形に「だろう」をつけるのが普通である。

(6) 「まい」はカ変・サ変の終止形にもついて「くるまい」「するまい」なども言われるが、「こまい」「しまい」が標準的である。

(7) 「だ」の未然形・仮定形、「です」の未然形は、動詞・形容詞にもつく。

例行くだろ(う)　苦しいなら　笑うでしょ(う)

(8) 「ない」はサ変につくときは未然形「し」の形につき、「ぬ」はサ変につくときは未然形「せ」の形につく。

(9) 「楽しくない」「明らかでない」などの「ない」は助動詞でなく、形容詞である。

(10) 様態の「そうだ」が形容詞「よい」「ない」につくときは、その語幹に「さ」のついた形につく。(「よさそうだ」「なさそうです」)

(11) 文語はだいたい平安時代中ごろのものにもとづき、簡単に示した。

(12) 文語の「推量」の類のうち、「けむ」は回想的推量である。

(13) 「き」はカ変動詞・サ変動詞に対しては、次のようにつく。

(カ変)
こ(未然形)―{し(連体形)／しか(已然形)}
き(連用形)―{し(連体形)／しか(已然形)}

(サ変)
せ(未然形)―{し(連体形)／しか(已然形)}
し(連用形)―き(終止形)

敬語の種類と使い方

敬語には、次の三種類がある。

1 尊敬語
2 謙譲語
3 丁寧語

1 尊敬語

尊敬語とは、相手側や話題になっている第三者の行為・物事・状態などについて、その人物を立てて表現することばである。

たとえば、「君は行くか。」というかわりに、

あなたはいらっしゃいますか。
あなたはお出かけになりますか。
あなたは出かけられますか。

などといえば、それは相手の行為について、相手を立てた言い方になる。

また、「太郎はきのう来たか。」というかわりに、

太郎君はきのう来られましたか。
太郎さんはきのういらっしゃいましたか。
太郎さまはきのうおいでになりましたか。

などといえば、それは話題に上った人である「太郎」の行為に関して、「太郎」を立てた言い方になる。

人やその行為のほかに、その人の側の人・物・状態などについての尊敬語には、次のようなものがある。

お子さまは何人いらっしゃいますか。
お宅はどちらですか。
たいそうごりっぱなお庭でございますね。
ずいぶん背がお高いですね。

尊敬語の主な形式をまとめると、次のとおりである。

(1) 尊敬の助動詞「れる」「られる」を使う。

あなたの言われるとおりです。
見られるとおりの状況です。

(2) 「お(ご)…になる」「お(ご)…なさる」「お(ご)…あそばす」「お(ご)…くださる」「…てくださる」などを使う。

先生はいつお帰りになりますか。
この本をお読みなさい。
すぐに必要書類をご提出ください。

(3) 接頭語「お」「ご」、接尾語「さま」「どの」などを使う。

どちらへおでかけですか。
おかあさまはお元気ですか。
ご家族は何人ですか。

(4) 特別な語を使う。

いらっしゃる　なさる　めしあがる　おっしゃる　くださる　お召し物　召し上がり物　あなた　どなた　先生　貴下　貴殿　芳名　高著　貴社　令息

など。

尊敬語の中に段階がある。たとえば、「先生が弁当を食べた。」の尊敬表現では、

先生がお弁当を食べられました。
先生がお弁当をお食べになりました。
先生がお弁当をめしあがりました。

の順に程度が高くなる。

2 謙譲語

謙譲語とは、自分の側から相手側や話題になっている第三者に向かって行われる行為、また物の移動などについて、その向かう先の人物を立てて表現することばである。

自分や自分側の人について使うとき、その向かう先の人物を立てた表現となる。

たとえば、「ぼくが行く。」というかわりに、

わたくしがうかがいます。

といえば、それは自分の動作の向かう先である人物に対する敬意をはらう言い方になる。

また、「母が先生からもらいました。」というかわりに、

母が先生からいただきました。

といえば、母の動作の向かう先である先生を立てた言い方になる。「母」は自分にとっては尊敬すべき対象であっても、自分の側にある人であるから、先方の「先生」を立てるために、このような謙譲語を使うのである。

低く位置づける対象が、相手や第三者である場

合もある。

先生にうかがってごらんなさい。

は、相手よりも「先生」を高く位置づけて表現し、それによって、その先方である「先生」を立てている。

代表が花束を大統領に差し上げた。

は、第三者である「代表」よりも、その向かう先である「大統領」を立てている。

人やその動作のほかに、その人の側の人・物などについての謙譲語には、次のようなものがある。

これは愚妻の作品です。

拙著を一部差し上げます。

謙譲語の主な形式をまとめると、次のとおりである。

(1) 「お(ご)…する」「お(ご)…いたす」「お(ご)…もうす」「お(ご)…いただく」「…ていただく」「…てさしあげる」などを使う。

先生をお招きすることにしましょう。

わたくしがご案内いたします。

ちょっとおたずねもうします。

いい方法を教えて差し上げましょう。

(2) 特別な語を使う。

あげる　差し上げる　いただく　いたす

まいる　うかがう　申す　申し上げる

拝見する　拝聴する　拝借する　愚考する

わたくし　小生　愚妻　愚弟

拙著　拙宅　小店　弊社　粗茶　粗品

など。

3 丁寧語

丁寧語とは、表現を丁寧にすることにより、話の相手や文章の読み手に敬意をあらわすためのことばである。

たとえば、「よい天気だね。」というかわりに、

よいお天気ですね。

よいお天気でございますね。

といえば、丁寧になり、また、相手に敬意を表した言い方になる。

丁寧語の形式は、次のとおりである。

(1) 接頭語「お」「ご」を使う。

お皿にごちそうを盛る。

お寒くなりました。

〔注意〕 「ごりっぱなお考えです。」の「お」「ご」は尊敬語である。尊敬語の「お」「ご」が問題になることは比較的少ないが、丁寧語の「お」「ご」を使いすぎると批判されることがしばしばある。

(2) 助動詞「ます」「です」、補助用言「でございます」などを使う。

もうすぐ汽車が来ます。

私の郷里は北海道です。

駅まで歩いて一〇分でございます。

(3) 特別な語を使う。

ござい(ます)　おいしい　やすむ〈寝る〉

〔注意〕 この「おいしい」「やすむ」などは、次に述べる美化語とされることもある。

4 敬語の五分類

以上に述べた敬語の三分類は、これまで広く行われている考え方である。二〇〇七年二月に文化審議会が文部科学大臣に答申した「敬語の指針」は、これを改め、五分類とする。それは、謙譲語をⅠとⅡに分け、美化語を加えるものである。

右に述べた謙譲語は、ほぼこの謙譲語Ⅰにあたる。謙譲語Ⅱとは、「父は来月から海外にまいります。」の「まいります」のように、行為の向かう先の人物とは関係なく、自分や自分の側の人物について、改まった、あるいは、かしこまった述べ方をするものである。丁重語とも呼ばれる。

美化語は丁寧語に似ているが、「お茶を飲みませんか。」の「お茶」のように、話し手の品位を高めるための表現である。相手や話題の人物に対する敬意とは、直接に関係はない。

この辞典では、この五分類の方針にも配慮をするとともに、三分類の考え方で説明できるところについては、それで一貫することにした。両者のあいだに矛盾がないように心をつかったつもりである。

日本語のアクセントとその示し方

1　共通語アクセントと拍

日本語のアクセントは地域差や世代差があり、さらには個人差もある。この辞典では日本語で最も一般的だと考えられる共通語のアクセントを示すことにした。

共通語アクセントは、拍（または モーラ）という単位を使って考えるのが一般的である。拍とは、いわばリズムの単位であり、俳句や短歌を作るときに五・七・五…などと指折り数えてたしかめる音の単位と考えてよい。音楽にたとえると、♪・♪・♪・…のように、同じ長さの音符だけを並べてリズムを作るようなものである。

この音符に相当する一つ一つの音の単位を拍と呼ぶ。日本語では仮名一字がほぼ一拍に相当し、それだけでは発音できない撥音「ン」、促音「ッ」、長音「ー」も一拍に数える。ただし、「キャ・キュ・キョ」などの拗音や、外来語で使われる「ファ・フェ・フォ・クォ・ヴァ」などの音は小さく書いた仮名をも合わせた二字分で一拍を構成している。

その語がいくつの拍によって構成されているかによって、○拍語という言い方をする。たとえば、「キ（木）」は一拍語、「ウメ（梅）」は二拍語、「サクラ（桜）」は三拍語と言う。「ファッション」は「ファ｜ッ｜ショ｜ン」と数えるので四拍語となる。

このように、共通語アクセントは、拍を単位として考えるのが一般的である。

2　拍の高低

日本語のアクセントは、高低アクセント（ピッチ＝pitch）と呼ばれている。拍どうしに相対的な高低があることによる。相対的というのは、一語の中の拍を比べてみたときに、それぞれが高いほうの音か、低いほうの音か、ということであり、音楽の音程のように絶対的な音の高さではない。そして、拍の〈高〉と〈低〉の配列は語ごとに決まっている。たとえば、共通語で、「アメ」がアクセントの違いによって「雨」と「飴」に区別されるのは、「雨」が〈ア（高）・メ（低）〉、「飴」が〈ア（低）・メ（高）〉という音の高低の並び方が違うからである（図1）。

二拍以上の語は、語の中で高低を比べることができるので、相対的に高低の違いを知ることができるが、一拍語の場合、それだけでは高低が分からない。このような場合は、その語に助詞「が」を付けてみると確かめることができる。たとえば、「ヒ（日）」の場合、「日が（出る）」とすれば、「ヒ」よりも「が」が高くなるので、「ヒ（日）」は〈低〉だということが分かる。「ヒ（火）」の場合、「火が（出る）」とすれば、逆に「が」で〈低〉になるので、「ヒ（火）」は〈高〉だと分かる（図2）。名詞アクセントの場合は、語に助詞「が」を付けてみると、その語がどのような高低配置をもっているのかが確かめられる。

◆図1

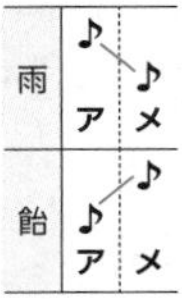

雨	飴
ア（高）メ（低）	ア（低）メ（高）

◆図2

火	日
ヒ（高）が（低）	ヒ（低）が（高）

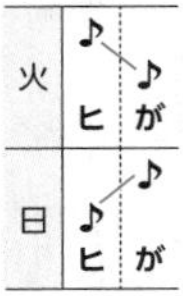

3　共通語アクセントの法則

共通語のアクセントには次の①②のような法則がある。

① 語の一拍目と二拍目は必ず高さが異なる。
② 同じ語の中に、高くなる部分が離れて二つ以上存在することはない。

右の法則①と②が、この辞典のアクセント表示を知るための基礎知識となる。

①は、図1のように最初の拍「ア」が低く始まるなら、次の拍「メ」は必ず高くなり、逆に最初の拍「ア」が高く始まるならば、次の拍「メ」は必ず低くなる、ということである。

①とともに②の法則が守られると、三拍以上の語もおのずと高と低の配置に制約が生まれることがわかる。

◆図3

	一拍目	二拍目	三拍目	
桜	サ（低）	ク（高）	ラ（高）	が（高）
男	オ（低）	ト（高）	コ（高）	が（低）
境	サ（低）	カ（高）	イ（低）	が（低）
緑	ミ（高）	ド（低）	リ（低）	が（低）

図3の語例で確認してみよう。

「桜・男・境」は一拍目が〈低〉で始まり、「緑」は一拍目が〈高〉で始まっている。「緑」は一拍目がすでに〈高〉なので、二拍目以降はすべて〈低〉になるしかない（法則①による）。

次に、一拍目が〈低〉である「桜・男・境」は二拍目

が必ず〈高〉でなければならない。続く三拍目は、〈高〉のままになるか、〈低〉に変わるかが語によって分かれる。「境」は三拍目で〈低〉となり、あとに助詞「が」が続いても再び〈高〉になることはできない（法則②による）。

「桜・男」では三拍目も〈高〉のままだが、助詞「が」が続くと、「が」の音で〈高〉か〈低〉かに分かれる。「桜」では「桜が」となったときの「が」も〈高〉のまま、「男」では「男が」となったときの「が」は〈低〉になっている（法則②による）。

図3からわかるように、拍の高低をつないで描かれる線は、V字型にならない。言い換えると、法則②は一語としてのまとまりの中に、〈高〉の拍が離れて二つ現れない、ということである。

このことから、アクセントの型を理解するには「音の下がり目」がどこにあるかに注目することが重要だということがわかる。つまり、拍の高さが〈高〉から〈低〉に移るところに注目するのである。こうした共通語アクセントの法則から、一語の中で、何番目の拍の次に〈高〉から〈低〉に変わるか、ということを示すと、語全体のアクセントを表示できるようになる。拍が〈高〉から〈低〉に移る境の部分は「アクセントの滝」と呼ばれる。また、〈低〉に移る直前の〈高〉の拍には「アクセント核」があると考えるのである。

4　アクセントの型

アクセントが〈高〉と〈低〉の拍の組み合わせによって構成されているといっても、組み合わせのパターンが無限にあるわけではない。拍の数が少なく短い語は型が少なく、拍の数が多く長い語は型が多い。しかし、〈高〉と〈低〉の組み合わせパターンが無限にあるわけではなく、共通語では、n拍の語は、n＋1だけアクセントの型がある。つまり、三拍語は3＋1＝4種類、四拍語は4＋1＝5種類、といった具合である。

共通語アクセントには〈高〉と〈低〉の組み合わせによって、大きく「平板式」と「起伏式」とに分かれる。「平板式」とは、一番目の拍が〈低〉で始まり、あとに続く拍はすべて〈高〉のまま平らな線を描くことになる。「平板式」にはアクセント核がない。

これに対して「起伏式」は、アクセント核のあるタイプであり、〈高〉と〈低〉の音をつないで描く線には起伏があるように見える。「起伏式」をさらに細かく分けると、一拍目が高く始まる「頭高(あたまだか)型」、一拍目が低く始まり、二拍目以降が高くなり、最後の拍を除くどこかの拍で低くなる「中高(なかだか)型」、一拍目が低く始まり、二拍目以降が高いまま続き、最後の拍にアクセント核がある「尾高(おだか)型」に分かれる。「尾高型」は助詞「が」を付けてみないと「平板式」と区別がつかない。

共通語アクセントの型は基本的にこれらのタイプに限られる。名詞の場合、その語の拍数＋1というのが型の数になる。つまり、一拍語は二種類、二拍語は三種類、三拍語は四種類、という具合に数が決まっている。これらをまとめたものが表1である。

5　この辞典のアクセント表示方法

この辞典では、主要な語にアクセントの表示を行った。助詞・助動詞（連語で助動詞相当のものを含む）、造語成分、接頭語・接尾語、連語、固有名詞（書名・人名・地名を含む）、古語（枕ことばを含む）、方言、「あやまり」によって生まれた語にはアクセントを示さなかった。現在、専門書や各種辞典によってアクセントの表示方式は異なり、いくつもの方式が用いられている。この辞典のようなアクセントの表示方式は、アクセント核を[ア][イ]のような記号を用いて示す方法をとっている。また、アクセント核を持たない平板式の見出し語には[0]の記号を用いて示した。

この辞典で、アクセントがどのように示されているかを表1の語を例にして示すと、表2のよう

◆表1　名詞アクセントの種類

		一拍語	二拍語	三拍語	四拍語	五拍語
平板式		ヒが（日）	ミズが（水）	サクラが（桜）	ジャガイモが	オクリモノが（贈り物）
起伏式	尾高型		ヤマが（山）	オトコが（男）	イモウトが（妹）	アリノママが（ありのまま）
	中高型			サカイが（境）	オオアメが（大雨）	ニワカアメが（にわか雨）
	中高型				ヒマワリが	カスリキズが（かすり傷）
	中高型					オトウサンが（お父さん）
	頭高型	ヒが（火）	ハルが（春）	ミドリが（緑）	ファッションが	チューリップが

になる。このようなアクセントの示し方は、名詞以外の品詞でも同様である。

6　同一語の別アクセント

共通語では語ごとにアクセントが決まっているが、時間の経過とともにアクセントの型にも変化が生じる。そして、同じ語に複数のアクセントが

◆表2　この辞典のアクセントの示し方

		拍数	例
平板式		一拍語	ひ[0]【日】
		二拍語	みず[0]【水】
		三拍語	さくら[0]【桜】
		四拍語	ジャガ-いも[0]【ジャガ芋】
		五拍語	おくり-もの[0]【贈(り)物】
起伏式	尾高型	二拍語	やま[マ]【山】
		三拍語	おと-こ[コ]【男】
		四拍語	いも-うと[ト]【妹】
		五拍語	あり-の-まま[マ]【有りのまま】
	中高型	三拍語	さかい[カ]【境】
		四拍語	おお-あめ[ア]【大雨】 ひ-まわり[マ]【▲向▲日×葵】 にわか-あめ[ア]【にわか雨】【×俄雨】
		五拍語	かすり-きず[リ]【かすり傷】【×掠り傷】 お-とう-さん[ト]【お父さん】
	頭高型	一拍語	ひ[ヒ]【火】
		二拍語	はる[ハ]【春】
		三拍語	みどり[ミ]【緑】
		四拍語	ファッション[ファ]〈fashion〉
		五拍語	チューリップ[チュ]〈tulip〉

認められることが少なくない。つまり、現実の社会では、同じ語のアクセントが人によって異なることは珍しくない。そこで、この辞典では代表的なアクセント以外にも別のアクセントが認められる場合は[シ][モ]のような形で示した。ただし、別アクセントは複数あっても一つだけを示すにとどめた。

だし-もの[シ][モ]【出し物】【▲演し物】[名]
て-なべ[0][テ]【手鍋】[名]
ま-しかく[カ][シ]【真四角】[名]

一語の中に同じ仮名(拍)が二つ以上現れる語では、アクセント核のある拍を示すために[ア2]のように番号を付けて示した。

あし-あと[ア2]【足跡】[名]

また、よく使われる語や、その人にとってなじみ深い語は本来のアクセント以外に平板式に変化することがある。現在は同じ語でも本来のアクセントと平板式が社会の中で並行して使われている例は珍しくない。そのため、別アクセントに平板式がある場合は割愛した。

7　品詞・意味によるアクセントの違い

同じ語形でも品詞として別の役割を果たしたり、意味に違いが生じたりすることによって、アクセントが変わることがある。たとえば、

いっ-てん[テ]【一点】[名] ❶一つの点。「—をゆびさす」 ❷(この用法では[0]も)ごくわずか。「—の疑いも持たない」 ❸品物の一つ。「装飾品—」 ❹点数の一つ。

ごしゃ-ごしゃ[ゴ]-[副][形動][自サ] ものがたくさんこみあっているようす。「雑草が—生える」[参考]形容動詞として使うときは[0]。

のような例では、「いってん」❷の用法では平板式アクセントが用いられること、「ごしゃごしゃ」が形容動詞として用いられる場合は平板式アクセントが用いられることを注記したものである。

また、同じ見出し語の中で、古語、助詞・助動詞など、アクセント表示を行わないことにしたものが交じっている場合は、次のように示した。

あした[名] ━[タ]【▲明▲日】みょうにち。あす。翌日。 ━【▲朝】[古語] ❶あさ。↕ゆうべ。…

じゃちゃ ━[ジャ][接続] では。それでは。「—さようなら」 ━[助] …では。「これ—まにあわない」

8　切れめ意識とアクセント表示

起伏式アクセントを持つ語では、一語の中で一つしかアクセント核を持たないのが原則だが、見出し語の中にはアクセント核が二箇所あるものがあり、[コ][テ]のような形で示した。

こう-いってん[コ][テ]【紅一点】[名]
こび-へつら・う[コ][ラ]【×媚×諂う】へつらふ [自五]

右のような例の多くは、もともと複合によってできた語であったり、一語のように使われるようになった連語である。これらは実際に発音するときに、もとの切れ目が意識されることが多い。そのため、文を作るときの役割としては、それぞれが一語に準じて使われるものの、「こう—いってん」「こび—へつらう」のような切れめが意識されることが多い。このために、一つの見出し語の中にアクセント核が二つ現れるのである。この辞典では切れめ意識の強く見られる見出し語には、現実に広く行われているアクセントを示すことに努めた。

季語一覧

(1) 季語の分類は次の原則による。

春　立春から立夏の前日まで
夏　立夏から立秋の前日まで
秋　立秋から立冬の前日まで
冬　立冬から立春の前日まで

(2) なお、新年については、旧暦では春、新暦では冬にはいり、地方では依然として旧正月がおこなわれているので、混乱を避けるために、正月行事を一括して新年の部を独立させた。

(3) 地方により新暦でおこなわれたり、旧暦でおこなわれたりしている古来よりの年中行事は、旧来の季分けに従った。（たとえば七夕・盂蘭盆・花火など）

(4) 各季について、時候・天文・地理・人事・動物・植物の六つに分けて示した。宗教または行事については、別に分けることをせず、人事に含めてあつかった。

(5) 現在では廃絶したり、季感の失われた季語についても、古句を読むため必要と思われるものはできるだけ採録した。

(6) 季の所属について異説のあるものについては、できるだけ通説に近づきつつ独自の判断によって決定した。

	時候	天文	地理	人事
春	立春・寒明け・余寒・冴え返る・日永・遅日・暖か・うららか・のどか・花冷え・啓蟄・彼岸・行く春	東風・風光る・かすみ・かげろう・おぼろ・貝寄風・蜃気楼・別れ霜・鳥曇り・菜種梅雨・春一番	雪解け・なだれ・残雪・薄氷・山笑う・水ぬるむ・逃げ水・雪しろ・焼野・赤潮・凍て解け・干潟・苗代	炉ふさぎ・上り簗・鮎汲・潮干・梅見・白酒・菱餅・踏青・根分・苗木市・挿し木・つぎ木・摘み草・つばき餅・うぐいす餅・桜餅・草餅・花菜漬・木の芽和え・田楽・青ぬた・菜飯・つぼ焼・花見・卒業・入学・遠足・ぶらんこ・しゃぼん玉・凧・風車・風船・朝寝・お水取り・初午・針供養・山焼き・ひな遊び・彼岸会・
夏	立夏・薄暑・万緑・入梅・梅雨・麦の秋・夏至・短夜・半夏生・晩夏・涼し・暑さ・灼ける・土用・夜の秋	五月雨・炎天・油照り・朝曇り・青嵐・涼風・虹・風かおる・草いきれ・日盛り・雲の峰・雷・西日・夕立	泉・したたり・清水・土用波・苦潮・雪渓・お花畑・草茂る・滝・青田・御来迎・出水・代田・植田・日焼田	更衣・袷・甚平・ゆかた・単衣・汗・あせも・香水・うちわ・扇・扇風機・涼み・昼寝・はだか・行水・風鈴・蚊遣火・蚊帳・日がさ・すだれ・日よけ・虫干し・冷房・冷蔵庫・氷水・白玉・甘酒・梅酒・ビール・新茶・冷やっこ・あらい・水貝・ところてん・鵜飼・夜釣・釣堀・水遊び・水鉄砲・泳ぎ・登山・噴水・避暑・夜店・走馬灯・ナイター・水
秋	立秋・残暑・新涼・さわやか・冷ややか・やや寒・うそ寒・肌寒・朝寒・夜寒・冷まじ・身に入む・そぞろ寒・夜長	天の川・初嵐・稲妻・流星・台風・野分・露・月・良夜・十六夜・宵闇・霧・鰯雲・天高し・露霜・後の月	不知火・花野・初潮・刈田・穭田・落し水・秋出水・水澄む・盆波・山粧う・花畑・秋の水・野山の錦・秋の田	七夕・星祭・草市・門火・迎え火・盂蘭盆・中元・墓参り・灯籠・地蔵盆・踊り・流灯・花火・夜学・夜なべ・月見・根釣り・新米・新酒・案山子・鳴子・添水・豊年・毛見・下り簗・菊人形・砧・小鳥網・囮・べったら市・夷講・新そば・芦刈り・稲刈り・稲架・新藁・藁塚・紅葉狩・灯下親し・鳥威し・松手入・魂祭・魂棚・御会
冬	立冬・小春・短日・寒さ・冬至・師走・極月・年の暮・行く年・大年・寒・除夜・凍る・冴ゆる・節分・日脚伸びる・冬ざれ	冬日和・凩・時雨・北風・空っ風・霜・みぞれ・あられ・風花・雪・しまき・寒月・寒雷・吹雪・隙間風・寒波	冬田・山眠る・枯野・霜柱・霧氷・雨氷・氷・氷柱・枯園・狐火・水涸る・寒潮・凍滝・凍港・枯山・雪嶺	狩り・探梅・社会鍋・おでん・湯豆腐・すき焼・暖房・火鉢・こたつ・炭・埋み火・懐炉・炉・焚火・たび・毛糸編む・日向ぼこ・手袋・重ね着・着ぶくれ・毛皮・オーバー・障子・霜除け・竹馬・スキー・避寒・寒げいこ・火事・息白し・風邪・せき・水ばな・塩ざけ・寄せ鍋・もち・雑炊・クリスマス・年用意・歳の市・年忘
新年	初春・新年・去年今年・元日・二日・三日・三が日・七日・松の内・小正月・人日	初茜・初東雲・初明り・初日・初空・初がすみ・初凪・御降り・初風・初東風	初富士・若菜野・初景色	御慶・礼者・賀状・初刷・年玉・雑煮・太箸・歯固・食積・鏡餅・輪飾り・初夢・独楽・羽根・手毬・万歳・獅子舞・書初め・初日記・読初め・初漁・鍬初め・買初め・初市・初暦・若水・破魔矢・出初式・餅花・左義長・松納め・藪入り・初不動・屠蘇・年賀・年酒・蓬莱・門松・鳥総松・飾り・初荷・鏡・寝正月・山始め・仕事始め・

植物	動物	人事
茎立・ねぎ坊主・れんげ草・みょうが竹・青麦・うど・木の芽・つばき・梅・花・桜・落花・残花・若緑・柳・柳絮・ひこばえ・ねこ柳・れんぎょう・つつじ・沈丁花・こぶし・竹の秋・山吹・もくれん・藤・ライラック・黄水仙・クロッカス・アネモネ・ヒヤシンス・桜草・すみれ・ひな菊・草若葉・あざみ・草の芽・ふきのとう・つくし・わらび・せり・芦の角・よもぎ・母子草・杉菜・たんぽぽ・防風・茅花・はこべ・いぬふぐり・若芝・若草・水草生う・クローバ・のり・わかめ・あらめ	へび穴を出る・おたまじゃくし・かわず・落し角・かめ鳴く・ねこの子・うぐいす・小綬鶏・帰雁・鳥の巣・鳥雲に入る・さえずり・つばめ・ほおじろ・ひばり・うそ・百千鳥・きじ・呼子鳥・すずめの子・白魚・わかさぎ・やどかり・桜だい・飯蛸・蛍いか・うに・さわら・魚島・にしん・ます・蒸しがれい・干だら・目刺・しじみ・貽貝・にな・たにし・赤貝・きさご・さざえ・まて・ばか貝・鳥貝・あさり・はまぐり・桜貝・ちょう・はち・あぶ・春ぜみ・巣立鳥・山鳥	復活祭・涅槃会・四月馬鹿・花祭・メーデー・遍路・苗床・種まき・麦踏み・蚕飼い・茶摘み・田打ち・霜くすべ・都踊り・東踊り・謝肉祭・釈典・垣繕う・春眠
ぼたん・余花・葉桜・しょうぶ・新樹・新緑・若葉・たけのこ・しゃくやく・鉄線花・えにしだ・ばら・うの花・麦・あやめ・かきつばた・しゃくなげ・あじさい・あおい・十薬・かび・さくらんぼ・しそ・玉ねぎ・びわ・早苗・除虫菊・浮き草・こうほね・青芦・まこも・茂り・緑陰・木下闇・青葉・昼顔・いちご・ゆり・月見草・夾竹桃・夏みかん・瓜・松葉ぼたん・草いきれ・浜木綿・夕顔・はす・トマト・なす・ひまわり・麻・ははきぎ・百日紅・病葉・葉柳・青芝・青すすき・若竹・竹落葉・土用芽	藺・おこぜ・きす・さば・飛魚・やまめ・こくぞう・うどんげ・うなぎ・かに・かたつむり・みみず・雨がえる・かじか・火取虫・ほたる・浮き巣・まいまい・目高・あゆ・あじ・かつお・よしきり・かわせみ・糸とんぼ・はえ・くも・油虫・やもり・あり・あり地獄・ぶと・ぼうふら・蚊・のみ・ががんぼ・こうもり・老鶯・ほととぎす・閑古鳥・仏法僧・へび・とかげ・むかで・羽抜鳥・くいな・道おしえ・玉虫・こがねむし・髪切虫・かぶと虫・毛虫・雷鳥・金魚・熱帯魚・せみ・空蝉・草かげろう・夜光虫・ひきがえる	中花・草笛・箱庭・打ち水・日向水・日焼・寝冷え・天瓜粉・端居・端午・祭・祇園祭・川開き・田植え・虫送り・誘蛾灯・麦刈り・ほおずき市・たきぎ能
落ち穂・草紅葉・ざくろ・桃・桐一葉・むくげ・白粉花・朝顔・すいか・かぼちゃ・ささげ・あずき・赤のまま・芭蕉・カンナ・稲の花・すすき・なでしこ・ききょう・おみなえし・くずはぎ・いも・まんじゅさげ・鶏頭・早稲・竹の春・草の花・りんどう・コスモス・サフラン・へちま・ほおずき・唐がらし・貝割菜・間引菜・ごま・もくせい・きのこ・しめじ・松たけ・稲・木の実・柿くり・なし・あけび・ぶどう・どんぐり・草の実・柳散る・紅葉・末枯・からすうり・菊・野菊・残菊・落花生	かささぎ・ひぐらし・法師蝉・虫・松虫・鈴虫・こおろぎ・いとどきりぎりす・茶立虫・みみず鳴く・みの虫・かまきり・かげろう・とんぼ・穴まどい・雁・さんま・いわし・さけ・はぜ・うんか・いなご・ばった・稲すずめ・落ちあゆ・渡り鳥・小鳥・ひよどり・もず・うずら・しぎ・むくどり・つぐみ・きつつき・ひたき・鹿・いのしし・つばめ帰る・へび穴に入る・色鳥・馬追い・くつわ虫・かねたたき・かんたん・へひり虫・かけす・赤とんぼ・秋蚕・すずき・秋さば・馬肥ゆる	式・大文字・乾し柿・夜食・原爆忌・震災忌・生姜市・赤い羽根・時代祭・誓文払い・障子洗う
冬木・枯木・木の葉・落葉・枯葉・冬紅葉・紅葉散る・さざんか・茶の花・寒ぼけ・早梅・寒つばき・わびすけ・青木の実・千両・万両・やぶこうじ・十夜柿・みかん・九年母・帰り花・室咲き・冬枯れ・霜枯れ・雪折れ・枯草・枯菊・枯はす・寒菊・水仙・つわ・カトレア・枯芝・葉ぼたん・竜のひげの実・冬構え・冬芽・麦の芽・冬菜・白菜・ねぎ・大根・にんじん・かぶ・セロリ・花八つ手・冬至梅・冬草・枯尾花・枯むぐら・枯芦・枯柳・臘梅・南天の実・クリスマスローズ	かまど猫・うさぎ・たぬき・きつね・おおかみ・くま・くじら・笹鳴き・水鳥・白鳥・かも・千鳥・都鳥・みそさざい・かいつぶり・ふくろう・みみずく・おしどり・たか・わし・寒すずめ・寒がらす・寒卵・凍てづる・たら・まぐろ・ぶり・あんこう・寒ぶな・かき・なまこ・凍てちょう・綿虫・浮寝鳥・ふぐ・いたち・さめ・氷下魚・ひらめ・雪虫・つる渡る・寒ごい・八目うなぎ・いとより・冬うぐいす・まながつお・はたはた・冬かもめ・いるか・むささび・冬のちょう	れ・麦まき・年守る・酉の市・豆まき・雪焼け・雪だるま・木の葉髪・かじかむ・霜焼・ひび・あかぎれ・湯ざめ・神の留守・熊手・神楽
年木・しだ・ゆずりは・福寿草・穂俵・芋頭・ちょろぎ・なずな・ごぎょう・仏の座・若菜・ところ	伊勢えび・数の子・ごまめ・嫁が君・初すずめ・初からす・初とり	御用始め・新年宴会・福笑い・かるた・双六・十六むさし・福引・猿廻し・歳徳神・四方拝・七種・初詣・恵方詣・鏡開き・小豆粥・成人の日

文化史年表

●作品と著者、その成立年代は下のように示した。一二一二　方丈記(鴨長明)
なお、成立年代は、主として刊行の年を示す。
●次のような記事は、その年に設立または制定、公布されたことを示す。
一六一五　武家・公家法度
●☆は、ほぼこのころという、だいたいの年代を示す。
●しばしばでる作家名などについては、名または号だけを略記したものもある。
●国文学史上、文化史上、特に重要と思われる作品や事項を赤字で示した。

時代	天皇	年号	世紀	西暦	文学	社会・文化
縄文文化時代			紀元前	約一万五〇〇〇		縄文文化。縄文土器。竪穴住居。自然崇拝。呪術。
弥生文化時代			紀元前	約八〇〇		弥生文化。弥生土器。天地根元造り。
			紀元前	約四五〇		水稲耕作始まる。青銅器・鉄器使用。
			一世紀	五七		☆古代小国家群の時代。倭奴(わの)国王、後漢に使いをやり、金印をうける。
			三世紀	二三九		耶馬台国女王卑弥呼、魏(ぎ)に朝貢。
	15 応神(おうじん)		三世紀	二八五		百済(くだら)の王仁(わに)来朝、論語・千字文を伝えたという。

西暦	外国
約四〇〇〇	オリエント青銅文化。
約三〇〇〇	エジプト第一王朝。
約一三〇〇	殷(いん)の文化(中国)。亀甲(きっこう)・獣骨の文字。
八〇〇	☆イリアス、オデュッセイア(ホメロス)
七七六	第一回オリンピア競技(ギリシャ)
四八五	釈迦、没。
四七九	孔子、没。
四二九	オイディプス王(ソポクレス)
三九九	ソクラテス、没。
三三四	アレクサンダー大王、東方遠征。
二二一	秦(しん)の始皇帝、中国統一。
二〇二	前漢おこる。☆旧約聖書。
九七	史記(司馬遷)
四五	カサエル(シーザー)終身統領となる。
二七	ローマ帝政始まる。
四	キリスト生まれる。
二五	後漢おこる。
一〇〇	☆仏教、中国に伝来。ガンダーラ文化(インド)。☆説文解字(許慎)
二〇〇	☆新約聖書。キリスト教徒、迫害される。
三三五	キリスト教公認。
三七五	ゲルマン民族大移動。(〜五六八)

時代	天皇	年号	世紀	西暦	文学	日本の事項
古墳文化時代	16仁徳		四世紀	三五〇		このころ大和朝廷の統一。
				三六九		☆朝鮮に出兵。任那日本府建設。帰化人渡来。
			五世紀			☆古墳文化時代。土偶・埴輪。
	29欽明		六世紀	五五二		仏教伝来。(一説に五三八)
						☆百済から医・易・暦伝来。
				五六二		任那の日本府、新羅に滅ぼされる。
	31用明			五八七		蘇我氏、物部氏を滅ぼす。
飛鳥時代	33推古			五九三		聖徳太子、摂政。四天王寺建立。
			七世紀	六〇四		憲法十七条。
				六〇七		小野妹子を隋につかわす。法隆寺建立。(薬師如来像)
				六二二		天寿国曼荼羅繡帳(中宮寺)
				六二八		玉虫厨子(法隆寺)
	34舒明			六三〇		犬上御田鍬を唐につかわす。
	36孝徳	大化元		六四五		大化の改新。天皇制確立。
		白雉三		六五二		班田収授法。戸籍を作る。
	38天智	六		六六七		近江大津宮に遷都。
	39弘文	元		六七二	☆額田王	壬申の乱。飛鳥浄御原宮。
	40天武	二		六七三		
	41持統	八		六九四		藤原京に遷都。
	42文武	大宝元	八世紀	七〇一		大宝律令。
	43元明	和銅元		七〇八	☆柿本人麿	和銅開珎鋳造。
奈良時代		〃三		七一〇		平城京(奈良)に遷都。
		〃五		七一二	古事記(太安万侶)	
		〃六		七一三	風土記撰上の詔。	
	44元正	養老二		七一八		養老律令。
		〃四		七二〇	日本書紀(舎人親王)	
	45聖武	天平二		七三〇		薬師寺東塔。
		〃五		七三三	☆山上憶良没。	
		〃七		七三五	過去現在因果経絵巻　☆山部赤人没。	
		〃十一		七三九		法隆寺夢殿。
		〃十三		七四一		諸国に国分寺・国分尼寺をおく。
	46孝謙	天平勝宝三		七五一	懐風藻	
		〃四		七五二		東大寺大仏開眼。
		〃六		七五四		唐僧鑑真来朝。

西暦	世界の事項
三七九	書家、王羲之没。
三九五	ローマ帝国、東西に分裂。
三九九	☆鳩摩羅什長安に迎えられ仏経漢訳(東晋)
四二七	陶淵明、没。
五二九	ユスチニアヌスのローマ法完成。
五八九	隋、中国を統一。
五九〇	ローマ教皇グレゴリウス一世即位。
六一〇	マホメット、イスラム教をとなえる。
六一八	唐、おこる。
六四五	唐の僧玄奘、インド旅行から帰る。
六六一	サラセン帝国確立。
六七七	新羅、半島統一。
六八〇	遊仙窟(張文成)
七一三	開元天宝の盛唐時代(玄宗)(〜七五五)
七三二	ツールの戦い(フランク、サラセンを撃退)
七五一	唐軍、サラセンと戦う。製紙法、西につたわる。
七五五	安禄山の変(唐)

時代	世紀	天皇	年号	西暦	文学	文化・社会
平安時代	八世紀		〃八	七五六	☆万葉集成立。	☆正倉院建立。
			天平神護元	七六五		道鏡、太政大臣禅師。
		50桓武	延暦四	七八五	大伴家持没。	
			〃一三	七九四		平安京(京都)に遷都。
	九世紀		〃二四	八〇五		最澄、唐から帰国、天台宗をつたえる。
		51平城	大同元	八〇六		空海、唐から帰国、真言宗をつたえる。
		52嵯峨	弘仁五	八一四	凌雲集(小野岑守ら)	
			〃九	八一八	文華秀麗集(藤原冬嗣ら)	
			〃一〇	八一九	文鏡秘府論(空海)	
			〃一三	八二二	☆日本霊異記(景戒)	
		53淳和	天長四	八二七	経国集(良岑安世ら)	
			〃五	八二八		空海の綜芸種智院。
		55文徳	天安二	八六六		藤原良房、摂政。
		58光孝	仁和三	八八七		藤原基経、関白。
		59宇多	寛平四	八九二	新撰字鏡(昌住)。類聚国史(菅原道真)	
			〃六	八九四	☆竹取物語。	遣唐使廃止。
	十世紀	60醍醐	延喜元	九〇一		菅原道真、大宰府に左遷される。
			〃三	九〇三	菅原道真、没。	
			〃五	九〇五	古今和歌集(紀貫之ら)	
			延長五	九二七		延喜格式成る。
		61朱雀	承平五	九三五	☆土佐日記(紀貫之)。☆倭名類聚鈔(源順)	
			天慶元	九三八		空也、念仏宗をひろめる。
			〃二	九三九	☆伊勢物語。	平将門の乱・藤原純友の乱おこる。
			〃三	九四〇	将門記。	
			天暦五	九五一	☆大和物語。	
			天徳二	九五八	☆後撰和歌集(清原元輔ら)	
		64円融	天延二	九七四	蜻蛉日記(藤原道綱の母)	
			天元三	九八〇	☆宇津保物語。	
			永観二	九八四	三宝絵詞(源為憲)	
		65花山	寛和元	九八五	往生要集(源信)	
			〃二	九八六	☆落窪物語。	
		66一条	長徳二	九九六	☆拾遺和歌集。	藤原道長、左大臣。
	十一世紀		長保四	一〇〇二	☆枕草子(清少納言)	☆藤原氏全盛。
			寛弘元	一〇〇四	☆和泉式部日記。	
			〃四	一〇〇七	☆源氏物語(紫式部)	
			〃七	一〇一〇	☆紫式部日記。	
		67三条	長和二	一〇一三	☆和漢朗詠集(藤原公任)	
		68後一条	長元三	一〇三〇	☆栄花物語。	
		70後冷泉	永承六	一〇五一		前九年の役始まる。

西暦	世界
七六二	李白没。
七七〇	杜甫没。☆サラセンの黄金時代。自然科学・商業の発達。
七八一	中国に景教流行。
八二四	白氏文集(白居易)。韓愈(退之)没。
八四三	フランク王国、三つに分裂。
八四六	白居易(楽天)没。
八五三	杜牧没。
九〇七	唐滅び、後梁建国。
九一八	王建(高麗の太祖)即位。
九三五	高麗、新羅を滅ぼし、半島統一。
九六〇	宋おこる。
九六二	オットー一、神聖ローマ皇帝となる。
一〇〇二	☆西洋で、封建制度成立。ノルマン人、イギリスに侵入。
一〇五四	ローマ・ギリシャ両教会分裂。

時代	天皇	年号	西暦	世紀	文化	政治・社会
平安時代		天喜元	一〇五三	十一世紀	浜松中納言物語(菅原孝標の女)	藤原頼通、平等院鳳凰堂建立(阿弥陀像、定朝)
		康平三	一〇六〇		☆更級日記(菅原孝標の女)	
	71後三条	延久元	一〇六九			記録荘園券契所。
	72白河	承保三	一〇七六		☆狭衣物語。	
		承暦三	一〇七九			延暦寺の僧徒強訴。
		永保三	一〇八三			後三年の役おこる。
	73堀河	応徳三	一〇八六		後拾遺和歌集(藤原通俊)	院政の始め(白河上皇)
		嘉承二	一一〇七	十二世紀	☆源氏物語絵巻(春日隆能)。☆今昔物語。	
	74鳥羽	永久元	一一一三		☆大鏡。	僧兵横暴をきわめる。
	75崇徳	天治二	一一二五		☆金葉和歌集。☆奥儀抄(藤原清輔)	平泉、中尊寺の金色堂建立。
		保延六	一一四〇		信貴山縁起絵巻・鳥獣戯画(鳥羽僧正覚猷)	
	76近衛	天養元	一一四四		☆伊呂波字類抄(橘忠兼)	
		仁平元	一一五一		詞花和歌集。	
	77後白河	保元元	一一五六			保元の乱。
	78二条	平治元	一一五九		☆今様流行。	平治の乱。☆政権、武士の手に移る。
		長寛二	一一六四			平氏、写経三三巻を厳島神社に奉納。
	79六条	仁安二	一一六七			平清盛、太政大臣。平氏栄える。
	80高倉	嘉応元	一一六九		☆梁塵秘抄(後白河院)	
		〃二	一一七〇		☆今鏡。	藤原秀衡、鎮守府将軍。
		安元元	一一七五			源空(法然)、浄土宗を開く。
		治承四	一一八〇		明月記(一二三五までの記事、藤原定家) 吾妻鏡(一二六六までの記事)	以仁王・源頼政挙兵、敗死。福原に遷都。源頼朝・義仲挙兵。
	81安徳	養和元	一一八一		☆堤中納言物語。夜の寝覚。	平清盛、没。
鎌倉時代		文治元	一一八五			平氏、壇ノ浦に滅亡。頼朝、守護・地頭をおく。 義経、都落ち。
	82後鳥羽	〃三	一一八七		千載和歌集(藤原俊成)	
		建久元	一一九〇		山家集(西行)。西行、没。	
		〃二	一一九一		☆とりかへばや物語。	栄西、宋から帰国、臨済禅をとなえ、茶を伝える。
		〃三	一一九二			源頼朝、征夷大将軍となる。
		〃六	一一九五		☆水鏡。	東大寺再建。
	83土御門	正治元	一一九九			源頼朝、没。
		建仁三	一二〇三	十三世紀		北条時政、執権。東大寺南大門の仁王像(運慶)
		元久元	一二〇四		藤原俊成、没。	北条時政、将軍源頼家を殺害。
		〃二	一二〇五		新古今和歌集(藤原定家・家隆ら)	
		承元三	一二〇九		無名抄。	
	84順徳	建暦二	一二一二		方丈記(鴨長明)	
		建保元	一二一三		金槐和歌集(源実朝)	
		〃三	一二一五		発心集(鴨長明) ☆平家物語。	興福寺の竜灯鬼・天灯鬼(康弁)
		承久元	一二一九		☆宇治拾遺物語。	将軍源実朝暗殺され、源氏滅ぶ。

西暦	世界
一〇六〇	新唐書(欧陽脩)
一〇六六	ノルマンジー侯ウィリアム、イギリス王となる。
一〇六九	王安石の改革(新法)、失敗。
一〇七三	周濂渓、没。
一〇八四	資治通鑑(司馬光)
一〇八五	程明道、没。
一〇九六	第一次十字軍遠征(～一〇九九)
一一〇一	蘇軾(東坡)没。☆アーサー王伝説
一一一五	女真人、金を建国。
一一二七	北宋滅び、南宋おこる。
一一三五	宋の徽宗、金に捕われのまま没。
一一四七	第二次十字軍遠征(～一一四九)
一一五〇	☆パリ大学。
一一六三	パリのノートルダム寺院建立。 ☆ヨーロッパで都市が形成。
一一七四	カンタベリー寺院再建。
一一七五	近思録(朱熹)
一一八九	第三次十字軍遠征(～一一九二)
一一九〇	ドイツ武士団おこる。
一一九二	陸九淵(象山)没。
一二〇〇	四書集注(朱熹)
一二〇六	チンギス=ハン、モンゴル建国。
一二一五	イギリス王、大憲章(マグナ=カルタ)に署名。

時代	世紀	西暦	天皇	年号	年	文化
鎌倉時代	十三世紀	一二二〇		〃	二	愚管抄(慈円)☆保元物語。☆平治物語。
		一二二一	85仲恭	〃	三	☆八雲御抄(順徳院)☆住吉物語。
		一二二三	86後堀河	貞応	二	海道記。
		一二二四		元仁	元	
		一二二七	87四条	安貞	元	
		一二三二		貞永	元	☆建礼門院右京大夫集。☆小倉百人一首(定家)
		一二三九	89後深草	延応	元	
		一二四一		仁治	二	定家、没。
		一二五二		建長	四	十訓抄
		一二五三		〃	五	正法眼蔵(道元)
		一二五四			六	古今著聞集
		一二六〇	90亀山	文応	元	立正安国論(日蓮)
		一二六二		弘長	二	歎異抄(親鸞)。親鸞、没。
		一二六九		文永	六	万葉集註(仙覚)
		一二七四		〃	一一	☆北野天神縁起絵巻。
		一二七五	91後宇多	建治	元	十六夜日記(阿仏尼)
		一二八〇		弘安	三	
		一二八一		〃	四	
		一二八三		〃	六	沙石集(無住)
		一二八六			九	
		一二九三	92伏見	永仁	元	蒙古襲来絵詞。
	十四世紀	一三二一	96後醍醐	元亨	元	
		一三二四		正中	元	
		一三三一		元弘	元	☆徒然草(吉田兼好)
		一三三二		〃	二	☆曽我物語。
		一三三三		〃	三	☆源平盛衰記。
		一三三四		建武	元	
		一三三五		〃	二	
		一三三六		延元	元	建武年中行事(後醍醐天皇撰)
		一三三八		〃	三	

北条義時、天皇を廃し三上皇を配流。幕府京都に六波羅探題(承久の乱)。
加藤景正、入宋して陶器を学ぶ。
親鸞、浄土真宗を開く。
道元、宋から帰国、曹洞宗を伝える。
貞永式目をおく。☆足利学校。
後鳥羽上皇、没。人身売買禁止。
武蔵野の水田を開発。
鎌倉に大仏建立。
日蓮、法華宗を開く。
三十三間堂の千体観音(湛慶ら)
元軍、対馬・壱岐・北九州に攻めくる。(文永の役)
北条実時の金沢文庫。
元軍、壱岐・筑紫に攻めくる。暴風雨に覆滅(弘安の役)
大覚寺(南朝)・持明院(北朝)両統、迭立(交互に即位)の議おこる。
院政廃止、天皇親政。
正中の変。
笠置行幸。北条高時、光厳院を擁立(元弘の変)
高時、天皇を隠岐に配流。楠正成、護良親王挙兵。
北条氏・鎌倉幕府滅亡。天皇、京都に還幸。
建武の新政。天皇親政。はじめて紙幣「を使う。
足利尊氏、鎌倉でむほん。
尊氏、室町幕府を開く。後醍醐天皇、吉野に遷幸。南北朝対立。
北畠顕家・新田義貞、戦死。尊氏、征夷大将軍。

西暦	世界
	☆ベネチア繁栄始まる。スコラ哲学、さかん。
一二三一	蒙古、高麗に侵入。
一二三四	蒙古、金を滅ぼす。☆ばら物語(ギョーム=ド=ロリス)
一二三七	蒙古軍、モスコー・キエフ占領。
一二四一	ハンザ同盟成立。
一二五四	ライン同盟成立。
一二五八	蒙古、バグダッド占領。
一二六〇	蒙古、フビライ即位。
一二六五	イギリス、国会を創設。
一二七一	蒙古、国号を元と制定。マルコ=ポーロの東方旅行(〜一二九五)
一二七二	十字軍、聖地をなげうつ(最後の十字軍)
一二七八	宋の文天祥、元軍に捕えられる。
一二七九	元、南宋を滅ぼす。
一二八〇	元の世祖即位。元の最盛期。
一二九九	東方見聞録(マルコ=ポーロ)
一三〇二	フランス、国会創設。☆ルネッサンス始まる。
一三〇四	☆神曲(ダンテ)
一三一三	火薬の発明。
一三一六	スイス独立。
一三二一	ダンテ、没。
一三三三	☆商業都市おこる。
一三三七	英仏間に百年戦争おこる。

時代	天皇	年号	西暦	文学・芸術	日本のできごと
〈南北朝時代〉	97後村上	〃 四	一三三九	神皇正統記(北畠親房)	足利直義、元に天竜寺船をつかわす。
		興国 二	一三四一		☆倭寇活躍。
	98長慶	正平 一一	一三五六	菟玖波集(二条良基・救済)	
		文中 二	一三七三	☆太平記。☆筑波問答(二条良基)	
				☆増鏡	鎌倉五山の制。
	99後亀山	弘和 元	一三八一	新葉和歌集(宗良親王)	
		元中 八	一三九一	☆お伽草子、このころから作られる。	
室町時代		〃 九	一三九二		南北朝統一。幕府の支配権確立。
	100後小松	応永 四	一三九七	☆五山文学。	足利義満、鹿苑寺(金閣)を建てる。
		〃 九	一四〇二	☆風姿花伝(世阿弥)。能楽・狂言さかん。	足利義満、明主より日本国王に封ぜられる。永楽銭輸入。
	101称光	〃 一一	一四〇四		明との勘合貿易始まる。
		〃 二七	一四二〇	至花道(世阿弥)	
	102後花園	永享 二	一四三〇	申楽談儀。	
		〃 一一	一四三九	☆連歌流行。	上杉憲実、足利学校を再興。
				☆正徹物語(正徹)	☆茶の湯・挿花流行。
		長禄 元	一四五七	☆義経記	太田道灌、江戸城をきずく。
		寛正 四	一四六三	ささめごと(心敬)	
	103後土御門	応仁 元	一四六七		応仁の乱始まる(～一四七七)
		〃 二	一四六八		四季山水図(雪舟)
		文明 一五	一四八三		東山文化。足利義政、慈照寺(銀閣)を建てる。
		長享 二	一四八八	水無瀬三吟百韻(宗祇・肖柏・宗長)	
		明応 四	一四九五	新撰菟玖波集(宗祇ら)	北条早雲、小田原城をとる。
	104後柏原	永正 七	一五一〇		徳政施行。このころ下剋上の世の中。
		〃 一五	一五一八	閑吟集	
	105後奈良	天文 八	一五三九	☆新撰犬筑波集(山崎宗鑑)	
		〃 一二	一五四三		ポルトガル人種子島に漂着、鉄砲つたわる。平戸にスペイン人来る。
		〃 一八	一五四九		ザビエル、鹿児島に来り、キリスト教を布教。
	106正親町	永禄 一一	一五六八		織田信長入京。足利義昭、将軍。(十五代)
安土桃山時代		天正 元	一五七三		足利氏・室町幕府滅亡。
		〃 一〇	一五八二		大友氏ら少年使節をローマに派遣。本能寺の変。織田信長、没。太閤検地。
		〃 一三	一五八五		豊臣秀吉、大坂城をきずく。秀吉、関白となる。
	107後陽成	〃 一八	一五九〇		北野で大茶会。秀吉、全国を統一。
		〃 一九	一五九一		桃山文化。千利休自刃。

十四世紀 / 十五世紀 / 十六世紀

西暦	世界のできごと
一三三九	☆水滸伝(施耐庵?) ☆三国志演義(羅貫中)
一三四八	ヨーロッパにペスト流行。
一三五三	デカメロン(ボッカチオ)
一三六八	明おこり、元滅ぶ。
一三九二	李氏、朝鮮建国(～一九一〇)。高麗滅ぶ。
一四〇〇	カンタベリー物語(チョーサー)
一四二九	ジャンヌ＝ダルク出現(一四三一、処刑)
一四四五	グーテンベルク、活版印刷術を発明。
一四五三	東ローマ帝国滅ぶ。百年戦争終わる。
一四八〇	ロシア、蒙古から独立。
一四八八	バルトロミュー＝ディアス、喜望峰発見。
一四九二	コロンブス、アメリカ大陸発見。
一四九八	ヴァスコ＝ダ＝ガマ、インド航路発見。
一五一六	ユートピア(トーマス＝モア)
一五一七	マルチン＝ルター、宗教改革。
一五一九	レオナルド＝ダ＝ヴィンチ、没。
一五二三	☆唐詩選(李攀竜)。ルター、新約聖書独訳、出版。マゼランの部下、帰欧(世界一周の始め)
一五二九	明の王陽明、没。
一五三〇	コペルニクス地動説をとなえる。
	☆西遊記。
一五五八	英女王エリザベス即位(～一六〇三)
一五八二	グレゴリオ暦(太陽暦)採用。
一五八八	英、イスパニアの無敵艦隊をうち破る。
一五九〇	金瓶梅(作者不明)

江戸時代 ・ 十七世紀

天皇	年号	西暦	文化	一般事項
	文禄元	一五九二	天草版平家物語。☆吉利支丹文学。	朝鮮に出兵(文禄の役)。朱印船の制度を定める。
	〃 二	一五九三	天草版伊曽保物語。	朝鮮から印刷・製陶の技術つたわる。
	慶長元	一五九六		
	〃 二	一五九七	易林本節用集。	朝鮮再征(慶長の役)
	〃 五	一六〇〇		関ヶ原の戦。徳川家康、江戸にはいる。ウィリアム=アダムズ来朝。
	〃 八	一六〇三	出雲の阿国、歌舞伎踊を初演。	家康、征夷大将軍。江戸幕府を開く。
	〃 九	一六〇四		幕府、東海道など五街道を改修、一里塚をおく。
	〃 一二	一六〇七		林羅山、将軍侍講となる。
	〃 一四	一六〇九		オランダと平戸で通商開始。
108 後水尾	〃 一七	一六一二		キリスト教禁教令。
	〃 一八	一六一三		イギリスと通商開始。支倉常長渡欧。
	元和元	一六一五		大坂夏の陣。豊臣氏、滅亡。武家・公家法度・諸宗寺院法度。
	〃 三	一六一七		日光東照宮造営。
	〃 五	一六一九	近世朱子学の祖、藤原惺窩没。	
	〃 八	一六二二		長崎でキリスト教大殉教。
	〃 九	一六二三	醒睡笑(安楽庵策伝)	
	寛永六	一六二九		踏絵の令。
109 明正	〃 七	一六三〇		林羅山、江戸忍岡に学寮を建てる。
	〃 一二	一六三五		参勤交代の制。狩野山楽、没。
	〃 一四	一六三七		島原に天主教徒の乱。本阿弥光悦没。
	〃 一六	一六三九		オランダ・明以外の外国貿易を禁止。
	正保四	一六四七	☆あやつり芝居おこる。	
110 後光明	慶安二	一六四九		農村に御触書三十二か条。
	〃 四	一六五一	俳諧御傘(松永貞徳)	由比正雪、むほん。
	承応三	一六五四		玉川上水。明の僧隠元、来朝、黄檗宗を伝える。
111 後西	明暦三	一六五七	徳川光圀、大日本史の編纂を始める。	江戸大火(振袖火事)。回向院建立。
112 霊元	延宝二	一六七四	枕草子春曙抄(北村季吟)	発微算法(関孝和)。狩野探幽没。
	〃 八	一六八〇		綱吉、将軍。(五代)
	天和元	一六八一		菱川師宣、浮世絵を始める。
	〃 二	一六八二	好色一代男(井原西鶴)浮世草子の初作)。俳諧談林派の祖、西山宗因没。	
	貞享二	一六八五	野ざらし紀行(松尾芭蕉)西鶴諸国咄(西鶴)	大坂に竹本座。(竹本義太夫)
	〃 三	一六八六	好色五人女(西鶴)。出世景清(近松門左衛門)	
113 東山	〃 四	一六八七		生類あわれみの令。
	元禄元	一六八八	芳野紀行(芭蕉)。日本永代蔵(西鶴)	

西暦	世界
一五九二	随想録(モンテーニュ)
一五九七	ヴェニスの商人(シェークスピア)
一六〇〇	英、東インド会社設立。
一六〇三	ハムレット(シェークスピア)
一六〇九	ケプラー、惑星運動の法則を発見。ガリレイ、望遠鏡を発明。
一六一五	ドン=キホーテ(セルバンテス)
一六二〇	英、清教徒メイフラワー号でアメリカに移住。
一六二六	フランシス=ベーコン、没。
一六三〇	シャムで山田長政毒殺。ケプラー、没。
一六三六	後金、国号を清(〜一九一二)と改める。
一六四〇	英、清教徒革命始まる(〜一六四九)
一六四四	哲学の原理(デカルト)。明滅び、清、北京に遷都。
一六五一	英、共和制。航海条例発布。
一六五六	オランダのホイヘンス、振子時計を発明。
一六六一	康熙帝即位。ルイ十四世親政。
一六六五	ニュートン、万有引力の法則発見。
一六六六	人間嫌い(モリエール)
一六六七	失楽園(ミルトン)
一六六九	パンセ(パスカル)。レンブラント、没。
一六七五	英、グリニッジ天文台開設。
一六七八	天路歴程(バニアン)
一六七九	聊斎志異(蒲松齢)
一六八八	英、名誉革命おこる。

江戸時代

天皇	年号	西暦	文化	社会
	〃二	一六八九	芭蕉、おくの細道の旅。	
	〃三	一六九〇	万葉代匠記(契沖)	湯島聖堂、昌平坂学問所。
	〃四	一六九一	猿蓑(去来・凡兆)	
	〃六	一六九三	西鶴置土産(西鶴)。和字正濫抄(契沖)。西鶴、没。	江戸人口調査(およそ三十五万人)
	〃七	一六九四	炭俵(野坡)。芭蕉、没。	
	〃八	一六九五	華夷通商考(西川如見)	
	〃九	一六九六	農業全書(宮崎安貞)	
	〃一五	一七〇二		赤穂浪士のあだ討ち。
	〃一六	一七〇三	曽根崎心中(近松)	
	宝永元	一七〇四	去来抄・旅寝論(去来)	初代市川団十郎、没。
114 中御門	〃六	一七〇九	西洋紀聞(新井白石)　「(江島其磧)	新井白石、幕政に参与。
	正徳五	一七一五	国性爺合戦(近松)。世間子息気質	正徳新令。
	享保元	一七一六	折たく柴の記(白石)	吉宗、将軍(八代)。享保の改革。尾形光琳、没。
	〃二	一七一七		大岡忠相、江戸町奉行。
	〃五	一七二〇	蘭学はじまる。心中天の網島(近松)	
	〃六	一七二一	女殺油地獄(近松)	小石川薬園を設ける。目安箱を評定所前に置く。
	〃九	一七二四	近松門左衛門、没。	
	〃一三	一七二八	両巴巵言(洒落本の初め)。荷田春満、国学をとなえる。	
	〃一四	一七二九		石田梅岩、心学道話を始める。
	〃一五	一七三〇	三冊子(服部土芳)	
115 桜町	寛保二	一七四二		公事方御定書百か条。
	延享元	一七四四		江戸神田に天文台。甘藷の栽培奨励。
116 桃園	寛延元	一七四八	仮名手本忠臣蔵(竹田出雲)　☆上方で読本流行。	
	宝暦三	一七五三	自然真営道(安藤昌益)。☆滑稽本始まる。	
	〃四	一七五四		山脇東洋ら、はじめて屍体解剖。
117 後桜町	〃一三	一七六三	風流志道軒伝(平賀源内)	
	明和二	一七六五	誹風柳多留初編(呉陵軒可有ほか)。にひまなび(賀茂真淵)。	☆江戸に錦絵おこる。
	〃五	一七六八	雨月物語(上田秋成)	
118 後桃園	安永元	一七七二	天降言(田安宗武)　☆川柳流行。	田沼意次老中。
	〃二	一七七三	山家鳥虫歌	
	〃三	一七七四	解体新書(杉田玄白・前野良沢ら訳)	
	〃四	一七七五	金々先生栄花夢(恋川春町)	
	〃五	一七七六	和訓栞(谷川士清)　「(奈河亀助)	平賀源内、エレキテル完成。池大雅、没。
	〃六	一七七七	新花摘(与謝蕪村)。伽羅先代萩	
	〃八	一七七九	塙保己一群書類従を編みはじめる。	ロシア船、松前藩に通商を要求。☆田

十七世紀 / 十八世紀

西暦	世界
一六八九	ネルチンスク条約。
一六九〇	悟性論(ロック)
一六九四	イングランド銀行。
一七〇一	プロシア王国独立。
一七〇四	千一夜物語(ガラン訳)
一七〇七	大ブリテン王国成立。
一七一四	ファーレンハイト、水銀寒暖計を発明。
一七一六	康熙字典完成。ライプニッツ、没。
一七一九	ロビンソン=クルーソー(デフォー)
一七二六	ガリバー旅行記(スイフト)
一七四八	☆紅楼夢(曹雪芹)　法の精神(モンテスキュー)。フランクリン、避雷針発明。
一七五〇	バッハ、没。
一七五三	大英博物館設立(一七五九、開館)
一七六二	民約論、エミール(ルソー)
一七六五	ワット、蒸気機関を実用化する。☆イギリスに産業革命始まる。
一七七四	若きウェルテルの悩み(ゲーテ)
一七七五	アメリカ独立戦争。
一七七六	アメリカ合衆国独立。国富論(アダム=スミス)
一七七八	ヴォルテール、没。

江戸時代

天皇	年号	西暦	文化
119 光格(こうかく)	天明(てんめい)三	一七八三	万載狂歌集(四方赤良ら)。蘭学階梯(大槻玄沢)。横井也有、没。
	〃 六	一七八六	☆洒落本・黄表紙流行。
	〃 七	一七八七	通言総籬(つうげんそうまがき)(山東京伝)。鶉衣(うずらごろも)(也有)
	寛政(かんせい)二	一七九〇	
	〃 三	一七九一	山東京伝、罰せられる。
	〃 四	一七九二	
	〃 五	一七九三	
	〃 六	一七九四	
	〃 一〇	一七九八	古事記伝(本居宣長(もとおりのりなが))
	〃 一一	一七九九	源氏物語玉の小櫛(宣長)
	〃 一二	一八〇〇	
	享和(きょうわ)三	一八〇三	花月草紙(松平定信)
	文化(ぶんか)元	一八〇四	
	〃 五	一八〇八	☆春雨物語(秋成)
	〃 六	一八〇九	秋成、没。
	〃 七	一八一〇	椿説(ちんせつ)弓張月(滝沢馬琴)
	〃 八	一八一一	古史徴(平田篤胤(あつたね))
	〃 九	一八一二	浮世風呂(式亭三馬)
	〃 一一	一八一四	東海道中膝栗毛(十返舎一九)。南総里見八犬伝(第一輯)(馬琴)。浮世床(三馬)
	〃 一二	一八一五	蘭学事始(ことはじめ)(玄白)。新学異見(香川景樹)
120 仁孝(にんこう)	文政(ぶんせい)二	一八一九	おらが春(小林一茶(いっさ))。群書類従正編。
	〃 三	一八二〇	
	〃 六	一八二三	万葉集古義(鹿持雅澄(かもちまさずみ))
	〃 八	一八二五	東海道四谷怪談(鶴屋南北)
	〃 一二	一八二九	日本外史(頼山陽(らいさんよう))。偐紫田舎源氏(にせむらさきいなかげんじ)(柳亭種彦)
	天保(てんぽう)二	一八三一	良寛、十返舎一九、没。
	〃 三	一八三二	春色梅児誉美(しゅんしょくうめごよみ)(為永春水)。古今集正義(景樹)
	〃 四	一八三三	
	〃 八	一八三七	舎密開宗(セイミかいそう)(化学書)(宇田川榕庵訳)
	〃 九	一八三八	
	〃 一〇	一八三九	☆人情本全盛。
	〃 一二	一八四一	
	〃 一三	一八四二	
121 孝明(こうめい)	弘化(こうか)二	一八四五	富国方法論(二宮尊徳)

十八世紀 / 十九世紀

沼父子全盛。
天明の大飢饉。浅間山大噴火。司馬江漢(しばこうかん)、銅版画を始める。
最上徳内、千島・樺太(からふと)を探検。
松平定信、老中となり、寛政の改革おこなう。
異学(朱子学以外の学)の禁。
林子平、海国兵談をあらわして罰せられる。
塙保己一の和学講談所。
高名美人六家撰(喜多川歌麿)
近藤重蔵、蝦夷地(えぞち)を探検。
伊能忠敬、蝦夷地を測量。
露使レザノフ長崎に来航、通商要求。
間宮林蔵、樺太探検。
間宮林蔵、黒竜江地方を探検して帰国。
幕府、蛮書和解(ばんしょわげ)御用方をおく。
ロシアと境界を定める。
伊能忠敬、沿海実測全図を完成。
浦賀奉行に海岸防備を厳命。
蘭医シーボルト、長崎に来る。富嶽三十六景(葛飾北斎(かつしかほくさい))
外国船撃ち払い令。
天保の大飢饉。百姓一揆頻発。
東海道五十三次(歌川広重)
大坂に、大塩平八郎の乱。
緒方洪庵の適々斎塾。
渡辺崋山、高野長英捕らわれる。
天保の改革始まる。
平田篤胤の著書公刊を禁止。

西暦	世界
一七八一	純粋理性批判(カント)
一七八三	懺悔録(ルソー)。清の四庫全書成る。
一七八八	実践理性批判(カント)
一七八九	ワシントン、大統領。フランス大革命。人権宣言。
一七九一	モーツァルト、没。
一七九三	仏、王制をやめ、共和国となる。
一七九六	ジェンナー、種痘法発明。
一七九八	ナポレオン、エジプト遠征。マルサス、人口論を発表。
一八〇五	トラファルガー海戦。
一八〇六	神聖ローマ帝国滅亡。
一八〇七	フルトン、蒸気船を実用化。
一八一〇	ケーニッヒ、高速度回転印刷機発明。
一八一二	ナポレオンのロシア遠征。グリム童話集(ヤコブ=グリム、ウィルヘルム=グリム)
一八一四	スチーブンソン、蒸気機関車発明。逍遥詩編(ワーズワース)
一八一五	ナポレオン、セントヘレナに配流。
一八二五	英で、世界最初の鉄道開通。
一八二七	ベートーベン、没。ペスタロッチ、没。
一八三〇	赤と黒(スタンダール)
一八三一	ファウスト(ゲーテ)。ヘーゲル、没。
一八三五	即興詩人(アンデルセン)
一八三七	ビクトリア女王即位。プーシキン、没。
一八三八	ダゲール、写真術を発明。
一八四〇	清、英とアヘン戦争。
一八四三	黄金虫(ポー)
一八四五	カルメン(メリメ)

江戸時代 / 明治時代（122 明治）　十九世紀

年号	年	西暦	文化	社会
嘉永	六	一八五三	与話情浮名横櫛(三代瀬川如皐)	韮山反射炉。ペリー浦賀に来航。
安政	元	一八五四		日章旗を日本国総船印と決定。
〃	四	一八五七	ひとりごと(大隈言道)	蕃書調所。下田条約。
〃	五	一八五八		井伊直弼大老。日米通商条約調印。安政の大獄。
〃	六	一八五九	柳橋新誌初編(成島柳北)	長崎・横浜・箱館開港。
万延	元	一八六〇	三人吉三廓初買(河竹黙阿弥)	桜田門外の変。長崎製鉄所。
文久	二	一八六二	怪談牡丹灯籠(円朝)	坂下門の変。生麦事件。榎本武揚・西周らオランダへ留学。
〃	三	一八六三		英艦、鹿児島砲撃。攘夷親征布告。
元治	元	一八六四		長州征伐。英仏蘭米の艦隊、下関砲撃。横浜に、月二回の新聞発行。
慶応	元	一八六五	歌人、平賀元義、没。	四国公使、兵庫開港と条約要求。慶応義塾。
〃	二	一八六六	西洋事情(福沢諭吉)	薩長連合成立。江戸・大坂に打ちこわし。
〃	三	一八六七	西洋雑誌刊行。	大政奉還の布告。江戸幕府、滅亡。
明治	元	一八六八	訓蒙窮理図解(諭吉)	五箇条の御誓文。
〃	二	一八六九	世界国尽・西洋事情(諭吉)	東京遷都。版籍奉還。小学校設置。京浜間電信開設。
〃	三	一八七〇	西洋道中膝栗毛(仮名垣魯文)	中学校開設。種痘法。横浜毎日新聞。
〃	四	一八七一	西国立志編(中村敬宇訳)。安愚楽鍋(魯文)	金本位制採用。廃藩置県。郵便規則。
〃	五	一八七二	学問のすゝめ(諭吉)	学制公布。太陽暦採用。京浜間鉄道開通。
〃	六	一八七三	明六社結成。	征韓論おこる。徴兵令。キリスト教の信仰許可。外国語学校。
〃	七	一八七四	柳橋新誌二編(柳北)。東京新繁昌記(服部誠一)。ローマ字採用論おこる。	佐賀の乱。台湾事件。民選議院設立建白書提出。
〃	八	一八七五	文明論之概略(諭吉)	元老院・大審院。讒謗律・新聞紙条令。
〃	九	一八七六		佩刀禁止。札幌農学校。
〃	一〇	一八七七		西南戦争。西郷隆盛、敗死。東京帝国大学。博愛社(日本赤十字社)
〃	一一	一八七八	志濃夫廼舎歌集(橘曙覧)。八十日間世界一周(川島忠之助訳)	東京株式取引所。
〃	一二	一八七九	☆翻訳文学さかん。	府県会規則。教育令。大阪朝日新聞。
〃	一四	一八八一	小学唱歌初編。島衛月白浪(黙阿弥)	自由党結成。
〃	一五	一八八二	新体詩抄(外山正一ら)。民約訳解(中江兆民)	立憲改進党結成。日本銀行。東京専門学校(早稲田大学)
〃	一六	一八八三	経国美談(矢野竜渓)。☆政治小説さかん。	鹿鳴館開館。
〃	一八	一八八五	佳人之奇遇(東海散士)。小説神髄・当世書生気質(坪内逍遥)	内閣制度定まり、初代総理大臣伊藤博文。
〃	二〇	一八八七	浮雲(二葉亭四迷)。言文一致体小説おこる。	条約改正中止。保安条令。東京美術学校。
〃	二一	一八八八	あひびき・めぐりあひ(四迷訳)。夏木立(美妙)	市町村制。枢密院。東京天文台。
〃	二二	一八八九	風流仏(幸田露伴)。於母影(森鷗外ら)	帝国憲法発布。東京神戸間鉄道開通。
〃	二三	一八九〇	舞姫(鷗外)。☆新聞小説さかん。小泉八雲、来日。	教育勅語。第一回帝国議会。府県郡制。
〃	二四	一八九一	蓬莱曲(北村透谷)。五重塔(露伴)。油	大津事件。上野―青森間鉄道開通。

西暦	世界
一八四八	共産党宣言。人間喜劇(バルザック)
一八五〇	緋文字(ホーソン)
一八五二	ナポレオン三世即位。
一八五六	ハイネ、没。
一八五七	ボヴァリー夫人(フロベール)。悪の華(ボードレール)
一八五八	インド、英領となる。天津条約。
一八五九	種の起原(ダーウィン)
一八六〇	ショーペンハウエル、没。
一八六一	リンカーン、大統領。南北戦争。
一八六二	レ＝ミゼラブル(ユーゴー)
一八六三	ロンドンに地下鉄開通。リンカーン、奴隷解放宣言。
一八六四	万国赤十字同盟結成。
一八六五	メンデル、遺伝の法則を発見。
一八六六	罪と罰(ドストエフスキー)
一八六七	資本論第一巻(マルクス)
一八六九	戦争と平和(トルストイ)。スエズ運河開通。アメリカ太平洋鉄道開通。
一八七〇	普仏戦争。フランス第三共和国。
一八七一	ドイツ国家統一完成。パリ・コミューン。
一八七四	第一回印象派展覧会
一八七五	ミレー・コロー・アンデルセン、没。
一八七六	ベル、電話機を発明。
一八七七	露土戦争。蓄音器の発明。アンナ＝カレーニナ(トルストイ)。処女地(ツルゲーネフ)。居酒屋(ゾラ)
一八七八	エジソン、電球を発明。人形の家(イプセン)
一八七九	昆虫記第一巻(ファーブル)
一八八一	パナマ運河起工。
一八八三	女の一生(モーパッサン)。ツァラトゥストラ(ニーチェ)
一八八四	清仏戦争。
一八八七	ザメンホフ、エスペラント語を作る。
一八八八	幸福な王子(ワイルド)
一八八九	エッフェル塔。クロイツェルソナタ(トルストイ)
一八九〇	コッホ、ツベルクリン発見。ゴッホ、没。
一八九一	寂しき人々(ハウプトマン)。ラン

明治時代 ｜ 123 大正

十九世紀 ｜ 二十世紀

			地獄(斎藤緑雨)。早稲田文学創刊。			ポー、没。エジソン、映画を発明。
〃	二五	一八九二	即興詩人(鷗外訳)。没理想論争。	伝染病研究所。		
〃	二六	一八九三	文学界創刊。☆和歌・俳句の革新運動。		一八九三	チャイコフスキー、没。
〃	二七	一八九四	滝口入道(高山樗牛)。桐一葉(逍遥)。透谷自殺。	日清戦争。天満紡績ストライキ。	一八九四	ドレフュス事件。
〃	二八	一八九五	たけくらべ(樋口一葉)。☆観念小説流行。	日清講和。三国干渉。遼東半島返還。	一八九五	レントゲン、X線を発見。マルコーニ、無電に成功。
〃	二九	一八九六	東西南北(与謝野鉄幹)。一葉、没。	日露協商。八幡製鉄所。	一八九六	オリンピック第一回大会、アテネで開催。
〃	三〇	一八九七	金色夜叉(尾崎紅葉)。若菜集(島崎藤村)。源をぢ(国木田独歩)。ホトトギス創刊。	帝国図書館官制公布。足尾鉱毒事件調査委員会。京都帝国大学。日本勧業銀行。	一八九七	シラノ=ド=ベルジュラック(ロスタン)。
〃	三一	一八九八	不如帰(徳富蘆花)。歌よみに与ふる書(正岡子規)	戸籍法施行。日本美術院。	一八九八	☆西欧諸国、清国に租借権を強請。
〃	三二	一八九九	天地有情(土井晩翠)。暮笛集(薄田泣菫)。	外国人内地雑居。東京―大阪間電話開通。	一八九九	南阿戦争。復活(トルストイ)
〃	三三	一九〇〇	高野聖(泉鏡花)。自然と人生(蘆花)。明星創刊。☆浪漫主義文学さかん。	北清事変。立憲政友会結成。	一九〇〇	中国、義和団の乱。
〃	三四	一九〇一	武蔵野(独歩)。みだれ髪(与謝野晶子)。諭吉、没。	社会民主党結成、即日禁止。	一九〇一	ノーベル賞設定。
〃	三五	一九〇二	運命論者(独歩)。子規・樗牛、没。	日英同盟成立。	一九〇二	シベリア鉄道完成。どん底(ゴーリキー)
〃	三六	一九〇三	独絃哀歌(蒲原有明)。紅葉、没。	満韓問題につき日露交渉。平民新聞。国定教科書。	一九〇三	ライト兄弟、飛行機発明。桜の園(チェーホフ)。ゴーギャン、没。
〃	三七	一九〇四	竹の里歌(子規)。火の柱(木下尚江)。	日露戦争。たばこ専売法公布。	一九〇四	ジャン=クリストフ(ロマン=ロラン)
〃	三八	一九〇五	吾輩は猫である(夏目漱石)。海潮音(上田敏訳)	日本海海戦。日露講和。		
〃	三九	一九〇六	破戒(藤村)。坊っちゃん・草枕(漱石)。白羊宮(泣菫)	南満州鉄道会社。日本社会党結成。	一九〇六	英、労働党結成。
〃	四〇	一九〇七	蒲団(田山花袋)。平凡(四迷)。☆自然主義文学確立する。	工場・鉱山にストライキさかん。文部省美術展。	一九〇七	英露協商成立。プラグマティズム(ジェームス)
〃	四一	一九〇八	三四郎(漱石)。何処へ(正宗白鳥)。独歩、没。アララギ創刊。	戊申詔書。橋本雅邦、没。日米紳士協定。	一九〇八	清、宣統帝即位。
〃	四二	一九〇九	自然主義の価値(島村抱月)。冷笑(永井荷風)。それから(漱石)。田舎教師(花袋)。邪宗門(北原白秋)。廃園(三木露風)。四迷、没。	伊藤博文、ハルビンで暗殺。自由劇場。	一九〇九	ピアリー、北極点に到達。狭き門(ジッド)。青い鳥(メーテルリンク)
〃	四三	一九一〇	家(藤村)。刺青(谷崎潤一郎)。土(長塚節)。別離(若山牧水)。一握の砂(石川啄木)。白樺創刊。	大逆事件。日韓併合。韓国に総督府をおく。白瀬中尉ら南極探検。	一九一〇	南ア連邦成立。
〃	四四	一九一一	黴(徳田秋声)。善の研究(西田幾多郎)	条約改正完成。幸徳秋水ら処刑。	一九一一	中国辛亥革命。孫文、臨時大総統。アムンゼン、南極点に到達。
123 大正	大正 元	一九一二	悲しき玩具(啄木)。啄木、没。	乃木大将、殉死。第一次憲政擁護運動。	一九一二	清滅び、中華民国おこる。袁世凱、大総統。
〃	二	一九一三	阿部一族(鷗外)。赤光(斎藤茂吉)。桐の花(白秋)。大菩薩峠(中里介山)。	議会停止、東京に暴動、焼打。	一九一三	失われし時を求めて(プルースト)
〃	三	一九一四	こゝろ(漱石)。道程(高村光太郎)	対独宣戦。第一次世界大戦に参加。	一九一四	第一次世界大戦始まる。パナマ運河開通。ダブリンの人々(ジョイス)
〃	四	一九一五	入江のほとり(白鳥)。その妹(武者小路実篤)。羅生門(芥川龍之介)。切火(島木赤彦)	対華二十一か条要求、条約調印。		
〃	五	一九一六	明暗(漱石)。高瀬舟・渋江抽斎(鷗外)。貧しき人々の群(宮本百合子)。漱石、没。	憲政会結成。	一九一六	アインシュタイン、一般相対性原理を発表。変身(カフカ)
〃	六	一九一七	カインの末裔(有島武郎)。和解(志賀直哉)。	金輸出禁止。軍備拡張案成立。ストラ	一九一七	ロシア、十月革命。レーニン、首相。ロダン・ドガ、没。

時代	年号	西暦	文学	日本
大正時代	〃七	一九一八	月に吠える(萩原朔太郎)。父帰る(菊池寛)子をつれて(葛西善蔵)。愛の詩集(室生犀星)。三太郎の日記(阿部次郎)。赤い鳥創刊。	イキさかん。理化学研究所。シベリア出兵。
	〃八	一九一九	或る女(武郎)。恩讐の彼方に(寛)。田園の憂鬱(佐藤春夫)。新生(藤村)。	パリ講和会議に参加。野口英世黄熱病病原体発見。☆デモクラシー思想。
	〃九	一九二〇	真珠夫人(寛)。井伊大老の死(中村吉蔵)	最初のメーデー。国際連盟に加入。
	〃一〇	一九二一	暗夜行路(直哉)。赤い蠟燭と人魚(小川未明)。☆プロレタリア文学論おこる。	原敬首相、暗殺。労働総同盟。
	〃一一	一九二二	人間万歳(実篤)。多情仏心(里見弴)。鷗外、没。	海軍軍縮条約に調印。九か国条約成立。
	〃一二	一九二三	子を貸し屋(宇野浩二)。山椒魚(井伏鱒二)。武郎、自殺。	関東大震災。日本共産党第一次検挙。
	〃一三	一九二四	痴人の愛(潤一郎)。春と修羅(宮沢賢治)。文芸戦線創刊。	護憲同盟。築地小劇場。富岡鉄斎、没。
	〃一四	一九二五	竹沢先生と云ふ人(長与善郎)	治安維持法。普通選挙法。ラジオ放送開始。
昭和時代	124 昭和(しょうわ) 昭和(しょうわ)元	一九二六	伊豆の踊子(川端康成)。海に生くる人々(葉山嘉樹)。自然成長と目的意識(青野季吉)	社会民衆党・日本労農党結成。
	〃二	一九二七	河童(かっぱ)・歯車(龍之介)。龍之介、自殺。蘆花、没。☆円本全集・文庫本流行。	金融恐慌。ジュネーブ軍縮会議に参加。東京に地下鉄開通。
	〃三	一九二八	波(山本有三)。放浪記(林芙美子)	最初の普通選挙。張作霖爆死。共産党大検挙。
	〃四	一九二九	蟹工船(小林多喜二)。太陽のない街(徳永直)	日本航空、旅客輸送開始。岸田劉生、没。
	〃五	一九三〇	機械(横光利一)。測量船(三好達治)。聖家族(堀辰雄)。葛飾(かつしか)(水原秋桜子)。ナップ創刊。	金輸出解禁。米価・生糸暴落。写真電送開始。全国労働組合同盟結成。
	〃六	一九三一	つゆのあとさき(荷風)。☆プロレタリア文学全盛。	満州事変。映画トーキー化始まる。
	〃七	一九三二	上海(利一)。Xへの手紙(小林秀雄)	上海事変。満州国成立。五・一五事件。
	〃八	一九三三	党生活者(多喜二)。風雨強かるべし(広津和郎)。春琴抄(潤一郎)。多喜二・賢治、没。	国際連盟を脱退。滝川事件。☆労働運動・社会運動退潮。☆ファシズムおこる。
	〃九	一九三四	氷島(朔太郎)。山羊の歌(中原中也)。柿本人麿(茂吉)。あにいもうと(犀星)	ワシントン海軍条約廃棄通告。
	〃一〇	一九三五	夜明け前(藤村)。私小説論(秀雄)。芥川賞・直木賞創設。逍遥、没。☆転向文学さかん。	天皇機関説問題化。国体明徴決議。
	〃一一	一九三六	冬の宿(阿部知二)。風立ちぬ(辰雄)	ロンドン軍縮会議脱退。二・二六事件。
	〃一二	一九三七	雪国(康成)。濹東綺譚(ぼくとうきだん)(荷風)。旅愁(利一)。鮫(金子光晴)。路傍の石(有三)	日中戦争おこる。日独伊防共協定。人民戦線事件。文化勲章制定。帝国芸術院。
	〃一三	一九三八	麦と兵隊(火野葦平)。火山灰地(久保栄)	国家総動員法。物資の配給制。
	〃一四	一九三九	宮本武蔵(吉川英治)。河明り(岡本かの子)	国民徴用令。ノモンハン事件。
	〃一五	一九四〇	夫婦善哉(織田作之助)。連環記(露伴)	政党解散。大政翼賛会。日独伊軍事同盟。
	〃一六	一九四一	縮図(秋声)。智恵子抄(光太郎)	日ソ中立条約。太平洋戦争始まる。
	〃一七	一九四二	日本文学報国会。晶子・白秋・朔太郎、没。	シンガポール・マニラ占領。
	〃一八	一九四三	李陵(中島敦)。細雪(ささめゆき)(潤一郎)。秋声・藤村、没。	大東亜共同宣言。学徒動員・出陣。
	〃一九	一九四四	津軽(太宰治)	サイパン島陥落。内地空襲始まる。

西暦	世界
一九一八	第一次世界大戦終結。
一九一九	ベルサイユ平和条約。独、共和制。月と六ペンス(モーム)。ルノアール、没。
一九二〇	国際連盟成立。
一九二一	ワシントン会議。阿Q正伝(魯迅)
一九二二	伊、ファシスト内閣成立。ソビエト社会主義共和国連邦成立。チボー家の人々(デュ＝ガール)
一九二三	ヒトラー台頭。
一九二四	魔の山(トーマス＝マン)。レーニン、没。
一九二六	アムンゼン、北極探検。城(カフカ)
一九二七	リンドバーグ、大西洋横断飛行。蔣介石、南京に国民政府樹立。北京原人発見される。
一九二八	フレミング、ペニシリンを発明。静かなドン第一部(ショーロホフ)。チャタレー夫人の恋人(ロレンス)
一九二九	世界経済大恐慌始まる。
一九三〇	ロンドン海軍軍縮会議。ガンジー、反英運動。
一九三三	独、ナチス第一党。
一九三四	ヒトラー、独総統。キュリー夫人、没。
一九三五	大地(パール＝バック)。伊、エチオピアを侵略。
一九三六	風と共に去りぬ(ミッチェル)
一九三八	独、オーストリアを合併。嘔吐(おうと)(サルトル)
一九三九	スペイン、フランコ独裁。独伊軍事同盟。独ソ不可侵条約。第二次世界大戦始まる。フロイト、没。
一九四〇	独、パリ占領。仏、独に降伏。
一九四一	独ソ戦始まる。大西洋憲章。ベルグソン、没。
一九四二	異邦人(カミュ)
一九四三	伊、降伏。ビルマ・フィリピン独立。ストレプトマイシン発見。
一九四四	連合軍、パリ入城。ロマン＝ロラン没。

昭和時代	二十世紀				
〃 二〇	一九四五	お伽草紙(治)。三木清、没。	原子爆弾投下。無条件降伏。	一九四五	ベルリン陥落。独、無条件降伏。ポツダム宣言。第二次世界大戦終わる。
〃 二一	一九四六	踊子(荷風)。播州平野(百合子)。暗い絵(野間宏)。白痴(坂口安吾)。桜島(梅崎春生)。	農地改革。公職追放令。婦人議員誕生。当用漢字・現代かなづかい制定。	一九四六	国際連合第一回総会。ニュールンベルク国際軍事裁判判決。
〃 二二	一九四七	斜陽(治)。深夜の酒宴(椎名麟三)。蝮(まむし)のすゑ(武田泰淳)。露伴・利一、没。	日本国憲法制定。六三制教育実施。登呂遺跡発掘。	一九四七	インド独立。ペスト(カミュ)
〃 二三	一九四八	俘虜記(大岡昇平)。帰郷(大仏次郎)。虫のいろいろ(尾崎一雄)。治、自殺。	極東国際軍事裁判判決。新民法。	一九四八	ガンジー暗殺。世界人権宣言。☆冷戦時代に入る。
〃 二四	一九四九	本日休診(鱒二)。夕鶴(木下順二)	新制大学発足。湯川秀樹にノーベル物理学賞。	一九四九	北大西洋条約。中華人民共和国成立。
〃 二五	一九五〇	武蔵野夫人(昇平)。鳴海仙吉(伊藤整)。絵本(田宮虎彦)。風俗小説論(中村光夫)	警察予備隊。金閣寺炎上。レッド・パージ始まる。総評結成。	一九五〇	中ソ友好条約。朝鮮戦争始まる。
〃 二六	一九五一	風にそよぐ葦(石川達三)。野火(昇平)。広場の孤独(堀田善衛)。百合子・芙美子、没。	サンフランシスコ講和条約。民間放送開始。児童憲章制定。国内航空復活。	一九五一	イラン石油国有化。
〃 二七	一九五二	真空地帯(宏)	日米行政協定。独立回復。メーデー事件。	一九五二	エジプトに革命
〃 二八	一九五三	鷹(石川淳)。火の鳥(整)。茂吉・辰雄、没。	テレビ放送開始。	一九五三	英登山隊、エベレスト登頂に成功。朝鮮休戦協定調印。スターリン、没。
〃 二九	一九五四	むらぎも(中野重治)。山の音(康成)	ビキニ水爆実験。死の灰事件。自衛隊発足。	一九五四	雪どけ(エレンブルグ)。マチス、没。
〃 三〇	一九五五	流れる(幸田文)。太陽の季節(石原慎太郎)	法隆寺大修理。安井曽太郎、没。	一九五五	アジア・アフリカ会議。
〃 三一	一九五六	金閣寺(三島由紀夫)。楢山節考(深沢七郎)。迷路(野上弥生子)。光太郎、没。	日ソ国交回復。日本、国連に加盟。佐久間ダム完成。東海道全線電化。	一九五六	エジプト、スエズ運河を国有化。ハンガリー事件。英仏軍、エジプトを攻撃。
〃 三二	一九五七	裸の王様(開高健)。点と線(松本清張)。杏っ子(犀星)。女坂(円地文子)	南極観測隊、昭和基地に上陸。	一九五七	ソ連、人工衛星打ち上げに成功。
〃 三三	一九五八	飼育(大江健三郎)。森と湖のまつり(泰淳)。人間の条件(五味川純平)	アジア競技大会、東京で開催。横山大観、没。	一九五八	米、人工衛星打ち上げに成功。
〃 三四	一九五九	敦煌(とんこう)(井上靖)。人間の壁(達三)。荷風・高浜虚子、没。	国民健康保険。メートル法実施。	一九五九	ソ連、宇宙ロケット打ち上げ。月の裏側の写真撮影に成功。
〃 三五	一九六〇	静物(庄野潤三)。風流夢譚(たん)(七郎)問題となる。葦平、没。☆国語論争、さかん。	日米安保条約改正反対運動。社会党浅沼委員長刺殺。カラーテレビ本放送開始。	一九六〇	李承晩大統領、辞職。
〃 三六	一九六一	未明・浩二、没。犀星・白鳥・英治、没。		一九六一	ソ連、人類初の宇宙飛行に成功。ヘミングウェー、没。
〃 三七	一九六二	砂の女(安部公房)。楡家の人びと(北杜夫)。	国産原子炉に点火。	一九六二	アルジェリア独立。キューバ危機。
〃 三八	一九六三	地の群れ(井上光晴)。久保田万太郎、没。	松川事件無罪判決。	一九六三	ケネディ大統領暗殺。
〃 三九	一九六四	秀吉と利休(弥生子)。春夫・達治、没。	東京オリンピック開催。東海道新幹線開通。	一九六四	仏、中国を承認。ネール、没。
〃 四〇	一九六五	抱擁家族(小島信夫)。日本近代文学館。潤一郎・高見順、没。	日韓国交回復。朝永振一郎にノーベル物理学賞。	一九六五	米、ベトナム戦争に本格介入。チャーチル・シュバイツァー、没。
〃 四一	一九六六	沈黙(遠藤周作)。黒い雨(鱒二)。華岡清洲の妻(有吉佐和子)。亀井勝一郎、没。	航空大惨事続発。	一九六六	中、文化大革命。仏、NATO離脱。
〃 四二	一九六七	万延元年のフットボール(健三郎)。変容(整)。山本周五郎・壺井栄、没。	吉田茂、没。	一九六七	ポンド切り下げ。中国、水爆実験。
〃 四三	一九六八	三匹の蟹(大庭みな子)。安土往還記(辻邦生)。共同幻想論(吉本隆明)	川端康成にノーベル文学賞。小笠原諸島返還。☆大学紛争、さかん。	一九六八	ソ連、チェコスロバキアに侵入。国際通貨危機。
〃 四四	一九六九	甲乙丙丁(重治)。親鸞(文雄)。スミヤキスト	七二年沖縄返還きまる。東名高速道路	一九六九	ホー=チ=ミン、没。フラン切り下げ。マルク切り上げ。有人宇宙船アポロ、月着陸。米で、ベトナム反戦運動最大規模となる。

時代	和暦	世紀	西暦	文学	日本の社会	西暦	世界
昭和時代	〃 四五	二十世紀	一九七〇	Qの冒険(倉橋由美子) 杏子(古井由吉)。漱石とその時代(江藤淳)。由紀夫、自殺。	全通。 日本の人工衛星打ち上げ成功。大阪で万国博覧会開催。	一九七〇	ナセル・ド＝ゴール、没。中国、初の人工衛星打ち上げ。
	〃 四六		一九七一	レイテ戦記(昇平)。青年の環(宏)。金田一京助・日夏耿之介・高橋和巳、没。	天皇・皇后両陛下訪欧。	一九七一	円切り上げ。バングラデシュ、独立。中国、国連加盟。英国ECに加盟。
	〃 四七		一九七二	たった一人の反乱(丸谷才一)。恍惚の人(佐和子)。平林たい子、没。康成、自殺。	沖縄復帰、沖縄県として発足。日中国交正常化。高松塚古墳発見。	一九七二	ニクソン米大統領、訪中、訪ソ。
	〃 四八		一九七三		石油ショックで物価急上昇。江崎玲於奈にノーベル物理学賞。	一九七三	ベトナム和平。ピカソ、没。金大中事件。
	〃 四九		一九七四	月山(森敦)	佐藤栄作にノーベル平和賞。フォード米大統領来日。国鉄長期スト。	一九七四	ソルジェニーツィン、ソ連から追放。世界人口会議。世界食糧会議。
	〃 五〇		一九七五	時に佇つ(佐多稲子)。火宅の人(檀一雄)	両陛下訪米。エリザベス女王来日。沖縄国際海洋博開催。	一九七五	ベトナム戦争終結。国際婦人年。米ソ宇宙船ドッキング成功。
	〃 五一		一九七六	定本死霊(埴谷雄高)。実篤・泰淳・舟橋聖一、没。	ロッキード事件明るみに出る。天皇在位五〇年式典挙行。	一九七六	周恩来・毛沢東、没。ベトナム統一選挙。米宇宙船火星に軟着陸。
	〃 五二		一九七七	死の棘(島尾敏雄)。本居宣長(秀雄)。枯木灘(中上健次)。藤森成吉、没。	一二カイリ領海、二〇〇カイリ漁業専管水域を政府決定。	一九七七	パナマ運河返還条約。カンボジア、ベトナムと断交。
	〃 五三		一九七八	夕暮まで(吉行淳之介)	日中平和友好条約成立。成田空港開業。	一九七八	国連軍縮特別総会。モロ前伊首相誘拐殺害事件。イランに革命。
	〃 五四		一九七九	宣告(加賀乙彦)。血族(山口瞳)。福永武彦、没。	第一回国公立大学共通一次試験実施。東京サミット開催。御岳山噴火。	一九七九	中国・ベトナム間に紛争。米原子力発電所に事故。朴韓国大統領暗殺。
	〃 五五		一九八〇	狂風記(淳)。神聖喜劇(大西巨人)。土岐善麿・吉川幸次郎、没。	史上初めての衆参両院同時選挙。モスクワ・オリンピックに日本不参加。	一九八〇	ソ連のアフガニスタン介入により、米大統領、モスクワ・オリンピックボイコット提唱。チトー、没。イラン・イラク戦争開始。
	〃 五六		一九八一	流離譚(安岡章太郎)。吉里吉里人(井上ひさし)	常用漢字表告示。教科書検定問題表面化。日米自動車摩擦激化。ローマ教皇来日。福井謙一にノーベル化学賞。	一九八一	国際障害者年。サダト・エジプト大統領暗殺。ポーランドに戒厳令。
	〃 五七		一九八二	別れる理由(信夫)。裏声で歌へ君が代(才一)。西脇順三郎、没。	教科書内容が国際問題化。校内暴力事件急増。東北・上越新幹線開通。	一九八二	フォークランド紛争。アラゴン、没。
	〃 五八		一九八三	新しい人よ眼ざめよ(健三郎)。槿(由吉)。淳・秀雄・一雄、中村草田男、没。	ロッキード事件で元首相らに実刑判決。三宅島噴火。	一九八三	大韓航空機撃墜事件。
	〃 五九		一九八四	群棲(黒井千次)。方舟さくら丸(公房)。白夜を旅する人々(三浦哲郎)。滝井孝作、没。	臨時教育審議会(臨教審)発足。グリコ・森永事件おこる。日本人の平均寿命、男女とも世界一となる。	一九八四	ガンジー・インド首相暗殺。
	〃 六〇		一九八五	夢の島(日野啓三)	筑波で国際科学技術博覧会(科学万博)開催。男女雇用機会均等法成立。日航ジャンボ機墜落。青函トンネル開通。	一九八五	メキシコ大地震。コロンビアで火山大爆発。ゴルバチョフ書記長就任。
	〃 六一		一九八六	石坂洋次郎、没。	円高問題深刻化。衆参同日選挙で自民党圧勝。	一九八六	スペースシャトル爆発。フィリピン独裁政権崩壊。ソ連原子力発電所に大事故。ボーボワール、没。
	〃 六二		一九八七	ノルウェイの森(村上春樹)。サラダ記念日	国鉄分割民営化。NHK二四時間衛星	一九八七	レーガン・ゴルバチョフ会談。INF全廃条約調印、冷戦時代終結へ。
						一九八八	イラン・イラク戦争終結。ソウル・オリンピック開催。

時代	天皇	年号	世紀	西暦	文学	社会	西暦	世界
平成時代	〃	六三	二十世紀	一九八八	(俵万智)ベストセラーとなる。キッチン(吉本ばなな)。中村汀女・草野心平、没。	放送開始。いじめ・登校拒否増加。瀬戸大橋開通。リクルート事件発覚。地価急上昇。		
	125 平成の天皇	平成(へいせい)元		一九八九	夜の蟻(高井有一)。孔子(靖)	昭和天皇崩御(ほうぎょ)。消費税実施。参院選挙で与野党逆転。株価最高となる。	一九八九	ソ連軍アフガニスタン撤退。東欧諸国自由化。天安門事件発生。
	〃	二		一九九〇	文学部唯野教授(筒井康隆)。土屋文明、没。	第一回大学入試センター試験実施。株価下落し、バブル経済にかげり。	一九九〇	ゴルバチョフ大統領就任。湾岸危機発生。東西ドイツ統一。
	〃	三		一九九一	みいら採り猟奇譚(河野多恵子)。宏・靖、没。	雲仙岳噴火で大被害。	一九九一	湾岸戦争。ゴルバチョフ大統領辞任。ソ連邦消滅。ロシア、エリツィン大統領。
	〃	四		一九九二	健次・清張、没。	PKO法案可決。自衛隊カンボジアへ。		
	〃	五		一九九三	深い河(周作)。公房・加藤楸邨(しゅうそん)・鱒二、没。	両陛下、沖縄訪問。自民党分裂、総選挙。非自民連立内閣成立。	一九九三	米、クリントン大統領就任。中国、江沢民国家主席就任。
	〃	六		一九九四	百年の旅人たち(李恢成)。志賀直哉(阿川弘之)。淳之介・福田恆存、没。	大江健三郎にノーベル文学賞。松本サリン事件。村山連立内閣発足。	一九九四	金日成、没。☆エイズ問題深刻化。
	〃	七		一九九五	ねじまき鳥クロニクル(春樹)。	阪神淡路大震災。地下鉄サリン事件。オウム真理教教祖、逮捕。	一九九六	国連、包括的核実験禁止条約採択。
	〃	八		一九九六	永遠の都(乙彦)。四重奏(真一郎)。司馬遼太郎・周作・宇野千代、没。	小選挙区比例代表並立制選挙実施。橋本自民単独内閣発足。薬害エイズ問題表面化。☆バブル崩壊。	一九九七	ペルー日本大使公邸占拠事件。英、総選挙で、労働党圧勝。
	〃	九		一九九七	火山島(金石範)。木霊集(田久保英夫)。		一九九八	インドネシアに暴動。サッカーW杯フランス大会開催、日本初参加。
	〃	一〇		一九九八	火の山―山猿記(津島佑子)。啓太の選択(坂上弘)。稲子・善衛、没。	オリンピック冬季大会、長野で開催。		
	〃	一一		一九九九	江藤淳、自殺。邦生、没。	臓器移植法に基づく初の臓器移植、成功。国旗・国歌法案可決。	一九九九	欧州連合単一通貨ユーロ発足。
	〃	一二		二〇〇〇	神の子どもたちはみな踊る(春樹)。きれぎれ(町田康)	有珠山・三宅島噴火。小渕恵三首相、急死。森喜朗内閣成立。	二〇〇〇	国連特別総会。ロシア、プーチン大統領就任。南北朝鮮首脳会談。
	〃	一三	二十一世紀	二〇〇一	中陰の花(玄侑宗久)。田久保英夫、没。	小泉純一郎内閣発足。首相靖国神社参拝。皇太子妃愛子内親王を出産。	二〇〇一	米、ブッシュ大統領就任。米で同時多発テロ。米他、アフガニスタン攻撃、タリバン政権崩壊。
	〃	一四		二〇〇二	本格小説(水村美苗)	首相北朝鮮を訪問。金正日総書記と会談。拉致被害者の一部帰国。	二〇〇二	EU統一通貨ユーロ流通開始。中国胡錦濤総書記就任。
	〃	一五		二〇〇三	博士の愛した数式(小川洋子)	イラク復興特別支援法成立。地上デジタル放送開始。ヒトゲノム解読完了。	二〇〇三	米英、イラク攻撃。イラク政権崩壊し、フセイン大統領逮捕。
	〃	一六		二〇〇四	水上勉、没。	自衛隊の多国籍軍参加決定。自衛隊イラク入国。新潟県中越地震。首相北朝鮮を再訪問。国立大学法人化。	二〇〇四	EU憲法採択。オリンピック、アテネで一〇八年ぶりに開催。スマトラ島沖大地震。
	〃	一七		二〇〇五	半島を出よ(村上龍)。文雄、没。	総選挙で与党圧勝。CO_2削減京都議定書発効。JR福知山線尼崎大事故。	二〇〇五	パキスタン大地震。米南部、超大型ハリケーンにより大被害。
	〃	一八		二〇〇六	一日夢の柵(黒井千次)。順二・信夫・吉村	小泉首相辞任。安倍晋三内閣発足。改	二〇〇六	北朝鮮、地下核実験。フセイン大統

平成時代・令和時代　二十一世紀

天皇	年号	西暦	文化	西暦	日本	世界
			昭、没。		正教育基本法成立。	領死刑判決。惑星から冥王星除外。
	〃 一九	二〇〇七	悪人(吉田修一)。みな子・小田実、没。	二〇〇七	参議院選挙で野党勝利。過半数を占める。安倍首相、突然辞任。福田康夫内閣発足。郵政民営化。	米、サブプライム問題で金融不安起こる。原油価格上昇。国連事務総長に初のアジア人潘基文就任。
	〃 二〇	二〇〇八	時が滲む朝(楊逸)。小川国夫、没。	二〇〇八	ねじれ国会で紛糾続く。福田首相辞任。麻生太郎内閣発足。	地球温暖化への危機感強まる。ミャンマー大洪水。中国四川大地震。
	〃 二一	二〇〇九	1Q84(春樹)	二〇〇九	衆議院選挙で民主党が圧勝し、政権交代。鳩山由紀夫内閣発足。	米、オバマ大統領就任。
	〃 二二	二〇一〇	三浦哲郎・つかこうへい・井上ひさし、没。		菅直人内閣発足。	
	〃 二三	二〇一一	北杜夫・小松左京、没。	二〇一一	東日本大震災。野田佳彦内閣発足。	金正日、没。
	〃 二四	二〇一二	冥土めぐり(鹿島田真希)。吉本隆明・丸谷才一、没。	二〇一二	熊本市が二〇番目の政令指定都市に。第二次安倍内閣発足。	中国、習近平が国家主席に選出。
	〃 二五	二〇一三	色彩を持たない多崎つくると、彼の巡礼の年(春樹)。安岡章太郎・山崎豊子、没。	二〇一三	富士山が世界遺産に登録決定。特定秘密保護法が成立。	米、オバマ大統領、連続で就任。
	〃 二六	二〇一四	春の庭(柴崎友香)。吉野弘・まどみちお・渡辺淳一、没。	二〇一四	集団的自衛権行使容認の憲法解釈を閣議決定。御嶽山噴火。	クリミア危機。
	〃 二七	二〇一五	火花(又吉直樹)。野坂昭如・河野多恵子・陳舜臣・阿川弘之、没。	二〇一五	北陸新幹線、長野～金沢が開業。マイナンバー制度開始。	パリ同時多発テロ。
	〃 二八	二〇一六	コンビニ人間(村田沙耶香)。津島佑子・高井有一、没。	二〇一六	北海道新幹線開業。熊本地震。改正公職選挙法で、選挙権が十八歳になる。	英、欧州連合離脱を決定。
	〃 二九	二〇一七	騎士団長殺し(春樹)。杉本苑子・林京子・大岡信、没。	二〇一七	森友学園・加計学園問題で、安倍首相追及。九州北部豪雨災害。	米、トランプ大統領就任。カズオ＝イシグロ、ノーベル文学賞。
	〃 三〇	二〇一八	石牟礼道子・金子兜太、没。	二〇一八	大阪北部地震。西日本豪雨災害。北海道地震。	米朝が史上初の首脳会談。
126 今上(きんじょう)	令和(れいわ) 元	二〇一九	むらさきのスカートの女(今村夏子)。橋本治・田辺聖子、没。	二〇一九	徴用工問題で日韓関係悪化。ラグビーW杯日本開催。	香港で、反政府抗議活動激化。
	〃 二	二〇二〇	古井由吉、没。	二〇二〇	東京オリンピック・パラリンピック延期。新型コロナウイルス感染症で緊急事態宣言。菅義偉内閣発足。	新型コロナウイルス感染症が世界的に流行、欧州などでロックダウン。
	〃 三	二〇二一	半藤一利・瀬戸内寂聴、没。	二〇二一	東京オリンピック・パラリンピック開催。岸田文雄内閣発足。	米、バイデン大統領就任。

日本の旧国名

五畿	畿内	❶山城 ❷大和 ❸河内 ❹和泉 ❺摂津
七道	東海道	❻伊賀 ❼伊勢 ❽志摩 ❾尾張 ❿三河 ⓫遠江 ⓬駿河 ⓭伊豆 ⓮甲斐 ⓯相模 ⓰武蔵 ⓱安房 ⓲上総 ⓳下総 ⓴常陸
	東山道（中仙道）	㉑近江 ㉒美濃 ㉓飛騨 ㉔信濃 ㉕上野 ㉖下野
	東山道 陸奥	㉗磐城 ㉘岩代 ㉙陸前 ㉚陸中 ㉛陸奥
	東山道 出羽	㉜羽前 ㉝羽後
	北陸道	㉞若狭 ㉟越前 ㊱加賀 ㊲能登 ㊳越中 ㊴越後 ㊵佐渡
	山陽道	㊶播磨 ㊷美作 ㊸備前 ㊹備中 ㊺備後 ㊻安芸 ㊼周防 ㊽長門
	山陰道	㊾丹波 ㊿丹後 51但馬 52因幡 53伯耆 54出雲 55石見 56隠岐
	南海道	57紀伊 58淡路 59阿波 60讃岐 61伊予 62土佐
	西海道	63筑前 64筑後 65豊前 66豊後 67肥前 68肥後 69日向 70大隅 71薩摩 72壱岐 73対馬

(注) 五畿・七道は律令制下の地方行政区画。
1868(明治元)年、出羽は二国、陸奥は五国に細分された。
1869(明治2)年、北海道は図のように区分された。
沖縄は1879(明治12)年までは琉球。

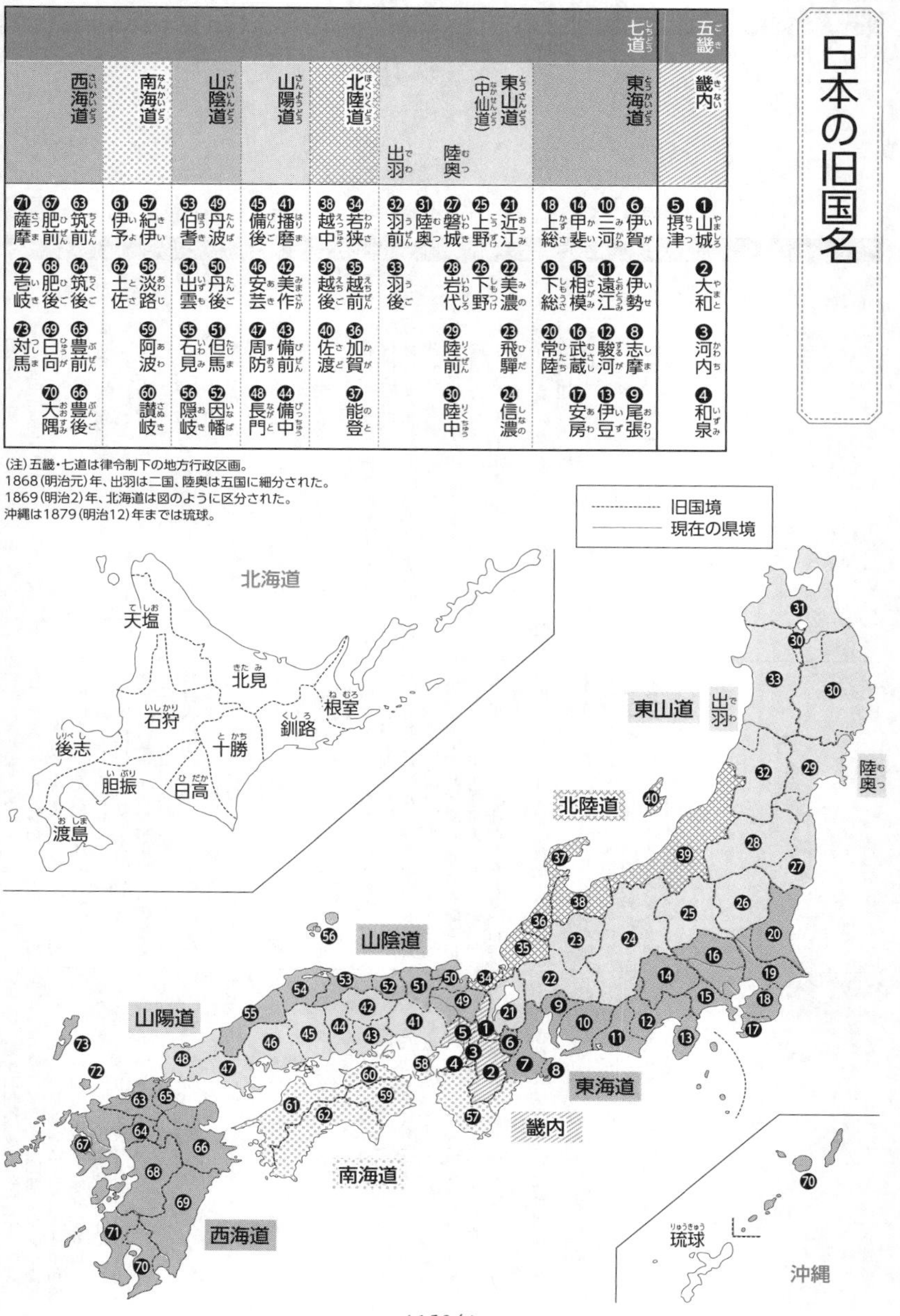

漢字部首名称

- 乙　おつにょう
- 亠　けいさん　なべぶた
- 亻・人　にんべん
- 儿　ひとあし　にんにょう
- 八　はちがしら
- 冂　まきがまえ　けいがまえ
- 冖　わかんむり
- 冫　にすい
- 凵　かんにょう　うけばこ
- 刂・刀　りっとう
- 力　ちから
- 勹　つつみがまえ
- 匚　はこがまえ
- 匸　かくしがまえ
- 卩・㔾　ふしづくり
- 厂　がんだれ
- 口　くちへん
- 囗　くにがまえ
- 土　つちへん　どへん
- 夊　すいにょう
- 女　おんなへん
- 子　こへん

- 宀　うかんむり
- 尸　しかばね
- 山　やまへん
- 山　やまかんむり
- 工　たくみへん
- 巾　はばへん　きんべん
- 广　まだれ
- 廴　いんにょう　えんにょう
- 艹・艹・艸　くさかんむり　そうこう
- 弓　ゆみへん
- 彐・彑・⺕　けいがしら
- 彡　さんづくり
- 彳　ぎょうにんべん
- 忄・心　りっしんべん
- 扌・手　てへん
- 氵・水　さんずい
- 犭・犬　けものへん
- 阝(右)・邑　おおざと
- 阝(左)・阜　こざとへん
- 辶・辶・辵　しんにょう　しんにゅう
- ⺗・心　したごころ
- 戈　ほこがまえ

- 戸・戸　とかんむり
- 支　しにょう　えだにょう
- 攵・攴　ぼくにょう　のぶん
- 文　ぶんにょう
- 斗　とます
- 斤　おのづくり
- 方　かたへん
- 日　ひへん　にちへん
- 曰　ひらび
- 月　つきへん
- 月・肉　にくづき
- 木・木　きへん
- 欠　あくび
- 止　とめへん
- 歹・歺　がつへん
- 殳　ほこづくり　るまた
- 气　きがまえ
- 氺・水　したみず
- 灬・火　れっか　れんが
- 爫・⺤・爪　そうにょう　つめかんむり
- 爿　しょうへん
- 片　かたへん
- 牙・牙　きばへん
- 牜・牛　うしへん
- 犬・犭　けものへん

- 王・玉　たまへん
- 礻・示　しめすへん
- 罒・网・罓　あみがしら
- 耂・老　おいかんむり
- 辶・辶・辵　しんにょう　しんにゅう
- 艹・艹・艸　くさかんむり　そうこう
- 田　たへん
- 疒　やまいだれ
- 癶　はつがしら
- 皮　けがわ
- 皿　さら
- 目　めへん
- 罒・网・罓　あみがしら
- 矛　ほこへん
- 矢　やへん
- 石　いしへん
- 示・礻　しめすへん
- 禾・禾　のぎへん
- 穴　あなかんむり
- 立　たつへん
- 歺・歹　がつへん
- 衤・衣　ころもへん
- 竹　たけかんむり
- 米　こめへん
- 糸　いとへん
- 缶　ほとぎへん

- 网・罒・罓　あみがしら
- 羊・⺶　ひつじへん
- 老・耂　おいかんむり
- 耒・耒　すきへん　らいすき
- 耳　みみへん
- 聿　ふでつくり
- 舌　したへん
- 舟　ふねへん
- 艸・艹・艹　くさかんむり　そうこう
- 虍　とらかんむり　とらがしら
- 虫　むしへん
- 行　ゆきがまえ
- 衣・衤　ころもへん
- 襾・西　にし
- 角　つのへん
- 言　ごんべん
- 豆　まめへん
- 豕　いのこへん
- 豸　むじなへん
- 貝　かいへん　こがい
- 走　そうにょう　そうにゅう
- 𧾷・足　あしへん
- 身　みへん
- 車　くるまへん
- 辵・辶・辶　しんにょう　しんにゅう
- 邑・阝(右)　おおざと

- 酉　とりへん　ひよみのとり
- 釆　のごめへん
- 里　さとへん
- 麦・麥　ばくにょう
- 金　かねへん
- 門　もんがまえ　かどがまえ
- 阜・阝(左)　こざとへん
- 隹　ふるとり
- 雨　あめかんむり　あまかんむり
- 革　かわへん　つくりがわ
- 韋・韋　なめしがわ
- 頁　おおがい
- 𩙿・飠・食　しょくへん
- 馬　うまへん
- 骨　ほねへん
- 髟　かみかんむり　かみがしら
- 鬥　とうがまえ　たたかいがまえ
- 鬲　かなえ
- 鬼　きにょう
- 魚　うおへん　さかなへん
- 鳥　とりへん
- 麥・麦　ばくにょう
- 麻・麻　あさかんむり
- 歯・齒　はへん
- 鼻　はなへん

漢字一覧

この「漢字一覧」は、二〇一〇年に改定された「常用漢字表」(二一三六字・赤字で示した)と「人名用漢字別表」(八六三字)に掲げられた漢字を中心に、現代社会で用いられる基本度の高い漢字、三六〇二字を選んで、その字体・音訓・用法などについて簡潔に記載したものである。

字種の選択に際しては、右の表のほか、情報処理の世界で広く使われている「情報交換用符号化拡張漢字集合(JIS X0213)」(2004)を参照した。同規格の第1水準漢字、二九六五字はすべて収録した。

㈠ 見出し漢字の配列は、代表音訓による五十音順とした。代表音訓は、原則として常用漢字については表の配列のもととなった音(訓で示されたものは訓)により、その他の漢字はよく使われる音または訓によった。

例 日→ニチ　咲→さく
臥→ガ　椿→つばき

同音訓の見出し漢字は、音→訓の順序により、それぞれの内部は、常用漢字→その他の漢字、画数の少ないもの→多いものの順に並べた。

読み方のわからない漢字は、一六三五ページに掲げた「総画索引」により、画数からその漢字の所在ページを調べることができる。

㈡ 「常用漢字表」を基準とした漢字の種別については、次のように示した。

常用漢字のうち、小学校で学習する字については、その学年配当を①〜⑥で示した。そのほかの常用漢字には、何も印を付けなかった。表外漢字は、右肩に×印、人名用漢字は左肩に人印を付けて示した。

例 ②紙　小学校二年で学習する常用漢字

軸　小学校では学習しない常用漢字
×云　一般の表外漢字
人弘　人名に用いてもよい表外漢字

㈢ 常用漢字および人名用漢字で、いわゆる新字体(通用字体)を採用しているものは、見出し漢字の下に( )に入れて旧字体(いわゆる康熙字典体)を示した。その他の漢字は、康熙字典体に基づくいわゆる正字を見出し漢字として示した。その際、「表外漢字字体表」(二〇〇〇年一二月、国語審議会答申)で示された、印刷標準字体を参照した。

▼印の後の解説中に用いた、字体に関する用語の意味は次のとおりである。

異体字…ある漢字と字音・字義が同じで字体が異なる字。

俗字…昔の中国で、正字のほかに用いられていた字。

許容字体…「飠」「⻌」の部分が、活字体で「食」「辶」となることを許容する字。デザインの差をこえて、骨組も同じでないとされる字。

通用字体…常用漢字・人名用漢字で採用された字体、および、その他の漢字でその字体を部分として含む字体(例えば「噌」「涛」など)。新聞・放送、情報処理などで使われる。

簡易慣用字体…通用字体のうち、「表外漢字字体表」で使用頻度が大きいとされる字体。

別字…字源、用法がまったく異なる字。

㈣ 見出し漢字の下に、部首名、部首を除いた画数、総画数を示した。新字体を採用しているために、所属部首が替わったものは、新字体による部首名を示し、▼印の後に参考として旧部首名を示した。

例 医(醫)匚5[7]……▼旧字体は「酉」の部。

画数は、常用漢字・人名用漢字については、その字体によって数え、その他の漢字については、伝統的な字体によって数えている。例えば、しんにょう(⻌・辶)など は、常用漢字(二〇〇四年以降の追加字を除く)と人名用漢字(二〇〇四年以降の追加された字を除く)は三画、その他の漢字は四画として数える。

ただし、両者の間になるべく矛盾が起きないようにするため、次の四字およびそれを部分として含む字については画数の数え方を統一した。

之(四画→三画)　此(五画→六画)
瓜(五画→六画)　臣(六画→七画)

[くさかんむりは常用漢字と人名用漢字は三画、その他の表外漢字は四画として数えたが、見出し漢字の字体は、慣例にしたがって、常用漢字・人名用漢字、およびその他の表外漢字とも三画の活字を用いている]

㈤ 見出し漢字の下に、片仮名で音(字音)を、平仮名で訓(字訓)を示した(外来語は原則として片仮名)。そのうち、「常用漢字表」にあるものは、太字で赤く示した。

現代日本語では通常用いられない音読みには、右肩に＊印を付けた。

音の歴史的仮名遣い(字音仮名遣い)は( )で示した。漢字でその語を表記する際に、送り仮名を必要とする訓は、その部分を細字で示した。

常用漢字表で、一字下げで示される特別な音訓、用法のごく狭い音訓は、その右横に線を付けて示した。

㈥ 見出し漢字を頭字とする語で、熟字訓など、読み方の難しいものは、★印の後にまとめて掲げた。そのうち、「常用漢字表」の「付表」にある読み方は、赤字で示した。

頭字が見出し漢字としてたてられていない読み方の難しい語は、「難読語一覧」(一六一五ページ)を参照してほしい。

㈦ 一般の音訓のほか、人名にだけよく用いられる訓のある場合は、[人名用]として主なものを示した。

㈧ 主な同訓異字は⇕印の後に掲げた。右肩に付けた▲印は表外訓、×印は表外字である。

あ

【ア】

亜(亞) 二5〔7〕 ア(亜流・亜熱帯・亜鉛)／つぐ(亜ぐ) ★亜米利加・亜爾然丁・亜細亜・亜鈴 ▼白亜(白堊とも書いた)

人×阿 阜5〔8〕 ア(曲学阿世)／おもねる(阿る) ★阿吽・阿片・阿呆・阿弥陀・阿修羅・阿堵物・阿媽・阿漕・阿闍利・阿多福・阿房宮・阿波(地名)

人×娃 女6〔9〕 ＊ア ▼日本では「穎娃」のように主に地名に使われる。

×啞 口8〔11〕 ア(啞然・啞鈴) ▼「唖」は簡易慣用字体。

【アイ】

哀 口6〔9〕 アイ(哀愁・悲哀)／あわれ(哀れ・哀れがる)／あわれむ(哀れむ・哀れみ)／かなしい(哀しい)／かなしむ(哀しむ)

挨 手7〔10〕 アイ(挨拶)

④愛 心9〔13〕 アイ(愛情・恋愛)／めでる(愛でる)／いとしい(愛しい)〔人名用〕〈まな・めぐみ〉 ★愛媛(地名)・愛知郡

曖 日13〔17〕 アイ(曖曖・曖昧)

×隘 阜10〔13〕 アイ(隘路・狭隘)／せまい(隘い) ▼「隘」は通用字体。

【あい】

×姶 女6〔9〕 ＊オウ〔アフ〕(地名) ★姶良

【あう】

人×逢 辵7〔11〕 ホウ(逢着)／あう(逢う・出逢い)⇔あう(合う・会う・遭う・遇う) ★逢瀬

【あおい】

人×葵 艸9〔12〕 ＊キ／あおい(葵)〔人名用〕〈まもる〉 ★山葵・向日葵

【あかね】

人×茜 艸6〔9〕 ＊セン／あかね(茜・茜色)

【あき】

×穐 亀5〔21〕 シュウ〔シウ〕 ▼「千秋楽」は「千穐楽」とも書く。「秋」の古字。古くは「龝」。「穐」は通用字体。

【あきら】

人×晟(晟) 日7〔10〕 ＊セイ／＊ジョウ〔ジャウ〕〔人名用〕〈あきら・てる・まさ〉

【アク】

③悪(惡) 心7〔11〕 アク(悪事・醜悪)／オ〔ヲ〕(悪寒・憎悪)／にくむ(悪む)／わるい(悪い・悪者) ★悪阻・悪露・悪戯

握 手9〔12〕 アク(握手・掌握)／にぎる(握る・一握り) ★握齪

人×渥 水9〔12〕 アク(渥然・渥美)〔人名用〕〈あつし〉 ★渥美(地名・姓)

【あくた】

人×芥 艸4〔7〕 カイ(塵芥)／あくた(芥) ★芥子・芥川

【あさひ】

人×旭 日2〔6〕 キョク(旭日)／あさひ(旭)〔人名用〕〈あき・あきら〉

【あし】

人×芦(蘆) 艸9〔7〕 ロ(芦花・葫芦)／あし(芦)／よし(芦) ▼「芦」はデザインの差。「芦薈」はアロエ。

人×葦 艸9〔13〕 ＊イ〔ヰ〕／あし(葦)／よし(葦) ★葦牙・葦簀・葦簾・葦雀・葦北郡

×葭 艸9〔13〕 ＊カ／あし(葭)／よし(葭)

【あじ】

×鰺 魚11〔22〕 ＊ソウ〔サウ〕／あじ(鰺) ▼「鯵」は通用字体。

【あずさ】

人×梓 木7〔11〕 シ(上梓)／あずさ(梓)

【あぜ】

×畦 田6〔11〕 ケイ(畦畔)／うね(畦)／あぜ(畦) ★畦丁

【アツ】

⑤圧(壓) 土2〔5〕 アツ(圧力・圧迫・圧倒・加圧・気圧・重圧)／おす(圧す)／おさえる(圧える)

×軋 車1〔8〕 アツ(軋轢・軋軋)／きしむ(軋む)

人×斡 斗10〔14〕 アツ(斡旋)

【あつかう】

扱(扱) 手3〔6〕 ＊キュウ〔キフ〕／あつかう(扱う・客扱い・取り扱い)／こく(稲扱き)／しごく(扱く)

【あつらえる】

×誂 言6〔13〕 ＊チョウ〔テウ〕／あつらえる(お誂え向き)

【あて】

宛 宀5〔8〕 エン〔ヱン〕(宛然)／あたかも(宛も)／あてる(宛てる)⇔あてる(当てる・充てる)／ずつ(一つ宛)／さながら(宛ら) ★宛名・宛先・宛行

【あね】

×姐 女5〔8〕 ＊ソ／あね(姐御) ★姐さん

【あぶ】

×虻 虫3〔9〕 ＊ボウ〔バウ〕／あぶ(虻)

【あぶみ】

×鐙 金12〔20〕 ＊トウ／あぶみ(鐙)

【あめ】

×飴 食5〔14〕 ＊イ／あめ(飴・水飴) ▼「飴」は通用(許容)字体。

【あや】

人×綾 糸8〔14〕 リョウ(綾羅)／あや(綾) ★綾子(綸子とも書く)・綾歌郡綾川町(地名)

【あゆ】

人×鮎 魚5〔16〕 ＊デン／あゆ(鮎・落ち鮎) ★鮎並・鮎魚女 ▼中国ではナマズの意。

【あられ】

×霰 雨12〔20〕 サン(霰弾・霰粒腫)／あられ(霰・雨霰) ▼「霰弾」は「散弾」とも。

【あり】

×蟻 虫13〔19〕 ギ(蟻酸)／あり(羽蟻・白蟻)

【ある】

人×或 戈4〔8〕 ＊ワク(或問)／ある(或る日)／あるいは(A或いはB)

【あわ】

人×粟 米6〔12〕 ゾク(粟粒)／あわ(粟) ★粟生(地名)・粟国(地名)

【あわせ】

×袷 衣6〔11〕 ＊コウ〔カフ〕／あわせ(袷)

【あわび】

×鮑 魚5〔16〕 ホウ〔ハウ〕(鮑魚・管鮑の交わり)／あわび(干し鮑)

【アン】

③ 安 宀3〔6〕 アン（安全・不安）／やすい（安い・安らかだ）／いずくんぞ（安んぞ） ★安居・安堵・安本丹・安山岩・安母尼亜・安南（地名）・安芸（地名）・目利安・安房（地名）・安曇（地名）・安平（地名） ▼「安逸」は「安佚」の書き換え。

④ 案 木6〔10〕 アン（案文・新案） ★案山子

③ 暗 日9〔13〕 アン（暗示・明暗）／くらい（暗い・暗がり） ▼「闇」の代用字。

闇 門9〔17〕 アン（闇主・痴闇）／やみ（闇夜） ▼「暗」で代用される。

人× 按 手6〔9〕 アン（按摩・按排） ★按察使

人× 晏 日6〔10〕 *アン（晏起・晏然）〔人名用〕（はる・やす）

人× 庵 广8〔11〕 アン（庵室）／いおり（庵）／いお（庵） ★庵原（地名） ▼「菴」は異体字。

人× 鞍 革6〔15〕 アン（鞍馬・鞍部）／くら（鞍） ★鞍馬（地名）

× 諳 言10〔16〕 アン（諳記・諳誦）／そらんずる（諳んずる） ▼「暗」と通じる。

× 餡 食8〔17〕 アン（白餡・葛餡）

【あんず】

人× 杏 木3〔7〕 キョウ（キャウ）（杏林）／アン（杏仁・銀杏）／あんず（杏） ▼アンズは元は「杏子」。

い

【イ】

④ 以 人3〔5〕 イ（以上・以後）／もって（以て） ★以為 ▼「似」は別字。

④ 衣 衣0〔6〕 イ（衣服・作業衣）／エ（作務衣）／ころも（衣・羽衣）／きぬ（歯に衣着せぬ） ★衣更着・衣被・衣魚・産衣・上衣・紙衣・母衣・浴衣

④ 位 人5〔7〕 イ〔ヰ〕（位置・各位）／くらい（位・位する）

⑤ 囲（圍） 口4〔7〕 イ〔ヰ〕（囲碁・範囲）／かこむ（囲む・囲み）／かこう（囲う・囲い） ★囲炉裏・囲繞

③ 医（醫） 匸5〔7〕 イ（医学・名医） ▼旧字体は「酉」の部。

④ 依 人6〔8〕 イ（依頼・依然）／エ（帰依）／よる（依る） ★依怙地・依怙贔屓

③ 委 女5〔8〕 イ〔ヰ〕（委任・委細）／まかせる（委せる）／ゆだねる（委ねる）／くわしい（委しい）

威 女6〔9〕 イ〔ヰ〕（威力・示威）

畏 田4〔9〕 イ〔ヰ〕（畏敬・畏縮）／おそれる（畏れる）⇔おそれる（恐れる）／かしこまる（畏まる）

⑥ 胃 肉5〔9〕 イ〔ヰ〕（胃腸・胃弱）

為（爲） 火5〔9〕 イ〔ヰ〕（為政者・作為）／なす（為す）／ため（為） ★為替・外為・所為・為体・為人 ▼旧字体は「爪」の部。

尉 寸8〔11〕 イ〔ヰ〕（尉官・大尉）

⑥ 異 田6〔11〕 イ（異論・奇異）／こと（異）／ことなる（異なる）

⑤ 移 禾6〔11〕 イ（移転・推移）／うつる（移る）／うつす（移す）

人× 萎 艸8〔11〕 イ〔ヰ〕（萎縮）／しぼむ（萎む）／しおれる（萎れる）／なえる（萎える） ▼「委」で代用されることがある。

偉（偉） 人10〔12〕 イ〔ヰ〕（偉大・偉観）／えらい（偉い・偉ぶる）

椅 木8〔12〕 イ（椅子）

③ 意 心9〔13〕 イ（意見・決意） ★意気地

違（違） 辵10〔13〕 イ〔ヰ〕（違反・相違）／ちがう（違う・間違う）／ちがえる（違える・間違える）／たがえる（違える）

彙 彐10〔13〕 イ〔ヰ〕（語彙・彙報） ▼「彚」は異体字。手書きに多い。

維 糸8〔14〕 イ〔ヰ〕（維持・繊維）／これ（維） ★維摩・維納（地名）

慰 心11〔15〕 イ〔ヰ〕（慰安・慰労）／なぐさめる（慰める）／なぐさむ（慰む・慰み） ▼「慰謝」は「慰藉」の書き換え。

⑥ 遺（遺） 辵12〔15〕 イ〔ヰ〕（遺棄・遺失）／ユイ（遺言）／のこす（遺す）／のこる（遺る） ★遺愛寺（寺名）

緯（緯） 糸10〔16〕 イ〔ヰ〕（緯度・経緯）／よこいと（緯）

人× 已 己0〔3〕 イ（已往・已然形）／やむ（已む）／すでに（已に）／のみ（已） ★已矣哉・已矣 ▼「それから」の意では「以」で代用される。

人× 伊 人4〔6〕 イ（伊語・日独伊）〔人名用〕（これ・ただ・よし） ★伊達・伊豆（地名）・伊勢（地名）・伊予（地名）

人× 夷 大3〔6〕 イ（夷狄・攘夷）／えびす（夷）

× 洟 水6〔9〕 イ（涕洟）／はな（洟をかむ）／はなみず（洟）

人× 惟 心8〔11〕 イ〔ヰ〕（思惟）／ユイ（思惟）／おもう（惟う）／ただ（惟）〔人名用〕（これ・ただ・のぶ・よし） ★惟神

× 帷 巾8〔11〕 イ〔ヰ〕（帷帳）／とばり（帷）

× 痍 疒6〔11〕 イ（傷痍・満身創痍）

人× 謂 言9〔16〕 *イ〔ヰ〕／いう（謂う）／いい（謂）／いわれ（謂れ） ★所謂

× 縊 糸10〔16〕 イ（縊死）／くびれる（縊れる）／くびる（縊る）

× 頤 頁7〔15〕 イ（頤使）／あご（頤）／おとがい（頤）

【い】

人× 亥 亠4〔6〕 ガイ（辛亥）／い（亥年） ★亥豕之譌

【いえども】

× 雖 隹9〔17〕 *スイ／いえども（〜と雖も）

【いかだ】

× 筏 竹6〔12〕 *バツ／いかだ（筏・花筏）

【イキ】

⑥ 域 土8〔11〕 イキ〔ヰキ〕（域内・区域）

× 閾 門8〔16〕 イキ〔ヰキ〕（門閾・閾値）／しきい（閾）

【イク】

③ 育 肉4〔8〕 イク（育児・発育）／そだつ（育つ・育ち）／そだてる（育てる・育て親）／はぐくむ（育む）

人× 郁 邑6〔9〕 イク（馥郁）〔人名用〕（か・かおる・ふみ） ★郁子 ▼「毓」は異体字。

【いそ】

磯 石12〔17〕 *キ／いそ(磯・磯辺) ★磯馴松・磯城(地名) ▼「磯」を「いそ」に当てるのは誤用。

【いためる】

炒 火4〔8〕 *ソウ／いる(炒る)⇔いる(煎る)／いためる(炒める) ★炒飯

【イチ】

① 一 一0〔1〕 イチ(一度・第一)／イツ(一般・統一)／ひと(一息・一月目)／ひとつ(一つ)／〔人名用〕〈かお・はじめ〉 ★一言居士・一日・一人・一入・一寸・一昨日・一昨年・一節切・一齣・一行 ▼「弌・壱・壹」は異体字。

壱(壹) 士4〔7〕 イチ(壱万円)／*イツ／ひとつ(壱つ) ★壱岐(地名) ▼漢数字の重要書類の記入に用いる大字。「一・壹・弌」は異体字。

【いちご】

苺 艸5〔8〕 *バイ／いちご(苺・野苺) ▼「莓」は異体字。

【イツ】

逸(逸) 辵8〔11〕 イツ(逸する・逸話)／それる(逸れる)／はやる(逸る) ★逸物・独逸

佚 人5〔7〕 イツ(安佚) ▼「逸」に書き換える。

溢 水10〔13〕 イツ(横溢・脳溢血)／あふれる(溢れる) ▼「溢」は通用字体。

【いばら】

④ 茨 艸6〔9〕 *シ／いばら(野茨) ★茨城(地名) ▼「茨」はデザインの差。

【いぶかる】

訝 言4〔11〕 ガ(怪訝)／ゲン／いぶかる(訝る)

【いも】

芋 艸3〔6〕 *ウ／いも(芋・焼き芋) ★芋茎・芋苗・芋幹

【いらか】

甍 瓦13〔16〕 *ボウ〔バウ〕(甍宇)／いらか(甍)

【いわく】

曰 曰0〔4〕 *エツ〔ヱツ〕／いわく(曰く言い難し・曰く付きの建物)／のたまわく(曰わく)

【いわし】

鰯 魚10〔21〕 いわし(鰯) ★干鰯 日本で作られた漢字。▼「鰯」は通用字体。

鰮 魚10〔21〕 *オン〔ヲン〕／いわし(鰮) ▼「鰮」は通用字体。

【イン】

② 引 弓1〔4〕 イン(引力・索引)／ひく(引く・字引)⇔ひく(弾く・曳く・惹く)／ひける(引ける)

④ 印 卩4〔6〕 イン(印刷・印象・調印)／しるし(印・矢印)／しるす(印す)

⑤ 因 口3〔6〕 イン(因果・因縁・要因)／よる(因る……に因る)／ちなむ(因む) ★因陀羅・因島(地名)

咽 口6〔9〕 イン(咽喉・咽頭)／エツ(嗚咽)／のど(咽)

姻 女6〔9〕 イン(姻族・婚姻)

③ 員 口7〔10〕 イン〔ヰン〕(満員・社員) ★員弁(地名)

③ 院 阜7〔10〕 イン〔ヰン〕(院内・病院)

淫 水8〔11〕 イン(淫行・淫靡・淫乱)／みだら(淫ら) ▼「淫」は通用字体。「婬」は異体字。

陰 阜8〔11〕 イン(陰気・光陰)／オン(陰陽師)／かげ(陰・日陰)⇔かげ(影・蔭・翳)／かげる(陰る・陰り)

③ 飲(飲) 食4〔12〕 イン(飲料・痛飲)／のむ(飲む・飲み水)

隠(隱) 阜11〔14〕 イン(隠居・隠語)／オン(隠密)／かくす(隠す)／かくれる(隠れる・雲隠れ) ★隠隠・隠遁・隠元(人名)

韻 音10〔19〕 イン〔ヰン〕(韻律・音韻) ▼「韵」は異体字。

允 儿2〔4〕 イン(允可・允許)〔人名用〕〈ただ・ちか・まこと・まさ・みつ〉

胤 肉5〔9〕 イン(後胤・落胤)／たね(胤) ★平田篤胤(人名)

殷 殳6〔10〕 イン(殷・殷鑑)

隕 阜10〔13〕 イン(隕石)

蔭 艸11〔14〕 *イン／かげ(お蔭)⇔かげ(陰・影・翳) ★お蔭様 「お陰様」とも書く

【いんち】

吋 口3〔6〕 *トウ／インチ(一吋)

う

【ウ】

① 右 口2〔5〕 ウ(右岸・右派)／ユウ〔イウ〕(左右・座右)／みぎ(右・右手) ★右顧左眄・最右翼

⑥ 宇 宀3〔6〕 ウ(宇宙・堂宇)

② 羽(羽) 羽0〔6〕 ウ(羽毛・羽翼)／は(白羽の矢・六羽)／はね(羽・羽飾り)／わ(一羽) ★羽衣・羽目

① 雨 雨0〔8〕 ウ(雨量・梅雨)／あめ(雨・大雨)／あま(雨雲・雨具) ★梅雨・小雨・時雨・氷雨・村雨・五月雨

于 二1〔3〕 *ウ ★于闐(地名) ▼「于」は「干」とは別字。

迂 辵3〔7〕 ウ(迂遠・迂回)

紆 糸3〔9〕 ウ(紆余曲折)

烏 火6〔10〕 ウ(烏合・烏有)／からす(烏) ★烏滸・烏帽子・烏賊・烏兎匆匆

齲 歯9〔24〕 ウ(齲歯)

【う】

卯 卩3〔5〕 ボウ〔バウ〕(乙卯)／う(卯の花・卯月) ★卯木・卯槌 ▼「夘」は異体字。

鵜 鳥7〔18〕 *テイ／う(鵜呑み・鵜の目鷹の目)

【うかがう】

窺 穴11〔16〕 *キ／うかがう(窺う)

【うし】

丑 一3〔4〕 チュウ〔チウ〕(甲丑)／うし(丑三つ)

【うじ】

蛆 虫5〔11〕 *ソ／うじ(蛆・蛆虫)

【うす】

臼 臼0〔6〕 キュウ〔キウ〕(臼歯・脱臼)／うす(臼・石臼)

碓 石8〔13〕 *タイ／うす(碓) ★碓氷・碓井(地名)

【うずら】

鶉 鳥8〔19〕 ジュン(鶉衣・鶉居)／うずら(鶉)

【うそ】

嘘 ×口12〔15〕 キョ(嘘言)／うそ(嘘) ★嘘吐き ▼「噓」は通用字体。

【うた】

唄 口7〔10〕 バイ(梵唄)／うた(小唄・長唄・端唄)⇕うた(歌)／うたう(唄う)

【ウツ】

鬱 鬯19〔29〕 ウツ(鬱蒼・憂鬱) ★鬱金色 ▼「欝」は異体字。

蔚 ×艸11〔15〕 ウツ(蔚然)／*イ ★蔚山(韓国の地名)

【うつぼ】

靫 ×革3〔12〕 *サ／うつぼ(靫)／ゆぎ(靫) ★靫負 ▼「靭」(靱)と混用されることが多い。

【うなぎ】

鰻 ×魚11〔22〕 マン(養鰻場)／うなぎ(鰻・鰻丼) ★魚鰻

【うば】

姥 人×女6〔9〕 *ボ／うば(姥・姥桜) ★姥捨(地名)

【うり】

瓜 人×瓜0〔6〕 カ〔クヮ〕(西瓜・破瓜)／うり ★瓜実・瓜哇・南瓜・胡瓜・糸瓜・木瓜・甜瓜・冬瓜 ▼「爪」は別字。

【うるう】

閏 人×門4〔12〕 ジュン(正閏)／うるう(閏・閏年) ▼「閠」は本来は別字。

【うわさ】

噂 人×口12〔15〕 *ソン／うわさ(噂・噂話) ▼「噂」は通用字体。

【ウン】

運 ③ 辵9〔12〕 ウン(運動・海運)／はこぶ(運ぶ)／めぐる(運る) ★運否天賦

雲 ② 雨4〔12〕 ウン(雲海)／くも(雲・雲隠れ) ★雲丹・雲母・雲脂・雲雀・雲呑・水雲

云 人×二2〔4〕 ウン(云云)／いう(云う) ★云何

暈 ×日9〔13〕 ウン(眩暈)／かさ(暈) ★眩暈

餛 ×食10〔19〕 *ウン ★餛飩(温飩とも書いた)

蘊 ×艸16〔20〕 ウン(蘊蓄・蘊奥) ▼「蘊蓄」は「薀蓄」とも。

え

【え】

荏 ×艸6〔10〕 ジン(荏苒)／え(荏) ★荏胡麻

【エイ】

永 ⑤ 水1〔5〕 エイ(永続・永遠)／ながい(永い・日永)⇕ながい(長い) ★永久・永劫・永楽・永字八法・永訣

泳 ③ 水5〔8〕 エイ(泳法・背泳)／およぐ(泳ぐ・泳ぎ)

英 ④ 艸5〔8〕 エイ(英雄・米英)／はなぶさ(英)〔人名用〕〈ひで・ふさ・よし〉 ★蒲公英・英桃・紫雲英・英虞湾(地名)・英田(地名) ▼「英才」は「穎才」の書き換え。

映 ⑥ 日5〔9〕 エイ(映画・反映)／うつる(映る・映り)⇕うつる(写る)／うつす(映す)⇕うつす(写す)／はえる(映える・夕映え)⇕はえる(栄え) ★映日果 ▼「暎」は異体字。

栄 ④ 木5〔9〕 エイ(栄枯・繁栄)／さかえる(栄える・栄え)／はえ(栄えある・見栄え)⇕はえ(映え)／はえる(栄える)⇕はえる(映える)〔人名用〕〈ひで〉 ★栄螺

営 ⑤ 口9〔12〕 エイ(営業・営利・経営・陣営)／いとなむ(営む・営み)

詠 ×言5〔12〕 エイ(詠嘆・朗詠)／うたう(詠う)／よむ(詠む)⇕よむ(読む) ▼「咏」は異体字。

影 ×彡12〔15〕 エイ(影響・撮影)／かげ(影・人影)⇕かげ(陰・×蔭・×翳) ★影供

鋭 金7〔15〕 エイ(鋭利・精鋭)／するどい(鋭い・鋭さ)〔人名用〕〈さとし〉

衛 ⑤ 行10〔16〕 エイ〔ヱイ〕(衛生・守衛)／エ〔ヱ〕(近衛)〔人名用〕〈ひろ・もり〉／まもる(衛る)

曳 人×日2〔6〕 エイ(曳航・曳光弾)／ひく(曳く)⇕ひく(引く・弾く・×惹く) ▼「曵」は異体字。

洩 ×水6〔9〕 エイ(洩漏・漏洩)／セツ／もれる(洩れる・木洩れ日)／もらす(洩らす)

盈 ×皿4〔9〕 エイ(盈虚・充盈)／みちる(盈ちる)

瑛 人×玉8〔12〕 エイ(人名などに用いる)／*ヨウ〔ヤウ〕〔人名用〕〈あき・あきら・てる〉

裔 ×衣7〔13〕 エイ(後裔・末裔)／すえ(裔)

叡 人×又14〔16〕 エイ(叡慮)〔人名用〕〈あきら・さとし〉 ★比叡山(地名) ▼「睿」は異体字。

穎 ×禾11〔16〕 エイ(穎才・俊穎) ▼「頴」は簡易慣用字体。

嬰 ×女14〔17〕 エイ(嬰児・退嬰・嬰記号・)

翳 ×羽11〔17〕 エイ(暗翳・陰翳)／かげ(翳)⇕かげ(陰・影・×蔭)／かざす(翳す)

【エキ】

易 ⑤ 日4〔8〕 エキ(易者・不易)／イ(容易・難易)／やさしい(易しい・易しさ)／やすい(手易い) ★易水(地名)

疫 ⑤ 疒4〔9〕 エキ(疫病・防疫)／ヤク(疫病神)

益 ⑤ 皿5〔10〕 エキ(有益・益する)／ヤク(御利益)／ます(益益) ★益荒男

液 ⑤ 水8〔11〕 エキ(液体・血液)

駅 ③ 馬4〔14〕 エキ(駅長・駅舎・駅伝・貨物駅) ★駅路・駅馬

腋 ×肉8〔12〕 エキ(腋臭・肘腋) ★腋

繹 ×糸13〔19〕 エキ(演繹)

【エツ】

悦 心7〔10〕 エツ(悦楽・喜悦・愉悦)／よろこぶ(悦ぶ)〔人名用〕〈よし〉

越 走5〔12〕 エツ〔ヱツ〕(越境・優越)／オチ〔ヲチ〕(越度・「落ち度」とも)／*オツ〔ヲツ〕／こえる(越える)⇕こえる(超える)／こす(越す・年越し) ★越中(地名)・越前(地名)・越後(地名)・越谷(地名)・越生(地名)・越智・越南

謁 言8〔15〕 エツ(謁見・拝謁)

閲 門7〔15〕 エツ(閲覧・検閲・校閲)／けみする(閲する)

【えのき】

榎 人×木10〔14〕 *カ／えのき(榎) ★榎本(姓)

漢字

【えび】

蝦(人×) 虫9〔15〕 ＊カ(蝦蛄・魚蝦)／えび(蝦) ★蝦夷・蝦蟇・蝦虎魚

【えら】

鰓(×) 魚9〔20〕 ＊シ(鰓鰓)／えら(鰓)

【エン】

① **円**(圓) 冂2〔4〕 エン〔ヱン〕(円卓・円熟・円満・一円)／まるい(円い・円み)⇕まるい(丸い) ★まどか(円か)／つぶら(円ら)／円居・円壔・円谷(姓) ▼旧字体は「圓」。口部。

⑥ **延**(延) 廴5〔8〕 エン(延長・遅延)／のびる(延びる)⇕のびる(伸びる)／のばす(延ばす)⇕のばす(伸ばす)／のべる(延べる)⇕のべる(伸べる)／のべ(延べ) 〈人名用〉〈のぶ〉 ★延縄・延安(中国の地名)・延喜式(書名)

⑥ **沿** 水5〔8〕 エン(沿海・沿革)／そう(沿う・川沿い)⇕そう(添う・副う)

炎 火4〔8〕 エン(炎上・火炎)／ほのお(炎) ★陽炎

怨 心5〔9〕 エン〔ヱン〕(怨恨・私怨・宿怨)／オン〔ヲン〕(怨敵・怨念・怨霊)／うらむ(怨む)／うらみ(怨み) ★怨讐

宴 宀7〔10〕 エン(宴会・酒宴)／うたげ(宴)

④ **媛**(媛) 女9〔12〕 エン〔ヱン〕(才媛・淑媛)／ひめ(媛) ★愛媛(地名)

援(援) 手9〔12〕 エン〔ヱン〕(援助・声援)／たすける(援ける)

② **園** 囗10〔13〕 エン〔ヱン〕(園芸・楽園)／＊オン〔ヲン〕／その(園・花園) ★園生 主に人名に用いる。▼「薗」は異体字。

煙(煙) 火9〔13〕 エン(煙突・煙幕・喫煙・噴煙)／けむり(煙)／けむる(煙る)／けむい(煙い・煙たがる) ★煙草 ▼「烟」は異体字。

猿 犬10〔13〕 エン〔ヱン〕(野猿・犬猿の仲)／さる(猿)／ましら(猿) ★猿楽・意馬心猿

② **遠**(遠) 辵10〔13〕 エン〔ヱン〕(遠近・敬遠)／オン〔ヲン〕(久遠)／とおい(遠い・遠ざかる) ★遠近・遠軽(地名)

鉛 金5〔13〕 エン(鉛筆・黒鉛)／なまり(鉛・鉛色)

④ **塩**(鹽) 土10〔13〕 エン(塩分・食塩)／しお(塩・塩辛い) ▼旧字体は「鹽」。鹵部。 ★塩梅・塩汁

⑤ **演** 水11〔14〕 エン(演技・講演)

縁(縁) 糸9〔15〕 エン(縁故・血縁)／ふち(縁・額縁)／へり(縁)／ゆかり(縁)／よすが(縁)／えにし(縁)

艶(艷) 色13〔19〕 エン(艶美・艶聞・妖艶)／つや(艶艶・艶・色艶)／なまめく(艶めく)／なまめかしい(艶めかしい)／あでやか(艶やか) 〈人名用〉〈よし・もろ〉

奄(人×) 大5〔8〕 エン(奄奄) ★奄美(地名)

苑(人×) 艸5〔8〕 エン〔ヱン〕(外苑・御苑・鹿苑)／オン〔ヲン〕／その(苑) ★紫苑

衍(×) 行3〔9〕 エン(敷衍・衍字) ▼「敷衍」は「敷延」「蔓延」とも。

冤(×) 冖8〔10〕 エン〔ヱン〕(冤罪) ▼「冤」は通用字体。「寃」は異体字。

掩(×) 手8〔11〕 エン(掩護・掩蔽)／おおう(掩う)

婉(×) 女8〔11〕 エン(婉曲・婉然)

焉(×) 火7〔11〕 エン(忽焉・終焉)／いずくんぞ(焉んぞ) ★焉馬之誤

堰(人×) 土9〔12〕 エン(堰塞・堰堤)／せき(堰)／せく(堰き止める)

焰(人×) 火8〔12〕 エン(火焰・気焰)／ほのお(焰) ▼「炎」で代用される。「焔」は通用字体。

筵(×) 竹7〔13〕 エン(講筵)／むしろ(筵)

厭(×) 厂12〔14〕 エン(厭世・厭戦)／オン(厭離穢土)／いとう(厭う)／いや(厭)

燕(人×) 火12〔16〕 エン(燕麦・燕尾服・飛燕)／つばめ(燕)／つばくろ(燕) ★燕子花

鴛(×) 鳥5〔16〕 エン〔ヱン〕(鴛鴦)

嚥(×) 口13〔19〕 エン(嚥下)

お

【オ】

汚 水3〔6〕 オ〔ヲ〕(汚点・汚名)／けがれる(汚れる・汚れ)／けがらわしい(汚らわしい)／けがす(汚す)／よごれる(汚れる・汚れ物)／よごす(汚す・口汚し)／きたない(汚い・汚らしい) ▼「汚職」は「瀆職」ともいった。

於(人×) 方4〔8〕 ＊オ〔ヲ〕／おいて(大阪に於いて開催される)／おける(於ける)

嗚(×) 口10〔13〕 オ(嗚咽) ★嗚呼 ▼「鳴」は別字。

【おい】

甥(人×) 生7〔12〕 ＊セイ(甥姪・外甥)／おい(甥)

【オウ】

① **王** 玉0〔4〕 オウ〔ワウ〕(王子・帝王)／おおきみ(王)

凹 凵3〔5〕 オウ〔アウ〕(凹凸・凹レンズ)／へこむ(凹む)／くぼむ(凹む)

③ **央** 大2〔5〕 オウ〔アウ〕(中央) ★央央

⑤ **応**(應) 心3〔7〕 オウ(応答・呼応)／こたえる(応える)⇕こたえる(答える) ★応鐘

⑤ **往**(往) 彳5〔8〕 オウ〔ワウ〕(往復・既往・往症)／ゆく(往く) ★往者 ▼「徃」は異体字。

押 手5〔8〕 オウ〔アフ〕(押収・押韻)／おす(押す・押し)⇕おす(推す・捺す)／おさえる(押さえる)⇕おさえる(抑える) ★長押

旺 日4〔8〕 オウ〔ワウ〕(旺盛)／さかん(旺ん) 〈人名用〉〈あきら〉 ▼「曜」の略字として用いるのは俗用。

欧(歐) 欠4〔8〕 オウ(欧文・渡欧) ★欧陽脩(中国の人名)

殴(毆) 殳4〔8〕 オウ(殴打)／なぐる(殴る)

翁(翁) 羽4〔10〕 オウ〔ヲウ〕(老翁)／おきな(翁) ★信天翁・不倒翁

⑤ **桜**(櫻) 木6〔10〕 オウ〔アウ〕(桜花・観桜)／さくら(桜・葉桜) ★桜桃

奥(奧) 大9〔12〕 オウ(アウ)(奥義・深奥)／おく(奥・奥さん)

③横(橫) 木11〔15〕 オウ(ワウ)(横断・専横)／よこ(横・横たわる)

人×凰 几9〔11〕 オウ(ワウ)(鳳凰)／*コウ(クヮウ)

×嘔 口11〔14〕 オウ(嘔吐)／はく(嘔く)／うたう(嘔う)

×懊 心13〔16〕 オウ(アウ)(懊悩)

×鶯 鳥10〔21〕 *オウ(アウ)／うぐいす(鶯・鶯餅)▼「鴬」は通用字体。「鸎」は別字。

人×鷗 鳥11〔22〕 オウ(白鷗)／かもめ(鷗) ★森鷗外(人名)・紅露逍鷗時代▼「鴎」は簡易慣用字体。

【おか】

④岡 山5〔8〕 *コウ(カウ)／おか(岡っ引き・岡目八目) ★岡持・岡惚れ▼「崗」は異体字。

【おぎ】

×荻 艸7〔10〕 テキ(芦荻)／おぎ(荻)▼「萩」は別字。

【おきて】

×掟 手8〔11〕 *テイ／おきて(掟)

【オク】

③屋 尸6〔9〕 オク(ヲク)(屋上・家屋)／や(屋根・楽屋)⇔や(家)

④億 人13〔15〕 オク(億万・一億) ★億劫

④憶 心13〔16〕 オク(記憶・追憶)／おもう(憶う)▼「おしはかる・おじける」の意は「臆」の代用で用いられた。

臆 肉13〔17〕 オク(臆病・臆する・胸臆)▼「憶」で代用される。

【おけ】

人×桶 木7〔11〕 トウ(湯桶)／おけ(手桶) ★肥桶・湯桶読み

【おそれ】

虞(虞) 虍7〔13〕 グ(虞犯・虞美人草)／おそれ(虞)

【オツ】

乙 乙0〔1〕 オツ(乙種・甲乙)／イツ(乙夜)／きのと(乙) ★乙女・乙張り・乙鳥・乙訓(地名)

【おびただしい】

×夥 夕11〔14〕 カ(夥多・夥伴)／おびただしい(夥しい)

【おり】

×檻 木14〔19〕 カン(檻車・折檻)／おり(檻)

【おれ】

俺 人8〔10〕 *エン／おれ(俺)

【おろす】

卸 卩7〔9〕 *シャ／おろす(卸す)⇔おろす(下ろす・降ろす)／おろし(卸・卸商)

【オン】

①音 音0〔9〕 オン(音楽・騒音)／イン(母音・福音)／おと(音・物音)／ね(音・音色) ★観音

⑥恩 心6〔10〕 オン(恩情・謝恩)／めぐみ(恩み)

③温(溫) 水9〔12〕 オン(ヲン)(温暖・気温)／ウン／あたたか(温かだ)／あたたかい(温かい)⇔あたたかい(暖かい)／あたたまる(温まる)⇔あたたまる(暖まる)／あたためる(温める)⇔あたためる(暖める)／ぬるい(温い)／ぬくい(温い) ★温気・温州(地名)

穏(穩) 禾11〔16〕 オン(ヲン)(穏和・平穏)／おだやか(穏やかだ)

か

【カ】

①下 一2〔3〕 カ(下流・落下)／ゲ(下水・上下)／した(下・下見)／しも(下・川下)／もと(下・足下)⇔もと(元・本・基・素)／さげる(下げる)⇔さげる(提げる)／さがる(下がる)／くだる(下る・下り)／くだす(下す)／おりる(下りる)⇔おりる(降りる)／おろす(下ろす・書き下ろす)⇔おろす(降ろす・卸す)／くださる(下さる) ★下手・下枝・下僕・下﨟・下司・下衆・下種・下野(地名)・下総(地名)・下益城(地名)・川下

③化(化) 人2〔4〕 カ(クヮ)(化石・文化)／ケ(化粧・権化)／ばける(化ける・お化け)／ばかす(化かす) ★化粧

①火 火0〔4〕 カ(クヮ)(火災・発火)／ひ(火・炭火)⇔ひ(灯)／ほ(火影) ★火筒・火傷・火熨斗・烽火

④加 力3〔5〕 カ(加入)／くわえる(加える)／くわわる(加わる) ★加比丹・加之・仁和加・五加

⑤可 口2〔5〕 カ(可否・許可)／べし(可し)／よい(可い) ★可汗

⑤仮(假) 人4〔6〕 カ(仮面・仮装)／ケ(仮病)／かり(仮の住まい・仮に・仮処分) ★仮名・仮令・仮庵

②何 人5〔7〕 カ(幾何学)／なに(何・何事)／なん(何本・何点) ★何方・何処・何某・何時・何人・何如・如何・何故・何首烏

①花 艸4〔7〕 カ(クヮ)(花弁・落花)／ケ(沈丁花)／はな(花・草花)⇔はな(華) ★花梨・花筐・花薄・花魁・花簪・花車・花鬘・花崗岩・花田色・無花果・女郎花・紫陽花・燕子花・金鳳花・石楠花・山茶花

⑤価(價) 人6〔8〕 カ(価値・評価)／あたい(価)⇔あたい(値)

佳 人6〔8〕 カ(佳作・絶佳)／よい(佳い)〔人名用〕(よし)▼人名では「ケイ」と読ませることがある。

④果 木4〔8〕 カ(クヮ)(果実・結果)／はてる(果てる)／はて(果て)／はたす(果たす)／はたして(果たして副) ★果物

⑤河 水5〔8〕 カ(河川・運河)／かわ(河)⇔かわ(川) ★河原・河岸・河骨・河豚・河童・河内(地名)▼「河食」は「河蝕」の書き換え。

苛 艸5〔8〕 カ(苛政・苛性ソーダ)／いじめる(苛める)／いらだつ(苛だつ)／さいなむ(苛む)

②科 禾4〔9〕 カ(クヮ)(科学・罪科)／とが(科) ★科布・科斗

架 木5〔9〕 カ(架橋・書架)／かける(架ける)⇔かける(掛ける・懸ける)／かかる(架かる)⇔かかる(掛かる・懸かる・係る)

②夏 夊7〔10〕 カ(夏季・盛夏)／ゲ(夏至)／なつ(夏・夏服・真夏) ★

夏楚・夏安居　▼元は、「夊」部。

②**家** 宀7〔10〕 カ(家屋・作家)／ケ(家来・分家)／いえ(家・家元)／や(家主・借家)／**うち**(家・お家)　★家苞・家鴨・山家

③**荷** 艸7〔10〕 カ(出荷・入荷)／に(荷・初荷)　★荷前・稲荷・薄荷・茗荷

華(華) 艸7〔10〕 カ〔クヮ〕(華美・栄華)／ケ(香華・散華)／はな(華やかだ・華華しい)⇔はな(花)　★華氏・華府・華甲

菓 艸8〔11〕 カ〔クヮ〕(菓子・茶菓)　▼もと「果」に通じる。

④**貨**(貨) 貝4〔11〕 カ〔クヮ〕(貨物・通貨)

渦 水9〔12〕 カ〔クヮ〕(渦中)／うず(渦・渦巻く)

⑤**過**(過) 辵9〔12〕 カ〔クヮ〕(過度・通過)／すぎる(過ぎる・昼過ぎ)／すごす(過ごす)／あやまつ(過つ)／あやまち(過ち)

嫁 女10〔13〕 カ(再嫁・嫁する)／よめ(嫁・花嫁)／とつぐ(嫁ぐ・嫁ぎ先)　★許嫁

暇 日9〔13〕 カ(余暇・寸暇)／ひま(暇・暇な時)／**いとま**(暇)

禍(禍) 示9〔13〕 カ〔クヮ〕(禍福・災禍)／**わざわい**(禍)

靴(靴) 革4〔13〕 カ〔クヮ〕(製靴)／くつ(靴・革靴)

寡 宀11〔14〕 カ〔クヮ〕(寡黙・多寡)／**すくない**(寡い)

②**歌** 欠10〔14〕 カ(歌曲・短歌)／うたう(歌う)／うた(歌)⇔うた(唄)　★歌留多・歌舞伎・旋頭歌

箇 竹8〔14〕 カ(箇条・箇所)／**コ**　▼「個」で代用されることがある。「ケ」「ヶ」「カ」「ヵ」などと書かれることもある。「个」は異体字。

稼 禾10〔15〕 カ(稼業・稼働)／かせぐ(稼ぐ・稼ぎ)　★浮草稼業・出稼ぎ

④**課** 言8〔15〕 カ〔クヮ〕(課・課する)

×**戈** 戈0〔4〕 カ〔クヮ〕(戈兵・干戈)／**ほこ**(戈)

人×**禾** 禾0〔5〕 カ〔クヮ〕(禾穀・禾本科)／**のぎ**(禾・禾偏)

人×**伽** 人5〔7〕 カ(閼伽)／ガ(伽藍)／**キャ**(伽羅)／**とぎ**(お伽噺)

人×**茄** 艸5〔8〕 *カ　★茄子・茄別

×**呵** 口5〔8〕 カ(呵呵・呵責)

人×**珂** 玉5〔9〕 *カ(玉珂・明珂)　▼「那珂」のように地名に使われる。

人×**迦** 辵5〔9〕 カ(莫迦)　★迦陵頻伽　▼「釈迦」のように梵語の音訳に用いる。

×**珈** 玉5〔9〕 *カ　★珈琲

×**痂** 疒5〔10〕 *カ／**かさぶた**(痂)

×**訛** 言4〔11〕 カ〔クヮ〕(訛字・訛伝)／*ガ〔グヮ〕／**なまり**(訛)　▼「譌」は異体字。

×**瑕** 玉9〔13〕 カ(瑕瑾・瑕疵)

×**煆** 火9〔13〕 カ(煆焼)

人×**嘉** 口11〔14〕 カ(嘉例・静嘉)／**よみする**(嘉する)　〈人名用〉〈よし・よしみ〉

人×**嘩** 口11〔13〕 カ〔クヮ〕(喧嘩)　▼「吪」にも作る。もと「譁」の俗字。

×**窩** 穴9〔14〕 カ〔クヮ〕(眼窩・心窩)

×**蝸** 虫9〔15〕 カ〔クヮ〕(蝸牛・蝸舎)

×**顆** 頁7〔17〕 カ(顆粒・一顆)／**つぶ**(顆)

人×**霞** 雨9〔17〕 カ(煙霞)／**かすみ**(霞・春霞)／**かすむ**(霞む)　▼「かすみ」は日本で生じた字義。

【か】

蚊 虫4〔10〕 **ブン**(飛蚊症)／か(蚊・やぶ蚊)　★蚊帳

【ガ】

牙 牙0〔4〕 ガ(牙城・歯牙)／ゲ(象牙)／きば(牙)　★牙音　▼「牙」はデザイン差。画数は5画にもなる。

瓦 瓦0〔5〕 ガ〔グヮ〕(瓦解・煉瓦)／**グラム**(一瓦)／かわら(瓦)　★瓦斯・瓦楽多

⑥**我** 戈3〔7〕 ガ(我流・自我)／われ(我・我ら)／わ(我が国)　★我御寮・我儘・我孫子(地名)・我楽多・怪我

②**画**(畫) 凵6〔8〕 ガ〔グヮ〕(画家・映画)／カク〔クヮク〕(画期的)／エ〔ヱ〕(画)

④**芽** 艸5〔8〕 ガ(発芽・肉芽)／め(芽・新芽)／ゲ(肉芽)

④**賀** 貝5〔12〕 ガ(賀状・賀する)　〈人名用〉〈よし〉

雅(雅) 隹5〔13〕 ガ(雅趣・風雅)／**みやび**(雅び)／**みやびやか**(雅びやか)　〈人名用〉〈まさ〉　★雅兄

餓(餓) 食7〔15〕 ガ(餓死・飢餓)／**うえる**(餓える)

人×**俄** 人7〔9〕 ガ(俄然)／**にわか**(俄雨・俄に)

人×**臥** 臣2〔9〕 ガ〔グヮ〕(臥床・病臥)／**ふす**(臥す)　★臥所・臥薪嘗胆　▼「卧」は異体字。

人×**峨** 山7〔10〕 ガ(峨峨)　★峨眉山(地名)　▼「嵯峨」のように地名・人名に使うことが多い。「峩」は異体字。

×**蛾** 虫7〔13〕 ガ(蛾・蛾眉)

人×**駕** 馬5〔15〕 ガ(来駕・凌駕)　★駕籠

【カイ】

介 人2〔4〕 カイ(介入・介する)　〈人名用〉〈すけ〉

②**会**(會) 人4〔6〕 カイ〔クヮイ〕(会話・社会)／エ〔ヱ〕(会釈・法会)／あう(会う)⇔あう(合う・遭う・▲遇う・×逢う)　★会稽(中国の地名)

②**回**(囘) 囗3〔6〕 カイ〔クヮイ〕(回答・次回)／エ〔ヱ〕(回向)／まわる(回る・回り道)／まわす(回す・手回し)⇔まわり(周り)　★回教・回禄・回虫(「蛔虫」の書き換え)　▼まわる・まわす意は「廻」の書き換え。

⑥**灰**(灰) 火2〔6〕 カイ〔クヮイ〕(灰白色・石灰)／はい(灰・火山灰)　★灰汁

⑤**快** 心4〔7〕 カイ〔クヮイ〕(快活・明快)／こころよい(快い)

戒 戈3〔7〕 カイ(戒心・警戒)／いましめる(戒める)／いましめ(戒め)　▼いましめる意は「誡」の代用。

④**改** 攴3〔7〕 カイ(改造・更改)／あらためる(改める・改めて[副])／あらたまる(改まる)

怪 心5〔8〕 カイ(クヮイ)(怪談・奇怪)／ケ(怪訝・物の怪)／あやしい(怪しい・怪しげ)／あやしむ(怪しむ)⇔あやしい(妖しい) ★怪物・怪我・物怪 ▼「恠」は異体字。

拐 手5〔8〕 カイ(拐帯・誘拐)／かどわかす(拐かす) ▼「拐」は異体字。

悔(悔) 心6〔9〕 カイ(クヮイ)(悔恨)／ケ(懺悔)／くいる(悔いる・悔い)／くやむ(悔やむ・お悔やみ)／くやしい(悔しい・悔しがる) ★改悔

②海(海) 水6〔9〕 カイ(海岸・航海)／うみ(海・海鳴り) ★海原・海女・海士・海人・海人草・海老・海苔・海松・海星・海月・海参・海胆・海豹・海豚・海鼠・海鞘・海螺・海獺・海蘊・海驢・熱海(地名)

③界 田4〔9〕 カイ(境界・世界)／さかい(界) ▼「堺」「畍」は異体字。

皆 白4〔9〕 カイ(皆無・皆出席)／みな(皆・皆さん) ★皆

④械 木7〔11〕 カイ(機械)／かせ(械)

②絵(繪) 糸6〔12〕 カイ(クヮイ)(絵画)／エ(ヱ)(絵本・口絵) ▼「エ」は呉音。

③開 門4〔12〕 カイ(開始・展開)／ひらく(開く・川開き)／あく(開く)⇔あく(明く・空く)／あける(開ける・開けたて)⇔あける(明ける・空ける)／ひらける(開ける) ★開眼・開闢・開封・開削(開鑿の書き換え)

③階 阜9〔12〕 カイ(階段・地階)／きざはし(階) ★階上(地名)・裳階

⑤解 刀11〔13〕 カイ(解決・理解)／ゲ(解脱・解毒)／とく(解く)⇔とく(溶く)／わかる(解る)／とかす(解かす)／とける(解ける)⇔とける(溶ける・融ける・×熔ける・×鎔ける)／ほどく(解く)／ほどける(解ける) ▼「觧」は異体字。

塊 土10〔13〕 カイ(クヮイ)(塊状・山塊)／かたまり(塊)／つちくれ(塊) ★酸塊

楷 木9〔13〕 カイ(楷法・楷書)

潰 水12〔15〕 カイ(クヮイ)(潰滅・潰瘍)／つぶす(潰す)／つぶれる(潰れる)／くずれる(潰れる) ▼「壊」で代用されることが多い。

壊(壞) 土13〔16〕 カイ(クヮイ)(壊滅・決壊)／エ(ヱ)／こわす(壊す)／こわれる(壊れる) ▼「こわれる・こわす」意では「潰」の代用となることがある。

懐(懷) 心13〔16〕 カイ(クヮイ)(懐中・述懐)／なつかしい(懐かしい)／なつかしむ(懐かしむ)／なつく(懐く)／なつける(懐ける)／ふところ(懐・内懐)／おもう(懐う) ★懐風藻(書名)

×諧 言9〔16〕 カイ(諧謔・俳諧)

×乖 丿7〔8〕 カイ(乖離)

人×廻 廴6〔9〕 カイ(クヮイ)(廻転)／エ(ヱ)(廻向・輪廻)／まわる(廻る)／まわす(廻す)／めぐる(廻る) ▼「回」で代用される。「廽」「迴」は異体字。

人×恢 心6〔9〕 カイ(クヮイ)(天網恢恢・恢復) ▼「恢復」は「回復」に書き換える。「恢」は通用字体。

人×晦 日7〔11〕 カイ(クヮイ)(晦渋) ★晦日・晦 ▼「晦」は通用字体。

×偕 人9〔11〕 カイ(偕老同穴)〔人名用〕(とも) ★偕楽園

人×魁 鬼4〔14〕 カイ(クヮイ)(首魁)／さきがけ(魁) ★花魁

×誡 言7〔14〕 カイ(誡告・訓誡)／いましめる(誡める) ▼「戒」で代用される。

×獪 犬13〔16〕 カイ(クヮイ)(狡獪・老獪)

×膾 肉13〔17〕 カイ(クヮイ)(膾炙)／なます(膾・肉膾) ▼「鱠」は異体字。

【かい】

①貝 貝0〔7〕 バイ(貝貝)／かい(貝・ほら貝) ★貝独楽・貝加爾湖

人×櫂 木14〔18〕 *トウ／かい(櫂・櫓櫂)

【ガイ】

②外 夕2〔5〕 ガイ(グヮイ)(外出・除外)／ゲ(外科・外道)／そと(外・外囲い)／ほか(外・その外)⇔ほか(他)／はずれる(外れる・町外れ)／はずす(外す・踏み外す) ★外宮・外寇・外套・外郎・外連・外戚

劾 力6〔8〕 ガイ(弾劾)

④害(害) 宀7〔10〕 ガイ(害悪・損害・要害)／そこなう(害う)

崖 山8〔11〕 ガイ(懸崖・断崖)／がけ(崖・崖下) ▼「崕」は異体字。

涯 水8〔11〕 ガイ(生涯)／はて(涯)

④街 行6〔12〕 ガイ(街頭・商店街)／カイ(街道)／まち(街・街角)⇔まち(町) ★街中

慨(慨) 心10〔13〕 ガイ(慨嘆・感慨)／なげく(慨く)

蓋 艸10〔13〕 ガイ(頭蓋・蓋然性)／ふた(蓋)／おおう(蓋う)／けだし(蓋し) ▼「盖」「葢」は異体字。

該 言6〔13〕 ガイ(該当・当該)

概(槪) 木10〔14〕 ガイ(概念・概要・概して)／おおむね(概ね)

×骸 骨6〔16〕 ガイ(骸骨・遺骸) ★骸炭

×艾 艸2〔5〕 *ガイ／よもぎ(艾)

×咳 口6〔9〕 ガイ(咳気・鎮咳剤)／せき(咳)

人×凱 几10〔12〕 ガイ(凱歌・凱旋門)〔人名用〕(よし)

×碍 石8〔13〕 ガイ(碍子・障碍)／ゲ(融通無碍) ▼障害者にかかわる場合「害」の字義やイメージを避け「障がい」「障碍」と表記されることがある。「礙」は異体字。

×漑 水11〔14〕 ガイ(灌漑) ▼「漑」は通用字体。

人×鎧 金10〔18〕 ガイ(鎧冑・鎧袖一触)／よろい(鎧・鎧兜)

【かいり】

人×浬 水7〔10〕 *リ／かいり(浬) ▼「海里」とも書く。

【かえで】

人×楓 木9〔13〕 *フウ(楓樹・楓林)／かえで(楓) ★楓橋 ▼中国

ではカエデとは異なる植物。

【かえる】

×蛙 虫6〔12〕 ア（井蛙）／かえる（蛙）／かわず（蛙）

【かおる】

人×馨 香11〔20〕 ケイ（馨聞・素馨）／かおる（馨る）

【かかと】

×踵 足9〔16〕 ショウ（踵骨・施踵）／かかと（踵）／きびす（踵）

【かがり】

×篝 竹10〔16〕 *コウ（篝灯）／かがり（篝・篝火） ▼「篝」は通用字体。

【かき】

垣 土6〔9〕 エン〔ヱン〕（垣下）／かき（垣・垣根） ★垣間見る・籬垣

柿 木5〔9〕 シ（落柿舎）／かき（柿・干柿） ▼「柿」（8画）とは別字。本字は「柹」。

×蠣 虫15〔20〕 レイ（牡蠣）／かき（蠣） ▼「蛎」は通用字体。

【かぎ】

×鉤 金5〔13〕 *コウ（鉤餌）／かぎ（鉤・鉤鼻）／はり（鉤） ▼「鈎」は異体字。

【カク】

④各 口3〔6〕 カク（各自・各位）／おのおの（各） ★各各・各務原（地名）

②角 角0〔7〕 カク（角度・角膜・頭角）／つの（角・角笛）／かど（角・四つ角）／すみ（角） ★角髪・角力

⑥拡（擴） 手5〔8〕 カク〔クヮク〕（拡大・拡声器・拡張）／ひろげる（拡げる）／ひろがる（拡がる・拡がり）

⑥革 革0〔9〕 カク（革新・皮革）／かわ（革・革靴）⇔かわ（皮）／あらたまる（革まる）／あらためる（革める）

⑤格 木6〔10〕 カク（格式・性格）／コウ〔カウ〕（格子）／キャク（律令格式）／いたる（格る） ★格天井 ▼「格闘」などなぐるの意は「挌」の代用。

核 木6〔10〕 カク（核心・結核）／さね（核） ★核子

殻（殼） 殳7〔11〕 カク（甲殻・地殻）／から（殻・貝殻） ★枳殻・紅殻

郭 邑8〔11〕 カク〔クヮク〕（城郭・輪郭）／くるわ（郭・「廓」とも） ★郭公 〔人名用〕〈ひろ〉

④覚（覺） 見5〔12〕 カク（覚悟・発覚）／おぼえる（覚える・覚え）／さとる（覚る）／さめる（覚める・目覚め）⇔さめる（醒める）／さます（覚ます・目覚まし）⇔さます（醒ます）

較 車6〔13〕 カク（比較）／コウ〔カウ〕／くらべる（較べる）⇔くらべる（比べる）

隔（隔） 阜10〔13〕 カク（隔離・間隔）／へだてる（隔てる・隔て）／へだたる（隔たる・隔たり）

⑥閣 門6〔14〕 カク（閣議・内閣）

⑤確 石10〔15〕 カク（確定・正確）／たしか（確かだ・確かさ）／たしかめる（確かめる）

獲 犬13〔16〕 カク〔クヮク〕（獲得・漁獲高）／える（獲る・獲物）⇔える（得る）／とる（獲る） ★獲物

×嚇 口14〔17〕 カク（威嚇）／おどす（嚇す）

穫 禾13〔18〕 カク〔クヮク〕（収穫） 〔人名用〕〈みのる〉

×喀 口9〔12〕 カク（喀痰・喀血）／はく（血を喀く） ▼「咯」は異体字。

×劃 刀12〔14〕 カク〔クヮク〕（劃然・劃期的・区劃） ▼「画」で代用される。

×廓 广11〔14〕 カク〔クヮク〕（城廓・遊廓・輪廓）／くるわ（廓） ▼くるわ・かこいの意では「郭」で代用される。

×赫 赤7〔14〕 カク（赫赫・赫怒）／かがやく（赫く）

×攪 手20〔23〕 カク（攪拌）／コウ〔カウ〕（攪拌・攪乱） ▼「撹」は簡易慣用字体。

×攫 手20〔23〕 カク（一攫千金「一獲千金」とも）／つかむ（攫む）／さらう（攫う）

【ガク】

①学（學） 子5〔8〕 ガク（学習・大学）／まなぶ（学ぶ） ▼「斈」は異体字。

岳（嶽） 山5〔8〕 ガク（岳父・山岳）／たけ（〇〇岳） ▼「岳父」は古来の表記。

②楽（樂） 木9〔13〕 ガク（楽隊・音楽）／ラク（楽園・娯楽）／たのしい（楽しい・楽しげだ）／たのしむ（楽しむ） ★楽府・楽車・楽焼

⑤額 頁9〔18〕 ガク（額縁・前額部）／ひたい（額）／ぬか（額） ★額田（地名）

顎 頁9〔18〕 ガク（顎骨・顎関節・上顎）／あご（顎）

×愕 心9〔12〕 ガク（愕然・驚愕）／おどろく（愕く）

×萼 艸9〔12〕 ガク（花萼）／うてな（萼） ▼「蕚」は異体字。

×諤 言9〔16〕 ガク（侃侃諤諤）／いう（諤う）

【かける】

掛 手8〔11〕 *カイ〔クヮイ〕／かける（掛ける）⇔かける（懸ける・架ける）／かかる（掛かる）⇔かかる（懸かる・架かる・係る）／かかり（掛） ★掛詞

【かさ】

人×笠 竹5〔11〕 リュウ〔リフ〕（姓などに用いる）／かさ（笠木・陣笠・菅笠） ▼「笹」は別字

人×嵩 山10〔13〕 スウ（地名などに用いる）／コウ（嵩じる）／かさ（嵩・嵩張る）／かさむ（嵩む） 〔人名用〕〈たか・たかし・たけ〉 ▼コウは慣用音。

【かし】

人×樫 木11〔16〕 かし（樫） ▼地名では「かたぎ」「けやき」と読むものもある。日本で作られた漢字。

×橿 木13〔17〕 *キョウ〔キャウ〕／かし（橿） ★橿原（地名）

【かじ】

×柁 木5〔9〕 *ダ／かじ（柁） ▼意味は「舵」と同じ。

人×梶 木7〔11〕 *ビ／かじ（梶・梶棒）

×楫 木9〔13〕 ショウ〔セフ〕（舟楫）／かじ（楫）／こぐ（楫ぐ）

【かじか】

×鰍 魚9〔20〕 *シュウ〔シウ〕／かじか（鰍） ★鰍沢（地名）

【かすり】

×絣 糸8〔12〕 *ホウ〔ハウ〕／かすり（絣・久留米絣） ▼「絣」は異体字。

【かた】

潟④ 水12〔15〕 セキ(潟湖)／かた(干潟・○○潟) ★新潟(地名) ▼「浮」「潟」は異体字。「瀉」は別字。

【カツ】

括 手6〔9〕 カツ(クヮツ)(括弧・包括)／くくる(括る)

活② 水6〔9〕 カツ(クヮツ)(活動・生活)／いきる(活きる)／いかす(活かす)／いける(活ける) ★独活(うど)

喝 (喝) 口8〔11〕 カツ(喝破・恐喝)

渇 (渇) 水8〔11〕 カツ(渇望・渇水)／かわく(渇く・渇き) ⇔かわく(乾く)

割⑥ (割) 刀10〔12〕 カツ(割愛・分割)／われる(割れる・ひび割れ)／わる(割る)／さく(割く)⇔さく(裂く)／わり(割がいい・五割) ★割烹(かっぽう)

葛 艸9〔12〕 カツ(葛藤)／くず(葛)／かずら(葛) ★葛城(かつらぎ)(地名)・葛飾(かつしか)(地名)・葛西(かさい)(地名)・葛野(かどの)(地名) ▼「葛」は通用字体。

滑 水10〔13〕 カツ(クヮツ)(滑走・円滑)／コツ(滑稽)／すべる(滑る・滑り)／なめらか(滑らかだ)

褐 (褐) 衣8〔13〕 カツ(褐色・茶褐色) ★褐色(かちいろ)

轄 (轄) 車10〔17〕 カツ(管轄・直轄)

刮 刀6〔8〕 カツ(刮目)

恰 心6〔9〕 カツ(恰好・恰幅)／あたかも(恰も) ★恰度(ちょうど)

猾 犬10〔13〕 カツ(クヮツ)(狡猾)

豁 谷10〔17〕 カツ(クヮツ)(豁然・豁達)

【かつ】

闊 門9〔17〕 カツ(クヮツ)(闊歩・迂闊) ▼「濶」は異体字。

且 一4〔5〕 ショ／かつ(且つ)／しばらく(且く)／まさに(且に)

【かつお】

鰹 魚11〔23〕 ケン／かつお(鰹節)

【かつら】

鬘 髟11〔21〕 マン(勝鬘経)／かずら(玉鬘)／かつら(鬘)

【かなう】

叶 口2〔5〕 キョウ(ケフ)／かなう(願いが叶う)／かなえる(叶える)〔人名用〕(かのう) ▼もと「協」の異体字。

【かに】

蟹 虫13〔19〕 カイ(蟹行)／かに(蟹・細蟹(ささがに)) ▼「蠏」は異体字。

【かば】

椛 木8〔11〕 かば(椛)／もみじ(椛) ★七条椛坂(しちじょうかばさか)(地名) ▼日本で作られた漢字。

樺 (樺) 木10〔14〕 カ(クヮ)／かば(白樺)／かんば ★樺太(からふと)(地名)

【かばん】

鞄 革5〔14〕 ホウ(ハウ)／かばん(鞄・手提鞄) ▼「鞄」は通用字体。

【かぶ】

株⑥ 木6〔10〕 シュ(守株)／かぶ(株・株式)／くいぜ(株)

【かぶと】

兜 儿9〔11〕 トウ／かぶと(兜・鉄兜) ★兜巾(ときん)・兜率天(とそつてん)

【かぶら】

鏑 金11〔19〕 テキ／かぶら(鏑矢) ★流鏑馬(やぶさめ)

【かま】

釜 金2〔10〕 フ(釜中の魚)／かま(釜・茶釜) ★釜山(プサン)(韓国の地名) ▼「釡」は異体字。

鎌 (鎌) 金10〔18〕 ケン／レン／かま(鎌・利鎌) ★鎌倉(かまくら)

蒲 艸10〔13〕 ホ(蒲柳)／フ(蒲団)／がま(菖蒲) ★蒲鉾(かまぼこ)・蒲焼(かばやき)・蒲公英(たんぽぽ)・蒲葵(びろう)

【がま】

蟇 虫11〔16〕 バ／がま(蟇) ★蝦蟇口(がまぐち)

【かまど】

竈 穴16〔21〕 ソウ(サウ)(竈戸・病竈)／かまど(竈)／へっつい(竈) ★七竈(ななかまど)(植物名)・塩竈(しおがま)(「塩釜」とも)・炭竈(すみがま) ▼「竃」は通用字体。

【かむ】

噛 口15〔18〕 コウ／かむ(噛む・歯噛み)／かじる(噛る・丸噛り) ▼「噛」は簡易慣用字体。

【かも】

鴨 鳥5〔16〕 オウ(アフ)／かも(鴨) ★鴨脚(いちょう)・鴨居(かもい)・家鴨(あひる)・鴨緑江(おうりょくこう)(地名)

【かや】

茅 艸5〔8〕 ボウ(バウ)(茅屋)／ち(茅・茅萱)／かや ★茅巻(ちまき)・茅萱(ちがや)・浅茅(あさぢ)・茅渟鯛(ちぬだい)・茅蜩(ひぐらし)・茅部(かやべ)

栢 木6〔10〕 ハク／かや(栢) ▼もと「柏」の異体字。

萱 艸9〔12〕 ケン／かや(萱・茅萱) ★萱草(かんぞう) ▼「萓」は別字。

【かゆ】

粥 米6〔12〕 シュク／イク(ヰク)／かゆ(粥・芋粥) ▼「鬻」は異体字。

【からす】

鴉 鳥4〔15〕 ア(鴉鷺)／からす(鴉) ★鴉片(アヘン)

【からめる】

搦 手10〔13〕 ニャク／からめる(搦める)

【かる】

刈 刀2〔4〕 カイ／ガイ／かる(刈る・刈り入れ) ★刈萱(かるかや) ▼「苅」は異体字。

【かれる】

嗄 口10〔13〕 サ(嗄声)／かれる(嗄れる)

【カン】

干⑥ 干0〔3〕 カン(干渉・若干)／ほす(干す・干し物)／ひる(干上がる・潮干狩り) ★干支(えと)・干瓢(かんぴょう)・干菓子(ひがし) ▼「干魃」は「旱魃」の書き換え。

刊⑤ 刀3〔5〕 カン(刊行・週刊)

甘 甘0〔5〕 カン(甘言・甘味料)／あまい(甘い・甘み)／うまい(甘い)／あまえる(甘える)／あまやかす(甘やかす) ★考えが甘い

汗 水3〔6〕 カン(汗顔・発汗)／あせ(汗・汗ばむ) ★汗衫(かざみ)・汗(カン)―(ハン)

缶 (罐) 缶0〔6〕 カン(クヮン)(缶・製缶)／フ ▼「缶」はもと「罐」と別字。「罐」の略字として代用。

完④ 宀4〔7〕 カン(クヮン)(完全・未完) ▼「完璧」は「完壁」の誤り。

肝 肉3〔7〕 カン(肝臓・肝要)／きも(肝・肝っ玉) ★肝魂(きもだま)・肝

属(地名)・肝付(地名)

官 ④ 宀5〔8〕 カン(クヮン)(官庁・教官)／★判官

冠 冖7〔9〕 カン(クヮン)(冠詞・栄冠)／かんむり(冠) ★冠木門

巻 ⑥ (卷) 己6〔9〕 カン(クヮン)(巻頭・一巻)／ケン(巻雲)／まき(巻の一)／まく(巻く・巻き貝) ▼旧字体は「卩」部。

看 ⑥ 目4〔9〕 カン(看護・看板)／みる(看る)⇔みる(見る・診る・▲視る・▲観る) ★看経・看取る

陥 (陷) 阜7〔10〕 カン(陥落・欠陥)／おちいる(陥る)／おとしいれる(陥れる)

乾 乙10〔11〕 カン(乾燥・乾電池)／ケン(乾坤)／かわく(乾く)⇔かわく(渇く)／かわかす(乾かす)／ほす(乾す)／いぬい(乾) ★乾飯・乾瘡・乾隆

勘 力9〔11〕 カン(勘弁・勘当)／かんがえる(勘える) ★勘亭流・勘解由・勘解由小路(姓) ▼「感がはたらく」は「勘がはたらく」の誤り。

患 心7〔11〕 カン(クヮン)(患者・疾患)／わずらう(患う・長患い)⇔わずらう(煩う)／わずらわす(患わす)

貫 貝4〔11〕 カン(クヮン)(貫通・尺貫法)／つらぬく(貫く)

寒 ③ (寒) 宀9〔12〕 カン(寒暑・厳寒)／さむい(寒い・寒空) ★寒河江(地名)・寒川(地名)

喚 口9〔12〕 カン(クヮン)(喚問・叫喚)／さけぶ(喚ぶ)／わめく(喚く)／よぶ(喚ぶ)

堪 土9〔12〕 カン(堪忍)／タン(堪能)／たえる(堪える)⇔たえる(耐える)／こらえる(堪える) ▼「堪能」は字音は「カンノウ」であったもので、「足りぬ」から生じた語。

換 手9〔12〕 カン(クヮン)(換気・交換)／かえる(換える)⇔かえる(変える・替える・代える)／かわる(換わる)⇔かわる(変わる・替わる・代わる)

敢 支8〔12〕 カン(敢然・勇敢)／あえて(敢えて)

棺 木8〔12〕 カン(クヮン)(棺おけ・出棺)／ひつぎ(棺)

款 欠8〔12〕 カン(クヮン)(定款・落款)

間 ② (閒) 門4〔12〕 カン(間隔・時間)／ケン(世間・人間)／あいだ(間・間柄)／ま(間・客間) ★間

閑 門4〔12〕 カン(閑静・繁閑)／しずか(閑か)／のどか(閑か)／ひま(閑)

勧 (勸) 力11〔13〕 カン(クヮン)(勧誘・勧告)／すすめる(勧める)⇔すすめる(進める・薦める・▲奨める) ★勧請・勧進帳

寛 (寬) 宀10〔13〕 カン(クヮン)(寛大・寛厳)／ひろい(寛い)〔人名用〕(寛い)／くつろぐ(寛ぐ)〈ひろ・ひろし・よし〉

幹 ⑤ 干10〔13〕 カン(幹線・根幹)／みき(幹) ★芋幹・麻幹

感 ③ 心9〔13〕 カン(感心・直感) ★感佩

漢 ③ (漢) 水10〔13〕 カン(漢字・門外漢) ★漢書(書名)

慣 ⑤ 心11〔14〕 カン(クヮン)(慣例・習慣)／なれる(慣れる・慣れ)／ならす(慣らす)／ならわし(慣わし)

管 ④ 竹8〔14〕 カン(クヮン)(管理・鉄管)／くだ(管)／つつ(管) ★手管・只管 ▼「菅」は別字。

関 ④ (關) 門6〔14〕 カン(クヮン)(関節・関する)／せき(関・関の山)／かかわる(関わる)

歓 (歡) 欠11〔15〕 カン(クヮン)(歓迎・交歓)／よろこぶ(歓ぶ) ★合歓

監 皿10〔15〕 カン(監視・総監)

緩 (緩) 糸9〔15〕 カン(クヮン)(緩和・緩急)／ゆるい(緩い)／ゆるやか(緩やかだ)／ゆるむ(緩む・緩み)／ゆるめる(緩める)

憾 心13〔16〕 カン(遺憾)／うらむ(憾む)

還 (還) 辵13〔16〕 カン(クヮン)(還元・返還)／ゲン(還俗)／かえる(還る)／かえす(還す)⇔かえす(返す・帰す)

館 ③ (館) 食8〔16〕 カン(クヮン)(館内・図書館)／やかた(館)／たち(館)／たて(館) ▼「舘」は異体字。

環 玉13〔17〕 カン(クヮン)(環状・循環)／わ(環)／たまき(環)〔人名用〕〈たま〉

簡 ⑥ 竹12〔18〕 カン(簡単・書簡)

観 ④ (觀) 見11〔18〕 カン(クヮン)(観察・壮観)／みる(観る)⇔みる(見る・診る・▲看る・▲視る) ★観音寺(地名) ▼「価値感」は「価値観」の誤り。

韓 韋8〔18〕 カン(韓国・訪韓) ★韓愈(人名)・韓紅

艦 舟15〔21〕 カン(艦船・軍艦)

鑑 金15〔23〕 カン(鑑賞・年鑑)／かがみ(鑑)／かんがみる(鑑みる) ▼「鑒」は異体字。

×奸 女3〔6〕 カン(奸計・奸臣・斬奸状)

×旱 日3〔7〕 カン(旱天・旱魃)

人×侃 人6〔8〕 カン(侃侃諤諤)〔人名用〕〈あきら・すなお・ただし〉

×姦 女6〔9〕 カン(姦淫・強姦)／かしましい(女三人寄れば姦しい)

人×柑 木5〔9〕 カン(柑橘類・蜜柑) ★柑子

×桓 木6〔10〕 カン(クヮン)〔人名用〕〈たけ・たけし〉 ★桓武・盤桓

人×莞 艸7〔10〕 カン(莞爾・莞然)

×悍 心7〔10〕 カン(悍馬・精悍)

×浣 水7〔10〕 カン(浣腸・上浣) ▼「澣」は異体字。

×桿 木7〔11〕 カン(桿菌) ▼「杆」の異体字。

×涵 水8〔11〕 カン(涵養)

×嵌 山9〔12〕 カン(嵌入・象嵌)／はめる(嵌める)／はまる(嵌まる) ▼「篏」は異体字。

×稈 禾7〔12〕 カン(麦稈)／わら(稈)

×煥 火9〔13〕 カン(クヮン)(煥乎・煥発)

×鉗 金5〔13〕 カン(鉗子)／くびかせ(鉗)／はさむ(鉗む)／ふさぐ(鉗ぐ)

澗 ×水12〔15〕 ＊カン（澗渓）

緘 ×糸9〔15〕 カン（緘黙・封緘）

諫 ×言9〔16〕 カン（諫言・諫死・忠諫・諷諫）／いさめる（諫める） ★諫早 ▼「諌」は通用字体。

翰 ×羽10〔16〕 カン（書翰・藩翰） ▼「翰」は通用字体。

燗 ×火12〔16〕 カン（燗・燗酒）／＊ラン ▼「爛」の異体字。「燗」は通用字体。

癇 ×疒12〔17〕 カン（癇性・癲癇） ★癇癪 ▼「癎」は通用字体。

瞰 ×目12〔17〕 カン（俯瞰・鳥瞰図） ▼「観」で代用することがあった。

艱 ×艮11〔17〕 カン（艱苦・艱難）

羹 ×羊13〔19〕 カン（羊羹）／＊コウ（カウ）（羹飯・菜羹）／あつもの（羹） ▼「羮」は異体字。

灌 ×水18〔20〕 カン（クヮン）（灌漑・灌木）／そそぐ（灌ぐ） ▼「潅」は通用字体。

【ガン】

丸 ② 丶2〔3〕 ガン（グヮン）（丸薬・砲丸）／まる（丸・丸洗い）／まるい（丸い・丸さ）⇕まるい（円い）／まるめる（丸める） ★丸一年・丸見え・丸丸

含 口4〔7〕 ガン（含意・含有・包含）／ふくむ（含む・含み）⇕ふくむ（銜む）／ふくめる（含める） ★含羞・含羞草・含嗽

岸 ③ 山5〔8〕 ガン（岸壁・彼岸）／きし（岸・向こう岸）

岩 ② 山5〔8〕 ガン（岩石・火成岩）／いわ（岩・岩場） ★岩魚・岩漿・岩乗・岩田帯 ▼「嵒」は異体字。

玩 玉4〔8〕 ガン（グヮン）（玩具・玩味）／もてあそぶ（玩ぶ）

眼 ⑤ 目6〔11〕 ガン（眼球・主眼）／ゲン（開眼）／まなこ（眼・血眼）／め（眼） ★眼鏡・眼間・眼交・象眼（「象嵌」の書き換え）

頑 頁4〔13〕 ガン（グヮン）（頑強・頑固）／かたくな（頑な） ★頑癖・頑張る

顔 ②（顏）頁9〔18〕 ガン（顔面・厚顔）／かお（顔・したり顔） ★顔真卿（人名）・完顔（人名）

願 ④ 頁10〔19〕 ガン（グヮン）（願望・志願）／ねがう（願う・願わしい）

雁 人× 隹4〔12〕 ガン（雁行・落雁）／かり（雁） ★雁擬・雁字搦・雁皮紙 ▼「鴈」「鳫」は異体字。

銜 × 金6〔14〕 ガン（銜勒・轡銜）／＊カン／ふくむ（銜む）⇕ふくむ（含む）／くつわ（銜）／はみ（銜） ▼「啣」は異体字。

翫 × 羽9〔15〕 ガン（グヮン）（賞翫）／もてあそぶ（翫ぶ） ▼「翫」は通用字体。

頷 × 頁7〔16〕 ガン（頷聯・竜頷―）

癌 × 疒12〔17〕 ガン（癌・胃癌）

贋 × 貝12〔19〕 ガン（贋作・真贋）／にせ（贋・贋金） ▼「贗」は異体字。

巌 人× 山17〔20〕 ガン（巌窟・巌石）／いわお（巌）〔人名用〕 ▼「岩」に同じ。

【かんざし】

簪 × 竹12〔18〕 ＊サン（玉簪）／＊シン（簪）／かんざし（簪）／

【かんな】

鉋 × 金5〔13〕 ＊ホウ（ハウ）（鉋屑）／かんな（鉋・

き

【キ】

企 人4〔6〕 キ（企画・企業）／くわだてる（企てる・企て）／たくらむ（企む・企み）

危 ⑥ 卩4〔6〕 キ（危険・安危）／あやうい（危うい・危うく）／あぶない（危ない・危ながる）／あやぶむ（危ぶむ）

机 ⑥ 木2〔6〕 キ（机上・机辺）／つくえ（机） ▼中国では「機」の簡体字。

気 ①（氣）气2〔6〕 キ（気体・元気）／ケ（気色・火の気） ★気色・気障・気質・健気・噯気・塩気 ▼「气」は異体字。

岐 ④ 山4〔7〕 キ（岐路・多岐）／ギ（岐阜） ★岐山

希 ④ 巾4〔7〕 キ（希望・希薄）／ケ（希有）／まれ（希に）／こいねがう（希う） ▼まれ・まばらの意は「稀」の代用。

忌 心3〔7〕 キ（忌避・禁忌）／いむ（忌む）／いまわしい（忌まわしい） ★忌詞・忌部・忌諱

汽 ② 水4〔7〕 キ（汽車・汽笛） ▼「滊」は本来別字。

奇 大5〔8〕 キ（奇襲・珍奇） ★奇矯 ▼「竒」は異体字。

祈（祈）示4〔8〕 キ（祈願・祈念）／いのる（祈る・祈り） ★祈年祭

季 ④ 子5〔8〕 キ（季節・雨季）／すえ（季）〔人名用〕

紀 ⑤ 糸3〔9〕 キ（紀行・風紀）〈のり〉〔人名用〕 ★紀貫之（人名）

軌 車2〔9〕 キ（軌道・常軌）

既（既）无5〔10〕 キ（既成・既往症）／すでに（既に）

帰 ②（歸）巾7〔10〕 キ（帰還・復帰）／かえる（帰る・帰り）／かえす（帰す）⇕かえす（返す・還す） ★不如帰 ▼旧字体は「止」の部。「皈」は異体字。

記 ② 言3〔10〕 キ（記入・伝記）／しるす（記す）

起 ③（起）走3〔10〕 キ（起立・奮起）／おきる（起きる・早起き）／おこる（起こる）⇕おこる（興る）／おこす（起こす）⇕おこす（興す）／たつ（起つ）⇕たつ（立つ・建つ） ★起請

飢（飢）食2〔10〕 キ（飢餓・飢饉）／うえる（飢える・飢え死に）

鬼 鬼0〔10〕 キ（鬼神・餓鬼）／おに（鬼・赤鬼） ★鬼灯・鬼子母神・鬼婆・鬼百合

基 ⑤ 土8〔11〕 キ（基金・基礎・基地・基本）／もとい（基）／もと（基・基本）⇕もと（下・元・本・素） ★基督

寄 ⑤ 宀8〔11〕 キ（寄宿・寄港）／よる（寄る・身寄り）／よせる（寄せる・人寄せ） ★寄席・寄人・寄生木

規 ⑤ 見4〔11〕 キ（規則・定規）／のり（規） ★規那・子規

亀（龜）亀0〔11〕 キ（亀鑑・亀裂）／キュウ（亀茲）／かめ

(亀・銭亀ぜにがめ)

⑤ 喜 口9〔12〕 キ(喜劇・歓喜)／よろこぶ(喜ぶ・喜ばしい)〔人名用〕〈のぶ・よし〉 ▼「㐂」「憙」は異体字。

幾 幺9〔12〕 キ(幾何学)／いく(幾つ・幾日) ★幾何学キカガク・幾許キキョ・幾いく・丁幾チンキ

⑥ 揮 手9〔12〕 キ(揮発油・発揮)／ふるう(揮う)⇔ふるう(振るう・奮う)

③ 期 月8〔12〕 キ(期間・予期)／ゴ(最期・この期に及んで) ▼「朞」は異体字。

棋 木8〔12〕 キ(棋客キカク・キキャク・棋士・将棋) ▼「棊」は異体字。「碁」に通じる。

⑥ 貴 貝5〔12〕 キ(貴重・騰貴)／たっとい(貴い)⇔たっとい(尊い)／たっとぶ(貴ぶ)⇔たっとぶ(尊ぶ)／とうとい(貴い)⇔とうとい(尊い)／とうとぶ(貴ぶ)⇔とうとぶ(尊ぶ)〔人名用〕〈たか・たかし〉 ★貴人うまびと・あてびと・兄貴あにき

棄 木9〔13〕 キ(棄権・遺棄)／すてる(棄てる) ▼「弃」は異体字。

毀 土10〔13〕 キ(毀損・毀誉褒貶)／こわす(毀す)／こぼつ(毀つ) ▼「棄」で書き換えられることがあった。

④ 旗 方10〔14〕 キ(旗手・国旗)／はた(旗・手旗) ★旗魚かじき ▼「旂」は異体字。

④ 器(器) 口12〔15〕 キ(器量・陶器)／うつわ(器) ▼「噐」は異体字。

畿 田10〔15〕 キ(畿内・近畿)

輝 車8〔15〕 キ(輝石・光輝)／かがやく(輝く・輝かしい)〔人名用〕〈あきら・てる〉

④ 機 木12〔16〕 キ(機械・危機)／はた(機・機織り)

騎 馬8〔18〕 キ(騎士・一騎当千)

× 几 几0〔2〕 キ(几案・几帳面)

× 卉 十3〔5〕 キ(花卉)

× 杞 木3〔7〕 キ(杞憂)／コ(枸杞クコ)

人× 祁 示3〔8〕 キ ★祁山キザン(中国の地名)・祁答院ケドウイン(地名) ▼「祁」は通用字体。

× 癸 癶4〔9〕 キ(天癸・癸丑キチュウ・みずのとうし)／みずのと(癸)

× 悸 心8〔11〕 キ(心悸・動悸)

人× 稀 禾7〔12〕 キ(稀少・稀薄)／まれ(稀に) ★稀有ケウ ▼「希」で代用される。

× 揆 手9〔12〕 キ(一揆)

× 愧 心10〔13〕 キ(慚愧ザンキ)／はじる(愧じる)

人× 暉 日9〔13〕 *キ(光暉)／かがやく(暉く)〔人名用〕〈あき・あきら・てる〉

人× 綺 糸8〔14〕 キ(綺羅・綺麗)／あや(綺) ▼「綺麗」は「奇麗」とも。

人× 嬉 女12〔15〕 キ(嬉嬉)／うれしい(嬉しい)〔人名用〕〈よし〉 ★嬉野うれしの(地名)

人× 毅 殳11〔15〕 キ(毅然・剛毅)／つよい(毅い)〔人名用〕〈こわし・たか・たけし・つよし〉

× 麾 麻4〔15〕 キ(麾下・麾扇)

人× 熙 火11〔15〕 キ(光熙)〔人名用〕〈さと・てる・ひろ・ひろし・ひろむ〉 ★康熙字典コウキジテン ▼「煕」は異体字。

× 諱 言9〔16〕 キ(諱忌・避諱)／いみな(諱)

人× 徽 彳14〔17〕 キ(徽号・徽章) ▼「徽」は通用字体。

人× 麒 鹿8〔19〕 キ(麒麟・麒麟児)

× 饑 食12〔21〕 キ(饑餓・饑饉)／うえる(饑える) ▼「饑」は通用字体。「飢」に同じ。

【ギ】

⑤ 技 手4〔7〕 ギ(技術・特技)／わざ(技)⇔わざ(業) ▼「技量」は「技倆」の書き換え。

宜 宀5〔8〕 ギ(時宜・適宜・便宜)／よろしい(宜しい)／うべ(宜なるかな「むべ」とも) ▼「宜」は別字。

偽(僞) 人9〔11〕 ギ(偽名・虚偽)／いつわる(偽る・偽り)／にせ(偽・偽札)

欺 欠8〔12〕 ギ(詐欺)／あざむく(欺く)

⑤ 義 羊7〔13〕 ギ(義理・正義)〔人名用〕〈よし〉 ★義捐金ギエンキン(義援金とも)・義太夫ギダユウ

⑥ 疑 疋9〔14〕 ギ(疑念・容疑)／うたがう(疑う・疑わしい)

儀 人13〔15〕 ギ(儀式・地球儀) ★儀狄ギテキ(人名・酒の異称)

戯(戲) 戈11〔15〕 ギ(戯曲・児戯)／ゲ(戯作)／たわむれる(戯れる・戯れ) ★戯言たわごと・ざれごと・戯歌ざれうた・悪戯アクギ・いたずら

擬 手14〔17〕 ギ(擬音・模擬)／なぞらえる(擬える) ★擬宝珠ギボウシュ・ギボシ・ギボウシ

犠(犧) 牛13〔17〕 ギ(犠牲・犠打)／いけにえ(犠)

④ 議 言13〔20〕 ギ(議論・異議)／はかる(議る) ▼「講議」は「講義」の誤り。

伎 人4〔6〕 ギ(伎楽ギガク・伎芸)／キ ★歌舞伎カブキ(「傾かぶく」から)

× 妓 女4〔7〕 ギ(妓女・娼妓) ★妓生キーセン・舞妓まいこ

人× 祇 示4〔9〕 ギ(神祇ジンギ・天神地祇) ★祇樹ギジュ・祇園精舎ギオンショウジャ ▼「祗シ」は別字。「祇」は通用字体。

人× 誼 言8〔15〕 ギ(好誼・友誼)／よしみ(誼)〔人名用〕〈よし〉

【キク】

菊 艸8〔11〕 キク(菊・白菊しらぎく) ▼「キク」は音読み。

人× 掬 手8〔11〕 キク(掬する・掬水)／すくう(掬う)

人× 鞠 革8〔17〕 キク(蹴鞠シュウキク・けまり・鞠育)／まり(鞠)

【きじ】

× 雉 隹6〔13〕 *チ／きじ(雉 「雉子」とも)

【きずな】

人× 絆 糸5〔11〕 ハン(羈絆キハン・脚絆キャハン)／バン(絆創膏バンソウコウ)／きずな(絆) ▼「絆」は通用字体。

【キチ】

吉 口3〔6〕 キチ(吉日・大吉)／キツ(吉報・不吉)／よい(吉い) ★吉利支丹キリシタン・吉備きび(地名)・吉野ケ里よしのがり(地名) ▼「𠮷」は異体字。

【キツ】

喫(喫) 口9〔12〕 キツ(喫煙・喫する) ▼「喫水」は「吃水」の書き換え。

詰 言6〔13〕 キツ(詰問・面詰)／つめる(詰める)／つまる(詰まる・行き詰まる)／つむ(詰む)／なじる

吃 × 口3〔6〕(詰る) キツ(吃逆・吃音) ▼「のむ・くう」の意では「喫」と同じ。★吃逆・吃吃

拮 × 手6〔9〕 キツ(拮抗・拮据)

橘 人× 木12〔16〕 キツ(柑橘・源平藤橘)／**たちばな**(橘)

【きぬた】

砧 人× 石5〔10〕 チン(藁砧)／**きぬた**(砧) ★鉄砧 ▼「碪」は異体字。

【きね】

杵 人× 木4〔8〕 *ショ(金剛杵)／**きね**(杵) ★杵島(地名)・杵築(地名)

【きび】

黍 × 黍0〔12〕 *ショ(禾黍)／**きび**(黍) ★黍魚子・玉蜀黍

【キャク】

却 卩5〔7〕 キャク(却下・売却)／**しりぞく**(却く)／**しりぞける**(却ける)／**かえって**(却って) ★却説 ▼「卻」は異体字。

③ **客** 宀6〔9〕 キャク(客間・乗客)／カク(客死・旅客) ★客人・仙客

脚 肉7〔11〕 キャク(脚部・三脚)／キャ(脚立・行脚)／カク(脚気)／あし(脚・机の脚)⇕あし(足) ★脚榻・脚絆・雨脚

【ギャク】

虐 虍3〔9〕 ギャク(虐待・残虐)／しいたげる(虐げる)

⑤ **逆** 辵6〔9〕(逆) ギャク(逆上・順逆)／ゲキ(逆鱗)／さからう(逆らう)／さか(逆さ) ★逆艪・吃逆

【キュウ】

① **九** 乙1〔2〕 キュウ(キウ)(九百・三拝九拝)／ク(九分九厘・九月)／ここの(九つ)／ここの(九日) ★九十九髪・九十九折・九重・九谷焼

⑤ **久** ノ2〔3〕 キュウ(キウ)(永久・耐久)／ク(久遠)／ひさしい(久しい・久久) ★久留米絣・久遠(地名)・久万高原(地名)

⑤ **及** ノ2〔3〕(及) キュウ(キフ)(及第・普及)／およぶ(及ぶ・及び腰)／およぼす(及ぼす)／および(及び) ▼旧字体は「又」の部。

② **弓** 弓0〔3〕 キュウ(キウ)(弓道・洋弓)／ゆみ(弓・弓矢) ★弓箭・弓手

丘 一4〔5〕 キュウ(キウ)(丘陵・砂丘)／おか(丘) ★比丘尼

⑤ **旧** 日1〔5〕(舊) キュウ(キウ)(旧道・復旧)／**ふるい**(旧い) ▼旧字体は「隹」の部。

① **休** 人4〔6〕 キュウ(キウ)(休止・定休)／やすむ(休む・休み)／やすまる(休まる)／やすめる(休める・気休め) ▼「気休め」は「気安め」とも。

⑥ **吸** 口3〔6〕(吸) キュウ(キフ)(吸収・呼吸)／すう(吸う)

朽 木2〔6〕 キュウ(キウ)(不朽・腐朽)／くちる(朽ちる)

④ **求** 水2〔7〕 キュウ(キウ)(求職・追求)／グ(求道)／もとめる(求める・求め) ★求肥

③ **究** 穴2〔7〕 キュウ(キウ)(究明・学究)／きわめる(究める)⇕きわめる(窮める・極める)／**きわまる**(窮まる・極まる)(究まる) ★究竟

④ **泣** 水5〔8〕 キュウ(キフ)(号泣・感泣)／なく(泣く・泣き沈む)

③ **急** 心5〔9〕(急) キュウ(キフ)(急速・緊急)／いそぐ(急ぐ・急ぎ) ★序破急・急須・急度

③ **級** 糸3〔9〕(級) キュウ(キフ)(級友・首級・等級・階級)／**しな**(級)

糾 糸3〔9〕 キュウ(キウ)(糾弾・紛糾)／**あざなう**(糾う)／**ただす**(糾す) ▼「糺」は異体字。

③ **宮** 宀7〔10〕 キュウ(宮殿・離宮)／グウ(宮司・東宮)／ク(宮内庁)／みや(宮・宮様) ★内宮・外宮

⑤ **救** 攴7〔11〕 キュウ(キウ)(救助・救急)／すくう(救う・救い) ★救世・救恤

③ **球** 玉7〔11〕 キュウ(キウ)(球形・地球)／たま(球)⇕たま(玉・弾・珠) ★球磨(地名)

④ **給** 糸6〔12〕 キュウ(キフ)(給水・月給)／**たまう**(給う)

嗅 口10〔13〕 キュウ(キウ)(嗅覚「シュウカク」は誤り)／かぐ(嗅ぐ) ▼「嗅」は通用字体(手書きでは可)。

窮 穴10〔15〕 キュウ(キウ)(窮極・困窮)／きわまる(窮まる)⇕きわまる(極まる)／きわめる(窮める)⇕きわめる(極める・究める)

仇 × 人2〔4〕 キュウ(キウ)(仇敵・復仇)／**あだ**(仇)／**かたき**(仇)

灸 人× 火3〔7〕 キュウ(キウ)(灸をすえる・鍼灸)／**やいと**(灸)

咎 × 口5〔8〕 キュウ(キウ)(咎責)／**とがめる**(咎める)／**とが**(咎)

穹 人× 穴3〔8〕 キュウ(キウ)(穹窿・蒼穹)

柩 × 木5〔9〕 キュウ(キウ)(霊柩車)／**ひつぎ**(柩)

笈 人× 竹4〔10〕 キュウ(キフ)(笈を負う)／**おい**(笈) ▼「笈」は通用字体。

赳 人× 走3〔10〕(赳) *キュウ(キウ)〈人名用〉〈たけし・たけ〉

躬 × 身3〔10〕 キュウ(キウ)(躬行)〈人名用〉〈み〉

廐 人× 广11〔13〕 キュウ(キウ)(廐舎)／**うまや**(廐) ▼「廏」の異体字。「廐」は異体字。「厩」は通用字体。

【ギュウ】

② **牛** 牛0〔4〕 ギュウ(ギウ)(牛馬・闘牛)／うし(牛) ★牛車・牛王・牛蒡・牛房・牛頭馬頭・牛尾魚・牛腸(姓)・汗牛充棟

【キョ】

③ **去** ム3〔5〕 キョ(去年・除去)／コ(過去)／さる(去る・去る〇日) ★去年今年

巨 二3〔5〕(巨) キョ(巨大・巨万)／*コ／おおきい(巨きい) ★巨刹・巨魁・巨擘 ▼旧字体は「工」の部。

⑤ **居** 尸5〔8〕 キョ(居住・住居)／コ／いる(芝居・居る)／おる(居る) ★居士・居炉裏 ▼「いろり」は「囲炉裏」とも。

⑤ **拒** 手5〔8〕 キョ(拒絶・拒否)／こばむ(拒む)

拠 手5〔8〕(據) キョ(拠点・根拠)／コ(証拠)／よる(拠る) ▼「拠出」など「出し合う」の意では「醵」の書き換え。

④ **挙** 手6〔10〕(擧) キョ(挙手・壮挙)／あげる(挙げる・挙げて副)⇕あげる(上げる・揚げる)／

あがる（挙がる）⇔あがる（上がる・揚がる）　★挙句

虚（虛）　虍5〔11〕｜キョ（虚無・空虚）／コ（虚空・虚無僧）／**むなしい**（虚しい）／**うつろ**（虚ろ）　★虚妄・虚仮

⑤**許**　言4〔11〕｜キョ（許可・特許）／**ゆるす**（許す・許し）／**ばかり**（許り）／**もと**（許）　★許多・許婚（者）・許嫁

距（距）　足5〔12〕｜キョ（距離）／**へだたる**（距たる）／**へだてる**（距てる）

×**渠**　水9〔12〕｜キョ（暗渠・船渠）　▼もとの字体は「渠」。

×**墟**　土10〔15〕｜キョ（墟墓・廃墟）　▼「虚」でも書き換えることがある。

【ギョ】

②**魚**　魚0〔11〕｜ギョ（魚類・鮮魚）／**うお**（魚・魚市場）／**さかな**（魚・煮魚）　★魚籠・魚籃・松魚・岩魚・沙魚・柳葉魚・秋刀魚

御　彳9〔12〕｜ギョ（御者・制御）／ゴ（御飯・御殿）／**おん**（御中・御礼）／**お**（御土産）／**み**（御髪）　★御伽・御斎・御厠・御襁褓・御玉杓子・御衣・御食・御法・御佩刀・御修法・御首・御璽・御酒・御息所・御簾・御稜威・御霊・御饌・御御・御手洗・御鬮・御御付（「御御御漬」とも）・御御・御影石・御器・御宿（地名）

④**漁**　水11〔14〕｜ギョ（漁業・漁村）／リョウ〔レフ〕（漁師・不漁）／**すなどる**（漁る）／**あさる**（漁る）　★漁火　▼「リョウ」は「猟」にもとづく慣用音。

×**禦**　示11〔16〕｜**ギョ**（制禦・防禦）　▼「御」で代用される。

【キョウ】

凶　凵2〔4〕｜キョウ（凶悪・吉凶）　▼わるいの意は「兇」の代用。

④**共**　八4〔6〕｜キョウ（共同・公共）／**とも**（共に・共食い）／**ども**（私共）

叫　口3〔6〕｜キョウ〔ケウ〕（叫喚・絶叫）／**さけぶ**（叫ぶ）

狂　犬4〔7〕｜キョウ〔キャウ〕（狂気・熱狂）／**くるう**（狂う）／**くるおしい**（狂おしい）

享　亠6〔8〕｜キョウ〔キャウ〕（享有・享楽）／**うける**（享ける）⇔うける（受ける・請ける）　▼「亨」は別字。

②**京**　亠6〔8〕｜キョウ〔キャウ〕（京・帰京）／ケイ（京阪・京浜）／**みやこ**（京）　★南京（中国の地名）・東京（ベトナムの地名）　▼「亰」は異体字。

⑥**供**　人6〔8〕｜キョウ（供給・自供）／ク（供物・供養）／**そなえる**（供える・お供え）⇔そなえる（備える・▲具える）／**とも**（供・子供）　★供進・供御　▼もてなすの意は「饗」の代用。

④**協**　十6〔8〕｜キョウ〔ケフ〕（協力・妥協）

況　水5〔8〕｜キョウ〔キャウ〕（状況・概況・比況）／**いわんや**（況や）　▼「况」は異体字。

峡（峽）　山6〔9〕｜キョウ〔ケフ〕（峡谷・海峡・地峡）／**かい**（峡・山峡）

挟（挾）　手6〔9〕｜キョウ〔ケフ〕（挟撃）／**はさむ**（挟む）／**はさまる**（挟まる）

狭（狹）　犬6〔9〕｜キョウ〔ケフ〕（狭量・偏狭）／**せまい**（狭い・狭苦しい）／**せばめる**（狭める）／**せばまる**（狭まる）　★狭間・狭隘・狭衣・狭霧

恐（恐）　心6〔10〕｜キョウ（恐怖・恐惶）／**おそれる**（恐れる・恐らく）⇔おそれる（畏れる）／**おそろしい**（恐ろしい）⇔おそろしい（▲怖ろしい）／**こわい**（恐い）⇔こわい（怖い）

恭　心6〔10〕｜キョウ（恭賀・恭順）／**うやうやしい**（恭しい）　★允恭　〔人名用〕〈やす・やすし〉

⑥**胸**　肉6〔10〕｜キョウ（胸囲・度胸）／**むね**（胸）／**むな**（胸板・胸騒ぎ）

脅　肉6〔10〕｜キョウ〔ケフ〕（脅迫・脅威）／**おびやかす**（脅かす）／**おどす**（脅す・脅し文句）／**おどかす**（脅かす）

②**強**　弓8〔11〕｜キョウ〔キャウ〕（強弱・勉強）／ゴウ〔ガウ〕（強引・強盗）／**つよい**（強い）／**つよまる**（強まる）／**つよめる**（強める）／**しいる**（強いる・無理強い）／**こわい**（強い）　★強面・強飯・強請・強靭・強者　▼「强」は異体字。

②**教**（敎）　攴7〔11〕｜キョウ〔ケウ〕（教育・宗教）／**おしえる**（教える・教え）／**おそわる**（教わる）　〔人名用〕〈のり〉

⑥**郷**（鄕）　邑8〔11〕｜キョウ〔キャウ〕（郷里・異郷）／ゴウ〔ガウ〕（郷士・在郷）／**さと**（郷）　▼もと「鄕」と書いた。

⑤**境**　土11〔14〕｜キョウ〔キャウ〕（境界・逆境）／ケイ（境内）／**さかい**（境・境目）

③**橋**　木12〔16〕｜キョウ〔ケウ〕（橋脚・歩道橋）／**はし**（橋・丸太橋）

矯　矢12〔17〕｜キョウ〔ケウ〕（矯正・奇矯）／**ためる**（矯める・矯め直す）

④**鏡**　金11〔19〕｜キョウ〔キャウ〕（鏡台・反射鏡）／**かがみ**（鏡）　★鏡餅・鏡開き　▼「鑑」は模範の意。

④**競**　儿18〔20〕｜キョウ〔キャウ〕（競争・競泳）／ケイ（競馬・競輪）／**きそう**（競う）／**せる**（競る・競り合う）／**くらべる**（競べる）

響（響）　音11〔20〕｜キョウ〔キャウ〕（音響・影響・交響楽）／**ひびく**（響く・響き）　★玉響

驚　馬12〔22〕｜キョウ〔キャウ〕（驚異・驚嘆）／**おどろく**（驚く・驚き）／**おどろかす**（驚かす）

×**兇**　儿4〔6〕｜**キョウ**（兇悪・兇器）　▼「凶」で代用される。

人×**匡**　匚4〔6〕｜**キョウ**〔キャウ〕（匡正）／**ただす**（匡す）　〔人名用〕〈たすく・ただ・ただし・まさ・まさし〉

人×**亨**　亠5〔7〕｜*キョウ〔キャウ〕（亨楽・亨年）／*コウ〔カウ〕／*ホウ〔ハウ〕　〔人名用〕〈あきら・すすむ・とおる・なが・みち・ゆき〉　▼「享」は別字。

×**怯**　心5〔8〕｜**キョウ**〔ケフ〕（怯懦・卑怯）／**おびえる**（怯える）／**ひるむ**（怯む）／**おじける**（怯ける）

人×**俠**　人7〔9〕｜**キョウ**〔ケフ〕（俠客・任俠・俠気）　★お俠　▼「侠」は通用字体。

×**拱**　手6〔9〕｜**キョウ**（拱手・拱把）／**こまねく**（拱く）

×**矜**　矛4〔9〕｜**キョウ**（矜式・矜持）／*カン（矜寡）　▼「矜持」は「キンジ」とも。

×**梟**　木7〔11〕｜**キョウ**〔ケウ〕（梟雄・梟首）／**ふくろう**（梟）

×**莢**　艸7〔10〕｜**キョウ**〔ケフ〕（薬莢）／**さや**（莢）　★皂莢

竟 立6〔11〕 キョウ(キャウ)(竟宴・究竟)／ついに(竟に)

卿 卩10〔12〕 キョウ(キャウ)(公卿)／ケイ(枢機卿)▼もと「卿」と書いた。「卿」は通用字体。

喬 口9〔12〕 キョウ(ケウ)(喬木)〔人名用〕〈たか・たかし・ただ・ただし〉

僑 人12〔14〕 キョウ(ケウ)(僑居・華僑)

誑 言7〔14〕 キョウ(キャウ)(誑誕・欺誑)／たぶらかす(誑かす)／あざむく(誑く)

嬌 女12〔15〕 キョウ(ケウ)(嬌声・愛嬌)

彊 弓13〔16〕 キョウ(キャウ)(屈彊・自彊)▼「強」と同義。

蕎 艸12〔15〕 *キョウ(ケウ) ★蕎麦

饗 食13〔22〕 キョウ(キャウ)(饗宴・饗応)(姓)▼「饗」は通用字体。★饗庭

驕 馬12〔22〕 キョウ(ケウ)(驕気・驕慢)／おごる(驕る)

【ギョウ】

仰 人4〔6〕 ギョウ(ギャウ)(仰視・仰角)／コウ(カウ)(信仰)／ゴウ(ガウ)(渇仰)／あおぐ(仰ぐ)／おおせ(仰せ)／おっしゃる(仰る)★仰有る・仰山・仰韶(中国の地名)

暁(曉) 日8〔12〕 ギョウ(ゲウ)(暁天・通暁)／あかつき(暁)〔人名用〕〈あき・あきら・さとし〉★没分暁漢

③業 木9〔13〕 ギョウ(ゲフ)(業績・卒業・工業)／ゴウ(ゴフ)(業病・自業自得)／わざ(業・早業)⇕わざ(技)

凝 冫14〔16〕 ギョウ(凝固・凝視)／こらす(凝らす)／こる(凝る・凝り性)★混凝土

尭(堯) 儿6〔8〕 ギョウ(ゲウ)(尭舜)〔人名用〕〈たか・たかし・あき〉

驍 馬12〔22〕 *キョウ(ケウ)／ギョウ(ゲウ)(驍将・驍勇・驍名)〔人名用〕〈いさむ・たかし・たけし・つよし〉

【ギョー】

餃 食6〔15〕 *コウ ★餃子 ▼中国の方言音によるとされる。

【キョク】

③曲 日2〔6〕 キョク(曲線・名曲)／まがる(曲がる)／まげる(曲げる)★曲玉・曲者・曲舞・曲尺・曲阜(地名)

③局 尸4〔7〕 キョク(局部・結局)／つぼね(局)★美人局・蜷局

④極 木9〔12〕 キョク(極限・積極的・極地・極刑)／ゴク(極上・至極)／きわまる(極まる・極まり)⇕きわまる(窮まる)／きわめる(極める・極めて〔副〕)⇕きわめる(窮める・究める)／きわみ(極み)／きめる(月極め)

【ギョク】

①玉 玉0〔5〕 ギョク(玉座・宝玉・玉稿)／たま(玉・目玉)⇕たま(球・弾・珠)★玉蜀黍・玉将・玉箒・玉篇(書名)・悪玉

【きり】

桐 木6〔10〕 *トウ(梧桐)／ドウ／きり(桐)★桐城(中国の地名)

【きろめえとる】

粁 米3〔9〕 キロメートル(一粁)▼日本で作られた漢字。

【キン】

巾 巾0〔3〕 キン(雑巾・布巾)／はば(巾・道巾)▼はばの意は「幅」の略字としての代用。「巾員」

斤 斤0〔4〕 キン(斤量・一斤)／おの(斤)

⑤均 土4〔7〕 キン(均等・平均)／*イン〔人名用〕〈ひとし〉／ならす(均す・地均し)★均霑

②近(近) 辵4〔7〕 キン(近所・接近)／ちかい(近い・近道)★近藤(姓)・近衛・近江(地名)・近畿(地名)

①金 金0〔8〕 キン(金属・純金・金一封)／コン(金色・黄金)／かね(金・針金)／かな(金物・金縛り)／こがね(金)★金団・金糸雀・金毘羅・金盞花・金鳳花・金鎚・金鍔・金泥・金打・金柑・金字塔・金平糖・雁金・成金

菌 艸8〔11〕 キン(細菌・保菌者)★菌

⑥勤(勤) 力10〔12〕 キン(勤務)／ゴン(勤行)／つとめる(勤める・勤め)⇕つとめる(努める・務める)／つとまる(勤まる)⇕つとまる(務まる)／いそしむ(勤しむ)〔人名用〕〈つとむ〉

琴 玉8〔12〕 キン(琴線・琴瑟・木琴)／ゴン(和琴)／こと(琴・琴柱)

⑥筋 竹6〔12〕 キン(筋肉・鉄筋)／すじ(筋・大筋)★翻筋斗・筋斗返り・玉筋魚

僅 人11〔13〕 キン(僅僅・僅差)／わずか(僅か)▼「僅」は通用字体。

⑤禁 示8〔13〕 キン(禁止・厳禁)▼「禁」は誤り。

緊 糸9〔15〕 キン(緊張・緊急)／しめる(緊める)／しまる(緊まる)⇕しまる(締まる・絞まる・閉まる)★緊褌一番

錦 金8〔16〕 キン(錦繡)／にしき(錦・錦鯉)★錦江町(地名)

謹(謹) 言10〔17〕 キン(謹慎・謹呈)／つつしむ(謹む・謹んで〔副〕)⇕つつしむ(慎む)〔人名用〕〈すすむ〉

襟 衣13〔18〕 キン(襟度・胸襟)／えり(襟・襟首)▼「衿」の異体字。

欣 欠4〔8〕 キン(欣快・欣然)／ゴン(欣求)／よろこぶ(欣ぶ)

衿 衣4〔9〕 キン(衿帯・開衿)／えり(衿)▼「襟」は異体字。

衾 衣4〔10〕 キン(衣衾・同衾)／ふすま(衾)

菫 艸8〔11〕 キン(星菫派)／すみれ(菫・三色菫)★菫菜・薄田泣菫(人名)

欽 欠8〔12〕 キン(欽定)〔人名用〕〈よし・まこと〉

禽 内8〔13〕 キン(禽獣・猛禽)／とり(禽)

槿 木11〔15〕 キン(槿花・朝槿)

瑾 玉11〔15〕 キン(瑕瑾)

【ギン】

吟 口4〔7〕 ギン(吟味・苦吟)

③銀 金6〔14〕 ギン(銀貨・水銀)／しろがね(銀)★銀杏・銀

く

【ク】

③区(區) 匸2〔4〕ク(区別・地区) ★区区(くくまちまち) ▼旧字体の部首は「匸」。／「区画」は「区劃」の書き換え。

⑤句 口2〔5〕ク(句集・節句)／*コウ

③苦 艸5〔8〕ク(苦心・辛苦)／にがい(苦い・苦苦しい)／くるしい(苦しい・見苦しい)／くるしむ(苦しむ・苦しみ)／くるしめる(苦しめる)／にがる(苦り切る) ★苦力(クーリー)・苦汁(にがり)・苦塩(にがり)・苦患(くげん)・苦参(くらら)

駆(驅) 馬4〔14〕ク(駆使・先駆)／かける(駆ける・抜け駆け)／かる(駆る・駆り立てる) ▼「駈」は異体字(人名に用いることができる)。

玖 玉3〔7〕ク／キュウ(キウ) ★玖珂(くが)・玖珠(くす)(地名) ▼「九」の大字。重要書類の数字の記入に用いる。

狗 犬5〔8〕ク(走狗・羊頭狗肉・天狗)／*コウ／いぬ(狗) ★狗尾草(えのころぐさ)

倶 人8〔10〕ク(倶会一処(くえいっしょ))／グ(不倶戴天・倶発)／ともに(倶に) ★倶楽部(クラブ)・倶梨迦羅(クリカラ)・倶舎宗(クシャシュウ)・倶毘羅(クビラ) ▼「倶」は通用字体。

矩(矩) 矢5〔10〕ク(矩形・矩歩)〔人名用〕(のり・つね・ただし) ★矩尺(かねジャク)・矩差(かねざし)

軀 身11〔18〕ク(軀幹・体軀)／むくろ(軀)／からだ(軀) ▼「躯」は通用字体。

懼 心18〔21〕ク(恐懼・畏懼)／*グ／おそれる(懼れる) ▼「惧」はもと異体字。

【グ】

③具(具) 八6〔8〕グ(具体的・道具)／そなえる(具える)⇔そなえる(備える・供える)／そなわる(具わる)⇔そなわる(備わる・供わる)／つぶさ(具さ) ★具合(ぐあい)

惧 心8〔11〕*ク／グ(危惧)／おそれる(惧れる)⇔おそれる(恐れる・懼れる) ▼「惧」は通用字体。「懼」はもと正字。

愚 心9〔13〕グ(愚問・暗愚)／おろか(愚か・愚かしい) ★愚図(グズ)

【くい】

杙 木3〔7〕*イキ／*ヨク／くい(杙)

杭 木4〔8〕コウ(カウ)／くい(抗打ち・乱杭) ★杭州(中国の地名)

【クウ】

①空 穴3〔8〕クウ(空想・上空・空転)／そら(空・青空)／から(空・空手形・空揚げ)／むなしい(空しい)／あく(空く・空き巣)⇔あく(明く・開く)／あける(空ける)⇔あける(明ける・開ける)／うつろ(空ろ) ★空言(むなごと・そらごと)・空木(うつぎ)・空穂(うつぼ)・空蟬(うつせみ)

【くう】

喰 口9〔12〕くう(喰う・立喰)⇔くう(食う)／くらう(喰らう)⇔くらう(食らう) ★漆喰(シックイ)・馬喰(バクロウ) ▼もと「餐」の異体字。「喰」は通用字体。

【グウ】

偶 人9〔11〕グウ(偶然・配偶者)／たまたま(偶)

遇(遇) 辵9〔12〕グウ(境遇・遇する)／あう(遇う)⇔あう(合う・会う・遭う・×逢う)

隅 阜9〔12〕グウ(一隅)／すみ(隅・片隅)

寓 宀9〔12〕グウ(寓意・寓居)

【くぎ】

釘 金2〔10〕テイ(装釘(ソウテイ)「装丁」「装幀」とも)／くぎ(釘・ねじ釘)

【くける】

絎 糸6〔12〕*コウ(カウ)／くける(絎ける)

【くさび】

楔 木9〔13〕ケツ／セツ(楔形文字(ケッケイモジ・セッケイモジ))／くさび(楔) ▼「ケイ」とも読む。

【くし】

串 丨6〔7〕*カン(クヮン)／*セン／くし(串・串刺し・串焼き)

櫛 木15〔19〕シツ(櫛比)／くし(櫛) ★櫛風沐雨 ▼もとの字体は「櫛」。「櫛」は通用字体。

【くしろ】

釧 金3〔11〕セン(根釧平野)／くしろ(玉釧) ★釧路(地名)

【くず】

屑 尸7〔10〕セツ(屑然・不屑)／くず(紙屑・大鋸屑(おがくず)) ★騒屑 ▼「屑」は通用字体。

【クツ】

屈 尸5〔8〕クツ(屈辱・不屈)／かがむ(屈む) ★屈原(中国の人名)

掘 手8〔11〕クツ(掘削・採掘)／ほる(掘る) ▼「堀」は名詞「ほり」に用いる。

窟 穴8〔13〕クツ(洞窟・理窟)／いわや(窟) ▼「屈」で書き換えられることがある。

【くつ】

沓 水4〔8〕トウ(タフ)(雑沓)／くつ(沓・沓脱(くつぬぎ)) ★沓手鳥(ほととぎす)・沓掛(地名)・沓座(建築用語)

【くつわ】

轡 糸16〔22〕*ヒ／くつわ(轡・猿轡)／くつばみ(轡)

【くぼ】

窪 穴9〔14〕*ワ／くぼ(窪地・笑窪)

【くま】

④熊 火10〔14〕*シュウ／ユウ(熊胆)／くま(熊・熊胆・白熊) ★熊襲(くまそ)

隈 阜9〔12〕ワイ(界隈)／くま(隈・隈隈・隈無く) ★大隈(姓)・隈阪内閣(ワイハンナイカク)

【くむ】

汲 水4〔7〕キュウ(汲引・汲汲)／くむ(汲む) ★汲黯(中国の人名) ▼「汲」は通用字体。

【くめ】

粂 米3〔9〕くめ(粂 姓) ▼日本で作られた漢字。

【くり】

栗 木6〔10〕*リツ／くり(栗毛・甘栗・片栗・団栗(どんぐり)) ★栗鼠(りす)

【くる】

繰 糸13〔19〕*ソウ(サウ)／くる(繰る・繰り返す)

刳 刀6〔8〕*コ／くる(刳る・襟刳り・袖刳り)／えぐる(刳る)

【くるぶし】

踝 足8〔15〕*カ(クヮ)／くるぶし(踝)

漢字

【くわ】

人× 鍬 金9〔17〕 *ショウ〔セウ〕／*シュウ〔シウ〕／くわ（鍬・鍬入れ・馬鍬）▼もとは「すき」を意味した。

【クン】

③ 君 口4〔7〕 クン（君主・諸君）／きみ（君・母君）

④ 訓 言3〔10〕 クン（訓練・音訓）／おしえ（訓え）／おしえる（訓える）／よむ（訓む）⇔よむ（読む・詠む）

勲（勳） 火11〔15〕 クン（勲功・殊勲）／いさお（勲）／いさおし（勲し） ▼旧字体は「力」の部。

薫（薰） 艸13〔16〕 クン（薫香・余薫）／かおり（薫り）⇔かおり（香り）／かおる（薫る）／いぶす（薫す） ★薫物（たきもの） ▼「いぶす」の意は「燻」の代用。

× 燻 火14〔18〕 クン（燻製・燻蒸）／いぶす（燻す）／いぶる（燻る）／くすぶる（燻る）／くゆらす（燻らす） ▼「燻製」は「薫製」とも書く。「熏」は異体字。

【グン】

④ 軍 車2〔9〕 グン（軍隊・空軍）／いくさ（軍） ★軍鶏（しゃも）・軍荼利（ぐんだり）

④ 郡 邑7〔10〕 グン（郡部・○○郡）／こおり（郡） ★郡上（ぐじょう）（地名）・郡家（ぐうけ）（地名）

④ 群 羊7〔13〕 グン（群居・抜群）／むれ（群れ）／むら（群すずめ・群がる）／むれる（群れる） ★群青（ぐんじょう）・群馬（ぐんま）（地名） ▼「郡」は別字。「羣」は異体字。

け

【ケ】

× 卦 卜6〔8〕 カ〔クヮ〕（八卦（はっけ））／ケ（有卦（うけ））

人× 袈 衣5〔11〕 ケ（袈裟） ▼梵語の音訳。

【ケイ】

② 兄 儿3〔5〕 ケイ（兄事・義兄）／キョウ〔キャウ〕（兄弟）／あに（兄）／え（兄） ★兄さん（にいさん）・兄人（しょうと）・兄子（せこ）・兄妹（けいまい） ▼「兄妹（きょうだい）」などとも。

刑 刀4〔6〕 ケイ（刑罰・処刑） ★刑部（ぎょうぶ）・刑部（おさかべ）（姓）

② 形 彡4〔7〕 ケイ（形態・図形）／ギョウ〔ギャウ〕（形相・人形）／かた（形・手形）⇔かた（型）／かたち（形）／なり（形） ★形而上（けいじじょう）・身形（みなり）・道形（みちなり）・女形（おやま／おんながた）

⑥ 系 糸1〔7〕 ケイ（系統・体系）

④ 径（徑） 彳5〔8〕 ケイ（直径・直情径行）／みち（径） ▼「逕」は異体字。

茎（莖） 艸5〔8〕 ケイ（球茎・地下茎）／くき（茎・歯茎） ★芋茎（ずいき）・酸茎（すぐき）

③ 係 人7〔9〕 ケイ（係累・関係）／かかる（係る）⇔かかる（掛かる・懸かる・架かる）／かかわる（係わる）／かかり（係・庶務係） ▼「係争」は「繫争」、「係留」は「繫流」の書き換え。

⑤ 型 土6〔9〕 ケイ（原型・典型）／かた（型）⇔かた（形） ★型録（カタログ）

契 大6〔9〕 ケイ（契機・契約・黙契）／ちぎる（契る）／ちぎり（契り） ★契丹（キッタン／キタイ）（Cathay の語源）・契沖（けいちゅう）（人名）

② 計 言2〔9〕 ケイ（計算・寒暖計）／はかる（計る）⇔はかる（図る・測る・量る・謀る・諮る）／はからう（計らう）／はからい（計らい）

恵（惠） 心6〔10〕 ケイ（恵贈・恩恵）／エ〔ヱ〕（知恵・恵方）／めぐむ（恵む・恵み） ★恵比須・恵比寿（えびす） ▼「知恵」はもとは「智慧」。

啓 口8〔11〕 ケイ（啓発・拝啓）／ひらく（啓く）〔人名用〕〈あきら・のり・ひろ・ひろし・よし〉

掲（揭） 手8〔11〕 ケイ（掲示・前掲）／かかげる（掲げる）

渓（溪） 水8〔11〕 ケイ（渓谷・雪渓）／たに（渓） ▼「谿」は異体字。

⑤ 経（經） 糸5〔11〕 ケイ（経費・経験）／キョウ〔キャウ〕（経文・写経）／キン（看経）／たていと（経）／へる（経る）／たつ（時が経つ）〔人名用〕〈つね・のり・みち〉 ★経緯（たてぬき／いきさつ）・月経（げっけい）・初経（しょけい）

蛍（螢） 虫5〔11〕 ケイ（蛍光灯・蛍光塗料）／ほたる（蛍）

⑥ 敬 攴8〔12〕 ケイ（敬意・尊敬）／キョウ〔キャウ〕（愛敬）／うやまう（敬う）〔人名用〕〈たか・たかし・のり・ひろ〉

④ 景 日8〔12〕 ケイ（景気・光景）〔人名用〕〈かげ〉 ★景色（けしき）・景徳鎮（けいとくちん）（地名）

③ 軽（輕） 車5〔12〕 ケイ（警戒・軽率）／かるい（軽い）／かろやか（軽やかだ） ★軽衫（かるさん）・剽軽（ひょうきん）

傾 人11〔13〕 ケイ（傾斜・傾向）／かたむく（傾く・傾き）／かたむける（傾ける） ★傾城（けいせい） ▼「契情」と当てることも。

携 手10〔13〕 ケイ（携帯・提携）／たずさえる（携える）／たずさわる（携わる） ▼「攜」は異体字。

継（繼） 糸7〔13〕 ケイ（継続・中継）／つぐ（継ぐ・継ぎ）⇔つぐ（次ぐ・接ぐ）／まま（継母）

詣 言6〔13〕 ケイ（参詣・造詣）／もうでる（初詣（はつもうで）・詣でる）

慶 心11〔15〕 ケイ（慶弔・慶賀）／*キョウ〔キャウ〕／よろこぶ（慶ぶ）〔人名用〕〈のり・やす・よし〉 ★早慶戦（そうけいせん）・慶良間（けらま）（地名）

憬 心12〔15〕 ケイ（憧憬（しょうけい／どうけい））／あこがれる（憬れる）

稽 禾10〔15〕 ケイ（稽古・滑稽）／かんがえる（稽える） ★会稽（かいけい）（中国の地名）

憩 心12〔16〕 ケイ（休憩）／いこい（憩い）／いこう（憩う） ▼「憇」は異体字。

⑥ 警 言12〔19〕 ケイ（警告・警察）／キョウ〔キャウ〕／いましめる（警める） ★警策（きょうさく／けいさく）・警蹕（けいひつ）

鶏（鷄） 鳥8〔19〕 ケイ（鶏卵・養鶏）／にわとり（鶏）／とり（鶏肉） ★鶏冠（とさか）・矮鶏（ちゃぼ）・黄鶏（かしわ）・水鶏（くいな）・雌鶏（めんどり） ▼「雞」は異体字。

人× 圭 土3〔6〕 ケイ（圭角・圭復）／たま（圭）〔人名用〕〈かど・よし・きよし〉

人× 勁 力7〔9〕 ケイ（勁悍）／つよい（勁い）／はげしい（勁しい）〔人名用〕〈つよし〉

人× 奎 大6〔9〕 *ケイ（奎運・奎章）〔人名用〕〈ふみ〉

× 荊 艸6〔9〕 ケイ（荊妻・荊棘）／いばら（荊） ★荊州（けいしゅう）（中国の地名） ▼「荆」は異体字。

× 珪 玉6〔10〕 ケイ（珪酸・珪素）

人× 桂 木6〔10〕 ケイ（桂冠・月桂）／かつら（桂）〔人名用〕〈かつ・よ

し〉★桂馬・桂林（中国の地名）・肉桂

×脛 肉7〔11〕ケイ（脛骨）／すね（脛）★脛巾 ▼「脛」は通用字体。

×痙 疒7〔12〕ケイ（痙攣・鎮痙剤）▼「痙」は通用字体。

×罫 网8〔13〕ケイ（罫紙・罫線）／ケ（罫書き）

×閨 門6〔14〕ケイ（閨秀・閨閥）／ねや（閨）

人×慧（慧）心11〔15〕ケイ（慧眼）／エ〔ヱ〕（智慧）〔人名用〕〈あきら・さと・さとし〉▼「智慧」は「智恵」「知恵」とも。

×頸 頁7〔16〕ケイ（頸椎・頸聯）／くび（頸）★頸城（地名）▼「頚」は通用字体。

×謦 言11〔18〕ケイ（謦咳）

人×繋 糸13〔19〕ケイ（繋辞・連繋）／つなぐ（繋ぐ）／つながる（繋がる）▼「繋」は通用字体。

【ゲイ】

④芸（藝）艸4〔7〕ゲイ（芸術・文芸）★腹芸 ▼「芸」はもと「藝」と別字。「藝」の略字として代用。

迎（迎）辵4〔7〕ゲイ（迎合・迎賓館・送迎）／むかえる（迎える・出迎え）

鯨 魚8〔19〕ゲイ（鯨油・捕鯨）／くじら（鯨）

隙 阜10〔13〕ゲキ（間隙・空隙）／すき（隙間）／ひま（隙）▼「隙」は通用字体。「隙」は異体字。

【ゲキ】

⑥劇 刀13〔15〕ゲキ（劇薬・演劇）／はげしい（劇しい）

撃（擊）手11〔15〕ゲキ（撃退・打撃）／うつ（撃つ・早撃ち）⇔うつ（打つ・討つ・▲拍つ・▲撲つ・▲征つ・▲伐つ・×搏つ）★撃柝

⑥激 水13〔16〕ゲキ（激動・激する）／はげしい（激しい・激しさ）▼「激高」は「激昂」の書き換え。

人×戟 戈8〔12〕ゲキ（剣戟・刺戟）／ほこ（戟）▼「刺戟」は「刺激」に書き換え。「戟」は異体字。

×檄 木13〔17〕ゲキ（檄文・檄を飛ばす）▼「激を飛ばす」は誤り。

【けた】

桁 木6〔10〕コウ〔カウ〕（衣桁）／けた（桁が違う）

【ケツ】

④欠（缺）欠0〔4〕ケツ（欠乏・補欠）／かく（欠く）／かける（欠ける）★欠伸・欠缺（法律用語）▼「欠」はもと「缺」と別字。「缺」の略字として代用。「缺」は「缶」の部。

⑥穴 穴0〔5〕ケツ（穴居・墓穴）／あな（穴）★穴埋め・穴場・大穴

③血 血0〔6〕ケツ（血液・鮮血）／ち（血・鼻血）★血餅／*ケチ

③決 水4〔7〕ケツ（決裂・解決）／きめる（決める・取り決め）／きまる（決まる・決まり）▼わかれるの意は「訣」の代用。「決」は異体字。

④結 糸6〔12〕ケツ（結論・連結）／むすぶ（結ぶ・結び）／ゆう（結う・元結）／ゆわえる（結わえる）★結縁・結城・結納・結跏趺坐・結紮

傑（傑）人11〔13〕ケツ（傑物・傑作・豪傑）／すぐれる（傑れる）

⑤潔（潔）水12〔15〕ケツ（潔白・純潔）／きよい（潔い）／いさぎよい（潔い）〔人名用〕〈きよ・きよし〉

×抉 手4〔7〕ケツ（抉剔）／えぐる（抉る）

人×桔 木6〔10〕*ケツ／キツ（桔梗）

人×訣 言4〔11〕ケツ（永訣・口訣・秘訣）／わかれる（訣れる）

×闕 門10〔18〕ケツ（闕失・宮闕）／かける（闕ける）▼「欠」と通用する。

【ゲツ】

①月（月）月0〔4〕ゲツ（月曜・歳月・月桂樹）／ガツ〔グヮツ〕（正月・九月）／ガチ〔グヮチ〕／つき（月・三日月）★月輪・月代・月次・五月蠅・五月女・五月蠅い・海月

×齧 歯6〔21〕ゲツ（齧歯類）／かむ（齧む）★齧付く・齧付き ▼「囓」は異体字。

【けやき】

×欅 木17〔21〕*キョ／けやき（欅）

【ケン】

①犬 犬0〔4〕ケン（犬歯・野犬）／いぬ（犬・狛犬）★犬死に・犬蓼・犬吠埼（地名）

⑤件 人4〔6〕ケン（件数・条件）／くだん（件）／くだり（件）

①見 見0〔7〕ケン（見学・意見）／ゲン（一見）／みる（見る・下見）⇔みる（診る・▲看る・▲視る・▲観る）／みせる（見せる・顔見せ）／みえる（見える）★毛見・見栄・見高・見幕

⑥券（券）刀6〔8〕ケン（乗車券・債券）

肩（肩）肉4〔8〕ケン（肩章・比肩）／かた（肩・肩車）

④建 廴6〔9〕ケン（建築・封建的）／コン（建立）／たてる（建てる・二階建て）⇔たてる（立てる・▲起てる）／たつ（建つ・一戸建ち）⇔たつ（立つ・▲起つ）〔人名用〕〈たけ・たけし・たける〉★建安之骨

③研（研）石4〔9〕ケン（研究・研修）／とぐ（研ぐ）

③県（縣）目4〔9〕ケン（県庁・○○県）★県 ▼旧字体は「系」の部。

倹（儉）人8〔10〕ケン（倹約・勤倹）／つましい（倹しい）

兼（兼）八8〔10〕ケン（兼用・兼職）／かねる（兼ねる）

剣（劍）刀8〔10〕ケン（剣道・刀剣）／つるぎ（剣）★剣呑 ▼「劒」「劔」「釼」は異体字。

拳（拳）手6〔10〕ケン（拳銃・鉄拳）／ゲン（拳固・拳骨）／こぶし（拳）

軒 車3〔10〕ケン（軒数・一軒）／のき（軒・軒先）

④健 人9〔11〕ケン（健康・強健）／すこやか（健やか）〔人名用〕〈たけ・たけし・たける・まさる〉★健気

⑤険（險）阜8〔11〕ケン（険悪・保険）／けわしい（険しい・険しさ）

圏（圈）口9〔12〕ケン（圏内・成層圏）

堅 土9〔12〕ケン（堅固・中堅）／かたい（堅い）⇔かたい（固い・硬い）★堅磐・堅魚・米利堅

⑤検（檢）木8〔12〕ケン（検査・検察・点検）／しらべる（検べ

る) ★検見・検非違使・検校

嫌(嫌) 女10〔13〕 ケン(嫌悪・嫌疑)／ゲン(機嫌)／きらう(嫌う・嫌い)／いや(嫌だ・嫌気がさす)

献(獻) 犬9〔13〕 ケン(献上・文献・献ずる)／コン(献立・一献)

⑥絹 糸7〔13〕 ケン(絹布・人絹)／きぬ(絹・薄絹)

遣(遣) 辵10〔13〕 ケン(遣外・分遣)／やる(遣る)／つかう(遣う・金遣い)／つかわす(遣わす)⇕つかう(使う)

⑥権(權) 木11〔15〕 ケン(権利・人権)／ゴン(権化・権現) ▼「权」は略字。

⑥憲(憲) 心12〔16〕 ケン(憲法・官憲)／のり(憲)

賢 貝9〔16〕 ケン(賢人・先賢)／かしこい(賢い)／さかしい(賢しい)〔人名用〕〈さと・さとし〉 ★賢所・賢木

謙(謙) 言10〔17〕 ケン(謙虚・謙譲・恭謙)／へりくだる(謙る)

鍵 金9〔17〕 ケン(鍵盤)／かぎ(鍵・鍵穴)

顕(顯) 頁9〔18〕 ケン(顕著・顕微鏡)／あらわす(顕す)⇕あらわす(表す・現す・著す・▲露す)／あらわれる(顕れる)／あきらか(顕らか)〔人名用〕〈あき・あきら〉

④験(驗) 馬8〔18〕 ケン(試験・実験)／ゲン(験がある・霊験)／しるし(験)／ためす(験す) ★験者

繭 糸12〔18〕 ケン(繭糸)／まゆ(繭・繭玉)

懸 心16〔20〕 ケン(懸垂・懸命)／ケ(懸念・懸想)／かける(懸ける)⇕かける(掛ける・架ける)／かかる(懸かる)⇕かかる(掛かる・架かる・係る) ★懸詞・懸樋

人×倦 人8〔10〕 ケン(倦厭・倦怠)／うむ(倦む) ▼「倦」は通用字体。

×狷 犬7〔10〕 ケン(狷介)

×虔 虍4〔10〕 ケン(敬虔)

人×捲 手8〔11〕 ケン(捲土重来・席捲)／まく(捲く・春捲き・捲る) ▼「捲」は通用字体。

人×牽 牛7〔11〕 ケン(牽引・牽制)／ひく(牽く)

人×絢 糸6〔12〕 ケン(絢爛)／ジュン(人名に用いる慣用音)／あや(絢)

人×喧 口9〔12〕 ケン(喧噪・喧伝)／やかましい(喧しい) ★喧擾・喧喧囂囂・喧嘩

人×硯 石7〔12〕 ケン(硯北・筆硯)／すずり(硯)

×腱 肉9〔13〕 ケン(腱鞘炎・アキレス腱)

×嶮 山13〔16〕 ケン(嶮岨・嶮路)／けわしい(嶮しい) ▼「険」で代用される。「嶮」は通用字体。

×譴 言14〔21〕 ケン(譴責・天譴)

×鹸 鹵13〔24〕 ケン(石鹸) ▼「鹼」は簡易慣用字体。

【ゲン】

②元 儿2〔4〕 ゲン(元素・多元)／ガン〔グワン〕(元祖・元来)／もと(元・家元)⇕もと(下・本・基・▲素)〔人名用〕〈はじめ〉

幻 幺1〔4〕 ゲン(幻覚・幻滅・夢幻)／まぼろし(幻) ▼「幼」は別字。

玄 玄0〔5〕 ゲン(玄米・幽玄)・玄孫 ★玄人

②言 言0〔7〕 ゲン(言行・宣言)／ゴン(言上・無言)／いう(言う・物言い)／こと(言葉・寝言) ★言伝・言霊・言質・譫言

弦 弓5〔8〕 ゲン(上弦・正弦)／つる(弦) ▼楽器にはる糸の意は「絃」の代用。

⑤限 阜6〔9〕 ゲン(限度・期限)／かぎる(限る・限り)／きり(限・限無し)

②原 厂8〔10〕 ゲン(原因・高原)／はら(原・松原) ▼地名で「はる」と読むものがある。「南風原」

⑤現 玉7〔11〕 ゲン(現象・表現)／あらわれる(現れる・現れ)⇕あらわれる(表れる・▲顕れる・▲露れる)／あらわす(現す)⇕あらわす(表す・著す・▲顕す・▲露す)／うつつ(現) ★現人神・現身・現場・現世

舷 舟5〔11〕 ゲン(舷側・左舷)／ふなばた(舷)／ふなべり(舷)

⑤減 水9〔12〕 ゲン(減少・加減)／へる(減る・目減り)／へらす(減らす・人減らし)

⑥源 水10〔13〕 ゲン(源泉・資源)／みなもと(源)

⑥厳(嚴) 攵13〔17〕 ゲン(厳格・威厳)／ゴン(荘厳・華厳宗)／きびしい(厳しい・厳しさ)／おごそか(厳か)／いかめしい(厳めしい) ★端厳 ▼旧字体は「口」の部。

×眩 目5〔10〕 ゲン(眩暈・眩惑)／くらむ(眩む)／くらます(眩ます)／まぶしい(眩しい)／まばゆい(眩い) ★眩暈・目眩

人×絃 糸5〔11〕 ゲン(絃楽・管絃)／いと(絃) ▼「弦」で代用される。

×衒 行5〔11〕 ゲン(女衒・衒学)／てらう(衒う)

こ

【コ】

⑥己 己0〔3〕 コ(自己・利己)／キ(知己・克己)／おのれ(己)／つちのと(己)〔人名用〕〈み〉

②戸(戶) 戸0〔4〕 コ(戸外・戸籍・下戸)／と(戸・雨戸)

②古 口2〔5〕 コ(古代・太古)／ふるい(古い・古びる)／ふるす(使い古す)／いにしえ(古) ★反古・中古

⑥呼 口5〔8〕 コ(呼吸・呼称・点呼)／よぶ(呼ぶ・呼び声) ★嗚呼

④固 口5〔8〕 コ(固定・堅固)／かためる(固める・固め)／かたまる(固まる・固まり)／かたい(固い・固さ)⇕かたい(堅い・硬い)／もとより(固より) ★固唾・固陋

股 肉4〔8〕 コ(股間・四股)／また(股)／もも(股)

虎 虍2〔8〕 コ(虎穴)／とら(虎) ★虎列剌・虎杖・虎魚・虎斑・虎刈・虎眼 ▼「虍」は異体字。

孤 子6〔9〕 コ(孤児・孤立)／みなしご(孤)／ひとり(孤り)

弧 弓6〔9〕 コ(弧状・円弧)

⑤ **故** 攴5〔9〕 コ(故郷・故人・事故)／**ことさら**(故)／**ゆえ**(故・故に)

⑤ **枯** 木5〔9〕 コ(枯死)／**かれる**(枯れる・枯れ木)／**からす**(枯らす・木枯らし)

⑤ **個** 人8〔10〕 コ(個人・一個)／**カ** ▼新聞では「担当個所」「個条書き」のように書かれる。ものを数えるのに添える語では「箇」と通じる。「ケ」「ヶ」「カ」「ヵ」などと書くこともある。

③ **庫** 广7〔10〕 コ(倉庫・車庫)／ク(庫裏)／**くら**(庫)

③ **湖** 水9〔12〕 コ(湖水・湖畔)／**みずうみ**(湖)

雇(雇) 隹4〔12〕 コ(雇員・雇用・解雇)／**やとう**(雇う・日雇い)

誇 言6〔13〕 コ(誇示・誇張)／**ほこる**(誇る・誇らしい)

鼓 鼓0〔13〕 コ(鼓動・太鼓)／**つづみ**(鼓・小鼓) ★舌鼓 ▼「皷」は異体字。

錮 金8〔16〕 コ(禁錮) ▼「禁固」とも書く。

顧(顧) 頁12〔21〕 コ(顧慮・回顧)／**かえりみる**(顧みる)⇔かえりみる(省みる)

人× **乎** ノ4〔5〕 コ(断乎・断固とも)／**か**(乎)／**や**(乎)／**かな**(乎) ★乎古止点・乎哉・乎爾

× **姑** 女5〔8〕 コ(姑息)／**しゅうとめ・しゅうと**(姑)／**しばらく**(姑く) ★姑娘・慈姑

× **狐** 犬5〔9〕 コ(狐狸・野狐)／**きつね**(狐) ★狐臭

人× **胡** 肉5〔9〕 コ(胡蝶)／ゴ(胡麻)／**えびす**(胡)／**なんぞ**(胡ぞ)〔人名用〕〈ひさ〉／**いずくんぞ**(胡ぞ) ★胡椒・胡坐・胡床・胡籙・胡瓜・胡桃・胡蝶花・胡臭・胡故・胡獱・胡桃・胡散・胡乱

× **炬** 火5〔9〕 キョ(炬火・松炬)／**コ**(炬燵)

× **涸** 水8〔11〕 コ(涸渇)／**かれる**(涸れる) ▼「涸」は異体字。

× **蛄** 虫5〔11〕 コ(螻蛄) ★螻蛄

人× **琥** 玉8〔12〕 コ(琥珀)

× **賈** 貝5〔13〕 *コ(商賈)／カ(待賈)

× **辜** 辛5〔12〕 コ(不辜・無辜)

人× **跨** 足6〔13〕 コ(跨下・跨線橋)／**またぐ**(跨ぐ)／**またがる**(跨がる)

× **鈷** 金5〔13〕 コ(独鈷) ★鈷鉧 ▼「独鈷」はもとは「独股」。

人× **糊** 米9〔15〕 コ(糊口)／**のり**(糊代・ゴム糊)

【ゴ】

① **五** 二2〔4〕 ゴ(五穀・五目飯)／**いつ**(五日)／**いつつ**(五つ) ★五月晴れ・五月雨・五十路・五月蠅い・五月蠅・五百・五衣・五倍子・五節・五十嵐(姓・地名)・五月女(姓)

互 二2〔4〕 ゴ(互角・相互)／**たがい**(互い・互い違い)

② **午** 十2〔4〕 ゴ(午前・子午線)／**うま**(午)

呉(吳) 口4〔7〕 ゴ(呉服・呉越同舟)／**くれる**(呉れる)／**くれ**(呉竹) ★呉絽服連

② **後** 彳6〔9〕 ゴ(後刻・午後)／コウ(後続・後輩)／**のち**(後・後の世)／**あと**(後・後回し)⇔あと(跡・痕・址・趾)／**おくれる**(後れる・気後れ)⇔おくれる(遅れる)／**うしろ**(後ろ・後ろめたい)／**しり**(後) ★後方・後妻・後朝・後産・後志(地名)・後月(地名)・国後(地名)

娯(娛) 女7〔10〕 ゴ(娯楽)／**たのしむ**(娯しむ)

悟 心7〔10〕 ゴ(悟性・悔悟)／**さとる**(悟る・悟り)〔人名用〕〈さと・さとし〉

碁 石8〔13〕 ゴ(碁石・囲碁)／*キ ▼「棋」に通じる。

② **語** 言7〔14〕 ゴ(語学・国語)／*ギョ／**かたる**(語る・物語)／**かたらう**(語らう・語らい) ★源語(源氏物語のこと)

⑥ **誤**(誤) 言7〔14〕 ゴ(誤解・錯誤)／**あやまる**(誤る・誤り)⇔あやまる(謝る・謬る)

⑤ **護** 言13〔20〕 ゴ(護衛・保護)／**まもる**(護る)〔人名用〕〈もり〉 ★護摩・護謨

人× **伍** 人4〔6〕 ゴ(強敵に伍する・隊伍・落伍)〔人名用〕〈くみ・あつむ〉 ▼「五」の大字。重要書類の数字の記入に用いる。

人× **吾** 口4〔7〕 ゴ(吾人)／**われ**(吾吾)／**わ**(吾が・吾主)／**あ**(吾) ★吾子・吾亦紅・吾妹・吾君・吾殿・吾嬬・吾輩・吾川

人× **梧** 木7〔11〕 ゴ(梧桐・梧下) ★梧岫

人× **瑚** 玉9〔13〕 ゴ(珊瑚)／*コ

人× **醐** 酉9〔16〕 ゴ(醍醐・醍醐味) ★後醍醐(人名)

人× **檎** 木13〔17〕 ゴ(林檎)／*ゴン／*キン

【こい】

人× **鯉** 魚7〔18〕 リ(鯉魚)／**こい**(鯉・緋鯉) ★鯉庭・鯉幟・鯉濃

【コウ】

① **口** 口0〔3〕 コウ(口述・開口)／ク(口調・異口同音)／**くち**(口・出口) ★口占・口吻・口訣・序の口・宵の口・猪口・一口・一口坂(地名)

② **工** 工0〔3〕 コウ(工場・人工)／ク(工面・大工)／**たくみ**(工) ★工場

② **公** 八2〔4〕 コウ(公平・公園)／ク(公家・公卿)／**おおやけ**(公)／**きみ**(公) ★公文所・公孫樹・公達・公魚・公司

勾 勹2〔4〕 コウ(勾配・勾留) ★勾践(中国の人名)・勾玉 ▼「句」は別字。「勾留」と「拘留」は別語。

孔 子1〔4〕 コウ(鼻孔・気孔)／ク(孔雀)／**あな**(孔)

④ **功** 力3〔5〕 コウ(功名・成功)／ク(功徳)／**いさお**(功) ★功刀(姓)・功力(姓)

巧 工2〔5〕 コウ〔カウ〕(巧拙・技巧)／*ギョウ／たくみ(巧みな術・巧みだ)

② **広**(廣) 广2〔5〕 コウ〔クヮウ〕(広大・広義)／ひろい(広い・広々と)／ひろめる(広める)／ひろまる(広まる)／ひろげる(広げる)／ひろがる(広がる・広がり) ★広東(中国の地名)・背広 ▼「宏」の代用字。

甲 田0〔5〕 コウ〔カフ〕(甲乙・装甲車)／カン(甲板・甲高い)／**かぶと**(甲)／**きのえ**(甲) ★甲乙・手の甲・甲高・甲比丹・乙甲

②**交** 亠4〔6〕コウ(カウ)(交通・社交)／まじる(交じる)⇔まじる(混じる)／まざる(交ざる)⇔まざる(混ざる)／まぜる(交ぜる・交ぜ織り)⇔まぜる(混ぜる)／かう(飛び交う)／かわす(交わす)／まじわる(交わる・交わり)／まじえる(交える) ★交喙(いすか)・交譲木(ゆずりは)・交趾(コウチ)(地名)

②**光** 儿4〔6〕コウ(クヮウ)(光線・観光)／ひかり(光・稲光)／ひかる(光る・光り輝く) ★光緒(コウショ)(中国の人名)・光参(きんこ)

③**向** 口3〔6〕コウ(カウ)(向上・趣向)／キョウ(キャウ)(向後(ゴ)―)／むく(向く・向き)／むかう(向かう・向かい)／むける(向ける・顔向け)／むこう(向こう・向こう側) ★向日葵(ひまわり)・向脛(むかはぎ)・向使(たとい)(もし)・日向(ひゅうが)

⑥**后** 口3〔6〕コウ(皇后・皇太后)／ゴ(午后)／きさき(后)／きさい(后) ▼「のち」の意では「後」で代用される。

④**好** 女3〔6〕コウ(カウ)(好意・良好)／このむ(好む・好ましい)／すく(好く・好きな絵)／よい(好い)⇔よい(良い・善い) ★好事(コウズ)・好悪(コウオ)

江 水3〔6〕コウ(カウ)(江湖)／ゴウ(ガウ)(江州)／え(入り江) ★江津(ごうつ)(地名)・江戸(えど)

②**考** 老0〔6〕コウ(カウ)(考慮・参考)／かんがえる(考える・考え)

②**行** 行0〔6〕コウ(カウ)(行進・旅行)／ギョウ(ギャウ)(行列・修行)／アン(行脚・行灯)／ゆく(行く・行く末)⇔ゆく(逝く)／いく(行く)／おこなう(行う・行い) ★行方(ゆくえ)・行李(コウリ)・行方(なめかた)(地名)・行川(なめかわ)(地名)・行行林(おどろばやし)(地名)

坑 土4〔7〕コウ(カウ)(坑道・廃坑)／あな(坑)

⑥**孝** 子4〔7〕コウ(カウ)(孝行・不孝)／キョウ(キャウ) ★孝養(コウヨウ・キョウヨウ) (人名用)〈たか・たかし〉

抗 手4〔7〕コウ(カウ)(抗争・対抗)／あらがう(抗う)

攻 支3〔7〕コウ(攻守・専攻)／せめる(攻める・後攻め) (人名用)〈おさむ〉

更 日3〔7〕コウ(カウ)(更新・変更)／ふける(更ける・夜更け)／ふかす(更かす・夜更かし)／さら(更に・今更)／かわる(更わる)／かえる(更える) ★更紗(サラサ)・更地(さらち)・更科(さらしな)・更級日記(さらしなにっき)(書名)

⑤**効**(效) 力6〔8〕コウ(カウ)(効果・時効)／きく(効く・効き目)⇔きく(利く)／かい(効)

③**幸** 干5〔8〕コウ(カウ)(幸福・行幸)／さいわい(幸い・幸いな事)／さち(幸)／しあわせ(幸せ・幸せな人)／みゆき(幸) (人名用)〈ゆき〉 ★幸先(さいさき)・幸矢(さつや)・海の幸(さち)

拘 手5〔8〕コウ(拘束・拘置)／かかわる(拘る)

肯 肉4〔8〕コウ(肯定・首肯)／がえんずる(肯んずる)

侯 人7〔9〕コウ(諸侯・王侯) ▼「候」は別字。

⑤**厚** 厂7〔9〕コウ(厚情・濃厚)／あつい(厚い・厚み)⇔あつい(暑い・熱い・*篤い)

恒(恆) 心6〔9〕コウ(恒常・恒久)／つね(恒) (人名用)〈ひさ・ひさし〉 ★恒河(ガンガ)(地名)

洪 水6〔9〕コウ(洪水・洪積層) ★洪牙利(ハンガリー)

⑥**皇** 白4〔9〕コウ(クヮウ)(皇帝・皇后)／オウ(ワウ)(法皇)／すめらぎ(皇) ★皇祚(コウソ)・皇儲(コウチョ)・天皇(テンノウ) ▼「さまよう」の意は「徨」の書き換え。

⑥**紅** 糸3〔9〕コウ(紅白・紅葉)／ク(真紅・深紅)／くれない(紅)／べに(紅)／あか(紅) ★紅葉(もみじ)・紅絹(もみ)・紅鱒(べにます)・紅殻(ベンガラ)

荒 艸6〔9〕コウ(クヮウ)(荒天・荒涼・荒唐無稽)／あれる(荒れる・大荒れ)／あらす(荒らす・倉庫荒らし)／すさぶ(荒ぶ)／あらい(荒い・荒荒しい)⇔あらい(粗い) ★荒布(あらめ)・荒栲(あらたえ)・荒磯(ありそ)・二荒山(ふたらさん)(地名)・益荒男(ますらお)

郊 邑6〔9〕コウ(カウ)(郊外・近郊)

④**香** 香0〔9〕コウ(カウ)(香水・線香)／キョウ(キャウ)(香車)／か(香・移り香)／かおり(香り)／かおる(香る)⇔かおる(薫る) ★香魚(あゆ)・香具師(やし)・香美(かみ)(地名)・香港(ホンコン)・香の物(こうのもの)・香色(こういろ)・香橙(くねんぼ)・香ばしい(こうばしい)

④**候** 人8〔10〕コウ(候補・測候所)／うかがう(候う)／そうろう(候・候文・居候) ▼「侯」は別字。

①**校** 木6〔10〕コウ(カウ)(校閲・学校)／キョウ(ケウ)(校合)／くらべる(校べる)

⑤**耕**(耕) 耒4〔10〕コウ(カウ)(耕作・農耕)／たがやす(耕す) ★耕耘機(コウウンキ)(「耕運機」とも) ▼「畊」は異体字。

⑤**航** 舟4〔10〕コウ(カウ)(航海・就航)

貢 貝3〔10〕コウ(貢献・朝貢・貢す)／ク(年貢(ネング))／みつぐ(貢ぐ・貢ぎ物)

⑥**降**(降) 阜7〔10〕コウ(カウ)(降雨・下降)／*ゴウ(ガウ)(降)／おりる(降りる・乗り降り)⇔おりる(下りる)／おろす(降ろす)⇔おろす(下ろす・卸す)／くだる(降る)／ふる(降る・大降り)

②**高** 高0〔10〕コウ(カウ)(高低・最高)／たかい(高い・高ぶる)／たかまる(高まる・高まり)／たかめる(高める)／たか(高・売上高) ★高句麗(コウクリ)・高麗(コウライ)・高麗(こま)・高砂(たかさご)・高梁(コーリャン)・高野聖(コウヤひじり)・高御座(たかみくら)・高庇(コウヒ)・高邁(コウマイ) ▼「髙」は異体字。

②**黄**(黃) 黄0〔11〕コウ(クヮウ)(黄葉)／オウ(ワウ)(黄金・卵黄)／き(黄・黄ばむ)／こ(黄金) ★黄昏(たそがれ)・黄泉(よみ)(よみじ)・黄楊(つげ)・黄櫨(はじ)(はぜ)・黄蘗(きはだ)・黄檗宗(オウバクシュウ)・黄粉(きなこ)・黄鶏(かしわ)

④**康** 广8〔11〕コウ(カウ)(健康・小康)／やすらか(康らか) (人名用)〈やす・やすし〉 ★康熙(コウキ)

控(控) 手8〔11〕コウ(控除・控訴)／ひかえる(控える・控え) ▼「控除」は「扣除」の書き換え。

梗 木7〔11〕コウ(カウ)(梗塞(ソク)・梗概)／キョウ(キャウ)(桔梗(キキョウ))

喉 口9〔12〕コウ(喉舌・喉頭)／のど(喉)

慌 心9〔12〕コウ(クヮウ)(恐慌)／あわてる(慌てる・大慌て)／あわただしい(慌ただしい・慌ただしげ)

③**港**(港) 水9〔12〕コウ(カウ)(港湾・出港)／みなと(港)

硬 石7〔12〕コウ(カウ)(硬度・生硬)／かたい(硬い・硬さ)⇔かたい(堅い・固い)

絞 糸6〔12〕コウ(カウ)(絞殺・絞首刑)／**しめる**(絞める)／**しまる**(絞まる)⇕しまる(締まる・閉まる・緊まる)／しぼる(絞る・絞り)⇕しぼる(搾る)

項 頁3〔12〕コウ(カウ)(項目・条項)／**うなじ**(項) ★項垂(うなだ)れる

溝 (溝) 水10〔13〕コウ(海溝・下水溝・排水溝)／みぞ(溝・鼻溝)

⑤**鉱** (鑛) 金5〔13〕コウ(クヮウ)(鉱物・鉄鉱) ★鉱滓(コウサイ・コウシ) ▼「礦」の代用字。「砿」は異体字。

⑤**構** (構) 木10〔14〕コウ(構造・結構)／かまえる(構える・構え)／かまう(構う・構わない)

⑥**綱** 糸8〔14〕コウ(カウ)(綱紀・大綱)／つな(綱・横綱)

酵 酉7〔14〕コウ(カウ)(酵母) ▼「発酵」は「醱酵」の書き換え。

稿 禾10〔15〕コウ(カウ)(草稿) ▼「藁」はもと異体字。「稾」は異体字。

⑤**興** 臼9〔16〕コウ(興業・振興)／キョウ(興味・余興)／おこす(興す)⇕おこす(起こす)／おこる(興る)⇕おこる(起こる) 〔人名用〕〈おき〉

衡 行10〔16〕コウ(カウ)(均衡・度量衡)／**はかり**(衡)／**はかる**(衡る)

鋼 金8〔16〕コウ(カウ)(鋼鉄・製鋼)／はがね(鋼)

⑤**講** (講) 言10〔17〕コウ(カウ)(講義・聴講) ▼「なかなおりする」の意は「媾」の代用。

購 (購) 貝10〔17〕コウ(購入・購読)／**あがなう**(購う)

亢 亠2〔4〕**コウ**(カウ)(亢進)／**たかぶる**(亢ぶる)／**たかい**(亢い)／**のど**(亢)

弘 弓2〔5〕**コウ**(弘遠・弘毅キ)／**グ**(弘通ツウ・ズウ・弘法)／**ひろい**(弘い)／**ひろめる**(弘める) 〔人名用〕〈ひろ・ひろし・ひろむ・みつ〉 ★弘徽殿(コキデン)・弘法大師(コウボウ)

宏 宀4〔7〕**コウ**(クヮウ)(宏遠・宏壮・宏大)／**ひろい**(宏い) ▼「広」で代用される。〔人名用〕〈ひろ・ひろし〉

吼 口4〔7〕**コウ**(咆吼ホウ)／**ク**(獅子吼)／**ほえる**(吼える)

肛 肉3〔7〕**コウ**(カウ)(肛門・脱肛)

佼 人6〔8〕**コウ**(カウ)(佼佼・佼人)

庚 广5〔8〕**コウ**(カウ)(庚申待シン・まち)／**かのえ**(庚)

昂 日4〔8〕**コウ**(カウ)(昂然・意気軒昂)／**たかぶる**(昂ぶる) 〔人名用〕〈あき・あきら・たか・たかし・のぼる〉 ▼「昻」は異体字。

肱 肉4〔8〕**コウ**(股肱コの臣)／**ひじ**(肱)

昊 日4〔8〕**コウ**(カウ)(昊天)／**なつぞら**(昊)

垢 土6〔9〕**コウ**(歯垢)／**ク**(無垢)／**あか**(耳垢) ★寒垢離(カンゴリ)

巷 己6〔9〕**コウ**(カウ)(巷間・陋巷ロウ)／**ちまた**(巷) ▼「巷」は通用字体。

咬 口6〔9〕**コウ**(カウ)(咬嚼シャク・鼠咬症ソショウ)／**かむ**(咬む) ★咬𠺕吧(ジャガタラ)

恍 心6〔9〕**コウ**(クヮウ)(恍惚・恍然)

洸 水6〔9〕**コウ**(クヮウ)(洸洋) 〔人名用〕〈ひろし・ひろ〉

狡 犬6〔9〕**コウ**(カウ)(狡猾カツ・狡智チ・狡獪カイ)／**ずるい**(狡い) ★狡獪

倖 人8〔10〕**コウ**(カウ)(僥倖ギョウ・射倖心) 〔人名用〕〈さち〉

晃 日6〔10〕**コウ**(クヮウ) 〔人名用〕〈あき・あきら・てる・ひかる〉 ★「晃山ザン」は日光(地名)のこと。 ▼「晄」は異体字〔人名用漢字〕。

浩 (浩) 水7〔10〕**コウ**(カウ)(浩然・浩瀚カン)／**ひろい**(浩い) 〔人名用〕〈ひろ・ひろし〉

紘 糸4〔10〕**コウ**(クヮウ)(八紘一宇) 〔人名用〕〈ひろ・ひろし〉

皐 白6〔11〕**コウ**(カウ)(皐月ゲツ・さつき) 〔人名用〕〈すすむ〉 ▼「皋」の異体字。

寇 宀8〔11〕**コウ**(倭寇・元寇) ▼「寇」は異体字。

腔 肉8〔12〕**コウ**(カウ)(腔腸動物・腔子裏・口腔・腹腔・満腔) ★「口腔コウ」「鼻腔ビコウ」は医学界では「コウクウ」「ビクウ」と読むことがある。

皓 (皓) 白7〔12〕**コウ**(カウ)(皓皓・皓然) 〔人名用〕〈あきら・あき・ひろし・ひろ・てる〉

滉 水10〔13〕**コウ**(クヮウ)(人名に用いる) 〔人名用〕〈ひろ・ひろし〉

煌 火9〔13〕**コウ**(クヮウ)(煌煌・熒煌ケイ)／**かがやく**(煌く)／**きらめく**(煌めく・煌星ぼし) ★敦煌(トンコウ)(中国の地名)

膏 肉10〔14〕**コウ**(カウ)(膏薬・軟膏)／**あぶら**(膏) ★膏肓コウ(「膏盲モウ」は誤り)

閤 門6〔14〕**コウ**(カフ)(太閤)

敲 攴10〔14〕**コウ**(カウ)(推敲)／**たたく**(敲く)

膠 肉11〔15〕**コウ**(カウ)(膠質・膠着)／**にかわ**(膠) ★鰾膠にべ・膠にべ無い

鴻 鳥6〔17〕**コウ**(鴻鵠コク・鴻恩)／**おおとり**(鴻) ★鴻巣こうのす(地名)・鴻臚館コウロカン

薨 艸13〔16〕**コウ**(薨去)／**みまかる**(薨る)

曠 日15〔19〕**コウ**(クヮウ)(曠野ヤ・曠世セイ)／**ひろい**(曠い) ▼「昿」は通用字体。

礦 石15〔20〕**コウ**(クヮウ)(金礦・採礦) ▼「鉱」で代用される。「砿」は通用字体。

【こう】

乞 乙2〔3〕**コツ**(乞骸ガイ・乞食コジキ)／**キツ**(乞巧奠キコウデン)／**こう**(乞うご期待)⇕こう(請う)

【ゴウ】

③**号** (號) 口2〔5〕ゴウ(ガウ)(号令・番号)

②**合** 口3〔6〕ゴウ(ガフ)(合意・合同・結合)／ガッ(合体・合併・合点)／カッ(合戦)／あう(合う・試合)⇕あう(会う・遭う・遇う・逢う)／あわす(合わす)／あわせる(合わせる・仕合わせ・問い合わせる)⇕あわせる(併せる) ★合着あい・合歓ねむ・ねぶ(木)・合羽カッパ

拷 手6〔9〕ゴウ(ガウ)(拷問)

剛 刀8〔10〕ゴウ(ガウ)(剛毅キ・剛健・金剛力)／つよい(剛い) 〔人名用〕〈たけ・たけし・つよし〉

傲 人11〔13〕ゴウ(ガウ)(倨傲キョ・傲慢)／おごる(傲る)

豪 豕7〔14〕ゴウ(ガウ)(豪州・豪遊・文豪)／えらい(豪い) 〔人名

用〕(たけ・たけし・つよし・とし) ▼オーストラリアの意は「濠」の代用とされる。

×人 **劫** 力5〔7〕 **ゴウ**(ゴフ)(劫奪)／**コウ**(コフ)(劫を経る) ▼「刧」は異体字。 ★劫火

× **毫** 毛7〔11〕 **ゴウ**(ガウ)(揮毫・毫も変わっていない)

×人 **壕** 土14〔17〕 **ゴウ**(ガウ)(塹壕・防空壕)／**ほり**(外壕)

× **濠** 水14〔17〕 **ゴウ**(ガウ)(濠州・環濠集落)／**ほり**(外濠) ★濠梁(中国の地名) ▼オーストラリアの意では「豪」で代用される。

×人 **轟** 車14〔21〕 **ゴウ**(グヮウ)(轟音・轟然)／**とどろく**(轟く) ★轟(姓) ▼「軣」は異体字。

× **囂** 口18〔21〕 **ゴウ**(ガウ)(喧喧囂囂)／**かまびすしい**(囂しい)

【こうじ】

× **糀** 米8〔14〕 **こうじ**(糀・糀漬) ▼日本で作られた漢字。

× **麴** 麦8〔19〕 *キク／**こうじ**(麴味噌・米麴) ▼「麹」は簡易慣用字体。

【コク】

克 儿5〔7〕 **コク**(克己・克服・克明)／**かつ**(克つ)〔人名用〕(まさる) ▼「剋」の代用字としても用いる。

⑤ **告**(吿) 口4〔7〕 **コク**(告示・報告)／**コウ**／**つげる**(告げる) ★告文・告朔

② **谷** 谷0〔7〕 **コク**(峡谷・幽谷)／**たに**(谷・谷川)／**きわまる**(進退谷まる) ★谷(「渋谷」など東日本の地名に多い)・吐谷渾・谷蠡

⑥ **刻** 刀6〔8〕 **コク**(彫刻・深刻)／**きざむ**(刻む・刻み)

② **国**(國) 口5〔8〕 **コク**(国際・外国)／**くに**(国・島国) ★国造・国栖(地名)・国後(地名)・国東(地名) ▼「口」「圀」は異体字。

② **黒**(黑) 黒0〔11〕 **コク**(黒板・暗黒)／**くろ**(黒・白黒)／**くろい**(黒い・腹黒い) ★黒子・黒南風

⑥ **穀**(穀) 禾9〔14〕 **コク**(穀物・脱穀)

酷(酷) 酉7〔14〕 **コク**(酷似・酷評・残酷)／**ひどい**(酷い・こっ酷い)

× **哭** 口7〔10〕 **コク**(哭泣・慟哭)／**なく**(哭く)

× **鵠** 鳥7〔18〕 **コク**(鴻鵠・正鵠)／***コウ**(カウ)／**くぐい**(鵠) ★鵠沼(地名) ▼「鵠」は通用字体。

【ゴク】

獄 犬11〔14〕 **ゴク**(獄舎・疑獄)

【こしき】

× **甑** 瓦12〔17〕 ***ソウ**／**こしき**(甑) ▼「甑」は通用字体。

【こしらえる】

× **拵** 手6〔9〕 ***ソン**／**こしらえる**(拵える)

【こす】

× **漉** 水11〔14〕 ***ロク**／**こす**(漉す)⇔こす(濾す)／**すく**(漉く)

【こだま】

× **谺** 谷4〔11〕 ***カ**／**こだま**(谺・谺する)

【コツ】

⑥ **骨** 骨0〔10〕 **コツ**(骨子・老骨)／**ほね**(骨・骨折り) ★骨牌・骨董・骨頂 ▼「骨をつかむ」では片仮名で「コツ」と書くことが多い。

×人 **忽** 心4〔8〕 **コツ**(忽然・粗忽)／**ゆるがせ**(忽せ) ★忽必烈汗(モンゴルの人名)・忽滑谷

×人 **惚** 心8〔11〕 **コツ**(恍惚)／**ほれる**(惚れる・一目惚れ)／**ぼける**(惚ける) ★惚気

【ことわざ】

×人 **諺** 言9〔16〕 **ゲン**(諺語・俚諺)／**ことわざ**(諺) ★諺文(ハングルの旧称) ▼「諺」は通用字体。

【こま】

駒 馬5〔15〕 **ク**(産駒)／**こま**(駒・駒寄せ・持ち駒) ★駒鳥・駒下駄

× **狛** 犬5〔8〕 ***ハク**／**こま**(狛犬) ★狛江(地名) ▼「こま」の意は「貊」からとされる。

【こむ】

込(込) 辵2〔5〕 **こむ**(込む・人込み)／**こめる**(込める・込める・やり込める) ▼「電車が混む」とも。「内に込もる」は表外訓。日本で作られた漢字。

【こも】

× **菰** 艸8〔12〕 ***コ**(菰蘆)／**こも**(菰・真菰) ★菰冠

【これ】

×人 **此** 止2〔6〕 **シ**(此岸・彼此)／**ここ**(此)／**こ**(此の人)／**これ**(此) ★此奴・此処・此方・此方・彼此

【ころ】

頃 頁2〔11〕 **ケイ**(頃日)／**ころ**(頃・頃合い・近頃) ★身頃

【コン】

② **今** 人2〔4〕 **コン**(今後・昨今)／**キン**(今上)／**いま**(今・今し方) ★今日・今朝・今年・古今・今様・今際・今宵

⑥ **困** 口4〔7〕 **コン**(困難・貧困)／**こまる**(困る) ★困憊

昆 日4〔8〕 **コン**(昆虫・昆布) ★昆布

恨 心6〔9〕 **コン**(遺恨・悔恨)／**うらむ**(恨む・恨み)／**うらめしい**(恨めしい)

③ **根** 木6〔10〕 **コン**(根拠・平方根)／**ね**(根・屋根) ★尾根・羽根・屋根

婚 女8〔11〕 **コン**(婚約・新婚) ★許婚

⑤ **混** 水8〔11〕 **コン**(混合・混迷)／**まぜる**(混ぜる・混ぜ物)／**まざる**(混ざる)⇔まざる(交ざる)／**まじる**(混じる・混じり物)⇔まじる(交じる)／**こむ**(混む・混み合う) ★混凝土・混沌 ▼「混雑する」という意味の「こむ」の表記は「込む」が本来だった。

× **痕** 疒6〔11〕 **コン**(痕跡・血痕)／**あと**(痕・傷痕)⇔あと(跡・後・×址・×趾)

紺 糸5〔11〕 **コン**(紺青・濃紺)／**カン**(紺珠) ★紺碧・紺屋

魂 鬼4〔14〕 **コン**(魂胆・商魂)／**たましい**(魂・負けじ魂)／**たま**(人魂)

墾 土13〔16〕 **コン**(開墾) ★墾道

懇 心13〔17〕 **コン**(懇切・懇親会)／**ねんごろ**(懇ろだ)

× **艮** 艮0〔6〕 ***ゴン**(艮下艮上)／**うしとら**(艮) ★儒艮

× **坤** 土5〔8〕 **コン**(乾坤)／**ひつじさる**(坤)

×人 **昏** 日4〔8〕 **コン**(昏睡)／**くらい**(昏い)

× **梱** 木7〔11〕 **コン**(梱包)／**こり**(梱)

棍 × 木8〔12〕 コン(棍棒)

渾 人× 水9〔12〕 コン(渾然一体・渾身) ★渾名(あだな) ▼「渾然一体」は「混然一体」とも。

さ

【サ】

① 左 工2〔5〕 サ(左右・左遷)／ひだり(左・左利き) ★左官(サカン)・左氏伝(サシデン)・左義長(サギチョウ)・左褄(ひだりづま)・左沢(あてらざわ)(地名)

④ 佐 人5〔7〕 サ(佐幕・大佐) ★佐藤(サトウ)(姓)・佐伯(さえき)(姓)・佐伯市(さいきし)(地名)

沙 水4〔7〕 サ(沙漠・沙汰)／シャ(沙門)／すな(沙)／いさご(沙) ★沙弥(シャミ)・沙翁(サオウ)(シェークスピア)(人名)・沙魚(はぜ)・沙蚕(ごかい)・沙羅双樹(サラソウジュ)・曼珠沙華(マンジュシャゲ)・沙流(さる)(地名)

⑤ 査 木5〔9〕 サ(査察・調査・巡査) ▼「查」は異体字。

⑥ 砂 石4〔9〕 サ(砂丘・砂糖)／シャ(土砂)／すな(砂・砂場)／いさご(砂) ★砂利(ジャリ)・砂絵(すなエ)・砂鉢(サハチ)・砂蚕(ごかい)・砂嘴(サシ)・砂原(さわら)(地名)

唆 口7〔10〕 サ(教唆・示唆)／そそのかす(唆す)

④ 差 工7〔10〕 サ(差異・誤差)／さす(差す・日差し)⇔さす(指す・刺す・挿す) ★差(さ)し支(つか)える

詐 言5〔12〕 サ(詐欺・詐称)／いつわる(詐る)

鎖(鎖) 金10〔18〕 サ(鎖国・封鎖)／くさり(鎖)／とざす(鎖す) ★鎖帷子(くさりかたびら) ▼「鎖」は異体字。

叉 人× 又1〔3〕 サ(叉手(サシュ)・交叉) ★叉手網(さであみ)・叉焼(チャーシュー)・夜叉(ヤシャ) ▼「差」に書き換えることがある。

些 人× 二6〔8〕 サ(些細・些少)／いささか(些か)

渣 × 水9〔12〕 サ(残渣・沈渣)／かす(渣)

嵯 人× 山10〔13〕 サ(嵯峨(ガ)) ▼地名・人名に使うことが多い。「嵳」は異体字。

裟 人× 衣7〔13〕 サ(袈裟(ケサ))／シャ(裟婆(シャバ))

嗟 × 口10〔13〕 サ(咄嗟)／ああ(嗟)／なげく(嗟く)

瑳 人× 玉10〔14〕 サ(切瑳(＝磋)琢磨(セッサタクマ))

瑣 × 玉10〔14〕 サ(瑣細・瑣末) ▼「些末」「些事」とも。「瑣」は通用字体。

【ザ】

⑥ 座 广7〔10〕 ザ(座席・星座)／すわる(座る・座り込み)⇔すわる(据わる) ★座(いま)す ▼「すわる」の意は「坐」の代用。

挫 手7〔10〕 ザ(挫折・頓挫(トンザ))／くじく(挫く)／くじける(挫ける)

坐 人× 土4〔7〕 ザ(坐禅・坐視)／すわる(坐る) ▼「座」で代用される。「坐」は異体字。

痤 × 疒7〔12〕 ザ(痤疽(ソ))

【サイ】

② 才 手0〔3〕 サイ(才能・秀才) ▼年齢を表す意で一般に「歳」の略字として代用される。

⑤ 再 冂4〔6〕 サイ(再度・再出発)／サ(再来年・再来週)／ふたたび(再び)

⑤ 災 火3〔7〕 サイ(災害・火災)／わざわい(災い)

⑤ 妻 女5〔8〕 サイ(妻子・妻帯・良妻)／つま(妻・人妻) ★妻板(つまいた)・切妻(きりづま)

采(采) 木4〔8〕 サイ(采配・喝采)／とる(采る) ★采女(うねめ)・采邑(サイユウ) ▼「釆」(ハン・のごめ)は別字。

砕(碎) 石4〔9〕 サイ(砕石・粉砕)／くだく(砕く)／くだける(砕ける)

宰 宀7〔10〕 サイ(宰領・主宰)／つかさどる(宰る) ★大宰府(ダザイフ)・太宰治(だざいおさむ)(人名)

栽 木6〔10〕 サイ(栽培・盆栽) ▼「裁」は別字。

彩(彩) 彡8〔11〕 サイ(彩色・淡彩)／いろどる(彩る・彩り)／あや(彩) ★彩絵(だみエ)

⑤ 採(採) 手8〔11〕 サイ(採集・採光)／とる(採る)⇔とる(取る・執る・捕る・撮る)

⑥ 済(濟) 水8〔11〕 サイ(返済・経済)／セイ(多士済済(タシサイサイ))／すむ(済む・使用済み)／すます(済ます)／すくう(済う)／なす(済す)

③ 祭 示6〔11〕 サイ(祭礼・文化祭)／まつる(祭る・祭り上げる)／まつり(祭り・秋祭り)

斎(齋) 齊3〔11〕 サイ(斎場・書斎) ★斎忌(ゆき)・斎部(いんべ)・斎場(ゆにわ)・斎藤(サイトウ)(姓) ▼「斉」は別字だが、音義が通用することがあり、今なお姓では混用されることがある。

② 細 糸5〔11〕 サイ(細心・零細)／ほそい(細い・心細い)／ほそる(細る)／こまかい(細かい)／こまか(細かだ) ★細波(さざなみ)・細魚(さより)・細螺(きさご)

④ 菜 艸8〔11〕 サイ(菜園・野菜)／な(菜・青菜)

④ 最 日8〔12〕 サイ(最大・最先端・最たるもの)／もっとも(最も) ★最寄(もよ)り・最果(さいは)て・最早(もはや)・最中(もなか)

⑥ 裁 衣6〔12〕 サイ(裁縫・体裁)／たつ(裁つ・裁ち物)⇔たつ(断つ・絶つ)／さばく(裁く・裁き)

債 人11〔13〕 サイ(債務・公債)

催 人11〔13〕 サイ(催眠・主催)／もよおす(催す・催し)／もよい(催い) ★催馬楽(サイバラ)

塞 土10〔13〕 サイ(防塞)／ソク(梗塞(コウソク)・閉塞)／ふさぐ(塞ぐ)／ふさがる(塞がる)／とりで(塞) ★塞翁馬(サイオウがうま)・塞(さえ)の神

歳(歳) 止9〔13〕 サイ(歳末・二十歳)／セイ(歳暮)／とし(歳) ▼年齢を表す意では一般に「才」で代用される。

載 車6〔13〕 サイ(積載・記載)／のせる(載せる)⇔のせる(乗せる)／のる(載る)⇔のる(乗る)

⑤ 際 阜11〔14〕 サイ(際限・この際)／きわ(際・窓際) ★今際(いまわ)

哉 人× 口6〔9〕 サイ(快哉・善哉(ゼンザイ))／かな(哉)／や(哉)

砦 人× 石6〔11〕 サイ(山砦)／とりで(砦)

猜 × 犬8〔11〕 サイ(猜疑心・猜忌)／そねむ(猜む)／ねたむ(猜む)

犀 人× 牛8〔12〕 サイ(犀角・犀利)／セイ(木犀(モクセイ))

賽 × 貝10〔17〕 サイ(賽は投げられた・賽銭) ★賽(さい)の河原

臍 × 肉14〔18〕 サイ(臍帯(タイ))／セイ(臍下丹田(セイカタンデン))／へそ(臍) ▼「膃肭臍(オットセイ)」は当て字。

【ザイ】

⑤在 土3〔6〕 ザイ（在留・存在）／ある（在る・在りし日）⇕ある（有る）

④材 木3〔7〕 ザイ（材木・人材）

④剤（劑）刀8〔10〕 ザイ（薬剤師・消化剤）

⑤財 貝3〔10〕 ザイ（財産・文化財）／サイ（財布）／たから（財） ▼「戝」は異体字。

⑤罪 网8〔13〕 ザイ（罪状・謝罪）／つみ（罪）

【さえずる】

×囀 口18〔21〕 テン／さえずる（囀る・囀り） ★春鶯囀（シュンノウデン）

【さえる】

人×冴（冴）冫5〔7〕 ＊ゴ／さえる（冴える・冴え渡る） ▼もと「冱」の異体字。

【さお】

人×竿 竹3〔9〕 カン（竹竿（チッカン）・竿頭（たけざお））／さお（竿） ★竿秤（さおばかり）・竿灯祭（カントウまつり）

×棹 木8〔12〕 ＊トウ（棹歌（タウ））／さお（棹）

【さかい】

人×堺 土9〔12〕 ＊カイ／さかい（堺） ▼地名・人名に用いることが多い。「界」「畍」の異体字。

【さかき】

人×榊 木10〔14〕 さかき（榊） ▼日本で作られた漢字。仏前に供えるしきみは「梻（木＋佛）」と書く。「榊」は通用字体。

【さかな】

人×肴 肉4〔8〕 コウ〔カウ〕（佳肴・酒肴）／さかな（酒の肴）

【さき】

④崎 山8〔11〕 キ（社名などに用いる）／さき（〇〇崎） ▼「﨑」「嵜」は異体字。地名では「埼」「碕」と書くものもある。

④埼 土8〔11〕 ＊キ／さき（埼）／さい（埼玉・埼京線） ★犬吠埼（いぬぼうざき）（地名） ▼もと「崎」「碕」に同じ。

×碕 石8〔13〕 ＊キ／さき（碕） ★日御碕（ひのみさき）（地名） ▼「崎」「埼」に同じ。

【さぎ】

人×鷺 鳥13〔24〕 ロ（鴉鷺（アロ））／さぎ（鷺） ★朱鷺（とき）

【サク】

②作 人5〔7〕 サク（作為・豊作）／サ（作業・動作）／つくる（作る）⇕つくる（造る・創る） ▼「做」は異体字。 ★作麼生（ソモサン）・作手（つくで）（地名）

削（削）刀7〔9〕 サク（削除・添削）／けずる（削る）／そぐ（削ぐ） ▼「鑿」の代用字。

④昨 日5〔9〕 サク（昨日・一昨日） ★昨日（きのう）・一昨日（おととい）

柵 木5〔9〕 サク（城柵・鉄柵） ★柵原（やなはら）（地名）・馬柵（ませ） ▼「栅」は異体字。

索 糸4〔10〕 サク（索引・鉄索）／もとめる（索める） ★索麺（ソウメン）

⑥策 竹6〔12〕 サク（策略・対策）／はかりごと（策）

酢 酉5〔12〕 サク（酢酸）／す（酢の物） ★酢漿草（かたばみ）・酢和（あえ）・酢甕（すがめ）・梅酢（うめず） ▼「酢酸」は「醋酸」の書き換え。

搾 手10〔13〕 サク（搾取・圧搾）／しぼる（搾る）⇕しぼる（絞る） ★搾滓（しめかす） ▼日本で作られた漢字ともいう。「榨」は別字。

錯 金8〔16〕 サク（錯誤・交錯）／＊ソ

×咋 口5〔8〕 ＊サク／くう（咋う） ▼「羽咋（はくい）」のように地名で使う。

×炸 火5〔9〕 サク（炸薬・炸裂）

人×朔 月6〔10〕 サク（朔日（ジツ／ついたち）・朔方・八朔）〔人名用〕（はじめ）

人×窄 穴5〔10〕 サク（狭窄）／すぼめる（窄める）／つぼめる（窄める）

×鑿 金20〔28〕 サク（斧鑿・掘鑿）／うがつ（鑿つ）／のみ（鑿） ▼「うがつ」の意では「削」で代用される。

【さく】

咲（咲）口6〔9〕 ＊ショウ〔セウ〕／さく（咲く・遅咲き） ▼中国では「わらう」の意味に用いた。

【ザク】

人×柘 木5〔9〕 ＊シャ／ザク（柘榴（ザクロ／ジャクロ）） ★柘植（つげ） もとは石榴。

【さけ】

×鮭 魚6〔17〕 ケイ（鮭児）／しゃけ／さけ（紅鮭（べにざけ）・塩鮭（しおじゃけ））

【ささ】

人×笹 竹5〔11〕 ささ（笹・笹身） ▼日本で作られた漢字。

【さざなみ】

人×漣 水11〔14〕 レン（漣漪・清漣）／さざなみ（漣） ▼「漣」は通用字体。

【ささやく】

×囁 口18〔21〕 ＊ショウ〔セフ〕／ささやく（囁く） ▼医学界では「ジ」と読むことがある。

【ささら】

×簓 竹11〔17〕 ＊セン／ささら（簓） ▼日本で作られた漢字。

【さじ】

×匙 匕9〔11〕 シ（鋭匙）／ヒ（薬匙）／さじ（小匙・茶匙） ★飯匙倩（はぶ）

【サツ】

⑥冊（册）冂3〔5〕 サツ（冊子・別冊）／サク（短冊（タンザク））

④札 木1〔5〕 サツ（札入れ・入札）／ふだ（札・名札） ★札（さね） ▼「礼」は別字。

④刷 刀6〔8〕 サツ（刷新・増刷）／はく（刷く）／する（刷る）⇕する（擦る・×摺る・×擂る） ★刷毛（はけ）・刷子（ブラシ）・二刷（ふたずり）

×刹 刀6〔8〕 セツ（刹那）／サツ（古刹・名刹）

×拶 手6〔9〕 サツ（挨拶）

⑤殺（殺）殳6〔10〕 サツ（殺人・黙殺）／セツ（殺生）／サイ（相殺）／ころす（殺す・見殺し）／そぐ（殺ぐ） ★殺陣（たて）・殺戮（サツリク）・殺（や）る

④察 宀11〔14〕 サツ（察知・考察）

撮 手12〔15〕 サツ（撮影）／とる（撮る）⇕とる（取る・採る・執る・捕る）

擦 手14〔17〕 サツ（擦過傷・摩擦）／する（擦る・擦り傷）⇕する（刷る・×摺る・×擂る）／すれる（擦れる・靴擦れ）

×紮 糸5〔11〕 サツ（結紮）／とどまる（紮まる）

人×颯 風5〔14〕 サツ（颯颯・颯爽）／ソウ〔サフ〕（人名に用いられる）

人×撒 手12〔15〕 サツ（撒水）／サン（撒布）／まく（撒く） ★弥撒（ミサ） ▼「サン」は慣用音。「散」とも書かれる。

人×薩 艸14〔17〕 サツ（薩埵・菩薩） ★薩摩・拉薩（ラサ）（中国の地名） ▼「薩」は通用字体。

漢字

【ザツ】
⑤雑(雜) 隹6〔14〕ザツ(雑談・混雑)／ゾウ(ザフ)(雑炊・雑兵)／まざる(雑ざる) ★雑魚・雑纂 ▼「襍」は異体字。

【さて】
×扨 手3〔6〕さて(扨又・扨は) ▼日本で作られた漢字。「扠」とも書いた。

【さなぎ】
×蛹 虫7〔13〕*ヨウ／さなぎ(蛹)

【さば】
×鯖 魚8〔19〕*セイ／さば(鯖・鯖鮨) ▼「鯖」は通用字体。

【さばく】
×捌 手7〔10〕ハチ(捌)／*ハツ／さばく(売り捌く)／はける(水が捌ける)／さばける(捌ける) ▼「八」の大字。重要書類の数字の記入に用いる。

【さび】
人×錆 金8〔16〕セイ(防錆)／さび(錆色・赤錆・刀の錆) ▼「錆」は通用字体。

【さめ】
×鮫 魚6〔17〕コウ(カウ)(鮫人)／さめ(鮫・鮫肌)

【さや】
人×鞘 革7〔16〕ショウ(セウ)(鞘翅目)／さや(鞘当) ★逆鞘・利鞘・海鞘 ▼「鞘」は通用字体。

【さら】
③皿 皿0〔5〕*ベイ／さら(皿・灰皿)

【さらす】
人×晒 日6〔10〕*サイ／さらす(晒粉・晒者・雨晒し) ▼「曬」の異体字。

【ざる】
×笊 竹4〔10〕*ソウ(サウ)(笊籬)／ざる(笊)

【サン】
①三 一2〔3〕サン(三角・再三)／みつ(三つ指)／みっつ(三つ)／み(三日月・三日)〔人名用〕〈ぞう〉 ★三味線・三幅布団・三椏・三和土・三味・三化螟虫・三郎(人名)・三次(地名)・三豊(地名)・三養基(地名)

①山 山0〔3〕サン(山脈・登山)／セン／やま(山) ★山車・山毛欅・山羊・山姥・山茶・山茶花・山峡・山間・山雀・山颪・山葵・山賤・山鬟・山椒・山窩・山手・山女・海千山千・山鹿(地名)・大山(地名)

④参(參) ム6〔8〕サン(参加・降参)／シン(参差)／まいる(参る・寺参り) ★人参・参観(参勤とも)・苦参・海参・光参

桟(棧) 木6〔10〕サン(桟・桟橋)／かけはし(桟) ★桟敷・桟俵・桟留 ▼「機」の意で用いるのは俗用。

⑥蚕(蠶) 虫4〔10〕サン(蚕糸・養蚕)／かいこ(蚕) ★蚕飼・蚕豆・春蚕・沙蚕・天蚕糸・草石蚕

惨(慘) 心8〔11〕サン(惨劇・陰惨)／ザン(惨死・惨殺)／むごい(惨い)／みじめ(惨め・惨めだ)

④産(產) 生6〔11〕サン(産業・出産)／うむ(産む・産み月)⇕うむ(生む)／うまれる(産まれる)⇕うまれる(生まれる)／うぶ(産湯・産毛) ★産毛・産土・産霊

傘 人10〔12〕サン(傘下・落下傘)／かさ(傘・置き傘・日傘) ★傘寿(八十歳) ▼「仐」「伞」は異体字。

④散 攴8〔12〕サン(散歩・解散)／ちる(散る・散り散りに)／ちらす(散らす)／ちらかす(散らかす)／ちらかる(散らかる) ★散位

②算 竹8〔14〕サン(算数・予算)／かぞえる(算える)

⑤酸 酉7〔14〕サン(酸味・辛酸)／すい(酸い・酸っぱい) ★酸漿・酸塊

⑤賛(贊) 貝8〔15〕サン(賛成・称賛) ▼「ほめたたえる」意は「讃」の代用。

人×珊 玉5〔9〕サン(珊瑚)／サンチ(センチメートルの意の当て字)(一珊) ▼「珊」「珊」は異体字。

×餐 食7〔16〕サン(素餐・晩餐) ▼「餐」は通用字体。

人×燦 火13〔17〕サン(燦燦・燦爛)／きらめく(燦く)〔人名用〕〈あきら〉

人×纂 糸14〔20〕サン(雑纂・編纂)

人×讃 言15〔22〕サン(讃美・礼讃)／ほめる(讃める)／たたえる(讃える) ★讃岐・予讃線 ▼「讚」は異体字。地名以外では「賛」で代用される。

×鑽 金19〔27〕サン(鑽仰)・研鑽・大鑽井盆地) ▼「鑽」は通用字体。

【ザン】
④残(殘) 歹6〔10〕ザン(残留・敗残)／のこる(残る・残り)／のこす(残す・食べ残し)／そこなう(残なう) ★名残

斬 斤7〔11〕ザン(斬首・斬新)／きる(斬る・刀で斬る)⇕きる(切る・×剪る・▲伐る)

暫 日11〔15〕ザン(暫時・暫定)／しばらく(暫く)／しばし(暫し)

×慙 心11〔15〕ザン(慙愧・慙死) ▼「慚」は異体字。

×懺 心17〔20〕サン／ザン(懺悔)／*セン(懺法) ▼「懴」は異体字。

×讒 言17〔24〕ザン(讒言・讒謗)／そしる(讒る)

し

【シ】
⑤士 士0〔3〕シ(士官・紳士)／*ジ／さむらい(士)⇕さむらい(侍)

①子 子0〔3〕シ(子孫・帽子)／ス(金子・様子)／こ(子・年子)／ね(子・子年) ★子規・案山子・黒子・息子・梯子・硝子・郎子・螺子・刷子・胡頽子・包子・杏子・餃子

⑤支 支0〔4〕シ(支持・支店)／ささえる(支える・支え)／つかえる(支える) ★切支丹

②止 止0〔4〕シ(止宿・中止)／とまる(止まる・行き止まり)⇕とまる(留まる・泊まる)／やむ(止む)／とどまる(止まる)／とめる(止める・歯止め)⇕とめる(留める・泊める)／やめる(止める) ★笑止・丁発止・平古止点

④氏 氏0〔4〕シ(氏名・某氏)／うじ(氏・氏神) ★杜氏

③仕 人3〔5〕シ(仕事・出仕)／ジ(給仕)／つかえる(仕える) ★仕舞屋・仕種・仕度 ▼「仕事」

などでは「し(「する」の連用形)」の当て字。

⑤**史** 口2〔5〕シ(史学・国史)／ふみ(史)／ふびと(史) ★史生・大史・少史

④**司** 口2〔5〕シ(司会・上司)／ス(下司)／つかさどる(司る)／つかさ(司) ★司馬(人名)・寿司・御曹司

①**四** 口2〔5〕シ(四角・四十七士)／よっ(四つ角)／よっつ(四つ)／よ(四人・四月目)／よん(四回・四階) ★四阿・四幅・四万十(地名)・四川(中国の地名)・四十雀・四股名

②**市** 巾2〔5〕シ(市民・都市)／いち(市・競り市) ★海市・市川三郷

②**矢** 矢0〔5〕シ(一矢を報いる)／や(矢・矢面) ★矢作・矢来・無理矢理・矢矧

旨 日2〔6〕シ(要旨・本旨)／むね(旨)／うまい(旨い) ▼「𣅀」は異体字。

③**死** 歹2〔6〕シ(死亡・必死)／しぬ(死ぬ・死に絶える)

①**糸**(絲) 糸0〔6〕シ(綿糸・製糸)／いと(糸・毛糸) ★糸瓜・糸偏景気・糸魚川(地名) ▼もとは、「糸」と「絲」は別字。

⑥**至** 至0〔6〕シ(至当・冬至)／いたる(至る・至って副)

伺 人5〔7〕シ(伺候)／うかがう(伺う・伺い)

⑤**志** 心3〔7〕シ(志望・寸志)／こころざし(志)／こころざす(志す) ★志布志(地名)

⑥**私** 禾2〔7〕シ(私立)／わたくし(私・私する)／わたし(私)／ひそか(私か) ★私語

③**使** 人6〔8〕シ(使役・駆使)／つかう(使う・使い)⇔つかう(遣う)／しむ(使む)

刺 刀6〔8〕シ(刺激・風刺)／＊セキ／さす(刺す・刺し殺す)⇔さす(差す・指す・挿す)／ささる(刺さる)／とげ(刺) ★刺青 ▼「刺激」は「刺戟」の書き換え。

③**始** 女5〔8〕シ(終始・開始)／はじまる(始まる・始まり)／はじめる(始める)⇔はじめ(初め)／はじめて(初めて) ★始皇帝

②**姉** 女5〔8〕シ(姉妹・諸姉)／あね(姉・姉上) ★姉さん

⑤**枝** 木4〔8〕シ(枝葉)／えだ(枝) ★枝折・金雀枝・三枝・枝幸(地名)・荔枝

祉(祉) 示4〔8〕シ(福祉)

肢 肉4〔8〕シ(肢体・選択肢)

⑥**姿**(姿) 女6〔9〕シ(姿勢・雄姿)／すがた(姿・姿見)

②**思** 心5〔9〕シ(思想・相思)／おもう(思う・思い・思わしい) ★思惑

③**指** 手6〔9〕シ(指示・屈指)／ゆび(指・指先)／さす(指す・名指し)⇔さす(差す・刺す・挿す) ★指物・指貫・指宿(地名・指宿から)

施 方5〔9〕シ(施設・実施)／セ(施主・布施)／ほどこす(施す・施し)

⑤**師** 巾7〔10〕シ(師匠・医師) ★師走

②**紙** 糸4〔10〕シ(紙面・新聞紙)／かみ(紙・厚紙) ★紙魚・紙縒・紙燭・紙鳶 ▼「帋」は異体字。

脂 肉6〔10〕シ(脂肪・樹脂)／あぶら(脂・脂ぎる)⇔あぶら(油)／やに(脂) ★松脂・目脂・雲脂

恣 心6〔10〕シ(恣意・放恣)／ほしいまま(恣にする) ▼「恣」は通用字体。

⑥**視**(視) 見4〔11〕シ(視覚・注視)／みる(視る)⇔みる(見る・診る・看る・観る)

紫 糸6〔12〕シ(紫紺・紫外線)／むらさき(紫・紫色) ★紫陽花・紫苑・紫蘇・紫雲英・紫式部(人名)

⑥**詞** 言5〔12〕シ(歌詞・品詞)／ことば(詞) ★詞歌・台詞・枕詞・祝詞

③**歯**(齒) 歯0〔12〕シ(歯科・義歯)／は(歯・入れ歯) ★歯朶

嗣 口10〔13〕シ(嗣子・嫡嗣)／つぐ(嗣ぐ)

③**詩** 言6〔13〕シ(詩情・詩歌)／うた(詩)

④**試** 言6〔13〕シ(試験・追試)／こころみる(試みる・試み)／ためす(試す・試し) ★試合

⑤**資**(資) 貝6〔13〕シ(資本・物資)

⑤**飼**(飼) 食5〔13〕シ(飼育・飼料)／かう(飼う)

⑥**誌** 言7〔14〕シ(誌面・雑誌)

雌 隹6〔14〕シ(雌雄・雌伏)／めす(雌・雌犬)／め(雌花・雌しべ) ★雌鳥

賜 貝8〔15〕シ(賜暇・恩賜)／たまわる(賜る)／たまもの(賜・賜物とも)

摯 手11〔15〕シ(真摯)

×**諮**(諮) 言9〔16〕シ(諮問)／はかる(諮る)⇔はかる(図る・計る・測る・量る・謀る)

人×**仔** 人3〔5〕シ(仔細)／こ(仔犬・仔猫) ▼「仔細」は「子細」とも書く。

人×**弛** 弓3〔6〕シ(弛緩)／チ／ゆるむ(弛む)／たるむ(弛む)

人×**孜** 子4〔7〕シ(孜孜)〔人名用〕へつとむ

×**址** 土4〔7〕シ(旧址・城址)／あと(址)⇔あと(跡・後・痕・趾) ▼「阯」は異体字。

×**屍** 尸6〔9〕シ(屍骸・検屍)／しかばね(屍)／かばね ▼「死」で書き換えることがある。

×**祠** 示5〔10〕シ(祠官・淫祠)／ほこら(祠) ▼「祠」は通用字体。

×**翅** 羽4〔10〕シ(翅翼・鱗翅目)／はね(翅)／ただ(翅)

×**疵** 疒6〔11〕シ(疵瑕・瑕疵)／きず(疵)

×**趾** 足4〔11〕シ(挙趾・城趾)／あし(趾)／あと(趾)⇔あと(跡・後・痕・址) ★交趾 ▼「城趾」は「城址」とも書く。

人×**斯** 斤8〔12〕シ(斯界・斯道)／この(斯の)／これ(斯れ)／かく(斯く) ★瓦斯

人×**獅** 犬10〔13〕シ(獅子) ★獅子吼

×**嗜** 口10〔13〕シ(嗜好・嗜欲)／たしなむ(嗜む・嗜み)

×**嗤** 口10〔13〕＊シ／わらう(嗤う)／あざわらう(嗤う)

×**滓** 水10〔13〕シ(残滓・鉱滓)／サイ／かす(滓)

×**肆** 聿7〔13〕シ(書肆・放肆) ▼漢数字「四」の大字。

×嘴　口12〔15〕　シ（山嘴・砂嘴）／くちばし（嘴）

×幟　巾12〔15〕　シ（旗幟鮮明）／のぼり（幟・鯉幟）

×熾　火12〔16〕　シ（熾烈）／おこる（熾る）／おこす（熾す）／おき（熾・燠火）▼「おき」は「燠」とも書く。

×篩　竹10〔16〕　シ（篩管）／ふるい（篩）▼「篩管」は「師管」とも書く。

【ジ】

⑤示　示0〔5〕　ジ（示威・指示）／シ（示唆）／しめす（示す・示し）▼「示」ははねない書き方もある。

①字　子3〔6〕　ジ（字画・活字）／あざ（字・大字）／あざな（字）★文字

②寺　寸3〔6〕　ジ（寺院・末寺）／てら（寺・尼寺）

③次（次）　欠2〔6〕　ジ（次回・目次）／シ（次第）／つぐ（次ぐ・次いで副）⇔つぐ（継ぐ・接ぐ）／つぎ（次・次次と）

①耳　耳0〔6〕　ジ（耳鼻科・中耳炎）／みみ（耳・早耳）

②自　自0〔6〕　ジ（自分）／シ（自然）／みずから（自ら）／おのずから（自ずから）／より（自り）★自棄・自来也

⑤似　人5〔7〕　ジ（類似・疑似）／にる（似る・似顔）★似而非・似非・似我蜂・真似

④児（兒）　儿5〔7〕　ジ（児童・優良児）／ニ（小児科）／ご（稚児）／こ（児）★児湯（地名）・掏児・老頭児

③事　亅7〔8〕　ジ（事物・師事）／ズ（好事家）／こと（事・出来事）／つかえる（事える）▼「亊」は異体字。★茶飯事・古事記（書名）

④侍　人6〔8〕　ジ（侍従・侍医）／さむらい（侍）／はべる（侍る）

④治　水5〔8〕　ジ（政治・療治）／チ（治安・自治）／おさめる（治める）⇔おさめる（収める・納める・修める）／おさまる（治まる）⇔おさまる（収まる・納まる・修まる）／なおす（治す）⇔なおす（直す）／なおる（治る）⇔なおる（直る）

③持　手6〔9〕　ジ〔ヂ〕（持参・支持）／もつ（持つ）

②時　日6〔10〕　ジ（時間・当時）／とき（時・時時）★時計・時雨・時化・時鳥・時艱・時津（地名）・金時

④滋　水9〔12〕　ジ（滋味・滋養）／シ〔人名用〕〈しげ・しげる〉★滋藤・滋賀（地名）

慈　心9〔13〕　ジ（慈愛・慈悲）／いつくしむ（慈しむ・慈しみ）★慈姑・慈童

④辞（辭）　辛6〔13〕　ジ（辞書・式辞）／ことば（辞）／やめる（辞める）

⑥磁　石9〔14〕　ジ（磁石・陶磁器）

餌　食6〔15〕　ジ（食餌）／えさ（餌）／え（餌食）▼「餌」は許容字体。「食餌療法」は「食事療法」とも書く。

璽　玉14〔19〕　ジ（玉璽・国璽）

人×而　而0〔6〕　ジ（而立・形而上学）／しかして（而して）／しこうして（而して）★而已・而後

×恃　心6〔9〕　ジ（矜恃・自恃）／たのむ（恃む）

×茲　艸6〔9〕　ジ（今茲・来茲）

×痔　疒6〔11〕　ジ〔ヂ〕（痔・痔疾）

人×爾　爻10〔14〕　ジ（爾来・莞爾）／なんじ（爾）／のみ（爾）／しかり（爾り・爾く）★爾雅（中国の書名）・天爾遠波・伯剌西爾▼「尓」は異体字。

【しい】

椎　木8〔12〕　ツイ（椎間板・脊椎）／つち（椎）／しい（椎茸）★椎名（姓）

【しお】

人×汐　水3〔6〕　セキ（潮汐）／しお（汐・引汐）▼「塩」の意味に用いることがある。

【しおり】

人×栞　木6〔10〕　*カン／しおり（栞）

【しか】

④鹿　鹿0〔11〕　ロク（鹿砦）／しか（鹿）／か（鹿毛）／しし（鹿・鹿威し）★鹿子・鹿足（地名）・鹿児島（地名）・鹿屋（地名）・鹿尾菜・馴鹿・馬鹿

【シキ】

③式　弋3〔6〕　シキ（式典・数式）／ショク（式子内親王　人名）★式退・式台

⑤識　言12〔19〕　シキ（識別・知識）／しる（識る）

【しぎ】

×鴫　鳥5〔16〕　しぎ（鴫・鴫焼）▼日本で作られた漢字。漢字では「鷸」。

【しきみ】

×樒　木11〔15〕　*ミツ／しきみ（樒）▼「梻」は異体字。

【ジク】

軸　車5〔12〕　ジク〔ヂク〕（軸・地軸）

人×竺　竹2〔8〕　ジク〔ヂク〕（天竺）

×舳　舟5〔11〕　ジク〔ヂク〕（舳艫）／へ（舳先）

【しし】

×宍　宀4〔7〕　*ジク／*ニク／しし（宍）★宍喰・宍道（地名）▼もとは「肉」の異体字。

【しじみ】

×蜆　虫7〔13〕　*ケン／しじみ（蜆・蜆貝）

【しずく】

人×雫　雨3〔11〕　*ダ／しずく（雫）★雫（地名）▼日本で作られた漢字とする説もある。

【シチ】

①七　一1〔2〕　シチ（七五三・七福神）／なな（七月目）／ななつ（七つ）／なの（七日）★七夕・七日・七転八倒

【シツ】

叱　口2〔5〕　シツ（叱正・叱責）／しかる（叱る）▼「叱」は本来は別字だが、デザインの差とされている。

④失　大2〔5〕　シツ（失望・消失・失する）／うしなう（失う）／うせる（失せる）★失物

②室　宀6〔9〕　シツ（室内・居室）／むろ（室・室咲き）

疾　疒5〔10〕　シツ（疾患・悪疾）★疾風

執　土8〔11〕　シツ（執務・確執）／シュウ〔シフ〕（執念・我執）／とる（執る）⇔とる（取る・採る・捕る・撮る）

湿（濕）　水9〔12〕　シツ（湿度・多湿）／しめる（湿る・湿り）／しめす（湿す）★湿婆・湿気る

漢字

嫉 人× 女10〔13〕 シツ（嫉視・嫉妬）／ねたむ（嫉む）／そねむ（嫉む）

漆 水11〔14〕 シツ（漆器・乾漆）／うるし（漆） ★漆喰・仮漆

質 ⑤ 貝8〔15〕 シツ（質問・本質）／シチ（質屋・人質）／チ（言質）／ただす（質す） ▼「貭」は異体字。

虱 × 虫1〔7〕 *シツ／しらみ（虱） ▼「しらみ」は「半風子」とも。「蝨」の異体字。

【ジツ】

悉 人× 心7〔11〕 シツ（悉皆・詳悉）／ことごとく（悉く） ★悉曇

実 ③ （實）宀5〔8〕 ジツ（実力・実に）／み（実・実入り）／みのる（実る・実り）／さね（実）／まこと（実）

【しつけ】

躾 × 身7〔16〕 しつけ（躾・不躾） ▼日本で作られた漢字。「𨉷」とも。

【しとみ】

蔀 × 艸11〔14〕 *ホウ／*ブ／しとみ（蔀・蔀戸）

【しの】

篠 人× 竹11〔17〕 *ショウ（セウ）／しの（篠竹・篠原・篠笛） ★篠懸・篠山（地名） ▼「筱」は異体字。

【しのぎ】

鎬 × 金10〔18〕 コウ（カウ）／しのぎ（鎬を削る） ★鎬京（中国の地名）

【しのぶ】

偲 人× 人9〔11〕 *サイ／*シ／しのぶ（故人を偲ぶ）

【しば】

芝 艸3〔6〕 シ（霊芝・芝宇）／しば（芝・芝居） ★芝生

柴 人× 木6〔10〕 サイ（柴門）／しば（柴刈）

【しばしば】

屢 × 尸11〔14〕 ル（屢次・屢述）／しばしば（屢） ▼「屡」は通用字体。「しばしば」は「屢々」とも書かれる。

【しべ】

蕊 × 艸12〔15〕 ズイ（雄蕊・雌蕊）／しべ（蕊） ★留辺蘂（地名） ▼「蕋」「蘂」は異体字。

【しま】

縞 人× 糸10〔16〕 *コウ（カウ）／しま（縞・縞模様・棒縞・横縞）

【シャ】

写 ③ （寫）冖3〔5〕 シャ（写真・映写）／うつす（写す・写し）⇔うつす（映す）／うつる（写る・写り）⇔うつる（映る） ▼旧字体は「宀」の部。「寫」は異体字。

社 ② （社）示3〔7〕 シャ（社会・神社）／やしろ（社） ★社稷

車 ① 車0〔7〕 シャ（車輪・電車）／くるま（車・歯車） ★車前草・山車・牛車 ▼「車両」は「車輛」の書き換え。「俥」は人力車。

舎 ⑤ （舍）人6〔8〕 シャ（舎監・寄宿舎） ★舎人・舎利・舎密

者 ③ 老4〔8〕 シャ（医者・第三者）／もの（者・若者）

射 ⑥ 寸7〔10〕 シャ（射撃・日射病）／*セキ／いる（射る）／うつ（射つ）／さす（日射し） ★射干・射水（地名）・射干玉・無射・僕射 ▼「射幸心」は「射倖心」の書き換え。

捨 ⑥ （捨）手8〔11〕 シャ（捨象・喜捨）／すてる（捨てる・捨て子）

赦 赤4〔11〕 シャ（赦免・恩赦）／ゆるす（赦す）

斜 斗7〔11〕 シャ（斜面・傾斜）／ななめ（斜め）／はす（斜交い） ★斜子

煮 火8〔12〕 シャ（煮沸）／にる（煮る・雑煮）／にえる（煮える・生煮え）／にやす（業を煮やす）

遮 辵11〔14〕 シャ（遮断）／さえぎる（遮る） ★遮二無二・遮莫

謝 ⑤ 言10〔17〕 シャ（謝絶・陳謝）／あやまる（謝る・平謝り）⇔あやまる（誤る・謬る）

炙 × 火4〔8〕 シャ（膾炙・親炙）／あぶる（炙る）

洒 × 水6〔9〕 シャ（洒脱・洒落）／*サイ

紗 人× 糸4〔10〕 シャ（金紗・羅紗）／サ（更紗） ★紗那（地名）・袱紗

娑 × 女7〔10〕 シャ（娑婆・娑羅双樹）／サ（婆娑羅）

奢 × 大9〔12〕 シャ（奢侈・豪奢）／おごる（奢る）

赭 × 赤9〔16〕 シャ（赭汗・代赭）／あかつち（赭）／あかい（赭い）

瀉 × 水15〔18〕 シャ（瀉血・一瀉千里）／はく（瀉く） ▼「泻」は通用字体。「潟」は別字。

【ジャ】

邪 （邪）邑5〔8〕 ジャ（邪悪・正邪）／ヤ（邪許）／よこしま（邪な考え） ★邪（耶）馬台国・天邪鬼・風邪

蛇 虫5〔11〕 ジャ（蛇の目・大蛇）／ダ（蛇行・長蛇）／へび（蛇） ★蛇蝎・蛇口

【シャク】

尺 ⑥ 尸1〔4〕 シャク（尺度・尺貫法）／*セキ

借 ④ 人8〔10〕 シャク（借用・貸借）／シャ（仮借）／かりる（借りる・借り）

酌 酉3〔10〕 シャク（酌量・晩酌）／くむ（酌む・酌み交わす） ★媒酌

釈 （釋）釆4〔11〕 シャク（釈明・解釈・釈放）／セキ（釈奠）／とく（釈く） ★釈迦・帝釈天・釈迢空（人名）

爵 （爵）爪13〔17〕 シャク（爵位・男爵）

勺 人× （勺）勹1〔3〕 シャク（一勺） ▼「勺」は異体字。常用漢字から削除された字。

杓 × 木3〔7〕 シャク（杓子・柄杓） ▼「杓」は通用字体。

灼 人× 火3〔7〕 シャク（灼熱・焼灼）／やく（灼く）／やける（灼ける） ★灼然 ▼「灼」は通用字体。

笏 × 竹4〔10〕 シャク（玉笏）／コツ ★支笏湖 ▼「コツ」は「骨」に通じるので使わない。

綽 × 糸8〔14〕 シャク（余裕綽綽） ★綽名

錫 人× 金8〔16〕 シャク（錫杖）／すず（錫）

嚼 × 口18〔21〕 シャク（咀嚼）／かむ（嚼む）

癪 × 疒16〔21〕 シャク（癪に障る・癇癪・小癪・癪持ち） ▼日本で作られた漢字。

【ジャク】

若 ⑥ 艸5〔8〕 ジャク（若年・自若）／ニャク（老若）／わかい（若い・若若しい）／もしくは（若しくは）／もし（若し） ★若人・若布・若為・若干・般若・杜若・若狭（地名）

② **弱**(弱) 弓7〔10〕 ジャク(弱点・強弱)／よわい(弱い・足弱)／よわる(弱る)／よわまる(弱まる)／よわめる(弱める) ★弱竹・手弱女

寂 宀8〔11〕 ジャク(寂滅・閑寂)／セキ(寂然・寂として)／さびしい(寂しい・寂しがる)⇕さびしい(淋しい)／さびれる(寂れる)／さび(寂)

人× **雀** 隹3〔11〕 ジャク(雀躍・雀羅)／すずめ(雀) ★雀斑・雲雀・山雀・葦雀・麻雀・雀荘・雀士

人× **惹** 心9〔12〕 ジャク(惹起・惹句)／ひく(惹く)⇕ひく(引く・弾く・×曳く)

【シュ】

① **手** 手0〔4〕 シュ(手腕・選手)／て(手・素手)／た(手綱・手繰る) ★手伝う・上手・山手・厚手

③ **主**(主) 丶4〔5〕 シュ(主人・施主)／ス(法主・坊主)／ぬし(主・お主・地主)／おも(主な人)／あるじ(主) ★主典・主馬寮・主殿・主命・主水・窩主買い

③ **守** 宀3〔6〕 シュ(守備・攻守)／ス(留守)／まもる(守る・守り)／もり(お守り・灯台守)／かみ(但馬守) ★守宮・守部・守門(地名)

朱 木2〔6〕 シュ(朱肉・朱塗り)／ス(朱雀)／あか(朱)／あけ(朱) ★朱欒・朱熹(中国の人名)

③ **取** 又6〔8〕 シュ(取捨・聴取)／とる(取る)⇕とる(採る・執る・捕る・撮る)

狩 犭6〔9〕 シュ(狩猟)／かり(狩り・ぶどう狩り)／かる(狩る・狩り込み) ★狩衣・狩座・狩人・狩谷(姓)・潮干狩り・葡萄狩り

② **首** 首0〔9〕 シュ(首尾・自首)／くび(首・首飾り) ★首・首途・首陀羅

殊 歹6〔10〕 シュ(殊勝・特殊)／こと(殊に・殊更)

珠 玉6〔10〕 シュ(珠玉・真珠)／たま(珠)⇕たま(玉・球・弾)

③ **酒** 酉3〔10〕 シュ(酒宴・洋酒)／さけ(酒・甘酒)／さか(酒屋・酒盛り) ★麦酒・神酒・酒匂(地名・姓)・酒々井(地名)

腫 肉9〔13〕 シュ(腫瘍・癌腫)／はれる(腫れる)／はらす(腫らす)

④ **種** 禾9〔14〕 シュ(種類・品種)／たね(種・一粒種) ★種子島・仕種

趣 走8〔15〕 シュ(趣向・興趣)／おもむき(趣)

【ジュ】

寿(壽) 寸4〔7〕 ジュ(寿命・米寿)／ことぶき(寿)／ことほぐ(寿ぐ)／いのちながし(寿し)〔人名用〕〈とし・ひさ・ひさし〉 ★寿司・寿都(地名)・恵比寿 ▼旧字体は「士」の部。

③ **受** 又6〔8〕 ジュ(受諾・甘受)／うける(受ける・受付)⇕うける(請ける・×享ける)／うかる(受かる) ★受領・俗受け

呪 口5〔8〕 ジュ(呪術・呪文)／のろう(呪う・呪い)／まじない(呪い) ▼「咒」は異体字。

⑤ **授** 手8〔11〕 ジュ(授与・教授)／さずける(授ける)／さずかる(授かる)

需 雨6〔14〕 ジュ(需要・必需品)／もとめる(需める)

儒 人14〔16〕 ジュ(儒学・儒者) ★儒艮

⑥ **樹** 木12〔16〕 ジュ(樹木・街路樹)／き(樹)／たてる(樹てる)

× **戍** 戈2〔6〕 *シュ／ジュ(戍卒・征戍)／まもる(戍る) ▼「戌」は別字。

× **綬** 糸8〔14〕 ジュ(印綬・紫綬褒章)

× **襦** 衣14〔19〕 ジュ(襦袢・汗襦)

【シュウ】

⑥ **収**(收) 又3〔4〕 シュウ〔シウ〕(収穫・回収)／おさめる(収める)⇕おさめる(納める・治める・修める)／おさまる(収まる)⇕おさまる(納まる・治まる・修まる) ★収斂 ▼「収集」は「蒐集」の書き換え。

囚 口2〔5〕 シュウ〔シウ〕(囚人・死刑囚) ★囚人

③ **州** 巛3〔6〕 シュウ〔シウ〕(州議会・六大州)／ス／す(州・三角州)／しま(州) ▼「洲」の代用字。音読みにも「ス」があるが、表外音。

舟 舟0〔6〕 シュウ〔シウ〕(舟運・舟航)／ふね(舟・渡し舟)⇕ふね(船)／ふな(舟遊び・舟歌) ★方舟

秀 禾2〔7〕 シュウ〔シウ〕(秀逸・優秀)／ひいでる(秀でる)

④ **周** 口5〔8〕 シュウ〔シウ〕(周知・円周)／まわり(周り)⇕まわり(回り)／まわる(周る)／めぐる(周る)〔人名用〕〈あまね〉 ★周敦頤(中国の人名)・西周(人名)

⑥ **宗** 宀5〔8〕 シュウ(宗教・改宗)／ソウ(宗家・宗匠)／むね(宗) ★宗像(地名・姓)

③ **拾** 手6〔9〕 シュウ〔シフ〕(拾得・収拾)／ジュウ〔ジフ〕(拾万円)／ひろう(拾う・拾い物) ★寒山拾得 ▼「捨」は別字。

② **秋** 禾4〔9〕 シュウ〔シウ〕(秋季・晩秋)／あき(秋)／とき(危急存亡の秋) ★秋蚕・秋刀魚・秋海棠・秋津島 ▼「秌」「穐」「龝」は異体字。

臭(臭) 自3〔9〕 シュウ〔シウ〕(臭気・俗臭)／くさい(臭い・臭さ)／におう(臭う)⇕におう(匂う)／におい(臭い)⇕におい(匂い) ▼よいにおいには「匂」を用いることが多い。

⑤ **修** 彡7〔10〕 シュウ〔シウ〕(修飾・改修)／シュ(修行)／おさめる(修める)⇕おさめる(収める・納める・治める)／おさまる(修まる)⇕おさまる(収まる・納まる・治まる) ★修法・修羅

③ **終** 糸5〔11〕 シュウ(終了・最終)／おわる(終わる・終わり)／おえる(終える)／ついに(終に) ★終日・終夜

羞 羊5〔11〕 シュウ〔シウ〕(羞恥・含羞)／はじる(羞じる) ★含羞

③ **習** 羽5〔11〕 シュウ〔シフ〕(習得・練習)／ならう(習う・手習い)⇕ならう(倣う)

② **週**(週) 辵8〔11〕 シュウ〔シウ〕(週刊・毎週)

⑥ **就** 尢9〔12〕 シュウ〔シウ〕(就任・去就)／ジュ(成就)／つく(就く)⇕つく(付く・着く)／つける(就け

る)⇔つける(付ける・着ける) ★就中・就令

⑥衆 血6〔12〕 シュウ(衆寡・聴衆)／シュ(衆生)

③集 隹4〔12〕 シュウ〔シフ〕(集合・全集)／あつめる(集める・人集め)／あつまる(集まる・集まり)／つどう(集う・集い) ★集注

×愁 心9〔13〕 シュウ〔シウ〕(愁傷・憂愁)／うれい(愁い)⇔うれい(憂い)／うれえる(愁える)⇔うれえる(憂える)

×酬 酉6〔13〕 シュウ〔シウ〕(貴酬・報酬・応酬)／むくいる(酬いる・酬い)

×醜 酉10〔17〕 シュウ〔シウ〕(醜悪・美醜)／みにくい(醜い・醜さ)／しこ(醜女・醜男・醜名)

×蹴 足12〔19〕 シュウ〔シウ〕(一蹴・蹴球)／ける(蹴る・蹴り) ★蹴鞠

襲 衣16〔22〕 シュウ〔シフ〕(襲撃・世襲)／おそう(襲う)／かさね(襲)

人×洲 水6〔9〕 シュウ〔シウ〕(欧洲・五大洲)／ス／す(三角洲)／しま(州) ★秋津洲 ▼「ス」は音読みでもある。「州」で代用される。

×酋 酉2〔9〕 シュウ〔シウ〕(酋長・酋酋) ▼「酋」は通用字体。

人×脩 肉7〔11〕 シュウ〔シウ〕〔人名用〕〈おさむ・おさ・なが・のぶ〉 ★欧陽脩(中国の人名)

人×蒐 艸10〔13〕 シュウ〔シウ〕(蒐集)／あつめる(蒐める) ▼「あつめる」の意では「収」に書き換えるものがある。

×聚 耳8〔14〕 シュウ(聚落・類聚)／ジュ／あつまる(聚まる) ★聚楽第 ▼「集」に書き換えることがある。

×皺 皮10〔15〕 *シュウ〔シウ〕／しわ(皺・小皺)

人×輯 車9〔16〕 シュウ〔シフ〕(輯成・編輯)／あつめる(輯める) ▼「集」で代用される。

×褶 衣11〔16〕 シュウ〔シフ〕(褶曲)／ひだ(褶)

人×繡 糸13〔19〕 シュウ〔シウ〕(刺繡・錦繡) ▼「繍」は簡易慣用字体。

×讐 言16〔23〕 シュウ〔シウ〕(讐敵・復讐)／あだ(讐) ▼「讎」は異体字。

【ジュウ】

①十 十0〔2〕 ジュウ〔ジフ〕(十字架・十文字)／ジッ(十回)／とお(十・十日)／と(十色・十重) ★十重二十重・十手・十字架・十六夜・十露盤・十八女(地名) ▼「ジッ」は「ジュウ」と「ジッ」の混交した形であるが広く行われ、認められている。「充分」は「十分」の当て字。

汁 水2〔5〕 ジュウ〔ジフ〕(果汁・墨汁)／しる(汁・汁粉) ★出汁・苦汁・灰汁

充 儿4〔6〕 ジュウ(充実・補充)／あてる(充てる)⇔あてる(当てる・宛てる)／みたす(充たす)／みちる(充ちる)〔人名用〕〈みつ・みつる〉

③住(住) 人5〔7〕 ジュウ〔ヂュウ〕(住所・住する・衣食住)／すむ(住む)／すまう(住まう・住まい) ★住居

柔 木5〔9〕 ジュウ〔ジウ〕(柔軟・懐柔)／ニュウ〔ニウ〕(柔和・柔弱)／やわらか(柔らか)⇔やわらか(軟らか)／やわらかい(柔らかい)⇔やわらかい(軟らかい)／やわら(柔) ★柔肌

③重 里2〔9〕 ジュウ〔ヂュウ〕(重量・二重)／チョウ(重複・貴重)／おもい(重い・重たい)／かさねる(重ねる・重ね着)／かさなる(重なる)／え(一重・八重桜)〔人名用〕〈しげ〉

⑥従(從) 彳7〔10〕 ジュウ(従事・服従)／ショウ(従容)／ジュ(従○位)／したがう(従う・従って〔接〕)／したがえる(従える) ★従兄弟・従姉妹・従祖父・再従兄弟 ▼「从」は異体字。

渋(澁) 水8〔11〕 ジュウ〔ジフ〕(渋滞・苦渋)／しぶ(渋・渋紙)／しぶい(渋い・渋み)／しぶる(渋る) ▼「澀」は異体字。

銃 金6〔14〕 ジュウ(銃砲・小銃)

獣(獸) 犬12〔16〕 ジュウ〔ジウ〕(獣類・野獣)／けもの(獣)／けだもの(獣)

⑥縦(縱) 糸10〔16〕 ジュウ(縦横・操縦)／*ショウ(縦)／たて(縦・縦書き)／ほしいまま(縦) ★縦令

×什 人2〔4〕 ジュウ〔ジフ〕(什器・什物) ★什麽・什麽生

×戎 戈2〔6〕 ジュウ(戎馬・西戎)／えびす(戎) ★戎克

×絨 糸6〔12〕 ジュウ(絨毯) ★天鵞絨

【しゅうと】

×舅 臼7〔13〕 *キュウ〔キウ〕(舅姑・外舅)／しゅうと(舅)

【シュク】

叔 又6〔8〕 シュク(叔父・伯叔) ★叔父・叔母・叔斉(中国の人名) ▼「叔」は誤り。

④祝(祝) 示5〔9〕 シュク(祝賀・慶祝)／シュウ〔シウ〕(祝儀・祝言)／いわう(祝う) ★祝詞・祝歌

③宿 宀8〔11〕 シュク(宿泊・合宿)／やど(宿・宿屋)／やどる(宿る・雨宿り)／やどす(宿す) ★宿直・宿禰・宿曜・宿毛(地名)

淑 水8〔11〕 シュク(淑女・私淑)／しとやか(淑やか)〔人名用〕〈とし・よし〉 ★淑景舎

粛(肅) 聿6〔11〕 シュク(粛清・自粛)／つつしむ(粛しむ) ★粛慎

⑥縮 糸11〔17〕 シュク(縮小・短縮)／ちぢむ(縮む・伸び縮み)／ちぢまる(縮まる)／ちぢめる(縮める)／ちぢれる(縮れる・縮れ毛)／ちぢらす(縮らす) ★縮緬

×夙 夕3〔6〕 シュク(夙志・夙夜)／つとに(夙に)

【ジュク】

塾 土11〔14〕 ジュク(塾・私塾)

⑥熟 火11〔15〕 ジュク(熟練・成熟)／うれる(熟れる) ★熟寝

【シュツ】

①出 凵3〔5〕 シュツ(出入・提出)／スイ(出納)／でる(出る・遠出)／だす(出す)／いだす(出だす) ★出来・出衣・出居・出羽(地名)・出雲(地名)・出石(地名)・出水(地名)

【ジュツ】

⑤述(述) 辵5〔8〕 ジュツ(述作・叙述・著述)／のべる(述べる)

⑤術(術) 行5〔11〕 ジュツ(術策・芸術・医術)／すべ(術)

漢字

戌 戈2〔6〕 ＊シュツ／ジュツ（戌戌）▼いぬ（戌亥）「戍」は別字。

【シュン】

俊 人7〔9〕 シュン（英俊・俊敏・俊才）／すぐれる（俊れる）〔人名用〕〈とし〉

② 春 日5〔9〕 シュン（春季・青春）／はる（春・春先・春めく）★春宮・春秋（中国の書名）・春日井・春日（地名）

瞬（瞬） 目13〔18〕 シュン（瞬間・一瞬）／またたく（瞬く・瞬き）

峻 山7〔10〕 シュン（峻別・峻厳）／けわしい（峻しい）〔人名用〕〈たか・たかし〉

浚 水7〔10〕 シュン（浚渫）／さらう（浚う）

逡 辵7〔11〕 シュン（逡巡）

竣 立7〔12〕 シュン（竣工・竣成）

舜 舛6〔13〕 シュン（尭舜）〔人名用〕〈きよ・とし〉

駿 馬7〔17〕 シュン（駿才・駿馬）〔人名用〕〈たかし・とし・はやし〉▼「駿河」（地名）の略。「駿府」

【ジュン】

蠢 虫15〔21〕 シュン（蠢蠢・蠢動）／うごめく（蠢く）

旬 日2〔6〕 ジュン（旬刊・上旬）／シュン（今が旬・旬の野菜）

巡（巡） 辵3〔6〕 ジュン（巡回・一巡）／めぐる（巡る・巡り歩く）／まわる（巡る）★お巡りさん

盾 目4〔9〕 ジュン（矛盾）／たて（盾・後ろ盾）

准 冫8〔10〕 ジュン（准将・批准）／なぞらえる（准える）★准后 ▼もと「準」の異体字。

殉 歹6〔10〕 ジュン（殉死・殉難）

純 糸4〔10〕 ジュン（純真・不純）〔人名用〕〈すみ〉

循 彳9〔12〕 ジュン（循環・因循）

④ 順 頁3〔12〕 ジュン（順序・従順）／したがう（順う）▼「順法」は新聞などでの「遵法」の書き換え。

⑤ 準 水10〔13〕 ジュン（準備・標準）／なぞらえる（準える）▼「准教授」「准看護師」のように、異体字であった「准」を使うものがある。「凖」は異体字。

潤 水12〔15〕 ジュン（潤色・湿潤）／うるおう（潤う・潤い）／うるおす（潤す）／うるむ（潤む）

遵（遵） 辵12〔15〕 ジュン（遵守・遵法）／したがう（遵う）▼「順」で代用されることがある。

洵 水6〔9〕 ＊シュン／ジュン〔人名に用いる〕〈まこと・のぶ〉

淳 水8〔11〕 ジュン（淳朴・淳良）〔人名用〕〈あつし・きよし・まこと〉

詢 言6〔13〕 ジュン（諮詢）／＊シュン（交詢）／はかる（詢る）〔人名用〕〈まこと〉

醇 酉8〔15〕 ジュン（醇化・醇朴）〔人名用〕〈あつ・あつし〉

諄 言8〔15〕 ジュン（諄諄）／＊シュン／くどい（諄い）〔人名用〕〈あつ・まこと・のぶ〉

【ショ】

⑥ 処（處） 几3〔5〕 ショ（処置・処女）／ところ（食事処）★彼処・何処・此処・其処 ▼旧字体は「虍」の部。

④ 初 刀5〔7〕 ショ（初期・最初）／はじめ（初め）⇔はじめ（始め）／はつ（初の受賞・初耳）／うい（初陣・初初しい）／はじめて（初めて）／そめる（書き初め・出初め式）／はじめる（初める）⇔はじめる（始める）／うぶ（初）★初孫・初心・初冠 ▼「はじめる」には現在では「始」を用いる。

③ 所（所） 斤4〔8〕 ショ（所得・近所）／ところ（所・台所）★所以・所謂

② 書 曰6〔10〕 ショ（書画・読書）／かく（書く）★書牘・書肆

庶 广8〔11〕 ショ（庶民・庶務）

③ 暑（暑） 日8〔12〕 ショ（暑気・避暑）／あつい（暑い・暑さ）⇔あつい（熱い・厚い・▲篤い）

⑥ 署（署） 网8〔13〕 ショ（署名・警察署）

緒（緒） 糸8〔14〕 ショ（緒戦・端緒）／チョ（情緒）／お（緒・鼻緒）▼「チョ」は慣用音。

⑥ 諸（諸） 言8〔15〕 ショ（諸君・諸般・諸島）／もろ（諸刃・諸肌・諸味・諸諸）

渚（渚） 水8〔11〕 ＊ショ（汀渚）／なぎさ（渚）▼地名には「すか」と読むものがある。

蔗 艸11〔14〕 ショ（甘蔗）／シャ（蔗境）

曙（曙） 日13〔17〕 ショ（曙光）／あけぼの（曙）〔人名用〕〈あきら〉★曙貴時代・春曙抄（書名）

薯 艸14〔17〕 ショ（甘薯・馬鈴薯）／いも（薯）★薯蕷・薯蕷

藷 艸16〔19〕 ショ（甘藷）／いも（藷）▼「薯」は通用字体。「藷」は通用字体。

【ジョ】

① 女 女0〔3〕 ジョ（ヂョ）（女子・少女）／ニョ（女人・善男善女）／ニョウ（女房）／おんな（女・女らしい）／め（女神・女女しい）／むすめ（女）★女王・女将・女夫・女形・女郎花・采女・湯女・売女・石女・乙女・巫女・山女・女川（地名）・女満別（地名）

如 女3〔6〕 ジョ（欠如・躍如）／ニョ（如実・不如意）／しく（如く）／ごとし（如し）★如何・如何・如何・如月・不如帰

③ 助 力5〔7〕 ジョ（助力・救助）／たすける（助ける・助け）／たすかる（助かる・大助かり）／すけ（助太刀）

⑤ 序 广4〔7〕 ジョ（序幕・秩序）／ついで（序で）★序品

叙（敍） 又7〔9〕 ジョ（叙述・叙勲）／のべる（叙べる）▼「敍」は異体字。

徐 彳7〔10〕 ジョ（徐行・徐徐に）★徐福（中国の人名）▼「徐行」を「除行」と書くのは誤用。

⑥ 除 阜7〔10〕 ジョ（ヂョ）（除外・解除）／ジ（ヂ）（掃除）／のぞく（除く）／のける（除ける）／よける（除ける）

抒 手4〔7〕 ジョ（抒情）▼「抒情」は「叙事」の対。「叙情」とも書く。

恕 心6〔10〕 ジョ（忠恕・寛恕）〔人名用〕〈のり・ひろ・ひろし・みち・ゆき・よし〉

漢字

×絮 糸6〔12〕 ジョ〔ヂョ〕（柳絮・絮説）

【ショウ】

① 小 小0〔3〕 ショウ〔セウ〕（小心・縮小）／ちいさい（小さい・小さな）／こ（小型・小切手）／お（小川）／さ（小百合・小枝）★小豆・小母・小結・小火・小姑・小人・小舎人・小唄・小雀・小童・小舅・小蔀・小女子・小県（地名）・小谷（地名）・小俣（地名）・小牛田（地名）・小美玉（地名）・小豆郡（地名）・小豆島（地名）

② 少 小1〔4〕 ショウ〔セウ〕（少年・減少）／すくない（少ない）／すこし（少し）

升 十2〔4〕 ショウ（五升・一升瓶）／ます（升・升目）▼「ます」を「枡」と書くのは、本来は誤用。

召 口2〔5〕 ショウ〔セウ〕（召還・国会の召集）／めす（召す・召し上がる）★召人・思し召す

匠 匚4〔6〕 ショウ〔シャウ〕（師匠・意匠）／たくみ（匠）

床 广4〔7〕 ショウ〔シャウ〕（起床・温床）／ゆか（床・床下）／とこ（床・寝床）★床屋・床柱・苗床

抄 手4〔7〕 ショウ〔セウ〕（抄録・抄訳）

肖（肖） 肉3〔7〕 ショウ〔セウ〕（肖像・不肖）／あやかる（肖る）

尚（尚） 小5〔8〕 ショウ〔シャウ〕（尚早・高尚）／たっとぶ（尚ぶ）／なお（尚・尚更）〔人名用〕〈たか・たかし・ひさ・ひさし〉★尚侍・和尚

⑥ 承 手4〔8〕 ショウ（承知・継承）／うけたまわる（承る）▼「受け承る」は誤用。

⑤ 招 手5〔8〕 ショウ〔セウ〕（招待・招請）／まねく（招く・招き）

昇 日4〔8〕 ショウ（昇降・上昇）／のぼる（昇る）⇔のぼる（上る・登る）★昇汞水

④ 松 木4〔8〕 ショウ（松竹梅・白砂青松）／まつ（松・門松）★松明・松脂・松魚・松前（地名）・松任（地名）・松阪（地名）・松橋（地名）・水松・海松・杜松 ▼「枩」は異体字。

沼 水5〔8〕 ショウ〔セウ〕（沼沢・湖沼）／ぬま（沼・沼地）

③ 昭 日5〔9〕 ショウ〔セウ〕（昭和）〔人名用〕〈あき・あきら・てる〉★昭明太子（中国の人名）

宵（宵） 宀7〔10〕 ショウ〔セウ〕（徹宵）／よい（宵）

⑥ 将（將） 寸7〔10〕 ショウ〔シャウ〕（将来・大将）／まさに（将に）★将監・女将

③ 消（消） 水7〔10〕 ショウ〔セウ〕（消滅・費消）／きえる（消える・立ち消え）／けす（消す・消しゴム）▼「銷」の書き換えにも用いられる。

症 疒5〔10〕 ショウ〔シャウ〕（症状・重症）▼もとは「証（證）」。

祥（祥） 示6〔10〕 ショウ〔シャウ〕（発祥・不祥事）〔人名用〕〈さち・よし〉★吉祥寺（地名）

称（稱） 禾5〔10〕 ショウ（称賛・称する・一人称）／となえる（称える）／たたえる（称える・称え辞）

④ 笑 竹4〔10〕 ショウ〔セウ〕（笑覧・談笑）／わらう（笑う・大笑い）／えむ（ほくそ笑む・笑み）★笑顔・笑窪

④ 唱 口8〔11〕 ショウ〔シャウ〕（唱歌・提唱・唱導）／となえる（唱える・唱え言）

③ 商 口8〔11〕 ショウ〔シャウ〕（商売・貿易商）／あきなう（商う・商い）★商人

渉（涉） 水8〔11〕 ショウ〔セフ〕（渉外・交渉）／わたる（渉る）

③ 章 立6〔11〕 ショウ〔シャウ〕（憲章・文章）〔人名用〕〈あき・あきら・あや・ふみ〉★章魚

紹 糸5〔11〕 ショウ〔セウ〕（紹介）〔人名用〕〈あき・つぎ〉★紹興（中国の地名）・袁紹（中国の人名）

訟 言4〔11〕 ショウ（訟務・訴訟）

③ 勝（勝） 力10〔12〕 ショウ（勝敗・名勝）／かつ（勝つ・勝手）／まさる（勝る・男勝り）／すぐれる（勝れる）★勝鬨

掌 手8〔12〕 ショウ〔シャウ〕（掌中・車掌）／たなごころ（掌）／てのひら（掌）／つかさどる（掌る）★仏掌薯・仙人掌

晶 日8〔12〕 ショウ〔シャウ〕（結晶・水晶）〔人名用〕〈あき・あきら・まさ〉

④ 焼（燒） 火8〔12〕 ショウ〔セウ〕（焼却・全焼）／やける（焼ける・夕焼け）／やく（焼く・炭焼き）★焼売・焼酎

焦 火8〔12〕 ショウ〔セウ〕（焦土・焦心）／こげる（焦げる・黒焦げ）／こがす（焦がす）／あせる（焦る・焦り）／こがれる（焦がれる）／じれる（焦れる）

硝（硝） 石7〔12〕 ショウ〔セウ〕（硝石・硝酸）★硝子

粧 米6〔12〕 ショウ〔シャウ〕（化粧）／よそおう（粧う）★時世粧

⑤ 証（證） 言5〔12〕 ショウ（証拠・免許証）★証憑 ▼「証」はもと「證」とは別字。「證」の略字として代用。

詔 言5〔12〕 ショウ〔セウ〕（詔勅・詔書）／みことのり（詔）

⑤ 象 豕5〔12〕 ショウ〔シャウ〕（象徴・現象）／ゾウ〔ザウ〕（象眼・巨象）／かたち（象）／かたどる（象る）★象嵌・椿象・海象 ▼「象」は異体字。

⑥ 傷 人11〔13〕 ショウ〔シャウ〕（傷害・感傷）／きず（傷・傷つく）／いたむ（傷む）⇔いたむ（痛む・悼む）／いためる（傷める）⇔いためる（痛める）★火傷

奨（奬） 大10〔13〕 ショウ〔シャウ〕（奨励・推奨）／すすめる（奨める）⇔すすめる（進める・勧める・薦める）▼「奬」「獎」は異体字。

④ 照 火9〔13〕 ショウ〔セウ〕（照明・対照的）／てる（照る・日照り）／てらす（照らす）／てれる（照れる）

詳 言6〔13〕 ショウ〔シャウ〕（詳細・未詳）／くわしい（詳しい・詳しさ）／つまびらか（詳らか）

彰 彡11〔14〕 ショウ〔シャウ〕（表彰・顕彰）〔人名用〕〈あき・あきら〉

⑥ 障 阜11〔14〕 ショウ〔シャウ〕（障害・故障）／さわる（障る・差し障り）★障礙・泥障 ▼「障害」は「障碍」の書き換え。

憧 心12〔15〕 ドウ（憧憬）／ショウ（憧憬）／あこがれる（憧れる・憧れ）▼「ドウ」は慣用音。

漢字

衝 行9〔15〕 ショウ(衝動・衝突・折衝)／つく(衝く・息衝く) ★衝立・衝羽根

賞⑤ 貝8〔15〕 ショウ〔シャウ〕(賞罰・懸賞)／ほめる(賞める)

償 人15〔17〕 ショウ〔シャウ〕(償金・代償・賠償)／つぐなう(償う・償い)

礁 石12〔17〕 ショウ〔セウ〕(岩礁・珊瑚礁)

鐘 金12〔20〕 ショウ(半鐘・警鐘)／かね(鐘)

庄 广3〔6〕 ショウ〔シャウ〕(庄園・庄屋)／*ソウ〔サウ〕 ★庄原(地名) ▼もとは「荘」の異体字。

妾 女5〔8〕 ショウ〔セフ〕(妾宅・愛妾)／めかけ(妾)／わらわ(妾)

昌 日4〔8〕 ショウ〔シャウ〕(繁昌・隆昌)／さかん(昌ん) 〔人名用〕〈あきら・さかえ・まさ・まさる〉 ★昌平黌

哨 口7〔10〕 ショウ〔セウ〕(哨戒・歩哨)／*サ ★哨吶 ▼「哨」は通用字体。

悄 心7〔10〕 ショウ〔セウ〕(悄然)／うれえる(悄える) ★悄悄・悄気る

娼 女8〔11〕 ショウ〔シャウ〕(娼妓・娼婦)

捷 手8〔11〕 ショウ〔セフ〕(捷報・敏捷)／かつ(捷つ) 〔人名用〕〈とし〉 ★捷克

梢(梢) 木7〔11〕 ショウ〔セウ〕(末梢)／こずえ(梢) 〔人名用〕〈すえ・たか〉 ★梢梢

菖 艸8〔11〕 ショウ〔シャウ〕(菖蒲)

笙 竹5〔11〕 ショウ〔シャウ〕(笙鼓・鳳笙)

湘 水9〔12〕 ショウ〔シャウ〕(湘南・西湘)

椒 木8〔12〕 ショウ〔セウ〕(胡椒・山椒)／はじかみ(椒) ★蕃椒

猩 犬9〔12〕 ショウ〔シャウ〕(猩猩)

竦 立7〔12〕 *ショウ(竦懼・竦立)／すくむ(竦む・立ち竦む)

翔(翔) 羽6〔12〕 ショウ〔シャウ〕(高翔・飛翔)／はばたく(翔く)／かける(翔る)／とぶ(翔ぶ)⇕とぶ(飛ぶ・跳ぶ)

鉦 金5〔13〕 ショウ〔シャウ〕(鉦鼓)／かね(鉦)

睫 目8〔13〕 ショウ〔セフ〕(目睫)／まつげ(睫 「睫毛」とも)

頌 頁4〔13〕 ショウ(頌歌・頌徳碑) 〔人名用〕〈のぶ・つぐ〉

嘗 口11〔14〕 ショウ〔シャウ〕(嘗味・臥薪嘗胆)／ジョウ〔ジャウ〕(大嘗祭・新嘗祭)／なめる(嘗める)／かつて(嘗て) ▼「甞」は異体字。

裳 衣8〔14〕 ショウ〔シャウ〕(衣裳)／も(裳) ★裳層・裳瘡・裳脱けの殻 ▼「装」で書き換えることがある。

誦 言7〔14〕 ショウ(誦読・諳誦)／ジュ(念誦)／ズ(誦経)／となえる(誦える)

廠 广12〔15〕 ショウ〔シャウ〕(廠舎・兵器廠) ▼「厰」「廠」は異体字。「廠」は通用字体。

樟 木11〔15〕 ショウ〔シャウ〕(樟脳)／くす(樟) ▼地名では、「くぬぎ」「たぶ」などにも当てる。

蔣 艸11〔14〕 ショウ〔シャウ〕(蔣介石) 人名 ▼「蒋」は簡易慣用字体。

蕉 艸12〔15〕 ショウ〔セウ〕(芭蕉・蕉風) ★蕉鹿夢

漿 水11〔15〕 ショウ〔シャウ〕(血漿・漿液) ★鉄漿・酢漿草・酸漿 ▼「浆」は通用字体。

餉 食6〔15〕 ショウ〔シャウ〕(餉時)／かれいい(餉・朝餉)／け(昼餉)

樵 木12〔16〕 *ショウ〔セウ〕(樵夫・漁樵)／きこり(樵)

嘯 口13〔16〕 ショウ〔セウ〕(長嘯)／うそぶく(嘯く)

鍾 金9〔17〕 ショウ(鍾愛・鍾乳洞) ★鍾馗(神の名) ▼「鐘」に通じる。

蕭 艸13〔16〕 ショウ〔セウ〕(蕭条・蕭蘭)

薔 艸13〔16〕 ショウ〔シャウ〕(薔薇)／みずたで(薔)

醬 酉11〔18〕 ショウ〔シャウ〕(醬油・魚醬)／ひしお(醬) ★醬蝦・梅醬・蒟醬 ▼「醤」は簡易慣用字体。

鬆 髟8〔18〕 ショウ(骨粗鬆症)／す(鬆)／ゆるい(鬆い)

【ジョウ】

上① 一2〔3〕 ジョウ〔ジャウ〕(上旬・地上)／ショウ〔シャウ〕(上人・身上をつぶす)／うえ(上・身の上)／うわ(上着・上積み)／かみ(上・川上)／あげる(上げる・売り上げ)⇕あげる(揚げる・挙げる)／あがる(上がる・上がり)⇕あがる(揚がる・挙がる)／のぼる(上る・上り)⇕のぼる(登る・昇る)／のぼせる(上せる)／のぼす(上す) ★上手・上臈・上蔟・上巳・上野(地名)・上総(地名)・上浮穴(地名)・上毛(地名)・上海(中国の地名)

丈 一2〔3〕 ジョウ〔ヂャウ〕(丈六・丈夫)／たけ(丈・背丈)

冗 冖2〔4〕 ジョウ(冗談・冗費) ★冗句 ▼「饒舌」は「冗舌」とも書く。

条⑤(條) 木3〔7〕 ジョウ〔デウ〕(条理・箇条)

状⑤(狀) 犬3〔7〕 ジョウ〔ジャウ〕(状態・免状)

乗③(乘) 丿8〔9〕 ジョウ(乗数・大乗)／のる(乗る・乗り物)⇕のる(載る)／のせる(乗せる)⇕のせる(載せる)

城④(城) 土6〔9〕 ジョウ〔ジャウ〕(城内・落城)／セイ(傾城)／しろ(城・城跡)／き(奥津城) ★茨城(地名)・宮城(地名)・城戸(地名・姓)・城島(地名)・城崎(地名)・小城(地名)・宇城(地名)・城辺(地名) ▼中国では城は、まちの意。

浄(淨) 水6〔9〕 ジョウ〔ジャウ〕(浄化・不浄)／きよい(浄い) ★浄玻璃・浄瑠璃

剰(剩) 刀9〔11〕 ジョウ(剰余・剰語・余剰)／あまる(剰る)・あまり(剰り)

常⑤ 巾8〔11〕 ジョウ〔ジャウ〕(常備・非常)／つね(常・常常)／とこ(常夏) ★常滑・常闇・常磐・常陸(地名)・常総(地名)

情⑤(情) 心8〔11〕 ジョウ〔ジャウ〕(情報・人情)／セイ(風情)／なさけ(情け)

場② 土9〔12〕 ジョウ〔ヂャウ〕(場内・入場)／ば(場・広場) ★斎場・現場 ▼「塲」は異体字。

畳(疊) 田7〔12〕 ジョウ〔デフ〕(畳語・重畳)／たたむ

（畳む・折り畳み）／たたみ（畳・青畳）▼「畳」「疊」は異体字。「四畳半」などを「四帖半」のように書くことがある。

⑥蒸 艸10〔13〕 ジョウ（蒸気・蒸発）／むす／むれる（蒸れる）／むらす（蒸らす）▼「蒸留」は「蒸溜」の書き換え。「薫蒸」は「燻蒸」の書き換え。

④縄（繩）糸9〔15〕 ジョウ（縄文・自縄自縛）／なわ（縄・縄張）

壌（壤）土13〔16〕 ジョウ〔ジャウ〕（土壌） ★平壌（ヘイジョウ／ピョンヤン）（地名）

嬢（孃）女13〔16〕 ジョウ〔ヂャウ〕（令嬢・お嬢さん） ▼古く「娘」に通じた。

錠 金8〔16〕 ジョウ〔ヂャウ〕（錠前・手錠）

譲（讓）言13〔20〕 ジョウ〔ジャウ〕（譲渡・謙譲）／ゆずる（譲る・親譲り）

醸（釀）酉13〔20〕 ジョウ〔ヂャウ〕（醸造・醸成）／かもす（醸す・醸し出す）

人×丞 一5〔6〕 ジョウ（丞相）〔人名用〕〈すけ・すすむ・たすく〉

×擾 手15〔18〕 ジョウ〔ゼウ〕（擾乱・騒擾）／みだれる（擾れる）／みだす（擾す）

人×穣 禾13〔18〕 ジョウ〔ジャウ〕（穣穣・豊穣）／みのる（穣る）〔人名用〕〈ゆたか〉

×饒 食12〔21〕 ジョウ〔ゼウ〕（饒舌・豊饒）▼「饒」は通用字体。「饒舌」は「冗舌」とも書く。

【ショク】

②色 色0〔6〕 ショク（原色・物色）／シキ（色彩・色欲）／いろ（色・色づく） ★色麻（しかま）（地名）・色丹（しこたん）（地名） ▼「色欲」は「色慾」の書き換え。

拭 手6〔9〕 ショク（拭浄・払拭（フッ））／シキ（清拭（セイ））／ぬぐう（拭う・手拭い）／ふく（拭く）

②食（食）食0〔9〕 ショク（食事・会食）／ジキ（断食）／くう（食う・食い物）／たべる（食べる・食べ物）⇕くう（×喰う）／くらう（食らう）⇕くらう（×喰らう）／はむ（食む） ▼むしばむの意は「蝕」の代用。

③植 木8〔12〕 ショク（植樹・誤植）／うえる（植える・植木）／うわる（植わる） ★柘植（つげ）

殖 歹8〔12〕 ショク（生殖・学殖）／ふえる（殖える）⇕ふえる（増える）／ふやす（殖やす）⇕ふやす（増やす）

飾（飾）食5〔13〕 ショク（装飾・服飾）／かざる（飾る・飾り） ★飾磨（しかま）（地名） ▼「餝」は異体字。

触（觸）角6〔13〕 ショク（触媒・接触）／ふれる（触れる・触れ合い）／さわる（触る）

嘱（囑）口12〔15〕 ショク（嘱託・委嘱）

⑤織 糸12〔18〕 ショク（織機・紡織）／シキ（組織）／おる（織る・織物）

⑤職 耳12〔18〕 ショク（職業・就職）／シキ（中宮職（チュウグウシキ）・下司職（ゲシシキ）） ▼「聀」「耺」は俗字。

×蜀 虫7〔13〕 ショク（蜀の国・望蜀）

×蝕 虫9〔15〕 ショク（腐蝕・日蝕）／むしばむ（蝕む） ▼「食」で代用される。「蝕」は通用（許容）字体。

人×燭 火13〔17〕 ショク（燭光（ショッコウ）・華燭）／ソク（蠟燭（ロウ））

×贖 貝15〔22〕 ショク（贖罪（ショクザイ／トクザイ）・贖刑（ショッケイ））／トク／あがなう（贖う） ▼「贖」は通用字体。

【ジョク】

辱 辰3〔10〕 ジョク（恥辱・屈辱）／はずかしめる（辱める・辱め）／かたじけない（辱い）

×褥 衣10〔15〕 ジョク（褥瘡（ソウ）・産褥（サン））／しとね（褥）

×縟 糸10〔16〕 ジョク（繁文縟礼）

【しり】

尻 尸2〔5〕 *コウ／しり（尻・尻餅（もち）・目尻） ★尻尾（しっぽ）・尻腰（しっこし）

【シン】

②心 心0〔4〕 シン（心身・中心）／こころ（心・親心）〔人名用〕〈み〉 ★心地（ここち）・心太（ところてん）・心太草（てんぐさ）・心算（つもり／シンサン）

③申 田0〔5〕 シン（申告・内申書）／もうす（申す・申し上げる）／さる（申年）

④臣 臣0〔7〕 シン（臣下・君臣）／ジン（大臣）／おみ（臣）

芯 艸4〔7〕 シン（帯芯（おび）・鉛筆の芯）

伸 人5〔7〕 シン（伸縮・追伸）／のびる（伸びる・背伸び）⇕のびる（延びる）／のばす（伸ばす）⇕のばす（延ばす）／のべる（伸べる）⇕のべる（延べる）／のす（伸す） ★欠伸（あくび）

③身 身0〔7〕 シン（身体・等身大）／み（身・親身） ★身体（からだ）

辛 辛0〔7〕 シン（辛苦・香辛料）／からい（辛い・辛うじて）／つらい（辛い）／かのと（辛） ★辛夷（こぶし）・辛螺（にし）・辛辣（シンラツ）・辛子（からし）

④信 人7〔9〕 シン（信用・通信）〔人名用〕〈のぶ・まこと〉 ★信夫摺（しのぶずり）・信憑（シンピョウ）・信天翁（あほうどり）・信楽（しがらき）（地名）

侵（侵）人7〔9〕 シン（侵入・不可侵）／おかす（侵す）⇕おかす（犯す・冒す） ▼「侵略」は「侵掠」の書き換え。

津 水6〔9〕 シン（興味津津）／つ（津波・津津浦浦）

③神（神）示5〔9〕 シン（神聖・精神）／ジン（神社・神通力）／かみ（神・貧乏神）／かん（神主）／こう（神神しい） ★お神酒（みき）・神楽（かぐら）・神人（よりまし）・神子（みこ）・神無月（かんなづき）・神嘗祭（かんなめサイ）・神輿（みこし）・神籬（ひもろぎ）・神馬藻（ほんだわら）・神人（シンジン／ジンニン／ジニン）・神奈川（かながわ）（地名）・神威（かむい）（地名）・神戸（こうべ／ごうど）（地名）・神流（かんな）（地名）

唇 口7〔10〕 シン（口唇）／くちびる（唇）「口唇」とも書く ▼「脣」の異体字。

娠 女7〔10〕 シン（妊娠）

振 手7〔10〕 シン（振動・不振）／ふる（振る・振り）／ふるう（振るう）⇕ふるう（震う・奮う・▲揮う）／ふれる（振れる） ★振旦（シンタン）・枝振り（えだぶり）・半日振り（ハンニチぶり）

浸（浸）水7〔10〕 シン（浸水・浸透）／ひたす（浸す・水浸し）／ひたる（浸る） ▼「浸食」は「浸蝕」の書き換え。「浸透」は「滲透」の書き換え。

③真（眞）目5〔10〕 シン（真偽・純真）／ま（真南・真ん中）／まこと（真）〔人名用〕〈さね・まさ〉 ★真面目（まじめ）・真っ赤（まっか）・真っ青（まっさお）・真四角（ましかく）・真ん丸（まんまる）・真田（さなだ）・真字（まな）・真砂（まさご）・真魚（まな）・真葛（まくず）・真澄鏡（ますかがみ）・真言（シンゴン）・真鍮（シンチュウ）・真似（まね）・真狩（まっかり）（地名）・真岡（もおか）（地名）・真

鶴針（地名）

⑥針 金2〔10〕シン（針路・秒針）／はり（針・針金）　★針魚・針孔　▼「はり灸」の「はり」には「鍼」を書くことがある。

③深 水8〔11〕シン（深度・水深）／ふかい（深い・深み）／ふかまる（深まる）／ふかめる（深める）　★深山・深雪

紳 糸5〔11〕シン（紳士）

③進（進） 辶8〔11〕シン（進級・十二進法・前進）／すすむ（進む・進み）／すすめる（進める）⇔すすめる（勧める・薦める・▲奨める）　★進捗

①森 木8〔12〕シン（森林・森厳）／もり（森）

診 言5〔12〕シン（診察・往診）／みる（診る）⇔みる（見る・▲看る・▲視る・▲観る）

寝（寢） 宀10〔13〕シン（寝室・就寝）／ねる（寝る・昼寝）／ねかす（寝かす）　★寝刃

慎（愼） 心10〔13〕シン（慎重・謹慎）／つつしむ（慎む・慎み）⇔つつしむ（謹む）

②新 斤9〔13〕シン（新学年・新旧・革新）／あたらしい（新しい・新しがる・目新しい）／あらた（新ただ）／にい（新妻・新盆）　★新地・新発意・新嘗祭・新墾田・新羅（地名）・新疆（地名）・新居浜（地名）・新田（姓）・新田原（地名）・新渡戸（姓）・新発田（地名）

審 宀12〔15〕シン（審判・不審）／つまびらか（審らか）

震 雨7〔15〕シン（震動・地震）／ふるう（震う・身震い）⇔ふるう（振るう・奮う・▲揮う）／ふるえる（震える・震え）　★震駭・震旦

薪 艸13〔16〕シン（薪炭・薪水）／たきぎ（薪）／まき（薪）

②親 見9〔16〕シン（親族・肉親）／おや（親・父親）／したしい（親しい・親しさ）／したしむ（親しむ）　★親炙・親鸞〔人名〕〈人名用〉〈ちか〉

沁 水4〔7〕*シン／しみる（沁みる）

呻 口5〔8〕シン（呻吟）／うめく（呻く）

晋（晉） 日6〔10〕シン（晋・西晋）〈人名用〉〈すすむ〉　▼古代中国の国名に「シン」が複数あるため、「晋」は「すすむシン」と呼ぶことがある。

疹 疒5〔10〕シン（湿疹・蕁麻疹）　★麻疹

秦 禾5〔10〕シン（秦代・秦皇）／はた（秦）　★太秦（地名）

宸 宀7〔10〕シン（宸翰・宸筆）

晨 日7〔11〕シン（晨鶏）／あした（晨・あさの意）〈人名用〉〈あき・とき〉

斟 斗9〔13〕シン（斟酌・斟量）／くむ（斟む）

蜃 虫7〔13〕シン（蜃気楼）

滲 水11〔14〕シン（滲出・滲透）／しみる（滲みる）／にじむ（滲む）　▼「浸」で書き換えられる。「滲」は通用字体。

瞋 目10〔15〕シン（瞋恚・貪瞋痴）／いかる（瞋る）

鍼 金9〔17〕シン（鍼灸）／はり（鍼治療・鍼）　▼「針」で代用することがある。

【ジン】

①人 人0〔2〕ジン（人道・成人）／ニン（人間・被告人）／ひと（人・旅人）〈人名用〉〈と〉　★人気・一人・二人・落人・舎人・玄人・素人・仲人・商人・若人・蔵人・狩人・防人・隼人・海人・他人　▼漢文で地名につく場合「宋人」のように「ひと」と読む。

刃（刄） 刀1〔3〕ジン（白刃・自刃）／ニン（刃傷）／は（刃・両刃）／やいば（刃）　★諸刃・寝刃　▼「刄」は異体字。

⑥仁 人2〔4〕ジン（仁義・仁術）／ニ（仁王）／ニン（仁徳天皇）〈人名用〉〈ひと・ひとし〉　★仁宗・仁王経・仁淀川（地名）

尽（盡） 冫4〔6〕ジン（尽日・尽力・無尽蔵）／つきる（尽きる）／つくす（尽くす・腕尽く・心尽くし）／つかす（尽かす・愛想を尽かす）／ことごとく（尽く）　▼旧字体は「皿」の部。

迅（迅） 辶3〔6〕ジン（迅速・疾風迅雷）／はやい（迅い）⇔はやい（早い・速い）

甚 甘4〔9〕ジン（甚大・幸甚）／はなはだ（甚だ）⇔はなはだ（▲太だ）／はなはだしい（甚だしい）／いたく（甚く）　★甚句・甚平・甚六

陣 阜7〔10〕ジン〔チン〕（陣頭・円陣）　▼もと「陳」の異体字。

尋（尋） 寸9〔12〕ジン（尋問・千尋）／たずねる（尋ねる・尋ね人）⇔たずねる（訪ねる・×訊ねる）／ひろ（尋）

腎 肉9〔13〕ジン（腎臓・肝腎）　▼「肝腎」は「肝心」とも。

壬 士1〔4〕ジン（壬申の乱）／みずのえ（壬）　★壬生（地名）

訊 言3〔10〕ジン（訊問）／きく⇔きく（聞く・聴く）／たずねる⇔たずねる（尋ねる・訪ねる）

靭 革3〔12〕ジン（靭帯・強靭）／しなやか（靭やか）／うつぼ（靭）　▼「靫」は別字。「うつぼ」「ゆぎ」などの訓では「靫」と通用することがある。「靭」は通用字体。「靱」は異体字。

塵 土11〔14〕ジン〔チン〕（塵埃・和光同塵）／ちり（塵）

蕁 艸12〔16〕*タン／ジン（蕁麻疹）

燼 火14〔18〕ジン（灰燼・余燼）

す

【ス】

須 頁3〔12〕ス（必須）／シュ（須要）　★須弥山　▼漢文では「すべからく～べし」と読む。

笥 竹5〔11〕ス（箪笥）／*シ／け（笥）

諏 言8〔15〕ス／*シュ　★諏訪（地名）

【す】

簀 竹11〔17〕*サク／す（簀子・葭簀）

【ズ】

②図（圖） 口4〔7〕ズ〔ヅ〕（図画・地図）／ト（図書・壮図）／はかる（図る）⇔はかる（計る・測る・量る・謀る・諮る）　★図太い・図体・図星・愚図

【スイ】

①水 水0〔4〕スイ（水分・海水）／みず（水・水浴び）〈人名用〉

〈み〉 ★水上・水口・水手・水母・水団・水松・水門・水泡・水垢離・水屑・水面・水渋・水雲・水葱・水無月・水嵩・水鶏・水戸（地名）・水窪（地名）・水海道（地名）・水滸伝（中国の書名）

吹 口4〔7〕スイ（吹奏・鼓吹）／ふく（吹く）⇕ふく（噴く） ★吹雪・吹聴・息吹

⑥**垂** 土5〔8〕スイ（垂直・胃下垂）／たれる（垂れる・雨垂れ）／たらす（垂らす） ★垂水（地名）・垂氷・垂乳根・垂迹・垂涎 ▼「埀」は異体字。

炊 火4〔8〕スイ（炊事・雑炊）／たく（炊く・飯炊き）／かしぐ（炊ぐ） ★炊爨

帥 巾6〔9〕スイ（統帥・元帥）／ソツ（太宰の帥・ソチとも）／ひきいる（帥いる） ▼「師」は別字。

粋（粹） 米4〔10〕スイ（粋人・精粋）／いき（粋） ▼「枠」は別字。

衰（衰） 衣4〔10〕スイ（衰弱・老衰）／おとろえる（衰える・衰え）

⑥**推** 手8〔11〕スイ（推進・推薦）／おす（推す）⇕おす（押す・×捺す） ★推敲

酔（醉） 酉4〔11〕スイ（酔漢・心酔）／よう（酔う・二日酔い）

遂（遂） 辵9〔12〕スイ（遂行・完遂）／とげる（遂げる）／つい（遂に）

睡 目8〔13〕スイ（睡眠・午睡）／ねむる（睡る）

穂（穗） 禾10〔15〕スイ（穂状・出穂期）／ほ（穂・稲穂）〔人名用〕〈お・みのる〉 ★穂薄・空穂

人×**彗** 彐8〔11〕スイ（彗星）／ほうき（彗） ▼「篲」は通用字体。

×**悴** 心8〔11〕スイ（憔悴）／やつれる（悴れる）／せがれ（悴）／かじかむ（悴む） ▼「忰」は通用字体。せがれは「世悴」「倅」「躮」とも書く。

人×**翠**（翠） 羽8〔14〕スイ（翠色・翡翠）／みどり（翠） ▼「翆」は異体字。 ★翠巒・翠眉

人×**錐** 金8〔16〕スイ（立錐・円錐）／きり（錐）

×**膵** 肉12〔16〕スイ（膵炎・膵臓） ▼日本で作られた漢字。

人×**錘** 金8〔16〕スイ（紡錘）／つむ（錘） ▼常用漢字から削除された字。

【ズイ】

随（隨） 阜9〔12〕ズイ（随行・随分・追随）／したがう（随う） ▼「隋」（国名）は別字。 ★随神

髄（髓） 骨9〔19〕ズイ（骨髄・真髄） ★小説神髄（書名） ▼「髓」は異体字。

人×**瑞** 玉9〔13〕ズイ（瑞兆・祥瑞）／みず（瑞瑞しい・瑞穂） ★瑞西・瑞典

×**隧** 阜13〔16〕スイ（隧道）／ズイ

【スウ】

枢（樞） 木4〔8〕スウ（枢軸・中枢） ★枢

崇 山8〔11〕スウ（崇拝・崇高）／あがめる（崇める）〔人名用〕〈たか・たかし〉 ▼「祟」は別字。

②**数**（數） 支9〔13〕スウ（数字・年数）／ス（人数）／かず（数）／かぞえる（数える・数え年） ★数珠・数寄屋・数奇屋・数奇

×**趨** 走10〔17〕スウ（趨向・趨勢）／おもむく（趨く）

【すえる】

据 手8〔11〕＊キョ／すえる（据える・据え置く）／すわる（据わる・目が据わる・据わり）

【すがる】

×**縋** 糸10〔16〕＊ツイ／すがる（縋る・縋り付く）

【すき】

×**鋤** 金7〔15〕ジョ（鋤簾）／すき（鋤） ★栗本鋤雲（人名）

【すぎ】

杉 木3〔7〕サン（杉風 人名）／すぎ（杉・杉並木）

×**椙** 木8〔12〕すぎ ▼「榲」をもとに日本で作られた漢字。現在では固有名詞に用いられる。

【すげ】

人×**菅** 艸8〔11〕カン（姓などに用いる）（菅家 人名）／すげ（菅笠）／すが（菅原 人名） ▼「管」は別字。

【すし】

×**鮓** 魚5〔16〕＊サ／すし（鮓・押し鮓）

×**鮨** 魚6〔17〕＊シ／＊キ／すし（握り鮨・江戸前鮨）

【すそ】

×**裾** 衣8〔13〕＊キョ／すそ（裾・山裾）

【すね】

×**臑** 肉14〔18〕＊ジュ／すね（臑）

【すばる】

人×**昴** 日5〔9〕ボウ（バウ）（昴宿）／すばる（昴） ▼「昂」は別字。

【する】

人×**摺** 手11〔14〕＊ショウ（セフ）（摺曲）／シュウ（シフ）／する（摺本・手摺り）⇕する（刷る・擦る・×擂る） ▼「摺」は通用字体。

×**擂** 手13〔16〕＊ライ／する（擂る・擂鉢）⇕する（刷る・擦る・×摺る）

【スン】

⑥**寸** 寸0〔3〕スン（寸法・一寸先） ★寸胴・寸半・寸莎・寸又（地名）・一寸・燐寸

せ

【せ】

畝 田5〔10〕＊ホ／せ（畝）／うね（畝・畝織） ▼「畆」「畂」は異体字。

瀬（瀨） 水16〔19〕＊ライ／せ（瀬・立つ瀬） ★高瀬舟

【ぜ】

是 日5〔9〕ゼ（是非・国是）／これ（是）／この（是の）

【セイ】

④**井** 二2〔4〕セイ（油井・市井）／ショウ（シャウ）（天井）／い（井・井戸） ★井桁

③**世** 一4〔5〕セイ（世紀・処世）／セ（世界・出世）／よ（世・世の中） ★世話・見世 ▼「丗」は異体字。

①**正** 止1〔5〕セイ（正義・訂正）／ショウ（シャウ）（正直・正月）／ただしい（正しい・正しさ）／ただす（正す）／まさ（正に・正夢） ★正数 ▼5を数える際にも用いられる「正」の字。

①**生** 生0〔5〕セイ（生活・先生）／ショウ（シャウ）（生滅・誕生）／いきる（生きる・長生き）／いかす（生か

す)／うむ(生む)⇔うむ(産む)／うまれる(生まれる・生まれ)⇔うまれる(産まれる)／はえる(生える)／はやす(生やす)／おう(生い立ち・生い茂る)／なま(生の野菜・生生しい)／き(生糸・生一本)／いける(生ける・生け捕り)／うぶ(生)〔人名用〕〈お・み〉 ★生絹・生業・生憎・生薑・生贄・生蕎麦・生駒(地名)・羽生(姓)・弥生

④**成**(成) 戈2〔6〕 セイ(成功・賛成)／ジョウ〔ジャウ〕(成就・成仏)／なる(成る・成り立つ)／なす(成す・成し遂げる)〔人名用〕〈しげ〉 ★成吉思汗(人名)・成東(地名)

②**西** 襾0〔6〕 セイ(西暦・北西)／サイ(西国・東西)／にし(西・西日) ★西瓜・西比利亜・西班牙・西蔵

②**声**(聲) 士4〔7〕 セイ(声楽・名声)／ショウ〔シャウ〕(大音声)／こえ(声・歌声)／こわ(声色) ★声明 ▼旧字体は「耳」の部。

⑤**制** 刀6〔8〕 セイ(制度・統制) ▼テレビ業界では「制作」と「製作」が混用されている。

姓 女5〔8〕 セイ(姓名・同姓)／ショウ〔シャウ〕(百姓) ★姓

征 彳5〔8〕 セイ(征服・出征)／うつ(征つ)⇔うつ(打つ・討つ・撃つ・▲拍つ・▲撲つ・▲伐つ・×搏つ)／ゆく(征く) ★征矢

⑤**性** 心5〔8〕 セイ(性質・男性)／ショウ〔シャウ〕(性分・根性)／さが(性)

①**青**(青) 青0〔8〕 セイ(青天・青年)／ショウ〔シャウ〕(緑青・群青)／あお(青・青ざめる)／あおい(青い・青さ) ★青鈍・青二才(歳ではない)

斉(齊) 斉0〔8〕 セイ(斉唱・一斉)／サイ／ひとしい(斉しい) ★斉衰 ▼「斎」は別字だが、俗にとくに姓で混用される。

⑤**政** 攴5〔9〕 セイ(政治・家政)／ショウ〔シャウ〕(摂政)／まつりごと(政) ★政所

②**星** 日5〔9〕 セイ(星座・衛星)／ショウ〔シャウ〕(明星)／ほし(星・黒星) ★星辰・星菫・星港・海星・満天星・煌星・綺羅星・星の如く・満天星

牲 牛5〔9〕 セイ(犠牲)／いけにえ(牲)

④**省** 目4〔9〕 セイ(反省・帰省)／ショウ〔シャウ〕(省略・各省)／かえりみる(省みる)⇔かえりみる(顧みる)／はぶく(省く)

凄 冫8〔10〕 セイ(凄惨・凄絶)／すごい(凄い)／すさまじい(凄まじい) ▼「淒」は異体字。

逝(逝) 辵7〔10〕 セイ(逝去・長逝)／ゆく(逝く)⇔ゆく(行く)／いく(逝く)⇔いく(行く)

④**清**(清) 水8〔11〕 セイ(清潔・粛清)／ショウ〔シャウ〕(六根清浄)／シン(清朝・日清戦争)／きよい(清い・清らかだ)／きよめる(清める)／きよまる(清まる) ★清水・清元・清搔・清白

⑥**盛**(盛) 皿6〔11〕 セイ(盛大・全盛)／ジョウ〔ジャウ〕(繁盛)／さかる(燃え盛る・花盛り)／さかん(盛んだ・盛んに)／もる(盛る・盛り上がる)

婿 女9〔12〕 セイ(女婿)／むこ(婿・花婿) ▼「壻」「聟」は異体字。

②**晴**(晴) 日8〔12〕 セイ(晴天・快晴)／はれる(晴れる・晴れやかだ)／はらす(晴らす・気晴らし) ★「晴のち曇」のように送り仮名が省かれることがある。

⑤**勢** 力11〔13〕 セイ(勢力・情勢)／いきおい(勢い) ★勢子・勢至菩薩・勢多(地名)・伊勢(地名・姓)

⑥**聖**(聖) 耳7〔13〕 セイ(聖書・神聖)／ショウ〔シャウ〕／ひじり(聖) ★聖衆・聖林(地名)(聖はヒイラギを誤訳したものとされる)・聖〇〇

⑥**誠**(誠) 言6〔13〕 セイ(誠意・誠実・至誠)／まこと(誠・誠に)

⑤**精**(精) 米8〔14〕 セイ(精米・精力)／ショウ〔シャウ〕(精進・不精)／くわしい(精しい) ★精衛・木精

⑤**製** 衣8〔14〕 セイ(製造・鉄製)

誓 言7〔14〕 セイ(誓約・宣誓)／ちかう(誓う・誓い)

④**静**(靜) 青6〔14〕 セイ(静止・安静)／ジョウ〔ジャウ〕(静脈)／しず(静静と・静けさ)／しずか(静か)／しずめる(静める)⇔しずめる(鎮める・沈める)／しずまる(静まる)⇔しずまる(鎮まる) ★静謐

請(請) 言8〔15〕 セイ(請求・申請)／シン(普請)／ショウ〔シャウ〕(起請)／こう(請う)⇔こう(乞う)／うける(請ける・下請け)⇔うける(受ける・▲享ける)

③**整** 攴12〔16〕 セイ(整理・調整)／ととのえる(整える)／ととのう(整う)⇔ととのう(調う)〔人名用〕〈ひとし〉

醒 酉9〔16〕 セイ(警醒・覚醒)／さめる(醒める) ★醒睡笑(書名)

人×**栖** 木6〔10〕 セイ(栖息・同栖)／す(鷹栖(地名)) ▼もと「棲」の異体字。

人×**棲** 木8〔12〕 セイ(棲息・同棲)／すむ(棲む) ★棲棲 ▼「栖」はもと異体字。「両棲類」は「両生類」とも書く。

人×**惺** 心9〔12〕 セイ(惺悟)／さとる(惺る)／しずか(惺か) ★藤原惺窩(人名)

×**睛** 目8〔13〕 セイ(画竜点睛)／ひとみ(睛)

×**蜻** 虫8〔14〕 セイ(蜻蛉)

【ゼイ】

⑤**税**(稅) 禾7〔12〕 ゼイ(税金・関税)

×**脆** 肉6〔10〕 ゼイ(脆弱)／もろい(脆い)

×**筮** 竹7〔13〕 ゼイ(占筮・筮卜)

×**贅** 貝11〔18〕 ゼイ(贅・贅沢・贅肉)

【せがれ】

×**倅** 人8〔10〕 *サイ／*ソツ／せがれ(倅) ▼「せがれ」は「倅」「躮」とも。「倅」は通用字体。

【セキ】

①**夕** 夕0〔3〕 セキ(今夕・一朝一夕)／ゆう(夕方・夕日・夕べ) ★夕星・夕餉・七夕 ▼姓の「新夕」は漢字の「夕」ではなく片仮名の「タ」。

斥 斤1〔5〕 セキ(斥候・排斥)／しりぞける(斥ける)

① 石 石0〔5〕 セキ(石材・宝石)／シャク(磁石)／コク(石高・千石船)／いし(石・小石) ★石楠花・石蕗・石榴・石工・石女・石蓴・石見(地名)・石神井(地名)・石廊崎(地名)・石和(地名)・草石蚕・重石・流石 ▼「コク」の音は、「斛」の音から。

① 赤 赤0〔7〕 セキ(赤道・発赤)／シャク(赤銅)／あか(赤・赤ん坊)／あかい(赤い)／あからむ(赤らむ)／あからめる(赤らめる) ★赤穂(地名)・赤壁(中国の地名)

③ 昔 日4〔8〕 セキ(昔日・昔時)／シャク(今昔)／むかし(昔・昔話)

析 木4〔8〕 セキ(析出・解析)／さく(析く) ▼「折」「拆」「柝」は別字。

④ 席 巾7〔10〕 セキ(席上・出席)

脊 肉6〔10〕 セキ(脊髄・脊椎)／せ(脊) ★脊梁・脊令・脊振(地名)

隻 隹2〔10〕 セキ(隻手・数隻)

惜 心8〔11〕 セキ(惜敗・惜別・愛惜)／*シャク／おしい(惜しい)／おしむ(惜しむ・負け惜しみ) ★可惜

戚 戈7〔11〕 セキ(外戚・親戚)

⑤ 責 貝4〔11〕 セキ(責務・職責)／シャク(呵責)／せめる(責める・責め)

⑤ 跡 足6〔13〕 セキ(追跡・遺跡)／あと(跡・屋敷跡)⇔あと(後・痕・×址・×趾) ★門跡 ▼「蹟」の代用字。「迹」は異体字。

④ 積 禾11〔16〕 セキ(積雪・蓄積・面積・累積)／つむ(積む・下積み)／つもる(積もる・見積書) ★積丹(地名)

⑤ 績 糸11〔17〕 セキ(紡績・業績)／つむぐ(績ぐ)／うむ(績む)

籍(籍) 竹14〔20〕 セキ(書籍・本籍)／ジャク(書籍目録)

人× 碩 石9〔14〕 セキ(碩士・碩学) 〔人名用〕〈ひろ みち〉 ▼「碩」は異体字。

人× 蹟 足11〔18〕 セキ(遺蹟・奇蹟) ▼「跡」で代用される。「迹」は異体字。

× 藉 艸14〔17〕 セキ(狼藉)／シャ(藉口・慰藉) ▼「慰藉」は「慰謝」と書き換え。

× 蹠 足11〔18〕 セキ(対蹠)／ショ／ふむ(蹠む)／あし(蹠)／あしうら(蹠)

【セツ】

② 切 刀2〔4〕 セツ(切断・切に)／サイ(一切)／きる(切る)⇔きる(斬る・×剪る・▲伐る)／きれる(切れる) ★切能・切羽・切支丹・切磋琢磨・高野切

④ 折 手4〔7〕 セツ(折衝・折衷・屈折)／シャク(折伏)／おる(折る・折り箱)／おれる(折れる・名折れ)／おり(折・…する折) ★折板

拙 手5〔8〕 セツ(拙劣・巧拙・稚拙)／つたない(拙い)／まずい(拙い)

窃(竊) 穴4〔9〕 セツ(窃盗・窃取)／ぬすむ(窃む)

⑤ 接 手8〔11〕 セツ(接触・直接)／つぐ(接ぐ・骨接ぎ)⇔つぐ(次ぐ・継ぐ) ★接骨木

⑤ 設 言4〔11〕 セツ(設立・建設)／もうける(設ける) ★設令・設楽(地名・姓)

② 雪 雨3〔11〕 セツ(雪辱・積雪)／そそぐ(雪ぐ)／ゆき(雪・初雪) ★雪崩・雪洞・雪消・雪駄・雪隠・吹雪・細雪・雪花菜 ▼「そそぐ」は「すすぐ」とも。

摂(攝) 手10〔13〕 セツ(摂取・摂生)／とる(摂る)(栄養を摂る) ★摂氏

④ 節(節) 竹7〔13〕 セツ(節約・関節)／セチ(お節料理)／ふし(節・節穴) ★節供・節会・鰹節・本節

④ 説(說) 言7〔14〕 セツ(説明・演説)／ゼイ(遊説)／*エツ(「悦」に通じる)／とく(説く) ★説苑(書名)

× 泄 水5〔8〕 セツ(漏泄・排泄)／エイ(泄泄)／もれる(泄れる)／もらす(泄らす)

× 渫 水9〔12〕 セツ(浚渫)／さらう(渫う・どぶ渫い)／もらす(渫らす)

× 截 戈10〔14〕 セツ(截然・截断)／サイ／たつ(截つ)／きる(截る) ▼「サイ」は慣用音。

【ゼツ】

× 褻 衣11〔17〕 セツ(猥褻)／け(晴と褻)

⑥ 舌 舌0〔6〕 ゼツ(舌端・筆舌)／した(舌・二枚舌)

⑤ 絶(絕) 糸6〔12〕 ゼツ(絶妙・断絶)／たえる(絶える)／たやす(絶やす)／たつ(絶つ)⇔たつ(断つ・裁つ)

【せみ】

人× 蟬 虫12〔18〕 ゼン(蟬蛻)／せみ(蟬) ★寒蟬・空蟬 ▼「蝉」は通用字体。

【せり】

人× 芹 艸4〔7〕 *キン／せり(芹) ★芹生(地名)

【セン】

① 千 十1〔3〕 セン(千円・千差万別)／ち(千草・千千に) ★千木・千尋・千厩(地名)・千々石(地名)・千種(地名・姓)・千曲(地名)

① 川 巛0〔3〕 セン(川柳・河川)／かわ(川・小川)⇔かわ(河) ★川原・川内(地名)・川の字 ▼「河」と区別して「三本がわ」とも呼ぶ。

仙 人3〔5〕 セン(仙骨・酒仙)／ ★仙人掌・仙洞

占 卜3〔5〕 セン(占拠・独占)／うらなう(占う・占い)／しめる(占める・買い占め) ★占地・占形・太占・占冠(地名)

① 先 儿4〔6〕 セン(先方・率先)／さき(先・先立つ)／まず(先ず) ★先帝・先達・先蹤

⑥ 宣 宀6〔9〕 セン(宣言・宣伝)／のたまう(宣う)

⑥ 専(專) 寸6〔9〕 セン(専門・専用)／もっぱら(専ら) ▼「專」は誤字。「専断」は「擅断」の書き換え。

⑥ 泉 水5〔9〕 セン(泉水・温泉)／いずみ(泉)

④ 浅(淺) 水6〔9〕 セン(浅学・浅薄・浅慮・深浅)／あさい(浅い・遠浅) ★浅茅・浅葱・浅蜊

⑥ 洗 水6〔9〕 セン(洗面・洗剤)／あらう(洗う) ★「洗浄」は「洗滌」の書き換え。

⑥ 染 木5〔9〕 セン(染色・汚染)／そめる(染める・染め物)／そまる(染まる)／しみる(染みる・油染み)

る)／しみ(染み・染み抜き)

扇(扇)戸6〔10〕セン(扇子・扇状／おうぎ(扇・舞扇) ▼あおるの意は「煽」の代用。

栓(栓)木6〔10〕セン(栓・消火栓)

旋 方7〔11〕セン(旋回・周旋)／**めぐる**(旋る) ★旋毛・旋頭歌

②**船** 舟5〔11〕セン(船舶・汽船)／**ふね**(船・親船)／**ふな**(船旅・船賃)⇔ふね(舟) ★船枻 ▼「船倉」は「船艙」の書き換え。「舩」は異体字。

④**戦**(戰)戈9〔13〕セン(戦争・論戦)／**たたかう**(戦う・戦い)⇔たたかう(闘う)／**いくさ**(戦・勝ち戦)／**おののく**(戦く)

×**煎** 火9〔13〕セン(煎茶・煎餅)／**いる**(煎る)⇔いる(炒る) ★煎海鼠 ▼「煎」は通用字体。

羨 羊7〔13〕セン(羨望)／**エン**(羨道)／**うらやむ**(羨む) ▼「羨」は異体字。

腺 肉9〔13〕セン(腺病質・涙腺) ▼日本で宇田川榛斎によって作られた漢字。

×**詮** 言6〔13〕セン(詮議・詮索) ★所詮・詮方・詮無し ▼「詮」は通用字体。

践(踐)足6〔13〕セン(実践)／**ふむ**(践む)

×**箋** 竹8〔14〕セン(付箋・処方箋) ▼「箋」は通用字体。「牋」は異体字。

⑥**銭**(錢)金6〔14〕セン(銭湯・悪銭・金銭・古銭)／**ぜに**(銭・小銭)

潜(潛)水12〔15〕セン(潜水・沈潜)／**もぐる**(潜る・潜り込む)／**ひそむ**(潜む)／**くぐる**(潜る) ▼「潛」は異体字。

②**線** 糸9〔15〕セン(線路・光線) ▼「綫」は異体字。

④**選**(選)辵12〔15〕セン(選択・当選)／**えらぶ**(選ぶ)／**える**(選る)／**よる**(選る) ▼「撰」の代用字。

遷(遷)辵12〔15〕セン(遷延・変遷)／**うつす**(遷す)／**うつる**(遷る)

薦 艸13〔16〕セン(推薦・自薦)／**すすめる**(薦める)⇔すすめる(進める・勧める・▲奨める)

繊(纖)糸11〔17〕セン(繊細・化繊) ▼「纖」は異体字。医学界では「纖維」は「線維」と書き換える。

鮮 魚6〔17〕セン(鮮魚・鮮明・新鮮)／**あざやか**(鮮やか／鮮やかだ) ★鮮卑

人×**尖** 小3〔6〕セン(尖鋭・尖端)／**とがる**(尖る) ★切尖・眉尖刀・尖閣諸島(地名) ▼「先」で書き換えられることがある。

×**疝** 疒3〔8〕セン(疝気)

人×**穿** 穴4〔9〕セン(穿孔・穿鑿)／**うがつ**(穿つ)／**はく**(穿く) ★穿山甲 ▼「穿」は通用字体。

×**栴** 木6〔10〕セン(栴檀)

人×**閃** 門2〔10〕セン(閃光・一閃)／**ひらめく**(閃く)

×**剪** 刀9〔11〕セン(剪定・剪刀)／**きる**(剪る)⇔きる(切る・斬る・▲伐る)

×**煽** 火10〔14〕セン(煽情・煽動)／**あおる**(煽る)／**おだてる**(煽てる) ▼「扇」で代用される。「煽」は通用字体。

×**僭** 人12〔14〕セン(僭越・僭称) ▼「僭」は通用字体。

人**銑** 金6〔14〕セン(銑鉄)／**ずく**(銑) ▼常用漢字表から削除された字。

人**撰** 手12〔15〕セン(撰定・勅撰)／**えらぶ**(撰ぶ) ★新撰組(「新選組」とも) ▼「選」で代用される。「撰」は通用字体。

×**箭** 竹9〔15〕セン(火箭・弓箭)／**や**(箭) ★征箭 ▼「箭」は通用字体。

×**賤** 貝8〔15〕セン(貴賤・下賤)／**しず**(賤) ▼「賤」は通用字体。

×**暹** 日12〔16〕*セン ★暹羅

×**餞** 食8〔17〕セン(餞別・予餞会)／**はなむけ**(餞) ▼「餞」は通用字体。

×**譫** 言13〔20〕セン(譫言・譫妄)／**うわごと**(譫)

×**殲** 歹17〔21〕セン(殲滅) ▼「殱」は異体字。

×**饌** 食12〔21〕セン(神饌)／**そなえる**(饌える)

×**癬** 疒17〔22〕セン(疥癬・皮癬)

×**籤** 竹17〔23〕セン(抽籤・当籤)／**ひご**(籤・竹籤)／**くじ**(籤) ▼「抽籤・当籤」の「籤」は「選」で代用されることが多いが、交ぜ書きで「抽せん」とも書かれる。「籤」は異体字。

【ゼン】

③**全**(全)人4〔6〕ゼン(全部・完全)／**まったく**(全く・全うする)／**すべて**(全て) ▼「全然」は古くから肯定文で用いられることがあった。旧字体は「入」の部。

②**前**(前)刀7〔9〕ゼン(前後・空前)／**まえ**(前・名前) ★一人前・気前

⑥**善** 口9〔12〕ゼン(善悪・慈善)／**よい**(善い)⇔よい(良い・▲好い) ★善知鳥 ▼「譱」は異体字。

④**然** 火8〔12〕ゼン(当然・必然)／**ネン**(天然)／**しかり**(然り)／**しかし**(然し) ★然様

禅(禪)示9〔13〕ゼン(禅宗・座禅)

漸 水11〔14〕ゼン(漸次・東漸)／**ようやく**(漸く) ▼「ザン」は誤り。

膳 肉12〔16〕ゼン(御膳・食膳)

繕 糸12〔18〕ゼン(修繕・営繕)／**つくろう**(繕う・繕い)

×**涎** 水7〔10〕ゼン(垂涎)／**エン**／**よだれ**(涎) ★竜涎香

×**喘** 口9〔12〕ゼン(喘息・余喘)／**あえぐ**(喘ぐ)

×**蠕** 虫14〔20〕ゼン(蠕動)

【せんちめえとる】

×**糎** 米9〔15〕**センチメートル**(糎) ▼日本で作られた漢字。

そ

【ソ】

狙 犬5〔8〕ソ(狙撃)／**ねらう**(狙う)

阻 阜5〔8〕ソ(阻止・険阻)／**はばむ**(阻む)／**けわしい**(阻しい) ▼「阻止」「阻喪」は「沮止」「沮喪」の代用字。

⑤**祖**(祖)示5〔9〕ソ(祖父・元祖) ★祖父江(地名・人名)・祖生之鞭

租 禾5〔10〕 ソ(租税・公租公課)

⑤**素** 糸4〔10〕 ソ(素材・平素)／ス(素顔・素性)／**もと**(素)⇕もと(下・元・本・基) ★素人・素地・素面・素気・素敵・素袍・素襖・素麺・素馨・素早い・素っ頓狂

措 手8〔11〕 ソ(措置・挙措)／**おく**(措く)

粗 米5〔11〕 ソ(粗密・粗相)／**あらい**(粗い)⇕あらい(荒い) ★粗砥・粗方・粗目

②**組** 糸5〔11〕 ソ(組織・改組)／**くむ**(組む・組み込む)／**くみ**(組・紅組)

疎 疋7〔12〕 ソ(疎密・親疎)／**うとい**(疎い)／**うとむ**(疎む・疎ましい)／**まばら**(疎ら)／**おろそか**(疎か) ▼「疏」の書き換えに用いられる。「踈」は異体字。

訴 言5〔12〕 ソ(訴訟・哀訴)／**うったえる**(訴える・訴え)

塑 土10〔13〕 ソ(塑像・可塑性)

遡 辵10〔14〕 ソ(遡行・遡及)／**さかのぼる**(遡る) ▼「サク」は慣用音。「遡」は許容字体。「溯」「泝」は異体字。

礎 石13〔18〕 ソ(礎石・定礎)／**いしずえ**(礎)

×**岨** 山5〔8〕 ソ(嶮岨)／**そば**(岨・岨道)

×**咀** 口5〔8〕 ソ(咀嚼)

×**沮** 水5〔8〕 ソ(沮喪)／*ショ

×**俎** 人7〔9〕 ソ(俎上)／**まないた**(俎) ▼「爼」は異体字。

×**疽** 疒5〔10〕 ソ(壊疽・炭疽菌)／**かさ**(疽) ▼「疸」とは別字。

×**祚** 示5〔10〕 ソ(福祚・践祚)

×**梳** 木7〔11〕 ソ(櫛梳)／**くしけずる**(梳る)

人×**疏** 疋7〔12〕 ソ(疏遠・疏水)／**うとい**(疏い) ▼うといの意では「疎」で代用される。「疏」は通用字体。

人×**楚** 木9〔13〕 ソ(清楚・四面楚歌)

×**鼠** 鼠0〔13〕 ソ(窮鼠・殺鼠剤)／**ねずみ**(鼠) ★利休鼠 ▼「鼡」は異体字。

人×**噌** 口12〔15〕 ソ(味噌)／**ソウ**(サウ)(姓) ★一噌 ▼「噌」は通用字体。

人×**蘇** 艸16〔19〕 ソ(蘇生・紫蘇)／ス(蘇芳)／**よみがえる**(蘇る) ★蘇鉄・蘇婆訶・蘇東坡(中国の人名) ▼よみがえるの意では「甦」とも書く。「蘓」は異体字。

【ソウ】

双(雙) 又2〔4〕 ソウ(サウ)(双肩・無双)／**ふた**(双子・双葉) ⇕ふた(二) ★双紙・双六・双海(地名)・双三(地名)

④**争**(爭) 亅5〔6〕 ソウ(サウ)(争議・競争・紛争・論争)／**あらそう**(争う・争い) ▼旧字体は「爫」の部。

壮(壯) 士3〔6〕 ソウ(サウ)(壮観・壮健・壮大・強壮)／**さかん**(壮ん)

①**早** 日2〔6〕 ソウ(サウ)(早計・早熟・早速・早急)／サッ(早期・早早に・早晩)／**はやい**(早い)⇕はやい(速い・迅い)／**はやまる**(早まる)⇕はやまる(速まる・迅まる)／**はやめる**(早める) ★早乙女・早苗・早生・早稲田・早蕨・早良・早来(地名)

②**走** 走0〔7〕 ソウ(走行・滑走)／**はしる**(走る・先走る) ★師走 ▼「赱」は異体字。

⑥**奏** 大6〔9〕 ソウ(奏楽・演奏)／**かなでる**(奏でる)

③**相** 目4〔9〕 ソウ(サウ)(相当・真相)／ショウ(シャウ)(首相・宰相)／**あい**(相手・相宿) ★相撲・相聞・相生・相模(地名)・相知(地名)・相良(姓)

①**草** 艸6〔9〕 ソウ(サウ)(草案・牧草)／**くさ**(草・語り草) ★草履・草鞋・草臥れ・草紙・仕草・通草・酢漿草・煙草・心太・草

荘(莊) 艸6〔9〕 ソウ(サウ)(荘厳・別荘)／**ショウ**(シャウ)(荘園) ★荘子(中国の人名・書名) ▼「庄」は「荘」の異体字としても使われた。名は「ソウジ」。

③**送** 辵6〔9〕 ソウ(送別・運送)／**おくる**(送る・見送り)⇕おくる(贈る)

④**倉** 人8〔10〕 ソウ(サウ)(倉庫・穀倉)／**くら**(倉・倉敷料)⇕くら(蔵) ★倉頡(「蒼頡」とも。中国の伝説上の人名)

捜(搜) 手7〔10〕 ソウ(サウ)(捜索・捜査)／**さがす**(捜す)⇕さがす(探す)

挿(插) 手7〔10〕 ソウ(サウ)(挿入・挿話)／**さす**(挿す・挿し木)⇕さす(差す・指す・刺す)／**はさむ**(挿む) ★挿頭・挿画 ▼「揷」は異体字。

桑 木6〔10〕 ソウ(サウ)(桑園・桑門)／**くわ**(桑・桑畑) ★扶桑・桑折(地名) ▼「桒」は異体字。

④**巣**(巢) 木7〔11〕 ソウ(サウ)(営巣・病巣・卵巣)／**す**(巣・巣立つ)

掃(掃) 手8〔11〕 ソウ(サウ)(掃除・一掃)／**はく**(掃く)／**はらう**(掃う)

曹 日7〔11〕 ソウ(サウ)(法曹・陸曹)／**ゾウ**(ザウ)(御曹子) ★曹達・曹洞宗・曹植(中国の人名)

曽(曾) 日7〔11〕 ソウ(曽祖父・曽孫)／ゾ(未曽有)／*ソ／**かつて**(曽て) ★曽於(地名)・曽参(中国の人名)

爽 爻7〔11〕 ソウ(サウ)(爽快・爽涼)／**さわやか**(爽やか)［人名用］〈あきら〉 ▼「爽」は誤り。

⑥**窓** 穴6〔11〕 ソウ(サウ)(車窓・深窓)／**まど**(窓・出窓) ▼「窗」は異体字。

⑥**創** 刀10〔12〕 ソウ(サウ)(創造・創作・刀創)／**つくる**(創る)⇕つくる(作る・造る)／**はじめる**(創める)

喪 口9〔12〕 ソウ(サウ)(喪失)／**も**(喪・喪主)／**うしなう**(喪う) ▼「喪」は別字。

痩(瘦) 疒7〔12〕 *シュウ／ソウ(痩身・痩軀)／**やせる**(痩せる)

葬 艸9〔12〕 ソウ(サウ)(葬儀・会葬)／**ほうむる**(葬る)

⑥**装** 衣6〔12〕 ソウ(サウ)(装置・変装)／ショウ(シャウ)(装束・衣装)／**よそおう**(装う・装い)

僧 (僧) 人11〔13〕 ソウ(僧院・尼僧)★売僧

③想 心9〔13〕 ソウ(サウ)(想像・予想)／ソ(愛想)／おもう(想う・想い出)

⑥層 (層) 尸11〔14〕 ソウ(層雲・断層)★裳層

⑤総 (總) 糸8〔14〕 ソウ(総合・総括)／すべて(総て)★総角・総菜(物菜とも書かれる)

遭 (遭) 辵11〔14〕 ソウ(サウ)(遭遇・遭難)／あう(遭う)⇔あう(合う・会う・▲遇う・×逢う)

槽 木11〔15〕 ソウ(サウ)(水槽・浴槽)

踪 足8〔15〕 ソウ(失踪) ▼「蹤」は異体字。

⑥操 手13〔16〕 ソウ(サウ)(操縦・節操)／あやつる(操る・操り人形)／みさお(操)

燥 火13〔17〕 ソウ(サウ)(乾燥・高燥) ▼「焦燥」などいらだつの意は「躁」の代用。

霜 雨9〔17〕 ソウ(サウ)(霜害・晩霜)／しも(霜・初霜)

騒 (騷) 馬8〔18〕 ソウ(サウ)(騒動・物騒)／さわぐ(騒ぐ・騒がしい)★潮騒

藻 艸16〔19〕 ソウ(サウ)(藻類・詞藻)／も(藻)★懐風藻(書名)

×匝 匚3〔5〕 *ソウ(サフ) ▼「帀」の異体字。★匝瑳(地名)

人×宋 宀4〔7〕 ソウ(宋・宋朝体)★宋之問(中国の人名)

人×惣 心8〔12〕 ソウ(惣領・惣菜) ▼「総」の異体字。〔人名用〕〈ふさ〉

×搔 手10〔13〕 ソウ(サウ)(搔爬・搔痒)／かく(搔く・引っ搔く) ▼「掻」は簡易慣用字体。★搔巻

人×蒼 艸10〔13〕 ソウ(サウ)(蒼白・鬱蒼)／あおい(蒼い)★蒼氓・蒼穹・蒼頡(中国の伝説上の人名「倉頡」とも)

×嗾 口11〔14〕 ソウ(示嗾・指嗾)／そそのかす(嗾す)

×嗽 口11〔14〕 ソウ(咳嗽・含嗽)／せき(嗽)／すすぐ(嗽ぐ)

人×槍 木10〔14〕 ソウ(槍術)／やり(槍・横槍) ▼地名では「うつぎ」とも。

人×漕 水11〔14〕 ソウ(サウ)(漕手・漕艇)／こぐ(漕ぐ)

人×漱 水11〔14〕 *ソウ／すすぐ(漱ぐ)

人×綜 糸8〔14〕 ソウ(綜合・錯綜) ▼「総」で代用されることがある。

×箏 竹8〔14〕 ソウ(サウ)(箏曲・風箏)／こと(箏) ▼「筝」は通用字体。

人×聡 (聰) 耳8〔14〕 ソウ(聡敏・聡明)／さとい(聡い)〔人名用〕〈さとし・さとる・あき・あきら〉

×瘡 疒10〔15〕 ソウ(サウ)(瘡痍・疱瘡)／かさ(瘡)／きず(瘡)

×噪 口13〔16〕 ソウ(サウ)(喧噪)／さわぐ(噪ぐ) ▼「譟」は異体字。

×艘 舟10〔16〕 ソウ(サウ)(一艘) ▼「艘」は通用字体。

×輳 車9〔16〕 ソウ(輻輳)／あつまる(輳まる) ▼「輻輳」は「輻湊」とも書く。

×糟 米11〔17〕 ソウ(サウ)(糟糠・糟粕)／かす(糟)

人×叢 又16〔18〕 ソウ(叢書・論叢)／くさむら(叢) ▼数多く集めたものの意では「双」で代用されることがある。

×鎗 金10〔18〕 *ソウ(サウ)／やり(鎗) ▼意味は「槍」と同じ。

×躁 足13〔20〕 ソウ(サウ)(躁鬱・躁症・焦躁)／さわぐ(躁ぐ) ▼「燥」で代用されることがある。

【ゾウ】

⑤造 (造) 辵7〔10〕 ゾウ(ザウ)(造船・造作・造物・改造・構造)／つくる(造る)⇔つくる(作る・創る)★造酒

⑤像 人12〔14〕 ゾウ(ザウ)(肖像・想像)

⑤増 (增) 土11〔14〕 ゾウ(増減・激増)／ます(増す・水増し)／ふえる(増える)⇔ふえる(殖える)／ふやす(増やす)⇔ふやす(殖やす)★年増

憎 (憎) 心11〔14〕 ゾウ(憎悪・愛憎)／にくむ(憎む)／にくい(憎い・憎さ)／にくらしい(憎らしい)／にくしみ(憎しみ)★生憎

⑥蔵 (藏) 艸12〔15〕 ゾウ(ザウ)(蔵書・所蔵・土蔵)／くら(蔵)⇔くら(倉)★蔵人・蔵・酒蔵・蔵王

贈 (贈) 貝11〔18〕 ゾウ(贈与・贈答)／ソウ(寄贈)／おくる(贈る・贈り物)⇔おくる(送る)

⑥臓 (臟) 肉15〔19〕 ゾウ(ザウ)(臓器・心臓)

【ソク】

即 (卽) 卩5〔7〕 ソク(即応・即興)／つく(即く)／すなわち(即ち)

---

④束 木3〔7〕 ソク(束縛・約束)／たばねる(束ねる)／たば(束)／つか(束)★八束(姓)

①足 足0〔7〕 ソク(足跡・補足)／あし(足・素足)／たりる(足りる)／たる(舌足らず)／たす(足す)★足袋・足利(地名)・足寄(地名)・足助(地名)・百足・足羽(地名)・足立(地名)・徒足

促 人7〔9〕 ソク(促進・催促)／うながす(促す)

⑤則 刀7〔9〕 ソク(法則・変則)／のり(則)／のっとる(則る)／すなわち(則ち)★則天武后(中国の人名)

③息 心6〔10〕 ソク(休息・子息)／いき(息・吐息)★息子・息吹・息女

捉 手7〔10〕 ソク(捉髪・捕捉)／とらえる(捉える)⇔とらえる(捕らえる)／つかまえる(捉まえる)

③速 (速) 辵7〔10〕 ソク(速度・時速)／はやい(速い・速さ)⇔はやい(早い・▲迅い)／はやめる(速める)／はやまる(速まる)⇔はやまる(早まる・▲迅まる)／すみやか(速やか)

④側 人9〔11〕 ソク(側近・側面・側聞・側壁)／がわ(私たちの側)／かわ(側・片側)／かたわら(側ら)／そば(側)

⑤測 水9〔12〕 ソク(測量・推測)／はかる(測る)⇔はかる(図る・計る・量る・謀る・諮る)

×仄 人2〔4〕 ソク(仄聞・平仄)／ほのか(仄か)

【ゾク】

俗 人7〔9〕 ゾク(俗事・民俗)

③**族** 方7〔11〕ゾク(一族・民族) ★族(やから) ▼むらがるの意は「簇」の書き換え。

⑤**属**(屬) 尸9〔12〕ゾク(属性・金属・所属・付属)／ショク(属)(属・属者) ★属目・属厭・属鏤

賊 貝6〔13〕ゾク(賊軍・海賊・逆賊・盗賊) ★烏賊・木賊

④**続**(續) 糸7〔13〕ゾク(続出・連続)／ショク(続日本紀)／つづく(続く・続き)／つづける(続ける) ★続飯

【ソツ】

④**卒** 十6〔8〕ソツ(卒業・兵卒)／シュツ(卒去) ★卒塔婆・卒寿 ▼「卆」は異体字。

⑤**率**(率) 玄6〔11〕ソツ(率先・軽率)／リツ(比率・百分率)／ひきいる(率いる)

【そで】

袖 衣5〔10〕シュウ(シウ)(袖手傍観・領袖)／そで(袖・長袖)

【そびえる】

聳 耳11〔17〕ショウ(聳立・聳然)／そびえる(聳える・聳え立つ)

【そま】

杣 木3〔7〕そま(杣・杣人)

【それ】

其 八6〔8〕キ／それ(其れ)／その(其の) ★其方・其奴

【そろう】

揃 手9〔12〕セン／そろう(揃う・不揃い)／そろえる(揃える) ▼「揃」は通用字体。

【ソン】

⑥**存** 子3〔6〕ソン(存在・既存)／ゾン(存ず・存分)

①**村** 木3〔7〕ソン(村長・村民・寒村・山村・農村)／むら(村・村芝居) ★村主 ▼「邨」は異体字。

④**孫** 子7〔10〕ソン(子孫・嫡孫)／まご(孫) ★孫悟空

⑥**尊**(尊) 寸9〔12〕ソン(尊敬・本尊)／たっとい(尊い)⇔たっとい(貴い)／たっとぶ(尊ぶ)⇔たっとぶ(貴ぶ)／とうとい(尊い)⇔とうとい(貴い)／とうとぶ(尊ぶ)〔人名用〕(たか・たかし) ★日本武尊 (命)と使いわけもある

⑤**損** 手10〔13〕ソン(損失・破損)／そこなう(損なう・見損なう)／そこねる(損ねる)

遜 辵10〔14〕ソン(謙遜・遜色)／へりくだる(遜る) ▼「遜」は通用字体。

忖 心3〔6〕ソン(忖度)

蹲 足12〔19〕ソン(蹲踞)／うずくまる(蹲る)

た

【タ】

③**他** 人3〔5〕タ(他界・他国・他人・他力・排他的)／ほか(他) ★他所

②**多** 夕3〔6〕タ(多少・雑多)／おおい(多い) ▼「夛」は異体字。「夠」は誤字。

汰 水4〔7〕タ(沙汰・淘汰)

詫 言5〔12〕タ／わびる(詫びる) ▼「詑」とは別字だが、通じて「わびる」意に用いる。

【ダ】

③**打** 手2〔5〕ダ(打撃・乱打)／チョウ(チャウ)(打擲)／うつ(打つ)⇔うつ(討つ・撃つ・拍つ・撲つ・征つ・伐つ・搏つ)／ダース(一打)

妥(妥) 女4〔7〕ダ(妥当・妥協)

唾 口8〔11〕ダ(唾液・唾棄)／つば(唾)／つばき(唾)／ず(固唾・生唾・虫唾)

堕(墮) 土9〔12〕ダ(堕落)／おちる(堕ちる)／おとす(堕とす) ★頗羅堕(姓)

惰 心9〔12〕ダ(惰眠・怠惰)

駄 馬4〔14〕ダ(駄菓子・無駄)／タ(雪駄・下駄) ★駄駄・韋駄天

朶 木2〔6〕ダ(朶雲・耳朶)

兌 儿5〔7〕ダ(兌換・発兌)

陀 阜5〔8〕ダ(仏陀・阿弥陀)

荼 艸7〔10〕ダ(荼毘・曼荼羅)／ト(荼毒) ▼「茶」はこの字からできた字。

舵 舟5〔11〕ダ(舵機・操舵)／かじ(面舵・舵) ▼「柁」は異体字。

楕 木9〔13〕ダ(楕円) ▼「橢」の異体字。

騨 馬12〔22〕ダ ▼「飛騨」のように地名に用いる。「驒」は通用字体。

【タイ】

②**太** 大1〔4〕タイ(太陽・皇太子)／タ(丸太)／ふとい(太い)／ふとる(太る)／はなはだ(甚だ) ★太刀(大刀と区別あり)・太夫・太占・太神楽・太宰・太政官・心太・丸太・明太子・猶太・太良(地名)・太地(地名)

②**体**(體) 人5〔7〕タイ(体格・体制・主体)／テイ(体裁・風体)／からだ(体・体つき) ▼旧字体は「骨」の部。「躰」「軆」は異体字。

③**対**(對) 寸4〔7〕タイ(対決・対抗・絶対・相対・対立・反対)／ツイ(対句・一対) ★対蹠・対馬(地名)

耐 而3〔9〕タイ(耐久・忍耐)／たえる(耐える)

③**待** 彳6〔9〕タイ(待機・期待)／まつ(待つ・待ち遠しい)

怠 心5〔9〕タイ(怠惰・怠慢)／おこたる(怠る)／なまける(怠ける・怠け者)

胎 肉5〔9〕タイ(胎児・母胎) ★胎内(地名)

⑥**退**(退) 辵6〔9〕タイ(退却・進退)／しりぞく(退く)／しりぞける(退ける)／のく(退く)／ひく(退く)

④**帯**(帶) 巾7〔10〕タイ(携帯・世帯・地帯・連帯)／おび(帯・角帯)／おびる(帯びる) ★帯刀

泰 水5〔10〕タイ(泰然・安泰)〔人名用〕(やす・やすし) ★泰阜(地名)・泰国(国名)

堆 土8〔11〕タイ(堆積・堆肥)／ツイ(堆朱)

袋 衣5〔11〕タイ(風袋・郵袋)／ふくろ(袋・紙袋) ★足袋・布袋

逮(逮) 辵8〔11〕タイ(逮捕・逮夜)／およぶ(逮ぶ)

漢字

替 日8〔12〕 タイ(代替)／かえる(替える・両替)⇕かえる(変える・換える・代える)／かわる(替わる)⇕かわる(変わる・換わる・代わる) ★為替

⑤貸 貝5〔12〕 タイ(貸借・賃貸)／かす(貸す・貸し)

④隊 阜9〔12〕 タイ(隊列・部隊)

滞(滯) 水10〔13〕 タイ(滞在・滞留・渋滞・沈滞)／とどこおる(滞る)

⑤態 心10〔14〕 タイ(態勢・態度・悪態・形態・状態・生態・容態) ▼「熊」は別字。

戴 戈14〔17〕 タイ(戴冠式・頂戴)／いただく(戴く)

×岱 山5〔8〕 タイ(岱山 中国の地名) ▼地名で「ぬた」と読むことがある。

人×苔 艸5〔8〕 タイ(舌苔・蘚苔)／こけ(苔・苔桃) ★海苔

×腿 肉10〔14〕 タイ(上腿・大腿部)／もも(太腿) ▼「腿」は通用字体。

×褪 衣10〔15〕 *トン／タイ(褪色・褪紅色)／あせる(褪せる)

人×黛(黛) 黒5〔16〕 タイ(黛色)／まゆずみ(黛)

×頽 頁7〔16〕 タイ(頽運・頽廃)／くずれる(頽れる) ▼「退」で代用されることがある。

×擡 手14〔17〕 タイ(擡挙・擡頭)／もたげる(擡げる) ▼「抬」は異体字。「擡頭」は「台頭」で代用されることがある。

【たい】

人×鯛(鯛) 魚8〔19〕 *チョウ(テウ)／たい(鯛焼き・真鯛)

【ダイ】

①大 大0〔3〕 ダイ(大小・巨大・拡大・膨大)／タイ(大型・大水)／おお(大群・大衆・大して)／おおきい(大きい・大きな)／おおいに(大いに)〔人名用〕〈ひろ〉 ★大人・大和・大八洲・大刀(太刀と区別あり)・大夫・大輔・大臣・大炊寮・大祓・大宰(「太宰」と区別あり)・大晦日・大隅・大鼓・大殿・大殿油・大禍時・大嘗祭・大幣・大蛇・大山(地名)・大洲(地名)・大隅町(地名)・大仁(地名)・大豆生田(姓)

③代 人3〔5〕 ダイ(代理・現代)／タイ(代謝・交代)／かえる(代える)⇕かえる(変える・換える・替える)／かわる(代わる)⇕かわる(変わる・換わる・替わる)／しろ(代物・苗代)／よ(代・神代) ★代物・代赭・糊代

②台(臺) 口2〔5〕 ダイ(台地・台帳・台所・台本・一台)／タイ(台風・舞台) ★台・台詞・台湾 ▼「台風」は「颱」の代用ともいう。「天台宗」は本来の字体。旧字体は「至」の部。

③第 竹5〔11〕 ダイ(第一・及第)／テイ(聚楽第) ▼「才」は略字。

③題 頁9〔18〕 ダイ(題名・出題) ★題簽

人×醍 酉9〔16〕 ダイ(醍醐味)

【だいだい】

人×橙 木12〔16〕 トウ(橙黄橘緑)／だいだい(橙色)／

【たか】

人×鷹 鳥13〔24〕 ヨウ(鷹揚)／たか(鷹狩り・熊鷹) ★三鷹(地名) ▼「大様」は「おおヨウ」。

【たき】

滝(瀧) 水10〔13〕 *ロウ(ラウ)／たき(滝・滝壺)

【タク】

⑥宅 宀3〔6〕 タク(宅地・帰宅)

択(擇) 手4〔7〕 タク(選択・二者択一)／えらぶ(択ぶ) ★択捉(地名)

沢(澤) 水4〔7〕 タク(光沢・潤沢)／さわ(沢) ★沢瀉・沢庵

卓 十6〔8〕 タク(卓越・食卓)〔人名用〕〈すぐる〉 ★卓袱・卓袱台

拓 手5〔8〕 タク(拓本・開拓)／ひらく(拓く) ★拓跋(中国の人名)

託 言3〔10〕 タク(託宣・結託)

濯(濯) 水14〔17〕 タク(洗濯)／あらう(濯う)／すすぐ(濯ぐ)

人×托 手3〔6〕 タク(托鉢・花托) ▼まかせるの意では「託」と同じ。 ★屈托

人×啄(啄) 口7〔10〕 タク(啄木)／ついばむ(啄む) ★啄木鳥

人×琢(琢) 玉7〔11〕 タク(琢磨・彫琢)／みがく(琢く)〔人名用〕〈あや・たか〉

×謫 言11〔18〕 タク(謫居・流謫)

×鐸 金13〔21〕 タク(銅鐸・木鐸) ▼「鈬」は異体字。

【ダク】

諾 言8〔15〕 ダク(諾否・快諾)／うべなう(諾う) ★諾威(国名)

濁 水13〔16〕 ダク(濁流・清濁)／ジョク(濁世)／にごる(濁る・濁り)／にごす(濁す) ▼「浊」は異体字。

【たけ】

人×茸 艸6〔9〕 ジョウ(鹿茸)／きのこ(茸)／たけ(茸・椎茸・松茸)

【たけのこ】

×筍 竹6〔12〕 *シュン／ジュン(石筍)／たけのこ(筍) ▼「笋」は異体字。「竹の子」とも書く。

【たこ】

人×凧 几3〔5〕 たこ(凧あげ・連凧) ▼日本で作られた漢字。

人×蛸 虫7〔13〕 *ショウ(セウ)／たこ(蛸壺・茹蛸) ▼「蛸」は通用字体。「鮹」に同じ。

【たすき】

×襷 衣17〔22〕 たすき(襷・襷掛け) ▼日本で作られた漢字。ただし、中国の「襻」が変化したもの。

【ただ】

人×只 口2〔5〕 シ(只今)／ただ(只今) ★只管・只働き ▼「只」を分けて「ロハ」ということがある。

【たたく】

×叩 口3〔5〕 コウ(叩首・叩頭)／たたく(叩き売り・袋叩き)

【ただし】

但 人5〔7〕 タン(播但)／ただし(但し・但し書き) ★但馬(地名・人名)

【たたり】

×祟 示5〔10〕 *スイ／たたる(祟る)／たたり(祟り) ▼「崇」は別

漢字

字。

【タツ】

④達（達）辵9〔12〕｜タツ（達人・伝達）★達磨・友達・伊達・曹達 ▼「逹」は異体字。

×燵 火15〔17〕｜タツ（火燵・炬燵）▼日本で作られた漢字。

【たつ】

×辰 辰0〔7〕｜シン（辰刻）／たつ（辰年・辰巳）★辰砂

【ダツ】

脱（脱）肉7〔11〕｜ダツ（脱衣・虚脱）／ぬぐ（脱ぐ）／ぬげる（脱げる）

奪 大11〔14〕｜ダツ（奪回・争奪）／うばう（奪う・奪い取る）▼「略奪」は「掠奪」の書き換え。

×獺 犬16〔19〕｜ダツ（海獺・獺祭）／かわうそ（獺）

【たつみ】

人×巽（巽）己9〔12〕｜ソン（巽位）／たつみ（巽）

【たて】

人×楯 木9〔13〕｜*ジュン／たて（楯）

人×竪 立9〔14〕｜*ジュ／たて（竪穴）▼もと「豎」の異体字。

【たどる】

人×辿 辵3〔7〕｜*テン／たどる（辿る）

【たな】

棚（棚）木8〔12〕｜*ホウ〔ハウ〕／たな（棚・大陸棚）★棚機

【たぬき】

×狸 犬7〔10〕｜リ（狐狸）／たぬき（狸）★海狸（ビーバーのこと）▼「貍」は異体字。

【たもと】

×袂 衣4〔9〕｜ベイ（袂別・分袂）／たもと（袂）

【たら】

×鱈 魚11〔22〕｜たら（鱈・鱈子・棒鱈）★鱈腹・矢鱈・出鱈目 ▼日本で作られた漢字。「鱈」は通用字体。

【たる】

人×樽 木12〔16〕｜*ソン／たる（樽・漬物樽）▼「樽」は通用字体。

【だれ】

誰 言8〔15〕｜スイ（誰何）／だれ（誰）／たれ（誰）／た（誰がために）

【タン】

丹 丶3〔4〕｜タン（丹念・丹精）／に（丹）★丹生（地名・姓）・丹羽（地名・姓）・雲丹・甲比丹・切支丹

旦 日1〔5〕｜タン（元旦・一旦）／ダン（旦那）／あした（旦）〔人名用〕（あきら）★旦那・文旦・震旦・巴旦杏

⑥担（擔）手5〔8〕｜タン（担当・負担）／かつぐ（担ぐ）／になう（担う）

④単（單）口9〔9〕｜タン（単独・簡単）★単衣・単于（人名）

③炭 火5〔9〕｜タン（炭鉱・石炭）／すみ（炭・消し炭）★炭団・炭櫃

⑥胆（膽）肉5〔9〕｜タン（大胆・魂胆）／きも（胆）／い（熊の胆）★胆沢（地名）・胆振（地名）

⑥探 手8〔11〕｜タン（探求・探知）／さぐる（探る・探り）／さがす（探す）⇔さがす（捜す）★探湯

淡 水8〔11〕｜タン（淡水・冷淡）／あわい（淡い・淡雪）★淡竹・淡海三船（人名）

③短 矢7〔12〕｜タン（短歌・長短）／みじかい（短い）★短尺

嘆（嘆）口10〔13〕｜タン（嘆息・驚嘆）／なげく（嘆く・嘆き）／なげかわしい（嘆かわしい）▼「歎」の代用字。

端 立9〔14〕｜タン（端正・極端）／はし（端・片端）／は（端数・軒端）／はた（端・道端）★端唄・端金・端渓（中国の地名）

綻 糸8〔14〕｜タン（破綻）／ほころびる（綻びる）

⑥誕 言8〔15〕｜タン（誕生・生誕）

鍛 金9〔17〕｜タン（鍛錬）／きたえる（鍛える・鍛え方）★鍛冶 ▼鍛冶は当て字

人×坦 土5〔8〕｜タン（坦懐・平坦）

×疸 疒5〔10〕｜タン（黄疸）▼「疽」とは別字。

人×耽 耳4〔10〕｜タン（耽溺・耽美）／ふける（耽る）

×蛋 虫5〔11〕｜タン（蛋白質）★皮蛋

人×湛 水9〔12〕｜タン（湛然・湛湛）／たたえる（湛える・水を満々と湛えた池）

×毯 毛8〔12〕｜タン（絨毯）

×痰 疒8〔13〕｜タン（喀痰）

×憚 心12〔15〕｜タン（忌憚）／はばかる（憚る）

人×歎 欠11〔15〕｜タン（歎息・感歎）／なげく（歎く）▼「嘆」で代用される。「歎」は通用字体。

×緞 糸9〔15〕｜*ダン／ドン（緞子・緞帳）

人×箪 竹12〔18〕｜タン（箪笥・瓢箪）▼「簞」は通用字体。

×譚 言12〔19〕｜タン（綺譚・民譚）

【ダン】

⑤団（團）口3〔6〕｜ダン（団結・集団）／トン（布団）★団栗・団扇

①男 田2〔7〕｜ダン（男子・男性）／ナン（長男・善男善女）／おとこ（男・男らしい）★男坂・男波・男鹿（地名）・寡男・密男・益荒男・男

⑥段 殳5〔9〕｜ダン（段落・手段）／タン（一段「反」とも書く）★段通・段平・段玉裁（中国の人名）

⑤断（斷）斤7〔11〕｜ダン（断絶・判断）／たつ（断つ・塩断ち）⇔たつ（絶つ・裁つ）／ことわる（断る・断り）

弾（彈）弓9〔12〕｜ダン（弾力・爆弾）／たま（弾）⇔たま（玉・球・珠）／はずむ（弾む・弾み）／ひく（弾く）⇔ひく（引く・曳く・惹く）／はじく（弾く）

⑥暖（暖）日9〔13〕｜ダン（暖流・温暖）／あたたか（暖か）⇔あたたか（温か）／あたたかい（暖かい）⇔あたたかい（温かい）／あたためる（暖める）⇔あたためる（温める）／あたたまる（暖まる）⇔あたたまる（温まる）★暖簾 ▼「あたためる」「あたたまる」の意は「煖」の代用。

③談 言8〔15〕｜ダン（談話・相談）

壇 土13〔16〕｜ダン（壇上・文壇）／タン（土壇場）▼「独壇場」は「独擅場」から。「壇」は異体字。

檀 人× 木13〔17〕 ダン（檀家・白檀）／*タン／まゆみ（檀） ▼「檀」は異体字。「壇」は別字。

ち

【チ】

② 地 土3〔6〕 チ（地下・境地）／ジ〔ヂ〕（地面・地元） ★地味・地蔵・地道・地楡・地団駄 ▼「ヂ」はかつての字音仮名遣い。

② 池 水3〔6〕 チ（貯水池・電池）／いけ（池・古池）

② 知 矢3〔8〕 チ（知識・知性・承知・通知）／しる（知る・物知り） 〔人名用〕〈とも〉 ▼「ちえ」の意は「智」の代用。

⑥ 値 人8〔10〕 チ（価値・絶対値）／ね（値・値段）／あたい（値・値する） ⇕あたい（価）

恥 心6〔10〕 チ（恥辱・破廉恥）／はじ（恥・生き恥）／はじる（恥じる・恥じ入る）／はじらう（恥じらう・恥じらい）／はずかしい（恥ずかしい） ▼「耻」は異体字。「聡」は別字。

致 至4〔10〕 チ（合致・極致・誘致・風致）／いたす（致す） 〔人名用〕〈いたる〉

遅 辵9〔12〕（遲） チ（遅延・遅速）／おくれる（遅れる・遅れ）⇕おくれる（後れる）／おくらす（遅らす）／おそい（遅い・遅咲き）

痴 疒8〔13〕（癡） チ（痴情・愚痴） ★痴言

稚 禾8〔13〕 チ（稚魚・幼稚）／おさない（稚い） ★稚児・丁稚・稚内（地名） ▼「穉」は異体字。

④ 置 网8〔13〕 チ（位置・処置）／おく（置く）

緻 × 糸10〔16〕 チ（緻密・精緻）

胝 × 肉5〔9〕 チ（胼胝） ★胼胝

智 人× 日8〔12〕 チ（智慧・智能） 〔人名用〕〈さと・さとし・さとる・とし・とも〉 ★智頭（地名）・智恵子抄（書名） ▼地名・人名以外は「知」で代用される。

馳 人× 馬3〔13〕 チ（馳走・奔馳）／はせる（馳せる）／かける（馳ける）

【チク】

蜘 × 虫8〔14〕 チ（蜘蛛）

① 竹 竹0〔6〕 チク（竹林・爆竹）／たけ（竹・竿竹） ★竹刀・竹篦・竹叢・竹麦魚

畜 田5〔10〕 チク（畜産・家畜）

逐 辵7〔10〕（逐） チク（逐次・駆逐）／おう（逐う）

蓄 艸10〔13〕 チク（蓄財・蓄積・含蓄・貯蓄）／たくわえる（蓄える・蓄え）

⑤ 築 竹10〔16〕（築） チク（築港・改築）／きずく（築く・築き上げる） ★築山・築地・築館（地名）・築城（地名）

筑 人× 竹6〔12〕 チク ★筑紫野（地名）・筑西（地名）・筑前・筑紫・筑波（地名） ▼「筑」は異体字。

【チツ】

秩 禾5〔10〕 チツ（秩序） ★秩父（地名）

窒 穴6〔11〕 チツ（窒息・窒素）

膣 × 肉11〔15〕 チツ（膣口） ▼「腟」は異体字。

【チャ】

② 茶 艸6〔9〕 チャ（茶色・番茶）／サ（茶菓・喫茶） ★茶袱台・茶筅・烏龍茶・無茶苦茶・滅茶

【チャク】

③ 着 目7〔12〕 チャク（着用・土着）／ジャク〔ヂャク〕（愛着・執着）／きる（着る・晴れ着）／きせる（着せる・お仕着せ）／つける（着ける）⇕つける（付ける・就ける）／つく（着く・船着き場）⇕つく（付く・就く） ★着丈 ▼もと「著」の異体字。

嫡 女11〔14〕 チャク（嫡子・嫡流）

【チュウ】

① 中 丨3〔4〕 チュウ（中央・胸中）／ジュウ（世界中・一日中）／なか（中・真ん中）⇕なか（仲）／うち（中）／あたる（中る・食中り）⇕あたる（当たる）／あてる（中る）⇕あてる（当てる・充てる・宛てる） ★中務省・中臈

④ 仲 人4〔6〕 チュウ（仲介・伯仲）／なか（仲・仲間）⇕なか（中） ★仲人・仲尼（中国の人名）

① 虫 虫0〔6〕（蟲） チュウ（虫類・害虫）／むし（虫・毛虫） ★虫唾・鼓虫・瓢虫 ▼もとは「虫」はキと読む別字。

④ 沖 水4〔7〕 チュウ（沖積層・沖する）／おき（沖） ▼「冲」は異体字。

⑥ 宙 宀5〔8〕 チュウ〔チウ〕（宙返り・宇宙）

⑥ 忠 心4〔8〕 チュウ（忠実・誠忠） 〔人名用〕〈ただ・ただし〉 ★忠恕

抽 手5〔8〕 チュウ〔チウ〕（抽出・抽象） ★抽斗 ▼「抽選」は「抽籤」の書き換え。

③ 注 水5〔8〕 チュウ（注入・発注）／そそぐ（注ぐ） ★注連縄・注疏 ▼くわしく説明するの意は「註」の代用（元は「注」）。

② 昼 日5〔9〕（晝） チュウ〔チウ〕（昼夜・白昼）／ひる（昼・真昼） ▼旧字体「晝」は「画」の旧字体「畫」と別字。

③ 柱 木5〔9〕（柱） チュウ（支柱・電柱）／はしら（柱・大黒柱） ★氷柱

衷 衣4〔9〕 チュウ（衷心・苦衷） ▼「衷」とも書く。

酎 酉3〔10〕 チュウ〔チウ〕（酎ハイ・焼酎）

鋳 金7〔15〕（鑄） チュウ〔チウ〕（鋳造・改鋳）／いる（鋳る・鋳型）

駐 馬5〔15〕（駐） チュウ（駐車・進駐）／とどまる（駐まる）／とどめる（駐める）

冑 × 冂7〔9〕 チュウ〔チウ〕（甲冑） ▼「胄」は別字。

偸 × 人9〔11〕 トウ（偸安）／チュウ〔チウ〕（偸盗）／ぬすむ（偸む）

厨 人× 厂10〔12〕 チュウ（厨房）／ズ〔ヅ〕（厨子）／くりや（厨） ▼もと「廚」「厨」の俗字。

蛛 × 虫6〔12〕 チュウ（蜘蛛） ▼「蛛」は異体字。

註 人× 言5〔12〕 チュウ（註釈・頭註） ▼「注」で代用される（古くは「注」）。「註」は通用字体。

稠 × 禾8〔13〕 チュウ〔チウ〕（稠密）／おおい（稠い） ▼「粘稠」は医学界ではネンチョウとも読む。

×誅 言6〔13〕 チュウ〔チウ〕（誅伐・天誅）

×疇 田14〔19〕 チュウ〔チウ〕（範疇・疇昔）／うね（疇） ▼「畴」は通用字体。

【チョ】

⑥著（著） 艸8〔11〕 チョ（著作・著述・著名・顕著）／あらわす（著す）⇔あらわす（表す・現す・▲顕す・▲露す）／いちじるしい（著しい・著しさ） ▼「着」はもとは「著」の異体字。

⑤貯 貝5〔12〕 チョ（貯金・貯蓄・貯水池）／たくわえる（貯える）／ためる（貯める）

×佇 人5〔7〕 チョ（佇立）／たたずむ（佇む） ▼「竚」は異体字。

×苧 艸5〔9〕 チョ（苧麻）／からむし（苧）／お（苧） ★苧幹・苧環 ▼「苎」は異体字。

人×猪 犬8〔11〕 チョ（猪突）／い（猪）／しし（猪）／いのしし（猪） ★猪口・猪牙舟・猪首・豪猪 ▼「豬」は異体字。

×樗 木11〔15〕 チョ（樗蒲）／おうち（樗） ★高山樗牛（人名）

人×儲 人16〔18〕 チョ（儲君・皇儲）／もうける（儲ける・大儲け） ▼「储」は通用字体。

×瀦 水16〔19〕 *チョ ▼「三瀦」のように地名に使う。「瀦」は異体字。「潴」は通用字体。

【チョウ】

丁 一1〔2〕 チョウ〔チャウ〕（丁数・二丁目）／テイ（丁字路・甲乙丙丁）／ひのと（丁） ★丁稚・丁髷・丁幾・拉丁 ▼「丁字路」は「T字路」とも。

弔 弓1〔4〕 チョウ〔テウ〕（弔問・慶弔）／とむらう（弔う・弔い）

⑥庁（廳） 广2〔5〕 チョウ〔チャウ〕（庁舎・県庁） ▼「廳」は異体字。

④兆 儿4〔6〕 チョウ〔テウ〕（兆候・吉兆・億兆）／きざす（兆す）／きざし（兆し）

①町 田2〔7〕 チョウ〔チャウ〕（町会・市町村）／まち（町・町外れ）⇔まち（街） ▼「甼」は異体字。行政区画の「〜町」の読みに「まち」と「チョウ」とがある。

②長 長0〔8〕 チョウ〔チャウ〕（長女・成長）／ながい（長い・長さ）⇔ながい（永い）／おさ（長） ★長刀・長押・長閑・長万部（地名）・長谷（地名）・長谷川（姓）・長雨

挑 手6〔9〕 チョウ〔テウ〕（挑戦・挑発）／いどむ（挑む）

③帳 巾8〔11〕 チョウ〔チャウ〕（帳面・通帳）／とばり（帳）

⑤張 弓8〔11〕 チョウ〔チャウ〕（張力・主張）／はる（張る・引っ張る）⇔はる（貼る）

彫（彫） 彡8〔11〕 チョウ〔テウ〕（彫刻・木彫）／ほる（彫る・木彫り）

眺 目6〔11〕 チョウ〔テウ〕（眺望）／ながめる（眺める・眺め）

釣（釣） 金3〔11〕 チョウ〔テウ〕（釣果・釣艇）／つる（釣る・釣り合い） ★釣瓶・釣銭

⑥頂 頁2〔11〕 チョウ〔チャウ〕（頂上・絶頂）／いただき（頂）／いただく（頂く・頂き物） ★真骨頂

②鳥 鳥0〔11〕 チョウ〔テウ〕（鳥類・一石二鳥）／とり（鳥・小鳥） ★鳥兜・千鳥・鳥黐・鳥屋・鳥渡・時鳥・啄木鳥・善知鳥・鳥栖（地名）・鳥羽（地名）

②朝（朝） 月8〔12〕 チョウ〔テウ〕（朝食・朝廷・早朝）／あさ（朝・毎朝）／あした（朝） ★朝臣・朝餉・後朝

貼 貝5〔12〕 チョウ〔テフ〕（貼付）／テン／はる（貼る）⇔はる（張る） ▼「テン」は慣用音。

超 走5〔12〕 チョウ〔テウ〕（超越・入超）／こえる（超える）⇔こえる（越える）／こす（超す）⇔こす（越す）

⑥腸 肉9〔13〕 チョウ〔チャウ〕（腸炎・胃腸）／はらわた（腸） ★海鼠腸 ▼「膓」は異体字。

跳 足6〔13〕 チョウ〔テウ〕（跳躍）／はねる（跳ねる）／とぶ（跳ぶ・縄跳び）⇔とぶ（飛ぶ・×翔ぶ）

徴（徵） 彳11〔14〕 チョウ（徴収・象徴）［人名用］〈きよ・きよし〉 ▼「徵」は別字。

澄 水12〔15〕 チョウ（清澄）／すむ（澄む・上澄み）／すます（澄ます・澄まし顔） ▼「澂」は異体字。

⑥潮（潮） 水12〔15〕 チョウ〔テウ〕（潮流・風潮・満潮）／しお（潮・潮風）／うしお（潮） ★潮来（地名）

③調（調） 言8〔15〕 チョウ〔テウ〕（調和・好調）／しらべる（調べる・調べ）／ととのえる（調える）／ととのう（調う）⇔ととのう（整う）

嘲 口12〔15〕 チョウ〔テウ〕（嘲笑・嘲弄）／あざける（嘲る） ▼「嘲」は通用字体。

聴（聽） 耳11〔17〕 チョウ〔チャウ〕（聴覚・傍聴）／きく（聴く）⇔きく（聞く・×訊く）

懲（懲） 心14〔18〕 チョウ（懲罰・懲役）／こらす（懲らす）／こりる（懲りる・性懲りもなく）／こらしめる（懲らしめる）

人×帖 巾5〔8〕 チョウ〔テフ〕（画帖・手帖）／ジョウ〔デフ〕（四帖半・半紙十帖） ▼畳を数える場合「四畳半」のようにも書く。

×凋 冫8〔10〕 チョウ〔テウ〕（凋落）／しぼむ（凋む） ▼「凋」は通用字体。

人×喋 口9〔12〕 チョウ〔テフ〕（喋喋・喋喋喃喃）／しゃべる（喋る・お喋り）

人×脹 肉8〔12〕 チョウ〔チャウ〕（膨脹）／ふくれる（脹れる） ▼常用漢字表から削除された字。「膨脹」は「膨張」と書き換える。

×貂 豸5〔12〕 チョウ（続貂）／てん（貂）

人×牒 片9〔13〕 チョウ〔テフ〕（通牒・符牒）／ふだ（牒）

人×暢 日10〔14〕 チョウ〔チャウ〕（暢達・流暢）［人名用］〈のぶ・なが〉 ★暢気・暢月 ▼人名ではヨウと読ませることがある。

×銚 金6〔14〕 チョウ〔テウ〕（銚子） ★銚釐

人×蝶 虫9〔15〕 チョウ〔テフ〕（蝶番・胡蝶）

×諜 言9〔16〕 チョウ〔テフ〕（諜報・間諜）

人×寵 宀16〔19〕 チョウ（寵愛・恩寵） ★寵姫

【チョク】

②直 目3〔8〕 チョク（直立・実直）／ジキ〔ヂキ〕（直訴・正直）／なおす（直す・手直し）⇔なおす（治す）／なおる（直る・仲直り）⇔なおる（治る）／ただちに（直ちに）／じか（直に・直談判）［人名用］〈すなお・ただし・なお・なおし〉 ★直会・直衣

…のう・直面・直垂・直隠し・直諫・直截・直方(地名)

勅(敕) 力7〔9〕 チョク(勅語・詔勅) ★勅勒・勅使河原(姓)

×捗 手7〔10〕 チョク(進捗)／はかどる(捗る) ▼「捗」は通用字体。

【チン】

沈 水4〔7〕 チン(沈滞・浮沈)／ジン〔ヂン〕(沈丁花・沈香)／しずむ(沈む・浮き沈み)／しずめる(沈める)⇔しずめる(静める・鎮める) ★沈括(中国の人名)

珍 玉5〔9〕 チン(珍客・珍説・珍重・珍品・珍妙)／めずらしい(珍しい・珍しがる) ★頓珍漢

朕(朕) 月6〔10〕 チン(朕・朕は国家なり) ▼「朕」は異体字。

陳 阜8〔11〕 チン(陳列・開陳)／のべる(陳べる) ★陳者

⑥賃 貝6〔13〕 チン(賃金・運賃)

鎮(鎭) 金10〔18〕 チン(鎮座・重鎮)／しずめる(鎮める)⇔しずめる(静める・沈める)／しずまる(鎮まる)⇔しずまる(静まる) ★鎮魂

つ

【ツイ】

③追(追) 辵6〔9〕 ツイ(追跡・訴追)／おう(追う・追い付く) ★追儺・追捕使・追従

墜(墜) 土12〔15〕 ツイ(墜落・撃墜)／おちる(墜ちる)⇔おちる(落ちる)／おとす(墜とす)⇔おとす(落とす)

【ツウ】

②通(通) 辵7〔10〕 ツウ(通告・通行・交通・普通)／ツ(通夜)／とおる(通る・通り)／とおす(通す・通し)／かよう(通う・通い) ★通草

⑥痛 疒7〔12〕 ツウ(痛快・痛切・苦痛・心痛・腹痛)／いたい(痛い・痛さ)／いたむ(痛む・痛ましい)⇔いたむ(傷む・悼む)／いためる(痛める)

【つえ】

人×杖 木3〔7〕 ジョウ〔ヂャウ〕(杖刑・白杖・錫杖)／*チョウ〔チャウ〕／つえ(杖)

【つか】

塚(塚) 土9〔12〕 *チョウ／つか(塚・貝塚)

【つかむ】

人×摑 手11〔14〕 *カク／つかむ(摑む・鷲摑み)／つかまる(摑まる)／つかまえる(摑まえる) ▼「掴」は通用字体。

【つき】

人×槻 木11〔15〕 *キ／つき(槻) ▼「大槻」など地名・人名に使うことが多い。

【つく】

×搗 手10〔13〕 *トウ／つく(搗く)／かつ(搗栗)

【つくだ】

人×佃 人5〔7〕 *デン／つくだ(佃煮)

【つぐみ】

×鶫 鳥9〔20〕 つぐみ(鶫) ▼日本で作られた漢字。「鶇」とも書く。

【つける】

漬 水11〔14〕 シ(浸漬)／つける(漬ける・漬物)／つかる(漬かる)

【つじ】

人×辻 辵2〔6〕 つじ(辻褄・四つ辻) ▼日本で作られた漢字。「辻」は通用字体。

【つた】

人×蔦 艸11〔14〕 *チョウ〔テウ〕／つた(蔦・蔦葛)

【つち】

人×槌 木10〔14〕 ツイ(鉄槌)／つち(木槌・相槌) ▼「鎚」に同じ。

×鎚 金10〔18〕 ツイ(鉄鎚)／つち(相鎚) ▼「槌」に同じ。

【つば】

×鍔 金9〔17〕 *ガク／つば(金鍔)

【つばき】

人×椿 木9〔13〕 チン(椿事・椿説)／つばき(椿油) ▼不意の出来事の意は「闖」ないし「椿」から。

【つぼ】

坪(坪) 土5〔8〕 ヘイ(建坪率「建蔽率」とも)／つぼ(坪・建坪)

×壺 士9〔12〕 コ(壺中)／つぼ(壺焼き・茶壺) ▼「壷」は通用字体。

【つま】

×褄 衣7〔13〕 つま(褄・辻褄) ▼日本で作られた漢字。

×嬬 女14〔17〕 *ジュ／つま(嬬) ★嬬恋(地名)・吾嬬(姓)

【つむぎ】

人×紬 糸5〔11〕 *チュウ〔チウ〕(結城紬)／つむぎ

【つめ】

爪 爪0〔4〕 ソウ〔サウ〕(爪印・爪痕)／つめ(蹴爪)・爪 ★爪弾き・爪哇 ▼「瓜」は別字。

【つる】

鶴 鳥10〔21〕 カク(鶴首・鶴翼)／つる(鶴・千羽鶴)／たず(鶴) ★田鶴

×吊 口3〔6〕 *チョウ〔テウ〕／つる(吊り革・吊り橋)／つるす(吊るす) ▼もとは「弔」の異体字。

て

【テイ】

④低 人5〔7〕 テイ(低下・低級・低俗・低調・高低)／ひくい(低い・低さ)／ひくめる(低める)／ひくまる(低まる)

呈(呈) 口4〔7〕 テイ(呈す・贈呈)

廷 廴4〔7〕 テイ(宮廷・出廷)

②弟 弓4〔7〕 テイ(弟妹・子弟)／ダイ(兄弟)／デ(弟子)／おとうと(弟)

③定 宀5〔8〕 テイ(定価・定期・定形・安定・仮定・決定)／ジョウ〔ヂャウ〕(定石・必定)／さだめる(定める・定め)／さだまる(定まる)／さだか(定かだ) ★定斎 ▼「㝎」は異体字。

④底 广5〔8〕 テイ(底流・到底)／そこ(底・奥底) ★底方・底翳・底事

抵 手5〔8〕 テイ(抵抗・大抵)

邸 邑5〔8〕 テイ(邸宅・私邸)／やしき(邸)

亭 亠7〔9〕 テイ(亭主・料亭)

貞 卜7〔9〕 テイ(貞淑・貞節・貞操・不貞)〔人名用〕〈さだ〉 ★貞観(年号)

帝 巾6〔9〕 テイ(帝王・皇帝)／タイ(帝釈天)／みかど(帝)

訂 言2〔9〕 テイ(訂正・改訂)／ただす(訂す)

③庭 广7〔10〕 テイ(庭園・家庭)／にわ(庭・庭先) ★庭訓往来(書名)

逓(遞) 辵7〔10〕 テイ(逓信・逓減)

⑤停 人9〔11〕 テイ(停止・停車・停電・調停)／チョウ〔チャウ〕／とまる(停まる)／とどまる(停まる)

偵 人9〔11〕 テイ(偵察・内偵)

堤 土9〔12〕 テイ(堤防・防波堤)／つつみ(堤)

⑤提 手9〔12〕 テイ(提供・前提)／チョウ〔チャウ〕(提灯)／ダイ(菩提・唐招提寺)／さげる(提げる・手提げ)⇔さげる(下げる) ★提子・提提

⑤程(程) 禾7〔12〕 テイ(程度・音程・過程・行程)／ほど(程・身の程)

艇 舟7〔13〕 テイ(艦艇・競艇)

締 糸9〔15〕 テイ(締結・締約)／しめる(締める・引き締め)／しまる(締まる・締まり)⇔しまる(絞まる・閉まる・▲緊まる) ★締切・取締

諦 言9〔16〕 テイ(諦観・要諦)／タイ／あきらめる(諦める)

人×汀 水2〔5〕 テイ(汀渚・汀線)／みぎわ(汀)／なぎさ(汀)

×剃 刀7〔9〕 テイ(剃髪・剃毛)／そる(剃る) ★剃刀

人×悌 心7〔10〕 テイ(孝悌)〔人名用〕〈とも・やす〉

人×挺 手7〔10〕 テイ(身を挺する・挺身)／チョウ〔チャウ〕(鉄砲二挺) ★南挺 ▼銃・刃物などを数える語としては「丁」で代用される。

人×梯 木7〔11〕 テイ(梯形・雲梯)／*タイ ★梯子

人×逞 辵7〔11〕 テイ(逞兵・不逞)／たくましい(逞しい)

×幀 巾9〔12〕 テイ(装幀) ▼「装幀」は「装釘」「装丁」とも。

×碇 石8〔13〕 テイ(碇泊)／いかり(碇) ▼「碇泊」の「碇」は「停」で代用される。

人×禎 示9〔13〕 テイ(禎祥・禎瑞)〔人名用〕〈さだ・ただ・ただし・よし〉

人×鼎 鼎0〔13〕 テイ(鼎立・鼎談)／かなえ(鼎の軽重を問う) ▼「鼎」は異体字。

人×鄭 邑12〔15〕 テイ(鄭重) ▼「鄭」は通用字体。「鄭重」は「丁重」とも書く。

人×蹄 足9〔16〕 テイ(馬蹄)／ひづめ(蹄)

【デイ】

泥 水5〔8〕 デイ(泥土・泥酔・雲泥・拘泥)／どろ(泥・泥棒) ★泥濘・泥鰌・泥泥・泥縄・青味泥

【テキ】

④的(的) 白3〔8〕 テキ(的中・科学的)／まと(的・的外れ) ▼科学的、論理的などの「的」は英語の-ticから。

③笛 竹5〔11〕 テキ(汽笛・牧笛)／ふえ(笛・口笛) ★笛吹(地名) ▼「笛」は誤字。

摘 手11〔14〕 テキ(摘発・摘要・指摘)／つむ(摘む・摘み草)／つまむ(摘む)

滴 水11〔14〕 テキ(水滴・一滴・点滴)／しずく(滴)／したたる(滴る・滴り)

⑤適(適) 辵11〔14〕 テキ(適切・適任・適量・快適・最適)／かなう(適う)

⑥敵 攴11〔15〕 テキ(敵・匹敵)／かたき(敵・商売敵) ★敵愾心・敵本主義

×狄 犬4〔7〕 テキ(夷狄・北狄)／えびす(狄)

人×廸(廸) 辵5〔8〕 *テキ〔人名用〕〈みち・すすむ〉 ▼「廸」は異体字。

人×擢 手14〔17〕 テキ(選擢・抜擢)／ぬきんでる(擢んでる) ▼「擢」は通用字体。

×擲 手15〔18〕 テキ(乾坤一擲・投擲)／チャク(打擲)／なげうつ(擲つ) ▼「擲」は通用字体。

【デキ】

溺 水10〔13〕 デキ(溺死・耽溺)／おぼれる(溺れる) ▼「溺」は通用字体。

【テツ】

迭(迭) 辵5〔8〕 テツ(更迭)

哲 口7〔10〕 テツ(哲学・先哲)〔人名用〕〈あきら・さとし・さとる〉 ▼「喆」は異体字。

③鉄(鐵) 金5〔13〕 テツ(鉄道・鋼鉄)／くろがね(鉄) ★鉄刀木・鉄漿・鉄傘・鉄輪(地名) ▼「鉄」は本来は別字。「銕」「鐵」は異体字。

徹 彳12〔15〕 テツ(徹底・貫徹)／とおる(徹る)／とおす(徹す) ▼「撤」は別字。

撤 手12〔15〕 テツ(撤去・撤兵)

人×綴 糸8〔14〕 テツ(綴字・補綴)／テイ／つづる(綴る・綴り) ★綴代・綴織・綴喜(地名)

×轍 車12〔19〕 テツ(轍を踏む・転轍)／わだち(轍)

【テン】

①天 大1〔4〕 テン(天地・雨天)／あめ(天・天の下)／あま(天の川・天下り) ★天平時代・天竺・天皇・天柱・天狗・天秤・天麩羅・天晴れ・天爾乎波・天鵞絨・天狼星・天地・天籟・天譴・天辺・天道虫・天瀬(地名)・天塩(地名)・天蚕糸

④典 八6〔8〕 テン(典拠・式典)／のり(典) ★典謨

②店 广5〔8〕 テン(店舗・本店)／みせ(店・夜店)／たな(店賃・店子)

②点(點) 火5〔9〕 テン(点線・点滅・観点・欠点・採点)／ともる(点る)／ともす(点す) ★点綴・点前 ▼旧字体は「黒(黑)」の部。

⑥展 尸7〔10〕 テン(展開・展示・展望・展覧・進展・発展)／ひろげる(展げる)／ひろがる(展がる) ▼「展」は誤字。

添 水8〔11〕 テン(添加・添削)／そえる(添える・添え手紙)／そう(添う・付き添う)⇔そう(沿う・▲副う) ★添水

③転(轉) 車4〔11〕 テン(転出・運転)／ころがる(転がる)／

ころげる(転げる)／ころがす(転がす)／ころぶ(転ぶ)　★御転婆・転た寝　▼「転覆」は「顚覆」の書き換え。

塡× 土10〔13〕 テン(塡補・充塡)／**はめる**(塡める)　▼「填」は通用字体。

甜× 甘6〔11〕 **テン**(甜菜・甜言蜜語)　★甜瓜

奠× 大9〔12〕 **テン**(香奠・奠都)　▼「香奠」の「奠」は「典」で代用されることがある。「奠」は通用字体。

篆× 竹9〔15〕 **テン**(篆刻・小篆)

顚人× 頁10〔19〕 **テン**(顚倒・顚末)　★顚顚　▼「顛」は通用字体。「顚倒」は「転倒」とも。

纏人× 糸15〔21〕 **テン**(纏足・半纏)／**まつわる**(纏わる)／**まとう**(コートを纏う)／**まとめる**(話を纏める)／**まとい**(纏)　▼「纒」「纒」は異体字。

【デン】

① **田** 田0〔5〕 デン(田地・油田)／た(田・田植え)　★田舎・田圃・田作り・田麩・田螺・田鶴・田虫・田舎館(地名)・田子(地名)

④ **伝**(傳) 人4〔6〕 デン(伝言・宣伝)／**テン**(伝奏)／つたえる(伝える・言い伝え)／つたわる(伝わる)／つたう(伝う)　★伝馬船

殿 殳9〔13〕 デン(殿堂・貴殿)／テン(御殿)／との(殿様・殿方)／どの(○○殿)／**しんがり**(殿)　▼「よどむ」の意では「澱」の代用。

② **電** 雨5〔13〕 デン(電気・発電)

澱× 水13〔16〕 **デン**(澱粉・沈澱)／**おり**(澱)／**よどむ**(澱む)　▼「殿」で代用されることが一部である。

臀× 肉13〔17〕 **デン**(臀部)／*トン　▼「殿」で代用されることが一部である。

と

【ト】

斗 斗0〔4〕 ト(斗酒・北斗七星)／**トウ**(斗)　★抽斗・筋斗返り・熨斗・科斗・漏斗・炭斗・斗　▼「闘」の略字として使われることがある。

吐 口3〔6〕 ト(吐露・音吐朗朗)／はく(吐く・吐き気)／つく(うそを吐く)　★吐息・吐蕃・吏吐・吐噶喇(地名)

妬 女5〔8〕 ト(妬心・嫉妬)／ねたむ(妬む)／そねむ(妬む)　▼「妒」は異体字。

④ **徒** 彳7〔10〕 ト(徒歩・信徒)／いたずらに(徒に)／かち(徒)　★徒士・徒然・徒花

途(途) 辵7〔10〕 ト(途上・前途)／**みち**(途)　★野放途・目途

③ **都**(都) 邑8〔11〕 ト(都会・首都)／ツ(都合・都度)／みやこ(都・都落ち)　★都都逸・都兪吁咈・都祁(地名)・都万(地名)・都留(地名)

渡 水9〔12〕 ト(渡航・譲渡)／わたる(渡る・渡り)／わたす(渡す・渡し)　★渡殿・渡島(地名)

塗 土10〔13〕 ト(塗布・塗料)／ぬる(塗る・塗り)

賭 貝9〔16〕 ト(賭場・賭博)／かける(賭ける)　▼「賭」は通用字体。

兎人× 儿5〔7〕 ト(玉兎・脱兎)／**うさぎ**(兎)　★兎唇・兎角・兎園冊　▼もと「兔」の俗字。「兎」「菟」は異体字。

杜人× 木3〔7〕 ト(杜絶)／ズ(杜撰)／もり(杜の都)　★杜氏・杜松・杜若・杜鵑・杜預・杜甫(中国の人名)・北杜(地名)

堵人× 土9〔12〕 ト(堵列・安堵)　▼「堵」は通用字体。

屠× 尸9〔12〕 ト(屠所・屠畜)／**ほふる**(屠る)　★屠蘇・浮屠　▼「屠」は通用字体。

菟× 艸8〔12〕 ト(於菟)／**ずく**(菟)　★菟裘・木菟・菟田野(地名)　▼「菟」は通用字体。「兎」「莬」は異体字。

鍍× 金9〔17〕 ト(鍍金・電鍍)

【と】

砥人× 石5〔10〕 シ(砥石)／と　★砥部(地名)

礪× 石15〔19〕 レイ(砥礪・磨礪)　★礪波(地名)　市は砺波・南砺　▼「砺」は通用字体。

【ド】

① **土** 土0〔3〕 ド(土木・粘土)／ト(土地)／つち(土・赤土)　★土産・土師・土筆・土器・土性骨・土壇場・土瓶・土塊・土竜・土間・土岐(姓・地名)・土庄(地名)・土一揆・土耳古・土肥(地名)

奴 女2〔5〕 ド(奴隷・守銭奴)／ヌ(奴婢)／やっこ(奴・冷奴)／やつ(奴)　★奴児哈赤(中国の人名)

④ **努** 力5〔7〕 ド(努力)／つとめる(努める・努めて)⇔つとめる(勤める・務める)

③ **度** 广6〔9〕 ド(度胸・限度)／ト(法度)／タク(支度・忖度)／たび(度・この度)　★識度・度会(地名)

怒 心5〔9〕 ド(怒号・激怒)／ヌ(忿怒・憤怒)／いかる(怒る・怒り狂う)／おこる(怒る)

【トウ】

② **刀** 刀0〔2〕 トウ(刀剣・名刀)／かたな(刀)　★刀自・竹刀・太刀・大刀・剃刀

② **冬**(冬) 冫3〔5〕 トウ(冬季・越冬)／ふゆ(冬・冬枯れ)　★冬瓜・冬冬・忍冬

② **当**(當) 小3〔6〕 トウ(当惑・妥当)／あたる(当たる・当たり)⇔あたる(中る)／あてる(当てる・当て)⇔あてる(充てる・宛てる)　★当麻(地名)・當麻(地名)

④ **灯**(燈) 火2〔6〕 トウ(灯火・点灯)／ひ(灯)⇔ひ(火)／とも しび(灯)　▼「灯」はもと「燈」と別字。「燈」の略字として代用。

③ **投** 手4〔7〕 トウ(投資・暴投)／なげる(投げる・身投げ)　★投網

③ **豆** 豆0〔7〕 トウ(豆腐・豆乳・豆苗)／ズ(大豆)／まめ(豆・煮豆)　★豆汁・豇豆・伊豆(地名)

到 刀6〔8〕 トウ(到着・周到)／いたる(到る)

② **東** 木4〔8〕 トウ(東西・以東)／ひがし(東・東側)　★東夷・東風・東屋・東路・東雲・東南西北・東方朔(中国の

人名・東京（地名）・東風平（地名）・東国東（地名）・東諸県（地名）・東御（地名）・東臼杵（地名）

逃（逃）辵6〔9〕 トウ（逃走・逃避）／**にげる**（逃げる・夜逃げ）／**にがす**（逃がす）／**のがす**（逃す・見逃す）／**のがれる**（逃れる・一時逃れ）▼「迯」は異体字。

倒 人8〔10〕 トウ（倒産・傾倒）／**たおれる**（倒れる・共倒れ）／**たおす**（倒す）

⑥**党**（黨）儿8〔10〕 トウ（党派・徒党）★党錮 ▼旧字体は「黒（黑）」の部。

凍 冫8〔10〕 トウ（凍結・冷凍）／**こおる**（凍る・凍り付く）⇕こおり（氷）／**こごえる**（凍える・凍え死に）／**いてる**（凍てる）／**しみる**（凍みる）★煮凍

唐（唐）口7〔10〕 トウ（唐本・唐突）／**から**（唐織・唐草模様）／**もろこし**（唐）★唐手（空手の古い表記）・唐櫃・唐茄子・唐破風・唐箕・唐黍・唐土・唐変木・唐揚げ（元は空揚げ）

③**島** 山7〔10〕 トウ（島民・列島）／**しま**（島・離れ島）▼「嶋」「嶌」は異体字。

桃 木6〔10〕 トウ（桃源郷・桜桃）／**もも**（桃・桃色）★桃生（地名）・胡桃

⑥**討** 言3〔10〕 トウ（討伐・検討）／**うつ**（討つ・敵討ち）⇕うつ（打つ・撃つ・拍つ・撲つ・征つ・伐つ・搏つ）

透（透）辵7〔10〕 トウ（透写・浸透）／**すく**（透く・透き間）／**すかす**（透かす・透かし）／**すける**（透ける）／**とおる**（透る）／**とおす**（透す）★透垣・透綾

悼 心8〔11〕 トウ（悼辞・追悼）／**いたむ**（悼む）⇕いたむ（痛む・傷む）

盗（盜）皿6〔11〕 トウ（盗難・強盗）／**ぬすむ**（盗む・盗み）★盗汗

陶 阜8〔11〕 トウ（陶器・薫陶）★陶物

③**登** 癶7〔12〕 トウ（登壇・登記）／ト（登山・登城）／**のぼる**（登る）⇕のぼる（上る・昇る）★登攀・登時・登米（地名）・登米（地名）

塔 土9〔12〕 トウ（塔・石塔）★塔頭・卒塔婆

搭 手9〔12〕 トウ（搭載・搭乗券）

棟 木8〔12〕 トウ（上棟・病棟）／**むね**（棟・別棟）／**むな**（棟木）

③**湯** 水9〔12〕 トウ（湯治・微温湯）／**ゆ**（湯・煮え湯）★湯女・湯桶・湯湯婆・湯麺・湯熨・白湯・葛根湯

痘 疒7〔12〕 トウ（種痘・天然痘）／**いも**（痘）★痘痕・痘瘡

③**等** 竹6〔12〕 トウ（等分・上等・平等）／**ひとしい**（等しい）／**など**（等）／**ら**（等）★等閑・等々力

②**答** 竹6〔12〕 トウ（答弁・問答）／**こたえる**（答える）⇕こたえる（応える）／**こたえ**（答え）▼「答え」は送り仮名を省略する場合がある。

筒 竹6〔12〕 トウ（封筒・円筒形）／**つつ**（筒・筒抜け）★筒井筒

⑤**統** 糸6〔12〕 トウ（統一・伝統）／**すべる**（統べる）

稲（稻）禾9〔14〕 トウ（水稲・陸稲）／**いね**（稲・稲刈り）／**いな**（稲作・稲穂）★稲妻・稲敷・稲荷・稲置・稲熱病・晩稲・早稲

踏 足8〔15〕 トウ（踏破・高踏的）／**ふむ**（踏む・足踏み）／**ふまえる**（踏まえる）★踏鞴 ▼「蹈」の代用字。

⑥**糖** 米10〔16〕 トウ（糖分・製糖）

②**頭** 頁7〔16〕 トウ（頭部・街頭・船頭・露頭）／ズ（頭脳・頭痛）／ト（音頭）／**あたま**（頭・頭打ち）／**かしら**（頭・旗頭）★頭陀・頭巾・頭蓋・牛頭・塔頭・饅頭

謄 言10〔17〕 トウ（謄写・謄本）

藤（藤）艸15〔18〕 トウ（葛藤）／**ふじ**（藤・藤袴）▼姓では、東日本で「〜藤」が多く、西日本で「藤〜」が多い。「籐」は別字。

闘（鬭・鬪）門10〔18〕 トウ（闘争・戦闘）／**たたかう**（闘う・闘い）⇕たたかう（戦う）▼「斗」で代用されることがある。旧字体は「門」の部。

騰（騰）馬10〔20〕 トウ（騰貴・沸騰）／**あがる**（騰る）

宕 宀5〔8〕 トウ（タウ）▼「愛宕」（地名）に当てるのは、字音「トウ（タウ）」の借用。

套 大7〔10〕 トウ（外套・常套）

疼 疒5〔10〕 トウ（疼痛）／**うずく**（疼く）▼「疼」は通用字体。

淘 水8〔11〕 トウ（淘金・淘汰）／**よなげる**（淘げる）

祷（禱）示7〔11〕 トウ（時祷書・黙祷）

逗 辵7〔11〕 トウ（逗留）／ズ（ヅ）★逗子（地名）

董 艸9〔12〕 トウ（古董・骨董）★董卓（中国の人名）

塘 土10〔13〕 トウ（池塘）★塘沽（中国の地名）▼「塘」は通用字体。

撓 手12〔15〕 トウ（屈撓・不撓不屈）／ドウ（撓乱）／**たわむ**（撓む）／**たわめる**（撓める）

蕩 艸12〔15〕 トウ（放蕩・春風駘蕩）／**とろける**（蕩ける）

橈 木12〔16〕 トウ（橈骨）／ドウ／ジョウ／**たわむ**（橈む）

濤 水14〔17〕 トウ（濤声・怒濤）▼「涛」は通用字体。

盪 皿12〔17〕 トウ（脳震盪）／**うごかす**（盪かす）／**あらう**（盪う）▼「蘯」は異体字。

籐 竹15〔21〕 トウ（籐・籐家具）▼「藤」とは別字。「籘」は異体字。

【ドウ】

②**同** 口3〔6〕 ドウ（同上・混同）／**おなじ**（同じ・同い年）★同胞 ▼「仝」は異体字。

洞 水6〔9〕 ドウ（洞穴・空洞）／トウ（曹洞宗）／**ほら**（洞・洞穴）★洞爺湖

胴 肉6〔10〕 ドウ（胴体・双胴船）★胴元・胴間声・胴欲

③**動** 力9〔11〕 ドウ（動物・騒動）／**うごく**（動く・動き）／**うごかす**（動かす）

⑤**堂** 土8〔11〕 ドウ（堂堂と・母堂）

③**童** 立7〔12〕 ドウ（童話・児童）／**わらべ**（童・童歌）／**わらわ**（童）

★河童

② 道(道) 辵9〔12〕 ドウ〔ダウ〕(道路・報道)／トウ〔タウ〕(神道)／みち(道・近道)／いう(道う) ★道化

④ 働 人11〔13〕 ドウ(労働・実働)／はたらく(働く・働き) ▼日本で作られた漢字。「仂」は別字だが略字として用いられる。

⑤ 銅 金6〔14〕 ドウ(銅器・銅像・青銅)／あかがね(銅) ★銅鑼・銅鐸

⑤ 導(導) 寸12〔15〕 ドウ〔ダウ〕(導入・半導体)／みちびく(導く・導き)

瞳 目12〔17〕 ドウ(瞳孔・縮瞳)／ひとみ(瞳)

人× 萄 艸8〔11〕 ドウ〔ダウ〕(葡萄・葡萄糖) ★葡萄牙 ▼元は音訳に用いられた字。

× 慟 心11〔14〕 ドウ(慟泣・慟哭)

人× 撞 手12〔15〕 ドウ〔ダウ〕(撞球・撞着)／*トウ〔タウ〕／シュ(撞木)／つく(一撞き)

× 瞠 目11〔16〕 ドウ(瞠然・瞠目)／みはる(目を瞠る)

【とうげ】

× 峠 山6〔9〕 とうげ(峠・峠道) ★中峠(地名) ▼日本で作られた漢字。

【とが】

× 栂 木5〔9〕 とが(栂)／つが(栂) ★栂尾(地名)・栂池(地名)・杙栂木(姓) ▼日本で作られた漢字。「栂」は異体字。

【とき】

× 鴇 鳥4〔15〕 *ホウ／とき(鴇・鴇色) ▼「鵇」は異体字。

× 鬨 門6〔16〕 *コウ／とき(鬨・勝鬨) ▼「閧」は異体字。

【トク】

匿 匸8〔10〕 トク(匿名・隠匿)／かくす(匿す)／かくまう(匿まう) ▼もとは「匿」で「匸」部。

④ 特 牛6〔10〕 トク(特殊・独特) ★特牛

⑤ 得 彳8〔11〕 トク(得意・損得)／える(得る)⇔える(獲る)／うる(得る・成し得る)

督 目8〔13〕 トク(督促・監督) ★基督

④ 徳(德) 彳11〔14〕 トク(徳義・道徳)〔人名用〕〈のり〉 ★徳利 ▼「悳」は異体字。「得」に通じる。

篤 竹10〔16〕 トク(篤農・懇篤)／あつい(篤い)⇔あつい(厚い・暑い・熱い)

× 禿 禾2〔7〕 トク(禿頭)／はげ(禿)／はげる(禿る)／かぶろ(禿)／かむろ(禿) ★禿筆・白禿瘡

× 瀆 水15〔18〕 トク(瀆職・冒瀆)／けがす(瀆す) ▼「涜」は通用字体。

【ドク】

⑤ 毒 毋4〔8〕 ドク(毒薬・中毒) ★毒島(姓)

⑤ 独(獨) 犬6〔9〕 ドク(独立・単独)／ひとり(独り・独り者) ★独活・独楽・独鈷(もとは「独股」)・独壇場(もとは「独擅場」)

② 読(讀) 言7〔14〕 ドク(読書・購読)／トク(読本)／トウ(読点・句読点)／よむ(読む・読み)⇔よむ(詠む・訓む) ★読経・読誦

【とげ】

× 棘 木8〔12〕 キョク(荊棘・棘皮動物)／いばら(棘)／とげ(棘)

【とち】

④ 栃 木5〔9〕 とち(栃の木) ▼「来栃」のように音読することもある。日本で作られた漢字。「栃木」(県名)などに用いる。同じく日本で作った「杤」を「櫔」の略字と誤って類推したための造字という。「杤」はデザインの差。「杤」は異体字。

【トツ】

× 椽 木12〔16〕 *ゾウ／とち(椽)／つるばみ(椽)

凸 凵3〔5〕 トツ(凸版・凹凸) ★凸凹

突(突) 穴3〔8〕 トツ(突撃・突然・激突・衝突・唐突)／つく(突く・一突き) ★突っ伏す・突厥

× 訥 言4〔11〕 トツ(訥訥・朴訥)

【とど】

× 椴 木9〔13〕 *ダン／とど(椴松) ★椴法華(地名)

【とどける】

⑥ 届(屆) 尸5〔8〕 *カイ／とどける(届ける・届け)／とどく(届く・行き届く)

【とび】

人× 鳶 鳥3〔14〕 エン(鳶尾)／とび(鳶口・鳶職) ★紙鳶

【とま】

× 苫 艸5〔8〕 *セン／とま(苫船・苫屋) ★苫小牧(地名)

【とも】

× 鞆 革5〔14〕 とも(鞆絵) ▼日本で作られた漢字。 ★鞆の浦(地名)

× 艫 舟16〔22〕 ロ(船艫・舳艫)／へさき(艫)／とも(艫綱) ▼「舮」は異体字。

【とら】

人× 寅 宀8〔11〕 イン(丙寅)／とら(寅年)

【とり】

人× 酉 酉0〔7〕 ユウ〔イウ〕(丙酉)／とり(酉の市) ▼部首名としては「さけのとり」という。

【とりもち】

× 黐 黍11〔23〕 *リ／もち(黐)／とりもち(黐)

【とろ】

× 瀞 水16〔19〕 *セイ／とろ(瀞) ★長瀞(地名) ▼「瀞」は通用字体。

【トン】

× 屯 屮1〔4〕 トン(駐屯・駐屯地)／たむろ(屯する) ★屯倉 ▼「噸」「砘」の略字としても用いられた。

豚 豕4〔11〕 トン(養豚)／ぶた(豚・子豚) ★土豚(土の俵)・河豚・海豚 ▼「豕」「啄」は別字。

頓 頁4〔13〕 トン(頓服・頓知) ★頓着・頓馬・頓珍漢・冒頓単于(中国の人名)

人× 沌 水4〔7〕 トン(混沌・渾沌)

人× 惇 心8〔11〕 ジュン(惇朴)／*トン〔人名用〕〈あつし・あつ・まこと・とし〉

人× 敦 攴8〔12〕 トン(敦厚・敦朴)〔人名用〕〈あつ・あつし・おさむ・つとむ・のぶ〉 ★敦賀(地名)・敦煌(中国の地名)

人× 遁 辵9〔13〕 トン(遁走・隠遁)

噸 口13〔16〕 トン（十噸・米噸）▼日本で作られた漢字ともいう。

【ドン】

貪 貝4〔11〕 ドン（貪欲・慳貪）／*タン／むさぼる（貪る）

鈍 金4〔12〕 ドン（鈍感・愚鈍）／にぶい（鈍い・鈍さ）／にぶる（鈍る）★鈍色

曇 日12〔16〕 ドン（曇天）／タン（悉曇）／くもる（曇る・曇り）★優曇華

人×呑 口4〔7〕 ドン（呑吐・併呑）／ノン（呑気）／のむ（酒呑み）★呑噬・雲呑 ▼「吞」は異体字。

【どん】

×飩 食4〔13〕 ドン（饂飩）／*トン

丼 丶4〔5〕 *タン／どん（牛丼・天丼）／どんぶり（丼物）

な

【ナ】

那 邑4〔7〕 ナ（那辺・旦那）★那何・那落・那覇（地名）・那賀（地名）・刹那・檀那 ▼もと「那」の異体字。

④奈 大5〔8〕 ナ（奈辺）★奈何・奈落・奈良（地名）・奈半利（地名）・加奈陀

【ナイ】

②内（內） 冂2〔4〕 ナイ（内外・家内）／ダイ（内裏・参内）／うち（内・内気）★内舎人・内侍・内障眼・内帑・内宮・内金・内海（地名）▼旧字体は「入」の部。

【ながら】

×乍 丿4〔5〕 *サ／ながら（勝手乍ら）

【なぎ】

人×凪 几4〔6〕 なぎ（朝凪・夕凪）／なぐ（凪ぐ）▼日本で作られた漢字。

【なぐ】

人×梛（梛） 木7〔11〕 *ナ／なぎ（梛の木）

【なす】

人×薙 艸13〔16〕 テイ（薙髪）／*チ／なぐ（薙ぐ・薙刀）

【なぞ】

×做 人9〔11〕 *サ／なす（見做す）▼もと「作」の異体字。

謎 言10〔17〕 メイ（謎語）／なぞ（謎謎・謎解き）▼「謎」は許容字体。

【なた】

×鉈 金5〔13〕 *タ／なた（鉈・大鉈）

【なだ】

人×灘 水19〔22〕 *タン／なだ（灘）★熊野灘・玄界灘（地名）▼「灘」は通用字体。

【ナツ】

人×捺 手8〔11〕 ナツ（捺印・押捺・捺染）／おす（捺す）⇔おす（押す・推す）

【なべ】

鍋 金9〔17〕 *カ（クヮ）／なべ（鍋物・中華鍋）

【なまず】

×鯰 魚8〔19〕 ネン（鯰公・役人の蔑称）／なまず（鯰）▼日本で作られた漢字とされる。

【なめる】

×舐 舌5〔10〕 シ（舐犢之愛）／なめる（舐める）／ねぶる（舐る）

【なら】

人×楢 木9〔13〕 *ユウ／なら（楢・楢の木）▼「楢」は通用字体。

【なれる】

人×馴 馬3〔13〕 ジュン（馴化・馴致・馴鹿）／なれる（馴れる）／ならす（馴らす）★馴染

【なわて】

×畷 田8〔13〕 *テツ／なわて（畷）★四條畷（地名）

【ナン】

②南 十7〔9〕 ナン（南北・指南）／ナ（南無）／みなみ（南・南向き）〔人名用〕（なみ・みな）★南瓜・南風・南殿・南風原（地名）・南木曽（地名）・南部（地名）・南海部（地名）・南京（中国の地名）・越南

軟 車4〔11〕 ナン（軟化・軟禁・軟膏・軟弱・硬軟）／やわらか（軟らか）／やわらかい（軟らかい）⇔やわらか（柔らか）／やわらかい（柔らかい）

⑥難（難） 隹10〔18〕 ナン（難易・難解・難航・苦難・困難・非難）／かたい（許し難い・有り難い）／むずかしい（難しい・難しさ）★難波（地名）

×喃 口9〔12〕 ナン（喃語）★字喃

人×楠 木9〔13〕 ナン（楠公）／くすのき（楠）／くす（楠）★楠木（姓）

【なんじ】

人×汝 水3〔6〕 ジョ（汝輩）／なんじ（汝）／なれ（汝）／な（汝）

に

【ニ】

①二 二0〔2〕 ニ（二次・二番目・十二月）／ジ（二男 次男とも）／ふたつ（二つ）／ふた（二重）⇔ふた（双）★二人・二十・二十歳・二日・二十日・二三が四・二二六事件・二形・二幅・二黒・二七日・遮二無二・二海郡 ▼「弍」「弐」「貳」は「貳」は大字。

尼 尸2〔5〕 ニ（尼僧・修道尼）／*ジ／あま（尼・尼寺）★尼港・摩尼・陀羅尼・釈迦牟尼

弐（貳） 弋4〔6〕 ニ（弐万円）／*ジ／ふたつ（弐つ）▼重要書類の数字の記入に用いる大字。旧字体は「貝」の部。「弍」「貳」は異体字。

×邇 辵14〔18〕 ジ（邇言）／ニ ★邇摩（地名）▼「迩」は通用字体。

【にえ】

×贄 貝11〔18〕 *シ（贄幣）／にえ（贄・生贄）

【におう】

匂 勹2〔4〕 におう（匂う・匂い袋・咲き匂う）⇔におう（臭う）★匂坂（姓）・酒匂（地名）・酒匂 ▼悪臭に用いるのは本来は誤用。日本で作られた漢字。「匂」は「勻」から。「勾」は別字。

【にぎわう】

人×賑 貝7〔14〕 シン（殷賑）／にぎわう（賑わう）／にぎやか（賑やか）

【ニク】

②肉 肉0〔6〕 ニク（肉類・筋肉・肉刺・肉桂）★肉 ▼「宍」は異体字。

【にじ】

虹 虫3〔9〕 コウ（虹彩・白虹）／にじ（虹・虹鱒）

【にじゅう】

人×廿 廾1〔4〕 *ジュウ（ジフ）／*ネン／にじゅう（廿一歳）★廿日

・廿浦(姓)・廿日市　▼「廿」は別字。

【にしん】

鰊 × 魚9〔20〕 ＊レン／にしん(鰊)

【ニチ】

① 日 日0〔4〕 ニチ(日時・毎日)／ジツ(連日・休日)／ひ(日・月曜日)／か(三日・十日) ★日和・日向・日頃・日嗣・一日・一日・天日・昨日・終日・晦日・昨日・一葵・日向(地名)・明後日・向日・日生(地名)・日出(地名)・日置(地名) ▼「曰」は別字。

【ニュウ】

① 入 入0〔2〕 ニュウ〔ニフ〕(入籍・入学・入浴・収入・輸入)／ジュ(入木道・入来)／いる(寝入る・気に入る)⇔いる(要る)／いれる(入れる・入れ物)／はいる(入る) ★入洛・入御・入魂・入輿・入会・入来(地名)・入間(地名)

⑥ 乳(乳) 乙7〔8〕 ニュウ(乳児・牛乳)／ちち(乳)／ち(乳首・乳飲み子) ★乳母・乳母・乳切木

【ニョウ】

尿 尸4〔7〕 ニョウ〔ネウ〕(尿意・尿道・排尿・夜尿症) ★尿・尿瓶

繞 × 糸12〔18〕 ジョウ〔ゼウ〕／ニョウ〔ネウ〕(囲繞・延繞)／まとう(繞う)／まつわる(繞わる)／めぐる(繞る) ★之繞・之繞

【にら】

韮 × 韭4〔12〕 ＊キュウ〔キウ〕／にら(韮) ★辣韮 ▼もと「韭」の異体字。

【にらむ】

睨 × 目8〔13〕 ゲイ(睥睨)／にらむ(睨む)

【ニン】

⑤ 任 人4〔6〕 ニン(任意・責任)／ジン／まかせる(任せる・人任せ)／まかす(任す)〔人名用〕〈ただ・と・とう〉 ★任那・任昉(中国の人名)・松任(地名)

妊 女4〔7〕 ニン(妊娠・妊婦・不妊)／はらむ(妊む) ▼「姙」は異体字。

忍(忍) 心3〔7〕 ニン(忍者・忍法・残忍)／しのぶ(忍ぶ・忍びやかだ)／しのばせる(忍ばせる) ★忍冬・忍摺・忍野(地名)

⑥ 認(認) 言7〔14〕 ニン(認識・否認)／みとめる(認める)／したためる(認める)

ぬ

【ぬか】

糠 × 米11〔17〕 コウ〔カウ〕(糟糠の妻)／ぬか(糠・糠喜び)

【ぬれる】

濡 人× 水14〔17〕 ＊ジュ／ぬれる(ずぶ濡れ)／ぬらす(濡らす)

ね

【ね】

禰 人× 示14〔19〕 デイ(禰祖)／＊ネイ ★禰宜 ▼「祢」は通用字体。

【ネイ】

寧(寧) 宀11〔14〕 ネイ(安寧・丁寧)／むしろ(寧ろ)〔人名用〕〈やす・やすし〉 ★寧楽・寧波(中国の地名)

佞 × 人5〔7〕 ネイ(佞臣・不佞) ★佞武多 ▼「侫」は異体字。

【ねぎ】

葱 × 艸9〔12〕 ソウ(葱花輦・葱葱)／ねぎ(玉葱) ★浅葱・萌葱

【ねじる】

捩 × 手8〔11〕 ＊レツ／ねじる(捩る)／もじる(捩る)

【ネツ】

④ 熱 火11〔15〕 ネツ(熱意・熱帯・熱湯・熱病・加熱・情熱)／あつい(熱い・熱さ)⇔あつい(厚い・暑い・▲篤い)

捏 × 手7〔10〕 ネツ(捏造)／こねる(捏ねる・手捏ね)

【ネン】

① 年 干3〔6〕 ネン(年月・年数・年代・去年・豊年)／とし(年・年寄り) ★年次・年魚・年令(「年齢」の略字による表記)

④ 念 心4〔8〕 ネン(念願・念頭・念仏・念力・概念・断念・無念)／おもう(念う)

捻 手8〔11〕 ネン(捻挫・捻出)／ひねる(捻る)／ねじる(捻る) ★捻子・紙捻

粘 米5〔11〕 ネン(粘土・粘着)／ねばる(粘る・粘り強い) ▼「黏」は異体字。

⑤ 燃 火12〔16〕 ネン(燃焼・燃費・燃料・可燃性)／もえる(燃える・燃え尽きる)／もやす(燃やす)／もす(燃す)

拈 × 手5〔8〕 ネン(拈出)／ひねる(拈る)

稔 人× 禾8〔13〕 ＊ネン／みのる(稔る)／とし(稔)〔人名用〕〈なり・なる〉

撚 × 手12〔15〕 ネン(撚糸)／よる(撚る)

の

【の】

乃 人× 丿1〔2〕 ダイ(乃公)／ナイ(乃至)／すなわち(乃ち そこでの意)／なんじ(乃)／の(乃 助詞に当てる) ★乃木(姓)

之 人× 丿2〔3〕 ＊シ／これ(学びて時に之を習う)／の(夫子之道)〔人名用〕〈ゆき・のぶ・ひさ〉 ★之繞

廼 × 廴6〔9〕 ＊ナイ／＊ダイ／の(廼・助詞に当てる) ▼人名など固有名詞に用いられる。「迺」の異体字。

【ノウ】

悩(惱) 心7〔10〕 ノウ〔ナウ〕(悩殺・懊悩・苦悩・煩悩)／なやむ(悩む・悩ましい)／なやます(悩ます)

⑥ 納(納) 糸4〔10〕 ノウ〔ナフ〕(納入・収納)／トウ〔タフ〕(出納)／ナ(納屋)／ナッ(納得・納豆)／ナン(納戸)／おさめる(納める・御用納め)⇔おさめる(収める・治める・修める)／おさまる(納まる・納まり)⇔おさまる(収まる・治まる・修まる)／いれる(納れる) ★大納言・納沙布(地名)

⑤ 能 肉6〔10〕 ノウ(能力・効能)／あたう(能う)〔人名用〕〈よし〉 ★能生(地名)・能美(地名)・能義(地名)・能代(地名)・能勢(地名)

⑥ 脳(腦) 肉7〔11〕 ノウ〔ナウ〕(脳髄・頭脳) ★脳・馬脳

▼「悩」は別字。

③農 辰6〔13〕 ノウ(農園・農業・農産物・農場・酪農)〔人名用〕(みのり)
×濃 水13〔16〕 ノウ(濃厚・濃淡)／こい(濃い・濃さ) ★濃茶・濃緑・濃粧
×膿 肉13〔17〕 ノウ(膿瘍・化膿)／うむ(膿む)／うみ(膿み)
×曩 日17〔21〕 ノウ(曩昔・曩祖)／さき(曩)⇔さき(先)
×嚢 口19〔22〕 ノウ(ナウ)(嚢腫・土嚢)／ふくろ(嚢) ★松陰嚢 ▼「嚢」は通用字体。

【のこぎり】
人×鋸 金8〔16〕 キョ／のこぎり(鋸歯)／のこ(糸鋸) ★鋸山(地名)

【のす】
×熨 火11〔15〕 *ウツ／のす(熨す) ★熨斗

【のぞく】
×覗 見5〔12〕 *シ／のぞく(覗き見・覗き穴)

【のみ】
×蚤 虫4〔10〕 *ソウ(サウ)／のみ(蚤・蚤取眼) ★水蚤

は

【ハ】
把 手4〔7〕 ハ(把握・十把)／とる(把る)／たば(把) ★把手・二把
③波 水5〔8〕 ハ(波浪・波長・波動・音波・電波)／なみ(波・荒波) ★波止場・波布・波斯・波蘭・波羅蜜多
⑥派(派) 水6〔9〕 ハ(派遣・流派)／わかれる(派れる) ★派手

⑤破 石5〔10〕 ハ(破壊・撃破)／やぶる(破る・型破り)／やぶれる(破れる)⇔やぶれる(敗れる) ★破子・破風・破落戸・破籠・破片
覇(霸) 襾13〔19〕 ハ(覇権・制覇) ★覇王樹 ▼「覇」は異体字。
人×巴 己1〔4〕 ハ(巴調)／ともえ(巴・卍巴) ★巴猿・巴山・巴里・巴旦杏
人×杷 木4〔8〕 ハ(枇杷)
×爬 爪4〔8〕 ハ(掻爬・爬虫類)
人×琶 玉8〔12〕 ハ(琵琶)
×頗 頁5〔14〕 ハ(偏頗)／すこぶる(頗る付き) ★頗牧(中国の人名)
人×播 手12〔15〕 ハ(播種・伝播)／バン(播州)／ハン／まく(播く) ★播磨(地名)
×簸 竹13〔19〕 *ハ／ひる(簸る) ★簸川(地名)

【バ】
②馬 馬0〔10〕 バ(馬車・乗馬)／メ(駿馬)／ま(馬子・絵馬)／うま(馬・馬小屋) ★馬車馬・馬刀貝・馬銜・馬鍬・馬喰・流鏑馬・馬鈴薯・白馬・馬鹿・馬酔木
×婆 女8〔11〕 バ(老婆・産婆)／ばば(婆) ★婆羅門・婆娑羅・娑婆・塔婆・湯婆
×罵 网10〔15〕 バ(罵倒・面罵)／ののしる(罵る) ★罵詈雑言
人×芭 艸4〔7〕 バ(芭蕉・水芭蕉)

【ハイ】
⑥拝(拜) 手5〔8〕 ハイ(拝見・崇拝)／おがむ(拝む・拝み倒す)
×杯 木4〔8〕 ハイ(祝杯・一杯)／さかずき(杯) ★W杯(ワールドカップの意)
⑥背 肉5〔9〕 ハイ(背後・腹背)／せ(背・背中)／せい(背・上背)／そむく(背く)／そむける(背ける) ★背広
⑥肺(肺) 肉5〔9〕 ハイ(肺臓・肺活量)
⑥俳 人8〔10〕 ハイ(俳優・俳味)
③配 酉3〔10〕 ハイ(配分・心配)／くばる(配る)
排 手8〔11〕 ハイ(排斥・排除)
④敗 攴7〔11〕 ハイ(敗北・失敗)／やぶれる(敗れる)⇔やぶれる(破れる) ★敗ける
廃(廢) 广9〔12〕 ハイ(廃止・荒廃)／すたれる(廃れる)／すたる(廃る・はやり廃り) ▼「すたれる」「やめる」という意味で「癈」を用いるのは誤り。「からだをこわす」の意では「癈」に通じる。
輩 車8〔15〕 ハイ(輩出・先輩)／やから(輩)／ともがら(輩)
×佩 人6〔8〕 ハイ(佩刀・佩用)／はく(佩く)／おびる(佩びる)
人×盃 皿4〔9〕 ハイ(乾盃・金盃)／さかずき(盃) ▼「杯」は材質が木ととらえられることがあるが、それ以外の物にも用いられる。「杯」で書き換えられることがある。
×胚 肉5〔9〕 ハイ(胚葉・胚芽) ★胚嚢
×悖 心7〔10〕 ハイ(悖理)／もとる(悖る)

×牌 片8〔12〕 ハイ(位牌・商牌) ★骨牌・麻雀牌 ▼「牌」は通用字体。

【バイ】
②売(賣) 士4〔7〕 バイ(売買・商売)／マイ(焼売)／うる(売る・売り出す)／うれる(売れる・売れ行き) ★売僧・売女 ▼旧字体は「貝」の部。
③倍 人8〔10〕 バイ(倍率・二倍)〔人名用〕(ます)
④梅(梅) 木6〔10〕 バイ(梅園・紅梅)／うめ(梅・梅酒) ★梅雨(「黴雨」とも)・梅桃・梅毒(「黴毒」とも) ▼「楳」は異体字。
培 土8〔11〕 バイ(培養・栽培)／つちかう(培う)
陪 阜8〔11〕 バイ(陪席・陪審)
媒 女9〔12〕 バイ(媒介・触媒)
②買 貝5〔12〕 バイ(買収・購買)／かう(買う・買い物)
賠 貝8〔15〕 バイ(賠償)／つぐなう(賠う)
×狽 犬7〔10〕 バイ(狼狽)
×焙 火8〔12〕 バイ(焙煎)／ホウ(焙烙)／ホイ(焙炉)／あぶる(焙る) ★焙じ茶
人×煤 火9〔13〕 バイ(煤煙)／すす(煤) ★煤竹
×黴 黒11〔23〕 バイ(黴菌・黴毒)／かび(黴) ▼「黴雨」「黴毒」は「梅雨」「梅毒」とも書く。

【はう】
人×這 辵7〔11〕 シャ(這箇・這般)／*ゲン／はう(這う) ★這這・腹這い・横這い・夜這い(「呼ばひ」の

意とされる）

【はえ】

蝿 虫13〔19〕 ヨウ（蝿頭・蒼蝿）／はえ（蝿） ★五月蝿 ▼「蝿」は通用字体。

【はかない】

儚 人14〔16〕 *ボウ／はかない（儚い）

【はかま】

袴 衣6〔11〕 コ（袴下）／はかま（長袴）

【はかり】

秤 禾5〔10〕 ビン（天秤）／ショウ／ヒョウ（秤量）／はかり（竿秤） ▼「秤」は通用字体。もとは「稱（称）」の異体字。

【はぎ】

萩 艸9〔12〕 *シュウ〔シウ〕／はぎ（秋萩・白萩） ▼「荻」は別字。

【ハク】

①白 白0〔5〕 ハク（白紙・白髪・明白・余白）／ビャク（黒白）／しろ／しろい（白い）／しら（白壁・白ける）／もうす（白す） ★白髪・白粉・白耳義・白和え・白韲・白州・白酒・白湯・白膠木・白癬・白楊・白鑞・白衣・白檀・白皙・白寿・白朮・白老（地名）・白居易（中国の人名）

伯 人5〔7〕 ハク（伯仲・画伯） ★伯父・伯母・伯楽・伯方（地名）・伯耆・伯剌西爾

拍 手5〔8〕 ハク（拍手・一拍）／ヒョウ〔ヒャウ〕（拍子）／うつ（拍つ） ⇔うつ（打つ・討つ・撃つ・▲撲つ・▲征つ・▲伐つ・×搏つ）

泊 水5〔8〕 ハク（宿泊・外泊）／とめる（泊める）⇔とめる（止める・留める）／とまる（泊まる・泊まり）⇔とまる（止まる・留まる） ★泊瀬（地名）

迫（迫） 辵5〔8〕 ハク（迫害・切迫）／せまる（迫る） ★迫（歌舞伎の装置）・迫間（姓・地名）

剝 刀8〔10〕 ハク（剝製・剝奪・剝落・剝離）／はぐ（剝ぐ）／はがす（剝がす）／むく（剝く） ▼「剥」は通用字体。

船 舟5〔11〕 ハク（船来・船舶）

④博（博） 十10〔12〕 ハク（博識・博士号）／バク（博労・賭博）〔人名用〕（ひろ・ひろし）／ひろい（博い） ★博士・博打ち・博奕・博多（地名）

薄（薄） 艸13〔16〕 ハク（薄情・薄利・希薄・軽薄）／うすい（薄い・品薄）／うすめる（薄める）／うすまる（薄まる）／うすらぐ（薄らぐ）／うすれる（薄れる）／すすき（薄） ★薄荷

帛 巾5〔8〕 ハク（帛書・裂帛）／きぬ（帛）

柏 木5〔9〕 ハク（松柏）／ビャク（柏槙）／かしわ（柏手・柏餅） ★柏原（地名）・柏原（地名） ▼「栢」は異体字。

珀 玉5〔9〕 ハク（琥珀・水珀）

粕 米5〔11〕 ハク（糟粕）／かす（粕汁・酒粕）

搏 手10〔13〕 ハク（脈搏）／うつ（搏つ）⇔うつ（打つ・討つ・撃つ・▲拍つ・▲撲つ・▲征つ・▲伐つ）／とる（搏る）／つかむ（搏む） ★「脈搏」は「脈拍」とも。

箔 竹8〔14〕 ハク（箔が付く・金箔）／

魄 鬼5〔15〕 ハク（魂魄・落魄）／*タク

【はぐ】

矧 矢4〔9〕 *シン／はぐ（矧ぐ） ★矢矧

【バク】

②麦（麥） 麦0〔7〕 バク（麦芽・麦秋・精麦）／むぎ（麦・小麦・冷や麦） ★麦酒・竹麦魚・瞿麦・蕎麦

漠 水10〔13〕 バク（漠然・砂漠）

縛（縛） 糸10〔16〕 バク（束縛・捕縛）／しばる（縛る・金縛り）

爆 火15〔19〕 バク（爆音・爆弾・爆破・爆発・原爆・水爆）

莫 艸7〔10〕 バク（莫大・莫逆）／*マク ★莫大小・莫迦・莫耶

獏 犬10〔14〕 バク（獏） ▼「貘」は異体字。

駁 馬4〔14〕 バク（駁論・甲論乙駁） ★雑駁

寞 宀11〔14〕 バク（寂寞・落寞）

瀑 水15〔18〕 バク（瀑布・飛瀑）

曝 日15〔19〕 バク（曝露・被曝）／さらす（曝す） ▼「曝露」は「暴露」に書き換える。

【はこ】

③箱 竹9〔15〕 *ショウ〔シャウ〕／はこ（箱・小箱）

函 凵6〔8〕 カン（投函）／はこ（函） ★函館（地名）・函谷関（中国の地名）・函嶺（地名） ▼「凾」は異体字。「函数」は「関数」に書き換える。

【はざま】

硲 石7〔12〕 はざま（硲） ★硲（姓） ▼日本で作られた漢字。

【はさみ】

鋏 金7〔15〕 *キョウ〔ケフ〕／はさみ（鋏）

【はし】

箸 竹9〔15〕 *チョ／はし（菜箸・割箸） ▼「箸」は通用字体。

【はじめ】

肇（肇） 聿8〔14〕 チョウ〔テウ〕（肇国・肇造）／はじめる（肇める）〔人名用〕（はじめ・はつ）

【はず】

筈 竹6〔12〕 *カツ〔クヮツ〕／はず（行く筈だ・手筈）

【はぜ】

鯊 魚7〔18〕 *サ／はぜ（鯊） ▼「沙魚」とも書く。

櫨 木16〔20〕 ロ／はぜ（櫨の木）／はじ（櫨） ★香櫨園（地名） ▼「栌」は異体字。

【はた】

③畑 田4〔9〕 はた（畑・畑作）／はたけ（畑・麦畑） ▼日本で作られた漢字。固有名詞では「はた」には「畑」、「はたけ」には「畠」を当てる傾向が残る。

畠 田5〔10〕 ハク（田畠）／はた／はたけ（畠） ▼日本で作られた漢字。固有名詞に多く残っている。

幡 巾12〔15〕 ハン（幢幡）／マン／はた（幡） ★幡多（地名）・八幡・幡豆（地名）

【はだ】

肌 肉2〔6〕 キ（肌理）／はだ（肌・地肌）

【はたはた】

鰰 魚10〔21〕 はたはた（鰰）　▼日本で作られた漢字。「鱩」とも書く。

【ハチ】

① 八 八0〔2〕 ハチ（八月・八方）／やっ（八つ当たり）／やっつ（八つ）／や（八重桜）／よう（八日）　★八百屋・八百長・八十・八束（地名）・八衢・八朔・八戸（地名）・八重山（地名）・八鹿（地名）・八頭（地名）・八幡浜（地名）・八幡平（地名）・八街（地名）・八女（地名）・八重瀬（地名）

【ハツ】

鉢 金5〔13〕 ハチ（鉢・植木鉢）／ハツ（衣鉢）

③ 発（發） 癶4〔9〕 ハツ（発明・突発）／ホツ（発作・発起）　★発条　▼「発酵」は「醱酵」の書き換え。

髪（髮） 髟4〔14〕 ハツ（頭髪・整髪）／かみ（髪・日本髪）

潑 水12〔15〕 ハツ（潑水・潑剌）　▼「発」で代用されることがある。「溌」は通用字体。

撥 手12〔15〕 ハツ（撥音・反撥）／バチ（撥）／はねる（撥ねる）　★撥条・撥釣瓶　▼はねるの意では「発」で代用されることがある。「撥」は通用字体。

醱 酉12〔19〕 ハツ（醱酵）　▼「発」で代用される。「醗」は通用字体。

【バツ】

伐 人4〔6〕 バツ（伐採・殺伐）／うつ（伐つ）⇔うつ（打つ・討つ・撃つ・拍つ・撲つ・摶つ）／きる（伐る）⇔きる（切る・斬る・剪る）

抜（拔） 手4〔7〕 バツ（抜群・選抜）／ぬく（抜く・釘抜き）／ぬける（抜ける・気抜け）／ぬかす（抜かす）／ぬかる（抜かる・抜かり）

罰 网9〔14〕 バツ（罰金・天罰）／バチ（罰当たり）　▼「罸」は異体字。

閥 門6〔14〕 バツ（門閥・派閥）

跋 足5〔12〕 バツ（跋扈・跋文・題跋）

【はと】

鳩 鳥2〔13〕 キュウ（鳩舎・鳩合）／はと（鳩胸）　★鳩尾・鳩摩羅什（中国の人名）

【はなし】

咄 口5〔8〕 トツ（咄嗟）／はなし（咄・小咄）

噺 口13〔16〕 はなし（噺・噺家）　▼日本で作られた漢字。

【はなわ】

塙 土10〔13〕 ＊カク／はなわ（塙）　★塙（人名）　▼対義の「圷」は国字。

【はに】

埴 土8〔11〕 ＊ショク／はに（埴輪）　★埴生・埴科（地名）

【はまぐり】

蛤 虫6〔12〕 ＊コウ（カフ）／はまぐり（蛤・焼蛤）　★蛤鍋

【はやす】

囃 口18〔21〕 ＊ソウ（サフ）／はやす（囃す・囃子）

【はやぶさ】

隼 隹2〔10〕 ＊シュン／＊ジュン／はやぶさ（隼）〈人名用〉〈たか・とし・はやし〉　★隼人

【はら】

肚 肉3〔7〕 ト（肚裏）／はら（肚の内）

【はらう】

祓 示5〔10〕 フツ（祓禊）／はらう（祓う・祓い）⇔はらう（払う）

【はらむ】

孕 子2〔5〕 ヨウ（孕婦・懐孕）／はらむ（孕む）

【はり】

榛 木10〔14〕 シン／はり（榛）／はん（榛の木）／はしばみ（榛）〈人名用〉〈はる〉　★榛名（地名）・榛原（地名）・榛東（地名）・宇田川榛斎（人名）

【ハン】

③ 反 又2〔4〕 ハン（反映・違反）／ホン（謀反）／タン（反物）／かえる（反る）／そむく（反く）／そる（反る・反り）／そらす（反らす）　★反吐・反古（故）・往反　▼タンは「段」にもとづく慣用音。「叛」の書き換えにも用いる。

② 半（半） 十3〔5〕 ハン（半分・大半）／なかば（半ば）／なから（小半）　★半田・半蔀・半片・半平・生半・半夏生・寸半

氾 水2〔5〕 ハン（氾濫）

⑤ 犯 犬2〔5〕 ハン（犯罪・侵犯）／ボン（女犯）／おかす（犯す）⇔おかす（侵す・冒す）

帆 巾3〔6〕 ハン（帆船・順風満帆）／ほ（帆・帆前船）

汎 水3〔6〕 ハン（汎愛・汎用）／ひろい（汎い）　▼「汎」とも書く。英語panの意でも用いる。

③ 坂 土4〔7〕 ハン（急坂）／さか（坂・下り坂）　★坂出（地名）　▼「大阪」（地名）は古くは「大坂」と書いた。「阪」はもと異体字。

伴 人5〔7〕 ハン（同伴・随伴）／バン（伴奏・伴食）／ともなう（伴う）　★伴天連

⑤ 判 刀5〔7〕 ハン（判定・裁判）／バン（A判・大判）／わかる（判る）　★判官

④ 阪 阜4〔7〕 ハン（阪神・京阪）／さか（阪）　▼「坂」の異体字。関西の地名・姓にとくに多い。

③ 板 木4〔8〕 ハン（乾板・鉄板）／バン（黒板・掲示板）／いた（板・板前）　★拍板

⑤ 版 片4〔8〕 ハン（版画・出版）

⑥ 班 玉6〔10〕 ハン（班長・救護班）

畔（畔） 田5〔10〕 ハン（湖畔）／ほとり（畔）／あぜ（畔）

般 舟4〔10〕 ハン（諸般・先般）　★般若

販 貝4〔11〕 ハン（販売・市販）／ひさぐ（販ぐ）

斑 文8〔12〕 ハン（斑点・斑紋）／ぶち（斑）／まだら（斑）　★斑鳩・斑猫・色斑・虎斑・雀斑・丁斑魚

④ 飯（飯） 食4〔12〕 ハン（御飯・赤飯）／めし（飯・五目飯）／いい（飯）　★飯櫃・飯石（地名）・飯豊（地名）・七飯（地名）

搬 手10〔13〕 ハン（搬入・運搬）

煩 火9〔13〕 ハン（煩雑）／ボン（煩悩）／わずらわす（煩わす）／わずらう（煩う・煩わしい）⇔わずらう（患う）

頒 頁4〔13〕 ハン（頒布・頒価）／わける（頒ける）

範 竹9〔15〕 ハン（範囲・模範）　▼「范」は異体字。

繁（繁） 糸10〔16〕 ハン（繁栄・繁華街・繁盛・繁茂・頻繁）／しげる（繁る） ★繁縟（ハンジョク）・繁吹（しぶ）き・繁縷（はこべ）

藩 艸15〔18〕 ハン（藩主・廃藩）

×**釆** 釆0〔7〕 *ハン／のごめ（釆・部首の名） ★釆女（うねめ）（地名） ▼「釆（サイ）」は別字だが、混用されることがある。

×**叛** 又7〔9〕 ハン（叛逆・叛乱）／ホン（謀叛（ムホン））／そむく（叛く） ▼「反」で代用される。「叛」は通用字体。

×**袢** 衣5〔10〕 ハン（半纏とも） ★襦袢（ジュバン）・袢纏（ハンテン）

×**瘢** 疒10〔15〕 ハン（瘢痕）／あと（瘢）

×**攀** 手15〔19〕 ハン（攀縁（エン）・登攀（トウハン））／よじる（攀じる・攀じ登る） ★「登攀」は「登坂」とも。

【バン】

⑥**晩**（晩） 日8〔12〕 バン（晩夏・早晩）／おそい（晩い） ★晩稲（おしね）・晩生（おくて）

②**番** 田7〔12〕 バン（番人・順番） ★大一番（おおいちばん）

蛮（蠻） 虫6〔12〕 バン（蛮行・野蛮）

盤 皿10〔15〕 バン（基盤・碁盤） ★盤詰（バンキツ）・盤谷（バンコク）（地名）

人×**挽** 手7〔10〕 バン（挽回・挽歌）／ひく（挽く・挽肉（ひきニク）） ▼死者の棺をのせた車をひく意では「輓」と同じ。「挽」は通用字体。

×**鈑** 金4〔12〕 バン（鈑金） ▼「鈑金」はもとは「板金」。

×**輓** 車7〔14〕 バン（輓歌・輓近）／ひく（輓く） ▼死車の棺をのせた車をひく意では「挽」と同じ。「輓」は通用字体。

人×**磐** 石10〔15〕 バン（磐石（ジャク）・落磐）／いわ（磐） ★磐梯山（バンダイサン）（地名）・常磐（ときわ）・赤磐（あかいわ）（地名）

人×**蕃** 艸12〔15〕 バン（蕃殖・蕃書）／ハン（蕃屏（ハンペイ））

ひ

【ヒ】

⑤**比** 比0〔4〕 ヒ（比較・無比）／くらべる（比べる・背比べ）⇔くらべる（▲較べる） ★比丘（ビク）・比興（ヒキョウ）・比目魚（ひらめ）・比喩（ヒユ）・比律賓（フィリピン）・比布（ピップ）（地名）

③**皮** 皮0〔5〕 ヒ（皮膚・樹皮）／かわ（皮・毛皮）⇔かわ（革） ★雁皮（ガンピ）・甘皮（あまかわ）・爪皮（つまかわ）・秦皮（とねりこ）

妃 女3〔6〕 ヒ（妃殿下・王妃）／*ハイ／きさき（妃）

⑥**否** 口4〔7〕 ヒ（否定・安否）／いな（否・否めない）

⑥**批** 手4〔7〕 ヒ（批判・批准）

彼 彳5〔8〕 ヒ（彼我・彼岸）／かれ（彼・彼ら）／かの（彼女） ★彼処（あそこ・かしこ）・彼奴（あいつ・きゃつ）・彼方（あなた・かなた）

披 手5〔8〕 ヒ（披見・直披）／ひらく（披く）

⑤**肥** 肉4〔8〕 ヒ（肥大・肥満・肥料・施肥）／こえる（肥える）／こえ（肥・下肥）／こやす（肥やす）／こやし（肥やし）

⑤**非** 非0〔8〕 ヒ（非難・是非）／あらず（非ず）

卑（卑） 十7〔9〕 ヒ（卑怯・卑近・卑下・卑劣）／いやしい（卑しい・卑しさ）／いやしむ（卑しむ）／いやしめる（卑しめる） ★卑弥呼（ヒミコ）（人名）

④**飛** 飛0〔9〕 ヒ（飛行・雄飛）／とぶ（飛ぶ・飛び火）⇔とぶ（跳ぶ・×翔ぶ）／とばす（飛ばす） ★飛白（かすり）・飛沫（しぶき・ヒマツ）・飛鳥（あすか）・飛礫（つぶて）・飛蝗（ばった）

疲 疒5〔10〕 ヒ（疲労・疲弊）／つかれる（疲れる・疲れ）／つからす（疲らす）

⑥**秘**（祕） 禾5〔10〕 ヒ（秘密・神秘）／ひめる（秘める） ▼旧字体は「示」の部。「秘」はもと「祕」の俗字。

被 衣5〔10〕 ヒ（被服・被告）／こうむる（被る）／おおう（被う） ★被衣（かずき）

③**悲** 心8〔12〕 ヒ（悲喜・慈悲）／かなしむ（悲しむ・悲しみ）／かなしい（悲しい・悲しがる）

扉（扉） 戸8〔12〕 ヒ（開扉・門扉）／とびら（扉）

⑤**費** 貝5〔12〕 ヒ（費用・旅費）／ついやす（費やす）／ついえる（費える・費え）

碑（碑） 石9〔14〕 ヒ（碑銘・記念碑）／いしぶみ（碑）

罷 网10〔15〕 ヒ（罷業・罷免）／やめる（罷める）／まかる（罷る・罷り通る）

避（避） 辵13〔16〕 ヒ（避難・不可避）／さける（避ける）／よける（避ける）

人×**庇** 广4〔7〕 ヒ（庇護・庇陰）／かばう（庇う）／ひさし（庇・板庇） ▼「屁」は別字。

×**屁** 尸4〔7〕 ヒ（放屁）／へ（屁理屈（りくつ））

×**砒** 石4〔9〕 ヒ（砒素）

×**匪** 匸8〔10〕 ヒ（匪賊・匪徒）

×**粃** 米4〔10〕 ヒ（粃政）／しいな（粃） ▼「秕」は異体字。

×**婢** 女8〔11〕 ヒ（下婢（カ）・奴婢（ヌ）） ▼「婢」は通用字体。

人×**斐** 文8〔12〕 ヒ（地名に用いられる）／あや（斐） ★甲斐（かい）（地名・姓）・揖斐川（いびがわ）（地名）

×**脾** 肉8〔12〕 ヒ（脾臓・脾肉之嘆（ヒニクのタン））

×**腓** 肉8〔12〕 ヒ（腓骨）／こむら（腓）

×**痺** 疒8〔13〕 ヒ（麻痺） ▼「痺」は通用字体。しびれるの意味はもとは「痹」。

人×**緋** 糸8〔14〕 ヒ（緋色（いろ）・緋縅（おどし））

×**鄙** 邑11〔14〕 ヒ（辺鄙（ヘンピ）・鄙見）／ひな（鄙）

×**誹** 言8〔15〕 ヒ（誹謗（ボウ）） ▼「俳諧（ハイカイ）」は「誹諧」とも書いた。「ハイ」は慣用音。

×**臂** 肉13〔17〕 ヒ（八面六臂）／ひじ（臂）

×**譬** 言13〔20〕 ヒ（譬喩）／たとえる（譬える） ▼「譬喩」は「比喩」とも書く。

【ひ】

人×**樋** 木11〔15〕 *トウ／ひ（懸樋（かけひ））／とい（樋・雨樋（あまどい））

【ビ】

尾 尸4〔7〕 ビ（尾行・末尾）／お（尾・尾根） ★尾籠（ビロウ）・尾生（ビセイ）・尻尾（しっぽ）・鳩尾（みぞおち）・牛尾魚（こち）・鹿尾菜（ひじき）・尾藤（ビトウ）（姓）・尾鷲（おわせ）（地名）

眉 目4〔9〕 ビ（白眉・焦眉）／ミ（眉間（ケン））／まゆ（眉） ★眉尖刀（なぎなた）・眉山（ビザン）（地名）

③**美** 羊3〔9〕 ビ（美醜・讃美）／ミ／うつくしい（美しい・美しさ） ★美人局・美作（地名）・美濃（地名）・美唄（地名）・美甘（地名）・美郷（地名）〔人名用〕（よし）

⑤**備** 人10〔12〕 ビ（備考・準備）／そなえる（備える）⇔そなえる（供える）／そなわる（備わる）⇔そなわる（具わる）

微（微） 彳10〔13〕 ビ（微細・衰微）／ミ（微塵）／かすか（微か） ★微子（中国の人名）・微笑む ▼「微」は別字。

③**鼻**（鼻） 鼻0〔14〕 ビ（鼻音・鼻腔・酸鼻・耳鼻科）／はな（鼻・小鼻）

人×**枇** 木4〔8〕 ビ（枇杷） ▼「琵琶」は枇杷に形が似た楽器の名。

人×**毘** 比5〔9〕 ビ（毘沙門・茶毘） ★毘盧遮那・金毘羅 ▼梵語の音訳に用いる。「毗」は異体字。

×**琵** 玉8〔12〕 ビ（琵琶・琵琶法師）

×**媚** 女9〔12〕 ビ（媚態・風光明媚）／こびる（媚びる） ▼「風光明媚」では「美」で書き換えられることがあった。

×**薇** 艸13〔17〕 ビ（薔薇・紫薇）／ぜんまい（薇） ★薔薇

×**靡** 麻8〔19〕 ビ（一世風靡・淫靡）／なびく（靡く）

【ヒイ】

×**贔** 貝14〔21〕 ヒ（贔屓）／ヒイ

【ひいらぎ】

人×**柊**（柊） 木5〔9〕 *シュウ／ひいらぎ（柊）

【ひえ】

×**稗** 禾8〔13〕 ハイ（稗官・稗史）／ひえ（稗） ▼「稗」は通用字体。

【ひき】

人×**疋** 疋0〔5〕 *ヒツ／*ショ／ひき（一疋） ▼「雅」と混用された。「匹」に通じる。

【ひぐらし】

×**蜩** 虫8〔14〕 *チョウ／ひぐらし（蜩）

【ひげ】

×**髭** 髟6〔16〕 *シ／ひげ（髭・口髭）

【ひこ】

人×**彦**（彥） 彡6〔9〕 *ゲン／ひこ（山彦）

【ひざ】

膝 肉11〔15〕 シツ（膝蓋骨・膝行）／ひざ（膝）

【ひさぎ】

×**楸** 木9〔13〕 *シュウ／ひさぎ（楸）／きささげ（楸）

【ひざまずく】

×**跪** 足5〔13〕 キ（長跪・拝跪）／ひざまずく（跪く）

【ひし】

人×**菱** 艸8〔11〕 リョウ（菱花・菱形・菱餅）／ひし（菱） ▼「蔆」は異体字。

【ひじ】

肘 肉3〔7〕 チュウ（チウ）（掣肘）／ひじ（肘掛け・肩肘）

【ヒツ】

匹（匹） 匸2〔4〕 ヒツ（匹敵・馬匹）／ひき（数匹） ▼旧字体は「匚」の部。

④**必** 心1〔5〕 ヒツ（必然・必要）／かならず（必ず・必ずしも）

泌 水5〔8〕 ヒツ（分泌）／ヒ（泌尿器）／しみる（泌みる） ▼「しみる」は別字の「沁」から。

③**筆** 竹6〔12〕 ヒツ（筆記・筆者・筆順・筆力・随筆・毛筆）／ふで（筆・筆先）

人×**畢** 田6〔11〕 ヒツ（畢生・畢竟）

×**弼** 弓9〔12〕 ヒツ（輔弼・右弼）／すけ（弼）

×**逼** 辶9〔13〕 ヒツ（逼奪・逼迫）／ヒョク／せまる（逼る）

【ひつ】

×**櫃** 木14〔18〕 *キ／ひつ（米櫃・炭櫃）

【ひな】

人×**雛** 隹10〔18〕 スウ（育雛）／ひな（雛型・雛壇） ★雛祭・雛罌粟

【ひのき】

人×**檜** 木13〔17〕 *カイ／ひのき（檜舞台）／ひ（檜扇・檜垣） ★檜皮葺・翌檜 ▼「桧」は通用字体。

【ひび】

×**罅** 缶11〔17〕 カ（罅隙）／ひび（罅）

【ひめ】

姫（姬） 女7〔10〕 *キ／ひめ（姫・姫松） ★姫百合

【ひも】

人×**紐** 糸4〔10〕 チュウ（チウ）（紐帯）／ひも（紐・ゴム紐） ★紐育

【ヒャク】

①**百** 白1〔6〕 ヒャク（百貨店・数百） ★百合・百舌・百足・百済・百日紅・百敷・百石（地名）

【ビュウ】

×**謬** 言11〔18〕 ビュウ（ビウ）（謬見・誤謬）／あやまる（謬る）⇔あやまる（誤る・謝る） ▼「謬」は通用字体。

【ヒョウ】

③**氷** 水1〔5〕 ヒョウ（氷河・氷結・氷点・結氷・流氷）／ひ（氷雨）／こおり（氷）⇔こおる（凍る） ★氷柱・氷室・氷魚・氷見（地名） ▼「冰」は異体字（本字）。

③**表** 衣3〔8〕 ヒョウ（ヘウ）（表情・表明・表面・代表・発表）／おもて（表・裏表）⇔おもて（面）／あらわす（表す）⇔あらわす（現す・著す・▲顕す・▲露す）／あらわれる（表れる）⇔あらわれる（現れる・▲顕れる・▲露れる） ▼「裱」の書き換えに用いられる。

⑥**俵** 人8〔10〕 ヒョウ（ヘウ）（一俵・土俵）／たわら（俵・米俵）

④**票** 示6〔11〕 ヒョウ（ヘウ）（票決・伝票）

⑤**評**（評） 言5〔12〕 ヒョウ（ヒャウ）（評価・定評） ★下馬評

漂 水11〔14〕 ヒョウ（ヘウ）（漂着・漂流）／ただよう（漂う）／さらす（漂す）

④**標** 木11〔15〕 ヒョウ（ヘウ）（標識・標準・標本・目標）／しるべ（標・道標） ★標縄・旗標・標津（地名）

×**凭** 几6〔8〕 *ヒョウ／もたれる（凭れる）

人×**豹** 豸3〔10〕 ヒョウ（ヘウ）（豹柄・豹変） ★海豹 ▼「海豹」はあざらしのこと。「豹」は通用字体。

人×**彪** 彡8〔11〕 *ヒョウ（ヘウ）／*ヒュウ〔人名用〕（あや・たけ・とら・あきら・たけし）

×**剽** 刀12〔13〕 ヒョウ（ヘウ）（剽窃・剽軽）

×**憑** 心12〔16〕 ヒョウ（憑依・信憑）／つく（憑く）／よる（憑る）

瓢×人 瓜11〔17〕 **ヒョウ**（ヘウ）（干瓢・瓢箪）／**ひさご**（瓢）／**ふくべ**（瓢）

飄× 風11〔20〕 **ヒョウ**（ヘウ）（飄風・飄逸）▼「飃」は異体字。

【ひょう】

雹× 雨5〔13〕 *ハク／**ひょう**（雹害・降雹）

【ビョウ】

苗× 艸5〔8〕 **ビョウ**（ベウ）（種苗・痘苗）／**ミョウ**（メウ）（苗字・名字）／**なえ**（苗・苗木）／**なわ**（苗代）★早苗

秒③ 禾4〔9〕 **ビョウ**（ベウ）（秒針・寸秒）

病③ 疒5〔10〕 **ビョウ**（ビャウ）（病気・看病）／**ヘイ**（疾病）／**やむ**（病む・病み付き）／**やまい**（病）★病葉

猫 犬8〔11〕 **ビョウ**（ベウ）（愛猫）／*ミョウ（メウ）／**ねこ**（猫）

描 手8〔11〕 **ビョウ**（ベウ）（描写・点描）／**えがく**（描く・描き出す）／**かく**（描く）

屏× 尸8〔11〕 **ビョウ**（ビャウ）（屏風）／**ヘイ**（障屏画・屏居）▼「屏」は簡易慣用字体。

廟×人 广12〔15〕 **ビョウ**（ベウ）（霊廟・孔子廟）▼「廟」は通用字体。

鋲× 金7〔15〕 **ビョウ**（ビャウ）（鋲打・画鋲）▼日本で作られた漢字。

錨× 金9〔17〕 **ビョウ**（ベウ）（投錨・抜錨）／**いかり**（錨）

【ひる】

蛭× 虫6〔12〕 *シツ／**ひる**（蛭）★蛭子

蒜× 艸10〔14〕 *サン／**ひる**（蒜・野蒜）／**にんにく**（蒜）★蒜山（地名）

【ひれ】

鰭× 魚10〔21〕 *キ／**ひれ**（鰭・胸鰭）／**はた**（鰭）★小鰭

【ヒン】

品③ 口6〔9〕 **ヒン**（品評・上品）／**ホン**（品第・九品仏）／**しな**（品・手品）★品部（地名）

浜（濱） 水7〔10〕 **ヒン**（海浜・京浜）／**はま**（浜・砂浜）★浜木綿

貧⑤ 貝4〔11〕 **ヒン**（貧富・清貧）／**ビン**（貧乏）／**まずしい**（貧しい・貧しさ）

賓（賓） 貝8〔15〕 **ヒン**（賓客・来賓）★賓頭盧

頻（頻） 頁8〔17〕 **ヒン**（頻度・頻繁）／**しきり**（頻り）★頻伽

牝× 牛2〔6〕 **ヒン**（牝鶏・牝馬）／**めす**（牝）／**め**（牝狐）

彬×人 彡8〔11〕 **ヒン**（彬彬）〔人名用〕〈あきら・あき・よし〉

斌× 文8〔12〕 **ヒン**（斌斌）〔人名用〕〈たけし〉

稟×人 禾8〔13〕 **ヒン**（稟議・稟性）／**リン** ▼「禀」は異体字。

瀕×人 水16〔19〕 **ヒン**（瀕死・危機に瀕する）▼「瀕」は通用字体。

顰× 頁15〔24〕 **ヒン**（顰蹙・一顰一笑）／**しかめる**（顰める）／**ひそめる**（顰める）★顰みに効う

【ビン】

敏（敏） 支6〔10〕 **ビン**（敏速・鋭敏）〔人名用〕〈とし〉

瓶（瓶） 瓦6〔11〕 **ビン**（瓶・花瓶）／**ヘイ**（瓶子）／*ビョウ／**かめ**（瓶・水瓶）

紊× 糸4〔10〕 **ビン**（紊乱）／**ブン**

憫× 心12〔15〕 **ビン**（憫笑・憐憫）／**あわれむ**（憫れむ）

鬢× 髟14〔24〕 *ヒン／**ビン**（鬢付け油）▼「鬂」は異体字。

ふ

【フ】

不④ 一3〔4〕 **フ**（不当・不賛成）／**ブ**（不作法・不用心）／**ず**（不）★不如帰・不束・不知火・不味い・不取敢・不貞寝・不壊・不惑・不羈・不埒・不倶戴天・不惜身命・不撓不屈・不躾・親不知・不忍池（地名）

夫④ 大1〔4〕 **フ**（夫妻・凡夫）／**フウ**（夫婦・工夫）／**おっと**（夫）〔人名用〕〈お・ゆう〉★夫役・夫婦・鰥夫・泊夫藍

父② 父0〔4〕 **フ**（父母・祖父）／**ホ**（漁父）／**ちち**（父・父親）★父さん・親父

付④ 人3〔5〕 **フ**（付与・給付）／**つける**（付ける・名付け）⇔つける（着ける・就ける）／**つく**（付く・気付く）⇔つく（着く・就く）★付子・付知（地名）▼「附」の代用字としても用いる。

布⑤ 巾2〔5〕 **フ**（布陣・分布）／**ホ**／**ぬの**（布）／**しく**（布く）★布衣・布袋 ▼「雑布」は「雑巾」の誤り。

扶 手4〔7〕 **フ**（扶助・扶育）／**たすける**（扶ける）〔人名用〕〈すけ・たもつ・たすく〉★扶桑・扶持

府④ 广5〔8〕 **フ**（府県・政府）★楽府・衛府・府中（地名）

怖 心5〔8〕 **フ**（恐怖）／**こわい**（怖い・怖がる）⇔こわい（▲恐い）／**おそれる**（怖れる）／**おそろしい**（怖ろしい）⇔おそろしい（恐ろしい）★怖気

阜④ 阜0〔8〕 **フ**（陰阜・丘阜）／**こざと**（阜偏　部首名）★岐阜・泰阜（地名）

附 阜5〔8〕 **フ**（附属・寄附）／**つく**（附く）⇔つく（付く・着く・就く）／**つける**（附ける）⇔つける（付ける・着ける・就ける）★附子 ▼「付」で代用されることが多い。

訃× 言2〔9〕 **フ**（訃音・訃報）

負③ 貝2〔9〕 **フ**（負荷・負債・負傷・負託・負担・自負・勝負・抱負）／**おう**（負う・背負う）／**まける**（負ける・負け）／**まかす**（負かす）

赴 走2〔9〕 **フ**（赴任）／**おもむく**（赴く）

浮（浮） 水7〔10〕 **フ**（浮沈・浮薄）／**うく**（浮く・浮世絵）／**うかぶ**（浮かぶ）／**うかべる**（浮かべる）／**うかれる**（浮かれる）★浮気・浮つく・浮子・浮塵子・浮図・浮屠・浮世

婦⑤（婦） 女8〔11〕 **フ**（婦人・主婦）★天婦羅

符 竹5〔11〕 **フ**（符号・音符・切符・疑問符）▼「符丁」は「符牒」の書き換え。

富④ 宀9〔12〕 **フ**（富強・貧富）／**フウ**（富貴）／**とむ**（富む・富み栄える）／**とみ**（富）★富岳・豆富（豆腐の当て字）・富山（地名）・富津（地名）・富田林（地名）▼「冨」は異体字。

普 日8〔12〕 **フ**（普通・普請）／**あまねく**（普く）★普賢・普請

腐 肉8〔14〕 フ(腐心・腐敗・陳腐)／くさる(腐る)／くされる(腐れ縁・ふて腐れる)／くさらす(腐らす) ★腐刑 ▼「腐乱」は「腐爛」の書き換え。「腐食」は「腐蝕」の書き換え。「豆腐」を「豆富」と書くことがある。［人名用］〈ひろ・ひろし〉

敷(敷) 支11〔15〕 フ(敷設)／しく(敷く・屋敷) ★桟敷・敷島・倉敷(地名)

膚 肉11〔15〕 フ(皮膚・完膚)／はだ(膚) ▼「肌」が表内訓。

賦 貝8〔15〕 フ(賦役・天賦)

譜 言12〔19〕 フ(系譜・年譜)

人× **芙** 艸4〔7〕 フ(芙蓉)

人× **巫** 工4〔7〕 フ(巫祝・巫女)／みこ(巫) ★巫峡・巫山(地名)

人× **斧** 斤4〔8〕 フ(斧鉞・石斧)／おの(斧) ★手斧

× **俘** 人7〔9〕 フ(俘囚・俘虜)

× **俯** 人8〔10〕 フ(俯瞰・俯仰)／うつむく(俯く)／ふす(俯す)

× **埠** 土8〔11〕 フ(埠頭)

× **傅** 人10〔12〕 フ(師傅) ▼「傳」(伝)は別字。

× **腑** 肉8〔12〕 フ(臓腑・五臓六腑)

× **孵** 子11〔14〕 フ(孵化・孵卵)／かえる(孵る)／かえす(孵す)

× **麩** 麦4〔15〕 フ(天麩羅・田麩) ▼「麸」は通用字体。

【ブ】

侮(侮) 人6〔8〕 ブ(侮辱・軽侮)／あなどる(侮る・侮り)

⑤ **武** 止4〔8〕 ブ(武力・文武)／ム(武者・荒武者)［人名用］〈たけ・たけし〉 ★武士・武石(地名)・武昌(中国の地名)・武生(地名)・武尊(地名)・武庫川(地名)

③ **部** 邑8〔11〕 ブ(部分・本部) ★部屋・部曲・部妻・舎人部・倶楽部

舞 舛8〔15〕 ブ(舞踏・鼓舞)／まう(舞う・舞い上がる)／まい(舞・舞扇) ★左舞・仕舞

人× **葡** 艸9〔12〕 ブ(葡萄・葡萄糖) ★葡萄茶・日葡辞書 ▼音訳に用いられた字。

× **撫** 手12〔15〕 ブ(撫育・愛撫)／なでる(撫でる) ★撫子

× **憮** 心12〔15〕 ブ(憮然)

人× **蕪** 艸12〔15〕 ブ(蕪雑・荒蕪)／かぶ(赤蕪)／かぶら(蕪)

【フウ】

封 寸6〔9〕 フウ(封鎖・密封)／ホウ(封建的・素封家) ★封戸・封緘

② **風** 風0〔9〕 フウ(風力・強風)／フ(風情・中風)／かぜ(風・そよ風)／かざ(風上・風車) ★風邪・風呂・風炉・風俗歌・風土記(書名)・破風・南風・東風 ▼「諷」の書き換えにも用いる。「凮」「凬」は異体字。

× **諷** 言9〔16〕 フウ(諷詠・諷刺)／*フ ▼「風」で代用されることがある。

【ふき】

人× **蕗** 艸13〔16〕 *ロ／ふき(蕗・蕗の薹)

【フク】

人 **伏** 人4〔6〕 フク(伏線・潜伏)／ふせる(伏せる・うつ伏せ)／ふす(伏す・伏し拝む) ★伏羲

③ **服**(服) 月4〔8〕 フク(服装・洋服) ★服部・服膺

④ **副** 刀9〔11〕 フク(副業・正副)／そう(副う)⇔そう(沿う・添う)／そえる(副える)

⑤ **復** 彳9〔12〕 フク(復活・報復) ★復除

幅 巾9〔12〕 フク(幅員・全幅)／はば(幅・横幅) ▼「巾」は別字。

③ **福**(福) 示9〔13〕 フク(福祉・幸福) ★福生(地名)・福建(中国の地名)

⑥ **腹** 肉9〔13〕 フク(腹案・山腹)／はら(腹・太っ腹) ★鱈腹・お腹

⑤ **複** 衣9〔14〕 フク(複数・重複)

覆(覆) 襾12〔18〕 フク(覆面・転覆)／くつがえす(覆す)／くつがえる(覆る)／おおう(覆う・覆い) ★「覆盆子」はいちごのこと。

× **輻** 車9〔16〕 フク(輻輳・輻射)／や(輻)

【ふく】

人× **葺** 艸9〔13〕 *シュウ〔シフ〕／ふく(葺く・藁葺)

【ふすま】

人× **襖** 衣13〔18〕 オウ〔アウ〕(素襖)／ふすま(襖障子)／あお(襖) ▼「襖」は通用字体。

【ふち】

人× **淵** 水8〔11〕 エン(淵源・深淵)／ふち(淵) ▼水部9画とされることもある。「渕」「渊」は異体字。

【フツ】

払(拂) 手2〔5〕 フツ(払暁・払底)／ホツ(払子)／はらう(払う・月払い)

沸 水5〔8〕 フツ(沸騰・煮沸)／わく(沸く・沸き上がる)／わかす(沸かす・湯沸かし)

× **弗** 弓2〔5〕 フツ(弗素)／ず(弗)／ドル(弗)／ダラー(弗) ★ドル・ダラーは$記号に似ているところから。

【ブツ】

⑤ **仏**(佛) 人2〔4〕 ブツ(仏事・念仏)／フツ(仏和辞典)／ほとけ(仏・生き仏) ★仏手柑・仏図・仏刹・仏滅(物滅から)・仏掌薯・仏法僧・仏頂面・仏蘭西

③ **物** 牛4〔8〕 ブツ(物質・動物)／モツ(食物・禁物)／もの(物・品物) ★物部・物騒・物相

【ふな】

× **鮒** 魚5〔16〕 フ(轍鮒)／ふな(寒鮒・小鮒)

【ぶり】

× **鰤** 魚10〔21〕 *シ／ぶり(鰤・寒鰤) ★稚鰤

【フン】

⑤ **粉** 米4〔10〕 フン(粉末・粉飾)／こな(粉・粉雪)／こ(粉・小麦粉) ★白粉・粉河(地名)

紛 糸4〔10〕 フン(紛失・内紛)／まぎれる(紛れる・紛れ)／まぎらす(紛らす)／まぎらわす(紛らわす)／まぎらわしい(紛らわしい) ★紛擾

雰 雨4〔12〕 フン(雰囲気) ▼「雰囲気」を「フインキ」と読むのは誤り。

噴 口12〔15〕フン(噴煙・噴火・噴水)／ふく(噴く・噴き出す)⇔ふく(吹く)

墳 土12〔15〕フン(墳墓・古墳)

憤 心12〔15〕フン(憤慨・発憤)／いきどおる(憤る・憤り) ★憤怒・憤懣

⑥奮 田11〔16〕フン(奮起・興奮)／ふるう(奮う・奮って副)⇔ふるう(振るう・震う・▲揮う)

×人吻 口4〔7〕フン(接吻・口吻)

×扮 手4〔7〕フン(扮装・扮する) ▼「粉」で代用することがあった。

×人焚 火8〔12〕フン(焚書)／たく(焚く・焚火)

×糞 米11〔17〕フン(糞尿・糞便)／くそ(糞)／ばば(猫糞) ★珍糞漢糞

【ブン】

②分 刀2〔4〕ブン(分解・水分)／フン(分別・三十分)／ブ(一分一厘・五分)／わける(分ける・引き分け)／わかれる(分かれる)⇔わかれる(別れる)／わかる(分かる)／わかつ(分かつ・分かち合う) ★分泌・分銅・大分(地名)

①文 文0〔4〕ブン(文学・作文)／モン(文字・天文学)／ふみ(恋文)／あや(文) 〔人名用〕(いと・ゆき) ★文月・文机・文楽・文色・文選・文選(中国の書名)・文質彬彬

②聞 耳8〔14〕ブン(新聞・見聞)／モン(聴聞・前代未聞)／きく(聞く・人聞き)⇔きく(聴く・×訊く)／きこえる(聞こえる・聞こえ)

【ふんどし】

×褌 衣9〔14〕コン(犢鼻褌・緊褌)／ふんどし(褌)

へ

【ヘイ】

丙 一4〔5〕ヘイ(丙種・甲乙丙)／ひのえ(丙・丙午)

③平 干2〔5〕ヘイ(平面・公平)／ビョウ(ビャウ)(平等)／ヒョウ(ヒャウ)(平声)／たいら(平らな・平らげる)／ひら(平手・平たい) ★平家・源平・平に・平謝り・金平糖・平平・助平

④兵 八5〔7〕ヘイ(兵器・撤兵)／ヒョウ(ヒャウ)(兵糧・雑兵)／つわもの(兵) ★兵衛

併(併) 人6〔8〕ヘイ(併合・合併)／あわせる(併せる・併せて接)⇔あわせる(合わせる)

⑥並(竝) 一7〔8〕ヘイ(並行・並立)／ならぶ(並ぶ・並び)／ならべる(並べる・五目並べ)／なみ(並の品・足並み)／ならびに(並びに) ★鮎並 ▼旧字体は「立」の部。

柄 木5〔9〕ヘイ(横柄・権柄ずく)／え(柄)／がら(柄)／つか(柄)

⑥陛 阜7〔10〕ヘイ(陛下) ▼「階」は別字。

⑥閉 門3〔11〕ヘイ(閉店・密閉)／とじる(閉じる・閉じ込める)／とざす(閉ざす)／しめる(閉める)⇔しめる(締める・絞める・▲緊る) ▼「閇」は異体字。

塀(塀) 土9〔12〕ヘイ(塀・板塀) ★塀和(姓)

幣(幣) 巾12〔15〕ヘイ(貨幣・御幣担ぎ)／ぬさ(幣)／みてぐら(幣) ▼「幤」は異体字。

弊(弊) 廾12〔15〕ヘイ(弊害・疲弊) ▼「獘」は別字。

蔽 艸12〔15〕ヘイ(隠蔽・建蔽率)／おおう(蔽う) ▼「蔽」は通用字体。

餅 食8〔15〕ヘイ(画餅・煎餅)／もち(柏餅) ▼「餅」は許容字体。

×聘 耳7〔13〕ヘイ(聘礼・招聘)

×斃 支14〔18〕ヘイ(斃死・横斃)／たおれる(斃れる) ▼「斃」は通用字体。

【ベイ】

②米 米0〔6〕ベイ(米作・米食)／マイ(精米・白米)／こめ(米・米粒)／よね(米)／メートル(一米) ★米寿・米利堅・米芾(中国の人名)・米子(地名)・米原(地名)・米水津(地名)

【ぺえじ】

×人頁 頁0〔9〕ケツ(頁岩)／*ヨウ／ページ(頁数・増頁)／おおがい(頁) ▼おおがいは部首の名として「貝」よりも大きいという意。

【ヘキ】

壁 土13〔16〕ヘキ(壁面・岸壁)／かべ(壁・白壁) ★壁魚・壁蝨 ▼「璧」は別字。

癖 疒13〔18〕ヘキ(習癖・潔癖)／くせ(癖・口癖)

璧 玉14〔18〕ヘキ(完璧・双璧) ▼「壁」は別字。一部で代用されることがあった。

×人碧 石9〔14〕ヘキ(碧眼・紺碧)／みどり(碧)／あお(碧) ★碧瑠璃

×僻 人13〔15〕ヘキ(僻地・僻事)／ひがむ(僻む) ★僻陬

【ベツ】

④別 刀5〔7〕ベツ(別離・特別)／わかれる(別れる・別れ)⇔わかれる(分かれる)／わける(別ける) ★別墅・別珍

蔑 艸11〔14〕ベツ(軽蔑・蔑視)／さげすむ(蔑む) ★蔑蒙 ▼「蔑」はデザインの差。

×人瞥 目12〔17〕ベツ(瞥見・一瞥) ▼「瞥」は通用字体。「瞥」は別字。

【へら】

×篦 竹10〔16〕ヘイ(竹篦)／*ヒ／へら(篦)／の(篦) ★篦棒 ▼「箆」は異体字。

【ヘン】

⑥片 片0〔4〕ヘン(紙片・断片)／かた(片方・片一方)／ペンス(十片) ★一片・花片・阿片・鴉片

④辺(邊) 辵2〔5〕ヘン(辺境・その辺)／あたり(辺り)／べ(海辺・岸辺)／へ(辺)／ほとり(辺) ▼「邉」は異体字。

③返(返) 辵4〔7〕ヘン(返却・返礼)／かえす(返す・仕返し)⇔かえす(帰す・▲還す)／かえる(返る・寝返り)

④変(變) 夂6〔9〕ヘン(変化・大変)／かわる(変わる・変わり種)⇔かわる(換わる・替わる・代わる)／かえる(変える)⇔かえる(換える・替える・代える) ▼旧字体は「攴」の部。「恋」は別字。

偏(偏) 人9〔11〕ヘン(偏向・偏食)／かたよる(偏る・偏り)／ひとえに(偏に) ★偏衫

遍(遍) 辵9〔12〕ヘン(遍歴・一遍)／あまねし(遍し) ★遍羅

⑤**編**(編) 糸9〔15〕ヘン(編集・長編)／あむ(編む・手編み) ▼作品・文章の意は「篇」の代用。★編纂・編木

×**扁** 戸5〔9〕ヘン(扁桃・扁平) ▼「扁」は通用字体。

×**貶** 貝4〔11〕ヘン(左貶・毀誉褒貶)／おとしめる(貶める)／けなす(貶す)

×**胼** 肉8〔12〕ヘン(胼胝)／ベン

人×**篇** 竹9〔15〕ヘン(断篇・続篇) ▼「編」で代用される。「篇」は通用字体。

×**騙** 馬9〔19〕ヘン(騙取・欺騙)／だます(騙す)／かたる(弁護士を騙る)

【ベン】

⑤**弁**(辨・辯・瓣) 廾2〔5〕ベン(弁償・雄弁) ★弁柄・弁韓・弁慶(人名)・弁財天 ▼もと、わきまえる・はらう・事務所の意では「辨」(「辧」は異体字)。はなす・言葉の変異の意では「辯」。はなびら・小さいものの意では「瓣」。「辨」は「辛」の部。「辯」は「言」の部。「瓣」は「瓜」の部。「辮髪」も「弁髪」とも書く。「辮」は異体字。

④**便** 人7〔9〕ベン(便利・簡便)／ビン(便乗・定期便)／たより(便り・花便り) ★便服

③**勉**(勉) 力8〔10〕ベン(勉強・勤勉)／つとめる(勉める)〔人名用〕〈つとむ〉

×**娩** 女7〔10〕ベン(娩痛・分娩) ▼「娩」は通用字体。

人×**鞭** 革9〔18〕ベン(鞭撻・教鞭)／むち(鞭) ★三鞭酒

ほ

【ホ】

②**歩**(步) 止4〔8〕ホ(歩道・進歩)／ブ(歩合・日歩)／フ(歩)／あるく(歩く)／あゆむ(歩む・歩み)

⑤**保** 人7〔9〕ホ(保護・担保)／たもつ(保つ)〔人名用〕〈やす〉 ▼「保母」は「保姆」の書き換え。「保育」は「哺育」の書き換え。

浦 水7〔10〕＊ホ／うら(浦・津津浦浦) ★浦曲

哺 口7〔10〕ホ(含哺鼓腹・哺乳)／ふくむ(哺む)／はぐくむ(哺む) ★「保」で書き換えることがあった。

捕 手7〔10〕ホ(捕獲・逮捕)／＊ブ／とらえる(捕らえる)⇔とらえる(捉える)／とらわれる(捕らわれる)／つかまえる(捕まえる)／つかまる(捕まる)／とる(捕る・捕り物)⇔とる(取る・採る・執る・撮る)

⑥**補** 衣7〔12〕ホ(補欠・候補)／おぎなう(補う・補い) ★補綴・補陀落 ▼「たすける」の意は「輔」の代用。

舗(鋪) 人13〔15〕ホ(舗装・店舗)／しく(舗く) ▼もと「舗」は「鋪」の異体字。

人×**甫** 用2〔7〕＊ホ／＊フ〔人名用〕〈はじめ・もと・とし・すけ・なみ・よし〉

×**圃** 囗7〔10〕ホ(圃場・田圃)

×**堡** 土9〔12〕ホ(堡礁・橋頭堡)／ホウ(堡塁) ▼「保」で書き換えられることがあった。

人×**輔** 車7〔14〕ホ(輔佐・輔弼)／＊フ／たすける(輔ける)〔人名用〕〈すけ・たすく〉

×**鋪** 金7〔15〕ホ(鋪装・店鋪)(姓) ▼「舗」で代用される。★屋鋪

【ボ】

②**母** 毋1〔5〕ボ(母性・母体・生母・祖母)／はは(母・母親) ★母屋・母家・母さん・母衣・小母・伯母・叔母・水母・雲母・頼母子・蚊母鳥・九年母・鬼子母神 ▼「毋」は元来別字。

募 力10〔12〕ボ(募金・応募)／つのる(募る)

⑤**墓** 土10〔13〕ボ(墓地・墓穴)／はか(墓・墓参り)

慕 心10〔14〕ボ(慕情・思慕)／したう(慕う・慕わしい)

⑥**暮** 日10〔14〕ボ(暮春・薄暮)／くれる(暮れる・暮れ)／くらす(暮らす・暮らし)

簿(簿) 竹13〔19〕ボ(簿記・帳簿) ▼「簿」は略字。「薄」は別字。

人×**戊** 戈1〔5〕ボ(戊申)／つちのえ(戊) ▼「戊」「戌」「戍」は別字。

人×**牡** 牛3〔7〕ボ(牡馬)／おす(牡)⇔おす(雄)／お(牡鹿) ★牡蠣・牡丹

人×**菩** 艸8〔11〕ボ(菩薩・菩提)

【ホウ】

②**方** 方0〔4〕ホウ(ハウ)(方法・地方)／かた(お乗りの方・敵方)〔人名用〕〈まさ〉 ★方舟・○○様方・蘇方・奥方・貴方・裏方・行方・寄方・粗方・彼方・其方・此方・何方

④**包**(包) 勹3〔5〕ホウ(ハウ)(包囲・包装・梱包・内包)／つつむ(包む・小包) ★包子・包子・麺包 ▼「包丁」は「庖丁」の書き換え。「包帯」は「繃帯」の書き換え。

芳 艸4〔7〕ホウ(ハウ)(芳香・芳志)／かんばしい(芳しい・芳しさ)〔人名用〕〈よし〉 ★芳醇・芳賀(地名・姓)・蘇芳

邦(邦) 邑4〔7〕ホウ(ハウ)(邦楽・連邦)／くに(邦)

奉 大5〔8〕ホウ(奉納・信奉)／ブ(奉行)／たてまつる(奉る) ★奉加帳

⑥**宝**(寶) 宀5〔8〕ホウ(宝庫・宝石・国宝・財宝・至宝)／たから(宝・子宝) ★宝飯(地名) ▼「和同開珎」を「和同開寶」の略字とする説がある。「寳」は異体字。

抱(抱) 手5〔8〕ホウ(ハウ)(抱負・介抱)／だく(抱く)／いだく(抱く)／かかえる(抱える・一抱え)

③**放** 攴4〔8〕ホウ(ハウ)(放送・追放)／はなす(放す・手放す)⇔はなす(離す)／はなつ(放つ)／はなれる(放れる)／ほうる(放る) ★放恣・放肆 ▼「抛」の書き換えに用いる。

④**法** 水5〔8〕ホウ(ハフ)／ホフ(法律・方法)／ハッ(法度)／ホッ(法主)／のり(法面)／フラン(十法) ★法被・法相宗・法体・法華・法螺

泡(泡) 水5〔8〕ホウ(ハウ)(気泡・発泡)／あわ(泡・泡立つ) ★泡盛

胞(胞) 肉5〔9〕 **ホウ**(ハウ)(胞子・細胞) ★胞人(ほうじん)

倣(倣) 人8〔10〕 **ホウ**(ハウ)(模倣)/**ならう**(倣う)⇔ならう(習う) ▼

俸 人8〔10〕 **ホウ**(俸給・本俸(ほんぽう))「ボウ」と濁らない。

峰 山7〔10〕 **ホウ**(秀峰・連峰)/**みね**(峰・剣が峰) ▼「峯」は異体字。

砲(砲) 石5〔10〕 **ホウ**(ハウ)(砲撃・砲丸・鉄砲)/**つつ**(砲・大砲)

崩(崩) 山8〔11〕 **ホウ**(崩壊)/**くずれる**(崩れる・山崩れ)/**くずす**(崩す)

⑥**訪** 言4〔11〕 **ホウ**(ハウ)(訪問・探訪)/**おとずれる**(訪れる・訪れ)/**たずねる**(訪ねる)⇔たずねる(尋ねる・×訊ねる)/**おとなう**(訪う) ★諏訪(すわ)

⑤**報** 土9〔12〕 **ホウ**(報酬・情報)/**むくいる**(報いる・報い)/**しらせる**(報せる)

蜂 虫7〔13〕 **ホウ**(蜂起・養蜂)/**はち**(蜂蜜(はちみつ)・熊蜂(くまばち)) ★

⑤**豊**(豐) 豆6〔13〕 **ホウ**(豊作・豊富)/**ゆたか**(豊か・豊かだ) ★豊葦原(とよあしはら)

飽(飽) 食5〔13〕 **ホウ**(ハウ)(飽和・飽食)/**あきる**(飽きる・見飽きる)/**あかす**(…に飽かして) ★飽海(あくみ)(地名)・飽託(ほうたく)(地名)

褒(褒) 衣9〔15〕 **ホウ**(褒賞・過褒)/**ほめる**(褒める)

縫(縫) 糸10〔16〕 **ホウ**(縫合・縫製・裁縫)/**ぬう**(縫う・縫い目)

×**呆** 口4〔7〕 **ホウ**(ハウ)(阿呆(あほう))/**ボウ**(バウ)(呆然)/痴呆/**ぼける**(呆ける)/**あきれる**(呆れる) ★呆気(あっけ)

×**彷** 彳5〔7〕 **ホウ**(ハウ)(彷徨(ほうこう)・彷彿(ほうふつ))

×**庖** 广5〔8〕 **ホウ**(ハウ)(庖丁・庖厨(ほうちゅう))/**くりや**(庖) ★庖丁(ほうちょう) ▼「庖」は通用字体。「庖丁」は「包丁」と書き換える。

抛 手5〔8〕 **ホウ**(ハウ)(抛棄・抛物線)/**なげうつ**(抛つ) ▼「抛」は異体字。「放」で書き換える。

人×**朋**(朋) 月4〔8〕 **ホウ**(朋党・朋友)/**とも**(朋)

×**苞** 艸5〔9〕 **ホウ**(ハウ)(植物の苞)/**つと**(苞)/**しげる**(苞る)

×**疱** 疒5〔10〕 **ホウ**(ハウ)(水疱・疱疹) ▼「皰」の異体字だが、使い分けが生じている。「靤」は異体字。

人×**捧** 手8〔11〕 **ホウ**(捧持・捧腹)/**ささげる**(捧げる)

×**烹** 火7〔11〕 **ホウ**(ハウ)(割烹(かっぽう))

人×**萌**(萌) 艸8〔11〕 **ホウ**(ハウ)(萌芽(ほうが))/**ボウ**(萌起(ぼうき))/**もえる**(萌える・萌え)〔人名用〕/**めぐみ・めぐむ** ★萌黄(もえぎ)・留萌(るもい)(地名) ▼「萠」は異体字(人名用漢字)。

人×**鳳** 鳥3〔14〕 **ホウ**(鳳凰(ほうおう)・鳳声)/**おおとり**(鳳) ★鳳字(ほうじ)・鳳仙花(ほうせんか)・鳳梨(パイナップル)・鳳闕(ほうけつ)・鳳輦(ほうれん)・鳳雛(ほうすう)・鳳至(ふげし)(地名)・金鳳花(きんぽうげ) ▼「鳳」はおす、「凰」はめす。

人×**蓬** 艸11〔14〕(蓬) **ホウ**(蓬莱山(ほうらいさん))/**よもぎ**

×**鋒** 金7〔15〕 **ホウ**(先鋒(せんぽう)・筆鋒)/**ほこさき**(鋒)/**きっさき**(鋒)

×**麭** 麦5〔16〕 **ホウ**(ハウ)(麺麭(パン))/**こなもち**(麭)

人×**鵬**(鵬) 鳥8〔19〕 **ホウ**(鵬翼・大鵬(たいほう))

【ボウ】

⑥**亡** 亠1〔3〕 **ボウ**(バウ)(亡父・存亡)/**モウ**(マウ)(亡者)/**ない**(亡い・亡くなる)⇔ない(無い)/**ほろびる**(亡びる) ★亡骸(なきがら)

乏 丿3〔4〕 **ボウ**(ボフ)(欠乏・耐乏)/**とぼしい**(乏しい・乏しさ)

忙 心3〔6〕 **ボウ**(バウ)(忙殺・繁忙)/**いそがしい**(忙しい・忙しさ)

坊 土4〔7〕 **ボウ**(バウ)(坊主・赤ん坊)/**ボッ**(坊ちゃん) ★坊津(ぼうのつ)(地名)

妨 女4〔7〕 **ボウ**(バウ)(妨害)/**さまたげる**(妨げる・妨げ) ▼「妨害」は「妨碍」の書き換え。

⑥**忘** 心3〔7〕 **ボウ**(バウ)(忘却・備忘)/**わすれる**(忘れる・物忘れ) ★勿忘草(わすれなぐさ)

⑤**防** 阜4〔7〕 **ボウ**(バウ)(防備・予防)/**ふせぐ**(防ぐ・防ぎ) ★防人(さきもり)

房(房) 戸4〔8〕 **ボウ**(バウ)(独房・僧房)/**ふさ**(房・乳房)

肪 肉4〔8〕 **ボウ**(バウ)(脂肪)

某 木5〔9〕 **ボウ**(某氏・某所)/**それがし**(某)/**なにがし**(某)/**くれがし**(某)

冒(冒) 目4〔9〕 **ボウ**(冒険・冒頭・感冒)/**おかす**(冒す)⇔おかす(犯す・侵す) ★冒頓単于(ぼくとつぜんう)(中国の人名) ▼「冐」は異体字。

剖 刀8〔10〕 **ボウ**(解剖)/**さく**(剖く)

紡 糸4〔10〕 **ボウ**(バウ)(紡績・混紡)/**つむぐ**(紡ぐ)

④**望**(望) 月7〔11〕 **ボウ**(バウ)(望遠・望郷・人望・待望)/**モウ**(マウ)(所望・本望)/**のぞむ**(望む・望ましい)

傍 人10〔12〕 **ボウ**(バウ)(傍線・路傍)/**かたわら**(傍ら)/**そば**(傍) ★傍目(はため)・傍惚(おかぼ)れ・傍輩(ほうばい)

帽(帽) 巾9〔12〕 **ボウ**(帽子・無帽) ★帽額(もこう)・烏帽子(えぼし)

⑥**棒** 木8〔12〕 **ボウ**(バウ)(棒グラフ・鉄棒) ★辛棒(しんぼう)・泥棒(どろぼう)

⑤**貿** 貝5〔12〕 **ボウ**(貿易)

貌 豸7〔14〕 **ボウ**(バウ)(美貌・変貌)/*バク/**かたち**(貌)/**かお**(貌) ★容貌(きりょう) ▼「皃」「皀」は異体字。

⑤**暴** 日11〔15〕 **ボウ**(暴言・暴徒・横暴・乱暴)/**バク**(暴露)/**あばれる**(暴れる・大暴れ)/**あばく**(暴く・暴き出す) ▼「暴露」は「曝露」の書き換え。

膨 肉12〔16〕 **ボウ**(バウ)(膨大)/**ふくれる**(膨れる・青膨れ)/**ふくらむ**(膨らむ・膨らみ) ▼「膨大」は「厖大」の書き換え。

謀 言9〔16〕 **ボウ**(謀略・共謀・参謀・首謀者)/**ム**(謀反)/**はかる**(謀る)⇔はかる(図る・計る・測る・量る・諮る)

×**芒** 艸3〔7〕 **ボウ**(バウ)(芒種・五芒星) ▼「芒硝」は硫酸ナトリウム。

×**旁** 方6〔10〕 **ボウ**(バウ)(博引旁証・偏旁)/**かたわら**(旁)/**かたがた**(旁)/**つくり**(偏と旁)

×**茫** 艸6〔10〕 **ボウ**(バウ)(茫洋・茫然)

人×**眸** 目6〔11〕 **ボウ**(眸子・双眸)/**ひとみ**(眸)

×**榜** 木10〔14〕 **ホウ**(ハウ)(標榜)/**ボウ**(バウ)(榜示(ぼうじ))

謗 言10〔17〕 ボウ(バウ)(謗議・誹謗)/そしる(謗る)

【ほうき】

箒 竹8〔14〕 *ソウ(サウ)/ほうき(箒・羽箒)

【ほえる】

吠 口4〔7〕 *ハイ/ほえる(遠吠え) ★吠陀・犬吠埼(地名)

【ほお】

頬 頁7〔16〕 キョウ(ケフ)(頬側・豊頬)/ほお(頬杖) ▼「頰」は通用字体。

【ホク】

② 北 ヒ3〔5〕 ホク(北進・敗北)/きた(北・北半球) ★北狄・北辰・北淡(地名)・北杜(地名)・北京(中国の地名)

【ボク】

① 木 木0〔4〕 ボク(木石・土木)/モク(木造・材木)/き(木・拍子木)/こ(木立・木陰) ★木綿・木乃伊・木工・木瓜・木偶・木挽き・木賊・木菟・木履・木霊・木槿・木耳・木履・木霊・木叢・木鐸・木斛・木犀・木賊・木天蓼・賢木・編木・野木瓜・卯木・浜木綿・吾木香・馬酔木・五加木・交譲木・鼠梓木・接骨木・白膠木・啄木・木次(地名)・木屋平(地名) ▼「朩」とも書く。

朴 木2〔6〕 ボク(純朴・素朴)/ほお(朴の木)

④ 牧 牛4〔8〕 ボク(牧牛・牧場・放牧・遊牧)/まき(牧場) ★牧之原(地名)

睦 目8〔13〕 ボク(親睦・和睦)/むつぶ(睦ぶ)〔人名用〕〈むつ・むつみ・ちか〉 ★睦月・睦言

僕 人12〔14〕(僕) ボク(僕・公僕)/しもべ

墨 (墨) 土11〔14〕 ボク(筆墨・遺墨)/すみ(墨) ★墨魚・墨俣(地名)・墨東(隅田川の東の意。濹東とも)

撲 手12〔15〕 ボク(撲殺・打撲)/なぐる(撲る)/うつ(撲つ)⇕うつ(打つ・討つ・撃つ・▲拍つ・×搏つ・▲征つ・▲伐つ) ★相撲

卜 卜0〔2〕 ボク(卜占・亀卜)/うらなう(卜う) ★卜部(姓)

穆 禾11〔16〕 ボク(穆) ▼中国の姓。

樸 木12〔16〕 ボク(樸実・素樸) ▼「朴」に通じる。

【ほこ】

鉾 金6〔14〕 *ボウ/ほこ(山鉾・蒲鉾)

【ほこり】

埃 土7〔10〕 アイ(埃滅・塵埃)/ほこり(埃) ★埃及

【ぼたん】

釦 金3〔11〕 *コウ/ボタン(カフス釦・飾り釦) ★「鈕」を当てることもあった。

【ボツ】

没 (沒) 水4〔7〕 ボツ(没収・没頭・没落・出没・日没・埋没) ★没義道・没有 ▼死ぬの意は「歿」の代用。不採用の意では「ボツ」が多い。

勃 力7〔9〕 ボツ(勃発・鬱勃) ★勃牙利

歿 歹4〔8〕 ボツ(歿年・死歿) ▼「没」で代用される。

【ほとんど】

殆 歹5〔9〕 タイ(危殆)/ほとんど(殆ど)

【ほり】

堀 土8〔11〕 *クツ/ほり(堀・釣堀) ▼「ほり」(動詞)には「掘り」を用いる。

【ほろ】

幌 巾10〔13〕 *コウ/ほろ(幌馬車) ★札幌(地名)

【ホン】

① 本 木1〔5〕 ホン(本質・資本)/もと(本・旗本)⇕もと(下・元・基・▲素) ★本卦・本意・本因坊・本朝文粋(書名)・本草綱目(中国の書名)・本庄(地名)・本荘(地名)・本渡(地名) ▼「夲」は異体字。

奔 (奔) 大5〔8〕 ホン(奔走・奔放・奔流・出奔)/はしる(奔る)

翻 (翻・飜) 羽12〔18〕 ホン(翻意・翻刻)/ひるがえす(翻す)/ひるがえる(翻る) ★翻筋斗・翻車魚

【ボン】

凡 几1〔3〕 ボン(凡人・平凡)/ハン(凡例)/およそ(凡そ)/すべて(凡て) ▼「凢」は異体字。

盆 皿4〔9〕 ボン(盆栽・旧盆)

梵 木7〔11〕 ボン(梵語・梵刹) ▼音訳に用いられた字。

ま

【マ】

麻 (麻) 麻0〔11〕 マ(麻薬・亜麻)/あさ(麻)/お(麻) ★麻雀・麻婆・麻疹・麻笥

摩 (摩) 手11〔15〕 マ(摩擦・摩天楼) ★摩訶不思議・摩耶・護摩・維摩・多摩(地名) ▼「磨」の書き換えにも用いられた。「庅」は異体字。

磨 (磨) 石11〔16〕 マ(研磨)/みがく(磨き粉) ★磨硝子・達磨・多磨(地名) ▼「摩」で代用されることがあった。

魔 (魔) 鬼11〔21〕 マ(魔法・邪魔) ★断末魔・閻魔 ▼「庅」は異体字。

【マイ】

② 毎 (每) 毋2〔6〕 マイ(毎回・毎時・毎度・毎毎)/ごと(一日毎に)

② 妹 女5〔8〕 マイ(姉妹・令妹)/いもうと(妹) ★妹・妹背牛(地名)・従姉・従姉妹・妹尾(姓)

⑥ 枚 木4〔8〕 マイ(枚数・大枚)/*バイ(中国の人名) ★枚方(地名)・枚乗

昧 日5〔9〕 マイ(曖昧・三昧)

埋 土7〔10〕 マイ(埋没・埋葬)/うめる(埋める・穴埋め)/うまる(埋まる)/うもれる(埋もれる・埋もれ木)/うずもれる(埋もれる)/うずめる(埋める)

邁 辵13〔17〕 マイ(邁進・高邁) ▼「迈」は異体字。

【まいる】

哩 口7〔10〕 *リ/マイル(三十哩)/わい(そうだ哩)

【まき】

槙 (槇) 木10〔14〕 シン(柏槙)/まき(槙) ★槙皮

【マク】

⑥ 幕 巾10〔13〕 マク(幕切れ・暗幕)/バク(幕府・幕僚)

漢字

膜 肉10〔14〕 マク(膜質・粘膜) ★虚実皮膜論

【まく】

蒔 艸10〔13〕 *シ／*ジ／まく(蒔く・蒔絵)

【まくら】

枕 木4〔8〕 チン(枕席・枕頭)／まくら(草枕・旅枕) ★枕詞・枕草子(書名)・歌枕・手枕

【まぐろ】

鮪 魚6〔17〕 *イ／*ユウ／まぐろ(鮪)／しび(鮪) ★葱鮪 ▼「ユウ」は慣用音。

【まさ】

柾 木5〔9〕 まさき(柾)／まさ(柾目) ▼日本で作られた漢字用法。

【まさかり】

鉞 金5〔13〕 エツ〔ヱツ〕(斧鉞)／まさかり(鉞)

【ます】

舛 舛0〔6〕 セン(舛誤)／ます(舛) ▼「升」とは別字だが、崩し字が類似しているために姓などに混用される。

枡 木4〔8〕 ます(枡形) ▼日本で作られた漢字。「桝」は簡易慣用字体。

桝 木7〔11〕 ます(一升桝) ▼日本で作られた漢字。「舛」が「升」に誤用されたため、国字の「枡」からの類推で作られた字。

鱒 魚12〔23〕 ソン(養鱒)／ます(鱒・姫鱒) ▼「鱒」は通用字体。

【また】

又 又0〔2〕 *ユウ〔イウ〕／また(又・又は) ▼「叉」は別字。

亦 亠4〔6〕 *エキ／また(彼も亦人の子だ)

俣 人7〔9〕 また(右俣) ★水俣(地名) ▼日本で「俁」から作られた漢字。主に人名や地名に使う。

【マツ】

④ 末 木1〔5〕 マツ(末代・末端・結末・始末・粉末)／バツ(末子・末弟)／すえ(末・末頼もしい) ★末・木末 ▼「未」は別字。

抹 手5〔8〕 マツ(抹殺・一抹)

沫 水5〔8〕 マツ(飛沫・泡沫)

茉 艸5〔8〕 マツ(茉莉) ▼「マ」は人名用の音。

【まで】

迄 辵3〔7〕 *キツ／まで(飽く迄・鳴く迄待とう)

【まぶた】

瞼 目13〔18〕 ケン(眼瞼)／まぶた(瞼)

【まま】

儘 人14〔16〕 *ジン／まま(儘・気儘) ▼「侭」は通用字体。

【まむし】

蝮 虫9〔15〕 *フク(蝮蛇)／まむし(蝮)

【まり】

毬 毛7〔11〕 キュウ〔キウ〕(毬果)／まり(毬)／いが(毬・毬栗) ★毬打・松毬

【まろ】

麿 麻7〔18〕 まろ(麿) ▼日本で作られた漢字。「麻」と「呂」を合わせた字。

【マン】

② 万(萬) 一2〔3〕 マン(万一・万感・万難・巨万)／バン(万国・万全)／よろず(万・八百万) ★万年青・万朶・万歳 ▼「万」の字形は「卍」からとされる。

④ 満(滿) 水9〔12〕 マン(満月・充満)／みちる(満ちる・満ち潮)／みたす(満たす) 〔人名用〕〈ま・みつ・みつる〉 ★満天星・満俺

慢 心11〔14〕 マン(慢性・自慢)

漫 水11〔14〕 マン(漫画・散漫)／そぞろ(漫ろに)

卍 十4〔6〕 マン(姓などに用いる)／まんじ(卍巴・「卍字」とも) ▼「卐」とも書く。「まんじ」は万字の意。

蔓 艸11〔14〕 マン(蔓生・蔓延)／つる(蔓草・芋蔓) ★玉蔓

瞞 目11〔16〕 マン(瞞着・欺瞞)

饅 食11〔20〕 マン(饅頭・肉饅)

み

【ミ】

④ 未 木1〔5〕 ミ(未来・前代未聞)／ビ(丁未)／いまだ(未だ)／ひつじ(未年) ★未曽有 ▼「末」は別字。

③ 味 口5〔8〕 ミ(味覚・興味)／あじ(味・塩味)／あじわう(味わう・味わい) ★味噌・味醂・味方・三味線・青味泥

魅 鬼5〔15〕 ミ(魅力・魅する)

【み】

巳 己0〔3〕 シ(上巳)／み(辰巳)

箕 竹8〔14〕 キ(箕子朝鮮)／み(箕) ★箕面(地名)

【みお】

澪 水13〔16〕 *レイ／みお(澪) ★澪標

【みさき】

岬 山5〔8〕 *キョウ〔ケフ〕／*コウ〔カフ〕／みさき(岬)

【みそぎ】

禊 示9〔14〕 *ケイ／みそぎ(禊) ▼「禊」は通用字体。

【ミツ】

⑥ 密 宀8〔11〕 ミツ(密約・秘密)／ひそか(密か) ★密陀

蜜 虫8〔14〕 ミツ(蜜・蜜月・蜜蜂) ★蜜柑

【みなと】

湊 水9〔12〕 *ソウ／みなと(湊)

【みの】

蓑 艸10〔13〕 サ(蓑笠)／サイ(蓑蓑)／みの(蓑・蓑虫・隠れ蓑) ▼「簑」「蓑」は異体字。

【ミャク】

⑤ 脈(脈) 肉6〔10〕 ミャク(脈絡・山脈) ▼「脉」は異体字。

【ミョウ】

妙 女4〔7〕 ミョウ〔メウ〕(妙案・巧妙)／たえ(妙なる)

【みりめえとる】

粍 米4〔10〕 ミリメートル(一粍) ▼日本で作られた漢字。「耗」は別字。

【ミン】

④ 民 氏1〔5〕 ミン(民族・国民)／たみ(民・民草)

眠 目5〔10〕 ミン(不眠・睡眠)／ねむる(眠る・眠り)／ねむい(眠い・眠気)

む

【ム】

矛 矛0〔5〕ム(矛盾)／*ボウ／ほこ(矛・矛先)

⑤**務** 力9〔11〕ム(事務・義務・公務・執務・職務・総務)／つとめる(務める・務め)⇔つとめる(努める・勤める)／つとまる(務まる)⇔つとまる(勤まる)

④**無** 火8〔12〕ム(無名・皆無)／ブ(無事・無愛想)／ない(無い・無くなる)⇔ない(亡い) ★無言・無患子・無碍・無礙・無辜・無駄・無茶・無花果 ▼「旡」は異体字。

⑤**夢** 夕10〔13〕ム(夢幻・悪夢)／ゆめ(夢・初夢) ★夢現 ▼「梦」は異体字。

霧 雨11〔19〕ム(霧笛・噴霧器)／きり(霧・朝霧)

人×**牟** 牛2〔6〕ム／*ボウ ★釈迦牟尼・牟婁(地名)・牟田(姓) ▼多く人名や地名に使う。

×**鵡** 鳥8〔19〕ム(鸚鵡) ★鵡川(地名)

【むく】

人×**椋** 木8〔12〕*リョウ(リャウ)／むく(椋鳥)／くら(椋)

【むこ】

×**聟** 耳8〔14〕*セイ／むこ(聟) ▼「壻」「婿」の異体字。

【むしる】

×**毟** 毛4〔8〕むしる(毟り取る) ▼日本で作られた漢字。

【むしろ】

×**莚** 艸6〔11〕エン(莚席)／むしろ(莚)

【むすめ】

娘 女7〔10〕ジョウ(ジャウ)(娘子軍)／むすめ(娘・小娘)／こ(あの娘)

め

【メイ】

①**名** 口3〔6〕メイ(名誉・有名)／ミョウ(ミャウ)(名字・大名)／な(名・名前) ★名残 ▼「名字」は「苗字」とも。

③**命** 口5〔8〕メイ(命令・生命)／ミョウ(ミャウ)(寿命)／いのち(命・命拾い) ★命婦

②**明** 日4〔8〕メイ(明暗・鮮明)／ミョウ(ミャウ)(明日・灯明)／ミン(明朝)／あかり(明かり・薄明かり)／あきらか(明らか・明らかだ)／あかるい(明るい・明るさ)／あかす(明かす・種明かし)／あける(明ける・夜明け)⇔あける(空ける・開ける)／あく(明く)⇔あく(空く・開く)／あかるむ(明るむ)／あからむ(明らむ)／あくる(明くる日・明くる朝) ★明日・明後日・明礬

⑤**迷**(迷) 辵6〔9〕メイ(迷路・低迷)／まよう(迷う・迷い) ★迷子

冥 冖8〔10〕メイ(冥途・冥想)／ミョウ(ミャウ)(冥加・冥利)／くらい(冥い)

⑥**盟** 皿8〔13〕メイ(加盟・連盟) ★盟神探湯

銘 金6〔14〕メイ(銘柄・碑銘)／しるす(銘す) ★銘銘皿・銘仙

②**鳴** 鳥3〔14〕メイ(鳴動・雷鳴)／なく(鳴く・鳴き声)／なる(鳴る・耳鳴り)／ならす(鳴らす) ★鳴子・鳴門(地名)

【めい】

×**瞑** 目10〔15〕メイ(瞑想・瞑目)

【メツ】

人×**姪** 女6〔9〕テツ(甥姪)／めい(姪・姪っ子)

滅 水10〔13〕メツ(滅亡・絶滅)／ほろびる(滅びる)／ほろぼす(滅ぼす)

【めとる】

×**娶** 女8〔11〕シュ(嫁娶・婚娶)／めとる(娶る)

【メン】

免(免) 儿6〔8〕メン(免疫・免許・放免)／まぬかれる(免れる「まぬがれる」とも)／ゆるす(免す)

③**面** 面0〔9〕メン(面会・方面)／おも(川面)／おもて(面・面長)／つら(面・鼻面)⇔おもて(表) ★面子・面妖・面皰・面繋

⑤**綿** 糸8〔14〕メン(綿布・純綿)／わた(綿・真綿) ★綿津見・水綿・浜木綿 ▼わたの意は「棉」の代用。「緜」は異体字。

麺(麵) 麦9〔16〕メン(素麺・拉麺) ★麺麭 ▼「麪」は異体字。

×**棉** 木8〔12〕メン(棉花・木棉)／わた(棉) ▼「綿」で代用される。

×**緬** 糸9〔15〕メン(緬羊・縮緬) ★緬甸

も

【モ】

茂 艸5〔8〕モ(繁茂)／*ボウ／しげる(茂る・茂み)

⑥**模** 木10〔14〕モ(模範・模倣)／ボ(規模) ▼「まねる」「さがす」の意は「摸」の代用。

【モウ】

×**摸** 手11〔14〕モ(摸倣・摸索)／*ボ ▼「模」で代用される。

②**毛** 毛0〔4〕モウ(毛髪・不毛)／け(毛・抜け毛) ★刷毛・毛唐・毛沢東(中国の人名)・毛呂山(地名)

妄 女3〔6〕モウ(マウ)(妄信・迷妄)／ボウ(バウ)(妄言)／みだり(妄りに)

盲 目3〔8〕モウ(マウ)(盲腸・盲点・文盲)／めしい(盲) ▼「妄」の書き換えに用いられることがあった。

耗(耗) 耒4〔10〕モウ(消耗)／コウ(カウ)(心神耗弱) ▼消耗の意では「モウ」は慣用音。

猛 犬8〔11〕モウ(マウ)(猛烈・勇猛)［人名用］(たけ・たけし・たける) ★猛者

網 糸8〔14〕モウ(マウ)(網膜・通信網)／あみ(網・網戸) ★網代・網走(地名)

人×**孟** 子5〔8〕モウ(マウ)(孟夏・孟母三遷)［人名用］(たけし・つとむ) ★孟浪・孟浩然(中国の人名)・孟宗

×**耄** 老4〔10〕モウ(耄碌)／ボウ(耄老)／おいぼれる(耄れる)

人×**蒙** 艸10〔14〕モウ(蒙昧・啓蒙)／こうむる(蒙る) ★蒙恬(中国の人名)・蒙求(中国の書名)・蒙古

【モク】

①**目** 目0〔5〕モク(目的・項目)／ボク(面目)／め(目・結び目)／ま(目の当たり・目深) ★目脂・目

交・目茶・目処・目利安・目論見・役目・羽目

黙（默）火11〔15〕 モク（黙殺・沈黙）／だまる（黙る・黙り込む）／もだす（黙す）

沐 水4〔7〕 モク（沐浴・櫛風沐雨）

杢 木3〔7〕 モク（杢グレー・杢目） ▼日本で作られた漢字。「木」と「工」を合わせた字。人名にも用いられた。

【もたらす】

齎 貝14〔21〕 *セイ／*シ／もたらす（齎す）

【モチ】

勿 勹2〔4〕 モチ（勿論）／*ボツ／なかれ（疑うこと勿かれ） ★勿怪・勿体ない・勿勿・勿吉・勿忘草・勿来（地名）

【もっとも】

尤 尢1〔4〕 ユウ〔イウ〕（尤なる・最尤法）／もっとも（彼の言うのも尤もだ）

【もつれる】

縺 糸11〔17〕 *レン／もつれる（縺れる）

【もみ】

籾 米3〔9〕 もみ（籾殻） ▼日本で作られた漢字。「籾」は異体字。「籾」は通用字体。

【もむ】

樅 木11〔15〕 *ショウ／もみ（樅の木）

【もや】

揉 手9〔12〕 *ジュウ／もむ（揉む）

【もらう】

靄 雨16〔24〕 アイ（靄然・和気靄靄）／もや（朝靄）

貰 貝5〔12〕 *セイ／もらう（貰い泣き・物貰い）

【もり】

銛 金6〔14〕 *セン／もり（銛）

【モン】

門 門0〔8〕 モン（門戸・専門）／かど（笑う門・門松） ★門司（地名）・顋門・鳴門（地名）・澳門（中国の地名）・廈門（中国の地名） ▼「门」は略字。「専門」を「専問」と書くのは誤り。

紋 糸4〔10〕 モン（紋章・波紋） ★紋白蝶

問 口8〔11〕 モン（問題・訪問）／とう（問う・問いただす）／とい（問い）／とん（問屋）

悶 心8〔12〕 モン（悶絶・苦悶）／もだえる（悶える）

【もんめ】

匁 勹2〔4〕 もんめ（匁）／め（一貫匁） ▼「銭」の旧字体「錢」のつくりの部分の草書体から。常用漢字表から削除された字。

や

【ヤ】

冶 冫5〔7〕 ヤ（冶金・鍛冶） ▼「治」は別字だが、固有名詞では「鍛治」（かじ）などがあり、通用する。

夜 夕5〔8〕 ヤ（夜半・夜叉）／よ（夜が明ける・月夜）／よる（夜・夜昼） ★夜叉・夜郎自大

野 里4〔11〕 ヤ（野外・分野）／の（野・野放し） ★野良・野次・野師・野老・野木瓜・野点・野狐禅・野晒・野迫川（地名） ▼「埜」は異体字（人名用漢字）。「野卑」は「野鄙」の書き換え。

也 乙2〔3〕 ヤ／なり（金五万円也） ★也已・也矣（漢文で）・中原中也（人名）

耶 邑6〔9〕 ヤ／や（有耶無耶） ★耶蘇・耶（邪）馬台国・莫耶・摩耶・耶律楚材（中国の人名） ▼元「邪」の異体字。

爺 父9〔13〕 ヤ（老爺・好好爺）／じじ ★お爺さん・親爺

【や】

椰 木9〔13〕 ヤ（椰子）／やし（椰） ▼もと「椰」の異体字。

弥（彌）弓5〔8〕 ビ（弥漫・弥縫）／ミ（沙弥）／いや（弥栄）〔人名用〕（みつ・や・やす） ★弥生・弥助・弥撒

【ヤク】

厄 厂2〔4〕 ヤク（厄年・災厄） ▼「厄病神」は「疫病神」の誤り。

役 彳4〔7〕 ヤク（役所・荷役）／エキ（役務・兵役）

約（約）糸3〔9〕 ヤク（約束・節約） ★綽約

訳（譯）言4〔11〕 ヤク（訳語・訳文・誤訳・通訳）／わけ（訳・申し訳）

薬（藥）艸13〔16〕 ヤク（薬剤・火薬）／くすり（飲み薬） ★薬師・薬玉・薬缶・薬籠・芍薬・薬袋（姓）

躍（躍）足14〔21〕 ヤク（躍動・飛躍）／おどる（躍る・躍り上がる）⇔おどる（踊る）

扼 手4〔7〕 ヤク（扼腕）

葯 艸9〔13〕 ヤク（花の葯） ▼「薬」に通じる。

【やす】

靖 青5〔13〕 セイ（靖献）〔人名用〕（やす・やすし・おさむ・きよし・のぶ） ★靖国神社

【やな】

簗 竹11〔17〕 *リョウ／やな（簗場） ▼日本で作られた漢字。

【やぶ】

藪 艸15〔19〕 ソウ（淵藪）／やぶ（藪入り・竹藪） ★藪医者・藪柑子 ▼「薮」は通用字体。「籔」は異体字。

【やり】

鑓 金14〔22〕 やり（鑓・一本鑓） ▼日本で作られた漢字。

ゆ

【ユ】

由 田0〔5〕 ユ（由来・経由）／ユウ（自由・事由）／ユイ（由緒）／よる（…に由る）／よし（…の由）

油 水5〔8〕 ユ（油脂・石油）／あぶら（油・水油）⇔あぶら（脂） ★油然・油油・油断・豆油・辣油

愉（愉）心9〔12〕 ユ（愉快・愉悦）／たのしい（愉しい）／たのしむ（愉しむ）

喩 口9〔12〕 ユ（喩言・比喩）／さとす（喩す）／たとえる（喩える） ▼「喩」は通用字体。

諭（諭）言9〔16〕 ユ（諭旨・教諭・訓諭・告諭・説諭）／さとす（諭す・諭し）〔人名用〕（さとし・さとる・つぐ）

輸（輸）車9〔16〕 ユ（輸出・運輸）／*シュ

癒(癒)　疒13〔18〕　ユ(癒着・治癒)/いえる(癒える)/いやす(癒やす)　▼「瘉」は異体字。

柚　人×　木5〔9〕　ユ(柚子)/*ユウ/ゆず(柚・柚湯)　★柚木(地名)

愈　×　心9〔13〕　ユ(韓愈)　人名　★愈愈　▼「愈」は通用字体。

【ユイ】

唯　口8〔11〕　ユイ〔ユヰ〕(唯一・唯美主義)/イ〔ヰ〕(唯唯諾諾)/ただ(唯)

【ユウ】

② 友　又2〔4〕　ユウ〔イウ〕(友好・友情・親友)/とも(友)　★友達・友禅

③ 有　月2〔6〕　ユウ〔イウ〕(有益・特有)/ウ(有無・有象無象)/ある(有る・有り金)⇔ある(在る)　★有職・有卦・有耶無耶・有漏・有平糖

④ 勇(勇)　力7〔9〕　ユウ(勇敢・武勇)/いさむ(勇む・勇み足)/いさましい(勇ましい)　★勇魚

幽　幺6〔9〕　ユウ〔イウ〕(幽境・幽霊)/かすか(幽か)　★幽王・幽州(中国の地名)

悠　心7〔11〕　ユウ〔イウ〕(悠然・悠悠)〈はるか・ひさし〉

⑥ 郵　邑8〔11〕　ユウ〔イウ〕(郵便・郵券)〈人名用〉

湧　水9〔12〕　ユウ(湧出・湧泉)/わく(湧く・歓声が湧き上がる)　★湧水(地名)　▼「涌」は異体字。

猶(猶)　犬9〔12〕　ユウ〔イウ〕(猶予)/なお(過ぎたるは猶及ばざるがごとし)　★猶太　▼「犹」は異体字。

裕　衣7〔12〕　ユウ(裕福・余裕)　〔人名用〕〈ひろ・ひろし・ゆたか〉

③ 遊(遊)　辵9〔12〕　ユウ〔イウ〕(遊戯・交遊)/ユ(遊山)/あそぶ(遊ぶ・遊び)

雄　隹4〔12〕　ユウ(雄大・雌雄)/おす(雄・雄犬)⇔おす(×牡)/お(雄蕊・雄雄しい)　★雄鶏

誘　言7〔14〕　ユウ〔イウ〕(誘惑・勧誘)/さそう(誘う・誘い水)/いざなう(誘う)

憂　心11〔15〕　ユウ〔イウ〕(憂愁・一喜一憂)/うれえる(憂える・憂え)/うれい(憂い)⇔うれい(愁い)/うい(憂い・物憂い)　★憂世・憂き身

融　虫10〔16〕　ユウ(融解・金融)/とける(融ける)⇔とける(解ける・溶ける・×熔ける・×鎔ける)　〔人名用〕〈とおる〉

⑥ 優　人15〔17〕　ユウ〔イウ〕(優越・俳優)/ウ/やさしい(優しい・優しさ)/すぐれる(優れる)/まさる(優る)　★優婆塞・優曇華

佑　人×　人5〔7〕　ユウ〔イウ〕(佑助・神佑・天佑)　〔人名用〕〈すけ・たすく〉

邑　人×　邑0〔7〕　ユウ〔イフ〕(采邑・都邑)/むら(邑)/おおざと(邑)　★邑楽(地名)・邑久(地名)・邑智郡邑南町　▼部首の名はこれに対して「阜」によるものがこざと。

侑　人×　人6〔8〕　ユウ〔イウ〕(人名に用いられる)　〔人名用〕〈すすむ・すけ・ゆき〉

宥　人×　宀6〔9〕　ユウ〔イウ〕(宥恕・宥和)/ゆるす(宥す)/なだめる(宥める)　〔人名用〕〈ひろ〉

祐　人×　示5〔9〕　祐　ユウ〔イウ〕(祐筆・神祐・天祐)/たすける(祐ける)　〔人名用〕〈すけ・さち・たすく・よし〉

疣　×　疒4〔9〕　ユウ〔イウ〕(贅疣)/いぼ(疣)　▼「肬」は異体字。

揖　×　手9〔12〕　*ユウ〔イフ〕　★揖斐(地名)・揖宿(地名)・揖保(地名)

游　×　水9〔12〕　ユウ〔イウ〕(游泳・游説)　▼「遊」で書き換えられる。

釉　人×　釆5〔12〕　ユウ(釉薬)/うわぐすり(釉)　▼「釉薬」で「うわぐすり」とも読む。

猷　×　犬9〔13〕　*ユウ〔イウ〕(大猷)　▼「猷」は通用字体。

【ゆす】

檮　×　木14〔18〕　*トウ〔タウ〕/かし(檮)/ゆす(檮)　★檮原(地名)　▼「梼」は通用字体。

【ゆでる】

茹　×　艸6〔10〕　*ジョ/ゆでる(茹でる・茹汁)

よ

【ヨ】

与(與)　一2〔3〕　ヨ(与党・関与・給与・授与・賞与)/あたえる(与える)/あずかる(与る)/くみする(与する)　★与太　▼旧字体は「臼」部。

③ 予(豫)　亅3〔4〕　ヨ(予定・猶予)/あらかじめ(予め)/かねて(予て)/われ(予)　▼「予」はもと「豫」と別字だが、「豫」の略字として代用された。「豫」は「豕」の部。

⑤ 余(餘)　人5〔7〕　ヨ(余剰・残余)/あまる(余る・余り)/あます(余す)　▼「余」はもと「餘」と別字。「餘」の略字として代用された。「餘」は「食」の部。

誉(譽)　言6〔13〕　ヨ(名誉・栄誉)/ほまれ(誉れ)/ほめる(誉める)

⑥ 預　頁4〔13〕　ヨ(預金・預託)/あずける(預ける)/あずかる(預かる・預かり)

輿　人×　車10〔17〕　ヨ(権輿)/こし(御輿)　▼「輿論」は「与論」「世論」とも書き換えられ、「世論」はセイロン・セロンとも読まれる。

【ヨウ】

⑥ 幼　幺2〔5〕　ヨウ〔エウ〕(幼児・幼少・幼稚)/おさない(幼い・幼友達)

② 用　用0〔5〕　ヨウ(用意・用途・使用・費用)/もちいる(用いる)　★用瀬

③ 羊　羊0〔6〕　ヨウ〔ヤウ〕(羊毛・牧羊)/ひつじ(羊)　★羊歯・羊羹・羊栖菜・山羊・羚羊・淫羊藿

妖　女4〔7〕　ヨウ〔エウ〕(妖艶・妖怪)/あやしい(妖しい)⇔あやしい(怪しい)

③ 洋　水6〔9〕　ヨウ〔ヤウ〕(洋楽・海洋)　〔人名用〕〈ひろ・ひろし〉　★洋野(地名)

④ 要(要)　襾3〔9〕　ヨウ〔エウ〕(要点・重要)/いる(要る)⇔いる(入る)/かなめ(要)　★要黐

⑤ 容　宀7〔10〕　ヨウ(容易・形容)/いれる(容れる)/かたち(容)

庸　广8〔11〕　ヨウ(凡庸・中庸)　〔人名用〕〈つね・やす〉

③揚 手9〔12〕 ヨウ〔ヤウ〕(意気揚揚・掲揚)／あげる(揚げる・荷揚げ)⇔あげる(上げる・挙げる)／あがる(揚がる)⇔あがる(上がる) ★揚句・揚繰・揚子江(中国の川。長江を指すことが多い)

揺(搖) 手9〔12〕 ヨウ〔エウ〕(動揺)／ゆれる(揺れる・揺るぎない)／ゆる(揺り返し・揺れる)／ゆらぐ(揺らぐ)／ゆるぐ(揺るぐ)／ゆする(揺する・貧乏揺すり)／ゆさぶる(揺さぶる)／ゆすぶる(揺すぶる) ★揺籃・翹揺

③葉 艸9〔12〕 ヨウ〔エフ〕(葉緑素・紅葉)／ショウ(中国人の姓に用いられる)／は(葉・落ち葉)

③陽 阜9〔12〕 ヨウ〔ヤウ〕(陽光・太陽)／ひ(陽当たり)〔人名用〕〈あき・あきら〉 ★陽炎・陽明学

腰(腰) 肉9〔13〕 ヨウ〔エウ〕(腰痛・腰部)／こし(腰・物腰) ★尻腰

溶 水10〔13〕 ヨウ(溶解・水溶液)／とける(溶ける)⇔とける(解ける・▲融ける・×熔ける・×鎔ける)／とかす(溶かす)／とく(溶く)⇔とく(解く・▲融く・×熔く・×鎔く) ▼「熔」「鎔」の代用字。

③様(樣) 木10〔14〕 ヨウ〔ヤウ〕(様式・模様)／さま(様・〇〇様) ▼「樣」「祢」は異体字。こうした字体で待遇差を表すことがあった。

踊 足7〔14〕 ヨウ(舞踊)／おどる(踊る)／おどり(踊り)⇔おどる(躍る) ▼「踴」は異体字。

瘍 疒9〔14〕 ヨウ〔ヤウ〕(潰瘍・腫瘍)／かさ(瘍)

窯 穴10〔15〕 ヨウ〔エウ〕(窯業)／かま(窯) ▼「窰」は異体字。

④養(養) 食6〔15〕 ヨウ〔ヤウ〕(養育・休養)／やしなう(養う) ★養父(地名)

擁 手13〔16〕 ヨウ(擁護・抱擁)

謡(謠) 言9〔16〕 ヨウ〔エウ〕(謡曲・歌謡)／うたい(謡い・素謡)／うたう(謡う)⇔うたう(歌う)

②曜(曜) 日14〔18〕 ヨウ〔エウ〕(曜日・日曜) ▼「旺」は俗字。「旺」は別字だが俗に通用させる。

夭 大1〔4〕 ヨウ〔エウ〕(夭夭・夭折)

拗 手5〔8〕 ヨウ〔エウ〕(拗音・執拗)／ねじける(拗ける)／すねる(拗ねる)

杳 木4〔8〕 ヨウ〔エウ〕(杳然)

俑 人7〔9〕 ヨウ(兵馬俑)

痒 疒6〔11〕 ヨウ〔ヤウ〕(痒疹・隔靴掻痒)／かゆい(痒い・痒み)

遥(遙) 辵9〔12〕 ヨウ〔エウ〕(遥拝・逍遥)／はるか(遥か)

傭 人11〔13〕 ヨウ(傭役・傭兵)／やとう(傭う)

楊 木9〔13〕 ヨウ〔ヤウ〕(楊子・楊柳)／やなぎ(楊) ★楊貴妃(中国の人名)・黄楊 ▼「揚」は別字。

蓉 艸10〔13〕 ヨウ(芙蓉)

瑶(瑤) 玉9〔13〕 *ヨウ〔エウ〕〔人名用〕〈たま〉

熔 火10〔14〕 ヨウ(熔接・熔鉱炉)／とける(熔ける)⇔とける(解ける・▲融ける・×鎔ける)／とかす(熔かす) ▼「鎔」の異体字。「溶」に書き換える。

榕 木10〔14〕 ヨウ(榕樹)

燿(燿) 火14〔18〕 ヨウ〔エウ〕〔人名に用いる〕〈てる〉 ▼もと「耀」の本字。

鎔 金10〔18〕 ヨウ(鎔解・鎔範)／とかす(鎔かす)／とける(鎔ける)⇔とける(解ける・溶ける・▲融ける・×熔ける) ▼「溶」に書き換える。

耀(耀) 羽14〔20〕 ヨウ〔エウ〕(耀光・栄耀)／かがやく(耀く)／かがよう(耀う)〔人名用〕〈あき・あきら・てる〉 ▼もと「燿」の異体字。

【ヨク】

抑 手4〔7〕 ヨク(抑圧・抑揚)／おさえる(抑える・抑え)⇔おさえる(押さえる)

沃 水4〔7〕 ヨク(沃野・肥沃)／ヨウ〔エウ〕(沃素) ★沃度

④浴 水7〔10〕 ヨク(浴場・海水浴)／あびる(浴びる・水浴び)／あびせる(浴びせる) ★浴衣

⑥欲 欠7〔11〕 ヨク(欲望・意欲・食欲・無欲)／ほしい(欲しい・欲しがる)／ほっする(欲する) ▼「慾」の代用字。

⑥翌 羽5〔11〕 ヨク(翌春・翌翌日)／あくる(翌る日) ★翌檜

翼(翼) 羽11〔17〕 ヨク(左翼・尾翼)／つばさ(翼)

慾 心11〔15〕 ヨク(慾望・慾を出す) ▼「欲」で書き換えられる。

【よど】

淀 水8〔11〕 *デン／よど(川淀)／よどむ(淀む・淀み) ★淀君

【よる】

縒 糸10〔16〕 *シ／よる(縒る)／より(縒り)

ら

【ラ】

拉 手5〔8〕 ラ(拉致)／ラツ／ひしぐ(拉ぐ) ★拉麺・拉丁・拉薩(中国の地名)

裸 衣8〔13〕 ラ(裸身・赤裸裸)／はだか(裸・丸裸) ★裸足

羅 网14〔19〕 ラ(羅列・網羅) ★羅宇・羅漢・羅刹・羅紗・羅馬・羅馬尼亜

螺 虫11〔17〕 ラ(螺子・螺旋)／にし(田螺)／つび(螺) ★栄螺・辛螺・細螺・吹螺

【ライ】

②来(來) 木3〔7〕 ライ(来年・往来)／くる(来る・出来心)／きたす(来す)／きたる(来る〇日) ▼旧字体は「人」の部。「徠」は異体字。

雷 雨5〔13〕 ライ(雷雨・魚雷)／かみなり(雷)／いかずち(雷)

頼(賴) 頁7〔16〕 ライ(依頼・無頼漢)／たのむ(頼む・頼み)／たのもしい(頼もしい)／たよる(頼る・頼り) ★頼山陽(人名)

徠 彳8〔11〕 ライ(徂徠)／くる(徠る) ▼「来」の異体字。

萊 艸8〔11〕 ライ(蓬萊) ▼「莱」は通用字体。

蕾 人× 艸13〔16〕 ライ(味蕾)／**つぼみ**(蕾)

癩 人× 疒16〔21〕 **ライ**(癩病)

【ラク】

絡 ⑥ 糸6〔12〕 **ラク**(短絡・連絡・脈絡・籠絡)／**からむ**(絡む・絡み付く)／**からまる**(絡まる)／**からめる**(絡める)

落 ③ 艸9〔12〕 **ラク**(落語・集落)／**おちる**(落ちる・落ち着く)／**おとす**(落とす・力落とし) ★落人・落葉松・落款・落度(もとは越度)・破落戸・奈落 ▼「落書き」を「楽書き」と書くのは誤用とされる。

酪 酉6〔13〕 ラク(酪農) ★乾酪

洛 人× 水6〔9〕 ラク(洛外・入洛)

烙 × 火6〔10〕 **ラク**(烙印・炮烙)／**ロク**(焙烙)

【ラチ】

埒 × 土7〔10〕 **ラチ**(埒外・埒内)／**ラツ**(放埒) ▼「埓」は異体字。

【ラツ】

辣 × 辛7〔14〕 ラツ(辣韮・辛辣) ★辣油

剌 × 刀7〔9〕 ラツ(潑剌)

【ラン】

乱 ⑥ 乙6〔7〕 (亂) ラン(乱戦・反乱)／みだれる(乱れる・乱れ)／みだす(乱す)

卵 ⑥ 卩5〔7〕 (卵) ラン(卵黄・産卵)／たまご(卵) ▼食用の「たまご」は「玉子」とも書く。

嵐 山9〔12〕 ラン(嵐気・嵐翠)／あらし(砂嵐・山嵐) ★嵐山(地名) ▼音読みでは「青嵐・大嵐」など、元は青々とした山の空気の意。

覧 ⑥ 見10〔17〕 (覽) ラン(観覧・一覧)／みる(覧る)

濫 水15〔18〕 ラン(濫伐・濫用)／みだりに(濫りに) ▼「乱」で代用されることがある。

藍 艸15〔18〕 ラン(藍本・出藍)／あい(藍) ★泊夫藍・伽藍・甘藍

欄 木16〔20〕 (欄) ラン(欄干・空欄)

蘭 人× 艸16〔19〕 (蘭) ラン(金蘭・鈴蘭) ★盂蘭盆・楼蘭(中国の地名)・芬蘭・和蘭陀

懶 × 心16〔19〕 ラン(懶惰)／ライ／おこたる(懶る)／いとう(懶う) ▼「嬾」は異体字。

瀾 × 水17〔20〕 ラン(波瀾) ▼「乱」で書き換えることがある。

籃 × 竹14〔20〕 ラン(籃輿・揺籃)／かご(籃)

爛 × 火17〔21〕 ラン(靡爛・爛熟)／ただれる(爛れる・爛れ) ▼「爛」は通用字体。

欒 × 木19〔23〕 ラン(団欒) ★朱欒

り

【リ】

吏 口3〔6〕 リ(吏員・能吏) ★吏吐・吏読

利 ④ 刀5〔7〕 リ(利益・勝利)／きく(利く・口利き)⇔きく(効く) ★利鎌・利鞘 ▼「利口」は「悧巧」の書き換え。

里 ② 里0〔7〕 リ(里程・千里眼)／さと(里・村里) ★里長・里芋・計里 ▼「俚」の書き換えに用いることがある。

梨 ④ 木7〔11〕 リ(梨花・梨園)／なし(洋梨) ★浜梨・花梨・阿闍梨

理 ② 玉7〔11〕 (理) リ(理科・整理)／ことわり(理) 〈人名用〉〈おさむ〉 ★肌理・理由

痢 疒7〔12〕 リ(下痢・赤痢)

裏 ⑥ 衣7〔13〕 リ(裏面・表裏)／うら(裏・裏口)／うち(心の裏) ★裏漉 ▼「裡」は異体字で、「うち」の意に用いられる。

履 尸12〔15〕 リ(履歴・弊履)／はく(履く・履き物)／ふむ(履む) ★木履

璃 玉10〔15〕 リ(玻璃・瑠璃)

離 隹10〔19〕 リ(離別・分離)／はなれる(離れる・乳離れ)⇔はなれる(放れる)／はなす(離す)⇔はなす(放す)

李 人× 木3〔7〕 リ(李下・桃李)／すもも(李) ★李白(中国の人名)

俚 × 人7〔9〕 リ(俚謡「里謡」とも・俚語)

俐 人× 人7〔9〕 リ(伶俐「怜悧」とも) ▼「悧」に通じる。

悧 × 心7〔10〕 リ(怜悧「伶俐」とも) ▼「俐」に通じる。

莉 人× 艸7〔10〕 リ(茉莉花)

裡 人× 衣7〔12〕 リ(暗黙裡・秘密裡)／うち(心の裡) ▼「裏」の異体字。

罹 × 网11〔16〕 リ(罹患・罹病)／かかる(罹る)

【リク】

陸 ④ 阜8〔11〕 リク(陸地・着陸)／ロク(陸でもない・陸百円)／くが(陸)／おか(陸・陸蒸気) ★陸稲・陸游(中国の人名)・陸象山(中国の人名)

戮 × 戈11〔15〕 リク(殺戮・戮力)／ころす(戮す)

【リツ】

立 ① 立0〔5〕 リツ(立案・独立)／リュウ(建立)／たつ(立つ・夕立)⇔たつ(建つ・▲起つ)／たてる(立てる・立て札)⇔たてる(建てる・▲起てる) ★立ち退く・立科(地名)

律 ⑥ 彳6〔9〕 リツ(律動・規律・自律・調律・法律)／リチ(律儀) ★呂律

慄 × 心10〔13〕 リツ(慄然・戦慄)／ふるえる(慄える)

葎 × 艸9〔13〕 *リツ／むぐら(葎・八重葎)

【リャク】

略 ⑤ 田6〔11〕 リャク(略称・侵略)／ほぼ(略) ▼「かすめる」「おかす」の意は「掠」の代用。「畧」は異体字。

掠 人× 手8〔11〕 リャク(掠奪・侵掠)／かすめる(掠める)／かすれる(掠れる)／かする(掠る) ▼「かすめる」「おかす」の意では「略」で代用される。

【リュウ】

柳 木5〔9〕 リュウ(花柳界・川柳)／やなぎ(柳・柳腰) ★柳川・柳葉魚・青柳・柳井(地名) ▼「栁」「桺」は異体字。

流 ③ 水7〔10〕 リュウ(流行・流通・気流・電流)／ル(流布・流罪)／ながれる(流れる・流れ)／ながす(流す・流し) ★流石・流行り・流鏑馬

⑤留 田5〔10〕リュウ(リウ)(留意・留学・在留・滞留・保留)／ル(留守)／とまる(留まる・歩留まり)⇔とまる(止まる・泊まる)／とめる(留める・帯留め)⇔とめる(止める・泊める)／とどまる(留まる)／とどめる(留める)／ルーブル(千留)★留辺蘂(地名)・留萌(地名)▼「ためる」の意は「溜」の代用。「畄」は異体字。

竜(龍) 龍0〔10〕リュウ(竜・竜頭蛇尾)／リョウ／たつ(竜巻) ★竜鐘・竜胆・竜田・竜涎香・画竜点睛・土竜・烏竜茶(「龍」と書かれることが多い)

粒 米5〔11〕リュウ(リフ)(粒子・粒粒辛苦)／つぶ(粒・豆粒)

隆(隆) 阜8〔11〕リュウ(隆起・興隆)〔人名用〕〈たか・たかし〉

硫(硫) 石7〔12〕リュウ(リウ)(硫安・硫化銀) ★硫黄

人×琉(琉) 玉7〔11〕リュウ(リウ)(琉球・琉金)／ル(琉璃)

人×溜 水10〔13〕リュウ(リウ)(残溜・蒸溜)／たまる(溜醤油)／ためる(溜める・溜息)▼「留」で代用される。「澑」は異体字。

×榴 木10〔14〕リュウ(石榴) ★海石榴

人×劉 刀13〔15〕リュウ(リウ)(劉覧)★劉喨・劉邦(中国の人名)

×瘤 疒10〔15〕リュウ(贅瘤・動脈瘤)／こぶ(力瘤)▼「癅」は異体字。

【リョ】

侶 人7〔9〕リョ(僧侶・伴侶)

③旅(旅) 方6〔10〕リョ(旅行・旅券)／たび(旅・船旅) ★旅籠

虜(虜) 虍7〔13〕リョ(虜囚・捕虜)／とりこ(虜)

慮 心11〔15〕リョ(遠慮・苦慮・考慮・思慮・配慮・無慮)／おもんぱかる(慮る)

【リョウ】

了 亅1〔2〕リョウ(レウ)(了解・校了)／おわる(了わる)／おえる(了える) ★了簡 ▼「さとる」の意は「諒」の代用。

③両(兩) 一5〔6〕リョウ(リャウ)(両親・両面・両立・車両・千両) ★両— ▼車の意は「輛」の代用(「輌」はその異体字)。旧字体は「入」の部。

④良 艮1〔7〕リョウ(リャウ)(良好・優良)／よい(良い)⇔よい(善い・▲好い)〔人名用〕〈ら〉 ★良人・野良・吉良(姓)・奈良(地名)

④料 斗6〔10〕リョウ(レウ)(料金・材料)

涼 水8〔11〕リョウ(リャウ)(涼味・納涼)／すずしい(涼しい・涼しさ)／すずむ(涼む・夕涼み) ▼「凉」は異体字。

猟(獵) 犬8〔11〕リョウ(レフ)(猟師・渉猟) ★猟矢・猟虎

陵 阜8〔11〕リョウ(陵墓・丘陵)／みささぎ(陵)

④量 里5〔12〕リョウ(リャウ)(量産・度量)／はかる(量る)⇔はかる(図る・計る・測る・謀る・諮る)／かさ(量)

僚 人12〔14〕リョウ(レウ)(僚友・同僚)

⑤領 頁5〔14〕リョウ(リャウ)(領土・大統領) ★領巾

寮 宀12〔15〕リョウ(レウ)(寮生・独身寮)

療 疒12〔17〕リョウ(レウ)(療養・治療)

瞭 目12〔17〕リョウ(レウ)(一目瞭然・明瞭)〔人名用〕〈あきら〉 ▼「暸」は異体字。

糧 米12〔18〕リョウ(リャウ)(糧食・糧道)／ロウ(ラウ)(兵糧)／かて(糧) ▼「粮」は異体字。

人×亮 亠7〔9〕リョウ(リャウ)(亮察・亮然)〔人名用〕〈あき・あきら・まこと・すけ・ふさ〉 ▼「亮」は異体字。

×苓 艸5〔9〕リョウ(リャウ)(茯苓)／レイ ★苓北(地名)

人×凌 冫8〔10〕リョウ(凌駕・凌辱)／しのぐ(凌ぐ) ★凌雲集(書名)

人×崚 山8〔11〕*リョウ ▼人名に使われる。

人×梁 木7〔11〕リョウ(リャウ)(梁上君子・橋梁)／はり(梁)／やな(梁) ★梁川(姓)・梁山泊(中国の地名) ▼「樑」は異体字。

×聊 耳5〔11〕リョウ(レウ)(無聊)／いささか(聊か) ★聊斎志異(中国の書名)

人×稜 禾8〔13〕リョウ(稜線・稜威)

×寥 宀11〔14〕リョウ(寂寥)

人×諒 言8〔15〕リョウ(リャウ)(諒とする・諒闇)〔人名用〕〈まこと・あき・まさ〉 ★諒恕 ▼「みとめる」の意では「了」で代用される。

人×遼(遼) 辵12〔15〕リョウ(レウ)(遼遠・遼代)〔人名用〕〈あきら・はるか〉

×輛 車8〔15〕リョウ(リャウ)(車輛) ▼「両」に書き換えられる。「輌」は通用字体。

人×燎 火12〔16〕リョウ(レウ)(燎火・燎原)

【リョク】

①力 力0〔2〕リョク(権力・能力)／リキ(力量・馬力)／ちから(力・底力) ★錻力・車力

③緑(綠) 糸8〔14〕リョク(緑茶・新緑)／ロク(緑青)／みどり(緑・薄緑)

【リン】

①林 木4〔8〕リン(林業)／はやし(林・松林) ★林檎・林邑

厘 厂7〔9〕リン(一分一厘)

倫 人8〔10〕リン(倫理・絶倫)〔人名用〕〈とも・のり・みち・もと〉 ★倫敦

④輪 車8〔15〕リン(輪番・車輪)／わ(輪・首輪) ★輪廻・輪奐・七輪・如輪木・曲輪

隣 阜13〔16〕リン(隣室・近隣)／となり(隣・両隣)／となる(隣り合わせ) ▼もと「鄰」の異体字。

⑥臨 臣11〔18〕リン(臨時・君臨)／のぞむ(臨む) ★臨済宗

×吝 口4〔7〕リン(吝嗇)／おしむ(吝む)／やぶさか(吝か)／しわい(吝い)

人×淋 水8〔11〕リン(淋漓・淋病)／さびしい(淋しい) ★淋巴

×淪 水8〔11〕リン(淪滅・沈淪)

琳 人× 玉8〔12〕 リン(琳琅・玉琳) ★琳派

綸 人× 糸8〔14〕 リン(綸子・綸旨)

凜 人× 冫13〔15〕 リン(凜乎・凜とした姿) ★凜凜しい ▼「凛」は異体字(人名用漢字)。

醂 × 酉8〔15〕 ラン(醂柿)／リン(味醂) ▼「味醂」は「味淋」とも書いた。

霖 × 雨8〔16〕 リン(霖雨・秋霖)

燐 × 火13〔17〕 リン(燐光・燐酸) ★燐寸

躙 × 足16〔23〕 リン(蹂躙)／ふむ(躙む) ▼「躪」は異体字。

鱗 人× 魚13〔24〕 リン(鱗片・魚鱗)／うろこ(鱗)／こけら(鱗) ★鱗・逆鱗 ▼「こけら」は「うろこ」の意の方言。

麟 人× 鹿13〔24〕 リン(麒麟) ▼もと中国の想像上の動物で、「麒」はオス、「麟」はメス。

る

【ル】

瑠 玉10〔14〕 ル(瑠璃) ▼「瑠」は異体字。

縷 × 糸11〔17〕 ル(縷説・縷縷)／*ロウ

【ルイ】

涙(淚) 水7〔10〕 ルイ(涙腺・感涙・血涙・落涙)／なみだ(涙・涙ぐましい・涙声) ▼「泪」は異体字。

累 糸5〔11〕 ルイ(累計・係累)／かさなる(累なる)／かさねる(累ねる) ▼「纍」は異体字。

塁(壘) 土9〔12〕 ルイ(塁審・盗塁・土塁・満塁)／とりで(塁)

④ 類(類) 頁9〔18〕 ルイ(類型・分類)／たぐい(類い)

れ

【レイ】

④ 令 人3〔5〕 レイ(令嬢・命令)／*リョウ(リャウ)／しむ(…せ令む) ★令外・令閨・仮令・縦令

③ 礼(禮) 示1〔5〕 レイ(礼儀・礼状・謝礼・朝礼・無礼)／ライ(礼賛・礼拝)〔人名用〕〈あや・のり〉 ★礼盤・礼記(中国の書名)・礼文(地名)

④ 冷 冫5〔7〕 レイ(冷却・寒冷)／つめたい(冷たい・冷たさ)／ひえる(冷える・底冷え)／ひや(冷や・冷ややかだ)／ひやす(冷やす)／ひやかす(冷やかす・冷やかし)／さめる(冷める)⇔さめる(覚める)／さます(冷ます・湯冷まし)⇔さます(覚ます)

励(勵) 力5〔7〕 レイ(励行・精励)／はげむ(励む・励み)／はげます(励ます・励まし)〔人名用〕〈つとむ〉

戻(戾) 戸3〔7〕 レイ(戻入・返戻)／もどす(戻す・差し戻し)／もどる(戻る・後戻り)

④ 例 人6〔8〕 レイ(例外・例年・定例・用例)／たとえる(例える・例えば)

④ 鈴 金5〔13〕 レイ(電鈴・予鈴)／リン(風鈴・呼び鈴)／すず(鈴・鈴生り)

零 雨5〔13〕 レイ(零下・零落)／ゼロ ▼漢数字で「〇」とも書く。 ★零余子

霊(靈) 雨7〔15〕 レイ(霊感・霊長類)／リョウ(リャウ)(悪霊・死霊)／たま(霊・霊屋)⇔たま(魂) ★霊廟・木霊・言霊

隷 隶8〔16〕 レイ(隷書・奴隷) ▼「隸」は異体字。

齢(齡) 歯5〔17〕 レイ(樹齢・妙齢)／よわい(齢) ▼一般に「令」で代用されることがある。

麗 鹿8〔19〕 レイ(麗人・美麗)／うるわしい(麗しい)／うららか(麗らか)

伶 人× 人5〔7〕 レイ(伶楽・伶俐)〔人名用〕〈さと・さとし〉

怜 人× 心5〔8〕 レイ(怜悧)／*レン ▼「憐」に通じる。

玲 人× 玉5〔9〕 レイ(玲玲・玲瓏)〔人名用〕〈あきら・たま〉

羚 人× 羊5〔11〕 *リョウ(リヤウ)／*レイ ★羚羊

蛉 × 虫5〔11〕 レイ(蜻蛉)

黎 人× 黍3〔15〕 レイ(黎元・黎明)／*リ〔人名用〕〈たみ〉

嶺 人× 山14〔17〕 レイ(嶺雲・分水嶺)／みね(嶺)／ね(高嶺) ★与那嶺(姓)

【レキ】

暦(曆) 日10〔14〕 レキ(暦年・太陽暦)／こよみ(暦・花暦) ▼「歴」は別字。

⑤ 歴(歷) 止10〔14〕 レキ(歴史・経歴) ★歴山大王(人名) ▼「厂」と略すことがある。「暦」は別字。

礫 × 石15〔20〕 レキ(瓦礫・礫土)

轢 × 車15〔22〕 レキ(轢死・軋轢)／ひく(轢く) ▼「轢」は通用字体。「轣」は異体字。

【レツ】

③ 列 刀4〔6〕 レツ(列火・列車・列席・行列・陳列)／つらなる(列なる)／つらねる(列ねる)／ならぶ(列ぶ)／ならべる(列べる) ★列子(中国の人名・書名)

劣 力4〔6〕 レツ(劣等・優劣)／おとる(劣る)

烈 火6〔10〕 レツ(烈火・猛烈)／はげしい(烈しい)

裂 衣6〔12〕 レツ(裂傷・決裂・分裂・支離滅裂)／さく(裂く・八つ裂き)⇔さく(割く)／さける(裂ける・裂け目)

【レン】

恋(戀) 心6〔10〕 レン(恋愛・失恋)／こう(恋う・恋い焦がれる)／こい(恋)／こいしい(恋しい)

④ 連(連) 辵7〔10〕 レン(連合・連続・連絡・関連)／つらなる(連なる)／つらねる(連ねる)／つれる(連れる・連れ) ★連・注連縄・伴天連・連枷・連翹・連袂 ▼「つらなる」の意は「聯」の代用。

廉(廉) 广10〔13〕 レン(廉価・破廉恥)〔人名用〕〈やす〉 ★廉頗(中国の人名)

③ 練(練) 糸8〔14〕 レン(練習・熟練)／ねる(練る・練り直す) ★練実・練馬(地名)・手練 ▼ねるの意は「煉」の代用。

錬(鍊) 金8〔16〕 **レン**(錬金術・精錬) ▼「鍊」で代用されることがあった。

煉 火9〔13〕 **レン**(煉瓦・煉獄) ▼「錬」「練」で代用されることがある。「煉」は通用字体。

蓮(蓮) 艸10〔13〕 **レン**(蓮華・一蓮托生)／**はす**(蓮)／**はちす**(蓮)

憐 心13〔16〕 **レン**(憐憫・「憐愍」・可憐)／**あわれむ**(憐れむ) ▼「怜」に通じる。

聯 耳11〔17〕 **レン**(聯邦・関聯) ▼「連」で代用される。「聯」は異体字。

斂 攴13〔17〕 **レン**(収斂)／**あつめる**(斂める)／**おさめる**(斂める)

簾 竹13〔19〕 **レン**(簾中・暖簾)／**す**(御簾)／**すだれ**(簾) ▼「簾」は通用字体。

攣 手19〔23〕 **レン**(痙攣)／**つる**(引き攣る) ▼「挛」は通用字体。

ろ

【ロ】

呂 口4〔7〕 **ロ**(風呂)／**リョ**(呂律・語呂・呂翁枕) ★以呂波

炉(爐) 火4〔8〕 **ロ**(炉辺・原子炉) ★囲炉裏

賂 貝6〔13〕 **ロ**(賄賂)

③ **路** 足6〔13〕 **ロ**(路上・道路)／**じ**(家路・山路・小路)／**みち**(路) ★潮路

露 雨13〔21〕 **ロ**(露出・雨露)／**ロウ**(披露)／**つゆ**(露・夜露)／**あらわす**(露わす)⇔あらわす(表す・現す・著す・▲顕す)／**あらわれる**(露われる)⇔あらわれる(表れる・現れる・▲顕れる)

魯 魚4〔15〕 **ロ**(魯鈍・頑魯) ★魯西亜・魯魚草章

濾 水15〔18〕 **ロ**(濾過・濾紙)／**こす**(濾す)⇔こす(×漉す) ▼「沪」は簡易慣用字体。「濾」は別字。

櫓 木15〔19〕 **ロ**(櫓拍子・逆櫓)／**やぐら**(櫓太鼓・物見櫓)

【ロウ】

④ **老** 老0〔6〕 **ロウ**〔ラウ〕(老巧・長老)／**おいる**(老いる・老い)／**ふける**(老ける・老け役)⇔ふける(更ける) ★老海鼠・老酒・老耄・海老・老舗・老麺・老頭児

④ **労**(勞) 力5〔7〕 **ロウ**〔ラウ〕(労働・疲労)／**いたわる**(労る)

弄 廾4〔7〕 **ロウ**(愚弄・翻弄)／**もてあそぶ**(弄ぶ) ▼「挊」は異体字。

郎(郞) 邑6〔9〕 **ロウ**〔ラウ〕(新郎・外郎) ★郎子・郎女 ▼「朗」は別字。

浪 水7〔10〕 **ロウ**〔ラウ〕(浪費・放浪)／**なみ**(浪) ★浪曼・浪漫・浪曲・浪花節・浪花・浪華・浪速(地名)

⑥ **朗**(朗) 月6〔10〕 **ロウ**〔ラウ〕(朗読・明朗)／**ほがらか**(朗らかだ・朗らかさ)〔人名用〕(あき・あきら・お) ▼「朖」は異体字。

廊 广9〔12〕 **ロウ**〔ラウ〕(廊下・画廊)

楼(樓) 木9〔13〕 **ロウ**(楼閣・望楼) ★楼蘭(中国の地名)

漏 水11〔14〕 **ロウ**(漏電・脱漏)／**もる**(漏る・雨漏り)／**もれる**(漏れる)／**もらす**(漏らす) ★漏斗・漏洩・漏泄

籠 竹16〔22〕 **ロウ**(籠球・籠絡)／**かご**(籠)／**こもる**(籠る)／**こ**(伏せ籠) ★魚籠・籠 ▼「篭」は通用字体。

牢 牛3〔7〕 **ロウ**〔ラウ〕(牢獄・堅牢)

陋 阜6〔9〕 **ロウ**(陋屋・陋巷)

狼 犬7〔10〕 **ロウ**〔ラウ〕(虎狼・狼狽)／**おおかみ**(狼) ★狼煙

婁 女8〔11〕 *ロウ／*ル ★「牟婁」のように主に地名に用いる。

榔 木10〔14〕 **ロウ**〔ラウ〕(檳榔) ▼「榔」は通用字体。

瘻 疒11〔16〕 **ロウ**(痔瘻・胃瘻)／**ル**(痀瘻)

臘 肉15〔19〕 **ロウ**〔ラフ〕(臘月・旧臘) ▼「臘梅」は植物名。「臈」は異体字。「腊」は通用字体。僧侶の年功の意味に使う場合は「﨟」を用いることがある。

鏤 金11〔19〕 **ロウ**(鏤水)／**ル**(鏤骨)／**ちりばめる**(鏤める)／**きざむ**(鏤む)

朧 月16〔20〕 **ロウ**(朦朧・朧朧)／**おぼろ**(朧・朧月夜)

蠟 虫15〔21〕 **ロウ**〔ラフ〕(蠟燭・蠟人形) ▼「蝋」は簡易慣用字体。

聾 耳16〔22〕 **ロウ**(聾唖・聾学校)

【ロク】

① **六** 八2〔4〕 **ロク**(六月・丈六)／**リク**(六書)／**む**(六月目)／**むっつ**(六つ)／**むつ**(六つ)／**むい**(六日) ★六十・六朝・六韜・六合・六経・六論衍義(中国の書名)・六波羅探題・甚六・六合(地名)・六戸(地名)・双六・贅六・表六玉

④ **録**(錄) 金8〔16〕 **ロク**(録音・録画・実録・収録・目録) ★型録

麓 木15〔19〕 **ロク**(山麓)／**ふもと**(麓) ▼「鹿」部に属することもある。

肋 肉2〔6〕 **ロク**(肋骨・肋膜)／**あばら**(肋)

禄(祿) 示8〔12〕 **ロク**(禄米・貫禄) ★回禄・福禄寿・元禄(元号)・干禄字書(中国の書名) ▼「録」で書き換えることがある。

碌 石8〔13〕 **ロク**(碌に働かない・碌青)

【ロン】

⑥ **論** 言8〔15〕 **ロン**(論証・論文・議論・評論)／**あげつらう**(論う) ★目論見

わ

【ワ】

③ **和** 口5〔8〕 **ワ**(和解・和紙・和洋・緩和・調和・柔和)／**オ**〔ヲ〕(和尚)／**やわらぐ**(和らぐ)／**やわらげる**(和らげる)／**なごむ**(和む)／**なごやか**(和やかだ)〔人名用〕(かず) ★和毛・和物・和栲・和琴・和氏之璧・日和・和名類聚抄(書名)・和泉(地名)・和水町(地名)

② **話** 言6〔13〕 **ワ**(話題・対話・電話・童話)／**はなす**(話す)／**はなし**(話・立ち話)

倭 人8〔10〕 **ワ**(倭国・倭人)／**やまと**(倭)〔人名用〕(しず) ★倭文 ▼「和」とも書く。

【ワイ】

賄 貝6〔13〕 ワイ(収賄・贈賄)／まかなう(賄う・賄い)／まいない(賄)

×歪 止5〔9〕 ワイ(歪曲・歪度)／ゆがむ(歪む・歪み)／ゆがめる(歪める)／ひずむ(歪む・歪み) ▼会意文字。

×猥 犬9〔12〕 ワイ(猥褻・卑猥)／みだら(猥ら)

×矮 矢8〔13〕 ワイ(白色矮星・矮小)

×穢 禾13〔18〕 ワイ(汚穢・穢行)／エ(穢)／けがれる(穢れる)／けがす(穢す)

【わき】

脇 肉6〔10〕 キョウ(ケフ)(脇侍・脇息)／わき(脇役・小脇) ▼「脇」は異体字。「脅」は別字。

【ワク】

惑 心8〔12〕 ワク(惑星・誘惑)／まどう(惑う・戸惑い)

【わく】

枠 木4〔8〕 わく(枠・枠内) ▼日本で作られた漢字。「わく」は漢語由来。

【わし】

人×鷲 鳥12〔23〕 ジュ／*シュウ／わし(鷲・鷲掴み)★鷲山・鷲敷(地名)・霊鷲山・鷲見(姓)

【わたる】

人×亘(亙) 二4〔6〕 *コウ〔人名用〕〈わたる・のぶ・とおる〉 ★亘理(地名) ▼「亘」はもと「亙」と別字。のちに混用される。

【わな】

×罠 网5〔10〕 *ビン／わな(罠)

【わに】

×鰐 魚9〔20〕 *ガク／わに(鰐・鰐口)

【わび】

×侘 人6〔8〕 *ダ／*タ／*タク／わびしい(侘しい)／わびる(侘びる)／わび(侘び・侘び茶)

×佗 人5〔7〕 *ダ／*タ／わびしい(佗しい)／わび(佗び・佗び茶)／わびる(佗びる) ▼「侘」「詫」とも書く。

【わびる】

人×詫 言6〔13〕 *タ／わびる(詫びる・詫状)／かこつ(詫つ)

【わら】

人×藁 艸14〔17〕 *コウ(カウ)／わら(藁・麦藁) ▼「稿」はもと異体字で、「藁」は異体字。

【わらび】

人×蕨 艸12〔15〕 *ケツ／わらび(蕨・早蕨)

【ワン】

湾(灣) 水9〔12〕 ワン(湾内・港湾) ▼「湾曲」などまがるの意は「彎」(簡易慣用字体は「弯」)の代用。

腕 肉8〔12〕 ワン(腕章・敏腕)／うで(腕・細腕)／かいな(腕) ★腕白

人×椀 木8〔12〕 ワン(玉椀・茶椀)／まり(椀) ★椀飯 ▼「椀」は木で作った容器。

人×碗 石8〔13〕 ワン(碗皿・茶碗)／まり(碗) ▼「碗」は陶磁器で作った容器。

〔漢字と共に使われる記号〕

々 漢字の繰り返しに用いる。「一々・人々」▼「仝」の省略形と「と」が混じったもの。「仝」は、もと「同」の異体字。

〆 しめ しめ。「〆切」 ▼「ト」から。手紙の封じ目にも用いる。

〇 レイ ゼロ 「〇点・一〇〇番・二〇〇〇年」

ヶ コ ケ 「箇(个)」の略字。「一ヶ月・三ヶ日・一ヶ百円」▼片仮名の「ケ」を当てることもある

漢字

人名用漢字一覧

（戸籍法施行規則　平成二十九年九月二十五日改正）

子の名には、常用漢字二一三六字のほかに、次に掲げる八六三字を用いることができる。

なお、【一】の「-」は相互の漢字が同一の字種であることを示している。また、【二】の（　）内の漢字は、戸籍法施行規則第六十条第一号に規定する漢字であり、（　）の外の漢字とのつながりを示すため、参考までに掲げた。

【一】

丑 丞 乃 之 乎 也 云 亘-亙 些 亦 亥 亨 亮 仔

伊 伍 伽 佃 佑 伶 侃 侑 俄 俠 俣 俐 倭 俱 倦 倖

偲 傭 儲 允 兎 兜 其 冴 凌 凜-凛 凧 凪 凰 凱 函 劉

劫 勁 勺 勿 匁 匡 廿 卜 卯 卿 厨 厩 叉 叡 叢 叶

只 吾 吞 吻 哉 哨 啄 哩 喬 喧 喰 喋 嘩 嘉 嘗 噌

噂 圃 圭 坐 尭-堯 坦 埴 堰 堺 堵 塙 壕 壬 夷 奄 奎

套 娃 姪 姥 娩 嬉 孟 宏 宋 宕 宥 寅 寓 寵 尖 尤 屑 峨 峻 崚 嵯 嵩 嶺 巌-巖 巫 已 巳

巴 巷 巽 帖 幌 幡 庄 庇 庚 庵 廟 廻 弘 弛 彗 彦 彪 彬 徠 忽 怜 恢 恰 恕 悌 惟 惚

悉 惇 惹 惺 惣 慧 憐 戊 或 戟 托 按 挺 挽 掬 捲 捷 捺 捧 掠 揃 摑 摺 撒 撰 撞 播

撫 擢 孜 敦 斐 斡 斧 斯 於 旭 昂 昊 昏 昌 昴 晏 晃-晄 晒 晋 晟 晦 晨 智 暉 暢 曙 曝

曳 朋 朔 杏 杖 杜 李 杭 杵 杷 枇 柑 柴 柘 柊 柏 柾 柚 桧-檜 栞 桔 桂 栖 桐 栗 梧 梓

梢 梛 梯 桶 梶 椛 梁 棲 椋 椀 楯 楚 楕 椿 楠 楓 椰 楢 楊 榎 樺 榊 榛 槙-槇 槍 槌 樫

槻 樟 樋 橘 樽 橙 檎 檀 櫂 櫛 櫓 欣 欽 歎 此 殆 毅 毘 毬 汀 汝 汐 汲 沌 沓 沫 洸

洲 洵 洛 浩 浬 淵 淳 渚-渚 淀 淋 渥 渾 湘 湊 湛 溢 滉 溜 漱 漕 漣 澪 濡 瀕 灘 灸 灼

烏 焰 焚 煌 煤 煉 熙 燕 燎 燦 燭 燿 爾 牒 牟 牡 牽 犀 狼 猪-猪 獅 玖 珂 珈 珊 珀 玲

琢-琢 琉 瑛 琥 琶 琵 琳 瑚 瑞 瑶 瑳 瓜 瓢 甥 甫 畠 畢 疋 疏 皐 皓 眸 瞥 矩 砦 砥 砧

硯 碓 碗 碩 碧 磐 磯 祇 祢-禰 祐-祐 祷-禱 禄-祿 禎-禎 禽 禾 秦 秤 稀 稔 稟 稜 穣-穰 穹 穿 窄 窪 窺

竣 竪 竺 竿 笈 笹 笙 笠 筈 筑 箕 箔 篇 篠 簞 簾 粥 粟 糊 紘 紗 紐 絃 紬 絆 絢

綺 綜 綴 緋 綾 綸 縞 徽 繋 繡 纂 纏 羚 翔 翠 耀 而 耶 耽 聡 肇 肋 肴 胤 胡 脩 腔

脹 膏 臥 舜 舵 芥 芹 芭 芙 芦 苑 茄 苔 苺 茅 茉 茸 茜 莞 荻 莫 莉 菅 菫 菖 萄 菩

萌-萠 萊 菱 葦 葵 萱 葺 萩 董 葡 蓑 蒔 蒐 蒼 蒲 蒙 蓉 蓮 蔭 蔣 蔦 蓬 蔓 蕎 蕨 蕉 蕃

蕪 薙 蕾 蕗 藁 薩 蘇 蘭 蝦 蝶 螺 蟬 蟹 蠟 衿 袈 袴 裡 裟 裳 襖 訊 訣 註 詢 詫 誼

諏 諄 諒 謂 諺 讃 豹 貰 賑 赳 跨 蹄 蹟 輔 輯 輿 轟 辰 辻 迂 迄 辿 迪 迦 這 逞 逗

逢 遥-遙 遁 遼 邑 祁 郁 鄭 酉 醇 醐 醍 醬 釉 釘 釧 銑 鋒 鋸 錘 錐 錆 錫 鍬 鎧 閃 閏

閤 阿 陀 隈 隼 雀 雁 雛 雫 霞 靖 鞄 鞍 鞘 鞠 鞭 頁 頌 頗 顚 颯 饗 馨 馴 馳 駕 駿

驍 魁 魯 鮎 鯉 鯛 鰯 鱒 鱗 鳩 鳶 鳳 鴨 鴻 鵜 鵬 鷗 鷲 鷺 鷹 麒 麟 麿 黎 黛 鼎

【二】

亞(亜) 惡(悪) 爲(為) 逸(逸) 榮(栄) 衞(衛) 謁(謁) 圓(円) 緣(縁) 薗(園) 應(応) 櫻(桜) 奧(奥) 橫(横) 溫(温) 價(価) 禍(禍) 悔(悔) 海(海) 壞(壊) 懷(懐) 樂(楽) 渴(渇) 卷(巻) 陷(陥)

寬(寛) 漢(漢) 氣(気) 祈(祈) 器(器) 僞(偽) 戲(戯) 虛(虚) 峽(峡) 狹(狭) 響(響) 曉(暁) 勤(勤) 謹(謹) 驅(駆) 勳(勲) 薰(薫) 惠(恵) 揭(掲) 鷄(鶏) 藝(芸) 擊(撃) 縣(県) 儉(倹) 劍(剣) 險(険) 圈(圏)

檢(検) 顯(顕) 驗(験) 嚴(厳) 廣(広) 恆(恒) 黃(黄) 國(国) 黑(黒) 穀(穀) 碎(砕) 雜(雑) 祉(祉) 視(視) 兒(児) 濕(湿) 實(実) 社(社) 者(者) 煮(煮) 壽(寿) 收(収) 臭(臭) 從(従) 澁(渋) 獸(獣) 縱(縦)

祝(祝) 暑(暑) 署(署) 緖(緒) 諸(諸) 敍(叙) 將(将) 祥(祥) 涉(渉) 燒(焼) 奬(奨) 條(条) 狀(状) 乘(乗) 淨(浄) 剩(剰) 疊(畳) 孃(嬢) 讓(譲) 釀(醸) 神(神) 眞(真) 寢(寝) 愼(慎) 盡(尽) 粹(粋) 醉(酔)

穗(穂) 瀨(瀬) 齊(斉) 靜(静) 攝(摂) 節(節) 專(専) 戰(戦) 纖(繊) 禪(禅) 祖(祖) 壯(壮) 爭(争) 莊(荘) 搜(捜) 巢(巣) 曾(曽) 裝(装) 僧(僧) 層(層) 瘦(痩) 騷(騒) 增(増) 憎(憎) 藏(蔵) 贈(贈) 臟(臓)

卽(即) 帶(帯) 滯(滞) 瀧(滝) 單(単) 嘆(嘆) 團(団) 彈(弾) 晝(昼) 鑄(鋳) 著(著) 廳(庁) 徵(徴) 聽(聴) 懲(懲) 鎭(鎮) 轉(転) 傳(伝) 都(都) 嶋(島) 燈(灯) 盜(盗) 稻(稲) 德(徳) 突(突) 難(難) 拜(拝)

盃(杯) 賣(売) 梅(梅) 髮(髪) 拔(抜) 繁(繁) 晚(晩) 卑(卑) 祕(秘) 碑(碑) 賓(賓) 敏(敏) 冨(富) 侮(侮) 福(福) 拂(払) 佛(仏) 勉(勉) 步(歩) 峯(峰) 墨(墨) 飜(翻) 每(毎) 萬(万) 默(黙) 埜(野) 彌(弥)

藥(薬) 與(与) 搖(揺) 樣(様) 謠(謡) 來(来) 賴(頼) 覽(覧) 欄(欄) 龍(竜) 虜(虜) 凉(涼) 綠(緑) 淚(涙) 壘(塁) 類(類) 禮(礼) 曆(暦) 歷(歴) 練(練) 鍊(錬) 郞(郎) 朗(朗) 廊(廊) 錄(録)

難読語一覧

この「難読語一覧」は、漢字で表記された、読み方の難しい語(一〇一八語)を選び、その読み方を示したものである。読み方は、漢語(字音語)・外来語は片仮名で、和語は平仮名で示してある。語は、第一字目の漢字の画数により、少ないもの→多いものの順に配列してある。同画数の中は、部首順になっている。画数は、「くさかんむり(艹)」「しんにょう(辶)」を四画と数えるなど、いわゆる正字体によっているが、次の四字を字体の一部にふくむものはカッコ内の画数に統一した。之(三画)　瓜(六画)　此(六画)　臣(七画)

なお、ここに掲げていない漢字を頭字とする難読語で、「漢字一覧」(一五三六ページ〜)に見出し字を掲げたものは、その箇所の★印以下を参照してほしい。

二画

〔匕〕匕首(あいくち)

三画

〔孑〕孑孒(ぼうふら・ぼうふり)

四画

〔亢〕亢進(コウシン)
〔仄〕仄暗い(ほのぐらい)
〔仆〕仆れる(たおれる)

五画

〔叺〕叺(かます)
〔朮〕朮(おけら)

六画

〔刎〕刎ねる(はねる)
刎頸(フンケイ)
〔屹〕屹立(キツリツ)
屹度(きっと)
〔扣〕扣頭(コウトウ)

七画

〔佝〕佝僂(せむし・クル)
〔佗〕佗(わび)
〔吶〕吶吶(トツトツ)
吶喊(トッカン)
〔呎〕呎(フート・フィート)
〔囮〕囮(おとり)
〔夾〕夾竹桃(キョウチクトウ)
夾雑物(キョウザツブツ)
〔佞〕佞臣(ネイシン)
〔尨〕尨大(ボウダイ)
尨然(ボウゼン)
〔忸〕忸怩(ジクジ)
〔扼〕扼殺(ヤクサツ)
〔抉〕抉る(くじる)
抉る(えぐる)
抉剔(ケッテキ)
〔抓〕抓る(つねる)
抓む(つまむ)
〔杠〕杠秤(ちきり・ちぎばかり)
〔杈〕杈(やす)
〔杙〕杙(くい)
〔杤〕杤(とち)
〔沛〕沛然(ハイゼン)
〔狆〕狆(チン)
〔糺〕糺す(ただす)
〔芍〕芍薬(シャクヤク)
〔豕〕豕(いのこ)

八画

〔侏〕侏儒(シュジュ)
〔咆〕咆哮(ホウコウ)
〔囹〕囹圄(レイゴ)
〔坩〕坩堝(るつぼ)
〔帚〕帚木(ははきぎ)
〔帙〕帙(チツ)
〔弩〕弩(いしゆみ)
〔忝〕忝い(かたじけない)
〔怫〕怫然(フツゼン)
〔忿〕忿怒(フンヌ)
忿懣(フンマン)
〔拈〕拈る(ひねる)
拈香(ネンコウ)
〔拇〕拇印(ボイン)
〔枉〕枉駕(オウガ)
〔枘〕枘(ほぞ)
〔杼〕杼(ひ)
〔枡〕枡(ます)
〔沽〕沽券(コケン)
〔狒〕狒狒(ヒヒ)
〔疚〕疚しい(やましい)
〔疝〕疝気(センキ)
〔盂〕盂蘭盆(ウラボン)
〔秉〕秉燭(ヘイショク)
〔芟〕芟除(センジョ・サンジョ)
〔芬〕芬蘭(フィンランド)
〔苆〕苆(すさ)
〔迚〕迚も(とても)
〔邯〕邯鄲(カンタン)
〔隹〕隹(ふるとり)

九画

〔俟〕俟つ(まつ)
〔俤〕俤(おもかげ)
〔俥〕俥(くるま)
〔匍〕匍匐(ホフク)
〔厖〕厖大(ボウダイ)
厖然(ボウゼン)
〔哄〕哄笑(コウショウ)
〔哈〕哈密(ハミ)
哈爾賓(ハルビン)
〔咫〕咫尺(シセキ)
〔呱〕呱呱(ココ)
〔姨〕姨(うば)
〔孩〕孩児(ガイジ)
〔屎〕屎尿(シニョウ)
〔峙〕峙つ(そばだつ)
〔弭〕弭(ゆはず)
〔恪〕恪勤(カクゴン・カッキン)
〔恤〕恤兵(ジュッペイ)
〔恬〕恬淡(テンタン)
恬然(テンゼン)
恬澹(テンタン)
〔恫〕恫喝(ドウカツ)
〔拶〕拶る(むしる)
〔昴〕昴(すばる)
〔昵〕昵懇(ジッコン)
〔枷〕枷(かせ)
〔枳〕枳殻(からたち・キコク)
〔枸〕枸杞(クコ)
枸櫞酸(クエンサン)
〔柞〕柞蚕(サクサン)
〔枹〕枹(ばち)
〔洟〕洟(はな・はなみず)
〔洎〕洎夫藍(サフラン)
〔炯〕炯眼(ケイガン)
〔炸〕炸裂(サクレツ)
〔炷〕炷く(たく)
〔炮〕炮烙(ホウラク・ホウロク)
〔狢〕狢(むじな)
〔珈〕珈琲(コーヒー)
〔玳〕玳瑁(タイマイ)
〔玻〕玻璃(ハリ)
〔瓲〕瓲(トン)
〔疥〕疥(はたけ)
疥癬(カイセン)
〔疣〕疣(いぼ)
〔眈〕眈眈(タンタン)
〔砌〕砌(みぎり)
〔祆〕祆教(ケンキョウ)
〔秕〕秕(しいな)
〔舁〕舁く(かく)
〔苣〕苣(ちしゃ・ちさ)
〔苟〕苟且(かりそめ・コウショ)
〔苞〕苞(つと)
〔苺〕苺(いちご)
〔衵〕衵(あこめ)
〔衽〕衽(おくみ)
〔袂〕袂(たもと)
〔閂〕閂(かんぬき)
〔韋〕韋駄天(イダテン)

十画

[倨] 倨傲（キョゴウ）
[剔] 剔出（テキシュツ）
剔抉（テッケツ）
[哥] 哥沢（うたざわ）
[哮] 哮る（たける）
[哨] 哨吶（チャルメラ）
[娥] 娥眉（ガビ）
[娉] 娉う（つまどう）
[宦] 宦官（カンガン）
[恙] 恙（つつが）
[悚] 悚然（ショウゼン）
[悄] 悄然（ショウゼン）
[悖] 悖る（もとる）
悖徳（ハイトク）
[悋] 悋気（リンキ）
[拵] 拵る（せせる）
[拿] 拿捕（ダホ）
[晏] 晏如（アンジョ）
[栞] 栞（しおり）
[桀] 桀紂（ケッチュウ）
[栲] 栲（たえ・たく）
[桎] 桎梏（シッコク）
[栬] 栬（もみじ）
[涕] 涕（なみだ）
涕泣（テイキュウ）
[涅] 涅槃（ネハン）
[烟] 烟草（タバコ）
烟管（キセル）
[畚] 畚（もっこ・ふご）
[痀] 痀瘻（せむし・クル）
[疱] 疱瘡（ホウソウ）
[砺] 砺波（となみ）
[祇] 祇候（シコウ）
[秣] 秣（まぐさ）
[窈] 窈窕（ヨウチョウ）
[笋] 笋（たけのこ）
[粃] 粃（しいな）
[罠] 罠（わな）
[耆] 耆老（キロウ）
[耄] 耄碌（モウロク）
[舫] 舫う（もやう）
[茵] 茵（しとね）
[茱] 茱萸（ぐみ）
[茗] 茗荷（ミョウガ）
[茘] 茘枝（レイシ）
[芻] 芻蕘（スウジョウ）
[蚋] 蚋（ぶよ・ぶゆ・ぶと）
[衾] 衾（ふすま）
[袍] 袍（うえのきぬ・ホウ）
[豈] 豈（あに）
[豺] 豺狼（サイロウ）
[郢] 郢曲（エイキョク）

十一画

[偕] 偕老同穴（カイロウドウケツ）
[偈] 偈（ゲ）
[偖] 偖て（さて）
[剪] 剪む（はさむ）
剪定（センテイ）
[匏] 匏（ひさご）
[厠] 厠（かわや）
[曼] 曼陀羅（マンダラ）
曼荼羅（マンダラ）
曼珠沙華（マンジュシャゲ）
[啀] 啀む（いがむ）
[啜] 啜る（すする）
[啖] 啖呵（タンカ）
[唸] 唸る（うなる）
[啣] 啣える（くわえる）
[婉] 婉曲（エンキョク）
[帷] 帷（とばり）
帷子（かたびら）
帷幄（イアク）
帷幕（イバク）
[徘] 徘徊（ハイカイ）
[悽] 悽愴（セイソウ）
[掏] 掏摸（すり）
[掉] 掉尾（トウビ・チョウビ）
[捩] 捩子（ねじ）
[捥] 捥ぐ（もぐ）
捥る（もぎる）
[旌] 旌旗（セイキ）
[晨] 晨鶏（シンケイ）
[梭] 梭（ひ）
梭魚（かます）
[梔] 梔子（くちなし）
[梃] 梃（てこ）
梃子（てこ）
[桴] 桴（ばち）
[梻] 梻（しきみ）
[梺] 梺（ふもと）
[梍] 梍（さいかち）
[桿] 桿菌（カンキン）
[梳] 梳く（すく）
[欷] 欷歔（キキョ）
[淦] 淦（あか）
[烽] 烽火（のろし・ホウカ）
[猊] 猊下（ゲイカ）
[猖] 猖獗（ショウケツ）
[琅] 琅玕（ロウカン）
[眦] 眦（まなじり）
[眷] 眷属（ケンゾク）
[笞] 笞（しもと・むち）
笞杖（チジョウ）
[粔] 粔籹（おこし）
[紮] 紮げる（からげる）
[紲] 紲（きずな）
[羚] 羚羊（かもしか）
[舂] 舂く（うすづく）
舂く（つく）
[莨] 莨（タバコ）
[莫] 莫蓙（ゴザ）
[蚰] 蚰蜒（げじげじ）
[蚫] 蚫（あわび）
[蚯] 蚯蚓（みみず）
[袿] 袿（うちき・うちぎ）
[袞] 袞竜（コンリョウ）
[袵] 袵（おくみ）
[袱] 袱紗（フクサ）
[裃] 裃（かみしも）
[裄] 裄（ゆき）
[趺] 趺坐（あぐら・フザ）
[逕] 逕庭（ケイテイ）
[扈] 扈従（コショウ・コジュウ）
[釵] 釵（かんざし）
[鹵] 鹵簿（ロボ）

十二画

[傀] 傀儡（くぐつ・カイライ）
[傅] 傅育（フイク）
[厦] 厦門（アモイ）
[喀] 喀血（カッケツ）
[喟] 喟然（キゼン）
[啻] 啻に（ただに）
[啾] 啾啾（シュウシュウ）
[喞] 喞つ（かこつ）
喞筒（ポンプ）
[啼] 啼く（なく）
[喃] 喃（のう）
喃語（ナンゴ）
[喩] 喩える（たとえる）
[喇] 喇叭（ラッパ）
喇嘛（ラマ）
[孳] 孳む（つるむ）
[寔] 寔に（まことに）
[嵌] 嵌める（はめる）
嵌入（カンニュウ）
[幇] 幇助（ホウジョ）
幇間（ホウカン）
[廂] 廂（ひさし）
[弑] 弑逆（シギャク・シイギャク）
[惻] 惻隠（ソクイン）
[揣] 揣摩（シマ）
[掣] 掣肘（セイチュウ）
[揶] 揶揄（ヤユ）
[敝] 敝衣（ヘイイ）
[棕] 棕櫚（シュロ）
[棗] 棗（なつめ）
[棹] 棹（さお）
[楪] 楪（ゆずりは）
[椨] 椨（たぶ）
[欹] 欹てる（そばだてる）
[毳] 毳（けば）
[湮] 湮滅（インメツ）
[渫] 渫う（さらう）
[渺] 渺茫（ビョウボウ）
[渤] 渤海（ボッカイ）
[焜] 焜炉（コンロ）

[犇] 犇めく(ひしめく)
[犂] 犂(すき)
[猩] 猩猩(ショウジョウ)
猩紅熱(ショウコウネツ)
[琥] 琥珀(コハク)
[琺] 琺瑯(ホウロウ)
[瓠] 瓠(ふくべ・ひさご)
[甦] 甦る(よみがえる)
[痣] 痣(あざ)
[稍] 稍(やや)
[窘] 窘める(たしなめる)
[竦] 竦む(すくむ)
[筐] 筐(かたみ・はこ)
[笄] 笄(こうがい)
[筅] 筅(ささら)
[筌] 筌(うけ)
[絓] 絓(しけ)
[絎] 絎(くけ)
[絨] 絨毯(ジュウタン)
絨緞(ジュウタン)
[翕] 翕然(キュウゼン)
[腋] 腋(わき)
腋芽(エキガ)
腋臭(わきが)

[腊] 腊葉(サクヨウ・セキヨウ)
[隋] 隋(ズイ)
[脾] 脾腹(ひばら)
脾臓(ヒゾウ)
[腓] 腓(こむら・こぶら)
腓骨(ヒコツ)
[胼] 胼胝(たこ)
[菠] 菠薐草(ホウレンソウ)
[菲] 菲才(ヒサイ)
[蛟] 蛟(みずち)
蛟竜(コウリュウ)
[蛞] 蛞蝓(なめくじ)
[蛯] 蛯(えび)
[覘] 覘く(のぞく)
[詛] 詛う(のろう)
[赧] 赧らめる(あからめる)
[迸] 迸る(ほとばしる)
[酣] 酣(たけなわ)
[颪] 颪(おろし)
[馭] 馭者(ギョシャ)

十三画

[僉] 僉議(センギ)
[剿] 剿滅(ソウメツ)

[嗄] 嗄れる(かれる)
[嗔] 嗔恚(シンイ・シンニ)
[嗇] 嗇(やぶさか)
[塒] 塒(ねぐら・とや)
[媼] 媼(おうな)
[媾] 媾曳(あいびき)
[嫋] 嫋やか(たおやか)
[嫂] 嫂(あによめ)
[慊] 慊焉(ケンエン)
[愍] 愍然(ビンゼン)
[搦] 搦む(からむ)
搦める(からめる)
[搏] 搏つ(うつ)
[椶] 椶櫚(シュロ)
[楫] 楫(かじ)
[楮] 楮(こうぞ)
[椹] 椹(さわら)
[椽] 椽(たるき)
[楡] 楡(にれ)
[楝] 楝(おうち)
[楜] 楜(くるみ)
[溘] 溘焉(コウエン)
[溷] 溷濁(コンダク)
[溲] 溲瓶(シュビン・シビン)
[滂] 滂沱(ボウダ)

[瑇] 瑇瑁(タイマイ)
[痼] 痼(しこり)
痼疾(コシツ)
[痰] 痰壺(タンつぼ)
[睚] 睚(まなじり)
[睥] 睥睨(ヘイゲイ)
[矮] 矮軀(ワイク)
矮鶏(チャボ)
[硼] 硼酸(ホウサン)
[碌] 碌に(ロクに)
[稠] 稠密(チュウミツ)
[筵] 筵(むしろ・エン)
[筥] 筥(はこ)
筥迫(はこせこ)
[筧] 筧(かけい・かけひ)
[筬] 筬(おさ)
[粳] 粳(うるち・うる)
[絽] 絽(ロ)
[罨] 罨法(アンポウ)
[腥] 腥い(なまぐさい)
[艀] 艀(はしけ)
[萼] 萼(ガク)
[葷] 葷酒(クンシュ)
[萵] 萵苣(ちしゃ・ちさ)
[蜈] 蜈蚣(むかで)

[蛼] 蛼(こおろぎ・いとど)
[蜀] 蜀(ショク)
蜀黍(もろこし)
蜀魂(ほととぎす)
[蜑] 蜑(あま)
[蜉] 蜉蝣(かげろう・フユウ)
[蛹] 蛹(さなぎ)
[裨] 裨益(ヒエキ)
[裲] 裲襠(うちかけ)
[褄] 褄(つま)
[詭] 詭弁(キベン)
[誄] 誄(しのびごと・ルイ)
[貉] 貉(むじな)
[跫] 跫音(キョウオン)
[跟] 跟ける(つける)
[跣] 跣足(はだし)
[躱] 躱す(かわす)
[辟] 辟易(ヘキエキ)
[遑] 遑(いとま)
[遉] 遉に(さすがに)
[鉗] 鉗子(カンシ)
[鉉] 鉉(つる)
[鉧] 鉧(けら)
[閘] 閘門(コウモン)
[雎] 雎鳩(みさご)

[髢] 髢(かもじ)
[鳧] 鳧(けり)
[鳰] 鳰(にお)

十四画

[僥] 僥倖(ギョウコウ)
[僮] 僮僕(ドウボク)
[嘔] 嘔吐(オウト)
[嘖] 嘖嘖(サクサク)
[嗾] 嗾ける(けしかける)
[嗽] 嗽(うがい)
嗽ぐ(すすぐ)
[塹] 塹壕(ザンゴウ)
[嫣] 嫣然(エンゼン)
[嫗] 嫗(おうな)
[嫦] 嫦娥(ジョウガ)
[嫩] 嫩葉(わかば)
[寠] 寠れる(やつれる)
[幔] 幔幕(マンマク)
[慇] 慇懃(インギン)
[慚] 慚愧(ザンキ)
[摧] 摧く(くじく)
[槐] 槐(えんじゅ・カイ)
[槓] 槓杆(コウカン)
[榾] 榾(ほた・ほだ)

[寨] 寨(とりで)
[榧] 榧(かや)
[榑] 榑(くれ)
[滾] 滾つ(たぎつ)
滾る(たぎる)
[漱] 漱ぐ(すすぐ)
[漲] 漲る(みなぎる)
[犒] 犒う(ねぎらう)
[瑪] 瑪瑙(メノウ)
[瘋] 瘋癲(フウテン)
[瘍] 瘍(ヨウ)
[皹] 皹(あかぎれ・ひび)
皹る(かがる)
[睾] 睾丸(コウガン)
[稭] 稭(しべ・わらしべ)
[箝] 箝口令(カンコウレイ)
[箍] 箍(たが)
[箏] 箏(ソウ)
[箙] 箙(えびら)
[粽] 粽(ちまき)
[綺] 綺語(キゴ・キギョ)
綺羅(キラ)
綺麗(キレイ)
[緇] 緇衣(シイ・シエ)

[綽] 綽綽(シャクシャク)
[絢] 絢う(なう)
[緍] 緍(さし)
[綸] 綸子(リンズ)
綸旨(リンシ・リンジ)
綸言(リンゲン)
[綰] 綰ねる(わがねる)
綰ねる(たがねる)
[翡] 翡翠(かわせみ・ヒスイ)
[膀] 膀胱(ボウコウ)
[蒿] 蒿雀(あおじ)
[蒟] 蒟蒻(コンニャク)
[蓐] 蓐瘡(ジョクソウ)
[蓆] 蓆(むしろ)
[蓖] 蓖麻子油(ヒマシユ)
[蓚] 蓚酸(シュウサン)
[蜿] 蜿蜒(エンエン)
[蜷] 蜷(にな・みな)
[蜻] 蜻蛉(とんぼ・かげろう・あきつ)
[蜥] 蜥蜴(とかげ)
[蜚] 蜚語(ヒゴ)
[illegible]かす(たら)
慰 ×慨→慶 [illegible]す

[誣] 誣いる(しいる)
誣言(ブゲン)
[跼] 跼る(せぐまる)
跼る(くぐまる)
跼蹐(キョクセキ)
[銜] 銜える(くわえる)
銜む(ふくむ)
[銓] 銓衡(センコウ)
[颯] 颯爽(サッソウ)
[颱] 颱風(タイフウ)
[骰] 骰子(さいころ)
[髣] 髣髴(ホウフツ)

十五画

[儂] 儂(わし)
[劈] 劈く(つんざく)
劈頭(ヘキトウ)
[噎] 噎ぶ(むせぶ)
[嘶] 嘶える(いばえる)
嘶く(いななく)
[嘸] 嘸(さぞ)
[嬋] 嬋娟(センケン)
[慳] 慳貪(ケンドン)
[慫] 慫慂(ショウヨウ)
[憔] 憔悴(ショウスイ)

[撩] 撩乱(リョウラン)
[澎] 澎湃(ホウハイ)
[熨] 熨斗(のし)
[熬] 熬海鼠(いりこ)
[犛] 犛牛(ヤク・リギュウ)
[瘧] 瘧(わらわやみ・おこり・えやみ)
[瘠] 瘠せる(やせる)
[瘡] 瘡(かさ・ソウ)
[皚] 皚皚(ガイガイ)
[磔] 磔(はりつけ)
磔刑(タッケイ)
[碾] 碾く(ひく)
碾臼(ひきうす)
碾茶(ひきチャ)
[碼] 碼(ヤード・ヤール)
[磅] 磅(ポンド)
[磊] 磊落(ライラク)
[篁] 篁(たかむら)
[箴] 箴言(シンゲン)
[箶] 箶簏(やなぐい)
箶籙(やなぐい)
[緞] 緞子(ドンス)
緞帳(ドンチョウ)

[緡] 緡(さし)
[羯] 羯鼓(カッコ)
[翩] 翩翻(ヘンポン)
[蓴] 蓴菜(ジュンサイ)
[蔕] 蔕(へた)
[蓼] 蓼(たで)
[蝟] 蝟集(イシュウ)
[蝌] 蝌蚪(おたまじゃくし・カト)
[蝗] 蝗(いなご)
蝗虫(ばった)
[蝨] 蝨(しらみ)
[蝙] 蝙蝠(かわほり・こうもり)
[蝲] 蝲蛄(ざりがに)
[褞] 褞袍(どてら)
[褪] 褪せる(あせる)
褪める(さめる)
褪色(タイショク)
[褫] 褫奪(チダツ)
[諄] 諄い(くどい)
[諂] 諂う(へつらう)
[豌] 豌豆(エンドウ)
[踠] 踠く(もがく)
[輜] 輜重(シチョウ)
[輦] 輦台(レンダイ)

[醋] 醋(す・サク)
醋酸(サクサン)
[銹] 銹(さび)
[霄] 霄壌(ショウジョウ)
[靠] 靠れる(もたれる)
[鞏] 鞏膜(キョウマク)
[鞐] 鞐(こはぜ)
[餉] 餉(かれい)
[駝] 駝鳥(ダチョウ)
[駘] 駘蕩(タイトウ)
[髯] 髯(ひげ)
[髫] 髫髪(うない)
[髱] 髱(つと・たぼ)
[魳] 魳(かます)
[魴] 魴鮄(ホウボウ)
[鴃] 鴃舌(ゲキゼツ)
[麩] 麩(ふすま)
[黎] 黎明(レイメイ)

十六画

[冀] 冀う(こいねがう)
[冪] 冪(ベキ)
[噯] 噯(おくび)
[噤] 噤む(つぐむ)
[嘴] 嘴(はし)

[噬] 噬臍(ゼイセイ)
[墺] 墺太利(オーストリア)
[懈] 懈怠(ケタイ)
[擒] 擒(とりこ)
[擂] 擂鉢(すりバチ)
[橄] 橄欖(カンラン)
[橇] 橇(そり)
[歔] 歔欷(キョキ)
[殫] 殫きる(つきる)
[澳] 澳門(マカオ)
[燗] 燗酒(カンざけ)
[燎] 燎原(リョウゲン)
[瘴] 瘴癘(ショウレイ)
[瘭] 瘭疽(ヒョウソ)
[瘰] 瘰癧(ルイレキ)
[盥] 盥(たらい)
[盧] 盧遮那仏(ルシャナブツ)
[瞠] 瞠目(ドウモク)
瞠若(ドウジャク)
[磬] 磬(ケイ)
[磚] 磚茶(タンチャ)
[窶] 窶す(やつす)
[簑] 簑(みの)
[篩] 篩(ふるい)

[簒] 簒奪(サンダツ)
[糒] 糒(ほしい・ほしいい)
[縊] 縊る(くびる)
縊る(くくる)
縊死(イシ)
[縒] 縒る(よる)
[縉] 縉紳(シンシン)
[縢] 縢る(かがる)
[蕚] 蕚(ガク)
[蕞] 蕞爾(サイジ)
[蕁] 蕁麻疹(ジンマシン)
[蕋] 蕋(しべ)
[螟] 螟虫(ずいむし・メイチュウ)
[襁] 襁褓(むつき)
[褶] 褶曲(シュウキョク)
[諱] 諱(いみな)
[謚] 謚(おくりな)
謚号(シゴウ)
[諛] 諛う(へつらう)
[豎] 豎子(ジュシ)
[赭] 赭(そほ)
赭熊(シャぐま)
[蹂] 蹂躪(ジュウリン)
[輻] 輻射(フクシャ)

輻輳（フクソウ）
［鋺］鋺（かなまり・ワン）
［錣］錣（しころ）
［錺］錺（かざり）
［錵］錵（にえ）
［錻］錻力（ブリキ）
［閼］閼伽（アカ）
［閻］閻魔（エンマ）
［霍］霍乱（カクラン）
［雕］雕る（える）
雕る（ほる）
［霑］霑す（うるおす）
［霏］霏霏（ヒヒ）
［駱］駱駝（ラクダ）
［髷］髷（まげ）
［髻］髻（もとどり・たぶさ）
［鮃］鮃（ひらめ）
［鮗］鮗（このしろ）
［鴟］鴟尾（シビ）
［麩］麩（ふすま）

十七画

［嚆］嚆矢（コウシ）
［嚊］嚊（かかあ）
［嬲］嬲る（なぶる）
［嬶］嬶（かかあ）
［嬥］嬥歌（かがい）
［懦］懦夫（ダフ）
［擱］擱筆（カクヒツ）
［擯］擯斥（ヒンセキ）
［濛］濛濛（モウモウ）
［燠］燠（おき）
［燧］燧石（ひうちいし）
［獰］獰猛（ドウモウ）
［篳］篳篥（ヒチリキ）
［糜］糜爛（ビラン）
［縹］縹渺（ヒョウビョウ）
縹緻（キリョウ）
［繃］繃帯（ホウタイ）
［膾］膾（なます）
膾炙（カイシャ）
［膺］膺懲（ヨウチョウ）
［臈］臈（ロウ）
臈纈染（ロウケツぞめ）
［薊］薊（あざみ）
［蕭］蕭条（ショウジョウ）
［薔］薔薇（ばら・ショウビ・ソウビ）
［薇］薇（ぜんまい・わらび）
［蟋］蟋蟀（こおろぎ・きりぎりす）
［螽］螽蟖（きりぎりす）
［雖］雖も（いえども）
［蟄］蟄居（チッキョ）
［螳］螳螂（かまきり・トウロウ）
［螻］螻蛄（けら・おけら）
［蟆］蟆（ぶと・ぶよ・ぶゆ）
［賺］賺す（すかす）
［蹉］蹉跌（サテツ）
［蹌］蹌踉（ソウロウ）
［蹈］蹈む（ふむ）
［轅］轅（ながえ）
［轂］轂（こしき）
［輾］輾転反側（テンテンハンソク）
［邂］邂逅（カイコウ）
［遽］遽しい（あわただしい）
［邀］邀撃（ヨウゲキ）
［鍼］鍼（はり）
鍼灸（シンキュウ）
［闌］闌（たけなわ）
［霙］霙（みぞれ）
［颶］颶風（グフウ）
［馘］馘首（カクシュ）
［鮟］鮟鱇（アンコウ）
［鮨］鮨（すし）
［鮴］鮴（ごり）
［鵄］鵄尾（シビ）
［鴾］鴾（とき）
鴾毛（つきげ・ときげ）
［黜］黜陟（チュッチョク）
［鵆］鵆（ちどり）
［鼾］鼾（いびき）

十八画

［嚔］嚔（くさめ・くしゃみ）
［彝］彝倫（イリン）
［擽］擽る（くすぐる）
［斃］斃れる（たおれる）
斃死（ヘイシ）
［朦］朦朧（モウロウ）
［櫂］櫂（かい）
［檳］檳榔（ビンロウ）
檳榔毛（ビロウげ）
［殯］殯宮（もがりのみや・ヒンキュウ）
［甕］甕（かめ・みか）
［癜］癜（なまず）
［瞽］瞽女（ごぜ）
［竄］竄入（ザンニュウ）
［簣］簣（もっこ）
［簧］簧（した）
［繞］繞（ニョウ）
繞る（めぐる）
［繙］繙く（ひもとく）
繙読（ハンドク）
［繚］繚乱（リョウラン）
［繧］繧繝（ウンゲン）
［羂］羂索（ケンザク）
［臑］臑（すね）
［薺］薺（なずな）
［薹］薹（トウ）
［蟯］蟯虫（ギョウチュウ）
［蟠］蟠る（わだかまる）
蟠踞（バンキョ）
［蟒］蟒蛇（うわばみ・やまかがち）
［襠］襠（まち）
［謳］謳う（うたう）
謳歌（オウカ）
［謦］謦咳（ケイガイ）
［貘］貘（バク）
［蹣］蹣跚（マンサン）
［轆］轆轤（ロクロ）
［醪］醪（もろみ）
［鎹］鎹（かすがい）
［闕］闕下（ケッカ）
闕腋（ケッテキ）
［闖］闖入（チンニュウ）
［鞦］鞦韆（ぶらんこ・シュウセン）
［鞣］鞣す（なめす）
［馥］馥郁（フクイク）
［鬆］鬆（す）
［鬩］鬩ぐ（せめぐ）
［魍］魍魎（モウリョウ）
［鯐］鯐（すばしり）
［鯎］鯎（うぐい）
［鯏］鯏（うぐい）
［鵞］鵞鳥（ガチョウ）
［鵙］鵙（もず）
［鵤］鵤（いかるが）
［鼬］鼬（いたち）

十九画

［嚮］嚮導（キョウドウ）
［壜］壜（ビン）
［壟］壟断（ロウダン）
［懶］懶い（ものうい）
懶惰（ランダ）
［櫟］櫟（くぬぎ）
［瀝］瀝青（チャン・レキセイ）
［犢］犢鼻褌（たふさぎ・ふんどし）
［獺］獺（うそ・かわうそ）
［曚］曚昧（モウマイ）
［簫］簫（ショウ）
［羆］羆（ひぐま）
［羃］羃（ベキ）
［羸］羸弱（ルイジャク）
［艤］艤装（ギソウ）
［藜］藜（あかざ）
［蠍］蠍（さそり）
［蠁］蠁子（さし）
［蟷］蟷螂（かまきり・トウロウ）
［襦］襦袢（ジュバン・ジバン）
［襞］襞（ひだ）
［譏］譏る（そしる）
［譎］譎詐（キッサ・ケッサ）
［蹶］蹶起（ケッキ）
［蹼］蹼（みずかき）
［鏨］鏨（たがね）
［鏃］鏃（やじり）
［鏝］鏝（こて）

【鏤】鏤める(ちりばめる)　鏤刻(ルコク)
【朧】朧(ロウ)
【鞴】鞴(ふいご)
【韛】韛(ふいご)
【韜】韜晦(トウカイ)
【饂】饂飩(ワンタン・ウドン)
【鯣】鯣(するめ)
【鰡】鰡(ぼら)　鰡背(いなせ)
【鯡】鯡(にしん)
【鯱】鯱(しゃち)
【鰌】鰌(どじょう)
【鵼】鵼(ぬえ)
【鵺】鵺(ぬえ)
【鶇】鶇(つぐみ)
【鵯】鵯(ひよどり)
【鵲】鵲(かささぎ)

二十画

【攘】攘夷(ジョウイ)
【瀟】瀟洒(ショウシャ)
【瀰】瀰漫(ビマン)
【矍】矍鑠(カクシャク)
【糯】糯米(もちごめ)
【繻】繻子(シュス)　繻珍(シュチン)
【繽】繽紛(ヒンプン)
【辮】辮髪(ベンパツ)
【罌】罌粟(ケシ)
【臙】臙脂(エンジ)
【艨】艨艟(モウドウ)
【藹】藹藹(アイアイ)
【藺】藺(い)
【蠑】蠑螈(いもり)
【蠕】蠕動(ゼンドウ)
【襤】襤褸(ぼろ・ランル)
【轗】轗軻不遇(カンカフグウ)
【醵】醵金(キョキン)
【鐔】鐔(つば)
【鐚】鐚銭(びたセン)
【闡】闡明(センメイ)
【饅】饅頭(マンジュウ・マントー)
【鰕】鰕(えび)
【鰆】鰆(さわら)
【鰈】鰈(かれい)
【鰒】鰒(ふぐ・あわび)
【鶚】鶚(みさご)
【鹹】鹹湖(カンコ)
【鼯】鼯鼠(むささび・ももんが)
【齣】齣(こま)
【齟】齟齬(ソゴ)

二十一画

【囂】囂しい(かしましい)　囂しい(かまびすしい)
【巍】巍然(ギゼン)
【曩】曩に(つとに)
【櫺】櫺子(レンジ)
【瓔】瓔珞(ヨウラク)
【癩】癩(ライ)
【籐】籐椅子(トウイス)
【籔】籔(やぶ)
【艪】艪(ロ)
【蘚】蘚苔(センタイ)
【蘖】蘖(ひこばえ・きはだ)
【襯】襯衣(シャツ)
【躊】躊躇(チュウチョ)　躊躇う(ためらう)
【鐶】鐶(カン)
【鐺】鐺(こじり)
【霹】霹靂(ヘキレキ)
【饐】饐える(すえる)
【驀】驀進(バクシン)
【騾】騾馬(ラバ)
【魑】魑魅(すだま・チミ)
【鰥】鰥(やもお)　鰥寡孤独(カンカコドク)
【鰡】鰡(ぼら)
【鷁】鷁首(ゲキス・ゲキシュ)
【鶸】鶸(ひわ)
【鶺】鶺鴒(セキレイ)
【麝】麝香(ジャコウ)
【齧】齧る(かじる)　齧歯類(ゲッシルイ)

二十二画

【囈】囈言(たわごと・うわごと)
【彎】彎曲(ワンキョク)
【羇】羇旅(キリョ)
【覿】覿面(テキメン)
【躓】躓く(つまずく)
【躑】躑躅(つつじ)
【韃】韃靼(ダッタン)
【顫】顫動(センドウ)
【驍】驍将(ギョウショウ)
【鬚】鬚(ひげ)
【鬻】鬻ぐ(ひさぐ)
【鷓】鷓鴣(シャコ)
【龕】龕灯(ガンドウ)

二十三画

【攣】攣る(つる)
【纔】纔か(わずか)
【蘿】蘿蔔(すずしろ)
【蠱】蠱惑(コワク)
【躙】躙る(にじる)
【轣】轣轆(レキロク)
【邏】邏卒(ラソツ)
【鑢】鑢(やすり)
【靨】靨(えくぼ)
【髑】髑髏(しゃれこうべ・ドクロ)
【鷦】鷦鷯(みそさざい)
【黐】黐(もち)

二十四画

【囓】囓る(かじる)
【癲】癲癇(テンカン)
【羈】羈絆(キハン)
【軈】軈て(やがて)
【鑪】鑪(たたら)
【驟】驟雨(シュウウ)
【鬢】鬢(ビン)
【鱩】鱩(はたはた)
【鷽】鷽(うそ)
【齷】齷齪(アクセク・アクサク)
【齲】齲歯(ウシ)

二十五画

【籬】籬(まがき・ませ)
【糶】糶る(せる)　糶市(せりいち)
【靉】靉靆(アイタイ)
【顱】顱頂(ロチョウ)
【鼈】鼈(すっぽん)　鼈甲(ベッコウ)

二十六画

【鑵】鑵(カン)
【驢】驢馬(ロバ)
【鱶】鱶(ふか)

二十七画

【躪】躪る(にじる)
【顴】顴骨(ケンコツ・カンコツ)
【顳】顳顬(こめかみ)
【驥】驥尾(キビ)
【鱸】鱸(すずき)

二十八画

【纜】纜(ともづな)
【鸚】鸚哥(インコ)　鸚鵡(オウム)
【鼺】鼺鼠(むささび・ももんが)

二十九画

【鸛】鸛(こうのとり)

漢字

17 画

2
既 8
18
涼 18
人×慧(慧) 19
×慙 27
憧 34
×憎→憎 43
×憚 46
×憫 61
×憮 62
憤 63
憂 70
×慾 71
慮 73
戯 13
×戮 72
撃 19
撮 26
人×撒 26
摯 28
人×撰 41
撤 50
×撓 52
人×撞 53
×撚 55
人×播 56
×撥 58
人×撫 62
撲 66
摩(摩) 66
×數→数 38
[6]敵 50
敷(敷) 62
暫 27
[5]暴 65
人×魯 75
[3]横 6
×樂→楽 9
×槿 16
[6]権 20
×樒 29
人×樟 35
×樞→枢 38
槽 43
×樗 48
人×槻 49
人×樋 59
[4]標 60
×樅 69
人×樣→様 71
×樓→楼 75
×歐→欧 5
歓 11
人×歎 46
×毆→殴 5
人×毅 13
×麾 13
潰 8
[4]潟 10
×澗 12
[5]潔(潔) 19
×澁→渋 32
潤 33
×漿 35
潜(潜) 41
澄 48
[6]潮(潮) 48
×蕩 52
×潑 58
人×熙 13
[6]熟 32
[4]熱 55
×熨 56
黙 69
×瑾 16
璃 72
畿 13
×瘦→痩 42
×瘡 43
×瘢 59
×瘤 73
×皺 32
監 11
盤 59
×瞋 37
×瞑 68
[5]確 9
人×磐 59
稼 7
稽 18
稿 23
×穀→穀 24
穂 38
×稻→稲 52
窮 14
窯 71
×節→節 40
×箭 41
×篆 51
[3]箱 57
箸 57
人×篇 64
人×糊 21
×糎 41
×緯→緯 2
縁(縁) 5
緩(緩) 11
×緘 12
緊 16
×緒→緒 33
[4]縄 36
[2]線 41
×緞 46
締 50
[5]編(編) 64
×緬 68
×練→練 74
罵 56
罷 59
×翫 12
×膠 23
×膣 47
膝 60
膚 62
舞 62
×蔚 4
人×蕎 16
×蕊 30
人×蕉 35
[6]蔵 43
人×蕃 59
人×蕪 62
蔽 63
×蓮→蓮 75
人×蕨 76
人×蝦 5
×蝸 7
×蝕 36
人×蝶 48
×蝮 67
衝 35
×褥 36
×褪 45
褒 65
謁 4
[4]課 7
人×誼 13
人×諄 33
[6]諸 33
人×諏 37
請(請) 39
諾 45
誰 46
[6]誕 46
[3]談 46
[3]調(調) 48
×誹 59
人×諒 73
[6]論 75
[5]賛 27
賜 28
[5]質 30
[5]賞 35
×賤 41
×賣→売 56
賠 56
賓 61
賦 62
趣 31
×踝 17
×踐→践 41
踪 43
踏 52
輝 13
輩 56
範 58
×輛 73
[4]輪 73
[6]遺 2
×遮→遮 30
遵 33
[4]選 41
遷 41
×遭→遭 43
×適→適 50
人×遼 73
人×鄭 50
人×醇 33
×醉→酔 38
×醂 74
鋭(鋭) 4
×鋤 38
鋳 47
×鋏 57
×鋲 61
×鋪 64
人×鋒 65
閲(閲) 4
震 37
霊 74
人×鞍 2
×頤 2
餓 7
×餃 16
×餉 35
餅 63
[4]養(養) 71
人×駕 7
駒 24
駐(駐) 47
×髮→髪 58
×魄 57
魅 67
×鴉 10
×鴇 53
×麩 62
人×黎 74
×齒→歯 28
餌 29

16 画

儒 31
×儚 57
×儘 67
凝 16
×劑→剤 26
×辨→弁 64
×勳→勲 18
人×叡 4
×器→器 13
×嘯 35
×噪 43
×噸 54
×噺 58
壊 8
墾 24
壌 36
壇 46
壁 63
嬢 36
×學→学 9
×導→導 53
×嶮 20
錦 16
×彊 16
×懊 6
憶 6
懐 8
憾 11
憩 18
[6]憲(憲) 20
×憑 60
×罹 72
人×憐 75
×戰→戦 41
×據→拠 14
×擂 38
[6]操 43
×擇→択 45
×擔→担 46
擁 71
[3]整 39
×曉→暁 16
×暹 41
曇 54
×曆→暦 74
×橫→横 6
×槪→概 8
人×樫 9
×樺→樺 10
[4]機 13
人×橘 14
[3]橋 15
[6]樹 31
×樵 35
人×橙 45
人×樽 46
[5]築(築) 47
×橈 52
×橡 53
×樸 66
×歷→歴 74
[6]激 19
×澤→沢 45
濁 45
×澱 51
濃 56

14 画

13画

12 画

漢字

11画

漢字

10 画

9画

漢字

「漢字一覧」総画索引

① この索引は、漢字一覧に見出し字として掲げたすべての漢字を画数順に配列し、その読み方を検索するためのものである。なお、ここに示されたページ数は、漢字一覧の上欄に付された太字体のページ〈1〉〈2〉…に対応している。
② 見出しに掲げた漢字のほか、その漢字の旧字体からも、見出し漢字が検索できるようにした。ただし、見出し漢字との異同が、くさかんむり（艹↔艹）に限るものは、それを省略した。
③ 画数の数え方は、漢字一覧本文の凡例（1536ページ）に示したとおりであるが、新旧いずれの数え方でも掲げたものもある。
④ 同画数の内部は部首順に配列したが、検索の便宜を考えて一部位置を替えたものがある。
⑤ 漢字の種別を示すために、左肩につぎのような記号をつけた。
1～6……常用漢字のうち小学校で学習する学年を示す。　×…一般の表外漢字
無印……常用漢字のうち小学校では学習しない漢字　　人×…人名に用いてもよい表外漢字
（なお、常用漢字はすべて赤字で示した。）

1画
[1]一 3
乙 6

2画
[1]七 29
丁 48
[人×]乃 55
[1]九 14
了 73
[1]二 54
[1]人 37
[1]入 55
[1]八 58
[×]几 13
[2]刀 51
[1]力 73
[1]十 32
[人×]卜 66
又 67

3画
[1]下 6
[1]三 27
[1]上 35
丈 35
[2]万 67
[2]丸 12
[5]久 14
[人×]之 55
乞 23
[人×]也 69
[×]于 3
[6]亡 65
凡 66
刃(刅) 37
[人×]勺(勺) 30
[1]千 40
及 14
[人×]叉 25
[1]口 21
[1]土 51
[5]士 27
[1]夕 39
[1]大 45
[1]女 33
[1]子 27
[6]寸 38
[1]小 34
[1]山 27
[1]川 40
[2]工 21
[人×]已 2
[6]己 20
[人×]巳 67
巾 16
[6]干 10
[2]弓 14
[2]才 25
与 70

4画
[人×]丑 3
[4]不 61
[1]中 47
丹 46
乏 65
[3]予 70
[人×]云 4
[1]五 21
互 21
[4]井 38
[×]亢 23
[3]化(化) 6
介 7
[×]仇 14
[2]今 24
[×]什 32
[6]仁 37
[×]仄 43
[5]仏 62
[人×]允 3
[2]元 20
[2]内(內) 54
[2]公 21
[1]六 75
冗 35
凶 15
刈 10
[2]切 40
[2]分 63
勾 21
匂 54
[人×]勿 69
[人×]匁 69
[3]区 17
匹(匹) 60
[2]午 21
升 34
[人×]廿 54
厄 69
[×]及→及 14
[6]収 31
双 42
[3]反 58
[2]友 70
[1]円 5
[人×]壬 37
[2]太 44
[1]天 50
[4]夫 61
[×]夭 71
孔 21
[2]少 34
[人×]尤 69
[6]尺 30
屯 53
[人×]巴 56
幻 20
[2]引 3
弔 48
[2]心 36
[×]戈 7
[2]戸(戶) 20
[1]手 31
[5]支 27
[1]文 63
斗 51
斤 16
[2]方 64
[1]日 55
[×]曰 3
[1]月(月) 19
[1]木 66
[4]欠 19
[2]止 27
[5]比 59
[2]毛 68
[4]氏 27
[1]水 37
[1]火 6
爪 49
[2]父 61
[6]片 63
牙 7
[2]牛 14
[1]犬 19
[1]王 5

5画
且 10
丘 14
[3]世 38
丙 63
[3]主(主) 31
丼 54
[人×]乎 21
[×]乍 54
[4]以 2
[3]仕 27
[人×]仔 28
囚 31
仙 40
[3]他 44
[3]代 45
[4]付 61
[4]令 74
[2]兄 18
[×]囘→回 7
[6]冊(册) 26
[2]冬(冬) 51
[6]処 33
[人×]凧 45
凹 5
[1]出 32
凸 53
[5]刊 10
[4]加 6
[4]功 21
[6]幼 70
[4]包(包) 64
[2]北 66
[×]匝 43
[2]半(半) 58
[2]外 8
占 40
[人×]卯 3
[×]叩 45
[3]去 14
[1]右 3
[5]可 6
[人×]叶 10
[5]句 17
[2]古 20
[3]号 23
[5]史 28
[4]司 28
叱 29
召 34
[2]台 45
[人×]只 45
[1]四 28
[5]圧 1
[3]央 5
[4]失 29
奴 51
[×]孕 58
[3]写 30
尻 36
尼 54
巨(巨) 14
巧 21
[1]左 25
[2]市 28

新選国語辞典

第十版 ワイド版

一九五九年十一月一日 初版発行
一九六二年三月十日 改訂版（第二版）発行
一九六六年一月十日 改訂新版（第三版）発行
一九七四年二月一日 新版（第四版）発行
一九八〇年一月二十日 新版（第四版）・ワイド版発行
一九八二年一月二十日 「常用」新版（第五版）・ワイド版発行
一九八七年一月十日 第六版・ワイド版発行
一九九四年一月一日 第七版・ワイド版発行
二〇〇〇年一月一日 第七版・ワイド版〈２色刷〉発行
二〇〇二年一月一日 第八版・ワイド版発行
二〇一一年一月三十一日 第九版・ワイド版発行
二〇二二年二月二十一日 第十版・ワイド版 第一刷発行
二〇二三年一月十八日 第十版・ワイド版 第二刷発行

編者 金田一京助 佐伯梅友 大石初太郎 野村雅昭 木村義之

発行者 飯田昌宏

発行所 株式会社 小学館
〒一〇一－八〇〇一
東京都千代田区一ツ橋二ノ三ノ一
編集 〇三(三二三〇)五一七〇
販売 〇三(五二八一)三五五五

印刷所 凸版印刷株式会社

製本所 牧製本印刷株式会社

ISBN978-4-09-501429-6